Oxford-PWN English-Polish Dictionary

Redaktor Naczelna / Chief Editor
dr hab. Jadwiga Linde-Usiekniewicz

Redaktorzy Naukowi / Academic Consultants
prof. dr hab. Barbara Lewandowska-Tomaszczyk
okresowo / and prof. dr hab. Jacek Fisiak, dr hab. Tadeusz Piotrowski

Koordynacja / Senior Editors
Bogna Piotrowska, Katarzyna Zawadzka
okresowo / and Stanisław Wawrzkowicz

Autorzy haseł / Entry Compilers
Paweł Beręsewicz, Małgorzata Fogg, Danuta Hołata, Edyta Indyk, Agata Kłopotowska, Witold Kurylak, Bogna Piotrowska, Krystyna Rabińska, Katarzyna Zawadzka

Tłumacze / Translators
Bożena Anioł, Joanna Bietkowska, Paweł Beręsewicz, Magdalena Brown, Teresa Czogała, Władysław Chłopicki, Małgorzata Fogg, Danuta Hołata, Edyta Indyk, Regina Mościcka, Witold Kurylak, Bogna Piotrowska, Krystyna Rabińska, Ewa Ressel, Ewa Szymańska, Kornelia Zwiór-Hołenko
okresowo / and Krzysztof Adelt, Katarzyna Ancuta, Sergiusz Czerni, Jacek Gałązka, Adam Głaz, Renata Giedrojć, Maciej Hen, Joanna Horowska, Adam Janiszewski, Agata Kochańska, Grzegorz Kołodziejczyk, Małgorzata Konopnicka, Anna Krotkiewska-Zagórska, Izabela Kubińska, Ewa Łopuska-Płazińska, Joanna Masoń-Budzyń, Danuta Minorowicz, Małgorzata Magnuska, Adam Palka, Grażyna Poskrobko, Małgorzata Sady, Andrzej Skup, Agnieszka Smith, Sylwia Ufnalska, Jolanta Wierzbicka, Adam Wojtaszek, Violetta Vanderzwag, Anna Zagórna, Sylwia Żabińska

Konsultacja językowa / Language Consultants
Phillip G. Smith, Frances Mary Gregory, Iain W. M.Taylor

Współpraca / Other Contributors
dr Ewa Geller, Zuzanna Łubkowska, Agnieszka Płudowska, Dorota Staniszewska-Kowalak, Jan Stemposz

Współpraca ze strony OUP / OUP Contributors

Redaktor prowadzący / Managing Editor
Della Thompson

Weryfikacja materiału angielskiego / Proofreader
Andrew Hodgson

Konsultacja / Consultant Editors
Michael Clark, Marie-Hélène Corréard, Vivian Marr, Natalie Pomier

Oxford-PWN English-Polish Dictionary

OXFORD
UNIVERSITY PRESS

OXFORD
UNIVERSITY PRESS

Great Clarendon Street, Oxford OX2 6DP

Oxford University Press is a department of the University of Oxford.
It furthers the University's objective of excellence in research, scholarship,
and education by publishing worldwide in

Oxford New York

Auckland Cape Town Dar es Salaam Hong Kong Karachi
Kuala Lumpur Madrid Melbourne Mexico City Nairobi
New Delhi Shanghai Taipei Toronto

With offices in

Argentina Austria Brazil Chile Czech Republic France Greece
Guatemala Hungary Italy Japan Poland Portugal Singapore
South Korea Switzerland Thailand Turkey Ukraine Vietnam

Published in the United States
by Oxford University Press Inc., New York

First published by Oxford University Press

British Library Cataloguing in Publication Data
Data available

Library of Congress Cataloging in Publication Data
Data available

Jacket and cover design
Edwin Radzikowski
John Taylor

Layout
Maria Czekaj

Computer service
Jan Stemposz

Konsultacja jezykowa / Language Consultant (I edition, 4th reprint)
dr Krzysztof Hejwowski

Proof-reading
Dariusz Godoś, Joanna Grabowska, Izabela Jarosińska, Anna Moraczewska, Maria Oleszkiewicz, Ewa Skowrońska-Bereza

Setting and page-making
LogoScript Sp. z o. o.
02-797 Warszawa, al. KEN 54/73, Poland

Wydawnictwo Naukowe PWN SA
00-251 Warszawa, ul. Miodowa 10, Poland

Printing and Binding: Olsztyńskie Zaklady Graficzne, Poland

ISBN 978-0-19-861077-9 (English-Polish volume only available as part of two-volume set)
ISBN 978-0-19-861076-2 (Polish-English volume only available as part of two-volume set)
ISBN 978-0-19-861075-5 (two-volume set)

3

Od wydawcy

Wielki słownik angielsko-polski PWN–Oxford wejdzie do historii polskiej leksykografii obcojęzycznej nie tylko jako najobszerniejszy słownik angielsko-polski, jaki ukazał się w Polsce w ciągu ostatnich trzydziestu lat, lecz przede wszystkim jako przykład słowników nowej generacji opartych na danych zaczerpniętych z rzeczywistego języka, a nie – jak to bywało dotychczas – z innych słowników. Prezentowany zestaw haseł oraz ich zawartość zaczerpnięte zostały bowiem bezpośrednio z gromadzonych w wersji elektronicznej, reprezentatywnych tekstów języka, zwanych korpusami językowymi. Dla angielskiego jest *to Oxford English Corpus*, a dla polskiego – *Korpus języka polskiego PWN*.

Dzięki ścisłej współpracy i doświadczeniu dwóch czołowych słownikowych oficyn wydawniczych – Wydawnictwa Naukowego PWN w Polsce i Oxford University Press – w Wielkiej Brytanii – powstał słownik najwyższej jakości, wiarygodny, nowoczesny, łatwy w użyciu. W ciągu ostatnich trzydziestu lat zmienił się bowiem nie tylko sposób opracowywania słowników dwujęzycznych, lecz także zakres znajomości i stosowania języka angielskiego oraz rola i znaczenie języka polskiego we współczesnym świecie. Stale rośnie liczba Polaków uczących się angielskiego i doskonalących nabyte już umiejętności. Otwarcie się Polski na świat skłania również wielu cudzoziemców do nauki polskiego, najczęściej poprzez język angielski. To są fakty, z którymi zmierzyć się musi współczesna polska leksykografia.

Dawniej największe słowniki miały charakter naukowy i adresowane były do dość wąskiego grona specjalistów, tłumaczy i filologów. Nasz słownik, zawierający ogromny materiał hasłowy i przykładowy, adresowany jest zarówno do tych najbardziej wtajemniczonych, jak i do mniej zaawansowanych w nauce języka angielskiego.

Słownik, który oddajemy Państwu do rąk, zawiera ponad 500 tys. angielskich jednostek leksykalnych, tj. wyrazów hasłowych, ich znaczeń, złożeń, najczęstszych połączeń z innymi wyrazami, typowych użyć w konstrukcjach gramatycznych i frazeologicznych, zaprezentowanych w sposób przystępny i przejrzysty, zilustrowanych wieloma przykładami. Obejmuje przy tym zarówno obszerne słownictwo współczesnej angielszczyzny, jak i terminy dotyczące najnowszych technologii w dziedzinie informatyki, medycyny i mediów. Słownik uwzględnia ponadto swoiste słownictwo kulturowe i regionalne różnych krajów anglosaskich oraz aktualne słownictwo dotyczące życia społecznego, politycznego i kulturalnego.

Nasz słownik stanowi pierwszą część długoletniego projektu wydawniczego Wydawnictwa Naukowego PWN i brytyjskiego wydawnictwa Oxford University Press, obejmującego opracowanie obszernego, nowoczesnego słownika angielsko-polskiego i polsko-angielskiego. Zdecydowaliśmy się oddać do rąk Państwa w pierwszej kolejności część angielsko-polską, aby szybciej wypełnić istniejącą od kilkunastu lat lukę na rynku.

Redaktor Naczelna Słowników PWN

Elżbieta Sobol

Spis treści

Przedmowa

Dla kogo ten słownik jest przeznaczony i jakie zawiera informacje

Pierwsza część *Wielkiego słownika angielsko-polskiego i polsko-angielskiego PWN-Oxford*, czyli *Wielki słownik angielsko-polski*, przeznaczona jest dla kilku typów użytkowników. Najważniejszymi użytkownikami słowników dwujęzycznych obco-polskich są bowiem osoby, dla których polski jest językiem ojczystym, obcujące z tekstami w języku obcym (w naszym przypadku – angielskim), pragnące takie teksty zrozumieć, a czasami także przetłumaczyć na polski. Drugim typem użytkowników są osoby, których językiem ojczystym jest angielski. Osoby te korzystają ze słownika angielsko-polskiego po to, by tworzyć własne teksty w języku polskim lub by je na polski tłumaczyć. Trzecią, najmniej liczną grupę stanowią osoby znające angielski lepiej niż polski. Angielski jest dla nich językiem, za pośrednictwem którego można tworzyć teksty po polsku. W każdej z tych sytuacji angielski jest językiem wyjściowym, a polski – docelowym.

Opisane wyżej funkcje, jakie słownik ma pełnić, zaważyły na doborze haseł. Uwzględniono w nim przede wszystkim słownictwo częste, w tym najnowsze, pojawiające się w licznych tekstach i odnoszące się do zjawisk ważnych. Bogato reprezentowane są zatem w naszym słowniku terminy półspecjalistyczne dotyczące informatyki, techniki, ekologii, medycyny, zjawisk społecznych, współczesnej kultury, mediów, sportu, życia społecznego. Nie zapomniano też o słownictwie starszym, ale używanym do dziś, które można spotkać w tekstach literatury pięknej.

Do niedawna tzw. słowniki „wielkie" miały charakter naukowy i adresowane były do dość wąskiego grona specjalistów, tłumaczy, filologów. Nasz słownik z racji kompletności i objętości również zasługuje na to określenie, ale chcieliśmy, by równie łatwo mogły się nim posłużyć także osoby dopiero uczące się języka.

Wiedza o tym, w jaki sposób użytkownicy korzystać będą z naszego słownika, wpłynęła na przyjęte w nim rozwiązania leksykograficzne. Sądzimy, że przejrzysta budowa artykułów hasłowych, układ informacji i sposób jej prezentacji (w tym wyróżnienia typograficzne) podporządkowane funkcji słownika, ułatwią korzystanie z tej publikacji.

Najważniejszym zadaniem słownika dwujęzycznego jest podanie trafnego odpowiednika danego słowa, tzn. dobranego tak, żeby odbiorca właściwie zrozumiał tekst obcojęzyczny, w którym ten wyraz wystąpił, lub poprawnie przetłumaczył tekst z języka wyjściowego na docelowy (ojczysty lub obcy). W słowniku takim nie podaje się definicji znaczenia, konieczne jest więc umieszczenie wskazówek, dla jakiego sensu słowa wyjściowego podaje się odpowiedniki. W naszym słowniku wskazówki te mają trojaką postać: określeń znaczenia, niekoniecznie w postaci synonimu lub hiperonimu, informacji o słowach typowo łączących się z wyrazem hasłowym oraz kwalifikatorów.

Określenia znaczenia podajemy w języku angielskim. Zdecydowaliśmy się na takie rozwiązanie z kilku powodów. Po pierwsze, podanie ich w języku polskim mogłoby być mylące – słowo takie mogłoby zostać uznane za przybliżony odpowiednik. Ponadto jego pojawienie się mogłoby sugerować, że podział na znaczenia wyrazu hasłowego dokonywany jest ze względu na polskie odpowiedniki, a tak nie jest. Po drugie, informacja o znaczeniu podana po polsku utrudniałaby posługiwanie się słownikiem odbiorcy anglojęzycznemu. Określenie znaczenia formułowane jest zawsze za pomocą najprostszych, najbardziej podstawowych słów, jego zrozumienie zatem nie powinno sprawiać trudności polskojęzycznemu odbiorcy, zwłaszcza że wszelkie wątpliwości wyjaśni polski odpowiednik.

Angielskie są również przykłady słów lub klas słów typowo łączących się z wyrazem hasłowym. Taka a nie inna łączliwość jest bowiem właściwością konkretnego języka.

Wskazówkami są kwalifikatory stylistyczne lub dziedzinowe, podawane – konsekwentnie – po angielsku, zwykle w postaci skrótów (zob. listę stosowanych skrótów na wewnętrznej stronie okładki).

Również informacje gramatyczne dotyczące wyrazu hasłowego podawane są po angielsku. Angielska terminologia gramatyczna jest bowiem, co oczywiste, lepiej dostosowana do opisu tego języka niż terminologia polska.

W takiej samej postaci jak wskazówki dotyczące kolejnych znaczeń wyrazu hasłowego występują informacje na temat różnic między podawanymi odpowiednikami polskimi. Najczęściej są to przykłady typowych wyrazów współwystępujących z wyrazem hasłowym. W rezultacie o wyborze trafnego odpowiednika decyduje też kontekst, w jakim pojawiło się słowo języka wyjściowego.

Staraliśmy się unikać opisowego podawania różnic znaczeniowych między polskimi odpowiednikami, choćby w formie szkicowej. Decydowaliśmy się na takie rozwiązanie wtedy, gdy skrótowe podanie łączliwości było niemożliwe lub gdy nie niosło za sobą odpowiednio precyzyjnej informacji.

Szerszego komentarza wymaga stosowanie kwalifikatorów w naszym słowniku. W słownikach dwujęzycznych bowiem stosuje się je nieco inaczej niż w słownikach jednojęzycznych. Kwalifikatory dziedzinowe – jak już wspominaliśmy – informują o zakresie zjawisk, do jakich odnosi się dane słowo, czy to w języku wyjściowym, czy docelowym. Inaczej niż w słownikach jednojęzycznych, nie muszą zatem sygnalizować, że dane słowo należy do słownictwa specjalistycznego. Dlatego bardzo często są pomijane w hasłach jednoznacznych. Niemniej stosujemy je, jeżeli przynależność jednostki leksykalnej do danej dziedziny może nie być jasna dla niespecjalisty.

Poważniejsze problemy stwarzają kwalifikatory stylistyczne. W leksykografii angielskiej właściwości stylistyczne jednostek opisuje się inaczej niż w języku polskim. O ile dla polskiego najważniejsza jest przynależność do stylu funkcjonalnego (książkowego, potocznego itd.), o tyle dla angielskiego podstawowym pojęciem odnoszącym się do zasad użycia jest tzw. rejestr lub poziom języka. Wybór poziomu języka zależy nie tylko od gatunku tekstu i typu sytuacji komunikacyjnej (oficjalnej, nieoficjalnej). Istotną rolę odgrywają tu elementy etykiety językowej, a w szczególności stała relacja społeczna między nadawcą i odbiorcą, a zwłaszcza stopień bliskości towarzyskiej. Poziom formalny (ang. *formal*) charakterystyczny jest dla sytuacji oficjalnych, tekstów o charakterze intelektualnym lub książkowym, przy dużej odległości towarzyskiej nadawcy i odbiorcy, wynikającej z różnic społecznych lub wieku. Poziom nieformalny (ang. *informal*) charakterystyczny jest dla sytuacji nieoficjalnych, prywatnych, jeżeli rozmówcy pozostają na dość zażyłej stopie towarzyskiej lub są sobie równi pod względem statusu. Trzeci poziom, opisywany przez nas jako „bardzo nieformalny" (ang. *very informal*), pojawia się wyłącznie w kontaktach bardzo bliskich sobie ludzi, zwłaszcza młodych. Wiele wyrażeń tak oznakowanych może być uznanych za rażące, podobnie jak wyrażenia opatrywane w polskich słownikach kwalifikatorem *pospolite*. Różnica między wyrażeniami opisywanymi jako wulgarne (czwarty poziom) a opisywanymi jako bardzo nieformalne wydaje się polegać na tym, że pierwszych z nich używa się dla wyrażenia negatywnych emocji, natomiast drugich – raczej dla zasygnalizowania przynależności do tej samej grupy co odbiorca, czyli bliskości uczestników aktu komunikacji. Poziom ten bywa też nazywany w literaturze przedmiotu slangiem lub argotem.

Poza kwalifikatorami poziomu stosujemy jeszcze dwa typy kwalifikatorów stylistycznych: informujące o pejoratywnym, obraźliwym lub eufemistycznym charakterze danego słowa oraz informujące o zawężeniu zakresu użycia do pewnego typu tekstów lub grupy użytkowników (język dziennikarski, mowa dzieci).

Kwalifikatory stylu i poziomu pełnią w słowniku dwujęzycznym dwojaką funkcję. Mogą rozróżniać znaczenia, ale zawsze informują o ograniczeniach użycia. Nie jest bowiem tak, że o wartości stylistycznej wyrazu można wywnioskować wprost z przykładów użycia. W każdym typie dyskursu oprócz słownictwa nacechowanego, swoistego dla tego typu wypowiedzi, występuje również słownictwo neutralne. Natomiast kwalifikatory przy odpowiednikach informują o zgodności wyrazu wyjściowego i docelowego pod względem wartości stylistycznej lub ostrzegają o jej braku. Powtórzenie tego samego kwalifikatora oznacza zgodność, wszelkie rozbieżności świadczą o różnicach pragmatycznych między odpowiadającymi sobie znaczeniowo wyrażeniami obu języków.

W artykułach hasłowych często pojawiają się angielskie wyrażenia wraz z polskimi tłumaczeniami. O doborze przykładów decydowały dwa czynniki: status danego połączenia w języku wyjściowym i trudności, jakie może ono stwarzać w przekładzie na polski. Umieściliśmy zatem połączenia stałe i łączliwe, nawet jeżeli polskie tłumaczenie ma charakter dosłowny, oraz wyrażenia częste i typowe, ale stwarzające trudności przekładowe. Dążyliśmy do tego, by wyrażenia angielskie i polskie stanowiły zrozumiałe całostki w obu językach. Tam, gdzie było to możliwe, staraliśmy się podać najogólniejszą postać wyrażenia, np. w postaci konstrukcji z bezokolicznikiem. W niektórych sytuacjach konieczne było jednak podanie przykładu w postaci zdania rozwiniętego, a nawet złożonego.

Najważniejszym wymogiem nowoczesnych słowników dwujęzycznych jest ich użyteczność. Mimo ogromu i różnorodności zgromadzonego w słowniku materiału odbiorca powinien łatwo znaleźć wszystkie potrzebne mu informacje, bez potrzeby sięgania do słowników jednojęzycznych, czy to języka wyjściowego, czy docelowego.

Jak słownik powstawał

Rewolucja technologiczna i informatyczna ostatnich kilkunastu lat, której skutki obserwujemy niemal we wszystkich dziedzinach życia, w zdecydowany sposób zmieniła również pracę leksykografów. Między innymi stworzyła nieznane wcześniej możliwości gromadzenia, analizowania, ciągłego uzupełniania, przetwarzania i wielokrotnego wykorzystania danych gromadzonych w formie elektronicznej. Zbierane przez dziesięciolecia na fiszkach tysiące cytatów z literatury pięknej i fachowej nieodwołalnie ustępują miejsca liczącym od kilkudziesięciu do kilkuset milionów słów zbiorom tekstów, zwanych *korpusami*.

Właściwie przygotowany korpus powinien być reprezentatywny i zrównoważony. Oznacza to, iż musi zawierać teksty należące do wszystkich gatunków, tworzone we wszystkich stylach i odmianach języka pisanego i mówionego w odpowiednich proporcjach. Uwzględnione w korpusie – w całości lub we fragmentach – publikacje obejmują literaturę piękną, literaturę naukową i popularnonaukową, teksty prasowe różnych typów, prywatną korespondencję oraz zapisy wypowiedzi ustnych: dyskusji toczonych w mediach, wykładów i odczytów, prywatnych rozmów itd.

To właśnie na podstawie korpusów stwierdza się, czy dany wyraz jest częsty, czy nie i z jakimi wyrazami łączy się często, z jakimi rzadko, a z jakimi w ogóle nie występuje. Możliwość dokonywania takich ocen powoduje, że leksykografowie nie muszą już decydować o typowości wyrażeń, kierując się własną intuicją. Mają do dyspozycji obiektywne dane na temat tego, jak naprawdę wygląda posługiwanie się konkretnym językiem.

Materiał angielskojęzyczny do naszego słownika otrzymaliśmy od Oxford University Press. Był to materiał przygotowywany do kolejnych wydań angielsko-francuskiej części *Oxford-Hachette French Dictionary*. Materiał ten przekazano nam w trzech postaciach.

Pierwszą z nich stanowił tekst haseł słownika angielsko-francuskiego, również w formie elektronicznej. Materiał ten, wybrany na podstawie narodowego korpusu brytyjskiego, *British National Corpus*, dobierany był zgodnie z zasadami, które opisaliśmy wyżej. Wielką jego zaletę stanowiło to, iż przygotowali go doświadczeni leksykografowie, rodzimi użytkownicy języka angielskiego. Na podstawie wspomnianego wyżej korpusu i własnej wiedzy mogli stwierdzić, jakie wyrażenia angielskie napotka cudzoziemiec oraz jakie wyrażenia są na tyle swoiste dla języka angielskiego, że zasługują na umieszczenie w słowniku angielsko-obcym.

Istnieje jednak druga strona medalu. Jak wspomnieliśmy wyżej, zawartość słownika dwujęzycznego zależy zarówno od cech języka wyjściowego, jak i od cech języka docelowego. Tym samym w słowniku angielsko-francuskim ważną rolę odegrały podobieństwa i różnice między tymi dwoma językami, dla nas nieistotne.

Świadomi tego nasi brytyjscy koledzy udostępnili nam – w formie rękopisu – dokładne opisy leksykograficzne jednostek, których uwzględnienie w słowniku proponowali. Materiał ten zawierał wiele szczegółowych i podanych wprost informacji o łączliwości opisywanych wyrazów (także o braku łączliwości), o zakresie znaczeniowym (w tym z przypadkami użyć poprawnych, choć rzadkich). Tę ostatnią informację czasami podawano opisowo i to precyzyjniej niż w słownikach jednojęzycznych. Często jednak przybierała ona formę specjalnie dobranych w tym celu przykładów. Przykładów takich nigdy nie umieszcza się w słownikach, ale na ich podstawie stwierdza się, czy zakres użycia wyrazu w języku wyjściowym pokrywa się z zakresem użycia jego odpowiednika. Mieliśmy zatem podstawy, by stwierdzić, jaki materiał podano w słowniku francuskim ze względu na wymagania tego języka. Jeżeli polski nie stwarzał w tym miejscu trudności, materiał przykładowy podawany w słowniku francuskim pomijaliśmy. Uzyskaliśmy też pełny obraz właściwości znaczeniowych i gramatycznych wyrazów angielskich i mogliśmy ustalić, gdzie różnice między angielskim i polskim prowadzą do problemów przekładowych.

Ponadto sami mogliśmy korzystać z brytyjskiego korpusu i na jego podstawie dobierać niezbędne przykłady lub modyfikować przykłady sugerowane przez naszych brytyjskich kolegów, tak by zarówno tekst w języku wyjściowym, jak i w języku docelowym mógł stanowić zrozumiałą w izolacji całość.

Cały tekst słownika przyczytali nasi koledzy z Oxford University Press, sugerując zmiany tam, gdzie wprowadziliśmy – na podstawie dostępnych danych – przykłady nienaturalne lub kontrowersyjne.

Dzięki takiej procedurze uniknąć mogliśmy arbitralności w doborze angielskiego materiału językowego oraz nienaturalnego wtłaczania go w ramy wyznaczone przez polszczyznę jako język docelowy.

Nasz słownik powstał we współpracy z renomowaną oficyną brytyjską, ale mimo to nie jest wyłącznie słownikiem angielszczyzny brytyjskiej. Oddaje bowiem różnice między angielskim brytyjskim a amerykańskim, zawiera też wiele wyrażeń używanych w innych krajach anglojęzycznych.

W odniesieniu do polskich odpowiedników i przekładów nadrzędnym celem była ich trafność. Oznacza to jednoczesną adekwatność treści i zakresu, a także naturalność. Nie zawsze było to możliwe, stąd często podajemy kilka propozycji tłumaczeniowych z informacją, w jakiej sytuacji właściwy jest każdy z proponowanych przekładów. Naturalność proponowanych przekładów, a czasami także ich trafność sprawdzaliśmy w *Korpusie Języka Polskiego PWN*.

Nie zawsze jednak o kształcie polskiego tłumaczenia decydował potwierdzony korpusem uzus. Uważaliśmy za nasz obowiązek posługiwanie się w słowniku polszczyzną wzorcową. Tym samym staraliśmy się unikać sformułowań piętnowanych w wydawnictwach poprawnościowych lub wzbudzających kontrowersje. Jedynym odstępstwem od tej zasady jest skrócony zapis przydawek dopełniaczowych. Odpowiednikiem angielskich konstrukcji dzierżawczych jest forma dopełniacza zaimka osobowego nieokreślonego *kogoś*, a nie poprawny zaimek przymiotny *czyjś*. W ten sposób sygnalizujemy, że w konstrukcji może wystąpić dopełniacz dowolnego rzeczownika osobowego, a nie jedynie zaimek dzierżawczy.

Nie możemy ukrywać, że realizacja wszystkich opisanych celów jednocześnie nie zawsze była możliwa. Jeżeli zachowanie naturalności polskiego odpowiednika za wszelką cenę groziło wprowadzeniem użytkownika w błąd, naturalność schodziła na dalszy plan.

W naszych rozważaniach o posługiwaniu się słownikiem często pojawia się słowo „tekst”, sugerujące, że jest to przede wszystkim słownik języka pisanego. W istocie, ze słowników korzysta się znacznie częściej przy obcowaniu z tekstem pisanym. Niemniej wiele zawartych w słowniku wyrazów hasłowych i wyrażeń charakterystycznych jest dla języka mówionego. Również i tę cechę staraliśmy się zachować w przekładzie.

Użytkowników naszego słownika zdziwić może przewaga w polskich przekładach form męskich i męskoosobowych. Jest to wynik przyjętej przez nas konwencji traktowania tych form jako domyślnych, zwłaszcza że są one morfologicznie trudniejsze niż formy żeńskie i niemęskoosobowe, a nie przekonania, że angielskie frazy mówią zwykle o mężczyznach.

Wielkie podziękowania za pomoc w doborze właściwych polskich odpowiedników należą się naszym kolegom z Redakcji Słowników Języka Polskiego, którzy czasami rozstrzygali nasze wątpliwości, gdy zawodziły wszelkie źródła. Wdzięczni też jesteśmy kolegom z Redakcji Encyklopedii oraz z redakcji książkowych, którzy po koleżeńsku, ale niezwykle rzetelnie konsultowali terminologię z wielu dziedzin. Dziękujemy też wszystkim nieoficjalnym konsultantom – prywatnym znajomym członków zespołu, którzy *pro publico bono* pomogli nam przy wielu specjalistycznych hasłach.

Nieocenioną pomocą okazały się też słowniki języka polskiego, w tym *Komputerowy słownik języka polskiego*, z którego mogliśmy korzystać jak z tezaurusa, i *Inny słownik języka polskiego*, bardzo precyzyjnie opisujący odcienie znaczeniowe polskich wyrazów, oraz elektroniczne teksty encyklopedii, pozwalające odnaleźć właściwe polskie terminy specjalistyczne.

Materiały dodatkowe

Zasadniczą część hasłową słownika wzbogacono o inne informacje, które trudno znaleźć w hasłach alfabetycznych lub których nie można było umieścić w konkretnych artykułach hasłowych. Słownik zawiera więc zarys gramatyki angielskiej, uwzględniający przede wszystkim różnice między polskim a angielskim. Ponadto zebraliśmy odpowiadające sobie grupy wyrażeń idiomatycznych używanych w pewnych typach wypowiedzi lub w pewnych sytuacjach komunikacyjnych. Zamieściliśmy też przykłady angielskich i polskich listów i pism użytkowych. Do tej części dołączyliśmy wzory angielskich listów handlowych – bez polskich odpowiedników. Wreszcie zebraliśmy uporządkowane tematycznie wyrażenia i zwroty z różnych dziedzin życia. Czytelnik znajdzie w tym dziale przykłady typowych wyrażeń i konstrukcji składniowych, a także przydatne informacje praktyczne, poczynając od form zapisu liczb i dat, poprzez odpowiadające sobie rozmiary odzieży i obuwia oraz przeliczanie jednostek miar, na formach grzecznościowych kończąc.

Redaktor Naczelna „Wielkiego słownika angielsko-polskiego PWN–Oxford”
Jadwiga Linde-Usiekniewicz

Kierownik Redakcji Słowników Obcojęzycznych
Ewa Geller

Jak korzystać ze słownika

A. Jak znaleźć szukane hasło

- Hasła ułożone są w porządku ***alfabetycznym***. Odstępy, łączniki, apostrofy i obce znaki diakrytyczne nie wpływają na porządek haseł [1].
- ***Złożenia*** traktowane są jako oddzielne hasła, włączone w porządek alfabetyczny słownika [1].
- ***Homonimy*** są traktowane jako oddzielne hasła opatrzone cyfrą arabską podniesioną o pół wiersza [2].
- Uwzględniono różnice między ***pisownią brytyjską*** (GB) i ***amerykańską*** (US) [3], przy czym forma amerykańska stanowi hasło ***odsyłaczowe*** [35].
- ***Formy rzadsze*** i ***nieregularne formy fleksyjne*** stanowią hasła ***odsyłaczowe.***
- Jeżeli wyraz jest ***skrótem terminu dwuwyrazowego***, w nawiasach podaje się formę pełną [11].

B. Budowa artykułu hasłowego

- Artykuły hasłowe mają budowę ***hierarchiczną***.
- W jednym artykule hasłowym połączono ***różne części mowy***, w podhasłach numerowanych ***cyframi rzymskimi*** [5]. Jeżeli ***wyraz hasłowy*** jest ***różnie wymawiany*** w zależności od części mowy, wymowę podaje się po numerze podhasła [7]. Z niektórymi częściami mowy związane są swoiste ***formy podstawowe*** [8].

[1]
Alfabetyczna kolejność haseł. **Złożenia** traktowane są jako oddzielne hasła włączone w porządek alfabetyczny słownika.

orangery /ˈɒrɪndʒərɪ, US ˈɔːr-/ *n* oranżeria *f*, pomarańczarnia *f*
orange segment *n* cząstka *f* pomarańczy
orange soda *n* oranżada *f*

[2]
Homonimy – wyrazy o identycznej pisowni traktowane są jako oddzielne hasła opatrzone cyfrą arabską podniesioną o pół wiersza.

overage[1] /ˌəʊvərˈeɪdʒ/ *adj [person]* za stary
overage[2] /ˈəʊvərɪdʒ/ *n* US Comm nadwyżka *f* ładunkowa towaru

[3]
Warianty pisowni brytyjskiej (GB) i amerykańskiej (US).

odor *n* US = **odour**
odour GB, **odor** US /ˈəʊdə(r)/ *n* woń *f*, zapach *m*; **the ~ of sanctity** aura świętości

[4]
Wymowa brytyjska i amerykańska zapisana międzynarodowym alfabetem fonetycznym (**IPA**) przedstawionym na drugiej wyklejce

overtired /ˌəʊvəˈtaɪəd/ *adj* przemęczony
overtly /ˈəʊvɜːtlɪ, US əʊˈvɜːtlɪ/ *adv* jawnie, otwarcie

[5]
Numerowane cyframi rzymskimi podhasła należące do różnych **części mowy**.

ocular /ˈɒkjʊlə(r)/ **I** *n* (eyepiece) okular *m* **II** *adj* oczny; **~ diseases** choroby oka

[6]
Symbole części mowy. Patrz: Skróty i symbole (na pierwszej wyklejce).

orchestral /ɔːˈkestrəl/ *adj* orkiestrowy

[7]
Różnice w wymowie wyrazu hasłowego w zależności od części mowy.

overthrow **I** /ˈəʊvəθrəʊ/ *n* Pol obalenie *n* **(of sth** czegoś)
II /ˌəʊvəˈθrəʊ/ *vt* (*pt* **-threw;** *pp* **-thrown)** obal|ić, -ać *[government, system]*; z|burzyć fig *[values, standards]*

[8]
Forma podstawowa, w której wyraz hasłowy występuje w danej kategorii gramatycznej.

oiler /ˈɔɪlə(r)/ **I** *n* [1] (ship) tankowiec *m* [2] (worker) nafciarz *m* [3] infml (oilcan) olejarka *f*
II oilers *npl* US Fashn sztormiak *m*

[9]
Formy nieregularne.

oryx /ˈɒrɪks, US ˈɔːr-/ *n* (*pl* ~) oryks *m*
oversew /ˈəʊvəsəʊ/ *vt* (*pt* **-sewed;** *pp* **-sewn)** z|szyć, -szywać na okrętkę

[10]
Informacja, że rzeczownik ma **specjalne wymagania składniowe**.

oncogenetics /ˌɒŋkəʊdʒɪˈnetɪks/ *n* (+ *v sg*) onkogenetyka *f*

[11]
Warianty, w których wyraz hasłowy może występować.

oriel /ˈɔːrɪəl/ *n* (also ~ *window*) okno *n* w wykuszu

[12]
Numery znaczeń – w obrębie podhasła cyframi arabskimi wyróżniamy różne znaczenia danego wyrazu.

offbeat /ˌɒfˈbiːt, US ˌɔːf-/ **I** *n* Mus słaba część *f* taktu
II *adj* [1] Mus *[accent]* nieregularny; *[rhythm]* synkopowany [2] (unusual) *[humour, approach, clothes]* niekonwencjonalny, nietypowy

[13]
Kwalifikatory – wskazują na ograniczenia geograficzne lub stylistyczne w użyciu danego wyrazu, a także na dziedzinę życia, której dotyczy. Patrz: Skróty i symbole (na pierwszej wyklejce).
Kwalifikator może dotyczyć:
- całego hasła,
- jednego podhasła,

octal /ˈɒktl/ Comput, Math **I** *n* system *m* ósemkowy
II *adj [system, notation]* ósemkowy
ocean /ˈəʊʃn/ **I** *n* ocean *m*
II oceans *npl* infml **~s of sth** masa czegoś *[food, space, time, work]*; morze czegoś fig *[tears, booze]*
III *modif [voyage, wave]* oceaniczny

- Podhasła dzielą się na ***znaczenia***, numerowane ***cyframi arabskimi*** [12].

- Dla odróżnienia znaczeń wyrazu hasłowego stosuje się ***kwalifikatory*** [13], ***minidefinicje*** [14] lub ***typowe słowa*** łączące się z wyrazem hasłowym w danym znaczeniu [15].
Brak kwalifikatora oznacza, że wyraz jest używany w języku ogólnym i nie jest nacechowany stylistycznie lub emocjonalnie.

- Jeżeli w polskim nie ma dokładnego odpowiednika, stosuje się ***odpowiedniki przybliżone*** [17], definicje [18] lub dodatkowe wyjaśnienia [19].

- ***Odpowiedniki*** w pełni ***równoważne*** są rozdzielone ***przecinkami*** [23].

- Minidefinicje, kwalifikatory i słowa określane mogą też rozdzielać ***nierównoważne*** sobie ***odpowiedniki*** polskie, ponadto rozdzielone ***średnikiem*** [24].

- Znaczenia mogą być zilustrowane ***przykładami typowych użyć*** [26] wraz z ***przekładem polskim*** [27].

- Pewne wyrażenia zapisano w sposób ***skrótowy*** [28], [29], [30].

- ***Czasowniki frazowe (złożone)*** stanowią nienumerowane ***podhasła*** [31]. W ich obrębie ***znak karetki*** oddziela czasownik nieprzechodni od przechodniego lub przechodni rozłączny od przechodniego nierozłącznego [32].

- jednego znaczenia,
- jednego odpowiednika,
- pojedynczego zwrotu lub przykładowego zdania.

[14]

Minidefinicje pokazujące:
- różnice pomiędzy poszczególnymi znaczeniami,
- różnice między odpowiednikami w obrębie jednego znaczenia.

[15]

Słowa, z którymi wyraz hasłowy typowo się łączy:
- **podmioty** czasowników lub zwrotów czasownikowych,
- **dopełnienia** czasowników przechodnich lub zwrotów z takimi czasownikami,
- **wyrazy określane** przez przymiotniki i przysłówki oraz wyrażenia o funkcji przydawki lub okolicznika.

[16]

Polski odpowiednik wyrazu hasłowego.

[17]

Znak przybliżenia – oznacza przybliżony odpowiednik wyrazu hasłowego.

[18]

Wyjaśnienie niebędące odpowiednikiem w przypadku, kiedy odpowiednik nie istnieje.

[19]

Dodatkowe wyjaśnienie precyzujące znaczenie odpowiednika.

[20]

Rodzaj gramatyczny polskich odpowiedników rzeczownikowych.

[21]

Męskie i żeńskie odpowiedniki rzeczowników osobowych, np. nazw zawodów.

[22]

Postać dokonana i niedokonana polskich odpowiedników czasownikowych.

[23]

Przecinkami rozdzielono **odpowiedniki w pełni wymienne**. Wszelkie informacje towarzyszące takiej parze dotyczą obu elementów.

[24]

Średnikami rozdzielono **odpowiedniki różniące** się odcieniem znaczeniowym, łączliwością lub stylem.

occlusion /əˈkluːʒn/ *n* [1] (blocking) zamknięcie *n* [2] Chem, Meteorol okluzja *f*
ox tongue *n* ozór *m*; Culin ozorki *m pl*
occasional /əˈkeɪʒənl/ *adj* [1] *[event]* sporadyczny; **she smokes the ~ cigarette** od czasu do czasu zapali papierosa; **they have the ~ row** od czasu do czasu się kłócą; **~ showers** Meteorol przelotne deszcze [2] fml *[poem, music]* okolicznościowy

old boy *n* [1] (ex-pupil) były uczeń *m*, absolwent *m* [2] infml (old man) staruszek *m* [3] infml dat (dear chap) stary *m* infml
oysterman /ˈɔɪstəmæn/ *n* **(*pl* -men)** (gatherer) poławiacz *m* ostryg; (seller) sprzedawca *m* ostryg; (breeder) hodowca *m* ostryg

obsess /əbˈses/ *vt [fears, image, thought]* prześladować; **to be ~ed by** or **with sth** być opętanym czymś *[greed, fear, idea]*; mieć obsesję na punkcie czegoś *[details]*
overrate /ˌəʊvəˈreɪt/ *vt* przeceni|ć, -ać *[person, ability, value]*; przereklamow|ać, -ywać *[film]*
orally /ˈɔːrəlɪ/ *adv* [1] *[communicate, testify, examine]* ustnie [2] Med *[administer]* doustnie

oxide /ˈɒksaɪd/ *n* tlenek *m*

OM *n* = **Order of Merit** ≈ order *m* zasługi

ordinary degree *n* GB *stopień naukowy niższej rangi, bez wyróżnienia*

Ouija® /ˈwiːdʒə/ *n* tabliczka *f* ouija *(do seansów spirytystycznych)*

ocarina /ˌɒkəˈriːnə/ *n* okaryna *f*

ophthalmologist /ˌɒfθælˈmɒlədʒɪst/ *n* okulist|a *m*, -ka *f*

outdistance /ˌaʊtˈdɪstəns/ *vt* z|dystanować, zostawi|ć, -ać w tyle also fig

obligate /ˈɒblɪgeɪt/ *vt* zobowiąz|ać, -ywać, z|obligować **(to do sth** do zrobienia czegoś**)**

orchestrate /ˈɔːkɪstreɪt/ *vt* [1] Mus z|orkiestrować [2] fig z|organizować *[campaign, strike]*; za|aranżować *[party]*; rozplanow|ać, -ywać *[tale, story]*

- Na końcu hasła umieszczono ***frazeologizmy*** (idiomy) 34▸. Poszczególne frazeologizmy i ich tłumaczenia oddzielone są ***średnikami***. Do niektórych dodano przykłady użycia wraz z tłumaczeniem.

C. Informacje gramatyczne

- W każdym haśle i podhasłach (numerowanych cyframi rzymskimi) podaje się ***symbol części mowy*** wyrazu angielskiego 6▸.
- ***Formy nieregularne*** wyrazów angielskich są podawane w całości lub skrótowo, w postaci zakończeń wyrazowych 9▸.
- Dla ***rzeczowników polskich*** podaje się ***rodzaj*** 20▸. ***Męskie i żeńskie*** polskie rzeczowniki osobowe odpowiadające temu samemu ***rzeczownikowi angielskiemu***, np. nazwy zawodów, są zapisywane skrótowo 21▸.
- Odpowiednikami czasowników angielskich są najczęściej ***pary aspektowe***, zapisywane skrótowo 22▸.
- Informacje o ***składni*** angielskiego wyrazu hasłowego podaje się w ***formie skróconej*** z tłumaczeniem 25▸ lub pełnej, tj. ***jako przykład użycia*** 26▸ z tłumaczeniem 27▸. ***Szyk dopełnienia*** w czasownikach frazowych zaznacza się ***zaimkiem*** w nawiasach kwadratowych 33▸.
- Zaznaczono ***nietypowe związki główne*** (podmiotu z orzeczeniem) 10▸.

25▸

Schemat składniowy – pokazuje przyimki, z jakimi wyraz hasłowy najczęściej występuje.

open letter *n* list *m* otwarty (**to sb** do kogoś)

26▸

Typowe **zwroty i przykładowe zdania** angielskie. **Tylda** zastępuje w nich wyraz hasłowy.

our /ˈaʊə(r), ɑː(r)/ *det* nasz; **~ son/daughter/child** nasz syn/nasza córka/nasze dziecko; **we first packed ~ things** najpierw spakowaliśmy swoje rzeczy

27▸

Tłumaczenia zwrotów i przykładowych zdań angielskich.

onus /ˈəʊnəs/ *n* obowiązek *m*; **the ~ of responsibility** ciężar odpowiedzialności; **to put the ~ on sb to do sth** zobowiązać kogoś do zrobienia czegoś

28▸

Wymiennie używane części wyrażeń.

outcry /ˈaʊtkraɪ/ *n* głosy *m pl* protestu, krzyk *m*; **to raise** or **make an ~** podnieść krzyk

29▸

Zwroty o różnym znaczeniu łączące się z wyrazem hasłowym, a także ich tłumaczenia oddzielono **ukośnikami**.

opening hours *npl* (of shop, library, pub) godziny *f pl* otwarcia; **late-night/round-the-clock ~** czynne **do późna w nocy/całą dobę**

30▸

Elementy, które **można pominąć** (w nawiasach okrągłych).

o'clock /əˈklɒk/ *adv* **at one ~** o (godzinie) pierwszej; **it's two/three ~** jest (godzina) druga/trzecia

31▸

Oznaczenie **czasownika złożonego** (frazowego)

■ **order off**: **~ [sb] off** *[referee]* usu|nąć, -wać (z boiska) *[player]*; **to ~ sb off sth** przegnać kogoś z czegoś *[land, grass]*

32▸

Wyodrębnienie różnych **kategorii czasownika złożonego**:
- nieprzechodniego,
- przechodniego rozłącznego,
- przechodniego nierozłącznego.

■ **open out**: ¶ **~ out** (become broader) *[passage, river, path]* rozszerz|yć, -ać się; *[view, countryside, flower]* otw|orzyć, -ierać się; ¶ **~ out [sth], ~ [sth] out** roz|łożyć, -kładać *[newspaper, garment, map]*

33▸

Pozycję **dopełnienia** w czasownikach frazowych przechodnich zaznaczono **zaimkiem w nawiasach kwadratowych**

■ **offer up**: **~ up [sth], ~ [sth] up** odm|ówić, -awiać; zanosić fml *[prayers]*; zło|żyć, składać *[sacrifice]*; **to ~ up one's life for sth** oddać życie za coś

34▸

Wyodrębniona część hasła zawierająca **frazeologizmy** (idiomy).

ox /ɒks/ *n* (*pl* **~en**) wół *m*
IDIOMS: **as strong as an ~** silny jak byk; **a blow that would have felled an ~** cios, który powaliłby byka

35▸

Odsyłacz **do innego hasła**:
- forma nieregularna,
- pisownia amerykańska.

oxen /ˈɒksn/ *npl* → **ox**
odor *n* US = **odour**

Zarys gramatyki języka angielskiego

opracowała Barbara Lewandowska-Tomaszczyk

I. PISOWNIA (*SPELLING*) I WYMOWA (*PRONUNCIATION*) ANGIELSKA

1. Porównanie wymowy i pisowni

W języku angielskim tę samą głoskę oznacza się często innymi literami, np.:

[ɔ:] – *p**aw***, *st**ore***, *c**all***

[ɜ:] – ***bir**d*, *c**ur**l*, *m**yr**tle*

[sk] – ***sch**ool*, *s**c**eptical*

Te same litery lub zestawy liter w pisowni angielskiej nie zawsze odpowiadają takiej samej wymowie, np.:

*r**ea**d* [ri:d]
*r**ea**d* [red]

Wymowa tych samych liter zmienia się czasem w zależności od kontekstu, np. *g* wymawiane jest jako [g] przed *a* i *u*, zaś przed *i* i *e*, zwykle jako [dʒ]:

***ga**rden* – [ˈgɑ:dn], ***gu**ard* [gɑ:d]
***gi**raffe* – [dʒɪˈrɑ:f], ***ge**ne* [dʒi:n]

Wyrazy pokrewne mogą różnić się wymową powtarzających się w nich sylab, np. *nation* – *national*, wymawiane [ˈneɪʃn] – [ˈnæʃənl].

W języku angielskim występują głoski identyczne lub podobne do głosek polskich, np. *f*, *s*, *m*, *n* i inne. Są tam też jednak dźwięki, które nie występują w systemie języka polskiego, takie jak [æ] w wyrazie *bag*, [θ] w *thin*, czy [ð] w *that*.

2. Dźwięczność spółgłosek końcowych

W odróżnieniu od języka polskiego, w którym występuje ubezdźwięcznienie głosek dźwięcznych na końcu wyrazu, np. w wyrazie *Bóg*, w którym spółgłoska końcowa wymawiana jest podobnie jak w słowie *buk*, język angielski zachowuje głoski dźwięczne na końcu wyrazów, np. *dog* wymawia się [dɒg] z dźwięczną głoską *-g* na końcu, zaś ostatnia głoska w wyrazie *dock* [dɒk] *-k* jest bezdźwięczna.

3. Akcent wyrazowy (*word stress*)

W języku polskim akcent (*stress*) pada zwykle na przedostatnią sylabę wyrazu, np. *po**go**da*. W języku angielskim akcent może padać na różne sylaby w wyrazie. Istnieją tam także takie pary wyrazów o jednakowej pisowni, które różnią się akcentem w zależności od tego, czy dany wyraz jest rzeczownikiem, czy czasownikiem, np.:

im**port* (rzeczownik) – *im**port (czasownik)
ac**cent* (rzeczownik) – *ac**cent (czasownik)
sub**ject* (rzeczownik) – *sub**ject (czasownik)

4. Mocne i słabe formy. Formy ściągnięte

W języku angielskim istnieją wyrazy, które posiadają dwie formy w wymowie, tzw. formę mocną (*strong form*), jeśli dany wyraz jest akcentowany w zdaniu, oraz formę słabą (*weak form*) w pozycji, która nie jest akcentowana, np.:

*But I **was*** [wɔ:z] *there yesterday.*

I was [wəz] *there for three hours yesterday.*

Te ostatnie występują w postaci form ściągniętych (*contracted forms*), szczególnie w języku mówionym:

I'm (I am) ready – I'm (I am) not ready.

He's (he has) been here before – He hasn't (has not) been here before.

I'd (I should/would) like to – I shouldn't/wouldn't (should not/would not) like to.

I've (I have) got plenty – I haven't (have not) got much.

He's (he has) got a new car – He hasn't (has not) got a new car.

I'd (I had) better go.

He hadn't (he had not) visited Berlin before.

5. Transkrypcja fonetyczna

W transkrypcji fonetycznej używanej w tym słowniku stosuje się symbole międzynarodowego alfabetu fonetycznego (*International Phonetic Alphabet – IPA*). Podana wymowa oddaje standardową wymowę brytyjskiej angielszczyzny (*Received Pronunciation – RP*) z możliwymi w tej odmianie wariantami oraz zawiera wymowę amerykańską w wyrazach, w których występują różnice. We wszystkich wyrazach składających się z więcej niż jednej sylaby zaznaczony jest główny akcent wyrazowy, a czasem także poboczny.

II. MORFOLOGIA (*MORPHOLOGY*) I SŁOWOTWÓRSTWO (*WORD FORMATION*)

1. Typy morfemów

Morfologia zajmuje się budową wyrazów. Najmniejsza znacząca jednostka językowa nosi nazwę morfemu (*morpheme*). Wśród morfemów wyróżnia się morfemy leksykalne (*lexical morphemes*), które mogą tworzyć samodzielne wyrazy o pełnym znaczeniu, np. *dog* czy *wall*, oraz morfemy strukturalne (*structural morphemes*), które zmieniają formę wyrazu (*inflectional morphemes*) lub przynależność do części mowy (*derivational morphemes*).

2. Części mowy (*parts of speech*)

W języku angielskim wyróżniamy następujące części mowy: rzeczownik (*noun*), czasownik (*verb*), przymiotnik (*adjec-

tive), liczebnik (*numeral*) [por. **Numerals** w dziale **Słownictwo i zwroty z wybranych dziedzin**], przysłówek (*adverb*), określnik (*determiner*), w tym przedokreślnik (*predeterminer*) i przedimek (*article*), oraz zaimek (*pronoun*), przyimek (*preposition*) i spójnik (*conjunction*).

3. Angielski jako język analityczny

Język angielski jest językiem analitycznym (*analytic language*), tzn. takim, w którym pewne kategorie gramatyczne wyrażane są kilkoma cząstkowymi wyrazami. Część tych ostatnich to tzw. wyrazy funkcyjne (*function words*), takie jak czasowniki posiłkowe (*auxiliary verbs*), przyimki (*prepositions*) czy przedimki (*articles*). W języku polskim, który jest językiem syntetycznym (fleksyjnym) (*synthetic/inflectional language*), kategorie gramatyczne wyraża się najczęściej za pomocą odpowiednich form fleksyjnych, np.:

I've just read ***a good book***. – *Przeczytałem* ***dobrą książkę***.

He was painting ***with a big paintbrush***. – *Malował* ***dużym pędzlem***.

4. Słowotwórstwo (*word formation*)

W języku angielskim na powstawanie nowych wyrazów, należących do innych części mowy niż wyrazy, od których zostały one utworzone, decydujący woływ mają procesy konwersji (*conversion*) i derywacji (*derivation*), czyli afiksacji (*affixation*).

4.1. Konwersja (*conversion*)

Jednym z najbardziej produktywnych procesów słowotwórczych w języku angielskim jest konwersja (*conversion*). Zjawisko to występuje wtedy, gdy zmianie kategorii gramatycznej nie towarzyszy żadna zmiana formy wyrazu, np. rzeczownik zamienia się w tzw. modyfikator (*modifier*): *student* (student) – *a student house* (dom studencki), *designer* (projektant mody) – *designer clothes* (ubrania ze znanego domu mody). Inne przykłady konwersji to zamiana rzeczownika w czasownik, np. *hand* (ręka) – *to hand* (wręczać), przysłówka w czasownik, np. *up* (w górze, wysoko) – *to up* (wstać), przymiotnika w przysłówek, np. *fast* (szybkie) – *fast* (szybko), czy zmiana imiesłowu w przymiotnik, np. *the tree has fallen* (drzewo zwaliło się) – *the fallen tree* (zwalone drzewo), *the girl is dancing* (dziewczyna tańczy) – *the dancing girl* (tańcząca dziewczyna). Inne przykłady ostatniego typu konwersji to *written evidence* (dowód na piśmie), *hidden value* (ukryta wartość) czy *varying numbers* (zmienne liczby). Konwersja przymiotnika w rzeczownik odbywa się przy jednoczesnym użyciu przedimka określonego, np.: *good* – *the good*, *rich* – *the rich*.

4.2. Afiksacja (*affixation*)

Innym procesem słowotwórczym zarówno w języku polskim, jak i angielskim jest afiksacja, w wyniku której powstają formy pochodne czy derywowane (*derivatives*). Przykładem może tu być nominalizacja (*nominalization*), w wyniku której pewne części mowy mogą być zmienione w rzeczownik, adjektywizacja (*adjectivization*), w wyniku której tworzymy przymiotniki, czy adwerbializacja (*adverbialization*), gdy otrzymujemy przysłówek. Formy te tworzymy w języku angielskim przez dodanie odpowiedniego przedrostka (*prefix*) lub przyrostka (*suffix*), np.: [czasownik > rzeczownik] *to arrive* – *arrival*; [rzeczownik > czasownik] *light* – *to enlighten*; [przymiotnik > rzeczownik] *sad* – *sadness*; [rzeczownik > przymiotnik] *friend* – *friendly, friendless*; [czasownik > przymiotnik] *to compare* – *comparable*; [przymiotnik > przysłówek] *slow* – *slowly*. Zdarza się, że znaczenie formy pochodnej jest nieregularne, np. *hard* – *hardly*, *late* – *lately*.

Specjalna grupa przedrostków i przyrostków przeczących (*negative affixes*) tworzy wyrazy o znaczeniu przeciwnym od wyrazu podstawowego, np. *fortune* – ***mis****fortune*, *connect* – ***dis****connect*, *able* – ***un****able*, *possible* – ***im****possible*, *legal* – ***il****legal*, *noble* – ***ig****noble*, *merciful* – *merci****less***, *fat* – *fat-****free*** (por. Tabela I).

Ważne miejsce w gramatyce języka angielskiego zajmuje rzeczownik odczasownikowy (odsłowny) (*verbal noun*) tworzony przez dodanie przyrostka *-ing* do czasownika, np. *to write a letter* – *the writ****ing*** *of a letter*. Rzeczownik odsłowny ma taką samą formę jak gerundium (*gerund*), ale różni się od niego cechami składniowymi (por. III. 16).

4.3. Wyrazy złożone

W języku angielskim występują wyrazy złożone (*compounds*), które mają status jednego wyrazu i pisane są łącznie (*closed compounds*), np. *mailbox*. Równie często występują złożenia z łącznikiem, np. *editor-in-chief*, *raven-haired* lub pisane oddzielnie, np. *first night*. Te ostatnie jednak pisane są z łącznikiem, gdy występują w funkcji przydawki (*attribute*), np. *first-night audience*, *first-night ticket*.

5. Określniki (*determiners*)

5.1. Typy i użycie przedimków

Rzeczowniki w języku angielskim są zwykle poprzedzone określnikiem (*determiner*). Rolę jego spełnia najczęściej rodzajnik nazywany także przedimkiem (*article*). Wyróżniamy trzy rodzaje przedimków: przedimek nieokreślony (*indefinite article*), przedimek określony (*definite article*) i przedimek zerowy (*zero article*).

Przedimek nieokreślony ***a*** występuje przed rzeczownikami policzalnymi w liczbie pojedynczej. Przed rzeczownikami rozpoczynającymi się od samogłoski przybiera on formę ***an***, np. ***an*** *apple*. Użycie przedimka nieokreślonego przed nazwą przedmiotu oznacza, że osoba mówiąca nie ma potrzeby, lub nie ma możliwości wskazania, którą konkretnie rzecz ma na myśli.

Przedimek określony ***the*** może występować przed rzeczownikami niepoliczalnymi oraz policzalnymi w liczbie pojedynczej i mnogiej. Przedimek ***the*** przed spółgłoskami wymawiany jest jako [ðə], np. ***the*** *book(s)* [ðə bʊk(s)], natomiast przed samogłoskami jako [ði:], np. ***the*** *apple(s)* [ði: ˈæpl(z)]. Użycie przedimka określonego ***the*** w zasadzie oznacza, że osoba mówiąca zakłada, iż słuchacz wie, o który konkretnie przedmiot lub o którą osobę chodzi.

Z przedimkiem określonym ***the*** występują także rzeczowniki w tzw. funkcji generycznej (*generic nouns*), wskazujące na określoną klasę czy rodzaj obiektów w ujęciu bardziej uniwersalnym, np.: ***The*** *lion is a dangerous animal*.

Przedimka ***the*** używa się też wtedy, gdy istnieje tylko jeden przedmiot nazywany danym rzeczownikiem, np.: ***the*** *sun*, ***the*** *moon*, ***the*** *earth*, ***the*** *West*, a także przed przymiotnikiem w stopniu najwyższym, np. ***the*** *prettiest girl* oraz przed liczebnikiem porządkowym, np. *for* ***the*** *first time*.

Użycia przedimka określonego wymagają niektóre nazwy własne, takie jak nazwy rzek, np. ***the** Thames*, i pasm górskich, np. ***the** Alps*.

Przedimek zerowy (*zero article*) występuje przed rzeczownikami niepoliczalnymi i abstrakcyjnymi oraz przed rzeczownikami w liczbie mnogiej dla oznaczenia całej klasy lub rodzaju obiektów, np. *I like apples.*

Przedimek zerowy występuje również przed wieloma nazwami własnymi, np. *Poland, London, John, Smith.*

5.3. Inne określniki

Inne określniki poprzedzające rzeczownik to zaimki wskazujące (*demonstrative pronouns*): ***this** book/**these** books*, ***that** pen/**those** pens*, przymiotniki dzierżawcze (*possessive adjectives*): ***my** car*, ***your** car*, ***his** car*, ***her** car*, ***its** cover*, ***our** book*, ***your** book*, ***their** book*, a także przedokreślniki (*predeterminers*), które poprzedzają określnik, np: ***most** (of them)*, ***such** (a wonderful day)*, wśród których występują tzw. kwantyfikatory (*quantifiers*), czyli oznaczniki ilości: ***some**, **all**, **every**, **each**, **both*** (*the books*), np.:

*We want **all of them** back.*

***Each of them** read one paper.*

6. Rzeczownik

6.1. Typy

Rzeczowniki dzielą się na pospolite (*common nouns*) i własne (*proper nouns*), pisane dużą literą (*Peter*, *London*). Rzeczowniki pospolite z kolei dzielą się na policzalne (*countable nouns*) i niepoliczalne (*uncountable nouns*), do których najczęściej należą rzeczowniki nazywające substancje i pojęcia abstrakcyjne (*abstract nouns*). Rzeczowniki własne mogą w niektórych przypadkach przyjmować funkcję rzeczownika pospolitego, np.:

*He is **an Einstein** of our times.*

*I own **three Picassos*** [tzn. obrazy Picassa].

Ze względu na budowę wyróżniamy w języku angielskim trzy rodzaje rzeczowników:

1. Rzeczowniki proste
   book, work, fortune
2. Rzeczowniki pochodne lub derywowane
   *book**ing**, work**er**, **mis**fortune*
3. Rzeczowniki złożone
   blackboard, Englishman, letter-box, daughter-in-law

W języku angielskim wyróżniamy następujące kategorie gramatyczne rzeczownika: liczbę, przypadek i rodzaj.

6.2. Liczba (*number*)

Rzeczowniki mogą występować w liczbie pojedynczej (*singular*) lub mnogiej (*plural*). Liczbę mnogą tworzymy przez dodanie końcówki ***-s**/**-es***, którą wymawiamy jako

[z] po głoskach dźwięcznych *table – table**s***

[s] po głoskach bezdźwięcznych *hat – hat**s***

[ɪz] po głoskach syczących *bus – bus**es**, judge – judg**es***

Niektóre rzeczowniki kończące się na ***-f*** lub ***-fe*** zmieniają w liczbie mnogiej końcówkę na ***-ves***: *wife – wi**ves**, wolf – wol**ves**.*

Rzeczowniki z końcówką ***-y*** po spółgłosce wymieniają w liczbie mnogiej ***-y*** na ***-i*** oraz otrzymują końcówkę ***-es***: *lady – lad**ies**.*

Trzy rzeczowniki przybierają archaiczną końcówkę liczby mnogiej ***-en***:

*ox – ox**en***
child [tʃaɪld] – *child**ren*** [ˈtʃɪldrən]
*brother – breth**ren***

Rzeczownik *brother* ma także regularną liczbę mnogą *brothers.* Formy *brethren* używa się jedynie w odniesieniu do członków bractw, stowarzyszeń religijnych itp.

Niektóre rzeczowniki wymieniają samogłoskę rdzenną: *man* [mæn] – *men* [men], *goose* [gu:s] – *geese* [gi:s], *mouse* [maʊs] – *mice* [maɪs], *foot* [fʊt] – *feet* [fi:t], *tooth* [tu:θ] – *teeth* [ti:θ], inne zaś nie zmieniają formy w liczbie mnogiej: *sheep*, *deer*, *fish.* Rzeczownik *fish* i kilka innych mogą tworzyć regularną liczbę mnogą, np. *fishes*, ograniczoną jednak znaczeniowo do wyrażania rodzajów: *many fishes* (wiele rodzajów ryb). Istnieją też w angielskim tzw. formy supletywne (*suppletive forms*), w których liczba mnoga ma odmienną formę niż liczba pojedyncza: *man – people.*

Rzeczowniki zapożyczone z łaciny lub greki mogą zachować formy liczby mnogiej z tych języków: *larva – larvae*, *thesis – theses*, *phenomenon – phenomena*, *syllabus – syllabi* (lub *syllabuses*).

Liczbę mnogą rzeczowników złożonych tworzy się przez dodanie końcówki liczby mnogiej do najważniejszego wyrazu w złożeniu: *passer-by – passers-by*, ale np.: *merry-go-round – merry-go-rounds* czy *forget-me-not – forget-me-nots.*

Niektórych rzeczowników używa się głównie w liczbie pojedynczej (tzw. *singularia tantum*): *hair*, *money*, innych zaś w liczbie mnogiej (tzw. *pluralia tantum*): *scissors*, *trousers.* W tych ostatnich liczba pojedyncza wyrażana jest podobnie jak w języku polskim za pomocą fraz, np. *a pair of trousers.* Należy pamiętać, że angielskie odpowiedniki polskich rzeczowników występujących wyłącznie w liczbie mnogiej mogą posiadać liczbę pojedynczą i na odwrót, np. *door* (drzwi), *violin* (skrzypce), *money* (pieniądze), *billiards* (bilard). Istnieją również przypadki, kiedy z rzeczownikiem z końcówką liczby mnogiej używamy czasownika w liczbie pojedynczej lub gdy z rzeczownikiem w liczbie pojedynczej używamy czasownika w liczbie mnogiej:

*Economics **is** a popular subject at university.*

*The youth of today **are** often viewed as being aggressive.*

Przymiotniki (*adjectives*) funkcjonujące jako rzeczowniki zbiorowe (*collective nouns*) wymagają czasownika w liczbie mnogiej:

*The rich rarely **help** the poor.*

6.3. Przypadek (*case*)

W języku angielskim występuje jedna główna forma rzeczownika, zaś niektóre rzeczowniki (najczęściej żywotne) tworzą także morfologicznie odmienną formę dopełniacza, tzw. dopełniacz saksoński (*Saxon Genitive*), który wskazuje przynależność (*possession*). Tworzy się go w większości przypadków przez dodanie końcówki ***'s*** dla liczby pojedynczej lub ***'*** (apostrof) dla liczby mnogiej rzeczownika: *boy**'s** – boys**'***, *the current British Prime Minister**'s** speech.* Rzeczowniki w liczbie mnogiej z końcówką inną niż ***-s*** tworzą dopełniacz tak jak rzeczowniki w liczbie pojedynczej: *woman – woman**'s**, women – women**'s**.* Rzeczowniki zakończone na ***-s*** mogą tworzyć dopełniacz zarówno przez dodanie ***-s'*** jak i przez dodanie jedynie apostrofu ***'***, np. *James**'s**/James**'***.

Należy w języku angielskim odróżnić dwie formy, w których może wystąpić przypadek dopełniacza. Formy te mają różne znaczenia:

*a book of **John's*** (jakaś książka Johna/któraś z książek Johna)

***John's** book* (określona książka Johna).

Przynależność i inne pojęcia, np. narzędzie (*instrument*), które w języku polskim wyraża się przez kategorię gramatyczną przypadka, przyjmują często w języku angielskim formę fraz przyimkowych (*prepositional phrases*), np.:

*the colour **of the flower** – kolor **kwiatu***

*I will go there **by car** – Pojadę tam **samochodem***

*He cut the paper **with a knife** – Pociął/Przeciął papier **nożem**.*

6.4. Rodzaj (*gender*)

W języku angielskim rodzaj rzeczowników określa się inaczej niż w języku polskim. W języku polskim rzeczowniki mają rodzaj gramatyczny (*grammatical gender*), tzn. zarówno nazwy osób, zwierząt, jak i przedmiotów i pojęć abstrakcyjnych mają rodzaj męski, żeński lub nijaki. W języku angielskim występuje tzw. rodzaj naturalny (*natural gender*), czyli uzależniony od płci istoty żywej, np. *boy* czy *father* są rodzaju męskiego (*masculine gender*), zaś *girl* czy *mother* – rodzaju żeńskiego (*feminine gender*). Wykładnikami rodzaju naturalnego są zaimki osobowe (*boy – he, woman – she, pencil – it*). Słowa takie jak *teacher* czy *colleague* mają rodzaj wspólny, który można określić dopiero, gdy wyrazy te zastąpi zaimek *he* lub *she*. Rzeczowniki takie jak *book* czy *table* mają rodzaj nijaki (*neuter gender*). Podobnie jest, gdy mówimy o zwierzętach czy małych dzieciach, których nazwy zastąpić można zaimkiem *it*. W przypadku większych zwierząt jednak zwykle określamy ich płeć: *Give the cat her bowl!* W odniesieniu do rzeczowników takich jak *ship*, *car* czy nazw krajów, takich jak *England*, używany jest często emocjonalnie zabarwiony zaimek *she* i jego formy.

Język angielski posiada także żeńskie formy rzeczownikowe supletywne: *cock* (kogut) – *hen* (kura), *man* (mężczyzna) – *woman* (kobieta), *father* (ojciec) – *mother* (matka), *goose* (gęś) – *gander* (gąsior), oraz formy żeńskie tworzone od form męskich lub wspólnych przez dodanie przyrostka ***-ess*** lub elementu ***boy/girl*** lub ***he/she***: *actor – actr**ess**, tiger – tigr**ess**; **boy**friend – **girl**friend, **he**-wolf – **she**-wolf.*

7. Zaimki (*pronouns*)

W języku angielskim występują następujące kategorie zaimków:

7.1. Zaimki osobowe (*personal pronouns*)

	FORMA PODMIOTU	*FORMA DOPEŁNIENIA*
1 os. l.poj.	*I*	*me*
2 os. l.poj.	*you*	*you*
3 os. l.poj.	*he/she/it*	*him/her/it*
1 os. l.mn.	*we*	*us*
2 os. l.mn.	*you*	*you*
3 os. l.mn.	*they*	*them*

7.2. Zaimki dzierżawcze (*possessive pronouns*)

W języku angielskim występują następujące typy form dzierżawczych:

- tzw. przymiotniki dzierżawcze (*possessive adjectives*), np. *my book*:

1 os. l.poj.	*my*
2 os. l.poj.	*your*
3 os. l.poj.	*his/her/its*
1 os. l.mn.	*our*
2 os. l.mn.	*your*
3 os. l.mn.	*their*

- tzw. zaimki dzierżawcze (*possessive pronouns*), występujące samodzielnie, np. *This book is mine*, lub w wyrażeniach przyimkowych po rzeczowniku, np. *a book of mine*:

1 os. l.poj.	*mine*
2 os. l.poj.	*yours*
3 os. l.poj.	*his/hers/its*
1 os. l.mn.	*ours*
2 os. l.mn.	*yours*
3 os. l.mn.	*theirs*

7.3. Zaimki względne (*relative pronouns*)

Zaimek *who* używany jest najczęściej w odniesieniu do osób, oprócz formy dopełniaczowej, która występuje także w odniesieniu do obiektów nieżywotnych:

FORMA PODMIOTU	*FORMA DOPEŁNIENIA*	*FORMA DZIERŻAWCZA (DOPEŁNIACZOWA)*
who	*whom, who*	*whose*

Zaimek *which* używany jest w odniesieniu do obiektów nieżywotnych. Formą dzierżawczą zaimka *which* jest *whose*, podobnie jak w przypadku *who*, lub fraza *of which*, występująca po odnoszącym się do niej rzeczowniku:

I saw a pyramid whose shape constantly changed.

Here are the papers, abstracts of which are given below.

Zarówno *who*, jak i *which* występują najczęściej w tzw. konstrukcjach względnych nieograniczających. Do kategorii zaimków względnych zaliczany jest także wyraz *that*, posiadający tylko jedną formę. Zaimek *that* odnosi się zarówno do przedmiotów, jak i do istot żywych i występuje w konstrukcjach względnych ograniczających (por. III. 22.3.1.).

Inne zaimki względne to zaimki proste *when*, *where*, *how*, *why* oraz używane w zdaniach względnych przysłówki złożone *whoever*, *whatever*, *whichever*, *wherever*, *whenever*, np.:

*This is **where** I was born.*

*I will go **wherever** you want me to.*

7.4. Zaimki pytające (*interrogative pronouns*)

Zaimek *who* używany jest w odniesieniu do osób:

FORMA PODMIOTU	*FORMA DOPEŁNIENIA*	*FORMA DZIERŻAWCZA (DOPEŁNIACZOWA)*
who	*whom, who*	*whose*

Zaimek *which* używany jest w pytaniach dotyczących istot żywych lub przedmiotów i występuje w formie atrybutywnej:

Which of them is the best student?

Zaimek *what* odpowiada polskiemu zaimkowi rzeczownemu *co* lub zaimkowi przymiotnemu *jaki*.

What are you doing?

What colour do you like?

Inne wyrazy pytające to przysłówki pytające *when*, *where*, *how*, *why* oraz przysłówki i zaimki złożone, np.

whoever, whatever, whichever, wherever, whenever, which one, what for, what about, at which place, at what time itd.

7.5. Zaimki wskazujące (*demonstrative pronouns*)

W języku angielskim istnieją dwa typy zaimków wskazujących: dla osób i przedmiotów bliższego kręgu odniesienia – l.poj. *this*, l.mn. *these* – oraz dalszego kręgu odniesienia – l.poj. *that*, l.mn. *those* – zarówno w czasie, jak i w przestrzeni, np. *Give me that book* (Daj mi tę książkę = tę, którą trzymasz).

7.6. Zaimki zwrotne (*reflexive pronouns*) i zaimki emfatyczne (*emphatic pronouns*)

Zaimki zwrotne i zaimki emfatyczne mają taką samą formę w języku angielskim. Tworzy się je przez dodanie do formy zaimka dzierżawczego 1. i 2. os. l.poj. i l.mn. oraz formy zaimków osobowych w funkcji dopełnienia dla 3. os. l.poj. i l.mn. końcówki ***-self*** w liczbie pojedynczej i ***-selves*** w liczbie mnogiej:

myself *ourselves*
yourself *yourselves*
him/her/itself *themselves*

Zaimki zwrotne tłumaczy się na polski jako ***się***, np. *he washed himself* (umył się), lub ***sobie***, albo ***siebie***, np. *he looked at himself in the mirror* (spojrzał na siebie w lustro/przyglądał się sobie w lustrze). Odpowiednikiem polskim zaimków emfatycznych jest wyraz ***sam***: *He did it **himself*** (**Sam** to zrobił = samodzielnie), *the policy **they themselves** adopted* (polityka, którą **sami** przyjęli). Zaimek emfatyczny występuje na końcu zdania lub jest bezpośrednio poprzedzony zaimkiem osobowym.

7.7. Zaimki nieokreślone (*indefinite pronouns*) i zaimki przeczące (*negative pronouns*)

Wśród zaimków nieokreślonych i zaimków przeczących wyróżnia się w języku angielskim zaimki o funkcji nominalnej, takie jak *something* i *anything* odnoszące się do obiektów nieżywotnych, *somebody* czy *someone* i *anybody* czy *anyone* odnoszące się do osób oraz zaimki przeczące *nothing* (nic) i *no-one* (nikt) oraz zaimki o funkcji atrybutywnej *some (thing)*, *some (person)*, *any (person/thing)* oraz *no (thing/person)* (por. III. 11.4, III. 12.6).

8. Przymiotnik (*adjective*) i przysłówek (*adverb*): stopniowanie (*comparison*)

Przymiotnik i przysłówek w języku angielskim odmieniają się podobnie.

Wyrazy jedno- i dwusylabowe w stopniu równym (*positive degree*) przybierają końcówkę ***-er*** w stopniu wyższym (*comparative degree*) oraz końcówkę ***-est*** w stopniu najwyższym (*superlative degree*):

*short – short**er** – (the) short**est***
*narrow – narrow**er** – (the) narrow**est***
*fast – fast**er** – (the) fast**est***

Wśród nich wyrazy kończące się samogłoską ***-y*** zamieniają ją na ***-i:***

*dry – dr**ier** – (the) dr**iest***

ale

*shy – sh**ier*** lub *shyer – (the) sh**iest*** lub *shy**est***.

Przymiotniki i przysłówki posiadające więcej niż dwie sylaby tworzą stopień wyższy i najwyższy w sposób opisowy przez dodanie wyrazu ***more*** w stopniu wyższym i ***most*** w stopniu najwyższym:

*beautiful – **more** beautiful – (the) **most** beautiful*
*carefully – **more** carefully – (the) **most** carefully*

Istnieją też w języku angielskim przymiotniki i przysłówki, które mają nieregularną formę stopniowania, np.:

good/well – better – (the) best
bad/badly – worse – (the) worst

czy

late – later/latter – (the) latest/last

W ostatnim przykładzie formy oboczne nie są synonimiczne: *latter* wskazuje na przedmiot drugi z wymienionych, zaś *later/latest* – na późniejszy w czasie. Forma *last* wskazuje na końcowy czy ostateczny wybór.

9. Czasownik (*verb*)

9.1. Typologia czasownika

Ze względu na budowę w języku angielskim wyróżniamy trzy kategorie czasowników:

- czasowniki proste, np.: *read*, *sit*
- czasowniki pochodne lub derywowane, np.: *systematize*, *broaden*, *enlarge*
- czasowniki złożone, np.: *bottle-feed*, *outwit*

Do czasowników złożonych można też zaliczyć występujące często w języku angielskim frazy werbalne składające się z więcej niż jednego wyrazu, np.: *have a drink* czy *sit down*.

Ze względu na typ związków występujących między częściami zdania, a w szczególności między orzeczeniem i dopełnieniem, w języku angielskim można wyróżnić następujące typy czasowników:

(i) czasowniki łączące (*copulative verbs*) *to be*, *to become*, *to get*

(ii) czasowniki posiłkowe (*auxiliary verbs*) *to be*, *to have*, *to do*, występujące w czasach złożonych i stronie biernej (por. tabela 2)

(iii) czasowniki posiłkowo-modalne (*modal auxiliary verbs*) i **modalne (*modal verbs*)**, zwane niekiedy ułomnymi (*defective verbs*), ponieważ nie tworzą form nieosobowych (bezokolicznika i imiesłowów), zaś odmiana ich form osobowych jest niepełna: *can*, *could*, *must*, *may*, *might*, *shall*, *should*, *will*, *would*, *used to*, *ought to*, *need (to)*, *dare (to)*. Czasowniki modalne wyrażają najczęściej postawę i pogląd mówiącego, np. możliwość (*can, may*), konieczność (*must*), pozwolenie (*may*) itp. (por. III. 11.2.1., III. 25.3. i tabela 3)

(iv) czasowniki przechodnie (*transitive verbs*), np.: *like*, *hate*, *read*, itp., które wymagają dopełnienia bliższego: *Mary likes Jill.*

(v) czasowniki nieprzechodnie (*intransitive verbs*), które nie wymagają dopełnienia bliższego: *Richard goes to school.*

(vi) czasowniki zwrotne (*reflexive verbs*), które występują zarówno w języku angielskim, np.: *to abase oneself*, jak i polskim – *upokorzyć się* – z zaimkiem zwrotnym (*reflexive pronoun*), lecz ich występowanie jest różne w obydwu językach. W języku angielskim czasowniki zwrotne są rzadkie. Polskie czasowniki zwrotne mają najczęściej odpowiedniki angielskie w postaci czasowników nieprzechodnich lub jako użycie w tzw. stronie zwrotnej (*middle voice*) (zob. II. 9.4.), np. *The girl laughed* (Dziewczyna (za)śmiała się); *The door opened* – czasownik w stronie zwrotnej (Drzwi otwarły się – czasownik zwrotny); *The boys met* (Chłopcy spotkali się).

(vii) (złożone) czasowniki frazowe (*phrasal verbs*), np.: *put on* (*He put on his coat* lub *He put his coat on*). Czasowniki frazowe często odpowiadają znaczeniowo polskim czasownikom z przedrostkami, np. *take* (wziąć/brać) – *take off* (zdjąć), *put* (kłaść/położyć) – *put in* (włożyć) – *put on* (nałożyć coś (na siebie)/nastawić) itd. W wielu angielskich przechodnich czasownikach frazowych (tzw. rozłącznych) partykuły *off*, *in*, *on* są ruchome i mogą występować przed dopełnieniem (*She put on the red dress*) lub po nim (*She put the red dress on*), z wyjątkiem przypadków, gdy dopełnieniem jest zaimek (*She put it on*), który zawsze poprzedza partykułę. Czasowniki frazowe różnią się od podobnych struktur, które można nazywać czasownikami przyimkowymi (*prepositional verbs*), w których cząstka *off*, *in*, *at*, *on* jest przyimkiem (*preposition*) i nie tworzy z czasownikiem całości znaczeniowej, np.: *He laughed at her*. Przyimek taki może funkcjonować z następującym po nim rzeczownikiem jako okolicznik miejsca, np.: *She put the red dress on the table*. W takich przypadkach cząstki *at* czy *on* nie są ruchome i zawsze występują przed grupą rzeczownikową, do której się odnoszą.

Choć typologia czasowników w języku angielskim i polskim jest podobna, odpowiadające sobie znaczeniowo czasowniki mogą należeć do różnych klas. Polskie czasowniki zwrotne odpowiadają często angielskim czasownikom nieprzechodnim *śmiać się – to laugh*, *martwić się – to worry*. Niektóre nieprzechodnie czasowniki ruchu w języku angielskim mogą być użyte w znaczeniu przyczynowym jako czasowniki przechodnie z dopełnieniem, co często wymaga użycia innego czasownika lub struktury w języku polskim, np.: *to walk* (cz. nieprzechodni) – *spacerować/to walk a dog* (cz. przechodni) – *wyprowadzać psa na spacer*; *to march* (cz. nieprzechodni) – *maszerować/to march soldiers* (cz. przechodni) – *kazać maszerować żołnierzom*. Ponadto niektóre czasowniki przechodnie mogą być użyte w angielskim w znaczeniu zwrotnym, np.: *this skirt washes easily – ta spódnica dobrze się pierze* (por. II. 9.4.).

9.2. Formy czasownika

Czasownik angielski posiada formy osobowe (*finite forms*) i formy nieosobowe (*non-finite forms*): bezokolicznik, gerundium i imiesłowy. Podaje się zwykle trzy podstawowe formy czasownika: bezokolicznik (*infinitive*), formę czasu przeszłego (*past tense*) oraz formę imiesłowu przeszłego (*past participle*). Bezokolicznik jest najczęściej poprzedzony partykułą *to*. Bez *to* występują niektóre czasowniki posiłkowe, np. *shall*, lub modalne, np. *may*. Formy czasu przeszłego oraz imiesłowu czasowników regularnych (*regular verbs*) przyjmują końcówkę ***-ed*** lub ***-d***, jeśli czasownik kończy się samogłoską ***-e***:

*work – work**ed** – work**ed***
*like – lik**ed** – lik**ed***

Końcówkę ***-ed***/***-d*** wymawiamy jako

[d] po głoskach dźwięcznych, np. *play – play**ed***

[t] po głoskach bezdźwięcznych, np. *walk – walk**ed***

[ɪd] po głoskach *t* i *d*, np. *fit – fitt**ed***

Gdy czasownik kończy się spółgłoską poprzedzoną samogłoską krótką, następuje podwojenie końcowej spółgłoski:

*hug – hu**gg**ed*
*focus – focu**ss**ed* lub *focused*

Końcówka ***-c*** zmienia się na ***-ck***:

*panic – pani**ck**ed*,

zaś końcówka ***-y*** poprzedzona spółgłoską zmienia się na ***-ied***:

*satisfy – satisf**ied***.

Formy podstawowe czasowników nieregularnych (*irregular verbs*) podane są w tabeli 4.

Imiesłów teraźniejszy czasownika (*present participle*) tworzy się przez dodanie końcówki ***-ing*** do bezokolicznika, np.: *work – work**ing***, *play – play**ing***, *ski – ski**ing***. Czasowniki zakończone samogłoską ***-e*** tracą ją przy dodawaniu końcówki *-ing*: *love – lov**ing***.

9.3. Kategorie gramatyczne czasownika

9.3.1. Osoba (*person*), rodzaj (*gender*) i liczba (*number*). Czasownik angielski występuje z reguły z podmiotem w postaci rzeczownika (*Peter works hard*) lub zaimka (*He works hard*). Odmiana przez osobę i liczbę jest w angielskim szczątkowa i obejmuje czasownik *to be* oraz formę 3 osoby l.poj. większości czasowników.

9.3.2. Czas (*tense*) i aspekt (*aspect*). Polski termin *czas* używany jest w odniesieniu zarówno do czasu realnego (*time*), jak i czasu gramatycznego (*tense*) oraz aspektu (*aspect*). Ze względu na relacje między czynnościami rozróżniamy w języku angielskim czasy proste: czas teraźniejszy prosty (*Present Simple*), czas przeszły prosty (*Past Simple*) i czas przyszły prosty (*Future Simple*) oraz czasy złożone: z aspektem perfektywnym (lub uprzednim) (*Present Perfect*, *Past Perfect*, *Future Perfect*), z aspektem ciągłym (*Present Continuous*, *Past Continuous*, *Future Continuous*) oraz z aspektem perfektywno-ciągłym (*Present Perfect Continuous*, *Past Perfect Continuous*, *Future Perfect Continuous*).

W czasie teraźniejszym prostym, używanym dla wyrażania stanów lub czynności ogólnych lub powtarzających się, czasownik w trzeciej osobie liczby pojedynczej przyjmuje końcówkę ***-s*** lub ***-es***, jeśli czasownik kończy się na ***-s***, ***-sh***, ***-ch***, ***-x*** lub ***-o:***

*I start early every day./The lesson start**s** at 8 am.*

*I like/He like**s** Jane.*

*I do/Mary do**es** shopping every day.*

Czasowniki zakończone samogłoską ***-y,*** która jest poprzedzona spółgłoską, przybierają końcówkę ***-ies***:

*cry – cr**ies***.

Czas przeszły prosty, który wyraża stany lub czynności w określonym czasie w przeszłości, tworzy się przez dodanie końcówki ***-ed*** lub ***-d*** do czasowników regularnych lub przez zmianę formy czasownika (patrz tabela 4) w przypadku czasowników nieregularnych. Czas przeszły prosty stosuje się najczęściej razem z określeniem czasu w przeszłości w postaci okoliczników takich jak *last year* czy *yesterday*:

*I work**ed** in London last year.*

*Mary **saw** Jim yesterday.*

Czas przyszły prosty tworzy się przez poprzedzenie bezokolicznika czasownikiem posiłkowym (*auxiliary verb*) ***will*** dla wszystkich osób l.poj. i mn. Dla 1. os. l.poj. i mn. używany jest także czasownik posiłkowy ***shall***:

*I **shall**/**will** see you tomorrow.*
*They **will** come back in an hour.*

Dla wyrażenia czynności lub stanów przyszłych stosuje się także w języku angielskim wyrażenie ***to be going to***:

*They **are going to** visit their relatives in Scotland next week.*

Czasy perfektywne, teraźniejsze, przeszłe i przyszłe (*Present Perfect, Past Perfect, Future Perfect*), wyrażające uprzedniość w stosunku do innej sytuacji, tworzy się przez dodanie czasownika posiłkowego ***have*** przed formą imiesłowu przeszłego danego czasownika:

*I **have** been to London.*

*Peter **has** finished his essay.*

*Tom **had** finished his essay before the bell rang.*

*Mark **will have** submitted his paper by next Sunday.*

Czasy ciągłe, teraźniejsze, przeszłe i przyszłe (*Present Continuous* lub *Progressive, Past Continuous, Future Continuous*), które wyrażają czynność niedokonaną, tworzy się przez dodanie czasownika posiłkowego ***be*** przed formą imiesłowu teraźniejszego (*Present Participle*) danego czasownika:

*I **am** just cooking my breakfast.*

*John **was** cleaning the room when Jill came in.*

*I **will be** visiting my relatives when George gets back from Europe.*

Czasy perfektywno-ciągłe, teraźniejsze, przeszłe i przyszłe (*Present Perfect Continuous* lub *Progressive, Past Perfect Continuous, Future Perfect Continuous*), wyrażające zarówno uprzedniość, jak i trwanie jednej czynności w stosunku do drugiej, tworzy się przez połączenie czasownika posiłkowego ***have*** w formie osobowej, imiesłowu przeszłego czasownika ***be – been***, oraz imiesłowu teraźniejszego danego czasownika. Czasy perfektywno-ciągłe wskazują na trwanie czynności do jakiegoś określonego momentu w teraźniejszości, przeszłości lub przyszłości:

*I **have been** waiting for you for half an hour.*

*They **will have been** writing for an hour before they are given the second part of the exam.*

*Arthur **had been** gardening all afternoon before he came to see us.*

W zdaniach zawierających czasy perfektywne i perfektywno-ciągłe używane są często przyimki ***for*** oraz ***since***. *For* odnosi się do jakiegoś określonego okresu lub odcinka czasu, zaś *since* używany jest dla wyrażenia określonego punktu w czasie:

*They have ruled/have been ruling **for more than fifty years.***

*They have ruled/have been ruling **since 1950.***

W języku angielskim istnieją czasowniki wyrażające stan (*stative verbs*), które nie występują w formach ciągłych, np. *believe, consist, fear, know, like, have, understand*.

Czas przyszły w przeszłości (*Future-in-the-Past*) tworzy się przez dodanie do czasownika posiłkowego ***should*** lub ***would*** formy bezokolicznika bez *to*, np.:

*I knew he **would not come** to the meeting.*

Formy tego czasu występują przy mówieniu o czynności przyszłej z perspektywy przeszłości. Czas ten występuje także w formie ciągłej, perfektywnej i ciągło-perfektywnej, np.:

*I knew he **would not be coming** to any of the meetings.*

9.4. Strona czynna (*active voice*) i bierna (*passive voice*)

Czasowniki przechodnie mogą występować w stronie czynnej lub w stronie biernej. Formę strony biernej tworzy się przez dodanie do osobowej form czasownika posiłkowego ***be*** lub ***get*** imiesłowu przeszłego danego czasownika. Czasownika *get* używa się częściej w znaczeniu dokonanym. Sprawcę czynności (zwykle podmiot w stronie czynnej) wyraża się frazą *by + noun*, która jest często opuszczana w zdaniu biernym. Strona bierna może występować w aspekcie ciągłym, perfektywnym i perfektywno-ciągłym, np.:

My sister uses this plate. (strona czynna)

*This plate **is used** by my sister.* (strona bierna)

Peter is writing the article. (strona czynna)

*This article **is being written** by Peter.* (strona bierna)

John has posted the letter. (strona czynna)

*The letter **has been posted** by John.* (strona bierna)

*They **got run over**.* (w znaczeniu perfektywnym, bez wymieniania sprawcy)

W odróżnieniu od języka polskiego, w którym podmiotem w zdaniu w stronie biernej może być tylko dopełnienie bliższe odpowiadającego mu zdania w formie strony czynnej, w języku angielskim podmiotem zdania w stronie biernej może być także dopełnienie dalsze lub dopełnienie przyimkowe:

The private detective saw Peter (dopełnienie bliższe) *yesterday. – Peter **was seen** by the private detective yesterday.*

Tom gave Peter (dopełnienie dalsze) *a glass of water.* (dopełnienie bliższe) *– A glass of water **was given** to Peter (by Tom)./Peter was given a glass of water (by Tom).*

Everybody was laughing at Mary. (dopełnienie przyimkowe) *– Mary **was being laughed at** (by everybody).*

Jako odpowiedników zdań w stronie biernej w języku polskim używa się często zdań bezosobowych (*impersonal sentences*) lub stosuje się czasownik w stronie czynnej, który jednak ma znaczenie bierne. Ten ostatni sposób jest także możliwy w języku angielskim:

A glass of water was given to every participant./Every participant got a glass of water. – Każdemu uczestnikowi dano szklankę wody./Każdy uczestnik dostał szklankę wody.

W gramatykach angielskich wskazuje się także na obecność tzw. strony medialnej (*middle voice*). Ma to miejsce w języku angielskim wtedy, gdy czasownik przechodni użyty jest w formie czasownika nieprzechodniego. Odpowiada on wtedy polskiemu czasownikowi zwrotnemu:

Strona czynna: *They open the shop at 10 am. – Otwierają sklep o 10 rano.*

Strona zwrotna: *The shop opens at 10 am. – Sklep otwiera się o 10 rano.*

9.5. Składniowe wzorce czasownikowe

Dla pełnego wyrażenia treści poszczególne części mowy, w tym także czasownik, wymagają uzupełnienia, np. w postaci frazy przyimkowej, rzeczownikowej czy przysłówkowej. Uzupełnienia te mogą występować w formie jednowyrazowej, złożonej, bądź jako zdanie podrzędne, np.:

*Mary is **easy to please**.*

I like coffee.

*He **stopped smoking**.*

*Peter **started to run**.*

*They **persuaded her to leave the room**.*

*They **dissuaded her from leaving the room**.*

*I **knew they wouldn't come**.*

*I don't know **whether she passed the exam or failed**.*

Różne grupy czasowników wchodzą, jak widać z przykładów, w konstrukcje różnego typu według określonych wzorców (*complementation patterns*). Wzorce te omówione są w poszczególnych hasłach w słowniku.

10. Wskaźniki zespolenia: spójniki proste i złożone [współrzędne i upodrzędniające] (*coordinating and subordinating conjunctions*)

Ze względu na budowę wyróżnia się w języku angielskim spójniki proste (*simple conjunctions*), np.: *and*, *but*, *if*, *that*, spójniki pochodne lub derywowane (*derivative conjunctions*), np. *until*, *unless*, *although* oraz spójniki złożone (*compound conjunctions*), np. *whereas*.

Ze względu na funkcję w zdaniu wyróżniamy spójniki współrzędne (*coordinating conjunctions*), np.: *and*, *but*, *nor* oraz spójniki podrzędne (*subordinating conjunctions* lub *complementizers*) różnego typu, np.: spójniki podrzędne czasu (*temporal subordinating conjunctions*) *when*, *since*, *as*; przyczyny (*causal subordinating conjunctions*) *because*, *since*; warunku (*conditional subordinating conjunctions*) *if*, *unless*; celu (*final subordinating conjunctions*) (*in order*) *that*; przyzwolenia (*concessive subordinating conjunctions*) (*al*)*though*, *however*; porównania (*comparative subordinating conjunctions*) *as... as*, *not so... as* itd.

W języku angielskim występują też wskaźniki zespolenia między oddzielnymi zdaniami, takie jak *furthermore*, *moreover*, *nevertheless* czy *however*. Ważne funkcje spełniają także inne wyrazy, takie jak *well* czy *right*, które działają podobnie jak spójniki, wiążąc ze sobą poszczególne części wypowiedzi. Użyte na początku zdania, sygnalizują na przykład nie tylko związki międzyzdaniowe, ale także zmianę tematu, zakończenie jednego wątku i początek innego, koniec wypowiedzi itp.

III. SKŁADNIA (*SYNTAX*)

1. Zdanie (*sentence*) i równoważnik zdania (*sentence equivalent*)

Zdaniem (*sentence*) nazywamy myśl skończoną wypowiedzianą lub napisaną, która zawiera podmiot (*subject*) i orzeczenie (*predicate*), np. *Tom is a teacher*. Przy braku orzeczenia, czyli czasownika w formie osobowej, zdanie zmienia się w równoważnik zdania (*sentence equivalent*), np. *First come, first served*.

2. Części zdania (*sentence elements*)

Podstawowe części zdania to podmiot (*subject*) i orzeczenie (*predicate*), które może być werbalne lub imienne, czyli składające się z łącznika (*linking* lub *copulative verb*) i orzecznika (*predicative*). Inne części to dopełnienie bliższe (*direct object*) i dalsze (*indirect object*), dopełnienie przyimkowe (*prepositional object*), przydawka (*attribute*), w tym rzeczowna, która nosi nazwę modyfikatora (*modifier*), oraz różnego rodzaju okoliczniki, takie jak np.: okolicznik miejsca (*adverbial of place*), okolicznik czasu (*adverbial of time*), okolicznik celu (*adverbial of purpose*), okolicznik przyczyny (*adverbial of cause*) itd.

W zdaniu wyróżniamy też grupy wyrazów, nazywane od członu nadrzędnego, czyli:

- grupy rzeczownikowe (*noun phrases*), które mogą funkcjonować jako podmiot, dopełnienie, okolicznik, a także być częścią orzeczenia imiennego,
- grupę czasownikową (*verb phrase*) funkcjonującą jako orzeczenie,
- grupy przymiotnikowe (*adjectival phrases*) w postaci przydawek, modyfikatorów itd.,
- grupy przyimkowe (*prepositional phrases*) występujące w funkcji niektórych dopełnień i okoliczników,
- grupy przysłówkowe (*adverbial phrases*) w funkcji okoliczników.

3. Szyk wyrazów w zdaniu (*word order*)

Szyk wyrazów w zdaniu angielskim, w odróżnieniu od języka polskiego, jest bardziej stały. Język angielski posiada stosunkowo niewiele końcówek fleksyjnych. Z tego powodu miejsce wyrazów w zdaniu świadczy o przynależności do części mowy i decyduje o funkcji w zdaniu. Zmiana szyku wyrazów przynosi najczęściej zmianę znaczenia w języku angielskim:

Peter hit John. – Piotr uderzył Janka.

John hit Peter. – Janek uderzył Piotra.

3.1. Zmiana pozycji wyrazów w zdaniu

Częściami zdania, których pozycja może się zmieniać, są okoliczniki czasu, występujące na początku lub na końcu zdania, oraz przyimki w niektórych frazach przyimkowych:

She was walking in the park last night.

Last night she was walking in the park.

To whom are you writing?

Who are you writing to?

Okoliczniki wyrażające częstotliwość, takie jak *often* czy *always*, występują zwykle przed czasownikiem głównym, a w przypadku czasów złożonych czy orzeczenia imiennego po czasowniku posiłkowym, modalnym lub łączącym:

She is often late.

He is always asking stupid questions.

W zdaniach zawierających kilka typów okoliczników najczęstsza kolejność to okolicznik miejsca, sposobu i czasu:

I've been going to work by bike for years. – Od lat jeżdżę do pracy na rowerze.

Jeśli fraza rzeczownikowa w zdaniu zawiera kilka przydawek, ich kolejność zależy od ich stopnia scalenia z obiektem, do którego się odnoszą. Najbliższe rzeczownikowi (ostatnie w kolejności wymieniania) są modyfikatory (por. II. 4.1.), dalsze opisują narodowość (miejsce pochodzenia), cechy zewnętrzne, kolor oraz cechy wartościujące. Cała fraza rzeczownikowa może być poprzedzona przysłówkiem lub grupą przysłówkową:

a strikingly beautiful young red-haired woman worker – niezwykle piękna młoda rudowłosa robotnica

Przeniesienie dopełnienia bliższego w zdaniu, szczególnie w postaci zaimka, na pozycję poprzedzającą podmiot służy podkreśleniu:

***That** I didn't know.*

***This** I do not understand.*

Niektóre zwroty typu przysłówkowego, przeczące lub ograniczające, wymagają odwróconego szyku zdania, czyli ***inwersji***, np.:

Never has he done *so much work in one day.*

Hardly a day goes by *without Sally doing something silly.*

Inwersja podmiotu i orzeczenia może też występować w przypadku niektórych typów zdań warunkowych (zob. III. 24.9.2.).

4. Elipsa (*ellipsis*)

W zdaniach nawiązujących do kontekstu, a przede wszystkim w odpowiedziach na pytania, w języku angielskim skraca się niektóre ich części, opuszczając zazwyczaj czasownik główny i niektóre składniki zawierające informacje znane rozmówcom.

W odpowiedziach na pytania i w niektórych frazach i zdaniach złożonych powtarza się zwykle czasownik posiłkowy lub modalny, gdy zaś mamy do czynienia tylko z czasownikiem głównym, używa się czasownika posiłkowego ***do*** w odpowiedniej formie, np.:

*'Will you come here again?' 'Yes, **I will**.'* lub *'No, **I will not/won't**.'*

*'Can you do it?' 'Yes, **I can**.'* lub *'No, **I cannot/can't**.'*

*I will do it if **Tom will**.*

*I like coffee and **so does Mary**.*

W ostatnim przykładzie oprócz elipsy występuje także inwersja.

5. Kolokacje (*collocations*)

Zarówno w języku angielskim, jak i polskim istnieje znaczna liczba stałych połączeń wyrazowych złożonych z kilku części mowy, np. czasownika i rzeczownika (*to make friends* – zaprzyjaźnić się, *to take photographs* – robić zdjęcia) czy przymiotnika i rzeczownika (*hard work* – ciężka praca, *heavy drinker* – nałogowy pijak). Wyrażenia te, tzw. kolokacje (*collocations*), są swoiste dla poszczególnych języków i zwykle nie mogą być tłumaczone dosłownie.

6. Zdania (*sentences/clauses*)

Ze względu na budowę dzieli się zdania angielskie, podobnie jak w języku polskim, na zdania proste (*simple sentences*), które posiadają jeden czasownik w formie osobowej, i zdania złożone (*compound and complex sentences*), składające się ze zdań cząstkowych (*constituent clauses*) i zawierające więcej niż jeden czasownik.

Wszystkie typy zdań mogą być użyte w formie twierdzącej (*affirmative form*) lub w formie przeczącej (*negative form*).

7. Tryb (*mood*)

Zdania dzieli się na oznajmujące (inaczej orzekające) (*indicative or declarative sentences*), pytające (*interrogative sentences*), rozkazujące (*imperative sentences*) i wykrzyknikowe (*exclamatory sentences*). W języku angielskim istnieje też w formie szczątkowej tzw. tryb łączący (*subjunctive mood*), który występuje w niektórych zdaniach podrzędnych wyrażających życzenie, pragnienie (także hipotetyczne, nierealne), propozycję, sugestię, prośbę, naleganie itp. Tryb ten wymaga zastosowania formy bezokolicznika bez partykuły *to* lub, dla życzeń hipotetycznych, nierealnych, formy czasu przeszłego dla czynności i stanów równoczesnych z aktem mówienia. W przypadku czasownika *be* jest to forma *were* dla wszystkich osób czasownika, choć zastępowana jest obecnie przez *was* w 1. i 3. os. l.poj. Dla czynności i stanów uprzednich względem innych czynności czy punktu odniesienia w czasie używa się form czasu przeszłego perfektywnego, np.:

*I suggest **you do it immediately**. – Proponuję, **żebyś zrobił to natychmiast.***

*Brown demanded **that the boy be punished**. – Brown zażądał, **żeby chłopca ukarano.***

*I insist **that he be allowed to teach**. – Nalegam, **żeby /aby pozwolono mu uczyć.***

*She talked to him **as if he were a child**. – Mówiła do niego **jak do dziecka (jak gdyby był dzieckiem).***

*I wish **I were younger**. – **Chciałbym być młodszy.***

*I wish **I had more money**. – **Chciałbym mieć wiecej pieniędzy.***

*I wish **I had come back sooner**. – Żałuję, **że nie wróciłem wcześniej.***

Wśród wyrażeń używanych ze zdaniami w trybie łączącym znajduje się też zwrot *It is time*:

*It's time **that he kept his promise**. – Czas, **żeby dotrzymał obietnicy.***

8. Zdania proste oznajmujące/orzekające (*indicative sentences*)

Zdania orzekające informują o osobach, rzeczach lub zdarzeniach. Zdanie proste (*simple sentence*) w języku angielskim składa się z podmiotu (*subject*), jednego orzeczenia (*predicate*) i ewentualnie dopełnienia, przydawki oraz okolicznika. Podmiot w zdaniu angielskim, inaczej niż w języku polskim, musi być wyrażony np.:

He left. – (On) wyszedł.

Podmiot, orzeczenie, jak i inne części zdania mogą składać się z więcej niż jednego elementu:

This pretty little girl is Peter's daughter.

Mark and Jim greeted their friend.

I went to that new cinema with Betty yesterday.

9. Konstrukcje *there is/there are*

W języku angielskim występują zdania rozpoczynające się zwrotem *there is* lub *there are*, które mogą być użyte także w formie przeczącej. Wyraz *there* w tych frazach odgrywa rolę formalnego podmiotu w zdaniu. Konstrukcje te odpowiadają polskim zdaniom egzystencjalnym, czyli wyrażającym istnienie lub nieistnienie, albo zdaniom lokatywnym, wyrażającym miejsce:

There are no pink elephants. – Nie ma różowych słoni.

There is a mouse in your car. – W twoim samochodzie jest mysz.

10. Konstrukcje bezosobowe (*impersonal constructions*)

W języku angielskim występują tzw. konstrukcje bezosobowe, które rozpoczynają się od słowa *it* z odpowiednią formą czasownika, np.:

It rained all night. – Całą noc padał deszcz.

It's getting late. – Robi się późno.

It was very nice to see you again. – Bardzo mi było miło widzieć cię znowu.

W języku angielskim w znaczeniu ogólnym używa się także zdań rozpoczynających się od zaimków *you* i *they* lub *one*:

You/One must do it at once. – Należy to zrobić od razu.

11. Zdania twierdzące (*affirmative sentences*) i przeczące (*negative sentences*)

11.1. Zdanie twierdzące

Zdanie oznajmujące twierdzące wyraża zwykle istnienie jakiegoś faktu lub jest potwierdzeniem takiego istnienia. Zdanie oznajmujące przeczące stwierdza, że jakiś fakt nie istnieje lub jest zaprzeczeniem istnienia takiego faktu.

11.2. Zdanie przeczące

Zdania przeczące tworzymy w języku angielskim przez użycie czasownika w formie przeczącej lub przez użycie jednego z zaimków lub okoliczników przeczących. Partykuła *no* (nie) wyraża w języku angielskim przeczenie absolutne.

11.2.1. Przeczenie w przypadku czasowników modalnych.

Czasowniki *be* i *have* oraz czasowniki posiłkowe i modalne tworzą formę przeczącą przez dodanie partykuły przeczącej *not* po tych czasownikach, przed czasownikiem głównym. Czasowniki z partykułą przeczącą *not* używane są najczęściej w języku potocznym jako formy ściągnięte:

***I'm (I am) not** joking.*

*I **haven't (have not)** finished yet.*

*I **shan't (shall not)** leave.*

*They **won't (will not)** come.*

*John **can't (cannot)** play bridge.*

*He **couldn't (could not)** do it.*

Polski zwrot *nie musieć* tłumaczymy na angielski za pomocą *need not*. Polskiemu zwrotowi *nie wolno* odpowiada angielskie *must not*:

*You **mustn't (must not)** touch it. – **Nie wolno ci** tego dotykać.*

*You **needn't (need not)** come tonight. – **Nie musisz** dziś wieczorem przychodzić.*

11.2.2. Przeczenie w przypadku czasowników głównych.

Czasowniki główne tworzą formę przeczącą za pomocą czasownika posiłkowego w odpowiedniej formie oraz partykuły *not* przed czasownikiem głównym:

Forma twierdząca	Forma przecząca
I/you/we/they go to school every day.	*I/you/we/they **do not (don't)** go to school every day.*
Jeff/Mary/the child goes to school every day.	*Jeff/Mary/the child **does not (doesn't)** go to school every day.*
I/you/he/she/it/we/ they went to school last Monday.	*I/you/he/she/it/we/they **did not (didn't)** go to school last Monday.*

11.3. Odpowiedzi przeczące

Odpowiedź przecząca na pytanie ogólne wymaga w języku angielskim wyrazu *no* (*nie*), po którym występuje zwykle powtórzenie cząstki zdania z zaprzeczonym czasownikiem posiłkowym lub modalnym:

*Do you like modern poetry? **No, I don't.***

*Will you come to the meeting tomorrow? **No, I won't.***

Słabszym przeczeniem w takich kontekstach, preferowanym w niektórych typach wypowiedzi ze względu na reguły grzeczności, jest umieszczenie zdania przeczącego w zdaniu złożonym lub przeniesienie przeczenia do zdania głównego:

*Can you come to dinner tonight? **(No), I'm afraid I can't/I don't think I can.***

11.4. Zaimki i przysłówki przeczące

Jako sygnał przeczenia może wystąpić w języku angielskim wyraz przeczący *no* w formie atrybutywnej, czyli przydawkowej:

*I have **no** time. – Nie mam czasu.*

W języku angielskim występują także zaimki i przysłówki przeczące *nobody, nothing, none, never, nowhere.* Inaczej niż w języku polskim, w języku angielskim obowiązuje zasada pojedynczego przeczenia. Oznacza to, że w jednym zdaniu może wystąpić tylko jeden wyraz przeczący, taki jak *not, nobody, nothing, none, never, nowhere* lub takie wyrazy jak *doubt* (wątpić), *hardly* (ledwo) itd.

Jeśli negacja występuje przy czasowniku, określniki, zaimki i przysłówki przeczące występują jako formy *any, anything, anybody, ever*:

*He's **never** asked **anybody**./He **hasn't ever** asked **anybody**.*	*On **nigdy nikogo nie** pyta.*
*There is **no** milk in the bottle./There **isn't any** milk in the bottle.*	*W butelce **nie ma** mleka.*
*There was **nobody** in the room./There **wasn't anybody** in the room.*	*W pokoju **nie** było **nikogo**.*
*She could **hardly** hear anything.*	*Prawie **nic nie** słyszała.*

12. Zdania pytające (*interrogative sentences*)

12. 1. Typologia zdań pytających

Zdania pytające mają na celu uzyskanie informacji. Zdania pytające w języku angielskim różnią się od odpowiednich zdań polskich budową i intonacją (*intonation*).

Zdania pytające dzielimy na zdania pytające ogólne (*general questions*), inaczej pytania o rozstrzygnięcie, odpowiadające polskim zdaniom pytającym, które rozpoczynają się partykułą *czy*, i zdania pytające szczegółowe, (*special questions or **wh**-questions*), inaczej pytania o uzupełnienie, które rozpoczynają się zaimkami pytającymi. Pytania ogólne mają zwykle intonację wznoszącą (*rising intonation*), zaś szczegółowe – opadającą (*falling intonation*). Zarówno jeden, jak i drugi typ pytań może występować w formie twierdzącej i przeczącej.

12.2. Inwersja w zdaniach pytających

Cechą główną budowy obydwu typów zdań w języku angielskim jest tzw. inwersja (*inversion*), czyli szyk przestawny, w którym następuje przestawienie formy osobowej orzeczenia przed podmiot w przypadku czasownika *be* i *have*, czasowników posiłkowych i modalnych:

***Are you** happy?*

***Aren't you** hungry?*

***Are you** listening?*

***What are you** doing?*

***Have you been** to London?*

***May I** come in?*

What would you like?

Where have you been?

W przypadku czasowników o pełnym znaczeniu leksykalnym w zdaniach pytających dodaje się przed podmiot zdania odpowiednią formę czasownika posiłkowego *do*:

***Do you want** to see me tomorrow?*

***Does it look** nice?*

***Did you like** it?*

***Didn't you like** it?*

***When did you buy** it?*

Who(m) did you see?

***Why didn't she bring** it back last week?*

W zdaniach pytających szczegółowych zawierających złożone zaimki pytające z przyimkami następuje tzw. inwersja przyimkowa (*preposition stranding*), która polega na rozdzieleniu przyimka od zaimka pytającego i umieszczeniu przyimka w pozycji po czasowniku oraz użyciu zaimka pytającego na początku zdania:

***To whom** are you writing?* (styl formalny)

***Who** are you writing **to**?*

Podobny proces zachodzi w przypadku zdań względnych (zob. III. 22.3.).

W przypadku zdań pytających rozpoczynających się od zaimków *who* i *what* w pozycji podmiotu, inwersja nie następuje i nie dodaje się czasownika posiłkowego *do*:

***Who was** here yesterday?*

What happened?

12.3. Pytania alternatywne (*alternative questions*)

Jedną z form pytań ogólnych są pytania alternatywne (*alternative questions*), które oznaczają wybór alternatywny i składają się z pytania twierdzącego i jego zaprzeczenia połączonych spójnikiem *or*. Należy zwrócić uwagę, że partykuła *not* w pytaniu zaprzeczonym występuje po podmiocie zdania. Jeśli jednak jest częścią formy ściągniętej, podlega inwersji razem z czasownikiem posiłkowym lub modalnym:

Are you leaving or are you not (aren't you) leaving?

Are you leaving or not?

Are you leaving or staying?

Pytania alternatywne mogą występować w formie pełnej, tak jak w przykładach powyżej, lub skróconej, jako pytania jednoczłonowe, np.: *Would you like a cup of coffee?*

Odpowiedź na pełne pytanie alternatywne wymaga zawsze wyboru jednego z członów. W przypadku zredukowanych pytań, wystarcza odpowiedź krótka typu *Yes/No*:

Would you like tea or coffee? – I'd like tea.

Would you like a cup of coffee? – Yes, please./No, thank you.

12.4. Wyrazy pytające w funkcji przydawki

Wyraz *what* może występować w funkcji przydawki:

What colour do you like best?

W podobnej funkcji może występować wyraz pytajny *which*, który oznacza wybór z ograniczonej liczby osób lub przedmiotów:

Which (one/ones) did you like best?

Which (of the two/of them) did you like best?

12.5. Zredukowane pytania z bezokolicznikiem

W języku angielskim występują także zredukowane wyrażenia pytające z bezokolicznikiem poprzedzonym zaimkiem pytającym, np.:

Where to go? jako zredukowana forma pełnego pytania *Where should I/we go?*

Who/Which to choose? jako zredukowana forma pytania *Who/Which one should I/we choose?*

Należy pamiętać, że z wyrazem pytającym *why?* forma podstawowa czasownika jest używana bez partykuły *to*:

Why not do it now?

12.6. Formy *any – anything, anybody, ever* w pytaniach

W zdaniach pytających występują zwykle formy *any – anything, anybody, ever* w miejsce *some – something, somebody, someone, somewhere*:

*Have you read **any** interesting books lately?*

*Was there **anybody** in this room yesterday?*

*Have you **ever** seen such an extraordinary plant?*

W niektórych sytuacjach preferowane jest jednak utrzymanie zaimków z członem *some*, dla zasugerowania twierdzącej raczej niż przeczącej odpowiedzi na pytanie, np.:

*Would you like **some** more cake? – Yes, please.*

12.7. Pytania obcięte potwierdzające (*tag questions*)

W języku angielskim używa się często zdań, po których następują tzw. *tag questions*, czyli pytania potwierdzające obcięte, których funkcja jest częściowo zbieżna z funkcją polskiej frazy pytającej *(nie)prawda?*

Pytania obcięte tworzy się przez dodanie skróconego pytania w formie przeczącej po zdaniu twierdzącym, zaś po zdaniu przeczącym używa się skróconego pytania w formie twierdzącej:

John is taller than Bill, isn't he?

John isn't taller than Bill, is he?

You liked the play, didn't you?

You didn't like the play, did you?

13. Zdania rozkazujące (*imperative sentences*)

Zdania rozkazujące mogą wyrażać rozkaz, prośbę, żądanie itp. Zdania rozkazujące przeczące wyrażają zakaz. Rozkazy, żądania i zakazy wymawiane są zwykle z intonacją opadającą, zaś prośby – z intonacją wznoszącą.

13.1. Tworzenie zdań rozkazujących

Zdania rozkazujące dla 2. os. l.poj. i mn. tworzy się w języku angielskim przez użycie podstawowej formy czasownika w bezokoliczniku bez partykuły *to* i na ogół bez podmiotu zdania:

***Open** the window. – **Otwórz/Otwórzcie** okno!*

***Do not (Don't) shut** the door. – **Nie zamykaj/zamykajcie** drzwi!*

***Pass** me the sugar, please. – **Podaj/Podajcie** mi cukier, proszę!*

Dla wyrażenia większego nacisku używa się czasownika posiłkowego *do* w rozkazującej formie twierdzącej:

Please, do sit down. – Usiądź, proszę!

W przypadku 1. i 3. os. l.poj. i mn. tworzymy zdanie rozkazujące przez użycie czasownika posiłkowego *let* (pozwalać) w formie bezokolicznikowej bez *to*, po której następuje zaimek osobowy w formie dopełnienia oraz forma podstawowa bezokolicznika danego czasownika. W języku angielskim rzadziej niż w polskim używa się wykrzyknika:

Let me open *the tin.* – ***Daj mi otworzyć*** *tę puszkę!* /***Pozwól, że ja otworzę*** *tę puszkę.*

Let's go. – ***Chodźmy!***

Let them do it together. – ***Niech zrobią*** *to razem!*

13.2. Formy przeczące w zdaniach rozkazujących

Formę przeczącą tworzy się w tych przypadkach przez dodanie przeczenia *do not* (forma ściągnięta *don't*) przed czasownikiem *let* lub przez dodanie samej partykuły *not* przed czasownikiem głównym:

Don't let's go *there!* lub częściej ***Let's not go*** *there!* – ***Nie chodźmy*** *tam!*

Don't let's waste *it!* lub częściej ***Let's not waste*** *it!* – ***Nie zmarnujmy*** *tego!*

Don't let *it* ***be forgotten***! lub ***Let*** *it* ***not be forgotten!*** – ***Niech*** *to* ***nie będzie zapomniane!***

Don't let them *do it together!* – ***Niech nie robią*** *tego razem!*

14. Zdania wykrzyknikowe (*exclamatory sentences*)

Zdania wykrzyknikowe, które wyrażają zachwyt, podziw, zdumienie itp., tworzy się najczęściej przez użycie zaimków *what* i *how* przed elementem zdania, który chcemy zaakcentować:

What *a beautiful girl!* – ***Jaka*** *piękna dziewczyna!*

What *lovely weather we're having!* – ***Jaką*** *mamy piekną pogodę!*

How *wonderful!* lub *Wonderful!*– *(**Jak**) świetnie!*

15. Konstrukcje bezokolicznikowe (*infinitival constructions*)

Bezokolicznik jest najczęściej poprzedzony partykułą ***to***:

She wants ***to*** *know all about it.*

15.1. Bezokolicznik bez *to*

Bez *to* bezokolicznik występuje po czasownikach modalnych, po czasownikach postrzegania zmysłowego oraz po *make* i *let* (zob. II. 9.1., II. 9.2.):

They must know all about it.

I can do it right now.

15.2. Funkcje bezokolicznika w zdaniu

Podobnie jak w języku polskim bezokolicznik w języku angielskim może występować w funkcji rzeczownikowych części zdania:

- podmiotu i orzecznika: *To see is to believe.*
- dopełnienia bliższego: *I want to see you tomorrow.*

Dla wyrażenia konstrukcji odpowiadającej polskiemu zdaniu podrzędnemu typu *żeby* używa się w języku angielskim konstrukcji złożonej z rzeczownika lub zaimka osobowego w formie dopełnienia oraz bezokolicznika:

I want ***Mark/him to come*** *here tomorrow.* – *Chcę,* ***żeby Marek/on przyszedł*** *tu jutro.*

W konstrukcjach z użyciem czasowników wyrażających postrzeganie zmysłowe *see, hear, watch* i *feel* oraz po czasownikach *let* i *make* bezokolicznik występuje bez *to*, np.:

Mary saw John hide the money. – *Mary widziała, że John schował pieniądze.*

Tom made Chris change the whole project. – *Tom zmusił Chrisa do zmiany projektu.*

Bezokolicznik może zastępować w angielskim zdanie podrzędne, np. zdania okolicznikowe celu:

I went to Paris ***to see Marcel.***

15.3. Konstrukcja *for... to*

Charakterystyczna dla języka angielskiego jest konstrukcja *for... to*, która określa sprawcę czynności wyrażonej w bezokoliczniku:

It is important ***for Mark to finish*** *it tomorrow.* – *Jest ważne,* ***żeby Marek skończył*** *to jutro.*

15.4. Czasownikowe cechy bezokolicznika

Podobnie jak czasownik w formie osobowej bezokolicznik może być określany za pomocą przysłówka:

She asked him to speak ***softly***.

Bezokolicznik może być także użyty w stronie biernej i w formie perfektywnej:

These texts are written ***to be read aloud***.

I am very happy ***to have met Mr Jones***.

15.5. Konstrukcja *be... to*

Konstrukcja bezokolicznikowa z czasownikiem *be* wyraża najbliższą przyszłość lub, jeśli używamy *be* w czasie przeszłym – niezrealizowaną czynność w przyszłości:

I ***am to get promoted*** *soon.* – ***Mam*** *wkrótce* ***dostać*** *awans.*

I ***was to get promoted*** *soon.* – ***Miałem*** *wkrótce* ***dostać*** *awans.*

16. Konstrukcje gerundialne; Gerundium a rzeczownik odsłowny

Ważne miejsce w gramatyce języka angielskiego odgrywa gerundium, zwane w języku angielskim *gerund*, które tworzy się przez dodanie końcówki *-ing* do bezokolicznika.

Rozróżnienie między konstrukcjami z gerundium a konstrukcjami z rzeczownikiem odsłownym (por. II. 4.2.) w języku angielskim dotyczy głównie ich cech syntaktycznych. Obydwie kategorie mogą zastępować zdanie podrzędne. Rzeczownik odsłowny wykazuje większe podobieństwo do form rzeczownikowych, np. występuje z przedimkami i w konstrukcji z przyimkiem *of* oraz może być poprzedzony przymiotnikiem, natomiast gerundium, podobnie jak czasownik, łączy się z następującym po nim rzeczownikiem bezpośrednio i może występować w konstrukcjach biernych i perfektywnych oraz z przysłówkiem:

The complete refurnishing of *the entire house was a very long job.*

Completely refurnishing *the entire house was a very long job.*

Obydwa zdania mają swój odpowiednik w zdaniu złożonym:

*The entire house was completely refurnished****, which was/and it was*** *a very long job.*

He apologized for ***his having arrived late.*** (gerundium)

Ostatnie zdanie odpowiada zdaniu podrzędnemu:

He apologized ***because he had arrived late.***

17. Konstrukcje imiesłowowe (*participial constructions*)

W języku angielskim występują dwa typy imiesłowu: imiesłów teraźniejszy (*present participle*) oraz imiesłów przeszły (*past participle*), czyli tzw. trzecia forma podstawowa czasownika (por. II. 9.2.).

Angielski imiesłów teraźniejszy odpowiada polskim imiesłowom zarówno w funkcji przymiotnikowej, jak i przysłówkowej, np.: *the **crying** baby* – ***płaczące** niemowlę* (funkcja przymiotnikowa) oraz *She left **crying*** – *Wyszła, **płacząc*** (funkcja przysłówkowa).

17.1. Imiesłów teraźniejszy (czasu teraźniejszego *lub* czynny)

Imiesłów teraźniejszy może być użyty, podobnie jak bezokolicznik (por. III.15.2.), po czasownikach oznaczających postrzeganie zmysłowe:

*Mary saw John **hiding** the money. – Mary widziała, jak John **chowa** pieniądze.*

Obserwujemy tu jednak różnice znaczeniowe, gdyż bezokolicznik wskazuje na wynik czynności, podczas gdy imiesłów teraźniejszy wyraża jej trwanie, ewentualnie sposób jej wykonywania.

17.2. Imiesłów przeszły (czasu przeszłego *lub* bierny)

Imiesłów przeszły (por. II. 9.2.) używany jest w konstrukcjach przyczynowych po czasowniku *have* w znaczeniu kauzatywnym:

I had my coat cleaned. – Kazałem wyczyścić mój płaszcz. /Oddałem swój płaszcz do czyszczenia.

17.3. Konstrukcje absolutne

W języku angielskim obydwa imiesłowy używane są w tzw. konstrukcjach absolutnych (*nominative absolute constructions*), w których występuje rzeczownik lub zaimek w przypadku mianownika (*nominative*) z imiesłowem. Konstrukcje te odpowiadają różnym typom zdań podrzędnych w języku polskim:

***Weather permitting**, we'll go for a walk. – **Jeśli pogoda pozwoli,** pójdziemy na spacer.*

***All things considered**, we should give up. – **Biorąc wszystko pod uwagę,** powinniśmy zrezygnować.*

*We started running, **Mary trying her best.** – Zaczęliśmy biec, a **Mary starała się (najlepiej) jak mogła.***

18. Zdanie złożone

Zdania złożone dzielą się w języku angielskim na zdania współrzędnie złożone (*conjoined*, *coordinate* lub *compound clauses*), czyli zdania od siebie bardziej niezależne, i zdania podrzędnie złożone (*complex* lub *complement clauses*), gdzie jedno ze zdań występuje w relacji zależności względem drugiego, np.:

John left the building and met his mother. (zdanie współrzędnie złożone)

John, whose mother is a teacher, is one of the best students. (zdanie podrzędnie złożone)

19. Zdania złożone współrzędnie (*coordinate clauses*)

Zdania współrzędnie złożone dzielą się w języku angielskim na zdania:

(i) **łączne** (*copulative clauses*), wprowadzane za pomocą spójnika ***and:***
*Tom came into the room **and** opened the window.*

(ii) **przeciwstawne** (*adversative clauses*), wprowadzane za pomocą spójników ***but, not only... but (also):***
*Tom came into the room, **but** he did not open the window.*
***Not** only was he late, **but he also** forgot to bring the book.*

Fraza *not only* użyta na początku zdania pociąga za sobą zmianę szyku zdania, czyli inwersję.

(iii) **rozłączne** (*alternative clauses*), oznajmujące lub pytające, wprowadzane za pomocą spójnika ***or*** lub, w celach specjalnego podkreślenia wyboru, spójnika złożonego ***either... or:***
*You can go home **or** visit your aunt.*
*Would you like to go home **or** stay here?*
***Either** tell me the truth **or** leave.*

Przeczącym odpowiednikiem spójnika *or* jest ***nor***, zaś spójnika złożonego *either... or* jest ***neither... nor***. Spójniki te sygnalizują wykluczenie obydwu podanych w zdaniu możliwości. Spójnik *neither* użyty na początku zdania powoduje inwersję podmiotu i orzeczenia, tak jak w poniższych zdaniach eliptycznych (por. III. 4.):

*She was **neither** rich **nor** happy.*

***Neither** was she rich, **nor** happy.*

(iv) **przyczynowo-skutkowe** (*causal clauses*), wprowadzane za pomocą spójników ***for*** (używanego zawsze międzyzdaniowo), ***accordingly, then***:
*They could not get in, **for** the door was locked.*

(v) **wynikowe** (*resultative clauses*), wprowadzane za pomocą spójników ***so, thus***:
*I am very busy, **so** I can't help you at the moment.*

20. Zdania złożone podrzędnie (*complex clauses*)

20.1. Budowa i klasyfikacja zdań podrzędnych

Zdania podrzędnie złożone składają się ze zdania głównego lub matrycowego (*main clause* lub *matrix clause*) i jednego lub kilku zdań podrzędnych (*subordinate clauses*), zwanych także zanurzonymi (*embedded clauses*). W zależności od tego, jaką funkcję spełnia zdanie podrzędne w stosunku do zdania głównego oraz w zależności od jego pozycji w zdaniu, zdania podrzędnie złożone dzielą się w języku angielskim na zdania rzeczownikowe (*nominal clauses*), przymiotnikowe (*adjectival clauses*) i przysłówkowe (*adverbial clauses*). Zależnie od tego, jaką część zdania głównego rozwija zdanie podrzędne, dzielimy je ponadto na zdania podmiotowe (*subject clauses*), zdania dopełnieniowe (*object clauses*), zdania orzecznikowe (*predicative clauses*), zdania przydawkowe (*attribute clauses*), zdania względne (*relative clauses*) i zdania okolicznikowe (*adverbial clauses*), które dzielą się na zdania okolicznikowe miejsca (*adverbial clauses of place*), czasu (*adverbial clauses of time*), sposobu (*adverbial clauses of manner*) itd.

21. Następstwo czasów (*sequence of tenses*)

W języku angielskim występuje zasada zgodności czasów w zdaniu głównym i podrzędnym w zależności od tego, jaki czas został użyty w zdaniu głównym. Jeżeli w zdaniu głównym został użyty jeden z czasów teraźniejszych lub przyszłych, w zdaniu podrzędnym może wystąpić każdy z czasów gramatycznych:

I know (I will find out whether) he was / he is / he will be present.

Jeżeli zdanie główne jest w jednym z czasów przeszłych, zdanie podrzędne musi być użyte także w czasie przeszłym lub w jednym z czasów przyszłych w przeszłości:

I knew he had been / he was / he would be elected to the committee.

22. Typologia zdań podrzędnych

22.1. Zdania rzeczownikowe (*nominal clauses*)

Zdania podrzędne rzeczownikowe mogą być w zdaniu podmiotem lub dopełnieniem, np.:

That he couldn't do it *was obvious.* (zdanie rzeczownikowe podmiotowe)

Tell me ***what time it is****.* (zdanie rzeczownikowe dopełnieniowe)

I knew ***where she lived****.* (zdanie rzeczownikowe dopełnieniowe)

He didn't know ***what they were laughing at****.* (zdanie rzeczownikowe dopełnieniowe)

22.2. Zdania orzecznikowe (predicative clauses)

Zdania orzecznikowe mogą odpowiadać polskim konstrukcjom wprowadzanym przez zaimek *oto*, zaś czasownik łączący *be* jest tłumaczony bardziej rozbudowanymi frazami czasownikowymi, np.:

The problem is ***that I hate travelling.*** *– Problem polega na tym,* ***że nie znoszę podróżowania.***

The question is ***whether he is interested at all.*** *– Trzeba zadać pytanie,* ***czy on jest tym w ogóle zainteresowany.***

This is ***what happend to poor Sue.*** *– Oto,* ***co spotkało biedną Sue.***

22.3. Zdania przymiotnikowe (*adjectival clauses*) i względne (*relative clauses*)

Przykładem zdań przymiotnikowych są w języku angielskim zdania względne. Pełnią one funkcję przydawki przymiotnej. Są wprowadzane przez zaimki względne *who (whose, whom)*, *which* i *that*, w zależności od części mowy, do której się odnoszą, oraz od typu zdania względnego. W niektórych zdaniach względnych można zaimek opuścić.

Zdania względne dzielą się na zdania względne ograniczające (*restrictive relative clauses*) i nieograniczające, zwane też opisowymi (*non-restrictive relative clauses*).

22.3.1. Zdania względne ograniczające (*restrictive relative clauses*). Zdanie względne ograniczające zawęża klasę obiektów, do których się odnosi, np.:

I saw a man ***who was eating a raw carrot.***

I met a man ***whose hair was painted green.***

I saw a man ***whom I had never met before.***

I gave her the book ***which I bought last Monday.***

Zdania względne ograniczające wprowadzane są w języku angielskim, inaczej niż w języku polskim, bez przecinka. Zaimki *who* i *whom* odnoszą się do osób, w niektórych przypadkach do zwierząt, zwłaszcza domowych, zaś *which* – zwykle do przedmiotów i zdarzeń. Zaimek *whose* odnosi się zarówno do osób, jak i rzeczy (por. II. 7.3.). W przypadku tego typu zdań możliwe jest zastąpienie zaimków względnych *who*, *whom* (używanego też czasem w formie *who* w języku bardziej potocznym) i *which* zaimkiem *that*, szczególnie gdy zdanie względne odnosi się do zaimka nieokreślonego, liczebnika porządkowego czy rzeczownika poprzedzonego kwantyfikatorem (*quantifier*) lub przymiotnikiem w stopniu najwyższym. Zaimek *that* w połączeniu z kwantyfikatorem *all* jest odpowiednikiem polskiej frazy *to, co*:

all that *remains to be done – wszystko* ***to, co*** *pozostało do zrobienia*

All that *was said was sheer nonsense.*

It was ***the prettiest flower (that)*** *I had ever seen.*

Every person that *breaks the rule will be fined.*

Gdy zdanie względne funkcjonuje jako dopełnienie bliższe lub przyimkowe, możliwe jest opuszczenie zaimka względnego:

I saw a man ***(who(m) / that) I had never met before.***

I gave her the book ***(which / that) I bought last Monday.***

Zaimka nie można opuścić, jeśli mamy do czynienia ze zdaniem względnym ograniczającym w funkcji podmiotu:

The book ***which is lying*** *on the table is a mystery tale.*

Oprócz zaimków względnych rzeczownych występują w języku angielskim zaimki względne przysłówkowe, takie jak:

The place ***where we first met*** *is near the church.*

I hope you will always remember ***when*** lub *the time* ***when we met.***

22.3.2. Zdania względne nieograniczające (*non-restrictive relative clauses*). Zdania względne nieograniczające przekazują uzupełniającą lub dodatkową informację w odniesieniu do członu, który określają. W języku angielskim zdania względne nieograniczające oddzielone są przecinkami od zdania głównego, np.:

Tony Blair, ***who is the British prime minister,*** *visited Brighton last weekend.*

My mother, ***who is a doctor,*** *is usually very busy.*

W zdaniach względnych nieograniczających wyraz *which* odnosi się do przedmiotów lub zjawisk ujmowanych całościowo. W języku polskim wyrazowi *which* odpowiada zaimek *który* w zdaniach względnych i zaimek *co* w dopowiedzeniach:

The waves, ***which were enormous,*** *pushed the boat towards the beach. – Fale,* ***które były ogromne,*** *pchały łódź ku plaży.*

He won the competition, ***which surprised me a lot.*** *– Wygrał konkurs,* ***co bardzo mnie zdziwiło.***

22.3.3. Zdania względne rzeczownikowe i przysłówkowe (*nominal and adverbial relative clauses*). Oprócz zdań względnych przymiotnikowych w języku angielskim występują zdania względne rzeczownikowe i przysłówkowe, wprowadzane przez zaimki *whoever*, *whatever*, *whichever*, *wherever*, *whenever*. W języku polskim używa się zwykle w takim kontekście zaimków złożonych *ktokolwiek*, *którykolwiek*, *gdziekolwiek* itp. albo form *(temu) komu/ (tej) której*, *(tam) gdzie*, *(tak) jak*, itd.:

Whoever [= the person who] did it *made a mistake. –* ***Ktokolwiek to zrobił****, popełnił błąd.*

You can give it to ***whoever you want.*** *– Daj to* ***(temu), komu chcesz.***

You can go ***wherever/whenever*** *you like. – Możesz iść,* ***gdzie/kiedy chcesz.***

You can call me ***whatever you like.*** *– Nazywaj mnie* ***(tak), jak chcesz.***

23. Zdania rozszczepione (*cleft sentences*)

Zdanie proste można przekształcić w języku angielskim w zdanie rozszczepione, które przypomina strukturą zdanie względne. Zdania rozszczepione rozpoczynają się od zwrotów *it is/it was*. Na przykład zdanie

John did it. – John to zrobił.

można przekształcić w konstrukcje rozszczepioną

It was JOHN who did it. – To zrobił JOHN/To JOHN to zrobił.

Konstrukcji takiej używa się w języku angielskim dla zaakcentowania jakiejś części informacji przekazywanej w zdaniu, często dla kontrastu z informacją przeciwną przekazaną wcześniej. Akcent zdaniowy pada wtedy na wyraz zawierający taką informację (*JOHN*). Zdania rozszczepione mogą mieć także strukturę *what... is* (zamiast *is* może być użyta inna odpowiednia forma czasownika *be*):

What lay on the table was an old manuscript. – Na stole leżał stary rękopis.

What struck me was his incompetence. – Uderzyła mnie jego nieudolność.

24. Zdania podrzędne przysłówkowe/ okolicznikowe (*adverbial clauses*)

Zdania podrzędne przysłówkowe pełnią w zdaniu najczęściej funkcję okolicznika. Łączą się one ze zdaniem nadrzędnym za pomocą jednego ze spójników podrzędnych. Niektóre zdania podrzędne okolicznikowe mogą występować zarówno przed zdaniem głównym, jak i po nim (np.: *I'll give it to him when I see him – When I see him, I'll give it to him)*. Inne zdania podrzędne występują wyłącznie po zdaniu głównym (np.: *Do as you please*). W języku angielskim rozróżnia się kilka rodzajów zdań podrzędnych okolicznikowych.

24.1. Zdania okolicznikowe czasu (*adverbial clauses of time* lub *temporal clauses*)

Zdania te wprowadzane są przez spójniki *after, as, before, since, till/until, when, whenever*, a także *while/whilst*.

When I was a little girl, *I used to hate porridge.*

While/whilst wyrażają najczęściej relacje czasowe, lecz mogą występować także w zdaniach przeciwstawnych i wyrażać kontrast, np.:

While the house looks nice, *it is not very spacious.*

W zdaniach podrzędnych tego typu nie używa się w języku angielskim, odmiennie niż w języku polskim, żadnego z czasów przyszłych. Aby wyrazić czynność czy stan w przyszłości stosuje się jeden z czasów teraźniejszych.

I will tell him ***when I see him.*** *– Powiem mu,* ***kiedy go zobaczę.***

Spójnik podrzędny czasu *till/until* wprowadza w języku angielskim zdanie podrzędne w formie twierdzącej, które tłumaczone jest najczęściej jako zdanie przeczące w języku polskim:

They won't leave ***until they see Belinda.*** *– Nie odejdą,* ***dopóki nie zobaczą się z Belindą.***

24.2. Zdania okolicznikowe miejsca (*adverbial clauses of place*)

Zdania okolicznikowe miejsca wprowadzane są przez spójniki *where, to where* lub *whither, from where* lub *whence* oraz przysłówek *wherever*.

Stay ***where you are.*** *– Zostań* ***tam, gdzie jesteś.***

I'll go ***wherever you go.*** *– Pójdę* ***(wszędzie), gdziekolwiek ty pójdziesz.***

24.3. Zdania okolicznikowe sposobu (*adverbial clauses of manner*)

Zdania te są wprowadzane spójnikami prostymi *as* i *how* lub złożonymi *as if, as though*, np.:

You can do/Do ***as you like.*** *– Możesz robić/Rób,* ***jak chcesz.***

Spójniki złożone, takie jak *as if/though* (jak gdyby) wprowadzają często zdania podrzędne, które wyrażają sposób wykonywania czynności lub stan przez porównanie. W związku z tym stosuje się w zdaniu podrzędnym tryb łączący, a więc niezależnie od formy czasu użytej w zdaniu głównym, w zdaniu podrzędnym dla wyrażenia czynności współczesnych używa się czasu przeszłego, przy czym czasownik *be* przyjmuje formę *were* we wszystkich osobach. Dla wyrażenia czynności uprzedniej w zdaniu podrzędnym używa się formy czasu przeszłego perfektywnego:

John felt ***as if the gun were levelled at his back.*** *– John czuł się tak,* ***jakby przystawiono mu karabin do pleców.***

John felt ***as though a weight had been taken off his shoulders.*** *– John poczuł się tak,* ***jakby ciężar spadł mu z ramion.***

24.4. Zdania okolicznikowe celu (*adverbial clauses of purpose* lub *final clauses*)

Zdania okolicznikowe celu wprowadzane są spójnikami *(in order) that, so that, lest.*

W zdaniach tych występują najczęściej czasowniki modalne:

What do we need to do ***in order that the problem can be solved?***

The girl was asked to vacate the room ***so that another student could use it.***

I stood up ***so that I might see her.***

He turned his head ***so that she should not see his eyes.***

Spójnik *lest* zawiera w sobie przeczenie i znaczy dosłownie *that... not*. W związku z zasadą pojedynczego przeczenia obowiązującą w języku angielskim (por. III. 11.4.) zdania podrzędne wprowadzone przez *lest*, które ma znaczenie przeczenia, wymagają formy twierdzącej:

He kept away from the classes ***lest he should meet Jill.*** *– Unikał chodzenia na zajęcia,* ***aby nie spotkać się z Jill.***

Dla wyrażenia podobnej myśli można użyć w języku angielskim konstrukcji bezokolicznikowej:

He kept away from the classes ***in order not to meet Jill.***

W stylu formalnym używa się czasem trybu łączącego (por. III. 7.):

Mr Chairman, I move ***that Mr Jones be admitted.***

24.5. Zdania okolicznikowe skutku (*adverbial consecutive clauses*)

Zdania okolicznikowe skutku wiążą się znaczeniowo, a niekiedy też składniowo, zarówno ze zdaniami wyrażającymi cel, jak i ze zdaniami okolicznikowymi przyczyny. Najczęstsze spójniki używane w konstrukcjach wyrażających skutek to spójniki złożone *so... as, such... as, so/such that*:

The countries fell into the Russian sphere of influence, ***so that Europe became divided again.***

24.6. Zdania okolicznikowe przyczyny (*adverbial causal clauses*)

Zdania podrzędne wyrażające przyczynę występują po spójnikach *because*, *since*, *as*, np.:

He earns more ***because he is a skilled worker.***

He did not come to see me ***because he left for London.***

Zdanie okolicznikowe ze spójnikiem *since* wyrażającym przyczynę występuje najczęściej na początku zdania złożonego:

Since a new source of energy needs to be found, *we should be more active.*

24.7. Zdania okolicznikowe porównawcze (*adverbial clauses of comparison*)

Zdanie okolicznikowe wyrażające porównanie wprowadza się za pomocą spójników złożonych, takich jak *as... as* oraz *so... as (tak... jak)*. Wyrażenia *so... as* używa się wtedy, gdy w pierwszym członie porównania występuje przeczenie, np.:

It's ***not so easy as*** *it used to be.*

The rabbit ran ***as far as that hole.***

The cart was ***as light as a feather.***

24.8. Zdania okolicznikowe przyzwolenia (*adverbial concessive clauses*)

Z ważniejszych spójników wyrażających przyzwolenie możemy wymienić *though*, *although*, *even though* (mimo, że; pomimo że; chociaż), np.:

I like him ***even though I do not share his opinion.***

Spójniki te występują też w konstrukcjach eliptycznych, np.:

I thought it impressive ***though dangerous.***

Wskaźnik przyzwolenia *although* wraz z wprowadzanym przez niego zdaniem podrzędnym występuje częściej niż w przypadku innych tego typu spójników na początku zdania. Używa się go w stylu bardziej formalnym i literackim:

Although only two out of 200 seats had gone to women, *the party claimed success.*

Although she loved babies*, being pregnant did not delight her.*

24.9. Zdania okolicznikowe warunkowe (*adverbial conditional clauses*)

Zdania podrzędne mogą wyrażać warunek za pomocą wskaźników *if*, *unless* (spójnik przeczący), a także fraz, takich jak *provided*, *on condition (that)*.

W języku angielskim wyróżnia się tradycyjnie trzy typy zdań warunkowych podrzędnych (*conditional clauses*), które wraz z wprowadzającymi je zdaniami głównymi nazywane są także okresami warunkowymi (*conditional periods*):

(i) Okres warunkowy otwarty przedstawia otwartą możliwość, która przy spełnieniu warunku może, ale nie musi być spełniona. W zdaniu głównym występuje wtedy jeden z czasów teraźniejszych lub przyszłych, w zdaniu warunkowym podrzędnym natomiast, podobnie jak w zdaniach podrzędnych czasowych (por. III. 24.1.), nie jest używany czas przyszły, jak w języku polskim, lecz zwykle jeden z czasów teraźniejszych:

Workers may be laid off ***if a new product is developed abroad.***

It can cause stress, ***especially if a boyfriend has moved in as well.***

If a man has no chance of obtaining work, *he is in a desperate position.*

(ii) Okres warunkowy hipotetyczny współczesny. W tym typie okresów warunkowych w zdaniu podrzędnym występuje warunek hipotetyczny nierzeczywisty, niemożliwy do zrealizowania z perspektywy współczesnego mu aktu mówienia. Takie podrzędne zdanie warunkowe nierzeczywiste współczesne może zawierać czasownik w trybie łączącym, np.:

If the woman was less naïve, *the situation would be different.*

(iii) Okres warunkowy hipotetyczny uprzedni dotyczy wyrażonego w zdaniu podrzędnym warunkowym warunku hipotetycznego uprzedniego, niemożliwego do spełnienienia z perspektywy aktu mówienia:

If the recession had come to an end in 1930 *a monetary collapse would not have occurred.*

24.9.1. Unless. Spójnik *unless*, który może być użyty we wszystkich typach zdań warunkowych, zawiera w sobie przeczenie i znaczy dosłownie *if... not*. W związku z zasadą pojedynczego przeczenia obowiązującą w języku angielskim (por. III. 11.4.) zdania podrzędne warunkowe wprowadzone przez *unless* wymagają formy twierdzącej. Jeśli zdanie warunkowe podrzędne zawiera spójniki *if* lub *unless*, człony okresów warunkowych mogą być przestawione:

Unless conditions improve soon, *we'll be seeing more and more trouble.*

Don't inform them of anything ***unless direct enquiries are made.***

W przypadku użycia którejś z fraz złożonych jako wskaźnika warunku zdanie warunkowe podrzędne jest zwykle poprzedzone zdaniem głównym:

They let me go ***on condition that I kept my mouth shut.***

24.9.2. Inwersja w zdaniach warunkowych. W okresie warunkowym drugiego i trzeciego typu, a więc hipotetycznym równoczesnym i uprzednim, może być użyta inwersja. Nie używa się wtedy spójnika w zdaniu warunkowym podrzędnym, które zwykle stoi na początku całego zdania złożonego.

Were he a mathematician, *he would know the answer.*

Should they disappear*, their friends would look for them.*

Had they got to know him better, *they would have been nicer to him.*

Zdanie warunkowe podrzędne może być użyte także jako człon dopełniający (*complement*) dla frazy nominalnej użytej w zdaniu głównym:

He saw ***the possibility of a riot breaking out should conditions get any worse.***

25. Mowa niezależna (*direct speech*) i zależna (*indirect* lub *reported speech*)

Z mową zależną mamy do czynienia wtedy, gdy relacjonujemy czyjeś bezpośrednie wypowiedzi w mowie niezależnej, np.:

She says, ***'I am a teacher.'***

Ona mówi – ***Jestem nauczycielką.***

She says (that) she is a teacher.

Ona mówi, ***że jest nauczycielką.***

She said, ***'I am a teacher.'***

Powiedziała – ***Jestem nauczycielką.***

She said (that) ***she was a teacher.***

Powiedziała, ***że jest nauczycielką.***

Z mową zależną mamy także do czynienie w sytuacjach, gdy nie występuje bezpośrednie relacjonowanie, ale zdanie główne zawiera jeden z czasowników porozumiewania się, takich jak *say* (mówić), *ask* (pytać), *not know* (nie wiedzieć), *order* (rozkazać), itp.:

I don't know ***if he has many friends in Europe.***

Nie wiem, ***czy on ma wielu przyjaciół w Europie.***

25.1. Zmiana osoby

Zmiana sposobu wypowiedzi z mowy niezależnej na zależną wiąże się ze zmianą pewnych cech gramatycznych w zdaniu: osoby (w postaci zaimków), czasu oraz okoliczników. Osoba zmienia się z 1. na 3. zarówno w języku polskim, jak i angielskim.

25.2. Zmiana czasu

Zasady zmiany czasu w języku angielskim polegają na wyeksponowaniu równoczesności lub uprzedniości danej czynności lub stanu. W zdaniach zawierających w zdaniu głównym czasownik w którymś z czasów przeszłych używa się w zdaniu podrzędnym (relacjonowanym) odpowiedniego czasu przeszłego dla czynności i stanów mających miejsce w tym samym czasie co wypowiedź. Dla czynności lub stanów poprzedzających wypowiedź używa się w takich kontekstach czasu przeszłego perfektywnego:

She said, ***'I have read the book.'***

Powiedziała – ***Przeczytałam tę książkę.***

She said ***(that) she had read the book.***

Powiedziała, ***że przeczytała tę książkę.***

Dla wyrażenia stanu czy czynności przyszłej względem momentu wypowiedzi używa się jednego z czasów przyszłych, kiedy w zdaniu głównym jest czas teraźniejszy lub przyszły:

She says, ***'I will be leaving in a minute.'***

She says ***(that) she will be leaving in a minute.***

Jeśli natomiast w zdaniu głównym użyty jest któryś z czasów przeszłych, w zdaniu relacjonowanym dla wyrażenia czynności lub stanu przyszłego występuje czas przyszły prosty, trwający, perfektywny lub perfektywno-ciągły w przeszłości:

She said, ***'I will be leaving in a minute.'***

She said ***(that) she would be leaving in a minute.***

I really didn't know ***if I'd/I would ever see Rome again.***

Naprawdę nie wiedziałam, ***czy kiedykolwiek znowu zobaczę Rzym.***

25.3. Czasowniki modalne

Czasowniki modalne zmieniają się najczęściej w mowie zależnej ze zdaniem głównym w czasie przeszłym w następujący sposób: *shall – should, will – would, can – could, may – might*. Czasowniki *should, would, could, might, must* i *mustn't* najczęściej swojej formy nie zmieniają. Czasownik *must* i forma przecząca *mustn't* mogą zostać zastąpione przez właściwą formę czasownika *have to*, jeśli występują w znaczeniu powinności.

25.4. Zmiana okoliczników

Jeśli zdanie główne użyte jest w którymś z czasów przeszłych, zmieniają się także formy okoliczników: *today – that day, tomorrow – the next day, yesterday – the day before, now – then, here – there*. Zaimek *this* zastępowany jest zwykle przez *that*, zaś *these* przez *those*.

25.5. Relacjonowanie zdania oznajmującego

Relacjonowanie może dotyczyć zdań oznajmujących (twierdzących i przeczących), zdań pytających i rozkazujących. W przypadku tych pierwszych najczęstsze czasowniki w zdaniu głównym to: *say, tell, answer, deny*. Zdania pytające relacjonuje się najczęściej za pomocą czasowników i fraz *ask, wonder, would like/want to know*, zaś rozkazujące – *ask, order, tell, warn*.

25.6. Relacjonowanie zdania pytającego

W relacjonowanych zdaniach pytających nie występuje zjawisko inwersji. Szyk zdania pytającego jest taki sam jak w zdaniu oznajmującym, tzn. podmiot jest używany w pozycji przed orzeczeniem.

Jim wondered ***who they were.***

Zdania pytające ogólne wprowadza się za pomocą spójników pytających *whether* i *if* (czy). Bezpośrednio po wyrazie *whether* może być użyta fraza alternatywna *or not*. Po spójniku *if* fraza *or not* może być użyta w pozycji końcowej w zdaniu:

It is natural to ask ***whether (or not) this has been the case.***

Mary didn't know ***if she was happy (or not).***

Zdania pytające szczegółowe nie zmieniają zaimka pytającego w mowie zależnej:

I wondered ***what had happened to our bikes.***

She was anxious about ***who would take her place.***

I wondered ***where Sue'd/Sue had gone.***

25.7. Relacjonowanie zdania rozkazującego

Przy relacjonowaniu twierdzącego zdania rozkazującego wykorzystuje się najczęściej nieosobową formę czasownika w postaci bezokolicznika, zaś formę przeczącą rozkazu tworzy się przez dodanie przysłówka przeczącego *never* lub wyrazu przeczącego *not* przed bezokolicznikiem:

I told him ***to come in.***

She asked him ***to accompany her.***

I have ordered them ***to bring more food.***

I told him ***never/not to come in.***

The doctors ordered Jeff ***not to play golf again.***

He told me ***never to come to his bar again.***

It is a rule ***never to answer back.***

Tabela 1

Przykłady przedrostków przeczących i wartościujących

un-	*unfair*
non-	*non-smoker*
in-	*insane*
il-	*illogical*
im-	*improper*
ir-	*irrelevant*
dis-	*disloyal*
a-	*amoral, asymmetry*
de-	*decode, de-escalate*
mis-	*misinform*
mal-	*maltreat*
sub-	*substandard*
pseudo-	*pseudo-scientific*
super-	*superhuman*
arch-	*archbishop*
out-	*outwit*
over-	*overcome*
under-	*undercook*
hyper-	*hypersensitive*
ultra-	*ultraviolet*

Przykłady przedrostków o innych znaczeniach

co-	*cooperate*
counter-	*counteract*
anti-	*anti-war*
pre-	*pre-war*
neo-	*neo-classical*
proto-	*protolanguage*

Przykłady afiksów zmieniających części mowy lub kategorie gramatyczne

Przedrostki

Adj – V	***be-***	*calm – becalm*
N – V	***en-***	*danger – endanger*
	em-	*power – empower*

Przyrostki

N *m* – N *f*	***-ess***	*manager – manageress*
N – N	***-ism***	*capital – capitalism*
	-ful	*mouth – mouthful*
V – Adj	***-able***	*accept – acceptable*
Adj – Adv	***-ly***	*strange – strangely*
Adj – N	***-ness***	*happy – hapiness*
	-ity	*electric – electricity*
Adj – V	***-ify***	*simple – simplify*
	-ise/ize	*modern – modernise/modernize*
N – Adj	***-like***	*child – childlike*
	-less	*care – careless*
	-al	*music – musical*
	-ive	*expense – expensive*
V – N	***-er***	*work – worker*
	-ee	*train – trainee*
	-ation	*organize/organise – organization/organisation*
	-ment	*arrange – arrangement*
	-al	*propose – proposal*

Tabela 2

Przegląd form czasowników posiłkowych *be, have, do*

to be

Bezokolicznik	*be*
Czas teraźniejszy	*I am, you are, he/she/it is, we are, you are, they are*
Imiesłów przeszły	*been*
Imiesłów teraźniejszy	*being*
Czas przeszły prosty	*I was, you were, he/she/it was, we were, you were, they were*

Uwaga: czasownik *be* tworzy formę pytającą przez inwersję, a formę przeczącą przez dodanie *not* bezpośrednio po czasowniku.

to have

Bezokolicznik	*have*
Czas teraźniejszy	*I have, you have, he/she/it has, we have, you have, they have*
Imiesłów przeszły	*had*
Imiesłów teraźniejszy	*having*
Czas przeszły prosty	*I/you/he/she/it/we/you/they had*

Częstą formą zastępującą czasownik *have* w znaczeniu *posiadać* jest forma *have got:*

I have a car	–	*I have got (I've got) a car.*
Have you a car?	–	*Have you got a car?*
I haven't a car	–	*I have not (haven't got) a car.*

to do

Bezokolicznik	*do*
Czas teraźniejszy	*I do, you do, he/she/it does, we do, you do, they do*
Imiesłów przeszły	*done*
Imiesłów teraźniejszy	*doing*
Czas przeszły prosty	*I/you/he/she/it/we/you/they did*

Uwaga: czasownik *do* jako czasownik główny tworzy formę pytającą i przeczącą jak większość czasowników, tzn. przez dodanie czasownika posiłkowego, np.: *What does he do every day? What are you doing now? I don't do it every day; I can't do it at the moment*

Tabela 3

Przegląd form czasowników posiłkowo-modalnych i modalnych

Uwaga: formy czasu teraźniejszego i przeszłego czasowników modalnych różnią się od siebie znaczeniem (por. indywidualne hasła w słowniku).

Czasowniki modalne są w większości ułomne, gdyż nie tworzą wszystkich form i czasów oraz łączą się z następującymi po nich bezokolicznikami bez partykuły *to*.

shall

Forma czasu teraźniejszego *I/you/he/she/it/we/you/they shall*

Uwaga: czasownik *shall* używany we wszystkich osobach l.poj. i mn. oznacza konieczność; w 1 os. l.poj. i mn. używany jest także jako czasownik posiłkowy do tworzenia czasu przyszłego.

Forma czasu przeszłego *I/you/he/she/it/we/you/they should*

will

Forma czasu teraźniejszego *I/you/he/she/it/we/you/they will*

Forma czasu przeszłego *I/you/he/she/it/we/you/they would*

can

Forma czasu teraźniejszego *I/you/he/she/it/we/you/they can*

Forma czasu przeszłego *I/you/he/she/it/we/you/they could*

Uwaga: Czasownik *can* ma tylko formę czasu teraźniejszego i czasu przeszłego. W innych czasach oraz jako możliwą formę alternatywną dla *can* stosuje się frazę czasownikową *to be able to* np.:

We were not able to meet you at the airport.

John hasn't been able to attend the meeting.

may

Forma czasu teraźniejszego *I/you/he/she/it/we/you/they may*

Forma czasu przeszłego *I/you/he/she/it/we/you/they might*

Uwaga: w czasach i formach, których czasownik ***may*** nie posiada, używane jest wyrażenie *to be allowed to*, np.:

He was not allowed to leave.

must

Uwaga: czasownik *must* posiada tylko jedną formę – formę czasu teraźniejszego. W innych czasach i formach używa się formy *have to*:

He had to hurry up.

I will have to get up early tomorrow.

W formie przeczącej czasownik *must* ma znaczenie mocnej sugestii lub zakazu, np.:

You mustn't be late. – Nie wolno ci się spóźnić.

Dla wyrażenia braku konieczności, stosuje się w języku angielskim czasownik *need*, np.:

I needn't do it right now. – Nie muszę (nie potrzebuję) robić tego zaraz.

ought to

Forma czasu teraźniejszego i przeszłego *I/you/he/she/it/we/you/they ought*

Uwaga: po czasowniku *ought* występuje bezokolicznik z partykułą *to*; znaczenie czasownika *ought to* wyraża najczęściej powinność:

You ought to tell me the truth. – Powinieneś powiedzieć mi prawdę.

Ought I to tell him the truth? – Czy powinienem powiedzieć mu prawdę?

No, you ought not to. – Nie, nie powinieneś.

Oughtn't they to tell him first? – Czy oni nie powinni mu najpierw powiedzieć?

Uwaga: w zdaniach tego typu preferowaną formą przeczenia jest przeczenie zastosowane w zdaniu głównym:

I ***don't think*** *you ought to tell him the truth.*

Don't you think *they ought to tell him first?*

used to

Forma czasu przeszłego *I/you/he/she/it/we/you/they used*

Uwaga: po czasowniku *used* występuje bezokolicznik z partykułą *to*; czasownik *used to* wyraża stały stan lub czynność powtarzaną w przeszłości:

When I lived in Cracow, I used to visit my aunt every weekend.

Czasownik *used to* tworzy formę przeczącą i pytającą tak jak większość czasowników modalnych (ułomnych) przez inwersję w pytaniu oraz dodanie *not* po czasowniku w przeczeniu albo, w potocznym języku angielskim, w sposób regularny przy użyciu czasownika posiłkowego *do*:

Used you to smoke then? lub *Did you use to smoke then?*

I used not to smoke then. lub *I did not use to smoke then.*

need; dare

Do czasowników modalnych zalicza się także czasowniki *need* (potrzebować/musieć [coś zrobić]) oraz *dare* (śmieć [coś zrobić]). Czasowniki te funkcjonują albo jako czasowniki regularne, np.: *Jim needed to talk to you* lub *He dares to come here!* czy *How did he dare to do it?* albo jako czasowniki ułomne, np.: *How dare he do it?* lub *He needn't lie to me.*

Tabela 4

Lista angielskich czasowników nieregularnych (*irregular verbs*) i ich form podstawowych

Grupa I czasowników nieregularnych obejmuje czasowniki, których trzy formy podstawowe są jednakowe

BEZOKOLICZNIK	CZAS PRZESZŁY	IMIESŁÓW PRZESZŁY
burst [bɜːst]	burst	burst
cast [kɑːst]	cast	cast
cost [kɒst]	cost	cost
cut [kʌt]	cut	cut
hit [hɪt]	hit	hit
hurt [hɜːt]	hurt	hurt
let [let]	let	let
put [pʊt]	put	put
set [set]	set	set
shed [ʃed]	shed	shed
shut [ʃʌt]	shut	shut
split [splɪt]	split	split
spread [spred]	spread	spread
thrust [θrʌst]	thrust	thrust
upset [ʌp'set]	upset	upset

Grupa II czasowników nieregularnych obejmuje czasowniki, których forma bezokolicznika jest różna od formy czasu przeszłego i imiesłowu, te natomiast są jednakowe

BEZOKOLICZNIK	CZAS PRZESZŁY	IMIESŁÓW PRZESZŁY
awake [ə'weɪk]	awoke [ə'wəʊk] awaked [ə'weɪkt]	awaked [ə'weɪkt] awoken [ə'wəʊkn]
bend [bend]	bent [bent]	bent [bent]
bind [baɪnd]	bound [baʊnd]	bound [baʊnd]
bleed [bliːd]	bled [bled]	bled [bled]
breed [briːd]	bred [bred]	bred [bred]
bring [brɪŋ]	brought [brɔːt]	brought [brɔːt]
build [bɪld]	built [bɪlt]	built [bɪlt]
burn [bɜːn]	burnt [bɜːnt] burned [bɜːnd]	burnt [bɜːnt] burned [bɜːnd]
buy [baɪ]	bought [bɔːt]	bought [bɔːt]
catch [kætʃ]	caught [kɔːt]	caught [kɔːt]
creep [kriːp]	crept [krept]	crept [krept]
deal [diːl]	dealt [delt]	dealt [delt]
dig [dɪg]	dug [dʌg]	dug [dʌg]
feed [fiːd]	fed [fed]	fed [fed]
feel [fiːl]	felt [felt]	felt [felt]
fight [faɪt]	fought [fɔːt]	fought [fɔːt]
find [faɪnd]	found [faʊnd]	found [faʊnd]
flee [fliː]	fled [fled]	fled [fled]
fling [flɪŋ]	flung [flʌŋ]	flung [flʌŋ]
foretell [fɔː'tel]	foretold [fɔː'təʊld]	foretold [fɔː'təʊld]
get [get]	got [gɒt]	got [gɒt] US gotten ['gɒtn]

grind [graɪnd]	ground [graʊnd]	ground [graʊnd]
hang [hæŋ]	hung [hʌng]	hung [hʌng]
have [hæv]	had [hæd]	had [hæd]
hear [hɪə(r)]	heard [hɜ:d]	heard [hɜ:d]
hold [həʊld]	held [held]	held [held]
keep [ki:p]	kept [kept]	kept [kept]
kneel [ni:l]	knelt [nelt]	knelt [nelt]
lay [leɪ]	laid [leɪd]	laid [leɪd]
lead [li:d]	led [led]	led [led]
leap [li:p]	leapt [lept]	leapt [lept]
lean [li:n]	leant [lent]	leant [lent]
learn [lɜ:n]	learnt [lɜ:nt]	learnt [lɜ:nt]
leave [li:v]	left [left]	left [left]
lend [lend]	lent [lent]	lent [lent]
light [laɪt]	lit [lɪt]	lit [lɪt]
	lighted [laɪtɪd]	lighted [laɪtɪd]
lose [lu:z]	lost [lɒst]	lost [lɒst]
make [meɪk]	made [meɪd]	made [meɪd]
mean [mi:n]	meant [ment]	meant [ment]
meet [mi:t]	met [met]	met [met]
pay [peɪ]	paid [peɪd]	paid [peɪd]
read [ri:d]	read [red]	read [red]
say [seɪ]	said [sed]	said [sed]
seek [si:k]	sought [sɔ:t]	sought [sɔ:t]
sell [sel]	sold [səʊld]	sold [səʊld]
send [send]	sent [sent]	sent [sent]
shine [ʃaɪn]	shone [ʃɒn]	shone [ʃɒn]
shoot [shu:t]	shot [ʃɒt]	shot [ʃɒt]
sit [sɪt]	sat [sæt]	sat [sæt]
sleep [sli:p]	slept [slept]	slept [slept]
smell [smel]	smelt [smelt]	smelt [smelt]
speed [spi:d]	sped [sped]	sped [sped]
spell [spel]	spelt [spelt]	spelt [spelt]
spend [spend]	spent [spent]	spent [spent]
spit [spɪt]	spat [spæt]	spat [spæt]
stand [stænd]	stood [stʊd]	stood [stʊd]
stick [stɪk]	stuck [stʌk]	stuck [stʌk]
sting [stɪŋ]	stung [stʌŋ]	stung [stʌŋ]
strike [straɪk]	struck [strʌk]	struck [strʌk]
sweep [swi:p]	swept [swept]	swept [swept]
swing [swɪŋ]	swung [swʌŋ]	swung [swʌŋ]
teach [ti:tʃ]	taught [tɔ:t]	taught [tɔ:t]
tell [tel]	told [təʊld]	told [təʊld]
think [θɪŋk]	thought [θɔ:t]	thought [θɔ:t]
understand [ʌndə'stænd]	understood [ʌndə'stʊd]	understood [ʌndə'stʊd]
uphold [ʌp'həʊld]	upheld [ʌp'held]	upheld [ʌp'held]
weep [wi:p]	wept [wept]	wept [wept]
win [wɪn]	won [wʌn]	won [wʌn]
wind [waɪnd]	wound [waʊnd]	wound [waʊnd]
wring [rɪŋ]	wrung [wrʌŋ]	wrung [wrʌŋ]

Grupa III czasowników nieregularnych obejmuje czasowniki, których forma czasu przeszłego różni się od formy imiesłowu czasu przeszłego

BEZOKOLICZNIK	CZAS PRZESZŁY	IMIESŁÓW PRZESZŁY
arise [ə'raɪz]	arose [ə'rəʊz]	arisen [ə'rɪzn]
be [biː]	was/were [wɔːz/wɜː(r)]	been [biːn]
bear [beə(r)]	bore [bɔː(r)]	borne [bɔːn]
beat [biːt]	beat [biːt]	beaten ['biːtn]
become [bɪ'kʌm]	became [bɪ'keɪm]	become [bɪ'kʌm]
begin [bɪ'gɪn]	began [bɪ'gæn]	begun [bɪ'gʌn]
bid [bɪd]	bade [beɪd]	bid [bɪd]
	bid [bɪd]	bidden ['bɪdn]
bite [baɪt]	bit [bɪt]	bitten ['bɪtn]
blow [bləʊ]	blew [bluː]	blown [bləʊn]
break [breɪk]	broke [brəʊk]	broken ['brəʊkən]
choose [tʃuːz]	chose [tʃəʊz]	chosen ['tʃəʊzn]
come [kʌm]	came [keɪm]	come [kʌm]
do [duː]	did [dɪd]	done [dʌn]
draw [drɔː]	drew [druː]	drawn [drɔːn]
drink [drɪŋk]	drank [dræŋk]	drunk [drʌŋk]
drive [draɪv]	drove [drəʊv]	driven ['drɪvn]
eat [iːt]	ate [æt, eɪt]	eaten ['iːtn]
fall [fɔːl]	fell [fel]	fallen ['fɔːlən]
fly [flaɪ]	flew [fluː]	flown [fləʊn]
forbid [fə'bɪd]	forbade [fə'beɪd]	forbidden [fə'bɪdn]
foresee [fɔː'siː]	foresaw [fɔː'sɔː]	foreseen [fɔː'siːn]
forget [fə'get]	forgot [fə'gɒt]	forgotten [fə'gɒtn]
forgive [fə'gɪv]	forgave [fə'geɪv]	forgiven [fə'gɪvn]
forsake [fə'seɪk]	forsook [fə'sʊk]	forsaken [fə'seɪkn]
freeze [friːz]	froze [frəʊz]	frozen ['frəʊzn]
give [gɪv]	gave [geɪv]	given ['gɪvn]
go [gəʊ]	went [went]	gone [gɒn]
grow [grəʊ]	grew [gruː]	grown [grəʊn]
hide [haɪd]	hid [hɪd]	hidden ['hɪdn]
know [nəʊ]	knew [njuː]	known [nəʊn]
lie [laɪ]	lay [leɪ]	lain [leɪn]
mistake [mɪs'teɪk]	mistook [mɪs'tʊk]	mistaken [mɪs'teɪkn]
mow [məʊ]	mowed [məʊd]	mown [məʊn]
		mowed [məʊd]
ride [raɪd]	rode [rəʊ]	ridden ['rɪdn]
ring [rɪŋ]	rang [ræŋ]	rung [rʌŋ]
rise [raɪz]	rose [rəʊz]	risen ['rɪzn]
run [rʌn]	ran [ræn]	run [rʌn]
saw [sɔː]	sawed [sɔːd]	sawn [sɔːn]
sew [səʊ]	sewd [səʊd]	sewn [səʊn]
shake [ʃeɪk]	shook [ʃʊk]	shaken ['ʃeɪkn]
show [ʃəʊ]	showed [ʃəʊd]	shown [ʃəʊn]
shrink [ʃrɪŋk]	shrank [ʃræŋk]	shrunk [ʃrʌŋk]
sing [sɪŋ]	sang [sæŋ]	sung [sʌŋ]
sink [sɪŋk]	sank [sæŋk]	sunk [sʌŋk]
slay [sleɪ]	slew [sluː]	slain [sleɪn]
sow [səʊ]	sowed [səʊd]	sown [səʊn]
speak [spiːk]	spoke [spəʊk]	spoken ['spəʊkn]
spin [spɪn]	span [spæn]	spun [spʌn]
spring [sprɪŋ]	sprang [spræŋ]	sprung [sprʌŋ]
steal [stiːl]	stole [stəʊl]	stolen ['stəʊlən]
stink [stɪŋk]	stank [stæŋk]	stunk [stʌŋk]

strew [struː]	strewed [struːd]	strewn [struːn] strewed [struːd]
strive [straɪv]	strove [strəʊv]	striven [ˈstrɪvn]
swear [sweə(r)]	swore [swɔː(r)]	sworn [swɔːn]
swell [swel]	swelled [sweld]	swollen [ˈswəʊlən]
swim [swɪm]	swam [swæm]	swum [swʌm]
take [teɪk]	took [tʊk]	taken [ˈteɪkn]
tear [teə(r)]	tore [tɔː(r)]	torn [tɔːn]
thrive [θraɪv]	throve [θrəʊv]	thriven [ˈθrɪvn]
throw [θrəʊ]	threw [θruː]	thrown [θrəʊn]
tread [tred]	trod [trɒd]	trodden [ˈtrɒdn]
undergo [ˌʌndəˈgəʊ]	underwent [ˌʌndəˈwent]	undergone [ˌʌndəˈgɒn]
undo [ʌnˈduː]	undid [ʌnˈdɪd]	undone [ʌnˈdʌn]
wake [weɪk]	woke [wəʊk] waked [weɪkt]	woken [ˈwəʊkn]
wear [weə(r)]	wore [wɔː(r)]	worn [wɔːn]
weave [wiːv]	wove [wəʊv]	woven [ˈwəʊvn]
withdraw [wɪθˈdrɔː]	withdrew [wɪθˈdruː]	withdrawn [wɪθˈdrɔːn]
write [raɪt]	wrote [rəʊt]	written [ˈrɪtn]

Zwroty przydatne w różnych sytuacjach
Useful phrases according to function

W celu szybkiego i łatwego dotarcia do często używanych zwrotów zamieszczono przykłady typowych wyrażeń sytuacyjnych. Są to ustalone frazy, typowe dla danego języka, których nie można tłumaczyć dosłownie, lecz trzeba ich używać podobnie jak idiomów. Znajomość tych fraz i prawidłowe ich stosowanie często nastręczają wielu trudności nawet osobom nieźle znającym obcy język. Dlatego należy przyswajać je sobie w odpowiednim kontekście sytuacyjnym, który podajemy wraz z typowym zwrotem zaznaczonym w obu językach kursywą.

Stosowany nieraz ukośnik (/) oddziela frazy synonimiczne, które można zastosować wymiennie w danym kontekście. Jeśli istnieją wyrażenia synonimiczne o znacznie różniącej się strukturze składniowej, wówczas poprzedzamy je odpowiednio słówkiem *lub* / *or*. Uwaga: w innych określonych kontekstowo przypadkach ukośnik podwójny (//) oddziela człony wymienne o znaczeniach przeciwstawnych.

Zaproponowaliśmy dziewiętnaście typowych sytuacyjnych zachowań językowych, podzielonych według ogólnie przyjętych funkcji pragmatycznych. Ponadto tam, gdzie było to uzasadnione, podawaliśmy w nawiasach zróżnicowany rejestr stylistyczny stosowanego wyrażenia. Ograniczaliśmy się do rozróżnienia sytuacji o charakterze oficjalnym, wówczas wyrażeniu towarzyszy kwalifikator [fml], oraz sytuacji prywatnej, familiarnej z kwalifikatorem [infml]. Oznacza on jednocześnie, że wyrażenie należy do języka potocznego lub jest wyrażeniem kolokwialnym. Tam, gdzie nie podano kwalifikatora, chodzi o wyrażenia neutralne pod względem stylistycznym. W nawiasach podano fakultatywne uzupełnienia fraz, tzn. takie elementy, które można ewentualnie opuścić bez szkody dla poprawności idiomatycznej danego wyrażenia.

1. Podziękowania
   Saying thank you
2. Pozdrowienia / życzenia
   Greetings
3. Gratulacje
   Congratulations
4. Przeprosiny
   Apologizing, expressing regret
5. Odwołanie wizyty
   Cancelling a visit
6. Współczucie
   Expressing sympathy
7. Kondolencje
   Condolences
8. Zaproszenia
   Invitations
9. Prośby
   Requests
10. Wyjaśnienia
    Explaining
11. Rady, sugestie
    Advice, suggestions
12. Polecenie, potrzeba, przymus
    Instructions, need, compulsion
13. Aprobata / dezaprobata
    Approval / disapproval
14. Przyzwolenie / zakaz
    Permitting / forbidding
15. Pragnienia, zamiary
    Desires, intentions
16. Opinie
    Opinions
17. Prawda / fałsz
    Right / wrong
18. Wątpliwość / pewność
    Doubt / certainty
19. Wyrażanie uczuć
    Expressions of feeling

1. Podziękowania

Za list

[infml] *Many thanks / Thanks* for your letter.

Thank you for your letter.

[fml] We *thank you for your letter of* 6 September 2001.

[fml] We *acknowledge with thanks* your letter of 6.9.2001.

Za zaproszenie

[infml] *Many thanks* for the invitation (to dinner / to your party). *I'd love to come* and *I'm really looking forward to* it. // *Unfortunately I can't* come because...

[fml] Richard Edwards *has (great) pleasure in accepting // (greatly) regrets he is unable to accept* Susan Stewart's *kind invitation* to dinner / *the kind invitation of* the Cultural Attaché to a reception / *Mr and Mrs David Banks' kind invitation to* the wedding of their daughter.

lub

[fml] *Richard Edwards thanks* for *his/her/their kind invitation to...*, which he *has pleasure in accepting* // which *he regrets he is unable to accept* (due to a previous engagement).

Za prezent

Thank you very much for...

[infml] *Many thanks / Thank you (ever) so much for* the *delightful* present / for the *lovely* flowers.

[infml] You *really shouldn't have (bothered).* / It was *really sweet / kind of you*. It's just what I wanted.

Za pomoc / datki

I am most grateful for / I greatly appreciate all the trouble you have taken (on my behalf).

[infml] Jim and I *cannot thank you enough for* helping us out.

[fml] *Please accept / May I offer you* our *warmest thanks for* your valuable assistance.

[fml] *I would like to offer* you on behalf of the department our *most sincere thanks / grateful thanks* for your *generous donation.*

2. Pozdrowienia / życzenia

Na kartce pocztowej

Greetings / Best wishes from Capri.

[infml] *Wish you were here*!

All best wishes (from) Helen and Norman.

Urodzinowe

Many happy returns (of the day).

Happy Birthday.

All good / best wishes for *your birthday.*

Bożonarodzeniowe [i noworoczne]

Best wishes for a *Merry / Happy Christmas* and a *Prosperous New Year*.

lub

Merry Christmas and a Happy New Year.

Christmas / Season's Greetings.

1. Saying thank you

For a letter

[infml] *Wielkie dzięki / Bardzo dziękuję* za list.

Twój list *bardzo mnie ucieszył.*

[fml] *Uprzejmie dziękujmy za list z dnia* 6 września 2001.

[fml] *Niniejszym potwierdzamy odbiór* listu z dnia 06.09.2001.

For an invitation

[infml] *Bardzo dziękuję* za zaproszenie (na kolację / na przyjęcie). *Z wielką chęcią przyjdę* i już *nie mogę się doczekać // Niestety, nie mogę* przyjść, gdyż...

[fml] *Z wielką przyjemnością przyjmuję Pani zaproszenie* na kolację / *Państwa uprzejme zaproszenie* na ślub córki // Z *wielką przykrością / Z żalem zawiadamiam, że nie mogę niestety przyjąć zaproszenia* Pana Konsula / *Państwa zaproszenia* na ślub córki

Jan Kowalski

or

[fml] *Uprzejmie dziękuję za Pana/Pani/Państwa zaproszenie na...*, które *z przyjemnością przyjmuję* // z którego jednak *nie będę mógł skorzystać* (z powodu wcześniejszych zobowiązań).

Jan Kowalski

For a gift

Bardzo dziękuję za...

[infml] *Wielkie / Piękne dzięki* za *wspaniały* prezent / *piękne* kwiaty.

Niepotrzebnie robiłeś sobie kłopot. / Jak miło z Twojej strony. Właśnie o tym marzyłem.

For help / donations

Bardzo serdecznie dziękuję za Twoją pomoc / *Naprawdę doceniam Twoją ofiarność.*

[infml] Kuba i ja *nie wiemy, jak Ci dziękować za* pomoc.

[fml] Pragniemy *wyrazić naszą wdzięczność / Proszę przyjąć nasze gorące podziękowania* za niezwykle cenną pomoc.

[fml] W imieniu wydziału i swoim własnym *pragnę wyrazić naszą głęboką wdzięczność / nasze gorące podziękowanie* za Państwa *szczodrą pomoc / hojne wsparcie.*

2. Greetings

On a postcard

Pozdrowienia / Najlepsze życzenia z Capri.

[infml] *Gorące pozdrowienia z wakacji.*

Najlepsze życzenia – Helena i Paweł / od Heleny i Pawła

For a birthday

Najlepsze życzenia urodzinowe.

Sto lat!

Wszystkiego najlepszego z okazji urodzin.

For Christmas [and the New Year]

Wszystkiego najlepszego z okazji Świąt Bożego Narodzenia i Nowego Roku.

or

Wesołych Świąt i szczęśliwego Nowego Roku.

Wesołych Świąt.

Wielkanocne

Best wishes for a *Happy Easter.*
lub

Happy Easter

Z okazji ślubu

Every *good wish to the happy couple* / *to the bride and bridegroom on their wedding day* (and in the years to come).

Powodzenia na egzaminie

Every success in your (forthcoming) exams.

All good wishes for your A-levels / GCSEs.

Z okazji przeprowadzki

Every happiness in your new home.

W chorobie

Get well soon!

lub

All best wishes for a speedy recovery.

For Easter

Najlepsze życzenia Wielkanocne.
or

Wesołego Alleluja!

For a wedding

Najlepsze życzenia Młodej Parze.

or

Dużo szczęścia na nowej drodze życia.

For an exam

Powodzenia na egzaminach.

[infml] *Połamania nóg na egzaminach.*

Pomyślnego zdania egzaminów maturalnych.

For a house move

Niech Wam się dobrze mieszka!

For an illness

Szybkiego powrotu do zdrowia.

3. Gratulacje

Congratulations / *Many congratulations* / *We congratulate you (most sincerely) on* the (arrival of the) new baby / on passing the exam / on the new job / on your promotion / on your engagement.

[infml] *I was delighted to hear of your success* in the exam. *Well done!*

I have *just heard the wonderful news of* your forthcoming marriage and *offer you my sincerest* / *heartiest congratulations and best wishes* for your future happiness.

3. Congratulations

Gratulacje z okazji / *Serdeczne gratulacje z okazji* / *Serdecznie gratulujemy z okazji* narodzin dziecka / zdanego egzaminu / nowej pracy / awansu / zaręczyn.

[infml] *Bardzo mnie ucieszył Twój sukces* na egzaminie. *Brawo!*

Właśnie dowiedziałem się o planowanym ślubie. *Gratuluję i życzę wszystkiego najlepszego* na nowej drodze życia.

4. Przeprosiny

I am really / *genuinely sorry.*

lub

I *greatly* / *very much regret* that I have caused you so much trouble.

[fml] *I owe you an apology* / *Please accept my humble apology* for the wrongful accusation.

I take back all that I said and *apologize unreservedly.*

[infml] *Sorry not to* have written earlier.

lub

I'm sorry you've had to wait such a long time for any sign of life.

I *must apologize for* the delay in replying to your letter / for being so late with these birthday wishes.

[fml] *I beg you* / *I must ask you to forgive* / *excuse* my mistake.

Please excuse my oversight.

[infml*] Sorry!* It was all a stupid *misunderstanding.*

[fml] *We regret to have to* / *To our regret we must* inform you that we no longer stock this item.

Unfortunately we *cannot* supply this part separately.

4. Apologizing, expressing regret

Naprawdę bardzo mi przykro.

or

Bardzo żałuję / *Bardzo mi przykro*, że sprawiłem tyle *kłopotu.*

[fml] *Winien Ci jestem przeprosiny* / *Proszę przyjąć moje gorące przeprosiny* za niesłuszne zarzuty.

Cofam to, co powiedziałem i *proszę o wybaczenie.*

Przepraszam, że tak długo *nie* pisałem.

or

Przepraszam, że musiałeś tak długo czekać na znak życia ode mnie.

Chciałbym przeprosić, że tak długo nie odpowiadałem na list / że tak długo zwlekałem ze złożeniem życzeń.

Gorąco proszę o wybaczenie mi tego błędu / tej pomyłki.

Proszę mi wybaczyć to przeoczenie

Przepraszam. To było głupie *nieporozumienie.*

[fml] *Z żalem informujemy,* / *Z przykrością zawiadamiamy,* że nie prowadzimy już sprzedaży tego artykułu.

Niestety, nie możemy dostarczyć tej części zamiennej.

5. Odwołanie wizyty

Unfortunately / [infml] *I'm afraid I can't* come to see you as arranged at Christmas / *we can't accept* your invitation for the 9th owing to unforeseen circumstances. My mother is seriously ill. / I have broken my leg. / I have to go away on urgent business.

[fml] *Please tell* your sister from me *how sorry I am.*

lub

Please, convey my apologies to your sister.

It is a great disappointment to me. / *I shall really miss* seeing you.

5. Cancelling a visit

Niestety / *Przykro mi, ale nie mogę* Was odwiedzić na Boże Narodzenie / *nie możemy przyjąć* Waszego zaproszenia na 9-tego, z powodu nieprzewidzianych okoliczności. Moja mama jest poważnie chora / Złamałem nogę / Muszę wyjechać służbowo.

[fml] *Przekaż, proszę* siostrze *moje przeprosiny*

or

Proszę przekazać siostrze *wyrazy ubolewania.*

Bardzo żałuję. / *Wielka szkoda, że* Was *nie* zobaczę.

6. Współczucie

[infml] *You poor thing! I am sorry to hear* that you have to have this operation.

Francis told me of your accident. *I feel really sorry for you* / *I feel for you* / *I sympathize with you* having to go through such an experience, and *I hope you will soon be on the mend.*

6. Expressing sympathy

[infml] *Biedaku! Bardzo mi Cię żal* / *Bardzo mi przykro z powodu* tej operacji.

Dowiedziałem się od Franka o Twoim wypadku. *Bardzo mi przykro* / *Bardzo Ci współczuje,* że musiało Ci się to zdarzyć. *Mam nadzieję, że wkrótce wrócisz do zdrowia* / *dojdziesz do siebie.*

7. Kondolencje

We were *deeply saddened* / *It was a great shock to* read / hear *of the death of* your husband.

You have all my sympathy in this great loss.

We would like *to say how sorry we are.*

[fml] I would like *to assure you of our deepest sympathy in your tragic loss.*

lub

We would like to *express our sincere condolences.*

We are all *thinking of you* at this time / You are *very much in our thoughts. Please let me know if there is anything we can do.*

7. Condolences

Wiadomość o śmierci Twojego męża *bardzo nas zasmuciła* / *wstrząsnęła nami.*

Bardzo Ci *współczuję z powodu* tej *wielkiej* / *bolesnej straty.*

Nie mamy / *Nie znajdujemy słów,* żeby *wyrazić nasz żal* z powodu śmierci...

[fml] *Łączymy się* z Panią *w bólu po tej bolesnej stracie.*

or

Proszę przyjąć wyrazy najgłębszego współczucia.

Cały czas *myślimy o Tobie* / *Myślami* cały czas *jesteśmy z Tobą.* Jeżeli *możemy być Ci w czymś pomocni – daj znać* bez wahania.

8. Zaproszenia

[infml] *I wonder if you* and Betty *could make it* / *Would you* and Betty *be free for dinner* on the 14th? We are having our new neighbours, the Wilsons, round, and I'm sure you'd like to meet them.

We *would be very pleased* if you and your wife *could come to dinner* / *join us for dinner* on the evening of the 14th.

Please come to Jennifer's 40th birthday party from 8 o'clock on 23rd September at 12 Parkhurst Gardens, SW4. Buffet and disco

RSVP 0181-323 1279

[infml] *It would be wonderful if* you *could come with us* / *join us* on our trip to Scotland in September.

We are going to Scotland in September and *wonder if* you *would be interested in* coming along.

[infml] *Is there any chance that* you could come and stay with us at Easter? Edward will be away on a course so you could have his room.

8. Invitations

[infml] Czy *mielibyście ochotę* / *Czy Ela i Ty możecie* do nas wpaść *na kolację* czternastego? Zaprosiliśmy też Nowaków, naszych nowych sąsiadów, których z pewnością polubicie.

Byłoby nam bardzo miło gościć Państwa *na kolacji* czternastego.

[fml] *Bylibyśmy zaszczyceni,* gdyby zechcieli Państwo *przyjąć nasze zaproszenie na kolację czternastego.*

Mam przyjemność zaprosić / *Serdecznie zapraszam* na moje osiemnaste urodziny do Pubu „Kelev" przy ul. Kulturalnej 9, dnia 23 września br. w godz. od 20.00 do rana.

Beata

Proszę o potwierdzenie przyjęcia zaproszenia pod nr. telefonu: (22)695 44 01

[infml] *Byłoby wspaniale,* gdybyś wybrał się z nami we wrześniu w Tatry.

Wybieramy się we wrześniu w Tatry i *pomyśleliśmy, że może zechciałbyś* wybrać się z nami.

[infml] *Może* przyjechałbyś do nas na Wielkanoc? Edward ma w tym czasie jakiś kurs, tak że jego pokój będzie wolny.

Na ślub

[fml] Mr and Mrs James Merriweather *request the pleasure of your company at the wedding* of their daughter Jane to Timothy Wade at St. Swithin's Church, Compton Abbas, on Saturday June 26th 1999 at 3 p.m. (and afterwards at the Golden Cross Hotel). RSVP

To wedding

[fml] Agata Maciejewska i Piotr Wójcik wraz z rodzicami *serdecznie zapraszają na ślub*, który odbędzie się w kościele Św. Anny przy ulicy Krakowskie Przedmieście w sobotę, 26 czerwca o godzinie 15.00. (*Przyjęcie weselne* po uroczystości ślubnej odbędzie się w restauracji Literackiej, naprzeciwko kościoła) / *Dom weselny:* ul. Zielona 7.)

RSVP / Prosimy o potwierdzenie przyjęcia zaproszenia

9. Prośby

Please could you give me a ring on Thursday / *Would you be so good / kind* as to telephone me on Thursday?

I would be grateful if you could send me a sample.

I would be grateful for / I would appreciate your help in this matter.

Would you please confirm this *in writing*? / *Would you mind confirming* this *in writing*?

Could you possibly / Would it be possible for you to organize the reception for us?

I must ask you to let us have / [fml] *Kindly let us have* your payment by return of post.

O informację

Please could you tell me / let me know the prices / send me details of your range of electric cookers.

I don't wish to seem inquisitive, but *I'd love to know* where you bought that dress.

I would be very grateful for any information you can give me on the availability of spare parts.

[fml] *Do not forget to inform us of* your new address.

Let us know your new address.

O wyjaśnienie

Please could you give the reason for your departure / *explain the reason* for your departure / *why* you have left.

I *would be grateful if you could clarify* the second paragraph in your letter.

May I ask you why you no longer want the goods?

9. Requests

Czy mógłbyś zadzwonić do mnie we czwartek? / *Czy byłbyś tak dobry* i zadzwonił do mnie we czwartek?

Byłbym wdzięczny za przesłanie mi próbki.

Będę bardzo *wdzięczny / zobowiązany* za pomoc w tej sprawie.

Uprzejmie / bardzo prosimy o pisemne *potwierdzenie / potwierdzenie na piśmie*.

[fml] *Bylibyśmy zobowiązani*, gdyby *zechciał Pan* przesłać *pisemne potwierdzenie*.

Czy *mógłby Pan / zechciałby Pan* zorganizować dla nas to przyjęcie?

Prosimy o / [fml] *Zwracamy się z uprzejmą prośbą o* przekazanie należności zaraz po otrzymaniu tego listu.

Requesting Information

Czy mogę prosić o podanie cen / *przesłanie mi* pełnej informacji na temat oferowanych przez Państwa kuchenek elektrycznych.

Przepraszam za ciekawość, / Nie chciałabym być wścibska, ale gdzie kupiłaś tę sukienkę?

Będę bardzo wdzięczny za wszelkie informacje o dostępnych częściach zamiennych.

[fml] *Uprzejmie prosimy* o podanie nowego adresu.

Nie zapomnij podać nam nowego adresu.

Requesting clarification

Czy zechce nam Pan podać powody / wyjaśnić przyczyny swojego odejścia? / *Czy może nam Pan powiedzieć, dlaczego* Pan odszedł?

Byłbym wdzięczny za wyjaśnienie treści drugiego akapitu Pańskiego listu.

Czy mogę / wolno mi spytać, dlaczego nie chce Pan już zamówionych artykułów?

10. Wyjaśnienia

You must understand / You will appreciate that I have had no time to prepare a speech.

[infml] *The reason why* he left was the lack of prospects. / He left *because of / on account of* the lack of prospects / *because there were* no prospects of promotion.

The reason for his departure was the lack of prospects.

In view of / In the light of / Given his uncooperative attitude I am not giving him any more work.

The delay in delivery *is due to circumstances beyond our control.*

10. Explaining

Proszę uwzględnić, / Chciałbym wyjaśnić, że nie miałem sposobności, aby przygotować wystąpienie.

[infml] *Odszedł, bo* nie miał perspektyw awansu / *Odszedł z powodu* braku perspektyw awansu.

Powodem jego odejścia był brak perspektyw awansu.

Ze względu na / Zważywszy / Biorąc pod uwagę okazywany przez niego brak chęci współpracy nie zatrudnię go więcej.

Opóźnienie dostawy *wynika z przyczyn od nas niezależnych.*

11. Rady, sugestie

I think you should / ought to let your father do it.

(*If I may make a suggestion –*) *why don't you* ask Mrs Potterton?

I suggest we take the train.

Might I suggest we take the train?

My advice would be / I would advise you not to go.

My idea would be to invite them all at once. / *If* you *ask me / ask my opinion / want my advice, I would* invite them all at once.

If I were you, I would just take the money.

(*If I were*) *given the chance,* I wouldn't hesitate.

Be sure to take / *Whatever you do,* take warm clothes with you.

Under no circumstances let him have the money.

Make sure you have enough food in the house.

It might be / would be a good idea / wise / advisable / as well to tell your wife about it.

It is always a good idea / wise / advisable / as well to have spare fuses *handy.*

There is something / a lot to be said for doing the job oneself.

You should consider (the possibility of) having the baby at home.

What if / Suppose I were to lend you the money?

[infml] *You might like / care to* visit your uncle. / *How about going* to see your uncle while you are here?

12. Polecenia, potrzeba, przymus

(You should) place both hands on the bar and push hard.

The paper is inserted in the machine *as follows:...*

Please / Kindly ensure that / see to it that you are here by 7 a.m.

You must / You are to / You will report to the duty sergeant on arrival.

You have (got) to do as I say, *there are no two ways about it.*

You have to have / You need a teaching qualification *in order to* be considered. / A teaching qualification *is a requirement* for this post.

It is essential / necessary / indispensable / obligatory / compulsory to wear protective clothing.

Everyone *is obliged / required to* sign this declaration.

He was forced by the thieves to open the safe.

Do I really / Surely I don't have to come now?

Under no circumstances / On no account must you drink alcohol after taking these pills.

11. Advice, suggestions

Myślę, że powinieneś zostawić to ojcu / dać to ojcu do zrobienia.

(*Jeżeli mogę coś sugerować –*) *może warto* zapytać panią Potterton?

Proponuję, żebyśmy pojechali pociągiem.

Czy mogę zaproponować, żebyśmy pojechali pociągiem?

Nie radzę Ci tam chodzić / *Radzę Ci* tam *nie* iść.

Ja bym ich zaprosił wszystkich razem. / *Jeżeli chcesz znać moje zdanie / Jeżeli chcesz mojej rady* – zaproś ich wszystkich razem.

Na Twoim miejscu wziąłbym te pieniądze.

Gdybym miał taką okazję / szansę, nie wahałbym się.

Na wszelki wypadek zabierz / *Pamiętaj* zabrać ciepłe rzeczy. / *Nie zapomnij* zabrać ciepłych rzeczy.

Pod żadnym pozorem nie dawaj mu tych pieniędzy.

Zadbaj o to, żeby w domu było dość jedzenia.

Będzie lepiej / rozsądniej, jeżeli powiesz o tym żonie. / *Lepiej byłoby* powiedzieć o tym żonie. / *Radzę Ci* powiedzieć o tym żonie.

Zawsze dobrze jest mieć zapasowe bezpieczniki.

Wiele przemawia za wykonaniem tej pracy samemu.

Zastanów się, czy nie chcesz rodzić w domu. / *Zastanów się nad możliwością* porodu w domu.

A gdybym Ci pożyczył te pieniądze?

[infml] *Pewnie zechcesz* odwiedzić wuja. / *Dobrze byłoby, gdybyś* przy okazji odwiedził wuja. / *A gdybyś tak przy okazji* odwiedził wuja.

12. Instructions, need, compulsion

(Należy) oprzeć obie ręce na dźwigni i mocno pchnąć.

Papier wkłada się do maszyny *w następujący sposób:...*

Uprzejmie proszę, by był Pan na miejscu o godzinie siódmej rano.

Natychmiast po przybyciu *masz* się zgłosić do dyżurnego podoficera.

[infml] *Musisz* zrobić tak, *jak mówię, i już / i bez dwóch zdań.*

Musisz mieć wykształcenie pedagogiczne, *żeby* wzięto pod uwagę Twoją kandydaturę. / Na tym stanowisku *wymagane jest* wykształcenie pedagogiczne.

Strój ochronny *jest konieczny / niezbędny / obowiązkowy. / Obowiązuje / Wymagany* strój ochronny.

Wszyscy *muszą* podpisać taką deklarację / *są zobowiązani do* podpisania takiej deklaracji. / Od wszystkich *wymaga się* podpisania takiej deklaracji.

Złodzieje *zmusili go* do otwarcia sejfu.

Czy naprawdę / Chyba nie muszę teraz przychodzić?

Po zażyciu tych leków *pod żadnym pozorem / w żadnym wypadku nie wolno* pić alkoholu.

13. Aprobata / dezaprobata

I like // *don't like* / *object to* the way he looks at me.

[infml] *I love* // *hate* / *can't stand* this music.

This is just what I want // *what I don't want.*

I am keen on jazz / *a jazz enthusiast* / *a jazz fan.* // I *dislike* jazz.

I approve of / *I endorse* / *I am in favour of* this policy. // *I disapprove of* / *I am against* / *I am opposed to* this policy.

She supports / *She backs* this plan. // *She opposes* this plan.

He is a supporter // *opponent of* animal experiments.

I admire / *I have a high regard for* / *a high opinion of* him. // I have *little regard for* / *a low opinion of* him.

They *view* your application *favourably* // *unfavourably.* / They *take a favourable* // *unfavourable view of* your application.

14. Przyzwolenie / zakaz

You may tell him (if you wish). // *You may not* / *must not* tell him.

We are allowed / *permitted* // *not allowed* /*not permitted to* visit the prisoners.

Smoking is allowed / *permitted* // *forbidden* / *prohibited in here.*

I *have no objection to* / *nothing against* your taking the day off. // I *(expressly) forbid* you *to* take / I *cannot agree to* your taking any more time off work.

15. Pragnienia, zamiary

What do you want to be when you grow up?

I would like to be a pilot, but my health is not good enough.

I want to go / *I would like to* go to Italy.

I have a great desire / *longing to* take a trip on the Nile.

You can go *if* you *wish* / *want.*

She has set her heart on studying archaeology / *She wants above all else to* study archaeology.

[infml] *I mean* / *intend* / *propose to* make him confess, *come what may.*

Please let me know *your intentions* / *what your plans are* / *what you have in mind.*

Do you think *she really intended* / *meant to* encourage him? – Yes, she had *every intention of* leading him on.

My intention / *What I have in mind is to* / *I am planning to* merge the two companies.

His aim is to / *his object is to* build a factory here.

My *sole aim* / *purpose is to* better the workers' lot.

I have no intention of dismissing you.

13. Approval / disapproval

Podoba mi się // *nie podoba mi się* / sposób, w jaki na mnie patrzy. / *Wypraszam sobie, aby* tak na mnie patrzył.

Uwielbiam taką muzykę // *Nienawidzę* / *nie znoszę* / *nie cierpię* takiej muzyki.

Właśnie tego chciałem // Tego właśnie nie chciałem.

Jestem *miłośnikiem* / *fanem* / *entuzjastą* jazzu. // *Nie lubię* jazzu. / *Nie przepadam za* jazzem.

Popieram tę politykę. / *Zgadzam się z* taką polityką. // *Nie popieram* tej polityki. / *Nie zgadzam się z* taką polityką. / *Jestem przeciwny* tej polityce.

Popiera / *Wspiera* ten projekt. // *Sprzeciwia się* temu projektowi.

Jest zwolennikiem // *przeciwnikiem* doświadczeń na zwierzętach.

Bardzo go cenię. / *Jestem o nim bardzo dobrego zdania.* // *Nie cenię* go./ *Jestem o nim nie najlepszego* / *złego zdania.*

Przychylnie // *nieprzychylnie odniesiono się* do Twojego podania / *przyjęto* Twoje podanie.

14. Permitting / forbidding

Możesz mu powiedzieć (jeśli chcesz). // *Nie wolno* Ci mu mówić.

Wolno nam / *możemy* // *nie wolno* nam / *nie możemy* odwiedzać więźniów.

Tu wolno palić. // *Palenie zabronione.* / Obowiązuje zakaz palenia.

Nie mam nic przeciwko temu, / *zgadzam się, żebyś* wziął wolny dzień // *Absolutnie nie wyrażam zgody na* wolny dzień / *Nie mogę wyrazić zgody na to,* abyś znów wziął dzień wolny.

15. Desires, intentions

Kim chcesz zostać, jak dorośniesz?

Chciałbym zostać pilotem, ale nie mogę ze względu na stan zdrowia.

Chcę / *Chciałbym* pojechać do Włoch.

Bardzo chciałbym /*Pragnąłbym* / *Jest moim marzeniem* wybrać się na wycieczkę po Nilu.

Możesz iść, jeśli chcesz.

Marzeniem jej życia są studia archeologiczne / *Ponad wszystko pragnie* studiować archeologię.

[infml] *Niech się dzieje, co chce – mam zamiar* / *zamierzam* skłonić go do przyznania się.

Daj mi znać, co *zamierzasz* / *jakie masz plany* / *jakie masz zamiary.*

Czy sądzisz, że *naprawdę chciała* go skokietować? – Tak, *poważnie chciała* / *miała (szczery) zamiar* go uwieść.

Mam zamiar / *zamierzam* połączyć obie firmy. / *Planuję* połączenie obu firm.

Jego celem jest zbudowanie tu fabryki.

Jedynym moim celem jest poprawa sytuacji robotników.

Nie mam zamiaru / *nie zamierzam* Cię zwalniać.

16. Opinie

I think she is / In my opinion she is / I believe her to be the greatest living blues singer.

To my mind / In my opinion / As I see it, further legislation is not the answer.

(Personally) I find / I reckon / I have the impression that young people are generally politer nowadays.

I feel we are being pushed into accepting the deal.

My view (of the matter) / My opinion is that women are still underprivileged.

My feelings / thoughts on the matter are evidently of no importance to you.

His reaction to the proposal was *quite unexpected.*

He sees the future of the company as lying in food manufacturing.

What is your opinion on this / your view of the matter?

I share your opinion / point of view. / I agree entirely with what you say.

We are in complete / partial / broad agreement / thinking on the same lines.

The results of the investigation *do not agree·with / are not consistent with / do not bear out / do not corroborate* your claims.

I *completely disagree / cannot agree at all with your view / with what you say. / I cannot accept your view / what you say.*

We *must agree* to *differ on* this.

16. Opinions

Uważam, że / Moim zdaniem / Według mnie jest największą żyjącą śpiewaczką bluesową.

Moim zdaniem / W moim przekonaniu / Według mnie nowe ustawy nic tu nie pomogą.

(Osobiście) uważam / sądzę / jestem zdania, że młodzież jest teraz dużo lepiej wychowana.

Czuję, że naciskają na nas, byśmy przyjęli tę propozycję.

Moim zdaniem / Uważam, że kobiety są nadal dyskryminowane.

Najwyraźniej nic Cię nie obchodzi, *co myślę / sądzę na ten temat.*

Nikt się nie spodziewał, że tak zareaguje na tę propozycję.

Widzi przyszłość firmy w produkcji żywności.

Co o tym sądzisz? / Jakie jest Twoje zadanie w tej sprawie? / Jaką masz opinię na ten temat?

(Całkowicie) podzielam Twoje zdanie. / Zgadzam się z Tobą / z Twoim stanowiskiem / z tym, co mówisz.

W pełni / częściowo / [infml] *z grubsza się zgadzamy. / Myślimy podobnie.*

Wyniki badań *nie potwierdzają* Pańskich twierdzeń / *są niezgodne* z Pańskimi twierdzeniami.

Zupełnie się z Tobą / z Twoim stanowiskiem / z tym, co powiedziałeś, nie zgadzam. / Nie mogę przyjąć / nie podzielam Twego stanowiska.

Niech każdy z nas pozostanie przy swoim zdaniu. / Trzeba się pogodzić z tym, *że istnieje* w tym względzie *różnica zdań.*

17. Prawda / fałsz

I see now *you were right* and I *was wrong.*

You *were quite right* to *query* this assertion – it is indeed *incorrect.*

They were wrong / It was wrong of them to dismiss him. / *They should not have* dismissed him.

Challenging his *position* was *the wrong thing* to do, even though it seemed *the right thing* at the time.

You are correct // wrong in your assumption that...

lub

Your assumption that... *is correct // wrong.*

To say this *is flying in the face of the facts / is contrary to the facts* as we know them.

17. Right / wrong

Widzę teraz, że *miałeś rację / słuszność,* a ja *się myliłem / byłem w błędzie.*

Słusznie podałeś w wątpliwość to twierdzenie – rzeczywiście *jest błędne.*

Zwolnili go *niesłusznie. / Nie powinni* go byli zwalniać. / *Postąpili niesłusznie* zwalniając go.

Sprzeciwianie się mu *nie było właściwe,* choć wtedy wydawało się *słuszne.*

Masz rację /słuszność // mylisz się / jesteś w błędzie zakładając, że ...

or

Twoje założenie, *że..., jest słuszne // niesłuszne / błędne.*

To twierdzenie *jest (całkowicie) sprzeczne / niezgodne* z faktami.

18. Wątpliwość / pewność

I'm not *sure / certain /* I *don't know (for sure) / I cannot say with any certainty* whether he will come.

He is still uncertain / undecided as to what action to take. / *He is still wondering* what to do.

There is still considerable doubt about / as to the feasibility of the plan / *surrounding* the future of the project.

18. Doubt / certainty

Nie jestem pewien, / Nie wiem na pewno, / Nie mam pewności, / Nie mogę powiedzieć, czy przyjdzie.

Wciąż nie jest pewny / zdecydowany, co ma robić. / *Wciąż zastanawia się,* co robić.

Nadal istnieją (poważne) wątpliwości co do możliwości zrealizowania tego planu / przyszłości tego projektu.

It is *a matter for debate* / *debatable* / *It is doubtful* whether we will gain anything by this.

Jest *sprawą dyskusyjną* / *sprawą wątpliwą*, czy coś na tym zyskamy.

I have my doubts (about his competence).

Mam wątpliwości (co do jego kompentencji).

One can hardly expect him to agree to such terms, *but you never know*.

Trudno się spodziewać, że zgodzi się na takie warunki, *ale nigdy nic nie wiadomo*.

I'm (quite / absolutely) certain / sure / positive / convinced that she did it.

Jestem (prawie / całkowicie) pewien / przekonany / przeświadczony, że to ona zrobiła.

We are (quietly) confident that we will win.

Jesteśmy przekonani / Mamy (cichą) nadzieję, że zwyciężymy.

There can be no doubt / question / It is beyond doubt / question / dispute / It is indisputable / undeniable that she is the best boss we have had.

Nie ulega (najmniejszej) wątpliwości, / Nie podlega kwestii, / Nie można zaprzeczyć, że to najlepszy szef, jakiego mieliśmy.

Nobody can deny that he has great experience in this field.

Nie da się zaprzeczyć, że ma wielkie doświadczenie w tej dziedzinie.

There is bound to be a period of unrest.

Musi nastąpić okres niepokoju.

19. Wyrażanie uczuć

19. Expressions of feeling

Zdziwienie

Amazement

I was surprised / amazed / astonished to hear that you had left Glasgow.

Byłem zdziwiony / zaskoczony, na wieść o tym, że wyjechałeś z Katowic.

To my surprise / amazement / astonishment she agreed *without a murmur*.

Ku mojemu (wielkiemu) zaskoczeniu / zdziwieniu / zdumieniu zgodziła się bez *mrugnięcia okiem / szemrania*.

He was thunderstruck / flabbergasted / dumbfounded when he discovered his best friend had tricked him.

Był wstrząśnięty / porażony, gdy dowiedział się, że oszukał go najlepszy przyjaciel.

I was stunned / shattered by the news.

[infml] *Zatkało mnie* na tę wiadomość / *Byłem zszokowany*.

[fml] Ta wiadomość mną wstrząsnęła.

The news *was quite a shock / a bombshell / a bolt from the blue / took us all by surprise*.

Ta wiadomość była jak *grom z jasnego nieba* / była *całkowitym zaskoczeniem*.

The building of this ship was *a staggering / an astounding achievement* for its time.

Zbudowanie tego okrętu było *zadziwiającym / niezwykłym dokonaniem* jak na tamte czasy.

The combination of a yellow shirt and pink trousers *was rather startling*.

Zestawienie żółtej koszuli i różowych spodni *było nieco szokujące / było dość odważne*.

Rozczarowanie

Disappointment

The failure of the project *was a bitter disappointment / a heavy blow / a serious setback* for him.

Niepowodzenie projektu *było* dla niego *dużym rozczarowaniem / ciężkim ciosem*.

His hopes were dashed when his request was refused.

Stracił nadzieję, gdy odmówiono jego prośbie.

We were bitterly disappointed / sick with disappointment / dismayed / (completely) disenchanted.

Byliśmy gorzko / głęboko rozczarowani. Byliśmy (całkowicie) przygnębieni. / Całkiem upadliśmy na duchu.

I felt (badly) let down / betrayed when he went back on his promise.

Poczułem się *(niecnie) oszukany / zdradzony*, gdy złamał obietnicę.

Our annual profits *have not come up to / have fallen short* of expectations.

Roczne zyski *nie spełniły naszych oczekiwań / zawiodły nasze oczekiwania*.

They all looked *dejected / crestfallen* / [infml] *down in the dumps* after their defeat.

Wyglądali na przygnębionych po przegranej.

[infml] Po klęsce *spuścili nosy na kwintę / zrzedły im miny*.

All our attempts to combat environmental pollution *have been frustrated*.

Wszystkie *nasze wysiłki* ograniczenia zanieczyszczeń środowiska *spełzły na niczym / poszły na marne*.

Korespondendencja prywatna

Zawiadomienie o ślubie:

Flat 3
2 Charwell Villas
45 Grimsby Road
Manchester M23

3rd June 2000

Dearest Suzanne,

I thought I'd write to tell you that James and I are getting married! The date we have provisionally decided on is August 6th and I do hope you will be able to make it.

The wedding is going to be here in Manchester and it should be quite grand, as my mother is doing the organizing. I only hope the weather won't let us down, as there's going to be an outdoor reception. My parents will be sending you a formal invitation, but I wanted to let you know myself.

All my love,

Julie

Zaproszenie na ślub:

V. F. Cassels
23 via Santa Croce
Florence
Italy

30 April 2000

Dear Oliver,

Kate and I are getting married soon after we return to the UK – on June 20th. We would like to invite you to the wedding. It will be at my parents' house in Hereford, probably at 2.30pm, and there will be a party afterwards, starting at about 8pm. You are welcome to stay the night as there is plenty of room, though it would help if you could let me know in advance.

Hope to see you then,

Best wishes,

Giorgio

Życzenia z okazji ślubu:

Les Rosiers
22 Avenue des Epines
95100 Argenteuil
France

22/8/00

Dear Joe,

Thanks for your letter. I was delighted to hear that you two are getting married, and I'm sure you'll be very happy together. I will do my best to come to the wedding, it'd be such a shame to miss it.

I think your plans for a small wedding sound just the thing, and I feel honoured to be invited.

I wonder if you have decided where you are going for your honeymoon yet? I look forward to seeing you both soon. Sarah sends her congratulations.

Best wishes,

Eric

Zawiadomienie o urodzinach dziecka:

26 James Street
Oxford
OX4 3AA

22 May 2000

Dear Charlie,

We wanted to let you know that early this morning Julia Claire was born. She weighs 7lbs 2oz, and she and Harriet are both very well. The birth took place at home, as planned.

It would be wonderful to see you, so feel free to come and visit and meet Julia Claire whenever you want. (It might be best to give us a ring first, though). It would be great to catch up on your news too. Give my regards to all your family, I haven't seen them for such a long time.

Looking forward to seeing you,

Nick

Personal and social correspondence

Announcing a wedding:

Warszawa, 12.05.2002

Kochana Ciociu!

Piszę do Ciebie, bo chciałam Ci przekazać wspaniałą nowinę – wychodzę za mąż! Pamiętasz tego Adasia, którego poznałam na nartach w styczniu? No właśnie – to mój narzeczony. Pewnie się dziwisz, że tak szybko się to stało, ale jak wiesz w życiu różnie bywa. Ja w każdym razie jestem bardzo szczęśliwa i nie żałuję, że tak się to potoczyło.

Ślub odbędzie się za dwa miesiące. Niedługo przyślę Ci oficjalne zaproszenie. Mam już suknie ślubną w stylu Empire, tylko nie mogę kupić butów, bo nigdzie nie ma mojego numeru. Wesele chcemy urządzić w domku rodziców Adasia w Nowym Dworze. Wynajmujemy orkiestrę cygańską, wyobrażasz sobie? Zawsze o tym marzyłam. Po ślubie jedziemy na wycieczkę do Chorwacji (prezent ślubny od rodziców Adasia).

Rodzice są trochę przerażeni, że to tak szybko. Mama się martwi, co będzie z moimi studiami, ale ja dam sobie radę. Jak wiesz ciociu, ona zawsze przesadza.

No dobrze! Rozpisałam się, a muszę jeszcze lecieć na nauki przedmałżeńskie. Mam nadzieję, że zobaczymy się na moim ślubie. Bardzo bym chciała, żebyś przyjechała.

Pozdrawiam Cię i całuję!

Zuza

Invitation to a wedding:

– Church ceremony:

Zuzanna Raszyńska
i
Adam Miazek
wraz z Rodzicami
zapraszają serdecznie na ślub,
który odbędzie się w sobotę 18 września 2002 roku
o godzinie 16.00 w kościele
pod wezwaniem św. Marii Magdaleny w Warszawie
przy ulicy Wólczyńskiej 16

– civil ceremony:

W sobotę 18 września 2002 roku o godzinie 12.00
w Pałacu Ślubów na Placu Zamkowym odbędzie się
zawarcie związku małżeńskiego między
Zuzanną Raszyńską i Adamem Miazkiem.
Na uroczystość zapraszają serdecznie

Rodzice i Narzeczeni

Congratulations on a wedding:

– telegram:

ŻYCZENIA SZCZĘŚCIA I RADOŚCI NA NOWEJ DRODZE ŻYCIA PRZESYŁA ALINA SKUBA

– postcard:

Sopot, 02.09.2002

Kochani Zuziu i Adasiu!

Bardzo dziękuję za zaproszenie na Wasz ślub. Naprawdę się ucieszyłam, że się pobieracie, bo jesteście taką piękną parą. Niestety nie mogę przyjechać na tę uroczystość, ponieważ złamałam nogę i następne trzy tygodnie spędzę w gipsie. Przesyłam Wam więc najlepsze życzenia szczęścia i miłości.

Ściskam Was serdecznie,

ciotka Ela

Announcing a birth of a baby:

Warszawa, 03.11.2002

Droga Ciociu!

Pragniemy Cię zawiadomić, że wczoraj Zuzanna urodziła bliźnięta – Kamilę i Janusza. Zuzia czuje się dobrze, choć jest bardzo zmęczona. Dzieci są duże i silne. Za dwa dni zabieram je do domu. Radość w domu ogromna, ale ja ciągle nie mogę dojść do siebie – lekarz do ostatniej wizyty twierdził, że będzie tylko jedno dziecko! Mam teraz mały problem z drugim łóżeczkiem, kompletem ubranek i nowym wózkiem dla dwójki. Na szczęście moi rodzice powiedzieli, że wszystko załatwią. Rodzice Zuzy ciągle martwią się o jej studia, ale chyba trochę przesadzają.

Ciociu! Mam nadzieję, że już zdążyłaś zapomnieć o swojej nodze i przyjedziesz do nas na chrzciny, które pewnie odbędą się na wiosnę (prawdopodobnie w kwietniu).

Pozdrawiam serdecznie,

Adam

Życzenia noworoczne:

Flat 3, Alice House
44 Louis Gardens
London W5.

January 2nd 2000

Dear Arthur and Gwen,

Happy New Year! This is just a quick note to wish you all the best for the year 2000. I hope you had a good Christmas, and that you're both well. It seems like a long time since we last got together.

My New Year should be busy as I am trying to sell the flat. I want to buy a small house nearer my office and I'd like a change from the flat since I've been here nearly six years now. I'd very much like to see you, so why don't we get together for an evening next time you're in town? Do give me a ring so we can arrange a date.

With all good wishes from

Lance

Podziękowanie za życzenia:

19 Wrekin Lane
Brighton
BN7 8QT

6th January 2000

My dear Renée,

Thank you so much for your letter and New Year's wishes. It was great to hear from you after all this time, and to get all your news from the past year. I'll write a "proper" reply later this month, when I've more time. I just wanted to tell you now how glad I am that we are in touch again, and to say that if you do come over in February I would love you to come and stay – I have plenty of room for you and Maurice.

All my love,

Helen

Zaproszenie na weekend:

12 CASTLE LANE
BARCOMBE
NR LEWES
SUSSEX BN8 6RJ
PHONE: 01273 500520

3 June 2000

Dear Karen,

I heard from Sarah that you have got a job in London. Since you're now so close, why don't you come down and see me? You could come and spend a weekend in the country, it'd be a chance for a break from city life.

Barcombe is only about an hour's drive from where you live and I'd love to see you. How about next weekend or the weekend of the 25th? Give me a ring if you'd like to come.

All my love,

Lucy

Przyjęcie zaproszenia:

14A ARK STREET
WYRRAL VALE
CARDIFF
CF22 9PP
TEL: 029-2055 6544

19 July 2000

Dearest Sarah,

It was good to hear your voice on the phone today, and I thought I'd write immediately to say thank you for inviting me to go on holiday with you. I would love to go.

The dates you suggest are fine for me. If you let me know how much the tickets cost I will send a cheque straight away. I'd love to see California, and am very excited about the trip and, of course, about seeing you.

Thanks again for suggesting it.
Love,

Eliza

Christmas wishes:

Sandomierz, 10.12. 2002

Kochana Manuelo!

Z okazji zbliżających się świąt Bożego Narodzenia chciałam złożyć Ci najlepsze życzenia zdrowia i pomyślności. Niech te święta upłyną Ci w ciepłej, rodzinnej i pogodnej atmosferze, i niech się spełnią wszystkie Twoje marzenia.

Całuję serdecznie. Wesołych Świąt!

Ewa

Easter wishes:

Warszawa, 24.03.2002

Drodzy Moi!

Niedługo Wielkanoc – moje ulubione święta, bo wszystko dookoła odradza się i odżywa. Szkoda, że nie będę mogła spędzić ich z Wami, ale niestety nie dam rady przyjechać. Życzę Wam więc spokojnych i radosnych świąt, smacznego jajeczka i mokrego dyngusa.

Pozdrawiam Was z dalekiej Australii,

Wasza Mela

New Year wishes:

Wrocław, 14.12.2002

Droga Alinko!

Moc życzeń z okazji Nowego Roku, spełnienia marzeń i wszystkiego najlepszego.

Do Siego Roku życzy

Andrzej

Wishes on Saint's day:

Starachowice, 17.05.2002

Droga Magdusiu!

Pragniemy Ci złożyć najlepsze życzenia szczęścia i wszelkiej pomyślności z okazji Twoich imienin. Życzymy Ci dużo zdrowia i spełnienia wszystkich marzeń.

Rysia i Kazik

Invitation to visit:

Warszawa, 10.05.2003

Kochani!

Przede wszystkim dziękuję Wam bardzo za ostatni list. Cieszę się, że Kazik czuje się już dobrze. Korzystając z tego, chciałam Was zaprosić na parę dni do Warszawy. Wiem, że chętnie poszłabyś do Teatru Wielkiego, a Kazik na pewno chciałby zobaczyć nowe stacje metra. Od 1 do 10 czerwca będę mieć wolny pokój w mieszkaniu, bo Maciek wyjeżdża na szkolenie. Zapraszam Was serdecznie. Napiszcie jak najprędzej, czy przyjedziecie.

Pozdrawiam i całuję,

Magda

Accepting an invitation:

Starachowice, 15.05.2003

Kochana Magdusiu!

Dziękujemy Ci bardzo za zaproszenie. Rzeczywiście planowaliśmy z Kazikiem gdzieś wyjechać w początku czerwca. Myśleliśmy co prawda o wyjeździe nad morze, ale w czerwcu bywa jeszcze zimno, tak że Twoje zaproszenie spadło nam jak z nieba. Martwimy się tylko, czy nasz pobyt nie przeszkodzi Ci w sesji. Jeśli nie, to przyjeżdżamy pierwszym rannym pociągiem. Na dworzec po nas nie wychodź, weźmiemy taksówkę.

Ściskam Cię serdecznie w imieniu swoim i Kazika,

Rysia

Zaproszenie na kolację:

MS L HEDLEY
2 FLORENCE DRIVE,
LONDON SW1Z 9ZZ
FRIDAY 13 JULY 2000

Dear Alex,

Would you be free to come to dinner with me when you are over in England next month? I know you'll be busy, but I would love to see you. Perhaps you could give me a ring when you get to London and we can arrange a date? Hope to see you then.

Best wishes,

Lena

Nieprzyjęcie zaproszenia:

Mr and Mrs P. Leeson
Ivy Cottage
Church Lane
HULL HU13

7th April 2000

Mr and Mrs Leeson thank Mr and Mrs Jackson for their kind invitation to their daughter's wedding and to the reception afterwards, but regret that a prior engagement prevents them from attending.

Nieprzyjęcie zaproszenia:

c/o Oates
Hemingway House
Eliot Street
Coventry CV2 1EE

March 6th 2000

Dear Dr Soames,

Thank you for your kind invitation to dinner on the 19th. Unfortunately, my plans have changed somewhat, and I am leaving England earlier than I had expected in order to attend a literary conference in New York. I am sorry to miss you, but perhaps I could call you next time I am in England, and we could arrange to meet.

Until then, kindest regards,

Michael Strong

Przyjęcie zaproszenia:

c/o 99 Henderson Drive
Inverness IV1 1S.A.

16/6/00.

Dear Mrs Mayhew,

It is very good of you to invite me to dinner and I shall be delighted to come on July 4th.

I am as yet uncertain as to where exactly I shall be staying in the south, but I will phone you as soon as I am settled in London in order to confirm the arrangements.

With renewed thanks and best wishes,
Yours sincerely,

Sophie Beauverie

Invitation to a party (informal):

Poznań, 04.04.2002

Kochany Tomku!

Zapraszam Cię serdecznie na małe przyjęcie z okazji moich urodzin. Wiem, że nie lubisz takich imprez, ale nie obawiaj się – będzie tylko paru starych znajomych – Rysiek, Marylka, Damian z żoną i Ewka z mężem. Pogadamy sobie przy kieliszku dobrego wina. Zarezerwuj sobie czas w sobotę 17 kwietnie o 19.00.

Pozdrawiam i całuję,

Aleksandra

Declining an invitation (formal):

Szanowni Państwo!

Bardzo dziękuję, że zechcieli mnie Państwo zaprosić na brylantowe gody Państwa Rodziców. Cieszę się, że pani Anna i pan Damian będą mieli tak piękną uroczystość. Niestety, nie będę w stanie w niej uczestniczyć, ponieważ moja żona przebywa w szpitalu. Bardzo mi przykro, ale w związku z tym nie mogę przyjąć Państwa zaproszenia.

Łączę wyrazy szacunku,

Anzelm Kozyra

Declining an invitation (informal):

Poznań, 10.04.2002

Droga Oleńko!

Bardzo Ci dziękuję za zaproszenie na urodziny. Chętnie bym wpadł, ale niestety muszę wyjechać służbowo do Antwerpii. Wrócę dopiero 20 kwietnia. Przyjmij więc na razie najlepsze życzenia z okazji urodzin. Mam nadzieję, że po moim powrocie uda nam się zobaczyć.

Żałuję serdecznie,

Tomek

Accepting an invitation (informal):

Poznań, 10.06.2002

Cześć Olka!

Serdeczne dzięki za zaproszenie na urodziny! Bardzo się ucieszyłam, że jeszcze o mnie pamiętasz, bo przecież nie widziałyśmy się całe wieki. Z chęcią Cię znów zobaczę. Mam nadzieję, że spotkam też Tomka – jak wiadomo, stara miłość nie rdzewieje. W każdym razie 17 przybędę na pewno z butelką tokaja (mam nadzieję, że nadal jest to Twoje ulubione wino).

Ściskam serdecznie,

Maryla

Kondolencje:

Larch House
Hughes Lane
Sylvan Hill
Sussex

22 June 2000

Dear Mrs Robinson,

I would like to send you my deepest sympathies on your sad loss. It came as a great shock to hear of Dr Robinson's terrible illness, and he will be greatly missed by everybody who knew him, particularly those who, like me, had the good fortune to have him as a tutor. He was an inspiring teacher and a friend I am proud to have had. I can only guess at your feelings. If there is anything I can do please do not hesitate to let me know.

With kindest regards,
Yours sincerely,

Malcolm Smith

Podziękowanie za kondolencje:

55A Morford Lane
Bath
BA1 2RA

4 September 2000.

Dear Mr Bullwise,

I am most grateful for your kind letter of sympathy. Although I am saddened by Rolf's death, I am relieved that he did not suffer at all.

The funeral was beautiful. Many of Rolf's oldest friends came and their support meant a lot to me. I quite understand that you could not come over for it, but hope you will call in and see me when you are next in the country.

Yours sincerely,

Maud Allen

Kondolencje (bliskiej osobie):

18 Giles Road
Chester CH1 1ZZ
Tel: 01244 123341

May 21st 2000

My dearest Victoria,

I was so shocked to hear of Raza's death. He seemed so well and cheerful when I saw him at Christmas time. It is a terrible loss for all of us, and he will be missed very deeply. You and the children are constantly in my thoughts.

My recent operation prevented me from coming to the funeral and I am very sorry about this. I will try to come up to see you at the beginning of July, if you feel up to it. Is there anything I can do to help?

With much love to all of you
from
Penny

Podziękowanie za kondolencje (bliskiej osobie):

122 Chester Street
Mold
Clwyd
CH7 1VU

15 November 2000

Dearest Rob,

Thank you very much for your kind letter of sympathy. Your support means so much to me at this time.

The whole thing has been a terrible shock, but we are now trying to pick ourselves up a little. The house does seem very empty.

With thanks and very best wishes from us all,

Love,
Elizabeth

Condolences (formal):

WARSZAWA, 17.09.2002 r.

Wielce Szanowny Panie!

Wiadomość o śmierć Pańskiej Małżonki bardzo nas wszystkich zasmuciła. Zawsze będziemy wspominać Pańską Małżonkę jako osobę niezwykle ciepłą i życzliwą ludziom. Jest to dla nas wszystkich ogromna strata.

Prosimy przyjąć wyrazy głębokiego żalu i współczucia

PRACOWNICY FIRMY MOTOPEX

Thanks for condolences (formal):

Warszawa, 23.09.2002 r.

Szanowni Państwo!

Bardzo dziękuję za wyrazy współczucia z powodu śmierci mojej żony. W tych ciężkich dla mnie chwilach pamięć i wsparcie moich wieloletnich współpracowników jest dla mnie dużą pociechą.

Z poważaniem,

Jarosław Kądzioła

Prezes firmy Motopex

Condolences (informal):

Rzeszów, 13.07.2002 r.

Najdroższa Aniu!

Jestem wstrząśnięta wiadomością o śmierci Twojej siostry. Wiem, jak byłyście sobie bliskie i ile dla Ciebie znaczyła, zwłaszcza po odejściu cioci Lucynki. Pamiętaj, że wszyscy jesteśmy z Tobą! Jutro wysyłam do Ciebie Władka, pomoże Ci we wszystkim. Ja będę mogła przyjechać dopiero za dwa tygodnie, ale sercem cały czas będę z Tobą. Trzymaj się kochana!

Ściskam Cię,

Małgorzata

Thanks for condolences (informal):

Gorzów, 18.07.2002 r.

Kochana Małgosiu!

Dziękuję Ci za słowa pociechy. Tylko Ty możesz zrozumieć, jak bardzo mi brakuje Gosi. Ale takie jest życie, niestety.

Władeczek bardzo mi pomaga z załatwianiem wszystkich formalności. Jest naprawdę kochany, czekam jednak niecierpliwie na Twój przyjazd. Zawsze byłaś tak ciepła, mądra i pełna optymizmu. Naprawdę, bardzo Cię teraz potrzebuję.

Całuję Cię serdecznie i do rychłego zobaczenia,

Twoja Anka

Podziękowanie za gościnę:

75/9A Westgate
Wakefield
Yorks

30/9/00

Dear Mr and Mrs Frankel,

It was very kind of you to invite me to William's 21st birthday party and I am especially grateful to you for letting me stay the night. I enjoyed myself very much indeed, as did everyone else as far as I could tell.

In the hurry of packing to leave, I seem to have picked up a red and white striped T-shirt. If you let me know where to send it, I'll put it in the post at once. My apologies.

Many thanks once again.

Yours,

Julia (Robertson)

Podziękowanie za prezent ślubny:

Mill House
Mill Lane
Sandwich
Kent
CT13 OLZ

June 1st 2000

Dear Len and Sally,

We would like to thank you most warmly for the lovely book of photos of Scotland that you sent us as a wedding present. It reminds us so vividly of the time we spent there and of the friends we made.

It was also good to get all your news. Do come and see us next time you are back on leave - we have plenty of room for guests.

Once again many thanks, and best wishes for your trip to New Zealand.

Kindest regards from

Pierre and Francine

Zaproszenie:

David Bruce

at Home

Sunday December 5th at 12.00 noon

RSVP

Wine and cheese

Thanking for hospitality:

Kielce, 12.09.2003

Kochana Aniu!

Pragniemy Ci podziękować za gościnę, której nam udzieliłaś podczas wakacji. Sopot jest taki piękny. Bliźniaki są ślicznie opalone i wesołe – pobyt nad morzem dobrze im zrobił, Adasiowi i mnie zresztą też. Wiem, że pewnie Ci przeszkadzaliśmy, ale byłaś zawsze taka kochana i cierpliwa, nawet jak Kamilka stłukła twój ulubiony wazonik z Miśni (á propos – mama Adasia znalazła taki sam w Desie i jutro Ci go wyślemy). Dla mnie te wakacje były cudowne.. Mam nadzieję, że teraz Ty nas odwiedzisz – mamy duży dom, ja siedzę cały czas z bliźniakami i trochę się nudzę, więc byłoby bardzo miło, gdybyś do nas przyjechała na jakiś czas.

Ściskam i całuję,

Twoja Zuza

PS. Adaś też Cię pozdrawia, a bliźniaki mówią pa, pa!

Thanking for a wedding gift:

Warszawa, 23.04.2003

Kochany Andrzeju!

Chcieliśmy Ci podziękować za wspaniały prezent ślubny – marzyliśmy o perskim dywanie. Leży teraz w pokoju gościnnym i wszyscy go podziwiają, bo jest naprawdę piękny. Szkoda tylko, że nie mogłeś być na naszym ślubie – naprawdę bardzo nam Ciebie brakowało.

Pozdrawiamy Cię serdecznie

Alina i Zenek

Invitation to a party (formal):

Kraków, 03.03.2002

Szanowna Pani!

Pragniemy zaprosić Panią na przyjęcie z okazji brylantowych godów naszych Rodziców, Anny i Damiana Wyszkowskich. Przyjęcie odbędzie się 19 marca o godzinie 18.00 w restauracji „U Wierzynka". Będzie nam bardzo miło, jeśli zechce Pani przybyć.

Z poważaniem

Ewa i Jan Wyszkowscy

Invitation to a christening (formal):

Warszawa, 23.03.2002

Szanowna Pani!

Pragniemy zaprosić Panią na chrzest naszych wnuków – Kamili i Janusza. Chrzest odbędzie się 15 kwietnie w kościele Zbawiciela na ulicy Kwiatowej. Po uroczystości zapraszamy na rodzinny obiad w restauracji Złoty Smok na ulicy Literackiej 14. Będziemy zaszczycenie Pani przybyciem.

Z poważaniem,

Alicja i Artur Miazkowie

Podróże

Pocztówki:

Having a wonderful time on and off the piste.
Skiing conditions ideal and we've even tried snowboarding.
The local food and wine are delicious, especially the fondue.
See you soon,

Jo and Paul

Mr and Mrs S. Mitchell
The Old Forge
7 Wilson Street
CIRENCESTER
GLOS
GL12 9PZ
UNITED KINGDOM

Dear Jess,
The beaches here in Crete are great and the nightlife is brilliant! We've hired mopeds to get about locally, but hope to fit in a couple of day-trips to see some of the sights.
College and exams certainly seem very far away!
Lots of love,

Louise and Paul

Jessica Norton
45 Gibson Avenue
DURHAM
DH1 3NL
UNITED KINGDOM

Holidays and travel plans

Postcards:

Białogóra, 16.08.2001 r.

Kochana Babciu!
Najserdeczniejsze pozdrowienia znad morza! Pogoda niestety kiepska – cały czas pada i wieje, ale chodzimy na spacery do stadniny i do lasu. Pomimo deszczu odpoczywam – z daleka od miasta i codziennych problemów. Tutaj jest masa grzybów, ale nie zbieramy, bo nie ma ich jak ususzyć, a szkoda.

Całuję Cię i ściskam,

Twoja wnuczka Magda

Sz. Pani
Janina Kowalska
ul. Wolska 199
01-345 Warszawa

Korbielów, 15. 02.01.

Kochani!
Jak na razie jest świetnie! Mieszkamy w bardzo ładnym pensonacie, położonym 100 metrów od dolnej stacji wyciągu. Śniegu jest mnóstwo, nawet na dole. Marysia już sama jeździ na wyciągu orczykowym i w ogóle się nie boi zjeżdżać.

Całujemy!

Ewa i Marysia

Sz. Pan
Jerzy Nowak
ul. Puławska 234
00-345 Warszawa

Zaproszenie:

23 Av. Rostand
75018 Paris
France
5th June 2000

Dear Katrina,

I am writing to ask you if you would like to come and stay with my family here in Paris. We live in a pretty suburb, and my school is nearby. If you come we can go into the centre of Paris and do some sightseeing, as well as spending some time in my neighbourhood, which has a big outdoor swimming pool and a large shopping centre.

It would suit us best if you could come in August. If you say yes, my mother will write to your mother about details - it would be nice if you could stay about two weeks. I would be so happy if you could come.

Love from

Florence

List do osoby zapraszającej:

15 Durrer Place
Herne Bay
Kent CT6 2AA
Phone: (01227) 7685
29-4-00

Dear Mrs Harrison,

It was good of you to invite Jane to go to Italy with you. She really is fond of Freda and is very excited at the thought of the holiday.

The dates you suggest would suit us perfectly. Could you let me know how much spending money you think Jane will need? Also, are there any special clothes she should bring?

Yours sincerely,

Lisa Holland

Podziękowanie:

97 Jasmine Close
Chelmsford
Essex
CM1 5AX
4th May 2000

Dear Mr and Mrs Newlands,

Thank you very much once again for taking me on holiday with you. I enjoyed myself very much indeed, especially seeing so many new places and trying so many delicious kinds of food.

My mum says I can invite Rachel for next year, when we shall probably go to Majorca. She will be writing to you about this.

Love from

Hazel

Propozycja wspólnego wyjazdu:

Stone House
Wilton Street
Bingham
Tel: 01949 364736
20th May 2000

Dear Malek and Lea,

Thanks for your postcard - great news that you'll be home in June. Will you have some leave then? Anne and I were thinking of spending a couple of weeks in Provence in July, and wondered if you'd like to come with us? We could rent a house together.

If you'd like to come, let us know as soon as possible and we can sort out dates and other details. Hope you'll say yes! I'm quite happy to make all the arrangements.

Lots of love from us both,

Mukesh

Inviting someone to stay with one:

Sopot, 17.06.2003

Droga Igo!

Dziękuję Ci serdecznie za list. Bardzo się ucieszyłam, że Ci zdjęli gips i że noga ładnie się zrosła. Tak sobie myślę – skoro lekarz zaleca Ci teraz dużo spacerów, może przyjechałabyś do mnie na dwa, trzy tygodnie? Wiem, że zostało Ci trochę urlopu, a wątpię czy dobrze Ci będzie siedzieć w tej zadymionej Warszawie w środku lata. U mnie wypoczniesz, pochodzimy sobie nad morze, pozwiedzamy razem Gdańsk. Najesz się za wszystkie czasy świeżutkimi rybami – wiem, jak bardzo je lubisz. A i mnie będzie weselej. Odkąd Jadzia z Piotrem wyjechali do Niemiec czuję się bardzo samotna. Twoje towarzystwo byłoby miłą odmianą. Jeśli się zdecydujesz, daj znać jak najszybciej, kiedy przyjeżdżasz, to pan Zbyszek wyjedzie po Ciebie samochodem na dworzec.

Pozdrawiam Cię serdecznie,

Twoja siostra Adela

Thanking someone for their hospitality:

Warszawa, 4.08.2003

Droga Ado!

Piszę, bo chciałam Ci bardzo podziękować za zaproszenie i za gościnę podczas tych dwóch tygodni. Wakacje były naprawdę bardzo udane. Cieszę się, że mnie namówiłaś na przyjazd, bo rzeczywiście świetnie wypoczęłam. Teraz Ty koniecznie musisz mnie odwiedzić w Warszawie. Jak wiesz mamy wolny pokój, bo Maciuś studiuje w Stanach i przyjedzie dopiero na święta.

Z moją nogą coraz lepiej, choć cały czas boli, kiedy się zbiera na deszcz. Jutro idę do pracy. Nie chce mi się strasznie, bo się podczas tych wakacji rozleniwiłam, ale niestety muszę. Napisz, kiedy do nas przyjedziesz.

Pozdrawiam Cię, a Zenek każe Ci przekazać ucałowania,

Iga

Asking an older friend to invite one's child:

Warszawa, 20.05.2001.

Droga Pani Wando!

Dziękuję za list. Cieszę się, że pobyt we Francji się Pani udał. U nas wszystko po staremu, no może niezupełnie.

Mamy bowiem do Pani wielką prośbę. Otóż Ania bardzo chciałaby już w tym roku pojechać do Londynu na kurs angielskiego, ale nie do szkoły Bella, ale Callana. Niestety, jest wciąż za młoda, żeby mieszkać u jakiejś angielskiej rodziny – przyjmują dzieci dopiero od 16 lat. Sama wiem, że taki pobyt w angielskiej rodzinie byłby dużo lepszy, bo musiałaby mówić wyłącznie po angielsku. Tak chcemy zrobić w przyszłym roku. Czy nie mogłaby Pani zatem jej w tym roku przyjąć do siebie na jakieś dwa tygodnie – w dogodnym dla Pani terminie, bo szkoła działa w trybie tygodniowym i można zapisać się na miejscu.

Ania jak na swój wiek jest dość dojrzała i samodzielna, więc nie powinna być dla Pani dużym kłopotem, a i my będziemy pewni, że jest pod dobrą opieką.

Pozdrawiam sedecznie,

Ewa

Inviting a friend's child to stay with one:

18 Lanchester Rd
Highate
Londyn N6
Londyn, 3 czerwca 2001

Droga Ewo,

Uważam, że znakomity pomysł, żeby Ania już w tym roku przyjechała do Londynu na kurs angielskiego. Oczywiście może u mnie zamieszkać. Przyszło mi do głowy, że mogłaby przyjechać w pierwszej połowie sierpnia. W tym samym czasie będzie u mnie mieszkać córka mojej kanadyjskiej przyjaciółki, która przyjeżdża na jakiś specjalny letni kurs historii sztuki.

Jej obecność zmusiłaby Anię do rozmawiania po angielsku, a dla mnie – wbrew pozorom – byłoby wygodniej mieć je obie w tym samym czasie.

Jeżeli ten termin Ci odpowiada, zarezerwuj koniecznie bilet już teraz, bo w czasie wakacji jest straszny tłok. Ja oczywiście odbiorę Anię z Heathrow, tak że nie martw się o jej podróż.

Ściskam Cię,

Wanda Miller

Oferta wymiany domów na wakacje:

4 Longside Drive
Knoley
Cambs
CB8 5RR
Tel: 01223 49586
May 13th 2000.

Dear Mr and Mrs Candiwell,

We found your names listed in the 1998 "Owners to Owners" handbook and would like to know if you are still taking part in the property exchange scheme.

We have a 3-bedroomed semi-detached house in a quiet village only 20 minutes' drive from Cambridge. We have two boys aged 8 and 13. If you are interested, and if three weeks in July or August would suit you, we would be happy to exchange references.

We look forward to hearing from you.

Yours sincerely,

John and Ella Valedict

Przyjęcie oferty wymiany domów:

Trout Villa
Burnpeat Road
Lochmahon
IZ99 9ZZ
(01463) 3456554
5/2/00

Dear Mr and Mrs Tamberley,

Further to our phone call, we would like to confirm our arrangement to exchange houses from August 2nd to August 16th inclusive. We enclose various leaflets about our area.

As we mentioned on the phone, you will be able to collect the keys from our neighbours the Brownes at 'Whitley House' (see enclosed plan).

We look forward to a mutually enjoyable exchange.

Yours sincerely,
Mr and Mrs R. Jones

Do biura turystycznego:

3 rue du Parc
56990 Lesmoines
France
4th May 2000

The Regional Tourist Office
3 Virgin Road
Canterbury
CT1A 3AA

Dear Sir/Madam,

Please send me a list of local hotels and guest houses in the medium price range. Please also send me details of local coach tours available during the last two weeks in August.

Thanking you in advance,
Yours faithfully,

Jean Lepied

Do biura podróży:

Duthie Avenue
ABERDEEN
AB1 2GL
2nd January 2001

Mandala Tours Ltd
27 Wellington Street
NOTTINGHAM
N5 6LJ

Dear Sir or Madam,

I would be grateful if you could forward me a copy of the brochure "Trekking Holidays in Nepal 2001", which I saw advertised in the December 2000 issue of The Rambler.

I look forward to hearing from you.

Yours faithfully

S. Davies

Enquiry to a tourist agency:

Anna Karwacka
ul. Kawalca 14 m. 31
04-033 Warszawa

Warszawa, 13.04.2003

Biuro Podróży DEDAL
ul. Waliców 1a
00-927 Kraków

Szanowni Państwo!

W gazecie znalazłam ogłoszenie Państwa firmy o wycieczce na Tassos. Bardzo mnie zainteresowała ta oferta. Chciałam prosić o przesłanie szczegółowych informacji – ile kosztuje dwutygodniowy pobyt z pełnym wyżywieniem dla dwóch osób? Czy wycieczki są wliczone w cenę, czy trzeba za nie wnieść dodatkową opłatę? Prosiłabym także o przesłanie prospektu ze zdjęciami hotelu.

Z poważaniem,
Anna Karwacka

Holiday accommodation:

WYNAJMĘ DWA POKOJE Z KUCHNIĄ W OLIWIE, 100 METRÓW OD PLAŻY NA LIPIEC I SIERPIEŃ W ZAMIAN ZA ANALOGICZNE W ZAKOPANEM
TEL. 0-503444333

LEŚNICZÓWKĘ, WODA BIEŻĄCA, ELEKTRYCZNOŚĆ, 3 POKOJE WYNAJMĘ W OKRESIE LETNIM.
EWELINA SZYPULSKA
UL. MADERY 19/20 08-021 ZEBRZYNIEC DOLNY

Telegram announcing one's arrival:

PRZYJEŻDŻAM PIĄTEK CZTERNASTA PIĘĆ ZACHODNI EWA

Letter of complaint:

Wanda Pazdro-Urbinowa *Warszawa, 20.08.2003*
ul. Portosa 12b
05-099 Kazęgi Górne

Krajowa Izba Turystyki

Szanowni Państwo!

Chciałam złożyć zażalenie na Biuro Meluzyna, mające swą siedzibę w na ulicy Atosa 4 w miejscowości Kazęgi Górne. Wykupiłam w tymże biurze wycieczkę do Grecji. W ofercie było napisane, że będziemy mieszkać w hotelu dwugwiazdkowym z basenem, w pokojach z łazienkami. W cenę miały być wliczone również śniadania i obiadokolacje, a także wycieczka do Aten.
Na miejscu okazało się, że łazienki są wspólne – na korytarzu, w dodatku brudne. W pokojach nie działała klimatyzacja. Hotel nie miał też basenu, co więcej znajdował się bardzo daleko od morza, do którego musieliśmy dojeżdżać komunikacją miejską.
Nieprawdziwa była także informacja biura dotycząca wycieczki do Aten. Na miejscu pilotka kazała nam wnieść dodatkową, bardzo wysoką opłatę, mimo że podróżowaliśmy starym autokarem bez klimatyzacji. Na dodatek podczas podróży autokar się popsuł, w związku z tym w Atenach spędziliśmy bardzo niewiele czasu. Pilotka nie reagowała na nasze zastrzeżenia i była wyjątkowo nieuprzejma.
Po powrocie nie udało mi się odzyskać pieniędzy, ponieważ biuro jest nieczynne do odwołania.
Mam nadzieję, że Podejmą państwo odpowiednie kroki, aby uniemożliwić dalszą działalność nieuczciwego biura i pomóc poszkodowanym w odzyskaniu ich pieniędzy.

Łączę wyrazy szacunku,

Wanda Pazdro-Urbinowa

Rezerwacja hotelu:

35 Prince Edward Road
Oxford OX7 3AA
Tel: 01865 322435
23rd April 2000

The Manager
Brown Fox Inn
Dawlish
Devon

Dear Sir or Madam,

I noticed your hotel listed in the "Inns of Devon" guide for last year and wish to reserve a double (or twin) room from August 2nd to 11th (nine nights). I would like a quiet room at the back of the Hotel, if one is available.
If you have a room free for this period please let me know the price, what this covers, and whether you require a deposit.

Yours faithfully,
Geo, Sand

Odwołanie rezerwacji:

23 Clarendon Road
Oxford OX13UH
16 March 2000

The Manager
The Black Bear Hotel
14 Valley Road
Dorchester

Dear Sir or Madam,

I am afraid that I must cancel my booking for August 2nd-18th.
I would be very grateful if you could return my £50.00 deposit at your early convenience.

Yours faithfully,
Sarah O'Day

Oferta wynajęcia domu letniskowego:

Mrs M Henderson
333a Sisters Avenue
Battersea
London SW3 0TR
Tel: 020-7344 5657
23/4/00

Dear Mr and Mrs Suchard,

Thank you for your letter of enquiry about our holiday home. The house is available for the dates you mention. It has three bedrooms, two bathrooms, a big lounge, a dining room, a large modern kitchen and a two-acre garden. It is five minutes' walk from the shops. Newick is a small village near the Sussex coast, and only one hour's drive from London.
The rent is £250 per week; 10% (non-refundable) of the total amount on booking, and the balance 4 weeks before arrival. Should you cancel the booking, after that, the balance is returnable only if the house is re-let.
Enclosed is a photo of the house. We look forward to hearing from you soon.
Yours sincerely,
Margaret Henderson

W sprawie wynajęcia domu letniskowego:

23c Tollway Drive
Lydden
Kent
CT33 9ER
(01304 399485)
4th June 2000

Dear Mr and Mrs Murchfield,

I am writing in response to the advertisement you placed in "Home Today" (May issue). I am very interested in renting your Cornish cottage for any two weeks between July 24th and August 28th.

Please would you ring me to let me know which dates are available?

If all the dates are taken, perhaps you could let me know whether you are likely to be letting out the cottage next year, as this is an area I know well and want to return to.
I look forward to hearing from you.

Yours sincerely,

Michael Settle

Enquiry to a hotel:

Zygmunt Mroczek
ul. Malwy 3
02-044 Katowice

Hotel „Markiza"
ul. Modrzewiowa 10
01-002 Dębki Wielkie

Szanowni Państwo!

Bardzo proszę o przesłanie mi informacji, ile kosztuje pokój dwuosobowy z łazienką, a także, czy w cenę jest wliczone śniadanie. Chciałbym również wiedzieć, jak można dokonać rezerwacji – listownie, telefonicznie, faksem czy e-mailem.

Z poważaniem,
Zygmunt Mroczek

Reserving accommodation (hotel):

Sopot, 13.06.2003

Anzelm Fudasiewicz
ul. Kazunów 8 m. 73
01-926 Warszawa

Hotel Maryna
ul. Jasienicy 12
Waligóry Duże
10-003 Gryfin

Szanowni Państwo!

Zwracam się z uprzejmą prośbą o zarezerwowanie pokoju trzyosobowego z łazienką na pięć nocy – od 01.06 do 6.07. 2003 r. Bardzo proszę również o przesłanie informacji, do kiedy trwa doba hotelowa.

Pozostaję z poważaniem,
Anzelm Fudasiewicz

Reserving holiday accommodation:

Ewelina Szypulska
ul. Madery 19/20
08-021 Zebrzyniec Dolny

Szanowna Pani!

Piszę do Pani w związku z ogłoszeniem o wynajęciu leśniczówki. Bardzo mnie zainteresowałam ta oferta. Chciałabym zarezerwować dom na trzy tygodnie od 1.08 do 21.08. Bardzo proszę o szybką odpowiedź, czy ten termin jest jeszcze wolny.

Z poważaniem,
Edyta Rojek

PS. Czy istnieje możliwość przyjazdu z psem?
E.R.

Enquiry to a campsite:

Warszawa, 02.06.2003

Kamping Białe Piaski
ul. Złocienia 8
Mewki Małe
08-045 gmina Dobczyce

Szanowni Państwo!

Zainteresowała mnie Państwa oferta w gazecie. Prosiłbym o przesłanie mi dokładnych informacji o kampingu: ile kosztuje noc, czy na terenie są toalety oraz prysznice (i w jakiej ilości), czy mają Państwo boisko do gry w koszykówkę lub siatkówkę. Interesuje mnie również, jak daleko jest od kempingu do morza.

Bardzo proszę o szybką odpowiedź na adres:
Adam Sobaczek
ul. Mędykowskiego 8a
03-067 Kazuny Małe

Adam Sobczak

Rezerwacja miejsca kempingowego:

Rozbrat 14/16
00-451 Warsaw
Poland
25th April 2000

Mr and Mrs F. Wilde
Peniston House
Kendal
Cumbria
England

Dear Mr and Mrs Wilde,

I found your caravan site in the Tourist Board's brochure and would like to book in for three nights, from July 25th to 28th. I have a caravan with a tent extension and will be coming with my wife and two children. Please let me know if this is possible, and if you require a deposit. Would you also be good enough to send me instructions on how to reach you from the M6?

I look forward to hearing from you.

Yours sincerely,
Adam Szulc

Prośba o informacje na temat kempingu:

22 Daniel Avenue
Caldwood
Leeds LS8 7RR
Tel: 0113 9987676
3 March 2000

Dear Mr Vale,

Your campsite was recommended to me by a friend, James Dallas, who has spent several holidays there.
I am hoping to come with my two boys aged 9 and 14 for three weeks this July.
Would you please send me details of the caravans for hire, including mobile homes, with prices and dates of availability for this summer. I would also appreciate some information on the area, and if you have any brochures you could send me this would be very helpful indeed.

Many thanks in advance.

Yours sincerely,

Frances Goodheart

Prośba o przesłanie informacji o programie teatrów:

3 Cork Road
Dublin 55
Ireland
Tel: (01) 3432255
23/5/00

The Manager
Plaza Hotel
Old Bromwood Lane
Victoria
London

Dear Sir or Madam,

My wife and I have booked a room in your hotel for the week beginning 10th July 2000. We would be very grateful if you could send us the theatre listings for that week, along with some information on how to book tickets in advance. If you are unable to provide this information, could you please advise us on where we could get it from?

We are looking forward to our visit very much.
Yours faithfully,
Ryan Friel

Zamówienie biletów do teatru:

188 Place Goldman
75003 Paris
France
2.3.00

The Box Office
Almer Theatre
Rittenhouse Square
Philadelphia PA 19134

Dear Sir or Madam,

I will be visiting Philadelphia on the 23rd of this month for one week and would like to book two tickets for the Penn Theatre Company's performance of Soyinka's The Bacchae.
I would prefer tickets for the 25th, priced at $20 each, but if these are not available, the 24th or 28th would do.
My credit card is American Express, expiry date July 2002, number: 88488 93940 223.
If none of the above is available, please let me know as soon as possible what tickets there are.

Yours faithfully,
Madeleine C. Duval

Enquiry about special dietary requirements:

Warszawa, 22 listopada 2001

Szanowni Państwo,

Znalazłem Państwa ofertę dotyczącą wczasów agroturystycznych i jestem nią bardzo zainteresowany. Chciałem jednak poprosić o bliższe informacje na temat wyżywienia – czy jest to tradycyjna kuchnia polska, czy też prowadzą Państwo kuchnię dietetyczną? Ja sam jestem na diecie niskotłuszczowej, syn na diecie bezglutenowej, a moja żona stosuje dietę Kwaśniewskiego. Czy istnieje zatem możliwość zamówienia dla nas indywidualnego wyżywienia, spełniającego te warunki?

Z poważaniem,
J. Spratt

Enquiry to a holiday fitness centre:

Ośrodek wczasów leczniczych
„In corpore sano"
Jastarnia

Szanowni Państwo,

Bardzo zainteresowała mnie Państwa oferta rodzinnych wczasów odchudzających. Chciałabym dowiedzieć się, czy zajęcia gimnastyczne są prowadzone osobno dla pań, panów i dzieci, czy razem.
Ponadto chciałabym wiedzieć, czy odchudzanie odbywa się pod kontrolą lekarza.

Z poważaniem,
G. Rubas

Enquiring about connecting rooms:

Hotel „Park"
ul. Wierzbowa 10
31- 002 Dębki

Szanowni Państwo!

Znalazłem ogłoszenie Państwa hotelu w dodatku turystycznym. Jesteśmy bardzo zainteresowani przyjazdem na tydzień w lipcu.

Chcielibyśmy jednak dowiedzieć się, czy są apartamenty z trzema sypialniami lub czy istnieje możliwość wynajęcia trzech sąsiadujących z sobą pokoi połączonych drzwiami wewnętrznymi

Z góry dziękuję za informację.

Z szacunkiem,
Karol Miński

Proszę o odpowiedź na adres:
Karol Miński
ul. Wrzosowa 3
02-044 Warszawa

Enquiring about special facilities:

Pensjonat „Roma"
Małe Żywczańskie 156
Zakopane

Szanowni Państwo!

W biurze turystycznym „Ulissess" polecono nam Państwa pensjonat jako posiadający specjalne wyposażenie dla niepełnosprawnych, ale nie umiano nam podać szczegółów.

Bardzo proszę o szczegółową informację, czy ze znajdującej się w pokoju łazienki osoba poruszająca się na wózku może samodzielnie korzystać, czy też potrzebna jest pomoc drugiej osoby.

Z góry dziękuję za pomoc.

Ewa Czujna
02-325 Warszawa
ul. Kwiatowa 3

Życie codzienne

Przyjęcie do klubu tenisowego:

101 GREAT GEORGE ST
LEEDS
LS1 3TT
TEL: 0113 567167

3 February 2000

Mr Giles Grant
Hon. Secretary
Lorley Tennis Club
Park Drive South
Leeds LS5 7ZZ

Dear Mr Grant,

I have just moved to this area and am interested in joining your tennis club.

I understand that there is a waiting list for full membership and would be glad if you could let me have information on this.

A telephone call would do: I tried to phone you but without success. If you require references we can provide these from the tennis club we belonged to in Edinburgh.

Yours sincerely,

Leonard Jones

Anulowanie prenumeraty:

Flat 1,
Corwen House,
CARDIFF
CF2 6PP

22nd February 2001
Subscriptions Manager
Natural World Magazine
Zoom Publishing Ltd.
PO Box 14
BIRMINGHAM
B18 4JR

Dear Sir or Madam,

Subscription No. NWM/1657

I am writing to inform you of my decision to cancel my subscription to Natural World Magazine after the March 2000 issue. This is due to the increase in subscription renewal rates announced in your February issue.

I have issued instructions to my bank to cancel my direct debit arrangement accordingly.

Yours faithfully,

Francesca Devine

Prośba o zamieszczenie apelu:

Scottish–Ruritanian Committee
1 Bute Drive
Edinburgh EH4 7AE
Tel: (0131) 776554
Fax: (0131) 779008

September 5th 2000

The Editor
„The Castle Review"
21 Main St
Edinburgh EH4 7AE

Dear Madam,

I would be glad if you would allow me to use your columns to make an appeal on behalf of the Scottish-Ruritanian Support Fund.

Following the recent tragic events in Ruritania, gifts of money, clothing and blankets are most urgently needed, and may be sent to the fund at the above address. We now have at our disposal two vans in which we intend to transport supplies to the most hard-hit areas, leaving on September 22nd.

Thank you.

Yours faithfully,

Mary Dunn

(Prof.) Mary Dunn

Do sąsiadów:

97 Kiln Road
5/5/2001

Dear Neighbour,

As I am sure you are aware, there has been a sharp increase in the number of lorries and heavy goods vehicles using our residential street as a shortcut to the Derby Road industrial estate. There have already been two serious accidents, and it has become very dangerous for children to play outside or cross the road. There is also considerable noise nuisance, increased pollution, and damage to the road surface.

You are invited to an informal meeting at No. 97 Kiln Road to discuss petitioning the local council for traffic calming measures and a lorry ban. I hope that you can come along and support this initiative.

Yours,

Paul Norris

Everyday life

Enquiry to a sports club:

Warszawa, 12.08.2002

Renata Morychowska
ul. Ateny 16a m. 4
02-033 Warszawa

Klub sportowy HERKULES
Suchodolska 14
04-022 Warszawa

Bardzo proszę o przesłanie mi informacji dotyczących zajęć sportowych w klubie, przeznaczonych dla dzieci i młodzieży. Interesują mnie zwłaszcza sporty walki oraz szermierka. Będę wdzięczna za dołączenie cennika i podanie, w jakich terminach będą się odbywać zajęcia.

Z poważaniem,

Renata Morychowska

Asking for a reference:

Warszawa, 13.02.2003

Adam Radwan
ul. Cynamonowa 15b
09-989 Warszawa

Szanowny Panie Profesorze!

Staram się o wyjazd na stypendium B. Brechta do Niemiec i do dokumentów powinienem dołączyć opinię pracownika naukowego. Ośmielam się zwrócić z tym do Pana, ponieważ wydaje mi się, że Pan jako promotor mojej pracy magisterskiej jest najbardziej odpowiednią osobą. Mam nadzieję, że nie sprawi to zbyt wiele kłopotu. Będę wdzięczny za szybką odpowiedź, czy zgadza się Pan taką opinię napisać. Jeżeli tak, to bardzo proszę o wiadomość, gdzie i kiedy będę ją mógł odebrać. Pozwalam sobie dołączyć formularz Fundacji.

Z poważaniem,

Adam Radwan

To a magazine, cancelling a subscription:

Warszawa, 12.08.2003

Ewa Matwiejczuk
ul. Kalantego 8a m. 33
02-067 Warszawa

Redakcja „Świata Natury"
ul. Kozmińska 4 lok. 14
04-055 Warszawa

Z powodu wyjazdu za granicę jestem niestety zmuszona zrezygnować z subskrypcji czasopisma „Świat Natury". Bardzo proszę nie przysyłać mi kolejnych numerów.

Z poważaniem,

Ewa Matwiejczuk

Reference:

Warszawa, 23.02.2003

prof. dr hab. Aleksander Stypa
Instytut Podstaw Budowy Maszyn
Wydział Samochodów i Maszyn Roboczych
Politechnika Warszawska

OPINIA
o panu mgr Adamie Radwanie

Pana mgr Adama Radwana znam od trzech lat. Uczęszczał na prowadzone przez mnie zajęcia z projektowania, następnie napisał pod moim kierunkiem pracę magisterską pt. *Model matematycznej operacji kulkowania oscylacyjnego*, która została oceniona jako bardzo dobra. Obszerny fragment tej pracy został następnie opublikowany w pracy zbiorowej *Zbiór metod matematycznych modelowania* pod redakcją Dariusza Skuby.

Mam o panu Adamie Radwanie jak najlepsze zdanie – zawsze był studentem pilnym, dociekliwym i pełnym pasji. Kiedy przygotowywał pracę pod moim kierunkiem, przekonałem się, że jest bardzo wnikliwy, staranny i pracowity. Podjął temat trudny, słabo opracowany, ale wyśmienicie dał sobie z nim radę i powstała praca znacznie wykraczająca poza wymagania stawiane zazwyczaj rozprawom magisterskim.

Jestem przekonany, że pan Radwan potrafiłby w pełni wykorzystać wszystkie możliwości, jakie daje wyjazd na stypendium do Niemiec, tym bardziej, że nie raz miałem okazję przekonać się, że bardzo dobrze włada niemieckim.

Aleksander Stypa
prof. dr hab. Aleksander Stypa

Do prawnika w sprawie umowy kupna domu:

ul. Podwale 12
00-365 Warsaw
Poland
4.5.00

Ms Roberta Ellison
Linklate & Pair, Solicitors
16 Vanley Road
London SW3 9LX

Dear Ms Ellison,

You have been recommended to me by Mr Francis Jackson of Alfriston, and I am writing to ask if you would be prepared to act for me in my purchase of a house in Battersea. I enclose the estate agent's details of the property, for which I have offered £196,000. This offer is under consideration.

Please would you let me have an estimate of the total cost involved, including all fees. I would also like to know the amount I will have to pay in council tax each year.

I should be grateful to learn that you are willing to represent me in this matter.

Yours sincerely,

Teresa Braun (Ms)

Do prawnika w sprawie spadku:

ul. Wilcza 14
00-315 Warsaw
Poland
April 3rd 2000

Ms J Edgar
Loris & Jones Solicitors
18 St James Sq
London W1

Dear Ms Edgar,

Thank you for your letter of 20.3.00, concerning the money left to me by my aunt, Marta, I would be grateful if you could forward the balance to my Warsaw bank. I enclose my bank details.

Thank you for your help,

Yours sincerely,

S. Roland Williams

Encl.

Wymówienie najmu:

2 Grampian Close
HELENSBURGH
G84 7PP
30th June 2001

Scottish Property Services Ltd
3 Union Terrace
GLASGOW
G12 9PQ

Dear Sirs,

2 Grampian Close, Helensburgh

I wish to inform you of my intention to terminate the tenancy agreement for the above property signed on 1st April 1997. In accordance with the terms of the agreement, I am giving three months' notice of my proposed date of departure, October 1st 2001.

I would be very grateful if you could let me know the arrangements for checking the inventory, returning the keys and reclaiming my deposit.

Yours faithfully,

V. F. Cassels

Do firmy ubezpieczeniowej:

Flat 2
Grant House
Pillward Avenue
Chelmsford CM1 1SS
3rd January 2000

Park-Enfield Insurance Co
22 Rare Road
Chelmsford
Essex CM3 8AA

Dear Sirs,

On 2nd January my kitchen was damaged by a fire owing to a faulty gas cooker. Fortunately, I was there at the time and was able to call the fire brigade straight away, but the kitchen sustained considerable damage, from flames and smoke.

My premium number is 277488349/YPP. Please would you send me a claim form as soon as possible.

Yours faithfully,

Mark Good

Enquiring about furniture:

Zbigniew Wieniawka
ul. Modra 13 m.76
04-021 Warszawa

Hurtownia mebli „Dąbek”
ul. Pańska 8
00-089 Kostrzyń nad Wisłą

Szanowni Państwo!

Jestem zainteresowany kupnem kompletu mebli do sypialni „Srebrna Jodła”. Bardzo proszę o przesłanie mi informacji, jaka jest jego cena i czy dostawa jest płatna,

z poważaniem,

Zbigniew Wieniawka

Ordering furniture:

Zbigniew Wieniawka
ul. Modra 13 m.76
04-021 Warszawa

Hurtownia mebli „Dąbek”
ul. Pańska 8
00-089 Kostrzyń nad Wisłą

ZAMÓWIENIE

Chciałbym zamówić komplet mebli do sypialni „Srebrna Jodła” w ilości 1 szt., w kolorze dąb rustykalny.
Opłata w wysokości 1400 zł (słownie: tysiąca czterystu zł) zostanie uiszczona przekazem pocztowym.

Zbigniew Wieniawka

Complaining about damaged goods:

Zbigniew Wieniawka
ul. Modra 13 m.76
04-021 Warszawa

Hurtownia mebli „Dąbek”
ul. Pańska 8
00-089 Kostrzyń nad Wisłą

Szanowni Państwo!

Wczoraj dostarczono mi komplet mebli „Srebrna Jodła”, zamówiony w Państwa hurtowni. Z przykrością stwierdziłem, że podczas przewozu szafka oraz łóżko zostały poważnie uszkodzone. W tej sytuacji jestem zmuszony prosić o zwrot pieniędzy lub wymianę mebli.
Bardzo proszę o pilną odpowiedź.

Z poważaniem,

Zbigniew Wieniawka

Answer to a complaint:

Hurtownia mebli „Dąbek”
ul. Pańska 8
00-089 Kostrzyń nad Wisłą

Szanowny Pan
Zbigniew Wieniawka
ul. Modra 13 m.76
04-021 Warszawa

Dotyczy reklamacji z dnia 20.09.2003.

Szanowny Panie!
Przykro nam, że jest Pan niezadowolony z naszej dostawy. Jednak po starannym rozważeniu sprawy stwierdzamy, że nasza firma nie ponosi żadnej odpowiedzialności za uszkodzenia mebli podczas transportu. Niestety nie możemy uznać zasadności Pańskiej reklamacji i spełnić Pańskich żądań.

Z poważaniem,

Adam Kozdoj

Do biura podróży z żądaniem zwrotu pieniędzy:

Flat 3,
Nesbit Lodge,
Goldsmith Crescent
BATH
BA7 2LR
16/8/00

The Manager
Summersun Ltd
3 Travis Place
SOUTHAMPTON
SO19 6LP

Dear Sir,

Re: Holiday booking ref p142/7/2000

I am writing to express my dissatisfaction with the self-catering accommodation provided for my family at the Hellenos Holiday Village, Samos, Greece, from 1-14 August 2000.

On arrival, the accommodation had not been cleaned, the refrigerator was not working and there was no hot water. These problems were pointed out to your resort representative Marie Finch, who was unable to resolve them to our satisfaction. We were forced to accept a lower standard of accommodation, despite having paid a supplement for a terrace and sea view. This detracted significantly from our enjoyment of the holiday.

I would appreciate it if you would look into this matter at your earliest convenience with a view to refunding my supplement and providing appropriate compensation for the distress suffered.

Yours faithfully,

Patrick Mahon

Do banku w sprawie nienależnych odsetek:

23 St John Rd
London EC12 4AA
5th May 2000

The Manager
Black Horse Bank
Bow Rd
London EC10 5TG

Dear Sir,

I noticed on my recent statement, that you are charging me interest on an overdraft of £65.

I assume this is a mistake, as I have certainly had no overdraft in the last quarter.

My account number is 0077-234-88. Please rectify this mistake immediately, and explain to me how this could have happened in the first place.

I look forward to your prompt reply,

Yours faithfully,

Dr J. M. Ramsbottom

Zażalenie z powodu opóźnień:

19 Colley Terrace
Bingley
Bradford
Tel: 01274 223447
4.5.00

Mr J Routledge
'Picture This'
13 High End Street
Bradford

Dear Mr Routledge,

I left a large oil portrait with you six weeks ago for framing. At the time you told me that it would be delivered to me within three weeks at the latest. Since the portrait has not yet arrived I wondered if there was some problem?

Would you please telephone to let me know what is happening, and when I can expect the delivery? I hope it will not be too long, as I am keen to see the results.

Yours faithfully,

Mrs. J J Escobado

Zażalenie z powodu źle wykonanej pracy:

112 Victoria Road
Chelmsford
Essex CM1 3FF
Tel: 01245 33433

Allan Deal Builders
35 Green St
Chelmsford
Essex CM3 4RT
ref. WL/45/LPO 13/6/2000

Dear Sirs,

I confirm my phone call, complaining that the work carried out by your firm on our patio last week is not up to standard. Large cracks have already appeared in the concrete area and several of the slabs in the paved part are unstable. Apart from anything else, the area is now dangerous to walk on.

Please send someone round this week to re-do the work.

In the meantime I am of course withholding payment.

Yours faithfully,

W. Nicholas Cotton

Reminder:

Warszawa, dnia 10.12.2003

Zakład Administrowania Nieruchomościami
Dzielnicy Praga Południe w Gminie Warszawa Centrum
ADMINISTRACJA NIERUCHOMOŚCI Nr 2
04-032 Warszawa, ul. Wedla 5

Pan/i
Skuba M.
Sucha 4/31
04111033

L.dz. 2773

UPOMNIENIE

W związku z pozostawaniem w zwłoce z zapłatą zaliczki na pokrycie kosztów zarządu nieruchomością wspólną i świadczeń za lokal własnościowy nr 31 w budynku przy ulicy Suchej 4 na podstawie Art. 15 ust.1, ustawy z dnia 24 czerwca 1994 r., o własności lokali /Dz.U. nr 85, poz. 388/, Zakład Administrowania Nieruchomościami wyznacza Panu/Pani termin 14 dni do zapłaty zaległych i bieżących należności w kwocie: 989, 47 zł
Słownie złotych: dziewięćset osiemdziesiąt dziewięć zł 47/100 gr.

Powyższą kwotę należy wpłacić na konto BPH S.A VI O/ Warszawa 10601073-1551-36800-630902 lub w kasie AN 2.
W przypadku nieuregulowania w/w kwoty w terminie, Zakład Administrowania Nieruchomościami uprawniony jest do powiadomienia wspólnoty mieszkaniowej nieruchomości przy ul. Sucha 4 o wysokości zadłużenia.

Jednocześnie informujemy, że zgodnie z Art. 16 ustawy o własności lokali, jeżeli właściciel długotrwale zalega z zapłatą należnych od niego opłat, wspólnota mieszkaniowa może w trybie procesu żądać sprzedaży w drodze licytacji, na podstawie przepisów Kodeksu postępowania cywilnego o egzekucji z nieruchomości.

Kierownik
Administracji Nieruchomości Nr 2
Małgorzata Derkacz

Disputing a reminder:

Szanowna Pani
Małgorzata Derkacz
Z-ca Kierownika ds finansowo-księgowych
Administracja Nieruchomości nr 2

Dotyczy: pisma L.dz 2773/03/AN-2

Szanowna Pani!

W dniu 10.12.2003 otrzymałam z Administracji pismo, w którym żąda się ode mnie zapłaty jakiejś rzekomo zaległej należności w wysokości 989, 47 zł. Oświadczam, że opłaty za mieszkanie reguluję każdego miesiąca i w związku z tym nie jest możliwe, abym miała tak duże zaległości. Co więcej, miesiąc wcześniej otrzymałam z Administracji zawiadomienie, że na moim koncie mam nadpłatę w wysokości 350 zł. W związku z tymi dwiema, całkowicie sprzecznymi informacjami domagam się przesłania mi szczegółowego rozliczenia wszystkich moich wpłat za mieszkanie w tym roku kalendarzowym.

Z poważaniem,

Magdalena Skuba

Ordering theatre tickets:

Warszawa, 12.09.2002

XVI Liceum im. Wita Stwosza
ul. Palety 11
04-033 Kętrzyce nad Odrą

Teatr im. Juliusza Słowackiego
w Krakowie
Dział rezerwacji

Bardzo proszę o zarezerwowanie na 18.09.2002 roku biletów dla 32 osób (wycieczka szkolna) na spektakl pt. *Amadeusz*. Będę bardzo wdzięczna za potwierdzenie rezerwacji listownie lub faksem (numer: 543 78 90).

Z poważaniem,

Anna Wrona

Wychowawczyni klasy II d

Usprawiedliwienie nieobecności dziecka:

23 Tollbooth Lane
Willowhurst
20th March 2001

Dear Mrs Hoskins,

Please excuse my son Alexander's absence from school from the 14th to the 16th March. He was suffering from an ear infection and was unfit for school. I would also be grateful if you would excuse him from swimming lessons this week.
Yours sincerely,
Briony Hooper

Do szkoły – o informacje:

ul. Francisco Nullo 5
00-450 Warsaw
Poland
2nd April 2000

Mr T Allen, BSc, DipEd.
Headmaster
Twining School
Walton
Oxon
OX44 23W

Dear Mr Allen,

I shall be moving to Walton from Poland this summer and am looking for a suitable school for my 11-year-old son, Robert. Robert is bilingual (his father is English) and has just completed his primary schooling in Warsaw. Your school was recommended to me by the Simpsons, whose son Bartholomew is one of your pupils.

If you have a vacancy for next term, please send me details. I shall be in Walton from 21 May, and could visit the school any time after that to discuss this with you.

Yours sincerely,
Magdalena Smith (Mrs)

W sprawie studiów doktoranckich:

43 Wellington Vllas
York
YO6 93E
2.2.00

Dr T Benjamin,
Department of Fine Arts
University of Brighton
Falmer Campus
Brighton
BN3 2AA

Dear Dr Benjamin,

I have been advised by Dr Kate Rellen, my MA supervisor in York, to apply to pursue doctoral studies in your department. I enclose details of my current research and also my tentative Ph.D proposal, along with my up-to-date curriculum vitae, and look forward to hearing from you. I very much hope that you will agree to supervise my Ph.D. If you do, I intend to apply to the Royal Academy for funding.

Yours sincerely,
Alice Nettle

Z zapytaniem o koszty kursów:

Mackinley & Co
19 Purley Street
London SW16AA
Tel: 020-8334 2323
Fax: 020-8334 2343
12 March 2000

Professor D Beavan
Department of Law
South Bank University
London SW4 6KM

Dear Professor Beavan,

We have been sent a leaflet from your department announcing various vacation courses for students of Business Studies. Many employees of our firm are interested in such courses and we have a small staff development budget which could help some of them to attend.

We would be glad to have a full list of the fees for the courses, with an indication of what is included. For instance, are course materials charged extra, can students lodge and take their meals on campus and, if so, what are the rates?

Yours sincerely,
Dr Maria Georges
Deputy Head of Personnel Training

Note to a teacher about a child's absence:

Warszawa, 15.03.2001

USPRAWIEDLIWIENIE

Bardzo proszę o usprawiedliwienie nieobecności mojej córki Kamilli Nowak w dniach 09-14.03. 2001. Musieliśmy wtedy pojechać do Poznania w ważnej sprawie rodzinnej.

Z poważaniem
Zofia Nowak

Note a teacher about child's absence through sickness:

Warszawa, 15.09.2001

USPRAWIEDLIWIENIE

Bardzo proszę o usprawiedliwienie nieobecności mojej córki Kamilli Nowak w dniach 11-14.09. 2001 z powodu stanu podgorączkowego. Proszę też o zwolnienie jej z zajęć wf do końca tygodnia.

Z poważaniem
Zofia Nowak

To a school about admission of one's child:

Zenon Adamczewski
ul. Zgody 8 m.12
03-022 Warszawa

Szanowny Pan
Anzelm Deszczyk
Dyrektor III Prywatnego
Gimnazjum im. Ordona

Szanowny Panie!

Zwracam się z prośbą o przyjęcie mojego syna Ryszarda Adamczewskiego do II klasy gimnazjum. Przeprowadziliśmy się niedawno z Dębiny nad Wartą do Warszawy. Mój syn ukończył I klasę gimnazjum z bardzo dobrymi wynikami. Chciałbym, aby kontynuował naukę w Pańskiej szkole, o której słyszałem, że jest jedną z najlepszych w Warszawie.

Będę wdzięczny za szybką odpowiedź, a także za informacje dotyczące wymaganych dokumentów oraz wysokości czesnego.

Z poważaniem,
Zenon Adamczewski

Authorization:

Warszawa, 11.10.2002

Adam Nowak
ul. Bławatna 8A
02-089 Warszawa
nr dowodu DB 3454678

UPOWAŻNIENIE

Upoważniam panią Barbarę Lipską, legitymującą się dowodem osobistym nr BD 1237691 do pobrania mojej zaliczki za tłumaczenie książki Jean Fielding „The real magic".

Adam Nowak

Zaliczkę w wysokości 2000 zł (słownie: dwóch tysięcy złotych) otrzymałam.
Warszawa, 12.10.2002
Barbara Lipska

Praca

Prośba o przyjęcie na staż:

Rue du Lac, 989
CH-9878 Geneva
Switzerland
5th February 2000

Synapse & Bite Plc
3F Well Drive
Dolby Industrial Estate
Birmingham BH3 5FF

Dear Sirs,

As part of my advanced training relating to my current position as a junior systems trainee in Geneva, I have to work for a period of not less than two months over the summer in a computing firm in Britain or Ireland. Having heard of your firm from Mme Grenaille, who worked there in 1998, I am writing to you in the hope that you will be able to offer me a placement for about eight weeks this summer.

I enclose my C.V. and a letter of recommendation.

Hoping you can help me, I remain,

Yours faithfully,

Madeleine Faure

Encls.

List w sprawie zatrudnienia – nauczyciel:

B.P. 3091
Pangaville
Panga
6th May 2000

Mrs J Allsop
Lingua School
23 Handle St
London SE3 4ZK

Dear Mrs Allsop,

My colleague Robert Martin, who used to work for you, tells me that you are planning to appoint extra staff this September. I am currently teaching French as a Foreign Language as part of the French Government's "cooperation" course in Panga which finishes in June.

You will see from my CV (enclosed) that I have appropriate qualifications and experience. I will be available for interview after the 22nd June, and may be contacted after that date at the following address:

c/o Lewis
Dexter Road
London NE2 6KQ
Tel: 020 7335 6978

Yours sincerely,

Jules Romains

Encl.

List w sprawie zatrudnienia – dekorator wnętrz:

23 Bedford Mews
Dock
Green
Cardiff
CF 23 7UU
029-2044 5656

2nd August 2000

Marilyn Morse Ltd
Interior Design
19 Churchill Place
Cardiff CF4 8MP

Dear Sir or Madam,

I am writing in the hope that you might be able to offer me a position in your firm as an interior designer. As you will see from my enclosed CV, I have a BA in interior design and plenty of experience. I have just returned from Paris where I have lived for 5 years, and I am keen to join a small team here in Cardiff.

I would be happy to take on a part-time position until something more permanent became available. I hope you will be able to make use of my services, and should be glad to bring round a folio of my work.

Yours faithfully,

K J Dixon (Mrs)

Encls.

List w sprawie zatrudnienia – projektant:

16 Andrew Road
Inverness IV90 OLL
Phone: 01463 34454

13th February 2000

The Personnel Manager
Pandy Industries PLC
Florence Building
Trump Estate
Bath BA55 3TT

Dear Sir or Madam,

I am interested in the post of Deputy Designer, advertised in the "Pioneer" of 12th February, and would be glad if you could send me further particulars and an application form.

I am currently nearing the end of a one-year contract with Bolney & Co, and have relevant experience and qualifications, including a BSc in Design Engineering and an MSc in Industrial Design.

Thanking you in anticipation, I remain,

Yours faithfully,

A Aziz

Employment

Covering letter to a CV–executive assistant:

Warszawa, 16.11.2001

Ewelina Pusta
ul. Miodowa 12
01-034 Warszawa
tel. 0 604 533 678

Bank Wzrostu Gospodarczego SA
ul. Pustułki 17a
03-021 Warszawa

W sprawie konkursu na asystentkę zarządu

Szanowni Państwo!

Sądzę, że zainteresuje Państwa moje siedmioletnie doświadczenie na stanowisku asystentki dyrektora działu marketingu w firmie ubezpieczeniowej EGIDA. Zdobyłam tam wszystkie umiejętności niezbędne w pracy biurowej włącznie z obsługą programów Word, Excel i Acess. Jestem osobą odpowiedzialną, dobrze zorganizowaną i dyspozycyjną. Myślę, że będę mogła przyczynić się do rozwoju Państwa banku. Mam nadzieję, że dadzą mi Państwo szansę, abym mogła się Państwu pełniej zaprezentować w bezpośredniej rozmowie.

Z poważaniem,

Ewelina Pusta

Załączniki:
CV, świadectwo pracy

Accepting a job:

Warszawa, 19.12.2001

Ewelina Pusta
ul. Miodowa 12
01-034 Warszawa
tel. 0 604 533 678

Bank Wzrostu Gospodarczego SA
ul. Pustułki 17a
03-021 Warszawa

Szanowni Państwo!

Wczoraj dostałam pismo od Państwa o wynikach rozmowy kwalifikacyjnej. Z przyjemnością dowiedziałam się, że są one dla mnie pozytywne. Bardzo się cieszę, że będę mogła wkrótce rozpocząć pracę jako nowy członek zespołu. Mam nadzieję, że nie zawiodę pokładanego we mnie zaufania.

Z poważaniem,

Ewelina Pusta

Declining a job offer:

Warszawa, 3 grudnia 2001

Maria Nowak:
ul Górnośląska 5 m 56
00-450 Warszawa

Bank Wzrostu Gospodarczego SA
ul. Pustułki 17a
03-021 Warszawa

Szanowni Państwo!

Wczoraj dostałam pismo od Państwa z propozycją zatrudnienia od 1 stycznia. Niestety, nie będę mogła przyjąć tej oferty, gdyż z przyczyn rodzinnych zmuszona będę zmienić miejsce zamieszkania, o czym dowiedziałam się niedawno.

Z szacunkiem,

Maria Nowak

Letter of resignation:

Warszawa, 19.12.2001

Ewelina Pusta
ul. Miodowa 12
01-034 Warszawa
tel. 0 604 533 678

Firma Ubezpieczeniowa EGIDA
ul. Eklerki 12
00-021 Warszawa

Szanowni Państwo!

Chciałam Państwa poinformować, że otrzymałam ofertę pracy w Banku Wzrostu Gospodarczego SA. W związku z tym jestem zmuszona złożyć rezygnację ze stanowiska asystentki dyrektora w Państwa firmie. Praca w „Egidzie" była dla mnie zawsze bardzo inspirująca, ale chciałabym jednak podjąć nowe wyzwanie, dlatego zdecydowałam się przyjąć ofertę Banku Wzrostu Gospodarczego. Pragnę Państwu podziękować za możliwość pracy w tak miłym i zgranym zespole.

Uprzejmie proszę o rozwiązanie umowy o pracę z dniem 19.01.2003 r. za porozumieniem stron lub gdyby to było niemożliwe w trybie ustawowym.

Z poważaniem,

Ewelina Pusta

Propozycja zatrudnienia jako au-pair:

89 Broom St
Linslade
Leighton Buzzard
Beds
LU7 7TJ
4th March 2000

Dear Julie,

Thank you for your reply to our advertisement for an au pair. Out of several applicants, I decided that I would like to offer you the job.

Could you start on the 5th June and stay until the 5th September when the boys go back to boarding school?

The pay is £50 a week and you will have your own room and every second weekend free. Please let me know if you have any questions.

I look forward to receiving from you your confirmation that you accept the post.

With best wishes,
Yours sincerely,

Jean L Picard

Zgłoszenie do agencji – praca jako au-pair:

2, Rue de la Gare
54550 Nancy
France
(33) 03 87 65 47 92
15 April 2000

Miss D Lynch
Home from Home Agency
3435 Pine Street
Cleveland, Ohio 442233

Dear Miss Lynch,

I am seeking summer employment as an au pair. I have experience of this type of work in Britain but would now like to work in the USA. I enclose my C.V, and copies of testimonials from three British families.

I would be able to stay from the end of June to the beginning of September. Please let me know if I need a work permit, and if so, whether you can get one for me.
Yours sincerely,

Alice Demeaulnes
Encls.

Prośba o rekomendację:

8 Spright Close
Kelvindale
Glasgow GL2 0DS
Tel: 0141-357 6857

23rd February 2000

Dr M Mansion
Department of Civil Engineering
University of East Anglia

Dear Dr Mansion,

As you may remember, my job here at Longiron & Co is only temporary. I have just applied for a post as Senior Engineer with Bingley & Smith in Glasgow and have taken the liberty of giving your name as a referee.

I hope you will not mind sending a reference to this company should they contact you. With luck, I should find a permanent position in the near future, and I am very grateful for your help.

With best regards,

Yours sincerely,

Helen Lee.

Podziękowanie za rekomendację:

The Stone House
Wallop
Cambs
CB13 9RQ
8/9/00

Dear Capt. Dominics,

I would like to thank you for writing a reference to support my recent application for the job as an assistant editor on the Art Foundation Magazine.

I expect you'll be pleased to know that I was offered the job and should be starting in three weeks' time. I am very excited about it and can't wait to start.

Many thanks once again,

Yours sincerely,

Molly (Valentine)

Inquiring about the possibility of employment in Poland:

Adam Ross
5, Tackley Place
Reading RG2 6 RN
England

Ministerstwo Edukacji i Sportu
Rzeczypospolitej Polskiej

Szanowni Państwo!

Zwracam się z zapytaniem o możliwość czasowego zatrudnienia jako nauczyciel języka angielskiego w polskim liceum. Jestem absolwentem anglistyki Uniwersytetu w Reading, a polski jest moim drugim językiem ojczystym.
Bardzo byłbym wdzięczny za informację, jakie dokumenty są potrzebne, by otrzymać zezwolenie na pracę i kartę pobytu czasowego.

Z szacunkiem,

Adam Ross

Contract annulment:

Rywin, dnia 31 sierpnia 2001

LIV Liceum Ogólnokształcące
im. W. Berenta
ul. Krasnobrodzka 8
88-055 Rywin

ROZWIĄZANIE UMOWY O PRACĘ

Z dniem 31.08.2001 r. ulega rozwiązaniu umowa o pracę zawarta w dniu 1.09.2000 r. między Ob. Adamem Rossem a Ob. mgr Andrzejem Paką – dyrektorem liceum, działającym w imieniu LIV Liceum Ogólnokształcącego im. W. Berenta, za porozumieniem stron, w trybie określonym w art. 30 § 1 pkt 1 Kodeksu pracy.

Andrzej Paka

Covering letter to a CV – teacher of English:

Adam Ross
5, Tackley Place
Reading RG2 6 RN
England

mgr Andrzej Paka
Dyrektor
LIV Liceum Ogólnokształcącego
im. W. Berenta
ul. Krasnobrodzka 8
88-055 Rywin

Szanowny Panie Dyrektorze,

Z Wojewódzkiego Wydziału Oświaty otrzymałem informację, że Liceum im. W. Berenta poszukuje nauczyciela języka angielskiego. Chciałbym zatrudnić się na tym stanowisku na okres dwóch lat.

Jestem obywatelem brytyjskim polskiego pochodzenia, urodzonym w Wielkiej Brytanii. Polski jest jednak moim drugim językiem ojczystym.

Z wykształcenia jestem anglistą, specjalizującym się w nauczaniu angielskiego jako języka obcego i mam w tej dziedzinie pewne doświadczenie zawodowe (CV w załączeniu).

Dwuletnie doświadczenie pracy w polskiej szkole ma mi pozwolić zebrać materiały do pracy naukowej na temat interferencji języka ojczystego w uczeniu się pierwszego języka obcego.

Gotów jestem przyjąć warunki płacowe oferowane polskim nauczycielom.

Uzyskałem też informację, że ponieważ szkoła od dwóch lat bezskutecznie poszukuje anglisty, nie będzie trudności z uzyskaniem zgody na zatrudnienie cudzoziemca.

Wierzę, że dwa lata przepracowane w Polsce będą dla mnie ciekawym doświadczeniem zawodowym i życiowym i przyniesie efekty w postaci podniesienia znajmości angielskiego wśród rywińskiej młodzieży.

Pozostaję z szacunkiem,

Adam Ross

List motywacyjny:

Roslyn Terrace,
17 London NW2 3SQ
15th October 2000

Ms R. Klein,
London Consultancy Group,
1 Canada Square,
Canary Wharf
LONDON E14 5BH

Dear Ms Klein,

Principal Consultant, E-business Strategy

I should like to apply for the above post, advertised in today's Sunday Times and have pleasure in enclosing my curriculum vitae for your attention.

MBA-qualified, I am a highly experienced information systems strategy consultant and have worked with a range of blue-chip clients, primarily in the financial services and retail sectors. In my most recent role, with Herriot Consulting, I have successfully led the development of a new electronic commerce practice.

I am now seeking an opportunity to fulfil my career aspirations with a major management consultancy, such as LCG, which has recognised the enormous potential of the e-business revolution.

I believe I can offer LCG a combination of technical understanding, business insight and entrepreneurial flair. I look forward to discussing this opportunity further with you at a future interview and look forward to hearing from you.

Yours sincerely,

J. O'Sullivan

encl: curriculum vitae.

Odpowiedź na zaproszenie na rozmowę kwalifikacyjną:

2 Chalfont Close,
LONDON
W4 3BH

20 April 2001
C. Charles
Human Resources Manager
Phototex Ltd
2 Canal Street
LONDON
SW1 5TY

Dear Ms. Charles,

Thank you very much for your letter of 18 April 2001.

I would be delighted to attend an interview on 25 April 2001 at 10.30 am.

As requested, I will bring with me a portfolio of my recent work to present to the interview panel.

Yours sincerely,

Helena O'Neill

Przyjęcie pracy:

16 Muddy Way
Wills
Oxon
OX23 9WD
Tel: 01865 76754

Your ref : TT/99/HH 4 July 2000

Mr M Flynn
Mark Building
Plews Drive
London
NW4 9PP

Dear Mr Flynn,

I was delighted to receive your letter offering me the post of Senior Designer, which I hereby accept.

I confirm that I will be able to start on 31 July but not, unfortunately, before that date. Can you please inform me where and when exactly I should report on that day? I very much look forward to becoming a part of your design team.

Yours sincerely,

Nicholas Marr

Rezygnacja z zaproponowanej pracy:

4 Manchester St
London
NW6 6RR
Tel: 020-8334 5343
9 July 2000

Your ref : 099/PLK/001

Ms F Jamieson
Vice-President
The Nona Company
98 Percy St
YORK
YO9 6PQ

Dear Ms Jamieson,

I am very grateful to you for offering me the post of Instructor. I shall have to decline this position, however, with much regret, as I have accepted a permanent post with my current firm.

I had believed that there was no possibility of my current position continuing after June, and the offer of a job, which happened only yesterday, came as a complete surprise to me. I apologize for the inconvenience to you.

Yours sincerely,

J D Salam

Certificate of employment:

LIV Liceum Ogólnokształcące
im. W. Berenta
ul. Krasnobrodzka 8
88-055 Rywin

Rywin, dnia 7.09.2002

ŚWIADECTWO PRACY

Stwierdza się, że obywatel Ross Adam, syn Edwarda, urodzony(a) 2 listopada 1975 r. był(a) zatrudniony(a) w LIV Liceum Ogólnokształcącym im. W. Berenta w Rywinie, ul. Krasnobrodzka 8 w wymiarze 20 godzin zajęć tygodniowo od dnia 1 września 2000 r. do dnia 31 sierpnia 2002 r.

W wymienionym wyżej okresie pracy Obywatel(ka) zajmował(a) stanowisko nauczyciela języka angielskiego, na którym otrzymywał(a) wynagrodzenie wg stawek ustalonych przez MEN w wysokości 1200 zł brutto.

DYREKTOR LICEUM

mgr Andrzej Paka

Requesting holiday leave:

Maria Nowak
ul. Warszawska 34
Rywin

Rywin, 4 stycznia 2001

Sz. Pan
mgr Andrzej Paka
Dyrektor
LIV L.O. im. W. Berenta
w miejscu

Uprzejmie proszę o udzielenie mi urlopu wypoczynkowego w dniach 6 – 31 stycznia 2001

Maria Nowak

Requesting unpaid maternity leave:

Maria Nowak
ul. Warszawska 34
Rywin

Rywin, 15 stycznia 2001

Sz. Pan
mgr Andrzej Paka
Dyrektor
LIV L.O. im. W. Berenta
w miejscu

W związku z urodzeniem dziecka uprzejmie proszę o udzielenie mi bezpłatnego urlopu wychowawczego od 1 stycznia 2001 do 31 sierpnia 2001. Nadmieniam, że urlop macierzyński i urlop wypoczynkowy wykorzystałam w całości.

Maria Nowak

Świadectwo pracy:

Farnham's Estate Agency
2 Queen Victoria Street
Wokingham
Berkshire
RG31 9DN
Tel: 0118 947 2638
Fax: 0118 947 2697

4 September 2000

To whom it may concern,

I am pleased to confirm that Benedict Walters was employed as junior negotiator in the residential sales department from 1st January 1999 to 31st March 2000, a position in which he performed very successfully.

Yours faithfully,

Katrina Jarvis

Branch Manager

Pozytywna opinia:

Dept of Design
University of Hull
South Park Drive
Hull HL5 9UU
Tel: 01482 934 5768
Fax: 01482 934 5766

5/3/00

Your ref. DD/44/34/AW

Dear Sirs,

Mary O'Donnel. Date of birth 21-3-63

I am glad to be able to write most warmly in support of Ms O'Donnel's application for the post of Designer with your company.

During her studies, Ms O'Donnel proved herself to be an outstanding student. Her ideas are original and exciting, and she carries them through - her MSc thesis was an excellent piece of work. She is a pleasant, hard-working and reliable person and I can recommend her without any reservations.

Yours faithfully,

Dr A A Jamal

Rezygnacja z pracy:

3 Norton Gardens,
BRADFORD
BD7 4AU

30 June 2001

Regional Sales Manager
Nortex and Co.
Cooper St.
LEEDS
LS5 2FH

Dear Mr Perrin,

I am writing to inform you of my decision to resign from my post of Sales Administrator in the Bradford offices with effect from 1 July 2001. I am giving one month's notice as set out in my conditions of employment. I have for some time been considering a change of role and have been offered a post with a market research organization which I believe will meet my career aspirations.

I would like to take this opportunity to say how much I value the training and professional and personal support that I have received in my three years with Nortex and Co.

Yours sincerely,

Melinda MacPhee

Rezygnacja z pracy:

Editorial Office
Modern Living Magazine
22 Salisbury Road, London W3 9TT
Tel: 020-7332 4343 Fax: 020-7332 4354

To: Ms Ella Fellows
General Editor.

6 June 2000

Dear Ella,

I am writing to you, with great regret, to resign my post as Commissioning Editor with effect from the end of August.

As you know, I have found the recent management changes increasingly difficult to cope with. It is with great reluctance that I have come to the conclusion that I can no longer offer my best work under this management.

I wish you all the best for the future,

Yours sincerely,

Elliot Ashford-Leigh

Personal particulars:

KWESTIONARIUSZ OSOBOWY

1. Imię (imiona) i nazwisko *Hanna Wójcik*

2. a) nazwisko rodowe *jw.*

b) imiona rodziców *Michał, Maria*

c) nazwisko rodowe matki *Nowakowska*

2. Data i miejsce urodzenia *1982, 4, 11, Warszawa*

3. Obywatelstwo *polskie*

4. Numer ewidencyjny (PESEL) *82041134567*

5. Numer identyfikacji podatkowej (NIP) *526-128-24-78*

6. Miejsce zameldowania *ul. Grójecka 85, m, 78, 88-567 Rywin*

Adres do korespondencji *jw.*

Telefon *brak*

7. Wykształcenie *średnie, LIV Liceum im. W. Berenta w Rywinie, 2000*

(nazwa szkoły i rok jej ukończenia)

(zawód, specjalność, stopień, tytuł zawodowy - naukowy)

8. Wykształcenie uzupełniające *nie dotyczy*

(kursy, studia podyplomowe, data ukończenia lub rozpoczęcia nauki w przypadku jej trwania)

9. Przebieg dotychczasowego zatrudnienia *nie dotyczy*

(wskazać okresy zatrudnienia u kolejnych pracodawców oraz zajmowane stanowiska pracy)

10. Dodatkowe uprawnienia, umiejętności, zainteresowania (np. stopień znajomości języków obcych, prawo jazdy, obsługa komputera) *angielski, rosyjski – słabo*

11. Stan rodzinny *panna*

12. Powszechny obowiązek obrony: *nie dotyczy*

a) stosunek do powszechnego obowiązku obrony *nie dotyczy*

b) stopień wojskowy *nie dotyczy*

nr specjalności wojskowej *nie dotyczy*

c) przynależność ewidencyjna do WKU *nie dotyczy*

d) nr książeczki wojskowej *nie dotyczy*

e) przydział mobilizacyjny do sił zbrojnych RP *nie dotyczy*

13. Osoba, którą należy zawiadomić w razie wypadku: *Maria i Michał Wójcikowie*
ul. Grójecka 85, m, 78, 88-567 Rywin

(Imię i nazwisko, adres, telefon)

14. Oświadczam, że dane zawarte w pkt 1, 2, 4 i 6 są zgodne z dowodem osobistym *seria BP nr 459899 wydanym przez Naczelnika Gminy Rywin w Rywinie dnia 12.4.2000*

Rywin, 15 sieprnia 2001
(miejscowość i data)

Hanna Wójcik
(podpis osoby składającej kwestionariusz)

CV – polski specjalista w zakresie technik informacyjnych:

Name:	Paweł KOWALSKI, MSc
Address:	01-242 Warszawa, Wolska 65 m. 4
Telephone:	Home: +48 22 8362 22 66, mobile: +48 608 989 444
Date of Birth:	15th November 1955
Nationality:	Polish
Marital Status:	Married, two sons
Languages:	English
Health:	Excellent, non-smoker
Interests:	Film criticism, playing bridge, tennis and travelling

Employment

01.05.2000 – now	Title: Group IT Director, B&A Media Group, SA
01.06.1994 – 31.03.2000	Title: IT Director, G&P Comestibles Sp. z o.o., Warsaw
15.12.1989 – 28.02.1994	Title: Computer Analyst/Programmer, National Data Processing Department, Abudja Nigeria
01.05.1978 – 10.12.1989	Title: Senior Tutor (Data Base Research Specialist), Central Computer Institute, Katowice

Education/Qualifications

1986–1987	Postgraduate study – "Microcomputers: Hardware, Software Design and Implementation" at Technical University of Silesia, Gliwice, Department of Control Automation and Computer Science
1985	UNDP fellowship studies on PC database technology. City University, London, UK. (three months)
1973–1978	Technical University of Silesia, Gliwice, Department of Control Automation and Computer Science. 1st Class Master of Science degree in Electronic Engineering, thesis on "A computerised system to assist University Administration routines".

Most Recent Training

August 1998	New Skills: Interviewing and Recruitment
September 1998	Time Management Negotiating Skills
November 1998	Interpersonal Managment Skills

CV – British specialist in Slavonic languages:

Imię, nazwisko:	Terry Jackson
Adres:	ul. Lankiewicza 35, 05-092 Warszawa
Telefon:	7814569
Data urodzenia	1949.02.26
Narodowość:	brytyjska, karta stałego pobytu
Stan cywilny:	żonaty, dwoje dzieci

Zatrudnienie:

1991–	starszy wykładowca w Zakładzie Językoznawstwa Ogólnego i Stosowanego Wydziału Filologicznego Uniwersytetu Warszawskiego
1994–1995	lektor w Polskim Radiu
1986–1992	nauczyciel języka angielskiego w Ośrodku Szkolno-Wychowawczym dla Dzieci Niewidomych w Laskach
1982–1987	tłumacz i redaktor książek w języku angielskim – współpraca z różnymi wydawnictwami
1982–1984	lektor w Polskim Radiu
1972–1977	urzędnik państwowy w Department of the Environment [Ministerstwo Środowiska], Wielka Brytania
1968-1972	urzędnik państwowy w Export Credits Guarantee Department [Ministerstwo Poręczania Kredytów Eksportowych], Wielka Brytania

Wykształcenie:

1981	licencjat (BA) w zakresie rusycystyki na Uniwersytecie w Reading, Wielka Brytania;
1977–1981	studia na Wydziale Nauk Filologicznych i Społecznych Uniwersytetu w Reading
1977	egzamin z języka rosyjskiego na poziomie maturalnym (uzupełniający) (GCE Ordinary Level)
1975–1977	zaoczne studia z językoznawstwa i języka rosyjskiego w Polytechnic of Central London i w City Literary Centre for Adult Studies
1967	matura (GCE Advanced Level)

Staże:

1979	3-miesięczne stypendium na Uniwersytecie Leningradzkim, kurs języka i literatury rosyjskiej
1982	roczne stypendium na Uniwersytecie Adama Mickiewicza w Poznaniu, w zakresie literatur słowiańskich
Znajomość języków:	angielski, polski, rosyjski – biegle

T. Jackson

CV – polski nauczyciel akademicki:

CURRICULUM VITAE

Name:	Hanna Brzeska
Address:	ul. Wolska 14 m. 6; 01-451 Warsaw
Date of birth:	November, 4, 1959
Nationality:	Polish
Marital status	single

Educational Qualifications:

1983:	Master of Arts (with Honours) at the Faculty of Classic and Modern Languages, Warsaw University (Thesis: On application of contrastive linguistics in teaching foreign languages)
1990:	Doctor of Philosophy (with Honours) in General Linguistics at the Faculty of Classic and Modern Languages, Warsaw University (Thesis: Linguistics and language teaching – Polish theory and practice)

Professional experience:

1999–2001	Associate professor, Department of General and Applied Linguistics, Faculty of Classic and Modern Languages, Warsaw University
1994–1999	Associate professor, Department of Modern Languages, Pedagogical College, Kielce
1990–1994	Assistant professor of Applied Linguistics at Port Villa, Vanuatu
1983–1990	Lecturer and senior lecturer, Department of General and Applied Linguistics, Faculty of Classic and Modern Languages, Warsaw University

Membership of professional organizations:

1. Polish Linguistic Society
2. Polish Association of Language Teachers
3. Societas Linguistica Europea
4. Modern Languages Association

Current research interests:

Gender linguistics
First and second language acquisition

Publications:

Over 50 publications in various fields of linguistics, including 4 books, see attached list

Hanna Brzeska

CV – British specialist in Slavonic languages (full form):

Życiorys

Urodziłem się 26 lutego 1949 w Hillingdon, Uxbridge, Anglia. Moi rodzice są obywatelami brytyjskimi i mieszkają w Ickenham, Hillingdon, Anglia. Obecnie są na emeryturze. Mój ojciec, George Edgar Jackson (ur. w 1918), był urzędnikiem państwowym, a matka, Madeline Frances Jackson (ur. w 1919), pracowała jako telefonistka.

W latach 1956-60 uczęszczałem do Derwentwater Primary School (szkoła podstawowa) w Acton, Londyn. W 1960 rozpocząłem naukę w Acton County Grammar School (liceum ogólnokształcące), którą ukończyłem w 1967, zdawszy egzamin maturalny (GCE Advanced Level) z literatury angielskiej i ekonomii.

W latach 1968-77 pracowałem jako urzędnik państwowy w Export Credits Guarantee Department [Ministerstwo poręczania kredytów eksportowych], przy Aldermanbury House, Aldermanbury, London EC2, oraz Department of the Environment [Ministerstwo Środowiska], przy Marsham Street, London SW1.

W latach 1975-77 uczęszczałem na kursy zaoczne z językoznawstwa i języka rosyjskiego przy Polytechnic of Central London (obecnie University of Westminster) oraz City Literary Centre for Adult Studies (centrum studiów zaocznych w Londynie). Po ukończeniu tych kursów, latem 1977 zdałem egzamin GCE Ordinary Level z języka rosyjskiego z wynikiem bardzo dobrym z pisemnego i ustnego.

W październiku 1977, wstąpiłem na Faculty of Letters and Social Sciences [Wydział Literatury i Nauk Społecznych] w University of Reading, gdzie studiowałem rusycystykę. Na III roku studiów odbyłem 3-miesięczny kurs języka i kultury rosyjskiej na Uniwersytecie Leningradzkim, po czym byłem stypendystą Uniwersytetu im. Adama Mickiewicza w Poznaniu. Pracę dyplomową pisałem na temat twórczości rosyjskiego konstruktywisty Aleksandra Rodczenki (ocena bardzo dobra). Po ukończeniu studiów w 1981 otrzymałem stopień Bachelor of Arts (Honours) w zakresie Russian Studies z wynikiem dobrym.

Dnia 30 sierpnia 1981 zawarłem w Warszawie związek małżeński z Elżbietą Jaworską, obywatelką polską. Zezwolenie na pobyt stały otrzymałem od Konsulatu Generalnego PRL w Londynie 27 stycznia 1982, a Kartę stałego pobytu otrzymałem 24 lutego 1982.

W latach 1982-87 pracowałem jako tłumacz i redaktor ksiażek w języku angielskim (lista publikacji w załączeniu).

W 1982-84 i 1994-95 pracowałem również w Polskim Radiu jako lektor w kursach języka angielskiego.

W latach 1986-92 byłem zatrudniony jako nauczyciel angielskiego w Ośrodku Szkolno--Wychowawczym dla Dzieci Niewidomych w Laskach (liceum/technikum oraz szkoła podstawowa). Zrezygnowałem z pracy w Laskach w 1992, aby skoncentrować się na zajęciach w Zakładzie Językoznawstwa Ogólnego i Stosowanego Wydziału Filologicznego UW, gdzie pracuję na pełnym etacie jako starszy wykładowca do dziś.

Mamy dwoje dzieci.

Terry Jackson

Korespondencja w interesach

Zamówienie katalogu:

99 South Drive
London
WC4H 2YY
7 July 2000

Hemingway & Sons
Builders Merchants
11 Boley Way
London WC12

Dear Sirs,

Thank you for sending me your catalogue of timber building materials as requested. However, the catalogue you sent is last year's and there is no current price list.
I would be glad if you would send me the up-to-date catalogue plus this year's price list.

Yours faithfully,

Dr D Wisdom

Zawiadomienie o wysłaniu katalogu:

E Hemingway
Carpet Designs
11 Allen Way
London NW4
Tel: 020-74450034

Our ref. EH/55/4

19 February 2000

Ms J Jamal
Daniel Enterprises
144 Castle Street
Canterbury
CT1 3AA

Dear Ms Jamal,

Thank you for your interest in our products. Please find enclosed our current catalogue as well as an up-to-date price list and order form.
We would draw your attention to the discounts currently on offer on certain items and also on large orders.
Assuring you of our best attention at all times, we remain,

Yours sincerely,

Jane Penner
Supplies Manager

Prośba o próbki:

The Frank Company
22 Blooming Place
London SW12
Tel: 020-8669 7868
Fax: 020-8669 7866

5 June 2000
The Sales Director
June Office Supplies
55 Dewey Road
Wolverhampton
WV12 HRR

Dear Sir/Madam,

Thank you for sending us your brochures. We are particularly interested in the Dollis range, which would complement our existing stock. Could you please arrange to send us samples of the whole range with the exception of items XC99 and XC100? We would be grateful if this could be done promptly, as we are hoping to place an order soon for the autumn.

Thanking you in advance,

Yours faithfully,

Mr T Jones
pp Mr F J Hart
Manager and Director
The Frank Company

Zawiadomienie o wysłaniu próbek:

Pemberley Products
Austen House
12 Bennet Place
Cambridge
CB3 6YU
Tel: 01223 7878

13 October 2000

Ms J Ayer
"Eliza Wickham"
12 D'Arcy Lane
London W4

Dear Ms Ayer,

We are pleased to inform you that the samples you requested will be despatched by courier today.
As the Cassandra range has been extremely successful we would request that you return the samples after not more than one week, so that we may satisfy the requirements of other customers. The popularity of our products is such that we urge you to place an order promptly so that we may supply you in good time for Christmas.
Please do not hesitate to contact us for further information.

Yours sincerely,

Elizabeth Elliot
Sales Director

W sprawie cennika materiałów budowalnych:

Eyer Shipyard
Old Wharf
Brighton
BN2 1AA
Tel 01273 45454
Fax 01273 45455

Our ref: TB/22/545

13 April 2000

Fankleman & Co. PLC
22 Mark Lane Estate,
Guildford,
Surrey
GU3 6AR.

Dear Sirs,

Timber Supplies

We would be glad if you could send us an estimate of the cost of supplying timber in the lengths and sizes specified on the enclosed list. In general, we require large quantities for specific jobs at quite short notice and therefore need to be sure that you can supply us from current stock.

Thanking you in advance.

Yours faithfully,

(Ms) G N Northwood.

General Manager,
Supplies. Encl.

Wysłanie kosztorysu:

Fairchild Interior Design Company
23 Rose Walk
London SW4
Tel: 020-7332 8989
Fax: 020-7332 8988

Job ref: 99/V/8

23 May 2000

Mr G. F. J. Price
25 Victor Street,
London,
SW4 1AA,

Dear Mr Price,

Please find enclosed our estimate for the decoration of the drawing room and hall at 25 Victor Street. As requested, we have included the cost of curtaining for both the bay windows and the hall window, in addition to the cost of sanding and polishing the drawing room floor.

The work could be carried out between the 1st and the 7th July, if this is convenient for you. Please do not hesitate to contact us if you have any queries.

We hope to have the pleasure of receiving your order.

Yours sincerely,

Marjorie Bishop

Encl.

Wysłanie informacji o towarach i wysyłce:

Easter Cloth Co.
33 Milton Mews,
London E12 HQT
Tel: 020-8323 2222
Fax: 020-8323 2223

Your ref: UK33/23

4 April 2000

Hurihuri Enterprises,
1 Shore Drive,
Auckland 8,
New Zealand.

Dear Sirs,

Thank you for your enquiry of 2 February. Our CR range of products does indeed conform to your specifications. In relation to costings, we can assure you that packaging and insurance are included in the price quoted; the estimated cost of shipping is £75 per case.

We expect consignments to New Zealand to take three to four weeks, depending on the dates of sailings. A more precise estimate of timing will be faxed to you when you place an order.

We look forward to receiving your order.

Yours faithfully,

C. P. Offiah

Associate Director Encls.

Wysłanie cennika:

Walter O'Neill & Co.
3 Eliot Mall
London NW12 9TH
Tel: 020-8998 990
Fax: 020-8998 000

Your ref: TRT/8/00
Our ref: DK/45/P

3 March 2000

Ms E Dickinson
Old Curiosity Inns
3 Haversham Street
London W6 6QF

Dear Ms Dickinson

Thank you for your letter of 22 April. We apologize for failing to send you the full price list which you will find enclosed. Please note that we have not increased our prices on any products available last year, and that we have managed to extend our range with new items still at very competitive rates.

Our usual discounts for large orders apply to you as a regular customer, and we are exceptionally doubling these to 10% on the 100/9 CPP range.

We look forward to receiving your order.

Yours sincerely,

E B Browning (Mrs)

Sales Director
Encl

Upomnienie się o ustalony rabat:

Nielsen & Co
19 Westway Drive
Bradford BF8 9PP
Tel: 01274 998776
Fax: 01274 596969

Your ref: 4543/UIP

21 March 2000

Draft and Welling
15 Vine Street
London
NE22 2AA

Dear Sirs,

I acknowledge receipt of the goods listed in my order no. 1323YYY, but must query the total sum indicated on the invoice. I had understood that you were currently offering a discount of 15%, but no such deduction appears on the final invoice sheet.

I would be glad if you could give this matter your immediate attention.

Yours faithfully,

Frederick Nielsen
Associate Director, Procurement

Zgoda na udzielenie rabatu:

Garrick Paper Suppliers
108 Kingston Road
Oxford
OX3 7YY
Tel: 01865 9900
Fax: 01865 9908

28 April 2000

S Johnson & Co
Globe House
London W13 4RR

Dear Sir/Madam,

Thank you for your letter of 16 April in which you ask for a reduction on our normal prices, given the size of your order. We are happy to agree to your request provided you, in return, make prompt payment of our account within two weeks of the delivery of your order. If that is agreeable to you, we can offer you a discount of 8%, instead of the usual 5%.

We hope to receive your acceptance of these terms and assure you of our very best attention.

Yours faithfully,

Ann Rothwell
Customer Relations Manager

Poszukiwanie nowych rynków zbytu:

Wydawnictwo QED
ul. Pitagorasa 3
04-155 Warszawa
Tel: (48 22)5 86 86 80
Fax: (48 22)5 86 75 75

31 July 2000

Jod's Booksellers
122 High St
Stonleigh
Hants

Dear Sir/Madam,

I am writing to you to enquire whether you would be interested in stocking our new range of "Polish Is Easy" textbooks in your bookshop.
I enclose a brochure illustrating these.
This series of Polish language textbooks offers a five-stage teaching course and employs the newest methods of foreign language teaching. If you are interested, we would be happy to bring you samples and discuss terms of sale. Please phone or fax to let me know if you are interested in this offer so that I may arrange a visit from our sales representative in London.
I look forward to hearing from you.

Yours faithfully,

M. Rej
Sales Manager

Do potencjalnego klienta:

Sinclair Pottery
383 Racing Way
Cambridge CB13
Tel: 01223 65867

3rd June 2000

Dear Mrs Creel,

I am writing to enquire whether you are still interested in placing an order for our new range of ceramic kitchenware.
When my colleague, Jason Patrick, called into your shop at the beginning of April, you expressed an interest in our new „Autumn Moods" range. If you would like to place an order you would be well advised to do so in the next month as stocks are selling fast. Please let us know if we may help you with any queries you may have.

I look forward to receiving your order.

Yours sincerely,

Isabel Rivers
Sales Manager.

Mrs A Creel
Kitchen Cares
24 Willow Square
Cambridge CB23

Promocja:

Vintages
Unit 3
Poulton's Industrial Estate
NORWICH
N12 4LZ
Tel: 01793 539 2486
15 March 2001

Dear Mr Franks,

As a Vintages account holder, I am sure that you have already enjoyed the benefits of using your account card in our outlets. However, I would like to take this opportunity to introduce you to our expanded range of customer services.

From April 1st 2001 as an account customer you will be able to access our website at www.vintas.co.uk to view our extensive range of wines, beers and spirits, wine guides and accessories. Our website also has tasting notes and recommendations by leading wine writers, articles, recipes and details of wine tastings and local events exclusively for account customers. You will be able to order online and we'll usually deliver within 48 hours to anywhere in mainland UK.

I very much hope that you will take advantage of this new range of services designed with the specific needs of our account customers in mind.

Yours sincerely,
Estelle Dobson,
Marketing Manager

Oferta specjalna:

The Aberdonian Clothing Company
Wallace Road, Ellon, Aberdeenshire AB32 5BY

February 2001

Mrs D. Evans,
34 St Saviours Court
KEIGHLEY
BD12 7LT

Dear Mrs Evans,

As one of our most valued customers, I wanted to make sure that you would have the opportunity to select your order from the advance copy of our new Spring-Summer Season catalogue which I enclose.

More choice

As you will see from our catalogue, we have more women's styles in more sizes than ever before, with a greater range of fittings to suit all our customers. We have also introduced a new range of fashion footwear and accessories to complete our collection.

Top quality

We pride ourselves on the quality of our goods and will ensure that your order reaches you within 28 days in perfect condition. Our customer care team is on hand to deal with queries on our customer hotline and if you are not completely satisfied with your order they will arrange for an immediate refund.

Superb value for money

We are confident that our prices cannot be beaten and as a privileged customer we would like to offer you a 10% discount on your first order from the new catalogue. When you place your order you will automatically be entered into our monthly draw for a dream holiday in St Lucia.

Post your completed order form today, or call our team on 01224 445382 to enjoy next season's fashions today.

Louise Baxter
Customer Care Manager

Zamówienie książki:

ul. Mickiewicza 25
02-345 Warsaw

18 June 2000

Prism Books
Lower Milton St
Oxford OX6 4 DY

Dear Sirs,

I would be grateful if you could send to the above address a copy of the recently published book „A Photographic Ethnography of Thailand" by Sean Sutton, which I have been unable to find in Poland.

Please let me know what method of payment would suit you.

Thanking you in advance.

Yours faithfully,
B. Malinowski

Zamówienie wina:

Radley House
John's Field
Kent
ME23 9IP
10 July 2000

Arthur Wine Merchants
23 Sailor's Way
London E3 4TG

Dear Sir/Madam,

I enclose my order for three dozen bottles of wine chosen from the selection in the catalogue you sent us recently. Please ensure that this order is swiftly dispatched, as the wine is needed for a family party on 16 July.

It would be helpful if you could phone and let me know when to expect the delivery, so that I can arrange to be at home.

Yours faithfully,
Ms F Allen-Johns
Encl

Potwierdzenie odbioru dostawy:

Smith & Ike Ltd
14 Adley Street
London NW11
Tel: 020-8332 4343
Fax: 020-8332 4344

Our ref: PLF/GG/3

14 February 2000

Wallis Printing
2 Shoesmith Road
London W3

Dear Sir/Madam,

We acknowledge receipt of our order (see ref. above) and would like to express our appreciation of the speed with which you managed to process it. The items were urgently required to ensure there was no interruption in our production and your cooperation made this possible.

As agreed, I am arranging for our Accounts Department to make prompt payment of your account.

Yours faithfully,

Dr J G Sing

Production Manager

Reklamacja z powodu opóźnienia dostawy:

Duke & Ranger
45 High Street,
Stonebury.
SX6 0PP
Tel: 01667 98978

Your ref: 434/OP/9
9 August 2000
Do-Rite Furniture,
Block 5,
Entward Industrial Estate,
Wolverhampton.
WV6 9UP

Dear Sirs,

We are surprised not to have received delivery of the two dozen coffee tables from your "Lounge Lights" range (see our letter of 6 July) which you assured us by phone were being dispatched immediately.

Our sales are being considerably hampered by the fact that the coffee tables are missing from the range and it is now over three weeks since you promised that these items would be delivered. Please phone us immediately to state exactly when they will arrive.

Yours faithfully,

Jane Malvern
Manager

Reklamacja – dostarczono niewłaściwe towary:

The Hough Company
23 Longacre Rd
London
SW3 5QT
Tel: 020-7886 7979
Fax: 020-7887 6954
5 October 2000

Dear Mrs Halliwell,

Further to our phone call, we are writing to complain about various items which are either missing or wrong in the above order.

I enclose a list of both categories of items and would remind you that we felt obliged to complain of mistakes in the two previous orders as well. We hesitate to change our supplier, particularly as we have no complaints as to the quality of the goods, but your errors are affecting our production schedules.

We hope that you will give this matter your immediate, urgent attention.

Yours sincerely,

Jane Schott
Manageress, Procurements
Encls

Mrs J Halliwell
Jessop & Jonson
23 High Street
Broadstairs
Kent CT10 1LA

Odpowiedź na reklamację:

Nolans Plc
Regina House
8 Great Hyde St
London E14 6PP
Tel: 020-8322 5678
Fax: 020-8332 5677

Our ref: 99/OUY-7.

6 March 2000

Dear Mrs Allen,

We were most sorry to receive your letter complaining of errors in the items delivered to you under your order G/88/R9.

We have checked your order form and find that the quantities are indeed wrong. We will arrange for the extra supplies to be collected and apologize for the inconvenience that this has caused you.

With respectful regards, we remain,

Yours sincerely,

pp *Thorne Jones*
Sales Director

Mrs E Allen
Allen Fashions
4 High St
Radford
Buckinghamshire.

Reklamacja w sprawie nieuzasadnionego upomnienia:

Old Forge Pottery
4 Money Lane
Falmouth
Cornwall TR11 3TT
Tel: 0326 66758
Fax: 0326 66774

9 September 2000

Oscar Goode & Co
3 Field Place
Truro
Cornwall
TR2 6TT

Dear Mr Last,

Re: Invoice no. 4562938

I refer to your reminder of 17 September, which we were rather surprised to receive.
We settled the above invoice in the usual manner by bank transfer on 23 August and our bank has confirmed that payment was indeed made. Coming after several delays in making recent deliveries, this does cast some doubt on the efficiency of your organization.

We hope that you will be able to resolve this matter speedily.

Yours sincerely,
Rupert Grant
Accounts Manager

Odpowiedź na reklamację w sprawie upomnienia:

Pusey Westland PLC
345-6 June Street
London SW13 8TT
Tel: 020-8334 5454
Fax: 020-8334 5656

6 June 2000

Our ref: 99/88/IY

Mrs E P Wells
The Round House
High St
Whitham
Oxon OX32 23R

Dear Mrs Wells,

Thank you for your letter of 22 May informing us that our invoice (see ref above) had already been settled.

We confirm that this is indeed the case, and payment was made by you on 5 May. Please accept our sincere apologies for sending you a reminder in error.

Yours sincerely,

G H Founder
Accounts supervisor

Reklamacja – rachunek zawyżony:

The Round Place
2 Nighend High
Bristol
BS9 0UI
Tel: 117 66900
Fax: 117 55450

4 June 1994
Famous Gourmet
399 Old Green Road
Bristol
BS12 8TY

Dear Sirs,

Invoice no. B54/56/HP
We would be glad if you would amend your recent invoice (copy enclosed).
The quantities of the last three items are wrong, since they refer to "24 dozen" instead of the correct quantity of "14 dozen" in each case. In addition to this, our agreed discount of 4% has not been allowed.
Please check your records and issue a revised invoice, which we will then be happy to pay within the agreed time.
Yours faithfully,

M. R Edwardson
Chief Supplies Officer
Encl.

Odpowiedź na reklamację zawyżonego rachunku:

Trilling Traders
45-46 Staines Lane
BIRMINGHAM
BH8 9RR
Tel: 0121-222 1343
Fax: 0121-222 1465

14 March 2000

Mr T Mettyear
34 Rowland Road
London W11 7DR

Dear Mr Mettyear,

Invoice 7YY- 98776

Your letter of 7 March complaining of our failure to allow a discount on the above invoice has been referred to me by our supplies division.

I regret to inform you that we cannot agree to allow you a discount. Our letter to you of 22 February sets out our reasons. I must now press you for full payment. If, in the future, your invoices are settled promptly we will of course be glad to consider offering discounts once again.

Yours sincerely,

James Anchor
Deputy Managing Director

Płatność czekiem:

66a Dram Villas
Sylvan Place
Edinburgh EH8 1LZ
Tel: (0131) 668 7575

5 September 2000

L. Farquharson
11 Craghill Grove
Edinburgh
EH6 44P

Dear Mr Farquharson,

Thank you for carrying out the joinery work on our window frames so quickly and efficiently.

I enclose herewith my cheque for £312.33 in full settlement of your account (invoice no.334PP). Please let me have a receipt.

Yours sincerely,

G Moreson (Mr)
Encl.

Potwierdzenie odbioru płatności:

Corkhill Solicitors
23 James Rise
Manchester
M14 5RT
Tel: 0161-548 6811
Fax: 0161-548 7911

10 March 2000

Ms Patricia Farnham
23 Walling Terrace
Manchester
M34 99Q

Dear Ms Farnham,

Thank you very much for your letter of 6 March and enclosed cheque.

I can confirm that we have now received payment in full for our invoice no. 5/99/UYY.

Yours sincerely,

Dr Henrietta Thomson
Head of Section, Accounts

Niedopłata:

T. Markham Ltd
34 Asquith Drive
London SW33
Tel: 020-8323 4343
Fax: 020-8323 4586

Our ref: 77877/99/PO

Mr Aidan Fadden
Fadden Enterprises PLC
234 Race Street
London NW8

20 March 2000

Dear Mr Fadden

Bill BQW 888R

We acknowledge receipt of your draft for £3,222.90. We must however point out that our February statement included a further sum of £1,998.13 which was still outstanding from the previous statement.

We would be glad if you would look into this matter and arrange for prompt payment of the sum outstanding.

Many thanks.

Yours faithfully,
Mr J Roundwood - Chief Cashier

Upomnienie – niezapłacony rachunek:

ESTUARY SUPPLIES
45 Tully Street
YORK
YO3 9PO
Tel: 01904 59787
Fax: 01904 95757

9 September 2000

Our ref: 998884/YT

Ms T Blunt,
Crabbe and Long,
33-98 Grand Place,
YORK
YO8 6EF

Dear Ms Blunt,

I am writing to remind you that you have not yet settled our invoice no. 6TT 999, a copy of which I enclose.

We have never before had occasion to send you a reminder, so we assume that this matter is simply an oversight on your part. Perhaps you could arrange for payment to be made in the next few days.

Yours sincerely,

pp M. Kington
Director

Słownictwo i zwroty z wybranych dziedzin
Lexical usage notes

W dziale tym zestawiono w sposób usystematyzowany angielskie i polskie słownictwo z różnych dziedzin i typowe dla tych dziedzin zwroty w obu językach. Inaczej niż w hasłach alfabetycznych, większą uwagę zwrócono na używane w obu językach konstrukcje. Komentarze o różnicach między angielskim i polskim sformułowano po angielsku, by mogły służyć pomocą anglojęzycznemu użytkownikowi przy tworzeniu tekstów polskich. Również polski odbiorca znajdzie tu przydatne dla siebie informacje: tematycznie uporządkowane słownictwo i zwroty oraz wskazówki praktyczne, dzięki którym łatwiej mu będzie zrozumieć teksty angielskie i uniknąć błędów w tłumaczeniu.

1

Age

Note that where English says to be X years old *Polish says* mieć X lat *or* być w wieku X lat.

How old?

how old are you? = ile masz lat?

what age is she? = ile ona ma lat?

The word lat *(years) is not dropped after the numeral:*

he is forty years old *or* he is forty *or* he is forty years of age = (on) ma czterdzieści lat *or (informally)* (on) liczy sobie czterdzieści lat

she's eighty = (ona) ma osiemdziesiąt lat

the house is a hundred years old = (ten) dom ma sto lat

a man of fifty = człowiek *or* mężczyzna w wieku pięćdziesięciu lat *or* mężczyzna pięćdziesięcioletni *or* pięćdziesięciolatek

a child of eight and a half = dziecko w wieku ośmiu i pół lat *or* dziecko ośmioipółletnie

I feel like sixteen = czuję (się), jakbym miał szesnaście lat

he looks sixteen = (on) wygląda na szesnaście lat

a woman aged thirty = kobieta trzydziestoletnia *or* w wieku trzydziestu lat

at the age of forty = w wieku lat czterdziestu *or* czterdziestu lat

Mrs Barlow, aged forty *or* Mrs Barlow (40) = Pani Barlow, lat 40 (czterdzieści)

Comparing age

I'm older than you = jestem starszy od ciebie *or* niż ty

she's younger than him = (ona) jest młodsza od niego *or* niż on

Anne's two years younger = Anna jest o dwa lata młodsza

Margot's older than Suzanne by five years = Margot jest starsza od Suzanne o pięć lat

Robert's younger than Thomas by six years = Robert jest młodszy od Tomasza o sześć lat

X-year-old

a forty-year-old = czterdziestolatek

a sixty-year-old woman = kobieta w wieku sześćdziesięciu lat *or* kobieta sześćdziesięcioletnia *or* sześćdziesięciolatka

an eighty-year-old pensioner = osiemdziesięcioletni rencista

they've got an eight-year-old and a five-year-old = oni mają jedno dziecko ośmioletnie, a drugie pięcioletnie

Approximate ages

Note the various ways of saying these in Polish:

he is about fifty = (on) ma około pięćdziesięciu lat *or* *(less formally)* (on) ma około pięćdziesiątki

she's just over sixty = (ona) jest tuż po sześćdziesiątce

she's just under thirty = (ona) jest przed trzydziestką *or* (ona) dobiega trzydziestki

she's in her sixties = (ona) jest po sześćdziesiątce

she's in her early sixties = (ona) ma niewiele ponad sześćdziesiąt lat

she's in her late sixties = (ona) ma blisko siedemdziesiąt lat *or* (ona) dobiega siedemdziesiątki

she must be seventy = (ona) musi mieć około siedemdziesięciu lat *or (less formally)* koło siedemdziesiątki

he's in his mid forties = (on) ma około czterdziestu pięciu lat

he's just turned ten = skończył właśnie dziesięć lat

he's barely twelve = (on) ma zaledwie dwanaście lat

games for the under twelves = gry dla dzieci poniżej dwunastu lat

only for the over eighties = tylko dla osób powyżej osiemdziesięciu lat *or* powyżej osiemdziesiątego roku życia

2

British regions and counties

In, to and from somewhere

Note that only the main geographical names and some counties have Polish assimilated equivalents with inflected forms:

United Kingdom (of Great Britain and Northern Ireland) = Zjednoczone Królestwo (Wielkiej Brytanii i Irlandii Północnej)

Great Britain = Wielka Brytania

England = Anglia

Note that Anglia, Anglicy *i* angielski *are frequently used in Polish in the sense of* Great Britain, the British, *etc.*

Scotland = Szkocja

Wales = Walia

Cornwall = Kornwalia

Northern Ireland = Irlandia Północna

to live in Cornwall/Scotland/England = mieszkać w Kornwalii/Szkocji/Anglii

to go to Cornwall/Northern Ireland = jechać do Kornwalii/Irlandii Północnej

to travel from the United Kingdom/Cornwall/Scotland = jechać ze Zjednoczonego Królestwa/z Kornwalii/Szkocji

whereas:

to live in Sussex = mieszkać w Sussex

to go to Sussex = jechać do Sussex

to travel from Sussex = przyjechać z Sussex

Uses with nouns

Similarly, only the names of the inhabitants of individual countries and some counties and regions have Polish equivalents:

the British = Brytyjczycy

the English = Anglicy

Scots = Szkoci

the Welsh = Walijczycy

Cornishmen = Kornwalijczycy *or* mieszkańcy Kornwalii

Londoners = londyńczycy

but:

Lancastrians = mieszkańcy Lancashire

Note that Polish uses capital letters only for the names of inhabitants of counties and main regions (not towns).

Other cases:

a Somerset accent = akcent z (okolic) Somerset

the Yorkshire countryside = pejzaż Yorkshire

but it is usually safe to use hrabstwa (*Nominative* hrabstwo) *in such cases as:*

the towns of Fife = miasta hrabstwa Fife

the rivers of Merioneth = rzeki hrabstwa Merioneth *or* z okolic *or* rejonu Merioneth

3

Capacity measurement

British liquid measurements

20 fl oz = 0,57 l (litra)

1 qt = 1,13 l

1 pt = 0,57 l

1 gal = 4,54 l

While English uses a point to indicate decimal numbers, Polish uses a comma.

There are two ways of saying 1,13 l *and similar measurements:* jeden i trzynaście setnych litra *or* (*less formally*) jeden przecinek trzynaście (setnych litra). *For more details on how to say numbers, see* **Numbers**.

American liquid measurements

16 fl oz = 0,47 l

1 qt = 0,94 l

1 pt = 0,47 l

1 gal = 3,78 l

Phrases

how much does the tank hold? = ile litrów wchodzi do zbiornika *or* baku?

what's its capacity? = jaka jest jego pojemność?

it's 200 litres = 200 litrów

its capacity is 200 litres = (bak *or* zbiornik) ma pojemność dwustu litrów

my car does 28 miles to the gallon = mój samochód spala dziesięć litrów na sto kilometrów *or (less formally)* setkę

Note that the Polish calculate petrol consumption in litres per 100 km. To convert miles per gallon to litres per 100 km and vice versa simply divide the factor 280 by the known figure.

they use 20,000 litres a day = zużywają 20000 litrów na dzień

A holds more than B = w A mieści się więcej niż w B *or* A mieści więcej niż B

B holds less than A = w B mieści się mniej niż w A *or* B mieści mniej niż A

A has a greater capacity than B = A ma większą pojemność niż B

B has a smaller capacity than A = B ma mniejszą pojemność niż A

A and B have the same capacity = A i B mają taką samą pojemność

20 litres of wine = 20 litrów wina

it's sold by the litre = to się sprzedaje *or* jest sprzedawane na litry

Note the Polish adjectival construction, where the adjective comes before or after the noun it describes:

a 200-litre tank = dwustulitrowy zbiornik *or* zbiornik dwustulitrowy

4

The clock

What time is it?

It is ... = Jest ...

4 (o'clock) = (godzina) czwarta

4 (o'clock) in the morning *or* 4 am = (godzina) czwarta rano

4 (o'clock) in the afternoon *or* 4 pm = (godzina) czwarta po południu *or* (godzina) szesnasta

0400 = *(formally)* (godzina) czwarta zero zero

4.02 two minutes past four = dwie (minuty) po (godzinie) czwartej

4.05 five past four = pięć (minut) po czwartej

4.10 ten past four = dziesięć (minut) po czwartej

4.15 a quarter past four = piętnaście (minut) po czwartej *or* kwadrans po czwartej

4.20 = dwadzieścia (minut) po czwartej

4.25 = dwadzieścia pięć (minut) po czwartej

4.30 = *(formally)* (godzina) czwarta trzydzieści

half past four = wpół do piątej

4.35 = czwarta trzydzieści pięć

twenty-five to five = za dwadzieścia pięć piąta *or* piąta za dwadzieścia pięć

4.37 = czwarta trzydzieści siedem

twenty-three minutes to five = za dwadzieścia trzy (minuty) piąta

4.40 = czwarta czterdzieści

twenty to five = za dwadzieścia piąta

4.45 = czwarta czterdzieści pięć *or* za piętnaście piąta *or* za kwadrans piąta

4.50 = czwarta pięćdziesiąt

ten to five = za dziesięć piąta

4.55 = czwarta pięćdziesiąt pięć

five to five = za pięć piąta

5 (o'clock) = (godzina) piąta

16.15 = szesnasta piętnaście *or* piętnaście po czwartej (po południu)

16.25 = szesnasta dwadzieścia pięć *or* dwadzieścia pięć po czwartej (po południu)

8 (o'clock) in the evening = ósma wieczór

8 pm = 20.00 (godzina) dwudziesta

12.00 = (godzina) dwunasta

noon *or* 12 noon = południe *or* dwunasta w południe

midnight *or* 12 midnight = północ *or* (godzina) dwudziesta czwarta

what time is it? = która godzina?

my watch says five o'clock = na moim zegarku jest piąta

could you tell me the time? = czy może mi pan/pani powiedzieć, która godzina?

it's exactly four o'clock = jest punkt czwarta *or (more formally)* jest dokładnie *or* punktualnie (godzina) czwarta

it's about four = jest koło czwartej

it's almost three (o'clock) = jest prawie trzecia

it's just before six (o'clock) = dochodzi szósta

it's just after five (o'clock) = jest po piątej

it's gone five = minęła piąta

When?

Polish often drops the word godzina: at five *is* o piątej *and so on.*

Polish always uses o *with full hours* o której (godzinie), *whether or not English includes the word* at. *Polish drops* o *with such phrases as* za pięć szósta (five to six) *and* dziesięć po czwartej (ten past four) *or when there is another preposition present, as in* (o)koło piątej (around five o'clock), przed piątą (before five o'clock) *etc.*

what time did it happen? = o której (godzinie) to się stało?

what time will he come? = o której on przyjdzie?

it happened at two o'clock = to się stało o drugiej (godzinie)

he'll come at four = on przyjdzie o czwartej

at ten past four = dziesięć po czwartej

at half past eight = o wpół do dziewiątej

at three o'clock exactly = dokładnie o trzeciej

at about five = (o)koło piątej

at five at the latest = najpóźniej o piątej

a little after nine = zaraz po dziewiątej

it must be ready by ten = musi być gotowe do dziesiątej

I'll be here until 8 pm = zostanę tu do ósmej wieczór

I won't be here until 8 pm = nie zostanę tu do ósmej wieczór

it lasts from seven till nine = to trwa od siódmej do dziewiątej

closed from 1 to 2 pm = przerwa obiadowa: 13-14

every hour on the hour = co godzinę o pełnej godzinie

at ten past every hour = dziesięć minut po każdej pełnej godzinie

In timetables etc. the twenty-four hour clock is used, so that 4 pm *is* godzina szesnasta. *In ordinary usage, one says* czwarta (po południu).

Piętnaście po czwartej *and* kwadrans po czwartej *sound less official than* czwarta piętnaście (*and similarly* wpół do *and* za piętnaście *and* za kwadrans *are less official forms). The* wpół do *and* za *and* po *forms are not used with the 24-hour clock.*

5

Colours

Not all English colour terms have a single exact equivalent in Polish: for instance, in some circumstances brown *is* brązowy, *in others* brunatny. If in doubt, look the word up in the dictionary.

Colour terms

what colour is it? = jaki to ma kolor? *or* (*more formally*) jakiego to jest koloru?

it's green = to jest zielone

to paint sth green = (po)malować coś na zielono

to dye sth green = (u)farbować coś na zielono

to wear black = ubierać się na czarno

dressed in red = ubrany na czerwono

Colour nouns are feminine or masculine in Polish:

I like green = lubię zieleń *or* lubię kolor zielony *or* lubię zielony

I prefer blue = wolę niebieski

red suits her = (ona) dobrze jej w czerwieni *or* czerwonym

that's a pretty yellow! = jaki to ładny odcień żółci!

have you got it in white? = czy dostanę to w kolorze białym?

a pretty shade of blue = ładny odcień błękitu *or* niebieskiego

it was a dreadful green = ta zieleń była okropna

a range of greens = gama zieleni

a blue coat = niebieski płaszcz

a blue dress = niebieska sukienka

blue clothes = niebieskie ubranie

Shades of colour

a pale blue shirt = bladoniebieska koszula

dark green blankets = ciemnozielone koce

a light yellow tie = jasnożółty krawat

bright yellow socks = jaskrawożółte skarpetki

a darker green = ciemniejsza zieleń

a lighter brown = jaśniejszy brąz

the dress was a darker green = suknia miała kolor ciemniejszej zieleni

pale blue = bladoniebieski

light blue = jasnoniebieski

bright green = jaskrawozielony

dark blue = ciemnoniebieski

deep green = w kolorze głębokiej zieleni

strong red = w kolorze mocnej czerwieni

a navy-blue jacket = granatowa marynarka

English compounds consisting of two colour terms linked with a hyphen have solid compound equivalents in Polish, the first element of which ends in the vowel -o:

a blue-black material = materiał niebieskoczarny

a greenish-blue cup = zielonkawoniebieska filiżanka

English uses the ending -ish, *or sometimes* -y, *to show that something is more or less a certain colour, e.g.* a reddish hat *or* a greenish paint. *The Polish equivalents end in* -awy, -awa, -awe:

blueish = niebieskawy

greenish *or* greeny = zielonkawy

greyish = szarawy

reddish = czerwonawy

yellowish *or* yellowy = żółtawy

To describe a special colour, English can add -coloured *to a noun such as* raspberry (malina) *or* flesh (ciało). *Note how this is said in Polish, which can have a one-word or phrasal equivalent:*

a chocolate-coloured skirt = spódniczka w kolorze czekolady

raspberry-coloured fabric = malinowa tkanina *or* tkanina w kolorze malinowym

flesh-coloured tights = cieliste rajstopy

Colour verbs

English makes some colour verbs by adding -en (*e.g.* blacken). *Similarly Polish verbs can take a range of different prefixes, as well as the suffixes* -ić *for transitive verbs and* -eć for intransitive verbs:

to blacken = czernić/poczernić/zaczernić

to redden = czerwienić (*to make/paint red*), czerwienieć (*to become red*)

Other Polish colour verbs are derived in the same way: zielony (zielenić, zielenieć), żółty (żółcić, żółknąć), brązowy (brązowić, brązowieć)

Describing people – *see* **The Human body**

Note the use of z (*with*) *or* o (*of*) *in the following*:

a girl with green eyes = dziewczyna z zielonymi oczami *or* o zielonych oczach the man with black hair = mężczyzna z czarnymi włosami *or* o czarnych włosach

The following words are used for describing the colour of someone's hair (note that włosy *is plural in Polish)*:

fair = jasne

dark = ciemne

blonde *or* blond = blond

brown = brązowe

red = rude

black = czarne

grey = siwe

white = białe

Check other terms such as yellow, ginger, auburn, mousey *in the dictionary.*

Note these nouns in Polish:

a fair-haired man = blondyn

a fair-haired woman = blondynka

a dark-haired man = szatyn (*brown-haired*) *or* brunet (*black-haired*)

a dark-haired woman = szatynka (*brown-haired*) *or* brunetka (*black-haired*)

The following words are useful for describing the colour of someone's eyes:

blue = niebieskie

light blue = jasnoniebieskie

light brown = jasnobrązowe

brown = piwne

hazel = orzechowe

green = zielone

grey = szare

greyish-green = szarozielone

dark = ciemne *or* czarne

6

Countries and continents

Countries are feminine, masculine, or neuter in Polish:

France = Francja *f*

Iran = Iran *m*

Morocco = Maroko *n*

All the continent names are feminine in Polish.

Most names of countries are singular in Polish, but some are plural (usually those that are plural in English) e.g. Stany Zjednoczone (the United States), *and* Filipiny (the Philippines). *Note, however, the plural verb*:

the Philippines is a lovely country = Filipiny są pięknym krajem

In, to and from somewhere

to live in Europe = mieszkać w Europie

to go to Europe = jechać do Europy

to travel from Europe = jechać z Europy

to live in Poland = mieszkać w Polsce

to go to Poland = jechać do Polski

to travel from Poland = jechać z Polski

Adjective uses

For Polish, *the translation* polski *is most frequent; the position of the adjective, which is not capitalized, is before or after the noun; here are some typical examples*:

the Polish coast = polskie wybrzeże

Polish currency = polska waluta

the Polish language = język polski

Polish literature = literatura polska

Some nouns, however, occur more commonly with the genitive case of the noun Polska (Poland) – Polski (*usually, but not always, their English equivalents can have* of Poland *as well as* Polish):

the Ambassador of Poland *or* the Polish Ambassador = = ambasador Polski *or* (*officially*) Rzeczypospolitej Polskiej (the Republic of Poland)

the Polish Embassy = Ambasada Polska *or* Rzeczypospolitej Polskiej

the history of Poland *or* Polish history = historia Polski

the King of Poland *or* the Polish king = król Polski

the capital of Poland *or* the Polish capital = stolica Polski

Note that in Polish as in English many geopolitical adjectives like polski *can also refer to nationality, see* **Nationalities**, *or to the language, see* **Languages**.

7

Currencies and money

(*For how to say numbers in Polish, see* **Numbers**)

Polish money

write	say
1 gr	jeden grosz
25 gr	dwadzieścia pięć groszy
1 zł	jeden złoty *or* złotówka
1 zł 50 gr *or* 1,50 zł	jeden złoty pięćdziesiąt groszy *or* (*informally*) złoty pięćdziesiąt
2 zł	dwa złote
2 zł 50 gr *or* 2,50 zł	dwa złote pięćdziesiąt groszy *or* dwa i pół złotego *or* (*informally*) dwa pięćdziesiąt
2 zł 75 gr *or* 2,75 zł	dwa złote siedemdziesiąt pięć groszy *or* (*informally*) dwa siedemdziesiąt pięć
20 zł	dwadzieścia złotych
100 zł	sto złotych
1000 zł	tysiąc złotych
2000 zł	dwa tysiące złotych
230000 zł *or* 230 tys. zł	dwieście trzydzieści tysięcy złotych
1000000 zł *or* 1 000 000 zł	(jeden) milion złotych
3000000 zł *or* 3 000 000 zł *or* 3 mln zł	trzy miliony złotych

Note that Polish normally puts the abbreviation after the amount, unlike British (£1) or American ($1) English.

However in some official documents amounts may be given as PLZ 2000000.

Polish uses a comma to separate units (e.g. 2,75 zł), where English normally has a period (e.g. £5.50).

The Polish zloty was revalued in the 1990s, when 10 000 old zlotys became 1 new zloty. However, Polish people who were accustomed to counting in old zlotys still sometimes use these when referring to very large sums (e.g. the price of houses or cars), *so* milion złotych *might very well mean* 100 new zlotys *instead of* 1 000 000 zlotys.

there are 100 groszy(s) in one zloty = jeden złoty ma sto groszy

a hundred-zloty note = banknot stuzłotowy

a twenty-zloty note = banknot dwudziestozłotowy

a five-zloty coin = moneta pięciozłotowa

a 50-groszy piece = moneta pięćdziesięciogroszowa

British money

write	say
1p	jeden pens
25p	dwadzieścia pięć pensów
50p	pięćdziesiąt pensów
£1	jeden funt (szterling)
£1.50	jeden funt pięćdziesiąt pensów
£2.00	dwa funty

a five-pound note = banknot pięciofuntowy

a pound coin = moneta jednofuntowa

a 50p piece = moneta pięćdziesięciopensowa

American money

write	say
1c	jeden cent
12c	dwanaście centów
$1	jeden dolar (amerykański)
$1.50	jeden dolar pięćdziesiąt centów

a ten-dollar bill = banknot dziesięciodolarowy *or* (*informally*) dziesięciodolarówka

a dollar bill = banknot jednodolarowy *or* (*informally*) jednodolarówka

a dollar coin = moneta jednodolarowa

How much?

how much is it? *or* how much does it cost? = ile to kosztuje?

it's 1 zloty = to kosztuje jeden złoty *or* to kosztuje złotówkę

it's 15 zlotys = to kosztuje piętnaście złotych

the price of the book is 200 zlotys = ta książka kosztuje 200 złotych *or* cena tej książki wynosi 200 złotych

the car costs 50,000 zlotys = ten samochód kosztuje pięćdziesiąt tysięcy złotych

it costs over 500 zlotys = to kosztuje ponad pięćset złotych

just under 1000 zlotys = nieco poniżej tysiąca złotych

more than 200 zlotys = ponad dwieście złotych

less than 200 zlotys = mniej niż dwieście złotych

it costs 10 zlotys a metre = to kosztuje dziesięć złotych za metr

In the following examples, note the use of a one-word or phrasal modifier in Polish to introduce the amount that something costs:

a two-zloty stamp = znaczek dwuzłotowy *or* za dwa złote

a £10 ticket = bilet za dziesięć funtów

and the use of na *or* w wysokości *to introduce the amount that something consists of*:

a £500 cheque = czek na pięćset funtów

a two-thousand-pound grant = stypendium w wysokości dwóch tysięcy funtów

Handling money

500 zlotys in cash = 500 złotych gotówką

a cheque for 500 zlotys = czek na 500 złotych

to change a 100-zloty note = zmienić banknot stuzłotowy

a dollar traveller's check = czek podróżny dolarowy *or* w dolarach

a sterling traveller's cheque = czek podróżny w funtach brytyjskich

a £100 traveller's cheque = czek podróżny na 100 funtów

there are 4 zlotys to the dollar = relacja złotówki do dolara wynosi cztery do jednego *or* cztery złote do dolara

8

Dates

Where English has several ways of writing dates, such as May 10, 1901; 10 May 1901, 10th May 1901, *etc., Polish has one generally accepted way:* 10 maja 1901 r., (*say* dziesiąty *or, less formally,* dziesiątego maja tysiąc dziewięćset pierwszego roku). *However, as in English, dates in Polish may be written in other forms*: 10.5.68 *or* 31/7/65 *in English, and* 1.10.2001 r., 1.10.01 r., *or, in official documents,* 2001.06.03, *etc. in Polish. Months can be also written in Roman numerals (with no full stops) in Polish*: 1 X 2001 r.

The general pattern in Polish is:

cardinal number	*month*	*year*	*abbreviation of the word* rok *(year)*
10	maja (*Genitive*)	1901	r.

Note that Polish does not use capital letters for months, or for days of the week, see **Days of the week**; *also Polish does not usually abbreviate the names of months*:

Sept 10 = 10 września

The day of the week is not usually included in the date:

Monday, May 1st 1901 = (poniedziałek) 1 (*say* pierwszego) maja 1901 r.

Monday the 25th = poniedziałek 25 (*say* dwudziestego piątego)

Saying and writing dates

what's the date? = który dziś jest? *or* którego dzisiaj mamy?

it's the tenth = dziś jest dziesiąty *or* mamy dziś dziesiątego

it's the tenth of May = dziś jest dziesiąty maja *or* mamy dziś dziesiątego maja

write		say
May 1	1 maja	pierwszy maja *or* pierwszego maja
May 2	2 maja	drugi maja *or* drugiego maja
May 11	11 maja	jedenasty maja *or* jedenastego maja
May 21	21 maja	dwudziesty pierwszy maja *or* dwudziestego pierwszego maja
May 30	30 maja	trzydziesty maja *or* trzydziestego maja
April 3 1942	3 kwietnia 1942 r.	trzeci kwietnia *or* trzeciego kwietnia tysiąc dziewięćset czterdziestego drugiego roku
Monday May 6 1968	poniedziałek, 6 maja 1968 r.	poniedziałek, szóstego maja tysiąc dziewięćset sześćdziesiątego ósmego roku
16.5.68 *GB* *or* 5.16.68 *US*	16.5.68	szesnasty maja sześćdziesiątego ósmego roku
AD 330	330 n.e.	(rok) trzysta trzydziesty naszej ery
1722 BC	1722 p.n.e.	(rok) tysiąc siedemset dwudziesty drugi przed naszą erą
the 16th century	XVI w.	wiek szesnasty *or* szesnasty wiek

Polish uses Roman numerals for centuries:

the 16th century = XVI w.

Translating *on*

Polish uses the ordinal numeral and month in the Genitive case before dates; with the month the phrase w dniu *can be used*:

it happened on 6th March = to zdarzyło się (w dniu) szóstego marca *or* w dniu szóstym marca

he came on the 21st = (on) przybył dwudziestego pierwszego

see you on the 6th = do zobaczenia szóstego

on the 2nd of every month = drugiego każdego miesiąca

he'll be here on the 3rd = będzie tu trzeciego

Translating *in*

Polish normally uses w *for years, with the word* roku *optionally following the year, but prefers* w roku *(preceding the number) for unusual dates*:

in 1968 = w 1968 (roku) (*say* w tysiąc dziewięćset sześćdziesiątym ósmym)

in the year 2000 = w roku dwutysięcznym

Note that Polish uses cardinal numbers for tens and digits and – with round numbers – for hundreds or thousands.

in AD 27 = w roku 27 *or* 27 roku (*say* dwudziestym siódmym) naszej ery

in 132 BC = w roku 132 (*say* sto trzydziestym siódmym) przed nasza erą

With names of months, in *is translated by* w:

in May 1970 = w maju tysiąc dziewięćset siedemdziesiątego roku

With centuries, Polish uses w:

in the seventeenth century = w siedemnastym wieku *or* w wieku siedemnastym

Note also:

in the early 12th century = na początku XII wieku (*say* dwunastego wieku)

in the late 14th century = w końcu *or* pod koniec XIV wieku (*say* czternastego wieku)

Phrases

from the 10th onwards = od dziesiątego

stay until the 14th = zostań do czternastego

from 21st to 30th May = od dwudziestego pierwszego do trzydziestego maja

around 16th May = około szesnastego maja

not until 1999 = dopiero w 1999 (*say* tysiąc dziewięćset dziewięćdziesiątym dziewiątym) roku

Shakespeare (1564–1616) = Shakespeare (1564–1616) (*say* Shakespeare urodzony w roku tysiąc pięćset sześćdziesiątym czwartym, zmarł(y) w roku tysiąc sześćset szesnastym)

Shakespeare b. 1564 d. 1616 = Shakespeare ur. 1564, zm. 1616

Note the abbreviations for urodzony (ur.) *and* zmarł(y) (zm.)

in May '45 = w maju 1945 roku (*say* w maju czterdziestego piątego)

in the 1980s = w latach osiemdziesiątych (dwudziestego wieku)

in the early sixties = we wczesnych latach sześćdziesiątych

in the late seventies = w późnych latach siedemdziesiątych

the riots of '68 = zamieszki sześćdziesiątego ósmego roku

the 1912 uprising = powstanie 1912 roku (*say* tysiąc dziewięćset dwunastego roku)

9

The days of the week

Note that Polish uses lower-case letters for the names of days; also, Polish speakers normally count the week as starting on Monday.

Monday = poniedziałek

Tuesday = wtorek

Wednesday = środa

Thursday = czwartek

Friday = piątek

Saturday = sobota

Sunday = niedziela

Abbreviations – pon., wt., śr., czw., pt., sob., niedz. – *are used in notices, but are read as full words.*

What day is it?

(Monday *in this note stands for any day; they all work the same way; for more information on dates see* **Dates**.)

what day is it? = jaki jest dziś dzień?

it is Monday = (dziś jest) poniedziałek

today is Monday = dzisiaj jest poniedziałek

on Monday = w poniedziałek

on Monday, we're going to the zoo = w poniedziałek idziemy do Zoo

I'll see you on Monday morning = zobaczymy się w poniedziałek rano

I see her on Monday mornings = widuję ją w poniedziałek rano *or* w każdy poniedziałek rano

Specific times

Monday afternoon = w poniedziałek po południu

one Monday evening = pewnego poniedziałkowego wieczoru

that Monday morning = w tamten poniedziałek *or* tamtego poniedziałku rano

last Monday night = nocą ubiegłego poniedziałku *or* (*if in the evening*) w ubiegły poniedziałek wieczorem

early on Monday = w poniedziałek (wcześnie) rano

late on Monday = w późnych godzinach w poniedziałek

this Monday = w najbliższy poniedziałek

that Monday = tamtego poniedziałku

that very Monday = tego/tamtego właśnie poniedziałku

last Monday = w ubiegły poniedziałek

next Monday = w najbliższy *or* następny poniedziałek

the Monday before last = w przedostatni poniedziałek

a month from Monday = od poniedziałku za miesiąc

in a month from last Monday = w ciągu miesiąca/za miesiąc od zeszłego poniedziałku

finish it by Monday = skończ to do poniedziałku

from Monday on = od poniedziałku

Regular events

every Monday = co poniedziałek

each Monday = każdego poniedziałku

every other Monday = co drugi poniedziałek

every third Monday = co trzeci poniedziałek

Sometimes

most Mondays = większość poniedziałków/w większość poniedziałków

some Mondays = niektóre poniedziałki/w niektóre poniedziałki

on the second Monday in the month = w drugi poniedziałek każdego miesiąca

on the odd Monday *or* the occasional Monday = od czasu do czasu w poniedziałek

Relating to a given day

Monday's paper = poniedziałkowa gazeta

the Monday papers = poniedziałkowe gazety

Monday flights = poniedziałkowe loty

the Monday flight = poniedziałkowy lot

Monday's classes = zajęcia w (ten) poniedziałek

Monday classes = poniedziałkowe zajęcia

Monday trains = poniedziałkowe pociągi

Easter Monday trains = rozkład jazdy pociągów w poniedziałek wielkanocny

10

Forms of address

Only those forms of address in frequent use are included here; titles of members of the nobility or of church dignitaries are not covered; also see **Military ranks and titles**

Speaking to someone

Where English puts the surname after the title, Polish normally uses the title alone (note that Polish does not use a capital letter for pan *and* pani, *unlike English* Mr *etc., nor for titles such as* Doctor). *No distinction is made in Polish at present between* Mrs *and* Miss.

good morning, Mr Johnson = dzień dobry panu

good evening, Mrs Jones = dobry wieczór pani

goodbye, Miss Watson = do widzenia pani

The Polish pan *and* pani *tend to be used more often than the English* Mr X *or* Mrs Y. *Also, the Polish are slower than the British, and much slower than the Americans, to use someone's first name, so* hi there, Peter! *to a colleague may be* dzień dobry!, *or* dzień dobry, Piotrze! *or* cześć, Piotr!, *depending on the degree of familiarity that exists.*

Polish uses panie/pani *before titles such as Doctor*:

hallo, Dr. Brown *or* hallo, Doctor = dzień dobry, panie doktorze

Note that surnames are not used here in formal Polish.

In some cases where titles are not used in English, they are used in Polish, e.g. Dzień dobry, panie dyrektorze (*to a headmaster) or* Dzień dobry, pani dyrektor (*to a headmistress), or* Dzień dobry, panie mecenasie (*to a male lawyer) or* Dzień dobry, pani mecenas (*to a female lawyer).*

Note the use of the title when the noun in question has no feminine form, or no acceptable feminine.

yes, Minister = tak, panie ministrze/(*to a woman*) tak, pani minister

Such nouns as profesor *or* minister *are also used to refer to women and then they have the same form in all grammatical cases. A woman Member of Parliament is addressed as* pani posłanko *or* pani poseł, *a woman Senator* pani senator, *a woman judge* pani sędzio *and a woman mayor* pani burmistrz. *Women often prefer the masculine word even when a feminine form does exist.*

Speaking about someone

Mr Briggs is here = pan Briggs jest tutaj

Mrs Jones phoned = telefonowała pani Jones

Miss Black has arrived = przyszła pani Black

Ms Brown has left = pani Brown wyszła

(*Polish mostly uses* pani *as the equivalent of* Ms.)

Dr Blake has arrived = dr (*say* doktor) Blake przyszedł (*a man*)/przyszła (*a woman*)

Professor Jones spoke = mówił profesor Jones (*a man*)/ mówiła profesor Jones (*a woman*)

Prince Charles = książę Karol

Princess Marie = księżniczka Maria

Note that, as in English, with royal etc. titles, I, II, *etc. are spoken as ordinal numbers* (pierwszy, drugi, *etc.*) *in Polish*:

King Richard I = król Ryszard I (*say* Ryszard pierwszy)

Queen Elizabeth II = królowa Elżbieta II (*say* Elżbieta druga)

Pope John XXIII = papież Jan XXIII (*say* Jan dwudziesty trzeci)

11

Games and sports

Polish makes a distinction between competition/rivalry games – gry *– and amusement games –* zabawy (*the verbs* grać *and* bawić się *are used respectively*).

Polish adds the word gra w *before names of some games*:

cops and robbers = gra/zabawa w złodziei i policjantów

to like hide-and-seek = lubić zabawę *or* lubić bawić się w chowanego

The pattern grać/bawić się w *is also used for the English* to play (*a game*):

to play football = grać w piłkę nożną

to play bridge = grać w brydża

to play chess = grać w szachy

to play cops and robbers *or* at cops and robbers = bawić się w złodziei i policjantów

to play at hide-and-seek = bawić się w chowanego

Names of other 'official' games and sports follow this pattern, as in:

to play bridge with Tom against Ann = grać w brydża z Tomkiem przeciwko Annie

to beat sb at bridge = pokonać kogoś w brydża

to win at basketball = wygrać w koszykówkę

to lose at basketball = przegrać w koszykówkę

she's good at bridge = dobrze gra w brydża

a tennis club = klub tenisowy

Players and events

Note that Polish uses one-word forms for the names of most players:

a bridge player = brydżysta

but

I'm not a bridge player = nie gram w brydża

he's a good bridge player = dobrze gra w brydża

a football player *or* footballer = piłkarz *or* futbolista

a golf player *or* golfer = gracz w golfa *but also* golfista,

a game of chess = partia szachów

a chess champion = mistrz szachowy

the Polish chess champion = polski mistrz szachowy

a football championship = mistrzostwa piłki nożnej

to win the Polish championship = zdobyć mistrzostwo Polski

the rules of bridge = reguły (gry w) brydża

Playing cards

The names of the four suits work like club *here*:

clubs = trefle

to play a club = wyjść w trefle *or* grać treflami

a high/low club = wysoki/niski trefl

the eight of clubs = ósemka trefl

the ace of clubs = as trefl(owy)

I've no clubs left = nie mam już trefli

have you any clubs? = masz jakieś trefle?

clubs are trumps = trefle są atutami *or* atu

to call two clubs = licytować dwa trefle

Other games vocabulary can be found in the dictionary at match, game, set, trick *etc.*

12

The human body

When it is clear whose body part is being mentioned, English uses a possessive adjective, but Polish uses the name of the body part alone:

he raised his hand = (on) podniósł rękę

she closed her eyes = (ona) zamknęła oczy

The possessive adjective (e.g. moim) *or the personal pronoun in the Dative case (e.g.* mi) *can be used in other cases*:

she ran her hand over my forehead = przesunęła ręką po moim czole *or* przesunęła mi ręką po czole

Note also the following:

she broke his leg = złamała mu nogę

the stone split his lip = kamień przeciął mu wargę

Describing people

For ways of saying how tall someone is, see **Length measurements**, *of stating someone's weight, see* **Weight measurement**, *and of talking about the colour of hair and eyes, see* **Colours**.

Here are some ways of describing people in Polish:

his hair is long = (on) ma długie włosy *or* jego włosy są długie

he has long hair = (on) ma długie włosy

a boy with long hair = chłopiec z długimi włosami *or* o długich włosach

a long-haired boy = długowłosy chłopiec

the boy with long hair = ten chłopiec z długimi włosami

her eyes are blue = (ona) ma niebieskie oczy *or* jej oczy są niebieskie

she has blue eyes = (ona) ma niebieskie oczy

the girl with blue eyes = ta dziewczyna z niebieskimi oczami *or* o niebieskich oczach

a blue-eyed girl = niebieskooka dziewczyna

his nose is red = (on) ma czerwony nos *or* jego nos jest czerwony

he has a red nose = (on) ma czerwony nos

a man with a red nose = mężczyzna z czerwonym nosem

a red-nosed man = mężczyzna z czerwonym nosem

For other expressions involving body parts, see **Colours**.

13

The human voice

Voices and singers

		voice	singer
soprano	=	sopran	sopranistka
mezzo-soprano	=	mezzosopran	mezzosopranistka
contralto	=	kontralt	kontralcistka
alto	=	alt	alt, alcistka
counter-tenor	=	kontratenor	kontratenor
tenor	=	tenor	tenor
baritone	=	baryton	baryton
bass-baritone	=	bas-baryton	bas-baryton
bass	=	bas	bas

the young tenor, Richard Long = młody tenor, Richard Long

the young soprano, Glenda Evans = młoda sopranistka, Glenda Evans

he sings tenor = (on) śpiewa tenorem

a tenor voice = tenor *or* głos tenorowy

the tenor part = partia tenorowa

a tenor solo = tenor solo

14

Illnesses, aches and pains

Where does it hurt?

where does it hurt? = gdzie (cię) boli? *or (more formally)* gdzie pana/panią boli?

Polish also has another way of expressing this idea with reference to a body part: Co cię/Pana/Panią boli?

his leg hurts = noga go boli

he has a pain in his leg = boli go noga *or* ma ból(e) w nodze

Note that with the part of the body, where English has a possessive (his), *Polish has a personal pronoun*:

his head was aching = bolała go głowa

English has other ways of expressing this idea, but the Polish personal pronouns fit them too:

he had toothache = bolał go ząb/bolały go zęby

his ears hurt = bolą/bolały go uszy

Accidents

she broke her leg = złamała nogę

she sprained her ankle = skręciła (sobie) kostkę/nogę w kostce

Similarly:

he burned his hand = oparzył (sobie) rękę *or (more typically)* sparzył się w rękę

Chronic conditions

he has a weak heart = (on) ma słabe serce

he has kidney trouble = (on) ma problemy z nerkami

he has a bad back = (on) ma bóle w krzyżu

Being ill

to have flu = mieć grypę

to have (the) measles = mieć odrę

to have malaria = mieć malarię

to have cancer = mieć raka

to have cancer of the liver = mieć raka wątroby

to have pneumonia = mieć zapalenie płuc

to have rheumatism = mieć reumatyzm

to have asthma = mieć astmę

to have arthritis = mieć artretyzm

Person with an illness

Polish uses the adjectival noun chorzy, *literally* the sick, *to denote persons with an illness. Nouns such as* epileptyk (an epileptic), astmatyk (an asthmatic), are used to denote a person with a specific illness.

English with *is translated by* z *or* chorzy na:

people with Aids = ludzie z *or* chorzy na AIDS

Falling ill

Polish has three equivalents of to catch: zachorować na *and less formally* dostać *and* złapać:

to catch mumps = zachorować na świnkę *or* złapać świnkę

to catch bronchitis = zachorować na zapalenie oskrzeli *or* dostać zapalenia oskrzeli

but

to catch a cold = przeziębić się

Where English uses formal contract *Polish uses* zachorować na *or, more formally,* nabawić się:

to contract pneumonia = zachorować na zapalenie płuc *or* nabawić się zapalenia płuc

For attacks of chronic illnesses, Polish uses dostać ataku/napadu *for the onset of the attack or* mieć atak/napad *for its duration*:

to have an asthma attack = dostać ataku/mieć atak astmy *or* dostać napadu astmy/mieć napad astmy

to have an epileptic fit = dostać ataku/mieć atak epilepsji *or* padaczki *or* dostać napadu/mieć napad epilepsji *or* padaczki

Treatment

to be treated for hepatitis = być leczonym na zapalenie wątroby

to take something for hay fever = brać coś na katar sienny

he's taking something for his cough = (on) bierze coś na kaszel

to prescribe something for a cough = przepisać coś na kaszel

malaria tablets = tabletki przeciw malarii *or* przeciwmalaryczne

to have a cholera vaccination = zostać zaszczepionym przeciwko cholerze

to be vaccinated against smallpox = zostać zaszczepionym przeciwko ospie

to have a tetanus injection = dostać zastrzyk przeciw tężcowi *or* przeciwtężcowy

to give sb a tetanus injection = zaszczepić kogoś przeciw tężcowi *or* dać komuś zastrzyk przeciwtężcowy

to be operated on for cancer = być operowanym *or* mieć operację *or* poddać się operacji na raka to operate on sb for appendicitis = zoperować kogoś na zapalenie wyrostka/wyrostek *or less formally* operować komuś wyrostek

15

Islands

Note that Polish uses na *with the names of islands (with different case endings) to express location and direction*:

Corsica = Korsyka

in Corsica = na Korsyce

to Corsica = na Korsykę

from Corsica = z Korsyki

the Balearics = Baleary

in the Balearics = na Balearach

to the Balearics = na Baleary

from the Balearics = z Balearów

English uses on *with the names of small islands; there is no such distinction in Polish, which uses* na *with the names of all islands.*

Names with or without *wyspa* in them

Polish sometimes uses wyspa (island) *before the name, just as English uses* island:

on (the island of) St Helena = na Wyspie Świętej Heleny *or* na Świętej Helenie

on (the island of) Naxos = na wyspie Naxos *or* na Naxos

There are some exceptions to these rules in English, e.g. Fiji, Samoa, Jamaica. *If in doubt, look up the island name in the dictionary.*

Note that if the name is an adjective or a noun in the Genitive, the word Wyspa/Wyspy *is capitalized. Otherwise, it is written with a lower-case letter*:

(the island of) St Helena = Wyspa Świętej Heleny

the Isle of Wight = wyspa Wight

16

Lakes

Normally, English Lake X *becomes* Jezioro/jezioro X *in Polish. If the name is an adjective or a noun in the Genitive, the word* Jezioro *is capitalized. Otherwise, it is written with a lower-case letter*:

Lake Geneva = Jezioro Genewskie

Lake Victoria = Jezioro Wiktorii

Lake Michigan = jezioro Michigan

When a lake shares its name with a town, English X *becomes an adjective in Polish:*

Lake Geneva = Jezioro Genewskie

As in English, Polish can sometimes drop the word jezioro:

Balaton = Balaton

Loch *and* Lough *in names are normally not translated*:

Loch Ness = Loch Ness

Lough Erne = Lough Erne

Phrases

Polish uses nad *to express direction and location:*

I am going to Lake Victoria = jadę nad Jezioro Wiktorii

I'm at Lake Victoria = jestem nad Jeziorem Wiktorii

With an adjective in the name, both parts are inflected in Polish:

I am going to Lake Geneva = jadę nad Jezioro Genewskie

I am at Lake Geneva = jestem nad Jeziorem Genewskim

17

Languages

Note that names of languages in Polish are always written with a small letter, not a capital as in English; also Polish often adds the word język (language). *In the examples below the name of any language may be substituted for* Polish *and* polski:

Polish is easy = (język) polski jest łatwy

I like Polish = lubię (język) polski

to learn Polish = uczyć się (języka) polskiego

Note the different prepositions used in Polish:

to speak Polish = mówić po polsku

say it in Polish = powiedz to po polsku

a book in Polish = książka w języku polskim

to translate sth into Polish = przetłumaczyć coś na polski

When Polish *means* in Polish *or* of the Polish, *it is translated by* polski, *used before or after the noun*:

a Polish expression = wyrażenie polskie *or* polskie wyrażenie

the Polish language = język polski *or* polski język

a Polish proverb = przysłowie polskie *or* polskie przysłowie

a Polish word = wyraz polski *or* polski wyraz

and when you want to make it clear you mean in Polish *and not* from Poland, *use* po polsku:

a Polish broadcast = audycja po polsku

When Polish *means* relating to Polish *or* about Polish *it is translated by* języka polskiego:

a Polish course = kurs języka polskiego

a Polish dictionary = słownik języka polskiego

a Polish teacher = nauczyciel języka polskiego

but

a Polish-English dictionary = słownik polsko-angielski

Note also that language adjectives like Polish *can also refer to nationality e.g.* a Polish tourist, *see* **Nationalities**, *or to the country e.g.* a Polish town, *see* **Countries and continents**.

18

Length measurement

Note that Polish has a comma where English has a decimal point.

1 in = 2,54 cm (centymetra)

1 ft = 30,48 cm

1 yd = 91,44 cm

1 furlong = 201,17 m (metra)

1 ml = 1,61 km (kilometra)

There are two ways of saying 2,54 cm, *and other measurements like it:* dwa i pięćdziesiąt cztery setne centymetra, *or (less formally)* dwa przecinek pięćdziesiąt cztery (setne centymetra). *For more details see* **Numbers**.

Length

how long is the rope? = jakiej długości jest ta lina?

it's ten metres long = to ma dziesięć metrów (długości)

a rope about six metres long = lina długości około sześciu metrów

A is longer than B = A jest dłuższy od B *or* niż B

B is shorter than A = B jest krótszy od A *or* niż A

A is as long as B = A i B mają taką samą długość *or* A i B są tej samej długości

A is the same length as B = A jest takiej samej długości *or* ma taka samą długość jak B

A and B are the same length = A i B są takiej samej długości

it's three metres too short = to jest o trzy metry za krótkie

it's three metres too long = to jest o trzy metry za długie

six metres of silk = sześć metrów jedwabiu

ten metres of rope = dziesięć metrów liny

sold by the metre = sprzedawany na metry

Note the Polish construction with optional o, *coming after the noun it describes*:

a six-foot-long python = pyton (o) długości sześciu stóp

Polish can also use długi na *after the noun*:

an avenue four kilometres long = aleja długa na cztery kilometry

Height

People

how tall is he? = ile on ma wzrostu? *or* jakiego on jest wzrostu?

he's six feet tall = (on) ma sześć stóp *or* około stu osiemdziesięciu centymetrów wzrostu

he's 1m 50 = on ma 1,50 m (*say* metr pięćdziesiąt) wzrostu *or* on ma metr pięćdziesiąt

he's about five feet = (on) ma (o)koło pięciu stóp *or* metra pięćdziesięciu

A is taller than B = A jest wyższy od B *or* niż B

B is smaller than A = B jest mniejszy od A *or* niż A

A is as tall as B = A i B są jednakowego wzrostu

A is the same height as B = A ma tyle samo wzrostu co B

A and B are the same height = A i B mają ten sam wzrost *or* A i B są tego samego wzrostu

Note the Polish construction with o wzroście, *coming after the noun it describes*:

a six-foot-tall athlete = atleta *or* sportowiec o wzroście sześciu stóp (ok. 180 cm)

a footballer over six feet in height = piłkarz o wzroście ponad sześciu stóp (ok. 180 cm)

Things

how high is the tower? = jakiej wysokości jest ta wieża? *or* jaką wysokość ma ta wieża?

it's 50 metres = ma 50 metrów (wysokości)

about 25 metres high = (o)koło 25 metrów wysokości

it's 100 metres high = (to) ma 100 metrów wysokości

at a height of two metres = na wysokości dwu *or* dwóch metrów *or* na dwóch metrach wysokości

A is higher than B = A jest wyższy od B *or* niż B

B is lower than A = B jest niższy od A *or* niż A

A is as high as B = A jest tej samej wysokości co B

A is the same height as B = A ma taką samą wysokość jak B

A and B are the same height = A i B mają taka samą wysokość *or* A i B są takiej samej wysokości

Note the Polish adjective before the noun and the construction with optional o, *coming after the noun it describes*:

a 100-metre-high tower = stumetrowa wieża *or* wieża (o) wysokości stu metrów

a mountain over 4,000 metres in height = góra (o) wysokości ponad 4000 metrów *or* powyżej 4000 metrów wysokości

how high is the plane? = jak wysoko leci samolot?

what height is the plane flying at? = na jakiej wysokości leci samolot?

the plane is flying at 5,000 metres = samolot leci na wysokości 5000 metrów

Distance

what's the distance from A to B? = jaka jest odległość między A i B *or* A a B?

how far is it from Paris to Nice? = jak daleko jest z Paryża do Nicei?

how far away is the school from the church? = jak daleko od kościoła jest szkoła?

it's two kilometres = (to) dwa kilometry

it's about two kilometres = (to) (o)koło dwóch kilometrów

at a distance of five kilometres = w odległości pięciu kilometrów

C is nearer B than A is = C jest bliżej B niż A

A is nearer to B than to C = A jest *or* leży bliżej B niż C

it's further than from B to C = to (jest) dalej niż z B do C

A is as far away as B = A jest tak samo daleko *or* w takiej samej odległości jak B

A and B are the same distance away = A i B są tak samo daleko

Note the Polish adjective before the noun and the construction with na, *coming after the noun it describes*:

a ten-kilometre walk = dziesięciokilometrowy spacer *or* spacer na dziesięć kilometrów

Width/breadth

In the following examples, broad *may replace* wide *and* breadth *may replace* width, *but Polish retains* szeroki *and* szerokość.

what width is the river? = jaką ma szerokość *or* jak szeroka jest ta rzeka?

how wide is it? = ile (to) ma szerokości?

about seven metres wide = około siedmiu metrów szerokości

it's seven metres wide = (to) ma siedem metrów szerokości

A is wider than B = A jest szerszy od B *or* niż B

B is narrower than A = B jest węższy od A *or* niż A

A is as wide as B = A ma taką samą szerokość jak B

A is the same width as B = A jest takiej samej szerokości jak B

A and B are the same width = A i B mają taką samą szerokość *or* A i B są takiej samej szerokości

Note the Polish construction with the optional o, *coming after the noun it describes*:

a ditch two metres wide = rów (o) szerokości dwu *or* dwóch metrów *or* rów szeroki na dwa metry

a piece of cloth two metres in width = kawałek materiału (o) szerokości dwóch metrów

a river 50 metres wide = rzeka (o) szerokości pięćdziesięciu metrów *or* rzeka szeroka na pięćdziesiąt metrów

Depth

what depth is the river? = jaką głębokość ma *or* jakiej głębokości jest ta rzeka? *or* jak głęboka jest ta rzeka?

how deep is it? = jaką ma głębokość ? *or* jak jest głęboki?

about ten metres deep = około dziesięciu metrów głębokości

it's four metres deep = (to) ma około czterech metrów głębokości *or (less formally)* (to) jest głębokie na cztery metry

at a depth of ten metres = na głębokości dziesięciu metrów

A is deeper than B = A jest głębszy od B *or* niż B

B is shallower than A = B jest płytszy od A *or* niż A

A is as deep as B = A jest tak samo głęboki jak B

A is the same depth as B = A ma tę samą głębokość co B

A and B are the same depth = A i B mają tę samą głębokość

Note the Polish construction with the optional o, *coming after the noun it describes*:

a well 20 metres deep = studnia (o) głębokości dwudziestu metrów

19 Military ranks and titles

GB	USA	PL
THE ARMY		
Field-Marshal	General of the Army	Marszałek
General	General	[Generał armii]
Lieutenant-General	Lieutenant-General	Generał broni
Major-General	Major General	Generał dywizji
	Brigadier General	Generał brygady
Brigadier		–
Colonel	Colonel	Pułkownik
Lieutenant-Colonel	Lieutenant-Colonel	Podpułkownik
Major	Major	Major
Captain	Captain	Kapitan
Lieutenant	1st Lieutenant	Porucznik
2nd Lieutenant	2nd Lieutenant	Podporucznik
–	–	Starszy chorąży sztabowy
–	–	Chorąży sztabowy
Warrant Officer 1st class	Chief Warrant Officer	Starszy chorąży
Warrant Officer 2nd class	Warrant Officer	Chorąży
Sergeant	1st Sergeant	Sierżant sztabowy
–	Master Sergeant Specialist 8	Starszy sierżant
–	Sergeant 1st class Specialist 7	Sierżant
–	Staff Sergeant Specialist 6	–
–	Sergeant Specialist 5	–
–	–	Plutonowy
–		Starszy kapral
Corporal	Corporal Specialist 4	Kapral
Lance corporal	Private 1st class	Starszy szeregowy
Private	Private	Szeregowy
AIR FORCE		
Marshal of the Royal Air Force	General of the Airforce	–
Air Chief Marshal	General	Generał broni
Air Marshal	Lieutenant General	Generał dywizji
Air Vice-Marshal	Major General	Generał brygady
Air Commodore	Air Commodore	–
Group Captain	Colonel	Pułkownik
Wing Commander	Lieutenant Colonel	Podpułkownik
Squadron Leader	Major	Major
Flight Lieutenant	Captain	Kapitan
Flying Officer	1st Lieutenant	Porucznik
Pilot Officer	2nd Lieutenant	Podporucznik
–	Chief Warrant Officer	Starszy chorąży sztabowy
–	–	Chorąży sztabowy
	–	Starszy chorąży
Warrant Officer	–	Chorąży

–	–	Młodszy chorąży
–	Chief Master Sergeant	Starszy sierżant sztabowy
–	Senior Master Sergeant	Sierżant sztabowy
Flight Sergeant	Master Sergeant	Starszy sierżant
Chief Technician	Technical Sergeant	–
Sergeant	Staff Sergeant	Sierżant
–	–	Plutonowy
–	–	Starszy kapral
Corporal	Airman 1st class	Kapral
Junior Technician	–	–
Senior Aircraftman	Airman 2nd class	–
Leading Aircraftman	Airman 3rd class	Starszy szeregowy
Aircraftman	Airman basic	Szeregowy
NAVY		
Admiral of the Fleet	Fleet Admiral	–
Admiral	Admiral	Admirał
Vice-Admiral	Vice Admiral	Wiceadmirał
Rear-Admiral	Rear Admiral	Kontradmirał
Commodore	Commodore	–
Captain	Captain	Komandor
Commander	Commander	Komandor porucznik
Lieutenant-Commander	Lieutenant Commander	Komandor podporucznik
Lieutenant	Lieutenant	Kapitan
Sub-lieutenant	Lieutenant junior grade	Porucznik
Acting sub-lieutenant	Ensign	Podporucznik
–	Chief Warrant Officer	Starszy chorąży sztabowy
–	Warrant Offcer	Chorąży sztab.
	–	Starszy chorąży
–	–	Chorąży
–	–	Młodszy chorąży
Fleet Chief	Master Chief	Starszy bosman sztabowy
–	Senior Chief Petty Officer	Bosman sztabowy
Petty Officer	Petty Officer 1st class	Starszy bosman
–	Petty Officer 2nd class	Bosman
Leading Seaman	Petty Officer 3rd class	Bosmanmat
	–	Starszy mat
Able Seaman	Seaman	Mat
Ordinary Seaman	Seaman Apprentice	Starszy marynarz
Junior Seaman	Seaman Recruit	Marynarz

20

The months of the year

Don't use capitals for names of months in Polish, and note that there are no common abbreviations in Polish as there are in English (Jan, Feb *and so on*).

January = styczeń

February = luty

March = marzec

April = kwiecień

May = maj

June = czerwiec

July = lipiec

August = sierpień

September = wrzesień

October = październik

November = listopad

December = grudzień

Which month?

(Maj *in this note stands for any month; they all work the same way; for more information see* **Dates**.)

what month is it? = jaki mamy teraz miesiąc? *or* jaki jest teraz miesiąc?

it was May = (to) był maj

what month was he born in? = w jakim miesiącu się urodził?

When?

Note the use of w *before months in Polish*:

in May = w maju

they're getting married this May = mają się pobrać *or* wziąć ślub w maju tego roku

that May = w maju tamtego roku

next May = w maju, który nadejdzie

in May next year = w maju przyszłego roku

last May = w maju ubiegłego roku

the May after next = w maju za dwa lata

the May before last = w maju dwa lata temu

Which part of the month?

at the beginning of May = na początku maja

in early May = w początkach maja

at the end of May = w końcu maja

in late May = w ostatnich dniach maja

in mid-May = w połowie maja

for the whole of May = przez *or* na cały maj

throughout May = przez cały maj

Regular events

every May = co roku w maju

every other May = co dwa lata w maju

most Mays = prawie co roku w maju

Uses with other nouns

one May morning = pewnego majowego ranka

one May night = pewnej majowej nocy/*(if evening)* pewnego majowego wieczoru

Other uses

May classes = majowe zajęcia *or* zajęcia w maju

May flights = majowe loty *or* loty w maju

the May sales = majowe wyprzedaże *or* wyprzedaże w maju

Uses with adjectives

the warmest May = najcieplejszy maj

a rainy May = deszczowy maj

a lovely May = piękny *or* śliczny maj

21

Musical instruments

Playing an instrument

Note the use of na *with* grać:

to play the piano = grać na fortepianie (*grand piano*)/ pianinie (*piano*)

to play the clarinet = grać na klarnecie

to learn the piano = uczyć się grać *or* gry na fortepianie

Players

English -ist *often corresponds to Polish* -ista, -istka; the ending reflects the sex of the player.

a pianist = pianista/pianistka

a violinist = skrzypek/skrzypaczka

Phrases with muzyk (musician) *or* artysta (artist) grający na (playing) X *usually correspond to English compound names*

a piccolo player = muzyk grający na picollo

a brass player = artysta grający na instrumencie dętym blaszanym *or* instrumentach dętych blaszanych

but

a horn player = waltornista/waltornistka

As in English, the name of the instrument can be used to refer to its player:

now the first violin = teraz pierwsze skrzypce

Music

a piano piece = utwór fortepianowy *or* na fortepian

a piano arrangement = aranżacja *or* opracowanie na fortepian

a piano sonata = sonata fortepianowa *or* na fortepian

a concerto for piano and orchestra = koncert na fortepian i orkiestrę

the piano part = partia fortepianowa *or* fortepianu *or* na fortepian

Use with another noun

to take piano lessons = brać lekcje fortepianu

a violin maker = lutnik

an organ builder = budowniczy organów

a violin solo = solo skrzypcowe

a piano teacher = nauczyciel gry na fortepianie *or* fortepianu

a violin case = futerał na skrzypce

22

Nationalities

Note the different use of capital letters in English and Polish; adjectives never have capitals in Polish. Note also that in Polish the adjective can be put either before or after the noun it describes:

a Polish student = polski student *or* student polski/ polska studentka *or* studentka polska

a Polish nurse = polska pielęgniarka/polski pielęgniarz

a Polish tourist = polski turysta/polska turystka

Nouns have capitals in Polish when they mean a person of a specific nationality:

a Pole = Polak/Polka

a Polishwoman = Polka

Polish people *or* the Polish = Polacy

a Chinese man = Chińczyk

a Chinese woman = Chinka

Chinese people *or* the Chinese = Chińczycy

English sometimes has a special word for a person of a specific nationality, but in Polish, this is always the case:

Danish = duński *etc. (adjective)*

a Dane = Duńczyk/Dunka

the Danes = Duńczycy

When the subject is a person, the noun construction is always used in Polish:

he is French = on jest Francuzem

she is French = ona jest Francuzką

they are French = (*men or mixed*) oni są Francuzami *or* to są Francuzi/(*women*) one są Francuzkami *or* to są Francuzki

the teacher is Polish = (ten) nauczyciel jest Polakiem

Paul is Polish = Paul jest Polakiem

Anne is Polish = Anna jest Polką

Paul and Anne are Polish = Paul i Anna są Polakami

Other ways of expressing someone's nationality or origins:

he's of Polish extraction = on jest polskiego pochodzenia *or* on ma polskie pochodzenie

she was born in Germany = ona urodziła się w Niemczech

he is a Spanish citizen = on jest obywatelem Hiszpanii *or* hiszpańskim

he's a foreign national = on jest obcokrajowcem

he is a Russian national = on jest obywatelem rosyjskim

she comes from Nepal = ona pochodzi z Nepalu

23

Numbers

Cardinal numbers in Polish

0 zero

1 jeden

2 dwa

3 trzy

4 cztery
5 pięć
6 sześć
7 siedem
8 osiem
9 dziewięć
10 dziesięć
11 jedenaście
12 dwanaście
13 trzynaście
14 czternaście
15 piętnaście
16 szesnaście
17 siedemnaście
18 osiemnaście
19 dziewiętnaście
20 dwadzieścia
21 dwadzieścia jeden
22 dwadzieścia dwa
30 trzydzieści
31 trzydzieści jeden
32 trzydzieści dwa
40 czterdzieści
50 pięćdziesiąt
60 sześćdziesiąt
70 siedemdziesiąt
80 osiemdziesiąt
90 dziewięćdziesiąt
100 sto
200 dwieście
300 trzysta
1000 tysiąc
12221 dwanaście tysięcy dwieście dwadzieścia jeden

Note that figures in Polish are set out differently. Where English has a comma, 1,000,000 inhabitants, *Polish has a space or a full stop*: 1 000 000 *or* 1.000.000 inhabitants.

For more informatiom, see individual entries.

Approximate numbers

When you want to say about..., *remember the Polish declensional endings*:

about ten = około dziesięciu

about ten books = około dziesięciu książek *or* blisko dziesięć książek

about fifteen = około piętnastu

about fifteen people = około piętnastu osób

about twenty = około dwudziestu

about twenty hours = około dwudziestu godzin

Similarly trzydzieści, czterdzieści, sto, dwieście, *etc.* (*and* tuzin *meaning* a dozen).

about thirty-five = około trzydziestu pięciu

about thirty-five zlotys = około trzydziestu pięciu złotych

about four thousand = około czterech tysięcy

about four thousand pages = około czterech tysięcy stron

Note the use of setki *and* tysiące *to express approximate quantities*:

hundreds of books = setki książek

I've got hundreds = mam (ich) setki

hundreds and hundreds of fish = setki ryb

thousands of books = tysiące książek

I've got thousands = mam (ich) tysiące

thousands and thousands = tysiące

millions and millions = miliony

Phrases

numbers up to ten = liczby do dziesięciu

to count up to ten = liczyć do dziesięciu

almost ten = prawie *or* blisko dziesięć

less than ten = mniej niż dziesięć

more than ten = więcej niż dziesięć

all ten of them = wszystkie dziesięć

all ten boys = wszystkich dziesięciu chłopców

my last ten pounds = moje ostatnie dziesięć funtów

the next twelve weeks = następnych dwanaście tygodni

the other five = pozostałych pięciu/pozostałe pięć

the last six = ostatnich sześciu/ostatnie sześć

Calculations in Polish

	say
10 + 3 = 13	dziesięć dodać *or* plus trzy równa się trzynaście
10 – 3 = 7	dziesięć odjąć *or* minus trzy równa się siedem
10 × 3 = 30	dziesięć razy trzy równa się trzydzieści
30 : 3 = 10	trzydzieści podzielić przez trzy równa się dziesięć
5^2	pięć do kwadratu
5^3	pięć do potęgi trzeciej
5^4	pięć do potęgi czwartej
5^{100}	pięć do potęgi setnej
5^n	pięć do potęgi entej (n-tej)
$\sqrt{12}$	pierwiastek z dwunastu
$\sqrt{25} = 5$	pierwiastek z dwudziestu pięć równa się pięć
B > A	B jest większe od A
A < B	A jest mniejsze od B

Note that the Polish multiplication signs are · *(point) or* × *(cross):*

10 · 3 = 30 *or* 10 × 3 = 30

Decimals in Polish

Note that Polish uses a comma where English has a decimal point.

	say
0,5	pięć dziesiątych
0,25	dwadzieścia pięć setnych *or (less formally)* zero przecinek dwadzieścia pięć
0,05	pięć setnych
0,75	siedemdziesiąt pięć setnych

3,45	trzy (i)czterdzieści pięć setnych
8,195	osiem (i) sto dziewięćdziesiąt pięć tysięcznych
9,1567	dziewięć (i) tysiąc pięćset sześćdziesiąt siedem dziesięciotysięcznych

Percentages in Polish

	say
25%	dwadzieścia pięć procent
50%	pięćdziesiąt procent
100%	sto procent
200%	dwieście procent
365%	trzysta sześćdziesiąt pięć procent
4,25%	cztery (i) dwadzieścia pięć setnych procenta

Fractions in Polish

	say
$\frac{1}{2}$	jedna druga
$\frac{1}{3}$	jedna trzecia
$\frac{1}{4}$	jedna czwarta
$\frac{1}{5}$	jedna piąta
$\frac{1}{6}$	jedna szósta
$\frac{1}{7}$	jedna siódma
$\frac{1}{8}$	jedna ósma
$\frac{1}{9}$	jedna dziewiąta
$\frac{1}{10}$	jedna dziesiąta
$\frac{1}{11}$	jedna jedenasta
$\frac{1}{12}$	jedna dwunasta
$\frac{2}{3}$	dwie trzecie
$\frac{2}{5}$	dwie piąte
$\frac{2}{10}$	dwie dziesiąte
$\frac{3}{4}$	trzy czwarte
$\frac{3}{5}$	trzy piąte
$\frac{3}{10}$	trzy dziesiąte
$1\frac{1}{2}$	jeden i jedna druga
$1\frac{1}{3}$	jeden i jedna trzecia
$1\frac{1}{4}$	jeden i jedna czwarta
$1\frac{1}{5}$	jeden i jedna piąta
$1\frac{1}{6}$	jeden i jedna szósta
$1\frac{1}{7}$	jeden i jedna siódma
$5\frac{2}{3}$	pięć i dwie trzecie
$5\frac{3}{4}$	pięć i trzy czwarte
$5\frac{4}{5}$	pięć i cztery piąte

45/100ths of a second = czterdzieści pięć setnych sekundy

Ordinal numbers in Polish

1st	1.	pierwszy
2nd	2.	drugi
3rd	3.	trzeci
4th	4.	czwarty
5th	5.	piąty
6th	6.	szósty
7th	7.	siódmy
8th	8.	ósmy
9th	9.	dziewiąty
10th	10.	dziesiąty
11th	11.	jedenasty
12th	12.	dwunasty
13th	13.	trzynasty
14th	14.	czternasty
15th	15.	piętnasty
16th	16.	szesnasty
17th	17.	siedemnasty
18th	18.	osiemnasty
19th	19.	dziewiętnasty
20th	20.	dwudziesty
21st	21.	dwudziesty pierwszy
22nd	22.	dwudziesty drugi
30th	30.	trzydziesty
31st	31.	trzydziesty pierwszy
40th	40.	czterdziesty
50th	50.	pięćdziesiąty
60th	60.	sześćdziesiąty
70th	70.	siedemdziesiąty
80th	80.	osiemdziesiąty
90th	90.	dziewięćdziesiąty
100th	100.	setny
101st	101.	sto pierwszy
102nd	102.	sto drugi
196th	196.	sto dziewięćdziesiąty szósty
200th	200.	dwusetny
300th	300.	trzechsetny
400th	400.	czterechsetny
1,000th	1000.	tysięczny
2,000th	2000.	dwutysięczny
1,000,000th	1,000,000.	milionowy

Like English, Polish makes nouns by using the same forms:

the first = pierwszy

the second = drugi

the first three = pierwszych trzech/pierwsze trzy

24

Oceans and seas

Note that oceans and seas have capitals in Polish, as in English. If the name is an adjective the words Ocean *and* Morze *are capitalized. Otherwise, they are written with a lower-case letter*:

the Atlantic Ocean = Ocean Atlantycki

the Pacific Ocean = Ocean Spokojny

the Indian Ocean = Ocean Indyjski

the Caspian Sea = Morze Kaspijskie

the Baltic Sea = Morze Bałtyckie

As in English, Polish can drop the words ocean *or* morze*, but this only happens when oceans and seas have a nominal form*:

the Pacific = Pacyfik

the Baltic = Bałtyk

but

the Aegean = Morze Egejskie

If in doubt, look up the name in the dictionary.

Use with other nouns

Here are some useful patterns, using Pacyfik *as a typical name*:

the Pacific coast = wybrzeże Pacyfiku

a Pacific crossing = przepłynięcie Pacyfiku

a Pacific cruise = wycieczka statkiem po Pacyfiku

Pacific currents = (oceaniczne) prądy Pacyfiku

Pacific fish = ryby żyjące w Pacyfiku

the Pacific islands = wyspy Pacyfiku

25

Points of the compass

		abbreviated as
north	północ	pn.
south	południe	pd.
east	wschód	wsch.
west	zachód	zach.
northeast	północny wschód	pn.-wsch.
northwest	północny zachód	pn.-zach.

Where?

Compass points in Polish are not normally written with a capital letter. However, when they refer to a specific region in phrases such as I love the West *or* he lives in the West, *and it is clear where this* West *is, without any further specification such as* of Europe, *then they are written with a capital letter, as they often are in English.*

I love the West = uwielbiam Zachód

to live in the West = mieszkać na Zachodzie

in the south of France = na południu Francji

Take care to distinguish this from:

to the north of Scotland (*i.e. further north than Scotland*) = na północ od Szkocji

it is north of the hill = to jest na północ od (tego) wzgórza

a few kilometres north = kilka kilometrów na północ

Translating *northern* etc.

a northern town = miasto na północy

a northern accent = północny akcent

the most northerly point = punkt najbardziej wysunięty na północ

Regions of countries and continents work like this:

northern Europe = Europa Północna

the northern parts of Japan = północne części *or* rejony Japonii

eastern France = wschodnia Francja

For names of countries and continents which include these compass point words, such as North America *or* South Korea, *see the appropriate dictionary entry.*

Where to?

Polish has fewer ways of expressing this than English has; na *with a noun or* w kierunku *with an adjective are usually safe*:

to go north = poruszać się/iść na północ *or* w kierunku północnym

to head towards the north = posuwać się na północ

to go northwards = iść na północ

to go in a northerly direction = iść w kierunku północnym

a northbound ship = statek płynący na północ

the windows face north = okna wychodzą na północ

a north-facing slope = północny stok

If in doubt, check in the dictionary.

Where from?

The usual way of expressing from the *is* z:

it comes from the north = to pochodzi z północy

from the north of Germany = z północy Niemiec

Note also these expressions relating to wind direction:

the north wind = wiatr północny

a northerly wind = wiatr z północy

prevailing north winds = przeważające wiatry północne

the wind is in the north = wieje północny wiatr

the wind is coming from the north = wiatr wieje z północy

Translating compass point words used as adjectives

The Polish equivalents of compass point words used as adjectives (north, south, east, west) *are* północny, południowy, wschodni, zachodni.

the north coast = wybrzeże północne

the north door = drzwi północne *or* od strony północnej

the north face (of a mountain) = północny stok (góry)

the north side = strona północna

the north wall = ściana północna

26

Polish regions and provinces

Only some names of Polish regions have their English equivalents.

(Górny/Dolny) Śląsk = (Upper/Lower) Silesia

Małopolska = Małopolska

Wielkopolska = Wielkopolska

Pomorze = Pomerania

Mazowsze = Mazovia

Mazury = Mazuria

So:

I like Silesia = Śląsk mi się podoba

Mazovia is beautiful = Mazowsze jest piękne

do you know Mazuria? = czy znasz Mazury?

Many regions have names which come from towns:

Opolszczyzna = the Opole region

In, to and from somewhere

For in *use* w *or* na:

to live in Wielkopolska = mieszkać w Wielkopolsce

to live in Mazovia = mieszkać na Mazowszu

to live in Upper Silesia = mieszkać na Górnym Śląsku

For to *use* na *or* do *and for* from *use* z *or* ze (*before sibilants*):

to go to Silesia = jechać na Śląsk

to travel from Silesia = jechać ze Śląska

to go to Wielkopolska = jechać do Wielkopolski

to travel from Wielkopolska = jechać z Wielkopolski

The names of the regions form the basis for adjectives (wielkopolski, śląski) *and nouns denoting the inhabitants of these regions* (Wielopolanin, Ślązak).

a Silesian accent = akcent śląski

the Kashubian area = region kaszubski *or* region Kaszub

the Mazurian countryside = pejzaż mazurski *or* pejzaż Mazur

There are sixteen provinces (called województwa 'voivodships'*) in Poland, and they are divided into* powiaty (counties), *which in turn are divided into* gminy (urban/rural districts). *Provinces and counties are in adjectival form and are not capitalized*:

województwo dolnośląskie = Lower Silesia province

województwo kujawsko-pomorskie = Kujawy-Pomerania province

województwo lubelskie = Lublin province

województwo lubuskie = Lubuskie province

województwo łódzkie = Łódź province

województwo małopolskie = Małopolska province

województwo mazowieckie = Mazovia province

województwo opolskie = Opole province

województwo podkarpackie = Podkarpackie province

województwo podlaskie = Podlasie province

województwo pomorskie = Pomerania province

województwo śląskie = Silesia province

województwo świętokrzyskie = Świętokrzyskie province

województwo warmińsko-mazurskie = Warmia-Mazuria province

województwo wielkopolskie = Wielkopolska province

województwo zachodniopomorskie = West Pomerania province

powiat sieradzki = county of Sieradz

powiat poddębicki = county of Poddębice

gmina Sieradz = Sieradz urban district

27

Quantities

Note the use of tego *or* go, jej, ich (of it *or* of them) *in the following examples. These words may be included when the thing you are talking about is not expressed.*

how much is there? = ile (tego) jest?

there's a lot = jest (tego) dużo

there's not much = nie ma (tego) dużo

there's two kilos = jest tego dwa kilogramy *or (less formally)* dwa kilo

how much sugar have you? = ile masz cukru?

I've got a lot = mam (tego) dużo

I've not got much = nie mam (tego) dużo

I've got two kilos = mam dwa kilogramy *or (less formally)* dwa kilo

how many are there? = ile (ich) tam jest?

there are a lot = jest (ich) dużo

there aren't many = nie ma (ich) dużo

there are twenty = jest (ich) dwadzieścia/dwudziestu

how many apples have you got? = ile masz jabłek?

I've got a lot = mam (ich) dużo

I haven't many = nie mam (ich) dużo

I've got twenty = mam (ich) dwadzieścia

A has got more than B = A ma więcej niż B *or* od B

A has got more money than B = A ma więcej pieniędzy niż B *or* od B

much more than = o wiele więcej niż *or* od

a little more than = trochę więcej niż *or* od

A has got more apples than B = A ma więcej jabłek niż B *or* od B

many more apples than B = dużo więcej jabłek niż B *or* od B

a few more apples than B = parę jabłek więcej niż B *or* od B

a few more people than yesterday = parę *or* kilka osób więcej niż wczoraj

B has got less than A = B ma mniej niż A *or* od A

B has got less money than A = B ma mniej pieniędzy niż A *or* od A

much less than = o wiele mniej niż

a little less than = trochę mniej niż

B has got fewer than A = B ma (parę *or* kilka) mniej niż A *or* od A

B has got fewer apples than A = B ma mniej jabłek niż A *or* od A

many fewer than = o wiele mniej niż

Relative quantities

how many are there to the kilo? = ile (ich) wchodzi na kilogram?

there are ten to the kilo = wchodzi (ich) dziesięć na kilogram

you can count six to the kilo = możesz *or* można liczyć sześć na kilogram

how many do you get for ten zlotys? = ile można dostać za dziesięć złotych?

you get five for ten zlotys = można dostać pięć za dziesięć złotych

how much does it cost a litre? = ile kosztuje (jeden) litr? *or (less formally)* ile za litr? *or* po ile litr?

it costs £5 a litre = to kosztuje pięć funtów za litr

how much do apples cost a kilo? = ile kosztuje kilogram jabłek?

apples cost ten zlotys a kilo = kilogram jabłek kosztuje trzy złote *or (less formally)* jabłka kosztują *or* są po trzy złote kilo

how much does it cost a metre? = ile kosztuje (jeden) metr? *or (less formally)* po ile metr?

how many glasses do you get to the bottle? = ile szklanek mieści się w butelce?

you get six glasses to the bottle = w butelce mieści się sześć szklanek

how much does your car do to the gallon? = ile (litrów) pali *or* spala twój samochód?

it does 28 miles to the gallon = spala dziesięć litrów na sto kilometrów

Note that the Polish calculate petrol consumption in litres per 100 km. To convert mpg to litres per 100 km and vice versa, simply divide 280 by the known figure.

28

Rivers

Larger and well-known rivers outside Poland have polonized names, smaller rivers retain the original name:

the Thames = Tamiza

to go down the Rhine = płynąć w dół Renu

to live near the Seine = mieszkać blisko Sekwany

the course of the Danube = bieg Dunaju

In English you can say the X, the X river or the river X. In Polish it is always X or rzeka X:

the river Avon = (rzeka) Avon

With polonized words Polish uses the word rzeka less frequently:

the river Thames = Tamiza

the Seine river = Sekwana

When the name of the river is used as an adjective, Polish has an equivalent adjective (frequently a compound), a noun in Genitive or a prepositional phrase:

Vistula towns = nadwiślańskie miasta

a Rhine castle = zamek nad Renem

a Rhine wine = wino reńskie

the Thames estuary = ujście Tamizy

29

Seasons

Polish never uses capital letters for names of seasons as English sometimes does.

spring = wiosna

summer = lato

autumn (GB) *or* fall (US) = jesień

winter = zima

in spring = wiosną *or* na wiosnę

in summer = latem *or* w lecie

in autumn *or* fall = jesienią *or* na jesieni

in winter = zimą *or* w zimie

In the following examples, summer *and* lato *are used as models for all the season names.*

I like summer *or* I like the summer = lubię lato

during the summer = latem *or* podczas lata

in early summer = wczesnym latem *or* na początku lata

in late summer = późnym latem *or* w końcu lata

for the whole summer = przez/na całe lato

throughout the summer = całe lato

last summer = ubiegłego lata

next summer = następnego lata *or* następnego roku latem

the summer before last = dwa lata temu latem

the summer after next = za dwa lata latem

every summer = każdego lata

this summer = tego lata

until summer = (aż) do lata

Seasons used as adjectives with other nouns

summer clothes = letnie ubranie *or* ubranie na lato

the summer collection = kolekcja letnia

the summer sales = letnie wyprzedaże

a summer day = letni dzień

a summer evening = letni wieczór

a summer landscape = pejzaż letni

summer weather = pogoda letnia *or* letnia pogoda

30

Shops, trades and professions

Shops

In English you can say at the baker's *or* at the baker's shop; *in Polish a similar construction with* u *is common, but you can also use the name of the particular shop:*

at the baker's = u piekarza *or* w piekarni

at the butcher's = u rzeźnika *or* w sklepie mięsnym

to work in a butcher's = pracować w sklepie mięsnym

I'm going to the grocer's = idę do sklepu spożywczego

I bought it at the fishmonger's = kupiłam to w sklepie rybnym

go to the chemist's = pójdź do apteki

u *and* do *are also used with the names of professions:*

at/to the doctor's = u/do lekarza

at/to the dentist's = u/do dentysty

Note that there are specific names for the place of work of some professions:

a lawyer's office = kancelaria prawnicza

the doctor's surgery (GB) *or* office (US) = gabinet lekarski

Gabinet *is also used for dentists, while architects, painters, photographers have* studio. *If in doubt, check in the dictionary.*

People

Talking of someone's profession, we could say he is a dentist. *In Polish this would be* on jest dentystą.

Paul is a dentist = Paul jest dentystą *or* stomatologiem

she is a dentist = ona jest dentystką *or* stomatologiem

she's a geography teacher = ona jest nauczycielką geografii

she is a good dentist = ona jest dobrą dentystką *or* to dobra dentystka

they are mechanics = oni są mechanikami *or* to mechanicy

they are good mechanics = oni są dobrymi mechanikami *or* to dobrzy mechanicy

Trades and professions

what does he do? = kim on jest? *or* jak zarabia na życie?

what's your job? = jaki masz zawód? *or* gdzie pracujesz?

I'm a teacher = jestem nauczycielem

to work as a dentist = być dentystą *or* pracować jako dentysta

to work for a baker = pracować u piekarza

to be paid as a mechanic = pracować na etacie mechanika

he wants to be an architect = on chce być architektem

31

The signs of the Zodiac

Aries = Baran (21 marca – 20 kwietnia)

Taurus = Byk (21 kwietnia – 20 maja)

Gemini = Bliźnięta (21 maja – 21 czerwca)

Cancer = Rak (22 czerwca – 22 lipca)

Leo = Lew (23 lipca – 22 sierpnia)

Virgo = Panna (23 sierpnia – 22 września)

Libra = Waga (23 września – 23 października)

Scorpio = Skorpion (24 października – 21 listopada)

Sagittarius = Strzelec (22 listopada – 21 grudnia)

Capricorn = Koziorożec (22 grudnia – 19 stycznia)

Aquarius = Wodnik (20 stycznia – 18 lutego)

Pisces = Ryby (19 lutego – 20 marca)

Phrases

I'm a Leo = jestem spod znaku Lwa *or (less formally)* jestem Lwem

I'm a Gemini = jestem spod znaku Bliźniąt

born in Leo *or* under the sign of Leo = urodzony pod znakiem Lwa

born in Gemini = urodzony pod znakiem Bliźniąt

Leos/Ariens are very generous = Lwy/Barany sa bardzo szczodre

what's the horoscope for Leos? = jaki jest horoskop dla Lwów ?

the sun is in Leo = Słońce jest w znaku Lwa

All the signs work in the same way in Polish.

32

Sizes

In the following tables of equivalent sizes, Polish sizes have been rounded up where necessary.

Men's shoe sizes		Women's shoe sizes		
in UK & US	**in Poland**	**In UK**	**in US**	**in Poland**
6	39	3	6	35–35,5 *or* 3 *say* trójka (damska)
7	40	3 1/2	6 1/2	36–36,5 *or* 4 *say* czwórka
8	42	4	7	37–37,5 *or* 5 *say* piątka
9	43	5	7 1/2	38 *or* 6 *say* szóstka
10	44	6	8	39 *or* 7 *say* siódemka
11	45	7	8 1/2	40 *or* 8 *say* ósemka
12	46	8	9	41 *or* 9 *say* dziewiątka

Men's clothing sizes		Women's clothing sizes		
in UK & US	**in Poland**	**in UK**	**in US**	**in Poland**
28	38	8	4	34
30	40	10	6	36
32	42	12	8	38
34	44	14	10	40
36	46	16	12	42
38	48	18	14	44
40	50	20	16	46
42	52			
44	54			
46	56			

Men's shirt collar sizes

in UK & US	in Poland	in UK & US	in Poland
14	36	16 1/2	41
14 1/2	37	17	42
15	38	17 1/2	43
15 1/2	39	18	44
16	40		

Phrases

what size are you? = jaki jest Pani/Pana/twój rozmiar? *or* jaki Pani/Pan nosi/jaki nosisz rozmiar?

I take size 40 (*in clothes*) = noszę rozmiar 50 (pięćdziesiąt) *or (less formally)* noszę pięćdziesiątkę

what size do you take (*in shoes*)?= jaki ma Pani/Pan/ma *or* nosi/jaki masz/nosisz numer buta *or* butów

I take a size 5 (*in shoes*) = noszę szóstkę *or* noszę numer buta *or* butów 38 (trzydzieści osiem)

my collar size is 15 = noszę numer kołnierzyka 38 (trzydzieści osiem)

I'm looking for collar size 16 = szukam numeru kołnierzyka 40 (czterdzieści)

his shoe size is 39 = nosi numer butów 39 (trzydzieści dziewięć)

a pair of shoes size 39 = para butów numer/rozmiar 39 (trzydzieści dziewięć) have you got the same thing in a 16? = czy macie państwo *or* czy dostanę to w rozmiarze 42 (czterdzieści dwa)?

have you got this in a smaller size? = czy macie to państwo w mniejszym rozmiarze? *or* czy dostanę to w mniejszym rozmiarze? *or* czy dostanę mniejszy rozmiar?

have you got this in a larger size? = czy macie to państwo w większym rozmiarze? *or* czy dostanę to w większym rozmiarze? *or* czy dostanę większy rozmiar?

they haven't got my size = nie ma *or* nie mają mojego rozmiaru

33

Spelling and punctuation

The Polish alphabet

The names of the letters are given below with their pronunciation in Polish and, in the right-hand column, a useful way of clarifying difficulties when you are spelling names etc. Other words are also used to clarify difficulties when spelling aloud.

	When spelling aloud
A [a]	A jak Adam
Ą [ą]	
B [be]	B jak Barbara
C [ce]	C jak Celina
Ć [ci]	Ć jak ćma
D [de]	D jak Dorota
E [e]	E jak Ewa
Ę [ę]	
F [ef]	F jak Franciszek
G [gie]	G jak Genowefa
H [ha]	H jak Henryk
I [i]	I jak Irena
J [jot]	J jak Jadwiga
K [ka]	K jak Karol
L [el]	L jak Leon
Ł [eł]	Ł jak Łukasz
M [em]	M jak Maria
N [en]	N jak Natalia
Ń [ń]	
O [o]	O jak Olga
Ó [u kreskowane]	ó jak ósemka
P [pe]	P jak Paweł
Q [ku]	Q jak quasi
R [er]	R jak Roman
S [es]	S jak Stanisław
Ś [si]	Ś jak Światowid
T [te]	T jak Tadeusz
U [u]	U jak Urszula
V [fau]	V jak Violetta
W [wu]	W jak Wacław
X [iks]	X jak Xantypa
Y [igrek]	Y jak Ypsylon
Z [zet]	Z jak Zygmunt
Ź [ziet]	Ź jak źrenica
Ż [żet]	Ż jak żaba

Spelling

capital B = duże B

small b = małe b

it has a capital B = to się pisze przez duże B

the word *rzeka* (river) is spelt with an rz = wyraz *rzeka* pisze się przez rz (*say* erzet)

the word *żaba* (frog) is spelt with an ż = wyraz *żaba* pisze się przez ż (*say* samo żet or żet z kropką)

the word *chory* (sick) is spelt with an ch = wyraz *chory* pisze się przez ch (*say* ceha)

the word *hodować* (grow) is spelt with an h = wyraz *hodować* pisze się przez h (*say* samo ha)

the word *mówić* (speak) is spelt with an ó = wyraz *mówić* pisze się przez ó (*say* u kreskowane *or* u z kreską)

the word *słuchać* (listen) is spelt with an u = wyraz *słuchać* pisze się przez u (*say* u otwarte)

in small letters = małymi literami

double t = podwójne t

double n = podwójne n

apostrophe = apostrof

hyphen = łącznik *or* dywiz

biało-czerwony has a hyphen = *biało-czerwony* pisze się z łącznikiem *or* dywizem

Dictating punctuation

. kropka (*full stop*)

, przecinek (*comma*)

: dwukropek (*colon*)

; średnik (*semicolon*)

! wykrzyknik (*exclamation mark*)

? znak zapytania (*question mark*)

nowy akapit (*new paragraph*)

(otworzyć nawias (*open brackets*)

) zamknąć nawias (*close brackets*)

() w nawiasie (*in brackets*)

[] w nawiasie kwadratowym (*in square brackets*)

– myślnik (*dash*)

... wielokropek (*three dots*)

„ otworzyć cudzysłów (*open quotes*)

” zamknąć cudzysłów (*close quotes*)

„ ” w cudzysłowie (*in inverted commas*)

The use of inverted commas

In novels and short stories, direct speech is punctuated differently. English uses single inverted commas:

'There is no risk,' Peter assured her.

In Polish dashes are used instead:

– Nie ma żadnego ryzyka – zapewnił ją Piotr.

Single inverted commas are not often used in Polish texts.

Note that (double) inverted commas are used in direct quotations in Polish writing.

34

Surface area measurements

Note that Polish has a comma where English has a decimal point.

1 sq in. = 6,45 cm^2 (centymetra kwadratowego)

1 acre = 40,47 ara = 0,4 ha (hektara)

1 sq ft = 929,03 cm^2 (centymetra kwadratowego)

1 sq yd = 0,84 m^2 (metra kwadratowego)

1 sq ml = 2,59 km^2 (kilometra kwadratowego)

There are two ways of saying 6,45 cm^2, *and other measurements like it:* sześć i czterdzieści pięć setnych centymetra kwadratowego, *or (less formally)* sześć przecinek czterdzieści pięć setnych (centymetra kwadratowego). *For more details see* **Numbers**.

how big is your garden? = jaki *or* jak duży jest twój ogród?

what's its area? = jaka jest jego powierzchnia *or* ile ma powierzchni?

it's 200 square metres = ma 200 (*say* dwieście) metrów kwadratowych

its surface area is 200 square metres = jego powierzchnia wynosi 200 metrów kwadratowych

it's 20 metres by 10 metres = ma *or* mierzy dwadzieścia metrów na dziesięć (metrów)

sold by the square metre = sprzedawany na metry kwadratowe

there are 10,000 square centimetres in a square metre = jeden metr kwadratowy ma 10 000 centymetrów kwadratowych

10,000 square centimetres make one square metre = 10 000 centymetrów kwadratowych to jeden metr kwadratowy

A is the same area as B = A ma taką samą powierzchnię jak B

A and B are the same area = A i B mają taką samą powierzchnię

Note the Polish adjectival phrase and the o powierzchni *construction, coming after the noun it describes*:

a 200-square-metre plot = dwustumetrowa działka (*note that the word* kwadratowy *is left out*) *or* działka o powierzchni 200 (*say* dwustu) metrów kwadratowych

35

Temperature

Polish uses the Celsius scale for temperatures. They are written as in the tables below. When the scale letter is omitted, temperatures are written thus: 20°; 98,4° etc. (Polish has a comma where English has a decimal point).

Note the capital C used as the abbreviation for Celsius *as in* 60°C.

For how to say numbers in Polish see **Numbers**.

Celsius or centigrade (C)	Fahrenheit (F)	
100 °C	212 °F	temperatura wrzenia wody (boiling point)
90 °C	194 °F	
80 °C	176 °F	
70 °C	158 °F	
60 °C	140 °F	
50 °C	122 °F	
40 °C	104 °F	
37 °C	98,4 °F	
30 °C	86 °F	
20 °C	68 °F	
10 °C	50 °F	
0 °C	32 °F	temperatura zamarzania wody (freezing point)
–10 °C	14 °F	
–17,8 °C	0 °F	
–273,15 °C	–459,67 °F	temperatura zera absolutnego (absolute zero)

–15°C = minus piętnaście stopni (Celsjusza)

the thermometer says 40° = termometr wskazuje czterdzieści stopni

above 30°C = powyżej trzydziestu stopni (Celsjusza)

over 30° Celsius = ponad trzydzieści stopni (Celsjusza)

below 30° = poniżej trzydziestu stopni

People

body temperature is 37°C = temperatura ciała wynosi 37°C (trzydzieści siedem stopni Celsjusza)

what is his temperature? = jaką ma temperaturę *or (less formally)* gorączkę? (*refers to a temperature higher than normal*)

his temperature is 38° = ma trzydzieści osiem stopni (temperatury *or* gorączki)

Things

how hot is the milk? *or* what temperature is the milk? = jaka jest temperatura mleka? *or* jaką mleko ma temperaturę?

it's 40°C = to ma 40 stopni

what temperature does water boil at? = jaka jest temperatura wrzenia wody? *or* w jakiej temperaturze woda wrze?

it boils at 100°C = (woda) wrze w temperaturze 100°C (*say* stu stopni Celsjusza)

at a temperature of 200° = w temperaturze dwustu stopni

A is hotter than B = A jest bardziej gorący *or* gorętszy niż B *or* od B

B is cooler than A = B jest chłodniejszy od A *or* niż A

B is colder than A = B jest zimniejszy od A *or* niż A

A is the same temperature as B = A ma taką samą temperaturę jak B

A and B are the same temperature = A i B mają taką samą temperaturę

Weather

what's the temperature today? = jaka jest dziś temperatura *or* jaką mamy dziś temperaturę?

it's 65°F = jest 65°F (*say* sześćdziesiąt pięć stopni Fahrenheita)

it's 40 degrees = jest 40 stopni

Warsaw is warmer *or* hotter than London = w Warszawie jest cieplej *or* bardziej gorąco *or* goręcej niż w Londynie

it's the same temperature in Warsaw as in London = w Warszawie jest taka sama temperatura jak w Londynie

36

Time units

Lengths of time

a second = sekunda

a minute = minuta

an hour = godzina

a day = dzień

a week = tydzień

a month = miesiąc

a year = rok

years = lata

a century = wiek *or* stulecie

See also **The clock, Dates, The days of the week, The months of the year**.

How long?

how long does it take? = ile czasu to zajmuje?

it took me a week = zajęło mi to tydzień

I took an hour to finish it = skończenie tego zajęło mi godzinę

the letter took a month to arrive = list szedł (cały) miesiąc

it'll take at least a year = to zajmie przynajmniej rok

it'll only take a moment = to zajmie tylko chwilę

to spend two days in Gdańsk = spędzić dwa dni w Gdańsku

Use za *for* in *when something is seen as happening in the future*:

I'll be there in an hour = będę tam za godzinę

she said she'd be there in an hour = powiedziała, że będzie tam za godzinę

in three weeks' time = za trzy tygodnie

Use w ciągu *for* in *when expressing the time something took or will take*:

he did it in an hour = zrobił to w ciągu godziny *or (less formally)* w godzinę

The commonest translation of for *in the 'how long' sense is* przez:

I worked in the factory for a year = pracowałem w tej fabryce przez rok

But use na *for* for *when the length of time is seen as being still to come*:

we're here for a month = jesteśmy tu na miesiąc

they'll take the room for a week = wynajęli ten pokój na tydzień

And use od *for* for *when the action began in the past and is or was still going on*:

she has been here for a week = (ona) jest tu od tygodnia

she had been there for a year = (ona) była tam od roku

I haven't seen her for years = nie widziałem jej od lat

Note the use of adjectival phrases before the noun or prepositional phrases after the noun when expressing how long something lasted or will last:

a two-minute delay = spóźnienie o dwie minuty *or* dwuminutowe spóźnienie *or* opóźnienie

a six-week wait = sześciotygodniowe oczekiwanie

an eight-hour day = ośmiogodzinny dzień (pracy)

six weeks' sick leave = sześciotygodniowe zwolnienie lekarskie *or* zwolnienie lekarskie na sześć tygodni

five weeks' pay = pięciotygodniowa zapłata *or* zapłata za pięć tygodni

When?

In the past

when did it happen? = kiedy to się stało?

two minutes ago = dwie minuty temu

a month ago = miesiąc temu

years ago = (całe) lata temu

it'll be a month ago on Tuesday = we wtorek minie miesiąc

it's years since he died = on nie żyje od lat

a month earlier = miesiąc wcześniej

a month before = miesiąc przedtem

the year before = rok przedtem *or* w poprzednim roku

the year after = rok później *or* w następnym roku

a few years later = parę lat później

after four days = po czterech dniach *or* cztery dni później

last week = w zeszłym *or* ubiegłym tygodniu

last month = w zeszłym *or* ubiegłym miesiącu

last year = w zeszłym *or* ubiegłym roku

it was a week ago yesterday = wczoraj minął tydzień

it'll be a week ago tomorrow = jutro minie tydzień

the week before last = dwa tygodnie temu

over the past few months = w ciągu ostatnich kilku miesięcy *or* przez ostatnie *or* ostatnich kilka miesięcy

In the future

when will you see him? = kiedy się z nim zobaczysz *or* kiedy go zobaczysz?

in a few days = za kilka dni (*see also above, the phrases with* in *translated by* za)

any day now = lada dzień

next week = w przyszłym tygodniu

next month = w przyszłym miesiącu

next year = w przyszłym roku

this coming week = w najbliższym tygodniu

over the coming months = w ciągu najbliższych miesięcy

a month from tomorrow = od jutra za miesiąc

How often?

how often does it happen? = jak często to się zdarza?

every Thursday = co czwartek *or* w każdy czwartek

every week = co tydzień

every year = co rok *or* roku *or* każdego roku

every other day = co drugi dzień

every third month = co trzy miesiące

day after day = dzień po dniu *or* dzień w dzień

year after year = rok po roku

the last Thursday of the month = w ostatni czwartek miesiąca

five times a day = pięć razy dziennie

twice a month = dwa razy na miesiąc *or* w miesiącu

three times a year = trzy razy na rok *or* w roku

once every three months = raz na trzy miesiące

How much an hour (etc.)?

how much do you get an hour? = ile zarabiasz na *or* za godzinę?

I get $20 = zarabiam 20 dolarów na *or* za godzinę

he is paid $20 an hour = płacą mu 20 dolarów na *or* za godzinę

but note:

he is paid by the hour = płacą mu stawki godzinowe *or (less formally)* od godziny

how much do you get a week? = ile zarabiasz tygodniowo *or* na tydzień?

how much do you earn a month? = ile zarabiasz miesięcznie *or* na miesiąc?

$3,000 a month = 3000 dolarów miesięcznie *or* na miesiąc

$40,000 a year = 40 000 dolarów rocznie *or* na rok

37

Towns and cities

The number and gender of towns in Polish should be clear from their endings. Where there is some doubt, the word miasto *or* miejscowość *can be used before the town*:

Warsaw is beautiful = Warszawa jest piękna

Katowice is big = Katowice są duże

the city of Katowice is big = miasto Katowice jest duże

In, to and from somewhere

For in *and with the name of a town, use* w *or* we (*before* wr/wl/wł) *in Polish. For* to *use* do:

to live in Cracow = mieszkać w Krakowie

to live in Wrocław = mieszkać we Wrocławiu

to go to Łódź = jechać do Łodzi

Similarly, from *is* z *or* ze (*before* s/ś/z/ż/ź + consonant):

to travel from Opole = przyjechać z Opola

to travel from Zgierz = przyjechać ze Zgierza

but

to travel from Żyrardów = przyjechać z Żyrardowa

Belonging to a town or city

English sometimes has specific words for people of a certain city or town, such as Londoners, New Yorkers *or* Parisians, *but mostly we talk of* the people of Leeds *or* the inhabitants of San Francisco. *On the other hand, most towns in Poland have a corresponding adjective and noun.*

The noun forms meaning a person from X *are always spelt with a small letter*:

Warszawa – warszawianin, warszawianka, warszawianie, warszawianki *or (less formally)* warszawiak, *etc.*

Kraków– krakowianin, krakowianka, krakownianie, krakowianki

Gdańsk– gdańszczanin, gdańszczanka, gdańszczanie, gdańszczanki

The adjectival forms, spelt with a small letter, are often used in Polish where in English the town name is used as an adjective:

Paris fashion = moda paryska

Warsaw schools = warszawskie szkoły

but:

the Cracow City Council = Rada Miejska Krakowa

Edinburgh representatives = przedstawiciele Edynburga

Brussels streets = ulice Brukseli

38

US states

In some cases, there is a Polish form of the name, but not always (if in doubt, check in the dictionary). Each state has a gender in Polish, but some of the names have the same form in all grammatical cases.

Arkansas = Arkansas

California = Kalifornia

Texas = Teksas

Arkansas is beautiful = Arkansas jest piękny

I like California = kocham Kalifornię

do you know anything about Texas? = czy wiesz coś o Teksasie?

In, to and from somewhere

For in *use* w *except for Alaska and Florida*:

in California = w Kalifornii

in Alaska/Florida = na Alasce/Florydzie

For to *use* do *except for Alaska and Florida, for* from *use* z:

to California = do Kalifornii

to Alaska/Florida = na Alaskę/Florydę

from Texas = z Teksasu

from Alaska/Florida = z Alaski/Florydy

Coming from somewhere: uses with another noun

There are a few words, e.g. kalifornijski, nowojorski, teksaski *or* teksański, *used as adjectives. There are also a few used as nouns referring to the inhabitants, e.g.* Kalifornijczyk, Nowojorczyk, Teksańczyk. *In most cases it is safe to use the Genitive of the state*:

the Florida countryside = pejzaż Florydy

the inhabitants of Wyoming = mieszkańcy Wyoming

Illinois representatives = przedstawiciele *or* reprezentanci Illinois

New-Mexico roads = drogi Nowego Meksyku *or* drogi w Nowym Meksyku

a Louisiana accent = akcent luizjański *or* z Luizjany

39

Volume measurement

See also **Capacity measurement.**

Note that Polish has a comma where English has a decimal point.

1 cu. in. = 16,38 cm^3

1 cu. ft = 0,03 m^3

1 cu. yd = 0,76 m^3

There are two ways of saying 16,38 cm^3, *and other measurements like it*: szesnaście (i) trzydzieści osiem setnych centymetra sześciennego *or* (*less formally*) szesnaście przecinek trzydzieści osiem (setnych centymetra sześciennego). *For more details see* **Numbers.**

what is its volume? = jaka jest jego/jej objętość/pojemność? *or* jakiej to jest objętości/pojemności?

Note that objętość *refers to the amount of space an object or substance occupies, e.g.* objętość sześcianu (the volume of a cube), *and also to the amount or quantity of something, while* pojemność *is typically the amount of space enclosed within a container.*

it's volume is 200 cubic metres = jego/jej objętość wynosi 200 metrów sześciennych *or* ma 200 metrów sześciennych objętości

it's 200 cubic metres = to ma 200 metrów sześciennych/tego jest 200 metrów sześciennych

it's one metre by two metres by three metres = to ma (objętość) metr na dwa (metry) na trzy (metry)

sold by the cubic metre = sprzedawany na metry sześcienne

A has a greater volume than B = A ma większą objętość niż B *or* od B

B has a smaller volume than A = B ma mniejszą objętość niż A *or* od A

there are a million cubic centimetres in a cubic metre = (jeden) metr sześcienny ma (jeden) milion centymetrów sześciennych

a million cubic centimetres make one cubic metre = (jeden) milion centymetrów sześciennych to (jeden) metr sześcienny

Note the following two Polish constructions with prepositional phrases after the noun:

a 200-cubic-metre tank = zbiornik o pojemności 200 (*say* dwustu) metrów sześciennych *or* zbiornik na dwieście metrów sześciennych

40

Weight measurement

Note that Polish has a comma where English has a decimal point.

1 oz = 28,35 g (grama)

1 lb = 453,60 g *or* 45,360 dkg (dekagrama)

1 st = 6,35 kg (kilograma)

1 cwt = 50,73 kg (kilograma)

1 ton = 1014,60 kg (kilograma)

There are two ways of saying 28,35 g, *and other measurements like it*: dwadzieścia osiem i trzydzieści pięć setnych grama *or* (*less formally*) dwadzieścia osiem przecinek trzydzieści pięć (setnych grama). *For more details see* **Numbers.**

People

what's his weight? = ile on waży?

how much does he weigh? = ile on waży?

he weighs 10 st (*or* 140 lbs) = on waży 63,5 kg (*say* sześćdziesiąt trzy i pół kilograma)

he weighs more than 20 st = on waży ponad 127 kilogramów *or (less formally)* kilo

Things

what does the parcel weigh? = ile waży ta paczka?

how heavy is the parcel? = ile waży ta paczka?

it weighs ten kilos = (to) waży dziesięć kilogramów *or* kilo

about ten kilos = około dziesięć kilogramów *or* kilo

it was 2 kilos over weight = to miało dwa kilo(gramy) nadwagi

A weighs more than B = A waży więcej niż B *or* od B

A is heavier than B = A jest cięższe niż B *or* od B

B is lighter than A = B jest lżejsze niż A *or* od A

A is as heavy as B = A waży tyle samo co B

A is the same weight as B = A ma taką samą wagę jak B

A and B are the same weight = A i B ważą tyle samo *or* mają taką samą wagę

6 lbs of carrots = sześć funtów marchwi

2 kilos of butter = dwa kilo(gramy) masła

1 ½ kilos of tomatoes = półtora kilo(grama) pomidorów

sold by the kilo = sprzedawany na kilogramy

there are about two pounds to a kilo = jeden kilogram to mniej więcej dwa funty

Note the Polish adjectival construction, and the alternative construction with o wadze, *coming after the noun it describes*:

a 3lb potato = trzyfuntowy ziemniak *or* ziemniak o wadze trzech funtów

a parcel 3 kilos in weight = trzykilogramowa paczka *or* paczka o wadze trzech kilogramów

A

a, A /eɪ/ *n* [1] (letter) a, A *n*; **from A to Z** od a do z; **the A to Z of cooking** wszystko o gotowaniu, gotowanie od a do z [2] **A** Mus a, A, re *n*; **sonata in A major/minor** sonata A-dur/a-moll; **A flat** As/as; **A sharp** Ais /ais [3] **A** (place) **how to get from A to B?** jak dostać się z punktu A do B? [4] **a** (in house number) **16a** 16a [5] **A** (scholastic mark) najwyższa ocena *f*; **I got an A** (at school) dostałem szóstkę; (at university) dostałem piątkę [6] **A** GB Transp **on the A5** na trasie A5

a /eɪ, ə/ *indef art* (*before vowel* **an** /æn, ən/) [1] **a tree/book** drzewo/książka; **an apple** jabłko; **her mother is a teacher** jej matka jest nauczycielką [2] (some) jakiś, niejaki; **a Mr Brown wants to talk to you** jakiś pan Brown chce z tobą rozmawiać; **a man I met** człowiek, którego poznałem [3] (one) **a week/an hour ago** tydzień/godzinę temu; **a million/hundred pounds** milion/sto funtów [4] (per) **50 km an hour** 50 km na godzinę; **once/twice a week** raz /dwa razy na tydzień [5] (prices in relation to weight) **fifty pence a kilo** pół funta za kilogram

A-1 *adj* infml dat pierwszorzędny

AA *n* [1] GB Aut = **Automobile Association** Związek *m* Automobilowy [2] = **Alcoholics Anonymous** Anonimowi Alkoholicy *m pl*, Stowarzyszenie *n* Anonimowych Alkoholików [3] US Univ = **Associate in Arts** *dyplom ukończenia dwuletniego college'u humanistycznego*

AAA *n* [1] GB = **Amateur Athletics Association** Amatorski Związek *m* Lekkiej Atletyki [2] US = **American Automobile Association** Amerykański Związek *m* Motorowy

Aachen /ˈɑːkən/ *prn* Akwizgran *m*

AAM *n* Mil = **air-to-air missile** pocisk *m* rakietowy powietrze-powietrze

Aaron /ˈeərən/ *prn* Aaron *m*

Aaron's beard *n* Bot dziurawiec *m* kielichowaty

Aaron's rod *n* Bot dziewanna *f* wielokwiatowa

AAUP *n* US = **American Association of University Professors** Amerykańskie Stowarzyszenie *n* Nauczycieli Akademickich

AB *n* [1] Naut = **able-bodied seaman** mat *m* [2] US Univ = **Bachelor of Arts** ≈ licencjat *m* nauk humanistycznych or humanistyki

ABA *n* GB = **Amateur Boxing Association** Związek *m* Boksu Amatorskiego

aback /əˈbæk/ *adv* **to take sb ~** zaskoczyć kogoś, zbić kogoś z tropu; **to be taken ~** być or zostać zaskoczonym **(by sth** czymś); **I was totally taken ~** byłem całkowicie zaskoczony

abacus /ˈæbəkəs/ *n* (*pl* **-ci, -cuses**) [1] (counting frame) liczydło *n*; abak *m*, abakus *m* dat [2] Archit abak *m*, abakus *m*

abaft /əˈbɑːft, US əˈbæft/ **I** *adv* (behind stern) za rufą; (towards stern) na rufie
II *prep* za (czymś) *[mast, poop, beam]*

abalone /ˌæbəˈləʊnɪ/ *n* Zool uchowiec *m*, ucho *n* morskie

abandon /əˈbændən/ **I** *n* fml dat (unbounded enthusiasm) zapamiętanie *n*, oddanie się *n*, pasja *f*; **to do sth with gay ~** oddawać się czemuś z radością
II *vt* [1] porzuc|ić, -ać *[hope, land, person, plan]*; opu|ścić, -szczać *[post, spouse, farm, ship]*; **man the lifeboats! ~ ship!** do łodzi! opuścić statek!; **~ ship!** fig ratuj się kto może!; **to ~ sth to sb** wydawać or rzucać coś na pastwę kogoś; **to ~ sb to (their) fate** pozostawić kogoś swojemu or własnemu losowi [2] przer|wać, -ywać *[game, strike]*; zarzuc|ić, -ać *[habit]*; zaniechać (czegoś) *[attempt]*; **to ~ play** Sport przerwać grę [3] zrze|c, -kać się *[claim, property]*; **to ~ sth to sb** zrzec się czegoś na rzecz kogoś
III *vr* **to ~ oneself to sth** odda|ć, -wać się czemuś

abandoned /əˈbændənd/ *adj* [1] *[person, place, thing]* opuszczony; *[animal, person, place, thing]* porzucony [2] (licentious) *[behaviour]* wyuzdany [3] (wild) *[dance, music]* szalony, dziki

abandonment /əˈbændənmənt/ *n* (of person, place) opuszczenie *n*; (of person, place, vehicle, hope) porzucenie *n*; (of attempt, idea, strike) zaniechanie *n*

abase /əˈbeɪs/ *vr* fml **to ~ oneself** ukorzyć się, poniżyć się **(before sb** przed kimś)

abasement /əˈbeɪsmənt/ *n* ukorzenie *n*, poniżenie *n*

abashed /əˈbæʃt/ *adj* speszony, zmieszany **(by** or **at sth** czymś)

abate /əˈbeɪt/ **I** *vt* fml [1] obniż|yć, -ać *[pollution]*; zmniejsz|yć, -ać *[noise]*; uśmierz|yć, -ać *[pain]*; o|studzić *[zeal]*; powściąg|nąć, -ać *[pretensions]* [2] Jur (cancel) unieważni|ć, -ać *[sentence, writ]* [3] Jur (end) **to ~ a nuisance** powstrzymać naruszenie porządku
II *vi [noise, storm, wind]* przycich|nąć, -ać; *[pain, fever, illness, epidemic, terror]* ust|ąpić, -ępować; *[feeling]* wygas|nąć, -ać; *[flood, emotion]* opa|ść, -dać; *[wind]* o|słabnąć

abatement /əˈbeɪtmənt/ *n* (of noise, wind) przycichnięcie *n*; (of pain) ustępowanie *n*; (of taxes) złagodzenie *n*; (of feelings, epidemic) wygasanie *n*

abattoir /ˈæbətwɑː(r), US ˌæbəˈtwɑːr/ *n* rzeźnia *f*, ubojnia *f*

abbess /ˈæbes/ *n* przeorysza *f*

abbey /ˈæbɪ/ *n* opactwo *n*

abbot /ˈæbət/ *n* opat *m*

abbreviate /əˈbriːvɪeɪt/ *vt* skr|ócić, -acać *[word, phrase]* **(to sth** do czegoś)

abbreviation /əˌbriːvɪˈeɪʃn/ *n* [1] (short form) skrót *m* **(for sth** od czegoś) [2] (process) skrócenie *n*

ABC *n* [1] (alphabet) abecadło *n* [2] (basics) (of cooking, photography) abecadło *n*, abc *n* [3] US = **American Broadcasting Company** *amerykańska sieć telewizyjna*
IDIOMS: **as easy as ~** dziecinnie proste

ABD *n* US Univ = **all but dissertation** *doktorant po egzaminie, przed złożeniem pracy doktorskiej*

abdicate /ˈæbdɪkeɪt/ **I** *vt* zrze|c, -kać się (czegoś) *[position, power, right]*; uchyl|ić, -ać się od (czegoś) *[responsibility]*; **to ~ the throne** zrzec się tronu
II *vi* abdykować; **to ~ from the throne** zrzec się tronu

abdication /ˌæbdɪˈkeɪʃn/ *n* (royal) abdykacja *f*; (of position, power, right) zrzeczenie się *n*; **~ of responsibility** zrzeczenie się odpowiedzialności

abdomen /ˈæbdəmən/ *n* brzuch *m*

abdominal /æbˈdɒmɪnl/ *adj* brzuszny

abduct /əbˈdʌkt/ *vt* uprowadz|ić, -ać

abduction /əbˈdʌkʃn/ *n* [1] (of person) uprowadzenie *n* [2] (of muscles) abdukcja *f*, odwodzenie *n*

abductor /əbˈdʌktə(r)/ *n* [1] (kidnapper) porywacz *m*, -ka *f* [2] Anat (also **~ muscle**) mięsień *m* odwodzący, odwodziciel *m*; abduktor *m* ra

abeam /əˈbiːm/ *adv* Naut na trawersie

abed /əˈbed/ **I** *adj* dat **to be ~** być w łóżku
II *adv* **to lie ~** leżeć w łóżku

Abel /ˈeɪbl/ *prn* Abel *m*

Aberdonian /ˌæbəˈdəʊnɪən/ **I** *n* [1] (native) **to be an ~** pochodzić z Aberdeen [2] (inhabitant) mieszkan|iec *m*, -ka *f* Aberdeen
II *adj* **~ climate** klimat Aberdeen; **~ life** życie w Aberdeen

aberrant /əˈberənt/ *adj [behaviour, ideas]* dziwny, dziwaczny; *[result]* nieprzewidziany, zaskakujący

aberration /ˌæbəˈreɪʃn/ *n* [1] (deviation) aberracja *f* [2] (lapse) (mental) odchylenie *n* od normy; **in a moment of ~** w chwili zaćmienia umysłowego [3] Astron, Phys aberracja *f*

abet /əˈbet/ *vt* (*prp, pt, pp* **-tt-**) Jur (encourage) podżegać do (czegoś), namawiać do (czegoś) *[crime]*; (assist) pom|óc, -agać w (czymś) *[crime]*; pom|óc, -agać (komuś), być wspólnikiem (kogoś) *[lawbreaker]*; **to aid and ~ sth** pomóc w dokonaniu czegoś; **she was accused of aiding and ~ting him in his crimes** była oskarżona o pomaganie mu w przestępstwach

abetter, abettor /ə'betə(r)/ *n* współ-spraw|ca *m*, -czyni *f*; **to be an ~ in sth** być współsprawcą czegoś

abeyance /ə'beɪəns/ *n* fml **to be in ~** *[matter, situation]* być w zawieszeniu; *[law]* być zawieszonym, pozostawać w zawieszeniu; **to fall into ~** zostać zawieszonym; **to hold sth in ~** utrzymywać coś w zawieszeniu or w stanie nierozstrzygniętym

abhor /əb'hɔː(r)/ *vt* (*prp, pt, pp* **-rr-**) czuć, or mieć odrazę do (kogoś/czegoś) *[injustice, opinion, person, violence]*; nie cierpieć (kogoś/czegoś) *[behaviour, person, task]*
IDIOMS: **nature ~s a vacuum** natura nie znosi próżni

abhorrence /əb'hɒrəns, US -'hɔːr-/ *n* odraza *f*, wstręt *m*; **to have an ~ of sth, to hold sth in ~** czuć odrazę or wstręt do czegoś; **to look at sb in** or **with ~** patrzeć na kogoś z odrazą or ze wstrętem

abhorrent /əb'hɒrənt, US -'hɔːr-/ *adj* **to be ~ to sb** być komuś wstrętnym

abide /ə'baɪd/ **I** *vt* (put up with, endure) zn|ieść, -osić; **I can't ~ sth/doing sth** nie znoszę czegoś/robienia czegoś; **they can't even ~ to think about it** nie mogą nawet znieść myśli o tym
II *vi* (*pt, pp* **abode, ~d**) (live, stay) przebywać, mieszkać (**at** or **in sth** w czymś)
■ **abide by**: **~ by [sth]** (to stick to, adhere to) za|stosować się (do czegoś) *[rules, decision, judgment]*; przestrzegać (czegoś) *[agreement, rules]*; obstawać przy (czymś), podtrzymywać *[opinion]*; dotrzym|ać, -ywać (czegoś) *[promise]*; **they refused to ~ by the judge's decision** odmówili zastosowania się do decyzji sędziego; **I ~ by what I said: he's a liar** obstaję przy tym or podtrzymuję to, co powiedziałem: on jest kłamcą; **she hasn't ~d by what she promised to do** nie dotrzymała tego, co obiecała

abiding /ə'baɪdɪŋ/ *adj [friendship, hatred]* nieprzemijający; *[interest]* trwały, stały; *[faith]* niewzruszony

ability /ə'bɪlətɪ/ **I** *n* [1] (capability) umiejętność *f*, zdolność *f* (**to do sth** robienia czegoś); **someone of proven ~** osoba wypróbowana; **the ~ to pay** Jur wypłacalność; Tax zdolność płatnicza; **to the best of his/her ~** jak najlepiej potrafi; **within the limits of one's ~** w granicach swoich możliwości, na miarę swoich możliwości [2] (talent) talent *m*; **she'll go far with her ~** or **abilities** daleko zajdzie z takim talentem
II abilities *npl* (skills) umiejętności *f pl*; Sch (of pupils) zdolności *f pl*; **mental abilities** sprawność intelektualna, zdolności umysłowe; **musical abilities** zdolności muzyczne

abject /'æbdʒekt/ *adj* [1] *[state, condition]* opłakany, nędzny; *[failure]* żałosny, beznadziejny; **~ poverty** skrajna nędza [2] *[coward, deed]* podły, nikczemny; *[apology, flattery]* służalczy

abjectly /'æbdʒektlɪ/ *adv* [1] *[live, subsist]* nędznie, w nędzy [2] *[apologize, behave]* służalczo

abjuration /ˌæbdʒʊ'reɪʃn/ *n* fml (of claims, religion) wyrzeczenie się *n* (**of sth** czegoś); (of rights, title) rezygnacja *f* (**of sth** z czegoś); (of wrongdoing) poniechanie *n* (**of sth** czegoś)

abjure /əb'dʒʊə(r)/ *vt* fml wyrze|c, -kać się (czegoś) *[religion]*; zrze|c, -kać się (czegoś) *[rights, title]*; poniechać (czegoś) *[wrongdoing]*; wyzby|ć, -wać się (czegoś) *[vice]*

ablate /æb'leɪt/ *vt* Med usu|nąć, -wać, odci|ąć, -nać, od|jąć, -ejmować

ablation /æb'leɪʃn/ *n* Med usunięcie *n*, odcięcie *n*, odjęcie *n*

ablative /'æblətɪv/ Ling **I** *n* ablativus *m*, ablatiwus *m*; **in the ~** w ablatiwie
II *adj* **~ case/ending** przypadek/końcówka ablatiwu; **~ construction** konstrukcja ablatywna

ablative absolute *n* Ling ablativus absolutus *m inv*

ablaze /ə'bleɪz/ *adj* [1] (alight) *[building, town]* płonący, w ogniu; **to be ~** płonąć; **to set sth ~** podpalić coś [2] fig (lit up) **to be ~ with excitement** płonąć z podniecenia; **to be ~ with anger** or **rage** pałać or płonąć gniewem, pienić się ze wściekłości; **the room was ~ with light** pokój jarzył się światłami; **to be ~ with colour** mienić się wszystkimi kolorami tęczy

able /'eɪbl/ *adj* [1] (having ability to) **to be ~ to do sth** być w stanie coś zrobić, móc coś zrobić; **he was/wasn't ~ to read it** był w stanie to przeczytać/nie był w stanie tego przeczytać, mógł to przeczytać/nie mógł tego przeczytać; **I'll be better ~ to give you more information after the meeting** dopiero po spotkaniu będę mógł udzielić panu więcej informacji; **she was ~ to play the piano at the age of four** w wieku czterech lat grała już na fortepianie [2] (skilled) *[lawyer, teacher]* zdolny [3] (talented) (child, student) uzdolniony; **he is the most ~** or **the ablest student in the class** jest najzdolniejszym uczniem w tej klasie

able-bodied /ˌeɪbl'bɒdɪd/ *adj* (strong, healthy) silny, krzepki

able-bodied seaman *n* = **able seaman**

able rating *n* patent *m* or dyplom *m* marynarza

able seaman *n* Mil, Naut mat *m*

ablutions /ə'bluːʃnz/ *npl* [1] fml or hum ablucje *plt* hum; **to perform one's ~** dokonywać ablucji [2] (facilities) sanitariaty *m pl*

ably /'eɪblɪ/ *adv [create, write]* z talentem, zręcznie; *[work]* kompetentnie; *[judge]* mądrze; **~ assisted by her colleagues** kompetentnie or mądrze wspomagana przez kolegów

ABM *n* Mil = **antiballistic missile** pocisk *m* antybalistyczny

abnegate /'æbnɪgeɪt/ *vt* wyrze|c, -kać się (kogoś/czegoś) *[belief, pleasures, religion, God]*; zrze|c, -kać się (czegoś) *[powers, rights]*

abnegation /ˌæbnɪ'geɪʃn/ *n* fml [1] (of belief, pleasure, religion) wyrzeczenie się *n*; (of rights, privileges) zrzeczenie się *n* [2] (also **self-~**) wyrzeczenie *n*; **a life of total ~** życie pełne wyrzeczeń

abnormal /æb'nɔːml/ *adj* [1] (deviant) nienormalny; (irregular) nieprawidłowy; **mentally/physically ~** upośledzony psychicznie/fizycznie [2] Comput niewłaściwy

abnormality /ˌæbnɔː'mælətɪ/ *n* [1] (state) nienormalność *f*, nieprawidłowość *f* [2] (feature) anomalia *f*; **physical/mental abnormalities** wady fizyczne/psychiczne

abnormally /æb'nɔːməlɪ/ *adv* (untypically) *[behave, develop, react]* nienormalnie; (unusually) *[difficult, high, low, slow]* wyjątkowo, niezwykle

abo /'æbəʊ/ *n* Austral offensive aborygen *m*, -ka *f*

aboard /ə'bɔːd/ **I** *adv* [1] *[be, live]* na pokładzie; *[go, take]* na pokład; **all ~!** Naut wszyscy na pokład!; Rail, Transp proszę wsiadać! [2] Naut przy burcie, wzdłuż burty
II *prep* **to be ~ sth** być na czymś *[ship]*; być w czymś *[bus, plane, train]*; **to go** or **climb ~ sth** wsiąść na coś *[ship]*; wsiąść do czegoś *[bus, plane, train]*

abode /ə'bəʊd/ *n* [1] (home) fml dom *m*, mieszkanie *n*; **my humble ~** hum moje skromne progi; **Mr Cox, of no fixed ~** Jur pan Cox, bez stałego miejsca zamieszkania [2] Jur (residence) (permanent) miejsce *n* stałego zamieszkania; (temporary) miejsce *n* pobytu; **his place of ~** jego miejsce stałego zamieszkania/pobytu; **the right of ~** prawo zamieszkania

abolish /ə'bɒlɪʃ/ *vt* zn|ieść, -osić *[right, tax, slavery, subsidy]*; s|kończyć z (czymś), położyć, kłaść kres (czemuś) *[custom, practices]*

abolishment /ə'bɒlɪʃmənt/ *n* ra = **abolition**

abolition /ˌæbə'lɪʃn/ *n* (of death penalty, right, tax) zniesienie *n*, abolicja *f*; (of government, dictator) obalenie *n*; (of custom, practices) położenie *n* kresu

abolitionist /ˌæbə'lɪʃənɪst/ *n* [1] zwolenni|k *m*, -czka *f* abolicji [2] US Hist abolicjonist|a *m*, -ka *f*

abominable /ə'bɒmɪnəbl/ *adj [treatment]* okropny, wstrętny; *[conditions, workmanship]* okropny; *[weather]* ohydny, paskudny; *[handwriting, music]* okropny, straszny; *[wine, food]* obrzydliwy, wstrętny; *[wages]* nędzny; **the ~ snowman** człowiek śniegu, yeti

abominably /ə'bɒmɪnəblɪ/ *adv [behave]* odrażająco, ohydnie; *[treat]* wstrętnie; *[rude, arrogant]* strasznie; *[perform, play, cold, hot]* koszmarnie, strasznie

abominate /ə'bɒmɪneɪt, US -mən-/ *vt* brzydzić się (czymś) *[hypocrisy, wrongdoing]*; hum nienawidzić (czegoś) *[homework, vegetables]*

abomination /əˌbɒmɪ'neɪʃn, US -mən-/ *n* [1] (loathing) odraza *f*, wstręt *m* (**of sth** do czegoś); **to hold sb/sth in ~** czuć wstręt or odrazę do kogoś/czegoś [2] (object) ohyda *f*, obrzydlistwo *n*; **what an ~!** co za obrzydliwość or ohyda!

aboriginal /ˌæbə'rɪdʒənl/ **I** *n* (person) autochton *m*, tubylec *m*, krajowiec *m*; (plant, animal) roślina *f* autochtoniczna; (animal) zwierzę *n* autochtoniczne
II *adj [inhabitant, tribe]* tubylczy; *[plant, animal]* autochtoniczny

Aboriginal /ˌæbə'rɪdʒənl/ **I** *n* Aborygen *m*, -ka *f* (*w Australii*)
II *adj* aborygeński

aborigine /ˌæbə'rɪdʒənɪ/ *n* tubylec *m*, krajowiec *m*

Aborigine /ˌæbəˈrɪdʒənɪ/ *n* Aborygen *m*, -ka *f*
abort /əˈbɔːt/ **I** *n* [1] Comput przerwanie *n* wykonania zadania [2] US (of flight) odwołanie *n*
II *vt* [1] Med (terminate) spędz|ić, -ać *[foetus]*; przer|wać, -ywać *[pregnancy]*; wywoł|ać, -ywać poronienie u (kogoś) *[woman]* [2] (interrupt) przer|wać, -ywać *[attack, flight, mission]*; zaniechać (czegoś) *[deal, plan]* [3] Comput (abandon) przer|wać, -ywać *[operation]*; wy|jść, -chodzić z (czegoś) *[program]*
III *vi* [1] *[mother]* po|ronić; *[embryo]* obum|rzeć, -ierać, nie rozwinąć się; *[pregnancy]* za|kończyć się poronieniem [2] *[attack, plan, launch, mission]* za|kończyć się niepowodzeniem, nie powieść się [3] Comput *[program]* zawie|sić, -szać się
abortifacient /əˌbɔːtɪˈfeɪʃənt/ *adj* poronny
abortion /əˈbɔːʃn/ **I** *n* [1] Med (termination) aborcja *f*, przerwanie *n* ciąży; (spontaneous) poronienie *n* samoistne; **back-street ~** skrobanka wykonana pokątnie infml; **to have** or **get an ~** poddać się zabiegowi usunięcia ciąży; **to perform** or **carry out an ~ (on sb)** przeprowadzić (u kogoś) zabieg usunięcia ciąży; **~ on demand** or **request** aborcja na żądanie [2] (interruption) zaniechanie *n* **(of sth** czegoś**)**; (failure) niepowodzenie *n* **(of sth** czegoś**)** [3] (monstrosity) potworność *f*
II *modif [rights, law]* dotyczący przerywania ciąży; *[pill]* poronny; **~ debate** debata or dyskusja na temat przerywania ciąży
abortionist /əˈbɔːʃənɪst/ *n* osoba *f* dokonująca zabiegu usunięcia ciąży; **back-street ~** osoba pokątnie wykonująca skrobanki infml
abortive /əˈbɔːtɪv/ *adj* [1] (unsuccessful) *[mission, attack]* nieudany; *[plan, effort]* chybiony, poroniony [2] Med *[method]* aborcyjny; *[medicine]* poronny
abortively /əˈbɔːtɪvlɪ/ *adv [attempt, try]* bezskutecznie
abound /əˈbaʊnd/ *vi* **fish/food ~ed** było pełno ryb/jedzenia; **everything ~ed there except milk** nie brakowało or nie zbywało tam niczego prócz mleka; **to ~ in** or **with sth** roić się od czegoś *[animals, mistakes]*; być pełnym czegoś *[energy]*; stwarzać mnóstwo czegoś *[opportunities]*
about /əˈbaʊt/ **I** *adj* [1] (expressing future intentions) **to be ~ to do sth** właśnie mieć coś zrobić [2] (rejecting the course of action) **I'm not ~ to do it** nie myślę tego robić [3] (awake and up) na nogach; **you were up and ~ early this morning** wczesnym rankiem byłeś już dziś na nogach
II *adv* [1] (approximately) mniej więcej, prawie, około; **it's ~ the same as yesterday** prawie to samo co wczoraj, prawie tak samo jak wczoraj; **at ~ 6 pm** około szóstej wieczorem; **it's ~ as useful as an umbrella in a hurricane** iron to jest prawie tak przydatne jak parasol podczas wichury → **round** [2] (almost) prawie; **to be just ~ ready** być prawie gotowym; **that seems ~ right** wydaje się mniej więcej w porządku; **I've had just ~ enough of her** zaczynam już mieć jej dosyć; **I've had ~ as much as I can take** jestem na granicy wytrzymałości; mam tego po dziurki w nosie infml → **just** [3] (in circulation) **there was no one ~** nikogo tam nie było; **there are few people ~** jest zaledwie parę osób; **there is a lot of food poisoning ~** jest wiele przypadków zatrucia pokarmowego; **there is a lot of it ~** mnóstwo tego wszędzie or wokół [4] (in the vicinity) **to be somewhere ~** być gdzieś tutaj or w pobliżu; **she must be somewhere ~** ona musi gdzieś tu być [5] (indicating reverse position) **the other way ~** w odwrotną stronę → **put about, turn about**
III *prep* [1] (concerning, regarding) **a book/film ~ sb/sth** książka/film o kimś/czymś; **to talk ~ sb/sth** mówić o kimś/czymś; **what's it ~?** (of book, film, play) o czym to jest?; **it's ~ snakes** to jest o wężach; **may I ask what it's ~?** można spytać, o czym to jest?; **I'm ringing ~ my results** dzwonię w sprawie moich wyników; **it's ~ my son's report** chodzi mi o oceny mojego syna; **~ your overdraft** co się tyczy pańskiego debetu, w sprawie pańskiego debetu [2] (in the nature of) **there's something weird/sad ~ him** jest w nim coś dziwnego/jakiś smutek; **there is something ~ the place that intrigues me** jest w tym miejscu coś, co mnie intryguje; **what I like ~ her is her honesty** podoba mi się w niej jej uczciwość [3] (bound up with) **business is ~ profit** w interesach chodzi o zysk; **teaching is all ~ communication** w nauczaniu najważniejszy jest kontakt z uczniem; **that's what life is all ~** i na tym polega życie, i o to w życiu chodzi [4] (occupied with) **I know what you are ~** wiem, o co ci chodzi; **I know what I'm ~** wiem, co robię; **mind what you're ~!** GB uważaj na to, co robisz!; **while you are ~ it, please clean your room** a przy okazji sprzątnij swój pokój; **and be quick ~ it!** i pośpiesz się (z tym)! [5] (around) **to wander/run ~ the streets** błąkać się/biegać po ulicach; **toys strewn ~ the floor** zabawki porozrzucane na podłodze [6] (in invitations, suggestions) **how** or **what ~ some tea?** może herbaty?; **how ~ going into town?** może pojedziemy do miasta? [7] (when soliciting opinions) **what ~ the transport** GB or **transportation** US **costs?** a co z kosztami transportu?; **what ~ us?** a co z nami?, a my?; **what ~ the dinner?** co powiesz na kolację?; **what ~ it?** a o co chodzi?; **what ~ you** a ty?; **what ~ Anna?** a Anna?; **how ~ it?** co ty na to? [8] fml (on) **to have sth hidden ~ one's person** mieć coś (ukryte) przy sobie *[arms, drugs]*; **the police found drugs hidden ~ his person** policja znalazła przy nim narkotyki [9] GB (surrounding) wokół; **there were trees ~ the house** wokół domu rosły drzewa
IDIOMS: **it's ~ time (that)...** już czas or pora, żeby...; **~ time too!** najwyższa pora!, najwyższy czas!; **that's ~ it** (that's all) i to by było na tyle infml; (that's the situation) i tak to jest
about-face /əˌbaʊtˈfeɪs/ *n* GB Mil zwrot *m*; obrót *m*; fig (total change of viewpoint, attitude) wolta *f*; **the government has done an ~** rząd wykonał zwrot o sto osiemdziesiąt stopni, rząd wykonał woltę
about-turn /əˌbaʊˈtɜːn/ *n* = **about-face**
above /əˈbʌv/ **I** *pron* **the ~** (person) wyżej wymieniony, wspomniany; **the ~ are all witnesses** wszyscy wyżej wymienieni są świadkami; **the ~ are all stolen vehicles** wszystkie wyżej wymienione pojazdy zostały skradzione
II *prep* [1] (vertically) (po)nad (czymś), powyżej (czegoś); **to live ~ a shop** mieszkać nad sklepem; **your name is ~ mine on the list** twoje nazwisko jest przed moim na liście; **the hills ~ Monte Carlo** wzgórza wokół Monte Carlo [2] (north of) na północ od (czegoś); **~ this latitude** na północ od tej szerokości geograficznej [3] (upstream of) powyżej (czegoś) [4] (morally) ponad (czymś); **she's ~ such petty behaviour** ona jest ponad taką małostkowość; **they are not ~ cheating/lying** nie cofną się przed oszustwem/kłamstwem; **he is not ~ lending us a hand** nie odmówi nam pomocy [5] (in preference to) ponad, nad(e); **to admire sth ~ all others** podziwiać coś ponad wszystko; **~ all else** ponad or nade wszystko; **to value happiness ~ wealth** przedkładać szczęście nad bogactwo [6] (superior in status, rank) wyżej niż (ktoś), nad (kimś); **a general is ~ colonel** generał jest wyższy rangą od pułkownika; **to be ~ sb in the world ranking** być wyżej niż ktoś w światowym rankingu; **he thinks he is ~ us** wydaje mu się, że jest lepszy od nas; ma się za lepszego od nas [7] (greater than) powyżej (czegoś), ponad (coś); **~ average** ponad przeciętną, powyżej przeciętnej; **~ the limit** przekraczający (dozwoloną) granicę; **children ~ the age of 12** dzieci powyżej dwunastu lat; **to rise ~ sth** przekroczyć coś *[amount, average, percentage, limit]* [8] (transcending beyond) **~ suspicion** poza (wszelkim) podejrzeniem; **she's ~ criticism** ona jest poza (wszelką) krytyką; **~ reproach** bez zarzutu [9] (too difficult for) **to be ~ sb** *[book, subject]* przerastać kogoś [10] (higher in pitch) ponad (czymś) [11] (over) **I couldn't hear him ~ the sound of the drill** jego głos nie docierał do mnie, zagłuszany przez wiertarkę; **a shot was heard ~ the shouting** ponad wrzawą dał się słyszeć odgłos wystrzału
III *adj* **the ~ names** wyżej wymienione nazwiska; **the ~ items** wyżej wymienione artykuły
IV *adv* [1] (higher up) **a desk with a shelf ~** biurko z nadstawką; **the noise from the apartment ~** hałas dochodzący z mieszkania piętro wyżej; **view from ~** widok z góry; **an order from ~** polecenie or rozkaz z góry; **ideas imposed from ~** pomysły narzucone z góry [2] (earlier in the text) **see ~** zobacz wyżej; **as stated ~** jak stwierdzono powyżej [3] (more) **children of 12 and ~** dzieci w wieku lat 12 i starsze; **tickets at £10 and ~** bilety w cenie 10 funtów i droższe; **those on income of £18,000 and ~** osoby z dochodem 18 000 funtów i wyższym [4] (in the sky) **the sky up ~ was clear** niebo było czyste; **to look up at the stars ~** podnieść wzrok ku gwiazdom,

A

spojrzeć na or w gwiazdy; **the powers ~** siły wyższe; **in Heaven ~** w niebiosach
V above all *adv phr* nade wszystko, przede wszystkim
IDIOMS: **to get ~ oneself** pysznić się, wywyższać się
aboveboard /əˌbʌvˈbɔːd/ *adj* uczciwy
aboveground /əˌbʌvˈgraʊnd/ **I** *adj* nadziemny
II *adv* nad ziemią
above-mentioned /əˌbʌvˈmenʃnd/ *adj* wyżej wspomniany
above-named /əˌbʌvˈneɪmd/ *adj* wyżej wymieniony
abracadabra /ˌæbrəkəˈdæbrə/ *excl* abrakadabra!
abrade /əˈbreɪd/ *vt* [1] Geol *[elements]* erodować, s|powodować erozję (czegoś) *[rock]* [2] o|trzeć, -cierać *[skin]* [3] Tech *[sandpaper]* zetrzeć, ścierać, wygładz|ić, -ać *[surface]*
Abraham /ˈeɪbrəhæm/ *prn* Abraham *m*; **~'s bosom** łono Abrahama
abrasion /əˈbreɪʒn/ *n* [1] (on skin) otarcie *n* [2] (from friction) (of rock) abrazja *f*; (of paint, metal) ścieranie się *n*, zużycie *n* ścierne
abrasive /əˈbreɪsɪv/ **I** *n* (sandpaper) papier *m* ścierny; (on cloth) płótno *n* ścierne; (pumice, emery) materiał *m* ścierny; (chemical for action) środek *m* żrący
II *adj* [1] (trait) *[person]* zgryźliwy, dokuczliwy; *[manner]* szorstki; *[tone]* ostry, szorstki; *[style]* uszczypliwy [2] *[material]* ścierny; *[substance]* żrący
abrasively /əˈbreɪsɪvlɪ/ *adv* *[say, reply, write]* zgryźliwie
abrasiveness /əˈbreɪsɪvnɪs/ *n* (of remark, criticism, tone) szorstkość *f*
abreaction /ˌæbrɪˈækʃn/ *n* Psych odreagowanie *n*, wyładowanie *n* emocjonalne
abreast /əˈbrest/ *adv* [1] (side by side) *[walk]* ramię przy ramieniu; **to walk two/four ~** iść dwójkami/czwórkami; **to advance twenty ~** posuwać się po dwudziestu w szeregu; **in line ~** w rzędzie, w szeregu; **to be** or **come ~ of sb/sth** *[vehicle, person]* zrównać się z kimś/czymś [2] (in touch with) **to be** or **keep ~ of sth** mieć aktualne informacje o czymś *[developments, current affairs]*; **to keep sb ~ of sth** informować kogoś o czymś na bieżąco; **to keep ~ of the times** iść z duchem czasu
abridge /əˈbrɪdʒ/ *vt* skr|ócić, -acać *[book, play, text]*; **in an ~d version** w skróconej wersji
abridg(e)ment /əˈbrɪdʒmənt/ *n* [1] (version) wersja *f* skrócona; **to be published in** or **as an ~** zostać wydanym w wersji skróconej [2] (process) skracanie *n*, skrócenie *n* **(of sth** czegoś); (result of the process) skrót *m* **(of sth** czegoś)
abroad /əˈbrɔːd/ *adv* [1] *[be, live, work]* za granicą; *[go, travel]* za granicę; *[come from]* z zagranicy; **holidays ~** wakacje or urlop za granicą; **at home and ~** w kraju i za granicą; **news from home and ~** wiadomości z kraju i zagranicy [2] (in circulation) **there is a rumour ~ that...** krążą pogłoski, że...; **there is a feeling ~ that...** panuje przekonanie, że...; **there's a new spirit ~** zapanował nowy duch [3] dat or liter (outside) na zewnątrz, na dworze

abrogate /ˈæbrəgeɪt/ *vt* uchyl|ić, -ać, anulować *[law, right]*
abrogation /ˌæbrəˈgeɪʃn/ *n* (of law, right) uchylenie *n*, anulowanie *n*
abrupt /əˈbrʌpt/ *adj* [1] (sudden) *[change, departure]* nagły, raptowny; **to come to an ~ end** zakończyć się nagle or raptownie [2] (curt) *[person]* szorstki w obejściu; *[behaviour, manner]* obcesowy; *[tone]* opryskliwy, ostry [3] (disjointed) *[style, sentence, speech]* nieskładny [4] (steep) stromy
abruptly /əˈbrʌptlɪ/ *adv* [1] (suddenly) *[change, end, leave, turn]* nagle, raptownie; *[gesture]* gwałtownie [2] (curtly) *[behave]* obcesowo; *[speak]* opryskliwie, ostro [3] *[drop, fall, rise]* gwałtownie, stromo
abruptness /əˈbrʌptnɪs/ *n* [1] (in manner) szorstkość *f*, opryskliwość *f* [2] (suddenness) nagłość *f*
abs /æbz/ *npl* infml mięśnie *m pl* brzucha
ABS *n* Aut → **Anti-Lock Brakes System** ABS; **~ brakes** hamulce ABS
abscess /ˈæbses/ *n* ropień *m*
abscond /əbˈskɒnd/ *vi* *[captive, prisoner]* zbiec; *[pupil]* ucie|c, -kać; **to ~ with sth** zbiec z czymś; zbiec, zabierając ze sobą coś *[money, winnings]*
absconder /əbˈskɒndə(r)/ *n* (from justice) zbieg *m*; (from school) uciekinier *m*, -ka *f*
absconding /əbˈskɒndɪŋ/ *n* ucieczka *f*
abseil /ˈæbseɪl/ **I** *n* GB (from mountain) zjazd *m* na linie; **to execute a dangerous ~** wykonać niebezpieczny zjazd
II *vi* zje|chać, -żdżać na linie **(from sth** z czegoś); **to ~ down** zjechać
abseil device *n* GB przyrząd *m* do zjazdu *(na linie)*
abseiling /ˈæbseɪlɪŋ/ *n* GB zjeżdżanie *n* na linie; **to go ~** zjeżdżać na linie
absence /ˈæbsəns/ *n* [1] (of person) nieobecność *f*; **in** or **during sb's ~** pod nieobecność kogoś; **an excused/unexcused ~** nieobecność usprawiedliwiona/nieusprawiedliwiona; **how much ~ with pay can you take?** ile masz płatnego urlopu? [2] (of thing) brak *m* **(of sth** czegoś); **in the ~ of sth** z or wobec braku czegoś *[alternative, cooperation, evidence]* [3] (also **~ of mind)** roztargnienie *n* [4] Jur **to be sentenced in one's ~** zostać skazanym zaocznie
IDIOMS: **~ makes the heart grow fonder** Prov o nieobecnych myślimy życzliwiej; **he was conspicuous by his ~** iron jego nieobecność rzucała się w oczy
absent I /ˈæbsənt/ *adj* [1] (not there) *[person]* nieobecny; **to be ~ from school/work** być nieobecnym w szkole/pracy; **he was conspicuously ~** iron jego nieobecność rzucała się w oczy; **(here's) to ~ friends!** (as toast) zdrowie nieobecnych (przyjaciół)! [2] (lacking) brakujący; (not existing) nieistniejący; **any sign of remorse was ~ from her face** na jej twarzy nie było śladu skruchy [3] (preoccupied) *[expression, look]* nieobecny, nieprzytomny [4] Mil **to be** or **go ~ without leave** oddalić się samowolnie
II /əbˈsent/ *vr* fml **to ~ oneself** (leave) opu|ścić, -szczać **(from sth** coś); (stay away) nie stawi|ć, -ać się **(from sth** w/na czymś)
absentee /ˌæbsənˈtiː/ **I** *n* nieobecn|y *m*, -a *f*
II *modif* *[person]* nieobecny

absentee ballot *n* głosowanie *n* korespondencyjne; **to vote by ~** głosować korespondencyjnie
absentee father *n* ojciec *m*, który opuścił rodzinę
absenteeism /ˌæbsənˈtiːɪzəm/ *n* stała nieobecność *f*, absencja *f*
absentee landlord *n* nieobecny właściciel *m (domu, majątku zarządzanego w jego imieniu przez dzierżawcę)*
absentee rate *n* wskaźnik *m* nieobecności or absencji
absentee voter *n* wyborca *m* głosujący korespondencyjnie
absently /ˈæbsəntlɪ/ *adv* *[muse, say]* z roztargnieniem, w zamyśleniu; **to look** or **stare ~** patrzeć nieobecnym wzrokiem
absent-minded /ˌæbsəntˈmaɪndɪd/ *adj* roztargniony
absent-mindedly /ˌæbsəntˈmaɪndɪdlɪ/ *adv* *[say, look]* w roztargnieniu; *[ignore]* przez roztargnienie, w roztargnieniu; *[stare]* nieprzytomnie
absent-mindedness /ˌæbsəntˈmaɪndɪdnɪs/ *n* roztargnienie *n*
absinth(e) /ˈæbsɪnθ/ *n* absynt *m*, piołunówka *f*
absolute /ˈæbsəluːt/ **I** *n* [1] **the ~** absolut *m* [2] (rule, principle) prawda *f* absolutna; **rigid ~s** prawdy niepodważalne
II *adj* [1] (complete) *[certainty, discretion, minimum]* absolutny; *[refusal]* kategoryczny; *[proof]* niezbity; *[right, choice]* nieograniczony, pełny; Pol *[power, monarch]* absolutny; **~ majority** Pol bezwzględna większość; **~ beginner** (pupil) rozpoczynający naukę [2] (emphatic) *[chaos, disaster, idiot, ignorance]* kompletny; *[scandal]* prawdziwy; *[fact]* niepodważalny; *[lie]* wierutny [3] Phys, Chem *[scale]* bezwzględny; *[zero, temperature]* bezwzględny, absolutny; *[alcohol]* absolutny; *[humidity]* bezwzględny [4] Jur **decree ~** wyrok rozwodowy prawomocny; **the decree was made ~** wyrok się uprawomocnił [5] Ling *[ablative, construction]* absolutny; **~ verb** czasownik przechodni bez dopełnienia [6] Philos *[term]* absolutny [7] Math *[value]* bezwzględny
absolute discharge *n* GB Jur zwolnienie *n* bezwarunkowe
absolutely /ˈæbsəluːtlɪ/ *adv* [1] (totally) *[certain]* całkowicie; *[mad]* kompletnie; *[agree, believe]* całkowicie; *[refuse]* kategorycznie; *[flabbergast]* zupełnie; **to rule ~** Pol sprawować władzę absolutną; **you're ~ right** masz całkowitą rację [2] (emphatic) **this hotel is ~ the most expensive I know** ze znanych mi hoteli ten jest zdecydowanie najdroższy; **I ~ adore opera!** ubóstwiam operę!; **you ~ must come** koniecznie musisz przyjechać/przyjść [3] (certainly) **yes, ~!** absolutnie tak!; **~ not!** absolutnie nie! [4] Ling **a transitive verb used ~** czasownik przechodni użyty bez dopełnienia
absolute pitch *n* Mus słuch *m* absolutny
absolution /ˌæbsəˈluːʃn/ *n* rozgrzeszenie *n* **(from sth** z czegoś)
absolutism /ˈæbsəluːtɪzəm/ *n* Pol absolutyzm *m*; Relig predestynacja *f*
absolve /əbˈzɒlv/ *vt* [1] Relig rozgrzesz|yć, -ać **(from sth** z czegoś); udziel|ić, -ać rozgrzeszenia (komuś) [2] fml (clear) **to ~ sb from** or **of sth** zw|olnić, -alniać kogoś z

czegoś *[obligation, promise, responsibility]*; uw|olnić, -alniać kogoś od czegoś *[charge]*; oczy|ścić, -szczać kogoś z czegoś *[blame, suspicion]* [3] (acquit) uniewinni|ć, -ać

absorb /əb'zɔ:b/ *vt* [1] wchł|onąć, -aniać *[drug, moisture, liquid]*; pochł|onąć, -aniać *[gas, heat, sound]* [2] fig wchł|onąć, -aniać *[business, village]*; pochł|onąć, -aniać *[time, attention]*; za|absorbować *[attention, person]*; przyj|ąć, -mować *[immigrants]*; **the countryside is being ~ed by** or **into the large cities** wielkie miasta wchłaniają okoliczne tereny [3] (withstand) z|łagodzić *[effect, impact, jolt]*; wy|tłumić *[sound]*; zn|ieść, -osić *[blows, insults]*; Aut z|amortyzować *[jolt, shock]* [4] Chem, Phys absorbować

absorbable /əb'zɔ:bəbl/ *adj* (łatwo) wchłaniający się

absorbed /əb'zɔ:bd/ *adj* zaabsorbowany, pochłonięty **(in** or **by sth** czymś**)**; **to be ~ in one's thoughts** być pogrążonym w myślach; **to be ~ in a book/one's work** być pochłoniętym czytaniem książki/pracą; **to get/become ~ in sth** pogrążyć się w czymś, zagłębić się w coś

absorbency /əb'zɔ:bənsɪ/ *n* Chem, Phys absorpcyjność *f*, chłonność *f*; **a high-~ material** materiał o wysokiej chłonności

absorbent /əb'zɔ:bənt/ **I** *n* absorbent *m*, pochłaniacz *m*

II *adj [cloth, cotton, cotton-wool, material]* chłonny, wsiąkliwy

absorbent cotton *n* US wata *f* higroskopijna

absorbing /əb'zɔ:bɪŋ/ zajmujący, pasjonujący

absorption /əb'zɔ:pʃn/ *n* [1] (of liquid, minerals, nutrients) wchłanianie *n*, przyswajanie *n*; (of heat, gas, sound) pochłanianie *n* [2] fig (of business) wchłanianie *n*, wchłonięcie *n*; (of costs) pochłanianie *n*, pochłonięcie *n*; fig (of people) wchłonięcie *n* [3] (of shock, impact) złagodzenie *n*; Aut (of jolt, shock) zamortyzowanie *n* [4] (in activity, book) zaabsorbowanie *n* **(in sth** czymś**)**

absquatulate /æb'skwɒtʃʊleɪt/ *vi* hum da|ć, -wać nogę or dyla or drapaka infml hum

abstain /əb'steɪn/ *vi* [1] Relig powstrzym|ać, -ywać się **(from sth/doing sth** od czegoś /robienia czegoś**)**; **to ~ from meat /alcohol** powstrzymać się od spożywania mięsa/alkoholu; **to ~ from sex** zachowywać wstrzemięźliwość seksualną [2] Pol wstrzym|ać, -ywać się; **to ~ from voting** wstrzymać się od głosowania; **with China ~ing** przy wstrzymującym się głosie Chin

abstainer /əb'steɪnə(r)/ *n* [1] (teetotaller) abstynent *m*, -ka *f*; **he's a total ~** jest całkowitym abstynentem [2] Pol (in vote) wstrzymując|y *m*, -a *f* się od głosowania; (in election) osoba *f* niebiorąca udziału w wyborach

abstemious /æb'sti:mɪəs/ *adj [person, life]* wstrzemięźliwy; *[diet]* ścisły; *[meal]* skromny; **~ habits** wstrzemięźliwość

abstemiously /æb'sti:mɪəslɪ/ *adv [eat, live]* wstrzemięźliwie

abstemiousness /æb'sti:mɪəsnɪs/ *n* (of person) wstrzemięźliwość *f*; (of diet) umiarkowanie *n*, umiar *m*

abstention /əb'stenʃn/ *n* [1] Pol (act) wstrzymanie się *n* od głosu or od głosowania [2] Pol (when counting votes) głos *m* wstrzymujący się; **with three ~s** przy trzech głosach wstrzymujących się [3] (abstinence) wstrzemięźliwość *f*; (from alcohol) abstynencja *f*; (from meat, sweets) powstrzymywanie się *n* **(from sth** od spożywania czegoś**)**

abstinence /'æbstɪnəns/ *n* wstrzemięźliwość *f*; (from alcohol) abstynencja *f*; (from meat, sweets) powstrzymywanie się *n* **(from sth** od spożywania czegoś**)**; rezygnacja *f* **(from sth** z czegoś**)**

abstinent /'æbstɪnənt/ *adj* wstrzemięźliwy

abstract **I** /'æbstrækt/ *n* [1] (theoretical) **the ~** abstrakcja *f*, abstrakt *m*; **in the ~** teoretycznie [2] (summary) streszczenie *n*, skrót *m* [3] Fin (of accounts) wyciąg *m*; Jur (of legal title) wypis *m* [4] Art abstrakcja *f*; **to paint ~s** malować abstrakcje or obrazy abstrakcyjne

II /'æbstrækt/ *adj* [1] (theoretical) abstrakcyjny [2] Art abstrakcyjny, abstrakcjonistyczny; **~ artist** artysta abstrakcyjny, abstrakcjonista [3] Ling *[noun, expression]* abstrakcyjny

III /əb'strækt/ *vt* [1] (separate) wyodrębni|ć, -ać *[idea]*; [2] (draw off) wydoby|ć, -wać *[substance]* [3] (summarize) stre|ścić, -szczać *[book]*; **to ~ sth from sth** wyodrębnić coś z czegoś *[document, data]* [4] fml (remove) wyciąg|nąć, -ać, zab|rać, -ierać; **to ~ sth from sb** wyciągnąć coś komuś

IV /əb'strækt/ *vr* **to ~ oneself from sth** oderwać się od czegoś

abstracted /əb'stræktɪd/ *adj* (withdrawn) *[gaze]* nieprzytomny; *[air]* roztargniony; **he seemed rather ~** robił wrażenie nieprzytomnego

abstractedly /əb'stræktɪdlɪ/ *adv [look, listen, consider]* z roztargnieniem, w roztargnieniu

abstraction /əb'strækʃn/ *n* [1] (idea) pojęcie *n* abstrakcyjne, abstrakcja *f*; **to talk in ~s** mówić abstrakcyjnie [2] (abstract quality) abstrakcja *f* [3] Art (tendency) abstrakcjonizm *m*; (work) abstrakcja *f*, dzieło *n* abstrakcyjne [4] (absence of mind) roztargnienie *n*, rozkojarzenie *n*; **she had an air of ~ about her** wyglądała na osobę rozkojarzoną [5] fml (of property, money) zabranie *n*, zagarnięcie *n* **(of sth** czegoś**)**

abstruse /əb'stru:s/ *adj [remarks, explanation]* zawiły

abstruseness /əb'stru:snɪs/ *n* zawiłość *f*

absurd /əb'sɜ:d/ **I** *n* Philos, Theat **the ~** absurd *m*; **the theatre of the ~** teatr absurdu

II *adj [idea, act]* absurdalny, niedorzeczny; *[appearance]* idiotyczny; **it was ~ of him to do it** niedorzecznością było to, co zrobił; **it is ~ that...** to absurdalne, że...; **don't be ~!** nie mów głupstw!

absurdity /əb'sɜ:dətɪ/ *n* [1] (quality) absurdalność *f*, niedorzeczność *f* **(of sth** czegoś**)** [2] (absurd) absurd *m*, niedorzeczność *f*, nonsens *m*; **the height of ~** szczyt nonsensu; **to the point of ~** do granic absurdu; **a string of absurdities** stek bzdur

absurdly /əb'sɜ:dlɪ/ *adv [wealthy, expensive]* nieprawdopodobnie; *[behave]* idiotycznie

ABTA /'æbtə/ *n* GB = **Association of British Travel Agents** ≈ Stowarzyszenie *n* Brytyjskich Biur Podróży

Abu Dhabi /ˌɑ:bu:'dɑ:bɪ/ *prn* Abu Zabi *n inv*

abundance /ə'bʌndəns/ *n* [1] (lots) masa *f*, mnóstwo *n* **(of sth** czegoś**)** *[persons, things]*; obfitość *f* **(of sth** czegoś**)** *[food, wine, wildlife]*; **food was in ~** jedzenia było w bród [2] (wealth) dostatek *m*; **to live a life of ~** żyć w dostatku

abundant /ə'bʌndənt/ *adj [rain, resources]* obfity; *[amount, quantity]* wielki; *[evidence, proof]* liczny; *[growth, vegetation]* bujny; **an ~ supply of cheap labour** duże zasoby taniej siły roboczej; **to be ~ in sth** obfitować w coś *[natural resources, plants]*

abundantly /ə'bʌndəntlɪ/ *adv* [1] (in large quantities) obficie; *[grow]* bujnie; *[available, supplied]* w dużej ilości; *[illustrated]* bogato [2] *[clear, obvious]* aż nazbyt, aż nadto

abuse **I** /ə'bju:s/ *n* [1] (misuse) (of hospitality, position, power, trust) nadużycie *n*, nadużywanie *n*; **alcohol ~** alkoholizm; **drug ~** narkomania; **human rights ~** łamanie praw człowieka [2] (maltreatment) maltretowanie *n*, znęcanie się *n*; (sexual) wykorzystywanie *n* seksualne; (rape) gwałt *m*; **child ~** maltretowanie/wykorzystywanie dzieci; **sexual child ~** seksualne wykorzystywanie dzieci; **to suffer ~** być maltretowanym/wykorzystywanym seksualnie [3] (insults) obelgi *f pl*, wyzwiska *n pl*; **to hurl** or **shower ~ at sb** obrzucić kogoś obelgami or wyzwiskami; **to heap ~ on a dead person's memory** znieważyć pamięć zmarłego; **a shower** or **stream of ~** potok wyzwisk; **a term of ~** obelżywe określenie; **verbal ~** zniewaga słowna

II /ə'bju:z/ *vt* [1] (misuse) naduży|ć, -wać (czegoś) *[drug, hospitality, position, power, trust]* [2] (hurt) znęcać się nad (kimś) *[person, animal]*; (sexually) wykorzystywać seksualnie; **to be ~d** być maltretowanym/wykorzystywanym seksualnie [3] (insult) na|ubliżać (komuś), zelżyć

abuser /ə'bju:zə(r)/ *n* (also **sex ~, sexual ~**) zwyrodnialec *m (wykorzystujący seksualnie innych)*

abusive /ə'bju:sɪv/ *adj* [1] (insulting) *[language, words]* obelżywy, obraźliwy [2] (rude) *[person]* grubiański; **to be ~ to** or **towards sb** odnosić się obelżywie or grubiańsko do kogoś [3] (improper) *[use, interpretation, practices]* niewłaściwy [4] (violent) *[person]* agresywny; *[relationship]* pełen przemocy

abusively /ə'bju:sɪvlɪ/ *adv [behave, treat]* obelżywie, grubiańsko

abusiveness /ə'bju:sɪvnɪs/ *n* (of language) obelżywość *f*; (of person) grubiaństwo *n*

abut /ə'bʌt/ **I** *vt* **(***prp, pt, pp* **-tt-)** przylegać do (czegoś) *[house, garden]*; graniczyć z (czymś) *[country]*; Constr u|łożyć, -kładać na styk *[wallpaper, wood]*

II *vi* **(***prp, pt, pp* **-tt-)** (adjoin) *[house, garden]* przylegać **(on** or **upon sth** do czegoś**)**; *[country, region]* graniczyć **(on** or **upon sth** z czymś**)**; (be supported) opierać się **(against sth** o coś**)**

abutment /ə'bʌtmənt/ *n* [1] wspornik *m*, podpora *f*; Archit przypora *f*, skarpa *f* [2] (on bridge) przyczółek *m*

abuzz /əˈbʌz/ *adj, adv* **to be ~** wrzeć, huczeć **(with** or **about** or **over sth** z powodu czegoś, w związku z czymś); **the school was ~ with the gossip** w szkole huczało od plotek

abysmal /əˈbɪzml/ *adj [condition, performance, standard]* fatalny, okropny; *[ignorance, poverty]* przeraźliwy, rozpaczliwy, potworny

abysmally /əˈbɪzməlɪ/ *adv [behave, fail, perform]* fatalnie, okropnie; *[poor, ignorant]* rozpaczliwie, potwornie

abyss /əˈbɪs/ *n* przepaść *f*, otchłań *f* also fig; **two ideologies divided by an ~** dwie ideologie, które dzieli przepaść; **to sink into an ~ of sth** pogrążyć się w otchłani czegoś *[ignorance, lawlessness]*; **to be on the edge** or **brink of an ~** stać nad przepaścią

Abyssinia /ˌæbɪˈsɪnjə/ *prn* Hist Abisynia *f*

Abyssinian /ˌæbɪˈsɪnjən/ **I** *prn* Hist Abisy|ńczyk *m*, -nka *f*
II *adj* abisyński

Abyssinian cat *n* kot *m* abisyński

a/c *n* = **account** Fin rachunek *m* bieżący

AC *n* → **alternating current**

acacia /əˈkeɪʃə/ **I** *n* Bot (*pl* **~, ~s**) akacja *f*; **false ~** robinia *f*, grochodrzew *m*
II *modif [coppice]* akacjowy; **~ bark/leaf** kora/liść akacji

Acad *n* = **academy**

academe /ˈækədiːm/ *n* liter środowisko *n* akademickie *f*; **the halls** or **groves of the ~** świat akademicki

academia /ˌækəˈdiːmɪə/ *n* środowisko *n* akademickie

academic /ˌækəˈdemɪk/ **I** *n* (who only teaches) nauczyciel *m* akademicki; (who teaches and does research) pracownik *m* naukowo-dydaktyczny
II *adj* [1] (in college, university) *[career, qualifications, work]* naukowy; *[life, year]* akademicki; **~ post/teaching** posada/nauczanie na uczelni; **~ adviser** opiekun studentów; **~ freedom** (for professor) prawo do nauczania zgodnie z własnymi przekonaniami; (for student) prawo swobodnego wyboru kierunku studiów i przedmiotów; **~ institution** szkoła wyższa [2] (scholarly) *[achievement, reputation, background, approach]* naukowy; *[child]* zdolny do nauki; **~ school** szkoła o wysokim poziomie [3] *[subject, course]* teoretyczny; **the course is a combination of ~ and practical work** ten kurs jest połączeniem zajęć teoretycznych i praktycznych [4] (educational) **~ book** (for school) podręcznik szkolny; (for university) skrypt, podręcznik akademicki [5] (theoretical) *[debate, discussion, exercise, question]* akademicki also pej; **to be a matter of ~ interest** być interesującym z czysto akademickiego punktu widzenia [6] Art, Literat *[painter, writer, style]* akademicki

academically /ˌækəˈdemɪklɪ/ *adv* z akademickiego punktu widzenia; **~ able** (at school) zdolny; **~ minded** naukowo myślący; **qualified ~** posiadający naukowe kwalifikacje

academicals /ˌækəˈdemɪklz/ *npl* GB Univ = **academic dress**

academic dress *n* Univ *tradycyjny strój nauczycieli i studentów – biret i toga*; **in ~** w stroju akademickim

academician /əˌkædəˈmɪʃn, US ˌækədəˈmɪʃn/ *n* członek *m* akademii, akademik *m*

academy /əˈkædəmɪ/ *n* [1] Sch akademia *f*; **military/naval ~** akademia wojskowa /marynarki wojennej; **music ~** akademia muzyczna [2] (secondary school) szkoła *f*; **~ of music** szkoła muzyczna; **~ of art** szkoła plastyczna [3] (training school) szkoła *f*; **riding ~** szkoła jazdy konnej [4] (learned society) akademia *f* **(of sth** czegoś)

Academy Award *n* Cin Oscar *m*

acanthus /əˈkænθəs/ *n* (*pl* **~es, -thi)** Bot, Archit akant *m*

Acas, ACAS /ˈeɪkæs/ *n* GB = **Advisory Conciliation and Arbitration Service** *komisja pojednawcza w sporach pracowniczych*

accede /əkˈsiːd/ *vi* fml [1] (agree to) przysta|ć, -wać **(to sth** na coś); przychyl|ić, -ać się **(to sth** do czegoś) [2] Pol (join) przyst|ąpić, -ępować **(to sth** do czegoś) [3] (take position) obj|ąć, -ejmować **(to sth** coś)

accelerate /əkˈseləreɪt/ **I** *vt* fig przyśpiesz|yć, -ać *[decline, growth]*
II *vi* [1] Aut przyśpiesz|yć, -ać; **to ~ away** ruszyć pełnym gazem **(from sth** z czegoś); **to ~ from 10 to 60 mph** zwiększyć prędkość z 10 do 60 mil/godz. [2] fig *[decline, growth]* ule|c, -gać przyśpieszeniu

accelerated learning *n* [1] (method) przyśpieszony tok *m* nauczania [2] (programme) indywidualny tok *m* nauczania *(dla dzieci wybitnie zdolnych)*

acceleration /əkˌseləˈreɪʃn/ *n* przyśpieszenie *n*; **~ time** Aut czas przyśpieszenia

accelerator /əkˈseləreɪtə(r)/ *n* [1] Aut, Chem, Phys, Physiol akcelerator *m*, przyśpieszacz *m* [2] (also **~ pedal)** pedał *m* gazu; gaz *m* infml; **to step on the ~** nacisnąć gaz or pedał gazu, dodać gazu; **to let up on the ~** zdjąć nogę z gazu or z pedału gazu

accent **I** /ˈæksent, -sənt/ *n* [1] Ling, Mus akcent *m*; **in** or **with an English ~** z angielskim akcentem; **to put the ~ on sth** zaakcentować coś; **to play the ~s** Mus realizować akcenty [2] fig nacisk *m*, podkreślenie *n*; **with the ~ on quality** kładąc nacisk na jakość
II /ækˈsent/ *vt* [1] Ling, Mus za|akcentować [2] fig podkreśl|ić, -ać; położyć, kłaść nacisk na (coś) *[issue, point]*

accented /ˈæksentɪd, -sənt-/ *adj [speech]* z akcentem; **strongly** or **heavily ~ speech** wymowa z silnym akcentem

accentuate /ækˈsentʃʊeɪt/ *vt* podkreśl|ić, -ać **(by sth** czymś); Mus akcentować

accentuation /əkˌsentʃʊˈeɪʃn/ *n* podkreślenie *n*, uwypuklenie *n*; Ling, Mus akcentuacja *f*

accept /əkˈsept/ **I** *vt* [1] (take, receive) przyj|ąć, -mować *[apology, candidate, gift, invitation, offer]* [2] (approve, tolerate) za|akceptować *[person, behaviour, idea]* [3] (resign oneself to) po|godzić się z (czymś) *[fate, situation]* [4] (take on) wziąć, brać *[responsibility]*; zg|odzić, -adzać się na (coś) *[function, role]* [5] (take as true or valid) u|wierzyć w (coś) *[story]*; **it is generally ~ed that...** powszechnie uważa się, że...; **I don't ~ that...** nie wierzę, że...
II **accepted** *pp adj [fact]* uznany; *[account, behaviour]* przyjęty; **in the ~ed sense of the word** w ogólnie przyjętym znaczeniu tego słowa

acceptability /əkˌseptəˈbɪlətɪ/ *n* [1] dopuszczalność *f* [2] Ling akceptowalność *f*

acceptable /əkˈseptəbl/ *adj* [1] (welcome) *[gift, money]* mile widziany [2] (agreeable) *[idea, offer]* (możliwy) do przyjęcia **(to sb** dla kogoś); zadowalający **(to sb** kogoś) [3] (allowable) *[behaviour, risk]* dopuszczalny; **it is not ~** to jest niedopuszczalne, to jest nie do przyjęcia; **to an ~ level** w dopuszczalnym stopniu; **within ~ limits** w dopuszczalnych granicach [4] Ling akceptowalny

acceptably /əkˈseptəblɪ/ *adv [express, introduce]* w sposób zadowalający or możliwy do przyjęcia; *[behave]* przyzwoicie; *[play]* na przyzwoitym poziomie; *[good, high, low]* dostatecznie

acceptance /əkˈseptəns/ *n* [1] (reception) przyjęcie *n* **(of sth** czegoś); **we've had five ~s** otrzymaliśmy pięć odpowiedzi pozytywnych; **a letter of ~** pisemna akceptacja [2] (approval) akceptacja *f*, zaakceptowanie *n* **(of sth** czegoś); **to find** or **meet with ~** spotkać się z aprobatą; **to gain ~** zyskać aprobatę [3] (submission to) pogodzenie się *n* **(of sth** z czymś) [4] Fin (of bill) akcept *m*; Comm (of goods) przyjęcie *n*; Insur (of policy) akceptacja *f*

acceptance bank *n* Fin bank *m* akceptujący, bank *m* dyskontowy

acceptance test *n* Naut próba *f* odbiorcza

acceptance trial *n* = **acceptance test**

acceptation /ˌæksepˈteɪʃn/ *n* Ling znaczenie *n*, sens *m*

acceptor /əkˈseptə(r)/ *n* [1] Comm akceptant *m* [2] Phys (atom) akceptor *m*

access /ˈækses/ **I** *n* [1] (means of entry) (on foot) wejście *n*, wstęp *m*, dojście *n*; (for vehicles) wjazd *m*, dojazd *m*; **pedestrian ~** wejście dla pieszych; **wheelchair ~** wjazd dla wózków inwalidzkich; (on signs) **'~ to the library is from the street'** „wejście do biblioteki od ulicy"; **to gain ~ to sth** dostać się do czegoś; **'no ~!'** (on signs) „zakaz wstępu" [2] (ability to obtain, use) dostęp *m*, dojście *n* **(to sth** do czegoś); **to have ~ to information/education/database** mieć dostęp do informacji/nauki/bazy danych; **open ~** swobodny dostęp [3] Jur (right to visit) **right of ~** prawo dostępu; **to have ~ (to one's children)** mieć prawo do kontaktu z dziećmi; **to grant/deny ~** przyznać prawo/odmówić prawa do kontaktu; **right of ~ to prisoners** prawo do kontaktu z więźniami [4] Comput dostęp *m* **(to sth** do czegoś); **to get ~ to a file** uzyskać dostęp do pliku [5] fml (outburst) przypływ *m*; **an ~ of rage/remorse** przypływ wściekłości/wyrzutów sumienia
II *modif* (entry) **~ control/mode** kontrola /sposób dostępu; (visiting) **~ right** prawo do kontaktu
III *vt* Comput w|ejść, -chodzić do (czegoś) *[database, file]*; dosta|ć, -wać się do (czegoś) *[information, machine]*

accessary /əkˈsesərɪ/ *n* = **accessory** **I** [2]

access course *n* GB Univ kurs *m* uzupełniający *(dający uprawnienia do ubiegania się o przyjęcie na wyższą uczelnię)*
accessibility /əkˌsesəˈbɪlətɪ/ *n* dostępność *f* **(of sth** czegoś); dostęp *m* **(to sth** do czegoś)
accessible /əkˈsesəbl/ *adj* [1] (easy to reach) *[education, place, house, information, files, resources]* dostępny **(to sb/sth** dla kogoś /czegoś); *[person]* przystępny [2] (easy to understand) *[art]* przystępny **(to sb** dla kogoś); *[writer]* piszący przystępnie [3] (affordable) *[car, holiday]* dostępny; *[price]* przystępny **(to sb** dla kogoś)
accession /ækˈseʃn/ **I** *n* [1] (to throne) wstąpienie *n* (na tron); (to office, position) objęcie *n* **(to sth** czegoś); (to power) dojście *n* **(to sth** do czegoś); (to property, estate, title) przejęcie *n* **(to sth** czegoś); (to organization, treaty) przystąpienie *n* **(to sth** do czegoś) [2] (books, objects of art) (nowy) nabytek *m*
II *vt* s|katalogować *[books, exhibits, volumes]*
accession number *n* (in library) numer *m* katalogowy; (in museum) numer *m* inwentarzowy
accessorize /əkˈsesəraɪz/ *vt* (dodatkowo) wyposaż|yć, -ać; **~ your car with...** (dodatkowo) wyposaż samochód w...
accessory /əkˈsesərɪ/ **I** *n* [1] Aut akcesorium *n*, wyposażenie *n* dodatkowe; Fashn (of dress) dodatki *plt*; (of toiletry) przybory *plt* [2] Jur współwinn|y *m*, -a *f*; **to be an ~ to sth** być współwinnym czegoś; **an ~ before the fact** podżegacz; **an ~ after the fact** poplecznik
II *modif* Anat dodatkowy, pomocniczy; Aut **~ market** handel akcesoriami or wyposażeniem dodatkowym
access provider *n* Comput dostawca *m* dostępu
access road *n* (to building, motorway, site) droga *f* dojazdowa
access television programme *n* GB TV *program TV tworzony z udziałem telewidzów*
access time *n* Comput czas *m* dostępu
accidence /ˈæksɪdəns/ *n* Ling fleksja *f*
accident /ˈæksɪdənt/ **I** *n* [1] (mishap) wypadek *m*; **an ~ with a chain-saw** wypadek z piłą łańcuchową; **road/street ~** wypadek drogowy/uliczny; **industrial ~** wypadek przy pracy or w miejscu pracy; **~s in the home** wypadki w miejscu zamieszkania; **to have an ~** mieć wypadek; **to meet with an ~** ulec wypadkowi; **~ and emergency service** (in hospital) ostry dyżur; **I had an ~ with the teapot** przytrafił mi się mały wypadek z dzbankiem do herbaty; **I'm sorry, it was an ~** przepraszam, nie zrobiłem tego umyślnie; **~s will happen!** wypadki chodzą po ludziach; **the baby had a little ~** euph niemowlęciu przytrafiło się małe nieszczęście euph; **a chapter of ~s** seria wypadków [2] (chance) przypadek *m*; **by ~** przypadkiem, przypadkowo; **it's no ~ that...** nieprzypadkowo...; **he is rich by an ~ of birth** szczęśliwym dla niego trafem urodził się bogaty; **more by ~ than design** raczej przez przypadek niż celowo
II *modif* **~ figures** liczby dotyczące wypadków; **~ statistics** statystyka wypadków; **~ protection** ochrona przed wypadkiem; **(personal) ~ insurance** Insur (indywidualne) ubezpieczenie od następstw nieszczęśliwych wypadków; **~ prevention** zapobieganie wypadkom; **~ victim** ofiara wypadku
accidental /ˌæksɪˈdentl/ **I** *n* Mus akcydencja *f*
II *adj* [1] (by chance) *[meeting, death, poisoning]* przypadkowy [2] (incidental) *[effect]* niezamierzony; *[mistake]* przypadkowy
accidentally /ˌæksɪˈdentəlɪ/ *adv* (by accident) przypadkowo, przypadkiem; (by mischance) niechcący; **to do sth ~ on purpose** iron zrobić coś niby niechcący
Accident and Emergency Unit *n* oddział *m* pomocy doraźnej
accident-prone /ˌæksɪdəntˈprəʊn/ *adj* *[person, child]* często ulegający wypadkom; **to be ~** często ulegać wypadkom
acclaim /əˈkleɪm/ **I** *n* [1] (praise) uznanie *n*; **to win ~** zdobyć uznanie [2] (cheering) brawa *plt*, oklaski *plt*, aplauz *m*; **roars of ~** huczne brawa or oklaski
II *vt* [1] (praise) darzyć uznaniem; **the new method was ~ed (as) a medical breakthrough** nową metodę uznano za przełom w medycynie [2] (cheer) oklaskiwać, przyj|ąć, -mować brawami or oklaskami *[actor, speaker]* [3] (proclaim) **to ~ sb (as) king /champion** okrzyknąć or obwołać kogoś królem/mistrzem
III acclaimed *pp adj* **~ ed by the critics** uznany przez krytyków; **~ ed by the public** cieszący się popularnością
acclamation /ˌækləˈmeɪʃn/ *n* owacja *f*; **(elected) by** or **with ~** (wybrany) przez aklamację; **to greet sb with loud ~(s)** powitać kogoś owacyjnie
acclimate US = **acclimatize**
acclimation US = **acclimatization**
acclimatization /əˌklaɪmətaɪˈzeɪʃn, US -tɪˈz-/ *n* aklimatyzacja *f*, przystosowanie się *n* **(to sth** do czegoś)
acclimatize /əˈklaɪmətaɪz/ **I** *vt* przystoso|wać, -ywać **(to sth** do czegoś); **to get** or **become ~d** zaaklimatyzować się, przystosować się **(to sth** do czegoś)
II *vi [animal, bird, person, plant]* zaaklimatyzować się, przystosować się
III *vr* **to ~ oneself** zaaklimatyzować się, przystosować się **(to sth** do czegoś)
accolade /ˈækəleɪd, US -ˈleɪd/ *n* [1] (highest honour) (najwyższy) zaszczyt *m*; **to bestow** or **confer an ~ on sb** wyróżnić kogoś zaszczytem [2] (praise) wyraz *m* or dowód *m* najwyższego uznania; **to receive** or **win ~s** zdobyć najwyższe uznanie [3] Hist (on being knighted) pasowanie *n* na rycerza [4] Mus akolada *f*
accommodate /əˈkɒmədeɪt/ **I** *vt* [1] (provide room, space for) *[landlord, owner]* da|ć, -wać dach nad głową (komuś) *[lodger]*; zakwaterować *[tourist]*; *[building, room, site, vehicle]* po|mieścić, zmieścić; *[hotel]* przyj|ąć, -mować; **how many cars will the car park ~?** ile samochodów zmieści się na parkingu?; **I can't ~ a freezer** nie mam miejsca na zamrażarkę [2] (adapt to) dostoso|wać, -ywać *[idea, plan, view]* **(to sth** do czegoś) [3] (reconcile) po|godzić *[objection, role]* **(with sth** z czymś) [4] (satisfy) zadow|olić, -alać *[person]*; uwzględni|ć, -ać *[need, request, wish]* [5] fml (meet request) wyjść (komuś) naprzeciw; **to ~ sb with sth** udzielić komuś czegoś *[assistance, loan]*; zaofiarować komuś coś *[required item]*; wyświadczyć komuś coś *[favour]*
II *vi* Med *[eye]* akomodować
III *vr* **to ~ oneself to sth** dostosow|ać, -ywać się do czegoś *[conditions, needs, wishes]*; osw|oić, -ajać się z czymś *[change, condition, idea]*
accommodating /əˈkɒmədeɪtɪŋ/ *adj* (willing to help) *[person]* uczynny; (easy to deal with) *[person]* przychylnie usposobiony; *[attitude]* przychylny
accommodatingly /əˈkɒmədeɪtɪŋlɪ/ *adv* (obligingly) *[say]* życzliwie; *[act]* usłużnie
accommodation /əˌkɒməˈdeɪʃn/ *n* [1] (or **~s)** US (living quarters) czasowe mieszkanie *n*, kwatera *f*; **hotel ~** miejsce w hotelu; **overnight ~** nocleg; **private ~** kwatera prywatna, kwatery prywatne; **student ~** kwatera studencka, kwatery studenckie; **~ to let** GB lokale do wynajęcia; **office ~** pomieszczenia biurowe [2] (space) miejsce *n* **(for sb/sth** dla kogoś/czegoś); **we have first class ~ on this flight** na ten lot mamy miejsca w pierwszej klasie [3] (agreement) ugoda *f*, porozumienie *n* **(on** or **over sth** co do czegoś, w sprawie czegoś); **can't we come to some ~ over this issue?** czy nie możemy pójść na kompromis w tej sprawie? [4] (adjustment) dostosowanie *n*, przystosowanie *n* **(to sth** do czegoś) [5] Physiol (of eye) akomodacja *f*, nastawność *f* [6] Fin, Comm (loan) pożyczka krótkoterminowa *f* [7] (favour) przysługa *f*
accommodation address *n* GB adres *m* do korespondencji
accommodation bill *n* Comm weksel *m* grzecznościowy
accommodation bureau GB, **accommodations bureau** US *n* (for tourists) biuro *n* zakwaterowania; (for general purposes) biuro *n* wynajmu mieszkań
accommodation ladder *n* trap *m*
accommodation officer GB, **accommodations officer** US *n* urzędni|k *m*, -czka *f* biura zakwaterowań or wynajmu mieszkań
accommodation road *n* droga *f* prywatna (dojazdowa)
accommodation train *n* US Rail pociąg *m* osobowy
accompaniment /əˈkʌmpənɪmənt/ *n* akompaniament *m* **(to sth** do czegoś); **with piano ~** Mus przy akompaniamencie fortepianu; **to the ~ of soft music** przy dźwiękach przyciszonej muzyki; **to the ~ of loud cheers** przy wtórze głośnych okrzyków; **white wine is an excellent ~ to fish** białe wino jest doskonałym dodatkiem do ryb
accompanist /əˈkʌmpənɪst/ *n* akompaniator *m*, -ka *f*
accompany /əˈkʌmpənɪ/ **I** *vt* [1] Mus akompaniować (komuś) **(on sth** na czymś) [2] (escort) towarzyszyć (komuś/czemuś); **accompanied by sb** w towarzystwie kogoś; **~ by** or **with sth** połączony z czymś
II *vi* Mus akompaniować
III *vr* Mus **to ~ oneself** akompaniować sobie

accomplice /əˈkʌmplɪs, US əˈkɒm-/ *n* Jur wspólni|k *m*, -czka *f* (przestępstwa); współspraw|ca *m*, -czyni *f* (**in** or **to sth** czegoś)

accomplish /əˈkʌmplɪʃ, US əˈkɒm-/ *vt* osiąg|nąć, -ać *[aim]*; wykon|ać, -ywać *[job, task]*; za|kończyć pomyślnie *[mission, journey]*; pokon|ać, -ywać *[distance]*; spełni|ć, -ać *[desire, dream]*; wypełni|ć, -ać *[duty]*

accomplished /əˈkʌmplɪʃt, US əˈkɒm-/ *adj [dancer, poet, player, performance, interpretation]* znakomity; **to give a highly ~ performance of a concerto** popisowo wykonać koncert; **an ~ young lady** dat starannie wykształcona młoda dama; **an ~ fact** fakt dokonany

accomplishment /əˈkʌmplɪʃmənt, US əˈkɒm-/ *n* [1] (act of accomplishing) (of aim) osiągnięcie *n*; (of job, task) wykonanie *n*; (of mission, journey) pomyślne zakończenie *n*; (of distance) pokonanie *n*; (of desire, dream, duty) spełnienie *n* [2] (thing accomplished) dokonanie *n*, osiągnięcie *n*; **that's no mean** or **small ~!** to nie lada wyczyn!, to nie byle co! [3] (skill) umiejętność *f*

accord /əˈkɔːd/ **I** *n* (agreement) porozumienie *n* (**on sth** w sprawie czegoś); zgoda *f* (**on sth** na coś); **to be in ~ with sth** zgadzać się or być zgodnym z czymś; **to be in ~ with sb** zgadzać się z kimś; **of my own ~** z własnej woli or inicjatywy; **with one ~** jednomyślnie, jak jeden mąż; **to reach ~** osiągnąć porozumienie or zgodę

II *vt* **to ~ sth to sb** przyznać komuś coś *[power, status]*

III *vi* **to ~ with sb/sth** zgadzać się z kimś/czymś

accordance /əˈkɔːdəns/ **I** *n* zgodność *f*

II in accordance with *prep phr* [1] (in line with) (act) zgodnie z (czymś) *[facts, rules, wishes]*; **in ~ with your instructions** zgodnie z twomi wskazówkami; **to be in ~ with sth** być zgodnym z czymś *[agreement, law]*; **to act in perfect ~ with the regulations** trzymać się ściśle przepisów [2] (proportional to) zależnie od (czegoś), zgodnie z (czymś); **taxes levied in ~ with the individual's ability to pay** podatki nakładane w zależności od indywidualnych możliwości płatniczych

according /əˈkɔːdɪŋ/ **I according to** *prep phr* [1] (in agreement with) (act) zgodnie z (czymś), według (czegoś) *[custom, law, principles]*; **it all went ~ to plan** wszystko odbyło się zgodnie z planem [2] (by reference to) według (czegoś) *[newspaper, thermometer]*; zgodnie z (czymś) *[map]* [3] (in proportion to) stosownie do (czegoś); **he will be punished ~ to the seriousness of his crime** zostanie ukarany stosownie do szkodliwości czynu

II according as *conj phr* fml w zależności od (czegoś), stosownie do (czegoś); **everyone contributes ~ as he is able** każdy wnosi wkład wedle swoich możliwości

accordingly /əˈkɔːdɪŋlɪ/ *adv* [1] (consequently) **and ~** (a) zatem; **they withdrew support and ~ I cancelled the project** wycofali poparcie, zatem przerwałem realizację projektu [2] (as circumstances suggest) *[behave, dress]* stosownie, odpowiednio (do okoliczności)

accordion /əˈkɔːdɪən/ **I** *n* akordeon *m*; **to learn the ~** uczyć się gry na akordeonie

II *modif* [1] Mus *[band, concerto, music]* akordeonowy [2] Fashn *[skirt]* plisowany [3] Constr *[door]* harmonijkowy

accordionist /əˈkɔːdɪənɪst/ *n* akordeonis|ta *m*, -ka *f*

accordion-player /əˈkɔːdɪənpleɪə(r)/ *n* akordeonist|a *m*, -ka *f*

accordion pleat *n* plisa *f*

accordion pleating *n* plisowanie *n*

accordion skirt *n* spódnica *f* plisowana

accordion wall *n* ścianka *f* przesuwna harmonijkowa

accost /əˈkɒst/ *vt* zaczepi|ć, -ać; zagab|nąć, -ywać liter; (for sexual purposes) nagab|nąć, -ywać; **I was ~ed by a stranger** zaczepił or zagabnął mnie jakiś nieznajomy

account /əˈkaʊnt/ **I** *n* [1] Fin (also **bank ~**) konto *n* (bankowe), rachunek *m* (bankowy); **to open an ~** otworzyć rachunek, założyć konto; **to close an ~** zamknąć rachunek, zlikwidować konto; **in sb's ~** na koncie or rachunku kogoś; **the balance on sb's ~** saldo or stan konta or rachunku kogoś [2] Comm (credit arrangement) rachunek *m*, otwarty kredyt *m*; **to have an ~ at a shop/with the baker** mieć kredyt w sklepie/u piekarza; **to charge sth to** or **put sth on sb's ~** obciążyć czymś rachunek kogoś, zapisać coś na rachunek kogoś; **on ~** (to be repaid) na kredyt; (as partial pay) tytułem zaliczki; **£50 on ~ and the rest next week** 50 funtów zaliczki, a resztę w przyszłym tygodniu; **to settle an** or **one's ~** uregulować rachunek [3] (report) opis *m*, relacja *f*; **to give an ~ of sth** zdać z czegoś relację; **various ~s of what happened** różne relacje o tym, co się zdarzyło; **by** or **from all ~s** z tego, co (ludzie) mówią; **by all ~s he's a rich man** mówią o nim, że jest bogatym człowiekiem; **by one's own ~** według własnych słów; **to give a good/poor ~ of oneself** fig dobrze/źle się spisać or sprawić [4] (explanation) wytłumaczenie *n*, wyjaśnienie *n*; **to call** or **bring sb to ~ (for sth)** zażądać od kogoś wytłumaczenia or wyjaśnień (co do czegoś) [5] (cause) powód *m*; **on ~ of sth** z powodu czegoś; **on ~ of ill health** z powodu złego stanu zdrowia; **and on ~ of that he became rather withdrawn** wskutek tego or na skutek tego zamknął się w sobie; **I lost my job on ~ of him** or **on his ~** straciłem pracę przez niego or z jego powodu; **on ~ of his background he had an easy life** dzięki swojemu pochodzeniu miał łatwe życie; **on no ~** w żadnym wypadku, pod żadnym pozorem, w żadnym razie; **on that** or **this ~** z tego powodu or względu [6] (consideration, regard) wzgląd *m*; **don't change the date on my ~** nie zmieniaj terminu z mojego powodu or przez wzgląd na mnie; **we did it on her ~** zrobiliśmy to ze względu na nią; **to take ~ of sth, to take sth into ~** brać coś pod uwagę or w rachubę, uwzględniać coś; **to take no ~ of sth, to fail to take sth into ~** nie brać czegoś pod uwagę or w rachubę, nie uwzględnić czegoś [7] (advantage, benefit) korzyść *f*; **on one's own ~** na własny rachunek, dla siebie; **he set up business on his own ~** zaczął robić interesy na własny rachunek; **to turn** or **put sth to good ~** zrobić z czegoś (dobry) użytek, dobrze coś wykorzystać [8] (importance) waga *f*, znaczenie *n*; **of little/no ~ (to sb)** mający małe znaczenie/bez znaczenia (dla kogoś); **it's of little ~ to me whether...** dla mnie to mało ważne, czy... [9] Comm (invoice) faktura *f* [10] (bill) rachunek *m*

II accounts *npl* [1] Accts, Fin księgowość *f*, księgi *f pl* rachunkowe; **to keep the ~s** prowadzić księgi rachunkowe or księgowość; **the ~s show a profit** księgi rachunkowe wykazują zysk; **to settle ~s with sb** rozliczyć się z kimś; fig załatwić z kimś porachunki [2] (department) księgowość *f*, dział *m* księgowości

III accounts *modif* Accts **~s clerk/manager** urzędnik/kierownik w dziale księgowości; **~s office** or **department** księgowość, dział księgowości

IV *vt* fml uważać za (kogoś), uzna|ć, -wać za (kogoś) *[person]*; **he was ~ed a genius** uważano or uznano go za geniusza

■ **account for**: **~ for [sb/sth]** [1] (explain) wy|tłumaczyć, wyjaśni|ć, -ać *[events, fact, behaviour]*; **how do you ~ for that?** jak to wyjaśnisz? [2] (settle up) rozlicz|yć, -ać się z (czegoś), wylicz|yć, -ać się z (czegoś) *[expenses]* **(to sb** przed kimś); dolicz|yć, -ać się (czegoś) *[missing things, people]* [3] (represent, make up) stanowić *[proportion, percentage]*; **exports ~ for 10% of their trade** eksport stanowi 10% ich wymiany handlowej [4] (destroy, kill) z|niszczyć *[aircraft, vehicle]*; zgładzić *[people]*; ubi|ć, -jać *[animal]*; zabi|ć, -jać *[soldier, attacker]* [5] Journ, Sport pilnować kogoś, kryć (kogoś) *[player]*

accountability /əˌkaʊntəˈbɪlɪtɪ/ *n* odpowiedzialność *f* (**to sb** przed kimś); **a question of ~** kwestia odpowiedzialności

accountable /əˈkaʊntəbl/ *adj* odpowiedzialny (**to sth/sb for sth** przed czymś /kimś za coś); **to hold sb ~ for sth** czynić kogoś odpowiedzialnym za coś; **to make sb ~ to sb** czynić kogoś odpowiedzialnym przed kimś

accountancy /əˈkaʊntənsɪ/ **I** *n* [1] (profession) księgowość *f*; **both their sons went into ~** obaj ich synowie zostali księgowymi [2] (studies) rachunkowość *f*

II *modif* **~ course** kurs księgowości

accountant /əˈkaʊntənt/ *n* księgow|y *m*, -a *f*

account book *n* księga *f* rachunkowa

account day *n* Fin dzień *m* rozliczenia rachunku

account executive *n* Fin referent *m* prowadzący rachunki klienta (banku); Advertg pracownik *m* odpowiedzialny za klienta

account holder *n* (with bank, building society, credit company) posiadacz *m*, -ka *f* konta or rachunku; (with shop, business) posiadacz *m*, -ka *f* rachunku

accounting /əˈkaʊntɪŋ/ **I** *n* księgowość *f*, rachunkowość *f*

II *modif [method, period, standards, year]* obrachunkowy; **~ department** dział księgowości

account number *n* numer *m* konta or rachunku

accoutred /əˈkuːtəd/ *adj* (dressed) odziany dat (**in sth** w coś); (equipped) wyposażony (**in sth** w coś); **~ for the battle** w rynsztunku bojowym

accoutrements /əˈkuːtrəmənts/ *npl* (soldier's) oporządzenie *n*, ekwipunek *m*; parafernalia *plt* hum

accredit /əˈkredɪt/ **I** *vt* [1] (appoint) akredytować *[journalist, representative]* [2] (approve) uzna|ć, -wać (urzędowo) *[institution, qualification]* [3] Pol akredytować *[ambassador]* [4] (credit) da|ć, -wać wiarę (czemuś) *[rumour]*; uzna|ć, -wać *[statement]* [5] (attribute) przypis|ać, -ywać *[deeds, actions, works, writings]* (**to sb** komuś); **he is ~ed with sth/doing sth** przypisuje się mu coś /zrobienie czegoś

II accredited *pp adj* [1] *[ambassador, journalist]* akredytowany; *[representative]* oficjalny; *[idea, theory]* uznany; *[belief, opinion]* przyjęty [2] Agric, Vet **~ed herd** stado uznane

accreditation /əˌkredɪˈteɪʃn/ *n* (of ambassador, journalist) akredytacja *f*, akredytowanie *n*; (of institution, official) zatwierdzenie *n*; (of qualifications) uznanie *n*

accretion /əˈkriːʃn/ *n* [1] (process) (of substance) nagromadzenie się *n*; (adhesion) odkładanie się *n* [2] Jur (of wealth) zwiększenie się *n* [3] (substance) Med złogi *m pl*; Biol przyrost *m*

accrual /əˈkruːəl/ *n* Fin przyrost *m*, kwota *f* narosła; **~s** narosłe sumy

accrue /əˈkruː/ **I** *vt* (collect) z|gromadzić *[collection, wealth]*

II *vi* [1] Fin (grow) *[interest]* nar|osnąć, -astać; *[profits]* zwiększ|yć, -ać się; **the interest accruing to my account** odsetki narosłe na moim koncie [2] (arise from) *[advantages, profits]* płynąć, pochodzić (**from sth** z czegoś) [3] (come to) *[advantages, profits]* przypa|ść, -dać (**to sb** na kogoś)

III accrued *pp adj* [1] (accumulated) *[wealth]* nagromadzony, zgromadzony; *[income]* osiągnięty; *[interests, expenses]* narosły [2] (owing) *[alimony, benefit, interest]* należny

acculturate /əˈkʌltjʊəreɪt/ *vi* prze|jść, -chodzić proces akulturacji

acculturation /əˌkʌltjʊəˈreɪʃn/ *n* akulturacja *f*

accumulate /əˈkjuːmjʊleɪt/ **I** *vt* z|ebrać, -bierać *[evidence, information, things]*; z|gromadzić *[possessions, objects]*; pomn|ożyć, -ażać *[wealth]*; **to ~ debts** zadłużyć się; **to ~ losses** ponieść straty

II *vi* *[problems, difficulties]* s|piętrzyć się; *[interest]* nar|osnąć, -astać; *[dust]* na|gromadzić się, z|ebrać, -bierać się; *[wealth]* na|gromadzić się; *[debts]* nar|osnąć, -astać; **the evidence/books that ~d** zgromadzone dowody/książki

III accumulated *pp adj [anger]* wezbrany; *[tension, frustration]* spotęgowany

accumulation /əˌkjuːmjʊˈleɪʃn/ *n* [1] (process) (of things, money, capital) nagromadzenie *n*, akumulacja *f*; (of dust, rubbish) nagromadzenie się *n*; (growth) narastanie *n* [2] (quantity) (of things) mnóstwo *n*, masa *f*

accumulative /əˈkjuːmjʊlətɪv, US -leɪtɪv/ *adj* [1] *[effect, result]* kumulatywny; *[efforts]* połączony [2] *[person, society]* nastawiony konsumpcyjnie [3] Fin = **cumulative**

accumulator /əˈkjuːmjʊleɪtə(r)/ *n* [1] Elec, Comput akumulator *m* [2] Sport (bet) *zakład, w którym wygrana przeznaczana jest na następne zakłady* [3] (person) zbieracz *m*, -ka *f*; ciułacz *m*, -ka *f* infml

accuracy /ˈækjərəsɪ/ *n* (of description, data) ścisłość *f*; (of figures, instrument, map) dokładność *f*; (of memory, translation) wierność *f*; (of instrument, watch) precyzja *f*; (of diagnosis, forecast) trafność *f*; (of shot) celność *f*; **to do sth with great ~** zrobić coś z wielką dokładnością

accurate /ˈækjərət/ *adj [description, data]* ścisły, dokładny; *[figures, map]* dokładny; *[memory, translation]* wierny; *[instrument, watch]* precyzyjny, dokładny; *[forecast]* trafny; *[diagnosis]* właściwy, trafny; *[shot]* celny; **does the clock keep ~ time?** czy ten zegar pokazuje dokładny czas ?, czy ten zegar dobrze chodzi?; **to be ~** ściśle mówiąc, dla ścisłości

accurately /ˈækjərətlɪ/ *adv [calculate, describe, measure, remember]* dokładnie; *[translate]* wiernie; *[shoot]* celnie; *[measure]* precyzyjnie; **if I remember it ~** jeżeli dobrze pamiętam

accursed /əˈkɜːsɪd/ *adj* fml *[person, place]* przeklęty

accusal /əˈkjuːzl/ *n* = **accusation**

accusation /ˌækjuːˈzeɪʃn/ *n* oskarżenie *n* (**of sth** o coś); (reproach, charge) zarzut *m* (**of sth** czegoś); **to bring an ~ (against sb)** Jur wnieść oskarżenie (przeciwko komuś); **to reject/refute an ~** Jur odrzucić/obalić zarzut; **to make an ~ of sth against sb** oskarżyć kogoś o coś, zarzucić coś komuś; **to make an ~ against sb that...** oskarżyć kogoś, że...; zarzucić komuś, że...

accusative /əˈkjuːzətɪv/ Ling **I** *n* (also **~ case**) biernik *m*; **in the ~** w bierniku

II *adj [form, ending]* biernikowy

accusatorial /əˌkjuːzəˈtɔːrɪəl/ *adj* oskarżycielski

accusatory /əˈkjuːzətərɪ, US -tɔːrɪ/ *adj [tone]* oskarżycielski; **to point an ~ finger at sb** pokazać or wytknąć kogoś palcem

accuse /əˈkjuːz/ *vt* [1] **to ~ sb of sth** zarzucić komuś coś *[incompetence]* [2] Jur oskarż|yć, -ać (**of sth/of doing sth** o coś /zrobienie czegoś); **he ~d me of stealing his pen** oskarżył mnie o kradzież swojego pióra; **to stand ~d of sth** być o coś oskarżonym

accused /əˈkjuːzd/ *n* Jur **the ~** oskarżon|y *m*, -a *f*

accuser /əˈkjuːzə(r)/ *n* oskarżając|y *m*, -a *f*, oskarżyciel *m*, -ka *f*

accusing /əˈkjuːzɪŋ/ *adj* oskarżycielski

accusingly /əˈkjuːzɪŋlɪ/ *adv [say]* oskarżającym or oskarżycielskim tonem; *[look]* z wyrzutem

accustom /əˈkʌstəm/ **I** *vt* przyzwyczaj|ić, -jać *[person]*; **to ~ sb to (doing) sth** przyzwyczaić kogoś do (robienia) czegoś

II *vr* **to ~ oneself to (doing) sth** przyzwyczaić się do (robienia) czegoś; **she gradually ~ed herself to this new way of life** stopniowo przyzwyczaiła się do nowego życia

accustomed /əˈkʌstəmd/ *adj* [1] przyzwyczajony, nawykły; **to be/become ~ to sth/doing sth** być przyzwyczajonym/przyzwyczaić się do czegoś/do robienia czegoś [2] *[manner, route, greeting]* zwyczajowy, tradycyjny

AC/DC **I** *n* = **alternating current/direct current** prąd *m* zmienny/prąd *m* stały; **an ~ machine** urządzenie zasilane prądem zmiennym lub stałym

II *adj* infml biseksualny; **an ~ person** biseks infml

ace /eɪs/ **I** *n* [1] (in cards) as *m*; tuz *m* dat; **~ of hearts** as kier or kierowy [2] fig (trump) atut *m*, karta *f* atutowa [3] (pip) (in cards, dominoes) oczko *n* infml [4] (in tennis) as *m* (serwisowy); **to serve an ~** zaserwować asa [5] (expert) as *m*, tuz *m*; **a flying ~** as lotnictwa; **to be an ~ at sth/doing sth** infml być mistrzem w czymś/w robieniu czegoś

II *adj* infml (great) najwyższej klasy; super infml; **an ~ driver/skier** superkierowca /supernarciarz

IDIOMS: **to have an ~ up one's sleeve** or **in the hole** trzymać or mieć or chować asa w rękawie; **to hold all the ~s** mieć wszystkie atuty w ręku; **to be within an ~ of something** być o włos od czegoś; **to play one's ~** wyciągnąć asa z rękawa

Ace bandage® US *n* bandaż *m*

acerbic /əˈsɜːbɪk/ *adj [fruit, remark, tone]* cierpki; *[manner]* opryskliwy; *[temper]* kwaśny, zgryźliwy

acerbity /əˈsɜːbətɪ/ *n* (of fruit, tone, remark) cierpkość *f*; (of manner) opryskliwość *f*; (of temper) zgryźliwość *f*; **to say sth with ~** powiedzieć coś cierpko or zgryźliwie

acetate /ˈæsɪteɪt/ *n* Chem octan *m*; Tex włókno *n* octanowe

acetic acid /əˌsiːtɪkˈæsɪd/ *n* kwas *m* octowy

acetone /ˈæsɪtəʊn/ *n* aceton *m*

acetylene /əˈsetɪliːn/ *n* acetylen *m*

acetylene burner *n* = **acetylene torch**

acetylene lamp *n* lampa *f* acetylenowa

acetylene torch *n* palnik *m* acetylenowy

acetylene welding *n* (process) spawanie *n* acetylenowe; (joint) spaw *m*

ache /eɪk/ **I** *n* (physical, emotional) ból *m* (**in sth** czegoś); **tell me where the ~ is?** powiedz, gdzie cię boli; **have you still got a stomach ~?** czy ciągle boli cię żołądek?; **~s and pains** różne dolegliwości *f pl*

II *vi* [1] (physically) *[finger, tooth, body]* boleć; **my tooth still ~s** ząb wciąż mnie boli; **I** or **my body ~d all over** wszystko mnie bolało [2] liter (emotionally) cierpieć (**with sth** z powodu czegoś); **her heart ~s with love** jej serce krwawi z miłości; **my heart ~s for the refugees** serce mi się kraje na myśl o uchodźcach [3] (yearn) za|pragnąć gorąco (**for sb/sth** kogoś/czegoś); (long) za|tęsknić (**for sb/sth** za kimś/czymś); **to ~ to do sth** zapragnąć coś zrobić

IDIOMS: **to laugh till one's sides ~** śmiać się do rozpuku, zrywać boki ze śmiechu

achieve /əˈtʃiːv/ **I** *vt* [1] (reach) osiąg|nąć, -ać *[aim, result, peace]*; odn|ieść, -osić *[success, victory]* [2] (obtain) zdoby|ć, -wać *[fame]*; ustan|owić, -awiać *[record]*; do|jść, -chodzić do (czegoś) *[perfection]*; z|realizować *[ambition, plan, task]*; zysk|ać, -iwać *[acknowledgement]*; **to ~ something in life** dojść do czegoś w życiu; **to ~ nothing** niczego nie osiągnąć or nie dokonać; **he ~d great**

things wiele dokonał; **he has ~d what he set out to do** zrealizował swoje zamierzenia; **he'll never ~ anything in life** do niczego w życiu nie dojdzie

II *vi* odn|ieść, -osić sukces; **he'll never ~ professionally** nigdy nie osiągnie sukcesu zawodowego

achievement /ə'tʃi:vmənt/ *n* [1] (accomplishment) osiągnięcie *n*, dokonanie *n* **(in sth** w czymś, w dziedzinie czegoś); **her many ~s** jej liczne dokonania or osiągnięcia; **her latest ~ was to win an Academy Award** jej ostatnim osiągnięciem było zdobycie Oscara [2] (performance) osiągnięcia *n pl*, dokonania *n pl*, wyniki *m pl*; **to recognize sb for her/his ~s** uznać or docenić dokonania kogoś [3] (realization) (of fame, record) zdobycie *n*; (of feat) dokonanie *n*; (of aim, peace) osiągnięcie *n*; (of success, victory) odniesienie *n*; (of plan, task) zrealizowanie *n*, realizacja *f*; **a sense of ~** świadomość sukcesu; **for those people ~ is measured in terms of money** dla tych ludzi miarą sukcesu or powodzenia są pieniądze

achiever /ə'tʃi:və(r)/ *n* (also **high ~**) człowiek *m* sukcesu

Achilles /ə'kɪli:z/ *prn* Achilles *m*

Achilles heel *n* pięta *f* Achillesa or achillesowa

Achilles tendon *n* ścięgno *n* Achillesa or piętowe

aching /'eɪkɪŋ/ *adj* [1] (physically) *[limb, tooth, stomach]* bolący [2] liter *[heart]* zbolały; *[emotion, void]* przejmujący

achromatic /ˌækrəʊ'mætɪk/ *adj* achromatyczny

achy /'eɪkɪ/ *adj [limb, person]* obolały; **I feel ~ all over** wszystko mnie boli, cały jestem obolały

acid /'æsɪd/ **I** *n* [1] Chem kwas *m* [2] infml (drug) LSD *n*; kwas *m* infml

II *modif* **~ content/level** zawartość/poziom kwasu

III *adj* [1] (sour) *[taste, rock, soil]* kwaśny [2] fig *[tone]* kwaśny; *[remark]* zjadliwy; *[person]* kostyczny

acid drop *n* landrynka *f*

acid green I *n* wściekła zieleń *f* infml

II *adj* wściekle zielony infml

acid head *n* vinfml ćpun *m*, -ka *f* infml

acid house party *n* techno party *n inv*

acidic /ə'sɪdɪk/ *adj* Chem kwasowy

acidification /əˌsɪdɪfɪ'keɪʃn/ *n* Chem zakwaszanie *n*

acidify /ə'sɪdɪfaɪ/ **I** *vt* zakwa|sić, -szać

II *vi* zakwa|sić, -szać się

acidity /ə'sɪdətɪ/ *n* [1] Chem (of matter, liquid, soil, stomach juices) kwaśność *f*, kwasowość *f* [2] fig (of tone, remark) cierpkość *f*, zjadliwość *f*

acidity regulator *n* Chem regulator *m* or korektor *m* kwasowości

acid radical *n* Chem rodnik *m* kwasowy

acid rain *n* kwaśne deszcze *m pl*

acid rock *n* rock *m* psychodeliczny

acid stomach *n* Med nadkwaśność *f*

acid test *n* fig sprawdzian *m* **(of sb/sth** kogoś/czegoś, **for sb/sth** dla kogoś/czegoś)

acidulent /ə'sɪdjʊlənt, US -dʒʊl-/ *adj* = **acidulous**

acidulous /ə'sɪdjʊləs, US -dʒʊl-/ *adj* kwaskowaty

ack-ack /ˌæk'æk/ **I** *n* [1] (weapons) obrona *f* or artyleria *f* przeciwlotnicza [2] (also **~ fire**) ostrzał *m* artyleryjski

II *modif [battery, fire, gun]* przeciwlotniczy; **~ regiment** pułk obrony przeciwlotniczej

acknowledge /ək'nɒlɪdʒ/ **I** *vt* [1] (admit) przyzna|ć, -wać się do (czegoś) *[error, guilt]*; uzna|ć, -wać *[defeat, fact, guilt, necessity, responsibility]*; (accept) po|godzić się z (czymś) *[defeat, fact]*; **to ~ that...** przyznać, że...; **to ~ having done sth** przyznać, że się coś zrobiło; **to ~ to oneself that...** przyznać się przed samym sobą, że...; **he ~d himself beaten** uznał się za pokonanego, poddał się [2] (recognize) uzna|ć, -wać *[child, heir, authority, claim, talent]*; **to ~ sb (as or to be) an excellent lawyer** uznawać kogoś za doskonałego prawnika; **to ~ sb as leader** uznać kogoś za przywódcę; **to ~ sb (as) capable of doing sth** uważać kogoś za zdolnego do zrobienia czegoś; **this opera is ~d (as or to be) one of his greatest works** ta opera uchodzi za jedno z jego największych dzieł [3] (express thanks for) wyra|zić, -żać wdzięczność za (coś), przyj|ąć, -mować (z wdzięcznością) *[gift, help, applause]*; **to ~ one's sources** (in a book) podać źródła [4] (confirm receipt of) potwierdz|ić, -ać odbiór (czegoś) *[letter, parcel]* [5] (greet) pozdr|owić, -awiać *[person]*; (show recognition of) zauważ|yć, -ać *[person, sb's presence]*; **he ~d me with a smile** pozdrowił mnie uśmiechem; **she did not even ~ my presence** nawet nie zauważyła mojej obecności; **to refuse to ~ sb** ignorować or nie zauważać kogoś

II acknowledged *pp adj [artist, author, expert]* uznany; *[fact]* znany; *[champion, leader]* niekwestionowany

acknowledg(e)ment /ək'nɒlɪdʒmənt/ **I** *n* [1] (admission) (of error, guilt) przyznanie się *n* **(of sth** do czegoś); (of fact, need) uznanie *n* **(of sth** czegoś); (of defeat) pogodzenie się *n* **(of sth** z czymś); **to make an ~ of sth** przyznać się do czegoś *[defeat, error, guilt]* [2] (recognition) (of authority, child, claim, right) uznanie *n* **(of sth** czegoś) [3] (appreciation) podziękowanie *n* **(of sth** za coś); (of greeting) odkłonienie się *n*; **~ of sb as sth** uznanie kogoś za kogoś *[heir, leader, winner]*; **to give ~ for sth** podziękować za coś *[cheers, flowers, help]*; **to quote sth without ~** (in book) zacytować coś bez podania źródła; **in ~ of sb's help** w dowód wdzięczności za pomoc kogoś; **in ~ of sb's services** w uznaniu zasług kogoś fml [4] (confirmation of receipt) potwierdzenie *n* odbioru or przyjęcia; **a letter of ~** list potwierdzający odbiór; **I write in ~ of your letter** informuję, że otrzymałem Pański list [5] (recognition of presence) **he gave no ~ of my presence** nie dał po sobie poznać, że mnie zauważył

II acknowledg(e)ments *npl* (in book) podziękowania *n pl*

acme /'ækmɪ/ *n* szczyt *m*; **to reach** or **attain the ~ of sth** osiągnąć szczyt czegoś

acne /'æknɪ/ *n* trądzik *m*

acolyte /'ækəlaɪt/ *n* [1] Relig (attendant) ministrant *m*; fig akolita *m* [2] Relig (novice) akolita *m*

aconite /'ækənaɪt/ *n* [1] Bot tojad *m*, akonit *m* [2] (drug) akonityna *f*

acorn /'eɪkɔ:n/ *n* żołądź *m/f*; **~ cup** miseczka żołędzia

acoustic /ə'ku:stɪk/ **I** *n* = **acoustics** [2]

II *adj* [1] *[effect, instrument, problem]* akustyczny; *[material, tile]* dźwiękochłonny [2] Mil *[detonator, mine]* akustyczny

acoustical /ə'ku:stɪkl/ *adj* akustyczny

acoustically /ə'ku:stɪklɪ/ *adv* akustycznie; **the hall was ~ excellent** sala miała doskonałą akustykę

acoustic coupler *n* Comput łącznik *m* akustyczny

acoustic guitar *n* gitara *f* akustyczna

acoustic hood *n* Comput pokrywa *f* dźwiękochłonna

acoustic phonetics *n (+ v sg)* Ling fonetyka *f* akustyczna

acoustics /ə'ku:stɪks/ *n* [1] (science) *(+ v sg)* akustyka *f* [2] (properties) *(+ v pl)* akustyka *f*

ACPO /'ækpəʊ/ *n* = **Association of Chief Police Officers** Związek *m* Wyższych Oficerów Policji

acquaint /ə'kweɪnt/ **I** *vt* [1] (inform of) zapozna|ć, -wać, zaznaj|omić, -amiać **(with sth** z czymś); **to be ~ed with sth** być zaznajomionym or obeznanym z czymś; **to get** or **become** or **make oneself ~ed with sth** zapoznać or zaznajomić się z czymś; **I'm thoroughly ~ed with these facts** fakty te są mi dobrze znane [2] (meet) **to be ~ed with sb** znać kogoś; **to get** or **become ~ed with sb** poznać kogoś

II *vr* **to ~ oneself** zapoznać się, zaznajomić się **(with sth** z czymś)

acquaintance /ə'kweɪntəns/ *n* [1] (knowledge) znajomość *f* **(with sth** czegoś); **to have a nodding ~ with sth** mieć powierzchowną wiedzę na temat czegoś [2] (relationship) znajomość *f* **(with sb** z kimś); **to have a nodding ~ with sb** znać kogoś z widzenia or przelotnie; **to make sb's ~, to make the ~ of sb** poznać kogoś, zawrzeć z kimś znajomość; **I'm pleased to make your ~** miło mi pana/panią poznać; **to renew ~ with sb** odnowić znajomość z kimś; **to strike up an ~ with sb** zawrzeć znajomość z kimś; **on closer ~** przy bliższym poznaniu; **to improve (up)on closer ~** zyskać przy bliższym poznaniu [3] (friend) znajom|y *m*, -a *f*; **an ~ of mine** mój znajomy [4] (collectively) grono *n* znajomych; **a wide ~** liczne grono znajomych

acquaintanceship /ə'kweɪntənsʃɪp/ *n* [1] (familiarity) znajomość *f* **(with sb/sth** z kimś/czegoś) [2] (acquaintances) znajomi *m pl*; **sb of my ~** ktoś z moich znajomych; ktoś, kogo znam; **a wide ~** liczne grono znajomych

acquiesce /ˌækwɪ'es/ *vi* [1] (concede) przychyl|ić, -ać się **(to** or **in sth** do czegoś) [2] (accept) przysta|ć, -wać, zg|odzić, -adzać się **(to** or **in sth** na coś) [3] (collude) ule|c, -gać **(to** or **in sth** czemuś); ust|ąpić, -ępować **(to** or **in sth** wobec czegoś); **you must not ~ in everything** nie wolno ci zgadzać się ze wszystkim

acquiescence /ˌækwɪ'esns/ *n* [1] (agreement) zgoda *f*, przyzwolenie *n* **(in** or **to sth** na coś); przychylenie się *n* **(in sth** do czegoś) [2] (collusion) uległość *f*; **the boss expects ~**

szef wymaga uległości; **you cannot take his ~ for granted** nie możesz z góry zakładać, że się zgodzi or że się podporządkuje

acquiescent /ˌækwɪˈesnt/ *adj* [1] (in agreement) *[policy]* ugodowy; *[person]* ugodowo nastawiony; *[gesture]* przyzwalający; *[decision]* przychylny [2] (unassertive) *[person]* uległy, potulny

acquire /əˈkwaɪə(r)/ *vt* w|ejść, -chodzić w posiadanie (czegoś) *[company, house, painting, shares, possession]*; zdoby|ć, -wać *[experience, fortune, knowledge, skill]*; naby|ć, -wać (czegoś) *[expertise]*; nab|rać, -ierać (czegoś) *[experience, meaning, colour]*; uzysk|ać, -iwać *[information]*; przysw|oić, -ajać sobie, opanow|ać, -ywać *[language]*; iron znaleźć sobie *[husband, lover, wife]*; **to ~ a taste for sth** rozsmakować się or zasmakować w czymś; **to ~ a habit** nabrać przyzwyczajenia; **to ~ a (bad) habit** wpaść w nałóg

acquired /əˈkwaɪəd/ *adj [characteristic, knowledge]* nabyty; **it's an ~ taste** to trzeba polubić

acquirement /əˈkwaɪəmənt/ *n* zdobywanie *n* **(of sth** czegoś)

acquisition /ˌækwɪˈzɪʃn/ *n* [1] (sth bought) nabytek *m*, zakup *m*; fig (boyfriend, girlfriend) zdobycz *f* hum; **to make an ~** *[museum, gallery]* wzbogacić swoją kolekcję [2] (process) (of experience, follower, fortune, husband, knowledge) zdobycie *n*; (of goods, shares) nabycie *n*; **~ of a habit** nabranie przyzwyczajenia; **~ of a (bad) habit** wpadnięcie w nałóg; **~ of a language** Ling akwizycja języka; **~ of a taste for sth** zasmakowanie w czymś; **~ of a company** przejęcie spółki

acquisitive /əˈkwɪzətɪv/ *adj* [1] *[person]* pazerny, zachłanny; *[character]* nienasycony; **~ instinct** pazerność; **the ~ society** społeczeństwo konsumpcyjne [2] Fin *[company, conglomerate]* prowadzący agresywną politykę

acquisitiveness /əˈkwɪzətɪvnɪs/ *n* żądza *f* posiadania, zachłanność *f*

acquit /əˈkwɪt/ **I** *vt* (*prp, pt, pp* **-tt-**) Jur uniewinni|ć, -ać; **to ~ sb of sth** uniewinnić kogoś od zarzutu czegoś; **to be ~ted** zostać uniewinnionym; **the jury ~ted her on all counts** sąd uniewinnił ją z wszystkich zarzutów

II *vr* (*prp, pt, pp* **-tt-**) **to ~ oneself well /badly** dobrze/źle się spisać; **they ~ted themselves well in the competition** dobrze się spisali w zawodach

acquittal /əˈkwɪtl/ *n* Jur uniewinnienie *n*; **the trial ended in ~** proces zakończył się uniewinnieniem

acre /ˈeɪkə(r)/ **I** *n* [1] Meas akr *m* (= 0,4 ha) [2] (field) zagon *m*, poletko *n*

II acres *npl* (of woodland, grazing) szmat *m*, hektary *m pl*; **~s (and ~s) of room/ newspapers** mnóstwo miejsca/gazet

acreage /ˈeɪkərɪdʒ/ *n* Meas powierzchnia *f*, areał *m*

acrid /ˈækrɪd/ *adj* [1] *[taste]* ostry; *[smell]* drażniący; *[fumes, smoke]* gryzący [2] fig *[person]* zgryźliwy, kostyczny; *[remark, tone]* zgryźliwy; *[dispute]* zajadły; **to say sth in an ~ tone** powiedzieć coś z przekąsem

Acrilan® /ˈækrɪlæn/ *n* tkanina *f* z włókna akrylowego

acrimonious /ˌækrɪˈməʊnɪəs/ *adj [tone]* zjadliwy, jadowity; *[atmosphere]* pełen jadu or żółci; *[dispute]* zajadły

acrimony /ˈækrɪmənɪ, US -məʊnɪ/ *n* (of remark, tone) cierpkość *f*, uszczypliwość *f*; (of dispute) zajadłość *f*

acrobat /ˈækrəbæt/ *n* akrobat|a *m*, -ka *f*

acrobatic /ˌækrəˈbætɪk/ *adj [person]* wygimnastykowany; *[leap, skills]* akrobatyczny

acrobatics /ˌækrəˈbætɪks/ *npl* [1] (+ *v sg*) (art) akrobatyka *f* [2] (movements) (+ *v pl*) akrobacje *f pl*; **to perform complicated ~** wykonać skomplikowane akrobacje [3] fig (+ *v sg*) ekwilibrystyka *f*; **a problem demanding complicated mental ~** problem wymagający skomplikowanej ekwilibrystyki umysłowej

acronym /ˈækrənɪm/ *n* akronim *m* **(for sth** czegoś)

Acropolis /əˈkrɒpəlɪs/ *prn* Akropol *m*

across /əˈkrɒs/ **I** *prep* [1] (from one side to the other) przez (coś); **to go/travel ~ sth** jechać/podróżować przez coś; **to run /hurry ~ the room** przebiec/przejść pośpiesznie przez pokój; **to travel ~ the town** przejechać przez miasto; **a journey ~ the desert** podróż przez pustynię; **the bridge ~ the river** most przez rzekę; **to be lying ~ the bed** leżeć w poprzek łóżka; **the line ~ the page** linia w poprzek kartki or stronicy; **she leaned ~ the table (to get sth)** sięgnęła przez stół (po coś); **the scar ~ his cheek** szrama or blizna przecinająca jego policzek; **his hair fell ~ his face** włosy opadały mu na twarz; **he wiped his hand ~ his mouth** otarł usta ręką; **the light flickered ~ the carpet** światło zamigotało na dywanie; **the plane flew ~ the sky** po niebie przeleciał samolot [2] (to, on the other side of) na or po drugiej stronie, z drugiej strony; **he lives ~ the street/square** mieszka po drugiej stronie ulicy/placu; **he sat down ~ the desk/room (from me)** usiadł po przeciwnej stronie biurka/pokoju; **the shops ~ town** sklepy z tamtej strony miasta; **he looked ~ the lake to the boathouse** patrzył na przystań po drugiej stronie jeziora; **she shouted ~ the room to them** krzyknęła do nich z drugiego końca pokoju [3] (all over, covering a wide range of) **~ the world** na (całym) świecie; **~ the country/region** w całym kraju/regionie; **there is dissatisfaction right ~ the car industry** w całym przemyśle samochodowym panuje niezadowolenie; **scattered ~ the floor/square** rozrzucony po or na podłodze/na placu; **cultural links ~ the borders** więzi kulturowe ponad granicami; **~ the years** przez lata

II *adv* [1] (from one side to the other) **the lake is two miles ~** jezioro ma dwie mile wszerz; **to help sb ~** pomóc komuś przejść na drugą stronę [2] (on, to the other side) **to go ~ to sb** podejść do kogoś; **to look ~ at sb** patrzeć na kogoś; **he called ~ to her** zawołał do niej [3] (in crossword puzzle) poziomo

III across from *prep phr* naprzeciwko (czegoś)

across-the-board /əˌkrɒsðəˈbɔːd/ **I** *adj* [1] (affecting all levels) *[increase, cut]* ogólny [2] US Equest **to put an ~ bet** postawić na porządek

II across the board *adv* (affecting all levels) ogólnie

acrostic /əˈkrɒstɪk/ *n* akrostych *m*

acrylic /əˈkrɪlɪk/ **I** *n* [1] Tex akryl *m* [2] Art (also **~ paint)** farba *f* akrylowa

II *modif [garment]* akrylowy

act /ækt/ **I** *n* [1] (deed) czyn *m*, uczynek *m*; (process of doing) działanie *n*; **to be in the ~ of doing sth** być w trakcie robienia czegoś; **~ of kindness** dobry uczynek; **~ of folly** przejaw głupoty; **~ of will/faith** akt woli/wiary; **it was the ~ of a madman** to zrobił jakiś szaleniec [2] Pol, Jur (also **Act)** (law) ustawa *f*; **Act of Parliament/Congress** ustawa parlamentarna/Kongresu [3] Theat akt *m*; **a play in five ~s** sztuka w pięciu aktach [4] (entertainment routine) numer *m* (sceniczny); **song and dance ~** numer wokalno-taneczny; **to put on an ~** fig grać komedię fig; **it's all an ~** to tylko gra; **to get into** or **in on the ~** przyłączyć się; **to do a disappearing ~** zniknąć

II *vt* Theat za|grać *[part, role]*; **to ~ the fool** wygłupiać się; **he ~ed (the part of) the perfect host** fig zachował się jak prawdziwy gospodarz

III *vi* [1] (take action) przyst|ąpić, -ępować do działania; (operate) działać; **we must ~ quickly** musimy szybko działać; **she thought she was ~ing for the best** myślała, że słusznie postępuje; **to ~ for** or **on behalf of sb** działać w imieniu kogoś; **they only ~ed out of fear** działali wyłącznie ze strachu [2] (behave) zachow|ać, -ywać się, post|ąpić, -ępować; **to ~ aggressively towards sb** zachowywać się agresywnie w stosunku do kogoś [3] Theat grać; fig (pretend) udawać; **she can't ~!** Theat nie potrafi grać!; fig nie potrafi udawać! [4] (serve) *[person]* spełni|ć, -ać rolę; *[object]* służyć; **to ~ as sth** służyć jako coś; **to ~ as sb** pełnić rolę kogoś; **she ~ed as their interpreter** pełniła rolę ich tłumaczki [5] (take effect) *[drug, substance]* za|działać; **to ~ on sth** działać na coś

■ **act on** post|ąpić, -ępować zgodnie z (czymś) *[advice, request]*; działać na podstawie (czegoś) *[information, evidence]*; wziąć, brać pod uwagę *[warning]*

■ **act out** od|egrać, -grywać *[part, scene]*; uzewnętrzni|ć, -ać *[feelings, emotions]*; przedstawi|ć, -ać *[events]*; z|realizować *[fantasy]*

■ **act up** infml (misbehave) *[machine, person]* sprawi|ć, -ać kłopoty

IDIOMS: **to be caught in the ~** zostać przyłapanym na gorącym uczynku; **to get one's ~ together** wziąć się w garść; **it will be a hard ~ to follow** to będzie trudne do powtórzenia

ACT *n* = **American College Test** US ≈ egzamin *m* wstępny na wyższą uczelnię

acting /ˈæktɪŋ/ **I** *n* Theat, Cin (the way one acts) gra *f*; (performance) występ *m*; (occupation) aktorstwo *n*; **have you done any ~?** czy występowałeś już (na scenie)?

II *modif* Theat, Cin (play, text) sceniczny; (talent, skill) aktorski

III *adj* tymczasowy; **~ manager** pełniący obowiązki dyrektora

acting profession *n* [1] (occupation) aktorstwo *n* [2] (actors collectively) aktorzy *m pl*
actinic /æk'tɪnɪk/ *adj* Chem aktyniczny
actinium /æk'tɪnɪəm/ *n* Chem aktyn *m*
action /'ækʃn/ *n* [1] (human) działanie *n*; (to deal with situation) działania *n pl*, kroki *m pl*; **freedom of ~** swoboda działania; **to take ~** podjąć działania, poczynić kroki **(against sb/sth** przeciwko komuś/czemuś); **we must take ~ to prevent the spread of disease** musimy podjąć kroki, żeby zapobiec rozprzestrzenianiu się choroby; **drastic ~** drastyczne kroki; **the situation demands immediate ~** sytuacja wymaga natychmiastowego działania; **a man/woman of ~** człowiek czynu; **to push/drive sb into ~** skłonić/zmusić kogoś do działania; **to put a plan/idea into ~** wprowadzić plan/zamysł w życie; **to go** or **get into ~** *[person]* wziąć or zabrać się do dzieła; **to be out of ~** być wyłączonym z gry fig; **his accident put him out of ~ for a month** wypadek unieruchomił go na miesiąc; **to be back in ~** zacząć znów działać; **you should see her in ~!** trzeba ją było zobaczyć w akcji! infml; **for ~ please** (in memo) (sprawa) do załatwienia [2] (of machine) działanie *n*; **to be out of ~** być uszkodzonym; **to put sth out of ~** uszkodzić coś [3] (deed) czyn *m*; **to judge sb by their ~s** sądzić kogoś po czynach; **to suit the ~ to the word** poprzeć słowa czynem; **he defended his ~ in sacking them** bronił decyzji o zwolnieniu ich [4] Mil (fighting) akcja *f*, walka *f*; **to see (some) ~** brać udział w walkach, walczyć; **to go into ~** iść or ruszać do boju; **to be wounded in ~** zostać rannym w boju; **to be killed in ~** zginąć w walce or w czasie akcji; polec na polu chwały fml; **killed by enemy ~** zabity przez wroga; **to be put out of ~** *[ship, vehicle]* zostać unieszkodliwionym [5] Cin, Theat akcja *f*; **the ~ of the drama takes place in Ancient Greece** akcja sztuki rozgrywa się w starożytnej Grecji; **~!** kamera! [6] infml (excitement) **to be at the centre of the ~** być w samym centrum wydarzeń; **I don't want to miss out on the ~** chcę zobaczyć, co się będzie działo; **that's where the ~ is** tu się wszystko odbywa; **they want a piece of the ~** (want to be involved) chcą mieć w tym swój udział; (want some of the profit) chcą swoją dolę infml [7] Jur powództwo *n*; **legal ~** proces, sprawa sądowa; **to bring an ~ against sb** wnieść powództwo przeciwko komuś; **to dismiss an ~** oddalić powództwo; **libel ~** proces or sprawa o zniesławienie [8] (movement) ruch *m*, praca *f*; **wrist ~** ruch nadgarstka; **the ~ of the heart** praca serca [9] Tech (in machine, piano) mechanizm *m* [10] Sport akcja *f* [11] Chem działanie *n*
IDIOMS: **~s speak louder than words** czyny przemawiają głośniej niż słowa; **~ stations!** Mil na stanowiska!; fig do dzieła!
actionable /'ækʃənəbl/ *adj* Jur *[remark, activity, conduct]* podlegający zaskarżeniu, zaskarżalny
action committee *n* *ciało powołane do prowadzenia kampanii politycznej*
action film *n* film *m* akcji
action group *n* = **action committee**
Action on Smoking and Health *n* GB *organizacja do walki z paleniem tytoniu*
action-packed /'ækʃənpækt/ *adj* **~ film** film o wartkiej akcji; **~ weekend/holiday** weekend pełen wrażeń/wakacje pełne wrażeń
action painting *n* taszyzm *m*
action replay *n* GB TV powtórka *f*, replay *m*; **to show an ~ of a goal** pokazać powtórkę strzelonego gola
action shot *n* Phot zdjęcie *n* migawkowe
activate /'æktɪveɪt/ *vt* [1] Tech uruch|omić, -amiać *[machine, system]*; włącz|yć, -ać *[alarm, switch]*; nacis|nąć, -kać *[button]* [2] fig przedsię|wziąć, -brać *[measures]*; rozpocz|ąć, -ynać, wszcz|ąć, -ynać *[procedure]*; pobudz|ić, -ać, ożywi|ć, -ać *[brain, memory]* [3] Nucl, Chem aktywować [4] US Mil postawić, stawiać na nogi *[unit]*
activated carbon *n* Chem węgiel *m* aktywowany or aktywny
activation /ˌæktɪ'veɪʃn/ *n* [1] (of machine, system) uruchomienie *n*; (of alarm) włączenie *n*; (of system) wdrożenie *n*; (of brain, memory) pobudzenie *n* [2] Nucl, Chem aktywacja *f*
activator /'æktɪveɪtə(r)/ *n* Chem aktywator *m*, środek *m* pobudzający
active /'æktɪv/ *adj* [1] *[person, life]* aktywny, czynny; *[imagination, mind]* żywy; *[method, resistance, volcano]* czynny; *[debate]* ożywiony; *[consideration]* poważny; **to be ~ in sth** działać w czymś *[party, politics]*; **to be ~ in doing sth** aktywnie coś robić; **to play an ~ role** or **part in sth** odgrywać w czymś czynną rolę; **to take an ~ interest in sth** żywo się czymś interesować [2] Mil *[service]* czynny; **~ unit** oddział służby czynnej [3] Ling *[voice, form]* czynny [4] Fin *[trading, dealing]* ożywiony [5] Comput *[file, window]* czynny, aktywny [6] Jur *[law]* obowiązujący
active citizen *n* GB *osoba działająca na rzecz zapobiegania przestępczości*
active duty *n* Mil służba *f* czynna
active ingredient *n* Chem substancja *f* aktywna
active list *n* Mil kadra *f* oficerska; **to be on the ~** być oficerem służby czynnej
actively /'æktɪvlɪ/ *adv* aktywnie, czynnie; **to be ~ considering doing sth** poważnie zastanawiać się nad zrobieniem czegoś
active service *n* = **active duty**
active vocabulary *n* słownictwo *n* czynne
activism /'æktɪvɪzəm/ *n* aktywizm *m* (polityczny)
activist /'æktɪvɪst/ *n* działacz *m*, -ka *f*, aktywist|a *m*, -ka *f*; **a Labour Party ~** działacz Partii Pracy
activity /æk'tɪvətɪ/ *n* [1] (constant, feverish) działanie *n*, aktywność *f*; **brain ~** działanie or funkcjonowanie mózgu; **a (sudden) burst of ~** nagła wzmożona aktywność [2] (professional, criminal, cultural, recreational) działalność *f*; **business ~** działalność w sferze biznesu
activity holiday *n* czynny wypoczynek *m*
act of contrition *n* Relig akt *m* skruchy
act of faith *n* akt *m* wiary
act of God *n* siła *f* wyższa
act of war *n* akt *m* wojenny
actor /'æktə(r)/ *n* [1] aktor *m*; **a character ~** aktor charakterystyczny [2] fig **he's just a good ~** on po prostu świetnie udaje or gra
Actors' Studio *prn* Actors' Studio *n inv* *(warsztaty aktorskie w Nowym Jorku)*
actress /'æktrɪs/ *n* [1] aktorka *f* [2] fig **I'm not a good ~** nie potrafię udawać
Acts of the Apostles *npl* Dzieje *plt* Apostolskie
ACTT *n* GB = **Association of Cinematographic, Television and Allied Technicians** ≈ Związek Techników Kinematografii i Telewizji
actual /'æktʃʊəl/ *adj* [1] (real, specific) rzeczywisty, faktyczny; **I don't remember the ~ words/figures** nie pamiętam dokładnie słów/dokładnych liczb; **in ~ fact** w rzeczywistości; **it has nothing to do with the ~ problem/work** nie ma to nic wspólnego z samym problemem/z samą pracą [2] (genuine) dokładnie ten; **this is the ~ room that Shakespeare worked in** to jest właśnie pokój, w którym pracował Szekspir [3] (as such) jako taki; **he didn't give me the ~ cheque but...** tak naprawdę nie dał mi czeku, ale...
actuality /ˌæktʃʊ'ælətɪ/ *n* rzeczywistość *f*; **historical actualities** realia historyczne
actualize /'æktʃʊəlaɪz/ *vt* [1] (make real) urzeczywistni|ć, -ać [2] (represent realistically) przedstawi|ć, -ać realistycznie
actually /'æktʃʊəlɪ/ *adv* [1] (contrary to expectation) w rzeczywistości, tak naprawdę; **their profits have ~ risen** w rzeczywistości ich zyski wzrosły; **he's ~ a very good driver** on tak naprawdę jest bardzo dobrym kierowcą [2] (in reality) naprawdę; **yes, it ~ happened** tak, to się naprawdę zdarzyło; **they didn't ~ complain** oni tak naprawdę nie narzekali [3] (as sentence adverb) tak naprawdę; **~, I'm not at all surprised** wcale nie jestem zaskoczony; **no, she's a doctor, ~** nie, ona jest lekarzem; **~, I don't feel like it** właściwie nie mam na to ochoty [4] (exactly) faktycznie, naprawdę; **what ~ happened?** co się faktycznie stało?; **what time did they ~ leave?** o której godzinie faktycznie wyszli? [5] (expressing indignation) **he ~ accused me of lying!** ni mniej ni więcej, tylko oskarżył mnie o kłamstwo! [6] (expressing surprise) **she ~ thanked me** i nawet mi podziękowała
actuarial /ˌæktʃʊ'eərɪəl/ *adj* Insur *[calculation]* aktuarialny; **~ training** szkolenie na aktuariusza
actuary /'æktʃʊərɪ, US -tʃʊrɪ/ *n* Fin, Insur aktuariusz *m*
actuate /'æktʃʊeɪt/ *vt* [1] Tech (activate) włącz|yć, -ać *[switch, current]*; wprawi|ć, -ać w ruch *[machine, system]*; uruch|omić, -amiać *[alarm]*; wywoł|ać, -ywać *[reaction]* [2] (motivate) przyświecać (komuś); **to be ~d by vile motives** działać z nikczemnych pobudek; **I was ~d by compassion** powodowało mną współczucie
acuity /ə'kjuːətɪ/ *n* fml (of hearing, sight) ostrość *f*; (of judgment, mind) przenikliwość *f*
acumen /'ækjʊmən, ə'kjuːmən/ *n* przenikliwość *f*; **business ~** przedsiębiorczość, rzutkość; **she showed considerable ~ in discovering their plans** wykazała się

dużą przenikliwością, odkrywając ich plany

acupressure /ˈækjʊpreʃə(r)/ *n* akupresura *f*

acupuncture /ˈækjʊpʌŋktʃə(r)/ *n* akupunktura *f*

acupuncturist /ˈækjʊpʌŋkʃərɪst/ *n* specjalist|a *m*, -ka *f* od akupunktury

acute /əˈkjuːt/ *adj* [1] (intense) *[anxiety]* dręczący; *[grief]* przejmujący; *[pain]* ostry, przenikliwy; *[boredom, remorse]* nieznośny; **to feel ~ embarrassment/anxiety** być bardzo zażenowanym/zaniepokojonym [2] Med *[condition, symptoms]* ostry; *[illness]* o ostrym przebiegu [3] (grave) *[shortage, crisis, problem]* dotkliwy; *[situation]* poważny [4] (keen) *[person, mind]* wnikliwy; *[sense of smell]* wrażliwy; **to have ~ eyesight /hearing** mieć dobry wzrok/słuch

acute accent *n* Ling akcent *m* akutowy

acute angle *n* Math kąt *m* ostry

acute-angled /əˈkjuːtæŋgld/ *adj* ostrokątny

acutely /əˈkjuːtlɪ/ *adv* [1] (intensely) *[suffer]* dotkliwie, nieznośnie; *[sensitive]* wyjątkowo; *[embarrassed]* ogromnie; **I am ~ aware of these problems** doskonale zdaję sobie sprawę z tych problemów; **here the need for more funding is felt most ~** tutaj konieczność zwiększonych nakładów jest szczególnie odczuwana [2] (shrewdly) *[observe]* wnikliwie

acuteness /əˈkjuːtnɪs/ *n* [1] (sharpness) (of mind) przenikliwość *f*; (of judgment) trafność *f*; (of vision, pain) ostrość *f* [2] Med (of disease) ostry przebieg *m* [3] (seriousness) (of shortage, crisis) dotkliwość *f*

acute respiratory disease, ARD *n* ostra niewydolność *f* układu oddechowego

ad /æd/ *n* = **advertisement** [1] (also **small ~**) ogłoszenie *n* drobne (**for sth** dotyczące czegoś, o czymś) [2] Radio, TV reklama *f* (**for sth** czegoś)

AD *adv* = **Anno Domini** Anno Domini, Roku Pańskiego

A/D *adj* = **analogue-digital** analogowo--cyfrowy

adage /ˈædɪdʒ/ *n* porzekadło *n*, przysłowie *n*

adagio /əˈdɑːdʒɪəʊ/ **I** *n* adagio *n inv*, adadżio *n inv*

II *modif [passage, speed]* w tempie adagio

III *adv [play, sing]* w tempie adagio

Adam /ˈædəm/ *prn* Adam *m*

IDIOMS: **not to know sb from ~** (not to know somebody) nie mieć pojęcia, kto to; (fail to recognize) zupełnie kogoś nie poznać

adamant /ˈædəmənt/ *adj [person, attitude]* stanowczy, niewzruszony; *[refusal]* stanowczy; *[stance]* niewzruszony; **to be ~ about sth** być niewzruszonym w sprawie czegoś; **to be ~ that...** stanowczo twierdzić, że...; **to adopt a totally ~ position** zająć twarde stanowisko, przyjąć niewzruszoną postawę

adamantly /ˈædəməntlɪ/ *adv [oppose, say]* stanowczo, kategorycznie

Adam's apple *n* jabłko *n* Adama, grdyka *f*

adapt /əˈdæpt/ **I** *vt* [1] (adjust) przystosow|ać, -ywać, dostosow|ać, -ywać *[style, manner, person]* (**to** or **for sth** do czegoś); **we ~ the recipe to suit different tastes** dostosowujemy ten przepis do różnych gustów; **this furnace can be ~ed to take coal or oil** ten piec można przystosować do spalania węgla lub oleju [2] (modify) za|adaptować, dokon|ać, -ywać adaptacji (czegoś) *[text]*; (for screen) z|ekranizować *[novel]*; **to ~ a novel for TV** zaadaptować powieść dla telewizji; **to ~ a play from a story** przerobić opowiadanie na sztukę

II *vi* przystosow|ać, -ywać się (**to sth** do czegoś); za|adaptować się (**to sth** w czymś); **she ~ed quickly to her new surroundings** szybko zaadaptowała się w nowym otoczeniu

III *vr* **to ~ oneself** przystosow|ać, -ywać się, przyzwyczai|ić, -jać się, przywyk|nąć, -ać (**to sth** do czegoś); **your eyes will quickly ~ themselves to the dark** oczy szybko przyzwyczają ci się do ciemności

adaptability /əˌdæptəˈbɪlətɪ/ *n* [1] (of person) (flexibility) przystosowalność *f* fml (**to sth** do czegoś) [2] (ability to change) zdolność *f* or łatwość *f* przystosowania się (**to sth** do czegoś); **his ease of ~** (jego) duża łatwość or zdolność przystosowania się or adaptacji [3] (of novel, book) **~ to television/the stage** możliwość zaadaptowania dla potrzeb telewizji/na scenę [4] (of machine, system) możliwość *f* przystosowania or dostosowania (**to sth** do czegoś) [5] Biol przystosowawczość *f*, adaptabilność *f* (**to sth** do czegoś)

adaptable /əˈdæptəbl/ *adj* [1] **to be ~** *[person, organization]* potrafić się przystosować (**to sth** do czegoś) [2] *[machine, system]* przystosowalny fml (**to sth** do czegoś); **to be ~ to sth** dawać się przystosować or dostosować do czegoś; **a vehicle (which is) ~ to all sorts of terrain** pojazd, który może poruszać się w różnych warunkach terenowych [3] *[book, play]* dający się zaadaptować; **to be ~ for cinema/TV** nadawać się do adaptacji filmowej/telewizyjnej

adaptation /ˌædæpˈteɪʃn/ *n* [1] (process) (of building) adaptacja *f* (**to** or **for sth** na coś); (of garment) przeróbka *f*; (of book) zaadaptowanie *n*; (for screen) zekranizowanie *n*; **~ for TV** adaptacja telewizyjna [2] (result) (of text) adaptacja *f*; (for screen) ekranizacja *f* [3] (of machine, system) przystosowanie *n*, dostosowanie *n* (**to** or **for sth** do czegoś) [4] Biol przystosowanie *n*, adaptacja *f*

adapter /əˈdæptə(r)/ *n* [1] (author) adaptator *m*, -ka *f*; (for screen) ekranizator *m*, -ka *f* [2] Mech złączka *f*, łącznik *m*; Elec (plug) (with several sockets) rozgałęziacz *m*, rozgałęźnik *m*; (for different sockets) przejściówka *f*

adapter ring *n* Phot pierścień *m* pośredni

adapter tube *n* = **adapter ring**

adaptor *n* = **adapter**

ADC *n* = **analogue-digital converter** konwerter *m* or przetwornik *m* analogowo--cyfrowy

add /æd/ *vt* [1] doda|ć, -wać (**onto** or **to sth** do czegoś); **to ~ that...** dodać, że...; **I've nothing to ~** nie mam nic do dodania [2] Math (also **~ together**) doda|ć, -wać *[figures, totals, columns, numbers]*; **to ~ sth to sth** dodać coś do czegoś; **~ the two figures (together)** dodaj te dwie liczby

■ **add in**: **~ in [sth], ~ [sth] in** doda|ć, -wać, dorzuc|ić, -ać *[detail, remark]*

■ **add on**: **~ on [sth], ~ [sth] on** doda|ć, -wać; **they ~ed a service charge onto the bill** do rachunku doliczyli opłatę za obsługę; **to ~ on an extra room** dobudować dodatkowy pokój

■ **add to**: **~ to [sth]** powiększ|yć, -ać *[irritation, house, property]*; zwiększ|yć, -ać *[problems, difficulty]*

■ **add up**: ¶ **~ up** *[facts, figures]* zg|odzić, -adzać się; **it doesn't ~ up** to się nie trzyma kupy infml; **it all ~s up!** fig wszystko się zgadza!, to ma sens!; **it doesn't ~ up!** fig to nie ma sensu!; **to ~ up to sth** *[total]* stanowić, wynosić *[amount, number]*; *[factors]* przyczynić się do czegoś *[success, disaster, result]*; **his achievements ~ up to very little** w sumie osiągnął niewiele ¶ **~ up [sth], ~ [sth] up** po|dodawać, z|sumować *[cost, numbers, totals]*

IDIOMS: **to ~ fuel to the flames** dolewać oliwy do ognia

added /ˈædɪd/ *adj [advantage, benefit, element, disappointment]* dodatkowy; **with ~ vitamins** wzbogacony witaminami; **~ to which...** a w dodatku...

addendum /əˈdendəm/ *n* (*pl* **-da**) dodatek *m*, uzupełnienie *m* (**to sth** do czegoś); (to document) aneks *m*, załącznik *m*; (in document) przypisek *m*

adder¹ /ˈædə(r)/ *n* Zool żmija *f*

adder² /ˈædə(r)/ *n* Comput układ *m* sumujący, sumator *m*

addict **I** /ˈædɪkt/ *n* [1] (drug user) narkoman *m*, -ka *f*; (smoker) nałogowiec *m*; **heroin ~** heroinista; **to become an ~** wpaść w nałóg, uzależnić się [2] fig (enthusiast) fanaty|k *m*, -czka *f*; **telly ~** maniak telewizyjny; **coffee/chocolate ~** amator kawy/czekolady

II /əˈdɪkt/ *vr* **to ~ oneself** uzależni|ć, -ać się (**to sth** od czegoś)

addicted /əˈdɪktɪd/ *adj* uzależniony (**to sth** od czegoś); **to be/become ~ to sth** być uzależnionym/uzależnić się od czegoś; fig być/stać się fanatykiem or entuzjastą czegoś

addiction /əˈdɪkʃn/ *n* [1] (to drugs) uzależnienie *n* (**to sth** od czegoś); (to alcohol, cigarettes) nałóg *m*; **tobacco ~** nałóg palenia tytoniu [2] fig (to music) zamiłowanie *n* (**to sth** do czegoś); (to chocolate, gambling) pociąg *m* (**to sth** do czegoś)

addictive /əˈdɪktɪv/ *adj* [1] *[drug, substance]* uzależniający; **crack is highly ~** kokaina jest silnie uzależniająca [2] fig *[power, computer games]* wciągający; **I find watching TV ~** oglądanie telewizji wciąga mnie bez reszty

add-in /ˈædɪn/ *n* Comput program *m* dodatkowy

adding machine *n* sumator *m*, maszyna *f* sumująca

addition /əˈdɪʃn/ **I** *n* [1] (act of adding) dodanie *n*; (result) dodatek *m*; (to text, letter) uzupełnienie *n*, dopisek *m*; (to house) dobudowa *f*, dobudówka *f*, aneks *m*; (to salary, pension) dodatek *m* [2] (person) (to staff, team) (nowy) nabytek *m* fig; (to family) nowy członek *m* [3] (thing added) (to company, corporation) nowy nabytek *m*, nowość *f* [4] Math dodawanie *n*

II in addition *adv phr* w dodatku, na dodatek
III in addition to sth *prep phr* oprócz czegoś; **I've got longer holidays in ~ to other perks** oprócz innych korzyści mam więcej urlopu
additional /əˈdɪʃənl/ *adj* dodatkowy; **~ charge** dodatkowa opłata
additionally /əˈdɪʃənəlɪ/ *adv* (moreover) co więcej, na dodatek; (also) dodatkowo; **~, there was a risk of fire** co więcej, istniało ryzyko pożaru; **we ~ offer private tuition** dodatkowo oferujemy lekcje prywatne
additive /ˈædɪtɪv/ *n* Chem, Culin, Agric dodatek *m*; **no harmful ~s** bez szkodliwych dodatków
addled /ˈædld/ *adj [egg]* zepsuty, nieświeży; fig *[brain, mind]* przyćmiony
addle-head /ˈædlhed/ *n* infml głupek *m*, przygłup *m* infml
addle-headed /ˌædlˈhedɪd/ *adj* infml przygłupi, głupawy infml; **working with computers makes anyone ~** praca z komputerem ogłupia
add-on /ˈædɒn/ **I** *n* (in car) urządzenie *n* dodatkowe; (in computer) rozszerzenie *n*; (in hi-fi) przystawka *f*
II *adj* dodatkowy
address /əˈdres, US ˈædres/ **I** *n* [1] (place of residence) adres *m*; **at an ~** pod adresem; **to change (one's) ~** przeprowadzić się, zmienić adres; **of no fixed ~** bez stałego adresu or miejsca zamieszkania; **to send a letter to sb's ~** przesłać list na adres kogoś [2] (speech) przemówienie *n*, mowa *f*; adres *m* arch; **to deliver** or **give an ~** wygłosić mowę or przemówienie [3] (as etiquette) **form** or **manner of ~** sposób zwracania się, forma grzecznościowa; **what's the correct form of ~ for a bishop?** jak należy zwracać się do biskupa? [4] arch (manner) obejście *n*; **a man of pleasing/rude ~** człowiek układny/niewychowany [5] Comput adres *m*
II *vt* [1] (write address on) za|adresować *[letter, parcel]*; **to ~ sth to sb** zaadresować coś do kogoś; **this letter is wrongly addressed** ten list jest źle zaadresowany [2] (speak to) przem|ówić, -awiać do (kogoś), wygł|osić, -aszać mowę or przemówienie do (kogoś) *[group, gathering]*; **the chairman will now ~ the meeting** a teraz zabierze głos przewodniczący [3] (aim) s|kierować, zwr|ócić, -acać się z (czymś) *[complaint, remark]* **(to sb** do kogoś) [4] (tackle) zaj|ąć, -mować się (czymś) *[needs, problem, issue]* [5] (use title of) tytułować *[person, royalty]*; **he ~ed my mother as Madam** zwracał się do mojej matki „szanowna pani" [6] (in golf) wziąć zamach do uderzenia w (coś) *[ball]*
III *vr* **to ~ oneself to sth** postawić, stawiać sobie coś *[question]*; zaj|ąć, -mować się czymś *[problem, needs, issue]*; wziąć, brać na siebie coś *[task, job]*
address book *n* notes *m* na adresy; Comput książka *f* adresowa
addressee /ˌædreˈsiː/ *n* [1] adresat *m*, -ka *f* [2] Ling odbiorca *m*, adresat *m*
addressing /əˈdresɪŋ, US ˈædresɪŋ/ *n* Comput adresowanie *n*
Addressograph® /əˈdresəʊɡrɑːf, US -ɡræf/ *n* adresograf *m*, adresarka *f*
adduce /əˈdjuːs, US əˈduːs/ *vt* fml powoł|ać, -ywać się na (coś) *[authority, evidence, fact]*; przyt|oczyć, -aczać *[evidence, fact, reason]*; **to ~ sth in** or **as proof of sth** przytoczyć coś jako dowód czegoś, przytoczyć coś na potwierdzenie czegoś
adduct /əˈdʌkt/ *vt* Anat przyw|ieść, -odzić *[limb]*
adduction /əˈdʌkʃən/ *n* fml [1] (of evidence) powołanie się *n* **(of sth** na coś); przytoczenie *n* **(of sth** czegoś) [2] Anat przywodzenie *n*
adductor /əˈdʌktə(r)/ *n* Anat (also **~ muscle**) przywodziciel *m*
Adelaide /ˈædəleɪd/ *prn* (name) Adelajda *f*; (city) Adelaide *n inv*
adenoidal /ædɪˈnɔɪdl, US -dən-/ *adj [voice]* nosowy; *[breathing, speaking]* przez nos
adenoids /ˈædɪnɔɪdz, US -dən-/ *npl* Anat migdałki *m pl*
adenoma /ˌædɪˈnəʊmə/ *n* Med gruczolak *m*
adept **I** /ˈædept/ *n* mistrz *m*, -yni *f* **(in** or **at sth/doing sth** w czymś/w robieniu czegoś)
II /əˈdept/ *adj* (proficient) znakomity; (experienced) doświadczony; **to be ~ at sth/at doing sth** być mistrzem w czymś/w robieniu czegoś; **she is ~ at using her hands** ona ma zdolności manualne
adequacy /ˈædɪkwəsɪ/ *n* [1] (sufficiency) dostateczność *f*; (of sum) dostateczna or zadowalająca wysokość *f*; (of quantity) dostateczna or zadowalająca ilość *f*; **to doubt the ~ of his/her description** wątpić w dokładność or rzetelność jego/jej opisu [2] (suitability) stosowność *f*, odpowiedniość *f*; (for job) kompetencje *f pl*; **I doubt his ~ for that post** wątpię, żeby był odpowiednią osobą na to stanowisko; **I doubt my adequacy as a mother** chyba nie jestem dobrą matką [3] (proportionateness) współmierność *f* **(of sth to sth** czegoś do czegoś) [4] Ling adekwatność *f* **(of sth** czegoś)
adequate /ˈædɪkwət/ *adj* [1] (sufficient) *[quantity, size, sum]* wystarczający **(to/for sth** do czegoś/na coś); **an ~ sum to live on** suma wystarczająca na życie; **salary ~ to our needs** zarobki wystarczające na nasze potrzeby [2] (satisfactory) *[explanation, performance, salary]* należyty, zadowalający [3] (suitable) *[behaviour, words]* odpowiedni, stosowny, właściwy; *[person]* kompetentny; **he couldn't find ~ words** nie mógł znaleźć właściwych słów; **to be ~ to a task** być zdolnym wykonać zadanie; **to be ~ for a job** nadawać się do pracy [4] (proportionate) *[punishment]* współmierny **(to sth** do czegoś) [5] Ling adekwatny
adequately /ˈædɪkwətlɪ/ *adj* [1] (sufficiently) *[earn, pay]* wystarczająco, dostatecznie [2] (satisfactorily) *[behave, pay, educated, equipped, prepared]* należycie, zadowalająco; **are you ~ prepared for your exam?** czy jesteś należycie przygotowany do egzaminu?; **these children are not ~ nourished** te dzieci są niedożywione [3] (suitably) stosownie, właściwie
ADHD *n* = **attention deficit hyperactivity disorder**
adhere /ədˈhɪə(r)/ *vi* [1] przyw|rzeć, -ierać, przylegać **(to sth** do czegoś) [2] fig **to ~ to sth** trzymać się czegoś *[principles, rules, text]*; być or pozostać wiernym czemuś *[belief, ideology, commitment]*; przestrzegać czegoś *[standards, deadlines]*; **to ~ doggedly to one's opinion** uparcie obstawać przy swoim zdaniu
adherence /ədˈhɪərəns/ *n* (to ideology, plan, rules, terms) trzymanie się *n* **(to sth** czegoś); (to deadline, commitment) przestrzeganie *n* **(to sth** czegoś)
adherent /ədˈhɪərənt/ **I** *n* (of party) człon|ek *m*, -kini *f*; (of plan, policy) zwolenni|k *m*, -czka *f*; (of cult, doctrine, faith, religion) wyznaw|ca *m*, -czyni *f*
II *adj* fml (sticky) lepiący się, klejący się
adhesion /ədˈhiːʒn/ *n* [1] (ability to stick) przylepność *f*, przyczepność *f* [2] fig (to belief, religion) wierność *f* **(to sth** czemuś) [3] Med zrost *m*
adhesive /ədˈhiːsɪv/ **I** *n* klej *m*
II *adj* (sticky) przylepny, klejący się; **~ stamp** znaczek z klejem; **~ tape** taśma klejąca; **self-~** samoprzylepny
ad hoc /ˌædˈhɒk/ **I** *adj [decision, solution]* doraźny; *[committee]* tymczasowy; *[speech]* okolicznościowy; **on an ~ basis** doraźnie, tymczasowo
II *adv [decide, arrange, solve]* ad hoc, doraźnie
adieu /əˈdjuː, US əˈduː/ dat **I** *n inv* (*pl* **~s, ~x**) pożegnanie *n*; **to say ~ to sb, to bid** or **wish sb ~** pożegnać kogoś
II *excl* żegnaj!
ad infinitum /ˌædˌɪnfɪˈnaɪtəm/ *adv* w nieskończoność, ad infinitum
ad interim /ˌædˈɪntərɪm/ **I** *adj [decision, measure, regent]* tymczasowy, ad interim
II *adv [appoint, arrange]* tymczasowo, ad interim; **~, we'll have...** tymczasem będziemy musieli...
adipose /ˈædɪpəʊs/ *adj [tissue]* tłuszczowy
adiposity /ˌædɪˈpɒsətɪ/ *n* otyłość *f*
adjacent /əˈdʒeɪsnt/ *adj* [1] (touching) *[field, house, room]* przyległy, przylegający **(to sth** do czegoś); *[field, territory]* graniczący **(to sth** z czymś) [2] (nearby) sąsiadujący, sąsiedni; **~ to sth** znajdujący się w sąsiedztwie or w pobliżu czegoś [3] Math *[angle]* przyległy
adjectival /ˌædʒəkˈtaɪvl/ *adj* Ling *[ending, phrase]* przymiotnikowy; **~ clause** zdanie podrzędne przydawkowe
adjectivally /ˌædʒəkˈtaɪvəlɪ/ *adv [function]* przymiotnikowo
adjective /ˈædʒɪktɪv/ *n* Ling przymiotnik *m*; fig epitet *m*
adjective law *n* Jur prawo *n* procesowe
adjoin /əˈdʒɔɪn/ **I** *vt [building, land, room]* przylegać do (czegoś), sąsiadować (z czymś)
II *vi [buildings, land, rooms]* przylegać do siebie, sąsiadować ze sobą
III adjoining *prp adj [building, land, room]* przyległy, sąsiedni; *[province, state]* sąsiedni; *[provinces, states]* sąsiadujące ze sobą
adjourn /əˈdʒɜːn/ **I** *vt* (postpone) odr|oczyć, -aczać, prze|łożyć, -kładać *[session, trial, meeting]*; **to ~ sentence** odroczyć wydanie wyroku; **the session will be ~ed to September 15th** sesja zostaje odroczona do 15 września

II *vi* [1] (suspend proceedings) *[person, session, Parliament]* przer|wać, -ywać (obrady); (close session) (at the end of the debate) zam|knąć, -ykać posiedzenie; (for break) ogł|osić, -aszać przerwę; **Parliament ~ed for the summer break** parlament zawiesił obrady na okres przerwy letniej; **the court will ~ for lunch** sąd zarządza przerwę na lunch [2] fml or hum *[gathering, group, party]* (move on) przen|ieść, -osić się; **the meeting ~ed to the pub** towarzystwo przeniosło się do pubu

adjournment /əˈdʒɜːnmənt/ *n* (of trial) odroczenie *n*; (of session) przerwanie *n*; (of debate) przełożenie *n*

adjournment debate *n* GB Pol *debata w Izbie Gmin przed zamknięciem sesji parlamentu*

adjudge /əˈdʒʌdʒ/ *vt* Jur [1] (decree) uzna|ć, -wać **(that... że...)**; **the court ~d her (to be) guilty** sąd uznał, że jest winna [2] (award) zasądz|ić, -ać, orze|c, -kać *[costs, liability, damages]*; **to ~ sth to sb** zasądzić coś na rzecz kogoś

adjudicate /əˈdʒuːdɪkeɪt/ **I** *vt* Jur *[judge, commission]* rozstrzyg|nąć, -ać *[competition, claim]*; rozsądz|ić, -ać *[dispute]*; **somebody trustworthy will have to ~ the matter** sprawę musi rozstrzygnąć ktoś godny zaufania; **to ~ a win for Black/White** (in chess) przyznać zwycięstwo czarnym /białym

II *vi* Jur *[judge, adjudicator]* orze|c, -kać; **to ~ (up)on sth** orzec w sprawie czegoś

adjudication /əˌdʒuːdɪˈkeɪʃn/ *n* [1] Jur orzeczenie *n*, wyrok *m* [2] (of contest) ustalenie *n*

adjudication of bankruptcy *n* Jur sądowe orzeczenie *n* upadłości

adjudication order *n* = **adjudication of bankruptcy**

adjudication panel *n* Admin, Comm zespół *m* orzekający; (of contest) jury *n inv*

adjudicator /əˈdʒuːdɪkeɪtə(r)/ *n* Jur, Sport arbiter *m*, sędzia *m*

adjunct /ˈædʒʌŋkt/ **I** *n* [1] (addition) dodatek *m* **(to** or **of sth** do czegoś); (complement) uzupełnienie *n* **(to** or **of sth** czegoś); (effect) zjawisko *n* towarzyszące, objaw *m* towarzyszący **(to** or **of sth** czemuś) [2] (helper) pomocni|k *m*, -ca *f* **(to** or **of sb** kogoś) [3] Ling człon *m* luźny

II *adj* US *[teacher]* pomocniczy; **~ professor** Univ wykładowca kontraktowy

adjure /əˈdʒʊə(r)/ *vt* [1] (entreat) zaklinać; **to ~ sb to do sth** zaklinać kogoś, żeby coś zrobił [2] (put on oath) zaprzysi|ąc, -ęgać; **we are all ~d to tell the truth in court** w sądzie wszyscy składamy przysięgę, że będziemy mówić prawdę

adjust /əˈdʒʌst/ **I** *vt* [1] Tech (regulate) wy|regulować *[brakes, height, knob, level, volume]*; nastawi|ć, -ać *[watch]*; ustawi|ć, -ać *[seat]*; s|korygować *[discrepancies, figures, statistics, terms]*; **please ~ your watches** proszę nastawić or wyregulować zegarki; **'do not ~ your set'** „prosimy nie regulować odbiorników"; **such discrepancies can be ~ed** takie rozbieżności można skorygować; **to ~ prices upwards /downwards** skorygować ceny w górę/w dół [2] (in relation to) dostosow|ać, -ywać *[figures]*; przystosow|ać, -ywać *[mechanism]*; dopasow|ać, -ywać *[terms]* **(to sth** do czegoś) [3] (put in order) poprawi|ć, -ać *[dress, hair, hat, tie]*; dopasow|ać, -ywać *[lenses]* [4] Insur oceni|ć, -ać, o|szacować *[claim]*

II *vi* [1] (adapt) *[person]* dostosow|ać, -ywać się, przystosow|ać, -ywać się **(to sth** do czegoś) [2] (be adaptable) *[component, machine, seats]* da|ć, -wać się regulować; dopasować się **(to sth** do czegoś); **the eye soon ~s to the dark** oczy szybko przyzwyczajają się do ciemności

III *vr* **to ~ oneself** dostosow|ać, -ywać się, przystosow|ać, -ywać się, dopasow|ać, -ywać się **(to sth** do czegoś)

IV adjusted *pp adj* dostosowany, przystosowany, dopasowany **(to sth** do czegoś)

adjustability /əˌdʒʌstəˈbɪlətɪ/ *n* (of machine, appliance, seat belts) możliwość *f* regulowania; regulacja *f*; (of rate) możliwość *f* skorygowania; **~ to sth** możliwość przystosowania or dostosowania do czegoś; **ease of ~** łatwość regulacji

adjustable /əˈdʒʌstəbl/ *adj* [1] *[appliance, fitting, level, position, seat, speed]* regulowany; *[timetable]* zmienny; *[rate]* do skorygowania; **tilt/height ~ seat** Aut siedzenie or fotel z regulacją nachylenia/wysokości [2] Insur *[loss]* do pokrycia, do wynagrodzenia; *[claim]* do uregulowania, do wyrównania

adjustable spanner *n* klucz *m* nastawny or francuski

adjustable wrench *n* = **adjustable spanner**

adjuster /əˈdʒʌstə(r)/ *n* [1] Insur (person) rzeczoznawca *m* [2] (device) regulator *m*

adjustment /əˈdʒʌstmənt/ *n* [1] Fin (of rates, charges) skorygowanie *n* **(of sth** czegoś) [2] Tech (of control, fitting, machine) wyregulowanie *n* **(of sth** czegoś) [3] (modification) przystosowanie *n*, modyfikacja *f* **(to sth** czegoś); **to make ~s to sth** przystosować coś *[arrangements, lifestyle, machine, strategy, style, system]*; poprawić coś *[garment]* [4] (mental, physical) adaptacja *f*, przystosowanie się *n* **(to sth** do czegoś); **to make the ~ to sth** przystosować się do czegoś *[culture, lifestyle]* [5] Insur uregulowanie *n*, uzgodnienie *n*

adjutant /ˈædʒʊtənt/ *n* Mil adiutant *m*

adjutant bird *n* Zool (Indian) marabut *m* indyjski; (Javanese) adiutant *m*

adjutant stork *n* = **adjutant bird**

ad-lib /ˌædˈlɪb/ **I** *n* (on stage) improwizacja *f*; (witticism) błyskotliwy wtręt *m*; bon mot *m* liter; **to throw humorous ~s into a serious discussion** okraszać poważną dyskusję zabawnymi wtrętami

II *adj [line, performance]* improwizowany; *[comment]* wymyślony na poczekaniu; **to give an ~ rendering of sth** zaimprowizować coś; **an ~ comedian** komik improwizator

III *adv* [1] *[distribute, help oneself, take]* według uznania or upodobania; **to perform** or **play sth ~** zaimprowizować coś; **to speak ~** mówić or przemawiać bez przygotowania [2] Mus ad libitum; **a piece to be played on clarinet or viola ~** utwór na klarnet lub altówkę ad libitum

IV *vt* (*prp, pt, pp* **-bb-**) wymyśl|ić, -ać na poczekaniu *[lines, jokes]*; improwizować *[part, performance]*; **to ~ one's answers** odpowiadać (na pytania) bez przygotowania

V *vi* improwizować

ad-libbing /ˌædˈlɪbɪŋ/ *n* improwizacja *f*, improwizowanie *n*

ad libitum /ˌædˈlɪbɪtəm/ *adj, adv* Mus ad libitum

adman /ˈædmæn/ *n* infml (*pl* **-men**) spec *m* od reklamy infml

admass /ˈædmæs/ GB **I** *n* masowy odbiorca *m* (reklam)

II *modif [culture]* masowy; *[society]* konsumpcyjny

admin /ˈædmɪn/ GB infml **I** *n* robota *f* papierkowa infml

II *modif* administracyjny

administer /ədˈmɪnɪstə(r)/ *vt* [1] (also **administrate**) (manage) zarządzać (czymś), administrować (czymś) *[property, affairs, funds, business]*; sprawować władzę nad (czymś) *[territory]* **to ~ the family estate** zarządzać posiadłością rodzinną [2] (dispense) wymierz|yć, -ać *[justice, punishment]*; zastosować *[law]*; Relig udziel|ić, -ać (czegoś) *[sacrament]*; poda|ć, -wać *[medicine]*; **the priest ~ed the last rites** ksiądz udzielił ostatniego namaszczenia; **to ~ the oath to a witness** zaprzysiąc świadka

administrate /ədˈmɪnɪstreɪt/ *vt* = **administer** [1]

administration /ədˌmɪnɪˈstreɪʃn/ *n* [1] Admin (of business, hospital, school, charity) zarządzanie *n*, administracja *f* [2] Jur (of company) zarząd *m* sądowy; **to go into ~** dostać się pod zarząd sądowy [3] (of justice) wymierzanie *n*; (of sacraments, aid) udzielanie *n*; (of medicine) podawanie *n* [4] (government) rząd *m*, administracja *f* państwowa [5] GB (paperwork) praca *f* administracyjna

administration block *n* = **administration building**

administration building *n* GB gmach *m* or budynek *m* administracji

administration costs *n* Accts koszty *m pl* administracyjne

administration expenses *n* = **administration costs**

administration order *n* Jur nakaz *m* ustanawiający zarząd sądowy

administrative /ədˈmɪnɪstrətɪv, US -streɪtɪv/ *adj* administracyjny; **~ tribunal** trybunał administracyjny

administratively /ədˈmɪnɪstrətɪvlɪ, US -streɪtɪvlɪ/ *adv [complex, convenient, independent]* administracyjnie, z administracyjnego punktu widzenia

administrator /ədˈmɪnɪstreɪtə(r)/ *n* [1] Comm, Mgmt administrator *m*, -ka *f*, zarządca *m* **(for** or **of sth** czegoś); **to appoint an ~ for the family estate** Fin wyznaczyć zarządcę or administratora posiadłości rodzinnej; **sales ~** kierownik działu sprzedaży [2] (of school, hospital) dyrektor *m* [3] Jur egzekutor *m*; **a fair ~ of justice** bezstronny sędzia [4] (of sacraments) udzielający *m* sakramentów

admirable /ˈædmərəbl/ *adj* godny podziwu

admirably /ˈædmərəblɪ/ *adv [act, behave]* w sposób godny podziwu; *[competent, discreet]* niezwykle, nad podziw

admiral /ˈædmərəl/ *n* [1] Mil, Naut admirał *m*; **fleet ~** US, **~ of the fleet** GB admirał (floty) [2] Zool rusałka *f* admirał

admiralty /ˈædmərəltɪ/ *n* [1] Mil (rank of admiral) stopień *m* admirała [2] GB Hist *resort marynarki wojennej*

Admiralty Board *n* GB sztab *m* brytyjskiej marynarki wojennej

admiration /ˌædməˈreɪʃn/ *n* [1] (appreciation) podziw *m* **(for sb/sth** dla kogoś/czegoś); (stronger) zachwyt *m* **(for sb/sth** nad kimś /czymś); **a mutual ~ society** towarzystwo wzajemnej adoracji; **to stand in ~ of sb /sth** podziwiać kogoś/coś; **to look in ~ at sb/sth** patrzeć na kogoś/coś z podziwem or zachwytem [2] (person, thing admired) przedmiot *m* or obiekt *m* podziwu **(of sb** kogoś)

admire /ədˈmaɪə(r)/ *vt* podziwiać *[person, painting, view, behaviour, quality]*; (stronger) zachwyc|ić, -ać się (czymś) *[person, painting, view]*; **he ~d her for her courage** podziwiał ją za odwagę; **to be ~d by sb** być podziwianym przez kogoś

admirer /ədˈmaɪərə(r)/ *n* [1] wielbiciel *m*, -ka *f* **(of sb/sth** kogoś/czegoś) [2] hum (lover) wielbiciel *m*, -ka *f*; adorator *m*, -ka *f* dat

admiring /ədˈmaɪərɪŋ/ *adj* pełen podziwu or zachwytu; (worshipful) pełen uwielbienia

admiringly /ədˈmaɪərɪŋlɪ/ *adv [say, look, listen]* z podziwem or zachwytem

admissibility /əˌdmɪsəˈbɪlətɪ/ *n* Jur dopuszczalność *f*; **~ of evidence** dopuszczalność dowodu

admissible /ədˈmɪsəbl/ *adj* [1] Jur *[evidence, witness, document]* dopuszczalny [2] *[proposal, idea]* do przyjęcia

admission /ədˈmɪʃn/ **I** *n* [1] (entry) wstęp *m*, wjazd *m*; (entrance) wstęp *m*; **~ to sth** wstęp or wjazd do czegoś; **the ~ of immigrants to the country** zezwolenie na wjazd emigrantów do kraju; **to deny** or **refuse sb ~ (to sth)** odmówić komuś wstępu (do czegoś); **to gain ~ (to sth)** dostać się (do czegoś); **~ by ticket only** wstęp wyłącznie z biletami; **no ~** wstęp wzbroniony; **no ~ to people under 18** zakaz wstępu osobom poniżej 18 lat; **no ~s after 10 pm** zakaz wstępu po godzinie dziesiątej (wieczorem) [2] (acceptance) (to society, union, hospital, university) przyjęcie *n* **(to sth** do czegoś); **to apply for ~ to sth** starać się o przyjęcie do czegoś; **to deny** or **refuse sb ~ to sth** odmówić komuś przyjęcia do czegoś; **universities are having to reduce their ~s** uniwersytety muszą ograniczyć liczbę przyjęć [3] (fee charged) opłata *f*; **~ fee** opłata za wstęp; **to pay/charge 10 pounds ~** płacić/pobierać opłatę za wstęp w wysokości 10 funtów; **~ free** wstęp wolny [4] (confession) przyznanie się *n*; **by his own ~** według (jego) własnych słów, jak sam przyznaje; **an ~ of sth** przyznanie się do czegoś *[error, failure, guilt]* **an ~ that...** przyznanie (się), że...

II admissions *npl* Univ ≈ wpisy *m pl*, rekrutacja *f* (studentów); Med izba *f* przyjęć

admissions office *n* Univ ≈ biuro *n* or dział *m* rekrutacji

admissions officer *n* Univ kierowni|k *m*, -czka *f* biura or działu rekrutacji

admit /ədˈmɪt/ **I** *vt* (*prp, pt, pp* **-tt-**) [1] (accept) przyzna|ć, -wać się do (czegoś) *[error, mistake, fact]*; uzna|ć, -wać *[error, mistake]*; **to ~ that...** przyznać, że...; **to ~ to (doing) sth** przyznać się do (zrobienia) czegoś; **I have to ~ to liking him** muszę przyznać, że go lubię; **he ~s to having made a mistake** przyznaje się do popełnienia błędu; **it's annoying, I (have to) ~** przyznaję, że to jest denerwujące; **he would never ~ that...** nigdy by nie przyznał, że...; **it's generally ~ted that...** ogólnie uważa się, że...; **to ~ defeat** przyznać się do porażki, uznać się za pokonanego [2] (confess) przyzna|ć, -wać się do (czegoś) *[crime, wrongdoing, guilt]*; **I ~ that I've done it** przyznaję, że to zrobiłem; **to ~ to (doing) sth** przyznać się do (zrobienia) czegoś; **eventually he ~ted his guilt** w końcu przyznał się do winy; **she wouldn't ~ to the theft** nie chciała przyznać się do kradzieży [3] (allow to enter) *[person, authority]* wpu|ścić, -szczać *[person, member]*; **this ticket ~s two people** na ten bilet mogą wejść dwie osoby; **the ticket ~s you to the house and gardens** ten bilet upoważnia do zwiedzania domu i ogrodów; **dogs not ~ted** zakaz wprowadzania psów [4] *[hospital]* przyj|ąć, -mować *[patient]*; **to be ~ted to hospital** zostać przyjętym do szpitala [5] (allow to become a member) przyj|ąć, -mować *[person, member]* **(to sth** do czegoś, na coś) [6] Jur **to ~ sth in evidence** dopuścić coś jako dowód w sprawie

II *vi* (*prp, pt, pp* **-tt-**) fml (allow) dopu|ścić, -szczać **(of sth** coś); **the situation ~s of no delay** sytuacja nie zezwala na zwłokę

admittance /ədˈmɪtns/ *n* wstęp *m*; **to gain ~ (to a building/meeting)** dostać się or zostać wpuszczonym (do budynku/na zebranie); **to deny/refuse sb ~** zabronić /odmówić komuś wstępu; **no ~!** wstęp wzbroniony!

admittedly /ədˈmɪtɪdlɪ/ *adv* wprawdzie, co prawda; **~, he did lie but...** rzeczywiście kłamał, ale...

admixture /ædˈmɪkstʃə(r)/ *n* fml [1] (mixing) dodawanie *n* **(of sth** czegoś) [2] (added element) domieszka *f* **(of sth** czegoś)

admonish /ədˈmɒnɪʃ/ *vt* fml [1] (reprimand) upom|nieć, -inać, napom|nieć, -inać; **to ~ sb for sth/doing sth** upominać kogoś za coś/za zrobienie czegoś [2] (advise) doradz|ić, -ać (komuś), nakł|onić, -aniać; **she ~ed us to seek professional help** nakłoniła nas, żebyśmy poszukali fachowej pomocy

admonition /ˌædməˈnɪʃn/ *n* fml [1] (reprimand) napomnienie *n* [2] (warning) ostrzeżenie *n* **(of** or **against sth** przed czymś)

admonitory /ədˈmɒnɪtrɪ, US -tɔːrɪ/ *adj* fml [1] (warning) *[letter, speech]* z ostrzeżeniem, z przestrogą [2] (disapproving) *[remark, tone, look]* karcący

ad nauseam /ˌædˈnɔːzɪæm/ *adv [talk, repeat]* ad nauseam, do znudzenia

adnominal /ˌædˈnɒmɪnl/ Ling **I** *n* przydawka *f*

II *adj* przydawkowy

ado /əˈduː/ *n* arch ceregiele *plt*; **without more** or **much** or **further ~** bez zbędnych ceregieli

IDIOMS: **much ~ about nothing** wiele hałasu o nic

adobe /əˈdəʊbɪ/ **I** *n* [1] (brick) cegła *f* suszona na słońcu [2] (clay) glina *f* namulona [3] (house) dom *m* z cegły suszonej na słońcu

II *modif* **~ house** dom z cegły suszonej na słońcu

adolescence /ˌædəˈlesns/ *n* [1] (period) wiek *m* dojrzewania; Med adolescencja *f* fml; **to reach one's ~** wejść or wkroczyć w wiek dojrzewania [2] (process) dojrzewanie *n*

adolescent /ˌædəˈlesnt/ **I** *n* (male) (dorastający) chłopak *m*, nastolatek *m*; wyrostek *m* hum; (female) (dorastająca) dziewczyna *f*, nastolatka *f*; **when children become ~s** gdy dzieci dorastają or dojrzewają; **groups of ~s hanging around on street corners** grupki wyrostków wystających na rogach ulic

II *adj* [1] (teenage) *[rebellion, years]* młodzieńczy; **~ crisis/problems** kryzys/problemy okresu dojrzewania; **~ boy/girl** nastolatek/nastolatka, dorastający chłopak/dorastająca dziewczyna; **~ acne** trądzik młodzieńczy [2] (childish) *[humour, behaviour]* dziecinny; szczeniacki infml

Adonis /əˈdəʊnɪs/ **I** *prn* Myth Adonis *m*; fig adonis *m*

II *n* Bot miłek *m*

adopt /əˈdɒpt/ *vt* [1] za|adoptować, przyspos|obić, -abiać *[child]*; usyn|owić, -awiać *[son]*; **to have one's baby ~ed** oddać dziecko do adopcji; **we ~ed a refugee family** przyjęliśmy (do domu) rodzinę uchodźców [2] (take up) przyj|ąć, -mować *[custom, hard line, method, religion]*; powziąć *[plan, view]*; przyb|rać, -ierać *[attitude, name, tone]*; zaj|ąć, -mować *[position, stance]*; ob|rać, -ierać *[career]* [3] (take over) przej|ąć, -mować *[custom, culture]*; za|stosować *[method]* [4] (approve) przyj|ąć, -mować *[policy]* [5] (choose) wyb|rać, -ierać *[candidate]*; **to ~ sb as candidate** wybrać kogoś na kandydata; **he ~ed Germany as his home** osiadł w Niemczech na stałe

adopted /əˈdɒptɪd/ *adj [child]* adoptowany; *[son]* usynowiony; *[country, name]* przybrany

adoption /əˈdɒpʃn/ *n* [1] (of child) przysposobienie *n*, adopcja *f*; (of son) usynowienie *n* **(of sb by sb** kogoś przez kogoś); **the number of ~s in a year** liczba adopcji w roku [2] (taking up) (of custom, hard line, method, religion, idea, plan) przyjęcie *n* **(of sth by sb** czegoś przez kogoś); (of position, stance) zajęcie *n* **(of sth by sb** czegoś przez kogoś); (of attitude, tone) przybranie *n* **(of sth by sb** czegoś przez kogoś); (of career) obranie *n* **(of sth by sb** czegoś przez kogoś) [3] (taking over) (of belief, custom) przejęcie *n* **(of sth by sb** czegoś przez kogoś); (of method) zastosowanie *n* **(of sth by sb** czegoś przez kogoś) [4] (approval) (of proposal, report) przyjęcie *n* **(of sth by sb** czegoś przez kogoś) [5] (choice) (of candidate) wybranie *n* **(of sb by sb** kogoś przez kogoś); (of name) przyjęcie *n*, przybranie *n* **(of sth by sb** czegoś przez kogoś); **the country of one's ~** przybrana or druga ojczyzna; **an Eng-**

lishman by ~ Anglik z wyboru; **after her ~ as Labour candidate** po wytypowaniu jej na kandydatkę Partii Pracy

adoption agency *n* agencja *f* adopcyjna

adoptive /əˈdɒptɪv/ *adj [parent, child, brother]* przybrany; *[child]* adoptowany, przysposobiony

adorable /əˈdɔːrəbl/ *adj* zachwycający, cudowny

adoration /ˌædəˈreɪʃn/ *n* [1] Relig adoracja *f* **(of** or **for sb/sth** kogoś/czegoś); oddawanie *n* czci **(of** or **for sb/sth** komuś/czemuś); **the Adoration of the Magi** pokłon Trzech Króli [2] u|wielbienie *n* **(of** or **for sb/sth** kogoś/czegoś, dla kogoś/czegoś); **to gaze at sb in ~** patrzeć na kogoś z uwielbieniem

adore /əˈdɔː(r)/ *vt* [1] (like greatly) uwielbiać; **to ~ to do** or **doing sth** uwielbiać coś robić [2] (worship) wielbić, oddawać cześć (komuś) *[God, gods]*

adorer /əˈdɔːrə(r)ə/ *n* wielbiciel *m*, -ka *f*

adoring /əˈdɔːrɪŋ/ *adj* rozkochany, rozmiłowany, pełen uwielbienia

adoringly /əˈdɔːrɪŋlɪ/ *adv [gaze, look]* z uwielbieniem

adorn /əˈdɔːn/ liter **I** *vt [paintings, jewellery]* ozd|obić, -abiać *[walls, dress, hair]*; *[person]* przystr|oić, -ajać, przyozd|obić, -abiać *[building, dress, hair, walls]* **(with sth** czymś); **to be ~ed with sth** być ozdobionym or przystrojonym czymś

II *vr* **to ~ oneself** przystr|oić, -ajać się **(with sth** czymś)

adornment /əˈdɔːnmənt/ *n* [1] (object) ozdoba *f*; (of dress, table) przybranie *n* [2] (art) zdobnictwo *n* **(of sth** czegoś)

ADP *n* = **automatic data processing** automatyczne przetwarzanie *n* danych

adrenal /əˈdriːnl/ *adj* Anat nadnerczowy

adrenal gland *n* Anat nadnercze *m*

adrenalin(e) /əˈdrenəlɪn/ *n* Physiol, Med adrenalina *f*; **a rush** or **surge of ~** przypływ adrenaliny; **I could feel the ~ flowing** poczułem, że podnosi mi się poziom adrenaliny

Adriatic /ˌeɪdrɪˈætɪk/ **I** *prn* **the A~ (sea)** Adriatyk *m*, Morze *n* Adriatyckie

II *adj [coast, resort]* adriatycki

adrift /əˈdrɪft/ *adj, adv* [1] (floating free) *[boat, person]* znoszony przez prąd; *[boat]* dryfujący; **they were ~** znosiło ich [2] fig *[person]* zagubiony; **to turn sb ~** wyrzucić kogoś na bruk fig [3] (loose) **to come ~** *[book]* rozlecieć się; *[pages]* rozsypać się; *[wire]* obluzować się; *[seams in clothing]* rozejść się [4] *[plans, project]* **to go ~** pokrzyżować się [5] GB Sport **to be two points ~ of their rivals** mieć dwa punkty straty do swoich rywali

adroit /əˈdrɔɪt/ *adj* (mentally) bystry; (physically) zręczny, zwinny; **to be ~ at** or **in sth /doing sth** być zręcznym w czymś/zręcznie coś robić; **to be ~ with sth** zręcznie or sprawnie się czymś posługiwać

adroitly /əˈdrɔɪtlɪ/ *adv* (nimbly) zręcznie, zwinnie; (with shrewdness) sprytnie, pomysłowo

adroitness /əˈdrɔɪtnɪs/ *n* (mental) spryt *m*, pomysłowość *f*; (physical) zwinność *f*, zręczność *f*; **to move with ~** poruszać się zwinnie

adspeak /ˈædspiːk/ *n* język *m* reklamy

aduki bean /æˈduːkɪbiːn/ *n* = **adzuki bean**

adulate /ˈædjʊleɪt, US ˈædʒʊ-/ *vt* fml schlebiać (komuś), przypochlebi|ć, -ać się (komuś)

adulation /ˌædjʊˈleɪʃn, US ˌædʒʊ-/ *n* fml schlebianie *n*, przypochlebianie się *n* **(of sb** komuś)

adulator /ˈædjʊleɪtə(r)/ *n* pochleb|ca *m*, -czyni *f*

adult /ˈædʌlt, əˈdʌlt/ **I** *n* (grown-up) osoba *f* dorosła; (of age) pełnoletni *m*, -a *f*; **for ~s only** tylko dla dorosłych

II *adj* [1] *[driver, smoker]* pełnoletni, dorosły; *[audience, daughter, population]* dorosły; **~ class/clothes/fiction/film** zajęcia/ubrania/powieść/film dla dorosłych [2] euph (pornographic) **~ film/magazine** film/czasopismo dla dorosłych euph

Adult Education *n* GB kształcenie *n* dorosłych

Adult Education Centre *n* GB Centrum *n* Kształcenia Dorosłych

adulterate /əˈdʌltəreɪt/ *vt* s|fałszować *[milk, wine]*; obniż|yć, -ać jakość (czegoś) **(with sth** przez dodanie czegoś); ochrzcić *[wine]* infml **(with sth** czymś); **they discovered that the farmer had been adulterating the milk with water** wyszło na jaw, że farmer rozcieńczał mleko wodą

adulteration /əˌdʌltəˈreɪʃn/ *n* fałszowanie *n*; obniżanie *n* jakości **(of sth with sth** czegoś przez dodanie czegoś); **~ of wine** chrzczenie wina infml

adulterer /əˈdʌltərə(r)/ *n* cudzołożnik *m*

adulteress /əˈdʌltərɪs/ *n* cudzołożnica *f*

adulterous /əˈdʌltərəs/ *adj [relationship]* cudzołożny, pozamałżeński

adultery /əˈdʌltərɪ/ *n* cudzołóstwo *n*; **to commit ~** popełnić cudzołóstwo **(with sb** z kimś)

adulthood /ˈædʌlthʊd/ *n* wiek *m* dojrzały; **to survive into/reach ~** dożyć wieku dojrzałego/osiągnąć wiek dojrzały

adult literacy classes *n* GB kursy *m pl* czytania i pisania dla analfabetów

Adult Training Centre *n* GB Centrum *n* Szkolenia Zawodowego Dorosłych

adumbrate /ˈædʌmbreɪt/ *vt* fml [1] (outline) na|szkicować, przedstawi|ć, -ać w zarysie [2] (foreshadow) zapowi|edzieć, -adać [3] (overshadow) zaciemni|ć, -ać, rzuc|ić, -ać cień na (coś)

adumbration /ˌædʌmˈbreɪʃn/ *n* [1] (outline) zarys *m* [2] (representation) zapowiedź *f* [3] (overshadowing) zaciemnienie *n*

advance /ədˈvɑːns, US -ˈvæns/ **I** *n* [1] (forward movement) Mil (of troops) posuwanie się *n* naprzód; (of civilization, in science) postęp *m*; (of fire) rozprzestrzenianie się *n*; (of water) rozlewanie się *n*; **with the ~ of old age** z wiekiem; **recent ~s in medicine** ostatnie postępy w medycynie; **a great ~ for democracy** ogromny krok w kierunku demokracji; **the unstoppable ~ of time** stały upływ czasu [2] Mil (assault) natarcie *n* **(on sth** na coś); **to make an ~ on sth** nacierać na coś [3] (sum of money) zaliczka *f* **(on sth** na poczet czegoś); **to ask for an ~ on one's salary** poprosić o zaliczkę na poczet wynagrodzenia [4] (increase) zwyżka *f*; **any ~ on £500?** (at auction) 500 funtów, czy ktoś da więcej?

II advances *npl* (overtures) zabiegi *plt*; (sexual) zaloty *plt*, umizgi *plt* liter; awanse *plt* dat; **to make ~s to sb** zwrócić się do kogoś (z propozycją); (sexually) zalecać się do kogoś

III *adj [payment]* zaliczkowy; *[publicity]* poprzedzający, wcześniejszy

IV in advance *adv phr [know, pay, thank]* z góry; *[book, notify, know]* z wyprzedzeniem, zawczasu; **a month's rent in ~** czynsz za jeden miesiąc z góry; **here's £30 in ~** oto 30 funtów tytułem zaliczki or jako zaliczka; **she arrived three days in ~** przyjechała trzy dni wcześniej; **you need to book (your seats) well in ~** trzeba zrobić rezerwację z dużym wyprzedzeniem; **to send sb/sth on in ~** wysłać kogoś/coś wcześniej; **let me know in ~** zawiadom mnie zawczasu

V in advance of *adv phr [person]* przed (czymś); **she arrived half an hour in ~ of the others** przyjechała pół godziny przed innymi; **a thinker in ~ of his time** myśliciel wyprzedzający swą epokę

VI *vt* [1] (move forward) przesu|nąć, -wać (do przodu) *[tape, clock, chess piece]*; **to ~ the date of sth** przyśpieszyć termin czegoś; **to ~ the time of sth** przenieść coś na wcześniejszą godzinę [2] fig (improve) posu|nąć, -wać naprzód *[research]*; pogłębi|ć, -ać *[knowledge]*; **to ~ sb's career** pomóc komuś zrobić karierę [3] (promote) w|esprzeć, -spierać, pop|rzeć, -ierać *[cause, interests]* [4] (put forward) wysu|nąć, -wać *[theory, idea]*; przedstawi|ć, -ać *[opinion]* [5] (pay up front) wypłac|ić, -ać tytułem zaliczki **(to sb** komuś); (loan) pożycz|yć, -ać **(to sb** komuś) [6] (raise) podwyższ|yć, -ać, podn|ieść, -osić *[price, wages]*

VII *vi* [1] (move forward) *[person, crowd]* rusz|yć, -ać (naprzód) **(on sb/sth** na kogoś/coś); *[fire]* rozprzestrzeni|ć, -ać się; (come closer) zbliż|yć, -ać się **(towards sb /sth** do kogoś/czegoś); *[morning]* wsta|ć, -wać; *[evening]* zapa|ść, -dać [2] Mil (attack) na|trzeć, -cierać **(on sb/sth** na kogoś/coś) [3] (progress) *[person, society]* z|robić postęp(y) **(in sth** w czymś); *[work]* post|ąpić, -ępować naprzód; *[knowledge, technology]* rozwi|nąć, -jać się; **to ~ in one's career** robić karierę [4] (increase) *[price, value]* wzr|osnąć, -astać, rosnąć [5] fml (be promoted) awansować; **she ~d to the second round** Sport awansowała or przeszła do drugiej rundy or drugiego etapu

advance booking *n* rezerwacja *f*

advance booking office *n* biuro *n* rezerwacji

advance copy *n* Publg egzemplarz *m* sygnalny

advanced /ədˈvɑːnst, US -ˈvænst/ *adj* [1] (moved forward) *[position]* wysunięty; **~ guard** straż przednia [2] (far on) *[course, level]* wyższy, dla zaawansowanych; *[pupil, stage, studies]* zaawansowany; *[equipment, technology]* nowoczesny, udoskonalony; *[country]* rozwinięty; *[mathematics]* wyższy; *[idea, view]* postępowy; *[age]* podeszły, zaawansowany; *[season]* późny; **~ course in maths** kurs matematyki dla zaawansowanych; **to**

be ~ in years być w podeszłym wieku; the disease has reached an ~ stage choroba osiągnęła zaawansowane stadium; the afternoon was well ~ było późne popołudnie [3] (increased) podwyższony, podniesiony

advanced credit n US Univ *zaliczenie ocen otrzymanych na innej uczelni*

advanced gas-cooled reactor, AGR n Nucl udoskonalony reaktor m z chłodzeniem gazowym

Advanced Level n GB Sch = **A-level**

advanced standing n US Univ = **advanced credit**

advance guard n Mil straż f przednia

advancement /əd'vɑːnsmənt, US -'væns-/ n [1] fml (in job, social status) awans m; **social ~** awans społeczny [2] (furtherance) wspieranie n, popieranie n [3] (improvement) (of science, technology) postęp m, rozwój m; (of relations) rozwój m

advance notice n wypowiedzenie n z wyprzedzeniem

advance party n Mil oddział m straży przedniej

advance payment n zaliczka f

advance warning n ostrzeżenie n; **we were given no ~** nikt nas nie uprzedził

advantage /əd'vɑːntɪdʒ, US -'vænt-/ **I** n [1] (favourable position) przewaga f; **economic /political/psychological ~** przewaga gospodarcza/polityczna/psychologiczna; **to have an** or **the ~ over sb** mieć przewagę nad kimś; **to give sb an** or **the ~ (over sb)** dać or zapewnić komuś przewagę (nad kimś); **to put sb at an ~** stawiać kogoś w korzystnej sytuacji; **to gain the ~** uzyskać przewagę [2] (beneficial aspect) korzyść f, pożytek m; **there are several ~s** jest kilka korzyści; **there is an ~ in doing it** robienie tego jest korzystne; **the ~ is that...** korzyść polega na tym, że...; **there is some/no ~ in doing it** zrobienie tego przyniesie korzyść/nie przyniesie korzyści [3] (asset) zaleta f, atut m; **I have the ~ of living near the sea** mam to szczęście, że mieszkam nad morzem; **their ~ is to have more experience** ich atutem jest większe doświadczenie; **computing experience is an ~** (in job ad) znajomość obsługi komputera mile widziana [4] (profit) korzyść f; **it is to his/their ~ to do that** zrobienie tego jest dla niego/dla nich korzystne; **to do/use sth to one's own ~** zrobić coś/użyć czegoś dla własnej korzyści; **it's to everyone's ~ that...** dla każdego or wszystkich korzystne jest to, że...; **to turn sth to one's ~** obrócić coś na swoją korzyść [5] (best effect) dobra strona f; **to show sth to best ~** pokazać coś z najlepszej strony [6] **to take ~ of sb/sth** skorzystać z czegoś *[facility, offer, service]*; wykorzystać coś *[situation]*; (exploit unfairly) wykorzystać kogoś *[person, woman]* [7] (in tennis) przewaga f [8] Sport **England's 3-point ~** trzypunktowa przewaga Anglii

II *vt* fml sprzyjać (komuś)

advantaged /əd'vɑːntɪdʒd, US -'vænt-/ **I** n **the ~** *(+ v pl)* uprzywilejowani *m pl*

II *adj* uprzywilejowany

advantageous /ˌædvən'teɪdʒəs/ *adj* korzystny **(to sb** dla kogoś); **it might be ~ to us to meet her** spotkanie z nią może być dla nas korzystne

advantageously /ˌædvən'teɪdʒəslɪ/ *adv* *[sell, invest]* korzystnie; **the change worked out very ~ for us** ta zmiana okazała się dla nas korzystna

advent /'ædvent/ n (of person, season) nadejście n, nastanie n **(of sb/sth** kogoś /czegoś); (of product, technique) pojawienie się n **(of sth** czegoś); **with the ~ of sb/sth** (wraz) z nadejściem kogoś/czegoś

Advent /'ædvent/ Relig **I** *prn* adwent m

II *modif [hymn]* adwentowy

Advent calendar n GB kalendarz m adwentowy

Adventist /'ædventɪst/ n adwentyst|a m, -ka f

adventitious /ˌædven'tɪʃəs/ *adj* fml *[event]* nieoczekiwany, niespodziewany; *[knowledge]* przypadkowy; **an ~ occurrence** przypadek

Advent Sunday n Relig pierwsza niedziela f adwentu

adventure /əd'ventʃə(r)/ **I** n [1] (exciting experience) przygoda f; (risky undertaking) ryzykowne przedsięwzięcie n; **to have an ~** przeżyć przygodę; **it was an ~ for me to see the pyramids** zobaczenie piramid było dla mnie przeżyciem [2] (excitement) przygody f pl; **to look for ~** szukać przygód or silnych wrażeń; **a life of ~** burzliwe or pełne przygód życie; **to have a sense** or **spirit of ~** mieć fantazję

II *modif [film, stories]* przygodowy

adventure holiday n GB *wczasy dla amatorów aktywnego wypoczynku*

adventure playground n GB plac m zabaw

adventurer /əd'ventʃərə(r)/ n [1] (daring person) poszukiwacz m, -ka f przygód; pej awanturnik m dat [2] pej (schemer) kombinator m, -ka f infml pej

adventuress /əd'ventʃərɪs/ n poszukiwaczka f przygód; pej awanturnica f dat

adventurous /əd'ventʃərəs/ *adj* [1] (daring) *[person, plan]* śmiały, zuchwały; *[policy]* ryzykowny; **he is not very ~ in his eating habits** jest tradycjonalistą kulinarnym [2] (enterprising) *[person]* przedsiębiorczy [3] (involving risk) ryzykowny [4] (full of excitement) *[holiday, life]* pełen przygód

adverb /'ædvɜːb/ n przysłówek m

adverbial /əd'vɜːbɪəl/ **I** n okolicznik m

II *adj [phrase, group]* okolicznikowy

adverbially /əd'vɜːbɪəlɪ/ *adv [use]* przysłówkowo

adversarial /ˌædvə'seərɪəl/ *adj* [1] antagonistyczny, przeciwny [2] Jur prywatno-dowodowy

adversary /'ædvəsərɪ, US -serɪ/ n przeciwni|k m, -czka f; (in debate) adwersarz m liter

adversary proceedings n US Jur postępowanie n prywatno-dowodowe

adverse /'ædvɜːs/ *adj [aspect, decision, publicity, reaction]* niekorzystny; *[consequence, effect, influence]* niepożądany **(to sb/sth** dla kogoś/czegoś); *[wind]* przeciwny

adversely /'ædvɜːslɪ/ *adv* **to affect** or **influence sb/sth ~** wpłynąć na kogoś /coś źle or niekorzystnie

adversity /əd'vɜːsətɪ/ n [1] (misfortune) przeciwność f losu; **in ~** w nieszczęściu [2] (instance of misfortune) nieszczęście n

advert¹ /'ædvɜːt/ n infml GB = **advertisement**

advert² /əd'vɜːt/ *vi* fml (refer to) nawiąz|ać, -ywać **(to sth** do czegoś); wspom|nieć, -inać **(to sth** o czymś)

advertise /'ædvətaɪz/ **I** *vt* [1] (for publicity) *[company, newspaper, TV, poster]* za|reklamować; *[company]* wy|promować, wy|lansować; *[poster]* obwieszczać, ogłaszać *[dance, meeting]* [2] (for sale) da|ć, -wać ogłoszenie o sprzedaży (czegoś) *[car, house]*; **I'm ringing about the car ~d in Monday's paper** dzwonię w związku z ogłoszeniem o sprzedaży samochodu, zamieszczonym w poniedziałkowej gazecie [3] (for applications) zamie|ścić, -szczać ofertę (czegoś) *[job, vacancy]*; **there aren't many jobs ~d in this week's paper** w tym tygodniu w gazecie jest niewiele ofert pracy; **the post has been ~d in the local papers** oferta pracy ukazała się w prasie lokalnej [4] (make known) obwie|ścić, -szczać *[arrival, presence]*; afiszować się z (czymś) *[contacts, wealth]*; ujawni|ć, -ać *[ignorance, losses, weakness]*; **don't ~ the fact that...** nie rozgłaszaj, że...

II *vi* [1] (for publicity, sales) *[company]* za|reklamować się; **to ~ on television** reklamować się w telewizji [2] (for staff) zamie|ścić, -szczać ofertę pracy **(for sb** dla kogoś); **I'm going to ~ for someone to help with the housework** mam zamiar dać ogłoszenie, że poszukuję pomocy domowej [3] dat (give warning) ostrze|c, -gać **(of sth** przed czymś)

advertisement /əd'vɜːtɪsmənt, US ˌædvər'taɪzmənt/ n [1] (for company, product) reklama f **(for sth** czegoś); (for event, concert) ogłoszenie n, obwieszczenie n **(for sth** o czymś); **a beer ~** reklama piwa; **a good /bad ~ for sth** fig dobra/zła reklama czegoś fig [2] (to sell car, house) ogłoszenie n **(for sth** o sprzedaży czegoś); oferta f **(for sth** sprzedaży czegoś) [3] (also **job ~**) oferta f pracy; (in small ads) anons m **(for sth** o czymś); **in the ~ columns** w dziale ogłoszeń; **to put** or **place an ~** zamieścić ogłoszenie or anons; **she answered an ~ for a job as a receptionist** odpowiedziała na ofertę pracy dla recepcjonistki [4] (publicity) reklama f; **for the purposes of ~** dla celów reklamowych

advertiser /'ædvətaɪzə(r)/ n (of product) (company) firma f reklamująca (się); (agency) agencja f reklamowa; (in newspaper) ogłoszeniodawca m

advertising /'ædvətaɪzɪŋ/ **I** n [1] (profession) reklama f; **a job in ~** praca w reklamie; **to go into ~** zająć się reklamą, podjąć pracę w reklamie [2] (activity) reklamowanie n; **beer/tobacco ~** reklamowanie piwa/wyrobów tytoniowych; **the power of ~** potęga reklamy [3] (advertisements) reklamy f pl; **many magazines are made up largely of ~** wiele czasopism zawiera głównie reklamy

advertising agency n agencja f reklamowa

advertising agent *n* pracowni|k *m*, -ca *f* działu reklamy or agencji reklamowej
advertising campaign *n* kampania *f* reklamowa
advertising executive *n* członek *m* kierownictwa w agencji reklamowej
advertising industry *n* przemysł *m* reklamowy
advertising man *n* specjalist|a *m*, -ka *f* od reklamy
advertising rates *npl* stawki *f pl* za zamieszczenie reklamy or ogłoszenia
advertising revenue *n* dochód *m* z reklam or ogłoszeń
Advertising Standards Authority, ASA *n* GB *instytucja nadzorująca przestrzeganie Brytyjskiego Kodeksu Reklamowego*
advertorial /ˌædvɜːˈtɔːrɪəl/ *n* artykuł *m* or tekst *m* sponsorowany
advice /ədˈvaɪs/ *n* [1] (informal) rada *f*, rady *f pl* (**on** or **about sth** na temat czegoś, w sprawie czegoś); **the book offers ~ on how to do it** książka zawiera porady, jak to zrobić; **a piece** or **bit** or **word of ~** rada, porada; **his ~ (to them) was to keep calm** radził (im) zachować spokój; **to ask sb's ~** poradzić się kogoś, poprosić kogoś o radę; **to give sb ~** poradzić komuś; **to take** or **follow sb's ~** usłuchać rady kogoś, pójść za radą kogoś; **to take sb up on their ~** skorzystać z rady kogoś; **(to do sth) against sb's ~** (zrobić coś) wbrew radom kogoś; **(to do sth) on sb's ~** (zrobić coś) za radą kogoś; **it was sound /good ~** to była mądra/dobra rada; **if you want my ~** jeśli pytasz o radę [2] (professional) porada *f*; **to seek** or **take ~ from sb (about sth)** zasięgnąć u kogoś porady or rady (w sprawie czegoś), zwrócić się do kogoś po radę or po poradę (w sprawie czegoś); **to seek** or **get legal/medical ~** poradzić się prawnika/lekarza; **to follow medical ~** zastosować się do zaleceń lekarza; **to go to a solicitor for ~** udać się do adwokata po radę or po poradę [3] Comm zawiadomienie *n*; **~ of delivery /dispatch** zawiadomienie o doręczeniu/o wysłaniu [4] (communication) wiadomość *f*, informacja *f*
advice note *n* [1] (in banking) awizo *n* [2] Comm (from sender) awizo *n*; (from receiver) potwierdzenie *n* odbioru
advice of delivery *n* potwierdzenie *n* odbioru
advisability /ədˌvaɪzəˈbɪlətɪ/ *n* celowość *f*; **to consider the ~ of doing sth** rozważać celowość zrobienia czegoś; **I'm not sure about the ~ of letting him do it** nie jestem pewna, czy należy pozwolić mu to zrobić
advisable /ədˈvaɪzəbl/ *adj* wskazany, słuszny; **it would be ~ to warn them** byłoby wskazane or dobrze ich ostrzec; **she thought it ~ to call him** uznała, że lepiej będzie zadzwonić do niego; **I don't think it ~ that you go out** moim zdaniem nie powinieneś wychodzić
advise /ədˈvaɪz/ **I** *vt* [1] (offer advice to) po|radzić (komuś), doradz|ić, -ać (komuś) (**on** or **about sth** w sprawie czegoś); **to ~ sb to do sth** poradzić komuś coś zrobić; **to ~ sb not to do sth** poradzić komuś, żeby czegoś nie robił; **to ~ sb against sth /doing sth** odradzić komuś coś/zrobienie czegoś; **please ~ me** proszę mi poradzić; **what would you ~ me to do?** co byś mi radził zrobić? [2] (act as adviser to) być doradcą (kogoś); **he ~s the Prime Minister on economic matters** on jest doradcą premiera do spraw gospodarczych [3] (recommend) zalec|ić, -ać *[rest, course of action]*; **you are ~d to do it** powinieneś to zrobić; wskazane jest, żebyś to zrobił [4] fml (inform) powiad|omić, -amiać, zawiad|omić, -amiać, po|informować (**of sth** o czymś); **to ~ sb of risk/danger** ostrzec kogoś przed ryzykiem/niebezpieczeństwem; **keep me ~d** proszę mnie (nadal) informować
II *vi* [1] (give advice) radzić (komuś) (**on sth** w sprawie czegoś); *[advice, service, magazine]* udzielać porady or porad (**on sth** w sprawie czegoś) [2] (inform) udziel|ić, -ać informacji (**on sth** w sprawie czegoś); informować (**on sth** o czymś) [3] US **to ~ with sb** poradzić się kogoś
advised /ədˈvaɪzd/ *adj* (*also* **well-~**) *[action, decision, remark]* rozważny; **you would be well-~** or **better-~ to book several weeks in advance** lepiej, żebyś dokonał rezerwacji na kilka tygodni naprzód
advisedly /ədˈvaɪzɪdlɪ/ *adv [use word, say]* świadomie, z rozmysłem
adviser /ədˈvaɪzə(r)/ *n* doradca *m* (**to sb /sth** kogoś/czegoś); **she acts as an ~ to the committee** pełni funkcję doradcy komisji; **a senior ~ for education** starszy doradca do spraw szkolnictwa; **he is a financial/scientific ~** jest doradcą finansowym/do spraw naukowych; **spiritual ~** przewodnik duchowy
advisor *n* = **adviser**
advisory /ədˈvaɪzərɪ/ *adj [group, role]* doradczy, konsultacyjny; **an ~ committee** komisja doradcza; **in an ~ capacity** jako doradca
advisory group *n* komitet *m* doradczy or konsultacyjny
advisory service poradnictwo *n*
advocaat /ˌædvəˈkɑː/ *n* ajerkoniak *m*, adwokat *m*
advocacy /ˈædvəkəsɪ/ *n* [1] popieranie *n*; **his ~ of sth, ~ of sth by him** poparcie jego dla czegoś [2] Jur adwokatura *f*
advocate **I** /ˈædvəkət/ *n* [1] orędowni|k *m*, -czka *f*, zwolenni|k *m*, -czka *f* (**of sth** czegoś) [2] Jur adwokat *m*
II /ˈædvəkeɪt/ *vt* pop|rzeć, -ierać *[idea, course of action]*; opowi|edzieć, -adać się za (czymś) *[reform]*; **to ~ sth/doing sth** popierać coś/robienie czegoś; **he surely doesn't ~ abolishing it altogether?** on chyba nie opowiada się za całkowitym zniesieniem tego?
advt = **advertisement**
adze, adz US /ædz/ *n* toporek *m*
adzuki bean /æˈdzuːkɪbiːn/ **I** *n* Culin fasola *f* adzuki
AEA *n* GB → **Atomic Energy Authority**
AEC *n* US → **Atomic Energy Commission**
Aegean /iːˈdʒiːən/ **I** *prn* **the ~** Morze *n* Egejskie
II *adj* egejski
Aegean Islands *prn* wyspy *f pl* Morza Egejskiego
Aegeus /ˈiːdʒjuːs/ *prn* Mythol Egeusz *m*
aegis /ˈiːdʒɪs/ *n* egida *f*; **under the ~ of sb /sth** pod egidą kogoś/czegoś
aegrotat /ˈiːgrəʊtæt/ *n* GB Sch, Univ *zaświadczenie lekarskie zwalniające z egzaminu z powodu choroby*
Aeneas /ɪˈniːəs/ *prn* Mythol Eneasz *m*
Aeneid /ɪˈniːɪd/ *prn* Mythol **the ~** Eneida *f*
aeolian /iːˈəʊlɪən/ *adj* [1] eolski; **~ harp** harfa eolska [2] Geol eoliczny
Aeolus /ˈiːələs, iːˈəʊləs/ *prn* Mythol Eol *m*
aeon /ˈiːən/ *n* US [1] fig **~s ago** całe wieki temu [2] Geol eon *m*
aerate /ˈeəreɪt/ *vt* [1] przewietrz|yć, -ać *[soil]*; spulchni|ć, -ać *[bread]*; napowietrz|yć, -ać *[water in a pond]* [2] (make effervescent) nasyc|ić, -ać gazem *[liquid]*; **~d drinks** napoje gazowane [3] natleni|ć, -ać *[blood]*
aerial /ˈeərɪəl/ **I** *n* antena *f*; **TV/radio /satellite ~** antena telewizyjna/radiowa /satelitarna
II *adj [attack, strike]* z powietrza; *[warfare]* powietrzny; *[reconnaissance, survey]* lotniczy
aerial camera *n* kamera *f* do zdjęć lotniczych
aerial ladder *n* US drabina *f* obrotowa or przesuwna
aerial photograph *n* zdjęcie *n* lotnicze, fotografia *f* lotnicza
aerial photography *n* fotografia *f* lotnicza, aerofotografia *f*
aerial railway *n* kolej *f* napowietrzna
aerial roots *npl* Bot korzenie *m pl* powietrzne
aerial view *n* widok *m* z lotu ptaka
aerial warfare *n* wojna *f* powietrzna
aerie US = **eyrie**
aerobatics /ˌeərəˈbætɪks/ **I** *n* [1] (performance) (+ *v sg*) akrobatyka *f* lotnicza [2] (manoeuvres) (+ *v pl*) akrobacje *f pl* lotnicze
II *modif* **~ display** pokaz akrobatyki lotniczej
aerobic /eəˈrəʊbɪk/ *adj* [1] *[bacteria]* tlenowy [2] **~ workout** ćwiczenia poprawiające wydolność oddechową
aerobics /eəˈrəʊbɪks/ *n* (+ *v sg*) aerobik *m*
aerodrome /ˈeərədrəʊm/ *n* GB lądowisko *n*, lotnisko *n*
aerodynamic /ˌeərəʊdaɪˈnæmɪk/ *adj [shape, body]* aerodynamiczny, opływowy; *[car]* o aerodynamicznym or opływowym kształcie; **~ principle** zasada aerodynamiki
aerodynamics /ˌeərəʊdaɪˈnæmɪks/ *n* [1] (+ *v sg*) aerodynamika *f* [2] (styling) (+ *v sg*) aerodynamizm *m*, opływowość *f* [3] (forces) (+ *v pl*) siła *f* aerodynamiczna
aeroengine /ˈeərəʊendʒɪn/ *n* silnik *m* samolotowy
aerofoil /ˈeərəfɔɪl/ *n* Aviat płat *m* nośny
aerogram(me) /ˈeərəgræm/ *n* list *m* lotniczy *(na kartce papieru, która po złożeniu i sklejeniu tworzy kopertę)*
aerograph /ˈeərəʊgrɑːf, US -græf/ *n* Meteorol diagram *m* aerologiczny
aerolite /ˈeərəlaɪt/ *n* aerolit *m*
aeromodelling GB, **aeromodeling** US /ˌeərəʊˈmɒdəlɪŋ/ *n* modelarstwo *n*
aeronaut /ˈeərənɔːt/ *n* dat aeronaut|a *m*, -ka *f* dat
aeronautic(al) /ˌeərəˈnɔːtɪk(l)/ *adj [skill]* lotniczy; **~ magazine** czasopismo o tematyce lotniczej; **~ college** szkoła lotnicza

aeronautic(al) engineer *n* inżynier *m* lotnictwa
aeronautic(al) engineering *n* inżynieria *f* lotnicza
aeronautics /ˌeərəˈnɔːtɪks/ **I** *n (+ v sg)* lotnictwo *n*; aeronautyka *f* dat
II *modif [institute]* lotniczy; **~ student** student (wydziału) lotnictwa
aeroplane /ˈeərəpleɪn/ *n* GB samolot *m*; **by ~** samolotem
aerosol /ˈeərəsɒl, US -sɔːl/ **I** *n* [1] Chem (system) aerozol *m* [2] (can, substance) aerozol *m*
II *modif* **~ deodorant/paint** dezodorant /farba w aerozolu
aerospace /ˈeərəʊspeɪs/ **I** *n* [1] (space) przestrzeń *f* powietrzna i kosmiczna [2] (technology) technika *f* lotnicza i kosmonautyczna [3] (industry) przemysł *m* lotniczy i kosmonautyczny
II *modif* **~ engineer** inżynier lotnictwa i kosmonautyki; *[project]* lotniczy i kosmiczny
Aeschylus /ˈiːskələs/ *prn* Ajschylos *m*
Aesculapius /ˌiːskjʊˈleɪpɪəs/ *prn* Eskulap *m*
Aesop /ˈiːsɒp/ *prn* Ezop *m*; **~'s Fables** bajki Ezopa
aesthete /ˈiːsθiːt/, **esthete** /ˈesθiːt/ US *n* estet|a *m*, -ka *f*
aesthetic /iːsˈθetɪk/, **esthetic** /esˈθetɪk/ US **I** *n* estetyka *f*
II *adj* [1] *[standards, sense, appeal]* estetyczny; **an ~ sense** poczucie piękna, zmysł estetyczny [2] *[design, architecture, furniture]* estetyczny
aesthetically /iːsˈθetɪklɪ/, **esthetically** /esˈθetɪklɪ/ US *adv [satisfying, pleasing]* estetycznie; *[restore]* z gustem; *[improve]* pod względem estetyki
aestheticism /iːsˈθetɪsɪzəm/, **estheticism** /esˈθetɪsɪzm/ US *n* (doctrine) estetyzm *m*; (quality) estetyka *f*; (sensitivity) poczucie *n* piękna, zmysł *m* estetyczny
aesthetics /iːsˈθetɪks/, **esthetics** /esˈθetɪks/ US *n* [1] *(+ v sg)* (concept) estetyka *f* [2] *(+ v pl)* (aspects of appearance) estetyka *f*
aether /ˈiːθə/ *n* = **ether**
AEU *n* GB = **Amalgamated Engineering Union** ≈ Federacja Techników
af *n* → **audio frequency**
AFA *n* = **Amateur Football Association** Sport Amatorski Związek *m* Piłki Nożnej
afar /əˈfɑː(r)/ *adv* liter daleko; **to see sb ~ off** zobaczyć kogoś w dali; **from ~** z oddali
AFB *n* US = **Air Force Base** baza *f* lotnicza
AFDC *n* US = **Aid to Families with Dependent Children** ≈ pomoc *f* rodzinom z dziećmi na utrzymaniu
affability /ˌæfəˈbɪlətɪ/ *n* (of person, behaviour) życzliwość *f*; (of situation) ciepło *n*
affable /ˈæfəbl/ *adj* życzliwy, przyjazny
affably /ˈæfəblɪ/ *adv* życzliwie, przyjaźnie
affair /əˈfeə(r)/ **I** *n* [1] (concern) sprawa *f*; **it's not my ~, it's no ~ of mine** to nie moja sprawa; **that's his ~** to jego sprawa [2] (incident, scandal) sprawa *f*, afera *f*; **the Dreyfus ~** sprawa Dreyfusa; **the Watergate ~** afera Watergate; **an ~ of honour** dat sprawa honorowa dat [3] (event, occasion) wydarzenie *n*; impreza *f* infml; **the wedding was a grand ~** wesele było huczne [4] (matter) sprawa *f*, kwestia *f*; **at first the conflict seemed a small ~** z początku wydawało się, że to błaha sprawa; **state of ~s** sytuacja, stan rzeczy; **I must say it's a sad state of ~s** muszę powiedzieć, że to pożałowania godna sytuacja [5] infml (thing) **her hat was a wonderful ~** jej kapelusz był cudowny [6] (also **affaire, love ~**) (relationship) romans *m* **(with sb** z kimś); **to have an ~ with sb** mieć romans z kimś; **a passionate ~** namiętny romans
II affairs *npl* [1] Pol, Journ sprawy *f pl*; **foreign ~s** sprawy zagraniczne; **~s of state** sprawy wagi państwowej; **to interfere in a country's (internal) ~s** mieszać się w (wewnętrzne) sprawy (jakiegoś) kraju; **personal/business ~s** sprawy osobiste/zawodowe; **foreign/religious ~s correspondent** Journ dziennikarz zajmujący się sprawami zagranicznymi/religii [2] (business dealings) interesy *plt*; **to put one's ~s in order** uporządkować swoje interesy or sprawy
affect /əˈfekt/ **I** *n* Psych afekt *m*
II *vt* [1] (influence) *[change, problem, cuts, injustice]* dot|knąć, -ykać *[person, group, region]*; *[decision, law, issue]* dotyczyć (kogoś/czegoś) *[person, group, region]*; *[event, factor, development]* wpły|nąć, -wać na (coś) *[result, career, job, market]*; **how is it ~ing the baby?** jaki to ma wpływ na dziecko? [2] Med (afflict) dot|knąć, -ykać *[person]*; za|atakować *[legs, heart, sight]* [3] (emotionally) *[experience, image, music]* porusz|yć, -ać; *[news, discovery, atmosphere]* wstrząs|nąć, -ać (kimś) *[family, group, person]*; **he was deeply** or **badly ~ed by the film** był głęboko wstrząśnięty filmem [4] fml (feign) udа|ć, -wać *[accent, ignorance, surprise]*; **he ~ed to know nothing about it** udał, że nic o tym nie wie [5] fml (like) gustować w (czymś)
affectation /ˌæfekˈteɪʃn/ *n* (behaviour, habit) poza *f*; afektacja *f* liter; (act, process) pretensjonalność *f*; **~s of interest/sympathy** udawane zainteresowanie/współczucie
affected /əˈfektɪd/ *adj* [1] (influenced by disaster, event, change) *[person, region]* (adversely) dotknięty **(by sth** czymś); (neutrally, positively) objęty **(by sth** czymś) [2] (emotionally) wstrząśnięty **(by sth** czymś) [3] Med zaatakowany **(by sth** przez coś) [4] (mannered) pej *[style writing]* afektowany; *[behaviour, gesture]* pretensjonalny; *[person]* zmanierowany [5] pej (feigned) *[sympathy, indifference]* udawany, sztuczny
affectedly /əˈfektɪdlɪ/ *adv [speak, sing]* z afektacją; *[behave]* pretensjonalnie
affecting /əˈfektɪŋ/ *adj [scene, story, film, poem, photographs]* wstrząsający
affection /əˈfekʃn/ *n* sympatia *f* **(for sb** do kogoś); (stronger) uczucie *n* **(for sb** dla kogoś); afekt *m* arch; **with ~** czule, tkliwie; **to show ~** okazywać sympatię/czułość (komuś); **to have little ~ for sb** nie darzyć kogoś sympatią; **the ~s of the public** sympatie ogółu or ludzi; **to win sb's ~s** zdobyć serce kogoś; **to lose sb's ~s** stracić sympatię kogoś
affectionate /əˈfekʃənət/ *adj* (friendly) *[smile, person, kiss]* serdeczny; (loving) czuły, tkliwy; *[animal]* przywiązany; *[child]* kochający; *[memory]* miły, serdeczny; **an ~ couple** zakochana para; **your ~ daughter/mother** (ending letter) Twoja kochająca córka/matka
affectionately /əˈfekʃənətlɪ/ *adv [smile, speak]* czule, tkliwie; *[recall, remember]* z czułością, z tkliwością; **yours ~** (ending letter) Twój kochający; **~ known as...** (of person) pieszczotliwie nazywany...
affective /əˈfektɪv/ *adj* Psych, Ling afektywny
affidavit /ˌæfɪˈdeɪvɪt/ *n* pisemne oświadczenie *n* złożone pod przysięgą; **to swear an ~** złożyć pisemne oświadczenie **(that...** że...)
affiliate /əˈfɪlɪət/ **I** *n* filia *f*, oddział *m*
II /əˈfɪlɪeɪt/ *vt* przyj|ąć, -mować w poczet członków *[new members]* **(to** or **with sth** do czegoś)
III /əˈfɪlɪeɪt/ *vi [members, officials]* przyłącz|yć, -ać się **(to** or **with sth** do czegoś); *[company, group]* stowarzysz|yć, -ać się **(to** or **with sth** z czymś)
affiliated /əˈfɪlɪeɪtɪd/ *adj* stowarzyszony **(to** or **with sth** z czymś); **~ member** członek stowarzyszony
affiliation /əˌfɪlɪˈeɪʃn/ *n* [1] (process) przystąpienie *n*, przyłączenie się *n*, afiliacja *f* **(to** or **with sth** do czegoś); (state) przynależność *f* [2] (link) związek *m*; **political ~** przynależność polityczna [3] Jur ustalenie *n* ojcostwa
affiliation order *n* Jur zasądzenie *n* alimentów
affiliation proceedings *n* GB Jur proces *m* o ustalenie ojcostwa
affinity /əˈfɪnətɪ/ *n* [1] (resemblance) podobieństwo *n* **(to** or **with sb/sth** do kogoś/czegoś); **a close/strong ~** bliskie /silne podobieństwo [2] (liking, attraction) sympatia *f* **(with** or **for sb/sth** do kogoś /czegoś) [3] (relationship) stosunek *m* [4] Jur (relationship) powinowactwo *n* **(with sb** z kimś) [5] Chem powinowactwo *n*
affinity (credit) card *n* Fin *członkowska karta kredytowa przeznaczona dla określonej grupy osób*
affinity group *n* grupa *f* osób połączona wspólnotą interesów
affirm /əˈfɜːm/ *vt* [1] (state positively) stwierdz|ić, -ać **(that...** że...) [2] (confirm) potwierdz|ić, -ać *[support, popularity, right]*; zapewni|ć, -ać o (czymś) *[one's innocence]* [3] za|deklarować *[support]*; głosić *[belief, intention]* [4] Jur *[witness]* zezna|ć, -wać bez składania przysięgi
affirmation /ˌæfəˈmeɪʃn/ *n* [1] (of truth) potwierdzenie *n* **(of sth** czegoś) [2] Jur zeznanie *n* bez przysięgi
affirmative /əˈfɜːmətɪv/ **I** *n* twierdzenie *n*; **to reply in the ~** dać odpowiedź twierdzącą
II *adj [answer, reply, nod]* twierdzący
III *excl* US (yes!) tak!
affirmative action *n* akcja *f* afirmacyjna (wspierająca grupy dyskryminowane)
affirmatively /əˈfɜːmətɪvlɪ/ *adv [reply, respond]* twierdząco
affix I /ˈæfɪks/ *n* Ling afiks *m*
II /əˈfɪks/ *vt* fml przykle|ić, -jać *[stamp, label, poster]*; złożyć, składać *[signature]*; przy|łożyć, -kładać *[seal]*
afflict /əˈflɪkt/ *vt [disaster]* spa|ść, -dać na (kogoś/coś); *[disease, recession]* dot|knąć,

-ykać; *[poverty]* dokuczać (komuś), doskwierać (komuś); *[disease, grief, poverty, trouble]* nękać; **to be ~ed by** or **with disease/disaster/grief** być dotkniętym chorobą/klęską/nieszczęściem; **to be ~ed by** or **with poverty** cierpieć biedę

affliction /əˈflɪkʃn/ *n* (illness) dolegliwość *f*, schorzenie *n*; (suffering) nieszczęście *n*; **to bring relief in ~** nieść pomoc w nieszczęściu

afflictive /əˈflɪktɪv/ *adj* trapiący

affluence /ˈæfluəns/ *n* [1] (wealthiness) dostatek *m*; **to live in ~** żyć w dostatku or dostatnio; **a life of ~** dostatnie życie; **to rise to ~** wzbogacić się [2] (plenty) obfitość *f*, dostatek *m* [3] (flow of people) tłumy *m pl*

affluent /ˈæfluənt/ **I** *n* [1] Geog dopływ *m* (rzeki) [2] **the ~** *(+ v pl)* bogaci *m pl*
II *adj [person]* bogaty, zamożny; *[society]* zamożny; *[area]* bogaty, zasobny; *[lifestyle]* dostatni; **~ in sth** zasobny w coś

affluential /ˌæfluˈenʃl/ *adj* bogaty i wpływowy

affluenza /ˌæfluˈenzə/ *n* Med, Psych *problemy psychiczne trapiące ludzi bogatych*

afflux /ˈæflʌks/ *n* [1] Med (of blood) napływ *m*, dopływ *m*; (of impulses) przypływ *m*; fig napływ *m* [2] fml (of people) = **affluence** [3]

afford /əˈfɔːd/ *vt* [1] (have money for) mieć środki na (coś) fml; **to be able to ~ sth** móc sobie pozwolić na coś; **to be able to ~ to do sth** móc sobie pozwolić na zrobienie czegoś; **I can't ~ a new dress** nie stać mnie or nie mogę sobie pozwolić na nową sukienkę; **how can she ~ to buy such expensive clothes?** skąd ona bierze na takie drogie stroje?; **they can well** or **easily ~ to pay more** stać ich na zapłacenie więcej [2] (spare) **to be able to ~ sth** mieć coś *[time, space]*; **I could ~ to give you an hour next week** mogę poświęcić ci godzinę w przyszłym tygodniu; **I can't ~ to spend much time on this** nie mogę tracić na to tyle czasu; **I can't ~ the time** nie mam czasu [3] (risk) **to be able to ~ sth/to do sth** pozwolić sobie na coś/na zrobienie czegoś; **he can ill ~ to wait** on nie bardzo może czekać; **you can't ~ to miss this film** tego filmu nie można nie obejrzeć [4] fml (provide) **to ~ sb sth, to ~ sth to sb** sprawić komuś coś *[pleasure, satisfaction]*; dać komuś coś *[opportunity, satisfaction]*; udzielić komuś czegoś *[protection, support]*; dostarczyć komuś czegoś *[information]*; **the window ~ed a view of the gardens** z okna roztaczał się widok na ogrody; **the low-growing trees did not ~ us much shade** niskie drzewa nie dawały nam wiele cienia

affordable /əˈfɔːdəbl/ *n [price]* przystępny; *[pleasure, luxury]* dostępny, osiągalny; **it's ~ for students/the elderly** to leży w zasięgu możliwości finansowych studentów/ludzi starszych; **~ for all** dostępny dla każdego; **'beautiful cars at ~ prices'** „piękne samochody po przystępnych cenach"

afforest /əˈfɒrɪst, US əˈfɔːr-/ *vt* zalesi|ć, -ać *[dunes, hill]*

afforestation /əˌfɒrɪˈsteɪʃn, US əˌfɔːr-/ *n* zalesianie *n*

affranchise /əˈfræntʃaɪz/ *vt* wyzw|olić, -alać *[slave]*; uw|olnić, -alniać od poddaństwa *[peasant]*

affranchisement /əˈfræntʃaɪzmənt/ *n* (of slave) wyzwolenie *n*; (of peasant) uwolnienie *n* od poddaństwa

affray /əˈfreɪ/ *n* Jur zakłócenie *n* porządku publicznego, burda *f*; **to cause an ~** Jur zakłócić porządek publiczny; wywołać or wszcząć burdę

affricate /ˈæfrɪkət/ *n* Phon afrykata *f*, spółgłoska *f* zwarto-szczelinowa

affright /əˈfraɪt/ arch **I** *n* przerażenie *n*
II *vt* przera|zić, -żać; zatrw|ożyć, -ażać liter

affront /əˈfrʌnt/ **I** *n* zniewaga *f*, afront *m*; policzek *m* fig; **an ~ to sb** policzek dla kogoś; **to take sth as an ~** poczytać coś za afront, odczuć coś jako policzek or zniewagę; **to offer ~s to sb** robić komuś afronty; **a personal ~** osobista zniewaga; **this is an ~ to human dignity** to uwłacza ludzkiej godności
II *vt* [1] (insult) znieważ|yć, -ać, z|robić (komuś) afront [2] (offend) dot|knąć, -ykać; **to be/feel deeply ~ed by sth** być/czuć się głęboko dotkniętym czymś

Afghan /ˈæfgæn/ **I** *n* [1] (also **Afghani**) (person) Afga|ńczyk *m*, -nka *f* [2] (also **Afghani**) (language) (język *m*) afgański *m* [3] (rug) afgan *m*
II *adj* (also **Afghani**) afgański

Afghan hound *n* chart *m* afgański, afgan *m*

Afghanistan /æfˈgænɪstɑːn, -stæn/ *prn* Afganistan *m*

aficionado /əˌfɪsjəˈnɑːdəʊ, əˌfɪʃj-/ *n* (*pl* **~s**) miłośni|k *m*, -czka *f*, amator *m*, -ka *f* **(of sth** czegoś**)**

afield /əˈfiːld/: **far afield** *adv phr* daleko; **from far ~** z daleka; **from as far ~ as Japan** aż z Japonii; **farther** or **further ~** dalej; **to look/go further ~** patrzeć/iść dalej

afire /əˈfaɪə(r)/ liter **I** *adj [house]* w ogniu, w płomieniach; **to be ~ with enthusiasm** płonąć or pałać entuzjazmem
II *adv* w ogniu, w płomieniach; **to set sth ~** podpalić coś *[house]*

aflame /əˈfleɪm/ liter **I** *adj [house, countryside, sky]* w ogniu, w płomieniach; **her cheeks were ~** policzki jej płonęły; **to be ~ with sth** płonąć or pałać czymś *[desire, enthusiasm]*
II *adv* w ogniu, w płomieniach; **to set sth ~** podpalić coś *[house]*; zapalić coś *[torch]*

AFL-CIO *n* US = **American Federation of Labor and Congress of Industrial Organizations** Amerykańska Federacja *f* Pracy i Kongres *m* Organizacji Przemysłowych

afloat /əˈfləʊt/ *adj, adv* [1] (in water) unoszący się; **to remain** or **stay ~** *[boat, body, person]* utrzymać się na wodzie; **to get a boat ~** spuścić łódź na wodę; **I could see a body ~ in the water** zobaczyłem ciało unoszące się na wodzie [2] (financially) **to remain** or **stay ~** utrzymać się na powierzchni; **to keep the economy ~** utrzymywać płynność finansową gospodarki [3] (at sea) na morzu; (on the water) na wodzie; (on board) na pokładzie; **a day/week ~** dzień/tydzień na wodzie; **it's the best-equipped ship ~** to najlepiej wyposażony z pływających statków [4] **to get a scheme ~** wprowadzić projekt w życie; **to get** or **set a business ~** rozkręcić interes infml [5] (in the air) unoszący się [6] (in circulation) *[rumour, story]* krążący; **there was a rumour ~ that...** krążyła wieść or pogłoska, że...

afocal /ɔɪˈfəʊkl/ *adj* Phot bezogniskowy

afoot /əˈfʊt/ **I** *adj* [1] (under way) *[campaign]* w toku [2] (being planned) **something is ~, there is something ~** na coś zanosi się, coś się szykuje, coś wisi w powietrzu; **there are plans ~ to do sth** planuje się zrobienie czegoś; **there are changes ~** szykują się zmiany
II *adv* arch (on foot) pieszo

aforementioned /əˌfɔːˈmenʃənd/ fml Jur **I** *n* **the ~** wyżej wymieniony
II *adj [document, incident, person]* wyżej wymieniony, wyżej wspomniany; **the ~ Fred Jones** wyżej wspomniany Fred Jones

aforesaid /əˈfɔːsed/ *adj* fml Jur *[document, incident, person]* wyżej wymieniony, wyżej wspomniany; **the ~ Fred Jones** wyżej wspomniany Fred Jones

aforethought /əˈfɔːθɔːt/ **I** *adj* rozmyślny
II with malice ~ *adv phr* Jur z premedytacją, z zamiarem bezpośrednim

a fortiori /ˌeɪˌfɔːtɪˈɔːraɪ/ *adv* fml co więcej, tym bardziej

afoul /əˈfaʊl/ *adv* fml **to fall ~ of the law** wejść w konflikt or kolizję z prawem; **to run ~ of sb** narazić się komuś; **the boat ran ~ of a steamer** łódź wpadła na parowiec

afraid /əˈfreɪd/ *adj* [1] (frightened) **don't be ~** nie bój się; nie lękaj się liter; **to be ~** bać się **(of sth/to do sth** czegoś/zrobić coś**)**; **he's ~ of you/of the dark** boi się ciebie/ciemności; **is he ~ of flying /getting hurt?** czy boi się latać/zrobić sobie krzywdę? [2] (anxious) **to be ~** bać się, obawiać się **(for sb/sth** o kogoś/o coś**)**; **she was ~ (that) there would be an accident** obawiała się, że może zdarzyć się wypadek; **he was ~ (that) she would get hurt** bał się, że coś jej się stanie; **I'm ~ it might rain** obawiam się, że będzie padać [3] (in expression of regret) **I'm ~ I can't come** żałuję, ale nie mogę przyjść; obawiam się, że nie mogę przyjść; **I'm ~ not** obawiam się, że nie; **I'm ~ so** obawiam się, że tak; [4] (as polite formula) **I'm ~ the house is in a mess** przepraszam, ale mam w domu bałagan; **I'm ~ I don't agree with you** niestety, nie zgadzam się z tobą

afresh /əˈfreʃ/ *adv [start, do]* od nowa; *[look at]* jeszcze raz

Africa /ˈæfrɪkə/ *prn* Afryka *f*

African /ˈæfrɪkən/ **I** *n* Afrykan|in *m*, -ka *f*
II *adj* afrykański

African American **I** *n* czarnoskóry Amerykanin *m*, czarnoskóra Amerykanka *f*, Afroamerykan|in *m*, -ka *f*
II *adj* afroamerykański; **people of ~ origin** czarnoskórzy Amerykanie

African elephant *n* słoń *m* afrykański

Africaner /ˌæfrɪˈkɑːnə(r)/ **I** *n* Afrykaner *m*, -ka *f*

II *adj [population]* afrykanerski; **~ support/vote** poparcie/głosy Afrykanerów

African National Congress, ANC *n* Afrykański Kongres *m* Narodowy

African violet *n* Bot fiołek *m* afrykański

Afrikaans /ˌæfrɪˈkɑːns/ *n* Ling (język *m*) afrikaans *m inv*, (język *m*) afrykanerski *m*

Afro /ˈæfrəʊ/ *n* (also **~ haircut** or **style**) afro *n inv*, fryzura *f* afro

Afro-American /ˌæfrəʊəˈmerɪkən/ *n, adj* = **African American**

Afro-Caribbean /ˌæfrəʊˌkærɪˈbiːən/ *adj* afro-karaibski

aft /ɑːft, US æft/ **I** *adj* Naut rufowy; Aviat znajdujący się z tyłu

II *adv [go]* do tyłu; Naut na rufę; *[stand]* z tyłu; Naut na rufie; **~ of sth** za czymś; **~ of the boat** Naut za rufą

AFT *n* = **American Federation of Teachers** ≈ Amerykański Związek *m* Nauczycieli

after /ˈɑːftə(r), US ˈæftər/ **I** *adv* (following time or event) potem, później; **before and ~** przedtem i potem; **soon** or **shortly** or **not long ~** wkrótce potem; **for weeks ~** jeszcze przez wiele tygodni; **the week /year ~** tydzień/rok później; **the day ~** na drugi dzień, następnego dnia; nazajutrz liter

II *prep* [1] (later in time than) po (czymś); **~ the film** po filmie; **immediately ~ the strike** zaraz po strajku; **~ that date** po tej dacie; **shortly ~ 10 pm** zaraz po dziesiątej (wieczorem); **it was ~ six o'clock** było po szóstej; **~ that** po tym; **the day ~ tomorrow** pojutrze; **a ceremony ~ which there was a banquet** ceremonia, po której odbył się bankiet; **he had breakfast as usual, ~ which he left** zjadł śniadanie jak zwykle, po czym wyszedł [2] (given) po (czymś); **~ the way he behaved** po sposobie jego zachowania; **~ all we did for you** po tym wszystkim, co dla ciebie zrobiliśmy [3] (in spite of) (po)mimo (czegoś); **~ all the trouble I took labelling the package, it got lost** mimo że tak starannie zaadresowałem paczkę, zginęła; **~ all she's been through, she's still interested?** czy po tym wszystkim, co przeszła, nadal jest zainteresowana? [4] (expressing contrast) po (czymś); **the film was disappointing ~ all the hype** infml po całym tym szumie, sam film rozczarowywał; **it's boring here ~ Paris** nudno tu po Paryżu [5] (behind) za (kimś/czymś); **to run ~ sb/sth** biec za kimś/za czymś; **please shut the gate ~ you** proszę zamknąć za sobą furtkę or bramę [6] (following in sequence) po (czymś); **your name comes ~ mine on the list** jesteś po mnie na liście; **the adjective comes ~ the noun** przymiotnik występuje po rzeczowniku [7] (following in rank, precedence) za (kimś/czymś); **she is next in line ~ Adam for promotion** jest tuż za Adamem w kolejności do awansu; **he was placed third ~ Smith and Jones** zajął trzecie miejsce za Smithem i Jonesem; **~ you!** (letting someone pass ahead) proszę (przodem)! [8] (in the direction of) **to stare ~ sb** wyglądać kogoś; **to call ~ sb** wołać za kimś [9] (in the wake of) po (kimś/czymś); **I'm not tidying up ~ you!** ani myślę sprzątać po tobie! [10] (in pursuit of) **to be ~ sth** poszukiwać czegoś, gonić za czymś; **that's the kind of house they are ~** właśnie takiego domu poszukują, właśnie za takim domem się rozglądają; **the police are ~ him** szuka go policja; **to come/go ~ sb** gonić or ścigać kogoś; **he'll come ~ me** będzie mnie ścigał; **it's me he is ~** (to settle score) to o mnie mu chodzi; **I wonder what she is ~** ciekawe, o co jej chodzi?; **I think he is ~ my job** myślę, że chce mnie wygryźć (z posady) infml; **to be ~ sb** infml (sexually) uganiać się za kimś infml [11] (beyond) za (kimś/czymś); **about 400 metres ~ the crossroads** około 400 metrów za skrzyżowaniem [12] (stressing continuity, repetitiveness) **day ~ day** dzień po dniu, dzień za dniem; **generation ~ generation** pokolenie za pokoleniem; **time ~ time** raz po raz; **mile ~ mile of bush** ciągnący się milami busz; **it was one disaster ~ another** to było jedno pasmo nieszczęść [13] (about) **to ask ~ sb** dowiadywać or pytać się o kogoś [14] (in honour or memory of) **to name a child ~ sb** nadać dziecku imię po kimś; **named ~ James Joyce** *[institution, monument, pub, street]* imienia Jamesa Joyce'a; **we called her Anna ~ my mother** po mojej matce daliśmy jej na imię Anna [15] (in the manner of) **~ Millet** w stylu Milleta; **it's a painting ~ Klee** to obraz w stylu Klee → **fashion** [16] US (past) po (czymś); **it's twenty ~ eleven** jest dwadzieścia po jedenastej

III *conj* [1] (in sequence of events) **don't go for a swim too soon ~ eating** nie pływaj zaraz po jedzeniu; **~ we had left we realized that...** po wyjściu zorientowaliśmy się, że...; **~ she had confessed to the murder, he was released** zwolniono go po tym, jak przyznała się do morderstwa; **we return the bottles ~ they have been washed** butelki zwracamy umyte [2] (given that) **~ hearing all about him we want to meet him** po tym wszystkim, co o nim słyszeliśmy, chcielibyśmy go poznać; **~ you explained the situation they didn't call the police** gdy wyjaśniłeś sytuację, nie wezwali policji [3] (in spite of the fact that) **why did he do that ~ we'd warned him of the consequences** dlaczego to zrobił mimo naszych ostrzeżeń?

IV afters *npl* GB infml deser *m*; **what's for ~s?** co na deser?

V after all *adv prep* [1] (when reinforcing point) przecież; **~ all, nobody forced you to leave** przecież nikt cię nie zmuszał do wyjścia [2] (when reassessing stance, opinion) w końcu, ostatecznie; **it wasn't such a bad idea ~ all** w końcu to nie był taki zły pomysł; **he decided not to stay ~ all** ostatecznie postanowił wyjechać

afterbirth /ˈɑːftəbɜːθ, US ˈæf-/ *n* łożysko *n* i błony *f pl* płodowe

aftercare /ˈɑːftəkeə(r), US ˈæf-/ *n* Med opieka *f* nad rekonwalescentem

after-dinner drink /ˌɑːftədɪnəˈdrɪŋk, US ˌæf-/ *n* alkohol *m* pity po posiłku

after-dinner speaker /ˌɑːftədɪnəˈspiːkə(r), US ˌæf-/ *n* oficjalny mówca *(występujący na zakończenie oficjalnej kolacji)*

after-dinner speech /ˌɑːftədɪnəˈspiːtʃ, US ˌæf-/ *n* przemówienie *n (na zakończenie oficjalnej kolacji)*

after-effect /ˈɑːftərɪfekt, US ˈæf-/ *n* Med efekt *m* następczy, następstwo *n* **(of sth** czegoś); fig reperkusja *f* **(of sth** czegoś)

afterglow /ˈɑːftəgləʊ, US ˈæf-/ *n* poświata *f*, zorza *f* wieczorna; fig miłe wspomnienie *n*

after-hours drinking /ˌɑftərauəzˈdrɪŋkɪŋ, US ˌæf-/ *n* GB *picie alkoholu w pubach po obowiązującej godzinie zamknięcia*

afterlife /ˈɑːftəlaɪf, US ˈæf-/ *n* życie *n* pozagrobowe

aftermath /ˈɑːftəmæθ, -mɑːθ, US ˈæf-/ *n* [1] następstwo *n* **(of sth** czegoś); **in the ~ of sth** w następstwie czegoś *[election, scandal, war]* [2] Agric drugi pokos *m*, potraw *m*

afternoon /ˌɑːftəˈnuːn, US ˌæf-/ **I** *n* [1] popołudnie *n*; **in the ~** po południu; **at 2.30 in the ~** o wpół do trzeciej po południu; **in the early/late ~** wczesnym /późnym popołudniem; **this ~** dziś po południu; **later/earlier this ~** dzisiaj późnym/wczesnym popołudniem; **yesterday/tomorrow ~** wczoraj/jutro po południu; **the previous ~, the ~ before** dzień wcześniej po południu; **Monday/Tuesday ~** w poniedziałek/we wtorek po południu; **to work ~s** pracować po południu or popołudniami [2] fig (of life) jesień *f* fig; (of century) schyłek *m*; **in the ~ of (one's) life** w jesieni życia

II *modif [walk, nap, flight]* popołudniowy

III *excl* (also **good ~!**) (greeting between midday and sunset) dzień dobry!

afternoon performance *n* popołudniówka *f*

afternoon shift *n* zmiana *f* popołudniowa, druga zmiana *f*

afternoon tea *n* podwieczorek *m*

afterpains /ˈɑːftəpeɪnz, US ˈæf-/ *npl* bóle *m pl* poporodowe

afterpiece /ˈɑːftəpiːs, US ˈæf-/ *n* Theat ≈ jednoaktówka *f* komiczna *(grana po przedstawieniu)*

after-sales service /ɑːftəˈseɪlzˌsɜːvɪs, US æf-/ *n* serwis *m* posprzedażny

after-shave /ˈɑːftəʃeɪv, US ˈæf-/ *n* płyn *m* po goleniu

aftershock /ˈɑːftəʃɒk, US ˈæf-/ *n* Geol wstrząs *m* następczy; fig reperkusja *f*

after-sun /ˌɑːftəˈsʌn, US ˌæf-/ *adj* **~ cream /lotion** krem/balsam po opalaniu

aftertaste /ˈɑːftəteɪst, US ˈæf-/ *n* posmak *m*; **the ~ of the affair** fig niesmak po tej sprawie

after-tax /ˈɑːftətæks, US ˈæf-/ *adj [earnings, profits]* po opodatkowaniu

afterthought /ˈɑːftəθɔːt, US ˈæf-/ *n* **as an ~** po namyśle, po zastanowieniu; **our youngest was an ~** ostatnie dziecko mieliśmy w późniejszym wieku

afterwards /ˈɑːftəwədz, US ˈæf-/ GB, **afterward** /ˈɑːftəwəd, US ˈæf-/ US *adv* [1] (after that) potem; **soon** or **shortly/not long ~** wkrótce/niedługo potem; **immediately /directly ~** natychmiast/zaraz potem; **straight ~** GB od razu potem; **we saw a**

A

film, went to the restaurant, then went home ~ po kinie poszliśmy do restauracji, a potem do domu; **salmon, green salad, and ~ an apple tart** łosoś, zielona sałata, a na deser szarlotka [2] (later) później; **I'll tell you ~** później ci powiem; **it was only ~ that I noticed** dopiero później zauważyłem [3] (subsequently) później; **I regretted it ~** później tego żałowałem

afterword /ˈɑːftəwɜːd, US ˈæf-/ *n* posłowie *n*

AG *n* → **Attorney General**

again /əˈgeɪn, əˈgen/ *adv* [1] (once more, anew) jeszcze raz; **sing it ~** zaśpiewaj to jeszcze raz; **try ~** spróbuj jeszcze raz; **what's his name ~?** infml powtórz, proszę, jak on się nazywa; **he never saw her ~** nigdy więcej jej nie zobaczył; **time and time ~** raz za razem, raz po raz [2] (to a previous place, position, state) **I'll never go there ~** nigdy więcej tam nie pójdę; **he left his home town but went back ~** opuścił rodzinne miasto, ale powrócił tam; **when you are well ~** kiedy powrócisz do zdrowia or wydobrzejesz; **never ~!** nigdy więcej! [3] (furthermore, moreover) co więcej, a poza tym; **~ you may think that...** co więcej, może się wydawać, że... [4] (on the other hand) **and then ~ he may not go** ale możliwe, że nie pojedzie

against /əˈgeɪnst, əˈgenst/ *prep* [1] (physically) o (coś) *[wall, tree]*; **~ the wall** o ścianę; **tired she leaned ~ the tree** zmęczona, oparła się o drzewo [2] (objecting) przeciw(ko) (komuś/czemuś); **I'm ~ it** jestem temu przeciwny; **I have nothing ~ it** nie mam nic przeciwko temu; **100 votes for and 20 ~** sto głosów za i dwadzieścia przeciw; **to be ~ the idea** być przeciwnym pomysłowi; **to be ~ doing sth** być przeciwnym robieniu czegoś [3] (counter to) **to go** or **be ~ sth** być sprzecznym z (czymś) *[tradition, policy]*; **the conditions are ~ us** warunki nam nie sprzyjają; **the decision went ~ us** decyzja była dla nas niepomyślna; **to pedal ~ the wind** pedałować pod wiatr → **up** [4] (in opposition to) przeciw(ko) (komuś /czemuś); **the war ~ sb** wojna z kimś; **the fight ~ inflation** walka z inflacją; **Smith ~ Jones** Smith przeciwko Jonesowi; **~ my better judgment** wbrew rozsądkowi [5] (compared to) **the pound fell ~ the dollar** funt spadł w stosunku do dolara; **the graph shows age ~ earnings** wykres pokazuje zarobki w zależności od wieku → **as** [6] (in contrast to) na tle (czegoś); **the blue looks pretty ~ the yellow** niebieski ładnie wygląda na żółtym tle; **~ the background of sth** na tle czegoś; **~ the light** pod światło; **to stand out ~ sth** *[houses, trees]* wyraźnie rysować or odcinać się na tle czegoś *[sky, sunset]* [7] (in exchange for) (w zamian) za (coś); **~ a voucher from the airline** w zamian za bon od linii lotniczych [8] (as a defence, protection) **protection ~ the cold** ochrona przed zimnem; **insurance ~ sickness** ubezpieczenie na wypadek choroby [9] (in preparation for) **food stored ~ the damp winter** żywność zabezpieczona na wypadek deszczowej zimy [10] (to the account, debt of) **to draw a cheque ~ the bank balance** wystawić or wypisać czek na poczet salda na koncie bankowym

Agamemnon /ˌægəˈmemnɒn/ *prn* Mythol Agamemnon *m*

agape /əˈgeɪp/ **I** *adj [mouth]* szeroko otwarty; rozdziawiony infml; *[jaws]* szeroko rozwarty; *[person]* z szeroko otwartymi ustami; z rozdziawioną gębą infml

II *adv* **they stood, (mouths) ~** stali z szeroko otwartymi ustami infml

agar-agar /ˌeɪgɑːˈeɪgɑː(r)/ *n* agar *m*, agar-agar *m*

agaric /ˈægərɪk/ *n* Bot grzyb *m* blaszkowy

Aga saga /ˈɑːgəsɑːgə/ *n* infml ≈ współczesna powieść *f* sielankowa

agate /ˈægət/ **I** *n* [1] Miner agat *m* [2] Print czcionka *f* wielkości 5,5 punktu

II *modif [bead]* agatowy; **~ ring** pierścionek z agatem or agatami

agave /əˈgeɪvɪ/ *n* Bot agawa *f*

age /eɪdʒ/ **I** *n* [1] (length of existence) wiek *m*; **what is her ~?, what ~ is she?** fml w jakim ona jest wieku?; **at the ~ of 14** w wieku czternastu lat; **to reach 18 years of ~** fml skończyć osiemnaście lat; **she is your ~** jest w twoim wieku; **to look one's ~** wyglądać na swój wiek; **she feels her ~** czuje się stara; **be** or **act your ~!** nie zachowuj się jak małe dziecko!; **you shouldn't be doing it at your ~** w twoim wieku nie powinieneś tego robić; **to be of school/retirement ~** być w wieku szkolnym/emerytalnym; **she is twice/half his ~** jest od niego dwa razy starsza /młodsza; **they are of an ~** są w tym samym wieku; **to be of an ~ when...** być w wieku, w którym...; **to be of ~** Jur być pełnoletnim; **to come of ~** Jur osiągnąć pełnoletność; **to be under ~** Jur być niepełnoletnim; **~ of consent** Jur *wiek, w którym prawo dopuszcza współżycie seksualne i zawarcie małżeństwa*; **below the ~ of consent** Jur nieletni [2] (latter part of life) starość *f*, (podeszły) wiek *m*; **~ has mellowed him** złagodniał na starość; **with ~** (while getting older) z wiekiem; (because of being old) ze starości; **to improve with ~** z wiekiem stawać się coraz lepszym; (in looks) z wiekiem wyglądać coraz lepiej [3] (era) epoka *f* **(of sth** czegoś); **the computer ~** epoka komputerów; **the ~ of enlightenment** epoka oświecenia; **throughout the ~s** na przestrzeni wieków; **the ~ of Aquarius** era Wodnika [4] infml (long time) **it's ~s since I've played tennis** wieki nie grałem w tenisa; **I haven't seen him for ~s** lata całe go nie widziałem; **it takes ~s** or **an ~ to get it right** potrzeba ogromnie dużo czasu, żeby to dobrze zrobić; **I've been waiting here for ~s** całe wieki już tu czekam

II *vt [experiences, worry]* postarz|yć, -ać *[person]*; *[dress, hairstyle]* postarzać; **to ~ sb 10 years** postarzyć kogoś o dziesięć lat

III *vi [person]* ze|starzeć się; **to ~ well** ładnie się starzeć

IDIOMS: **in this day and ~** w dzisiejszych czasach

age bracket *n* = **age range**

aged **I** /ˈeɪdʒɪd/ *n* **the ~** *(+ v pl)* ludzie *m pl* w podeszłym wieku

II /eɪdʒd/ *adj* [1] (of an age) w wieku; **to be ~ 10/60** mieć 10/60 lat; **I was ~ 10 when we went to live in Spain** miałem10 lat, kiedy przenieśliśmy się do Hiszpanii [2] (old) w podeszłym wieku, wiekowy; **~ aunt** ciotka w podeszłym wieku

age group *n* = **age range**

ageing /ˈeɪdʒɪŋ/ **I** *n* (of person, machine, system) starzenie (się) *n*; (of cheese) dojrzewanie *n*; (of wine) leżakowanie *n*; **the ~ process** proces starzenia (się)/dojrzewania

II *adj [person, population]* starzejący się; *[computer, system]* przestarzały; **this hairstyle is really ~ (on her)** to uczesanie or ta fryzura naprawdę (ją) postarza

ageism /ˈeɪdʒɪzəm/ *n* dyskryminacja *f* z powodu wieku

ageist /ˈeɪdʒɪst/ *adj [policy, rule]* dyskryminujący ludzi starszych; *[remark, term]* świadczący o uprzedzeniach w stosunku do ludzi starszych

ageless /ˈeɪdʒlɪs/ *adj* [1] (not appearing to age) *[person]* niestarzejący się, wiecznie młody; (of indeterminate age) w nieokreślonym wieku; **the sort of woman who is ~** kobieta wiecznie młoda [2] *[quality, mystery]* (timeless) wieczny

age limit *n* granica *f* wieku

agency /ˈeɪdʒənsɪ/ *n* [1] (organization, office) agencja *f*; **to get sb through an ~** zatrudnić kogoś za pośrednictwem agencji; **'no agencies'** (in advertisement) „bez pośredników" [2] GB Comm (representing firm) przedstawicielstwo *n*; **to have the sole ~ for sth** być wyłącznym przedstawicielem czegoś *[company]* [3] (intercession) pośrednictwo *n*; **by** or **through the ~ of sb/sth** za pośrednictwem kogoś/czegoś [4] Chem, Geol, Phys działanie *n*; **rocks worn smooth by** or **through the ~ of water/erosion** skały wygładzone przez wodę/pod wpływem erozji

agency fee *n* prowizja *f*

Agency for International Development, AID *n* US *rządowa agencja pomocy dla krajów rozwijających się*

agency nurse *n* pielęgniarka *f (zatrudniona za pośrednictwem agencji)*

agency staff *n* personel *m (zatrudniony za pośrednictwem agencji)*

agenda /əˈdʒendə/ *n* [1] Admin porządek *m* dzienny **(for sth** czegoś); **to be on the ~** być na or znaleźć się w porządku dziennym; **to draw up** or **make an ~** ustalić porządek dzienny [2] fig (list of priorities) program *m*; **what's on the ~ for this evening?** co mamy w programie na dzisiejszy wieczór?; **unemployment is high on the political ~** bezrobocie zajmuje ważne miejsce w programach politycznych; **hidden/secret ~** skryte /tajne zamiary

agent /ˈeɪdʒənt/ *n* [1] (acting for artist) agent *m*, -ka *f* **(for sb** kogoś); (acting for customer) pośredni|k *m*, -czka *f*; (acting for firm) przedstawiciel *m*, -ka *f*; **area/sole ~** przedstawiciel regionalny/wyłączny przedstawiciel; **to do sth through sb's ~** zrobić coś za pośrednictwem kogoś; **to act as sb's ~, to act as ~ for sb** reprezentować kogoś [2] Pol (enemy spy) agent *m*, -ka *f*; **enemy /foreign ~** wrogi/obcy agent [3] (cause, means) czynnik *m*; **outside ~** czynnik zewnętrzny [4] (chemical substance) środek *m*; **raising ~** środek spulchniający [5] Ling agens *m*

IDIOMS: **to be a free ~** być panem samego siebie

agentive /ˈeɪdʒəntɪv/ Ling **I** *n* przypadek *m* agensa

II *adj* wskazujący na wykonawcę czynności

agent noun *n* Ling agens *m*

Agent Orange *n* Mil czynnik *m* pomarańczowy

agent provocateur /ˌæʒɒ̃prəˌvɒkəˈtɜː/ *n* prowokator *m*, -ka *f*

agents procedure *n* Univ *procedura zapisu na studia*

age-old /ˌeɪdʒˈəʊld/ *adj [remedy, story, custom]* stary jak świat

age range *n* przedział *m* wiekowy, grupa *f* wiekowa; **children in the ~ 10-16** dzieci w grupie wiekowej 10-16 lat

agglomerate **I** /əˈglɒmərət/ *n* [1] Geol aglomerat *m* [2] (mass) zlepek *m*; (group) skupisko *n*

II /əˈglɒməreɪt/ *vt* [1] Tech, Chem aglomerować [2] (gather) na|gromadzić

III /əˈglɒməreɪt/ *vi* [1] ule|c, -gać aglomeracji [2] (gather) na|gromadzić się

agglomeration /əˌglɒməˈreɪʃn/ *n* [1] Geol aglomerowanie *n*, aglomeracja *f* [2] (collection) (of buildings, people) skupisko *n*; (of styles) zlepek *m*; (of objects) nagromadzenie *n*; **urban ~s** aglomeracje miejskie

agglutinate /əˈgluːtɪneɪt/ **I** *vt* zlepi|ć, -ać; Ling, Med aglutynować

II *vi* zlepi|ć, -ać się; Ling, Med aglutynować się; **agglutinating language** język aglutynacyjny

agglutination /əˌgluːtɪˈneɪʃn, US -təˈn-/ *n* Ling, Med aglutynacja *f*

agglutinative /əˈgluːtɪnətɪv, US -təneɪtɪv/ *adj* Ling, Med *[substance, language]* aglutynacyjny

aggrandize /əˈgrændaɪz/ fml **I** *vt* przyda|ć, -wać blasku (czemuś) *[country, organization]*; doda|ć, -wać splendoru (komuś) *[person]*

II *vr* **to ~ oneself** dodawać sobie splendoru

aggrandizement /əˈgrændɪzmənt/ *n* fml przysporzenie *n* blasku or chwały, dodanie *n* splendoru; **to do sth for personal gain and ~** zrobić coś dla własnej korzyści i chwały; **territorial/military ~** zwiększenie potęgi terytorialnej/wojskowej

aggravate /ˈægrəveɪt/ **I** *vt* [1] (make worse) pog|orszyć, -arszać *[situation, health]*; drażnić *[sensitive skin]* [2] (annoy) *[behaviour, attitude, article, speech]* z|irytować, z|denerwować *[person]*

II **aggravated** *pp adj* Jur *[burglary, offence]* kwalifikowany

aggravating /ˈægrəveɪtɪŋ/ *adj* [1] Jur (worsening) obciążający, obostrzający [2] infml (irritating) *[child, behaviour]* irytujący, nieznośny

aggravation /ˌægrəˈveɪʃn/ *n* [1] (annoyance) przykrość *f* [2] (irritation) zdenerwowanie *n* [3] (worsening) (of illness) pogorszenie *n*

aggregate **I** /ˈægrɪgət/ *n* [1] suma *f*; **they spent an ~ of five years in Exeter** w Exeter spędzili w sumie pięć lat; **in (the)** or **on ~** w sumie [2] Sport (score) łączny wynik *m*; **on ~** GB łącznie [3] Geol agregat *m* [4] Constr kruszywo *n*

II **aggregates** *npl* (also **monetary ~s**) GB Econ ilość *f* pieniędzy w obiegu

III /ˈægrɪgət/ *adj [loss, profit, sum]* łączny, globalny; *[figure]* łączny; *[data]* zebrany; *[demand]* ogólny

IV /ˈægrɪgeɪt/ *vt* [1] (combine) z|sumować *[figures, points, score]*; po|łączyć, z|ebrać, -bierać *[data]* [2] (group) po|grupować *[people]*

aggression /əˈgreʃn/ *n* [1] (of person) agresja *f* [2] (attack) napaść *f* **(against sb/sth** na kogoś/coś); (violation) pogwałcenie *n* **(against sth** czegoś); **an act of ~** akt agresji [3] Psych agresja *f*

aggressive /əˈgresɪv/ *adj* [1] (belligerent) *[behaviour, remark]* agresywny, napastliwy; *[manoeuvre, tactics]* zaczepny; *[nation]* prowadzący politykę konfrontacji [2] Comm, Fin (assertive) *[company, management]* dynamiczny; *[person]* rzutki; *[competition]* ostry; *[marketing]* agresywny

aggressively /əˈgresɪvlɪ/ *adv* [1] *[glare, respond]* agresywnie; **~ frank** brutalnie szczery [2] Comm, Fin *[promote]* agresywnie; *[manage]* dynamicznie

aggressiveness /əˈgresɪvnɪs/ *n* agresywność *f*

aggressor /əˈgresə(r)/ *n* (country) agresor *m*; (group, person) napastnik *m*

aggrieved /əˈgriːvd/ **I** *n* Jur **the ~** strona *f* poszkodowana

II *adj* [1] Jur *[person]* poszkodowany, pokrzywdzony [2] (resentful) niezadowolony

aggro /ˈægrəʊ/ *n* GB infml [1] (violence) zadyma *f*, rozróba *f* infml; **they are looking for ~** szukają okazji do rozróby [2] (hassle) zamieszanie *n*, zamęt *m* [3] (hostility) wrogość *f*

aghast /əˈgɑːst, US əˈgæst/ *adj* (horrified) przerażony **(at sth** czymś); (amazed) zdumiony **(at sth** czymś); **we stood ~ at the horrible sight** staliśmy przerażeni potwornym widokiem

agile /ˈædʒaɪl, US ˈædʒl/ *adj [animal, person, fingers]* zręczny; *[movement]* zwinny; *[mind]* lotny

agility /əˈdʒɪlətɪ/ *n* (physical) zręczność *f*, zwinność *f*; **mental ~** lotność umysłu

aging *n, adj* = **ageing**

agitate /ˈædʒɪteɪt/ **I** *vt* [1] (disturb) *[news, situation, argument]* wzburzyć; **she was ~d by the news** była wzburzona tą wiadomością [2] (shake) wstrząs|nąć, -ać *[mixture]*; (move) porusz|yć, -ać *[curtain, water surface]* [3] Phys wzbudz|ić, -ać, pobudz|ić, -ać

II *vi* (campaign) agitować **(for sb/sth** za kimś/za czymś, na rzecz kogoś/czegoś); **to ~ against sb/sth** agitować przeciwko komuś/czemuś

agitated /ˈædʒɪteɪtɪd/ *adj [person]* poruszony, wstrząśnięty; *[voice]* wzburzony

agitatedly /ˈædʒɪteɪtɪdlɪ/ *adv* ze wzburzeniem

agitation /ˌædʒɪˈteɪʃn/ *n* [1] (shaking) potrząsanie *n*, wstrząsanie *n* [2] (anxiety) poruszenie *n*, wzburzenie *n*; **to be in a state of ~** być poruszonym or wzburzonym [3] (public excitement) niepokój *m*, wrzenie *n* [4] (campaign) agitacja *f*, agitowanie *n*

agitator /ˈædʒɪteɪtə(r)/ *n* [1] Pol agitator *m*, -ka *f* [2] Tech (machine) mieszadło *n*, mieszalnik *m*; (in washing machine) wirnik *m*

agitprop /ˈædʒɪtprɒp/ *n* [1] (propaganda) agitacja *f* [2] (means of propaganda) agitka *f* infml

aglow /əˈgləʊ/ *adj [person, face]* promieniejący, rozpromieniony **(with sth** czymś); *[sky, hills]* płonący; *[shop window]* rzęsiście oświetlony; **to set sth ~** rozświetlić coś

AGM *n* → **Annual General Meeting**

Agnes /ˈægnɪs/ *prn* Agnieszka *f*

agnostic /ægˈnɒstɪk/ **I** *n* agnostyk *m*

II *adj* agnostyczny; (noncommittal) *[person]* obojętny; **I'm ~ on this matter** nie mam zdania na ten temat

agnosticism /ægˈnɒstɪsɪzəm/ *n* agnostycyzm *m*

ago /əˈgəʊ/ *adv* **a week ~** tydzień temu; **some time** or **a while ~** jakiś czas temu; **long/not long ~** dawno/niedawno temu; **how long ~?** jak dawno temu?; **no longer ~ than last Sunday** nie dalej jak w ubiegłą niedzielę; **as long ~ as 1960** (as early as) już w 1960 roku

agog /əˈgɒg/ *adj* [1] (excited) podniecony **(at** or **over sth** czymś); **to set sb/sth ~** podniecić kogoś/coś, zelektryzować kogoś/coś [2] (eager) zniecierpliwiony; **to be ~ for** or **to hear the news** z niecierpliwością czekać na wiadomość

agonize /ˈægənaɪz/ *vi* (worry) zadręczać się **(over** or **about sth** czymś)

agonized /ˈægənaɪzd/ *adj [scream]* rozdzierający; *[expression, look]* udręczony, pełen udręki or cierpienia

agonizing /ˈægənaɪzɪŋ/ *adj [pain]* przejmujący; *[memory, feeling]* dręczący; *[decision]* bolesny; *[delay, situation, wait]* dręczący; *[death]* w męczarniach

agony /ˈægənɪ/ *n* [1] Med (physical) agonia *f*; **to scream/die in ~** krzyczeć/umierać w męczarniach [2] fig (mental) męka *f*, męczarnia *f*, katusze *plt*; **to be in ~** or **agonies** cierpieć katusze; **to prolong the ~** przedłużać męki; **it was ~!** hum można było skonać! infml; **to pile on the ~** GB dramatyzować

agony aunt *n* GB redaktorka *f* rubryki porad osobistych

agony column *n* GB (advice column) rubryka *f* porad osobistych

agony uncle *n* GB redaktor *m* rubryki porad osobistych

agoraphobia /ˌægərəˈfəʊbɪə/ *n* Psych agorafobia *f*

agoraphobic /ˌægərəˈfəʊbɪk/ *adj* **~ patient** cierpiący na agorafobię

AGR *n* GB → **advanced gas-cooled reactor**

agrammatical /ˌeɪgrəˈmætɪkl/ *adj* agramatyczny, niegramatyczny

agraphia /əˈgræfɪə/ *n* Med agrafia *f*

agrarian /əˈgreərɪən/ **I** *n* zwolenni|k *m*, -czka *f* reformy rolnej

II *adj [economy, policy, question, reform]* rolny; *[society]* rolniczy

agree /əˈgriː/ **I** *vt* (*pt, pp* **agreed)** [1] (concur) zg|odzić, -adzać się; **I ~ with you that he should resign** zgadzam się z tobą, że powinien zrezygnować; **it is generally ~d that...** powszechnie uważa się, że... [2] (admit) przyzna|ć, -wać; **I ~ (that) it sounds unlikely** zgadzam się, że brzmi to mało prawdopodobnie; **don't you ~ it's dangerous?** zgodzisz się chyba, że to niebezpieczne? [3] (consent) **to ~ to do sth** zgodzić się coś zrobić; **she ~d to help us** zgodziła się nam pomóc [4] (settle on, arrange) uzg|odnić, -adniać *[date, price, policy]*; do|jść, -chodzić do porozumienia w sprawie (czegoś) *[candidate, plan, solution]*; **to ~ sth with sb** uzgodnić coś z kimś; **conditions ~d with the trade unions/between two parties** warunki uzgodnione ze związkami zawodowymi/przez obie strony; **we ~d to get up at six** uzgodniliśmy, że wstaniemy o szóstej; **they ~d amongst themselves that...** uzgodnili między sobą, że... [5] (confirm) potwierdz|ić, -ać *[account, statement]* [6] (approve) zatwierdz|ić, -ać *[plans, changes]*; **the pay rise has to be ~d with the board** podwyżka płac musi być uzgodniona z zarządem

II *vi* (*pt, pp* **agreed**) [1] (hold same opinion) zg|adzać, -odzić się (**about** or **on sth** co do czegoś); **I couldn't ~ more!** całkowicie się zgadzam!; **the doctor didn't ~ with me about what was causing the pain** lekarz nie zgodził się ze mną co do przyczyn bólu; **they ~d on** or **about going** zgodzili się, że pojadą [2] (reach mutual understanding) porozumie|ć, -wać się, do|jść, -chodzić do porozumienia (**about** or **as to sth** w sprawie czegoś); uzg|odnić, -adniać (**on sth** coś); **they failed to ~** nie doszli do porozumienia; **the jury ~d in finding him guilty** ława przysięgłych zgodnie uznała go winnym [3] (consent) zg|odzić, -adzać się, wyra|zić, -żać zgodę (**to sth** na coś); **she'll never ~ to that** ona nigdy się na to nie zgodzi; **they won't ~ to her going alone** nie zgodzą się, żeby pojechała sama [4] (hold with, approve) **to ~ with sth** aprobować coś, zgadzać się z czymś *[belief, practice, proposal]*; **I don't ~ with corporal punishment** nie popieram kar cielesnych; **I don't ~ with what they are doing** nie popieram tego, co robią [5] (tally) *[figures, statements, stories, totals]* zg|odzić, -adzać się, być zgodnym (**with sth** z czymś); **the two theories ~ (with each other)** obie teorie są zgodne (ze sobą) [6] (suit) **to ~ with sb** *[climate, weather]* (dobrze) służyć komuś; **I must have eaten something that didn't ~ with me** musiałem zjeść coś, co mi zaszkodziło [7] Ling pozosta|ć, -wać w związku zgody; zg|odzić, -adzać się (**with sth** z czymś) (**in sth** pod względem czegoś)

III agreed *pp adj [date, price, terms, venue]* uzgodniony; *[place, signal]* umówiony; **as ~d** jak uzgodniono, zgodnie z umową; **it was ~d that there would be a wage freeze** uzgodniono, że płace zostaną zamrożone; **to be ~d on** or **about sth** zgadzać się or być zgodnym co do czegoś *[decision, statement, policy]*; **is that ~d?** zgoda?

agreeable /əˈgriːəbl/ *adj* [1] (pleasant) *[experience, feeling, surroundings]* przyjemny; *[person, feeling]* miły; **to be ~ to sb** *[person]* być miłym dla kogoś; **we had an ~ time at the zoo** przyjemnie or miło spędziliśmy czas w zoo; **it is ~ to relax after a busy day at work** miło jest odpocząć po ciężkim dniu pracy [2] fml (willing) **to be ~ to sth/to doing sth** zgodzić się na coś/coś zrobić [3] fml (acceptable) *[suggestion, terms]* do przyjęcia; **to be ~ to sb** odpowiadać komuś, być do przyjęcia dla kogoś; **is that ~?** czy to ci odpowiada?

agreeably /əˈgriːəblɪ/ *adv* [1] (pleasantly) *[warm, cool, soft, quiet]* przyjemnie [2] (amicably) *[say, smile]* życzliwie

agreement /əˈgriːmənt/ *n* [1] Pol, Fin (settlement, contract) ugoda *f*, porozumienie *n* (**with sb/on sth** z kimś/w sprawie czegoś); **an EU ~** porozumienie w ramach Unii Europejskiej; **an Anglo-Irish ~** porozumienie angielsko-irlandzkie; **an ~ to reduce nuclear arsenals** porozumienie w sprawie redukcji broni jądrowej; **to come to** or **reach an ~** dojść do porozumienia, osiągnąć porozumienie; **hopes of an ~** nadzieje na porozumienie; **under an ~** na mocy porozumienia or ugody [2] (undertaking) zobowiązanie *n* (**to do sth** do czegoś, do zrobienia czegoś); **an ~ to repay the loan** zobowiązanie do spłacenia pożyczki; **an ~ that the hostages would be returned** uzgodnienie, że zakładnicy zostaną uwolnieni [3] (mutual understanding) zgoda *f* (**about** or **on sth** co do czegoś); porozumienie *n* (**about** or **on sth** w sprawie czegoś); **to be in ~ with sb** zgadzać się z kimś; **by ~ with sb** w porozumieniu z kimś; **to reach ~** dojść do porozumienia or zgody; **there is little ~ (on** or **as to sth)** nie ma w zasadzie zgody (co do czegoś); **there is general ~ that...** panuje powszechna zgoda co do tego, że...; **to nod in ~** skinąć głową na znak zgody [4] Jur (contract) umowa *f*; **under the terms of the ~** na mocy umowy, zgodnie z warunkami umowy [5] (consent) zgoda *f*, przyzwolenie *n* (**to sth** na coś) *[reform, cease-fire, moratorium]* [6] Ling związek *m* zgody

agribusiness /ˈægrɪbɪznɪs/ *n* przemysł *m* rolny

agrichemical /ˌægrɪˈkemɪkəl/ **I** *n* środek *m* chemiczny stosowany w rolnictwie

II *adj* agrochemiczny

agricultural /ˌægrɪˈkʌltʃərəl/ *adj [machinery, society, region, college]* rolniczy; *[problems, policy, worker]* rolny; **~ engineer** inżynier rolnik; **~ expert** specjalista do spraw rolnictwa; **~ land** użytki, tereny rolnicze

agriculturalist /ˌægrɪˈkʌltʃərəlɪst/ *n* rolni|k *m*, -czka *f*

agricultural show *n* (trade fair) wystawa *f* rolnicza; (rural) kiermasz *m* produktów rolnych

agriculturist /ˌægrɪˈkʌltʃərɪst/ *n* US = **agriculturalist**

agriculture /ˈægrɪkʌltʃə(r)/ *n* rolnictwo *n*

agriscience /ˈægrɪsaɪəns/ *n* agrotechnologia *f*

agrochemical /ˌægrəʊˈkemɪkəl/ **I** *n* środek *m* chemiczny stosowany w rolnictwie

II agrochemicals *npl* (+ *v sg*) (industry) przemysł *m* agrochemiczny

III *adj* agrochemiczny

agro-industry /ˈægrəʊɪndəstrɪ/ *n* przemysł *m* rolny

agronomist /əˈgrɒnəmɪst/ *n* agronom *m*

agronomy /əˈgrɒnəmɪ/ *n* agronomia *f*

aground /əˈgraʊnd/ **I** *adj* na mieliźnie; **to be ~** być na mieliźnie

II *adv* **to run ~** osiąść na mieliźnie

ague /ˈeɪgjuː/ *n* arch (fever) febra *f*; (shivering fit) drżączka *f*

ah /ɑː/ *excl* ach!; **ah yes!** o tak!; **ah well!** (resignedly) no cóż!

aha /ɑːˈhɑː, əˈhɑː/ *excl* aha!

ahead /əˈhed/ **I** *adv* [1] (spatially) *[go on, run]* naprzód; **we've sent Adam on ~** wysłaliśmy Adama przodem; **to send one's luggage on ~** wysłać wcześniej bagaż [2] (in advance) **to pay ~** zapłacić z góry [3] (of place) z przodu; **the road (up) ~ is blocked** droga przed nami jest zablokowana; **can you see what is wrong ~?** czy widzisz, co się tam dzieje z przodu?; **it's a few kilometres ~** to kilka kilometrów dalej; **a road/waterfall appeared ~** przed nami pojawiła się droga/pojawił się wodospad; **full speed ~** Naut cała naprzód → **straight** [4] (in time) **in the months /years ~** w następnych miesiącach/latach; **to apply at least a year ~** złożyć podanie co najmniej rok wcześniej; **who knows what lies ~?** kto wie, co nas czeka?; **there are troubled times ~ for the government** dla rządu nadchodzą trudne czasy [5] fig (in leading position) **to be ~ in the polls** być na pierwszej pozycji w sondażach; **to be 30 points/3% ~** mieć przewagę 30 punktów/3%; **another goal put them ~** kolejny gol dał im prowadzenie [6] fig (more advanced) **to be ~ in physics /geography** *[pupil, class]* być lepszym z fizyki/geografii

II ahead of *prep phr* [1] (spatially) przed (kimś/czymś) *[person, vehicle]*; **to be 3 metres ~ of sb** wyprzedzać kogoś o 3 metry [2] (in time) **to be 3 seconds ~ of the next competitor** wyprzedzać następnego zawodnika o 3 sekundy; **~ of time** przed czasem; **our rivals are one year ~ of us** nasi rywale wyprzedzają nas o rok; **to arrive ~ of sb** dotrzeć or dojechać przed kimś; **there are difficult times ~ of us** przed nami trudne chwile, czekają nas trudne czasy [3] fig (leading) **to be ~ of sb** (in polls, ratings) wyprzedzać kogoś [4] fig (more advanced) **to be (way) ~ of the others** *[pupil, class]* być (dużo) lepszym od pozostałych; **to be ~ of the field** *[business]* rozwijać się szybciej od innych; **to be ten years ~ of the field** *[research]* wyprzedzać innych o dziesięć lat

IDIOMS: **to be ~ of one's time** wyprzedzać swoją epokę

ahoy /əˈhɔɪ/ *excl* ahoj!, hej tam!; **ship ~!** statek ahoj!; **~ there!** hej tam!

AI *n* [1] → **artificial intelligence** [2] → **artificial insemination** [3] → **Amnesty International**

aid /eɪd/ **I** *n* [1] (help) pomoc *f* (**to sb** dla kogoś); **with/without sb's ~** z pomocą kogoś/bez pomocy kogoś; **with the ~ of sb/sth** z pomocą kogoś/za pomocą czegoś; **to go/come to sb's ~** iść/przyjść komuś z pomocą; **to seek/enlist sb's ~** szukać pomocy kogoś, zabiegać o pomoc kogoś; **to give** or **grant ~** udzielić pomocy [2] (charitable, financial support) pomoc *f*, wsparcie *n* (**from sb to** or **for sb** od kogoś dla kogoś); **an overseas ~ programme** program pomocy dla zagranicy [3] **in ~ of sb/sth** na rzecz kogoś/czegoś *[charity,* *the poor]*; **what's all this shouting in ~ of?** GB hum po co te krzyki? [4] (equipment) pomoc *f*; **educational ~** pomoc naukowa → **hearing aid**

II *modif [budget, organization, programme, scheme]* pomocowy; **~ worker** pracownik pomocy społecznej

III *vt* pom|óc, -agać (komuś) *[person]*; w|esprzeć, -spierać; ułatwi|ć, -ać *[digestion]*; przyspiesz|yć, -ać *[recovery]*; w|esprzeć, -spierać *[development]*

IV *vi* [1] **to ~ in sth** pom|óc, -agać w czymś; **to ~ in doing sth** pomóc w zrobieniu czegoś [2] Jur or hum **to ~ and abet sb** udzielić komuś pomocy w dokonaniu przestępstwa; **charged with ~ing and abetting** Jur oskarżony o współudział w przestępstwie

AID /eɪd/ *n* [1] = **Artificial Insemination by Donor** sztuczne zapłodnienie *n* przez dawcę [2] US → **Agency for International Development**

Aida® /ˈeɪdə/ *n* Sewing etamina *f*

aide /eɪd/ *n* [1] Mil = **aide-de-camp** [2] Pol bliski współpracownik *m*, bliska współpracownica *f*; prawa ręka *f* fig

aide-de-camp *n* (*pl* **aides-de-camp**) adiutant *m*

aide-mémoire /ˌeɪdmemˈwɑː(r)/ *n* (*pl* **aides-mémoire**) memorandum *n*, aide-memoire *m/n inv*

AIDS, Aids /eɪdz/ *n* = **Acquired Immune Deficiency Syndrome** zespół *m* nabytego niedoboru odporności, AIDS, *m/n inv*, aids *n inv*

Aids-related /ˌeɪdzrɪˈleɪtəd/ *adj* Med *[virus, disease]* związany z AIDS; **~ infection** zakażenie w przebiegu AIDS

Aids-related complex, ARC *n* Med zespół *m* związany z AIDS, ARC

Aids test *n* test *m* na obecność wirusa HIV

aigrette /ˈeɪgret, eɪˈgret/ *n* egreta *f*

aikido /ˈaɪkɪdəʊ/ *n* Sport aikido *n inv*

ail /eɪl/ **I** *vt* [1] trapić *[economy, society]* [2] arch dolegać (komuś) *[person]*; **what ~s him?** co mu jest?, co mu dolega?

II *vi [person]* niedomagać; *[animal]* chorować; *[company, economy]* kuleć infml

aileron /ˈeɪlərɒn/ *n* Aviat lotka *f*

ailing /ˈeɪlɪŋ/ *adj* [1] *[person]* niedomagający, chory; *[animal]* chory; **to be ~** być chorym, niedomagać [2] fig *[business]* kulejący infml; *[economy]* chory, niewydolny

ailment /ˈeɪlmənt/ *n* dolegliwość *f*

aim /eɪm/ **I** *n* [1] (purpose) cel *m* **(of sth** czegoś); **with the ~ of doing sth** w celu zrobienia czegoś [2] (with weapon) cel *m*; **to take careful ~** precyzyjnie wycelować; **to miss one's ~** chybić celu; **his ~ is bad** nie potrafi dobrze wycelować

II *vt* [1] **to be ~ed at sb** *[campaign, insult, remark]* być skierowanym do kogoś, być adresowanym do kogoś; **to be ~ed at doing sth** *[action, effort]* mieć na celu zrobienie czegoś; **we are ~ing the campaign at the young, the campaign is ~ed at the young** kierujemy tę kampanię do młodzieży, ta kampania jest skierowana do młodzieży [2] wy|celować *[gun]* **(at sb/sth** w kogoś/coś); rzuc|ić, -ać *[ball, stone]* **(at sb/sth** w kogoś/coś); wymierz|yć, -ać *[kick]* **(at sb/sth** komuś); zada|ć, -wać *[blow]* **(at sb** komuś); **well ~ed** *[kick, blow]* dobrze wymierzony

III *vi* **to ~ for sth, to ~ at sth** dążyć do czegoś; (with weapon) wycelować w coś; **to ~ at doing sth, to ~ to do sth** (try) dążyć do zrobienia czegoś; (intend) zamierzać or mieć zamiar coś zrobić; **to ~ high** fig wysoko mierzyć fig

aimless /ˈeɪmlɪs/ *adj [person, wandering]* bez celu; *[life]* pozbawiony celu; *[activity]* bezcelowy; *[argument]* jałowy; *[violence]* bezsensowny

aimlessly /ˈeɪmlɪslɪ/ *adv* bez celu

aimlessness /ˈeɪmlɪsnɪs/ *n* bezcelowość *f*

ain't /eɪnt/ infml = **am not, is not, are not, has not, have not**

air /eə(r)/ **I** *n* [1] (substance) powietrze *n*; **in the open ~** na świeżym or wolnym powietrzu; **I need a change of ~** potrzebna mi zmiana klimatu; **to come up for ~** wynurzyć się, żeby nabrać powietrza; **to let the ~ out of a balloon** wypuścić powietrze z balonu; **there's not much ~ here** duszno tu; **give him some ~!** rozstąpcie się!, on nie ma czym oddychać!; **to take the ~** dat zaczerpnąć świeżego powietrza [2] (atmosphere, sky) powietrze *n*; **to fire in the ~** strzelać w powietrze; **he threw the ball up into the ~** podrzucił or wyrzucił piłkę w górę; **to rise up into the ~, to take to the ~** wzbić or wznieść się w powietrze; **put your hands in the ~** podnieście ręce do góry; **to send sth by ~** wysłać coś drogą lotniczą; **to travel by ~** podróżować samolotem; **London (seen) from the ~** Londyn z lotu ptaka; **to clear the ~** (by opening window) wywietrzyć; *[storm]* odświeżyć powietrze; fig rozładować atmosferę [3] Radio, TV **to be on the ~** być na antenie; **while the programme was still on the ~** podczas nadawania programu; **to go on the ~** wejść na antenę; **to come on the ~** *[station]* rozpocząć nadawanie; **to go off the ~** zejść z anteny; **the channel goes off the ~ at midnight** kanał kończy nadawanie o północy; **off the ~, she confided that...** prywatnie zwierzyła się, że...; **to take a programme off the ~** zdjąć program z anteny; **the series will be back on the ~ in May** serial powróci na antenę w maju; **the minister went on the ~ to reassure the public** minister wystąpił w TV/radiu, żeby uspokoić społeczeństwo [4] (of person) (expression) mina *f*; (manner) sposób *m* bycia; (aura) aura *f*; (of place) wygląd *m*, nastrój *m*; **with an ~ of innocence/indifference** z niewinną/obojętną miną; **an ~ of mystery surrounds the project** atmosfera tajemniczości otacza ten projekt; **he has a certain ~ about him** on ma w sobie coś [5] Mus dat (tune) melodia *f*; (classical) aria *f* [6] liter (breeze) powiew *m*, podmuch *m*

II *modif [attack, crash, travel]* lotniczy; **~ current/filter/temperature** prąd/filtr /temperatura powietrza

III *vt* [1] (dry) dosusz|yć, -ać; (freshen by exposing to air) prze|wietrzyć, wy|wietrzyć *[bed, garment, room]*; **don't wear that shirt, it hasn't been ~ed** nie zakładaj tej koszuli, jeszcze nie całkiem wyschła [2] (express) da|ć, -wać wyraz (czemuś), przedstawi|ć, -ać *[view, idea, grievances]*; **to ~ one's knowledge** popisywać się swoją wiedzą [3] US (broadcast) nada|ć, -wać

IV *vi* [1] (be exposed to fresh air) *[clothes, room]* prze|wietrzyć się, wy|wietrzyć się; (dry) *[clothes]* dos|chnąć, -ychać [2] US *[programme]* być na antenie

IDIOMS: **there is something in the ~** coś wisi w powietrzu fig; **he could sense trouble in the ~** czuł, że zanosi się na coś niedobrego; **there is a rumour in the ~ that...** krążą pogłoski, że...; **to put on ~s, to give oneself ~s** pej zadzierać nosa, pysznić się; **to be up in the ~** (be uncertain) być or stać pod znakiem zapytania; (be excited) być przejętym; **to be walking** or **treading on ~** być w siódmym niebie, być wniebowziętym; **to disappear** or **vanish into thin ~** wyparować, ulotnić się infml fig; **to go up in the ~** (be excited) być całym w skowronkach infml; **they produced** or **conjured these figures out of thin ~** wzięli te liczby z sufitu infml; **he had materialized out of thin ~** zjawił się nie wiadomo skąd

air alert *n* alert *m* lotniczy

air ambulance *n* samolot *m* or helikopter *m* sanitarny

air bag *n* Aut poduszka *f* powietrzna

air base *n* baza *f* lotnictwa or lotnicza

air bed *n* GB nadmuchiwany materac *m*

air bladder *n* (in fish) pęcherz *m* pławny

airborne /ˈeəbɔːn/ *adj* [1] Bot *[seeds, spore]* przenoszony przez wiatr; *[bacteria]* unoszący się w powietrzu [2] Aviat, Mil *[troops, division]* powietrznodesantowy; **until the plane is ~** dopóki samolot nie znajdzie się w powietrzu; **the plane remained ~** samolot utrzymywał się w powietrzu; **before this project gets ~** fig zanim to przedsięwzięcie ruszy z miejsca fig

air brake *n* Aut, Aviat, Rail hamulec *m* aerodynamiczny or pneumatyczny

air brick *n* pustak *m* wentylacyjny

air bridge *n* GB Aviat (at airport) rękaw *m* (*dla pasażerów wsiadających do i wysiadających z samolotu*); (transport) most *m* powietrzny

airbrush /ˈeəbrʌʃ/ **I** *n* [1] Tech pistolet *m* natryskowy [2] Art aerograf *m*; **~ techniques** aerografia

II *vt* po|malować pistoletem natryskowym or aerografem *[door, chair, handle, panel, model]*

air bubble *n* pęcherzyk *m* powietrza

airburst /ˈeəbɜːst/ *n* wybuch *m* w powietrzu or powietrzny

airbus /ˈeəbʌs/ *n* aerobus *m*

air chamber *n* Tech (in engine) zasobnik *m* na powietrze; (in pump) powietrznik *m*

air chief marshal *n* GB Mil *stopień wojskowy w brytyjskich siłach powietrznych, odpowiednik generała broni*

air commodore *n* GB Mil *stopień oficerski powyżej pułkownika lotnictwa i poniżej generała dywizji*

air-condition /ˈeəkəndɪʃn/ *vt* za|instalować klimatyzację w (czymś) *[house, coach]*

air-conditioned /ˈeəkəndɪʃnd/ *adj* klimatyzowany

air-conditioner /ˈeəkəndɪʃənə(r)/ *n* klimatyzator *m*

A

air-conditioning /ˈeəkəndɪʃənɪŋ/ *n* klimatyzacja *f*
air-cooled /ˌeəˈkuːld/ *adj [engine]* chłodzony powietrzem
air corridor *n* korytarz *m* powietrzny
aircraft /ˈeəkrɑːft, US -kræft/ *n* (*pl* ~) statek *m* powietrzny; (aeroplane) samolot *m*
aircraft carrier *n* lotniskowiec *m*
aircraft(s)man /ˈeəkrɑːft(s)mən, US -kræft-/ *n* (*pl* **-men**) GB Mil szeregowiec *m* *(w siłach powietrznych)*
aircraft(s)woman /ˈeəkrɑːft(s)wʊmən, US -kræft-/ *n* (*pl* **-women**) GB Mil kobieta *f* szeregowiec *(w siłach powietrznych)*
aircrew /ˈeəkruː/ *n* załoga *f* (samolotu)
air cushion *n* (inflatable cushion) poduszka *f* nadmuchiwana; (of hovercraft) poduszka *f* powietrzna
air cylinder *n* pojemnik *m* ze sprężonym powietrzem
air disaster *n* katastrofa *f* lotnicza
airdrome /ˈeədrəʊm/ *n* US lądowisko *n*
airdrop /ˈeədrɒp/ **I** *n* zrzut *m*
II *vt* (*prp, pt, pp* **-pp-**) dokon|ać, -ywać zrzutu (czegoś) *[supplies, equipment]*
air-dry /ˈeədraɪ/ *vt* wy|suszyć na powietrzu
air duct /ˈeədʌkt/ *n* kanał *m* powietrzny or wentylacyjny
Airedale (terrier) /ˈeədeɪl/ *n* airedale terrier *m*
airfare /ˈeəfeə(r)/ *n* cena *f* biletu lotniczego
airfield /ˈeəfiːld/ *n* lotnisko *n* *(zwłaszcza wojskowe)*
airflow /ˈeəfləʊ/ *n* Aut, Aviat prąd *m* powietrza; (in wind tunnel) strumień *m* powietrza
air force **I** *n* lotnictwo *n* wojskowe, siły *plt* powietrzne
II *modif [pilot, plane]* wojskowy; ~ **officer /base** oficer/baza lotnictwa wojskowego
air force blue *n* ultramaryna *f*
airframe /ˈeəfreɪm/ *n* kadłub *m* samolotowy
airfreight /ˈeəfreɪt/ *n* [1] (method of transport) fracht *m* lotniczy; **by** ~ drogą powietrzną [2] (goods) ładunek *m* lotniczy [3] (charge) lotnicza opłata *f* przewozowa
air-freshener /ˈeəfreʃənə(r)/ *n* odświeżacz *m* powietrza
air guitar *n* infml **to play** ~ udawać, że się gra na gitarze
air gun *n* wiatrówka *f*
airhead /ˈeəhed/ *n* infml pej ptasi móżdżek *m* infml
air hole *n* otwór *m* wentylacyjny; (in ice) przerębel *m*, przerębla *f*
air hostess *n* stewardesa *f*
airily /ˈeərɪlɪ/ *adv [say, speak, talk, shrug, wave]* nonszalancko; *[promise, declare]* beztrosko
airiness /ˈeərɪnɪs/ *n* [1] (of house, room) przestronność *f* [2] (nonchalance) (of manner, attitude, gesture) nonszalancja *f*, beztroska *f* [3] (of promise, idea) gołosłowność *f* [4] (of fabric, spirit) zwiewność *f*
airing /ˈeərɪŋ/ *n* [1] (of linen) (drying) suszenie *n*; (freshening) wietrzenie *n*; **to go for an** ~ infml pójść się przewietrzyć infml [2] fig (mention) publiczne roztrząsanie *n*; **to give an issue an** ~ poruszyć or przedyskutować sprawę; **to get** or **be given an** ~ zostać poddanym otwartej dyskusji [3] Radio, TV transmisja *f*, transmitowanie *n*
airing cupboard *n* GB *szafka do przesuszania bielizny*
air kiss *n* infml cmoknięcie *n* na odległość
air lane *n* korytarz *m* powietrzny
airless /ˈeəlɪs/ *adj [room, weather]* duszny
air letter *n* list *m* lotniczy
airlift /ˈeəlɪft/ **I** *n* most *m* powietrzny; ~ **of refugees** ewakuacja lotnicza uchodźców; ~ **of food supplies** lotnicza dostawa żywności
II *vt* ewakuować samolotem *[refugees]*; dostarcz|yć, -ać samolotem *[supplies, goods]*; **to be ~ed to hospital** zostać przetransportowanym do szpitala helikopterem
airline /ˈeəlaɪn/ **I** *n* [1] Aviat (also ~ **company**) linia *f* lotnicza [2] Tech (for carrying air) przewód *m* powietrza; (for a diver) przewód *m* tlenowy
II *modif* Aviat ~ **pilot/staff** pilot/personel linii lotniczych
airliner /ˈeəlaɪnə(r)/ *n* samolot *m* pasażerski
airlock /ˈeəlɒk/ *n* [1] (in pipe, pump) korek *m* powietrzny [2] (in spaceship) śluza *f* powietrzna
airmail /ˈeəmeɪl/ **I** *n* poczta *f* lotnicza; **to send sth (by)** ~ wysłać coś pocztą lotniczą
II *modif [letter, envelope, rate]* lotniczy
III *vt* wys|łać, -yłać pocztą lotniczą *[letter, parcel]*
airmail edition *n* Journ *nakład gazety na cienkim papierze, przesyłany drogą lotniczą*
airmail envelope *n* koperta *f* lotnicza
airmail label *n* nalepka *f* poczty lotniczej
airmail paper *n* papier *m* lotniczy
airman /ˈeəmən/ *n* (*pl* **-men**) Mil lotnik *m*
airman basic *n* US Mil ≈ szeregowiec *m* *(w siłach powietrznych)*
airman first class *n* US Mil ≈ starszy szeregowy *m (w siłach powietrznych)*
air marshal *n* GB Mil *stopień w brytyjskich siłach powietrznych, odpowiednik polskiego generała dywizji*
air mass *n* Meteorol masy *f pl* powietrza
air miles *npl system punktów zaliczanych przy zakupie określonych towarów i usług, upoważniających do zniżkowych lub darmowych przelotów*
air miss *n niebezpiecznie bliskie minięcie się samolotów w powietrzu*
airmobile /ˌeəˈməʊbaɪl/ *adj* US Mil *[unit]* powietrznodesantowy
airplane /ˈeəpleɪn/ *n* US samolot *m*
air plant *n* Bot żyworódka *f*, briofilium *n*
airplay /ˈeəpleɪ/ *n* Radio, TV **this record gets a lot of** ~ ta płyta często jest prezentowana na antenie
air pocket *n* (in pipe, enclosed space) korek *m* powietrzny; Aviat dziura *f* powietrzna
air pollution *n* skażenie *n* or zanieczyszczenie *n* powietrza
airport /ˈeəpɔːt/ **I** *n* lotnisko *n*, port *m* lotniczy
II *modif* ~ **buildings/staff** budynki/personel lotniska; ~ **taxes** opłaty lotniskowe
air power *n* potencjał *m* lotniczy
air pressure *n* ciśnienie *n* atmosferyczne
air pump *n* pompa *f* próżniowa
air quality *n* stopień *m* czystości powietrza
air rage *n* infml zachowanie *n* zagrażające bezpieczeństwu współpasażerów
air raid *n* nalot *m*
air-raid precautions /ˌeəreɪdprɪˈkɔːʃnz/ *npl* cywilna obrona *f* przeciwlotnicza
air-raid shelter /ˌeəreɪdˈʃeltə(r)/ *n* schron *m* przeciwlotniczy
air-raid siren /ˌeəreɪdˈsaɪərən/ *n* syrena *f* przeciwlotnicza
air-raid warden /ˌeəreɪdˈwɔːdn/ *n* członek *m* cywilnej obrony przeciwlotniczej
air-raid warning /ˌeəreɪdˈwɔːnɪŋ/ *n* alarm *m* lotniczy
air rifle *n* wiatrówka *f*
airscrew /ˈeəskruː/ *n* GB śmigło *n*
air-sea base /ˌeəsiːˈbeɪs/ *n* baza *f* powietrzno-morska
air-sea rescue /ˌeəsiːˈreskjuː/ *n* (practice, organization) ratownictwo *n* morskie z powietrza; (operation) akcja *f* ratunkowa na morzu *(z helikopterów)*; ~ **helicopter** helikopter ratownictwa morskiego
air shaft *n* Constr kanał *m* wentylacyjny; (in mining) szyb *m* wentylacyjny
airshed /ˈeəʃed/ *n* hangar *m*
airship /ˈeəʃɪp/ *n* sterowiec *m*
air show *n* (flying show) pokaz *m* lotniczy; (trade exhibition) salon *m* lotniczy
air shuttle *n* prom *m* powietrzny, wahadłowiec *m*
airsick /ˈeəsɪk/ *adj* **to be** ~ cierpieć na chorobę powietrzną; **she began to feel** ~ zaczęło jej się robić niedobrze
airsickness /ˈeəsɪknɪs/ *n* choroba *f* powietrzna, kinetoza *f* lotnicza
airside /ˈeəsaɪd/ *n* Aviat *część portu lotniczego dostępna dla pasażerów po odprawie*
air sock *n* rękaw *m* lotniskowy
air space *n* obszar *m* powietrzny
airspeed /ˈeəspiːd/ *n* Aviat prędkość *f* lotu
airspeed indicator *n* prędkościomierz *m*, szybkościomierz *m*
airstream /ˈeəstriːm/ *n* strumień *m* powietrza; Meteorol prąd *m* powietrzny
airstrike /ˈeəstraɪk/ *n* atak *m* z powietrza
airstrip /ˈeəstrɪp/ *n* lądowisko *n*
air suspension *n* zawieszenie *n* pneumatyczne
air terminal *n* (at airport) dworzec *m* lotniczy; (in town) miejski dworzec *m* lotniczy
airtight /ˈeətaɪt/ *adj* [1] *[container, fastening]* hermetyczny, szczelny [2] fig *[theory, argument]* niepodważalny
airtime /ˈeətaɪm/ *n* Radio, TV czas *m* antenowy
air-to-air /ˌeətəˈeə/ *adj* Mil *[missile]* (klasy) powietrze-powietrze; ~ **refuelling** tankowanie w powietrzu
air-to-ground /ˌeətəˈgraʊnd/ *adj* Mil *[missile]* (klasy) powietrze-ziemia
air-to-surface /ˌeətəˈsɜːfɪs/ *adj* Mil *[missile]* (klasy) powietrze-powierzchnia
air-traffic control, ATC /ˌeətræfɪkkənˈtrəʊl/ *n* (activity) kontrola *f* ruchu lotniczego; (building) wieża *f* kontrolna
air-traffic controller /ˌeətræfɪkkənˈtrəʊlə(r)/ *n* kontroler *m*, -ka *f* ruchu lotniczego
air valve *n* zawór *m* powietrzny
air vent *n* otwór *m* odpowietrzający
air vice-marshal *n* GB Mil *stopień w brytyjskich siłach powietrznych, odpowiednik generała brygady*

airwaves /ˈeəweɪvz/ *npl* Radio, TV fale *f pl* radiowe or eteru; **on the ~** na falach eteru
airway /ˈeəweɪ/ *n* [1] Aviat (route) trasa *f* lotnicza [2] (airline) linia *f* lotnicza [3] Anat drogi *f pl* oddechowe [4] (in mining) chodnik *m* wentylacyjny
airworthiness /ˈeəwɜːðɪnɪs/ *n* sprawność *f* do lotu
airworthy /ˈeəwɜːðɪ/ *adj [aircraft]* sprawny
airy /ˈeərɪ/ *adj* [1] *[room, house]* przestronny i widny [2] (casual) *[attitude, manner, person]* nonszalancki, lekceważący [3] (vague) *[promise]* gołosłowny [4] *[fabric]* zwiewny
airy-fairy /ˌeərɪˈfeərɪ/ *adj* GB *[idea, scheme]* nierealny, niedorzeczny; *[person]* bujający w obłokach infml
aisle /aɪl/ *n* [1] (in church) nawa *f* [2] (passageway) (in train, plane) korytarz *m*; (in cinema, shop) przejście *n*
IDIOMS: **the film had us (rolling) in the ~s** infml tarzaliśmy się ze śmiechu na tym filmie; **to lead sb down the ~** hum poprowadzić kogoś do ołtarza hum
aisle seat *n* (in cinema, theatre, plane) miejsce *n* przy przejściu
aitch /eɪtʃ/ *n* litera *f* „h"; **to drop one's ~es** nie wymawiać „h"; fig mówić z akcentem gwarowym
aitchbone /ˈeɪtʃbəʊn/ *n* (bone) kość *f* krzyżowa; (beef) krzyżówka *f*
Aix-la-Chapelle /ˌekslɑːʃæˈpel/ *prn* Akwizgran *m*
ajar /əˈdʒɑː(r)/ *adj, adv* uchylony; **leave the door ~** zostaw drzwi uchylone
AK US Post = **Alaska**
aka = **also known as** alias, vel
akimbo /əˈkɪmbəʊ/ *adj* **(with) arms ~** wziąwszy się or podparłszy się pod boki
akin /əˈkɪn/ *adj* [1] (similar) pokrewny **(to sth** czemuś); zbliżony **(to sth** do czegoś); **to be (closely) ~ to sth** (bardzo) przypominać coś [2] (tantamount) równoznaczny **(to sth /doing sth** z czymś/ze zrobieniem czegoś) [3] (related by blood) spokrewniony **(to sb** z kimś)
AL [1] Aut Admin = **Albania** [2] US Post = **Alabama**
ALA = **all letters answered** odpowiadamy na wszystkie listy
Alabama /ˌæləˈbæmə/ *prn* Alabama *f*
alabaster /ˈæləbɑːstə(r), US -bæs-/ **I** *n* alabaster *m*
II *modif [statue, vase]* alabastrowy
à la carte /ˌælɑːˈkɑːt/ *adj, adv* z karty
alacrity /əˈlækrətɪ/ *n* fml skwapliwość *f*; **with ~** skwapliwie
Aladdin /əˈlædɪn/ *prn* Aladyn *m*
Aladdin's cave *n* sezam *m*
Aladdin's lamp *n* lampa *f* Aladyna
Alar® /ˈeɪlɑː(r)/ *n* Chem Alar *m*
alarm /əˈlɑːm/ **I** *n* [1] (fear) obawa *f*; (stronger) trwoga *f*; (uneasiness) niepokój *m*; **she stood up in ~ at sth** poderwała się zaniepokojona or przestraszona czymś; **with ~** z obawą or niepokojem; **I don't want to cause (you) ~, but...** nie chcę (cię) straszyć, ale...; **there is cause for ~** są powody do niepokoju or obaw; **there is no cause for ~** nie ma powodu do niepokoju or obaw; **to spread ~ and despondency** szerzyć nastroje alarmistyczne i defetyzm [2] (warning signal, device) alarm *m*; **burglar ~** alarm przeciwwłamaniowy; **fire** or **smoke ~** czujnik przeciwpożarowy; **to set off** or **activate an ~** uruchomić alarm; **the ~ went off** alarm się włączył; **to raise the ~** wszcząć alarm, bić na alarm also fig [3] = **alarm clock** [4] (sound to arouse from sleep) pobudka *f*
II *modif [device, signal]* alarmowy
III *vt* [1] (cause anxiety) za|niepokoić; (cause fear) zatrw|ożyć, -ażać, prze|straszyć *[person]*; (cause to flee) s|płoszyć *[animal]* **(with sth** czymś) [2] (fit system) za|instalować alarm w (czymś) *[car, house]*; **this car is ~ed** ten samochód ma alarm
alarm bell *n* dzwon *m* or dzwonek *m* alarmowy; **~s are ringing** GB fig odezwał się dzwonek alarmowy fig; **to set the ~s ringing** GB fig wywołać niepokój
alarm call *n* Telecom budzenie *n* telefoniczne
alarm clock *n* budzik *m*; **to set the ~ for five o'clock** nastawić budzik na godzinę piątą; **the ~ went off** budzik zadzwonił
alarmed /əˈlɑːmd/ *adj* (anxious) zaniepokojony **(at** or **by sth** czymś); (afraid) zatrwożony, przestraszony **(at** or **by sth** czymś); **don't be ~** nie martw się, nie niepokój się
alarming /əˈlɑːmɪŋ/ *adj* niepokojący; (stronger) zatrważający
alarmingly /əˈlɑːmɪŋlɪ/ *adv* niepokojąco; (stronger) zatrważająco; **~, we have no news from them** jesteśmy zaniepokojeni brakiem wiadomości od nich
alarmist /əˈlɑːmɪst/ **I** *n* panika|rz *m*, -rka *f*; alarmista *m* dat
II *adj* alarmistyczny; **we mustn't be ~** nie wolno nam wpadać w panikę; nie wolno nam panikować infml
alarm signal *n* sygnał *m* alarmowy
alarm system *n* system *m* alarmowy
alas /əˈlæs/ *excl* niestety!
Alaska /əˈlæskə/ *prn* Alaska *f*
Alaskan /əˈlæskən/ **I** *n* (person) Alaskan|in *m*, -ka *f*, Alaskij|czyk *m*, -ka *f*
II *adj* alaskijski, alaski
alb /ælb/ *n* Relig alba *f*
albacore /ˈælbəkɔː(r)/ *n* Zool tuńczyk *m* biały
Albania /ælˈbeɪnɪə/ *prn* Albania *f*
Albanian /ælˈbeɪnɪən/ **I** *n* [1] (person) Alba|ńczyk *m*, -nka *f* [2] Ling (język *m*) albański *m*
II *adj* albański
albatross /ˈælbətrɒs, US also -trɔːs/ *n* [1] Zool albatros *m* [2] (burden) kula *f* u nogi, kamień *m* u szyi fig [3] (in golf) albatros *m*
albeit /ˌɔːlˈbiːɪt/ *conj* fml aczkolwiek fml
Alberta /ælˈbɜːtə/ *prn* Alberta *f*
Albigenses /ˌælbɪˈdʒensiːz/ *npl* Hist albigensi *m pl*
Albigensian /ˌælbɪˈdʒensɪən/ **I** *n* albigens *m*
II *adj* albigeński
albinism /ˈælbɪnɪzəm/ *n* albinizm *m*, bielactwo *n*
albino /ælˈbiːnəʊ, US -ˈbaɪ-/ **I** *n* (person) albinos *m*, -ka *f*
II *adj* albinotyczny; **~ rabbit/monkey** królik albinos/małpa albinoska
Albion /ˈælbɪən/ *prn* Albion *m*; **perfidious ~** perfidny Albion
album /ˈælbəm/ *n* [1] Mus album *m* [2] **photo ~** album ze zdjęciami; **stamp ~** klaser
albumen /ˈælbjʊmɪn, US ælˈbjuːmən/ *n* Biol, Bot białko *n*
albumin /ˈælbjʊmɪn, US ælˈbjuːmɪn/ *n* albumina *f*
albuminous /ælˈbjuːmɪnəs/ *adj* albuminowy
alchemist /ˈælkəmɪst/ *n* alchemi|k *m*, -czka *f*
alchemy /ˈælkəmɪ/ *n* Chem alchemia *f* also fig
alcohol /ˈælkəhɒl, US -hɔːl/ **I** *n* alkohol *m*
II *modif [poisoning]* alkoholowy; **~ consumption/level** spożycie/poziom alkoholu; **the ~ content of a drink** zawartość alkoholu w napoju; **there is an ~ ban in the stadium** na stadionie obowiązuje zakaz sprzedaży alkoholu
alcohol-free /ˌælkəhɒlˈfriː, US -hɔːl-/ *adj [drink]* bezalkoholowy
alcoholic /ˌælkəˈhɒlɪk, US -hɔːl-/ **I** *n* alkoholi|k *m*, -czka *f*
II *adj [drink, ingredient, haze, stupor]* alkoholowy; **his ~ father** jego ojciec alkoholik
Alcoholics Anonymous, AA *prn* Anonimowi Alkoholicy *m pl*, AA
alcoholism /ˈælkəhɒlɪzəm, US -hɔːl-/ *n* alkoholizm *m*
alcopop /ˈælkəʊpɒp/ *n* infml napój *m* gazowany z niewielką zawartością alkoholu
alcove /ˈælkəʊv/ *n* [1] (recess) alkowa *f*; (smaller) nisza *f*, wnęka *f* [2] arch (bower) altanka *f*
alder /ˈɔːldə(r)/ **I** *n* [1] (tree) olcha *f* [2] (wood) olszyna *f*
II *modif [branch, copse, wood]* olchowy
alderman /ˈɔːldəmən/ *n* (*pl* **-men)** [1] GB Hist ≈ wójt *m* miasta [2] US ≈ radny *m* miejski; **board of aldermen** rada miejska
ale /eɪl/ *n* ale *n inv*; **brown/light** or **pale ~** ciemne/jasne ale
aleatoric /ˌeɪlɪəˈtɒrɪk/ *adj* = **aleatory**
aleatory /ˈeɪlɪətərɪ/ *adj* przypadkowy, zależny od przypadku; Mus aleatoryczny
alec(k) /ˈælɪk/ *n*
IDIOMS: **to be a smart ~** wymądrzać się infml
alert /əˈlɜːt/ **I** *n* stan *m* pogotowia, pogotowie *n*, alarm *m*; **fire/bomb ~** alarm pożarowy/bombowy; **to be on the ~** być w pogotowiu; **to be on the ~ for sth** mieć się na baczności przed czymś *[danger]*; zwracać baczną uwagę na coś *[noise, possibility]*; **to give** or **sound the ~** ogłosić stan pogotowia; **the army was put on (full) ~** wojsko zostało postawione w stan (najwyższego) pogotowia
II *adj* [1] (lively) *[child, mind]* bystry, żywy; *[old person]* sprawny umysłowo [2] (attentive) *[reader, listener]* uważny; *[guard]* czujny; **to be ~ to sth** zdawać sobie sprawę z czegoś *[fact, risk, possibility]*
III *vt* [1] (contact) powiad|omić, -amiać *[police, hospital]* **(to sth** o czymś) [2] (ask for vigilance) ostrze|c, -gać *[airport, customs]* [3] **to ~ sb to sth** ostrzec kogoś przed czymś *[danger]*; uczulić kogoś na coś, uświadomić komuś coś *[fact, situation]*

alertness /ə'lɜːtnɪs/ *n* [1] (watchfulness) czujność *f*; baczność *f* dat; **to be in a state of constant ~** być stale czujnym, mieć się stale na baczności [2] (in motion) żwawość *f*; (in attention) baczna uwaga *f*; **his ~ of mind** jego żywy umysł

Aleutian Islands /ə'luːʃɪən/ *prn pl* **the ~** Aleuty *plt*

A-level /'eɪlevl/ *npl* GB Sch *egzamin końcowy z jednego przedmiotu w szkole średniej*

alevin /'ælɪvɪn/ *n* narybek *m*

alewife /'eɪlwaɪf/ *n* (*pl* **-wives)** [1] Zool aloza *f* [2] arch karczmarka *f*

Alexander /ˌælɪg'zɑːndə(r)/ *prn* Aleksander *m*

Alexander technique *n* technika *f* Alexandra

Alexandria /ˌælɪg'zɑːndrɪə/ *prn* Aleksandria *f*

alexandrine /ˌælɪg'zændraɪn/ **I** *n* aleksandryn *m*; **in ~s** wierszem aleksandryjskim or bohaterskim

II *adj* aleksandryjski

alfalfa /æl'fælfə/ *n* lucerna *f*

alfresco /æl'freskəʊ/ *adj, adv* [1] na świeżym powietrzu; **an ~ breakfast** śniadanie na świeżym powietrzu; **to dine ~** jeść kolację na świeżym powietrzu [2] Art al fresco, a fresco

alga /'ælgə/ *n* Bot (*pl* **algae)** alga *f*, glon *m*

algae /'ældʒiː, 'ælgaɪ/ *npl* → **alga**

algal /'ælgəl/ *adj* glonowy; **~ bloom** kwitnienie alg or glonów

algebra /'ældʒɪbrə/ *n* algebra *f*

algebraic /ˌældʒɪ'breɪɪk/ *adj* algebraiczny

Algeria /æl'dʒɪərɪə/ *prn* Algieria *f*

Algerian /æl'dʒɪərɪən/ **I** *n* (person) Algier|czyk *m*, -ka *f*

II *adj* algierski

algicide /'ældʒɪsaɪd, 'ælgɪ-/ *n* środek *m* algobójczy

Algiers /æl'dʒɪəz/ *prn* Algier *m*

ALGOL /'ælgɒl/ *n* = **algorithmic oriented language** ALGOL *m*, Algol *m*; **to learn/use ~** uczyć się/używać Algolu

Algonqui(a)n /æl'gɒŋkwɪən/ **I** *n* (*pl* **~, ~s)** [1] Algonkin *m* [2] (język *m*) algonkin *m*

II *adj* algonkiński

algorithm /'ælgərɪðəm/ *n* Math, Comput algorytm *m*

algorithmic /ˌælgə'rɪðmɪk/ *adj* algorytmiczny

alias /'eɪlɪəs/ **I** *n* [1] (of criminal) fałszywe nazwisko *n*; (nickname) przezwisko *n*, przydomek *m*; ksywa *f* infml; (of writer) pseudonim *m*; **under an ~** pod pseudonimem/fałszywym nazwiskiem; **to use an ~** posługiwać się pseudonimem/fałszywym nazwiskiem [2] Comput nazwa *f* zastępcza, alias

II *prep* alias, vel

alibi /'ælɪbaɪ/ **I** *n* [1] Jur alibi *n inv*; **to have an ~** mieć alibi; **to provide an ~ for sb** zapewnić komuś alibi [2] (excuse) wymówka *f*

II *vt* US infml (*prp* **alibiing;** *pt, pp* **alibied)** **they ~ed him** dali mu alibi

Alice /'ælɪs/ *prn* Alicja *f*; **~ in Wonderland** Alicja w Krainie Czarów

Alice band *n* GB opaska *f* na włosy

alien /'eɪlɪən/ **I** *n* [1] Jur (foreigner) cudzoziem|iec *m*, -ka *f* [2] (being from space) przybysz *m* z kosmosu

II *adj* [1] obcy **(to sb/sth** komuś/czemuś) [2] (foreign) cudzoziemski; (from space) obcy, z kosmosu

alienate /'eɪlɪəneɪt/ **I** *vt* [1] (estrange) zra|zić, -żać **(from sb/sth** do kogoś/czegoś); odstręcz|yć, -ać **(from sb/sth** od kogoś /czegoś) [2] Jur przen|ieść, -osić prawo własności do (czegoś) *[funds, land, property]*; **to ~ sth from sb** odebrać komuś prawo własności do czegoś [3] (separate) wyobcow|ać, -ywać; **to be ~d from sth** wyalienować or wyobcować się z czegoś

II alienated *pp adj [group, minority]* wyalienowany, wyobcowany **(from sth** z czegoś)

alienation /ˌeɪlɪə'neɪʃn/ *n* [1] (process) zrażenie *n* **(of sb** kogoś); odsunięcie *n* **(of sb from sb/sth** kogoś od kogoś/czegoś); (state) wyobcowanie *n*, alienacja *f* **(from sth** z czegoś) [2] Jur, Pol, Psych alienacja *f*

alienation effect *n* Theat efekt *m* obcości

alienist /'eɪlɪənɪst/ *n* US Med dat psychiatra *m (specjalizujący się w prawnych aspektach chorób umysłowych)*

alight[1] /ə'laɪt/ *adj* [1] *[match, fire]* palący się; *[building, fire, grass]* płonący; **to be ~** palić się, płonąć; **to set sth ~** zapalić coś *[candle, match]*; podpalić coś *[building, grass]* [2] fig **to be ~ with sth** *[eyes, face]* pałać czymś *[happiness, curiosity]*; **the goal set the stadium ~** gol wywołał entuzjazm na stadionie

alight[2] /ə'laɪt/ *vi* [1] *[passenger]* wysi|ąść, -adać **(from sth** z czegoś); *[rider]* zsi|ąść, -adać **(from sth** z czegoś); *[plane]* wy|lądować; *[bird]* usiąść, siadać **(on sth** na czymś) [2] fig *[eyes, gaze]* spocz|ąć, -ywać **(on sb/sth** na kimś/czymś); *[thoughts]* zatrzym|ać, -ywać się **(on sb/sth** na kimś/czymś); *[suspicion]* pa|ść, -dać **(on sb** na kogoś)

align /ə'laɪn/ **I** *vt* (in one line) ustawi|ć, -ać w szeregu *[soldiers]*; Tech osiować *[wheels]*; wy|celować *[rifle]*; ułożyć, układać równo *[papers]*; **to ~ sth with sth** wyrównać coś w stosunku do czegoś

II aligned *pp adj* Pol **the ~ed/the non-~ed nations** kraje należące do paktu wojskowego/kraje niezaangażowane

III *vr* **to ~ oneself** Pol sprzymierz|yć, -ać się **(with sb/sth** z kimś/czymś)

alignment /ə'laɪnmənt/ *n* [1] ustawienie *n* w prostej linii; (in straight line) wyrównanie *n*; Tech osiowanie *n*; **to be in ~ with sth** być równo z czymś; **the desks are in/out of ~** ławki stoją równo/krzywo; **the wheels are in/out of ~** Aut koła są prawidłowo /nieprawidłowo ustawione [2] Pol sojusz *m* **(with sb/sth** z kimś/czymś) [3] Comput ustawienie *n* w linii

alike /ə'laɪk/ **I** *adj* (similar) podobny; (identical) taki sam, jednakowy; **they are very ~** są bardzo podobni; **they taste almost ~ (to me)** (według mnie) smakują prawie tak samo; **all men are ~** wszyscy mężczyźni są tacy sami; **it's all ~ to me** dla mnie to bez różnicy, mnie jest wszystko jedno

II *adv* (similarly) podobnie; (identically) tak samo, jednakowo; **to treat everybody ~** traktować wszystkich jednakowo; **all of us ~ are concerned, this concerns us all ~** to dotyczy nas wszystkich (w równym stopniu); **winter and summer ~** i zimą, i latem; zarówno w zimie, jak i w lecie; **for young and old ~** zarówno dla młodych, jak i dla starszych

IDIOMS: **share and share ~** po równo

alimentary /ˌælɪ'mentərɪ/ *adj [system]* pokarmowy; *[process]* trawienny; *[regulations, issues]* żywieniowy, dotyczący odżywiania; **~ canal** przewód pokarmowy; **~ virtue of sth** wartość odżywcza czegoś

alimony /'ælɪmənɪ, US -məʊnɪ/ *n* Jur alimenty *plt*; **to award sb ~** zasądzić alimenty na rzecz kogoś

alive /ə'laɪv/ *adj* [1] (living) żywy; **to be ~** być żywym, żyć; **to keep sb/sth ~** utrzymywać kogoś/coś przy życiu; **to stay ~** przeżyć, utrzymać się przy życiu; **to bury/burn sb ~** pogrzebać/spalić kogoś żywcem; **to capture/take sb ~** pojmać /brać kogoś żywcem; **it's good** or **great to be ~!** życie jest piękne!; **no man ~** nikt na świecie; **just ~** ledwie żywy; **while (she was) ~** za (jej) życia; **she knows as much about it as anyone ~** wie o tym tyle, co każdy [2] (in existence) *[institution]* istniejący; *[faith, interest, memory, tradition]* żywy; *[marriage]* trwający; **to be ~** *[institution]* działać, funkcjonować; *[memory, tradition]* żyć; *[dialogue, interest]* trwać; *[fire]* palić się, płonąć; **to keep sth ~** zachowywać coś *[faith, memory, tradition]*; podtrzymywać coś *[claim, dialogue, interest, tradition]*; podsycać coś *[feeling, fire]*; **it kept our hopes ~** to podtrzymywało w nas nadzieję; **we shall keep his memory ~** zachowamy go w pamięci, zachowamy pamięć o nim [3] (lively) *[person, city]* pełny życia; *[mind, senses]* żywy; **to bring sth ~** ożywić *[party, story]*; **to come ~** *[atmosphere, party, place]* ożywić się; **the streets were ~ with tension** na ulicach panowało napięcie; **her face was ~ with youthful spirit** na jej twarzy malował się młodzieńczy entuzjazm [4] **~ to sth** (aware) świadomy czegoś; (sensitive) wyczulony na coś; **to be ~ to sth** być świadomym czegoś, zdawać sobie z czegoś sprawę [5] (swarming) **~ with sth** rojący się od czegoś *[insects, people]* [6] Elec *[wire]* pod napięciem or prądem; *[microphone]* włączony

IDIOMS: **~ and kicking** w doskonałej formie; **~ and well** cały i zdrowy; **to be ~ and well** mieć się dobrze; **look ~!** z życiem!

alkali /'ælkəlaɪ/ *n* Chem zasada *f*

alkaline /'ælkəlaɪn/ *adj* Chem zasadowy, alkaliczny

alkalinity /ˌælkə'lɪnətɪ/ *n* Chem zasadowość *f*, alkaliczność *f*

alkaloid /'ælkəlɔɪd/ *n* alkaloid *m*

alky /'ælkɪ/ *n* US vinfml alkoholi|k *m*, -czka *f*

all /ɔːl/ **I** *pron* [1] (everything) wszystko; **~ or nothing** wszystko albo nic; **~ is not lost** nie wszystko stracone; **~ was well** wszystko było w porządku; **~ will be revealed** hum wszystko zostanie ujawnione; **to risk ~** ryzykować wszystko; **will that be ~?** czy to wszystko?; **and that's not ~** to jeszcze nie wszystko; **in ~** (wszystkiego) razem, w sumie; **500 in ~** razem or w sumie 500; **~ in ~** ogólnie rzecz biorąc;

A

we're doing ~ (that) we can robimy wszystko, co możemy or co tylko w naszej mocy; **after ~ that has happened** po tym wszystkim, co się zdarzyło; **after ~ she's been through** po tym wszystkim, co przeszła; **it's not ~ (that) it should be** nie jest tak, jak być powinno; **~ because he didn't write** wszystko dlatego, że nie napisał; **and ~ for a piece of land!** i to wszystko dla skrawka ziemi! [2] (the only thing) jedyna rzecz, jedno, wszystko; **but that's ~** i to wszystko; **that's ~ I want** to wszystko, czego chcę; **that's ~ we can suggest** to wszystko, co możemy zaproponować; **she's ~ I have** jest wszystkim, co mam; **~ I know is that...** jedno, co wiem, to to, że...; **~ you need is...** jedyną rzeczą, jakiej or której potrzebujesz, jest...; **that's ~ we need** iron tylko tego nam brakowało [3] (everyone) wszyscy; **~ wish to remain anonymous** wszyscy chcą zachować anonimowość; **~ but a few were released** z wyjątkiem or oprócz kilku, wszyscy zostali zwolnieni; **thank you, one and ~** dziękuję wszystkim razem i każdemu z osobna; **'~ welcome!'** „witamy wszystkich!"; **~ of the employees** wszyscy pracownicy; **~ of us want...** wszyscy chcemy... or pragniemy...; **not ~ of them came** nie wszyscy przyszli; **we want ~ of them back** (of people) chcemy, żeby wszyscy wrócili; (of things) chcemy je wszystkie z powrotem [4] (the whole amount) wszystko; **~ of our belongings** wszystkie nasze rzeczy; **~ of this land is ours** cała ta ziemia jest nasza; **not ~ of the time** nie przez cały czas [5] (emphasizing unanimity, entirety) wszyscy (bez wyjątku); **we ~ feel that...** wszyscy czujemy, że...; **we are ~ disappointed** wszyscy jesteśmy zawiedzeni; **these are ~ valid points** to wszystko ważne sprawy; **it ~ seems so pointless** wszystko razem wydaje się zupełnie bez sensu; **I ate it ~** zjadłem wszystko (do ostatniego kęsa); **what's it ~ for?** czemu to wszystko służy or ma służyć?; **who ~ was there?** US kto tam był?; **y'~ have a good time now!** US a teraz bawcie się dobrze!, życzę wszystkim dobrej zabawy!

II *det* [1] (each one of) wszyscy, wszystkie, każdy; **~ men are born equal** wszyscy ludzie rodzą się równi; **~ questions must be answered** na wszystkie pytania należy udzielić odpowiedzi; **~ those people who...** wszyscy ci, którzy..., wszystkie te osoby, które...; **as in ~ good films** jak w każdym dobrym filmie [2] (the whole of) cały; **~ my/his/her life** całe swoje życie; **~ day/evening** cały dzień/wieczór; **~ year round** (przez) cały okrągły rok; **~ the money we've spent** wszystkie pieniądze, jakie wydaliśmy; **I had done ~ the work!** to ja wykonałem całą pracę!; **you are ~ the family I have!** jesteś moją jedyną rodziną!; **and ~ that sort of thing** i wszystkie takie rzeczy; **oh no! not ~ that again!** och nie, tylko znowu nie to! [3] (total) całkowity, zupełny; **in ~ honesty** z ręką na sercu; **in ~ innocence** w pełnej nieświadomości [4] (any) jakikolwiek, wszelki; **beyond ~ expectation** ponad wszelkie oczekiwania; **to deny ~ knowledge of sth** zaprzeczyć, jakoby się o czymś cokolwiek wiedziało

III *n* wszystko, co się posiada; **it's my ~** to cały mój majątek; **to give one's ~** oddać wszystko **(for sth/to do sth** za coś/żeby coś zrobić)

IV *adv* [1] (emphatic: completely) całkowicie, całkiem, zupełnie; **~ alone, ~ on one's own** zupełnie sam; **to be ~ wet** być zupełnie mokrym; **dressed ~ in white** cały ubrany na biało, cały w bieli; **~ around the garden** w całym ogrodzie; **~ along the canal** wzdłuż całego kanału; **to be ~ for sth** (emphatically) gorąco or z całej duszy popierać coś; **I'm ~ for women joining the army** całkowicie popieram służbę wojskową kobiet; **it's ~ about money** to wszystko ma związek z pieniędzmi; **tell me ~ about it!** opowiedz mi o tym!; **he's forgotten ~ about us** on zupełnie or całkiem o nas zapomniał; **she asked ~ about you** chciała dowiedzieć się wszystkiego o tobie [2] (emphatic: nothing but) samo, jedynie, tylko, nic poza tym; **to be ~ legs** mieć bardzo długie nogi; **to be ~ smiles** (happy) uśmiechać się radośnie; (two-faced) rozpływać się w uśmiechach; **to be ~ sweetness** iron być słodkim jak miód or lukrecja; **to be ~ ears** iron zamienić się w słuch; **that stew was ~ onions!** sama cebula była w tym gulaszu! [3] Sport (for each party) **(they are) six ~** (wynik) jest po sześć; **the final score is 15 ~** końcowy wynik to remis 15:15

V **all+** *in combinations* [1] (completely) **~-concrete/-glass/-metal** cały z betonu /ze szkła/z metalu; **~-digital/-electronic** całkowicie cyfrowy/elektroniczny; **~-female/-girl** *[band, cast, group]* żeński; **~-men/-white** *[team, jury]* składający się or złożony z samych mężczyzn/białych; **~-union** *[workforce]* w całości zrzeszony (w związkach zawodowych) [2] (in the highest degree) → **all-consuming, all-embracing, all-important**

VI **all along** *adv phr* od samego początku, przez cały czas; **they knew it ~ along** wiedzieli o tym od początku or przez cały czas

VII **all but** *adv phr* (almost) prawie

VIII **all of** *adv phr* (as much as) aż; (only) wszystkiego; **he must be ~ of 50** ma co najmniej 50 lat

IX **all that** *adv phr* aż tak; **it's not as far as ~ that!** to nie jest aż tak daleko!; **I don't know her ~ that well** aż tak dobrze jej nie znam

X **all the** *adv phr* **~ the more** tym bardziej; **~ the more difficult/effective** tym trudniejszy/skuteczniejszy; **~ the more so because...** tym bardziej, że...; **to laugh ~ the more** śmiać się jeszcze bardziej; **~ the better!** tym lepiej!

XI **all too** *adv phr [accurate, easy, widespread]* (na)zbyt; **it is ~ too obvious that...** aż (na)zbyt oczywiste, że...; **she saw ~ too clearly that...** aż nazbyt wyraźnie dostrzegła, że...; **~ too often** (na)zbyt często

XII **and all** *adv phr* [1] wszystko razem (wziąwszy); **they moved furniture, books, and ~** przeprowadzili się z meblami, książkami i całą resztą rzeczy [2] GB infml i w ogóle; **the journey was very tiring, what with the heat and ~** podróż była bardzo męcząca – i z powodu upału i w ogóle; **it is and ~!** ależ tak, oczywiście!

XIII **at all** *adv phr* wcale; **not at ~!** (acknowledging thanks) nie ma za co!; (answering query) wcale nie!; **it is not at ~ certain** to wcale nie jest takie pewne; **if (it is) at ~ possible** jeśli or o ile to w ogóle możliwe; **is it at ~ likely that...?** czy to w ogóle możliwe, że/żeby...?; **there's nothing at ~ here** tutaj w ogóle nic nie ma; **we know nothing at ~** or **we don't know anything at ~ about it** kompletnie nic o tym nie wiemy; **if you knew anything at ~ about it** gdybyś cokolwiek o tym wiedział; **anything at ~ will do** wystarczy cokolwiek

XIV **for all** *prep phr* (despite) wbrew, na przekór, mimo; (in as much as) o ile; **for ~ I know** o ile wiem or mi wiadomo; z tego, co wiem; **for ~ that** mimo to, jednakże; **they could be dead for ~ the difference it would make!** mogli nie żyć i nie zrobiłoby to żadnej różnicy!

XV **of all** *prep phr* [1] (in rank) z or ze wszystkich; **the easiest of ~** najłatwiejszy ze wszystkiego; **first of ~** (in the first place) po pierwsze, przede wszystkim; (in order of time) najpierw; **last of ~** (final point) na koniec, wreszcie → **best, worst** [2] (emphatic) **why today of ~ days?** dlaczego akurat dzisiaj?; **not now of ~ times!** nie akurat teraz!; **of ~ the nerve!** co za bezczelność!; **of ~ the rotten luck!** co za parszywy pech! → **people, place, thing**

IDIOMS: **~'s well that ends well** wszystko dobre, co się dobrze kończy; **to be as mad/thrilled as ~ get out** US infml być wściekłym jak diabli/być bardzo zachwyconym infml; **he's not ~ there** infml brak mu piątej klepki infml; **it's ~ go here!** GB infml co za młyn! infml; **it's ~ one to me** wszystko mi jedno; **it's ~ up with us** GB infml koniec z nami; **it was ~ I could do not to laugh** ledwie or z trudem powstrzymałem się od śmiechu; **that's ~ very well** or **well and good, but...** wszystko to bardzo ładnie or pięknie, ale...; **it's ~ very well for them to talk** łatwo im mówić

Allah /ˈælə/ *prn* Allah *m*

all-American /ˌɔːləˈmerɪkən/ *adj* [1] *[girl, boy, hero]* typowo amerykański [2] Sport **~ record/champion** rekord/mistrz Stanów Zjednoczonych [3] amerykański; **an ~ negotiating team** grupa negocjacyjna złożona wyłącznie z Amerykanów

all-around /ˌɔːləˈraund/ *adj* US = **all-round**

allay /əˈleɪ/ *vt* fml rozwi|ać, -ewać *[fears, doubts, suspicion]*; u|koić *[sorrow, suffering]*; uśmierz|yć, -ać *[pain]*; zaspok|oić, -ajać *[thirst]*

all clear *n* [1] Mil (signal) odwołanie *n* alarmu [2] fig droga *f* wolna, zielone światło *n* fig; **to give sb the ~ to do sth** dać komuś zielone światło or wolną rękę, żeby mógł coś zrobić; **the doctor gave me the ~ to resume training** lekarz pozwolił mi wznowić treningi

all-consuming /ˌɔːlkənˈsjuːmɪŋ, US -ˈsuː-/ *adj [ambition, passion]* niepohamowany, nieokiełznany
all-day /ˌɔːlˈdeɪ/ *adj [event]* całodzienny, trwający cały dzień
allegation /ˌælɪˈgeɪʃn/ *n* (niepoparte dowodami) twierdzenie *n* **(that...** że...); domniemanie *n* fml; Jur zarzut *m* **(of sth** czegoś); **to make an ~ of fraud about** or **against sb** zarzucać komuś oszustwo, oskarżać kogoś o oszustwo
allege /əˈledʒ/ **I** *vt* **to ~ that...** twierdzić, że...; oświadczyć, że...; utrzymywać, że...; **the witness ~d that Y had stolen the money** świadek zeznał, że Y ukradł pieniądze; **it is/was ~d that...** twierdzi się/stwierdzono, że...
II alleged *pp adj [attacker, crime, culprit, fraud]* domniemany; *[reason, incident, torture]* (asserted to be true) przypuszczalny; (questionably true) rzekomy
allegedly /əˈledʒɪdlɪ/ *adv* rzekomo
allegiance /əˈliːdʒəns/ *n* Jur (to authority) lojalność *f*; (to parents) posłuszeństwo *n*; (to husband, wife) oddanie *n*, przywiązanie *n*; **to swear ~ to sb/sth** składać komuś/czemuś przysięgę wierności; **to pledge ~ to the flag** składać przysięgę na wierność sztandarowi
allegoric(al) /ˌælɪˈgɒrɪk(l), US -ˈgɔːr-/ *adj* alegoryczny
allegorically /ˌælɪˈgɒrɪklɪ, US -ˈgɔːr-/ *adv* alegorycznie
allegory /ˈælɪgərɪ, US -gɔːrɪ/ *n* alegoria *f* **(of sth** czegoś)
alleluia /ˌælɪˈluːjə/ *excl* hura!; Relig alleluja!
all-embracing /ˌɔːlɪmˈbreɪsɪŋ/ *adj [vision, look]* wszechogarniający; *[course]* wszechstronny; *[law, principles]* uniwersalny
Allen key /ˈælənkiː/ *n* Tech klucz *m* do wkrętów z gniazdkiem sześciokątnym
Allen screw /ˈælənskruː/ *n* Tech wkręt *m* z łbem z gniazdkiem sześciokątnym
Allen wrench /ˈælənrentʃ/ *n* = **Allen key**
allergen /ˈælədʒən/ *n* Med alergen *m*
allergic /əˈlɜːdʒɪk/ *adj [rash]* uczuleniowy; *[person]* uczulony **(to sth** na coś); **to be ~ to sth** być uczulonym na coś; mieć alergię na coś also fig
allergic reaction *n* reakcja *f* alergiczna
allergist /ˈælədʒɪst/ *n* alergolog *m*
allergy /ˈælədʒɪ/ *n* uczulenie *n*; alergia *f* also fig **(to sth** na coś)
alleviate /əˈliːvɪeɪt/ *vt* złagodzić *[suffering, pain, stress]*; zmniejsz|yć, -ać *[overcrowding, unemployment]*; zaspok|oić, -ajać *[thirst]*
alleviation /əˌliːvɪˈeɪʃn/ *n* (of pain, stress) złagodzenie *n* **(of sth** czegoś); (of unemployment, overcrowding) zmniejszenie *n* **(of sth** czegoś); (of thirst) zaspokojenie *n* **(of sth** czegoś)
alley /ˈælɪ/ *n* [1] (for pedestrians) przejście *n*; (for vehicles) uliczka *f* [2] (in garden, park) aleja *f*, alejka *f* [3] Sport (in bowling, skittles) tor *m*; US (on tennis court) boczny pas *m*, korytarz *m*
IDIOMS: **it's right up my ~** infml to coś dla mnie; to mi pasuje infml
alley cat *n* kot *m* dachowiec
IDIOMS: **to have the morals of an ~** pej łajdaczyć się infml
alleyway *n* = **alley** [1]

All Fools' Day *n* GB prima aprilis *n inv*
all-found /ˌɔːlˈfaʊnd/ *adj* z mieszkaniem i wyżywieniem
alliance /əˈlaɪəns/ *n* Pol, Mil przymierze *n*, sojusz *m*; alians *m* liter **(with sb** z kimś); **to form an ~** zawrzeć sojusz; **to enter into an ~** wchodzić w sojusz; **in ~ with sb** wspólnie z kimś, we współpracy z kimś
allied /ˈælaɪd/ *adj* [1] *[powers, parties, leaders]* sprzymierzony **(with sb** z kimś); *[states, armies]* sojuszniczy [2] *[trades, industries, skills]* pokrewny **(to sth** czemuś); *[emotions, products, conditions]* zbliżony **(to sth** do czegoś)
alligator /ˈælɪgeɪtə(r)/ *n* aligator *m*
all-important /ˌɔːlɪmˈpɔːtnt/ *adj* bardzo ważny
all-in /ˌɔːlˈɪn/ *adj* GB [1] *[fee, price]* łączny [2] **all in** GB infml (tired, exhausted) wykończony infml
all-inclusive /ˌɔːlɪnˈkluːsɪv/ *adj [fee, price]* łączny
all-in-one /ˌɔːlɪnˈwʌn/ *adj [garment]* jednoczęściowy
all-in wrestling /ˌɔːlɪnˈreslɪŋ/ *n* Sport wolna amerykanka *f*
alliteration /əˌlɪtəˈreɪʃn/ *n* aliteracja *f*
alliterative /əˈlɪtrətɪv, US əˈlɪtəreɪtɪv/ *adj* aliteracyjny
all-night /ˌɔːlˈnaɪt/ *adj [party, meeting, session, service]* całonocny; *[café]* czynny całą noc; *[radio]* nadający 24 godziny na dobę, całodobowy
all-nighter /ˌɔːlˈnaɪtə(r)/ *n* infml (film, concert) impreza *f* całonocna
allocate /ˈæləkeɪt/ *vt* przydziel|ić, -ać *[funds, task, workers]* **(to** or **for sb/sth** komuś/na coś); przeznacz|yć, -ać *[time, money]* **(to sb/sth** dla kogoś/na coś)
allocation /ˌæləˈkeɪʃn/ *n* [1] (amount) (of money, space) przydział *m*; (of students) liczba *f* miejsc [2] (process) przydzielanie *n*; (of duties) przydział *m*
allograft /ˈæləgrɑːft, US -græft/ *n* Med alloprzeszczep *m*, przeszczep *m* allogeniczny
allograph /ˈæləgrɑːf, US -græf/ *n* Ling alograf *m*
allomorph /ˈæləmɔːf/ *n* Ling alomorf *m*
allopathic /ˌæləˈpæθɪk/ *adj* alopatyczny
allopathy /əˈlɒpəθɪ/ *n* alopatia *f*
allophone /ˈæləfəʊn/ *n* Ling alofon *m*
all-or-nothing /ˌɔːləˈnʌθɪŋ/ *adj [approach, policy, judgment]* bezkompromisowy
allot /əˈlɒt/ **I** *vt (prp, pt, pp* **-tt-)** po|dzielić *[land, money, property]*; rozdziel|ić, -ać *[duties]*; przeznacz|yć, -ać, wyznacz|yć, -ać *[time]* **(to sth** na coś); wy|asygnować *[funds, money]* **(to sth** na coś); przydziel|ić, -ać *[job, task]* **(to sb** komuś)
II allotted *pp adj [time]* wyznaczony, przeznaczony; *[area, space]* przydzielony, podzielony; **his ~ted task** przydzielone mu zadanie
allotment /əˈlɒtmənt/ *n* [1] GB (garden) działka *f* [2] (allocation) przydział *m*
all-out /ˈɔːlaʊt/ **I** *adj [strike]* powszechny, generalny; *[assault, attack]* zmasowany; *[attempt, effort]* zdecydowany
II all out *adv* **to go all out for success /victory** zrobić wszystko dla osiągnięcia sukcesu/odniesienia zwycięstwa

allover /ˈɔːləʊvə(r)/ *adj [tan]* na całym ciele; **with an ~ pattern** *[garment]* cały we wzory
all over I *adj* (finished) skończony, zakończony; **when it's ~** kiedy to się skończy
II *adv* [1] (everywhere) wszędzie; **to be trembling ~** trząść się na całym ciele [2] infml (in all respects) **that's Anna ~!** cała Anna!; **she's her mother ~ – obstinate as a mule** wykapana matka – uparta jak osioł
III *prep* [1] wszędzie, na całej powierzchni or przestrzeni; **~ China** w całych Chinach; **I have spots ~ my arms** całe ręce mam w plamach → **place, walk, write** [2] infml fig (known in) ogólnie or powszechnie znany; **to be ~** *[secret]* być tajemnicą poliszynela; **the news was ~ the office** wiadomość rozeszła się po całym biurze [3] (fawning over) **to be ~ sb** nadskakiwać komuś, przymilać się do kogoś; **they were ~ each other** nie mogli się od siebie oderwać
allow /əˈlaʊ/ **I** *vt* [1] (permit) pozw|olić, -alać (komuś/czemuś) *[person, organization]* **(to do sth** na zrobienie czegoś); zezw|olić, -alać na (coś) *[action, change]*; pozostawi|ć, -ać *[choice, freedom]* **(to do sth** zrobienia czegoś); **to ~ sth to be changed** pozwolić na zmianę czegoś; **to ~ sb home** wpuścić kogoś do domu; **to ~ sb in/out** wpuścić /wypuścić kogoś; **I was ~ed to enter** pozwolono mi wejść; **to ~ sb (to have) alcohol/sweets** pozwolić komuś pić alkohol/jeść słodycze; **she isn't ~ed alcohol** nie wolno jej pić alkoholu; **passengers are not ~ed to talk to the driver** pasażerom zabrania się rozmawiać z kierowcą; **I'm ~ed to take 20 days' annual leave** mam prawo wziąć 20 dni urlopu rocznie; **he ~ed the situation to get worse** dopuścił do pogorszenia się sytuacji; **I ~ed her to bully me** pozwalałem jej na pomiatanie mną or sobą, pozwalałem jej na znęcanie się nade mną [2] (admit) *[club, regulations]* zezw|olić, -alać na wejście (komuś) *[children, women]*; wpu|ścić, -szczać *[dogs, pets]*; **'no dogs ~ed'** „psów wprowadzać nie wolno" [3] (enable) pozw|olić, -alać (komuś/czemuś) **(to do sth** na zrobienie czegoś); umożliwi|ć, -ać (komuś/czemuś) **(to do sth** zrobić coś); **the bridge was too low to ~ the lorry to pass** most był za niski, żeby ciężarówka mogła przejechać [4] (allocate) przeznacz|yć, -ać; **to ~ two days for the job** przeznaczyć dwa dni na wykonanie pracy; **to ~ extra fabric for shrinkage** zostawić zapas materiału na kurczenie się; **to ~ a margin for error** dopuścić margines błędu [5] (concede) *[supplier]* przyzna|ć, -wać *[discount]*; *[referee, insurer]* uzna|ć, -wać *[goal, claim]*; **I'll ~ that this is not always the case** przyznaję, że nie zawsze tak jest; **even if we ~ that her theory might be correct...** nawet jeżeli uznamy, że jej teoria jest słuszna... [6] (condone) tolerować, pozw|olić, -alać na (coś) *[rudeness, swearing]* [7] (polite phrases) **~ me!** pan/pani pozwoli!; **~ me to assist you** pozwoli pan/pani, że pomogę; **~ me to introduce myself** pozwoli pan /pani, że się przedstawię

II *vr* **to ~ oneself** [1] (grant) pozw|olić, -alać sobie na (coś) *[drink, treat]*; **I only ~ myself one cup of coffee per day** pozwalam sobie tylko na jedną kawę dziennie [2] (allocate) przeznacz|yć, -ać; **~ yourself two days to do the job** przeznacz dwa dni na wykonanie tej pracy [3] (let) **I ~ed myself to be persuaded** dałem się przekonać

▪ **allow for**: **~ for [sth]** uwzględni|ć, -ać *[costs, shrinkage, wastage]*; **I couldn't ~ for him changing his mind** nie mogłem przewidzieć, że zmieni zdanie; **~ing for delays, we should arrive by Wednesday** biorąc poprawkę na opóźnienia, powinniśmy być najpóźniej w środę

▪ **allow of** fml: **~ of [sth]** dopu|ścić, -szczać *[reply, conclusion]*; **words ~ing of another interpretation** słowa, które można zinterpretować inaczej

allowable /əˈlaʊəbl/ *adj* [1] Tax (deductible) do potrącenia (od podatku) [2] (permissible) dozwolony [3] Jur dopuszczalny

allowance /əˈlaʊəns/ *n* [1] Soc Admin (from the State) zasiłek *m*; (part of salary, from employer) dodatek *m*; **clothing/travel ~** dodatek na ubranie/na pokrycie kosztów podróży [2] (spending money) (for child) kieszonkowe *n*; (for spouse) pieniądze *m pl* na bieżące wydatki; (for student) pieniądze *m pl* na życie; (from trust) zapomoga *f*; **she has an ~ of £5,000 a year from her parents** dostaje od rodziców 5 000 funtów rocznie [3] (entitlement) wielkość *f* wolna od opłat; **your luggage ~ is 40 kgs** wolno panu /pani mieć 40 kg bagażu; **what is my duty-free ~?** ile mogę przywieźć bez cła? [4] Comm (discount) rabat *m*; US (trade-in payment) zniżka *f*; **to give sb a 10% ~** dać komuś 10% rabatu [5] Tax ulga *f* podatkowa; **personal ~** kwota (dochodu osobistego) niepodlegająca opodatkowaniu [6] (concession) **to make ~(s) for sth** wziąć pod uwagę coś, wziąć poprawkę na coś *[growth, inflation, variation]*; **to make ~(s) for sb** potraktować kogoś ulgowo

alloy **I** /ˈælɔɪ/ *n* stop *m* **(of sth** czegoś**)**

II /əˈlɔɪ/ *vt* st|opić, -apiać *[tin]*; fig (spoil) zmąc|ić, -ać, mącić *[joy, happiness]*

alloy steel *n* stal *f* stopowa

alloy wheel *n* koło *n* z obręczami metalowymi (ze stopów lekkich)

all-party /ˌɔːlˈpɑːtɪ/ *adj* **~ support** poparcie wszystkich partii; **~ committee** komitet składający się z członków wszystkich partii

all-pervasive /ɔːlpəˈveɪsɪv/ *adj [odour]* przenikający wszędzie; *[power, tendency]* wszechobecny

all points bulletin, APB *n* US list *m* gończy

all-powerful /ˌɔːlˈpaʊəfəl/ *adj* wszechpotężny

all-purpose /ˌɔːlˈpɜːpəs/ *adj [building, living area]* wielofunkcyjny; *[machine, utensil]* uniwersalny

all right /ˌɔːlˈraɪt/ **I** *n* GB infml **he's/she's a bit of ~** to niezły facet/niezła babka infml

II *adj* [1] infml (expressing satisfaction) *[film, house, game, outfit]* niezły, w porządku; **the interview was ~** rozmowa była w porządku; **she's ~** (pleasant) jest sympatyczna; (attractive) jest niezła infml; (competent) zna się na rzeczy; **sounds ~ to me!** infml (acceptance) czemu nie?; **is my hair ~?** jak moje włosy?; **it looks ~!** (reassuring) wygląda nie najgorzej! [2] (well) dobrze; **to feel ~** czuć się dobrze; **to be ~** być zdrowym; **I'm ~** nic mi nie jest, czuję się dobrze; **I'm ~, thanks** dziękuję, wszystko w porządku [3] (able to manage) **will you be ~?** dasz sobie radę?; **don't worry, we're ~** nie martw się, u nas wszystko w porządku; **to be ~ for sth** mieć pod dostatkiem czegoś *[money, time, work]* [4] (acceptable) **it's ~ to do it** można tak robić; **is it ~ if I come next week?** czy mogę przyjść w przyszłym tygodniu?; **would it be ~ to leave early?** czy można będzie wyjść wcześniej?; **is that ~ with you?** czy nie masz nic przeciwko temu?; **that's ~ for young people, but...** to dobre dla młodych, ale...; **it's ~ for you, but...** tobie to dobrze, ale...; **that's (quite) ~!** (wszystko) w porządku!

III *adv* [1] (quite well) *[work, function]* jak należy; *[hear, see]* dobrze; **to manage** or **cope ~** nieźle sobie radzić; **she's doing ~** nieźle sobie radzi, u niej wszystko w porządku [2] (without doubt) **she knows ~** ona dobrze wie; **I'm annoyed ~** jestem bardzo zły; **the car is ours ~** to JEST nasz samochód

IV *particle* [1] (giving agreement) zgoda! [2] (concealing a point) **~, ~! point taken!** w porządku, rozumiem! [3] (seeking consensus) **~?** zgoda?, dobrze?, w porządku? [4] (seeking information) **~, whose idea was it?** no więc, czyj to był pomysł? [5] (introducing topic) **~, let's move on to...** wobec tego przejdźmy teraz do...

all-risk /ˌɔːlˈrɪsk/ *adj* Insur **~ policy** polisa (ubezpieczeniowa) od wszelkiego ryzyka

all-round /ˌɔːlˈraʊnd/ *adj [athlete, artist, service]* wszechstronny; *[improvement]* ogólny; **to have ~ talent** być wszechstronnie utalentowanym or uzdolnionym

all-rounder /ˌɔːlˈraʊndə(r)/ *n* **to be a good ~** być wszechstronnym, być dobrym we wszystkim

All Saints' Day *n* GB (Dzień *m*) Wszystkich Świętych

all-seater stadium /ˌɔːlˈsiːtəsteɪdɪəm/ *n* GB stadion *m* wyłącznie z miejscami siedzącymi

All Souls' Day *n* GB Dzień *m* Zaduszny, Zaduszki *plt*

allspice /ˈɔːlspaɪs/ *n* Culin ziele *n* angielskie

all square *adj* **to be ~** *[people]* być kwita infml; *[teams]* zremisować; *[accounts]* bilansować się

all-star /ˈɔːlstɑː(r)/ *adj* **~ team** drużyna or zespół gwiazd; **~ cast** Cin obsada złożona z samych gwiazd

all-terrain bike, ATB /ˌɔːlterem'baɪk/ *n* rower *m* terenowy

all-terrain vehicle, ATV /ˌɔːltereɪnˈvɪəkl/ *n* pojazd *m* terenowy

all-ticket /ˌɔːlˈtɪkɪt/ *adj [match]* z przedsprzedażą biletów

all-time /ˈɔːltaɪm/ *adj [record, best-seller]* wszech czasów, absolutny; **the ~ greats** (people) wielkie postaci; **an ~ high** absolutny rekord; **to be at an ~ low** *[morale]* być niskim jak nigdy dotąd; *[figures, shares]* znaleźć się na rekordowo niskim poziomie; **the film is one of the ~ greats** ten film jest jednym z największych arcydzieł wszech czasów

all told *adv* razem wziąwszy

allude /əˈluːd/ *vi [person]* z|robić aluzję **(to sth** do czegoś**)**; *[report, article]* nawiąz|ać, -ywać **(to sth** do czegoś**)**

allure /əˈlʊə(r)/ **I** *n* urok *m*; **the ~ of the stage** magia sceny

II *vt [place, sound]* z|wabić *[person]*

alluring /əˈlʊərɪŋ/ *adj [person, place]* urzekający; *[prospect]* kuszący; *[woman]* ponętny

allusion /əˈluːʒn/ *n* (reference) aluzja *f* **(to sth** do czegoś**)**

allusive /əˈluːsɪv/ *adj* aluzyjny

allusively /əˈluːsɪvlɪ/ *adv* aluzyjnie

alluvial /əˈluːvɪəl/ *adj* aluwialny

alluvium /əˈluːvɪəm/ *n* (*pl* **-viums, -via**) aluwium *n*

all-weather /ˈɔːlweðə(r)/ *adj [pitch, track, court]* przystosowany do różnych warunków atmosferycznych

ally **I** /ˈælaɪ/ *n* [1] sojusznik *m* also Mil [2] Hist **the Allies** alianci *plt*

II /əˈlaɪ/ *vr* **to ~ oneself** sprzymierz|yć, -ać się **(with** or **to sb** z kimś**)**; **to be allied with** or **to sb** być sprzymierzonym z kimś

all-year-round /ˌɔːljɪəˈraʊnd, -jɜː-/ *adj [resort]* całoroczny; **for ~ use** do całorocznego użytku

alma mater /ˌælməˈmɑːtə(r), ˈmeɪtə(r)/ *n* [1] fml (school) Alma Mater *f inv* [2] (song) hymn *m* uczelni

almanac(k) /ˈɔːlmənæk, US also ˈæl-/ *n* almanach *m*

almighty /ɔːlˈmaɪtɪ/ *adj [crash, row, explosion]* potężny

Almighty /ɔːlˈmaɪtɪ/ **I** *n* Relig **the ~** Wszechmocny *m*, Wszechmogący *m*

II *adj* **~ God** Wszechmocny Bóg

almond /ˈɑːmənd/ **I** *n* [1] (also **~ tree**) migdałowiec *m* [2] (nut) migdał *m*

II *modif [cake, essence, oil]* migdałowy

almond-eyed /ˌɑːməndˈaɪd/ *adj* o migdałowych oczach

almond paste *n* marcepan *m*

almoner /ˈɑːmənə(r), US ˈælm-/ *n* [1] Hist (distributor of alms) jałmużnik *m* [2] GB dat (in hospital) opiekun *m*, -ka *f* chorych

almost /ˈɔːlməʊst/ *adv* [1] (practically) prawie; **~ everybody** prawie każdy; **~ any train** prawie każdy pociąg; **we're ~ there** jesteśmy prawie na miejscu; **she has ~ finished the letter** prawie skończyła ten list [2] (implying narrow escape) mało co; **he ~ died** (o) mało co nie umarł; **they ~ missed the train** (o) mało co nie spóźnili się na pociąg

alms /ɑːmz/ *npl* dat jałmużna *f*; **to beg ~ of sb** błagać kogoś o jałmużnę; **to live off ~** żyć z jałmużny; **to give ~** dać jałmużnę

alms box *n* Hist puszka *f* na datki

almshouse /ˈɑːmzhaʊs/ *n* GB Hist przytułek *m* dla ubogich

aloe /ˈæləʊ/ *n* [1] Bot aloes *m* [2] **aloes** (also **bitter ~s**) (+ *v sg*) alona *f*

aloft /əˈlɒft, US əˈlɔːft/ *adv* [1] *[hold, soar]* wysoko (w górze); *[seated, perched]* wysoko; **from ~** z góry; **to be ~** hum przenieść się na łono Abrahama hum [2] Naut nad pokładem

aloha /əˈləʊə/ *excl* aloha! *(pozdrowienie hawajskie)*

alone /əˈləʊn/ **I** *adj* 1 (on one's own) sam; **he/she was ~ at home** był sam/była sama w domu; **all ~** zupełnie sam; **to leave sb ~** zostawić kogoś samego; (in peace) zostawić kogoś w spokoju; **she needs to be left ~** trzeba ją zostawić w spokoju; **leave that bike ~!** zostaw ten rower w spokoju!; **to get sb ~** spotkać się z kimś na osobności 2 (unique) jedyny; **she, ~ among those present, believed him** ona jedyna wśród obecnych uwierzyła mu; **he, ~ of his group...** jedyny ze swojej grupy... 3 (isolated) samotny; **I feel so ~** czuję się tak samotny; **she is not ~ in thinking that...** nie jest osamotniona w swoim poglądzie, że...; **to stand ~** *[building]* stać samotnie; *[person]* być osamotnionym; fig nie mieć sobie równego

II *adv* 1 (on one's own) *[work, arrive, travel]* w pojedynkę; **to live ~** żyć samemu or samotnie 2 (exclusively) wyłącznie, tylko; **for this reason ~** tylko z tego powodu; **last month ~/on books ~ we spent...** tylko w zeszłym miesiącu/tylko na same książki wydaliśmy...; **this figure ~ shows that...** już sama ta liczba wskazuje na to, że...; **she ~ can help us** tylko ona może nam pomóc; **the credit is his ~** to jest wyłącznie jego zasługa; **he will be remembered for his book ~** przejdzie do historii choćby tylko z powodu swojej książki → **let**[1]

IDIOMS: **to go it ~** infml działać w pojedynkę; **man does not live by bread ~** nie samym chlebem człowiek żyje; **to leave well ~** dać sobie spokój

along /əˈlɒŋ, US əˈlɔːŋ/ **I** *adv* **to push/pull sth ~** pchać/ciągnąć coś; **to be walking /running ~** iść/biec; **she'll be ~ shortly** wkrótce przyjdzie; **you go in, I'll be ~ in a second** wejdź, za moment do ciebie dołączę; **they are no further ~ in their research** nie posunęli się naprzód w badaniach; **there'll be another bus ~ in half an hour** za pół godziny będzie następny autobus

II *prep* 1 **(**also **~side)** (all along) wzdłuż (czegoś); **the houses ~ the riverbank** domy wzdłuż brzegu rzeki; **~ (the side of) the path/the motorway** wzdłuż ścieżki/autostrady; **to run ~ the beach** *[path, railway, fence, cable]* biec wzdłuż plaży; **there were chairs ~ the wall** wzdłuż ściany stały krzesła; **all ~ the canal** wzdłuż całego kanału → **all** 2 (the length of) **to walk ~ the beach/the road** iść plażą /drogą; **to look ~ the shelves** rozejrzeć się po półkach 3 (at a point along) **to stop somewhere ~ the motorway** zatrzymać się gdzieś przy autostradzie; **half way ~ the corridor on the right** w połowie korytarza po prawej stronie; **halfway ~ the path** w pół drogi; **somewhere ~ the way** gdzieś po drodze also fig

III along with *prep phr* razem z (kimś), wraz z (kimś); **to arrive ~ with six friends** przybyć z sześcioma przyjaciółmi; **to be convicted ~ with two others** być skazanym razem z dwiema innymi osobami

alongside /əˈlɒŋsaɪd, US əlɔːŋˈsaɪd/ **I** *prep* 1 (all along) = **along III** 1 2 (next to) **to draw up ~ sb** *[vehicle]* zatrzymać się przy kimś or obok kogoś; **to learn to live ~ each other** *[groups]* nauczyć się żyć obok siebie w zgodzie 3 Naut **to come ~ the quay/a ship** dobić do nabrzeża /okrętu

II *adv* 1 obok (siebie), przy (sobie); **I'd like to have my father ~** chciałbym, żeby mój ojciec był przy mnie 2 Naut **to come ~** przybić do brzegu

aloof /əˈluːf/ *adj* 1 (distant emotionally) powściągliwy; **~ and silent** powściągliwy i małomówny 2 (remote) z dystansem; **to remain** or **stand ~ from sth** zachowywać dystans wobec czegoś 3 (uninvolved) **~ from sb/sth** z dala od kogoś/czegoś; **to hold oneself ~** trzymać się na uboczu

aloofness /əˈluːfnɪs/ *n* rezerwa *f* **(from sb /sth** wobec kogoś/czegoś**)**

alopecia /ˌæləˈpiːʃə/ *n* alopecja *f*, łysienie *n*

aloud /əˈlaʊd/ *adv* 1 (audibly) *[read]* na głos; *[think, wonder]* głośno, na głos 2 (loudly) głośno

alp /ælp/ *n* 1 (peak) szczyt *m* alpejski 2 (pasture) łąka *f* alpejska

alpaca /ælˈpækə/ **I** *n* 1 Zool alpaka *f* 2 Tex alpaka *f*, alpaga *f*

II *modif [coat, blanket]* z alpaki, alpakowy

alpenhorn /ˈælpənhɔːn/ *n* Mus róg *m* alpejski

alpenstock /ˈælpənstɒk/ *n* kij *m* alpejski

alpha /ˈælfə/ **I** *n* 1 (letter) alfa *f*; **the ~ and the omega of (sth)** alfa i omega (czegoś) 2 GB Sch, Univ (grade) piątka *f* **(in sth** z czegoś**)**; **to get an ~** dostać piątkę

II *modif [iron, particle, ray]* alfa

Alpha /ˈælfə/ *n* Astron Alfa *f*

alphabet /ˈælfəbet/ *n* alfabet *m*

alphabetic(al) /ˌælfəˈbetɪk(l)/ *adj [guide, index, list]* alfabetyczny; **in ~ order** w porządku alfabetycznym

alphabetically /ˌælfəˈbetɪklɪ/ *adv [arrange, list]* alfabetycznie

alphabetize /ˈælfəbətaɪz/ *vt* u|łożyć, -kładać alfabetycznie *[names]*

alphabet soup *n* zupa *f* z makaronem „literki"

alphafetoprotein /ˌælfəˌfiːtəʊˈprəʊtiːn/ *n* alfafetoproteina *f*

alphanumeric /ˌælfənjuːˈmerɪk, US -nuː-/ *adj* alfanumeryczny

alpine /ˈælpaɪn/ **I** *n* (at high altitudes) roślina *f* alpejska; (at lower altitudes) roślina *f* górska

II *adj* 1 **(**also **Alpine)** *[village, pass, plants]* alpejski; **~ troops** Mil strzelcy alpejscy 2 Sport **~ skiing** narciarstwo alpejskie

alpinist /ˈælpɪnɪst/ *n* alpinist|a *m*, -ka *f*

Alps /ælps/ *prn pl* **the ~** Alpy *plt*; **the French/Swiss ~** Alpy francuskie/szwajcarskie

already /ɔːlˈredɪ/ *adv* już; **it's 10 o'clock ~** jest już dziesiąta; **he's ~ left** już wyszedł; **I've told you twice ~** dwukrotnie ci już mówiłem; **I can't believe it's June ~** nie mogę uwierzyć, że to już czerwiec; **have you finished ~?** czy już skończyłeś?; **you've got too many clothes ~** masz już za dużo ubrań

IDIOMS: **so come on ~!** US (indicating irritation) ruszże się wreszcie! infml; **that's enough ~!** US starczy już tego! infml

alright /ˌɔːlˈraɪt/ = **all right**

Alsace /ælˈsæs/ *prn* Alzacja *f*

Alsatian /ælˈseɪʃn/ **I** *n* 1 GB **(**also **~ wolfdog)** owczarek *m* alzacki; wilczur *m* infml 2 (native) Alzat|czyk *m*, -ka *f*

II *adj* alzacki; **~ wines** wina alzackie

also /ˈɔːlsəʊ/ *adv* 1 (too, as well) również, też, także; **~ available in red** (dostępne) również w kolorze czerwonym; **he ~ likes golf** lubi również golf; **it is ~ worth remembering that...** warto również or także pamiętać, że... 2 (furthermore) co więcej; **~ there wasn't enough to eat** co więcej, było za mało jedzenia

alt. **I** *n* = **altitude**

II *adj* = **alternate**

altar /ˈɔːltə(r)/ *n* ołtarz *m*; **the high ~** ołtarz główny

IDIOMS: **to be sacrificed on the ~ of sth** zostać złożonym na ołtarzu czegoś; **to lead sb to the ~** dat or hum poprowadzić kogoś do ołtarza dat or hum

altar boy *n* ministrant *m*

altar cloth *n* obrus *m* ołtarzowy

altarpiece /ˈɔːltəpiːs/ *n* nastawa *f*

altar rail *n* balustrada *f* przed ołtarzem, balaski *m pl* ołtarzowe

altazimuth /ælˈtæzɪməθ/ *n* Astron instrument *m* uniwersalny; altazymut *m* arch

alter /ˈɔːltə(r)/ **I** *vt* 1 (change) zmieni|ć, -ać *[document, fact, outlook, climate, rule, speed, attitude]*; odmieni|ć, -ać *[person, habits, appearance]*; **this ~s everything** or **things** to zmienia postać rzeczy; **this does not ~ the fact that...** to nie zmienia faktu, że...; **to ~ course** Naut, Aviat zmienić kurs; **to ~ one's ways** zmienić nawyki; **he's an ~ed man since he got married** jest zupełnie innym człowiekiem, odkąd się ożenił 2 Sewing przer|obić, -abiać *[dress, skirt]*; **to have sth ~ed** oddać coś do poprawki; (radically) oddać coś do przeróbki 3 US euph wy|kastrować *[male]*; wy|sterylizować *[female]*

II *vi* zmieni|ć, -ać się; *[person]* odmieni|ć, -ać się; **to ~ for the better/worse** zmieniać się na lepsze/gorsze

alterable /ˈɔːltərəbl/ *adj* ulegający zmianom, dający się zmienić; **a route/plan is ~** trasę/plan można zmienić; **a dress /skirt is ~** sukienkę/spódnicę można przerobić

alteration /ˌɔːltəˈreɪʃn/ **I** *n* 1 (act of altering) (of building) przebudowa *f*, przebudowywanie *n* **(of** or **in sth** czegoś**)**; (of will, document, law) wprowadzenie *n* zmian or poprawek **(of** or **in sth** w czymś**)**; (of attitude, plan, work, route, timetable) zmiana *f* **(of** or **in sth** czegoś, w czymś**)**; **the ~ of sth into sth** Miner przemiana czegoś w coś 2 (result of altering) (to building) przebudowa *f*; (to document, law, will) zmiana *f*, poprawka *f*; (in attitude, behaviour, to plan, route, timetable) zmiana *f* 3 Sewing (action, result) poprawka *f*; (radical) przeróbka *f* **(to sth** czegoś**)**; **to take a suit for ~** oddać garnitur do poprawki/przeróbki

II alterations *npl* Constr 1 (result) przeróbki *f pl*; **to carry out ~s** dokonać przeróbek; **major/minor ~s** znaczne/nieznaczne przeróbki; **structural ~s** zmiany strukturalne [2] (process) przebudowa *f*

altercation /ˌɔːltəˈkeɪʃn/ *n* fml sprzeczka *f* **(about** or **over sth** o coś); **to have an ~** posprzeczać się

altered chord *n* Mus akord *m* alterowany

altered cord *n* = **altered chord**

alter ego /ˌæltərˈegəʊ, US -ˈiːgəʊ/ *n* alter ego *n inv*, drugie ja *n*

alternant /ɔːlˈtɜːnənt/ *adj* = **alternating**

alternate **I** /ɔːlˈtɜːnət/ *n* US (stand-in) zastęp|ca *m*, -czyni *f*

II /ɔːlˈtɜːnət/ *adj* [1] (successive) *[chapters, layers]* kolejny [2] (alternating) występujący na przemian, naprzemienny; **~ circles and squares** na przemian kółka i kwadraty [3] (every other) co drugi; **on ~ days** co drugi dzień; **in ~ rows** w co drugim rzędzie [4] Bot *[leaf, branch]* naprzemianległy [5] US (alternative) alternatywny

III /ˈɔːltəneɪt/ *vt* [1] (change alternately) zmieniać; **he ~d a grey suit and a brown suit each day** jednego dnia zakładał szary garnitur, a następnego brązowy [2] (place alternately) u|łożyć, -kładać or ustawi|ć, -ać przemiennie *[objects]*; u|porządkować *[events]*; (to seat) sadzać na przemian, rozsadzać *[people]*; **she ~d men and women round the dinner table** posadziła przy stole na przemian kobiety i mężczyzn [3] (rotate) **to ~ crops** stosować płodozmian

IV /ˈɔːltəneɪt/ *vi* [1] (swap) *[people]* zamieni|ć, -ać się, wymieni|ć, -ać się; **to ~ with each other** zamienić się or wymienić się wzajemnie; *[colours, patterns, seasons]* zmieniać się kolejno; **to ~ (with sb)** zamienić się or wymienić się (z kimś) [2] *[events, phenomena]* wyst|ąpić, -ępować or nast|ąpić, -ępować na przemian or przemiennie; **to ~ between hope and despair** odczuwać na przemian nadzieję i rozpacz; **to ~ between laughing and crying** na przemian śmiać się i płakać [3] Elec *[current, voltage]* zmieni|ć, -ać się

alternate angles *npl* Math kąty *m pl* naprzemianległe

alternately /ɔːlˈtɜːnətlɪ/ *adv [ask, bring, move]* na przemian; **they criticize and praise him ~** krytykują i chwalą go na przemian

alternate rhyme *n* rym *m* przeplatany, rym *m* krzyżowy

alternating /ˈɔːltəneɪtɪŋ/ *adj [colours]* występujący na przemian; **~ line/layer** co druga linijka/warstwa

alternating current, AC *n* prąd *m* zmienny

alternating saw *n* piła *f* o ruchu posuwisto-zwrotnym

alternating series *npl* Math szereg *m* naprzemienny

alternation /ˌɔːltəˈneɪʃn/ *n* [1] (change) przemienność *f*, zmienność *f*; **the ~ of day and night** przemienność dnia i nocy; **the ~ of generations** Biol wymiana pokoleń [2] Philos alternatywa *f* zwykła

alternative /ɔːlˈtɜːnətɪv/ **I** *n* [1] (option) (from two) druga możliwość *f*, alternatywa *f*; (from several) inna możliwość *f*; **the ~ is to stay till Monday** drugą możliwością jest pozostanie do poniedziałku; **the ~ is for him to resign from the post** druga możliwość, jaką ma, to zrezygnować ze stanowiska; **to choose/refuse the ~ of doing sth** wybrać/odrzucić możliwość zrobienia czegoś; **there are several ~s to surgery** oprócz operacji chirurgicznej są jeszcze inne możliwości; **what is the ~ to imprisonment/pesticides?** jaka jest alternatywa dla kary więzienia/pestycydów?; **to choose between two ~s** wybrać jedną z możliwości; **I chose the expensive/political ~** wybrałem kosztowne /polityczne rozwiązanie; **as an ~ to the course on offer/to radiotherapy, you can choose...** zamiast oferowanego kursu /radioterapii może pan wybrać... [2] (choice) alternatywa *f*, wybór *m*; **to have an/no ~** mieć wybór or alternatywę/nie mieć wyboru or alternatywy; **to have no ~ but to do sth** nie mieć innego wyboru, jak zrobić coś; **to have the ~ of staying or leaving** mieć do wyboru pozostać albo odejść

II *adj* [1] (other) *[activity, career, date, flight, method, plan, route]* drugi, inny (do wyboru); *[accommodation, product]* zastępczy; *[solution]* alternatywny, niekonwencjonalny [2] (unconventional) *[culture, scene, theatre]* alternatywny; *[comedy, bookshop, lifestyle, therapy]* niekonwencjonalny [3] Ecol alternatywny

alternative hypothesis *n* Stat hipoteza *f* alternatywna

alternatively /ɔːlˈtɜːnətɪvlɪ/ *adv* ewentualnie; **or ~ we could go home** ewentualnie możemy pójść do domu

alternative medicine *n* medycyna *f* niekonwencjonalna or alternatywna

alternative prospectus *n* GB Univ *aneks do indeksu dla studentów przygotowujących się do studiów*

alternative school *n* US szkoła *f* eksperymentalna

alternative technology, AT *n* technologia *f* alternatywna

alternator /ˈɔːltəneɪtə(r)/ *n* Elec alternator *m*

althorn /ˈælthɔːn/ *n* Mus sakshorn *m* altowy

although /ɔːlˈðəʊ/ *conj* [1] (in spite of the fact that) (po)mimo że; **~ she was late** mimo że się spóźniła; **~ he claims to be shy...** mimo że twierdzi, że jest nieśmiały...; **they are generous, ~ poor** są szczodrzy or hojni, choć biedni [2] (but, however) chociaż; **I think he is her husband, ~ I'm not sure** wydaje mi się, że to jej mąż, chociaż nie jestem pewny; **you don't have to attend, ~ we advise it** nie musisz przychodzić, chociaż byłoby to wskazane

altimeter /ˈæltɪmiːtə(r), US ˌælˈtɪmətər/ *n* wysokościomierz *m*, altymetr *m*

altitude /ˈæltɪtjuːd, US -tuːd/ **I** *n* [1] (above sea level) wysokość *f* (nad poziomem morza); **at high/low ~** na dużej/małej wysokości; **at ~** na dużej wysokości [2] Astron elewacja *f*

II *modif* **~ training** trening wysokościowy

altitude sickness *n* choroba *f* wysokościowa

alto /ˈæltəʊ/ Mus **I** *n* **(***pl* **-tos)** [1] (singer, voice) (female) kontralt *m*; (in choir) alt *m*; (male singer) tenor *m* altowy, kontratenor *m* [2] (part) **to sing ~** śpiewać partię altową [3] (instrument) altówka *f*

II *modif [clarinet, flute, saxophone]* altowy; **~ solo** (female) solo na alt; (male) solo na tenor altowy; **~ part** partia na alt or altowa

alto clef *n* Mus klucz *m* altowy

altocumulus /ˌæltəʊˈkjuːmjʊləs/ *n* Meteorol altocumulus *m*

altogether /ˌɔːltəˈgeðə(r)/ *adv* [1] (completely) *[different, impossible]* całkiem, zupełnie; **not ~ true** nie całkiem prawdziwy; **he gave up ~** całkiem zrezygnował; **that's another matter ~** to całkiem inna sprawa [2] (in total) razem, w sumie; **how much is that ~?** ile to jest razem? [3] (on the whole) ogólnie rzecz biorąc, ogólnie mówiąc; **~, it was a mistake** ogólnie mówiąc or rzecz biorąc, to był błąd

IDIOMS: **in the ~** infml na golasa infml

altostratus /ˌælteʊˈstrɑːtəs/ *n* Meteorol altostratus *m*

altruism /ˈæltruːɪzəm/ *n* altruizm *m*

altruist /ˈæltruːɪst/ *n* altruist|a *m*, -ka *f*

altruistic /ˌæltruːˈɪstɪk/ *adj* altruistyczny

alum¹ /ˈæləm/ *n* Miner ałun *m*

alum² /ˈæləm/ *n* US Sch, Univ infml = **alumna, alumnus**

alumina /əˈluːmɪnə/ *n* [1] Chem tlenek *m* glinu [2] Miner korund *m*

aluminium /ˌæljʊˈmɪnɪəm/ GB **I** *n* Chem glin *m*; Ind aluminium *n*

II *modif [bronze]* glinowy or aluminiowy; *[utensil]* aluminiowy; **~ sulphate** siarczan glinu

aluminium foil *n* folia *f* aluminiowa

aluminize /əˈluːmɪnaɪz/ *vt* aluminiować

aluminum /əˈluːmɪnəm/ *n* US = **aluminium**

alumna /əˈlʌmnə/ *n* **(***pl* **-nae)** US Sch, Univ (of school) wychowanka *f*; (of college) absolwentka *f*

alumnus /əˈlʌmnəs/ *n* **(***pl* **-ni)** US Sch, Univ (of school) wychowanek *m*; (of college) absolwent *m*

alveolar /ˌælˈvɪələ(r), ˌælvɪˈəʊlə(r)/ **I** *n* spółgłoska *f* dziąsłowa or alweolarna

II *adj* [1] Ling dziąsłowy, alweolarny [2] Anat zębodołowy; **~ ridge** wyrostek zębodołowy

alveolus /ˌælˈvɪələs, ˌælvɪˈəʊləs/ *n* **(***pl* **-li)** Anat (of tooth) zębodół *m*; (in lungs, gland) pęcherzyk *m*

always /ˈɔːlweɪz/ *adv* zawsze; **he's ~ complaining** zawsze narzeka

alyssum /ˈælɪsəm/ *n* Bot smagliczka *f*

Alzheimer's disease /ˈæltshaɪməzdɪziːz/ *n* choroba *f* Alzheimera

am¹ /æm/ → **be**

am² /eɪem/ *adv* = **ante meridiem** przed południem; **at 3 am ~** o 3. rano or nad ranem

AM *n* [1] Radio → **amplitude modulation** [2] US Univ = **Master of Arts** ≈ magister *m* nauk humanistycznych

AMA *n* = **American Medical Association** Amerykańskie Towarzystwo *n* Medyczne

amalgam /əˈmælgəm/ *n* [1] (alloy) amalgamat *m*; **dental ~** amalgamat dentystyczny [2] fml (mixture) amalgamat *m*

amalgamate /əˈmælgəmeɪt/ **I** *vt* [1] (merge) po|łączyć *[companies, schools, parties, posts, styles]* **(with sth** z czymś); **they ~d several companies into one large enterprise** połączyli kilka firm w jedno wielkie przedsiębiorstwo [2] Miner amalgamować **(with sth** z czymś) [3] (blend) po|łączyć *[styles]*

II *vi* [1] *[company, club, group, organization]* po|łączyć się **(with sth** z czymś) [2] Miner u|tworzyć amalgamat **(with sth** z czymś)

III **amalgamated** *pp adj [school, association, trade union]* połączony

amalgamation /əˌmælgəˈmeɪʃn/ *n* [1] (merging, merger) (of companies, parties, posts) fuzja *f* **(with sth** z czymś); (of styles, traditions) połączenie *n* [2] Miner amalgamacja *f*

amanuensis /əˌmænjʊˈensɪs/ *n* (*pl* **-ses)** fml (assistant) sekreta|rz *m*, -rka *f (piszący pod dyktando)*; (one who copies) kopist|a *m*, -ka *f*

amaranth /ˈæmərænθ/ *n* Bot amarant *m*, szarłat *m*; Culin (colouring agent) amarant *m*, czerwień *f* kwasowa spożywcza

amaryllis /ˌæməˈrɪlɪs/ *n* Bot amarylis *m*

amass /əˈmæs/ *vt* z|gromadzić *[data, evidence, fortune, valuables]*

amateur /ˈæmətə(r)/ **I** *n* [1] amator *m*, -ka *f* also Sport [2] pej (dabbler) dyletant *m*, -ka *f*

II *modif* [1] *[sport]* amatorski; **an ~ boxer /musician** bokser/muzyk amator; **~ dramatics** teatr amatorski; **to have an ~ interest in sth** zajmować się czymś amatorsko [2] pej (unskilled) **it's ~ work** to niefachowa or amatorska robota

amateurish /ˈæmətərɪʃ/ *adj* pej *[attitude, campaign, work]* niefachowy, amatorski; **to do sth in an ~ way** zrobić coś niefachowo or po amatorsku

amateurism /ˈæmətərɪzəm/ *n* amatorskość *f*; pej amatorszczyzna *f*; (in sport) amatorstwo *n*

amatory /ˈæmətərɪ, US -tɔːrɪ/ *adj* liter miłosny

amaze /əˈmeɪz/ *vt* zdumie|ć, -wać; **to be ~d by** or **at sth** być zdumionym czymś; **I was ~d to hear what he had said** zdumiało mnie to, co powiedział; **you never cease to ~ me!** nie przestajesz mnie zdumiewać!

amazed /əˈmeɪzd/ *adj [look, glance, person]* zdumiony **(at sth** czymś); *[reaction, expression, silence]* pełny zdumienia; **frankly ~** szczerze zdumiony; **I'm ~ (that) you've never met him** dziwię się, że go nigdy nie spotkałeś; **to be ~ to see/hear/discover sth** ze zdumieniem zobaczyć/usłyszeć/odkryć coś

amazement /əˈmeɪzmənt/ *n* zdumienie *n*; **in ~** w zdumieniu; **with ~** ze zdumieniem; **to my/her ~** ku memu/jej zdumieniu; **to everyone's ~** ku zdumieniu wszystkich; **a look of ~** zdumione spojrzenie

amazing /əˈmeɪzɪŋ/ *adj [person, musician, player, offer, chance]* niezwykły, wyjątkowy; *[achievement, reaction]* zdumiewający; *[number, defeat, cost, film, success]* niewiarygodny; **it's ~** to wprost niewiarygodne

amazingly /əˈmeɪzɪŋlɪ/ *adv [cheap, brave]* zdumiewająco; *[bad, ignorant]* niesłychanie; **~ (enough), ...** o dziwo, ...

Amazon[1] /ˈæməzən, US -zɒn/ *prn* [1] Mythol Amazonka *f* [2] fig (also **amazon)** (strong woman) amazonka *f*; herod-baba *f* infml pej

Amazon[2] /ˈæməzən, US -zɒn/ **I** *prn* (river) **the ~** Amazonka *f*

II *modif [tribe, forest]* amazoński; **~ basin** dorzecze Amazonki

Amazonia /æməˈzəʊnɪə/ *prn* Amazonia *f*

Amazonian[1] /ˌæməˈzəʊnɪən/ *adj* Mythol **~ warrior** Amazonka; **the ~ queen** królowa Amazonek

Amazonian[2] /ˌæməˈzəʊnɪən/ *adj* Geog *[tribe, forest]* amazoński

ambassador /æmˈbæsədə(r)/ *n* [1] (diplomat) ambasador *m*; **the British/USA ~** ambasador Wielkiej Brytanii/Stanów Zjednoczonych; **the British ~ to Greece** brytyjski ambasador w Grecji [2] fig (of association, company) przedstawiciel *m*; (of culture) ambasador *m* fig

ambassador-at-large /æmˌbæsədərətˈlɑːdʒ/ *n* (*pl* **ambassadors-at-large)** US ambasador *m* w misji specjalnej

ambassador extraordinary *n* ambasador *m* nadzwyczajny

ambassadorial /æmˌbæsəˈdɔːrɪəl/ *adj [post]* ambasadorski; **~ car/residence** samochód/rezydencja ambasadora

ambassador plenipotentiary *n* ambasador *m* pełnomocny

ambassadorship /æmˈbæsədəʃɪp/ *n* (post) ambasadorstwo *n*; (function) funkcja *f* ambasadora

ambassadress /æmˈbæsədrɪs/ *n* [1] (diplomat) (pani) ambasador *f inv*; (wife) ambasadorowa *f* [2] fig (of association, company) przedstawicielka *f*; (of culture) ambasadorka *f* fig

amber /ˈæmbə(r)/ **I** *n* [1] (resin) bursztyn *m*; jantar *m* dat [2] GB (traffic light) żółte światło *n*; **stop if the lights are at ~** zatrzymaj się, jeśli światło jest żółte; **to change** or **turn to ~** zmieniać się na żółte [3] (colour) (kolor *m*) złocistożółty *m*, (kolor *m*) bursztynowy *m*

II *modif [necklace, ring]* bursztynowy

III *adj [fruit, fabric]* złocisty; *[wine, light]* złocistożółty; **~ brown eyes** piwne oczy

amber gambler GB infml pirat *m* drogowy *(przejeżdżający na żółtym świetle)*

ambergris /ˈæmbəgriːs, US -grɪs/ *n* ambra *f*

amber nectar *n* GB hum piwo *n*; złocisty napój *m* hum

ambidextrous /ˌæmbɪˈdekstrəs/ *adj* oburęczny

ambience /ˈæmbɪəns/ *n* fml atmosfera *f*, nastrój *m*

ambient /ˈæmbɪənt/ **I** *n* dat = **ambience**

II *adj* fml *[noise, temperature]* otaczający, panujący w otoczeniu; *[music]* nastrojowy

ambiguity /ˌæmbɪˈgjuːətɪ/ *n* [1] Ling (two meanings) dwuznaczność *f*; (more than two meanings) wieloznaczność *f* [2] (morally) (two meanings) dwuznaczność *f*; (more meanings) niejednoznaczność *f*, niejasność *f* **(about sth** co do czegoś); **some ambiguities** jakieś niejasności; **the ~ of her position** dwuznaczność jej sytuacji

ambiguous /æmˈbɪgjʊəs/ *adj* [1] Ling (with two meanings) dwuznaczny; (with more than two meanings) wieloznaczny; (with two or more meanings) niejednoznaczny [2] (uncertain in intention) *[smile, glance, situation]* dwuznaczny, zagadkowy

ambiguously /æmˈbɪgjʊəslɪ/ *adv [worded, phrased, expressed]* niejednoznacznie

ambit /ˈæmbɪt/ *n* fml **to fall** or **lie within the ~ of sb/sth** *[power, authority]* należeć do kogoś/czegoś; *[study, discussion]* mieścić się w ramach czegoś; **the play was staged outside the festival's ~** sztuka została wystawiona poza programem festiwalu; **a decision which falls within the minister's ~** decyzja należąca do kompetencji ministra

ambition /æmˈbɪʃn/ *n* [1] (drive) ambicja *f* **(to do** or **of doing sth** żeby coś zrobić, zrobienia czegoś); **to have ~** mieć ambicję [2] (desire) pragnienie *n* **(to do** or **of doing sth** żeby coś zrobić, zrobienia czegoś); **he has a long-held ~ to go to Tibet** od dawna pragnie pojechać do Tybetu [3] (aspiration) ambicja *f* **(to do** or **of doing sth** żeby coś zrobić, zrobienia czegoś); **political/literary ~s** ambicje polityczne /literackie; **she has leadership ~s** ma ambicje przywódcze

ambitious /æmˈbɪʃəs/ *adj* [1] *[person]* ambitny; **to be ~ to do sth** mieć ambicję, żeby coś zrobić; **she is very ~ for her children** wiąże ze swoimi dziećmi bardzo ambitne plany; **to be ~ of** or **for fame** być żądnym sławy [2] *[goal, plan, project]* ambitny

ambitiously /ˌæmˈbɪʃəslɪ/ *adv* ambitnie

ambivalence /æmˈbɪvələns/ *n* [1] Psych ambiwalencja *f* [2] mieszane uczucia *n pl* **(about/towards sth** co do czegoś/względem czegoś); **to display** or **show ~** mieć mieszane uczucia

ambivalent /æmˈbɪvələnt/ *adj* ambiwalentny **(about/towards sth** wobec czegoś /jeśli chodzi o coś); **to have an ~ attitude to** or **towards sb/sth** mieć ambiwalentny stosunek do kogoś/czegoś

amble /ˈæmbl/ **I** *n* [1] (ramble) przechadzka *f*, wędrówka *f* [2] (pace) krok *m* spacerowy; **at an ~** krokiem spacerowym [3] Equest inochód *m*

II *vi* [1] (stroll) przechadzać się wolnym krokiem; **to ~ down the street** iść powoli ulicą; **to ~ across sth** przejść powoli przez coś; **the train ~s through the valley** pociąg wlecze się przez dolinę; **to ~ in/out** wchodzić/wychodzić wolnym krokiem; **to ~ off** odejść powoli; **we ~d around the gardens** przechadzaliśmy się po parku [2] Equest chodzić inochodem

ambrosia /æmˈbrəʊzɪə, US -əʊʒə/ *n* ambrozja *f* also fig

ambulance /ˈæmbjʊləns/ **I** *n* Mil sanitarka *f*; (civil) karetka *f* pogotowia ratunkowego, ambulans *m*; **a flying ~** śmigłowiec ratowniczy

II *modif* **~ driver/crew** kierowca/obsada karetki or sanitarki; **~ station** stacja pogotowia ratunkowego

ambulance chaser *n* US infml pej adwokat *m (wyszukujący klientów wśród pacjentów pogotowia ratunkowego)*

ambulance driver *n* kierowca *m* ambulansu

ambulanceman /ˈæmbjʊlənsmən/ *n* (*pl* **-men)** sanitariusz *m* pogotowia ratunkowego

ambulance train *n* pociąg *m* sanitarny

ambulancewoman /ˈæmbjʊlənswʊmən/ *n* (*pl* **-women)** sanitariuszka *f* pogotowia ratunkowego

ambulatory /ˈæmbjʊlətərɪ, US -tɔːrɪ/ **I** *n* Archit ambit *m*, obejście *n*
II *adj* 1 *[life]* wędrowny 2 Med **~ patient** chodzący pacjent; **~ care** US leczenie ambulatoryjne 3 Jur **~ will** testament podlegający zmianie
ambuscade /ˌæmbəˈskeɪd/ *n* zasadzka *f*
ambush /ˈæmbʊʃ/ **I** *n* zasadzka *f*, pułapka *f*; **to lie** or **wait in ~** urządzić zasadzkę; **to walk** or **fall into an ~** wpaść w zasadzkę; **to lay an ~ for sb** urządzić na kogoś zasadzkę
II *vt* zasadz|ić, -ać się na (kogoś/coś), z|robić zasadzkę na (kogoś/coś) *[soldiers, convoy]*; **to be ~ed** wpaść w zasadzkę
ameba /əˈmiːbə/ *n* US = **amoeba**
ameliorate /əˈmiːlɪəreɪt/ fml **I** *vt* polepsz|yć, -ać *[conditions]*; z|łagodzić *[effect]*
II *vi [conditions, health]* polepsz|yć, -ać się
amelioration /əˌmiːlɪəˈreɪʃn/ *n* 1 fml polepszenie *n* 2 Ling melioryzacja *f*
amen /ɑːˈmen, eɪ-/ *excl* amen
IDIOMS: **to say ~ to sth** zgodzić się z czymś; **~ to that!** święta racja!
amenable /əˈmiːnəbl/ *adj* 1 (tractable) uległy **(to sth** wobec czegoś); **an unruly teenager who was not ~ to discipline** krnąbrny nastolatek niepoddający się dyscyplinie 2 **~ to sth** *[person]* otwarty na coś *[reason, argument]*; *[person, situation]* podlegający czemuś *[regulations]*; **~ to treatment** dający się wyleczyć; **the theory is ~ to proof** tę teorię można or da się udowodnić
amend /əˈmend/ **I** *vt* 1 (alter) poprawi|ć, -ać, wn|ieść, -osić poprawki do (czegoś) *[bill, constitution, law, treaty]*; z|modyfikować, wprowadz|ić, -ać zmiany do (czegoś) *[contract, document, plan, statement]* 2 fml (correct) zmieni|ć, -ać na lepsze *[behaviour, lifestyle]*
II *vi* fml poprawi|ć, -ać się, zmieni|ć, -ać się na lepsze; **he promised to ~** obiecał się poprawić, obiecał poprawę
amendment /əˈmendmənt/ *n* 1 (alteration) (to constitution) poprawka *f* **(to sth** do czegoś); US (to bill, law) nowelizacja *f* **(to sth** czegoś); **the Fifth Amendment** piąta poprawka (do konstytucji Stanów Zjednoczonych) 2 Jur, Pol (altering) zmiana *f*, poprawka *f* 3 fml (of behaviour, way of life) poprawa *f*
amends /əˈmendz/ *npl* 1 (reparation) rekompensata *f*, odszkodowanie *n*; **to make ~ for sth** wynagrodzić coś, zrekompensować coś *[damage, hurt]* **(to sb** komuś) 2 **to make ~** (redeem oneself) poprawić się, zmienić się na lepsze; **to make ~ for sth** wynagrodzić coś
amenity /əˈmiːnətɪ, əˈmenətɪ/ **I** *n* fml (pleasantness) urok *m*
II amenities *npl* 1 (facilities) (of hotel, locality) udogodnienia *n pl*; (of house, sports club) wyposażenie *n*; **public amenities** obiekty komunalne; **recreational amenities** urządzenia rekreacyjne 2 dat fml (courtesies) grzeczności *f pl*
amenity bed *n* GB osobny pokój *m* za dopłatą *(w szpitalu publicznym)*
amenorrhea /eɪˌmenəˈrɪə/ *n* Med brak *m* miesiączki, amenorrhea *f*
America /əˈmerɪkə/ *prn* Ameryka *f*
American /əˈmerɪkən/ **I** *n* 1 (person) Amerykа|nin *m*, -nka *f* 2 (language) amerykańska odmiana *f* języka angielskiego
II *adj* amerykański
Americana /əˌmerɪˈkɑːnə/ *npl* americana *plt*
American cheese *n* cheddar *m* amerykański
American Civil War *n* wojna *f* secesyjna
American dream *n* amerykańskie marzenie *n (wyidealizowana wizja Ameryki)*
American eagle *n* (emblem) orzeł *m* amerykański
American English *n* amerykańska odmiana *f* języka angielskiego
American football *n* futbol *m* amerykański
American Indian **I** *n* Indian|in *m*, -ka *f*
II *adj* indiański
Americanism /əˈmerɪkənɪzəm/ *n* Ling amerykanizm *m*
Americanize /əˈmerɪkənaɪz/ *vt* z|amerykanizować *[lifestyle]*; **to become ~d** zamerykanizować się
American Legion *n* Legion *m* Amerykański
American plan *n* Tourism pokój *m* z pełnym wyżywieniem
American revolution *n* wojna *f* o niepodległość Stanów Zjednoczonych
American Standard Version *n* amerykańska wersja *f* Biblii
America's Cup *n* Sport (in yachting) Puchar *m* Ameryki
americium /ˌæməˈrɪsɪəm/ *n* Chem ameryk *m*
Amerind /ˈæmərɪnd/ *n* = **Amerindian**
Amerindian /ˌæmərˈɪndɪən/ **I** *n* US India-n|in *m*, -ka *f*
II *adj* indiański
amethyst /ˈæmɪθɪst/ **I** *n* 1 (gem) ametyst *m* 2 (colour) (kolor *m*) fioletowy *m*
II *modif* **~ brooch** broszka z ametystem; **~ necklace** naszyjnik z ametystów
III *adj* (also **~-coloured)** fioletowy
Amex /ˈeɪmeks/ *n* = **American Stock Exchange** Amerykańska Giełda *f* Papierów Wartościowych
amiability /ˌeɪmɪəˈbɪlətɪ/ *n* życzliwość *f* **(to** or **towards sb** wobec kogoś)
amiable /ˈeɪmɪəbl/ *adj [person, character, mood]* życzliwy **(to** or **towards sb** wobec kogoś); *[comedy, performance, chat]* przyjemny; **in an ~ mood** w pogodnym nastroju
amiably /ˈeɪmɪəblɪ/ *adv [chat, smile, behave]* mile, uprzejmie
amicable /ˈæmɪkəbl/ *adj* 1 (friendly) *[gesture, manner, relationship]* przyjazny, przyjacielski 2 Jur **an ~ settlement** or **solution** polubowne załatwienie sprawy, ugoda; **to come to an ~ agreement with sb** dojść z kimś do porozumienia, zawrzeć ugodę z kimś
amicably /ˈæmɪkəblɪ/ *adv [live, behave]* zgodnie, przyjaźnie; *[settle]* polubownie; *[part]* po przyjacielsku, jak przyjaciele
amid /əˈmɪd/ *prep* 1 (in the middle of) wśród (kogoś/czegoś) *[applause, laughter]*; pośród (kogoś/czegoś) *[allegations, rumours]*; **the search continues ~ growing fear for the child's safety** poszukiwania trwają wśród narastających obaw o bezpieczeństwo dziecka; **the directors met ~ growing pressure from shareholders** dyrektorzy spotkali się pod wzrastającą presją udziałowców 2 (surrounded by) wśród (czegoś) *[fields, trees]*
amidships /əˈmɪdʃɪps/ *adv* Naut na śródokręciu
amidst /əˈmɪdst/ *prep* = **amid**
amino acid /əˌmiːnəʊˈæsɪd/ *n* aminokwas *m*
Amish /ˈæmɪʃ, ˈɑː-, ˈeɪ-/ **I** *n* amisz *m*
II *adj [clothes, religion]* amiszowski
amiss /əˈmɪs/ **I** *adj* **there is something ~ (with him/them)** coś nie jest w porządku (z nim/nimi); **there is nothing ~** wszystko jest w porządku; **something seems to be ~** wydaje się, że coś jest nie tak; **there is nothing ~ in doing it** nie ma nic złego w robieniu tego
II *adv* **to take sth ~** poczuć się czymś urażonym; **something has gone ~** coś poszło nie tak; **have I said something ~?** czy powiedziałem coś nie tak?; **a glass of wine wouldn't come** or **go ~** byłoby miło wypić kieliszek wina
amity /ˈæmətɪ/ *n* fml (interpersonal) zgoda *f*; (international) dobre stosunki *plt*
ammeter /ˈæmɪtə(r)/ *n* amperomierz *m*
ammo /ˈæməʊ/ *n* infml = **ammunition** amunicja *f*
ammonia /əˈməʊnɪə/ *n* Chem 1 (gas) amoniak *m* 2 **~ solution** woda amoniakalna
ammoniac /əˈməʊnɪæk/ *n* żywica *f* amonowa
ammonite /ˈæmənaɪt/ *n* Geol amonit *m*
ammonium /əˈməʊnɪəm/ **I** *n* amon *m*
II *modif* **~ chloride** chlorek amonowy
ammunition /ˌæmjʊˈnɪʃn/ *n* 1 Mil amunicja *f* 2 fig broń *f*, amunicja *f* fig; **to be ~ against sb** posłużyć jako broń przeciwko komuś; **to use sth as ~** użyć czegoś jako argumentu
ammunition belt *n* (for machine gun) pas *m* amunicyjny
ammunition depot *n* skład *m* amunicji
ammunition dump *n* = **ammunition depot**
amnesia /æmˈniːzɪə, US -ˈniːʒə/ *n* amnezja *f*, utrata *f* pamięci; **he is suffering from ~** cierpi na amnezję; **an attack of ~** atak amnezji; **a period of ~** okres utraty pamięci
amnesiac /æmˈniːzɪæk, US -ˈniːʒɪæk/ **I** *n* dotknięt|y *m*, -a *f* amnezją
II *adj* amnestyczny
amnesty /ˈæmnəstɪ/ **I** *n* Pol, Jur (pardon, period) amnestia *f* **(for sb** dla kogoś); **to grant an ~ to sb** amnestionować kogoś; **under an ~** w ramach amnestii
II *vt* amnestionować *[person]*
Amnesty International, AI *n* Amnesty International *f inv*
amniocentesis /ˌæmnɪəʊsenˈtiːsɪs/ *n* amniocenteza *f*, punkcja *f* owodni
amnion /ˈæmnɪən/ *n* owodnia *f*, pęcherz *m* płodowy
amniotic /ˌæmnɪˈɒtɪk/ *adj* owodniowy; **~ cavity** jama owodni; **~ fluid/sac** płyn /worek owodniowy
amoeba /əˈmiːbə/ *n* Zool ameba *f*, pełzak *m*
amoebic /əˈmiːbɪk/ *adj* amebowy, pełzakowy; **~ dysentery** czerwonka pełzakowa

amok /əˈmɒk/ *adv* **to run ~** *[person, crowd]* dostać amoku infml; *[prices]* rosnąć w zawrotnym tempie; **his imagination ran ~** puścił wodze fantazji

among /əˈmʌŋ/ *prep* [1] (amidst) wśród (kogoś/czegoś), pośród (kogoś/czegoś); **~ the population/crowd** wśród ludności /tłumu; **~ the trees/ruins** wśród drzew /ruin; **I found it ~ her papers/belongings** znalazłem to wśród jej dokumentów /rzeczy; **~ those present was the ambassador** wśród obecnych był ambasador; **your case is only one ~ many** twój przypadek jest tylko jednym z wielu; **I count him ~ my closest friends** zaliczam go do swoich najbliższych przyjaciół; **to be ~ friends** być wśród przyjaciół; **~ other things** między innymi; **many of the soldiers deserted, ~ them Adam** zdezerterowało wielu żołnierzy, między innymi Adam [2] (affecting particular group) wśród (kogoś); **unemployment ~ young people/graduates** bezrobocie wśród młodych ludzi/absolwentów; **this illness is commonest ~ the elderly** ta choroba najczęściej występuje wśród osób starszych [3] (one of) wśród (kogoś/czegoś); **it is ~ the world's poorest countries** to jeden z najbiedniejszych krajów świata; **the book is not ~ her most popular works** ta książka nie należy do jej najpopularniejszych dzieł; **she was ~ those who survived** była wśród tych, którzy ocaleli; **we are hoping to be ~ the best** mamy nadzieję, że znajdziemy się wśród najlepszych [4] (between) (po)między (kimś); **~ ourselves/themselves** między nami/nimi; **his estate was divided ~ his heirs** jego majątek został podzielony między spadkobierców; **sort it out ~ yourselves** załatwcie to między sobą; **they can never agree ~ themselves** między nimi nigdy nie ma zgody; **one bottle ~ five is not enough** nie wystarczy jedna butelka na pięciu

amongst /əˈmʌŋst/ *prep* = **among**

amoral /ˌeɪˈmɒrəl, US ˌeɪˈmɔːrəl/ *adj* amoralny

amorality /ˌeɪmɔˈrælɪtɪ/ *n* amoralność *f*

amorous /ˈæmərəs/ *adj* liter or hum *[letters, affair]* miłosny; *[looks]* uwodzicielski; *[person]* kochliwy; **to make ~ advances to sb** zalecać się do kogoś

amorously /ˈæmərəslɪ/ *adv* liter or hum *[look]* miłośnie; *[act, speak]* z uczuciem; **an ~ inclined young man** kochliwy młodzieniec

amorphous /əˈmɔːfəs/ *adj* [1] Chem, Geol amorficzny, bezpostaciowy [2] *[object, mass]* bezkształtny; *[style, plans]* niespójny; **~ shape** niewyraźny kształt; **an ~ collection of sth** bezładna zbieranina czegoś

amortization /əˌmɔːtɪˈzeɪʃn, US ˌæmərtɪ-/ *n* amortyzacja *f*; **~ quota** stopa amortyzacji

amortize /əˈmɔːtaɪz, US ˈæmərtaɪz/ *vt* amortyzować

amortizement /əˈmɔːtɪzmənt/ *n* = **amortization**

amount /əˈmaʊnt/ *n* [1] (quantity) (of goods, food, furniture) ilość *f*; (of people, objects) liczba *f*; **a considerable ~ of sth** pokaźna ilość /liczba czegoś; **a fair ~ (of sth)** sporo (czegoś); **an enormous** or **huge ~ of sth** ogromna ilość/liczba czegoś; **a certain ~ of imagination** nieco wyobraźni; **I'm entitled to a certain ~ of respect** należy mi się nieco szacunku; **they distributed the food in large ~s** rozdzielali duże ilości żywności; **no ~ of money could compensate this loss** tej straty nie mogły wynagrodzić żadne pieniądze; **no ~ of persuasion would make him come** żadne perswazje nie skłoniłyby go do przyjścia; **it's doubtful whether any ~ of foreign aid can save them** wątpliwe, by pomoc zagraniczna, choćby największa, mogła ich uratować; **they've got any ~ of money** mają nieograniczone zasoby pieniężne [2] (sum of money) kwota *f*; (total of bill, expenses, damages) suma *f*; **the ~ of expenditure involved** suma wydatków; **to charge sb for the full ~** obciążyć kogoś pełną kwotą; **debts to the ~ of £20,000** długi sięgające sumy 20 000 funtów; **the outstanding ~** kwota do zapłacenia; **an undisclosed ~** nieujawniona suma; **the ~ paid (on account)** Comm kwota wpłacona (na konto); **~ of turnover** Comm wysokość obrotów; **~ written off** Accts suma odpisana; **~ brought in** Accts suma z przeniesienia; **~ carried forward** Accts suma do przeniesienia

■ **amount to: ~ to [sth]** [1] Fin (add up to) *[cost, price, value]* wyn|ieść, -osić [2] (be worth, equivalent to) być równoznacznym z czymś *[betrayal, confession, defeat, triumph]*; **it ~s to the same thing** to na jedno wychodzi; **it ~s to blackmail** to po prostu szantaż; **not to ~ to much** *[accusation, report]* nie być wiele wartym; **he'll never ~ to much** on nigdy niczego nie osiągnie; **the rain didn't ~ to much** deszcz ledwie pokropił

amour /əˈmʊə(r)/ *n* liter or hum miłostka *f*

amour propre /æmʊəˈprɒprə/ *n* miłość *f* własna

amp /æmp/ *n* Elec [1] = **ampere** [2] infml = **amplifier**

amperage /ˈæmpərɪdʒ/ *n* natężenie *n* prądu

ampere /ˈæmpeə(r), US ˈæmpɪə(r)/ *n* amper *m*

ampere-hour /ˈæmpeəraʊə(r)/ *n* amperogodzina *f*

ampersand /ˈæmpəsænd/ *n* znak *m* &

amphetamine /æmˈfetəmiːn/ *n* amfetamina *f*

amphibia /æmˈfɪbɪə/ *npl* Zool płazy *m pl*

amphibian /æmˈfɪbɪən/ **I** *n* [1] Zool płaz *m*, amfibia *f* [2] Aut, Aviat, Mil amfibia *f*
II *adj* = **amphibious**

amphibious /æmˈfɪbɪəs/ *adj* [1] Zool *[animal]* amfibiotyczny [2] Mil *[operation, vehicle]* wodno-lądowy

amphitheatre /ˈæmfɪθɪətə(r)/ *n* [1] Antiq amfiteatr *m*; Univ aula *f* [2] Geol (also **natural ~**) cyrk *m*

amphora /ˈæmfərə/ *n* amfora *f*

ample /ˈæmpl/ *adj* [1] (plenty) *[supply, provision]* dostatecznie duży; *[resources]* obfity; *[reasons, motives]* liczny; *[evidence]* dostateczny; **~ salary** przyzwoita pensja; **there's ~ room for everybody** jest dość miejsca dla wszystkich; **there is ~ parking** jest dużo miejsca do parkowania; **to have ~ opportunity/time to do sth** mieć wiele możliwości zrobienia czegoś/wiele czasu na zrobienie czegoś; **to have ~ grounds for sth** mieć powody do czegoś; **he was given ~ warning** uprzedzono go dostatecznie wcześnie; **he's been given ~ opportunity to apologize** miał niejedną okazję, żeby przeprosić; **more than ~** aż nadto; **thank you, that's more than ~!** (when offered food) dziękuję, to aż nadto! [2] (of generous size) *[garment, dress]* obszerny; **~ helping** obfita porcja; **an ~ bosom** obfity biust

amplification /ˌæmplɪfɪˈkeɪʃn/ *n* [1] Audio, Elec wzmocnienie *n*, wzmacnianie *n* [2] (of idea, statement) rozwinięcie *n*, rozszerzenie *n* **(of sth** czegoś**)**

amplifier /ˈæmplɪfaɪə(r)/ *n* wzmacniacz *m*

amplify /ˈæmplɪfaɪ/ *vt* [1] Audio, Elec, Radio wzm|ocnić, -acniać [2] rozwi|nąć, -jać *[account, statement, concept]*

amplitude /ˈæmplɪtjuːd, US -tuːd/ *n* [1] Astron, Phys amplituda *f* [2] fml (of goods, resources) obfitość *f* **(of sth** czegoś**)**; (of vision) szerokość *f*; (of mind) wszechstronność *f*

amplitude modulation *n* Elec modulacja *f* amplitudy

amply /ˈæmplɪ/ *adv [fed]* obficie; *[rewarded, compensated]* hojnie; *[discussed, demonstrated]* obszernie

ampoule /ˈæmpuːl/ *n* GB ampułka *f*

ampule *n* US = **ampoule**

ampulla /æmˈpʊlə/ *n* (*pl* **-lae**) Anat, Antiq, Relig ampułka *f*

amputate /ˈæmpjʊteɪt/ **I** *vt* amputować *[arm, leg]*; **to ~ sb's leg** amputować komuś nogę
II *vi* przeprowadzić amputację

amputation /ˌæmpjʊˈteɪʃn/ *n* amputacja *f* **(of sth** czegoś**)**

amputee /ˌæmpjʊˈtiː/ *n* osoba *f* po amputacji

Amsterdam /ˌæmstəˈdæm/ *prn* Amsterdam *m*

Amtrak /ˈæmtræk/ *n* US *amerykańska kolej pasażerska*

amuck /əˈmʌk/ *adv* = **amok**

amulet /ˈæmjʊlɪt/ *n* amulet *m*

amuse /əˈmjuːz/ **I** *vt* [1] (cause laughter) rozśmiesz|yć, -ać, śmieszyć, rozbawi|ć, -ać, bawić; **her drawings never fail to ~ me** jej rysunki zawsze mnie śmieszą; **she was ~d at** or **by his jokes** rozśmieszyły or rozbawiły ją jego dowcipy; **the shareholders were not ~d by the decision** akcjonariuszy nie ucieszyła ta decyzja; **I'm not ~d!** to wcale nie jest zabawne! [2] (entertain) *[person]* zabawi|ć, -ać, bawić; **to keep sb ~d** zabawiać kogoś; *[game, story]* dostarcz|yć, -ać rozrywki (komuś) [3] (occupy, interest) *[activity, hobby]* zaj|ąć, -mować; **to keep oneself ~d** uprzyjemniać sobie czas **(doing sth** robiąc coś**)**
II *vr* **to ~ oneself** [1] (entertain) bawić się, zabawiać się **(with sth** czymś**)** [2] (occupy) zaj|ąć, -mować się **(with sth** czymś**)**
III amused *pp adj* rozbawiony

amusement /əˈmjuːzmənt/ *n* [1] (mirth) rozbawienie *n*, wesołość *f*; **to my great ~** ku mojemu wielkiemu rozbawieniu; **to do sth for ~** zrobić coś dla zabawy; **a look of ~** rozbawiona or wesoła mina; **to conceal one's ~** ukrywać rozbawienie [2] (diversion) rozrywka *f*; **to do sth for** or **as an ~** zrobić coś dla rozrywki [3] (at fairground) atrakcja *f*

amusement arcade *n* salon *m* gier automatycznych

amusement park *n* wesołe miasteczko *n*

amusing /ə'mju:zɪŋ/ *adj* zabawny

amusingly /ə'mju:zɪŋlɪ/ *adv* zabawnie

amyl alcohol *n* alkohol *m* amylowy

amylase /'æmɪleɪz/ *n* amylaza *f*

amyl nitrate *n* azotan *m* amylu

an /æn, ən/ **→ a**

an. = **anno** w roku

Anabaptist /ˌænə'bæptɪst/ **I** *n* anabaptyst|a *m*, -ka *f*
II *adj* anabaptystyczny

anabolic /ˌænə'bɒlɪk/ *adj* anaboliczny

anabolic steroid *n* steryd *m* anaboliczny

anachronism /ə'nækrənɪzəm/ *n* anachronizm *m*; (old fashioned) przeżytek *m*; **to be an ~** *[object, custom, institution]* być anachronizmem; *[person]* być przeżytkiem fig

anachronistic /əˌnækrə'nɪstɪk/ *adj [idea, view, opinion]* anachroniczny

anaconda /ˌænə'kɒndə/ *n* anakonda *f*

Anacreon /ə'nækrɪɒn/ *prn* Anakreont *m*

Anacreontic /əˌnækrɪ'ɒntɪk/ **I** *n* Literat anakreontyk *m*
II *adj* anakreontyczny

anaemia, anemia US /ə'ni:mɪə/ *n* anemia *f*, niedokrwistość *f*

anaemic, anemic US /ə'ni:mɪk/ *adj* [1] Med anemiczny; **to become ~** zapaść or zachorować na anemię; **to look ~** wyglądać anemicznie [2] fig pej *[performance, character]* nijaki, bez wyrazu; *[development]* anemiczny fig; **a bunch of ~-looking flowers** wiązanka anemicznych kwiatków

anaerobic /ˌæneə'rəʊbɪk/ *adj* beztlenowy

anaesthesia GB, **anesthesia** US /ˌænɪs'θi:zɪə/ *n* znieczulenie *n*, anestezja *f*; **general/local ~** znieczulenie ogólne /miejscowe

anaesthetic GB, **anesthetic** US /ˌænɪs'θetɪk/ *n* **I** środek *m* znieczulający; **under ~** pod znieczuleniem
II *adj [substance]* znieczulający

anaesthetics /ˌænɪs'θetɪks/ *n* GB *(+ v sg)* Med anestezjologia *f*

anaesthetist GB, **anesthetist** US /ə'ni:sθətɪst/ *n* Med anestezjolog *m*

anaesthetize GB, **anesthetize** US /ə'ni:sθətaɪz/ *vt* Med znieczul|ić, -ać

anaglyph /'ænəglɪf/ *n* Phot, Art anaglif *m*

anagram /'ænəgræm/ *n* anagram *m* **(of sth** czegoś)

anal /'eɪnl/ *adj* Anat, Psych analny, odbytniczy; **~ intercourse** or **sex** stosunek analny

analgesia /ˌænæl'dʒi:zɪə, US -ʒə/ *n* Med analgezja *f*

analgesic /ˌænæl'dʒi:sɪk/ Med **I** *n* środek *m* przeciwbólowy, analgetyk *m*
II *adj* przeciwbólowy, analgetyczny

analog /'ænəlɒg/ *n* US = **analogue**

analog computer *n* komputer *m* analogowy

analogic(al) /ˌænə'lɒdʒɪk(l)/ *adj [process, argument]* analogiczny

analogous /ə'næləgəs/ *adj [process, system]* analogiczny **(to** or **with sth** do czegoś)

analogue /'ænəlɒg, US -lɔ:g/ *n* odpowiednik *m*, analog *m*

analogue clock *n* zegar *m* analogowy

analogue-digital /ˌænəlɒg'dɪdʒɪtl/ *adj* analogowo-cyfrowy

analogue-digital converter *n* konwerter *m* or przetwornik *m* analogowo-cyfrowy

analogue watch *n* zegarek *m* analogowy

analogy /ə'nælədʒɪ/ *n* analogia *f* **(with sth** do czegoś); **by ~ with sth** przez analogię do czegoś; **to draw an ~ between sth and sth** wykazać analogię między czymś a czymś

anal retention *n* Psych zatrzymywanie *n* stolca

anal-retentive /ˌeɪnlrɪ'tentɪv/ *adj* Psych objawiający się zatrzymywaniem stolca

anal stage *n* Psych faza *f* analna

analysand /ə'nælɪsænd/ *n* osoba *f* poddawana psychoanalizie

analyse GB, **analyze** US /'ænəlaɪz/ *vt* [1] prze|analizować, z|robić analizę (czegoś) [2] Ling dokon|ać, -ywać rozbioru (czegoś) [3] GB Psych podda|ć, -wać psychoanalizie

analysis /ə'nælɪsɪs/ *n* (*pl* **-ses**) [1] analiza *f*, badanie *n*; **in the final** or **last ~** ostatecznie [2] Ling rozbiór *m* zdania [3] Psych psychoanaliza *f*; **to be in ~** poddawać się psychoanalizie

analyst /'ænəlɪst/ *n* [1] analityk *m* [2] Psych psychoanalityk *m*

analytic(al) /ˌænə'lɪtɪk(l)/ *adj* analityczny; **~ language** język analityczny

analyze *vt* US = **analyse**

anamorphosis /ˌænəmɔ:'fəʊsɪs/ *n* [1] (in optics) anamorfoza *f* (optyczna) [2] Biol, Zool przekształcenie *n*

anap(a)est /'ænəpi:st/ *n* anapest *m*

anaphora /ə'næfərə/ *n* anafora *f*

anaphoric /ˌænə'fɒrɪk/ *adj* anaforyczny

anaphylaxis /ˌænəfɪ'læksɪs/ *n* anafilaksja *f*

anarchic(al) /ə'nɑ:kɪk(l)/ *adj [unrest]* anarchiczny; *[regime]* anarchistyczny

anarchism /'ænəkɪzəm/ *n* anarchizm *m*

anarchist /'ænəkɪst/ *n* anarchist|a *m*, -ka *f*

anarchy /'ænəkɪ/ *n* anarchia *f*

anastigmatic /ˌænəstɪg'mætɪk/ *adj* anastygmatyczny

anathema /ə'næθəmə/ *n* (*pl* **~s**) Relig anatema *f*, klątwa *f*; fig rzecz *f* wyklęta; **history is ~ to me** fig nienawidzę historii

anathematize /ə'næθəmətaɪz/ *vt* rzuc|ić, -ać anatemę or klątwę na (kogoś/coś)

Anatolia *prn* Anatolia *f*

Anatolian *adj* anatolijski

anatomical /ˌænə'tɒmɪkl/ *adj* anatomiczny

anatomist /ə'nætəmɪst/ *n* anatom *m*

anatomize /ə'nætəmaɪz/ *vt* [1] (dissect) z|robić sekcję (czegoś) *[animal, body]*; s|preparować *[plant]* [2] fig (analyse) dokładnie zbadać

anatomy /ə'nætəmɪ/ *n* [1] Med, Biol anatomia *f* [2] fig (of subject, event) dokładna analiza *f* **(of sth** czegoś); anatomia *f* fig

ANC *n* **→ African National Congress**

ancestor /'ænsestə(r)/ *n* przodek *m*; antenat *m* liter

ancestral /æn'sestrəl/ *adj* rodowy; **the ~ home** gniazdo rodzinne; **~ voices** głosy przodków

ancestress /æn'sestrɪs/ *n* antenatka *f* liter

ancestry /'ænsestrɪ/ *n* [1] (lineage) pochodzenie *n*, rodowód *m*; **of dubious ~** hum podejrzanego pochodzenia [2] (ancestors collectively) przodkowie *m pl*; antenaci *m pl* liter

anchor /'æŋkə(r)/ **I** *n* [1] Naut kotwica *f*; **to drop** or **cast ~** rzucić kotwicę; **to come to ~** stanąć na kotwicy; **to raise (the) ~** podnieść kotwicę; **to be** or **lie** or **ride at ~** stać na kotwicy [2] fig ostoja *f* liter [3] Tech kotew *f*, kotwa *f* [4] Sport punkt *m* asekuracyjny [5] **→ anchorman, anchorwoman**
II *modif* Naut kotwiczny; Tech kotwowy
III *vt* zakotwicz|yć, -ać *[ship]*; przymocow|ać, -ywać *[balloon, tent]* **(to sth** do czegoś)
IV *vi [ship]* zakotwicz|yć, -ać, sta|nąć, -wać na kotwicy

anchorage /'æŋkərɪdʒ/ *n* [1] Naut (place) miejsce *n* na (za)kotwiczenie; (in harbour) kotwicowisko *n*; (fee) kotwiczne *n* [2] fig punkt *m* oparcia [3] Tech zamocowanie *n*

anchor bolt *n* śruba *f* kotwowa or fundamentowa

anchorite /'æŋkəraɪt/ *n* anachoreta *m*

anchorman /'æŋkəmən/ *n* (*pl* **-men**) [1] Radio, TV prowadząc|y *m*, -a *f* program; (in show, concert) konferansjer *m*; (in organization) filar *m* fig [2] Sport ostatnia zmiana *f (w sztafecie)*

anchor ring *n* Naut ucho *n* kotwiczne

anchorwoman /'æŋkəwʊmən/ *n* (*pl* **-women**) Radio, TV prezenterka *f*

anchovy /'æntʃəvɪ, US 'æntʃəʊvɪ/ **I** *n* Zool sardela *f*; Culin anchois *n inv*, sardela *f*
II *modif* **~ sauce** sos anchois or sardelowy; **~ paste** pasta anchois or sardelowa

ancient /'eɪnʃənt/ **I** *n* [1] Antiq **the ~s** starożytni *m pl* [2] (old man) starzec *m*
II *adj* [1] (dating from before Christ) *[civilization, world, ruins]* starożytny; (very old) *[tradition, custom]* pradawny; **~ Greek** Ling greka klasyczna; **~ Rome** starożytny Rzym; **~ history** (subject) historia starożytna or antyczna; **it's ~ history!** fig to już stare dzieje!; **in ~ times** w starożytności; **the ~ world** świat starożytny or antyczny [2] infml *[person, car]* wiekowy; **I must be getting ~** chyba się starzeję

ancillary /æn'sɪlərɪ, US 'ænsəlerɪ/ **I** *n* (office, department) dział *m* pomocniczy; (person) pomocni|k *m*, -czka *f*
II *adj [staff, force, equipment]* pomocniczy; *[roads]* podrzędny; *[help, aid, cost]* dodatkowy; **to be ~ to sth** (complementary) stanowić dodatek or być dodatkiem do czegoś; (subordinate) być podrzędnym wobec czegoś

and /ænd, ənd, ən, n/ *conj* [1] (joining words or phrases) i; **cups ~ plates** filiżanki i spodki; **there'll be singing ~ dancing** będzie śpiew i tańce; **he picked up his papers ~ went out** pozbierał swoje papiery i wyszedł; **summer ~ winter** lato i zima; **I think about you day ~ night** myślę o tobie dniami i nocami or w dzień i w nocy [2] (in numbers) **two hundred ~ sixty-two** dwieście sześćdziesiąt dwa; **five ~ twenty** arch or liter dwadzieścia pięć; (with fractions) **three ~ three quarters** trzy i trzy czwarte [3] (with repetition) coraz; **more ~ more interesting** coraz bardziej interesujące; **faster ~ faster** coraz szybciej; **it got worse ~ worse** robiło się coraz gorzej; **I waited ~ waited** ciągle czekałem; **to talk on ~ on** mówić bez końca; **for days ~ days** całymi dniami; **we laughed ~**

laughed śmialiśmy się z całego serca; **there are friends ~ friends** są przyjaciele i przyjaciele [4] (for emphasis) **it's lovely ~ warm** jest ślicznie i ciepło; **come nice ~ early** koniecznie przyjdź wcześnie; **AND he didn't even say thank you** i nawet nie podziękował [5] (in phrases) **~ all that** i tak dalej; **~ that** GB infml itp., itd.; **~ so on** i tak dalej; **~ how!** infml (i) jeszcze jak!; **~?** i co (dalej)? [6] (with negative) **I haven't got pen ~ paper** nie mam pióra ani papieru; **he doesn't like singing ~ dancing** nie lubi śpiewać ani tańczyć

Andalucia, Andalusia /ˌændəluːˈsɪə/ *prn* Andaluzja *f*

Andalucian, Andalusian /ˌændəluːˈsɪən/ **I** *n* Andaluzyj|czyk *m*, -ka *f* **II** *adj* andaluzyjski

andante /ænˈdæntɪ/ *n, adj, adv* andante *n*

AND circuit /ænd/ *n* Comput bramka *f* koniunkcji

Andean /ænˈdɪən/ *adj* andyjski

Andes /ˈændiːz/ *prn pl* **the ~** Andy *plt*

AND gate *n* = **AND circuit**

andiron /ˈændaɪən/ *n* ruszt *m* w kominku

Andorra /ænˈdɔːrə/ *prn* Andora *f*

Andorran /ænˈdɔːrən/ **I** *n* (person) Andor|czyk *m*, -ka *f* **II** *adj* andorski

Andrew /ˈændruː/ *prn* Andrzej *m*

androgen /ˈændrədʒən/ *n* androgen *m*

androgynous /ænˈdrɒdʒɪnəs/ *adj* obojnaczy; Med odnoszący się do obojnactwa

android /ˈændrɔɪd/ *n* android *m*

Andromache /ænˈdrɒməkɪ/ *prn* Andromacha *f*

Andromeda /ænˈdrɒmɪdə/ *prn* Mythol, Astron Andromeda *f*; **the ~ Galaxy** Mgławica Andromedy

androsterone /ænˈdrɒstərəʊn/ *n* androsteron *m*

anecdotal /ˌænɪkˈdəʊtl/ *adj [memoirs, account]* anegdotyczny; *[talk, lecture]* pełen anegdot; **on the basis of ~ evidence...** według niepotwierdzonych źródeł...

anecdote /ˈænɪkdəʊt/ *n* anegdota *f*

anemia /əˈniːmɪə/ *n* US = **anaemia**

anemic /əˈniːmɪk/ *adj* US = **anaemic**

anemometer /ˌænɪˈmɒmɪtə(r)/ *n* anemometr *m*, wiatromierz *m*

anemone /əˈnemənɪ/ *n* Bot zawilec *m*, anemon *m*

aneroid barometer /ˌænərɔɪdbəˈrɒmɪtə(r)/ *n* barometr *m* aneroidalny

anesthesia /ˌænɪsˈθiːzɪə/ *n* US = **anaesthesia**

anesthesiologist /ˌænɪsˌθiːzɪˈɒlədʒɪst/ *n* US Med lekarz anestezjolog *m*

anesthesiology /ˌænɪsˌθiːzɪˈɒlədʒɪ/ *n* US Med anestezjologia *f*

anesthetic *n, adj* US = **anaesthetic**

anesthetist *n* US = **anaesthetist**

anesthetize *vt* US = **anaesthetize**

aneurism /ˈænjʊrɪzəm, US -nʊ-/ *n* Med tętniak *m*

anew /əˈnjuː, US əˈnuː/ *adv* (once more) jeszcze raz; (in a new way) na nowo; **to begin ~** zacząć od nowa

angel /ˈeɪndʒl/ *n* [1] anioł *m* also fig; (of child) aniołek *m*; **the ~ of death** anioł śmierci; **~ of mercy** anioł dobroci; **guardian ~** anioł stróż; **be an ~ and answer the phone** bądź tak miły i odbierz telefon [2] Comm, Theat sponsor *m*

IDIOMS: **to be on the side of the ~s** stać po słusznej stronie; **to rush in where ~s fear to tread** porywać się z motyką na słońce

angel cake *n* (also **angel food cake**) Culin biszkopt *m* na samych białkach

angel dust *n* infml (drug) anielski pył *m* infml

Angeleno /ˌændʒəˈliːnəʊ/ *n* US mieszka|niec *m*, -ka *f* Los Angeles

angelfish /ˈeɪndʒlfɪʃ/ *n* skalar *m*

angelic /ænˈdʒelɪk/ *adj* anielski; **to look ~** wyglądać jak anioł

angelica /ænˈdʒelɪkə/ *n* [1] Bot arcydzięgiel *m*; **wild ~** dzięgiel [2] Culin, Med anżelika *f*

angelically /ænˈdʒelɪklɪ/ *adv [sing, behave, smile]* jak anioł; *[beautiful, good]* anielsko

Angelino *n* = **Angeleno**

angels-on-horseback /ˌeɪndʒəlzɒnˈhɔːsbæk/ *n* GB Culin ostrygi *f pl* na toście

angel's hair *n* (also **angel-hair pasta**) US Culin makaron *m* nitki; wermiszel *m* ra

angel shark *n* Zool anioł *m* morski, raszpla *f*

angelus /ˈændʒɪləs/ *n* (prayer) Anioł *m* Pański; (bell) dzwon *m* na Anioł Pański

anger /ˈæŋgə(r)/ **I** *n* gniew *m*, złość *f* **(at sb /sth** na kogoś/coś); **in ~** ze złością, w gniewie; **to feel ~ towards sb** odczuwać złość do kogoś; **his face was red with ~** twarz mu poczerwieniała ze złości; **a fit of ~** przypływ złości or gniewu **II** *vt [words, action]* roz|gniewać *[person]*; **she was ~ed by his comment** rozgniewała ją jego uwaga; **to be easily ~ed** łatwo wpadać w gniew or złość

angina /ænˈdʒaɪnə/ *n* Med dusznica *f*; **~ pectoris** dusznica bolesna

angiocardiogram /ˌændʒɪəʊˈkɑːdɪəʊgræm/ *n* angiokardiogram *m*

angiogram /ˈændʒɪəʊgræm/ *n* angiogram *m*

angiography /ˌændʒɪˈɒgrəfɪ/ *n* angiografia *f*

angioplasty /ˈændʒɪəʊplæstɪ/ *n* plastyka *f* naczynia, angioplastyka *f*

Angl. = **Anglican**

angle[1] /ˈæŋgl/ **I** *n* [1] Math kąt *m*; **at a 60° ~** po kątem 60°; **~ of descent** kąt schodzenia; **camera ~** kąt obrazu; **to make** or **form an ~ with sth** utworzyć kąt z czymś; **to be at an ~ to sth** *[table]* stać pod kątem w stosunku do czegoś *[wall]*; *[tower]* być pochylonym w stosunku do czegoś *[ground]*; **from every ~** z każdej strony; **seen from this ~** widziany pod tym kątem, widziany z tej strony; **at an ~** pod kątem [2] (point of view) punkt *m* widzenia; **to look at** or **see sth from her ~** patrzeć na coś z jej punktu widzenia; **from every ~** z każdego punktu widzenia [3] (perspective, slant) **what ~ is the newspaper putting on this story?** z jakiego punktu widzenia gazeta opisuje tę historię?; **seen from this ~** widziany pod tym kątem [4] (corner) róg *m* **(of sth** czegoś) [5] Sport narożnik *m*, róg *m*; (of shot, kick) kąt *m* strzału [6] US infml (advantage) korzyść *f*; **he never does anything unless there is an ~** nic nie robi, póki nie zwietrzy jakiejś korzyści **II** *vt* [1] (tilt) ustawi|ć, -ać pod kątem *[table]* **(towards sth** w stosunku do czegoś); s|kierować *[camera, light]* **(towards sth** na coś); s|kierować pod kątem *[ball]*; trzymać pod kątem *[racket]*; **to ~ sth sideways /upwards/downwards** skierować coś w bok/do góry/do dołu [2] Sport (hit) (diagonally) posłać po przekątnej *[ball, shot]* [3] fig (slant) nagi|ąć, -nać *[programme]* **III angled** *pp adj [shot, volley]* po krosie; *[lamp]* pochylony; *[mirror]* odchylony od pionu

angle[2] /ˈæŋgl/ *vi* [1] łowić na wędkę, wędkować; **to ~ for trout** łowić pstrągi; **to go angling** pójść na ryby [2] infml fig przymawiać się o (coś) *[compliments, money, tickets]*; **to ~ for sb's attention** starać się zwrócić na siebie uwagę kogoś

angle bracket *n* Print nawias *m* trójkątny; Tech element *m* wspornikowy

angle grinder *n* szlifierka *f* kątowa

angle iron *n* Tech kątownik *m*

angle of refraction *n* kąt *m* załamania

angle plate *n* Tech blacha *f* węzłowa

Anglepoise® /ˈæŋglpɔɪz/ *n* (also **~ lamp**) przegubowa lampa *f* stołowa

angler /ˈæŋglə(r)/ *n* wędka|rz *m*, -rka *f*

angler fish *n* żabnica *f*, nawęd *m*

Anglesey /ˈæŋglsɪ/ *prn* wyspa *f* Anglesey

Anglican /ˈæŋglɪkən/ **I** *n* anglikan|in *m*, -ka *f* **II** *adj* anglikański

Anglicanism /ˈæŋglɪkənɪzəm/ *n* anglikanizm *m*

anglicism /ˈæŋglɪsɪzəm/ *n* Ling anglicyzm *m*

Anglicist /ˈæŋglɪsɪst/ *n* anglist|a *m*, -ka *f*

anglicize /ˈæŋglɪsaɪz/ *vt* z|anglizować, z|angielszczyć; **he's thoroughly ~d** on się całkowicie zanglizował

angling /ˈæŋglɪŋ/ **I** *n* wędkarstwo *n*, wędkowanie *n*; **deep-sea ~** wędkowanie na pełnym morzu **II** *modif [club, competition]* wędkarski

Anglo /ˈæŋgləʊ/ **I** *n* US Amerykan|in *m*, -ka *f* pochodzenia anglosaskiego **II Anglo+** *in combinations* anglo-, angielsko-

Anglo-American /ˌæŋgləʊəˈmerɪkən/ **I** *n* Angloamerykan|in *m*, -ka *f* **II** *adj* angloamerykański

Anglo-Catholic /ˌæŋgləʊˈkæθəlɪk/ *n* Relig *członek eklezjalnego nurtu Kościoła Anglikańskiego*

Anglo-Catholicism /ˌæŋgləʊkəˈθɒləsɪzəm/ *n* Relig *nurt eklezjalny Kościoła Anglikańskiego*

Anglo-French /ˌæŋgləʊˈfrentʃ/ **I** *n* Ling (język *m*) anglonormandzki *m* **II** *adj [project, cooperation]* angielsko-francuski

Anglo-Indian /ˌæŋgləʊˈɪndɪən/ **I** *n* [1] (expatriate) Anglik *m* mieszkający w Indiach, Angielka *f* mieszkająca w Indiach [2] (of mixed race) pół Anglik, pół Hindus *m*, pół Angielka, pół Hinduska *f* **II** *adj* (of England and India) angielsko-indyjski; (of the English and Indians) angielsko-hinduski

Anglo-Irish /ˌæŋgləʊˈaɪərɪʃ/ **I** *npl* **the ~** Anglicy *m pl* urodzeni/mieszkający w Irlandii **II** *adj* angielsko-irlandzki, angloirlandzki

Anglo-Norman /ˌæŋgləʊˈnɔːmən/ **I** *n* Hist [1] (person) Anglonorman *m* [2] Ling (język *m*) anglonormandzki *m*
II *adj* anglonormandzki
Anglophile /ˈæŋgləʊfaɪl/ **I** *n* anglofil *m*, -ka *f*
II *adj* anglofilski
Anglophobe /ˈæŋgləʊfəʊb/ *n* anglofob *m*
Anglophobia /ˌæŋgləʊˈfəʊbɪə/ *n* anglofobia *f*
Anglophone /ˈæŋgləʊfəʊn/ **I** *n* osoba *f* anglojęzyczna, anglofon *m*
II *adj* anglojęzyczny, anglofoński
Anglo-Saxon /ˌæŋgləʊˈsæksn/ **I** *n* [1] (person) Anglosas *m* [2] Ling (język *m*) anglosaski *m*
II *adj* anglosaski
Angola /æŋˈgəʊlə/ *prn* Angola *f*
Angolan /æŋˈgəʊlən/ **I** *n* Angolij|czyk *m*, -ka *f*
II *adj* angolski
angora /æŋˈgɔːrə/ **I** *n* Zool, Tex angora *f*
II *modif [cat, rabbit]* angorski; *[jumper, scarf]* angorowy, z angory
angostura /ˌæŋgəˈstjʊərə, US -ˈstʊərə/ *n* angostura *f*
angostura bitters® *npl* angostura *f*
angrily /ˈæŋgrɪlɪ/ *adv [react, speak]* gniewnie; *[slam]* ze złością
angry /ˈæŋgrɪ/ *adj* [1] (filled with anger) *[person]* zły, rozgniewany, rozzłoszczony; *[animal]* rozjuszony; **to be ~ with** or **at sb** być złym na kogoś, złościć się or gniewać się na kogoś; **~ at** or **about sth** zły z powodu czegoś; **I was ~ at having to wait** byłem zły, że musiałem czekać; **to get** or **grow ~** rozzłościć się, rozgniewać się; **to make sb ~** rozzłościć or rozgniewać kogoś; **to look ~** wyglądać na rozgniewanego; **her calm reaction made me even angrier** jej spokojna reakcja jeszcze bardziej mnie zezłościła [2] (expressing anger) *[look, expression, eyes, words, voice]* gniewny; **in an ~ voice** gniewnym głosem [3] fig *[wound, mark]* zaogniony; *[sky, cloud, sea]* groźny; **the sea/sky looks ~** morze/niebo wygląda złowieszczo
angry-looking /ˈæŋgrɪlʊkɪŋ/ *adj [person]* rozgniewany; *[sky]* groźny; *[wound]* zaogniony
Angry Young Man *n* GB Literat młody *m* gniewny
angstrom /ˈæŋstrəm/ *n* angstrem *m*
anguish /ˈæŋgwɪʃ/ *n* [1] (physical) ból *m*; **to cry out in ~** krzyknąć z bólu [2] (mental) cierpienie *n* **(about** or **over sth** z powodu czegoś); katusze *plt* liter; **to be in ~** cierpieć męczarnie or katusze
anguished /ˈæŋgwɪʃt/ *adj* [1] (mentally) udręczony [2] (physically) *[suffering]* bolesny
angular /ˈæŋgjʊlə(r)/ *adj* [1] (bony) *[face, person]* kościsty; *[structure, jaw, features]* kanciasty [2] Phys kątowy
anhydrous /ænˈhaɪdrəs/ *adj* bezwodny
aniline /ˈænɪliːn, US ˈænəlaɪn/ **I** *n* anilina *f*
II *modif [dye, oil]* anilinowy
anima /ˈænɪmə/ *n* anima *f*
animadversion /ˌænɪmædˈvɜːʃn, US -ʒn/ *n* fml krytyka *f*
animadvert /ˌænɪmædˈvɜːt/ *vi* fml **to ~ on sth** s|krytykować coś
animal /ˈænɪml/ **I** *n* [1] (creature, genus) zwierzę *n*; **domestic/farm ~** zwierzę domowe/gospodarskie; **~, vegetable and mineral** gra w 20 pytań [2] (brutish person) zwierzę *n* fig; **to behave like ~s** zachowywać się jak zwierzęta or bydło; **to bring out the ~ in sb** obudzić w kimś zwierzę or bestię [3] fig (entity) **man is a political ~** człowiek jest zwierzęciem politycznym; **there's no such ~** nic takiego nie istnieje; **the new company is a very different ~** nowe przedsiębiorstwo to zupełnie coś innego
II *modif* [1] (of animals) *[fat, protein]* zwierzęcy; **~ welfare** dobro zwierząt; **~ feed** karma dla zwierząt [2] (basic) *[nature, instinct, desires]* zwierzęcy; *[needs]* podstawowy
animal activism *n* walka *f* o prawa zwierząt
animal activist *n* bojowni|k *m*, -czka *f* o prawa zwierząt
animal courage *n* desperacka odwaga *f*
animal cracker *n* US herbatnik *m* w kształcie zwierzątka
animal experiment *n* doświadczenie *n* na zwierzętach
animal (high) spirits *npl* animusz *m*, werwa *f*
animal husbandry *n* hodowla *f* zwierząt
animal kingdom *n* Biol królestwo *n* zwierząt
animal liberation front *n* front *m* wyzwolenia zwierząt
animal lover *n* miłośni|k *m*, -czka *f* zwierząt
animal product *n* produkt *m* pochodzenia zwierzęcego
animal rights *npl* prawa *n pl* zwierząt
animal rights campaigner *n* = animal activist
animal sanctuary *n* schronisko *n* dla zwierząt
animal testing *n* testowanie *n* na zwierzętach
animate **I** /ˈænɪmət/ *adj* [1] *[person, animal]* żywy; *[object]* ożywiony; **~ and inanimate objects** żywe istoty i przedmioty nieożywione [2] Ling żywotny
II /ˈænɪmeɪt/ *vt* [1] (enliven) *[person, smile, act]* ożywi|ć, -ać; **~d by the thrill of the chase** podniecony pogonią [2] (inspire) pobudz|ić, -ać **(to sth** do czegoś) [3] Cin animować *[cartoon characters]*
animated /ˈænɪmeɪtɪd/ *adj* [1] (lively) *[conversation, group]* ożywiony; **to grow** or **become ~** ożywić się [2] *[cartoon, films]* animowany
animatedly /ˈænɪmeɪtɪdlɪ/ *adv* z ożywieniem, żywo
animation /ˌænɪˈmeɪʃn/ *n* [1] (of person, face, scene) ożywienie *n* [2] Cin animacja *f*
animator /ˈænɪmeɪtə(r)/ *n* Cin animator *m*, -ka *f*
animism /ˈænɪmɪzəm/ *n* animizm *m*
animist /ˈænɪmɪst/ *n* animista *m*
animosity /ˌænɪˈmɒsətɪ/ *n* niechęć *f*, animozja *f* **(against** or **towards sb** do kogoś); **~ between sb and sb** wzajemna niechęć or animozja między kimś a kimś; **to feel ~** odczuwać wrogość; **petty animosities** drobne animozje
animus /ˈænɪməs/ *n* [1] fml (dislike) niechęć *f* [2] Psych animus *m*
anise /ˈænɪs/ *n* Bot biedrzeniec *m*, anyż *m*
aniseed /ˈænɪsiːd/ **I** *n* [1] (flavour) anyż *m*, anyżek *m* [2] (seed) nasienie *n* anyżu
II *modif [biscuit, drink, sweet]* anyżowy, anyżkowy; **~ ball** cukierek anyżowy or anyżkowy
anisette /ˌænɪˈzet, -ˈset/ *n* anyżówka *f*
Anjou /ˈɒnʒuː/ *prn* Andegawenia *f*
Ankara /ˈæŋkərə/ *prn* Ankara *f*
ankle /ˈæŋkl/ *n* Anat kostka *f*; **to break /sprain/twist one's ~** złamać/zwichnąć /skręcić nogę w kostce; **to kick sb on the ~** kopnąć kogoś w kostkę
ankle bone *n* Anat kość *f* skokowa
ankle bracelet *n* łańcuszek *m* na nogę
ankle chain *n* = **ankle bracelet**
ankle-deep /ˌæŋklˈdiːp/ *adj* (głęboki) do kostek; **we were ~ in water** brodziliśmy po kostki w wodzie
ankle-length /ˈæŋklleŋθ/ *adj* (długi) do kostek; **an ~ dress** suknia do kostek
ankle sock *n* skarpetka *f* do kostki
anklet /ˈæŋklɪt/ *n* [1] (jewellery) łańcuszek *m* na nogę [2] US (sock) skarpetka *f* do kostki
ankylosis /ˌæŋkɪˈləʊsɪs/ *n* Med zesztywnienie *n* stawu
annalist /ˈænəlɪst/ *n* kronika|rz *m*, -rka *f*; dziejopis *m* liter
annals /ˈænlz/ *npl* annały *plt*; **to go down in the ~ (of history)** wejść do historii
anneal /əˈniːl/ *vt* wyżarz|yć, -ać *[metal]*; odpręż|yć, -ać *[glass]*; **~ed glass** szkło odprężone termicznie
annex **I** /ˈæneks/ *n* (also **annexe** GB) (to document) aneks *m*, załącznik *m* **(to sth** do czegoś); (to building) dobudówka *f*, aneks *m*; fig dodatek *m* **(to sth** do czegoś)
II /əˈneks/ *vt* [1] zaj|ąć, -mować; zaanektować fml *[country, state, territory]* [2] (append, attach) przyłącz|yć, -ać *[extension, land]* **(to sth** do czegoś) [3] załącz|yć, -ać *[document]*
annexation /ˌænɪkˈseɪʃn/ *n* [1] (action) aneksja *f*, zabór *m* **(of sth** czegoś) [2] (land annexed) terytorium *n* (za)anektowane
Annie Oakley /ˌænɪˈəʊklɪ/ *n* US infml bezpłatny bilet *m*
annihilate /əˈnaɪəleɪt/ *vt* [1] z|niszczyć *[enemy, city]*; wyniszcz|yć, -ać *[population]*; unicestwi|ć, -ać liter *[human race, animals]* [2] fig z|likwidować fig *[person, opposition]*
annihilation /əˌnaɪəˈleɪʃn/ *n* [1] (destruction) (of people) unicestwienie *n*, zagłada *f*; (of buildings) zniszczenie *n* [2] fig (defeat) klęska *f* [3] Phys anihilacja *f*
anniversary /ˌænɪˈvɜːsərɪ/ **I** *n* rocznica *f* **(of sth** czegoś); **a wedding ~** rocznica ślubu; **the 50th ~** pięćdziesiąta rocznica
II *modif [celebration, dinner, festival]* rocznicowy; **our ~ dinner** (of wedding) kolacja z okazji rocznicy naszego ślubu
Anno Domini /ˌænəʊˈdɒmɪnaɪ/ **I** *n* infml **~ is catching up with me!** czuję już swoje lata!
II *adv* Anno Domini, Roku Pańskiego arch; **1620 ~** Roku Pańskiego 1620, Anno Domini 1620
annotate /ˈænəteɪt/ *vt* opat|rzyć, -rywać przypisami; **an ~d edition of 'Beowulf'** wydanie krytyczne „Beowulfa"
annotation /ˌænəˈteɪʃn/ *n* [1] (action) komentowanie *n* [2] (note) (printed in book) przypis *m*; (added by reader) uwaga *f*; adnotacja *f* fml [3] Comput dopisek *m*

announce /ə'naʊns/ **I** *vt* 1 (make known publicly) ogł|osić, -aszać *[birth, engagement, decision]*; **to ~ that...** ogłosić or oznajmić, że...; **to ~ sth to sb** oznajmić coś komuś 2 (proclaim the presence of, introduce) zapowi|edzieć, -adać *[guest, train]*
II *vi* US zgł|osić, -aszać kandydaturę; **he ~d for governor** zgłosił swoją kandydaturę na urząd gubernatora

announcement /ə'naʊnsmənt/ *n* 1 (spoken) ogłoszenie *n* **(of sth** czegoś); (by government) obwieszczenie *n* **(of sth** czegoś); **to make an ~** wydać oświadczenie; **to make an ~ that...** oznajmić or obwieścić, że...; **public/official ~** publiczne/oficjalne ogłoszenie or obwieszczenie 2 (written) ogłoszenie *n*; (of birth, death) zawiadomienie *n*; **to put an ~ in sth** zamieścić ogłoszenie w czymś

announcer /ə'naʊnsə(r)/ *n* 1 Radio, TV spiker *m*, -ka *f*, prezenter *m*, -ka *f* 2 (at railway station) spiker *m*, -ka *f*

annoy /ə'nɔɪ/ *vt* 1 (irritate) *[person, act, inconvenience]* z|denerwować, ze|złościć, drażnić; **to do sth to ~ sb** zrobić coś komuś na złość; **to be ~ed by sth** zdenerwować się czymś; **I was ~ed by him** zdenerwował mnie; **what really ~s me is that I was not informed** złości mnie to, że nie zostałem poinformowany 2 (cause trouble, discomfort) dokucz|yć, -ać (komuś); (harass) naprzykrz|yć, -ać się (komuś); **we were continually ~ed by the noise** stale dokuczał nam hałas; **is this man ~ing you?** (to woman) czy ten mężczyzna naprzykrza się pani?

annoyance /ə'nɔɪəns/ *n* 1 (crossness) irytacja *f*, rozdrażnienie *n*, złość *f*; **~ at sb /sth** irytacja or złość z powodu kogoś /czegoś, złość na kogoś/coś; **a look of ~** poirytowana mina; **much to my ~** ku mojemu zmartwieniu or utrapieniu 2 (nuisance) przykrość *f*, kłopot *m*; **a constant ~** wieczne utrapienie

annoyed /ə'nɔɪd/ *adj* rozdrażniony, zdenerwowany, poirytowany **(by sth** czymś); zły **(by sth** z powodu czegoś); **to be/get ~ with sb** być złym/zdenerwować się na kogoś; **she was ~ with him for being late** była zła na niego, że się spóźnił; **you're not ~ with me, are you?** nie gniewasz się na mnie, prawda?; **he was ~ (that) I couldn't attend** był zły z powodu mojej nieobecności

annoying /ə'nɔɪɪŋ/ *adj* denerwujący; **the ~ thing is that...** denerwujące jest to, że...; **it was ~ to everybody** denerwowało to wszystkich; **how ~!** to irytujące!

annoyingly /ə'nɔɪɪŋlɪ/ *adv [vague, loud]* denerwująco; **the train was ~ late** pociąg skandalicznie się spóźnił; **~ enough, he accepted my invitation** jak na złość, przyjął moje zaproszenie

annual /'ænjʊəl/ **I** *n* 1 (book) rocznik *m* 2 Bot roślina *f* jednoroczna
II *adj* 1 *[event, meeting]* doroczny; *[leave, holiday]* coroczny 2 *[income, subscription, budget]* roczny

Annual General Meeting, AGM *n* Comm doroczne walne zgromadzenie *n* akcjonariuszy

annualize /'ænjʊəlaɪz/ *vt* Fin oblicz|yć, -ać w stosunku rocznym

annualized percentage rate, APR *n* roczna stawka *f* oprocentowania

annually /'ænjʊəlɪ/ *adv [earn, cost, pay, produce]* rocznie; *[award, hold, inspect]* corocznie, co roku

annual percentage rate *n* = **annualized percentage rate**

annual report *n* sprawozdanie *n* roczne

annual ring *n* Bot słój *m (przyrostu rocznego)*

annuity /ə'njuːətɪ, US -'nuː-/ *n* renta *f* roczna; **life(-time) ~** renta dożywotnia; **deferred ~** renta o odroczonym terminie wypłaty; **pension ~** emerytura po kapitalizacji

annuity bond *n* tytuł *m* do renty dożywotniej

annul /ə'nʌl/ *vt (prp, pt, pp* **-ll-)** unieważni|ć, -ać, anulować *[law, marriage, agreement]*; **an ~ling clause** klauzula unieważniająca

annular /'ænjʊlə(r)/ *adj* pierścieniowy; *[ligament]* pierścieniowaty; **~ gear** pierścień zębaty; **~ eclipse** zaćmienie obrączkowe

annulment /ə'nʌlmənt/ *n* (of marriage) unieważnienie *n*; (of contract) anulowanie *n*; (of decree) uchylenie *n*

annulus /'ænjʊləs/ *n (pl* **-li, -luses)** Tech pierścień *m*

Annunciation /əˌnʌnsɪ'eɪʃn/ *n* Relig **the ~** Zwiastowanie *n*

anode /'ænəʊd/ *n* anoda *f*

anodize /'ænədaɪz/ *vt* anodyzować; **~d aluminium** anodyzowane aluminium

anodyne /'ænədaɪn/ **I** *n* 1 Med (painkiller) środek *m* przeciwbólowy 2 fig (soothing thing) balsam *m* fig
II *adj* 1 Med uśmierzający, łagodzący, przeciwbólowy 2 fig (soothing) kojący; pej (bland) płytki, miałki

anoint /ə'nɔɪnt/ *vt* 1 Relig nama|ścić, -szczać; **to ~ sb with oil** namaścić kogoś olejami 2 (appoint to high office) nama|ścić, -szczać fig; **to ~ sb king** namaścić kogoś na króla

anointing /ə'nɔɪntɪŋ/ *n* Relig namaszczenie *n*; **the ~ of the sick** namaszczenie chorych

anomalous /ə'nɒmələs/ *adj* 1 *[position]* nietypowy; *[result]* nieprawidłowy; *[condition]* nienormalny, anormalny 2 Ling nieregularny

anomaly /ə'nɒməlɪ/ *n* (situation, law, fact, thing) nieprawidłowość *f*; anomalia *f* fml **(in sth** w czymś); (person) wybryk *m* natury; dziwadło *n* infml

anomie, anomy /'ænəmɪ/ *n* Sociol anomia *f*

anon /ə'nɒn/ *adv* dat or hum niebawem; **see you ~** do rychłego zobaczenia; **ever and ~** co pewien czas; **more of that ~** wkrótce więcej

anon. /ə'nɒn/ *adj* = **anonymous**

anonymity /ˌænə'nɪmətɪ/ *n* 1 (state of being unknown) anonimowość *f*; **to preserve one's ~** zachować anonimowość; **to preserve sb's ~** nie ujawniać nazwiska kogoś 2 (uniformity) nijakość *f*

anonymous /ə'nɒnɪməs/ *adj* 1 *[letter, gift]* anonimowy; *[person]* nieznany; **to wish to remain ~** pragnąć zachować anonimowość 2 *[face, town, hotel]* nijaki

anonymously /ə'nɒnɪməslɪ/ *adv* anonimowo

anorak /'ænəræk/ *n* anorak *m*

anorexia /ˌænə'reksɪə/ *n* 1 Med (also **~ nervosa)** jadłowstręt *m* psychiczny or anorektyczny 2 (loss of appetite) jadłowstręt *m*, anoreksja *f*

anorexic /ˌænə'reksɪk/ **I** *n* Med anorekty|k *m*, -czka *f*
II *adj* **she is ~** ona jest anorektyczką

another /ə'nʌðə(r)/ **I** *det* 1 (an additional) jeszcze jeden, kolejny; **would you like ~ drink?** masz ochotę na jeszcze jednego (drinka)?; **they want to have ~ child** chcą mieć jeszcze jedno dziecko; **we have received yet ~ letter** otrzymaliśmy kolejny list; **that will cost you ~ £5** to cię będzie kosztować dodatkowych 5 funtów; **they stayed ~ three hours** zostali jeszcze na (kolejne) trzy godziny; **without ~ word** bez (jednego) słowa; **in ~ five weeks** za następne pięć tygodni; **it was ~ ten years before they met again** zanim ponownie się spotkali, upłynęło jeszcze dziesięć lat; **and ~ thing...** i jeszcze jedno...; **not ~ programme about seals!** no nie, znowu program o fokach! 2 (a different) inny; **~ time** innym razem; **he has ~ job/girlfriend now** ma teraz inną pracę/dziewczynę; **can I have ~ one?** (in a shop) czy mogę zobaczyć jakiś inny (egzemplarz)?; **there is ~ way of doing it** można to zrobić inaczej; **to put it ~ way...** innymi słowy...; **that's quite ~ matter** to całkiem inna sprawa 3 (new) nowy; **~ Garbo** nowa Garbo; **~ Vietnam** nowy or kolejny Wietnam
II *pron* inny, drugi, następny, kolejny; **can I have ~?** czy mogę poprosić o drugi?; **he loved ~** liter kochał inną; **~ of the witnesses said that...** kolejny świadek powiedział, że...; **one after ~** jeden po or za drugim; **she tried on one hat after ~** przymierzała kapelusze jeden po drugim; **of one kind or ~** taki lub inny; **for one reason or ~** z takiego lub innego powodu; **in one way or ~** w taki lub inny sposób; **ignorance is one thing, vulgarity is quite ~** co innego ignorancja, a co innego prostactwo; **imagining things is one thing, creating them is quite ~** co innego wyobrazić coś sobie, a zupełnie co innego to stworzyć

A. N. Other /ˌeɪen'ʌðə(r)/ *n* GB Iksiński *m*, Iksińska *f*

anoxia /ə'nɒksɪə/ *n* Med niedotlenienie *n* krwi, anoksja *f*

anoxic /ə'nɒksɪk/ *adj* Med niedotleniony, anoksyczny

ANSI *n* US = **American National Standards Institute** ≈ Amerykański Urząd *m* Normalizacyjny

answer /'ɑːnsə(r), US 'ænsər/ **I** *n* 1 (reply) odpowiedź *f* **(to sth** na coś); **to get/give an ~** otrzymać/dać odpowiedź; **an ~ in writing** odpowiedź na piśmie; **there's no ~** (to door) nikt nie otwiera; (on phone) nikt nie odbiera; **in ~ to sth** w odpowiedzi na coś; **she has all the ~s, she has an ~ for everything** ona ma na wszystko

odpowiedź; **her only ~ was to laugh** w odpowiedzi jedynie się roześmiała; **I won't take no for an ~** nie przyjmuję odmowy do wiadomości; **there's no ~ to that!** cóż można na to odpowiedzieć?; **Sweden's ~ to Marylin Monroe** hum szwedzki odpowiednik Marylin Monroe [2] (solution) (to difficulty, puzzle) rozwiązanie *n* **(to sth** czegoś); Sch, Univ odpowiedź *f* **(to sth** na coś); **the right/wrong ~** dobra/zła odpowiedź; **there is no easy ~ to the problem** ten problem niełatwo rozwiązać; **it's the ~ to all our problems** to rozwiązuje wszystkie nasze problemy; **he doesn't pretend to know all the ~s** nie udaje, że wszystko wie [3] (to criticism) replika *f* **(to sth** na coś); **~ to a charge** Jur odparcie zarzutu, odpowiedź na zarzut **II** *vt* [1] (reply to) odpowi|edzieć, -adać na (coś) *[invitation, letter, question]*; odpowi|edzieć, -adać (komuś) *[person]*; **to ~ that...** odpowiedzieć, że...; **to ~ the door** otworzyć drzwi; **to ~ the telephone** odebrać telefon; **not to ~ a word** nie odezwać się słowem; **she ~ed him with a smile** odpowiedziała mu z uśmiechem; **to ~ violence with violence** odpowiedzieć gwałtem na gwałt; **our prayers have been ~ed** nasze modły zostały wysłuchane [2] Jur (respond) odpowi|edzieć, -adać na (coś) *[accusation, allegation, criticism]*; **to ~ a charge** odpowiedzieć na zarzut; **he was in court to ~ charges of theft** stanął przed sądem pod zarzutem kradzieży; **the police believe there may be a case to ~** policja uważa, że są podstawy do wniesienia oskarżenia [3] (meet) odpowi|edzieć, -adać na (coś) *[demands, needs]*; **we saw nobody ~ing that description** nie widzieliśmy nikogo odpowiadającego temu opisowi [4] Naut **to ~ the helm** słuchać steru; Aviat **to ~ the controls** *[aircraft]* słuchać sterów
III *vi* [1] (respond) odpowi|edzieć, -adać; **the number is not ~ing** GB Telecom ten numer nie odpowiada; **to ~ to the name of X** *[dog]* reagować na imię X; *[person]* nosić imię X [2] (correspond) odpowiadać; **to ~ to a description** odpowiadać opisowi [3] (account) **to ~ for sb** odpowiadać or być odpowiedzialnym za kogoś; **to ~ to sb** odpowiadać przed kimś; **he ~s to the management for any decisions he takes** za każdą podjętą decyzję odpowiada przed kierownictwem; **you'll have me to ~ to!** będziesz miał ze mną do czynienia!
■ **answer back**: ¶ **~ back** (defend oneself) bronić się; (impertinently) odszczekiwać się infml ¶ **~ [sb] back** GB odszczek|nąć, -iwać się (komuś) infml; **how dare you ~ me back!** jak śmiesz mi (tak) odpowiadać!
■ **answer for**: **~ for [sth]** (account for) odpowi|edzieć, -adać za (coś), być odpowiedzialnym za (coś) *[action, behaviour]*; **he will have to ~ for his crime one day** kiedyś odpowie za swoją zbrodnię; **I can ~ for his honesty** ręczę za jego uczciwość; **they have a lot to ~ for!** niejedno mają na sumieniu!
IDIOMS: **to ~ off the cuff** odpowiedzieć bez namysłu

answerable /ˈɑːnsərəbl, US ˈæns-/ *adj* [1] (accountable) **to be ~ to sb** być odpowiedzialnym przed kimś; **to be ~ for sth** być odpowiedzialnym za coś *[actions, decisions]*; **they are ~ to no-one** przed nikim nie odpowiadają [2] **an ~ question** pytanie, na które da się odpowiedzieć

answer-back /ˈɑːnsəbæk, US ˈæns-/ **I** *n* odzew *m* w kodzie identyfikacyjnym
II *modif* **~ code** kod identyfikacyjny

answering machine *n* Telecom automatyczna sekretarka *f*

answering service *n* Telecom biuro *n* zleceń

answerphone /ˈɑːnsəfəʊn, US ˈæns-/ *n* automatyczna sekretarka *f*

ant /ænt/ *n* mrówka *f*; **flying ~** mrówka latająca
IDIOMS: **to have ~s in one's pants** infml nie móc usiedzieć na jednym miejscu

antacid /æntˈæsɪd/ **I** *n* Chem środek *m* zobojętniający kwas
II *adj* zobojętniający (kwas)

antagonism /ænˈtægənɪzəm/ *n* antagonizm *m* **(between sb and sb** między kimś a kimś); **mutual ~** wzajemny antagonizm; **class ~** antagonizm klasowy; **~ to** or **towards sb/sth** wrogość w stosunku do kogoś/czegoś

antagonist /ænˈtægənɪst/ *n* antagonist|a *m*, -ka *f*

antagonistic /ænˌtægəˈnɪstɪk/ *adj* [1] (hostile) *[face, attitude]* nieprzyjazny; *[person]* wrogo nastawiony **(to** or **towards sb** do kogoś) [2] (mutually opposed) *[theories, forces]* antagonistyczny

antagonistically /ænˌtægəˈnɪstɪklɪ/ *adv* *[glare, say]* nieprzyjaźnie; *[act]* antagonistycznie

antagonize /ænˈtægənaɪz/ *vt* *[action, words]* (annoy) zra|zić, -żać *[person]* **(with sth** czymś); z|antagonizować *[parties, social groups]*

Antarctic /ænˈtɑːktɪk/ **I** *prn* **the ~** Antarktyka *f*
II *adj* (also **antarctic**) antarktyczny

Antarctica /ænˈtɑːktɪkə/ *prn* Antarktyda *f*

Antarctic Circle *n* **the ~** koło *n* podbiegunowe południowe

Antarctic Ocean *prn* **the ~** morza *n pl* otaczające Antarktydę

ant bear *n* (aardvark) mrównik *m*, prosię *n* ziemne

ante /ˈæntɪ/ **I** *n* (in poker) wejście *n*; (amount paid) stawka *f*; **to raise** or **up the ~** podnieść stawkę also fig
II *vt* (in poker) postawić, stawiać
■ **ante up** [1] (in poker) postawić, stawiać [2] US infml wpłac|ić, -ać

anteater /ˈæntiːtə(r)/ *n* mrówkojad *m*

antebellum /ˌæntɪˈbeləm/ *adj* [1] przedwojenny [2] US infml sprzed wojny secesyjnej

antecedent /ˌæntɪˈsiːdnt/ **I** *n* [1] (ancestor) przodek *m* also fig [2] Ling, Math, Philos poprzednik *m*
II *adj* poprzedni; **to be ~ to sth** być wcześniejszym od czegoś

antechamber /ˈæntɪtʃeɪmbə(r)/ *n* fml = **anteroom**

antedate /ˌæntɪˈdeɪt/ *vt* [1] (put earlier date on) antydatować *[letter, document]* [2] (predate) *[event, society]* poprzedz|ić, -ać; **to ~ sth by 50 years** poprzedzać coś o 50 lat

antediluvian /ˌæntɪdɪˈluːvɪən/ *adj* przedpotopowy

antelope /ˈæntɪləʊp/ *n* antylopa *f*

ante meridiem /ˌæntɪməˈrɪdɪəm/ *adv* przed południem

antenatal /ˌæntɪˈneɪtl/ **I** *n* GB badanie *n* prenatalne
II *adj* *[injury, complication]* (of woman) przedporodowy; (of foetus) przedurodzeniowy; **~ ward** sala przedporodowa

antenatal class *n* GB szkoła *f* rodzenia

antenatal clinic *n* poradnia *f* dla kobiet w ciąży

antenna /ænˈtenə/ *n* (*pl* **~s, -ae**) [1] (animal organ) czułek *m*; antena *f* ra [2] (aerial) antena *f*

antepenultimate /ˌæntɪpɪˈnʌltɪmət/ *adj* trzeci od końca

ante-post /ˌæntɪˈpəʊst/ *adj* GB Turf przed gonitwą

ante-post bet *n* GB Turf zakład *m* w ciemno *(przed wywieszeniem numerów koni)*

anterior /ænˈtɪərɪə(r)/ *adj* [1] (fore) przedni [2] (former) wcześniejszy

anteroom /ˈæntɪruːm, -rʊm/ *n* przedpokój *m*; (waiting room) poczekalnia *f*

antheap /ˈænthiːp/ *n* = **anthill**

anthem /ˈænθəm/ *n* [1] (theme tune) hymn *m* [2] Relig (motet) motet *m*; (antiphon) antyfona *f* → **national anthem**

anther /ˈænθə(r)/ *n* Bot pylnik *m*

anthill /ˈænthɪl/ *n* mrowisko *n*

anthologist /ænˈθɒlədʒɪst/ *n* autor *m*, -ka *f* antologii; antologista *m* ra

anthology /ænˈθɒlədʒɪ/ *n* antologia *f*

Anthony /ˈæntənɪ/ *prn* Antoni *m*

anthracite /ˈænθrəsaɪt/ *n* antracyt *m*; **an ~ grey suit** ciemnoszary garnitur

anthrax /ˈænθræks/ *n* (*pl* **-thraces**) [1] (disease) wąglik *m* [2] (lesion) czyrak *m*

anthropoid /ˈænθrəpɔɪd/ **I** *n* Zool antropoid *m*
II *adj* człekokształtny, antropoidalny

anthropoid ape *n* małpa *f* człekokształtna

anthropological /ˌænθrəpəˈlɒdʒɪkl/ *adj* antropologiczny

anthropologist /ˌænθrəˈpɒlədʒɪst/ *n* antropolog *m*

anthropology /ˌænθrəˈpɒlədʒɪ/ *n* antropologia *f*

anthropometry /ˌænθrəˈpɒmɪtrɪ/ *n* antropometria *f*

anthropomorphic /ˌænθrəpəˈmɔːfɪk/ *adj* antropomorficzny, antropomorfizacyjny

anthropomorphism /ˌænθrəpəˈmɔːfɪzəm/ *n* antropomorfizm *m*

anthropomorphous /ˌænθrəpəˈmɔːfəs/ *adj* (human-shaped) antropomorficzny

anthropophagous /ˌænθrəˈpɒfəgəs/ *adj* ludożerczy

anthropophagus /ˌænθrəˈpɒfəgəs/ *n* (*pl* **-gi**) ludożerca *m*

anthropophagy /ˌænθrəˈpɒfədʒɪ/ *n* ludożerstwo *n*, antropofagia *f*

anthroposophy /ˌænθrəˈpɒsəfɪ/ *n* antropozofia *f*

anti /ˈæntɪ/ **I** *prep* przeciw; **to be ~ (sth)** być przeciw (czemuś)
II anti+ *in combinations* anty-, przeciw-

antiabortion /ˌæntɪəˈbɔːʃn/ *adj* przeciwny aborcji; **~ movement** ruch antyaborcyjny

antiabortionist /ˌæntɪəˈbɔːʃənɪst/ *n* przeciwni|k *m*, -czka *f* aborcji

antiaircraft /ˌæntɪˈeəkrɑːft, US -kræft/ *adj [gun, device, battery]* przeciwlotniczy
antiaircraft defence *n* obrona *f* przeciwlotnicza
antiallergic /ˌæntɪəˈlɜːdʒɪk/ *adj* przeciwalergiczny, przeciwuczuleniowy
antiapartheid /ˌæntɪəˈpɑːteɪt, ˌæntɪəˈpɑːtaɪd/ *adj* przeciwny apartheidowi
antiauthoritarian /ˌæntɪɔːθɒrɪˈteərɪən/ *adj [person]* przeciwny władzy autorytarnej; *[attitude, measures]* przeciwko władzy autorytarnej
antibacterial /ˌæntɪbækˈtɪərɪəl/ *adj* przeciwbakteryjny, antybakteryjny
antiballistic /ˌæntɪbəˈlɪstɪk/ *adj* antybalistyczny; ~ **missile** rakieta antybalistyczna
antibiotic /ˌæntɪbaɪˈɒtɪk/ **I** *n* antybiotyk *m*; **to be on ~s** brać antybiotyki
II *adj [properties]* antybiotyczny; *[treatment]* antybiotykowy
antibody /ˈæntɪbɒdɪ/ *n* przeciwciało *n*
antic /ˈæntɪk/ *adj* liter *[act, gesture]* groteskowy
Antichrist /ˈæntɪkraɪst/ *n* antychryst *m*
anticipate /ænˈtɪsɪpeɪt/ **I** *vt* [1] (foresee) przewi|dzieć, -dywać *[delay, problem, trouble, victory]*; oczekiwać (kogoś) *[person]*; antycypować fml *[result]*; **to ~ that...** oczekiwać or przewidywać, że...; **as ~d** jak oczekiwano, jak przewidywano; **they are anticipating large crowds** spodziewają się dużych tłumów; **we ~ meeting him soon** spodziewamy się rychłego spotkania z nim; **I didn't ~ him doing that** nie spodziewałem się, że to zrobi; **she eagerly ~d the moment** z niecierpliwością czekała na tę chwilę [2] (guess in advance) odgad|nąć, -ywać, uprzedz|ić, -ać *[movements, needs, reactions, results, wishes]* [3] (pre-empt) ubie|c, -gać, uprzedz|ić, -ać *[act, person]*; **she tried to lock the door but he ~d her** próbowała zamknąć drzwi, ale ją ubiegł [4] (prefigure) zapowi|edzieć, -adać *[development, invention, later work]*
II *vi* (when telling story) uprzedzać fakty
III -anticipated *in combinations* **much-~d** tak oczekiwany; **long-~d** od dawna oczekiwany
anticipation /ænˌtɪsɪˈpeɪʃn/ *n* [1] (excitement) niecierpliwość *f*; (pleasure in advance) niecierpliwe wyczekiwanie *n* **(of sth** na coś); **in ~ of sth** niecierpliwie czekając na coś, ciesząc się na myśl o czymś; **she smiled in ~** uśmiechała się na samą myśl [2] (expectation) oczekiwanie *n* **(of sth** czegoś); (foreseeing) przewidywanie *n* **(of sth** czegoś); antycypacja *f* fml; **in ~ of sth** oczekując czegoś/przewidując coś; **to show good** or **a good sense of ~** Sport mieć zdolność przewidywania; **thanking you in ~** (in letter) z góry dziękuję [3] Jur (property law) użytkowanie *n* przed ostatecznym nabyciem praw
anticipatory /ænˌtɪsɪˈpeɪtərɪ/ *adj* [1] **to take ~ measures/action** podjąć zapobiegawcze kroki/działania; **~ pleasure /shiver** przyjemność/dreszcz oczekiwania [2] Psych *[reaction, response]* antycypacyjny [3] Ling wyprzedzający, poprzedzający
anticlerical /ˌæntɪˈklerɪkl/ **I** *n* antyklerykał *m*
II *adj* antyklerykalny
anticlericalism /ˌæntɪˈklerɪkəlɪzəm/ *n* antyklerykalizm *m*
anticlimax /ˌæntɪˈklaɪmæks/ *n* zawód *m*, rozczarowanie *n*; **a sense of ~** uczucie zawodu or rozczarowania; **something of an ~** pewne rozczarowanie
anticline /ˈæntɪklaɪn/ *n* Geol siodło *n*, antyklina *f*
anticlockwise /ˌæntɪˈklɒkwaɪz/ GB **I** *adj [direction, rotation]* przeciwny do ruchu wskazówek zegara
II *adv [turn, spin, rotate]* przeciwnie do ruchu wskazówek zegara
anticoagulant /ˌæntɪkəʊˈægjʊlənt/ **I** *n* Med antykoagulant *m*, środek *m* przeciwkrzepliwy
II *adj* przeciwkrzepliwy
anticorrosive /ˌæntɪkəˈrəʊsɪv/ **I** *n* środek *m* antykorozyjny
II *adj* antykorozyjny
antics /ˈæntɪks/ *npl* (comical) błazeństwa *n pl*; pej wygłupy *m pl* infml; **he's up to his old ~ again!** wrócił do swych starych numerów! infml
anticyclone /ˌæntɪˈsaɪkləʊn/ *n* antycyklon *m*
antidandruff /ˌæntɪˈdændrʌf/ *adj* przeciwłupieżowy
anti-dazzle /ˌæntɪˈdæzl/ *adj* **~ headlights** Aut światła krótkie, światła mijania
antidepressant /ˌæntɪdɪˈpresnt/ **I** *n* środek *m* przeciwdepresyjny
II *adj* przeciwdepresyjny
antidotal /ˌæntɪˈdəʊtəl/ *adj* fml odtrutkowy
antidote /ˈæntɪdəʊt/ *n* Med odtrutka *f*; antidotum *n* also fig; **to administer an ~ for** or **against** or **to the poison** podać antidotum or odtrutkę przeciw truciźnie; **an ~ for** or **to boredom** antidotum na nudę
anti-emetic /ˌæntɪɪˈmetɪk/ *n* Med środek *m* przeciwwymiotny
antiestablishment /ˌæntɪɪsˈtæblɪʃmənt/ *adj* kontestatorski, skierowany przeciwko establishmentowi
antifreeze /ˈæntɪfriːz/ *n* Aut płyn *m* przeciw(działający) zamarzaniu
antifriction /ˌæntɪˈfrɪkʃn/ *adj* przeciwcierny; **~ alloy/metal** stop/metal łożyskowy
antigen /ˈæntɪdʒən/ *n* antygen *m*
antiglare /ˌæntɪˈgleə(r)/ *adj [screen]* przeciwoślepieniowy, antyrefleksyjny
Antigua and Barbuda *prn* Antigua *f* i Barbuda *f*
antihero /ˈæntɪhɪərəʊ/ *n* antybohater *m*
antihistamine /ˌæntɪˈhɪstəmɪn/ *n* Med antyhistamina *f*
anti-inflammatory /ˌæntɪɪnˈflæmətrɪ, US -tɔːrɪ/ Med **I** *n* środek *m* przeciwzapalny
II *adj* przeciwzapalny
anti-inflation /ˌæntɪɪnˈfleɪʃn/ *adj [policy, programme]* antyinflacyjny
anti-inflationary /ˌæntɪɪnˈfleɪʃənərɪ, US -nerɪ/ *adj* antyinflacyjny
anti-interference /ˌæntɪɪntəˈfɪərəns/ *adj* przeciwzakłóceniowy
antiknock /ˈæntɪnɒk/ *n* antydetonator *m*
Antilles /ænˈtɪliːz/ *prn pl* **the ~** Antyle *plt*; **the Greater ~** Wielkie Antyle; **the Lesser ~** Małe Antyle
antilock /ˈæntɪlɒk/ *adj* Aut nieblokujący się
Anti-Lock Brakes System, ABS *n* Aut system *m* ABS
antilogarithm /ˌæntɪˈlɒgərɪðəm, US -ˈlɔːg-/ *n* antylogarytm *m*
antimacassar /ˌæntɪməˈkæsə(r)/ *n* ochraniacz *m (na zagłówek, podłokietnik)*
antimagnetic /ˌæntɪmægˈnetɪk/ *adj* przeciwmagnetyczny
antimarket /ˌæntɪˈmɑːkɪt/ *adj* GB *[group, lobby, MP]* przeciwny Wspólnemu Rynkowi
antimarketeer /ˌæntɪmɑːkɪˈtɪə(r)/ *n* GB przeciwni|k *m*, -czka *f* Wspólnego Rynku
antimatter /ˈæntɪmætə(r)/ *n* antymateria *f*
antimissile /ˈæntɪmɪsaɪl, US -mɪsl/ **I** *n* antyrakieta *f*
II *adj [system]* antyrakietowy
antimony /ˈæntɪmənɪ, US -məʊnɪ/ *n* antymon *m*
anti-motion /ˌæntɪˈməʊʃn/ *adj* **~ (sickness) tablets** tabletki przeciw chorobie lokomocyjnej
antinuclear /ˌæntɪˈnjuːklɪə(r), US -nuː-/ *adj [movement]* antynuklearny; *[speech, article]* przeciwko wykorzystywaniu energii jądrowej
antinuke /ˌæntɪˈnjuːk, US -ˈnuː-/ *adj* infml = **antinuclear**
antipathetic /ˌæntɪpəˈθetɪk/ *adj* fml *[feelings, speech, person]* niechętny **(to** or **towards sb/sth** komuś/czemuś)
antipathy /ænˈtɪpəθɪ/ *n* niechęć *f* **(to** or **towards sb/sth** do kogoś/czegoś); antypatia *f* **(to** or **towards sb** do kogoś)
antipersonnel /ˌæntɪˌpɜːsəˈnel/ *adj* Mil *[mine]* przeciwpiechotny
antiperspirant /ˌæntɪˈpɜːspɪrənt/ **I** *n* środek *m* przeciwpotny, antyperspirant *m*
II *adj* przeciwpotny, antyperspiracyjny
antiperspirant deodorant I *n* dezodorant *m* przeciwpotny
II *adj* usuwający zapach potu
antiphony /ænˈtɪfənɪ/ *n* Relig antyfona *f*
antipodal /ænˈtɪpədl/ *adj [continent, meridian]* leżący na antypodach, antypodyczny
antipodean /ænˌtɪpəˈdiːən/ **I** *n* mieszkaniec *m* antypodów
II *adj* antypodyczny; **~ person/animal** osoba/zwierzę z antypodów
Antipodes /ænˈtɪpədiːz/ *npl* GB **the ~** antypody *plt*
antiquarian /ˌæntɪˈkweərɪən/ **I** *n* (dealer) antykwariusz *m*; (scholar) archeolog *m*; (collector) kolekcjoner *m* antyków
II *adj [studies, research, collection]* antykwaryczny; **~ bookshop** antykwariat; **~ bookseller** antykwariusz
antiquary /ˈæntɪkwərɪ, US -kwerɪ/ *n* (dealer) antykwariusz *m*; (scholar) archeolog *m*
antiquated /ˈæntɪkweɪtɪd/ *adj* [1] (obsolete) *[machinery, law]* przestarzały [2] (old-fashioned) *[clothing, idea, aunt]* staroświecki
antique /ænˈtiːk/ **I** *n* [1] (object) (piece of furniture) antyk *m*; (with no historical value) staroć *f* [2] infml pej (person) stare próchno *n* infml offensive
II *adj* [1] (of earlier period) *[furniture, jewellery]* zabytkowy [2] (old style) *[fireplace, door]* w dawnym stylu; **~ oak** drewno imitujące stary dąb [3] (old-fashioned) staroświecki [4] (belonging to ancient times) starożytny, antyczny
III *vt* antykizować *[furniture]*
IV *vi* US poszukiwać antyków

antique dealer *n* antykwariusz *m*; (dealing in objects of no historical value) handla|rz *m*, -rka *f* starociami
antique(s) fair *n* targ *m* staroci; pchli targ *m* infml
antique shop *n* sklep *m* z antykami; (of no historical value) sklep *m* ze starociami
antiquity /æn'tɪkwətɪ/ *n* [1] (ancient times) starożytność *f*, okres *m* antyku; **in ~** w starożytności, w okresie antyku; **classical ~** antyk grecko-łaciński [2] (great age) starość *f*; **of great ~** bardzo stary [3] (relic) zabytek *m*, antyk *m*
antiracism /ˌæntɪ'reɪsɪzəm/ *n* antyrasizm *m*
antiracist /ˌæntɪ'reɪsɪst/ **I** *n* antyrasist|a *m*, -ka *f*
II *adj* antyrasistowski
antireligious /ˌæntɪrɪ'lɪdʒəs/ *adj [opinion, propaganda]* antyreligijny
anti-riot /ˌæntɪ'raɪət/ *adj [shield]* ochronny; **~ squad** oddział prewencji
anti-roll bar /ˌæntɪ'rəʊlbɑː(r)/ *n* Aut stabilizator *m* poprzeczny
antirrhinum /ˌæntɪ'raɪnəm/ *n* Bot wyżlin *m*; lwia paszcza *f* infml
anti-rust /ˌæntɪ'rʌst/ *adj* przeciwrdzewny
antisegregationist /ˌæntɪsegrə'geɪʃənɪst/ **I** *n* przeciwni|k *m*, -czka *f* segregacji rasowej
II *adj* przeciw segregacji rasowej
anti-Semite /ˌæntɪ'siːmaɪt, US -'semaɪt/ *n* antysemit|a *m*, -ka *f*
anti-Semitic /ˌæntɪsɪ'mɪtɪk/ *adj* antysemicki
anti-Semitism /ˌæntɪ'semɪtɪzəm/ *n* antysemityzm *m*
antisepsis /ˌæntɪ'sepsɪs/ *n* antyseptyka *f*
antiseptic /ˌæntɪ'septɪk/ **I** *n* środek *m* antyseptyczny, antyseptyk *m*
II *adj* antyseptyczny
anti-skid /ˌæntɪ'skɪd/ *adj* Aut *[braking, tyre]* przeciwpoślizgowy
antislavery /ˌæntɪ'sleɪvərɪ/ *adj* **~ campaign/speech** kampania/przemówienie przeciw niewolnictwu
anti-smoking /ˌæntɪ'sməʊkɪŋ/ *adj [campaign, lobby, literature]* antynikotynowy, przeciw paleniu tytoniu
antisocial /ˌæntɪ'səʊʃl/ *adj* [1] (not sociable) *[person]* nietowarzyski [2] (opposed to social norms) *[person, conduct]* aspołeczny; **~ behaviour** postawa aspołeczna; (criminal behaviour) zachowanie przestępcze
antispasmodic /ˌæntɪspæz'mɒdɪk/ **I** *n* Med środek *m* przeciwskurczowy or antyspazmatyczny
II *adj* przeciwskurczowy, antyspazmatyczny
anti-strike /ˌæntɪ'straɪk/ *adj [law, campaign]* przeciwstrajkowy
antisubmarine /ˌæntɪsʌbmə'riːn/ *adj [weapon]* do zwalczania okrętów podwodnych
antitank /ˌæntɪ'tæŋk/ *adj* przeciwczołgowy
anti-terrorist /ˌæntɪ'terərɪst/ *adj* antyterrorystyczny
anti-theft /ˌæntɪ'θeft/ *adj [lock, device]* przeciwwłamaniowy; **~ camera** kamera monitorująca; **~ steering lock** blokada kierownicy
antithesis /æn'tɪθəsɪs/ *n* (*pl* **-theses**) fml [1] (opposite) przeciwieństwo *n* **(of sth** czegoś); (in ideas) antyteza *f* **(of sth** czegoś) [2] (contrast) kontrast *m* **(between sth/sb and sth/sb** między czymś/kimś a czymś /kimś); **her views are in complete ~ to his** jego i jej poglądy są biegunowo odmienne [3] Literat, Philos antyteza *f*
antithetic(al) /ˌæntɪ'θetɪk(l)/ *adj* fml *[views, opinions]* sprzeczny **(to sth** z czymś); przeciwstawny **(to sth** względem czegoś)
antithetically /ˌæntɪ'θetɪklɪ/ *adv* fml przez kontrast
antitoxic /ˌæntɪ'tɒksɪk/ *adj* antytoksyczny, surowiczy
antitoxin /ˌæntɪ'tɒksɪn/ *n* antytoksyna *f*, surowica *f*
antitrust /ˌæntɪ'trʌst/ *adj* antytrustowy, antymonopolowy
antitrust law *n* US ustawa *f* antymonopolowa
antiviral /ˌæntɪ'vaɪərəl/ *adj* przeciwwirusowy
antivirus software /ˌæntɪvaɪərəs'sɒftweə(r), US -'sɔːft-/ *n* Comput program *m* antywirusowy
anti-vivisection /ˌæntɪˌvɪvɪ'sekʃən/ *adj* **~ campaign** kampania przeciwko doświadczeniom na zwierzętach
anti-vivisectionist /ˌæntɪˌvɪvɪ'sekʃənɪst/ **I** *n* przeciwni|k *m*, -czka *f* doświadczeń na zwierzętach
II *adj [activity]* przeciwko doświadczeniom na zwierzętach
anti-wrinkle /ˌæntɪ'rɪŋkl/ *adj [cream, lotion]* przeciwzmarszczkowy
antlers /'æntləz/ *npl* (on stag, as trophy) rogi *m pl* jelenia, poroże *n*
Antony /'æntənɪ/ *prn* (Marek *m*) Antoniusz *m*
antonym /'æntənɪm/ *n* antonim *m*
antonymy /æn'tɒnɪmɪ/ *n* antonimia *f*
Antrim /'æntrɪm/ *prn* Antrim *n inv*
antsy /'æntsɪ/ *adj* US infml (fidgety) nerwowy, podenerwowany; **to feel ~** nie móc sobie znaleźć miejsca
Antwerp /'æntwɜːp/ *prn* Antwerpia *f*
anus /'eɪnəs/ *n* odbyt *m*
anvil /'ænvɪl/ *n* [1] (iron block) kowadło *n* [2] Anat kowadełko *n*
anxiety /æŋ'zaɪətɪ/ *n* [1] (apprehension) niepokój *m*, obawa *f* **(about** or **for sb/sth** o kogoś/coś); **she caused them great ~** przysporzyła im wielu trosk; **to be in a state of high ~** bardzo się niepokoić [2] (source of worry) zmartwienie *n*; **to be an ~ to sb** martwić kogoś [3] (eagerness) pragnienie *n* **(to do sth** zrobienia czegoś); **in her ~ to get there on time she forgot her passport** tak bardzo się śpieszyła, żeby być na czas, że zapomniała paszportu [4] Psych lęk *m*
anxiety attack *n* napad *m* lękowy
anxiety neurosis *n* Psych nerwica *f* lękowa
anxiolytic /ˌæŋzɪə'lɪtɪk/ Med **I** *n* środek *m* przeciwlękowy
II *adj* przeciwlękowy
anxious /'æŋkʃəs/ *adj* [1] (worried) *[person, glance, expression]* zatroskany, zaniepokojony **(for sb** o kogoś); *[enquiry, request]* pełen niepokoju **(about sb/sth** o kogoś/coś); **to be ~ about travelling on one's own** bać się podróżować samemu; **to be very/extremely ~** być bardzo/niezmiernie zaniepokojonym or zatroskanym [2] (causing worry) *[moment, time]* pełen niepokoju [3] (eager) *[person, animal]* **to be ~ for sth** pragnąć czegoś; **~ for fame and fortune** spragniony sławy i bogactwa; **I am ~ for him to know** or **that he should know** bardzo mi zależy, żeby wiedział; **he is ~ to do well in his exam** bardzo mu zależy, żeby dobrze zdać egzamin; **she is most ~ to meet you** nie może się doczekać, żeby cię poznać
anxiously /'æŋkʃəslɪ/ *adv* [1] (worriedly) z niepokojem [2] (eagerly) z niecierpliwością
anxiousness /'æŋkʃəsnɪs/ *n* = **anxiety** [1] [3]
any /'enɪ/ **I** *det* [1] (with negative, implied negative) **he hasn't got ~ money/food** nie ma pieniędzy/co jeść; **they never receive ~ letters** nigdy nie dostają listów; **they hardly ate ~ cake** prawie nie tknęli ciasta; **I don't want ~ breakfast/lunch** nie chcę śniadania/lunchu; **I don't need ~ advice** nie potrzebuję żadnych rad; **they couldn't get ~ details** nie mogli dowiedzieć się żadnych szczegółów; **he hasn't got ~ common sense** brak mu zdrowego rozsądku [2] (in questions, conditional sentences) **is there ~ tea/bread?** jest herbata/chleb?; **if you have ~ doubts** jeśli masz (jakieś) wątpliwości; **if you have ~ money** jeśli masz jakieś pieniądze [3] (no matter which) jakikolwiek, którykolwiek, każdy, wszelki; **~ hat/pen will do** wystarczy byle kapelusz/pióro; **you can have ~ cup you want** możesz wziąć, jaką or którą chcesz filiżankę; **~ teacher will tell you the same story** każdy nauczyciel powie ci to samo; **~ information would be very useful** przyda się każda informacja; **~ complaints should be addressed to Mr Cook** wszelkie zażalenia należy kierować do pana Cooka; **~ child caught smoking will be punished** każde dziecko przyłapane na paleniu zostanie ukarane; **I'm ready to help in ~ way I can** gotów jestem zrobić wszystko, żeby pomóc; **I don't wish to restrict your freedom in ~ way** nie chcę ograniczać twojej swobody w jakikolwiek sposób; **he might return at ~ time** może wrócić w każdej chwili; **if you should want to discuss this at ~ time** gdybyś kiedyś chciał to przedyskutować; **come round and see me ~ time** zajrzyj or wpadnij do mnie, kiedy tylko zechcesz; **~ one of you could have done it** każdy z was mógł to zrobić; **I don't buy ~ one brand in particular** nie kupuję jakiejś konkretnej marki; **you can only take £200 at ~ one time** jednorazowo można podjąć 200 funtów → **case[1], chance, event, means, minute, old, rate**
II *pron* [1] (with negative, implied negative) **he hasn't got ~** nie ma (wcale); **there is hardly ~ left** prawie nic nie zostało; **there aren't ~ left** nic nie zostało; **she doesn't like ~ of them** nie lubi żadnego /żadnej (z nich) [2] (in questions, conditional sentences) **I'd like some tea if you have ~** napiłbym się herbaty, jeśli masz; **have you got ~?** (czy) masz?; **have ~ of you got a**

car? czy ktoś z was ma samochód?; **are ~ of them blue?** a są jakieś niebieskie?; **we have very few blue shirts left, if ~** mamy już niewiele niebieskich koszul, jeśli w ogóle; **if we have ~, they'll be there** jeśli w ogóle są jakieś, to tam [3] (no matter which) którykolwiek; **'which colour would you like?' – '~'** „który kolor chciałbyś?" – „którykolwiek"; **~ of them could do it** każdy z nich mógł to zrobić

III *adv* [1] (with comparatives) **there isn't ~ better lawyer in the country** w kraju nie ma lepszego adwokata; **is he feeling ~ better?** czy czuje się trochę lepiej?; **have you got ~ more of these?** masz jeszcze takie or więcej takich?; **do you want ~ more wine?** chcesz jeszcze wina?; **we can't give you ~ more than £4 an hour** nie możemy dać ci więcej niż 4 funty za godzinę; **she can't paint pictures ~ more than she can write poetry** nie potrafi ani malować, ani pisać wierszy; **I don't like him ~ more than you do** nie lubię go, podobnie jak ty; **I don't know ~ more than that** to wszystko, co wiem; **~ more of that and I'll call the police** jeśli dalej tak będzie, wezwę policję; **~ more stealing and you'll be in big trouble** jeżeli będziesz dalej kradł, znajdziesz się w poważnych kłopotach or tarapatach; **he doesn't live here ~ more** or **longer** już tu nie mieszka; **I won't put up with it ~ longer** nie będę tego dłużej tolerował or znosił; **if we stay here ~ longer** jeśli zostaniemy tutaj dłużej; **can't you walk ~ faster?** nie możesz iść szybciej?; **I can't leave ~ later than 6 o'clock** nie mogę wyjść później niż o szóstej [2] infml (at all) wcale, w ogóle; **that doesn't help me ~** wcale mi to nie pomaga; **it didn't bother him ~** w ogóle or wcale go to nie obeszło

anybody /ˈenɪbɒdɪ/ *pron* [1] (with negative, implied negative) nikt; **there wasn't ~ in the house/car** w domu/samochodzie nie było nikogo; **there's never ~ at home** nigdy nie ma nikogo w domu; **without ~ knowing** bez czyjejkolwiek wiedzy; **I didn't have ~ to talk to** nie miałem z kim porozmawiać; **I don't like him and nor does ~ else** nie lubię go i inni też go nie lubią; **hardly ~ came** prawie nikt nie przyszedł [2] (in questions, conditional sentences) ktoś; **is there ~ in the house/car?** czy jest ktoś w domu/samochodzie?; **did ~ see him?** czy ktoś go widział?; **if ~ asks, tell them I've gone out** gdyby ktoś pytał, powiedz, że wyszedłem; **if ~ can persuade him, Adam can** jeśli ktoś jest w stanie go przekonać, to tylko Adam; **is ~ nice/interesting coming?** czy przyjdzie ktoś sympatyczny/interesujący? [3] (no matter who) każdy; **~ can do it** każdy to potrafi; **~ but him/you/his wife** każdy poza nim /tobą/jego żoną; **~ who wants to go with us** każdy, kto chce z nami pójść; **~ but you would have given it to him** każdy, oprócz ciebie, dałby mu to; **~ with any intelligence would realize that** każdy z odrobiną inteligencji zdałby sobie z tego sprawę; **~ can make a mistake/break a glass** każdemu zdarza się zrobić błąd/stłuc szklankę; **~ would think you were deaf** można by pomyśleć, że jesteś głuchy; **you can invite ~ (you like)** możesz zaprosić, kogo zechcesz [4] (somebody unimportant) byle kto; **she is not just ~, she is the boss** ona to nie byle kto, jest szefową; **we can't just ask ~ to do it, we need a skilled mechanic** nie możemy prosić o zrobienie tego byle kogo, potrzebny nam dobry mechanik; **I wouldn't give it to just ~** nie dałabym tego byle komu [5] (somebody important) **~ who was ~ was at the party** wszystkie ważne osobistości były na tym przyjęciu; **he isn't ~ in this town** nie jest nikim ważnym w tym mieście → **guess**

anyhow /ˈenɪhaʊ/ *adv* [1] (in any case) = **anyway** [2] (in a careless, untidy way) byle jak; **there were clothes scattered around the room ~** ubrania były porozrzucane po pokoju; **they splashed the paint ~** byle jak chlapnęli farbą

anyone /ˈenɪwʌn/ *pron* = **anybody**

anyplace /ˈenɪpleɪs/ *adv* US infml = **anywhere**

anyroad /ˈenɪrəʊd/ *adj* GB dial infml = **anyway**

anything /ˈenɪθɪŋ/ *pron* [1] (with negative, implied negative) nic; **she didn't say/do ~** nic nie powiedziała/zrobiła; **they never do ~** nigdy nic nie robią; **he didn't have ~ to do** nie miał nic do roboty; **she doesn't want ~ (too) expensive/cheap** nie chce niczego (zbyt) drogiego/taniego; **there was hardly ~ left** prawie nic nie zostało; **don't believe ~ he says** nie wierz niczemu, co mówi [2] (in questions, conditional sentences) coś, cokolwiek; **is there ~ in the box?** czy jest coś w tym pudełku?; **have you got ~ in blue/red?** czy jest coś w kolorze niebieskim/czerwonym?; **if ~ should happen** or **happens to her** gdyby jej się coś stało, jeśli jej się coś stanie; **is there ~ to be done?** czy można coś zrobić?; **is there ~ in the rumour that...?** czy jest coś w tej plotce or pogłosce, że...? [3] (no matter what) wszystko; **~ is possible** wszystko jest możliwe; **you can have ~ (you like)** możesz mieć wszystko, co zechcesz; **she'll eat ~** zje wszystko; **I'd do/give ~ to get that job** zrobiłbym /dałbym wszystko, żeby dostać tę pracę; **they'd do ~ for you** zrobiliby dla ciebie wszystko; **she likes ~ sweet/to do with football** lubi wszystko, co (jest) słodkie/co ma związek z futbolem; **it could cost ~ between £50 and £100** to może kosztować od 50 do 100 funtów; **he was ~ but happy/intelligent/a liar** wcale nie był szczęśliwy/inteligentny/kłamcą; **he wasn't annoyed, if ~, he was quite pleased** wcale nie był zły, przeciwnie, całkiem zadowolony; **'was it interesting?' – '~ but'** „czy to było ciekawe?" – „wręcz przeciwnie"

IDIOMS: **~ goes** wszystko wolno or jest możliwe; **as easy/funny as ~** najłatwiejsze/najśmieszniejsze w świecie; **to laugh /work like ~** uśmiać się/pracować jak nie wiem co infml; **do you need a towel or ~?** potrzebujesz ręcznika czy czegoś takiego?; **it's not that I don't like you or ~** nie o to chodzi, że cię nie lubię czy coś w tym rodzaju infml

anytime /ˈenɪtaɪm/ *adv* (also **any time**) [1] (no matter when) kiedyś (tam); **~ after 2 pm** o każdej porze po czternastej; **~ you like** kiedy (tylko) zechcesz; **if at ~ you feel lonely** jeśli kiedykolwiek poczujesz się samotny...; **at ~ of the day or night** o każdej porze dnia i nocy [2] (at any moment) w każdej chwili; **he could arrive ~ now** może przyjechać w każdej chwili

anyway /ˈenɪweɪ/ *adv* [1] (in any case) w każdym razie, i tak; (besides) poza tym; **I was planning to do that ~** i tak planowałem to zrobić; **I don't want to go, and ~ I have to wait for Maria** nie chce mi się iść, a poza tym muszę poczekać na Marię; **why do you want to know, ~?** a tak w ogóle to dlaczego chcesz wiedzieć?; **who wants to work there, ~?** a w ogóle to kto chciałby tam pracować? [2] (nevertheless) jednak(że), mimo to; **I don't really like hats, but I'll try it on ~** nie lubię kapeluszy, mimo to zmierzę go; **thanks ~** mimo wszystko dziękuję [3] (at least, at any rate) przynajmniej, w każdym razie; **we can't go out, not yet ~** nie możemy wyjść, w każdym razie jeszcze nie teraz; **he doesn't like them, that's what he said ~** nie lubi ich, przynajmniej tak powiedział; **up until recently ~, people were saying that** przynajmniej do niedawna ludzie tak mówili [4] (well: as sentence adverb) **~, we arrived at the station...** więc przyjechaliśmy na stację...; **~, I'd better go now, see you later!** dobra, lepiej już pójdę, do zobaczenia!

anywhere /ˈenɪweə(r), US -hweər/ *adv* [1] (with negative, implied negative) nigdzie; **you can't go ~** nigdzie nie pójdziesz; **there isn't ~ to sit/sleep** nie ma gdzie usiąść /spać; **we didn't go ~ special** or **interesting last summer** infml nigdzie specjalnie nie byliśmy w lecie; **they didn't go ~ this weekend** nigdzie nie pojechali w ten weekend; **you won't get ~ if you don't pass your exams** fig do niczego nie dojdziesz, jeśli nie zdasz egzaminów; **crying isn't going to get you ~** fig płacz nic ci nie pomoże; **Robert came second but I didn't come ~** Robert był drugi, ale ja gdzieś na szarym końcu [2] (in questions, conditional sentences) gdzieś; **have you got a radio/comb ~?** masz gdzieś radio/grzebień?; **did you go ~ nice?** byliście w jakimś sympatycznym miejscu?; **we're going to Spain, if ~** jeśli w ogóle gdziekolwiek pojedziemy, to do Hiszpanii; **have you seen Adam ~?** widziałeś gdzieś Adama?; **can you think of ~ she might be?** nie wiesz, gdzie ona może być? [3] (no matter where) **~ you like** gdzie tylko or gdziekolwiek zechcesz; **~ in the world/England** gdziekolwiek w świecie/w Anglii; **~ but** or **except Brighton** gdziekolwiek, byle nie (do) Brighton; **I'll go ~ where there's sun** pojadę gdziekolwiek, byleby świeciło słońce; **~ she goes, he follows her** chodzi za nią krok w krok; **'where do you want to go?' – '~ exotic/hot'** „dokąd chcesz pojechać?" – „w jakieś egzotyczne strony/gdzieś, gdzie jest gorąco"; ~ **between 50 and 100 people** gdzieś od pięćdziesięciu do stu osób

Anzac /ˈænzæk/ *n* = **Australia-New Zealand Army Corps** Korpus *m* Wojskowy Australii i Nowej Zelandii

AOB *n* GB = **any other business** ≈ wolne wnioski *m pl (na koniec zebrania)*

AONB *n* GB → **Area of Outstanding Natural Beauty**

aorist /ˈeərɪst/ *n* Ling aoryst *m*

aorta /eɪˈɔːtə/ *n* (*pl* **-tas, -tae**) aorta *f*, tętnica *f* główna

aortic /eɪˈɔːtɪk/ *adj* aortalny

aortic arch *n* łuk *m* aorty

aortic valve *n* zastawka *f* aorty

AP *n* = **Associated Press**

apace /əˈpeɪs/ *adv* liter (quickly) co żywo liter

Apache /əˈpætʃɪ/ **I** *n* [1] Apacz *m*, -ka *f* [2] Ling język *m* Apaczów
II *modif* ~ **tribe/custom/dance** plemię /obyczaj/taniec Apaczów

apart /əˈpɑːt/ **I** *adj, adv* [1] (at a distance in time or space) w oddaleniu; **the trees were planted 10 metres** ~ drzewa posadzono co 10 metrów; **the babies were born two weeks** ~ dzieci urodziły się w dwa tygodnie jedno po drugim; **the houses were far** ~ domy były oddalone od siebie; **countries as far** ~ **as China and Spain** kraje tak od siebie oddalone, jak Chiny i Hiszpania; **he stood** ~ **(from the group)** stał or trzymał się z dala (od grupy); **the posts need to be placed further** ~ trzeba zwiększyć odległość między słupkami [2] (separate from each other) (as adjective) osobny, oddzielny; (as adverb) osobno, oddzielnie; **we hate being** ~ (of couple) nie znosimy się rozstawać; **they need to be kept** ~ należy ich trzymać z dala od siebie [3] (leaving aside) poza (kimś/czymś), pomijając (kogoś/coś); **dogs** ~, **I don't like animals** poza psami, nie lubię zwierząt; **finances** ~, **we're quite happy** pomijając sprawy finansowe, jesteśmy całkiem szczęśliwi [4] (different) **a race/a world** ~ zupełnie inna rasa/inny świat; **we are very far** ~ **on the subject of immigration** mamy zdecydowanie odmienne zdania na temat imigracji; **journalists are a world** ~ dziennikarze to osobny świat [5] (in pieces) **he had the TV** ~ **on the floor** na podłodze miał telewizor rozłożony na części
II apart from *prep phr* [1] (separate from) osobno; **it stands** ~ **from the other houses** stoi z dala od innych domów; **he lives** ~ **from his wife** nie mieszka razem z żoną [2] (leaving aside) pomijając (kogoś /coś), poza (kimś/czymś); ~ **from Adam /the garden** poza Adamem/ogrodem, pomijając Adama/ogród; ~ **from working in the office, he...** poza pracą w biurze on również...; ~ **from being illegal, it is also dangerous** to nie tylko nielegalne, ale i niebezpieczne; ~ **from anything else, I don't even like swimming** poza wszystkim, nawet nie lubię pływać

apartheid /əˈpɑːtheɪt, -aɪt/ **I** *n* apartheid *m*
II *modif [law, regulations]* rasistowski; ~ **policy/system** polityka/system apartheidu

apartment /əˈpɑːtmənt/ **I** *n* [1] (flat) mieszkanie *n*; **executive** ~ apartament; **luxury** ~ luksusowe mieszkanie [2] (temporary accommodation) mieszkanie *n*; **holiday ~s to let in Devon** wakacyjne kwatery do wynajęcia w Devon
II apartments *npl* (suite of rooms) apartamenty *m pl*

apartment block *n* blok *m* mieszkalny

apartment house *n* US dom *m* mieszkalny, kamienica *f*

apathetic /ˌæpəˈθetɪk/ *adj* apatyczny; **to be** ~ **about sth/towards sb** mieć obojętny stosunek do czegoś/kogoś

apathy /ˈæpəθɪ/ *n* apatia *f*; (absence of concern) zobojętnienie *n*; **there is a widespread** ~ **among schoolchildren** wiele dzieci w wieku szkolnym zachowuje się apatycznie; ~ **towards the plight of the starving people** obojętność na los głodujących

APB *n* US = **all points bulletin**

ape /eɪp/ **I** *n* [1] Zool małpa *f* człekokształtna [2] US infml pej (person) prymityw *m* pej
II *vt* małpować *[behaviour, manner, speech]*
[IDIOMS:] **to go** ~ US vinfml (in anger) wściec się infml; (in enthusiasm) szaleć, wariować infml **(over** or **about sth** z powodu czegoś)

Apennine /ˈæpənaɪn/ *adj [flora, village]* apeniński

Apennines /ˈæpənaɪnz/ *prn pl* **the** ~ Apeniny *plt*

aperient /əˈpɪərɪənt/ **I** *n* środek *m* przeczyszczający
II *adj [medicine, herb, effect]* przeczyszczający

aperitif /əˈperətɪf, US əˌperəˈtiːf/ *n* aperitif *m*

aperture /ˈæpətʃʊə(r)/ *n* [1] (hole) otwór *m*; (crack in rock, wall) szczelina *f*; (in window, wall, curtain) szpara *f* [2] (in camera, microscope) przesłona *f*, przysłona *f*; (diameter) apertura *f*; **wide/narrow** ~ Phot szeroko otwarta /przymknięta przesłona

apeshit /ˈeɪpʃɪt/ US vulg **I** *n* bzdet *m* infml
II *adj* **to go** ~ **over sth** dostać świra z powodu czegoś infml

apex /ˈeɪpeks/ *n* (*pl* **-exes, apices**) [1] Math (of triangle) wierzchołek *m*; fig szczyt *m* **(of sth** czegoś) [2] Astron apeks *m* [3] Anat (of heart) koniuszek *m*; (of lung) szczyt *m*

APEX /ˈeɪpeks/ *n* [1] = **Advance Purchase Excursion** APEX *m (tani, powrotny bilet lotniczy)* [2] = **Association of Professional, Executive, Clerical and Computer Staff** ≈ Związek *m* Zawodowy Pracowników Biurowych

aphasia /əˈfeɪzɪə, US -ʒə/ *n* afazja *f*

aphasic /əˈfeɪzɪk/ *adj* afatyczny; ~ **patient** afatyk

apheresis /əˈfɪərɪsɪs/ *n* Ling afereza *f*

aphid /ˈeɪfɪd/ *n* Zool mszyca *f*

aphis /ˈeɪfɪs/ *n* (*pl* **-ides**) Zool mszycowaty *m*

aphonia /əˈfəʊnɪə/ *n* afonia *f*, bezgłos *m*

aphonic /əˈfɒnɪk/ *adj* [1] Ling *[letter, symbol]* niemy [2] Med *[patient]* afoniczny, dotknięty afonią

aphorism /ˈæfərɪzəm/ *n* aforyzm *m*

aphrodisiac /ˌæfrəˈdɪzɪæk/ **I** *n* afrodyzjak *m*
II *adj* wzmagający popęd płciowy

Aphrodite /ˌæfrəˈdaɪtɪ/ *prn* Afrodyta *f*

apiarist /ˈeɪpɪərɪst/ *n* pszczelarz *m*

apiary /ˈeɪpɪərɪ, US -ɪerɪ/ *n* pasieka *f*

apices /ˈæpɪˌsiːz/ *npl* → **apex**

apiece /əˈpiːs/ *adv* [1] (for each person) na osobę; **he gave them an apple** ~ dał im po (jednym) jabłku; **we took two bags** ~ wzięliśmy po dwie torby [2] (each one) za sztukę; **they cost a penny** ~ kosztują pensa za sztukę; **five books at £1** ~ pięć książek po funcie za jedną

apish /ˈeɪpɪʃ/ *adj* [1] (apelike) małpi [2] (silly) głupawy pej

aplenty /əˈplentɪ/ *adv* w bród

aplomb /əˈplɒm/ *n* pewność *f* siebie; tupet *m* pej; **to have the** ~ **to do sth** mieć czelność coś zrobić pej; **with great** ~ z ogromną pewnością siebie

apocalypse /əˈpɒkəlɪps/ *n* [1] Bible **the Apocalypse** Apokalipsa *f*, Objawienie *n* świętego Jana; **the four horsemen of the Apocalypse** czterech jeźdźców Apokalipsy [2] (disaster, destruction, vision) apokalipsa *f*

apocalypse watcher *n* czarnowidz *m*, katastrofist|a *m*, -ka *f*

apocalyptic /əˌpɒkəˈlɪptɪk/ *adj* apokaliptyczny

apocopate /əˈpɒkəpeɪt/ *vt* nie wymawiać *[sound]*; **to** ~ **the final 'o'** nie wymawiać końcowego „o"

apocopation /əˌpɒkəˈpeɪʃn/ *n* Ling apokopa *f*

apocope /əˈpɒkəpɪ/ *n* = **apocopation**

Apocrypha /əˈpɒkrɪfə/ *n (+ v sg/pl)* **the** ~ apokryfy *m pl*

apocryphal /əˈpɒkrɪfl/ *adj* apokryficzny; fig *[tale, incident]* wątpliwy

apogee /ˈæpədʒiː/ *n* Astron apogeum *n* also fig

apolitical /ˌeɪpəˈlɪtɪkl/ *adj* apolityczny

Apollo /əˈpɒləʊ/ *prn* Apollo *m*

apologetic /əˌpɒləˈdʒetɪk/ *adj [gesture, smile]* przepraszający; *[person]* skruszony; *[letter, telephone call]* z przeprosinami, z usprawiedliwieniem; **to be** ~ **about sth** przepraszać za coś; **to be** ~ **about doing** or **for having done sth** przepraszać za zrobienie czegoś; **to look/sound** ~ wyglądać na skruszonego/mówić ze skruchą

apologetically /əˌpɒləˈdʒetɪklɪ/ *adv [smile, nod]* przepraszająco; *[say]* przepraszającym tonem or głosem

apologetics /əˌpɒləˈdʒetɪks/ *n (+ v sg)* apologetyka *f*

apologia /ˌæpəˈləʊdʒɪə/ *n* (defence) obrona *f*, apologia *f* **(for sb/sth** kogoś/czegoś); (praise) pochwała *f*, apologia *f* **(for sb/sth** kogoś/czegoś)

apologist /əˈpɒlədʒɪst/ *n* apologet|a *m*, -ka *f* **(for sb/sth** kogoś/czegoś)

apologize /əˈpɒlədʒaɪz/ *vi* przepr|osić, -aszać **(for doing sth** za zrobienie czegoś)

apologue /ˈæpəlɒg/ *n* Literat apolog *m*

apology /əˈpɒlədʒɪ/ *n* [1] (excuse) przeprosiny *plt*; (act) przeproszenie *n*; **to make an** ~ **(to sb) for sth/doing sth** przeprosić (kogoś) za coś/za zrobienie czegoś; **to make** or **give one's apologies** przepraszać; **to make no** ~ **for sth** nie mieć powodu wstydzić się czegoś; **to send one's** ~ przepraszać listownie; **he was full of apologies (for sth)** był pełen skruchy (z powodu czegoś); **he deserves an** ~ **from you** należą mu się przeprosiny od ciebie; **to owe sb an** ~ być winnym komuś przeprosiny; **without** ~ bez usprawiedliwienia [2] (poor substitute) (nędzna) namiastka

A

f **(for sth** czegoś) [3] fml apologia *f* **(for sth** czegoś)

apoplectic /ˌæpəˈplektɪk/ **I** *n* apoplektyk *m*

II *adj* [1] Med dat *[fit, attack]* apoplektyczny [2] fig (furious) wściekły; **to be ~ (with rage)** wściekać się; dostać apopleksji ze złości fig

apoplexy /ˈæpəpleksɪ/ *n* [1] Med dat udar *m* mózgu, apopleksja *f* [2] (rage) wściekłość *f*; apopleksja *f* fig

apostasy /əˈpɒstəsɪ/ *n* Relig odstępstwo *n*, odszczepieństwo *n* also fig **(from sth** od czegoś); apostazja *f* fml

apostate /əˈpɒsteɪt/ **I** *n* odstępca *m*, odszczepieniec *m* **(from sth** od czegoś); apostata *m* fml

II *adj* **~ catholic/socialist** katolik/socjalista odszczepieniec

apostatize /əˈpɒstətaɪz/ *vi* (of religion) odst|ąpić, -ępować od swojej wiary; (of principles) odst|ąpić, -ępować od swoich zasad

a posteriori /ˌeɪˌpɒsterɪˈɔːraɪ/ *adj [reasoning, deduction]* aposterioryczny, a posteriori

apostle /əˈpɒsl/ *n* [1] Relig apostoł *m* [2] fig krzewiciel *m*, apostoł *m* fig **(of sth** czegoś)

Apostles' Creed *n* **the ~** Skład *m* Apostolski

apostolate /əˈpɒstələt/ *n* apostolstwo *n*, apostolat *m*

apostolic /ˌæpəˈstɒlɪk/ *adj* apostolski; **the ~ succession** sukcesja apostolska

apostrophe /əˈpɒstrəfɪ/ *n* [1] Print apostrof *m* [2] Literat (address) apostrofa *f* **(to sb** do kogoś)

apostrophize /əˈpɒstrəfaɪz/ *vt* [1] Literat zwr|ócić, -acać się do (kogoś/czegoś) [2] Print opat|rzyć, -rywać apostrofem

apothecary /əˈpɒθəkərɪ, US -kerɪ/ *n* arch aptekarz *m*

apotheosis /əˌpɒθɪˈəʊsɪs/ *n* (*pl* **-ses**) fml apoteoza *f*

appal GB, **appall** US /əˈpɔːl/ *vt* (GB *prp, pt, pp* **-ll-**) (fill with dismay) przera|zić, -żać, napawać lękiem or grozą; (shock) z|bulwersować liter; **to be ~led at** or **by sth** być przerażonym/zbulwersowanym czymś; **he was ~led to hear that she had been murdered** był wstrząśnięty wiadomością, że została zamordowana

Appalachian /ˌæpəˈleɪtʃɪən/ *adj* **~ climate/wildlife** klimat/przyroda Appalachów; **in the ~ Mountains** w Appalachach

Appalachians /ˌæpəˈleɪtʃɪənz/ *prn pl* **the ~** Appalachy *plt*

appalled /əˈpɔːld/ *adj* (horrified) przerażony; (shocked) zbulwersowany

appalling /əˈpɔːlɪŋ/ *adj* [1] (shocking) *[crime, conditions]* przerażający; *[bigotry, stupidity]* przeraźliwy; **it's ~ that...** to potworne or straszne, że... [2] (very bad) *[headache, manners, noise, taste]* okropny, potworny

appallingly /əˈpɔːlɪŋlɪ/ *adv* [1] (shockingly) *[act, behave, treat]* strasznie, okropnie; **unemployment figures are ~ high** liczba bezrobotnych jest przerażająco wysoka [2] (extremely) potwornie, okropnie; **an ~ difficult problem** strasznie trudny problem; **furnished in ~ bad taste** umeblowane w strasznie złym guście

apparatchik /ˌæpəˈrɑːtʃɪk/ *n* (*pl* **-chiks, -chiki**) aparatczyk *m*

apparatus /ˌæpəˈreɪtəs, US -ˈrætəs/ *n* [1] (equipment) sprzęt *m*; (in laboratory, gymnastic) przyrząd *m* [2] (for specific purpose) urządzenie *n*; **cleaning/heating ~** urządzenie czyszczące/grzewcze; **diving ~** sprzęt do nurkowania; **test(ing) ~** aparatura doświadczalna [3] (organization) aparat *m*; **bureaucratic ~** aparat biurokratyczny [4] Physiol aparat *m*; **digestive/breathing ~** aparat trawienny/oddechowy [5] Literat aparat *m* krytyczny

apparatus work *n* Sport ćwiczenia *n pl* na przyrządach

apparel /əˈpærəl/ **I** *n* GB arch, US strój *m*, odzież *f*; **protective ~** US odzież ochronna; **women's ~** US (in department store) odzież damska

II *vt* (*prp, pt, pp* **-ll-** GB, **-l-** US) ub|rać, -ierać; przyodzi|ać, -ewać dat or liter

apparent /əˈpærənt/ *adj* [1] (seeming) *[contradiction, success, willingness]* pozorny [2] (clear) *[error, reason, argument]* oczywisty; *[distant object]* widoczny; **to become ~ that...** stać się oczywistym, że...; **to be ~ to sb** być oczywistym dla kogoś; **to make oneself ~ (to sb)** *[spirit]* ukazać się (komuś); **for no ~ reason** bez wyraźnego or widocznego powodu

apparently /əˈpærəntlɪ/ *adv* [1] (seemingly) pozornie, z pozoru [2] (as it appears) widocznie, jak widać [3] (in fact) faktycznie, w rzeczywistości

apparition /ˌæpəˈrɪʃn/ *n* [1] (ghost) widmo *n*, zjawa *f*, duch *m* [2] (appearance) zjawisko *n*

appeal /əˈpiːl/ **I** *n* [1] (public call) apel *m* **(for sth** o coś); **an ~ to the public to remain calm** apel do ludności o zachowanie spokoju [2] (charity event) apel *m*, prośba *f*; **an ~ for sth** apel or prośba o coś *[blankets, clothes, food]*; **to launch an ~** rozpocząć akcję charytatywną; **an ~ on behalf of sb** prośba or apel o wsparcie dla kogoś [3] Sport (to umpire, referee) odwołanie *n* **(against sth** od czegoś) [4] Jur apelacja *f*, odwołanie *n*; **to lodge an ~ against the sentence** wnieść apelację od wyroku; **acquitted on ~** uniewinniony po apelacji; **act of ~** odwołanie; **right of ~** prawo apelacji or odwołania [5] (attraction) atrakcyjność *f*, wdzięk *m*; **to have wide ~** cieszyć się dużym uznaniem; **to have ~/a certain ~** być atrakcyjnym/mieć swój wdzięk; **it holds no ~ for me** to mnie nie interesuje or nie pociąga

II *vi* [1] (call, request) za|apelować **(to sb for sth** do kogoś o coś); **I shall have to ~ to my creditors for patience** będę musiał prosić moich wierzycieli o cierpliwość; **to ~ to sb to do sth** zaapelować do kogoś o zrobienie czegoś; **he ~ed to the audience to remain seated** zaapelował do publiczności o pozostanie na miejscach; **to ~ on behalf of sb** zaapelować w imieniu kogoś; **to ~ to his generosity/common sense** zaapelować or odwołać się do jego hojności/zdrowego rozsądku [2] Sport odwoł|ać, -ywać się; **to ~ against a decision** odwołać się od decyzji; **to ~ to the umpire/referee** odwołać się do sędziego /arbitra [3] Jur odwoł|ać, -ywać się **(against sth** od czegoś); **the right to ~** prawo do odwołania or apelacji; **to ~ to sth** odwołać się do czegoś *[council, high court, tribunal]* [4] (attract, interest) **to ~ to sb** *[idea]* przemawiać do kogoś; *[person]* pociągać kogoś, podobać się komuś; *[place]* podobać się komuś; **does the idea ~ to you?** czy ten pomysł ci się podoba?; **Austria doesn't really ~ to him** Austria nie bardzo mu się podoba; **gardening doesn't ~ to me** praca w ogrodzie nie pociąga mnie

appeal(s) court *n* Jur sąd *m* apelacyjny or odwoławczy

appeal fund *n* fundusz *m* pomocy

appealing /əˈpiːlɪŋ/ *adj* [1] (beseeching) *[look, eyes]* błagalny [2] (attractive) *[plan, theory]* interesujący; *[modesty, reserve]* czarujący, pociągający; *[child, picture]* uroczy

appealingly /əˈpiːlɪŋlɪ/ *adv* [1] (beseechingly) błagalnie [2] *[look]* pociągająco, czarująco; *[sing]* uroczo

appeal(s) judge *n* Jur sędzia *m* sądu apelacyjnego

appear /əˈpɪə(r)/ *vi* [1] (become visible) (person, ship, symptom) pojawi|ć, -ać się; *[apparition, ghost]* ukaz|ać, -ywać się; **a ship ~ed on the horizon** na horyzoncie pojawił się statek; **they say the ghost ~s on the stairs** mówią, że duch ukazuje się na schodach [2] (turn up) *[person, thing]* zjawi|ć, -ać się, przyby|ć, -wać; **the taxi ~ed just in time** taksówka nadjechała w samą porę; **to ~ on the scene** zjawić się na miejscu; **to ~ from nowhere** zjawić się nie wiadomo skąd; **where did you ~ from?** infml hum skąd się tu wziąłeś? [3] (seem) *[person, place, thing]* wyda|ć, -wać się, zda|ć, -wać się; **you ~ rather sad** niewesołą masz minę; **this place ~s deserted** to miejsce wygląda na opustoszałe; **she ~ed to be crying** wydawało się, że płacze; **I ~ to have forgotten** wygląda na to, że zapomniałem; **it ~s/~ed that...** wygląda/wyglądało na to, że...; **it ~s to me that...** wydaje mi się, że...; **there ~s to be something wrong** wydaje się, że coś jest nie tak; **so it ~s, so it would ~** na to wygląda, na to by wyglądało; **his parents, it ~s, were ambitious** jego rodzice, jak się wydaje, mieli ambicje [4] Journ, Publg *[article, book, work]* ukaz|ać, -ywać się [5] Cin, Theat, TV (perform) wyst|ąpić, -ępować; **to ~ on stage** występować or grać or pojawiać się na scenie; **to ~ on TV** występować w telewizji; **to ~ as Hamlet** wystąpić w roli Hamleta, zagrać Hamleta; **to be currently ~ing in sth** obecnie występować or grać w czymś [6] Jur (be present) stawi|ć, -ać się; **to ~ before a court** stawić się przed sądem; **to ~ in court** stawić się w sądzie; **to ~ as counsel for the defence** występować jako obrońca; **to ~ as a witness** wystąpić jako świadek [7] (be written) *[name, score]* pojawi|ć, -ać się **(in/on sth** w/na czymś)

appearance /əˈpɪərəns/ **I** *n* [1] (arrival) (of person, vehicle) pojawienie się *n*, zjawienie się *n*, przybycie *n* [2] (of invention, symptom) pojawienie się *n* [3] Cin, Theat, TV występ *m*; **to make an ~ on television/on stage** wystąpić w telewizji/na scenie; **to make one's first screen ~** zadebiutować na ekranie; **a rare screen ~ by X** występ X-a, rzadko pojawiającego się na ekranie; **cast in order of ~** osoby w kolejności

pojawiania się [4] (public, sporting) wystąpienie *n*; **to make a public ~** wystąpić publicznie; **this is his first ~ for Ireland** to jest jego pierwszy występ w barwach Irlandii [5] Jur (in court) stawienie się *n* **(in/before sth** w/przed czymś); **to enter an ~** zarejestrować stawiennictwo (w sądzie) [6] (look) (of person) wygląd *m*, powierzchowność *f*; (of object, place) wygląd *m*; **to check one's ~** sprawdzić swój wygląd; zobaczyć, jak się wygląda; **to be self-conscious about one's ~** zwracać uwagę na swój wygląd; **smart ~ is essential for this job** nienaganna prezencja jest konieczna w tej pracy; **to give sth the ~ of sth** nadać czemuś wygląd czegoś; **to be foreign in ~** *[person]* wyglądać na obcokrajowca [7] (semblance) pozór *m*; **to give the ~ of sth** nadać czemuś pozór czegoś; **it had all the ~s** or **every ~ of wealth** to miało wszelkie pozory bogactwa; **to maintain an ~ of objectivity** zachować pozory bezstronności [8] Journ, Publg (of book, article) ukazanie się *n*
II appearances *npl* (external show) pozory *m pl*; **to judge** or **go by ~s** sądzić po pozorach; **going by ~s...** sądząc po pozorach, ...; **for the sake of ~s, for ~s' sake** dla zachowania pozorów; **to keep up ~s** zachowywać pozory; **to all ~s** z pozoru, na pozór; **contrary to** or **in spite of ~s** wbrew pozorom; **~s can be deceptive** pozory mylą

appease /ə'pi:z/ *vt* z|łagodzić *[pain, suffering]*; uspok|oić, -ajać, u|łagodzić *[person, ruler]*; zaspok|oić, -ajać *[appetite, demand, hunger]*; za|łagodzić *[strife]*; ugłaskać infml *[person]*

appeasement /ə'pi:zmənt/ *n* (of person) uspokojenie *n*; ugłaskanie *n* infml; (of anger) ułagodzenie *n*; **a policy of ~** polityka ustępstw

appellant /ə'pelənt/ **I** *n* apelant *m*
II *adj [procedure]* apelacyjny; *[judge]* apelujący

appellate /ə'pelət/ *adj* Jur apelacyjny; **~ court** sąd apelacyjny

appellation /ˌæpə'leɪʃn/ *n* [1] fml nazwa *f*, określenie *n*; (of wine) apelacja *f* [2] Jur apelacja *f*

append /ə'pend/ *vt* fml dołącz|yć, -ać **(to sth** do czegoś); **to ~ one's signature to a document** złożyć podpis pod dokumentem fml

appendage /ə'pendɪdʒ/ *n* [1] Bot, Zool wyrostek *m* [2] fig (subsidiary element) dodatek *m*

appendectomy /ˌæpen'dektəmɪ/ *n* usunięcie *n* wyrostka robaczkowego

appendicectomy /əˌpendɪ'sektəmɪ/ *n* = **appendectomy**

appendicitis /əˌpendɪ'saɪtɪs/ *n* zapalenie *n* wyrostka robaczkowego; **acute ~** ostre zapalenie wyrostka robaczkowego

appendix /ə'pendɪks/ *n* (*pl* **-ixes, -ices**) [1] Anat wyrostek *m* robaczkowy; **to have one's ~ out** or **removed** mieć usunięty wyrostek [2] (to book, report) aneks *m*

apperceive /ˌæpə'si:v/ *vt* Psych apercypować

apperception /ˌæpə'sepʃən/ *n* Psych apercepcja *f*

appertain /ˌæpə'teɪn/ *vi* fml **to ~ to sb /sth** (belong) należeć do kogoś/czegoś *(jako przywilej, prawo, obowiązek)*; przysługiwać komuś; (relate) odnosić się do kogoś/czegoś

appetite /'æpɪtaɪt/ *n* [1] (for food) apetyt *m* **(for sth** na coś); **to whet sb's ~** zaostrzyć komuś apetyt; **to work up an ~** nabrać apetytu; **to spoil** or **take away sb's ~** zepsuć or odebrać komuś apetyt; **a hearty ~** ogromny apetyt; **a poor ~** brak apetytu; **fresh air gives one a good ~** świeże powietrze pobudza or zaostrza apetyt [2] (strong desire) (for sex, power) żądza *f* **(for sth** czegoś); (for work, travelling) (wielka) chęć *f*, ochota *f* **(for sth** na coś); **to have an ~ for work** mieć chęć or ochotę do pracy [3] (liking) upodobanie *n*

appetite suppressant *n* Med środek *m* zmniejszający łaknienie

appetizer /'æpɪtaɪzə(r)/ *n* (food) przystawka *f*; (drink) aperitif *m*

appetizing /'æpɪtaɪzɪŋ/ *adj* apetyczny

Appian Way /ˌæpɪən'weɪ/ *prn* Via Appia *f inv*

applaud /ə'plɔ:d/ **I** *vt* [1] (clap) oklaskiwać *[performance, performer]*; **she was ~ed for five minutes** oklaskiwano ją przez całe pięć minut, zgotowano jej pięciominutową owację [2] (approve of) przyklas|nąć, -kiwać (czemuś) *[plan, initiative]*; (admire) podziwiać *[person, courage]*
II *vi* bić brawo or brawa

applause /ə'plɔ:z/ *n* brawa *plt*, oklaski *plt*; **there was a ripple/burst of ~** zerwał się huragan braw, zerwała się burza oklasków; **he came on to loud/rapturous ~** pojawił się witany hucznymi/entuzjastycznymi brawami; **let's have a round of ~ for a talented young artist** prosimy o oklaski dla młodego, utalentowanego artysty

apple /'æpl/ **I** *n* (fruit) jabłko *n*; **the (Big) Apple** Nowy Jork
II *modif [juice]* jabłkowy; **~ wine** wino z jabłek, jabłecznik; **~ peel/skin/pip** obierzyna/skórka/pestka jabłka; **~ tart/cake** tarta/ciasto z jabłkami
IDIOMS: **he is the ~ of her eye** on jest jej oczkiem w głowie; **there is a bad ~ in every bunch** or **barrel** w każdym stadzie znajdzie się czarna owca; **to upset the ~ cart** infml popsuć wszystko

apple blossom *n* kwiat *m* jabłoni

apple brandy *n* ≈ calvados *m*

applecore *n* ogryzek *m*; Bot gniazdo *n* nasienne

apple green **I** *n* jasna zieleń *f*
II *adj* jasnozielony

applejack /'æpldʒæk/ *n* US ≈ calvados *m*

apple orchard *n* sad *m* jabłoniowy

apple pie *n* Culin szarlotka *f*, jabłecznik *m*
IDIOMS: **everything is in ~ order** wszystko jest w najlepszym or idealnym porządku

apple-pie bed /ˌæplpaɪ'bed/ *n żart polegający na takim posłaniu łóżka, żeby kładącemu się uniemożliwić rozprostowanie nóg*

apple polish *vt* US infml **to ~ sb** podlizywać się or przypochlebiać się komuś

apples and pears *n* GB infml ≈ schody *plt*

apple sauce *n* [1] Culin GB (gęsty) sos *m* jabłkowy *(podawany do wieprzowiny)*; US (sweet dessert) mus *m* jabłkowy [2] US infml blaga *f*, bujda *f* infml

applet /'æplɪt/ *n* Comput aplet *m*

apple tree *n* jabłoń *f*

appliance /ə'plaɪəns/ *n* [1] urządzenie *n*; **gas/electric ~** urządzenie gazowe/elektryczne; **household ~s** sprzęt gospodarstwa domowego [2] GB (also **fire ~**) wóz *m* strażacki

applicability /ˌæplɪkə'bɪlətɪ, əˌplɪ-/ *n* stosowalność *f*

applicable /'æplɪkəbl, ə'plɪkəbl/ *adj [law, rule, regulation]* obowiązujący, stosowalny; *[argument, excuse]* właściwy; **discounts where ~ are shown on the bill** należne bonifikaty uwzględniono w fakturze; **if ~** w stosownych przypadkach; **to be ~ to sb /sth** odnosić się or mieć zastosowanie do kogoś/czegoś

applicant /'æplɪkənt/ **I** *n* [1] (for job, place) ubiegając|y *m*, -a *f* się **(for sth** o coś); kandydat *m*, -ka *f* **(for sth** do czegoś, na coś) [2] (for asylum, benefit, franchise, grant, licence, loan, passport, citizenship) ubiegając|y *m*, -a *f* się **(for sth** o coś); **~ for membership** ubiegający się o członkostwo [3] (for shares) subskrybent *m*, -ka *f*; **share ~** subskrybent akcji [4] Insur zgłaszając|y *m*, -a *f* [5] Jur (for divorce) powód *m*, -ka *f*; (for patent, bankruptcy, order) wnioskodaw|ca *m*, -czyni *f*
II *modif [company, state]* ubiegający się

application /ˌæplɪ'keɪʃn/ **I** *n* [1] (request) podanie *n* **(for sth** o coś); **to make an ~ for a job** złożyć podanie o pracę; **to make an ~ for a university place** złożyć podanie o przyjęcie na uniwersytet; **a letter of ~** podanie; **to fill in** or **out a job ~** wypełnić formularz podania o pracę; **to fill in** or **out a passport ~** wypełnić wniosek paszportowy; **on ~** na żądanie or prośbę or wniosek [2] (spreading) zastosowanie *n*; (of cream) nałożenie, *n*; (of iodine, ointment) posmarowanie *n*; **for external ~ only** tylko do użytku zewnętrznego; **one ~ is sufficient** wystarczy zastosować raz [3] (positioning) (of sticker) przyklejanie *n*; (of decorations) rozmieszczanie *n*; (of beads, sequins) aplikacja *f* [4] (implementation) (of law, logic, penalty, rule, theory, training) zastosowanie *n*; **to put one's training into ~** zastosować w praktyce zdobyte umiejętności [5] (use) zastosowanie *n*; **to have military ~s** mieć zastosowanie wojskowe; **the ~ of computers to sth** zastosowanie komputerów do czegoś [6] Comput program *m* użytkowy [7] Jur (for divorce, patent, bankruptcy, order) wnioskowanie *n*, wystąpienie *n* **(for sth** o coś)
II *modif* (also **~s**) Comput *[package, program, programmer, software]* użytkowy

application form *n* (for loan, credit card, passport) formularz *m*; (for admission, membership) podanie *n*

application software *n* Comput oprogramowanie *n* użytkowe

applicator /'æplɪkeɪtə(r)/ *n* aplikator *m*

applied /ə'plaɪd/ *adj [art, linguistics, science]* stosowany

applied psychology *n* psychologia *f* stosowana, psychotechnika *f*

appliqué /æ'pli:keɪ, US ˌæplɪ'keɪ/ **I** *n* aplikacja *f*
II *modif* **~ motif** aplikacja

[III] *vt* naszy|ć, -wać *[motif]* **(on sth** na coś); **to ~ a cushion** naszyć aplikację na poduszkę, ozdobić poduszkę aplikacją or aplikacjami

apply /əˈplaɪ/ [I] *vt* [1] (use) za|stosować *[equipment, penalty, rule, term, theory]* **(to sth** do czegoś, w czymś); **to ~ the brakes** użyć hamulca; **to ~ one's mind** or **wits to sth** fig głowić się nad czymś; **to ~ pressure** naciskać; fig wywierać nacisk [2] (spread) po|smarować (czymś) *[cream, glue, ointment]* **(to sth** coś); na|łożyć, -kładać *[make-up, paint, varnish]* **(to sth** na coś) [3] (give) opat|rzyć, -rywać (czymś) *[label, term]* [4] (affix) przykle|ić, -jać *[sticker, plaster]* **(to sth** na czymś, do czegoś); przyb|rać, -ierać (czymś) *[decoration, sequins]* **(to sth** coś); za|łożyć, -kładać *[bandage]* **(to sth** na coś); przy|łożyć, -kładać *[poultice]* **(to sth** na coś)

[II] *vi* [1] (request) złożyć, składać prośbę; **to ~ for sth (to sb)** wystąpić o coś (do kogoś); **to ~ to sb (for sth)** zwrócić się do kogoś (z prośbą o coś); **to ~ to go somewhere/to be transferred** złożyć prośbę o wyjazd dokądś/o przeniesienie [2] (seek work) złożyć, składać podanie **(for sth** o coś); **to ~ for a job/position** starać się or ubiegać się o pracę/stanowisko; **five candidates have applied** zgłosiło się pięciu kandydatów; **'~ in writing to...'** „podania na piśmie prosimy kierować do..."; **'~ to the personnel dept'** „podania należy składać w dziale kadr" [3] (seek entry) złożyć, składać podanie o przyjęcie; **to ~ to a college/club** starać się or ubiegać się o przyjęcie na uczelnię/do klubu; **candidates are advised to ~ as soon as possible** kandydaci proszeni są o jak najszybsze składanie podań; **to ~ to join sth** starać się o przyjęcie do czegoś; **to ~ to become a member of sth** starać się o członkostwo czegoś [4] (be valid) *[ban, penalty, rule]* obowiązywać; (have relevance) mieć zastosowanie; **to ~ to sb/sth** dotyczyć kogoś/czegoś; **the ban ceases to ~ from March** zakaz przestaje obowiązywać w marcu; **and that applies to you all** i to dotyczy was wszystkich [5] (contact) **to ~ to sb/sth** zwrócić się do kogoś/czegoś; **~ to the Embassy** proszę się zwrócić do ambasady

[III] *vr* **to ~ oneself** przykładać się **(to sth/doing sth** do czegoś/do zrobienia czegoś)

appoggiatura /əˌpɒdʒəˈtʊərə/ *n* Mus przednutka *f* długa, appoggiatura *f*

appoint /əˈpɔɪnt/ [I] *vt* [1] (name) mianować *[person]*; **to ~ sb as director** or **to the position of director** mianować kogoś dyrektorem or na stanowisko dyrektora; **he has been ~ed governor** został mianowany gubernatorem; **newly ~ed** nowo mianowany [2] (fix) wyznacz|yć, -ać, ustal|ić, -ać *[time, date, place]* [3] (equip) urządz|ić, -ać *[apartment]*; **a luxuriously ~ed apartment** luksusowo urządzone mieszkanie

[II] *vi* arch postan|owić, -awiać; **it was ~ed that...** postanowiono, że...

[III] **appointed** *pp adj [place, time]* wyznaczony, ustalony

appointee /əpɔɪnˈtiː/ *n* [1] mianowana osoba *f*, przyjęty kandydat *m* [2] Jur beneficjent *m*

appointive /əˈpɔɪntɪv/ *adj [job, post]* z powołania, z wyznaczenia; **~ system** system powoływania (na stanowisko)

appointment /əˈpɔɪntmənt/ *n* [1] (meeting) spotkanie *n* **(with sb** z kimś); **business ~** spotkanie w sprawach zawodowych; **by ~** po wcześniejszym ustaleniu terminu; **to have an ~** być umówionym na spotkanie; **to have an ~ to meet sb** być umówionym na spotkanie z kimś; **to make an ~** umówić się; **to break an ~** nie stawić się na spotkanie; **to cancel an ~** odwołać spotkanie; **to write/telephone for an ~** umówić się listownie/telefonicznie na spotkanie [2] (with doctor) wizyta *f* **(at** or **with sb** u kogoś); **to have an ~** być umówionym na wizytę; **to have an ~ to consult a doctor** mieć umówioną wizytę u lekarza; **to make an ~** umówić się na wizytę, zamówić wizytę; **'have you got an ~?'** „czy jest or był pan umówiony?" [3] Admin, Pol (nomination) mianowanie *n* **(of sb as sth** kogoś kimś); wyznaczenie *n* **(of sb to do sth** kogoś do zrobienia czegoś); **the ~ of Mr Smith to head the delegation** mianowanie pana Smitha na szefa delegacji; **'by ~ to her Majesty'** „dostawca nadworny Jej Królewskiej Mości"; **to take up an ~ (as sth)** objąć stanowisko (jako ktoś) [4] (job) posada *f*; (position) stanowisko *n*; **an ~ as a secretary** or **of a secretary** posada sekretarza; **an ~ as** or **of defence minister** stanowisko ministra obrony; **'Appointments'** (in paper) „Nominacje"

apportion /əˈpɔːʃn/ *vt* rozdziel|ić, -ać *[money, inheritance]* **(between/among sb** między/wśród kogoś); przydziel|ić, -ać *[money, share]* **(to sb** komuś); **to ~ blame to sb** obciążyć or obarczyć winą kogoś; **to ~ praise** obdzielić pochwałami **(among sb** kogoś)

apportionment /əˈpɔːʃənmənt/ *n* [1] (dividing up) rozdział *m*, podział *m* **(between /among sb** między/wśród kogoś); przydzielenie *n* **(to sb** komuś) [2] US Pol (in House of Representatives) reprezentacja *f* proporcjonalna *(w zależności od liczby mieszkańców stanu)*; (of tax revenue) podział *m* wpływów z podatków

apposite /ˈæpəzɪt/ *adj* fml *[description, saying, choice of word]* trafny

appositely /ˈæpəzɪtlɪ/ *adv* fml *[described, chosen]* trafnie

apposition /ˌæpəˈzɪʃn/ *n* Ling ≈ apozycja *f*, dopowiedzenie *n*; **in ~ to sth** w apozycji do czegoś

appositional /æpəˈzɪʃənl/ *adj* Ling apozycyjny

appraisal /əˈpreɪzl/ *n* ocena *f*; (of price) oszacowanie *n*; **to make an ~ of sth** (estimation) ocenić coś; **to give an ~ of sth** (statement of value) oszacować coś; **job ~** ocena pracownika

appraise /əˈpreɪz/ *vt* [1] (examine critically) ocen|ić, -ać *[appearance, chance, efficiency, situation, writings]* [2] (evaluate) o|szacować *[value, worth]*; ocen|ić, -ać *[job performance]*

appreciable /əˈpriːʃəbl/ *adj [difference, rise, fall, inflation]* znaczny, pokaźny

appreciably /əˈpriːʃəblɪ/ *adv* znacznie, znacząco

appreciate /əˈpriːʃɪeɪt/ [I] *vt* [1] (be grateful for) być wdzięcznym za (coś) *[help, kindness]*; docen|ić, -ać *[effort, help, honour]*; wysoko sobie cenić *[comfort, pleasure]*; **I'd ~ it if you could reply soon** będę or byłbym wdzięczny za szybką or rychłą odpowiedź; **an early reply will be ~d** wdzięczni będziemy za rychłą odpowiedź [2] (realize) zda|ć, -wać sobie sprawę z (czegoś); **I ~ (the fact) that...** zdaję sobie sprawę (z tego), że...; **I ~ your point of view, but...** rozumiem twój punkt widzenia, ale...; **as you will ~** jak wiesz dobrze; **to ~ sth at its true value** ocenić coś według rzeczywistej wartości [3] (enjoy) docen|ić, -ać, cenić sobie *[music, art, good food]* [4] (raise in value) podwyższ|yć, -ać wartość (czegoś) *[object, goods]*

[II] *vi [value]* wzr|osnąć, -astać; *[object, valuables]* zysk|ać, -iwać na wartości; **to ~ in value** zyskać na wartości

appreciation /əˌpriːʃɪˈeɪʃn/ *n* [1] (gratitude) wdzięczność *f* **(for sth** za coś); **in ~ of sth** w dowód wdzięczności or w podzięce za coś; **a letter of ~** list z podziękowaniami; list dziękczynny liter; **to show one's ~** wyrazić (swoją) wdzięczność [2] (recognition) uznanie *n*; **as a mark of ~** w dowód uznania [3] (awareness) świadomość *f* **(of sth** czegoś); **to have some/no ~ of sth** zdawać sobie sprawę/nie zdawać sobie sprawy z czegoś *[difficulty, importance]* [4] (understanding) zrozumienie *n* **(of sth** czegoś); **music ~** (school subject) wychowanie muzyczne; (in community) kultura muzyczna, wyrobienie muzyczne [5] (enjoyment) upodobanie *n* **(of sth** do czegoś); **with ~** z upodobaniem, z przyjemnością; **'ladies and gentlemen, please show your ~'** „proszę państwa, prosimy o brawa or oklaski" [6] Literat, Sch (commentary) ocena *f* (krytyczna), analiza *f* [7] Fin (of price, value) wzrost *m* **(of** or **in sth** czegoś); (of currency, shares) wzrost *m* wartości **(of** or **in sth** czegoś)

appreciative /əˈpriːʃətɪv/ *adj* [1] (grateful) pełen wdzięczności; **to be ~ of sth** być wdzięcznym or pełnym wdzięczności za coś [2] (admiring) *[look, smile]* pełen zachwytu; *[comment, review]* pochwalny [3] (aware) świadomy **(of sth** czegoś)

appreciatively /əˈpriːʃətɪvlɪ/ *adv* [1] (admiringly) z zachwytem [2] (gratefully) z wdzięcznością

apprehend /ˌæprɪˈhend/ *vt* [1] (arrest) za|aresztować, zatrzym|ać, -ywać *[suspect, criminal]* [2] fml (fear) obawiać się (czegoś), bać się (czegoś) *[disaster, invasion]* [3] fml (comprehend) poj|ąć, -mować *[complexity, meaning]*

apprehension /ˌæprɪˈhenʃn/ *n* [1] (fear) (of sth specific) lęk *m* **(of sth** przed czymś); (vague) obawa *f* **(about sth** o coś); **~ of being seized by the police** lęk przed schwytaniem przez policję; **grave ~s for her safety** poważna obawa o jej bezpieczeństwo [2] Jur (arrest) aresztowanie *n*, zatrzymanie *n*

apprehensive /ˌæprɪˈhensɪv/ *adj [person, glance]* pełen obaw; *[character, nature]* trwożliwy; **to be deeply/slightly ~** być poważnie/lekko zaniepokojonym; **to feel**

~ about sth (fearful) obawiać się czegoś; (worried) niepokoić się o coś; **to be ~ about doing sth** obawiać się *or* bać się coś zrobić; **to be ~ for sth** obawiać się *or* martwić się o coś; **they are ~ that he will betray them** boją się, że ich zdradzi; **she is ~ for her son's safety** obawia się o bezpieczeństwo syna; **I am ~ about travelling alone** boję się podróżować sam

apprehensively /ˌæprɪˈhensɪvlɪ/ *adv* *[glance, watch]* z lękiem, z niepokojem

apprentice /əˈprentɪs/ **I** *n* praktykant *m*, -ka *f*, ucze|ń *m*, -nnica *f*; (craftsman's) terminator *m* dat; **to be an ~ to sb** być uczniem kogoś, być praktykantem u kogoś; **to train** *or* **work as an ~ with sb** odbywać praktykę u kogoś; **electrician's ~** uczeń elektryka

II *modif* **~ plumber/baker/mechanic** praktykant u hydraulika/piekarza/mechanika; **an ~ hairdresser** uczennica w zakładzie fryzjerskim

III *vt* odda|ć, -wać na naukę zawodu *or* do terminu dat *[young person]*; **to be ~d to a milliner** uczyć się zawodu u modystki

apprenticeship /əˈprentɪsʃɪp/ *n* praktyka *f*; (with craftsman) nauka *f* zawodu; termin *m* dat; **to serve/complete one's ~** odbywać /odbyć praktykę; **to take up an ~ with a firm** podjąć praktykę w (jakiejś) firmie

apprise /əˈpraɪz/ *vt* fml powiad|omić, -amiać *[person]* **(of sth** o czymś**)**

appro /ˈæprəʊ/ *n* = **approval** GB Comm infml **on ~** ≈ na próbę, z prawem zwrotu

approach /əˈprəʊtʃ/ **I** *n* [1] (route of access) (to town, island) droga *f* dojazdowa, dojazd *m*; (access) dojście *n*, dostęp *m*; **all the ~es to the city have been sealed off** wszystkie drogi (prowadzące) do miasta zostały zamknięte; **the ~ to the house** podjazd przed domem *or* do domu [2] (advance) (of person, season, old age) nadejście *n* [3] (method, outlook) podejście *n*, sposób *m* podejścia **(to sth/doing sth** do czegoś/robienia czegoś**)**; **an original ~ to the problem** oryginalne podejście do problemu; **a new ~ to child psychology** nowe podejście w psychologii dziecka; **we need to try a new ~** musimy spróbować nowego podejścia *or* nowej metody; **I don't care for their ~** nie podoba mi się ich podejście; **she is very Freudian in her ~** ma bardzo freudowskie podejście [4] (overture) zachęta *f*; (proposal to buy) oferta *f*; **to make ~es to sb** zwrócić się do kogoś; Comm złożyć ofertę komuś [5] (approximation) przybliżenie *n*; **this was the nearest ~ to a solution** lepszego rozwiązanie nie udało się znaleźć [6] Aviat = **approach path**

II *vt* [1] (draw near to) zbliż|yć, -ać się do (kogoś/czegoś) *[person, place]*; **it was ~ing dawn** wstawał świt, świtało; **it was ~ing midnight** zbliżała się północ; **he is ~ing sixty** zbliża się do sześćdziesiątki; **a woman ~ing middle age** kobieta wchodząca w wiek średni; **a man ~ing retirement** mężczyzna w wieku przedemerytalnym *or* przed emeryturą; **gales ~ing speeds of 200 km per hour** wichury dochodzące do 200 km/godz.; **he looked at her with something ~ing admiration** patrzył na nią niemal z podziwem; **a profit of something ~ing five million dollars** zysk bliski pięciu milionom dolarów [2] (deal with) pod|ejść, -chodzić do (czegoś) *[problem, subject, topic]* [3] (make overtures to) zwr|ócić, -acać się do (kogoś/czegoś) *[person, company]* **(about sth** w związku z czymś, w sprawie czegoś**)**; (address) zagad|nąć, -ywać *[person]*; **the company has been ~ed by several buyers** do firmy zwracało się kilku potencjalnych nabywców; **he has been ~ed by several publishers** zwróciło się do niego kilku wydawców; **she was ~ed by a man in the street** podszedł do niej na ulicy jakiś mężczyzna, zaczepił ją na ulicy jakiś mężczyzna

III *vi* *[animal, person]* pod|ejść, -chodzić; *[car]* podje|chać, -żdżać; *[date, event, season]* zbliż|yć, -ać się, nad|ejść, -chodzić; **the time is fast ~ing when...** szybko zbliża się czas, kiedy...

approachable /əˈprəʊtʃəbl/ *adj* *[person]* przystępny, bezpośredni; *[place]* dostępny

approaching /əˈprəʊtʃɪŋ/ **I** *adj* *[date, person, vehicle]* zbliżający się; *[vehicle, horseman]* nadjeżdżający; **the train now ~ platform 1** pociąg wjeżdżający na peron pierwszy

II *adv* blisko; **there are ~ 40 of them** jest ich blisko czterdziestu

approach lights *npl* Aviat światła *n pl* podejścia do lądowania

approach path *n* Aviat droga *f* zbliżania

approach road *n* dojazd *m*, droga *f* dojazdowa

approach shot *n* (in golf) zagranie *n* jak najbliżej dołka

approach stage *n* Aviat podchodzenie *n* (do lądowania)

approbation /ˌæprəˈbeɪʃn/ *n* fml aprobata *f*; **with the ~ of sb** za aprobatą *or* zgodą kogoś; **to general ~** ku powszechnemu zadowoleniu

appropriate **I** /əˈprəʊprɪət/ *adj* [1] (suitable for occasion, situation) *[attitude, behaviour, place, time, treatment, dress, gift, name, authority, department]* odpowiedni, stosowny; *[choice]* odpowiedni, właściwy; *[style, date]* odpowiedni; *[remark]* stosowny; *[punishment]* odpowiedni, adekwatny; *[description]* adekwatny; **~ for** *or* **to sth** odpowiedni do czegoś *[needs, situation, circumstances]*; odpowiedni na coś *[occasion]*; **it is ~ that sb should do sth** wypada, żeby ktoś coś zrobił; **'delete as ~'** „niepotrzebne skreślić" [2] (apt) *[name, choice]* trafny; **he's chosen a most ~ name for his dog** wybrał bardzo trafne imię dla swojego psa [3] (relevant) *[authority, department]* właściwy

II /əˈprəʊprɪeɪt/ *vt* [1] (for own use) przywłaszcz|yć, -ać sobie *[car, tool, seat]*; Jur zawłaszcz|yć, -ać *[land]* **(for sth** na coś**)** [2] US Econ przeznacz|yć, -ać, przyzna|ć, -wać *[funds]* **(for sth** na coś**)**

appropriately /əˈprəʊprɪətlɪ/ *adv* [1] (suitably for occasion) *[behave, speak, dress]* stosownie [2] (aptly) *[chosen, designed, sited]* właściwie, trafnie

appropriateness /əˈprəʊprɪətnɪs/ *n* (of dress, behaviour) stosowność *f*; (of choice, decision, remark) trafność *f*

appropriation /əˌprəʊprɪˈeɪʃn/ *n* [1] Jur (seizure) przywłaszczenie *n*; (seized item) przywłaszczony przedmiot *m* [2] (allocation) (action) przyznanie *n*, przeznaczenie *n* **(of sth** czegoś**)**; (sum) przyznane fundusze *m pl* **(for sth** na coś, dla czegoś**)**

approval /əˈpruːvl/ *n* [1] (favourable opinion) aprobata *f* **(of sth** czegoś, dla czegoś**)**; **to win sb's ~** zyskać aprobatę kogoś; **she nodded/smiled her ~** skinęła głową /uśmiechnęła się z aprobatą [2] (agreement) zgoda *f* **(for sth/to do sth** na coś/na zrobienie czegoś**)**; **to have sb's ~** mieć zgodę kogoś; **with sb's ~** za zgodą kogoś [3] Admin (authorization) zatwierdzenie *n* **(of sth** czegoś**)**; **subject to sb's ~** po zatwierdzeniu przez kogoś; **to give (one's) ~ to sth** zatwierdzić coś *[plan, reform, scheme]*; **to get/send sth on ~** Comm otrzymać/wysłać coś na próbę *(z prawem odbiorcy do zwrotu)*; **on ten days' ~** z prawem zwrotu w ciągu dziesięciu dni [4] Admin (certificate of authorization) zezwolenie *n*; **drug/pesticide/product ~** zezwolenie na sprzedaż leku/pestycydu /produktu

approvals procedure *n* postępowanie *n* zatwierdzające

approve /əˈpruːv/ **I** *vt* [1] (authorize) zatwierdz|ić, -ać *[decision, list, plan]*; (accept) za|akceptować, za|aprobować; **the motion was ~d by 20 to 3** wniosek został przyjęty większością 20 do 3 głosów [2] (agree) zg|odzić się, -adzać się z (czymś); (commend) pochwal|ić, -ać; **I can't say I ~ his methods** nie mogę powiedzieć, że pochwalam jego metody

II *vi* [1] (agree) zg|odzić, -adzać się; **do you ~** zgadzasz się?; **you can if your father ~s** możesz, jeśli twój ojciec się zgodzi [2] (be in favour of) sprzyjać **(of sb/sth** komuś /czemuś**)**; (esteem) cenić **(of sb/sth** kogoś /coś**)**; (commend) pochwal|ić, -ać **(of sb/sth** kogoś/coś**)**; **I don't ~ of your behaviour** nie pochwalam twojego zachowania *or* postępowania; **he doesn't ~ of drinking/smoking** nie pochwala picia (alkoholu)/palenia (tytoniu); **I don't ~ of my brother's friends** nie podobają mi się przyjaciele mojego brata [3] (agree formally, give consent) wyra|zić, -żać zgodę **(of sth** na coś**)** [4] (support) pop|rzeć, -ierać **(of sth** coś**)**; **he thoroughly ~d of what they were doing** całkowicie popierał to, co robili

approved /əˈpruːvd/ *adj* (commended) *[method, way]* przyjęty; (authorized) *[decision, plan]* zatwierdzony

approved school *n* GB dat dom *m* or zakład *m* poprawczy

approving /əˈpruːvɪŋ/ *adj* *[look, glance, smile]* aprobujący, pełen aprobaty

approvingly /əˈpruːvɪŋlɪ/ *adv* *[look, glance, smile, speak, write]* z aprobatą

approx *adv* = **approximately**

approximate **I** /əˈprɒksɪmət/ *adj* *[amount, figure, date, value]* przybliżony; **~ to sth** zbliżony do czegoś; **figures ~ to the nearest hundred** liczby zaokrąglone do stu; **he told the ~ truth** powiedział pół prawdy

II /əˈprɒksɪmeɪt/ *vt* [1] (come close to) przybliż|yć, -ać się do (czegoś), zbliż|yć, -ać się do (czegoś) *[frequency, profit, size]* [2] (resem-

ble) być bliskim (czegoś) *[idea, objective]*
III /əˈprɒksɪmeɪt/ *vi* **to ~ to sth** (in quantity, size) być zbliżonym do czegoś; (in nature, quality) przypominać coś

approximately /əˈprɒksɪmətlɪ/ *adv* [1] (about) około, w przybliżeniu; **it holds ~ 10 litres, it holds 10 litres ~** to ma pojemność około 10 litrów; **at ~ 7.30 am** około 7.30 rano [2] *[correct, equal, true]* prawie

approximation /əˌprɒksɪˈmeɪʃn/ *n* [1] (estimate) przybliżenie *n*; **a rough ~** duże przybliżenie; **the nearest ~ to it is...** w największym przybliżeniu wynosi to... [2] (figure, calculation) przybliżona liczba *f* **(of sth** czegoś) [3] (resemblance) podobieństwo *n* **(to sth** do czegoś)

appurtenances /əˈpɜːtɪnənsɪz/ *npl* [1] fml (trappings) wyposażenie *n* **(of sth** czegoś) [2] Jur (of property) przynależności *f pl*, akcesoria *plt* [3] Jur (rights and responsibilities) prawa *n pl* i obowiązki *m pl*; **the ~ that go with the job** prawa i obowiązki związane z wykonywaną pracą

Apr = **April**

APR *n* → **annualized percentage rate**

après-ski /ˌæpreɪˈskiː/ **I** *n* Sport zajęcia *plt* po nartach; **she was more interested in the ~ than in skiing** bardziej ją interesowało, co będzie robić po nartach, niż samo jeżdżenie
II *adj* **~ activities** zajęcia po nartach; *[boots, clothes]* na po nartach

apricot /ˈeɪprɪkɒt/ **I** *n* [1] (fruit) morela *f* [2] (tree) morela *f* [3] (colour) (kolor *m*) morelowy *m*
II *modif [brandy, jam, yoghurt]* morelowy; **~ flesh/leaves/skin/stone** miąższ/liście/skórka/pestka moreli
III *adj* (colour) morelowy

April /ˈeɪprɪl/ **I** *n* kwiecień *m*; **in ~** w kwietniu
II *modif* kwietniowy

April Fool /ˌeɪprɪlˈfuːl/ *n* (person) ofiara *f* żartu primaaprilisowego; **~!** prima aprilis!

April Fools' Day *n* prima aprilis *n inv*

April Fools' trick *n* żart *m* or kawał *m* primaaprilisowy

April showers *npl* wiosenne ulewy *f pl*

a priori /ˌeɪpraɪˈɔːraɪ/ **I** *adj [reasoning, assumption, judgment]* aprioryczny, a priori

apron /ˈeɪprən/ *n* [1] (garment) fartuch *m*; **lead ~** fartuch chroniący przed promieniami Roentgena; **butcher's ~** fartuch rzeźnicki [2] (for vehicles, planes) płyta *f* postojowa [3] (cover) (on machinery) fartuch *m*, osłona *f* [4] Tech (conveyor belt) przenośnik *m* płytowy [5] Tech (of lathe) skrzynka *f* suportowa [6] Theat proscenium *n*, przedscenie *n*
IDIOMS: **to be tied to sb's ~ strings** trzymać się spódnicy kogoś

apron stage *n* scena *f* pudełkowa z proscenium

apropos /ˌæprəˈpəʊ/ **I** *adj [remark]* odpowiedni, stosowny, właściwy
II *adv* (by the way) przy sposobności, à propos; (at opportune moment) w porę; **~ of sb/sth** à propos kogoś/czegoś, w związku z kimś/czymś; **~ of nothing** bez powodu; (suddenly) ni stąd, ni zowąd

apse /æps/ *n* apsyda *f*, absyda *f*

apt¹ /æpt/ *adj* [1] (suitable) *[choice, comment, comparison, description, remark]* trafny; stosowny **(to** or **for sth** do czegoś); **~ title** trafny tytuł [2] (inclined) **to be ~ to do sth** mieć tendencję do robienia czegoś; **this is ~ to happen** to może się zdarzyć; **it's the little things that are ~ to get forgotten** najczęściej zapomina się o drobiazgach [3] (clever) zdolny, uzdolniony; **he is ~ at picking up new words** szybko uczy się nowych słów

apt² = **apartment**

aptitude /ˈæptɪtjuːd, US -tuːd/ *n* [1] (propensity) skłonność *f* **(for** or **to sth** do czegoś) [2] (ability) uzdolnienie *n* **(for** or **to sth** do czegoś); **he has no ~ for this work** nie ma predyspozycji do tej pracy; **to have an ~ for maths** mieć uzdolnienia or zdolności matematyczne; **learning ~** łatwość uczenia się

aptitude test *n* test *m* zdolności or kwalifikacji

aptly /ˈæptlɪ/ *adv [chosen, described, named]* trafnie; *[behaved, dressed]* odpowiednio

aptness /ˈæptnɪs/ *n* trafność *f*

aquaculture /ˈækwəkʌltʃə(r)/ *n* akwakultura *f*

aqualung /ˈækwəlʌŋ/ *n* akwalung *m*

aquamarine /ˌækwəməˈriːn/ **I** *n* [1] (gem) akwamaryn *m*, akwamaryna *f* [2] (colour) akwamaryna *f*, (kolor *m*) niebieskawozielony *m*
II *adj* niebieskawozielony

aquanaut /ˈækwənɔːt/ *n* akwanauta *m*

aquaplane /ˈækwəpleɪn/ **I** *n* Sport akwaplan *m*; **to ride on an ~** jeździć na akwaplanie
II *vi* [1] Sport je|chać, -ździć na nartach wodnych [2] GB, Aut wpa|ść, -dać w poślizg *(na mokrej nawierzchni)*

Aquarian /əˈkweərɪən/ **I** *n* Astrol (person) Wodnik *m*
II *adj* **~ characteristics** cechy charakteru Wodnika

aquarist /ˈækwərɪst/ *n* akwarysta *m*

aquarium /əˈkweərɪəm/ *n* (*pl* **~s, aquaria)** akwarium *n*; **fresh water/marine ~** akwarium słodkowodne/z wodą morską

Aquarius /əˈkweərɪəs/ *n* Astrol (the sign) Wodnik *m*; **born under (the sign of) ~** urodzony pod znakiem Wodnika

aquarobics /ˌækwəˈrəʊbɪks/ *npl* (+ *v sg*) aerobik *m* wodny

aquatic /əˈkwætɪk/ *adj [animal, plant, sport]* wodny

aquatint /ˈækwətɪnt/ *n* Art akwatinta *f*

aqueduct /ˈækwɪdʌkt/ *n* akwedukt *m*

aqueous /ˈeɪkwɪəs/ *adj* (watery) wodny, wodnisty; **~ humour** Anat arch ciecz wodnista *(w oku)*; **~ rock** Geol skała wodonośna; **~ solution** Chem roztwór wodny

aquiline /ˈækwɪlaɪn/ *adj [nose]* orli; *[face, features]* wyrazisty, ostry

Aquinas /əˈkwaɪnəs/ *prn* Tomasz *m* z Akwinu

Aquitaine /ˌækwɪˈteɪn/ *prn* Akwitania *f*

AR = **Arkansas**

Arab /ˈærəb/ **I** *n* [1] (person) Arab *m*, -ka *f* [2] Equest (horse) arab *m*, -ka *f*
II *adj* [1] Geog *[custom, state, people]* arabski; **the ~ world** świat arabski [2] Equest (sire, blood) arabski

arabesque /ˌærəˈbesk/ *n* arabeska *f*

Arabia /əˈreɪbɪə/ *prn* Arabia *f*

Arabian /əˈreɪbɪən/ *adj [desert, landscape, politics]* arabski; **the ~ Sea** Morze Arabskie; **the ~ Nights** Baśnie z tysiąca i jednej nocy

Arabic /ˈærəbɪk/ **I** *n* (language) (język *m*) arabski *m*; **classical/modern ~** klasyczny/współczesny (język) arabski
II *adj [dialect, numerals, script]* arabski

Arab-Israeli /ˌærəbɪzˈreɪlɪ/ *adj* arabsko-izraelski; **~ War** wojna arabsko-izraelska

Arabist /ˈærəbɪst/ *n* [1] (scholar) arabist|a *m*, -ka *f* [2] (lobbyist) *osoba popierająca interesy polityczne krajów arabskich*

arabization /ˌærəbaɪˈzeɪʃn/ *n* arabizacja *f*

arabize /ˈærəbaɪz/ *vt* z|arabizować *[people, country]*

arable /ˈærəbl/ **I** *n* (also **~ land)** grunty *m pl* orne
II *adj [land]* orny; *[farm]* rolny; *[area, crops]* uprawny; **~ farmer** rolnik; **~ farming** produkcja rolna

Arab League *n* Liga *f* Arabska

Araby /ˈærəbɪ/ *prn* liter Arabia *f*

arachnid /əˈræknɪd/ *n* pajęczak *m*

Aramaic /ˌærəˈmeɪɪk/ **I** *n* (language) (język *m*) aramejski *m*
II *adj [dialect, culture]* aramejski

Aran /ˈærən/ *prn* **the ~ Islands** wyspy *f pl* Aran

Aran sweater *n* sweter *m* z wełny z wysp Aran

Aran wool *n* wełna *f* z wysp Aran

arbiter /ˈɑːbɪtə(r)/ *n* (mediator) arbiter *m*, sędzia *m*; **an ~ of fashion/taste** arbiter mody/dobrego smaku

arbitrarily /ˈɑːbɪtrərəlɪ, US ˈɑːrbɪtrerəlɪ/ *adv* (at random) w sposób dowolny

arbitrary /ˈɑːbɪtrərɪ, US ˈɑːrbɪtrerɪ/ *adj* (random) przypadkowy, dowolny; (dictatorial) arbitralny

arbitrate /ˈɑːbɪtreɪt/ **I** *vt* rozsądz|ić, -ać, rozstrzyg|nąć, -ać *[dispute]*; prowadzić mediacje w sprawie (czegoś) *[wage claim, agreement]*
II *vi* rozstrzyg|nąć, -ać spór **(in sth** o coś); **to ~ between parties** rozstrzygać spór między stronami

arbitration /ˌɑːbɪˈtreɪʃn/ *n* arbitraż *m*; **to refer a case to ~** oddać spór pod arbitraż; **to go to ~** odwołać się do arbitrażu

arbitration award *n* orzeczenie *n* arbitrażowe or sądu polubownego

arbitration clause *n* klauzula *f* arbitrażowa

arbitration tribunal *n* GB trybunał *m* arbitrażowy

arbitrator /ˈɑːbɪtreɪtə(r)/ *n* (mediator) rozjemca *m*; (judge) sędzia *m* polubowny; **to act as ~ between the opposing sides** występować jako rozjemca między stronami; **industrial ~** sędzia sądu pracy

arbor /ˈɑːbə(r)/ *n* US = **arbour**

Arbor Day *n* US ≈ święto *n* sadzenia drzew *(w ostatni piątek kwietnia)*

arboreal /ɑːˈbɔːrɪəl/ *adj* [1] (living on tree) *[animal, plant]* nadrzewny [2] *[plant, shape]* drzewiasty

arboretum /ˌɑːbəˈriːtəm/ *n* (*pl* **-tums, -ta)** arboretum *n*, ogród *m* dendrologiczny

arboriculture /ˈɑːbərɪkʌltʃə(r)/ *n* uprawa *f* drzew

arboriculturist /ˌɑːbərɪˈkʌltʃərɪst/ *n* inżynier sadownik *m*
arbour GB, **arbor** US /ˈɑːbə(r)/ *n* altana *f*
arbutus /ɑːˈbjuːtəs/ *n* (*pl* **-ti, ~es**) Bot chróścina *f* jagodna
ARC /ɑːk/ *n* → **Aids-related complex**
arc /ɑːk/ **I** *n* Geom łuk *m*; Elec łuk *m* elektryczny
II *vi* [1] zakreśl|ić, -ać łuk; Geom opis|ać, -ywać łuk [2] Elec iskrzyć (się)
arcade /ɑːˈkeɪd/ *n* arkada *f*; **shopping ~** pasaż handlowy
Arcadia /ɑːˈkeɪdɪə/ *prn* Geog, Literat Arkadia *f*
Arcadian /ɑːˈkeɪdɪən/ Geog, Literat **I** *n* mieszka|niec *m*, -nka *f* Arkadii
II *adj* arkadyjski
Arcady /ˈɑːkədɪ/ *prn* = **Arcadia**
arcane /ɑːˈkeɪn/ *adj* [1] (incomprehensible) nieprzenikniony [2] (mysterious) tajemny
arch[1] /ɑːtʃ/ **I** *n* [1] Archit (dome) łuk *m*, łęk *m*; (archway) sklepione przejście *n*; (of bridge) przęsło *n*; (triumphal) łuk *m* [2] Anat (of foot) podbicie *n*; (of eyebrows) łuk *m*; **to have fallen ~es** mieć płaskostopie poprzeczne
II *vt* wygi|ąć, -nać w łuk or pałąk; **to ~ one's brows in surprise** unieść brwi ze zdziwienia or ze zdziwieniem; **the cat ~ed its back** kot wygiął grzbiet w pałąk or łuk
III *vi [rainbow]* u|tworzyć łuk; *[branch]* wygi|ąć, -nać się w łuk
arch[2] /ɑːtʃ/ *adj* [1] (mischievous) *[look, manner]* figlarny, łobuzerski, filuterny [2] pej (condescending) *[person, voice, remark]* wyniosły, protekcjonalny
arch+ *in combinations* arcy-, archi-; **~-enemy** wróg numer jeden; **~-rival** arcyrywal; **~-villain** arcyłotr
archaeological GB, **archeological** US /ˌɑːkɪəˈlɒdʒɪkl/ *adj [remains, studies, museum]* archeologiczny; *[expert]* w dziedzinie archeologii
archaeologist GB, **archeologist** US /ˌɑːkɪˈɒlədʒɪst/ *n* archeolog *m*
archaeology GB, **archeology** US /ˌɑːkɪˈɒlədʒɪ/ *n* archeologia *f*
archaic /ɑːˈkeɪɪk/ *adj [language, sculpture, custom]* archaiczny
archaism /ˈɑːkeɪɪzəm/ *n* archaizm *m*
archangel /ˈɑːkeɪndʒl/ *n* archanioł *m*
archbishop /ˌɑːtʃˈbɪʃəp/ *n* arcybiskup *m*
archbishopric /ˌɑːtʃˈbɪʃəprɪk/ *n* arcybiskupstwo *n*
archdeacon /ˌɑːtʃˈdiːkən/ *n* archidiakon *m*
archdiocese /ˌɑːtʃˈdaɪəsɪs/ *n* archidiecezja *f*
archduchess /ˌɑːtʃˈdʌtʃɪs/ *n* arcyksiężna *f*
archduke /ˌɑːtʃˈdjuːk, US -ˈduːk/ *n* arcyksiążę *m*
arched /ɑːtʃt/ *adj [eyebrows, roof, gate]* łukowaty
archeology *n* = **archaeology**
archer /ˈɑːtʃə(r)/ *n* Mil, Hist, Sport łuczni|k *m*, -czka *f*; **the Archer** Astrol, Astron Strzelec *m*
archery /ˈɑːtʃərɪ/ **I** *n* łucznictwo *n*
II *modif [club, team]* łuczniczy
archetypal /ˌɑːkɪˈtaɪpl/ *adj* klasyczny; archetypowy liter; **the** or **an ~ villain** archetyp łotra
archetype /ˈɑːkɪtaɪp/ *n* archetyp *m*
Archimedes /ˌɑːkɪˈmiːdiːz/ *prn* Archimedes *m*; **~' principle** prawo Archimedesa
archipelago /ˌɑːkɪˈpeləgəʊ/ *n* (*pl* **~s, ~es**) archipelag *m*
architect /ˈɑːkɪtekt/ *n* [1] (as profession) architekt *m* [2] fig (of plan, policy) twórca *m*, autor *m*; **an ~ of one's own downfall** sprawca własnej klęski
architectonic /ˌɑːkɪtekˈtɒnɪk/ *adj* architektoniczny
architectonics /ˌɑːkɪtekˈtɒnɪks/ *n (+ v sg)* architektonika *f*
architectural /ˌɑːkɪˈtektʃərəl/ *adj [design, style]* architektoniczny; **~ student** student architektury
architecturally /ˌɑːkɪˈtektʃərəlɪ/ *adv* architektonicznie
architecture /ˈɑːkɪtektʃə(r)/ *n* [1] architektura *f* [2] (structure) budowa *f*, struktura *f*; **the ~ of a gene/the universe** budowa genu /wszechświata
architrave /ˈɑːkɪtreɪv/ *n* (of column, roof) architraw *m*; (of door, window) ościeżnica *f*
archive /ˈɑːkaɪv/ *n* archiwum *n*; **in the ~s** w archiwach; **film/radio ~** archiwum filmowe/radiowe
archivist /ˈɑːkɪvɪst/ *n* archiwist|a *m*, -ka *f*
archly /ˈɑːtʃlɪ/ *adv* [1] (mischievously) figlarnie, łobuzersko, filuternie [2] (condescendingly) wyniośle, protekcjonalnie
archpriest /ˌɑːtʃˈpriːst/ *n* arcykapłan *m*
arc lamp *n* lampa *f* łukowa
arc light *n* = **arc lamp**
Arctic /ˈɑːktɪk/ **I** *n* **the ~** Arktyka *f*
II *adj* [1] *[climate, animal, expedition]* arktyczny [2] *[equipment, clothes]* polarny [3] fig (icy) *[temperature, reception]* lodowaty
Arctic char *n* Zool (fish) golec *m*
Arctic Circle *n* **the ~** koło *n* podbiegunowe północne
arctic fox *n* lis *m* polarny
arctic hare *n* zając *m* polarny
Arctic Ocean *n* **the ~** Morze *n* Arktyczne
Arctic tern *n* Zool rybitwa *f* popielata
Arctic willow *n* wierzba *f* arktyczna
arc welder *n* Tech spawacz *m* łukowy
arc welding *n* Tech spawanie *n* łukowe
ARD *n* → **acute respiratory disease**
Ardennes /ɑːˈden/ *prn* **the ~** Ardeny *plt*
ardent /ˈɑːdnt/ *adj* [1] (fervent) *[admirer, revolutionary, supporter]* żarliwy, gorliwy; *[defence, opposition]* zaciekły; **an ~ follower of the cause** żarliwy propagator sprawy [2] (passionate) *[lover]* namiętny [3] arch or liter *[eyes, gaze]* płomienny liter; **~ spirits** napoje wyskokowe
ardently /ˈɑːdntlɪ/ *adv [defend, condemn]* zaciekle; *[speak, write]* z zapałem; płomiennie liter; *[listen, speak]* z przejęciem; *[worship, support]* żarliwie, gorliwie
ardour GB, **ardor** US /ˈɑːdə(r)/ *n* zapał *m*, żarliwość *f*; **with ~** z zapałem, żarliwie; **to cool sb's ~** ostudzić zapał kogoś
arduous /ˈɑːdjʊəs, US -dʒʊ-/ *adj [work, effort]* żmudny, mozolny; *[journey, duty]* uciążliwy; *[climate]* dokuczliwy, męczący
arduously /ˈɑːdjʊəslɪ, US -dʒʊ-/ *adv* mozolnie, z wysiłkiem
arduousness /ˈɑːdjʊəsnɪs, US -dʒʊ-/ *n* (of conditions, journey, task) uciążliwość *f*; (of climate, weather) dokuczliwość *f*
are /ɑː(r)/ → **be**
area /ˈeərɪə/ **I** *n* [1] (region) (of land, sky) obszar *m*; (zone) rejon *m*; (district) dzielnica *f*; **residential/slum ~** dzielnica mieszkaniowa/slumsów; **rural ~** okolica wiejska; **in the London/Warsaw ~** w rejonie Londynu/Warszawy [2] (part of building) **dining ~** część jadalniana, jadalnia; **smoking ~** palarnia; **this is the non-smoking ~** tu się nie pali, w tej części nie można palić; **reception ~** hall, hol **sleeping ~** część sypialna; **waiting ~** poczekalnia [3] (sphere of knowledge) dziedzina *f*; (part of activity, business, economy) obszar *m*, sfera *f*; **that's not my ~** to nie moja dziedzina; **~ of interest** obszar zainteresowania; **his ~ of expertise** jego specjalność; dziedzina, w której jest ekspertem; **~ of responsibility** zakres odpowiedzialności; **~ of doubt** przedmiot wątpliwości; **~ of concern** przedmiot troski; **~ of disagreement** przedmiot niezgody [4] Anat (within the body or mechanism) obszar *m* [5] Math (in geometry) pole *n*; (of land) powierzchnia *f*, obszar *m*; **the farm was 50 km^2 in ~** farma zajmowała powierzchnię or obszar 50 km^2; **what is the ~ of your garden?** jaką powierzchnię ma twój ogród? [6] GB (access to basement) wejście *n* do sutereny
II *modif [board, headquarters, manager, office]* rejonowy, okręgowy; **a ~ manager** szef regionu
area bombing *n* Mil bombardowanie *n* strefowe
area code *n* Telecom numer *m* kierunkowy
Area of Outstanding Natural Beauty, AONB *n* GB park *m* krajobrazowy
arena /əˈriːnə/ *n* arena *f* also fig; **circus /political ~** arena cyrkowa/polityczna
aren't /ɑːnt/ → **be**
areola /æˈrɪələ/ *n* (*pl* **-lae, -las**) Anat otoczka *f*
Argentina /ˌɑːdʒənˈtiːnə/ *prn* Argentyna *f*
Argentine /ˈɑːdʒəntaɪn/ **I** *n* [1] **the ~ (Republic)** Argentyna *f* [2] (native, inhabitant) Argenty|ńczyk *m*, -nka *f*
II *adj [policy, climate]* argentyński; **the ~ people** Argentyńczycy
Argentinian /ˌɑːdʒənˈtɪnɪən/ **I** *n* (person) Argenty|ńczyk *m*, -nka *f*
II *adj [city, agriculture]* argentyński
argon /ˈɑːgɒn/ *n* Chem argon *m*
Argonaut /ˈɑːgənɔːt/ *n* Mythol Argonauta *m*
argosy /ˈɑːgəsɪ/ *n* Hist, Naut galeon *m*
arguable /ˈɑːgjʊəbl/ *adj* [1] (doubtful) *[fact, opinion]* sporny, dyskusyjny; **it is ~ whether...** można dyskutować, czy... [2] (plausible) **it is ~ that...** można twierdzić, że...
arguably /ˈɑːgjʊəblɪ/ *adv* zapewne, możliwe
argue /ˈɑːgjuː/ **I** *vt* [1] (provide reasons for) uzasadni|ć, -ać, argumentować; (debate) debatować nad (czymś); **they ~d the point for hours** wiele godzin or godzinami debatowali nad tą sprawą; **to ~ one's point** uzasadniać swój punkt widzenia; **to ~ the case for disarmament** wesprzeć argumentami sprawę rozbrojenia; **well-~d** *[case, essay]* należycie uargumentowany, poparty argumentami [2] (maintain) utrzymywać, dow|ieść, -odzić; **she ~s that...** ona twierdzi, że...; **the book ~s that...** w książce twierdzi się, że...; **it could be ~d that...** można utrzymywać or twierdzić, że... [3] (persuade) przekon|ać, -ywać; perswadować (komuś); **to ~ sb into (doing) sth** przekonać kogoś do (zrobienia) czegoś; **to**

~ sb out of (doing) sth odwieść kogoś od (zrobienia) czegoś; **I ~d my way into this job** zdobyłem tę pracę, używając perswazji [4] (provide evidence of) *[action, behaviour, incident]* przemawiać za (czymś), świadczyć o (czymś); *[document]* za|sugerować; **the evidence ~s that...** dowody świadczą o tym, że...

II *vi* [1] (quarrel) po|sprzeczać się, spierać się **(with sb** z kimś**)**; **they're always arguing (with each other)** ciągle się (ze sobą) sprzeczają or spierają; **we ~d over** or **about who should pay** spieraliśmy się (o to), kto ma płacić; **don't ~ with me!** nie spieraj się ze mną! [2] (debate) dyskutować **(about sth** o czymś**)** [3] (put one's case) przyt|oczyć, -aczać argumenty, argumentować; **to ~ in favour of/against doing sth** przytoczyć or wytoczyć argumenty za zrobieniem/przeciw zrobieniu czegoś [4] fml (testify) świadczyć, przemawiać **(against sb /sth** przeciwko komuś/czemuś; **for sb/sth** za kimś/czymś**)**; **it ~s badly/well for sb** to świadczy źle/dobrze o kimś; **we can ~ from the evidence that...** dowody przemawiają za tym, że...; **it ~s against him that he has no alibi** brak alibi przemawia or świadczy przeciwko niemu

■ **argue out**: **~ out [sth], ~ [sth] out** przedyskutować wnikliwie *[issue, proposal]*

argument /ˈɑːgjʊmənt/ *n* [1] (quarrel) spór *m*, sprzeczka *f* **(about** or **over sth** o coś**)**; **to have** or **get into an ~ with sb** posprzeczać się z kimś; **without ~** bez dyskusji [2] (reasoned discussion) dyskusja *f*, polemika *f* **(about sth** na temat czegoś**)**; **there is a lot of ~ about this at the moment** wiele się teraz na ten temat dyskutuje; **she won the ~** do niej należało ostatnie słowo; **beyond ~** bezspornie, bezdyskusyjnie; **it is open to ~ whether...** można dyskutować, czy...; **I'm open to ~** możemy podyskutować; **one side of the ~** jedna strona medalu fig; **for ~'s sake, for the sake of ~** gwoli dyskusji, dla przykładu, czysto teoretycznie [3] (case) argument *m* **(for/against sth** za czymś/przeciwko czemuś**)**; (line of reasoning) argumentacja *f*; **there are strong ~s for neutrality** wiele przemawia za neutralnością; **his main ~ is that...** jego głównym argumentem jest to, że...

argumentation /ˌɑːgjʊmenˈteɪʃn/ *n* argumentacja *f*, uzasadnienie *n*

argumentative /ˌɑːgjʊˈmentətɪv/ *adj [person]* kłótliwy, swarliwy; *[tone]* apodyktyczny; *[essay]* argumentacyjny

argy-bargy /ˌɑːdʒɪˈbɑːdʒɪ/ *n* infml awantura *f*, afera *f* infml; **to have a bit of ~ with sb** poprztykać się z kimś infml

aria /ˈɑːrɪə/ *n* (*pl* **arias**) Mus aria *f*

Ariadne /ˌærɪˈædnɪ/ *prn* Mythol Ariadna *f*; **~'s web** nić Ariadny

Arian /ˈeərɪən/ Relig **I** *n* arian|in *m*, -ka *f*, antytrynitariusz *m*

II *adj* ariański

Arianism /ˈeərɪənɪzəm/ *n* Rel arianizm *m*, antytrynitaryzm *m*

ARIBA *n* = **Associate of the Royal Institute of British Architects** członek *m* Królewskiego Instytutu Architektów Brytyjskich

arid /ˈærɪd/ *adj [land, soil]* wysuszony, suchy; *[climate]* suchy, bez deszczu; (barren) jałowy also fig

aridity /əˈrɪdətɪ/ *n* suchość *f*; jałowość *f* also fig

Aries /ˈeəriːz/ *n* Astrol, Astron Baran *m*

aright /əˈraɪt/ *adv* fml *[read]* poprawnie; *[understand]* właściwie; **if I remember ~** jeśli dobrze pamiętam; **to set** or **put sth ~** doprowadzić coś do porządku

arise /əˈraɪz/ *vi* (*pt* **arose**; *pp* **arisen)** [1] (occur, originate) *[occasion]* nadarz|yć, -ać się; *[problem]* powsta|ć, -wać, pojawi|ć, -ać się; *[question]* nasu|nąć, -wać się; *[life, species, organization]* powsta|ć, -wać; *[discussion]* wywiąz|ać, -ywać się; *[topic]* wypły|nąć, -wać fig; *[shout, cry]* rozle|c, -gać się; *[wind, storm]* zerwać, zrywać się; **if it ~s that...** jeśli się okaże, że...; **if the need ~s** jeśli zajdzie potrzeba; **the question ~s if...** nasuwa się pytanie, czy...; **she solves the problems as they ~** rozwiązuje problemy na bieżąco; **how life arose** jak powstało życie [2] (result) *[decision, statement, action]* wynikać **(from sth** z czegoś**)**; być wynikiem **(from sth** czegoś**)**; **arising from sth/this** w wyniku czegoś/tego; **matters arising from sth** sprawy wynikające z czegoś [3] arch (stand up) *[person]* powsta|ć, -wać, podn|ieść, -osić się; *[sun, moon]* w|zejść, -schodzić; (get up) wsta|ć, -wać; **he arose from his chair/knees** podniósł się z krzesła/z klęczek [4] arch (rebel) *[people, subjects, slaves]* powsta|ć, -wać **(against sb /sth** przeciw komuś/czemuś**)**

aristo /ˈærɪstəʊ/ *n* infml hum (aristocrat) arystokrat|a *m*, -ka *f*

aristocracy /ˌærɪˈstɒkrəsɪ/ *n* arystokracja *f*

aristocrat /ˈærɪstəkræt, US əˈrɪst-/ *n* arystokrat|a *m*, -ka *f*

aristocratic /ˌærɪstəˈkrætɪk, US əˈrɪst-/ *adj* arystokratyczny

Aristophanes /ˌærɪˈstɒfəniːz/ *prn* Arystofanes *m*

Aristotelian /ˌærɪstəˈtiːlɪən/ *adj* (belonging to Aristotle) Arystotelesowski, Arystotelesowy; *[philosophy, school]* arystotelesowski, arystotelesowy

Aristotelianism /ˌærɪstəˈtiːlɪənɪzəm/ *n* arystotelizm *m*

Aristotle /ˈærɪstɒtl/ *prn* Arystoteles *m*

aristotype /ˈærɪstətaɪp/ *n* błyszczący papier *m* drukarski wysokiej jakości

artificial horizon *n* sztuczny horyzont *m*

arithmetic /əˈrɪθmətɪk/ **I** *n* (subject) arytmetyka *f*; **to be good at ~** być dobrym w arytmetyce

II *adj* arytmetyczny

arithmetical /ˌærɪθˈmetɪkl/ *adj* arytmetyczny

arithmetician /əˌrɪθməˈtɪʃn/ *n* arytmetyk *m*

arithmetic mean *n* średnia *f* arytmetyczna

arithmetic progression *n* postęp *m* arytmetyczny

Arizona /ˌærɪˈzəʊnə/ *prn* Arizona *f*

ark /ɑːk/ *n* (boat) arka *f*; **Noah's ~** arka Noego

IDIOMS: **to be out of the ~** być przedpotopowym

Ark /ɑːk/ *n* Relig **the ~ of the Covenant** Arka *f* Przymierza

Arkansas /ˈɑːkənsɔː/ *prn* Arkansas *n inv*

arm[1] /ɑːm/ **I** *n* [1] Anat (limb) ramię *n*, ręka *f*; **~ in ~** pod rękę; **to give sb one's ~** podać komuś ramię; **to take sb's ~** wziąć kogoś pod rękę; **to take/hold sb in one's ~s** wziąć kogoś w ramiona/trzymać kogoś w ramionach or objęciach; **she had a baby in her ~s** trzymała dziecko na rękach; **they fell into each other's ~s** padli sobie w ramiona; **to have a towel over one's ~** mieć ręcznik przewieszony przez rękę; **to have a book under one's ~** mieć książkę pod pachą; **with a girl on his ~** z dziewczyną pod rękę; **to put one's ~ around sb** otoczyć kogoś ramieniem; **to fold one's ~s** skrzyżować ręce (na piersiach); **in** or **within ~'s reach** w zasięgu ręki, pod ręką; fig blisko, w pobliżu [2] (sleeve) rękaw *m* [3] fig (influence) **to have a long ~** mieć długie ręce; **the long ~ of the law** (długie) ramię sprawiedliwości [4] (of crane, pick-up, robot) wysięgnik *m*; (of record-player) ramię *n*; (of windmill) skrzydło *n*; (of spectacles) zausznik *m*; (of chair) poręcz *f* [5] (of river, sea) odnoga *f*; (of land) cypel *m* [6] (subsidiary) ekspozytura *f*, filia *f*

II -armed *in combinations* **long-~ed** długoręki; **one-~ed** jednoręki

IDIOMS: **to cost an ~ and a leg** infml kosztować majątek or krocie; **to keep sb at ~'s length** fig trzymać kogoś na dystans; **a list as long as my ~** kilometrowa lista fig; **to twist sb's ~** przyprzeć kogoś do muru; **with open ~s** z otwartymi ramionami; **I would give my right ~ for sth/to do sth** oddałbym wszystko za coś/żeby móc coś zrobić

arm[2] /ɑːm/ **I** *n* (division of armed forces) rodzaj *m* broni; **air ~** lotnictwo wojskowe; **naval ~** marynarka wojenna

II arms *npl* [1] (weapons) broń *f*; **under ~s** pod bronią, uzbrojony; **to take up ~s** chwycić za broń; fig wystąpić, zbuntować się **(against sb/sth** przeciwko komuś /czemuś**)**; **to be up in ~s** (in revolt) powstać zbrojnie, zbuntować się **(against sb/sth** przeciwko komuś/czemuś**)**; (angry) być oburzonym **(over** or **about sth** czymś, z powodu czegoś**)**; **the locals are up in ~s about the plan** miejscowi są oburzeni tym planem; **to lay down ~s** złożyć broń; **to ~s!** do broni! [2] Herald (also **coat of ~s)** herb *m*

III *vt* [1] (militarily) uzbr|oić, -ajać, zbroić **(with sth** w coś**)** [2] fig (equip) **to ~ sb with sth** zaopatrzyć or wyposażyć kogoś w coś *[tool]*; dostarczyć komuś czegoś *[information]*; **to be ~ed with information** rozporządzać informacjami

IV *vi* uzbr|oić, -ajać się, zbroić się

V *vr* **to ~ oneself** u|zbroić się; **to ~ oneself with sth** fig uzbroić się w coś *[patience]*; zaopatrzyć się w coś *[information, tool]*

armada /ɑːˈmɑːdə/ *n* [1] Mil (fleet) (naval) armada *f*; (of tanks) kolumna *f* [2] Hist **the Spanish Armada** Wielka Armada *f*

armadillo /ˌɑːməˈdɪləʊ/ *n* (*pl* **~s)** Zool pancernik *m*

Armageddon /ˌɑːməˈgedn/ *n* Bible Armagedon *m*; fig kataklizm *m*

armament /ˈɑːməmənt/ Mil **I** *n* [1] (weapons) uzbrojenie *n* [2] (increasing of country's weapons) zbrojenie *n*
II armaments *npl* zbrojenia *plt*
III armaments *modif [factory, industry]* zbrojeniowy; **~ manufacturer** producent broni
armature /ˈɑːmətʃʊə(r)/ *n* [1] Elec zwora *f*; (in dynamo) twornik *m* [2] Art (framework of a sculpture) szkielet *m*, armatura *f* [3] Zool, Bot pancerz *m*
armband /ˈɑːmbænd/ *n* [1] (for buoyancy) pływaczek *m (zakładany na ramię)* [2] (for mourner) czarna opaska *f* [3] (for identification) opaska *f*
arm candy *n* infml ślicznotka *f* infml
armchair /ˈɑːmtʃeə(r)/ **I** *n* fotel *m*
II *modif* pej *[strategist, general]* kanapowy, salonowy iron; *[politician]* kawiarniany; *[traveller]* odbywający podróże palcem po mapie
armed /ɑːmd/ *adj [missile, person, unit]* uzbrojony **(with sth** w coś); *[raid, unit]* zbrojny; *[robbery]* z bronią w ręku
IDIOMS: **to be ~ to the teeth** być uzbrojonym po zęby
armed forces *npl* siły *plt* zbrojne; **to be in the ~** być or służyć w wojsku
armed services *npl* = **armed forces**
Armenia /ɑːˈmiːnɪə/ *prn* Armenia *f*
Armenian /ɑːˈmiːnɪən/ **I** *n* [1] (native) Ormian|in *m*, -ka *f*; (inhabitant) Arme|ńczyk *m*, -nka *f* [2] (language) (język *m*) ormiański *m*
II *adj [landscape industry, embassy]* armeński; *[language, culture, church, tradition]* ormiański
armful /ˈɑːmfʊl/ *n* (*pl* **~s**) naręcze *n*; **by the ~s** *[flowers, presents]* mnóstwo
armhole /ˈɑːmhəʊl/ *n* Fashn pacha *f*
armistice /ˈɑːmɪstɪs/ *n* zawieszenie *n* broni, rozejm *m*
Armistice Day *n 11 listopada, rocznica zakończenia pierwszej wojny światowej*
armlet /ˈɑːmlɪt/ *n* bransoletka *f (noszona nad łokciem)*
armor /ˈɑːmə(r)/ *n* US = **armour**
armorial /ɑːˈmɔːrɪəl/ **I** *n* herbarz *m*
II *adj* herbowy
armorial bearings *npl* herb *m*
armour GB, **armor** US /ˈɑːmə(r)/ **I** *n* [1] Hist (clothing) **(also a suit of ~)** zbroja *f* [2] (protective covering) (on tank, ship) opancerzenie *n*; Zool pancerz *m*; Elec (on wire, cable) pancerz *m* [3] (tanks) *(+ v sg/pl)* wojska *n pl* pancerne
II *modif* pancerny, opancerzony
armour-bearer /ˈɑːməbeərə/ *n* Hist giermek *m*
armour-clad /ˌɑːməˈklæd/ *adj [ship]* pancerny; *[vehicle]* opancerzony
armoured GB, **armored** US /ˈɑːməd/ *adj* [1] *[regiment]* pancerny; *[vehicle]* opancerzony; *[glass]* zbrojony [2] Zool okryty pancerzem or skorupą
armoured car *n* pojazd *m* opancerzony
armoured personnel carrier *n* transporter *m* opancerzony
armourer GB, **armorer** US /ˈɑːmərə(r)/ *n* rusznikarz *m*
armour-piercing /ˌɑːməˈpɪəsɪŋ/ *adj [ammunition, mine, missile]* przeciwpancerny
armour plate *n* (on tank) płyta *f* pancerna; (on ship) blacha *f* pancerna
armour-plated /ˌɑːməˈpleɪtɪd/ *adj [ship]* pancerny; *[vehicle]* opancerzony
armour plating *npl* = **armour plate**
armoury GB, **armory** US /ˈɑːmərɪ/ *n* [1] Mil (factory, store) zbrojownia *f* dat; (store) składnica *f* broni [2] (array, resources) arsenał *m* also fig **(of sth** czegoś)
armpit /ˈɑːmpɪt/ *n* Anat pacha *f*
armrest /ˈɑːmrest/ *n* poręcz *f*, oparcie *n* na rękę
arms control *n* kontrola *f* zbrojeń
arms dealer *n* handlarz *m* bronią
arms dump *n* skład *m* broni
arms factory *n* fabryka *f* broni
arm's-length /ˌɑːmzˈlenθ/ *adj* [1] Comm *[competition]* wolny; *[sale]* z wolnej ręki; *[price]* konkurencyjny [2] (independent) *[company, supplier]* niezależny
arms limitation *n* ograniczenie *n* zbrojeń
arms manufacturer *n* producent *m* broni
arms race *n* wyścig *m* zbrojeń
arms trade *n* handel *m* bronią
arms treaty *n* traktat *m* rozbrojeniowy
arm-twisting /ˈɑːmtwɪstɪŋ/ *n* fig presja *f*, wywieranie *n* nacisku
arm wrestle *vi* siłować się na rękę
arm wrestling *n* siłowanie się *n* na rękę; **~ competition** zawody w siłowaniu się na rękę
army /ˈɑːmɪ/ **I** *n* [1] Mil (land or sea forces) wojska *n pl*; (land forces, tactical unit) armia *f*; (military service) wojsko *n*; **to go into the ~** iść do wojska; **to join the ~** wstąpić or zaciągnąć się do wojska [2] fig armia *f*, zastępy *m pl* **(of sb** kogoś)
II *modif [life, uniform, personnel]* wojskowy; **~ wife** żona wojskowego
army ant *n* Zool mrówka *f* wędrowna
army corps *n* korpus *m* armijny
Army List *n* GB rejestr *m* korpusu oficerskiego
army officer *n* oficer *m* wojsk lądowych
army surplus store *n* sklep *m* z artykułami z demobilu
aroma /əˈrəʊmə/ *n* aromat *m* **(of sth** czegoś)
aromatherapy /əˌrəʊməˈθerəpɪ/ *n* aromaterapia *f*
aromatherapy lamp *n* lampa *f* do aromaterapii
aromatherapy oil *n* olejek *m* eteryczny
aromatic /ˌærəˈmætɪk/ **I** *n* (plant) roślina *f* aromatyczna; (substance) substancja *f* aromatyczna
II *adj* aromatyczny, wonny
arose /əˈrəʊz/ *pt* → **arise**
around /əˈraʊnd/ **I** *adv* [1] (approximately) około; **it sells for ~ £200** to sprzedaje się po około 200 funtów; **at ~ 3 pm** około 3 po południu [2] (in the vicinity) **to be somewhere ~** być gdzieś tutaj or w okolicy or niedaleko; **I'll be ~** będę blisko or w okolicy or niedaleko; **is there anyone ~?** (czy) jest tu kto?; **are they ~?** czy oni są gdzieś tutaj?; **I just happened to be ~** właśnie byłem w pobliżu; **I don't want to be ~ when...** nie chcę być przy tym, jak... [3] (in circulation) **to be ~** *[phenomenon, product, technology]* istnieć; *[person]* być; **to be ~ again** *[fashion, style]* wrócić (do mody), być znowu w modzie; **CDs have been ~ for years** płyty kompaktowe istnieją już od lat; **I wish I'd been ~ 50 years ago** żałuję, że nie żyłem pięćdziesiąt lat temu; **I'm glad I won't be ~ when...** cieszę się, że mnie nie będzie, kiedy...; **he hasn't been ~ long enough to make friends** nie jest tu jeszcze na tyle długo, żeby się z kimś zaprzyjaźnić; **is he still ~?** czy on jeszcze tu jest?; fig czy on jeszcze żyje?; **she's been ~** fig niejedno w życiu widziała; **one of the most gifted musicians ~** obecnie jeden z najzdolniejszych muzyków; **there is far less money ~** na rynku jest obecnie o wiele mniej pieniędzy [4] (available) być (na miejscu); **I wish you were ~ more** chciałbym, żebyś tutaj częściej bywał; **will she be ~ next week?** czy ona tu będzie w przyszłym tygodniu?; **there are still some strawberries ~** jest tu jeszcze trochę truskawek [5] (in all directions) wszędzie wokół; **all ~** wszędzie; **to go all the way ~** *[fence, moat, wall]* ciągnąć się dookoła; **the only garage for miles ~** jedyny warsztat samochodowy w promieniu wielu kilometrów; **we like to travel ~** lubimy podróżować [6] (in circumference) **three metres ~** *[tree trunk]* trzy metry w obwodzie [7] **(also** GB **round)** (in different, opposite direction) **to go the long way ~** pójść okrężną drogą, obrać okrężną drogę; **to turn sth the other way ~** obrócić coś tyłem do przodu; **to do sth the other way ~** zrobić coś na odwrót or na opak infml; **I didn't ask her, it was the other way ~** to nie ja ją prosiłem, odwrotnie – ona mnie; **the right/wrong way ~** właściwy /niewłaściwy sposób; **to put one's skirt on the wrong way ~** założyć spódnicę tyłem do przodu; **you're Adam and you're Robert, is that the right way ~?** ty jesteś Adam, a ty Robert, czy tak? [8] **(also** GB **round)** (in specific place, home) **to ask sb (to come) ~** zaprosić kogoś (z wizytą); **she's coming ~ today** ona przyjdzie or wpadnie dzisiaj; **I'll be ~ in a minute** zaraz będę
II *prep* **(also** GB **round)** [1] (on all sides of) wokół (czegoś) *[fire, table, garden, lake]*; **~ the outside of the house** wokół domu; **in a scarf ~ her head** w chustce na głowie; **she put her arm ~ his shoulders** objęła go ramieniem; **the villages ~ Dublin** wioski wokół Dublina [2] (throughout) **clothes scattered ~ the room** ubrania porozrzucane po całym pokoju; **in several locations ~ the country** w wielu miejscach całego kraju; **(all) ~ the world** (wszędzie) na całym świecie; **from ~ the world** z całego świata; **doctors ~ the world** lekarze na całym świecie; **to go ~ the world** odbyć podróż dookoła świata; **to walk ~ the town** przejść się po mieście; **he'll show you ~ the castle** oprowadzi cię po zamku; **to go/look ~ the house** obejść/obejrzeć dom [3] (in the vicinity of, near) **somewhere ~ the house/Paris** gdzieś w pobliżu domu/w okolicach Paryża; **the people ~ here** tutejsi ludzie; **I like having people ~ the house** or **place** lubię mieć gości; **she's not from ~ here** ona nie jest stąd or z tej okolicy [4] (approximately at) **~ midnight** około północy; **~ 1990** około 1990 roku; **~ the**

same time mniej więcej w tym samym czasie [5] (in order to pass, bypass, avoid) **to go ~ sth** obejść coś *[law, rules]*; objechać coś *[town centre]*; ominąć coś *[obstacle]*; **a way ~ sth** obejście czegoś *[obstacle]*; **there is no way ~ the problem** nie da się obejść or uniknąć tego problemu; **there is a way ~ the problem** można uniknąć tego kłopotu, jest sposób na obejście or ominięcie tego problemu → **get round** [6] (to the other side of) **to go ~ the corner** skręcić za róg; **to go ~ the bend** zakręcić, wziąć zakręt; **~ the mountain** za górą [7] Meas, Sewing **he is 90 cm ~ the chest** ma 90 cm w klatce piersiowej

IDIOMS: **what goes ~ comes ~** co rzucisz za siebie, znajdziesz przed sobą

arousal /əˈraʊzl/ *n* [1] (of feelings) wzbudzenie *n*, wzniecenie *n* **(of sth** czegoś**)**; (to do sth) pobudzenie *n*; **~ from deep sleep** przebudzenie z głębokiego snu [2] (excitation) podniecenie *n*; **(sexual) ~** podniecenie seksualne

arouse /əˈraʊz/ *vt* [1] (cause) wzbudz|ić, -ać, o|budzić *[anger, interest, jealousy, suspicion]*; rozbudz|ić, -ać *[desire]*; **the picture ~d a feeling of disgust in me** ten obraz wzbudził we mnie uczucie niesmaku [2] (sexually) pobudz|ić, -ać, podniec|ić, -ać [3] (waken) **to ~ sb from sleep** zbudzić or obudzić kogoś (ze snu); **to ~ sb out of their apathy** wyrwać kogoś z apatii

arpeggio /ɑːˈpedʒɪəʊ/ *n* Mus arpedżio *n*, arpeggio *n*

arrack /ˈærək/ *n* arak *m*

arraign /əˈreɪn/ *vt* [1] Jur postawić, stawiać w stan oskarżenia *[person, company]*; **to ~ sb before the court** podać kogoś do sądu; **to be ~ed on a charge of murder** zostać oskarżonym o morderstwo [2] fml (accuse, rebuke) potępi|ć, -ać, z|ganić, na|piętnować *[person]*

arraignment /əˈreɪnmənt/ *n* [1] Jur (by judge) postawienie *n* w stan oskarżenia [2] fig (criticism) ostra krytyka *f*

Arran /ˈærən/ *prn* wyspa *f* Arran

arrange /əˈreɪndʒ/ **I** *vt* [1] (put in position) ustawi|ć, -ać *[ornaments, furniture]*; u|łożyć, -kładać *[flowers, hair]*; urządz|ić, -ać *[room]*; poprawi|ć, -ać *[ribbon, shawl, scarf, garment]* [2] (organize) urządz|ić, -ać *[party]*; z|organizować *[holiday, meeting, tour, wedding]*; za|aranżować *[marriage]*; załatwi|ć, -ać *[divorce]*; ustal|ić, -ać *[date, schedule]*; załatwi|ć, -ać, um|ówić, -awiać *[appointment]*; **to ~ sth with sb** ustalić coś z kimś; **to ~ that...** ustalić or załatwić tak, żeby...; **to ~ to do sth** umówić się or postanowić zrobić coś; **will you ~ the appointment with the dentist?** (czy) zamówisz wizytę u dentysty?; **to ~ a marriage** skojarzyć małżeństwo; **have you got anything ~d for this evening?** (czy) masz jakieś plany na dzisiejszy wieczór?; **we've ~d to meet this evening** umówiliśmy się na spotkanie dzisiaj or dziś wieczorem [3] (bring about agreement on) uzg|odnić, -adniać *[agreement, deal, loan, price, settlement]*; **'date to be ~d'** (on memo) „data do uzgodnienia" [4] Mus za|aranżować *[piece, score]*

II *vi* um|ówić, -awiać się, uzg|odnić, -adniać, ustal|ić, -ać; **to ~ for sth** załatwić coś, uzgodnić coś; **to ~ for sb to do sth** umówić się or załatwić, że ktoś coś zrobi; **to ~ for sth to be done** ustalić or uzgodnić, że coś zostanie zrobione; **to ~ with sb to do sth** umówić się z kimś, że coś zrobi

arranged marriage *n małżeństwo skojarzone przez rodziców młodych*

arrangement /əˈreɪndʒmənt/ *n* [1] (positioning) (of hair) uczesanie *n*, ułożenie *n*; (of clothing) poprawienie *n*; (of objects) ustawienie *n*, ułożenie *n*; (of chairs) ustawienie *n*; (of ideas on page) rozplanowanie *n*, rozmieszczenie *n*; (of shells, dried flowers) kompozycja *f*; **seating ~** wyznaczenie miejsc [2] (plan) plan *m*, przygotowania *plt*, ustalenia *plt*; **to make ~s to (do) sth** poczynić przygotowania do (zrobienia) czegoś; **to make ~s with sb (for him to do sth)** umówić się or załatwić z kimś (że coś zrobi); **to make ~s for sth to be done** załatwić or umówić się, że coś zostanie zrobione; **to make ~s for doing sth** przygotować or zorganizować zrobienie czegoś; **can I leave the ~s to you?** czy mogę tobie pozostawić sprawy organizacyjne?; **Robert is making all the ~s** wszystkim zajmuje się Robert, wszystko załatwia Robert; **what are the ~s for the journey/funeral?** co ustalono w sprawie wyjazdu/pogrzebu?; **economic/social/security ~s** ustalenia or regulacje dotyczące spraw gospodarczych/społecznych/bezpieczeństwa; **parking ~s** parkowanie [3] (agreement) umowa *f*, porozumienie *n*; **to make an ~** zawrzeć porozumienie **(with sb** z kimś**)**; **by ~ with sb** na mocy porozumienia or umowy z kimś; **by ~** po uprzednim porozumieniu or umówieniu (się); **under the ~, I will receive the refund** zgodnie z umową, otrzymam zwrot kosztów; **to come to an ~** osiągnąć porozumienie, dojść do porozumienia [4] Mus aranżacja *f*

arrant /ˈærənt/ *adj* liter *[fool, knave]* skończony; *[thief]* urodzony; *[liar]* wierutny; **it's ~ nonsense** to zupełna bzdura

array /əˈreɪ/ **I** *n* [1] (of goods, products) szeroki wachlarz *m*, wybór *m*; asortyment *m* fml; (of objects) szereg *m* [2] (of troops) szeregi *m pl*; (of celebrities) plejada *f*; **battle ~** szyk bojowy; ordynek bojowy dat [3] (of weaponry) panoplia *f* [4] (of numbers) kolumny *f pl*; (of problems, factors) wachlarz *m* [5] liter (clothes) szaty *f pl*; **in all their ~** w całej (ich) świetności [6] Comput tabela *f*, tablica *f* [7] Electron matryca *f*, siatka *f*

II *vt* [1] Mil ustawi|ć, -ać w szyku or ordynku dat [2] (arrange) wy|łożyć, -kładać *[goods, wares]* [3] Jur ustal|ić, -ać listę (kogoś) *[members of jury]* [4] Fashn **to be ~ed in sth** być wystrojonym w coś

III *vr* liter **to ~ oneself** wystroić się **(in sth** w coś**)**

arrears /əˈrɪəz/ *npl* [1] (money due) zaległości *plt*; **my payments are in ~** zalegam z płatnościami; **I'm in ~ with my payments** mam zaległości w płaceniu; **to be six months in ~** zalegać z płatnościami za sześć miesięcy; **rent ~** zaległości w opłatach za czynsz [2] (work to be done) zaległości *plt*

arrest /əˈrest/ **I** *n* Jur aresztowanie *n*; **to make an ~** dokonać zatrzymania; **to be under ~** być aresztowanym; **to place** or **put sb under ~** zaaresztować kogoś

II *vt* [1] *[police]* za|aresztować *[suspect]*; **I ~ you in the name of the law** aresztuję pana w imieniu prawa; **to ~ sb on a charge** or **on suspicion of robbery** aresztować kogoś pod zarzutem kradzieży [2] (halt) za|hamować *[progress, development, disease]*; **in order to ~ the rise in inflation** w celu zahamowania wzrostu inflacji; **we have to ~ the spread of the infection** musimy powstrzymać rozprzestrzenianie się infekcji [3] (attract) przyciąg|nąć, -ać *[attention]*; **our gaze was ~ed by the glowing colours** jaskrawe kolory przyciągnęły nasz wzrok

arrestable /əˈrestəbl/ *adj* Jur *[person]* podlegający zatrzymaniu or aresztowi; *[offence]* zagrożony aresztem bez nakazu

arresting /əˈrestɪŋ/ *adj* [1] (striking) *[beauty]* uderzający; *[sight, account]* wstrząsający; (attractive) *[painting, design]* frapujący [2] (making an arrest) *[officer]* dokonujący zatrzymania

arrest of judgment *n* Jur wstrzymanie *n* wydania orzeczenia

arrest warrant *n* Jur nakaz *m* aresztowania

arrhythmia /əˈrɪðmɪə/ *n* arytmia *f*

arrival /əˈraɪvl/ *n* [1] (of person, transport) przybycie *n*; (of car, train) przyjazd *m*; (of plane) przylot *m*; (of boat) przypłynięcie *n*; **on sb's ~** w chwili przybycia kogoś; **~s and departures** (at airport) przyloty i odloty [2] (of goods, package, season) nadejście *n* [3] (of new character, phenomenon) pojawienie się *n*; **the ~ of the miniskirt changed the face of fashion** pojawienie się spódniczek mini zmieniło oblicze mody [4] (person arriving) przybył|y *m*, -a *f*; **late ~** spóźniony; **new ~** nowo przybyły; (baby) infml nowo narodzony hum

arrival lounge *n* hala *f* przylotów

arrival platform *n* peron *m* dla pociągów przyjeżdżających

arrivals board *n* (at airport) tablica *f* przylotów; (at railway station) tablica *f* przyjazdów

arrival time *n* czas *m* przybycia

arrive /əˈraɪv/ *vi* [1] (at destination) *[person, transport]* przyby|ć, -wać **(at** or **in/from sth** do czegoś/z czegoś**)**; (by car, train) przyje|chać, -żdżać; (by plane) przyl|ecieć, -atywać; (by boat) przypły|nąć, -wać [2] *[goods, letter, season]* nad|ejść, -chodzić, przy|jść, -chodzić [3] (appear) pojawi|ć, -ać się; *[new baby]* przy|jść, -chodzić na świat; **to ~ on the scene** pojawić się (na scenie) also fig [4] (be social success) wypłynąć fig

■ **arrive at: ~ at [sth]** do|jść, -chodzić do (czegoś) *[agreement, conclusion, settlement]*; pod|jąć, -ejmować *[decision]*; ustal|ić, -ać *[price]*

arrogance /ˈærəgəns/ *n* arogancja *f*

arrogant /ˈærəgənt/ *adj* arogancki

arrogantly /ˈærəgəntlɪ/ *adv* arogancko, z arogancją

arrogate /ˈærəgeɪt/ *vt* fml **to ~ sth to oneself/to sb** przypisywać coś sobie /komuś

arrow /ˈærəʊ/ **I** *n* [1] (weapon) strzała *f*; **to fire** or **shoot an ~** wypuścić strzałę,

wystrzelić z łuku [2] (sign) strzałka *f*; **marked with ~s** oznaczony strzałkami
III *vt* oznacz|yć, -ać strzałką *[paragraph, text, word]*

arrowhead /ˈærəʊhed/ *n* [1] grot *m* (strzały) [2] Bot strzałka *f* wodna

arrowroot /ˈærəʊruːt/ *n* Bot maranta *f*; Culin mąka *f* arrarutowa

arse /ɑːs/ GB vulg *n* dupa *f* vinfml; **get off your ~!, move your ~!** vinfml rusz dupę! vulg
■ **~ about** or **around** GB vinfml opieprzać się vinfml, obijać się infml
IDIOMS: **he can't tell his ~ from his elbow** wyjątkowa dupa wołowa z niego vinfml

arsehole /ˈɑːshəʊl/ *n* GB vulg (stupid person) dupek *m* infml

arselicker /ˈɑːslɪkə(r)/ *n* GB vulg lizodup *m* vulg

arsenal /ˈɑːsənl/ *n* arsenał *m* also fig

arsenic /ˈɑːsnɪk/ *n* Chem arsen *m*; **~ poisoning** zatrucie arszenikiem

arsenical /ɑːˈsenɪkl/ *adj* Chem *[drug, poison]* arszenikowy; **~ compound** związek arsenu; **~ poisoning** zatrucie arszenikiem

arsenic trioxide *n* Chem trójtlenek *m* arsenu, arszenik *m*

arsenic trisulphide *n* Chem trójsiarczek *m* arsenu

arson /ˈɑːsn/ *n* podpalenie *n*; **to commit ~** dokonać podpalenia; **an ~ attack** podpalenie

arsonist /ˈɑːsənɪst/ *n* podpalacz *m*, -ka *f*

art[1] /ɑːt/ **I** *n* [1] (creation, activity, representation) sztuka *f*; **work of ~** dzieło sztuki [2] (skill) sztuka *f*; **the ~ of listening/survival** sztuka słuchania/przetrwania [3] (cunning) spryt *m*; (stratagem) podstęp *m*, fortel *m*
II arts *npl* [1] (culture) **the ~s** sztuka *f* [2] Univ nauki *f pl* humanistyczne; **to study (the) ~s** studiować nauki humanistyczne [3] **~s and crafts** rzemiosło artystyczne, sztuka zdobnicza; (school subject) praca-technika
III *modif [cinema, needlework]* artystyczny
IDIOMS: **~ for ~'s sake** sztuka dla sztuki

art[2] /ɑːt/ *v* arch = **are; thou ~...** tyś jest...

art collection *n* (of paintings) kolekcja *f* obrazów; (of other works of art) kolekcja *f* dzieł sztuki

art collector *n* kolekcjoner *m*, -ka *f* sztuki

art college *n* wyższa szkoła *f* sztuk pięknych or plastycznych

art dealer *n* handlarz *m* dziełami sztuki, marszand *m*

art deco /ˌɑːtˈdekəʊ/ *n* art deco *n inv*

art editor *n* (in book publishing) grafik *m*; (of newspaper) redaktor *m*, -ka *f* działu kultury

artefact /ˈɑːtɪfækt/ *n* przedmiot *m* (kultury materialnej); artefakt *m* fml

Artemis /ˈɑːtɪmɪs/ *prn* Artemida *f*

arterial /ɑːˈtɪərɪəl/ *adj* [1] Anat *[circulation, thrombosis]* tętniczy [2] **~ road** droga szybkiego ruchu; **~ line** Rail magistrala kolejowa

arteriole /ɑːˈtɪərɪəʊl/ *n* Anat tętniczka *f*

arteriosclerosis /ɑːˌtɪərɪəʊskləˈrəʊsɪs/ *n* Med arterioskleroza *f*, miażdżyca *f*, stwardnienie *n* tętnic

artery /ˈɑːtərɪ/ *n* Med [1] tętnica *f*, arteria *f*; **blocked arteries** zator tętniczy; **to suffer from blocked arteries** mieć zator tętniczy [2] (road) arteria *f*; (railway) magistrala *f*

artesian /ɑːˈtiːzɪən/ *adj* artezyjski; **~ well** studnia artezyjska

Artex® /ˈɑːteks/ *n* tynk *m* strukturalny

art exhibition *n* wystawa *f* dzieł sztuki; (of paintings) wystawa *f* obrazów; (of sculptures) wystawa *f* rzeźby

art form *n* [1] (form) forma *f* artystyczna [2] (activity) działanie *n* artystyczne

artful /ˈɑːtfl/ *adj* [1] (ingenious) *[sculpture, lighting]* pomysłowy [2] *[politician, speaker]* (skilful) zręczny; (crafty) przebiegły; **~ dodger** szczwany lis, przebiegła sztuka infml

artfully /ˈɑːtfəlɪ/ *adv [arranged, chosen]* pomysłowo; *[suggest, imply]* umiejętnie; *[plot, scheme]* przebiegle

artfulness /ˈɑːtfʊlˌnɪs/ *n* [1] (skilfulness) pomysłowość *f* [2] (cunning) przebiegłość *f*, spryt *m*

art gallery *n* galeria *f* sztuki

art house *n* (cinema) kino *n* studyjne; **~ film** film autorski

arthritic /ɑːˈθrɪtɪk/ Med **I** *n* artrety|k *m*, -czka *f*
II *adj [joint, hip, knee]* artretyczny

arthritis /ɑːˈθraɪtɪs/ *n* Med artretyzm *m*, zapalenie *n* stawów; **to suffer from/have ~** chorować na/mieć artretyzm

arthropod /ˈɑːθrəpɒd/ *n* Zool stawonóg *m*

Arthurian /ɑːˈθjʊərɪən/ *adj [legend, romance]* arturiański, o królu Arturze

artic /ˈɑːtɪk/ *n* GB Transp infml ciężarówka *f* naczepowa

artichoke /ˈɑːtɪtʃəʊk/ **I** *n* Bot karczoch *m*
II *modif* **~ head/heart/leaf/stalk** główka/kaczan/liść/łodyga karczocha; **~ soup /salad** zupa/sałatka z karczochów

article /ˈɑːtɪkl/ **I** *n* [1] (object) przedmiot *m*, rzecz *f*; (for sale) artykuł *m*, wyrób *m*; **~ of clothing** artykuł odzieżowy [2] Journ artykuł *m* **(on/about sth** na temat czegoś/o czymś); **magazine/newspaper ~** artykuł w czasopiśmie/gazecie [3] Admin, Jur (clause) paragraf *m*, artykuł *m*; **in** or **under Article 12** według paragrafu/zgodnie z paragrafem 12, według artykułu/zgodnie z artykułem 12; **~ of faith** Relig artykuł wiary; fig dogmat; **the Thirty-Nine Articles** Relig trzydzieści dziewięć artykułów wiary *(w kościele anglikańskim)* [4] Ling rodzajnik *m*, przedimek *m*; **definite/indefinite ~** rodzajnik or przedimek określony/nieokreślony; **partitive ~** rodzajnik or przedimek cząstkowy or partytywny [5] (in a newsgroup) wiadomość *f* na liście dyskusyjnej
II articles *npl* Jur **to be in ~s** być na praktyce w kancelarii notarialnej

articled clerk *n* Jur praktykant *m*, aplikant *m (u notariusza)*

articulate I /ɑːˈtɪkjʊlət/ *adj* [1] (expressing thoughts clearly) *[person, speaker]* jasno wysławiający się, elokwentny; *[argument, document, speech]* klarowny [2] Anat, Zool połączony stawowo or przegubowo
II /ɑːˈtɪkjʊleɪt/ *vt* fml [1] (pronounce) wym|ówić, -awiać, wy|artykułować *[vowel, word]* [2] (express) wyra|zić, -żać *[feelings, request, views]*; wy|łożyć, -kładać *[theory, views]*
III /ɑːˈtɪkjʊleɪt/ *vi* (pronounce) wym|ówić, -awiać

articulated lorry *n* GB Transp ciężarówka *f* naczepowa

articulately /ɑːˈtɪkjʊlətlɪ/ *adv [speak, write]* klarownie

articulation /ɑːˌtɪkjʊˈleɪʃn/ *n* [1] (expression) sformułowanie *n* [2] (pronunciation) artykulacja *f*, wymowa *f* [3] Anat, Zool, Bot staw *m*, połączenie *n* przegubowe

articulatory /ɑːˌtɪkjʊˈleɪtərɪ, US -tɔːrɪ/ *adj* artykulacyjny

articulatory phonetics *n (+ v sg)* Ling fonetyka *f* artykulacyjna

artifact *n* = **artefact**

artifice /ˈɑːtɪfɪs/ *n* [1] (trick) sztuczka *f* [2] (cunning) spryt *m*

artificer /ɑːˈtɪfɪsə(r)/ *n* (craftsman) rzemieślnik *m*

artificial /ˌɑːtɪˈfɪʃl/ *adj* [1] (man-made) *[eye, fertilizer, fur, lake, snow]* sztuczny [2] fig *[atmosphere, manner, smile]* sztuczny; *[accent, voice]* nienaturalny; *[concern, grief]* udawany, nieszczery

artificial climbing *n* Sport wspinanie *n* metodą sztucznych ułatwień

artificial insemination, AI *n* Vet sztuczna inseminacja *f*

artificial intelligence, AI *n* sztuczna inteligencja *f*

artificiality /ˌɑːtɪfɪʃɪˈælətɪ/ *n* pej (of person, manner, situation) nienaturalność *f*, sztuczność *f*; (of emotion) nieszczerość *f*

artificial limb *n* proteza *f*

artificially /ˌɑːtɪˈfɪʃəlɪ/ *adv* sztucznie, nienaturalnie

artificial respiration *n* sztuczne oddychanie *n*; **to give sb ~** zrobić komuś sztuczne oddychanie

artillery /ɑːˈtɪlərɪ/ *n* Mil (guns, regiment) artyleria *f*; **heavy ~** ciężka artyleria

artilleryman /ɑːˈtɪlərɪmən/ *n* **(*pl* -men)** artylerzysta *m*

artisan /ˌɑːtɪˈzæn, US ˈɑːrtɪzn/ *n* rzemieślnik *m*

artist /ˈɑːtɪst/ *n* [1] Art, Theat artyst|a *m*, -ka *f*; **he trained as an ~** kształcił się na artystę [2] infml (person) **con** or **rip-off ~** lepszy naciągacz; **piss ~** stały bywalec knajp

artiste /ɑːˈtiːst/ *n* Theat artysta *m* estradowy, artystka *f* estradowa

artistic /ɑːˈtɪstɪk/ *adj [talent, creation, activity, community, temperament, career]* artystyczny; **to be ~** być uzdolnionym artystycznie

artistically /ɑːˈtɪstɪklɪ/ *adv* (in terms of art) artystycznie, w sposób artystyczny; (tastefully) *[arrange, decorate, design]* artystycznie, z artystycznym wyczuciem

artistic director *n* kierownik *m* artystyczny

artistry /ˈɑːtɪstrɪ/ *n* sztuka *f*, mistrzostwo *n*

artless /ˈɑːtlɪs/ *adj* [1] (unaffected) *[remark]* szczery, prosty; *[affection]* naiwny; *[person]* (in speech, in behaviour) prostoduszny; *[smile]* niewymuszony; **almost too ~** z wystudiowaną prostotą [2] (unskilled) *[translation, adaptation, performance]* nieudolny

artlessly /ˈɑːtlɪslɪ/ *adv* [1] (unaffectedly) *[smile]* naturalnie; *[speak, act]* w sposób naturalny [2] (without skill) *[perform, translate]* nieudolnie

artlessness /ˈɑːtlɪsnɪs/ *n* prostoduszność *f*, szczerość *f*

art nouveau /ˌɑːtˈnuːvəʊ/ *n* secesja *f*, art nouveau *n inv*

art paper *n* papier *m* kredowany or kredowy

art room *n* Sch pracownia *f* plastyczna

art school *n* szkoła *f* sztuk pięknych *or* plastycznych

Arts Council *n* GB *instytucja dotująca działalność kulturalną*

arts degree *n* stopień *m* naukowy w dziedzinie nauk humanistycznych

arts funding *n* dotowanie *n or* sponsorowanie *n* działalności kulturalnej

arts student *n* student *m*, -ka *f* wydziału nauk humanistycznych

art student *n* (at college) student *m*, -ka *f* szkoły sztuk pięknych

artsy-craftsy /ˌɑːtsɪˈkrɑːftsɪ, US -ˈkræftsɪ/ *n* US = **arty-crafty**

artsy-fartsy /ˌɑːtsɪˈfɑːtsɪ/ *n* US = **arty-farty**

artwork /ˈɑːtwɜːk/ *n* (in book, magazine) szata *f* graficzna

arty /ˈɑːtɪ/ *adj* infml *[person]* pozujący na artystę; *[clothes, decoration]* pretensjonalny; **~ district** dzielnica cyganerii artystycznej

arty-crafty GB /ˌɑːtɪˈkrɑːftɪ/ *adj* infml pej *[decor]* pretensjonalny

arty-farty GB /ˌɑːtɪˈfɑːtɪ/ *adj* infml pej zgrywający się na znawcę sztuki infml

ARV *n* US = **American Revised Version**

Aryan /ˈeərɪən/ **I** *n* Aryj|czyk *m*, -ka *f* **II** *adj* aryjski

as /æz, əz/ **I** *conj* [1] (in the manner that) jak; **as you can see, I'm very busy** jak widzisz, jestem bardzo zajęty; **as you know** jak (sam) wiesz; **as usual** jak zwykle; **as is usual in such cases** jak zwykle się robi *or* jak zwykło się robić w takich przypadkach; **do as I say!** rób, co ci mówię!; **as I see it** (tak) jak ja to widzę *or* rozumiem; z tego, co widzę *or* rozumiem; **as I understand it** (tak) jak ja to rozumiem; z tego, co rozumiem; **he likes reading, as I do** lubi czytać tak jak ja; **loving Paris as I do...** jeśli uwielbia się Paryż tak jak ja...; **knowing you as I do, it didn't surprise me** znając ciebie, tak jak ja cię znam, wcale nie byłem zdziwiony; **the street as it looked in the 1930s** widok tej ulicy w latach trzydziestych XX wieku; **as often happens** jak to się często zdarza; **just as he dislikes the theatre, so too does he dislike opera** nie lubi ani teatru, ani opery; tak jak nie lubi teatru, nie lubi opery; **as he lived so did he die** jak żył tak i umarł; **he lives abroad, as does his sister** mieszka za granicą, podobnie jak jego siostra; **clad as he was only in a towel, he didn't want to answer the door** ponieważ był owinięty tylko ręcznikiem, nie chciał otworzyć drzwi; **leave it as it is** zostaw to tak, jak jest; **I'm overworked as it is** i tak mam za dużo pracy; **we're in enough trouble as it is** już i tak mamy dość kłopotów; **'as is'** Comm „tak, jak jest" (bez gwarancji); **I bought the apartment as it was** kupiłem mieszkanie w takim stanie, w jakim było; **as one man to another** jak człowiek z człowiekiem; **as with so many people in the 1960s, she...** ona, jak wiele innych osób w latach sześćdziesiątych, ...; **as with so much in this country, the system needs to be modernized** podobnie jak wiele rzeczy w tym kraju, sam system także wymaga modernizacji; **as it were** niejako; **as you were!** Mil wróć!; **two is to four as four is to eight** Math dwa ma się do czterech, jak cztery do ośmiu [2] (when) kiedy; (while) podczas gdy; **he came in as she was coming down the stairs** wszedł, kiedy schodziła po schodach; **as she grew older, she grew richer** bogaciła się z wiekiem; **as a child, he...** jako dziecko, ..., będąc dzieckiem, ... [3] (because, since) jako że, skoro; **as you were out, I left a note** ponieważ cię nie było, zostawiłem wiadomość; **as she is sick, she cannot go out** nie może wychodzić, ponieważ jest chora [4] (although) choć; **strange as it may seem, she never returned** choć może się to wydać dziwne, nigdy nie wróciła; **comfortable as the house is, it's still very expensive** dom, choć wygodny, to jednak jest bardzo drogi; **try as he might, he could not forget it** choć bardzo się starał, nie mógł (o tym) zapomnieć; **much as I like you I have to say that...** choć bardzo cię lubię, muszę powiedzieć, że...; **be that as it may** tak czy owak, tak czy inaczej [5] **the same as...** taki sam jak...; **I've got a jacket the same as yours** mam taki sam żakiet, jak ty; **the same man as I saw last week** ten sam człowiek, którego widziałem w zeszłym tygodniu; **the same as always** to samo co zawsze *or* zwykle; **he works for the same company as me** pracuje w tej samej firmie co ja [6] (expressing purpose) **so as to do sth** żeby coś zrobić; **he left early so as to be on time** wyszedł wcześnie, żeby zdążyć na czas; **she opened the door quietly so as not to wake him** cicho otworzyła drzwi, żeby go nie obudzić

II **as and when** *conj phr* **as and when the passengers arrive** w miarę, jak przybywają pasażerowie; **as and when the need arises** kiedy zajdzie taka potrzeba, w miarę potrzeby; **as and when you want** jak będziesz potrzebował

III **as if** *conj phr* jakby, jak gdyby; **it's not as if she hadn't been warned** to nie jest tak, że nie została ostrzeżona; **he looked at me as if to say that...** popatrzył na mnie, jakby *or* jak gdyby chciał powiedzieć, że...; **it looks as if we've got lost** wygląda na to, że zabłądziliśmy; **as if by accident** jakby przez przypadek *or* przypadkowo; **as if by magic** jakby za dotknięciem czarodziejskiej różdżki, jakby za sprawą magicznej siły *or* mocy; **as if I cared!** jakby mi zależało!

IV *prep* (in order to appear to be) [1] jak; **to be dressed as a sailor** mieć na sobie marynarskie ubranie; **disguised as a clown** w przebraniu klauna; **in the book he is portrayed as a victim** w tej książce przedstawiono go jako ofiarę [2] (in the role, capacity, function of) jako, jak; **he works as a pilot/engineer** pracuje jako pilot/inżynier; **a job as a teacher** posada nauczyciela; **she has a reputation as a tough businesswoman** ma opinię twardej kobiety interesu; **speaking as his closest friend, I...** jako jego najbliższy przyjaciel, chciałbym powiedzieć, że...; **I like her as a person but not as an artist** lubię ją jako człowieka, ale nie jako artystkę; **my rights as a parent** prawa należne mi jako ojcu /matce; **film as an art form** film jako forma artystyczna; **as a lexicographer, he has a special interest in words** jako leksykografa, szczególnie interesują go słowa; **with Lauren Bacall as Vivien** Cin, Theat z Lauren Bacall w roli Vivien [3] (other uses) **to treat sb as an equal** traktować kogoś jak równego sobie; **he was quoted as saying that...** powoływano się na jego wypowiedź, że...; **it came as a shock to learn that he was dead** wiadomość, że nie żyje, spadła jak grom z jasnego nieba; **think of it as an opportunity to meet new people** popatrz na to jak na sposobność poznania nowych ludzi

V **as against** *prep phr* w stosunku do (czegoś), w porównaniu z (czymś); **75% this year as against 35% last year** 75% w tym roku w porównaniu z 35% w zeszłym roku

VI **as for** *prep phr* co do (kogoś/czegoś), co się tyczy (kogoś/czegoś), jeśli chodzi o (kogoś/coś); **as for the children** co się tyczy dzieci; **as for him, he can go to hell!** vinfml a on niech idzie do diabła! infml

VII **as from, as of** *prep phr* (począwszy) od (czegoś); **as from** *or* **of now/April** począwszy od zaraz/od kwietnia; **as of yet** (aż) do teraz

VIII **as such** *prep phr* jako taki; **he doesn't believe in religion as such** nie wierzy w religię jako taką; **they are your equals and should be treated as such** są ci równi i tak powinni być traktowani

IX **as to** *prep phr* co do (kogoś/czegoś), co się tyczy (kogoś/czegoś); **this gave them no clue as to his motives/as to his whereabouts** nie dostarczyło im to żadnej wskazówki, czym się kierował/gdzie się podziewa

X *adv* [1] (expressing degree, extent) **as... as...** tak... jak...; **he is as intelligent as you** jest tak samo inteligentny jak ty; **he is not as** *or* **so intelligent as you** nie jest tak inteligentny jak ty; **he is just as intelligent as you** jest równie inteligentny jak ty; **she can't walk as fast as she used to** nie może chodzić tak szybko jak kiedyś; **as fast as you can** najszybciej jak tylko możesz, możliwie najszybciej; **as strong as an ox** silny jak wół; **he is twice as strong as me** on jest dwa razy silniejszy ode mnie; **it's not as good as all that** to wcale nie jest takie dobre; **I paid as much as she did** zapłaciłem tyle samo co ona; **as much as possible** możliwie najwięcej, jak najwięcej; **as little as possible** możliwie najmniej, jak najmniej; **as soon as possible** jak najszybciej; **not nearly as much as a thousand** o wiele mniej niż tysiąc; **not as often** nie tak często; **their profits are down by as much as 30%** ich zyski zmniejszyły się aż o 30%; **the population may increase by as much as 20%** liczba ludności może wzrosnąć nawet o 20%; **as many as 10,000 people attended the demonstration** aż 10 000 osób wzięło udział w demonstracji; **by day as well as by night** w dzień jak i w nocy; i dniem, i nocą; **she can play the piano**

as well as her sister gra na fortepianie równie dobrze jak jej siostra; **they have a house in Nice as well as an apartment in Paris** mają dom w Nicei, a także mieszkanie w Paryżu; **as well as being a poet, he is a novelist** on jest nie tylko poetą, ale i powieściopisarzem [2] (expressing similarity) (tak) jak; **as before, she...** podobnie jak przedtem, ona...; **I thought as much** tak właśnie pomyślałem; **A as in Alice** A jak Alicja

ASA *n* GB [1] → **Advertising Standards Authority** [2] = **Amateur Swimming Association** ≈ Amatorski Związek *m* Pływacki

asap /eɪseseɪ'piː, 'eɪsæp/ = **as soon as possible** możliwie (jak) najszybciej

asbestos /əz'bestɒs, æs-/ *n* Miner azbest *m*

asbestosis /ˌəzbe'stəʊsɪs, ˌæs-/ *n* (*pl* **-toses**) Med pylica *f* azbestowa, azbestoza *f*

asbestos mat *n* płytka *f* azbestowa

ascend /ə'send/ fml **I** *vt* wspi|ąć, -nać się na (coś) *[hill]*; wspi|ąć, -nać się po (czymś) *[steps]*; wspi|ąć, -nać się (czymś) *[path]*; **to ~ the throne** wstąpić na tron

II *vi [path, steps]* piąć się; *[bird, aircraft, smoke]* wzn|ieść, -osić się, wzbi|ć, -jać się; (in lift) wje|chać, -żdżać

ascendancy /ə'sendənsɪ/ *n* (superiority) przewaga *f*; (power) władza *f*, dominacja *f*; **to be in the ~** mieć przewagę; **to have /gain ~ over sb** mieć/zyskać przewagę or władzę nad kimś

ascendant /ə'sendənt/ **I** *n* [1] Astrol ascendent *m*; **to be in the ~** być w ascendencie [2] fml (powerful position) **to be in the ~** dominować

II *adj* fml *[class, group]* dominujący

Ascension /ə'senʃn/ *n* Relig **the ~** Wniebowstąpienie *n*

Ascension Day *n* Relig Wniebowstąpienie *n*, Święto *n* Wniebowstąpienia Pańskiego

Ascension Island *prn* Wyspa *f* Wniebowstąpienia

ascensionist /ə'senʃənɪst/ *n* Sport dat zdobyw|ca *m*, -czyni *f* szczytu górskiego

Ascensiontide /ə'senʃəntaɪd/ *n* Relig *okres dziesięciu dni od Wniebowstąpienia do Zielonych Świątek*

ascent /ə'sent/ *n* [1] (of gas, smoke, soul) unoszenie się *n*; (of balloon, plane) wznoszenie się *n* [2] (in cycling) jazda *f* pod górę; (in mountaineering) wchodzenie *n* na szczyt or na górę; (of a path) pięcie się *n*; **to make an ~ of a volcano** wejść na szczyt wulkanu [3] fml fig (advancement) awans *m*

ascertain /ˌæsə'teɪn/ *vt* [1] (discover) ustal|ić, -ać *[date, facts, truth]*; **to ~ what had happened** ustalić, co się wydarzyło [2] (make certain) upewni|ć, -ać się; **we ~ed that they wouldn't come** upewniliśmy się, że nie przyjdą

ascertainable /ˌæsə'teɪnəbl/ *adj* sprawdzalny

ascetic /ə'setɪk/ **I** *n* ascet|a *m*, -ka *f*

II *adj* ascetyczny

asceticism /ə'setɪsɪzəm/ *n* ascetyzm *m*

ASCII /'æskɪ/ **I** *n* = **American Standard Code for Information Interchange** Amerykański Znormalizowany Kod *m* do Wymiany Informacji, ASCII *inv*

II *modif* **~ file** plik ASCII

ascribable /ə'skraɪbəbl/ *adj [work of art, accident, mistake]* przypisywany **(to sb** komuś**)**

ascribe /ə'skraɪb/ *vt* **to ~ sth to sb/sth** przypis|ać, -ywać coś komuś/czemuś; **the accident can be ~d to human error** przyczyny tego wypadku można upatrywać w błędzie popełnionym przez człowieka

ascription /ə'skrɪpʃn/ *n* przypisanie *n* **(of sth to sb** czegoś komuś**)**

asdic /'æzdɪk/ *n* GB Hist azdyk *m*, hydrolokator *m* akustyczny

ASEAN *n* = **Association of South East Asian Nations** *n*, Stowarzyszenie *n* Narodów Azji Południowo-Wschodniej, ASEAN

asemantic /ˌeɪsɪ'mæntɪk/ *adj* asemantyczny

aseptic /ˌeɪ'septɪk, US ə'sep-/ *adj [wound, dressing]* aseptyczny, jałowy

asexual /ˌeɪ'sekʃʊəl/ *adj* aseksualny, bezpłciowy

ASH /æʃ/ *n* GB = **Action on Smoking and Health** ≈ Stowarzyszenie *n* do Walki z Paleniem Tytoniu

ash[1] /æʃ/ **I** *n* [1] (also **~ tree**) jesion *m* [2] (also **~ wood**) jesion *m*, drewno *n* jesionowe

II *modif [bark, branch, grove, leaf, twig]* jesionowy

ash[2] /æʃ/ **I** *n* (burnt residue) popiół *m*; **to burn** or **reduce sth to ~es** spalić coś na popiół

II ashes *npl* (remains) prochy *plt*; **to rise from the ~es (of sth)** powstać z popiołów (czegoś); **~es to ~es, dust to dust** Relig z prochu powstałeś, w proch się obrócisz

ashamed /ə'ʃeɪmd/ *adj* zawstydzony; **to be** or **feel ~** wstydzić się **(of** or **about sth, of doing sth** czegoś, robić coś**)**; **to be ~ that...** wstydzić się (tego), że...; **she was ~ to be seen with him** wstydziła się z nim pokazywać; **you ought to be ~ of yourself** powinieneś się wstydzić; **~ of his ignorance, he never opened his mouth** w ogóle się nie odzywał, wstydząc się swojej niewiedzy; **it's nothing to be ~ of** nie ma się czego wstydzić; **I'm ~ of you!** wstyd mi za ciebie!

ashbin /'æʃbɪn/ *n* US pojemnik *m* na popiół

ash blond(e) *adj* popielatoblond

ashcan /'æʃkæn/ *n* US pojemnik *m* na śmieci

ash-coloured GB, **ash-colored** US /'æʃkʌləd/ *adj* popielaty

ashen /'æʃn/ *adj [complexion]* ziemisty, szary

ashen faced *adj* o ziemistej cerze

ashlar /'æʃlə(r)/ *n* cios *m*, kamień *m* ciosany

ashore /ə'ʃɔː(r)/ *adv* [1] (towards shore, bank) *[swim, row]* do brzegu; *[drive]* w kierunku brzegu; **he was swimming ~** płynął do brzegu; **the oil slick is being washed ~ by the tide** przypływ znosi plamę ropy w kierunku brzegu [2] (arriving on shore) na brzeg; **to come** or **go ~** *[sailor, passenger]* zejść na ląd; **to swim ~** dopłynąć do brzegu; **washed ~** wyrzucony na brzeg (przez fale); **the gas is piped ~** gaz przesyłany jest na ląd rurociągiem; **to put passengers/goods ~** wysadzić pasażerów/wyładować towar na brzeg [3] (on land) na lądzie; **to spend a week ~** spędzić tydzień na lądzie; **whenever I'm ~** kiedy tylko jestem na lądzie

ash pan *n* popielnik *m*

ashram /'æʃrəm/ *n* aśrama *f*

ashtray /'æʃtreɪ/ *n* popielniczka *f*

ash tree *n* jesion *m*

Ash Wednesday *n* Relig środa *f* popielcowa, Popielec *m*

ashy /'æʃɪ/ *adj* (in colour) ziemisty, szary; (covered in ash) pokryty popiołem; **~ material** popiół

Asia /'eɪʃə, US 'eɪʒə/ *prn* Azja *f*; **Central /South-East ~** Azja Środkowa/Południowo-Wschodnia

Asia Minor *prn* Azja *f* Mniejsza

Asian /'eɪʃn, US 'eɪʒn/ **I** *n* Azjat|a *m*, -ka *f*

II *adj [language, race]* azjatycki

Asian American *n* Amerykan|in *m*, -ka *f* pochodzenia azjatyckiego

Asian Briton *n* GB Brytyj|czyk *m*, -ka *f* pochodzenia hinduskiego or pakistańskiego

Asian flu *n* grypa *f* azjatycka

Asiatic /ˌeɪʃɪ'ætɪk, US ˌeɪʒɪ-/ *adj [nations, peoples]* azjatycki

aside /ə'saɪd/ **I** *n* [1] Theat, Cin uwaga *f* na stronie; **to say sth in** or **as an ~** powiedzieć coś na stronie [2] (as digression) uwaga *f* na marginesie

II *adv* [1] (to one side) **to stand ~** stać z boku; **to move ~** odsunąć się na bok; **to turn ~** odwrócić się; **to cast** or **throw sth ~** pozbyć się czegoś; **to set** or **put** or **lay sth ~** (save) odkładać coś *[money]*; **I put ~ £10 per week** odkładałem 10 funtów tygodniowo; **to sweep** or **brush sth ~** odsunąć od siebie coś *[worries, objections, doubts]*; **to lay** or **put sth ~** odłożyć coś na bok *[books]*; **will you put these shoes ~ for me?** (in shop) czy może pan odłożyć te buty dla mnie?; **to take sb ~** wziąć kogoś na stronę; **I left all the problems ~** odsunąłem od siebie wszystkie problemy [2] (apart) **joking ~** mówiąc poważnie; **money ~, are you satisfied with your job?** pomijając kwestię pieniędzy, czy jesteś zadowolony z pracy?

III aside from *adv phr* poza (czymś); **~ from political concerns** poza sprawami politycznymi

asinine /'æsɪnaɪn/ *adj* fml *[words, behaviour]* niemądry; **an ~ remark** głupia uwaga

ask /ɑːsk, US æsk/ **I** *vt* [1] (enquire as to) za|pytać o (coś), s|pytać o (coś) *[name, reason]*; **to ~ a question** zadać pytanie; **to ~ sb sth** zapytać kogoś o coś; **I ~ed him the time/the way** zapytałem go o godzinę/drogę; **there's something I'd like to ~ you** chciałbym cię o coś zapytać; **80% of those ~ed said no** 80% pytanych odpowiedziało przecząco; **to ~ sb if** or **whether/why/who** zapytać kogoś, czy /dlaczego/kto; **I wasn't ~ing you!** nie pytałem cię o zdanie!; **don't ~ me!** mnie (o to) nie pytaj!; **~ me another** infml nie mam pojęcia; **~ing bid** (in cards) inwit [2] (request) po|prosić o (coś) *[favour, opinion, permission]*; **to ~ sth of** or **from sb** poprosić kogoś o coś; **to ~ to do sth** poprosić o pozwolenie na zrobienie czegoś; **to ~ sb to do sth** poprosić kogoś, żeby coś zrobił; **we ~ed that any faulty goods (should) be**

returned prosiliśmy o zwrot wszystkich wybrakowanych towarów [3] (demand) za|żą-dać (czegoś), za|życzyć sobie (czegoś); **to ~ a high price for sth** zażądać wysokiej ceny za coś; **what price is she ~ing for it?** ile ona za to chce or żąda?; **to ~ the impossible** żądać rzeczy niemożliwych; **it's too much to ~** to zbyt wygórowane żądania; **the money is there for the ~ing** pieniądze nie stanowią żednego problemu [4] (invite) zapr|osić, -aszać *[person]*; **to ~ sb to a concert/to dinner** zaprosić kogoś na koncert/kolację; **to ~ sb out** (have a date) umówić się z kimś (na randkę); **to ~ sb in (for coffee/dinner)** zaprosić kogoś (na kawę/kolację); **we ~ed him along** zaproponowaliśmy mu, żeby się do nas przyłączył; **he ~ed her to marry him** poprosił, żeby za niego wyszła; oświadczył się jej; **I wasn't ~ed** nie zostałem zaproszony

II *vi* [1] (make enquiries) pytać **(about sb/sth** o kogoś/coś); **I'll ~ around** popytam, rozpytam się [2] (request) po|prosić; **you could have ~ed** mogłeś poprosić; **you only have to ~** wystarczy poprosić; **all I ~ from you is loyalty** proszę cię tylko o lojalność

III *vr* **to ~ oneself** zastanowić się nad (czymś) *[reason]*; **to ~ oneself a question** postawić or zadać sobie pytanie; **to ~ oneself why/who** zastanawiać się, dlaczego/kto

■ **ask after**: **~ after [sb]** dopytywać się o (kogoś); **he ~ed after you** dopytywał się o ciebie

■ **ask around** popytać, rozpyt|ać, -ywać się

■ **ask back**: **~ [sb] back** (invite in return) odwzajemnić zaproszenie fml

■ **ask for**: ¶ **~ for [sth]** po|prosić o (coś) *[drink, money, help, restraint]*; **he was ~ing for it, he asked for it** infml sam się o to prosił, sam tego chciał infml; **he's ~ing for it, coming late every day** doigra się, jak będzie się tak codziennie spóźniał ¶ **~ for [sb]** (on telephone) po|prosić; (from sick bed) po|prosić o (przywołanie) kogoś; **the police were ~ing for you** policja pytała or dopytywała się o ciebie ¶ **to ~ sb for sth** poprosić kogoś o coś; **I ~ed him for the time** zapytałem go o godzinę

askance /ə'skæns/ *adv* **to look ~ at sb /sth** (with suspicion) patrzeć na kogoś/coś nieufnie; (with disapproval) patrzeć na kogoś /coś krzywo

askew /ə'skjuː/ **I** *adj* krzywy, przekrzywiony

II *adv* krzywo; **to wear a hat ~** nosić kapelusz na bakier

asking price *n* cena *f* sprzedaży

aslant /ə'slɑːnt, US ə'slænt/ **I** *adv* ukośnie

II *prep* na ukos or skos

asleep /ə'sliːp/ *adj* (pogrążony) we śnie; **to be ~** spać; **to fall ~** zasnąć, usnąć; **they were found ~** znaleziono ich śpiących; **to be half ~** być na pół uśpionym; **to be sound** or **fast ~** spać głęboko; **to be ~ on one's feet** spać na stojąco

ASLEF /'æslef/ *n* GB = **Associated Society of Locomotive Engineers and Firemen** Związek *m* Zawodowy Kolejarzy

AS level /eɪ'eslevl/ *n* GB Sch = **Advanced Supplementary Level** *dodatkowy egzamin na zakończenie szkoły średniej, na poziomie zaawansowanym*

asp /æsp/ *n* [1] Zool żmija *f* [2] Bot = **aspen**

asparagus /ə'spærəgəs/ **I** *n* Culin, Bot szparag *m*; **a bunch** or **bundle of ~** pęczek szparagów

II *modif [mousse, soup]* szparagowy; **~ shoot/frond** pęd/listek szparaga; **~ tart** tarta ze szparagami

asparagus fern *n* Bot asparagus *m*

asparagus tip *n* główka *f* szparaga

ASPCA *n* US = **American Society for the Prevention of Cruelty to Animals** Amerykańskie Towarzystwo *n* Opieki nad Zwierzętami

aspect /'æspekt/ *n* [1] (feature) aspekt *m*; (angle) punkt *m* widzenia; **to consider every ~ of sth** wziąć pod uwagę wszystkie aspekty czegoś; **from a financial ~** z finansowego punktu widzenia; **seen from this ~** rozważany z tego punktu widzenia [2] (view, orientation) widok *m*; **westerly ~** widok na zachód; **delightful ~ to the hills** cudowny widok na wzgórza [3] Astrol, Ling aspekt *m* [4] liter (appearance) wygląd *m*; **a man of repulsive ~** człowiek o odrażającym wyglądzie; **to have a pleasant front ~** *[building]* dobrze się prezentować od frontu

aspen /'æspən/ **I** *n* [1] (tree) osika *f*; **to tremble like an ~** trząść się jak osika [2] (wood) drewno *n* osikowe, osina *f*

II *modif [leaf, branch, bark, twig]* osikowy, osinowy

Asperger's syndrome /ˌæspɜːdʒəz'sɪndrəʊm/ *n* zespół *m* Aspergera

asperity /ə'sperətɪ/ *n* fml [1] (of person) surowość *f*, szorstkość *f*; (of texture) szorstkość *f*; (of voice) chropowatość *f*, chrapliwość *f* [2] (of climate, winter) surowość *f*, ostrość *f*

aspersions /ə'spɜːʃns, US -ʒnz/ *npl* fml oszczerstwa *n pl*, kalumnie *f pl*; **to cast ~ on sb** rzucać kalumnie na kogoś; **to cast ~ on sb's motives/honesty** podać w wątpliwość pobudki/uczciwość kogoś; **are you casting ~ on my skills?** czy wątpisz w moje umiejętności?

asphalt /'æsfælt, US -fɔːlt/ **I** *n* asfalt *m*

II *modif [road]* asfaltowy; *[drive, playground]* wyasfaltowany

III *vt* wy|asfaltować

asphodel /'æsfədel/ *n* Bot złocień *m*

asphyxia /əs'fɪksɪə, US æs'f-/ *n* Med uduszenie się *n*, asfiksja *f*; **to die of ~** udusić się; **death due to ~** śmierć na skutek uduszenia

asphyxiate /əs'fɪksɪeɪt, US æs'f-/ **I** *vt* u|dusić; **they were ~d by smoke** udusili się dymem

II *vi* u|dusić się

asphyxiation /əsˌfɪksɪ'eɪʃn/ *n* Med uduszenie (się) *n*; **to die of** or **from ~** udusić się; **to cause death by** or **through ~** spowodować śmierć przez uduszenie

aspic[1] /'æspɪk/ *n* Culin auszpik *m*, galareta *f*; **salmon in ~** łosoś w galarecie

aspic[2] /'æspɪk/ *n* Zool żmija *f*

aspic[3] /'æspɪk/ *n* Bot lawenda *f*

aspidistra /ˌæspɪ'dɪstrə/ *n* Bot aspidistra *f*

aspirant /ə'spaɪərənt, 'æspɪrənt/ **I** *n* fml pretendent *m*, -ka *f*; aspirant *m*, -ka *f* fml; **to be an ~ to sth** aspirować or pretendować do czegoś

II *adj* **~ actors/managers** początkujący aktorzy/menedżerowie

aspirate I /'æspərət/ *n* Ling aspirata *f*, głoska *f* przydechowa

II /'æspərət/ *adj* Ling aspirowany, przydechowy

III /'æspəreɪt/ *vt* [1] Ling aspirować, wym|ówić, -awiać z przydechem [2] Med aspirować *[liquid]*

aspiration /ˌæspɪ'reɪʃn/ *n* [1] (desire) aspiracje *plt*, dążenie *n* **(to sth/to do sth** do czegoś/do zrobienia czegoś) [2] Ling aspiracja *f*, przydech *m* [3] Med aspiracja *f*

aspire /ə'spaɪə(r)/ *vi* dążyć **(to** or **after sth** do czegoś); **to ~ to do sth** mieć ambicję, żeby coś zrobić; **to ~ to** or **after fame** gonić za sławą; **to ~ to the throne** aspirować do tronu; **I couldn't ~ to that** nie mógłbym nawet o tym marzyć

aspirin /'æsprɪn/ *n* aspiryna *f*; **two ~s** dwie (tabletki) aspiryny; **half an ~** pół (tabletki) aspiryny

aspiring /ə'spaɪərɪŋ/ *adj [politician, author]* (ambitious) z ambicjami, ambitny; (beginning) początkujący

ass[1] /æs/ *n* [1] (donkey) osioł *m* [2] fig infml (fool) osioł *m* infml; **to make an ~ of oneself** robić z siebie głupka; **the law is an ~** GB to prawo jest głupie or bez sensu

ass[2] /æs/ *n* vinfml US dupa *f* vinfml

IDIOMS: **to have one's ~ in a sling** US infml mieć przerąbane or przechlapane vinfml; **to do sth ~-backwards** vinfml robić coś na odwyrtkę, sięgać prawą ręką do lewej kieszeni or lewego ucha infml; **to get one's ~ in gear, to get off one's ~** ruszyć dupę vinfml; **get your ~ out of here!** vinfml bierz dupę w troki i spieprzaj stąd vinfml; **he'll have your ~** vinfml nogi ci z dupy powyrywa vinfml; **to kick (some) ~** vinfml dokopać komuś infml; **to kiss sb's ~** vinfml włazić komuś w dupę vulg; **not to know one's ~ from a hole in the ground** vinfml być ciemnym jak tabaka w rogu, być głupim jak but z lewej nogi infml; **stick it up your ~!** vulg możesz to sobie w dupę wsadzić vulg; **to work one's ~ off** vinfml wypruwać z siebie flaki or bebechy vinfml; **your ~ is grass** vinfml dostaniesz w dupę vinfml; **piece of ~** vinfml (woman) dupa *f* vulg

assail /ə'seɪl/ *vt* fml [1] (attack) za|atakować, przypu|ścić, -szczać atak na (kogoś) *[person]* [2] (plague, harass) *[doubts, fears, worries]* nękać, dręczyć; **to be ~ed by** or **with questions/demands/letters** zostać zarzuconym pytaniami/żądaniami/listami; **to be ~ed with insults** zostać obrzuconym obelgami

assailant /ə'seɪlənt/ *n* [1] (criminal) napastnik *m* [2] Mil agresor *m*

Assam /æ'sæm/ **I** *prn* (province) Asam *m*

II *n* (tea) herbata *f* Assam

assassin /ə'sæsɪn, US -sn/ *n* zabój|ca *m*, -czyni *f* **(of sb** kogoś); (for political reasons) zamachowiec *m*

assassinate /əˈsæsɪneɪt, US -sən-/ *vt* zabi|ć, -jać; (for political reasons) dokonać zamachu na (kogoś); **to be ~d by sb** zostać zamordowanym przez kogoś

assassination /əˌsæsɪˈneɪʃn, US -səˈneɪʃn/ **I** *n* zabójstwo *n*; (for political reasons) zamach *m* **II** *modif* **~ attempt** próba zamachu

assault /əˈsɔːlt/ **I** *n* [1] Jur napaść *f* **(on sb** na kogoś); (sexual) napaść *f* na tle seksualnym **(on sb** na kogoś); **aggravated ~** napad z bronią w ręku; **physical ~** użycie przemocy; **verbal ~** napaść słowna [2] Mil (act of aggression) atak *m*, napaść *f* **(on sb/sth** na kogoś/coś); (storm) szturm *m*, natarcie *n* **(on sth** na coś); **air ~** atak z powietrza or lotniczy; **ground ~** atak z lądu; **to make an ~ on sth** przypuścić szturm na coś *[town, fortress]*; **to make an ~ on sb/sth** zaatakować kogoś/coś *[enemy, troops]*; **taken by ~** wzięty szturmem; **to make an ~ on a record** Sport zaatakować rekord; **to make an ~ on the summit** fig zaatakować szczyt [3] fig (criticism) atak *m* **(on sb/sth** na kogoś/coś); **~ on sb's reputation** zamach na dobre imię kogoś; **to make an ~ on sth** zaatakować coś *[policy, theory]* [4] fig **to make an ~ on sb's ears** razić uszy kogoś; **to make an ~ on sb's nerves** działać komuś na nerwy **II** *modif [ship, weapon]* desantowy; *[troops]* szturmowy **III** *vt* [1] Jur napa|ść, -dać na (kogoś) *[person, victim]*; **to be indecently ~ed** stać się ofiarą napaści połączonej z czynem nierządnym [2] Mil za|atakować *[person, enemy, troops]*; przypu|ścić, -szczać szturm na (coś), szturmować *[fortress, town]* [3] fig (criticize) za|atakować *[person, belief]* [4] fig działać na (coś) *[nerves]*; razić *[ears]*

assault and battery *n* Jur czynna napaść *f*, napad *m* i pobicie *n*

assault charge *n* Jur oskarżenie *n* o napaść

assault course *n* Mil tor *m* przeszkód

assault craft *n* Mil łódź *f* desantowa

assault rifle *n* karabin *m* szturmowy

assay /əˈseɪ/ **I** *n* Miner, Mining próba *f*; **~ office** urząd probierczy **II** *vt* oznacz|yć, -ać próbę (czegoś)

assegai /ˈæsəgaɪ/ *n* sagaj *m*

assemblage /əˈsemblɪdʒ/ *n* fml [1] (collection of people, animals, objects, ideas) nagromadzenie *n*, zgromadzenie *n*, skupisko *n* [2] (putting together) składanie *n*; Tech składanie *n*, montowanie *n*, montaż *m* [3] (something put together) złożenie *n* [4] Art asamblaż *m*

assemble /əˈsembl/ **I** *vt* [1] (gather) z|gromadzić *[data, ingredients, people]* [2] (construct) z|montować, złożyć, składać; **easy to ~** łatwy do zmontowania or złożenia **II** *vi [passengers, family, parliament]* z|ebrać, -bierać się, z|gromadzić się **III** **assembled** *pp adj* zgromadzony, zebrany; **the ~d company** zgromadzone or zebrane towarzystwo; **the ~d** zebrani, obecni

assembler /əˈsemblə(r)/ *n* [1] (in factory) monter *m*, -ka *f* [2] (company) *firma zajmująca się składaniem lub montowaniem części* [3] Comput asembler *m*

assembly /əˈsemblɪ/ *n* [1] (of people) zgromadzenie *n*; **freedom of ~** wolność zgromadzeń [2] Pol (institution) zgromadzenie *n*; **general/legislative ~** walne zgromadzenie/zgromadzenie ustawodawcze [3] Sch apel *m* [4] Pol (congregating) gromadzenie się *n*, zbieranie się *n* [5] (of objects) kolekcja *f* fig [6] Ind, Tech (of components, machines) montaż *m*; **~ instructions** instrukcja montażu [7] Tech (device) zespół *m*; **engine ~** zespół napędowy; **tail ~** Aviat usterzenie ogonowe [8] Comput asemblowanie *n* [9] Mil sygnał *m* na zbiórkę

assembly hall *n* aula *f*

assembly language *n* Comput język *m* asemblera

assembly line *n* linia *f* montażowa

assemblyman /əˈsemblɪmən/ *n* (*pl* **-men**) US Pol członek *m* zgromadzenia ustawodawczego

assembly plant *n* Aut, Ind montownia *f*

assembly point *n* miejsce *n* zbiórki

assembly room *n* montownia *f*, hala *f* montażowa

assembly shop *n* Ind montownia *f*

assemblywoman /əˈsemblɪwʊmən/ *n* (*pl* **-women**) US Pol członkini *f* zgromadzenia ustawodawczego

assent /əˈsent/ **I** *n* zgoda *f* **(to sth** na coś); aprobata *f*; **to ask sb's ~** zapytać kogoś o zgodę; **to give one's ~** wyrazić zgodę or aprobatę; **with one ~** jednomyślnie; **by common ~** zgodnie; **a nod of ~** skinienie głową na znak zgody **II** *vi* fml przychyl|ić, -ać się **(to sth** do czegoś)

assert /əˈsɜːt/ **I** *vt* [1] (state) twierdzić; utrzymywać; **he ~ed (that) he had never been to London** zapewniał, że nigdy nie był w Londynie [2] Jur (demand) domagać się (czegoś), dochodzić (czegoś) *[rights]*; wyst|ąpić, -ępować z (czymś) *[claim]*; fig za|manifestować, zaznacz|yć, -ać *[personality, influence]* **II** *vr* **to ~ oneself** zaznaczać swój autorytet

assertion /əˈsɜːʃn/ *n* [1] (statement) twierdzenie *n*; **to make an ~ that...** twierdzić, że...; **she made several ~s about my family** wygłosiła kilka opinii na temat mojej rodziny [2] (of independence, ownership) domaganie się *n* uznania; **it was an ~ of her strength/authority** w ten sposób zamanifestowała swoją siłę/swój autorytet

assertive /əˈsɜːtɪv/ *adj* asertywny, stanowczy

assertiveness /əˈsɜːtɪvnɪs/ *n* pewność *f* siebie, asertywność *f*; **lack of ~** brak pewności siebie; **I admire your ~** podziwiam twoją pewność siebie

assertiveness training *n* ćwiczenie *n* or trening *m* asertywności

assess /əˈses/ *vt* [1] oceni|ć, -ać *[pupil, ability, effect, problem, result, work]* [2] Fin, Insur, Jur o|szacować *[damage, loss, property value, amount]* [3] Tax wymierz|yć, -ać, na|łożyć, -kładać *[tax]*; nalicz|yć, -ać *[amount]*; **to be ~ed for tax** być rozliczanym

assessable /əˈsesəbl/ *adj [income]* podlegający opodatkowaniu; *[profit, loss]* możliwy do oszacowania

assessment /əˈsesmənt/ *n* [1] ocena *f* **(of sth** czegoś) [2] Fin, Insur, Jur oszacowanie *n* **(of sth** czegoś) [3] Tax (also **tax ~**) ocena *f* należności podatkowych [4] Sch ocena *f*

assessor /əˈsesə(r)/ *n* [1] Fin taksator *m* [2] Insur (of loss) rzeczoznawca *m* [3] Jur biegły *m*

asset /ˈæset/ **I** *n* [1] fig (good quality) zaleta *f*; (advantage) atut *m*; **good health and good looks are great ~s for a model** dobre zdrowie i uroda są wielkimi atutami modelki [2] fig **he's our main ~** to nasz największy skarb fig **II** **assets** *npl* (private) majątek *m*; Comm, Jur, Fin aktywa *plt*; **to freeze sb's ~s** zamrozić aktywa kogoś; **~s and liabilities** aktywa i pasywa; **property/capital ~s** nieruchomości/środki trwałe

asset stripper *n* Comm, Fin wyprzedający *m* aktywa nabytej spółki

asset stripping *n* Comm, Fin wyprzedaż *f* aktywów nabytej spółki

asseverate /əˈsevəreɪt/ *vt* fml zapewni|ć, -ać o (czymś); **to ~ that...** oświadczyć uroczyście, że...

asseveration /əˌsevəˈreɪʃn/ *n* fml uroczyste oświadczenie *n*

asshole /ˈæshəʊl/ *n* US vulg (stupid person) dupek *m* infml

assiduity /ˌæsɪˈdjuːətɪ, US -duː-/ *n* (persistence) wytrwałość *f*; (diligence) pracowitość *f*

assiduous /əˈsɪdjʊəs, US -dʒʊəs/ *adj* (persistent) wytrwały; (diligent) pracowity

assiduously /əˈsɪdjʊəslɪ, US -dʒʊəslɪ/ *adv [work, search, hunt]* wytrwale

assign /əˈsaɪn/ *vt* [1] (allocate) przydziel|ić, -ać *[funding, resources, housing, task]* **(to sb** komuś) [2] (delegate) **to ~ a task to sb** wyznaczyć zadanie komuś; **to ~ sb to (do) a task** wyznaczyć kogoś do wykonania zadania; **they were ~ed to certain duties** wyznaczono im pewien zakres obowiązków [3] (attribute) przypis|ać, -ywać *[responsibility, role, value]*; nada|ć, -wać *[importance, name]* **(to sb** komuś) [4] (appoint) mianować **(to sth** na coś) [5] Jur (transfer) s|cedować or przen|ieść, -osić na (kogoś) [6] (fix) wyznacz|yć, -ać *[date, place, time]* **(for sth** czegoś) [7] Comput **to ~ a function to a key** przypisać funkcję klawiszowi klawiatury

assignation /ˌæsɪgˈneɪʃn/ *n* [1] fml or hum spotkanie *n* **(with sb** z kimś) [2] Jur (of ownership) cesja *f*

assignee /ˌæsaɪˈniː/ *n* Jur cesjonariusz *m*; (in bankruptcy) pełnomocnik *m*, syndyk *m*

assignment /əˈsaɪnmənt/ *n* [1] (professional, military) zadanie *n*; (specific duty) misja *f*; **to go somewhere on ~ to do sth** pojechać gdzieś z zadaniem zrobienia czegoś; **to be on ~ to do sth** mieć za zadanie coś zrobić [2] (in school, university) zadana praca *f*; **written ~** praca pisemna [3] (allocation) (of duties, funds, staff) przydział *m* [4] Jur (of rights, property) cesja *f*

assignor /əˈsaɪnə(r)/ *n* Jur cedent *m*

assimilate /əˈsɪmɪleɪt/ **I** *vt* [1] (absorb) przysw|oić, -ajać *[drug, food]*; przysw|oić, -ajać sobie *[facts, ideas]* [2] Biol, Ling asymilować *[sound, consonant]* [3] ra przyrówn|ać, -ywać **(to sth** do czegoś) **II** *vi* [1] *[food, drug]* być przyswajalnym [2] *[immigrant]* z|asymilować się

assimilation /əˌsɪmɪˈleɪʃn/ *n* [1] (of facts, food) przyswajanie *n*; (of immigrants) asymilacja *f* [2] Ling upodobnienie *n*, asymilacja *f*

Assisi /əˈsiːsɪ/ *prn* Asyż *m*

assist /əˈsɪst/ **I** *n* US Sport asysta *f*
II *vt* [1] (help) pom|óc, -agać (komuś), wspom|óc, -agać **(to do/in doing sth** w robieniu czegoś); **to ~ sb in/out/down** pomóc komuś wejść/wyjść/zejść; **to ~ one another** pomagać sobie wzajemnie; **to ~ sb financially** wspomóc kogoś finansowo; **a man is ~ing the police with their inquiries** euph policja zatrzymała podejrzanego do wyjaśnienia; **to ~ sb to his /her feet** pomóc komuś wstać [2] (facilitate) ułatwi|ć, -ać *[development, process]*
III *vi* [1] (help) pom|óc, -agać **(in doing sth** w robieniu czegoś); **I offered to ~** zaoferowałem swoją pomoc; **to ~ in sth** pomóc w czymś *[operation, rescue]* [2] fml (attend) asystować **(at sth** przy czymś)
IV -assisted *in combinations* **computer /operator-~ed** przy użyciu komputera /przy pomocy operatora; **government-~ed scheme** projekt wspierany finansowo przez rząd

assistance /əˈsɪstəns/ *n* pomoc *f*; **to come to sb's ~** przyjść komuś z pomocą; **to give ~ to sb** udzielić komuś pomocy; **with the ~ of sb** z pomocą kogoś; **with the ~ of sth** (device, instrument, tool) przy użyciu czegoś, za pomocą czegoś; **mutual ~** wzajemna pomoc; **economic/financial/medical ~** pomoc gospodarcza/finansowa/medyczna; **can I be of ~?** czy mogę w czymś pomóc?

assistant /əˈsɪstənt/ **I** *n* [1] (helper) pomocni|k *m*, -ca *f*; (in bureaucratic hierarchy) zastęp|ca *m*, -czyni *f* [2] GB Sch, Univ asystent *m*, -ka *f*; (in school) (also **foreign language ~)** konsultant *m* językowy, konsultantka *f* językowa; (in university) lektor *m*, -ka *f*
II *modif [editor, librarian, producer]* pomocniczy, zastępujący

assistant judge *n* US Jur sędzia *m* pomocniczy

assistant manager *n* zastępca *m* dyrektora

assistant professor *n* US Univ ≈ profesor *m* uczelniany

assistant sales manager *n* zastęp|ca *m*, -czyni *f* dyrektora do spraw sprzedaży

assistantship /əˈsɪstəntʃɪp/ *n* US Univ asystentura *f*

assisted place *n* GB Sch *miejsce w szkole prywatnej, opłacane z państwowej kasy*

assisted reproduction *n* Med prokreacja *f* wspomagana medycznie

assisted suicide *n* samobójstwo *n* wspomagane

assizes /əˈsaɪzɪz/ *npl* GB Jur sąd *m* wyjazdowy

ass-kisser /ˈæskɪsə(r)/ *n* US vinfml lizus *m*, wazeliniarz *m* infml

associate **I** /əˈsəʊʃɪət/ *n* [1] (colleague, partner) współpracowni|k *m*, -czka *f*; (in business, criminal action) wspólni|k *m*, -czka *f*; (companion) towarzysz *m*, -ka *f*; **she is a business ~ of mine** jest moją wspólniczką w interesach, łączą nas wspólne interesy; **an ~ in crime** Jur współsprawca przestępstwa; **Brown and Associates** Comm Brown i Spółka [2] (of society) członek *m* nadzwyczajny
II /əˈsəʊʃɪət/ *adj [body, member]* stowarzyszony, afiliowany
III /əˈsəʊʃɪeɪt/ *vt* [1] (connect in one's mind) po|wiązać, po|łączyć, s|kojarzyć *[facts, names, ideas]*; **pasta is usually ~d with Italy** makaron kojarzy się zwykle z Włochami; **people usually ~ fascism with Nazi Germany** ludziom faszyzm zazwyczaj kojarzy się z hitlerowskimi Niemcami [2] (be involved in) **to be ~d with sth** *[person]* być związanym z czymś, należeć do czegoś *[group, movement]*; pej mieć powiązania z czymś *[shady business]*; **I don't want to be ~d with such a dishonest plan** nie chcę mieć nic wspólnego z tak nieuczciwym planem
IV /əˈsəʊʃɪeɪt/ *vi* zada|ć, -wać się **(with sb** z kimś); przestawać liter **(with sb** z kimś)
V /əˈsəʊʃɪeɪt/ *vr* **to ~ oneself** (get involved) mieszać się **(with sth** w coś); (join) przyłączać się **(with sth** do czegoś)
VI associated *pp adj* [1] (linked in thought) *[concept]* skojarzony [2] (connected) *[member]* stowarzyszony; *[benefits, expenses]* dodatkowy; **the department and its ~d services and committees** departament i związane z nim służby i komisje; **the plan and its ~d issues/problems** plan i związane z nim sprawy/problemy

associate company *n* spółka *n* stowarzyszona

associate dean *n* Univ prodziekan *m*

associate director *n* Theat drugi reżyser *m*; TV realizator *m*, -ka *f* TV; Comm zastęp|ca *m*, -czyni *f* dyrektora, wicedyrektor *m*

Associated Press, AP *n* Journ Associated Press *f*

associate editor *n* zastępca *m* redaktora

associate judge *n* asesor *m*

associate justice *n* US członek *m* Sądu Najwyższego

associate member *n* (of academic body) członek *m* korespondent; (of society) członek *m* sympatyk

associate membership *n* członkostwo *n* tytularne

associate professor *n* US Univ ≈ profesor *m* nadzwyczajny

association /əˌsəʊsɪˈeɪʃn/ *n* [1] (club, society) stowarzyszenie *n*, towarzystwo *n*, związek *m*; **to form an ~** utworzyć or założyć stowarzyszenie; **to join an ~** wstąpić do stowarzyszenia [2] (relationship) (between ideas) związek *m*; (between organizations, people) stosunki *plt* **(with sb/sth** z kimś/czymś); (romantic involvement) romans *m*, związek *m* **(with sb** z kimś); **a close ~** bliski or ścisły związek [3] (mental evocation) wspomnienie *n*, skojarzenie *n*; **to have good/bad ~s for sb** kojarzyć się komuś dobrze/źle; **to have ~s with sth** kojarzyć się z czymś, przypominać coś; **that smell has an ~ with Christmas** ten zapach kojarzy się z Bożym Narodzeniem; **the ~ of ideas** kojarzenie pojęć; **the word 'feminist' has certain ~s** słowo „feministka" budzi określone skojarzenia

association football *n* (soccer) piłka *f* nożna, futbol *m*

associative /əˈsəʊʃɪətɪv/ *adj* asocjacyjny, skojarzeniowy

associative storage *n* = **associative store**

associative store *n* Comput pamięć *f* asocjacyjna or skojarzeniowa

assonance /ˈæsənəns/ *n* Ling asonans *m*

assorted /əˈsɔːtɪd/ *adj [foodstuffs]* mieszany; *[group, mixture]* różnorodny; *[colours, events, sizes]* różny; **in ~ sizes** w różnych rozmiarach; **an ill/oddly ~ couple** źle /dziwnie dobrana para

assortment /əˈsɔːtmənt/ *n* (of foodstuffs) mieszanka *f*; (of things) rozmaitość *f*; (of people) zbieranina *f* pej; (of goods) asortyment *m*; **in an ~ of colours/sizes** w różnych kolorach/rozmiarach

Asst. = **assistant**

assuage /æˈsweɪdʒ/ *vt* liter uśmierz|yć, -ać *[pain]*; u|koić *[grief, sorrow]*; zaspok|oić, -ajać *[desire, hunger, thirst]*; z|łagodzić *[fear, longing, terror]*

assume /əˈsjuːm, US əˈsuːm/ *vt* [1] (suppose) przypu|ścić, -szczać, za|łożyć, -kładać, przyj|ąć, -mować; **I ~ (that) she knows** przypuszczam, że wie; **one must ~ that...** trzeba przyjąć or założyć, że...; **from his accent, I ~d him to be French** sądząc po akcencie, uznałem, że jest Francuzem; **assuming that to be true** zakładając, że to prawda; **it's widely ~d that...** powszechnie przyjmuje się, że...; **tomorrow, I ~** jutro, jak przypuszczam; **let's ~ for the moment that he is right** załóżmy na chwilę, że on ma rację; **they just ~ (that) he can't do it** po prostu zakładają, że nie potrafi tego zrobić [2] (take on) obj|ąć, -ejmować *[office, post]*; przyb|rać, -ierać *[air, attitude, expression, name, shape]*; (take over) przej|ąć, -mować *[command, control, duty, power, responsibility]*; **under an ~d name** pod przybranym nazwiskiem

assumption /əˈsʌmpʃn/ *n* [1] (supposition) przypuszczenie *n*; (belief) założenie *n*; Philos, Sci hipoteza *f*; **the ~ that...** założenie, że...; **on the ~ that...** zgodnie z założeniem, że...; **to work on the ~ that...** przyjąć założenie, że...; wyjść z założenia, że...; **to make an ~ that...** założyć, że...; **a false ~** Philos, Sci błędne założenie [2] (of duty, power) przejęcie *n*

Assumption /əˈsʌmpʃn/ *n* Relig Wniebowzięcie *n*

assurance /əˈʃɔːrəns, US əˈʃʊərəns/ **I** *n* [1] (of sth done) pewność *f* [2] (of future action, situation) zapewnienie *n* **(of sth** o czymś); **to give sb an** or **every ~ that...** zapewnić kogoś, że...; **you have my ~ that...** zapewniam cię, że...; **repeated ~s** wielokrotne zapewnienia [3] (self-confidence) pewność *f* siebie; (impudence) tupet *m* pej [4] GB Insur ubezpieczenie *n*; **life ~** ubezpieczenie na życie
II *modif* Insur *[company, plan, policy]* ubezpieczeniowy

assure /əˈʃɔː(r), US əˈʃʊər/ **I** *vt* [1] (state positively) zapewni|ć, -ać; **to ~ sb that...** zapewnić kogoś, że...; **I (can) ~ you** zapewniam pana; **(you can) rest ~d** możesz być pewien; **to be ~d of sth** być pewnym czegoś; **she'll be successful, you can be ~d of that** zapewniam cię, że jej się powiedzie [2] (ensure) za|gwarantować *[agreement, peace, safety]*; **this win ~s her**

(of) a place in the Olympic team ta wygrana gwarantuje jej miejsce w reprezentacji olimpijskiej [3] GB Insur ubezpiecz|yć, -ać

II *vr* **to ~ oneself of sth** zapewnić sobie coś; **he has already ~d himself of a brilliant career** może już być pewny, że czeka go błyskotliwa kariera

assured /ə'ʃɔ:d, US ə'ʃʊərd/ **I** *n* GB Insur **the ~** ubezpieczon|y *m*, -a *f*

II *adj* [1] (confident) *[person]* pewien or pewny siebie; *[voice, manner]* pewny; **he is very ~ for one so young** jak na tak młodego człowieka, jest bardzo pewny siebie [2] (beyond doubt) pewny; (guaranteed) zapewniony, zagwarantowany

assuredly /ə'ʃɔ:rɪdlɪ, US -'ʃʊər-/ *adv* fml niechybnie, z całą pewnością

Assyria /ə'sɪrɪə/ *prn* Asyria *f*

Assyrian /ə'sɪrɪən/ **I** *n* [1] (person) Asyryj|czyk *m*, -ka *f* [2] (language) (język *m*) asyryjski *m*

II *adj* asyryjski

AST *n* → **Atlantic Standard Time**

astatine /'æstəti:n/ *n* Chem astat *m*

aster /'æstə(r)/ *n* Bot aster *m*

asterisk /'æstərɪsk/ **I** *n* gwiazdka *f*, asterysk *m*; **the words marked with an ~ are explained below** słowa oznaczone gwiazdką objaśniono poniżej

II *vt* oznacz|yć, -ać gwiazdką or asteryksem

astern /ə'stɜ:n/ *adv* Naut *[go]* wstecz; *[be, stand]* na rufie; **~ of sth** za czymś; **full /half (speed) ~!** cała/pół wstecz!

asteroid /'æstərɔɪd/ *n* Astron asteroida *f*

asthma /'æsmə, US 'æzmə/ *n* astma *f*; **to have ~** mieć astmę

asthmatic /æs'mætɪk/ **I** *n* astmaty|k *m*, -czka *f*

II *adj [pain, breathing, child]* astmatyczny

astigmatic /ˌæstɪg'mætɪk/ Med **I** *n* astygmatyk *m*

II *adj [condition, lens, patient]* astygmatyczny

astigmatism /ə'stɪgmətɪzəm/ *n* Med astygmatyzm *m*

astir /ə'stɜ:(r)/ *adj* [1] (in agitated state) ożywiony, poruszony; (in motion) w ruchu [2] dat (up and about) na nogach

ASTMS *n* GB = **Association of Scientific, Technical and Managerial Staffs** ≈ Stowarzyszenie *n* Pracowników Naukowych, Technicznych i Personelu Kierowniczego

astonish /ə'stɒnɪʃ/ *vt* (amaze) zadziwi|ć, -ać; (surprise) z|dziwić, zask|oczyć, -akiwać; **it ~es me that...** dziwi mnie, że...; **I was ~ed by his reaction** zaskoczyła mnie jego reakcja; **you ~ me!** iron zadziwiasz mnie!, kto by się tego po tobie spodziewał! iron

astonished /ə'stɒnɪʃt/ *adj* zdziwiony, zaskoczony; **he looked at me with an ~ expression on his face** patrzył na mnie ze zdziwieniem; **to be ~ by** or **at sth** dziwić się czemuś; **I'm ~ that they refused** dziwię się, że odmówili; **he was ~ to hear/learn that...** był zdziwiony or zaskoczony, kiedy usłyszał/dowiedział się, że...

astonishing /ə'stɒnɪʃɪŋ/ *adj [ability, generosity, intelligence, skill]* zadziwiający; *[beauty, bargain, career, performance, profit]* zaskakujący, nadzwyczajny; *[energy, speed, success]* zdumiewający, niesłychany; **it is ~ that we had so few applications** to zdumiewające, że dostaliśmy tak mało zgłoszeń; **he showed an ~ lack of understanding** wykazał zadziwiający brak zrozumienia

astonishingly /ə'stɒnɪʃɪŋlɪ/ *adv* zadziwiająco, zdumiewająco; **~ (enough), they won!** o dziwo, wygrali!

astonishment /ə'stɒnɪʃmənt/ *n* (surprise) zdziwienie *n*, zdumienie *n*; (amazement) zadziwienie *n*, zaskoczenie *n*; **in** or **with ~** ze zdziwieniem; **to my/her ~** ku mojemu/jej zdziwieniu or zaskoczeniu; **to look at sb/sth in ~** patrzeć na kogoś/coś ze zdziwieniem

astound /ə'staʊnd/ *vt* wprawi|ć, -ać w osłupienie, zdumie|ć, -wać; **to be ~ed by sth** zdumieć się czymś

astounded /ə'staʊndɪd/ *adj* zdumiony; **I was ~ to see the headlines** osłupiałem na widok nagłówków; **she was ~ to hear the news** usłyszana wiadomość wprawiła ją w osłupienie

astounding /ə'staʊndɪŋ/ *adj* zdumiewający, wprawiający w osłupienie

astrakhan /ˌæstrə'kæn, US 'æstrəkən/ **I** *n* karakuł *m*

II *modif [coat, collar]* karakułowy

astral /'æstrəl/ *adj* astralny

astray /ə'streɪ/ *adv* [1] **to go ~** (go missing) *[object, funds]* za|ginąć, za|gubić się, zawieruszyć się; *[person]* za|błądzić, z|gubić się [2] **to go ~** (go wrong) *[plan]* spełznąć na niczym; **everything went ~** wszystko poszło na opak [3] fig **to lead sb ~** (confuse) wprowadzić kogoś w błąd; (corrupt) sprowadzić kogoś na złą drogę or na manowce

astride /ə'straɪd/ **I** *adv [be, ride, sit]* okrakiem; (with legs wide apart) *[stand]* z rozkraczonymi nogami

II *prep* **to sit ~ sth** siedzieć na czymś okrakiem; **to stand ~ sth** stać nad czymś okrakiem

astringent /ə'strɪndʒənt/ **I** *n* środek *m* ściągający

II *adj* [1] Cosmet, Med *[face tonic, lotion, medicine]* ściągający [2] fig *[remark, tone, critic]* uszczypliwy; *[discussion, attack, critic]* zajadły

astrologer /ə'strɒlədʒə(r)/ *n* astrolog *m*

astrological /ˌæstrə'lɒdʒɪkl/ *adj* astrologiczny

astrologist /ə'strɒlədʒɪst/ *n* = **astrologer**

astrology /ə'strɒlədʒɪ/ *n* astrologia *f*

astronaut /'æstrənɔ:t/ *n* astronauta *m*

astronautical /ˌæstrə'nɔ:tɪkl/ *adj* astronautyczny

astronautics /ˌæstrə'nɔ:tɪks/ *n (+ v sg)* astronautyka *f*

astronomer /ə'strɒnəmə(r)/ *n* astronom *m*

astronomic /ˌæstrə'nɒmɪk/ *npl* = **astronomical**

astronomical /ˌæstrə'nɒmɪkl/ *adj* Astron astronomiczny also fig

astronomically /ˌæstrə'nɒmɪkəlɪ/ *adv [expensive]* astronomicznie, niebotycznie; **prices are ~ high** ceny są astronomiczne or niebotycznie wysokie

astronomy /ə'strɒnəmɪ/ *n* astronomia *f*

astrophysicist /ˌæstrəʊ'fɪzɪsɪst/ *n* astrofizyk *m*

astrophysics /ˌæstrəʊ'fɪzɪks/ *n (+ v sg)* astrofizyka *f*

Astroturf® /'æstrəʊtɜ:f/ *n* Sport sztuczna murawa *f*

Asturias /æ'stʊərɪæs/ *prn* Asturia *f*

astute /ə'stju:t, US ə'stu:t/ *adj* (shrewd) przebiegły, sprytny; (clever) bystry, przenikliwy; **he's very ~ at handling negotiations** jest bardzo zręcznym negocjatorem

astutely /ə'stju:tlɪ, US ə'stu:tlɪ/ *adv* (shrewdly) przebiegle, sprytnie; (cleverly) przenikliwie, zręcznie

astuteness /ə'stju:tnɪs, US -'stu:-/ *n* (shrewdness) przebiegłość *f*, spryt *m*; (cleverness) przenikliwość *f*, bystrość *f*, zręczność *f*

asunder /ə'sʌndə(r)/ *adv* liter **to tear sth ~** rozedrzeć coś (na kawałki); **parents and children driven ~ by the war** rodzice i dzieci rozdzieleni przez wojnę

Aswan /æs'wɑ:n/ *prn* Asuan *m*; **~ High Dam** Wielka Tama w Asuanie

asylant /ə'saɪlənt/ *n* azylant *m*

asylum /ə'saɪləm/ *n* [1] Pol azyl *m*; **to grant /give ~** udzielić azylu/dać azyl; **to seek ~** starać się o azyl; **political ~** azyl polityczny; **the right of ~** prawo azylu [2] (refuge) schronienie *n*; azyl *m* fig [3] dat Med (also **lunatic ~**) zakład *m* dla obłąkanych

asylum-seeker /ə'saɪləmsi:kə(r)/ *n* starając|y *m*, -a *f* się o azyl

asymmetric /ˌeɪsɪ'metrɪk/ *adj* asymetryczny; **~ bars** Sport poręcze asymetryczne

asymmetrical /ˌeɪsɪ'metrɪkl/ *adj* = **asymmetric**

asymmetry /eɪ'sɪmɪtrɪ, æ'sɪmɪtrɪ/ *n* asymetria *f*

asymptomatic /əsɪmptə'mætɪk, eɪ-/ *adj* bezobjawowy

asynchronous /eɪ'sɪŋkrənəs/ *adj* Comput asynchroniczny

AT *n* → **alternative technology**

at /æt, ət/ *prep* [1] (denoting place) **at the university** na uniwersytecie; **at home** w domu; **at sea** na morzu; **at the station** na dworcu or stacji; **at the corner** na rogu; **at the fork in a road** na rozwidleniu dróg; **at the concert** na koncercie; **at hand** pod ręką; **at the piano** przy fortepianie; **at Adam's** u Adama; **at his feet** u jego stóp; **he lives at No. 8** mieszka pod ósmym **she was waiting at the door** czekała pod drzwiami; **a translator at the UN** tłumacz przy ONZ [2] (denoting motion or direction) **he tapped at the window** zastukał w okno; **he sat at the table** usiadł przy stole or za stołem; **she fell at his feet** padła mu do nóg; **he arrived at the station** przybył na stację or na dworzec; **he went in at this door** wszedł tymi drzwiami; **they were throwing stones at him** rzucali w niego kamieniami; **he smiled at me** uśmiechnął się do mnie; **she aimed a gun at him** wycelowała w niego z pistoletu [3] (denoting time or order) **at noon/night** w południe /nocą or w nocy; **at present** obecnie; **at intervals** (intermittently) z przerwami; (on and off) od czasu do czasu; **at the moment** w tej chwili; **at that time** w tym czasie; **at the beginning** na początku; *[start]* od początku; **at parting** przy pożegnaniu; **at**

your age w twoim wieku; **at 2 o'clock** o drugiej; **at half past two** o wpół do trzeciej; **at what hour?** o której (godzinie)?; **at lunchtime** podczas przerwy obiadowej; **at (the age of) 15** w wieku 15 lat; **at the first attempt** za pierwszym razem; **at Christmas/Easter** na Boże Narodzenie/na Wielkanoc [4] (denoting activity, state) **people at work** ludzie przy pracy; **at a gallop** galopem; **at a sitting** za jednym razem; **at 60 mph** z prędkością 60 mil na godzinę; **at full speed** pełnym gazem infml; **at my expense** na mój koszt; fig moim kosztem [5] (with superlative) **at best/worst** w najlepszym/najgorszym wypadku; **at the latest** najpóźniej; **at the soonest possible** (najszybciej) jak się da; **French cooking at its best** francuska kuchnia w najlepszym wydaniu

IDIOMS: **I don't know where he's at** infml nie rozumiem, co on wyrabia infml; **while we're at it** infml skoro już to robimy; (as topic) skoro już o tym mowa, skoro już jesteśmy przy tym; **I've been (hard) at it all day** przez cały dzień nad tym się mordowałem infml; **they're at it again!** infml oni znowu swoje!

atavism /ˈætəvɪzəm/ *n* atawizm *m*

atavistic /ˌætəˈvɪstɪk/ *adj* atawistyczny

ataxia /əˈtæksɪə/ *n* ataksja *f*, niezborność *f*

ataxic /əˈtæksɪk/ *adj* ataktyczny; *[movement]* niezborny

ATB *n* → **all-terrain bike**

ATC *n* [1] → **air-traffic control** [2] GB Mil = **Air Training Corps** ≈ przysposobienie *n* wojskowe do służby w lotnictwie

ate /eɪt/ *pt* → **eat**

Athanasian Creed /ˌæθəneɪʃnˈkriːd/ *n* Relig atanazjański symbol *m* wiary

atheism /ˈeɪθɪɪzəm/ *n* ateizm *m*

atheist /ˈeɪθɪɪst/ *n* ateist|a *m*, -ka *f*

atheistic /ˌeɪθɪˈɪstɪk/ *adj* ateistyczny

Athena /əˈθiːnə/ *prn* Atena *f*

Athenian /əˈθiːnɪən/ **I** *n* Ate|ńczyk *m*, -nka *f*

II *adj* ateński

Athens /ˈæθɪnz/ *prn* Ateny *plt*

athirst /əˈθɜːst/ *adj* liter spragniony **(for sth** czegoś); **a young man ~ for adventure** młody człowiek spragniony przygód

athlete /ˈæθliːt/ *n* Sport GB lekkoatlet|a *m*, -ka *f*; US sportowiec *m*; **she was a fine ~ when she was young** w młodości była bardzo wysportowana

athlete's foot *n* Med grzybica *f* stóp

athletic /æθˈletɪk/ *adj* [1] *[event, club, coach, competition]* GB lekkoatletyczny; US sportowy [2] (fit) wysportowany [3] (muscular) atletyczny

athleticism /æθˈletɪsɪzəm/ *n* sprawność *f* fizyczna

athletics /æθˈletɪks/ **I** *n (+ v sg)* GB lekka atletyka *f*; US sport *m*

II *modif* GB lekkoatletyczny; US sportowy

athletic support GB *n* suspensorium *n*

athletic supporter *n* US = **athletic support**

athwart /əˈθwɔːt/ *adv, prep* w poprzek **(sth** czegoś)

atishoo /əˈtɪʃuː/ *excl* (a) psik!

Atlantic /ətˈlæntɪk/ **I** *prn* **the ~** Atlantyk *m*

II *adj [coast, current]* atlantycki; **~ island** wyspa na Atlantyku; **~ waters** wody Atlantyku

Atlantic Charter *n* Hist Karta *f* Atlantycka

Atlanticism /ətˈlæntɪˌsɪzəm/ *n* Pol atlantyzm *m (doktryna współpracy europejsko--amerykańskiej)*

Atlantic Ocean *prn* **the ~** Ocean *m* Atlantycki

Atlantic Provinces *npl* prowincje *f pl* atlantyckie *(w Kanadzie)*

Atlantic Standard Time, AST *n* atlantycki czas *m* normalny

Atlantis /ətˈlæntɪs/ *prn* Atlantyda *f*

Atlas /ˈætləs/ *prn* Mythol Atlas *m*

atlas /ˈætləs/ *n* atlas *m*; **world ~** atlas świata; **road** or **motoring ~** atlas samochodowy

Atlas Mountains *prn* **the ~** góry *f pl* Atlas

ATM *n* → **automated teller machine**

atmosphere /ˈætməsfɪə(r)/ *n* [1] atmosfera *f*; (air) powietrze *n*; **the earth's ~** atmosfera ziemska; [2] (mood) nastrój *m*, atmosfera *f*; **the ~ was unbearably tense** atmosfera była nieznośnie napięta; **there was a bit of an ~** infml panowała nie najlepsza atmosfera; **the film is full of ~** ten film jest bardzo sugestywny

atmospheric /ˌætməsˈferɪk/ **I atmospherics** *npl* [1] Radio, TV (interference) zakłócenia *n pl*; Meteorol zakłócenia *n pl* atmosferyczne [2] (of song, film) atmosfera *f*, nastrój *m*

II *adj* [1] *[conditions, pressure, pollution]* atmosferyczny [2] *[film, lighting, music]* nastrojowy

atoll /ˈætɒl/ *n* atol *m*

atom /ˈætəm/ *n* [1] Phys atom *m*; **a hydrogen ~** atom wodoru [2] fig (tiny amount) odrobina *f*; **not an ~ of sth** ani odrobiny or krzty or krztyny czegoś

atom bomb *n* bomba *f* atomowa

atomic /əˈtɒmɪk/ *adj* [1] **~ structure** budowa atomu [2] *[age, explosion, power, weapons, warfare, scientist, physics]* atomowy

Atomic Energy Authority, AEA *n* GB Komisja *f* Nadzoru Badań i Wykorzystania Energii Atomowej

Atomic Energy Commission, AEC *n* US Komisja *f* do Spraw Energii Atomowej

atomic number *n* Phys liczba *f* atomowa

atomic pile *n* dat stos *m* atomowy dat

atomic power station *n* elektrownia *f* atomowa

atomic reactor *n* reaktor *m* atomowy

atomic scientist *n* fizyk *m* atomowy

atomic theory *n* teoria *f* atomowa

atomic weight *n* masa *f* atomowa

atomize /ˈætəmaɪz/ *vt* [1] (into atoms) rozbi|ć, -jać (na atomy) [2] (into spray) rozpyl|ić, -ać [3] fig (destroy) z|atomizować *[structure]*; z|niszczyć, rozbi|ć, -jać *[community, society]* [4] (with nuclear weapons) z|niszczyć bronią atomową *[human race, city]*

atomizer /ˈætəmaɪzə(r)/ *n* rozpylacz *m*, atomizer *m*

atonal /eɪˈtəʊnl/ *adj* atonalny

atonality /ˌeɪtəʊˈnælətɪ/ *n* atonalność *f*

atone /əˈtəʊn/ *vi* **to ~ for sth** odpokutować za coś *[sins, crime]*; naprawić coś *[mistake]*; okupić coś *[rudeness]*

atonement /əˈtəʊnmənt/ *n* pokuta *f*; **to make ~ for a sin** odprawić pokutę za grzech; Relig **Day of Atonement** Dzień Pojednania

atonic /əˈtɒnɪk/ *adj* Med, Mus atoniczny

atop /əˈtɒp/ *prep* liter na (czymś); **a robin perched ~ a garden spade** rudzik przysiadł sobie na łopacie

atria /ˈeɪtrɪə/ *npl* → **atrium**

atrium /ˈeɪtrɪəm/ *n* **(pl atria)** [1] Med przedsionek *m* [2] Archit atrium *n*

atrocious /əˈtrəʊʃəs/ *adj* [1] (horrifying) *[accident, crime, price]* potworny [2] (bad, detestable) *[accent, film, food, standard, treatment, weather]* okropny

atrociously /əˈtrəʊʃəslɪ/ *adv* [1] (horrifyingly) *[treat]* potwornie, okrutnie [2] (badly) *[dress, speak, behave]* okropnie

atrocity /əˈtrɒsətɪ/ *n* potworność *f*, okropność *f*; **war atrocities** potworności or okropności wojny

atrophied /ˈætrəfɪd/ *adj* atroficzny, zwyrodniały

atrophy /ˈætrəfɪ/ **I** *n* [1] Med (degeneration) zanik *m*, atrofia *f* [2] fig zwyrodnienie *n*; uwiąd *m* fig

II *vt* Med s|powodować atrofię or zanik (czegoś) *[muscle, nerve]*

III *vi* [1] Med *[muscle, limb]* ule|c, -gać atrofii, zanik|nąć, -ać [2] fig *[society, community, economy]* ule|c, -gać zwyrodnieniu fig

at sign /ˈætsaɪn/ *n* znak *m* „at", @; małpa *f* infml

attaboy /ˈætəbɔɪ/ *excl* US infml brawo!

attach /əˈtætʃ/ **I** *vt* [1] (fasten) przymocow|ać, -ywać *[handle, string]*; przyczepi|ć, -ać *[note]* **(to sth** do czegoś); (to letter, application form) dołącz|yć, -ać *[photograph, document]* [2] (to organization) przyłącz|yć, -ać; **to be ~ed to sth** być przyłączonym do czegoś [3] (attribute) przywiąz|ać, -ywać *[importance, meaning, significance]* **(to sth** do czegoś); **to ~ blame to sb for sth** przypisywać winę komuś za coś [4] Jur zaj|ąć, -mować *[property, goods]*

II *vi* fml *[blame, guilt]* za|ciążyć **(to sb** na kimś); *[salary, responsibility]* wiązać się **(to sth** z czymś); przyłącz|yć, -ać się, dołącz|yć, -ać się **(to sb/sth** do kogoś/czegoś)

attaché /əˈtæʃeɪ, US ˌætəˈʃeɪ/ *n* attaché *m*; **cultural/military/press ~** attaché kulturalny/wojskowy/prasowy

attaché case *n* (teczka *f*) dyplomatka *f*

attached /əˈtætʃt/ *adj* [1] (fond) przywiązany **(to sb/sth** do kogoś/czegoś); **to grow ~ to sb/sth** przywiązać się do kogoś/czegoś [2] *[photograph, document]* dołączony, załączony [3] (outbuilding) dobudowany; **a house with ~ garage** or **with garage ~** dom z dobudowanym garażem

attachment /əˈtætʃmənt/ *n* [1] (affection) przywiązanie *n* **(to** or **for sb/sth** do kogoś/czegoś); **a strong/close/lasting ~** silna/bliska/trwała więź; **to form an ~ to sb** przywiązać się do kogoś [2] (device) nasadka *f*, końcówka *f*; **mixing/slicing ~** nasadka do mieszania/krojenia [3] (placement) zamocowanie *n*, przyłączenie *n* [4] (act of fastening) przymocowywanie *n*, przyłączanie *n* [5] Jur (of property) zajęcie *n*; (of earnings) potrącenie *n* [6] Comput załącznik *m*

attack /əˈtæk/ **I** *n* [1] Mil, Sport atak *m* **(on sb/sth** na kogoś/coś); (unprovoked, criminal) napaść *f* **(against** or **on sb/sth** na kogoś /coś); (terrorist) atak *m*; **to be on the ~** atakować; **to come under ~** Mil zostać zaatakowanym **(from sb/sth** przez kogoś /coś); fig zostać zaatakowanym przez krytykę, znaleźć się pod obstrzałem krytyki; **you will be open to ~ on all sides** fig będą cię krytykować ze wszystkich stron; **to feel under ~** czuć się osaczonym or zagrożonym; **to mount** or **launch an ~ on sth** zaatakować coś, przypuścić atak na coś [2] Med (of illness) napad *m*, atak *m*; **to have an ~ of flu** mieć grypę; **to have an ~ of hiccups/giggles** dostać napadu czkawki/śmiechu

II *vt* Mil, Sport za|atakować *[enemy, person, position]*; (criminally) napa|ść, -dać na (kogoś) *[victim]*; fig za|atakować *[book, idea, policy]*; (tackle) zabrać się do (czegoś) *[problem, task]*

IDIOMS: **~ is the best form of defence** najlepszą obroną jest atak

attacker /əˈtækə(r)/ *n* Mil, Sport napastni|k *m*, -czka *f*, atakując|y *m*, -a *f*; **sex ~** gwałciciel

attain /əˈteɪn/ *vt* (achieve) osiąg|nąć, -ać *[goal, happiness, objective, position]*; z|realizować *[ambition]*; zdoby|ć, -wać *[knowledge]*

attainable /əˈteɪnəbl/ *adj* osiągalny

attainment /əˈteɪnmənt/ *n* [1] (achieving) (of knowledge) zdobywanie *n*; (of goal, objective) realizowanie *n* [2] (success) osiągnięcie *n*

attainment target *n* Sch cel *m* nauczania

attempt /əˈtempt/ **I** *n* (endeavour) próba *f*, usiłowanie *n*; **to make an ~ to do sth/at doing sth** spróbować or usiłować coś zrobić/podjąć próbę zrobienia czegoś; **it's my first ~ at baking a cake** po raz pierwszy próbuję upiec ciasto; **an ~ at suicide** próba samobójcza; **at their first ~, they managed to...** przy pierwszej próbie zdołali...; **not bad for a first ~** nieźle jak na pierwszy raz; **good ~!** (całkiem) nieźle!; **repeated ~s** ponawiane próby; **to make an ~ on sb's life** podjąć próbę zamachu na życie kogoś; **to make an ~ on a record** (in sport) podjąć próbę pobicia rekordu

II *vt* s|próbować, usiłować; **to ~ to do sth** próbować or usiłować coś zrobić; **to ~ an escape/a jump** próbować uciec/skoczyć; **he ~ed the record** usiłował pobić rekord; **to ~ suicide** usiłować or próbować popełnić samobójstwo; **to ~ the impossible** porwać się na rzecz niemożliwą; **~ed bribery/murder/fraud** usiłowanie przekupstwa/zabójstwa/oszustwa

attend /əˈtend/ **I** *vt* [1] (go to, be present at) być obecnym na (czymś), uczestniczyć w (czymś) *[conference, meeting, ceremony]*; być obecnym przy (czymś) *[birth, death]*; chodzić do (czegoś) *[church, school]*; uczęszczać na (coś) *[class, course]*; **to be well/poorly ~ed** mieć wysoką/niską frekwencję [2] (accompany) *[courtier]* towarzyszyć (komuś), asystować (komuś); fml, fig *[consequences, danger, publicity, risks]* towarzyszyć (czemuś) [3] (take care of) *[doctor, nurse]* opiekować się (kimś), zaj|ąć, -mować się (kimś) *[patient]*

II *vi* [1] (be present) być obecnym [2] (pay attention) uważać; **he was scolded for not ~ing to the lesson** dostał naganę, bo nie uważał na lekcji

■ **attend on, attend upon**: **~ on [sb]** (serve) służyć (komuś); obsłu|żyć, -giwać; **to ~ on guests** obsługiwać gości

■ **attend to**: **~ to [sb/sth]** [1] (see to) zaj|ąć, -mować się (kimś/czymś); **to ~ to one's work** zająć się pracą; **this lock needs ~ing to** trzeba coś zrobić z tym zamkiem [2] (serve) obsłu|żyć, -giwać *[customer, client]*; **are you being ~ed to, sir?** czy ktoś pana obsługuje?; **to ~ to sb's needs** (take care of) zatroszczyć się o kogoś, zająć się kimś

attendance /əˈtendəns/ *n* [1] (presence) (at course, event, meeting) obecność *f* **(at sth** na czymś); (at clinic) wizyta *f* **(at sth** w czymś); (at church) chodzenie *n* **(at sth** do czegoś); **school ~** frekwencja; (for specific period) obecność w szkole; **his ~ at school has been poor** ma dużo nieobecności w szkole; **to take ~** US Sch sprawdzić obecność; **to be in ~** być obecnym [2] (number of people present) audytorium *n* [3] (as helper, companion) **to be in ~ on sb** zajmować się kimś *[patient]*; towarzyszyć komuś, znajdować się u boku kogoś *[dignitary]*

attendance allowance *n* GB Soc Admin ≈ dodatek *m* pielęgnacyjny

attendance centre *n* GB Jur młodzieżowy ośrodek *m* resocjalizacji

attendance officer *n* Sch inspektor *m* szkolny, inspektorka *f* szkolna

attendance record *n* wskaźnik *m* frekwencji

attendance register *n* Sch lista *f* obecności

attendant /əˈtendənt/ **I** *n* [1] (in cloakroom) szatnia|rz *m*, -rka *f*; (in museum) strażni|k *m*, -czka *f*; (in cinema, theatre) bileter *m*, -ka *f*; (in car park) parkingowy *m*; (at petrol station) pracowni|k *m*, -ca *f* stacji benzynowej; (at swimming pool) ratowni|k *m*, -czka *f* [2] (companion) (for bride) druhna *f*; (for queen) dama *f* dworu; **the queen and her ~s** królowa ze swoim orszakiem or ze swoją świtą [3] dat (servant) sługa *m/f* dat

II *adj* [1] fml (associated) *[cost, danger, issue, problem]* związany, towarzyszący; *[symptom]* Med towarzyszący [2] (attending) *[aide, bodyguard, helper]* towarzyszący; **an ~ nurse** (on duty) pielęgniarka dyżurna

attention /əˈtenʃn/ **I** *n* [1] (notice, interest) uwaga *f*, zainteresowanie *n*; **media ~** zainteresowanie or uwaga mediów; **to attract (much) ~** budzić (duże) zainteresowanie; **to get/hold/have sb's ~** przyciągać/przykuwać/absorbować uwagę kogoś; **to be the focus** or **centre of ~** być ośrodkiem zainteresowania, stanowić ośrodek or centrum zainteresowania; **to draw sb's ~ to sth** zwrócić na coś uwagę kogoś; **to seek** or **demand ~** chcieć or pragnąć zwrócić na siebie uwagę; **to give one's full ~ to sth** poświęcić czemuś całą uwagę; **to divide one's ~ between X and Y** dzielić uwagę między x i y; **to turn one's ~ to sth** zainteresować się czymś; **pay ~!** uważaj!; **to bring sth to sb's ~** zwrócić uwagę kogoś na coś, zainteresować kogoś czymś; **it has come to my ~ that..., it has been drawn to my ~ that...** poinformowano mnie, że...; doszły mnie słuchy, że... [2] (treatment, care) opieka *f*, troska *f*; **medical ~** pomoc or opieka lekarska; **his spelling needs ~** trzeba się zająć jego ortografią; **~ to detail** skrupulatność; **to give ~ to sb/sth, to give sb/sth one's ~** zająć się kimś/czymś, poświęcić komuś /czemuś uwagę; **I will give the matter my earliest** or **urgent ~** fml zajmę się tą sprawą możliwie najszybciej or w pierwszej kolejności; **with proper ~ she will recover** przy odpowiedniej opiece wyzdrowieje; **with proper ~ the washing machine will last for years** przy właściwym użytkowaniu pralka przetrwa wiele lat [3] (kindness) miły gest *m*; atencja *f* dat [4] Mil **to stand at** or **to ~** stać na baczność; **to come to ~** stanąć na baczność

II *excl* [1] uwaga!; **~ please!** proszę o uwagę! [2] Mil baczność!

attention deficit hyperactivity disorder, ADHD *n* Psych zespół *m* nadpobudliwości psychoruchowej

attention-seeking /əˈtenʃnsiːkɪŋ/ **I** *n* chęć *f* zwrócenia na siebie uwagi

II *adj [person]* lubiący być w centrum zainteresowania

attention span *n* zakres *m* uwagi, długość *f* koncentracji uwagi; **he has a very short ~** nie potrafi się dłużej skoncentrować

attentive /əˈtentɪv/ *adj* (alert) uważny; (considerate) troszczący się, dbały **(to sb/sth** o kogoś/coś**)**

attentively /əˈtentɪvlɪ/ *adv* (alertly) *[listen, watch, follow]* uważnie, z uwagą; (considerately) troskliwie

attentiveness /əˈtentɪvnɪs/ *n* (concentration) uwaga *f*; (considerateness) dbałość *f*, troskliwość *f*

attenuate /əˈtenjʊət/ **I** *adj* (also **attenuated**) (slender) smukły; (emaciated) wychudły, wychudzony; (rarefied) rozrzedzony

II /əˈtenjʊeɪt/ *vt* [1] osłabi|ć, -ać *[force]*; z|łagodzić *[statement, criticism]*; rozrzedz|ić, -ać *[lime]* [2] Med osłabi|ć, -ać działanie (czegoś) *[virus]*

attenuation /əˌtenjʊˈeɪʃn/ *n* [1] (of criticism, attack) złagodzenie *n*; (of force) osłabienie *n* [2] (in density) rozrzedzenie *n* [3] Med (of body, limb) osłabienie *n*

attest /əˈtest/ **I** *vt* fml [1] (prove) potwierdz|ić, -ać *[presence, fact]*; **these documents ~ the fact that...** te dokumenty potwierdzają fakt, że... [2] (declare) oświadcz|yć, -ać, stwierdz|ić, -ać [3] (authenticate) poświadcz|yć, -ać, uwierzytelni|ć, -ać *[signature, will]* [4] Admin poświadcz|yć, -ać *[application, certificate]*

II *vi* [1] **to ~ to sth** (prove) *[fact, development, skill]* świadczyć o czymś [2] Jur *[witness]* zaświadcz|yć, -ać [3] (affirm) *[figures]* potwierdz|ić, -ać

attestation /ˌæteˈsteɪʃn/ *n* poświadczenie *n*, zaświadczenie *n*

attic /ˈætɪk/ *n* (storage area) strych *m*; (room) poddasze *n*, mansarda *f*; **in the ~** na strychu

Attica /ˈætɪkə/ *prn* Attyka *f*

attic room *n* pokój *m* na poddaszu, mansarda *f*, facjata *f*, facjatka *f*

attic window *n* okno *n* mansardowe

Attila /ˈætɪlə, əˈtɪlə/ *prn* Attyla; **~ the Hun** Attyla, król Hunów

attire /əˈtaɪə(r)/ **I** *n* dat strój *m*, ubiór *m*; **in formal ~** w stroju oficjalnym

II *vt* odzi|ać, -ewać liter; **professors ~d in their gowns** profesorowie odziani w togi

III *vr* **to ~ oneself** odziewać się liter

attitude /ˈætɪtjuːd, US -tuːd/ **I** *n* [1] (way of behaving or reacting) nastawienie *n* (**to** or **towards sb/sth** do or wobec kogoś/czegoś); postawa *f* (**to** or **towards sb/sth** wobec kogoś/czegoś); stosunek *m* (**to** or **towards sb/sth** do kogoś/czegoś); **he's got a strange ~ to life** ma dziwne nastawienie do życia; **if we want a cleaner environment, we'll have to change people's ~s** jeśli chcemy mieć czystsze środowisko, musimy zmienić nastawienie or postawę ludzi [2] (affected pose) poza *f*; **to strike an ~** przybrać teatralną pozę [3] (manner of carrying oneself) poza *f*, postawa *f* [4] infml (assertiveness, self-confidence) **to have ~** żyć na luzie infml; **to show ~** mieć luz infml

II attitudes *npl* (of social group) postawy *f pl*, zachowania *n pl*

III *modif* **to have an ~ problem** mieć trudności w kontaktach z innymi

attitudinal /ˌætɪˈtjuːdɪnl/ *adj* odnoszący się do postawy or nastawienia; **~ change** zmiana zachowania or nastawienia

attitudinize /ˌætɪˈtjuːdɪnaɪz, US -ˈtuːdən-/ *vi* pej przyb|rać, -ierać pozę

attorney /əˈtɜːnɪ/ *n* [1] pełnomocnik *m*; **power** or **letter of ~** pełnomocnictwo [2] US (lawyer) adwokat *m*

attorney-at-law /əˌtɜːnɪətˈlɔː/ *n* (*pl* **attorneys-at-law**) adwokat *m*

Attorney General, AG *n* (*pl* **Attorneys General**) GB prokurator *m* generalny; US minister *m* sprawiedliwości

attract /əˈtrækt/ *vt* [1] (draw attention, interest) przyciąg|nąć, -ać *[people, attention]*; zwabi|ć, -ać, wabić *[animal]*; **the festival ~s crowds every year** festiwal przyciąga co roku tłumy ludzi; **the exhibition ~ed criticism** wystawa spotkała się z krytyką; **the smell of cooking ~ed the dogs inside** zapach gotowanego jedzenia zwabił psy do domu or do środka; **it was his sense of humour that ~ed me to him** spodobało mi się jego poczucie humoru [2] (cause sexual interest) **she felt strongly ~ed to him** wydawał jej się bardzo pociągający or niezwykle atrakcyjny [3] (gain support, publicity) przyciąg|nąć, -ać *[businesses, investment, money, publicity, support]*; **the campaign has ~ed a good deal of support** kampania zyskała znaczne poparcie [4] (pull towards) *[magnet, pole]* przyciąg|nąć, -ać *[iron, metal, object]*; **a magnet will not ~ aluminium** magnes nie przyciąga aluminium [5] Fin *[account, sum]* przyn|ieść, -osić *[interest rate]*

attraction /əˈtrækʃn/ *n* [1] (favourable feature) (of offer, proposal, place) atrakcyjność *f* (**of sth /doing sth** czegoś/robienia czegoś); **the ~ of the plan is its simplicity** atrakcyjność tego planu polega na jego prostocie; **to have** or **hold little/some ~ for sb** niezbyt/dosyć pociągać kogoś, być w pewnym/niewielkim stopniu atrakcyjnym dla kogoś; **city life holds few ~s for me** życie w mieście niezbyt mnie pociąga [2] (entertainment, sight) atrakcja *f*; **tourist ~** atrakcja turystyczna [3] (instinctive or sexual allure) pociąg *m* (**to sb** do kogoś) [4] Phys przyciąganie *n*

attractive /əˈtræktɪv/ *adj* [1] (pleasant to look at) *[design, person, place]* atrakcyjny, ładny; *[child]* śliczny, uroczy; (pleasant to hear) *[sound, tune, piece of music]* przyjemny [2] (appealing) *[person, offer, price, travel]* atrakcyjny; *[prospect, future]* pociągający

attractively /əˈtræktɪvlɪ/ *adv* *[arranged, furnished, dressed]* ładnie; *[displayed]* atrakcyjnie; *[sing, play]* przyjemnie; *[look]* pociągająco; **this property is ~ priced** ta posiadłość ma atrakcyjną cenę

attractiveness /əˈtræktɪvnɪs/ *n* (of person, place) urok *m*; (of investment, proposal) atrakcyjność *f*; **how can we improve the ~ of rail travel?** w jaki sposób można uatrakcyjnić podróż koleją?

attributable /əˈtrɪbjʊtəbl/ *adj* **~ to sth** *[change, success, error, fall, chance]* związany z czymś

attributable profit *n* Fin zysk *m* zidentyfikowany

attribute I /ˈætrɪbjuːt/ *n* [1] atrybut *m*, cecha *f* [2] Ling przydawka *f*, atrybut *m*

II /əˈtrɪbjuːt/ *vt* [1] przypis|ać, -ywać *[features, profit, responsibility, success, work of art, remark, statement]* (**to sb** komuś) [2] pej przypis|ać, -ywać, zarzuc|ić, -ać *[blame, breakdown, crime, error, failure]* (**to sb** komuś); **to ~ sth to sth** przypisywać coś czemuś; **to what does the government ~ the recent rises in inflation?** czemu rząd przypisuje ostatni wzrost inflacji?

attribution /ˌætrɪˈbjuːʃn/ *n* przypisywanie *n* (**of sth to sb** czegoś komuś), atrybucja *f*

attributive /əˈtrɪbjʊtɪv/ *adj* Ling przydawkowy

attributively /əˈtrɪbjʊtɪvlɪ/ *adv* Ling **used ~** użyty jako przydawka

attrition /əˈtrɪʃn/ *n* [1] (wearing down) wyniszczenie *n*; (constant harassment) nękanie *n*; **a war of ~** wojna pozycyjna [2] Geol, Geog (friction) tarcie *n*, ścieranie (się) *n* [3] Relig (repentance) skrucha *f*

attune /əˈtjuːn, US əˈtuːn/ **I** *vt* nastr|oić, -ajać, dostr|oić, -ajać (**to sth** do czegoś)

II *vr* **to ~ oneself** dostrajać się, dopasowywać się

ATV *n* = **all-terrain vehicle**

atypical /ˌeɪˈtɪpɪkl/ *adj* nietypowy, atypowy

aubergine /ˈəʊbəʒiːn/ *n* GB bakłażan *m*, oberżyna *f*, gruszka *f* miłosna

aubretia /ɔːˈbriːʃə/ *n* Bot żagwin *m* zwyczajny

auburn /ˈɔːbən/ *adj* *[hair]* kasztanowy

auction /ˈɔːkʃn, ˈɒkʃn/ **I** *n* aukcja *f*, licytacja *f*, przetarg *m*; **bought at (an) ~** kupiony na aukcji or na licytacji or z przetargu; **to put sth up for ~** wystawić coś na licytację; **to be up for ~** być przeznaczonym do przetargu; **to sell sth by ~** sprzedać coś na licytacji or na aukcji or w drodze przetargu; **to go to an ~** pójść na licytację or aukcję or przetarg

II *vt* sprzeda|ć, -wać na aukcji or na licytacji *[painting, furniture, house]*; **they've decided to ~ their house** postanowili sprzedać swój dom w drodze przetargu

■ **auction off**: **~ off [sth], ~ [sth] off** sprzeda|ć, -wać na licytacji *[furniture]*

auction bridge *n* (card game) wint *m*

auctioneer /ˌɔːkʃəˈnɪə(r)/ *n* (person) licytator *m*; **(a firm of) ~s** (company) dom aukcyjny

auction house *n* dom *m* aukcyjny

auction room(s) *n(pl)* sala *f* aukcyjna or licytacyjna

auction sale *n* sprzedaż *f* na licytacji

audacious /ɔːˈdeɪʃəs/ *adj* (bold) *[plan, decision]* śmiały, zuchwały; (cheeky) *[remark, treatment]* bezczelny

audaciously /ɔːˈdeɪʃəslɪ/ *adv* (boldly) śmiało, zuchwale; (impudently) bezczelnie

audacity /ɔːˈdæsətɪ/ *n* (boldness) śmiałość *f*, zuchwałość *f*; (impudence) czelność *f*; **to have the ~ to do sth** mieć śmiałość or czelność coś zrobić

audibility /ˌɔːdəˈbɪlətɪ/ *n* słyszalność *f*

audible /ˈɔːdəbl/ *adj* *[sound, breathing, squeak]* słyszalny; **her voice was barely ~** jej głos ledwie było słychać or był ledwie słyszalny

audibly /ˈɔːdəblɪ/ *adv* *[tick, whirr, groan]* wyraźnie; **his bones creaked ~** słychać było, jak mu kości trzeszczą w stawach

audience /ˈɔːdɪəns/ *n* [1] (+ *v sg/pl*) (in theatre, cinema, concert hall) publiczność *f*, widownia *f*; (listeners) słuchacze *m pl*; Radio radiosłuchacze *m pl*; TV telewidzowie *m pl*; **someone in the ~ shouted out** ktoś na widowni or z publiczności krzyknął; **he had an ~ of six children** słuchało /oglądało go sześcioro dzieci; **to hold an ~** skupiać uwagę słuchaczy/widzów [2] (for books) czytelnicy *m pl*; (for ideas) odbiorcy *m pl* [3] (formal interview) audiencja *f*, posłuchanie *n* (**with sb** u kogoś); **to grant an ~ to sb** udzielić komuś audiencji

audience participation *n* udział *m* publiczności

audience ratings *npl* Radio wskaźnik *m* słuchalności; Cin, Theat, TV wskaźnik *m* oglądalności

audience research *n* sondaż *m* wśród słuchaczy/widzów

audio /ˈɔːdɪəʊ/ *adj* *[equipment, system, tape]* audio

audiobook /ˈɔːdɪəʊbʊk/ *n* książka *f* mówiona

audio cassette *n* kaseta *f* magnetofonowa

audio frequency, af *n* pasmo *n* słyszalne, częstotliwość *f* słyszalna

audio recording *n* nagranie *n* dźwiękowe

audio tape *n* taśma *f* magnetofonowa

audiotyping /ˈɔːdɪəʊtaɪpɪŋ/ *n* pisanie *n* na maszynie ze słuchu

audiotypist /ˈɔːdɪəʊtaɪpɪst/ *n* maszynistka *f* pisząca ze słuchu

audiovisual, AV /ˌɔːdɪəʊˈvɪʒʊəl/ *adj* audiowizualny

audit /ˈɔːdɪt/ **I** *n* Accts kontrola *f* or badanie *n* ksiąg (rachunkowych), audyt *m*; **to carry out** or **do an ~** przeprowadzić kontrolę ksiąg or audyt

II *vt* [1] Accts s|kontrolować, przeprowa|dzić, -dzać audyt (czegoś); **an ~ed statement of accounts** sprawdzony bilans [2] US Univ uczęszczać jako wolny słuchacz na (coś) *[classes, lectures]*

audit committee *n* komisja *f* rewizyjna

auditing /ˈɔːdɪtɪŋ/ *n* Accts badanie *n* or kontrola *f* ksiąg rachunkowych

audition /ɔ:ˈdɪʃn/ **I** *n* Theat, Mus, TV przesłuchanie *n*, audycja *f*; **to go for an ~** iść na przesłuchanie; **to hold ~s for sth** prowadzić przesłuchania do czegoś
II *vt* przesłuch|ać, -iwać *[actor, musician]* **(for sth** do czegoś)
III *vi* brać udział w przesłuchaniu **(for sth** do czegoś)

auditor /ˈɔ:dɪtə(r)/ *n* [1] Accts audytor *m*, -ka *f*, rewident *m* księgowy, rewidentka *f* księgowa; **the ~s, a firm of ~s** firma audytorska or rewidentów księgowych; **internal/external ~(s)** audytorzy wewnętrzni/zewnętrzni [2] US Univ ≈ wolny słuchacz *m*, wolna słuchaczka *f*

auditorium /ˌɔ:dɪˈtɔ:rɪəm/ *n* (*pl* **-riums, -ria)** [1] (in theatre, concert hall) widownia *f*; (people) audytorium *n*; **in the ~** na widowni [2] US (for meetings) sala *f* konferencyjna; (concert hall) sala *f* koncertowa; Sch, Univ (assembly room) aula *f*; (lecture hall) sala *f* wykładowa, aula *f*

auditor's report *n* Accts sprawozdanie *n* z kontroli (ksiąg rachunkowych)

auditory /ˈɔ:dɪtrɪ, US -tɔ:rɪ/ *adj* Physiol słuchowy

auditory phonetics *n* (+ *v sg*) Phon fonetyka *f* audytywna or audytoryjna

audit trail *n* Comput dziennik *m* kontroli

Audubon Society /ˌɔ:dəbɒnsəˈsaɪətɪ/ *n* US *towarzystwo przyrodnicze, głównie zajmujące się ochroną ptaków*

AUEW *n* GB = **Amalgamated Union of Engineering Workers** ≈ Związek *m* Zawodowy Pracowników Technicznych

Aug = **August**

Augean stables /ɔ:ˌdʒi:ənˈsteɪblz/ *npl* Mythol **the ~** stajnia *f* Augiasza

auger /ˈɔ:gə(r)/ *n* (for wood, ground) świder *m*

aught /ɔ:t/ *pron* arch cokolwiek; **he didn't do ~ to help** nie zrobił nic, żeby pomóc; **for ~ I know** o ile wiem; z tego, co wiem; **for ~ I care** jeśli o mnie chodzi

augment /ɔ:gˈment/ **I** *vt* powiększ|yć, -ać, zwiększ|yć, -ać **(with** or **by sth** za pomocą czegoś); **~ed sixth** Mus seksta wielka
II *vi [taxes, income]* powiększ|yć, -ać się, zwiększ|yć, -ać się, rosnąć

augmentation /ˌɔ:gmenˈteɪʃn/ *n* powiększenie *n*, zwiększenie *n*, wzrost *m*; Mus augmentacja *f*

augmentative /ɔ:gˈmentətɪv/ *adj* [1] (increasing) powiększający [2] Ling zgrubiały, augmentatywny

augur /ˈɔ:gə(r)/ *vi* **to ~ well/ill** or **badly for sb/sth** dobrze/źle wróżyć komuś/czemuś; **it ~s well for the future** to dobrze wróży na przyszłość

augury /ˈɔ:gjʊrɪ/ *n* liter wróżba *f*

August /ˈɔ:gəst/ **I** *n* sierpień *m*; **in ~** w sierpniu
II *modif* sierpniowy

august /ɔ:ˈgʌst/ *adj* fml *[body of people, presence]* czcigodny, dostojny; *[lineage]* znakomity; *[building]* majestatyczny

Augustan /ɔ:ˈgʌstən/ *adj* [1] (of Augustus Caesar) z czasów Oktawiana Augusta [2] *[of literature, literary period]* klasyczny; **the ~ Age** (of English literature) wiek augustiański *(okres panowania królowej Anny)*

Augustine **I** /ɔ:ˈgʌsti:n/ *n* (member of order) augustianin *m*
II *prn* **St ~** św. Augustyn *m*

Augustinian /ˌɔ:gəˈstɪnɪən/ *adj [doctrine]* augustiański; **~ friar** augustianin; **~ order** zakon augustianów

Augustus /ɔ:ˈgʌstəs/ **I** *n* (title) August *m*
II *prn* Oktawian August *m*

auk /ɔ:k/ *n* Zool **great ~** alka *f* olbrzymia; **little ~** alka *f*

aunt /ɑ:nt, US ænt/ *n* ciotka *f*
IDIOMS: **oh my giddy ~!** infml hum o rany! infml

auntie /ˈɑ:ntɪ, US ˈæntɪ/ *n* infml [1] baby talk ciocia *f* [2] **Auntie** GB BBC *f/n inv*

Aunt Sally /ˌɑ:ntˈsælɪ, US ˌænt-/ *n* [1] GB (game) *zabawa polegająca na celowaniu do kukły* [2] fig chłopiec *m* do bicia

aunty *n* = **auntie**

au pair /ˌəʊˈpeə(r)/ *n* (also **~ girl)** au pair *f inv (młoda cudzoziemka wykonująca lekkie prace domowe)*; **to be an ~** pracować jako au pair

aura /ˈɔ:rə/ *n* (*pl* **-ras, -rae)** (of person) aura *f*; (of place) atmosfera *f*; **she had an ~ of tranquillity** otaczała ją aura spokoju; **the place seems to have an ~ of sadness** w tym miejscu panuje atmosfera jakiegoś smutku

aural /ˈɔ:rəl, ˈaʊrəl/ **I** *n* Sch ćwiczenie *n* na rozumienie ze słuchu; Mus ≈ dyktando *n* muzyczne
II *adj* [1] słuchowy [2] Anat, Med **~ problems** kłopoty ze słuchem or ze słyszeniem; **~ surgeon** otolog, specjalista chorób usznych [3] Sch **~ comprehension** rozumienie ze słuchu

aureole /ˈɔ:rɪəʊl/ *n* [1] Art aureola *f* [2] Astron (corona) korona *f*; (halo) aureola *f*

auricle /ˈɔ:rɪkl/ *n* Anat (of heart) przedsionek *m*; (of ear) małżowina *f*

aurochs /ˈɔ:rɒks, ˈaʊrɒks/ *n* (*pl* **~)** Zool tur *m*

aurora /ɔ:ˈrɔ:rə/ *n* (*pl* **-ras, -rae)** zorza *f*; **the ~ australis** zorza polarna południowa; **the ~ borealis** zorza polarna północna

auscultate /ˈɔ:skəlteɪt/ *vt* osłuch|ać, -iwać

auscultation /ˌɔ:skəlˈteɪʃn/ *n* Med osłuchiwanie *n*, auskultacja *f*

auspices /ˈɔ:spɪsɪz/ *npl* auspicje *plt*; **under the ~ of sb/sth** pod auspicjami or patronatem kogoś/czegoś

auspicious /ɔ:ˈspɪʃəs/ *adj* pomyślny, obiecujący; **to make an ~ start** zrobić dobry początek

auspiciously /ɔ:ˈspɪʃəslɪ/ *adv* pomyślnie, obiecująco

Aussie /ˈɒzɪ/ infml **I** *n* Australij|czyk *m*, -ka *f*
II *adj* australijski

austere /ɒˈstɪə(r), ɔ:ˈstɪə(r)/ *adj* [1] (severe) *[interior, style, behaviour]* surowy; *[person]* srogi; *[way of life]* ascetyczny; *[life]* prosty; *[building]* bez ozdób, surowy [2] (grave) *[behaviour]* poważny; *[expression]* surowy

austerely /ɒˈstɪəlɪ, ɔ:ˈstɪəlɪ/ *adv [dressed, furnished]* prosto, bez ozdób; *[live]* ascetycznie, w surowych warunkach

austerity /ɒˈsterətɪ, ɔ:ˈsterətɪ/ **I** *n* [1] (severity) surowość *f*; (lack of comfort) prostota *f* [2] (hardship) trud *m*
II *modif* **~ measures** (drastyczne) środki oszczędnościowe; GB **~ clothing** *tania odzież produkowana w Wielkiej Brytanii po II wojnie światowej*

Australasia /ˌɒstrəˈleɪʒə, ˌɔ:s-/ *prn* Australazja *f*

Australasian /ˌɒstrəˈleɪʒn, ˌɔ:s-/ **I** *n* (person) mieszkan|iec *m*, -ka *f* Australazji
II *adj* **~ countries/islands** kraje/wyspy Australazji

Australia /ɒˈstreɪlɪə, ɔ:ˈs-/ *prn* Australia *f*

Australian /ɒˈstreɪlɪən, ɔ:ˈs-/ **I** *n* (person) Australij|czyk *m*, -ka *f*
II *adj* australijski

Australian Alps *prn* **the ~** Alpy *plt* Australijskie

Australian Antarctic Territory *n* Australijskie Terytorium *n* Antarktyczne

Australian Capital Territory *n* Australijskie Terytorium *n* Stołeczne

Austria /ˈɒstrɪə, ˈɔ:strɪə/ *prn* Austria *f*

Austrian /ˈɒstrɪən, ˈɔ:strɪən/ **I** *n* (person) Austria|k *m*, -czka *f*
II *adj* austriacki

Austro-Hungarian /ˌɒstrəʊhʌŋˈgeərɪən/ *adj* austro-węgierski

AUT *n* GB = **Association of University Teachers** ≈ Zawodowy Związek *m* Nauczycieli Akademickich

autarchy /ˈɔ:tɑ:kɪ/ *n* autarkia *f*, samowystarczalność *f* gospodarcza

authentic /ɔ:ˈθentɪk/ *adj* [1] Art, Jur *[document, signature]* autentyczny; *[painting]* oryginalny [2] *[source, information]* wiarygodny

authenticate /ɔ:ˈθentɪkeɪt/ *vt* ustal|ić, -ać autentyczność (czegoś); poświadcz|yć -ać, uwierzytelni|ć, -ać *[letter, document, signature]*; **the signature has been ~d as genuine** poświadczono autentyczność podpisu

authentication /ɔ:ˌθentɪˈkeɪʃn/ *n* [1] potwierdzenie *n* autentyczności, uwierzytelnienie *n*, potwierdzenie *n* oryginalności [2] Comput uwierzytelnianie *n*

authenticity /ˌɔ:θenˈtɪsətɪ/ *n* (of signature) autentyczność *f*; (of painting) oryginalność *f*

author /ˈɔ:θə(r)/ **I** *n* (of book, play, article, scheme) autor *m*, -ka *f*; (by profession) pisa|rz *m*, -rka *f*, literat *m*, -ka *f*
II *vt* US z|redagować *[report, study]*

authoress /ˈɔ:θərɪs/ *n* dat (of book, play, article) autorka *f*; (by profession) pisarka *f*

authoring /ˈɔ:θərɪŋ/ Comput **I** *n* opracowanie *n* autorskie
II *adj [package, software]* do opracowania autorskiego

authoritarian /ɔ:ˌθɒrɪˈteərɪən/ **I** *n* despot|a *m*, -ka *f* pej; (political) autokrat|a *m*, -ka *f*
II *adj* pej *[regime, doctrine]* despotyczny pej; *[ruler]* autorytarny; *[parent, voice, manner]* apodyktyczny pej

authoritarianism /ɔ:ˌθɒrɪˈteərɪənɪzəm/ *n* pej autorytaryzm *m*; Pol autokratyzm *m*

authoritative /ɔ:ˈθɒrətətɪv, US -teɪtɪv/ *adj* [1] (forceful) *[manner, person, voice]* apodyktyczny pej; *[instruction, tone]* kategoryczny; *[handwriting]* zdecydowany [2] (reliable) *[report, opinion]* autorytatywny; *[source]* dobrze poinformowany

authority /ɔ:ˈθɒrətɪ/ **I** *n* [1] (power) władza *f* **(over sb/sth** nad kimś/czymś); (superior position) zwierzchnictwo *n* **(over sb/sth** nad kimś/czymś); **the ~ of the state** władza państwowa; **(not) to have (the) ~ to do sth** (nie) być władnym zrobić coś; **to be in ~** mieć or sprawować władzę; **he will be reported to those in ~** jego

sprawa zostanie przedstawiona odpowiednim władzom; **who is in ~ here?** kto tu jest szefem?; **to do sth on sb's ~** zrobić coś z upoważnienia kogoś; **to act under sb's ~** działać z upoważnienia kogoś; **to be under sb's ~** podlegać komuś; **on one's own ~** według własnego uznania, z własnej inicjatywy [2] (forcefulness) autorytet *m*; **to lack ~** nie mieć autorytetu [3] (confidence) przekonanie *n*; **to speak with ~** wypowiadać się autorytatywnie [4] (permission) upoważnienie *n*; **to give sb the ~ to do sth** upoważnić kogoś, żeby coś zrobił [5] (organization) władze *plt* [6] (expert) autorytet *m* **(on sth** w dziedzinie czegoś) [7] (source of information) źródło *n*; **what is your ~ for these figures?** z jakiego źródła wziąłeś or masz te liczby?; **I have it on good ~ that...** wiem z dobrego źródła, że...
II authorities *npl* Admin, Pol władze *plt*; **to report sth to the authorities** poinformować o czymś władze; **the local authorities** władze miejscowe; **the school authorities** władze szkolne; **the hospital authorities** dyrekcja szpitala

authorization /ˌɔːθəraɪˈzeɪʃn/ *n* [1] (authority, document) upoważnienie *n*; **to give** or **grant ~ to sth** dać upoważnienie na coś; **to give** or **grant ~ to do sth** dać upoważnienie na zrobienie or do zrobienia czegoś [2] (of biography, interview, translation) autoryzacja *f*

authorize /ˈɔːθəraɪz/ **I** *vt* [1] (empower) upoważni|ć, -ać *[person, institution]*; (sanction) zezwolić na (coś) *[loan, payment, visit, withdrawal]*; **to ~ sb to do sth** upoważnić kogoś do zrobienia czegoś [2] (approve) autoryzować *[biography, interview, translation]*
II authorized *pp adj [biography, dealer, signatory, signature, version]* autoryzowany

Authorized Version *n* **the ~ (of the Bible)** Biblia króla Jakuba *(z 1611 roku)*

authorship /ˈɔːθəʃɪp/ *n* [1] (of book, poem, play, idea, scheme) autorstwo *n* [2] (profession) pisarstwo *n*; (activity) działalność *f* pisarska

autism /ˈɔːtɪzəm/ *n* Med autyzm *m*

autistic /ɔːˈtɪstɪk/ *adj* Med autystyczny

auto /ˈɔːtəʊ/ US infml **I** *n* samochód *m*, auto *n*
II *modif [accident, industry, mechanic, part]* samochodowy; **~ workers** robotnicy zatrudnieni w przemyśle samochodowym

autobiographical /ˌɔːtəʊbaɪəˈgræfɪkl/ *adj* autobiograficzny

autobiography /ˌɔːtəʊbaɪˈɒgrəfɪ/ *n* autobiografia *f*

autocade /ˈɔːtəʊkeɪd/ *n* US Aut = **motorcade**

autochthon /ɔːˈtɒkθən/ *n* autochton *m*, -ka *f*

autochthonous /ɔːˈtɒkθənəs/ *adj* autochtoniczny

autoclave /ˈɔːtəʊkleɪv/ *n* autoklaw *m*

autocracy /ɔːˈtɒkrəsɪ/ *n* [1] (government) autokracja *f*, samowładztwo *n* [2] (country) autokracja *f* [3] (attitude) autokratyzm *m*

autocrat /ˈɔːtəkræt/ *n* [1] autokrata *m*; samowładca *m* liter [2] pej despot|a *m*, -ka *f*

autocratic /ˌɔːtəˈkrætɪk/ *adj* [1] *[ruler, regime]* autokratyczny; samowładny liter [2] pej *[boss, style]* despotyczny

autocrime /ˈɔːtəʊkraɪm/ *n* kradzież *f* samochodowa

autocross /ˈɔːtəʊkrɒs/ *n* autokros *m*

autocue /ˈɔːtəʊkjuː/ *n* TV teleprompter *m*

auto-da-fé /ˌɔːtəʊdɑːˈfeɪ/ *n* (*pl* **autos-da-fé**) spalenie *n* na stosie, autodafe *n inv*

autodidact /ˌɔːtəʊˈdaɪdækt/ *n* fml samouk *m*

autodrome /ˈɔːtədrəʊm/ *n* Aut autodrom *m*

auto-erotic /ˌɔːtəʊɪˈrɒtɪk/ *adj* autoerotyczny

autofocus /ˈɔːtəʊfəʊkəs/ *n* Phot autofocus *m*

autogenics /ˌɔːtəʊˈdʒenɪks/ *n (+ v sg)* Psych autosugestia *f*

autogenic training *n* Psych trening *m* autogeniczny

autogiro /ˌɔːtəʊˈdʒaɪərəʊ/ *n* Aviat wiatrakowiec *m*, autożyro *n*

autograft /ˈɔːtəʊgrɑːft, US -græft/ *n* Med przeszczep *m* autogenny

autograph /ˈɔːtəgrɑːf, US -græf/ **I** *n* autograf *m*
II *modif* **~ album/book** album/księga z autografami; **~ hunters** zbieracze autografów
III *vt* złożyć, składać autograf na (czymś) *[record, football]*; podpis|ać, -ywać *[book, record]*

autoimmune /ˌɔːtəʊɪˈmjuːn/ *adj* Med autoimmunologiczny

autoimmunity /ˌɔːteʊɪˈmjuːnɪtɪ/ *n* Med wytwarzanie *n* przeciwciał przeciw własnym antygenom

auto-injector /ˌɔːtəʊɪnˈdʒektə(r)/ *n* Med autostrzykawka *f*

autoload /ˈɔːtəʊləʊd/ *n* Comput [1] (of program) automatyczne załadowanie *n* [2] (of tape) automatyczne założenie *n*

autoloading /ˈɔːtəʊləʊdɪŋ/ *adj* = **self-loading**

autologous /ɔːˈtɒləgəs/ *adj* Med *[graft, transfusion]* autologiczny

automat /ˈɔːtəmæt/ *n* (vending machine) automat *m*

automata /ɔːˈtɒmətə/ *npl* → **automaton**

automata theory *n* Comput teoria *f* automatów

automate /ˈɔːtəmeɪt/ *vt* z|automatyzować *[factory, workplace, mill, production line, process]*; **the process is now fully ~d** cały proces jest obecnie w pełni zautomatyzowany

automatic /ˌɔːtəˈmætɪk/ **I** *n* [1] (washing machine) pralka *f* automatyczna [2] (car) samochód *m* z automatyczną skrzynią biegów [3] (gun) automat *m* [4] (setting) system *m* automatyczny; **to be on ~** *[machine, heating]* być ustawionym na system automatyczny; **to be in ~** infml hum *[person]* działać jak automat
II *adj* [1] *[machine]* automatyczny; *[process]* zautomatyzowany [2] (unconscious) *[gesture, movement, smile]* automatyczny, machinalny; **~ body functions** naturalne funkcje organizmu [3] (happening as natural result) *[fine, promotion]* automatyczny

automatically /ˌɔːtəˈmætɪklɪ/ *adv [operate, respond]* automatycznie; *[smile]* odruchowo

automatic pilot *n* (device) pilot *m* automatyczny, autopilot *m*; (system) automatyczne pilotowanie *n*; **to be on ~** Aviat lecieć z włączonym autopilotem or pilotem automatycznym; fig działać mechanicznie

automatic teller machine, ATM *n* bankomat *m*

automatic transmission *n* Auto automatyczna zmiana *f* biegów

automation /ˌɔːtəˈmeɪʃn/ *n* (of process, factory) automatyzacja *f*; **industrial ~** automatyzacja przemysłu

automaton /ɔːˈtɒmətən, US -tɒn/ *n* (*pl* **~s, automata**) [1] (small robot) automat *m* [2] pej (person) automat *m*, robot *m* fig

automobile /ˈɔːtəməbiːl, ˌɔːtəməˈbiːl/ *n* GB dat, US samochód *m*; automobil *m* dat

automobilia /ˌɔːtəməˈbiːlɪə/ *npl* akcesoria *plt* samochodowe

automotive /ˌɔːtəˈməʊtɪv/ *adj* [1] Aut *[design, vehicle]* samochodowy; *[industry, product]* motoryzacyjny [2] Tech (self-propelling) samobieżny

autonomic /ˌɔːtəˈnɒmɪk/ *adj* autonomiczny

autonomic nervous system *n* wegetatywny or autonomiczny układ *m* nerwowy

autonomous /ɔːˈtɒnəməs/ *adj [nation, organization, group, person, navigation system]* niezależny; *[state, republic]* autonomiczny

autonomy /ɔːˈtɒnəmɪ/ *n* (of organization, group, person, system) niezależność *f*; (of country, state) autonomia *f*

autopilot /ˈɔːtəʊpaɪlət/ *n* Aviat autopilot *m*, sternik *m* automatyczny

autopsy /ˈɔːtɒpsɪ/ *n* [1] Med sekcja *f* zwłok, autopsja *f*; **to do/perform/carry out an ~ (on sb)** zrobić/wykonać/przeprowadzić sekcję zwłok (kogoś) [2] fml fig szczegółowa analiza *f*

autosave /ˈɔːtəʊseɪv/ *n* Comput zapisywanie *n* automatyczne

autosuggestion /ˌɔːtəʊsəˈdʒestʃən/ *n* autosugestia *f*

auto-teller /ˌɔːtəʊˈtelə(r)/ *n* bankomat *m*

autotimer /ˈɔːtəʊtaɪmə(r)/ *n* programator *m*

autotransplant /ˈɔːtəʊtrænsplɑːnt, US -plænt/ *n* Med przeszczep *m* autogenny

autumn /ˈɔːtəm/ **I** *n* GB jesień *f*; **in ~** jesienią; **the ~ of one's years** or **life** jesień życia
II *modif [leaf]* jesienny; **~ colours** kolory jesieni; **~ fashions** jesienna moda, moda na jesień

autumnal /ɔːˈtʌmnəl/ *adj [light, colours, weather]* jesienny

auxiliary /ɔːgˈzɪlɪərɪ/ **I** *n* [1] (person) pomoc *f* [2] Hist, Mil **auxiliaries** (soldiers) oddziały *m pl* pomocnicze
II *adj [forces, power, staff, unit]* pomocniczy

auxiliary nurse *n* pomoc *f* pielęgniarska

auxiliary verb *n* Ling czasownik *m* posiłkowy, słowo *n* posiłkowe

AV *adj* = **audiovisual**

avail /əˈveɪl/ fml **I** *n* **of no ~** bezskuteczny, daremny; **to be of no/little ~** na nic /na niewiele się zdać; **without** or **to no ~** daremnie, nadaremnie
II *vt* przyn|ieść, -osić korzyść (komuś) *[person, thing]*; **it ~ed him nought** or **nothing** na nic mu się to nie zdało
III *vr* **to ~ oneself** skorzystać **(of sth** z czegoś) *[opportunity, offer]*

availability /əˌveɪləˈbɪlətɪ/ *n* (of drugs, option, service, strategy) dostępność *f*; Comm podaż *f*; **~ of credit** możliwość otrzymania kredytu; **stock ~** Comm towar na składzie or w magazynie; **subject to ~** (of holidays, hotel rooms, theatre seats) do wyczerpania wolnych miejsc; (of hire vehicle) ilość pojazdów ograniczona; **demand exceeds ~** popyt przerasta podaż

available /ə'veɪləbl/ *adj* [1] (can be obtained) *[credit, information, money, product]* dostępny **(for** or **to sb** dla kogoś**)**; (can be used) *[table, seat, disk space, time]* wolny **(for sb** dla kogoś**)**; **to make sth ~ to sb** udostępnić komuś coś; **to be ~ from your local supplier** *[product]* być do nabycia or kupienia u najbliższego dostawcy; **by every ~ means** wszelkimi dostępnymi sposobami or środkami [2] (free) *[person]* (for appointment, relationship) wolny; **to make oneself ~ for sb/sth** znaleźć or zarezerwować czas dla kogoś/czegoś; **the minister is not ~ for comment** minister odmówił komentarza

avalanche /'ævəlɑːnʃ, US -læntʃ/ **I** *n* lawina *f* also fig

II *modif [risk]* lawinowy; **~ danger** niebezpieczeństwo lawin, zagrożenie lawinowe

avalanche shelter *n* osłona *f* przed lawinami

avant-garde /ˌævɒŋ'gɑːd/ **I** *n* **the ~** awangarda *f*

II *adj* awangardowy

avarice /'ævərɪs/ *n* chciwość *f*

IDIOMS: **rich beyond the dreams of ~** prawdziwy krezus

avaricious /ˌævə'rɪʃəs/ *adj* chciwy

avatar /'ævətɑː(r)/ *n* Comput wcielenie *n*; Relig awatar *m*, awatara *f*

avdp Meas = **avoirdupois**

Ave = **Avenue**

Ave Maria /ˌɑːveɪmə'rɪə/ *n* Relig (modlitwa *f*) Zdrowaś Mario

avenge /ə'vendʒ/ **I** *vt* po|mścić *[person, death, defeat]*

II *vr* **to ~ oneself on sb** zemścić się na kimś **(for sth** za coś**)**

avenger /ə'vendʒə(r)/ *n* mściciel *m*, -ka *f*

avenging /ə'vendʒɪŋ/ *adj [person]* mszczący się; **~ force/goal** niszcząca siła/cel zemsty; **the ~ angel** anioł zemsty

avenue /'ævənjuː, US -nuː/ *n* [1] (road, street) aleja *f*; (driveway, path) alejka *f*, podjazd *m* [2] fig (possibility) możliwość *f*; droga *f* fig; **to explore every ~** rozważyć wszystkie możliwości

aver /ə'vɜː(r)/ *vt* (*prp, pt, pp* **-rr-**) fml zapewni|ć, -ać; **to ~ that...** zapewnić, że...; **he ~red his innocence, he ~red that he was innocent** zapewniał, że jest niewinny

average /'ævərɪdʒ/ **I** *n* Math (mean value) średnia *f* **(of sth** czegoś**)**; (modal value) przeciętna *f* **(of sth** czegoś**)**; **national ~** średnia krajowa; **on (the) ~** przeciętnie; **on ~, I see about 30 patients a day** przeciętnie przyjmuję około 30 pacjentów dziennie; **above/below the ~** powyżej /poniżej średniej or przeciętnej; **at an ~ of 50 mph** średnio or przeciętnie 50 mil na godzinę; **to take an ~** wziąć średnią; **to work out an ~** obliczyć średnią; **a rough ~** przybliżona średnia; **according to the law of ~s...** statystycznie rzecz biorąc, ...; **Mr Average** szary obywatel, przeciętny zjadacz chleba

II *adj* Math *[amount, cost, earnings, person, rate]* (mean value) średni; (modal value) przeciętny; **on an ~ day I work seven hours** przeciętnie pracuję siedem godzin dziennie; **a book suitable for an ~ 10-year-old** książka odpowiednia dla (każdego) dziesięciolatka; **a very ~ writer** pej bardzo przeciętny pisarz

III *vt* osiąg|nąć, -ać średnią *[distance, quantity, time]*; **I ~ seven hours' work a day** pracuję średnio siedem godzin dziennie; **we can ~ 65 mph on the motorway** na autostradzie możemy rozwinąć średnią prędkość 65 mil na godzinę

■ **average out**: ¶ **~ out** (be on average) **their pay ~s out at about £10 an hour** ich płaca wynosi średnio or przeciętnie 10 funtów za godzinę; **their working day ~s out at nine hours** ich dzień pracy trwa średnio dziewięć godzin, pracują średnio 9 godzin dziennie ¶ **~ out [sth], ~ [sth] out** oblicz|yć, -ać, liczyć średnią (czegoś); **to ~ out a profit/an amount** obliczyć średni zysk/średnią ilość; **we ~d the bill out at five dollars each** podzieliliśmy rachunek po pięć dolarów na osobę

averse /ə'vɜːs/ *adj* przeciwny **(to sth** czemuś**)**; **to be ~ to sth/doing sth** być przeciwnym or sprzeciwiać się czemuś /robieniu czegoś; **we're not ~ to it** nie mamy nic przeciwko temu

aversion /ə'vɜːʃn, US ə'vɜːrʒn/ *n* niechęć *f*, awersja *f*; **to have an ~ to sb/sth** mieć awersję do kogoś/czegoś; **her pet ~ is...** najbardziej nie znosi...

aversion therapy *n* Psych terapia *f* awersyjna

avert /ə'vɜːt/ *vt* [1] (prevent) zapobie|c, -gać (czemuś) *[accident, disaster, war, situation]*; oddal|ić, -ać *[danger, suspicion]*; **a crisis was ~ed at the last moment** w ostatniej chwili zapobieżono kryzysowi [2] odwr|ócić, -acać *[eyes, gaze]* **(from sth** od czegoś**)**

aviary /'eɪvɪərɪ, US -vɪerɪ/ *n* ptaszarnia *f*

aviation /ˌeɪvɪ'eɪʃn/ **I** *n* lotnictwo *n*; awiacja *f* dat

II *modif* lotniczy

aviation fuel *n* paliwo *n* lotnicze

aviation industry *n* przemysł *m* lotniczy

aviator /'eɪvɪeɪtə(r)/ *n* lotnik *m*; **~'s stomach** Med nerwica pilotów

aviculture /'eɪvɪkʌltʃə(r)/ *n* hodowla *f* ptaków

aviculturist /ˌeɪvɪ'kʌltʃərɪst/ *n* hodowca *m* ptaków

avid /'ævɪd/ *adj* [1] (enthusiastic) *[supporter, reader]* zapalony; *[collector]* namiętny [2] (eager) żądny **(for sth** czegoś**)**

avidity /ə'vɪdɪtɪ/ *n* [1] (hobby, interest) zapał *m* **(for sth** do czegoś**)** [2] (need) żądza *f* **(for sth** czegoś**)**

avidly /'ævɪdlɪ/ *adv [read]* namiętnie; *[support, follow]* z zapałem

avocado /ˌævə'kɑːdəʊ/ **I** *n* (fruit, tree) awokado *n inv*

II *modif* **~ salad/mousse** sałatka/mus z awokado

avocet /'ævəset/ *n* Zool szablodziób *m*

avoid /ə'vɔɪd/ *vt* [1] (prevent) unik|nąć, -ać (czegoś) *[accident, dispute, error, penalty]*; **to ~ paying tax** unikać płacenia podatku; **it is to be ~ed** należy tego unikać; **to ~ sb /sth like the plague** unikać kogoś/czegoś jak zarazy [2] (keep away from) omijać *[person, location]*; unikać (czegoś) *[gaze]*; pomi|nąć, -jać *[issue, question]* [3] Jur (invalidate) anulować *[contract]*

avoidable /ə'vɔɪdəbl/ *adj* **an ~ tragedy** nieszczęście, którego można (było) uniknąć

avoidance /ə'vɔɪdəns/ *n* (of injuries, expenditure, delay, person) unikanie *n* **(of sth** czegoś**)**; (of responsibility) uchylanie się *n* **(of sth** od czegoś**)**; (of issue, problem) uchylenie się *n* **(of sth** od czegoś**)**; (of subject) odstąpienie *n* **(of sth** od czegoś**)**

avoirdupois /ˌævədə'pɔɪz/ *n angielski system wag handlowych*

Avon /'eɪvn/ *prn* Avon *n*

avow /ə'vaʊ/ **I** *vt* fml (declare) oświadcz|yć, -ać; (admit) wyzna|ć, -wać; **he ~ed his innocence, he ~ed that he was innocent** oświadczył, że jest niewinny

II *vr* **to ~ oneself** przyznawać się; **he ~ed himself (to be) a spy** przyznał się, że jest szpiegiem

avowal /ə'vaʊəl/ *n* fml [1] (confession) wyznanie *n*; **to make an ~** uczynić wyznanie [2] (declaration) oświadczenie *n*

avowed /ə'vaʊd/ *adj* (declared) *[believer, feminist]* zdeklarowany; **their ~ aim is...** deklarują, że ich celem jest...; (admitted) *[feeling]* wyjawiony; *[guilt]* wyznany

avowedly /ə'vaʊɪdlɪ/ *adv* fml [1] (by admission) zgodnie z własną deklaracją [2] (by declaration) otwarcie; **he was ~ responsible for...** otwarcie or jednoznacznie przyjął na siebie odpowiedzialność za...

avuncular /ə'vʌŋkjʊlə(r)/ *adj* (genial) dobrotliwy, dobroduszny; (fatherly) ojcowski

AWACS /'eɪwæks/ = **Airborne Warning and Control System I** *n* powietrzny system *m* ostrzegania i kontroli, AWACS

II *modif* **~ plane** samolot AWACS

await /ə'weɪt/ *vt* [1] *[person]* oczekiwać (czegoś) *[decision, event, outcome, praise]*; czekać na (coś), wyczekiwać (czegoś) *[opportunity]*; **long ~ed** długo oczekiwany or wyczekiwany; **eagerly ~ed** niecierpliwie oczekiwany or wyczekiwany; **he is in prison ~ing trial** czeka na proces w więzieniu [2] *[fate, surprise, welcome]* czekać *[person]*; **a surprise ~ed us at the house** czekała nas w domu niespodzianka [3] *[book, parcel]* czekać na (coś) *[delivery, publication]*; **her book ~s publication** jej książka czeka na wydanie

awake /ə'weɪk/ **I** *adj* [1] **to be ~** nie spać; **he's ~** nie śpi; **wide ~** całkiem rozbudzony; **half ~** nie całkiem obudzony; **to stay ~** nie zasnąć, czuwać; **to lie ~** nie móc zasnąć, leżeć z otwartymi oczami; **to shake sb ~** zerwać kogoś ze snu; **I was still ~** jeszcze nie spałem; **the noise kept me ~** hałas nie dawał mi spać [2] (aware) **to be ~ to sth** być świadomym czegoś, zdawać sobie sprawę z czegoś

II *vt* (*pt* **awoke, awaked** liter; *pp* **awoken, awaked** liter) [1] (from sleep) o|budzić *[person, animal]* [2] fig wzbudz|ić, -ać *[fear, suspicion]*; o|budzić *[memories]*

A

III *vi* (*pt* **awoke, awaked** liter; *pp* **awoken, awaked** liter) [1] (from sleep) o|budzić się; (from nap, daydream) ocknąć się; **to ~ from a deep sleep** obudzić się z głębokiego snu; **to ~ to the sound of sth** obudzić się na dźwięk czegoś; **I awoke to find him gone** kiedy się obudziłem, już go nie było [2] (become aware) **to ~ to sth** zdać sobie sprawę z czegoś, uświadomić sobie coś *[duties, fact, responsibility]*

awaken /əˈweɪkən/ **I** *vt* (*pt* **awoke, awakened** liter; *pp* **awoken, awakened** liter) [1] (from sleep) z|budzić, o|budzić *[person, animal]* [2] (generate) wzbudz|ić, -ać, budzić *[fear, interest, love]* [3] (make aware) **to ~ sb to sth** uświadomić komuś coś *[danger, disadvantage, problem]*; **to ~ sb to a sense of shame/guilt** wzbudzić w kimś poczucie wstydu/winy

II *vi* (*pt* **awoke, awakened** liter; *pp* **awoken, awakened** liter) [1] (from sleep) z|budzić się, o|budzić się; (from nap, daydream) ocknąć się [2] (become aware) **to ~ to sth** uświadomić sobie coś, zdać sobie sprawę z czegoś

awakening /əˈweɪkənɪŋ/ *n* liter (from sleep) przebudzenie *n*; fig (of concern, interest, emotion) wzbudzenie *n* **(of sth** czegoś**)**; (of awareness) uświadomienie *n* **(to sth** czegoś**)**; **a rude ~** przykre przebudzenie; fig przykre zaskoczenie, przykra niespodzianka

award /əˈwɔːd/ **I** *n* [1] (prize) nagroda *f*; (medal, certificate) odznaczenie *n*; **to receive /win an ~** otrzymać/zdobyć nagrodę; **she received an ~ for bravery** otrzymała odznaczenie za odwagę; **the ~ for the best actor** nagroda dla najlepszego aktora [2] (grant for specific training or study) stypendium *n* naukowe; **to grant an ~** przyznać stypendium [3] (decision to give) (of prize, grant) przyznanie *n*; Jur **an ~ of damages** przyznanie odszkodowania

II *vt* [1] przyzna|ć, -wać *[grant, medal, prize, points]* **(to sb/for sth** komuś/za coś**)** [2] Jur przyzna|ć, -wać *[damages, compensation]* [3] Sport przyzna|ć, -wać *[points]*; **to ~ a penalty** (in football) przyznać rzut karny

award ceremony *n* uroczystość *f* or ceremonia *f* wręczenia nagród

award winner *n* laureat *m*, -ka *f*

award-winning /əˈwɔːdwɪnɪŋ/ *adj [book, film, design, writer, architect]* nagrodzony

aware /əˈweə(r)/ *adj* [1] (conscious) świadomy **(of sth** czegoś**)**; (informed) poinformowany **(of sth** o czymś**)**; **to be ~ of sth** (realize) zdawać sobie sprawę z czegoś *[danger, effect, importance, need, problem]*; (be informed about) wiedzieć or być poinformowanym o czymś *[circumstance, development, fact]*; **to become ~ that...** zdać sobie sprawę, że...; **she became ~ of noises downstairs** nagle dotarł do niej hałas z dołu; **to make sb ~ of sth/that...** uświadomić komuś coś/że...; **I'm well ~ of that** wiem o tym doskonale, zdaję sobie z tego sprawę; **to be ~ that...** wiedzieć or zdawać sobie sprawę, że...; **are they ~ (of) how late it is?** czy oni wiedzą or zdają sobie sprawę, że jest bardzo późno?; **as far as I'm ~** o ile wiem, o ile się orientuję; **not as far as I'm ~** o ile wiem, nie [2] (well informed) zorientowany; **to be politically ~** interesować się polityką; **to be environmentally ~** troszczyć się o środowisko

awareness /əˈweənɪs/ *n* (consciousness) świadomość *f* **(of sth** czegoś**)**; **political ~** świadomość polityczna; **public ~ of environmental issues** wiedza o ochronie środowiska w społeczeństwie

awareness campaign *n* proekologiczna kampania *f* edukacyjna

awash /əˈwɒʃ/ *adj* [1] *[floor, room]* zalany (wodą) [2] (covered) pod wodą [3] fig *[market, resort]* zalany **(with sth** czymś**)**

away /əˈweɪ/ **I** *adj* [1] Sport *[goal]* zdobyty na wyjeździe; *[match]* wyjazdowy; *[win]* na wyjeździe; **the ~ team** drużyna gości, goście [2] GB infml (drunk) **to be well ~** być zalanym w pestkę or w sztok infml

II *adv* [1] (from place, person) **I looked ~** odwróciłem wzrok; **he limped ~** oddalił się, kulejąc; **they dragged the fallen tree ~** odciągnęli zwalone drzewo; **I turned ~** oddaliłem się [2] (indicating removal) **the bark had been stripped ~** odarto korę z drzewa → **blow, wash** [3] (in the distance) **it isn't far ~** to niedaleko, to nie jest daleko; **we are still a long way ~** przed nami jeszcze długa or daleka droga; **it's 20 miles ~** to jest stąd 20 mil; **Easter is a long way ~** do Wielkanocy jeszcze daleko; **she lives an hour's drive ~** mieszka o godzinę jazdy stąd [4] (absent) **to be ~** być nieobecnym; **to be ~ from school** być nieobecnym w szkole; **she's ~ in Canada** wyjechała do Kanady; **I'll be ~ all next week** nie będzie mnie przez cały następny tydzień [5] GB Sport **to play ~** grać na wyjeździe [6] (on one's way) **we were ~ before sunrise** wyruszyliśmy przed wschodem słońca [7] (with imperative) **if you want to ask, ask ~!** jeśli chcesz o coś zapytać, to pytaj! [8] (continuously) **he's been painting ~ all morning** maluje bez wytchnienia od rana [9] (into nothing) **the ghostly figure melted ~ into the darkness** upiorna postać rozpłynęła się w ciemności → **die, fade, waste** [10] (indicating use of time) **they danced the night ~** przetańczyli całą noc [11] (for emphasis) **~ back in 1920** w 1920 roku; **~ over the other side of the lake** po drugiej stronie jeziora

III away from *prep phr* [1] (in the opposite direction) **the hotel faces ~ from the sea** hotel jest odwrócony tyłem do morza; **she pulled the child ~ from the cliff edge** odciągnęła dziecko od krawędzi skały [2] (at a distance, separated from) **~ from his family** z dala od rodziny; **to stand well ~ from the fire** stać z dala or daleka od ognia

IV away with *prep phr* **~ with her to the tower!** do wieży or twierdzy z nią!

awe /ɔː/ **I** *n* (respect) respekt *m*; (admiration, wonder) podziw *m*; (dread) obawa *f*, trwoga *f* dat; **to fill sb with ~** napawać kogoś podziwem/trwogą; **to watch/listen in ~** patrzeć/słuchać z podziwem; **to hold sb /sth in ~** czuć respekt przed kimś/czymś, podziwiać kogoś/coś

II *vt* **to be ~d by sb/sth** (with respect) czuć respekt przed kimś/czymś; (with fear) bać się kogoś/czegoś; (with admiration) czuć podziw dla kogoś/czegoś

awe-inspiring /ˈɔːɪnspaɪərɪŋ/ *adj [person]* budzący strach i podziw; *[experience, landscape]* budzący podziw

awesome /ˈɔːsəm/ *adj* [1] (extremely impressive) robiący wrażenie; (frightening) budzący grozę; (difficult) wyjątkowo trudny [2] US infml (extremely good) fantastyczny infml

awestruck /ˈɔːstrʌk/ *adj [person]* oniemiały z wrażenia; *[tone]* pełen podziwu; **to be ~ by sth** być pod wielkim wrażeniem czegoś

awful /ˈɔːfl/ *adj* [1] (bad) *[book, day, film, food, person, weather]* okropny; (stronger) wstrętny; **what an ~ day!** co za okropny dzień!; **there's that ~ woman!** znowu ta okropna or wstrętna kobieta!; **it was ~** to było okropne; **you are ~!** hum okropny or wstrętny jesteś!; **it was ~ to have to sit there doing nothing** to okropne, że musiałem tam bezczynnie siedzieć [2] (horrifying, tragic) *[accident, crime, news]* straszny; **how ~ (for you)** to straszne (dla ciebie) [3] (unwell) zły, niedobry; **I feel ~** okropnie się czuję; **you look ~** źle wyglądasz [4] (guilty) **I felt ~ (about) leaving her alone** głupio mi było, że zostawiam ją samą infml [5] infml (emphasizing) okropny, straszny; **an ~ lot of money** okropnie or strasznie dużo pieniędzy; **an ~ cheek** or **nerve** niesłychana bezczelność; **to be in an ~ hurry** strasznie or okropnie się spieszyć

awfully /ˈɔːflɪ/ *adv [hot, cold, damp, near, far, late, early, fast]* strasznie; *[clever, good, generous, nice]* bardzo; **she drives ~ fast** ona strasznie szybko jeździ; **it's ~ kind of you** to bardzo miło z twojej strony; **I'm not ~ certain** or **sure** or **clear** nie jestem tak zupełnie pewien; **thanks ~** stokrotne dzięki

awfulness /ˈɔːfəlnɪs/ *n* (of meal, weather, film) okropność *f*; (of disaster, accident) tragizm *m*, groza *f*; (of person) wstrętny charakter *m*

awhile /əˈwaɪl/ *adv* liter *[rest, wait, sit]* przez chwilę; **not yet ~** jeszcze nieprędko

awkward /ˈɔːkwəd/ *adj* [1] (not practical) *[tool, shape]* niewygodny; **I don't like the handle: it's a very ~ shape** nie podoba mi się ten uchwyt, ma bardzo niewygodny kształt; **the room has ~ proportions** ten pokój ma przedziwne proporcje; **to be sitting in an ~ position** siedzieć w niewygodnej pozycji [2] (clumsy) *[gesture, movement, person]* niezdarny, niezgrabny; *[prose]* niezdarny; *[style]* niezgrabny [3] (complicated, inconvenient) *[arrangement]* niewygodny; *[issue]* skomplikowany; *[choice]* trudny; *[day, moment]* niedogodny; **to make life ~ for sb** utrudnić życie komuś; **it's a bit ~ for me** trochę mi to nie na rękę [4] (embarrassing) *[question]* krępujący; *[situation]* trudny, delikatny; *[silence]* kłopotliwy [5] (embarrassed) zakłopotany, skrępowany; **I felt ~ about asking for a raise** głupio mi było prosić o podwyżkę [6] (uncooperative) *[person]* trudny, sprawiający kłopot **(about sth** w związku z czymś**)**; **he is being ~ about the whole thing** trudno się z nim w całej tej sprawie dogadać; **the ~ age** (adolescence) trudny wiek

awkwardly /ˈɔːkwədlɪ/ *adv* [1] (inconveniently) **~ placed/designed** źle ustawiony /zaprojektowany; **~ for me, he was only free at ten o'clock** był wolny dopiero o godzinie dziesiątej, co było mi nie na rękę [2] (clumsily) *[express oneself, hold, move]* niezgrabnie, niezręcznie; *[fall, land]* ciężko [3] (with embarrassment) *[apologize, speak]* z zakłopotaniem; *[behave]* w krępujący or kłopotliwy sposób

awkwardness /ˈɔːkwədnɪs/ *n* [1] (clumsiness) niezdarność *f*, niezgrabność *f*, niezręczność *f* [2] (delicacy) (of situation) niezręczność *f* [3] (inconvenience) niedogodność *n* [4] (embarrassment) skrępowanie *n*, zakłopotanie *n*

awl /ɔːl/ *n* (for leather) szydło *n*; (for wood) przebijak *m*

awning /ˈɔːnɪŋ/ *n* (over door, window) markiza *f*; (over stall) dach *m*, daszek *m*; (on caravan) przedsionek *m*

awoke /əˈwəʊk/ *pt* → **awake, awaken**

awoken /əˈwəʊkən/ *pp* → **awake, awaken**

AWOL /ˈeɪwɒl/ *adj, adv* Mil hum = **absent without leave** nieobecny bez zezwolenia; **to be** or **go ~** Mil samowolnie oddalić się; być na samowolce infml

awry /əˈraɪ/ **I** *adj* (crooked) *[tie, picture]* przekrzywiony; *[hair]* zmierzwiony; *[clothing, hair]* w nieładzie; **the figures are ~** liczby się nie zgadzają

II *adv* **to go ~** *[plan, policy]* nie powieść się; *[economy]* iść w złą stronę; **to put sth ~** pokrzyżować coś *[plans]*; zdezorganizować coś *[economy]*

axe, ax US /æks/ **I** *n* [1] siekiera *f*, topór *m* [2] fig cięcia *n pl*, redukcje *f pl*; **to face the ~** stanąć w obliczu cięć or redukcji; **to get the ~** infml (lose one's job) zostać wylanym z pracy infml; (be cancelled) *[plan]* zostać zaniechanym [3] US infml (instrument) instrument *m*; (saxophone) saks *m* infml; (guitar) gitara *f*

II *vt* infml obci|ąć, -nać *[jobs, grants, funding]*; zam|knąć, -ykać *[unprofitable business]*; okr|oić, -awać *[project, research]*; z|redukować *[staff]*; usu|nąć, -wać *[press article, report]*

IDIOMS: **to have an ~ to grind** być osobiście zainteresowanym; **I have no ~ to grind** nie kierują mną żadne osobiste pobudki

axel /ˈæksl/ *n* Sport axel *m*

axial /ˈæksɪəl/ *adj* osiowy

axiom /ˈæksɪəm/ *n* aksjomat *m*, pewnik *m* **(that... że...)**

axiomatic /ˌæksɪəˈmætɪk/ *n* [1] Ling, Math, Philos aksjomatyczny [2] **it is ~ that...** jest oczywistym, że...

axis /ˈæksɪs/ *n* (*pl* **axes)** [1] Math oś *f*; **on the x/y ~** na osi x/y; **~ of rotation** oś obrotu [2] fig (line of thought) **to be on the Smith-Jones ~** myśleć tak samo jak większość ludzi or jak przeciętny człowiek [3] Pol, Hist **the Axis Powers** państwa Osi

axle /ˈæksl/ *n* oś *f* (koła); **the front/rear** or **back ~** przednia/tylna oś

axle grease *n* smar *m* do osi

ayatollah /ˌaɪəˈtɒlə/ *n* ajatollah *m*

aye /aɪ/ **I** *particle* GB dial tak; GB Naut **~, ~ sir!** tak jest!

II *n* (vote) głos *m* za; (person) głosujący *m* za; **there were 147 ~s and 103 nays** 147 głosów było za, 103 przeciw; **the ~s have it** głosów za jest więcej

III *adv [vote]* za; **those who vote ~** ci, którzy głosują za

AYH *n* US = **American Youth Hostels** Amerykańskie Stowarzyszenie *n* Schronisk Młodzieżowych

azalea /əˈzeɪlɪə/ *n* azalia *f*, różanecznik *m*

Azerbaijan /ˌæzəbaɪˈdʒɑːn/ *prn* Azerbejdżan *m*

Azerbaijani /ˌæzəbaɪˈdʒɑːnɪ/ **I** *n* [1] (person) Azer *m*, -ka *f* [2] (language) (język *m*) azerski *m*

II *adj* azerbejdżański

AZERTY, azerty /əˈzɜːtɪ/ *adj* **~ keyboard** klawiatura *f* AZERTY

azimuth /ˈæzɪməθ/ *n* azymut *m*

Azores /əˈzɔːz/ *prn pl* **the ~** Azory *plt*

AZT *n* = **azidothymidine** azydotymidyna *f*

Aztec /ˈæztek/ **I** *n* [1] (person) Azte|k *m*, -czka *f* [2] (language) (język *m*) aztecki *m*

II *adj* aztecki

azure /ˈæʒə(r), -zjə(r)/ **I** *n* lazur *m*, błękit *m*

II *adj [lake, sky, water]* lazurowy; *[silk, eyes]* błękitny

B

b, B /biː/ *n* [1] (letter) b, B *n* [2] **B** Mus H, h *n*; **sonata in B major/minor** sonata h-dur /h-mol; **B flat/sharp** b/bis [3] (mark) ocena *f* dobra, dobry *m* [4] **b** = **born** urodzony, ur.

BA *n* = **Bachelor of Arts** ≈ licencjat *m* w dziedzinie nauk humanistycznych

baa /bɑː/ **I** *n* bek *m*, beczenie *n*, meczenie *n* *(owcy)*
II *vi* (*prt* **~s;** *pt, pp* **~ed)** za|beczeć, za|meczeć
III *excl* bee!, mee!

BAA *n* → **British Airports Authority**

baa lamb *n* beksa *m/f*, płaksa *m/f*

babble /ˈbæbl/ **I** *n* szmer *m*; (louder) gwar *m*; (of baby) gaworzenie *n*
II *vt* (excitedly) powiedzieć (coś) podnieconym głosem; (incoherently) wy|bełkotać
III *vi* [1] (excitedly) paplać; (incoherently) bełkotać; *[baby]* gaworzyć; *[stream]* szemrać; *[voices]* rozlegać się [2] (also **~ on)** pleść, paplać **(about sth** o czymś) [3] US (speak in tongues) mówić językami

babbler /ˈbæblə(r)/ *n* pleciuch *m*, gaduła *m/f*

babbling /ˈbæblɪŋ/ *n* US glos(s)olalia *f*, mówienie *n* językami

babe /beɪb/ *n* [1] niemowlę *n*; **a ~ in arms** dziecko na rękach; fig naiwnia|k *m*, -czka *f* infml [2] infml (woman) babka *f*, ślicznotka *f* infml; (form of address) dziecinko infml

babel /beɪbl/ *n* zgiełk *m* → **Tower of Babel**

babe magnet *n* infml (car) przynęta *m* na panienki infml

baboon /bəˈbuːn/ *n* Zool pawian *m*

baby /ˈbeɪbɪ/ **I** *n* [1] (infant) niemowlę *n*, dzidziuś *m*; niemowlak *m* infml; (child) dziecko *n*; **a newborn ~** noworodek; **I'm going to have a ~** będę miała dziecko, jestem w ciąży [2] (youngest) (in family) najmłodszy|y *m*, -a *f*; (of team, group) beniaminek *m*; **she's the ~ of the family** jest najmłodsza or beniaminkiem w rodzinie [3] (childish person) dzieciuch *m*; **don't be such a ~!** nie zachowuj się jak małe dziecko! [4] infml (pet project) dziecko *n*; **this scheme is his ~** ten plan to jego dziecko [5] US infml (girlfriend) dziewczyna *f*; (boyfriend) chłopak *m*; (as address) kochanie [6] US infml (admired object, car) cudo *n*
II *modif [animal]* malutki; *[vegetable]* mały; *[cup, powder]* dla niemowląt; *[clothes]* niemowlęcy; **~ daughter/son** córeczka/synek; **~ brother/sister** braciszek/siostrzyczka; **~ bird** pisklę *n*, pisklak *m*; **~ bear /monkey** niedźwiadek/małpka
III *vt* rozpie|ścić, -szczać
IDIOMS: **to be left holding the ~** infml zostać na lodzie infml; **to throw the ~ out with the bath water** infml wylać dziecko z kąpielą; **smooth as a ~'s bottom** infml gładki jak pupa niemowlęcia infml

baby blue *adj* jasnoniebieski

baby blues *npl* [1] Psych infml depresja *f* poporodowa, depresja *f* połogowa [2] US (eyes) błękitne oczy *n pl*

baby boom *n* infml wyż *m* demograficzny

baby boomer *n* urodzon|y *m*, -a *f* w okresie wyżu demograficznego

baby bouncer *n* sprężynująca „huśtawka" *f* dla niemowląt

baby buggy *n* GB wózek *m* spacerowy, spacerówka *f*

baby carriage *n* US wózek *m* dziecinny

baby carrier *n* nosidełko *n*

baby death *n* Med nagła śmierć *f* niemowlęcia, śmierć *f* łóżeczkowa

baby doll pyjamas *npl* skąpa piżama *f* damska *(z krótkimi bufiastymi rękawami i nogawkami)*

baby elephant *n* słoniątko *n*; fig fajtłapa *m/f*, niezdara *m/f*

baby-faced /ˈbeɪbɪfeɪst/ *adj* o dziecinnej twarzy

baby food *n* odżywka *f* dla niemowląt

baby grand *n* fortepian *m* buduarowy

Babygro® /ˈbeɪbɪgrəʊ/ *n* pajacyk *m*

baby gym *n* zestaw *m* do ćwiczeń ruchowych dla niemowląt

babyhood /ˈbeɪbɪhʊd/ *n* wczesne dzieciństwo *n*, niemowlęctwo *n*; **in** or **during ~** we wczesnym dzieciństwie

babyish /ˈbeɪbɪɪʃ/ *adj* dziecinny

Baby Jesus *n* Dzieciątko *n* Jezus *m*

Babylon /ˈbæbɪlən/ *n* Hist Babilon *m*; also fig

Babylonian /ˌbæbɪˈləʊnɪən/ **I** *n* (person) Babilo|ńczyk *m*, -nka *f*
II *adj* babiloński

baby milk *n* mleko *n* dla niemowląt

baby minder *n* GB opiekunka *f* do dziecka

baby monitor *n* elektroniczna niania *f*

baby oil *n* oliwka *f* dla niemowląt

baby's breath *n* Bot łyszczec *m* wiechowaty

baby-sit /ˈbeɪbɪsɪt/ **I** *vt* (*prp* **-tt-;** *pt, pp* **-sat)** zajmować się (kimś)
II *vi* (*prp* **-tt-;** *pt, pp* **-sat)** zajmować się dzieckiem/dziećmi

baby-sitter /ˈbeɪbɪsɪtə(r)/ *n* opiekun *m*, -ka *f* do dzieci

baby-sitting /ˈbeɪbɪsɪtɪŋ/ *n* opiekowanie się *n* dziećmi; **to go** or **do ~** opiekować się dziećmi

baby sling *n* nosidełko *n*

baby snatcher *n* porywacz *m*, -ka *f* małych dzieci; **she's a ~!** fig hum ona lubi dużo młodszych od siebie mężczyzn

baby talk *n* język *m* dziecięcy

baby tooth *n* infml ząb *m* mleczny

baby walker *n* chodzik *m*

babywear /ˈbeɪbɪweə(r)/ *n* ubranka *n pl* niemowlęce

baby wipe *n* chusteczka *f* pielęgnacyjna dla niemowląt

baccalaureate /ˌbækəˈlɔːrɪət/ *n* [1] US Univ (degree) ≈ licencjat *m*; (speech) mowa *f* pożegnalna do absolwentów uczelni [2] Sch międzynarodowa matura *f*; **European /International Baccalaureate** bakalaureat europejski/międzynarodowy

baccarat /ˈbækərɑː/ *n* bakarat *m*

bacchanal /ˈbækənl/ *n* liter (orgy) bachanalia *plt*, orgia *f*

bacchanalia /ˌbækəˈneɪlɪə/ *n* Antiq (also **Bacchanalia)** bachanalia *plt* also fig

bacchanalian /ˌbækəˈneɪlɪən/ *adj* bachiczny, orgiastyczny

Bacchante /ˈbækənt, bæˈkænt/ *n* bachantka *f*

Bacchic /ˈbækɪk/ *adj* bachiczny

Bacchus /ˈbækəs/ *prn* Bachus *m*

baccy /ˈbækɪ/ *n* GB infml tytoń *m*

bachelor /ˈbætʃələ(r)/ *n* [1] (unmarried man) kawaler *m*; **a confirmed ~** zatwardziały stary kawaler; **an eligible ~** kawaler do wzięcia infml; **to remain a ~** pozostać w stanie bezżennym [2] Univ **Bachelor of Arts/Law** (degree) ≈ licencjat *m* w dziedzinie nauk humanistycznych/prawa

bachelor apartment *n* kawalerka *f*

bachelor flat *n* GB = **bachelor apartment**

bachelor girl *n* dat kobieta *f* niezależna

bachelorhood /ˈbætʃələhʊd/ *n* stan *m* kawalerski

bachelor pad *n* infml = **bachelor apartment**

bachelor's degree *n* Univ ≈ licencjat *m* **(in sth** z czegoś, w dziedzinie czegoś)

bacillary /bəˈsɪlərɪ/ *adj* [1] (of bacilli) pałeczkowy [2] = **bacilliform**

bacilliform /bəˈsɪlɪfɔːm/ *adj* pałeczkowaty

bacillus /bəˈsɪləs/ *n* (*pl* **-li)** Med pałeczka *f*; (loosely) zarazek *m*; bakcyl *m* dat

back /bæk/ **I** *n* [1] (of human) plecy *plt*; **to be (flat) on one's ~** leżeć (płasko) na wznak or na plecach; (be ill) być złożonym chorobą, nie wstawać z łóżka; **to sleep on one's ~** spać na wznak or na plecach; **he was lying on his ~** leżał na wznak or na plecach; **to have one's ~ to the wall** stać/siedzieć plecami do ściany; fig być przypartym do muru; **with her ~ to the door** odwrócona plecami do drzwi; **with one's ~ to the engine** tyłem do kierunku jazdy; **to turn one's ~ on sb** odwrócić się do kogoś plecami, odwrócić się od kogoś also fig; **to turn one's ~ on sth** fig odwrócić się od czegoś *[religion]*; porzucić coś *[career]*; odstąpić od czegoś *[principles]*; **as soon as my ~ is turned** gdy tylko się odwrócę; **to do sth behind sb's ~** robić coś za czyimiś plecami also fig; **to put one's ~ into sth** infml przyłożyć się do czegoś; **put your ~ into it!** infml weź się do roboty! infml; **he's always on my ~** infml ciągle nade mną stoi, ciągle stoi mi nad karkiem; **get off my ~!** infml odczep się! infml; **to see the ~ of sb** pozbyć się kogoś; **to put sb's ~ up** irytować kogoś; wkurzać kogoś infml; **to live off sb's ~** wyzyskiwać or wykorzystywać kogoś [2] (of animal) grzbiet *m*; **to travel on the ~ of a donkey** jechać na ośle [3] (spine) kręgosłup *m*; **to break one's ~** złamać kręgosłup; skręcić kark infml [4] (reverse side) (of page, cheque, card, envelope) odwrotna strona *f*, odwrót *m*; (of fabric) lewa strona *f*; (of coin, medal) rewers *m*; (of knife, fork, spoon) grzbiet *m*; **on the ~ of an envelope** na odwrocie koperty; **to sign the ~ of a cheque** podpisać czek na odwrocie; **the ~ of the hand** grzbiet or wierzch dłoni [5] (rear-facing part) tył *m*; **to hang one's coat on the ~ of the door** powiesić płaszcz na drzwiach; **the shelves are oak but the ~ is plywood** regał jest dębowy, ale tylna ścianka jest ze sklejki; **a blow to the ~ of the head** uderzenie w tył głowy; **a lump on the ~ of the head** guz z tyłu or na tyle głowy; **the knife fell down the ~ of the fridge** nóż spadł or wpadł za lodówkę; **the keys were down the ~ of the sofa** klucze były za kanapą [6] (area behind building) tył *m*; **to be out ~, to be in the ~** US być za domem or na tyłach domu; **the view at the ~ is lovely** widok od tyłu jest piękny; **there's a small garden at the ~** or **round the ~** na tyłach domu or za domem jest ogródek; **the bins are round the ~** pojemniki na śmieci są za domem; **the steps at the ~ of the building** schody na tyłach budynku [7] (rear part of vehicle, plane) tył *m*, tylna część *f*; **to sit in the ~** siedzieć z tyłu; **three people can sit in the ~** z tyłu or na tylnym siedzeniu zmieszczą się trzy osoby; **to sit at the ~ of the plane/bus** siedzieć w tylnej części samolotu/autobusu [8] (furthest away area) **at** or **in the ~ of the drawer** głęboko w szufladzie, w głębi szuflady; **at the ~ of the audience** z tyłu widowni; **those at the ~ couldn't see** ci z tyłu nic nie widzieli; **a small kitchen at the ~ of the shop** mała kuchnia na zapleczu sklepu; **it was at the ~ of my mind that...** chodziło mi po głowie, że... [9] (of chair, sofa) oparcie *n* [10] Sport obrońca *m*; **left ~** lewy obrońca [11] (end) koniec *m*; **the index is at the ~ (of the book)** indeks znajduje się na końcu (książki) [12] (book spine) grzbiet *m*

II *adj* (at the rear) *[bumper, wheel, leg, paw]* tylny; *[bedroom, gate, garden]* od tyłu; *[page]* końcowy; **~ tooth** ząb trzonowy; **~ vowel** Ling samogłoska tylna or ciemna

III *adv* [1] (indicating return after absence) z powrotem; **to be ~** (po)wrócić, być z powrotem; **I'll be ~ in five minutes/six weeks** wrócę or będę z powrotem za pięć minut/za sześć tygodni; **to come ~ from somewhere** wrócić skądś; **he's ~ at work** wrócił do pracy; **she's ~ in (the) hospital** jest znów w szpitalu; **it's good to be ~ home** dobrze jest być znów w domu; **when is he due ~?** kiedy wraca?, kiedy będzie z powrotem?; **to go ~ to sth** wrócić do czegoś *[work, China, Paris, shop, museum]*; **the miniskirt is ~ (in fashion)** spódniczki mini są znowu modne, powróciła moda na spódniczki mini [2] (in return) **to call** or **phone ~** oddzwonić; **to write ~ (to sb)** odpisać (komuś); **to punch sb ~** oddać (cios) komuś; **to shout ~** odkrzyknąć, krzyknąć w odpowiedzi; **to smile ~ at sb** odwzajemnić uśmiech (kogoś); **he was rude ~** na niegrzeczność odpowiedział równie niegrzecznie → **answer** [3] (backwards, in a reverse direction) *[glance, jump, step, lean]* do tyłu, w tył; **to look ~** oglądać się za siebie; **to move ~** cofnąć się; **to take a few steps ~** zrobić kilka kroków do tyłu [4] (away) stąd; **we overtook him 20 km ~** wyprzedziliśmy go 20 km stąd or wcześniej; **there's a garage 10 km ~** do warsztatu samochodowego trzeba się cofnąć 10 km [5] (ago) temu; **25 years ~** 25 lat temu; **a week/five minutes ~** tydzień /pięć minut temu [6] (a long time ago) (dawno) temu; **~ in 1964/April** w 1964 roku/w kwietniu; **~ before Easter/the revolution** (jeszcze) przed Wielkanocą/rewolucją; **~ in the days when...** dawno temu, kiedy...; **it was obvious as far ~ as 1985 that...** już w 1985 roku było oczywiste, że...; **to go** or **date ~ to Roman times** *[artefact]* pochodzić z or datować się od czasów rzymskich; **to think ~ to the time when...** powracać myślami do czasów, kiedy... [7] (once again) znów, znowu; na powrót ra; **she's ~ in power** ona jest znów or znowu u władzy; **Robert is ~ at the wheel** Robert jest znów or znowu za kierownicą; **to go ~ to sleep** zasnąć ponownie [8] (nearer the beginning) **ten lines ~** dziesięć linijek wyżej; **ten pages ~** dziesięć stron wcześniej [9] (indicating return to sb's possession) **to give/send sth ~** oddać /odesłać coś **(to sb** komuś**)**; **to put sth ~** odłożyć or odstawić coś na (dawne) miejsce; **to get one's money/books ~** odzyskać pieniądze/książki; **he wants his dictionary ~ now** chce, żeby mu natychmiast oddać słownik; **I want it ~ now** natychmiast chcę mieć to z powrotem [10] (expressing a return to former location) z powrotem; **to travel to London and ~** pojechać do Londynu i z powrotem; **the journey to Madrid and ~** podróż do Madrytu i z powrotem; **we walked there and took the train ~** poszliśmy tam na piechotę, a wróciliśmy pociągiem; **how long will it take to drive ~?** ile czasu zajmie powrót samochodem? [11] (in a different location) **meanwhile, ~ in France, he...** tymczasem we Francji on...; **~ in the studio, recording had begun** (w tym czasie) w studio rozpoczęły się nagrania; **I'll see you ~ in the office** zobaczymy się w biurze

IV back and forth *adv phr* tam i z powrotem; wte i wewte infml; **to travel ~ and forth** *[passenger]* podróżować tam i z powrotem; **the bus runs ~ and forth between the airport and the station** autobus kursuje między lotniskiem a dworcem; **to pace ~ and forth** chodzić tam i z powrotem or wte i wewte; **to toss a ball ~ and forth** podawać sobie piłkę; **the film cuts** or **moves ~ and forth between New York and Paris** akcja filmu przenosi się raz do Nowego Jorku, raz do Paryża

V *vt* [1] (support) pop|rzeć, -ierać *[candidate, party, bill, project]*; **to be ~ed by sb** być popieranym przez kogoś, mieć poparcie kogoś [2] (finance) w|esprzeć, -spierać, dotować, subsydiować *[project, undertaking]* [3] (endorse) zapewni|ć, -ać pokrycie (czegoś) *[currency]*; **to ~ a bill** poręczyć or awalizować weksel [4] (substantiate) uzasadni|ć, -ać *[argument, claim]* **(with sth** czymś**)** [5] (reverse) cof|nąć, -ać *[car, horse]*; **to ~ the car into the garage** wprowadzić tyłem samochód do garażu; **to ~ the car into a lamppost** wjechać tyłem samochodu w latarnię; **to ~ sb into** or **against the wall** przyprzeć kogoś do ściany or muru; **to ~ oars** or **water** wiosłować wstecz [6] (bet on) obstawi|ć, -ać *[horse]*; postawić, stawiać na (coś) *[favourite, winner]*; **to ~ a loser** postawić na przegrywającego konia; fig (invest ill-advisedly) zainwestować w kiepski interes; (support a lost cause) poprzeć sprawę skazaną na niepowodzenie; **to ~ the wrong horse** fig postawić na złego konia fig [7] (stiffen, line) wzm|ocnić, -acniać *[structure]*; podkle|ić, -jać *[book, map, painting]*; podszy|ć, -wać *[fabric]* [8] Mus towarzyszyć (komuś), akompaniować (komuś) *[singer, performer]* [9] Naut wyp|chnąć, -ychać (coś) na wiatr *[sail]*

VI *vi* [1] (reverse) cof|nąć, -ać się [2] Naut *[wind]* zmieni|ć, -ać kierunek, skręc|ić, -ać w lewo

VII -backed *in combinations* [1] (of furniture) **a high-/low-~ed chair** krzesło z wysokim /niskim oparciem [2] (lined) podklejony, wzmocniony; (stiffened) usztywniony; **canvas-~ed** podklejony or wzmocniony płótnem; **foam-~ed** z warstwą gąbki [3] (supported) **UN-~ed** popierany przez ONZ [4] (financed) **government-~ed** dotowany or wspierany finansowo przez rząd

■ **back away** [1] cof|nąć, -ać się, odsu|nąć, -wać się; **to ~ away from sb/sth** (in fear) cofnąć się przed kimś/czymś; (to allow space) odsunąć się od kogoś/czegoś; **to ~ away from the precipice** cofnąć się znad przepaści [2] fig wycof|ać, -ywać się; **to ~ away from sth** wycofać się z czegoś, odstąpić od czegoś *[idea, plan]*; unik|nąć, -ać (czegoś) *[confrontation]*

■ **back down**: ¶ **~ down** (give way) ust|ąpić, -ępować, da|ć, -wać za wygraną; **to ~ down on** or **over sth** ustąpić w sprawie czegoś, wycofać się z czegoś *[sanctions, proposal, allegations]* ¶ **~ down [sth]** *[person]* zejść, schodzić tyłem po (czymś) *[ladder, slope]*; **the car ~ed down**

the drive/the hill samochód wyjechał tyłem z podjazdu/zjechał tyłem ze wzgórza ■ **back off** [1] (move away) cof|nąć, -ać się, odsu|nąć, -wać się; **~ off!** infml zostaw mnie w spokoju! [2] fig (give way) da|ć, -wać za wygraną; **to ~ off from sth** wycofać się z czegoś, zrezygnować z czegoś *[policies]*; **to ~ off over sth** zmienić zdanie w sprawie czegoś *[issue, matter]* ■ **back onto**: **~ onto [sth]** *[house]* być tyłem zwróconym ku (czemuś) *[fields, railway]* ■ **back out**: ¶ **~ out** [1] (come out backwards) *[person]* wycof|ać, -ywać się tyłem; *[car, driver]* wyje|chać, -żdżać tyłem; **to ~ out of the room** *[person]* wyjść z pokoju (chyłkiem); **to ~ out of the garage** *[car, driver]* wyjechać tyłem z garażu [2] (renege on) wycof|ać, -ywać się; **to ~ out of** or **from sth** wycofać się z czegoś *[contract, deal, event]* ¶ **~ [sth] out** cof|nąć, -ać (coś), wyje|chać, -żdżać (czymś) tyłem *[vehicle]*; **to ~ the car out of the garage** wyprowadzić samochód z garażu tyłem ■ **back up**: ¶ **~ up** [1] (reverse) *[person, vehicle]* cof|nąć, -ać się; **to ~ up several metres** cofnąć się kilka metrów [2] US (block) *[drains]* zat|kać, -ykać się, zap|chać, -ychać się [3] US (tail back) *[traffic]* utworzyć korek infml ¶ **~ up [sth], ~ [sth] up** [1] (support) potwierdz|ić, -ać *[theory]*; stanowić uzasadnienie dla (czegoś) *[case, claims]*; **the declaration must be ~ed up by** or **with more effective action** deklaracja musi być poparta skuteczniejszym działaniem [2] Comput z|robić zapasową kopię (czegoś) *[data, file]* ¶ **~ [sb] up** pop|rzeć, -ierać *[person]*

IDIOMS: **to break the ~ of a task** or **problem** uporać się z tym, co najtrudniejsze; **to break the ~ of a journey** pokonać najtrudniejszy etap podróży; **to know somewhere like the ~ of one's hand** znać jakieś miejsce jak własną kieszeń → **beyond, duck, own, scratch, wall**

backache /ˈbækeɪk/ *n* ból *m* pleców or krzyża; **I have ~** GB or **a ~** US bolą mnie plecy, boli mnie krzyż

back bacon *n* Culin chudy bekon *m*

backbench /ˌbækˈbentʃ/ GB Pol **I** *n* [1] (area of the House) *ławy poselskie zajmowane przez szeregowych deputowanych* [2] (MPs) szeregowi deputowani *m pl (nie będący członkami rządu ani gabinetu cieni)*; **support from the ~(es)** poparcie izby **II** *modif* **~ MP** szeregowy deputowany

backbencher /ˌbækˈbentʃə(r)/ *n* GB Pol szeregowy deputowany *m*

backbiting /ˈbækbaɪtɪŋ/ *n* obmawianie *n*; obgadywanie *n* infml

backboard /ˈbækbɔːd/ *n* (in basketball) tablica *f*

back boiler *n* bojler *m (wbudowany za kominkiem lub kuchnią węglową)*

backbone /ˈbækbəʊn/ *n* [1] (spine) kręgosłup *m*; **an Irishman to the ~** fig Irlandczyk do szpiku kości [2] fig (of structure, organization) trzon *m*; (of ideology, economy) podstawa *f*; **to be the ~ of the group** *[people, players]* stanowić trzon grupy; *[person]* być filarem grupy; **the Andes are the ~ of South America** Andy stanowią oś Ameryki Południowej [3] fig (courage) hart *m*; (strength of character) (mocny) charakter *m*; **to have the ~ to do sth** mieć dość hartu, żeby coś zrobić; **he has no ~** to człowiek bez charakteru [4] Comput szkielet *m* sieci

back-breaking /ˈbækbreɪkɪŋ/ *adj [work]* wyczerpujący, katorżniczy

back burner *n* → **burner**

backchat /ˈbæktʃæt/ *n* GB pyskowanie *n*; odszczekiwanie *n* infml; **none of your ~!** nie pyskuj!

backcloth /ˈbækklɒθ, US -klɔːθ/ *n* Theat prospekt *m*; horyzont *m* dat; fig tło *n*

backcomb /ˈbækkəʊm/ *vt* u|tapirować *[hair]*; **to ~ one's hair** tapirować sobie włosy

back copy *n* Publg stary numer *m*

back court *n* (in tennis) wybieg *m*

back cover *n* Publg (of book) czwarta strona *f* okładki; (of journal) ostatnia strona *f*

backdate /ˈbækdeɪt/ *vt* antydatować, opat|rzyć, -rywać wcześniejszą datą *[cheque, letter]*; **to be ~d to 1 April** zostać opatrzonym (wcześniejszą) datą 1 kwietnia; **a pay rise** GB or **raise** US **~d to 1 January** podwyżka uposażenia z wyrównaniem od 1 stycznia

back door *n* (of car) tylne drzwi *plt*; (of building) drzwi *plt* od tyłu, tylne wejście *n*; **to do sth through** or **by the ~** fig zrobić coś chyłkiem or ukradkiem

backdrop /ˈbækdrɒp/ *n* [1] Theat prospekt *m*; horyzont *m* dat [2] fig tło *n*; **to be a ~ to** or **for sth** stanowić tło dla czegoś; **to take place against a ~ of war** rozgrywać się na tle wydarzeń wojennych

back-end /ˌbækˈend/ *n* [1] (rear) koniec *m*, końcówka *f*; **the ~ of the year** GB koniec roku [2] Comput terminal *m*

IDIOMS: **to look like the ~ of a bus** GB infml pej być szpetnym jak nieszczęście

backend processor *n* Comput procesor *m* specjalizowany or dodatkowy

backer /ˈbækə(r)/ *n* [1] Fin (of project, show, company) sponsor *m*; (of artist) mecenas *m* [2] (supporter) stronni|k *f*, -czka *m*, zwolenni|k *m*, -czka *f* [3] Games obstawiając|y *m*, -a *f*

back-fastening /ˌbækˈfɑːsnɪŋ, US -fæsnɪŋ/ *adj [bra]* zapinany z tyłu

backfire /ˈbækfaɪə(r)/ *vi* [1] Aut strzel|ić, -ać do gaźnika *(z silnika, cylindrów)*; **the car ~ed** gaźnik samochodu strzelił [2] *[scheme, tactics]* przyn|ieść, -osić or odn|ieść, -osić odwrotny skutek; **my plan ~d** mój plan nie wypalił; **to ~ on sb** obrócić się przeciwko komuś

back flip *n* przewrót *m* do tyłu or w tył

back formation *n* Ling derywacja *f* wsteczna

backgammon /ˈbækgæmən/ *n* tryktrak *m*

background /ˈbækgraʊnd/ **I** *n* [1] (of person) (social) środowisko *n*; (personal, family) pochodzenie *n*; (professional) przygotowanie *n* (zawodowe), wykształcenie *n*; **pupils from different ~s** uczniowie z różnych środowisk; **people from poor ~s** ludzie z ubogich rodzin; **to come from a working class ~** pochodzić z rodziny robotniczej, mieć pochodzenie robotnicze; **we want someone with a scientific/computer ~** chcemy kogoś z przygotowaniem naukowym/informatycznym; **a ~ in law/linguistics** przygotowanie z zakresu prawa /językoznawstwa; **to look into sb's ~** zbadać przeszłość kogoś [2] (context) kontekst *m*, tło *n* **(to sth** czegoś); **the economic /political ~** tło gospodarcze/polityczne; **against a ~ of high unemployment** w kontekście wysokiego bezrobocia; **these events took place against a ~ of war** te wydarzenia rozegrały się podczas wojny; **what's the ~ to the situation?** jakie jest podłoże or tło zaistniałej sytuacji? [3] (of painting, photo, scene) tło *n*, drugi or dalszy plan *m*; **in the ~** w tle, na dalszym planie; **we could see the Alps in the ~** w tle or na dalszym planie widać było Alpy; **against a ~ of mountains** na tle gór; **on a red ~** na czerwonym tle [4] (not upfront) **in the ~** na drugim planie, w cieniu; **to be/remain in the ~** być/pozostawać w cieniu; **to push sb/sth into the ~** zepchnąć kogoś/coś na drugi plan, usunąć kogoś/coś w cień [5] (of sound, music) tło *n*; **voices in the ~** głosy w tle **II** *modif* [1] *[information, knowledge, material]* ogólny, dotyczący tła problemu; *[briefing]* wprowadzający [2] **~ lighting** dyskretne oświetlenie; **~ music** (in film) podkład muzyczny; (in restaurant) dyskretna muzyka

background noise *n* (in recording) szum *m* tła; (in room) stłumione odgłosy *m pl*; (of voices) gwar *m*

background radiation *n* promieniowanie *n* tła or naturalne

background reading *n* (essential) lektura *f* podstawowa; (supplementary) lektura *f* uzupełniająca or dodatkowa

backhand /ˈbækhænd/ **I** *n* [1] Sport bekhend *m*, bekhand *m*; **to have a strong ~** mieć silny bekhend [2] (writing) zamaszyste pismo *n* pochylone do tyłu **II** *adj* [1] Sport *[volley, drive]* z bekhendu, z bekhandu [2] *[writing]* pochyły, pochylony do tyłu

backhanded /ˌbækˈhændɪd/ *adj [compliment]* dwuznaczny

backhander /ˈbækhændə(r)/ *n* [1] (stroke) uderzenie *n* na odlew; (in tennis) bekhend *m*, bekhand *m* [2] (bribe) łapówka *f* [3] (reproof) przygana *f*

backing /ˈbækɪŋ/ **I** *n* [1] (reverse layer) spód *m*, dolna warstwa *f*; (to stiffen) podkładka *f*, podklejka *f* [2] (support) poparcie *n*; **to give sb/sth one's ~** udzielić komuś/czemuś poparcia [3] Fin wsparcie *n* [4] Mus podkład *m* **II** *modif [group, player]* wykonujący podkład, akompaniujący; **~ vocals** podkład wokalny

backing store *n* Comput pamięć *f* pomocnicza or rezerwowa

backing track *n* Mus ścieżka *f* z nagranym podkładem

back interest *n* zaległe odsetki *f pl*

back issue *n* Publg stary numer *m*

backlash /ˈbæklæʃ/ *n* gwałtowna reakcja *f* **(against** or **to sth** na coś); ostry sprzeciw *m* **(against sth** wobec czegoś); **nationalist ~** rozbudzone nastroje nacjonalistyczne

backless /ˈbæklɪs/ *adj [dress]* z odkrytymi plecami

B

back-line /ˈbæklaɪn/ *n* (in tennis) linia *f* końcowa

backlist /ˈbæklɪst/ *n* Publg lista *f* publikacji aktualnie dostępnych

backlit /ˈbæklɪt/ *adj* podświetlony

back load *n* Comm ładunek *m* powrotny

backlog /ˈbæklɒg/ *n* zaległości *f pl*; **I've got a huge ~ (of work)** mam wielkie zaległości w pracy; **a ~ of letters** zaległa korespondencja; **a ~ of orders** zaległe zamówienia; **to clear one's ~** odrobić zaległości

back marker *n* Sport najsłabszy zawodnik *m*, najsłabsza zawodniczka *f*

back matter *n* Publg aneksy *m pl*

back number *n* Publg stary numer *m*

back-of-the-envelope /ˌbækəvðiːˈenvələʊp/ *adj [calculation]* prowizoryczny, przybliżony

back orders *npl* zaległe zamówienia *n pl*

backpack /ˈbækpæk/ **I** *n* plecak *m*
II *vi* wędrować z plecakiem

backpacker /ˈbækpækə(r)/ *n* turysta *m* wędrujący z plecakiem

backpacking /ˈbækpækɪŋ/ *n* wędrówka *f* z plecakiem; **to go ~** wędrować z plecakiem

back pain *n* ból *m* pleców or krzyża; **I have ~** bolą mnie plecy, boli mnie krzyż

back passage *n* odbyt *m*

back pay *n* zaległa wypłata *f* or pensja *f*; **to receive $5,000 in ~** dostać 5 000 dolarów tytułem zaległej pensji

back-pedal /ˌbækˈpedl/ *vi* (*prp, pt, pp* **-ll-** GB, **-l-** US) [1] (cycle) pedałować do tyłu [2] fig (draw back) wycof|ać, -ywać się **(on sth** z czegoś); (be less forceful) spu|ścić, -szczać z tonu

back-pedalling /ˌbækˈpedlɪŋ/ *n* pedałowanie *n* do tyłu; fig wycofywanie się *n* **(on sth** z czegoś)

back pocket *n* tylna kieszeń *f*

back projection *n* Cin projekcja *f* tylna, reprojekcja *f*

back rent *n* zaległy czynsz *m*, zaległe komorne *n*

back rest *n* oparcie *n (krzesła, kanapy)*

back room **I** *n* pokój *m* od tyłu; (in shop) pomieszczenie *n* na zapleczu
II **backroom** *modif [window]* (pokoju) od tyłu; fig *[negotiations]* zakulisowy; **he's one of the ~ boys** fig jest jednym z tych od czarnej roboty infml

back row *n* Sport druga linia *f*

backscratcher /ˈbækskrætʃə(r)/ *n* [1] (implement) drapaczka *f* do pleców [2] fig infml kumoter *m*, koleś *m* infml

back seat *n* miejsce *n* or siedzenie *n* z tyłu; **to take a ~** fig trzymać się w cieniu, usuwać się w cień

backseat driver *n* [1] Aut *pasażer bez przerwy pouczający kierowcę samochodu* [2] US osoba *f* pociągająca za sznurki fig

backshift /ˈbækʃɪft/ *n* GB Ind druga zmiana *f*

backshop /ˈbækʃɒp/ *n* zaplecze *n* sklepu

backside /ˈbæksaɪd/ *n* infml tyłek *m*, zadek *m* infml

backsight /ˈbæksaɪt/ *n* Mil celownik *m* tylny

backslang /ˈbækslæŋ/ *n* GB *żargon, w którym słowa są pisane i wymawiane wspak*

backslapping /ˈbækslæpɪŋ/ *n* wzajemne poklepywanie się *n* po plecach

backslash /ˈbækslæʃ/ *n* Print ukośnik *m* wsteczny or lewy

backslide /ˈbækslaɪd/ *vi [person]* powr|acać, -ócić or wrócić na złą drogę; *[smoker]* powr|ócić, -acać do dawnego nałogu

backslider /ˈbækslaɪdə(r)/ *n* niepoprawny grzesznik *m* hum

backsliding /ˈbækslaɪdɪŋ/ *n* powrót *m* na złą drogę

backspace /ˈbækspeɪs/ Comput, Print **I** *n* cofnięcie *n*, powrót *m*
II *vi* cof|nąć, -ać się

backspace key *n* klawisz *m* cofający, cofacz *m*

backspin /ˈbækspɪn/ *n* Sport rotacja *f* wsteczna; **to put ~ on a ball** nadać piłce rotację wsteczną; podkręcić piłkę infml

backstage /ˈbæksteɪdʒ/ **I** *adj* Theat *[passage]* na zapleczu sceny, za kulisami; *[worker]* techniczny, z obsługi technicznej; fig *[negotiations]* zakulisowy
II *adv* Theat *[be, work]* za kulisami; *[go]* za kulisy

backstairs /ˈbæksteəz/ **I** *npl* schody *plt* kuchenne or tylne
II *adj* (furtive) *[gossip, intrigue]* zakulisowy, kuluarowy

backstitch /ˈbækstɪtʃ/ *n* ścieg *m* stebnowany, stebnówka *f*

backstop /ˈbækstɒp/ *n* [1] (in baseball) (fielder) łapacz *m*; (screen) siatka *f* osłaniająca [2] fig (protection) ochrona *f* **(against sth** przed czymś)

back straight *n* Sport, Turf przeciwległa prosta *f*

backstreet /ˈbækstriːt/ **I** *n* uliczka *f (w ubogiej dzielnicy miasta)*
II *modif [loanshark, abortionist]* pokątny; *[abortion]* wykonany pokątnie

back stretch *n* = **back straight**

backstroke /ˈbækstrəʊk/ *n* Sport styl *m* grzbietowy

backswept /ˈbækswept/ *adj [hair]* zaczesany do góry

backtalk /ˈbæktɔːk/ *n* US pyskowanie *n*; odszczekiwanie *n* infml

back tax *n* zaległy podatek *m*

back-to-back /ˌbæktəˈbæk/ **I** *n* GB dom *m* przylegający tylną ścianą do innego
II *adj [houses]* przylegające do siebie tylną ścianą
III *adv* [1] (with backs touching) **to stand ~** *[two people]* stać do siebie plecami; *[two chairs, sofas]* stać oparciami do siebie [2] (consecutively) kolejno, pod rząd; **to win three tournaments ~** wygrać kolejno or pod rząd trzy turnieje

back to front **I** *adj* (facing the wrong way) **you've got your pullover on ~** założyłeś pulower tył na przód; **you've got it all ~** fig wszystko ci się pomyliło
II *adv* [1] (in reverse) *[do, print, write]* na odwrót, na opak; *[put on, wear]* tył na przód, tyłem do przodu [2] (thoroughly) *[know]* na wylot, jak własną kieszeń

backtrack /ˈbæktræk/ *vi* [1] (retrace one's steps) cof|nąć, -ać się [2] fig (reverse opinion) wycof|ać, -ywać się; **to ~ from** or **on sth** wycofać się z czegoś, odstąpić od czegoś *[decision, plan]*; **to ~ on a promise** złamać obietnicę

back translation *n* retranslacja *f (na język oryginału)*

backup /ˈbækʌp/ **I** *n* [1] (support) wsparcie *n*, poparcie *n*; **military ~** wsparcie wojska; **to need ~** potrzebować poparcia/wsparcia [2] (reserve) element *m* zapasowy; **to keep sth as a ~** trzymać coś w rezerwie [3] Comput (process) tworzenie *n* kopii zapasowych; (copy) kopia *f* zapasowa
II *modif* [1] (support) *[equipment, services]* pomocniczy, wspomagający; **~ supplies** zapasy, rezerwy; **~ troops** posiłki [2] (reserve) *[system, vehicle]* zapasowy, rezerwowy; *[plan]* awaryjny [3] Comput *[copy, file]* zapasowy; **~ operation/process** operacja /proces kopiowania

backup light *n* US Aut światło *n* cofania

backward /ˈbækwəd/ **I** *adj* [1] (towards the rear) *[look]* za siebie; *[step]* do tyłu, w tył; wstecz also fig; **~ roll** or **somersault** przewrót do tyłu or w tył; **without a ~ look** nie oglądając się wstecz or za siebie or fig [2] (primitive) *[culture, nation, society, economy]* zacofany; **to be technologically ~** być zacofanym pod względem techniki [3] Psych, Sch (handicapped) opóźniony w rozwoju; (slow to learn) opóźniony umysłowo [4] (reluctant) ociągający się, niechętny; **to be ~ about doing sth** nie kwapić się ze zrobieniem czegoś; **not to be ~ about doing sth** skwapliwie coś zrobić, nie wahać się coś zrobić; **she isn't ~ in coming forward** hum nie brak jej tupetu; wie, czego chce
II *adv* US = **backwards**

backwardation /ˌbækwəˈdeɪʃn/ *n* Fin deport *m*

backward-looking /ˈbækwədlʊkɪŋ/ *adj [person]* żyjący przeszłością; *[ideas]* wsteczny

backwardness /ˈbækwədnɪs/ *n* [1] (mental) opóźnienie *n* w rozwoju; (of economy, culture) zapóźnienie *n*; (stronger) zacofanie *n* [2] (shyness) nieśmiałość *f* [3] (reticence) ociąganie się *n* **(in doing sth** ze zrobieniem czegoś)

backwards /ˈbækwədz/ GB, **backward** /ˈbækwəd/ US **I** *adj* **a ~ glance/step** spojrzenie/krok do tyłu or w tył or wstecz; **without a ~ glance** nie oglądając się wstecz or za siebie also fig
II *adv* [1] (in a reverse direction) *[fall, lean, step]* do tyłu, w tył; *[walk, crawl]* tyłem; **to face ~** być odwróconym tyłem; **to be facing ~** (in train) siedzieć tyłem do kierunku jazdy; **to move ~** cofać się; **~ and forwards** tam i z powrotem; wte i wewte infml → **bend** [2] (starting from the end) *[count, recite, wind]* od końca; **to say the alphabet ~** wyrecytować alfabet od końca [3] (the wrong way round) **to put sth on ~** założyć coś tył na przód; **to get sth ~** fig opacznie zrozumieć coś *[message, instruction]*; **you've got it all ~!** wszystko pokręciłeś! [4] (thoroughly) **to know sth ~** znać coś na wylot or jak własną kieszeń

backwash /ˈbækwɒʃ/ *n* Naut zmyw *m*; fig następstwa *n pl* **(of sth** czegoś)

backwater /ˈbækwɔːtə(r)/ *n* [1] (of pool, river) cofka *f*, starorzecze *n* [2] fig (isolated area) zakątek *m*; pej zaścianek *m* fig; **cultural ~** pustynia kulturalna, zaścianek fig

backwoods /ˈbækwʊdz/ *npl* (forests) puszcza *f*, tereny *m pl* porośnięte lasem pierwotnym; fig (distant area) głęboka prowincja *f*
backwoodsman /ˈbækwʊdzmən/ *n* (*pl* **-men**) [1] (forest dweller) mieszkaniec *m* puszczy; (rustic) prowincjusz *m*, kmiotek *m* infml [2] GB Pol infml *par rzadko biorący udział w obradach Izby Lordów*
backyard /ˌbækˈjɑːd/ *n* [1] GB (courtyard) podwórko *n*, podwórze *n (za domem)*; US (garden) ogród(ek) *m (za domem)* [2] fig **in one's ~** pod samym nosem; **we don't want a power station in our ~** nie chcemy elektrowni pod samym nosem; **they consider the ex-colony to be their ~** uważają dawną kolonię za własny folwark infml
bacon /ˈbeɪkən/ *n* bekon *m*; **a rasher of ~** plaster bekonu; **streaky ~** chudy boczek; **smoked ~** bekon wędzony; **~ and eggs** jajka na bekonie
IDIOMS: **to bring home the ~** infml (earn money) zarabiać na chleb, być żywicielem rodziny; (succeed) odnieść zwycięstwo; **to save one's ~** infml ocalić własną skórę; **to save sb's ~** infml wyratować kogoś z opresji
bacon-slicer /ˈbeɪkənslaɪsə(r)/ *n* krajalnica *f* do bekonu
bacteria /bækˈtɪərɪə/ *npl* bakterie *f pl*
bacterial /bækˈtɪərɪəl/ *adj* bakteryjny
bacteriological /bækˌtɪərɪəˈlɒdʒɪkl/ *adj* bakteriologiczny
bacteriologist /bækˌtɪərɪˈɒlədʒɪst/ *n* bakteriolog *m*
bacteriology /bækˌtɪərɪˈɒlədʒɪ/ *n* bakteriologia *f*
bacterium /bækˈtɪərɪəm/ *n* (*pl* **-ria**) bakteria *f*
bad /bæd/ **I** *n* [1] (evil) zło *n*; **there is good and ~ in everyone** w każdym tkwi dobro i zło; **she only sees the ~ in him** ona dostrzega w nim tylko to, co złe; **he's gone to the ~** zszedł na złą drogę [2] (unpleasantness) **you have to take the ~ with the good** wszystko ma swoje blaski i cienie; **to be to the ~** być niekorzystnym; **to be £100 to the ~** być 100 funtów do tyłu infml
II *adj* (*comp* **worse;** *superl* **worst**) [1] (poor, inferior) *[accent, answer, decision, idea, harvest, mark]* zły, niedobry; *[eyesight, health, light, memory]* słaby; *[appetite, condition, joke, quality, result]* kiepski, marny; *[book, film, food]* zły, niedobry, kiepski, słaby; *[handwriting]* brzydki, niewyraźny; **a ~ thing** coś złego; **is that such a ~ thing?** czy to takie złe?; **that might not be such a ~ thing** to by nie było takie złe; **to have ~ hearing** słabo słyszeć, mieć kłopoty ze słuchem; **that's ~!** (disapproving) to bardzo niedobrze!; **not ~ (at all)** infml nie najgorszy, całkiem or wcale niezły; **it wouldn't be a ~ idea to open the window** dobrze byłoby otworzyć okno; **the garden doesn't look too ~ now** ogród nie wygląda teraz najgorzej, ogród wygląda teraz całkiem nieźle; **as bosses go she's not ~** jak na szefa nie jest najgorsza or taka zła; **he replied in ~ English** odpowiedział kiepską or łamaną angielszczyzną [2] (incompetent) *[teacher, liar, actor, performance, management]* kiepski, marny; *[husband, mother]* niedobry, zły; **to be ~ at sth** być słabym or kiepskim w czymś *[maths, Latin]*; **to be ~ at writing letters** (reluctant) nie lubić pisać listów; **he's not at all ~ at cooking** on całkiem nieźle gotuje; **she's not a ~ actress** to niezła aktorka [3] (unpleasant, unfavourable) *[dream, forecast, news, mood, omen, relations, result, review, temper]* zły; *[atmosphere, smell]* nieprzyjemny, przykry; *[time, day, year]* zły, nieudany; *[party]* nieudany; *[experience]* ciężki; *[weather]* brzydki; **it's ~ enough having to wait, but...** nie dość, że trzeba czekać, to jeszcze...; **it looks** or **things look ~ (for sb/sth)** nie wygląda to najlepiej (dla kogoś/czegoś); **things are not looking ~ at all** sprawy mają się całkiem or wcale nieźle; **the journey wasn't ~ at all** podróż była całkiem udana; **that's too ~!** (sympathetic) przykro mi!; (expressing lack of sympathy) trudno!; **too ~!** (sympathetic) a to pech! [4] (morally or socially unacceptable) *[person, company, behaviour, example, habit, influence, manners, reputation]* zły; *[life]* niemoralny; *[language, word]* ordynarny, wulgarny; **it's ~ to steal** to brzydko kraść; **it's ~ that they didn't write** nieładnie, że nie napisali; **it was ~ of you not to let your parents know** nieładnie, że nie zawiadomiłeś rodziców; **it will look ~ (if we are late)** będzie niegrzecznie (jeśli się spóźnimy); **to feel ~ (about sth)** mieć wyrzuty sumienia (z powodu czegoś), czuć się podle (z powodu czegoś); **I feel ~ about the way we treated him** czuję się podle, że tak go potraktowaliśmy; **their eldest son is a ~ lot** infml, dat ich najstarszy syn to nie lada gagatek dat [5] (disobedient) *[child, dog]* niegrzeczny, niedobry; *[behaviour]* niegrzeczny, zły; **you ~ girl/boy!** ty niedobre/niegrzeczne dziecko!; **that was a very ~ thing to do!** tak nie wolno robić!, to było bardzo niegrzeczne! [6] (severe, serious) *[accident, damage, fracture, injury, mistake, wound]* poważny; *[case, cold, attack]* ciężki; *[pain]* silny, dotkliwy; **I have ~ toothache** bardzo boli mnie ząb; **how ~ is it?** (pain) czy bardzo boli?; (injury, illness) czy to bardzo poważne?; **it looks ~** to wygląda poważnie; **if the pain gets really ~, take one of these pills** jeśli będzie bardzo boleć, proszę wziąć jedną z tych tabletek [7] (harmful, injurious) **~ for sb** niezdrowy or szkodliwy dla kogoś; **to be ~ for sb** szkodzić komuś; **sweets are ~ for the teeth** słodycze szkodzą na zęby; **smoking is ~ for you** or **for your health** palenie szkodzi; **the climate is ~ for asthmatics** ten klimat jest niezdrowy dla astmatyków; **it is ~ for you to eat that** nie powinieneś tego jeść; **bomb scares are ~ for business** przez alarmy bombowe interes źle idzie [8] (unsuitable, inappropriate) *[example, time, moment, place]* niedobry, nieodpowiedni; **~ weather for skiing/a picnic** niedobra or nieodpowiednia pogoda na narty/piknik; **that's a ~ place to park** to niedobre or nieodpowiednie miejsce na zaparkowanie; **it's a ~ time to buy** or **for buying a house** to niedobry or nieodpowiedni moment na kupno domu; **it's a ~ colour/shape for you** to dla ciebie nieodpowiedni kolor/fason; **this may not be a ~ moment to ask him** to może nie najgorsza chwila or to może niezły moment, żeby go poprosić; **you picked a ~ moment** wybrałeś zły moment [9] (diseased) chory; (painful) bolący; **to have a ~ back** cierpieć na bóle kręgosłupa; **to have a ~ chest/heart** chorować na płuca/serce; **to have ~ teeth** mieć zepsute zęby; **I have a ~ leg** mam chorą nogę; **my back is ~ today** bolą mnie dziś plecy, boli mnie dziś kręgosłup; **she was very ~ last night** w nocy czuła się bardzo źle; (stronger) w nocy była w bardzo złym stanie; **to feel ~** źle się czuć; **'how are you?' – 'not so ~'** „jak się czujesz?" – „nie najgorzej or nieźle"; **I'm not as ~ as I was** czuję się już trochę lepiej; **to be in a ~ way** być w kiepskim stanie; **you are in a ~ way, aren't you?** iron a to dopiero! [10] (rotten) *[fruit]* zgniły; *[food]* zepsuty; **to go ~** zgnić, zepsuć się [11] Fin *[money, note]* fałszywy [12] US infml (good) morowy, niekiepski infml
III *adv* US infml *[need, want]* cholernie infml; **it hurts ~** to cholernie boli; **he's/she's got it ~** wzięło go/ją, odbiło mu/jej infml *(na punkcie czegoś lub kogoś)*
IDIOMS: **~ news travels fast** Prov złe wiadomości szybko się rozchodzą; **keep away from him, he's ~ news** trzymaj się od niego z daleka, z nim jest zawsze utrapienie; **to be in ~** US infml mieć problemy; **to be in ~ with sb** US infml mieć u kogoś krechę or tyły, mieć u kogoś przechlapane infml; **he's having a ~ hair day** infml ma zły dzień
bad apple *n* infml kawał *m* drania, zakała *m/f* infml
bad ass *n* US vinfml pieprzony gnojek *m* vinfml
bad blood *n* waśń *f*; **there is ~ between them** są ze sobą na noże infml
bad boy *n* nieznośny bachor *m* infml
bad breath *n* nieświeży oddech *m*
bad cheque *n* czek *m* bez pokrycia
bad debt *n* dług *m* nieściągalny
baddie /ˈbædɪ/ *n* (also **baddy**) infml czarny charakter *m*
bade /beɪd, bæd/ *pt* arch → **bid II, III**
badge /bædʒ/ *n* [1] (of membership, rank, achievement) odznaka *f*, znaczek *m*; (rectangular) plakietka *f*; **to work for a ~** *[girl guide, boy scout]* zdobywać odznakę or sprawność [2] (symbol) oznaka *f*, atrybut *m*; **~ of authority/wealth** oznaka or atrybut władzy/zamożności; **~ of office** insygnia urzędu
badger /ˈbædʒə(r)/ **I** *n* Zool borsuk *m*
II *modif [track, hair]* borsuczy
III *vt* wiercić (komuś) dziurę w brzuchu infml; **to ~ sb to do sth** or **into doing sth** wiercić komuś dziurę w brzuchu, żeby coś zrobił; **to ~ sb with questions** zasypywać kogoś pytaniami
badger baiting *n* osaczanie *n* borsuka przez psy
bad guy *n* Cin, Literat czarny charakter *m*
badinage /ˈbædɪnɑːʒ/ *n* liter żarty *m pl*, przekomarzania *n pl*

badlands /ˈbædləndz/ *npl* US *dziki obszar o fantastycznych formacjach skalnych i ubogiej roślinności w płd. Dakocie i Nebrasce*
badly /ˈbædlɪ/ *adv* (*comp* **worse;** *superl* **worst)** [1] (not well) *[begin, behave, fit, sleep, treat]* źle; *[cooked, educated, equipped, fed, worded]* źle; (inadequately) *[lit, managed, made, paid]* kiepsko, marnie, źle; **the show was ~ attended** przedstawienie miało małą widownię; **not too ~** nie najgorzej, nieźle; **to go ~** *[exam, interview, meeting]* źle pójść; *[operation, party]* nie udać się; **to take sth ~** źle coś znieść or przyjąć; **she did ~ in her exam** nie powiodło or nie poszczęściło się jej na egzaminie; **the company is doing ~** firmie nie wiedzie się; **he didn't do too ~** nieźle mu poszło, nieźle mu się powiodło; **she hasn't done ~ for herself** infml nieźle się urządziła (w życiu) infml; **the children didn't do ~ for presents** dzieci dostały niemało or sporo prezentów; **the shop hasn't done ~ out of us** sklep nieźle na nas zarabia; **he did ~ out of his father's will** niewiele zyskał w spadku po ojcu; **to do ~ by sb** źle kogoś potraktować; **to be/feel ~ done by** być/czuć się źle potraktowanym; **please don't think ~ of me** nie myśl, proszę, o mnie źle [2] (seriously) *[suffer]* dotkliwie; *[affected, beaten, burnt, hurt]* ciężko; *[disrupted, damaged]* poważnie; *[leak]* mocno; **he was ~ hit by the news** wiadomość była dla niego dużym ciosem; **the stock exchange was ~ hit by the crisis** kryzys odbił się fatalnie na obrotach giełdowych; **our plans went ~ wrong** nasze plany wzięły w łeb infml; **I was ~ mistaken** poważnie się pomyliłem; **the team was ~ beaten** drużyna poniosła dotkliwą porażkę [3] (urgently) bardzo; **to want/need sth ~** chcieć/potrzebować czegoś bardzo; **to be ~ in need of help** bardzo potrzebować pomocy; **the flat is ~ in need of cleaning** mieszkanie trzeba koniecznie posprzątać; **how ~ do you need it?** jak bardzo jest ci to potrzebne?; **you can achieve anything if you want it ~ enough** możesz osiągnąć wszystko, jeśli pragniesz tego naprawdę mocno
badly behaved *adj [child, dog]* niegrzeczny
badly off *adj* (poor) źle sytuowany; **they are ~** źle się im powodzi; **to be ~ for food/clothes** potrzebować jedzenia /ubrań; **we're not ~ for space** nie brakuje nam miejsca
badman /ˈbædmæn/ *n* (*pl* **-men)** US bandyta *m*
bad-mannered /ˌbædˈmænəd/ *adj* źle wychowany, niekulturalny
badminton /ˈbædmɪntn/ *n* badminton *m*, kometka *f*
badmouth /ˈbædmaʊð/ *vt* infml wycierać sobie gębę (kimś) infml
badness /ˈbædnɪs/ *n* [1] (moral, ethical) zło *n*, niegodziwość *f* [2] (of book, performance) mierność *f*
bad-tempered /ˌbædˈtempəd/ *adj* (habitually) wybuchowy; (temporarily) zirytowany, wściekły; **to be ~** (habitually) mieć przykre usposobienie; (on one occasion) być w złym humorze
baffle /ˈbæfl/ **I** *n* (also **~ board)** (for gases) deflektor *m*; (for fluids) przegroda *f*; (acoustic) odgroda *f*; (of loudspeaker) płyta *f* rezonansowa
II *vt* [1] zbi|ć, -jać z tropu, wprawi|ć, -ać w zakłopotanie *[person]*; zask|oczyć, -akiwać *[authorities, government]*; z|mylić *[police]* [2] udaremni|ć, -ać *[attempts]*
baffled /ˈbæfld/ *adj* skonsternowany, zdumiony **(by sth** czymś)
bafflement /ˈbæflmənt/ *n* konsternacja *f*
baffling /ˈbæflɪŋ/ *adj [situation]* zbijający z tropu; *[clue, problem, question]* zaskakujący; *[puzzle]* nie do rozwiązania
BAFTA /ˈbæftə/ *n* GB = **British Association of Film and Television Arts** *brytyjskie stowarzyszenie twórców filmowych i telewizyjnych*
bag /bæg/ **I** *n* [1] (woman's, travelling) torba *f*; (small) torebka *f*; **shopping/tool ~** torba na zakupy/na narzędzia; **to put sth in a ~** włożyć coś do torby [2] (of paper, plastic, material) worek *m*, torba *f* **(of sth** czegoś); (small) woreczek *m*, torebka *m* **(of sth** czegoś); **20 pence a ~** 20 pensów za jedno opakowanie [3] (hunting) łup *m*; **we got a good ~** polowanie udało się nam [4] vinfml pej (woman) baba *f*, babsztyl *m* pej
II bags *npl* [1] (baggage) bagaż *m*, bagaże *m pl*; **to pack one's ~s** spakować manatki also fig [2] GB infml (lots) **~s of sth** mnóstwo *n* czegoś; kupa *f* czegoś infml *[money, time]*; **there's ~s left** zostało jeszcze mnóstwo [3] (trousers) workowate spodnie *plt*
III *vt* (*prp, pt, pp* **-gg-)** [1] infml (save) zaj|ąć, -mować *[seat, table]*; **to ~ a seat for sb, to ~ sb a seat** zająć miejsce komuś or dla kogoś [2] Sport, Hunt infml zdoby|ć, -wać *[goal, medal, point]*; upolować *[bird, hare]*; złowić *[fish]* [3] (put in bags) = **bag up** [4] US infml (capture) schwytać
IV *vi* (*prp, pt, pp* **-gg-)** *[skirt, coat]* wyciąg|nąć, -ać się; *[trousers]* wyp|chać, -ychać się; **to ~ at the knees** wypchać się na kolanach
■ **bag up**: **~ up [sth], ~ [sth] up** w|łożyć, -kładać (coś) do worka/torby *[tomatoes, money]*; na|sypać (coś) do worka/torby *[flour, sugar]*; (portion out) rozsyp|ać, -ywać (coś) do worków/toreb *[flour, sugar]*
IDIOMS: **(to throw sb out) ~ and baggage** (wyrzucić kogoś) z całym majdanem infml; **a mixed ~** (of people) zróżnicowana grupa; (of objects) rozmaitość; zbieranina pej; **~s I!, ~s me!** GB infml zamawiam!; **~s me the biggest cake!** zamawiam największe ciastko!; **it's in the ~** infml to pewne jak w banku infml; **her victory is in the ~** ma zwycięstwo w kieszeni infml; **it's not my ~** US infml to mnie nie bierze or nie rusza infml; **the whole ~ of tricks** infml wszystkie sztuczki; **to be left holding the ~** US zostać na lodzie, zostać z całym kramem infml; **to have ~s under one's eyes** mieć wory or worki pod oczami
bagatelle /ˌbægəˈtel/ *n* [1] (game) bilard *f (gra dziecięca)* [2] Mus bagatela *f* [3] liter (trifle) bagatel(k)a *f*, drobiazg *m*; **a thousand dollars is a mere ~ to him** tysiąc dolarów to dla niego bagatelka or drobiazg
bagel /ˈbeɪgl/ *n* bajgiel *m*
bagful /ˈbægfʊl/ *n* (*pl* **~s, bagsful)** torba *f*, torebka *f* **(of sth** czegoś); (larger) worek *m* **(of sth** czegoś); **four ~s** cztery torby /worki; **a ~ of memories/votes** fig mnóstwo wspomnień/głosów
baggage /ˈbægɪdʒ/ *n* [1] (luggage) bagaż *m*; **ideological ~** fig bagaż ideologiczny fig [2] Mil oporządzenie *n*, ekwipunek *m*, rynsztunek *m* [3] infml dat (girl) szelma *f*; szelmutka *f* dat
baggage allowance *n* dozwolona ilość *m* bagażu
baggage car *n* wagon *m* bagażowy
baggage carousel *n* taśmociąg *m* bagażowy, przenośnik *m* taśmowy *(na lotnisku)*
baggage check *n* US kwit *m* bagażowy
baggage check-in *n* odprawa *f* bagażowa or bagażu
baggage checkroom *n* US przechowalnia *f* bagażu
baggage hall *n* = **baggage reclaim**
baggage handler *n* bagażowy *m*
baggage handling *n* obsługa *f* bagażowa
baggage locker *n* US skrytka *f* bagażowa
baggage reclaim *n* odbiór *f* bagażu
baggage room *n* przechowalnia *f* bagażu
bagger /ˈbægə(r)/ *n* US Comm pakowacz *m*, -ka *f (obsługujący klientów supermarketu)*
baggies /ˈbægɪz/ *npl* begi *plt* infml *(szerokie spodnie z niskim krokiem)*
bagging /ˈbægɪŋ/ *n* Tex płótno *n* zgrzebne or workowe
baggy /ˈbægɪ/ *adj [coat]* obszerny; *[trousers]* luźny, workowaty; *[jumper, T-shirt]* wyciągnięty; **to go ~ at the knees** wypchać się na kolanach; **his clothes are ~** nosi workowate ubrania
Baghdad /ˌbægˈdæd/ *prn* Bagdad *m*
bag lady *n* bezdomna *f*, nędzarka *f (nosząca cały dobytek w plastikowej torbie)*
bagman /ˈbægmən/ *n* (*pl* **-men)** US, Austral infml rekieter *m* infml
bag person *n* infml bezdomn|y *m*, -a *f*, nędza|rz *m*, -rka *f (noszący cały dobytek w starych reklamówkach)*
bagpipes /ˈbægpaɪps/ *npl* Mus duda *f*, dudy *f pl*
bag snatcher *n* złodziej *m*, -ka *f (wyrywający kobietom torebki)*
baguette /bæˈget/ *n* bagietka *f*
bah /bɑː/ *excl* dat (p)fe!
Bahamas /bəˈhɑːməz/ *prn* **the ~** Bahamy *plt*
Bahamian /bəˈhɑːmɪən/ **I** *n* Baham|czyk *m*, -ka *f*
II *adj* bahamski
Bahrain /bɑːˈreɪn/ *prn* Bahrajn *m*
Bahraini /bɑːˈreɪnɪ/ **I** *n* Bahraj|ńczyk *m*, -nka *f*
II *adj* bahrajński
Bahrein /bɑːˈreɪn/ *prn* = **Bahrain**
Baikal /baɪˈkɑːl/ *prn* = **Baykal**
bail[1] /beɪl/ **I** *n* Jur (security) kaucja *f*; (release) zwolnienie *n* za kaucją; **to be (out) on ~** zostać zwolnionym za kaucją; **to release sb on ~ of £5000** or **on £5000 ~** wypuścić kogoś (z aresztu) za kaucją w wysokości 5000 funtów; **to set ~ at £1000** wyznaczyć kaucję w wysokości 1000 funtów; **to stand** or **go ~ for sb** poręczyć za kogoś; **to put up ~ for sb** wpłacić za kogoś kaucję; **to request ~** wystąpić o zwolnienie za kaucją; **to grant ~** wyrazić zgodę na

zwolnienie za kaucją; **to jump ~** nie stawić się na rozprawę (po zwolnieniu za kaucją)

II *vt* wpłac|ić, -ać *or* złożyć, składać kaucję za (kogoś), poręcz|yć, -ać za (kogoś)

■ **bail out**: **~ out [sb], ~ [sb] out** Jur za|płacić kaucję za (kogoś); (get out of trouble) wyciąg|nąć, -ać (kogoś) z kłopotów *[person]*; Fin dofinansow|ać, -ywać *[company]*

bail² /beɪl/ *n* Sport (in cricket) poprzeczka *f* bramki

bail³ /beɪl/ *vt, vi* Naut

■ **bail out**: ¶ [1] Naut wyb|rać, -ierać wodę [2] (jump from plane) wysk|oczyć, -akiwać z samolotu na spadochronie; (in emergency) katapultować się ¶ **~ out [sth], ~ [sth] out** Naut wyb|rać, -ierać *[water]*; wyb|rać, -ierać wodę z (czegoś) *[boat]*

bail bond *n* US Jur kaucja *f*

bailbondsman /ˈbeɪlbɒndsmən/ *n* US Jur = **bailsman**

bailee /beɪˈliː/ *n* Jur depozytariusz *m*

bailey /ˈbeɪlɪ/ *n* [1] (wall) zewnętrzny mur *m* obronny [2] (court) dziedziniec *m*

Bailey bridge /ˈbeɪlɪbrɪdʒ/ *n* Mil most *m* składany Bailey'a

bailiff /ˈbeɪlɪf/ *n* [1] Jur komornik *m*; **to send in the ~s** przysłać komornika [2] GB (on estate) rządca *m*

bailment /ˈbeɪlmənt/ *n* Fin zdeponowanie *n*; Jur wpłacenie *n* kaucji, poręczenie *n*

bailor /ˈbeɪlə(r)/ *n* deponent *m*

bailout /ˈbeɪlaʊt/ *n* Fin dofinansowanie *n*, subwencja *f*

bailsman /ˈbeɪlzmən/ *n* (*pl* **-men**) Jur poręczyciel *m*

bairn /beən/ *n* GB dial dziecko *n*

bait /beɪt/ **I** *n* Fishg, Hunt przynęta *f*; fig przynęta *f*, wabik *m*; **to use sb/sth as ~** używać kogoś/czegoś jako przynęty/wabika; **to swallow** *or* **rise to the ~** połknąć haczyk fig

II *vt* [1] (put bait on) za|łożyć, -kładać przynętę na (coś) *[hook]*; **to ~ the hook with a worm** założyć na haczyk robaka; **they ~ed the trap with her son** fig jej syn posłużył im jako przynęta [2] (tease) drażnić (kogoś), drażnić się z (kimś) *[person]* [3] (set dogs on) po|szczuć psy na (coś) *[bear, badger]*

baize /beɪz/ *n* sukno *n*

bake /beɪk/ **I** *n* [1] (dish) **fish ~** ryba *f* zapiekana; **vegetable ~** jarzyny *f pl* zapiekane [2] (occasion) **cake/pancake ~** *spotkanie towarzyskie połączone z pieczeniem ciasta, smażeniem naleśników*

II *vt* [1] Culin u|piec *[bread, cake, pastry, apples, potatoes]*; zapie|c, -kać *[dish, vegetables]* [2] *[sun]* wysusz|yć, -ać *[earth]* [3] (in kiln) wypal|ić, -ać *[bricks]*

III *vi* [1] (make bread, pastry) *[person]* piec [2] (cook) *[food]* u|piec się [3] fig (in sun) **the town is baking today** w mieście panuje dziś nieznośna spiekota; **he's baking in the sun** praży się na słońcu; **the mud had ~d hard** błoto wyschło na kamień

IV baked *pp adj [salmon, apple]* pieczony; **freshly ~d** świeżo upieczony; **home ~d** domowego wypieku

baked Alaska /beɪktəˈlæskə/ *n* deser *m* Alaska *(biszkopt z lodami i bezami, podawany na gorąco)*

baked beans *npl* fasola *f* w sosie pomidorowym

baked potato *n* ziemniak *m* pieczony w łupinie

bakehouse /ˈbeɪkhaʊs/ *n* piekarnia *f*

Bakelite® /ˈbeɪkəlaɪt/ *n* bakelit *m*

bake-off /ˈbeɪkɒf/ *n* US konkurs *m* sztuki kulinarnej

baker /ˈbeɪkə(r)/ *n* [1] (who makes bread) piekarz *m*; (who makes cakes) ciastkarz *m*, cukiernik *m* [2] (shop) **~'s (shop)** (for bread) piekarnia *n*; (for cakes) ciastkarnia *f*, cukiernia *f*

IDIOMS: **a ~'s dozen** trzynaście

bakery /ˈbeɪkərɪ/ *n* (for bread) piekarnia *f*; (for cakes) ciastkarnia *f*, cukiernia *f*

bake sale *n* kiermasz *m* dobroczynny *(ciast własnego wyrobu)*

baking /ˈbeɪkɪŋ/ **I** *n* (action) pieczenie *n*; (food) wypieki *m pl*

II *adj* infml (hot) *[day]* bardzo gorący, skwarny, upalny; **I'm absolutely ~!** jest mi piekielnie gorąco! infml; **it's ~ hot in here** tu jest gorąco jak w piekle

baking powder *n* Culin proszek *m* do pieczenia

baking soda *n* Culin soda *f* oczyszczona

baking tin *n* forma *f* do pieczenia

baksheesh /ˈbækʃiːʃ, bækˈʃiːʃ/ *n* bakszysz *m*

balaclava /ˌbæləˈklɑːvə/ *n* (also **~ helmet**) kominiarka *f*

balalaika /ˌbæləˈlaɪkə/ *n* bałałajka *f*

balance /ˈbæləns/ **I** *n* [1] (stable position) równowaga *f*; **to keep one's ~** zachować *or* utrzymać równowagę; **to lose one's ~** stracić równowagę; **the dog jumped up and knocked me off ~** pies skoczył na mnie, tak że zachwiałem się *or* straciłem równowagę; **to catch sb off ~** fig zaskoczyć kogoś; **to throw sb off ~** fig wytrącić kogoś z równowagi; **a sudden gust of wind caught** *or* **threw me off ~** nagły poryw wiatru był tak silny, że straciłem równowagę *or* zachwiałem się; **to bring sth into ~** utrzymać coś w równowadze *[scales]* [2] (equilibrium) równowaga *f* **(between sth and sth** między czymś a czymś**)**; (in art) harmonia *f*; **in perfect ~** w idealnej harmonii; **ecological ~** równowaga ekologiczna; **the right ~** właściwe proporcje; **to upset the ~** naruszyć *or* zachwiać równowagę; **to strike a ~** znaleźć złoty środek; **the ~ of sb's mind** równowaga umysłowa *or* wewnętrzna; **while the ~ of her/his mind was disturbed** Jur w stanie niepoczytalności → **redress** [3] (scales) waga *f*; fig szala *f*; **the Balance** Astrol Waga; **to be** *or* **hang in the ~** fig ważyć się (na szali); **the ~ may still swing in our favour** szala może się jeszcze przechylić na naszą korzyść; **on ~** w sumie, ogólnie rzecz biorąc; **on ~, it has been a good year** w sumie był to dobry rok [4] Accts, Comm (in account) saldo *n*; (for a stated period) bilans *m*; **~ due/in hand** saldo debetowe/kasowe [5] (remainder) pozostałość *f*; (of money) różnica *f*; **to pay the ~** wypłacić *or* zapłacić pozostałą sumę; **if we pay off £100, that will leave a ~ of £50** jeśli zapłacimy 100 funtów, pozostanie 50 funtów [6] (also **~ wheel**) balans *m*, kółko *n* wahadłowe

II *vt* [1] (perch) utrzymywać w równowadze; **she ~d a jug on her head** trzymała /niosła dzbanek na głowie; **he ~d a plate on the arm of the chair** ostrożnie ustawił talerz na poręczy fotela [2] (counterbalance) stanowić przeciwwagę dla (czegoś); **you need something to ~ the picture** potrzebne jest coś, co będzie stanowić przeciwwagę dla tego obrazu; **to ~ each other** uzupełniać się [3] fig (compensate for) (also **~ out**) z|bilansować, z|równoważyć; **the losses are ~d by the profits** straty są równoważone zyskami; **to ~ each other (out)** wzajemnie się równoważyć *or* bilansować; **his inexperience is ~d by his eagerness to learn** brak doświadczenia kompensuje zapałem do nauki [4] (adjust) s|korygować *[diet, activity, timetable]* [5] (weigh up, compare) z|ważyć fig; **to ~ the pros and cons** rozważyć za i przeciw; **to ~ sth against sth** rozważyć coś w kontekście czegoś [6] Accts, Comm z|bilansować *[books, budget]*; utrzym|ać, -ywać równowagę w (czymś) *[economy]* [7] Aut wywa-ż|yć, -ać *[wheel]*

III *vi* [1] *[person]* balansować, starać się utrzymać równowagę **(on sth** na czymś**)**; *[object]* stać niepewnie **(on sth** na czymś**)** [2] fig (also **~ out**) *[benefits, drawbacks]* z|równoważyć się, wyrówn|ać, -ywać się [3] Accts, Comm *[books, budget]* z|bilansować się; *[figures, totals]* zg|odzić, -adzać się

IV balanced *pp adj [person, behaviour]* zrównoważony; *[article, discussion]* spokojny, obiektywny; *[decision, view]* wyważony; *[budget]* zbilansowany, zrównoważony; *[schedule, curriculum]* wypośrodkowany; *[diet, meal]* racjonalny, prawidłowo skomponowany; *[design, picture]* harmonijny

balance of interests *n* Pol równowaga *f* interesów

balance of nature *n* równowaga *f* przyrodnicza *or* w przyrodzie

balance of payments *n* bilans *m* płatniczy; **the ~ surplus/deficit** dodatnie/ujemne saldo bilansu płatniczego

balance of power *n* Pol równowaga *f* sił; **to hold the ~** być języczkiem u wagi

balance of terror *n* Pol równowaga *f* strachu

balance of trade *n* bilans *m* handlowy

balance sheet *n* bilans *m*, zestawienie *n* bilansowe

balance wheel *n* balans *m*, kółko *n* wahadłowe

balancing /ˈbælənsɪŋ/ *n* (of books) bilansowanie *n*; (of wheels) wyważanie *n*

balancing act *n* popis *m* ekwilibrystyczny; fig próba *f* pogodzenia interesów; **I had to do a ~ (between work and family)** fig musiałem się (dobrze) gimnastykować (żeby pogodzić pracę z domem) fig

balcony /ˈbælkənɪ/ *n* [1] (in house) balkon *m*; **on the ~** na balkonie [2] (of theatre) balkon *m*; **tickets for the ~** bilety na balkon; **in the ~** na balkonie

bald /bɔːld/ *adj* [1] *[man]* łysy; *[head]* wyłysiały; **to go ~** wy|łysieć; **he has a ~ spot** *or* **patch** ma łysinę [2] *[terrain]* pozbawiony roślinności, łysy; *[tree]* bezlistny; *[animal]* wyliniały; *[carpet]* wytarty; *[lawn]* łysy; *[patch]* wyłysiały [3] Aut *[tyre]*

B

starty; łysy infml 4 (blunt) *[statement, style]* suchy; *[question]* obcesowy; *[facts, reality]* brutalny

baldachin, baldaquin /ˈbɔːldəkɪn/ *n* 1 (canopy) baldachim *m* 2 arch (fabric) baldach *m*

bald eagle *n* bielik *m* amerykański → **American eagle**

balderdash /ˈbɔːldədæʃ/ **I** *n* infml dat brednie *f pl*, banialuki *plt*
II *excl* brednie !, bzdury!

bald-headed /ˌbɔːldˈhedɪd/ *adj* łysy

baldie /ˈbɔːldɪ/ *n* infml łysol *m*, łysy *m* infml

balding /ˈbɔːldɪŋ/ *adj [man, head]* łysiejący; **he's slightly ~** on lekko łysieje

baldly /ˈbɔːldlɪ/ *adv [remark, state]* bez ogródek

baldness /ˈbɔːldnɪs/ *n* 1 łysienie *n*, łysina *f* 2 (of terrain) nagość *f* 3 (of tyre) starcie *n* 4 (of style) suchość *f*; (of statement) dobitność *f*; (of question) bezceremonialność *f*

baldy /ˈbɔːldɪ/ *n* infml = **baldie**

bale[1] /beɪl/ **I** *n* bela *f*
II *vt* z|belować *[cotton, hay, paper]*

bale[2] /beɪl/ GB Naut *vt, vi* = **bail**[3]

Balearic Islands /ˌbælɪˈærɪk ˈaɪləndz/ *prn pl* (also **Balearics) the ~** Baleary *plt*

baleful /ˈbeɪlfʊl/ *adj* liter *[influence]* zgubny, fatalny; *[look, stare]* nienawistny, złowrogi

balefully /ˈbeɪlfəlɪ/ *adv* liter *[glare, look, stare]* nienawistnie, złowrogo; *[gesture]* groźnie

balk /bɔːk/ **I** *n* 1 Agric miedza *f* 2 Constr belka *f*, krawędziak *m* 3 US (in baseball) spalony *m (wykonany przez miotacza)*
II *vt* udaremni|ć, -ać, z|niweczyć *[intention, plan, scheme]*; **to be ~ed of sth** zostać pozbawionym czegoś *[chance, leadership]*
III *vi* 1 (recoil) wzdragać się; **to ~ at sth** wzdragać się przed czymś *[idea, risk]*; **she ~ed at spending so much** wzdragała się przed wydaniem takiej sumy; **the very thought of it makes me ~** wzdragam się na samą myśl o tym 2 (stop) sta|nąć, -wać jak wryty; (refuse to go) zap|rzeć, -ierać się 3 US (in baseball) rzuc|ić, -ać z pozycji spalonej

Balkan /ˈbɔːlkən/ **I Balkans** *prn pl* **the ~s** Bałkany *plt*
II *adj [country, state, peninsula, peoples]* bałkański

balkanization, Balkanization /ˌbɔːlkənaɪˈzeɪʃn, US -nɪˈz-/ *n* bałkanizacja *f*

ball[1] /bɔːl/ **I** *n* 1 (in football, rugby, tennis, golf, cricket) piłka *f*; (in table tennis) piłeczka *f*; (in snooker, pool) kula *f*; **tennis/rugby ~** piłka do (gry w) tenisa/rugby 2 (of dough, clay) kula *f*; (of snow) kula *f*, piguła *f*, śnieżka *f*; (of wool, string) kłębek *m*; **to curl up into a ~** *[person, cat]* zwinąć się w kłębek; **to knead dough into a ~** zagnieść ciasto w kulę; **to roll sth into a ~** utoczyć or zrobić z czegoś kulę; **to wind sth into a ~** zwinąć coś w kłębek; **a ~ of fire** ognista kula; fig człowiek z ikrą infml 3 Mil kula *f*; Tech kulka *f* 4 Anat **the ~ of the foot/thumb** kłąb *m* palucha/kciuka 5 Sport (delivery) piłka *f*, podanie *n*
II balls *npl* vinfml 1 (testicles) jaja *n pl* vulg; **to have sb by the ~s** fig ujaić kogoś vinfml; **to break one's ~s to do sth** flaki sobie wypruwać, żeby coś zrobić infml 2 (nonsense) bzdury *plt*, brednie *plt*; **that's a lot** or **a load of ~s!** brednie! 3 (courage) jaja *n pl* vinfml; **she's got ~s** to baba z jajami vinfml; **to have the ~s to do sth** mieć odwagę coś zrobić; **it takes (a lot of) ~s to do it** trzeba mieć jaja, żeby coś takiego zrobić vinfml
III balls! *excl* vinfml bzdury!; gówno prawda! vulg
IV *vt* 1 (also **~ up**) zwi|nąć, -jać (coś) w kłębek *[wool, string]*; zwi|nąć, -jać coś w kulkę *[handkerchief, paper]*; **to ~ one's fist** zacisnąć pięść w kułak 2 US vinfml (have sex with) wy|dupczyć vulg
V *vi* 1 *[fist]* zacis|kać, -nąć się 2 US infml (have sex) dupczyć się vulg
■ **balls up** GB vinfml, **ball up** US vinfml **~(s) up [sth], ~(s) [sth] up** spieprzyć vinfml
IDIOMS: **the ~ is in your/his court** następny ruch należy do ciebie/do niego; **to be on the ~** infml mieć łeb (na karku) infml; *[old person]* (nieźle) kumać infml; **to play ~ (with sb)** infml iść ręka w rękę (z kimś); **to set** or **start** or **get the ~ rolling** (for activity) zrobić (dobry) początek infml; (for conversation) zagaić infml; **to keep the ~ rolling** (in activity) ciągnąć dalej; (in conversation) podtrzymywać rozmowę; **he has the ~ at his feet** wszystko zależy od niego samego; **that's the way the ~ bounces!** US tak to w życiu bywa!, takie jest życie!; **to carry the ~** US infml wziąć sprawy w swoje ręce

ball[2] /bɔːl/ *n* (dance) bal *m*
IDIOMS: **to have a ~** infml mieć dobry ubaw infml

ballad /ˈbæləd/ *n* Literat, Mus ballada *f*

ball and chain *n* kula *f* na łańcuchu; fig kula *f* u nogi

ball-and-socket joint /ˌbɔːlənˈsɒkɪtdʒɔɪnt/ *n* 1 Anat staw *m* panewkowy or kulisty 2 Tech przegub *m* kulowy, złącze *n* kulowe

ballast /ˈbæləst/ *n* 1 (in ship, balloon) balast *m*; **ship in ~** statek pod balastem *(bez ładunku)* 2 (on rail track, road) podsypka *f*

ball bearing *n* Tech 1 (ball) kulka *f* 2 (bearing) łożysko *n* kulkowe

ballboy /ˈbɔːlbɔɪ/ *n* (in tennis) chłopiec *m* do podawania piłek

ball-breaker /ˈbɔːlbreɪkə(r)/ vinfml *n* 1 (task) zapieprz *m* vinfml 2 (woman) modliszka *f* fig infml

ball-buster /ˈbɔːlbʌstə(r)/ *n* US vinfml = **ball-breaker**

ballcock /ˈbɔːlkɒk/ *n* zawór *m* pływakowy

ball control *n* Games opanowanie *n* piłki

ball dress *n* = **ball gown**

ballerina /ˌbæləˈriːnə/ *n* baletnica *f*, balerina *f*

ballet /ˈbæleɪ/ **I** *n* balet *m*; **classical ~** balet klasyczny; **to go to the ~** pójść na balet; **the Kirov ~** balet or zespół baletowy imienia Kirowa
II *modif [company, school]* baletowy; **~ teacher** nauczyciel tańca; **~ master** baletmistrz; **~ mistress** baletmistrzyni

ballet dancer *n* tancerz *m* baletowy, tancerka *f* baletowa

balletomane /ˈbælɪtəʊmeɪn/ *n* miłośni|k *m*, -czka *f* baletu

ballet shoe *n* baletka *f*

ballgame /ˈbɔːlgeɪm/ *n* 1 (game) gra *f* w piłkę 2 US mecz *m* baseballowy
IDIOMS: **that's a whole new** or **a completely different ~** infml to całkiem inna historia

ball girl *n* (in tennis) dziewczyna *f* do podawania piłek

ball gown *n* suknia *f* balowa

ballistic /bəˈlɪstɪk/ *adj* balistyczny
IDIOMS: **to go ~** infml wściec się

ballistic galvanometer *n* galwanometr *m* balistyczny

ballistic missile *n* pocisk *m* balistyczny

ballistics /bəˈlɪstɪks/ *n (+ v sg)* balistyka *f*

ball lightning *n* piorun *m* kulisty

balloon /bəˈluːn/ **I** *n* 1 Aviat balon *m*; **hot-air ~** balon napełniany gorącym powietrzem 2 (toy) balon *m*, balonik *m*; **to blow up a ~** nadmuchać balon(ik) 3 (in cartoon) dymek *m* infml
II *modif [pilot]* balonowy; **~ flight** lot balonem
III *vi* 1 Aviat latać balonem; **my brother goes ~ing every weekend** mój brat w każdy weekend lata balonem 2 (also **~ out**) (swell) *[sail, skirt]* wyd|ąć, -ymać się 3 (increase quickly) *[deficit, debt]* zwiększ|yć, -ać się gwałtownie; s|puchnąć infml
IDIOMS: **to go down** GB or **go over** US **like a lead ~** spotkać się ze złym przyjęciem; okazać się niewypałem infml; **when the ~ goes up** kiedy się wszystko zacznie

balloon catheter *n* Med cewnik *m* z balonikiem, balonik *m*

balloon flask *n* Chem balon *m* szklany

balloon glass *n* kieliszek *m* do koniaku, koniakówka *f*

ballooning /bəˈluːnɪŋ/ **I** *n* baloniarstwo *n*, sport *m* balonowy
II *modif [display]* baloniarski, balonowy

balloonist /bəˈluːnɪst/ *n* baloniarz *m*, pilot *m* balonowy

balloon tyre GB, **balloon tire** US *n* opona *f* balonowa

ballot /ˈbælət/ **I** *n* 1 (voting) głosowanie *n*, balotaż *m* **(on sth** w sprawie czegoś, nad czymś); **secret ~** tajne głosowanie; **the first/second ~** pierwsza/druga tura *f* głosowania; **by ~** przez głosowanie, w głosowaniu; **the election was held by secret ~** wybory odbyły się w tajnym głosowaniu; **to take a ~ on an issue** zagłosować w sprawie czegoś; **to put an issue to the ~** poddać sprawę głosowaniu or pod głosowanie; **postal ~** głosowanie korespondencyjne or listowne; **strike ~** głosowanie w sprawie strajku 2 (also **~ paper)** karta *f* do głosowania 3 US Pol (list of candidates) lista *f* kandydatów 4 (drawing of lots) ciągnięcie *n* losów
II *vt* zasięg|nąć, -ać opinii (kogoś) poprzez głosowanie; **to ~ the workers on sth** przeprowadzić głosowanie wśród robotników w sprawie czegoś
III *vi* za|głosować **(on sth** nad czymś, w sprawie czegoś); **to ~ for sb** głosować na kogoś

ballot box *n* 1 urna *f* wyborcza 2 fig **the ~** głosowanie *n*; **at the ~** przez głosowanie

ballot-box stuffing /ˈbælətbɒksstʌfɪŋ/ *n* US = **ballot rigging**

balloting /ˈbælətɪŋ/ *n* poddanie *n* głosowaniu or pod głosowanie
ballot paper *n* karta *f* do głosowania
ballot-rigging /ˌbælətˈrɪgɪŋ/ *n* sfałszowanie *n* wyników głosowania
ballpark /ˈbɔːlpɑːk/ *n* US Sport stadion *m* baseballowy
IDIOMS: **to be in the ~** US infml mieścić się w dopuszczalnych granicach
ballpark figure *n* US wartość *f* orientacyjna
ballpoint (pen) /ˈbɔːlpɔɪnt(ˈpen)/ *n* długopis *m*, pióro *n* kulkowe
ball pond *n* „basen" *m* z plastikowymi piłeczkami
ball pool *n* = **ball pond**
ballroom /ˈbɔːlrʊm/ *n* sala *f* balowa
ballroom dancing *n* taniec *m* towarzyski
ball-shaped /ˈbɔːlʃeɪpt/ *adj* kulisty
balls-up /ˈbɔːlzʌp/ *n* GB vinfml bajzel *m* vinfml; **to make a complete ~ of sth** spieprzyć coś kompletnie vinfml
ball-up /ˈbɔːlʌp/ *n* US vinfml = **balls-up**
ballsy /bɔːlzɪ/ *adj* vinfml z ikrą infml; z jajami vinfml
ball valve *n* zawór *m* kulowy
bally /ˈbælɪ/ **I** *adj* GB infml dat diabelny, sakramencki
II *adv* diabelnie, sakramencko
ballyhoo /ˌbælɪˈhuː, US ˈbælɪhuː/ *n* infml hałas *m*, szum *m* fig; **I can't see what all the ~ is about!** nie rozumiem, po co ten cały hałas or szum!
balm /bɑːm/ *n* [1] balsam *m* also fig; **it was ~ to my soul** to było jak balsam na moją duszę [2] Bot melisa *f*
balmy /ˈbɑːmɪ/ *adj* [1] (warm) *[air, evening]* ciepły; *[breeze]* łagodny [2] (soothing) *[ointment]* kojący; (fragrant) *[air]* balsamiczny liter; *[firs, forest air]* żywiczny liter [3] GB infml zbzikowany infml
balneotherapy /ˌbælnɪəʊˈθerəpɪ/ *n* balneoterapia *f*
baloney /bəˈləʊnɪ/ US infml **I** *n* bzdura *f*, brednia *f*
II *excl* bzdury!, brednie!
balsa /ˈbɔːlsə/ *n* [1] (also **~ wood**) balsa *f* [2] (tree) balsa *f*, ogorzałka *f* wełnista
balsam /ˈbɔːlsəm/ *n* [1] balsam *m* also fig [2] (tree) drzewo *n* balsamowe [3] (plant) balsamina *f*, niecierpek *m*
balsam fir *n* jodła *f* balsamiczna
balsamic /bɔːlˈsæmɪk/ *adj* balsamiczny
balsamic vinegar *n* ocet *m* balsamiczny
balti /ˈbɔːltɪ/ *n* Culin kuchnia *f* ludu Balti *(w północnym Pakistanie)*
Baltic /ˈbɔːltɪk/ **I** *prn* **the ~** Bałtyk *m*
II *adj* bałtycki
Baltic Republics *npl* **the ~** republiki *f pl* bałtyckie
Baltic Sea *prn* **the ~** Morze *n* Bałtyckie
Baltic States *npl* **the ~** państwa *n pl* bałtyckie
baluster /ˈbæləstə(r)/ *n* Archit balas *m*, tralka *f*
balustrade /ˌbæləˈstreɪd/ *n* balustrada *f*
bamboo /bæmˈbuː/ **I** *n* bambus *m*
II *modif* bambusowy
bamboo curtain *n* Pol **the ~, the Bamboo Curtain** bambusowa kurtyna *f* *(dzieląca Chiny od reszty świata)*
bamboo shoot *n* pęd *m* bambusa
bamboozle /bæmˈbuːzl/ *vt* infml [1] (trick) wy|kiwać, wy|kołować, wr|obić, -abiać infml; **to ~ sb into doing sth** skołować kogoś tak, żeby coś zrobił, wrobić kogoś w coś; **to ~ sb out of sth** naciągnąć kogoś na coś *[money]* [2] (mystify) s|kołować, na|mącić (komuś) w głowie *[person]*
ban /bæn/ **I** *n* zakaz *m* **(on sth/on doing sth** czegoś, robienia czegoś); **smoking /overtime ~** zakaz palenia/pracy w nadgodzinach; **a ~ on nuclear testing** zakaz prób jądrowych; **~ on foreigners working without a permit** zakaz zatrudniania obcokrajowców nie posiadających zezwolenia na pracę; **to lift the ~ on sth** uchylić or znieść zakaz czegoś
II *vt* **(***prp, pt, pp* **-nn-)** zakaz|ać, -ywać (czegoś), zabr|onić, -aniać (czegoś) *[activity]*; wpis|ać, -ywać (kogoś/coś) na indeks *[publication, film, author]*; z|delegalizować *[organization, party]*; zawie|sić, -szać *[athlete]*; **to ~ sb from sth** wykluczyć kogoś z czegoś *[event, organization]*; zakazać komuś wstępu do czegoś *[pub, library]*; **to ~ sb from doing sth** zabronić or zakazać komuś coś robić or robienia czegoś; **he is ~ned from driving for 3 years** przez trzy lata nie wolno mu prowadzić samochodu, ma zakaz prowadzenia samochodu na trzy lata; **traffic is ~ned from the city centre** centrum miasta jest zamknięte dla ruchu kołowego
banal /bəˈnɑːl, US ˈbeɪnl/ *adj [book, compliment, remark]* banalny; *[character]* nieciekawy, szablonowy
banality /bəˈnælətɪ/ *n* [1] (quality) banalność *f* [2] (remark) banał *m*
banana /bəˈnɑːnə/ **I** *n* [1] (fruit) banan *m*; **a bunch of ~s** kiść bananów [2] (also **~ palm)** banan *m* [3] US vinfml (person) **to be top ~** *[actor]* być gwoździem programu infml; *[executive]* być szychą infml; *[author, sportsman]* należeć do czołówki; **to be second ~** grać drugie skrzypce
II *modif* bananowy; *[ice-cream]* o smaku bananowym
IDIOMS: **to be ~s** infml mieć bzika infml **(about sb/sth** na punkcie kogoś/czegoś); **to go ~s** infml (get angry) wściec się infml; (get excited) dostać bzika infml; **to drive sb ~s** infml doprowadzać kogoś do szału
banana boat *n* bananowiec *m*
banana republic *n* pej republika *f* bananowa
banana skin *n* skórka *f* or łupina *f* banana; fig potknięcie *n* fig
IDIOMS: **to slip on a ~** potknąć się, przejechać się fig infml
banana split *n* banan *m* z lodami i bitą śmietaną
band¹ /bænd/ **I** *n* [1] (for binding) (ribbon: for hair, hat) wstążka *f*; (around waist) pas *m*, pasek *m*; (textile) szarfa *f*; (around arm) opaska *f*; (around head) opaska *f*, przepaska *f*; Tech (metal) obejma *f*, taśma *f* metalowa; (around barrel) obręcz *f*; **rubber** or **elastic ~** GB gumka, opaska gumowa; (small) recepturka *f* [2] (collar) stójka *f* [3] (of land) pas *m*; (of colour, light) pasmo *n*, smuga *f*; (on object, clothing) pasek *m*, szlaczek *m*; (round object) obwódka *f* [4] Radio, TV pasmo *n*; **the 31 metre ~** pasmo 31 metrów [5] GB (range) grupa *f*, przedział *m*; **in the 15–20 age ~** w grupie wiekowej or w przedziale wiekowym od 15 do 20 lat [6] GB Sch (level) grupa *f (pod względem poziomu wiedzy)*; **to be in the top ~** być w grupie najbardziej zaawansowanej [7] Tech (loop) pas *m* or pasek *m* transmisyjny [8] Comput, Mus (track) ścieżka *f* zapisu [9] (ring) obrączka *f*; **wedding ~** obrączka ślubna
II *vt* [1] GB Sch po|dzielić (kogoś) na grupy *[pupils] (w zależności od poziomu wiedzy)* [2] (stripe) naznacz|yć, -ać smugami or paskami
band² /bænd/ *n* [1] Mus (rock) zespół *m*; kapela *f* infml; (army, municipal) orkiestra *f*; (folk) kapela *f*; **brass ~** orkiestra dęta, band; **jazz ~** jazz-band, dżezbend [2] (with common aim) grupa *f*; (of robbers) banda *f*, szajka *f*
■ **band together** skrzy|knąć, -kiwać się, z|jednoczyć się **(against sb/sth** przeciwko komuś/czemuś); **to ~ together to fight the common enemy** zjednoczyć się do walki ze wspólnym wrogiem
bandage /ˈbændɪdʒ/ **I** *n* bandaż *m*; **to wear a ~ round one's head/on one's knee** mieć obandażowaną głowę/obandażowane kolano
II *vt* za|bandażować, o|bandażować *[head, limb]*; opat|rzyć, -rywać *[person, wound]*
■ **bandage up**: **~ up [sb/sth], ~ [sb/sth] up** za|bandażować, o|bandażować; **he was (all) ~d up** był cały owinięty bandażami, był cały w bandażach
Band-Aid® /ˈbændeɪd/ *n* Med plaster *m* z opatrunkiem; **a ~ solution** fig pej prowizorka infml
bandan(n)a /bænˈdænə/ *n* chusta *f*, chustka *f*; (worn as hairband) bandana *f*
B and B, b and b *n* GB → **bed and breakfast**
bandbox /ˈbændbɒks/ *n* dat pudło *n* na kapelusze
IDIOMS: **to look as if one came out of a ~** wyglądać jak spod igły
bandeau /ˈbændəʊ/ *n* **(***pl* **-deaux)** [1] (for hair) opaska *f* or przepaska *f* na włosy [2] (garment) krótki top *m* bez ramiączek
banderol(e) /ˈbændərəʊl/ *n* (on lance) proporzec *m*; (on ship) bandera *f*
bandicoot /ˈbændɪkuːt/ *n* Zool jamraj *m*, borsuk *m* workowaty
banding /ˈbændɪŋ/ *n* GB Sch podział *m* na grupy *(w zależności od poziomu)*
bandit /ˈbændɪt/ *n* bandyta *m*
bandit country *n* kraina *f* bezprawia
banditry /ˈbændɪtrɪ/ *n* bandytyzm *m*
band leader *n* szef *m* zespołu
bandmaster /ˈbændmɑːstə(r), US -mæst-/ *n* (leader) szef *m* zespołu; (conductor) dyrygent *m*
bandoleer, bandolier /ˌbændəˈlɪə(r)/ *n* bandolier *m*, pas *m* na naboje
band saw *n* piła *f* taśmowa
band shell *n* US Mus muszla *f* koncertowa
bandsman /ˈbændzmən/ *n* **(***pl* **-men)** muzyk *m*
bandstand /ˈbændstænd/ *n* estrada *f*
bandwagon /ˈbændwægən/ *n* platforma *f* dla orkiestry *(jadąca na czele pochodu)*
IDIOMS: **to jump** or **climb on the ~** wykorzystywać koniunkturę; obstawiać dobrego konia fig

B

bandwidth /ˈbændwɪtθ/ *n* Telecom szerokość *f* pasma, pasmo *n*; Comput przepustowość *f* łącza

bandy[1] /ˈbændɪ/ *adj [legs]* pałąkowaty, krzywy

bandy[2] /ˈbændɪ/ *vt* dat **to ~ ideas /remarks** wymieniać się pomysłami/uwagami; **to ~ insults** obrzucać się obelgami; **to ~ jokes** prześcigać się w dowcipach; **to ~ blows with sb** brać się z kimś za łby; **to ~ words with sb** kłócić się or spierać się z kimś; **I'm not going to ~ words with you!** nie mam zamiaru z tobą dyskutować!

■ **bandy about, bandy around**: **~ [sth] about** or **around** sypać (czymś) *[jokes]*; rzucać (czymś) *[information, statistics]*; rozsiewać *[rumours]*

bandy-legged /ˌbændɪˈlegd/ *adj* krzywonogi; **he's ~** ma krzywe nogi

bane /beɪn/ *n* zmora *f*; **the ~ of one's life** zmora (czyjegoś) życia

baneful /ˈbeɪnfl/ *adj* liter *[influence]* zgubny, fatalny

bang /bæŋ/ **I** *n* [1] (noise) huknięcie *n*, huk *m*, trzask *m*; **to make a loud ~** huknąć or trzasnąć mocno; **to shut the door with a ~** zamknąć drzwi z hukiem or trzaskiem [2] (knock) walnięcie *n*; huknięcie *n* infml; **my knee got a nasty ~** walnąłem się or huknąłem się boleśnie w kolano

II *adv* infml **I live ~ opposite the cinema** mieszkam dokładnie na wprost kina; **(to be) ~ in the middle** (być) w samym środku; **to arrive ~ on time** przybyć punktualnie co do minuty; **~ on target** prosto do celu, w sam cel

III *excl* (imitating gun) pif-paf!; (imitating explosion) bum!; **to go ~** huknąć

IV *vt* [1] (place sth noisily) wal|nąć, -ić (czymś), rąb|nąć, -ać (czymś), huknąć (czymś) *[fist, book]*; **he ~ed his fist on the table** walnął or rąbnął pięścią w stół; **she ~ed the plates on the table** z hukiem postawiła talerze na stole; **to ~ down the receiver** z trzaskiem odłożyć słuchawkę [2] (causing pain) wa|lnąć, -ić się w (coś), rąb|nąć, -ać się w (coś), huknąć się w (coś) *[part of the body]* **(against** or **on sth** o coś); **to ~ one's head against the wall** walnąć się głową o ścianę; **I'll ~ your heads together!** (to two boys) obu głowy pourywam! fig [3] (strike) wal|nąć, -ić w (coś), rąb|nąć, -ać w (coś), huknąć w (coś) *[drum, table]* **(with sth** czymś); **to ~ the table with one's fist** walić pięścią w stół [4] (slam) trzas|nąć, -kać (czymś) *[door, window]*; **don't ~ the door!** nie trzaskaj drzwiami!; **to ~ the door shut** trzasnąć drzwiami, z hukiem zamknąć drzwi [5] vulg (have sex with) dmuch|nąć, -ać vulg *[woman]*

V *vi* [1] (strike) **to ~ on sth** walnąć or huknąć or rąbnąć w coś *[wall, door]*; **he ~ed on the table with his fist** walił or rąbał pięścią w stół; **to ~ against sth** *[person]* walnąć or rąbnąć or huknąć się o coś [2] (make noise) *[door, shutter]* trzas|nąć, -kać; *[firework, gun]* huk|nąć, -ać; **to ~ shut** zatrzasnąć się (z hukiem) [3] vulg (have sex) dmuchać się vulg

■ **bang about, bang around**: **~ about [sth], ~ [sth] about** (treat roughly) tłuc (czymś); **to ~ about Africa** infml tłuc się po Afryce infml

■ **bang in**: **~ in [sth], ~ [sth] in** wbi|ć, -jać *[nail, peg, tack]* **(with sth** czymś)

■ **bang into**: **~ into [sb/sth]** wpa|ść, -dać na (kogoś/coś)

■ **bang on about** GB: **~ on about [sth]** infml truć o (czymś) infml *[subject]*

■ **bang out**: **~ out [sth], ~ [sth] out** infml (play) wy|bębnić *[piece of music]*

■ **bang up**: **~ up [sb], ~ [sb] up** [1] GB infml (put in jail) wsadz|ić, -ać (kogoś) do paki, zapuszkować infml; **to be ~ed up for five years** zostać zapuszkowanym na pięć lat [2] vulg z|robić (komuś) dziecko infml

IDIOMS: **~ goes my holiday/go my plans** infml w łeb wzięły wakacje/plany; **to go out with a ~** udać się doskonale; udać się na medal infml

banger /ˈbæŋə(r)/ *n* [1] infml (car) rzęch *m*, gruchot *m* infml [2] (firework) petarda *f*, fajerwerk *m*; **to let off ~s** puszczać fajerwerki [3] GB infml (sausage) kiełbasa *f*; **~s and mash** kiełbasa z ziemniakami purée

Bangkok /ˌbæŋˈkɒk/ *prn* Bangkok *m*

Bangladesh /ˌbæŋgləˈdeʃ/ *prn* Bangladesz *m*

Bangladeshi /ˌbæŋgləˈdeʃɪ/ **I** *n* Banglij|czyk *m*, -ka *f*

II *adj* bangladeski, banglijski

bangle /ˈbæŋgl/ *n* bransoleta *f*, kółko *n*

bang-on /ˌbæŋˈɒn/ *adj* GB infml *[answer, calculation]* na medal infml; *[guess]* w dziesiątkę infml

bangs /bæŋz/ *npl* US (fringe) równo obcięta grzywka *f*

banish /ˈbænɪʃ/ *vt* [1] fml (expel) z|esłać, -syłać (na banicję); **to ~ sb from the country** wygnać kogoś z kraju; **he was ~ed to an uninhabited island** został zesłany na bezludną wyspę [2] liter or hum (send out) wyrzuc|ić, -ać *[person, animal]*; **to ~ sb from the library** zakazać komuś wstępu do biblioteki; **such people should be ~ed from society** takich ludzi powinno się izolować [3] fig (drive away) porzuc|ić, -ać *[thought, idea]*; zapom|nieć, -inać o (czymś) *[doubts, fears]*

banishment /ˈbænɪʃmənt/ *n* fml banicja *f*, wygnanie *n*; **to be sent into ~** zostać skazanym na banicję

banister/ˈbænɪstə(r)/ *n* poręcz *f*; **to slide down the ~s** zjeżdżać po poręczy

banjax /ˈbændʒæks/ **I** *vt* infml rozwal|ić, -ać infml *[machine]*

II banjaxed *pp adj [machine]* rozwalony infml; **I'm absolutely ~ed** jestem kompletnie wykończony infml

banjo /ˈbændʒəʊ/ *n* bandżo *n inv*, banjo *n inv*

bank[1] /bæŋk/ **I** *n* [1] (organization) bank *m*; **the Bank of England** Bank Anglii; **blood/data ~** bank krwi/danych; **savings ~** kasa oszczędności [2] (in games) bank *m*, pula *f*; **the ~ is holding £1000** w banku jest 1000 funtów; **to look after the ~** trzymać bank; **to break the ~** rozbić bank; **it won't break the ~** fig to nikogo nie zrujnuje [3] (container) pojemnik *m* na odpady; **bottle/paper ~** pojemnik na szkło/makulaturę

II *modif [credit, debt]* bankowy; **~ staff** personel banku

III *vt* Fin z|deponować *[cheque, money]*

IV *vi* **to ~ with Lloyd's** mieć konto or rachunek w banku Lloyda

■ **bank on**: **~ on [sb/sth]** liczyć na (kogoś/coś); **don't ~ on it!** nie licz na to!; **don't ~ on going abroad this year** nie licz na to, że pojedziesz za granicę w tym roku; **I wouldn't ~ on him coming** nie liczyłbym na to, że przyjdzie

IDIOMS: **to be as safe as the Bank of England** być absolutnie bezpiecznym

bank[2] /bæŋk/ **I** *n* [1] (of river, lake, canal) brzeg *m*; **the ~s of the Nile/the Thames** brzegi Nilu/Tamizy; **to break its ~** *[river]* wystąpić z brzegów [2] (mound) (of earth, mud) wał *m*, zwał *m*; (man-made) nasyp *m*; (of snow) zaspa *f* [3] (slope) skarpa *f*; (by mineshaft) nadszybie *n* [4] (graded bend) przechyłka *f*, nachylenie *n* toru [5] (section of seabed) ławica *f*, łacha *f*; **sand ~** ławica or łacha piaszczysta [6] (mass) (of flowers, bushes) kępa *f*; (of fog, mist) tuman *m*, obłok *m*; (of rain) ściana *f*; **a ~ of clouds** kłęby or zwały chmur [7] Aviat przechył *m* [8] Mining (face) czoło *n* przodka

II *vt* [1] (border) obwałow|ać, -ywać *[river]*; obrzeż|yć, -ać *[river, road]*; **to be ~ed by sth** być obrzeżonym czymś [2] Aviat wprowadz|ić, -ać w przechył, przechyl|ić, -ać *[plane]* [3] (fuel) = **bank up**

■ **bank up**: ¶ **~ up** *[earth, mud, snow]* s|piętrzyć się, z|gromadzić się ¶ **~ up [sth], ~ [sth] up** [1] (pile up) s|piętrzyć, zgarn|ąć, -iać (coś) na kupę *[earth, mud, snow]*; **to ~ up the fire** przysypać płomienie węglem [2] (dam) spiętrz|yć, -ać wody (czegoś), przegr|odzić, -adzać (coś) tamą *[river]* [3] (make artificial slope) wy|profilować, podwyższ|yć, -ać (coś) na łuku *[road, race track]*

bank[3] /bæŋk/ *n* [1] (series) (in a row) rząd *m*; (in tiers) blok *m*, zespół *m* [2] (bench for rower) ławka *f* wioślarza

bankable /ˈbæŋkəbl/ *adj* [1] Fin *[cheque, banknote]* nadający się do obrotu bankowego; *[asset]* mogący stanowić zabezpieczenie pożyczki [2] fig *[film star]* kasowy

bank acceptance *n* Fin akcept *m* bankowy

bank account *n* Fin konto *n* bankowe, rachunek *m* bankowy

bankassurance /ˈbæŋkəʃɔːrəns, US -əʃʊərəns/ *n* ubezpieczenie *n* za pośrednictwem banku

bank balance *n* Fin stan *m* konta, saldo *n* na koncie

bank bill *n* US (note) banknot *m*

bankbook /ˈbænkbʊk/ *n* książeczka *f* bankowa

bank card *n* karta *f* bankowa

bank charges *npl* Fin opłaty *f pl* manipulacyjne

bank clerk *n* urzędnik *m* bankowy, urzędniczka *f* bankowa *(niższego szczebla)*

bank draft *n* Fin przekaz *m* bankowy

banker /ˈbæŋkə(r)/ *n* [1] Fin (owner) bankier *m*; (executive) bankowiec *m*, wyższy urzędnik *m* banku [2] Games bankier *m*

banker's card *n* GB karta *f* czekowa

banker's draft *n* weksel *m* trasowany przez bank, przekaz *m* bankowy
banker's order *n* bankowe polecenie *n* wypłaty, przekaz *m* bankowy
banker's reference *n* referencje *plt* bankowe
Bank for International Settlements, BIS *n* Bank *m* Rozrachunków Międzynarodowych
Bank Giro Credit, BGC *n* kredyt *m* przelewem bankowym
bank holiday *n* [1] GB dzień *m* wolny od pracy *(zwykle poniedziałek)* [2] US całodzienne zawieszenie *n* operacji bankowych
banking[1] /ˈbæŋkɪŋ/ **I** *n* Fin bankowość *f*; **to study ~** studiować bankowość
II *modif [house, facilities]* bankowy
banking[2] /ˈbæŋkɪŋ/ *n* Aviat przechył *m* (samolotu)
banking hours *npl* godziny *f pl* otwarcia banku/banków
bank lending *n* pożyczki *f pl* bankowe
bank loan *n* Fin pożyczka *f* bankowa, kredyt *m*
bank manager *n* dyrektor *m* (oddziału) banku
banknote /ˈbæŋknəʊt/ *n* banknot *m*
bank raid *n* napad *m* na bank; skok *m* na bank infml
bank rate *n* GB dat stopa *f* procentowa od pożyczki bankowej → **minimum lending rate**
bank robber *n* przestępca *m* napadający na bank
bank robbery *n* napad *m* na bank
bankroll /ˈbæŋkrəʊl/ **I** *n* fundusze *m pl*
II *vt* infml w|esprzeć, -spierać finansowo *[person, party]*; s|finansować *[project]*
bankrupt /ˈbæŋkrʌpt/ **I** *n* bankrut *m*
II *adj* [1] *[person, economy]* zrujnowany; *[business, company]* upadły, zbankrutowany; **~ stock** masa *f* upadłościowa; **to go ~** zbankrutować; **he was officially declared ~** ogłoszono oficjalnie jego bankructwo or upadłość [2] (lacking) **to be morally ~** być pozbawionym wszelkich zasad moralnych; **to be ~ of sth** być pozbawionym czegoś *[ideas]*; być wyzutym z czegoś *[principles]*
III *vt* z|rujnować, doprowadz|ić, -ać do bankructwa *[person, company]*
bankruptcy /ˈbæŋkrʌpsɪ/ *n* [1] (financial) bankructwo *n*, upadek *m* [2] (moral, intellectual) upadek *m*
bankruptcy court *n* sąd *m* zajmujący się sprawami upadłościowymi
bankruptcy proceedings *n* postępowanie *n* upadłościowe
bank statement *n* wyciąg *m* z konta or rachunku
bank transfer *n* przekaz *m* or przelew *m* bankowy
banner /ˈbænə(r)/ **I** *n* [1] (strip of cloth) transparent *m* [2] Hist (ensign) sztandar *m*, chorągiew *f* [3] (name) hasło *n*; **under the ~ of equal rights** pod hasłem równouprawnienia [4] (also **~ advert**) (Internet advert) nagłówek *m*, banner *m*
II *adj* US *[year, performance]* rekordowy
banner headline *n* Publg nagłówek *m* na szerokość strony
banning /ˈbænɪŋ/ *n* zakaz *m* **(of sth** czegoś)
bannister /ˈbænɪstə(r)/ *n* GB = **banister**
banns /bænz/ *npl* Relig zapowiedzi *f pl*; **to read the ~** ogłosić zapowiedzi
banoffi pie /bəˌnɒfɪˈpaɪ/ *n* Culin tarta *f* banoffi *(z bananem, karmelem i kremem)*
banquet /ˈbæŋkwɪt/ **I** *n* bankiet *m*, przyjęcie *n*; **medieval ~** średniowieczna uczta; **to hold a ~ in honour of sb** zorganizować przyjęcie or bankiet na cześć kogoś
II *vt* pod|jąć, -ejmować (kogoś) bankietem or przyjęciem *[person]*
III *vi* wziąć, brać udział w bankiecie; bankietować, ucztować hum
banquet(ing) hall *n* sala *f* bankietowa
banshee /bænˈʃiː, US ˈbænʃiː/ *n* Ir zjawa *f* *(zwiastująca śmierć)*
IDIOMS: **to wail like a ~** drzeć się or wyć jak potępieniec
bantam /ˈbæntəm/ *n* (also **~ hen**) bantamka *f*; **~ cock** kogut *m* rasy bantamka
bantamweight /ˈbæntəmweɪt/ *n* [1] (weight) waga *f* kogucia [2] (also **~ boxer**) bokser *m* wagi koguciej
banter /ˈbæntə(r)/ **I** *n* prześmiechy *plt*, żarty *m pl*, żarciki *m pl*
II *vi* przekomarzać się **(with sb** z kimś)
bantering /ˈbæntərɪŋ/ *adj* kpiarski, prześmiewczy
banty /ˈbæntɪ/ *n* infml = **bantam**
banyan /ˈbænɪən/ *n* banian *m*, figowiec *m* bengalski
BAOR *n* → **British Army of the Rhine**
bap /bæp/ *n* miękka bułka *f*
baptism /ˈbæptɪzəm/ *n* [1] Relig (act) chrzest *m*; (ceremony) chrzciny *plt* [2] fig chrzest *m*; **~ of fire** chrzest bojowy
baptismal /bæpˈtɪzməl/ *adj* *[name]* chrzestny, nadany na chrzcie; *[water]* chrzcielny; **~ font** chrzcielnica *f*, misa *f* chrzcielna
Baptist /ˈbæptɪst/ **I** *n* baptyst|a *m*, -ka *f*
II *adj* baptystyczny
baptist /ˈbæptɪst/ *n* chrzciciel *m* liter; **John the Baptist** Jan Chrzciciel
baptistery, baptistry /ˈbæptɪstrɪ/ *n* baptysterium *n*
baptize /bæpˈtaɪz/ *vt* o|chrzcić; **to be ~d a Catholic** zostać ochrzczonym jako katolik; **to be ~d Robert** dostać na chrzcie imię Robert
bar[1] /bɑː(r)/ **I** *n* [1] (of metal) pręt *m*, sztaba *f*; (small) sztabka *f*; (of wood) belka *f*; (small) drążek *m*; **a ~ of gold** sztabka złota [2] (of chocolate) tabliczka *f*; (small) baton *m*, batonik *m*; (of soap) kostka *f* [3] (of cage, cell, window) pręt *m* (kraty); (on door) sztaba *f*, antaba *f*; (of fence) sztacheta *f*, sztachetka *f*; **~s** krata *f*, kraty *f pl*; **to put sb behind ~s** wsadzić kogoś za kratki [4] (for drinking) knajpa *f* infml; (in hotel) bar *m*; (for refreshments) bar *m*; (counter) kontuar *m*, bar *m*; **coffee ~** kawiarenka, barek kawowy; **he went to the ~** poszedł do knajpy or do baru; **behind the ~** za kontuarem; **to sit at the ~** siedzieć przy barze [5] (in department store) stoisko *n*; **stocking ~** stoisko z pończochami [6] (barrier) szlaban *m*; Hist rogatka *f*; fig (obstacle) przeszkoda *f*; (restriction) zakaz *m*; **a total ~ on imports of cars** całkowity zakaz importu samochodów; **to be a ~ to sth/doing sth** stanowić przeszkodę do (osiągnięcia) czegoś; **your age is not a ~** pański wiek nie stanowi przeszkody [7] Jur (profession) **the ~, the Bar** adwokatura *f*, palestra *f*; **to be called to the ~** zostać adwokatem; **to read** or **study for the ~** przygotowywać się do zawodu adwokata, studiować prawo [8] Jur (court) **the ~, the Bar** sąd *m*; **the prisoner at the ~** oskarżony; **to be judged at the ~ of public opinion** fig być sądzonym przez opinię publiczną [9] (in ballet, gymnastics) drążek *m*; (in athletics, football) poprzeczka *f*; **high** or **horizontal ~** rek, drążek; **parallel ~s** poręcze; **to practise on the ~s** ćwiczyć na poręczach [10] Mus takt *m*; **two beats in a ~** or **in the ~** takt na dwie czwarte [11] (shoal) ławica *f* przybrzeżna, łacha *f* [12] (band) (of colour, light) smuga *f*; (on medal) GB galon *m* na wstążce orderowej *(oznaczający ponowne nadanie)* [13] Herald pasek *m*; **~ sinister** skośnica w prawą [14] US Mil pasek *m*, belka *f* [15] (heating element) element *m* grzewczy or grzejny
II *prep* z wyjątkiem (czegoś), (o)prócz (czegoś), poza (czymś); **all ~ one** wszyscy z wyjątkiem or oprócz jednego, wszyscy poza jednym; **~ none** bez wyjątku
III *vt* (*prp, pt, pp* **-rr-**) [1] (fasten) za|ryglować, zam|knąć, -ykać na zasuwę *[door, gate]* [2] (provide with bars) za|kratować, o|kratować *[window]* [3] (block) za|blokować, za|tarasować, zagr|odzić, -adzać *[entrance, road]*; **he ~red my way** zastąpił mi drogę; **the area is ~red to the public** wstęp na ten teren jest zakazany [4] (ban) zabr|onić, -aniać, zakaz|ać, -ywać (czegoś) *[activity]*; **to ~ sb from sth** zabronić or zakazać komuś wstępu do czegoś *[club, pub]*; wykluczyć kogoś z czegoś *[contest]*; **to ~ sb from doing sth** zabronić or zakazać komuś zrobienia czegoś or coś zrobić; **journalists were ~red from the meeting** dziennikarze nie mieli wstępu na spotkanie; **his religion ~s him from marrying a divorcee** jego religia zabrania or nie pozwala mu ożenić się z rozwódką
IV barred *pp adj* [1] *[window]* okratowany, zakratowany [2] (striped) w paski, w prążki; **~red with blue** w niebieskie paski or prążki
V -barred *in combinations* **four/five-~red gate** furtka o czterech/pięciu sztachetach; **blue-~red** w niebieskie paski or prążki
■ **bar in**: ¶ **~ in [sb/sth], ~ [sb/sth] in** zam|knąć, -ykać (kogoś/coś) w środku ¶ **to ~ oneself in** zabarykadować się w środku
■ **bar out**: **~ out [sb/sth], ~ [sb/sth] out** nie wpu|ścić, -szczać (kogoś/czegoś) do środka
IDIOMS: **no holds ~red** wszystkie chwyty dozwolone; **it was a no holds ~red contest** to była walka, w której wszystkie chwyty były dozwolone
bar[2] /bɑː(r)/ *n* Meteorol bar *m*
Barabbas /bəˈræbəs/ *prn* Barabasz *m*
bar association *n* US Jur izba *f* adwokacka
barb[1] /bɑːb/ **I** *n* [1] (on arrow, hook) wąs *m*, zadzior *m*; (on fence) kolec *m* [2] fig (remark) przytyk *m*; **to aim a ~ at sb** zrobić przytyk pod adresem kogoś [3] (on feather) promień *m*
II *vt* zaopat|rzyć, -rywać w wąs(y) *[fish hook, spear, harpoon]*

B

barb² /bɑːb/ *n* Equest koń *m* berberyjski

Barbadian /bɑːˈbeɪdɪən/ **I** *n* Barbado|szczyk *m*, -ska *f*
II *adj* barbadoski

Barbados /bɑːˈbeɪdɒs/ *prn* Barbados *m*; **in/to ~** na Barbados

barbarian /bɑːˈbeərɪən/ **I** *n* barbarzyńca *m*
II *adj* barbarzyński

barbaric /bɑːˈbærɪk/ *adj* barbarzyński

barbarically /bɑːˈbærɪklɪ/ *adv [act, behave]* po barbarzyńsku

barbarism /ˈbɑːbərɪzəm/ *n* [1] (brutality) barbarzyństwo *n* [2] liter (error) barbaryzm *m*

barbarity /bɑːˈbærətɪ/ *n* [1] (brutality) barbarzyństwo *n* [2] (brutal act) barbarzyński czyn *m*, barbarzyństwo *n*

barbarize /ˈbɑːbəraɪz/ *vt* fml kaleczyć, barbaryzować *[language]*; **to ~ sb** mieć na kogoś fatalny or zgubny wpływ

barbarous /ˈbɑːbərəs/ *adj* barbarzyński

barbarously /ˈbɑːbərəslɪ/ *adv [act, behave]* po barbarzyńsku; *[rude, stupid]* barbarzyńsko

Barbary /ˈbɑːbərɪ/ *prn* [1] Hist Maghreb *m* [2] arch barbaria *f*

Barbary ape *n* magot *m*

Barbary Coast *prn* **the ~** śródziemnomorskie wybrzeże *n* Afryki

Barbary horse *n* koń *n* berberyjski

barbecue /ˈbɑːbɪkjuː/ **I** *n* [1] (grill) grill *m*, rożen *m* [2] (food) potrawa *f* z grilla [3] (party) barbecue *n inv*
II *vt* [1] (on charcoal) u|piec na grillu [2] (cook in spicy sauce) przygotow|ać, -ywać (coś) w ostrym sosie

barbecue sauce *n* sos *m* barbecue

barbed /ˈbɑːbd/ *adj* [1] *[hook, arrow]* z wąsami, z zadziorami [2] *[comment, criticism]* kąśliwy; *[wit]* zjadliwy

barbed wire US **I** *n* drut *m* kolczasty
II *modif [fence, barricade]* z drutu kolczastego

barbel /ˈbɑːbl/ *n* [1] (fish) brzana *f* [2] (of catfish) wąs *m*

barbell /ˈbɑːbel/ *n* Sport sztanga *f*

barber /ˈbɑːbə(r)/ *n* fryzjer *m* męski; **the ~'s (shop)** męski zakład fryzjerski; **to go to the ~'s** pójść do fryzjera

barber college *n* US szkoła *f* fryzjerska *(szkoląca fryzjerów męskich)*

barbershop quartet *n* męski kwartet *m* wokalny a capella

barber's pole GB, **barber pole** US *n* *biało-czerwony słupek przed męskim zakładem fryzjerskim*

barber's shop GB, **barbershop** US *n* męski zakład *m* fryzjerski

barbican /ˈbɑːbɪkən/ *n* barbakan *m*; rondel *m* ra

barbital /ˈbɑːbɪtl/ *n* US = **barbitone**

barbitone /ˈbɑːbɪtəʊn/ *n* barbital *m*, kwas *m* dwuetylobarbiturowy

barbiturate /bɑːˈbɪtjʊrət/ *n* barbituran *m*

barbituric /bɑːbɪˈtjʊrɪk/ *adj* barbiturowy, barbituranowy; **~ acid** kwas barbiturowy

barbiturism /bɑːˈbɪtjʊrɪzəm/ *n* uzależnienie *n* od barbituranów

barbs /bɑːbz/ *npl* US infml = **barbiturates** barbiturany *m pl*; prochy *m pl* infml

barbwire /bɑːbˈwaɪə(r)/ *n* US = **barbed wire**

barcarole /ˌbɑːkəˈrəʊl, -ˈrɒl/ *n* barkarola *f*

Barcelona /ˌbɑːsɪˈləʊnə/ *prn* Barcelona *f*

bar chart *n* wykres *m* kolumnowy, histogram *m*

bar code *n* kod *m* kreskowy or paskowy

bar-coded /ˈbɑːkəʊdɪd/ *adj [goods]* oznaczony kodem kreskowym or paskowym

bar-code reader *n* czytnik *m* kodu kreskowego or paskowego

bard¹ /bɑːd/ *n* [1] liter (poet) wieszcz *m*, bard *m*; **the Bard (of Avon)** bard ze Stratfordu *(William Szekspir)* [2] arch (minstrel) bard *m*

bard² /bɑːd/ Culin **I** *n* cienki plaster *m* słoniny *(do okładania mięsa, drobiu)*
II *vt* ob|łożyć, -kładać plastrami słoniny

bardic /ˈbɑːdɪk/ *adj [poetry]* opiewający bohaterskie czyny

bare /beə(r)/ **I** *adj* [1] (naked) *[flesh, body]* nagi; *[legs]* goły; *[arms, shoulders]* nagi, odkryty; *[head]* odkryty, goły; *[breasts]* obnażony, goły; *[feet]* bosy, goły; **a child with ~ feet** bosonogie dziecko; **to walk with ~ feet** chodzić boso; chodzić na bosaka infml; **to sit in the sun with one's head ~** siedzieć w słońcu z gołą or odkrytą głową; **~ to the waist** nagi do pasa; **(to do sth) with one's ~ hands** (zrobić coś) gołymi rękami [2] (exposed) *[blade]* nagi; *[boards, walls]* goły; **to lay ~ sth** wyjawić coś *[plan, secret]*; odsłonić coś, ujawnić coś *[private life]*; **to lay one's soul** or **heart ~ (to sb)** otworzyć duszę or serce (przed kimś) [3] (empty) *[cupboard, house, room]* pusty; **~ of sth** ogołocony z czegoś *[furniture, food]*; **to strip sth ~** ogołocić coś [4] (stark) *[branch, mountain, rock]* nagi; **~ of sth** pozbawiony czegoś, ogołocony z czegoś *[leaves, flowers]* [5] (mere) **a ~ 3%/20 dollars** nędzne 3%/20 dolarów, jedynie 3%/20 dolarów; **to last a ~ 30 seconds** trwać tylko or jedynie 30 sekund; **the ~st sign** or **indication of sth** najmniejsza oznaka czegoś [6] (absolute) **the ~ minimum** absolutne minimum; **the ~ essentials** or **necessities** to, co najniezbędniejsze or absolutnie konieczne [7] (unembellished) *[facts, truth]* nagi [8] (in bridge) *[ace, king]* goły infml
II *vt* obnaż|yć, -ać, odsł|onić, -aniać *[part of body]*; **to ~ one's chest** obnażyć klatkę piersiową; **to ~ one's head** odkryć głowę; **the dog ~d its teeth** pies obnażył or wyszczerzył kły; **to ~ one's heart** or **soul to sb** otworzyć serce or duszę przed kimś

bare-ass(ed) /ˌbeərˈæst/ *adj* vinfml goły; z gołą dupą vulg

bareback /ˈbeəbæk/ *adv [ride]* na oklep

bareback rider *n* jeździec *m* jadący na oklep

bare bones /ˌbeəˈbəʊnz/ **I** *npl* **the ~** to, co najistotniejsze; **the ~ of the story are...** najistotniejsze w całej historii jest to, że...
II **bare-bones** *adj [account]* suchy, pozbawiony szczegółów

barefaced /ˌbeəˈfeɪst/ *adj [lie]* bezczelny; **he had the ~ nerve to ask me to leave** miał czelność wyprosić mnie

barefoot /ˈbeəfʊt/ **I** *adj [person]* bosy; **to be ~** być boso; być na bosaka infml
II *adv [walk, run]* boso; na bosaka infml

barehanded /ˌbeəˈhændɪd/ *adv [fight]* na gołe pięści; *[dig, work]* gołymi rękami

bareheaded /ˌbeəˈhedɪd/ *adj [person]* z gołą or odkrytą głową

bare-knuckle /ˌbeəˈnʌkl/ **I** *adj [fight]* na gołe pięści; fig *[politician]* pozbawiony skrupułów, bezkompromisowy
II *adv [fight]* na gołe pięści; **she has always fought ~ for her rights** fig zawsze walczyła bezpardonowo o swe prawa

barelegged /ˌbeəˈlegd/ *adj* z gołymi nogami

barely /ˈbeəlɪ/ *adv* [1] *[audible, capable, conscious, disguised]* ledwie, ledwo, zaledwie; **he was ~ able to walk** ledwie or ledwo mógł chodzić; **~ concealed hostility** ledwie skrywana wrogość; **~ 12 hours later** zaledwie 12 godzin później; **she had ~ finished when...** ledwo skończyła, gdy...; **to earn ~ enough to pay the rent** zarabiać zaledwie tyle, żeby opłacić czynsz [2] *[furnished]* skąpo

bareness /ˈbeənɪs/ *n* (of walls, boards, rock) nagość *f*

Barents Sea /ˈbærəntssiː/ *prn* **the ~** Morze *n* Barentsa

bar exams *n* GB egzaminy *m pl* adwokackie

barf /bɑːf/ vinfml **I** *n* US rzygowiny *plt*, rzygi *plt* infml; **~!** rzygać się chce! infml
II *vi* rzygać, haftować infml

barfly /ˈbɑːflaɪ/ *n* US infml knajpiarz *m* infml

bargain /ˈbɑːgɪn/ **I** *n* [1] (deal) umowa *f*, układ *m*; **to make** or **strike a ~** zawrzeć umowę or układ, umówić się; **to keep one's side of the ~** dotrzymać umowy; **to drive a hard ~** stawiać twarde warunki; **it's a ~!** umowa stoi!; **into the ~** na dodatek, w dodatku, do tego; **she's fat, spotty and stupid into the ~** ona jest gruba, pryszczata, a do tego or a na dodatek głupia [2] (good buy) okazja *f*; **what a ~!** co za okazja!; **to get a ~** kupić po okazyjnej cenie; **a ~ at £10** za 10 funtów to okazja
II *modif [book, house]* po okazyjnej cenie
III *vi* [1] (for deal) pertraktować, prowadzić negocjacje **(with sb** z kimś); **to ~ for sth** pertraktować w sprawie czegoś [2] (over price) targować się **(with sb** z kimś); **to ~ for a lower price** targować się o niższą cenę; **to ~ over the price of sth** targować się o cenę czegoś
■ **bargain away**: **~ away [sth]** odda|ć, -wać (coś) za małe pieniądze; fig przehandlować, przefrymarczyć *[freedom, privilege, rights]*
■ **bargain for, bargain on**: **~ for [sth], ~ on [sth]** (expect) spodziewać się (czegoś); (depend on) liczyć na (coś); **we got more than we ~ed for** tego się nie spodziewaliśmy; **I wouldn't ~ on the speaker arriving early** nie liczyłbym na to, że mówca zjawi się wcześnie
IDIOMS: **to make the best of a bad ~** robić dobrą minę do złej gry

bargain basement *n* dział *m* z towarami przecenionymi

bargain hunter *n* amator *m*, -ka *f* okazyjnych zakupów

bargaining /ˈbɑːgɪnɪŋ/ **I** *n* (over pay) pertraktacje *plt*, negocjacje *plt*
II *modif [position]* przetargowy; *[framework, machinery, procedure]* negocjacyjny;

greater ~ **power** silniejsza pozycja przetargowa; ~ **rights** uprawnienia do prowadzenia pertraktacji
bargaining chip *n* karta *f* przetargowa
bargain offer *n* oferta *f* specjalna
bargain price *n* cena *f* okazyjna
barge /bɑːdʒ/ **I** *n* [1] (living in, freight) barka *f*, krypa *f* [2] (in navy) szalupa *f* motorowa [3] (old boat) krypa *f*
II *vt* (shove) od|epchnąć, -pychać, po|pchnąć, -ychać *[player, runner]*; **to ~ one's way through a crowd** torować sobie łokciami drogę w tłumie
III *vi* (move roughly) **to ~ through a crowd** przepchnąć się przez tłum; **to ~ past sb** odepchnąć kogoś
■ **barge in** (enter rudely) wparować, wtargnąć; (interrupt rudely) wtrąc|ić, -ać się bezceremonialnie; **to ~ in on sb** przerwać komuś bezceremonialnie; **to ~ in on a meeting** wtargnąć na zebranie; **sorry to ~ in** przepraszam, że się wtrącam
■ **barge into** wpa|ść, -dać do (czegoś) *[room, house]*; wpa|ść, -dać na (kogoś) *[person]*
bargee /bɑːˈdʒiː/ *n* GB flisak *m*; barkarz *m* dat
IDIOMS: **to swear like a ~** kląć jak szewc
bargepole /ˈbɑːdʒpəʊl/ *n* długie wiosło *n*; pych *m* infml
IDIOMS: **I wouldn't touch him with a ~** nie chcę mieć z nim nic wspólnego, wolę trzymać się od niego z daleka; **I wouldn't touch this car/house with a ~** za nic nie chciałbym mieć tego samochodu/domu
bar graph *n* = **bar chart**
baritone /ˈbærɪtəʊn/ **I** *n* baryton *m*; **to sing ~** śpiewać barytonem; **he's one of the best ~s around** jest jednym z najlepszych barytonów
II *modif [voice, part, solo, saxophone]* barytonowy
barium /ˈbeərɪəm/ *n* Chem bar *m*
barium meal *n* papka *f* barytowa
bark[1] /bɑːk/ **I** *n* (of tree) kora *f*; **chipped** or **shredded ~** Hort mieszanka korowa
II *vt* korować, okorow|ać, -ywać *[tree]*; o|trzeć, -cierać *[skin, knee]*; **I ~ed my elbow** otarłem sobie łokieć
bark[2] /bɑːk/ **I** *n* (of dog) szczek *m*, szczeknięcie *n*, szczekanie *n*, ujadanie *n*; **to give a loud ~** głośno zaszczekać
II *vt* (shout) *[officer]* wywrz|eszczeć, -askiwać *[order]*; *[barker]* wrzaskiem zachwalać *[wares]*; **to ~ (out) sth at sb** wywrzaskiwać coś komuś w twarz
III *vi [dog]* za|szczekać, ujadać **(at sb/sth** na kogoś/coś); *[person]* (say) war|knąć, -czeć **(at sb** na kogoś); (shout) wrzeszczeć, wywrzaskiwać **(at sb** na kogoś)
IDIOMS: **his ~ is worse than his bite** nie jest taki groźny na jakiego wygląda; więcej szczeka niż gryzie; **to be ~ing up the wrong tree** grubo się mylić; źle kombinować infml; **(it's a case of) keep a dog and ~ yourself** kazał pan, musiał sam
bark[3] /bɑːk/ *n* (boat) liter łódź *f*; (sailing ship) barkentyna *f*, bark *m*
barkeeper /ˈbɑːkiːpə(r)/ *n* barman *m*
barker /ˈbɑːkə(r)/ *n* (at fair) naganiacz *m* infml *(przyciągający klientów)*
barking /ˈbɑːkɪŋ/ **I** *n* szczekanie *n*, szczek *m*, ujadanie *n*
II *adj [dog]* ujadający; *[voice]* szczekliwy; *[cough]* urywany; *[laugh]* rechotliwy
IDIOMS: **to be ~ (mad)** GB infml stracić kompletnie rozum, nie mieć piątej klepki infml
barley /ˈbɑːlɪ/ **I** *n* Agric jęczmień *m*; Culin kasza *f* jęczmienna
II *modif* jęczmienny
barley beer *n* = **barley wine**
barleycorn /ˈbɑːlɪkɔːn/ *n* ziarno *n* jęczmienne
barley sugar *n* twardy cukierek *m*
barley water *n* GB *napój z gotowanego ziarna jęczmienia z sokiem pomarańczowym lub cytrynowym*
barley wine *n* GB mocne piwo *n*
bar line *n* Mus kreska *f* taktowa
barm /bɑːm/ *n* [1] (froth) piana *f* *(na fermentujących napojach słodowych)* [2] GB dial (yeast) drożdże *plt* piwowarskie
barmaid /ˈbɑːmeɪd/ *n* barmanka *f*
barman /ˈbɑːmən/ *n* (*pl* **-men**) barman *m*
bar mitzvah /ˌbɑː ˈmɪtzvə/ *n* [1] (also **Bar Mitzvah)** (ceremony) bar micwa(h) *f* [2] (boy) *chłopiec żydowski obchodzący bar micwa*
barmy /ˈbɑːmɪ/ *adj* GB infml *[person]* (lekko) kopnięty, stuknięty, szurnięty infml; *[plan, idea, outfit]* zwariowany, szalony; **to be as ~ as they come** być kompletnie szurniętym infml; **to go ~** (get angry) wściec się, wkurzyć się infm **(with sb** na kogoś); (get excited) szaleć, wariować fig
barn /bɑːn/ *n* (for crops) stodoła *f*; (for cattle) obora *f*; (for horses) stajnia *f*; **a great ~ of a house** infml dom wielki jak stodoła
barnacle /ˈbɑːnəkl/ *n* Zool pąkla *f*
IDIOMS: **to cling to sb like a ~** przyczepić się do kogoś jak rzep (do psiego ogona)
barnacle goose *n* Zool bernikla *f* białolica
barn dance *n* wiejska zabawa *f*
barn door *n* wrota *plt* stodoły
IDIOMS: **it's as big as a ~** *[landmark]* jest tak wielki, że ślepy by zauważył; **he's built like a ~** z niego jest kawał chłopa
barney /ˈbɑːnɪ/ *n* GB infml kłótnia *f*
barn owl *n* Zool sowa *f* płomykówka *f*
barnstorm /ˈbɑːnstɔːm/ US Pol **I** *vt* z|robić objazd (czegoś) *[region]* *(prowadząc kampanię wyborczą na prowincji)*
II *vi* prowadzić kampanię wyborczą na prowincji
barnstormer /ˈbɑːnstɔːmə(r)/ *n* Pol płomienny mówca *m*
barnstorming /ˈbɑːnstɔːmɪŋ/ *adj [campaign, performance]* spektakularny, na wielką skalę
barnyard /ˈbɑːnjɑːd/ **I** *n* podwórze *n* (gospodarskie)
II *modif [behaviour, manners]* prostacki
barogram /ˈbærəgræm/ *n* barogram *m*
barograph /ˈbærəgrɑːf, US -græf/ *n* barograf *m*
barometer /bəˈrɒmɪtə(r)/ *n* barometr *m* also fig; **the ~ is rising/falling** barometr podnosi się/spada; **the~is set fair** barometr wskazuje poprawę pogody; **a ~ of public feeling** fig barometr nastrojów społecznych
barometric /ˌbærəˈmetrɪk/ *adj* barometryczny
baron /ˈbærən/ *n* [1] (noble) baron *m*; **Baron Pratt** baron Pratt [2] (tycoon) potentat *m*, magnat *m*; **drugs ~** baron narkotykowy infml; **media ~** magnat prasowy; **industrial ~** potentat przemysłowy [3] Culin **~ of beef** krzyżówka *f* (wołowa), krzyżowa *f*
baroness /ˈbærənɪs/ *n* (baron's wife) baronowa *f*; (title) baronessa *f*
baronet /ˈbærənɪt/ *n* baronet *m*
baronial /bəˈrəʊnɪəl/ *adj* [1] (of a baron) baronowski [2] fig (splendid) okazały, wspaniały
barony /ˈbærənɪ/ *n* (rank) baronostwo *n*; (land) baronia *f*
baroque /bəˈrɒk, US bəˈrəʊk/ **I** *n* **the ~** barok *m*
II *adj* barokowy
barque /bɑːk/ *n* = **bark**[3]
barrack /ˈbærək/ **I barracks** *n* (+ *v sg/pl*) [1] Mil koszary *plt*; **in (the) ~s** w koszarach [2] infml pej (building) gmaszysko *n*; **a huge ~s of a house** wielkie gmaszysko
II *modif [life]* koszarowy
III *vt* GB (jeer) wygwizd|ać, -ywać
IV *vi* Austral (cheer) **to ~ for sb** zagrzewać, -ewać kogoś do walki
barracking /ˈbærəkɪŋ/ *n* głośne wyrazy *m pl* dezaprobaty; **to be subjected to ~ (from sb)** zostać wygwizdanym (przez kogoś)
barrack room **I** *n* izba *f* koszarowa, pomieszczenie *n* koszarowe
II *modif* pej *[joke, language]* koszarowy
barrack-room lawyer *n* GB pej mędrek *m* infml
barracks lawyer *n* US pej = **barrack-room lawyer**
barracks bag *n* worek *m* żołnierski
barrack square *n* plac *m* koszarowy or apelowy
barracuda /ˌbærəˈkuːdə/ *n* (*pl* **-s, ~)** barakuda *f*
barrage /ˈbærɑːʒ, US bəˈrɑːʒ/ *n* [1] Civ Eng zapora *f*, stopień *m* wodny [2] Mil ogień *m* zaporowy [3] fig (of questions, insults) grad *m* fig; (of complaints, words) potok *m* fig; (of advertising, propaganda) zalew *m* fig; **my comments provoked a ~ of criticism** moje komentarze spotkały się z krytyczną oceną
barrage balloon *n* balon *m* zaporowy
barre /bɑː(r)/ *n* (in ballet) drążek *m*
barrel /ˈbærəl/ **I** *n* [1] (container) (for wine, beer, herring, tar) beczka *f*, beczułka *f*; (for petroleum) baryłka *f* [2] (also **barrelful)** (of wine, beer, herring, tar) beczka *f*, beczułka *f* **(of sth** czegoś); (of petroleum) baryłka *f* **(of sth** czegoś) [3] (of firearm) lufa *f* [4] (of pen) zbiorniczek *m* [5] (of clock) bęben *m* sprężyny [6] (of machine) bęben *m*
II *vt* (*prp, pt, pp* **-ll-**, US **-l-)** za|beczkować *[wine, beer, fish]*
III *vi* (*prp, pt, pp* **-ll-**, US **-l-)** infml **to go ~ling along** pruć, posuwać infml
IDIOMS: **a ~ of laughs** infml hum (event, situation) beczka śmiechu; **a ~ of fun** infml hum (person) wesołek; **to attack sb with both ~s** wypalić (do kogoś) z grubej rury; **to have sb over a ~** infml przystawić or przyłożyć komuś nóż do gardła → **lock, scrape**
barrel-chested /ˌbærəlˈtʃestɪd/ *adj* z wydatnym torsem

barrelhouse /ˈbærəlhaʊs/ *n* US (saloon) saloon *m*; Mus styl *m* jazzowy „barrelhouse" *(o prostym, żywiołowym rytmie)*

barrel organ *n* katarynka *f*

barrel roll *n* Aviat beczka *f*

barrel vault *n* Archit sklepienie *n* beczkowe

barren /ˈbærən/ *adj* [1] *[land]* jałowy; *[plant]* niepłodny; *[woman]* arch bezpłodny [2] (unrewarding) *[activity, effort]* jałowy; *[style]* surowy, suchy; **to be ~ of sth** być pozbawionym czegoś

Barren Grounds *npl* pej = **Barren Lands**

Barren Lands *npl* tundra *f* kanadyjska

barrenness /ˈbærənnɪs/ *n* (of land) jałowość *f*; (of plant) niepłodność *f*; (of woman) arch bezpłodność *f*

barrette /bəˈret/ *n* US klamerka *f* do włosów, spinka *f*

barricade /ˌbærɪˈkeɪd/ **I** *n* barykada *f*; **to man the ~s** obsadzić barykady, bronić barykad

II *vt* za|barykadować *[road]*

III *vr* **to ~ oneself** za|barykadować się **(in/into sth** w czymś); **they ~d themselves into their houses** zabarykadowali się w domach

barrier /ˈbærɪə(r)/ *n* [1] (fence) bariera *f*; (across gateway) szlaban *m*; **(ticket) ~** Rail bramka *f* [2] fig (cultural, economic, psychological) bariera *f*; (to understanding) przeszkoda *f* **(to sth** w czymś); (to progress) hamulec *m* **(to sth** czegoś); **language ~** bariera językowa; **trade ~** ograniczenia w handlu; **~ of distrust** bariera podejrzliwości or nieufności; **to break down ~s** znieść or obalić bariery; **to put up ~s** Psych zamykać się w sobie, odgradzać się od rzeczywistości

barrier cream *n* krem *m* ochronny

barrier method *n* barierowa metoda *f* zapobiegania ciąży

barrier nursing *n* opieka *f* nad chorymi izolowanymi od otoczenia

barrier reef *n* rafa *f* barierowa, bariera *f* koralowa; **the Great Barrier Reef** Wielka Rafa Koralowa

barring /ˈbɑːrɪŋ/ *prep* wyjąwszy (kogoś /coś); **~ accidents** o ile nic nieprzewidzianego nie stanie na przeszkodzie; **nobody, ~ a madman** nikt, chyba że szaleniec

barrio /ˈbɑːrɪəʊ/ *n* US dzielnica *f* zamieszkana przez Latynosów

barrister /ˈbærɪstə(r)/ *n* GB obrońca *m*, adwokat *m*, -ka *f*

barroom /ˈbɑːruːm/ *n* bar *m*; **a ~ brawl** karczemna burda infml

barrow[1] /ˈbærəʊ/ *n* [1] (also **wheelbarrow**) taczka *f*, taczki *f pl* [2] GB (on market) wózek *m* straganiarski

barrow[2] /ˈbærəʊ/ *n* Archeol kopiec *m*, kurhan *m*

barrow[3] /ˈbærəʊ/ *n* (pig) kastrowany wieprz *m*

barrow boy *n* straganiarz *m*, kramarz *m*

bar school *n* szkoła *f* dla aplikantów adwokackich

bar stool *n* stołek *m* barowy

Bart. *n* = baronet

bartender /ˈbɑːtendə(r)/ *n* US barman *m*, -ka *f*

barter /ˈbɑːtə(r)/ **I** *n* [1] (exchange) handel *m* wymienny [2] (goods used in exchange) **to use shells as ~** używać muszli jako środka płatniczego

II *modif [agreement, trade]* barterowy

III *vt* wymieni|ć, -ać **(for sth** na coś); fig przehandlować pej **(for sth** za coś); **he ~ed his literary freedom for fame** zrezygnował z wolności pisarskiej dla rozgłosu; **'the Bartered Bride'** Mus „Sprzedana narzeczona"

IV *vi* [1] (by exchange) prowadzić handel wymienny; (one deal) przeprowadz|ić, -ać transakcję wymienną [2] (haggle) targować się **(with sb** z kimś); **to ~ for sth** targować się o coś

Bartholomew /bɑːˈθɒləmjuː/ *prn* Bartłomiej *m*; **the St ~'s Day massacre** noc św. Bartłomieja

baryon /ˈbærɪɒn/ *n* Phys barion *m*

baryton /ˈbærɪtəʊn/ *n* (instrument) viola *f* di bordone, baryton *m*

basal /ˈbeɪsl/ *adj* (fundamental) podstawowy; (situated at base) leżący u podstawy; Med podstawny

basal anaesthesia GB, **basal anesthesia** US *n* znieczulenie *n* podstawowe

basal body *n* ciałko *n* podstawowe, blefaroplast *m*

basal cell *n* komórka *f* podstawna or warstwy podstawnej

basal cell carcinoma *n* rak *m* podstawnokomórkowy

basal ganglion *n* zwój *m* podstawy mózgu

basal metabolic rate *n* wskaźnik *m* podstawowej przemiany materii

basal metabolism *n* podstawowa przemiana *f* materii

basalt /ˈbæsɔːlt, US ˈbeɪ-, bəˈsɔːlt/ *n* bazalt *m*; **~ lava** lawa bazaltowa

bascule /ˈbæskjuːl/ *n* urządzenie *n* dźwigowe z przeciwciężarem; **~ bridge** most podnoszony

base[1] /beɪs/ **I** *n* [1] (bottom part) (of lamp, pyramid, statue, tower, monument) podstawa *f*; (of column) baza *f*; (of cliff, mountain) podnóże *n*; (of bed) stelaż *m*; **a cake with a sponge ~** tort na spodzie biszkoptowym [2] (underside) (of box, iron, vase) spód *m* [3] (centre of operations) centrala *f*; (for excursions) baza *f* wypadowa; **Edinburgh was my ~ for exploring Scotland** Edynburg był moją bazą wypadową do wycieczek po Szkocji [4] Mil baza *f*; **naval/air ~** baza morska/lotnicza; **to return to ~** wrócić do bazy [5] fig (basis) (for calculation, research, study) podstawa *f*, baza *f*; **this discovery became the ~ for further research** to odkrycie stało się podstawą dalszych badań; **a strong industrial ~ guarantees growth** silna baza przemysłowa zapewnia rozwój; **to have a broad ~** mieć solidne podstawy [6] Culin, Cosmet, Pharm (main ingredient) podstawowy składnik *m* [7] (inactive medium) (for cosmetics, pharmaceuticals) podłoże *n*; (for paints) spoiwo *n* [8] Anat, Bot, Zool (of brain, heart) podstawa *f*; (of leaf, tail, thumb) nasada *f*; (of spine) odcinek *m* lędźwiowy (kręgosłupa) [9] Math podstawa *f*; **in ~ 2** przy podstawie 2 [10] (in geometry) podstawa *f* [11] Chem zasada *f* [12] Sport (in baseball) baza *f*; **to get to first ~** dobiec do pierwszej bazy; fig zakończyć pierwszy etap

II *vt* [1] (take as foundation) op|rzeć, -ierać *[work of art, idea, calculation]* **(on sth** na czymś); **to be ~d on sth** opierać się or być opartym na czymś [2] (have as operations centre) umiejsc|owić, -awiać; **to be ~d in London** *[company]* mieścić się or mieć siedzibę w Londynie; *[person]* pracować w Londynie; **the fleet is ~d on the North Sea coast** flota ma bazę na wybrzeżu Morza Północnego

III based *pp adj* [1] *[film]* oparty **(on sth** na czymś); na podstawie **(on sth** czegoś); **a film ~d on a novel by Henry James/on a true story** film na podstawie powieści Henry'ego Jamesa/oparty na faktach [2] *[company]* z siedzibą, mający siedzibę; **a company ~d in Warsaw** firma z siedzibą or mająca siedzibę w Warszawie

IV -based *in combinations* **Warsaw-~d** *[company]* z siedzibą or mający siedzibę w Warszawie; *[person]* z Warszawy, pracujący w Warszawie; **I'm home-~d** (at headquarters) pracuję w centrali; (at home) pracuję w domu; **land-/carrier-~d missiles** pociski atakujące z ziemi/z lotniskowców; **computer-~d training** szkolenie z wykorzystaniem techniki komputerowej

IDIOMS: **to be (way) off ~** US infml (grubo) mylić się infml; **to catch sb off ~** US infml zaskoczyć kogoś; zbić kogoś z pantałyku infml; **to steal a ~ on sb** US infml wysforować się przed kogoś infml; **to touch all the ~s** US wziąć pod uwagę wszystko; **to touch ~ (with sb)** US pogadać (z kimś)

base[2] /beɪs/ *adj* [1] (morally low) *[emotion, motive]* niski; *[conduct]* nikczemny, niegodziwy, podły [2] (degrading) *[job, task]* poniżający, pośledni [3] *[coin]* o niższej zawartości kruszcu; oberżnięty arch [4] arch (of low birth) *[descent]* niski arch; *[person]* niskiego pochodzenia arch; (illegitimate) *[child]* nieprawy, z nieprawego łoża arch

baseball /ˈbeɪsbɔːl/ *n* [1] (game) baseball *m* [2] (ball) piłka *f* do gry w baseball

baseboard /ˈbeɪsbɔːrd/ *n* US listwa *f* przypodłogowa

baseborn /ˈbeɪsbɔːn/ *adj* arch (of low birth) niskiego pochodzenia arch; (illegitimate) nieprawy, z nieprawego łoża arch

base camp *n* baza *m* (wypadowa)

base coat *n* podkład *m*, pierwsza warstwa *f* (farby)

base form *n* Ling temat *m* główny

base jumping *n* skoki *m pl* spadochronowe z wieży

Basel /ˈbɑːzl/ *prn* Bazylea *f*

base lending rate *n* Fin podstawowa stopa *f* kredytowania

baseless /ˈbeɪslɪs/ *adj [accusation, supposition]* bezpodstawny, nieuzasadniony

baselessness /ˈbeɪsləsnɪs/ *n* bezpodstawność *f*

baseline /ˈbeɪslaɪn/ *n* [1] (in tennis) linia *f* końcowa główna; (in baseball) linia *f* główna (karna) [2] (in surveying) linia *f* odniesienia; fig punkt *m* odniesienia [3] Advertg slogan *m* reklamowy

basely /ˈbeɪslɪ/ *adv [betray, insult, treat]* podle, nikczemnie, niegodziwie

base man *n* US Sport gracz *m* na bazie

basement /ˈbeɪsmənt/ **I** *n* (for living) suterena *f*; (for storage) piwnica *f*; (under church,

castle) podziemie *n*, podziemia *n pl*; **in the ~** w suterenie or piwnicy or podziemiach **II** *modif [flat, apartment, kitchen]* w suterenie
base metal *n* metal *m* nieszlachetny
baseness /ˈbeɪsnɪs/ *n* nikczemność *f*, niegodziwość *f*, podłość *f*
base period *n* Stat okres *m* bazowy or statystyczny or obliczeniowy
base rate *n* Fin bazowa stopa *f* oprocentowania
bases[1] /ˈbeɪsəz/ *npl* → **base**[1]
bases[2] /ˈbeɪsiːz/ *npl* → **basis**
base station *n* Telecom stacja *f* bazowa (telefonii komórkowej)
base year *n* Fin rok *m* bazowy or obliczeniowy
bash /bæʃ/ infml **I** *n* [1] (blow) walnięcie *n*, rąbnięcie *n* infml; **to give sb a ~ on the nose** walnąć or rąbnąć kogoś w nos infml; **to get a ~ on the head** nabić sobie guza [2] (dent) wgniecenie *n*; **my car has a ~ on the door** mój samochód ma wgniecione drzwi [3] (attempt) próba *f*; **to have a ~ at sth, to give sth a ~** popróbować or spróbować czegoś, przymierzyć się do czegoś; **go on, have a ~** or **give it a ~!** no już, spróbuj! [4] dat (party) jubel *m* infml [5] US (good time) **to have a ~** dobrze się bawić
II *vt* [1] (hit) walnąć, rąbnąć, grzmotnąć *[person]*; walnąć w (coś), rąbnąć w (coś), grzmotnąć w (coś) infml *[kerb, tree, wall]*; **she ~ed her head on** or **against the shelf** walnęła or rąbnęła or grzmotnęła głową o półkę; **he ~ed my head against the wall** tłukł moją głową o ścianę; **to ~ sb on** or **over the head** walnąć or rąbnąć or grzmotnąć kogoś w głowę [2] (criticize) przejechać się po (kimś/czymś) infml *[person, group]*
■ **bash about, bash around**: ¶ **~ [sb] about** or **around** wygrzmocić infml *[person]* ¶ **~ [sth] about** or **around** poobijać *[car, furniture]*
■ **bash in**: **~ in [sth], ~ [sth] in** wyłam|ać, -ywać *[door]*; z|miażdżyć *[part of car, face]*
■ **bash into**: **~ into [sth]** walnąć w (coś), rąbnąć w (coś), grzmotnąć w (coś)
■ **bash on** (continue working) zasuwać dalej infml; **to ~ on with the painting** dalej malować
■ **bash out**: **~ out [sth], ~ [sth] out** odbębni|ć, -ać, odwal|ić, -ać infml *[work]*; wy|bębnić *[tune]*; wystuk|ać, -iwać *[letters]*
■ **bash up**: ¶ **~ up [sth], ~ [sth] up** rozwal|ić, -ać infml *[car]* ¶ **~ up [sb], ~ [sb] up** poturbować *[person]*
bashful /ˈbæʃfl/ *adj* wstydliwy, nieśmiały; **to be ~ about sth** wstydzić się czegoś; **to be ~ about doing sth** wstydzić się coś robić
bashfully /ˈbæʃfəlɪ/ *adv* wstydliwie, nieśmiało
bashfulness /ˈbæʃflnɪs/ *n* nieśmiałość *f*, wstydliwość *f*
bashing /ˈbæʃɪŋ/ *n* infml [1] (beating) manto *n* infml; **to give sb a ~** spuścić komuś manto, dołożyć komuś infml; **to take a ~** dostać manto, oberwać infml; **the table has taken a ~ over the years** ten stół wiele zniósł przez lata [2] fig (criticism) nagonka *f* infml; **union ~** nagonka na związki zawodowe; **to take a ~ (from sb)** oberwać (od kogoś) infml
basic /ˈbeɪsɪk/ **I basics** *npl* **the ~s** (of knowledge, study) podstawy *f pl*; (necessities) artykuły *m pl* pierwszej potrzeby; (food) podstawowe produkty *m pl* spożywcze; **to go back to ~s** wrócić do spraw or kwestii zasadniczych; **to get down to ~s** zająć się sprawami or kwestiami zasadniczymi
II *adj* [1] (fundamental) *[aim, fact, principle, theme]* podstawowy, zasadniczy [2] (elementary) *[education, knowledge, rule, skill]* podstawowy, elementarny [3] (rudimentary) *[facilities]* najniezbędniejszy; *[accommodation, meal]* skromny; **the accommodation was rather ~** pej kwatery były dość prymitywne [4] (before additions) *[pay, wage, working hours]* podstawowy [5] Chem zasadowy
BASIC /ˈbeɪsɪk/ *n* Comput = **beginners' all-purpose symbolic instruction code** język *m* programowania BASIC
basically /ˈbeɪsɪklɪ/ *adv* [1] (fundamentally) zasadniczo, z gruntu; **a ~ honest man** z gruntu uczciwy człowiek [2] (for emphasis) w zasadzie, właściwie; **~, I don't like him very much** właściwie or w zasadzie niezbyt go lubię
basic law *n* ustawa *f* zasadnicza
basic overhead expenditure *n* Fin nakłady *m pl* podstawowe, koszty *m pl* ogólne
basic rate *n* podstawowa stawka *f* taryfowa
basic salt *n* sól *f* zasadowa
basic slag *n* tomasyna *f*, żużel *m* Thomasa
basic training *n* Mil przysposobienie *n* wojskowe
basil /ˈbæzl/ *n* Bot bazylia *f*
basilica /bəˈzɪlɪkə/ *n* bazylika *f*
basilisk /ˈbæzɪlɪsk/ *n* Mythol, Zool bazyliszek *m*
basin /ˈbeɪsn/ *n* [1] Culin miska *f*; (larger) misa *f* [2] (for washing) umywalka; (not plumbed) miednica *f*; (for washing up) zlew *m*; **wash** or **hand ~** umywalka *f* [3] Geog (of sea) basen *m*, zlewisko *n*; (of river) dorzecze *n*; (depression) kotlina *f*, niecka *f* [4] Naut (of port, canal) basen *m* [5] (of fountain) basen *m*
basinful /ˈbeɪsnfʊl/ *n* (pełna) miska *f*, misa *f* **(of sth** czegoś)
IDIOMS: **to have had a ~ of sb/sth** infml mieć kogoś/czegoś po dziurki w nosie
basis /ˈbeɪsɪs/ *n* (*pl* **-ses**) [1] (foundation, grounds) podstawa *f* **(of sth** czegoś); (of discussion, theory) punkt *m* wyjścia; **a ~ for sth/for doing sth** podstawa do czegoś/do zrobienia czegoś; **on the ~ of sth** na podstawie czegoś *[earnings, evidence, salary]*; **to serve as the ~ for sth** służyć za podstawę czemuś [2] (principle, system) zasada *f*; **on that ~** na tej zasadzie; **on an equal /a voluntary ~** na zasadzie równości /dobrowolności; **on a part-time ~** na niepełnym etacie; **we meet on a regular/monthly ~** spotykamy się regularnie /co miesiąc; **on a regional ~** na szczeblu regionu; **on a national ~** w skali całego kraju [3] (justification) podstawy *f pl*, uzasadnienie *n*; **to have no ~** nie mieć podstaw or uzasadnienia
bask /bɑːsk, US bæsk/ *vi* wygrzewać się; **to ~ in sth** pławić się w (czymś) *[sun, warmth, luxury]*; upajać or rozkoszować się czymś *[approval, affection]*; **to ~ in sb's reflected glory** pławić się w blasku sławy kogoś
basket /ˈbɑːskɪt, US ˈbæskɪt/ *n* [1] (container) kosz *m*, koszyk *m*; (small) koszyczek *m*; (with one handle) kobiałka *f*; (with lid) koszałka *f* ra; (of bark) łubianka *f*; (of balloon) kosz *m*, gondola *f*; **a ~ of sth** (pełen) kosz(yk) czegoś; **sewing** or **work ~** koszyk do robótek [2] (range) koszyk *m*; **~ of currencies** Fin koszyk walut or walutowy [3] Sport (in basketball) kosz *m*; **to score** or **make a ~** rzucić or wbić or strzelić kosza infml [4] (in skiing) talerzyk *m*; (in fencing) kosz *m* jelca [5] US vinfml (male genitals) jaja *n pl* vulg [6] dat infml bękart *m* dat
IDIOMS: **to fling sb/sth into one ~** wrzucić kogoś/coś do jednego worka
basketball /ˈbɑːskɪtbɔːl, US ˈbæsk-/ *n* Sport [1] (game) koszykówka *f* [2] (ball) piłka *f* do koszykówki or koszykowa
basketball player *n* koszyka|rz *m*, -rka *f*
basketball shoes *npl* baskety *m pl* infml *(buty do gry w koszykówkę)*
basket case *n* infml [1] (nervous wreck) kłębek *m* nerwów [2] (car, machine) szmelc *m* infml [3] (economy, country) beznadziejny przypadek *m* fig; **the economy is a ~** gospodarka jest w opłakanym stanie [4] US offensive inwalid|a *m*, -ka *f* na wózku; połamaniec *m* na wózku offensive
basket chair *n* (of wicker) fotel *m* wiklinowy; (of cane) fotel *m* bambusowy; (of rushes) fotel *m* trzcinowy
basket clause *n* postanowienie *n* ogólne
basketful /ˈbɑːskɪtfʊl, US ˈbæsk-/ *n* (pełen) kosz *m*, koszyk *m* **(of sth** czegoś)
basket hilt *n* jelec *m* koszowy
basket maker *n* [1] koszyka|rz *m*, -rka *f* [2] Archeol **Basket Maker** wyplatacz *m* koszy
basket-making /ˈbɑːskɪtmeɪkɪŋ, US ˈbæskɪtmeɪkɪŋ/ *n* koszykarstwo *n*
basketry /ˈbɑːskɪtrɪ, US ˈbæskɪtrɪ/ *n* [1] (objects) wyroby *m pl* koszykarskie [2] (craft) koszykarstwo *n*
basket weave *n* splot *m* plecionkarski
basketwork /ˈbɑːskɪtwɜːk, US ˈbæskɪtwɜːrk/ *n* [1] (objects) wyroby *m pl* koszykarskie [2] (craft) koszykarstwo *n*
basking shark /ˌbɑːskɪŋˈʃɑːk, US ˌbæsk-/ *n* (rekin *m*) długoszpar *m*
Basle /bɑːl/ *prn* → **Basel**
basmati rice /bəzˌmætɪ ˈraɪs/ *n* ryż *m* długoziarnisty basmati
basque /bæsk/ *n* Fashn baskin(k)a *f*
Basque /bæsk/ **I** *n* [1] (person) Bask *m*, -ijka *f* [2] Ling (język *m*) baskijski *m*
II *adj* baskijski
Basque Country *n* **the ~** Kraj *m* Basków; Baskonia *f* ra
bas-relief /ˈbæsrɪliːf, ˈbɑːrɪliːf/ **I** *n* płaskorzeźba *f*, relief *m* płaski
II *adj* płaskorzeźbiony
bass[1] /beɪs/ **I** *n* [1] (singer, voice) bas *m*; **he's a ~** on jest basem [2] (instrument) kontrabas *m* [3] (part) partia *f* basowa; **he sings (the) ~** śpiewa partię basową [4] (frequency) niskie tony *m pl*, basy *m pl*
II *modif* [1] *[voice, range, solo]* basowy; *[aria]* na bas [2] *[flute, guitar, trombone, tuba]*

B

basowy; **the ~ strings** struny basowe [3] *[part, line]* basowy [4] *[sound, notes]* niski; **~ controls** regulacja niskich tonów

bass² /bæs/ *n* Zool (freshwater) okoń *m* → **sea bass**

bass-baritone /ˌbeɪsˈbærɪtəʊn/ *n* bas *m* baryton *m*

bass clef *n* klucz *m* basowy

bass drum *n* bęben *m* wielki

basset /ˈbæsɪt/ *n* (also **~ hound**) basset *m*

basset horn *n* bassethorn *m*, basetorn *m*

bass horn *n* basshorn *m*

bassinet /ˌbæsɪˈnet/ *n* US łóżeczko koszyk *m* dla noworodka

bassist /ˈbeɪsɪst/ *n* (kontra)basist|a *m*, -ka *f*

basso continuo /ˌbæsəʊkənˈtɪnjʊəʊ/ *n* basso *inv* continuo

bassoon /bəˈsuːn/ *n* fagot *m*

basso profundo /ˌbæsəʊprəˈfʌndəʊ/ *n* (*pl* **bassos profundos, bassi profundi)** basso *inv* profondo

bastard /ˈbɑːstəd, US ˈbæs-/ **I** *n* [1] vinfml pej (term of abuse) łajdak *m*, kanalia *m*; sukinsyn *m* vinfml; **he was a real ~ to her** traktował ją jak prawdziwy sukinsyn [2] vinfml (humorously, derisively) skurczybyk *m* infml euph; sukinkot *m* infml hum; **poor ~!** biedaczysko! infml; **the silly ~!** idiota!, kretyn! infml; **you lucky ~!** ty cholerny szczęściarzu! infml [3] vinfml (problem, task) diabelstwo *n*; **that was a ~ of a question!** to było cholernie trudne pytanie! infml; **this word is a ~ to translate** to słowo jest cholernie trudno przetłumaczyć infml [4] dat (illegitimate child) bękart *m* pej; (royal) bastard *m*

II *adj* [1] *[child]* nieślubny [2] *[language]* zniekształcony; *[animal, plant]* mieszańcowy, bastardowy [3] Print *[type]* obcy

bastardized /ˈbɑːstədaɪzd, US ˈbæs-/ *adj* *[language, style]* zniekształcony; *[version]* wypaczony; *[race]* mieszańcowy, bastardowy

bastard title *n* Print przedtytuł *m*

bastardy /ˈbɑːstədɪ, US ˈbæs-/ *n* Jur nieprawe pochodzenie *n*

baste¹ /beɪst/ *vt* Culin po(d)l|ać, -ewać *[meat]*

baste² /beɪst/ *vt* Sewing s|fastrygować

baster /ˈbeɪstə(r)/ *n* gruszka *f* do odciągania tłuszczu

bastion /ˈbæstɪən/ *n* bastion *m* also fig; **the last ~s of totalitarianism** ostatnie bastiony totalitaryzmu; **to be a ~ against sth** stanowić ochronę or obronę przed czymś

Basutoland /bəˈsuːtəʊˌlænd/ *prn* Hist Basuto *n inv*

bat¹ /bæt/ *n* Zool nietoperz *m*; gacek *m* dial

IDIOMS: **as blind as a ~** ślepy jak kret; **like a ~ out of hell** infml *[drive, run]* na złamanie karku; **to have ~s in the belfry** infml mieć bzika infml; **old ~** infml pej starucha *m*, babsko *n* pej

bat² /bæt/ **I** *n* [1] Sport **baseball/cricket ~** kij *m* baseballowy/krykietowy; **table tennis ~** rakietka *f* do tenisa stołowego [2] (cudgel) pała *f*, pałka *f* [3] infml (blow) cios *m*, uderzenie *n* [4] Sport (person) gracz *m* „przy kiju"

II *vt* (*prp, pt, pp* **-tt-)** (hit) zdzielić, uderzyć; **he ~ted her twice around the head** zdzielił or uderzył ją dwa razy po głowie or w głowę

III *vi* (*prp, pt, pp* **-tt-)** (be batsman) być „przy kiju"; (handle a bat) odbi|ć, -jać

■ **bat around, bat about**: ¶ (wander) wałęsać się; **to ~ around Cambridge** wałęsać się po Cambridge ¶ **~ around [sth], ~ [sth] around** [1] obgadać infml *[idea]* [2] Sport poodbijać (sobie) *[ball]*

■ **bat down**: **~ [sth] down** US zbi|ć, -jać *[argument]*; s|torpedować *[suggestion]*

■ **bat out**: **~ out [sth], ~ [sth] out** US przygotow|ać, -ywać (coś) na chybcika infml

IDIOMS: **to do sth off one's own ~** infml zrobić coś z własnej inicjatywy; **to go to ~ for sb** US infml brać stronę kogoś, być za kimś; **(right) off the ~** US infml natychmiast; z mety infml; **to play a straight ~** grać czysto or fair

bat³ /bæt/ *n* (pace) tempo *n*; **at an awful** or **terrific ~** na złamanie karku

bat⁴ /bæt/ **I** *n* (blink) mrugnięcie *n*

II *vt* (*prp, pt, pp* **-tt-) to ~ one's eyes** or **eyelids** mrug|nąć, -ać, za|trzepotać powiekami

IDIOMS: **without ~ting an eye(lid)** (sleepless) bez zmrużenia oka; (with no emotion) bez mrugnięcia (okiem); **he never ~ted an eyelid** nawet okiem nie mrugnął

bat⁵ /bæt/ *n* infml (binge) popijawa *f* infml; **to go on a ~** pójść w tango infml

batch /bætʃ/ **I** *n* [1] (of goods, orders) partia *f*; (of eggs, fish) rzut *m*; (of letters, books) plik *m*; (of text) porcja *f*; (of prisoners, candidates) grupa *f*; **in ~es** partiami, grupami [2] Comput partia *f*, wsad *m*

II *vt* po|dzielić na partie *[goods]*

batch file *n* Comput zbiór *m* wsadowy

batch mode *n* Comput tryb *m* wsadowy or przetwarzania wsadowego

batch processing *n* Comput przetwarzanie *n* wsadowe or partiowe

bated /ˈbeɪtɪd/ *adj* **with ~ breath** z zapartym tchem

bath /bɑːθ, US bæθ/ **I** *n* [1] (wash, washing water) kąpiel *f*; **to have** or **take** US **a ~** wziąć kąpiel, wykąpać się; **to run a ~** napuścić wodę or nalać wody do wanny; **to give sb a ~** wykąpać kogoś [2] GB (tub) wanna *f*; **sunken ~** wanna wpuszczana w podłogę [3] US (bathroom) łazienka *f* [4] Ind (liquid) kąpiel *f*; (vat) wanna *f*; Phot kuweta *f*

II baths *npl* [1] (swimming pool) basen *m*, kryta pływalnia *f* [2] (in spa) zakład *m* wodoleczniczy [3] dat (municipal) łaźnia *f* [4] US infml (for homosexuals) sauna *f* dla homoseksualistów

III *vt* wy|kąpać

IV *vi* GB wy|kąpać się, wziąć, brać kąpiel

IDIOMS: **to take a ~ (on sth)** US wyjść (na czymś) jak Zabłocki na mydle; **to take an early ~** infml (in football) zejść z boiska przed końcem meczu

Bath bun *n* GB drożdżówka *f* z rodzynkami

Bath chair, bath chair *n* dat wózek *m* inwalidzki

bath cube *n* kostka *f* kąpielowa

bathe /beɪð/ **I** *n* GB fml kąpiel *f* (*w basenie, rzece, morzu*); **to go for a ~** pójść się wykąpać; **to have a ~** wykąpać się

II *vt* [1] (wash) przemy|ć, -wać *[wound, eyes]* **(with sth** czymś); (immerse) wy|moczyć *[legs]* **(in sth** w czymś) [2] liter *[lake, sea, waves]* obmy|ć, -wać; **to be ~d in sth** być zlanym czymś *[sweat]*; być zalanym czymś *[tears, light]*; być skąpanym w czymś *[sunlight]*; być pogrążonym w czymś *[darkness, gloom]* [3] US wy|kąpać *[child]*

III *vi* [1] (swim) wy|kąpać się; **to go bathing** pójść się wykąpać [2] US (take bath) wy|kąpać się, wziąć, brać kąpiel

bather /ˈbeɪðə(r)/ *n* kąpiąc|y *m*, -a *f* się

bathetic /bəˈθetɪk/ *adj* przechodzący od patosu do trywialności

bathhouse /ˈbɑːθhaʊs, US ˈbæθ-/ *n* [1] arch (municipal) łaźnia *f* [2] US infml (for homosexuals) sauna *f* dla homoseksualistów [3] US (on beach) budynek *m* z kabinami do przebierania się

bathing /ˈbeɪðɪŋ/ *n* kąpiel *f*; **'~ prohibited'** „kąpiel wzbroniona", „zakaz kąpieli"

bathing beauty *n* ≈ miss *f inv* lata

bathing cap *n* czepek *m* kąpielowy

bathing costume *n* kostium *m* kąpielowy

bathing hut *n* kabina *f* plażowa

bathing machine *n* Hist kabina *f* plażowa na kółkach

bathing suit *n* dat kostium *m* kąpielowy

bathing trunks *npl* dat kąpielówki *plt*

bath mat *n* mata *f* łazienkowa

bath oil *n* olejek *m* kąpielowy or do kąpieli

bathos /ˈbeɪθɒs/ *n przeskok od spraw wzniosłych do przyziemnych, często z komicznym efektem*

bathrobe /ˈbɑːθrəʊb, US ˈbæθ-/ *n* płaszcz *m* kąpielowy

bathroom /ˈbɑːθruːm, -rʊm, US ˈbæθ-/ *n* [1] (for washing) łazienka *f* [2] US (lavatory) toaleta *f*, ubikacja *f*; **to go to the ~** *[person]* pójść do toalety or ubikacji; *[animal]* pójść się załatwić

bathroom cabinet *n* szafka *f* łazienkowa

bathroom fittings *npl* wyposażenie *n* łazienki

bathroom scales *npl* waga *f* łazienkowa

bath salts *npl* sól *m* kąpielowa or do kąpieli

bath soap *n* mydło *n* kąpielowe

bath towel *n* ręcznik *m* kąpielowy, prześcieradło *n* kąpielowe

bathtub /ˈbɑːθtʌb, US ˈbæθtʌb/ *n* wanna *f*

bathwater /ˈbɑːθwɔːtə(r), US ˈbæθ-/ *n* kąpiel *f* → **baby**

bathysphere /ˈbæθɪsfɪə(r)/ *n* batysfera *f*

batik /bəˈtiːk, bæˈtiːk/ *n* batik *m*

batiste /bæˈtiːst, bəˈt-/ **I** *n* batyst *m*

II *modif* batystowy

batman /ˈbætmən/ *n* (*pl* **-men)** GB Mil ordynans *m*

baton /ˈbætn, ˈbætɒn, US bəˈtɒn/ *n* [1] (conductor's) batuta *f*, pałeczka *f* (dyrygencka); (majorette's) pałka *f* tamburmajora; **under the ~ of von Karajan** pod batutą or dyrekcją von Karajana [2] Sport (in relay race) pałeczka *f*; **to take up the ~** fig przejąć pałeczkę fig [3] GB (policeman's) pałka *f* policyjna [4] (of field marshal) buława *f* [5] Herald pasek *m*; **~ sinister** skośnica w prawą

baton charge *n* GB szarża *f* policji uzbrojonej w pałki

baton round *n* GB pocisk *m* gumowy, kula *f* gumowa

baton twirler *n* US *dziewczyna wywijająca pałką tamburmajora podczas parady*

bats /bæts/ *adj* infml stuknięty infml

batsman /ˈbætsmən/ *n* (*pl* **-men)** (in cricket) zawodnik *m* wybijający piłkę

battalion /bəˈtælɪən/ *n* [1] Mil batalion *m* [2] fig (of people) zastęp *m*

batten¹ /ˈbætn/ **I** *n* [1] Constr (for door, floor) listwa *f*; (in roofing) łata *f* [2] Theat rampa *f* [3] Naut (in sail) listwa *f* żaglowa; (for tarpaulin) listwa *f* uszczelniająca
II *vt* obi|ć, -jać listwami *[door]*; przybi|ć, -jać listwy do (czegoś) *[floor]*; łacić *[roof]*
IDIOMS: **to ~ down the hatches** Naut uszczelnić klapy luków; fig przygotować się na najgorsze

batten² /ˈbætn/ *vi* (grow fat) u|tuczyć się
■ **batten on** pej ob|eżreć, -żerać się (czymś) infml *[cake]*; fig żerować na (kimś /czymś) *[family, generosity]*

batter¹ /ˈbætə(r)/ **I** *n* Culin rzadkie ciasto *n*; **pancake ~** ciasto naleśnikowe; **fish in ~** ryba w cieście
II *vt* [1] (strike) z|bić *[victim]*; walić w (coś) *[object]*; *[rain, wind]* bić, tłuc o (coś); *[waves]* bić, uderzać o (coś); *[artillery]* z|bombardować, ostrzel|ać, -iwać; **to be ~ed by sb** zostać pobitym przez kogoś; **to ~ sb with sth** bić or okładać kogoś czymś; **to ~ sb to death** zakatować kogoś; **cliffs ~ed by the sea** skały smagane morskimi falami [2] (maltreat persistently) *[person]* maltretować, pastwić się nad (kimś) *[member of family]*; źle się obchodzić z (czymś) *[thing]*; fig rozprawić się z (kimś/czymś) *[person, opinion, theory]*; **to ~ sb into submission** fig zmusić kogoś do uległości; **he felt ~ed by the experience** fig był zdruzgotany tym przeżyciem [3] (injure) poturbować *[person]*; (damage) zniszczyć *[suitcase]*
III *vi* (make noise) tłuc, walić **(on** or **against sth** w coś); (trying to gain entry) dobijać się, łomotać **(at sth** do czegoś)
■ **batter about, batter around**: **~ around [sb], ~ [sb] around** znęcać się nad (kimś), pastwić się nad (kimś)
■ **batter down**: **~ down [sth], ~ [sth] down** wyważ|yć, -ać *[door]*; rozwal|ić, -ać *[wall]*; powal|ić, -ać *[tree]*; wyniszcz|yć, -ać *[vegetation]*
■ **batter in**: **~ in [sth], ~ [sth] in** rozwal|ić, -ać, wgni|eść, -atać *[skull]*; wyważ|yć, -ać *[door]*

batter² /ˈbætə(r)/ *n* Sport (zawodnik *m*) odbijający *m*

battered /ˈbætəd/ *adj* [1] (bruised) *[person]* poturbowany; *[face]* posiniaczony; **a refuge for ~ wives** azyl dla żon maltretowanych przez mężów [2] (worn) *[face]* wyniszczony; *[house]* zniszczony, zrujnowany; *[kettle]* poobijany; *[car]* zdezelowany; *[hat]* wysłużony; *[book]* zniszczony [3] fig *[economy]* zdewastowany; *[pride]* urażony; *[person]* zgnębiony

battered baby syndrome *n* zespół *m* dziecka maltretowanego

battering /ˈbætərɪŋ/ *n* [1] maltretowanie *n*, pastwienie się *n*, znęcanie się *n*; **the problem of wife-~** problem żon maltretowanych przez mężów [2] **to take** or **get a ~** (by bombs, storm, waves) ulec zniszczeniu; **to take** or **get a ~ from sth** paść ofiarą czegoś *[bombs, storm, waves]*; **to take** or **get a ~ from sb** odebrać cięgi or dostać od kogoś also fig *[person, team]*; **this car/table has taken a ~ over the years** ten samochód/stół wysłużył się przez lata [3] fig **to take a ~** *[ideals, optimism, pride]* dozna|ć, -wać uszczerbku, u|cierpieć

battering engine *n* = **battering-ram**

battering-ram /ˈbætərɪŋræm/ *n* taran *m*

battery /ˈbætərɪ/ *n* [1] Elec bateria *f*; (rechargeable) akumulatorek *f*; (for car) akumulator *f*; **the ~ is dead** or **flat** bateria wyczerpała się, akumulator wyczerpał się [2] Mil bateria *f* [3] Agric kurnik *m* bateryjny [4] fig (large number) całe mnóstwo *n*; (of questions) grad *m* [5] Jur pobicie *n*, naruszenie *n* nietykalności cielesnej; **assault and ~** napad z pobiciem

battery acid *n* kwas *m* akumulatorowy; hum (unpalatable drink) ocet *m* siedmiu złodziei

battery charger *n* urządzenie *n* do ładowania akumulatorów; prostownik *m* infml

battery chicken *n* kurczak *m* z chowu bateryjnego

battery controlled *adj* = **battery operated**

battery farming *n* chów *m* bateryjny or intensywny

battery fire *n* ogień *m* artyleryjski

battery hen *n* = **battery chicken**

battery-lead connection *n* klema *f*

battery operated *adj* na baterie, zasilany z baterii

battery powered *n* = **battery operated**

battery set *n* Radio odbiornik *m* radiowy na baterie

battery shaver *n* maszynka *f* do golenia na baterie

battle /ˈbætl/ **I** *n* [1] Mil bitwa *f*, bój *m* **(against sb/sth** przeciw komuś/czemuś); **a ~ between two armies** bitwa pomiędzy dwiema armiami; **the Battle of Britain** Bitwa o Anglię; **the Battle of Waterloo** bitwa pod Waterloo; **to die** or **be killed in ~** polec na polu walki; **to fight a ~** stoczyć bój or bitwę; **to win/lose a ~** wygrać/przegrać bitwę; **to join ~** rozpocząć walkę, ruszyć do boju; **to go into ~** ruszać do boju or walki; **to do ~ with sb/sth** walczyć z kimś/czymś, toczyć bitwę or bój z kimś/czymś; wojować z kimś /czymś fig; **the field of ~** pole bitwy [2] fig walka *f*, batalia *f* fig **(for sth** o coś); **the ~ against sth** walka or batalia przeciwko czemuś; **the ~ over sth** walka or bój w sprawie czegoś; **takeover ~** Pol walka o władzę; **legal ~** batalia sądowa; **the ~ is on to prevent AIDS** trwa walka z AIDS; **a ~ of wills** próba sił; **a ~ of wits** walka mózgów; **a ~ of words** szermierka słowna, pojedynek słowny; **to fight one's own ~s** walczyć (samemu) o swoje; **to fight sb's ~s** brać kogoś w obronę, iść komuś na odsiecz
II *vt* US walczyć przeciwko (komuś/czemuś)
III *vi* walczyć **(with sb** z kimś); **to ~ for sth** walczyć o coś; **to ~ with one's conscience** toczyć walkę z własnym sumieniem; **the firemen ~d to control the fire** strażacy robili wszystko, żeby opanować ogień; **to ~ one's way through difficulties** przezwyciężać trudności; **he ~d his way to a victory** wywalczył zwycięstwo, odniósł zwycięstwo po ciężkiej walce
■ **battle on** walczyć dalej; **~ on for a bit longer!** wytrzymaj jeszcze trochę!
■ **battle out**: **to ~ it out** rozstrzygnąć, załatwić; **let's leave them to ~ it out between them** zostawmy ich, niech załatwią to między sobą
IDIOMS: **to be half the ~** być połową sukcesu; **to fight a losing ~** toczyć beznadziejną walkę

battle array /ˈbætləreɪ/ *n* szyk *m* bojowy; **in ~** w szyku bojowym

battle-axe /ˈbætlæks/ *n* [1] Hist topór *m*, berdysz *m* [2] fig pej (woman) hetera *f*

battle cruiser *n* krążownik *m* opancerzony

battle cry *n* okrzyk *m* wojenny; fig hasło *n*, slogan *m*

battledore /ˈbætldɔː(r)/ *n* rakieta *f* do gry w wolanta

battledore and shuttlecock *n* wolant *m*

battledress /ˈbætldres/ *n* mundur *m* polowy

battle drill *n* ćwiczenia *n pl* na poligonie

battle fatigue *n* US wyczerpanie *n* bojowe, nerwica *f* frontowa

battlefield /ˈbætlfiːld/ *n* [1] Mil pole *n* bitwy [2] fig pobojowisko *n*; **your bedroom looks like a ~** twój pokój wygląda jak pobojowisko

battlefield missile *n* pocisk *m* polowy

battlefront /ˈbætlfrʌnt/ *n* front *m* walki

battleground /ˈbætlgraʊnd/ *n* [1] pole *n* bitwy [2] fig pole *n* walki

battle-hardened /ˈbætlhɑːdnd/ *adj* zaprawiony w boju

battle honour GB, **battle honor** US *n* odznaczenie *n* bojowe or wojenne

battle lines *npl* linie *f pl* bojowe; fig strategia *f*

battlements /ˈbætlmənts/ *npl* parapet *m* (muru obronnego)

battle order *n* szyk *m* bojowy

battle royal *n* (*pl* **~s royal, ~ royals**) walna rozprawa *f*; fig burzliwa dysputa *f*

battle-scarred /ˈbætlskɑːd/ *adj* [1] Mil okaleczony w walce [2] fig psychicznie okaleczony

battle scene *n* Art, Cin, Theat scena *f* batalistyczna

battleship /ˈbætlʃɪp/ **I** *n* Naut okręt *f* liniowy, liniowiec *f*, pancernik *f*
II battleships *npl* gra *f* w okręty

battleship gray GB, **battleship grey** US **I** *n* (kolor *m*) stalowoniebieski *m*
II *adj* stalowoniebieski

battle tank *n* czołg *m* średni

battle zone *n* strefa *f* działań wojennych

batty /ˈbætɪ/ *adj* infml kopnięty, stuknięty, szurnięty infml; **to go ~** wariować fig

bauble /ˈbɔːbl/ *n* [1] (ornament) świecidełko *n*, błyskotka *f* [2] (jester's) kaduceusz *m*

baud /bɔːd/ *n* Comput bod *m*

baud rate *n* szybkość *f* transmisji *(mierzona w bodach)*

baulk /bɔːk,US bɑːk/ *n, vt, vi* = **balk**

bauxite /ˈbɔːksaɪt/ *n* boksyt *m*

Bavaria /bəˈveərɪə/ *prn* Bawaria *f*

Bavarian /bəˈveərɪən/ **I** *n* Bawar|czyk *m*, -ka *f*
II *adj* bawarski; **the ~ Alps** Alpy Bawarskie

Bavarian cream *n* krem *m* bawarski *(budyń z bitą śmietaną)*
bawbee /ˈbɔːbiː/ *n* Scot arch *drobna moneta srebrna używana w Szkocji;* fig grosz *m*
bawd /bɔːd/ *n* arch rajfurka *f*
bawdiness /ˈbɔːdɪnɪs/ *n* sprośność *f*
bawdy /ˈbɔːdɪ/ *adj* hum *[joke, song, language]* sprośny
bawdy house *n* arch dom *m* publiczny; zamtuz *m* arch
bawl /bɔːl/ **I** *vt* wywrz|eszczeć, -askiwać, wykrzy|czeć, -kiwać *[orders, insults]*; ryczeć (na cały głos) *[song]*; **'fire!' he ~ed** „pali się!" wrzasnął or ryknął
II *vi* [1] (weep) ryczeć, wyć infml [2] (shout) wrz|asnąć, -eszczeć **(at sb** na kogoś); roze|drzeć się, ry|knąć, -czeć infml **(at sb** na kogoś); **he ~ed at her to sit down** wrzasnął or ryknął na nią, żeby usiadła
■ **bawl out** infml: ¶ **~ [sb] out** na|wrzeszczeć na (kogoś) ¶ **~ out [sth]** wywrz|eszczeć, -askiwać
bay¹ /beɪ/ *n* Geog zatoka *f*; **the Bay of Biscay/Bengal** Zatoka Biskajska/Bengalska; **the Bay of Pigs** Zatoka Świń
bay² /beɪ/ **I** *n* Bot (also **~ tree)** drzewo *n* laurowe, wawrzyn *m*
II *modif* laurowy
bay³ /beɪ/ *n* [1] Archit (section of building) przęsło *n*; (recess) wykusz *m*; (window) okno *n* wykuszowe [2] (parking area) stanowisko *n* do parkowania; (recessed) zatoka *f*; **loading ~** stanowisko załadunkowe [3] (compartment) Aviat, Naut komora *f*; (in barn) sąsiek *m* → **bomb bay** [4] Rail bocznica *f*
bay⁴ /beɪ/ **I** *n* (horse) gniadosz *m*, gniady *m*
II *adj [horse]* gniady
bay⁵ /beɪ/ *n* Hunt **to be at ~** być osaczonym; **to bring an animal to ~** osaczyć zwierzę; **to hold** or **keep sb at ~** fig trzymać kogoś na dystans *[attackers, opponent]*; **to hold** or **keep sth at ~** fig zahamować coś *[inflation, unemployment]*; nie dopuścić do rozprzestrzeniania się czegoś *[famine]*; **to keep one's fears at ~** zapanować nad strachem
Baykal /baɪˈkɑːl/ *prn* Bajkał *m*
bay leaf *n* liść *m* or listek *m* laurowy or bobkowy
bayonet I /ˈbeɪənɪt/ *n* [1] Mil bagnet *m*; **fix ~s!** bagnet na broń!; **to hold sb at ~ point** wymierzyć w kogoś bagnet [2] Elec mocowanie *n* bagnetowe
II /ˈbeɪənɪt, ˌbeɪəˈnet/ *vt* (*prp, pt, pp* **-t-, -tt-)** przebi|ć, -jać bagnetem
bayonet charge *n* atak *m* na bagnety
bayonet practice *n* ćwiczenia *n pl* w walce na bagnety
bayonet socket *n* oprawka *f* bagnetowa
bayou /ˈbaɪuː/ *n teren zalewowy na południu Stanów Zjednoczonych*
bay rum *n* olejek *m* pimentowy
bay window *n* okno *n* wykuszowe
bay wreath *n* wieniec *m* laurowy
bazaar /bəˈzɑː(r)/ *n* (oriental) bazar *m*; (for charity) kiermasz *m* dobroczynny; (shop) hala *f* targowa, bazar *m*
bazoo /bəˈzuː/ *n* US infml jadaczka *f* infml
bazooka /bəˈzuːkə/ *n* pancerzownica *f*, bazooka *f*
B & B *n* → **bed and breakfast**
BBC *n* = **British Broadcasting Corporation** BBC *n*
BB gun *n* US wiatrówka *f*
BBQ *n* → **barbecue**
BC = **Before Christ** przed narodzeniem Chrystusa, przed Chrystusem; przed nową erą, p.n.e.
BCD *n* = **binary-coded decimal** kod *m* BCD
BCG *n* Pharm (szczepionka *f*) BCG *n*
BD *n* = **Bachelor of Divinity** ≈ licencjat *m* w dziedzinie teologii
BDS *n* GB = **Bachelor of Dental Surgery** ≈ lekarz stomatolog *m*
be /biː, bɪ/ (*pres 1st person sg* **am,** *2nd person* **are,** *3rd person sg* **is;** *pt 1st, 3rd person sg* **was,** *pl* **were;** *pp* **been) I** *vi* [1] (exist) być, istnieć; **I think, therefore I am** myślę, więc jestem; **to be or not to be** być albo nie być; **to let sb/sth be** dać spokój komuś/czemuś [2] (take place) być, odby|ć, -wać się; **the party/concert is tomorrow** przyjęcie/koncert jest or odbędzie się jutro; **the meeting will be in the hall** zebranie będzie or odbędzie się w sali; **the exams were last week** egzaminy były or odbyły się w zeszłym tygodniu [3] (be situated, present) być, znajdować się; **the library is in the main building** biblioteka jest or znajduje się w budynku głównym; **where's the bread?** gdzie jest chleb?; **'where are you?' – 'I'm over here'** „gdzie jesteś?" – „tutaj"; **what's in that box?** co jest w tym pudle?; **who's in that movie?** kto gra w tym filmie?; **he's here for two weeks** będzie tu przez dwa tygodnie; **I've never been to India** nigdy nie byłem w Indiach
II *linking verb* [1] (followed by a noun) być (kimś/czymś); **he's a teacher/a fool** jest nauczycielem/głupcem; **she's a Catholic /Muslim** jest katoliczką/muzułmanką; **'you must be Adam!' – 'no, I'm Robert'** „ty pewnie jesteś Adam!" – „nie, jestem Robert"; **'who is it?' – 'it's me!'** „kto to?" – „to ja!"; **who was Prime Minister at the time?** kto był wtedy premierem?; **she was Juliet in the school play** była Julią or grała Julię w szkolnym przedstawieniu; **you be the prince and I'll be the fairy** ty będziesz księciem, a ja wróżką [2] (followed by an adjective) być (jakimś); **he's blind /frustrated** jest niewidomy/sfrustrowany; **she's French/German** ona jest Francuzką/Niemką; **tomatoes are expensive in winter** w zimie pomidory są drogie; **Tony is married/divorced/single** Tony jest żonaty/rozwiedziony/kawalerem; **we've been married for six years** jesteśmy małżeństwem od sześciu lat; **be quiet!** cicho bądź!; **don't be silly!** nie bądź głupi! [3] (expressing mental and physical states) czuć się; **'how are you?' – 'I'm much better, thanks'** „jak się czujesz?" – „dziękuję, dużo lepiej"; **how's the patient today?** jak się dziś miewa chory?; **she's tired /pregnant** jest zmęczona/w ciąży; **I'm hungry/sleepy** jestem głodny/śpiący, chce mi się jeść/spać; **I'm cold/hot** jest mi zimno/gorąco; **she's been ill lately** ona ostatnio choruje; **he's dead** on nie żyje [4] (expressing age) mieć, liczyć sobie; **how old are you?** ile masz lat?; **I'm 25** mam 25 lat; **Robert was four last Monday** Robert skończył cztery lata w poniedziałek; **Maria will be ten next Tuesday** Maria skończy dziesięć lat we wtorek; **he's a lot older /younger** on jest dużo starszy/młodszy; **the house is over 100 years old** dom ma or liczy sobie ponad sto lat [5] (expressing measurement) mieć; (expressing weight) ważyć; **the room is 10 by 5 metres** pokój ma 10 metrów na 5; **Adam is over six feet (tall)** Adam ma ponad sześć stóp (wzrostu); **Anna is ten pounds lighter than I am** Anna waży o 10 funtów mniej niż ja; **two plus two is four** dwa plus dwa jest or równa się cztery [6] (expressing cost) kosztować; **how much are the eggs?** ile kosztują jajka?; **'how much is that?' – '(that'll be) £30, please'** „ile to będzie (kosztować)?" – „30 funtów"; **the large ones are £15 each** duże są po 15 funtów sztuka [7] (expressing time) być; **how long will lunch be?** kiedy będzie lunch?; **don't be too long** pośpiesz się; **I'm drying my hair, I won't be long** suszę włosy, zaraz będę gotowa [8] (expressing supposition) **if Robert were here** gdyby tu był Robert; **were it not (for the fact) that...** gdyby nie to, że...; **if I were you** gdybym był tobą, na twoim miejscu; **had it not been for Maria, I'd have missed the train** gdyby nie Maria, spóźniłbym się na pociąg [9] (in tag questions) **she's right, isn't she?** ona ma rację, prawda?; **Adam isn't tired, are you Adam?** Adam nie jest zmęczony; prawda, że nie, Adamie?; **so that's what you think, is it?** a więc tak uważasz? [10] (in elliptical use) **'are you disappointed?' – 'yes, I am/no, I'm not'** „czy jesteś rozczarowany?" – „owszem/wcale nie" **'isn't this wonderful scenery?' – 'it certainly is!'** „czyż to nie cudowny widok?" – „z całą pewnością"; **Adam was late, and so was Robert** Adam się spóźnił, i Robert też; **she was told the news, and so was he/but I wasn't** powiedziano jej nowinę, i jemu też/a mnie nie; **I'm surprised, are/aren't you?** jestem zaskoczony, a ty (nie)?; **'it's me!' – 'yes, I guessed it was!'** „to ja!" – „tak też sądziłem!"
III *v impers* [1] (relating to conditions) **it's sunny/cold/hot** jest słonecznie/zimno /gorąco; **it's cloudy** jest pochmurno, niebo jest zachmurzone; **it was three degrees below zero** było trzy stopnie poniżej zera; **it was still dark outside** na dworze było jeszcze ciemno; **it's so noisy in here!** taki tu hałas!; **it's so quiet in here!** tak tu cicho!; **what was it like in Australia?** jak było w Australii?; **it was chaos at the station** na stacji było zamieszanie; **I have enough problems as it is** mam i tak dość problemów [2] (expressing time) **it's three (o'clock)** jest (godzina) trzecia; **it was still very early** było jeszcze bardzo wcześnie; **it's Wednesday today, isn't it?** dziś jest środa, prawda?; **it's high time we had a talk** najwyższy czas porozmawiać or żebyśmy porozmawiali; **it's time for lunch** czas na lunch; **it's time to go to school/to bed** czas iść do szkoły /spać; **it was 1956** było to w 1956 roku, był rok 1956; **hi, Joe, it's been a long time** cześć, Joe, dawno nie widzieliśmy się

3 (expressing distance) **how far is it to Brighton?** jak daleko jest (stąd) do Brighton?; **it's 500 miles from here to Edinburgh** stąd do Edynburga jest 500 mil; **it's 20 minutes by train to the airport** pociągiem na lotnisko jest 20 minut; **it's a 30-mile/20-minute drive** to 30 mil/20 minut jazdy samochodem 4 (introducing person, object) **it was he/they who suggested it** to on zaproponował/to oni zaproponowali; **it was me that told them** to ja im powiedziałem; **what was it that intrigued/upset them?** co to ich tak zaciekawiło/zmartwiło?

IV *modal aux* 1 (expressing obligation) **to be to do sth** mieć coś zrobić; **you're to do it now!** masz to zrobić natychmiast!; **you're not to tell Anna!** masz nic nie mówić Annie!; **what am I to tell her?** co mam jej powiedzieć?; **what are we to do?** co mamy robić?; **he wasn't to know (that...)** nie mógł wiedzieć, (że...); **guests are (requested) to vacate their rooms by 10 am on the day of their departure** goście proszeni są o zwolnienie pokoi w dniu wyjazdu do godziny dziesiątej; **am I to understand that...?** czy mam rozumieć (przez to), że...?; **she's to be admired for her persistence** należy się jej uznanie za wytrwałość; **he's not to be disturbed** nie należy mu przeszkadzać 2 (expressing future arrangements, destiny, supposition) **to be to do sth** mieć coś zrobić; **he's to be greeted at the airport by the Ambassador** ma zostać powitany na lotnisku przez ambasadora; **the plane was to have landed in Cairo** samolot miał wylądować w Kairze; **the main attraction is yet to come** główna atrakcja dopiero będzie; **she was to die in poverty** miała umrzeć w nędzy; **they had made plans to marry but it was not to be** planowali się pobrać, ale nie było im to pisane; **her husband-to-be** jej przyszły mąż; **mother-to-be** przyszła matka; **we searched everywhere but the ring was nowhere to be found** szukaliśmy wszędzie, ale pierścionka nigdzie nie było; **are we never to know the truth?** czyż nigdy nie poznamy prawdy?; **is she to be trusted?** czy można jej ufać?; **what's to stop you from making a complaint?** czemu nie miałbyś złożyć zażalenia?; **what would happen if she was** or **were to die?** co by się stało, gdyby umarła?; **were he to refuse...** fml gdyby odmówił...; **if a solution is to be found...** jeśli jest jakieś rozwiązanie...

V *v aux* 1 (in progressive tenses) **to be doing sth** robić coś; **don't disturb me while I'm working** nie przeszkadzaj mi, kiedy pracuję; **she was reading when her son came in** czytała, kiedy wszedł jej syn; **how long have you been waiting?** jak długo czekasz?; **I was watching TV until 11 o'clock** oglądałem telewizję do jedenastej; **he is** or **will be arriving tomorrow** przyjeżdża jutro; **when are you** or **will you be seeing her?** kiedy będziesz się z nią widzieć?; **she'll be staying at the Plaza** zatrzyma się w hotelu Plaza 2 (in passive voice) **the castle was built in the fourteenth century** zamek zbudowano or został wybudowany w czternastym wieku; **she was told that...** powiedziano jej, że...; **it is known that...** wiadomo, że...; **smoking is not permitted** palenie jest zabronione; **she deserves to be promoted** ona zasługuje na awans; **we're being seen to** ktoś się już nami zajmuje; **the book is being published by Oxford** książkę wydaje Oxford; **are you afraid of being recognized?** czy obawiasz się, że zostaniesz rozpoznany or że ktoś cię rozpozna?; **the flames could be seen several miles away** płomienie widoczne były z odległości kilku mil; **he demanded that the hostages be released** zażądał uwolnienia zakładników; **the dish is then cooked on a low heat** następnie potrawę gotuje się na wolnym ogniu

IDIOMS: **so be it** zgoda, niech więc tak będzie; **be that as it may** tak czy owak; **as it were** niejako, jak gdyby, tak jakby; **even if that were so** nawet gdyby tak było; **I preferred it as it was** wolałem po dawnemu or tak jak było; **leave it as it is** zostaw tak, jak jest; **let** or **leave him be** zostaw go w spokoju

BE *n* → **bill of exchange**

beach /biːtʃ/ **I** *n* plaża *f*; **on the ~** na plaży

II *modif [bag, mat]* plażowy; *[party]* na plaży

III *vt* (force out) wyrzuc|ić, -ać (coś) na brzeg *[boat]*; (pull) wyciąg|nąć, -ać (coś) na brzeg *[boat]*; **~ed whale** wieloryb wyrzucony na brzeg; fig (building) gmaszysko; (object, person) kolos

beach ball *n* piłka *f* plażowa

beach buggy *n* lekki samochód *m* terenowy *(do jazdy po piaskach)*

beach bum *n* infml *młody tramp spędzający większość czasu na plaży*

beach chair *n* US leżak *m*

beachcomber /ˈbiːtʃkəʊmə(r)/ *n* 1 (person) *człowiek zajmujący się zbieraniem tego, co fale morskie wyrzucają na brzeg* 2 (wave) fala *f* przybojowa

beachfront /ˈbiːtʃfrʌnt/ *n* US nabrzeże *n* (wzdłuż plaży)

beachhead /ˈbiːtʃhed/ *n* przyczółek *m*

beach hut *n* kabina *f* plażowa

beach resort *n* nadmorska miejscowość *f* wypoczynkowa, kąpielisko *n*

beachrobe /ˈbiːtʃrəʊb/ *n* płaszcz *m* plażowy

beach volleyball *n* Games siatkówka *f* plażowa

beachwear /ˈbiːtʃweə(r)/ *n* stroje *m pl* plażowe

beacon /ˈbiːkən/ *n* 1 Naut (lighthouse) latarnia *f* morska; (lantern) stawa *f* świetlna; (buoy) pława *f* or boja *f* świetlna; fig światło *n* przewodnie fig; **to act as a ~ to sb** być komuś światłem przewodnim 2 Aviat latarnia *f* lotniskowa 3 (also **radio ~**) radiolatarnia *f* 4 Aut (on ambulance, police car) światło *n* błyskowe; kogut *m* infml; (on roadworks) światło *n* ostrzegawcze 5 Hist wici *f pl* dat *(ognisko ostrzegawcze rozpalane na wzgórzu)* 6 (hill) wzgórze *n*, wzniesienie *n*

bead /biːd/ **I** *n* 1 (jewellery) koralik *m*, paciorek *m*; **~s, a string of ~s** korale, sznur korali 2 Relig (of rosary) koralik *m*, paciorek *m*; **to say** or **tell one's ~s** dat odmawiać różaniec 3 (of sweat, dew) kropla *f*, kropelka *f*; **~s of perspiration stood out on his forehead** krople potu wystąpiły mu na czoło 4 (on gun) muszka *f*; **to draw a ~ on sb/sth** wziąć kogoś/coś na muszkę

II *vt* **his face was ~ed with sweat** miał twarz zroszoną potem

bead curtain *n* zasłona *f* z koralików

beaded /ˈbiːdɪd/ *adj [blouse, dress]* ozdobiony koralikami or paciorkami

beadily /ˈbiːdɪlɪ/ *adv [look, stare]* (intently) świdrująco, badawczo; (greedily) łakomie

beading /ˈbiːdɪŋ/ *n* 1 Arch, Art perełki *f pl*, perełkowanie *n* 2 (on dress) koraliki *m pl*, paciorki *m pl*

beadle /ˈbiːdl/ *n* 1 Relig urzędnik *m* parafialny 2 GB Univ bedel *m* dat

beady /ˈbiːdɪ/ *adj* **~ eyes** świdrujące oczy or spojrzenie, świdrujący wzrok; **to have one's ~ eyes on sth** (look greedily) patrzeć łakomie na coś; (look intently) świdrować coś wzrokiem; **I've got my ~ eye on you** GB hum mam cię na oku infml

beady-eyed /ˌbiːdɪˈaɪd/ *adj* **to be ~** (greedy) spoglądać łakomie; (attentive) świdrować wzrokiem

beagle /ˈbiːgl/ **I** beagle *inv*

II *vi* polować z psami rasy beagle

beak[1] /biːk/ *n* 1 (of bird, turtle) dziób *m*; (small) dziobek *m* 2 infml (nose) haczykowaty nos *m* 3 (of jug) dziobek *m*

beak[2] /biːk/ *n* GB infml dat (schoolmaster) belfer *m* infml; (magistrate) sędzia *m*

beaker /ˈbiːkə(r)/ *n* 1 (cup) kubek *m (zwykle bez ucha)* 2 Chem zlewka *f*

be-all and end-all /ˌbiːɔːlənˈendɔːl/ *n* **the ~** wszystko *n (co najważniejsze)*; **making money is the ~ of his life** robienie pieniędzy to najważniejsza sprawa w jego życiu; **work isn't the ~** praca to nie wszystko

beam /biːm/ **I** *n* 1 (of light) snop *m*; (of sun) promień *m*; (of lighthouse, torch, headlights) snop *m* światła; **on full** GB **~, on high ~** US Aut na światłach drogowych or długich; **on low ~** US Aut na światłach krótkich 2 Phys (of particles) wiązka *f*, strumień *m*; (of laser) promień *m*, wiązka *f* 3 (smile) promienny uśmiech *m*; **she gave him a huge ~** posłała mu promienny uśmiech 4 Constr belka *f* nośna, dźwigar *m* 5 (in gymnastics) równoważnia *f*; **~ exercises** ćwiczenia na równoważni 6 Aviat, Naut (course) kurs *m*, namiar *m (wyznaczony sygnałem radiowym lub radarowym)*; **to be on ~** GB, **to be on the ~** US poruszać się zgodnie z kursem or namiarem; fig zgadzać się z rzeczywistością; **your guess is right on (the) ~** trafiłeś w samo sedno; **to be off ~** GB, **to be off the ~** US zejść z kursu; fig rozmijać się z rzeczywistością or stanem faktycznym; **he's right off (the) ~ if he expects to be promoted** grubo się myli, jeśli spodziewa się awansu 7 Naut (cross-member) pokładnik *m*; (greatest width) szerokość *f* statku; **on the port/starboard ~** z lewej/prawej burty 8 Mech (of engine, pump) wał *m*; (of plough) grządziel *f*; (of loom) nawój *m*; (of scales) dźwignia *f*, balansjer *m*

II *vt* 1 (direct) *[antenna, satellite, space station]* wys|łać, -yłać, przes|łać, -yłać *[sig-*

B

nal, picture]; *[radio, TV station]* nada|ć, -wać, transmitować *[programme]*; **the concert was ~ed all over the world** koncert był transmitowany na cały świat [2] fig wyra|zić, -żać (coś) uśmiechem; **she ~ed her delight** rozpromieniła się w zachwycie

III *vi* [1] *[sun, moon]* świecić; **the sun ~ed down on the meadow** słońce oblewało łąkę swym blaskiem [2] (smile) uśmiech|nąć, -ać się promiennie **(at sb** do kogoś); **to ~ with delight** promienieć radością

IDIOMS: **to be broad in the ~** infml mieć rozłożyste biodra

beam balance *n* waga *f* dźwigniowa

beam compass *n* cyrkiel *m* drążkowy

beam end *n* Naut koniec *m* pokładnika; **the ship is on her** or **its ~s** statek leży na burcie, statek jest w głębokim przechyle

IDIOMS: **to be on one's ~s** GB infml być kompletnie spłukanym infml

beaming /ˈbiːmɪŋ/ *adj [face]* promieniejący, rozpromieniony; *[smile]* promienny

bean /biːn/ **I** *n* [1] Bot, Culin (plant, seed, pod) fasola *f*; **green ~s** fasola szparagowa [2] (of coffee, cocoa) ziarno *n* [3] infml dat (head) łeb *m* infml

II *modif [soup]* fasolowy

III *vt* **to ~ sb** infml dat palnąć kogoś w łeb infml

IDIOMS: **to be full of ~s** GB infml (be lively) tryskać energią; US infml (be wrong) być w błędzie, mylić się; **I haven't got a ~** infml jestem bez grosza, jestem goły infml; **it's not worth a ~** infml to nie jest nic warte; **I don't know a ~** or **~s about it** infml nie mam (o tym) zielonego pojęcia infml; **to spill the ~s** infml puścić farbę infml; **hello, old ~** GB infml cześć staruszku/staruszko or stary/stara infml

beanbag /ˈbiːnbæg/ *n* [1] (seat) poducha *f* *(wypełniona zwykle plastikowymi kuleczkami)* [2] (for throwing) woreczek *m* *(wypełniony ziarnkami grochu lub gorczycy)*

bean counter *n* US infml pej księgow|y *m*, -a *f*; liczykrupa *m/f* infml

bean curd *n* tofu *n inv*, ser *m* sojowy

beanfeast /ˈbiːnfiːst/ *n* infml biesiada *f* liter or hum

beano /ˈbiːnəʊ/ *n* GB infml jubel *m* infml

beanpole /ˈbiːnpəʊl/ *n* tyka *f*, tyczka *f* also fig *(o wysokiej osobie)*

bean salad *n* sałatka *f* z fasoli

bean shoot *n* kiełek *m* (fasoli, sojowy)

bean sprout *n* = **bean shoot**

beanstalk /ˈbiːnstɔːk/ *n* łodyga *f* fasoli

Bean Town *n* US infml Boston *m*

bear[1] /beə(r)/ **I** *vt* (*pt* **bore**; *pp* **borne**) fml [1] (carry) *[person, animal]* (current action) nieść; (repeated action) nosić; (from place to place) przen|ieść, -osić; *[vehicle, ship]* (current action) wieźć; (repeated action) wozić; (from place to place) przew|ieźć, -ozić; **disease-~ing flies** muchy przenoszące choroby; **borne on the wind** niesiony przez wiatr; **the sound was borne across the water** dźwięk niósł się po wodzie [2] (bring) przyn|ieść, -osić *[gift, message, sound]*; **the waves bore us to the shore** fale zniosły nas na brzeg [3] (display) nosić also fig *[address, signature, inscription, mark, scar]*; **envelopes ~ing the company's logo** koperty z or noszące logo firmy; **he still ~s the scars** wciąż ma blizny; fig jego rany jeszcze się nie zabliźniły fig; **to ~ the hallmarks of sth** nosić znamiona czegoś; **to ~ a resemblance to sb/sth** być podobnym do kogoś/czegoś, przypominać kogoś/coś → **relation, witness** [4] (have) nosić *[name, title]* [5] (keep) **to ~ sth in mind** (remember) pamiętać o czymś, mieć coś w pamięci *[information]*; (take into account) brać coś pod uwagę, mieć coś na uwadze; **to ~ in mind that...** pamiętać or brać pod uwagę, że...; **~ing in mind his inexperience** biorąc pod uwagę jego brak doświadczenia [6] (support) udźwignąć, dźwigać; **to ~ the weight of sth** udźwignąć or wytrzymać ciężar czegoś [7] fig (endure, tolerate) zn|ieść, -osić *[hardship, illness, pressure, suspense, person]*; **it's more than I can ~** tego już nie zniosę, to jest nie do zniesienia; **I can't ~ the thought of him going to prison** nie mogę znieść myśli, że pójdzie do więzienia; **she can't ~ doing the housework** ona nie cierpi zajmować się domem; **I can't ~ his preaching to me** nie znoszę or nie cierpię, kiedy prawi mi kazania; **I can't ~ to watch!** nie mogę (na to) patrzeć!; **how can you ~ to drink that stuff?** jak możesz pić to świństwo?; **'after a long illness bravely borne'** (in obituary) „po długiej i ciężkiej chorobie" [8] (accept) pon|ieść, -osić *[blame, responsibility, cost]* [9] (stand up to) wytrzym|ać, -ywać; **the plan won't ~ close scrutiny** or **inspection** plan przy próbie głębszej analizy okazuje się nie najlepszy; **to ~ no comparison with sb/sth** nie wytrzymywać porównania z kimś/czymś, nie dorównywać komuś/czemuś; **that joke doesn't ~ repeating** ten dowcip nie nadaje się do powtórzenia; **the consequences don't ~ thinking about** strach pomyśleć o konsekwencjach [10] (nurture) **to ~ sb sth** darzyć kogoś czymś, żywić coś do or dla kogoś *[love, hatred]*; **the love she bore her father** miłość, jaką żywiła do ojca or jaką darzyła ojca; **to ~ sb ill will, to ~ a grudge against sb** żywić or mieć do kogoś urazę [11] (yield) *[tree, land]* u|rodzić *[fruit, crops]*; odn|ieść, -osić *[result]*; przyn|ieść, -osić *[loss]*; **to ~ interest** Fin przynosić odsetki, procentować; **to ~ fruit** *[tree]* rodzić owoce; *[idea]* zaowocować [12] dat or liter (*pp active* **borne;** *pp passive* **born)** (give birth to) u|rodzić; powić dat or liter; **to ~ sb a son** dać komuś syna dat or liter

II *vi* (*pt* **bore;** *pp* **borne)** [1] (change direction) s|kierować się **(towards sth** w stronę czegoś); **to ~ right/west** *[person]* kierować się na prawo/na zachód; *[road]* skręcać lekko na prawo/na zachód [2] Naut (lie) leżeć; **land ~ing south-west** ląd na południowy zachód [3] (weigh) **to ~ heavily/hardest on sb** *[tax, price increase]* być poważnym /największym ciężarem dla kogoś, być dotkliwie/najdotkliwiej odczuwanym przez kogoś; **to bring pressure to ~ on sb** fig wywrzeć nacisk or presję na kogoś; **to bring pressure to ~ on sth** fig wywierać wpływ na coś; **to bring all one's energy to ~ on sth** skoncentrować całą energię na czymś, włożyć całą energię w coś

III *vr* (*pt* **bore;** *pp* **borne) to ~ oneself** nosić się dat or liter; (behave) zachowywać się; (move) poruszać się; **he bore himself bravely** sprawił się dzielnie; **~ yourself with pride** zachowuj się godnie

■ **bear along**: **~ along [sb/sth], ~ [sb /sth] along** por|wać, -ywać, un|ieść, -osić; **borne along by one's enthusiasm** uniesiony or porwany entuzjazmem

■ **bear away**: **~ away [sb/sth], ~ [sb /sth] away** *[vehicle]* zab|rać, -ierać; *[raiders]* uprowadz|ić, -ać *[hostages]*; *[wind, water]* un|ieść, -osić; *[person]* zdoby|ć, -wać *[prize]*

■ **bear down**: ¶ **~ down** (in childbirth) przeć ¶ **~ down on [sb/sth]** (approach aggressively) *[person, animal]* rusz|yć, -ać na (kogoś/coś), rzuc|ić, -ać się na (kogoś/coś); *[wave]* zwal|ić, -ać się na (kogoś/coś); *[train, ship]* zbliż|yć, -ać się niebezpiecznie do (kogoś /czegoś) ¶ **~ down on [sth]** (push, press) docis|nąć, -kać *[screw]*; obciąż|yć, -ać *[surface]* ¶ **~ down [sb/sth], ~ [sb/sth] down** (defeat) pokon|ać, -ywać *[enemy]*; zdu|sić, -szać *[opposition, resistance]*

■ **bear in**: **to ~ in with sth** Naut zbliż|yć, -ać się do czegoś *[land]*; **to be borne in (up)on sb** do|trzeć, -cierać do kogoś or do świadomości kogoś; **it was finally borne in upon them that...** wreszcie do nich dotarło, że...

■ **bear off**: ¶ **to ~ off from sth** Naut oddal|ić, -ać się od czegoś *[land]* ¶ **~ off [sb/sth], ~ [sb/sth] off** = **bear away**

■ **bear on**: **~ on [sb/sth]** [1] (relate) rzutować na coś, mieć z czymś związek [2] (afflict) *[tax, legislation]* ciążyć komuś, być dla kogoś ciężarem; **his crimes bore heavily on his conscience** zbrodnie ciążyły mu na sumieniu

■ **bear out**: ¶ **~ out [sth]** potwierdz|ić, -ać *[theory, claim, story]* ¶ **~ out [sb], ~ [sb] out** przyświadczać (komuś or czyimś słowom); **I think you will ~ me out on this** fml sądzę, że się ze mną zgodzisz

■ **bear up**: ¶ **~ up** [1] *[person]* trzymać się, nie tracić ducha; **to ~ up against sth** znosić coś mężnie or dzielnie; **to ~ up under the strain** znosić napięcie; **'OK?' – 'I'm ~ing up'** „wszystko w porządku?" – „jakoś sobie daję radę" [2] *[branch]* wytrzym|ać, -ywać; **will the ice ~ up under our weight?** czy lód udźwignie or wytrzyma nasz ciężar?

■ **bear upon** = **bear on**

■ **bear with**: ¶ **~ with [sth]** zn|ieść, -osić coś cierpliwie ¶ **~ with [sb]** okaz|ać, -ywać (komuś) cierpliwość; **please ~ with me for a moment** proszę o chwilę cierpliwości

bear[2] /beə(r)/ **I** *n* [1] Zool niedźwiedź *m*; (female) niedźwiedzica *f* [2] (toy) miś *m*, niedźwiadek *m* [3] fig pej (man) niedźwiedź *n* fig pej [4] Fin „niedźwiedź" *m* *(spekulant grający na zniżkę)*

II *modif [hat, coat]* niedźwiedzi

III *vt* Fin spowodować obniżkę (czegoś) *[price]*; **to ~ a market** spowodować zniżkę akcji na giełdzie

IDIOMS: **to be like a ~ with a sore head** infml być złym jak osa or jak diabli

bearable /ˈbeərəbl/ *adj* znośny

bearbaiting /ˈbeəbeɪtɪŋ/ *n* szczucie *n* psami uwiązanego niedźwiedzia

bear cub *n* niedźwiedziątko *n*, niedźwiadek *m*

beard /ˈbɪəd/ **I** *n* [1] (on man) broda *f*; **a bushy ~** gęsta broda; **to grow a ~** zapuścić brodę; **to shave off one's ~** zgolić brodę; **to wear/to have a ~** nosić or mieć brodę [2] (on dog, goat, bird) broda *f*, bródka *f*; (on fish, wheat, barley) wąsy *m pl* [3] (in typography) odsadka *f*

II *vt* dat stawić czoło (komuś)

IDIOMS: **to ~ the lion in his den** leźć lwu prosto w paszczę, iść do jaskini lwa

bearded /ˈbɪədɪd/ *adj* brodaty

bearded lady *n* kobieta *f* z brodą

bearded tit *n* Zool wąsatka *f*

beardless /ˈbɪədlɪs/ *adj* bez zarostu

beardless youth *n* gołowąs *m*

bearer /ˈbeərə(r)/ *n* [1] (of news) zwiastun *m*, -ka *f* [2] (of letter, gift) oddaw|ca *m*, -czyni *f*; (of equipment) tragarz *f*; **pall~** żałobnik niosący trumnę; **the ~ of a name/title** noszący imię/tytuł [3] Fin, Jur (of note, cheque) okaziciel *m*, -ka *f*; (of passport) właściciel *m*, -ka *f* [4] Hort **this tree is still a good ~** to drzewo nadal dobrze owocuje [5] Constr wspornik *m*

bearer bond *n* Fin obligacja *f* na okaziciela

bearer cheque GB, **bearer check** US *n* czek *m* na okaziciela

bear garden *n* fig dom *m* wariatów infml fig

bear hug /ˈbeəhʊg/ *n* (in wrestling) chwyt *m* polegający na unieruchomieniu ramion; (tight embrace) mocny uścisk *m*; **to give sb a ~** uścisnąć kogoś; zrobić komuś niedźwiedzia infml

bearing /ˈbeərɪŋ/ **I** *n* [1] (posture) postawa *f*; postura *f* liter; **a man of soldierly ~** człowiek o posturze wojskowego, człowiek noszący się po wojskowemu [2] (behaviour) zachowanie *n*, sposób *m* bycia; **her dignified ~** jej godne zachowanie, jej pełen godności sposób bycia [3] (relevance) **to have no/little ~ on sth** nie mieć związku/mieć niewielki związek z czymś; **to consider sth in all its ~s** rozważyć coś we wszystkich aspektach or uwarunkowaniach [4] (influence) wpływ *m* **(on sth** na coś) [5] (endurance) **(to be) past** or **beyond (all) ~** (być) nie do zniesienia [6] (position) położenie *n*; (compass direction) namiar *m*; **true/magnetic ~** namiar rzeczywisty /magnetyczny; **to take a ~ of sth** określić położenie czegoś; **to take a ~ on sth** wziąć namiar na coś [7] Tech panew *f*, panewka *f* [8] Herald znak *m* rodowy or herbowy; **armorial ~s** herb

II bearings *npl* [1] (orientation) **to get** or **find one's ~s** z|orientować się, rozezna|ć, -wać się also fig; **we had to stop to get our ~s** musieliśmy stanąć, żeby zorientować się, gdzie jesteśmy; **to lose one's ~s** zgubić drogę, zgubić się; fig stracić orientację, być zdezorientowanym; **to take one's ~s** ustalić swoje położenie [2] Aut, Mech łożysko *n*

bearish /ˈbeərɪʃ/ *adj* [1] *[person]* nieokrzesany [2] Fin *[market, trend]* zniżkujący

bear market *n* Fin rynek *m* zniżkujący

bear pit *n* wybieg *m* dla niedźwiedzi

bear's breech *n* Bot akant *m*

bear's ear *n* Bot pierwiosnek łyszczak *m*

bear's foot *n* Bot ciemiernik *m* cuchnący

bearskin /ˈbeəskɪn/ *n* [1] (pelt) niedźwiedzia skóra *f* [2] Mil (hat) bermyca *f (wysoka czapka z czarnego futra noszona przez reprezentacyjne jednostki armii brytyjskiej)*

beast /biːst/ *n* [1] (animal) zwierzę *n*; zwierz *m* liter; (mythical or fierce animal) bestia *f*; **the king of the ~s** król zwierząt; **a ~ of burden** zwierzę juczne; **a ~ of prey** drapieżnik; **the Beast** Bible Bestia (apokaliptyczna) [2] infml pej or hum (person) bestia *f*, potwór *m*; **he's a selfish ~** on jest wstrętnym egoistą; **children can be absolute ~s** dzieci potrafią być okropne; **to bring out the ~ in sb** wyzwalać w kimś bestię [3] infml **a ~ of a job/problem** wredna robota/paskudny problem infml

IDIOMS: **it's in the nature of the ~** hum to wynika z (samej) natury rzeczy

beastliness /ˈbiːstlɪnɪs/ *n* [1] (unpleasantness) podłość *f*, wredność *f*; (of comment, words) ohyda *f* [2] (bestiality) bestialstwo *n*

beastly /ˈbiːstlɪ/ infml **I** *adj* [1] *[person, behaviour]* wredny; *[food, trick, weather]* paskudny; *[child]* nieznośny; **to be ~ to sb** zachować się okropnie wobec kogoś; **what a ~ thing to do/say!** jak można zrobić/powiedzieć coś tak podłego! [2] (bestial) bestialski

II *adv* okropnie, paskudnie

beat /biːt/ **I** *n* [1] (repeated sound) (of drum) bicie *n*; (of rain) bębnienie *n*, dudnienie *n*; (of hammer) walenie *n*, stukot *m* [2] (stroke) uderzenie *n* [3] Mus (rhythm) rytm *m*, tempo *n*; (in a bar) jednostka *f* taktowa; (in verse) akcent *m* (metryczny) [4] (of heart) (single) uderzenie *n*; (repeated) bicie *n*; **80 ~s per minute** 80 uderzeń na minutę; **his heart missed** or **skipped a ~ when he saw her** serce zabiło mu mocniej na jej widok [5] Phys, Elec dudnienie *n* [6] (in police force) (area) rewir *m*; (route) obchód *m*; **her ~ covers the town centre** jej rewir obejmuje śródmieście; **to patrol one's ~** robić obchód; **policeman on the ~** policjant z patrolu pieszego; **that's off my ~** fig to nie moja działka infml fig [7] Hunt (act) naganianie *n*, nagonka *f*; (area) miot *m* [8] = **beatnik**

II *modif* [1] *[poet, writer]* należący do pokolenia bitników [2] (pop) *[group, music]* bitowy infml

III *adj* infml wykończony, wypompowany infml; **we were absolutely ~** byliśmy kompletnie wypompowani

IV *vt* (*pt* **beat**; *pp* **beaten**) [1] (strike) z|bić *[person, animal]*; **to ~ sb with a stick /whip** zbić kogoś kijem/batem; **to ~ sb senseless** pobić kogoś do nieprzytomności; **to ~ sb to death** pobić kogoś na śmierć; **to ~ one's fist against** or **on a door** walić or uderzać pięścią w drzwi; **to ~ sth into sb** nauczyć (siłą) kogoś czegoś; **~ some respect into him!** naucz go szacunku!; **they ~ grammar into our heads** kijem wbijano nam gramatykę do głowy fig; **to ~ sth out of sb** oduczyć (siłą) kogoś czegoś; **I had my rebelliousness ~en out of me** oduczono mnie krnąbrności, wybito mi z głowy krnąbrność fig; **you'll have to ~ the truth out of him** będziesz musiał siłą wyciągnąć z niego prawdę; **to ~ sb into submission** zmusić kogoś do uległości or posłuszeństwa; **to be ~en about the head** dostać po głowie, oberwać po głowie; **to ~ the shit** vinfml or **hell** infml **out of sb** spuścić komuś łomot, policzyć or porachować komuś kości infml [2] (strike with tool, fist) walić w (coś), tłuc w (coś) *[door]* **(with sth** czymś); kuć *[metal]* **(with sth** czymś); **to ~ the undergrowth** or **bushes** Hunt płoszyć zwierzynę w zaroślach; **to ~ (the dust out of) a carpet** wytrzepać dywan; **his arms and legs ~ing the air** wymachując rękami i nogami w powietrzu; **to ~ sth into shape** nadać czemuś kształt (kuciem); **to ~ sth flat** wyklepać *[metal]*; uklepać *[earth]*; **~ the steak with a mallet** Culin zbij befsztyk tłuczkiem; **to ~ the dents out of a car wing** wyklepać błotnik or wgniecenia na błotniku [3] Mus, Mil (produce sound) uderz|yć, -ać w (coś) *[drum, tambourine]*; (stronger) wal|nąć, -ić w (coś); wybi|ć, -jać *[rhythm]*; **to ~ the retreat** Mil bić w bęben na odwrót, dać sygnał do odwrotu; **to ~ time** wybijać takt or rytm; **to ~ time to the music with one's feet** przytupywać w takt muzyki [4] Culin (mix vigorously) ubi|ć, -jać *[eggs, cream, mixture]* **(with sth** czymś); **~ sugar and butter together** ubij or utrzyj masło z cukrem [5] (make way) wydept|ać, -ywać *[path]*; (with difficulty) prze|trzeć, -cierać; **to ~ one's way (through sth)** prze|drzeć, -dzierać się przez coś *[jungle, crowd]* [6] (make escape) **to ~ a retreat** pierzch|nąć, -ać; z|rejterować dat or hum; **~ it!** infml spadaj!, zjeżdżaj! infml [7] (flap) **to ~ its wings** trzepotać or machać skrzydłami; **the bird ~s its wings 1000 times a minute** ptak macha skrzydłami 1 000 razy na minutę [8] (defeat) pobić, pokonać, wygrać z (kimś) *[opponent, team]*; zwalcz|yć, -ać *[illness]*; przezwycięż|yć, -ać, po|radzić sobie z (czymś) *[inflation]*; **to ~ drug abuse** poradzić sobie or rozprawić się z problemem narkomanii; **to ~ sb at chess /hockey** wygrać z kimś w szachy/w hokeja; **to be ~en at chess/hockey** przegrać w szachy/w hokeja; **he doesn't like being ~en** on nie lubi przegrywać; **to ~ sb hands down** pokonać kogoś bez trudu or z łatwością [9] (confound) *[mystery]* pozostać niewyjaśnionym dla (kogoś); **a mystery which has ~en the experts** zagadka, której specjalistom nie udało się rozwiązać; **it ~s me how/why** nie pojmuję, jak /dlaczego; **we admit to being ~en** przyznajemy się do porażki; **'why did he do it?' – '~s me!'** infml „dlaczego to zrobił?" – „nie mam zielonego pojęcia" infml; **the problem's got them ~** infml nie potrafili tego rozgryźć infml [10] (arrive earlier) ubiec *[person]*; **he ~ me to the hotel/door** był przede mną w hotelu/u drzwi; **to ~ sb to it** ubiec kogoś [11] (anticipate) zdążyć przed (czymś) *[crowd, rush hour]*; **he left early to ~ the rush hour** wyszedł wcześniej, żeby zdążyć przed szczytem; **I ~ my sister to the altar** wyszłam za mąż wcześniej niż moja siostra; **~ the budget!** ostatnia okazja! *(przed podwyżką cen)* [12] (outdo) po|bić *[record]*; popraw|ić, -ać *[score, target]*; zakasować infml *[product]*; **our model ~s theirs (for fuel consumption)** nasz model przewyższa or bije na głowę ich

B

produkt (pod względem zużycia paliwa); **nothing ~s home cooking** nie ma nic lepszego od domowej kuchni; **you can't ~ Italian shoes/a nice cup of tea** nie ma jak włoskie buty/filiżanka herbaty; **their prices are hard to ~** ich ceny są konkurencyjne; **~ that (if you can)!** co ty na to?!; **that ~s everything!** to szczyt wszystkiego! infml; **can you ~ it!** coś takiego!
V *vi* (*pt* **beat**; *pp* **beaten**) [1] **to ~ against sth** *[waves]* uderzać o (coś), rozbijać się o (coś) *[shore, cliff]*; *[rain]* bębnić o (coś), bić o (coś) *[window, roof]*; *[rain]* smagać *[face]* [2] **to ~ at** or **on sth** *[person]* walić w (coś); **to ~ at the door** dobijać się do drzwi [3] Physiol *[heart, pulse]* bić; **his heart ~ with joy** fig serce mu biło z radości [4] (make sound) *[drum]* brzmieć, bić [5] (flap) *[wing]* za|trzepotać [6] Hunt naganiać zwierzynę [7] Naut halsować; **~ to windward!** ostrzyć (kurs)!
■ **beat back:** **~ back [sth], ~ [sth] back** zmu|sić, -szać do odwrotu *[crowd]*; **the police were ~en back by the angry mob** policjanci zostali zmuszeni do odwrotu przez rozwścieczony tłum; **she tried to ~ the flames back** próbowała opanować ogień
■ **beat down:** ¶ **~ down on [sb/sth]** *[sun]* lać się promieniami na (kogoś/coś); *[rain]* lać się strumieniami na (kogoś/coś); *[hail]* sypać na (kogoś/coś) ¶ **~ down [sth], ~ [sth] down** [1] (flatten) położyć, kłaść, wybi|ć, -jać *[crop, grass]* [2] (break open) wyłam|ać, -ywać *[door]* ¶ **~ [sb] down** skł|onić, -aniać (kogoś) do obniżenia ceny; **I ~ her down to £100/to a good price** stargowałem u niej 100 funtów/utargowałem u niej dobrą cenę; **competition should ~ the price down** konkurencja powinna doprowadzić do spadku ceny
■ **beat in:** **~ in [sth], ~ [sth] in** rozwal|ić, -ać; **he'd had his skull ~en in** miał wgniecioną or pogruchotaną czaszkę
■ **beat off:** **~ off [sb/sth], ~ [sb/sth] off** od|eprzeć, -pierać *[attack, attackers]*; odg|onić, -aniać *[insects]*
■ **beat out:** **~ out [sth], ~ [sth] out** wyklep|ać, -ywać *[metal]*; wybi|ć, -jać *[rhythm]* **(on sth** na czymś); wystuk|ać, -iwać *[signal, tune]*; s|tłumić *[flames]*
■ **beat up:** **~ up [sb], ~ [sb] up** po|bić, z|bić; **to ~ up eggs** ubić jajka
IDIOMS: **a rod** or **stick to ~ sb with** kij na kogoś, broń przeciwko komuś; **if you can't ~ 'em, join 'em** jeśli nie możesz z kimś wygrać, dołącz do niego; **to ~ the charge** US uniknąć kary, umknąć sprawiedliwości

beaten /ˈbiːtn/ **I** *pp* → **beat**
II *adj* [1] (defeated) *[team, competitor, army]* pokonany, pobity [2] (flattened) *[metal]* kuty; *[earth]* ubity [3] Culin *[egg]* ubity
IDIOMS: **off the ~ track** na uboczu; **to go off the ~ track** zejść z utartego szlaku

beater /ˈbiːtə(r)/ *n* [1] Hunt naganiacz *m* [2] Mus młoteczek *m* [3] Culin ubijacz *m*

beat generation *n* **the ~** pokolenie *n* beatników or bitników

beatific /ˌbɪəˈtɪfɪk/ *adj* błogi; Relig dający wieczne szczęście

beatifically /ˌbɪəˈtɪfɪklɪ/ *adv* błogo

beatification /bɪˌætɪfɪˈkeɪʃn/ *n* beatyfikacja *f*

beatify /bɪˈætɪfaɪ/ *vt* beatyfikować

beating /ˈbiːtɪŋ/ *n* [1] (punishment) lanie *n*; **to get a ~** dostać lanie; **to give sb a ~** sprawić komuś lanie, zbić kogoś; **the prisoners suffered daily ~s** więźniowie byli codziennie bici [2] fig **to take some** or **a lot of ~** *[product]* być bezkonkurencyjnym; **his score will take some ~** trudno będzie poprawić jego wynik; **the scenery takes some ~** krajobraz nie ma chyba sobie równego; **his manners take some ~!** iron jego zachowanie pozostawia wiele do życzenia [3] infml (defeat) porażka *f*; **to take** or **get a ~** dostać łupnia infml; **to give sb a ~** dać komuś łupnia infml [4] infml (rough treatment) **he gave his car quite a ~** prawie zarżnął swój samochód infml; **he took a ~ in the press** oberwało mu się w prasie infml; **these toys/shoes are designed to take a ~** te zabawki/buty wiele zniosą or wytrzymają [5] (of carpet) trzepanie *n*; (of metal) kucie *n* [6] (sound) (of drum, heart) bicie *n*; (of wings) trzepot *m*; (of rain) bębnienie *n*, dudnienie *n*; (of feet) tupot *m* [7] Hunt naganianie *n*, płoszenie *n* zwierzyny

beating up *n* infml pobicie *n*; manto *n* infml; **to get a ~** zostać pobitym; **to give sb a ~** zbić or pobić kogoś

beatitude /bɪˈætɪtjuːd, US -tuːd/ *n* [1] liter (happiness) błogość *f*, błogostan *m* [2] Bible **the Beatitudes** Osiem Błogosławieństw *n pl* [3] (title) **His/Your Beatitude** Jego/Wasza Świątobliwość

beatnik /ˈbiːtnɪk/ *n* bitnik *m*

beat-up /ˈbiːtʌp/ *adj* infml *[car]* zdezelowany, rozwalający się

beau /bəʊ/ *n* (*pl* **beaux, beaus**) [1] liter or hum (sweetheart) kawaler *m*, fatygant *m* dat or hum [2] dat (dandy) dandys *m*, piękniś *m* dat

Beaufort scale /ˌbəʊfət ˈskeɪl/ *n* skala *f* Beauforta

beaut /bjuːt/ *n* infml dat cudo *n*

beauteous /ˈbjuːtɪəs/ *adj* liter piękny, cudowny

beautician /bjuːˈtɪʃn/ *n* (beauty specialist) kosmetyczka *f*; US (hairdresser) fryzjer *m*, -ka *f*

beautiful /ˈbjuːtɪfl/ *adj* [1] (aesthetically attractive) piękny, śliczny; **the ~ people** śmietanka towarzyska [2] (wonderful) *[holiday, feeling]* wspaniały, cudowny [3] (skilful) *[goal, example]* świetny, doskonały; **he's a ~ writer** jest świetnym or doskonałym pisarzem

beautifully /ˈbjuːtɪfəlɪ/ *adv* [1] (perfectly) *[play, write, function]* świetnie, doskonale; **that will do ~** (to) doskonale się nada, (to) będzie w sam raz [2] *[dressed, painted, situated]* (attractively) pięknie, ślicznie; (wonderfully) wspaniale, cudownie [3] (emphatic) *[accurate, clean, fresh]* idealnie

beautify /ˈbjuːtɪfaɪ/ **I** *vt* upiększ|yć, -ać *[object, place]*; wyszykow|ać, -ywać *[person]*
II *vr* **to ~ oneself** wyszykow|ać, -ywać się

beauty /ˈbjuːtɪ/ **I** *n* [1] (quality) (of landscape, poem) piękno *n*; (of woman) uroda *f*; **an area of outstanding natural ~** obszar o wyjątkowo pięknym krajobrazie; **to mar** or **spoil the ~ of sth** zeszpecić or oszpecić coś; **the beauties of nature/the Scottish countryside** uroki przyrody/szkockiego krajobrazu [2] (woman) piękność *f*; **'Beauty and the Beast'** „Piękna i Bestia"; **'Sleeping Beauty'** „Śpiąca królewna" [3] (advantage) zaleta *f*, urok *m*; **the ~ of it is that...** najlepsze (w tym) jest to, że...; **the ~ of my plan is that it won't cost much** zaletą mego planu są niskie koszty; **that's the ~ of it** to jest w tym wszystkim najlepsze [4] infml (perfect example) cudo *n*; **a ~ of a car** cudo, nie samochód; **that's a real ~** (to) prawdziwe cudo
II *modif [product]* kosmetyczny
IDIOMS: **age before ~** starsi mają pierwszeństwo; **~ is in the eye of the beholder** Prov ≈ nie to ładne, co ładne, ale co się komu podoba

beauty competition *n* konkurs *m* piękności

beauty contest *n* = **beauty competition**

beauty editor *n* redaktor *m*, -ka *f* działu urody

beauty parlour *n* dat = **beauty shop**

beauty queen *n* królowa *f* or miss *f inv* piękności

beauty salon *n* US = **beauty shop**

beauty shop *n* salon *m* kosmetyczny or piękności

beauty sleep *n* hum drzemka *f*; **I need my ~** muszę się wyspać

beauty specialist *n* kosmetyczka *f*

beauty spot *n* [1] (on skin) pieprzyk *m*; (fake) muszka *f* [2] Tourism malowniczy zakątek *m*

beauty treatment *n* zabieg *m* kosmetyczny

beaux /bəʊz, bəʊ/ *npl* → **beau**

beaver[1] /ˈbiːvə(r)/ **I** *n* [1] Zool bóbr *m* [2] (also **~-fur**) bobry *m pl*, futro *n* bobrowe [3] (also **~ hat**) czapka *f* bobrowa
II *modif [garment, lodge]* bobrowy; **~-lined/-trimmed** podbity/obszyty bobrami
■ **beaver away** pracować jak mrówka **(at sth** nad czymś)
IDIOMS: **to work like a ~** pracować or uwijać się jak mrówka; **eager ~** infml nadgorliwiec infml; (at school) pracuś infml

beaver[2] /ˈbiːvə(r)/ *n* Hist (lower face-guard) podbródek *m* hełmu; (visor) przyłbica *f*

beaver[3] /ˈbiːvə(r)/ *n* US [1] vulg (female genitals) kuciapa *f* vulg [2] vinfml (woman) cipa *f* vulg

beaverboard® /ˈbiːvəbɔːd/ *n* US płyta *f* pilśniowa

beaver lamb *n* bibrety *plt* z barana

becalmed /bɪˈkɑːmd/ *adj* Naut *[boat]* unieruchomiony przez flautę; fig *[economy, peace talks]* (znajdujący się) w zastoju

became /bɪˈkeɪm/ *pt* → **become**

because /bɪˈkɒz, US also -kɔːz/ **I** *conj* ponieważ, dlatego że; bo infml; **I bought it ~ I liked it** kupiłem to, bo or dlatego że mi się podobało; **'why can't I have an ice-cream?' – '~ I say so'** „dlaczego nie mogę dostać lodów?" – „bo ja tak mówię" or „bo nie"; **'why?' –'(just) ~'** „dlaczego?" – „(właśnie) dlatego"; **the reason she's so irritable is ~ she's tired** jest zdenerwowana, dlatego że or bo jest przemęczona; **~ he was drunk, he lost control of the car** ponieważ był pijany, stracił kontrolę nad samochodem; **just ~ you're older (it)**

doesn't mean you're right to, że jesteś starszy, nie znaczy, że masz rację; **just ~ you're jealous!** infml jesteś po prostu zazdrosny!; **all the more so ~...** tym bardziej, że...

II **because of** *prep phr* [1] (as a result of) z powodu (kogoś/czegoś); **~ of illness/the rain** z powodu choroby/deszczu; **don't worry, I'm not leaving ~ of you** nie przejmuj się, wychodzę nie z twego powodu [2] (through sb's fault) przez (kogoś); **~ of you I lost my key** przez ciebie zgubiłem klucze; **we've missed the train and it's all ~ of you!** spóźniliśmy się na pociąg, i to wszystko przez ciebie!

bechamel (sauce) /ˈbeɪʃəmel (sɔːs)/ *n* beszamel *m*

beck¹ /bek/ *n*

IDIOMS: **to be at sb's ~ and call** być na (każde) zawołanie kogoś; **to have sb at one's ~ and call** mieć kogoś na (każde) zawołanie

beck² /bek/ *n* GB dial (stream) potok *m*, ruczaj *m*

beckon /ˈbekən/ **I** *vt* [1] skinąć na (kogoś); **to ~ sb in** gestem zaprosić kogoś do środka; **to ~ sb over** przywołać kogoś skinieniem; **to ~ sb to sit down** skinąć na kogoś, żeby usiadł [2] fig *[future, fame, fate]* czekać (kogoś) *[person]*; *[adventure]* wabić, kusić, wzywać *[person]*

II *vi* [1] skinąć **(to sb** na kogoś) [2] fig kusić, wabić; **I'd like to stay, but work ~s** chciałbym zostać, ale obowiązki wzywają; **a wonderful future ~s for him** czeka go cudowna przyszłość

become /bɪˈkʌm/ (*pt* **became**; *pp* **become**) **I** *vt* **this dress/colour ~s you** w tej sukience/w tym kolorze jest ci dobrze or do twarzy; **modesty ~s a young girl** młodej dziewczynie przystoi skromność; **this sort of behaviour doesn't ~ a man in your position** takie zachowanie nie przystoi człowiekowi na twoim stanowisku

II *vi* [1] (grow to be) sta|ć, -wać się (czymś); **to ~ famous/fashionable** stać się sławnym /modnym; **to ~ law** stać się prawem; **to ~ fat** utyć; **to ~ ill** zachorować; **to ~ aware** uświadomić sobie [2] (achieve position) zosta|ć, -wać (kimś/czymś); **to ~ queen/a doctor** zostać królową/lekarzem

III *v impers* **what has ~ of your brother?** co u twego brata?; **I don't know what will ~ of us** nie wiem, co się z nami stanie; **what has ~ of those photos?** co się stało z tymi zdjęciami?; **it ill-~s you to criticize** nie wypada ci krytykować

becoming /bɪˈkʌmɪŋ/ *adj* [1] (suitable) *[behaviour]* odpowiedni, stosowny, właściwy [2] (attractive) *[garment, hair cut]* twarzowy; **black is ~ on her** w czarnym jest jej do twarzy

becomingly /bɪˈkʌmɪŋlɪ/ *adv* [1] (attractively) *[dressed]* twarzowo; *[blush, smile]* czarująco, uroczo [2] (suitably) *[dressed]* stosownie

becquerel /ˈbekərəl/ *n* bekerel *m*

bed /bed/ **I** *n* [1] (place to sleep) łóżko *n*; **single/double ~** pojedyncze/podwójne łóżko; **to be in ~** być or leżeć w łóżku; **to get into ~** położyć się (do łóżka); **to get out of ~** wstać (z łóżka); **to get sb out of ~** wyciągnąć kogoś z łóżka; **to go to ~** pójść spać; **it's time for ~** czas (iść) spać; **to make the ~** posłać or zasłać łóżko; **the dog makes his ~ in the hall** pies śpi or ma posłanie w korytarzu; **to put sb to ~** położyć kogoś spać; **to take to one's ~** dat rozchorować się; **a 40 ~ ward/hotel** oddział/hotel na 40 łóżek; **I need a ~ for the night** szukam noclegu; **to give sb a ~ for the night** przenocować kogoś; **her ~ of pain** liter (jej) łoże boleści [2] infml (sex) **to go to ~ with sb** pójść z kimś do łóżka infml; **what's he like in ~?** jaki on jest w łóżku? infml; **to catch sb in ~ with sb** przyłapać kogoś w łóżku z kimś infml; **to get into ~ with sb** przespać się z kimś infml; fig *[company, group]* pokumać or skumać się z kimś infml [3] Hort (of flowers) grządka *f*, rabata *f*; (circular, oval) klomb *m*; (of manure, compost) podłoże *n*; **a rose ~, a ~ of roses** rabata obsadzona różami [4] (bottom) (of sea, lake) dno *n*; (of river) łożysko *n*; **the sea ~** dno morza [5] Geol pokład *m*, złoże *n* [6] Tech (base) łożysko *n*, podstawa *f* [7] Print (of letterpress) fundament *m* z formą drukarską; **to put a newspaper to ~** Journ, Print zamknąć numer [8] Aut (of car) podwozie *n*; (of truck) platforma *f* [9] Constr (of railway track, road) podsypka *f*; (of wall) podstawa *f*, fundament *m*

II *vt* (*prp, pt, pp* **-dd-**) [1] Hort (also **~ out**) wysadz|ić, -ać *[seedlings, plants]* [2] Tech posadowić *[post]* [3] dat (sleep with) zle|c, -gać z (kimś) dat *[person]*

■ **bed down**: ¶ **~ down** u|łożyć, -kładać się do snu ¶ **~ down [sb], ~ [sb] down** u|łożyć, -kładać (kogoś) do snu ¶ **~ down [sth], ~ [sth] down** podesłać, podściel|ić, -ać (czemuś) *[horse]*; **the horses were ~ded down with clean straw** koniom podścielono czystą słomę

■ **bed in**: **~ [sth] in** osadz|ić, -ać, umocow|ać, -ywać *[beam]*

IDIOMS: **to be brought to ~ of a son** dat wydać na świat syna dat; **to get out of ~ on the wrong side** wstać (z łóżka) lewą nogą; **her life is a ~ of nails** życie jej nie rozpieszcza; **life is not a ~ of roses** życie nie jest usłane różami; **you've made your own ~, now you must lie in it** Prov jak sobie pościelesz, tak się wyśpisz

BEd /ˌbiːˈed/ *n* = **bachelor of education** ≈ licencjat *m* w dziedzinie pedagogiki

bed and board *n* mieszkanie *n* z utrzymaniem

bed and breakfast, B and B *n* [1] Tourism (type of accommodation) zakwaterowanie *n* ze śniadaniem; **to offer ~** oferować zakwaterowanie ze śniadaniem [2] Tourism (building) ≈ pensjonat *m (oferujący zakwaterowanie ze śniadaniem)*; **to run a ~** prowadzić pensjonat [3] GB Soc Admin (also **~ accommodation)** pensjonat *m* socjalny

bedaub /bɪˈdɔːb/ *vt* u|mazać, po|mazać

bed base *n* stelaż *m*

bed bath *n* Med mycie *n* chorego na łóżku

bedbug /ˈbedbʌɡ/ *n* pluskwa *f*

bedchamber /ˈbedtʃeɪmbə(r)/ *n* dat alkierz *m* dat; (grand) komnata *f* sypialna

bedclothes /ˈbedkləʊðz/ *npl* przykrycie *n (kołdry, koce)*

bedding /ˈbedɪŋ/ **I** *n* [1] (for humans) pościel *m* [2] (for animals) podściółka *f*

II *modif* Hort *[plant]* jednoroczny; *[fork, trowel]* do pikowania roślin

bedeck /bɪˈdek/ *vt* przyozd|obić, -abiać, przystr|oić, -ajać **(with sth** czymś)

bedevil /bɪˈdevl/ *vt* (*prp, pt, pp* **-ll-** GB, **-l-** US) (plague) nękać *[person]*; po|krzyżować *[plans]*; obr|ócić, -acać wniwecz *[career]*; s|komplikować *[situation, problem]*; **~led by doubts/remorse** nękany or dręczony wątpliwościami/wyrzutami sumienia; **a project ~led by a lack of funds** przedsięwzięcie skazane na niepowodzenie ze względu na brak funduszy

bedewed /bɪˈdjuːd/ *adj* zroszony **(with sth** czymś)

bedfellow /ˈbedfeləʊ/ *n* dat dzieląc|y *m*, -a *f* wspólne łoże; **to make strange ~s** fig stanowić dziwną parę

Bedfordshire /ˈbedfədʃə(r)/ *prn* Bedfordshire *n inv*

bedhead /ˈbedhed/ *n* wezgłowie *n*

bed jacket *n* lizeska *f*, kaftanik *m*

bedlam /ˈbedləm/ *n* [1] (chaos) harmider *m*; **absolute ~** sądny dzień [2] arch zakład *m* dla obłąkanych dat

bed linen *n* bielizna *f* pościelowa

Bedouin /ˈbedʊɪn/ **I** *n* Beduin *m*, -ka *f*

II *adj* beduiński

bed pad *n* prześcieradło *n* ochronne; (impermeable) cerata *f*

bedpan /ˈbedpæn/ *n* Med basen *m*

bedpost /ˈbedpəʊst/ *n* kolumienka *f*, drążek *m (podtrzymujący baldachim łoża)*

bedraggled /bɪˈdræɡld/ *adj* (wet) *[clothes]* przemoczony, przemoknięty; *[hair]* mokry; (dirty) *[person, clothes]* brudny; (dishevelled) *[clothes]* w nieładzie; **to look wet and ~** wyglądać jak zmokła kura

bed rest *n* odpoczynek *m* w łóżku; **she's on complete ~** nie wolno jej wstawać, zalecono jej leżenie

bedridden /ˈbedrɪdn/ *adj* obłożnie chory, przykuty do łóżka

bedrock /ˈbedrɒk/ *n* [1] Geol podłoże *n* skalne [2] fig (basis) podstawa *f*

bedroll /ˈbedrəʊl/ *n* zwinięte posłanie *n (noszone przez wędrowca, turystę)*; (sleeping bag) śpiwór *m*

bedroom /ˈbedruːm, -rʊm/ **I** *n* (in private house, flat) sypialnia *f*, (pokój *m*) sypialny *m*; (in hotel) pokój *m*; **a four ~ house** dom z czterema sypialniami

II *modif* [1] *[furniture]* sypialniany; **~ window** okno sypialni [2] infml (sexual) *[antics, scene, secrets]* łóżkowy infml; **to have ~ eyes** mieć roznamiętnione spojrzenie

bedroom farce *n* Theat burleska *f*

bedroom slipper *n* ranny pantofel *m*

bedroom suburb *n* US dzielnica sypialnia *f*

Beds *n* GB Post = **Bedfordshire**

bed-settee /ˌbedsəˈtiː/ *n* rozkładana kanapa *f*

bedside /ˈbedsaɪd/ **I** *n* brzeg *m* łóżka; fig wezgłowie *n*; **to sit at sb's ~** czuwać or siedzieć przy łóżku kogoś; **to be called to sb's ~** zostać wezwanym do kogoś (ciężko chorego)

II *modif [lamp, table]* nocny; **~ book** książka do poduszki; **~ rug** dywanik przy łóżku

bedside manner *n* podejście *n* do pacjenta; **he has a good ~** wie, jak podejść do pacjenta; ma dobre podejście do pacjenta

bedsit /ˈbedsɪt/ *n* infml GB kawalerka *f* *(zwykle umeblowana)*

bedsitter /ˌbedˈsɪtə/ *n* = **bedsit**

bed-sittingroom /ˌbedˈsɪtɪŋrʊm/ *n* dat = **bedsit**

bedsocks /ˈbedsɒks/ *npl* ciepłe skarpetki *f pl (noszone do spania)*

bedsore /ˈbedsɔː/ *n* odleżyna *f*

bedspread /ˈbedspred/ *n* narzuta *f*, kapa *f*

bedspring /ˈbedsprɪŋ/ *n* sprężyna *f (łóżka, tapczanu)*

bedstead /ˈbedsted/ *n* stelaż *m*

bedstraw /ˈbedstrɔː/ *n* Bot przytulia *f*

bedtime /ˈbedtaɪm/ **I** *n* **it's ~** czas or pora spać; **I like to drink something hot at ~** lubię się napić czegoś gorącego przed snem; **11 o'clock is my ~** kładę się spać o jedenastej; **it's way past your ~** już dawno powinieneś być w łóżku

II *modif* **~ story** bajka do poduszki

bedwarmer /ˈbedwɔːmə(r)/ *n* termofor *m*; szkandela *f* dat

bedwetter /ˈbedwetə(r)/ *n* (child) dziecko *f* moczące się w nocy; (adult) enuretyk *m*

bedwetting /ˈbedwetɪŋ/ *n* moczenie *n* nocne

bee /biː/ *n* [1] Zool pszczoła *f*; **a swarm of ~s** rój *m* pszczół [2] US (meeting) spotkanie *n* *(dla wspólnej pracy połączonej z rozrywką)* [3] (competition) konkurs *m*

IDIOMS: **to think one is the ~'s knees** uważać się za Bóg wie co infml; **as busy as a ~** pracowity jak pszczółka

Beeb /biːb/ *n* GB infml hum **the ~** BBC *n inv*

beech /biːtʃ/ **I** *n* [1] (tree) buk *m* [2] (also **~ wood**) drewno *n* bukowe, buczyna *f*

II *modif [hedge, forest]* bukowy; **~ grove** buczyna

beech marten *n* kuna *f* domowa, kamionka *f*

beechmast /ˈbiːtʃmɑːst, US -mæst/ *n* buczyna *f*, bukiew *f*

beechnut /ˈbiːtʃnʌt/ *n* orzeszek *m* bukowy

bee eater *n* żołna *f*, pszczołojad *m*

beef /biːf/ **I** *n* [1] Culin wołowina *f*, (mięso *n*) wołowe *n*; **minced** GB or **ground** US **~** wołowina mielona; **roast ~** pieczeń wołowa or z wołowiny [2] US infml (grievance) pretensja *f*; **what's your ~?** o co ci chodzi?, co cię gryzie? infml; **I've got no ~ with you** nie mam nic do ciebie infml

II *vi* (also **~ on**) psioczyć infml **(about sth** na coś)

■ **beef up**: **~ up [sth]** wzm|ocnić, -acniać *[strength, control]*; uatrakcyjni|ć, -ać, urozmaic|ić, -ać *[story]*

IDIOMS: **put a bit of ~ into it!** infml nie żałujcie mięśni!

beefburger /ˈbiːfbɜːgə(r)/ *n* hamburger *m* z wołowiny

beefcake /ˈbiːfkeɪk/ *n* infml atletycznie zbudowany przystojniak *m*; osiłek *m* pej; mięśniak *m* infml

beef cattle *npl* bydło *n* opasowe

beefeater /ˈbiːfiːtə(r)/ *n* strażnik *m* londyńskiego zamku Tower

beef export *n* eksport *m* wołowiny

beef farm *n* farma *f* bydła opasowego

beef farming *n* hodowla *f* bydła opasowego

beef market *n* targ *m* bydlęcy

beef olive *n* ≈ zraz *m* wołowy zawijany

beefsteak /ˈbiːfsteɪk/ *n* befsztyk *m*

beefsteak tomato *n odmiana dużych pomidorów*

beef stew *n* ≈ gulasz *m* wołowy

beef stock *n* wywar *m* z wołowiny, bulion *m* wołowy

beef tea *n* bulion *m* wołowy

beefy /ˈbiːfɪ/ *adj* [1] **~ flavour** zapach wołowego mięsa [2] infml *[man]* muskularny; napakowany infml; **a beefier computer** komputer wyższej klasy

beehive /ˈbiːhaɪv/ *n* [1] (for bees) ul *m* [2] (also **~ hairdo)** włosy *m pl* upięte wysoko (na czubku głowy)

beekeeper /ˈbiːkiːpə(r)/ *n* pszczelarz *m*

beekeeping /ˈbiːkiːpɪŋ/ *n* pszczelarstwo *n*

beeline /ˈbiːlaɪn/ *n*

IDIOMS: **to make a ~ for sth** ruszyć prosto w kierunku czegoś

been /biːn, US bɪn/ *pp* → **be**

bee orchid *n* Bot dwulistnik *m* pszczeli

beep /biːp/ **I** *n* (of electronic device, on radio) sygnał *m* akustyczny; bipnięcie *n* infml; (of car) dźwięk *m* klaksonu, klakson *m*; **give three ~s (on your horn)** zatrąb trzy razy

II *vt* przywoł|ać, -ywać (kogoś) biperem

III *vi [electronic device]* brzęknąć, za|brzęczeć; bipnąć infml; *[car horn, driver]* za|trąbić

beeper /ˈbiːpə(r)/ *n* biper *m*, pager *m*

beer /bɪə(r)/ **I** *n* piwo *n*; **two ~s, please!** proszę dwa piwa

II *modif* **~ bottle/barrel** (for storage) butelka/beczka na piwo; (emptied) butelka/beczka po piwie

IDIOMS: **life isn't all ~ and skittles** życie to nie jest bajka → **small**

beer belly *n* brzuch *m (typowy dla piwosza)*; mięsień *m* piwny infml

beer bust *n* US Univ infml piwkowanie *n* infml

beer can *n* puszka *f* po piwie

beerfest /ˈbɪəfest/ *n* święto *n* piwa

beer garden *n* ogródek *m* piwiarni

beer gut *n* infml brzuszysko *n* infml *(typowe dla piwosza)*

beer mat *n* podkładka *f* or podstawka *f* pod kufel

beerswilling /ˈbɪəswɪlɪŋ/ *adj* pej chlejący piwo infml

beery /ˈbɪərɪ/ *adj* [1] *[taste]* piwny; *[breath]* śmierdzący piwem [2] (drunken) *[person]* podchmielony; *[face]* zapijaczony; *[roars]* pijacki; **they're a ~ lot** lubią sobie popić piwa; **they gave him a ~ farewell** urządzili mu pożegnanie, na którym piwo lało się strumieniami

bee sting *n* użądlenie *n*

beeswax /ˈbiːzwæks/ *n* wosk *m* pszczeli

beet /biːt/ *n* [1] (also **sugar ~**) burak *m* cukrowy [2] US → **beetroot**

IDIOMS: **to turn as red as a ~** US poczerwienieć jak burak

beetle[1] /ˈbiːtl/ **I** *n* [1] Zool chrząszcz *m*, żuk *m* [2] Aut infml (Volkswagen) garbus *m* infml [3] (game) *gra przypominająca lotto*

II *vi* infml posuwać raźnym krokiem, szorować infml; **to ~ in** wparować infml; **to ~ off** wynieść się infml

beetle[2] /ˈbiːtl/ *n* Tech (tool) ubijak *m* drewniany, dobniak *m*; Tex (machine) gładziarka *f* stępowa, magiel *m* stępowy

beetle-browed /ˌbiːtlˈbraʊd/ *adj* (with thick eyebrows) o krzaczastych brwiach; fig (scowling) *[person]* z marsową miną; *[expression]* marsowy

beetle drive *n* GB *spotkanie towarzyskie przy grze w „beetle"*

beetling /ˈbiːtlɪŋ/ *adj [brow]* krzaczasty; *[cliff]* zwieszający się

beetroot /ˈbiːtruːt/ *n* GB burak *m* (ćwikłowy)

IDIOMS: **to turn as red as a ~** poczerwienieć jak burak

beet sugar *n* cukier *m* buraczany

befall /bɪˈfɔːl/ (*pt* **befell**; *pp* **befallen**) liter

I *vt [fate, misfortune]* spot|kać, -ykać (kogoś), spa|ść, -dać na (kogoś); **it befell that...** tak się stało, że...; **I pray that no harm will ~ him** modlę się, żeby nic złego go nie spotkało

II *vi* sta|ć, -wać się, zdarz|yć, -ać się; **whatever may ~** cokolwiek się stanie or zdarzy

befallen /bɪˈfɔːlən/ *pp* → **befall**

befell /bɪˈfel/ *pt* → **befall**

befit /bɪˈfɪt/ *v impers* (*prp, pt, pp* **-tt-**) fml być stosownym or właściwym; przystawać dat **(to sth** do czegoś); **it ill ~s you to do that** nie wypada ci tego robić; **as ~s sb** jak przystoi komuś, jak przystało na kogoś; **as ~s sth** jak przystało na coś

befitting /bɪˈfɪtɪŋ/ *adj* fml *[manner, attire]* stosowny, odpowiedni; przystojny dat; **~ for the occasion** odpowiedni do okoliczności

befog /bɪˈfɒg/ *vt* (*prp, pt, pp* **-gg-**) [1] okry|ć, -wać mgłą [2] fig zaćmi|ć, -ewać *[person, mind]*; zaciemni|ć, -ać *[argument, issue, meaning]*; **his mind was ~ged with drink** miał umysł zaćmiony alkoholem

before /bɪˈfɔː(r)/ **I** *prep* [1] (earlier than) przed (czymś); **~ the end of the year** przed końcem roku; **the day ~ the meeting** dzień przed spotkaniem; **the one ~ last** przedostatni; **the day ~ yesterday** przedwczoraj; **I was in Paris the week ~ last** byłem w Paryżu dwa tygodnie temu; **they hadn't met since ~ the war** nie widzieli się od przedwojny; **it should have been done ~ now** to powinno już być zrobione; **phone me if you need me ~ then** zadzwoń, jeśli będziesz mnie wcześniej potrzebował; **six weeks ~ then** sześć tygodni wcześniej; **she became a doctor, like her mother ~ her** została lekarzem, tak jak kiedyś jej matka; **not ~ time!** najwyższy czas!, w samą porę!; **it was long ~ your time** to było na długo przedtem, zanim ty nastałeś; **she has grown old ~ her time** przedwcześnie się postarzała [2] (in order, sequence) przed (kimś/czymś); **G comes ~ H in the alphabet** litera g jest w alfabecie przed h; **I was ~ you in the queue** byłem przed tobą w kolejce; **the page ~ this one** poprzednia strona [3] (in importance, priority) **to put quality ~ quantity** stawiać jakość ponad or wyżej niż ilość; **to put sth ~ everything else** stawiać coś na pierwszym miejscu; **I put my family ~ everything else** dla mnie rodzina jest ważniejsza niż wszystko inne; **ladies ~ gentlemen** panie mają pierwszeństwo [4] (this side of) przed (czymś);

turn left ~ the roundabout skręć w lewo przed rondem [5] (in front of) przed (czymś); **they stopped ~ a large house** zatrzymali się przed dużym domem; **he sat ~ the fire** siedział przy kominku; **we have the whole week ~ us** przed nami cały tydzień; **the desert stretched out ~ them** przed nimi rozciągała się pustynia; **~ our very eyes** na naszych oczach; **they fled ~ the enemy** uciekali przed wrogiem [6] (in the presence of) przed (kimś /czymś), w obecności (kogoś/czegoś); **he was brought ~ the king** przyprowadzono go przed oblicze króla fml; **he appeared ~ the court on a charge of murder** stanął przed sądem pod zarzutem morderstwa; **they played ~ a crowd of 10,000** grali dla dziesięciotysięcznego tłumu; **to put proposals ~ a committee** przedstawić propozycje komisji; **to bring a bill ~ parliament** przedstawić projekt ustawy w parlamencie; **I swear ~ God** przysięgam przed Bogiem [7] (confronting) wobec (kogoś /czegoś), przed (kimś/czymś); **they were powerless ~ such resistance** byli bezsilni wobec takiego sprzeciwu; **the task ~ us** stojące przed nami or czekające nas zadanie; **she trembled ~ the prospect of meeting him** fml drżała na myśl o spotkaniu z nim [8] US (in time expressions) **ten ~ six** za dziesięć szósta

II *adv* [1] (preceding) wcześniej, przedtem; **the day ~** dzień wcześniej; **the week /year ~** tydzień/rok wcześniej; **this page and the one ~** ta strona i poprzednia [2] (previously) przedtem, poprzednio; **as ~** jak przedtem, jak dawniej; **~ and after** przed i po; **he had been there two months ~** był tam dwa miesiące przedtem; **have you been to India ~?** czy byłeś (już kiedyś przedtem) w Indiach?; **I've never been there ~** nigdy przedtem tam nie byłem; **haven't we met ~?** czy już się kiedyś nie spotkaliśmy?; **I've never seen him ~ in my life** nigdy w życiu go przedtem nie widziałem; **it's never happened ~** to się nigdy przedtem nie zdarzyło; **long ~** dużo wcześniej, dawno temu

III before long *adv phr* niedługo, wkrótce; **~ long it will be winter** niedługo or wkrótce będzie zima; **~ long, he was speaking Spanish fluently** wkrótce mówił już biegle po hiszpańsku

IV *conj* [1] (in time) zanim, nim; **~ moving to England he lived in Germany** zanim przeprowadził się do Anglii, mieszkał w Niemczech; **~ he goes, I must remind him that...** zanim wyjdzie, muszę mu przypomnieć, że...; **it was some time ~ she was able to walk again** minęło sporo czasu, zanim znów mogła chodzić; **~ I had time to realize what was happening, he left** zanim zdążyłam się zorientować, co się dzieje, wyszedł; **it will be years ~ I earn that much money!** minie wiele lat, zanim będę tyle zarabiać!; **oh, ~ I forget, did you remember to post the letter?** zanim zapomnę, czy pamiętałeś o wysłaniu listu?; póki pamiętam, czy nie zapomniałeś wysłać listu?; **not ~** dopiero gdy; **'let's go' – 'not ~ you've had your breakfast'** „chodźmy już" – „najpierw zjedz śniadanie" [2] (rather than) raczej niż; **he would die ~ betraying that secret** raczej skona niż wyjawi tę tajemnicę [3] (or else) **get out of here ~ I call the police** wynoś się stąd, zanim wezwę policję or bo wezwę policję [4] (as necessary condition) **you have to show your ticket ~ they'll let you in** musisz pokazać bilet, zanim cię wpuszczą

IDIOMS: **~ you could say Jack Robinson** zanim się zdąży policzyć do trzech; **~ you know where you are** zanim człowiek się spostrzeże

beforehand /bɪˈfɔːhænd/ *adv* (in readiness) zawczasu; (in advance) wcześniej, z wyprzedzeniem; **I arrived ~ to get everything ready** przyszedłem wcześniej, żeby wszystko przygotować; **you should have thought about it ~** powinieneś był pomyśleć o tym wcześniej or zawczasu; **get everything ready ~** przygotuj wszystko zawczasu; **can you book the tickets ~?** czy można wcześniej zarezerwować bilety?; **let me know ~** daj mi znać zawczasu, uprzedź mnie

before tax *adj [income, profit]* brutto, przed opodatkowaniem

befoul /bɪˈfaʊl/ *vt* fml z|brukać liter also fig

befriend /bɪˈfrend/ *vt* (make friends with) zaprzyjaźni|ć, -ać się z (kimś); (look after) okaz|ać, -ywać (komuś) przyjaźń; **she was ~ed by an older girl** zaprzyjaźniła się z nią starsza dziewczynka

befuddle /bɪˈfʌdl/ *vt [drink, drugs]* zamroczyć, odurz|yć, -ać *[person]*; *[old age]* przytępi|ć, -ać *[mind, wits]*; **to be ~d by drink** być zamroczonym alkoholem

beg /beg/ (*prp, pt, pp* **-gg-**) **I** *vt* [1] (solicit) po|prosić o (coś) *[food, money]* **(from sb** kogoś) [2] (entreat) błagać, po|prosić o (coś) *[favour, permission]* **(from** or **of sb** kogoś); **to ~ sb for sth** błagać or prosić kogoś o coś; **I ~ged his forgiveness** błagałem go o przebaczenie; **to ~ leave to do sth** prosić o pozwolenie na zrobienie czegoś; **I ~ leave to remind you...** fml pozwolę sobie przypomnieć państwu... fml; **I ~ged her to wait** błagałem ją, żeby poczekała; **stop, I ~ (of) you!** błagam, przestań! [3] (leave unresolved) pozostawi|ć, -ać otwartym or bez odpowiedzi *[problem, question]*; **this proposal ~s the question whether...** w związku z tą propozycją, nasuwa się pytanie, czy...

II *vi* [1] (solicit) *[person]* żebrać; *[dog]* po|prosić; **to ~ for money/food** prosić o pieniądze/jedzenie; **to go ~ging from tourists** żebrać wśród turystów; **to train a dog to ~** nauczyć psa prosić [2] (entreat) błagać, po|prosić; **to ~ for help/patience** prosić or błagać o pomoc/cierpliwość; **to ~ to be spared/to be forgiven** prosić or błagać o zmiłowanie/przebaczenie

■ **beg off** wym|ówić, -awiać się, wymig|ać, -iwać się

IDIOMS: **I ~ your pardon** (apologizing) bardzo przepraszam; (requesting repetition) słucham?; (expressing disagreement) chyba się przesłyszałem?!, co takiego?!; **John, ~ging your pardon, is a bloody fool!** John jest, za przeproszeniem, wyjątkowym głupcem!; **I ~ to differ** or **disagree on this point** pozwalam sobie mieć odmienne zdanie w tej kwestii; **to go ~ging** *[flat]* być do wzięcia; **this piece of cake is going ~ging** ten kawałek ciasta aż się prosi, żeby się nad nim zlitować fig hum; **I must have it, whether I have to ~, borrow or steal** muszę to mieć, żeby nie wiem co

began /bɪˈgæn/ *pt* → **begin**

begat /bɪˈgæt/ *pt* → **beget**

beget /bɪˈget/ *vt* (*pt* **begot, begat;** *pp* **begotten)** arch s|płodzić *[son, daughter]*; fig z|rodzić, s|powodować

beggar /ˈbegə(r)/ **I** *n* [1] (who lives by begging) żebra|k *m*, -czka *f*; (pauper) nędza|rz *m*, -rka *f* [2] GB infml (man) **a lucky ~** szczęściarz; **you lucky ~!** szczęściarz z ciebie!; **a poor ~** nieszczęśnik, biedaczysko; **a crazy ~** szaleniec

II *vt* [1] (ruin) pu|ścić, -szczać (kogoś) z torbami *[person]*; doprowadz|ić, -ać (coś) do ruiny *[company]* [2] (defy) **to ~ description** być nie do opisania, nie dać się opisać; **to ~ belief** przechodzić ludzkie pojęcie

IDIOMS: **~s can't be choosers** Prov na bezrybiu i rak ryba; z braku laku dobry i opłatek; jak się nie ma, co się lubi, to się lubi, co się ma; **if wishes were horses ~s would ride** Prov gdyby ciocia miała wąsy, to by był wujaszek

beggarly /ˈbegəlɪ/ *adj* [1] (poor) *[existence, meal]* nędzny [2] (inadequate) *[amount]* nędzny, skąpy; *[pay]* głodowy, nędzny; *[thanks]* skąpy

beggar-my-neighbour /ˌbegəmaɪˈneɪbə(r)/ *n* (card game) ≈ gra *f* w wojnę

beggary /ˈbegərɪ/ *n* skrajna nędza *f*; **to reduce sb to ~** doprowadzić kogoś do skrajnej nędzy

begging bowl *n* miseczka *f* na jałmużnę; **to hold out a ~** fig chodzić po prośbie fig

begging letter *n* proszalny list *m*

begin /bɪˈgɪn/ **I to begin with** *adv phr* [1] (at first) najpierw, początkowo; **to ~ with they take your name** najpierw proszą cię o podanie nazwiska; **was it like that to ~ with?** czy tak było od or na początku? [2] (firstly) po pierwsze; **to ~ with, I don't like him** po pierwsze, nie lubię go [3] (at all) w ogóle; **I wish I hadn't told her to ~ with** żałuję, że jej w ogóle powiedziałem

II *vt* (*prp* **-nn-**; *pt* **began;** *pp* **begun)** [1] (start) zacz|ąć, -ynać, rozpocz|ąć, -ynać *[game, journey, letter, meal]* **(with sth** od czegoś, czymś); **to ~ to do sth, to ~ doing sth** zacząć coś robić, rozpocząć robienie czegoś; **I'm ~ning to like this** to mi się zaczyna podobać; **it's ~ning to rain** zaczyna padać; **I began the letter (with) 'Dear Sir'** zacząłem list od „Szanowny Panie"; **'well,' she began** „a więc", zaczęła; **I ~ work next week** zaczynam pracę w przyszłym tygodniu [2] (start to use) zacz|ąć, -ynać *[notebook, page]*; napocz|ąć, -ynać, zacz|ąć, -ynać *[bottle, loaf]* [3] (start out) zacz|ąć, -ynać *[career]* **(as sb** jako ktoś) [4] (come anywhere near) **I can't ~ to describe it** nie potrafię tego opisać; **I don't ~ to understand** zupełnie nie pojmuję; **I can't ~ to imagine how he felt** nie potrafię sobie wyobrazić, jak się czuł; **I can't ~ to tell you how grateful I am** nie potrafię wyrazić, jak bardzo jestem ci wdzięczny fml

B

[5] (initiate) zapoczątkow|ać, -ywać *[campaign, debate, trend]*; doprowadz|ić, -ać do (czegoś) *[argument, war]*; da|ć, -wać początek (czemuś) *[custom, dynasty]* [6] (come first) otw|orzyć, -ierać *[festival, series]*

III *vi* (*prp* **-nn-**; *pt* **began;** *pp* **begun)** [1] *[person]* zacz|ąć, -ynać **(with sth, by doing sth** od czegoś, od zrobienia czegoś); **to ~ as a typist** zacząć karierę jako maszynistka; **to ~ again** zacząć jeszcze raz, zacząć od nowa; **let's ~** zacznijmy; **I don't know where to ~** nie wiem, od czego zacząć [2] *[meeting, play, storm, term]* zacz|ąć, -ynać się, rozpocz|ąć, -ynać się **(with sth** od czegoś); *[custom, political movement]* być or zostać zapoczątkowanym **(with sth** czymś); **a name ~ning with C** imię zaczynające się na literę „c"; **~ning from next Monday** poczynając od przyszłego poniedziałku; **the week ~ning September 24th** tydzień zaczynający się 24 września; **your problems have only just begun!** to dopiero początek twoich problemów!; **to ~ well/badly** zacząć się dobrze/źle; **it all began when...** wszystko zaczęło się wtedy, kiedy...; **after/before the match began** po rozpoczęciu się /przed rozpoczęciem się meczu [3] (have its starting point) *[river]* mieć źródła; *[road]* zacz|ąć, -ynać się

■ **begin on: begin on [sth]** zab|rać, -ierać się do (czegoś) *[cake, project]*; wziąć się za (coś), brać się za (coś) *[garden, project]*

beginner /bɪˈɡɪnə(r)/ *n* początkując|y *m*, -a *f*; **'Spanish for ~s'** „hiszpański dla początkujących"; **~s' class** kurs dla początkujących; **'~s please'** Theat „przygotować się do wyjścia na scenę"

IDIOMS: **~'s luck!** głupim szczęście sprzyja! infml

beginning /bɪˈɡɪnɪŋ/ **I** *n* (start) początek *m*; **at the ~** na początku **(of sth** czegoś); **in the ~** początkowo; **since the ~ of March** od początku marca; **from ~ to end** od początku do końca; **to go back to the ~** powrócić do początku; **to make a good ~** zrobić dobry początek; **since the ~ of time** od początku świata, od samego początku; **to begin at the ~** zacząć od początku; **in the Beginning was the Word** na początku było słowo; **the ~ of the end (for sb/sth)** początek końca (kogoś/czegoś)

II beginnings *npl* (origins) początki *m pl*; **the theory has its ~s in the 19th century** początki tej teorii sięgają XIX wieku; **to grow from small ~s** *[company]* zaczynać skromnie

begone /bɪˈɡɒn, US -ˈɡɔːn/ *excl* arch precz!; **~ foul fiend!** zgiń, przepadnij, maro nieczysta!

begonia /bɪˈɡəʊnɪə/ *n* begonia *f*

begot /bɪˈɡɒt/ *pt* → **beget**

begotten /bɪˈɡɒtn/ *pp* → **beget**

begrimed /bɪˈɡraɪmd/ *adj* (with dirt, mud) umazany, upaprany; (with soot) usmolony

begrudge /bɪˈɡrʌdʒ/ *vt* [1] (give unwillingly) po|żałować *[money, time]*; **she ~d paying so much** szkoda jej było płacić tak dużo; **they ~d every day they had to spend there** szkoda im było or żałowali każdego spędzonego tam dnia [2] (envy) **to ~ sb sth** po|zazdrościć komuś czegoś

begrudgingly /bɪˈɡrʌdʒɪŋlɪ/ *adv [agree, lend]* bardzo niechętnie

beguile /bɪˈɡaɪl/ *vt* [1] (entice, trick) omami|ć, -ać, zw|ieść, -odzić **(with sth** czymś); **to be ~d by sth** dać się zwieść czemuś; **he was ~d into signing the contract** tak go omamiono or skołowano, że podpisał umowę infml [2] (charm) urze|c, -kać, oczarow|ać, -ywać **(with sth** czymś) [3] (pass pleasantly) **to ~ the time** miło spędzać czas; **they ~ed the long hours of the journey by telling jokes** skracali sobie długie godziny podróży opowiadając dowcipy

beguiling /bɪˈɡaɪlɪŋ/ *adj [smile, voice]* urzekający, zniewalający; *[prospects]* nęcący

begum /ˈbeɪɡəm/ *n* begam *f (tytuł przysługujący dobrze urodzonej kobiecie muzułmańskiej)*

begun /bɪˈɡʌn/ *pp* → **begin**

behalf /bɪˈhɑːf, US -ˈhæf/ **on ~ of sb, on sb's ~** GB, **in ~ of sb, in sb's ~** US *prep phr* [1] (as representative of) *[act, speak, phone]* w imieniu kogoś; **I can only speak on my own ~** mogę się jedynie wypowiadać we własnym imieniu [2] (in the interest of) *[campaign, collect money]* na rzecz kogoś; **a collection on ~ of the victims** zbiórka na rzecz ofiar [3] (because of sb) z powodu kogoś; **don't go to any trouble on my ~** nie rób sobie kłopotu z mego powodu

behave /bɪˈheɪv/ **I** *vi* [1] (act) zachow|ać, -ywać się **(towards sb** wobec kogoś, w stosunku do kogoś); (in given circumstances) post|ąpić, -ępować; **he ~d quite disgracefully** zachował się or postąpił skandalicznie; **he has no idea how to ~** nie potrafi się zachować; **he's behaving like an idiot** postępuje or zachowuje się jak idiota; **she ~d in a suspicious manner** zachowywała się podejrzanie; **you didn't have to ~ like that!** nie musiałeś się tak zachowywać!; **what a way to ~!** cóż to za zachowanie!; **he ~d badly towards her** źle się zachował wobec niej, źle ją potraktował [2] (be good) *[child]* zachowywać się, sprawować się, być grzecznym; **will you ~!** bądź grzeczny!; **their children know how to ~** ich dzieci są dobrze wychowane; **let's hope the weather ~s** miejmy nadzieję, że pogoda nie sprawi zawodu [3] (function) *[machine, device, system]* działać, sprawować się; *[substance]* zachowywać się

II *vr* **to ~ oneself** *[person]* dobrze się zachowywać or sprawować; **~ yourself!** zachowuj się jak należy!; **is the computer behaving itself?** hum czy komputer dobrze się sprawuje?

behaviour GB, **behavior** US /bɪˈheɪvjə(r)/ *n* [1] (of person, group, animal) zachowanie *n* **(towards sb** wobec kogoś, w stosunku do kogoś); (in given circumstances) postępowanie *n*; **antisocial/model ~** zachowanie aspołeczne/wzorowe; **for good/bad ~** za dobre/złe sprawowanie; **his ~ towards his wife was disgraceful** zachował się skandalicznie w stosunku do żony [2] (of substance, chemical) zachowanie *n*; (of device, machine) działanie *n*, funkcjonowanie *n*

IDIOMS: **to be on one's best ~** zachowywać się nienagannie or wzorowo; **I want you on your best ~** masz się dobrze zachowywać

behavioural GB, **behavioral** US /bɪˈheɪvjərəl/ *adj* **~ change/disorder /theory** zmiana/zaburzenia/teoria zachowania

behavioural science *n* nauka *f* o zachowaniu

behaviourism GB, **behaviorism** US /bɪˈheɪvjərɪzəm/ *n* behawioryzm *m*

behaviourist GB, **behaviorist** US /bɪˈheɪvjərɪst/ **I** *n* behawiorysta *m*

II *adj* behawiorystyczny

behaviour therapy *n* terapia *f* behawioralna

behead /bɪˈhed/ *vt* uci|ąć, -nać (komuś /czemuś) głowę; (as punishment) ści|ąć, -nać (komuś) głowę, ściąć (kogoś)

beheld /bɪˈheld/ *pt, pp* → **behold**

behemoth /bɪˈhiːmɒθ/ *n* Bible Behemot *m*; fig (building, organization, town) moloch *m*, kolos *m*; (person) olbrzym *m*, kolos *m*

behest /bɪˈhest/ *n* fml **at the ~ of sb, at sb's ~** na życzenie kogoś; (stronger) na żądanie kogoś, na rozkaz kogoś

behind /bɪˈhaɪnd/ **I** *n* infml siedzenie *n*, pupa *f* infml

II *adv* [1] (to the rear, following) *[follow]* z tyłu; *[trail]* w tyle; *[glance]* do tyłu, w tył; **to be far ~** być daleko w tyle or z tyłu; **I was attacked from ~** zaatakowano mnie od tyłu; **keep an eye on the car ~** obserwuj samochód za nami [2] (in race, competition) w tyle; **England were two goals ~** Anglia przegrywała dwiema bramkami; **they came from ~ to win 3-2** odrobili straty i wygrali 3:2; **the Republicans are ~ in the polls** republikanie zajmują niską pozycję w sondażach [3] (in arrears) **to be ~ with sth** zalegać z czymś *[payments]*; mieć zaległości w czymś *[work]*; **we're six months ~ with the rent** zalegamy z czynszem za sześć miesięcy; **to be ~ in one's research** opóźniać się z badaniami [4] (in time) **New York is five hours ~** w Nowym Jorku jest pięć godzin wcześniej

III *prep* [1] (at rear of, at other side of) za (kimś /czymś); **~ Adam/our car** za Adamem /naszym samochodem; **the mountains ~ the town** góry za miastem; **~ the desk /the counter** za biurkiem/ladą; **to work ~ the bar** być barmanem/barmanką; **he crossed the line ten seconds ~ the winner** przekroczył linię mety w dziesięć sekund za zwycięzcą; **she ran out from ~ a tree** wybiegła zza drzewa; **~ sb's back** za plecami kogoś also fig [2] (less advanced than) za (kimś/czymś); **she's well ~ the rest of the class** jest daleko w tyle za resztą klasy; **we're ten years ~ the Japanese in microelectronics** w mikroelektronice jesteśmy dziesięć lat w tyle w stosunku do Japończyków [3] (responsible for) **to be ~ sth** stać za czymś; **I know who's ~ all this** wiem, kto za tym wszystkim stoi [4] (hidden) **to be ~ sth** kryć się za czymś; **the reality ~ the façade** rzeczywistość ukryta za fasadą; **the real story ~ the news**

prawdziwe fakty, których nie ujawniono [5] (motivating) **the motives ~ your decision** motywy twojej decyzji; **who is ~ this proposal?** kto wystąpił z tą propozycją?; **what's ~ this sudden change of plan?** co się kryje za tą nagłą zmianą planu?; **the idea ~ it is to mobilize the community** chodzi o to, żeby zmobilizować społeczeństwo [6] (in support of) za (kimś /czymś); **to be (solidly) ~ sb** stać za kimś (murem); **I'm ~ you all the way** popieram cię w całej rozciągłości [7] (in past) za (sobą); **he has three years' experience ~ him** ma za sobą trzyletnie doświadczenie; **all that is ~ me now** mam to już wszystko za sobą; **I've put all that ~ me now** zostawiłem już to wszystko za sobą → **schedule, time**

behindhand /bɪ'haɪndhænd/ *adv* [1] (in arrears) **to be ~ with sth** być opóźnionym z czymś, mieć zaległości w czymś *[work]*; zalegać z czymś *[rent]* [2] (slow, reluctant) **he's always a bit ~ in paying his share** zawsze z ociąganiem płaci swoją część

behind-the-scenes /bɪˌhaɪndðə'siːnz/ **I** *adj* zakulisowy **II** *adv* potajemnie, bez rozgłosu

behold /bɪ'həʊld/ *vt* (*pt, pp* **beheld**) liter or hum (see) ujrzeć, spostrzec; (look at) oglądać; **it's an incredible sight to ~** to niesamowity widok; **he was a joy to ~** przyjemnie było na niego patrzeć; **~ the handmaid of the Lord** Relig oto ja służebnica Pańska → **lo**

beholden /bɪ'həʊldən/ *adj* fml **to be ~ to sb** mieć dług wdzięczności or zobowiązania wobec kogoś; **to be ~ to sb for sth** zawdzięczać coś komuś

beholder /bɪ'həʊldə(r)/ *n* obserwator *m*, -ka *f*

IDIOMS: **beauty is in the eye of the ~** nie to ładne, co ładne, ale co się komu podoba

behoove /bɪ'huːv/ *v impers* US = **behove**

behove /bɪ'həʊv/ *v impers* GB fml **it ~s you to do it** (be proper) wypadałoby or dobrze byłoby, żebyś to zrobił; (be advantageous) w twoim własnym interesie leży, żeby to zrobić or zrobienie tego; **it ill ~s you to speak so rudely to your parents** nie uchodzi zwracać się tak niegrzecznie do rodziców liter

beige /beɪʒ/ **I** *n* beż *m*, (kolor *m*) beżowy *m* **II** *adj* beżowy

Beijing /beɪ'dʒɪŋ/ *prn* Pekin *m*, Beijing *m*

being /'biːɪŋ/ *n* [1] (entity) istota *f*, stworzenie *n* [2] (soul) jestestwo *n* liter; **with my whole ~** całą duszą; całym swoim jestestwem liter [3] (existence) istnienie *n*, byt *m*; **in ~** istniejący; **to bring sth into ~** powołać coś do życia *[organization, party]*; wprowadzić coś w życie *[rule]*; **to come into ~** *[university, union]* powstać; *[law, rule]* wejść w życie

Beirut /ˌbeɪ'ruːt/ *prn* Bejrut *m*

bejabbers /bɪ'dʒæbəz/ **I** *n* infml **to scare the ~ out of sb** napędzić komuś pietra or stracha infml **II** *excl* Jezu! infml

bejesus /bɪ'dʒiːzəs/ *n* vinfml → **bejabbers**

bejewelled GB, **bejeweled** US /bɪ'dʒuːəld/ *adj [person]* obwieszony biżuterią; *[hand]* upierścieniony; *[dress]* naszywany drogimi kamieniami; *[object]* wysadzany drogimi kamieniami

belabour GB, **belabor** US /bɪ'leɪbə(r)/ *vt* [1] (beat hard) okładać **(with sth** czymś) [2] (attack verbally) za|atakować ostro; **he was ~ed with insults** obrzucono go obelgami [3] (explain more than necessary) roztrząsać, wałkować *[point, issue]*

Belarus /ˌbjelə'rʊs/ *prn* Białoruś *f*

belated /bɪ'leɪtɪd/ *adj [apology, conclusion, greetings]* spóźniony; *[arrival, response]* opóźniony

belatedly /bɪ'leɪtɪdlɪ/ *adv* poniewczasie

belay /bɪ'leɪ/ **I** *n* (in climbing) autoasekuracja *f* **II** *vt* [1] Naut ob|łożyć, -kładać *[rope]* [2] (in climbing) zabezpiecz|yć, -ać *[line]*; asekurować *[climber]* **III** *vi* (in climbing) asekurować

belaying pin *n* Naut pachołek *m*

belch /beltʃ/ **I** *n* beknięcie *n* infml; **he gave a loud ~** głośno mu się odbiło; głośno beknął infml **II** *vt* = **belch out** **III** *vi* [1] *[person]* bek|nąć, -ać infml; **he ~ed noisily** głośno mu się odbiło; głośno beknął infml [2] *[flames, smoke]* buch|nąć, -ać; **flames ~ed from the window** z okna buchnęły płomienie

■ **belch out:** ¶ **~ out** *[flames, smoke]* buch|ąć, -ać ¶ **~ out [sth], ~ [sth] out** wyrzuc|ić, -ać (z siebie), buch|nąć, -ać (czymś) *[smoke, flames]*

beleaguered /bɪ'liːɡəd/ *adj* [1] *[city, troops]* oblegany, oblężony [2] fig (suffering difficulties) nękany kłopotami; (criticized) pod obstrzałem fig

Belfast /ˌbel'fɑːst/ *prn* Belfast *m*

belfry /'belfrɪ/ *n* dzwonnica *f*

IDIOMS: **to have bats in the ~** infml mieć nierówno pod sufitem infml

Belgian /'beldʒən/ **I** *n* Belg *m*, -ijka *f* **II** *adj* belgijski

Belgium /'beldʒəm/ *prn* Belgia *f*

Belgrade /ˌbel'ɡreɪd/ **I** *prn* Belgrad *m* **II** *modif* belgradzki

belie /bɪ'laɪ/ *vt* (*prp* **belying;** *pt, pp* **belied)** [1] (show to be false) zada|ć, -wać kłam (czemuś) *[assurances, rumours, testimony]*; zaprzecz|yć, -ać, przeczyć (czemuś) *[facts, predictions, promises]*; zaw|ieść, -odzić *[hopes]* [2] (disguise) skry|ć, -wać *[true feelings, emotion]*; da|ć, -wać mylne wyobrażenie o (czymś) *[reality]*

belief /bɪ'liːf/ *n* [1] (conviction, opinion) przekonanie *n* **(about sth** dotyczące czegoś); **political/religious ~s** przekonania polityczne/religijne; **to go against sb's ~s** być niezgodnym z przekonaniami kogoś, być wbrew przekonaniom kogoś; **in the ~ that...** w przekonaniu, że...; **it is my ~ that...** jestem przekonany, że...; **to the best of my ~** o ile mi wiadomo; **contrary to popular ~** wbrew powszechnej opinii [2] (credence) **to be beyond** or **past ~** przechodzić wszelkie wyobrażenia; **to be wealthy/stupid beyond ~** być niewyobrażalnie bogatym/głupim [3] (confidence, trust) wiara *f* **(in sb/sth** w kogoś/coś); zaufanie *n* **(in sb/sth** do kogoś/czegoś); **her ~ in democracy/justice** jej wiara w demokrację/sprawiedliwość; **I have no ~ in new medicines** nie mam zaufania do nowych leków; **~ in oneself** wiara w (samego) siebie [4] Relig (faith) wiara *f*; (religious system) wyznanie *n*, religia *f*; **his ~ in God** jego wiara w Boga; **pagan /Christian ~s** wierzenia pogańskie /chrześcijańskie

believable /bɪ'liːvəbl/ *adj [evidence, explanation]* wiarygodny, wiarogodny; *[character in drama]* realistycznie przedstawiony; **with barely ~ courage** z niewiarygodną or nieprawdopodobną odwagą

believe /bɪ'liːv/ **I** *vt* [1] (have confidence in sb) u|wierzyć (komuś); **I have every reason to ~ him** nie mam powodu mu nie wierzyć; **if he is to be ~d** jeśli mu wierzyć, jeśli dać mu wiarę; **I'll ~ you, thousands wouldn't** niech ci będzie, choć trudno w to uwierzyć [2] (accept as true) u|wierzyć (czemuś) *[promises, rumours, words]*; da|ć, -wać wiarę (czemuś) *[facts, statement, story]*; **I don't ~ a word she says** nie wierzę ani jednemu jej słowu; **I don't ~ a word of it** nie wierzę ani jednemu słowu; **I don't ~ she's capable of that** nie wierzę, żeby była do tego zdolna; **I'd never have ~d that of her** nigdy bym się po niej tego nie spodziewał; **~ (you) me!** uwierz mi!, możesz mi wierzyć!; **~ it or not** wierz(cie) lub nie; **would you ~ it!** możesz sobie wyobrazić?; **don't you ~ it!** nie daj się nabrać! infml; **I can well ~ it** wcale mnie to nie dziwi; **I'll ~ it when I see it** nie uwierzę, dopóki nie zobaczę na własne oczy; **it has to be seen to be ~d** to trzeba zobaczyć na własne oczy (żeby uwierzyć); **I could hardly ~ my ears/eyes** nie wierzyłem własnym uszom/oczom; **I can't ~ my luck!** nie wierzę własnemu szczęściu! [3] (think) sądzić, uważać; **I ~ (that) she is right, I ~ her to be right** sądzę or uważam, że ma rację; **I ~ so/not** sądzę or uważam, że tak/nie; **Mr Smith, I ~?** czy pan Smith?; **it is ~d that...** sądzi się or uważa się, że...; **to ~ sth to be true/false** uznać coś za prawdę/fałsz; **he is ~d to be dead** jest uznany za zmarłego; **she is ~d to be a spy** uważa się ją za szpiega; **to have reason to ~ that...** mieć powody sądzić, że...; **to let sb ~ (that)...** pozwolić komuś sądzić, że...; **to give sb to ~ (that)...** dać komuś do zrozumienia, że... **II** *vi* [1] (have confidence) **to ~ in sth** wierzyć w coś; **to ~ in sb** pokładać wiarę w kimś, wierzyć w kogoś; **to fight for what one ~s in** bronić własnych przekonań; **you have to ~ in what you do** musisz mieć przekonanie do tego, co robisz [2] (consider good) **to ~ in sth** być zwolennikiem czegoś; **I ~ in being firm with children** jestem zwolennikiem trzymania dzieci krótko [3] Relig wierzyć; **to ~ in God/reincarnation** wierzyć w Boga/reinkarnację; **do you ~?** czy jesteś wierzący? **III** *vr* **to ~ oneself to be clever** uważać się za sprytnego

IDIOMS: **seeing is believing** zobaczyć znaczy uwierzyć

believer /bɪ'liːvə(r)/ *n* [1] Relig wierząc|y *m*, -a *f*; **she's not a ~ in ghosts/miracles** ona nie wierzy w duchy/cuda [2] **~ in sth** zwolenni|k *m*, -czka *f* czegoś; **she's a great**

~ **in co-ed schools** ona jest gorącą zwolenniczką szkół koedukacyjnych; **I'm a great ~ in being frank with people** zdecydowanie uważam, że z ludźmi należy być szczerym

Belisha beacon /bəˌliːʃəˈbiːkən/ *n* GB słupek *m* z żółtym światłem błyskowym *(przy przejściu dla pieszych)*

belittle /bɪˈlɪtl/ *vt* umniejsz|yć, -ać, z|deprecjonować *[achievement, effort]*; z|lekceważyć *[person]*

belittling /bɪˈlɪtlɪŋ/ *adj [comment]* lekceważący

Belize /beˈliːz/ *prn* Belize *n inv*

Belizean /beˈliːzɪən/ **I** *n* Belize|ńczyk *m*, -nka *f*

II *adj* belizeński

bell[1] /bel/ **I** *n* [1] (in church) dzwon *m*; (on sheep, goat, bicycle) dzwonek *m*; (on cat, toy) dzwoneczek *m*; (for servant) dzwonek *m*; **to ring the ~s** (in church) bić w dzwony [2] (buzzer) dzwonek *m*; **door ~** dzwonek u drzwi; **to ring the ~** zadzwonić (do drzwi); **I didn't hear the ~** nie słyszałem dzwonka; **the ~ for the end of school went at 3** dzwonek na koniec lekcji zabrzmiał o trzeciej [3] (warning device) dzwonek *m* [4] GB infml (phone call) **to give sb a ~** zadzwonić do kogoś [5] Bot dzwonek *m* [6] Naut szklanka *f*; **to ring eight ~s** wybić osiem szklanek [7] Mus (instrument) dzwon *m*, dzwonek *m*; (part of wind instrument) czara *f* głosowa; **tubular ~s** dzwony rurowe [8] (in boxing) gong *m*

II *vt* przywiąz|ać, -ywać (czemuś) dzwonek *[goat, sheep]*

IDIOMS: **that name/number rings a ~** to nazwisko wydaje mi się znajome/ten numer wydaje mi się znajomy; **does that ring any ~s with you?** czy to ci coś przypomina?, czy to ci się z czymś kojarzy?; **with ~, book and candle** uciekając się do wszelkich możliwych sposobów; **to be as sound as a ~** być zdrowym jak ryba or rydz; **to be saved by the ~** wyratować się (z opresji) w ostatniej chwili; **to do sth with ~s on** zrobić coś z największą przyjemnością; **to ~ the cat** podjąć się ryzykownego zadania

bell[2] /bel/ *n* Hunt (of stag) ryk *m*; (of hound) jazgot *m*

belladonna /ˌbeləˈdɒnə/ *n* [1] Bot (pokrzyk *m*) wilcza jagoda *f*, belladona *f* [2] Med (atropine) atropina *f*; (hyoscyamine) hioscyjamina *f*

bell-bottomed /ˈbelbɒtəmd/ *adj* z szerokimi or dzwonowatymi nogawkami

bell-bottoms /ˈbelbɒtəmz/ *npl* (spodnie) dzwony *plt* infml

bellboy /ˈbelbɔɪ/ *n* US boy *m* hotelowy

bell buoy *n* pława *f* dzwonowa

bell captain *n* US portier *m* hotelowy *(sprawujący pieczę nad boyami)*

belle /bel/ *n* piękność *f*; **the ~ of the ball** królowa *f* balu

bellflower /ˈbelflaʊə(r)/ *n* dzwonek *m*, kampanula *f*

bellfounder /ˈbelfaʊndə(r)/ *n* ludwisarz *m*

bell glass *n* szklany klosz *m* or dzwon *m*

bell heather *n* wrzosiec *m* szary

bellhop /ˈbelhɒp/ *n* US = **bellboy**

bellicose /ˈbelɪkəʊs/ *adj* fml bufńczuczny, wojowniczy

bellicosity /ˌbelɪˈkɒsətɪ/ *n* fml buńczuczność *f*, wojowniczość *f*

belligerence /bɪˈlɪdʒərəns/ *n* wojowniczość *f*, agresywność *f*

belligerency /bɪˈlɪdʒərənsɪ/ *n* stan *m* wojny

belligerent /bɪˈlɪdʒərənt/ **I** *n* strona *f* wojująca

II *adj* [1] (aggressive) wojowniczy, agresywny [2] (at war) (będący) w stanie wojny, walczący

bell jar *n* = **bell glass**

bellow /ˈbeləʊ/ **I** *n* (of bull) ryk *m*; (of person) ryk *m*, wrzask *m*; **to give** or **let out a ~ of rage** ryknąć ze wściekłości

II *vt* = **bellow out**

III *vi [bull]* za|ryczeć, ryknąć; *[person]* za|grzmieć; (in pain) za|wyć; **to ~ at sb** wrzasnąć na kogoś

■ **bellow out**: **~ out [sth], ~ [sth] out** wrzeszczeć, wywrzas|nąć, -kiwać *[orders]*; ryczeć *[song]*

bellows /ˈbeləʊz/ *npl* [1] (for blowing air) miech *m*, miechy *m pl* [2] Phot mieszek *m*

bell pepper *n* US papryka *f* o wydłużonych strąkach

bell-pull /ˈbelpʊl/ *n* (handle) rączka *f* dzwonka; (rope) sznur *m* dzwonka

bell-push /ˈbelpʊʃ/ *n* guzik *m* or przycisk *m* dzwonka

bell-ringer /ˈbelrɪŋə(r)/ *n* (in church) dzwonnik *m*; (in orchestra) muzyk *m* grający na dzwonkach

bell-ringing /ˈbelrɪŋɪŋ/ *n* gra *f* na dzwonach *(zwłaszcza kurantowych)*

bell rope *n* (in church) sznur *m* dzwonu; (in house) sznur *m* dzwonka

bell-shaped /ˈbelʃeɪpt/ *adj* dzwonowaty, dzwonkowaty

Bell's palsy *n* samoistne porażenie *n* nerwu twarzowego

bell tent *n* namiot *m* stożkowaty

bell tower *n* wieża *f* dzwonnicza; (in church) dzwonnica *f*

bellwether /ˈbelweðə(r)/ *n* (baran *m*) przewodnik *m* stada; fig prowodyr *m*

belly /ˈbelɪ/ *n* [1] infml (stomach) żołądek *m*; (paunch) wydatny brzuch *m*; brzuszek *m* infml; **on a full ~** przy pełnym żołądku, na pełny żołądek [2] (abdomen) brzuch *m*; **to lie on one's ~** leżeć na brzuchu [3] (curved part) (of plane) brzuch *m*; (of violin, cello) płyta *f* rezonansowa; (of vase, muscle) brzusiec *m*; (of sail) wybrzuszenie *n* [4] (internal cavity) (of ship) wnętrzności *plt* fig [5] **~ of pork** boczek *m* [6] arch (womb) łono *n*; (entrails) trzewia *plt*

■ **belly out**: ¶ **~ out** *[sail]* wyd|ąć, -ymać się ¶ **~ [sth] out** *[wind]* wyd|ąć, -ymać *[sails]*

■ **belly up to**: US infml **~ up to [sb/sth]** (belly foremost) zbliż|yć, -ać się do (kogoś /czegoś), pod|ejść, -chodzić do (kogoś /czegoś); (on the belly) podpełz|nąć, -ać do (kogoś/czegoś)

IDIOMS: **to go ~ up** infml *[fish]* pływać brzuchem do góry; *[business]* splajtować, paść infml

bellyache /ˈbelɪeɪk/ **I** *n* [1] infml ból *m* brzucha or żołądka [2] vinfml fig biadolenie *n* infml

II *vi* (*prp* **-aching**) infml labiedzić; biadolić, psioczyć infml **(about sth** na coś)

bellyaching /ˈbelɪeɪkɪŋ/ *n* infml labiedzenie *n*; biadolenie *n* infml; **stop your ~!** przestań biadolić or labiedzić!

bellyband /ˈbelɪbænd/ *n* popręg *m*, podbrzusznik *m*

bellybutton /ˈbelɪbʌtn/ *n* infml pępek *m*

belly dance *n* taniec *m* brzucha

belly dancer *n* tancerka *f* wykonująca taniec brzucha

belly flop *n* infml uderzenie *m* brzuchem o powierzchnię wody *(przy skoku do wody)*

bellyful /ˈbelɪfʊl/ *n* infml nadmiar *m*

IDIOMS: **to have a ~ of sth** mieć czegoś po dziurki w nosie

belly landing *n* Aviat lądowanie *n* ze schowanym podwoziem; **to make a ~** wylądować ze schowanym podwoziem

belly laugh *n* gromki śmiech *m*; **to let out a ~** wybuchnąć gromkim śmiechem

belly tank *n* Aviat zbiornik *m* podkadłubowy

belong /bɪˈlɒŋ, US -lɔːŋ/ *vi* [1] (be the property of) **to ~ to sb** należeć do kogoś, być własnością kogoś; **who does this book ~ to?** do kogo należy ta książka?, czyja to książka?; **don't take what doesn't ~ to you** nie bierz tego, co do ciebie nie należy or co nie jest twoje [2] (be member of) **to ~ to sth** należeć do czegoś, być członkiem czegoś *[family, party, club, library]* [3] (have its proper place) mieć swoje miejsce; **where does this plate ~?** gdzie powinien stać ten talerz?; **that jug ~s in the cupboard/with the others** miejsce tego dzbanka jest w kredensie/z pozostałymi; **put it back where it ~s** odłóż or połóż to na miejsce [4] (be classified) **to ~ to sth** należeć do czegoś, zaliczać się do czegoś; **it ~s to the reptile family** należy or zalicza się do gromady gadów; **his plays ~ in** or **to the romantic tradition** jego sztuki należą or są zaliczane do tradycji romantycznej; **these figures ~ under the heading of expenses** te liczby należy zapisać pod wydatkami [5] (be suitable) **books ~ in every home** książki powinny znaleźć się w każdym domu; **a man like him ~s on the stage** dla kogoś takiego odpowiednim miejscem jest scena; **this matter doesn't ~ in** or **to our department** to nie jest sprawa naszego działu; **you ~ in** or **to the Dark Ages** powinieneś żyć w średniowieczu, czułbyś się dobrze w średniowieczu [6] (fit in socially) zna|leźć, -jdować swoje miejsce; **you don't ~ here** tu nie ma dla ciebie miejsca, to nie twoje miejsce; **I don't feel I ~ here** czuję się tu obco; **to give the immigrants a sense of ~ing** dać imigrantom poczucie przynależności grupowej [7] Jur **it ~s to the jury to answer the question...** jest rzeczą ławy przysięgłych odpowiedzieć na pytanie...

belongings /bɪˈlɒŋɪŋz, US -ˈlɔːŋ-/ *npl* rzeczy *f pl*, dobytek *m*; **personal ~** rzeczy osobiste

beloved /bɪˈlʌvɪd/ **I** *n* liter or hum ukochan|y *m*, -a *f*; lub|y *m*, -a *f* dat or hum

II *adj* ukochany; **a man ~ by all** ulubieniec wszystkich; **a slogan ~ of** or **by politicians** ulubiony slogan polityków

below /bɪˈləʊ/ **I** *prep* [1] (under) pod (czymś), poniżej (czegoś); **the apartment ~ mine**

mieszkanie pode mną; **to reach ~ the knee/the waist** sięgać poniżej kolan/talii; **~ the surface** pod powierzchnią; **~ (the) ground** pod ziemią; **one kilometre ~ the surface** kilometr pod powierzchnią; **~ sea level** pod poziomem or poniżej poziomu morza; **his name was ~ mine on the list** na liście jego nazwisko znalazło się pod moim; **in the field ~ the castle** na polu u stóp or u podnóża zamku; **the sun has sunk ~ the horizon** słońce skryło się za horyzontem [2] (less than: in quantity, degree) poniżej (czegoś); **~ the average/ten percent** poniżej przeciętnej/dziesięciu procent; **~ the age of 12** poniżej dwunastu lat; **10 degrees ~ (freezing)** dziesięć stopni poniżej zera; **children of seven and ~** dzieci do lat siedmiu; **sales were well ~ target** obroty były znacznie niższe od planowanych; **if you earn ~ £8,000 a year** jeśli zarabiasz poniżej 8 000 funtów rocznie; **your behaviour was (well) ~ the standard expected of a manager** twoje zachowanie (zupełnie) nie licowało z tym, czego się oczekuje od zwierzchnika [3] (inferior in rank to) **all employees ~ executive level** wszyscy pracownicy poniżej szczebla kierowniczego; **those ~ the rank of Major** wszyscy w stopniu niższym od majora; **a lieutenant is ~ a captain** porucznik to stopień niższy od kapitana; **the teams ~ them in the table** drużyny zajmujące w tabeli pozycję niższą od nich [4] (south of) na południe od (czegoś); **~ Liverpool/London** na południe od Liverpoolu/Londynu [5] (downstream from) poniżej (czegoś) [6] (unworthy of) → **beneath I**[3]

II *adv* [1] (lower down) niżej; **100 metres ~** sto metrów niżej; **the village/river ~** wioska/rzeka leżąca niżej or w dole; **the people/cars (down) ~** ludzie/samochody na dole; **the apartment ~** mieszkanie piętro niżej; **seen from ~** widziane z dołu; **the miners working ~** górnicy pracujący pod ziemią [2] (later on page, in book) niżej, dalej; **see ~** patrz poniżej; **information ~** informacje poniżej [3] (not in heaven) **here ~** (on earth) na ziemi liter or dat; **down ~** (in hell) w piekle liter [4] Naut *[be]* pod pokładem; *[go]* pod pokład

below stairs *adv* w pomieszczeniach dla służby; **she found life ~ hard** ciężko jej było jako służącej

below-the-line advertising /bɪˌləʊðəˌlaɪn'ædvətaɪzɪŋ/ *n* reklama *f* pozamedialna

Belshazzar's Feast /bel'ʃæzə(r)z fiːst/ *n* uczta *f* Baltazara

belt /belt/ **I** *n* [1] Fashn pasek *m*; (soldier's) pas *m*; **to do up** or **fasten a ~** zapiąć pas or pasek; **to undo a ~** rozpiąć pas or pasek; **to loosen a ~** rozluźnić pas or pasek; **he had a knife at** or **in his ~** nosił nóż przy pasie or u pasa [2] (also **safety** or **seat ~**) pas *m* bezpieczeństwa [3] (area) pas *m*, strefa *f*; **a ~ of greenery** pas zieleni; **a ~ of industry** strefa przemysłowa; **a ~ of poverty around the inner city** dzielnice nędzy wokół śródmieścia; **earthquake ~** strefa sejsmiczna; **mountain ~** pasmo górskie [4] Meteorol strefa *f*, obszar *m*; **a ~ of rain/low pressure** strefa or obszar opadów/niskiego ciśnienia [5] Tech taśma *f* [6] (in boxing, judo) pas *m*; **he is a black ~** on ma czarny pas; **the world heavyweight ~** mistrz świata wagi ciężkiej [7] infml (blow) cios *m*; fanga *f* infml; **to give sb a ~** dać komuś fangę; **I gave the ball a good ~** rąbnąłem mocno piłkę infml

II *vt* [1] infml (hit) wy|łoić or z|łoić skórę (komuś) infml *[person]*; wal|nąć, -ić infml *[ball]*; **he ~ed him in the gut/across the face** walnął go w brzuch/w twarz [2] Hist pasować (na rycerza) [3] (fasten with belt) **to ~ sth to sth** przymocować or przytroczyć pasem coś do czegoś [4] US infml = **belt down**

III *vi* infml (go fast) po|pędzić infml; **he ~ed home** popędził or pognał do domu; **a motorcyclist was ~ing along** or **down the lane** motocyklista pędził drogą

IV belted *pp adj [coat]* z paskiem

■ **belt down** infml: **~ down [sth], ~ [sth] down** US wy|żłopać infml

■ **belt off** infml popędzić infml

■ **belt out**: **~ out [sth], ~ [sth] out** *[person]* za|śpiewać (coś) na całe gardło; **the radio was ~ing out the latest hit** radio grało na cały regulator najnowszy przebój

■ **belt up** [1] GB infml (shut up) zamilknąć; zamknąć się infml; **~ up!** zamknij się! [2] Aut zapi|ąć, -nać pasy; zapi|ąć, -nać się infml

IDIOMS: **to have a ~ and braces approach** infml zabezpieczyć się ze wszystkich stron; **to hit sb below the ~** zadać komuś cios poniżej pasa; **this remark was a bit below the ~** ta uwaga była trochę poniżej pasa; **to tighten one's ~** zacisnąć pasa; **he's got a couple of beers under his ~** zaliczył już dwa piwa infml; **she has fifteen years' experience /three tournaments under her ~** ma na swoim koncie piętnastoletnie doświadczenie/trzy turnieje

belt drive *n* Tech napęd *m* pasowy

belting /'beltɪŋ/ *n* [1] (leather) skóra *f* na pasy napędowe [2] (beating) lanie *n*; manto *n* infml; **to give sb a (good) ~** (porządnie) złoić or wyłoić komuś skórę

belt line *n* US Transp linia *f* okrężna

belt pulley *n* Tech koło *n* pasowe

belt-tightening /'belttaɪtnɪŋ/ *n* zaciskanie *n* pasa

beltway /'beltweɪ/ *n* US Transp obwodnica *f*

belvedere /'belvɪdɪə(r)/ *n* belweder *m*

belying /bɪ'laɪŋ/ *prp* → **belie**

bemoan /bɪ'məʊn/ *vt* fml opłakiwać *[loss]*; lamentować nad (czymś) *[fate]*

bemuse /bɪ'mjuːz/ *vt* s|peszyć, z|deprymować

bemused /bɪ'mjuːzd/ *adj* speszony, zdeprymowany

ben /ben/ *n* Scot góra *f*; **Ben Nevis** *najwyższy szczyt W. Brytanii*

bench /bentʃ/ *n* [1] (for sitting) ławka *f*; **to sit on a ~** siedzieć na ławce; **to be on the (substitute's) ~** Sport być or siedzieć na ławce rezerwowych [2] GB Pol ława *f* (poselska); **on the government/opposition ~es** w ławach partii rządzącej/opozycji [3] (also **work ~**) (in workshop) warsztat *m*; (in factory) stół *m* montażowy; (in laboratory) stół *m* (laboratoryjny); **to work at a ~** pracować przy warsztacie/stole [4] Jur **the ~, the Bench** (as profession) sędziowie *m pl*; (in one case) sąd *m*, skład *m* or komplet *m* sędziowski; **~ and bar** sędziowie i palestra; **to be** or **sit on the ~** być sędzią; **to be raised to the ~** zostać mianowanym sędzią; **to serve on the ~** sprawować urząd sędziowski; **to be on the ~ for a case** być sędzią w jakiejś sprawie, należeć do składu sędziowskiego w jakiejś sprawie; **to thank the ~** podziękować (wysokiemu) sądowi; **to approach the ~** zbliżyć się do stołu sędziowskiego

bencher /'bentʃə(r)/ *n* Jur GB [1] (magistrate) sędzia *m* [2] (of Inn of Court) senior *m* (w korporacji adwokackiej)

bench lathe *n* tokarka *f* stołowa

benchmark /'bentʃmɑːk/ **I** *n* [1] (in surveying) reper *m*; fig wzorzec *m*, punkt *m* odniesienia [2] Fin (price) cena *f* referencyjna or odniesienia [3] Comput test *m* sprawności

II *modif* (model) wzorcowy

III *vt* (test) prze|testować; przeprowadz|ić, -ać test porównawczy (czegoś) **(against sth** z czymś)

benchmarking /'bentʃmɑːkɪŋ/ *n* Mgmt analiza *f* porównawcza *(dotycząca selekcji kadr, szkoleń i wynagrodzeń)*

bench press *n* Sport wyciskanie *n* leżąc

bench seat *n* Aut siedzenie *n* na całą szerokość pojazdu

bench test *n* próba *f* laboratoryjna; (of motor engine) próba *f* hamowania

bench warmer *n* US Sport infml zawodnik *m* rezerwowy, zawodniczka *f* rezerwowa

bench warrant *n* nakaz *m* aresztowania *(wydany przez sędziego)*

bend[1] /bend/ **I** *n* [1] (in road) zakręt *m*; (in river) zakręt *m*, zakole *n*; (in pipe) wygięcie *n*; (of elbow, knee) zgięcie *n*; **a sharp ~ (of the road)** ostry zakręt, wiraż; **at the ~ of the road** przy zakręcie (drogi); **on the ~** na zakręcie; **there's a ~ in the road** droga skręca; **the taxi came around the ~** taksówka wyjechała zza zakrętu; **an old town in a ~ of the river** stare miasto w zakolu rzeki [2] (action) (of body) skłon *m*; (of knees) ugięcie *n*; (of object) zgięcie *n*; **forward ~s** skłony w przód

II bends *npl (+ v sg/pl)* Med **the ~s** choroba *f* kesonowa

III *vt (pt, pp* **bent)** [1] (force into a curve) zgi|ąć, -nać, ugi|ąć, -nać *[arm, leg, knee]*; schyl|ić, -ać, pochyl|ić, -ać *[head, body]*; giąć, zgi|ąć, -nać, wygi|ąć, -nać *[pipe, wire]*; załam|ać, -ywać *[light, ray]*; **to ~ one's arm** zgiąć ramię or rękę; **to be bent over sth** *[person]* być pochylonym nad czymś; **his head was bent over the book** pochylał się nad książką; **to go down on ~ed knee** przyklęknąć [2] (distort) nagi|ąć, -nać *[truth, facts]*; **to ~ the rules** nagiąć przepisy [3] fml (direct) **to ~ one's attention/efforts/thoughts to sth** skierować uwagę/wysiłki/myśli na coś; **to ~ one's mind to one's work** skoncentrować się na pracy; **she bent her steps towards the cottage** skierowała kroki w stronę domu

IV *vi (pt, pp* **bent)** [1] (become curved) *[road, path, river]* (once) zakręc|ić, -ać, skręc|ić, -ać; (several times) wić się; *[bar, branch, nail]* wygi|ąć, -nać się, zgi|ąć, -nać się; *[mud-*

B

guard] wygi|ąć, -nać się; (under heavy weight) ugi|ąć, -nać się; **to ~ to the right/left** *[road]* skręcać or zakręcać w prawo/lewo; **my arm won't ~** nie mogę zgiąć ręki [2] (stoop) *[person]* pochyl|ić, -ać się, schyl|ić, -ać się; *[plant]* pochyl|ić, -ać się; **to ~ forward** pochylić się do przodu; **to ~ backwards** odchylić się do tyłu; **to ~ towards sb** nachylić się do kogoś; **to ~ low** pochylić or schylić się nisko; **to ~ double** zgiąć się w pół or we dwoje; **to ~ double with pain** zwijać się z bólu [3] (change opinion) ugi|ąć, -nać się; **to ~ to sb's will** poddać się woli kogoś; **to ~ to sb** ugiąć się przed kimś

■ **bend back**: ¶ **~ back** *[person]* odchyl|ić, -ać się, przegi|ąć, -nać się; **to ~ back on itself** *[road, river]* zawracać ¶ **~ back [sth], ~ [sth] back** (to original position) prostować, wyprostow|ać, -ywać *[nail, wire]*; (away from natural position) odgi|ąć, -nać, wygi|ąć, -nać *[nail, wire]*; **to ~ one's fingers back** wyginać or odginać palce do tyłu; **to ~ sth back into shape** wyprostować coś

■ **bend down**: ¶ **~ down** *[person]* pochyl|ić, -ać się, schyl|ić, -ać się ¶ **~ down [sth], ~ [sth] down** nagi|ąć, -nać, przygi|ąć, -nać *[branch]*; zagi|ąć, -nać *[corners of pages]*

■ **bend over**: ¶ **~ over** *[person]* nachyl|ić, -ać się, pochyl|ić, -ać się ¶ **~ over [sth], ~ [sth] over** zagi|ąć, -nać

IDIOMS: **round** GB or **around** US **the ~** infml niespełna rozumu; **to go (a)round the ~** tracić rozum; **to drive sb (a)round the ~** doprowadzać kogoś do szału; **to ~ over backwards for sb** wysilać się dla kogoś; **to ~ over backwards to do sth** stawać na głowie or wychodzić ze skóry or dwoić się i troić, żeby coś zrobić

bend² /bend/ *n* Naut węzeł *m*

bend³ /bend/ *n* Herald pasek *m*

bender /ˈbendə(r)/ *n* infml (drinking bout) **to go on a ~** pójść w tango infml

bend sinister *n* Herald skośnica *f* w prawą

bendy /ˈbendɪ/ *adj* [1] *[road]* kręty [2] *[toy]* giętki

beneath /bɪˈniːθ/ **I** *prep* [1] (under) pod (czymś), poniżej (czegoś); **~ the table/the surface** pod stołem/powierzchnią; **~ the statue/the hill** u stóp pomnika/wzgórza; **the ground gave way ~ his feet** ziemia usunęła się mu pod stopami; **to feel sand ~ one's feet** czuć piasek pod stopami; **to buckle ~ the weight of sth** ugiąć or wygiąć się pod ciężarem czegoś; **the city lay spread out ~ us** u naszych stóp rozciągało się miasto; **he hid his disappointment ~ a polite smile** ukrył rozczarowanie pod maską uśmiechu; **~ the calm exterior** pod maską spokoju; **~ the festive mood there is an underlying apprehension** mimo świątecznego nastroju daje się odczuć pewien niepokój [2] (unworthy of) **to be ~ sb** być niegodnym kogoś; **it's ~ you to make such nasty comments** takie wredne komentarze są ciebie niegodne; **she took a job far ~ her** przyjęła pracę znacznie poniżej swych kwalifikacji; **you're ~ contempt** jesteś godzien najwyższej pogardy [3] (inferior to) **those ~ him** ci, którzy stoją niżej od niego; **she married ~ her** popełniła mezalians

II *adv* poniżej, niżej, w dole, na dole; **the apartment ~** mieszkanie piętro niżej; **the river/valley ~** rzeka/dolina w dole

Benedict /ˈbenɪdɪkt/ *prn* Benedykt *m*

Benedictine **I** /ˌbenɪˈdɪktiːn/ *n* [1] Relig benedyktyn *m*, -ka *f* [2] (also **benedictine**) (liqueur) benedyktyn *m*, benedyktynka *f*

II /ˌbenɪˈdɪktɪn/ *adj* benedyktyński

benediction /ˌbenɪˈdɪkʃn/ *n* [1] (blessing) błogosławieństwo *n* also fig; **in ~** na znak błogosławieństwa [2] (grace) modlitwa *f* dziękczynna *(odmawiana przed posiłkiem)*; **to say a ~** odmówić modlitwę [3] (Catholic ceremony) adoracja *f* Najświętszego Sakramentu

benefaction /ˌbenɪˈfækʃn/ *n* fml (generosity) szczodrobliwość *f*; (good deed) dobrodziejstwo *n*; (donation) szczodrobliwy dar *m*

benefactor /ˈbenɪfæktə(r)/ *n* dobroczyńca *m*; (donor) ofiarodawca *m*

benefactress /ˈbenɪfæktrɪs/ *n* dobrodziejka *f*; (donor) ofiarodawczyni *f*

benefice /ˈbenɪfɪs/ *n* beneficjum *n*

beneficence /bɪˈnefɪsns/ *n* [1] (kindness) wspaniałomyślność *f* [2] (charitable help) wspaniałomyślny gest *m*

beneficent /bɪˈnefɪsnt/ *adj [patron, assistance, ruler]* wspaniałomyślny, wielkoduszny; *[system]* ludzki; *[concern]* życzliwy; *[work]* dobroczynny

beneficial /ˌbenɪˈfɪʃl/ *adj* [1] (advantageous) *[change, effect, influence]* zbawienny, dobroczynny; *[treatment]* skuteczny; **to be ~ to sb/sth** być korzystnym dla kogoś/czegoś; **to be ~ for sb/sth** korzystnie wpływać na kogoś/coś [2] Jur *[owner]* pobierający pożytki; *[interest, use]* wynikający z prawa użytkowania

beneficially /ˌbenɪˈfɪʃəlɪ/ *adv [influence]* korzystnie; **~ for sb** z korzyścią dla kogoś

beneficiary /ˌbenɪˈfɪʃərɪ, US -ˈfɪʃɪerɪ/ *n* [1] Jur beneficjent *m*; **to be the sole ~ of a will** być jedynym spadkobiercą na mocy testamentu [2] (recipient) osoba *f* odnosząca korzyść [3] Relig beneficja(n)t *m*

benefit /ˈbenɪfɪt/ **I** *n* [1] (helpful effect) korzyść *f*; dobroczynny skutek *m* **(from sth** czegoś); **to be of ~ to sb/sth** być korzystnym dla kogoś/czegoś *[patient, environment, industry]*; **to feel the ~ of sth** odczuwać dobroczynne skutki czegoś *[change, holiday, treatment]*; **to give sb the ~ of one's experience/knowledge** podzielić się z kimś doświadczeniem/wiedzą; **to give sb the ~ of one's advice** udzielić komuś rady [2] Soc Admin zasiłek *m*; **to be on ~(s)** być na zasiłku; **to live off ~(s)** żyć z zasiłku [3] (advantage) korzyść *f*, pożytek *m*; **the ~s of modern technology** korzyści płynące z nowoczesnej techniki; **to have health ~s** mieć właściwości lecznicze; **to have the ~ of a good education** mieć gruntowne wykształcenie; **with the ~ of word-processors/government grants** dzięki edytorom tekstów/dotacjom rządowym; **to be to sb's ~** być korzystnym dla kogoś, działać na korzyść kogoś; **to reap the ~s of sth** czerpać korzyści or odnosić korzyść z czegoś [4] (good) dobro *n*, korzyść *f*; **it's for your own ~** to dla twego własnego dobra; **for the ~ of the newcomers** z myślą o nowo przybyłych; **he's just crying for your ~** płacze tylko po to, żebyś zwrócił na niego uwagę [5] (perk) dodatkowe świadczenie *n*; (financial) dodatek *m* (do pensji); **salary £20,000 plus ~s** wynagrodzenie roczne w wysokości 20 000 funtów plus dodatki; **~s in kind** świadczenia w naturze; **tax-free ~s** świadczenia nie podlegające opodatkowaniu [6] Jur **the ~ of the doubt** przywilej *m* wątpliwości *(zasada, zgodnie z którą wątpliwości przemawiają na korzyść oskarżonego)*; **to give sb the ~ of the doubt** fig uwierzyć komuś na słowo *(mimo wątpliwości)*

II *modif [concert, gig, match]* dobroczynny, charytatywny; *[system]* socjalny

III *vt* (*prp, pt, pp* **-t-, -tt-**) przyn|ieść, -osić korzyść (komuś/czemuś) *[person, group]*; korzystnie po|działać na (coś) *[economy, health]*; **how can we ~ those who have no money?** jak możemy pomóc tym, którzy nie mają pieniędzy?

IV *vi* (*prp, pt, pp* **-t-, -tt-**) s|korzystać **(from sth** z czegoś); **to ~ by sth** skorzystać na czymś; **I will ~ the most** ja najbardziej skorzystam, ja odniosę największą korzyść; **how will I ~?** co ja z tego będę miał?

benefit association *n* US towarzystwo *n* wzajemnej pomocy

benefit club *n* = **benefit association**

benefit payment *n* zasiłek *m*, świadczenie *n*

benefits package *n* Mgmt pakiet *m* świadczeń socjalnych

benefit tourist *n* GB *osoba nielegalnie pobierająca zasiłek w kilku miejscowościach*

Benelux /ˈbenɪlʌks/ **I** *n* Beneluks *m*

II *modif* **~ countries** kraje Beneluksu

benevolence /bɪˈnevələns/ *n* [1] (kindness) życzliwość *f*, dobrotliwość *f* [2] (generosity) hojność *f*, szczodrość *f*, szczodrobliwość *f* [3] (gift) hojny dar *m*; (kind deed) szlachetny uczynek *m*, dobrodziejstwo *n* [4] Hist przymusowa pożyczka *f (udzielana królowi w średniowieczu)*

benevolent /bɪˈnevələnt/ *adj* [1] (kindly) *[person, manner, smile]* dobrotliwy; *[government]* łaskawy; (well-disposed) życzliwy **(to** or **towards sb** komuś, dla kogoś); **~ dictatorship** dyktatura oświecona [2] (charitable) *[trust, fund, institution]* dobroczynny

benevolently /bɪˈnevələntlɪ/ *adv* życzliwie, dobrotliwie

BEng *n* = **Bachelor of Engineering** ≈ licencjat *m* studiów politechnicznych

Bengal /beŋˈɡɔːl/ *prn* Bengal *m*

Bengali /beŋˈɡɔːlɪ/ **I** *n* [1] (person) Bengal|czyk *m*, -ka *f* [2] Ling (język *m*) bengali *m inv*, bengalski *m*

II *adj* bengalski

Bengal light *n* fajerwerk *m*; ogień *m* bengalski dat

Bengal tiger *n* tygrys *m* bengalski

benighted /bɪˈnaɪtɪd/ *adj* liter *[person, policy]* nieoświecony liter; *[era, country, community]* pogrążony w mrokach niewiedzy liter

benign /bɪˈnaɪn/ *adj* [1] (mild) *[climate, expression, gesture]* łagodny [2] (beneficial) *[effect, influence]* dobroczynny, korzystny [3] Med *[tumour]* łagodny

Benin /beˈniːn/ *prn* Benin *m*

Beninese /ˌbenɪˈniːz/ **I** *n* **the ~** Benińczycy *m pl*
II *adj* beniński

benison /ˈbenɪzn/ *n* dat błogosławieństwo *n* also fig

Benjamin /ˈbendʒəmɪn/ *prn* Beniamin *m*; fig beniaminek *m*

benny /ˈbenɪ/ *n* infml drug addicts' sl amfa *f* infml

bent /bent/ **I** *pt, pp* **→ bend**
II *n* [1] (flair) dryg *m*, zdolności *f pl* **(for sth** do czegoś); (inclination) pociąg *m*, słabość *f* **(for** or **towards sb/sth** do kogoś/czegoś); **to have a ~ for mathematics** mieć zdolności matematyczne, mieć dryg do matematyki; **to have a ~ for blondes** mieć pociąg or słabość do blondynek; **to be of a studious ~** być z natury pracowitym [2] Bot = **bent grass**
III *adj* [1] *[nail, wire]* zgięty; *[bumper, pipe]* wygięty; *[person]* pochylony, przygarbiony [2] **to be ~ on sth** być zdecydowanym na coś; **to be ~ on doing sth** zawziąć się, żeby coś zrobić [3] infml (corrupt) *[salesman, accountant]* nieuczciwy; *[politician, lawyer, official]* skorumpowany [4] infml offensive (homosexual) **he's ~** to pedał infml offensive
IDIOMS: **to be ~ out of shape** US infml skręcać się ze złości infml; **to get ~ out of shape** wściec się

bent grass *n* mietlica *f*

bentwood /ˈbentwʊd/ *adj [furniture]* gięty

benumb /bɪˈnʌm/ **I** *vt [anaesthetic, cold]* s|powodować odrętwienie or zdrętwienie (czegoś); *[fear, shock]* s|paraliżować
II benumbed *pp adj [limbs]* zdrętwiały, bez czucia; *[senses]* odrętwiały; *[brain]* przyćmiony; **~ed by fear** sparaliżowany strachem; **~ed with cold** zdrętwiały z zimna

Benzedrine® /ˈbenzədriːn/ *n* amfetamina *f*

benzene /ˈbenziːn/ *n* benzen *m*

benzene ring *n* pierścień *m* benzenowy

benzin(e) /ˈbenziːn/ *n* benzyna *f (frakcja ropy naftowej wrząca w temperaturze 35°-80°)*

benzoin /ˈbenzəʊɪn/ *n* [1] Chem benzoina *f* [2] Bot (resin) żywica *f* benzoesowa; (tree) styrakowiec *m* benzoesowy

benzol(e) /ˈbenzəʊl/ *n* benzol *m*

bequeath /bɪˈkwiːð/ *vt* Jur zapis|ać, -ywać (w spadku) *[property, land, sum of money]* **(to sb** komuś); fig pozostawi|ć, -ać, przekaz|ać, -ywać *[custom, legislation, concept]* **(to sb/sth** komuś/czemuś); **to ~ sth to future generations** przekazać or pozostawić coś przyszłym pokoleniom

bequest /bɪˈkwest/ *n* Jur zapis *m* **(to sb** na rzecz kogoś); **to make a ~** zrobić zapis

berate /bɪˈreɪt/ *vt* fml z|gromić; *[person]* **(for sth/for doing sth** za coś/za zrobienie czegoś)

Berber /ˈbɜːbə(r)/ **I** *n* [1] (person) Berber *m*, -yjka *f* [2] Ling (język *m*) berberyjski *m*
II *adj* berberyjski

berberis /ˈbɜːbərɪs/ *n* berberys *m*

bereave /bɪˈriːv/ *vt* liter [1] *(pt, pp* **bereaved)** (by death) **to ~ sb of sb** *[death, accident]* zab|rać, -ierać komuś kogoś; **his premature death ~d us of a loving father** przedwczesna śmierć zabrała nam kochającego ojca; **many families were ~d by the accident** wypadek pogrążył w żałobie wiele rodzin [2] *(pt, pp* **bereft)** (deprive) pozbawi|ć, -ać **(of sth** czegoś)

bereaved /bɪˈriːvd/ **I** *n* **the ~** *(+ v pl)* rodzina *f* zmarłego; pogrążeni w smutku najbliżsi *m pl* fml
II *adj [person, family]* osierocony, pogrążony w smutku

bereavement /bɪˈriːvmənt/ *n* (loss) bolesna strata *f (kogoś bliskiego)*; (mourning) żałoba *f*; **to suffer a ~** stracić bliską osobę

bereft /bɪˈreft/ *adj* [1] **~ of sth** pozbawiony czegoś *[hope, freedom, contents]*; ogołocony z czegoś *[furniture]*; **~ of love/purpose** bez miłości/celu [2] (forlorn) osamotniony; **to be /feel ~** być/czuć się osamotnionym

beret /ˈbereɪ, US bəˈreɪ/ *n* beret *m*

berg /bɜːg/ *n* góra *f* lodowa

bergamot /ˈbɜːgəmɒt/ *n* [1] (fruit) bergamota *f*; (tree) (pomarańcza *f*) bergamota *f* [2] (mint) mięta *f* pieprzowa [3] (pear) gruszka *f* bergamotka *f*

bergschrund /ˈbeəkʃrʊnt/ *n* szczelina *f* brzeżna (lodowca)

beriberi /ˌberɪˈberɪ/ *n* beri-beri *n inv*

Bering Sea /ˌberɪŋˈsiː/ *prn* **the ~** Morze *n* Beringa

Bering Strait /ˌberɪŋˈstreɪt/ *prn* **the ~** Cieśnina *f* Beringa

berk /bɜːk/ *n* GB vinfml pej głupek *m*, głupol *m* infml

berkelium /bɜːˈkɪlɪəm/ *n* berkel *m*

Berks *n* GB Post = **Berkshire**

berlin /bɜːˈlɪn/ *n* (carriage) berlinka *f*

Berlin /bɜːˈlɪn/ **I** *prn* Berlin *m*
II *modif* berliński; **the ~ Wall** Hist mur berliński

Berliner /bɜːˈlɪnə(r)/ *n* berli|ńczyk *m*, -nka *f*

Bermuda /bəˈmjuːdə/ *prn* Bermudy *plt*; **in ~** na Bermudach; **the ~ Triangle** trójkąt bermudzki

Bermudan /bəˈmjuːdən/ **I** *n* Bermud|czyk *m*, -ka *f*
II *adj* bermudzki

Bermudas /bəˈmjuːdəz/ *npl* (also **Bermuda shorts)** bermudy *plt*

Bern /bɜːn/ *prn* Berno *n*

Bernese /ˈbɜːniːz/ **I** *n* berne|ńczyk *m*, -nka *f*
II *adj* berneński; **the ~ Alps** or **Oberland** Alpy Berneńskie

berry /ˈberɪ/ *n* jagoda *f*
IDIOMS: **to be as brown as a ~** być opalonym na brązowo

berserk /bəˈsɜːk/ *adj* oszalały; **to go ~** wpaść w szał or furię; **to send sb ~** doprowadzić kogoś do szału or furii

berth /bɜːθ/ **I** *n* [1] (on boat, ship) koja *f*; (on train) kuszetka *f*; (in caravan, trailer) miejsce *n* do spania; **lower/middle/upper ~** dolna/środkowa/górna koja or kuszetka; **a four- ~ boat** łódź z czterema miejscami do spania [2] Naut (for ship) miejsce *n* postoju statku; **a safe ~** fig cicha przystań fig; **at ~** (at wharf) na cumach; (at anchor) na kotwicy [3] (job, position) Naut zaokrętowanie *n*; fig dat synekura *f*
II *vt* (manoeuvre) dobi|ć, -jać (czymś) do brzegu *[ship]*; (tie up) przycumow|ać, -ywać, zacumow|ać, -ywać
III *vi* (moor) przycumow|ać, -ywać, zacumow|ać, -ywać; (at anchor) zakotwicz|yć, -ać
IDIOMS: **to give sb/sth a wide ~** omijać kogoś/coś z daleka, trzymać się od kogoś /czegoś z daleka

beryl /ˈberəl/ *n* (gem) beryl *m*

beryllium /bəˈrɪlɪəm/ *n* Chem beryl *m*

beseech /bɪˈsiːtʃ/ *vt (pt, pp* **beseeched, besought)** fml błagać, prosić usilnie *[person]*; błagać o (coś), prosić usilnie o (coś) *[forgiveness, favour]*; **to ~ sb to do sth** błagać kogoś, żeby coś zrobił

beseeching /bɪˈsiːtʃɪŋ/ *adj* fml *[eyes, letter, look, voice]* błagalny

beseechingly /bɪˈsiːtʃɪŋlɪ/ *adv* fml błagalnie

beset /bɪˈset/ *vt (pt, pp* **beset)** dręczyć, nękać **(with sth** czymś); Mil osacz|yć, -ać; **to be beset with dangers/temptations** być wystawionym na niebezpieczeństwo /pokusy; **he was beset with doubts /fears** dręczyły go wątpliwości/obawy; **the undertaking beset with difficulties** fig zadanie najeżone trudnościami; **a country beset by strikes** kraj nękany strajkami

besetting /bɪˈsetɪŋ/ *adj [fear, worry]* dręczący; **his ~ sin** jego główny grzech

beside /bɪˈsaɪd/ *prep* [1] (next to) obok (kogoś /czegoś), koło (kogoś/czegoś), przy (kimś /czymś); **~ him/you** obok or koło niego /ciebie; **~ the road/path** obok drogi /ścieżki, przy drodze/ścieżce; **~ the sea /river** nad morzem/rzeką [2] (in comparison with) w porównaniu z (kimś/czymś), przy (kimś/czymś), wobec (kogoś/czegoś); **~ her, anyone looks tall** przy niej or w porównaniu z nią każdy wydaje się wysoki; **my problems seem insignificant ~ yours** moje problemy wydają się nieistotne przy twoich or wobec twoich or w porównaniu z twoimi [3] (extraneous) **that's ~ the point** nie w tym rzecz, nie o to chodzi; **the price is ~ the point** nie chodzi o cenę [4] (apart from) **→ besides II**
IDIOMS: **to be ~ oneself with anger/joy** nie posiadać się z gniewu/radości

besides /bɪˈsaɪdz/ **I** *adv* ponadto, poza tym, do tego, zresztą; **I don't want to go, ~, I'm tired** nie chcę iść, a poza tym or do tego or ponadto jestem zmęczony; **she has a car and a motorbike ~** ma samochód, a do tego jeszcze motocykl; **and plenty more ~** i jeszcze dużo więcej
II *prep* (o)prócz (kogoś/czegoś), poza (kimś/czymś); **they need other things ~ a car** potrzebne są im inne rzeczy poza samochodem or oprócz samochodu; **there are five others coming ~ you** przychodzi jeszcze pięć osób oprócz ciebie or poza tobą; **nobody knows ~ you** nikt nie wie prócz ciebie or poza tobą; **everyone ~ me** wszyscy prócz mnie or poza mną; **~ waiting there's nothing we can do** poza czekaniem or prócz czekania nie możemy nic zrobić; **~ being an artist, she also writes poetry** jest artystką, a do tego pisze wiersze

besiege /bɪˈsiːdʒ/ *vt* [1] Mil oble|c, -gać *[city, garrison]* [2] fig oble|c, -gać *[celebrity, politician]*; **to ~ sb with questions/requests** zasypywać kogoś pytaniami/prośbami

besmear /bɪˈsmɪə(r)/ *vt* liter [1] po|walać, z|brukać liter **(with sth** czymś) [2] fig z|brukać, z|szargać *[reputation]*; o|szkalować *[person]*

besmirch /bɪˈsmɜːtʃ/ *vt* liter rzuc|ić, -ać cień na (kogoś/coś) *[person, reputation,*

B

image]; s|kalać *[image, good name]*; oczerni|ć, -ać *[person]*

besom /ˈbiːzəm/ *n* [1] miotła *f* [2] infml baba-jaga *f*, jędza *f* infml

besotted /bɪˈsɒtɪd/ *adj* [1] (infatuated) zadurzony **(with sb** w kimś); **to be ~ with an idea** nabić sobie głowę (jakimś) pomysłem [2] (with alcohol) zamroczony **(with sth** czymś)

besought /bɪˈsɔːt/ *pt, pp* → **beseech**

bespangled /bɪˈspæŋgld/ *adj* liter **~ with sth** usiany czymś *[stars]*; bogato zdobiony czymś, jarzący się czymś *[jewels]*

bespatter /bɪˈspætə(r)/ *vt* oprysk|ać, -iwać, prysk|ać, -iwać **(with sth** czymś)

bespeak /bɪˈspiːk/ *vt* (*pt* **bespoke;** *pp* **bespoke, bespoken)** fml [1] (be evidence of) świadczyć o (czymś), znamionować [2] (order in advance) zam|ówić, -awiać *[goods]*; za|rezerwować *[room, seat, table]*

bespectacled /bɪˈspektəkld/ *adj* fml w okularach, noszący okulary

bespoke /bɪˈspəʊk/ **I** *pt* → **bespeak**
II *adj* GB *[suit, jacket]* na miarę; *[tailor]* szyjący na zamówienie or na miarę; Comput z oprogramowaniem dla indywidualnego użytkownika

bespoken /bɪˈspəʊkən/ *pp* → **bespeak**

besprinkle /bɪˈsprɪŋkl/ *vt* liter (with powder) obsyp|ać, -ywać, posyp|ać, -ywać **(with sth** czymś); (with water) zr|osić, -aszać, skr|opić, -apiać **(with sth** czymś)

Bess /bes/ *prn* **Good Queen ~** królowa *f* Elżbieta I

best /best/ **I** *n* [1] (most enjoyable, pleasant) **the ~** najlepsz|y *m*, -a *f*, -e *n*; **it's the ~ of his stories** to najlepsze z jego opowiadań; **the North will have the ~ of the weather** najlepsza pogoda będzie na północy; **I'm afraid we've had the ~ of the day** obawiam się, że to na dzisiaj koniec dobrej pogody; **to look/sound/taste the ~** najlepiej wyglądać/brzmieć/smakować; **I don't look my ~ in the morning** nie wyglądam najlepiej rano [2] (of the highest quality, standard) **the ~** to, co najlepsze; **the ~ of its kind** najlepszy w swoim rodzaju; **the ~ you can buy** najlepszy z dostępnych na rynku; **it's a good play, but not his ~** to dobra sztuka, ale nie najlepsza (z tych, które napisał); **I wanted him to have the very ~** chciałem, żeby miał wszystko, co najlepsze [3] (most competent) **the ~** ten *m* najlepszy, ta *f* najlepsza; **she's one of the ~** jest jedną z najlepszych; **to be the ~ at sth** być w czymś najlepszym; **who's the ~ at maths /drawing?** kto jest najlepszy w matematyce/rysunkach [4] (most appropriate, desirable or valid) **the ~** najlepsz|y *m*, -a *f*, -e *n*; **which route is the ~?** która trasa jest najlepsza?; **it's for the ~** (recommending course of action) to najlepsze wyjście; (of sth done) to wyjdzie na dobre; **to do sth for the ~** (with best of intentions) zrobić coś w najlepszej wierze; **it's not the ~ of times to do sth** to nie najlepsza pora na robienie czegoś [5] (most favourable) **the ~** coś najlepszego; **the ~ we can hope for** najlepsze, na co możemy liczyć; **the ~ we can say** najlepsze, co możemy powiedzieć; **at ~** w najlepszym razie or przypadku; **(even) at the ~ of times** nawet w najbardziej sprzyjających okolicznościach; **he's a difficult man at the ~ of times** nawet gdy się stara, trudno z nim wytrzymać; **to make the ~ of sth** zrobić najlepszy użytek z czegoś, wykorzystać coś najlepiej; **they had to make the ~ of a bad job** musieli robić dobrą minę do złej gry; **to turn out for the ~** obrócić się na dobre, zakończyć się dobrze [6] (peak, height) **to be at its ~** *[wine, cheese]* być znakomitym; *[landscape, view]* być najpiękniejszym; **this is modern art at its ~** to sztuka współczesna w najlepszym wydaniu; **to be at one's ~** (physically, in mood) być w najlepszej formie; **he is at his ~ writing poetry/playing villains** najlepiej idzie mu pisanie poezji/odgrywanie czarnych charakterów; **this is Picasso at his ~** to Picasso u szczytu swych możliwości; **to be in the ~ of taste /health/spirits** być w najlepszym guście /zdrowiu/nastroju; **to the ~ of one's ability** najlepiej, jak się potrafi; na miarę własnych możliwości; **to the ~ of my knowledge/recollection** o ile mi wiadomo/o ile pamiętam; **to be the ~ of friends again** znów być najlepszymi przyjaciółmi [7] (greatest personal effort) **to do one's ~** zrobić, ile w mocy kogoś; **I'll do my ~ to make her happy** zrobię wszystko, żeby była szczęśliwa; **is this the ~ you/that car can do?** czy to wszystko na co cię/ten samochód stać?; **to demand the ~ of sb** wiele od kogoś wymagać; **to get the ~ out of sb** skłonić kogoś do największego wysiłku *[student, worker]*; **to get the ~ out of sth** wykorzystać w pełni możliwości czegoś *[gadget]*; **to give of one's ~** fml dać z siebie wszystko [8] (virtues, qualities) **to bring out the ~ in sb** *[suffering, crisis]* wyzwalać w kimś najlepsze odruchy; **with the ~ of intentions/motives** w najlepszych zamiarach/z najszlachetniejszych pobudek [9] (most advantageous or pleasing part) **the ~ of it is that...** najlepsze jest to, że...; (most amusing) najzabawniejsze jest to, że...; **to get the ~ of sth** najlepiej wyjść na czymś, najwięcej zyskać na czymś *[bargain, deal, arrangement]* [10] (good clothes) **one's (Sunday) ~** odświętny strój *m*; **to keep sth for ~** trzymać coś na specjalne okazje [11] (good wishes) najlepsze życzenia *n pl*; (friendly greeting) pozdrowienia *n pl*; **give her my ~** przekaż jej moje serdeczne życzenia/pozdrowienia; **all the ~!** (good luck) wszystkiego najlepszego!; (cheers) na zdrowie!; **all the ~, Anna** (in letter) serdeczne pozdrowienia, Anna; **wishing you all the ~ on your retirement** z najlepszymi życzeniami z okazji przejścia na emeryturę [12] (advantage) **~ of three/five** dwie/trzy wygrane gry *(z trzech lub pięciu)*; **to play (the) ~ of three** grać do dwóch (zwycięstw); **it's the ~ of five** gramy do trzech
II *adj (superlative of* **good***)* [1] (most excellent or pleasing) najlepszy; **the ~ book I've ever read/written** najlepsza książka, jaką przeczytałem/napisałem; **the ~ thing about sb/sth** największa zaleta kogoś/czegoś; **the ~ thing about living here** największa zaleta mieszkania tutaj; **to look/sound ~** najlepiej wyglądać/brzmieć; **to smell ~** najładniej pachnieć; **this wine is ~ served chilled** to wino najlepiej podawać schłodzone; **she looks ~ in black** najlepiej jej w kolorze czarnym; **which of you speaks the ~ English?** kto z was mówi najlepiej po angielsku?; **she said it in her ~ Polish** powiedziała to najstaranniejszą polszczyzną; **copy it in your ~ handwriting** przepisz to jak najstaranniej; **my ~ dress** moja najlepsza sukienka; **'~ before end May 2005'** „najlepiej spożyć przed końcem maja 2005" [2] (most competent) *[doctor, teacher, poet]* najlepszy; **the award for ~ actor** nagroda dla najlepszego aktora; **who is the ~ swimmer?** kto najlepiej pływa?; **to be ~ at sth** być najlepszym w czymś *[subject, sport]*; **to be ~ at cooking** najlepiej gotować; **to be ~ at the guitar** najlepiej grać na gitarze; **the ~ mother you could wish** najlepsza matka na świecie; **may the ~ man win!** niech zwycięży najlepszy! [3] (most appropriate or suitable) *[tool, example, way, time, idea]* najlepszy, najodpowiedniejszy **(for sb/sth** dla kogoś/do czegoś); **the ~ scissors for cutting paper** najlepsze nożyczki do cięcia papieru; **they're ~ for cutting paper, not fabric** najlepiej nadają się do cięcia papieru, a nie materiału; **it is ~ for older children** to jest najodpowiedniejsze dla starszych dzieci; **the ~ thing to do** najlepsze, co można zrobić; **the ~ thing would be to apologize, it would be ~ to apologize** najlepiej byłoby przeprosić; **it's ~ that she doesn't know the truth** lepiej, żeby nie znała prawdy; na szczęście nie zna prawdy; **to consider what is ~ for sb** zastanowić się, co jest najlepsze dla kogoś
III *adv (superlative of* **well***)* najlepiej; **to behave/fit/hear ~** zachowywać się/pasować/słyszeć najlepiej; **the ~ equipped /organized/prepared** najlepiej wyposażony/zorganizowany/przygotowany; **the ~ loved woman** najukochańsza kobieta; **to like sth ~** najbardziej coś lubić; **to like sth ~ of all** lubić coś najbardziej na świecie or najbardziej ze wszystkiego; **to do ~** najlepiej sobie poradzić, najlepiej wypaść; **who did ~?** kto wypadł najlepiej?, kto był najlepszy?; **he tidied up the room as ~ he could** posprzątał pokój najlepiej jak potrafił; **you'd ~ do it** infml lepiej to zrób; **such advice is ~ ignored** takich rad lepiej nie słuchać; **you know ~** wiesz najlepiej
IV *vt* (defeat, outdo) pokon|ać, -ywać *[opponent]*; **to be ~ed in an argument** zostać pokonanym w dyskusji
IDIOMS: **to do sth with the ~ of them** doskonale coś robić; **it happens to the ~ of us** (mishap, failure) każdemu może się zdarzyć; (death) na każdego przychodzi pora

best-before date /ˌbestbɪˈfɔːdeɪt/ *n* termin *m* ważności

best boy *n* Cin główny pomocnik *m* mistrza oświetlenia

best end (of neck) *n* Culin karkówka *f*

best friend *n* najlepszy przyjaciel *m*, najlepsza przyjaciółka *f*; **man's ~** najlepszy przyjaciel człowieka

bestial /ˈbestɪəl, US ˈbestʃəl/ *adj* zwierzęcy; fig bestialski

bestiality /ˌbestɪˈælətɪ, US ˌbestʃɪ-/ *n* [1] (sex) sodomia *f*, zoofilia *f* [2] (inhumanity) bestialstwo *n*, zezwierzęcenie *n*

bestiary /ˈbestɪərɪ, US -tɪerɪ/ *n* bestiariusz *m*

bestir /bɪˈstɜː(r)/ *vr* (*prp*, *pt*, *pp* **-rr-**) fml **to ~ oneself** rusz|yć, -ać się, porusz|yć, -ać się; (get up) wsta|ć, -wać (z łóżka)

best-known /ˌbestˈnəʊn/ *adj* najsłynniejszy

best man *n* drużba *m*

bestow /bɪˈstəʊ/ *vt* fml obdarz|yć, -ać (czymś) *[friendship, honour, smile, wealth, affection, praise]* **(on** or **upon sb** kogoś); obdarow|ać, -ywać (czymś) **(on** or **upon sb** kogoś); nada|ć, -wać, przyzna|ć, -wać *[title]* **(on** or **upon sb** komuś); s|kierować *[effort]* **(on** or **upon sb/sth** na kogoś/coś); poświęc|ić, -ać *[attention]* **(on** or **upon sb/sth** komuś/czemuś); **to ~ a favour on sb** wyświadczyć komuś przysługę; **to ~ a kiss on sb's cheek** złożyć pocałunek na policzku kogoś; **to ~ formal recognition on a new state** oficjalnie uznać nowe państwo

bestowal /bɪˈstəʊəl/ *n* fml (of title) nadanie *n*; (of consent, hope) wyrażenie *n*

bestraddle /bɪˈstrædl/ *vt* liter (be seated) siedzieć okrakiem na (czymś) *[chair, wall]*; (mount) dosi|ąść, -adać (czegoś) *[horse]*; wsi|ąść, -adać na (coś) *[bicycle]*; (sit down) u|siąść okrakiem na (czymś) *[chair]*

bestrew /bɪˈstruː/ *vt* (*pt* **bestrewed**; *pp* **bestrewed, bestrewn)** liter obsyp|ać, -ywać *[person, area, object]* **(with sth** czymś); **to ~ the grave with flowers** usłać grób kwiatami

bestrewn /bɪˈstruːn/ *pp* → **bestrew**

bestridden /bɪˈstrɪdn/ *pp* → **bestride**

bestride /bɪˈstraɪd/ *vt* (*pt* **bestrode**, *pp* **bestridden)** fml [1] dosi|ąść, -adać (czegoś) *[horse]*; wsi|ąść, -adać na (coś) *[bicycle]*; si|ąść, -adać okrakiem na (czymś) *[chair, wall]* [2] pokon|ać, -ywać *[obstruction, fence]*; prze|jść, -chodzić przez (coś), przesadz|ić, -ać *[ditch, stream]*

bestrode /bɪˈstrəʊd/ *pt* → **bestride**

bestseller /ˌbestˈselə(r)/ *n* [1] (book) bestsel(l)er *m*; (product) hit *m* infml [2] (writer) autor *m*, -ka *f* bestsel(l)erów

best-selling /ˌbestˈselɪŋ/ *adj [product]* najlepiej sprzedający się; *[book]* bestsel(l)erowy; *[author]* popularny; **the ~ novelist of the year** najpopularniejszy powieściopisarz roku

bet /bet/ **I** *n* [1] (gamble) zakład *m*; **to have a ~ on a race** obstawiać gonitwę; **to have a ~ on a horse** postawić na konia, obstawiać konia; **to place** or **put** or **lay a ~ on sth** postawić na coś, obstawiać coś *[horse, dog, number, colour]*; **to make a ~ (with sb)** założyć się (z kimś); **to make a ~ that...** założyć się, że..., pójść o zakład, że...; **to take ~s** *[bookmaker]* przyjmować zakłady; **'place your ~s!'** (in roulette) „faites vos jeux" *(„proszę państwa, zaczynamy grę")* [2] (option, guess) **he's the best ~ to win the election** jest najpewniejszym kandydatem na zwycięzcę w wyborach; **your best ~ is to stay here** najlepiej będzie, jeśli tu pozostaniesz; **your safest ~ would be to invest in government bonds** najlepiej będzie, jeśli kupisz obligacje rządowe; **it's a pretty good ~ that someone here speaks English** jest bardzo prawdopodobne, że ktoś tu mówi po angielsku; **my ~ is that she wins** moim zdaniem ona wygra [3] (stake) **I've got a £10 ~ on the race** postawiłem 10 funtów na gonitwę

II *vt* (*prp* **-tt-**; *pt*, *pp* **bet, ~ted)** [1] (gamble) postawić, stawiać *[money]*; za|łożyć, -kładać się z (kimś) *[person]*; **he bet his whole salary on one horse** postawił całą swą pensję na jednego konia; **Adam bet him £5** Adam założył się z nim o pięć funtów; **to ~ that...** założyć się (o to), że...; **I ~ you a pint of beer (that) it'll rain tomorrow** założę się z tobą o duże piwo, że jutro będzie padać [2] (be sure) za|łożyć, -kładać się; **I ~ (that) he doesn't even remember my name** założę się, że nawet nie pamięta, jak się nazywam; **'I had a hard time persuading him' – 'I'll ~ you did!'** „z trudem udało mi się go przekonać" – „mogę to sobie wyobrazić or wcale mnie to nie dziwi"; **'I can do it!' – '(I) ~ you can't!'** „ja (to) potrafię!" – „założę się, że nie" or „na pewno nie"

III *vi* (*prp* **-tt-**; *pt*, *pp* **bet, ~ted)** [1] (gamble) grać; **to ~ on sb/sth** stawiać na kogoś/coś, obstawiać kogoś/coś; **I've been ~ting on the red all evening** cały wieczór obstawiam czerwone [2] (be sure) **to ~ on sth happening** liczyć na to, że coś się stanie; **something will go wrong, you can ~ on it** coś się nie uda, możesz być tego pewien; **I wouldn't ~ on it!** nie liczyłbym na to!; **I'm willing to ~ on it!** jestem tego pewien!; **you ~!** no pewnie!; **you ~ I'm going to complain!** możesz być pewien, że się poskarżę!; **I'll ~!** (in agreement) rozumie się!, no jasne!; (ironically) akurat!

IDIOMS: **you can ~ your ass** vinfml or **your life** or **your boots** or **your bottom dollar** infml **(that...)** możesz być pewien (że...); murowane (że...) infml

beta /ˈbiːtə, US ˈbeɪtə/ **I** *n* [1] (letter) beta *f* [2] (grade) ocena *f* dobra, dobry *m*; **to get a ~** dostać ocenę dobrą

II *modif* Chem, Phys **~ emitter** emiter cząstek beta; **~ iron** żelazo beta

beta blocker *n* beta-bloker *m*, beta-adrenolityk *m*

beta blocking *adj* beta-adrenolityczny

beta globulin *n* beta-globulina *f*

betake /bɪˈteɪk/ *vr* (*pt* **betook**; *pp* **betaken)** fml **to ~ oneself home/to bed** udać się do domu/do łóżka fml; **to ~ oneself off** pójść sobie, oddalić się

betaken /bɪˈteɪkən/ *pp* = **betake**

beta particle *n* cząstka *f* beta

beta ray *n* strumień *m* cząstek beta

betcha /ˈbetʃə/ *excl* infml na mur (beton), na sto procent infml; **~ 10 pounds they'll lose** zakład o 10 funtów, że przegrają

betel /ˈbiːtl/ **I** *n* Bot betel *m*, pieprz *m* betelowy

II *modif* betelowy

betel nut *n* orzech *m* arekowy, pinang *m*

bête noire /ˌbetˈnwɑː(r)/ *n* (*pl* **bêtes noires)** (person) antypatia *f*; (thing) rzecz *f* szczególnie obmierzła liter; **her ~ is liars /cigarette ends left in half-empty glasses** szczególnie mierżą ją kłamcy /niedopałki papierosów pozostawione w na pół pustych kieliszkach liter

Bethany /ˈbeθənɪ/ *prn* Bible Betania *f*

bethink /bɪˈθɪŋk/ *vr* (*pt*, *pp* **bethought)** arch **to ~ oneself of sth** (meditate upon) rozmyślać o czymś; (remember) przypominać sobie coś; **to ~ oneself to do sth** pamiętać, żeby coś zrobić; **to ~ oneself that...** pomyśleć sobie, że...

Bethlehem /ˈbeθlɪhem/ *prn* Betlejem *n*

bethought /bɪˈθɔːt/ *pt*, *pp* → **bethink**

betide /bɪˈtaɪd/ arch **I** *vt* przydarz|yć, -ać się (komuś), przytrafi|ć, -ać się (komuś)

II *vi* zdarz|yć, -ać się; **whatever may ~** cokolwiek się stanie

betimes /bɪˈtaɪmz/ *adv* arch wcześnie; rychło arch

betoken /bɪˈtəʊkən/ *vt* fml [1] (show) znaczyć (coś), świadczyć o (czymś) [2] (presage) zapowi|edzieć, -adać, wróżyć

betook /bɪˈtʊk/ *pt* → **betake**

betray /bɪˈtreɪ/ **I** *vt* [1] (be disloyal to) zdradz|ić, -ać *[country, friend, wife]*; sprzeniewierz|yć, -ać się (czemuś) liter *[feelings, interests]*; zaw|ieść, -odzić *[trust]*; sprzeniewierz|yć, -ać się (czemuś), z|łamać *[promise]*; **to feel ~ed** czuć się zawiedzionym [2] (disclose treacherously) zdradz|ić, -ać *[secret, confidence]* [3] (reveal unintentionally) *[person]* zdradz|ić, -ać *[characteristic, curiosity, fear]*; ujawni|ć, -ać *[presence]*; *[expression, gesture, tone]* wskaz|ać, -ywać na (coś), świadczyć o (czymś) *[emotion, interest, curiosity]*

II *vr* **to ~ oneself** zdradz|ić, -ać się

betrayal /bɪˈtreɪəl/ *n* (of country, ideal, person) zdrada *f*; (of secret, plan) ujawnienie *n*, zdradzenie *n*; (of facts, truth, intention) wyjawienie *n*; **~ of trust** nadużycie zaufania; **a sense of ~** uczucie zawodu; **to feel a sense of ~** czuć się oszukanym

betrayer /bɪˈtreɪə(r)/ *n* zdraj|ca *m*, -czyni *f*

betroth /bɪˈtrəʊð/ *vt* liter, arch **to ~ sb to sb** zaręczyć kogoś z kimś; **to be ~ed to sb** zaręczyć się z kimś, być zaręczonym z kimś

betrothal /bɪˈtrəʊðl/ *n* arch zaręczyny *plt* **(to sb** z kimś); zrękowiny *plt* arch

betrothed /bɪˈtrəʊðd/ arch **I** *n* (*pl* **~)** narzeczon|y *m*, -a *f*; oblubieni|ec *m*, -ca *f* dat; **the ~ (couple)** narzeczeni

II *adj* zaręczony

better[1] /ˈbetə(r)/ **I** *n* [1] (something preferable, of higher standard) **the ~** lepsz|y *m*, -a *f*, -e *n*; **much** or **by far the ~ (of the two)** dużo or znacznie lepszy (z dwóch) [2] (more desirable state of affairs) coś *n* lepszego, coś *n* więcej; **to deserve/hope for ~** zasługiwać/mieć nadzieję na coś lepszego; **to expect ~ of sb** spodziewać się po kimś więcej; **so much the ~, all the ~** tym lepiej; **a change** or **turn for the ~** zmiana na lepsze; **to change for** or **take a turn for the ~** zmienić się na lepsze, poprawić się [3] (superior persons) **one's ~s** (in rank, status) (ludzie *plt*) wyżej postawieni; (in ability, experience) (ludzie *plt*) mądrzejsi; **listen to the advice of your ~s** słuchaj rad mądrzejszych (od ciebie)

II *adj* (*comparative of* **good**) [1] (more enjoyable, satisfactory) *[book, film, review, party, holiday, time, news, weather, salary, price]* lepszy **(than sth** od czegoś, niż coś); **his**

B

joke was ~ than yours jego dowcip był lepszy od twojego; **to get ~** poprawić się; **things are getting ~** sytuacja poprawia się; **the weather is no ~** pogoda nie poprawiła się, pogoda nie jest ani trochę lepsza; **'good news?' – 'it couldn't be ~!'** „dobre wiadomości?" – „nie mogą być lepsze"; **to look/sound/taste ~** wyglądać /brzmieć/smakować lepiej; **to smell ~** pachnieć ładniej; **the soup would taste all the ~ for a dash of cream** zupa byłaby lepsza z odrobiną śmietany or gdyby dodać trochę śmietany; **that's ~!** teraz (jest) dużo lepiej! [2] (well, recovered, happier) *[mood]* lepszy; **to be** or **feel ~** *[person]* czuć się lepiej, mieć się lepiej; **my cold /arthritis is a bit ~** katar/reumatyzm trochę mniej mi dokucza; **'how's your leg?' – '~ than it was'** „jak twoja noga?" – „lepiej (niż było)"; **she felt all the ~ for her holiday/a cold shower** wakacje dobrze jej zrobiły/zimny prysznic dobrze jej zrobił; **I'd feel ~ if you did it/didn't do it** wolałbym, żebyś to zrobił/żebyś tego nie robił; **if it makes you feel any ~** (less worried) jeśli cię to uspokoi; (less sad) jeśli cię to pocieszy; **to feel ~ about doing sth** (less nervous, worried) mniej się przejmować robieniem czegoś; (less guilty) robić coś ze spokojniejszym sumieniem; **you may feel ~ about the idea when...** może przekonasz się do tego pomysłu, kiedy...; **to make sb ~** *[doctor, medicine]* pomóc komuś; **this medicine will make your cough ~** to lekarstwo pomoże ci na kaszel [3] (of a superior quality, class, skills) *[book, film, car, clothes, food, job, school, quality, result, teacher]* lepszy **(than sb/sth** od kogoś /czegoś, niż ktoś/coś); **to be a ~ swimmer than sb** lepiej pływać od kogoś or niż ktoś; **to be a ~ poet than a novelist** być lepszym poetą niż powieściopisarzem; **he went to a ~ school than I did** or **than me** chodził do lepszej szkoły niż ja; **to be ~ at sth** być lepszym w czymś *[history, sport]*; **to be ~ at doing sth** lepiej coś robić; **he's no ~ at driving than she is** or **than her** wcale nie prowadzi lepiej niż ona or od niej; **to be ~ with sb/sth** lepiej sobie radzić z kimś/czymś *[children, figures]* [4] (more virtuous, commendable) *[person, influence, life, nature]* lepszy; **you're a ~ man than I am!** jesteś lepszym człowiekiem niż ja!; **to be no ~ than sb** nie być wcale lepszym od kogoś; **to be no ~ than a thief** być zwykłym złodziejem; **his ~ nature** ludzkie cechy [5] (more suitable, valid, appropriate) *[choice, example, excuse, idea, reason, tool, word]* lepszy, odpowiedniejszy; **to be ~ for sth/doing sth** *[tool, chemical]* lepiej nadawać się do czegoś/do robienia czegoś; **these tablets are ~ for headaches** te tabletki są lepsze na ból głowy; **the bigger /faster the car the ~** im większy/szybszy samochód, tym lepszy; **who ~ to play the part?** któż byłby lepszy do tej roli?; **where ~ to go skiing than the Alps?** gdzież lepiej jechać na narty niż w Alpy? [6] (more beneficial) *[food, exercise]* lepszy, zdrowszy; **swimming is ~ for you than jogging** pływanie jest lepsze or zdrowsze niż jogging or od joggingu [7] (more accurate) *[description, fit, view, understanding]* lepszy; *[description, recollection]* dokładniejszy; **in order to get a ~ view** żeby lepiej widzieć; **my watch keeps ~ time** mój zegarek lepiej chodzi

III *adv (comparative of* **well***)* [1] (more adequately or excellently) lepiej **(than sb/sth** od kogoś/czegoś, niż ktoś/coś); **to fit /behave ~** lepiej pasować/zachowywać się; **~ educated/dressed** lepiej wykształcony/ubrany; **to be ~ mannered/tempered** mieć lepsze maniery/usposobienie; **to think ~ of sb** lepiej o kimś myśleć; **she's doing ~** (in career, life, school) lepiej się jej wiedzie; (in health) jej stan poprawia się, czuje się lepiej; **she did ~ this time** (in exam, essay) tym razem powiodło się jej lepiej; **'could do ~'** (on school report) „stać go/ją na więcej"; **the ~ to see/hear** żeby lepiej widzieć/słyszeć; **she climbed on a chair the ~ to reach the shelf** wspięła sie na krzesło, żeby dosięgnąć półki; **the sooner/faster the ~** im prędzej/szybciej, tym lepiej; **the more she talked, the ~ I understood** im dłużej mówiła, tym lepiej rozumiałem; **the less said about it the ~** im mniej się o tym mówi, tym lepiej; lepiej o tym w ogóle nie wspominać [2] (more advisably or appropriately) lepiej; **it couldn't have been ~ timed** nie mogło to nastąpić w lepszym momencie; **the money would be ~ spent on housing** lepiej byłoby te pieniądze wydać na budownictwo mieszkaniowe; **he's ~ left alone** lepiej go zostawić w spokoju; **you would be ~ advised to do it** lepiej by było, gdybyś to zrobił; **you would do ~ to do it** byłoby lepiej dla ciebie, gdybyś to zrobił; **you had ~ do it, you'd ~ do it** lepiej to zrób; **I'd ~ go** lepiej już (sobie) pójdę; **you'd ~ not tell anyone** lepiej nikomu nie mów; **'will she come?' – 'she'd ~'** or **'she ~!'** infml „czy przyjdzie?" – „niechby tylko spróbowała nie przyjść!" infml; **'will it be open?' – 'it had ~ be!'** or **'it ~ had be!'** or **'it ~ be!'** infml „czy będzie otwarte?" – „mam taką nadzieję"; **'more cake?' – '~ not'** „jeszcze trochę ciasta?" – „lepiej nie"; **~ still, even ~** jeszcze lepiej, najlepiej; **turn that radio down or, ~ still, turn it off** ścisz to radio, a najlepiej wyłącz

IV *vt* [1] (surpass) popraw|ić, -ać *[performance, record, result, score]*; **to ~ sb's offer** przebić ofertę kogoś [2] (improve) popraw|ić, -ać *[condition, lot, status, education]*; pod|nieść, -osić

V *vr* **to ~ oneself** popraw|ić, -ać własną sytuację or pozycję

IDIOMS: **for ~ (or) for worse** niech się dzieje, co chce; (in wedding vow) na dobre i na złe; **they have decided to publish the book, for ~ or worse** postanowili wydać tę książkę, i niech się dzieje wola boska; **to get the ~ of sb** wziąć górę nad kimś, zdobyć przewagę nad kimś *[enemy, opponent]*; **to get the ~ of sth** uporać się z czymś, poradzić sobie z czymś *[problem, backlog]*; pokonać coś *[disability]*; **his curiosity got the ~ of him** ciekawość była silniejsza od niego; **the problem got the ~ of her** problem ją przerósł; **to go one ~ than sb** zakasować kogoś; **she bought a Porsche, so I went one ~ and bought a Ferrari** kupiła Porsche'a, więc ją zakasowałem kupując Ferrari; **to have the ~ of sb** mieć przewagę nad kimś; **to think ~ of it** zmienić zdanie (po namyśle)

better[2] /ˈbetə(r)/ *n* obstawiając|y *m*, -a *f*, gracz *m*

betterment /ˈbetəmənt/ *n* fml [1] poprawa *f*, polepszenie *n* [2] Jur, Econ zwiększenie *n* wartości

better off /ˌbetərˈɒf/ **I** *n* **the better-off** *(+ v pl)* ludzie *plt* zamożniejsi or lepiej sytuowani

II *adj* [1] (more wealthy) zamożniejszy, lepiej sytuowany **(than sb** od kogoś, niż ktoś); **I was ~ then** powodziło mi się wtedy lepiej [2] (having more) **to be ~ for sth** mieć więcej czegoś *[space, books, boyfriends]* **(than sb** od kogoś, niż ktoś) [3] (in a better situation) **she'd be ~ in hospital/without him** lepiej byłoby jej w szpitalu/bez niego; **they'd have been ~ telling** or **to tell the truth** byłoby lepiej (dla nich), gdyby powiedzieli prawdę; **you're ~ as you are** lepiej dla ciebie jest tak, jak jest

betting /ˈbetɪŋ/ *n* [1] (activity) zakłady *m pl*, obstawianie *n*; **if I were a ~ man...** gdybym miał się zakładać... [2] (odds) szanse *f pl*; **what's the ~ that...** o co zakład, że...?; **the ~ is (that) she'll win** wszystko wskazuje na to, że zwycięży

betting shop *n* GB punkt *m* przyjmowania zakładów

betting slip *n* kupon *m* zakładów

betting tax *n* podatek *m* od zakładów

bettor /ˈbetə(r)/ *n* US obstawiając|y *m*, -a *f*, gracz *m*

between /bɪˈtwiːn/ **I** *prep* [1] (in space) (po)między (czymś a czymś); **there is a wall ~ the two gardens** między dwoma ogrodami jest mur; **there are no stops ~ this station and Paris** pomiędzy tą stacją a Paryżem nie ma postojów; **it is somewhere in ~ Berlin and Bonn** to gdzieś między Berlinem a Bonn [2] (in time) (po)między (czymś), od (czegoś) do (czegoś); **~ meals** między posiłkami; **~ the ages of 12 and 18** w wieku od 12 do 18 lat; **~ now and next year** (od teraz) do przyszłego roku [3] (on a scale or range) od (czegoś) do (czegoś); **it costs ~ £10 and £20** to kosztuje od 10 do 20 funtów; **it's ~ 50 and 60 kilometres away** leży w odległości od 50 do 60 kilometrów [4] (to and from) (po)między (czymś) (a czymś); **flights ~ London and Amsterdam** loty pomiędzy Londynem a Amsterdamem; **the train that goes ~ London and Brighton** pociąg kursujący pomiędzy Londynem a Brighton [5] (indicating connection or relationship) (po)między (czymś a czymś); **the link ~ smoking and cancer** związek pomiędzy paleniem a rakiem; **what's the difference ~ the two?** jaka jest między nimi różnica?, czym one się różnią?; **nothing now stands ~ us and success** nic nie przeszkodzi nam teraz w osiągnięciu sukcesu; **we mustn't allow this to come ~ us** nie możemy dopuścić, żeby to nas poróżniło; **it's something ~ a novel and an autobiography** to coś pośredniego pomiędzy powieścią a autobiografią; **you must settle it ~ yourselves** musicie to załatwić między sobą [6] (indicating sharing, division) między (kogoś), między (kimś); **they divided the estate ~ themselves** podzielili majątek między siebie; **they drank the whole bottle ~ (the two of) them** we dwójkę wypili całą butelkę; **they had only one suitcase ~ (the three of) them** we trzech mieli tylko jedną walizkę; **~ ourselves, ~ you and me (and the gatepost)...** (mówiąc) między nami... [7] (jointly) razem, do spółki; **we spent $250 ~ us** razem or do spółki wydaliśmy 250 dolarów; **they wrote the article ~ them** napisali artykuł razem or we dwójkę; **~ them they managed to lift it** razem or we dwójkę udało im się to podnieść; **~ working and studying I've no time for reading poetry** praca i nauka nie pozostawiają mi czasu na czytanie poezji

II *adv* (also **in ~**) (in space) w środku, pośrodku, między jednym a drugim; (in time) między jednym a drugim, w tym czasie; **a house and stables with a yard in ~** dom i stajnie z podwórzem pośrodku; **she spent four years at the university and two years training, with a year off (in) ~** spędziła cztery lata na uniwersytecie i dwa lata na stażu z roczną przerwą między jednym a drugim; **neither red nor orange but something (in) ~** ani czerwony, ani pomarańczowy, tylko coś pośrodku or pośredniego → **few**

betweentimes /bɪˈtwiːntaɪmz/ *adv* w tym czasie; w międzyczasie infml

betweenwhiles /bɪˈtwiːnwaɪlz, US -hwaɪlz/ *adv* = **betweentimes**

betwixt /bɪˈtwɪkst/ **I** *adv* **~ and between** ni to, ni owo; ni pies, ni wydra infml

II *prep* liter pomiędzy, między

bevel /ˈbevl/ **I** *n* [1] (edge) faseta *f*, skośne cięcie *n* [2] (tool) nóż *m* kątowy, kątnik *m*

II *vt* (*prp, pt, pp* **-ll-** GB, **-l-** US) fazować *[edge, frame, mirror]*

bevel edge *n* faseta *f*

bevel gear *n* przekładnia *f* zębata stożkowa, przekładnia *f* kątowa

bevelled mirror *n* lustro *n* fazowane

bevel square *n* narzędzie *n* do ukosowania

bevel wheel *n* koło *n* zębate stożkowe

beverage /ˈbevərɪdʒ/ *n* napój *m*

bevvy /ˈbevɪ/ *n* GB infml (alcoholic drink) kielich *m*, jeden głębszy *m* infml

bevy /ˈbevɪ/ *n* (of quails) stado *n*; fig (of girls) stadko *n*; (of critics, experts) grupa *f*

bewail /bɪˈweɪl/ *vt* opłakiwać *[death, loss, misfortune]*; iron lamentować nad (czymś)

beware /bɪˈweə(r)/ **I** *excl* uwaga!

II *vi* [1] uważać (**of sb/sth** na kogoś/coś); strzec się, wystrzegać się (**of sb/sth** kogoś /czegoś); mieć się na baczności (**of sb/sth** przed kimś/czymś); **to ~ of doing sth** wystrzegać się robienia czegoś; **you must ~ of losing your wallet** uważaj, żebyś nie stracił portfela; **you had better ~!** lepiej uważaj!; **~ lest you be deceived** liter uważaj, żeby cię nie oszukano or oszukali [2] (on sign) **'~! wet paint'** „uwaga! świeżo malowane"; **'~ of pickpockets'** „uwaga! kieszonkowcy"; **'~ of the dog'** „uwaga! zły pies"; **'~ of falling rocks'** „uwaga! spadające kamienie"

bewilder /bɪˈwɪldə(r)/ *vt* zadziwi|ć, -ać, zdumie|ć, -wać, osz|ołomić, -ałamiać (**by sth/by doing sth** czymś/zrobieniem czegoś); **your attitude ~s me!** twoje nastawienie zdumiewa mnie!

bewildered /bɪˈwɪldəd/ *adj* zdumiony, oszołomiony (**at** or **by sth** czymś)

bewildering /bɪˈwɪldərɪŋ/ *adj* zdumiewający, oszałamiający

bewilderingly /bɪˈwɪldərɪŋlɪ/ *adv* zdumiewająco, oszałamiająco

bewilderment /bɪˈwɪldəmənt/ *n* konsternacja *f*, zdumienie *n*; **in her ~** w bezgranicznym zdumieniu; **to her ~** ku jej bezgranicznemu zdumieniu

bewitch /bɪˈwɪtʃ/ *vt* [1] (cast spell on) rzuc|ić, -ać czar or urok na (kogoś), zaczarować [2] fig (attract) oczarow|ać, -ywać (**by** or **with sth** czymś)

bewitching /bɪˈwɪtʃɪŋ/ *adj* czarowny, uroczy, urzekający

bewitchingly /bɪˈwɪtʃɪŋlɪ/ *adv* czarująco, uroczo

bey /beɪ/ *n* Hist bej *m*

beyond /bɪˈjɒnd/ **I** *prep* [1] (on the far side of) za (czymś), po drugiej stronie (czegoś); **~ the city walls** za murami miasta; **just ~ the station** tuż za stacją; **the countries ~ the Atlantic** kraje po drugiej stronie Atlantyku; **~ this point** dalej, od tego miejsca [2] (later than) po (czymś); **~ 1998** po roku 1998; **well ~ midnight** grubo po północy; **children ~ the age of 11** dzieci powyżej jedenastu lat; **to work ~ retirement age** pracować po osiągnięciu wieku emerytalnego; **it won't last much ~ an hour** to nie będzie trwało dużo dłużej niż godzinę; **to go ~ the deadline** przekroczyć termin, nie dotrzymać terminu [3] (further than) dalej niż (coś), za (czymś); **it's one stop ~ Rugby** to jeden przystanek za Rugby; **try to think ~ the immediate future** spróbuj pomyśleć o dalszej przyszłości; **I didn't read ~ the first chapter** przeczytałem tylko pierwszy rozdział; **this has gone ~ a joke** to przestało być zabawne; **it won't go ~ these four walls** to nie wyjdzie poza te cztery ściany [4] (more than) poza (czymś), ponad (coś); **the level of inflation has gone ~ 10%** poziom inflacji przekroczył 10%; **I can't tell you anything ~ that** nie mogę powiedzieć ci nic więcej ponad to; **she told us little ~ what we already knew** powiedziała nam niewiele ponad to, co już wiedzieliśmy; **she wouldn't commit herself ~ vague promises** poza mętnymi obietnicami nie chce zająć konkretnego stanowiska [5] (surpassing) **to be ~ one's means** or **resources** przekraczać możliwości (finansowe) kogoś; **to be ~ one's strength** być ponad siły (kogoś); **to be ~ sb's ability/authority** przekraczać możliwości kogoś/wykraczać poza kompetencje kogoś; **it's ~ his authority to give us orders** nie ma prawa nam rozkazywać; **to live ~ one's means** żyć ponad stan; **it's ~ belief** to niewiarygodne, to nie do wiary; **it's ~ my comprehension!** to dla mnie niepojęte!; **beauty ~ compare** liter niezrównana uroda; **driven ~ endurance** doprowadzony do kresu wytrzymałości, doprowadzony do ostateczności; **he is ~ help** jemu nie można już pomóc; **to be wise ~ one's years** być nad wiek mądrym; **it has succeeded ~ our wildest expectations** to przeszło nasze najśmielsze oczekiwania; **it's not ~ the bounds of possibility that...** nie można wykluczyć, że...; **to be ~ sb** *[activity, task]* być ponad możliwości kogoś; *[subject]* być niezrozumiałym dla kogoś; **it's ~ me!** nie potrafię tego pojąć!, nie pojmuję tego!; **it's not ~ you to clean your room from time to time!** iron nic by ci się nie stało, gdybyś od czasu do czasu posprzątał swój pokój! [6] (other than) poza (czymś); **~ that there's not much one can do** poza tym, niewiele można zrobić; **he gets nothing ~ the basic salary** nie dostaje nic poza gołą pensją infml; **we know little about her ~ the fact that...** wiemy o niej niewiele ponad to, że...; **there was little I could do ~ reassuring him that...** niewiele mogłem zrobić poza zapewnieniem go, że...

II *adv* [1] (in space) dalej; (on other side) po drugiej stronie; (to other side) na drugą stronę; **in the room ~** w następnym pokoju; **~ there was a garden** dalej rozciągał się ogród; **the canal and the trees ~** kanał i drzewa po jego drugiej stronie; **we could see our house and the woods ~** widzieliśmy nasz dom, a dalej las; **the ships sail to India and ~** statki kursują do Indii i jeszcze dalej [2] (in time) **we're planning for the year 2010 and ~** robimy plany na rok 2010 i następne lata; **healthcare during preganancy and ~** opieka zdrowotna w okresie ciąży i później (po urodzeniu dziecka) [3] (more, in addition) **you can earn £20,000 and ~** możesz zarobić 20 000 funtów, a nawet więcej; **they have rice, but little ~** fml mają ryż, ale niewiele więcej or niewiele ponadto

III *n* **the ~** tamten świat *m*

IDIOMS: **in the back of ~** *[house, farm]* gdzieś na końcu świata fig; **to live in the back of ~** mieszkać tam, gdzie diabeł mówi dobranoc

bezant /ˈbeznt/ *n* Archit cekin *m*

bezel /ˈbezl/ *n* [1] (of tool) skośna krawędź *f* tnąca [2] (of gem) faseta *f*; (mount for gem) oprawa *f* [3] (of watch) ramka *f* szkiełka zegarka

bezique /bɪˈziːk/ *n* Games bezik *m*

b/f, B/F = **brought forward**

B film *n* film *m* klasy B (*niskobudżetowy film, dawniej pokazywany przed obrazem głównym*)

BFPO *n* = **British Forces Post Office** poczta *f* wojskowa *(brytyjskich sił zbrojnych)*

BGC *n* → **Bank Giro Credit**

B-girl /ˈbiɡɜːl/ *n* US infml hostessa *f (w lokalu rozrywkowym)*

bhangra /ˈbɑːŋɡrə/ *n* Mus bhangra *f*

Bhutan /buːˈtɑːn/ *prn* Bhutan *m*

Biafra /bɪˈæfrə/ *prn* Hist Biafra *f*

Biafran /bɪˈæfrən/ Hist **I** *n* Biafra|ńczyk *m*, -nka *f*

II *adj* biafrański

biannual /baɪˈænjʊəl/ *adj [publication]* ukazujący się dwa razy w roku; *[meeting]*

B

odbywający się dwa razy w roku; *[report]* półroczny

bias /ˈbaɪəs/ **I** *n* (*pl* **~es**) [1] (prejudice) tendencyjność *f*, stronniczość *f*; uprzedzenia *n pl* **(against sb/sth** do *or* względem kogoś/czegoś); **~ on the part of sb** uprzedzenia ze strony kogoś; **political ~** uprzedzenia polityczne [2] (active discrimination) dyskryminacja *f* **(against sb/sth** kogoś/czegoś); **racial/sexual ~** dyskryminacja rasowa/seksualna [3] (tendency) nastawienie *n* **(towards sb/sth** do kogoś/czegoś); **a ~ in favour of sb/sth** przychylne nastawienie do kogoś/czegoś; **an American ~** nastawienie proamerykańskie; **a left-wing ~** tendencje lewicowe [4] Sewing skos *m*, ukos *m*; **on the ~** po skosie [5] Stat obciążenie *n*, błąd *n* obciążony [6] Tech (of steering) przesunięcie *n* punktu pracy [7] Elec napięcie *n* wstępne

II *vt* (*prp, pt, pp* **-s-, -ss-**) nastawi|ć, ać *[person]* **(against/in favour of sb/sth** negatywnie/pozytywnie do kogoś/czegoś); uprzedz|ić, -ać *[person]* **(against sb/sth** do kogoś/czegoś); wpły|nąć, -wać na (kogoś /coś) *[decision, result, jury]*

bias binding US *n* Sewing taśma *f* do odszywania brzegów

bias ply tyre GB, **bias ply tire** US *n* opona *f* diagonalna

bias(s)ed /ˈbaɪəst/ *adj* stronniczy, nieobiektywny; **this report is ~** to sprawozdanie jest nieobiektywne; **a politically ~ comment** wypowiedź tendencyjna politycznie; **to be ~ against sb/sth** być uprzedzonym do kogoś/czegoś; **to be ~ in favour of sb/sth** być nastawionym przychylnie do kogoś/czegoś

bias tape US *n* = **bias binding**

bib /bɪb/ *n* [1] (baby's) śliniak *m*, śliniaczek *m* [2] (of apron, dungarees) karczek *m*

Bible /ˈbaɪbl/ **I** *n* **the ~** Biblia *f*; **it's his ~** fig to jego biblia fig

II *modif [story, study]* biblijny

Bible basher *n* infml pej nawiedzony kaznodzieja *m*

Bible belt *n* US *obszar na południu Stanów Zjednoczonych, gdzie protestancki fundamentalizm jest bardzo silny*

Bible puncher *n* infml = **Bible basher**

Bible thumper infml *n* = **Bible basher**

biblical /ˈbɪblɪkl/ *adj* biblijny

bibliographer /ˌbɪblɪˈɒgrəfə(r)/ *n* bibliograf *m*, -ka *f*

bibliographic(al) /ˌbɪblɪəˈgræfɪk(l)/ *adj* bibliograficzny

bibliography /ˌbɪblɪˈɒgrəfɪ/ *n* bibliografia *f*

bibliophile /ˈbɪblɪəfaɪl/ *n* bibliofil *m*

bibulous /ˈbɪbjʊləs/ *adj* fml *or* hum *[person]* nie stroniący od kieliszka; *[evening, party]* suto zakrapiany (alkoholem) infml; *[look, manner]* pijacki

bicameral /ˌbaɪˈkæmərəl/ *adj [system, legislature]* dwuizbowy

bicarbonate /ˌbaɪˈkɑːbənət/ *n* [1] Chem dwuwęglan *m*, wodorowęglan *m* [2] Culin, Med (also **~ of soda**) soda *f* oczyszczona

bicentenary /ˌbaɪsenˈtiːnərɪ, US -ˈsentənerɪ/ **I** *n* dwóchsetlecie *n*, dwusetlecie *n*

II *modif [celebration, festival]* z okazji dwóchsetlecia *or* dwusetlecia; **the ~ year** dwusetna rocznica

bicentennial /ˌbaɪsenˈtenɪəl/ *n* = **bicentenary**

bicephalous /ˌbaɪˈsefələs/ *adj [monster]* dwugłowy

biceps /ˈbaɪseps/ *n* (*pl* **~**) biceps *m*, mięsień *m* dwugłowy

bichloride /ˌbaɪˈklɔːraɪd/ *n* = **dichloride**

bichromate /ˌbaɪˈkrəʊmeɪt/ *n* = **dichromate**

bicker /ˈbɪkə(r)/ *vi* [1] (argue) sprzeczać się, kłócić się *(o głupstwa)*; **to ~ about** *or* **over sth** sprzeczać się *or* kłócić się o coś; **to ~ with sb** sprzeczać się *or* kłócić się z kimś [2] (flicker) *[flame, lamp]* za|migotać

bickering /ˈbɪkərɪŋ/ **I** *n* sprzeczki *f pl*

II *adj [children]* sprzeczający się, kłócący się; *[flame, lamp]* migoczący

bicuspid /ˌbaɪˈkʌspɪd/ **I** *n* (tooth) ząb *m* przedtrzonowy

II *adj* (also **bicuspidate)** *[tooth]* dwuguzkowy; *[valve]* dwupłatkowy, dwudzielny

bicycle /ˈbaɪsɪkl/ **I** *n* rower *m*; **by ~** rowerem; **on a ~** na rowerze; **to ride a ~** jeździć na rowerze; **to fall off a** *or* **one's ~** spaść z roweru; **to get on a ~** wsiąść na rower; **to get off a ~** zsiąść z roweru

II *modif [ride, tour]* rowerowy; **~ shed** komórka na rowery; **~ hire/repair** wypożyczalnia/naprawa rowerów

III *vi* je|chać, -ździć na rowerze

IDIOMS: **as easy as falling off a ~** proste jak drut infml

bicycle lane *n* ścieżka *f* rowerowa

bicycle messenger *n* kurier *m* rowerowy

bicycle race *n* wyścig *m* rowerowy

bicycle rack *n* (in yard) stojak *m* na rowery; (on car) bagażnik *m* na rowery

bicycle track *n* tor *m* rowerowy

bid /bɪd/ **I** *n* [1] (at auction) oferowana cena *f*, oferta *f* (licytacyjna), stawka *f* **(for sth** na coś); **a ~ of £25** oferta w wysokości 25 funtów; **an opening/closing ~** stawka wyjściowa/ostateczna; **to make a ~ for sth** złożyć ofertę kupna czegoś; **to raise one's ~ by £200** podnieść stawkę o 200 funtów [2] (for contract, company) oferta *f* *(w przetargu)*; **(for sth** na coś); **to make** *or* **put in a ~ for sth** zgłosić się do przetargu na coś; **to withdraw one's ~** wycofać się z przetargu [3] (attempt) próba *f* **(to do sth** zrobienia czegoś); **escape/suicide ~** próba ucieczki/samobójcza; **to make a ~ for power/support** podjąć próbę zdobycia władzy/poparcia; **in a ~ to silence his critics...** próbując uciszyć swych przeciwników... [4] (in bridge) odzywka *f*; **to make a ~** licytować, od|ezwać, -zywać się; **to raise one's ~** licytować wyżej, podnieść; **it's your ~** licytujesz; **no ~** pas

II *vt* (*prp* **-dd-;** *pt* **bade, bid;** *pp* **bidden, bid)** [1] (at auction) za|oferować, za|proponować *[money]* **(for sth** za coś); **what am I bid for this picture?** ile państwo proponują za ten obraz? [2] fml (say) **to ~ sb good morning/goodbye** powiedzieć komuś dzień dobry/do widzenia; **to ~ sb farewell/welcome** pożegnać/powitać kogoś [3] dat **to ~ sb to do sth** (command) kazać komuś coś zrobić; (request) poprosić kogoś o zrobienie czegoś; **do as you are bid** *or* **bidden** rób, co ci każą *or* o co cię proszą [4] arch (ask) zapr|osić, -aszać; **he bade us (to) come in** zaprosił nas do środka [5] (in bridge) za|licytować

III *vi* (*prp* **-dd-;** *pt* **bade, bid;** *pp* **bidden, bid)** [1] Comm, Fin (at auction) wziąć, brać udział w licytacji **(for sth** czegoś); sta|nąć, -wać do przetargu, wziąć, brać udział w przetargu **(for sth** na coś); **to ~ against sb in an auction** podbijać czyjąś cenę na licytacji; **five companies are ~ding against us for the contract** oprócz nas do przetargu stanęło pięć firm [2] (try to obtain) **to ~ for sth** dążyć do osiągnięcia czegoś *[success]*; starać się zdobyć coś *[votes]*; **to be ~ding to be the President** stawać do rywalizacji o fotel prezydencki [3] (in bridge) od|ezwać, -zywać się, licytować

■ **bid up**: **~ [sth] up** podbi|ć, -jać *[price]*; podbi|ć, -jać cenę (czegoś) *[commodity]*

bid bond *n* Fin gwarancja *f* przetargowa

biddable /ˈbɪdəbl/ *adj* [1] (obedient) posłuszny, uległy [2] (in bridge) *[hand, suit]* silny; na odzywkę infml

bidden /ˈbɪdn/ *pp* → **bid**

bidder /ˈbɪdə(r)/ *n* [1] (at auction) licytant *m*; **there were no ~s for this painting** nie było chętnych na ten obraz; **to go to the highest ~** przypaść osobie oferującej najwyższą cenę; **successful ~** nabywca [2] (for contract, land, property) stający *m* do przetargu **(for sth** na coś); **they are ~s for the company** stają do przetargu na kupno firmy [3] (in bridge) licytując|y *m*, -a *f*

bidding /ˈbɪdɪŋ/ *n* [1] (at auction) licytacja *f*; **the ~ opened at £9,000** cena wywoławczą było 9000 funtów; **the ~ closed at £50,000** licytacja została zamknięta przy kwocie 50 000 funtów [2] fml (command) polecenie *n*; **to do sb's ~** wykonać polecenie kogoś; **he did it at my ~** zrobił to na moje polecenie; **they needed no second ~** nie trzeba było im dwa razy powtarzać [3] (in bridge) licytacja *f*; **to open the ~** otworzyć licytację; **to raise the ~ (above 2 clubs)** zalicytować wyżej (niż dwa trefle)

bidding group *n* grupa *f* potencjalnych nabywców

bidding prayer *n* Relig błagalne modły *plt*

bidding war *n* ostra licytacja *f*

biddy /ˈbɪdɪ/ *n* infml **an old ~** staruszka *f*; (less polite) starucha *f*

bide /baɪd/ *vi* arch *or* GB dial po|czekać

IDIOMS: **to ~ one's time** czekać na właściwy moment

bidet /ˈbiːdeɪ, US biːˈdeɪ/ *n* bidet *m*

bidirectional /ˌbaɪdɪˈrekʃənl, -daɪ-/ *adj* dwukierunkowy

bid price *n* Fin cena *f* oferowana, kurs *m* zakupu

biennial /baɪˈenɪəl/ **I** *n* [1] roślina *f* dwuletnia [2] (event) biennale *n inv*

II *adj [plant]* dwuletni; *[event]* odbywający się co dwa lata

bier /bɪə(r)/ *n* liter (stand) katafalk *m*; mary *plt* liter; (coffin) trumna *f*

biff /bɪf/ infml **I** *n* fanga *f* infml; **to give sb a ~ on the nose** dać komuś fangę w nos

II *vt* dosu|nąć, -wać (komuś) pięścią infml

III *excl* łup!, buch!

bifocal /baɪˈfəʊkl/ *adj* dwuogniskowy

bifocals /baɪˈfəʊklz/ *npl* okulary *plt* dwuogniskowe
bifurcate /ˈbaɪfəkeɪt/ *vi* fml *[road, cable]* rozwidl|ić, -ać się; *[river]* u|tworzyć dwa koryta
bifurcation /ˌbaɪfəˈkeɪʃn/ *n* fml rozwidlenie *n*; bifurkacja *f* fml
big /bɪɡ/ *adj* [1] (in build) *[person]* (tall) duży, wysoki; (strong) potężny, rosły; euph (fat) tęgi; **~ with child** arch w ciąży, ciężarna; **to get ~ger** (taller) wyrosnąć; (fatter) przytyć, roztyć się; **to be too ~ for sth** wyrosnąć z czegoś *[bed]*; być za dużym na coś *[bicycle]* [2] (in size) duży; (large) wielki; **a ~ book** (thick) gruba książka; (large-format) duża or wielka księga; **a ~ smile** szeroki uśmiech; **in ~ letters** wielkimi literami; **to have ~ hands/feet** mieć duże or wielkie dłonie /stopy; **the hole is getting ~ger** dziura powiększa się, dziura robi się coraz większa [3] (in age) *[sister, brother]* starszy; *[boy, girl]* duży; **you're a ~ girl** jesteś już dużą dziewczynką; **you're ~ enough to know that...** jesteś już dość duży, żeby wiedzieć, że...; **you're too ~ to play with dolls** jesteś za duża, żeby bawić się lalkami [4] (in extent) *[family]* duży, liczny; *[party, wedding]* wielki, okazały; *[meal]* duży, obfity; *[majority, increase]* duży, znaczny; **a ~ liar /coward** wielki kłamca/tchórz; **a ~ reader** zapalony czytelnik; **to do things in a ~ way** działać z rozmachem or na wielką skalę; **he fell for her in a ~ way** zakochał się w niej po uszy [5] (serious) *[argument, mistake, trouble]* poważny; *[difference, change]* duży, znaczny; *[moment, event, plan]* wielki; **to be in ~ trouble** mieć poważne kłopoty; **you're making a ~ mistake** popełniasz wielki or poważny błąd; **it makes a ~ difference** to spora różnica; **would it make a ~ difference if I turned the light off** czy sprawiłoby ci wielką różnicę, gdybym zgasił światło; **I think we're on to something ~** chyba wpadliśmy na ślad czegoś poważnego; **this may be the start of something ~** to może być początek czegoś wielkiego [6] (emphatic) **you ~ baby!** ty wielki dzieciaku!; **to be ~ in the fashion world** być kimś w świecie mody [7] US infml (enthusiastic) **to be ~ on sth** mieć bzika na punkcie czegoś infml *[activity]* [8] (generous) szczodry; **to have a ~ heart** mieć wielkie serce; **your heart is too ~** masz zbyt dobre serce; **that's ~ of you!** iron to bardzo szlachetnie z twojej strony! iron [9] Pol **the Big Four/Five** Wielka Czwórka/Piątka
IDIOMS: **to be/go over ~** infml być/zostać dobrze przyjętym; **to have a ~ head** pej być przemądrzałym, mądrzyć się; **to have a ~ mouth** nie umieć dochować tajemnicy; **why can't you keep your ~ mouth shut?** czemu nie trzymasz gęby na kłódkę? infml; **to have ~ ideas, to think ~** infml robić or mieć wielkie plany; **what's the ~ idea?** o co chodzi?; **to look ~** US pej strugać ważniaka infml; **to make it ~** infml osiągnąć sukces; **to talk ~** infml mądrzyć się, przechwalać się
bigamist /ˈbɪɡəmɪst/ *n* bigamist|a *m*, -ka *f*
bigamous /ˈbɪɡəməs/ *adj [marriage]* bigamiczny; *[person]* dopuszczający się bigamii
bigamy /ˈbɪɡəmɪ/ *n* bigamia *f*
Big Apple *n* **the ~** infml Nowy Jork *m*
big band *n* big-band *m*
big bang *n* [1] Astron Wielki Wybuch *m*, Big Bang *m inv* [2] GB Fin **the ~** *reforma giełdy londyńskiej w 1986 r.*
big-bang theory /ˌbɪɡˈbæŋθɪərɪ/ *n* teoria *f* Wielkiego Wybuchu or Big Bang
Big Ben *m* Big Ben *m (zegar i wieża zegarowa budynku parlamentu brytyjskiego)*
big-boned /ˌbɪɡˈbəʊnd/ *adj [person]* grubokościsty
Big Brother *n* Wielki Brat *m*; **~ is watching you** Wielki Brat czuwa
big-budget /ˌbɪɡˈbʌdʒɪt/ *adj [film, project]* wysokobudżetowy, kosztowny
big business *n* (companies collectively) wielki biznes *m*; (profitable activity) dobry or świetny interes *m*
big cat *n* wielki drapieżnik *m* z rodziny kotów
big cheese *n* infml dat figura *f*, szyszka *f*, szycha *f* infml
big-city /ˌbɪɡˈsɪtɪ/ *adj* wielkomiejski
big crunch *n* Astron wielkie zgniecenie *n*, wielki kres *m*, wielki antywybuch *m*
big dipper *n* dat kolejka *f* górska *(w wesołym miasteczku)*
Big Dipper *n* US Astron **the ~** Wielka Niedźwiedzica *f*, Wielki Wóz *m*
big end *n* GB Aut łeb *m* korbowy
big fish *n* infml fig gruba ryba *f* fig
IDIOMS: **(he's) a ~ in a small pond** GB or **sea** US ważna mi figura iron
big game *n* gruba zwierzyna *f*
big game hunter *n* myśliwy *m* polujący na grubego zwierza
big game hunting *n* polowanie *n* na grubego zwierza
biggie /ˈbɪɡɪ/ *n* infml (sth large) olbrzym *m*, kolos *m*; (sth important) nie byle co; (sb important) nie byle kto; (sth successful) wielki sukces *m*
big gun *n* [1] Mil ciężkie działo *n* [2] infml (important person) figura *f*, szyszka *f*, szycha *f* infml
IDIOMS: **to bring out the ~s** wytoczyć działa ciężkiego kalibru; **to carry** or **hold the ~s** mieć wszystkie atuty w ręku
bighead /ˈbɪɡhed/ *n* infml pej ważnia|k *m*, -czka *f* infml pej
bigheaded /ˌbɪɡˈhedɪd/ *adj* infml pej zarozumiały
bigheadedness /ˌbɪɡˈhedɪdnɪs/ *n* infml pej ważniactwo *n* infml
big-hearted /ˌbɪɡˈhɑːtɪd/ *adj* wielkoduszny, o wielkim sercu
bight /baɪt/ *n* [1] (of coast) zatoka *f*; (of river) zakole *n* [2] (of rope) pętla *f*, skręt *m*
big money *n* infml duże pieniądze *m*; gruba forsa *f* infml; **to make ~** zbić grubą forsę infml; **there's ~ in computers** na komputerach można zbić grubą forsę infml
bigmouth /ˈbɪɡmaʊθ/ *n* infml pej [1] (indiscreet person) papla *m/f* infml [2] (boastful person) chwalipięta *m/f*, samochwała *m/f* infml pej or iron
bigmouthed /ˈbɪɡmaʊðd/ *adj* infml pej gadatliwy
big name *n* (in music, art) wielkie nazwisko *n*; (in film, sport) gwiazda *f*; fig (in industry) znana marka *f*
big noise *n* infml gruba ryba *f* fig
bigot /ˈbɪɡət/ *n* dogmaty|k *m*, -czka *f*; (about religion) bigot *m*, -ka *f*
bigoted /ˈbɪɡətɪd/ *adj* dogmatyczny; (about religion) bigoteryjny
bigotry /ˈbɪɡətrɪ/ *n* dogmatyczność *f*; (about religion) bigoteria *f*
big screen *n* duży ekran *m (kino)*
big shot *n* infml gruba ryba *f* fig
Big Smoke *n* GB hum Londyn *m*
big-sounding /ˌbɪɡˈsaʊndɪŋ/ *adj [ideas, plan, title]* dumnie brzmiący
big stick *n* infml **the ~** polityka *f* grubej pałki *(grożenie użyciem siły militarnej)*; **to carry** or **wield the ~** prowadzić politykę grubej pałki
big talk *n* infml (boastful claims) wielkie słowa *n pl*; (threats) czcze pogróżki *f pl*; **to be full of ~** chełpić się
Big Ten *prn* US Univ *dziesięć największych uniwersytetów Środkowego Zachodu*
big time /ˈbɪɡtaɪm/ infml **I** *n* **the ~** sława *f*, rozgłos *m*; **to be in the ~ now** być na samym szczycie fig; **to make** or **hit the ~** dojść na sam szczyt fig
II big-time *modif [performer, writer, player]* będący u szczytu sławy; *[entertainment, sport]* cieszący się największą popularnością; **~ gambler** namiętny gracz; **~ industrialist** potentat przemysłowy
big toe *n* wielki palec *m* u nogi
big top *n* namiot *m* cyrkowy; fig cyrk *m*
big wheel *n* [1] GB (at funfair) diabelski młyn *m* [2] infml (important person) figura *f*, gruba ryba *f* fig
bigwig /ˈbɪɡwɪɡ/ *n* infml gruba ryba *f* fig
big word **I** *n* (difficult word) uczone słowo *n*
II big words *npl* (big talk) wielkie słowa *n pl*
bijou /ˈbiːʒuː/ *adj [boutique]* elegancki *(zwykle nieduży)*; **~ apartment** istne cacko
bike /baɪk/ **I** *n* [1] (cycle) rower *m*; **by ~** rowerem; **on a ~** na rowerze; **can you ride a ~?** czy potrafisz jeździć na rowerze?; **to get on a ~** wsiąść na rower; **to get off a ~** zsiąść z roweru [2] (motorbike) motocykl *m*; motor *m* infml
II *modif [light, ride, lane]* rowerowy; **~ hire** wypożyczalnia rowerów; **~ shed** komórka na rowery
III *vi* infml jechać, jeździć na rowerze, pojechać na rowerze
IDIOMS: **on your ~!** GB infml zabieraj się! infml
biker /ˈbaɪkə(r)/ *n* infml [1] (cyclist) rowerzyst|a *m*, -ka *f*; (motorcyclist) motocyklist|a *m*, -ka *f* [2] (member of gang) członek *m* gangu motocyklowego; **~('s) jacket** kurtka motocyklowa
bikini /bɪˈkiːnɪ/ *n* (kostium *m*) bikini *n inv*
bikini line *n* **to have one's ~ waxed** wydepilować sobie bikini woskiem
bilabial /ˌbaɪˈleɪbɪəl/ **I** *n* Ling głoska *f* dwuwargowa or bilabialna
II *adj* dwuwargowy, bilabialny
bilateral /ˌbaɪˈlætərəl/ *adj [agreement, talks]* dwustronny, bilateralny
bilaterally /ˌbaɪˈlætərəlɪ/ *adv* dwustronnie
bilberry /ˈbɪlbrɪ, US -berɪ/ *n* (fruit, bush) czarna jagoda *f*, czarna borówka *f*, czernica *f*; **~ pie** placek z jagodami
bile /baɪl/ *n* Physiol żółć *f* also fig
bile acids *npl* kwasy *m pl* żółciowe
bile duct *n* drogi *f pl* żółciowe

B

bilge /bɪldʒ/ *n* [1] Naut (rounded part) obło *n*; (bottom part) zęza *f* [2] dat infml (nonsense) banialuki *f pl*

bilge pump *n* pompa *f* zęzowa

bilge water *n* woda *f* zęzowa

bilharzia /ˌbɪlˈhɑːtsɪə/ *n* bilharcjoza *f*, schistosomatoza *f*

bilingual /ˌbaɪˈlɪŋgwəl/ *adj* dwujęzyczny, bilingwalny

bilingualism /baɪˈlɪŋgwəlɪzəm/ *n* dwujęzyczność *f*; bilingwizm *m* fml

bilious /ˈbɪlɪəs/ *adj* [1] Med kamicowy; **to feel ~** mieć dolegliwości gastryczne; czuć się paskudnie infml *(zwłaszcza po przepiciu)*; **~ attack** dat atak kamicy żółciowej [2] fig *[mood]* nieznośny, zrzędliwy; *[colour]* szpetny, koszmarny

biliousness /ˈbɪlɪəsnɪs/ *n* Med nudności *plt*, złe samopoczucie *n (spowodowane dolegliwościami gastrycznymi)*

bilk /bɪlk/ *vt* [1] (swindle) okpić, oszukać; **to ~ sb (out) of sth** naciągnąć kogoś na coś, wyłudzić coś od kogoś [2] (elude) wym|knąć, -ykać się (komuś) *[pursuers]* [3] (thwart) z|niweczyć *[hopes, expectations]*

bill¹ /bɪl/ **I** *n* [1] Comm rachunek *m*; **electricity/gas/telephone ~** rachunek za elektryczność/gaz/telefon; **he gave me a ~ for £10** dał mi rachunek na 10 funtów; **he gave me a ~ for repairing the car** dał mi rachunek za naprawę samochodu; **he gave me a ~ for the work/the damage** wystawił mi rachunek za pracę/szkody; **to pay** or **settle a ~** zapłacić or uregulować rachunek; **to make out a ~** wystawić rachunek; **put it on the ~, please** proszę dopisać to do rachunku [2] Jur, Pol (law) (**also Bill**) projekt *m* ustawy; **Education/Employment Bill** projekt ustawy o szkolnictwie/zatrudnieniu; **to pass/defeat a ~** przyjąć/odrzucić projekt ustawy; **to draft** or **frame a ~** przygotować projekt ustawy [3] Theat (poster) plakat *m*, afisz *m*; (list of cast) obsada *f*; **a star-studded ~** obsada pełna gwiazd; **to be on the ~** być na afiszach; **to be top of the ~, to top the ~** być gwiazdą programu; **'stick no ~s'** „zakaz naklejania plakatów" [4] US (banknote) banknot *m*; **a dollar/ten-dollar ~** banknot jednodolarowy/dziesięciodolarowy

II *vt* [1] (demand payment) wystawi|ć, -ać (komuś) rachunek *[person, company]*; **to ~ sb for sth/doing sth** wystawić komuś rachunek za coś/za zrobienie czegoś; **he ~ed me for repairing the car** wystawił mi rachunek za naprawę samochodu [2] (advertise) zapowi|edzieć, -adać (w programie); **to be ~ed as...** być zapowiadanym jako...; **he is ~ed to appear at the Odeon/in 'Hamlet'/as Hamlet** ma wystąpić w Odeonie/w „Hamlecie"/jako Hamlet

IDIOMS: **to fit** or **fill the ~** być idealnym, doskonale się nadawać; **to give sb a clean ~ of health** wystawić komuś świadectwo zdrowia; fig wystawić komuś dobre świadectwo

bill² /bɪl/ *n* [1] Zool dziób *m* [2] Geog (promontory) cypel *m*

billboard /ˈbɪlbɔːd/ *n* billboard *m*

billet¹ /ˈbɪlɪt/ **I** *n* Mil kwatera *f*

II *vt* rozkwaterow|ać, -ywać, zakwaterow|ać, -ywać *[soldier, refugee]*; **to ~ recruits on** or **with sb** zakwaterować rekrutów u kogoś

billet² /ˈbɪlɪt/ *n* [1] (of wood) polano *n* [2] Ind kęs *m*

billet-doux /ˌbɪleɪˈduː/ *n* (*pl* **billets-doux**) dat liścik *m* miłosny

billeting /ˈbɪlɪtɪŋ/ *n* Mil zakwaterowanie *n*

billeting officer *n* oficer *m* do spraw zakwaterowania

billfold /ˈbɪlfəʊld/ *n* US portfel *m*

billhook /ˈbɪlhʊk/ *n* tasak *m* z pazurem

billiard /ˈbɪlɪəd/ **I billiards** *npl (+ v sg)* bilard *m*

II *modif [ball, cue, table, tournament]* bilardowy; **~ player** bilardzista

billing¹ /ˈbɪlɪŋ/ *n* [1] Theat **to get top /second ~** znaleźć się na pierwszym /drugim miejscu na afiszach; **I'm getting top ~ at last** wreszcie dostaję główną rolę [2] Comm fakturowanie *n*; **itemized ~** fakturowanie szczegółowe; Telecom billing *m*

billing² /ˈbɪlɪŋ/ *n* (of pigeons) gruchanie *n*; **~ and cooing** fig (of lovers) gruchanie fig

billion /ˈbɪlɪən/ **I** *n* [1] (a thousand million) miliard *m* [2] GB (a million million) bilion *m*

II billions *npl* (exaggerating) mnóstwo *n*, miliony *m pl* **(of sth** czegoś)

III *adj* **a ~ people** miliard/bilion ludzi; **two ~ dollars** dwa miliardy dolarów

billionaire /ˌbɪlɪəˈneə(r)/ *n* miliarder *m*, -ka *f*; GB bilioner *m*, -ka *f*

bill of exchange, BE *n* Comm, Fin weksel *m*, trata *f*

bill of fare *n* karta *f* dań, menu *n inv*; **on the ~** w karcie dań, w menu

bill of lading *n* Comm konosament *m*, list *m* przewozowy

bill of rights *n* deklaracja *f* praw człowieka; **the Bill of Rights** US Hist konstytucja *f* Stanów Zjednoczonych

bill of sale *n* Comm akt *m* kupna-sprzedaży

billow /ˈbɪləʊ/ **I** *n* [1] (of cloud, smoke, steam) kłąb *m* [2] liter (sea) **the ~s** morskie bałwany *m pl*

II *vi* [1] *[sail, voluminous clothing]* wyd|ąć, -ymać się; *[clouds, smoke, steam]* kłębić się [2] fig **to ~ into sth** przer|odzić, -adzać się w coś *(większego, poważniejszego)*; **their quarrel ~ed into a full-scale argument** ich sprzeczka przerodziła się w wielką awanturę; **~ing corruption** zataczająca coraz szersze kręgi korupcja

■ **billow out** *[sail, skirt]* wyd|ąć, -ymać się; *[steam]* buch|nąć, -ać

billowy /ˈbɪləʊɪ/ *adj* liter *[clouds, smoke]* kłębiący się; *[sea]* wzburzony; *[sail]* wydęty

billposter /ˈbɪlpəʊstə(r)/ *n* rozlepiacz *m* plakatów

billsticker /ˈbɪlstɪkə(r)/ *n* = **billposter**

billy¹ /ˈbɪlɪ/ *n* US (truncheon) gumowa pałka *f* policyjna

billy² /ˈbɪlɪ/ *n* Austral, GB (**also ~can**) kociołek *m (do gotowania na ognisku)*

billy goat *n* (male goat) kozioł *m*

billy-o(h) /ˈbɪlɪəʊ/ *n* infml dat **like ~** co żywo infml dat

bimbo /ˈbɪmbəʊ/ *n* infml pej lalunia *f*, dzidzia *f* infml

bimetallic /ˌbaɪmɪˈtælɪk/ *adj* bimetalowy, bimetaliczny

bimetallic strip *n* łącznik *m* bimetalowy

bimetallism /ˌbaɪˈmetəlɪzəm/ *n* bimetalizm *m*

bimonthly /baɪˈmʌnθlɪ/ **I** *adj [periodical]* (every two months) ukazujący się co dwa miesiące; (twice a month) ukazujący się dwa razy w miesiącu; **a ~ journal** dwumiesięcznik

II *adv* (every two months) co dwa miesiące; (twice a month) dwa razy w miesiącu

bin /bɪn/ **I** *n* [1] (for rubbish) kubeł *m* na śmieci; (for waste paper) kosz *m* na śmieci; **put** or **throw it in the ~** wyrzuć to do śmieci [2] (for storage) pojemnik *m*

II *vt* (*prp, pt, pp* **-nn-**) wyrzuc|ić, -ać (coś) do śmieci

binary /ˈbaɪnərɪ/ *adj [code, number]* dwójkowy, binarny; *[alloy, compound]* dwuskładnikowy; *[weapon]* binarny

binary fission *n* Biol podział *m* na dwa

binary star *n* gwiazda *f* podwójna

binary system *n* system *m* binarny or dwójkowy

bind /baɪnd/ **I** *n* infml [1] (nuisance) zmora *f*, udręka *f*; **it's a ~ having to look after children** to udręka zajmować się dziećmi [2] US (difficult situation) **to be in a ~** mieć zgryz infml; **to put sb in a ~** postawić kogoś w trudnym położeniu; **to help sb out of a ~** pomóc komuś wybrnąć z trudnej sytuacji

II *vt* (*pt, pp* **bound**) [1] (tie up) związ|ać, -ywać, zawiąz|ać, -ywać *[bundle]*; s|krępować, związ|ać, -ywać *[prisoner, hands, legs]*; obwiąz|ać, -ywać *[parcel, wound]*; **the clothes were bound into bundles** ubrania powiązano w pakunki; **his hands were bound with tape** ręce miał skrępowane taśmą; **to ~ sb to sth** przywiąz|ać, -ywać kogoś do czegoś [2] (unite) (**also ~ together**) z|łączyć, po|łączyć *[family, community, people]*; **the love that ~s him to her** miłość, która go z nią wiąże [3] (constrain) **to ~ sb to sth/to do sth** zobowiązywać kogoś do czegoś/do zrobienia czegoś; **to be bound to secrecy** być zobowiązanym do zachowania tajemnicy, być związanym tajemnicą; **to be bound by sth** być związanym czymś *[contract, promise]*; **we are bound by the regulations** obowiązują nas przepisy; **to feel duty bound to do sth** czuć się w obowiązku coś zrobić [4] Sewing oblamow|ać, -ywać, obszy|ć, -wać lamówką *[edge]* [5] (in book binding) oprawi|ć, -ać *[book]* **(in sth** w coś) [6] Culin **~ the meat mixture with an egg** dodaj jajko, żeby mięso się nie rozleciało; **~ the ingredients together** połącz or wymieszaj składniki [7] Biol, Chem z|wiązać *[substance]*

III *vi* (*pt, pp* **bound**) [1] Biol, Chem (cohere) *[particles]* związ|ać, -ywać się, wiązać się **(to sth** z czymś) [2] Culin *[mixture]* po|łączyć się **(with sth** z czymś) [3] (jam) *[cog, wheel]* zaci|ąć, -nać się

IV *vr* **to ~ oneself** z|wiązać się **(to sb** z kimś) za|angażować się **(to sth** w coś)

■ **bind over**: **~ [sb] over** zobowiąz|ać, -ywać (kogoś) pod rygorem; **he was bound over to appear before a higher court** został zobowiązany do stawienia się przed sądem wyższej instancji

■ **bind up**: **~ up [sth], ~ [sth] up** obwiąz|ać, -ywać *[wound, arm, bundle]*; **to ~ up one's feet** (to keep them small) krępować sobie stopy

binder /ˈbaɪndə(r)/ *n* [1] (for papers) segregator *m* [2] Agric (string) sznurek *m*; (machine) snopowiązałka *f* [3] Constr, Ind (for cement, paint) spoiwo *n*, lepiszcze *n* [4] US Insur nota *f* pokrycia

binder twine *n* Agric sznurek *m* do snopowiązałki

bindery /ˈbaɪndərɪ/ *n* introligatornia *f*

binding /ˈbaɪndɪŋ/ **I** *n* [1] (of book) (cover) oprawa *f*; (process) oprawianie *n*, oprawa *f*; **cloth/leather ~** oprawa płócienna/ze skóry [2] Sewing oblamowanie *n*, obszycie *n* [3] (on ski) wiązanie *n*
II *adj [contract, decision, promise, rule]* wiążący; *[force, effect]* obowiązujący; **legally ~** prawnie wiążący; **to be ~ (up)on sb** być obowiązującym or wiążącym dla kogoś

bindweed /ˈbaɪndwiːd/ *n* powój *m*

bin end *n* Wine ostatnie butelki *f pl* z partii

binge /bɪndʒ/ infml **I** *n* (overindulgence) szał *m*, szaleństwo *n*; (drinking) biba *f*, popijawa *f* infml; (festive feasting) obżarstwo *n*; **a shopping** or **spending ~** szał or szaleństwo zakupów; **to go on a (three-day) ~** (celebrating) pójść w tango (na trzy dni), balować (trzy dni) infml; **to have a ~** (as part of eating disorder) objadać się
II *vi* (*prp* **bingeing, binging**) objadać się **(on sth** czymś)

bingo /ˈbɪŋgəʊ/ **I** *n* (game) bingo *n inv*
II *modif* **~ club/hall** klub/sala bingo; **~ enthusiasts** miłośnicy gry w bingo
III *excl* (by game winner) bingo!; (expressing surprise, pleasure) proszę bardzo!

bin liner *n* worek *m* foliowy na śmieci

binnacle /ˈbɪnəkl/ *n* szafka *f* kompasowa

binocular /bɪˈnɒkjʊlə(r)/ *adj [eyepiece, vision]* obuoczny, dwuoczny; *[microscope]* dwuokularowy; *[camera]* stereoskopowy

binoculars /bɪˈnɒkjʊləz/ *npl* lornetka *f*; **a pair of ~** lornetka

binomial /ˌbaɪˈnəʊmɪəl/ **I** *n* [1] Math dwumian *m* [2] Biol nazwa *f* binominalna
II *adj* [1] Math dwumienny [2] Biol binominalny, dwuczłonowy

binomial distribution *n* rozkład *m* dwumianowy

binomial nomenclature *n* nazewnictwo *n* binominalne

binomial theorem *n* dwumian *m* Newtona

bint /bɪnt/ *n* GB infml kobitka *f*, babeczka *f* infml; **stupid old ~!** durne babsko! infml

binuclear /ˌbaɪˈnjuːklɪə(r), US -ˈnuː-/ *adj* Biol *[cell]* dwujądrowy

bioactive /ˌbaɪəʊˈæktɪv/ *adj* bioaktywny

biochemical /ˌbaɪəʊˈkemɪkl/ *adj* biochemiczny

biochemical oxygen demand, BOD *n* biochemiczne zapotrzebowanie *n* tlenu, BZT

biochemist /ˌbaɪəʊˈkemɪst/ *n* biochemik *m*

biochemistry /ˌbaɪəʊˈkemɪstrɪ/ *n* biochemia *f*

bioclimate /ˈbaɪəʊˌklaɪmɪt/ *n* bioklimat *m*

biocomputing /ˌbaɪəʊkəmˈpjuːtɪŋ/ *n* bioinformatyka *f*

biodegradable /ˌbaɪəʊdɪˈgreɪdəbl/ *adj* ulegający biodegradacji

biodegrade /ˌbaɪəʊdɪˈgreɪd/ *vi* ule|c, -gać biodegradacji

biodiversity /ˌbaɪəʊdɪˈvɜːsətɪ/ *n* bioróżnorodność *f*, zróżnicowanie *n* biologiczne

bioengineering /ˌbaɪəʊˌendʒɪˈnɪərɪŋ/ *n* bioinżynieria *f*

bioethics /ˌbaɪəʊˈeθɪks/ *n (+ v sg)* bioetyka *f*

biofeedback /ˌbaɪəʊˈfiːdbæk/ *n* biologiczne sprzężenie *n* zwrotne

biofuel /ˈbaɪəʊfjʊəl/ *n* paliwo *n* biologiczne

biogas /ˈbaɪəʊgæs/ *n* biogaz *m*, gaz *m* biologiczny

biogenesis /ˌbaɪəʊˈdʒenəsɪs/ *n* biogeneza *f*

biographer /baɪˈɒgrəfə(r)/ *n* biograf *m*, -ka *f*

biographical /ˌbaɪəˈgræfɪkl/ *adj* biograficzny

biography /baɪˈɒgrəfɪ/ *n* biografia *f*

biohazard /ˈbaɪəʊhæzəd/ *n* zagrożenie *n* ze strony organizmów żywych

biological /ˌbaɪəˈlɒdʒɪkl/ *adj* biologiczny

biological clock *n* zegar *m* biologiczny

biological powder *n* proszek *m* enzymatyczny do prania

biological shield *n* Nucl, Ecol osłona *f* biologiczna

biological warfare *n* wojna *f* biologiczna

biological waste *n* bioodpady *plt*

biological weapon *n* broń *f* biologiczna

biologist /baɪˈɒlədʒɪst/ *n* biolog *m*

biology /baɪˈɒlədʒɪ/ **I** *n* biologia *f*
II *modif [laboratory, specimen]* biologiczny; **~ teacher/textbook/department** nauczyciel/podręcznik/wydział biologii

biomarker /ˈbaɪəʊmaːkə(r)/ *n* biomarker *m*

biomass /ˈbaɪəʊmæs/ *n* biomasa *f*

biome /ˈbaɪəʊm/ *n* biom *m*

biomedical /ˌbaɪəʊˈmedɪkl/ *adj* biomedyczny

biometrics /ˌbaɪəʊˈmetrɪks/ *n (+ v sg)* biometria *f*

bionic /baɪˈɒnɪk/ *adj* bioniczny

bionics /baɪˈɒnɪks/ *n (+ v sg)* bionika *f*

biophysical /ˌbaɪəʊˈfɪzɪkl/ *adj* biofizyczny

biophysicist /ˌbaɪəʊˈfɪzɪsɪst/ *n* biofizyk *m*

biophysics /ˌbaɪəʊˈfɪzɪks/ *n (+ v sg)* biofizyka *f*

biopic /ˈbaɪəʊpɪk/ *n* Cin infml biografia *f* filmowa

biopsy /ˈbaɪɒpsɪ/ *n* (procedure) biopsja *f*; (tissue) bioptat *m*

biorhythm /ˈbaɪəʊrɪðəm/ *n* biorytm *m*, rytm *m* biologiczny

biosecurity /ˌbaɪəʊsɪˈkjʊərətɪ/ *n* bezpieczeństwo *n* ekologiczne

biosensor /ˌbaɪəʊˈsensə(r)/ *n* czujnik *m* biologiczny

biosphere /ˈbaɪəʊsfɪə(r)/ *n* biosfera *f*

biosynthesis /ˌbaɪəʊˈsɪnθəsɪs/ *n* biosynteza *f*, synteza *f* biologiczna

biosynthetic /ˌbaɪəʊsɪnˈθetɪk/ *adj* biosyntetyczny

biota /baɪˈəʊtə/ *n* fauna *f* i flora *f (danego regionu)*

biotechnology /ˌbaɪəʊtekˈnɒlədʒɪ/ *n* biotechnologia *f*

biotic /baɪˈɒtɪk/ *adj* biotyczny

biotope /ˈbaɪətəʊp/ *n* biotop *m*, siedlisko *n*

biotype /ˌbaɪəʊˈtaɪp/ *n* biotyp *m*

biowarfare /ˌbaɪəʊˈwɔːfeə(r)/ *n* wojna *f* biologiczna

bipartisan /ˌbaɪpɑːtɪˈzæn, baɪˈpɑːtɪzn/ *adj* Pol *[system, government]* dwupartyjny; *[agreement]* dwustronny *(między partiami)*

bipartite /baɪˈpɑːtaɪt/ *adj* [1] (having two parts) dwudzielny [2] Pol *[agreement, contract]* dwustronny

biped /ˈbaɪped/ **I** *n* istota *f* dwunożna
II *adj* dwunożny

biplane /ˈbaɪpleɪn/ *n* dwupłat *m*

bipolar /baɪˈpəʊlə(r)/ *adj* [1] Geog, Phys dwubiegunowy, bipolarny [2] fig dwubiegunowy

bipolar depression *n* dwubiegunowa psychoza *f* afektywna

bipolarity /ˌbaɪpəʊˈlærətɪ/ *n* bipolarność *f*, dwubiegunowość *f*

bipolarization /baɪˌpəʊləraɪˈzeɪʃn, US -rɪˈz-/ *n* [1] Phys bipolaryzacja *f* [2] fig polaryzacja *f*

bipolarize /ˌbaɪˈpəʊləraɪz/ *vt* [1] Phys s|polaryzować [2] fig s|polaryzować

birch /bɜːtʃ/ **I** *n* [1] (also **~ tree)** brzoza *f* [2] (also **~wood)** (timber) drewno *n* brzozowe, brzoza *f*, brzezina *f*; **of** or **in ~** z brzozy or brzeziny, z drewna brzozowego [3] (also **~ rod)** rózga *f*; **to get the ~** dostać rózgi, zostać wychłostanym; **to give sb ten strokes of the ~** dać or wymierzyć komuś dziesięć rózeg or razów rózgą
II *modif [grove, leaf, bark, twig]* brzozowy; *[panelling, table]* z brzozowego drewna, z brzeziny, z brzozy; **the ~ family** rodzina brzozowatych
III *vt* wy|chłostać *[offender]*

birchbark /ˈbɜːtʃbɑːk/ *n* [1] kora *f* brzozowa [2] US (canoe) kanoe *n inv*, kanu *n inv (z kory brzozy papierowej)*

birching /ˈbɜːtʃɪŋ/ *n* chłosta *f*

birchwood /ˈbɜːtʃwʊd/ *n* [1] (timber) drewno *n* brzozowe, brzoza *f*, brzezina *f* [2] (forest) brzezina *f*

bird /bɜːd/ *n* [1] Zool ptak *m* [2] GB infml (girl) panienka *f* infml; **to pull the ~s** infml rwać or podrywać panienki infml [3] infml (person) model *m*, okaz *m* infml; **an old ~** (woman) pej babsko infml pej; **a rare ~** rzadki okaz
IDIOMS: **a ~ in the hand is worth two in the bush** Prov lepszy wróbel w garści niż gołąb na dachu; **~s of a feather flock together** Prov ciągnie swój do swego; **to tell sb about the ~s and the bees** powiedzieć komuś, skąd się biorą dzieci; **it's the early ~ that catches the worm** Prov kto rano wstaje, temu Pan Bóg daje; **as free as a ~** wolny jak ptak; **the ~ has flown** ptaszek się ulotnił; **a little ~ told me (that)** infml gdzieś słyszałem (że); **(strictly) for the ~s** US infml bez sensu, dla głupich; **to do ~** infml odsiadywać, siedzieć w kiciu infml; **to get the ~** infml zostać wygwizdanym; **to give** or **flip sb the ~** US infml wygwizdać kogoś; **to kill two ~s with one stone** upiec dwie pieczenie przy jednym ogniu; **to sing like a ~** śpiewać jak słowik

bird bath *n* (in cage) wanienka *f* dla ptaków; (outside) poidełko *n*

bird brain *n* infml ptasi móżdżek *m*

bird-brained /ˌbɜːdˈbreɪnd/ *adj* o ptasim móżdżku

birdcage /ˈbɜːdkeɪdʒ/ *n* klatka *f* (dla ptaków)

bird call *n* (song) ptasi śpiew *m*; (instrument) wabik *m*
bird dog *n* US aporter *m* *(aportujący ptactwo)*
birder /ˈbɜːdə(r)/ *n* US infml ptasiarz *m* *(ornitolog amator)*
bird-fancier /ˈbɜːdfænsɪə(r)/ *n* hodow|ca *m*, -czyni *f* ptaków, ptasznik *m*
bird-feeder /ˈbɜːdfiːdə(r)/ *n* pojemnik *m* na karmę
bird house *n* US budka *f* dla ptaków
birdie /ˈbɜːdɪ/ **I** *n* [1] infml (bird) ptaszek *m*, ptaszyna *f*; **watch the ~!** Phot infml spójrz tutaj! ptaszek leci! [2] (in golf) wynik *m* o jeden poniżej par na dołku
II *vt* (in golf) *umieścić piłkę w dołku za pomocą liczby uderzeń o jeden mniejszej od par na dołku*
bird life *n* awifauna *f*, ptactwo *n*
birdlike /ˈbɜːdlaɪk/ *adj [profile]* ptasi; *[person]* przypominający ptaka
birdlime /ˈbɜːdlaɪm/ *n* lep *m* (na ptaki)
birdman /ˈbɜːdmæn/ *n* (*pl* **-men**) infml ornitolog *m*
bird of paradise *n* rajski ptak *m*
bird of passage *n* ptak *m* wędrowny; fig niespokojny duch *m* fig
bird of prey *n* ptak *m* drapieżny
bird sanctuary *n* ostoja *f* ptactwa; (protected) rezerwat *m* ptactwa
birdseed /ˈbɜːdsiːd/ *n* karma *f* dla ptaków
bird's eye (primrose) *n* Bot pierwiosnka *f* zmączona
bird's eye view *n* (aerial view) widok *m* z lotu ptaka; (overview) ogólne spojrzenie *n*
bird's foot trefoil *n* Bot komonica *f* zwyczajna
bird's nest *n* ptasie gniazdo *n*
bird's-nesting *n* **to go ~** (iść) szukać ptasich gniazd
bird's nest soup *n* zupa *f* z ptasich gniazd
birdsong /ˈbɜːdsɒŋ/ *n* ptasi śpiew *m*
bird species *n* gatunek *m* ptactwa
birdtable /ˈbɜːdteɪbl/ *n* karmnik *m* dla ptaków
birdwatcher /ˈbɜːdwɒtʃə(r)/ *n* ptasiarz *m* *(ornitolog amator)*
bird-watching /ˈbɜːdwɒtʃɪŋ/ *n* ptasiarstwo *n* *(obserwowanie ptaków)*; **to go ~** udać się na podglądanie ptaków
biretta /bɪˈretə/ *n* biret *m*
birling /ˈbɜːlɪŋ/ *n* US *zabawa drwali polegająca na obracaniu bali drewna stopami*
biro® /ˈbaɪərəʊ/ *n* (*pl* **~s**) GB długopis *m*; **in ~** długopisem
birth /bɜːθ/ *n* [1] (arrival) narodziny *n* also fig **(of sb/sth** kogoś/czegoś); urodzenie *n*; **the ~ of Christianity** narodziny chrześcijaństwa; **to give ~ (to a boy)** urodzić (chłopca); **at ~ he weighed 3 kilos** po urodzeniu ważył 3 kilogramy; **(Polish /Catholic) by ~** (Polak/katolik) z urodzenia; **blind from ~** *[person]* niewidomy od urodzenia; **from ~ he had lived in London** mieszkał w Londynie od urodzenia; **of high/low ~** dat wysoko/nisko urodzony dat; **of Spanish ~** pochodzenia hiszpańskiego, urodzony w Hiszpanii; **date/place of ~** data/miejsce urodzenia; **country of ~** kraj rodzinny [2] (process of giving birth) poród *m*; **a difficult/easy ~** trudny/łatwy poród
birth certificate *n* metryka *f* or świadectwo *n* urodzenia
birth control **I** *n* (in society) kontrola *f* or regulacja *f* urodzeń; (by couple) antykoncepcja *f*; **to practice ~** stosować antykoncepcję
II *modif [method, device]* antykoncepcyjny; *[advice]* dotyczący świadomego macierzyństwa or rodzicielstwa
birthday /ˈbɜːθdeɪ/ **I** *n* urodziny *n*; **Happy Birthday!** wszystkiego najlepszego (z okazji urodzin)!; **to celebrate sb's ~** obchodzić urodziny kogoś; **to wish sb (a) happy ~** życzyć komuś wszystkiego najlepszego (z okazji urodzin); **on my/his ~** w dniu moich/jego urodzin; **on his tenth ~** w dziesiątą rocznicę urodzin, w dziesiąte urodziny
II *modif [cake, card, greetings, present]* urodzinowy
IDIOMS: **in one's ~ suit** infml hum euph w stroju adamowym, jak Pan Bóg stworzył
birthday boy *n* solenizant *m*; jubilat *m* hum
birthday girl *n* solenizantka *f*; jubilatka *f* hum
Birthday Honours list *n* GB *lista osób nagrodzonych tytułami z okazji urodzin monarchy*
birthday party *n* przyjęcie *n* urodzinowe, urodziny *plt*
birth defect *n* wada *f* okołoporodowa
birthing /ˈbɜːθɪŋ/ **I** *n* rodzenie *n*, poród *m* *(zwłaszcza metodami naturalnymi)*
II *modif [chair, pool, stool]* do porodów
birthmark /ˈbɜːθmɑːk/ *n* znamię *n*
birth mother *n* matka *f* biologiczna
birth pangs *npl* fig bóle *m pl* fig; US bóle *m pl* porodowe
birthplace /ˈbɜːθpleɪs/ *n* miejsce *n* urodzenia; fig kolebka *f*, miejsce *n* narodzin **(of sth** czegoś)
birthrate /ˈbɜːθreɪt/ *n* wskaźnik *m* urodzeń, przyrost *m* naturalny
birth register *n* rejestr *m* urodzeń
birthright /ˈbɜːθraɪt/ *n* prawo *n* przysługujące z urodzenia; (of first-born) prawo *n* pierworództwa
births column *n* Journ dział *m* zamieszczający ogłoszenia o narodzinach
birth sign *n* znak *m* zodiaku
births, marriages and deaths *npl* Journ dział *m* zamieszczający ogłoszenia o narodzinach, ślubach i zgonach
birthstone /ˈbɜːθstəʊn/ *n* szczęśliwy kamień *m* *(związany z datą urodzin)*
birth weight *n* Med masa *f* urodzeniowa
birthwort /ˈbɜːθwɜːt/ *n* Bot kokornak *m*
BIS *n* = **Bank for International Settlements**
biscuit /ˈbɪskɪt/ **I** *n* [1] GB (thin cake) herbatnik *m*, kruche ciasteczko *n*; US krakers *m* [2] US (soft bread) bułeczka *f*, babeczka *f* [3] (also **~ ware**) biskwit *m*, ceramika *f* biskwitowa
II *adj* (also **~ coloured**) jasnobrązowy z żółtym odcieniem
IDIOMS: **to take the ~** wprawiać w osłupienie; **that really takes the ~!** w pale się nie mieści! infml
biscuit barrel *n* pojemnik *m* na herbatniki
biscuit firing *n* biskwitowanie *n*
biscuit tin *n* puszka *f* na herbatniki
bisect /baɪˈsekt/ *vt* przeci|ąć, -nać na pół, przepoł|owić, -awiać
bisection /baɪˈsekʃn/ *n* przecięcie *n* or podział *m* na dwie połowy
bisector /baɪˈsektə(r)/ *n* (of angle) dwusieczna *f*; (of line) symetralna *f*
bisexual /baɪˈsekʃʊəl/ **I** *n* biseksualist|a *m*, -ka *f*; biseks *m* infml
II *adj* biseksualny, dwupłciowy
bishop /ˈbɪʃəp/ *n* [1] Relig biskup *m* [2] (in chess) goniec *m*, laufer *m*
bishopric /ˈbɪʃəprɪk/ *n* diecezja *f*, biskupstwo *n*
bismuth /ˈbɪzməθ/ *n* bizmut *m*
bison /ˈbaɪsn/ *n* (*pl* **~**) bizon *m*; **European ~** żubr *m*
bisque[1] /bɪsk/ *n* Culin zupa *f* z raków or krabów, bisque *m inv*
bisque[2] /bɪsk/ *n* (earthenware) biskwit *m*
bisque[3] /bɪsk/ *n* Sport fory *m pl*
bissextile /bɪˈsekstaɪl/ *adj [year]* przestępny
bistable /ˌbaɪˈsteɪbl/ *adj* bistabilny, dwustabilny
bistoury /ˈbɪstərɪ/ *n* lancet *m*
bistre /ˈbɪstə(r)/ **I** *n* Art bistr *m*
II *adj* złocistobrązowy
bistro /ˈbiːstrəʊ/ *n* bistro *n*
bit[1] /bɪt/ **I** *n* [1] (small piece) kawałek *m* **(of sth** czegoś); **a ~ of cheese/coal** kawałek sera/węgla; **a ~ of news** wiadomość, nowina; **every ~ of dirt** cały brud; **a food processor and all its ~s** infml robot kuchenny ze wszystkimi częściami; **every ~ of her wanted to say yes** całą duszą pragnęła powiedzieć „tak"; **to take sth to ~s** rozebrać or rozłożyć coś na części; **to come** or **fall to ~s** rozlecieć or rozpaść się na kawałki or części [2] (small amount) **a ~ (of sth)** odrobina *f* (czegoś); **a little ~ (of sth)** odrobinka *f* (czegoś); **and a ~ over** i jeszcze trochę więcej; **would you like a ~ more?** czy chcesz or chciałbyś jeszcze trochę?; **I want a ~ of everything** chcę wszystkiego po trochu; **a ~ of difficulty** mała trudność *f*; **a ~ of advice** rada *f*; **with a ~ of luck** przy odrobinie szczęścia; **to have a ~ of bad luck** mieć pecha; **to do a ~ of shopping** zrobić małe zakupy; **it won't do a ~ of good** nic dobrego z tego nie wyniknie; **it isn't a ~ of use asking** nie ma sensu pytać; **that corkscrew isn't a ~ of use** ten korkociąg jest do niczego; **wait a ~** poczekaj chwilkę!, moment!; **after a ~** po chwili; **in a ~** za chwilę; **quite a ~ of sth, a good ~ of sth** sporo czegoś; **quite a ~ further, a good ~ further** sporo or dużo dalej; **quite a ~ bigger, a good ~ bigger** dużo większy [3] infml (section) fragment *m*, kawałek *m*; **the next ~ is even better** następny fragment or kawałek jest nawet lepszy; **the ~ where Hamlet dies** fragment, w którym Hamlet umiera [4] infml (way of behaving, vogue) **the whole health food/marriage ~** ta cała komedia ze zdrową żywnością/ślubem infml; **to do the prima donna ~** zgrywać się na primadonnę infml [5] dat (coin) moneta *f*
II a bit *adv phr* (rather) trochę, nieco, dość; **a ~ deaf** trochę or nieco głuchy; **a ~ early** dość wcześnie; **it's a ~ surprising** to dość dziwne; **a ~ like me** trochę jak ja; **she**

isn't a ~ like me ani trochę nie jest podobna do mnie; **move back a ~** odsuń się trochę; **a ~ of a disappointment** lekkie rozczarowanie; **it's a ~ of a surprise** to trochę niespodziewane; **it's a ~ of a mess** (in room) trochę tu bałaganu; **he's a ~ of a brute/a Tory** jest w nim coś z brutala/torysa; **for a ~ of a change** dla odmiany; **to have a ~ of a headache** mieć lekki ból głowy; **it was a ~ of a shock to me** trochę to mną wstrząsnęło; **it was a ~ of a joke** to było nieco niepoważne; **we had a ~ of a giggle** trochę się pośmialiśmy; **this will take a ~ of fixing** naprawa tego zajmie trochę czasu

IDIOMS: **a ~ of this and a ~ of that** wszystkiego po trochu; **a ~ of fluff** or **skirt** or **stuff** infml (woman) kobitka, babka infml ;**~ by ~** stopniowo; pomalutku infml; **~s and bobs** infml drobiazgi *m*; **~s and pieces** (fragments) kawałki; (belongings) manatki; **every ~ as good/clever** równie dobry/zdolny; **he's every ~ a lawyer** jest prawnikiem co się zowie; **not a ~!** ani trochę!; **not a ~ of it!** infml wcale nie!, ależ skąd; **to go to ~s** załamać się kompletnie; **to do one's ~** zrobić swoje; **to have a ~ on the side** infml mieć kogoś na boku infml

bit² /bɪt/ *n* [1] Equest kiełzno *n*, wędzidło *n* [2] Tech końcówka *f*; **drill ~** świder

IDIOMS: **to have/take the ~ between one's teeth** zabierać się/wziąć się do dzieła infml; **to champ** or **chafe at the ~** nie móc się doczekać, niecierpliwić się

bit³ /bɪt/ *n* Comput bit *m*, cyfra *f* dwójkowa or binarna

bit⁴ /bɪt/ *pt* → **bite**

bitch /bɪtʃ/ **I** *n* [1] (of dog, fox, wolf) suka *f*; **a labrador ~** suka labradora [2] infml (malicious woman) suka *f* vinfml; **don't be a ~!** nie bądź świnią! infml; **you son of a ~!** ty sukinsynu! vinfml [3] infml (aggravation) cholerstwo *n* infml; **a ~ of a job** cholerna robota infml; **life is a ~!** cholerne or parszywe życie! infml [4] infml (moan) **to have a ~ (about sth)** popsioczyć sobie (na coś)

II *vi* infml [1] (gossip spitefully) plotkować; **to ~ about sb** obrabiać kogoś infml [2] (complain) psioczyć **(about sb/sth** na kogoś/coś)

bitchiness /ˈbɪtʃɪnɪs/ *n* wredność *f*

bitchy /ˈbɪtʃɪ/ *adj* infml [1] (malicious) *[person, comment]* zjadliwie złośliwy; **to be ~ about sb/sth** złośliwie się wypowiadać o kimś/czymś [2] US (aggressive) agresywny, napastliwy

bite /baɪt/ **I** *n* [1] (mouthful) kęs *m*; **in a ~** jednym kęsem; **to have/take a ~ of sth** ugryźć kawałek or kęs czegoś; **to take a ~ out of sth** fig uszczuplić coś, zrobić wyrwę w czymś; **that will take a big ~ out of our budget/profits** to poważnie uszczupli nasz budżet/nasze dochody [2] infml (snack) przekąska *f*; **to have a ~ (to eat)** przegryźć coś, przekąsić; **to grab a quick ~ (to eat)** przegryźć or przekąsić coś naprędce [3] fig (impact, keen edge) (of cold, wind) przenikliwość *f*; (of food) pikantność *f*; (of argument, film, performance, style) siła *f* wyrazu; (of satire) ostrość *f*; **the wind has a keen ~** wiatr jest bardzo przenikliwy; **this curry lacks ~** to curry jest mało pikantne [4] (from insect, snake) ukąszenie *n*; (from dog, shark) ugryzienie *n*; **mosquito ~s** ślady po ukąszeniu komarów [5] Fishg branie *n*; **I haven't had a ~ all day** przez cały dzień nie miałem ani jednego brania; **the house is up for sale but we haven't had any ~s yet** fig dom jest wystawiony na sprzedaż, ale do tej pory nie było chętnych [6] Dent zgryz *m*

II *vt* (*pt* **bit**; *pp* **bitten**) *[person, animal]* ugryźć, po|gryźć; *[insect]* ukąsić, po|kąsać; **the wolf has bitten his hand** wilk ugryzł go w rękę; **to ~ sth in two** przegryźć coś na pół; **to ~ one's lip** przygryzać usta; fig ugryźć się w język *(żeby czegoś nie powiedzieć)*; **to ~ one's nails** obgryzać paznokcie

III *vi* (*pt* **bit**; *pp* **bitten**) fig [1] (take effect) *[measure, policy, shortage]* da|ć, -wać się we znaki [2] Fishg *[fish]* brać

■ **bite back**: ¶ **~ back** (react strongly) odpłac|ić, -ać **(at sb** komuś) ¶ **~ back [sth]** [1] (stop) powstrzym|ać, -ywać się od (czegoś) *[rude words, reply]* [2] (return bite) odgry|źć, -zać się (czemuś) *[dog]*

■ **bite into**: **~ into [sth]** [1] *[person]* ugryźć coś *[apple]*; *[acid]* w|eżreć, -żerać się w (coś) *[surface]*; *[sharp edge]* w|erżnąć, -rzynać się w (coś), wbi|ć, -jać się w (coś) *[skin]* [2] fig (affect) odbi|ć, -jać się na (czymś) *[economy, finances]*; **to ~ into sb's free time** pozbawiać kogoś wolnego czasu

■ **bite off**: **~ off [sth], ~ [sth] off** odgry|źć, -zać

■ **bite on**: **~ on [sth]** przygry|źć, -zać, zacis|nąć, -kać zęby na (czymś)

■ **bite through**: **~ through [sth]** *[person]* przegry|źć, -zać; fig *[acid]* prześ|reć, -erać; *[wind]* przewi|ać, -ewać

IDIOMS: **he/she won't ~ you** infml on/ona cię nie zje infml; **what's biting you?** infml co cię gryzie? infml; **to ~ one's fingers** gryźć palce ze zdenerwowania; **to ~ sb's head off** urwać komuś głowę fig; **to ~ the hand that feeds you** kąsać rękę, która karmi; **the biter bit** nosił wilk razy kilka, ponieśli i wilka; przyszła kryska na Matyska; **to be bitten by the DIY/health food bug** infml połknąć bakcyla majsterkowania/kuchni ekologicznej

bite mark *n* ślad *m* po ugryzieniu

bite-sized /ˈbaɪtsaɪzd/ *adj* wielkości jednego kęsa, na jeden kęs; **~ chunks** or **pieces of chicken** kawałki kurczaka na jeden kęs

biting /ˈbaɪtɪŋ/ *adj* [1] (penetrating) *[cold, wind]* przejmujący, przenikliwy [2] fig *[comment, irony, satire, wit]* zjadliwy, uszczypliwy, kąśliwy [3] (capable of biting) *[insect]* gryzący

bitingly /ˈbaɪtɪŋlɪ/ *adv* zjadliwie, uszczypliwie

bitmap /ˈbɪtmæp/ *n* Comput mapa *f* bitowa, bitmapa *f*

bit part *n* Theat rola *f* epizodyczna

bit player *n* wykonaw|ca *m*, -czyni *f* ról epizodycznych

bit rate *n* Comput szybkość *f* transmisji danych w bitach na sekundę

bit slice (micro)processor *n* Comput (mikro)procesor *m* segmentowy

bit slicing *n* Comput segmentowanie *n*

bitten /ˈbɪtn/ *pp* → **bite**

IDIOMS: **once ~, twice shy** Prov kto się na gorącym sparzy, ten na zimne dmucha

bitter /ˈbɪtə(r)/ **I** *n* GB (beer) *rodzaj piwa o gorzkim smaku*

II bitters *npl* (wódka *f*) gorzka *f* angielska; (tonic) krople *f pl* żołądkowe or gorzkie, angostura *f*

III *adj* [1] (sour) gorzki [2] (disappointed, disappointing) *[person]* zgorzkniały, rozgoryczony; *[comment, experience, memory, tone]* gorzki; *[blow]* ciężki, bolesny; **she's very ~ about it** jest tym bardzo rozgoryczona; **she's a very ~ person** jest bardzo zgorzkniała; **I know from ~ experience that...** wiem z bolesnego doświadczenia, że... [3] (fierce) *[critic, attack, argument, opposition]* zawzięty, zaciekły, zażarty; **they are ~ enemies** są śmiertelnymi wrogami [4] (very cold) *[cold, wind]* przejmujący, przenikliwy; *[weather]* przenikliwie zimny

IDIOMS: **a ~ pill to swallow** gorzka pigułka (do przełknięcia); **to the ~ end** *[fight, carry on]* do upadłego, do ostatka; **she stayed with him to the ~ end** została z nim do samego końca

bitter almond *n* gorzki migdał *m*

bitter aloes *n* Pharm alona *f*

bitter lemon *n* gazowany napój *m* cytrynowy

bitterly /ˈbɪtəlɪ/ *adv* [1] (resentfully) *[complain, laugh, resent]* gorzko; *[say, reply]* z goryczą [2] (intensely) *[criticize, fight, contest]* zawzięcie, zaciekle, zażarcie; *[regret, weep, disappoint]* gorzko; *[angry, unhappy]* ogromnie; **a ~ divided party** głęboko podzielona partia; **a ~ cold wind** przejmująco zimny wiatr; **it's ~ cold** jest przejmująco zimno

bittern /ˈbɪtən/ *n* Zool bąk *m*

bitterness /ˈbɪtənɪs/ *n* gorycz *f* also fig

bitter orange *n* pomarańcza *f* gorzka or kwaśna

bittersweet /ˌbɪtəˈswiːt/ **I** *n* Bot psianka *f* słodkogórz *m*

II *adj* *[taste]* gorzkosłodki; fig *[revenge]* słodki; *[ending]* zaprawiony kroplą goryczy; **~ memories** dobre i złe wspomnienia

bittiness /ˈbɪtɪnɪs/ *n* [1] (of book, film, essay) brak *m* spójności [2] (in texture) grudkowatość *f*

bitty /ˈbɪtɪ/ *adj* [1] (scrappy) *[account, information, film]* nieskładny; nie trzymający się kupy infml [2] infml (tiny) (**also little ~, itty ~**) **a little ~ baby** maleństwo; **a little ~ piece of sth** odrobina czegoś

bitumen /ˈbɪtjʊmɪn, US bəˈtuːmən/ *n* bitumin *m*, bitum *m*

bituminous /bɪˈtjuːmɪnəs, US -ˈtuː-/ *adj* bitumiczny

bivalent /baɪˈveɪlənt/ *adj* dwuwartościowy

bivalve /ˈbaɪvælv/ **I** *n* małż *m*

II *adj* *[shell, pod]* dwuklapkowy

bivouac /ˈbɪvʊæk/ **I** *n* biwak *m*

II *vi* (*prp, pt, pp* **-ck-**) biwakować, roz|łożyć, -kładać biwak

biweekly /baɪˈwiːklɪ/ **I** *n* dwutygodnik *m*

II *adj* *[publication]* (twice weekly) ukazujący się dwa razy w tygodniu; (every two weeks) ukazujący się co dwa tygodnie

III *adv* *[appear]* (twice a week) dwa razy na tydzień; (every two weeks) co dwa tygodnie

biz /bɪz/ *n* infml = **business**

IDIOMS: **it's just the ~!** infml to jest (właśnie) to! infml

bizarre /bɪ'zɑː(r)/ *adj* dziwaczny, cudaczny; (deliberately) *[film, production]* udziwniony

bizarrely /bɪ'zɑːlɪ/ *adv* dziwacznie, cudacznie

blab /blæb/ infml (*prp, pt, pp* **-bb-**) **I** *vt* = **blab out**

II *vi* [1] (reveal secret) wygadać się infml [2] US (talk idly) paplać, pleść **(about sth** o czymś)

■ **blab out**: **~ out [sth], ~ [sth] out** wygadać, wypaplać infml *[secret]*

blabber /'blæbə(r)/ *vi* → **blab II**

blabbermouth /'blæbəmaʊθ/ *n* infml pej papla *f/m* infml

black /blæk/ **I** *n* [1] (colour) czerń *f*, (kolor *m*) czarny *m*; **(dressed) in ~** (ubrany) na czarno; **to wear ~** (usually) ubierać się na czarno; (on one occasion) być ubranym na czarno; (in mourning) nosić żałobę [2] (dye, pigment) czarny barwnik *m*, czernidło *n* [3] (also **Black)** czarnoskór|y *m*, -a *f*, Murzyn *m*, -ka *f* [4] Fin **to be/stay in the ~** być /utrzymywać się na plusie, mieć saldo dodatnie; **to put sb back in the ~** pozwolić komuś zlikwidować debet [5] (in chess, draughts) czarne *m pl* (pionki *m pl*); (in roulette) (kolor *m*) czarny *m*; **I'll be ~** ja gram czarnymi; **to put one's money on the ~** obstawiać (kolor) czarny [6] (snooker, pool ball) czarna bila *f* [7] liter (darkness) ciemność *f*; **the ~ of (the) night** ciemności nocy

II *adj* [1] (dark) *[car, cloud, hair, paint, night]* czarny; **to go** or **turn ~** sczernieć, poczernieć; **to paint/dye sth ~** pomalować /ufarbować coś na czarno [2] (also **Black)** *[person]* czarnoskóry; *[race, skin]* czarny; *[culture, area]* murzyński; **~ school** szkoła dla dzieci murzyńskich [3] (without milk) *[coffee]* czarna; *[tea]* bez mleka [4] (dirty) *[face, mark, towel]* czarny (od brudu) [5] (macabre) *[humour, comedy]* czarny [6] (gloomy) *[mood, picture]* ponury; *[despair, future, prospects, thoughts, day, year]* czarny; **~ news** czarne wieści *f pl*; **things are looking ~ for the company** przyszłość firmy rysuje się czarno; **Black Monday** (on stock exchange) czarny poniedziałek [7] (angry) *[eyes, face, look, mood]* wściekły; *[fury, hatred, rage]* dziki; **his face was as ~ as thunder** twarz mu pociemniała z gniewu [8] (evil) *[sin, lie]* straszny, potworny; *[deed, thoughts]* zły

III *vt* [1] (put black onto) po|czernić, uczernić *[face, hands]*; wy|pastować na czarno *[shoes]*; **to ~ one's face/hands** poczernić or uczernić sobie twarz/dłonie [2] GB (bruise) **to ~ sb's eye** podbić komuś oko [3] GB (boycott) z|bojkotować

■ **black out**: ¶ **~ out** *[person]* s|tracić przytomność or świadomość; **he ~ed out after five glasses of vodka** po pięciu kieliszkach wódki urwał mu się film infml ¶ **~ out [sth], ~ [sth] out** [1] (hide all lights) wprowadz|ić, -ać zaciemnienie (czegoś) *[house, town]*; zaciemni|ć, -ać *[window]*; **to ~ out the stage** wygasić światła na scenie [2] (cut power) odci|ąć, -nać dostawę prądu do (czegoś) *[town]* [3] (suspend broadcasting) przer|wać, -ywać emisję (czegoś) *[programme]*; wprowadz|ić, -ać blokadę (czegoś) *[information, news]* [4] (obliterate) zaczerni|ć, -ać, zamaz|ać, -ywać *[name, word]*

■ **black up** *[actor]* po|malować sobie twarz na czarno

IDIOMS: **as ~ as coal** or **soot** czarny jak sadza or smoła or węgiel; **as ~ as ink** or **pitch** ciemno choć oko wykol

Black Africa *prn* Geog Czarna Afryka *f*

black American *n* Murzyn *m* amerykański, Murzynka *f* amerykańska

blackamoor /'blækəmɔː(r), -mʊə(r)/ *n* arch pej czarnuch *m* offensive

black and blue *adj* posiniaczony; **to beat sb ~ and blue** poważnie kogoś poturbować; hum zbić kogoś na kwaśne jabłko

black and white **I** *n* Cin, Phot technika *f* czarno-biała; **in ~ and white** w technice czarno-białej; fig czarno na białym; **I want to see it in ~** fig chcę to zobaczyć czarno na białym; **to see everything in ~** fig widzieć wszystko w czarno-białych barwach

II *adj* (also **black-and-white)** [1] Cin, Phot, TV *[photograph, film, TV]* czarno-biały [2] (clear-cut) *[matter, situation]* jednoznaczny

black arts *npl* **the ~** nauki *f pl* tajemne, czarna magia *f*

blackball /'blækbɔːl/ **I** *n* czarna gałka *f (w głosowaniu)*

II *vt* (vote against) za|głosować przeciwko (komuś) *[candidate]*; (ostracize) z|bojkotować *[person]*; **to be ~ed from a club** zostać wykluczonym z klubu

black bass *n* Zool bass *m* wielkogęby

black bear *n* baribal *m*, niedźwiedź *m* czarny

black beetle *n* karaluch *m*, karaczan *m* wschodni

black belt *n* Sport czarny pas *m*; **to be a ~** mieć czarny pas

blackberry /'blækbrɪ, -berɪ/ **I** *n* jeżyna *f*

II *modif [juice, jam]* jeżynowy; *[pie, tart]* z jeżynami

blackberry bush *n* krzak *m* jeżyny, jeżyna *f*

blackberrying /'blækberɪɪŋ/ *n* zbieranie *n* jeżyn; **to go ~** iść na jeżyny

blackbird /'blækbɜːd/ *n* Zool kos *m*

blackboard /'blækbɔːd/ **I** *n* tablica *f* (szkolna); **on the ~** na tablicy

II *modif* **~ duster** ścierka do tablicy

blackboard jungle *n* GB Sch **the ~** szkolne piekło *n* fig

black book *n* czarna lista *f*; **to be in sb's ~(s)** być u kogoś źle notowanym; mieć u kogoś krechę infml; **to get into sb's ~s** narazić się komuś; podpaść komuś infml

black box *n* Aviat, Comput czarna skrzynka *f*

black bread *n* czarny chleb *m*

blackcap /'blækkæp/ *n* Zool pokrzewka *f* czarnołbista

blackcock /'blækkɒk/ *n* samiec *m* cietrzewia

Black Country *prn przemysłowy okręg Anglii na płn.-zach. od Birmingham*

blackcurrant /ˌblæk'kʌrənt/ **I** *n* czarna porzeczka *f*

II *modif [juice, jam, jelly]* z czarnej porzeczki

Black Death *n* Hist **the ~** czarna śmierć *f*, dżuma *f*

black economy *n* szara strefa *f* gospodarki

blacken /'blækən/ **I** *vt* [1] *[actor, soldier]* u|czernić, po|czernić *[eyes, face]*; *[coal, soot]* u|smolić *[face, hands, clothes]*; *[smoke]* okopcić *[brick, glass, wood]*; *[frost]* zwarzyć *[plant]*; **the ~ed remains of a building/car** zwęglone szczątki budynku/samochodu [2] (diminish) oczerni|ć, -ać, spotwarz|yć, -ać, o|szkalować *[person]*; z|szargać *[name, reputation]* [3] US (bruise) **to ~ sb's eye** podbić komuś oko

II *vi* [1] (grow darker) *[skin, hair, wood, sky]* ś|ciemnieć, po|ciemnieć; *[paper]* z|żółknąć, po|żółknąć; *[leaves]* z|brązowieć [2] *[face]* po|ciemnieć (z gniewu)

black eye *n* podbite oko *n*; **to give sb a ~** podbić komuś oko; **how did you get that ~?** kto ci podbił oko?

blackfly /'blækflaɪ/ *n* [1] (aphid) mszyca *f* [2] (bloodsucker) mustyk *m*, meszka *f*

Black Forest *prn* Geog **the ~** Czarny Las *m*, Szwarcwald *m*

Black Forest cake *n* US = **Black Forest gateau**

Black Forest gateau *n* tort *m* szwarcwaldzki

Black Friar *n* Relig dominikanin *m*

black frost *n* przymrozek *m*

black gold *n* infml ropa *f* naftowa; czarne złoto *n* fig

black grouse *n* cietrzew *m*

blackguard /'blægɑːd, -gəd/ *n* arch or hum łajdak *m*, szubrawiec *m*

blackguardly /'blægɑːdlɪ, -gədlɪ/ *adj* arch łajdacki

blackhead /'blækhed/ *n* Med wągier *m*, zaskórnik *m*

black-headed gull *n* Zool mewa śmieszka *f*

black-hearted /ˌblæk'hɑːtəd/ *adj* liter podły, niegodziwy, nikczemny

black hole *n* Astron czarna dziura *f*

black ice *n* (on road) gołoledź *f*

blacking /'blækɪŋ/ *n* [1] (boycotting) bojkot *m* **(of sth** czegoś) [2] dat (polish) czernidło *n* dat

blackish /'blækɪʃ/ *adj* prawie czarny, czarniawy

blackjack /'blækdʒæk/ *n* [1] Games blackjack *m* [2] US (club) pałka *f (z metalu, pokryta skórą)* [3] Miner sfaleryt *m*, blenda *f* cynkowa [4] Naut bandera *f* piracka

blacklead /'blækled/ **I** *n* (for stove) smar *m* grafitowy or grafitowany; (in pencil) grafit *m*

II *vt* na|smarować (coś) grafitem or smarem grafitowym

blackleg /'blækleg/ **I** *n* GB infml pej łamistrajk *m*

II *vi* (*prp, pt, pp* **-gg-**) wyłam|ać, -ywać się ze strajku

blacklist /'blæklɪst/ **I** *n* czarna lista *f*; (of books, authors) indeks *m*; **to put sb/sth on the ~** umieścić kogoś/coś na czarnej liście/na indeksie

II *vt* wpis|ać, -ywać na czarną listę *[drug, person, organization]*; umie|ścić, -szczać na indeksie *[book]*

blackly /'blæklɪ/ *adv [glower]* wściekle

black magic *n* czarna magia *f*; **to practice ~** uprawiać czarną magię

blackmail /'blækmeɪl/ **I** *n* szantaż *m*

II *vt* za|szantażować; **to ~ sb into doing sth** szantażem zmuszać kogoś do zrobienia czegoś; **they ~ed us into handing over huge sums of money** szantażem wymusili od nas olbrzymie sumy pieniędzy

blackmailer /ˈblækmeɪlə(r)/ *n* szantażyst|a *m*, -ka *f*

Black Maria *n* GB infml karetka *f* więzienna; suka *f* infml

black mark *n* fig krecha *f* infml; **to get a ~ (for sth)** dostać krechę za coś

black market **I** *n* czarny rynek *m*; **on the ~** na czarnym rynku
II *modif* czarnorynkowy

black marketeer *n* spekulant *m*

black mass *n* czarna msza *f*

Black Monk *n* = **Black Friar**

Black Muslims *npl* US Relig Czarni Muzułmanie *m pl (ruch skupiający muzułmańską ludność murzyńską w Stanach Zjednoczonych)*

blackness /ˈblæknɪs/ *n* [1] (darkness, night) ciemność *f* [2] (dark colour) (of hair, water, clouds) czerń *f* [3] (gloominess) (of outlook, thoughts) pesymizm *m* [4] (evilness) (of heart, thoughts, crime) nikczemność *f*

blackout /ˈblækaʊt/ *n* [1] (in wartime) zaciemnienie *n* [2] (power cut) przerwa *f* w dostawie energii elektrycznej [3] Radio, TV przerwa *f* w emisji programu [4] Journ blokada *n* (informacji); **to impose a news ~** zarządzić blokadę informacji [5] (faint) omdlenie *n*, chwilowa utrata *f* przytomności [6] (loss of memory) chwilowa utrata *f* pamięci, zaćmienie *n* or zanik *m* pamięci [7] Theat blekaut *m*

Black Panthers *npl* US Pol Czarne Pantery *f pl (radykalne ugrupowanie Murzynów amerykańskich)*

black pepper *n* pieprz *m* czarny

Black Power (movement) *n* US Pol ruch *m* Black Power *(walczący o równe prawa dla Murzynów)*

black pudding *n* GB Culin kaszanka *m*

Black Rod *n* GB Pol *urzędnik Lorda Kanclerza sprawujący także ceremonialne funkcje w parlamencie*

Black Sea *prn* **the ~** Morze *n* Czarne

black sheep *n* fig czarna owca *f* fig

Blackshirt /ˈblækʃɜːt/ *n* Hist faszysta *m (zwłaszcza włoski)*; **the ~s** Czarne Koszule

blacksmith /ˈblæksmɪθ/ *n* kowal *m*

blackspot /ˈblækspɒt/ *n* fig **an accident ~** czarny punkt *m (szczególnie niebezpieczny odcinek drogi)*; **an unemployment ~** obszar wysokiego bezrobocia

Black Studies *npl* studia *plt* afroamerykańskie

black swan *n* Zool łabędź *m* czarny

blackthorn /ˈblækθɔːn/ *n* Bot tarnina *f*

black tie **I** *n* czarna muszka *f*; **'~'** (on invitation) „smoking"
II *modif* **a ~ dinner** przyjęcie, na którym obowiązują smokingi

black velvet *n* koktail *m* z szampana i mocnego porteru

blackwater fever /ˌblækwɔːtəˈfiːvə(r)/ *n* malaria *f* tropikalna, trzeciaczka *f* złośliwa

black widow (spider) *n* (pająk *m*) czarna wdowa *f*

bladder /ˈblædə(r)/ *n* [1] Anat pęcherz *m* [2] (in ball) dętka *f* [3] Bot pęcherzyk *m*

bladderwort /ˈblædəwɜːt/ *n* Bot pływacz *m*

bladderwrack /ˈblædəræk/ *n* Bot morszczyn *m* pęcherzykowaty

blade /bleɪd/ *n* [1] (cutting edge) (of knife, axe, skate) ostrze *n*; (of sword) klinga *f*, głownia *f*, brzeszczot *m*; (of saw) brzeszczot *m*; (of lawnmower) nóż *m*; **razor ~** żyletka, nożyk [2] (for propulsion) (of oar, windscreen wiper) pióro *n*; (of windmill) skrzydło *n*, śmiga *f*; (of fan) łopatka *f*; (of turbine, aircraft propeller) łopata *f*; (of ship's propeller) skrzydło *n*; (of bat, club) płaska część *f* bijaka [3] Bot (of leaf) blaszka *f*; (of petal, sepal) działka *f*; (of grass) źdźbło *n*; **in the ~** (corn) wschodzący; fig w stadium rozwoju [4] Sport (oar) wiosło *n* [5] Anat (also **shoulder ~**) łopatka *f* [6] (of tongue) środkowa część *f* języka [7] Archeol ostrze *n* (krzemienne) [8] liter (sword) miecz *m* [9] dat (man) młodzian *m*, zuch *m*, chwat *m* dat

blah /blɑː/ infml **I** *n* [1] onomat (empty talk) pleple *n inv* infml [2] (used to complete sentence) **~, ~, ~** i tak dalej, i tak dalej
II blahs *npl* US **the ~s** chandra *f* infml

blamable /ˈbleɪməbl/ *adj* = **blameworthy**

blame /bleɪm/ **I** *n* [1] (responsibility) wina *f*, odpowiedzialność *f* **(for sth** za coś); **to accept the ~** uznać swą winę; **to share the ~** być współodpowiedzialnym; **to take the ~** fml brać na siebie winę or odpowiedzialność; **to bear the ~** ponosić winę or odpowiedzialność; **to lay** or **place** or **put the ~ for sth on sb** obarczyć kogoś winą or odpowiedzialnością za coś; **the ~ lies with the government** wina jest po stronie rządu; **don't put the ~ on me** nie zrzucaj winy na mnie; **he got the ~ for the broken vase/for leaking the information** obarczono or obciążono go winą za rozbicie wazonu/za przeciek informacji; **why do I always get the ~?** dlaczego zawsze wina spada na mnie? [2] (criticism) zarzut *m*; **he deserves some of the ~** należy mu się kilka słów krytyki; **to be free from ~** być bez winy; **without ~** bez zarzutu
II *vt* [1] (hold responsible) obwini|ć, -ać *[person, recession, system]* **(for sth** o coś); obarcz|yć, -ać winą, winić *[person, group]* **(for sth** za coś); **I ~d her for the accident** obwiniałem ją za ten wypadek; **to ~ sth on sb** obarczyć kogoś winą or odpowiedzialnością za coś, zrzucać winę za coś na kogoś; **she ~d her tiredness on the heat** przypisywała swe zmęczenie wysokiej temperaturze; **to be to ~ for sth** być winnym czegoś, ponosić winę za coś *[accident, problem, crisis]* [2] (reproach) potępi|ć, -ać, z|ganić **(for sth** za coś); **he has resigned and who can ~ him?** zrezygnował i trudno mu to mieć za złe; **'I'm not having any more to do with him' – 'I don't ~ you'** „nie chcę mieć już nic z nim do czynienia" – „wcale ci się nie dziwię"
III *vr* **to ~ oneself** obwiniać się **(for sth** o coś); **you mustn't ~ yourself** nie obwiniaj siebie; **you have only yourself to ~** sam sobie jesteś winien

blameless /ˈbleɪmlɪs/ *adj [person]* niewinny, bez winy; *[life]* przykładny; *[activity]* bez zarzutu; **the government is not entirely ~** rząd nie jest tak zupełnie bez winy

blamelessly /ˈbleɪmlɪslɪ/ *adv [act, behave]* bez zarzutu, przykładnie

blameworthy /ˈbleɪmwɜːðɪ/ *adj* fml [1] (responsible) *[person]* winny, winien [2] (reprehensible) *[action, conduct]* godny potępienia, naganny, karygodny

blanch /blɑːntʃ, US blæntʃ/ **I** *vt* [1] Culin blanszować, obgotow|ać, -ywać *[vegetables]*; s|parzyć *[tomatoes, nuts]* [2] (make pale) s|powodować blaknięcie or spłowienie (czegoś) *[hair, paintwork]* [3] Hort s|powodować wypłonienie (czegoś) *[celery, chicory]*
II *vi [person]* z|blednąć; *[colour]* s|płowieć, z|blaknąć, wy|blaknąć

blanched almonds *npl* migdały *m pl* blanszowane

blancmange /bləˈmɒnʒ/ *n* budyń *m*

bland /blænd/ *adj [diet, food, taste]* mdły, nijaki; *[person, account, character, voice]* bezbarwny

blandish /ˈblændɪʃ/ *vt* dat schlebiać (komuś), przypochlebiać się (komuś)

blandishment /ˈblændɪʃmənt/ *n* dat pochlebstwo *n*

blandly /ˈblændlɪ/ *adv [speak, react]* beznamiętnie, bez emocji

blandness /ˈblændnɪs/ *n* (of food) mdły smak *m*; (of voice) bezbarwność *f*

blank /blæŋk/ **I** *n* [1] (empty space) puste miejsce *n*; (void) pustka *f*; **to fill in the ~s** wypełnić or uzupełnić puste miejsca; **leave a ~ if you don't know the answer** zostaw puste miejsce, jeśli nie znasz odpowiedzi; **my mind is a ~** mam w głowie pustkę; **his death left a ~ in her life** jego śmierć pozostawiła pustkę w jej życiu [2] US (clean form) (czysty) blankiet *m*, formularz *m* [3] (also **~ cartridge**) ślepy nabój *m*; **to fire ~s** strzelać ślepymi nabojami; fig hum być bezpłodnym [4] (lottery ticket) pusty los *m*; **to draw a ~** wyciągnąć pusty los; fig nie mieć szczęścia [5] (in dominoes) mydło *n* [6] Tech odkuwka *f* [7] Print kreska *f*; (for taboo word) domyślnik *m*, (słowo) niecenzuralne *n*
II *adj* [1] (empty) *[paper, cassette, disk]* czysty; *[page, space, wall]* pusty; *[form]* czysty, niewypełniony; **a ~ piece of paper** czysta kartka papieru; **the screen went ~** obraz zniknął z ekranu; **I** or **my mind went ~** w głowie poczułem pustkę [2] (expressionless) *[face, look]* pozbawiony wyrazu, obojętny; **to give sb a ~ look** spojrzeć na kogoś obojętnym wzrokiem [3] (nonplussed) *[expression, look]* skonsternowany; **to look ~** mieć skonsternowaną minę [4] (absolute) *[refusal, rejection]* stanowczy, kategoryczny; *[despair]* bezgraniczny; **~ astonishment** osłupienie [5] (imitation) *[arch, door, window]* ślepy
III *vt* US Sport nie dopu|ścić, -szczać do zdobycia punktu przez (kogoś)
■ **blank out**: ¶ **~ out** *[person]* mieć lukę w pamięci ¶ **~ out [sth], ~ [sth] out** wymaz|ać, -ywać *[word]*; wymaz|ać, -ywać z pamięci *[event]*; odpędz|ić, -ać *[memory]*

blank cheque GB, **blank check** US *n* [1] Fin czek *m* (podpisany) in blanco [2] fig wolna ręka *f*, carte *f inv* blanche; **to give** or **write sb a ~** dać komuś wolną rękę or carte blanche; **I've got a ~ to reorganize the factory** mam wolną rękę, jeśli chodzi o reorganizację fabryki

B

blanket /ˈblæŋkɪt/ **I** *n* [1] (bedcover) koc *m*, pled *m*; **electric ~** koc elektryczny [2] fig (of snow, ash) pokrywa *f*; (of cloud, fog) zasłona *f*; (of flowers) dywan *m*, kobierzec *m* fig liter [3] Nucl płaszcz *m* reaktora
II *modif* (global) *[ban, condemnation]* generalny; *[policy]* całościowy; *[use]* powszechny
III *vt* [1] Naut zab|rać, -ierać (komuś) wiatr [2] (cover) spowi|ć, -jać liter; **the fields were ~ed in fog** pola były spowite mgłą
IDIOMS: **to be a wet ~** psuć nastrój; **to be born on the wrong side of the ~** dat euph być z nieprawego łoża dat

blanket bath *n* Med mycie *n* chorego na łóżku
blanket bombing *n* nalot *m* dywanowy
blanket box *n* GB pojemnik *m* na pościel
blanket chest *n* = **blanket box**
blanket clause *n* Jur, Insur klauzula *f* ogólna, postanowienie *n* ogólne
blanket cover *n* Insur ubezpieczenie *n* łączne
blanket coverage *n* Journ pełna relacja *f*
blanket finish *n* Sport *dotarcie do mety większej grupy zawodników jednocześnie*
blanket insurance *n* ubezpieczenie *n* łączne
blanket rate *n* opłata *f* ryczałtowa
blanket stitch *n* ścieg *m* dziergany
blankety-blank /ˌblæŋkətɪˈblæŋk/ *adj* US infml hum euph (damned) przeklęty; **that ~ dog!** ten przeklęty pies!
blankly /ˈblæŋklɪ/ *adv* [1] (without expression) *[stare, look]* obojętnie, beznamiętnie [2] (uncomprehendingly) *[stare, look]* w osłupieniu [3] (categorically) *[deny, refuse, state]* stanowczo, kategorycznie
blankness /ˈblæŋknɪs/ *n* [1] (puzzled look) wyraz *m* zaskoczenia, konsternacja *f* [2] (lack of expression) brak *m* wyrazu; **the ~ of his expression** bezmyślny wyraz jego twarzy
blank space *n* (on form) puste miejsce *n*; (on surface, wall) pusta powierzchnia *f* or przestrzeń *f*
blank verse *n* Literat biały wiersz *m*
blare /bleə(r)/ **I** *n* (of horn) ryk *m*, trąbienie *n*; (of radio) ryk *m*, głośny dźwięk *m*
II *vi* = **blare out**
■ **blare out**: ¶ **~ out** *[music]* rozlegać się głośno; *[radio]* grać na cały regulator, ryczeć; **you can always hear music blaring out from his bedroom** z jego sypialni zawsze słychać muzykę na pełny regulator ¶ **~ out [sth]** za|grzmieć (czymś) *[music]*; wywrz|eszczeć, -askiwać *[advertisement]*
blarney /ˈblɑːnɪ/ **I** *n* infml bajerowanie *n* infml
II *vt* za|bajerować infml; **he can ~ his way into any woman's heart** potrafi zabajerować każdą kobietę
III *vi* wstawiać bajer infml
IDIOMS: **to have kissed the ~ stone** mieć dar słowa; mieć gadane infml
blasé /ˈblɑːzeɪ, US blɑːˈzeɪ/ *adj* zblazowany infml; **to be ~ about sth** traktować coś z obojętnością
blaspheme /blæsˈfiːm/ **I** *vt* złorzeczyć (komuś/czemuś)
II *vi* bluźnić **(against sb/sth** przeciwko komuś/czemuś)

blasphemer /blæsˈfiːmə(r)/ *n* bluźnierca *m*
blasphemous /ˈblæsfəməs/ *adj [act, statement]* bluźnierczy
blasphemy /ˈblæsfəmɪ/ *n* bluźnierstwo *n* **(against sb/sth** przeciwko komuś/czemuś); **it's ~ to say that...** bluźnierstwem jest powiedzieć, że...; **~ law** GB *prawo zakazujące rozpowszechniania materiałów, które mogą ranić uczucia religijne*
blast /blɑːst, US blæst/ **I** *n* [1] (gust) podmuch *m*; **a ~ of wind** poryw wiatru [2] (explosion) wybuch *m* [3] (air current from explosion) podmuch *m* [4] (noise) głośny dźwięk *m*; (on trumpet, car horn) ryk *m*; (on whistle) gwizd *m*; **to give a ~ on sth** zadąć w coś *[trumpet]*; zagwizdać na czymś *[whistle]*; zatrąbić czymś *[car horn]*; **a ~ of pop music** rozdzierający uszy dźwięk muzyki pop; **at full ~** *[radio]* na cały regulator [5] infml (fun) ubaw *m* infml; **to have a ~** mieć ubaw; **the party was a ~** zabawa była na medal infml [6] Bot zaraza *f*
II *excl* (o) kurczę! infml
III *vt* [1] (blow up) wysadz|ić, -ać (w powietrze) *[building]*; rozsadz|ić, -ać *[rockface]*; **to ~ a hole in a wall** wybić otwór w murze *(przy pomocy ładunku wybuchowego)* [2] (damage) s|pustoszyć *[city]*; z|niszczyć *[house, wall]*; powal|ić, -ać, wyr|wać, -ywać z korzeniami *[tree]*; *[disease, wind]* wyniszcz|yć, -ać *[plant, crop]*; *[frost]* z|warzyć *[crops]*; fig z|niweczyć *[hopes]*; **to ~ a town out of existence** obrócić miasto w perzynę [3] infml (criticize) rozprawi|ć, -ać się ostro z (kimś/czymś) *[person, performance, work]* [4] (strike hard) *[golfer, soccer player]* walnąć z całych sił infml *[ball]* [5] Tech piaskować
IV *vi* [1] Mining przeprowadz|ić, -ać roboty strzelnicze; **we ~ed through the rock wall** rozsadziliśmy ścianę skalną [2] (make noise) *[trumpets]* za|grzmieć; *[wind]* tłuc się, za|huczeć
■ **blast away**: **~ away** (with gun) strzel|ić, -ać **(at sb/sth** do kogoś/czegoś); razić ogniem **(at sb** kogoś)
■ **blast off**: ¶ **~ off** *[rocket]* odpal|ić, -ać ¶ **~ off [sth], ~ [sth] off** [1] (fire) wystrzel|ić, -wać z (czegoś), strzel|ić, -ać z (czegoś) *[rifle]* [2] (lift off) *[explosion]* zmi|eść, -atać *[roof]*
■ **blast out**: ¶ **~ out** *[music]* za|grzmieć ¶ **~ out [sth], ~ [sth] out** *[loudspeaker]* za|grzmieć (czymś), rozbrzmie|ć, -wać *[music]*
IDIOMS: **to be a ~ from the past** infml budzić wspomnienia; **to ~ sb/sth out of the water** infml fig rozprawić się ostro z kimś/czymś infml
blasted /ˈblɑːstɪd, US ˈblæst-/ *adj* [1] (withered) *[foliage]* zwiędły; *[crop]* porażony; (by frost) zwarzony [2] infml (for emphasis) cholerny infml [3] US infml (drunk) nawalony vinfml
blast furnace *n* wielki piec *m*
blast furnaceman *n* (*pl* **-men**) wielkopiecownik *m*
blasting /ˈblɑːstɪŋ, US ˈblæst-/ *n* [1] Mining roboty *f pl* strzelnicze [2] Audio zniekształcenie *n* dźwięku
blast injection *n* Mech sprężony wtrysk *m* paliwa

blastoderm /ˈblɑːstədɜːm, US ˈblæst-/ *n* blastoderma *f*
blast-off /ˈblɑːstɒf, US ˈblæst-/ *n* odpalenie *n*, start *m*; **three, two, one, ~** trzy, dwa, jeden, zero
blatancy /ˈbleɪtnsɪ/ *n* (of advertising) natarczywość *f*, nachalność *f*; (of person, behaviour) bezceremonialność *f*
blatant /ˈbleɪtnt/ *adj [lie]* bezczelny; *[abuse, bias, disobedience, disregard]* jawny, rażący; *[example]* dobitny; **to be ~ about sth** wcale się z czymś nie kryć
blatantly /ˈbleɪtntlɪ/ *adv [unjust]* rażąco, krzycząco; *[copy, disregard]* jawnie, otwarcie; **to be ~ obvious** być ewidentnym, rzucać się w oczy
blather /ˈblæðə(r)/ infml **I** *n* ględzenie *n*
II *vt* pleść infml *[idiocies]*
III *vi [person]* gadać od rzeczy or trzy po trzy infml
blaze[1] /bleɪz/ **I** *n* [1] (in hearth) ogień *m*, płomień *m*; (conflagration) pożar *m*; pożoga *f* liter; **firemen got the ~ under control** strażacy opanowali pożar [2] (sudden burst) (of fire, emotion) wybuch *m*; (of light) (roz)błysk *m* [3] (bright show) (of colours, lights) feeria *f*; **in a ~ of glory** w glorii, w blasku sławy; **the film was launched in a ~ of publicity** premierze filmu towarzyszyła wielka kampania reklamowa infml
II **blazes** *npl* infml (hell) ogień *m* piekielny; **what the ~s are you up to?** co ty u diabła kombinujesz? infml; **how the ~s did he do it?** jak on u licha or u diabła to zrobił? infml; **he ran like ~s** popędził jak szalony; **go to ~s!** idź w diabły!
III *vi* (also **~ away**) [1] (burn) *[fire, house]* płonąć, palić się, gorzeć [2] (give out light) *[lights]* palić się [3] (shoot) *[cannon]* miotać ogniem; *[person]* prażyć ogniem; **the troops advanced, all guns blazing** żołnierze posuwali się do przodu prażąc ze wszystkich luf; **she went into the meeting all guns blazing** fig weszła na zebranie gotowa do ataku
IV **blazing** *prp adj* [1] (on fire) *[building]* płonący, (stojący) w płomieniach [2] (violent) *[argument]* gwałtowny, gorący; *[heat]* piekielny; *[sun]* palący, piekący, prażący; *[sunshine]* jaskrawy, oślepiający; *[colour]* jaskrawy; *[fire]* buchający [3] infml (furious) wściekły; **she was ~ing (mad)** była piekielnie zła, gotowała się ze wściekłości infml
■ **blaze down** *[sun]* prażyć, palić, przypiekać **(on sb/sth** kogoś/coś)
■ **blaze up** [1] *[fire]* buch|nąć, -ać płomieniem [2] fig *[argument]* wybuch|nąć, -ać
blaze[2] /bleɪz/ **I** *n* [1] (on horse's face) gwiazdka *f*, strzałka *f* [2] (cut in tree) nacięcie *n*, karb *m*
II *vt* (mark) o|znakować *[tree]*; **to ~ a trail** oznakować szlak; fig przetrzeć szlaki fig
blaze[3] /bleɪz/ *vt* (spread) rozgł|osić, -aszać; **to ~ sth abroad** fml rozgłosić coś wszem wobec
blazer /ˈbleɪzə(r)/ *n* marynarka *f (często z odznaką klubową, szkolną lub uniwersytecką na kieszeni)*
blazon /ˈbleɪzn/ **I** *n* (coat of arms) herb *m*; (shield) tarcza *f* herbowa
II *vt* [1] Herald przedstawi|ć, -ać *[heraldic arms]* [2] (depict) wy|malować *[name, slogan]*

[3] (announce) rozgł|osić, -aszać *[details, news]* ■ **blazon forth, blazon out**: ~ **forth [sth],** ~ **[sth] forth** rozgł|osić, -aszać szeroko *[news]*; roztrąbić infml

bleach /bliːtʃ/ **I** *n* [1] (also **household ~**) wybielacz *m*; (as disinfectant) środek *m* wybielający i dezynfekujący [2] (for hair) rozjaśniacz *m*

II *vt* [1] *[person, chemical]* rozjaśni|ć, -ać *[hair]*; wybieli|ć, -ać *[linen]*; **~ed hair** (u)tlenione or rozjaśnione włosy; **to ~ one's hair** rozjaśnić or utlenić sobie włosy [2] *[sun]* s|powodować blaknięcie or płowienie (czegoś) *[paint]*; wy|bielić *[cloth, hair]* ■ **bleach out**: ~ **out [sth],** ~ **[sth] out** usu|nąć, -wać *[colour, stain, image]*

bleachers /ˈbliːtʃəz/ *npl* US odkryta trybuna *f*

bleak[1] /bliːk/ *adj* [1] (cold, raw) *[landscape, day]* smętny; *[room]* ponury [2] (discouraging, miserable) *[prospect, future, outlook]* marny, niewesoły; *[existence]* smętny; *[world, surroundings]* ponury, przygnębiający; **to paint a ~ picture of sth** odmalować or przedstawić coś w czarnych barwach

bleak[2] /bliːk/ *n* Zool ukleja *f*

bleakly /ˈbliːklɪ/ *adv [stare, say]* ponuro, posępnie; *[snow, blow]* beznadziejnie; *[cold]* przejmująco

bleakness /ˈbliːknɪs/ *n* [1] (of weather, surroundings, landscape) ponurość *f*, posępność [2] (of prospects, future) beznadziejność *f*

bleary /ˈblɪərɪ/ *adj [eyes]* zaczerwieniony, zapuchnięty; **to feel ~** być niewyspanym

bleary-eyed /ˌblɪərɪˈaɪd/ *adj* z zaczerwienionymi or zapuchniętymi oczami; **to be ~** mieć zaczerwienione or zapuchnięte oczy

bleat /bliːt/ **I** *n* [1] (of sheep, goat) beczenie *n*, meczenie *n*, bek *m* [2] pej (of person) biadolenie *n*

II *vi* [1] *[sheep, goat]* be|knąć, -czeć, za|beczeć, meczeć, pobekiwać [2] pej *[person]* biadolić, labiedzić (**about sth** na coś)

bleb /bleb/ *n* [1] (on skin) pęcherz *m*, bąbel *m* [2] (on water, glass) pęcherzyk *m*

bled /bled/ *pt, pp* → **bleed**

bleed /bliːd/ **I** *n* Med krwotok *m*

II *vt* (*pt, pp* **bled**) [1] Med puszczać (komuś) krew, upu|ścić, -szczać (komuś) krwi [2] fig **to ~ sb for sth** oskubać kogoś z czegoś infml; **to ~ sb white and dry** puścić kogoś z torbami, doprowadzić kogoś do ruiny [3] Tech odpowietrz|yć, -ać *[radiator]*; spu|ścić, -szczać, upu|ścić, -szczać (czegoś) *[gas, liquid]* [4] Print wy|jść, -chodzić (z czymś) poza margines *[text, photo]*

III *vi* (*pt, pp* **bled**) [1] (emit blood) *[part of body, wound]* krwawić; (lose blood) *[person]* wykrwawi|ć, -ać się; **my finger's ~ing** leci mi krew z palca; **he was ~ing from the head** krwawiła mu rana na głowie; **to stop sth ~ing** zatamować krwawienie czegoś; **he was ~ing to death** wykrwawiał się; **he bled to death** wykrwawił się na śmierć [2] fig **to ~ for one's country** przelewać krew za ojczyznę; **my heart ~s for the baby's mother** serce mi krwawi or się kraje na myśl o matce dziecka; **my heart ~s (for you)!** iron jakże ci współczuję! [3] *[tree, plant]* s|tracić soki [4] *[colour, dye]* pu|ścić, -szczać [5] Print *[photo, text]* wy|jść, -chodzić poza margines

bleeder /ˈbliːdə(r)/ *n* [1] infml (hemophiliac) hemofilik *m*; krwawiec *m* dat [2] GB vinfml palant *m* infml pej; **lucky ~!** cholerny szczęściarz! infml

bleeder resistor *n* Electron rezystor *m* upływowy

bleeding /ˈbliːdɪŋ/ **I** *n* [1] krwawienie *n*, krwotok *m*; **~ from the nose** krwotok z nosa; **to stop the ~** zatamować krwotok [2] (deliberate) puszczenie *n* krwi

II *adj* [1] *[wound, leg, victim]* krwawiący, broczący krwią; *[corpse]* zakrwawiony, zbroczony krwią [2] GB infml cholerny, diabelny infml; **~ idiot!** cholerny or pieprzony idiota!; **what's the ~ time?** która, holender, godzina? infml

III *adv* GB infml cholernie, diabelnie infml

bleeding heart **I** *n* [1] Bot ładniczka *f* [2] fig pej czułe serduszko *n* infml

II *modif* US **a ~ liberal** liberał o miękkim sercu

bleed valve *n* zawór *m* upustowy; (in radiator) zawór *m* odpowietrzający

bleep /bliːp/ **I** *n* [1] (signal) (krótki, wysoki) sygnał *m* dźwiękowy [2] GB (device) = **bleeper**

II *vt* [1] Radio, TV (also **~ out**) wypikow|ać, -ywać *[obscene word]* *(zastąpić niecenzuralne słowo wysokim dźwiękiem)* [2] GB (call) w|ezwać, -zywać biperem *[person]*

III *vi [watch, radio]* za|piszczeć

IV *excl* US euph kurczę! infml euph

bleeper /ˈbliːpə(r)/ *n* biper *m*

bleeping /ˈbliːpɪŋ/ *adj* US infml euph cholerny, przeklęty infml

blemish /ˈblemɪʃ/ **I** *n* [1] (physical) skaza *f* (**on sth** na czymś); (pimple) krosta *f*, pryszcz *m*; (on fruit) plamka *f*; **skin without a ~** nieskazitelnie gładka skóra [2] (moral) (on reputation, honour) skaza *f*, plama *f* (**on sth** na czymś); (on character) wada *f*, niedoskonałość *f* (**in sth** czegoś); **without ~** bez skazy; **to be a ~ on sb's happiness** mącić szczęście kogoś; **to be a ~ on the landscape** szpecić widok

II *vt* zakłóc|ić, -ać, z|mącić *[happiness]*; ze|psuć *[reputation]*; **to ~ sb's beauty** szpecić kogoś, nie dodawać komuś urody; **this apple is ~ed** to jabłko ma plamki

blench[1] /blentʃ/ *vi* (recoil) wzdryg|nąć, -ać się; **he ~ed at the sound of gunfire** wzdrygnął się na odgłos strzałów; **she didn't even ~** nawet okiem nie mrugnęła

blench[2] /blentʃ/ *vi* (pale) po|blednąć, z|blednąć

blend /blend/ **I** *n* [1] (fusion) (of colours, smells, sounds) mieszanina *f* (**of sth** czegoś); (of skills, qualities, styles) połączenie *n* (**of sth** czegoś); (of styles) zlepek *m* [2] (mixture) (of coffees, teas, whiskies, wines) mieszanka *f* (**of sth** czegoś); **our own special ~** mieszanka według naszej własnej receptury [3] (fabric) melanż *m* [4] Ling zbitka *f* (wyrazowa)

II *vt* [1] Culin wy|mieszać *[foods]*; (in blender) z|miksować; **~ all the ingredients together** wymieszaj or połącz wszystkie składniki [2] z|mieszać *[colours, sounds]*; prze|mieszać *[styles]*; po|łączyć *[qualities, ideas]*; **to ~ sth with sth** połączyć coś z czymś

III *vi* [1] (harmonize) **to ~ (together)** *[colours, styles]* harmonizować, pasować do siebie; *[sounds]* współgrać, współbrzmieć; **to ~ with sth** harmonizować z czymś, pasować do czegoś [2] (mix) **to ~ (together)** *[ideas, qualities]* łączyć się; *[colours, scents, styles]* mieszać się; *[sounds]* zlewać się ■ **blend in**: ¶ ~ **in** *[colour, building]* harmonizować (**with sth** z czymś) ¶ ~ **in [sth],** ~ **[sth] in** (add) doda|ć, -wać *[paint, eggs, flour]* ■ **blend into**: ~ **into sth** wt|opić, -apiać się w coś *[surroundings, landscape]*; **to ~ into the background** wtopić się w tło

blende /blend/ *n* Miner blenda *f*

blended whisky *n mieszanka whisky zbożowej i słodowej*

blender /ˈblendə(r)/ *n* [1] (liquidizer) mikser *m* [2] (person) (of coffee) mieszacz *m* [3] Constr mieszarka *f*

blending /ˈblendɪŋ/ *n* (of coffee, wines, whiskies) sporządzanie *n* mieszanki *(z różnych gatunków)*

blenny /ˈblenɪ/ *n* Zool ślizga *f*

bless /bles/ (*pt, pp* **blessed; blest** liter) **I** *vt* [1] Relig po|błogosławić *[people, congregation, marriage]*; udziel|ić, -ać błogosławieństwa (czemuś) *[project]*; po|święcić *[food, harvest]*; **God ~ the Queen** Boże, błogosław królową; **God ~ you** niech was Bóg błogosławi; **we ~ you for your great mercy** bądź błogosławiony za swe miłosierdzie; **goodbye, God ~!** z Bogiem! [2] infml (affectionately) **Anna, ~ her (heart), never forgets my birthday** poczciwa Anna, nigdy nie zapomina o moich urodzinach; **~ you!** (after sneeze) na zdrowie! [3] infml dat (in surprise) **~ me!, ~ my soul!, well I'm ~ed!** a niech mnie! infml dat [4] (favour) **to ~ sb with sth** obdarz|yć, -ać kogoś czymś *[beauty, health, intelligence, luck, skill]*; **to be ~ed with luck/health** cieszyć się szczęściem/zdrowiem; **we have never been ~ed with children** nie dane było nam mieć dzieci; **we are ~ed with six children** Pan Bóg obdarzył nas szóstką dzieci; **we were ~ed with fine weather** pogoda nam dopisała [5] (be grateful to) **~ you for answering so quickly** dziękuję za tak szybką odpowiedź; **you paid the bill? ~ you!** zapłaciłeś rachunek? wielkie dzięki!; **she'll ~ you if she finds out** iron pobłogosławi cię, jeśli się dowie iron

II *vr* **to ~ oneself** prze|żegnać się

IDIOMS: **(I'm) ~ed if I know** nie mam zielonego pojęcia infml; **(I'm) ~ed if I can remember** zupełnie nie pamiętam; **not to have a penny to ~ oneself with** nie mieć grosza przy duszy

blessed /ˈblesɪd/ **I** *n* Relig **the ~** błogosławieni *m pl*

II *adj* [1] (holy) święty, (prze)najświętszy; **the Blessed Sacrament** (Prze)najświętszy Sakrament; **the Blessed Virgin** Najświętsza Maria Panna *f*; **of ~ed memory** świętej pamięci [2] (beatified) błogosławiony; **~ are the poor** Bible błogosławieni ubodzy [3] (welcome) *[quiet, relief, warmth]* błogosławiony [4] infml (damned) sakramencki infml; **every ~ day** dzień w dzień; **the whole ~ day** cały boży dzień

blessedly /ˈblesɪdlɪ/ *adv [warm, quiet]* cudownie; **~, everything was working**

B

properly dzięki Bogu or na szczęście wszystko było jak należy

blessedness /ˈblesɪdnɪs/ *n* [1] Relig **the state of ~** stan łaski [2] fig (happiness) błogostan *m*; **single ~** stan bezżenny liter hum

blessing /ˈblesɪŋ/ *n* [1] Relig błogosławieństwo *n*; **to give sb one's ~** udzielić komuś błogosławieństwa; **to say a ~** (before meal) odmówić modlitwę; **to say a ~ over sth** pobłogosławić coś; **to ask God's ~ on sb /sth** prosić Boga o błogosławieństwo dla kogoś/czegoś; **Lord, we ask a ~ on this food** Panie, pobłogosław te dary [2] (favour) błogosławieństwo *n* (losu); **it is a ~ (for him) that he is healthy** to prawdziwe błogosławieństwo, że jest zdrowy; **to be a mixed ~** mieć swoje wady i zalety; **a ~ in disguise** błogosławione w skutkach nieszczęście; **count your ~s!** dziękuj Bogu! [3] (luck) szczęście *n*; **it was a ~ that the driver saw the cyclist** całe szczęście, że kierowca zauważył rowerzystę; **it was a ~ for me that...** na szczęście dla mnie... [4] (relief) ulga *f*; **it's a ~ to know that he is safe** to prawdziwa ulga wiedzieć, że jest bezpieczny [5] (approval) błogosławieństwo *n*; **to do sth with sb's ~** zrobić coś z czyimś błogosławieństwem; **to give one's ~ to sth** udzielić czemuś swego błogosławieństwa

blest /blest/ **I** *pt, pp* → **bless**
II *adj* liter błogosławiony

blether /ˈbleðə(r)/ *n, vi* = **blather**

blew /bluː/ *pt* → **blow**[1]

blewits /ˈbluːɪts/ *n* (*pl* ~) Bot gąsówka *f*

blight /blaɪt/ **I** *n* [1] Bot (on cereals) śnieć *f*, rdza *f*; **potato ~** zaraza ziemniaczana [2] fig (on society) plaga *f* fig; **urban ~, inner city ~** problemy nękające ubogie dzielnice miasta; **to cast a ~ on sth** kłaść się cieniem na czymś
II *vt* za|atakować *[crop]*; z|niszczyć *[marriage]*; z|niweczyć *[hopes]*; przekreśl|ić, -ać *[chances]*

blighter /ˈblaɪtə(r)/ *n* GB dat infml nicpoń *m*, huncwot *m*; **poor ~** biedaczysko; **you lucky ~!** ty szczęściarzu!

Blighty /ˈblaɪtɪ/ *n* GB dat infml soldiers' sl Anglia *f (kraj ojczysty po służbie na obczyźnie)*

blimey /ˈblaɪmɪ/ *excl* GB dat infml o rety!

blimp /blɪmp/ *n* [1] GB infml pej **Colonel Blimp** szowinista *m* [2] Aviat mały sterowiec *m* niesztywny; (for barrage) balon *m* zaporowy [3] Cin dźwiękoszczelna obudowa *f* kamery zdjęciowej [4] US infml (fat person) grubas *m*

blimpish /ˈblɪmpɪʃ/ *adj* GB infml pej *[person]* o skostniałych poglądach

blind /blaɪnd/ **I** *n* [1] **the ~** *(+ v pl)* niewidomi *m pl*, ociemniali *m pl*; **school for the ~** szkoła dla niewidomych or ociemniałych [2] (at window) (made of strips) żaluzja *f*; (one single piece) roleta *f* [3] fig (front) przykrywka *f*; (subterfuge) podstęp *m*, wybieg *m*; **this job was just a ~ for spying** ta posada była jedynie przykrywką dla roboty szpiegowskiej [4] US Hunt (screen) ekran *m*, kosz *m*; (hide) zasadzka *f*, zasiadka *f*
II *adj* [1] *[person]* niewidomy, ociemniały; ślepy infml; *[person, kitten]* ślepy; **a ~ man /woman** niewidom|y, -a, ociemniał|y, -a; **a ~ man** ślepiec liter; **to go ~** o|ślepnąć, s|tracić wzrok; **to be ~ in one eye** nie widzieć or być ślepym na jedno oko; **are you ~?** infml ślepy jesteś? infml; **~ with tears** z oczami zamglonymi or zasnutymi łzami; **a ~ school** szkoła dla niewidomych or ociemniałych [2] (unreasoning) *[choice, faith, fury, obedience]* ślepy; **to be ~ to sth** być ślepym na coś, nie dostrzegać czegoś *[fault, quality]*; być głuchym na coś *[arguments]* [3] (from which one can't see) *[brow of hill]* zasłaniający widoczność; *[corner, turning]* z ograniczoną widocznością; **the car approached on my ~ side** nadjeżdżający samochód znalazł się w moim martwym polu; **~ entrance** ukryte wejście [4] (blank) *[wall, façade]* ślepy [5] Aviat *[flying, landing]* bez widoczności [6] infml (slightest) najmniejszy; **he doesn't know a ~ thing about it** on nie ma o tym najmniejszego pojęcia; **it's not a ~ bit of use to us** to jest dla nas kompletnie bezużyteczne
III *adv* [1] (without seeing) *[fly, land]* bez widoczności; *[taste]* na ślepo, nie patrząc; **to buy sth ~** kupić coś w ciemno [2] Culin *[bake]* bez nadzienia [3] infml **~ drunk** pijany jak bela or w trupa infml → **rob, swear**
IV *vt* [1] *[injury, accident, disease]* s|powodować utratę wzroku or ślepotę u (kogoś) *[person, animal]*; **to be ~ed in an accident** stracić wzrok w wypadku; **to be ~ed in one eye** nie widzieć or być ślepym na jedno oko [2] (dazzle) *[sun, bright light]* oślepi|ć, -ać [3] (mislead, overwhelm) *[pride, love]* zaślepi|ć, -ać; **to be ~ed by love/passion** być zaślepionym miłością/namiętnością; **to ~ sb to sth** uczynić kogoś ślepym na coś; **to ~ sb with science** GB namieszać komuś w głowie uczonymi słowami
V *vi* GB → **eff**
IDIOMS: **love is ~** miłość jest ślepa; **it's a case of the ~ leading the ~** uczył Marcin Marcina (a sam głupi jak świnia); **to go on a ~** infml pójść w kurs or w tango infml; **to turn a ~ eye** przymykać oczy **(to sth** na coś)

blind alley *n* ślepa uliczka *f* also fig; **to lead up** or **down a ~** fig prowadzić w ślepą uliczkę or na manowce or do nikąd fig

blind date *n* [1] (meeting) randka *f* w ciemno; **to go on a ~** iść na randkę z nieznajomym/nieznajomą [2] (person) partner *m*, -ka *f* na randce w ciemno

blinder /ˈblaɪndə(r)/ *n* [1] GB Sport infml olśniewające zagranie *n* [2] GB infml balanga *f* infml; **to go on a ~** pójść w kurs or w tango infml [3] (also **~s**) US końskie okulary *plt*

blindfold /ˈblaɪndfəʊld/ **I** *n* przepaska *f* na oczy
II *adj* (also **~ed**) *[person]* mający zawiązane oczy, mający przepaskę na oczach; **to be ~** mieć zawiązane oczy
III *adv* (also **~ed**) *[find way]* z zawiązanymi oczami
IV *vt* zawiąz|ać, -ywać (komuś) oczy

blinding /ˈblaɪndɪŋ/ *adj* [1] *[light, flash]* oślepiający; *[headache, pain]* nieznośny, przejmujący; *[white]* olśniewający; *[snow]* olśniewająco biały, roziskrzony; **a ~ flash** fig nagłe olśnienie; **the solution came to me in a ~ flash** nagle doznałem olśnienia, w nagłym olśnieniu znalazłem rozwiązanie [2] GB infml (excellent) fantastyczny, rewelacyjny; (extreme) oszałamiający; **at ~ speed** z oszałamiającą prędkością

blindingly /ˈblaɪndɪŋlɪ/ *adv [shine]* oślepiająco; *[white]* olśniewająco; **to be ~ obvious** być w jaskrawy sposób oczywistym

blindly /ˈblaɪndlɪ/ *adv* [1] (in darkness) *[advance, grope]* po omacku; (unseeingly) *[hit, run]* na oślep [2] fig *[obey, follow]* ślepo

blind man's buff *n* Games ciuciubabka *f*

blindness /ˈblaɪndnɪs/ *n* [1] Med ślepota *f* [2] fig zaślepienie *n*; **~ to sb's faults** niedostrzeganie wad kogoś

blindside /ˈblaɪndsaɪd/ *vt* US infml [1] (hit) *[vehicle]* potrąc|ić, -ać *[pedestrian]* [2] (surprise) zask|oczyć, -akiwać niemile

blind spot *n* [1] Med (in eye) ślepa plamka *f* [2] Aut martwy punkt *m*; **to be in sb's ~** być poza czyimś polem widzenia [3] Radio martwa strefa *f* [4] fig (point of ignorance) słaby punkt *m*; **to have a ~ as far as sth is concerned** być ignorantem w dziedzinie czegoś

blind test *n* Comm test *m* „na ślepo"

blindworm /ˈblaɪndwɜːm/ *n* padalec *m*

blink /blɪŋk/ **I** *n* mrugnięcie *n*; **without a ~** fig bez mrugnienia okiem
II *vt* **to ~ one's eyes** mrugać powiekami
III *vi [person]* mrug|nąć, -ać, zamrugać; *[light]* za|mrugać, za|migotać; **he didn't even ~** fig nawet nie mrugnął fig; **without ~ing** fig nie mrugnąwszy nawet okiem fig
■ **blink at**: **~ at [sth]** [1] (overlook) nie dostrze|c, -gać; (condone) przym|knąć, -ykać oczy na (coś); **there is no (use) ~ing at the fact that...** nie można przymykać oczu na to, że...; nie można nie dostrzegać tego, że... [2] (show surprise) **he ~ed at the size of the bill** zrobił wielkie oczy, kiedy zobaczył wysokość rachunku; **he didn't even ~ at the news** okiem nawet nie mrugnął na tę nowinę
■ **blink away**: **to ~ away one's tears** starać się powstrzymać łzy
■ **blink back**: **to ~ back one's tears** połykać łzy
IDIOMS: **in the ~ of the eye, before you could ~** w mgnieniu oka; **to go on the ~** infml *[machine, computer]* nawalać, wysiadać infml

blinker /ˈblɪŋkə(r)/ **I** *n* [1] Aut (of car) migacz *m*; (emergency light) światło *n* ostrzegawcze; US (at crossing) światło *n* migające [2] (on horse) klapka *f* na oko; **~s** okulary *plt*, klapki *f pl*; **to wear ~s** nosić okulary or klapki; fig mieć klapki na oczach fig
II *vt* **to ~ a horse** założyć koniowi okulary or klapki
III **blinkered** *pp adj* [1] *[horse]* w okularach, w klapkach [2] fig *[view]* ciasny; *[person]* o ciasnych poglądach

blinking /ˈblɪŋkɪŋ/ **I** *n* (of eye) mruganie *n*; (of light) mruganie *n*, migotanie *n*
II *adj* [1] *[light]* migoczący, mrugający [2] GB infml cholerny, zatracony infml; **what a ~ idiot!** co za cholerny dureń!
III *adv* GB infml do cholery, do pioruna infml; **you'll ~ well do it now!** zrób to do cholery natychmiast!

blintz(e) /blɪnts/ *n* blin *m*

bliny /ˈbliːnɪ/ *npl* US bliny *m pl*

blip /blɪp/ *n* [1] (on screen) pulsujący punkt *m*; (on graph line) wyskok *m* [2] (sound) sygnał *m* akustyczny; bipnięcie *n* infml [3] (sudden change) nagły zwrot *m*; (problem) zagwozdka *f* infml [4] Econ, Fin (drop) nagły spadek *m*

bliss /blɪs/ *n* [1] (happiness) rozkosz *f*, szczęście *n*; **what ~!** cóż za rozkosz!; **wedded** or **marital ~** szczęście małżeńskie; **it's sheer ~ to take these shoes off!** to prawdziwa rozkosz zdjąć te buty! [2] Relig szczęśliwość *f* wieczna

blissful /ˈblɪsfl/ *adj* [1] *[expression, smile]* błogi; *[day]* rozkoszny, niebiański; **with a ~ look on one's face** z błogim wyrazem twarzy; **they lived in ~ happiness** byli bezgranicznie szczęśliwi; **in ~ ignorance of sth** w błogiej nieświadomości czegoś [2] Relig zażywający wiecznej szczęśliwości

blissfully /ˈblɪsfəlɪ/ *adv [smile, sigh]* błogo; **to be ~ happy** być bezgranicznie szczęśliwym; **a ~ happy month** miesiąc niczym nie zmąconego szczęścia; **she was ~ unaware of what was going on** pozostawała w błogiej nieświadomości tego, co się dzieje

blister /ˈblɪstə(r)/ **I** *n* [1] (on skin) pęcherz *m*, bąbel *m*; **new shoes always give me ~s** nowe buty zawsze obcierają mi stopy [2] (on paintwork, metal, in glass) pęcherzyk *m* [3] Aviat kopuła *f* obserwacyjna

II *vt* s|powodować powstanie pęcherzy na (czymś) *[skin, paint]*; **relief for ~ed feet** ulga dla poobcieranych stóp; **~ed paint** warstwa farby z pęcherzykami; **~ed glass** szkło z pęcherzykami powietrza

III *vi [skin, feet]* pokry|ć, -wać się pęcherzami or bąblami; *[paint]* łuszczyć się, złuszcz|yć, -ać się

blister gas *n* Mil gaz *m* pryszczący

blistering /ˈblɪstərɪŋ/ **I** *n* (of skin) powstawanie *n* pęcherzy or bąbli; (of paint) pęcherzenie *n*

II *adj* [1] (hot) *[day]* skwarny, upalny; *[sun]* prażący, piekący; *[heat]* piekielny [2] (harsh) *[attack, criticism]* druzgocący, bezwzględny; *[reply, tongue]* ostry, cięty [3] (fast) *[pace]* zawrotny; **at a ~ speed** or **pace** w zawrotnym tempie

blisteringly /ˈblɪstərɪŋlɪ/ *adv [hot, sarcastic]* piekielnie

blister pack **I** *n* opakowanie *n* konturowe **II** *vt* opakow|ać, -ywać w plastik konturowy

blithe /blaɪð/ *adj* beztroski, niefrasobliwy

blithely /ˈblaɪðlɪ/ *adv* beztrosko, niefrasobliwie; **to be ~ ignorant of sth** pozostawać w błogiej nieświadomości czegoś

blithering /ˈblɪðərɪŋ/ *adj* infml **you ~ idiot!** ty cholerny głupcze! infml

blithesome /ˈblaɪðsəm/ *adj* liter radosny, uszczęśliwiony

blitz /blɪts/ **I** *n* [1] Mil nalot *m*; **the Blitz** GB Hist *bombardowanie Londynu w 1940-1941 r.* [2] fig szeroko zakrojona kampania *f*; **to have a ~ on sth** zabrać się or wziąć się za coś; **this weekend we're going to have a ~ on the garden** w ten weekend zabierzemy się or weźmiemy się za ogród [3] US Games atak *m* obrony

II *vt* z|bombardować *[city, area]*; **to ~ sb with questions** fig zasypywać or zarzucić kogoś pytaniami

blitzed /blɪtst/ *adj* infml (drunk) podcięty, schlany infml

blitzkrieg /ˈblɪtskriːg/ *n* (war) wojna *f* błyskawiczna; (attack) gwałtowny atak *m*

blizzard /ˈblɪzəd/ *n* zamieć *f*, zadymka *f*, śnieżyca *f*; (in Arctic regions) blizzard *m*

bloat /bləʊt/ *n* Vet wzdęcie *n*

bloated /ˈbləʊtɪd/ *adj* [1] *[face]* nalany; *[body]* rozdęty; *[stomach]* wzdęty; **I feel ~ after all that food** tak się objadłem, że chyba pęknę infml [2] fig *[bureaucracy, sector]* nadmiernie rozrośnięty; *[imagery, style]* przesadny; *[estimate]* przesadzony, zawyżony; **he was ~ with pride** rozpierała go duma

bloater /ˈbləʊtə(r)/ *n* pikling *m*

blob /blɒb/ *n* [1] (of paint, cream) kropla *f*, plama *f* [2] (indistinct shape) niewyraźny zarys *m* [3] infml (fat person) klucha *f* infml

bloc /blɒk/ *n* Pol blok *m* → **en bloc**

block /blɒk/ **I** *n* [1] (of unhewn stone, ice) bryła *f*, kawał *m*; (of hewn stone, ice) blok *m*; (of wood) kloc *m*; (for floor) kostka *f* (podłogowa); (for chopping) pień *m*, pniak *m*; **a ~ of marble /ice** bryła or blok marmuru/lodu [2] (toy) (also **building ~**) klocek *m*; **a set of ~s** komplet klocków [3] (for executioner) pień *m* katowski; **to die on the ~** zginąć na szafocie or pod toporem; **to go to the ~** pójść pod topór [4] Culin blok *m*; **a ~ of ice cream/chocolate** blok lodowy/czekoladowy [5] infml (head) łeb *m* infml; **I'll knock your ~ off** rozwalę ci łeb [6] GB (building) blok *m*, budynek *m*; **~ of flats, residential ~** blok mieszkalny; **office ~** biurowiec; **science ~** budynek wydziału nauk ścisłych [7] (part of building) blok *m*; **administration ~** blok administracyjny [8] (space enclosed by streets) kwartał *m*; **a ~ of shops /offices** kompleks handlowy/biurowy; **she lives three ~s away** US mieszka trzy przecznice dalej; **to stroll round the ~** przejść się wokół domu [9] (quantity) (of shares) pakiet *m*, transza *f*; **a ~ of three lessons** blok trzech lekcji; **a ~ of seats** sąsiadujące miejsca *(w teatrze)*; **in the cheapest ~ of seats** (miejsca) w najtańszym sektorze [10] GB (pad of paper) blok *m*; (small) bloczek *m* [11] (obstruction) (of pipe) zatkanie *n*; fig zahamowanie *n*, zablokowanie *n*; **to be a ~ to sth** hamować coś, blokować coś *[initiative, progress, reform]*; **to put a ~ on sth** zahamować coś, zastopować coś *[initiative, progress, reform, sale]*; zamrozić coś *[prices]* [12] (traffic jam) zator *m*; korek *m* infml; **road ~** blokada [13] (also **psychological ~**) zahamowanie *n* psychiczne; **writer's ~** zanik inwencji twórczej, brak weny; **memory ~** zaćmienie pamięci [14] (area) (for building) US teren *m* pod zabudowę [15] Sport (in games) blokada *f*, blokowanie *f*; (in athletics) blok *m* startowy; (in cricket) *uderzenie kijem przy bramce, równoznaczne ze zdobyciem punktu* [16] Tech (pulley) blok *m*, bloczek *m*, krążek *m* linowy; (system of pulleys) wielokrążek *m* [17] Tech (also **cylinder ~**) blok *m* cylindrowy or cylindrów [18] Comput blok *m* [19] GB Print klisza *f* drukarska [20] Rail odstęp *m* blokowy [21] Med blok *m*, blokada *f* [22] (for wig, hat) główka *f* fryzjerska

II *vt* [1] (obstruct) za|blokować *[entrance, route, pass]*; zatarasow|ać, -ywać, tarasować *[corridor, entrance, road]*; zat|kać, -ykać, zap|chać, -ychać *[hole, pipe]*; **to ~ the light/a view** zasłaniać światło/widok; **to have a ~ed nose** mieć zapchany nos; **two policemen ~ed her way** dwóch policjantów zastąpiło jej drogę [2] (impede) za|tamować *[traffic, movement]*; uśmierz|yć, -ać *[pain]*; powstrzym|ać, -ywać *[escape, advance, attempt]*; za|blokować *[deal, decision, bill, move]*; za|hamować, za|stopować *[progress]* [3] Fin zamr|ozić, -ażać *[assets, funds]*; wprowadz|ić, -ać ograniczenia wymienialności (czegoś) *[currency]*; za|blokować *[account]*; **~ed currency** dewizy zablokowane [4] (emboss) wy|tłoczyć *[design, title]*; ozd|obić, -abiać (coś) wytłoczeniem *[book cover]*; (print) wy|drukować *[design]*; ozd|obić, -abiać drukowanym wzorem, zadrukow|ać, -ywać *[fabric]* [5] (shape) wy|modelować *[hat]* [6] (arrange in blocks) zblokow|ać, -ywać *[lessons]* [7] (Sport) za|blokować *[ball, kick, opponent]*

III *vi* Sport blokować

■ **block in: ~ [sth] in** [1] (outline) na|szkicować *[drawing, plan]* [2] (fill with colour) zakolorow|ać, -ywać *[area, figure]* [3] (when parking) za|blokować *[car, driver]*

■ **block off: ~ off [sth], ~ [sth] off** [1] (seal off) *[fallen tree]* zatarasow|ać, -ywać *[path, road]*; *[police]* za|blokować [2] Phot przysł|onić, -aniać (maską) *[negative]*

■ **block out: ~ out [sth], ~ [sth] out** [1] (hide) zasł|onić, -aniać *[light, view]*; **to ~ out noise** tłumić hałas; **to ~ out part of a negative** Phot przysłonić (maską) część negatywu [2] (suppress) położyć, kłaść tamę (czemuś) fml *[ideas]*; zatrzym|ać, -ywać *[news]*; zapom|nieć, -inać o (czymś) *[problem]*; **to ~ out the memory of sth** wymazać coś z pamięci; **to ~ out the world** odcinać się or uciekać od świata [3] (sketch) na|szkicować *[drawing, plan]*

■ **block up: ¶ ~ up** *[gutters, pipes]* zat|kać, -ykać się, zap|chać, -ychać się; **the drain ~ed up with tea leaves** rura zapchała się fusami herbacianymi **¶ ~ up [sth], ~ [sth] up** [1] (obstruct) zat|kać, -ykać, zap|chać, -ychać *[hole, pipe]*; *[furniture, crates]* zatarasow|ać, -ywać, tarasować *[exit, entrance]*; *[police]* za|blokować *[exit, entrance]* [2] (board up) po|zabijać deskami *[window, door]*

IDIOMS: **to do/lose one's ~** Austral, NZ infml miotać się, ciskać się infml; **to put** or **lay one's head on the ~** dać or położyć głowę pod topór

blockade /blɒˈkeɪd/ **I** *n* blokada *f*; **to run a ~** sforsować blokadę; **to lift** or **raise a ~** znieść blokadę

II *vt* za|blokować *[road, port]*; za|stosować blokadę (czegoś) *[town, country]*

blockade runner *n* Mil (ship) okręt *m* przedzierający się przez blokadę

blockage /ˈblɒkɪdʒ/ *n* [1] Med (in artery) zator *m*; (intestinal) niedrożność *f* [2] (in road, river) zator *m*; (in pipe) **there is a ~ in the pipe** rura się zatkała

block and tackle *n* Tech wielokrążek *m*

blockboard /ˈblɒkbɔːd/ *n* płyta *f* stolarska

blockbook /ˈblɒkbʊk/ *vt* z|robić rezerwację grupową (czegoś) *[seats, rooms]*

block-booking /blɒkˈbʊkɪŋ/ *n* rezerwacja *f* grupowa

B

blockbuster /ˈblɒkbʌstə(r)/ *n* infml [1] (bomb) bomba *f* burząca [2] (book, film) hit *m* infml; (argument) niezbity or niepodważalny argument *m*; (person) osoba *f* przebojowa
block capital *n* wielka or drukowana litera *f*; **in ~s** wielkimi or drukowanymi literami
block diagram *n* [1] Electron schemat *m* blokowy [2] Geog, Geol blokdiagram *m*
block grant *n* GB Admin dotacja *f* or subwencja *f* rządowa *(dla władz lokalnych na cele publiczne)*
blockhead /ˈblɒkhed/ *n* infml pej tępak *m*, jełop *m* infml pej
blockhouse /ˈblɒkhaʊs/ *n* [1] Mil bunkier *m* [2] US dat (fort) fort *m* [3] Aerosp schron *m* obok wyrzutni rakietowej
blocking software /ˌblɒkɪŋˈsɒftweə(r), US -ˈsɔːft-/ *n* Comput oprogramowanie *n* blokujące
block lava *n* Geol lawa *f* blokowa
block letter *n* = **block capital**
block printing *n* Print druk *m* wypukły
block release *n* GB urlop *m* szkoleniowy
block release course *n* GB kurs *m* dla pracujących, szkolenie *n*
blockship /ˈblɒkʃɪp/ *n* statek *m* blokujący wejście do kanału
block tin *n* czysta cyna *f* *(zwykle w sztabach)*
block vote *n* GB Pol głosowanie *n* blokowe z upoważnienia
block voting *n* GB Pol system *m* głosowania blokowego z upoważnienia
bloke /bləʊk/ *n* GB infml facet *m*, gość *m* infml
blokeish /ˈbləʊkɪʃ/ *adj* GB infml = **blokish**
blokish /ˈbləʊkɪʃ/ *adj* GB infml *[person]* równy infml; *[activities]* typowo męski
blond /blɒnd/ **I** *n* blondyn *m*, -ka *f*
II *adj* *[person]* jasnowłosy; *[hair]* blond, jasny; *[wood]* jasny
blonde /blɒnd/ **I** *n* blondynka *f*
II *adj* *[person]* jasnowłosy; *[hair]* blond, jasny
blood /blʌd/ **I** *n* [1] Biol, Physiol krew *f* also fig; **to donate** or **give ~** oddawać krew; **to do ~s** badać krew; **she bit her lip till the ~ came** przygryzła sobie wargę do krwi; **the ~ rushed to his cheeks** poczerwieniał (na twarzy); **the ~ rushed to my head** krew uderzyła mi do głowy; **the sound made my ~ run cold** ten dźwięk zmroził mi krew w żyłach; **to kill sb in cold ~** zabić kogoś z zimną krwią; **to have sb's ~ on one's hands** splamić ręce czyjąś krwią, mieć kogoś na sumieniu; **to draw first ~** zadać pierwszą ranę; fig zdobyć pierwszy punkt; **bad ~** niechęć, wrogość; zła krew infml [2] (breeding, lineage) pokrewieństwo *n*, krew *f*; **ties of ~** więzy or związki krwi; **related by ~** spokrewnieni; **to have (some) Irish ~** mieć w żyłach irlandzką krew; **blue ~** błękitna krew; **a princess of the ~** księżniczka krwi; **to have sth in one's ~** mieć coś we krwi [3] (vigour) krew *f*; **fresh** or **new** or **young ~** świeża or nowa or młoda krew; **we need new ~** potrzebujemy nowej krwi; **to infuse new ~ into something** dać czemuś zastrzyk świeżej krwi [4] GB dat hum (dandy) złoty młodzieniec *m* dat; **young ~s** złota młodzież
II *vt* [1] Hunt przyucz|ć, -ać (coś) do zapachu krwi *[hound]*; pomazać (kogoś) krwią zabitego lisa *[hunter]* [2] fig zaprawi|ć, -ać do (czegoś); **troops already ~ed in battle** wojsko zaprawione w boju
IDIOMS: **~ is thicker than water** bliższa koszula ciału (niż sukmana); **~ tells** poznać dobrą krew; **to be out for (sb's) ~** infml hum być żądnym (czyjejś) krwi hum; **he's after my ~** infml hum chętnie dobrałby mi się do skóry infml hum; **to try to get ~ from a stone** or **turnip** US próbować wycisnąć łzy or wodę z kamienia
blood alcohol level *n* poziom *m* alkoholu we krwi
blood and thunder **I** *n* Cin film *m* awanturniczy
II **blood-and-thunder** *adj* *[film, novel]* awanturniczy
blood bank *n* bank *m* krwi
bloodbath /ˈblʌdbɑːθ, US -bæθ/ *n* masakra *f*, rzeź *f*
blood blister *n* pęcherzyk *m* wypełniony krwią
blood brother *n* rodzony brat *m*; fig związany *m* braterstwem krwi
blood brotherhood *n* braterstwo *n* krwi
blood cell *n* krwinka *f*
blood-cholesterol /ˌblʌdkəˈlestərɒl/ *n* poziom *m* cholesterolu we krwi
blood clot *n* skrzep *m*
blood clotting agent *n* czynnik *m* krzepnięcia krwi
blood corpuscle *n* = **blood cell**
blood count *n* morfologia *f* krwi; **to do a ~ (on sb)** zrobić (komuś) morfologię
bloodcurdling /ˈblʌdkɜːdlɪŋ/ *adj* mrożący krew w żyłach
blood donor *n* krwiodaw|ca *m*, -czyni *f*
blood feud *n* krwawe porachunki *plt* rodzinne
bloodfin /ˈblʌdfɪn/ *n* Zool żwawik *m* czerwieniak *m*
blood flow *n* przepływ *m* krwi
blood fluke *n* przywra *f* dygeniczna
blood group *n* grupa *f* krwi; **she's ~ A** ona ma grupę (krwi) A
blood heat *n* normalna temperatura *f* krwi człowieka
bloodhound /ˈblʌdhaʊnd/ *n* tropowiec *m*, posokowiec *m*; fig detektyw *m*
bloodily /ˈblʌdɪlɪ/ *adv* *[suppress]* krwawo; **he seized power ~** przejął władzę wśród rozlewu krwi
bloodiness /ˈblʌdɪnɪs/ *n* [1] (of war) okrucieństwo *n* [2] GB infml dat (awfulness) nikczemność *f*
bloodless /ˈblʌdlɪs/ *adj* [1] (peaceful) *[revolution, coup]* bezkrwawy, bez rozlewu krwi [2] (pale) *[face, complexion]* blady, bezkrwisty [3] (lifeless) *[person]* niemrawy [4] (unemotional) *[person]* chłodny, zimny; *[statistics]* suchy
bloodlessly /ˈblʌdlɪslɪ/ *adv* bezkrwawo, bez rozlewu krwi
bloodletting /ˈblʌdletɪŋ/ *n* [1] Med puszczanie *n* krwi [2] (killing) masakra *f*, rzeź *f*; fig zaciekły spór *m*
bloodline /ˈblʌdlaɪn/ *n* [1] (pedigree) rodowód *m* [2] (ancestors) linia *f* (rodu)
blood lust *n* żądza *f* krwi or mordu; **to be full of ~** pałać żądzą mordu
bloodmobile /ˈblʌdməbiːl/ *n* US objazdowy punkt *m* krwiodawstwa
blood money *n* [1] (for murder) zapłata *f* dla płatnego mordercy [2] (reward) nagroda *f* pieniężna za udzielenie informacji o mordercy [3] (compensation) rekompensata *f* dla rodziny zamordowanego
blood orange *n* pomarańcza *f* malinowa
blood plasma *n* osocze *n* krwi
blood poisoning *n* posocznica *f*; zakażenie *n* krwi infml
blood pressure *n* ciśnienie *n* krwi; **high ~** nadciśnienie, wysokie ciśnienie; **low /normal ~** niskie/normalne ciśnienie; **to take sb's ~** zmierzyć komuś ciśnienie; **my ~ rose/fell** ciśnienie podniosło mi się /spadło mi
blood product *n* Med produkt *m* krwiopochodny
blood pudding *n* Culin krwawa kiszka *f*
bloodred /blʌdˈred/ **I** *n* krwista czerwień *f*
II *adj* krwawoczerwony, krwistoczerwony
blood relation *n* krewn|y *m*, -a *f*, krewnia|k *m*, -czka *f*
blood relative *n* = **blood relation**
bloodroot /ˈblʌdruːt/ *n* Bot *bylina północnoamerykańska wydzielająca czerwony sok*
blood sausage *n* US = **blood pudding**
blood serum *n* surowica *f* krwi
bloodshed /ˈblʌdʃed/ *n* rozlew *m* krwi, rzeź *f*, masakra *f*
bloodshot /ˈblʌdʃɒt/ *adj* *[eyes]* nabiegły krwią, przekrwiony
blood-soaked /ˈblʌdsəʊkt/ *adj* nasiąknięty or przesiąknięty krwią
blood sport *n* Hunt łowiectwo *n*, myślistwo *n*
bloodstain /ˈblʌdsteɪn/ *n* plama *f* krwi
bloodstained /ˈblʌdsteɪnd/ *adj* poplamiony krwią, pokrwawiony; *[hands]* splamiony krwią fig
bloodstock /ˈblʌdstɒk/ *n* konie *m pl* pełnej krwi; **~ industry** hodowla koni pełnej krwi
bloodstone /ˈblʌdstəʊn/ *n* Miner heliotrop *m*
bloodstream /ˈblʌdstriːm/ *n* krwiobieg *m*
bloodsucker /ˈblʌdsʌkə(r)/ *n* zwierzę *n* ssące krew; fig pijawka *f* fig
blood sugar *n* poziom *m* cukru we krwi
blood test *n* badanie *n* krwi; **to do a ~ (on sb)** zbadać (komuś) krew; **to have a ~ (done)** przejść badanie krwi
bloodthirstiness /ˈblʌdθɜːstɪnɪs/ *n* okrucieństwo *n*; (stronger) krwiożerczość *f*
bloodthirsty /ˈblʌdθɜːstɪ/ *adj* *[murderer, animal]* krwiożerczy; *[film, novel]* makabryczny
blood ties *npl* więzy *plt* or związki *m pl* krwi
blood transfusion *n* transfuzja *f*, przetoczenie *n* krwi; **to administer** or **do ~** zrobić transfuzję, przetoczyć krew
blood type *n* = **blood group**
blood typing *n* oznaczanie *n* grupy krwi
blood vessel *n* naczynie *n* krwionośne
bloodworm /ˈblʌdwɜːm/ *n* robak *m* *(stosowany jako przynęta)*
bloody /ˈblʌdɪ/ **I** *adj* [1] (bleeding) *[nose]* krwawiący; *[hands, body]* pokrwawiony; **to have a ~ nose** mieć rozbity nos; **to give sb a ~ nose** rozkwasić or rozbić komuś nos; fig dołożyć komuś [2] (covered with blood) *[bandages, rags, hands, sword]* skrwawiony, zakrwawiony; zbroczony krwią liter [3] (pitiless) *[battle, war, regime]* krwawy; *[tyrant, villain]* okrutny [4] *[colour]* krwawy, krwisty,

krwistoczerwony [5] GB vinfml (expressing anger, frustration) cholerny infml; **this ~ car!** ten cholerny samochód!; **you ~ fool!** ty cholerny durniu!; **~ hell!** jasna cholera!; **what the ~ hell is she doing here?** co ona tu do jasnej cholery robi?; **what a ~ nuisance!** a niech to cholera weźmie!; **you've got a ~ nerve!** masz cholerny tupet! [6] dat (unpleasant) *[event, time, person]* okropny; **she was perfectly ~ to me** potraktowała mnie okropnie

II *adv* infml cholernie infml; **a ~ awful/good film** cholernie niedobry/dobry film; **what a ~ stupid idea!** cóż za idiotyczny pomysł! infml; **you had ~ well better do it!** zrób to do cholery! infml

III *vt* skrwawić, pokrwawić; splamić krwią liter *[hands, armour]*

IDIOMS: **to be bloodied but unbowed** przegrać bitwę, lecz nie wojnę

Bloody Mary *n* Culin Bloody Mary *f*, krwawa Mary *f*

bloody-minded /ˌblʌdɪˈmaɪndɪd/ *adj* GB infml pej (obstinate) uparty; (obstructive) złośliwy

bloody-mindedness /ˌblʌdɪˈmaɪndɪdnɪs/ *n* GB infml pej (obstinacy) upór *m*; (obstructiveness) złośliwość *f*

blooey /ˈbluːɪ/ *adv* US infml **to go ~** zrobić klapę, wziąć w łeb infml

bloom /bluːm/ **I** *n* [1] (flower) kwiat *m* [2] (flowering) kwitnienie *n*, rozkwitanie *n*; **in ~** *[plant]* kwitnący; **in full ~** *[flower]* rozwinięty; **to be in ~** *[flower]* kwitnąć; *[tree]* być obsypanym kwiatami; *[garden]* być pełnym kwiatów; **to come into ~** rozkwitać [3] (on skin, fruit) rumieniec *m* [4] fig **the ~ of youth** świeżość *f* młodości; **in the full ~ of youth** w kwiecie or rozkwicie młodości liter; **to lose one's ~** stracić urok; **to take the ~ off sth** zepsuć coś, odebrać czemuś urok

II *vi* [1] (be in flower) kwitnąć; (come into flower) rozkwit|nąć, -ać, zakwit|nąć, -ać [2] fig rozkwit|nąć, -ać, kwitnąć; **she has ~ed since she got married** rozkwitła or kwitnie, od kiedy wyszła za mąż

bloomer[1] /ˈbluːmə(r)/ *n* [1] (plant) **a late /early ~** roślina kwitnąca późno/wcześnie [2] GB dat infml (mistake) gafa *f*; **to make a ~** popełnić gafę

bloomer[2] /ˈbluːmə(r)/ *n* GB Culin duży bochen *m* chleba

bloomers /ˈbluːməz/ *npl* [1] dat (underwear) reformy *plt* infml; galoty *plt* infml hum; Hist pantalony *plt* [2] dat (trousers) pumpy *plt* damskie

blooming /ˈbluːmɪŋ/ **I** *adj* [1] (healthy) kwitnący; **~ with health** tryskający or promieniejący zdrowiem; **~ period** okres rozkwitu, rozkwit [2] GB infml cholerny, sakramencki infml; **~ idiot!** cholerny or sakramencki dureń!

II *adv* GB infml cholernie, sakramencko infml; **it's ~ ridiculous!** to idiotyzm! infml; **you ~ well apologize to him!** masz go przeprosić, do cholery! infml

Bloomsbury group /ˈbluːmzbrɪgruːp/ *n* grupa *f* Bloomsbury *(skupiająca pisarzy i artystów epoki wiktoriańskiej, działająca w latach 1907-1930)*

blooper /ˈbluːpə(r)/ *n* US infml gafa *f*; **to make a ~** popełnić gafę

blossom /ˈblɒsəm/ **I** *n* [1] (flowers) kwiaty *m pl*; kwiecie *n* liter; **in (full) ~** ukwiecony; **the valley is full of ~** dolina jest pełna kwiatów or obsypana kwieciem; **to come into ~** rozkwitać; **~ time** okres kwitnienia [2] (flower) kwiat *m*

II *vi* [1] (be in flower) kwitnąć; (come into flower) rozkwit|nąć, -ać, zakwit|nąć, -ać [2] fig (also **~ out)** rozkwit|nąć, -ać, kwitnąć; **our friendship ~ed into love** nasza przyjaźń przerodziła się w miłość; **she has ~ed into a lovely woman** wyrosła na śliczną kobietę

blot /blɒt/ **I** *n* (of paint, ink, dirt) plama *f* also fig; (of ink) kleks *m*

II *vt* *(prp, pt, pp* **-tt-)** [1] (stain) po|plamić, za|plamić; s|plamić also fig [2] (dry) osusz|yć, -ać (bibułą); **to ~ one's lipstick** usunąć chusteczką nadmiar szminki [3] = **blot out**

■ **blot out**: **~ out [sth]** zamaz|ać, -ywać *[signature, word]*; przysł|onić, -aniać *[view]*; wymaz|ać, -ywać z pamięci *[thoughts, memories]*; zapom|nieć, -inać o (czymś) *[fear]*; **I wish I could ~ him out of my memory** chciałbym o nim zapomnieć, chciałbym wymazać go z pamięci

■ **blot up**: **~ up [sth], ~ [sth] up** osącz|yć, -ać (bibułą) *[oil, fat]*

IDIOMS: **to ~ one's copybook** skompromitować się; dać plamę infml; **to be a ~ on the landscape** szpecić krajobraz or widok; fig być łyżką dziegciu w beczce miodu

blotch /blɒtʃ/ **I** *n* [1] (on skin) (discoloration) plama *f*, wybroczyna *f*; (boil) krosta *f* [2] (of paint, ink) plama *f*; (of ink) kleks *m*

II *vt* po|plamić, za|plamić *[paper]*; **her skin was all ~ed** miała skórę pokrytą plamami; **wallpaper ~ed with damp** tapeta z zaciekami

III *vi* *[pen]* pozostawi|ć, -ać kleksy

blotchiness /ˈblɒtʃɪnɪs/ *n* (on skin) plamistość *f*

blotchy /ˈblɒtʃɪ/ *adj* *[skin, complexion]* plamisty; *[leaf]* pokryty plamami; *[paper]* poplamiony, w plamach

blotter /ˈblɒtə(r)/ *n* [1] (for ink) (sheet) bibuła *f*; (boat-shaped) suszka *f*; (on desktop) = **blotting pad** [2] US (commercial) księga *f* bieżąca; (police) książka *f* zatrzymań

blotting pad *n* podkładka *f* na biurko *(arkusz bibuły na kartonowej podkładce)*

blotting paper *n* bibuła *f*

blotto /ˈblɒtəʊ/ *adj* infml kompletnie zalany, zalany w trupa infml

blouse /blaʊz, US blaʊs/ *n* [1] (woman's) bluzka *f* [2] US Mil bluza *f*

blouson /ˈbluːzɒn/ *n* bluza *f*

blow[1] /bləʊ/ **I** *n* [1] (action of blowing) dmuchnięcie *n*; (of wind) podmuch *m*; **to give one's nose a ~** wytrzeć nos; wydmuchać nos infml; **give your nose a good ~** wydmuchnij porządnie nos infml [2] GB infml (marijuana) marycha *f*, trawka *f* infml [3] US infml (cocaine) koka *f* infml

II *vt* *(pt* **blew;** *pp* **blown)** [1] *[wind]* por|wać, -ywać *[leaves]*; miotać (czymś) *[rain]*; pchać *[boat]*; **to ~ sth out of the window** wywiać coś za okno; **the wind blew the door open/shut** wiatr otworzył /zatrzasnął drzwi; **to be blown off course/onto the rocks** *[ship]* zostać zepchniętym z kursu/na skały; **the helicopter blew a cloud of dust into the air** helikopter wzbił w powietrze tuman kurzu; **it's ~ing a gale** jest straszna wichura [2] *[person]* wydmuch|ać, -iwać, pu|ścić, -szczać *[bubbles, smoke rings]*; **to ~ smoke in sb's face** dmuchać komuś dymem w twarz; **she blew the ash onto the floor** zdmuchnęła popiół na podłogę; **to ~ an egg** zrobić wydmuszkę; **to ~ glass** wydmuchiwać szkło; **to ~ sb a kiss** posłać komuś całusa; **to ~ one's nose** wytrzeć nos; wydmuchać nos infml [3] *[musician]* za|dąć w (coś) *[trumpet]*; dmuch|nąć, -ać w (coś) *[flute]*; **to ~ the whistle** za|gwizdać, gwizdnąć; **to ~ the whistle for half-time** odgwizdać przerwę, zagwizdać na przerwę *(w meczu)* [4] *[explosion]* **to ~ a hole in sth** wyrwać dziurę w czymś; **to ~ sth to pieces** or **bits** rozerwać coś na kawałki; **to ~ a safe** wysadzić zamek w sejfie [5] Elec, Mech s|powodować przepalenie się (czegoś) *[fuse, lightbulb]*; s|powodować rozerwanie się (czegoś) *[gasket]* [6] infml (spend) przepu|ścić, -szczać *[money]* **(on sth** na coś) [7] infml (expose) ujawni|ć, -ać *[operation, secret]*; **to ~ sb's cover** zdemaskować kogoś [8] infml (make a mess of) **to ~ it** zawalić sprawę infml; **to ~ one's chances** zmarnować szansę; **to ~ one's lines** Theat sypnąć się infml; **that's really blown it!** to już koniec! [9] infml dat *(pp* **blowed) ~ it!** do diaska! infml dat; **~ him!** niech go diabli! infml; **well, ~ me down!** niech mnie kule (biją)! infml dat; **I'll be ~ed if I'll pay!** niech mnie piorun or niech mnie kule biją, jeśli zapłacę! infml dat [10] US infml **to ~ town** prysnąć z miasta infml [11] US infml (exaggerate) = **blow up** [12] infml drug addicts' sl **to ~ grass** palić trawkę infml [13] vulg (fellate) obciąg|nąć, -ać (komuś) laskę vulg

III *vi* *(pt* **blew;** *pp* **blown)** [1] *[wind]* za|dąć, po|wiać, zawi|ać, -ewać; **the wind is ~ing from the west** wiatr wieje z zachodu; **it's ~ing hard** jest or wieje or dmie silny wiatr, mocno wieje [2] (move with wind) **to ~ in the wind** *[hair]* rozwiewać się na wietrze; *[clothes]* powiewać na wietrze; *[leaves]* poruszać się na wietrze [3] (send out air) *[person]* dmuch|nąć, -ać **(on/into sth** na/w coś); *[whale]* wypu|ścić, -szczać fontannę or powietrze; (gasp) **to be puffing and ~ing** sapać i dyszeć [4] (sound) za|brzmieć; *[trumpet]* za|grać; *[foghorn]* za|buczeć; *[whistle]* za|gwizdać; **when the whistle ~s** gdy zabrzmi gwizdek [5] (break, explode) *[fuse, bulb]* przepal|ić, -ać się; *[gasket, tyre]* roz|erwać, -rywać się [6] infml (leave quickly) prys|nąć, -kać, zwi|ać, -ewać, nawi|ać, -ewać infml

■ **blow around, blow about** GB: **¶ ~ around** *[leaves, papers, litter]* fruwać w koło **¶ ~ around [sth], ~ [sth] around** rozwi|ać, -ewać, rozn|ieść, -osić, poroznosić

■ **blow away**: **¶ ~ away** *[hat, paper]* odfru|nąć, -wać **¶ ~ away [sth], ~ [sth] away** *[wind]* por|wać, -ywać *[object]*; *[explosion]* z|erwać, -rywać *[roof]*; **to ~ the dust away** zdmuchnąć kurz **¶ ~ [sb] away** infml [1] (kill) sprzątnąć infml [2] US (cause strong emotions) działać na (kogoś) [3] US (defeat) dołożyć (komuś) infml

B

■ **blow down**: ¶ **~ down** *[tree, fence]* przewr|ócić, -acać się, zwal|ić, -ać się ¶ **~ down [sth], ~ [sth] down** *[wind]* powal|ić, -ać, przewr|ócić, -acać *[chimney, tree, house]*; **~ me down!** GB infml a niech mnie! infml

■ **blow in**: ¶ **~ in** [1] *[snow, rain]* wpa|ść, -dać do środka [2] (in explosion) *[door, window]* zostać wepchniętym do środka [3] infml *[person]* wpa|ść, -dać (niespodzianie) ¶ **~ in [sth], ~ [sth] in** [1] *[wind]* nawi|ać, -ewać (do środka) *[sand, snow]*; **look what the wind's blown in!** fig infml patrzcie, kogo przyniosło! infml [2] *[explosion]* w|epchnąć, -pychać (do środka) *[door, window]*

■ **blow off**: ¶ **~ off** [1] *[hat, papers]* odfru|nąć, -wać [2] (gush out) *[gas, liquid]* wytrys|nąć, -kiwać ¶ **~ off [sth], ~ [sth] off** *[wind]* zdmuch|nąć, -iwać *[hat]*; *[explosion]* z|erwać, -rywać *[roof]*; ur|wać, -ywać *[head, limb]*; **to ~ sb's head off** urwać komuś głowę; **he had his legs blown off** urwało mu nogi; **to ~ the leaves off the trees** *[wind]* pozrywać liście z drzew; **to ~ the dust off sth** *[person]* zdmuchnąć z czegoś kurz

■ **blow out**: ¶ **~ out** [1] *[candle, flame]* z|gasnąć [2] *[oil well, gas well]* wyrzuc|ić, -ać ropę/gaz [3] *[tyre]* roz|erwać, -rywać się [4] *[fuse]* przepal|ić, -ać się ¶ **~ out [sth], ~ [sth] out** [1] (extinguish) zdmuch|nąć, -iwać *[candle]*; z|gasić *[flames]*; **to ~ itself out** *[storm]* ucichnąć, uciszyć się [2] (inflate) **to ~ one's cheeks out** nadąć or wydąć policzki

■ **blow over**: ¶ **~ over** [1] (pass, die out) *[storm]* ucich|nąć, -ać; *[anger, trouble]* mi|nąć, -jać; *[protest]* u|milknąć, u|cichnąć; *[scandal]* przycich|nąć, -ać [2] (topple) *[fence, tree]* przewr|ócić, -acać się (pod naporem wiatru) ¶ **~ [sb/sth] over** *[wind]* powal|ić -ać, przewr|ócić, -acać *[person, tree, fence]*

■ **blow up**: ¶ **~ up** [1] (in explosion) *[building]* wyl|ecieć, -atywać w powietrze; *[bomb]* wybuch|nąć, -ać [2] *[wind]* z|erwać, -rywać się, za|dąć; *[storm]* rozpęt|ać, -ywać się [3] *[trouble, problem]* rozpocz|ąć, -ynać się; *[affair]* wybuch|nąć, -ać; **the affair blew up into a major scandal** z tej sprawy zrobił się grubszy skandal [4] infml (become angry) wybuch|nąć, -ać; **to ~ up at sb** naskoczyć na kogoś infml [5] (inflate) **the mattress ~s up** materac się nadmuchuje; **it won't ~ up!** tego nie da się nadmuchać! ¶ **~ up [sth/sb], ~ [sth/sb] up** (in explosion) wysadz|ić, -ać (coś) w powietrze *[building]*; roz|erwać, -rywać *[person]*; z|detonować *[bomb]* ¶ **~ up [sth], ~ [sth] up** [1] (inflate) na|pompować *[tyre, balloon]*; (with mouth) nadmuch|ać, -iwać *[balloon]* [2] Phot (enlarge) powiększ|yć, -ać *[photo]* [3] (exaggerate) rozdmuch|ać, -iwać *[affair]*; **the story has been blown (up) out of all proportion** historia została sztucznie rozdmuchana

IDIOMS: **to ~ a fuse** or **a gasket** or **one's lid** or **one's stack** or **one's top** infml wściec się infml; **it ~s his cool** infml to go denerwuje; **it really blew my mind** or **blew me away** infml prawie padłem z wrażenia infml

blow² /bləʊ/ *n* [1] (stroke) uderzenie *n*, cios *m*; **a ~ on the jaw** uderzenie or cios w szczękę; **a ~ with a hammer** uderzenie młotkiem; **killed by a ~ to the back of the head** zabity uderzeniem w tył głowy; **to fell sb with a ~** powalić kogoś (na ziemię) jednym ciosem; **at one ~** jednym ciosem; fig za jednym zamachem; **to exchange ~s** wymieniać ciosy; **to come to ~s** zacząć się bić **(over sth** o coś); **to strike a ~ for sth** fig ruszyć do walki o coś *[freedom, rights]*; **to strike a ~ against** or **at sth** fig uderzyć w coś fig *[company, party]* [2] fig (shock, knock) cios *m* fig **(for** or **to sb** dla kogoś); **it came as a terrible ~ to her** to był dla niej straszny cios; **it was a ~ to his hopes/confidence** odebrało mu to nadzieję/wiarę w siebie; **to deal sb a savage ~** zadać komuś druzgocący cios

blow-by-blow /ˌbləʊbaɪˈbləʊ/ *adj [account]* szczegółowy

blowdown /ˈbləʊdaʊn/ *n* Nucl przedmuch *m* odmulin

blow-dry /ˈbləʊdraɪ/ **I** *n* suszenie *n* suszarką ręczną; **a cut and ~** strzyżenie z modelowaniem

II *vt* **to ~ sb's/one's hair** modelować komuś/sobie włosy

blower /ˈbləʊə(r)/ *n* [1] (fan) wentylator *m* [2] (for snow) dmuchawa *f* [3] infml dat (telephone) **the ~** telefon *m*; **to be on the ~** rozmawiać przez telefon; **to get on the ~ (to sb)** zadzwonić (do kogoś)

blowfly /ˈbləʊflaɪ/ *n* (mucha *f*) plujka *f*

blowgun /ˈbləʊgʌn/ *n* US dmuchawka *f*

blowhard /ˈbləʊhɑːd/ *n* US infml chwalipięta *m/f*, samochwała *m/f*

blowhole /ˈbləʊhəʊl/ *n* [1] Zool (of whale) nozdrze *n* wieloryba [2] (in ice) przerębel *m*, przerębla *f*

blow job /ˈbləʊdʒɒb/ *n* vulg stosunek *m* oralny; obciąganie *n* druta vulg; **to give sb a ~** obciągnąć komuś druta vulg

blowlamp /ˈbləʊlæmp/ *n* GB = **blowtorch**

blown /bləʊn/ **I** *pp* → **blow¹**

II *adj [rose]* rozkwitły

blowout /ˈbləʊaʊt/ *n* [1] Elec krótkie spięcie *n* [2] Aut (of tyre) rozerwanie (się) *n*, trzaśnięcie *n*; **to have a ~** złapać gumę infml [3] Mining (of oil, gas) wytrysk *m* [4] Aviat (of jet engine) zgaśnięcie *n* płomienia [5] infml (meal) wyżerka *f* infml

blowpipe /ˈbləʊpaɪp/ *n* [1] GB (for darts) dmuchawka *f* ustna *(do strzelania strzałkami)* [2] (of blowtorch) palnik *m* spawalniczy [3] (in glassmaking) dmuchawa *f*

blowsy /ˈblaʊzɪ/ *adj* = **blowzy**

blowtorch /ˈbləʊtɔːtʃ/ *n* lampa *f* lutownicza

blow-up /ˈbləʊʌp/ **I** *n* [1] Phot powiększenie *n* [2] infml (argument) awantura *f*

II *adj* (inflatable) *[doll, toy, dinghy]* nadmuchiwany; dmuchany infml

blowy /ˈbləʊɪ/ *adj* infml *[day]* wietrzny

blowzy /ˈblaʊzɪ/ *adj* pej *[woman]* rozmemłany infml

blub /blʌb/ *vi* **(***prp, pt, pp* **-bb-)** GB infml beczeć, pochlipywać, mazać się infml

blubber /ˈblʌbə(r)/ **I** *n* [1] (of whale, seal) tłuszcz *m (wielorybi, foczy)* [2] infml hum (on person) sadło *n*, sadełko *n* infml hum; **~-faced** o nalanej twarzy; **~-lipped** o mięsistych wargach [3] infml (weep) szloch *m*; **to have a (good) ~** wybeczeć się infml

II *vi* infml beczeć, mazać się infml

■ **blubber out**: **~ out [sth]** infml wyznać (coś) pochlipując infml

blubbery /ˈblʌbərɪ/ *adj [arms, legs]* tłusty; *[lips]* mięsisty

bludgeon /ˈblʌdʒən/ **I** *n* pałka *f*, maczuga *f*; **the ~ of satire** fig ostrze satyry fig

II *vt* [1] (strike) wal|nąć, -ić, tłuc; **to ~ sb to death** zatłuc kogoś (na śmierć) [2] fig (bully) **to ~ sb into doing sth** zmusić or przymusić kogoś do zrobienia czegoś

blue /bluː/ **I** *n* [1] (colour) (kolor *m*) niebieski *m*, błękit *m*; **to go** or **turn ~** *[sky]* zbłękitnieć; *[face, nose]* zsinieć [2] liter **the ~** (sky) nieboskłon *m*, lazur *m* nieba liter; (sea) lazur *m* morza liter [3] GB Univ (honour) **to be/get an Oxford/Cambridge ~** być /zostać członkiem reprezentacji sportowej Oksfordu/Cambridge [4] GB Pol **a true ~** zatwardziały konserwatysta *m*, [5] US Hist (in civil war) unionista *m*, żołnierz *m* armii Północy

II blues *npl* [1] Mus **the ~s** blues *m*; **to sing/play the ~s** śpiewać/grać bluesa [2] infml (depression) **the ~s** chandra *f* infml; **to have the ~s** mieć chandrę

III blues *modif [music, musician, festival]* bluesowy; **a ~s fan** wielbiciel bluesa

IV *adj* [1] (in colour) niebieski, błękitny; **to be ~ from** or **with the cold** fig być sinym z zimna, posinieć or zsinieć z zimna [2] (depressed) smutny, przygnębiony; **to feel ~** być przygnębionym or smutnym [3] infml (concerned with sex) *[film]* erotyczny; *[joke]* pieprzny infml [4] GB Pol infml konserwatywny

V *vt* GB infml (squander) **to ~ (all) one's money on sth** przepuścić wszystkie pieniądze na coś infml

IDIOMS: **to say sth out of the ~** powiedzieć coś ni z tego, ni z owego; **to appear /happen out of the ~** pojawić się /zdarzyć się ni z tego, ni z owego; **to go off into the ~** odejść w siną dal; **to vanish into the ~** zniknąć bez śladu; **the air was ~!** była wielka pyskówka or chryja infml; **to throw a ~ fit** wściec się, wpaść w szał infml; **to tell sb sth/repeat sth to sb until one is ~ in the face** mówić/ powtarzać coś komuś do znudzenia; **you can shout until you're ~ in the face, I'm going anyway!** możesz wrzeszczeć, ile chcesz, a ja i tak pójdę!; **to talk a ~ streak** US infml trzepać językiem, trzaskać dziobem infml; **like ~ blazes** US infml jak cholera infml; sakramencko infml dat → **bolt, funk, moon, murder**

blue baby *n* noworodek *m* z sinicą

blue baby syndrome *n* sinica *f* u noworodka

Bluebeard /ˈbluːbɪəd/ *prn* Mythol Sinobrody *m* also fig

bluebell /ˈbluːbel/ *n* Bot (wood hyacinth) endymion *m* zwisły; (harebell) dzwonek *m*, kampanula *f*

Blue Berets *npl* Mil Błękitne Berety *m pl*

blueberry /ˈbluːbərɪ/ *n* US Bot czarna borówka *f* or jagoda *f* amerykańska

bluebird /ˈbluːbɜːd/ *n* drozd *m* północnoamerykański

blue-black /ˌbluːˈblæk/ **I** *n* głęboka czerń *f*

II *adj* kruczoczarny

blue blood *n* błękitna krew *f*
blue-blooded /ˌbluːˈblʌdɪd/ *adj* **a ~ aristocrat** arystokrata czystej krwi
blue book *n* [1] GB Pol *oficjalny raport rządu lub parlamentu brytyjskiego* [2] US Sch zeszyt *m* do prac egzaminacyjnych [3] US (society listing) błękitna księga *f (z adresami osób należących do wyższych sfer rządowych, biznesu itp.)*
bluebottle /ˈbluːbɒtl/ *n* [1] Zool (mucha *f*) plujka *f* [2] Bot bławatek *m*, chaber *m* [3] GB dat infml gliniarz *m* infml
blue cheese *n* ser *m* niebieski *(typu rokpol)*
blue cheese dressing *n* sos *m* z sera typu rokpol *(do sałaty)*
blue cheese sauce *n* = **blue cheese dressing**
blue chip **I** *n* [1] Fin bezpieczna akcja *f* wiodącego przedsiębiorstwa [2] (in poker) żeton *m* o wysokiej wartości
II *modif [company, share]* bezpieczny; **~ investment** lokata niskiego ryzyka
blue collar *adj* **~ worker** robotnik, pracownik fizyczny; **~ union** związek zawodowy pracowników fizycznych; **~ vote** liczba głosów oddanych przez pracowników fizycznych
blue-eyed /ˈbluːaɪd/ *adj* niebieskooki, błękitnooki
blue-eyed boy *n* GB fig infml (of public, media) ulubieniec *m*, beniaminek *m*; (of teacher) pupilek *m*; (of influential person) protegowany *m*
bluegrass /ˈbluːgrɑːs, US -græs/ *n* [1] Bot wiechlina *f* łąkowa [2] Mus bluegrass *m (odmiana muzyki country and western)*
blue-green /ˌbluːˈgriːn/ **I** *n* (kolor *m*) morski *m*, niebieskozielony *m*
II *adj* morski, niebieskozielony
Blue Helmets *n* Mil Błękitne Hełmy *m pl*
blue jay *n* sójka *f* błękitna
blue jeans *npl* dżinsy *plt*
blue law *n* [1] US Jur *prawo zakazujące świadczenia pewnych usług w niedzielę* [2] Fin ustawa *f* regulująca obroty giełdowe
blue light *n* (on emergency vehicles) światło *n* błyskowe; kogut *m* infml
blue mold *n* US = **blue mould**
blue mould GB *n* pleśń *f*
blueness /ˈbluːnɪs/ *n* błękit *m*
bluenose /ˈbluːnəʊz/ *n* infml świętosz|ek *m*, -ka *f*
blue note *n* (in jazz) nuta *f* bluesowa
blue pencil **I** *n* ołówek *m* kopiowy; **to go through sth with the ~** (edit) adiustować coś; (censor) o|cenzurować coś
II **blue-pencil** *vt* (*prp, pt, pp* **-ll-** GB, **-l-** US) (edit) adiustować *[text]*; (censor) o|cenzurować *[book, film]*
Blue Peter /ˌbluːˈpiːtə(r)/ *n* Naut Błękitny Piotruś *m (litera „p" Międzynarodowego Kodu Flagowego)*
blueprint /ˈbluːprɪnt/ *n* [1] Archit, Tech światłokopia *f* planu or projektu; **a ~ of** or **for a nuclear device** plan or projekt bomby jądrowej [2] fig (plan) plan *m*, strategia *f* (**for sth** czegoś); **it's a ~ for disaster** to musi doprowadzić do katastrofy; **monetarist/industrial ~** strategia monetarna/przemysłowa
blue riband *n* GB wstęga *f* Orderu Podwiązki; fig = **blue ribbon**
blue ribbon **I** *n* pierwsza nagroda *f*
II **blue-ribbon** *modif* [1] US (elite) *[committee, group]* złożony z ekspertów najwyższej klasy [2] (of first class quality) *[trophy]* najwyższy; *[event]* najważniejszy
blue rinse *n* Cosmet płukanka *f* nadająca siwym włosom odcień niebieskawy
blue-rinse brigade /ˌbluːˈrɪnsbrɪgeɪd/ *n* GB hum, pej starsze panie *f pl (dobrze sytuowane)*
blues /ˈbluːz/ → **blue II, III**
blue shark *n* żarłacz *m* błękitny
blue-sky /ˌbluːˈskaɪ/ *adj [project]* raczkujący, w powijakach
bluestocking /ˈbluːstɒkɪŋ/ *n* pej sawantka *f*
bluesy /ˈbluːzɪ/ *adj* Mus w stylu bluesowym
blue tit *n* sikora *f* modra
blue whale *n* płetwal *m* błękitny
bluey /ˈbluːɪ/ *adj* niebieskawy
bluff[1] /blʌf/ **I** *n* (ruse, also in cards) blef *m*, bluff *m*
II *vt* zw|ieść, -odzić, zmylić, wprowadz|ić, -ać (kogoś) w błąd; **he ~ed her into thinking that...** przekonał ją sprytnie, że..., wmówił jej, że...; **how did she ~ her way into that job?** jakiego podstępu użyła, żeby dostać tę pracę?; **she ~ed him out of a fiver** wyłudziła od niego piątaka; **he ~ed his way out of it** wykręcił się od tego; **to ~ it out** (in cards) zablefować
III *vi* (also in card) za|blefować; **he's (only) ~ing** on tylko blefuje **was he ~ing!** ale blefował!
IDIOMS: **to call sb's ~** zmusić kogoś do pokazania kart
bluff[2] /blʌf/ *n* (bank) skarpa *f*; (cliff) urwisko *n*
bluff[3] /blʌf/ *adj [person, manner]* (direct) bezpośredni; (rough) bezceremonialny, obcesowy
bluffer /ˈblʌfə(r)/ *n* blefiarz *m* infml
bluish /ˈbluːɪʃ/ *adj* niebieskawy
blunder /ˈblʌndə(r)/ **I** *n* [1] (mistake) błąd *m*, omyłka *f* [2] (gaffe) gafa *f*, nietakt *m*; **to make** or **commit a ~** popełnić gafę or nietakt
II *vi* [1] (make mistake) popełni|ć, -ać błąd; (socially unacceptable) popełni|ć, -ać gafę or nietakt [2] (move clumsily) po|ruszać się niezdarnie; **she ~ed about in the dark** poruszała się po omacku; **he ~ed into the table** wpadł na stół; **I ~ed into the wrong room** przez pomyłkę wszedłem do innego pokoju; **she ~ed into the boss in the corridor** wpadła na szefa na korytarzu; **somehow I ~ed through the interview** fig jakoś udało mi się przebrnąć przez rozmowę
■ **blunder on**: **~ on [sb/sth]** nat|knąć, -ykać się na (kogoś/coś)
blunderbuss /ˈblʌndəbʌs/ *n* [1] Hist Mil garłacz *m* [2] fig (talker) gaduła *m/f*; (blunderer) słoń *m* w składzie porcelany fig
blunderer /ˈblʌndərə(r)/ *n* (awkward person) niedołęga *m/f*, niedorajda *m/f*, niezdara *m/f*
blundering /ˈblʌndərɪŋ/ **I** *n* nieudolność *f*
II *adj [politician, officer, attempt]* nieudolny; *[remark]* nietaktowny; **you ~ idiot!** ty beznadziejny durniu!
blunt /blʌnt/ **I** *adj* [1] (not sharp) *[blade, knife, needle, scissors]* tępy, stępiony; *[pencil]* niezaostrzony; **the knife is ~** nóż jest tępy; **he was murdered with a ~ instrument** został zamordowany tępym narzędziem [2] (frank) *[person, manner]* szczery, otwarty; *[refusal]* kategoryczny; *[fact, truth]* nagi, goły; **to be quite ~, it won't work** mówiąc szczerze or otwarcie, to się nie uda; **she was very ~ about our shortcomings** otwarcie wytknęła nam nasze niedociągnięcia
II *vt* stępi|ć, -ać *[knife, pencil, needle]*; przytępi|ć, -ać *[sense, intellect]*; osłabi|ć, -ać *[enthusiasm, feeling]*; z|łagodzić *[criticism]*
bluntly /ˈblʌntlɪ/ *adv* otwarcie, szczerze; **to put it ~, you bore me** mówiąc szczerze or otwarcie, nudzisz mnie
bluntness /ˈblʌntnɪs/ *n* (straightforwardness) szczerość *f*, otwartość *f*; (brusqueness) obcesowość *f*, szorstkość *f*
blur /blɜː(r)/ **I** *n* niewyraźna plama *f*; **everything is a ~ without my glasses** bez okularów widzę tylko niewyraźne plamy; **I saw a ~ of movement out of the corner of my eye** kątem oka zobaczyłem, że coś się lekko poruszyło; **after that it all became a ~ (to me)** potem już nic nie pamiętam; **my recollection of the party is a ~** pamiętam przyjęcie jak przez mgłę
II *vt* (*prp, pt, pp* **-rr-**) zamaz|ać, -ywać *[writing, inscription]*; rozmaz|ać, -ywać *[outline, shape]*; za|trzeć, -cierać *[difference]*; **to ~ the line between reality and fantasy** zatrzeć granicę między rzeczywistością a fantazją; **tears ~red her vision** łzy zamgliły jej oczy or wzrok
III *vi* (*prp, pt, pp* **-rr-**) *[outline, image]* rozmaz|ać, -ywać się; *[memory, differences]* za|trzeć, -cierać się
blurb /blɜːb/ *n* notka *f* reklamowa; (on book cover) notka *f* wydawnicza *(na okładce lub obwolucie)*
blurred /blɜːd/ *adj [shape, writing]* zamazany, rozmazany; *[photograph]* nieostry; *[outline]* niewyraźny; *[idea, recollection]* niejasny; **to have ~ vision** widzieć nieostro; **all the photos were ~** wszystkie zdjęcia były nieostre; **I felt dizzy and then everything went ~** zakręciło mi się w głowie i nie pamiętam, co się później stało
blurry /ˈblɜːrɪ/ *adj [photograph]* nieostry; *[shape, contour]* niewyraźny, zamglony
blurt /blɜːt/ *vt* → **blurt out**
■ **blurt out**: **~ out [sth], ~ [sth] out** wysk|oczyć, -akiwać z (czymś) infml *[news]*; wygadać, zdradz|ić, -ać *[truth, secret]*; **he ~ed out everything** wszystko wygadał or wypaplał; **'he didn't do it,' she ~ed out** „on tego nie zrobił", wyrwało się jej
blush /blʌʃ/ **I** *n* [1] (flush) rumieniec *m*; **Daniel's remarks brought a ~ to her face** uwagi Daniela wywołały rumieniec na jej twarzy; **she spared his ~es and didn't mention his behaviour** nie chciała go zawstydzać i nie wspomniała o jego zachowaniu; **spare my ~es!** czuję się zażenowany!; **to hide one's ~es** ukrywać zażenowanie; **at first ~** fml na pierwszy rzut oka [2] (of dawn) zorza *f* poranna [3] US = **blusher**
II *vi* za|rumienić się, za|czerwienić się; **he ~ed at her words** zaczerwienił się słysząc

jej słowa; **she ~ed with embarrassment/shame** zarumieniła się z zażenowania/ze wstydu; **to ~ for sb** rumienić się or wstydzić się za kogoś; **to make sb ~** zawstydzać kogoś; **I ~ to admit that...** ze wstydem przyznaję, że...; **I ~ to think what a fool I made of myself** wstyd mi, że zrobiłem z siebie takiego głupca

blusher /ˈblʌʃə(r)/ *n* Cosmet róż *m*

blushing /ˈblʌʃɪŋ/ *adj* czerwony, zarumieniony

blush wine /ˌblʌʃˈwaɪn/ *n* wino *n* przydymione rosé

bluster /ˈblʌstə(r)/ **I** *n* 1 (of wind, storm) wycie *n*, ryk *m* 2 fig (angry) wybuch *m* wściekłości; (boasting) przechwałki *f pl*, fanfaronada *f*
II *vi* 1 *[wind, storm]* szaleć 2 fig (talk threateningly) wrzeszczeć **(at sb** na kogoś**)**; (talk boastfully) chełpić się, przechwalać się

blusterer /ˈblʌstərə(r)/ *n* (boastful person) samochwał *m*, samochwała *m/f*; (angry person) awanturni|k *m*, -ca *f*, krzykacz *m*

blustering /ˈblʌstərɪŋ/ **I** *n* (boasting) przechwałki *f pl*; (rage) wybuch *m* wściekłości
II *adj* (boastful) chełpliwy; (angry) wściekły

blustery /ˈblʌstərɪ/ *adj [weather, day]* wietrzny; *[wind]* porywisty; **it's very ~ today** dziś jest bardzo wietrznie

Blu-tack® /ˈbluːtæk/ *n* Blu-tack *m (substancja do przyklejania plakatów itp. do ścian)*

Blvd *n* US = **Boulevard**

BM *n* 1 = **British Museum** 2 = **Bachelor of Medicine** dyplom *m* ukończenia studiów medycznych 3 US = **bowel movement**

BMA *n* = **British Medical Association** Brytyjskie Towarzystwo *n* Medyczne

B movie /ˈbiːmuːvɪ/ *n* film *m* klasy B *(niskonakładowy, dawniej wyświetlany przed głównym obrazem)*

BMus *n* = **Bachelor of Music** dyplom *m* ukończenia studiów muzycznych

bn *n* = **billion**

BO *n* 1 infml = **body odour** naturalny zapach *m* ciała, zapach *m* potu; **he's got ~** on śmierdzi potem 2 US = **box office**

boa /ˈbəʊə/ *n* 1 Zool boa *m inv* 2 **(**also **feather ~)** boa *n inv*

boa constrictor *n* Zool boa *m inv* dusiciel *m*

Boadicea /ˌbəʊədɪˈsiːə/ *prn* Bodicea *f*, Boudikka *f (królowa plemienia Icenów, która stanęła na czele powstania przeciwko Rzymianom w 60. r.n.e.)*

boar /bɔː(r)/ *n* 1 (wild) dzik *m*; (old male) odyniec *m*; **young (wild) ~** warchlak *m* 2 (male pig) knur *m*

board /bɔːd/ **I** *n* 1 (committee) rada *f*, komisja *f*; (administrative body) zarząd *m*, wydział *m*; **~ of directors** zarząd; **to be** or **sit on the ~ (of directors)** być w zarządzie, być członkiem zarządu; **disciplinary ~** komisja dyscyplinarna; **~ of examiners** komisja egzaminacyjna; **~ of governors** Sch zarząd szkoły; **~ of inquiry** komisja dochodzeniowa 2 (plank) deska *f*; (of compressed fibres) płyta *f*; (for chopping) deska *f*, deseczka *f*; **skirting ~** listwa przypodłogowa 3 Sport (for surfing, windsurfing) deska *f*; **(diving) ~** trampolina *f* 4 Games (in darts) tarcza *f*; (for chess, draughts) plansza *f*; (in poker) stolik *m*; tapet *m* ra 5 (for writing) tablica *f*; (for information) tablica *f* informacyjna 6 Comput płyta *f*; **main** or **mother ~** płyta główna or matka 7 (provision of meals) utrzymanie *n*, wyżywienie *n*; wikt *m* dat or hum; **to pay £30 ~** płacić 30 funtów za utrzymanie or wyżywienie; **~ and lodging, room and ~** mieszkanie z utrzymaniem or wyżywieniem; wikt i opierunek hum; **full ~** całodzienne utrzymanie or wyżywienie; **half ~** śniadanie i kolacja → **above, across**
II boards *npl* 1 (floor) podłoga *f*; **bare ~s** goła podłoga, gołe deski 2 Print oprawa *f*, okładka *f*; **limp ~s** miękka oprawa; **in paper ~s** w oprawie broszurowej 3 Theat scena *f*, deski *plt* sceniczne; **to tread the ~s** występować na deskach scenicznych or na scenie 4 Sport (in hockey rink) banda *f* 5 US (+ *v sg*) (exam) egzamin *m* kwalifikacyjny
III *modif* **~ meeting/member** zebranie /członek zarządu
IV on board *adv phr* 1 Aviat, Naut **on ~** na pokładzie; **to go** or **get on ~** wsiąść na pokład; **there were 200 passengers on ~ the ship/the plane** na pokładzie statku /samolotu było 200 pasażerów; **to take sb /sth on ~** wziąć kogoś/coś na pokład *[cargo, passengers]*; fig wziąć pod uwagę, uwzględnić *[suggestion, proposal, information, criticism]*; podjąć *[job, risk]* 2 Transp **on ~ the train/bus** w pociągu/autobusie; **to get on ~** wsiąść do (czegoś) *[bus, train]*
V *vt* 1 (get on) w|ejść, -chodzić na pokład (czegoś) *[plane, ship]*; wsi|ąść, -adać do (czegoś) *[bus, train]*; **the train was ~ed by ten policemen** do pociągu wsiadło dziesięciu policjantów 2 (in naval battle) w|edrzeć, -dzierać się na pokład (czegoś) *[vessel]*
VI *vi* 1 (go aboard) w|ejść, -chodzić na pokład 2 (be accommodated) mieszkać **(with sb** u kogoś**)**; **did you ~ when you went to school?** czy mieszkałeś w internacie, kiedy chodziłeś do szkoły?
■ **board out**: ¶ **~ out [sth], ~ [sth] out** odda|ć, -wać (coś) na przechowanie *[cat, dog]* ¶ **~ out [sb], ~ [sb] out** odda|ć, -wać (kogoś) do internatu *[child]*
■ **board over**: **~ over [sth], ~ [sth] over** przykry|ć, -wać (coś) deską *[hole, shaft]*
■ **board up**: **~ up [sth], ~ [sth] up** zabi|ć, -jać or pozabijać (coś) deskami *[door, window]*; zam|knąć, -ykać or pozamykać (coś) na głucho *[house, shop]*
IDIOMS: **as flat as a ~** *[surface]* płaski jak stół; *[chest]* płaski jak decha; **as stiff as a ~** twardy jak kamień; **the groaning ~** arch stół uginający się od jadła dat; **to go by the ~** pójść na marne; **she allowed all her scruples to go by the ~** zapomniała o wszelkich skrupułach; **to sweep the ~** zgarnąć wszystko *(wszystkie nagrody, medale)*

boarder /ˈbɔːdə(r)/ *n* 1 (lodger) (stołujący się) lokator *m*, -ka *f*; **to take in ~s** wynajmować pokoje z utrzymaniem 2 Sch uczeń *m* mieszkający w internacie, uczennica *f* mieszkająca w internacie 3 Naut członek *m* oddziału abordażowego

board game *n* gra *f* planszowa

boarding /ˈbɔːdɪŋ/ *n* 1 Aviat, Naut wejście *n* na pokład; Naut zaokrętowanie *n* 2 Naut Mil abordaż *m* 3 (pieces of wood) deskowanie *n*

boarding card *n* karta *f* pokładowa

boarding house *n* (accommodation) pensjonat *m*

boarding party *n* Naut, Mil oddział *m* abordażowy

boarding school *n* szkoła *f* z internatem

boardroom /ˈbɔːdruːm, -rʊm/ *n* sala *f* posiedzeń; **everyone from shopfloor to ~** wszyscy od zwykłego robotnika po dyrekcję

board sailing *n* pływanie *n* na desce

boardwalk /ˈbɔːrdwɔːk/ *n* US 1 promenada *f* nadmorska, deptak *m* 2 (of planks) chodnik *m* z desek

boarfish /ˈbɔːfɪʃ/ *n* Zool kaprosz *m*

boarhound /ˈbɔːhaʊnd/ *n* (pies *m*) dzikarz *m*

boar hunting /ˈbɔːhʌntɪŋ/ *n* polowanie *n* na dzika or na dziki

boast¹ /bəʊst/ **I** *n* 1 (brag) przechwałka *f*; **empty/idle ~** pusta/czcza przechwałka; **it is his ~ that...** chwali or przechwala się, że...; **it is our proud ~ that...** jesteśmy dumni (z tego), że... 2 (object of pride) duma *f*, chluba *f*; **this ship is the ~ of the navy** ten okręt jest dumą or chlubą marynarki wojennej
II *vt* 1 (possess) mieć; **the computer ~s two floppy disk drives** komputer ma dwie stacje dyskietek 2 (be proud of) chlubić się (czymś), szczycić się (czymś); **the city ~s a fine museum** miasto chlubi or szczyci się świetnym muzeum; **'I have six medals,' she ~ed** „mam sześć medali", przechwalała się or chwaliła się
III *vi* chwalić się, przechwalać się, chełpić się **(of** or **about sth** czymś**)**; **she ~ed of winning the prize** chełpiła się zdobyciem nagrody; **I can say without ~ing that...** nie chwaląc się, mogę powiedzieć, że...; **without wishing to ~, I may say that my children are very polite** nie chcę się chwalić, ale moje dzieci są bardzo grzeczne; **(it's) nothing to ~ about** nie ma się czym chwalić; **(that's) something to ~ about** jest się czym pochwalić

boast² /bəʊst/ *vt* ocios|ać, -ywać *[stone]*; wycios|ać, -ywać *[design]*

boast³ /bəʊst/ Sport (in squash) **I** *n* odbicie *n* najpierw o ścianę boczną, potem przednią
II *vt* odbi|ć, -jać o ścianę boczną, a następnie przednią

boaster /ˈbəʊstə(r)/ *n* chwalipięta *m/f*

boastful /ˈbəʊstfl/ *adj [person, remark]* chełpliwy; **without being ~** nie chwaląc się; **to make ~ remarks** chełpić się, przechwalać się

boastfully /ˈbəʊstfəlɪ/ *adv* chełpliwie, dumnie

boastfulness /ˈbəʊstflnɪs/ *n* chełpliwość *f*

boasting /ˈbəʊstɪŋ/ *n* przechwałki *f pl*

boat /bəʊt/ **I** *n* 1 (small vessel) łódź *f*, łódka *f*; **sailing ~** żaglówka, łódź żaglowa; **motor ~** motorówka, łódź motorowa; **he crossed the lake in a ~** przepłynął or przeprawił się na drugą stronę jeziora łodzią 2 (ship) statek *m*; (ferry) prom *m*; **by ~** statkiem, promem; **to take the ~ (from Harwich to the Hook)** popłynąć promem (z Harwich do Hoek van Holland)

II *modif* ~ **trip** wycieczka statkiem; ~ **hire** wypożyczalnia łodzi
IDIOMS: **to be in the same ~** infml jechać na tym samym wózku infml; **to burn one's ~s** spalić za sobą mosty; **to miss the ~** infml stracić okazję; **to push the ~ out** GB infml zaszaleć infml; **to rock the ~** infml narozrabiać, namieszać infml
boatbuilder /ˈbəʊtbɪldə(r)/ *n* szkutnik *m*
boatbuilding /ˈbəʊtbɪldɪŋ/ *n* szkutnictwo *n*
boat deck *n* pokład *m* łodziowy
boater /ˈbəʊtə(r)/ *n* [1] (hat) kapelusz *m* słomkowy; kanotier *m* dat [2] US (person) wioślarz *m*
boathook /ˈbəʊthʊk/ *n* bosak *m*, osęka *f*
boathouse /ˈbəʊthaʊs/ *n* hangar *m* dla łodzi
boating /ˈbəʊtɪŋ/ **I** *n* wodniactwo *n*
II *modif [club, gear]* wodniacki; *[accident, holiday]* na wodzie; ~ **enthusiast** wodniak; ~ **trip** spływ
boatload /ˈbəʊtləʊd/ *n* (of goods) ładunek *m*; **three ~s of tourists** trzy statki turystów
boatman /ˈbəʊtmən/ *n* (*pl* **-men**) (on ferry) przewoźnik *m*; (for hire) wynajmujący *m* łodzie
boat neck *n* dekolt *m* w łódkę
boat people *npl uchodźcy opuszczający swój kraj na małych łodziach*
Boat Race *n* GB **the ~** regaty *plt* wioślarskie na Tamizie *(między drużynami uniwersytetów w Oksfordzie i Cambridge)*
boatswain /ˈbəʊsn/ **I** *n* bosman *m*
II *modif* bosmański
boat train *n* pociąg *m* kursujący do portu promowego
boatyard /ˈbəʊtjɑːd/ *n* warsztat *m* szkutniczy; (on industrial scale) stocznia *f* jachtowa
bob[1] /bɒb/ **I** *n* [1] (haircut) równo obcięte włosy *plt* [2] (tail) ogon kurtyzowany *m* (konia) [3] (weight) (on plumb line, fishing line) ciężarek *m*; (on pendulum) soczewka *f* (wahadła) [4] (also **bobsleigh**) bobslej *m* [5] (sleigh-runner) płoza *f*
II *vt* (*prp, pt, pp* **-bb-**) podci|ąć, -nać *[hair]*; kurtyzować, przyci|ąć, -nać *[horse's tail]*
III bobbed *pp adj [hair]* równo podcięty; *[tail]* krótko przycięty, kurtyzowany
bob[2] /bɒb/ **I** *n* [1] (jerking movement) (of head) kiwnięcie *n*, skinienie *n*; **to greet sb with a ~ of the head** przywitać kogoś skinieniem głowy; **the float gave a ~** spławik podskoczył [2] (curtsy) dyg *m* dat; **to make a ~ (to sb)** dygnąć (przed kimś)
II *vt* (*prp, pt, pp* **-bb-**) [1] (nod) *[bird]* kiw|nąć, -ać (czymś) *[head]*; *[person]* skinąć (czymś) *[head]* [2] **to ~ a curtsy** dyg|nąć, -ać, złożyć, składać dyg **(to sb** przed kimś)
III *vi* (*prp, pt, pp* **-bb-**) [1] (move) *[boat, float]* podsk|oczyć, -akiwać (na wodzie); **to ~ up and down** *[boat]* podskakiwać w górę i w dół; *[head]* pojawiać się i znikać; **she keeps ~bing up and down** nie może usiedzieć na jednym miejscu [2] (curtsy) dyg|nąć, -ać **(to sb** przed kimś) [3] **to ~ for apples** Games starać się schwytać zębami jabłko *(unoszące się na wodzie lub wiszące)*
■ **bob down** [1] (disappear) s|chować się [2] (duck) uchyl|ić, -ać się
■ **bob up** [1] (float to surface) *[duck]* wynurz|yć, -ać się; *[cork]* wypły|nąć, -wać na powierzchnię [2] (reappear) *[person]* pojawi|ć, -ać się niespodziewanie
bob[3] /bɒb/ *n* (*pl* ~) GB infml [1] Hist (money) szyling *m* [2] fig grosz *m* fig; **I bet that costs a ~ or two** założę się, że to kosztuje ładnych parę groszy; **she's not short of a ~ or two** nie brakuje jej grosza
Bob /bɒb/ *n* infml **~'s your uncle** w porządku infml
bob-a-job /ˌbɒbəˈdʒɒb/ *n akcja skautów brytyjskich, polegająca na wykonywaniu drobnych usług za niewielką opłatą*
bobbin /ˈbɒbɪn/ *n* szpula *f*, szpulka *f*; (for lace-making) klocek *m*; Tech (for wire, yarn) cewka *f*
bobbin lace *n* koronka *f* klockowa
bobble /ˈbɒbl/ **I** *n* [1] pompon *m*; (small) pomponik *m* [2] US Sport zepsucie *n* (piłki)
II *vt* US ze|psuć, z|marnować *[ball]*
III *vi* [1] (move) podsk|oczyć, -akiwać [2] US ze|psuć or z|marnować piłkę
bobble hat *n* czapka *f* z pomponem
bobby /ˈbɒbɪ/ *n* GB dat infml policjant *m*
bobby pin *n* US spinka *f* do włosów, wsuwka *f*
bobby socks, bobby sox *npl* US wywijane skarpetki *f pl* do kostek
bobbysoxer /ˈbɒbɪsɒksə(r)/ *n* US infml podlotek *m*
bobcat /ˈbɒbkæt/ *n* ryś *m* rudy
bobsled /ˈbɒbsled/ *n* = **bobsleigh**
bobsleigh /ˈbɒbsleɪ/ **I** *n* bobslej *m*
II *vi* je|ździć, -chać na bobsleju
bobtail /ˈbɒbteɪl/ **I** *n* [1] (tail) obcięty ogon *m* [2] (horse) koń *m* kurtyzowany [3] (dog) owczarek *m* staroangielski
II *modif* kurtyzowany
Boche /bɒʃ/ infml dat offensive **I** *n* szkop *m* infml offensive; **the ~** *(+ v pl)* szkopy
II *adj* szkopski infml offensive
bock /bɒk/ *n* US mocne ciemne piwo *n*
bod /bɒd/ *n* infml [1] GB (male) osobnik *m*, gość *m* infml; (female) facetka *n* infml [2] US (body) ciało *n*
bode /bəʊd/ liter **I** *vt* wróżyć, zapowi|edzieć, -adać *[disaster, good fortune]* **(for sb** dla kogoś)
II *vi* **to ~ well/ill** dobrze/źle wróżyć **(for sb/sth** komuś/czemuś)
bodega /bəʊˈdiːgə/ *n* [1] (storehouse) piwnica *f* winiarska [2] US (grocery) mały sklepik *m* spożywczy *(zwykle prowadzony przez Latynosów)*
bodge /bɒdʒ/ GB **I** *n* partanina *f*; odwalanka *f*, fuszerka *f* infml; **to make a ~ of sth** spartaczyć coś
II *vt* s|partaczyć, s|fuszerować infml
bodice /ˈbɒdɪs/ *n* [1] (of dress) stanik *m*, góra *f* sukienki; **fitted ~** obcisła góra [2] (over blouse, undergarment) stanik *m*, gorset *m*
bodice ripper *n* hum romansidło *n* infml
bodily /ˈbɒdɪlɪ/ **I** *adj [function, needs]* fizjologiczny; *[welfare, well-being]* fizyczny; *[injury]* cielesny; *[fluid]* organiczny; **to cause ~ harm** spowodować obrażenia fizyczne
II *adv* **to move/pick up sth ~** przenieść /podnieść coś w całości; **she dragged him ~ into the car** zaciągnęła go do samochodu; **he carried her ~ up the stairs** podniósł ją i zaniósł na górę; **the crowd moved ~ towards the exit** tłum ruszył ławą do wyjścia
bodkin /ˈbɒdkɪn/ *n* (for threading tape) szydło *n (do przewlekania taśmy, sznurowadła, rzemyka)*; (for making holes) szpikulec *m*; Print sztylet *m* zecerski
body /ˈbɒdɪ/ **I** *n* [1] (of person, animal) ciało *n*; Physiol organizm *m*; **~ and soul** ciało i dusza; **to have just enough to keep ~ and soul together** mieć tylko tyle, żeby wyżyć or przetrwać; **harmful for the ~** szkodliwe dla organizmu; **to sell one's ~** sprzedawać się; **all he wants is your ~** infml chce się tylko z tobą przespać infml [2] (also **dead ~**) zwłoki *plt*, ciało *n* [3] (main section) (of car) karoseria *f*, nadwozie *n*; (of boat, aircraft) kadłub *m*; (of camera) obudowa *f*; (of violin, guitar) pudło *n* rezonansowe; (of building) korpus *m*; (of text) główna część *f* [4] (large quantity) (of water) akwen *m*; (of laws) zbiór *m*; **a large ~ of evidence/information** obszerny materiał dowodowy/informacyjny; **a strong ~ of medical opinion** opinia znacznej części środowiska lekarskiego; **there is a ~ of opinion in favour of change** część opinii publicznej opowiada się za zmianami, zmiany mają swoich zwolenników; **the ~ of support for her is growing** rośnie poparcie dla niej [5] (group) (with common aim) grono *n*; (of troops) oddział *m*; (majority) ogół *m*; **the student ~** ogół studentów; **the main ~ of the army** trzon *m* armii; **in a ~** (of people) gremialnie; (of things) całościowo; **taken in a ~** jako całość, ogółem [6] (organization) ciało *n*, gremium *n*, organ *m*; **advisory/legislative ~** ciało doradcze/ustawodawcze, organ doradczy/ustawodawczy; **official ~** organ oficjalny [7] Astron, Phys ciało *n*; **heavenly bodies** ciała niebieskie [8] (fullness) (of wine) wyraźny smak *m* i bukiet *m*; (of hair) puszystość *f* [9] Fashn (garment) body *n inv*; (part of dress) stanik *m*, góra *f* [10] infml dat człek *m* dat
II *modif* [1] Cosmet *[lotion, scrub]* do ciała [2] Auto **~ repair** reperacja nadwozia
IDIOMS: **over my dead ~!** po moim trupie! infml; **you'll do that over my dead ~!** prędzej trupem padnę, niż ci na to pozwolę! infml
body armour GB, **body armor** US *n* kamizelka *f* kuloodporna; Hist kirys *m*, pancerz *m*
body art *n* body art *f (prąd artystyczny wykorzystujący ciało ludzkie jako przedmiot sztuki)*
body bag *n* worek *m* na zwłoki
body belt *n* pas *m* ciężarowca
body blow *n* Sport cios *m* w tułów; fig (druzgocący) cios *m* fig; **to deal a ~ to sth** fig poważnie zaszkodzić czemuś, bardzo źle się odbić na czymś
bodyboard /ˈbɒdɪbɔːd/ *n* deska *f* surfingowa *(do pływania w pozycji leżącej lub klęcząc)*
bodybuilder /ˈbɒdɪbɪldə(r)/ *n* [1] Sport kulturyst|a *m*, -ka *f* [2] Aut blacharz *m* samochodowy
body-building /ˈbɒdɪbɪldɪŋ/ **I** *n* kulturystyka *f*
II *adj [exercise]* kulturystyczny; *[food]* zwiększający masę ciała

B

body cavity *n* jama *f* ciała
bodycheck /ˈbɒdɪtʃek/ **I** *n* (in ice-hockey) bodiczek *m*
II *vt* zatrzym|ać, -ywać (kogoś) ciałem *[opponent]*
body clock *n* zegar *m* biologiczny
body corporate *n* Jur osoba *f* prawna
body count *n* liczba *f* ofiar śmiertelnych
body double *n* Cin dubler *m*, -ka *f* w scenach erotycznych
body fat *n* tkanka *f* tłuszczowa
body fluids *npl* płyny *m pl* ustrojowe
bodyguard /ˈbɒdɪɡɑːd/ *n* [1] (individual) członek *m* ochrony osobistej; ochroniarz *m*, goryl *m* infml [2] (group) ochrona *f* osobista; obstawa *f* infml
body hair *n* owłosienie *n*
body heat *n* temperatura *f* ciała
body image *n* Psych obraz *m* ciała, ego *n inv* cielesne
body language *n* mowa *f* ciała
body mike *n* infml mikrofon *m* butonierkowy, mikroport *m*
body odour GB, **body odor** US, **BO** infml naturalny zapach *m* ciała, zapach *m* potu
body politic *n* the ~ społeczeństwo *n*
body popping *n taniec polegający na wykonywaniu nagłych, mechanicznych ruchów, popularny w latach 80.*
body scan *n* Med kompleksowe badanie *n* scyntygraficzne
body-scanner /ˈbɒdɪskænə(r)/ *n* scyntygraf *m*, skaner *m*
body search **I** *n* rewizja *f* or kontrola *f* osobista; **intimate ~** szczegółowa kontrola osobista
II *vt* z|rewidować, podda|ć, -wać (kogoś) rewizji osobistej
body shell *n* Aut kadłub *m* nadwozia
body shop *n* Auto (for building) nadwoziownia *f*; (for repair) warsztat *m* blacharski
body snatcher *n* Hist hiena *f* cmentarna infml *(sprzedająca zwłoki na cele medyczne)*
body snatching *n* [1] (of corpses) kradzież *m* zwłok [2] Mgmt infml rekrutacja *f* nowych pracowników przez „łowców głów"
body stocking *n* trykot *m*
body suit *n* = **body stocking**
body surfing *n* pływanie *n* na fali przybojowej
body type *n* Print czcionka *f* podstawowa
body warmer *n* ocieplana kamizelka *f*
body weight *n* masa *f* ciała
bodywork /ˈbɒdɪwɜːk/ *n* Aut nadwozie *n*, karoseria *f*
Boeotia /bɪˈəʊʃɪə/ *prn* Beocja *f*
Boeotian /bɪˈəʊʃɪən/ *adj* beocki
Boer /bɔː(r)/ **I** *n* Afrykaner *m*, -ka *f*; Hist Bur *m*
II *adj* burski; **the ~ War** wojna burska
boffin /ˈbɒfɪn/ *n* GB infml (researcher) spec *m* infml; **computer ~** spec od komputerów
boffo /ˈbɒfəʊ/ *adj* US infml *[movie, play]* odlotowy infml
bog /bɒɡ/ **I** *n* [1] (marshy ground) bagno *n*, mokradło *n*, trzęsawisko *n* [2] (also **peat ~**) torfowisko *n* [3] GB vinfml (toilet) kibel *m* infml; sracz *m* vulg
II *vt, vi* (*prp, pt, pp* **-gg-**)
■ **bog down**: ¶ **~ down** *[vehicle]* u|grzęznąć; **the talks ~ged down on the question of working hours** fig w rozmowach nastąpił impas w związku z kwestią godzin pracy ¶ **~ down [sth], ~ [sth] down** za|hamować *[negotiations]*; **to get ~ged down** *[vehicle]* ugrzęznąć, ugrząźć; *[talks]* znaleźć się w martwym punkcie; **I'm terribly ~ged down with work** jestem zawalony robotą; **the discussion was getting ~ged down in trivialities** dyskusja schodziła na sprawy marginalne or na manowce
■ **bog off** vinfml spieprzać infml
bogey /ˈbəʊɡɪ/ **I** *n* [1] (evil spirit) licho *n*, straszydło *n* [2] (imagined fear) postrach *m*, straszak *m*; **to raise the ~ of sth** budzić obawy przed czymś [3] (in golf) wynik *m* jeden powyżej par na dołku; **to make** or **take a ~** uzyskać wynik par plus jeden [4] GB vinfml (in nose) koza *f* infml *(w nosie)*
II *vt* (in golf) **to ~ the 2nd hole** zaliczyć drugi dołek wynikiem par plus jeden
bogeyman /ˈbəʊɡɪmæn/ *n* (*pl* **-men**) (evil spirit) licho *n*, straszydło *n*; fig postrach *m*
boggle /ˈbɒɡl/ **I** *vt* **it ~s the mind** to nie mieści się w głowie; **to ~ sb's mind** nie mieścić się komuś w głowie
II *vi* [1] (be shocked) *[person]* oniemieć, osłupieć; **the mind ~s!** w głowie się nie mieści!; **my mind ~s at the amount of work still to do** w głowie mi się mąci na myśl o tym, jak wiele jest jeszcze do zrobienia; **to make one's mind ~** zdumiewać kogoś, wprawić kogoś w osłupienie; **mind-boggling** zdumiewający, nie do uwierzenia [2] (hesitate) **to ~ at sth** za|wahać się przed czymś
boggy /ˈbɒɡɪ/ *adj* (swampy) grząski, bagnisty; (muddy) błotnisty; (peaty) torfiasty
bogie[1] /ˈbəʊɡɪ/ *n* GB Rail (wheel assembly) wózek *m* kołowy; (truck) wagonik *m*
bogie[2] /ˈbəʊɡɪ/ *n* = **bogey**
bog oak *n* czarny dąb *m (drewno wydobywane z pokładów torfu)*
bog roll *n* infml rolka *f* papieru sraczowego vinfml
bog-standard /ˌbɒɡˈstændəd/ *adj* GB infml przeciętny
bogus /ˈbəʊɡəs/ *adj [document]* podrabiany, fałszywy; *[claim, name]* nieprawdziwy, zmyślony; *[company]* fikcyjny; *[affection, optimism]* udawany; **he was visited by a ~ doctor** przyszedł do niego człowiek podający się za lekarza
bogyman /ˈbəʊɡɪmən/ *n* = **bogeyman**
Bohemia /bəʊˈhiːmɪə/ *prn* Geog, Hist Czechy *plt*
bohemia /bəʊˈhiːmɪə/ *n* (community) bohema *f*, cyganeria *f*; (district) dzielnica *f* bohemy or cyganerii
Bohemian /bəʊˈhiːmɪən/ **I** *n* Cze|ch *m*, -szka *f*
II *adj* czeski
bohemian /bəʊˈhiːmɪən/ **I** *n* członek *m* bohemy or cyganerii
II *adj [lifestyle]* artystyczny
bohemianism /bəʊˈhiːmɪənɪzəm/ *n* bohema *f*
boho /ˈbəʊhəʊ/ *adj* infml *[fashion, lifestyle]* niekonwencjonalny
boil[1] /bɔɪl/ **I** *n* **to be on the ~** GB gotować się, wrzeć; fig rozkręcać się fig; **to bring sth to the ~** doprowadzić coś do wrzenia; **to come to the ~** zacząć się gotować, zacząć wrzeć; **to go off the ~** GB przestać się gotować; fig *[person]* stracić zapał, spocząć na laurach; *[performance]* stracić tempo; *[project]* zwolnić tempo; *[situation]* uspokoić się, unormować się; **stir in the cream while the sauce is off the ~** zdjąć sos z ognia i dodać śmietanę
II *vt* [1] (also **~ up**) za|gotować *[liquid]*; **to ~ the kettle** zagotować wodę (w czajniku) [2] (cook) u|gotować; **to ~ an egg** ugotować jajko [3] (also **~-wash**) wygotow|ać, -ywać *[linen]*
III *vi* [1] *[vegetables]* za|gotować się; *[liquid]* wrzeć, za|gotować się; **the kettle is ~ing** woda się gotuje (w czajniku); **wait for the kettle to ~** poczekaj, aż woda się zagotuje (w czajniku); **the saucepan ~ed dry** woda w rondlu wygotowała się [2] fig *[person, sea]* za|wrzeć, za|kipieć; **she was ~ing with rage** kipiała ze złości, pieniła się ze wściekłości; **to make sb's blood ~** wzburzyć w kimś krew
IV **boiled** *pp adj* Culin *[chicken, fish, ham]* gotowany; **hard-/soft-~ed egg** jajko *n* na twardo/na miękko; **~ed potatoes** ziemniaki z wody, ziemniaki gotowane; **~ed sweet** GB dat landrynka, landrynek
■ **boil away** [1] (go on boiling) gotować się [2] (evaporate) wygotow|ać, -ywać się
■ **boil down**: ¶ **~ down** Culin *[liquid]* wyparow|ać, -ywać, wygotow|ać, -ywać się; *[stock, sauce]* odparow|ać, -ywać ¶ **~ down to sth** fig sprowadzać się do czegoś; **what it ~s down to, is that...** sprowadza się to do tego, że... ¶ **~ down [sth], ~ [sth] down** [1] Culin odparow|ać, -ywać *[liquid, sauce]* [2] (condense) skr|ócić, -acać, s|kondensować *[text]*; **~ down this paragraph to a couple of sentences** skróć ten akapit do paru zdań
■ **boil over** [1] *[water, milk]* wy|kipieć; **the saucepan ~ed over** z rondla wykipiało [2] fig *[anger, excitement]* w|ezbrać, -zbierać; **to ~ over into sth** przerodzić się or obrócić się w coś
■ **boil up**: ¶ kipieć fig; *[resentment, tension]* w|ezbrać, -zbierać, narastać ¶ **~ up [sth], ~ [sth] up** za|gotować, przegotow|ać, -ywać, doprowadz|ić, -ać do wrzenia
boil[2] /bɔɪl/ *n* Med czyrak *m*
boiler /ˈbɔɪlə(r)/ *n* [1] Tech (in central heating system, steam generator, locomotive) kocioł *m*; (for hot water) bojler *m* [2] GB (for laundry) kocioł *m* [3] Culin (chicken) kurczak *m* przeznaczony do gotowania [4] (saucepan) rondel *m*
boiler house *n* kotłownia *f*
boilermaker /ˈbɔɪləmeɪkə(r)/ *n* kotlarz *m*
boilermaking /ˈbɔɪləmeɪkɪŋ/ *n* kotlarstwo *n*
boilerman /ˈbɔɪləmən/ *n* (*pl* **-men**) palacz *m* kotłowy
boiler room *n* kotłownia *f*
boiler suit *n* GB kombinezon *m*
boiling /ˈbɔɪlɪŋ/ *adj* [1] (at boiling point) *[water, milk, oil]* wrzący, gotujący się [2] infml fig (also **~ hot**) *[day]* upalny, skwarny; **it's ~ (hot) in here** (gorąco tu tak, że) można się ugotować; **I'm ~** piekielnie mi gorąco [3] infml fig (very angry) wściekły; **to be ~ with rage** kipieć or pienić się ze wściekłości [4] (for cooking) *[bacon, beef, fowl]* (nadający się) do gotowania

boiling point *n* temperatura *f* wrzenia also fig; **to reach ~** osiągnąć temperaturę wrzenia

boiling-water reactor, BWR /ˌbɔɪlɪŋˈwɔːtərɪæktə(r)/ *n* reaktor *m* wrzący

boisterous /ˈbɔɪstərəs/ *adj* [1] *[person]* hałaśliwy, rozkrzyczany; *[child]* niesforny; *[laughter]* gromki; *[meeting]* burzliwy; *[game]* żywiołowy [2] *[sea, waves]* wzburzony; *[wind]* porywisty

boisterously /ˈbɔɪstərəslɪ/ *adv [play]* hałaśliwie, robiąc dużo hałasu; *[laugh]* gromko

bold /bəʊld/ **I** *n* GB Print (also **boldface** US) druk *m* półgruby or tłusty, czcionka *f* półgruba; **in ~** półgrubym, półgrubą czcionką, tłustym drukiem

II *adj* [1] (daring) *[person, attempt, experiment, plan]* śmiały, odważny [2] (cheeky) *[person, behaviour, look]* zuchwały, bezczelny; **to make so ~ as to do sth** ośmielić się coś zrobić; **if I may make so ~ as to suggest...** jeśli wolno mi zaproponować...; **to make ~ with sth** śmiało sobie poczynać z czymś [3] US, Ir (naughty) *[child]* niegrzeczny, nieznośny [4] (strong) *[colour, pattern]* śmiały, krzykliwy; *[brushstroke]* śmiały; *[outline]* wyraźny; *[handwriting, signature]* zamaszysty; **to paint with ~ strokes of the brush** malować śmiałymi pociągnięciami pędzla [5] Print *[type]* (pół)gruby, pogrubiony, tłusty [6] liter *[cliff, escarpment]* urwisty, stromy

IDIOMS: **to put on** or **up a ~ front** nadrabiać miną; **to be as ~ as brass** być wyjątkowo bezczelnym

boldly /ˈbəʊldlɪ/ *adv* [1] (bravely) śmiało, odważnie [2] (cheekily) zuchwale, bezczelnie [3] (strikingly) *[underlined]* wyraźnie, wyraziście; *[coloured]* śmiało, krzykliwie; *[designed]* śmiało; **a ~ drawn portrait** portret narysowany śmiałą kreską; **~ coloured clothes** ubrania w śmiałych or żywych kolorach

boldness /ˈbəʊldnɪs/ *n* [1] (daring) śmiałość *f*, odwaga *f* [2] (impudence) bezczelność *f*, zuchwałość *f* [3] (of colours) śmiałość *f*, jaskrawość *f*; (of outline) wyrazistość *f*, czystość *f*

bole[1] /bəʊl/ *n* Bot pień *m*

bole[2] /bəʊl/ *n* (clay) bolus *m*, pulment *m*

bolero /bəˈleərəʊ Mus/ *n* (*pl* **~s**) [1] Mus bolero *n* [2] Fashn bolerko *n*

boletus /bəʊˈliːtəs/ *n* (*pl* **-tuses, -ti**) grzyb *m* borowikowaty

bolide /ˈbəʊlaɪd/ *n* Astron bolid *m*

Bolivia /bəˈlɪvɪə/ *prn* Boliwia *f*

Bolivian /bəˈlɪvɪən/ **I** *n* Boliwij|czyk *m*, -ka *f*

II *adj* boliwijski

boll /bəʊl/ *n* (of cotton, flax) torebka *f* nasienna

bollard /ˈbɒlɑːd/ *n* [1] Naut (on quay, ship) pachołek *m* cumowy, poler *m*, knecht *m* [2] GB (in road) słupek *m*, pachołek *m*

bollix /ˈbɒlɪks/ *vt* US vinfml (also **~ up**) s|pieprzyć vinfml; **try not to ~ it up this time!** postaraj się tym razem tego nie spieprzyć!

bollock /ˈbɒlək/ *vt* GB vulg opierd|olić, -alać (kogoś) vulg

bollocking /ˈbɒləkɪŋ/ *n* GB vulg opierdol *m* vulg; **to get a ~ from sb** dostać opierdol od kogoś; **to give sb a ~** opierdolić kogoś, zrobić komuś opierdol vulg

bollocks /ˈbɒləks/ GB vulg **I** *n* (rubbish) bzdety *m pl* infml; pierdoły *plt* vulg; **it's a load of ~** to same pierdoły; **oh ~!** o kurwa! vulg

II *npl* (testicles) jaja *n pl* vulg

boll weevil *n* Zool kwieciak *m* bawełnowiec

Bollywood /ˈbɒlɪwʊd/ *prn* Bollywood *m*, bombajski Hollywood *m*

Bologna /bəˈləʊnjə/ *prn* Bolonia *f*

Bolognese /ˌbɒləˈneɪz/ **I** *n* (*pl* **~**) bolo|ńczyk *m*, -nka *f*

II *adj [sauce]* boloński; **spaghetti ~** spaghetti bolognese

boloney /bəˈləʊnɪ/ *n* infml bzdura *f* infml

Bolshevik /ˈbɒlʃəvɪk, US also ˈbəʊl-/ **I** *n* bolszewik *m*

II *adj* bolszewicki

Bolshevism /ˈbɒlʃəvɪzəm/ *n* bolszewizm *m*

Bolshevist /ˈbɒlʃəvɪst/ **I** *n* bolszewik *m*

II *adj* bolszewicki

bolshie /ˈbɒlʃɪ/ *n, adj* = **bolshy**

bolshy /ˈbɒlʃɪ/ infml **I** *n* bolszewi|k *m*, -czka *f*

II *adj* [1] Pol bolszewicki pej [2] GB *[adult]* nieustępliwy, napastliwy; *[child]* uparty; *[mood]* kłótliwy; **to get ~** mądrzyć się, szarogęsić się

bolster /ˈbəʊlstə(r)/ **I** *n* wałek *m*, podgłówek *m*

II *vt* (also **~ up**) [1] (boost) podn|ieść, -osić, podtrzym|ać, -ywać *[morale]*; doda|ć, -wać (czegoś) *[confidence]*; zwiększ|yć, -ać *[popularity]*; popraw|ić, -ać *[image]*; **to ~ sb's ego** dodać komuś pewności siebie; **to ~ sb** or **sb's spirits** dodać komuś otuchy, podtrzymać kogoś na duchu [2] (shore up) wzm|ocnić, -acniać *[economy, argument]*

bolt /bəʊlt/ **I** *n* [1] (on door, window) zasuwa *f*, rygiel *m* [2] Tech (screw) śruba *f*; (pin) sworzeń *m*, bolec *m* [3] (for rifle) zamek *m* [4] (for crossbow) bełt *m* (kuszy), grot *m* [5] (in mountaineering) (also **expansion ~**) nit *m* [6] (also **thunderbolt**) piorun *m*, grom *m*; **~ of lightning** błyskawica *f* [7] (of cloth) bela *f* (materiału) [8] (dash) **to make a ~ for it** wziąć nogi za pas; **to make a ~ for the door/the garden** rzucić się do drzwi/w stronę ogrodu; **to make a ~ for freedom** rzucić się do ucieczki

II bolt upright *adj phr* prosto, sztywno (jakby kij połknął)

III *vt* [1] (lock) za|ryglować *[door, window]*; **to be ~ed shut** być zaryglowanym, być zamkniętym na rygiel; **the doors were locked and ~ed** drzwi były zamknięte na klucz i zaryglowane [2] (fasten with bolt) przyśrubow|ać, -ywać; **the bench was ~ed to the floor** ławka była przyśrubowana do podłogi; **~ these components together** ześrubuj te części [3] (also **~ down**) (swallow) wrzuc|ić, -ać w siebie infml *[food]* [4] US (abandon) opu|ścić, -szczać *[political party, person]*

IV *vi* [1] (flee) *[person]* rzuc|ić, -ać się do ucieczki; *[rabbit]* s|płoszyć się; *[horse]* pon|ieść, -osić; **to ~ in** wpaść; **to ~ out** wypaść; **she ~ed down the street** popędziła ulicą; **he ~ed for the door** rzucił się do drzwi [2] Hort *[plant]* wy|produkować nasiona

IDIOMS: **a ~ from** or **out of the blue** grom z jasnego nieba; **to have shot one's ~** infml wyprztykać się infml

bolt hole *n* GB kryjówka *f*; meta *f* infml fig

bolus /ˈbəʊləs/ *n* (*pl* **-luses**) [1] (of food) przeżuty kęs *m* [2] (pill) piguła *f* infml [3] Med bolus *m*

bomb /bɒm/ **I** *n* [1] (explosive device) bomba *f*; **the Bomb** bomba atomowa; **this room looks like it's been hit by a ~** infml ten pokój wygląda jak pobojowisko [2] GB infml (large amount of money) kupa *f* szmalu infml [3] US infml (flop) klapa *f* infml

II *vt* [1] (from air) z|bombardować *[town, house]*; **to ~ the enemy into submission** bombardowaniami zmusić wroga do poddania się [2] (plant bomb in) *[terrorist]* pod|łożyć, -kładać bombę; **the pub was ~ed by terrorists** pub stał się obiektem zamachu bombowego

III *vi* [1] GB infml (move fast) zasuwać infml [2] US infml (fail) z|robić klapę infml

■ **bomb out**: ¶ **~ out [sth], ~ [sth] out** z|burzyć *[building, street]* ¶ **~ out [sb], ~ [sb] out** z|burzyć or z|niszczyć dom (kogoś); **we were ~ed out** nasz dom został zburzony or zniszczony (w bombardowaniu)

IDIOMS: **to go like a ~** GB infml być na medal infml; **to go down a ~** GB infml zrobić furorę

bomb aimer *n* Mil, Aviat celowniczy *m*

bomb alert *n* alarm *m* bombowy

bombard /bɒmˈbɑːd/ *vt* [1] Mil, Phys z|bombardować (**with sth** czymś) [2] fig zasyp|ać, -ywać fig; **she was ~ed with questions** zasypano ją pytaniami

bombardier /ˌbɒmbəˈdɪə(r)/ *n* GB bombardier *m*; US strzelec *m* bombowy

bombardment /bɒmˈbɑːdmənt/ *n* Mil, Phys bombardowanie *n*

bombast /ˈbɒmbæst/ *n* pompatyczny or górnolotny styl *m*, patos *m*

bombastic /ˌbɒmˈbæstɪk/ *adj [speech, phrase, style]* pompatyczny, górnolotny, bombastyczny; *[person]* napuszony

bomb attack *n* zamach *m* bombowy

Bombay duck /ˌbɒmbeɪˈdʌk/ *n* Culin *suszona ryba jedzona jako dodatek do curry*

Bombay mix *n* Culin *potrawa indyjska z soczewicy i orzeszków ziemnych*

bombazine /ˈbɒmbəziːn/ *n* krepa *f*, bombazyna *f*

bomb bay *n* komora *f* bombowa

bomb blast *n* eksplozja *f*, wybuch *m* (bomby)

bomb crater *n* lej *m* (po bombie)

bomb disposal *n* unieszkodliwianie *n* niewybuchów

bomb disposal expert *n* pirotechnik *m*

bomb disposal squad *n* (army) oddział *m* saperów; (police) oddział *m* pirotechników

bomb disposal unit *n* = **bomb disposal squad**

bombed /bɒmd/ *adj* US infml (drunk) nawalony infml; (intoxicated by drugs) naćpany infml

bomber /ˈbɒmə(r)/ **I** *n* 1 (warplane) bombowiec *m* 2 (terrorist) terroryst|a *m*, -ka *f* (podkładający bomby)
II *modif* Mil, Aviat *[raid, squadron]* bombowy; **~ crew/pilot** załoga/pilot bombowca
bomber command *n* dowództwo *n* bombowców
bomber jacket *n* krótka kurtka *f (zwykle skórzana)*
bombing /ˈbɒmɪŋ/ **I** *n* 1 Mil bombardowanie *n* 2 (by terrorists) zamach *m* bombowy
II *modif* 1 *[raid, mission]* bombowy 2 *[campaign]* terrorystyczny
bombproof /ˈbɒmpruːf/ *adj [shelter, control room]* odporny na bombardowania, przeciwbombowy
bomb scare *n* alarm *m* bombowy
bombshell /ˈbɒmʃel/ *n* 1 fig (shock) sensacja *f*; bomba *f* infml; **to drop a ~** zasunąć bombę infml 2 infml (woman) **a blonde ~** blond seksbomba *f* infml
bomb shelter *n* schron *m* przeciwbombowy
bombsight /ˈbɒmbsaɪt/ *n* celownik *m* bombowy
bombsite /ˈbɒmsaɪt/ *n* 1 teren *m* zniszczony podczas bombardowania 2 fig (mess) pobojowisko *n* fig
Bomb Squad /ˈbɒmskwɒd/ *n* brygada *f* antyterrorystyczna
bona fide /ˌbəʊnəˈfaɪdɪ/ *adj* (genuine) *[tourist]* prawdziwy; *[member]* faktyczny; *[offer]* rzetelny; *[agreement, contract]* zawarty w dobrej wierze; *[attempt]* szczery
bona fides /ˌbəʊnəˈfaɪdiːz/ *n (+ v sg/pl)* wiarygodność *f*; **to check sb's ~** sprawdzić wiarygodność kogoś
bonanza /bəˈnænzə/ **I** *n* 1 Mining bogata żyła *f* złota, bonanza *f* 2 (source of wealth) żyła *f* złota, bonanza *f*, kokosowy interes *m* fig; (windfall) kokosy *m pl* fig 3 (performance, festival) wyjątkowe wydarzenie *n*; **a sales ~** wyjątkowo wysokie obroty
II *modif* **a ~ month** wyjątkowo dobry miesiąc
bonbon /ˈbɒnbɒn/ *n* cukierek *m (zwykle czekoladowy, nadziewany)*
bond /bɒnd/ **I** *n* 1 (link) więź *f*, więzi *f pl*, więzy *plt*; **~s of friendship/love** więzi or więzy przyjaźni/miłości; **the natural ~ between mother and child** naturalna więź między matką a dzieckiem; **there is a close ~ between them** łączą ich bliskie więzi; **the experience forged a ~ between them** doświadczenie to zbliżyło ich do siebie; **to strengthen a ~** zacieśnić or umocnić więzi; **to feel a strong ~ with sb** czuć mocną więź z kimś 2 (fetter) więzy *plt*, łańcuchy *m pl*; fig więzy *plt*, pęta *plt*, okowy *plt*; **the ~s of tyranny** pęta or okowy tyranii; **to break** or **burst one's ~s** zerwać pęta or okowy; **to break the ~s of convention** zerwać pęta konwenansu 3 Fin (issued by government) obligacja *f*; (issued by company, individual) list *m* zastawny, skrypt *m* dłużny; **government/treasury ~** obligacja państwowa/skarbu państwa; **savings ~** bon oszczędnościowy 4 (adhesion) łączenie *n*, spajanie *n*; (adhesive) spoiwo *n* 5 Chem wiązanie *n* 6 Jur (agreement) formalne zobowiązanie *n*; (guarantee) gwarancja *f*; (deposit) kaucja *f*, zastaw *m*; **to set ~ at £1,000** ustalić kaucję w wysokości 1 000 funtów; **my word is my ~** ręczę słowem 7 Constr (of bricks) wiązanie *n (cegieł)* 8 (at customs) zamknięcie *n* celne; **in ~** na cle, pod zamknięciem celnym 9 → **bonded paper**
II *modif* **~ market/prices** rynek/ceny obligacji; **~ dealer** makler handlujący obligacjami
III *vt* 1 (also **~ together**) sp|oić, -ajać *[surfaces, materials]*; Constr z|wiązać *[bricks, stones]*; **to ~ sth to sth** spoić or związać coś z czymś; **suffering ~s people together** fig cierpienie zbliża ludzi do siebie 2 (at customs) złożyć, składać (coś) w składzie celnym *[goods]*
IV *vi* 1 (form relationship) s|tworzyć silną więź **(with sb** z kimś); **the mother and baby ~ quickly** między matką a dzieckiem szybko wytwarza się więź 2 (stick) *[materials]* sp|oić, -ajać się; **to ~ to sth** spoić się z czymś 3 Chem *[atoms]* z|wiązać się **(with sth** z czymś)
bondage /ˈbɒndɪdʒ/ *n* 1 (slavery) niewolnictwo *n*, niewola *n*; (serfdom) poddaństwo *n*; **a people in ~** naród zniewolony; **to be in ~ to sb** być poddanym or niewolnikiem kogoś; **we are in ~ to our past** fig jesteśmy niewolnikami własnej przeszłości 2 (sexual) *sadomasochistyczne praktyki polegające na krępowaniu partnera*
bonded paper *n* papier *m* uszlachetniony
bonded warehouse *n* skład *m* celny
bondholder /ˈbɒndhəʊldə(r)/ *n* posiadacz *m*, -ka *f* obligacji
bonding /ˈbɒndɪŋ/ *n* 1 Psych (process) tworzenie *n* więzi; (resulting bond) więź *f* uczuciowa; **male ~** męska przyjaźń 2 (adhesion) spajanie *n* 3 Chem, Constr wiązanie *n* 4 (of goods at customs) składowanie *n* towaru na cle or pod zamknięciem celnym
bondsman /ˈbɒndzmən/ *n (pl* **-men)** (slave) niewolnik *m*; (serf) poddany *m*
bondswoman /ˈbɒndzwʊmən/ *n (pl* **-women)** (slave) niewolnica *n*; (serf) poddana *f*
bone /bəʊn/ **I** *n* 1 (of human, animal) kość *f*; (of fish) ość *f*; **made of ~** (zrobiony) z kości; **chicken on/off the ~** kurczak z kośćmi /bez kości; **to break a ~** złamać kość; **I'll break every ~ in his body!** fig porachuję mu kości!, połamię mu wszystkie kości!; **no ~s broken** fig nic się nie stało; **he hasn't got a romantic ~ in his body** nie ma w nim ani krzty romantyzmu 2 (in corset, bra) fiszbin *m* 3 infml (trombone) puzon *m*
II bones *npl* 1 (remains) kości *f pl*, szczątki *m pl*; **to lay sb's ~s to rest** złożyć czyjeś kości or szczątki do grobu; **he'll never make old ~s** nie dożyje późnej starości 2 (dice) kości *f pl* do gry
III *modif [button, handle]* kościany, z kości
IV *vt* 1 Culin filetować, odfiletow|ać, -ywać *[chicken, fish, joint]* 2 (reinforce) usztywni|ć, -ać (fiszbinami) *[bodice, corset]*
■ **bone up on** infml: **~ up on [sth]** obryć się z (czegoś) infml *[Maths, history]*
IDIOMS: **a ~ of contention** kość niezgody; **the bare ~s of sth** podstawowe fakty na temat czegoś; **close to the ~** (too frank) nazbyt szczery; (racy) ryzykowny, nie na miejscu; **he's a bag of ~s** została z niego sama skóra i kości; **to cut sth to the ~** zredukować coś do absolutnego minimum; **to feel sth in one's ~s** przeczuwać coś; **to have a ~ to pick with sb** mieć z kimś do pomówienia, mieć z kimś na pieńku; **to make no ~s about sth** nie ukrywać czegoś; **to work one's fingers to the ~** urobić sobie ręce po łokcie; **sticks and stones may break my ~s (but words will never harm me)** Prov ≈ gadaj zdrów
bone china *n* porcelana *f* kostna or miękka
bone-crunching /ˈbəʊnkrʌntʃɪŋ/ *adj* infml druzgoc(z)ący or miażdżący kości
boned /bəʊnd/ **I** *adj* 1 *[meat]* bez kości; *[joint, leg, chicken, fish]* odfiletowany; *[duck]* luzowany 2 *[bra, bodice]* z fiszbinami
II -boned *in compositions* **fine-~** delikatnie zbudowany; **strong-~** grubokościsty
bone dry *adj* suchutki, suchuteńki
bonehead /ˈbəʊnhed/ *n* infml zakuta pała *f*, tępak *m* infml
boneheaded /ˈbəʊnhedɪd/ *adj* infml tępy
bone idle *adj* infml obrzydliwie leniwy
boneless /ˈbəʊnlɪs/ *adj [chicken breast, joint]* bez kości; *[fish]* bez ości; fig *[human body]* (giętki) jak z gumy
bone marrow *n* szpik *m* kostny
bone-marrow transplant *n* przeszczep *m* szpiku kostnego
bonemeal /ˈbəʊnmiːl/ *n* mączka *f* kostna
boner /ˈbəʊnə(r)/ *n* US 1 infml (blunder) gafa *f*; **to pull a ~** strzelić gafę 2 vulg (erection) wzwód *m*
bone scan *n* scyntygrafia *f* kości
bone shaker infml *n* 1 (old vehicle) gruchot *m*, grat *m*, rzęch *m* infml 2 (bicycle) rower *m*
bone structure *n* kości *f pl* twarzy, rysy *f pl*
bone tired *adj* wykończony, wypompowany infml
bone weary *adj* = **bone tired**
boneyard /ˈbəʊnjɑːd/ *n* US infml cmentarz *m*; park *m* sztywnych infml
bonfire /ˈbɒnfaɪə(r)/ *n* ognisko *n*; **to build a ~** ułożyć stos na ognisko
Bonfire Night *n* GB noc *m* 5 listopada *(rocznica spisku prochowego w 1605 roku)*
bong /bɒŋ/ *n* 1 (sound) bim-bam *n inv*, bimbom *n inv* 2 infml (for cannabis) fajeczka *f* do palenia marihuany
bongo /ˈbɒŋgəʊ/ *n (pl* **~s, ~es)** (also **~ drum)** bongo *n (para bębenków, na których gra się palcami)*
bonhomie /ˌbɒnəˈmiː/ *n* (friendliness) serdeczność *f*, życzliwość *f*; (cheerfulness) dobry humor *m*
bonk /bɒŋk/ **I** *n* 1 infml (blow) uderzenie *n*; (sound) stuknięcie *n*, puknięcie *n* 2 GB vinfml hum (sex) **to have a quick ~** zrobić szybki numerek vinfml
II *vt* 1 infml (hit) uderz|yć, -ać, stuk|nąć, -ać; **to ~ one's head against the wall** stuknąć głową o ścianę 2 GB vinfml hum (have sex with) wy|bzykać vinfml
III *vi* GB vinfml hum (have sex) bzykać się, robić bara-bara vinfml
bonkers /ˈbɒŋkəz/ *adj* infml kopnięty infml; **stark raving ~** zdrowo kopnięty; **to drive sb ~** doprowadzać kogoś do szaleństwa
bon mot /ˌbɒnˈməʊ/ *n (pl* **bons mots)** bon mot *n inv*, dowcipna uwaga *f*

bonnet /ˈbɒnɪt/ *n* [1] (baby's) czapeczka *f* zawiązywana pod brodą; (woman's) dat czepek *m*, budka *f* [2] Scot beret *m* szkocki [3] GB Aut maska *f* samochodu [4] Naut (sail) bonnet *m* IDIOMS: **to have a bee in one's ~** infml mieć bzika or fioła infml **(about sth** na punkcie czegoś)

bonny /ˈbɒnɪ/ *adj* Scot (pretty) powabny, nadobny; **~ baby** śliczne dziecko

bonsai /ˈbɒnsaɪ/ *n* (art) sztuka *f* bonsai; (tree) drzewko *n* bonsai *n inv*

bonus /ˈbəʊnəs/ *n* [1] (payment to employees) premia *f*, dodatek *m*; **Christmas/productivity ~** premia świąteczna/za wydajność, dodatek świąteczny/za wydajność; **cash ~** premia, dodatkowa wypłata gotówkowa [2] Fin (dividend) superdywidenda *f* [3] GB Insur **no claims ~** zniżka *f* za bezwypadkowość [4] (in competition) **a ~ of two points** dodatkowe dwa punkty [5] (dodatkowa) zaleta *f*; **it has the added ~ of containing less fat** ma tę dodatkową zaletę, że zawiera mniej tłuszczu

bonus issue *n* GB Fin emisja *f* bonusowa or dywidendowa, emisja *f* akcji gratisowych

bonus point *n* (in competition, quiz) dodatkowy punkt *m*

bony /ˈbəʊnɪ/ *adj* [1] *[person, figure, arm]* kościsty [2] *[fish]* ościsty [3] *[substance]* kostny

bony fish *n* Zool ryba *f* kostna

boo /buː/ **I** *n* (jeer) okrzyk *m* niezadowolenia

II *excl* (to give sb a fright) u!; (to jeer) łuu!

III *vt* (*3rd person sg pres* **boos;** *pt, pp* **booed)** wygwizd|ać, -ywać *[actor, speaker]*; **to be ~ed off the stage** zejść ze sceny przy wtórze gwizdów

IV *vi* (*3rd person sg pres* **boos;** *pt, pp* **booed)** głośno wyra|zić, -żać dezaprobatę

IDIOMS: **he wouldn't say ~ to a goose** jest potulny jak baranek; **he didn't say ~ (about it)** US ani pisnął (na ten temat)

boob[1] /buːb/ infml **I** *n* [1] GB (mistake) głupi błąd *m*, potknięcie *n*; **to make a ~** palnąć or strzelić głupstwo [2] US (idiot) głupek *m*, cymbał *m* infml

II *vi* GB palnąć or strzelić głupstwo

boob[2] /buːb/ *n* infml (breast) pierś *f*; cycek *m* vinfml

boo-boo /ˈbuːbuː/ *n* infml [1] (mistake) głupi błąd *m*, potknięcie *n*; **to make a ~** zrobić głupstwo [2] US (injury) kuku *n inv* infml; **she got a ~ on her finger** zrobiła sobie kuku w palec

boob tube /ˈbuːbtjuːb, US -tuːb/ *n* infml [1] US (television) telewizor *m* [2] (garment) obcisły top *m*

booby[1] /ˈbuːbɪ/ *n* [1] infml dat (silly person) głupek *m*, głuptak *m* infml [2] Zool (gannet) głuptak *m*

booby[2] /ˈbuːbɪ/ *n* US infml (breast) pierś *f*; cycek *m* vinfml

booby hatch *n* US infml dom *m* wariatów, wariatkowo *n* infml

booby prize *n* nagroda *f* pocieszenia *(dla ostatniego zawodnika)*

booby trap **I** *n* [1] Mil mina *f* pułapka *f*, mina *f* pułapkowa [2] (joke) psikus *m*

II *modif* **~ bomb** bomba pułapka

III **booby-trap** *vt* (*prp, pt, pp* **-pp-)** [1] Mil pod|łożyć, -kładać (gdzieś) bombę pułapkę; **his car was ~ped** w samochodzie miał podłożoną bombę [2] (as joke) z|robić (komuś) psikusa *[person]*

boodle /ˈbuːdl/ *n* US infml (money) forsa *m* infml; (counterfeit) fałszywe pieniądze *plt*; (bribe) łapówka *f*

boogie /ˈbuːgɪ/ *vi* infml tańczyć; pląsać hum

boogie-woogie /ˌbuːgɪˈwuːgɪ, US -ˈwʊgɪ/ *n* boogie-woogie *n inv*

boogy board *n* (in surfing) krótka deska *f* surfingowa

boohoo /ˌbuːˈhuː/ *excl* (weeping) buu!

booing /ˈbuːɪŋ/ *n* głośno okazywane niezadowolenie *n*; **loud ~** głośne okrzyki niezadowolenia

book /bʊk/ **I** *n* [1] (reading matter) książka *f* **(on** or **about sb/sth** o kimś/czymś, na temat kogoś/czegoś); Sch, Univ podręcznik *m*; **history/physics ~** książka or podręcznik do historii/fizyki; **a ~ of proverbs /quotations** księga przysłów/cytatów; **'Carlton Books'** (title of firm) Wydawnictwo Carlton [2] (division, part) (of novel, trilogy) tom *m*; (of poem, epic) księga *f*; **the Book of Genesis/Kings** Księga Rodzaju/Królów [3] Fin (for recording deposits, withdrawals) księga *f* rachunkowa or handlowa [4] Sch (exercise book) zeszyt *m*; **a drawing ~** zeszyt do rysunków [5] (of cheques) książeczka *f* czekowa; (of tickets) bloczek *m*; (of stamps) karnecik; **a ~ of matches/needles** kartonik zapałek/igieł [6] (in betting) **to keep a ~ on the results of sth** przyjmować zakłady, jaki będzie wynik czegoś; **to open** or **start a ~ on sth** zacząć przyjmować zakłady, jaki będzie wynik czegoś [7] (directory) książka *f* telefoniczna; **our number's** or **we're in the ~** nasz numer jest w książce telefonicznej [8] (rulebook) zbiór *m* przepisów, regulamin *m*; **to go** or **play by the ~** trzymać się ściśle przepisów [9] (of opera) libretto *n*; (of film, play) scenariusz *m*

II **books** *npl* [1] Accts, Comm księgi *f pl*, rejestry *m pl*; **to keep the firm's ~s** prowadzić księgi rachunkowe firmy [2] Admin (records) rejestr *m*, lista *f*; **to be on the ~s of a club/an organization** figurować na liście or w rejestrze członków klubu/organizacji; **to take sb's name off the ~s** skreślić z rejestru or z listy nazwisko kogoś

III *vt* [1] (reserve) za|rezerwować *[seat, room, ticket, holiday]*; zamówi|ć, -ać *[baby-sitter, taxi, table]*; za|rezerwować, za|bukować *[ticket]*; **to ~ sth for sb, to ~ sb sth** zarezerwować or zamówić or zabukować coś dla kogoś; **to ~ sb into a hotel, to ~ sb a room** zarezerwować komuś hotel or pokój; **to be fully ~ed** mieć wszystkie miejsca zarezerwowane; **the hotel is fully ~ed for July and August** wszystkie pokoje na lipiec i sierpień są zarezerwowane; **Saturday's performance is fully ~ed** wszystkie bilety na sobotni spektakl są wyprzedane; **my Tuesday afternoons are ~ed** wtorkowe popołudnia mam zajęte; **I'm fully ~ed this week** w tym tygodniu wszystkie terminy mam zajęte [2] (charge) *[policeman]* spis|ać, -ywać infml *[motorist, offender]* **(for sth/doing sth** za coś/za zrobienie czegoś); US (arrest) za|aresztować **(for sth/doing sth** za coś/za zrobienie czegoś); **he was ~ed for speeding** został spisany za przekroczenie szybkości infml [3] GB Sport u|karać żółtą kartką *[player]*; **two players were ~ed** dwóch graczy dostało żółte kartki [4] Comm, Fin wpis|ać, -ywać (coś) do ksiąg *[order]*; **to ~ goods to sb's account** wpisać towary na rachunek kogoś

IV *vi* z|robić rezerwację, dokon|ać, -ywać rezerwacji; **you are advised to ~ early** radzimy zrobić rezerwację z wyprzedzeniem

■ **book in**: ¶ **~ in** GB (at hotel) (check in) za|meldować się (w hotelu); (make reservation) za|rezerwować hotel; **we ~ed into the hotel at 3 o'clock** zameldowaliśmy się w hotelu o trzeciej ¶ **~ [sb] in** za|rezerwować pokój dla (kogoś)

■ **book up**: **tourists have ~ed up all the rooms** turyści zarezerwowali wszystkie pokoje; **to be ~ed up** *[hotel]* mieć komplet gości; **I'm ~ed up every evening next week** w przyszłym tygodniu mam zajęte wszystkie wieczory

IDIOMS: **I can read her like a ~, she is (like) an open ~ to me** czytam w niej jak w otwartej książce; **his past is an open ~** jego przeszłość nie skrywa żadnych tajemnic; **economics is a closed ~ to me** ekonomia to dla mnie czarna magia; **she is a closed ~ to me** zupełnie nie potrafię jej rozgryźć; **to throw the ~ at sb** (reprimand) powiedzieć komuś do słuchu; (accuse or sentence) wyciągnąć w stosunku do kogoś surowe konsekwencje; **to be in sb's good/bad ~s** być u kogoś dobrze/źle notowanym infml; **this should put us in their good ~s** dzięki temu nasze akcje or notowania u nich powinny wzrosnąć infml; **he didn't want to get into her bad ~s** nie chciał się jej narazić; **in my ~ it's a crime** infml w moim przekonaniu to zbrodnia; **to bring sb to ~** kazać się komuś tłumaczyć **(for sth** z czegoś); **here's one for the ~!** to warto zapamiętać!; **you shouldn't judge a ~ by its cover** pozory mylą, habit nie czyni mnicha

bookable /ˈbʊkəbl/ *adj [seat]* objęty rezerwacją; **all seats ~ in advance** wszystkie miejsca objęte rezerwacją; **courts are ~ six days in advance** korty można rezerwować z sześciodniowym wyprzedzeniem

bookbinder /ˈbʊkbaɪndə(r)/ *n* introligator *m*, -ka *f*

bookbinding /ˈbʊkbaɪndɪŋ/ *n* introligatorstwo *n*

bookcase /ˈbʊkkeɪs/ *n* biblioteczka *f*

book club *n* klub *m* książki; **~-club edition** wydanie klubowe (książki)

bookend /ˈbʊkend/ *n* podpórka *f (utrzymująca książki na półce w pozycji pionowej)*

Booker Prize (for Fiction) /ˈbʊkəpraɪz/ *prn* GB Nagroda *f* Bookera *(za najlepszą powieść roku)*

book fair *n* (for publishers) targi *m pl* książki; (for readers) kiermasz *m* książek

bookie /ˈbʊkɪ/ *n* infml bukmacher *m*

booking /ˈbʊkɪŋ/ *n* GB [1] (reservation) rezerwacja *f*; **to make a ~** zrobić rezerwację [2] (engagement for performance) angaż *m* [3] GB Sport żółta kartka *f*; **to get a ~** dostać żółtą

B

kartkę; **there were two ~s** sędzia dał dwie żółte kartki

booking clerk *n* GB kasjer *m*, -ka *f (w kinie, teatrze)*

booking form *n* GB kupon *m* zamówienia

booking office *n* GB kasa *f* biletowa

bookish /ˈbʊkɪʃ/ *adj* [1] *[person]* dużo czytający; **he's a ~ type** to mól książkowy [2] *[word, expression]* książkowy

bookishness /ˈbʊkɪʃnɪs/ *n* (of person) zamiłowanie *n* do książek; (of word, expression) książkowość *f*

book jacket *n* obwoluta *f*

bookkeeper /ˈbʊkkiːpə(r)/ *n* księgow|y *m*, -a *f*; buchalter *m* dat

bookkeeping /ˈbʊkkiːpɪŋ/ *n* księgowość *f*; buchalteria *f* dat

book-learning /ˈbʊklɜːnɪŋ/ *n* infml wiedza *f* książkowa

booklet /ˈbʊklɪt/ *n* broszura *f*, broszurka *f*

booklist /ˈbʊklɪst/ *n* lista *f* lektur

book lover *n* miłośni|k *m*, -czka *f* książek

bookmaker /ˈbʊkmeɪkə(r)/ *n* bukmacher *m*

bookmaking /ˈbʊkmeɪkɪŋ/ *n* przyjmowanie *n* zakładów

bookman /ˈbʊkmən/ *n* (*pl* **-men**) (scholar) człowiek *m* uczony; (author) człowiek *m* pióra

bookmark /ˈbʊkmɑːk/ **I** *n* [1] (for books) zakładka *f* (do książek) [2] (for website) zakładka *f*

II *vt* Comput doda|ć, -wać do ulubionych *[website]*

bookmobile /ˈbʊkməbiːl/ *n* US biblioteka *f* objazdowa

bookplate /ˈbʊkpleɪt/ *n* ekslibris *m*

bookrest /ˈbʊkrest/ *n* pulpit *m*

bookseller /ˈbʊkselə(r)/ *n* (person) księgarz *m*; (shop) **the ~'s** księgarnia *m*

bookselling /ˈbʊkselɪŋ/ *n* księgarstwo *n*

bookshelf /ˈbʊkʃelf/ *n* (*pl* **-shelves**) regał *m* or półka *f* na książki

bookshop /ˈbʊkʃɒp/ *n* księgarnia *f*

bookstall /ˈbʊkstɔːl/ *n* (stand) stoisko *n* z książkami; (kiosk) kiosk *m* z książkami

bookstore /ˈbʊkstɔː(r)/ *n* US księgarnia *f*

book token *n* GB bon *m* or talon *m* na książki

book value *n* Accts wartość *m* księgowa

bookworm /ˈbʊkwɜːm/ *n* [1] fig (person) mól *m* książkowy [2] (insect) owad *m* niszczący księgozbiory *(np. kołatek czerwotok)*

Boolean algebra /ˌbuːlɪənˈældʒɪbrə/ *n* algebra *f* Boole'a

boom¹ /buːm/ **I** *n* [1] (noise) (of cannon, explosion, thunder) huk *m*; (of drum) łoskot *m*; (of thunder) trzask *m*; (of wind, waves, voices) ryk *m*; (of organ) huk *n*, buczenie *n* [2] (onomat) bum! [3] (in acoustics) pogłos *m*, dudnienie *n*

II *vt* (shout) powiedzieć (coś) tubalnym głosem; **'welcome!' he ~ed** „witajcie!" zagrzmiał

III *vi* (make a noise) *[cannon, explosion, organ, thunder]* za|grzmieć, hu|knąć, -czeć; *[cannon, waves, wind]* za|huczeć; *[foghorn]* za|buczeć

■ **boom out**: ¶ *[music]* za|grzmieć; *[sound]* za|huczeć, huknąć ¶ **~ out [sth], ~ [sth] out** *[person]* powiedzieć, mówić (coś) tubalnym głosem; **he ~ed out a warning to them** ryknął do nich ostrzegawczo; **the loudspeakers ~ed out the news** z nastawionych na cały regulator głośników rozlegały się wiadomości; **the drums ~ed out the rhythm** bębny głośno wybijały rytm

boom² /buːm/ **I** *n* [1] Econ, Fin (period of prosperity) boom *m*, ożywienie *n* gospodarcze, wzrost *m* koniunktury; (in demand, sales) gwałtowny wzrost *m* **(in sth** czegoś**)**; **baby ~** wyż demograficzny; **export/consumer ~** gwałtowny wzrost eksportu/spożycia; **property/credit ~** ożywienie na rynku nieruchomości/kredytów; **a ~ in house prices** wzrost cen nieruchomości; **a period of economic ~** okres boomu or ożywienia gospodarczego; **to go from ~ to bust** przeżywać kolejno okresy ożywienia i zapaści [2] (increase in popularity) rozkwit *m* **(in sth** czegoś**)**; **the jazz ~ of the 1950s** popularność jazzu w latach pięćdziesiątych

II *modif [economy, industry, sector, town]* dynamicznie rozwijający się; *[market]* zwyżkujący; **a boom period/year** okres /rok dobrej koniunktury; **a ~ and bust economy** gospodarka rozwijająca się nierównomiernie, gospodarka charakteryzująca się zmienną koniunkturą

III *vt* US [1] (cause to grow) doprowadz|ić, -ać do wzrostu (czegoś) [2] (publicize) wy|lansować

IV *vi* (prosper) *[economy, industry, trade]* przeży|ć, -wać boom or dobrą koniunkturę; *[exports, sales]* szybko wzr|osnąć, -astać; *[prices]* zwyżkować; *[hobby, sport]* cieszyć się dużą popularnością; **business is ~ing** interes kwitnie

boom³ /buːm/ **I** *n* [1] Naut (spar) bom *m* [2] (on crane) wysięgnik *m*, ramię *n*; (on ship) bom *m* ładunkowy [3] (for microphone) żuraw *m*, tyczka *f* mikrofonowa [4] (floating barrier) zapora *f* pływająca

II *modif* **~ operator** Cin, Radio, TV mikrofoniarz

IDIOMS: **to lower the ~ on sb** US infml przykręcić komuś śrubę or śruby infml

boom baby *n* urodzon|y *m*, -a *f* w okresie wyżu demograficznego

boombox /ˈbuːmbɒks/ *n* infml duży radiomagnetofon *m* tranzystorowy

boomerang /ˈbuːməræŋ/ **I** *n* bumerang *m*

II *modif* **~ effect** skutek *m* przeciwny do zamierzonego

III *vi* (backfire) *[plan, campaign]* odn|ieść, -osić skutek przeciwny do zamierzonego; **to ~ on sb** obrócić się przeciwko komuś

booming¹ /ˈbuːmɪŋ/ *adj* (loud) *[laugh, voice]* tubalny, gromki; *[echo, sound]* grzmiący

booming² /ˈbuːmɪŋ/ *adj* (flourishing) *[economy, industry, town]* kwitnący; *[market]* zwyżkujący; *[demand, exports, sales]* rosnący

boom microphone *n* mikrofon *m* na żurawiu or na tyczce

boon /buːn/ *n* [1] (blessing) (person) skarb *m* fig; (thing) dobrodziejstwo *n*; **she's been a ~ to me these last few months** przez ostatnie kilka miesięcy była dla mnie prawdziwym skarbem; **central heating is a ~ in winter** centralne ogrzewanie jest dobrodziejstwem w zimie [2] arch (favour, request) łaska *f*

boon companion *n* serdeczny przyjaciel *m*, serdeczna przyjaciółka *f*

boondocks /ˈbuːndɒks/ *npl* US [1] (rural area) **the ~** głucha prowincja *f*; **out in the ~** na głuchej prowincji [2] (rough country) dzika, nieprzyjazna okolica *f*

boondoggle /ˈbuːndɒgl/ US infml **I** *n* bezsensowny pomysł *m (finansowany przeważnie ze środków publicznych)*

II *vi* wyrzuc|ić, -ać pieniądze w błoto *(na bezsensowne przedsięwzięcia)*

boonies /ˈbuːniːz/ *npl* US infml **the ~** zadupie *n* vulg

boor /bʊə(r), bɔː(r)/ *n* gbur *m*, prosta|k *m*, -czka *f*; cham *m*, -ka *f* pej

boorish /ˈbʊərɪʃ, ˈbɔː-/ *adj [manner, remark]* prostacki, ordynarny, chamski; *[person]* gburowaty, nieokrzesany

boorishly /ˈbʊərɪʃlɪ, ˈbɔː-/ *adv [behave, remark]* prostacko, gburowato, po chamsku

boorishness /ˈbʊərɪʃnɪs, ˈbɔː-/ *n* brak *m* wychowania, chamstwo *n*

boost /buːst/ **I** *n* [1] (stimulus) czynnik *m* pobudzający **(to sth** coś**)**; ostroga *f* fig; **to give sth a ~** pobudzić coś, stymulować coś [2] (encouragement) zachęta *f* **(to sb** dla kogoś**)**; **a ~ to sth/to do sth** zachęta do czegoś/do zrobienia czegoś; **to give sb a ~** zachęcić kogoś; dodać komuś skrzydeł fig; **it was a ~ to her confidence** dodało jej to pewności siebie [3] (publicity) reklama *f*; **to give sth a ~** wylansować coś, wypromować coś [4] (upward push) **to give sb a ~** podsadz|ić, -ać kogoś **(up to sth** żeby dosięgnął czegoś**)**

II *vt* [1] (stimulate) zwiększ|yć, -ać *[aid, capacity, intake, number, pay, profit, value]*; pobudz|ić, -ać *[economy, exports, interest, productivity, spending]*; stymulować *[growth]*; **to ~ sb's confidence** dodać komuś pewności siebie; **to ~ morale** podnieść morale [2] (enhance) poprawi|ć, -ać *[image, performance]*; **she ~s her diet with vitamin pills** wzbogaca dietę witaminami [3] Advertg wy|promować, wy|lansować *[product]* [4] Electron, Telecom wzm|ocnić, -acniać *[signal]*; zwiększ|yć, -ać *[voltage]* [5] Aut zwiększ|yć, -ać moc (czegoś) *[engine]*; zwiększ|yć, -ać *[speed]* [6] (push up) podsadz|ić, -ać *[person]*; **to ~ sb up onto a horse** podsadzić kogoś na konia [7] Aerosp wystrzel|ić, -ać *[rocket]*; **to ~ a shuttle into a higher orbit** wprowadzić prom kosmiczny na dalszą orbitę

booster /ˈbuːstə(r)/ **I** *n* [1] Radio, Telecom wzmacniacz *m* [2] Comput przyspieszacz *m* [3] Aut urządzenie *n* wspomagające, buster *m* [4] Aerosp (also **~ rocket**) rakieta *f* nośna; (engine) silnik *m* rakietowy pomocniczy [5] Med dawka *f* przypominająca [6] US infml entuzjast|a *m*, -ka *f*

II *modif [dose]* przypominający

booster chair *n* US = **booster cushion**

booster cushion *n* Aut fotelik *m* dziecięcy *(w samochodzie)*

boosterism /ˈbuːstərɪzəm/ *n* US (of oneself) autoreklama *f*; (of one's town, region) patriotyzm *m* lokalny

booster rocket *n* rakieta *f* nośna

booster seat *n* = **booster cushion**

booster station *n* Radio, Telecom stacja *f* wzmacniaczy

boot¹ /buːt/ **I** *n* [1] (footwear) but *m*; (high) bot *m*, botek *m*, kozak *m*, kozaczek *m*; (laced)

B

trzewik *m* ra; **a pair of ~s** para butów; **calf-length ~** but or botek do pół łydki; **thigh ~** botek za kolano; **climbing/rugby ~s** buty do wspinaczki/do gry w rugby [2] infml (kick) kop *m* infml; **to give sth a ~** kopnąć coś; **a ~ up the backside** kop w tyłek infml also fig; **to put the ~ in** kopać leżącego also fig [3] (dismissal) **to get the ~** zostać wyrzuconym z pracy; **to give sb the ~** wyrzucić kogoś z pracy [4] GB Aut bagażnik *m*; kufer *m* infml [5] US Aut (wheel clamp) blokada *f* koła *(zakładana w nieprawidłowo zaparkowanych samochodach)* [6] US (puncture patch) łatka *f (na dętkę)* [7] US infml (recruit) rekrut *m*; kot *m* infml

II *vt* infml (kick) kop|nąć, -ać *[person, ball]*

■ **boot out**: **~ out [sb], ~ [sb] out** wyrzuc|ić, -ać; wykopać infml

IDIOMS: **the ~ is on the other foot** GB jest wręcz przeciwnie; **to get too big for one's ~s** za bardzo przejmować się swoją rolą, zważnieć; **to lick sb's ~s** lizać komuś buty; **you can bet your ~s that...** możesz być pewien, że...

boot² /bu:t/ **I** *n* Comput ładowanie *n* początkowe

II *vt* = **boot up**

■ **boot up**: **~ up [sth], ~ [sth] up** za|inicjować, za|ładować *[computer, system]*

boot³ /bu:t/ *n* **to ~** na dodatek, na dobitkę, do tego jeszcze; **he's handsome, and wealthy to ~** jest przystojny, a do tego or a na dodatek bogaty

bootblack /ˈbu:tblæk/ *n* czyścibut *m*, pucybut *m*

boot camp *n* US Mil, Naut obóz *m* dla rekrutów

boot device *n* Comput system *m* inicjujący

boot disk *n* Comput dysk *m* startowy

boot drive *n* Comput = **boot device**

bootee, bootie /ˈbu:ti:, bu:ˈti:/ *n* [1] (for baby) bucik *m* dla niemowlęcia *(zwłaszcza z włóczki)* [2] (woman's) bucik *m* damski do kostki

booth /bu:ð, US bu:θ/ *n* [1] (in language lab, for voting, telephoning) kabina *f*; (in restaurant) boks *m* [2] (at exhibition, fair) stoisko *n*; (at market) stragan *m*

bootjack /ˈbu:tdʒæk/ *n* chłopak *m* do butów *(przyrząd do zdejmowania butów)*

bootlace /ˈbu:tleɪs/ *n* sznurowadło *n*, sznurówka *f*

bootleg /ˈbu:tleg/ **I** *vt* (*prp, pt, pp* **-gg-**) (make) pędzić nielegalnie *[liquor]*; (carry) przemycać; (sell) handlować nielegalnie (czymś); **to ~ tapes/videos** nielegalnie produkować i rozprowadzać nagrania magnetofonowe/wideo

II *adj [whisky, liquor]* z nielegalnego źródła; *[record, tape]* piracki

bootlegger /ˈbu:tlegə(r)/ *n* US przemytni|k *m*, -czka *f* alkoholu

bootless /ˈbu:tlɪs/ *adj* arch *[attempt, search]* daremny

bootlicker /ˈbu:tlɪkə(r)/ *n* wazeliniarz *m* infml

bootmaker /ˈbu:tmeɪkə(r)/ *n* szewc *m*

boot polish *n* pasta *f* do butów

boot sale *n* GB giełda *f* rzeczy używanych *(sprzedawanych z samochodów)*

boot scraper *n* skrobaczka *f* do butów

bootstrap /ˈbu:tstræp/ *n* [1] (on boot) ucho *n (z tyłu cholewki buta)* [2] Comput ładowanie *n* początkowe

IDIOMS: **to pull oneself by one's ~s** stanąć na nogi o własnych siłach

bootstrap loader *n* Comput program *m* ładujący or ładowania początkowego

bootstrap program *n* Comput program *m* pierwotny or wprowadzający

booty /ˈbu:tɪ/ *n* łup *m*, łupy *m pl*

booze /bu:z/ infml **I** *n* alkohol *m*; (liquor) gorzałka *f* infml; **to be on the ~** pić *(za dużo, nałogowo)*; **to be off the ~** przestać pić, rzucić picie

II *vi* pić (ostro), tankować infml

booze cruise *n* infml rundka *f* po knajpach infml

boozed /bu:zd/ *adj* infml nachlany, ubzdryngolony infml

boozer /ˈbu:zə(r)/ *n* infml [1] (person) ochlapus *m* infml; **he's a bit of a ~** on lubi sobie wypić [2] GB knajpa *f* infml

booze-up /ˈbu:zʌp/ *n* GB infml popijawa *f*, biba *f* infml

boozy /ˈbu:zɪ/ *adj* infml *[meal]* suto zakrapiany alkoholem; *[laughter]* pijacki; **we had a ~ weekend** zdrowo sobie popiliśmy podczas weekendu infml; **his ~ uncle** jego wuj ochlapus infml

bop¹ /bɒp/ **I** *n* infml (blow) lekkie uderzenie *n*; **to give sb a ~ on the head** trzepnąć kogoś po głowie

II *vt* (*prp, pt, pp* **-pp-**) [1] infml (hit) trzepnąć [2] US vinfml (have sex with) zerżnąć vulg

III *vi* US vinfml (have sex) rżnąć się vulg

bop² /bɒp/ **I** *n* [1] (kind of jazz) bebop *m* [2] infml (disco dance) **to go for a ~** pójść się pogibać infml

II *vi* GB infml (dance) gibać się infml

bo-peep /ˌbəʊˈpi:p/ *n* zabawa *f* w „a kuku"

boppy /ˈbɒpɪ/ *adj* infml *[music]* do tańca

boracic acid /bəˌræsɪkˈæsɪd/ *n* kwas *m* borowy or borny

borage /ˈbɒrɪdʒ, US ˈbɔ:rɪdʒ/ *n* Bot ogórecznik *m*

borax /ˈbɔ:ræks/ *n* boraks *m* rodzimy, tynkal *m*

Bordeaux /bɔ:ˈdəʊ/ **I** *prn* (town) Bordeaux *n inv*

II *n* (wine) bordo *n inv*, wino *n* bordoskie

bordello /bɔ:ˈdeləʊ/ *n* dom *m* publiczny; zamtuz *m* dat

border /ˈbɔ:də(r)/ **I** *n* [1] (frontier) granica *f*; **the ~ between Sweden and Norway** granica między Szwecją a Norwegią; **Poland's ~ with Germany** granica polsko-niemiecka; **on the French ~** na granicy z Francją, na granicy francuskiej; **to have ~s with six countries** graniczyć z sześcioma krajami; **to cross the ~** przekroczyć granicę; **to escape across** or **over the ~** uciec przez granicę; **our allies across the ~** nasi sprzymierzeńcy po drugiej stronie granicy; **north of the ~** (for England) w Szkocji; (for Ireland) w Irlandii Północnej; **south of the ~** (for Scotland) w Anglii; (for Northern Ireland) w (Republice) Irlandii; (for US) w Meksyku [2] (outer edge) (of estate, forest, road) skraj *m*; (of lake, river) brzeg *m* [3] (decorative edge) (on dress) lamówka *f*; (on plate, paper) obwódka *f*; (on tablecloth) obrąbek *m*, szlaczek *m*; (of picture, tapestry) bordiura *f* [4] Hort rabat(k)a *f*, bordiura *f* [5] (hypothetical limit) granica *f*; **to cross the ~ into bad taste** przekroczyć granicę dobrego smaku [6] Comput (of window) ramka *f*

II Borders *npl* (in Scotland) południowo-wschodnia Szkocja *f*

III *modif [post, crossing, guard, patrol]* graniczny; *[town, zone]* przygraniczny, nadgraniczny

IV *vt* [1] (lie alongside) graniczyć z (czymś) *[country]*; przylegać do (czegoś) *[land, forest]*; **Portugal ~s Spain** Portugalia graniczy z Hiszpanią; **to be ~ed by France** mieć wspólną granicę z Francją [2] (surround) ok|olić, -alać *[field]*; obrzeż|yć, -ać *[kerchief, road]*; **to be ~ed on three sides by trees** być z trzech stron obrzeżonym drzewami; **to be ~ed with lace** być wykończonym or obrzeżonym koronką; **plates ~ed with a blue band** talerze z niebieską obwódką

■ **border on**: **~ on [sth]** [1] (have a frontier with) *[country]* graniczyć z (czymś); *[garden, land]* przylegać do (czegoś), graniczyć z (czymś) [2] (verge on) graniczyć z (czymś) *[madness, rudeness]*; **the accusation ~s on the absurd** to oskarżenie graniczy z absurdem; **with a determination ~ing on obsession** z determinacją graniczącą z obsesją

Border collie *n* border collie *m inv (owczarek szkocki)*

border dispute *n* spór *m* graniczny

border guard *n* żołnierz *m* wojsk ochrony pogranicza; pogranicznik *m* infml

border incident *n* incydent *m* na granicy

borderland /ˈbɔ:dəlænd/ *n* pogranicze *n*, rejon *m* przygraniczny

borderline /ˈbɔ:dəlaɪn/ **I** *n* granica *f*; **~ between genius and madness** granica pomiędzy geniuszem a szaleństwem; **on the ~** na granicy, na pograniczu

II *modif [case]* niepewny, wątpliwy; **a ~ joke** dowcip na granicy cenzuralności; **he's a ~ schizophrenic** on jest na krawędzi schizofrenii; **to be a ~ fail/pass** być tuż poniżej/powyżej wymaganego minimum

border raid *n* wypad *m* przez granicę

bore¹ /bɔ:(r)/ **I** *n* [1] (person) nudzia|rz *m*, -ra *f* infml pej; **wine/cricket ~** nudziarz rozprawiający bez końca o winie/krykiecie; **he's such a ~** straszny z niego nudziarz [2] (situation) nudziarstwo *n*, nudy *f pl*; **what a ~!** co za nudy! [3] (nuisance) udręka *f*, uprzykrzenie *n*; **it's an awful ~ having to wait** czekanie to straszna udręka; **what a ~ your having to go so soon!** jaka szkoda, że musisz wyjść tak wcześnie!

II *vt* (annoy) nudzić; zanudz|ić, -ać **(with sth** czymś**)**; **he's always boring us with his stories about the war** wiecznie zanudza nas opowieściami o wojnie

IDIOMS: **to ~ sb stiff** or **to death** or **to tears** zanudzić kogoś na śmierć, nudzić kogoś śmiertelnie; **to ~ the pants off sb** infml zanudzić kogoś na śmierć, nudzić kogoś śmiertelnie

bore² /bɔ:(r)/ **I** *n* [1] (also **borehole**) otwór *m* wiertniczy, odwiert *m* [2] (diameter) (of gun barrel) kaliber *m*; (of pipe) średnica *f*; **small-~ rifle** karabin małego kalibru; **12-~ shotgun** broń kalibru 12 mm

II *vt* (drill) wywierc|ić, -ać, wiercić, wydrą-ż|yć, -ać, drążyć *[hole, tunnel]*; wykop|ać, -ywać, kopać *[tunnel, well]*; **we ~d our way through the crowd** fig przedarliśmy się przez tłum

III *vi* **to ~ into sth** wwierc|ić, -ać się w coś; **to ~ through sth** przewierc|ić, -ać się przez coś; **they are boring for oil/water** prowadzą wiercenia w poszukiwaniu ropy /wody; **her eyes ~d into me** przeszyła mnie wzrokiem

bore[3] /bɔː(r)/ *n* (wave) fala *f* skacząca, gwałtowna fala *f* przypływu

bore[4] /bɔː(r)/ *pt* → **bear**

bored /bɔːd/ *adj [person, expression, look, voice]* znudzony; **to be ~ (with sth/with doing sth)** być znudzonym (czymś/robieniem czegoś); **to get ~ (with sth/with doing sth)** znudzić się (czymś/robieniem czegoś); **to look ~** mieć znudzoną minę; **I'm ~!** nudno mi!, nudzę się!, nudzi mi się!

boredom /ˈbɔːdəm/ *n* nuda *f*; znudzenie *n*, znużenie *n* **(with sth** czymś); **the ~ of having to wait** znużenie oczekiwaniem

borehole /ˈbɔːhəʊl/ *n* otwór *m* wiertniczy, odwiert *m*

borer /ˈbɔːrə(r)/ *n* [1] (tool) (for wood, metal, brick) wiertarka *f*; (for shaft, tunnel) świder *m* [2] (worker) wiertacz *m* [3] Zool owad *m* drążący otwory

boric /ˈbɔːrɪk/ *adj* borny, borowy

boring[1] /ˈbɔːrɪŋ/ *adj [person, place, activity]* nudny; *[colour, food]* banalny; **deadly ~** śmiertelnie nudny; **it's ~ to sit on a plane with nothing to do** nudno jest siedzieć bezczynnie w samolocie

boring[2] /ˈbɔːrɪŋ/ *n* (in rock) wiercenie *n*; (in wood) świdrowanie *n*

boringly /ˈbɔːrɪŋlɪ/ *adv [speak]* nudno; *[repeat, insist]* do znudzenia; *[predictable, practical]* nieznośnie; *[arranged, presented]* nieciekawie

born /bɔːn/ **I** *adj* [1] *[person, animal]* urodzony; **to be ~** urodzić się; **she was ~ in Paris/in 1976** urodziła się w Paryżu /w 1976 roku; **~ a Catholic** katolik z urodzenia; **the baby was ~ blind** dziecko urodziło się niewidome; **the young are ~ blind** młode rodzą się ślepe; **to be ~ lucky** urodzić się pod szczęśliwą gwiazdą; **to be ~ into a Protestant family/the aristocracy** przyjść na świat w rodzinie protestanckiej/arystokratycznej; **~ into poverty** pochodzący z ubogiej rodziny; **to be ~ into the world** liter przyjść na świat; **to be ~ of working class parents** urodzić się w rodzinie robotniczej; **to be ~ (out) of sth** fig zrodzić się z czegoś; **with the confidence ~ of experience** z pewnością siebie, jaką daje doświadczenie; **a child was ~ to them** urodziło się im dziecko; **I wish I'd never been ~!** żałuję, że się w ogóle urodziłem!; **to be ~ out of one's time** wyprzedzać własną epokę; **~ Jane Smith** (real name) prawdziwe nazwisko Jane Smith; (née) z domu Jane Smith [2] (destined) **he was ~ to (a life of) luxury** przeznaczonym mu było życie w luksusie; **this is what I was ~ for, this is what I was ~ to do** to mi było przeznaczone [3] (having a natural ability or tendency) *[teacher, actor, leader]* urodzony; *[aptitude]* wrodzony; **a ~ liar** skończony łgarz; **she's a ~ loser** ona zawsze przegrywa, ona jest ofiarą życiową

II -born *in combinations* **London-~** urodzony w Londynie; **a Nigerian-~ poet** poeta urodzony w Nigerii; **her first~** jej pierworodny/pierworodna

IDIOMS: **in all my ~ days** infml jak żyję; **I wasn't ~ yesterday** infml starego wróbla nie weźmiesz na plewy; **she hasn't got the sense she was ~ with** infml straciła kompletnie rozsądek; padło jej na umysł infml; **there's one ~ every minute!** infml głupich nie sieją!

born-again /ˌbɔːnəˈgeɪn/ *adj* [1] **~ Christian** *członek jednej z protestanckich sekt odnowy ewangelicznej* [2] hum *[feminist, monetarist]* nowo nawrócony, nawiedzony

borne /bɔːn/ *pp* → **bear**

Borneo /ˈbɔːnɪəʊ/ *prn* Borneo *n inv*

boron /ˈbɔːrɒn/ *n* Chem bor *m*

borough /ˈbʌrə, US -rəʊ/ *n* (in London, New York) ≈ gmina *f*; **county ~** GB *miasto administracyjnie niezależne od władz hrabstwa*

borough council *n* GB rada *f* miejska

borough president *n* US ≈ burmistrz *m* gminy *(w Nowym Jorku)*

borrow /ˈbɒrəʊ/ **I** *vt* [1] (from person, bank) pożycz|yć, -ać **(from sb** od kogoś); (from library) wypożycz|yć, -ać **(from sth** z czegoś); **I ~ed £5,000 from the bank** wziąłem z banku pożyczkę w wysokości 5 000 funtów [2] (copy) zapożycz|yć, -ać *[idea, motif, phrase]* **(from sb/sth** od kogoś/z czegoś)

II *vi* zapożycz|yć, -ać się **(from sb** u kogoś); (from bank) zaciąg|nąć, -ać pożyczkę

IDIOMS: **she's living on ~ed time** jej dni są policzone; **to ~ trouble** US pakować się w tarapaty, kusić los

borrower /ˈbɒrəʊə(r)/ *n* (from bank) pożyczkobior|ca *m*, -czyni *f*; (from library) czytelni|k *m*, -czka *f*; (from person) pożyczający|y *m*, -a *f*

IDIOMS: **neither a ~ nor a lender be** Prov nie pożyczaj drugim ani od drugich; dobry zwyczaj, nie pożyczaj Prov

borrowing /ˈbɒrəʊɪŋ/ *n* [1] pożyczenie *n (od kogoś)*; Fin zaciągnięcie *n* pożyczki; **increase in ~** wzrost liczby udzielanych kredytów; **to cut down on ~** obniżyć zadłużenie [2] Ling, Literat; zapożyczenie *n* **(from sb/sth** z kogoś/czegoś)

borrowing costs *npl* koszty *m pl* kredytu

borrowing requirements *npl* zapotrzebowanie *n* na kredyty

borrowing rights *npl* prawo *n* zaciągania pożyczek

borscht, borsch /bɔːʃt, bɔːʃ/ *n* barszcz *m*

borstal /ˈbɔːstəl/ *n* GB dat zakład *m* poprawczy

borzoi /ˈbɔːzɔɪ/ *n* chart *m* rosyjski, borzoj *m*

bosh /bɒʃ/ *n* infml bzdury *f pl*, brednie *f pl*

bos'n *n* = **boatswain**

Bosnia-Herzegovina /ˌbɒznɪəˌhɜːtsəgəʊˈviːnə/ *prn* Bośnia *f* i Hercegowina *f*

Bosnian /ˈbɒznɪən/ **I** *n* Bośnia|k *m*, -czka *f*

II *adj* bośniacki

Bosnian Muslim *n* muzułmanin *m* bośniacki, muzułmanka *f* bośniacka

Bosnian Serb *n* Serb *m* bośniacki, Serbka *f* bośniacka

bosom /ˈbʊzəm/ *n* [1] (chest) pierś *f*; łono *n* liter; **to hug sb to one's ~** przytulić kogoś do piersi [2] (breasts) biust *m*; **to have a large/ample ~** mieć duży/wydatny biust [3] fig (heart, soul) łono *n* liter; **in the ~ of one's family** na łonie rodziny; **to take sb to one's ~** przygarnąć kogoś, wziąć kogoś pod swoje skrzydła

bosom buddy *n* infml dobry kumpel *m* infml

bosom friend *n* przyjaci|el *m*, -ółka *f* od serca

bosomy /ˈbʊzəmɪ/ *adj [woman]* piersiasta infml

Bosporus /ˈbɒspərəs/, **Bosphorus** /ˈbɒsfərəs/ *prn* **the ~** Bosfor *m*

boss[1] /bɒs/ **I** *n* infml (person in charge) szef *m*, -owa *f*; **go ahead, you're the ~** no dalej, ty tu rządzisz; **she's the ~ in the house** ona rządzi domem; **we'll show them who's ~** pokażemy im, kto tu rządzi; **I'm my own ~** jestem panem samego siebie

II *adj* US infml pierwszorzędny, świetny; **this work is ~** to piękna robota infml

III *vt* = **boss about, boss around**

■ **boss about, boss around** infml: **~ [sb] about** rządzić (kimś), dyrygować (kimś)

boss[2] /bɒs/ *n* (metal stud) guz *m*; (on shield) umbo *n*; (on ceiling) brosza *f*; (on wheel, propeller) piasta *f*

boss[3] /bɒs/ *n* GB dat (also **~ shot)** nieudolna próba *f*; **to make a ~ (shot) at sth** podjąć nieudolną próbę (zrobienia) czegoś

BOSS /bɒs/ *n* = **Bureau of State Security** *południowoafrykańskie biuro bezpieczeństwa narodowego*

boss-eyed /ˈbɒsaɪd/ *adj* infml zezowaty; **to be ~** mieć zeza

bossily /ˈbɒsɪlɪ/ *adv* infml *[say]* apodyktycznym tonem; *[behave]* apodyktycznie

bossiness /ˈbɒsɪnɪs/ *n* infml apodyktyczność *f*

bossy /ˈbɒsɪ/ *adj* infml apodyktyczny; **don't get ~ with me** nie próbuj mną dyrygować

Boston /ˈbɒstən/ *prn* Boston *m*

Boston baked beans *npl* US fasolka *f* z wieprzowiną w sosie pomidorowym

Bostonian /bɒsˈtəʊnɪən/ **I** *n* bosto|ńczyk *m*, -nka *f*

II *adj* bostoński

Boston ivy *n* Bot winobluszcz *m* japoński or trójklapowy

bosun *n* = **boatswain**

botanic(al) /bəˈtænɪk(l)/ *adj* botaniczny; **~ gardens** ogród botaniczny

botanist /ˈbɒtənɪst/ *n* botanik *m*

botanize /ˈbɒtənaɪz/ *vi* (study plants) zajmować się botaniką; (collect plants) zajmować się zielarstwem

botany /ˈbɒtənɪ/ *n* (subject) botanika *f*; (of particular place) flora *f*

botany wool *n* wełna *f* merynosów

botch /bɒtʃ/ infml **I** *n* (also **~-up)** partactwo *n*; fuszerka *f* infml; **to make a ~ of sth** sknocić or spartaczyć or sfuszerować coś infml

II *vt* (also **~ up)** [1] (spoil) s|knocić, s|fuszerować infml [2] (mend imperfectly) napraw|ić, -ać byle jak

botched /bɒtʃt/ *adj [legislation, reform]* nieprzemyślany; *[attempt]* nieudany; *[translation]* nieudolny; **a ~ job** fuszerka *f* infml

botcher /ˈbɒtʃə(r)/ *n* partacz *m*, fuszer *m* infml

both /bəʊθ/ **I** *adj* (males) obaj, obydwaj; (females) obie, obydwie; (male and female) oboje, obydwoje; (animals, things) obie, obydwie; oba, obydwa; **~ boys like tennis** obaj or obydwaj chłopcy lubią tenis; **~ the boys live near** obaj or obydwaj chłopcy mieszkają niedaleko; **~ their fathers were truck drivers** ojcowie obojga/obydwu byli kierowcami ciężarówki; **~ sides of the road** obie or obydwie strony drogi; **I like ~ brothers** lubię obu or obydwu braci; **to hold sth in ~ hands** trzymać coś obiema or obydwiema rękami; **I can't lend you a coat, ~ mine are at the cleaners** oba or obydwa moje palta są w pralni, nie mogę ci pożyczyć żadnego; **in ~ cases** w obu or obydwu przypadkach
II *pron* (of males) obaj, obydwaj; (of females) obie, obydwie; (of couple) oboje, obydwoje; (of animals, things) oba, obydwa; obie, obydwie [1] **~ of them want to go** obydwaj /obydwoje/obydwie chcą pojechać; **he's invited ~ of us** zaprosił nas oboje /obydwoje/obie; **~ of my brothers can swim** obaj or obydwaj moi bracia potrafią pływać; **~ of you are wrong** obydwoje /obydwaj/obydwie nie macie racji; **let's buy ~ of them** kupmy oba/obie [2] **I know them ~** znam ich oboje/ich obu/je obie; **~ are young, they are ~ young** obydwoje/obydwaj są młodzi, obydwie są młode; **we ~ like chess** obydwoje /obydwaj/obydwie lubimy szachy; **the ring and the necklace were ~ stolen** skradziono i pierścionek, i naszyjnik; **the coats are ~ too big** oba palta są za duże; **she sends her love to you ~** pozdrawia was oboje/obu/obydwu; **'which do you want?' – '~'** „które chcesz?" – „oba"; **let's do ~** zróbmy i jedno, i drugie
III *conj* **both ... and ...** zarówno ..., jak i ...; i ..., i ...; **~ Maria and Adam are in Italy** zarówno Maria, jak i Adam są we Włoszech; i Maria, i Adam są we Włoszech; **~ here and abroad** zarówno tu, jak i za granicą; i tu, i za granicą; **to act ~ wisely and swiftly** działać zarówno mądrze, jak i szybko; działać i mądrze, i szybko; **she ~ wrote and directed the play** napisała sztukę i ją wyreżyserowała

bother /ˈbɒðə(r)/ **I** *n* [1] (inconvenience) kłopot *m*, problem *m*; **it's no ~ at all** to żaden kłopot; **I don't want to put you to any ~** nie chcę sprawiać ci kłopotu; **it's not worth the ~** to nie jest warte zachodu; **the car's giving us a lot of ~** mamy mnóstwo kłopotów z samochodem; **did you have any ~ at the customs?** czy miałeś jakieś kłopoty or problemy przy odprawie celnej?; **to do sth without any ~** zrobić coś bez żadnych kłopotów or problemów; **to go to the ~ of doing sth** zadać sobie trud, żeby coś zrobić; **she went to the ~ of making a birthday cake for him** zadała sobie trud, żeby upiec mu tort urodzinowy; **to save sb the ~ of doing sth** oszczędzić komuś kłopotu ze zrobieniem czegoś; **it saved him the ~ of phoning her** oszczędziło mu to trudu dzwonienia do niej [2] GB infml (trouble) kłopot *m*, problem; **a bit** or **a spot of ~** mały kłopot or problem; **to be in a bit** or **a spot of ~** mieć mały kłopot or problem [3] GB infml (fighting) **a spot of ~** draka *f* [4] (troublesome person, thing) **if it isn't too much of a ~ for you** jeśli nie sprawi ci to zbyt wiele kłopotu; **I'm sorry to be a ~** przepraszam, że zawracam głowę; **it's a ~ having to clean the windows** to taka udręka myć okna
II *vt* [1] (worry) martwić, niepokoić; **what's ~ing you?** czym się martwisz?; **it doesn't ~ me in the least** wcale mnie to nie martwi, wcale się tym nie przejmuję; **don't let it ~ you** nie martw się tym; **don't ~ your head about it** nie zaprzątaj sobie tym głowy; **it ~s me that...** martwi mnie, że... [2] (inconvenience) przeszkadzać; **don't ~ me now, I'm in the middle of a meeting** nie przeszkadzaj mi teraz, mam zebranie; **does it ~ you if I smoke?** czy nie masz nic przeciwko temu, że zapalę?; **I'm sorry to ~ you** przepraszam, że przeszkadzam or zawracam głowę; **stop ~ing me!** przestań zawracać mi głowę!; **to ~ sb with details/questions** zawracać komuś głowę szczegółami/pytaniami [3] (make effort) **not to ~ doing sth** nie zawracać sobie głowy robieniem czegoś; **don't ~ coming back!, you needn't ~ coming back!** możesz już wcale nie wracać!; **not to ~ to do sth** nie zadać sobie trudu, żeby coś zrobić; **he didn't even ~ to tell me** nie raczył nawet mi powiedzieć; nie zadał sobie nawet trudu, żeby mi powiedzieć [4] (hurt) dokuczać (komuś); **her knee is still ~ing her** ciągle dokucza jej kolano [5] GB infml dat **~ the money/the neighbours!** niech diabli wezmą pieniądze/sąsiadów! infml
III *vi* [1] (take trouble) kłopotać się, robić sobie kłopot, przejmować się; **please don't ~** proszę nie robić sobie kłopotu; **why ~?** po co się przejmować?; **I don't think I'll ~** chyba nie będzie mi się chciało; **I wouldn't ~** nie przejmowałbym się; **'I want to apologize' – 'don't ~'** „chcę się usprawiedliwić" – „nie ma potrzeby" [2] (worry) przejmować się **(about sb/sth** kimś/czymś); **don't ~ about the details** nie przejmuj się szczegółami; **it's/he's not worth ~ing about** nie warto się tym/nim przejmować; **I don't know why I ~** nie wiem, czemu się przejmuję
IV *vr* **to ~ oneself with sth** przejmować się czymś *[problem]*
V bothered *pp adj* (concerned) zaniepokojony; **to be ~ed that...** niepokoić się, że...; **to be ~ed about sth** przejmować się czymś *[details]*; **he's not ~ed about money** or **about having money** nie martwi się o pieniądze; **I'm not ~ed** GB mnie wszystko jedno, wszystko mi jedno; **I can't be ~ed (going shopping)** nie chce mi się (iść na zakupy); **I can't be ~ed with all this nonsense** nie obchodzą mnie te bzdury; **you just couldn't be ~ed to turn up!** po prostu nie chciało ci się przyjść!
VI *excl* GB infml dat **~ (it)!** a niech to licho!

botheration /ˌbɒðəˈreɪʃn/ *excl* infml dat do licha!

bothersome /ˈbɒðəsəm/ *adj* kłopotliwy, uciążliwy

Bothnia /ˈbɒθnɪə/ *prn* **the Gulf of ~** Zatoka *f* Botnicka

Botswana /bɒtˈswɑːnə/ *prn* Botswana *f*

bottle /ˈbɒtl/ **I** *n* [1] (container) (for drinks, baby's) butelka *f*; (for medicine) buteleczka *f*; (for perfume) flakon(ik) *m*; (for gas) butla *f*; **a wine ~** (for wine) butelka na wino; (empty) butelka po winie; **a ~ of wine** butelka wina; **'bring a ~'** (to party) „każdy przynosi alkohol" [2] infml fig (alcohol) **to be on the ~** dawać w gaz infml; **to hit the ~** zaglądać do kieliszka or butelki; **to take to the ~** zacząć popijać; **to come off the ~** rzucić picie; **over a ~** przy kieliszku [3] GB infml (courage) odwaga *f*; **to lose one's ~** spietrać się infml; **have you lost your ~?** obleciał cię strach?
II *vt* [1] (put in bottles) rozl|ać, -ewać (coś) do butelek, butelkować *[milk, wine]* [2] GB (preserve) za|wekować *[fruit]*
III bottled *pp adj [wine]* butelkowany; *[beer]* butelkowy; *[gas]* w butli; *[fruit]* wekowany; **~d water** woda mineralna
■ **bottle out** GB infml spietrać się infml
■ **bottle up**: **~ up [sth], ~ [sth] up** [1] (hide) dusić (coś) w sobie *[anger, despair, grief]* [2] Mil (entrap) (in mountains) okrążyć; (in harbour) zablokować

bottle bank *n* pojemnik *m* na szkło or na stłuczkę szklaną

bottlebrush /ˈbɒtlbrʌʃ/ *n* szczotka *f* do mycia butelek

bottle-fed /ˈbɒtlfed/ *adj* karmiony butelką

bottle feed *vt* na|karmić butelką

bottle feeding *n* karmienie *n* butelką

bottle glass *n* szkło *n* butelkowe

bottle green **I** *n* kolor *m* butelkowy, butelkowa zieleń *f*
II *adj* koloru butelkowego, ciemnozielony

bottleneck /ˈbɒtlnek/ *n* [1] (of bottle) szyjka *f* [2] (narrow part of road) zwężenie *n* (jezdni) [3] (traffic jam) korek *m* infml [4] fig (hold-up) wąskie gardło *n* fig **(in sth** czegoś)

bottle-opener /ˈbɒtlˌəʊpənə(r)/ *n* otwieracz *m* do butelek

bottle party *n* przyjęcie *n* składkowe *(na które goście przynoszą alkohol)*

bottle rack *n* stojak *m* na butelki

bottle top *n* (screwed on) zakrętka *f*, nakrętka *f*; (crown cap) kapsel *m*, kapsla *f*

bottle warmer *n* podgrzewacz *m* do butelek

bottlewasher /ˈbɒtlwɒʃə(r)/ *n* **I'm chief cook and ~** hum jestem chłopcem do wszystkiego infml hum

bottling /ˈbɒtlɪŋ/ *n* [1] (of wine, milk) butelkowanie *n*; **~ plant** rozlewnia [2] (of fruit) wekowanie *n*

bottom /ˈbɒtəm/ **I** *n* [1] (base) (of hill, slope) podnóże *n*; (of page, ladder) dół *m*; **at the ~ of sth** u podnóża czegoś *[mountain]*; u dołu czegoś *[page, ladder]* [2] (in body of water) dno *n*; (ground) grunt *m*; **to sink** or **go to the ~** pójść na dno; **to touch ~** dotknąć dna [3] (underside) spód *m*; (inner surface) dno *n*; **to**

B

knock the ~ out of sth wybić dno w czymś *[box]*; fig zbić coś *[argument]*; **~ up** do góry dnem; **~s up!** infml do dna! [4] (lowest position) (of list) (szary) koniec *m*; (of hierarchy) dół *m*; (of league) ostatnie miejsce *n*; **to be at the ~ of the list** być na (szarym) końcu; **she was ~ of the class again** znowu była ostatnia w klasie; **to be at the ~ of the heap** or **pile** (socially) znajdować się na dole drabiny społecznej; (financially) być w ciężkim położeniu; **to start at the ~** zaczynać od najniższej pozycji; **to hit rock ~** fig sięgnąć dna fig [5] (far end) (of garden, field, street) koniec *m* [6] infml (buttocks) siedzenie *n*, tyłek *m*, zadek *m* infml; (of child) pupa *f* infml [7] fig (root) podłoże *n*, sedno *n*; **to get to the ~ of a matter** dotrzeć do sedna sprawy; **to get to the ~ of a mystery** zgłębić tajemnicę; **to be** or **lie at the ~ of sth** leżeć u podłoża czegoś; **who's at the ~ of these rumours?** kto kryje się za tymi pogłoskami? [8] = **bottom gear** [9] Comm, Naut statek *m* handlowy

II bottoms *npl* infml **pyjama/tracksuit ~s** dół *m* or spodnie *plt* od piżamy/dresu; **bikini ~s** majtki *plt* od bikini

III *adj* [1] (lowest) *[layer, price, rung, shelf]* najniższy; *[bunk, division, part]* dolny; *[apartment]* na parterze; **~ floor** parter *m*; **~ of the range** tani asortyment *m* [2] (last) *[pupil, place, team]* ostatni; *[score]* najgorszy, najsłabszy; **they came ~ in the championship** zajęli ostatnie miejsce w mistrzostwach [3] (final) *[cost, loss]* końcowy

■ **bottom out** *[recession]* osiąg|nąć, -ać najniższy poziom

IDIOMS: **at ~** w gruncie rzeczy; **from the ~ of one's heart** z całego serca, z głębi serca; **the ~ fell** or **dropped out of his world** świat mu się zawalił; **the ~ has fallen out of the market** rynek załamał się, nastąpiło załamanie się rynku; **you can bet your ~ dollar** możesz być pewien, założę się

bottom drawer *n* dolna szuflada *f*; fig wyprawa *f* ślubna

bottom end *n* [1] (of street) koniec *m* [2] fig (of league, division) dolna strefa *f*; (of market) tani asortyment *m*

bottom gear *n* GB Aut pierwszy bieg *m*; jedynka *f* infml

bottomland /ˈbɒtəmlænd/ *n* US Geog teren *m* nisko położony *(wzdłuż rzeki)*

bottomless /ˈbɒtəmlɪs/ *adj [chasm, well]* bez dna; *[reserves]* niewyczerpany, nieprzebrany; *[generosity]* niezmierny; **a ~ pit** studnia *f* bez dna also fig

bottom line *n* [1] Accts, Fin końcowy wynik *m* [2] (decisive factor) kwestia *f* zasadnicza; (final position) konkluzja *f* [3] (lowest sum) najniższa (proponowana) suma *f*

bottommost /ˈbɒtəmməʊst/ *adj* najniższy

bottomry /ˈbɒtəmrɪ/ *n* Fin, Naut bodmeria *f (pożyczka pod zastaw statku lub ładunku)*

bottom-up /ˌbɒtəmˈʌp/ *adj* [1] Comput *[design, development]* wstępujący, syntetyczny; *[reasoning]* indukcyjny [2] *[approach, method]* od podstaw, systemowy

botulism /ˈbɒtjʊlɪzəm/ *n* zatrucie *n* jadem kiełbasianym, botulizm *m*

bouclé /ˈbuːkleɪ/ *n, adj* bouclé *n inv*; **~ wool coat** płaszcz (z tkaniny) bouclé; **~ knitting wool** włóczka bouclé

boudoir /ˈbuːdwɑː(r)/ *n* buduar *m*

bouffant /ˈbuːfɑːn/ *adj [hair, hairstyle]* tapirowany; *[sleeve]* bufiasty

bougainvillea /ˌbuːgənˈvɪlɪə/ *n* bugenwilla *f*

bough /baʊ/ *n* konar *m*

bought /bɔːt/ *pt, pp* → **buy**

bouillon /ˈbuːjɒn/ *n* Culin bulion *m*

bouillon cube *n* US kostka *f* bulionowa or rosołowa

boulder /ˈbəʊldə(r)/ *n* głaz *m*

boulder clay *n* Geol glina *f* morenowa, glina *f* lodowcowa

boulevard /ˈbuːləvɑːd, US ˈbʊl-/ *n* bulwar *m*

bounce /baʊns/ **I** *n* [1] (rebound) odbicie (się) *n* [2] (of hair, mattress, ball, material) sprężystość *f* [3] fig (vigour) werwa *f*, wigor *m*; **to be full of ~, to have loads of ~** być pełnym werwy or wigoru [4] US infml (dismissal) **to give sb the ~** wykopać or wylać kogoś infml; **to get the ~** zostać wykopanym or wylanym infml [5] (in email) powrót *m* do nadawcy, odbicie *n*

II *vt* [1] (cause to rebound) odbi|ć, -jać *[ball]* **(on** or **against sth** o coś); (cause to be reflected) s|powodować odbicie (czegoś) *[light, signal, wave]*; (cause to move) porusz|yć, -ać (czymś) *[branch]*; **to ~ a baby on one's knee** bujać or huśtać dziecko na kolanie [2] infml (hurry) **to ~ sb into doing sth** przycisnąć kogoś, żeby coś zrobił infml [3] infml **to ~ a cheque** *[bank]* GB nie przyjąć czeku, nie honorować czeku; *[person]* US wystawić czek bez pokrycia [4] infml (eject) wyl|ać, -ewać, wykop|ać, -ywać, wywal|ić, -ać infml *[person]* [5] Comput od|esłać, -syłać do nadawcy, odbi|ć, -jać *[email]*

III *vi* [1] (rebound) *[ball, bullet, sound waves]* odbi|ć, -jać się **(off sth** o coś, od czegoś) [2] (go up and down) *[vehicle]* podsk|oczyć, -akiwać; *[person]* skakać, podsk|oczyć, -akiwać; **to ~ up and down on sth** podskakiwać na czymś; **the car ~d along the road** samochód podskakiwał na drodze [3] fig (move energetically) **to ~ into/out of the room** wpaść do pokoju/wypaść z pokoju; **to ~ along** iść sprężystym krokiem [4] infml *[cheque]* nie mieć pokrycia [5] Comput *[email]* wr|ócić, -acać do nadawcy

■ **bounce back** *[person]* pozbierać się, dojść do siebie; *[currency]* powrócić do normy

bouncer /ˈbaʊnsə(r)/ *n* infml bramkarz *m*; wykidajło *m* infml

bouncing /ˈbaʊnsɪŋ/ *adj [baby]* tryskający zdrowiem

bouncy /ˈbaʊnsɪ/ *adj* [1] *[ball, mattress, hair, turf, stride]* sprężysty; **~ castle** nadmuchiwany zamek *(do zabaw dziecięcych)* [2] *[person]* pełen wigoru

bound[1] /baʊnd/ **I** *pt, pp* → **bind**

II *adj* [1] (tied up) skrępowany; **his hands were ~** miał skrępowane ręce [2] (certain) **they are ~ to ask** na pewno zapytają; **she's ~ to know** ona na pewno będzie wiedzieć; **it was ~ to happen sooner or later** wcześniej czy później to się musiało stać; **they're up to no good, I'll be ~** infml dat założę się, że coś kombinują infml [3] (obliged) zobowiązany, związany **(by sth** czymś); **you are still ~ by your promise** jesteś wciąż związany obietnicą; **we are ~ by law to repay the debt** prawo nakazuje nam zwrócić dług; **to be ~ to do sth** mieć obowiązek coś zrobić; **he felt ~ to tell her what had happened** uważał, że musi jej powiedzieć, co się stało; **I'm duty/honour ~ to tell you the truth** obowiązek/honor nakazuje mi powiedzieć ci prawdę; **I'm ~ to say I think it's unlikely** muszę powiedzieć, że wydaje mi się to mało prawdopodobne [4] US (resolved) **to be ~ on doing sth** postanowić sobie coś zrobić; **he's ~ on winning** postanowił sobie, że wygra; **to be ~ and determined to do sth** być absolutnie zdecydowanym coś zrobić [5] (connected) **to be ~ up with sth** być związanym z czymś, wiązać się z czymś; **all the stories are ~ by a common theme** wszystkie opowiadania łączy wspólny temat; **her problems are ~ up with her illness** jej problemy wiążą się or są związane z chorobą [6] (engrossed) **to be ~ up in** or **with sth** być zaabsorbowanym czymś; **she is so ~ up with her family that she never goes out** jest tak zaabsorbowana rodziną, że nigdzie nie wychodzi or że stale siedzi w domu; **he's too ~ up in his own worries to be able to help us** jest zbyt zaabsorbowany własnymi kłopotami, żeby nam pomóc [7] *[book]* oprawiony; **cloth-/leather-~** oprawny w płótno/skórę

III -bound *in combinations* (confined) unieruchomiony; **fog-~** *[traffic]* sparaliżowany przez mgłę; **frost-~** *[field]* zamarznięty; **wheelchair-~** przykuty do wózka (inwalidzkiego)

bound[2] /baʊnd/ **I** *n* (leap) skok *m*, sus *m*; (of ball) odbicie się *n*; **his heart gave a sudden ~** serce mu żywiej zabiło; **in a ~, with one ~** jednym susem → **leap**

II *vi* [1] (move) poruszać się lekko, energicznie; **she ~ed into the room** wpadła do pokoju; **the dog ~ed along behind the bicycle** pies biegł (susami) za rowerem [2] (bounce) *[ball]* odbi|ć, -jać się

bound[3] /baʊnd/ **I bounds** *npl* (confines, limit) granice *f pl* also fig; **to be out of ~s** stanowić strefę zakazaną; (in American football, basketball) być poza boiskiem; **this area is out of ~s to civilians** ten teren jest zamknięty dla ludności cywilnej; **the pub is out of ~s to schoolchildren** uczniowie nie mają wstępu do pubu, uczniom nie wolno chodzić do pubu; **within ~s** do pewnych granic, w określonych granicach; **within the ~s of the city** w granicach miasta; **within the ~s of reason/possibility** w granicach rozsądku/możliwości; **to go beyond the ~s of reason/good taste** przekraczać granice or wykraczać poza granice zdrowego rozsądku/dobrego smaku; **it's not beyond the ~s of possibility that...** nie można wykluczyć, że...; **there are no ~s to her folly, her folly knows no ~s** jej głupota jest bezgraniczna or nie zna granic

II *vt* (surround) ok|olić, -alać; **to be ~ed by sth** (be encircled) być okolonym czymś; (be partly surrounded) graniczyć z czymś; fig (be restricted) być ograniczonym czymś

bound⁴ /baʊnd/ **I** *adj* (heading for) **~ for sth** zdążający do (czegoś); **a plane ~ for New York** samolot lecący do Nowego Jorku; **the truck was ~ for Italy** ciężarówka jechała do Włoch

II -bound *in combinations* (heading for) **passengers for the London-~ train** pasażerowie odjeżdżający do Londynu; **it crashed into the Moscow-~ train** zderzył się z pociągiem jadącym do Moskwy; **homeward-~** zmierzający do domu; **outward-~** *[train]* odjeżdżający; *[ship]* odpływający

boundary /ˈbaʊndrɪ/ **I** *n* [1] granica *f* also fig; **~ between sth and sth** granica między czymś a czymś; **within the parish boundaries** w granicach parafii; **the boundaries of human knowledge** granice ludzkiej wiedzy [2] (in cricket) (line) linia *f* końcowa; (shot) uderzenie *n* na linię końcową

II *modif [fence, post]* graniczny

Boundary Commission *n* GB komisja *f* wytyczająca granice okręgów wyborczych

boundary line *n* [1] granica *f* also fig [2] (in basketball) linia *f* końcowa boiska

bounden /ˈbaʊndən/ *adj* dat **~ duty** święty obowiązek *m*

bounder /ˈbaʊndə(r)/ *n* GB dat or hum kanalia *m/f*, zimny drań *m* infml

boundless /ˈbaʊndlɪs/ *adj [terrain, space]* bezkresny, niezmierzony; *[confidence, enthusiasm, generosity, ambition]* bezgraniczny

bounteous /ˈbaʊntɪəs/ *adj* arch = **bountiful**

bountiful /ˈbaʊntɪfl/ *adj* liter [1] (generous) szczodry, szczodrobliwy [2] (abundant) obfity

bounty /ˈbaʊntɪ/ *n* [1] (generosity) szczodrość *f* [2] (gift) dar *m* [3] (reward) nagroda *f*; **to place a ~ on sb's head** wyznaczyć nagrodę za głowę kogoś

bounty hunter *n* łowca *m* nagród *(wyznaczonych przez władze, rodzinę ofiary)*

bouquet /bʊˈkeɪ/ *n* [1] (of flowers) bukiet *m*, wiązanka *f* [2] fig (compliment) pochwała *f* [3] (of wine) bukiet *m*

bouquet garni /ˌbʊkeɪgɑːˈniː/ *n* mieszanka *f* ziół *(jako przyprawa)*

Bourbon /ˈbʊəbən/ Hist **I** *prn* Burbon *m*

II *adj* burboński

bourbon /ˈbɜːbən/ *n* (whisky) bourbon *m* *(amerykańska whisky)*

bourgeois /ˈbɔːʒwɑː, US ˌbʊərˈʒwɑː/ **I** *n* [1] (member of middle class) zamożny mieszczanin *m*, zamożna mieszczanka *f* dat [2] Pol (capitalist) burżuj *m*, -ka *f* pej [3] pej (philistine) drobnomieszczan|in *m*, -ka *f* pej

II *adj* [1] (relating to middle class) mieszczański [2] (capitalist) burżuazyjny; burżujski pej [3] (philistine) drobnomieszczański

bourgeoisie /ˌbɔːʒwɑːˈziː, US ˌbʊəʒwɑːˈziː/ *n* (+ *v sg/pl*) [1] (middle class) mieszczaństwo *n* dat [2] (in Marxist theory) burżuazja *f*

bout /baʊt/ *n* [1] (spell, period) (of illness) atak *m*; (of depression, insanity, coughing) atak *m*, napad *m*; **a ~ of activity** okres wzmożonej aktywności; **a ~ of insomnia** krótki okres bezsenności; **a ~ of negotiations** runda or tura rozmów; **he had two ~s of flu** dwa razy chorował na grypę; **after a ~ of illness** po krótkiej chorobie; **to go on a drinking ~** pójść w tango or kurs infml; **his intermittent ~s of drinking** jego okresowe pijaństwo [2] Sport walka *f*, pojedynek *m*

boutique /buːˈtiːk/ *n* [1] (shop) butik *m* [2] (in store) dział *m*

bovine /ˈbəʊvaɪn/ *adj* [1] (relating to cattle) bydlęcy [2] fig gamoniowaty, mało rozgarnięty

bovine spongiform encephalopathy, BSE /ˌbəʊvaɪnˌspʌndʒɪfɔːmensefəˈlɒpəθɪ/ *n* gąbczaste zwyrodnienie *n* mózgu; (in cattle) choroba *f* szalonych krów; (in people) choroba *f* Creutzfeldta-Jakoba

bovver /ˈbɒvə(r)/ *n* GB sl (fighting) zadyma *f*, rozróba *f* infml; **do you want ~?** szukasz guza?

bovver boots *npl* infml glany *plt* infml

bovver boy *n* infml żul *m* infml

bow¹ /bəʊ/ **I** *n* [1] (weapon) łuk *m* [2] Mus smyczek *m* [3] (knot) kokarda *f*; (small) kokardka *f*; **to tie a ~** zawiązać kokardę; **to tie sth in a ~** zawiązać coś na or w kokardę

II *vi* Mus prowadzić smyczek

IDIOMS: **to have a second string to one's ~** chować coś w zanadrzu

bow² /baʊ/ **I** *n* (with the body) ukłon *m*; (with the head) skinienie *n*; **to make a ~** ukłonić się; złożyć ukłon fml; **to make one's ~** fig zadebiutować; **to take a ~** Theat dziękować (ukłonem) za oklaski; fig przyjmować wyrazy podziwu

II *vt* pochyl|ić, -ać *[head]*; przygi|ąć, -nać *[back, branch, tree]*; wygi|ąć, -nać *[plank]*; **to ~ one's consent** or **agreement** skinąć głową na znak przyzwolenia or zgody; **he ~ed his thanks** podziękował ukłonem or skinieniem głowy; **to ~ the knee** fig ugiąć się **(to sb/sth** przed kimś/czymś); **to ~ one's head in prayer** pochylić or skłonić głowę w modlitwie

III *vi* [1] (bend the body) ukłonić się **(to sb** komuś); (bend the head) skinąć głową **(to sb** komuś) [2] (give way) **to ~ to sb** ugiąć się przed kimś, ustąpić komuś; **to ~ to sth** ugiąć się or ustąpić wobec czegoś *[pressure, threats]*; **to ~ to sb's wishes** zastosować się do czyichś życzeń; **I ~ to your superior knowledge** chylę czoło przed twą wielką wiedzą; **to ~ to the inevitable** poddać się temu, co nieuchronne; **to ~ to sb's opinion** przychylić się do opinii kogoś [3] (sag) *[plank, branch]* ugi|ąć, -nać się, wygi|ąć, -nać się

IV bowed *pp adj [head]* pochylony; *[back]* przygarbiony, zgarbiony

■ **bow down**: ¶ **~ down** ukłonić, kłaniać się nisko **(before sb** komuś); (with particular reverence) odda|ć, -wać pokłon **(to sb** komuś); fig ugi|ąć, -nać się, ust|ąpić, -ępować **(before** or **to sth** wobec czegoś) ¶ **~ down [sb/sth], ~ [sb/sth] down** [1] (cause to bend) zgi|ąć, -nać, przygi|ąć, -nać *[tree, person]* [2] (cause to suffer) załam|ać, -ywać *[person]*; **to be ~ed down with grief** być pogrążonym w smutku

■ **bow out** wycof|ać, -ywać się **(of sth** z czegoś)

IDIOMS: **to ~ and scrape** płaszczyć się **(to sb** przed kimś); czapkować **(to sb** komuś)

bow³ /baʊ/ *n* [1] Naut dziób *m*; **at** or **in the ~(s)** na dziobie; **on the port/starboard ~** na lewo/prawo od dziobu [2] Sport (also **~ oarsman)** wioślarz *m* szlakowy

IDIOMS: **to fire a shot across sb's ~s** postraszyć kogoś

Bow bells /ˌbəʊˈbelz/ *npl* GB **to be born within the sound of ~** być prawdziwym cockneyem

bow compass *n* cyrkiel *m* zerowy, zerownik *m*

bowdlerization /ˌbaʊdləraɪˈzeɪʃn, US -rɪˈz-/ *n* pej usunięcie *n* drażliwych fragmentów tekstu

bowdlerize /ˈbaʊdləraɪz/ *vt* o|cenzurować *[text, book] (usuwając drażliwe fragmenty)*

bow doors *npl* drzwi *plt* łukowe

bowel /ˈbaʊəl/ **I** *n* Med jelito *n*

II bowels *npl* [1] Med **to have upset ~s** mieć dolegliwości jelitowe; **to move** or **empty one's ~s** wypróżnić się, mieć wypróżnienie [2] fig (inner depths) wnętrze *n*; **the ~s of the earth** wnętrzności ziemi liter

III *modif [disorder]* jelitowy

bowel movement *n* wypróżnienie *n*; **to have a ~** mieć wypróżnienie

bower /ˈbaʊə(r)/ *n* [1] (in garden) altan(k)a *f* [2] arch (chamber) alkierz *m*

bowerbird /ˈbaʊəbɜːd/ *n* altannik *m*

bowery /ˈbaʊərɪ/ *n* US *część miasta, gdzie gromadzą się bezdomni włóczędzy*

bow-front(ed) /ˌbəʊˈfrʌnt(ɪd)/ *adj [house]* o półkolistej fasadzie; *[cabinet]* wybrzuszony

bowing /ˈbəʊɪŋ/ *n* Mus smyczkowanie *n*

bowl¹ /bəʊl/ *n* [1] Culin (deep dish) miska *f*, misa *f*; (small) miseczka *f*; (for drink) czarka *f*; (serving dish) salaterka *f*; (for cooked fruit) kompotierka *f*; (for washing) miska *f*, miednica *f*; **a ~(ful) of milk** miseczka mleka; **a ~(ful) of water** miska wody [2] (of lavatory) miska *f*, muszla *f* klozetowa; (of pipe) główka *f*; (of spoon) miseczka *f*; (of stemmed glass) czara *f*, czarka *f*; (of lamp) klosz *m* [3] US Sport stadion *m*

bowl² /bəʊl/ **I** *n* Games kula *f (do gry w kręgle, bowls, itp.)*

II *vt* [1] (in a game of bowls) rzuc|ić, -cać (czymś), po|toczyć *[bowl]* [2] (in cricket) rzuc|ić, -ać (czymś) *[ball]*; (also **~ out)** wy|eliminować (kogoś) z gry *[batsman] (przez uderzenie piłką w bramkę)* [3] (in bowling) rzuc|ać, -ić (czymś) *[bowl]*; **he ~ed 227 points** zdobył 227 punktów

III *vi* [1] (in bowls, bowling) rzuc|ić, -ać kulą; (in cricket) serwować [2] (move fast) **to ~ along** *[person, vehicle]* po|pędzić; **we were ~ing along the street** pędziliśmy ulicą

■ **bowl over**: **~ over [sb/sth], ~ [sb/sth] over** [1] (knock down) przewr|ócić, -acać *[person, skittles]* [2] (amaze) wprawi|ć, -ać (kogoś) w osłupienie; (please, charm) wprawi|ć, -ać (kogoś) w zachwyt, za|fascynować; **she was ~ed over by his good looks** była zafascynowana or oczarowana jego urodą

bowlegged /ˌbəʊˈlegɪd/ *adj* krzywonogi, o pałąkowatych nogach

bowlegs /ˌbəʊˈlegz/ *npl* krzywe or pałąkowate nogi *f pl*

bowler[1] /ˈbəʊlə(r)/ *n* Sport (in bowling) kręglarz *m*; (in bowls) gracz *m* w bowls; (in cricket) serwujący *m*

bowler[2] /ˈbəʊlə(r)/ *n* (also **~ hat**) melonik *m*

bowl game *n* US mecz *m* o mistrzostwo *(w futbolu amerykańskim)*

bowline /ˈbəʊlɪn/ *n* [1] Naut (rope) cuma *f* dziobowa [2] (knot) (in sailing) węzeł *m* ratowniczy; (in climbing) węzeł *m* skrajny tatrzański

bowling /ˈbəʊlɪŋ/ *n* [1] (ten-pin) (pursuit) kręglarstwo *n*; (game) kręgle *plt* [2] (on grass) gra *f* w bowls [3] (in cricket) serwowanie *n*

bowling alley *n* (building) kręgielnia *f*; (track) tor *m* kręglarski

bowling green *n* murawa *f* do gry w bowls

bowls /bəʊlz/ *n (+ v sg)* GB *gra polegająca na toczeniu kul po murawie*

bowman /ˈbəʊmən/ *n* (*pl* **-men**) łucznik *m*

bowsprit /ˈbəʊsprɪt/ *n* Naut bukszpryt *m*

bowstring /ˈbəʊstrɪŋ/ *n* cięciwa *f* łuku

bow tie *n* muszka *f*, mucha *f*

bow-wave /ˈbaʊweɪv/ *n* fala *f* dziobowa

bow window *n* okno *n* wykuszowe

bow-wow /ˌbaʊˈwaʊ/ *n* [1] baby talk (dog) piesek *m* infml [2] onomat hau! hau!

box[1] /bɒks/ **I** *n* [1] (container) (cardboard) pudło *n*; (small) pudełko *n*; (metal, wooden) skrzynka *f*; (large) skrzynia *n*; (for jewellery) kasetka *f*; (for piece of jewellery, pen) futerał *m*, etui *n inv*; **a ~ of matches** pudełko or paczka zapałek; **a ~ of chocolates** pudełko czekoladek, bombonierka; **they're selling apples by the ~** sprzedają jabłka na skrzynki; **ballot ~** urna wyborcza; **collection ~** puszka na datki; **tool~** skrzynka na narzędzia [2] (on page) ramki *f pl*, pole *n* [3] (seating area) Theat loża *f*; Sport trybuna *f* honorowa; (in restaurant) boks *m* [4] (in stable) boks *m* [5] GB Sport (for protection) suspensor *m (ochraniacz na jądra)* [6] infml (television) **the ~** telewizor *m*; **what's on the ~?** co jest w telewizorze? infml [7] Sport (also **penalty ~**) pole *n* karne [8] Sport (in gymnastics) skrzynia *f* [9] Post (also **Box**) skrytka *f* pocztowa; **Box 20** Skrytka Pocztowa 20 [10] Tech skrzynka *f*, skrzynia *f* [11] (casing) (of radio, camera) skrzynka *f*, obudowa *f* [12] (booth) kabina *f*, budka *f*; **commentary ~** kabina komentatora; **sentry ~** budka strażnika; **witness ~** miejsce dla świadka składającego zeznania [13] GB Transp → **box junction** [14] infml fig (coffin) trumna *f* [15] Comput infml komputer *m* [16] (of carriage, cab) kozioł *m*

II *vt* (pack) = **box up**

III boxed *pp adj* [1] Print *[note, information]* w ramkach; **~ed advert** ogłoszenie w ramce [2] (packed) w opakowaniu; **a three-CD ~ed set** trzy płyty kompaktowe w jednej kasecie

■ **box in**: ¶ **~ in [sth], ~ [sth] in** (enclose) obudow|ać, -ywać *[area, yard]* ¶ **~ in [sb], ~ [sb] in** (restrict movement) przyblokow|ać, -ywać *[runner, racehorse, car]*; za|blokować *[army]*; **to feel ~ed in** odczuwać brak swobody

■ **box off**: **~ off [sth], ~ [sth] off** odgr|odzić, -adzać *[area]*

■ **box up**: **~ up [sth], ~ [sth] up** za|pakować *(w pudła, skrzynie)*

IDIOMS: **we are in the same ~** infml jedziemy na jednym wózku

box[2] /bɒks/ **I** *n* (blow) trzepnięcie *n* (otwartą dłonią); **he gave him a ~ on the ear** trzepnął go or dał mu w ucho

II *vt* [1] Sport boksować *[opponent]* [2] (strike) trzepnąć (otwartą dłonią); **to ~ sb's ears, to ~ sb around the ears** trzepnąć kogoś w ucho

III *vi* Sport boksować się; **to ~ against sb** boksować się z kimś, walczyć z kimś or przeciwko komuś

box[3] /bɒks/ Bot **I** *n* bukszpan *m*

II *modif [hedge, furniture]* bukszpanowy

box[4] /bɒks/ *vt* Naut **to ~ the compass** wyliczyć kolejno wszystkie punkty kompasu; fig powrócić do punktu wyjścia

boxboard /ˈbɒksbɔːd/ *n* karton *m* (na opakowania)

box calf **I** *n* boks *m*, skóra *f* cielęca chromowa

II *modif* boksowy

box camera *n* aparat *m* fotograficzny skrzynkowy

boxcar /ˈbɒkskɑː(r)/ *n* US wagon *m* towarowy kryty

boxer /ˈbɒksə(r)/ *n* [1] Sport bokser *m*, pięściarz *m* [2] (also **~ dog**) bokser *m*

boxer shorts *npl* (spodenki *plt*) bokserki *plt*

boxful /ˈbɒksfʊl/ *n* (pełne) pudło *n* or pudełko *n*, (pełna) skrzynia *f* or skrzynka *f* **(of sth** czegoś)

box girder *n* dźwigar *m* skrzynkowy

boxing /ˈbɒksɪŋ/ **I** *n* boks *m*, pięściarstwo *n*

II *modif* bokserski, pięściarski

Boxing Day /ˈbɒksɪŋdeɪ/ *n* GB drugi dzień *m* Świąt Bożego Narodzenia *(dzień dawania prezentów)*

boxing glove *n* rękawica *f* bokserska or pięściarska

boxing ring *n* ring *m* (bokserski)

box junction *n* GB Transp środek *m* skrzyżowania *(oznaczony krzyżującymi się pasami)*

box kite *n* latawiec *m* skrzynkowy

box lunch *n* US drugie śniadanie *n (zwykle kanapki, zabierane do szkoły lub pracy)*

box number *n* (at newspaper) numer *m* skrytki ogłoszeniowej; (at post office) numer *m* skrytki pocztowej

box office Cin, Theat **I** *n* [1] (ticket office) kasa *f* biletowa [2] fig wzięcie *n*; **to be good ~** mieć wzięcie; **to do well at the ~** odnieść sukces kasowy; **to do badly at the ~** zrobić klapę infml

II *modif* (also **box-office**) **a ~ success** sukces kasowy; **a ~ failure** klapa *f* infml; **to be a ~ failure** zrobić klapę infml; **~ takings** wpływy ze sprzedaży biletów; **to be a ~ attraction** or **draw** przyciągać publiczność; **to be a ~ winner** bić rekordy oglądalności

box pleat *n* kontrafałda *f*

box room *n* GB pakamera *f*

box spanner *n* GB klucz *m* nasadkowy or oczkowy

box spring *n* sprężyna *f* tapicerska

box stall *n* US boks *m* stajenny

boxwood /ˈbɒkswʊd/ **I** *n* bukszpan *m*, drewno *n* bukszpanowe

II *modif [hedge, furniture]* bukszpanowy

box wrench *n* US = **box spanner**

boy /bɔɪ/ **I** *n* [1] (young male) chłopiec *m*, chłopak *m*; (little) chłopczyk *m*; **the ~s' toilet** toaleta dla chłopców; **come here ~!** podejdź no tu, chłopcze!; **be polite ~s!** bądźcie grzeczni, chłopcy!; **when I was a ~** kiedy byłem mały; **from a ~, I had wanted to be a doctor** od dziecka chciałem być lekarzem; **that's my ~!, there's a good ~!** zuch chłopak!; **look ~s and girls** patrzcie, dzieci [2] (son) syn *m*, chłopiec *m*, chłopak *m*; **she wanted a ~ this time** chciała tym razem chłopca; **their eldest ~** ich najstarszy syn or chłopak; **the Jenkins ~** chłopak Jenkinsów [3] GB infml (man) chłopak *m*; **he's a local ~** on jest z tych stron; **to have a drink with the ~s** napić się z chłopakami or kumplami; **an old ~** Sch absolwent; (old man) starzec, staruszek; **the old ~** infml (father) ojciec; stary infml; **how are you old ~?** jak się masz, staruszku?; **my dear ~** mój drogi [4] (servant) boy *m*, chłopak *m* [5] (male animal) **down ~!** (to dog) siad!; **easy ~!** (to horse) hola! [6] US infml offensive czarnuch *m* offensive

II boys *npl* infml [1] (soldiers) chłopcy *m pl* infml; **our brave ~s at the front** nasi dzielni chłopcy na froncie; **the ~s in blue** GB policja *f* [2] (experts) faceci *m pl* infml; **the legal ~s** faceci od prawa

III *modif [hero, detective, assistant]* młodociany; *[soprano]* chłopięcy; **~ genius** or **wonder** cudowne dziecko

IV *excl* infml **~, it's cold here!** o rany, ale tu zimno! infml; **~ oh ~, was I scared!** o rany, ale się bałem! infml

IDIOMS: **~s will be ~s** mężczyźni są jak dzieci; **to be one of the ~s** być równym gościem infml; **to sort out the men from the ~s** przekonać się, kto się zna na rzeczy, a kto nie

boy band *n* boys band *m*

boycott /ˈbɔɪkɒt/ **I** *n* bojkot *m* **(against** or **of** or **on sth** czegoś)

II *vt* z|bojkotować

boyfriend /ˈbɔɪfrend/ *n* (girl's) chłopak *m*; kawaler *m* dat or hum; (woman's) przyjaciel *m*

boyhood /ˈbɔɪhʊd/ **I** *n* chłopięctwo *n*, wiek *m* chłopięcy

II *modif [dream, experience]* chłopięcy; *[friend]* z dzieciństwa

boyish /ˈbɔɪɪʃ/ *adj [enthusiasm, figure, grin, prank]* chłopięcy

boy-meets-girl /ˌbɔɪmiːtsˈgɜːl/ *adj [film, story]* w romantycznym stylu

boy racer *n* infml młodociany pirat *m* drogowy

boy scout *n* skaut *m*; (Polish) harcerz *m*

boy toy *n* infml = **toyboy**

boy wonder *n* cudowne dziecko *n*

bozo /ˈbəʊzəʊ/ *n* US infml palant *m* infml

Br *adj* = **British** bryt. *(brytyjski)*

BR *n* → **British Rail**

bra /brɑː/ *n* stanik *m*, biustonosz *m*; **~ strap** ramiączko biustonosza or stanika

brace /breɪs/ **I** *n* [1] (for teeth) aparat *m* (korekcyjny), klamerka *f*; **to wear a ~** nosić aparat [2] (for broken limb) szyna *m*;

(permanent support) aparat *m* ortopedyczny [3] Constr zastrzał *m*, tężnik *m* [4] (of birds, animals, pistols) para *f* **(of sth** czegoś) [5] (tool) korba *f* do świdrów [6] (symbol) Print nawias *m* klamrowy; Mus klamra *f*, akolada *f*

II braces *npl* [1] GB Fashn szelki *f pl* [2] US (for teeth) aparat *m* (korekcyjny) [3] Naut brasy *m pl*

III *vt* [1] (prop) pod|eprzeć, -pierać [2] (tense) napi|ąć, -nać *[muscles, shoulders]*; **to ~ one's legs against sth** zaprzeć się o coś nogami

IV *vi* [1] *[person, organization]* **to ~ for sth** przygotować się na coś [2] Aviat, Aut s|chować głowę między kolana *(przed lądowaniem awaryjnym lub gwałtownym hamowaniem)*

V *vr* **to ~ oneself** (physically) z|ebrać, -bierać siły **(for sth** na wypadek czegoś, przed czymś); fig przygotow|ać, -ywać się **(for sth** na coś, do czegoś); **to ~ oneself to hear bad news** przygotować się na złe wieści

VI braced *pp adj [wall, structure]* podparty, wzmocniony **(with sth** czymś); **to have one's teeth ~d** mieć or nosić klamerki or aparat (na zębach); **to be ~d for sth/to do sth** być przygotowanym na coś/na zrobienie czegoś

■ **brace up**: ¶ **~ up** wziąć, brać się w garść ¶ **~ up [sth], ~ [sth] up** pod|eprzeć, -pierać *[structure, wall]* ¶ **~ up [sb], ~ [sb] up** doda|ć, -wać (komuś) animuszu *[person]*

bracelet /ˈbreɪslɪt/ **I** *n* [1] (jewellery) bransoletka *f* [2] (watchstrap) bransoleta *f* zegarka

II bracelets *npl* infml (handcuffs) kajdanki *plt*; obrączki *f pl* infml

bracer /ˈbreɪsə(r)/ *n* infml (drink) kieliszek *m* na wzmocnienie infml

brachycephalic /ˌbrækɪsɪˈfælɪk/ *adj* Anthrop krótkogłowy

bracing /ˈbreɪsɪŋ/ *adj [climate, air]* orzeźwiający, rześki, rzeźwy

bracken /ˈbrækən/ *n* Bot (paproć *f*) orlica *f*

bracket /ˈbrækɪt/ **I** *n* [1] (in typography) nawias *m*; **square/angle/curly ~s** nawiasy kwadratowe/trójkątne/klamrowe; **in ~s** w nawiasie; **to open/close ~s** otworzyć /zamknąć nawias [2] (category) przedział *m*, grupa *f*, kategoria *f*; **age ~** kategoria wiekowa, przedział wiekowy; **income/tax ~** grupa dochodowa/podatkowa; **the best car in this price ~** najlepszy samochód w tym przedziale cenowym; **the 25-30 age ~** przedział wiekowy or grupa wiekowa od 25 do 30 lat [3] (support) (for shelf) wspornik *m*; (for lamp) kinkiet *m* [4] Arch wspornik *m*, konsola *f*

II *vt* [1] (put in brackets) uj|ąć, -mować (coś) w nawias, na|pisać (coś) w nawiasie *[word, phrase]* [2] (put in category) (also **~ together**) po|traktować razem, zalicz|yć, -ać do grupy; **she has been ~ed as a romantic** została zaliczona do romantyków; **you can't ~ these two cases together** nie możesz traktować tych przypadków łącznie [3] Mil wziąć, brać w kleszcze, ot|oczyć, -aczać *[target]*

brackish /ˈbrækɪʃ/ *adj [water, taste]* słonawy

bract /brækt/ *n* Bot przylistek *m*, podsadka *f*

brad /bræd/ *n* ćwieczek *m*

bradawl /ˈbrædɔːl/ *n* szydło *n* płaskie

brae /breɪ/ *n* Scot zbocze *n*

brag /bræg/ **I** *n* [1] (boast) przechwałka *f* [2] (card game) poker *m*

II *vi (prp, pt, pp* **-gg-)** przechwalać się, chełpić się **(about sth** czymś); **to ~ to sb** przechwalać się komuś or przed kimś; **that's nothing to ~ about** nie ma się czym chwalić

braggadocio /ˌbrægəˈdəʊʃɪəʊ/ *n* arch or liter przechwałki *f pl*, fanfaronada *f* liter

braggart /ˈbrægət/ *n* dat samochwała *m/f*; fanfaron *m* dat

bragging /ˈbrægɪŋ/ *n* chełpienie się *n* **(about sth** czymś); przechwałki *f pl*

Brahma /ˈbrɑːmə/ *prn* Relig Brahma *m*

Brahman /ˈbrɑːmən/ *n* Relig bramin *m*

Brahmaputra /ˌbrɑːməˈpuːtrə/ *prn* **the ~** Brahmaputra *f*

Brahmin /ˈbrɑːmɪn/ *n* [1] Relig bramin *m* [2] US pej (intellectual) jajogłowy *m*

braid /breɪd/ **I** *n* [1] US (of hair) warkocz *m* [2] (trimming) galon *m*, szamerowanie *n*, szamerunek *m*; **gold ~** złoty galon

II *vt* [1] US spl|eść, -atać (coś) w warkocz *[hair, strands]* [2] obszy|ć, -wać galonem, szamerować *[uniform, jacket]*

III braided /ˈbreɪdɪd/ *pp adj [cushion]* ozdobiony galonem; *[rug]* z frędzlą, z frędzlami

braiding /ˈbreɪdɪŋ/ *n* (trimming) galon *m*

Braille /breɪl/ **I** *n* brajl *m*, alfabet *m* Braille'a

II *modif [book]* pisany brajlem; *[alphabet]* brajlowski

brain /breɪn/ **I** *n* [1] Anat mózg *m*; **to blow one's ~s out** infml strzelić or palnąć sobie w łeb infml [2] Culin móżdżek *m*; **calves' ~s** móżdżek cielęcy [3] (mind) **he's got a good ~** jest bardzo inteligentny; ma głowę infml; **he's got football on the ~** infml jemu tylko futbol w głowie infml [4] infml (intelligent person) tęga głowa *f*, tęgi umysł *m*

II brains *npl* (intelligence) mózg *m*, umysł *m*, rozum *m*; **he's got ~s** infml on ma głowę infml; **he's the ~s of the family** to najtęższa głowa w całej rodzinie; **to use one's ~s** pozwolić pracować szarym komórkom; ruszyć głową infml; **to be the ~s behind sth** być mózgiem czegoś

III *modif [cell, tissue]* mózgowy; **~ tumour** guz mózgu

IV *vt* infml (knock out) rozwal|ić, -ać (komuś) głowę infml

IDIOMS: **to beat sb's ~s out** dołożyć komuś, rozwalić komuś łeb infml; **to dance one's ~s out** US infml tańczyć do upadłego; **to study one's ~s out** wkuwać infml; **to pick sb's ~s** wypytać kogoś **(about sth** o coś); **I need to pick your ~s** muszę się z tobą skonsultować

brainbox /ˈbreɪnbɒks/ *n* infml tęga głowa *f*

brainchild /ˈbreɪntʃaɪld/ *n* pomysł *m*; **the festival was her ~** pomysł festiwalu narodził się w jej głowie

brain damage *n* uszkodzenie *n* mózgu

brain-damaged /ˈbreɪndæmɪdʒd/ *adj* z uszkodzeniem mózgu

brain dead /ˌbreɪnˈded/ *adj* [1] Med w stanie śmierci mózgowej or osobniczej [2] infml fig pej durny, tumanowaty infml pej

brain death *n* śmierć *f* mózgowa or osobnicza

brain drain *n* drenaż *m* mózgów

brain fever *n* zapalenie *n* mózgu/opon mózgowych

brainless /ˈbreɪnlɪs/ *adj [person]* bezmózgi; *[idea, plan]* idiotyczny, głupi; **he's completely ~** on jest beznadziejnie głupi

brainpan n czaszka *f*

brain scan *n* badanie *n* warstwowe mózgu, tomografia *f* mózgu

brain scanner *n* skaner *m* mózgu

brainstorm /ˈbreɪnstɔːm/ *n* [1] Med gwałtowne zaburzenia *n pl* mózgowe [2] fig (aberration) zaćmienie *n* umysłu [3] infml = **brainwave**

brainstorming /ˈbreɪnstɔːmɪŋ/ *n* burza *f* mózgów fig

brains trust *n* GB trust *m* mózgów, zespół *m* ekspertów

brain surgeon *n* neurochirurg *m*

brain surgery *n* neurochirurgia *f*

brain teaser *n* infml łamigłówka *f*

brain trust *n* US = **brains trust**

brainwash /ˈbreɪnwɒʃ/ *vt* z|robić (komuś) pranie mózgu; **to be ~ed** zostać poddanym praniu mózgu; **they were ~ed into thinking that...** wpojono im przekonanie, że...; urobiono ich tak, że uwierzyli, iż...

brainwashing /ˈbreɪnwɒʃɪŋ/ *n* pranie *n* mózgu

brainwave /ˈbreɪnweɪv/ *n* [1] (inspiration) olśnienie *n*; **to have a ~** doznać olśnienia [2] Med fala *f* mózgowa

brainwork /ˈbreɪnwɜːk/ *n* praca *f* koncepcyjna

brainy /ˈbreɪnɪ/ *adj* infml bystry, uzdolniony

braise /breɪz/ *vt* Culin u|dusić *[meat]*; **braising beef** wołowina do duszenia

brake[1] /breɪk/ **I** *n* [1] Auto, Transp hamulec *m*; **to apply** or **put on the ~s** (in car) (pedal-operated) nacisnąć or wcisnąć pedał hamulca; (hand-operated) zaciągnąć hamulec; (on bicycle) nacisnąć na hamulec [2] fig (curb) hamulec *m* fig; **to be** or **act as a ~ on sth** być czynnikiem hamującym coś, działać hamująco na coś; **to put a ~ on sth** zahamować coś

II *vi* (slow down) przy|hamować; (stop) za|hamować; **to ~ hard** zahamować ostro

brake[2] /breɪk/ *n* GB Hist (carriage) brek *m*

brake[3] /breɪk/ *n* (thicket) zarośla *plt*, chaszcze *plt*

brake block *n* klocek *m* hamulcowy

brake disc *n* tarcza *f* hamulca

brake drum *n* bęben *m* hamulcowy

brake fluid *n* płyn *m* hamulcowy

brake horsepower *n* moc *f* efektywna or użyteczna

brake lever *n* dźwignia *f* hamulca

brake light *n* światło *n* hamowania or stop(u)

brake lining *n* okładzina *f* ścierna szczęki hamulcowej

brakeman /ˈbreɪkmən/ *n* **(pl -men)** [1] (in a bobsleigh team) hamulcowy *m* [2] US Rail kierownik *m* pociągu

brake pad *n* płytka *f* cierna hamulca

brake pedal *n* pedał *m* hamulca

brake shoe *n* szczęka *f* hamulcowa

braking /ˈbreɪkɪŋ/ *n* hamowanie *n*

braking distance *n* droga *f* hamowania

braking power *n* siła *f* hamowania

B

braking system *n* układ *m* hamulcowy
bramble /ˈbræmbl/ **I** *n* jeżyna *f*
II *modif* GB *[jam, jelly]* jeżynowy; *[tart]* z jeżynami
brambling /ˈbræmblɪŋ/ *n* Zool jer *m*
bran /bræn/ *n* otręby *plt*
branch /brɑːntʃ, US bræntʃ/ **I** *n* [1] (of tree, antlers) gałąź *f*; (of candlestick, lamp) ramię *n*; (of river) odnoga *f*; (of road, railway, pipe) odgałęzienie *n*; (of mountain chain) boczna grań *f*; (of family, production) gałąź *f*; (of study, subject) dziedzina *f*, gałąź *f*; (of family of languages) gałąź *f*; (of police) wydział *m* [2] Comm, Fin (of store, bank, organization) oddział *m*; (of company, library) filia *f*; **main ~** główny oddział [3] Comput rozgałęzienie *n* [4] US (stream) strumień *m*
II *vi [road]* rozchodzić się, rozgałęziać się; *[river, pipe]* rozgałęziać się, rozwidlać się; *[tree]* rozgałęziać się
■ **branch off**: ¶ **~ off** *[road]* rozchodzić się, rozgałęziać się; *[river, railway]* rozgałęziać się, rozwidlać się; **to ~ off from sth** odchodzić or odgałęziać się od czegoś *[railway, road]*; fig odchodzić od czegoś, zbaczać z czegoś *[topic]*
■ **branch out**: **~ out** *[business]* rozszerz|yć, -ać działalność; *[person]* rozwi|nąć, -jać zainteresowania; **to ~ out into leisure wear** rozszerzyć ofertę o odzież sportową; **to ~ out on one's own** rozpocząć działalnośc na własną rękę, usamodzielnić się
branched /brɑːntʃt, US bræntʃt/ *adj* rozgałęziony; **~ candlestick** świecznik wieloramienny
branched chain *n* Chem łańcuch *m* rozgałęziony
branch line *n* lokalna linia *f* kolejowa
branch manager *n* (of bank) dyrektor *m* oddziału; (of company) dyrektor *m* filii
branch office *n* oddział *m*, filia *f*
branch water *n* US (from stream) woda *f* źródlana; (from tap) czysta woda *f*
brand /brænd/ **I** *n* [1] (make) marka *f* **(of sth** czegoś); **own ~ products** produkty własne *(ze znakiem firmowym sklepu)*; **a well-known ~ of whisky** znany gatunek whisky [2] (type) (of humour, art, music) rodzaj *m*, typ *m*; (of belief) odmiana *f* [3] (for identification) piętno *n* also fig [4] liter (in fire) żagiew *f* [5] liter (torch) pochodnia *f* [6] liter (sword) miecz *m* [7] arch → **branding iron**
II *vt* [1] (mark) cechować, o|znakować *[cattle]*; piętnować ra [2] fig (stigmatize) na|piętnować; **the scandal ~ed her for life** skandal naznaczył ją piętnem na całe życie; **to ~ sb a terrorist/coward** przyczepić komuś etykietę terrorysty/tchórza [3] fig (impress) **the experience is ~ed on my memory** or **mind** to doświadczenie wryło mi się w pamięć
brand acceptance *n* uznanie *n* dla marki
brand awareness *n* popularność *f* marki
branded /ˈbrændɪd/ *adj [goods, articles]* oznakowany (marką)
brand identification *n* rozpoznawalność *f* marki
brand image *n* Advertg, Comm rynkowy wizerunek *m* produktu
branding iron *n* żelazo *n* do wypalania piętna
brandish /ˈbrændɪʃ/ *vt* wymachiwać (czymś), wywijać (czymś)
brand leader *n* przodująca marka *f*
brand loyalty *n* przywiązanie *n* klienta do marki
brand management *n* prowadzenie *n* produktu na rynku
brand manager *n* osoba *f* odpowiedzialna za prowadzenie produktu na rynku
brand name *n* nazwa *f* firmowa
brand name recall *n* znajomość *f* produktu
brand-new /ˌbrændˈnjuː, US -ˈnuː/ *adj* nowiutki, zupełnie nowy; *[machine]* fabrycznie nowy
brand recognition *n* rozpoznawalność *f* marki
brand switching *n* przerzucanie się *n* na inną markę
brandy /ˈbrændɪ/ *n* brandy *f inv*; (cognac) koniak *m*; **cherry ~** wiśniówka; **peach ~** brandy brzoskwiniowa
brandy butter *n masa z masła, cukru i brandy*
brandy glass *n* kieliszek *m* do koniaku, koniakówka *f*
brandy snap *n* Culin ≈ rurka *f* oblewana czekoladą
bran loaf *n* chleb *m* z otrębami
bran tub *n zabawa z wyciąganiem fantów z kosza pełnego sypkiej substancji*
brash /bræʃ/ *adj* [1] (self-confident) *[person, manner, tone]* arogancki, bezczelny [2] (garish) *[colour, design]* krzykliwy [3] (harsh) *[music, sound]* nieprzyjemny dla ucha
brashly /ˈbræʃlɪ/ *adv [assert, declare]* bezczelnie, butnie, zuchwale
brashness /ˈbræʃnɪs/ *n* [1] (self-confidence) arogancja *f*, bezczelność *f*, tupet *m* [2] (garishness) krzykliwość *f*
Brasilia /brəˈzɪljə/ *prn* Brasilia *f*
brass /brɑːs, US bræs/ **I** *n* [1] (alloy) mosiądz *m* [2] (fittings) elementy *m pl* mosiężne; (objects) przedmioty *m pl* mosiężne, mosiądze *plt* [3] Mus (also **~ section)** instrumenty *m pl* dęte blaszane, sekcja *f* instrumentów dętych blaszanych [4] (in church) tablica *f* (pamiątkowa) [5] infml (nerve) śmiałość *f*, tupet *m*; **to have the ~ to do sth** śmieć or ośmielić się coś zrobić [6] GB infml (money) forsa *f* infml [7] Mil infml *(+ v pl)* szarża *f*; **the top ~** wyżsi oficerowie; fig grube ryby, szychy infml
II *modif [button, candlestick, plaque]* mosiężny; *[instrument]* dęty blaszany
■ **brass off** GB infml: **~ [sb] off** spławić kogoś infml; **to be ~ed off with sth** mieć czegoś po dziurki w nosie
IDIOMS: **to get down to ~ tacks** przejść do konkretów or do rzeczy; **it's not worth a ~ farthing** to nie jest warte złamanego grosza or szeląga; **to be as bold as ~** mieć tupet; **it's ~ monkey weather outside** vinfml jest cholernie zimno na dworze infml
brass band *n* orkiestra *f* dęta; (in jazz) brass band *m*
brass foundry *n* odlewnia *f* mosiądzu
brass hat *n* infml wyższy oficer *m*; szarża *f*
brassica /ˈbræsɪkə/ *n* Bot kapusta *f (roślina z rodziny kapustowatych)*
brassière /ˈbræzɪə(r), US brəˈzɪə(r)/ *n* dat biustonosz *m*
brass instrument *n* Mus instrument *m* dęty blaszany
brass knuckles *npl* US kastet *m*
brass neck *n* GB infml czelność *f*, tupet *m*
brass-necked /ˈbrɑːsnekt, US ˈbræs-/ *adj* GB infml *[person]* bezczelny
brass plate *n* (on door) tabliczka *f* mosiężna (na drzwiach); (in church) tablica *f* pamiątkowa
brass rubbing *n* Art estampaż *m* (z miedziorytu)
brassware /ˈbrɑːsweə(r), US ˈbræs-/ *n* przedmioty *m pl* mosiężne, mosiądze *plt*
brasswork /ˈbrɑːswɜːk, US ˈbræs-/ *n* ozdoby *m pl* mosiężne
brassy /ˈbrɑːsɪ, US ˈbræsɪ/ *adj* [1] (colour) miedziany [2] *[sound, tone]* metaliczny [3] pej *[appearance]* wyzywający; *[woman]* arogancki, bezczelny
brat /bræt/ *n* infml pej bachor *m*, smarkacz *m* infml pej
Bratislava /ˌbrætɪˈslɑːvə/ *prn* Bratysława *f*
brat pack *n* infml *grupa młodych, modnych i popularnych artystów*
bravado /brəˈvɑːdəʊ/ *n* brawura *f*
brave /breɪv/ **I** *n* [1] **the ~** *(+ v pl)* dzielni ludzie *plt*; **the bravest of the ~** najdzielniejszy z dzielnych [2] (Indian warrior) wojownik *m* indiański
II *adj* [1] (courageous) *[person]* dzielny; *[attempt, decision]* śmiały; **be ~!** odwagi!; **he was very ~ about it** dzielnie to zniósł; **to be ~ enough to do sth** odważyć się coś zrobić; **it was ~ of you!** dzielnie się spisałeś! [2] liter (fine) piękny; **~ new world** nowy wspaniały świat
III *vt* stawi|ć, -ać czoło (czemuś) *[danger, storm]*
IDIOMS: **to put on a ~ face, to put a ~ face on things** zachować zimną krew; robić dobrą minę do złej gry; **to put a ~ face on sth** nie przejmować się czymś *[report, rumour]*; **as ~ as a lion** odważny jak lew
bravely /ˈbreɪvlɪ/ *adv* dzielnie
bravery /ˈbreɪvərɪ/ *n* męstwo *n*
bravery award *n* nagroda *f* za odwagę
bravo /ˌbrɑːˈvəʊ/ *n* (*pl* **~s, ~es**) (shout) brawo!
bravura /brəˈvʊərə/ **I** *n* (brilliant technique) wirtuozeria *f*; (daring) brawura *f*
II *modif [passage, piece]* wirtuozowski, wirtuozerski; *[performance]* brawurowy, z brawurą
brawl /brɔːl/ **I** *n* burda *f*, awantura *f*
II *vi* awanturować się; **to ~ with sb** wdać się w awanturę z kimś
brawn /brɔːn/ *n* [1] GB Culin salceson *m* [2] (strength) tężyzna *f* fizyczna, krzepa *f*
IDIOMS: **all ~ no brains** same mięśnie i za grosz rozumu
brawny /ˈbrɔːnɪ/ *adj* krzepki, muskularny
bray /breɪ/ **I** *n* ryk *m* (osła)
II *vi* za|ryczeć; **to ~ with laughter** rżeć or ryczeć ze śmiechu
braze /breɪz/ *vt* z|lutować (mosiądzem)
brazen /ˈbreɪzn/ *adj* [1] (shameless) *[person]* bezwstydny; *[attempt, disregard]* bezczelny; **~ hussy** hum or infml bezwstydnica infml [2] liter (brass) mosiężny; (bronze) brązowy
■ **brazen out**: **~ out [sth], ~ [sth] out** (bezczelnie) obstawać przy (czymś); **to ~**

it out zachowywać się, jak gdyby nic się nie stało

brazenly /ˈbreɪznlɪ/ *adv* bezczelnie, bezwstydnie

brazier /ˈbreɪzɪə(r)/ *n* [1] (container) koksiak *m* [2] (worker) mosiężnik *m*

Brazil /brəˈzɪl/ *prn* Brazylia *f*

Brazilian /brəˈzɪljən/ **I** *n* Brazylij|czyk *m*, -ka *f*

II *adj* brazylijski

Brazil nut *n* Bot (tree) orzesznica *f* wyniosła; (fruit) orzech *m* brazylijski

breach /briːtʃ/ **I** *n* [1] (infringement) naruszenie *n* **(of sth** czegoś); (violation) pogwałcenie *n* **(of sth** czegoś); **security ~** (of safety) naruszenie przepisów bezpieczeństwa; (of official secret) naruszenie tajemnicy służbowej; (of industrial secret) naruszenie tajemnicy zawodowej; **a ~ of good manners** niestosowne zachowanie; **to be in ~ of sth** stanowić naruszenie czegoś *[agreement, law]* [2] (disagreement) ochłodzenie *n* stosunków; (rupture) zerwanie *n*; **to heal the ~** doprowadzić do poprawy stosunków [3] (in defence, wall) wyłom *m*

II *vt* [1] z|robić wyłom w (czymś) *[wall, dyke]*; przełam|ać, -ywać *[defence]* [2] (infringe) narusz|yć, -ać, pogwałc|ić, -ać *[law, rule]*; uchybi|ć, -ać (czemuś) *[protocol]*

III *vi [whale]* wysk|oczyć, -akiwać z wody

IDIOMS: **to be honoured in the ~** być lekceważonym; **to step into the ~** przejąć obowiązki, przejąć pałeczkę

breach of contract *n* Jur niedotrzymanie *n* or naruszenie *n* umowy

breach of duty *n* Jur uchybienie *n* obowiązkom

breach of promise *n* Jur (by fiancé) niedotrzymanie *n* obietnicy małżeństwa

breach of the peace *n* Jur zakłócenie *n* porządku publicznego

breach of trust *n* Jur nadużycie *n* zaufania

bread /bred/ **I** *n* [1] Culin chleb *m*; **a loaf /slice of ~** bochenek/kromka chleba; **to be on ~ and water** żyć o chlebie i wodzie [2] infml (money) szmal *m*, forsa *f* infml [3] (livelihood) **to earn one's (daily) ~** zarabiać na chleb

II *modif [oven, sauce]* chlebowy

III *vt* Culin panierować *[cutlet, fish]*

IDIOMS: **to break ~ with sb** spożywać posiłek w towarzystwie kogoś; **to cast one's ~ upon the waters** Bible rzucać chleb swój na wody płynące; fig wspierać szczodrze ubogich w nadziei, że ofiara zwróci się stokrotnie; **to put ~ on the table** zarabiać na utrzymanie; **to put jam on the ~** polepszyć sobie byt; **to take the ~ out of sb's mouth** odbierać komuś chleb; **he knows which side his ~ is buttered** wie, co się mu opłaca; wie, co dla niego dobre; **the best thing since sliced ~** hum genialny wynalazek, genialna rzecz

bread and butter I *n* chleb *m* z masłem; fig źródło *n* utrzymania; ciężki kawałek *m* chleba fig

II bread-and-butter *adj [job, routine]* powszedni, zwykły; *[issue]* przyziemny; **~ letter** list z podziękowaniami za gościnę; **~ pudding** *deser z kawałków posmarowanej masłem bułki przekładanych bakaliami i zapiekanych z mlekiem i jajkami*

breadbasket /ˈbredbɑːskɪt/ *n* [1] koszyk *m* na chleb [2] fig (granary) spichlerz *m*, spichrz *m* fig; **this region is the country's ~** ten region jest spichlerzem kraju [3] infml (belly) kałdun *m*, bebech *m* infml

breadbin /ˈbredbɪn/ *n* GB pojemnik *m* na chleb

breadboard /ˈbredbɔːd/ *n* deska *f* do krojenia chleba

breadbox /ˈbredbɒks/ *n* US pojemnik *m* na chleb

breadcrumb /ˈbredkrʌm/ **I** *n* okruszek *m* chleba

II breadcrumbs *npl* Culin bułka *f* tarta; **to coat sth in ~s** obtoczyć coś w bułce tartej; **escalopes coated in ~s** eskalopki panierowane

breaded /ˈbredɪd/ *pp adj [cutlet, fish]* panierowany

breadfruit /ˈbredfruːt/ *n* [1] (fruit) owoc *m* drzewa chlebowego [2] **(**also **~ tree)** chlebowiec *m*, drzewo *n* chlebowe

breadknife /ˈbrednaɪf/ *n* nóż *m* do chleba

breadline /ˈbredlaɪn/ *n* GB (income) **the ~** minimium *n* socjalne; **to be on the ~** żyć na granicy nędzy; **to live above/below the ~** żyć powyżej/poniżej granicy ubóstwa

bread roll *n* Culin bułka *f*

breadstick /ˈbredstɪk/ *n* pałeczka *f* chlebowa

breadth /bretθ/ *n* [1] Meas szerokość *f*; **to travel/search the length and ~ of the country** przemierzyć/przeszukać kraj wzdłuż i wszerz [2] fig (of knowledge, interest, subject, outlook) rozległość *f* **(of sth** czegoś); (of opinions) szeroki zakres *m* **(of sth** czegoś); **the course has great ~** kurs obejmuje szeroki zakres materiału

breadthways /ˈbretθweɪz/ *adv* **to measure sth ~** mierzyć szerokość czegoś

breadthwise /ˈbretθwaɪz/ *adv* = **breadthways**

breadwinner /ˈbredwɪnə(r)/ *n* żywiciel *m* rodziny

break /breɪk/ **I** *n* [1] (fracture) (in bone) złamanie *n* [2] (crack) (in plate, plank, pipe) pęknięcie *n*; **a ~ in the skin** ranka, skaleczenie [3] (gap) (in fence, wall) wyrwa *f*, wyłom *m*; (in row, line, sequence) luka *f*, odstęp *m*, przerwa *f*; (in circuit, chain) przerwanie *n*; **a ~ in the clouds** przejaśnienie [4] (pause) (in conversation, match) przerwa *f*; Theat przerwa *f*, antrakt *m*; **(commercial) ~** Radio, TV przerwa na reklamę; **wait for a ~ in the traffic (before you cross the street)** poczekaj, aż przejadą samochody (zanim przejdziesz przez ulicę); **a ~ in transmission/in the electricity supply** przerwa w transmisji/w dostawie energii; **we're going to take a ~ now** Radio, TV nastąpi teraz krótka przerwa na reklamę; **without a ~** bez przerwy, nieprzerwanie [5] (rest period) przerwa *f* (na odpoczynek), chwila *f* wytchnienia; Sch przerwa *f*, pauza *f*; **let's take a ~** zróbmy sobie przerwę; **to work without a ~** pracować bez przerwy or bez chwili wytchnienia; **to have a ~ from work** przestać pracować, chwilowo nie pracować; **to have** or **take a ~ from working/driving** zrobić sobie przerwę w pracy/w podróży; **to have** or **take a ~ from nursing/teaching** na jakiś czas przestać pracować jako pielęgniarka/nauczyciel; **to give sb a ~ (from sth)** pozwolić komuś odpocząć (od czegoś); **I often give her a ~ from looking after the kids** często pozwalam jej odpocząć od dzieci; **give us a ~!** infml daj nam święty spokój! [6] (holiday) **summer ~** przerwa wakacyjna; Sch wakacje *plt*; **winter ~** Sch, Univ ferie zimowe; **the Christmas ~** przerwa świąteczna; Sch, Univ ferie świąteczne; **a weekend ~ in Milan** weekend w Mediolanie [7] fig (departure, rift) zerwanie *n* **(with sb/sth** z kimś/czymś); rozbrat *m* liter **(with sb/sth** z kimś/czymś); **a ~ with tradition/with the past** zerwanie z tradycją/z przeszłością; **a ~ between the superpowers** rozbrat między wielkimi mocarstwami; **it's time to make a** or **the ~** czas na poważne zmiany w życiu *(wyprowadzenie się z rodzinnego domu, zmiane pracy)*; **to make a clean ~** zerwać raz na zawsze *(ze współmałżonkiem, partnerem)* [8] infml (opportunity) szansa *f*; **her big ~ came in 1973** rok 1973 był dla niej rokiem wielkiej szansy; **to give sb a ~** dać komuś szansę; **to give sb an even ~** dać komuś równe szanse; **a lucky ~** uśmiech losu fig; **a bad ~** pech [9] (escape bid) ucieczka *f*, próba *f* ucieczki; **to make a ~ for it** rzucić się do ucieczki; **to make a ~ for the door** rzucić się do drzwi or w kierunku drzwi [10] (dawn) **at (the) ~ of day** o świcie, o brzasku [11] Print **line ~** koniec *m* wiersza; **page ~** łamanie *n* strony; **paragraph ~** koniec *m* akapitu [12] (in tennis) **(**also **service ~)** break *m inv*, przełamanie *n* serwisu [13] (in snooker) (first shot) **it's your ~** ty zaczynasz; (series of shots) **to make a 50 point ~** zdobyć 50 punktów za jednym podejściem [14] Mus (in jazz) break *m*

II *vt* **(***pt* **broke;** *pp* **broken)** [1] (damage) rozbi|ć, -jać, zbić, s|tłuc *[glass, window, plate]*; rozbi|ć, -jać *[egg]*; z|łamać, połamać *[toy, chair]*; z|łamać *[bone, tooth, pencil]*; (render useless) ze|psuć, po|psuć *[machine, toy]*; **to ~ a tooth/nail** złamać ząb /paznokieć; **to ~ one's leg/arm** złamać (sobie) nogę/rękę; **to ~ one's neck** skręcić kark infml or fig; **~ a leg!** hum (when wishing good luck) połamania nóg!, złam nogę! infml; **she broke a bottle over his head** rozbiła mu butelkę na głowie; **to ~ a hole in a wall** zrobić wyłom w murze; **~ the eggs into the bowl** wbij jajka do miski [2] (separate into parts) połamać; (accidentally) z|łamać *[stick]*; po|łamać *[chocolate bar]*; (into two) przełam|ać, -ywać *[stick, chocolate bar, bread roll]*; ur|wać, -ywać, z|erwać, -rywać *[rope]*; **to ~ the seal** (on letter) złamać or naruszyć pieczęć; (on jar) otworzyć pokrywkę [3] (split, rupture) po|dzielić *[word, sentence]*; z|dekompletować *[set]*; narusz|yć, -ać całość (czegoś) *[collection]*; przeci|ąć, -nać *[skin]*; **do not use if the skin is broken** nie stosować na uszkodzoną skórę; **not a ripple broke the surface of the water** ani jedna fala nie mąciła powierzchni wody; **to ~ surface** *[diver, submarine]*

B

wynurzyć się, wypłynąć na powierzchnię; **the river broke its banks** rzeka wystąpiła z brzegów [4] (interrupt) przer|wać, -ywać *[monotony, silence, circuit]*; z|erwać, -rywać *[ties, links]* **(with sb** z kimś); **to ~ one's silence (on sth)** przerwać milczenie (na temat czegoś); **to ~ sb's concentration** rozpraszać kogoś; **the spell was broken** czar prysł; **we broke our journey in Milan** zatrzymaliśmy się (na krótko) w Mediolanie, zrobiliśmy sobie postój w Mediolanie; **the tower ~s the line of the roof/of the horizon** wieża wystaje ponad linię dachu/horyzontu; **to ~ step** zgubić krok [5] (violate) narusz|yć, -ać *[conditions, terms, embargo]*; z|łamać *[law, rule, treaty, commandment, vow]*; przełam|ać, -ywać *[blockade]*; **he broke his word /promise** złamał słowo/obietnicę, nie dotrzymał słowa/obietnicy; **to ~ an appointment** (with friend, business associate) nie przyjść na umówione spotkanie; **to ~ a strike** pracować podczas strajku [6] (exceed, surpass) przekr|oczyć, -aczać *[speed limit, sound barrier]*; przełam|ać, -ywać *[class barrier]*; po|bić *[record]*; pokon|ać, -ywać *[opponent]* [7] (lessen the impact of) z|łagodzić *[blow, fall]*; osłabi|ć, -ać *[force of wind]* [8] fig (destroy) z|łamać *[person, determination]*; przełam|ać, -ywać, z|łamać *[resistance, will]*; z|niszczyć *[power]*; s|tłumić *[rebellion]*; **to ~ the deadlock** or **impasse** wyjść z impasu, przełamać impas; **to ~ a habit** odzwyczaić się; **I must ~ him of the habit of picking his nose in public** muszę oduczyć go od dłubania w nosie przy ludziach; **to ~ sb's spirit** doprowadzić kogoś do załamania; **to ~ sb's hold over sb** uwolnić kogoś spod wpływu kogoś [9] (ruin) z|rujnować, doprowadz|ić, -ać do ruiny *[person, company]*; **this contract will make or ~ the company** ten kontrakt postawi firmę na nogi lub doprowadzi ją do ruiny; ten kontrakt to dla firmy wóz albo przewóz [10] Equest (tame) uje|ździć, -żdżać *[horse]*; **to ~ a horse to the rein** zaprawić konia do cugli [11] (in tennis) **to ~ sb's serve** przełamać serwis kogoś [12] Mil z|degradować *[officer]* [13] (decipher) z|łamać *[cipher, code]* [14] (leave) **to ~ camp** zwi|nąć, -jać obóz; **to ~ cover** wy|jść, -chodzić z kryjówki [15] (announce) przekaz|ać, -ywać *[news]* **(to sb** komuś); wyjawi|ć, -ać *[truth]* **(to sb** komuś); **~ it to her gently** powiedz jej o tym oględnie [16] (change) rozmieni|ć, -ać *[banknote]* **→ back, bank, ground, heart, ice, wind**

III *vi* (*pt* **broke;** *pp* **broken)** [1] (get damaged) *[branch, bone, tooth]* z|łamać się; *[chair, toy]* po|łamać się; *[handle]* odłam|ać, -ywać się; *[egg, glass, plate, window]* rozbi|ć, -jać się, zbić się, s|tłuc się; *[rope, string, thread]* z|erwać, -rywać się; *[violin string, ice]* pęk|nąć, -ać; *[paper bag]* roz|erwać, -rywać się; **china ~s easily** porcelana łatwo się tłucze; **the vase broke into a thousand pieces** wazon rozbił się or roztrzaskał się na tysiące kawałków; **her tooth/nail broke** złamał się jej ząb/paznokieć, złamała sobie ząb/paznokieć; **the sound of ~ing glass** dźwięk tłukącego się szkła [2] (cease functioning) *[machine, radio, watch]* po|psuć się, ze|psuć się [3] (disperse, split) *[clouds]* rozst|ąpić, -ępować się; *[waves]* rozbi|ć, -jać się **(against** or **on** or **over sth** o coś); **a splinter group which broke from the party** frakcja, która oderwała się od partii [4] Sport *[boxers]* odst|ąpić, -ępować krok do tyłu; **'~!'** (referee's command) „break!" [5] (stop for a rest) z|robić (sobie) przerwę; **to ~ for lunch** zrobić przerwę na lunch; **let's ~ for ten minutes** zróbmy sobie dziesięciominutową przerwę [6] (change) *[good weather]* zmieni|ć, -ać się; *[drought, heatwave]* s|kończyć się, ust|ąpić, -ępować; *[luck]* odwr|ócić, -acać się [7] (begin) *[day]* wsta|ć, -wać, nasta|ć, -wać, świtać; *[storm]* rozpęt|ać, -ywać się also fig [8] (become known) *[scandal]* wy|jść, -chodzić na jaw, wybuch|nąć, -ać; *[news]* roz|ejść, -chodzić się; *[news story]* ukaz|ać, -ywać się [9] (discontinue) *[two people]* z|erwać, -rywać ze sobą; **to ~ with sb** zerwać z kimś; **to ~ with a party /the church** zerwać z partią/kościołem; **to ~ with tradition/convention** zerwać z tradycją/z konwenansami [10] (escape) **to ~ from sb's arms** wyrwać się z ramion kogoś; **to ~ from the crowd** oderwać się od tłumu; **a cry broke from her lips** z ust wyrwał się jej okrzyk [11] (weaken) *[person]* załam|ać, -ywać się; *[resistance, resolve, strength]* o|słabnąć; *[health]* pog|orszyć, -arszać się; **their spirits never broke** nigdy nie opuścił ich hart ducha; **to ~ under torture/interrogation** załamać się podczas tortur/przesłuchania [12] (change tone) *[any voice]* łamać się, załam|ać, -ywać się; *[boy's voice]* ule|c, -gać mutacji; **her voice ~s on the high notes** głos jej się łamie na wysokich tonach; **in a voice ~ing with emotion** głosem łamiącym się ze wzruszenia; **his voice broke when he was 15** przechodził mutację, kiedy miał 15 lat [13] (move, shift) *[action]* przen|ieść, -osić się; **the action then ~s to Budapest** następnie akcja przenosi się do Budapesztu [14] (in snooker, pool) rozbi|ć, -jać bile, rozpocz|ąć, -ynać grę

■ **break away**: ¶ **~ away** [1] (become detached) *[island, rock]* od|erwać, -rywać się **(from sth** od czegoś); *[person, animal]* odłącz|yć, -ać się **(from sb/sth** od kogoś /czegoś); *[boat, kite]* z|erwać, -rywać się; **the boat broke away from its moorings** łódź zerwała się z uwięzi [2] (cease association) **to ~ away from sth** *[group, state]* od|erwać, -rywać się od czegoś *[party, union, church]*; *[person]* z|erwać, -rywać z czymś *[family]* [3] (escape) ucie|c, -kać **(from sb** komuś) [4] Sport *[runner, cyclist]* ucie|c, -kać; **to ~ away from the main group** oderwać się od stawki ¶ **~ away [sth], ~ [sth] away** od|erwać, -rywać *[branch, rock]*; zd|jąć, -ejmować *[shell, casing]*

■ **break down**: ¶ **~ down** [1] (stop functioning) *[car, elevator, machine]* po|psuć się, ze|psuć się; **we broke down on the main street** samochód zepsuł się nam na głównej ulicy [2] (fail) *[negotiations, opposition, system]* załam|ać, -ywać się; *[alliance, coalition]* rozpa|ść, -dać się; *[agreement, negotiations, talks]* zosta|ć, -wać zerwanym; *[communications, contact]* ur|wać, -ywać się; *[discipline]* ule|c, -gać rozprzężeniu; *[moral values]* upa|ść, -dać; *[plan]* spełz|nąć, -ać na niczym; *[argument]* nie wytrzymywać krytyki [3] (collapse) *[person]* (mentally) załam|ać, -ywać się; (physically) zapa|ść, -dać na zdrowiu; *[health]* pog|orszyć, -arszać się [4] (cry) wybuch|nąć, -ać płaczem, zal|ać, -ewać się łzami [5] (be classified) *[cost, findings, statistics]* dzielić się **(into sth** na coś); **the cost of the repair ~s down as follows...** na koszty naprawy składają się..., koszty naprawy obejmują... [6] (decompose) Biol roz|łożyć, -kładać się **(into sth** na coś); Chem rozpa|ść, -dać się **(into sth** na coś) [7] (confess under interrogation) z|łamać się infml ¶ **~ down [sth], ~ [sth] down** [1] (demolish) wyłam|ać, -ywać, wyważ|yć, -ać *[door]*; rozwal|ić, -ać *[fence, wall]* [2] fig (destroy) przełam|ać, -ywać *[barriers, obstacles, resistance]*; pokon|ać, -ywać *[reserve, shyness]* [3] (analyse) po|dzielić *[plan, task, word]* **(into sth** na coś); rozbi|ć, -jać *[budget, expenses, statistics]* **(into sth** na coś); prze|analizować *[argument, idea]* [4] Biol, Chem (cause to decompose) roz|łożyć, -kładać *[compound, food]* **(into sth** na coś)

■ **break even** Fin wy|chodzić, -jść na czysto

■ **break forth** liter *[water]* trys|nąć, -kać, wytrysnąć; *[sun, light]* rozbłys|nąć, -kiwać

■ **break free** *[prisoner]* ucie|c, -kać; **to ~ free of sb** uwolnić się od kogoś *[family]*; wyrwać się komuś *[captors]*

■ **break in**: ¶ **~ in** [1] (enter forcibly) włam|ać, -ywać się; **the burglar broke in through a window** włamywacz dostał się do środka przez okno [2] (interrupt) przer|wać, -ywać, wtrąc|ić, -ać (się); **'I told you so,' she broke in** „mówiłam ci", wtrąciła; **to ~ in on sb/sth** przerwać komuś/coś; **to ~ in with a remark** wtrącić uwagę ¶ **~ [sth] in** uje|ździć, -żdżać *[horse]*; wy|tresować *[dog]*; obłaskawi|ć, -ać *[wild animal]*; (for sport) u|łożyć, -kładać *[falcon]*; do|trzeć, -cierać *[car, engine]*; **to ~ new shoes in** rozchodzić nowe buty; **to ~ in one's new glasses** przyzwyczaić się do nowych okularów ¶ **~ [sb] in** wdr|ożyć, -ażać (kogoś) do pracy *[new worker]*; wdr|ożyć, -ażać (kogoś) do służby *[recruit]*; **to ~ sb in gently** wdrażać kogoś stopniowo

■ **break into**: ¶ **~ into [sth]** [1] (enter forcibly) włam|ać, -ywać się do (czegoś) *[building, safe, till]*; **his car was broken into** włamali mu się do samochodu [2] (start to use) otw|orzyć, -ierać, napocz|ąć, -ynać *[new packet, new bottle]*; rozmieni|ć, -ać *[banknote]*; narusz|yć, -ać *[savings, emergency supplies]* [3] (encroach on) rozbi|ć, -jać *[working day, morning]*; zab|rać, -ierać *[leisure time]* [4] (begin to do) **to ~ into song/cheers** zacząć śpiewać/wiwatować; **to ~ into peals of laughter** wybuchnąć śmiechem; **to ~ into a run/gallop** puścić się biegiem/galopem; **to ~ into leaf** wypuszczać liście [5] (make headway) **to ~ into the market** wejść na rynek; **to ~ into show business** dostać się do show-biznesu infml

■ **break loose** *[prisoner]* ucie|c, -kać; *[dog, horse]* uw|olnić, -alniać się **(from sth** z czegoś); **violence broke loose in the city** w mieście wybuchły zamieszki

■ **break off**: ¶ ~ **off** [1] (snap off) *[end, mast, tip]* odłam|ać, -ywać się; *[handle, piece]* odpa|ść, -dać [2] (stop speaking) przer|wać, -ywać; **she broke off to answer the phone** przerwała, żeby odebrać telefon; **to ~ off in the middle of a sentence** przerwać w pół zdania [3] (pause) z|robić sobie przerwę; **to ~ off from sth/doing sth** oderwać się od czegoś/robienia czegoś [4] (end relationship) z|erwać, -rywać (**with sb** z kimś) ¶ ~ **off [sth]**, ~ **[sth] off** [1] (snap) odłam|ać, -ywać *[branch, piece, segment, tip]*; od|erwać, -rywać *[handle]* [2] (terminate) z|erwać, -rywać *[contact, engagement, negotiations, relationship, ties]*; przer|wać, -ywać *[conversation]*; **to ~ it off (with sb)** zerwać (z kimś); **they have broken it off** (relations, engagement) zerwali ze sobą; **to ~ off doing sth** przerwać robienie czegoś
■ **break out**: ¶ ~ **out** [1] (erupt) *[epidemic, fire, panic, war]* wybuch|nąć, -ać; *[storm]* z|erwać, -rywać się; *[fight]* rozgorzeć [2] (appear suddenly) *[rash]* pojawi|ć, -ać się; **to ~ out in a rash** or **in spots** *[person]* pokryć się wysypką; **to ~ out in a sweat** *[person]* zlać się potem; **I broke out in a cold sweat** fig (in fear) oblałem się zimnym potem [3] (escape) *[prisoner]* ucie|c, -kać; **to ~ out of sth** uciec z czegoś *[prison, cage]*; wyswobodzić się or uwolnić się z czegoś *[chains, straitjacket]*; wyrwać się z czegoś *[vicious circle]*; wyzwolić się od czegoś *[routine]*
■ **break through**: ¶ ~ **through** *[army, sun]* przebi|ć, -jać się, prze|drzeć, -dzierać się ¶ **to ~ through [sth]** przedrzeć się przez (coś) *[crowd, cordon, defences, undergrowth]*; przebi|ć, -jać się przez (coś) *[wall]*; pokonać *[barrier, obstacle, reserve]*; **the sun broke through the clouds** słońce przedarło się przez chmury
■ **break up**: ¶ ~ **up** [1] (disintegrate) *[wreck, glass]* rozbi|ć, -jać się; *[ice, ground]* po|pękać; **to ~ up into pieces** rozbić się na kawałki [2] fig (come to an end) *[alliance, group, empire, family]* rozpa|ść, -dać się; *[couple]* rozsta|ć, -wać się, z|erwać, -rywać ze sobą; **their marriage/relationship is ~ing up** ich małżeństwo/związek rozpada się [3] (disperse) *[crowd]* roz|ejść, -chodzić się; *[clouds]* rozpr|oszyć, -aszać się; *[slick]* rozpły|nąć, -wać się; *[meeting]* za|kończyć się [4] GB Sch *[classes, school]* s|kończyć się; **schools ~ up on Friday** szkoły kończą lekcje w piątek; **when do you ~ up for Easter?** kiedy rozpoczynacie ferie wielkanocne? ¶ ~ **up [sth]**, ~ **[sth] up** [1] (divide) rozbi|ć, -jać *[ice, ground]*; po|łamać, po|dzielić *[chocolate bar]*; po|dzielić *[estate, sentence, word]* (**into sth** na coś) [2] (cause to cease) rozpr|oszyć, -aszać, rozpędz|ić, -ać *[crowd, demonstrators]*; rozbi|ć, -jać *[spy ring, drugs ring, team]*; doprowadz|ić, -ać do rozpadu (czegoś) *[alliance, family, marriage, empire]*; położyć or kłaść kres (czemuś) *[fight]*; ~ **it up!** (stop fighting) dość tego!, przestańcie!
■ **break with**: ~ **with [sb/sth]** z|erwać, -rywać z (kimś/czymś)

breakable /ˈbreɪkəbl/ **I breakables** *npl* przedmioty *m pl* łatwo tłukące się
II *adj* kruchy, łatwo tłukący się

breakage /ˈbreɪkɪdʒ/ *n* [1] (damage) stłuczenie *n*; **the glasses are individually wrapped to prevent ~** kieliszki są pakowane oddzielnie, żeby zapobiec stłuczeniu [2] (damaged item) przedmiot *m* stłuczony, stłuczka *f*; **'~s must be paid for'** (in shop) „za stłuczki or za stłuczone przedmioty płaci klient"

breakaway /ˈbreɪkəweɪ/ **I** *n* [1] (separation) (from organization) oderwanie się *n* (**from sth** od czegoś); (from person, family) zerwanie *n* (**from sb/sth** z kimś/czymś) [2] Sport wyrwanie się *n* do przodu; (in cycling race) ucieczka *f*; **to make a ~** wyrwać do przodu
II *modif* Pol ~ **faction/group** frakcja, odłam; ~ **state** państwo, które wydorębniło się z innego

break dance I *n* breakdance *m inv*
II *vi* tańczyć breakdance

break dancer *n* tancerz *m* wykonujący breakdance, tancerka *f* wykonująca breakdance

break dancing *n* breakdance *m*

breakdown /ˈbreɪkdaʊn/ *n* [1] Aut, Mech, Tech awaria *f*, poważne uszkodzenie *n*; **in the event of a ~...** w przypadku awarii...; **he had a ~ on the motorway** zepsuł mu się samochód na autostradzie [2] (collapse) (of communications, negotiations) zerwanie *n*; (of alliance, coalition) rozpad *m*; (of discipline) rozprzężenie *n*; (of plan) fiasko *n*, niepowodzenie *n*; **a ~ in communication between parents and children** niemożność porozumienia się rodziców z dziećmi [3] Med (also **nervous ~**) załamanie *n* (nerwowe); **to have a (nervous) ~** załamać się psychicznie; **to be on the verge of a ~** być bliskim załamania; **it's enough to give you a nervous ~!** hum to może człowieka zupełnie załamać! infml [4] (detailed account) (of figures, costs, report) analiza *f*; (division into smaller groups) rozbicie *n*; **a ~ of the voters according to sex/age** podział elektoratu pod względem płci/wieku; **a ~ of how I spend the week** szczegółowy tygodniowy rozkład (moich) zajęć [5] Biol, Chem rozpad *m*

breakdown lorry *n* = **breakdown truck**

breakdown of marriage *n* Jur rozpad *m* małżeństwa

breakdown service *n* pomoc *f* drogowa

breakdown truck samochód *m* pomocy drogowej

breaker /ˈbreɪkə(r)/ *n* [1] (wave) grzywacz *m*, bałwan *m* [2] (scrap merchant) właściciel *m* składnicy złomu [3] (CB radio user) użytkownik *m* pasma przeznaczonego do radiokomunikacji prywatnej

breaker's yard *n* Aut cmentarzysko *n* samochodów, złomowisko *n*

break-even /ˌbreɪkˈiːvn/ *n* Accts próg *m* rentowności *(przy którym przedsiębiorstwo nie przynosi ani zysków, ani strat)*

break-even point *n* Accts granica *f* opłacalności

break-even price *n* Accts, Comm cena *f* według kosztów własnych

breakfast /ˈbrekfəst/ **I** *n* śniadanie *n*; **to have** or **eat ~** jeść śniadanie; **to have a ~ of cereal and toast** zjeść na śniadanie płatki zbożowe i grzanki
II *vi* z|jeść, zjadać śniadanie
IDIOMS: **she eats men like you for ~** infml tacy faceci jak ty to dla niej małe piwo infml; załatwić takiego faceta jak ty to dla niej kaszka z mlekiem infml

breakfast bar *n* bar *m* śniadaniowy

breakfast bowl *n* głęboki talerz *m*, miseczka *f (na płatki zbożowe)*

breakfast cereals *npl* płatki *m pl* śniadaniowe

breakfast meeting *n* spotkanie *n* służbowe przy śniadaniu

breakfast room *n* pokój *m* śniadaniowy

breakfast television *n* telewizja *f* śniadaniowa

breakfast time *n* pora *f* śniadania

break-in /ˈbreɪkɪn/ *n* włamanie *n*; **they had a ~ next door** u sąsiadów było włamanie

breaking /ˈbreɪkɪŋ/ *n* [1] (smashing) (of bone, tooth) złamanie *n*; (of chain, rope) zerwanie *n*, rozerwanie *n*; (of glass, plate) stłuczenie *n*, rozbicie *n*, zbicie *n*; (of seal) złamanie *n*, zerwanie *n*; (of waves) rozbijanie się *n* [2] (violation) **the ~ of sth** złamanie *n* czegoś, niedotrzymanie *n* czegoś *[promise]*; złamanie *n* czegoś, pogwałcenie *n* czegoś *[law, treaty, contract]* [3] Ling dyftongizacja *f* [4] Equest ujeżdżanie *n*, ujeżdżenie *n* [5] Relig **the ~ of the bread** łamanie się *n* chlebem [6] Med (of voice) mutacja *f*

breaking and entering *n* Jur kradzież *f* z włamaniem

breaking point *n* [1] Tech punkt *m* zmęczenia materiału [2] fig (collapse) granica *f* wytrzymałości, punkt *m* krytyczny; **to be at ~, to be close to ~** *[person]* być u kresu wytrzymałości; **my patience had reached ~** moja cierpliwość się wyczerpała; **they have tried my patience to ~** wystawiają moją cierpliwość na ciężką próbę; **their resources are already stretched to ~** ich zasoby są już na wyczerpaniu

breaking strength *n* Tech wytrzymałość *f* na rozerwanie

breaking stress *n* Tech naprężenie *n* niszczące

breakneck /ˈbreɪknek/ *adj [speed, pace]* zawrotny; **at ~ speed** *[run, drive]* na złamanie karku

break-out /ˈbreɪkaʊt/ *n* (from prison) ucieczka *f* grupowa

breakpoint /ˈbreɪkpɔɪnt/ *n* Comput punkt *m* wstrzymania or przerwania; (in tennis) breakpoint *m*

breakthrough /ˈbreɪkθruː/ *n* [1] (significant progress) przełom *m*, punkt *m* zwrotny; **to make a ~ in sth** dokonać przełomu w czymś [2] Mil przełamanie *n* linii frontu

break-up /ˈbreɪkʌp/ *n* rozpad *m*; **the ~ of their marriage** rozpad (ich) małżeństwa

breakwater /ˈbreɪkwɔːtə(r)/ *n* falochron *m*

bream /briːm/ *n* (*pl* **~**) Zool [1] (freshwater) leszcz *m* [2] (also **sea ~**) dorada *f*

breast /brest/ **I** *n* [1] (woman's) pierś *m*; **a baby at the** or **her ~** dziecko u piersi or przy piersi [2] liter (chest) pierś *f*; (heart) serce *n* [3] Culin (of poultry) pierś *f*; (of lamb, veal) mostek *m* [4] Mining przodek *m*
II *vt* stawi|ć, -ać czoło (czemuś) *[waves]*; wspi|ąć, -nać się na szczyt (czegoś) *[hill]*; **to ~ the tape** Sport przerwać taśmę

III **-breasted** *in combinations* [1] *[woman]* **large-/small-~ed** o dużych/małych piersiach [2] *[coat]* **double-~ed** dwurzędowy; **single-~ed** jednorzędowy

IDIOMS: **to beat one's ~** bić się w piersi, kajać się; **to make a clean ~ of sth** wyznać coś, przyznać się do czegoś

breast-beating /ˈbrestbiːtɪŋ/ *n* bicie się *n* w piersi, po|kajanie się *n*

breast bone *n* mostek *m*

breast cancer *n* rak *m* piersi

breast-feed /ˈbrestfiːd/ (*pt, pp* **~-fed**) **I** *vt* na|karmić, wykarmić piersią; **a breast-fed baby** dziecko karmione or wykarmione piersią

II *vi* karmić piersią

breast-feeding /ˈbrestfiːdɪŋ/ *n* karmienie *n* piersią

breast pad *n* wkładka *f* do stanika dla karmiących matek

breast-plate /ˈbrestpleɪt/ *n* [1] pancerz *m*, napierśnik *m* [2] Relig pektorał *m*

breast pocket *n* kieszeń *f* górna

breast stroke *n* styl *m* klasyczny, żabka *f*

breastwork /ˈbrestwɜːk/ *n* Archit parapet *m*, przedpiersie *n*

breath /breθ/ *n* [1] (air taken in and let out) oddech *m*; (inhaled) wdech *m*; (exhaled) wydech *m*; **to pause** or **stop for ~** zatrzymać się, żeby złapać oddech; **to get one's ~ back** nabrać tchu, złapać oddech; **out of ~** bez tchu; **to be out of ~** nie móc złapać tchu; **to be short of ~** mieć zadyszkę; **to catch one's ~** (breathe) odetchnąć; (gasp) wstrzymać oddech; **to hold one's ~** wstrzymać oddech; **to draw ~** zaczerpnąć powietrza, wciągnąć powietrze; **as kind a man as ever drew ~** fig najlepszy człowiek, jaki kiedykolwiek chodził po tej ziemi; **as long as I have ~ in my body** or **as I draw ~** do ostatniego tchu; **he has bad ~** ma nieświeży oddech; **his ~ smells of beer** czuć od niego piwem; jedzie od niego piwem infml; **I could smell alcohol on his ~** czuć było od niego alkoholem [2] (single act) oddech *m*, wdech *m*; **to take a deep ~** wziąć głęboki oddech or zrobić wdech; **take a deep ~! I've got a surprise for you!** fig lepiej usiądź! mam dla ciebie niespodziankę!; **in a single ~** jednym tchem; **in the same ~** za jednym zamachem; **with his/her last** or **dying ~** zanim wyzionął/wyzionęła ducha, zanim wydał/wydała ostatnie tchnienie liter; **to draw one's last ~** wyzionąć ducha, wydać z siebie ostatnie tchnienie liter; **every ~ could be your last** nie znasz dnia (a)ni godziny [3] (of air, wind) **a ~ of sth** powiew *m* czegoś, tchnienie *n* czegoś; **to go out for a ~ of (fresh) air** wyjść, żeby zaczerpnąć świeżego powietrza or żeby odetchnąć świeżym powietrzem; **the first ~ of spring** pierwsze tchnienie wiosny; **she /this is like a ~ of fresh air** ona/to jest jak świeży or ożywczy powiew liter [4] (trace) (of suspicion) cień *m*; (of scandal) posmak *m*

IDIOMS: **don't hold your ~!** infml nie spodziewaj się zbyt wiele!; nie podniecaj się! infml; **to take sb's ~ away** zapierać komuś dech (w piersiach); **save your ~, don't waste your ~** infml nie warto sobie zdzierać gardła; **to say sth under one's ~** bąknąć coś pod nosem; **to laugh under one's ~** uśmiechnąć się pod nosem or pod wąsem

breathalyse GB, **breathalyze** US /ˈbreθəlaɪz/ *vt* z|mierzyć (komuś) zawartość alkoholu w organizmie; kazać (komuś) dmuchnąć w balonik infml

Breathalyzer® /ˈbreθəlaɪzə(r)/ *n* alkomat *m*; (bag) balonik *m* infml

breathe /briːð/ **I** *vt* [1] (respire) od|etchnąć, -dychać (czymś) *[air]*; (inhale) wdychać *[dust, gas]*; nab|rać, -ierać w płuca (czegoś), wdychać *[air, oxygen]*; **to ~ one's last** wydać ostatnie tchnienie, wyzionąć ducha liter; **to ~ its last** fig *[plan]* umrzeć śmiercią naturalną fig [2] (exhale, blow) wydychać, wypu|ścić, -szczać *[air]*; zionąć (czymś), ziać (czymś) *[fire, garlic, smoke]* (**on** or **over sb/sth** na kogoś/coś); rozsi|ać, -ewać *[germs]*; **to ~ air into a balloon** nadmuchać balon powietrzem; **to ~ smoke in sb's face** dmuchnąć komuś dymem w twarz; **to ~ a sigh of relief** odetchnąć z ulgą [3] (whisper) szep|nąć, -tać, wyszeptać (**to sb** do kogoś, komuś); **I won't ~ a word** nie powiem nikomu, nie puszczę pary z ust; **don't ~ a word!** nikomu ani słowa!, ani pary z ust! [4] (inspire with) **to ~ sth into sb** natchnąć kogoś czymś, tchnąć w kogoś coś; **to ~ hope into sb** natchnąć kogoś nadzieją; **to ~ some life into sth** tchnąć w coś nieco życia; **to ~ (new) life into sth** tchnąć w coś (nowe) życie or nowego ducha [5] (exude) tchnąć (czymś) *[confidence, optimism]*

II *vi* [1] (respire) od|etchnąć, -dychać; **to ~ hard** or **heavily** oddychać ciężko or z trudem; **to ~ easily** or **freely** oddychać spokojnie or lekko; **now we can ~ more easily!** fig nareszcie możemy odetchnąć! [2] (exhale, blow) dmuch|nąć, -ać, chuch|nąć, -ać (**on** or **over sb/sth** na kogoś/coś); **to ~ into sth** dmuchnąć w coś [3] *[wine]* oddychać

■ **breathe in**: ¶ **~ in** z|robić wdech ¶ **~ in [sth], ~ [sth] in** wciąg|nąć, -ać w płuca, wdychać *[air, gas]*

■ **breathe out**: ¶ **~ out** z|robić wydech ¶ **~ out [sth], ~ [sth] out** wypu|ścić, -szczać z płuc, wydychać *[air, smoke]*

IDIOMS: **to ~ down sb's neck** infml (be close behind) deptać komuś po piętach; (watch closely) stać komuś nad głową; **to ~ fire** zionąć złością, kipieć ze złości; **to live and ~ sth** żyć czymś *[music, theatre]*

breather /ˈbriːðə(r)/ *n* (from work, pressure) chwila *f* wytchnienia; **to have** or **take a ~** zrobić sobie krótką przerwę

breathing /ˈbriːðɪŋ/ **I** *n* [1] (respiration) oddychanie *n*, oddech *m*; **his ~ was laboured** oddychał z trudem; **heavy /regular ~** ciężki/równy oddech; **heavy ~** (on telephone) sapanie w słuchawce [2] Ling przydech *m*; **rough/smooth ~** przydech mocny/słaby

II *modif [exercises]* oddechowy; **~ difficulties** trudności z oddychaniem

breathing apparatus *n* aparat *m* tlenowy

breathing space *n* [1] (respite) chwila *f* wytchnienia; **to give sb/oneself a ~** pozwolić komuś/sobie na chwilę wytchnienia [2] (postponement) czas *m* (**in which to do sth** na zrobienie czegoś)

breathless /ˈbreθlɪs/ *adj* [1] (out of breath) *[person, runner]* z(a)dyszany, zasapany, zziajany; *[patient, asthmatic]* ciężko oddychający, oddychający z trudem, dyszący; **to make** or **leave sb ~** zmordować kogoś (do utraty tchu); **her heart condition makes her ~** z powodu choroby serca ma trudności z oddychaniem; **to be ~ from sth/doing sth** być bez tchu z powodu czegoś/robienia czegoś [2] (excited) *[enthusiasm, fascination]* pełen uniesienia; **~ silence** cisza jak makiem zasiał; **he was watching the match with ~ fascination** oglądał mecz z zapartym tchem; **to be ~ with fear/amazement** osłupieć ze strachu/zdumienia; **it left them ~** dech im zaparło [3] *[haste, speed]* zawrotny; **at a ~ pace, with ~ haste** w zawrotnym tempie [4] liter *[day, night]* bezwietrzny; *[air]* stojący, nieruchomy

breathlessly /ˈbreθlɪslɪ/ *adv* [1] (out of breath) *[collapse]* bez tchu; *[say]* zadyszanym głosem [2] (excitedly) *[explain, gabble]* jednym tchem

breathlessness /ˈbreθlɪsnɪs/ *n* zadyszka *f*, brak *m* tchu

breathtaking /ˈbreθteɪkɪŋ/ *adj* zapierający dech (w piersiach); **she looked absolutely ~** wyglądała oszałamiająco

breathtakingly /ˈbreθteɪkɪŋlɪ/ *adv* oszałamiająco, że dech zapiera

breath test **I** *n* test *m* na zawartość alkoholu w organizmie

II *vt* podda|ć, -wać (kogoś) testowi na zawartość alkoholu w organizmie

breath testing *n* badanie *n* na zawartość alkoholu w organizmie

breathy /ˈbreθɪ/ *adj [voice]* lekko chropawy

Brechtian /ˈbrektɪən/ **I** *n* (specialist) znaw|ca *m*, -czyni *f* Brechta; (admirer) miłośni|k *m*, -czka *f* Brechta

II *adj* brechtowski; (Brecht's) Brechtowski

bred /bred/ *pt, pp* → **breed**

breech /briːtʃ/ **I** *n* [1] Med (also **~ delivery**) poród *m* pośladkowy [2] (of gun) zamek *m*, tylec *m*

II *modif* [1] *[birth, delivery]* pośladkowy [2] *[gun, loading]* odtylcowy

III *vt* za|ładować odtylcowo *[gun]*

breechblock /ˈbriːtʃblɒk/ *n* zamek *m*, klin *m* zamka (działa)

breeches /ˈbrɪtʃɪz/ *npl* [1] (also **riding ~**) bryczesy *plt*; **a pair of ~** bryczesy, para bryczesów [2] (also **knee ~**) pumpy *plt*; **a pair of ~** pumpy, para pump or pumpów [3] US infml gacie *plt*, galoty *plt* infml

IDIOMS: **to be too big for one's ~** mieć o sobie wygórowane mniemanie

breeches buoy /ˈbriːtʃɪzbɔɪ/ *n* koło *n* ratunkowe ze spodniami, spodnie *plt* ratunkowe

breechloading /ˈbriːtʃləʊdɪŋ/ *adj* odtylcowy

breed /briːd/ **I** *n* [1] Zool rasa *f* (**of sth** czegoś) [2] (type) (of person, thing) typ *m*, rodzaj *m*

II *vt* (*pt, pp* **bred**) [1] Agric, Zool wy|hodować *[animals, plants]* [2] fig (bring about) z|rodzić *[disease, feeling, situation]* [3] (raise) wycho|wać, -ywać *[person, generation]* (**as sb** na kogoś); **he's a Liverpudlian born and bred** urodził się i wychował w Liverpoolu **III** *vi* (*pt, pp* **bred**) *[animals, microorganisms]* rozmn|ożyć, -ażać się **IV** **-bred** *in combinations* **ill-/well-bred** źle/dobrze wychowany; **country-/city-bred** wychowany na wsi/w mieście

■ **breed out**: ~ **out [sth],** ~ **[sth] out** wy|eliminować (poprzez selekcję)

breeder /ˈbriːdə(r)/ *n* [1] Agric, Zool (person) hodowca *m* (**of sth** czegoś); **dog/cattle** ~ hodowca psów/bydła [2] (also ~ **reactor**) Nucl reaktor *m* powielający

breeding /ˈbriːdɪŋ/ **I** *n* [1] Zool, Agric hodowla *f* [2] (upbringing) wychowanie *n*; kindersztuba *f* fml; **a man of good** ~ człowiek dobrze wychowany; **they lack** ~ brak im wychowania or kindersztuby [3] Nucl powielanie *n* (paliwa) **II** *modif [cattle]* hodowlany

breeding ground *n* Zool lęgowisko *n* (**for sth** czegoś); (for fish) tarlisko *n*; (for bacteria) wylęgarnia *f* also fig (**for sth** czegoś); **to find a fertile** ~ trafić na podatny grunt

breeding period *n* = **breeding season**

breeding season *n* (for animals) okres *m* rozrodczy; (for birds) pora *f* lęgów; (for fish) tarło *n*

breeding stock *n* reproduktory *m pl*, inwentarz *m* rozpłodowy

breeze /briːz/ **I** *n* [1] (wind) wiaterek *m*; Meteorol bryza *f*; **sea** ~ morska bryza; **in the** ~ na lekkim wietrze [2] infml (sth easy) pestka *f* infml fig; **it's a** ~ to pestka [3] Constr żużel *m* **II** *vi* infml **to** ~ **along** iść niedbałym krokiem; **to** ~ **into sth** wejść gdzieś bezceremonialnie; **to** ~ **through life** iść beztrosko przez życie; **to** ~ **through an exam** przejść gładko przez egzamin

IDIOMS: **to shoot the** ~ US paplać

breeze block *n* GB pustak *m* żużlobetonowy

breezeway /ˈbriːzweɪ/ *n* US wiata *f* (*pomiędzy budynkami*)

breezily /ˈbriːzɪlɪ/ *adv* [1] (casually) bezceremonialnie [2] (cheerfully) pogodnie [3] (confidently) śmiało

breezy /ˈbriːzɪ/ *adj* [1] Meteorol *[day, weather]* wietrzny [2] *[place, hillside]* nie osłonięty od wiatru [3] (cheerful) rozpromieniony; (confident) śmiały; **bright and** ~ radosny

brekkie, brekky /ˈbrekɪ/ *n* infml śniadanko *n* infml

Bremen /ˈbreɪmən/ *prn* Brema *f*

Bren /bren/ *n* (also ~ **gun**) ręczny karabin *m* maszynowy Bren *m*

Bren (gun) carrier *n* mały transporter *m* opancerzony

Brent crude /ˌbrentˈkruːd/ *n* Ind, Econ ropa *f* naftowa z Morza Północnego

brent goose *n* (*pl* **brent geese**) Zool bernikla *f*

brethren /ˈbreðrən/ *npl* [1] Relig bracia *m pl*; braciszkowie *m pl* dat or hum [2] hum (in organization) brać *f* hum; (as form of address) bracia

Breton /ˈbretən/ **I** *n* [1] (person) Breto|ńczyk *m*, -nka *f* [2] Ling (język *m*) bretoński *m* **II** *adj* bretoński

Breton-speaking /ˈbretənspiːkɪŋ/ *adj [community, area]* bretońskojęzyczny

breve /briːv/ *n* [1] Mus brevis *n inv* [2] Ling (sign) półkółko *n* (*znak krótkości*) [3] Relig brewe *n inv*

brevet /ˈbrevɪt/ *n* Mil ≈ mianowanie *n* (na stopień); patent *m* dat

breviary /ˈbriːvɪərɪ, US -ɪerɪ/ *n* Relig brewiarz *m*

brevity /ˈbrevətɪ/ *n* [1] (short span) krótkotrwałość *f* [2] (of speech, reply) zwięzłość *f*, lakoniczność *f*

IDIOMS: ~ **is the soul of the wit** Prov zwięzłość jest istotą dowcipu

brew /bruː/ **I** *n* [1] (beer) piwo *n*; browar *m*, browarek *m* infml; **the best ~s of beer** najlepsze gatunki piwa → **home brew** [2] (tea) herbata *f*; (strong infusion) esencja *f* [3] (herbal) napar *m*, wywar *m* [4] (unpleasant drink) mikstura *f* (**of sth** z czegoś) [5] fig (of ideas, styles) mieszanka *f*, mieszanina *f* [6] (process) (of tea, herbs) parzenie *n*; (of beer) warzenie *n* **II** *vt* [1] warzyć *[beer]*; zaparz|yć, -ać, parzyć *[tea, coffee, herbs]*; **beer is ~ed from malt and hops** piwo robi się ze słodu i chmielu; **home ~ed beer** piwo domowej roboty; **freshly ~ed coffee** kawa świeżo parzona [2] (prepare, plan) u|knuć *[mischief, plan]*; doprowadz|ić, -ać do (czegoś) *[scandal]* [3] (mix) przyrządz|ić, -ać *[mixture, punch]* **III** *vi* [1] *[tea]* za|parzyć się; *[beer]* warzyć się; *[brewer]* warzyć piwo [2] fig **a storm /war is ~ing** zanosi się na burzę/wojnę; **there's something ~ing** coś wisi w powietrzu

■ **brew up** GB z|robić herbatę

brewer /ˈbruːə(r)/ *n* (maker) piwowar *m*; (owner) właściciel *m*, -ka *f* browaru

brewer's droop *n* GB infml hum brak *m* wzwodu (*po wypiciu alkoholu*)

brewer's yeast *n* Culin drożdże *plt* piwne

brewery /ˈbruːərɪ/ *n* browar *m*

IDIOMS: **to smell like a** ~ infml śmierdzieć piwskiem infml

brewing /ˈbruːɪŋ/ **I** *n* Ind browarnictwo *n* **II** *modif [industry, business, magnate]* browarniczy; *[methods, process]* browarniany

brew-up /ˈbruːʌp/ *n* GB infml przerwa *f* na wypicie herbaty; **to have a** ~ zrobić herbatę

briar /ˈbraɪə(r)/ **I** *n* [1] (also ~ **rose**) dzika róża *f* [2] (heather) wrzosiec *m* [3] (also ~ **pipe**) fajka *f* z korzenia wrzośca; bruyerka *f* infml **II** **briars** *npl* (thorns) ciernie *m pl*

bribe /braɪb/ **I** *n* łapówka *f*; **to accept a** ~ przyjąć łapówkę; **to give sb a** ~ dać komuś łapówkę; **to offer sb a** ~ **to do sth** zaproponować komuś łapówkę za zrobienie czegoś; **he was accused of taking ~s** oskarżono go o przyjmowanie łapówek **II** *vt* przekup|ić, -ywać *[official, witness]* (**with sth** czymś); dać (komuś) w łapę infml *[official]*; **to** ~ **sb to do sth** or **into doing sth** przekupić kogoś, żeby coś zrobił; skłonić kogoś przekupstwem do zrobienia czegoś; **to** ~ **one's way into a conference** dać łapówkę, żeby dostać się na konferencję; **he ~d his way out of military service** dzięki łapówce wykręcił się od wojska; **he ~d his way past the guard and escaped** przekupił strażnika i uciekł

bribery /ˈbraɪbərɪ/ *n* (crime) przekupstwo *n*, łapownictwo *n*, łapówkarstwo *n*; (act) przekupienie *n*, przekupywanie *n*; **to be open to** ~ być przekupnym, brać łapówki; **accusations of** ~ **and corruption** oskarżenia o przekupstwo i korupcję

bric-à-brac /ˈbrɪkəbræk/ *n* bibeloty *m pl*; starocie *n* infml; ~ **stall** stragan ze starociami

brick /brɪk/ **I** *n* [1] Constr cegła *f*; **made of** ~ z cegły or cegieł [2] (rectangular block) blok *m*; **a** ~ **of ice cream** blok lodowy [3] GB (toy) klocek *m* [4] dat infml (reliable person) (male) równy gość *m* infml; (female) równa babka *f* infml; **you're a ~!** równy z ciebie gość! infml **II** *modif [building, wall]* ceglany, z cegły

■ **brick in**: ~ **in [sb/sth],** ~ **[sb/sth] in** zamurow|ać, -ywać *[person, hole, window]*

■ **brick off**: ~ **off [sth],** ~ **[sth] off** odgr|odzić, -adzać (coś) ścianą z cegły

■ **brick up**: ~ **up [sth],** ~ **[sth] up** zamurow|ać, -ywać *[fireplace, window, hole]*

IDIOMS: **it's like banging one's head against a** ~ **wall** to jak walenie głową o mur; **it's like talking to a** ~ **wall** to jakby do ściany mówić, to jak rzucać grochem o ścianę; **to** ~ **it, to shit ~s** vinfml robić w gacie (ze strachu) vinfml; **to put one's money into ~s and mortar** zainwestować w nieruchomość; **to run into** or **up against a** ~ **wall** natrafić na mur; **to be thick as a** ~ infml być głupim jak but infml

brickbat /ˈbrɪkbæt/ *n* [1] kawałek *m* cegły [2] fig uszczypliwa uwaga *f*, ostry atak *m*

brick-built /ˈbrɪkbɪlt/ *adj* ceglany, murowany, z cegły

brick cheese *n* US *rodzaj sera topionego w dużych blokach*

brickie /ˈbrɪkɪ/ *n* GB infml murarz *m*

brick kiln *n* piec *m* ceglarski

bricklayer /ˈbrɪkleɪə(r)/ *n* murarz *m*

bricklaying /ˈbrɪkleɪɪŋ/ *n* murarka *f*

brick red **I** *n* (kolor *m*) ceglasty *m* **II** *adj* ceglasty

brickwork /ˈbrɪkwɜːk/ *n* murarka *f*

brickworks /ˈbrɪkwɜːks/ *n* (+ *v sg/pl*) cegielnia *f*

brickyard /ˈbrɪkjɑːd/ *n* cegielnia *f*

bridal /ˈbraɪdl/ *adj [dress, bouquet, procession]* ślubny; *[car]* do ślubu; *[feast]* weselny

bridal gown *n* suknia *f* ślubna

bridal party *n* (+ *v sg/pl*) goście *m pl* panny młodej

bridal suite *n* apartament *m* dla nowożeńców

bridal wear *n* stroje *m pl* ślubne

bride /braɪd/ *n* [1] panna *f* młoda; **the** ~ **and (bride)groom** państwo młodzi, młoda para; **the Bride of Christ** Relig oblubienica Pańska [2] (also **~-to-be**) narzeczona *f*, przyszła żona *f*

bridegroom /ˈbraɪdgruːm, -grʊm/ *n* [1] pan *m* młody [2] (also **~-to-be**) narzeczony *m*, przyszły mąż *m*

bridesmaid /ˈbraɪdzmeɪd/ *n* druhna *f*

IDIOMS: **always the** ~**, never the bride** zawsze o krok od sukcesu

bridge /brɪdʒ/ **I** *n* [1] Constr (over river) most *m* (**over/across sth** nad/na czymś); (small) mostek *m*, kładka *f*; (over a road) wiadukt *m* (**over sth** nad czymś); **to build a** ~

across a river zbudować most przez rzekę [2] fig (link, intermediate stage) pomost *m* fig; **to build ~s (between sb and sb)** budować pomosty (po)między kimś a kimś; **to act as a ~ to sth** stanowić pomost na drodze do czegoś; **a ~ between school and university** pomost pomiędzy szkołą a uniwersytetem [3] (gangway, jetty) pomost *m* [4] (on ship) mostek *m* kapitański [5] (of nose) grzbiet *n* [6] (of spectacles) mostek *m* [7] Dent mostek *m* [8] Games brydż *m* [9] Mus (link) łącznik *m* [10] Electr mostek *m* [11] Mus (on violin, guitar) podstawek *m*, mostek *m*

II *modif [club, tournament]* brydżowy

III *vt* [1] przerzuc|ić, -ać most nad (czymś) *[river, ravine]*; **the river has been ~d** przez rzekę przerzucono most [2] fig **to ~ a gap in sth** wypełnić lukę w czymś *[budget, knowledge]*; wypełnić przerwę w czymś *[conversation]*; **to ~ the gulf between A and B** zasypać przepaść między A i B; **to ~ the gap between two countries /adversaries** zbliżyć dwa kraje/przeciwników, doprowadzić do zbliżenia dwóch krajów/przeciwników; **to ~ the gap between the North and the South** zmniejszyć różnice pomiędzy Północą a Południem; **a snack ~s the gap between lunch and dinner** przekąska po lunchu skraca oczekiwanie na obiad [3] (span) obj|ąć, -ejmować *[two eras]*; trwać na przestrzeni (czegoś) *[several periods]*

[IDIOMS:] **don't cross your ~s before you come to them** Prov wszystko w swoim czasie; **we'll cross that ~ when we come to it** nie będziemy się martwić na zapas; **a lot of water has flowed under the ~** wiele się zmieniło; **it's all water under the ~** było minęło, to już przeszłość

bridgeable /ˈbrɪdʒəbl/ *adj [differences, divide]* (możliwy) do pokonania

bridge-builder /ˈbrɪdʒbɪldə(r)/ *n* [1] Mil saper *m* [2] fig (mediator) mediator *m*

bridge-building /ˈbrɪdʒbɪldɪŋ/ *n* [1] Mil stawianie *n* mostu [2] fig budowanie *n* pomostów

bridgehead /ˈbrɪdʒhed/ *n* Mil przyczółek *m*

bridge loan *n* US Fin pożyczka *f* krótkoterminowa *(między transakcjami)*

Bridge of Sighs *n* Most *m* Westchnień

bridge party *n* brydż *m*; brydżyk *m* infml

bridge player *n* brydżyst|a *m*, -ka *f*

bridge roll *n* bułka *f* podłużna

bridgework /ˈbrɪdʒwɜːk/ *n* Dent mostek *m*

bridging /ˈbrɪdʒɪŋ/ *n* (in climbing) zapieraczka *f*

bridging course *n* GB Univ kurs *m* wyrównawczy

bridging loan *n* GB Fin pożyczka *f* krótkoterminowa *(między transakcjami)*

bridle /ˈbraɪdl/ **I** *n* [1] Equest uzda *f* [2] fig wodze *plt*; **to put a ~ on sth** okiełznać coś *[emotions, temper]*; ukrócić coś *[power]*; **to keep one's tongue under a ~** trzymać język na wodzy

II *vt* [1] Equest za|łożyć, -kładać uzdę (czemuś) *[horse]* [2] fig powściąg|nąć, -ać *[tongue, emotions]*

III *vi* (take offence) żach|nąć, -ać się **(at sth** na coś); **to ~ with anger** unieść się gniewem

bridle path *n* ścieżka *f* konna

bridle track *n* = **bridle path**

bridleway /ˈbraɪdlweɪ/ *n* = **bridle path**

Brie /briː/ *n* (ser *m*) brie *inv*

brief /briːf/ **I** *n* [1] GB (responsibility) zakres *m* obowiązków; (role) zadanie *n*; **it is your ~** or **your ~ is to explain our policy** twoim obowiązkiem or zadaniem jest wyjaśnianie naszej polityki; **it's not part of my ~** to nie wchodzi w zakres moich obowiązków; **an official with a ~ for sth/doing sth** urzędnik odpowiedzialny za coś/za zrobienie czegoś; **to fall within sb's ~** wchodzić w zakres obowiązków or kompetencji kogoś; **to be** or **lie outside sb's ~** wykraczać poza zakres obowiązków or kompetencji kogoś; **to exceed one's ~** przekroczyć swoje uprawnienia [2] Jur (documents) (summary) streszczenie *n* sprawy; (dossier) akta *plt*; (case) sprawa *f* (sądowa); **to take** or **accept a ~** podjąć się wystąpienia w sądzie, przyjąć sprawę; **to hold a ~ for sb** występować w czyimś imieniu; fig być orędownikiem kogoś; **to hold a watching ~ on sb** występować jako obserwator w sprawie kogoś; fig przyglądać się z boku komuś fig [3] GB (instructions) wytyczne *f pl*, dyrektywy *f pl*; **to prepare a ~** przygotować wytyczne **(for sth** czegoś); **to work to a ~** pracować zgodnie z wytycznymi or dyrektywami [4] Relig brewe *n inv* [5] GB infml (lawyer) papuga *f* fig infml

II briefs *npl* (undergarment) (man's) slipy *plt*; (woman's) figi *plt*

III *adj* [1] (of short duration) *[conversation, meeting, period, visit]* krótki; *[glance]* przelotny; *[feeling]* krótkotrwały; **for one ~ moment** przez jedną krótką chwilę [2] (concise) *[account, summary, reply]* krótki, zwięzły; **I'll be ~** powiem krótko; **please be ~** proszę się streszczać; **to be ~, I got what I wanted** krótko mówiąc, dostałem to, co chciałem; **could I have a ~ word with you?** czy możemy chwilę porozmawiać?; **news in ~** wiadomości w skrócie, skrót wiadomości [3] (skimpy) *[skirt]* krótki, kusy; *[swimwear]* skąpy [4] (abrupt) *[manner, reply]* szorstki, opryskliwy; **to be ~ with sb** potraktować kogoś szorstko or opryskliwie

IV in brief *adv phr* krótko mówiąc; **in ~, I didn't like it** krótko mówiąc, nie podobało mi się to

V *vt* [1] (give information) po|informować **(on sth** o czymś); (give instructions) po|instruować **(on sth** o czymś); **to be well ~ed** być dokładnie poinformowanym or poinstruowanym [2] Jur powierz|yć, -ać reprezentowanie w sądzie (komuś) *[lawyer]*; **he has ~ed a top lawyer to defend him** powierzył swoją obronę jednemu z najlepszych adwokatów

VI *vr* **to ~ oneself on sth** zapoznać się z czymś, zebrać informacje na temat czegoś

[IDIOMS:] **to hold no ~ for sb/sth** nie opowiadać się za kimś, nie popierać kogoś

briefcase /ˈbriːfkeɪs/ *n* teczka *f*; (without handles) aktówka *f*

briefing /ˈbriːfɪŋ/ **I** *n* [1] (meeting) odprawa *f* **(on sth** dotycząca czegoś); **press ~** briefing [2] (information) informacje *f pl*; (instructions) instruktaż *m*; **to give sb a ~ on sth** poinformować or poinstruować kogoś o czymś

II *modif [document, meeting]* (for information) informacyjny; (for instruction) instruktażowy, szkoleniowy; **~ officer** Mil oficer prowadzący odprawę

briefly /ˈbriːflɪ/ *adv* [1] (concisely) *[describe, explain, summarize]* pokrótce, zwięźle; *[reply, say, speak]* krótko [2] (for short time) *[meet, visit]* na krótko; *[glance, smile]* przelotnie; *[affect, pause, work]* przez chwilę [3] (in short) krótko mówiąc, jednym słowem

briefness /ˈbriːfnəs/ *n* = **brevity**

brier /ˈbraɪə(r)/ *n* = **briar**

brig /brɪɡ/ *n* [1] Naut bryg *m* [2] US (jail) areszt *m*; paka *f* infml

Brig /brɪɡ/ *n* = **brigadier**

brigade /brɪˈɡeɪd/ *n* [1] Mil brygada *f*; **infantry/cavalry ~** brygada piechoty /kawalerii [2] *(+ v pl/sg)* (team) (of volunteers, labourers) brygada *f*; hum ekipa *f*; **the anti-smoking ~** liga antynikotynowa hum; **he is one of the old ~** hum należy do starej gwardii

brigadier /ˌbrɪɡəˈdɪə(r)/ *n* GB brygadier *m (stopień wojskowy między pułkownikiem a generałem)*

brigadier general *n* US generał *m* brygady

brigand /ˈbrɪɡənd/ *n* arch zbójca *m* arch

brigandage /ˈbrɪɡəndɪdʒ/ *n* arch zbójnictwo *n*, zbójectwo *n*

bright /braɪt/ **I** *adj* [1] (vivid) *[red, sun, wallpaper]* jaskrawy; *[colour]* jaskrawy, żywy; **a ~ red/blue skirt** spódnica jaskrawoczerwona/jaskrawoniebieska; **he went ~ red** poczerwieniał jak burak [2] (clear, full of light) *[sun, light]* jaskrawy; *[sky, star]* jasny; *[room]* słoneczny, widny; *[day, weather]* pogodny, słoneczny; **~ spells** przejaśnienia; **it will become ~er later** później się przejaśni [3] (shiny) *[star]* jasny; *[eyes, coin, metal]* błyszczący; *[jewel]* połyskujący [4] (clever) *[person]* bystry, rozgarnięty; **that wasn't very ~ (of you)** to nie było zbyt mądre (z twojej strony); **a ~ idea** świetny or genialny pomysł; **whose ~ idea was it?** iron kto wpadł na ten genialny pomysł? iron [5] (cheerful) *[person, mood]* radosny; *[smile]* promienny; *[face]* rozpromieniony; *[greeting]* ciepły, serdeczny; **to look on the ~ side (of things)** patrzeć (na sprawy) optymistycznie [6] (promising) *[future]* świetlany; *[outlook, picture]* optymistyczny; **the prospects for our industry are not very ~** perspektywy dla naszego przemysłu nie są zbyt optymistyczne; **things are looking ~er now** sprawy przedstawiają się lepiej; **one of our ~est hopes in athletics** jedna z największych nadziei naszej lekkoatletyki; **in ~er days** w lepszych czasach

II brights *npl* US Aut infml światła *n pl* długie or drogowe

III *adv* **to burn/shine ~** płonąć/jaśnieć /palić się jasnym światłem; **to get up/set off ~ and early** wstać/wyruszyć o świcie or bladym świtem

brighten /ˈbraɪtn/ *vt, vi* → **brighten up**

■ **brighten up**: ¶ **~ up** [1] (become cheerful)

[person] poweseleć, rozpog|odzić, -adzać się; *[face, expression]* rozjaśni|ć, -ać się, rozpromieni|ć, -ać się; *[eyes]* rozbłysnąć; *[mood]* poprawi|ć, -ać się; **his face ~ed up at the news** twarz mu się rozpromieniła or rozjaśniła na tę wieść [2] (improve) *[situation]* poprawi|ć, -ać się, polepsz|yć, -ać się; *[prospect, outlook]* rysować się lepiej [3] (become sunnier) *[weather]* poprawi|ć, -ać się; *[sky]* rozpog|odzić, -adzać się; **it's ~ing up** przejaśnia się, przeciera się ¶ **~ up [sth], ~ [sth] up** [1] (make colourful, cheerful) ożywi|ć, -ać *[room, atmosphere]*; uprzyjemni|ć, -ać, umil|ić, -ać *[day, life]*; **that piece of news has ~ed up my day** wiadomość ucieszyła mnie [2] (illuminate) rozświetl|ić, -ać, rozjaśni|ć, -ać *[room, sky]* [3] (improve) rozjaśni|ć, -ać *[future]*; wpły|nąć, -wać na polepszenie (czegoś) *[outlook, prospects]*

bright-eyed /ˌbraɪtˈaɪd/ *adj* o jasnym spojrzeniu

IDIOMS: **~ and bushy-tailed** hum żwawy i ochoczy

bright lights *npl* fig **the ~** światła *n pl* wielkiego miasta fig

brightly /ˈbraɪtlɪ/ *adv* [1] (vividly) *[dressed, coloured]* jaskrawo; **a ~ painted mural** fresk w jaskrawych barwach [2] (of sun, fire) *[shine, burn]* jasno; **her eyes sparkled ~** jej oczy płonęły żywym blaskiem; **a pair of ~ polished silver candlesticks** para srebrnych świeczników wypolerowanych do połysku [3] (intensely) *[illuminated, lit]* jasno, rzęsiście [4] (cheerfully) *[greet, say]* pogodnie, radośnie; *[smile]* promiennie, wesoło

brightness /ˈbraɪtnɪs/ *n* [1] (vividness) (of light, sun, eyes) blask *m*; (of star) jasność *f*; (of colour) jaskrawość *f*, żywość *f*; (of metal, wood) połysk *m* [2] (of room, place) jasność *f* [3] (cheerfulness) dobry humor *m*, promienność *f* [4] (intelligence) bystrość *f* umysłu; **a child of remarkable ~** niezwykle bystre dziecko [5] TV jasność *f*; **to adjust the ~** poprawić jasność obrazu

Bright's disease /ˈbraɪtsdɪziːz/ *n* choroba *f* Brighta

bright spark *n* GB infml (child) iskra *f* fig; **some ~ has broken the computer** iron jakiś geniusz zepsuł komputer iron

bright spot *n* jasny punkt *m* or moment *m*

bright young thing *n* GB przedstawiciel *m*, -ka *f* złotej młodzieży

brill[1] /brɪl/ *n* Zool nagład *m*

brill[2] /brɪl/ *adj, excl* GB infml = **brilliant** super infml

brilliance /ˈbrɪlɪəns/ *n* [1] (of person, performance) błyskotliwość *f*; **a pianist of astonishing ~** olśniewający or wybitnie utalentowany pianista; **a work of ~** znakomite dzieło [2] (luminosity) (of colour) jaskrawość *f*; (of light, diamond) blask *m* [3] liter (splendour) świetność *f*

brilliant /ˈbrɪlɪənt/ **I** *n* brylant *m*

II *adj* [1] (clever, successful) *[person, wit, mind]* błyskotliwy; *[career, performance, success]* olśniewający; *[example, idea]* znakomity [2] (bright) *[colour]* jaskrawy; *[light]* olśniewający; *[star, diamond]* lśniący, iskrzący się [3] GB infml (fantastic) *[party, car, person, holiday]* kapitalny infml; **we had a ~ time** było kapitalnie; **to be ~ at (doing) sth** mieć talent do (robienia) czegoś

III *excl* ekstra! infml

brilliantine /ˈbrɪlɪəntiːn/ **I** *n* brylantyna *f*

II *vt* dat wy|pomadować *[hair]*

brilliantly /ˈbrɪlɪəntlɪ/ *adv* [1] (very well) *[deduce, perform, argue]* błyskotliwie; *[directed, devised, executed]* znakomicie; **she did ~ in the exam** egzamin poszedł jej znakomicie, świetnie się spisała na egzaminie [2] (particularly) *[witty, clever, inventive]* wybitnie [3] (very brightly) *[lit, illuminated]* rzęsiście; *[shine, sparkle]* olśniewająco, żywym blaskiem; **~ coloured** or **colourful** mieniący się kolorami

Brillo pad® /ˈbrɪləʊpæd/ *n* metalowy zmywak *m* ze środkiem czyszczącym

brim /brɪm/ **I** *n* [1] (of hat) rondo *n* [2] (of container) brzeg *m*, wrąb *m*; **to fill sth to the ~** napełnić coś po brzegi or po wrąb; **filled to the ~ with sth/sb** wypełniony po brzegi czymś/kimś

II *vi* (*prp, pt, pp* **-mm-**) **to ~ with sth** *[glass, vat, jug]* być czymś wypełnionym; fig być pełnym czegoś *[ideas]*; **~ming with sth** pełen czegoś; **his eyes ~med with tears** oczy miał pełne łez; **a wide-~med hat** kapelusz z szerokim rondem

■ **brim over** *[glass]* przel|ać, -ewać się; **to ~ over with sth** fig nie posiadać się z czegoś *[emotion, indignation, happiness]*; **he was ~ming over with questions** pytania cisnęły mu się na usta

brimful /ˈbrɪmfʊl/ *adj* [1] *[cup, pan, bath]* napełniony po brzegi (**of sth** czymś) [2] fig **~ of sth** *[person, book]* pełen czegoś

brimstone /ˈbrɪmstəʊn/ *n* [1] arch siarka *f* [2] Zool cytrynek *m*

brindled /ˈbrɪndld/ *adj [animal]* moręgowaty; *[markings]* cętkowany

brine /braɪn/ *n* [1] (salt water) słona woda *f*; (sea water) woda *f* morska [2] Culin zalewa *f* solna, solanka *f* [3] liter (sea) morze *n*

bring /brɪŋ/ (*pt, pp* **brought**) **I** *vt* [1] (convey, carry) *[person]* przyn|ieść, -osić; (by vehicle, airplane, boat) przyw|ieźć, -ozić; **wait and see what tomorrow ~s** poczekaj, co będzie or co przyniesie jutro; **to ~ sb flowers** przynieść komuś kwiaty; **to ~ sth into the room/house** przynieść coś do pokoju /do domu; **~ the chair inside** wnieś krzesło do środka; **~ the chair outside** wynieś krzesło na zewnątrz; **to ~ sth upstairs** przynieść coś na górę *[small object]*; wnieść coś na górę *[heavy object]*; **he brought me news from John** przyniósł mi wiadomości od Johna; **the bus ~s me right to my door** autobus podwozi or przywozi mnie pod sam dom [2] (come with) przyprowadz|ić, -ać *[friend, relative, dog]*; przyn|ieść, -osić, zab|rać, -ierać (ze sobą) *[object, passport]*; **to ~ sb with one** przyprowadzić kogoś (ze sobą); **to ~ sth with one** przynieść or wziąć coś (ze sobą); **to ~ sb to a party** przyprowadzić kogoś na przyjęcie, przyjść z kimś na przyjęcie [3] (contribute) wn|ieść, -osić *[experience, talent]*; **he ~s ten years' experience to the job** wnosi do pracy dziesięcioletnie doświadczenie [4] (cause to come, appear) przyn|ieść, -osić *[benefits, fame, trouble, wealth]*; s|powodować *[chaos, destruction]*; wywoł|ać, -ywać *[smile, blush]*; **the case brought him publicity** sprawa przyniosła mu rozgłos; **industrial development has brought prosperity to the region** rozwój przemysłowy przyniósł regionowi dobrobyt; **her remarks brought gasps of surprise from the audience** jej uwagi wywołały niesłychane zdumienie wśród słuchaczy; **his novel brought praise from the critics** jego powieść została wysoko oceniona przez krytyków; **to ~ a smile to sb's face** wywołać uśmiech na twarzy kogoś; **to ~ shame/disgrace on sb** sprowadzić wstyd/hańbę na kogoś [5] (cause to move) **she brought her hand to her forehead** podniosła rękę do czoła; **the wind brought the tree down** wiatr zwalił drzewo; **I brought him to the ground** powaliłem go na ziemię; **to ~ sth to a halt** zahamować coś, spowodować zahamowanie czegoś; **to ~ sth into existence** powołać coś do życia *[organization, institution]*; **that ~s the total to 100** to daje w sumie 100 [6] (attract) sprowadz|ić, -ać, przyciąg|nąć, -ać *[spectators, crowds]*; **the Games brought crowds to the city** igrzyska przyciągnęły tłumy do miasta; **his cry brought the neighbours running** na jego krzyk zbiegli się sąsiedzi; **the slightest noise could ~ the guards** najmniejszy hałas mógł sprowadzić strażników; **what ~s you here?** co cię tu sprowadza? [7] (lead) **the path ~s you to the church** ścieżka doprowadzi cię do kościoła; **that ~s me to my next point** to wiąże się z następną sprawą; **to ~ sb to himself/herself** sprowadzić kogoś na ziemię fig; **to ~ sb to do sth** skłonić or nakłonić kogoś do zrobienia czegoś; **I couldn't ~ him to agree** nie mogłem nakłonić go do wyrażenia zgody; **to ~ sb into a room** wprowadzić kogoś do pokoju; **to ~ sb into contact with sb** skontaktować kogoś z kimś; **to ~ sb home** (transport home) odwieźć kogoś do domu; (to meet family) przedstawić kogoś rodzinie [8] Radio, TV **the game will be brought to you live from Sydney** mecz będzie transmitowany z Sydney na żywo; **we ~ you all the latest news** przekazujemy państwu najnowsze wiadomości; **'brought to you by the BBC'** „zaprezentowane państwu przez BBC" [9] Jur, Admin przedstawi|ć, -ać *[argument, evidence, bill, matter]*; **to ~ a matter before the committee/a bill before parliament** przedstawić sprawę komisji/ustawę w parlamencie; **to ~ a case before the court** oddać sprawę do sądu; **to ~ sb before the court** wnieść sprawę przeciwko komuś; **to ~ charges against sb** wnieść oskarżenie przeciwko komuś; **to ~ a legal action against sb** pozwać kogoś

II *vr* **to ~ oneself to do sth** zmu|sić, -szać się or z|mobilizować się do zrobienia czegoś; **I couldn't ~ myself to get up** nie mogłem zmusić się, żeby wstać z łóżka; **I couldn't ~ myself to tell him the truth** nie potrafiłem powiedzieć mu prawdy

■ **bring about: ~ about [sth], ~ [sth]**

B

about [1] (cause) s|powodować *[change, death]*; doprowadz|ić, -ać do (czegoś) *[reconciliation, settlement]*; sprowadz|ić, -ać, doprowadz|ić, -ać do (czegoś) *[defeat, disaster, war]*; przyn|ieść, -nosić *[failure, success]* [2] Naut zawr|ócić, -acać *[boat]*

■ **bring along**: ¶ **~ along [sb], ~ [sb] along** przyprowadz|ić, -ać (ze sobą) *[friend, dog]* ¶ **~ along [sth], ~ [sth] along** przyn|ieść, -osić (ze sobą), zab|rać, -ierać (ze sobą) *[object]*

■ **bring around**: ¶ **~ around [sb], ~ [sb] around** [1] (take along) przyprowadz|ić, -ać *[friend]* [2] (persuade) przekon|ać, -ywać (**to sth** do czegoś) [3] (restore consciousness) o|cucić ¶ **~ around [sth], ~ [sth] around** [1] (take along) przyn|ieść, -osić (ze sobą), zab|rać, -ierać (ze sobą) *[object]* [2] (steer) **to ~ the conversation around to the subject of money** skierować rozmowę na temat pieniędzy

■ **bring back**: **~ back [sth], ~ [sth] back** [1] (return with) przyw|ieźć, -ozić (ze sobą) *[souvenir, gift]*; **I brought this vase back from my holidays/from Italy** przywiozłem ten wazon z wakacji/z Włoch [2] (return) zwr|ócić, -acać; **I'll ~ your book back tomorrow** zwrócę ci książkę jutro; **no amount of money can ~ my daughter back (to me)** żadne pieniądze nie przywrócą mi córki; **this ~s us back to the question of money** w ten sposób wracamy do kwestii pieniędzy [3] (restore) przywr|ócić, -acać *[colour, shine]*; **to ~ sb's memory/sight back** przywrócić komuś pamięć/wzrok [4] (reintroduce) przywr|ócić, -acać *[currency, custom, democracy]*; wskrze|sić, -szać *[monarchy]* [5] (restore memory of) przypom|nieć, -inać, przyw|ieść, -odzić na pamięć *[night, time, occasion]*; **seeing her brought it all back** jej widok przywołał wspomnienia; **to ~ back memories (of sth)** przywołać wspomnienia (czegoś)

■ **bring down**: ¶ **~ down [sth], ~ [sth] down** [1] (carry down) zn|ieść, -osić *[baby, object]*; (help down) sprowadz|ić, -ać *[person]*; (move down) sprowadz|ić, -ać *[car]* [2] (overthrow) obal|ić, -ać *[government, dictator]*; (cause to collapse) doprowadz|ić, -ać do upadku (czegoś) *[government, dictator]* [3] (reduce) zmniejsz|yć, -ać *[expenditure, inflation, unemployment]*; obniż|yć, -ać *[costs, level, rate, temperature]*; **these measures brought the crime figures down** dzięki tym środkom zmniejszyła się liczba przestępstw [4] (shoot down) zestrzel|ić, -ać, -iwać *[plane, pilot, grouse]*; położyć, kłaść trupem *[tiger]* [5] (cause to fall) powal|ić, -ać *[tree, player, opponent]* [6] (cause to hit) **to bring sth down on sb/sth** uderzyć kogoś/coś czymś *[cane, hammer]*; fig sprowadzić na kogoś coś *[trouble, wrath]* ¶ **~ [sb] down** infml (depress) przygnębi|ć, -ać *[person]*

■ **bring forth**: **~ forth [sth], ~ [sth] forth** [1] (provoke) wywoł|ać, -ywać *[reaction, protest]*; przyn|ieść, -osić *[result]*; z|rodzić *[question]*; **the discussion brought forth new ideas** w trakcie dyskusji zrodziły się nowe pomysły [2] liter (produce) wyda|ć, -wać, rodzić *[fruit, crop, grain]* [3] liter (give birth to) *[woman]* powić ra *[child]*; *[woman, female animal]* wyda|ć, -wać na świat *[child, young]*

■ **bring forward**: ¶ **~ forward [sth], ~ [sth] forward** [1] (make sooner) przyśpiesz|yć, -ać datę (czegoś) *[election, meeting, wedding]*; **the conference was brought forward from May 15th to April 10th** konferencję przeniesiono z 15 maja na 10 kwietnia [2] (propose) przedstawi|ć, -ać, przed|łożyć, -kładać *[motion, bill, amendment]*; wysu|nąć, -wać, przedstawi|ć, -ać *[proposal]*; przedstawi|ć, -ać *[proposal, plan, evidence]*; przyt|oczyć, -aczać *[argument]* [3] Accts przen|ieść, -osić *[total, balance]*; **balance brought forward: £354.90** suma z przeniesienia: 354,90 funtów ¶ **~ forward [sb], ~ [sb] forward** (bring in) wprowadz|ić, -ać *[witness]*

■ **bring in**: ¶ **~ in [sth]** [1] (yield) przyn|ieść, -osić *[income, interest, profit]*; **our export business brought in £5 million last year** w zeszłym roku eksport przyniósł nam 5 milionów funtów [2] Jur **to ~ in a verdict of guilty** wydać wyrok skazujący ¶ **~ in [sth], ~ [sth] in** [1] (introduce) wprowadz|ić, -ać *[legislation, measure, system]*; przedstawi|ć, -ać, porusz|yć, -ać *[idea, subject]* [2] Agric z|ebrać, -bierać, zw|ieźć, -ozić *[wheat, corn, fruit]* ¶ **~ in [sb], ~ [sb] in** [1] (involve) za|wezwać, sprowadz|ić, -ać *[reinforcements, police, army]*; **to ~ in reinforcements from a nearby town** sprowadzić posiłki z pobliskiego miasta; **if I could ~ in Mr Cox at this point...** chciałbym teraz prosić pana Coxa o zabranie głosu [2] (to police station) doprowadz|ić, -ać *[suspect]*; **to be brought in for questioning** zostać doprowadzonym na przesłuchanie

■ **bring into**: **~ [sb/sth] into** wciąg|nąć, -ać kogoś do (czegoś) *[conversation, organization]*; **to ~ sth into the conversation /story** poruszyć coś w rozmowie/w opowieści; **don't ~ my mother into this!** nie mieszaj do tego mojej matki!

■ **bring off**: **~ off [sth], ~ [sth] off** dokon|ać, -ywać *[feat]*; osiąg|nąć, -ać *[aim, victory]*; zaw|rzeć, -ierać *[deal]*; wykon|ać, -ywać *[plan]*; **do you think you can ~ it off?** czy sądzisz, że ci się uda?

■ **bring on**: ¶ **~ on [sth], ~ [sth] on** [1] (provoke) wywoł|ać, -ywać *[attack, migraine, fit, labour]*; s|powodować *[bronchitis, rheumatism, pneumonia]*; **what brought that on?** czym zostało to spowodowane or wywołane? [2] (encourage) przyśpiesz|yć, -ać wzrost (czegoś) *[plant, crop]* ¶ **~ on [sb], ~ [sb] on** [1] (to stage, playing field) wprowadz|ić, -ać *[dancer, substitute]* [2] (encourage) z|dopingować, z|mobilizować *[child, player]*

■ **bring out**: ¶ **~ out [sth], ~ [sth] out** [1] wyj|ąć, -mować, wyciąg|nąć, -ać *[gun, handkerchief]* [2] Comm wyda|ć, -wać *[edition, volume]*; wprowadz|ić, -ać (coś) na rynek *[new model]* [3] (highlight) wydoby|ć, -wać *[colour]*; uwypukl|ić, -ać, uwydatni|ć, -ać *[detail, hidden feature]*; odda|ć, -wać *[meaning]*; podkreśl|ić, -ać *[truth, fact]*; o|budzić, rozbudz|ić, -ać *[instinct]*; **to ~ out the artist in sb** obudzić w kimś artystę; **to ~ out the best in sb** ujawnić najlepsze cechy kogoś ¶ **~ out [sb], ~ [sb] out** [1] (draw out) ośmiel|ić, -ać *[guest, interviewee]* [2] (on strike) wyprowadz|ić, -ać (kogoś) na ulicę *[strikers]* [3] **to ~ sb out in spots** wywoł|ać, -ywać u kogoś wysypkę

■ **bring round**: **~ [sb] round** [1] (revive) o|cucić, przywr|ócić, -acać (kogoś) do przytomności [2] (convince) przekon|ać, -ywać (do swoich racji); **to ~ sb round to one's way of thinking** przeciągnąć kogoś na swoją stronę

■ **bring to = bring round**

■ **bring together**: **~ together [sb/sth], ~ [sb/sth] together** [1] (cause to meet, assemble) z|gromadzić *[family, experts, objects]*; **they were brought together by chance** poznali się przez przypadek [2] (create bond between) po|łączyć, zbliż|yć, -ać *[couple, lovers, family]*; (reconcile) po|godzić *[quarrelling sides]*; **this event brought us closer together** to wydarzenie bardzo nas zbliżyło; **the mediators failed to ~ the two sides together** mediatorom nie udało się doprowadzić do pogodzenia się stron

■ **bring up**: ¶ **~ up [sth], ~ [sth] up** [1] (mention) podn|ieść, -osić, porusz|yć, -ać *[matter, point, question, subject]*; napom|knąć, -ykać o (czymś) *[matter]* [2] (vomit) zwr|ócić, -acać, z|wymiotować *[breakfast, food]* ¶ **~ up [sb], ~ [sb] up** wychow|ać, -ywać *[child]*; **she was brought up by her grandparents** została wychowana przez dziadków, wychowali ją dziadkowie; **he was brought up in China** wychował się w Chinach; **I was brought up as a Catholic** wychowywano mnie w wierze katolickiej; **to be brought up on stories of war** wychować się na wojennych opowieściach; **they brought the boys up to be independent** nauczyli chłopców samodzielności; **it's the way I was brought up** tak mnie wychowano; **well/badly brought up** dobrze/źle wychowany

bring and buy sale *n* GB kiermasz *m* dobroczynny

brink /brɪŋk/ *n* [1] krawędź *f*; **on the ~ (of sth)** na krawędzi (czegoś) [2] fig (of death, disaster, despair) krawędź *f*; (of era, success) próg *m*; (of ruin) skraj *m*; **to be on the ~ of sth** być bliskim czegoś *[resignation, death, tears]*; stać u progu czegoś *[war, new era]*; **to be on the ~ of doing sth** być bliskim zrobienia czegoś; **to bring sb to the ~ of bankruptcy** doprowadzić kogoś na skraj bankructwa; **to pull back from the ~ of war** zażegnać niebezpieczeństwo wojny; **he was about to resign, but I managed to pull him back from the ~** był gotów zrezygnować, ale w ostatniej chwili udało mi się odwieść go od tego; **to push sb to** or **over the ~** doprowadzić kogoś do ostateczności

brinkmanship /ˈbrɪŋkmənʃɪp/ *n* polityczna gra *f* na przetrzymanie *(wywieranie presji na przeciwnika dla utrzymania przewagi taktycznej)*

briny /ˈbraɪnɪ/ **I** *n* infml arch or hum **the ~** morska toń *f*

II *adj* słony

brio /ˈbriːəʊ/ *n* werwa *f*; **with ~** z werwą

briquet(te) /brɪˈket/ *n* brykiet *m*

brisk /brɪsk/ *adj* [1] (efficient) *[person]* rzutki; *[tone, manner]* energiczny, pełen werwy [2] (energetic) *[walk, movement]* szybki; *[pace, trot]* dziarski, żwawy; *[debate]* ożywiony; **to**

go for a ~ **swim** iść trochę popływać; **at a ~ pace** dziarsko, żwawo, energicznie [3] (good) *[trade, business]* ożywiony; *[sales]* szybki; **~ trading on the stock exchange** duże obroty na giełdzie; **business is ~** interesy idą dobrze; jest ruch w interesie infml; **shops are doing ~ business** obroty sklepów są duże; **we've been doing a ~ trade in suitcases** walizki bardzo dobrze idą or się sprzedają [4] (invigorating) *[air, morning, wind]* rześki, rzeźwy

brisket /ˈbrɪskɪt/ *n* Culin mostek *m*

briskly /ˈbrɪsklɪ/ *adv* [1] (efficiently, quickly) *[work]* dziarsko, żwawo; *[say, ask, reply]* z werwą; **to deal ~ with a problem** szybko uporać się z problemem; **he moved ~ on to the next point** bezzwłocznie przeszedł do następnego punktu [2] (well) *[sell]* bardzo dobrze; **the shoes have been selling ~** te buty idą jak woda fig

briskness /ˈbrɪsknɪs/ *n* [1] (of manner, tone) ożywienie *n*; (of activity) energiczność *f*; (of movement) dziarskość *f*, żwawość *f* [2] (of air) rześkość *f*, rzeźwość *f*

brisling /ˈbrɪzlɪŋ/ *n* Zool, Culin szprot *m*

bristle /ˈbrɪsl/ **I** *n* [1] (single hair) (on pig, chin, brush, plant) (gruby, twardy) włosek *m*; (on hedgehog, cactus) kolec *m* [2] (hair collectively) (on pig, chin, brush) szczecina *f*; (on plant) szczecinka *f*; (on hedgehog, cactus) kolce *m pl* [3] (material) (on brush, mat) włosie *n*

II *vi* [1] *[fur, hairs, cat]* jeżyć się, najeż|yć, -ać się, zjeż|yć, -ać się [2] fig (react angrily) *[person]* najeż|yć, -ać się, zjeż|yć, -ać się; **he ~d with indignation** obruszył się z oburzeniem [3] (be thick with) **to ~ with sth** być czymś najeżonym *[spines, aerials]*; być pełnym czegoś *[missiles, soldiers]*; jeżyć się czymś *[problems]*

bristly /ˈbrɪslɪ/ *adj* [1] *[beard, fur]* szczeciniasty; *[surface]* pokryty szczeciną; **daddy, you're all ~!** tatusiu, kłujesz! [2] fig *[person, temperament]* wybuchowy

Bristol /ˈbrɪstl/ **I** *prn* Bristol *m*

II *modif* bristolski

Bristol board *n* brystol *m*

bristols /ˈbrɪstlz/ *npl* GB infml cycuszki *m pl* infml

Brit /brɪt/ *n* infml Angol *m* infml

Britain /ˈbrɪtn/ *prn* (also **Great Britain**) Wielka Brytania *f*

Britannia /brɪˈtænjə/ *prn* Britannia *f* *(łacińska nazwa Wielkiej Brytanii; postać kobieca symbolizująca Wielką Brytanię)*

Britannia metal *n* brytania *f* *(stop cyny, antymonu i miedzi)*

Britannic /brɪˈtænɪk/ *adj* brytyjski; **His /Her ~ Majesty** Jego/Jej Wysokość Król /Królowa Anglii

britches /ˈbrɪtʃəz/ *npl* US infml = **breeches**

Briticism /ˈbrɪtɪsɪzəm/ *n* anglicyzm *m*

British /ˈbrɪtɪʃ/ **I** *n* **the ~** Brytyjczycy *m pl*; Anglicy *m pl* infml

II *adj* brytyjski; angielski infml

IDIOMS: **the best of ~ (luck)!** GB infml życzę szczęścia or powodzenia! also iron

British Airports Authority, BAA *n* brytyjski zarząd *m* portów lotniczych

British Antarctic Territory *n* terytorium *n* brytyjskie na Antarktydzie

British Army of the Rhine, BAOR *n* GB Mil Hist Brytyjska Armia *f* Renu

British Broadcasting Corporation, BBC *n* brytyjska rozgłośnia *f* radiowo-telewizyjna

British Columbia, BC *prn* Kolumbia *f* Brytyjska

British Council *n* **the ~** Instytut *m* Brytyjski

British disease *n* skłonność *f* do organizowania strajków i protestów

British English **I** *n* brytyjska odmiana *f* języka angielskiego

II *adj [word, expression]* charakterystyczny dla brytyjskiej odmiany języka angielskiego; **~ dictionary** słownik angielszczyzny brytyjskiej

Britisher /ˈbrɪtɪʃə(r)/ *n* US Brytyj|czyk *m*, -ka *f*

British Gas *n* GB przedsiębiorstwo *n* dystrybucji gazu

British Isles *prn* Wyspy *f pl* Brytyjskie

British Legion *n* organizacja *f* zrzeszająca byłych wojskowych

British Museum, BM *n* Muzeum *n* Brytyjskie

British Rail, BR *n* Koleje *f pl* Brytyjskie

British Telecom, BT *n* GB brytyjskie towarzystwo *n* telekomunikacji

Briton /ˈbrɪtn/ *n* Brytyj|czyk *m*, -ka *f*; Hist Bryt *m*

Brittany /ˈbrɪtənɪ/ *prn* Bretania *f*

brittle /ˈbrɪtl/ **I** *n* (sweet) cukierek *m* z orzechami

II *adj* [1] *[mineral, porcelain]* kruchy; *[hair, fingernails]* łamliwy [2] fig (easily disrupted) *[relationship, coalition, peace]* kruchy; *[temperament, temper]* wybuchowy; *[glamour]* powierzchowny; *[façade]* wątły; *[nerves]* słaby; *[voice]* łamiący się [3] (insensitive) *[person, personality, tone]* oschły, szorstki [4] (sharp) *[sound]* ostry

brittle-bone disease /ˌbrɪtlˈbəʊndɪziːz/ *n* = **brittle bones**

brittle bones *npl* zrzeszotnienie *n* kości, osteoporoza *f*

brittleness /ˈbrɪtlnɪs/ *n* [1] (of mineral, porcelain) kruchość *f*; (of fingernails, bones) łamliwość *f* [2] fig (of coalition, peace) kruchość *f* [3] (of person, personality) szorstkość *f*, oschłość *f* [4] (of sound) ostrość *f*

bro /brəʊ/ *n* [1] dat infml = **brother** brat *m* [2] **Bro** Relig = **Brother** brat *m* zakonny

broach /brəʊtʃ/ **I** *n* [1] Tech (boring-bit) rozwiertak *m* [2] Culin rożen *m*

II *vt* [1] porusz|yć, -ać *[subject, possibility]* [2] (open) odbi|ć, -jać *[cask]*; napocz|ąć, -ynać *[supplies, box]* [3] Tech (enlarge) rozwierc|ić, -ać *[hole]*

broad[1] /brɔːd/ **I** *n* [1] US infml (woman) damulka *f*, kobitka *f* infml [2] US infml (prostitute) dziwka *f* infml [3] Anat **the ~ of the back** górna część *f* pleców

II *adj* [1] (wide) *[river, shoulders, street, grin]* szeroki; *[hips]* rozłożysty; *[man]* barczysty; **to have a ~ back** być szerokim w ramionach; fig być chętnym do roboty, być robotnym; **to grow ~er** (become fatter) nabrać ciała; (become more muscular) zmężnieć; **to make sth ~er** poszerzyć coś; **the road is 10 metres ~ at this point** w tym miejscu droga ma 10 metrów szerokości [2] (extensive) *[area, expanse, plain]* rozległy [3] (wide-ranging) *[choice, coalition, interests, range, support]* szeroki; *[agreement, feeling]* powszechny; *[introduction]* obszerny; *[plans, syllabus]* szeroko zakrojony; *[variety]* ogromny, wielki; **~ implications** daleko idące konsekwencje; **to have ~ appeal** cieszyć się dużą popularnością [4] (general) *[base, meaning, notion, term, usage]* szeroki; *[aim, description, invitation, notion, outline, principle]* ogólny; **to be in ~ agreement** w zasadzie zgadzać się; **in the ~est sense (of the word)** w najszerszym tego słowa znaczeniu [5] (liberal) *[opinion, view]* liberalny; **to have a ~ mind** mieć otwarty umysł, być tolerancyjnym [6] (unsubtle) *[hint, wink]* wyraźny; (vulgar) *[humour, joke]* niewybredny, rubaszny; **to drop ~ hints about sb/sth** robić wyraźne aluzje do kogoś/czegoś; **to drop sb a ~ hint that...** dać komuś wyraźnie do zrozumienia, że... [7] (pronounced) *[accent]* silny; **to speak with** or **in a ~ Welsh accent** mówić z silnym walijskim akcentem; **a poem in ~ Scots** wiersz napisany w szkockim dialekcie [8] (complete) **in ~ daylight** w biały dzień; **it was already ~ daylight** było już zupełnie jasno

IDIOMS: **it's as ~ as it's long** na jedno wychodzi

B road /ˈbiːrəʊd/ *n* GB Transp droga *f* drugorzędna

broad-based /ˌbrɔːdˈbeɪst/ *adj [consensus]* szeroki, powszechny; *[approach]* całościowy, globalny; *[coalition]* o szerokim zapleczu; *[campaign]* szeroko zakrojony; *[education]* ogólny; **the party is ~** członkowie partii wywodzą się z różnych środowisk

broad bean *n* Bot, Culin bób *m*

broadbrush /ˈbrɔːdbrʌʃ/ *adj [description, survey]* sumaryczny; *[approach, sketch]* pobieżny

broadcast /ˈbrɔːdkɑːst, US -kæst/ **I** *n* TV program *m*; Radio audycja *f*; **news/live ~** program informacyjny/na żywo; **the president's ~ to the nation** radiowe or telewizyjne orędzie prezydenta do narodu

II *vt* (*pt, pp* **~, ~ed**) [1] TV, Radio nada|ć, -wać *[programme, news, message]*; transmitować *[concert, match]*; **the concert will be broadcast to 30 countries** koncert będzie transmitowany do 30 krajów [2] hum (tell) rozgł|osić, -aszać [3] Agric za|siać rzutowo *[seeds]*

III *vi* (*pt, pp* **~, ~ed**) *[TV, radio station]* nadawać; *[presenter]* prowadzić program; *[performer]* występować w radiu or telewizji

IV *adv* Agric *[sow]* siewem rzutowym

V **broadcast** *pp adj* (on TV) telewizyjny; (on radio) radiowy; (on both) radiowo-telewizyjny

broadcaster /ˈbrɔːdkɑːstə(r), US -kæst-/ *n* prezenter *m*, -ka *f*; **news ~** spiker *m*, -ka *f*; **a ~ on opera** prowadzący programy poświęcone operze

broadcasting /ˈbrɔːdkɑːstɪŋ, US -kæst-/ **I** *n* TV, Radio [1] (field) media *plt* radiowo-telewizyjne; **to work in ~** pracować w radiu /telewizji [2] (programmes) programy *m pl*; (transmission) nadawanie *n* (programów); **religious/children's ~** programy religijne/dla dzieci

B

II *modif [authorities, legislation]* do spraw radia i telewizji; *[industry, medium]* radiowo-telewizyjny

broadcasting ban *n* zakaz *m* pojawiania się na antenie

Broadcasting Standards Council *n* GB *organ odpowiedzialny za zachowanie norm etycznych w programach radiowych i telewizyjnych*

broadcasting station *n* stacja *f* nadawcza

broad-chested /ˌbrɔːd'tʃestɪd/ *adj* o atletycznym torsie

Broad Church *n część kościoła anglikańskiego opowiadająca się za większą swobodą w interpretacji doktryny*

broaden /'brɔːdn/ **I** *vt* [1] (extend) rozszerz|yć, -ać *[horizons, knowledge, scope]*; zwiększ|yć, -ać *[appeal]*; **travel ~s the mind** podróże kształcą [2] (widen) poszerz|yć, -ać *[road]*

II *vi [horizons, scope, pipe, river, skirt]* rozszerz|yć -ać się; *[appeal, support]* zwiększ|yć, -ać się; **his smile ~ed** uśmiechnął się szeroko

■ **broaden out** *[river, pipe, skirt]* rozszerz|yć, -ać się; *[person, face]* zaokrągl|ić, -ać się; **to ~ out into sth** *[conversation]* zejść na coś

broad jump *n* US Sport skok *m* w dal

broad-leaved /'brɔːdliːvd/ *adj* Bot *[tree, wood]* liściasty

broad left *n* GB Pol **the ~** koalicja *f* ugrupowań lewicowych

broadloom /'brɔːdluːm/ *n* (also **~ carpet**) dywan *m* tkany na szerokim krośnie

broadly /'brɔːdlɪ/ *adv* [1] (in general) zasadniczo; **~ speaking** mówiąc najogólniej [2] (widely) *[smile, grin]* szeroko

broadly-based /ˌbrɔːdlɪ'beɪst/ *adj* = broad-based

broadminded /ˌbrɔːd'maɪndɪd/ *adj [person]* tolerancyjny, o otwartym umyśle; *[attitude, outlook]* liberalny

broadmindedness /ˌbrɔːd'maɪndɪdnɪs/ *n* tolerancyjność *f*

broadness /'brɔːdnɪs/ *n* [1] (width) szerokość *f*; **the ~ of her mind** (jej) otwarty umysł [2] (coarseness) **the ~ of his humour** jego niewyszukany humor

broadsheet /'brɔːdʃiːt/ *n* gazeta *f* dużego formatu *(zwykle kojarzona z wyższą jakością)*

broad-shouldered /ˌbrɔːd'ʃəʊldəd/ *adj* barczysty

broadside /'brɔːdsaɪd/ **I** *n* [1] (criticism) ostry atak *m*; **a ~ of insults** grad obelg; **to deliver** or **aim a ~ at sb** ostro zaatakować kogoś [2] Naut (of ship) burta *f*; (enemy fire) salwa *f* całą burtą; **to deliver a ~** oddać salwę całą burtą

II *adv* (also **~ on**) burtą do fali/do wiatru; *[hit, turn]* burtą; **the ship was ~ on to us** statek ustawił się do nas burtą

broad-spectrum /ˌbrɔːd'spektrəm/ *adj [antibiotic]* o szerokim spektrum

broadsword /'brɔːdsɔːd/ *n* pałasz *m*

Broadway /'brɔːdweɪ/ *prn* Theat Broadway *m*; **on ~** na Broadwayu

brocade /brə'keɪd/ **I** *n* brokat *m*

II *modif [fabric, cushion]* brokatowy; *[sofa]* obity brokatem

III *vt* ozd|obić, -abiać wytłaczanym wzorem *[cloth, dress, curtains]*

broccoli /'brɒkəlɪ/ *n* Bot brokuł *m*; Culin brokuły *m pl*

brochure /'brəʊʃə(r), US brəʊ'ʃʊər/ *n* Tourism, Comm (booklet) broszura *f*; (glossy) prospekt *m*

broderie anglaise /ˌbrəʊdərɪɑːŋ'gleɪz/ *n* haft *m* angielski

brogue /brəʊg/ *n* [1] (shoe) półbut *m* męski *(z ozdobnymi dziurkami na przyszwie)*; szkot *m* infml [2] (accent) akcent *m (zazwyczaj irlandzki lub szkocki)*

broil /brɔɪl/ **I** *vt* [1] US Culin opie|c, -kać *[meat]*; **steak ~ed over a charcoal fire** stek pieczony na węglu drzewnym [2] fig *[heat, sun]* przypie|c, -kać *[person]*

II *vi* [1] Culin u|piec się [2] fig *[person]* smażyć się fig

broiler /'brɔɪlə(r)/ *n* [1] (also **~ chicken**) broiler *m* [2] US (grill) grill *m* [3] infml (hot day) skwar *m*

broiler house *n* ferma *f* brojlerów

broiler pan *n* US grill *m*

broiling /'brɔɪlɪŋ/ *adj [heat, weather]* skwarny

broke /brəʊk/ **I** *pt* → **break**

II *adj* infml (insolvent) *[person]* bez grosza, spłukany infml; *[company]* zrujnowany; **to go ~** splajtować infml

IDIOMS: **to go for ~** postawić wszystko na jedną kartę; pójść na całość infml

broken /'brəʊkən/ **I** *pp* → **break**

II *adj* [1] (damaged) *[glass, window]* rozbity; *[fingernail, stick, tooth, leg]* złamany; *[toy, handle, radio, chair]* zepsuty; *[biscuit]* rozkruszony; *[stone]* rozłupany; *[glasses]* pęknięty; **'do not use on ~ skin'** (on skin product) „nie stosować na uszkodzoną skórę" [2] (interrupted) *[line, circle]* (intentionally) przerwany; (worn away) poprzerywany; *[phrase]* urywany; *[voice]* łamiący się; *[sleep, dreams]* niespokojny; **a warm day with ~ cloud** ciepły dzień z przejaśnieniami [3] (rough) *[ground, surface]* nierówny; *[coastline]* nieregularny, poszarpany [4] (depressed) *[man, woman]* załamany; **a ~ spirit** zwątpienie [5] (not honoured) *[vow, promise]* złamany; *[appointment]* odwołany; *[contract, engagement]* zerwany [6] (flawed) *[English, French]* łamany; *[sentence]* kaleki [7] (incomplete) *[set, series]* zdekompletowany [8] (bankrupt) zrujnowany [9] (humbled) *[man, woman]* skompromitowany [10] Agric, Hort *[soil, earth]* spulchniony

broken amount *n* Fin pakiet *m* mniej niż 100 akcji

broken chord *n* Mus akord *m* rozłożony

broken-down /ˌbrəʊkən'daʊn/ *adj* [1] (non-functional) *[machine, vehicle]* zepsuty [2] (damaged) *[house, wall]* rozwalający się, walący się; *[car]* zdezelowany; *[shoe]* rozpadający się

broken heart *n* złamane serce *n*; **she has a ~** ma złamane serce; **to die of a ~** umrzeć z miłości

broken-hearted /ˌbrəʊkən'hɑːtɪd/ *adj* zrozpaczony; **to be ~** mieć złamane serce

broken home *n* rozbita rodzina *f*

broken lot *n* Fin = **broken amount**

brokenly /'brəʊkənlɪ/ *adv [say]* łamiącym się głosem

broken marriage *n* rozbite małżeństwo *n*

broken reed *n* fig **to be a ~** być człowiekiem skończonym

broken vowel *n* Ling dyftong *m*, dwugłoska *f*

broken wind *n* Vet dychawica *f*

broken-winded /ˌbrəʊkən'wɪndɪd/ *adj* Vet dychawiczny

broker /'brəʊkə(r)/ **I** *n* Comm, Fin pośrednik *m* handlowy; (on stock exchange) makler *m* (giełdowy), broker *m*; (insurance) broker *m*; **commodity ~** pośrednik handlowy; **foreign exchange ~** makler dewizowy; **note ~** US makler wekslowy; **real-estate ~** US pośrednik w handlu nieruchomościami; **power ~** wpływowy mediator; **an honest ~** fig bezstronny mediator

II *vt* Pol wy|negocjować *[deal]*

III *vi* pośredniczyć **(between sb and sb** pomiędzy kimś a kimś)

brokerage /'brəʊkərɪdʒ/ **I** *n* [1] (fee) prowizja *f* maklerska, kurtaż *m* [2] (firm) dom *m* maklerski [3] (trade) maklerstwo *n*, pośrednictwo *n*

II *modif [company]* maklerski

brokering /'brəʊkərɪŋ/ *n* US = **broking**

broking /'brəʊkɪŋ/ *n* GB (trade) maklerstwo *n*, pośrednictwo *n*; (services) (of stockbrocker) usługi *f pl* maklerskie; **commodity ~** pośrednictwo handlowe; **insurance ~** usługi brokerskie

brolly /'brɒlɪ/ *n* GB infml parasol *m*, parasolka *f*

bromide /'brəʊmaɪd/ **I** *n* [1] Pharm, Chem bromek *m*; **potassium ~** bromek potasu [2] fig (platitude) banał *m* (na pocieszenie)

II *modif* Phot *[print, printer, printing]* bromowy

bromide paper *n* Phot papier *m* bromosrebrowy

bromine /'brəʊmiːn/ **I** *n* brom *m*

II *modif* bromowy; **~ cyanide** bromek cyjanu, bromocyjan

bronchi /'brɒŋkaɪ/ *npl* oskrzela *n pl*

bronchial /'brɒŋkɪəl/ *adj* oskrzelowy; **~ tubes** oskrzela; **~ pneumonia** oskrzelowe zapalenie płuc

bronchiole /'brɒŋkɪəʊl/ *n* oskrzelik *m*

bronchiolitis /ˌbrɒŋkɪəʊ'laɪtɪs/ *n* zapalenie *n* oskrzelików

bronchitis /brɒŋ'kaɪtɪs/ *n* zapalenie *n* oskrzeli; **to have ~** mieć zapalenie oskrzeli or bronchit; **a ~ sufferer** chory na zapalenie oskrzeli

bronchodilator /ˌbrɒŋkəʊdaɪ'leɪtə(r)/ *n* lek *m* rozszerzający oskrzela

bronchopneumonia /ˌbrɒŋkəʊnjuː'məʊnɪə, US -nuː-/ *n* odoskrzelowe zapalenie *n* płuc

bronchus /'brɒŋkəs/ *n* (*pl* **bronchi**) oskrzele *n*

bronco /'brɒŋkəʊ/ *n* (*pl* **~cos**) US mustang *m*, dziki koń *m*

broncobuster /'brɒŋkəʊbʌstə(r)/ *n* US ujeżdżacz *m* dzikich koni

brontosaurus /ˌbrɒntə'sɔːrəs/ *n* (*pl* **-ri, -ruses**) brontozaur *m*

Bronx cheer /ˌbrɒŋks'tʃɪə(r)/ *n* US infml *ordynarny dźwięk powstający podczas wydmuchiwania powietrza wargami przy wysuniętym języku*

bronze /brɒnz/ **I** *n* [1] (metal) brąz *m*; **cast in ~** odlany z brązu or w brązie [2] (object) przedmiot *m* z brązu [3] (colour) (kolor *m*) brązu, brąz *m* [4] → **bronze medal**

II *modif [coin, statue]* z brązu, brązowy

III *adj [paint, leaves, skin]* złotawobrązowy; *[hair]* złotawordudy; **to go** or **turn ~** z|brązowieć
IV *vt* [1] *[sun]* z|brązowić, opal|ić, -ać *[skin, body, face]* [2] brązować *[metal object, coin]*
V *vi [skin, body]* z|brązowieć, opal|ić, -ać się
Bronze Age **I** *n* **the ~** epoka *f* brązu
II *modif [tool, settlement]* z epoki brązu
bronze-coloured GB, **bronze-colored** US /ˈbrɒnzkʌləd/ *adj [object, skin, hair]* w kolorze brązu
bronzed /brɒnzd/ *adj [skin]* zbrązowiały; *[person]* opalony; *[metal object, coin]* brązowany
bronze medal *n* medal *m* brązowy
bronzer /ˈbrɒnzə(r)/ *n* Cosmet samoopalacz *m*
brooch /brəʊtʃ/ *n* broszka *f*, brosza *f*
brood /bruːd/ **I** *n* [1] Zool potomstwo *n*, młode *plt*; (of birds) lęg *m*; (of mammals) miot *m* [2] hum (of children) gromadka *f*, trzódka *f* hum; pej (of thieves, malcontents) zgraja *f*
II *vi* [1] (ponder) dumać, rozmyślać; **to ~ about** or **on** or **over sth** rozpamiętywać coś, dumać or rozmyślać o czymś; **there is no point (in) ~ing about things** nie ma sensu się zamartwiać [2] Zool *[bird]* wysiadywać [3] liter **to ~ over sb** *[danger, threat]* wisieć nad kimś; **to ~ over sth** *[cliffs, castle]* wznosić się nad czymś; *[clouds]* unosić się nad czymś
brood hen *n* kwoka *f*, nioska *f*
broodily /ˈbruːdɪlɪ/ *adv* melancholijnie, smętnie
broodiness /ˈbruːdɪnɪs/ *n* [1] (moodiness) melancholia *f*, chandra *f* [2] GB infml (of woman) niezaspokojony instynkt *m* macierzyński
brooding /ˈbruːdɪŋ/ **I** *n* rozpamiętywanie *n*
II *adj* [1] (menacing) *[presence, atmosphere]* złowieszczy; *[landscape]* ponury; *[silence]* złowrogi [2] *[danger, threat, storm]* nadciągający, nadchodzący; (deep in thought) *[person, face]* zamyślony
brood mare *n* klacz *f* zarodowa
broody /ˈbruːdɪ/ *adj* [1] (depressed) melancholijny, smętny [2] Agric (hen, duck) nieśna, niosąca się [3] GB infml **to be** or **feel ~** *[woman]* marzyć o dziecku
brook[1] /brʊk/ *n* potok *m*, strumyk *m*
brook[2] /brʊk/ *vt* fml tolerować *[argument, dissent]*; **to ~ no criticism/disagreement** nie tolerować krytyki/odmiennego zdania; **this matter ~s no delay** to sprawa nie cierpiąca zwłoki
brooklet /ˈbrʊklɪt/ *n* liter strumyczek *m*
broom /bruːm, brʊm/ *n* [1] (for sweeping) szczotka *f*; (of twigs) miotła *f* [2] Bot żarnowiec *m* miotlasty
IDIOMS: **a new ~** nowa miotła fig; **a new ~ sweeps clean** Prov ≈ nowy szef, nowe porządki
broom cupboard *n* GB schowek *m* na przybory do sprzątania
broom handle *n* kij *m* od miotły or szczotki
broomstick /ˈbruːmstɪk/ *n* kij *m* od miotły; **a witch on a ~** czarownica na miotle
Bros. *npl* Comm = **Brothers** bracia *m pl*; **Johnson ~, tailors** Bracia Johnson, krawiectwo

broth /brɒθ, US brɔːθ/ *n* (soup) bulion *m*; (stock) wywar *m*; **chicken ~** bulion z kurczaka/kury
IDIOMS: **too many cooks spoil the ~** Prov gdzie kucharek sześć, tam nie ma co jeść
brothel /ˈbrɒθl/ *n* burdel *m* infml
brothel-creepers /ˈbrɒθlkriːpəz/ *npl* GB buty *m pl* na słoninie
brothel-keeper /ˈbrɒθlkiːpə(r)/ *n* (woman) burdelmama *f* infml; (man) właściciel *m* burdelu
brother /ˈbrʌðə(r)/ **I** *n* [1] (relative) brat *m*; **a younger/older ~** młodszy/starszy brat; **my baby ~** (child) mój mały braciszek; (adult) mój młodszy brat; **they are ~ and sister** są rodzeństwem or bratem i siostrą; **the Kennedy ~s** bracia Kennedy [2] (trade unionist) kolega *m* [3] (fellow man) brat *m*, towarzysz *m*, kolega *m*; **all men are ~s** wszyscy ludzie są braćmi; **~s in arms** towarzysze broni [4] infml **hey, ~!** hej, koleś! infml [5] Relig (*pl* **~s, brethren**) brat *m* zakonny; **Brother Anselm** brat Anzelm
II *excl* infml **oh ~!** kurczę! infml
brotherhood /ˈbrʌðəhʊd/ *n* [1] (bond) braterstwo *n* [2] (organization) bractwo *n*; (trade union) związek *m* zawodowy; (professional) stowarzyszenie *n*; (secret, sinister) sprzysiężenie *n* [3] (of monks) bractwo *n* (zakonne) [4] (of freemasons) **the Brotherhood** masoneria *f*, wolnomularstwo *n*
brother-in-law /ˈbrʌðərɪnlɔː/ *n* (*pl* **brothers-in-law**) szwagier *m*
brotherly /ˈbrʌðəlɪ/ *adj* braterski
brougham /ˈbruːəm/ *n* kryty powóz *m* jednokonny
brought /brɔːt/ *pp, pt* → **bring**
brouhaha /ˈbruːhaːhaː, US bruːˈhaːhaː/ *n* rejwach *m*, wrzawa *f*; **the ~ over sth** wrzawa or rejwach w związku z czymś
brow /braʊ/ *n* [1] (forehead) czoło *n*; **to knit** or **furrow one's ~** zmarszczyć czoło or brwi, ściągnąć brwi [2] (eyebrow) brew *f* [3] (of hill) grzbiet *m*; (steep) grań *f*
browbeat /ˈbraʊbiːt/ **I** *vt* (*pt* **-beat**; *pp* **-beaten**) zastrasz|yć, -ać *[person]*; **they tried to ~ me into joining them** próbowali zmusić mnie, żebym się do nich przyłączył; **to ~ sb into submission** wymusić na kimś uległość, zmusić kogoś do uległości; **to ~ sb into silence** zmusić kogoś do milczenia
II **browbeaten** *pp adj* zastraszony
brown /braʊn/ **I** *n* [1] (colour) (kolor *m*) brązowy *m*, brąz *m*; **in ~** w kolorze brązowym; **a dark ~** kolor ciemnobrązowy, ciemny brąz [2] (in snooker) bila *f* brązowa
II *adj* [1] (in colour) brązowy; (darker) brunatny; **to go** or **turn ~** *[leaf, paint]* zbrązowieć; **to paint/dye sth ~** pomalować/ufarbować coś na brązowo; **to turn the water ~** zabarwić wodę na brązowo; **dark** or **deep ~** ciemnobrązowy; **light** or **pale ~** jasnobrązowy [2] (tanned) *[person, skin]* zbrązowiały od słońca, opalony na brąz; **to be very ~** być bardzo opalonym; **to go ~** opalić się, zbrązowieć; **to go ~ easily** szybko się opalać [3] (as racial feature) *[person]* ciemnoskóry; *[skin]* ciemny, śniady; *[face]* śniady
III *vt* [1] Culin podrumieni|ć, -ać, zrumieni|ć, -ać *[onion, meat, sauce]* [2] (tan) opal|ić, -ać *[skin, face, body]*

IV *vi [meat, onion]* podrumieni|ć, -ać się, zrumieni|ć, -ać się; **leave to ~ in the oven** zostaw w piecyku do zrumienienia or aż się podrumieni
brown ale *n* GB ciemne piwo *n* ale
brownbag /ˈbraʊnbæg/ *vt* US infml **to ~ it** (bring lunch) przyn|ieść, -osić ze sobą lunch w papierowej torbie; (bring drink) przyn|ieść, -osić własny alkohol do restauracji
brownbag lunch *n* lunch *m* przyniesiony w papierowej torbie
brown bear *n* niedźwiedź *m* brunatny
brown bread *n* ciemny chleb *m*; (wholemeal) razowy chleb *m*, razowiec *m*
brown coal *n* węgiel *m* brunatny
browned-off /ˌbraʊndˈɒf/ *adj* GB infml **to be ~** być wkurzonym infml **(with sth** czymś); **he was ~ about not getting promotion** wkurzyło go, że nie dostał awansu infml
brown envelope *n* szara koperta *f*
brown fat *n* tkanka *f* tłuszczowa brunatna
brownfield site /ˈbraʊnfiːldsaɪt/ *n* teren *m* pod ponowną zabudowę
brown goods *npl* GB sprzęt *m* elektryczny i elektroniczny *(radia, telewizory, komputery)*
Brownian motion /ˌbraʊnɪənˈməʊʃn/ *n* Phys = **Brownian movement**
Brownian movement /ˌbraʊnɪənˈmuːvmənt/ *n* Phys ruchy *m pl* Browna
brownie /ˈbraʊnɪ/ **I** *n* [1] (elf) krasnoludek *m*, skrzat *m* [2] US (cake) ciastko *n* czekoladowe z orzechami
II **Brownie** *n* (also **Brownie Guide**) *dziewczynka należąca do drużyny zuchów*
III **Brownie** *modif* **~ pack** żeński zastęp zuchów
IDIOMS: **to get** or **earn** or **score ~ points** infml hum zdobyć punkty fig **(with sb** u kogoś)
browning /ˈbraʊnɪŋ/ *n* GB (also **gravy ~**) *substancja do zabarwiania sosów*
brownish /ˈbraʊnɪʃ/ *adj* brązowawy
brown-nose /ˈbraʊnnəʊz/ US infml **I** *n* podlizuch *m* infml
II *vt* podliz|ać, -ywać się (komuś)
brownout /ˈbraʊnaʊt/ *n* US częściowe zaciemnienie *n (spowodowane awarią)*
brown owl *n* Zool puszczyk *m*
brown paper *n* szary papier *m*
brown paper bag *n* torba *f* z szarego papieru
brown rice *n* ryż *m* niełuskany
Brownshirt /ˈbraʊnʃɜːt/ *n* Hist członek *m* partii hitlerowskiej; **the ~s** Brunatne Koszule
brownstone /ˈbraʊnstəʊn/ *n* [1] (sandstone) piaskowiec *m* o barwie brunatnej [2] US (house) kamienica *f* z elewacją z piaskowca *(charakterystyczna dla Manhattanu)*
brown study *n* dat **to be in a ~** być pogrążonym w zadumie
brown sugar *n* cukier *m* brązowy
brown trout *n* pstrąg *m* potokowy
browse /braʊz/ **I** *n* **to have a ~ in a bookshop** poszperać w księgarni; **to have a ~ through a book** przejrzeć or przerzucić or przekartkować książkę
II *vt* Comput prze|jrzeć, -glądać *[Web]*
III *vi* [1] (look at goods) roz|ejrzeć, -glądać się; **'can I help you?' – 'I'm just browsing,**

thank you!' „czy mogę w czymś pomóc" – „dziękuję, rozglądam się tylko" [2] (graze) paść się; **to ~ on leaves/twigs** skubać liście/gałązki

■ **browse through**: **~ through [sth]** szperać w (czymś) *[shop]*; przeglądać, przerzucać *[book]*

browser /ˈbraʊzə(r)/ *n* Comput przeglądarka *f*

brucellosis /ˌbruːsəˈləʊsɪs/ *n* bruceloza *f*

bruise /bruːz/ **I** *n* [1] (on skin) stłuczenie *n*, siniak *m*; **a painful ~** bolesne stłuczenie; **covered in ~s** posiniaczony; **to suffer minor cuts and ~s** doznać lekkich obrażeń [2] (on fruit) obtłuczenie *n*, obicie *n*; **a peach with a ~ on it** poobijana brzoskwinia

II *vt* [1] posiniaczyć *[person]*; stłuc *[part of body]*; **to ~ one's knee/arm** stłuc sobie kolano/rękę; **his fingers were badly ~d** miał mocno stłuczone palce; **he ~d my arm** zrobił mi siniaka na ręku; **she was severely ~d by the fall** bardzo się potłukła przy upadku [2] (damage) po|obijać *[fruit]* [3] (emotionally) s|krzywdzić, z|ranić

III *vi* [1] *[person]* nabić sobie siniaka; **she /her skin ~s easily** przy byle uderzeniu robią się jej siniaki [2] *[fruit]* po|obijać się

IV *vr* **to ~ oneself** (in one spot) nabić sobie siniaka; (extensively) posiniaczyć się

bruised /bruːzd/ *adj* [1] (physically) *[person, back, cheek]* posiniaczony; *[arm, knee, ribs]* stłuczony; *[eye]* podbity, podsiniaczony; *[fruit]* poobijany; **I was ~ all over** byłem cały posiniaczony; **I feel a bit ~** jestem trochę obolały [2] (emotionally) *[ego, heart, feelings, pride]* zraniony; **I feel a bit ~** jestem trochę zgnębiony

bruiser /ˈbruːzə(r)/ *n* infml [1] (burly man) osiłek *m* [2] (boxer) bokser *m* o twardej pięści

bruising /ˈbruːzɪŋ/ **I** *n* stłuczenie *n*, stłuczenia *n pl* **(on sth** na czymś); **severe ~ to the face and head** poważne stłuczenia twarzy i głowy; **there is some ~ to the throat** na szyi został siny ślad

II *adj* [1] (emotionally) *[encounter, remark, row]* przykry, nieprzyjemny; *[defeat]* bolesny; *[battle, campaign]* bezpardonowy [2] (physically) *[game, encounter]* ostry

IDIOMS: **to be cruising for a ~** US infml szukać guza infml

bruit /bruːt/ *vt* fml or hum rozpowi|edzieć, -adać; **it has been ~ed abroad** or **around that...** mówi się, że...

Brum /brʌm/ *n* GB infml = **Birmingham** Birmingham *m*

Brummie /ˈbrʌmɪ/ GB infml **I** *n* (resident) mieszkan|iec *m*, -ka *f* Birminghamu; (native) osoba *f* pochodząca z Birminghamu

II *adj [accent]* birminghamski

brunch /brʌntʃ/ *n połączenie późnego śniadania z lunchem*

Brunei /bruːˈnaɪ/ *prn* Brunei *n inv*

brunette /bruːˈnet/ **I** *n* brunetka *f*

II *adj [hair]* ciemny

brunt /brʌnt/ *n* **the ~ of sth** główna siła *f* czegoś, główny impet *m* czegoś; **to bear** or **take the ~ of sth** najbardziej odczuć coś; **young people are bearing the ~ of unemployment** młodych ludzi szczególnie dotyka bezrobocie

brush¹ /brʌʃ/ **I** *n* [1] (implement) (for hair, clothes, shoes) szczotka *f*; (for teeth) szczoteczka *f*; (broom) szczotka *f*, miotła *f*; (small, for sweeping) zmiotka *f*; (for paint) pędzel *m*; (small) pędzelek *m*; (for shaving) pędzel *m*; **scrubbing ~** szczotka do szorowania [2] (activity) szczotkowanie *n*, czyszczenie *n*; **to give one's hair a ~** przyczesać włosy; **to give one's shoes a ~** wyczyścić buty; **to give one's teeth a ~** umyć or wyczyścić zęby [3] (light touch) muśnięcie *n*; **I felt the ~ of her silk dress against me** poczułem muśnięcie jej jedwabnej sukni; **the ~ of his lips** muśnięcie jego warg [4] (encounter) kontakt *m* **(with sb** z kimś); **to have a ~ with the police** or **the law** mieć zatarg z policją; **to have a ~ with death** otrzeć się o śmierć; **this is the company's second ~ with bankruptcy** firma po raz drugi stanęła na progu bankructwa [5] (disagreement) spięcie *n*, utarczka *f* **(with sb** z kimś); **I had a ~ with my boss** ściąłem się z szefem [6] (fox's tail) kita *f* [7] Elec (in motor) szczotka *f* węglowa

II *vt* [1] (sweep, clean) wy|czyścić *[carpet, clothes, shoes]*; **to ~ one's hair** wy|szczotkować włosy; **to ~ sb's hair** wy|szczotkować komuś włosy; **to ~ one's teeth** wy|myć or wy|czyścić zęby; **to ~ the knots out of one's hair** rozczesać włosy; **she ~ed the crumbs into a dustpan** zmiotła okruchy na śmietniczkę [2] (touch lightly) mus|nąć, -kać, o|trzeć, -cierać się o (kogoś/coś); **the car ~ed the hedge** samochód otarł się o żywopłot [3] Culin **to ~ sth with sth** skropić coś czymś *[water, oil]*; posmarować coś czymś *[egg]*

III *vi* **to ~ against sb/sth** o|trzeć, -cierać się o kogoś/coś *[person, part of body, object]*; **to ~ past sb** przejść szybko obok kogoś; **he ~ed past me into/out of the room** wchodząc do/wychodząc z pokoju prawie się o mnie otarł

IV brushed *pp adj* Tex *[denim, cotton, nylon]* szczotkowany

■ **brush aside**: **~ aside [sb/sth], ~ [sb /sth] aside** [1] (dismiss) z|ignorować, odrzuc|ić, -ać *[idea, thought, argument]*; odsu|nąć, -wać na bok *[objection]*; po|traktować lekceważąco *[person]* [2] (move away) usu|nąć, -wać *[cobweb]*; odsu|nąć, -wać *[branch, curtain]* [3] (beat) pokon|ać, -ywać, rozn|ieść, -osić *[opponent, team]*; zmi|eść, -atać *[defences]*

■ **brush away**: **~ away [sth], ~ [sth] away** (with brush) zmi|eść, -atać *[crumbs, dirt]*; (with hand) strzep|ać, -ywać *[crumbs, dirt]*; o|trzeć, -cierać *[tear]*; odsu|nąć, -wać *[hand]*

■ **brush back**: **~ back [sth], ~ [sth] back** zaczes|ać, -ywać *[hair]*

■ **brush down**: **~ down [sth], ~ [sth] down** otrzep|ać, -ywać *[coat, skirt]*; wy|szczotkować *[horse]*

■ **brush off**: ¶ **~ off [sth], ~ [sth] off** (remove) (with brush) szczy|ścić, -szczać *[dust, crumbs]*; (with hand) strzep|ać, -ywać *[dust, crumbs]* ¶ **~ off [sb/sth], ~ [sb/sth] off** (reject) odrzuc|ić, -ać *[offer, allegations]*; z|ignorować *[threat, incident, disagreement]*; odtrąc|ić, -ać *[person]*

■ **brush up (on)**: **~ up (on) [sth], ~ [sth] up** podszlifow|ać, -ywać *[language]*; podciąg|nąć, -ać się z (czegoś) *[subject]*; doskonalić *[skill]*; odśwież|yć, -ać *[knowledge]*

brush² /brʌʃ/ *n* (vegetation) zarośla *plt*; (twigs) chrust *m*

brush discharge *n* Elec snopienie *n*, wyładowanie *n* snopiaste

brush-off /ˈbrʌʃɒf/ *n* infml **to give sb the ~** spławić kogoś infml; **to get the ~** zostać spławionym infml

brushstroke /ˈbrʌʃstrəʊk/ *n* pociągnięcie *n* pędzlem

brushup /ˈbrʌʃʌp/ *n* GB [1] (grooming) **to have a (wash and) ~** odświeżyć się [2] **to give one's French a ~** podszlifować francuski

brushwood /ˈbrʌʃwʊd/ *n* [1] (firewood) chrust *m* [2] (scrub) zarośla *plt*

brushwork /ˈbrʌʃwɜːk/ *n* Art faktura *f*

brusque /bruːsk, US brʌsk/ *adj* (in manner) szorstki; (in speech) opryskliwy

brusquely /ˈbruːsklɪ, US ˈbrʌsklɪ/ *adv* szorstko, opryskliwie

brusqueness /ˈbruːsknɪs, US ˈbrʌsk-/ *n* (of manner) szorstkość *f*; (in speech) opryskliwość *f*

Brussels /ˈbrʌslz/ **I** *prn* Bruksela *f*

II *modif [lace, carpet]* brukselski

Brussels sprout *n* brukselka *f*

brutal /ˈbruːtl/ *adj* [1] (cruel, savage) *[attack, killer, act, film, scene]* brutalny, okrutny [2] (harsh) *[frankness, truth]* brutalny [3] (severe) *[conditions]* straszny; *[cold]* przeraźliwy

brutality /bruːˈtælətɪ/ *n* [1] (cruelty) brutalność *f*, okrucieństwo *n*; **they complained of police ~** skarżyli się na brutalność policji [2] (cruel act) akt *m* okrucieństwa

brutalize /ˈbruːtəlaɪz/ *vt* [1] (treat brutally) po|traktować brutalnie *[person]* [2] (make brutal) zniepraw|ić, -ać, odczłowiecz|yć, -ać *[person]*; z|brutalizować *[life]*

brutally /ˈbruːtəlɪ/ *adv* [1] *[murder, torture]* brutalnie, okrutnie; *[treat]* w sposób brutalny; **I was ~ beaten** zostałem brutalnie pobity [2] *[frank, honest]* brutalnie; *[say, reply]* nie owijając w bawełnę, prosto z mostu

brute /bruːt/ **I** *n* [1] (man) brutal *m*; zwierzę *n* fig; **a great ~ of a man** prymitywny drab [2] (animal) bestia *f*

II *adj* [1] (physical) *[strength]* brutalny, bezrozumny, ślepy; **they used ~ force to get him out of the car** na siłę wyciągnęli go z samochodu; **by (sheer) ~ force** siłą, na siłę [2] (animal-like) *[instinct, passion]* zwierzęcy [3] (basic) *[fact, question]* prosty, zwykły

brutish /ˈbruːtɪʃ/ *adj* [1] (coarse) prymitywny; (cruel) brutalny, zwyrodniały [2] (animal) *[instinct]* zwierzęcy

BS *n* [1] GB Comm = **British Standard** norma *f* brytyjska [2] US Univ = **Bachelor of Science** ≈ licencjat *m* w dziedzinie nauk ścisłych [3] US vinfml → **bullshit**

BSA *n* [1] US = **Boy Scouts of America** związek *m* skautów amerykańskich [2] GB = **Building Societies Association** *brytyjskie stowarzyszenie kas mieszkaniowych*

BSc *n* GB Univ = **Bachelor of Science** ≈ licencjat *m* w dziedzinie nauk ścisłych

B-school /ˈbiːskuːl/ *n* US infml szkoła *f* handlowa

BSE *n* Vet → **Bovine Spongiform Encephalopathy**

BSI *n* GB Comm = **British Standards Institution** *instytucja do spraw normalizacji, miar i jakości*
B side /ˈbiːsaɪd/ *n* Audio strona *f* B (płyty)
BST *n* = **British Summer Time** brytyjski czas *m* letni
BT *n* → **British Telecom**
BTech *n* GB Univ = **Bachelor of Technology** ≈ licencjat *m* w dziedzinie nauk technicznych
Bthu *n* GB = **Btu**
Btu GB, **BTU** US *n* Meas = **British thermal unit** *brytyjska jednostka ciepła*
bub /bʌb/ *n* US infml koleś *m*
bubble /ˈbʌbl/ **I** *n* [1] (in glass, liquid) pęcherzyk *m*; (in champagne) bąbelek *m*; (of soap) bańka *f*; (in paintwork) purchel *m*; **an air ~, a ~ of air** pęcherzyk powietrza; **to blow ~s** (with soapy water) puszczać bańki (mydlane); **speech/thought ~** (in cartoon) chmurka, dymek fig [2] Comm, Fin gwałtowny wzrost *m* ceny; **the house price ~** gwałtowny wzrost cen nieruchomości [3] (sound) bulgotanie *n*, bulgot *m* [4] Med (germ-free chamber) foliowa komora *f* jałowa or aseptyczna
II *vi* [1] (form bubbles) *[fizzy drink]* pienić się, musować; *[boiling liquid]* bulgotać; **the water ~d down the plughole** woda spływała z bulgotem [2] fig (boil) kipieć, gotować się fig; **to ~ beneath the surface** kipieć or gotować się w środku; **to keep the issue bubbling** nie pozwolić przycichnąć sprawie [3] (be lively, happy) być pełnym życia; **to ~ with sth** tryskać czymś *[enthusiasm, optimism]*; być pełnym czegoś *[confidence, ideas]* [4] (make bubbling sound) za|bulgotać, za|gulgotać
■ **bubble over**: **to ~ over with sth** tryskać czymś *[enthusiasm, joy]*; być pełnym czegoś *[ideas]*
■ **bubble up** ¶ *[boiling liquid]* wy|kipieć; *[gas, spring water]* wypły|nąć, -wać
IDIOMS: **the ~ burst** to zbyt piękne, żeby mogło trwać; (skończyła się zabawa) zaczęły się schody
bubble and squeak *n* GB *kapusta gotowana z resztkami mięsa i ziemniakami*
bubble bath *n* (liquid soap) płyn *m* do kąpieli; (bath) kąpiel *m* w pianie
bubble car *n* GB *mały, trójkołowy samochód z przeźroczystym dachem z lat 60.*
bubble chamber *n* Phys komora *f* pęcherzykowa
bubblegum /ˈbʌblgʌm/ *n* guma *f* balonowa; balonówa *f* infml
bubblehead /ˈbʌblhed/ *n* US infml ptasi móżdżek *m*
bubble memory *n* Comput pamięć *f* domenowa or pęcherzykowa
bubble pack *n* GB opakowanie *n* konturowe
bubble sort *n* Comput sortowanie *n* domenowe or pęcherzykowe
bubble-wrap /ˈbʌblræp/ *n* opakowanie *n* z plastiku pęcherzykowego
bubble-wrapped /ˈbʌblræpt/ *adj* opakowany w plastik pęcherzykowy
bubbling /ˈbʌblɪŋ/ **I** *n* (sound) bulgotanie *n*, bulgot *m*
II *adj* [1] *[stream, spring]* spieniony; *[boiling liquid]* bulgoczący [2] *[person]* radosny; *[atmosphere]* ożywiony; *[city]* pełen życia, tętniący życiem
bubbly /ˈbʌblɪ/ **I** *n* infml (champagne) bąbelki *m pl* infml
II *adj* [1] *[personality]* żywy, pełen życia [2] *[drink]* musujący; *[liquid]* pieniący się
bubonic plague /bjuːˌbɒnɪk ˈpleɪg/ *n* dżuma *f* dymienicza; zaraza *f* morowa dat
buccaneer /ˌbʌkəˈnɪə(r)/ *n* [1] (pirate) pirat *m*, korsarz *m* [2] (unscrupulous businessman) rekin *m* fig
buccaneering /ˌbʌkəˈnɪərɪŋ/ *adj [businessman]* obrotny; *[venture]* ryzykowny
Bucharest /ˌbjuːkəˈrest/ **I** *prn* Bukareszt *m*
II *modif* bukareszteński
buck¹ /bʌk/ **I** *n* [1] Zool samiec *m*; (of deer, goat) kozioł *m* [2] Equest bryknięcie *n*, wierzgnięcie *n*; **to give a ~** bryknąć, wierzgnąć [3] US infml (man) **a young ~** młody byczek *m* infml [4] infml dat (dandy) dandys *m*, goguś *m*
II *modif* **~ hare/rabbit** samiec zająca /królika
III *adj* US Mil *[private, sergeant]* prosty
IV *vt* [1] (throw) zrzuc|ić, -ać *[rider]* [2] (go against) op|rzeć, -ierać się (czemuś) *[trend]*; **to ~ the system** przeciwstawiać się systemowi
V *vi* [1] *[horse]* brykać, wierzgać [2] US (move jerkily) *[car]* szarp|nąć, -ać [3] (oppose) **to ~ at** or **against sth** przeciwstawi|ć, -ać się czemuś *[changes, rule]* [4] (try hard) **to ~ for sth** usilnie zabiegać o coś *[promotion]*
■ **buck up**: ¶ **~ up** [1] infml (cheer up) poweseleć, rozchmurzyć się; **~ up!** rozchmurz się! [2] infml (make effort) po|starać się [3] infml (hurry up) śpieszyć się; **~ up!** pośpiesz się! ¶ **~ [sb] up** (also **to ~ sb's spirits**) dodać komuś otuchy ¶ **to ~ up one's ideas** wziąć się w garść; sprężyć się infml
buck² /bʌk/ *n* US infml (dollar) dolec *m* infml; **to make a fast** or **quick ~** zarobić szybko trochę szmalu infml; **to make a few ~s** zgarnąć trochę forsy or szmalu infml
IDIOMS: **to feel/look like a million ~s** US infml czuć się/wyglądać wyśmienicie or doskonale
buck³ /bʌk/ *n* infml (responsibility) odpowiedzialność *f*
IDIOMS: **to pass the ~** zrzucać odpowiedzialność na innych, uchylać się od odpowiedzialności; **the ~ stops here** or **with me** odpowiedzialność spoczywa or spada na mnie
buckaroo /ˌbʌkəˈruː/ *n* US infml kowboj *m*
buckboard /ˈbʌkbɔːd/ *n* US odkryty powozik *m*
bucked /bʌkt/ *adj* infml zadowolony
bucket /ˈbʌkɪt/ **I** *n* [1] (container) wiadro *n*, kubeł *m*; (child's) wiaderko *n*, kubełek *m* [2] (quantity) wiadro *n*, kubeł *m* **(of sth** czegoś); **to drink beer by the ~** fig żłopać piwo beczkami infml [3] Tech (of scoop, dredger) czerpak *m*, kubeł *m*, łyżka *f*; (of turbine) czarka *f*; (of pump) tłok *m* zaworowy or wiadrowy
II buckets *npl* infml fura *f*, kupa *f* infml **(of sth** czegoś); **to rain ~s** lać jak z cebra; **the rain came down in ~s** lunęło jak z cebra; **to cry ~s** zalewać się łzami; **to sweat ~s** zlewać or oblewać się potem
III *vi* GB infml [1] (also **~ down**) lać jak z cebra, lunąć jak z cebra; **it's ~ing down** leje jak z cebra [2] (also **~ along**) *[vehicle]* jechać podskakując
IDIOMS: **to kick the ~** infml odwalić kitę infml
bucket dredge(r) *n* pogłębiarka *f* czerpakowa or kubłowa
bucket elevator *n* przenośnik *m* kubełkowy
bucketful /ˈbʌkɪtfʊl/ *n* (pełne) wiadro *n*, (pełen) kubeł *m* **(of sth** czegoś)
bucket seat *n* Aut, Aviat siedzenie *n* kubełkowe, fotel *m* anatomiczny
bucket shop *n* infml [1] GB Tourism biuro *n* turystyczne *(prowadzące sprzedaż tanich biletów samolotowych)* [2] Fin pokątnie działające biuro *n* maklerskie
buckeye /ˈbʌkaɪ/ *n* Bot [1] (tree) kasztanowiec *m*; kasztan *m* infml [2] (fruit) kasztan *m*
Buck House *n* GB infml hum pałac *m* Buckingham *(londyńska rezydencja monarchów brytyjskich)*
bucking bronco /ˌbʌkɪŋˈbrɒŋkəʊ/ *n* [1] (horse) narowisty koń *m* występujący na rodeo [2] Sport *urządzenie symulujące jazdę na mustangu*
Buckinghamshire /ˈbʌkɪŋəmʃə(r)/ *prn* Buckingham *n inv*
buckle /ˈbʌkl/ **I** *n* [1] (clasp) klamra *f*; (small) klamerka *f*, sprzączka *f*; **to fasten** or **do up the ~** zapiąć sprzączkę [2] (distortion) (in metal) odkształcenie *n*; (in wood) wypaczenie *n*; (in wheel) zwichrowanie *n*
II *vt* [1] (fasten) zapi|ąć, -nać klamrę or sprzączkę u (czegoś), zapi|ąć, -nać (coś) na klamrę or sprzączkę *[belt, shoe, strap]*; **he ~ed his raincoat tightly** mocno ściągnął płaszcz paskiem; **she ~ed herself into her seat** zapięła pasy [2] (bend, crumple) odkształc|ić, -ać *[metal]*; wypacz|yć, -ać *[door]*; z|wichrować *[wheel]*
III *vi* [1] (give way) *[metal, surface]* odkształc|ić, -ać się; *[door]* wypacz|yć, -ać się; *[pillar]* wygi|ąć, -nać się; *[wheel]* z|wichrować się; **my knees/legs ~d** kolana/nogi się pode mną ugięły; **he ~d under the strain** fig załamał się pod wpływem stresu [2] (fasten) *[shoe, belt]* zapinać się na sprzączkę or klamrę
■ **buckle down** przył|ożyć, -kładać się; **to ~ down to sth** zabrać się do czegoś, przyłożyć się do czegoś
■ **buckle on**: **~ on [sth], ~ [sth] on** przypas|ać, -ywać *[sword, revolver]*; przypi|ąć, -inać *[holster]*; wł|ożyć, -kładać *[armour]*
■ **buckle to** doł|ożyć, -kładać starań
■ **buckle under** ugi|ąć, -nać się; **to ~ under to sb** ugiąć się przed kimś, ulec komuś; **to ~ under to sb's orders** zastosować się do czyichś rozkazów
■ **buckle up** (in car, plane) zapi|ąć, -nać pasy, zapi|ąć, -nać się
buckler /ˈbʌklə(r)/ *n* Hist puklerz *m*
buck naked /ˌbʌkˈneɪkɪd/ *adj* US infml goły jak go Pan Bóg stworzył
buck-passing /ˈbʌkpɑːsɪŋ, US -pæsɪŋ/ *n* spychanie *n* odpowiedzialności na innych
buckra /ˈbʌkrə/ *n* US infml offensive (człowiek *m*) biały *m*

buckram /ˈbʌkrəm/ *n* bukram *m* *(płótno introligatorskie)*
Bucks *n* GB Post *kod pocztowy Buckinghamshire*
buck's fizz /ˌbʌks ˈfɪz/ *n* GB cocktail *m* z szampana i soku pomarańczowego
buckshee /ˌbʌkˈʃiː/ GB infml **I** *adj* gratisowy, darmowy
II *adv* gratis, za darmo
buckshot /ˈbʌkʃɒt/ *n* śrut *m* gruby
buckskin /ˈbʌkskɪn/ **I** *n* koźla skóra *f*
II *modif [shoes, trousers]* z koźlej skóry
buck's night *n* Austral = **buck's party**
buck's party *n* Austral wieczór *m* kawalerski
buck teeth *npl* sterczące or wystające zęby *m pl* (górne)
buckthorn /ˈbʌkθɔːn/ *n* Bot kruszyna *f*
buckwheat /ˈbʌkwiːt, US -hwiːt/ *n* [1] Bot gryka *f*; hreczka *f* ra [2] Culin (flour) mąka *f* gryczana; **roasted ~** kasza *f* gryczana [3] (fodder) ziarno *n* gryki
bucolic /bjuːˈkɒlɪk/ **I** *n* Literat bukolika *f*, ekloga *f*, idylla *f*, sielanka *f*
II *adj* bukoliczny, idylliczny, sielankowy
bud[1] /bʌd/ **I** *n* [1] Bot (of flower, leaf) pąk *m*, pączek *m*; **in ~** okryty pączkami, w pączkach; **to come into ~** wypuścić pączki or pąki [2] Biol pączek *m*
II *vt* (*prp, pt, pp* **-dd-**) za|szczepić *[plant]*
III *vi* (*prp, pt, pp* **-dd-**) [1] Bot *[plant]* wypu|ścić, -szczać pąki, pączkować; *[flowers, leaves]* zawiąz|ać, -ywać się w pąki; fig *[talent]* rozkwitać [2] Biol pączkować
IDIOMS: **to nip sth in the ~** zdusić coś w zarodku
bud[2] /bʌd/ *n* US infml koleś *m* infml
Budapest /ˌbjuːdəˈpest/ **I** *prn* Budapeszt *m*
II *modif* budapeszteński
Buddha /ˈbʊdə/ **I** *prn* **the ~** Budda *m*
II *n* (also **buddha**) (representation) Budda *m* *(posąg lub malowidło)*
Buddhism /ˈbʊdɪzəm/ *n* buddyzm *m*
Buddhist /ˈbʊdɪst/ **I** *n* buddy|sta *m*, -jka *f*
II *adj* buddyjski
budding /ˈbʌdɪŋ/ *adj* [1] Bot pączkujący [2] fig *[poet, artist, athlete]* dobrze się zapowiadający, obiecujący; *[tycoon]* przyszły; *[genius, talent]* młody; *[desire, interest, romance]* budzący się; **a ~ Einstein/Pele** przyszły Einstein/Pele
buddleia /ˈbʌdlɪə/ *n* Bot budleja *f*, omżyn *m*
buddy /ˈbʌdɪ/ infml **I** *n* [1] (friend) kumpel *m* infml [2] US (form of address) bracie, kolego, stary infml; **'hi there, ~!'** „cześć bracie or kolego!" [3] (in Aids care) wolontariusz *m*, operator *m*
II *vi* US [1] (also **~ up**) za|kolegować się infml [2] (in Aids care) być wolontariuszem
buddy buddy *adj* infml zakolegowany infml **(with sb** z kimś)
buddy movie *n* film *m* kumplowski *(o męskiej przyjaźni)*
buddy system *n* US system *m* dwójkowy *(wzajemnej pomocy na wypadek niebezpieczeństwa)*; (in Aids care) *system opieki nad chorymi na AIDS*
budge /bʌdʒ/ **I** *vt* [1] (move) porusz|yć, -ać, ruszyć [2] fig (persuade) nakł|onić, -aniać (kogoś) do zmiany stanowiska
II *vi* [1] (move) rusz|yć, -ać się, drgnąć; **the screw won't ~** śruba ani drgnie [2] fig (change opinion) ust|ąpić, -ępować, ugi|ąć, -nać się; zmieni|ć, -ać zdanie **(on sth** w sprawie czegoś); **he won't ~ from his position** nie zmieni swojego stanowiska; **she won't ~ an inch** nie ustąpi ani o włos
■ **budge over, budge up** infml posu|nąć, -wać się; rusz|yć, -ać się infml
budgerigar /ˈbʌdʒərɪgɑː(r)/ *n* papużka *f* falista, nierozłączka *f*
budget /ˈbʌdʒɪt/ **I** *n* [1] (personal, commercial) budżet *m*, preliminarz *m* wydatków; **our ~ for this year/for Aids care** nasz budżet na ten rok/na opiekę nad chorymi na AIDS; **educational ~** preliminarz wydatków na oświatę; **weekly/annual ~** tygodniowy/roczny preliminarz wydatków or budżet; **to limit oneself to a daily ~ of ten pounds** ograniczyć dzienne wydatki do dziesięciu funtów; **to go over/stay within ~** przekroczyć budżet/zmieścić się w budżecie; **to be** or **operate on a tight ~** mieć ograniczone możliwości finansowe; **to balance a ~** zrównoważyć budżet; **a family on a ~ cannot afford luxuries** rodzina o ograniczonych dochodach nie może sobie pozwolić na luksusy [2] GB Pol (also **Budget**) budżet *m* państwa; **in the Budget** w budżecie
II *modif* [1] *[cut, deficit, constraints]* budżetowy; **~ increase** zwiększenie budżetu [2] (cheap) *[holiday, offer, price]* tani, na każdą kieszeń; **a low-/high-~ film** film wysokobudżetowy/niskobudżetowy
III *vt* (rozsądnie) gospodarować (czymś) *[money, time]*; **to ~ a sum for sth** odkładać jakąś sumę na coś; **to spend more than ~ed** wydać więcej niż przewidywano
IV *vi* **to ~ for sth** *[company, government]* uwzględni|ć, -ać, przewi|dzieć, -dywać (w budżecie) *[increase, needs]*; **I hadn't ~ed for a new car** nie przewidziałem w wydatkach kupna nowego samochodu
budget account *n* GB Fin (with bank, shop) rachunek *m* rozliczeniowy, rachunek *m* kredytu konsumpcyjnego
budgetary /ˈbʌdʒɪtərɪ, US -terɪ/ *adj [policy, control, priority]* budżetowy
budgetary year *n* rok *m* budżetowy or finansowy
budget day *n* GB Pol dzień *m* oficjalnego ogłoszenia budżetu
budget debate *n* Pol debata *f* budżetowa
budget director *n* US dyrektor *m* ekonomiczny odpowiedzialny za budżet
budget forecast *n* przewidywania *n pl* budżetowe
budget heading *n* Fin, Comm pozycja *f* budżetowa, tytuł *m* budżetowy
budgeting /ˈbʌdʒɪtɪŋ/ *n* planowanie *n* wydatków
Budget speech *n* GB Pol wprowadzenie *n* do debaty budżetowej
budgie /ˈbʌdʒɪ/ *n* infml = **budgerigar**
Buenos Aires /ˌbwenəsˈeərɪz/ *prn* Buenos Aires *n inv*
buff /bʌf/ **I** *n* [1] infml (enthusiast) mania|k *m*, -czka *f*; **he's a film ~** jest zapalonym kinomanem [2] (colour) (kolor *m*) płowożółty *m* [3] (leather) skóra *f* bawola [4] infml hum (nakedness) **in the ~** na golasa infml; **to strip down to the ~** rozebrać się do rosołu infml [5] Tech tarcza *f* polerska
II *adj* płowożółty; **a ~ envelope** szara koperta
III *vt* wy|polerować
buffalo /ˈbʌfələʊ/ **I** *n* (*pl* **-es, ~**) bawół *m*; US bizon *m*
II *modif [hide, horns]* bawoli
buffalo grass *n* trawa *f* preriowa
buff-coloured GB, **buff-colored** US /ˈbʌfkʌləd/ *adj* płowożółty
buffer /ˈbʌfə(r)/ **I** *n* [1] fig (protection) ochrona *f*, zabezpieczenie *m* **(against sth** przed czymś); bufor *m* fig **(between sth and sth** pomiędzy czymś a czymś) [2] GB infml **old ~** stary grzyb *m*, ramol *m* infml pej [3] Comput (also **~ memory)** pamięć *f* buforowa, bufor *m* [4] (for polishing) polerka *f* [5] (for massage) szczotka *f* do masażu [6] Chem bufor *m*, roztwór *m* buforowy
II buffers *npl* Rail (on line) kozioł *m* oporowy or odbojowy; (on train) bufory *m pl*
III *vt* (protect) ochr|onić, -aniać, chronić **(against sth** przed czymś); **to ~ the effects of sth** złagodzić skutki czegoś
IDIOMS: **to run into the ~s** utknąć w martwym punkcie
buffer solution *n* Chem roztwór *m* buforowy, bufor *m*
buffer state *n* państwo *n* buforowe
buffer stock *n* Comm zapas *m* buforowy
buffer store *n* Comput pamięć *f* buforowa, bufor *m*
buffer zone *n* strefa *f* buforowa
buffet[1] /ˈbʊfeɪ, US bəˈfeɪ/ *n* [1] (reception) przyjęcie *n* na stojąco; **cold ~** zimny bufet [2] (restaurant) bufet *m*, bar *m* [3] (piece of furniture) kredens *m*, bufet *m*
buffet[2] /ˈbʌfɪt/ *vt* [1] *[wind, sea]* walić o (coś), bić o (coś); **the boat was ~ed by the huge waves** łodzią miotały potężne fale [2] fig *[misfortune]* z|walić się na (kogoś) *[person]*
buffet car *n* GB Rail wagon *m* restauracyjny
buffeting /ˈbʌfɪtɪŋ/ **I** *n* (of waves, wind) walenie *n*
II *adj* gwałtowny
buffing /ˈbʌfɪŋ/ *n* polerowanie *n*
buffoon /bəˈfuːn/ *n* błazen *m*, komediant *m*
buffoonery /bəˈfuːnərɪ/ *n* błazenada *f*
bug /bʌg/ **I** *n* [1] infml (insect) insekt *m*, robak *m* [2] Zool pluskwa *f* [3] infml (germ, disease) wirus *m*; **to pick up a ~** złapać wirusa infml; **there's a flu ~ going around** panuje epidemia grypy; **to have a tummy** or **stomach ~** chorować na żołądek infml [4] Comput (in program) błąd *m*; (in computer) wada *f*, defekt *m* [5] (hidden microphone) urządzenie *n* podsłuchowe; pluskwa *f* infml [6] infml (craze) mania *f*, bakcyl *m*; **to be bitten by the gambling ~** połknąć bakcyla hazardu [7] US infml (enthusiast) **a jogging/movie ~** mania|k *m*, -czka *f* joggingu/kina
II *vt* (*prp, pt, pp* **-gg-**) [1] (hide microphones in) za|łożyć, -kładać podsłuch w (czymś) *[room, telephone]*; **the room is ~ged** w tym pokoju jest podsłuch [2] infml (annoy) wkurz|yć, -ać infml; **to ~ sb about sth** zawracać komuś głowę czymś; **what's ~ging you?** czym się gryziesz?, co cię gryzie?
■ **bug off** US vinfml zmy|ć, -wać się, zwi|nąć, -jać się infml

■ **bug out** US infml *[eyes]* wyłazić z orbit; **her eyes ~ out** ona ma wyłupiaste oczy
bugaboo /ˈbʌɡəbuː/ *n* (*pl* **~s**) postrach *m*, straszak *m*
bugbear /ˈbʌɡbeə(r)/ *n* [1] (problem, annoyance) problem *m*, szkopuł *m* [2] (cause of fear) postrach *m*, straszak *m*
bug-eyed /ˈbʌɡaɪd/ *adj [monster]* z wyłupiastymi oczami; **they were ~ with wonder** wytrzeszczyli oczy ze zdumienia
bugger /ˈbʌɡə(r)/ **I** *n* [1] GB vinfml (person) pej gnojek *m* infml; (sympathetic) gałgan *m* infml; **you stupid little ~ !** ty głupi gnojku!; **the poor ~ !** biedaczysko! [2] GB infml (difficult thing) męczarnia *f*, mordęga *f*; (annoying thing) cholerstwo *n* infml; **a ~ of a job** cholerna robota infml; **what a ~!** jasna cholera! infml [3] (sodomite) pederasta *m*
II *excl* GB vinfml szlag by trafił! infml
III *vt* [1] vinfml (expressing surprise) **~ me!** ja chromolę! vinfml; **I'll be ~ed!** niech mnie szlag! infml; (expressing lack of importance) **~ that/him!** pieprzyć to/go! vinfml; **I'm ~ed if I'm going to do that!** prędzej trupem padnę, niż to zrobię! infml; **I'm ~ed if I know!** nie mam zielonego pojęcia! [2] (have anal sex with) odby|ć, -wać stosunek analny z (kimś)
■ **bugger about** GB vinfml ¶ **~ about** opieprzać się vinfml; **to ~ about with sth** pieprzyć się z czymś vinfml ¶ **~ [sb] about** olewać infml
■ **bugger off** GB vinfml ul|otnić, -atniać się infml; **~ off!** spieprzaj! vinfml
■ **bugger up** GB vinfml: **~ up [sth], ~ [sth] up** s|pieprzyć vinfml *[job, chances]*
IDIOMS: **to play silly ~s** GB vinfml rżnąć głupa infml
bugger all /ˌbʌɡər ˈɔːl/ GB vinfml **I** *pron* nic a nic; **I've won ~** gówno wygrałem vulg; **there's ~ we can do** gówno możemy zrobić vulg
II *adj* gówniany, do dupy vulg
buggered /ˈbʌɡəd/ *adj* GB vinfml [1] (broken) *[machine]* rozpieprzony vinfml [2] (tired) wykończony, skonany infml
buggery /ˈbʌɡərɪ/ *n* pederastia *f*
bugging /ˈbʌɡɪŋ/ *n* zakładanie *m* podsłuchu, podsłuch *m*
bugging device *n* urządzenie *n* podsłuchowe; pluskwa *f* infml
buggy /ˈbʌɡɪ/ *n* [1] Aut mały samochód *m* terenowy [2] Hist (carriage) amerykan *m* [3] GB (pushchair) lekki składany wózek *m* niemowlęcy [4] US (pram) wózek *m* dziecinny [5] infml dat (car) automobil *m* dat
bugle[1] /ˈbjuːɡl/ *n* (instrument) trąbka *f* (sygnałowa)
bugle[2] /ˈbjuːɡl/ *n* (bead) dżet *m*
bugle call *n* hejnał *m*
bugler /ˈbjuːɡlə(r)/ *n* trębacz *m*
build /bɪld/ **I** *n* budowa *f* (ciała), sylwetka *f*; **a man of stocky/average ~** mężczyzna o krępej/przeciętnej budowie (ciała); **he has an athletic ~** jest atletycznie zbudowany; **she has the ~ of a swimmer** zbudowana jest jak pływaczka; **she is slender in ~** ma szczupłą sylwetkę
II *vt* (*pt, pp* **built**) [1] (construct) z|budować, wy|budować *[house, wall, nest, ship]*; **to ~ sb a house, to ~ a house for sb** wybudować or zbudować dom komuś or dla kogoś; **to ~ a wall from** or **out of bricks** wybudować or zbudować mur z cegieł or z cegły; **to ~ a nest out of twigs** zbudować gniazdo z gałązek; **a new wing was built onto the hospital** do szpitala dobudowano nowe skrzydło [2] (assemble) z|montować *[car, engine, ship]*; (as prototype) s|konstruować [3] Comput s|tworzyć *[database]*; za|instalować *[interface]* [4] (establish) s|tworzyć *[business, organization]*; z|budować *[empire, future, new life]*; o|budzić, wzbudz|ić, -ać *[confidence, trust]*; z|robić *[career]*; u|kształtować *[character]*; **she built the company from nothing** stworzyła firmę z niczego; **to ~ a future for our country/our children** budować przyszłość kraju/dla naszych dzieci; **to ~ a presence in the European market** wchodzić na rynek europejski [5] Games u|łożyć, -kładać, u|tworzyć *[word, sequence]*
III *vi* (*pt, pp* **built**) [1] (erect buildings) budować [2] (also **~ up**) (intensify) *[tension, pressure]* narastać, rosnąć, wzm|óc, -agać się
■ **build in**: **~ in [sth], ~ [sth] in** [1] (construct) wbudow|ać, -ywać *[bookcase]*; wmontow|ać, -ywać *[mirror]*; **to ~ a wardrobe into a wall** wmontować szafę w ścianę [2] (incorporate) włącz|yć, -ać *[clause, provision, guarantee]*; **they'll sign the contract if we ~ extra safeguards in** podpiszą umowę, jeśli włączymy do niej dodatkowe gwarancje
■ **build on**: ¶ **~ [sth] on** (add) dobudow|ać, -ywać; **the kitchen was built on later** kuchnia została dobudowana później ¶ **~ on [sth]** [1] (use as foundation) bazować na (czymś), op|rzeć, -ierać się na (czymś); **your efforts have given us something to ~ on** wasze wysiłki dały nam podstawę do dalszych działań; **to ~ one's hopes on sth** pokładać nadzieje w czymś; **our relationship is built on mutual trust** nasz związek opiera się na wzajemnym zaufaniu [2] (depend on) liczyć na (coś)
■ **build over**: **~ over [sth], ~ [sth] over** zabudow|ać, -ywać *[field]*
■ **build up**: ¶ **~ up** [1] (accumulate) *[gas, mud, clouds, crowd]* na|gromadzić się, z|ebrać, -bierać się; *[traffic]* wzm|óc, -agać się, nasil|ić, -ać się [2] (intensify) *[tension, excitement, pressure]* narastać, wzr|osnąć, -astać [3] (develop) *[business, trade]* rozwi|nąć, -jać się ¶ **~ up to [sth]** (prepare) stopniowo przygotow|ać, -ywać do (czegoś) ¶ **~ up [sth], ~ [sth] up** [1] (accumulate) z|gromadzić *[weapons, wealth]* [2] (boost) o|budzić, pogłębi|ć, -ać *[confidence, trust]*; podn|ieść, -osić *[morale]*; **don't ~ your hopes up too high** nie miej zbyt wielkich nadziei; **to ~ up sb's hopes** podtrzymywać w kimś nadzieję, krzepić kogoś nadzieją [3] (intensify) wzm|óc, -agać, nasil|ić, -ać *[tension, pressure]* [4] (establish) z|gromadzić *[collection]*; s|tworzyć *[business, organization, picture, database]* [5] (develop) rozbudow|ać, -ywać *[army, organization]*; rozwi|nąć, -jać *[production, business]*; wyr|obić, -abiać sobie *[reputation]* [6] (make bigger, stronger) wzm|ocnić, -acniać *[forearms]*; wyr|obić, -abiać *[muscles]*; **to ~ oneself up, to ~ up one's strength** wyrabiać mięśnie or muskuły ¶ **~ up [sb], ~ [sb] up** (promote) wy|kreować, wy|lansować; **they built him up to be a star** wykreowano go na gwiazdę
builder /ˈbɪldə(r)/ *n* (entrepreneur) przedsiębiorca *m* budowlany; (worker) robotnik *m* budowlany; budowlaniec *m* infml; **a firm of ~s** firma budowlana; **house ~** budowniczy domów; **road ~** budowniczy dróg, drogowiec
builder's labourer *n* robotnik *m* budowlany
builder's merchant *n* dostawca *m* materiałów budowlanych
builder's yard *n* skład *m* materiałów budowlanych
building /ˈbɪldɪŋ/ *n* [1] (structure) budynek *m*; **school ~** budynek szkoły [2] (also **the ~ industry** or **trade**) budownictwo *n* [3] (action) budowa *f*
building block *n* [1] (child's toy) klocek *m*; **a set of ~s** komplet or zestaw klocków [2] fig (basic element) podstawowa część *f* składowa
building code *n* prawo *n* budowlane
building contractor *n* przedsiębiorca *m* budowlany
building costs *npl* koszty *m pl* budowy
building land *n* teren *m* pod zabudowę
building materials *npl* materiały *m pl* budowlane
building permit *n* zezwolenie *n* budowlane or na budowę
building plot *n* działka *f* budowlana, parcela *f*
building site *n* plac *m* budowy, budowa *f*
building society *n* GB ≈ oszczędnościowa kasa *f* mieszkaniowa
building surveyor *n* mierniczy *m*, geometra *m*, geodeta *m (zajmujący się pomiarami terenów pod zabudowę)*
building trade *n* **the ~** budownictwo *n*
building worker *n* GB robotnik *m* budowlany; budowlaniec *m* infml
build quality *n* jakość *f* wykonania, konstrukcja *f*
build-up /ˈbɪldʌp/ *n* [1] (increase) (of tar) odkładanie się *n*; (of deposit) nawarstwianie się *n*; (of gas, stock) gromadzenie (się) *n*; (of traffic) nasilanie się *n*, natężenie *n* [2] (of tension, pressure) wzrost *m*, nasilanie się *n* [3] (of troops) koncentracja *f*; **a military ~** przygotowania wojenne [4] (preparation) przygotowania *n pl* **(to sth** do czegoś**)**; **the ~ to Christmas starts in October** przygotowania do Bożego Narodzenia zaczynają się w październiku; **the ~ to the climax in the third act** stopniowy wzrost napięcia aż do punktu kulminacyjnego w trzecim akcie [5] (publicity) promocja *f*; **to give sth a good ~** przygotować szeroko zakrojoną kampanię promocyjną czegoś
built /bɪlt/ **I** *pt, pp* → **build**
II *adj* [1] (made) zbudowany; **powerfully /heavily/slightly ~** potężnie/mocno/delikatnie zbudowany; **a house ~ out of brick** dom (zbudowany) z cegły; **he's ~ for hard work** jest stworzony do ciężkiej pracy [2] (designed) skonstruowany, stworzony; **to be ~ for speed/efficiency** być skonstruowanym or zbudowanym z myślą o (osiąganiu dużej) prędkości/wydajności; **these houses are ~ to last** te domy przetrwają wieki [3] Archit **the ~ environment** strefa *f* zabudowana

III **-built** *in combinations* **a stone-~ house** dom (zbudowany) z kamienia; **a German-~ car** samochód produkcji or konstrukcji niemieckiej; **a Russian-~ factory** fabryka wybudowana przez Rosjan

built-in /ˌbɪltˈɪn/ *adj* [1] *[wardrobe, shelves]* wbudowany, w ścianie; *[microphone, loudspeaker]* wmontowany, wbudowany [2] *[guarantee, clause, bias]* stanowiący część integralną; *[difficulty, feature]* nieodłączny; **~ obsolescence** zakładana żywotność *f*

built-up /ˌbɪltˈʌp/ *adj* [1] *[area, region]* zabudowany [2] *[shoes]* na platformach; *[heel]* podwyższony; *[shoulders]* wywatowany; **a ~ nose** Theat nos z lateksu or plastiku

bulb /bʌlb/ *n* [1] Bot (of tulip, daffodil) cebul(k)a *f*; (plant) roślina *f* cebulkowa [2] (of garlic) główka *f* [3] Elec żarówka *f* [4] (of thermometer) zbiorniczek *m*

bulbous /ˈbʌlbəs/ *adj* [1] Bot (plant) cebulkowy [2] (fat) potężny i niezgrabny; **a ~ nose** kartoflowaty nos

Bulgaria /bʌlˈgeərɪə/ *prn* Bułgaria *f*

Bulgarian /bʌlˈgeərɪən/ I *n* [1] (person) Bułgar *m*, -ka *f* [2] Ling (język *m*) bułgarski *m*

II *adj* bułgarski

bulgar (wheat) /ˌbʌlgɑːˈwiːt/ *n* = **bulgur (wheat)**

bulge /bʌldʒ/ I *n* [1] (swelling) (in carpet, column, plaster, vase) wybrzuszenie *n*; (in cheek, breast) krągłość *f*; (in stomach) wypukłość *f*; **the ~ of his wallet in his pocket** kieszeń wypchana portfelem; **the ~ of his belly** infml jego wielki brzuch *m* brzuszysko [2] Stat (increase) wzrost *m* **(in sth** czegoś**)**; **a ~ in the unemployment/birth rate** wzrost bezrobocia/liczby urodzeń; **a demographic ~** wyż demograficzny [3] Mil pozycja *f* wysunięta przed linię frontu; **the battle of the Bulge** bitwa o Ardeny; fig hum dbanie o linię; **this will help you win the battle of the bulge** to pomoże ci zachować linię [4] US infml (advantage) przewaga *f*; **to have /gain the ~ on sb** mieć/zyskać przewagę nad kimś

II *vi [surface]* wybrzusz|yć, -ać się, wypucz|yć, -ać się; *[stomach]* sterczeć; *[muscles]* napi|ąć, -nać się; *[cheeks]* wyd|ąć, -ymać się; **to be bulging with clothes/ideas** być pełnym ubrań/pomysłów; **his pockets were bulging with money** miał kieszenie wypchane pieniędzmi; **the train was bulging with passengers** pociąg był nabity (pasażerami) infml; **I can't eat any more, my stomach's bulging** już nic więcej nie zjem, brzuch mi pęka infml; **his eyes ~d** wybałuszył or wytrzeszczył oczy; **his eyes ~d from** or **out of their sockets** oczy wyszły mu z orbit

bulging /ˈbʌldʒɪŋ/ *adj [eye]* wybałuszony, wytrzeszczony; *[cheek]* wydęty, krągły; *[chest, stomach]* sterczący, wystający; *[vein]* nabrzmiały, napęczniały; *[muscle]* potężny, dobrze rozwinięty; *[bag, file, wallet]* wypchany; *[surface, wall]* wybrzuszony, wypuczony

bulgur (wheat) /ˌbʌlgəˈwiːt/ *n kasza z ziarna pszennego*

bulimia (nervosa) /bjuːˌlɪmɪə nɜːˈvəʊsə/ *n* Med bulimia *f*, wilczy głód *m*

bulimic /bjuːˈlɪmɪk/ I *n* osoba *f* cierpiąca na bulimię; (female) bulimiczka *f*

II *adj* bulimiczny

bulk /bʌlk/ I *n* [1] (large size) (of bag, package) wielki rozmiar *m*; (of building) wielka bryła *f*; (of machinery) cielsko *n* fig; (of correspondence, writings) ogrom *m* [2] (large body) cielsko *n*, zwalista figura *f* [3] (majority) **the ~ of sth** większość *f* czegoś, gros *n inv* czegoś [4] **in ~** *[buy, sell]* Comm hurtem, hurtowo; *[ship, transport]* Naut luzem [5] (dietary fibre) błonnik *m* [6] (cargo) ładunek *m*

II *modif* [1] *[delivery, purchase, sale, supplier]* hurtowy; *[export, order]* masowy; **~ mailing** *wysyłka, zwłaszcza materiałów reklamowych, do dużej liczby odbiorców* [2] Naut *[cargo]* masowy; *[shipment, transport]* luzem

III *vi* **to ~ large in sth** odgrywać ważną rolę w czymś, dominować w czymś

bulk-buy /ˈbʌlkbaɪ/ *vt, vi [individual]* kup|ić, -ować w większych ilościach; *[company]* kup|ić, -ować hurtem or hurtowo

bulk-buying /ˈbʌlkbaɪɪŋ/ *n* (by individual) kupowanie *n* w większych ilościach; (by company) zakup *m* hurtowy

bulk carrier *n* masowiec *m*

bulkhead /ˈbʌlkhed/ *n* przegroda *f*; Naut gródź *f*; Aviat wręga *f* wzmocniona

bulkiness /ˈbʌlkɪnɪs/ *n* [1] (large size) (of package, load, equipment) pokaźne rozmiary *m pl*; (of person) zwalistość *f* [2] (awkwardness) (of equipment) nieporęczność *f*

bulky /ˈbʌlkɪ/ *adj* [1] (large) *[package, equipment, item]* pokaźnych rozmiarów; *[book]* opasły; *[person, figure]* zwalisty [2] (awkward) *[equipment, item]* nieporęczny

bull[1] /bʊl/ I *n* [1] (bovine) byk *m*; **he is a great ~ of a man** fig z niego jest kawał byka [2] (male) samiec *m*; **~ elephant /whale** samiec słonia/wieloryba [3] Astrol **the Bull** Byk *m* [4] Fin spekulant *m* grający na zwyżkę; „byk" *m* infml [5] GB (on a target) środek *m* tarczy, dziesiątka *f* [6] vinfml = **bullshit** [7] GB = **bull's eye** [1]

II *vt* [1] Fin **to ~ the market** wywoł|ać, -ywać sztucznie zwyżkę cen [2] vinfml → **bullshit**

III *vi* [1] Fin *[speculator]* spekulować na zwyżkę; *[shares, stock]* zwyżkować [2] vinfml → **bullshit**

IDIOMS: **to be like a red rag to a ~** działać jak płachta na byka; **to go at sb /sth like a ~ at a gate** rzucić się nie bacząc na nic w kierunku kogoś/czegoś; **to shoot the ~** US infml popisywać się; szpanować infml; **to take the ~ by the horns** chwycić byka za rogi → **china**

bull[2] /bʊl/ *n* Relig bulla *f*

bull-bar /ˈbʊlbɑː(r)/ *n* Aut orurowanie *n (montowane na przednim zderzaku, zwykle w samochodach terenowych)*

bull calf *n* byczek *m*

bull campaign *n* Fin sztuczne windowanie *n* cen

bulldog /ˈbʊldɒg/ I *n* buldog *m*

II *modif* fig *[spirit, determination]* zawzięty, zaciekły

bulldog clip *n* spinacz *m* do papieru

bulldog edition *n* US pierwsze wydanie *n* gazety porannej *(zwykle ukazujące się poprzedniego wieczoru)*

bulldoze /ˈbʊldəʊz/ *vt* [1] (knock down) wyburz|yć, -ać (za pomocą spychacza) *[building, wall]*; (move) pchać, przewal|ić, -ać, zepchnąć, spychać (za pomocą spychacza) *[earth, rubble]*; **to ~ the ground before building** wyrównać spychaczem teren przed rozpoczęciem budowy; **the village was ~d to the ground** wieś została zmieciona z powierzchni ziemi or zrównana z ziemią; **they ~d a track through the forest** utorowali spychaczami drogę przez las; **they ~d the rubble into a pile** zepchnęli gruz na kupę [2] fig (force) zmu|sić, -szać *[person]*; **to ~ sb into doing sth** zmusić kogoś do zrobienia czegoś; **to ~ sth through** przeforsować coś *[plan]*; **the government is trying to ~ the bill through parliament** rząd stara się przeforsować ustawę w parlamencie; **to ~ (one's way) through a crowd** przedrzeć się przez tłum; **to ~ sb out of the way/aside** odepchnąć or zepchnąć kogoś z drogi/na bok

bulldozer /ˈbʊldəʊzə(r)/ I *n* spychacz *m*, spycharka *f*, buldożer *m*

II *vt* infml = **bulldoze**

bullet /ˈbʊlɪt/ I *n* kul(k)a *f*, pocisk *m*; **plastic/rubber ~** gumowy/plastikowy pocisk; **a ~ through the heart** kula w serce; **to put a ~ in sb's head** infml wpakować komuś kulę w łeb infml

II *modif [wound]* postrzałowy; *[hole, mark]* po kuli; **a door riddled with ~ holes** drzwi podziurawione kulami

IDIOMS: **to bite (on) the ~** chwycić byka za rogi; **the government is loath to bite the ~ of devaluation** rząd ociąga się z dewaluacją

bullet-headed /ˌbʊlɪtˈhedɪd/ *adj* o okrągłej głowie

bulletin /ˈbʊlətɪn/ *n* biuletyn *m*; **news /sports ~** biuletyn informacyjny/sportowy; **weather ~** biuletyn meteorologiczny; **a health ~ on the President** biuletyn o stanie zdrowia prezydenta

bulletin board *n* [1] US (noticeboard) tablica *f* informacyjna [2] Comput elektroniczna tablica *f* ogłoszeniowa

bullet point *n* Print czarne kółko *n (symbol wypunktowania)*

bulletproof /ˈbʊlɪtpruːf/ I *adj [glass]* kuloodporny, pancerny; *[vehicle]* opancerzony; **~ vest** or **jacket** kamizelka kuloodporna

II *vt* opancerz|yć, -ać *[car]*

bullet train *n japoński pociąg rozwijający prędkość ponad 200 km na godzinę*

bullfight /ˈbʊlfaɪt/ *n* walka *f* byków, corrida *f*

bullfighter /ˈbʊlfaɪtə(r)/ *n* tor(r)eador *m*

bullfighting /ˈbʊlfaɪtɪŋ/ *n* walki *f pl* byków, corrida *f*

bullfinch /ˈbʊlfɪntʃ/ *n* Zool gil *m*

bullfrog /ˈbʊlfrɒg/ *n* Zool żaba *f* rycząca

bullhorn /ˈbʊlhɔːn/ *n* US megafon *m*

bullion /ˈbʊlɪən/ *n* [1] Fin kruszec *m* w sztabach; **gold/silver ~ (bars)** złoto/srebro w sztabach; **~ reserve** rezerwa kruszcowa [2] Tex (also **~ fringe**) złote frędzle *f pl*; buliony *m pl* ra

bullish /ˈbʊlɪʃ/ *adj* [1] Fin *[market, shares, stocks]* zwyżkujący; *[trend]* zwyżkowy

[2] (optimistic) *[forecast, attitude]* optymistyczny; **to be ~ about sth** być pełnym optymizmu co do czegoś

bull market *n* rynek *m* zwyżkujący

bull neck *n* byczy kark *m*

bull-necked /ˌbʊlˈnekt/ *adj* o byczym karku

bull note *n* Fin obligacja *f* zwyżkująca

bullock /ˈbʊlək/ *n* (castrated bull) wół *m*; arch (young bull) byczek *m*

bull position *n* Fin gra *f* na zwyżkę; pozycja *f* „byka" infml

bullring /ˈbʊlrɪŋ/ *n* arena *f* *(na której odbywają się walki byków)*

bull run *n* Fin hossa *f*

bull session *n* US infml męskie spotkanie *n*

bull's-eye /ˈbʊlzaɪ/ *n* [1] (on a target) środek *m* tarczy, dziesiątka *f*; **to hit the ~, to score a ~** trafić w dziesiątkę also fig; **your remark really hit the ~** trafiłeś swą uwagą w samo sedno [2] (sweet) pastylka *f* miętowa [3] (window) Archit wole oko *n*; (on boat) bulaj *m*, iluminator *m* [4] Tech nadlew *m*

bull's-eye glass *n* szkło *n* wypukłe z nadlewami

bullshit /ˈbʊlʃɪt/ **I** *n* vinfml bzdura *f*, brednia *f*; **a load of ~** stek bzdur or bredni; **to talk ~** pieprzyć głupoty vinfml

II *excl* kompletna bzdura!; **'it's all your fault!' – '~!'** „to wszystko twoja wina!" – „gówno prawda!" vulg

III *vt* (*prt, pt, pp* **-tt-**) wcis|nąć, -kać (komuś) kit, za|bajerować infml *[person]*; **to ~ one's way out of a tricky situation** wyłgać or wykpić się w trudnej sytuacji

IV *vi* (*prt, pt, pp* **-tt-**) bajerować, picować, opowiadać głodne kawałki infml

bullshitter /ˈbʊlʃɪtə(r)/ *n* vinfml picer *m* infml

bull terrier *n* bulterier *m*

bullwhip /ˈbʊlwɪp/ **I** bykowiec *m*, batog *m*

II *vt* wy|batożyć

bully /ˈbʊlɪ/ **I** *n* [1] (child) łobuz *m*, zabijaka *m (znęcający się nad słabszymi)*; (adult) despota *m*, tyran *m*; (hired thug) oprych *m*, zbir *m (działający na zlecenie)*; **the class ~** zakała klasy [2] dat infml (also **~ beef**) konserwa *f* wołowa

II *adj* dat infml byczy, fajny infml

III *excl* infml **~ for you!** wielka mi rzecz!

IV *vt* tyranizować, s|terroryzować, zastraszyć; **to ~ sb into doing sth** zmusić kogoś do zrobienia czegoś; **I won't be bullied!** nie dam się tyranizować or zastrasz|yć, -ać

V *vi* znęcać się nad słabszymi

■ **bully off** (in hockey) rozpocz|ąć, -ynać grę *(trzykrotnie uderzając kijem w lód)*

bully boy infml pej **I** *n* (aggressive male) despota *m*, tyran *m*; (paid) oprych *m*, zbir *m (działający na zlecenie)*

II *modif* **~ tactics** taktyka zastraszania

bullying /ˈbʊlɪɪŋ/ **I** *n* terroryzowanie *n*, zastraszanie *n*

II *adj [person, behaviour]* brutalny; **~ tactics** taktyka zastraszania

bully-off /ˈbʊlɪɒf/ *n* (in hockey) wybicie *n* krążka

bulrush /ˈbʊlrʌʃ/ *n* (sedge) sitowie *n*; (reed mace) pałka *f* (wodna)

bulwark /ˈbʊlwək/ *n* [1] Mil wał *m* obronny, szaniec *m*; fig bastion *m* fig **(of sth** czegoś); zapora *f* fig **(against sth** przed czymś) [2] Naut nadburcie *n*, reling *m* [3] (breakwater) falochron *m*

bum¹ /bʌm/ *n* GB infml (buttocks) pupa *f*, tyłek *m*, zadek *m* infml

IDIOMS: **to put ~s on seats** GB ściągnąć tłumy *(oferując tanią rozrywkę)*

bum² /bʌm/ infml **I** *n* [1] (worthless person) palant *m*, głupek *m* infml; (lazy person) obibok *m*, wałkoń *m* infml [2] US (vagrant) tramp *m*; menel *m* infml pej [3] US (enthusiast) **ski/tennis ~** entuzjast|a *m*, -ka *f* nart/tenisa

II *adj* US [1] (bad) lipny infml; **a ~ rap** lipne oskarżenie; **a ~ deal** kiepski interes; **he's getting a ~ deal** kiepsko wyjdzie na tym interesie; **to give sb a ~ steer** wprowadzić kogoś w błąd [2] (injured) *[knee]* chory

III *vt* (*prp, pt, pp* **-mm-**) (scrounge) wycygani|ć, -ać infml *[cigarette, money]* **(from** or **off sb** od kogoś); **to ~ a ride** or **lift** załatwić sobie podwiezienie

IV *vi* (*prp, pt, pp* **-mm-**) żyć na cudzy koszt

■ **bum around** [1] (travel aimlessly) (po)włóczyć się, wałęsać się [2] (be lazy) obijać się, wałkonić się

IDIOMS: **to be on the ~** US (sponging) chodzić po prośbie, żyć na cudzy koszt; **to get the ~'s rush** (be removed) zostać wywalonym or wykopanym infml; **to give sb the ~'s rush** (remove) wywalić or wykopać kogoś infml

bumbag /ˈbʌmbæg/ *n* piterek *m (mała torebka na pasku noszonym w talii)*

bumbershoot /ˈbʌmbəʃuːt/ *n* US infml parasol *m*

bumble /ˈbʌmbl/ *vi* [1] (also **~ on**) (mumble) mamrotać; **to ~ (on) about sth** ględzić o czymś [2] (move) **to ~ around** or **about** telepać się infml

bumblebee /ˈbʌmblbiː/ *n* trzmiel *m*; bąk *m* infml

bumbler /ˈbʌmblə(r)/ *n* infml patałach *m*

bumbling /ˈbʌmblɪŋ/ *adj* infml [1] (incompetent) *[person]* niewydarzony; *[attempt]* nieudolny [2] (mumbling) *[person]* mamroczący, bełkoczący; *[speech]* bełkotliwy

bumboat /ˈbʌmbəʊt/ *n* statek *m* aprowizacyjny

bum boy *n* GB vinfml męska prostytutka *f*

bumf, bumph /bʌmf/ *n* GB infml (documents) papierki *m pl* infml; (toilet paper) papier *m* toaletowy

bumfluff /ˈbʌmflʌf/ *n* GB infml meszek *m (na twarzy nastolatka)*

bumfreezer /ˈbʌmfriːzə(r)/ *n* GB infml krótka kurtka *f (do talii)*

bummer /ˈbʌmə(r)/ *n* vinfml [1] (useless thing) byle co *n inv* infml; (annoying thing) koszmarna sprawa *f* infml; **this job's a real ~!** ta robota to prawdziwy koszmar! [2] drug addicts' sl (trip) **to be on a ~** być na haju infml

bump /bʌmp/ **I** *n* [1] (lump) (on body) guz *m*; (on road surface) wybój *m*; **a ~ on one's forehead/over the eye** guz na czole/nad okiem; **~s on** or **in the road** wyboje na drodze [2] (jolt) wstrząs *m*; (blow) uderzenie *n*; (car accident) stłuczka *f*; **he got a nasty ~ on his head when he fell over** upadając uderzył się mocno w głowę [3] (sound of fall) stuknięcie *n*; (loud) huk *m*, łoskot *m* [4] onomat bum, bęc, łup; **to go ~** stuknąć, huknąć, łupnąć [5] euph hum (of pregnant woman) brzuch *m* infml *(kobiety ciężarnej)* [6] infml (of stripper) **~s and grinds** taniec *m* erotyczny *(polegający na wyrzucaniu bioder i kołysaniu nimi)*

II *vt* [1] (knock) **to ~ one's head/elbow against** or **on sth** uderzyć głową/łokciem o coś; **I ~ed the car in front of me** potrąciłem or stuknąłem samochód przede mną [2] US infml (remove) **to ~ sb from a job** wygryźć kogoś z pracy infml; **we got ~ed from the flight** skreślono nas z listy pasażerów (na ten lot) [3] US infml (promote) **to ~ sb to manager/professor** awansować kogoś na kierownika/profesora [4] US infml (raise) = **bump up**

III *vi* [1] (knock) **to ~ against sth** (hit) uderz|yć, -ać się o coś; (knock) zawadz|ić, -ać o coś [2] (move jerkily) podskakiwać; **the car ~ed along** or **over the rutted road** samochód podskakiwał na or po wyboistej drodze; **the ball ~ed down the stairs** piłka podskakując stoczyła się ze schodów; **to ~ and grind** wyrzucać biodra i kołysać nimi

■ **bump into**: ¶ **~ into [sb/sth]** (collide) wpa|ść, -dać na (kogoś/coś) ¶ infml (meet by chance) **to ~ into sb** spotkać kogoś; wpa|ść, -dać na kogoś infml

■ **bump off** infml: **~ off [sb], ~ [sb] off** sprzątnąć (kogoś) infml

■ **bump up** infml: **~ up [sth]** [1] (increase) podn|ieść, -osić *[price, tax, wage]*; zwiększ|yć, -ać *[production]* [2] (exaggerate) wyolbrzymi|ć, -ać *[real number]*

IDIOMS: **to come down to earth with a ~** wrócić na ziemię, spaść z obłoków; **to feel** or **read sb's ~s** wróżyć komuś z kształtu czaszki; **things that go ~ in the night** tajemnicze nocne dźwięki

bumper¹ /ˈbʌmpə(r)/ *n* [1] Aut zderzak *m*; **the traffic was** or **the cars were ~ to ~** samochody jechały jeden tuż za drugim [2] US rail zderzak *m*, bufor *m*

bumper² /ˈbʌmpə(r)/ **I** *n* (tankard) (pełny) puchar *m*

II *adj* (large) *[crop, sales]* rekordowy; *[year]* wyjątkowo dobry; *[crowd, edition]* wyjątkowo duży

bumper car *n* samochodzik *m (w wesołym miasteczku)*

bumper sticker *n* nalepka *f (naklejana na zderzaku samochodu)*

bumph /bʌmf/ *n* = **bumf**

bumpkin /ˈbʌmpkɪn/ *n* infml pej (also **country ~**) kmiotek *m*, chłopek roztropek *m*

bump-start /ˌbʌmpˈstɑːt/ *vt* rusz|yć, -ać (czymś) na pych infml *[car]*

bumptious /ˈbʌmpʃəs/ *adj* przemądrzały

bumpy /ˈbʌmpɪ/ *adj [road]* wyboisty; *[surface]* nierówny; **we had a ~ flight/ride** bardzo nas wytrzęsło podczas lotu/jazdy

IDIOMS: **we are in for a ~ ride** czeka nas trudny okres

bum rap *n* US infml fałszywe oskarżenie *n*

bun /bʌn/ **I** *n* [1] (bread roll) bułka *f*, bułeczka *f*; (sweet) drożdżówka *f*, bułka *f* maślana; **currant ~** bułeczka z rodzynkami [2] (hairstyle) kok *m*, koczek *m*; **to put/wear one's hair in a ~** czesać się w kok

II **buns** *npl* US infml półdupki *m pl* infml; **hustle your ~s!** rusz tyłek! infml

IDIOMS: **to have a ~ in the oven** infml euph być w odmiennym stanie or przy nadziei dat or hum

bunch /bʌntʃ/ **I** *n* 1 (of flowers) pęk *m*, bukiet *m*; (of vegetables) pęczek *m*; (of feathers, keys, wires) pęk *m*; (of twigs) wiązka *f*; **to tie radishes/carrots in ~es** powiązać rzodkiew/marchew w pęczki; **your shirt is all in a ~ at the back** koszula marszczy ci się na plecach 2 (of bananas, grapes) kiść *f* 3 (of people) grupa *f*, grono *n*; pej banda *f*; **a ~ of friends** grupa or grono przyjaciół; **a ~ of idiots** banda idiotów; **a mixed ~** grupa złożona z różnych ludzi; pej zbieranina; **they're a great ~** to fajni ludzie infml; **he is the best of a bad ~** on jest z nich jeszcze najznośniejszy 4 infml (lot) masa *f* **(of sth** czegoś); kupa *f* infml **(of sth** czegoś); **a whole ~ of problems** cała masa or całe mnóstwo problemów; **the best** or **pick of the ~** najlepszy ze wszystkich; **thanks a ~!** wielkie dzięki! 5 GB (of hair) kitka *f*, kucyk *m*; **to wear one's hair in ~es** czesać się w kucyki 6 Sport (of cyclists) peleton *m*

II *vt* 1 (gather in clusters) po|wiązać w pęczki *[vegetables]*; z|robić wiązankę or bukiet z (czegoś) *[flowers]*; **to ~ one's fist** zacisnąć dłoń w kułak 2 Aviat, Transp odprawi|ć, -ać jeden po drugim or w krótkich odstępach czasu *[aircraft, buses]*

III *vi* *[fabric, skirt]* z|marszczyć się, po|marszczyć się; *[cars]* tworzyć korek

IV **bunched** *pp adj* *[skirt, fabric]* pomarszczony, zmarszczony; *[people]* zbity w grupę; *[buses]* jadący jeden za drugim

■ **bunch together** *[people]* zbi|ć, -jać się w grupę or gromadę

■ **bunch up**: ¶ **~ up** *[people]* zbi|ć, -jać się w grupę or gromadę; *[fabric, garment]* z|marszczyć się, po|marszczyć się ¶ **~ up [sth], ~ [sth] up** z|marszczyć, po|marszczyć *[fabric, garment]*; związ|ać, -ywać *[flowers]*

IDIOMS: **to give sb a ~ of fives** infml dat poczęstować kogoś pięścią

bunco /ˈbʊŋkəʊ/ US infml **I** *n* (*pl* **~s**) szwindel *m* infml

II *modif* **~ thief** oszust; **~ trick** kant infml; **~ card game** trikowa gra w karty

III *vt* (*3rd pers sg pres* **~s**; *pt* **~ed**) nab|rać, -ierać; **to ~ sb out of 10 dollars** nabrać kogoś na dziesięć dolarów

buncombe /ˈbʌŋkəm/ *n* US = **bunkum**

bundle /ˈbʌndl/ **I** *n* 1 (collection) (of books, objects) paczka *f*; (of possessions) zawiniątko *n*; (of papers, letters, banknotes) plik *m*, pakiet *m*; (of clothes) tobołek *m*, tłumok *m*; (of straw, sticks) wiązka *f* 2 (baby, child) berbeć *m*, szkrab *m*; **~ of mischief** *[child]* urwis, urwipołeć 3 (person) **~ of fun** or **laughs** wesołek; **~ of nerves** kłębek nerwów 4 infml (a lot of money) kupa *f* forsy infml; **to make a ~** zarobić kupę forsy

II *vt* 1 **to ~ sb into a car/plane** załadować kogoś do samochodu/samolotu infml; **to ~ sth into a drawer** wepchnąć coś do szuflady, upchnąć coś w szufladzie; **to ~ sb outside** or **through the door** wypchnąć kogoś za drzwi 2 → **bundle up** 3 Comput za|oferować w pakiecie **(with sth** razem z czymś)

III *vi* infml **to ~ into a car** (hurry) władować się pośpiesznie do samochodu infml; (cram) wcisnąć or wepchnąć się do samochodu

■ **bundle off**: **~ [sb] off** wy|ekspediować; **to ~ sb off to school** wyekspediować kogoś do szkoły

■ **bundle up**: ¶ **~ up [sth], ~ [sth] up** z|ebrać, -bierać (coś) w plik or pakiet *[letters, newspaper, banknotes]*; z|ebrać, -bierać w wiązkę *[sticks, wood]*; zwi|nąć, -jać *[clothes, knitting]* ¶ **~ [sb] up** opatul|ić, -ać **(in sth** w coś); **to ~ oneself up** opatulić się

IDIOMS: **I don't go a ~ on him** GB nie trawię go infml; **I don't go a ~ on jazz** jazz mnie nie bierze infml

bundled software /ˌbʌndldˈsɒftweə(r), US ˈsɔːft-/ *n* Comput oprogramowanie *n* preinstalowane *(dostarczane z komputerem)*

bunfight /ˈbʌnfaɪt/ *n* GB infml hum (tea party) herbatka *f* infml; (official function) feta *f*

bung /bʌŋ/ **I** *n* 1 (of barrel) szpunt *m*, czop *m*; (of flask) korek *m*, zatyczka *f* 2 infml (bribe) łapówka *f*

II *vt* 1 (stop up) za|szpuntować, za|czopować *[barrel]*; za|korkować *[bottle]*; zat|kać, -ykać *[hole]* 2 GB infml rzuc|ić, -ać; **to ~ a coin into a machine** wrzucić monetę do automatu

■ **bung in** GB infml: **~ in [sth], ~ [sth] in** dorzuc|ić, -ać *[free gift, extra]*; wtrąc|ić, -ać *[question, remark]*; złożyć, składać *[application]*

■ **bung out** GB infml: **~ out [sth], ~ [sth] out** wywal|ić, -ać infml

■ **bung up** GB infml: **~ up [sth], ~ [sth] up** 1 (block) zat|kać, -ykać *[sink, drain, nose]* 2 (raise) podwyższ|yć, -ać *[prices, interest rates]*

bungalow /ˈbʌŋgələʊ/ *n* dom *m* parterowy; (in India) bungalow *m*

bungee jumping /ˈbʌndʒiːdʒʌmpɪŋ/ *n* skoki *m pl* na elastycznej linie

bunghole /ˈbʌŋhəʊl/ *n* otwór *m* spustowy w beczce

bungle /ˈbʌŋgl/ **I** *n* (mistake) potknięcie *n*; (bad performance) fuszerka *f* infml; **to make a ~ of sth** spartaczyć or sknocić coś infml

II *vt* s|partaczyć, s|knocić infml *[job, operation, investigation]*; z|marnować *[opportunity]*; **the whole job was ~d** wszystko zostało spartaczone or sknocone; **he ~d it** zawalił sprawę infml

III *vi* palnąć głupstwo

IV **bungled** *pp adj* *[attempt]* nieudolny; *[job, operation]* spartaczony, sknocony infml; *[opportunity]* zmarnowany

bungler /ˈbʌŋglə(r)/ *n* (unskilful person) partacz *m*, fuszer *m* infml; (clumsy person) niezgraba *m/f* infml; (tactless person) osoba *f* nietaktowna

bungling /ˈbʌŋglɪŋ/ **I** *n* (clumsiness) niezręczność *f*; (tactlessness) brak *m* taktu

II *adj* *[attempt]* nieudolny; **you ~ idiot!** ty ciężki idioto! infml

bungy jumping *n* = **bungee jumping**

bunion /ˈbʌnjən/ *n* Med haluks *m*

bunk[1] /bʌŋk/ **I** *n* 1 Naut koja *f*; Rail kuszetka *f* 2 (also **~ bed**) (whole unit) łóżko *n* piętrowe; (in prison) prycza *f* piętrowa; **the top/lower ~** łóżko górne/dolne, prycza górna/dolna

II *vi* infml (also **~ down**) położyć się, kłaść się

bunk[2] /bʌŋk/ *n* infml = **bunkum**

bunk[3] /bʌŋk/ *n* infml ucieczka *f*; **to do a ~** dać dyla infml

■ **bunk off** zwi|ać, -ewać; infml **to ~ off school** pójść na wagary; **to ~ off classes** zwiać z zajęć infml

bunk bed *n* łóżko *n* piętrowe

bunker /ˈbʌŋkə(r)/ **I** *n* 1 (shelter) bunkier *m*; (beneath building) schron *m*; **command ~** bunkier dowodzenia 2 (for storing) bunkier *m*; (in garden) komórka *f* na węgiel 3 (in golf) bunkier *m*, przeszkoda *f*

II *vt* 1 (in golf) trafić (czymś) w bunkier *[ball]*; **to be ~ed** *[player]* trafić na przeszkodę 2 Naut za|bunkrować *[coal, oil]*

bunker mentality *n* kompleks *m* oblężonej twierdzy

bunkhouse /ˈbʌŋkhaʊs/ *n* barak *m*

bunkum /ˈbʌŋkəm/ *n* infml bzdury *f pl*, brednie *f pl*; **a load of ~** stek bzdur; **to talk ~** opowiadać bzdury

bunk up *n* GB **to give sb a ~** podsadzić kogoś

bunny /ˈbʌnɪ/ *n* 1 (also **~ rabbit**) baby talk króliczek *m* 2 (also **~ girl**) króliczek *m* *(hostessa w klubie Playboya)*

Bunsen (burner) /ˌbʌnsnˈbɜːnə(r)/ *n* palnik *m* Bunsena or bunsenowski

bunting[1] /ˈbʌntɪŋ/ *n* Zool ptak *m* z podrodziny trznadlowatych

bunting[2] /ˈbʌntɪŋ/ *n* (flags) chorągiewki *f pl*; (material) tkanina *f* flagowa

buoy /bɔɪ/ **I** *n* 1 boja *f*, pława *f* 2 (also **life~**) koło *n* ratunkowe

II *vt* 1 (also **~ up**) (make cheerful) podn|ieść, -osić na duchu *[person, team]*; podn|ieść, -osić *[morale]*; **they were ~ed up by two goals** otuchy dodały im dwie bramki 2 (also **~ up**) Fin s|powodować wzrost (czegoś) *[share prices, sales levels]*; wpły|nąć, -wać korzystnie na (coś) *[results, stock market]*; **to be ~ed by sth** *[prices, profits]* rosnąć wskutek czegoś 3 (also **~ up**) (keep afloat) utrzym|ać, -ywać na powierzchni *[person, raft, object]* 4 Naut oznacz|yć, -ać (coś) bojami *[channel, rocks]*

buoyancy /ˈbɔɪənsɪ/ *n* 1 (of floating object) zdolność *f* utrzymywania się na powierzchni wody; (of boat) pływalność *f*; (of supporting medium) wypór *m* hydrostatyczny 2 fig (cheerfulness) pogoda *f* ducha 3 Fin (of market, exports) prężność *f*; (of demand) wzrost *m*

buoyancy aid *n* (jacket) kamizelka *f* ratunkowa

buoyant /ˈbɔɪənt/ *adj* 1 *[object]* pływający, utrzymujący się na powierzchni; *[supporting medium]* nośny; **sea water is more ~ than fresh water** woda morska ma większą siłę nośną niż woda zwykła 2 (cheerful) *[person, personality]* pełen życia; *[mood, spirits]* pogodny; *[tread, step]* lekki, sprężysty; *[effect]* napawający optymizmem 3 Fin *[currency, prices]* zwyżkujący; *[demand, profits, sales]* rosnący; *[market, economy]* prężny

buoyantly /ˈbɔɪəntlɪ/ *adv* 1 (cheerfully) *[smile]* radośnie; *[speak]* z ożywieniem; *[walk]* zamaszyście, lekkim krokiem 2 *[rise, float]* lekko

buoy rope *n* Naut bojrep *m*

BUPA /ˈbuːpə/ *n* GB = **British United Provident Association** *prywatne towarzystwo ubezpieczeń medycznych*

bur /bɜː(r)/ *n* = **burr²**, **burr³**

burble /ˈbɜːbl/ **I** *n* = **burbling**
II *vi* [1] *[stream, water]* plus|nąć, -kać, szemrać [2] (also **~ on**) (talk meaninglessly) mamrotać, bąkać; (talk excitedly) bełkotać; **to ~ (on) about sth** bredzić o czymś, pleść bez ładu i składu o czymś

burbling /ˈbɜːblɪŋ/ **I** *n* [1] (of stream) plusk *m*, szmer *m*; (of voices) gwar *m*, szmer *m* [2] (rambling talk) ględzenie *n*, bajdurzenie *n*
II *adj* [1] *[stream]* pluszczący, szemrzący; *[voices]* pobrzmiewający [2] (rambling) *[speaker]* ględzący; *[speech]* rozwlekły

burbot /ˈbɜːbət/ *n* Zool miętus *m*

burbs /bɜːbz/ *n* US infml przedmieście *n*

burden /ˈbɜːdn/ **I** *n* [1] (load) ciężar *m*, brzemię *n*; **a heavy ~** ciężkie brzemię [2] (responsibility) ciężar *m*, brzemię *n*; (encumbrance) obciążenie *n*; **to be a ~ to sb** być komuś ciężarem; **the ~ of guilt/responsibility** ciężar or brzemię winy/odpowiedzialności; **the ~ of proof** Jur ciężar dowodu *(obowiązek przeprowadzenia dowodu)*; **the ~ of proof is on the prosecution** to oskarżenie musi udowodnić winę; **financial/debt ~** obciążenie finansowe /długami; **the ~ of taxation** ciężar podatków; **the Third World's debt ~** zadłużenie krajów Trzeciego Świata; **to ease the ~ on sb** ulżyć komuś; **this law imposes an extra ~ on mothers** ustawa ta nakłada dodatkowy obowiązek na matki [3] (central theme) **the ~ of a complaint /speech/book** meritum *n inv* skargi/przemówienia/książki [4] Mus refren *m* [5] Naut tonaż *m*
II *vt* (also **~ down**) [1] obładow|ać, -ywać *[person, animal]* **(with sth** czymś); **do not ~ yourself (down) with too much luggage** nie bierz zbyt wiele bagażu [2] fig **to ~ sb with sth** obarcz|yć, -ać kogoś czymś *[guilt, problems, responsibility, work]*; obciąż|yć, -ać kogoś czymś *[debt]*; **we don't want to ~ her with the news** nie chcemy martwić jej tą wiadomością
III *vr* **to ~ oneself with sth** wziąć, brać na siebie coś *[responsibility, guilt]*
IV **burdened** *pp adj* [1] **~ed with sth** obładowany czymś *[luggage]* [2] **~ed with sth** obarczony czymś *[guilt, problems, responsibility, work]*; **~ed with debt** zadłużony

burdensome /ˈbɜːdnsəm/ *adj [duty]* uciążliwy; *[load]* ciężki

burdock /ˈbɜːdɒk/ *n* Bot łopian *m*

bureau /ˈbjʊərəʊ, US -ˈrəʊ/ *n* (*pl* **~s, ~x**) [1] (agency) biuro *n*, agencja *f*, urząd *m*; **information ~** agencja informacyjna; **employment ~** urząd zatrudnienia; **marriage ~** biuro matrymonialne [2] (branch) biuro *n*, filia *f*, oddział *m* [3] US (government department) biuro *n*, urząd *m*; **the Federal Bureau of Investigation** Federalny Urząd Śledczy [4] GB (writing desk) biurko *n*, sekretera *f* [5] US (chest of drawers) komoda *f*

bureaucracy /bjʊəˈrɒkrəsɪ/ *n* urzędy *m pl*; biurokracja *f* pej

bureaucrat /ˈbjʊərəkræt/ *n* urzędnik *m*; biurokrata *m* pej

bureaucratic /ˌbjʊərəˈkrætɪk/ *adj* biurokratyczny pej

bureaucratization /bjʊəˌrɒkrətaɪˈzeɪʃn, US -tɪˈz-/ *n* biurokratyzacja *f*

bureaucratize /bjʊəˈrɒkrətaɪz/ *vt* z|biurokratyzować

bureau de change /ˌbjʊərəʊdəˈʃɑːnʒ/ *n* (*pl* **~x de change**) kantor *m* wymiany

burette /bjʊəˈret/ *n* biureta *f*

burg /bɜːg/ *n* US infml miasteczko *n*

burgeon /ˈbɜːdʒən/ *vi* fml [1] *[plant]* wypu|ścić, -szczać pędy; *[flower]* wypu|ścić, -szczać pąki [2] fig (grow, flourish) *[talent, love, industry]* rozkwit|nąć, -ać; *[crime]* wzr|osnąć, -astać, przyb|rać, -ierać na sile; *[market]* rozwi|nąć, -jać się; *[population]* wzr|osnąć, -astać

burgeoning /ˈbɜːdʒənɪŋ/ *adj* [1] *[plant]* wypuszczający pędy, pleniący się, kiełkujący; *[flower]* rozkwitający [2] fig (growing) *[project, industry]* rodzący się; *[population]* rosnący; **~ love/talent** kiełkująca miłość /dojrzewający talent

burger /ˈbɜːgə(r)/ *n* (also **hamburger**) hamburger *m*

burger bar *n* bar *m* hamburgerowy

burger bun *n* bułka *f* hamburgerowa

burgher /ˈbɜːgə(r)/ *n* [1] Hist mieszcz|anin *m*, -ka *f* [2] hum stateczny obywatel *m*, stateczna obywatelka *f* hum

burglar /ˈbɜːglə(r)/ *n* włamywacz *m*, -ka *f*

burglar alarm *n* alarm *m* przeciwwłamaniowy

burglarize /ˈbɜːgləraɪz/ *vt* US włam|ać, -ywać się do (czegoś); **their house was ~d** ktoś włamał się do ich domu

burglar-proof /ˈbɜːgləpruːf/ *adj [house]* zabezpieczony przed włamaniem; *[safe, windows, lock]* przeciwwłamaniowy, antywłamaniowy

burglary /ˈbɜːglərɪ/ *n* włamanie *n*; Jur kradzież *m* z włamaniem

burgle /ˈbɜːgl/ *vt* włam|ać, -ywać się do (czegoś); **we've been ~d** ktoś się do nas włamał

burgomaster /ˈbɜːgəmɑːstə(r)/ *n* burmistrz *m*

Burgundian /bɜːˈgʌndɪən/ **I** *n* Burgund|czyk *m*, -ka *f*
II *adj* burgundzki

Burgundy /ˈbɜːgəndɪ/ **I** *prn* Burgundia *f*
II *modif* burgundzki

burgundy /ˈbɜːgəndɪ/ **I** *n* [1] (wine) burgund *m* [2] (colour) bordo *n inv*, (kolor *m*) bordowy *m*
II *adj [colour]* bordo, bordowy

burial /ˈberɪəl/ *n* [1] Relig (ceremony) pogrzeb *m*; (interment) pochówek *m*; **~ at sea** ceremonia pogrzebowa na morzu; **to give sb a Christian ~** sprawić komuś chrześcijański pochówek or pogrzeb [2] (placing in ground) (of body) pochowanie *n*, pogrzebanie *n*; (of object, waste) zakopanie *n*

burial chamber *n* komora *f* grobowa

burial ground *n* cmentarz *m*; Arch cmentarzysko *n*

burial mound *n* kurhan *m* grobowy

burial vault *n* krypta *f*

burin /ˈbjʊərɪn/ *n* rylec *m*

Burkina Faso /ˌbɜːkɪnəˈfæsəʊ/ *prn* Burkina Faso *n inv*

burlap /ˈbɜːlæp/ *n* (sacking) tkanina *f* workowa; (for dress, furnishing) grube płótno *n*

burlesque /bɜːˈlesk/ **I** *n* [1] Literat burleska *f* [2] (sham) parodia *f* [3] US dat (comedy show) burleska *f*
II *adj* [1] *[style, show, performer]* burleskowy [2] (sham) *[ceremony, speech]* prześmiewczy
III *vt* s|parodiować

burly /ˈbɜːlɪ/ *adj [person, build]* krzepki, przysadzisty

Burma /ˈbɜːmə/ *prn* Birma *f*

Burman /ˈbɜːmən/ *n* = **Burmese**

Burmese /bɜːˈmiːz/ **I** *n* [1] (person) Birma|ńczyk *m*, -nka *f* [2] (language) (język *m*) birmański *m*
II *adj* birmański

burn¹ /bɜːn/ **I** *n* [1] (wound) oparzenie *n*, oparzelina *f*; **third degree ~s** oparzenia trzeciego stopnia; **rope ~s** miejsca otarte przez linę [2] (on furniture, carpet) miejsce *n* przypalone; **cigarette ~s** miejsca przypalone papierosami [3] Aerosp spalanie *n*
II *vt* (*pt, pp* **burned, burnt** GB) [1] (destroy by fire) s|palić *[papers, town, house, heretic]*; **to be ~ed to the ground/to ashes** zostać spalonym doszczętnie/na popiół; **to be ~ed alive** or **to death** zostać spalonym żywcem, spalić się żywcem [2] (injure) o|parzyć, s|parzyć *[finger, mouth]*; *[acid, sun]* o|parzyć, s|palić *[skin]*; **to ~ one's finger/arm** sparzyć or oparzyć sobie palec /rękę, sparzyć or oparzyć się w palec/rękę; **the brandy/the curry ~ed my throat** brandy/curry paliło mnie w gardle [3] (damage) przypal|ić, -ać *[fabric, table]*; **to ~ a hole in sth** wypalić w czymś dziurę [4] Culin przypal|ić, -ać *[food, pan]*; (completely) spalić *[toast]* [5] (use as fuel) spal|ić, -ać *[coal, gas]*; **the system ~s too much oil** system spala zbyt wiele ropy [6] Ind wypal|ić, -ać *[bricks, clay]* [7] US infml (electrocute) s|tracić (kogoś) na krześle elektrycznym [8] US infml (swindle) nab|rać, -ierać, wy|kiwać infml [9] Comput nagr|ać, -ywać *[CD]*
III *vi* (*pt, pp* **burned, burnt** GB) [1] (be consumed by fire) s|palić się, s|płonąć; **to ~ to a cinder** spalić się do cna or na popiół; **the house ~ed to the ground** dom spalił się doszczętnie; **he ~ed for his crime** za swą zbrodnię spłonął na stosie [2] (produce flames, light) *[fire, light]* palić się; **you left all the lights ~ing** zostawiłeś wszystkie światła zapalone [3] Culin *[meat, sauce, toast]* przypal|ić, -ać się [4] (be painful) *[blister, wound, skin, part of body]* piec; **my throat is ~ing!** pali mnie w gardle!; **keep out of the sun or you'll ~** schowaj się przed słońcem, bo się spieczesz; **his cheeks were ~ing (with embarrassment)** policzki mu płonęły (ze wstydu) [5] fig (be eager) **to be ~ing to do sth** palić się, żeby coś zrobić; **to be ~ing with desire/impatience** pałać żądzą/niecierpliwością; **to be ~ing for revenge** pałać żądzą odwetu [6] (eat into) **to ~ into sth** *[acid]* w|eżreć, -żerać się w coś; **his features ~ed deeply into my memory** fig jego rysy wryły mi się głęboko w pamięć [7] Aerosp odpal|ić, -ać
IV *vr* **to ~ oneself** o|parzyć się, s|parzyć się
■ **burn away** (continue to burn) palić się; (be consumed) *[log]* spal|ić, -ać się; *[candle]* wypal|ić, -ać się

■ **burn down**: ¶ **~ down** [1] *[house]* spalić się doszczętnie, spłonąć [2] *[candle, fire]* wypal|ić, -ać się ¶ **~ down [sth], ~ [sth] down** spalić, pu|ścić, -szczać z dymem *[house, village]*

■ **burn off**: ¶ **~ off** *[alcohol]* spal|ić, -ać się, wyparow|ać, -ywać ¶ **~ off [sth], ~ [sth] off** wypal|ić, -ać *[vegetation, wart]*; opal|ić, -ać *[paint, varnish]*; spal|ić, -ać *[gas]*; **to ~ off excess energy** fig spalać nadmiar energii

■ **burn out**: ¶ **~ out** *[candle, fire]* wypal|ić, -ać się; *[light bulb, fuse]* przepal|ić, -ać się; *[motor]* spal|ić, -ać się ¶ **~ out [sth], ~ [sth] out** [1] (destroy by fire) spalić *[house, vehicle]*; **to be ~ed out** spalić się, spłonąć [2] Aut, Mech spalić *[clutch, engine, motor]* ¶ **~ out [sb], ~ [sb] out** zmu|sić, -szać (kogoś) do ucieczki przez podpalenie *[besieged citizens, troops]*; **they were ~ed out of their house** stracili w pożarze dom, ogień strawił ich dom ¶ **to ~ oneself out** fig spalać się, wykańczać się; **at the rate he's working, he'll ~ himself out** przy takim tempie pracy wykończy się

■ **burn up**: ¶ **~ up** [1] *[flames, fire]* strzel|ić, -ać w górę [2] *[satellite, meteorite]* spal|ić, -ać się [3] US infml (get angry) wście|c, -kać się infml [4] (get feverish) *[child]* być rozpalonym ¶ **~ up [sth], ~ [sth] up** [1] spal|ić, -ać *[calories, fuel, waste]*; *[sun]* wypal|ić, -ać *[lawn, vegetation]*; **she ~s up all her energy worrying** fig trawi całą energię na zamartwianie się [2] fig *[envy, hatred]* trawić (kogoś); **she was ~ed up with hatred /envy** trawiła ją nienawiść/zawiść ¶ **~ up [sb], ~ [sb] up** US infml (make angry) rozwściecz|yć, -ać

IDIOMS: **to ~ one's boats** or **bridges** spalić za sobą mosty

burn² /bɜːn/ *n* dial (stream) potok *m*, strumień *m*

burned-out /bɜːndaʊt/ *adj* = **burnt-out**

burner /ˈbɜːnə(r)/ *n* palnik *m*

IDIOMS: **to put sth on the back ~** odłożyć coś na później *[issue, question]*

burning /ˈbɜːnɪŋ/ **I** *n* [1] spalenizna *f*; **there's a smell of ~** czuć swąd or zapach spalenizny; **I can smell ~!** czuję swąd or spaleniznę! [2] (setting on fire) podpalenie *n* [3] (sensation) pieczenie *n* [4] (of ceramic materials) wypalanie *n*

II *adj* [1] (on fire) *[house, forest, town]* płonący; *[fire, coal, lamp]* palący się; (alight) *[candle, match, lamp]* zapalony; (glowing) *[embers]* rozżarzony, żarzący się [2] (very hot) *[desert]* rozpalony; *[sun]* palący; (feverish) *[forehead, face]* rozpalony; **~ heat** piekielny or nieznośny upał [3] fig (intense) *[desire, fever, thirst]* palący; *[faith, interest, enthusiasm]* gorący; *[pain]* piekący; *[eyes]* płomienny, roziskrzony; **a ~ sensation on the tongue** uczucie pieczenia na języku [4] (urgent) *[question, problem, issue]* palący

burning bush *n* Bible **the ~** krzak *m* gorejący

burning glass *n* soczewka *f* skupiająca

burnish /ˈbɜːnɪʃ/ **I** *n* liter połysk *m*

II *vt* wy|polerować *[metal]*; **to ~ sb's image** fig poprawić wizerunek kogoś

III **burnished** *pp adj [copper]* (wy)polerowany; *[skin]* gładki i ciemny; *[leaves]* błyszczący

burnisher /ˈbɜːnɪʃə(r)/ *n* [1] (tool) gładzik *m* [2] (worker) polerownik *m*

burnous, burnouse, burnoose US /bɜːˈnuːs/ *n* burnus *m*

burn-out /ˈbɜːnaʊt/ *n* [1] (of worker, staff) wyczerpanie *n*, wycieńczenie *n* [2] Aerosp faza *f* końcowa wypalania się paliwa

burns unit *n* Med oddział *m* oparzeń

burnt /bɜːnt/ **I** *pt, pp* → **burn**

II *adj [wood, flesh, toast]* spalony; *[food]* przypalony; **a horrid ~ smell** okropny zapach spalenizny

IDIOMS: **a ~ child dreads the fire** Prov kto się na gorącym sparzył, ten na zimne dmucha

burnt almonds *npl* migdały *m pl* prażone; (in sugar) migdały *m pl* w polewie karmelowej

burnt lime *n* wapno *n* palone

burnt offering *n* ofiara *f* całopalna; hum (burnt meal) przypalona potrawa *f*

burnt orange *n* (kolor *m*) ciemnopomarańczowy *m*

burnt-out /ˈbɜːntaʊt/ *adj [car, house]* spalony; *[wiring]* przepalony; fig *[person]* wykończony fig

burnt sacrifice *n* = **burnt offering**

burnt sienna *n* sjena *f* palona

burnt sugar *n* karmel *m*, cukier *m* palony

burnt umber *n* umbra *f* palona

burp /bɜːp/ infml **I** *n* beknięcie *n* infml; **to give a ~** beknąć infml

II *vt* **she laid the baby against her shoulder to ~ him** przełożyła sobie dziecko przez ramię, żeby mu się odbiło

III *vi* bek|nąć, -ać infml

burp gun *n* US infml broń *f* wielostrzałowa

burr¹ /bɜː(r)/ **I** *n* (sound) (of car, machine) warkot *m*, warkotanie *n*; (of phone, machine) terkot *m*, terkotanie *n*; Ling języczkowa wymowa *f* głoski „r" *(charakterystyczna dla szkockiej odmiany jęz. angielskiego)*

II *vi [car, machine]* za|warczeć, warkotać; *[phone]* za|terkotać; *[person]* grasejować

burr² /bɜː(r)/ *n* Bot rzep *m*; (of chestnut) łupina *f*

burr³ /bɜː(r)/ Tech **I** *n* (tool) skrobak *m*

II *vt* obci|ąć, -inać, obrzynać

burrito /bʊˈriːtəʊ/ *n* Culin burrito *n (tortilla z ostro przyprawionym mięsem, fasolą i serem)*

burro /ˈbʊrəʊ/ *n* US osiołek *m*

burrow /ˈbʌrəʊ/ **I** *n* nora *f*, jama *f*; fig kryjówka *f*

II *vt* [1] (dig) wy|kopać *[hole, tunnel, trench]*; **to ~ one's way** przekopać się [2] fig ukry|ć, -wać *[one's face, nose]*; **he ~ed his face into her shoulder** wtulił twarz w jej ramię

III *vi* [1] *[animal]* wy|kopać jamę or norę; **rabbits ~ed underneath the fence** króliki wykopały norę pod płotem; **to ~ into sth** *[animal, person]* zagrzebać się w coś *[ground, blankets]* [2] fig (move through, search) przekop|ać, -ywać się **(through sth** przez coś); przekop|ać, -ywać **(into sth** coś); **I ~ed deep into my pockets** przetrząsnąłem kieszenie; **she ~ed into the files** przekopała (się przez) kartotekę [3] (investigate) **to ~ into the past** zagłębiać się w przeszłość; **to ~ into a mystery** zgłębiać tajemnicę

burr walnut *n* czeczotka *f* orzechowa

bursa /ˈbɜːsə/ *n* (*pl* **~s, -sae)** Anat kaletka *f* maziowa

bursar /ˈbɜːsə(r)/ *n* Univ, Sch (administrator) kwestor *m*

bursary /ˈbɜːsərɪ/ *n* GB Univ, Sch [1] (grant) stypendium *n* [2] (office) kwestura *f*

bursitis /bɜːˈsaɪtɪs/ *n* Med zapalenie *n* kaletki maziowej

bursotomy /bɜːˈsɒtəmɪ/ *n* Med nacięcie *n* kaletki maziowej

burst /bɜːst/ **I** *n* [1] (of bomb, shell, flames) wybuch *m*; (of pipe, dam) pęknięcie *n* [2] (sudden spell) (of weeping, rage, laughter) wybuch *m*; (of energy, inspiration) przypływ *m*; (of gunfire) seria *f*; **a ~ of activity** zryw (aktywności); **a ~ of applause** burza oklasków; **a ~ of colour** eksplozja koloru; **a ~ of interest** nagłe zainteresowanie *n*; **a ~ of rain** ulewa *f*; **a ~ of thunder** grzmot *m*; **to give the engine a ~, to put on a ~ of speed** dodać gazu [3] Comput, Telecom impuls *m*, sekwencja *f* sygnałów

II *vt* (*pt, pp* **burst)** (intentionally) przekłu|ć, -wać *[bubble, balloon]*; wyważ|yć, -ać *[door]*; (unintentionally) roz|erwać, -rywać *[pipe]*; **the car burst a tyre** w samochodzie pękła opona; **the river burst its banks** rzeka wystąpiła z brzegów; **the floods burst the dam** powódź zerwała tamę; **she burst a blood vessel** pękło jej naczynko krwionośne; **I almost burst a blood vessel** hum omal mnie szlag nie trafił infml; **a burst pipe** pęknięta rura

III *vi* (*pt, pp* **burst)** [1] (explode) *[bomb, shell, firework]* wybuch|nąć, -ać; roz|erwać, -rywać się **(into pieces** na kawałki) [2] (break open) *[balloon, tyre, pipe, dam]* pęk|nąć, -ać; **to be ~ing at the seams, to be full to ~ing (point)** *[bag, building, room]* pękać w szwach; hum *[person]* (from too much food) pękać (z przejedzenia); **to be ~ing with health /enthusiasm/happiness** tryskać zdrowiem/entuzjazmem/szczęściem; **to be ~ing with envy/laughter/rage** pękać z zazdrości/ze śmiechu/ze złości; **I was ~ing with pride/joy** rozsadzała mnie duma/radość; **to be ~ing to do sth** nie móc się doczekać, żeby coś zrobić; **I'm ~ing (for the toilet)** infml pęcherz mi pęka infml; **to be fit** or **ready to ~** (from too much food) prawie pękać (z przejedzenia) [3] (emerge suddenly) *[water, gas, oil]* wytrys|nąć, -kiwać; *[animal]* wysk|oczyć, -akiwać; **a cry of protest burst from her lips** okrzyk protestu wyrwał się jej z ust; **they burst onto the rock scene in 1982** pojawili się nagle na scenie rockowej w 1982 roku

■ **burst forth** liter *[sun]* rozbłys|nąć, -kać; *[blossom, buds]* wystrzel|ić, -ać liter

■ **burst in**: **~ in** (energetically) wpa|ść, -dać (do środka); (forcefully) wtargnąć, w|edrzeć, -dzierać się (do środka); **to ~ in on a meeting** wedrzeć się na zebranie; **to ~ in on a conversation** wtrącić się (nagle) do rozmowy; **to ~ in on sb** zaskoczyć kogoś

■ **burst into**: **~ into [sth]** [1] (enter) wpa|ść, -dać, w|edrzeć, -dzierać się, wtargnąć do (czegoś) *[room, building]* 2 (start) wybuch|nąć, -ać (czymś) *[tears, flames, laughter]*; **to ~ into blossom** or **bloom** rozkwitać; **to ~ into flames** buchnąć płomieniem; **to ~ into a run/gallop** zerwać się do biegu/galopu; **to ~ into song** zacząć śpiewać; **to ~ into tears** wybuchnąć płaczem, zalać się łzami

■ **burst open**: ¶ **~ open** *[door]* otw|orzyć, -ierać się gwałtownie; *[bag, sack]* roz|erwać, -rywać się ¶ **~ open [sth], ~ [sth] open** wyłam|ać, -ywać *[lock]*; roz|erwać, -rywać *[bag, sack]*; otw|orzyć, -ierać gwałtownie *[door, window]*

■ **burst out** 1 (come out) **to ~ out of a room/house** wypaść z pokoju/domu; **he was ~ing out of his waistcoat** fig kamizelka na nim prawie pękała w szwach, nie mieścił się w kamizelce hum; **the straw was ~ing out of the mattress** słoma wyłaziła z materaca 2 (start) **to ~ out laughing/crying** wybuchnąć śmiechem /płaczem; **to ~ out singing** zacząć (nagle) śpiewać; **she burst out into explanations** zaczęła się gwałtownie tłumaczyć 3 (exclaim) krzy|knąć, -czeć; **'you're lying!' he burst out angrily** „kłamiesz!" wybuchnął ze złością

■ **burst through**: **~ through [sth]** przed|rzeć, -zierać się przez (coś) *[barricade, road block, crowd]*; **the sun burst through the clouds** słońce przedarło się przez chmury; **she burst through the door out onto the street** wypadła przez drzwi na ulicę

burster /ˈbɜːstə(r)/ *n* Comput, Print przerywacz *m*

burthen /ˈbɜːðən/ *n, vt, vi* arch = **burden**

burton /ˈbɜːtn/ *n* GB **sb/sth is gone to a ~** infml kogoś/coś trafił szlag infml

Burundi /bəˈrʊndɪ/ *prn* Burundi *n inv*

bury /ˈberɪ/ **I** *vt* 1 (after death) po|chować, po|grzebać; **to ~ sb at sea** pochować kogoś w morzu; **she's buried four husbands** pochowała czterech mężów 2 (cover) *[avalanche, rubble, snow]* zasyp|ać, -ywać, przysyp|ać, -ywać; **they found her buried beneath rubble** znaleźli ją przysypaną pod gruzami; **to be buried alive** zostać pogrzebanym żywcem 3 (hide) zakop|ać, -ywać *[treasure, nuts]*; ukry|ć, -wać, s|chować *[face, nose]*; **a hamlet buried deep in the country** wioska na głębokiej prowincji; zapadła dziura infml; **she buried her face in her hands** ukryła twarz w dłoniach 4 (suppress) pu|ścić, -szczać w niepamięć *[hatred, differences]*; **to ~ memories** pogrzebać wspomnienia 5 (plunge) zat|opić, -apiać *[knife, teeth]* **(into sth** w czymś); **she buried her hands in the cake mix** zanurzyła ręce w cieście; **to ~ one's hands in one's pockets** wsadzić ręce do kieszeni 6 (engross) **to be buried in sth** być pochłoniętym czymś *[book, thoughts, work]*

II *vr* **to ~ oneself** 1 (hide) ukry|ć, -wać się; **he buried himself in the country** zakopał się na wsi 2 (become engrossed) **to ~ oneself in one's work/in daydreaming/reading** oddać się pracy/marzeniom /lekturze, pogrążyć się w pracy/marzeniach/lekturze

IDIOMS: **let the dead ~ their dead** Bible niechaj umarli grzebią swych umarłych; **to ~ one's head in the sand** chować głowę w piasek; **to ~ the hatchet** GB or **tomahawk** US zakopać topór wojenny

bus /bʌs/ **I** *n* (*pl* **~es, ~ses** US) 1 (vehicle) autobus *m*; **by ~** autobusem; **to get on the ~** wsiąść do autobusu; **to take a ~** pojechać autobusem 2 infml (rickety car) gruchot *m* 3 Comput, Elec (also **busbar)** magistrala *f*, szyna *f*; **address/data ~** magistrala or szyna adresowa/danych

II *modif [stop, ticket, depot, conductor]* autobusowy

III *vt* (*prp, pt, pp* **-ss-** GB; **-s-** US) przew|ieźć, -ozić (kogoś) autobusem

IV *vi* (*prp, pt, pp* **-ss-** GB; **-s-** US) 1 infml (travel) po|jechać autobusem, jeździć autobusem; **I ~ to work** dojeżdżam or jeżdżę do pracy autobusem; **we'll have to ~ it** będziemy musieli jechać autobusem 2 (in restaurant) pracować jako pomocnik kelnera; **I ~sed my way through college** podczas studiów dorabiałem jako pomocnik kelnera

busboy /ˈbʌsbɔɪ/ *n* US pomocnik *m* kelnera

busby /ˈbʌzbɪ/ *n* bermyca *f (noszona przez niektóre jednostki wojskowe na specjalne okazje)*

bus conductor *n* konduktor *m* autobusu

bus conductress *n* konduktorka *f* autobusu

bus driver *n* kierowca *m* autobusu

bush /bʊʃ/ *n* 1 (shrub) krzak *m*, krzew *m*; **a ~ of hair** fig czupryna 2 (in Australia, Africa) **the ~** busz *m* 3 (fox's tail) kita *f* 4 Tech tuleja *f*

IDIOMS: **to beat about the ~** mówić ogródkami; **don't beat about the ~** nie owijaj w bawełnę, wal prosto z mostu; **a bird in the hand is worth two in the ~** Prov lepszy wróbel w garści niż gołąb na dachu; **(a) good wine needs no ~** Prov ≈ dobry towar nie potrzebuje reklamy

bush baby *n* Zool galago *n inv*

bushbuck /ˈbʊʃbʌk/ *n* (also **buschbok)** Zool buszbok *m*

bushed /bʊʃt/ *adj* infml (tired) wypompowany, skonany infml

bushel /ˈbʊʃl/ *n* buszel *m*; **~s of sth** US fig masa *f* czegoś

IDIOMS: **to hide one's lights under a ~** trzymać własne zalety or umiejętności pod korcem

bushfighter /ˈbʊʃfaɪtə(r)/ *n* Mil partyzant *m*

bushfighting /ˈbʊʃfaɪtɪŋ/ *n* Mil walka *f* partyzancka

bushfire /ˈbʊʃfaɪə(r)/ *n* pożar *m* buszu

bushing /ˈbʊʃɪŋ/ *n* Tech (for pipes, tubes) tuleja *f*; (for insulation) przepust *m*

bush jacket *n* bluza *f* safari

bush league US pej **I** *n* ostatnia liga *f*; liga *f* podwórkowa hum pej

II *adj* do kitu, do chrzanu infml

bush leaguer *n* US 1 Sport zawodni|k *m*, -czka *f* ostatniej ligi 2 fig patałach *m*

bushman /ˈbʊʃmən/ *n* (*pl* **-men)** Austral mieszkan|iec *m*, -ka *f* buszu

Bushman /ˈbʊʃmən/ *n* (*pl* **-men)** Buszmen *m*, -ka *f*

bush ranger *n* US (backwoodsman) traper *m*

bush telegraph *n przesyłanie sygnałów na odległość za pomocą tam-tamów*; fig hum poczta *f* pantoflowa

bushwhack /ˈbʊʃwæk/ US, Austral **I** *vt* urządz|ić, -ać zasadzkę na (kogoś), zasadz|ić, -ać się na (kogoś); **to ~ cattle** kraść bydło

II *vi* 1 (beat path) wyci|ąć, -nać ścieżkę przez busz 2 (live in the bush) mieszkać w buszu 3 Mil prowadzić walkę podjazdową

bushwhacker /ˈbʊʃwækə(r)/ *n* 1 US, Austral (outlaw) opryszek *m (żyjący w buszu)* 2 Mil (guerilla) partyzant *m* 3 Austral pej (boor) prosta|k *m*, -czka *f*

bushy /ˈbʊʃɪ/ *adj* 1 *[land, garden]* porośnięty krzakami; *[tree]* gęsty 2 *[eyebrows]* krzaczasty; *[beard, hair]* bujny, gęsty; *[tail]* puszysty

busies /ˈbɪzɪz/ *npl* GB infml gliny *m pl* infml

busily /ˈbɪzɪlɪ/ *adv [work]* skrzętnie, pilnie; *[scribble, collect]* pracowicie; **to be ~ engaged in sth** pracowicie or skrzętnie coś robić

business /ˈbɪznɪs/ **I** *n* 1 (commerce) interesy *m pl*, biznes *m*, działalność *f* handlowa; **to be in ~** prowadzić interesy, zajmować się handlem; **to go into ~** wziąć się za interesy, zacząć prowadzić interesy; **they made a lot of money in ~** zarobili dużo na działalności handlowej; **to be honest in ~** być uczciwym w interesach; **to set up in ~** założyć bizness; **he went into** or **set up in ~ as a building contractor/a translator** założył firmę budowlaną/translatorską; **the firm is no longer in ~** firma już nie istnieje; **to do ~ with sb** prowadzić z kimś interesy; **they do a lot of ~ with Germany** prowadzą interesy z Niemcami na dużą skalę; **they are in ~ together** razem prowadzą interesy, są partnerami; **he is a man I can do ~ with** to człowiek, z którym mogę robić interesy; fig to człowiek, z którym można się dogadać; **to go out of ~** zbankrutować; zwinąć interes infml; **the recession has put them out of ~** recesja doprowadziła ich do bankructwa or upadku; **they are back in ~** wznowili działalność; **she's gone to Brussels on ~** wyjechała do Brukseli służbowo or w interesach; **he's away on ~ at the moment** wyjechał służbowo or w interesach; **to be good/bad for ~** sprzyjać/nie sprzyjać interesom; **to talk ~** mówić o interesach; **now we're talking ~!** fig wreszcie rozmawiamy poważnie!; **are you in London for ~ or pleasure?** przyjechałeś do Londynu w sprawach służbowych, czy dla przyjemności?; **to mix ~ with pleasure** łączyć przyjemne z pożytecznym; **~ is ~** interes to interes; **'~ as usual'** (on shop window) „pracujemy jak zwykle" 2 (custom, trade) **to lose ~** tracić klientów or klientelę; **how's ~?** jak (idą) interesy?; **~ is slow at the moment** interesy chwilowo nie idą najlepiej; **most of our ~ comes from tourism** obroty mamy głównie z turystyki; **we are doing twice as much ~ as last year** nasze obroty są dwukrotnie większe niż w ubiegłym roku [3] (trade, profession) branża *f*; **what's your line of ~?, what (line of) ~ are you in?** czym się pan zajmuje?, w jakiej branży pan działa?; **he's in the hotel/insurance ~** działa w branży hotelarskiej/ubezpieczeniowej; **he's the best comedian/chef in the ~** fig jest najlepszym z komików/szefów kuchni [4] (company) przedsiębiorstwo *n*, zakład *m*, firma *f*; (shop) sklep *m*; **small ~es** małe firmy; **she runs a small dressmaking/printing ~** prowadzi mały zakład krawiecki/małą drukarnię [5] (matters to be dealt with) sprawy *f pl* (do załatwienia); (duties, tasks) obowiązki *m pl*, zadania *n pl*; **let's get down to ~** bierzmy się or przejdźmy do rzeczy; **the ~ before a meeting** Admin porządek *m* dzienny; **we got through a lot of ~ at the meeting** omówiliśmy or załatwiliśmy wiele spraw na zebraniu; **we still have some unfinished ~ to discuss** mamy jeszcze kilka spraw do omówienia; **'any other ~'** (on agenda) „wolne wnioski"; **to deal with daily ~** załatwić bieżące sprawy; **it's part of my daily ~** to należy do moich codziennych obowiązków; **to go about one's ~** wykonywać swoje obowiązki; **he got on with the ~ of tidying up/letterwriting** zabrał się za porządki/pisanie listów [6] (concern) sprawa *f*, rzecz *f*; **that's her ~** to jej sprawa or rzecz; **it's none of your ~!** to nie twoja sprawa or rzecz!; **mind your own ~!** pilnuj swoich spraw!; **it's no ~ of yours what he does in his private life** jego życie osobiste to nie twoja sprawa; **to make it one's ~ to do sth** (be determined) postanowić sobie coś zrobić; (be careful) zadbać, żeby coś zrobić; **he had no ~ telling her!** nie powinien jej tego mówić!; **she had no ~ being here!** jej tam w ogóle nie powinno być!; **there I was minding my own ~ when...** zajmowałem się własnymi sprawami, kiedy (nagle)... [7] (affair) sprawa *f*, historia *f*; **it's a bad** or **sorry ~** to smutna or przykra sprawa or historia; **the newspapers are full of this murder/drug ~** w gazetach jest pełno o tej sprawie z morderstwem/narkotykami; **what a dreadful ~!** cóż za potworna historia!; **no funny ~!** żadnych sztuczek! infml; **I'm fed up with the whole ~** mam tego wszystkiego dosyć; **moving house is quite a ~** przeprowadzka to nie przelewki [8] infml euph (defecation) **to do its ~** *[animal]* załatwi|ć, -ać się [9] GB infml **to do the ~** (have sex) odby|ć, -wać stosunek

II *modif [transaction, correspondence, law, accounting]* handlowy; *[address, lunch, call]* służbowy; *[pages]* branżowy; **the ~ community** świat biznesu

IDIOMS: **now we are in ~!** gotowe!, możemy zaczynać!; **to be in the ~ of doing sth** mieć zwyczaj coś robić; **she can sing/play the piano like nobody's ~** infml śpiewa/gra na fortepianie jak mało kto; **to work like nobody's ~** infml pracować za trzech; **that's the ~!** doskonale!; **she means ~!** ona nie żartuje!; **to send sb about his ~** przegonić kogoś infml; **to give sb the ~** US infml wymaglować kogoś

business account *n* rachunek *m* or konto *n* firmy

business accounting *n* rachunkowość *f* or księgowość *f* handlowa

business activity *n* (sphere) działalność *f* gospodarcza; (volume of trade) obroty *m pl* handlowe

business administration *n* zarządzanie *n*, kierowanie *n* przedsiębiorstwem

business agent *n* przedstawiciel *m* handlowy, przedstawicielka *f* handlowa; US (union leader) przedstawiciel *m*, -ka *f* związku zawodowego

business analyst *n* analityk *m* badający działalność gospodarczą

business associate *n* partner *m*, -ka *f*; (co-owner) wspólni|k *m*, -czka *f*

business call *n* (visit) spotkanie *n* służbowe; (phone call) rozmowa *f* służbowa

business card *n* wizytówka *f*

business centre GB, **business center** US *n* centrum *n* biznesu

business class *n* Aviat pierwsza klasa *f*; **to travel ~** podróżować pierwszą klasą

business college *n* szkoła *f* handlowa or biznesu

business contact *n* kontakt *m* handlowy; (person) partner *m*, -ka *f* w interesach

business cycle *n* cykl *m* gospodarczy or koniunkturalny

business deal *n* transakcja *f* handlowa

business economics *n (+ v sg)* ekonomika *f* przedsiębiorstwa or biznesu

business end *n* hum (of firearm) lufa *f*; (of knife) ostrze *n*

business ethics *npl* etyka *f* handlowa

business expenses *npl* wydatki *m pl* związane z prowadzeniem firmy; euph koszty *m pl* reprezentacyjne

business failures *npl* bankructwo *n*, upadłość *f*

business hours *npl* godziny *f pl* pracy; (of office) godziny *f pl* urzędowania; (of shop) godziny *f pl* otwarcia

businesslike /ˈbɪznɪslaɪk/ *adj* [1] *[manner, person, style]* rzeczowy; *[transaction, appearance]* poważny [2] hum *[knife, tool]* groźnie wyglądający hum

business lunch *n* obiad *m* służbowy

business machine *n* machina *f* biurokratyczna

businessman /ˈbɪznɪsmən/ *n* (*pl* **-men**) biznesmen *m*, człowiek *m* interesu, przedsiębiorca *m*; **he's a good ~** on zna się na interesach

business manager *n* Comm, Ind dyrektor *m* handlowy; (in show business) agent *m*, impresario *m inv*

business park *n* centrum *n* biurowo-przemysłowe

business people *npl* biznesmeni *m pl*, ludzie *plt* interesu, przedsiębiorcy *m pl*

business plan *n* biznesplan *m*

business premises *npl* (unoccupied) lokale *m pl* biurowe; (occupied) siedziba *f* firmy or przedsiębiorstwa

business process re-engineering *n* Mgmt reengineering *m*

business proposition *n* Mgmt propozycja *f* transakcji

business rate *n* GB Comm stawka *f* handlowa

business reply envelope *n* koperta *f* ofrankowana z adresem zwrotnym

business reply service *n* usługi *f pl* z zakresu korespondencji handlowej z odpowiedzią

business school *n* = **business college**

business sense *n* zmysł *m* handlowy; **to have ~** mieć zmysł handlowy; mieć głowę do interesów infml; **this decision makes good ~** to rozsądna decyzja z punktu widzenia interesów

business services *npl* usługi *f pl* biurowe

business software *n* oprogramowanie *n* dla przedsiębiorstw

business studies *npl* zarządzanie *n*

business suit *n* garnitur *m*

business-to-business /ˌbɪznɪstəˈbɪznɪs/ *adj* międzyfirmowy

business trip *n* podróż *f* służbowa, delegacja *f*

business unit *n* lokal *m* na prowadzenie działalności gospodarczej

businesswoman /ˈbɪznɪswʊmən/ *n* (*pl* **-women**) businesswoman *f inv*, kobieta *f* interesu

busk /bʌsk/ *vi* GB wyst|ąpić, -ępować na ulicy or jako uliczny artysta

busker /ˈbʌskə(r)/ *n* GB uliczny artysta *m*, uliczna artystka *f*

bus lane *n* pas *m* dla autobusów

busload /ˈbʌsləʊd/ *n* autobus *m*; **a ~ of tourists** autobus pełen turystów; **by the ~, by ~s** pełnymi autobusami

busman /ˈbʌsmən/ *n* (*pl* **-men**) *kierowca autobusu lub konduktor autobusowy*

IDIOMS: **a ~'s holiday** GB urlop połączony z pracą zarobkową

bus pass *n* autobusowy bilet *m* okresowy; (for senior citizens) legitymacja *f* uprawniająca do bezpłatnego przejazdu

bus route *n* trasa *f* autobusu

bus service *n* komunikacja *f* autobusowa

bus shelter *n* wiata *f (na przystanku autobusowym)*

bus(s)ing /ˈbʌsɪŋ/ *n* US dowożenie *n* autobusem do szkoły dzieci różnych ras *(jako środek służący likwidacji segregacji rasowej)*

bus station *n* dworzec *m* autobusowy

bust[1] /bʌst/ **I** *n* [1] (breasts) biust *m*; **she's a 36-inch ~** ona ma 90 cm w biuście [2] Art popiersie *n*, biust *m*

II *modif* **~ size** or **measurement** obwód w biuście; **~ size 34B** rozmiar (stanika) 75B

bust[2] /bʌst/ infml **I** *n* [1] US (binge) popijawa *f* infml; **to go on the ~** pójść w kurs or tango infml [2] US (failure) (person) frajer *m*, -ka *f* infml; (business, career) klapa *f* infml [3] (police raid) nalot *m* infml; (arrest) zapuszkowanie *n* infml [4] US (punch) fanga *f* infml

II *adj* [1] (broken) zepsuty; **to be/get ~** być zepsutym/nawalić [2] (bankrupt) **to be/go ~** s|plajtować, z|robić klapę or plajtę infml

III *vt* (*pt, pp* **~, ~ed**) [1] (break) po|psuć, ze|psuć *[machine, object]* [2] (raid) z|robić nalot na (coś) infml *[premises]*; (arrest) zapuszkow|ać, -ywać, przym|knąć, -ykać infml *[person]*; (break up) rozwal|ić, -ać infml *[organization, drugs ring]* [3] (financially) doprowadz|ić, -ać (kogoś/coś) do bankructwa *[person, company]* [4] US (demote) z|degradować *[soldier, policeman]*; **to ~ sb to sergeant** zdegradować kogoś do stopnia sierżanta [5] US (hit) przywal|ić, -ać (komuś),

przy|łożyć, -kładać (komuś) infml [6] US uje|ździć, -żdżać *[horse]* [7] = **burst** **II**
IV *vi* (*pt, pp* **~, ~ed**) [1] *[machine]* nawal|ić, -ać infml [2] = **burst** **III**
■ **bust up** infml: ¶ **~ up** *[couple]* rozsta|ć, -wać się; *[friends]* po|kłócić się ¶ **~ up [sth], ~ [sth] up** rozwal|ić, -ać infml *[meeting, party, marriage]*
IDIOMS: **to ~ a gut** infml or **one's ass** vinfml **doing sth** flaki sobie wypruwać, żeby coś zrobić infml; **it's a gold medal or ~** infml (będzie) złoty medal albo krewa infml

bustard /ˈbʌstəd/ *n* Zool drop *m*

buster /ˈbʌstə(r)/ *n* US infml koleś *m* infml

bus terminus *n* GB pętla *f* autobusowa

bustier /ˈbʌstɪeɪ/ *n* obcisły top *m* bez ramiączek

bustle[1] /ˈbʌsl/ **I** *n* (activity) rozgardiasz *m*, krzątanina *f*, bieganina *m*; młyn *m* infml; **the hustle and ~ of city life** zgiełk i zamęt miejskiego życia
II *vi* (also **~ about**) *[person]* krzątać się, uwijać się, biegać; **to ~ in and out** wpadać i wypadać; **to ~ with activity** *[town]* tętnić życiem; **to ~ with people** roić się od ludzi

bustle[2] /ˈbʌsl/ *n* Hist Fashn turniura *f*

bustling /ˈbʌslɪŋ/ *adj [person]* zaaferowany; *[street, shop, town]* tętniący życiem

bust-up /ˈbʌstʌp/ *n* infml kłótnia *f*; **to have a ~ with sb** (quarrel) pokłócić się z kimś; (break off) zerwać z kimś

busty /ˈbʌstɪ/ *adj* infml *[woman]* piersiasta infml

busy /ˈbɪzɪ/ **I** *n* GB infml (policeman) tajniak *m*, glina *m* infml
II *adj* [1] (person) zajęty **(with sth/doing sth** czymś/robieniem czegoś); **he's a ~ man** jest zapracowanym człowiekiem; **to look ~** sprawiać wrażenie zapracowanego; **to be too ~ to do sth** być zbyt zajętym, żeby coś zrobić; **to keep oneself/sb ~** *[person]* znaleźć sobie/komuś zajęcie; **I try to keep ~** staram się czymś zająć; **that should keep them ~ for a while!** to ich na jakiś czas zajmie!; **new orders are keeping the factory ~** dzięki nowym zamówieniom fabryka ma co robić; **to get ~** infml wziąć or zabrać się do roboty [2] *[day, week]* pracowity; *[airport, street]* ruchliwy; *[shop, office]* pełen ruchu; **to lead a ~ life** prowadzić aktywne życie; **the busiest time of year** najbardziej pracowity okres roku; **were the shops ~?** czy w sklepach był duży ruch?; **the town's always ~ on Saturdays** w sobotę w mieście jest zawsze duży ruch [3] (engaged) *[line, photocopier]* zajęty [4] (overelaborate) *[wallpaper, design]* wymyślny, ekstrawagancki [5] US (prying) wścibski, ciekawski
III *vr* **to ~ oneself** zaj|ąć, -mować się **(with sth/doing sth** czymś/robieniem czegoś); **she busied herself in the garden** pracowała w ogrodzie

busy bee US **I** *n* (person) pracuś *m*, mrówa *f* infml
II **busy bees** *npl* (gossip) plotki *f pl*

busybody /ˈbɪzɪbɒdɪ/ *n* infml intrygant *m*, -ka *f*; **he's a real ~** on jest bardzo wścibski

busy Lizzie *n* GB Bot niecierpek *m*

busy signal *n* US Telecom sygnał *m* zajęty

busy work *n* US Sch ≈ zajęcia *n pl* świetlicowe

but /bʌt, bət/ **I** *adv* [1] (only, just) tylko; **if I could ~ remember her name** gdybym tylko mógł sobie przypomnieć jej imię; **there are ~ two possibilities** są tylko dwie możliwości; **he's ~ a child** to tylko dziecko; **I can ~ try** mogę jedynie spróbować; **one can't help ~ admire her** nie można jej nie podziwiać; **they cannot ~ be right** muszą mieć rację, na pewno mają rację [2] US infml (for emphasis) **go there ~ fast!** idź tam, i to szybko!; **they're rich, ~ I mean rich!** są bogaci, i to jak!; **you're really bugging me ~ good!** wkurzasz mnie, i to jak! infml
II *prep* (except) tylko nie (ktoś/coś), poza (kimś/czymś), (o)prócz (kogoś/czegoś), jak nie (ktoś/coś), jeżeli nie (ktoś/coś); **anything ~ that** wszystko, tylko nie to; **anybody ~ him** wszyscy, tylko nie on; **everybody ~ Adam will be there** będą tam wszyscy poza Adamem; **nobody ~ me knows how to do it** tylko ja wiem, jak to zrobić; **it's nothing ~ an insult** to po prostu obelga; **he's nothing ~ a coward** jest po prostu tchórzem; **he does nothing ~ disturb people** tylko denerwuje innych; **there's nothing for it ~ to wait** nie pozostaje nic innego, jak tylko czekać; **where ~ in London?** gdzieżby indziej, jak nie w Londynie?; **who could do it ~ you?** któż inny mógłby to zrobić, jak nie ty?; **and whom should I meet in town ~ Robert!** i kogóż to spotykam w mieście, jak nie Roberta!; **the last ~ one** przedostatni, drugi od końca; **the next street ~ one** dwie przecznice dalej → **all**
III **but for** *prep phr* gdyby nie (ktoś/coś); **~ for you, I would have died** gdyby nie ty, umarłbym; **we would have married ~ for the war** pobralibyśmy się, gdyby nie wojna
IV *conj* [1] (expressing contrast, contradiction) ale; lecz fml; **it's not an asset ~ a disadvantage** to nie zaleta, ale or lecz wada; **I'll do it, ~ not yet** zrobię to, ale jeszcze nie teraz; **I agree, ~ I may be wrong** zgadzam się, ale or choć mogę się mylić [2] (yet) ale, chociaż; lecz fml; **cheap ~ nourishing** tani, ale pożywny; **he nodded, ~ he didn't say anything** skinął głową, ale or lecz nic nie powiedział; **~ then** (however, still) ale przecież, ale koniec końców; (in that case) ale w takim przypadku, ale wobec tego; **~ then you never were very ambitious, were you?** ale przecież or koniec końców nigdy nie byłeś zbyt ambitny; **~ then he must have lied to us!** ale w takim przypadku or wobec tego oszukał nas! [3] (instead, rather) ale; lecz fml; **it wasn't Adam ~ Maria who told me** to nie Adam powiedział mi, ale or lecz Maria; **she's not Greek ~ Albanian** ona nie jest Greczynką, ale or lecz Albanką; **not only did she hit him, ~ she also...** nie tylko go uderzyła, ale także... [4] (expressing reluctance, protest) ależ, (ale) przecież; **~ that's ridiculous!** ależ or przecież to śmieszne!; **~ we can't afford it!** ale przecież nie stać nas na to!; **~ that's wonderful!** to cudowne! [5] (in apologies) ale; **excuse me, ~...** przepraszam, (ale)...; **I may be old-fashioned, but...** może jestem staromodny, ale... [6] (for emphasis) **I've searched everywhere, ~ everywhere** szukałem wszędzie, ale to wszędzie; **nothing, ~ nothing will persuade him to do it** nic, absolutnie nic, nie skłoni go do zrobienia tego or żeby to zrobić [7] (adding to the discussion) ale; **~ now to the main question** ale powróćmy do głównego zagadnienia; **~ first, let's consider the advantages** ale najpierw zajmijmy się korzyściami or zaletami [8] liter (except that) żeby, żeby nie; **never a day passes ~ I'm reminded of him** nie ma dnia, żebym go nie wspominał
V **but that, but what** *conj phr* dat **I don't doubt ~ that it's the right thing to do** nie mam wątpliwości, że tak należy postąpić; **who knows ~ that he may come?** któż wie, czy on przyjdzie?; **I don't doubt ~ what you are right** nie mam wątpliwości, że masz rację
IDIOMS: **no ~s (about it)** żadnych ale; **~ me no ~s** tylko bez żadnych ale; **~, and this is a big ~** i to jest poważne ale

butane /ˈbjuːteɪn/ *n* butan *m*

butanol /ˈbjuːtənɒl, US -nɔːl/ *n* alkohol *m* butylowy, butanol *m*

butch /bʊtʃ/ infml offensive **I** *n* (woman) babochłop *m* infml; (lesbian) lezba *f* infml offensive; (man) macho *m inv*
II *adj [woman, appearance, manner]* męski

butcher /ˈbʊtʃə(r)/ **I** *n* [1] (occupation) rzeźni|k *m*, -czka *f*; **the ~'s (shop)** sklep mięsny; **a ~'s boy** GB pomocnik rzeźnika; **~'s meat** mięso od rzeźnika [2] fig (murderer) rzeźnik *m* fig [3] (bad worker) partacz *m* [4] US (candy-seller) sprzedawca słodyczy *(w pociągach)*
II *vt* [1] za|rżnąć, -rzynać *[animal]*; roz|ebrać, -bierać *[meat]* [2] fig (kill) z|masakrować *[victims, prisoners]* [3] fig (ruin) s|partaczyć *[work, piece of music]* [4] US sprzed|ać, -awać *[sweets, candy]*
IDIOMS: **to have** or **take a ~'s (hook)** GB infml zapuścić żurawia infml; rzucić okiem, zerknąć **(at sb/sth** na kogoś/coś)

butchery /ˈbʊtʃərɪ/ *n* [1] (trade) rzeźnictwo *n*; (of meat) rozbieranie *n*; (of animals) zarzynanie *n* [2] GB arch (shop) rzeźnik *m* dat [3] (brutal killing) masakra *f*, jatki *f pl*

butler /ˈbʌtlə(r)/ *n* kamerdyner *m*; **~'s pantry** kredens, pokój kredensowy

butt[1] /bʌt/ *n* [1] (end) grubszy koniec *m*; (of rifle) kolba *f*; (of cigarette) niedopałek *m* [2] US infml (buttocks) tyłek *m*, zadek *m* infml; **get off your ~!** rusz tyłek!; **~ naked** kompletnie goły [3] US infml (cigarette) pet *m* infml

butt[2] /bʌt/ **I** *n* [1] (of jokes, criticism) **the ~ of sb's jokes/criticism** obiekt *m* or cel *m* żartów/krytyki ze strony kogoś; **to be a ~ for ridicule** być pośmiewiskiem [2] (on shooting range) (mould) nasyp *m (za strzelnicą)*; (target) tarcza *f* strzelnicza; **the ~s** (+ *v sg*) strzelnica *f*; **at the ~s** na strzelnicy
II *vt* Constr po|łączyć (coś) na styk *[boards]*

butt[3] /bʌt/ **I** *n* (by goat, ram) tryknięcie *n*; (by person) uderzenie *n* głową; **the goat gave me a ~ in the stomach** kozioł tryknął or ubódł mnie w brzuch; **he gave me a head ~** uderzył mnie głową

B

II *vt [bull, goat, ram]* u|bóść; *[goat, ram]* tryk|nąć, -ać; *[person]* uderz|yć, -ać głową
■ **butt in** wtrąc|ić, -ać się; **sorry to ~ in but...** przepraszam, że się wtrącam, ale...; **to ~ in on sb** przerywać komuś; **to ~ in on sb's conversation/private life** wtrącać się do rozmowy kogoś/w prywatne życie kogoś; **to ~ in on a meeting** wtargnąć na zebranie; **'I don't think so,' she ~ed in** „nie sądzę", wtrąciła
■ **butt into** wtrąc|ić, -ać się do (czegoś) *[conversation, affairs]*
■ **butt out** US infml odczepi|ć, -ać się infml; **~ out!** odczep się!

butt[4] /bʌt/ *n* (of wine, beer) beczka *f*

butter /ˈbʌtə(r)/ **I** *n* masło *n*
II *vt* po|smarować masłem *[bread, baking tin]*; okra|sić, -szać masłem *[vegetables]*
■ **butter up** infml: **~ up [sb], ~ [sb] up** podliz|ać, -ywać się (komuś) infml; (praise) kadzić (komuś) infml
IDIOMS: **to look as if ~ wouldn't melt in one's mouth** mieć minę niewiniątka; **like a knife through ~** gładko, z łatwością → **bread, parsnip**

butter-and-eggs /ˌbʌtərənˈegz/ *n (+ v sg)* Bot lnica *f* pospolita

butterball /ˈbʌtəbɔːl/ *n* [1] Culin kulka *f* z masła [2] US infml (chubby person) tłuścioszek *m*, -ka *f* [3] Zool gągoł *m*

butterbean /ˈbʌtəbiːn/ *n* Culin fasola *f* limeńska or półksiężycowata

butterbur /ˈbʌtəbɜː(r)/ *n* Bot lepiężnik *m*

buttercup /ˈbʌtəkʌp/ *n* Bot jaskier *m*

butter dish *n* maselniczka *f*

butterfingered /ˈbʌtəfɪŋgəd/ *adj* niezdarny, niezgrabny

butterfingers /ˈbʌtəfɪŋgəz/ *n (+ v sg)* infml niezdara *f/m*; niezgrabiasz *m* infml

butterfish /ˈbʌtəfɪʃ/ *n* Zool ostropłetwowiec *m*

butterfly /ˈbʌtəflaɪ/ *n* [1] Zool motyl *m* [2] fig (female) trzpiotka *f*; (male) lekkoduch *m* [3] Sport = **butterfly stroke**
IDIOMS: **to have butterflies (in one's stomach)** denerwować się, mieć tremę

butterfly kiss *n* muśnięcie *n* wargami; **to give sb a ~** musnąć kogoś wargami

butterfly net *n* siatka *f* na motyle

butterfly nut *n* Tech nakrętka *f* motylkowa or skrzydełkowa

butterfly stroke *n* Sport motylek *m*, styl *m* motylkowy

butterfly valve *n* zawór *m* motylkowy or skrzydełkowy

butterhead lettuce /ˌbʌtəhedˈletɪs/ *n* US sałata *f* masłowa

butter knife *n* nóż *m* do masła

buttermilk /ˈbʌtəmɪlk/ *n* maślanka *f*

butter muslin *n* etamina *f*

butternut /ˈbʌtənʌt/ *n* orzech *m* szary

butterscotch /ˈbʌtəskɒtʃ/ **I** *n* (sweet) cukierek *m* mleczny; (flavour) karmel *m*
II *modif [ice cream]* karmelowy; *[icing]* kajmakowy

butter tree *n* Bot pomaśla *f* właściwa, drzewo *n* masłowe

butterwort /ˈbʌtəwɜːt/ *n* Bot tłustosz *m*

buttery[1] /ˈbʌtərɪ/ *adj* [1] *[substance, mixture, taste]* maślany; *[fingers, paper]* umazany masłem [2] fig infml (obsequious) lizusowaty, podlizuchowaty infml

buttery[2] /ˈbʌtərɪ/ *n* [1] GB Univ bar *m*, bufet *m* [2] (teashop) herbaciarnia *f* [3] (storeroom) spiżarnia *f*

buttock /ˈbʌtək/ *n* pośladek *m*

button /ˈbʌtn/ **I** *n* [1] (on garment) guzik *m*; **to do up/undo a ~** zapiąć/rozpiąć guzik; **chocolate ~s** fig drażetki czekoladowe [2] (switch) przycisk *m*, guzik *m*; **to push** or **press a ~** nacisnąć przycisk or guzik [3] (on sword) bezpiecznik *m* [4] (bud) pąk *m*, pączek *m* [5] US infml (chin) broda *f* [6] Comput przycisk *m* [7] US (badge) znaczek *m*, odznaka *f*
II buttons, Buttons *npl (+ v sg)* GB infml dat (in hotel) boy *m* hotelowy
III *vt* = **button up**
IV *vi [garment]* zapinać się (na guziki); **to ~ at the back** zapinać się or mieć zapięcie z tyłu
■ **button up**: ¶ **~ up** infml *[person]* zam|knąć, -ykać się w sobie ¶ **~ up [sth], ~ [sth] up** zapi|ąć, -nać, po|zapinać (na guziki) *[coat, shirt, blouse]*; **~ (up) your lip!** infml zamknij się! infml; **the matter is all ~ed up** infml sprawa jest już zapięta na ostatni guzik
IDIOMS: **as bright as a ~** bardzo bystry; **to be a ~ short** infml być przygłupem infml; **to have all one's ~s** infml mieć głowę na karku infml; **it's not worth a ~** to jest guzik warte infml; **I don't care a ~** guzik mnie to obchodzi infml; **at the push of a ~** (easily) bez trudu; **right on the ~** US infml (on time) punktualnie; (exactly) dokładnie; **she was right on the ~ when she said that...** trafiła w samo sedno mówiąc, że...

button-down /ˈbʌtndaʊn/ *adj [shirt]* z wyłogami kołnierzyka przypinanymi na dwa guziki; *[collar]* z przypinanymi rogami

buttoned-up /ˌbʌtndˈʌp/ *adj* infml [1] *[matter, agreement]* zapięty na ostatni guzik fig [2] *[person]* spięty, sztywny

buttonhole /ˈbʌtnhəʊl/ **I** *n* [1] (for button) dziurka *f* od guzika; (for flower) butonierka *f* [2] GB (flower) kwiat *m* do butonierki
II *vt* [1] Sewing obdzierg|ać, -iwać [2] infml (accost) dorwać, -ywać infml; **to ~ sb about sth** zagadnąć kogoś o coś

buttonholer /ˈbʌtnhəʊlə(r)/ *n* (on sewing machine) stopka *f* do obrębiania dziurek

buttonhole stitch *n* ścieg *m* dziergany

buttonhook /ˈbʌtnhʊk/ *n* haczyk *m* do zapinania guzików

button mushroom *n* młoda pieczarka *f*

button-through /ˌbʌtnˈθruː/ *adj [dress, skirt]* zapinany od góry do dołu na guziki

buttress /ˈbʌtrɪs/ **I** *n* [1] Archit przypora *f*, skarpa *f*, szkarpa *f*; **flying ~** łuk odporowy or przyporowy or wsporny [2] fig oparcie *n*, fundament *m*
II *vt* [1] pod|eprzeć, -pierać, wzm|ocnić, -acniać [2] fig um|ocnić, -acniać *[company, power]*; doda|ć, -wać mocy (czemuś) *[argument]*

butty /ˈbʌtɪ/ *n* GB dial kanapka *f*

buxom /ˈbʌksəm/ *adj [woman]* dorodna; (with large breasts) piersiasta

buy /baɪ/ **I** *n* **a good/bad ~** udany /nieudany zakup *m*; **her latest ~** jej ostatni nabytek or zakup
II *vt* **(pt, pp bought)** [1] (purchase) kup|ić, -ować *[food, car, shares, house]*; zakup|ić, -ywać, naby|ć, -wać fml *[car, house]*; **to ~ sth from** or **off** infml **sb** kupić coś od kogoś; **to ~ sth from the supermarket/the baker's/Woolworth's** kupić coś w supermarkecie/w piekarni/u Woolwortha; **to ~ sth for sb** kupić coś dla kogoś; **to ~ sb sth** kupić komuś coś; **to ~ something cheap** kupić coś taniego; **to ~ a dress cheap** tanio kupić sukienkę; **this is the right/wrong time to ~** to dobry/zły moment na inwestycje; **the best that money can ~** najlepsze, co można dostać (za pieniądze); **the best car that money can ~** najlepszy ze wszystkich samochodów; **the dollar ~s more than last year** wartość dolara wzrosła w stosunku do zeszłego roku [2] (obtain with money) kup|ić, -ować *[freedom, friends, silence, loyalty]*; **happiness can't be bought** szczęścia nie można kupić; **the victory was dearly bought** fig zwycięstwo zostało drogo okupione; **we managed to ~ some time** fig zyskaliśmy trochę na czasie [3] (bribe) kup|ić, -ować, przekup|ić, -ywać *[person]*; **she can't be bought** jest nieprzekupna, nie da się jej (prze)kupić [4] (treat sb) **to ~ sb a drink/lunch** postawić komuś drinka /lunch [5] infml (believe) da|ć, -wać się nabrać na (coś), kupić infml *[story, excuse]*; **I'm not ~ing that!** nie dam się na to nabrać!; **she bought it!** kupiła to!, dała się nabrać!
III *vr* *(pt, pp* **bought) to ~ oneself sth** kup|ić, -ować coś sobie
■ **buy in** GB: **~ in [sth], ~ [sth] in** skup|ić, -ować *[shares]*; nakup|ić, -ować *[provisions, coal]*
■ **buy into**: **~ into [sth]** Comm naby|ć, -wać udziały w (czymś) *[firm, partnership]*
■ **buy off**: **~ off [sb], ~ [sb] off** przekup|ić, -ywać *[witness]*
■ **buy out**: **~ out [sb], ~ [sb] out** Comm wykup|ić, -ywać udziały (kogoś), spłac|ić, -ać (kogoś) *[co-owner]*; Mil wykup|ić, -ywać (od służby w wojsku) *[soldier]*
■ **buy over**: **~ [sb] over** przekup|ić, -ywać *[person]*
■ **buy up**: **~ up [sth], ~ [sth] up** skup|ić, -ować *[goods, shares]*; wykup|ić, -ywać *[land, houses, firm]*; nakup|ić, -ować *[provisions]*
IDIOMS: **to ~ it** infml (die) zginąć *(w wypadku, na wojnie)*

buyback /ˈbaɪbæk/ *n* odkupienie *n*, odkupywanie *n*

buyer /ˈbaɪə(r)/ *n* [1] (purchaser) nabywca *m*, kupiec *m*; (customer) kupujący *m*; **to find a ~ for one's house** znaleźć kupca na dom; **the goods on display attracted no ~s** wystawione towary nie znajdowały nabywców; **a ~'s market** rynek nabywcy or kupującego [2] (occupation) zaopatrzeniowiec *m*

buying /ˈbaɪɪŋ/ *n* kupowanie *n*

buying power *n* Comm siła *f* nabywcza

buyout /ˈbaɪaʊt/ *n* Comm wykup *m* (akcji); **a management ~** wykup akcji przez kierownictwo → **leveraged buyout**

buzz /bʌz/ **I** *n* [1] (of insect) bzyczenie *n*, brzęczenie *n*, bzyk *m*; (of voices, conversation) gwar *m* [2] infml (phone call) **to give sb a ~** zadzwonić do kogoś; **a quick** or **short ~ will be enough** wystarczy krótki telefon

3 infml (thrill) **to get a ~ from sth/out of doing sth** rajcować się czymś/robieniem czegoś infml; **I get a ~ from it, it gives me a ~** to mnie rajcuje infml; **a party with a real ~** odlotowa impreza infml 4 infml (rumour, news) **there's a ~ going round that...** chodzą słuchy, że...; **the ~ is that...** wieść niesie, że...; **what's the ~?** co nowego?

II *vt* 1 (by buzzer, intercom) w|ezwać, -zywać; (phone) US za|dzwonić do (kogoś) 2 Aviat przel|ecieć, -atywać tuż nad (kimś/czymś); Mil przel|eciać, -atywać lotem koszącym nad (czymś)

III *vi* 1 *[insects]* bzy|knąć, -czeć, za|brzęczeć; *[intercom, telephone]* za|dzwonić, za|brzęczeć; **~ if you know the answer** proszę nacisnąć przycisk, jeśli znają państwo odpowiedź 2 *[ears, head]* pękać **(with sth** od czegoś**)**; **all the talk made my head ~** od tej gadaniny pękała mi głowa; **her head ~ed with thoughts** w głowie jej huczało od natłoku myśli 3 *[town, office]* za|wrzeć **(with sth** od czegoś**)**; **the town ~ed with rumours** w mieście wrzało od plotek; **the house was ~ing with activity** w domu wrzało jak w ulu 4 (signal with buzzer) za|dzwonić; **did you ~, Madam?** czy pani dzwoniła?

■ **buzz off** GB infml zmy|ć, -wać się infml; **~ off!** zjeżdżaj!, spadaj! infml

buzzard /ˈbʌzəd/ *n* 1 Zool myszołów *m* 2 dat pej (person) zgred *m* infml pej

buzz bomb /ˈbʌzbɒm/ *n* infml bomba *f* latająca

buzzer /ˈbʌzə(r)/ *n* brzęczyk *m*, dzwonek *m*

buzzing /ˈbʌzɪŋ/ **I** *n* (of insects) bzyczenie *n*, brzęczenie *n*; (of buzzer) brzęczenie *n*, dzwonienie *n*; **I have a ~ in my ears** dzwoni mi w uszach

II *adj* (lively) *[town]* tętniący życiem; *[atmosphere]* ożywiony; *[party]* wesoły, huczny

buzz saw *n* piła *f* tarczowa

buzzword /ˈbʌzwɜːd/ *n* infml modne powiedzonko *n* infml

BVDs® /biːviːˈdiːz/ *npl* US bielizna *f* męska

BVM *n* = **Blessed Virgin Mary** Relig **the ~** Najświętsza Maria *f* Panna *f*, NMP

b/w = **black and white**

BWR *n* = **boiling water reactor**

by /baɪ/ **I** *prep* 1 (indicating agent, cause) przez (kogoś/coś); **he was bitten by a snake** został ukąszony przez węża; **the house was designed by a famous architect** dom został zaprojektowany przez słynnego architekta; **a building destroyed by fire** budynek zniszczony przez pożar; **we were forgotten by all our friends** wszyscy nasi znajomi zapomnieli o nas; **a film by Chabrol** film Chabrola; **a novel by Virginia Woolf** powieść Virginii Woolf; **who is this poem by?** czyj to wiersz?, kto napisał ten wiersz? 2 (indicating means, method) **made by hand** wykonane ręcznie; **to travel by car/train/plane** podróżować samochodem/pociągiem/samolotem; **by bicycle** rowerem, na rowerze; **to pay by cheque/credit card** zapłacić czekiem /kartą kredytową; **you can reach me by phone** możesz się ze mną skontaktować telefonicznie; **I sent the letter by registered mail** wysłałem list polecony; **by moonlight** przy świetle księżyca; **to dine by candlelight** jeść kolację przy świecach; **to read by candlelight** czytać przy świecy; **to navigate by the stars** żeglować podług gwiazd or kierując się gwiazdami; **I know her by sight** znam ją z widzenia; **I took him by the hand** wziąłem go za rękę; **she was holding it by the handle** trzymała to za uchwyt; **I'll begin by introducing myself** zacznę od przedstawienia się, najpierw przedstawię się 3 (owing to, from) **by accident/mistake** przez przypadek/pomyłkę; **by chance** przypadkiem, przypadkowo; **by an amazing coincidence** dziwnym trafem; **she's Polish by birth** jest Polką z pochodzenia or z urodzenia; **he is an architect by profession** or **trade** z zawodu jest architektem; **by nature/disposition** z natury /usposobienia; **he had two children by his second wife** z drugą żoną miał dwójkę dzieci; **by being too extreme, they have lost public support** przez nadmierny radykalizm utracili poparcie społeczne 4 (according to, from evidence of) **by my watch it is three o'clock** na moim zegarku jest trzecia; **I could tell by the look on his face that he was angry** po jego minie poznałem, że jest zły; **what did you understand by his remark?** jak zrozumiałeś jego uwagę?; **I knew him by his walk** poznałem go po chodzie; **judging by what you say...** sądząc po tym, co mówisz...; **by the look of things, we are too late** wygląda na to, że się spóźniliśmy; **is it all right by you if I smoke?** czy nie masz nic przeciwko temu, że zapalę?; **that's fine by me** jeśli chodzi o mnie, to wszystko w porządku 5 (in accordance with) **forbidden by law** zakazany przez prawo; **to play by the rules** postępować zgodnie z regułami gry; **it seems primitive by western standards** według norm zachodnich wydaje się prymitywne 6 (via, passing through) przez (coś); **we entered by the back door** weszliśmy drzwiami od tyłu or tylnymi drzwiami; **we travelled to Rome by Venice and Florence** jechaliśmy do Rzymu przez Wenecję i Florencję 7 (near, beside) koło (kogoś/czegoś), obok (kogoś/czegoś); **by the bed/the window** koło or obok łóżka/okna; **come and sit by me** usiądź koło or obok mnie; **by the sea** nad morzem, na morskim brzegu; **I always keep some money by me** US zawsze mam przy sobie trochę pieniędzy 8 (past) koło (kogoś/czegoś), obok (kogoś/czegoś); **she walked right by me** przeszła tuż koło or obok mnie; **they passed us by in their car** minęli nas samochodem; **we've already gone by that house** już raz mijaliśmy ten dom; **please let us get by** proszę nas przepuścić 9 (before, not later than) do, przed; **she was told to be home by 9** kazano jej wrócić (do domu) przed dziewiątą or najpóźniej o dziewiątej; **it must be done by four o'clock/next Thursday** to musi być zrobione do czwartej/do przyszłego czwartku; **by this time next week we'll be in Rome** o tej porze w przyszłym tygodniu będziemy w Rzymie; **by the time he arrived, the others had left** zanim się zjawił, pozostali wyszli; **he ought to be here by now** powinien już tu być; **by now it was clear that they were going to win** w tym momencie było wiadomo, że wygrają; **but by then it was too late** ale wtedy było już za późno 10 (during) **by day as well as by night** w dzień i w nocy, dniem i nocą; **by daylight** w dzień, za dnia; **Rome by night** Rzym nocą or by night 11 (indicating extent of difference) o; **prices have risen by 20%** ceny wzrosły o 20%; **he's taller than me by two centimetres** jest ode mnie wyższy o dwa centymetry; **we missed the train by seconds** spóźniliśmy się na pociąg o kilka sekund; **she is by far the cleverest** jest zdecydowanie najzdolniejsza; **it's better by far** to znacznie lepiej 12 (indicating measurement) na; **a room 20 metres by 10 metres** pokój 20 metrów na 10 13 Math (in multiplication, division) przez; **divide six by three** podziel sześć przez trzy; **10 multiplied by 5 is 50** dziesięć razy pięć równa się pięćdziesiąt 14 (indicating rate, quantity) **to sell/buy sth by the metre/kilo** sprzedawać/kupować coś na metry/kilogramy; **to be paid by the hour/batch** dostawać zapłatę od godziny/partii; **we gathered apples by the bagful** zbieraliśmy jabłka całymi workami; **they produce them by the thousand** produkują ich tysiące 15 (in successive degrees, units) **little by little** po trochu; **day by day** dzień po dniu, z dnia na dzień; **one by one** jeden po drugim; **step by step** krok po kroku, krok za krokiem 16 Naut (in compass directions) **south by south-west** południe południowy zachód 17 (alone, without assistance) **by oneself** sam, sama, samo; **he did it all by himself** zrobił to wszystko sam; **I need to be by myself** chcę być sam; **I don't like to leave them by themselves** nie lubię zostawiać ich samych 18 (in promises, oaths) **by God, you'll be sorry you said that!** na Boga, jeszcze pożałujesz swoich słów!; **I swear by all that's holy, I never did it!** przysięgam na wszystko, co najświętsze, że nie zrobiłem tego!; **I swear by Almighty God** przysięgam na Boga Wszechmogącego

II *adv* 1 (past) obok; **to walk by** przejść obok; **she walked by without seeing me** przeszła obok nie dostrzegając mnie; **they watched the parade march by** oglądali przemarsz defilady; **a lot of time has gone by since then** (od tamtej chwili) minęło wiele czasu; **as time goes by** w miarę upływu czasu, z czasem 2 (near) w pobliżu, niedaleko, blisko; **he lives close by** mieszka niedaleko or w pobliżu 3 (aside, in reserve) **to put money by** odkładać pieniądze; **keep some food by, just in case** zostaw trochę jedzenia na wszelki wypadek 4 (to one's house) **come by for a drink** wpadnij na drinka; **I'll stop by after work** wpadnę po pracy

III by and by *adv phr* z czasem; **you'll forget him by and by** z czasem o nim zapomnisz

IV by and large *adv phr* ogólnie rzecz biorąc, w sumie; **by and large it hasn't**

B

been a bad year ogólnie rzecz biorąc or w sumie nie był to zły rok

V by the bye *adv phr* nawiasem mówiąc, à propos; **by the bye, he said he might call round tonight** nawiasem mówiąc, powiedział, że może wpadnie dziś wieczorem; **he mentioned it by the bye** wspomniał o tym mimochodem; **my parents weren't wealthy either, but that's just by the bye** moi rodzice również nie byli zamożni, ale to tak nawiasem (mówiąc)

bye /baɪ/ **I** *n* GB Sport **to have** or **get a ~** wygrać walkowerem

II *excl* infml do widzenia!; pa! infml; **~ for now!** na razie! infml

bye-bye /ˈbaɪbaɪ, bəˈbaɪ/ infml **I** *excl* do widzenia!; pa, pa! infml

II *adv* baby talk **to go (to) ~s** GB iść spać; **it's time to go ~** US czas się pożegnać

by(e)-election /ˈbaɪɪlekʃn/ *n* GB wybory *plt* uzupełniające

byelaw *n* = **bylaw**

Byelorussia /ˌbjeləʊˈrʌʃə/ *prn* Białoruś *f*

Byelorussian /ˌbjeləʊˈrʌʃn/ **I** *n* [1] (person) Białorus *m*, Białorusin *m*, -ka *f* [2] Ling (język *m*) białoruski *m*

II *adj* białoruski

bygone /ˈbaɪgɒn/ **I bygones** *npl* (mementoes) przeżytki *m pl*

II *adj [days, years]* miniony; *[generations]* dawny; **a ~ age** or **era** miniona epoka

IDIOMS: **to let ~s be ~s** zapomnieć o urazach; **let ~s be ~s** co było, to było; zapomnijmy o urazach

bylaw /ˈbaɪlɔː/ *n* [1] (of local authority) rozporządzenie *n* władz lokalnych [2] Comm (of company) przepis *m* wewnętrzny

by-line /ˈbaɪlaɪn/ *n* [1] Journ nazwisko *n* autora *(na początku artykułu)* [2] Sport linia *f* bramkowa

BYOB *n* = **bring your own bottle** (on invitation) ≈ każdy przynosi alkohol

bypass /ˈbaɪpɑːs, US -pæs/ **I** *n* [1] Aut obwodnica *f* [2] Med pomost *m* omijający, bypass *m* [3] (for gas, electricity) obejście *n*

II *vt* Aut omi|nąć, -jać *[town, city]*; fig pomi|nąć, -jać *[issue, question]*; omi|nąć, -jać *[law, procedure]*; **she ~ed her immediate superior and went to talk to the director** pominęła swego bezpośredniego przełożonego i poszła porozmawiać z dyrektorem; **we ~ed France on our way to Italy** w drodze do Włoch przejechaliśmy przez Francję

bypass operation *n* Med pomostowanie *n*; **he had a ~** miał wszczepiony pomost or bypass

bypass surgery *n* pomostowanie *n* naczyń wieńcowych

byplay /ˈbaɪpleɪ/ *n* Theat wątek *m* poboczny

by-product /ˈbaɪprɒdʌkt/ *n* Biol, Ind produkt *m* uboczny; fig (consequence) efekt *m* uboczny

byre /ˈbaɪə(r)/ *n* GB obórka *f*

byroad /ˈbaɪrəʊd/ *n* boczna droga *f*

bystander /ˈbaɪstændə(r)/ *n* (spectator) bierny widz *m*, obserwator *m*; (witness) naoczny świadek *m*; **a ~ helped him to his feet** jakiś przypadkowy człowiek pomógł mu wstać; **several innocent ~s were killed by the blast** wybuch zabił kilka przypadkowych osób

byte /baɪt/ *n* Comput bajt *m*

byway /ˈbaɪweɪ/ *n* boczna droga *f*; fig (of history, literature) peryferie *plt* fig

byword /ˈbaɪwɜːd/ *n* dewiza *f*; **caution is his ~** jego dewizą jest ostrożność; **a ~ for sth** synonim czegoś; **our name is a ~ for quality** nasza nazwa to synonim wysokiej jakości, nasza nazwa kojarzy się z wysoką jakością

by-your-leave /ˌbaɪjəˈliːv/ *n* **without so much as a ~** nawet nie zapytawszy o pozwolenie

Byzantine /baɪˈzæntaɪn, ˈbɪzəntaɪn/ **I** *n* Bizantyj|czyk *m*, -ka *f*

II *adj* [1] *[art, Empire, influence]* bizantyjski, bizantyński [2] (labyrinthine) *[regulations, system, traditions]* zawiły, skomplikowany

Byzantium /bɪˈzæntɪəm/ *prn* Hist Bizancjum *n*

C

c, C /siː/ *n* [1] (letter) c, C *n* [2] C Mus c, C, do *n*; **sonata in C major/minor** sonata C-dur/c-mol; **C flat/sharp** ces/cis [3] = **century** wiek *m*, w.; **c19th, C19th** XIX w., 19. w. [4] c = **circa** około, ok.; circa, ca; **c1890** ok. or ca 1890 [5] c = **carat** karat *m*, kr [6] c US = **cent** 7 C GB Sch (grade) stopień *m* dostateczny, dst. [8] C = **Celsius, centigrade**

CA US Post = **California** [2] → **Central America** [3] GB Fin → **chartered accountant**

C/A *n* [1] Fin → **capital account** [2] Fin → **credit account** [3] Fin → **current account**

CAA *n* GB → **Civil Aviation Authority**

cab /kæb/ *n* [1] (taxi) taksówka *f*; (horse-drawn) dorożka *f*; **to go by** or **in a ~** pojechać taksówką/dorożką [2] (in lorry, tractor) szoferka *f*; (in crane) kabina *f* operatora

CAB *n* [1] GB → **Citizens' Advice Bureau** [2] US → **Civil Aeronautics Board**

cabal /kəˈbæl/ *n* [1] (clique) klika *f*, koteria *f* [2] (plot) intryga *f* **(against sb** przeciw komuś)

cabana /kəˈbɑːnə/ *n* US kabina *f* plażowa

cabaret /ˈkæbəreɪ, US ˌkæbəˈreɪ/ **I** *n* kabaret *m*

II *modif [artist, number]* kabaretowy

cabbage /ˈkæbɪdʒ/ *n* [1] Bot, Culin kapusta *f* [2] GB infml offensive (brain-damaged person) roślina *f*, warzywo *n* infml offensive [3] GB infml (dull person) ciamajda *m/f*, oferma *m/f* infml

cabbage lettuce *n* GB Bot, Culin sałata *f* głowiasta

cabbage rose *n* Bot róża *f* stulistna

cabbage white (butterfly) *n* Zool bielinek kapustnik *m*

cabbala /kəˈbɑːlə/ *n* (also **cabala, kabbalah)** Relig kabała *f*; fig wiedza *f* okultystyczna

cabbalistic /ˌkæbəˈlɪstɪk/ *adj* kabalistyczny; **~ signs** symbole or znaki kabalistyczne

cabby /ˈkæbɪ/ *n* infml [1] (taxidriver) taksiarz *m* infml [2] Hist (coachman) dorożkarz *m*

cab-driver /ˈkæbdraɪvə(r)/ *n* (taxidriver) taksówkarz *m*; Hist (coachman) dorożkarz *m*

caber /ˈkeɪbə(r)/ *n* Scot kłoda *f*; **tossing the ~** Sport rzut *m* kłodą *(sport uprawiany w Szkocji)*

cabin /ˈkæbɪn/ *n* [1] (hut) chata *f*; (in holiday camp) domek *m* kempingowy; **holiday ~** domek letniskowy; **log ~** chata z drewnianych bali [2] Naut kabina *f*, kajuta *f* [3] Aviat (for passengers) kabina *f* pasażerska; (cockpit) kabina *f* pilota; (for cargo) ładownia *f* [4] Aerosp kabina *f* statku kosmicznego [5] Rail (signal box) nastawnia *f* [6] GB (driver's compartment) kabina *f*, szoferka *f*

cabin boy *n* Hist chłopiec *m* okrętowy

cabin class *n* (on ship) druga klasa *f*

cabin crew *n* Aviat obsługa *f* kabiny pasażerskiej

cabin cruiser *n* łódź *f* motorowa z kabiną/kabinami

cabinet /ˈkæbɪnɪt/ **I** *n* [1] (cupboard) szafka *f*; (glass-fronted) serwantka *f*; **display ~** gablota, witryna; **television ~** obudowa telewizora; **cocktail** or **drinks ~** barek [2] Pol (also **Cabinet)** gabinet *m*, Rada *f* Ministrów

II *modif* Pol *[crisis]* gabinetowy; *[post]* ministerialny; **~ decision** decyzja podejmowana na szczeblu ministerialnym

cabinetmaker /ˈkæbɪnɪtmeɪkə(r)/ *n* stolarz *m* zajmujący się wyrobem mebli artystycznych; ebenista *m* dat

cabinetmaking /ˈkæbɪnɪtmeɪkɪŋ/ *n* stolarstwo *n* artystyczne

cabinet meeting *n* GB posiedzenie *n* gabinetu

cabinet minister *n* GB minister *m*, członek *m* gabinetu

cabinet reshuffle *n* GB przetasowania *n pl* w gabinecie

cabinetwork /ˈkæbɪnɪtwɜːk/ *n* stolarstwo *n* artystyczne

cabin trunk *n* kufer *m* podróżny

cable /ˈkeɪbl/ **I** *n* [1] (rope) lina *f*; **anchor ~** lina kotwiczna, łańcuch kotwiczny; **steel /suspension ~** lina stalowa/nośna; **accelerator/brake ~** linka gazu/hamulcowa [2] (electric) kabel *m*, przewód *m*; **to lay a ~** położyć kabel; **fibre-optic ~** GB, **fiberoptic ~** US światłowód; **high-voltage ~** kabel wysokiego napięcia; **overhead /power ~** kabel napowietrzny/elektroenergetyczny [3] (television) kabel *m* [4] US (telegram) depesza *f*, telegram *m* [5] Naut Meas **(~ length, ~'s length)** kabel *m*

II *vt* [1] (telegraph) przes|łać, -yłać telegraficznie *[message, money]*; **to ~ sb sth, to ~ sth to sb** przesłać komuś coś telegraficznie; **to ~ sb that...** powiadomić kogoś telegraficznie, że... [2] (provide with cables) za|łożyć, -kładać kable w (czymś); okablow|ać, -ywać *[house, area]* [3] (link to cable television) podłącz|yć, -ać do telewizji kablowej

III *modif* TV *[programme, television]* kablowy; **~ network** sieć telewizji kablowej

cable car *n* wagonik *m* kolejki linowej

cablegram /ˈkeɪblgræm/ *n* kablogram *m*, depesza *f*

cable-knit /ˈkeɪblnɪt/ *adj* **~ sweater** sweter *m* w warkocze or zrobiony ściegiem warkoczowym

cable layer *n* Naut kablowiec *m*

cable-laying /ˈkeɪblleɪɪŋ/ *n* układanie *n* kabla podwodnego; **~-laying ship** kablowiec

cable railway *n* kolejka *f* linowa naziemna

cable release *n* Phot wężyk *m* spustowy

cable stitch *n* ścieg *m* warkoczowy, warkocz *m*; **a ~ sweater** sweter w warkocze

cable television *n* telewizja *f* kablowa; kablówka *f* infml

cable TV *n* = **cable television**

cableway /ˈkeɪblweɪ/ *n* kolejka *f* linowa

caboodle /kəˈbuːdl/ *n* infml **the whole (kit and) ~** cały ten kram

caboose /kəˈbuːs/ *n* [1] GB Naut kuchnia *f* okrętowa, kambuz *m* [2] US Rail wagon *m* mieszkalny dla załogi pociągu towarowego

cab-rank /ˈkæbræŋk/ *n* postój *m* taksówek

cabstand /ˈkæbstænd/ *n* = **cab-rank**

ca'canny /kɑːˈkænɪ/ *n* GB dat umiar *m*, umiarkowanie *n*; **~ strike** strajk włoski

cacao /kəˈkɑːəʊ, -ˈkeɪəʊ/ *n* [1] (also **~ tree)** kakaowiec *m* [2] nasiona *n pl* kakaowca, ziarno *n* kakaowe

cache /kæʃ/ **I** *n* [1] (hoard) tajny skład *m*; **an arms ~, a ~ of arms** tajny skład broni [2] (place) kryjówka *f*

II *vt* ukry|ć, -wać

cache memory *n* Comput pamięć *f* podręczna

cachet /ˈkæʃeɪ, US kæˈʃeɪ/ *n* [1] (seal) pieczęć *f* [2] (distinguishing mark) znamię *n*, piętno *n* **(of sth** czegoś); (prestige) klasa *f*, prestiż *m*; **his works bears the ~ of genius** jego dzieło nosi znamiona geniuszu; **to give sb/sth a certain ~** przydać komuś/czemuś klasy [3] Pharm opłatek *m* (do leku)

cack-handed /ˌkækˈhændɪd/ *adj* GB infml niezdarny, niezgrabny

cackle /ˈkækl/ **I** *n* (of hen) gdakanie *n*; (noisy chatter) trajkot *m* infml; **a ~ of amusement** chichot; rechot infml; **cut the ~!** infml przestań trzaskać dziobem! infml

II *vi* [1] *[hen]* za|gdakać [2] *[person]* (talk) gdakać, trajkotać infml; (laugh) za|chichotać; za|rechotać pej

cackling /ˈkæklɪŋ/ *n* (of hens) gdakanie *n* also fig; (laughter) pej rechot *m* pej

cacophonous /kəˈkɒfənəs/ *adj* fml kakofoniczny

cacophony /kəˈkɒfənɪ/ *n* fml kakofonia *f*

cactus /ˈkæktəs/ *n* **(***pl* **cacti)** kaktus *m*

cad /kæd/ *n* GB infml dat drań *m*, łobuz *m*, łajdak *m*

Cad /kæd/ *n* US infml = **Cadillac** cadillac *m*

CAD *n* → **computer-aided design**

cadaver /kəˈdɑːvə(r), -ˈdeɪv-, US kəˈdævər/ *n* fml zwłoki *plt*

cadaverous /kəˈdævərəs/ *adj [paleness, appearance]* trupi; *[figure, face]* wynędzniały, wymizerowany
CADCAM /ˈkædkæm/ *n* Comput → **computer-aided design and computer-aided manufacture**
caddie, caddy /ˈkædɪ/ **I** *n* (in golf) osoba *f* nosząca za graczem kije
II *vi* **to ~ for sb** nosić komuś kije golfowe
caddie car(t) *n* wózek *m* do wożenia kijów golfowych
caddish /ˈkædɪʃ/ *adj* GB infm dat bezczelny
caddy /ˈkædɪ/ **I** *n* [1] US (shopping trolley) wózek *m* [2] GB (also **tea ~**) puszka *f* na herbatę [3] Sport = **caddie I**
II *vi* Sport = **caddie II**
Caddy /ˈkædɪ/ *n* = **Cadillac**
cadence /ˈkeɪdns/ *n* (intonation) intonacja *f*; (rhythm) tempo *n*, rytm *m*; Mus kadencja *f*
cadenza /kəˈdenzə/ *n* Mus kadencja *f* wirtuozowska
cadet /kəˈdet/ *n* Mil (also **officer ~**) kadet *m*, podchorąży *m*; (in police force) słuchacz *m* szkoły policyjnej
cadet corps *n* Sch przysposobienie *n* wojskowe
cadet school *n* Mil szkoła *f* wojskowa
cadetship /kəˈdetʃɪp/ *n* (scholarship) stypendium *n* dla słuchacza szkoły wojskowej
cadge /kædʒ/ *vt* infml pej **to ~ sth off** or **from sb** wyżebrać or wyłudzić or wycyganić infml coś od kogoś *[money, cigarette]*; **to ~ a dinner** wprosić się na obiad; **can I ~ a lift?** podwieziesz mnie?
cadger /ˈkædʒə(r)/ *n* infml pej pasożyt *m*, darmozjad *m*; (of money, meals) naciągacz *m*, -ka *f*
Cadiz /kəˈdɪz/ *prn* Kadyks *m*
cadmium /ˈkædmɪəm/ *n* kadm *m*
cadre /ˈkɑːdə(r), US ˈkædrɪ/ *n* [1] Mil kadra *f*, korpus *m* oficerski; Admin, Pol komórka *f* kadr [2] Pol (inner group) aktyw *m*; (person) aktywist|a *m*, -ka *f*
CAE *n* → **computer-aided engineering**
caecum GB, **cecum** US /ˈsiːkəm/ *n* kątnica *f*, jelito *n* ślepe
Caesar /ˈsiːzə(r)/ *prn* Juliusz Cezar *m*
IDIOMS: **render unto ~ what is ~'s** oddać cesarzowi, co cesarskie
Caesarea /ˌsiːzəˈrɪə/ *prn* Cezarea *f*
Caesarean, Caesarian /sɪˈzeərɪən/ *n* (also **~ section**) Med cesarskie cięcie *n*
caesium GB, **cesium** US /ˈsiːzɪəm/ *n* cez *m*
caesura /sɪˈzjʊərə, US sɪˈʒʊərə/ *n* (*pl* **-ras, -rae**) cezura *f*
CAF *n* → **cost and freight**
café /ˈkæfeɪ, US kæˈfeɪ/ *n* [1] tania restauracja *f* bez wyszynku; **pavement ~** GB, **sidewalk ~** US kawiarnia z ogródkiem [2] US restauracja *f*
café curtains *n* zazdrostki *f pl*
café society *n* kawiarniane towarzystwo *n*
cafeteria /ˌkæfəˈtɪərɪə/ *n* bar *m* szybkiej obsługi, bufet *m*; (in school, university, workplace) stołówka *f*, kantyna *f*
caff /kæf/ *n* GB infml dat = **café**
caffein(e) /ˈkæfiːn/ *n* kofeina *f*
caffein(e)-free /ˌkæfiːnˈfriː/ *adj* bezkofeinowy
caftan /ˈkæftæn/ *n* (also **kaftan**) kaftan *m*
cage /keɪdʒ/ **I** *n* [1] (for bird, animal) klatka *f*; (of lift) kabina *f*; (in a mine) klatka *f* (szybowa); (in prison) cela *f*; (in bank) boks *m* [2] infml (basketball) kosz *m*; (ice-hockey) bramka *f*, siatka *f*
II *vt* [1] zam|knąć, -ykać w klatce *[bird, animal]*; **a ~d animal** zwierzę trzymane w klatce; **to pace up and down like a ~d animal** chodzić (tam i z powrotem) jak tygrys w klatce [2] Sport **to cage the ball /puck** trafić do kosza/umieścić krążek w siatce
■ **cage in**: **~ in [sb], ~ [sb] in** ograni|cz|yć, -ać (komuś) swobodę; **to feel ~d in** czuć się jak w klatce
cagebird /ˈkeɪdʒbɜːd/ *n* ptak *m* hodowany w klatce
cagey /ˈkeɪdʒɪ/ *adj* [1] (wary) nieufny, podejrzliwy, ostrożny; *[answer]* wymijający; **to be ~ about doing sth** wahać się, czy coś zrobić; **she's very ~ about her family** niechętnie mówi o swojej rodzinie [2] US (shrewd) przebiegły, chytry
cagily /ˈkeɪdʒɪlɪ/ *adv* infml [1] (warily) *[behave]* nieufnie, podejrzliwie, z rezerwą; *[reply]* wymijająco [2] US (shrewdly) przebiegle, chytrze
caginess /ˈkeɪdʒɪnɪs/ *n* infml [1] (wariness) rezerwa *f*, wahanie *n* **(about sth** co do czegoś) [2] US (shrewdness) przebiegłość *f*
cagoule /kəˈguːl/ *n* nieprzemakalny skafander *m* z kapturem
cagy *adj* = **cagey**
cahoots /kəˈhuːts/ *npl* infml **to be in ~ with sb** być w zmowie z kimś
caiman *n* = **cayman**
Cain /keɪn/ *prn* Kain *m*
IDIOMS: **to raise ~** infml (get angry) wściekać się, robić piekło, pieklić się infml; (make noise) narobić wrzasku infml
caïque /kaɪˈiːk/ *n* kaik *m*
cairn /keən/ *n* [1] (of stones) kopiec *m* [2] (also **~ terrier**) cairn-terrier *m*
cairngorm /ˈkeəngɔːm/ **I** *n* Miner kwarc *m* zadymiony
II *prn* **the Cairngorms** góry *f pl* Cairngorm
Cairo /ˈkaɪərəʊ/ *prn* Kair *m*
caisson /ˈkeɪsn/ *n* [1] Naut komora *f* dla statków; (dock gate) wrota *plt* doku; Constr keson *m* [2] Mil jaszcz *m*
caisson disease *n* choroba *f* kesonowa or dekompresyjna
cajole /kəˈdʒəʊl/ *vt* przymil|ić, -ać się do (kogoś), przypochlebi|ć, -ać się (komuś); **to ~ sb into doing sth** pochlebstwami nakłonić kogoś do zrobienia czegoś; **to ~ sb out of doing sth** przymilnością odwieść kogoś od zrobienia czegoś
cajolery /kəˈdʒəʊlərɪ/ *n* schlebianie *n*, pochlebstwa *n pl*, przymilność *f*
Cajun /ˈkeɪdʒən/ *n* *potomek osadników francuskich z Kanady, zamieszkujący południowo-zachodni rejon Luizjany, Akadię*
cake /keɪk/ **I** *n* [1] Culin (large) ciasto *n*; (small) ciastko *n*; **birthday/wedding ~** tort urodzinowy/weselny; **fruit ~** keks; **sponge ~** biszkopt; **a piece** or **slice of ~** kawałek ciasta [2] (of fish, potato) krokiet *m*, kotlet *m* [3] (of soap, wax) kostka *f*
II *vt [mud, blood]* pokry|ć, -wać skorupą *[clothes, shoes, person]*; **his hair was ~d with blood** miał włosy zlepione zakrzepłą krwią
III *vi [mud, blood]* zas|chnąć, -ychać **(on sth** na czymś)
IV caked *pp adj [mud]* zaschnięty, zaskorupiały; *[blood]* zakrzepły, zakrzepnięty; **~d in mud** pokryty skorupą zaschniętego błota
IDIOMS: **it's a piece of ~** infml to drobiazg; to pestka infml; **to get a** or **one's slice** or **share of the ~** dostać swój udział or swoją część; **you can't have your ~ and eat it** albo... albo; **that takes the ~!** infml to przechodzi ludzkie pojęcie!, to szczyt wszystkiego! → **hot cake**
cake decoration *n* dekorowanie *n* tortów/ciast
cake flour *n* mąka *f* tortowa
cake mix *n* [1] (shop bought) ciasto *n* w proszku [2] (home made) surowe ciasto *n*
cake pan *n* US = **cake tin** [1]
cake shop *n* ciastkarnia *f*, cukiernia *f*
cake stand *n* patera *f*
cake tin *n* [1] (for baking) forma *f* (do pieczenia) [2] (for storing) puszka *f* (na ciastka)
cakewalk /ˈkeɪkwɔːk/ *n* cakewalk *m*; **to do the ~** zatańczyć cakewalka
IDIOMS: **it's a ~!** US infml to dziecinnie łatwe or proste!
CAL *n* → **computer-aided learning**
calabash /ˈkæləbæʃ/ *n* Bot tykwa *f* pospolita, kalebasa *f*
calaboose /ˌkæləˈbuːs/ *n* US infml ciupa *f*, pudło *n* infml
calabrese /ˌkæləˈbreɪzɪ/ *n* Bot brokuł *m*
Calabria /kəˈlæbrɪə/ *prn* Kalabria *f*
Calabrian /kəˈlæbrɪən/ **I** *n* Kalabryj|czyk *m*, -ka *f*
II *adj* kalabryjski
calamine /ˈkæləmaɪn/ *n* [1] Miner kalamin *m*, hemimorfit *m* [2] Med mieszanina *f* sproszkowanego tlenku cynkowego i tlenku żelazowego
calamine lotion *n* mieszanina *f* tlenku cynku i wody wapiennej
calamitous /kəˈlæmɪtəs/ *adj* katastrofalny, zgubny, fatalny
calamity /kəˈlæmətɪ/ *n* klęska *f*, katastrofa *f*, nieszczęście *n*
calcareous /kælˈkeərɪəs/ *adj [soil]* wapnisty; *[rock]* wapienny; *[fertilizer]* wapniowy; **~ clay** margiel
calcification /ˌkælsɪfɪˈkeɪʃn/ *n* wapnienie *n*
calcify /ˈkælsɪfaɪ/ **I** *vt* s|powodować zwapnienie (czegoś)
II *vi* z|wapnieć
calcination /ˌkælsɪˈneɪʃn/ *n* kalcynacja *f*
calcine /ˈkælsɪn/ **I** *n* produkt *m* kalcynowany
II *vt* kalcynować, prażyć
calcium /ˈkælsɪəm/ **I** *n* Chem wapń *n*
II *modif [carbonate, chloride, hydroxide]* wapniowy
calculable /ˈkælkjʊləbl/ *adj [total, amount]* obliczalny, dający się obliczyć; *[effect, result]* wymierny
calculate /ˈkælkjʊleɪt/ **I** *vt* [1] (work out) oblicz|yć, -ać *[cost, distance, prize, size]*; **to ~ that** obliczyć, że [2] (estimate) oceni|ć, -ać *[probability]*; wyceni|ć, -ać, o|szacować *[damage]*; przewi|dzieć, -dywać *[consequences, effect, rise]*; **to ~ that...** przewidywać, że... [3] (intend) **to be ~d to do sth** *[action, measure, decision]* być obliczonym na coś;

these steps were ~d to calm the population te kroki podjęto w celu or celem uspokojenia ludności
II *vi* **to ~ on sth** (count on) liczyć na coś; (allow for) liczyć się z czymś; **he'd ~d on getting a rise** liczył na podwyżkę; **I hadn't ~d on the weather being so bad** nie spodziewałem się, że pogoda będzie aż taka brzydka

calculated /ˈkælkjʊleɪtɪd/ *adj [crime]* (dokonany) z premedytacją; *[attempt, insult, malice]* umyślny, rozmyślny; *[decision]* przemyślany; *[risk]* wkalkulowany, wliczony

calculating /ˈkælkjʊleɪtɪŋ/ *adj* [1] (scheming) *[manner, cheat, politician]* wyrachowany [2] (shrewd) *[approach, policy]* wykalkulowany

calculating machine *n* maszyna *f* licząca

calculation /ˌkælkjʊˈleɪʃn/ *n* [1] (operation) obliczenie *n*, wyliczenie *n*, kalkulacja *f*; **to make** or **do ~s** obliczać, wyliczać; **by my ~s** według moich obliczeń; **to get one's ~s wrong** pomylić się w obliczeniach [2] (process) obliczanie *n*, wyliczanie *n*; **after much ~** po długich obliczeniach [3] (scheming) wyrachowanie *n*, kalkulacja *f*

calculator /ˈkælkjʊleɪtə(r)/ *n* kalkulator *m*; (large) maszyna *f* licząca; **pocket ~** kalkulator kieszonkowy

calculus /ˈkælkjʊləs/ *n* (*pl* **-luses, -li**) [1] Math rachunek *m* [2] Med kamień *m*

Calcutta /kælˈkʌtə/ *prn* Kalkuta *f*

calendar /ˈkælɪndə(r)/ *n* [1] kalendarz *m*; **what's on your ~ for this week?** jakie masz plany na ten tydzień?; **the most important events in the sporting ~** najważniejsze wydarzenia w kalendarzu sportowym [2] Jur (list) wokanda *f*

calendar month *n* miesiąc *m* kalendarzowy

calendar year *n* rok *m* kalendarzowy

calends /ˈkælɪndz/ *npl* kalendy *f pl*

calf[1] /kɑːf, US kæf/ *n* (*pl* **calves**) [1] Zool (of cow, deer, buffalo) cielę *n*; (of elephant) słoniątko *n*; (of whale) młode *n* or małe *n* wieloryba; **in** or **with ~** *[cow]* cielna [2] (leather) skóra *f* cielęca

IDIOMS: **to kill the fatted ~** urządzić wspaniałe przyjęcie *(szczególnie na czyjeś powitanie)*

calf[2] /kɑːf, US kæf/ *n* (*pl* **calves**) Anat łydka *f*

calf-length /ˈkɑːfleŋθ, US ˈkæf-/ *adj [garment]* do połowy łydki; *[boots]* (prawie) do kolan

calf love *n* cielęca miłość *f*

calf's-foot jelly /ˌkɑːfsfʊtˈdʒelɪ, US ˌkæf-/ *n* Culin galareta *f* z nóżek cielęcych, nóżki *plt* cielęce w galarecie

calfskin /ˈkɑːfskɪn, US ˈkæf-/ **I** *n* skóra *f* cielęca; (fine) skórka *f* cielęca
II *modif [bag, boots]* z cielęcej skóry; *[gloves, shoes, bookbinding]* z cielęcej skórki

caliber *n* US = **calibre**

calibrate /ˈkælɪbreɪt/ *vt* s|kalibrować *[gun]*; wy|skalować *[thermometer, rule]*

calibration /ˌkælɪˈbreɪʃn/ *n* (of gun) kalibrowanie *n*; (of thermometer, rule) skalowanie *n*

calibre GB, **caliber** US /ˈkælɪbə(r)/ *n* [1] (of tube, gun, bullet) kaliber *m* [2] fig kaliber *m*; **a man of exceptional ~** człowiek wyjątkowego kalibru

calico /ˈkælɪkəʊ/ **I** *n* Tex GB surówka *f* bawełniana; US kreton *m*, perkal *m*
II *modif* kretonowy, perkalowy
III *adj* US cętkowany, nakrapiany; **~ cat** kot tricolor

Calif /ˈkeɪlɪf/ *n* kalif *m*

California /ˌkælɪˈfɔːnɪə/ *prn* Kalifornia *f*

Californian /ˌkælɪˈfɔːnɪən/ **I** *n* Kalifornij|czyk *m*, -ka *f*
II *adj* kalifornijski

caliper *n* US = **calliper**

Caliph *n* = **Calif**

calisthenics *n* = **callisthenics**

calk /kɔːk/ *vt* Art, Tech kalkować, przekalkow|ać, -ywać

call /kɔːl/ **I** *n* [1] Telecom (also **(tele)phone ~**) rozmowa *f* telefoniczna; telefon *m* infml; **business ~** rozmowa służbowa; **private** or **personal ~** rozmowa prywatna; **a (tele)phone ~ from Jim/the bank** telefon od Jima/z banku; **I have a ~ for you** telefon do ciebie; **to make a ~** zadzwonić, zatelefonować; **to make a ~ to Italy** zadzwonić do Włoch; **to receive/take a ~** odebrać telefon; **to give sb a ~** zadzwonić do kogoś; **to return sb's ~** oddzwonić do kogoś; **to put a ~ through to sb** przełączyć rozmowę do kogoś [2] (audible cry) (human) wołanie *n* **(for sth** o coś); (animal) głos *m*; **to give sb a ~** zawołać do kogoś; **within ~** w zasięgu głosu [3] (summons) wezwanie *n*; **this is the last ~ for passengers to Berlin** Aviat kończymy odprawę pasażerów odlatujących do Berlina; **this is your ten minute ~** Theat (masz) dziesięć minut do wejścia na scenę; **to put out a ~ for sb** wzywać kogoś (przez radio lub radiowęzeł); **the Red Cross has put out a ~ for blankets** Czerwony Krzyż zaapelował o koce [4] (visit) wizyta *f*; **social ~** wizyta towarzyska; **to make** or **pay a ~ (on sb)** złożyć (komuś) wizytę fml; **to pay a ~** euph pójść w pewne or ustronne miejsce euph; **to return sb's ~** rewizytować kogoś, udać się do kogoś z rewizytą fml [5] (demand) wezwanie *n*, żądanie *n*; **a ~ for reform** żądanie przeprowadzenia reform; **the strikers' ~ for a pay rise** żądanie podwyżki ze strony strajkujących; **there were ~s for his resignation** domagano się jego rezygnacji; **she has many ~s on her time** ona ma mnóstwo zajęć; **he has first ~ on his son's time** syn jest na każde jego wezwanie; **there's no ~ for it** Comm nie ma na to zapotrzebowania or popytu [6] (need) **there's no ~ for such behaviour** or **to behave like that** nie ma powodu tak się zachowywać; **there was no ~ for her to say that** niepotrzebnie to powiedziała, nie powinna (była) tego mówić [7] (allure) (of mountains, sea, the unknown) zew *m* **(of sth** czegoś) [8] Sport decyzja *f* sędziego [9] Fin (for repayment of loan) żądanie *n* zwrotu pożyczki; (request) wezwanie *n* do zapłaty; (right to buy) opcja *f* kupna; **money at** or **on ~** pożyczka płatna na żądanie; **on three months' ~** na trzy miesiące; **payable at ~** płatny na żądanie; **a ~ for capital** apel o środki pieniężne; **a ~ for tenders** wezwanie do składania ofert w przetargu [10] (duty) **to be on ~** *[doctor, nurse, engineer]* dyżurować pod telefonem [11] Relig (vocation) powołanie *n*
II *vt* [1] (say loudly) (also **~ out)** wy|wołać, -wołyywać *[name, number]*; wykrzyk|nąć, -iwać *[answer, instructions]*; ogł|osić, -aszać *[result]*; zapowi|edzieć, -adać *[flight]*; Games postawić, stawiać na (coś), obstawi|ć, -ać *[heads, tails]*; **to ~ the register** Sch odczytywać or sprawdzać listę obecności; **he ~ed (out) 'goodbye'** zawołał „do widzenia" [2] (summon) przywoł|ać, -ywać *[lift]*; (by shouting) za|wołać *[person, animal]*; w|ezwać, -zywać *[witness]*; (by phone) w|ezwać, -zywać, za|dzwonić po (kogoś/coś) *[doctor, police, taxi]*; **he was ~ed before the committee** wezwano go przed komisję; **the boss ~ed me into his office** szef wezwał mnie do swojego gabinetu; **the police were ~ed to the scene** na miejsce zdarzenia wezwano policję; **I've ~ed you a taxi** zamówiłem ci taksówkę; **~ the next witness** proszę wezwać następnego świadka; **you may be ~ed to give evidence** możesz zostać wezwany do złożenia zeznań [3] (telephone) (also **~ up)** za|dzwonić do (kogoś/czegoś) *[person, institution]*; **to ~ sb at work/home** zadzwonić do kogoś do pracy/do domu; **to ~ sb on one's mobile phone** zadzwonić do kogoś z telefonu komórkowego; [4] (give a name) nada|ć, -wać imię (komuś/czemuś) *[person, baby, animal]*; naz|wać, -ywać *[place, product]*; zatytułować *[book, film, music, play]*; **they ~ each other 'darling'** zwracają się do siebie per „kochanie"; **she prefers to be ~ed by her maiden name** woli używać nazwiska panieńskiego [5] (arrange) ogł|osić, -aszać *[strike, election]*; zwoł|ać, -ywać *[conference, meeting]* [6] (waken) o|budzić; **what time shall I ~ you in the morning?** o której godzinie mam cię rano obudzić? [7] (describe as) **to ~ sb stupid/a liar** nazwać kogoś głupcem/kłamcą; **I wouldn't ~ this house spacious/beautiful** nie powiedziałabym, że ten dom jest przestronny/piękny; **do you ~ that plate clean?** i to ma być czysty talerz?; **it's not what you'd ~ an exciting film** trudno ten film nazwać pasjonującym; **it's what you might ~ a delicate situation** sytuacja jest, można powiedzieć, delikatna; **~ that a garden!** infml i to ma być ogród?!; **~ it what you will** nazwij to, jak chcesz; **parapsychology or whatever they** or **you ~ it** infml parapsychologia, czy jak się to tam nazywa infml; **he hasn't a place to ~ his own** (on) nie ma własnego kąta [8] Sport *[referee, linesman]* orze|c, -kać; **the linesman ~ed the ball in** sędzia liniowy uznał, że piłka nie wyszła poza linię boiska or na aut; **the player was ~ed offside** sędzia uznał, że zawodnik był na pozycji spalonej [9] Fin za|żądać spłaty (czegoś) *[loan]* [10] Comput wywoł|ać, -ywać *[file, program]*
III *vi* [1] (cry out) (also **~ out)** *[person, animal]* wołać; (in pain, terror) krzy|knąć, -czeć; *[bird, animal]* wołać, krzy|knąć, -czeć; **London ~ing** Radio tu mówi Londyn [2] (telephone) za|dzwonić, za|telefonować; **where are you ~ing from?** skąd dzwonisz?; **I'm ~ing about your advertisement** dzwonię w sprawie ogłoszenia; **thank you for ~ing** dziękuję za telefon; **please ~ back in an**

C

hour proszę zadzwonić (ponownie) za godzinę; **to ~ home** dzwonić do siebie or do domu; **who's ~ing?** kto mówi? [3] (visit) **to ~ at sb's** wpaść or wstąpić or zajrzeć do kogoś; **to ~ at a shop/bank/library** wstąpić do sklepu/banku/biblioteki; **to ~ at X** *[train]* zatrzymywać się w X; *[boat]* przybijać or zawijać do X; **the London train ~ing at Reading and Slough** pociąg do Londynu zatrzymujący się w Reading i Slough [4] (tossing coins) **you ~, heads or tails?** obstawiaj or wybieraj, orzeł czy reszka?

IV *vr* **to ~ oneself** nazywać siebie *[Smith, Bob]*; (claim to be) nazywać siebie (kimś), uważać siebie za (kogoś) *[poet, designer]*; **he ~s himself a writer but...** uważa się za pisarza, ale...; **~ yourself a sailor?** infml i ty uważasz się za żeglarza?; **I'm proud to ~ myself European** jestem dumny z tego, że jestem Europejczykiem

■ **call away**: **~ [sb] away** w|ezwać, -zywać; **to be ~ed away** zostać wezwanym; **we had to ~ him away from the concert** musieliśmy wywoływać go z koncertu

■ **call back**: ¶ **~ back** [1] (on phone) (again) za|dzwonić jeszcze raz; (in return) oddzw|onić, -aniać [2] (return) przy|jść, -chodzić jeszcze raz ¶ **~ [sb/sth] back** [1] (summon by shouting) przywoł|ać, -ywać (z powrotem) *[person, animal]*; (phone again) za|dzwonić jeszcze raz do (kogoś); (phone back) oddzw|onić, -aniać do (kogoś) [2] (recall) odwoł|ać, -ywać *[representative, diplomat]*

■ **call by** (visit) wpa|ść, -dać, wst|ąpić, -ępować, za|jrzeć, -glądać

■ **call down**: ¶ **~ down** (shout from above) za|wołać ¶ **~ down [sth], ~ [sth] down** ściąg|nąć, -ać *[curse, vengeance]*; sprowadz|ić, -ać *[blessing]* **(on sb** na kogoś**)**

■ **call for**: **~ for [sth]** [1] (shout) za|wołać o (coś), w|ezwać, -zywać (czegoś) *[help]*; w|ezwać, -zywać, za|wołać *[doctor, ambulance]* [2] (demand) *[person]* po|prosić o (coś) *[food, drink, equipment, tool]*; *[report, article, politician, protesters]* domagać się (czegoś) *[changes, improvements]*; **they are ~ing for talks to be extended** domagają się przedłużenia rozmów [3] (require) *[situation, problem, condition]* wymagać *[treatment, skill, action, intervention]*; **this ~s for a celebration!** to trzeba uczcić!; **that was not ~ed for** to było nie na miejscu [4] (collect) wst|ąpić, -ępować po (kogoś/coś) *[person, object]*

■ **call forth** liter: **~ forth [sth], ~ [sth] forth** wzbudz|ić, -ać, wywoł|ać, -ywać *[emotion, response]*

■ **call in**: ¶ **~ in** [1] (visit) wst|ąpić, -ępować, wpa|ść, -dać [2] (telephone) za|dzwonić, za|telefonować; **to ~ in sick** *[employee]* zawiadomić telefonicznie o chorobie ¶ **~ in [sb], ~ [sb] in** [1] (summon inside) po|prosić (do środka) *[candidate, client, patient]*; za|wołać (do środka) *[person]* [2] (send for) w|ezwać, -zywać, za|wołać *[expert, police, engineer]* ¶ **~ in [sth], ~ [sth] in** [1] (recall) po|prosić o zwrot (czegoś) *[library book, ticket, supplies]*; wycof|ać, -ywać z obiegu *[currency]*; wycof|ać, -ywać ze sprzedaży *[product]* [2] Fin za|żądać spłaty (czegoś) *[loan]*

■ **call off**: **~ off [sb/sth], ~ [sb/sth] off** [1] (order to stop) przywoł|ać, -ywać *[dog]*; powstrzym|ać, -ywać *[attacker]* [2] fig (halt) wstrzym|ać, -ywać *[arrangement, deal, plan, search, investigation, strike]*; (cancel) odwoł|ać, -ywać *[strike, show, meeting, wedding]*; **to ~ off one's engagement** zerwać zaręczyny; **let's ~ the whole thing off** zrezygnujmy z tego, dajmy sobie z tym spokój

■ **call on**: **~ on [sb/sth]** [1] (visit) (also **~ in on)** przy|jść, -chodzić z wizytą do (kogoś) *[relative, friend]*; odwiedz|ić, -ać *[patient, client, customer]* [2] (invite) po|prosić *[speaker, lecturer]* **(to do sth** o zrobienie czegoś**)** [3] (urge) za|apelować do (kogoś) **(to do sth** o coś, o zrobienie czegoś**)**; (stronger) w|ezwać, -zywać kogoś **(to do sth** do czegoś, do zrobienia czegoś**)**; **he ~ed upon his colleagues to oppose it** wezwał kolegów do przeciwstawienia się temu [4] (appeal to, resort to) zwr|ócić, -acać się do (kogoś) *[person]*; odwołać, -ywać się do (czegoś) *[moral quality]*; **neighbours one can ~ on** sąsiedzi, do których można się zwrócić; **we will ~ on your services** skorzystamy z twoich usług; **you will have to ~ on all your patience and courage** będzie ci potrzebna cała twoja cierpliwość i odwaga

■ **call out**: ¶ **~ out** (cry aloud) krzy|knąć, -czeć, za|wołać ¶ **~ out [sb], ~ [sb] out** [1] (summon outside) wywoł|ać, -ywać; **the teacher ~ed me out to the front of the class** nauczyciel wywołał mnie na środek klasy [2] (send for) w|ezwać, -zywać *[expert, doctor, emergency service, repairman, troops]* [3] Ind *[union]* w|ezwać, -zywać do strajku (kogoś) *[members]* ¶ **~ out [sth], ~ [sth] out** wywoł|ać, -ywać *[name, number]*

■ **call over**: ¶ **~ over to [sb]** wołać do kogoś ¶ **~ [sb] over** przywoł|ać, -ywać, w|ezwać, -zywać

■ **call round** (visit) wpa|ść, -dać (w odwiedziny)

■ **call up**: ¶ **~ up** za|wołać ¶ **~ up [sb/sth], ~ [sb/sth] up** [1] (on phone) za|dzwonić do (kogoś), za|telefonować do (kogoś) [2] (summon) w|ezwać, -zywać *[reserves, reinforcements]*; powoł|ać, -ywać do wojska (kogoś) *[soldier]*; wywoł|ać, -ywać *[ghost, spirit]* [3] (evoke) *[sight, sound, smell, taste, event, place]* przywoł|ać, -ywać *[memory, past event, scene]* [4] Comput wywoł|ać, -ywać *[data, file, menu]* [5] Sport wyb|rać, -ierać *[player]*

■ **call upon = call on**

IDIOMS: **to answer the ~ of nature** euph pójść za potrzebą, udać się na stronę euph; **it was a close ~** mało brakowało

CALL *n* → **computer-aided language learning**

callable /ˈkɔːləbl/ *adj* Fin *[bond, stock]* podlegający wykupowi przed terminem; *[capital]* bez pokrycia; *[loan]* podlegający umorzeniu

Callanetics /ˌkælənˈetɪks/ *n (+ v sg)* callanetics *m inv*

callback facility /ˈkɔːlbækfəsɪlətɪ/ *n* Telecom automatyczne oddzwanianie *n*

call box *n* GB (outside) budka *f* telefoniczna; (inside) kabina *f* telefoniczna; US telefon *m* S.O.S. przy drodze publicznej

call boy *n* (in hotel) boy *m* hotelowy; (in theatre) inspicjent *m*

call button *n* (for lift) przycisk *m* przywołania

call centre GB, **call center** US *n* informacja *f* telefoniczna

call charge *n* opłata *m* za rozmowę telefoniczną

caller /ˈkɔːlə(r)/ *n* [1] Telecom dzwoniący *m*, -a *f*; **we've had 15 ~s today** dziś dzwoniło do nas 15 osób [2] (visitor) gość *m*, odwiedzając|y *m*, -a *f* [3] (in country dance) wodzirej *m*

caller display *n* Telecom wyświetlanie *n* numeru telefonu osoby dzwoniącej

call girl *n* call-girl *f inv*

calligrapher /kəˈlɪgrəfə(r)/ *n* kaligraf *m*

calligraphic /ˌkælɪˈgræfɪk/ *adj [lettering]* kaligraficzny; **~ pen/ink** pióro/tusz do kaligrafii

calligraphist /kəˈlɪgrəfɪst/ *n* = **calligrapher**

calligraphy /kəˈlɪgrəfɪ/ *n* kaligrafia *f*

calling /ˈkɔːlɪŋ/ *n* (vocation) powołanie *n*; (profession) zawód *m*

calling card *n* wizytówka *f*, bilet *m* wizytowy

call-in (programme) /ˈkɔːlɪnprəʊgrəm/ *n* US Radio program *m* z telefonicznym udziałem słuchaczy

calliope /kəˈlaɪəpɪ/ *n* Muz kaliope *f inv*, organy *plt* parowe

Calliope /kəˈlaɪəpɪ/ *prn* Myth Kaliope *f inv*

calliper GB, **caliper** US /ˈkælɪpə(r)/ **I** *n* Med (leg support) aparat *m* ortopedyczny

II callipers *npl* [1] (for measuring) suwmiarka *m*, macki *f pl* [2] (in lithography) przenośnik *m*

callisthenics /ˌkælɪsˈθenɪks/ *n (+ v sg)* rytmika *f*

call letters *n pl* US Radio = **call sign**

call loan *n* Fin pożyczka *f* zwrotna na żądanie

call money *n* Fin pożyczka *f* z banku zwrotna na żądanie

call option *n* Fin opcja *f* kupna

callosity /kəˈlɒsətɪ/ *n* stwardnienie *n* skóry, rogowatość *f*

callous /ˈkæləs/ *adj [person]* bezduszny, bezwzględny; *[act, behaviour]* bezduszny; *[crime]* bezlitosny, okrutny; **to be ~ to sth** być nieczułym na coś *[plight, suffering]*

callously /ˈkæləslɪ/ *adv* bezdusznie, bezwzględnie

callousness /ˈkæləsnɪs/ *n* bezduszność *f*, nieczułość *f*

call-out /ˈkɔːlaʊt/ *n* (for repairman) naprawa *f* w domu klienta

call-out charge *n* opłata *f* za dojazd *(do klienta)*

callow /ˈkæləʊ/ *adj [youth, thinking]* niedojrzały, niedoświadczony; nieopierzony fig; **a ~ youth** żółtodziób

call queuing *n* Telecom połączenie *n* oczekujące (w kolejce)

call sign *n* Radio sygnał *m* wywoławczy

call slip *n* (in library) (to consult) fiszka *f*; (to borrow) rewers *m*

call-up /ˈkɔːlʌp/ *n* Mil pobór *m*

call-up papers *npl* Mil powołanie *n*, karta *f* powołania

callus /ˈkæləs/ *n* (on skin, hands) stwardnienie *n*, zgrubienie *n*; Med modzel *m*

callused /ˈkæləst/ *adj [skin, hands]* zgrubiały, stwardniały; **to have ~ feet** mieć odciski

call waiting *n* Telecom sygnał *m* informujący o rozmowie oczekującej

calm /kɑːm, US also kɑːlm/ **I** *n* 1 (of place, atmosphere) spokój *m*, cisza *f* 2 (of person) spokój *m*; (in adversity) opanowanie *n*; **to keep one's ~** zachować spokój, nie tracić spokoju or opanowania 3 Naut cisza *f*, sztil *m*
II *adj* *[place]* cichy, spokojny; *[day, weather]* bezwietrzny; *[person, attitude]* spokojny, opanowany; **keep ~!** zachowaj spokój!
III *vt* uspok|oić, -ajać
■ **calm down**: ¶ **~ down** *[person, situation]* uspok|oić, -ajać się; **~ down!** uspokój się! ¶ **~ down [sb/sth], ~ [sb/sth] down** po|działać uspokajająco na (kogoś/coś) *[crowd, situation]*
IDIOMS: **the ~ before the storm** cisza przed burzą

calming /ˈkɑːmɪŋ, US also ˈkɑːlm-/ *adj* *[environment, influence, effect, speech]* uspokajający, działający uspokajająco

calmly /ˈkɑːmlɪ, US also ˈkɑːlmlɪ/ *adv* 1 (quietly) *[act, behave, react, speak, sleep, wait]* spokojnie; **he took the news ~** przyjął wiadomość spokojnie or ze spokojem 2 (cold-bloodedly) bez mrugnięcia okiem fig

calmness /ˈkɑːmnɪs, US also ˈkɑːlm-/ *n* 1 (of person) spokój *m*; (in adversity) opanowanie *n*, zimna krew *f* 2 (of place, atmosphere) cisza *f*, spokój *m*; (of sea) cisza *f*

Calor gas® /ˈkælə gæs/ *n* GB butan *m*; **~ container, ~ bottle** butla z gazem

caloric /ˈkælərɪk/ *adj* cieplny; **~ energy** energia cieplna

calorie /ˈkælərɪ/ *n* 1 (of food) kaloria *f*; **empty ~s** puste kalorie; **low-~ diet** dieta niskokaloryczna; **to be ~-conscious** liczyć kalorie 2 Phys kaloria *f*

calorific /ˌkæləˈrɪfɪk/ *adj* 1 (of food) kaloryczny; **~ value** wartość kaloryczna, kaloryczność 2 Phys cieplny; **~ value** wartość opałowa

calque /kælk/ *n* Ling kalka *f* językowa, klisza *f*

CALT *n* → **computer-aided language teaching**

calumniate /kəˈlʌmnɪeɪt/ *vt* fml o|szkalować, oczerni|ć, -ać, spotwarz|yć, -ać, zniesławi|ć, -ać

calumny /ˈkæləmnɪ/ *n* fml kalumnia *f*, oszczerstwo *n*, potwarz *f*

calvados /ˈkælvədɒs/ *n* (liqueur) calvados *m*

calvary /ˈkælvərɪ/ **I** *n* 1 Relig kalwaria *f*, droga *f* krzyżowa 2 fig golgota *f* fig
II Calvary *prn* Kalwaria *f*

calve /kɑːv, US kæv/ *vi* o|cielić się

calves /kɑːvz/ *npl* → **calf**

Calvin /ˈkælvɪn/ *prn* Kalwin *m*

Calvinism /ˈkælvɪnɪzəm/ *n* kalwinizm *m*

Calvinist /ˈkælvɪnɪst/ **I** *n* kalwin *m*, -ka *f*, kalwinist|a *m*, -ka *f*
II *adj* kalwiński

Calvinistic /ˌkælvɪˈnɪstɪk/ *adj* kalwiński

calypso /kəˈlɪpsəʊ/ *n* kalipso *n inv*

calyx /ˈkeɪlɪks/ *n* (*pl* **-xes, -ces**) Anat, Bot kielich *m*

cam /kæm/ *n* Tech krzywka *f*

CAM *n* → **computer-aided manufacturing**

camaraderie /ˌkæməˈrɑːdərɪ, US -ˈræd-/ *n* koleżeństwo *n*, poczucie *n* koleżeństwa

camber /ˈkæmbə(r)/ **I** *n* (on road, bridge) wypukłość *f*; (of ship's deck) łuk *m* pokładu; (of beam) wygięcie *n*; (of wheels) pochylenie *n* kół
II *vt* wy|profilować *[road, deck]*; wygi|ąć, -nać *[beam]*
III *vi* *[beam]* wygi|ąć, -nać się; *[road, deck]* wybrzusz|yć, -ać się

Cambodia /kæmˈbəʊdɪə/ *prn* Kambodża *f*

Cambodian /kæmˈbəʊdɪən/ **I** *n* Kambodża|nin *m*, -nka *f*
II *adj* kambodżański

Cambrian /ˈkæmbrɪən/ Geol **I** *n* **the ~** kambr *m*
II *adj* kambryjski

cambric /ˈkeɪmbrɪk, ˈkæm-/ *n* Tex batyst *m*

Cambridgeshire /ˈkeɪmbrɪdʒʃə(r)/ *prn* Cambridgeshire *n inv*

Cambs *n* GB Post = **Cambridgeshire**

camcorder /ˈkæmkɔːdə(r)/ *n* kamwid *f*, przenośna kamera *f* wideo z magnetowidem

came /keɪm/ *pt* → **come**

camel /ˈkæml/ **I** *n* 1 wielbłą|d *m*, -dzica *f* 2 (colour) (kolor *m*) płowy *m* z odcieniem karmelowym 3 Naut ponton *m* ratowniczy, „wielbłąd" *m*
II *modif* **~ driver** poganiacz wielbłądów; **~ train** karawana wielbłądów
III *adj* wielbłądzi; *[coat, dress]* płowy z odcieniem karmelowym
IDIOMS: **that was the straw that broke the ~'s back** to była kropla, która przepełniła czarę

camel hair **I** *n* Tex wełna *f* wielbłądzia
II *modif* *[coat, jacket]* z wielbłądziej wełny

camellia /kəˈmiːlɪə/ *n* Bot kamelia *f*

Camelot /ˈkæmɪlɒt/ *prn* 1 Mythol Camelot *m* *(siedziba króla Artura)* 2 US Pol prezydentura *f* Johna F. Kennedy'ego

camembert /ˈkæməmbeə(r)/ *n* Culin kamamber *m*, camembert *m*

cameo /ˈkæmɪəʊ/ **I** *n* kamea *f*; **~ brooch** broszka z kameą
II *modif* Theat, Cin **~ role** or **part** epizodyczna rola charakterystyczna *(odtwarzana przez wybitnego aktora)*

camera /ˈkæmərə/ *n* 1 Phot aparat *m* fotograficzny; Cin, TV kamera *f* 2 Jur **in ~** przy drzwiach zamkniętych

camera bag *n* torba *f* fotograficzna or na sprzęt fotograficzny

camera case *n* futerał *m* na aparat fotograficzny

camera crew *n* ekipa *f* telewizyjna

cameraman /ˈkæmərəmæn/ *n* (*pl* **-men**) Cin operator *m*; TV kamerzysta *m*

camera obscura *n* kamera *f* obskura

camera-ready copy, CRC /ˈkæmərəredɪ ˈkɒpɪ/ *n* Print materiał *m* gotowy do reprodukcji

camera-shy /ˈkæmərəʃaɪ/ *adj* **she's ~** (ona) nie lubi się fotografować

camerawork /ˈkæmərəwɜːk/ *n* Cin zdjęcia *n pl* (filmowe)

Cameroon /ˌkæməˈruːn/ *prn* Kamerun *m*

Cameroonian /ˌkæməˈruːnɪən/ **I** *n* Kameru|ńczyk *m*, -nka *f*
II *adj* kameruński

camiknickers /ˈkæmɪnɪkəz/ *npl* GB ≈ kombinacja *f* *(połączenie koszuli dziennej z majtkami)*

camisole /ˈkæmɪsəʊl/ *n* (undergarment) krótka haleczka *f* na ramiączkach; (old-fashioned) stanik *m*, staniczek *m*

camomile /ˈkæməmaɪl/ *n* Bot rumianek *m*; **~ tea** napar z rumianku, herbata rumiankowa

camouflage /ˈkæməflɑːʒ/ **I** *n* kamuflaż *m*, maskowanie *n*
II *modif* *[gear, netting]* maskujący; *[colours]* kamuflażowy
III *vt* za|maskować *[tank]* **(with sth** czymś); ukry|ć, -wać *[baldness, intentions]*
IV *vr* **to ~ oneself** maskować się, kamuflować się

camp[1] /kæmp/ **I** *n* 1 (of tents, buildings) obóz *m*; (of nomads) obozowisko *n*; **to make** or **pitch ~** rozbić obóz; **to break** or **strike ~** zwinąć obóz; **to go to ~** *[scouts]* wyjechać na obóz 2 fig (group) obóz *m*; **to go over to the other ~** zmienić front 3 (holiday centre) ≈ ośrodek *m* kolonijny
II *vi* fig 1 obozować, rozbi|ć, -jać obóz; **to go ~ing** pojechać pod namiot/na kemping 2 infml (live temporarily) koczować infml
■ **camp on** Telecom oczekiwać w kolejce na połączenie z numerem zajętym
■ **camp out** spać w namiocie, biwakować; **he's ~ing out in the lounge** hum on koczuje w salonie hum
IDIOMS: **to have a foot in both ~s** grać na obie or dwie strony infml

camp[2] /kæmp/ **I** *n* (mannered style) afektacja *f*, teatralność *f*; pej kabotynizm *m*, kabotyństwo *n*; **it's high** or **pure ~** to czyste kabotyństwo
II *adj* pej 1 (exaggerated) *[person]* afektowany, zachowujący się nienaturalnie; *[gesture, performance]* teatralny, nienaturalny; pej kabotyński 2 (effeminate) zniewieściały; pedziowaty infml offensive 3 Theat, Cin, TV (in bad taste) kiczowaty; **~ comedy** niewybredna burleska
IDIOMS: **to ~ it up** infml (overact) zachowywać się teatralnie or w sposób afektowany; (act effeminately) zachowywać się jak „typowy gej"

campaign /kæmˈpeɪn/ **I** *n* kampania *f* **(for/against sth** na rzecz czegoś/przeciwko czemuś); **to launch** or **mount a ~** rozpocząć kampanię
II *vi* po|prowadzić or toczyć kampanię **(for/against sth** na rzecz czegoś/przeciwko czemuś); walczyć **(for/against sth** o coś/przeciwko czemuś)

campaigner /kæmˈpeɪnə(r)/ *n* 1 bojowni|k *m*, -czka *f*; **~ for/against sth** bojownik o coś or na rzecz czegoś/przeciwko czemuś; **animal rights ~** obrońca praw zwierząt; **old ~** Mil stary wiarus; fig stary wyga 2 Pol kandydat *m* startujący w wyborach, kandydatka *f* startująca w wyborach

campaign headquarters *n* GB Pol (+ *v sg/pl*) siedziba *m* sztabu kampanii wyborczej

campaign literature *n* ulotki *m pl*

campaign medal *n* Mil medal *m* za udział w wojnie

campaign trail *n* trasa *f* kampanii wyborczej; **on the ~** w trasie kampanii wyborczej

campaign worker *n* GB Pol człon|ek *m*, -kini *f* sztabu wyborczego

C

campanile /ˌkæmpəˈniːlɪ/ *n* kampanila *f*
camp bed *n* łóżko *n* polowe
camp chair *n* US krzesło *n* składane
camp commandant *n* komendant *m* obozu
camper /ˈkæmpə(r)/ *n* [1] (person) obozowicz *m*, -ka *f*, biwakowicz *m*, -ka *f* [2] (also **~ van**) samochód *m* z częścią mieszkalną [3] US (folding caravan) składana przyczepa *f* kempingowa
campfire /ˈkæmpfaɪə(r)/ *n* ognisko *n*
camp follower *n* [1] Mil, Hist markietan *m*, -ka *f*; (prostitute) prostytutka *f* ciągnąca za wojskiem [2] (sympathizer) sympaty|k *m*, -czka *f*
camphor /ˈkæmfə(r)/ *n* kamfora *f*
camphorated oil /ˌkæmfəreɪtɪdˈɔɪl/ *n* olejek *m* kamforowy
camping /ˈkæmpɪŋ/ *n* biwakowanie *n*, obozowanie *n*; **to go ~** wyjechać na biwak or pod namiot
camping equipment *n* wyposażenie *n* turystyczne, sprzęt *m* turystyczny
camping gas *n* gaz *m* z butli
camping ground *n* = **campsite**
camping holiday *n* wakacje *plt* pod namiotem
camping stool *n* GB rozkładany stołek *m*
camping stove *n* kuchenka *f* turystyczna
campion /ˈkæmpɪən/ *n* Bot firletka *f*
camp meeting *n* US Relig spotkanie *n* grupy religijnej pod gołym niebem
camp on *n* GB Telecom *urządzenie umożliwiające oczekiwanie na zrealizowanie połączenia w przypadku, kiedy linia jest zajęta*
campsite /ˈkæmpsaɪt/ *n* (also **camping site**) (temporary) obozowisko *n*; (official) pole *n* namiotowe, kemping *m*
camp stool *n* US rozkładany stołek *m*
campus /ˈkæmpəs/ *n* (*pl* **-puses**) campus *m*, kampus *m*, miasteczko *n* uniwersyteckie; **to live on/off ~** mieszkać w kampusie/poza kampusem
campus life *n* życie *n* w kampusie
campus police *n* straż *f* działająca na terenie kampusu
campus university *n* uniwersytet *m* usytuowany w kampusie
CAMRA /ˈkæmrə/ *n* GB = **Campaign for Real Ale** *organizacja działająca na rzecz produkowania piwa metodą tradycyjną*
camshaft /ˈkæmʃɑːft, US -ʃæft/ *n* wał *m* krzywkowy, wał *m* rozrządczy
can[1] /kæn, kən/ *modal aux* (*pt, cond* **could;** *pres neg* **cannot, can't**) [1] (expressing possibility) **we ~ rent a house** możemy wynająć dom; **they can't** or **cannot afford to fly** nie stać ich or nie mogą sobie pozwolić na podróż samolotem; **it ~ also be used to dry clothes** to może również służyć do suszenia ubrań; **how ~ one know in advance?** jak można wiedzieć z góry?; **we are confident that the job ~ be completed in time** jesteśmy pewni or przekonani, że tę pracę można wykonać w terminie; **you can't have forgotten!** chyba nie zapomniałeś?!; **it ~ be described as...** to można opisać jako...; **it cannot be explained logically** tego nie da się logicznie wytłumaczyć; **it could be that they know something about it** możliwe, że oni coś o tym wiedzą; **could be** infml może, niewykluczone; **they could be dead** może nie żyją; **it could be a trap** może to pułapka; **I could be wrong** mogę się mylić; **this could be our most important match** to może nasz najważniejszy mecz; **the engine could explode** silnik mógłby wybuchnąć; **it could be seen as an insult** to może być uznane or wzięte za obrazę; **it could be argued that...** można argumentować, że...; **could it have something to do with the delay?** czy to może mieć jakiś związek z opóźnieniem?; **you could have been electrocuted!** mógł cię porazić prąd!; **'did she know?' – 'no, how could she?'** „wiedziała?" – „niby skąd?"; **the computer couldn't** or **can't have made an error** komputer nie mógł się pomylić; **they couldn't** or **can't have found out so soon** niemożliwe, żeby tak szybko się dowiedzieli; **nothing could be simpler** nie ma nic prostszego [2] (expressing permission) **you ~ turn right here** tu można skręcić w prawo; **I can't leave yet** jeszcze nie mogę wyjść/wyjechać; **we cannot allow dogs in the café** nie możemy wpuszczać psów do kawiarni; **~ we park here?** czy możemy tu zaparkować?; **people could travel without a passport** można było podróżować bez paszportu; **we could only go out at weekends** mogliśmy wychodzić tylko w weekendy; **could I interrupt?** czy mogę przerwać/wtrącić się? [3] (when making requests) **~ you leave us a message?** czy możesz zostawić dla nas wiadomość?; **~ you do me a favour?** czy możesz coś dla mnie zrobić?; **~ I ask you a question?** czy mogę cię o coś zapytać?; **can't you get home earlier?** nie możesz wcześniej wrócić do domu?; **could I speak to Maria?** czy mogę mówić or rozmawiać z Marią?; **could she spend the night with you?** czy ona może zostać u ciebie na noc or przenocować u ciebie?; **you couldn't come earlier, could you?** nie możesz or nie mógłbyś przyjść wcześniej, prawda?; **couldn't you give us another chance?** nie mógłbyś dać nam jeszcze jednej szansy? [4] (when making an offer) **~ I give you a hand?** może ci pomóc?; **what ~ I do for you?** czym mogę służyć? fml; **you ~ borrow it if you like** jeśli chcesz, mogę ci to pożyczyć [5] (when making suggestions) **you ~ always exchange it** zawsze możesz to wymienić; **I ~ call round later if you prefer** jeśli wolisz, mogę wpaść później; **we could try and phone him** możemy or moglibyśmy spróbować do niego zadzwonić; **couldn't they go camping instead?** a może raczej pojechaliby gdzieś pod namiot? [6] (have skill, knowledge) **she can't drive yet** jeszcze nie umie prowadzić (samochodu); **she ~ speak English and French** mówi po angielsku i po francusku, zna angielski i francuski; **~ he type?** czy on umie pisać na maszynie?; **few people could read or write** niewiele osób umiało czytać i pisać [7] (have ability, power to) **computers ~ process data rapidly** komputery potrafią błyskawicznie przetwarzać dane; **to do all one ~** zrobić wszystko, co w mocy kogoś or co się da; **he couldn't sleep for weeks** tygodniami cierpiał na bezsenność; **if only we could stay** gdybyśmy tylko mogli zostać; **I wish I could have been there** żałuję or szkoda, że mnie tam nie było; **I wish I could go to Japan** bardzo chciałbym pojechać do Japonii; **I can't** or **cannot understand why** nie rozumiem or nie mogę zrozumieć, dlaczego [8] (have ability, using senses, to) **~ you see it?** widzisz to?; **I can't hear anything** nic nie słyszę; **we could hear them laughing** słyszeliśmy, jak się śmieją; **I could hear my heart beating** słyszałem bicie własnego serca [9] (indicating capability, tendency) **she could be quite abrupt** potrafi zachować się bardzo obcesowo; **it ~ make life difficult** to może utrudnić życie; **Italy ~ be very warm at that time of the year** o tej porze roku we Włoszech bywa bardzo ciepło [10] (expressing likehood, assumption) **the ceasefire can't last** rozejm nie potrwa długo; **it can't be as bad as that!** nie może być aż tak źle!; **it can't have been easy for her** to na pewno nie było dla niej łatwe; **he couldn't be more than 10 years old** nie mógł mieć więcej niż 10 lat [11] (expressing willingness to act) **I cannot give up work** nie mogę rzucić pracy; **we ~ take you home** zawieziemy/odprowadzimy cię do domu; **I couldn't leave the children** (didn't want to) nie chciałam zostawiać dzieci; (wouldn't want to) nie zostawiłabym dzieci [12] (be in a position to) **one ~ hardly blame her** trudno ją obwiniać; **they ~ hardly refuse** przecież nie odmówią; **I can't say I agree** nie mogę się zgodzić; **I couldn't possibly accept the money** w żadnym razie nie mógłbym przyjąć tych pieniędzy [13] (expressing a reproach) **they could have warned us** mogli nas ostrzec; **you could at least say sorry!** mógłbyś przynajmniej przeprosić or powiedzieć przepraszam; **how could you!** jak mogłeś! [14] (expressing surprise) **what ~ she possibly want from me?** czego ona może ode mnie chcieć?; **who could it be?** któż to może być?; **where could they have hidden it?** gdzie mogli to schować?; **you can't** or **cannot be serious!** chyba nie mówisz poważnie or serio!; **~ you believe it?** dasz wiarę? [15] (for emphasis) **I couldn't agree more!** absolutnie się (z tobą) zgadzam!; **they couldn't have been nicer** byli przemili; **you couldn't be more mistaken** mylisz się, i to bardzo [16] (expressing exasperation) **I was so mad I could have screamed!** byłem tak wściekły, że o mało nie zacząłem wrzeszczeć!; **I could murder him!** infml chętnie bym go zamordował! [17] (expressing obligation) **if she wants it she ~ ask me herself** jeśli chce, może sama mnie poprosić; **you ~ get lost!** infml (jeśli o mnie chodzi) możesz iść sobie do diabła! infml; **if you want to chat, you ~ leave** jeśli chcecie gadać, wyjdźcie [18] (avoiding repetition of verb) **'~ we borrow it?' – 'you ~'** „możemy to pożyczyć?" – „oczywiście"; **leave as soon as you ~** wyjdź/wyjedź, jak tylko będziesz mógł; **'~ anyone give me a lift home?' – 'we ~'** „może mnie ktoś

podrzucić or podwieźć do domu?" – „my możemy"

IDIOMS: **as happy/excited as can** or **could be** szczęśliwy/podniecony jak nie wiadomo co; **no ~ do** infml nic z tego, nie da rady

can² /kæn/ **I** *n* [1] (for tinned food) puszka *f*; (aerosol) pojemnik *m*; (for oil, petrol) kanister *m*; (for milk) bańka *f* [2] US vinfml **the ~** (lavatory) sracz *m* vinfml [3] US infml **the ~** (prison) paka *f*, puszka *f*, pudło *n*, ciupa *f* infml [4] US infml (rump) tyłek *m* infml; **to kick sb in the ~** kopnąć kogoś w tyłek [5] US Naut infml niszczyciel *m*

II *vt* (*prp, pt, pp* **-nn-**) [1] Culin puszkować *[fruit, vegetables]* [2] infml (record) nagr|ać, -ywać *[music, laughter]* [3] infml (stop) **~ it! I'm trying to sleep** cicho! usiłuję zasnąć [4] US infml (dismiss) wywal|ić, -ać z pracy infml

III canned *pp adj* [1] *[food]* puszkowany, w puszce [2] infml *[music, laughter, applause]* nagrany na taśmie; z puszki infml [3] infml (drunk) uchlany, zaprawiony infml

IDIOMS: **a ~ of worms** puszka Pandory infml; **in the ~** Cin infml (of film) gotowy; w puszce infml; **the contract is in the ~** umowa jest dopięta na ostatni guzik; **to carry the ~ for sb** płacić za winy kogoś

Canaan /ˈkeɪnən/ *prn* Kanaan *m*

Canaanite /ˈkeɪnəˌnaɪt/ *n* Kananej|czyk *m*, -ka *f*

Canada /ˈkænədə/ *prn* Kanada *f*

Canada goose *n* (*pl* **Canada geese**) Zool bernikla *f* kanadyjska

Canadian /kəˈneɪdɪən/ **I** *n* Kanadyj|czyk *m*, -ka *f*

II *adj* kanadyjski; **to speak ~ English /French** mówić kanadyjską odmianą języka angielskiego/francuskiego

canal /kəˈnæl/ *n* [1] (waterway) kanał *m* [2] Anat kanał *m*; **alimentary ~** przewód pokarmowy; **central ~** kanał środkowy rdzenia kręgowego; **spinal ~** kanał kręgowy

canal barge *n* barka *f*, berlinka *f*, krypa *f*

canal boat *n* = **canal barge**

canal holiday *n* GB wakacje *plt* na barce (*płynącej kanałami*)

canalization /ˌkænəlaɪˈzeɪʃn, US -lɪˈz-/ *n* [1] (of river) kanalizacja *n*; (of region) budowa *f* kanałów nawadniających [2] (of town, village) kanalizacja *n*

canalize /ˈkænəlaɪz/ *vt* [1] s|kanalizować *[river]* [2] fig (channel) s|kanalizować *[energy]* (**into sth** ku czemuś); ukierunkow|ać, -ywać *[actions]* (**into sth** na coś); (diffuse) dać ujście (czemuś) *[emotions]*

Canal Zone *n* **the ~** Strefa *f* Kanału Panamskiego

canapé /ˈkænəpɪ, US ˌkænəˈpeɪ/ *n* [1] Culin kanapka *f*; (small) tartinka *f* [2] (sofa) kanapka *f*

canard /kæˈnɑːd, ˈkænɑːd/ *n* (rumour) kaczka *f* dziennikarska

Canaries /kəˈneərɪz/ *prn* (also **Canary Islands**) **the ~** Wyspy *f pl* Kanaryjskie; Kanary *plt* infml

canary /kəˈneərɪ/ *n* [1] Zool kanarek *m* [2] = **Canary wine**

Canary wine *n* wino *n* z Wysp Kanaryjskich

canary yellow I *n* (kolor *m*) kanarkowy *m*

II *adj* kanarkowy, w odcieniu kanarkowym

canasta /kəˈnæstə/ *n* Games kanasta *f*

can bank *n* pojemnik *m* na puszki (*zbierane jako surowiec wtórny*)

Canberra /ˈkænbərə/ *prn* Canberra *f*

cancan /ˈkænkæn/ *n* kankan *m*

cancel /ˈkænsl/ **I** *vt* (*prp, pt, pp* **-ll-** GB, **-l-** US) [1] (call off) odwoł|ać, -ywać *[event, train, bus, flight]*; anulować, cof|nąć, -ać *[booking, subscription, order]* [2] Fin, Insur (nullify) anulować, unieważni|ć, -ać *[agreement, contract, cheque, debt, patent]*; cof|nąć, -ać *[loan]*; zastrze|c, -gać *[credit card]* [3] Jur odwoł|ać, -ywać, uchyl|ić, -ać *[edict, decree, judgment]* [4] Post o|stemplować, s|kasować *[stamp]* [5] Comput anulować *[command, instruction]* [6] Math = **cancel out**

II *vi* [1] (from meal, function) odwoł|ać, -ywać swoje przybycie; (after booking) odwoł|ać, -ywać rezerwację [2] Math = **cancel out**

■ **cancel out**: ¶ **~ out** [1] Math *[figures]* z|redukować się, znosić się [2] *[arguments, views]* wykluczać się wzajemnie ¶ **~ out [sth]** [1] z|równoważyć *[emotion, effect, trend, gain]*; **the arguments ~ each other out** te argumenty znoszą się wzajemnie [2] Math z|redukować *[equation]*

cancellation /ˌkænsəˈleɪʃn/ *n* [1] (of event, train, bus, flight) odwołanie *n*; (of booking) odwołanie *n*, anulowanie *n*; (of order) anulowanie *n*, unieważnienie *n*; (of stamp) ostemplowanie *n*; (of theatre tickets) zwrot *m* [2] Fin, Insur (of contract) unieważnienie *n*; (of debt, loan, invoice, policy) anulowanie *n* [3] Jur (of will) anulowanie *n*, unieważnienie *n*; (of order, decree) odwołanie *n*, uchylenie *n*

cancellation charge *n* opłata *f* pobierana przy anulowaniu rezerwacji

cancer /ˈkænsə(r)/ **I** *n* Med nowotwór *m* złośliwy; rak *m* also fig; **to have ~** mieć raka; **to have lung/stomach ~** mieć raka płuc/żołądka

II *modif* **~ risk** ryzyko zachorowania na raka; **~ sufferer** chory na raka; **~ treatment** leczenie raka

Cancer /ˈkænsə(r)/ *n* [1] Astrol Rak *m* [2] Geog **tropic of ~** Zwrotnik Raka

cancer-causing /ˈkænsəˌkɔːzɪŋ/ *adj* rakotwórczy, kancerogenny

cancer hospital *n* szpital *m* onkologiczny

cancerous /ˈkænsərəs/ *adj* rakowaty

cancer patient *n* chor|y *m*, -a *f* na raka

cancer research *n* badania *n pl* nad rakiem

cancer screening *n* Med badania *n pl* przesiewowe w kierunku chorób nowotworowych

cancer specialist *n* onkolog *m*, lekarz *m* chorób nowotworowych

cancer stick *n* GB vinfml papieros *m*; faja *f*, szlug *m* infml

cancer ward *n* oddział *m* onkologiczny

candelabra /ˌkændɪˈlɑːbrə/ *n* (*pl* **~, ~s**) kandelabr *m*

candid /ˈkændɪd/ *adj* szczery; *[photograph]* nieupozowany; **a ~ biography** biografia nieprzemilczająca niczego; **~ camera** ukryta kamera

candidacy /ˈkændɪdəsɪ/ *n* GB kandydatura *f*

candidate /ˈkændɪdət, US -deɪt/ *n* [1] Pol kandydat *m*, -ka *f*; **a ~ for the presidency, a presidential ~** kandydat na prezydenta; **a parliamentary ~** kandydat na posła do parlamentu; **the Conservative ~** kandydat partii konserwatywnej; **a strong/weak ~** mocny/słaby kandydat; **to stand as a ~ (in an election)** kandydować w wyborach [2] (for job) kandydat *m*, -ka *f*; **to be a likely ~ for a job** mieć duże szanse na otrzymanie posady; **the successful ~ will have a university degree** (in ad) od kandydatów wymagamy dyplomu ukończenia wyższych studiów [3] Univ, Sch (in exam) zdając|y *m*, -a *f*; (for admission) kandydat *m*, -ka *f* [4] Sport (for selection, title) kandydat *m*, -ka *f* [5] fig **with the kind of life you lead, you're a prime ~ for a heart attack** przy twoim trybie życia jesteś na najlepszej drodze do ataku serca; **the sector is a ~ for restructuring** ten sektor jest przewidziany do restrukturyzacji

candidature /ˈkændɪdətʃə(r)/ *n* GB = **candidacy**

candidly /ˈkændɪdlɪ/ *adv* szczerze, otwarcie

candidness /ˈkændɪdnɪs/ *n* szczerość *f*, otwartość *f*; **with perfect ~** z absolutną szczerością

candied /ˈkændɪd/ *adj* Culin (cooked in sugar) smażony w cukrze; (covered in sugar) kandyzowany, w cukrze; **~ peel** kandyzowana skórka *f* pomarańczowa/cytrynowa

candle /ˈkændl/ *n* [1] świeca *f*; (small) świeczka *f*; (tallow) łojówka *f*; Relig gromnica *f*; **household ~s** świece stołowe [2] Phys kandela *f*

IDIOMS: **to burn the ~ at both ends** wziąć zbyt wiele na swoje barki; **the game's not worth the ~** gra nie (jest) warta świeczki; **he can't hold a ~ to his sister** on do pięt nie dorasta swojej siostrze infml

candle grease *n* (wax) wosk *m*; (tallow) łój *m*

candle holder *n* świecznik *m*, lichtarz *m*

candlelight /ˈkændllaɪt/ *n* blask *m* świec(y); **by ~** przy świecach

candlelit dinner /ˌkændllɪtˈdɪnə(r)/ *n* kolacja *f* przy świecach

Candlemas /ˈkændlməs/ *n* Relig święto *n* Matki Bożej Gromnicznej

candlepin /ˈkændlpɪn/ *n* kręgiel *m*

candlepins /ˈkændlpɪnz/ *n* (+ *v sg*) (gra w) kręgle *plt*

candlepower /ˈkændlpaʊə(r)/ *n* Phys światłość *f* (*wyrażona w kandelach*)

candlestick /ˈkændlstɪk/ *n* świecznik *m*, lichtarz *m*

candletree /ˈkændltriː/ *n* Bot drzewo *n* świecowe

candlewick /ˈkændlwɪk/ *n* [1] (of candle) knot *m* [2] Tex ≈ plusz *m*; **~ bedspread** pluszowa narzuta

candour GB, **candor** US /ˈkændə(r)/ *n* szczerość *f*

candy /ˈkændɪ/ **I** *n* US [1] (sweets) słodycze *plt*; **a piece of ~** cukierek [2] (sweet) cukierek *m*

II *vt* (cook in sugar) u|smażyć w cukrze; (cover in sugar) kandyzować

III *vi* u|smażyć się (w cukrze)

candyass /ˈkændɪæs/ *n* US vinfml mięczak *m* infml; dupa *f* wołowa vulg

candy bar *n* US baton *m*, batonik *m*

candyfloss /ˈkændɪflɒs/ *n* wata *f* cukrowa

candy store *n* US sklep *m* ze słodyczami

C

candy striped *adj [fabric]* w prążki *(zazwyczaj różowe albo bladoniebieskie na białym tle)*
candy striper *n* US wolontariuszka *f* w szpitalu
candytuft /ˈkændɪtʌft/ *n* Bot ubiorek *m*
cane /keɪn/ **I** *n* [1] (material) trzcina *f*; **a ~-backed chair** krzesło/fotel z wyplatanym oparciem [2] (of sugar) trzcina *f*; (of bamboo) pręty *m pl* [3] (for walking) laska *f*, laseczka *f*; (in riding) trzcinka *f* [4] (plant support) palik *m* [5] GB Sch (for punishment) trzcina *f*; **to get the ~** dostać trzciną
II *modif [basket, furniture]* trzcinowy, z trzciny; *[blind]* bambusowy, z prętów bambusa
III *vt* [1] wypl|eść, -atać *[chair]* [2] GB **to ~ a pupil** wymierzyć uczniowi chłostę [3] infml (win convincingly) sprawi|ć, -ać or spu|ścić, -szczać lanie (komuś) fig
cane sugar *n* cukier *m* trzcinowy
canine /ˈkeɪnaɪn/ **I** *n* [1] (tooth) kieł *m* [2] (animal) zwierzę *n* z rodziny psów
II *adj* [1] *[species]* psowaty, z rodziny psowatych; *[devotion]* psi [2] Dent **a ~ tooth** kieł [3] (using dogs) **~ corps** (in army, police) oddział z psami
caning /ˈkeɪnɪŋ/ *n* GB (in school) chłosta *f*, kara *f* chłosty
canister /ˈkænɪstə(r)/ *n* [1] (for tea, sugar) puszka *f*, pojemnik *m* metalowy; kanister *m* ra [2] **a tear gas ~, a ~ of tear gas** pocisk *m* z gazem łzawiącym [3] Mil Hist kartacz *m*
canker /ˈkæŋkə(r)/ *n* [1] Bot rak *m*; Med zgorzelinowe zapalenie *n* jamy ustnej [2] Vet (of dogs) zapalenie *n* przewodu słuchowego; (of horses) żabka *f* [3] fig (evil influence) rak *m* fig
cankered /ˈkæŋkəd/ *adj* fig zepsuty, zdeprawowany
cankerous /ˈkæŋkərəs/ *adj* Bot obumarły
cannabis /ˈkænəbɪs/ *n* Bot konopie *plt* indyjskie; (drug) haszysz *m*, marihuana *f*; **~ resin** żywica z konopii indyjskich
cannelloni /ˌkænɪˈləʊnɪ/ *n* Culin cannelloni *n pl inv*
cannery /ˈkænərɪ/ *n* fabryka *f* konserw
cannibal /ˈkænɪbl/ *n* kanibal *m*
cannibalism /ˈkænɪbəlɪzəm/ *n* kanibalizm *n*
cannibalization /ˌkænɪbəlaɪˈzeɪʃn/ *n* rozmontowanie *n* na części zamienne *(np. pojazdu)*
cannibalize /ˈkænɪbəlaɪz/ *vt* [1] splagiatować, dokonać plagiatu z (czegoś) *[text, film]* [2] **to ~ a vehicle** rozmontować pojazd na części zamienne
canning /ˈkænɪŋ/ **I** *n* puszkowanie *n*
II *modif [industry, process]* przetwórczy
canning factory *n* fabryka *f* konserw
cannon /ˈkænən/ **I** *n* [1] *(pl* **~, ~s)** Mil Hist armata *f*, działo *n*; (on aircraft) działko *n* pokładowe [2] Tech tuleja *f* [3] GB (in billiards) karambol *m*
II *vt* GB Games karambolować
III *vi* [1] GB Games z|robić karambol, karambolować [2] (collide) **to ~ into sb /sth** zderz|yć, -ać się z kimś/czymś, wpa|ść, -dać na kogoś/coś; **to ~ off sth** odbi|ć, -jać się od czegoś
cannonade /ˌkænəˈneɪd/ **I** *n* kanonada *f*, ostrzał *m*
II *vt* ostrzel|ać, -iwać
cannonball /ˈkænənbɔːl/ *n* [1] (missile) kula *f* armatnia [2] (dive) **to do a ~** skoczyć do wody w pozycji kucznej [3] (also **~ serve)** (in tennis) mocny serw *m*; serw *m* armatni infml
cannon bone *n* (of horse) nadpięcie *n*, kość *f* nadpęcinowa
cannon fodder *n* mięso *n* armatnie
cannot /ˈkænɒt/ → **can[1]**
canny /ˈkænɪ/ *adj* przebiegły; (in financial matters) sprytny, obrotny
canoe /kəˈnuː/ **I** *n* kajak *m*; Sport kanadyjka *f*; (Indian) kanoe *n inv*, kanu *n inv*; (African) piroga *f*
II *vi* pły|nąć, -wać kajakiem
IDIOMS: **to paddle one's own ~** samemu sobie radzić
canoeing /kəˈnuːɪŋ/ *n* kajakarstwo *n*; **to go ~** pójść popływać kajakiem; **she loves ~** uwielbia pływanie kajakiem
canoeist /kəˈnuːɪst/ *n* kajaka|rz *m*, -rka *f*
canon[1] /ˈkænən/ *n* [1] (rule) kanon *m*, norma *f*, reguła *f*; (of church) kanon *m*; **the ~s of good taste** normy dobrego smaku; **the ~ of the Mass** kanon mszalny [2] Literat kanon *m* [3] Mus kanon *m*; **in ~** w kanonie
canon[2] /ˈkænən/ *n* Relig (priest) kanonik *m*; **~s regular** kanonicy regularni
canonical /kəˈnɒnɪkl/ **I canonicals** *npl* Relig szaty *f pl* liturgiczne
II *adj [rules, opinions]* kanoniczny; *[dress, robes]* liturgiczny; **~ hours** godziny kanoniczne
canonization /ˌkænənaɪˈzeɪʃn, US -nɪˈz-/ *n* kanonizacja *f*
canonize /ˈkænənaɪz/ *vt* kanonizować
canon law *n* prawo *n* kanoniczne
canoodle /kəˈnuːdl/ *vi* infml czulić się; migdalić się infml
can-opener /ˈkænəʊpnə(r)/ *n* otwieracz *m* do puszek or konserw
canopied /ˈkænəpɪd/ *adj [bed, throne]* z baldachimem; *[entrance, balcony]* z daszkiem, zadaszony
canopy /ˈkænəpɪ/ *n* [1] (for bed, throne, altar, procession) baldachim *m*; (for tent) okap *m*; (over shop window) markiza *f*; (of glass) (over arcade, passage) szklany dach *m*; (over entrance) daszek *f*, zadaszenie *n* [2] Aviat (of parachute) czasza *f* spadochronu; (in paragliding) spadochron *m*; (cockpit) osłona *f* kabiny pilota [3] fig sklepienie *n*; **the ~ of heaven** sklepienie niebieskie [4] Ecol okap *m*, piętro *n* koron [5] Mil **air ~** osłona *f* powietrzna
cant[1] /kænt/ **I** *n* [1] (false words) hipokryzja *f*, obłuda *f* [2] (stock phrases) banały *m pl*, frazesy *m pl*, komunały *m pl* [3] (prisoners', thieves') gwara *f*, grypsera *f*; (journalists', lawyers') żargon *m*
II *modif [phrase, expression]* gwarowy, żargonowy
III *vi* mówić gwarą/żargonem
cant[2] /kænt/ **I** *n* [1] (sloping surface) nachylenie *n*, pochyłość *f* [2] (bevel) skos *m*, ukos *m*, skośne ścięcie *n* krawędzi, faza *f* [3] Naut przechył *m*
II *vt* [1] (bevel) ści|ąć, -nać (ukośnie); **the corner was ~ed off** róg został ścięty (ukośnie) [2] (tip) wywr|ócić, -acać
III *vi* [1] (tip) wywr|ócić, -acać się [2] *[ship]* (capsize) wywr|ócić, -acać się; (crab) dryfować bokiem
can't /kɑːnt/ = **cannot**
Cantab. /ˈkæntæb/ *adj* GB Univ = **Cantabrigiensis** *odnoszący się do Uniwersytetu w Cambridge*
cantaloup(e) /ˈkæntəluːp/ *n* Bot kantalup *m*
cantankerous /kænˈtæŋkərəs/ *adj* kłótliwy, swarliwy, zrzędliwy
cantata /kænˈtɑːtə/ *n* Mus kantata *f*
canteen /kænˈtiːn/ *n* [1] GB (dining room) (at work, school) stołówka *f*; (military) kantyna *f*; **in the ~** w stołówce/kantynie; **a mobile ~** kuchnia polowa [2] Mil (flask) manierka *f*; (mess tin) menażka *f* [3] GB **a ~ of cutlery** komplet sztućców (w kasecie)
canter /ˈkæntə(r)/ **I** *n* cwał *m*, krótki galop *m*; **at a ~** cwałem; **to go for a ~** wybrać się na konną przejażdżkę; **to win at a ~** fig wygrać z łatwością, wygrać w cuglach
II *vt* zmusić do cwału or galopu *[horse]*
III *vi [rider]* po|cwałować; *[horse]* biec cwałem, po|cwałować
canterbury /ˈkæntəbərɪ/ *n* stojak *m* z przegródkami *(na nuty, płyty)*
Canterbury /ˈkæntəbərɪ/ *prn* Canterbury *n*; **the ~ Tales** Opowieści kanterberyjskie
Canterbury bell *n* Bot dzwonek *m* ogrodowy
canticle /ˈkæntɪkl/ *n* canticum *n inv*, kantyk *m*
cantilever /ˈkæntɪliːvə(r)/ **I** *n* wspornik *m*
II *modif [beam, bridge, crane]* wspornikowy
cantilevered /ˈkæntɪliːvəd/ *adj* wspornikowy
canting /ˈkæntɪŋ/ *adj [tone, voice]* zawodzący; **~ talk** puste słowa, pustosłowie
canto /ˈkæntəʊ/ *n* Literat pieśń *f*
canton /ˈkæntɒn/ *n* kanton *m*
Canton /kænˈtɒn/ *prn* Kanton *m*
cantonal /ˈkæntənl, kænˈtəʊnl/ *adj [government, elections, system]* kantonalny; *[decision]* podejmowany na szczeblu kantonu
Cantonese /ˌkæntəˈniːz/ **I** *npl* [1] **(***pl* **~)** (person) mieszkan|iec *m*, -ka *f* Kantonu [2] (language) (język *m*) kantoński *m*
II *adj* kantoński
cantonment /kænˈtuːnmənt, US -təʊn-/ *n* obóz *m* wojskowy; Hist (in British India) garnizon *m*
cantor /ˈkæntɔː(r)/ *n* Relig kantor *m*
Canuck /kəˈnʌk/ *n* infml offensive Kanadyj|czyk *m*, -ka *f* pochodzenia francuskiego
Canute /kəˈnjuːt/ *prn* Kanut *m*
canvas /ˈkænvəs/ **I** *n* [1] (fabric) grube płótno *n*; **under ~** (in a tent) pod namiotem; (under sail) pod żaglami [2] Art (for painting) płótno *n* (malarskie); (painting) płótno *n*; (for tapestry) kanwa *f* [3] fig **a broad (historical) ~** szerokie tło (historyczne); **to work /operate on a broader** or **wider ~** pracować/działać na większą or szerszą skalę [4] (in boxing) (covering) brezent *m*; **to put sb on the ~** posłać kogoś na deski
II *modif [shoes, bag, chair]* płócienny
canvasback /ˈkænvəsbæk/ *n* Zool dzika kaczka *f* północnoamerykańska
canvass /ˈkænvəs/ **I** *n* [1] (for votes) agitacja *f* wyborcza, kampania *f* wyborcza w terenie [2] (of opinion) badanie *n* opinii publicznej, sondaż *m* [3] Comm zdobywanie *n* or pozyskiwanie *n* klientów
II *vt* [1] Pol **to ~ voters** odwiedzać wyborców; **to ~ an area** prowadzić agitację wyborczą na (jakimś) terenie; **to**

~ people for their votes/support zabiegać o głosy wyborców/o poparcie [2] (in survey) przeprowadz|ić, -ać sondaż wśród (kogoś) *[public]* **(for sth** na temat czegoś, w sprawie czegoś); **to ~ opinion** or **views on sth** sondować opinię publiczną na temat czegoś [3] (discuss) po|prowadzić debatę nad (czymś) *[idea, proposal]*; **we ~ed the leading experts in the field** zasięgnęliśmy opinii czołowych ekspertów z tej dziedziny [4] Comm **to ~ an area** prowadzić akwizycję na (jakimś) terenie; **to ~ for a product** zbierać zamówienia; **to ~ door-to-door** prowadzić handel domokrążny

III *vi* [1] Pol agitować **(for sb/sth** za kimś /czymś, na rzecz kogoś/czegoś); zabiegać o poparcie **(for sb/sth** dla kogoś/czegoś) [2] Comm prowadzić akwizycję, pozysk|ać, -iwać klientów; **to ~ for a product /service** zbierać zamówienia na towar /usługę

canvasser /ˈkænvəsə(r)/ *n* [1] (for party) agitator *m*, -ka *f* [2] (in survey) ankieter *m*, -ka *f* [3] Comm akwizytor *m*, -ka *f*; komiwojażer *m* dat

canvassing /ˈkænvəsɪŋ/ *n* [1] (door to door) Comm akwizycja *f*; Pol agitacja *f*; **~ for votes/business** pozyskiwanie wyborców /klientów [2] (of opinion) badanie *n*, sondaż *m*

canyon /ˈkænjən/ *n* kanion *m*

canyoning /ˈkænjənɪŋ/ *n* Sport canyoning *m*

cap /kæp/ **I** *n* [1] (headgear) czapka *f*; (small) czapeczka *f*; (peaked) kaszkiet *m*; (of nurse) czepek *m*; (of uniformed official, soldier) czapka *f*; (of jockey) dżokejka *f*; (of judge) biret *m*; **baseball ~** bejsbolówka [2] GB, Sport **he's an England ~** on gra w reprezentacji Anglii [3] (cover) nakrycie *n*, pokrywa *f*; (of pen) skuwka *f*, nasadka *f*; (of valve) kołpak *m*, nasadka *f*; (of bottle) kapsel *m*, zakrętka *f*; (of pipe) zaślepka *f*; (of camera lens) przykrywka *f* obiektywu [4] (of mushroom) kapelusz *m* [5] (for toy gun) kapiszon *m* [6] Dent korona *f* [7] GB (also **Dutch ~**) kapturek *m* maciczny [8] Archit głowica *f* kolumny, kapitel *m* [9] (bird's) czapeczka *f*

II *vt* (*prp, pt, pp* **-pp-**) [1] Admin, Fin *[government]* ogranicz|yć, -ać wydatki (czegoś) *[local authorities]* [2] Dent za|łożyć, -kładać koronę na (coś) *[tooth]* [3] GB Sport wyb|rać, -ierać (kogoś) do reprezentacji narodowej; **to be ~ped for England** zostać wybranym do reprezentacji narodowej Anglii [4] (cover) pokry|ć, -wać wierzchołek (czegoś); **the hills were ~ped with snow** wzgórza były pokryte śniegiem [5] infml (outdo, excel) prześcig|nąć, -ać, przelicytować; **I can ~ that story with a better one** znam lepszą historię [6] (end) u|wieńczyć, u|koronować *[performance, effort]* **(with sth** czymś)

IDIOMS: **to ~ it all** na domiar wszystkiego or złego; **to go to sb ~ in hand** zwrócić się do kogoś z pokorną prośbą; **to put one's thinking ~ on** ruszyć głową; zacząć główkować infml; **to set one's ~ at** GB or **for sb** dat (said of a woman) zastawić sidła na kogoś; **if the ~ fits, wear it!** uderz w stół, a nożyce się odezwą

cap. /kæp/ *n* → **capital letter**

CAP *n* → **Common Agricultural Policy**

capability /ˌkeɪpəˈbɪlətɪ/ *n* [1] (capacity) (of intellect) zdolność *f*; (of machine, system) wydajność *f*; **~ to do sth** zdolność do zrobienia czegoś; **you have the ~ to do this job** potrafisz wykonać tę pracę; **intellectual ~** możliwości intelektualne; **load ~** ładowność [2] (potential strength) potencjał *m*; **nuclear/military ~** potencjał nuklearny /militarny [3] (aptitude) zdolności *f pl*, możliwości *f pl*; **management/musical ~** zdolności organizacyjne/muzyczne; **to be within sb's capabilities** być or leżeć w zasięgu możliwości kogoś; **to be outside sb's capabilties** przekraczać możliwości kogoś

capable /ˈkeɪpəbl/ *adj* [1] (competent) kompetentny, sprawny; **I'll leave you in the ~ hands of Mr Adams** przekazuję cię w ręce pana Adamsa, który zajmie się tobą w kompetentny sposób [2] (able) *[person]* **to be ~ of sth** umieć or potrafić coś; **show us that you're ~ of better results/behaviour** pokaż nam, że stać cię na lepsze wyniki/zachowanie; **to be ~ of doing sth** (have the potential to) potrafić or być w stanie coś zrobić; (have the temperament or inclination to) być zdolnym do zrobienia czegoś; **she's ~ of anything/doing something foolish** jest zdolna do wszystkiego/do popełnienia jakiegoś głupstwa; **the bomb is ~ of exploding at any moment** (liable) ta bomba może w każdej chwili wybuchnąć

capably /ˈkeɪpəblɪ/ *adv* kompetentnie, sprawnie, umiejętnie

capacious /kəˈpeɪʃəs/ *adj [container, car boot, memory]* pojemny; *[room, house]* przestronny; *[pockets]* obszerny; *[flat]* obszerny, przestronny; *[appetite]* ogromny

capacitance /kəˈpæsɪtəns/ *n* Elec pojemność *f* (elektryczna)

capacitor /kəˈpæsɪtə(r)/ *n* Elec kondensator *m*

capacity /kəˈpæsətɪ/ *n* [1] (ability to hold) (of box, bottle, bucket) pojemność *f*; (of ship, vehicle) ładowność *f*; (of pipeline, road) przepustowość *f*; (of lift) udźwig *m*, obciążenie *n*; **storage ~** powierzchnia magazynowa; **standing/seating ~** liczba miejsc stojących/siedzących; **the theatre has a ~ of 500** teatr może pomieścić 500 widzów; **full** or **filled to ~** *[theatre, stadium]* wypełniony do ostatniego miejsca; *[train, bus]* napchany, zapchany; *[suitcase, rucksack]* zapakowany do pełna, wypchany; *[container]* napełniony po brzegi; **to have a great ~ for alcohol** hum mieć mocną głowę [2] (ability to produce) zdolność *f* produkcyjna, wydajność *f*; **processing ~** zdolność przetwórcza; **manufacturing** or **production ~** zdolność produkcyjna; **to operate at full ~** działać na pełnych obrotach; **the plant is stretched to ~** fabryka osiągnęła maksimum możliwości produkcyjnych [3] (role) kompetencje *f pl*, uprawnienia *n pl*; (position) stanowisko *n*; **in my ~ as a doctor /teacher** jako lekarz/nauczyciel; **she was employed in an advisory ~** zatrudniono ją jako doradcę or na stanowisku doradcy; **the Prime Minister attended the ceremony in a private ~** premier uczestniczył w uroczystości jako osoba prywatna; **I have been employed in various capacities** powierzano mi różne funkcje [4] (ability) zdolność *f*; **to have a ~ for sth** mieć zdolności do czegoś *[learning, maths]*; **his ~ to inspire trust in others** jego dar wzbudzania zaufania; **she has a great ~ for friendship** ona ma wielką łatwość nawiązywania przyjaźni; **winning this race is well within your ~** wygranie tego biegu jest or leży w zasięgu twoich możliwości [5] Aut pojemność *f* silnika [6] Electron pojemność *f* (elektryczna) [7] Jur zdolność *f* prawna

cap and bells *n* kostium *m* błazna

cap and gown *n* Univ strój *m* akademicki

caparison /kəˈpærɪsn/ Hist **I** *n* (for horse) czaprak *m*

II *vt* **to ~ a horse** na|łożyć, -kładać czaprak na konia

cape[1] /keɪp/ *n* (garment) peleryna *f*; (short) pelerynka *f*

cape[2] /keɪp/ **I** *n* Geog przylądek *m*

II the Cape *prn* Prowincja *f* Przylądkowa

Cape Coloureds *npl* (in South Africa) *ludność kolorowa zamieszkująca Prowincję Przylądkową*

Cape Horn *prn* Przylądek *m* Horn

Cape Kennedy *prn* Przylądek *m* Kennedy'ego

Cape of Good Hope *prn* **the ~** Przylądek *m* Dobrej Nadziei

Cape Province *prn* Prowincja *f* Przylądkowa; (formerly) Kraj *m* Przylądkowy

caper[1] /ˈkeɪpə(r)/ **I** *n* [1] (playful leap) podskok *m*, sus *m*; **to cut a ~** dat wyprawiać harce [2] infml (funny film) zwariowana komedia *f* [3] infml (dishonest scheme) przekręt *m* infml [4] GB infml (hassle) zawracanie *n* głowy; **what a ~!** (ale) zawracanie głowy!; **you have to fill out forms and all that ~** trzeba wypełniać formularze i takie różne bzdury

II capers *npl* (antics) **cartoon ~s with Mickey Mouse** komiks/kreskówka o zabawnych przygodach Myszki Miki; **the comic ~s of two teenagers** zabawne perypetie pary nastolatków; **his classroom ~s amuse his friends** jego szkolne wygłupy rozśmieszają kolegów

■ **caper about, caper around** [1] (leap around) brykać, hasać [2] infml (act foolishly) wygłupiać się

caper[2] /ˈkeɪpə(r)/ *n* Bot, Culin kapar *m*

capercaillie /ˌkæpəˈkeɪlɪ/ *n* (also **capercailzie**) Zool głuszec *m*

Capernaum /kəˈpɜːnjəm/ *prn* Kafarnaum *n*

capeskin /ˈkeɪpskɪn/ *n* miękka skórka *f* jagnięca

Cape Town /ˈkeɪptaʊn/ *prn* Kapsztad *m*

Cape Verde Islands /ˌkeɪpˈvɜːdˈaɪləndz/ *npl* **the ~** Wyspy *f pl* Zielonego Przylądka

capful /ˈkæpfʊl/ *n* (pełna) nakrętka *f* czegoś

cap gun *n* pistolet *m* kapiszonowy, kapiszonowiec *m*

capillary /kəˈpɪlərɪ, US ˈkæpɪlərɪ/ **I** *n* kapilara *f*, naczynie *n* włoskowate

II *adj* kapilarny, włoskowaty

capital[1] /ˈkæpɪtl/ **I** *n* [1] (letter) wielka or duża litera *f*; Print wersalik *m*; majuskuła *f* dat; **in ~s** wersalikami; **write your name in ~s** napisz imię i nazwisko drukowanymi literami [2] (also **~ city**) stolica *f*; **fashion ~ of the world** światowa stolica mody [3] (wealth) kapitał *m*; (funds) fundusze *m pl*, środki *m pl* pieniężne; **with a ~ of £500,000** z kapitałem pięciuset tysięcy funtów; **to make ~ out of sth** fig ciągnąć z czegoś korzyść; **to make political ~ out of sth** zbić na czymś kapitał polityczny [4] (capitalist interests) kapitał *m*; **~ and labour** kapitał i siła robocza

II *modif [contribution, loss, turnover]* kapitałowy; **~ amount** wysokość kapitału

III *adj* [1] *[letter]* duży, wielki; **~ A** duże A; **I don't believe in art with a ~ A** nie wierzę w sztukę przez duże S [2] Jur *[offence, crime]* zagrożony karą śmierci, karany śmiercią; **~ sentence** wyrok śmierci; **~ charge** oskarżenie o przestępstwo zagrożone karą śmierci; **~ murder** morderstwo zagrożone karą śmierci [3] (essential) zasadniczy, podstawowy, kapitalny; **to be of ~ importance** mieć zasadnicze or podstawowe or kapitalne znaczenie [4] GB infml dat (excellent) *[dinner, supper]* wyśmienity; *[chap, match]* kapitalny

capital² /ˈkæpɪtl/ *n* Archit kapitel *m*, głowica *f*

capital account, C/A *n* Fin rachunek *m* kapitału

capital adequacy *n* Fin współczynnik *m* kapitał-aktywa

capital allowances *n* Fin odpisy *m pl* z tytułu nabycia środków trwałych

capital assets *n pl* Fin środki *m pl* trwałe

capital bonds *n pl* Fin kapitał *m* obligacyjny

capital budget *n* Fin budżet *m* or plan *m* inwestycyjny, budżet *m* or plan *m* kapitałowy

capital city *n* stolica *f*

capital cost *n* Fin koszt *m* kapitału

capital equipment *n* wyposażenie *n*, sprzęt *m*

capital expenditure *n* Fin nakłady *m pl* kapitałowe, inwestycje *f pl* kapitałowe, wydatki *m pl* kapitałowe; (personal) wkład *m* kapitałowy

capital gain *n* Fin zysk *m pl* kapitałowy

capital gains tax *n* Fin GB podatek *m* od zysków kapitałowych

capital goods *n* Fin środki *m pl* produkcji, kapitałowe dobra *plt* inwestycyjne

capital-intensive /ˌkæpɪtlɪnˈtensɪv/ *adj [industry]* kapitałochłonny

capital investment *n* Fin lokata *f* kapitału, inwestycja *f*

capitalism /ˈkæpɪtəlɪzəm/ *n* kapitalizm *m*; **under ~** w kapitalizmie, w ustroju kapitalistycznym

capitalist /ˈkæpɪtəlɪst/ **I** *n* kapitalista *m*

II *adj* kapitalistyczny

capitalistic /ˌkæpɪtəˈlɪstɪk/ *adj* kapitalistyczny

capitalization /ˌkæpɪtəlaɪˈzeɪʃn, US -lɪˈz-/ *n* [1] Fin (process) kapitalizacja *f*; **~ of interest** kapitalizacja odsetek; **~ rate** stopa kapitalizacji [2] Fin (market value) kapitalizacja *f*; (par value) wartość *f* parytetowa or nominalna [3] Ling użycie *n* wielkich liter

capitalize /ˈkæpɪtəlaɪz/ **I** *vt* [1] Fin (convert into capital) s|kapitalizować *[assets]*; (raise capital) przekształc|ić, -ać w kapitał; (provide with capital) s|finansować, zaopatrywać w kapitał; **over-~d** nadmiernie nasycony kapitałem; **under-~d** niedokapitalizowany [2] Ling na|pisać wielką literą

II *vi* **to ~ on sth** zbi|ć, -jać kapitał na czymś *[situation]*; obr|ócić, -acać na własną korzyść *[advantage]*

capital levy *n* podatek *m* od kapitału

capital market *n* rynek *m* kapitałowy

capital outlay *n* = **capital expenditure**

capital punishment *n* kara *f* śmierci

capital reserves *n* rezerwy *f pl* kapitałowe

capital ship *n* okręt *m* wojenny

capital spending *n* Fin wydatki *m pl* inwestycyjne, inwestycje *f pl* kapitałowe

capital stock *n* Fin kapitał *m* akcyjny

capital structure *n* Fin struktura *f* kapitałowa

capital sum *n* kwota *f* pieniężna; (of loan) kwota *f* pożyczki

capital taxation *n* Fin *opodatkowanie osoby fizycznej od całości posiadanych własności*

capital transfer tax *n* podatek *m* od transferu kapitału

capitation /ˌkæpɪˈteɪʃn/ *n* Tax podatek *m* pogłówny, pogłówne *n*

capitation-based payment /kæpɪˌteɪʃnbeɪstˈpeɪmənt/ *n* Med *wynagrodzenie zależne od liczby przyjętych pacjentów*

capitation fee *n* Sch ≈ bon *m* edukacyjny

Capitol /ˈkæpɪtl/ *n* **the ~** US Admin, Antiq Kapitol *m*

Capitol Hill *n* US Pol [1] (hill) Wzgórze *n* Kapitolu [2] (Congress) Kongres *m* Stanów Zjednoczonych

capitulate /kəˈpɪtʃʊleɪt/ *vi* s|kapitulować **(to sb** przed kimś); podda|ć, -wać się

capitulation /kəˌpɪtʃʊˈleɪʃn/ *n* kapitulacja *f* **(to sb** przed kimś)

caplet® /ˈkæplɪt/ *n* ≈ kapsułka *f*

capo¹ /ˈkæpəʊ/ *n* Mus (also **~ tasto**) kapodaster *m*

capo² /ˈkæpəʊ/ *n* (*pl* **~s**) (in Mafia) szef *m* rodziny

capon /ˈkeɪpən, -ɒn/ *n* Culin kapłon *m*

cappuccino /ˌkæpʊˈtʃiːnəʊ/ *n* cappuccino *n inv*

caprice /kəˈpriːs/ *n* [1] (whim) kaprys *m* [2] Mus kaprys *m*

capricious /kəˈprɪʃəs/ *adj [weather, child, fortunes]* kapryśny; *[decision, whim, fancy]* nagły

capriciously /kəˈprɪʃəslɪ/ *adv [behave, act]* kapryśnie; *[decide]* nagle, pod wpływem chwili

Capricorn /ˈkæprɪkɔːn/ *n* [1] Astrol Koziorożec *m*; (person) urodzon|y *m*, -a *f* pod znakiem Koziorożca, koziorożec *m* [2] Geog **tropic of ~** zwrotnik *m* Koziorożca

caps /kæps/ *npl* = **capital letters** majuskuły *f pl*, wersaliki *m pl*

capsicum /ˈkæpsɪkəm/ *n* Bot (plant) pieprzowiec *m*; (fruit) pieprz *m* turecki, papryka *f* roczna

capsize /kæpˈsaɪz, US ˈkæpsaɪz/ **I** *vt* wywr|ócić, -acać (dnem do góry) *[boat]*

II *vi [boat]* wywr|ócić, -acać się (dnem do góry)

cap sleeve *n* Fashn krótki kimonowy rękaw *m*

caps lock *n* = **capitals lock** Comput klawisz *m* włączający na stałe duże litery

capstan /ˈkæpstən/ *n* [1] Naut kabestan *m* cumowniczy [2] (on tape recorder) wałek *m* przesuwu taśmy

capstan lathe *n* tokarka *f* rewolwerowa, rewolwerówka *f*

capsule /ˈkæpsjuːl, US ˈkæpsl/ *n* [1] Pharm kapsułka *f* [2] (also **space ~**) kapsuła *f* [3] Anat torebka *f* [4] Bot torebka *f*, puszka *f*

Capt Mil = **Captain** kapitan *m*, kpt.

captain /ˈkæptɪn/ **I** *n* [1] Mil kapitan *m*; **naval ~** komandor [2] (on plane, merchant ship) kapitan *m* [3] Sport kapitan *m*, -ka *f* [4] US (in police) ≈ dzielnicowy *m* [5] fig (leader) **~s of industry** osoby zajmujące wysokie stanowiska w świecie biznesu

II *vt* sprawować funkcję kapitana (czegoś) *[ship]*; kapitanować (komuś) *[football team]*

captaincy /ˈkæptɪnsɪ/ *n* [1] Mil (rank) stopień *m* kapitana; Naut stopień *m* komandora [2] Sport funkcja *f* kapitana; **to get ~ of the side** Sport zostać kapitanem; **under the ~ of Jones** z Jonesem jako kapitanem

caption /ˈkæpʃn/ **I** *n* [1] Journ podpis *m* **(to** or **for sth** pod czymś, do czegoś); (heading) tytuł *m* [2] Cin, TV (subtitle) napis *m* [3] Jur wstępna część *f* dokumentu or aktu prawnego *(wymieniająca miejsce, czas i strony)*

II *vt* [1] podpis|ać, -ywać, opat|rzyć, -rywać podpisem/podpisami *[photo, cartoon]*; **an amusingly ~ed series of portraits** seria portretów z zabawnymi podpisami [2] opat|rzyć, -rywać napisami *[film]*

captious /ˈkæpʃəs/ *adj* fml *[person]* małostkowy, krytykancki; **a ~ remark** krytykancka uwaga

captivate /ˈkæptɪveɪt/ *vt* (fascinate) zniew|olić, -alać; (enchant) urze|c, -kać, zauroczyć; **he was ~d by her** był nią urzeczony or zauroczony

captivating /ˈkæptɪveɪtɪŋ/ *adj [person]* zniewalający; *[story, piece of music]* urzekający

captive /ˈkæptɪv/ **I** *n* (of war) jeniec *m*; fig niewolni|k *m*, -ca *f*; **to hold sb ~** przetrzymywać kogoś wbrew jego woli, trzymać kogoś w niewoli; **to take sb ~** wziąć kogoś do niewoli

II *adj* [1] (confined) (u)więziony; **a ~ balloon** balon na uwięzi [2] (having no freedom to choose) **~ market** zmonopolizowany rynek; **~ audience** widzowie/słuchacze mimo woli; **he held the audience ~** urzekł słuchaczy

captivity /kæpˈtɪvətɪ/ *n* niewola *f*; **to keep** or **hold sb in ~** trzymać kogoś w niewoli

captor /ˈkæptə(r)/ *n* (lawful) zdobyw|ca *m*, -czyni *f*; (unlawful) porywacz *m*, -ka *f*

capture /ˈkæptʃə(r)/ **I** *n* [1] (seizure) (of stronghold) zdobycie *n*; (of prisoner) pojmanie *n*; (of animal, thief) schwytanie *n* [2] Phys wychwyt *m* [3] Geog kaptaż *m*

II *vt* [1] (seize) zdoby|ć, -wać *[stronghold]*; wziąć, brać *[hostage]*; zabi|ć, -jać *[chess piece]*; s|chwytać *[animal, bird]*; **to ~ the market** Comm zdominować rynek, zawładnąć rynkiem [2] uchwycić *[likeness, moment, essence]*; odda|ć, -wać *[feeling, beauty]*; **to ~ sth on film** utrwalić coś na taśmie filmowej

capuchin /ˈkæpjuːtʃɪn/ *n* [1] (monkey) kapucynka *f*, płaksa *f* [2] dat (cloak) peleryna *f* z kapturem [3] (pigeon) kapucyn *m*

Capuchin /ˈkæpjuːtʃɪn/ **I** *n* Relig kapucyn *m*, -ka *f*

II *adj [order]* kapucyński; **~ monastery** klasztor kapucynów

car /kɑː(r)/ **I** *n* [1] samochód *m*, auto *n*; wóz *m* infml [2] Rail wagon *m*; **restaurant/freight ~** wagon restauracyjny/towarowy [3] US (also **street~**) tramwaj *m* [4] (compartment) (of lift) kabina *f* (windy); (of hot-air balloon) gondola *f*, kosz *m*

II *modif [industry, accident, alarm]* samochodowy; **~ journey** podróż samochodem; **~ insurance/maintenance** ubezpieczenie/utrzymanie samochodu

carafe /kəˈræf/ *n* karafka *f* (do wina lub wody)

car allowance *n* ryczałt *m* na benzynę

caramel /ˈkærəmel/ **I** *n* [1] (sugar) karmel *m* [2] (toffee) toffi *n inv*

II *modif [dessert, cake]* karmelowy

caramelize /ˈkærəməlaɪz/ **I** *vtr* s|karmelizować *[sugar, sauce]*

II *vi* ule|c, -gać karmelizacji

carapace /ˈkærəpeɪs/ *n* Zool skorupa *f*; pancerz *m* also fig

carat /ˈkærət/ **I** *n* karat *m*

II *modif* **18 ~ gold** osiemnastokaratowe złoto, złoto drugiej próby; **in 24 ~ gold** z dwudziestoczterokaratowego złota, z czystego złota; **a 5 ~ diamond** pięciokaratowy brylant

caravan /ˈkærəvæn/ **I** *n* [1] (vehicle) przyczepa *f* turystyczna or kempingowa; **gypsy /circus ~** wóz cygański/cyrkowy [2] (group) karawana *f*

II *modif* GB **~ holiday** wakacje z przyczepą kempingową; **~ site, ~ park** kemping dla przyczep turystycznych

III *vi* (*prp, pt, pp* **-nn-**) **to go ~ ning** GB pojechać na wakacje z przyczepą

caravanette /ˌkærəvæˈnet/ *n* GB samochód *m* z częścią mieszkalną

caravel /ˈkærəvel/ *n* (also **carvel**) Hist karawela *f*

caraway /ˈkærəweɪ/ **I** *n* Bot kminek *m* zwyczajny

II *modif* **~ seed** Culin kminek *m*

carbide /ˈkɑːbaɪd/ *n* karbid *m*

carbine /ˈkɑːbaɪn/ *n* [1] Mil Hist karabinek *m* kawaleryjski [2] (modern rifle) karabinek *m* automatyczny

carbohydrate /ˌkɑːbəˈhaɪdreɪt/ **I** *n* węglowodan *m*

II *modif* **low-/high-~ diet** dieta uboga /bogata w węglowodany

carbolic /kɑːˈbɒlɪk/ *adj* fenolowy

carbolic acid *n* fenol *m*, kwas *m* karbolowy, karbol *m*

carbolic soap *n* mydło *n* karbolowe

car bomb *n* samochód-pułapka *m*

carbon /ˈkɑːbən/ **I** *n* Chem węgiel *m*

II *modif* **~ atom/compound** atom/związek węgla

carbonaceous /ˌkɑːbəˈneɪʃəs/ *adj* węglowy

carbonade /ˌkɑːbəˈneɪd/ *n* Culin karbonada *f*

carbon arc lamp *n* lampa *f* łukowa

carbonate /ˈkɑːbəneɪt/ **I** *n* węglan *m*

II *vt* karbonizować

carbonated /ˈkɑːbəneɪtɪd/ *adj [drink]* gazowany

carbonation /ˌkɑːbəˈneɪʃn/ *n* (of drinks) nasycanie *n* dwutlenkiem węgla

carbon black *n* sadza *f*

carbon copy *n* Print kopia *f* (przez kalkę); fig wierne odbicie *n* fig **(of sb** kogoś**)**; wierna kopia *f* **(of sth** czegoś**)**

carbon cycle *n* cykl *m* węglowy

carbon-date /ˈkɑːbəndeɪt/ *vt* określ|ić, -ać wiek (czegoś) metodą węglową

carbon dating *n* datowanie *n* metodą węglową

carbon dioxide *n* dwutlenek *m* węgla

carbon disulphide *n* dwusiarczek *m* węgla

carbon fibre GB, **carbon fiber** US *n* włókno *n* węglowe

carbon filter *n* filtr *m* węglowy

carbonic /kɑːˈbɒnɪk/ *adj* Chem węglowy

carboniferous /ˌkɑːbəˈnɪfərəs/ *adj* [1] Geol karboński; **the ~ period** karbon [2] (coal-yielding) węglonośny

carbonization /ˌkɑːbənaɪˈzeɪʃn, US -nɪˈz-/ *n* karbonizacja *f*

carbonize /ˈkɑːbənaɪz/ **I** *vt* [1] s|karbonizować [2] (also **carburize**) karburyzować, nawęgl|ić, -ać

II *vi* ule|c, -gać zwęgleniu

carbon microphone *n* Techn mikrofon *m* węglowy

carbon monoxide /ˌkɑːbənmənˈɒksaɪd/ **I** *n* tlenek *m* węgla, czad *m*

II *modif* **~ poisoning** zaczadzenie, zatrucie tlenkiem węgla or czadem; **~ monitor** czujnik do wykrywania tlenku węgla or czadu

carbon paper *n* kalka *f* maszynowa

carbon snow *n* suchy lód *m*

carbon steel *n* stal *m* węglowa

carbon tetrachloride /ˌkɑːbəntətrəˈklɔːraɪd/ *n* czterochlorek *m* węgla, czterochlorometan *m*

car boot sale *n* GB giełda *f* rzeczy używanych *(sprzedawanych z bagażnika samochodu)*

Carborundum® /ˌkɑːbəˈrʌndəm/ **I** *n* [1] Tech karborund *m* [2] Chem węglik *m* krzemu

II *modif [wheel]* karborundowy

carboy /ˈkɑːbɔɪ/ *n* butla *f (do przewozu substancji żrących)*

carbuncle /ˈkɑːbʌŋkl/ *n* [1] Med czyrak *m* mnogi, karbunkuł *m* [2] (gem) kamień *m* szlachetny barwy czerwonej; karbunkuł *m* dat

carburation /ˌkɑːbjʊˈreɪʃn/ *n* karburyzacja *f*, nawęglanie *n*

carburettor /ˌkɑːbəˈretə(r)/ GB, **carburetor** /ˈkɑːrbəreɪtər/ US *n* gaźnik *m*; karburator *m* dat

carburize /ˈkɑːbjʊˌrajz/ *vt* = **carbonize**

carcass /ˈkɑːkəs/ *n* [1] (dead animal) padlina *f*; zewłok *m* dat; (for meat) tusza *f*; **move your ~!** hum no, rusz to swoje cielsko or ten swój zewłok! infml hum [2] (structural framework) (of ship) kadłub *m*; (of building) szkielet *m*; (of tyre) osnowa *f*

car chase *n* pościg *m* samochodowy

carcinogen /kɑːˈsɪnədʒən/ *n* czynnik *m* rakotwórczy, kancerogen *m*

carcinogenic /ˌkɑːsɪnəˈdʒenɪk/ *adj* rakotwórczy, kancerogenny

carcinoma /ˌkɑːsɪˈnəʊmə/ *n* (*pl* **-s, -ta**) Med nowotwór *m* złośliwy

card¹ /kɑːd/ *n* [1] (for correspondence, greetings) karta *f*, kartka *f*; **Christmas/birthday ~** kartka bożonarodzeniowa/urodzinowa → **postcard** [2] (for indexing) fiszka *f*; **punched ~** Comput karta perforowana [3] Games karta *f*; **to play ~s** grać w karty; **a pack** or **deck of ~s** talia kart; **his/her last ~** fig jego/jej ostatnia karta; **my/their strongest ~** fig moja/ich najmocniejsza karta [4] Sport (at races) program *m* [5] (printed with a person's name) wizytówka *f*; **business ~** wizytówka służbowa; **calling** or **visiting ~** bilet wizytowy [6] (plastic money) karta *f*; **magnetic ~** karta magnetyczna; **credit ~** karta kredytowa [7] (identity) legitymacja *f*; **library ~** karta biblioteczna [8] (person) infml dat oryginał *m*, ekscentryk *m*

IDIOMS: **to have a ~ up one's sleeve** mieć or chować asa w rękawie; **it is on the ~s** GB or **in the ~s** US jest prawdopodobne, że...; **they think an election is on** or **in the ~s** uważają, że szykują się or że zanosi się na nowe wybory; **to get** or **be given one's ~s** GB infml dat zostać wysłanym na zieloną trawkę infml; **she has all the ~s stacked in her favour/against her** wszystko przemawia na jej korzyść /niekorzyść; **to hold all the ~s** trzymać or mieć wszystkie atuty w ręku; **to put** or **lay one's ~s on the table** wyłożyć karty na stół, zagrać w otwarte karty; **he played his ~s right** dobrze to rozegrał; **to play the race/law and order ~** fig wygrywać kwestię rasową/prawa i porządku; **to throw in the ~s** fig poddać się

card² /kɑːd/ Tex **I** *n* gręplarka *f*, zgrzeblarka *f*

II *vt* gręplować

cardamom /ˈkɑːdəməm/ **I** *n* kardamon *m*

II *modif* kardamonowy

cardamon /ˈkɑːdəmən/ *n* = **cardamom**

cardboard /ˈkɑːdbɔːd/ **I** *n* karton *m*; (stiff and rough) tektura *f*

II *modif* [1] *[box]* tekturowy, kartonowy; *[cut-out]* z kartonu [2] fig *[smile]* sztuczny; *[character, figure, hero]* papierowy fig

cardboard city *n* infml koczowisko *n* bezdomnych *(w dużych miastach)*

card-carrying /ˈkɑːdkærɪŋ/ *adj [member]* pełnoprawny

card catalogue GB, **card catalog** US *n* (in library) katalog *m*

carder /ˈkɑːdə(r)/ *n* gręplarka *f*, zgrzeblarka *f*

card file *n* = **card index**

card game *n* [1] (type of game) gra *f* w karty [2] (as activity) partia *f* kart

cardholder /ˈkɑːdhəʊldə(r)/ *n* posiadacz *m* karty kredytowej or debetowej

card hopper *n* Comput zasobnik *m* kart (perforowanych)

cardiac /ˈkɑːdɪæk/ *adj* sercowy; *[medicine]* nasercowy; *[patient]* chory na serce

cardiac arrest *n* zatrzymanie *n* akcji serca

cardie infml → **cardy**

cardigan /ˈkɑːdɪgən/ *n* sweter *m* rozpinany

cardinal /ˈkɑːdɪnl/ **I** *n* [1] Relig kardynał *m* [2] Zool kardynał *m*

II *adj* (most vital) *[principle]* kardynalny, główny, zasadniczy, podstawowy; **~ sin** grzech ciężki; **a matter of ~ importance** sprawa pierwszorzędnej wagi

cardinal number *n* liczebnik *m* główny

C

cardinal point *n* punkt *m* kardynalny; **~s of the compass** strony świata; **~s of the horizon** Naut punkty kardynalne nieba
cardinal red *n* purpura *f* kardynalska
cardinal virtue *n* cnota *f* podstawowa
cardinal vowel *n* samogłoska *f* podstawowa
card index **I** *n* kartoteka *f*
II card-index *vt* s|katalogować *(na fiszkach)*
cardiofunk /ˈkɑːdɪəʊfʌŋk/ *n* taniec *m* aerobikowy
cardiogram /ˈkɑːdɪəʊgræm/ *n* kardiogram *m*
cardiograph /ˈkɑːdɪəʊgrɑːf, US -græf/ *n* (instrument) kardiograf *m*; (examination) badanie *n* kardiograficzne
cardiography /ˌkɑːdɪˈɒgrəfɪ/ *n* kardiografia *f*
cardiological /ˌkɑːdɪəˈlɒdʒɪkl/ *adj* kardiologiczny
cardiologist /ˌkɑːdɪˈɒlədʒɪst/ *n* kardiolog *m*
cardiology /ˌkɑːdɪˈɒlədʒɪ/ *n* kardiologia *f*
cardiopulmonary /ˌkɑːdɪəʊˈpʌlmənərɪ/ *adj* sercowo-płucny
cardio-training /ˌkɑːdɪəʊˈtreɪnɪŋ/ *n* Sport ćwiczenia *n pl* z monitorowaniem pracy serca
cardiovascular /ˌkɑːdɪəʊˈvæskjʊlə(r)/ *adj* sercowo-naczyniowy, krążeniowy; **~ system/disease** układ krążenia/choroba układu krążenia
card key *n* karta *f* magnetyczna *(zastępująca klucz)*
cardphone /ˈkɑːdfəʊn/ *n* automat *m* telefoniczny na kartę magnetyczną
card punch *n* Comput dziurkarka *f* kart
card reader *n* Comput czytnik *m* kart (perforowanych)
cardsharp(er) /ˈkɑːdʃɑːp(ər)/ *n* szuler *m*
card stacker *n* Comput zasobnik *m* kart (perforowanych)
card swipe *n* czytnik *m* kart magnetycznych
card table *n* stolik *m* do kart
card trick *n* sztuczka *f* karciana
card vote *n* GB głosowanie *n* mandatem *(szczególnie na zjazdach związków zawodowych)*
cardy /ˈkɑːdɪ/ *n* infml sweter *m* rozpinany
care /keə(r)/ **I** *n* [1] (attention) ostrożność *f*, uwaga *f*; **to take ~ to do sth** starać się coś zrobić; pamiętać, żeby coś zrobić; **to take ~ not to do sth** pilnować się, żeby czegoś nie zrobić; **to take ~ when doing sth** robić coś uważnie or ostrożnie; **take ~ that they get the money** dopilnuj or postaraj się, żeby dostali pieniądze; **he took great ~ over** or **with his work** bardzo przykładał się do pracy; **she always takes (great) ~ in choosing wine /preparing to go out** ona zawsze (bardzo) starannie wybiera wino/przygotowuje or szykuje się do wyjścia; **'take ~!'** „uważaj!", „uważaj na siebie!" (expression of farewell) „trzymaj się!" infml; **with ~** (carefully) ostrożnie; (painstakingly) starannie; **'Glass. Handle with ~'** „ostrożnie szkło" **have a ~!** GB, **give a ~** US ostrożnie!, uważaj!; **to exercise due** or **proper ~** Admin, Jur wykazać się należytą troską i starannością [2] (looking after) (of person, animal) opieka *f* **(of sb** nad kimś); dbałość *f*, troska *f* **(of sb** o kogoś); (of car, house) utrzymanie *n* **(of sth** czegoś); dbałość *f* **(of sth** o coś); (of plant, hair, skin) pielęgnacja *f* **(of sth** czegoś); **to take ~ of sb** (deal with) zajmować się kimś, obsługiwać kogoś *[client]*; opiekować się kimś, dbać or troszczyć się o kogoś *[child, elderly parents]*; Med pielęgnować kogoś, opiekować się kimś *[patient, invalid]*; **to take ~ of sth** (deal with) zająć się czymś *[details, tickets]*; (supervise) dopilnować czegoś *[arrangements]*; (be responsible for) zaopiekować or zająć się czymś, zatroszczyć się o coś *[cat, house, garden]*; (be careful with) ostrożnie obchodzić się z czymś *[machine, car]*; (keep in good condition) zadbać o coś *[machine, car, teeth]*; (look after for safe-keeping) pilnować czegoś *[shop, watch]*; **to take good ~ of sb/sth** dobrze się kimś/czymś opiekować; **to take ~ of oneself** (look after oneself) dbać o siebie; (cope) radzić sobie; **that takes ~ of that** to załatwia sprawę; **to put** or **leave sb/sth in sb's ~** zostawić kogoś/coś pod opieką kogoś; **the pupils/patients in my ~** uczniowie/pacjenci powierzeni mojej opiece or pod moją opieką; **in the ~ of his father/teacher** pod opieką ojca/nauczyciela; **you can write to him ~ of his solicitor** możesz napisać do niego na adres jego adwokata; **Mr P. Clark ~ of Mr and Mrs L. Smith** (on letter) Pan P. Clark u Państwa Smith; **customer ~** obsługa klientów [3] Med, Psych opieka *f* **(of sb** nad kimś); **the concept of ~ in the community** koncepcja opieki pozaszpitalnej; **medical ~** opieka medyczna; **patient ~** opieka nad pacjentem; **preventive ~** profilaktyka [4] GB Soc Admin **to be in ~** przebywać w ośrodku opiekuńczym; **to put** or **take a child into ~** umieścić dziecko w ośrodku opiekuńczo-wychowawczym; **they put their severely disabled son into ~** oddali ciężko upośledzonego syna do domu opieki [5] (worry) troska *f*; **to be without a ~ in the world** być wolnym od wszelkich trosk
II *vt* **I don't ~ to go there/write letters** nie chce mi się or nie mam ochoty tam iść /pisać listów; **if you ~ to examine the report, you'll find that...** jeśli zechce pan przeanalizować raport, przekona się pan, że...; (as polite formula) **would you ~ to sit down?** czy zechciałaby pani/zechciałby pan usiąść?; **he has more money than he ~s to admit** ma więcej pieniędzy, niż skłonny jest przyznać
III *vi* [1] (feel concerned) **she really ~s** ona się naprawdę przejmuje; **to ~ about sth** interesować się czymś *[art, culture]*; przejmować się czymś *[environment, famine, injustice, inequality]*; **to ~ about sb** troszczyć się o dobro kogoś *[staff, pupils, the elderly]*; **I don't ~ about money** nie zależy mi na pieniądzach; **all he ~s about is football** dla niego istnieje tylko piłka nożna; **I don't ~!** nie obchodzi mnie to!, jest mi wszystko jedno!; **what do I ~ if you can't afford to go on holiday?** co mnie obchodzi, że nie możesz sobie pozwolić or że nie stać cię na wakacje?; **as if I/he ~d!** jakby mnie/jego to coś obchodziło!; **I/he couldn't ~ less** nic mnie/nic go to nie obchodzi, jest mi/mu to zupełnie obojętne; **she couldn't ~ less about our opinions** jej jest zupełnie obojętne, co sądzimy; **I couldn't ~ less who wins /what happened** jest mi wszystko jedno or obojętne, kto wygra/co się stało; **for all I ~** jeśli o mnie chodzi; **they could all have died, for all he ~d** dla niego oni wszyscy mogliby powymierać; **I'm past caring** przestałem się przejmować; **who ~s?** kogo to obchodzi? [2] (love) **I ~ about her** zależy mi na niej; **show him that you ~** okaż mu, że ci na nim zależy
■ **care for: ~ for [sb/sth]** [1] (like) lubić *[person, chocolate, whisky]*; **I don't ~ for this carpet/play/idea** nie podoba mi się ten dywan/ta sztuka/ten pomysł; (as polite formula) **would you ~ for a drink?** czy ma pani/pan ochotę napić się czegoś? [2] (look after) za|opiekować się (kimś/czymś), zaj|ąć, -mować się (kimś/czymś) *[child, elderly person, animal]*; pielęgnować *[patient, wounded animal]*; **well ~d for** *[child, animal]* zadbany; **you'll be well ~d for here** będziesz tu miał dobrą opiekę [3] (maintain) za|dbać o (coś) *[car, garden, house, hair, teeth, skin, plant]*; **a well-~d-for garden** dobrze utrzymany ogród
IDIOMS: **he doesn't ~ a fig** or **a damn** infml guzik go to obchodzi infml
care assistant *n* GB Med ≈ pielęgniarka *f* środowiskowa
care attendant *n* GB Soc Admin opiekun *m* społeczny, opiekunka *f* społeczna *(osób niepełnosprawnych)*
careen /kəˈriːn/ Naut **I** *vt [person, machine]* przechyl|ić, -ać *[boat]*
II *vi [boat]* przechyl|ić, -ać się
career /kəˈrɪə(r)/ **I** *n* [1] praca *f* zawodowa, zawód *m*, kariera *f*; **a teaching/legal ~** zawód nauczyciela/prawnika; **he's hoping for a ~ as a journalist** ma nadzieję zostać dziennikarzem; **to take up a ~ in television** podjąć pracę w telewizji [2] (of person) (progress in life) losy *m pl*; (professional history) przebieg *m* pracy or kariery zawodowej; (of government, MP) kadencja *f*; (of company) historia *f*
II *modif [diplomat, soldier]* zawodowy; **~ choice** wybór zawodu
III *vi* mknąć, pędzić; **to ~ in/out** wjechać /wyjechać na pełnym gazie; **the car ~ed off the road** rozpędzony samochód wypadł z drogi; **to ~ out of control** *[engine]* rozbiegać się
career break *n* przerwa *f* w pracy zawodowej
career girl *n* = **career woman**
careerism /kəˈrɪərɪzəm/ *n* pej karierowiczostwo *n*
careerist /kəˈrɪərɪst/ *n* pej karierowicz *m*, -ka *f*
career move *n* krok *m* do przodu w karierze zawodowej
careers adviser GB, **career advisor** US *n* doradca *m* do spraw wyboru zawodu
careers guidance *n* poradnictwo *n* or doradztwo *n* zawodowe
careers library *n* Sch, Univ punkt *m* informacji o zatrudnieniu
careers master *n* GB Sch doradca *m* do spraw orientacji zawodowej
careers mistress *n* GB Sch doradczyni *f* do spraw orientacji zawodowej

careers office *n* poradnia *f* zawodowa
careers officer *n* GB = **careers adviser**
careers service GB, **career service** US *n* poradnia *f* zawodowa
career woman *n* kobieta *f* czynna zawodowo
carefree /ˈkeəfriː/ *adj [person, smile, life]* beztroski; **~ feeling** beztroska
careful /ˈkeəfl/ *adj* [1] (cautious) *[person, driving]* ostrożny; (meticulous) *[planning, preparation, research, monitoring, examination]* staranny, skrupulatny; **this chemical /equipment needs ~ handling** z tą substancją chemiczną/z tym sprzętem trzeba się obchodzić ostrożnie; **this matter needs ~ handling** to delikatna sprawa; **to be ~ to do sth/not to do sth** uważać, żeby coś zrobić/żeby czegoś nie zrobić; **you must be ~ that the boss doesn't find out** musisz uważać, żeby szef się nie dowiedział; **to be ~ of sb/sth** uważać na kogoś/coś *[pickpockets, dog, nail]*; **to be ~ with sth** ostrożnie obchodzić się z czymś *[china, knife]*; **to be ~ about sth** przywiązywać dużą wagę do czegoś; **to be ~ about doing sth** starać się coś robić; **he was very ~ about not saying the wrong thing** pilnował się, żeby nie powiedzieć czegoś niewłaściwego; **to be ~ (when) doing sth** uważnie coś robić; **be ~ where you step** uważaj, gdzie stawiasz nogi; **to be ~ what one says** uważać (na to), co się mówi; **'be ~!'** „uwaga!", „uważaj!"; **'you can't be too ~!'** „ostrożności nigdy nie za wiele!" [2] (thrifty) *[person]* oszczędny; **to be ~ with money** euph, pej niechętnie sięgać do portfela euph
carefully /ˈkeəfəlɪ/ *adv* [1] (cautiously) *[drive, handle, say]* ostrożnie [2] (meticulously) *[choose words, phrase]* starannie; *[plan, organize]* starannie, skrupulatnie; *[listen, read, look]* uważnie; *[controlled, made, washed]* starannie, dokładnie; **drive ~!** jedź ostrożnie!; **go ~!** bądź ostrożny!; **listen ~!** słuchaj uważnie!; **think ~!** pomyśl dobrze!
carefulness /ˈkeəflnɪs/ *n* [1] (prudence) ostrożność *f* [2] (meticulousness) staranność *f*
care label *n* metka *f (ze wskazówkami dotyczącymi konserwacji)*
careless /ˈkeəlɪs/ *adj* [1] (inattentive, negligent) *[person]* nieostrożny, nieuważny; *[driving]* nieostrożny; *[work, workmanship]* niedbały, niechlujny; *[writing]* niestaranny; *[talk]* nierozważny, bezmyślny; **a ~ mistake** błąd wynikający z nieuwagi; **that was ~ of her!** to była bezmyślność z jej strony!; **it was ~ of me to do that** to był nierozważny krok z mojej strony; **to be ~ of one's appearance** nie dbać o swój wygląd; **she's ~ about her hair** nie dba o fryzurę; **she has become very ~ about locking up the house** ostatnio zdarza się jej zapomnieć o zamknięciu domu; **he's too ~ about what he tells people** nie zważa na to co mówi; **she's ~ with her clothes** nie szanuje ubrań; **to be ~ with money** być rozrzutnym; **you shouldn't be so ~ in your choice of friends** powinieneś staranniej dobierać sobie przyjaciół [2] (carefree) *[smile]* niefrasobliwy; *[reply, gesture]* niedbały; *[grace, elegance]* naturalny, swobodny; **to do sth ~ of the risks** robić coś, nie zważając na ryzyko
carelessly /ˈkeəlɪslɪ/ *adv* [1] (negligently) *[do, act]* nierozważnie; *[make, repair, write]* niedbale; *[drive]* nieostrożnie; *[break, drop, lose, spill]* przez nieostrożność; *[dressed, arranged]* niedbale [2] (in carefree way) *[walk, say, wave]* beztrosko
carelessness /ˈkeəlɪsnɪs/ *n* [1] (negligence) nieostrożność *f*, niedbalstwo *n* [2] (carefree attitude) beztroska *f*, nonszalancja *f*
care order *n* GB nakaz *m* umieszczenia w ośrodku opiekuńczo-wychowawczym
carer /ˈkeərə(r)/ *n* GB opiekun *m*, -ka *f (osoby starszej, chorej lub niepełnosprawnej)*
caress /kəˈres/ **I** *n* pieszczota *f*; kares *m* dat **II** *vt* po|pieścić, po|głaskać
caret /ˈkærət/ *n* (also **~ sign**) (in proof reading) lambda *f*, znak *m* wstawienia
caretaker /ˈkeəteɪkə(r)/ **I** *n* GB [1] (at school, club, in apartments) dozor|ca *m*, -czyni *f*; (of building while owner absent) *osoba opiekująca się domem lub mieszkaniem pod nieobecność właściciela* [2] US opiekun *m*, -ka *f*
II *modif [government, administration]* tymczasowy, działający w okresie przejściowym
care worker *n* GB Soc Admin pracowni|k *m*, -ca *f* opieki społecznej
careworn /ˈkeəwɔːn/ *adj [person, face]* znękany; **to look ~, to have a ~ expression** mieć znękaną (troskami) twarz
carfare /ˈkɑːfeə(r)/ *n* US opłata *f* za przejazd *(środkami komunikacji miejskiej)*
car ferry *n* prom *m* samochodowy
cargo /ˈkɑːgəʊ/ **I** *n (pl* **~s, ~es)** ładunek *m*, cargo *n*; **a ~ of bananas** ładunek bananów
II *modif* **~ bay** ładownia
cargo pants *npl* spodnie wory *plt (z obniżonym krokiem)*
cargo plane *n* samolot *m* transportowy
cargo ship *n* statek *m* towarowy, towarowiec *m*
car hire *n* wynajem *m* samochodów
car hire company *n* firma *f* wynajmująca samochody
carhop /ˈkɑːhɒp/ *n* US kelner *m*, -ka *f* w restauracji drive-in
Caribbean /ˌkærɪˈbiːən/ **I** *n* [1] **the ~ (Sea)** Morze *n* Karaibskie [2] (region) **the ~** Karaiby *plt* [3] (person) Karaib *m*, -ka *f*
II *modif* karaibski
Caribbean Islands *npl* **the ~** Wyspy *f pl* Karaibskie, Małe Antyle *plt*
caribou /ˈkærɪbuː/ *n* Zool karibu *m inv*
caricatural /ˈkærɪkətʃʊərəl/ *adj* karykaturalny
caricature /ˈkærɪkətʃʊə(r)/ **I** *n* karykatura *f* **II** *vt* s|karykaturować
caricaturist /ˈkærɪkətʃʊərɪst/ *n* karykaturzyst|a *m*, -ka *f*
caries /ˈkeəriːz/ *n* Dent próchnica *f*
carillon /kəˈrɪljən, US ˈkærɪəlɒn/ **I** *n* (set of bells) karylion *m*, dzwony *m pl* karylionowe; (tune) kurant *m*
II *vi (prp, pt, pp* **-nn-)** grać na dzwonach
caring /ˈkeərɪŋ/ **I** *n* opieka *f (szczególnie nad osobami chorymi i starszymi)*
II *modif* Med, Soc Admin *[profession, service]* paramedyczny; **~ professionals** personel paramedyczny
III *adj* [1] (loving) *[parent, husband, wife]* kochający, oddany; *[atmosphere, environment]* przyjazny, ciepły [2] (compassionate) *[person, approach, attitude]* troskliwy; *[society]* opiekuńczy; *[government, party]* troszczący się o obywatela; *[boss]* ludzki
carious /ˈkeərɪəs/ *adj [tooth, bone]* spróchniały
carjacking /ˈkɑːdʒækɪŋ/ *n* kradzież *f* samochodu (połączona z czynną napaścią na kierowcę)
carload /ˈkɑːləʊd/ *n* **a ~ of people /potatoes** pełen samochód ludzi/ziemniaków; **we moved his things in two ~s** żeby przewieźć jego rzeczy, obróciliśmy dwa razy or zrobiliśmy dwa kursy
Carmelite /ˈkɑːməlaɪt/ **I** *n* (monk) karmelita *m*; (nun) karmelitka *f*, karmelitanka *f*
II *modif [convent, monastery, church]* karmelitański, karmelicki; **~ order** zakon karmelitów/karmelitanek
carmine /ˈkɑːmaɪn/ **I** *n* (colour) karmin *m*, (kolor *m*) karminowy *m*
II *adj* karminowy
carnage /ˈkɑːnɪdʒ/ *n* masakra *f*; jatki *f pl* also fig
carnal /ˈkɑːnl/ *adj [pleasure, desire]* cielesny, zmysłowy; **to have ~ knowledge of sb** utrzymywać z kimś stosunki cielesne fml or hum
carnation /kɑːˈneɪʃn/ *n* Bot goździk *m*
carnation pink *n* (kolor *m*) różowy *m*
carnation red *n* (kolor *m*) czerwony *m*
carnelian *n* = **cornelian**
carnet /ˈkɑːneɪ/ *n* GB [1] Tax, Admin (for goods) przepustka *f* celna [2] Tourism (for campsite entry) karta *f* wstępu [3] (of coupons) bloczek *m*, karnet *m*
carnival /ˈkɑːnɪvl/ **I** *n* [1] (period before Lent) karnawał *m* [2] GB (festive procession) karnawał *m*, parada *f*; **street/charity ~** zabawa uliczna/na cele dobroczynne [3] (funfair) wesołe miasteczko *n*
II *modif* GB *[parade, atmosphere]* karnawałowy
carnivora /kɑːnɪvɔːrə/ *npl* Zool drapieżniki *m pl*, ssaki *m pl* mięsożerne
carnivore /ˈkɑːnɪvɔː(r)/ *n* mięsożerca *m*
carnivorous /kɑːˈnɪvərəs/ *adj* mięsożerny
carny /ˈkɑːnɪ/ *n* (also **carney)** US infml [1] (funfair) wesołe miasteczko *n* [2] (person) aktor jamarczny *m*, kuglarz *m*
carob /ˈkærəb/ **I** *n* Bot [1] (tree) szarańczyn *m*, chleb *m* świętojański [2] (pod) strąk *m* szarańczynu; chleb *m* świetojański infml
II *modif* **~ powder** Culin mączka ze strąków szarańczynu, carob
carol /ˈkærəl/ **I** *n* kolęda *f*
II *vi (prp, pt, pp* **-ll-)** liter *[choirsingers]* radośnie śpiewać; *[bird]* wesoło ćwierkać
caroller /ˈkærələ(r)/ *n* dat kolędnik *m*
carol service *n* nabożeństwo *n* połączone ze śpiewaniem kolęd
carol singer *n* kolędnik *m*
carom /ˈkærəm/ US (in billiards) **I** *n* karambol *m*
II *vi [player]* karambolować, z|robić karambol; **the ball ~ed into another** bile zderzyły się
carotene /ˈkærətiːn/ *n* karoten *m*
carotid /kəˈrɒtɪd/ **I** *n* arteria *f* szyjna
II *adj [artery]* szyjny
carotin /ˈkærətɪn/ *n* = **carotene**

C

carousal /kəˈraʊzl/ *n* fml libacja *f*
carouse /kəˈraʊz/ *vi* fml (po)hulać; **a night spent carousing** noc spędzona na hulankach
carousel /ˌkærəˈsel/ *n* [1] US (merry-go-round) karuzela *f* [2] (for luggage) taśmociąg *m* bagażowy [3] Phot (for slides) karuzelowy magazynek *m* do przezroczy [4] Hist (tournament) karuzel *m*
carp[1] /kɑːp/ *n* Zool (fish) karp *m*
carp[2] /kɑːp/ *vi* infml narzekać, zrzędzić (**about sth** na coś); **to ~ at sb** czepiać się kogoś infml
carpal /ˈkɑːpl/ Anat **I** *n* kość *f* nadgarstka **II** *adj [bone]* nadgarstkowy
car park *n* parking *m*
Carpathians /kɑːˈpeɪθjənz/ *prn* **the ~** Karpaty *plt*
carpel /ˈkɑːpl/ *n* Bot słupek *m*
Carpentaria /ˌkɑːpənˈteərɪə/ *prn* **the Gulf of ~** (zatoka *f*) Karpentaria *f*
carpenter /ˈkɑːpəntə(r)/ *n* (joiner) stolarz *m*; (on building site) cieśla *m*
carpentry /ˈkɑːpəntrɪ/ **I** *n* stolarstwo *n*; (structural) ciesielka *f*, ciesielstwo *n* **II** *modif [tool]* stolarski, ciesielski; **~ course** kurs stolarski/ciesiołki
carpet /ˈkɑːpɪt/ **I** *n* [1] (loose) dywan *m*; (fitted) wykładzina *f* dywanowa [2] fig dywan *m*, kobierzec *m*; **a ~ of flowers/snow** kobierzec or dywan kwiatów/śniegu **II** *modif* **~ beater** trzepaczka do dywanów; **~ shampoo** szampon do czyszczenia dywanów; **~ showroom** sklep z dywanami **III** *vt* [1] wy|łożyć, -kładać wykładziną dywanową *[floor, staircase]*; **we ~ed the room to match the wallpaper** na podłodze położyliśmy wykładzinę pasującą do tapet; **the garden was ~ed with snow** ogród przysypany był śniegiem [2] infml (reprimand) z|besztać *[employee]*
IDIOMS: **to be on the ~** infml (reprimanded) zostać wezwanym na dywanik; (under discussion) być or znaleźć się na tapecie; **to brush** or **push** or **sweep sth under the carpet** starać się coś ukryć or zataić
carpetbag /ˈkɑːpɪtbæg/ *n* torba *f* podróżna *(z tkaniny przypominającej dywanik)*
carpetbagger /ˈkɑːpɪtbægə(r)/ *n* [1] US Hist kombinator *m* z Północy *(osiedlający się po wojnie secesyjnej na Południu)* [2] Pol kandydat *m* przywieziony w teczce infml
carpet beetle *n* Zool mrzyk *m*
carpet bombing *n* Mil nalot *m* dywanowy
carpet bowls *n* Games *gra w bowls na dywanie*
carpet fitter *n* osoba *f* zajmująca się układaniem wykładziny dywanowej
carpeting /ˈkɑːpɪtɪŋ/ *n* [1] wykładzina *f* dywanowa [2] infml (severe reproof) reprymenda *f*; bura *f* infml; **to give sb a ~** zrugać kogoś, zmyć komuś głowę infml
carpet slipper *n* pantofel *m* domowy, kapeć *m*
carpet sweeper *n* szczotka *f* na kiju do dywanów
carpet tiles *npl* płytki *f pl* wykładzinowe
carphone /ˈkaːfəʊn/ *n* radiotelefon *m* samochodowy
car phone *n* telefon *m* samochodowy
carpi /ˈkɑːpaɪ/ *npl* → **carpus**
carping /ˈkɑːpɪŋ/ **I** *n* zrzędzenie *n*, gderanie *n* **II** *adj [criticism]* małostkowy; *[person]* zrzędliwy
car pool *n* **to be in a ~** *[colleagues]* podwozić się wzajemnie; *[parents]* na zmianę wozić dzieci do szkoły
carport /ˈkɑːpɔːt/ *n* zadaszenie *n*, wiata *f* (dla samochodów)
carpus /ˈkɑːpəs/ *n* (*pl* **carpi**) Anat nadgarstek *m*, napięstek *m*
car radio *n* radio *n* samochodowe
carrageen, carragheen /ˈkærəgiːn/ *n* Bot chrzęstnica *f* kędzierzawa, mech *m* irlandzki
car rental *n* = **car hire**
carriage /ˈkærɪdʒ/ *n* [1] (horse-drawn) powóz *m*, kareta *f*, karoca *f* [2] Rail wagon *m* kolejowy [3] (of goods, passengers) przewóz *m*, transport *m*; **~ by rail/sea** transport kolejowy/morski; **~ free/forward** koszt przewozu ponosi dostawca/odbiorca; **~ paid** przewóz opłacony [4] Tech (of typewriter) karetka *f* → **gun carriage** [5] dat (person's bearing) postawa *f*, postura *f*; (of head) sposób *m* trzymania głowy
carriage clock *n* zegar *m* podróżny
carriageway /ˈkærɪdʒweɪ/ *n* jezdnia *f* (autostrady)
carrier /ˈkærɪə(r)/ *n* [1] (transport company) przewoźnik *m*; (of goods) spedytor *m*; **to send sth by ~** wyekspediować coś [2] (of disease) nosiciel *m*, -ka *f* [3] GB (also **~ bag**) torba *f* (papierowa lub plastikowa); reklamówka *f* infml → **troop carrier**
carrier pigeon *n* gołąb *m* pocztowy
carrion /ˈkærɪən/ *n* (also **~ flesh**) padlina *f*, ścierwo *n*
carrion crow *n* Zool czarnowron *m*
carrion feeder *n* padlinożerca *m*
carrot /ˈkærət/ **I** *n* marchew *f*; marchewka *f* also fig infml **II** *modif [juice, puree]* z marchwi
carrot and stick *adj* fig **~ approach** metoda kija i marchewki
carrot cake *n* ciasto *n* z marchwi
carrot top *n* infml hum or pej rudzielec *m* infml
carroty /ˈkærətɪ/ *adj* infml *[hair]* ryży infml
carry /ˈkærɪ/ **I** *n* (range) zasięg *m* **II** *vt* [1] *[person, animal]* nieść, dźwigać *[bag, shopping, load]*; prze|nieść, -nosić *[news, message]*; **to ~ sth up** w|nieść, -nosić coś (na górę); **to ~ sth down** z|nieść, -nosić coś (z góry or na dół); **to ~ sth in** w|nieść, -nosić coś (do środka); **to ~ sth out** wy|nieść, -nosić coś (na zewnątrz); **to ~ sb/sth across the river** przenieść kogoś/coś przez rzekę or na drugi brzeg rzeki; **to ~ sth to sb** zanieść coś komuś; **to ~ cash/a gun** nosić (przy sobie) pieniądze/broń; **to ~ a memory/a picture in one's mind** mieć or nosić w pamięci wspomnienie/obraz; **to ~ sth too far** fig przesadzać z czymś [2] (transport) *[boat, coach, van, aeroplane]* prze|wieźć, -wozić *[passengers, cargo, food]*; *[wind, tide, current, stream]* (po)nieść *[boat, sticks, seeds]*; *[pipe, artery]* doprowadz|ić, -ać *[water, oil, gas, blood]* (**to sth** do czegoś); odprowadz|ić, -ać *[waste, sewage, blood]* (**from sth** z czegoś); *[line, wire]* przen|ieść, -osić *[sound]*; doprowadz|ić, -ać *[electricity]*; **licensed to ~ passengers** uprawniony do przewozu ludzi or osób or pasażerów; **to be carried on the wind** być niesionym wiatrem; **to be carried along by the tide** or **current** być niesionym przez prąd; **the wind carried the ash towards the town** wiatr przywiał popiół w stronę miasta; **to ~ sth away** *[tide]* zabrać or porwać or unieść coś z sobą *[rubbish]*; **to ~ sth off** *[thief]* wynieść coś *[jewellery]*; **to ~ sb off** or **away** porwać kogoś; **to ~ sb/sth back** przynieść/przywieźć kogoś/coś z powrotem; **to ~ one's audience with one** fig porwać widownię fig; **his quest carried him to India** poszukiwania zawiodły go do Indii; **her talent will ~ her a long way** dzięki talentowi daleko zajdzie [3] (feature) być opatrzonym (czymś) *[warning, label, symbol]*; posiadać *[guarantee]*; (broadcast) nada|ć, -wać *[news, report]*; (print) o|publikować *[story, item, ad]*; **tomorrow's paper will ~ the ad** jutrzejsza gazeta zamieści ogłoszenie; **the lunchtime news carried a report on the rail strike** w południowym dzienniku znalazła się wiadomość o strajku na kolei [4] (entail) nieść ze sobą *[risk, danger]*; wiązać się z (czymś) *[responsibility]*; pociąg|nąć, -gać za sobą *[penalty, fine]*; **to ~ conviction** być przekonywającym; **to ~ weight** *[factors, opinions]* mieć (dużą) wagę; **to ~ weight for sb** dużo dla kogoś znaczyć [5] (bear, support) *[bridge, road]* wytrzym|ać, -ywać *[weight, traffic]*; *[pillar]* u|dźwignąć, dźwigać *[weight]*; **the field will not ~ a herd of that size/this particular crop** na tym polu nie wypasie się tak dużego stada /nie uda się ta uprawa; **we can't afford to ~ passengers** fig nie możemy utrzymywać nierobów or darmozjadów [6] Mil, Pol wygr|ać, -ywać *[battle, match]*; od|nieść, -nosić zwycięstwo wyborcze w (czymś) *[constituency, region, state]*; **the motion was carried by 20 votes to 13** wniosek przeszedł dwudziestoma głosami przeciw trzynastu or stosunkiem 20 głosów do 13; **to ~ all before one** odnieść pełny sukces; **the new model has carried all before it** nowy model okazał się bezkonkurencyjny [7] Med *[animal, insect]* przen|ieść, -osić *[disease, germ]*; *[person]* być nosicielem (czegoś) *[virus]*; **he is ~ing the HIV virus** jest nosicielem wirusa HIV [8] (be pregnant with) **she is ~ing a child** spodziewa się dziecka; **I am ~ing his child** jestem z nim w ciąży; noszę jego dziecko dat; **when I was ~ing my firstborn/the twins** kiedy byłam w ciąży z pierwszym dzieckiem/z bliźniakami [9] Comm (stock, sell) prowadzić *[item, brand]*; **we ~ a wide range of sports equipment** oferujemy szeroki wybór sprzętu sportowego [10] (hold, bear) trzymać, nosić *[head, tail]*; **he was ~ing his arm awkwardly** jakoś dziwnie trzymał rękę [11] Math przen|ieść, -osić *[one, two]* **III** *vi* [1] *[voice, sound]* nieść się, roznosić się; **sound carries well over water** nad wodą dźwięk dobrze się niesie; **the noise of the explosion carried (for) several kilometres** eksplozję słychać było w promieniu kilku kilometrów; **your voice must ~ right to the back of the auditorium** muszą cię słyszeć na końcu

sali [2] *[shot, missile, ball]* przel|ecieć, -atywać

IV *vr* **to ~ oneself** (in bearing) nosić się, poruszać się; **she carried herself like a model/dancer** poruszała się jak modelka/tancerka; (behave) **he carries himself well in a crisis** nie traci głowy w sytuacjach kryzysowych

■ **carry back**: ¶ **~ back [sth], ~ [sth] back** Tax przen|ieść, -osić na lata poprzednie *[sum, loss]* ¶ **~ [sb] back** (in memory) przen|ieść, -osić (myślami); **that song carried me back to the happy days** ta piosenka przypomniała mi szczęśliwe dni

■ **carry forward**: **~ forward [sth], ~ [sth] forward** [1] Accts przen|ieść, -osić na następną stronę *[balance, total, sum]*; **amount carried forward** suma z przeniesienia [2] Tax prolongować, odr|oczyć, -aczać *[sum, loss]*

■ **carry off**: ¶ **~ off [sth]** zdoby|ć, -wać *[prize, medal]*; **to ~ it off** infml (succeed) poradzić sobie ¶ **~ off [sb/sth], ~ [sb/sth] off** *[illness, disease]* (be the cause of death) zab|rać, -ierać euph *[person]*; **the disease carried off most of the flock** zaraza zabiła większość stada

■ **carry on**: ¶ **~ on** [1] (continue) kontynuować, nie przerywać; **~ on!** dalej!, nie przerywaj!; **to ~ on down** or **along the road** (in car) jechać dalej (drogą); (on foot) iść dalej (drogą); **if it carries on like this** jeśli będzie tak dalej; **if it carries on raining...** jeśli nadal or wciąż będzie padać...; **to ~ on as if nothing had happened** zachowywać się, jak gdyby nic się nie stało; **to ~ on with sth** kontynuować coś, nie przerywać czegoś [2] infml (behave) zachowywać się; **that's no way to ~ on** to nie jest odpowiednie zachowanie [3] infml (have an affair) mieć romans **(with sb** z kimś); kręcić, kombinować infml **(with sb** z kimś) [4] infml (talk, go on) nawijać infml **(about sth** o czymś) ¶ **~ on [sth]** [1] (conduct) prowadzić *[business, conversation, correspondence, negotiations]*; wieść *[normal life]* [2] (continue) zachow|ać, -ywać *[tradition, custom]*; kontynuować *[activity, discussion]*; kontynuować prowadzenie (czegoś) *[family firm]*

■ **carry out**: **~ out [sth], ~ [sth] out** z|realizować, wprowadz|ić, -ać w życie *[plan, idea, policy]*; spełni|ć, -ać *[duty, promise, threat]*; przeprowadz|ić, -ać *[experiment, attack, raid, investigation, campaign]*; wypełni|ć, -ać *[obligation, order, instruction]*; dokon|ać, -ywać (czegoś) *[execution, killing]*; wykon|ać, -ywać *[orders, repairs]*

■ **carry over**: ¶ **~ over into** *[problem, attitude, rivalry]* rzutować na (coś) *[area of activity, personal life]* ¶ **~ [sth] over into** przen|ieść, -osić do (czegoś); **don't ~ your problems at work over into your private life** kłopoty zawodowe zostaw w pracy ¶ **~ over [sth], ~ [sth] over** [1] **to be carried over from sth** *[custom, habit, feeling]* sięgać korzeniami (czegoś), mieć korzenie w (czymś) *[period, childhood]*; **an item carried over from the last meeting** punkt przeniesiony z poprzedniego zebrania [2] (postpone) przesu|nąć, -wać *[concert, holiday]* [3] Fin (on stock exchange) reportować, dokon|ać, -ywać transakcji reportowej (czegoś) *[debt]* [4] Tax, Accts = **carry forward**

■ **carry through**: ¶ **~ through [sth], ~ [sth] through** przeprowadz|ić, -ać, z|realizować *[plan, idea, policy, task, reform]*; wykon|ać, -ywać *[job]* ¶ **~ [sb] through** *[humour, courage]* pom|óc, -agać przetrwać (komuś) *[person]*; *[instinct]* kierować (kimś) *[person]*

IDIOMS: **to be carried away by sth** dać się ponieść czemuś *[enthusiasm, excitement]*; **to get carried away** infml dać się ponieść emocjom; **don't get carried away!** infml nie podniecaj się! infml

carryall /ˈkærɪɔːl/ *n* US (miękka) torba *f* sportowa

carry-back /ˈkærɪbæk/ *n* Accts zasada *f* memoriału

carrycot /ˈkærɪkɒt/ *n* GB torba *f* do noszenia niemowlęcia

carry-forward /ˌkærɪˈfɔːwəd/ *n* Accts saldo *n* or bilans *m* z przeniesienia

carrying-on /ˌkærɪɪŋˈɒn/ *n* (*pl* **carryings-on**) infml wyskok *m*, wybryk *m*; **I'm not interested in my neighbours' carryings-on** nie interesuje mnie, co wyczyniają moi sąsiedzi; **his carryings-on with his secretary** jego romansik z sekretarką

carry-on /ˈkærɪɒn/ *n* infml zamieszanie *n*; **what a ~!** co za szopka or cyrk! infml

carryout /ˈkærɪaʊt/ **I** *n* US Scot *dania lub alkohol na wynos*

II *modif [food, meal]* na wynos; *[shop, restaurant]* oferujący dania na wynos

carry-over /ˈkærɪəʊvə(r)/ *n* Fin przeniesienie *n* salda (na następną stronę)

car seat *n* fotel *m* samochodowy

carsick /ˈkɑːsɪk/ *adj* **to be ~** mieć nudności *(podczas jazdy samochodem)*

car sickness *n* choroba *f* lokomocyjna

cart /kɑːt/ **I** *n* [1] (for hay, goods) wóz *m*, fura *f*, furmanka *f*; (two-wheel) dwukółka *f* [2] (also **hand ~**) wózek *m* ręczny [3] US (trolley) wózek *m*

II *vt* [1] (transport) przew|ieźć, -ozić *[passengers, tourists, hay, manure]*; **to ~ sth away** wywieźć coś [2] (drag, lug) za|targać, za|taszczyć infml *[luggage, shopping]*; **to ~ sth around** or **about** targać or taszczyć coś ze sobą; **she ~s her children around with her everywhere** ona wszędzie ciąga ze sobą dzieci infml; **to ~ sth up the stairs** wtaszczyć coś po schodach or na górę; **to ~ sth down the stairs** staszczyć coś ze schodów or na dół [3] Agric zw|ieźć, -ozić *[hay, turnips]*

■ **cart off** infml: **~ [sb] off** usu|nąć, -wać siłą; **he was ~ed off to the police station/hospital** zabrano go na posterunek/do szpitala

IDIOMS: **to put the ~ before the horse** stawiać wszystko na głowie; **in the ~** w tarapatach

cartage /ˈkɑːtɪdʒ/ *n* [1] (process) przewóz *m*, transport *m* [2] (cost) koszt *m* przewozu or transportu

carte blanche /ˌkɑːtˈblɑːnʃ/ *n* wolna ręka *f*, carte blanche *f inv*; **to have/be given ~ to do sth** mieć/dostać carte blanche na zrobienie czegoś

cartel /kɑːˈtel/ *n* [1] Comm kartel *m*; **drug/price ~** kartel narkotykowy/cenowy [2] Pol blok *m*

carter /ˈkɑːtə(r)/ *n* (driver) furman *m*, woźnica *m*

Cartesian /kɑːˈtiːzjən/ *adj* kartezjański

Cartesianism /kɑːˈtiːzjənɪzəm/ *n* kartezjanizm *m*

cartful /ˈkɑːtfʊl/ *n* wóz *m*, fura *f* **(of sth** czegoś)

Carthage /ˈkɑːθɪdʒ/ *prn* Kartagina *f*

Carthaginian /ˌkɑːθəˈdʒɪnɪən/ **I** *n* Kartagi|ńczyk *m*, -nka *f*

II *adj* kartagiński

carthorse /ˈkɑːthɔːs/ *n* koń *m* pociągowy

Carthusian /kɑːˈθjuːzjən/ **I** *n* Relig kartuz *m*, -ka *f*

II *modif* kartuzjański; **~ monastery** kartuzja

cartilage /ˈkɑːtɪlɪdʒ/ *n* Anat chrząstka *f*

cartload /ˈkɑːtləʊd/ *n* wóz *m*, fura *f* **(of sth** czegoś); fig fura *f* fig **(of sth** czegoś)

cartographer /kɑːˈtɒgrəfə(r)/ *n* kartograf *m*

cartography /kɑːˈtɒgrəfɪ/ *n* kartografia *f*

cartomancy /ˈkɑːtəmænsɪ/ *n* wróżenie *n* z kart, kartomancja *f*

carton /ˈkɑːtn/ **I** *n* (cardboard) karton *m*, pudełko *n*; (plastic) pojemnik *m*; US (for house removals) karton *m*, pudło *n*; (of yoghurt, cream, ice cream) kubek *m*, kubeczek *m*; (of milk, juice) karton *m*; (small) kartonik *m*; (of cigarettes) karton *m*

II *vt* US (pack up) s|pakować do pudeł or kartonów *[belongings]*

cartoon /kɑːˈtuːn/ **I** *n* [1] Cin film *m* rysunkowy, kreskówka *f* [2] (drawing) dowcip *m* rysunkowy; (caricature) karykatura *f*; (also **strip ~**) komiks *m* [3] Art (sketch) karton *m*

II *modif* Cin *[series]* rysunkowy, animowany; **~ character/adventure** postać/przygoda z filmu rysunkowego

cartoonist /kɑːˈtuːnɪst/ *n* [1] Cin rysowni|k *m*, -czka *f* kreskówek [2] Journ (of humorous drawings) autor *m*, -ka *f* dowcipów rysunkowych; (of caricatures) karykaturzyst|a *m*, -ka *f*; (of strip cartoons) autor *m*, -ka *f* komiksów

car transporter *n* platforma *f* do przewożenia samochodów

cartridge /ˈkɑːtrɪdʒ/ *n* [1] (for pen, gun) nabój *m* [2] Audio, Elec (for video, typewriter) kaseta *f*; (for printer) wkład *m* drukujący; (for stylus) wkładka *f* gramofonowa [3] Phot (for camera) rolka *f* filmu w kasecie

cartridge belt *n* Hunt pas *m* na naboje

cartridge case *n* łuska *f* naboju

cartridge clip *n* (for gun) magazynek *m*

cartridge disk *n* Comput dysk *m* kasetowy

cartridge drive *n* Comput napęd *m* kasety

cartridge paper *n* Art papier *m* rysunkowy, karton *m*; Print gruby papier *m*

cartridge pen *n* pióro wieczne *n* na naboje

cart-track /ˈkɑːttræk/ *n* droga *f* polna or wiejska

cartwheel /ˈkɑːtwiːl, US -hwiːl/ *n* [1] koło *n* wozu [2] (in gymnastics) przerzut *m* bokiem, gwiazda *f*; **to do** or **turn a ~** zrobić gwiazdę

carve /kɑːv/ **I** *vt* [1] (shape, sculpt) wy|rzeźbić *[figure]* **(out of** or **from sth** z czegoś); wy|drążyć *[channel]*; **to ~ a pattern/figure into sth** wyrzeźbić wzór/postać na czymś

C

[2] (inscribe) wy|ryć *[letter, motif, name]* **(onto /in sth** na/w czymś) [3] Culin po|kroić, po|krajać *[meat, chicken, joint]*; **I ~d a thick slice off the joint** odkroiłem gruby plaster mięsa [4] (create) = **carve out**
II *vi* po|kroić mięso; **will you ~?** pokroisz?
III carved *pp adj [figure, mantelpiece, wood]* rzeźbiony
■ **carve out**: **~ out [sth], ~ [sth] out** [1] fig wyr|obić, -abiać sobie *[name, position, reputation]*; opanow|ać, -ywać *[market]*; **to ~ out a niche (for oneself)** znaleźć dla siebie niszę; **to ~ out a career for oneself** wyrobić sobie pozycję zawodową [2] *[river]* wy|drążyć, wyżł|obić, -abiać, żłobić *[gorge, channel]*
■ **carve up**: ¶ **~ up [sth], ~ [sth] up** [1] infml pej (divide) po|dzielić *[territory, market, spoils]* [2] Culin po|kroić, po|krajać *[meat]* ¶ **~ up [sb]** [1] infml (with knife, razor) pokiereszować (komuś) twarz infml [2] Aut zaje|chać, -żdżać (komuś) drogę
carvel /ˈkɑːvl/ *n* = **caravel**
carvers /ˈkɑːvəz/ *npl* komplet *m* stołowy do krojenia mięsa
carvery /ˈkɑːvərɪ/ *n* GB bufet *m*, gdzie pieczyste kroi się na oczach klientów
carve-up /ˈkɑːvʌp/ *n* GB infml pej (ruthless division) podział *m*; (of territory) rozbiór *m*
carving /ˈkɑːvɪŋ/ *n* [1] (figure, sculpture) rzeźba *f* [2] (technique) grawerowanie *n*, rytowanie *n* [3] Culin krojenie *n* mięsa; **who'll do the ~?** kto pokroi mięso?
carving knife *n* nóż *m* do krojenia mięsa
car wash *n* myjnia *f* samochodowa
car worker *n* pracowni|k *m*, -ca *f* przemysłu samochodowego
caryatid /ˌkærɪˈætɪd/ *n* Archit kariatyda *f*
cascade /kæˈskeɪd/ **I** *n* [1] (of water, hair, lace, music) kaskada *f*; (of words) potok *m* [2] Comput kaskada *f*
II *vi [water]* spadać kaskadą; *[hair]* spływać kaskadą; *[sparks]* sypać się; *[ribbon, silk]* spływać falami
cascading /ˌkæsˈkeɪdɪŋ/ *adj* Comput *[menu, window]* kaskadowy
cascara /kæsˈkɑːrə/ *n* [1] Bot szakłak *m* amerykański [2] Pharm kora *f* szakłaku amerykańskiego
case¹ /keɪs/ **I** *n* [1] (instance, example) przypadek *m*, wypadek *m*; **in several ~s** w kilku przypadkach or wypadkach; **claims will be dealt with on a ~ by ~ basis** roszczenia będą rozpatrywane indywidualnie; **in which ~, in that ~** w takim razie; **in such** or **these ~s** w podobnych or takich wypadkach; **in his/her ~** w jego /jej przypadku; **in 7 out of 10 ~s** w siedmiu przypadkach na dziesięć; **a ~ in point** dobry przykład; **it was a ~ of making a quick decision** w tym wypadku chodziło o szybką decyzję; **it's simply a ~ of waiting** trzeba po prostu czekać [2] (state of affairs, situation) **that's not the ~ here** tu nie o to chodzi; **such** or **this being the ~** skoro tak; **is it the ~ that...?** czy naprawdę...?; **as the ~ may be** zależnie od okoliczności or sytuacji; **whatever the ~ may be** niezależnie od okoliczności or sytuacji; **should this be the ~** or **if this is the ~, contact your doctor** w takim przypadku skontaktuj się z lekarzem; **in no ~ will customers be refunded** w żadnym razie or w żadnym wypadku klienci nie otrzymają zwrotu pieniędzy [3] Jur (legal arguments) **the ~ for the Crown** GB, **the ~ for the State** US oskarżenie *n*; **the ~ for the defence** stanowisko *n* obrony; **to state the ~** przedstawić sprawę; **to put the ~ for the prosecution** wnieść oskarżenie; **to put the ~ for the defence** przedstawić stanowisko obrony; **the ~ against Foster** rozprawa przeciwko Fosterowi; **there is a ~ to answer** istnieją wystarczające dowody; **the ~ is closed** Jur sprawa (jest) zamknięta also fig → **rest** [4] (convincing argument) argument *m*; **to put the ~ for sth** wysunąć argumenty za czymś or na poparcie czegoś; **to make a good ~ for sth** dowodzić słuszności czegoś; **to argue the ~ for privatization** przedstawić argumenty za prywatyzacją; **there's a strong ~ against it** istnieje wiele poważnych argumentów przeciwko temu; **there's a strong ~ for/against doing it** wiele argumentów przemawia za tym /przeciwko temu, żeby to zrobić [5] Jur (trial) sprawa *m*, rozprawa *m* sądowa, proces *m*; **criminal/civil ~** sprawa kryminalna/cywilna; **divorce ~** sprawa rozwodowa; **murder ~** sprawa o morderstwo or zabójstwo; **to win one's ~** wygrać sprawę or proces; **to lose a ~** przegrać sprawę or proces; **to plead a ~** bronić sprawy w sądzie; **to decide a ~** wydać wyrok; **the ~ before the court** rozprawa przed sądem; **his ~ comes up next week** jego sprawa wchodzi na wokandę w przyszłym tygodniu; **famous ~s** głośne or słynne procesy [6] (criminal investigation) sprawa *f*, śledztwo *n*, dochodzenie *n*; **the Burgess ~** sprawa Burgessa; **to work** or **be on a ~** prowadzić śledztwo or dochodzenie; **a murder/blackmail ~** śledztwo w sprawie morderstwa /szantażu [7] Med (instance of disease) przypadek *m*; (patient) chor|y *m*, -a *f*; **30 ~s of chickenpox** 30 przypadków wietrznej ospy; **he's a psychiatric ~** on jest chory psychicznie or umysłowo [8] Soc Admin (client) przypadek *m*, sprawa *f*; **to deal with a lot of difficult ~s** zajmować się wieloma trudnymi przypadkami; **a problem ~** skomplikowany przypadek, skomplikowana sprawa [9] infml (person) **he's a real ~!** niezły z niego numer! infml; **a hopeless ~** beznadziejny przypadek; **a hard ~** twarda sztuka infml fig → **head case** [10] Ling przypadek *m*; **in the accusative ~** w bierniku
II in any case *adv phr* (besides, anyway) zresztą; (at any rate) w każdym razie; **and in any ~, I've no intention of staying** a zresztą nie mam wcale zamiaru zostawać; **the effect of the recession, or in any ~ of high inflation, is that...** skutki recesji, a w każdym razie wysokiej inflacji, są takie, że...
III in case *conj phr* jeśli, jeżeli; **in ~ it rains** w razie deszczu, jeśli będzie padało; **take the street map just in ~** na wszelki wypadek weź (ze sobą) plan miasta; **your report, in ~ you've forgotten, was due yesterday** na wszelki wypadek przypominam, że twój raport miał być gotowy na wczoraj
IV in case of *prep phr* w razie (czegoś), na wypadek (czegoś); **in ~ of fire** w razie pożaru; **in ~ of emergency** w nagłym wypadku
IDIOMS: **get off my ~!** infml odczep się ode mnie! infml
case² /keɪs/ **I** *n* [1] (suitcase) walizka *f*; (large) waliza *f* [2] (crate, chest) skrzynka *f*, skrzynia *f*, paka *f*; **to buy wine by the ~** kupować wino skrzynkami or na skrzynki [3] (display cabinet) gablota *f*, gablotka *f*, witryna *f*; **to display sth in a ~** wystawić coś w gablocie or witrynie [4] (protective container) (for spectacles, pen) etui *n inv*; (for binoculars, camera, instrument) futerał *m*; (for jewels) kaseta *f*, kasetka *f*, puzderko *n*, szkatułka *f* [5] (protective part) (of watch) koperta *f*; (of cartridge) łuska *f*; gilza *f* dat; (of camera, clock) obudowa *f*; (of piano) pudło *n*; (of organ) prospekt *m*; (of seed) Bot torebka *f* [6] Print kaszta *f* → **lower case, upper case** [7] (of book) pudełko *n*
II *vt* infml (reconnoitre) **to ~ the joint** *[thief]* przeprowadzić rekonesans
CASE /keɪs/ *n* = **computer-aided software engineering** inżynieria *f* oprogramowania wspomagana komputerowo
casebook /ˈkeɪsbʊk/ *n* Jur teczka *f* z aktami, dossier *n*; Med historia *f* choroby; (of essays, articles) zbiór *m*
case conference *n* Soc Admin, Sch zebranie *n* w sprawie pojedynczego przypadku
case file *n* teczka *f* z aktami, dossier *n*
case grammar *n* Ling gramatyka *f* przypadków (głębokich)
case-harden /ˈkeɪshaːdn/ **I** *vt* Ind utwardz|ić, -ać *[steel] (metodą obróbki cieplno-chemicznej)*; fig za|hartować *[person]*
II case-hardened *pp adj* Ind utwardzony; fig zaprawiony, zahartowany; **a ~-ed politician** polityk zaprawiony w boju fig
case history *n* [1] Med historia *f* choroby [2] (exemplary study) = **case study**
case knife *n* US nóż *m* stołowy
case law *n* prawo *n* precedensowe
caseload /ˈkeɪsləʊd/ *n* (of doctor) pacjenci *m pl*; (of lawyer) klienci *m pl*; **to have a heavy ~** mieć dużo pacjentów/klientów
casement /ˈkeɪsmənt/ *n* skrzydło *n* okienne; liter okno *n*
casement window *n* okno *n* skrzydłowe
case notes *n* akta *plt* or dokumentacja *f* sprawy
case study *n* studium *n* przypadku
case system *n* Ling system *m* przypadków
casework /ˈkeɪswɜːk/ *n* opieka *f* społeczna *(obejmująca pojedyncze osoby lub rodziny)*
caseworker /ˈkeɪswɜːkə(r)/ *n* opiekun *m* społeczny, opiekunka *f* społeczna
cash /kæʃ/ **I** *n* [1] (notes and coins) gotówka *f*; **to pay in ~** płacić gotówką; **£3,000 (in) ~** 3 000 funtów w gotówce; **to be paid ~ in hand** otrzymać gotówkę do ręki; **I haven't got any ~ on me** nie mam przy sobie gotówki [2] (money in general) pieniądze *m pl*; forsa *f*, kasa *f* infml; **to be short of ~** nie mieć pieniędzy [3] (immediate payment) zapłata *f* gotówką; **will it be ~ or credit?** gotówką czy na kredyt?; **discount for ~** rabat przy

płatności gotówką; **£50 ~ in hand** or **~ down** 50 funtów gotówką
II *modif [transaction, deposit, float, limit, bid]* gotówkowy; *[allowance, compensation, prize, grant]* pieniężny; *[discount]* przy zapłacie gotówką; *[advance, price]* w gotówce; *[sale]* za gotówkę; **~ payment** płatność gotówką; **~ book** księga kasowa; **~ terms** warunki transakcji gotówkowej
III *vt* **to ~ a cheque** z|realizować czek
■ **cash in**: ¶ **~ in** zysk|ać, -iwać; **to ~ in on sth** wyciągnąć z czegoś korzyść, zarobić na czymś *[event, death, popularity]* ¶ **~ in [sth], ~ [sth] in** spienięż|yć, -ać *[bond, insurance policy]*; wymieni|ć, -ać na pieniądze *[token, gambling chip]*; US z|realizować, za|inkasować *[cheque]*
■ **cash up** podlicz|yć, -ać utarg

cashable /ˈkæʃəbl/ *adj* zamienny na gotówkę

cash-and-carry /ˌkæʃənˈkærɪ/ **I** *n* sprzedaż *f* za gotówkę bez dostawy
II *modif [store, warehouse]* typu cash-and-carry; *[price, sale]* hurtowy

cash assets *npl* Fin aktywa *plt* gotówkowe

cash-back /ˈkæʃbæk/ *n* [1] (in shops) **~ facility** *usługa świadczona przez sklepy detaliczne, polegająca na tym, że klient płacący kartą kredytową może podjąć z konta pewną sumę*; **would you like ~?** czy chce pan/pani dokonać wypłaty gotówki? [2] (cash refund) zwrot *m* pieniędzy

cash box *n* kaseta *f* na pieniądze

cash buyer *n* nabywca *m* or klient *m* płacący gotówką

cash card *n* karta *f* do bankomatu

cash contribution *n* Fin wkład *m* gotówkowy

cash cow *n* Comm fig żyła *f* złota fig

cash crop *n* Agric uprawa *f* rynkowa

cash deficit *n* deficyt *m* kasowy, manko *n*

cash desk *n* kasa *f*, okienko *n* kasowe

cash dispenser *n* bankomat *m*

cashew /ˈkæʃuː/ *n* Bot nerkowiec *m*, nanercz *m*; (also **~ nut**) orzech *m* nerkowca

cash flow **I** *n* przepływ *m* gotówki
II *modif* **~ forecast** prognoza przepływów gotówkowych; **~ statement** sprawozdanie z przepływu środków pieniężnych; **~ problems** problemy związane z przepływem gotówki; **I've got a bit of a ~ problem!** hum mam drobne kłopoty finansowe!

cashier[1] /kæˈʃɪə(r)/ *n* kasjer *m*, -ka *f*

cashier[2] /kæˈʃɪə(r)/ *vt* Mil zw|olnić, -alniać ze służby, z|degradować *[officer]*; zw|olnić, -alniać *[employee]*

cash inflow *n* napływ *m* gotówki

cash injection *n* fig zastrzyk *m* gotówki fig

cashless /ˈkæʃlɪs/ *adj [transaction, pay]* bezgotówkowy; **the ~ society** społeczeństwo bezgotówkowe

cash limit *n* limit *m* gotówkowy

cashmere /ˌkæʃˈmɪə(r)/ **I** *n* kaszmir *m*
II *modif [sweater, material]* kaszmirowy, z kaszmiru

cash offer *n* oferta *f* zakupu za gotówkę

cash on delivery, COD *n* płatność *f* gotówką przy odbiorze

cash outflow *n* wypływ *m* gotówki

cashpoint /ˈkæʃpɔɪnt/ *n* = **cash dispenser**

cashpoint card *n* = **cash card**

cash ratio *n* współczynnik *m* wypłacalności

cash register *n* kasa *f* (sklepowa)

cash reserves *npl* rezerwy *f pl* gotówkowe

cash squeeze *n* restrykcyjna polityka *f* pieniężna

cash with order, c.w.o. *n* płatność *f* gotówką przy zamówieniu

casing /ˈkeɪsɪŋ/ *n* [1] (protective cover) (of machine, unit, gearbox) obudowa *f*; (of turbine) kadłub *m*; (of cylinder) tuleja *f*; (of bomb) skorupa *f*; (of shell) łuska *f*; gilza *f* dat; (of tyre) opona *f*; (of cable) osłona *f* [2] (of shaft, chimney) rura *f* okładzinowa [3] (of window, door) futryna *f*, ościeżnica *f* [4] (sausage skin) osłonka *f*, kiełbaśnica *f* [5] Print oprawa *f*

casino /kəˈsiːnəʊ/ *n* kasyno *n*

cask /kɑːsk, US kæsk/ *n* beczka *f*, beczułka *f*, baryłka *f*; **wine from the ~** wino z beczki

casket /ˈkɑːskɪt, US ˈkæskɪt/ *n* [1] (jewel box) szkatułka *f* [2] (coffin) trumna *f*; (for ashes) urna *f*

Caspian Sea /ˌkæspɪənˈsiː/ *prn* **the ~** Morze *n* Kaspijskie

Cassandra /kəˈsændrə/ *prn* Mythol Kasandra *f* also fig

cassava /kəˈsɑːvə/ *n* Bot maniok *m*; Culin tapioka *f*

casserole /ˈkæsərəʊl/ **I** *n* Culin [1] (container) naczynie *n* żaroodporne [2] GB (food) potrawa *f* duszona na małym ogniu
II *vt* u|dusić *[meat, chicken]*

cassette /kəˈset/ *n* Audio, Video kaseta *f*; **to record on ~** nagrywać na kasetę; **to be available on ~** być dostępnym na kasetach

cassette deck *n* magnetofon *m* kasetowy bez wzmacniacza

cassette player *n* odtwarzacz *m* kasetowy

cassette recorder *n* magnetofon *m* kasetowy

cassette recording *n* nagranie *n* na kasecie

cassette tape *n* kaseta *f* magnetofonowa

cassock /ˈkæsək/ *n* sutanna *f*

cassowary /ˈkæsəweərɪ/ *n* Zool kazuar *m*

cast /kɑːst, US kæst/ **I** *n* [1] Cin, Theat, TV obsada *f*; **the members of the ~** aktorzy; **~ and credits** (at the beginning) czołówka, napisy początkowe; (at the end) napisy końcowe; **~ of characters** (in play) osoby; (in novel) bohaterowie, postacie; **Bogart and Bacall head a strong ~** Bogart i Bacall są or stoją na czele silnej obsady; **the film has an all-star ~** film ma gwiazdorską obsadę; **she was in the ~ of 'The Birds'** (za)grała w „Ptakach" [2] Art, Tech (mould) forma *f*; (moulded object) odlew *m* [3] (arrangement) **~ of features** rysy twarzy, fizjonomia; **~ of mind** usposobienie [4] (act of throwing) (of dice, stone) rzut *m*; (of net) zarzucenie *n*; **to make a ~** Fishg zarzucić [5] Med (squint) zez *m* rozbieżny; **to have a ~ in one eye** mieć zeza jednego oka [6] Med (also **plaster ~**) opatrunek *m* gipsowy; gips *m* infml; **to have one's arm in a ~** mieć rękę w gipsie [7] Zool (skin of snake, insect) wylinka *f*; (owl pellet) wypluwka *f*; (of worm) wypluwka *f* [8] (colour, tinge) odcień *m*; **with a greenish ~** z zielonkawym odcieniem
II *vt* (*pt, pp* **cast**) [1] (throw) rzuc|ić, -ać *[stone, dice]*; zarzuc|ić, -ać *[net, fishing line, anchor]*; **to be cast into prison** zostać wtrąconym do więzienia; **to ~ blame on sb** zrzucić na kogoś winę; **to ~ doubt on sth** podać coś w wątpliwość; **to ~ light on sth** rzucić na coś światło; **to ~ (a) new light on sth** ukazać coś w nowym świetle; **to ~ a shadow** rzucać cień; **to ~ a shadow on sth** kłaść się cieniem na czymś; **to ~ a spell on sb/sth** rzucić na kogoś/coś czary or urok(i); **to ~ suspicion on sb** rzucić na kogoś podejrzenie; **to ~ oneself on sb's mercy** zdać się na łaskę kogoś [2] (direct) rzuc|ić, -ać *[glance, look]* **(at sb/sth** na kogoś/coś); **her eyes were cast downwards** miała spuszczone oczy; **to ~ one's eyes around the room** omieść wzrokiem pokój; **to ~ one's eyes over a letter** przebiec wzrokiem list; **to ~ a glance over one's shoulder** rzucić spojrzenie za siebie; **to ~ one's mind back over sth** cofnąć się myślą do czegoś; **if you ~ your mind back to last week...** jeśli cofniesz się myślą do zeszłego tygodnia...; **if I ~ my mind back to my childhood** kiedy sięgnę pamięcią do czasów dzieciństwa [3] Cin, Theat, TV obsadz|ić, -ać *[play, film]*; przydziel|ić, -ać rolę (komuś), obsadz|ić, -ać *[actor, actors]*; **she was cast in the role of** or **as Snow White** obsadzono ją w roli królewny Śnieżki [4] (shed) zrzuc|ić, -ać *[leaves, feathers]*; gubić *[hair]*; *[animal]* poronić *[young]*; **the snake ~s its skin** wąż zrzuca skórę; **the horse cast a shoe** koń zgubił podkowę [5] Art, Tech odl|ać, -ewać *[plaster, metal]*; **statue cast in bronze** posąg (odlany) z brązu [6] Pol **to ~ one's vote** oddać głos [7] Astrol **to ~ sb's horoscope** ułożyć or postawić komuś horoskop
III *vi* (*pt, pp* **cast)** Fishg zarzuc|ać, -ić wędkę
■ **cast about** GB, **~ around**: **to ~ about for sth** gwałtownie szukać czegoś *[excuse, answer, solution, inspiration]*
■ **cast aside**: **~ aside [sb/sth], ~ [sb/sth] aside** odrzuc|ić, -ać *[object, suggestion]*; pozby|ć, -wać się *[anxieties, doubts, inhibitions]*; rzuc|ić, -ać, porzuc|ić, -ać *[spouse, lover, friends]*
■ **cast away**: **~ away [sth], ~ [sth] away** wyrzuc|ić, -ać *[old clothes, objects]*; pozby|ć, -wać się (czegoś) *[cares, inhibitions]*; **to be cast away** (shipwrecked) zostać wyrzuconym na ląd (jako rozbitek)
■ **cast down**: **~ down [sth], ~ [sth] down** [1] rzuc|ić, -ać, zrzuc|ić, -ać (na ziemię) *[object]*; spu|ścić, -szczać *[eyes, head]*; **to ~ one's weapons** złożyć broń [2] fig obal|ić, -ać *[tyrant]*; **to be cast down** (be depressed) liter być przybitym or przygnębionym
■ **cast off**: ¶ **~ off** [1] Naut odda|ć, -wać cumy [2] (in knitting) zak|ończyć, -ańczać, zam|knąć, -ykać oczka ¶ **~ off [sth], ~ [sth] off** [1] (discard) zrzuc|ić, -ać *[garment, chains, yoke]*; porzuc|ić, -ać *[lover, friend]* [2] (in knitting) **to ~ off stitches** spuszczać or gubić oczka
■ **cast on**: ¶ **~ on** (in knitting) nab|rać, -ierać oczka ¶ **~ on [sth]** narzuc|ić, -ać, doda|ć, -wać *[stitch]*
■ **cast out**: **~ out [sb/sth], ~ [sb/sth] out** liter wypędz|ić, -ać, prze|pędzić, -ać *[devil, evil person]*; wyzby|ć, -wać się (czegoś) *[fear, emotion]*

C

■ **cast up**: **~ up [sth], ~ [sth] up** [1] *[tide, sea]* wyrzuc|ić, -ać na brzeg *[body, flotsam]* [2] (in air) wyrzuc|ić, -ać w górę *[ball]*; **to ~ one's eyes up (to heaven)** wznieść oczy or wzrok (do nieba); **to ~ sth up at sb** wyrzucać or wypominać komuś coś *[misdeed]*; obrzucić kogoś czymś *[accusations]*

castanets /ˌkæstəˈnets/ *npl* Mus kastaniety *plt*

castaway /ˈkɑstəweɪ, US ˈkæst-/ *n* rozbitek *m*

caste /kɑːst/ *n* kasta *f*; **the ~ system** system kastowy, kastowość; **to lose ~** fig *[person]* z|deklasować się

castellated /ˈkæstəleɪtɪd/ *adj* [1] Archit *[walls]* zwieńczony blankami [2] Tech **~ nut** nakrętka koronowa

caster /ˈkɑːstə(r), US ˈkæstər/ *n* [1] GB (shaker) pojemnik *m* z dziurkowanym wieczkiem *(na mąkę, sól, cukier)* [2] (also **castor**) (wheel) kółko *n*, rolka *f (pod mebel, instrument muzyczny)* [3] US (cruet stand) podstawka *f* na przyprawy

caster action *n* Aut samoustawność *f* kół

caster sugar *n* GB cukier puder *m*

castigate /ˈkæstɪgeɪt/ *vt* fml surowo z|ganić *[person]* **(for sth/for doing sth** za coś /zrobienie czegoś); podda|ć, -wać surowej krytyce *[book]*

castigation /ˌkæstɪˈgeɪʃn/ *n* fml surowa krytyka *f* **(of sb/sth** kogoś/czegoś)

Castile /kæˈstiːl/ *prn* Kastylia *f*

Castilian /kəˈstɪlɪən/ **I** *n* Kastylij|czyk *m*, -ka *f*

II *adj* kastylijski

casting /ˈkɑːstɪŋ, US ˈkæst-/ *n* [1] (throwing) rzucanie *n*, rzut *m*; Fishg zarzucanie *m* [2] (in metallurgy) (act) odlanie *n*, odlewanie *n*; (object) odlew *m* [3] Cin, Theat, TV obsadzanie *n*, casting *m*

casting agent *n* osoba *f* odpowiedzialna za casting

casting couch *n* Cin infml ≈ prawo *n* pierwszej nocy infml fig *(przysługujące kierownikowi obsady)*

casting director *n* kierownik *m* obsady

casting vote *n* decydujący głos *m*; **to have a** or **the ~** mieć decydujący głos

cast iron I *n* żeliwo *n*; **as hard as ~** fig twardy jak stal fig

II cast-iron *modif* [1] *[object]* żeliwny [2] fig *[constitution, determination, will]* żelazny; *[evidence, alibi]* niezbity; *[guarantee]* murowany

castle /ˈkɑːsl, US ˈkæsl/ **I** *n* [1] Archit zamek *m*; **sand ~s** zamki z piasku [2] (in chess) wieża *f*

II *modif [grounds, moat]* zamkowy

III *vi* (in chess) roszować

IDIOMS: **an Englishman's** GB or **a man's** US **home is his ~** dom Anglika or człowieka to jego twierdza; **~s in the air** or **in Spain** US zamki na lodzie

castling /ˈkɑːslɪŋ, US ˈkæslɪŋ/ *n* (in chess) roszada *f*

cast list *n* Cin, Theat, TV obsada *f*

cast-off /ˈkɑːstɒf, US ˈkæst-/ **I cast-offs** *npl* (clothes) ubrania *m pl* używane; **society's ~s** wyrzutki społeczeństwa

II *adj [object, garment]* niepotrzebny

castor¹ /ˈkɑːstə(r), US ˈkæs-/ *n* Pharm kastoreum *n*, bobrowy strój *m*

castor² /ˈkɑːstə(r), US ˈkæs-/ *n* (also **caster**) (wheel) kółko *n*, rolka *f (pod mebel, instrument muzyczny)*

castor oil *n* olej *m* rycynowy, rycyna *f*

castor oil plant *n* Bot rącznik *m*, rycynus *m*

castrate /kæˈstreɪt, US ˈkæstreɪt/ *vt* [1] wy|kastrować *[man, animal]* [2] fig *[censor, censorship]* pociąć; wy|kastrować fig *[text, film]*

castrati *npl* → **castrato**

castration /kæˈstreɪʃn/ *n* kastracja *f* also fig

castrato /kæˈstrɑːtəʊ/ *n* (*pl* **-ti**) kastrat *m*

casual /ˈkæʒʊəl/ **I** *n* (temporary worker) pracownik *m* sezonowy, pracownica *f* sezonowa; (occasional worker) pracując|y *m*, -a *f* dorywczo

II casuals *npl* (clothes) ubranie *n* w stylu sportowym; (shoes) obuwie *n* sportowe

III *adj* [1] (informal) *[clothes, dress, manner]*, swobodny; *[greeting]* poufały; **to have a ~ chat** pogadać sobie, uciąć sobie pogawędkę; **to come up in ~ conversation** wypłynąć w luźnej rozmowie [2] (occasional) *[acquaintance, relationship]* przypadkowy, przygodny; **~ sex** przypadkowe kontakty seksualne; **~ drug users** osoby sporadycznie zażywające narkotyki [3] (nonchalant) *[attitude, gesture, approach, tone]* niedbały, swobodny; *[remark]* rzucony mimochodem; **to make a question sound ~** zapytać jak gdyby mimochodem; **to be ~ about sth** nie przejmować się czymś zbytnio [4] pej *[racism, cruelty, violence]* pospolity, zwyczajny [5] (superficial) *[inspection]* powierzchowny; *[glance]* pobieżny, przelotny; *[onlooker]* przypadkowy; **to the ~ eye it seems that...** przypadkowemu obserwatorowi może się zdawać, że... [6] (chance) *[encounter, error]* przypadkowy; *[visit, visitor]* niezapowiedziany [7] *[worker, labour]* (temporary) sezonowy; (occasional) pracujący dorywczo [8] Biol adwentywny

casual contract I *n* umowa *f* czasowa or na czas określony

II *modif* (temporary) czasowy; (occasional) sezonowy

casually /ˈkæʒʊəlɪ/ *adv* [1] *[inquire, remark, mention]* mimochodem, od niechcenia; *[stroll, greet]* swobodnie, beztrosko; *[glance, leaf through]* pobieżnie [2] *[dressed]* zwyczajnie [3] *[hurt, offend]* mimowolnie, niechcący [4] *[employed]* czasowo; *[work]* dorywczo

casualness /ˈkæʒʊəlnɪs/ *n* [1] (of manner) swoboda *f*; (of tone, remark) lekkość *f*, beztroska *f* [2] (of clothes, dress) swobodny styl *f*

casualty /ˈkæʒʊəltɪ/ **I** *n* [1] (person) ofiara *f*; **there were no casualties** ofiar w ludziach nie było [2] (part of hospital) oddział *m* nagłych wypadków; **in ~** na oddziale nagłych wypadków [3] fig (person, plan) ofiara *f*; **to be a ~ of sth** być or paść ofiarą czegoś

II casualties *npl* (soldiers) straty *f pl* w ludziach; (civilians) ofiary *f pl*; **there were heavy/light casualties** Mil straty w ludziach były duże/niewielkie

III *modif* GB **~ ward** oddział nagłych wypadków; Mil **~ list** lista zabitych i rannych; **~ figures** dane liczbowe o stratach w ludziach; **~ insurance** US ubezpieczenie od następstw nieszczęśliwych wypadków

casuist /ˈkæʒjʊɪst/ *n* kazuista *m*

casuistry /ˈkæzjʊɪstrɪ/ *n* kazuistyka *f*

cat¹ /kæt/ **I** *n* [1] (domestic) kot *m*; (female) kotka *f* [2] (feline) kot *m*; **big ~** wielki drapieżnik z rodziny kotów [3] infml pej (woman) żmija *f*, jędza *f* pej [4] infml dat (guy) gość *m* infml

II *modif* **~ basket/food** koszyk/pokarm dla kota; **the ~ family** kotowate, koty

■ **cat around** US infml chodzić na podryw infml

IDIOMS: **it was enough to make a ~ laugh** infml można było pęknąć ze śmiechu infml; **there are more ways than one to kill** or **skin a ~** cel można osiągnąć różnymi sposobami; **to be like a ~ on a hot tin roof** or **on hot bricks** siedzieć jak na rozżarzonych węglach; **to fight like ~ and dog** drzeć z sobą koty, żyć ze sobą jak pies z kotem; **to grin like a Cheshire ~** szczerzyć zęby w uśmiechu; **to let the ~ out of the bag** puścić farbę infml; **the ~'s out of the bag** wyszło szydło z worka; **to look like something the ~ brought** or **dragged in** *[person]* wyglądać jak siedem nieszczęść; *[object]* być w opłakanym stanie; **to rain ~s and dogs** lać jak z cebra; **there's hardly enough room to swing a ~** nie ma się tu gdzie obrócić; **to think one is the ~'s whiskers** GB or **pajamas** US or **meow** US uważać się za pępek świata; **to (wait and) see which way the ~ jumps** czekać, jaki obrót przyjmą sprawy; **to play ~ and mouse with sb** bawić się z kimś jak kot z myszką; **when the ~'s away, the mice will play** Prov myszy harcują, gdy kota nie czują

cat² /kæt/ infml = **catalytic converter**

cat. *n* = **catalogue** katalog *m*

CAT *n* [1] GB = **College of Advanced Technology** [2] Comput = **computer-aided teaching, computer-assisted teaching** nauczanie *n* wspomagane komputerowo [3] Comput = **computer-assisted testing** testowanie *n* wspomagane komputerowo [4] Comput = **computer-assisted training** szkolenie *n* wspomagane komputerowo [5] Comput = **computer-aided translation** tłumaczenie *n* wspomagane komputerowo [6] Med → **computerized axial tomography**

cataclysm /ˈkætəklɪzəm/ *n* Geol kataklizm *m* also fig

cataclysmic /ˌkætəˈklɪzmɪk/ *adj* katastrofalny

catacombs /ˈkætəkuːmz, US -kəʊmz/ *npl* katakumby *plt*

catafalque /ˈkætəfælk/ *n* katafalk *m*

Catalan /ˈkætəlæn/ **I** *n* Katalo|ńczyk *m*, -nka *f*

II *adj* kataloński

catalepsy /ˈkætəlepsɪ/ *n* Med katalepsja *f*

cataleptic /ˌkætəˈleptɪk/ *adj [trance]* kataleptyczny

catalogue /ˈkætəlɒg, US -lɔːg/ **I** *n* [1] (of goods, books) katalog *m* [2] (of disasters, crimes) seria *f*; (of grievances, sins) litania *f* [3] US Univ informator *m*

II *modif [number, price]* katalogowy

III *vt* s|katalogować *[books, collection]*; zestawi|ć, -ać *[events, qualities]*

Catalonia /ˌkætəˈləʊnɪə/ *prn* Katalonia *f*

catalysis /kəˈtæləsɪs/ *n* (*pl* **-lyses**) kataliza *f*
catalyst /ˈkætəlɪst/ *n* [1] Chem katalizator *m* also fig [2] = **catalytic converter**
catalytic /ˌkætəˈlɪtɪk/ *adj* katalityczny
catalytic converter *n* katalizator *m*
catalytic cracker *n* kraking *m* katalityczny
catalytic cracking *n* kraking *n* katalityczny, krakowanie *n* katalityczne
catamaran /ˌkætəməˈræn/ *n* [1] (boat) katamaran *m* [2] (raft) tratwa *f*
catapult /ˈkætəpʌlt/ I *n* [1] GB (Y-shaped) proca *f* [2] Mil, Aviat (also ~ **launcher**) katapulta *f* [3] Mil, Hist katapulta *f*
II *vt* [1] *[force, explosion]* wyrzuc|ić, -ać z impetem [2] fig **to be ~ed to sth** błyskawicznie zdobyć coś *[power, fame]*
cataract /ˈkætərækt/ *n* [1] Med katarakta *f*, zaćma *f* [2] (waterfall) katarakta *f*
catarrh /kəˈtɑː(r)/ *n* Med nieżyt *m*, katar *m*
catarrhal /kəˈtɑːrəl/ *adj* nieżytowy, kataralny
catastrophe /kəˈtæstrəfi/ *n* katastrofa *f*
catastrophe theory *n* Math teoria *f* katastrof
catastrophic /ˌkætəˈstrɒfɪk/ *adj* *[earthquake, flooding]* katastrofalny; *[vision]* katastroficzny
catastrophically /ˌkætəˈstrɒfɪklɪ/ *adv* *[bad]* katastrofalnie; **to fail ~** ponieść sromotną klęskę
catatonia /ˌkætəˈtəʊnɪə/ *n* Med katatonia *f*
catatonic /ˌkætəˈtɒnɪk/ *adj* Med katatoniczny
catbird /ˈkætbɜːd/ *n* US **to be in the ~ seat** infml być w uprzywilejowanej pozycji
cat burglar *n* GB włamywacz *m* (*wchodzący przez okna, dach*)
catcall /ˈkætkɔːl/ I *n* gwizd *m*
II *vt* wygwizd|ać, -ywać
III *vi* gwizdać
catch /kætʃ/ I *n* [1] (fastening) (on brooch, handbag, purse) zapięcie *n*, zameczek *m*; (on door, window) zatrzask *m*; (of lock) zapadka *f* [2] (drawback) haczyk *m*, kruczek *m* infml; **what's the ~?** gdzie jest haczyk? fig [3] (break in voice) **with a ~ in one's voice** łamiącym się głosem [4] (act of catching) chwyt *m*; **to take a ~** GB, **to make a ~** US Sport złapać piłkę; **to play ~** grać w piłkę [5] Fishg (haul) połów *m*; **to have a good ~** mieć obfity połów [6] Mus kanon *n* kołowy (*zwykle z dowcipnym, często rubasznym tekstem*) [7] (marriage partner) **to be a good ~** być dobrą partią
II *vt* (*pt, pp* **caught**) [1] (hold and retain) *[person]* schwy|cić, -tać, z|łapać *[ball, fish, mouse]*; *[container]* zbierać *[drips, water, sawdust]*; (by running) fig *[person]* dog|onić, -aniać, gonić *[person]*; **~ me if you can!** goń mnie!, spróbuj mnie złapać!; **I caught her at home** zastałem ją w domu; **I caught her just before she left** udało mi się ją zostać, zanim wyszła [2] (take by surprise) przyłapać *[person, thief]*; **to ~ sb doing sth** przyłapać kogoś na robieniu czegoś; **to be** or **get caught** zostać przyłapanym; **to ~ sb in the act, to ~ sb at it** infml przyłapać kogoś na gorącym uczynku; **you wouldn't ~ me smoking/arriving late!** nie należę do tych, co palą/co się spóźniają!; **you won't ~ me at it again!** to się więcej nie powtórzy!; **we got caught in the rain** złapał nas deszcz; **you've caught me at an awkward moment** trafiłeś na zły moment → **balance, foot, short, unawares** [3] (be in time for) zdążyć na (coś); z|łapać infml *[bus, ferry, plane, train]*; **to ~ the last post** or **mail** zdążyć nadać list tuż przed ostatnim opróżnieniem skrzynki [4] (manage to see) zdołać obejrzeć *[show, play]*; (manage to hear) zdołać wysłuchać (czegoś) *[concert]* [5] (grasp) chwy|cić, -tać *[arm, hand, branch, rope]*; wzbudz|ić, -ać *[interest]*; przyciąg|nąć, -ać *[attention]*; pobudz|ić, -ać *[imagination]*; **to ~ hold of sth** złapać or schwycić się czegoś; **to ~ sb's attention** or **eye** zwrócić na siebie uwagę kogoś; **to ~ the Speaker's eye** GB Pol otrzymać pozwolenie zabrania głosu (w parlamencie); **her necklace/that poster caught my eye** jej naszyjnik/tamten plakat przykuł mój wzrok; **did you manage to ~ some sleep?** infml czy udało ci się chociaż chwilę przespać? [6] (make out) **I didn't ~ what he said** nie dosłyszałem, co powiedział; **do you ~ my meaning?** rozumiesz, co mam na myśli? [7] (perceive) wyczu|ć, -wać, po|czuć *[smell, aroma, taste, flavour]*; u|słyszeć, do|słyszeć *[sound, tone]*; dostrze|c, -gać, zauważ|yć, -ać *[look]*; **I caught the whiff of tobacco/sound of bells** doleciał mnie zapach tytoniu /dźwięk dzwonów; **to ~ sight of sb/sth** zauważyć or dostrzec or spostrzec kogoś/coś [8] (trap) **to ~ one's fingers in the door** przytrzasnąć sobie palce drzwiami; **to ~ one's shirt/sleeve on a nail** zaczepić or zahaczyć koszulą/rękawem o gwóźdź; **the child got his head caught between the railings** dziecku głowa uwięzła między prętami; **to get caught in sth** *[person]* zaplątać się w coś *[net, thorns, barbed wire]*; *[animal, bird, fish]* uwięznąć w czymś, złapać się w coś *[net]*; **I got caught in a traffic jam** utknąłem w korku [9] Med zara|zić, -żać się (czymś); złapać infml *[virus, disease]* → **cold, chill** [10] (hit) trafi|ć, -ać, uderz|yć, -ać *[object, person]*; **the stone caught him on the head** kamień trafił go w głowę; **to ~ sth with one's elbow/with a broom** zawadzić o coś łokciem/miotłą; **to ~ sb (with) a blow** uderzyć kogoś [11] (have an effect on) *[sun, light]* odbi|ć, -jać się w (czymś) *[object, raindrops]*; *[wind, current]* por|wać, -ywać *[paper, boat]*; **to ~ one's throat** *[pepper, drink]* palić kogoś w gardło [12] (be affected by) **to ~ the sun** opalić się; złapać (trochę) słońca infml; **to ~ fire** or **light** stanąć w ogniu or w płomieniach; **to ~ the light** zalśnić or zabłysnąć or zaiskrzyć się w świetle [13] (capture) *[artist, writer, camera, picture]* odda|ć, -wać *[atmosphere, mood, spirit, likeness]*; **to ~ sth on film** sfilmować coś [14] (hold back) **to ~ one's breath** wstrzymać oddech [15] Sport = **catch out** [16] (trick) = **catch out** [17] (manage to reach) = **catch up**
III *vi* (*pt, pp* **caught**) [1] (become stuck) **to ~ on sth** *[shirt, sleeve]* zaczepi|ć, -ać się o coś; *[wheel]* o|trzeć, -cierać się o coś *[frame]* [2] (start to burn) *[wood, coal, paper]* zaj|ąć, -mować się; *[fire]* rozpal|ić, -ać się [3] Culin *[soup, stew]* przyw|rzeć, -ierać [4] *[hook, lock]* zaskoczyć; **the lock won't ~** zamek nie chce zaskoczyć
■ **catch on** [1] (become popular) *[activity, idea, song]* zysk|ać, -iwać popularność; *[fashion]* przyj|ąć, -mować się; **the song is ~ing on with older people** ta piosenka zyskuje popularność wśród starszych ludzi [2] (understand) z|rozumieć, poj|ąć, -mować; **to ~ on to sth** zrozumieć or pojąć coś; **we finally caught on to what was happening** wreszcie pojęliśmy, co się dzieje
■ **catch out: ~ [sb] out** [1] (take by surprise) zask|oczyć, -akiwać; (in wrongdoing) przyła|pać, -pywać [2] (trick) wyw|ieźć, -odzić (kogoś) w pole; podpu|ścić, -szczać infml [3] (in cricket, baseball) wyeliminować *[batsman]*
■ **catch up**: ¶ **~ up** (in race) nadr|obić, -abiać stratę (do rywala); (in work, school) nadr|obić, -abiać zaległości; **to ~ up with sb/sth** dog|onić, -aniać kogoś/coś *[person, vehicle]*; **to ~ up on one's work** nadrabiać or nadganiać zaległości w pracy; podganiać robotę infml; **to ~ up on one's sleep** odsypiać; **to ~ up on the latest news /gossip** dowiedzieć się najnowszych wiadomości/plotek ¶ **~ [sb/sth] up** [1] (manage to reach) dog|onić, -aniać [2] (pick up) por|wać, -ywać, z|łapać *[bag, child]*; **she caught the child up in her arms** porwała dziecko w ramiona ¶ **~ [sth] up in** (tangle) zaplątać w (czymś) *[barbed wire, chain]*; **to get one's feet caught up in sth** zaplątać nogi w coś; **her skirt caught up in the thorns** spódnica zaczepiła się jej o kolce; **to get caught up in sth** utknąć w czymś *[traffic]*; zaplątać się w coś *[web]*; zarazić się czymś *[enthusiasm, excitement]*; uwikłać się w coś *[scandal]*; wdać się w coś *[argument, fight]*; znaleźć się w samym centrum czegoś *[war, bombing]*; (get involved) zaangażować się w coś *[campaign, work]*
IDIOMS: **you'll ~ it!** infml doigrasz się!, doczekasz się!
catch-all /ˈkætʃɔːl/ I *n* [1] (term) słowo-wytrych *n* [2] US (container) pojemnik *m* na różności
II *modif* *[word, expression]* uniwersalny, wieloznaczny; *[term]* pojemny; *[clause]* uniwersalny; *[category, list]* wyczerpujący
catch-as-catch-can /ˌkætʃəzkætʃˈkæn/ *n* Sport zapasy *plt* w stylu wolnym; **it's (a case of) ~ in this business** fig w tym biznesie panuje wolna amerykanka fig
catch crop *n* Agric międzyplon *m*, śródplon *m*
catcher /ˈkætʃə(r)/ *n* Sport chwytacz *m*, łapacz *m*
catchfly /ˈkætʃflaɪ/ *n* Bot lepnica *f*
catching /ˈkætʃɪŋ/ *adj* Med zaraźliwy also fig
catchline /ˈkætʃlaɪn/ *n* [1] (slogan) hasło *n* reklamowe [2] (headline) nagłówek *m* wydrukowany wielkimi literami
catchment /ˈkætʃmənt/ *n* [1] (collecting of water) budowa *f* zbiorników i ujęć wodnych [2] (body of water collected) zasoby *m pl* wody (zgromadzone w zbiorniku)
catchment area *n* [1] Geog (of river, basin) zlewisko *n*, zlewnia *f* [2] Admin, Sch rejon *m*
catchpenny /ˈkætʃpenɪ/ *adj* pej *[slogan]* chwytliwy; *[novel, newspaper]* brukowy
catchphrase /ˈkætʃfreɪz/ *n* (of political party) slogan *m*; (of person) powiedzonko *n*

C

catch question *n* podchwytliwe pytanie *n*
catch-22 situation *n* błędne koło *n*, sytuacja *f* bez wyjścia
catchup /ˈkætʃʌp/ *n* = **ketchup**
catch-up /ˈkætʃʌp/ *n*
IDIOMS: **to be playing ~** nadrabiać zaległości
catch-up demand *n* Econ doganiający popyt *m*
catch-up effect *n* Econ efekt *m* doganiania
catchword /ˈkætʃwɜːd/ *n* [1] (popular word) slogan *m*, hasło *n* [2] Print kustosz *m* [3] Theat słowo klucz *n*, podpowiedź *f*
catchy /ˈkætʃɪ/ *adj [tune]* wpadający w ucho; *[title, slogan]* chwytliwy
catechism /ˈkætəkɪzəm/ *n* Relig (book) katechizm *m*; (teaching) katecheza *f*; **to attend ~** uczęszczać na naukę katechizmu or religii
catechist /ˈkætəkɪst/ *n* Relig katechet|a *m*, -ka *f*
catechize /ˈkætəkaɪz/ *vt* [1] Relig katechizować [2] fig (question thoroughly) przepyt|ać, -ywać **(on sth** z czegoś)
categoric /ˌkætəˈɡɒrɪk, US -ˈɡɔːr-/ *adj* = **categorical**
categorical /ˌkætəˈɡɒrɪkl, US -ˈɡɔːr-/ *adj [statement, refusal]* kategoryczny; *[assurance]* stanowczy
categorical imperative *n* Philos imperatyw *m* kategoryczny
categorically /ˌkætəˈɡɒrɪklɪ, US -ˈɡɔːr-/ *adv [state, deny]* kategorycznie; *[maintain]* stanowczo; *[mistaken, wrong]* zdecydowanie
categorize /ˈkætəɡəraɪz/ *vt* za|klasyfikować, zaszeregować *[person, work of art]* **(into sth** do czegoś); **our books are ~d according to subject** nasze książki są układane tematycznie; **he has been ~d as a surrealist** zalicza się go do surrealistów
category /ˈkætəɡərɪ, US -ɡɔːrɪ/ *n* kategoria *f*
cater /ˈkeɪtə(r)/ **I** *vt* US zajmować się aprowizacją i obsługą (czegoś) *[party]*
II *vi* [1] **to ~ for sb** (cook) przygotow|ać, -ywać posiłki dla kogoś; **to ~ for social occasions** urządzać or organizować przyjęcia [2] **to ~ for** GB or **to** US **sb** (aim at) *[holiday company, organization]* adresować swoją ofertę do kogoś; **our hotel ~s for all ages of clients** nasz hotel przyjmuje gości w każdym wieku; **to ~ for the needs/tastes of sb** *[newspaper, programme]* zaspokajać potrzeby/gusty kogoś [3] (fulfil) **to ~ to sth** spełni|ć, -ać *[whim]*; zaspok|oić, -ajać *[tastes]*
cater-corner(ed) /ˌkeɪtəˈkɔːnə(d)/ *adj, adv* US = **catty-corner(ed)**
caterer /ˈkeɪtərə(r)/ *n osoba lub firma zajmująca się organizacją bankietów i przyjęć*; **to be a ~** or **~s** świadczyć usługi gastronomiczne na zamówienie
catering /ˈkeɪtərɪŋ/ **I** *n* (provision) aprowizacja *f*, catering *m*; (trade, career) gastronomia *f*
II *modif [industry, company]* gastronomiczny; **~ course** kurs gastronomiczny; **~ worker** pracownik gastronomii
caterpillar /ˈkætəpɪlə(r)/ **I** *n* [1] Zool gąsienica *f* [2] Tech (also **~ track)** gąsienica *f*
II *modif [vehicle]* gąsienicowy
Caterpillar® /ˈkætəpɪlə(r)/ *n* pojazd *m* gąsienicowy
caterwaul /ˈkætəwɔːl/ **I** *n* (of cat) miauk *m*, miauknięcie *n*
II *vi [cat]* za|miauczeć; *[person]* drzeć się, wydzierać się infml
caterwauling /ˈkætəwɔːlɪŋ/ *n* (of cat) miauczenie *n*; (of person, music) zawodzenie *n*
cat fight *n* US infml pyskówka *f* infml
catfish /ˈkætfɪʃ/ *n* Zool sum *m*
catflap /ˈkætflæp/ *n* klapka *f* zasłaniająca otwór w drzwiach dla kota
cat food *n* pokarm *m* dla kotów
catgut /ˈkætɡʌt/ *n* katgut *m*
Cathar /ˈkæθə(r)/ *n* Relig Hist katar *m*; **the ~s** katarzy *m pl*, katarowie *m pl*
catharsis /kəˈθɑːsɪs/ *n* Literat, Psych katharsis *n*
cathartic /kəˈθɑːtɪk/ **I** *n* Med środek *m* przeczyszczający
II *adj* [1] Med przeczyszczający [2] Literat, Psych katartyczny
Cathay /kæˈθeɪ/ *n* liter Chiny *plt*
cathedral /kəˈθiːdrəl/ **I** *n* Relig katedra *f*
II *modif* katedralny
cathedral choir *n* chór *m* katedralny
cathedral city *n* stolica *f* diecezji, miasto *m* katedralne
cathedral school *n* szkoła *f* (przy)katedralna
Catherine /ˈkæθrɪn/ *prn* Katarzyna *f*
Catherine wheel *n* (firework) koło *n* ogniste
catheter /ˈkæθɪtə(r)/ *n* Med cewnik *m*, kateter *m*
catheterize /ˈkæθɪtəraɪz/ *vt* Med za|łożyć, -kładać cewnik (komuś) *[patient]*; cewnikować *[bladder]*
cathode /ˈkæθəʊd/ *n* katoda *f*
cathode rays *npl* promienie *m pl* katodowe
cathode-ray tube /ˌkæθəʊdˈreɪtjuːb, US -tuːb/ *n* lampa *f* elektronopromieniowa, lampa *f* katodowa
catholic /ˈkæθəlɪk/ *adj [interests]* rozległy, szeroki, wszechstronny; *[views]* liberalny
Catholic /ˈkæθəlɪk/ **I** *n* katoli|k *m*, -czka *f*
II *adj* katolicki
Catholicism /kəˈθɒlɪsɪzəm/ *n* katolicyzm *m*
cathouse /ˈkæthaʊs/ *n* US infml burdel *m* infml
cation /ˈkætaɪən/ *n* kation *m*
catkin /ˈkætkɪn/ *n* bazia *f*, kotka *f*
catlick /ˈkætlɪk/ *n* GB pobieżne mycie (się) *n*
catlike /ˈkætlaɪk/ **I** *adj [characteristic, movement]* koci
II *adv [walk, stalk]* jak kot
cat litter *n* żwirek *m* higieniczny
catmint /ˈkætmɪnt/ *n* GB Bot kocimiętka *f*
catnap /ˈkætnæp/ **I** *n* drzemka *f*; **to take a ~** uciąć sobie drzemkę
II *vi* (*prp, pt, pp* **-pp-**) zdrzemnąć się, drzemać
catnip /ˈkætnɪp/ *n* US Bot = **catmint**
Cato /ˈkeɪtəʊ/ *prn* Kato(n) *m*
cat-o'-nine-tails /ˌkætəˈnaɪnteɪlz/ *n* (*pl* **~**) dyscyplina *f* dziewięciorzemienna
CAT scan /kæt skæn/ *n* tomografia *f* komputerowa
CAT scanner /kæt ˈskænə(r)/ *n* tomograf *m* komputerowy
cat's cradle *n* kocia kołyska *f (zabawa ze sznurkiem)*; fig gąszcz *m*
cat's-eye /ˈkætsaɪ/ *n* (gem) kocie oko *n*
Catseye® /ˈkætsaɪ/ *n* GB Aut kocie oko *n*, sygnalizator *m* odblaskowy
cat's paw *n* **to be sb's ~** być narzędziem w rękach kogoś
catsuit /ˈkætsuːt, -sjuːt/ *n* (woman's) obcisły kombinezon *n*; (child's) pajacyk *m*
catsup /ˈkætsəp/ *n* US = **ketchup**
cat's whisker *n* Radio drut *m* stykowy *(w detektorze krystalicznym)*
cattery /ˈkætərɪ/ *n* kociarnia *f*
cattiness /ˈkætɪnɪs/ *n* uszczypliwość *f*, złośliwość *f*
cattle /ˈkætl/ **I** *n* (*+ v pl*) bydło *n*
II *modif* **~ breeder/raising** hodowca /hodowla bydła; **~ feed** pasza dla bydła
cattle cake *n* sucha karma *f* dla bydła
cattle call *n* US Theat infml przesłuchanie *n*, casting *m*
cattle grid *n* GB *przeszkoda dla bydła w postaci rowu nakrytego kratownicą*
cattle guard *n* US = **cattle grid**
cattleman /ˈkætlmən/ *n* (*pl* **-men)** [1] GB (herdsman) pastuch *m* [2] US (breeder) hodowca *m* bydła
cattle market *n* [1] targ *m* bydlęcy [2] infml fig (for sexual encounters) miejsce *n*, gdzie się idzie na podryw infml
cattle shed *n* obora *f*
cattle truck *n* Aut ciężarówka *f* do transportu bydła; Rail wagon *m* bydlęcy
catty /ˈkætɪ/ *adj* [1] *[person, remark, gossip]* uszczypliwy, złośliwy **(about sb/sth** na temat kogoś/czegoś) [2] (of or like a cat) koci
catty-corner(ed) /ˌkætɪˈkɔːnə(d)/ **I** *adj* US ukośny, diagonalny
II *adv* ukośnie, po przekątnej
Catullus /kəˈtʌləs/ *prn* Katullus *m*
catwalk /ˈkætwɔːk/ **I** *n* [1] (narrow walkway) kładka *f*, pomost *m* [2] (at fashion show) wybieg *m*
II *modif* **~ show** pokaz mody
Caucasian /kɔːˈkeɪʒn, -ˈkeɪzɪən/ **I** *n* [1] (white person) człowiek *m* rasy białej [2] Geog (inhabitant) mieszkan|iec *m*, -ka *f* Kaukazu
II *adj* [1] *[race, man]* biały [2] Geog kaukaski
Caucasus /ˈkɔːkəsəs/ *prn* **the ~** Kaukaz *m*
caucus /ˈkɔːkəs/ **I** *n* (*pl* **-es)** [1] (meeting) zamknięte zebranie *f* ścisłego kierownictwa partii [2] (faction) grupa *f* wewnątrz partii; pej klika *f*
II *vi* z|ebrać, -bierać się w ścisłym gronie
caudal /ˈkɔːdl/ *adj* Zool ogonowy
caught /kɔːt/ *pt, pp* → **catch**
caul /kɔːl/ *n* [1] Anat (of uterus) czepek *m* [2] Anat (of stomach) sieć *f* większa jelitowa [3] Culin pęcherz *m*
cauldron /ˈkɔːldrən/ *n* kocioł *m*, sagan *m*
cauliflower /ˈkɒlɪflaʊə(r), US ˈkɔːlɪ-/ **I** *n* Bot, Culin kalafior *m*; **to have a ~ ear** infml fig mieć kalafiorowate ucho
II *modif* kalafiorowy; **~ leaf/stalk** liść /głąb kalafiora
cauliflower cheese *n* Culin kalafior *m* zapiekany w sosie beszamelowym z serem
caulk /kɔːk/ **I** *n* szczeliwo *n*
II *vt* uszczelni|ć, -ać *[ship, barrel, gutter]* **(with sth** czymś)
causal /ˈkɔːzl/ *adj* przyczynowy
causality /kɔːˈzælətɪ/ *n* przyczynowość *f*, związek *m* przyczynowy
causation /kɔːˈzeɪʃn/ *n* przyczynowość *f*

causative /ˈkɔːzətɪv/ **I** *n* Ling causativum *n inv*
II *adj* [1] przyczynowy, kauzatywny [2] Ling *[verb]* kauzatywny; *[conjunction, phrase]* przyczynowy
cause /kɔːz/ **I** *n* [1] (reason) powód *m*, przyczyna *f* **(of sth** czegoś); **there is ~ for concern/optimism** jest powód do niepokoju/optymizmu; **he has no ~ for alarm/complaint** on nie ma powodu się bać/się skarżyć; **to give sb ~ to do sth** dać komuś powód do zrobienia czegoś; **to have ~ to do sth** mieć powód do zrobienia czegoś; **to give sb ~ for concern** dać komuś powód do niepokoju; **the immediate/root ~** bezpośrednia /podstawowa przyczyna; **with good ~** nie bez racji; **without good ~** bez (poważnego) powodu [2] (objective) sprawa *f*; **a lost ~** przegrana sprawa; **for a good ~** w słusznej sprawie; **all in a good ~** dla dobra sprawy; **in the ~ of equality /freedom** w imię równości/wolności; **to make common ~ with sb** przyłączyć się do kogoś dla wspólnej sprawy [3] Jur (grounds) podstawa *f*, przyczyna *f*; **a challenge for /without ~** oskarżenie umotywowane/nieumotywowane; **contributory ~** dodatkowa przyczyna; **primary ~** zasadnicza przyczyna; **to show ~** przedstawić or podać przyczynę [4] Jur (court action) sprawa *f* sądowa, proces *m*; **~ of action** podstawa roszczenia or powództwa; **matrimonial ~s** sprawy małżeńskie
II *vt* s|powodować *[damage, flooding, grief, problem, delay]*; wywoł|ać, -ywać *[chaos, controversy, reaction, confusion, excitement]*; **to ~ sb sorrow** przysporzyć komuś smutku or zmartwień; **to ~ sb pain** sprawiać or zadać komuś ból; **to ~ sb to cry/laugh** doprowadzić kogoś do łez/do śmiechu; **their criticism ~d him to resign** ich krytyka skłoniła go do rezygnacji; **to ~ problems** *[issue]* stwarzać problemy; *[child]* sprawiać kłopoty; **to ~ migraine** wywoływać migrenę
cause célèbre /ˌkɔːzsəˈleb(rə)/ *n* (*pl* **causes célèbres)** głośna sprawa *f*, głośny proces *m*
causeway /ˈkɔːzweɪ/ *n* droga *f* na grobli
caustic /ˈkɔːstɪk/ *adj* [1] Chem żrący [2] fig zjadliwy, kostyczny
caustic potash *n* potaż *m* żrący
caustic soda *n* soda *f* żrąca or kaustyczna
cauterize /ˈkɔːtəraɪz/ *vt* Med przyżegać, kauteryzować
cautery /ˈkɔːtərɪ/ *n* Med (process) przyżeganie *n*, kauteryzacja *f*; (instrument) żegadło *n*, kauter *m*
caution /ˈkɔːʃn/ **I** *n* [1] (care) ostrożność *f*, rozwaga *f*; **to act with due ~** postępować z należytą ostrożnością or rozwagą; **to drive with ~** jechać ostrożnie; **to err on the side of ~** być nadto ostrożnym; **(great) ~ should be exercised** zaleca się (wielką) ostrożność [2] (wariness) rezerwa *f*, powściągliwość *f*; **the reports should be treated with some ~** te doniesienia należy przyjmować z pewną rezerwą [3] (warning) ostrzeżenie *n*, przestroga *f*; **'C~! Drive slowly!'** „Uwaga! Zwolnij!"; **a word of ~** jedna przestroga [4] GB Jur (given to suspect) pouczenie *n* (o prawach zatrzymanego); **to be under ~** zostać pouczonym o swoich prawach [5] Jur (admonition) ostrzeżenie *n*; (by traffic police) pouczenie *n*; (by magistrate) napomnienie *n*; **to issue** or **administer a ~** *[judge]* udzielić napomnienia; **the police didn't fine him, they merely let him off with a ~** policja nie ukarała go mandatem, skończyło się na pouczeniu [6] infml dat (funny person) **you are a ~!** z ciebie to jest (lepszy) numer! infml
II *vt* [1] (warn) ostrze|c, -gać, przestrze|c, -gać; **'he's dangerous,' she ~ed** „on jest niebezpieczny", ostrzegała; **to ~ sb against sb/sth** przestrzec kogoś przed kimś/czymś *[person, danger, risk]*; **he ~ed her against buying those shares** przestrzegł ją przed kupowaniem tych akcji; [2] GB Jur poucz|yć, -ać (kogoś) o przysługujących mu prawach *[suspect]* [3] Jur (admonish) *[traffic police]* udziel|ić, -ać pouczenia (komuś), poucz|yć, -ać *[driver]*; *[magistrate]* udziel|ić, -ać napomnienia (komuś); **I was ~ed for speeding** za przekroczenie dozwolonej prędkości udzielono mi pouczenia [4] Sport *[soccer referee]* upom|nieć, -inać, udziel|ić, -ać upomnienia (komuś) *[player]*
IDIOMS: **to throw** or **cast ~ to the wind(s)** zapomnieć o rozsądku
cautionary /ˈkɔːʃənərɪ, US -nerɪ/ *adj [look, gesture]* ostrzegawczy; *[advice]* ku przestrodze; **a ~ word** or **comment** przestroga; **a ~ tale** powiastka umoralniająca; **to end on a ~ note** *[speech, analysis]* kończyć się ostrzeżeniem or przestrogą
caution money *n* kaucja *f (na pokrycie ewentualnych szkód)*
cautious /ˈkɔːʃəs/ *adj* [1] *[person, attitude, approach, action]* (careful) ostrożny; (prudent) rozważny; **he's ~ about spending money** nie szasta pieniędzmi; **to be ~ in one's dealings with sb** ostrożnie postępować z kimś [2] (wary) *[person]* rozważny, przezorny; *[optimism, applause]* umiarkowany; *[statement, response]* wyważony; *[welcome]* powściągliwy; **to be ~ about sth** odnosić się do czegoś z rezerwą; **he's ~ about committing himself** on unika jednoznacznego określenia swojego stanowiska
cautiously /ˈkɔːʃəslɪ/ *adv* [1] (carefully) *[act, approach, move]* ostrożnie; *[say]* oględnie [2] (warily) *[welcome, respond, act]* powściągliwie, z rezerwą; *[optimistic]* umiarkowanie
cautiousness /ˈkɔːʃəsnɪs/ *n* [1] (care) ostrożność *f*, roztropność *f*, rozwaga *f* [2] (wariness) powściągliwość *f*, rezerwa *f*
cavalcade /ˌkævlˈkeɪd/ *n* (on horseback, motorized) kawalkada *f*; (on foot) pochód *m*, defilada *f*; (funeral) kondukt *m*
cavalier /ˌkævəˈlɪə(r)/ **I** *n* **Cavalier** GB Hist kawaler *m (stronnik Karola I w czasie wojny domowej)*
II *adj* niefrasobliwy, nonszalancki
cavalierly /ˌkævəˈlɪəlɪ/ *adv* niefrasobliwie, nonszalancko
cavalry /ˈkævlrɪ/ **I** *n* **the ~** kawaleria *f*; konnica *f*, jazda *f* dat; **air ~** kawaleria powietrzna
II *modif [charge]* kawaleryjski; **~ officer /regiment** oficer/pułk kawalerii
cavalryman /ˈkævlrɪmən/ *n* (*pl* **-men)** kawalerzysta *m*
cavalry twill *n* Tex diagonal *m*; **~ twills** spodnie z diagonalu
cave /keɪv/ **I** *n* jaskinia *f*, grota *f*, pieczara *f*; **underwater ~s** podwodne groty
II *vi* **to go caving** uprawiać alpinizm jaskiniowy
■ **cave in**: ¶ **~ in** [1] *[building, roof, tunnel]* zawal|ić, -ać się; *[beam]* z|łamać się; **his ribs ~ed in under the crushing impact** siła uderzenia wgniotła mu żebra [2] fig *[opposition, person]* ugi|ąć, -nać się, ust|ąpić, -ępować ¶ **~ in [sth], ~ [sth] in** s|powodować zawalenie się (czegoś) *[roof]*; wgi|ąć, -nać, wgni|eść -atać *[skull, rib cage]*
caveat /ˈkæviæt, US ˈkeɪviæt/ *n* [1] sprzeciw *m*, zastrzeżenie *n*; **to enter a ~** wnieść sprzeciw [2] Jur *wpis do księgi wieczystej o toczącym się postępowaniu*
cave dweller *n* człowiek *m* jaskiniowy, jaskiniowiec *m*
cave-in /ˈkeɪvɪn/ *n* (of roof) zapadnięcie się *n*, zawalenie (się) *n*; (of mine gallery) zawał *m*; (of person) załamanie (się) *n*
caveman /ˈkeɪvmæn/ *n* (*pl* **-men)** Archeol człowiek *m* jaskiniowy, jaskiniowiec *m*; troglodyta *m* also fig
cave painting *n* malowidło *n* jaskiniowe
caver /ˈkeɪvə(r)/ *n* grotołaz *m*, speleolog *m*
cavern /ˈkævən/ *n* jaskinia *f*, pieczara *f*
cavernous /ˈkævənəs/ *adj* [1] *[depths]* otchłanny, przepaścisty liter; *[darkness]* nieprzenikniony; *[eyes]* wpadnięty; *[building, hall]* olbrzymi, (prze)ogromny; *[groan, snore, voice]* głuchy, dudniący; **he opened his mouth wide in a ~ yawn** ziewnął od ucha do ucha [2] Geol *[rock, cliff]* kawernisty
caviar(e) /ˈkævɪɑː(r), ˌkævɪˈɑː(r)/ *n* kawior *m*
IDIOMS: **~ to the general** ≈ perły rzucone przed wieprze
cavil /ˈkævl/ **I** *n* drobne zastrzeżenie *n*
II *vi* (*prp, pt, pp* **-ll-)** (raise objections) czep|ić, -iać się infml **(at** or **about sth** czegoś); spierać się **(at** or **about sth** o coś)
caving /ˈkeɪvɪŋ/ *n* alpinizm *m* podziemny or jaskiniowy; **to go ~** uprawiać alpinizm jaskiniowy
cavity /ˈkævətɪ/ *n* [1] (depression) zagłębienie *n*; (hollow) otwór *m* [2] Dent ubytek *m* tkanki zęba; dziura *f* infml [3] Med jama *f*; **the nasal /chest ~** jama nosowa/klatki piersiowej
cavity block *n* GB pustak *m*
cavity brick *n* GB cegła dziurawka *f*
cavity wall *n* mur *m* szczelinowy or podwójny
cavity wall insulation *n* izolacja *f* muru szczelinowego or podwójnego
cavort /kəˈvɔːt/ *vi* (also **~ about, ~ around)** hum brykać, hasać
cavy /ˈkeɪvɪ/ *n* Zool świnka *f* morska
caw /kɔː/ **I** *n* [1] (of raven, crow, rook) krakanie *n* [2] (cry) kra, kra!
II *vi* za|krakać
cawing /ˈkɔːɪŋ/ *n* (of raven, crow) krakanie *n*
cay /keɪ/ *n* ława *f* koralowa
Cayenne /keɪˈen/ *prn* Kajenna *n*
cayenne (pepper) /keɪˈen/ *n* pieprz *m* kajeński or cayenne
cayman /ˈkeɪmən/ *n* (also **caiman)** Zool kajman *m*
Cayman Islands /ˈkeɪmən aɪləndz/ *prn* **the ~** Kajmany *plt*

C

CB = **Citizens' Band I** *n* CB-radio *n*, pasmo *n* obywatelskie
II *modif* ~ **equipment/radio/wavelength** sprzęt/radio/pasmo CB; ~ **user** użytkownik pasma CB
CBE *n* GB = **Commander of the Order of the British Empire** Komandor *m* Orderu Imperium Brytyjskiego
CBer /ˌsiːˈbɪə(r)/ *n* US infml użytkownik *m* pasma CB
CBI *n* GB = **Confederation of British Industry** *związek pracodawców brytyjskich*
CBS *n* US = **Columbia Broadcasting System** stacja *f* telewizyjna Columbia
cc *n* = **cubic centimeter** centymetr *m* sześcienny, cm^3; **a 500 cc engine** silnik o pojemności 500 cm^3
CC *n* GB → **County Council**
CD *n* [1] = **compact disc** płyta *f* kompaktowa; kompakt *m* infml; **on ~** na płycie kompaktowej; na kompakcie [2] = **corps diplomatique** korpus *m* dyplomatyczny, CD [3] Mil → **Civil Defence** [4] US → **Congressional District** [5] US, Fin → **Certificate of Deposit**
CD burner *n* Comput nagrywarka *f* CD
CD caddy *n* Comput pojemnik *m* na CD
CDI *n* = **compact disc interactive** dysk *m* kompaktowy interaktywny
CD library *n* wypożyczalnia *f* płyt kompaktowych
CD plate *n* tablica *f* rejestracyjna korpusu dyplomatycznego
CD player *n* odtwarzacz *m* płyt kompaktowych
Cdr *n* Mil = **Commander** kmdr *m*
CD-R *n* Comput nagrywalna płyta *f* kompaktowa do jednorazowego zapisu
CD-ROM /ˌsiːdiːˈrɒm/ *n* Comput = **compact disc read-only memory** pamięć *f* tylko do odczytu na płycie kompaktowej, CD-ROM *m*; **on ~** na CD-ROM-ie
CD-RW *n* Comput nagrywalna płyta *m* kompaktowa do wielokrotnego zapisu
CD system = **CD player**
CDT *n* US → **Central Daylight Time**
cease /siːs/ **I** *n* **without ~** bez przerwy
II *vt* przer|wać, -ywać, zaprzesta|ć, -wać (czegoś); **they had to ~ publishing their paper** musieli przestać wydawać gazetę; **you never ~ to amaze me!** wciąż mnie zadziwiasz!; **to ~ fire** Mil przerwać ogień
III *vi* usta|ć, -wać
IDIOMS: **wonders** or **miracles will never ~** cudom nie ma końca
cease-fire /ˈsiːsfaɪə(r)/ **I** *n* przerwanie *n* ognia, zawieszenie *n* broni
II *modif* ~ **agreement** porozumienie o przerwaniu ognia or zawieszeniu broni; ~ **negotiations** negocjacje w sprawie przerwania ognia or zawieszenia broni
ceaseless /ˈsiːslɪs/ *adj* bezustanny, nieprzerwany
ceaselessly /ˈsiːslɪslɪ/ *adv [labour, talk]* bezustannie, nieprzerwanie, bez końca; *[active, vigilant]* stale
cecum /ˈsiːkəm/ *n* US = **caecum**
cedar /ˈsiːdə(r)/ **I** *n* [1] (also **~ tree**) Bot cedr *m* [2] (also **~wood**) drewno *n* cedrowe, cedr *m*
II *modif [forest, grove]* cedrowy; *[box, chest]* z drewna cedrowego
cede /siːd/ **I** *vt* [1] s|cedować *[right, claim]* **(to sb** na kogoś); zrze|c, -kać się (czegoś) *[control, authority]* **(to sb** na rzecz kogoś) [2] Sport odda|ć, -wać *[match, point, goal]* **(to sb** komuś)
II *vi* ust|ąpić, -ępować **(to sb/sth** komuś, przed czymś)
cedilla /sɪˈdɪlə/ *n* cédille *f inv*
Ceefax® /ˈsiːfæks/ *n* GB TV *system teletekstowy stosowany przez BBC*
ceilidh /ˈkeɪlɪ/ *n w Irlandii i Szkocji wieczór tradycyjnej muzyki i tańca*
ceiling /ˈsiːlɪŋ/ **I** *n* [1] Arch, Constr sufit *m*, strop *m* [2] Meteorol (also **cloud ~**) pułap *m* chmur [3] (upper limit) limit *m*; pułap *m* also fig; **to set a ~ of 10% on wage rises** ustalić dziesięcioprocentowy limit wzrostu płac [4] Aviat pułap *m*
II *modif* [1] *[lamp, fitting]* sufitowy [2] *[charge]* maksymalny
IDIOMS: **to hit the ~** US *[person]* wściec się, wyjść z siebie infml
ceiling joist *n* Constr belka *f* stropowa
ceiling light *n* górne oświetlenie *n*
ceiling price *n* Comm, Econ najwyższa cena *f*, pułap *m* ceny
ceiling rate *n* górna granica *f* ceny; (of currency) kurs *m* maksymalny
celandine /ˈseləndaɪn/ *n* Bot **greater ~** glistnik jaskółcze ziele; **lesser ~** ziarnopłon wiosenny
celeb /ˈseleb/ *n* US infml ważna persona *f* infml hum
celebrant /ˈselɪbrənt/ *n* [1] Relig (participant) uczestni|k *m*, -czka *f* nabożeństwa [2] Relig (officiating priest) celebrant *m*, celebrans *m* [3] (who celebrates) jubilat *m*, -ka *f*
celebrate /ˈselɪbreɪt/ **I** *vt* [1] (observe) święcić, świętować, u|czcić *[success, occasion, victory, anniversary]*; ob|ejść, -chodzić *[birthday, jubilee, anniversary]*; **there's nothing /something to ~** nie ma powodu/jest powód do radości [2] Relig odprawi|ć, -ać, celebrować *[mass]*; **to ~ Christmas/Easter** obchodzić Boże Narodzenie/Wielkanoc [3] (pay tribute to) sławić, wysławiać; opiewać liter *[person, life, love]*
II *vi* świętować; **we won! let's ~!** wygraliśmy! trzeba to uczcić!
celebrated /ˈselɪbreɪtɪd/ *adj* sławny, słynny, głośny; **to be ~ as a pianist** (za)słynąć jako pianista; **to be ~ for sth** słynąć z czegoś
celebration /ˌselɪˈbreɪʃn/ **I** *n* [1] (action of celebrating) świętowanie *n* [2] (event) uroczystość *f*, obchody *plt*; feta *f* infml; **to have a ~** obchodzić uroczystość; **his wife's birthday ~s** uroczystość or feta z okazji urodzin jego żony; **in ~ of sth** dla uczczenia czegoś, ku czci czegoś [3] (tribute) wysławianie *n*; opiewanie *n* liter **(of sb/sth** kogoś /czegoś) [4] Relig (of mass) odprawianie *n*, celebrowanie *n*; (of marriage) ceremonia *f*
II *modif [banquet]* okolicznościowy, uroczysty
celebratory /ˌselɪˈbreɪtərɪ, US -tɔːrɪ/ *adj [air, mood]* radosny, uroczysty; **when he gets his promotion we'll have a ~ drink** kiedy dostanie awans, uczcimy to toastem
celebrity /sɪˈlebrətɪ/ **I** *n* [1] (person) sława *f*, znakomitość *f* [2] (fame, notoriety) sława *f*
II *modif [guest]* honorowy; *[panel, match]* z udziałem samych znakomitości; *[novel]* napisany przez znaną osobę
celeriac /sɪˈlerɪæk/ *n* Bot, Culin seler *m* korzeniowy
celerity /sɪˈlerətɪ/ *n* fml szybkość *f*
celery /ˈselərɪ/ **I** *n* Bot, Culin seler *m* naciowy; **a stick/head of ~** łodyga /główka selera; **braised ~** seler duszony
II *modif [salt, soup]* selerowy; *[salad]* z selera; **~ seeds** nasiona selera
celestial /sɪˈlestɪəl/ *adj* [1] Astron *[body, equator]* niebieski [2] liter *[peace, beauty]* niebiański
celiac *n, adj* US = **coeliac**
celibacy /ˈselɪbəsɪ/ *n* (unmarried state) celibat *m*, bezżenność *f*; (abstention from sex) wstrzemięźliwość *f* płciowa; **a vow of ~** śluby czystości
celibate /ˈselɪbət/ **I** *n* (unmarried man) nieżonaty *m*; (unmarried woman) niezamężna *f*; Relig (abstaining from sex) osoba *f* żyjąca w celibacie or czystości
II *adj* Relig celibatowy; *[life]* w celibacie, w czystości
cell /sel/ *n* [1] (for prisoner, monk) cela *f* [2] Biol, Bot komórka *f* [3] (in honeycomb) komórka *f* [4] Elec, Chem ogniwo *n* [5] Pol komórka *f* [6] Telecom infml komórka *f* infml
cellar /ˈselə(r)/ *n* piwnica *f*
cell biologist *n* cytolog *m*
cellblock /ˈselblɒk/ *n* blok *m* więzienny
cell culture *n* hodowla *f* komórkowa
cell division *n* podział *m* komórkowy
cell formation *n* powstawanie *n* komórek
cellist /ˈtʃelɪst/ *n* wiolonczelist|a, *m* -ka *f*
cellmate /ˈselmeɪt/ *n* współwię|zień *m*, -źniarka *f*
cello /ˈtʃeləʊ/ *n* Mus wiolonczela *f*
Cellophane® /ˈseləʊfeɪn/ *n* celofan *m*
cellphone /ˈselfəʊn/ *n* telefon *m* komórkowy
cellular /ˈseljʊlə(r)/ *adj* [1] Biol komórkowy [2] Constr klatkowy, komorowy
cellular blanket *n* pled *m* luźno tkany
cellular network *n* sieć *f* telefonii komórkowej
cellular phone *n* = **cellular telephone**
cellular radio *n* radiotelefon *m*
cellular telephone *n* telefon *m* komórkowy
cellulite /ˈseljʊlaɪt/ *n* cellulit *m*, skórka *f* pomarańczowa
cellulitis /ˌseljʊˈlaɪtɪs/ *n* Med cellulitis *m*, lipodystrofia *f*
celluloid® /ˈseljʊlɔɪd/ **I** *n* celuloid *m*
II *modif* [1] *[object]* celuloidowy [2] Cin *[heroine, world]* filmowy
cellulose /ˈseljʊləʊs/ **I** *n* celuloza *f*
II *modif* celulozowy; **~ nitrate** azotan celulozy, nitroceluloza
cell wall *n* Biol ściana *f* komórkowa
Celsius /ˈselsɪəs/ *adj* **the ~ scale** skala *f* Celsjusza; **20 degrees ~** 20 stopni Celsjusza
Celt /kelt, US selt/ *n* Celt *m*, -yjka *f*
Celtic /ˈkeltɪk, US ˈseltɪk/ *n* celtycki; **~ cross** krzyż celtycki; **~ fringe** *Kornwalia, Walia, Irlandia i Szkocja, określenie czasem odbierane jako obraźliwe*
Celtic Tiger *n* (Ireland) tygrys *m* celtycki
cembalo /ˈtʃembələʊ/ *n* (*pl* **~os, ~i**) Mus klawesyn *m*

cement /sɪ'ment/ **I** *n* 1 Constr cement *m*; (for tiles) klej *m*; **Portland ~** cement portlandzki 2 Dent cement *m* dentystyczny 3 Anat → **cementum** 4 fig spoiwo *n* fig
II *modif [slab, floor, step]* cementowy
III *vt* 1 Constr (with cement) cementować; (with glue) s|kleić, sp|oić, -ajać; **to ~ sth over** wycementować *[backyard, driveway]* 2 Dent za|cementować, osadz|ić, -ać na cemencie *[crown, bridge]* 3 fig s|cementować *[friendship, alliance]*

cementation /ˌsiːmen'teɪʃn/ *n* 1 (of steel) cementacja *f*; (of wrought iron) obróbka *f* cieplno-chemiczna 2 Geol cementacja *f*

cementite /sɪ'mentaɪt/ *n* cementyt *m*, węglik *m* żelaza

cement mixer *n* betoniarka *f*

cementum /sɪ'mentəm/ *n* Anat cement *m* (zęba), kostniwo *n*

cemetery /'semətrɪ, US -terɪ/ *n* cmentarz *m*

cenotaph /'senətɑːf, US -tæf/ *n* cenotaf *m*, pomnik-grobowiec *m*; **the Cenotaph** *londyński pomnik ku czci poległych w obu wojnach światowych*

censer /'sensə(r)/ *n* Relig kadzielnica *f*; trybularz *m* dat

censor /'sensə(r)/ **I** *n* 1 cenzor *m*; **to act as a ~** pełnić rolę cenzora or cenzury; **to get past the ~s** przejść przez cenzurę 2 (in ancient Rome) cenzor *m* 3 Psych cenzor *m*
II *vt* o|cenzurować *[book, film]*

censorious /sen'sɔːrɪəs/ *adj [critic, teacher]* surowy; *[article, comment, review, remark]* bardzo krytyczny, ostry; *[tone]* ganiący; mentorski pej; **to be ~ of** or **about sb /sth** ostro krytykować kogoś/coś, potępiać kogoś/coś

censorship /'sensəʃɪp/ *n* 1 (policy or programme) cenzura *f*; (act) cenzurowanie *n*; **to exercise ~ over sth** sprawować cenzurę nad czymś; **to impose/lift ~** wprowadzić /znieść cenzurę 2 Psych cenzura *f*

censorware /'sensəweə(r)/ *n* Comput program *m* filtrujący (*ograniczający dostęp do witryn zawierających szkodliwe treści*)

censurable /'senʃərəbl/ *adj* naganny, zasługujący na potępienie

censure /'senʃə(r)/ **I** *n* fml potępienie *n*; **vote of ~** Pol wotum nieufności
II *vt* ostro s|krytykować, potępi|ć, -ać

census /'sensəs/ *n* spis *m* ludności; **to take a ~** przeprowadzić spis ludności; **traffic ~** badanie natężenia ruchu (pojazdów)

cent /sent/ *n* cent *m*; **I haven't got a ~** fig nie mam grosza przy duszy

centaur /'sentɔː(r)/ *n* centaur *m*

centenarian /ˌsentɪ'neərɪən/ **I** *n* stulat|ek *m*, -ka *f*; **to be a ~** mieć sto lat
II *adj* stuletni

centenary /sen'tiːnərɪ/ **I** *n* (century) stulecie *n*; (anniversary) setna rocznica *f*, stulecie *n*
II *modif* **~ celebration** obchody stulecia or setnej rocznicy; **the ~ year of the poet's death** setna rocznica śmierci poety

centennial /sen'tenɪəl/ **I** *n* US stulecie *n*, setna rocznica *f*
II *adj* **~ celebrations** obchody stulecia

center *n* US = **centre**

centesimal /sen'tesɪml/ *adj [scales, measurements]* centyzemalny; *[part]* setny

centigrade /'sentɪgreɪd/ *adj [thermometer]* ze skalą Celsjusza; **in degrees ~** w skali Celsjusza; **30 degrees ~** 30 stopni Celsjusza

centigram(me) /'sentɪgræm/ *n* centygram *m*

centilitre GB, **centiliter** US /'sentɪliːtə(r)/ *n* centylitr *m*

centimetre GB, **centimeter** US /'sentɪmiːtə(r)/ *n* centymetr *m*

centipede /'sentɪpiːd/ *n* Zool parecznik *m*

CENTO /'sentəʊ/ *n* = **Central Treaty Organization** CENTO *n inv*

central /'sentrəl/ **I** **Central** *prn* (also **Central Region**) (in Scotland) Region *m* Centralny
II *adj* 1 (in the middle) *[area, courtyard, district]* centralny, centralnie położony 2 (in the town centre) znajdujący się w centrum miasta or w śródmieściu; **in ~ London** w centrum Londynu; **our office is very ~** nasze biuro znajduje się w samym centrum; **we need a ~ location for our office** potrzebujemy lokalu na biuro w centrum miasta 3 (key, main) *[argument, feature, role]* główny, kluczowy; *[character, theme, library, station]* główny; **to be ~ to sth** mieć kluczowe znaczenie dla czegoś 4 Admin, Pol *[control, management, funding, planning]* centralny

Central African Republic *prn* Republika *f* Środkowoafrykańska

Central America *prn* Ameryka *f* Środkowa

Central American *adj* środkowoamerykański

Central Asia *prn* Azja *f* Środkowa

central bank *n* Fin bank *m* centralny

central city *n* US centrum *n* miasta, śródmieście *n*

Central Committee *n* Pol Komitet *m* Centralny

Central Europe *prn* Europa *f* Środkowa

Central European *adj* środkowoeuropejski

Central European Time, CET *n* czas *m* środkowoeuropejski

central heating *n* centralne ogrzewanie *n*

centralism /'sentrəlɪzəm/ *n* centralizm *m*

centralist /'sentrəlɪst/ **I** *n* centralista *m*
II *adj* centralistyczny

centralization /ˌsentrəlaɪ'zeɪʃn, US -lɪ'z-/ *n* centralizacja *f*

centralize /'sentrəlaɪz/ *vt* s|centralizować

central locking *n* Aut centralny zamek *m*

centrally /'sentrəlɪ/ *adv [live, work]* w centrum; *[situated]* centralnie, w centrum; *[managed]* centralnie; **~ heated** *[flat]* centralnie ogrzewany, z centralnym ogrzewaniem; **a ~ planned economy** gospodarka planowa or centralnie planowana

central nervous system *n* ośrodkowy układ *m* nerwowy

central office *n* Comm (of company) siedziba *f* główna, centrala *f*

central processing unit, CPU, central processor *n* Comput jednostka *f* centralna, procesor *m* centralny

central reservation *n* GB Transp pas *m* rozdzielczy

Central Standard Time, CST *n* US urzędowy czas *m* środkowoamerykański

Central Treaty Organization *n* Organizacja *f* Paktu Centralnego

central vowel *n* Ling samogłoska *f* centralna

centre GB, **center** US /'sentə(r)/ **I** *n* 1 (middle) centrum *n*, środek *m* (**of** czegoś); **in the ~** w centrum, pośrodku; **town ~, city ~** centrum miasta, śródmieście; **I live near the ~ of London** mieszkam blisko centrum Londynu; **sweets with soft ~s** cukierki z miękkim nadzieniem 2 (focus) centrum *n*; **to be at the ~ of the campaign** zaangażować się w kampanię; **to be at the ~ of controversy/debate** stanowić przedmiot sporu/debaty; **to be the ~ of attention** być w centrum uwagi, być ośrodkiem zainteresowania 3 (seat) siedziba *f*; **the ~ of power/government** siedziba władzy/rządu 4 (site of activity) ośrodek *m*, centrum *n*; **business/shopping ~** centrum biznesu/handlowe; **leisure ~** centrum rekreacji or wypoczynku; **sports ~** ośrodek sportowy; **a ~ of learning/higher education** ośrodek naukowy/akademicki 5 Pol centrum *n*; **to be right/left of ~** *[person, politics]* być na prawo/na lewo od centrum; **a ~ party** partia centrowa 6 Sport (player) środkowy *m*; (kick) dośrodkowanie *n*; centra *f* infml → **left**
II *modif [lane, line, section]* środkowy; **~ parting** przedziałek na środku
III *vt* 1 (position) umie|ścić, -szczać na środku or pośrodku *[picture, heading]* 2 Sport dośrodkow|ać, -ywać 3 Tech środkować, centrować
IV *vi* Sport centrować
V **-centred** *in combinations* **child- ~d education** nauczanie skoncentrowane na dziecku

■ **centre around**: ¶ **~ around [sth]** *[activities]* s|koncentrować się wokół (czegoś); *[interests]* skupi|ć, -ać się na (czymś); *[person]* skupi|ć, -ać się na (czymś), s|koncentrować się na (czymś); *[industry]* s|koncentrować się wokół (czegoś) *[town]*; *[plans, thoughts]* skupi|ć, -ać się na (czymś), s|koncentrować się wokół (czegoś) *[person, holidays, work]*; *[demands]* s|koncentrować się na (czymś) *[conditions, pay]* ¶ **~ [sth] around** *[person]* skupi|ć, -ać, s|koncentrować *[feelings, thoughts]* (**sth** na czymś)

■ **centre on, centre upon**: **~ on [sth]** *[activities, feelings, thoughts, work]* skupi|ć, -ać się na (czymś), s|koncentrować się na (czymś) *[person, problem, topic]*

centre bit *n* wiertło *n* kolcowe, środkowiec *m*

centreboard /'sentəbɔːd/ *n* Naut miecz *m*

Centre Court *n* (in tennis) kort *m* centralny

centred /'sentəd/ *adj* skupiony (**on /around sth** na czymś/wokół czegoś); zrównoważony

centre-fold /'sentəfəʊld/ *n* 1 Print rozkładówka *f* 2 (pin-up) (picture) fotos *m* na rozkładówce 3 (model) dziewczyna *f* z rozkładówki

centre-forward /ˌsentə'fɔːwəd/ *n* Sport środkowy napastnik *m*

centre ground *n* Pol centrum *n*; **to occupy the ~ of Polish politics** zajmować pozycję centrową w polskiej polityce

centre-half /ˌsentə'hɑːf, US -'hæf/ *n* Sport środkowy pomocnik *m*

C

centre-hung window /ˌsentəhʌŋˈwɪndəʊ/ *n* okno *n* obrotowe ze środkowym mocowaniem

centre of gravity GB, **center of gravity** US, **cg** *n* środek *m* ciężkości

centre-piece /ˈsentəpiːs/ *n* (of table) dekoracja *f* pośrodku stołu; (of exhibition) największa atrakcja *f*

centre spread *n* Journ strony *f pl* rozkładowe

centre-stage /ˌsentəˈsteɪdʒ/ **I** *n* [1] Theat środek *m* sceny [2] fig (prime position) **to take /occupy ~** znaleźć się/znajdować się w centrum uwagi
II *adv* **to stand ~** stać pośrodku sceny

centrifugal /ˌsentrɪˈfjuːgl, senˈtrɪfjʊgl/ *adj* *[movement]* odśrodkowy; *[device]* wirujący, wirówkowy

centrifuge /ˈsentrɪfjuːdʒ/ *n* centryfuga *f*, wirówka *f*

centring /ˈsentrɪŋ/ *n* [1] Archit krążyna *f* [2] Tech centrowanie *n*, środkowanie *n*

centripetal /ˌsentrɪˈpiːtl, senˈtrɪpɪtl/ *adj* dośrodkowy

centrism /ˈsentrɪzəm/ *n* centryzm *m*

centrist /ˈsentrɪst/ **I** *n* Pol centrowiec *m*, centrysta *m*
II *adj* centrowy

centurion /senˈtjʊərɪən, US -tʊər-/ *n* centurion *m*, setnik *m*

century /ˈsentʃərɪ/ *n* [1] wiek *m*, stulecie *n*; **in the 20th ~** w XX wieku; **at the turn of the ~** na przełomie wieków; **at the turn of the 19th ~** u progu XX wieku; **through the centuries** przez wieki or stulecia; **half a ~ ago** pół wieku temu; **centuries-old** kilkusetletni [2] Hist (in ancient Roman army) centuria *f* [3] (in cricket) wygrana *f* stu punktów

CEO *n* → **Chief Executive Officer**

cephalic /sɪˈfælɪk/ *adj* Anat głowowy

ceramic /sɪˈræmɪk/ **I** *n* materiał *m* ceramiczny, ceramika *f*
II *adj* ceramiczny

ceramicist /sɪˈræmɪsɪst/ *n* ceramik *m*

ceramics /sɪˈræmɪks/ *n* [1] *(+ v sg)* (study) ceramika *f* [2] *(+ v pl)* (artefacts) ceramika *f*, wyroby *m pl* ceramiczne

ceramist /ˈserəmɪst/ *n* = **ceramicist**

Cerberus /ˈsɜːbərəs/ *prn* Mythol Cerber *m*
IDIOMS: **it's a sop to ~** (to) coś na otarcie łez

cereal /ˈsɪərɪəl/ **I** *n* zboże *n*; (for breakfast) płatki *m pl* zbożowe; **breakfast ~** płatki śniadaniowe
II *adj* *[production, crop]* zbożowy; **~ harvest/imports** zbiory/import zboża or zbóż

cerebellum /ˌserɪˈbeləm/ *n* (*pl* **-lums, -la**) Anat móżdżek *m*

cerebral /ˈserɪbrəl, US səˈriːbrəl/ *adj* [1] Med mózgowy [2] *[film, music]* trudny w odbiorze, wymagający wysiłku intelektualnego; **he's a very ~ person** on jest intelektualistą; **too ~** przeintelektualizowany

cerebral palsy /ˌserɪbrəlˈpɔːlzɪ, US səˈriːbrəl/ *n* Med porażenie *n* mózgowe

cerebration /ˌserɪˈbreɪʃn/ *n* fml wysiłek *m* intelektualny also hum

cerebrum /ˈserɪbrəm/ *n* (*pl* **-brums, -bra**) Anat mózg *m*

ceremonial /ˌserɪˈməʊnɪəl/ **I** *n* ceremoniał *m*; (religious) obrzęd *m*, obrządek *m*, rytuał *m*
II *adj* [1] *[robe, dress]* uroczysty, ceremonialny [2] (ritual) obrzędowy; (solemn) uroczysty; (official) oficjalny

ceremonially /ˌserɪˈməʊnɪəlɪ/ *adv* uroczyście, ceremonialnie

ceremonious /ˌserɪˈməʊnɪəs/ *adj* *[event]* uroczysty; *[gesture, manner]* ceremonialny

ceremoniously /ˌserɪˈməʊnɪəslɪ/ *adv* ceremonialnie

ceremony /ˈserɪmənɪ, US -məʊnɪ/ *n* [1] (formal event) ceremonia *f*, uroczystość *f*; (religious) ceremonia *f*, obrzęd *m*; **marriage ~** ceremonia ślubna [2] (protocol) ceremonie *plt*, ceregiele *plt* also pej; **with pomp and ~** z pompą i paradą; **without ~** bez ceremonii or ceregieli; **to stand on ~** certować się, robić ceremonie or ceregiele infml

cerise /səˈriːz, -riːs/ **I** *n* (kolor *m*) jasnoczerwony *m*
II *adj* jasnoczerwony

cerium /ˈsɪərɪəm/ *n* Chem cer *m*

cert /sɜːt/ *n* GB infml **it's a (dead) ~** to murowane infml; **he's a (dead) ~ for the next race!** to pewniak w następnej gonitwie! infml

certain /ˈsɜːtn/ **I** *pron* niektórzy; **~ of our friends/employees** niektórzy z naszych przyjaciół/pracowników
II *adj* [1] (sure, definite) pewny; pewien **(about** or **of sth** czegoś); **I'm ~ of it** or **that** jestem tego pewien; **of that you can be ~** tego możesz być pewien; **I'm ~ that I checked** jestem pewny, że sprawdzałem; **she's not ~ that you'll be able to do it** nie jest pewna, czy będziesz w stanie to zrobić; **to make ~ (that...)** upewnić się, (że...); **to make ~ of sth** (ensure) zapewnić coś sobie *[cooperation, trust, support]*; (ascertain) upewnić się co do czegoś *[details, time, facts]*; **to make ~ to do sth** pamiętać or dopilnować, żeby coś zrobić; **as soon as I leave the phone is ~ to ring** jak tylko wyjdę, na pewno zadzwoni telefon; **he is ~ to agree** on na pewno się zgodzi; **be ~ to tell him** nie zapomnij mu powiedzieć, koniecznie mu powiedz; **I know for ~ that...** wiem na pewno, że...; **nobody knows for ~** nikt nie wie na pewno; **I can't say for ~** nie mogę powiedzieć z całą pewnością; **it isn't known for ~ if he is dead** nie ma pewności, że on nie żyje; **it will be ready tomorrow for ~** na pewno jutro będzie gotowe [2] (assured, guaranteed) *[death, success, cure]* pewny; **this method is ~ to work** ta metoda na pewno zadziała; **nothing could be more ~ to offend him** nic by go bardziej nie obraziło; **one thing is ~, you'll never succeed** jedno jest pewne – nigdy ci się nie uda; **to my ~ knowledge** wiem na pewno; **I let him do it in the ~ knowledge that he would fail** pozwoliłem mu to zrobić w przekonaniu, że mu się nie powiedzie; **go early to be ~ of a seat** wyjdź wcześniej, żeby zająć sobie miejsce siedzące [3] (specific) *[amount, number, quantity, sum]* pewien; **on ~ conditions** pod pewnymi warunkami; **for ~ reasons** z pewnych przyczyn; **in a ~ way** w pewien sposób; **~ people** pewne osoby, pewni ludzie [4] (slight) *[coldness, difficulty, shyness, confusion]* pewien; **to a ~ extent** or **degree** do pewnego stopnia; **a ~ amount of time** trochę czasu; **a ~ amount of frivolity** nieco or szczypta frywolności [5] (named but not known) pewien, niejaki; **a ~ Mr Brown** jakiś or niejaki pan Brown

certainly /ˈsɜːtnlɪ/ *adv* (without doubt) na pewno, z pewnością; (indicating assent) oczywiście; **~ not!** zdecydowanie nie!, na pewno nie!; **it's ~ possible that...** jest bardzo możliwe, że...; **'may I borrow your pen?' – '~'** „czy mogę pożyczyć twoje pióro?" – „oczywiście"; **this exercise is ~ very difficult** to ćwiczenie rzeczywiście jest bardzo trudne; **I shall ~ attend the meeting** na pewno przyjdę na zebranie; **~, sir/madam** tak jest, proszę pana/pani; **she was almost ~ innocent** prawie na pewno była niewinna; **it is ~ true that they treated him unfairly** nie ulega wątpliwości, że potraktowali go niesprawiedliwie; **'are you annoyed?' – 'I most ~ am!'** „jesteś zły?" – „oczywiście, że jestem!"

certainty /ˈsɜːtntɪ/ *n* [1] (sure thing) pewnik *m*, rzecz *f* pewna; (sure winner) pewniak *m* infml; **for a ~** na pewno, z pewnością; **it's by no means a ~** to wcale nie jest pewne; **she is a ~ to play at next week's concert** ona na pewno zagra or wystąpi na koncercie w przyszłym tygodniu; **there are few certainties in his life** w jego życiu niewiele jest rzeczy pewnych [2] (guarantee) pewność *f* **(of** or **about sth** czegoś, co do czegoś); **we have no ~ of success** nie jesteśmy pewni sukcesu; **with ~** z całą pewnością; **we cannot say with any ~ whether he will recover** nie mamy pewności, że (on) wyzdrowieje

certifiable /ˌsɜːtɪˈfaɪəbl/ *adj* [1] (mad) *[person]* umysłowo chory; hum stuknięty infml [2] (verifiable) *[statement, evidence]* sprawdzalny, możliwy do sprawdzenia

certificate **I** /səˈtɪfɪkət/ *n* [1] świadectwo *n*, zaświadczenie *n*; **doctor's** or **medical ~** świadectwo or zaświadczenie lekarskie [2] (school) świadectwo *n*; (college) dyplom *m*; (for instructor) certyfikat *m*, licencja *f* [3] (of safety, building standards) świadectwo *n*, certyfikat *m*; **test ~, MOT ~** GB zaświadczenie o dopuszczeniu pojazdu do ruchu [4] Admin (of birth, death, marriage) akt *m*, metryka *f* [5] Comm **~ of authenticity** świadectwo autentyczności; **quality ~** atest; **~ of origin** świadectwo pochodzenia (towaru) [6] Cin **18-~ film** film dozwolony od lat 18
II /səˈtɪfɪkeɪt/ *vt* wystawi|ć, -ać zaświadczenie o (czymś)

certificated /səˈtɪfɪkeɪtɪd/ *adj* dyplomowany

Certificate in Education *n* Univ dyplom *m* nauczycielski

certificate of deposit, CD *n* US Fin certyfikat *m* depozytowy

Certificate of Incorporation *n* Comm, Jur akt *m* ustanowienia spółki

Certificate of Secondary Education, CSE *n* GB Sch świadectwo *n* ukończenia szkoły średniej

certification /ˌsɜːtɪfɪˈkeɪʃn/ *n* [1] Jur (of document) poświadczenie *n*, uwierzytelnienie *n*; (of ship) certyfikat *m* okrętowy; (of ownership) świadectwo *n* własności [2] (document)

świadectwo *n*, zaświadczenie *n* [3] (of mental patient) sądowe uznanie *n* za umysłowo or psychicznie chorego
certified bankrupt *n* Fin dłużnik *m* upadły przywrócony do praw
certified cheque GB, **check** US *n* czek *m* potwierdzony
certified letter *n* US Post list *m* polecony
certified mail *n* US Post przesyłka *f* polecona
certified public accountant, CPA *n* US Accts biegły księgowy *m*, biegła księgowa *f*
certify /ˈsɜːtɪfaɪ/ **I** *vt* [1] Jur, Med (confirm) stwierdz|ić, -ać *[death]*; **to ~ sth as true copy** uwierzytelnić odpis; **to ~ sb insane** sądownie uznać kogoś za chorego umysłowo; **he should be certified!** infml powinno się go zamknąć w domu wariatów! infml [2] (authenticate) uwierzytelni|ć, -ać *[document]*; poświadcz|yć, -ać *[fact]*; poświadcz|yć, -ać autentyczność (czegoś) *[objet d'art]*; US potwierdz|ić, -ać *[cheque]*; **the painting has been certified (as) genuine** obraz uznano za autentyk; **to ~ that...** zaświadczyć, że...; **this is to ~ that...** niniejszym zaświadcza się, że... [3] (issue certificate to) przyzna|ć -wać (komuś) dyplom (uprawniający do wykonywania zawodu); **she is certified to practise medicine** ma dyplom uprawniający do wykonywania zawodu lekarza [4] Comm za|gwarantować jakość (czegoś) *[goods]*; **certified milk** mleko z gwarancją jakości
II *vi* **to ~ as to sth** poświadcz|yć, -ać coś *[authenticity, truth]*
III certified *pp adj [nurse]* dyplomowany; US Sch *[teacher]* wykwalifikowany
certitude /ˈsɜːtɪtjuːd, US -tuːd/ *n* pewność *f*
cerulean /səˈruːlɪən/ *adj* liter błękitny
cerumen /səˈruːmen/ *n* woskowina *f*, woszczyna *f* uszna, woszczek *m*
ceruminous /sɪˈruːmɪnəs/ *adj* woszczynowy
cervical /ˈsɜːvɪkl/ *adj* Anat (of cervix) szyjkowy; (of neck) szyjny
cervical cancer *n* Med rak *m* szyjki macicy
cervical smear *n* Med wymaz *m* z szyjki macicy; cytologia *f* infml
cervix /ˈsɜːvɪks/ *n* (*pl* **-vixes, -vices**) Anat szyjka *f* macicy
cesium *n* US = **caesium**
cessation /seˈseɪʃn/ *n* fml ustanie *n*; **~ of hostilities** przerwanie działań wojennych; **without ~** bez przerwy
cession /ˈseʃn/ *n* Jur (act, process) cesja *f*; (item ceded) przedmiot *m* cesji
cessionary /ˈseʃənərɪ/ **I** *n* Jur cesjonariusz *m*
II *adj* cesjonarny
cesspit /ˈsespɪt/ *n* szambo *n*, dół *m* kloaczny; fig kloaka *f* infml fig
cesspool /ˈsespuːl/ *n* = **cesspit**
CET *n* → **Central European Time**
cetacean /sɪˈteɪʃn/ *n* Zool wal *m*, waleń *m*
Ceylon /sɪˈlɒn/ **I** *prn* Hist Cejlon *m*
II *modif* cejloński; **~ tea** herbata cejlońska
cf = **confer** porównaj, por., cf.
c/f Accts = **carried forward** do przeniesienia
CFC *n* Ecol = **chlorofluorocarbon** freon *m*
CFE *n* [1] GB → **College of Further Education** [2] → **Conventional Forces in Europe**
cg = **centigram** [1] centygram *m*, cg [2] → **centre of gravity**
CGA *n* Comput → **colour graphics adaptor**
ch. *n* = **chapter** rozdział *m*, rozdz.
CH *n* [1] = **Confédération Hélvétique** Konfederacja *f* Szwajcarska [2] GB = **Companion of Honour** *osoba odznaczona orderem za zasługi dla państwa*
cha-cha /ˈtʃɑːtʃɑː/ **I** *n* cza-cza *f*
II *vi* za|tańczyć cza-czę
chad /tʃæd/ *n* Comput konfetti *n*, wycinki *m pl (powstałe przy dziurkowaniu kart lub taśm)*
Chad /tʃæd/ *prn* Czad *m*; **Lake ~** jezioro Czad
Chadian /ˈtʃædɪən/ **I** *n* Czadyj|czyk *m*, -ka *f*
II *adj* czadyjski
chador /ˈtʃʌdə(r)/ *n* czadra *f*, czador *m*
chafe /tʃeɪf/ **I** *n* [1] (irritation) (of skin) otarcie *n* [2] arch (of temper) zniecierpliwienie *n*, poirytowanie *n*
II *vt* (rub) *[clothes, bonds]* o|trzeć, -cierać *[skin, neck]*; (to restore circulation) *[person]* roz|etrzeć, -cierać *[hands, feet]*; **~d hands** (from cold) spierzchnięte ręce
III *vi* [1] (rub) ocierać się **(on** or **against sth** o coś) [2] (feel irritated) z|irytować się, z|denerwować się **(at sth** czymś, z powodu czegoś)
IDIOMS: **to ~ at the bit** niecierpliwić się
chaff[1] /tʃɑːf, tʃæf, US tʃæf/ *n* [1] Agric (husks) plewa *f*, plewy *f pl* also fig; (fodder) sieczka *f* [2] Aviat folia *f* zakłóceniowa; **to drop ~** zrzucić zasłonę antyradarową [3] (refuse, worthless stuff) śmiecie *m pl*
IDIOMS: **to separate** or **sift** or **sort the wheat from the ~** oddzielić ziarno od plewy or plew
chaff[2] /tʃɑːf, tʃæf, US tʃæf/ **I** *n* (banter) żarty *m pl*, kpiny *f pl*
II *vt* podkpiwać z (kogoś), pokpiwać z (kogoś)
chaffinch /ˈtʃæfɪntʃ/ *n* Zool zięba *f* zwyczajna
chafing-dish /ˈtʃeɪfɪŋdɪʃ/ *n* Culin naczynie *n* z podgrzewaczem
chafing-plate /ˈtʃeɪfɪŋpleɪt/ *n* Tech *element chroniący liny przed zatarciem*
chagrin /ˈʃægrɪn, US ʃəˈgriːn/ *n* rozgoryczenie *n*, rozczarowanie *n*; **(much) to his/her ~** ku jego/jej (wielkiemu) rozczarowaniu
chagrined /ˈʃægrɪnd, US ʃəˈgriːnd/ *adj* fml rozgoryczony **(at** or **by sth** czymś, z powodu czegoś)
chain /tʃeɪn/ **I** *n* [1] (metal links) łańcuch *m*; (fine) łańcuszek *m*; **a length of ~** kawałek łańcucha; **a gold ~** złoty łańcuch/łańcuszek; **to put sb in ~s** zakuć kogoś w łańcuchy; **to keep a dog on a ~** trzymać psa na łańcuchu; **to break free of** or **from one's ~s** fig zerwać pęta or okowy fig [2] (on lavatory) łańcuszek *m* (od rezerwuaru); **to pull the ~** spuścić wodę [3] (on door) łańcuch *m*; **to put the ~ on (the door)** zamknąć drzwi na łańcuch [4] Comm sieć *f*; **supermarket/hotel ~** sieć supermarketów/hoteli [5] (series) (of events) łańcuch *m*, seria *f*; (of ideas) ciąg *m*; **~ of causation** łańcuch przyczyn; **he's only a link in the ~** jest tylko ogniwem łańcucha or w łańcuchu; **to make** or **form a (human) ~** utworzyć żywy łańcuch [6] Biol, Geog, Phys łańcuch *m* [7] Meas łańcuch *m* mierniczy; (unit of measurement) = 20,12 m
II *vt* sku|ć, -wać łańcuchem, zaku|ć, -wać w łańcuchy *[person]*; **to ~ sb's legs/wrists** skuć komuś łańcuchem nogi/ręce; **to ~ two people together** skuć dwoje ludzi razem; **to ~ a dog to sth** przywiązać psa do czegoś; **to ~ a bicycle to sth** przymocować rower łańcuchem do czegoś
III chained *pp adj* skuty (łańcuchem); **to keep sb ~ed** trzymać kogoś zakutego w łańcuchy; **to be ~ed to one's desk/the kitchen sink** fig być przykutym do biurka /kuchennego zlewu fig
■ **chain down**: **~ down [sb/sth], ~ [sb/sth] down** przykuć łańcuchem *[person, object]* **(to sth** do czegoś); przymocować łańcuchem *[object]* **(to sth** do czegoś)
■ **chain up**: **~ up [sb/sth], ~ [sb/sth] up** zakuć w łańcuchy *[person]*; uwiązać na łańcuchu *[dog]*
chain bridge *n* most *m* łańcuchowy
chain drive *n* napęd *m* łańcuchowy
chain gang *n* grupa *f* skazańców skutych łańcuchem
chain guard *n* osłona *f* łańcucha
chain letter *n* list *m* rozsyłany systemem łańcuszkowym
chain mail *n* kolczuga *f*
chainman /ˈtʃeɪnmæn/ *n* (*pl* **-men**) mierniczy *m*
chain of command *n* hierarchia *f* służbowa
chain of office *n* łańcuch *m (symbol sprawowanego urzędu)*
chain of survival *n* US Med ciąg *m* działań ratowniczych
chain reaction *n* reakcja *f* łańcuchowa also fig
chain saw *n* piła *f* łańcuchowa
chain-smoke /ˈtʃeɪnsməʊk/ **I** *vt* **to ~ cigarettes** palić jednego papierosa za drugim
II *vi* palić jak komin
chain-smoker /ˈtʃeɪnˌsməʊkə(r)/ *n* nałogowy palacz *m*, nałogowa palaczka *f*
chain stitch *n* ścieg *m* łańcuszkowy, łańcuszek *m*
chain store **I** *n* (single shop) sklep *m* należący do sieci handlowej; (retail group) sieć *f* domów towarowych
II *modif* **~ garment** ubranie gotowe
chair /tʃeə(r)/ **I** *n* [1] (seat) krzesło *n*; (also **arm~**) fotel *m*; **the dentist's ~** fotel dentystyczny; **to take a ~** zająć miejsce, usiąść; **over** or **on the back of a ~** na oparciu krzesła [2] (chairperson) przewodniczą|cy *m*, -a *f*; **to take the ~** objąć przewodniczenie; **to be in the ~** przewodniczyć; **to address one's remarks to** or **through the ~** skierować uwagi do przewodniczącego or prowadzącego; **Chair! Chair!** proszę o spokój! [3] Univ (professorship) katedra *f*; **to hold the ~ of physics** kierować katedrą fizyki [4] US (also **electric ~**) krzesło *n* elektryczne; **to go to the ~** pójść na krzesło elektryczne

C

II *vt* [1] przewodniczyć (czemuś), po|prowadzić *[meeting]* [2] GB n|ieść, -osić na ramionach *[hero]*
chairbound /ˈtʃeəbaʊnd/ *adj* **to be ~** być przykutym do wózka (inwalidzkiego)
chair lift *n* wyciąg *m* krzesełkowy
chairman /ˈtʃeəmən/ *n* (*pl* **~men**) [1] (of meeting) przewodniczący|y *m*, -a *f*; **Mr Chairman, ...** Panie Przewodniczący, ...; **Madam Chairman, ...** Pani Przewodnicząca, ... [2] Comm prezes *m*; **the ~'s report** sprawozdanie roczne
chairmanship /ˈtʃeəmənʃɪp/ *n* (of meeting) przewodniczenie *n*, przewodnictwo *n*; (of company) prezesura *f*
chairperson /ˈtʃeəpɜːsn/ *n* (of meeting) przewodniczący|y *m*, -a *f*; (of company) prezes
chairwarmer US /ˈtʃeəwɔːmə(r)/ *n* infml pej obibok *m*, leser *m* infml pej
chairwoman /ˈtʃeəwʊmən/ *n* (*pl* **-women**) (of meeting) przewodnicząca *f*; (of company) prezes
chaise /ʃeɪz/ *n* kabriolet *m*, dwukółka *f*
chaise longue /ˌʃeɪz ˈlɒŋ, US ˈlɔːŋ/ *n* (*pl* **chaise(s) longues**) szezlong *m*
chalcedony /kælˈsedənɪ/ *n* chalcedon *m*
chalet /ˈʃæleɪ/ *n* (holiday cabin) domek *m* letniskowy; (mountain) (cottage, house) dom *m* w stylu alpejskim; (shelter) szałas *m* pasterski
chalet style *adj* w stylu alpejskim
chalice /ˈtʃælɪs/ *n* kielich *m* mszalny
chalk /tʃɔːk/ **I** *n* Miner kreda *f*; **a stick** or **piece of ~** kawałek kredy; **on ~** Hort na podłożu kredowym
II *modif* [1] **~ drawing** rysunek kredą; **~ mark** (on blackboard) ślad kredy; Sewing znak kredą [2] *[cliff, landscape]* kredowy [3] Geol **~ layer** warstwa kredy
III *vt* [1] (write) na|pisać kredą; (draw) na|rysować kredą; (mark) zaznacz|yć, -ać, znaczyć kredą [2] (apply chalk to) po|trzeć, -cierać kredą *[cue]*
■ **chalk out**: **~ out [sth], ~ [sth] out** odrysow|ać, -ywać *[pattern, design]*; na|rysować *[line, map]*; na|szkicować *[project, plan]*
■ **chalk up**: **~ up [sth], ~ [sth] up** [1] zapis|ać, -ywać *[score, points]*; fig zdoby|ć, -wać *[point]*; **the team ~ed up another win** drużyna odniosła jeszcze jedno zwycięstwo [2] (credit) zapis|ać, -ywać na rachunek (kogoś); **~ them up to me, barman** infml barman, proszę zapisać to na mój rachunek; **~ it up to experience** potraktuj to jak nauczkę; **I ~ed my sleeplessness up to nerves** bezsenność kładłem na karb nerwów
IDIOMS: **not by a long ~!** infml daleko do tego!; **she's the best candidate by a long ~** jest zdecydowanie najlepszą kandydatką; **not to be able to tell ~ from cheese** na niczym się nie znać; **to be as different as ~ and cheese** być podobnym jak dzień do nocy; **to be as white as ~** być białym jak kreda
chalk and talk **I** *n* GB Sch wykład *n* przy tablicy
II *modif* **to use the ~ method** prowadzić tradycyjny wykład przy tablicy
chalkboard /ˈtʃɔːkbɔːd/ *n* US tablica *f* szkolna
chalkface /ˈtʃɔːkfeɪs/ *n* GB Sch hum klasa *f* szkolna; **at the ~** w klasie
chalkiness /ˈtʃɔːkɪnɪs/ *n* **the ~ of the soil** zawartość kredy w glebie
chalkpit /ˈtʃɔːkpɪt/ *n* kopalnia *f* kredy
chalky /ˈtʃɔːkɪ/ *adj [soil, water]* kredowy, z dużą zawartością kredy; *[complexion]* kredowobiały; *[hands, clothes]* ubrudzony kredą
challenge /ˈtʃælɪndʒ/ **I** *n* [1] (provocation) wyzwanie *n* **(to sb** dla kogoś); **to put out** or **issue a ~ to sb** rzucić komuś wyzwanie; **to take up** or **respond to a ~** odpowiedzieć na or podjąć wyzwanie [2] (demanding situation or opportunity) wyzwanie *n*; **to present a ~** stanowić wyzwanie; **to rise to** or **meet the ~** stanąć na wysokości zadania, sprostać wyzwaniu; **the textile industry must face the ~ of cheap imports from Asia** przemysł tekstylny musi sprostać wyzwaniu, jakie stanowi tani import z Azji; **it won't be easy but I like a ~** to nie będzie łatwe, ale lubię wyzwania [3] (contest) **to make a ~ for sth** *[competitor, candidate]* stanąć do walki o coś, współzawodniczyć o coś *[title, presidency]*; **the Liberals are a serious ~ to the government** liberałowie stanowią poważną konkurencję dla partii rządzącej; **leadership ~** Pol próba *f* przejęcia przywództwa partii [4] (questioning) (of claim, authority) podważanie *n*; (by sentry) wezwanie *n (do zatrzymania się)* [5] Jur (to juror) sprzeciw *m (zwłaszcza co do składu ławy przysięgłych)*; (to witness) wniosek *m* o wyłączenie świadka [6] Sport atak *m*
II *vt* [1] (invite to contest or justify) wyz|wać, -ywać, rzuc|ić, -ać wyzwanie (komuś); **he ~d me to a game of chess** wyzwał mnie na szachowy pojedynek; **she ~d him to prove it** zażądała, żeby to udowodnił; **to ~ sb to a duel** wyzwać kogoś na pojedynek; **'I ~ you to a duel'** „żądam satysfakcji!" dat [2] (question) poda|ć, -wać w wątpliwość, za|kwestionować *[claim, assertion, statement, authority]*; **he ~d me on what I said** zakwestionował moją wypowiedź; zadał mi kłam liter [3] (test) (by proving difficult) stanowić sprawdzian (czegoś) *[skill, endurance]*; (by stimulating) z|mobilizować, pobudz|ić, -ać *[person, mind]*; **his new job doesn't really ~ him** nowa praca nie stanowi dla niego prawdziwego wyzwania; **the climb will ~ their skills to the utmost** wspinaczka będzie arcytrudnym sprawdzianem ich umiejętności [4] Jur sprzeciwi|ć, -ać się (czemuś), za|kwestionować *[decision]*; wysu|nąć, -wać zarzut|y wobec (kogoś) *[chairperson]*; **to ~ an expert** wyłączyć biegłego; **to ~ a witness** kwestionować wiarygodność świadka [5] (stop) *[sentry]* w|ezwać, -zywać (kogoś) do zatrzymania się; **I was ~d at the gate** zatrzymano mnie przy bramie
challenge cup *n* Sport puchar *m* przechodni
challenged /ˈtʃælɪndʒd/ *pp adj* euph ≈ niepełnosprawny; **visually/physically ~** inwalid|a *m*, -ka *f* wzroku/narządu ruchu; iron or hum **cerebrally ~** inteligentny inaczej hum; **culinarily ~** antytalent kulinarny
challenger /ˈtʃælɪndʒə(r)/ *n* Sport, Pol rywal *m*, -ka *f*, konkurent *m*, -ka *f* **(to sb** kogoś); **the ~ for the title** kandydat do tytułu
challenging /ˈtʃælɪndʒɪŋ/ *adj* [1] (stimulating) *[job, task]* ambitny; *[career]* stawiający wysokie wymagania; *[book, film]* trudny w odbiorze, ambitny [2] (confrontational) *[tone, look]* wyzywający; *[statement]* prowokacyjny
chamber /ˈtʃeɪmbə(r)/ **I** *n* [1] (room) sala *f*; (in castle) komnata *f*; **council ~** GB sala posiedzeń [2] Pol izba *f*; **the upper/lower ~** izba wyższa/niższa [3] Anat (of heart, eye) komora *f* [4] (in caving) sala *f*, komora *f* [5] Tech komora *f*; **combustion ~** komora spalania
II chambers *npl* Jur (barrister's office) kancelaria *f* adwokacka; (judge's office) gabinet *m* sędziego; **the case was heard in ~s** sprawa była rozpatrywana na posiedzeniu niejawnym
chamber concert *n* Mus koncert *m* muzyki kameralnej
chamberlain /ˈtʃeɪmbəlɪn/ *n* szambelan *m*
chambermaid /ˈtʃeɪmbəmeɪd/ *n* pokojówka *f*, pokojowa *f*
chamber music *n* muzyka *f* kameralna
Chamber of Commerce, C of C *n* Comm Izba *f* Handlowa
Chamber of Deputies *n* Pol Izba *f* Deputowanych
Chamber of Horrors *n* gabinet *m* okropności
Chamber of Trade *n* Comm Izba *f* Handlowa
chamber orchestra *n* orkiestra *f* kameralna
chamber pot *n* nocnik *m*
chambray /ˈʃæmbreɪ/ *n* batyst *m*
chameleon /kəˈmiːlɪən/ *n* Zool kameleon *m* also fig
chamfer /ˈtʃæmfə(r)/ **I** *n* Tech skos *m*, faza *f*
II *vt* ukosować, fazować
chamois /ˈʃæmwɑː, US ˈʃæmɪ/ *n* [1] Zool kozica *f*; giemza *f* ra [2] (leather) giemza *f*
chamois cloth *n* US = **chamois leather**
chamois leather *n* (also **shammy leather**) ircha *f*
champ[1] /tʃæmp/ **I** *vt* s|chrupać
II *vi* **to be ~ing to do sth** rwać się or wyrywać się, żeby coś zrobić; **the boys were ~ing to start work** chłopcy rwali się do roboty; **to ~ at the bit** *[horse]* gryźć wędzidło; *[person]* fig niecierpliwić się
champ[2] /tʃæmp/ *n* infml czempion *m*, -ka *f*
champagne /ʃæmˈpeɪn/ **I** *m* (wine) szampan *m*; **a glass of ~** kieliszek szampana; **pink/dry ~** szampan różowy/wytrawny; **a ~-type wine** wino musujące
II *adj [colour]* słomkowy *m*
Champagne /ʃæmˈpeɪn/ *prn* Szampania *f*
champagne cocktail *n koktail z szampana i brandy*
champagne-coloured /ʃæmˈpeɪnkʌləd/ *adj* w kolorze słomkowym
champagne-cup /ʃæmpeɪnˈkʌp/ *n koktajl na bazie szampana*
champagne glass *n* kieliszek *m* do szampana; (tall) flet *m*; (open) szampanka *f*
champers /ˈʃæmpəz/ *n* GB infml szampan *m*; bąbelki *plt* infml
champion /ˈtʃæmpɪən/ **I** *n* [1] Sport mistrz *m*, -yni *f*, czempion *m*, -ka *f*; **reigning ~** aktualny mistrz, aktualna mistrzyni;

world ~ mistrz/mistrzyni świata; **~ boxer, boxing ~** mistrz or czempion boksu [2] (of cause) orędowni|k *m*, -czka *f* **(of sth** czegoś)

II *adj* GB infml pierwszej klasy; super infml; **right ~** pierwsza klasa infml

III *vt* bronić (kogoś/czegoś), opowiadać się za (kimś/czymś) *[cause, person]*

championship /ˈtʃæmpɪənʃɪp/ *n* [1] Sport (competition) mistrzostwa *plt*; (over several rounds) turniej *m*; (title) mistrzostwo *n*, tytuł *m* mistrzowski; **to hold ~s** zorganizować mistrzostwa; **to hold the ~** mieć tytuł mistrza [2] (advocacy) walka *f*, kampania *f* **(of sth** o coś, na rzecz czegoś)

chance /tʃɑːns, US tʃæns/ **I** *n* [1] (opportunity) okazja *f*, sposobność *f*, szansa *f*; **to have** or **get a ~ to do sth** mieć okazję coś zrobić; **I had the ~ of a job in China** proponowano mi pracę w Chinach; **this was the ~ (that) she was waiting for** to była sposobność, na którą czekała; **to give sb a** or **the ~ to do sth** dać komuś sposobność zrobienia czegoś; **the trip gave me the ~ to speak Greek** dzięki tej podróży miałem okazję rozmawiać po grecku; **give me a ~ to explain** pozwól mi wytłumaczyć; **give the tablets a ~ to work** poczekaj, aż tabletki zaczną działać; **to take one's ~** wykorzystać okazję or szansę; **you've missed your ~** przegapiłeś or straciłeś okazję or szansę; **now's your ~!** teraz masz okazję or szansę!; **this is your last/big ~** to twoja ostatnia/wielka szansa; **if you get a ~** jeśli będziesz miał okazję or sposobność; **'when you get a** or **the ~, can you...?'** „jak będziesz miał chwilę czasu, czy mógłbyś...?"; **'can you do it?' – 'yes, given a** or **the ~'** „możesz to zrobić?" – „tak, jeśli tylko będę miał możliwość or sposobność" → **off-chance** [2] (likelihood) prawdopodobieństwo *n*, szansa *f*; **there is little ~ of her getting a job** jest mało prawdopodobne, żeby znalazła pracę; jest niewielka szansa, że znajdzie pracę; **he has little ~ of winning** on ma małą szansę na wygraną; **the ~s of catching the thief are slim** szanse na schwytanie złodzieja są niewielkie; **there is a ~ that he has survived** jest szansa, że przeżył; **the ~s are that...** wszystko wskazuje na to, że...; **the ~s of them winning are poor** szanse na to, że wygrają, są nikłe; **she has a good ~** ona ma duże szanse; **I have no ~** nie mam szans; **what are his ~s of recovery?** jakie ma szanse na powrót do zdrowia?; **the ~s are ten to one** jest jedna szansa na dziesięć; **any ~ of a coffee?** infml dają tu kawę? infml [3] (luck) przypadek *m*, traf *m*; **a game of ~** gra hazardowa; **it was pure ~ that we met** to czysty przypadek, że się spotkaliśmy; **by ~** przypadkiem, przypadkowo; **by a lucky ~** szczęśliwym trafem; **as ~ would have it...** tak się złożyło, że... [4] (risk) ryzyko *n*; **to take a ~** zaryzykować, podjąć ryzyko; **I'm taking no ~s** nie zamierzam ryzykować; **it's a ~ I'm willing to take** jestem gotów podjąć to ryzyko [5] (possibility) szansa *f*; **not to stand a ~** nie mieć żadnej szansy **(of doing sth** na zrobienie czegoś); **to be still in with a ~** mieć ciągle jeszcze szanse; **are you by any ~ my new neighbour?** czy pan przypadkiem nie jest moim nowym sąsiadem?; **do you have his address by any ~?** czy nie masz przypadkiem jego adresu?

II *modif [encounter, acquaintance, discovery]* przypadkowy

III *vt* [1] (risk) **to ~ doing sth** za|ryzykować zrobienie czegoś; **to ~ one's luck** or **arm** zaryzykować, podjąć ryzyko; **we'll just have to ~ it** po prostu będziemy musieli zaryzykować; **I shouldn't ~ it if I were you** na twoim miejscu nie ryzykowałbym [2] fml (happen to do) **I ~d to see it** zobaczyłem to przypadkiem; **if you should ~ to find my ring** gdybyś przypadkiem znalazł mój pierścionek; **it ~d that...** tak się złożyło, że...

■ **chance upon, chance on**: ¶ **~ upon [sb]** spotkać przypadkiem, natknąć się na (kogoś) ¶ **~ upon [sth]** znaleźć przypadkiem, natrafić or natknąć się na (coś)

IDIOMS: **no ~!** infml (I won't do it) nie ma mowy! wykluczone!; (it can't be done) nie da rady!; **the ~ would be a fine thing** można sobie pomarzyć

chancel /ˈtʃɑːnsl, US tʃænsl/ *n* prezbiterium *n*; **~ screen** chór

chancellery /ˈtʃɑːnsələrɪ, US ˈtʃæns-/ *n* [1] urząd *m* kanclerski [2] (embassy) kancelaria *f*

chancellor /ˈtʃɑːnsələ(r), US ˈtʃæns-/ *n* [1] (head of government) kanclerz *m* [2] GB Univ rektor *m* tytularny; **vice-~** rektor urzędujący [3] GB Jur **the Lord Chancellor** lord *m* kanclerz *m* *(przewodniczący Izby Lordów, prezes Sądu Najwyższego i zwierzchnik wymiaru sprawiedliwości)*

Chancellor of the Exchequer *n* GB Pol ≈ minister *m* skarbu or finansów

chancellorship /ˈtʃɑːnsələʃɪp, US ˈtʃæns-/ *n* urząd *m* kanclerski

chancer /ˈtʃɑːnsə(r)/ *n* infml cwania|k *m*, -ra *f* infml

chancery /ˈtʃɑːnsərɪ, US ˈtʃæns-/ *n* [1] GB Jur (also **the Chancery Division)** Wydział *m* Kanclerski *(Sądu Najwyższego)*; **ward in ~** młodociany pod opieką sądu [2] US Jur sąd *m* słuszności [3] (public record office) archiwum *n*

chancre /ˈʃæŋkə(r)/ *n* Med wrzód *m* weneryczny, szankier *m*

chancy /ˈtʃɑːnsɪ, US ˈtʃænsɪ/ *adj* infml *[method]* niepewny; *[project, plan]* ryzykowny; **it's a ~ business** to ryzykowny interes; **it all sounds ~** to wszystko brzmi (bardzo) niepewnie

chandelier /ʃændəˈlɪə(r)/ *n* żyrandol *m*

chandler /ˈtʃɑːndlə(r), US ˈtʃæn-/ *n* [1] (also **ship's ~)** dostawca *m* okrętowy [2] (maker of candles) rzemieślnik *m* wyrabiający i sprzedający świece [3] Hist (merchant) kupiec *m* handlujący towarami mydlarskimi i spożywczymi

change /tʃeɪndʒ/ **I** *n* [1] (alteration) (process) zmiany *f pl* **(in sth** w czymś); (social, political) przemiany *f pl*; (instance) zmiana *f* **(of sth** czegoś); **a ~ in the schedule** zmiana w rozkładzie/programie; **a ~ in the weather** zmiana pogody; **a ~ of air/diet** zmiana klimatu/sposobu odżywiania; **a ~ of direction** zmiana kierunku; **a ~ of plan** zmiana planu; **to have a ~ of heart** zmienić zdanie; **a ~ for the better/worse** zmiana na lepsze/gorsze; **a time of economic/social ~** czas przemian gospodarczych/społecznych; **to make a ~ to sth** wprowadzić zmianę w czymś; **to make a ~ in sth** zmieniać coś; **to make ~s in sth** wprowadzić zmiany w czymś *[text]*; dokonać zmian w czymś *[company, room]*; **there will have to be a ~ in your attitude** będziesz musiał zmienić swoje podejście or swój stosunek; **people opposed to ~** ludzie przeciwni zmianom [2] (substitution, replacement) zmiana *f* **(of sb/sth** kogoś/czegoś); **scene/costume ~** Theat zmiana dekoracji/kostiumu; **a tyre/oil ~** wymiana opony/oleju [3] (fresh, different experience) odmiana *f*, zmiana *f*; **the ~ will do you good** zmiana dobrze ci zrobi; **a game of bridge would make** or **be a ~ from television** partyjka brydża zamiast telewizji będzie jakąś odmianą; **that makes a nice** or **refreshing ~** to miła odmiana; **she needs a ~** jej potrzebna jest jakaś odmiana; **I need a ~ of air** fig potrzebuję zmiany otoczenia; **for a ~** (for variety, as improvement) dla odmiany; **it's time we had a ~** pora coś zmienić [4] (of clothes) zmiana *f (ubrania, bielizny)*; **a ~ of socks/suit** skarpetki/garnitur na zmianę; **take a ~ of clothes** weź ze sobą ubranie na zmianę [5] (coins) bilon *m*; **small ~** drobne; (money returned) reszta *f*; **she gave me 6p ~** wydała mi sześć pensów reszty; **don't forget your ~!** proszę nie zapomnieć reszty!; **have you got ~ for £10?** możesz mi rozmienić 10 funtów?; **have you any ~ for the (parking) meter?** (czy) masz jakieś drobne do parkomatu?; **60p in ~** 60 pensów reszty; **'no ~ given'** (on machine) „automat nie wydaje reszty"; **keep the ~!** reszty nie trzeba!; **'exact ~ please'** (on bus) „tylko odliczone pieniądze"; **you won't get much ~ out of £20** infml niewiele ci zostanie z 20 funtów [6] (in bell-ringing) **to ring the ~s** zmieniać melodię dzwonów; fig wprowadzać zmiany [7] Fin arch giełda *f*

II *vt* [1] (alter) zmieni|ć, -ać, odmieni|ć, -ać; **the baby has ~d my life** dziecko odmieniło całe moje życie; **we've ~d the shape of the lawn/the look of the town** zmieniliśmy kształt trawnika/wygląd miasta; **to ~ sth into sth** zmienić coś w coś; **the heavy rain had ~d the stream into a raging torrent** ulewny deszcz zmienił strumyk w rwący potok; **the road has been ~d from a quiet street into a motorway** ta spokojna ulica zmieniła się w autostradę; **to ~ 'c' into an 'o'/3 into an 8** przerobić „c" na „o"/3 na 8; **to ~ one's mind** zmienić zdanie **(about sb/sth** o kimś/czymś, co do kogoś/czegoś); **to ~ one's mind about doing sth** zmienić zdanie w sprawie zrobienia czegoś; **to ~ sb's mind** skłonić kogoś do zmiany zdania; **that won't ~ anything** to niczego nie zmieni [2] (exchange for sth different) zmieni|ć, -ać *[name, car]*; wymieni|ć, -ać *[air, water, library book]*; (in shop) wymieni|ć, -ać *[faulty item, unsuitable purchase]* **(for sth** na coś); **can I ~ it for a size 12?** czy mogę wymienić to na rozmiar 12?; **if it's**

C

too big, we'll ~ it for you jeżeli jest za duże, wymienimy; **to ~ colour** fig (turn pale) zblednąć; (flush) zaczerwienić się; **he ~d the colour of the door** przemalował drzwi; **to ~ clothes** przebrać się; **hurry up and get ~d!** szybko, przebierz się!; **to ~ sth (from sth) to sth** (of numbers, letters, words) zastąpić coś czymś, zmienić coś na coś; (of building, area) przekształcić coś w coś; **the comma had been ~d to a full stop** przecinek został zmieniony na kropkę [3] (replace sth dirty, broken, old) wymieni|ć, -ać *[bulb, battery, fuse, accessory]*; zmieni|ć, -ać *[linen, towels, nappy, wheel]*; **to ~ a bed** zmienić pościel [4] (exchange with sb) zamieni|ć, -ać się (czymś) *[seats, clothes]*; **she ~d hats with her sister** zamieniły się z siostrą kapeluszami; **to ~ places** zamienić się miejscami **(with sb** z kimś**)**; fig (roles) zamienić się rolami; **I wouldn't ~ places with the Queen** nie chciałbym być na miejscu królowej; **to ~ ends** Sport zmieniać strony [5] (actively switch) zmieni|ć, -ać *[course, job, direction, TV channel, doctor, agent, supplier]*; **I'm tired, I have to ~ hands** zmęczyłem się, muszę zmienić rękę; **he has ~d sides** fig zmienił front; **to ~ hands** fig zmienić właściciela; **no money ~d hands** żadne pieniądze nie przeszły z ręki do ręki; **she ~d her bag from her left hand to her right** przełożyła torbę z lewej ręki do prawej [6] (alter character) *[person, event, circumstance]* zmieni|ć, -ać; **the witch ~d the prince into a frog** czarownica przemieniła księcia w żabę; **the accident ~d him from an active young man into an invalid** wypadek uczynił ze sprawnego młodego człowieka inwalidę [7] (replace nappy of) przewi|nąć, -jać *[baby]*; **the baby needs changing** trzeba przewinąć dziecko [8] Fin (into lower denominations) rozmieni|ć, -ać *[note, coin]* **(into** or **for sth** na coś); (into foreign currency) wymieni|ć, -ać *[dollars, francs]* **(into** or **for sth** na coś); z|realizować *[cheque]* [9] Comput zmieni|ć, -ać

III *vi* [1] (alter) zmieni|ć, -ać się; **the price hasn't ~d much** cena niewiele się zmieniła; **times ~** czasy się zmieniają; **some things never ~** pewne rzeczy nigdy się nie zmieniają; **to ~ from sth (in)to sth** zmienić się z czegoś w coś; **the lights ~d from red to green** światło zmieniło się z czerwonego na zielone; **to ~ for the better/worse** zmienić się na korzyść /niekorzyść or na lepsze/gorsze; **she ~d from a friendly child into a sullen adolescent** z pogodnego dziecka zmieniła się w ponurą nastolatkę [2] (into different clothes) przeb|rać, -ierać się; **he went upstairs to ~ for dinner** poszedł na górę przebrać się do obiadu; **I'm going to ~ into my jeans** przebiorę się w dżinsy; **you'd better ~ out of those wet clothes** lepiej zdejmij z siebie te mokre rzeczy (i włóż coś suchego) [3] (from bus, train) przesi|ąść, -adać się; **you must ~ at Sheffield** musisz przesiąść się w Sheffield; **do I have to ~?** czy muszę się przesiadać?; **'~ at Salisbury for Exeter'** (over loudspeaker) „w Salisbury przesiadka do Exeter"; **we ~d from a train to a bus** przesiedliśmy się z pociągu na autobus; **all ~!** pociąg kończy bieg! proszę wysiadać! [4] (become transformed) *[animal, substance, person]* przemieni|ć, -ać się, przeobra|żać, -zić się; **to ~ from sb /sth into sb/sth** przemienić się or przeobrazić się z kogoś/czegoś w kogoś/coś; **the substance ~s from a solid into a liquid** substancja przechodzi ze stanu stałego w ciekły [5] *[moon]* zmieni|ć, -ać fazę

IV changed *pp adj [man, woman, child, animal]* odmieniony, inny; **he's a ~d man** jest całkiem innym człowiekiem

■ **change around** = **change round**

■ **change down** GB Aut z|redukować bieg

■ **change over**: ¶ (swap) *[people]* zamieni|ć, -ać się; *[drivers]* zmieni|ć, -ać się; Sport *[teams]* zamieni|ć, -ać się stronami; **I don't like my part, let's ~ over!** nie podoba mi się moja rola, zamieńmy się!; **we ~d over from gas to electric heating** przeszliśmy z ogrzewania gazowego na elektryczne ¶ **~ over [sb/sth], ~ [sb/sth] over** zamieni|ć, -ać *[sequence, roles, people, objects]*

■ **change round** GB: ¶ zamieni|ć, -ać się miejscami ¶ **~ round [sth], ~ [sth] round** przestawi|ć, -ać *[furniture, objects, letters]*; przewieszać *[pictures]* ¶ **~ round [sb], ~ [sb] round** przeprowadz|ić, -ać rotację *[employers, workers]*

■ **change up** GB Aut wrzuc|ić, -ać wyższy bieg

IDIOMS: **you'll get no ~ out of him/her** infml nic u niego/u niej nie wskórasz

changeability /ˌtʃeɪndʒəˈbɪlətɪ/ *n* zmienność *f*

changeable /ˈtʃeɪndʒəbl/ *adj [circumstances, condition, character, mood, opinion, person, rate, speed, weather, wind]* zmienny; *[colour, shape, sound]* zmieniający się; *[price]* ruchomy

changeless /ˈtʃeɪndʒlɪs/ *adj* niezmienny

changelessness /ˈtʃeɪndʒlɪsnɪs/ *n* niezmienność *f*

changeling (child) /ˈtʃeɪndʒlɪŋ (tʃaɪld)/ *n* odmieniec *m (dziecko podrzucone przez wróżki)*

change machine *n* automat *m* do rozmieniania pieniędzy

change management *n* zarządzanie *n* zmianami

change of address **I** *n* Admin zmiana *f* adresu

II *modif* **~ card** kartonik z wydrukowaną informacją o zmianie adresu

change of life *n* euph przekwitanie *n*; wiek *m* przejściowy euph

changeover /ˈtʃeɪndʒəʊvə(r)/ *n* [1] (time period) okres *m* przejściowy [2] (transition) przejście *n*, zmiana *f*; **the ~ to the metric system** przejście na system metryczny; **the ~ to democracy** demokratyzacja; **the ~ to computers** komputeryzacja [3] (of leaders, employees, guards) zmiana *f* [4] Sport (of ends) zmiana *f* stron; (in relay) przekazanie *n* pałeczki; **after the half-time ~** w drugiej połowie, po zmianie stron

change purse *n* US portmonetka *f*

change-ringing /ˈtʃeɪndʒrɪŋɪŋ/ *n* karylion *m*

changing /ˈtʃeɪndʒɪŋ/ **I** *n* zmiana *f*

II *adj [attitude, colours, environment, world]* zmieniający się; *[weather]* zmienny

changing room *n* [1] Sport szatnia *f* [2] US (fitting room) przymierzalnia *f*

channel /ˈtʃænl/ **I** *n* [1] (passage cut by or for liquid) kanał *m*; (small) kanalik *m*; **irrigation ~** kanał nawadniający, rów irygacyjny; **to cut a ~** wydrążyć kanał **(in sth** w czymś**)** [2] (deep, navigable part of water) kanał *m*, tor *m* wodny [3] fig (diplomatic, commercial) kanał *m*, droga *f*; **distribution ~s** kanały dystrybucji; **diplomatic ~s** kanały dyplomatyczne; **legal ~s** droga prawna; **to do sth through the proper** or **usual** or **normal ~s** załatwić coś właściwymi or zwykłymi or normalnymi kanałami; **to go through official ~s** pójść drogą oficjalną or urzędową [4] TV kanał *m*, program *m*; **to change ~s** zmienić kanał or program; **to flick ~s** infml zmieniać kanały; skakać po kanałach infml; **~ one/two** kanał pierwszy/drugi [5] Radio pasmo *n*, kanał *m* [6] Archit (flute) kanela *f*, kanelura *f* [7] Tech (groove) rowek *m*, wyżłobienie *n* [8] Comput kanał *m*

II *vt* (*prp, pt, pp* **-ll-** GB, **-l-** US) [1] (carry) (to, into) doprowa|dzić, -dzać do (czegoś); (from) odprowa|dzić, -dzać z (czegoś); (through) s|kierować przez (coś) *[water, liquid]* [2] fig (direct) s|kierować *[efforts, energy]* **(into sth /into doing sth** na coś/na zrobienie czegoś); przeznacz|yć, -ać, uruch|omić, -amiać *[funds, capital]* **(into sth/into doing sth** na coś/na zrobienie czegoś); **to ~ aid through charities** przekazywać pomoc za pośrednictwem organizacji charytatywnych; **to ~ sth towards...** skierować coś do... *[industry, business]* [3] (cut) wyżł|obić, -abiać, żłobić *[groove, gorge]* [4] Archit rowkować, żłobić *[column]*

■ **channel off**: **~ off [sth], ~ [sth] off** doprowadzić *[liquid, energy]* **(into sth** do czegoś); **to ~ funds off into research** przeznaczyć fundusze na badania

Channel /ˈtʃænl/ **I** *prn* **the (English) ~** kanał *m* la Manche

II *modif [port]* nad kanałem la Manche; **~ crossing** przeprawa przez kanał la Manche

channel bar *n* = **channel iron**

channel capacity *n* przepustowość *f* kanału

channel ferry *n* prom *m* kursujący przez kanał la Manche

channel-flick /ˈtʃænlflɪk/ *vi* infml zmieniać kanały; skakać po kanałach infml

channel-hop /ˈtʃænlhɒp/ *vi* infml [1] TV zmieniać kanały; skakać po kanałach infml [2] robić częste wypady przez kanał la Manche

channel iron *n* ceownik *m*

Channel Islander *n* mieszkan|iec *m*, -ka *f* Wysp Normandzkich

Channel Islands *prn* **the ~** Wyspy *f pl* Normandzkie

channel selector *n* TV przełącznik *m* kanałów

Channel Tunnel *prn* **the ~** tunel *m* pod kanałem la Manche

chant /tʃɑːnt, US tʃænt/ **I** *n* [1] monotonny śpiew *m*; **a victory ~** pieśń zwycięstwa [2] Mus, Relig śpiew *m* kościelny; **Gregorian ~** chorał gregoriański

II *vt* [1] skandować *[name, slogan]* [2] Mus, Relig monotonnie śpiewać *[psalm, liturgy,* *prayer]*; śpiewnie recytować *[psalm, liturgy, prayer]*

III *vi* [1] *[crowd]* skandować [2] Mus, Relig monotonnie śpiewać, śpiewnie recytować

chantey /ˈʃæntɪ/ *n* US = **shanty**

chantry /ˈtʃɑːntrɪ, US ˈtʃæntrɪ/ *n* [1] zapis *m* przeznaczony na odprawianie mszy za duszę fundatora [2] kaplica *f* rodowa

chaos /ˈkeɪɒs/ *n* [1] (political, economic) chaos *m*; (at home, work) bałagan *m*, rozgardiasz *m*; **in a state of ~** *[country, economy]* w stanie chaosu; *[house, room]* wywrócony do góry nogami; **amidst** or **in the midst of the ~** w zamieszaniu; **to cause** or **create ~** spowodować chaos or zamieszanie [2] liter (cosmic) chaos *m*

chaos theory *n* teoria *f* chaosu

chaotic /keɪˈɒtɪk/ *adj [person]* chaotyczny; *[life]* zdezorganizowany; *[jumble]* bezładny

chap[1] /tʃæp/ **I** *n* (of skin, lips) spierzchnięcie *n*; (deep) spękanie *n*

II *vt* (*prp, pt, pp* **-pp-**) *[wind, cold]* s|powodować spierzchnięcie or spękanie (czegoś) *[skin, lips]*; **~ped lips/hands** spękane or spierzchnięte wargi/dłonie

III *vi* (*prp, pt, pp* **-pp-**) s|pierzchnąć

chap[2] /tʃæp/ *n* infml GB chłop *m*, facet *m* infml; (young man) chłopak *m*; (boy) chłopiec *m*; **a nice ~** miły facet or chłop; **be a good ~** bądź dobrym kumplem; **I say, old ~...** słuchaj, stary... infml; **come on, ~s!** no, dalej, chłopaki!

chap. *n* = **chapter** rozdział *m*, rozdz.

chapatti /tʃəˈpɑːtɪ/ *n* Culin ćapati *m* *(indyjski okrągły placek wypiekany bez drożdży)*

chapel /ˈtʃæpl/ **I** *n* [1] Relig (building) kaplica *f*; (service) nabożeństwo *n*; **Lady ~** kaplica Matki Bożej or Najświętszej Marii Panny [2] Relig kościół *m* nonkonformistyczny [3] Journ związek *m* zawodowy drukarzy lub dziennikarzy

II *adj* należący do kościoła nonkonformistycznego; **are they church or ~?** czy oni są anglikanami czy nonkonformistami?

chaperon(e) /ˈʃæpərəʊn/ **I** *n* [1] przyzwoitka *f*; **to be a ~ to sb** być przyzwoitką kogoś [2] US opiekun *m*, -ka *f*; **several parents acted as ~s for the school disco** kilkoro rodziców dyżurowało podczas szkolnej dyskoteki

II *vt* służyć (komuś) za przyzwoitkę; US opiekować się (kimś)

chaplain /ˈtʃæplɪn/ *n* kapelan *m*

chaplaincy /ˈtʃæplɪnsɪ/ *n* Relig (position) stanowisko *n* kapelana; (building) dom *m* kapelana

chaplet /ˈtʃæplɪt/ *n* dat [1] liter (wreath) wianek *m* [2] Relig różaniec *m*

chappie, chappy /ˈtʃæpɪ/ *n* GB infml = **chap**[2]

chaps /tʃæps, ʃæps/ *n pl* skórzane ochraniacze *m pl* na spodnie *(noszone przez kowbojów)*

Chap Stick® /ˈtʃæpstɪk/ *n* pomadka *f* ochronna do ust

chapter /ˈtʃæptə(r)/ *n* [1] (in book) rozdział *m*; **in ~ 3** w rozdziale trzecim [2] fig (stage) rozdział *m* fig; **a new ~ in our country's history** nowy rozdział w historii naszego kraju [3] (of association, union) sekcja *f* [4] Relig kapituła *f*; **~ house** kapitularz [5] US Fin, Jur **to go ~ 11** ogłosić upadłość przedsiębiorstwa *z pozostawieniem dłużnikowi kontroli nad nim*

IDIOMS: **a ~ of accidents** pasmo or seria nieszczęść; **to give ~ and verse** podać szczegóły

char[1] /tʃɑː(r)/ **I** *n* GB infml (cleaner) sprzątaczka *f*

II *vi* (*prp, pt, pp* **-rr-**) (clean) pracować jako sprzątaczka

char[2] /tʃɑː(r)/ *n* Zool pstrąg *m* źródlany

char[3] /tʃɑː(r)/ *n* GB infml dat (tea) herbata *f*

char[4] /tʃɑː(r)/ **I** *vt* (*prp, pt, pp* **-rr-**) (convert to charcoal) zwęgl|ić, -ać; (burn on the outside) osmal|ić, -ać *[wood, paper]*; **the ~red remains of the house** zgliszcza domu

II *vi* (*prp, pt, pp* **-rr-**) (scorch) zwęgl|ić, -ać się

charabanc /ˈʃærəbæŋ/ *n* dat omnibus *m* dat; (for tours, sightseeing) autobus *m* wycieczkowy

character /ˈkærəktə(r)/ **I** *n* [1] (personality, nature) charakter *m*, usposobienie *n*; **to have a pleasant ~** mieć miłe usposobienie; **a house with ~** dom z charakterem; **to act in/out of ~** postąpić w typowy/nietypowy sposób; **to be in/out of ~ for sb** leżeć/nie leżeć w charakterze kogoś; **his remarks are totally in/out of ~** to są/to nie są uwagi w jego stylu; **the new wing was out of ~ with the rest of the building** nowe skrzydło nie pasowało (charakterem) do reszty budynku; **to take on the ~ of sth** nabrać charakteru czegoś [2] (reputation) reputacja *f*; **a person of good/bad ~** osoba o dobrej/złej reputacji, osoba mająca dobrą/złą opinię [3] Literat, Theat, Cin postać *f* **(from sth** z czegoś); **to play the ~ of Romeo** grać Romea; **I hardly recognized her in ~** z trudem rozpoznałem ją w tej roli [4] (person) postać *f*; (disapprovingly) indywiduum *n*; (male) osobnik *m*; typ *m* infml; **a real ~, quite a ~** niezły artysta, niezła artystka infml; **a local ~** znana postać (w okolicy) [5] (moral strength) charakter *m*; **strength of ~** siła charakteru [6] dat (testimonial) opinia *f*, świadectwo *f*; **to give sb a good ~** wystawić komuś dobre świadectwo or dobrą opinię [7] Comput, Print znak *m*; **in Chinese ~s** chińskimi znakami

II *modif* Comput **~ density** gęstość zapisu znaków; **~ reader/string** czytnik/ciąg znaków

character actor *n* aktor *m* charakterystyczny

character actress *n* aktorka *f* charakterystyczna

character assassination *n* oczernianie *n*, zniesławienie *n*

characteristic /ˌkærəktəˈrɪstɪk/ **I** *n* [1] (trait) cecha *f* (charakterystyczna); **family ~** cecha dziedziczna or rodzinna [2] Math cecha *f* logarytmu

II *adj* charakterystyczny, znamienny **(of sb/sth** dla kogoś/czegoś); **he acted with ~ dignity** postąpił z właściwą sobie godnością; **it was ~ of him to react in this way** zwykle właśnie tak reagował

characteristically /ˌkærəktəˈrɪstɪklɪ/ *adv* *[calm, helpful, mean, selfish]* jak zwykle; **~, he said nothing** jak zwykle nic nie powiedział

characterization /ˌkærəktəraɪˈzeɪʃn/ *n* [1] (character portrait) (by dramatist, writer) charakterystyka *f* postaci; (by actor) interpretacja *f* postaci [2] (description) charakterystyka *f*, opis *m*

characterize /ˈkærəktəraɪz/ *vt* [1] Literat *[artist, writer, work]* s|charakteryzować, opis|ać, -ywać *[era, place, person]*; **I would ~ her as honest and hard-working** scharakteryzowałbym ją jako uczciwą i pracowitą [2] (typify) być charakterystyczną cechą (czegoś), cechować; **to be ~d by sth** charakteryzować się czymś [3] (sum up) odda|ć, -wać charakterystyczne cechy (kogoś/czegoś) *[person, era, place]*

characterless /ˈkærəktəlɪs/ *adj [place]* bez charakteru, pozbawiony charakteru; *[person]* pozbawiony indywidualności

character part *n* Theat rola *f* charakterystyczna

character reference *n* referencje *plt*

character set *n* Comput zbiór *m* znaków; Print zestaw *m* czcionek

character sketch *n* krótka charakterystyka *f*

character type *n* Psych typ *m* charakterologiczny

charade /ʃəˈrɑːd, US ʃəˈreɪd/ *n* [1] (game) szarada *f* mimiczna *(gra towarzyska polegająca na odgrywaniu żywych obrazów)*; **to play ~s** bawić się w odgrywanie szarad [2] pej (pretence) farsa *f*, komedia *f* fig

charbroiled /ˈtʃɑːbrɔɪld/ *adj* US = **chargrilled**

charcoal /ˈtʃɑːkəʊl/ **I** *n* [1] (fuel) węgiel *m* drzewny [2] Art węgiel *m*; **a stick** or **piece of ~** kawałek węgla [3] (colour) antracyt *m*, ciemny grafit *m*

II *modif [filter]* węglowy; **~ drawing/portrait** rysunek/portret węglem

III *adj* (colour) (also **~ grey)** antracytowy, ciemnografitowy

charcoal burner *n* [1] (person) węglarz *m* [2] (for cooking, heating) piec *m* na węgiel drzewny

charge /tʃɑːdʒ/ **I** *n* [1] (fee) opłata *f*; **delivery ~** koszt dostawy or doręczenia; **handling ~** opłata manipulacyjna; **electricity/telephone ~s** opłaty za elektryczność/telefon; **additional ~** dodatkowa opłata; **small** or **token ~** symboliczna opłata; **there's a ~ of £2 for postage** opłata za przesyłkę wynosi dwa funty; **there is no ~ for installation** instalacja jest bezpłatna; **to make a ~ for sth/doing sth** pobierać opłatę or liczyć za coś/zrobienie czegoś; **free of ~** bezpłatnie, gratis; **at no extra ~** bez dodatkowej opłaty [2] Jur oskarżenie *n* **(of sth** o coś); zarzut *m* **(of sth** czegoś); **murder/robbery ~** oskarżenie o morderstwo/o kradzież; **criminal ~s** zarzuty oskarżenia; **to be arrested on a ~ of sth** zostać aresztowanym pod zarzutem czegoś; **to bring** or **press ~s against sb** wnieść oskarżenie przeciwko komuś; **to drop the ~s** wycofać oskarżenie; **all ~s against him have been dropped** wszystkie zarzuty przeciwko niemu wycofano; **to put sb on a ~ for theft** Mil postawić kogoś w stan oskarżenia pod zarzutem kradzieży [3] (accusation) oskarżenie *n* **(of sth** o coś); zarzut *m* **(of sth**

C

czegoś); **this leaves you open to ~s of nepotism** narażasz się tym na oskarżenie o nepotyzm or na zarzut nepotyzmu [4] Mil (attack) atak *m*, uderzenie *n* **(against sb/sth** na kogoś/coś); **cavalry ~** szarża kawalerii [5] Comm (credit account) **is it cash or ~?** czy płaci pan gotówką, czy mamy obciążyć pański rachunek? [6] (responsibility, control) **to be in ~** zarządzać, zawiadywać; Mil dowodzić; **the person in ~ of sth** osoba odpowiedzialna or odpowiadająca za coś; **the officer in ~ of the enquiry** oficer nadzorujący śledztwo; **to be in ~ of doing sth** odpowiadać za zrobienie czegoś; **to put sb in ~ of sth** uczynić kogoś odpowiedzialnym za coś *[company, project]*; powierzyć komuś coś *[transport, training]*; **to take ~** wziąć sprawę w swoje ręce; **to take ~ of sth** objąć kierownictwo czegoś *[company, department]*; **to take ~ of sb** zająć się kimś *[children]*; **to have ~ of sb/sth** być odpowiedzialnym za kogoś/coś; **the pupils in my ~** uczniowie pod moją opieką; **I've left Adam in ~** zostawiłem wszystko pod opieką Adama [7] (person in one's care) podopieczn|y *m*, -a *f* [8] (explosive) ładunek *m* [9] Elec, Phys ładunek *m*; **to leave a battery on ~ overnight** ładować akumulator przez całą noc [10] (burden) ciężar *m*, obciążenie *n* fig; **to be a ~ on sb** być dla kogoś ciężarem [11] Relig ogół *m* parafian

II *vt* [1] Comm, Fin po|liczyć (komuś) *[customer]*; pob|rać, -ierać *[commission]*; nalicz|yć, -ać *[interest]* **(on sth** od czegoś); **to ~ high prices** żądać wysokich cen; **to ~ sb for sth** policzyć komuś za coś *[postage, call]*; **to ~ sb extra for sth** policzyć komuś dodatkowo or ekstra za coś; **we ~ postage to the customer** kosztami przesyłki obciążamy klienta; **how much do you ~?** ile to będzie (u pana) kosztować?; **I ~ £20 an hour** biorę 20 funtów za godzinę; **my agent ~s 10% commission** mój agent pobiera 10% prowizji; **interest is ~d at 2% a month** odsetki są naliczane w wysokości 2% miesięcznie; **labour is ~d at £25 per hour** stawka za robociznę wynosi 25 funtów za godzinę; **what do you ~ for replacing a broken window?** ile pan liczy or bierze za wymianę stłuczonej szyby?; **I ~ double at weekends** w weekendy biorę podwójną stawkę or liczę sobie podwójnie [2] (pay on account) **to ~ sth to sb** or **sb's account** obciąż|yć, -ać za coś rachunek kogoś; **she ~d the hotel bill to VISA** zapłaciła za hotel kartą VISA [3] Jur *[police]* oskarż|yć, -ać *[suspect]* **(with sth /doing sth** o coś/zrobienie czegoś) [4] (accuse) **to ~ sb with sth/doing sth** zarzucić komuś coś/robienie czegoś [5] (rush at) *[troops]* na|trzeć, -cierać na (kogoś/coś), przypu|ścić, -szczać szturm na (kogoś/coś) *[enemy, gates]*; *[bull]* za|atakować, rzuc|ić, -cać się na (kogoś) *[person]* [6] Elec, Phys na|ładować *[battery, particle]* [7] fml (order) **to ~ sb to do sth** nakazać or polecić komuś coś zrobić; (entrust) **to ~ sb with sth/doing sth** powierzyć komuś coś/zrobienie czegoś

III *vi* [1] (demand payment) **to ~ for sth** pobierać opłatę za coś *[delivery, admission]*; **I don't ~ for that** za to nie pobieram opłaty [2] (rush at) **to ~ at sb/sth** *[troops]* na|cierać, -trzeć or uderz|yć, -ać na kogoś /coś, za|atakować kogoś/coś *[enemy, gates]*; *[bull, elephant]* za|atakować kogoś *[person]*; **~!** do ataku! [3] (run) **to ~ into a room** wpaść do pokoju; **to ~ out of a room** wypaść z pokoju; **to ~ across** or **through the room/garden** popędzić przez pokój /ogród; **to ~ up/down a hill** pędzić na wzgórze/ze wzgórza [4] Elec ładować się, naładow|ać, -ywać się; **the battery ~s as you drive** akumulator ładuje się podczas jazdy

chargeable /ˈtʃɑːdʒəbl/ *adj* [1] (payable) podlegający opłacie; **a fee of 20 dollars is ~** pobierana jest opłata w wysokości 20 dolarów; **tax is ~ at 25%** stawka podatkowa wynosi 25% [2] Admin **a ~ expense** (reclaimable) wydatek podlegający zwrotowi; **business travel is ~ to the company** koszty podróży służbowych pokrywa firma [3] Tax *[asset]* podlegający opodatkowaniu [4] Jur *[offence, crime]* karalny, podlegający karze

charge account *n* US Comm kredyt *m*, rachunek *m (w sklepie lub sieci handlowej)*

charge-cap /ˈtʃɑːdʒkæp/ *vt* GB Pol określ|ić, -ać odgórnie pułap (czegoś) *[budget, tax]*

charge card *n* (credit card) karta *f* rozliczeniowa; (store card) karta *f* stałego klienta

charge-coupled device /ˌtʃɑːdʒkʌplddɪˈvaɪs/ *n* Comput element *m* światłoczuły

charged /tʃɑːdʒd/ *adj* [1] Phys *[battery, particle]* naładowany; **a negatively ~ particle** cząstka naładowana ujemnie [2] (intense) **a highly ~ atmosphere** bardzo napięta atmosfera; **a highly ~ meeting** spotkanie pełne napięcia; **an emotionally ~ scene** scena o olbrzymim ładunku emocjonalnym; **a voice ~ with anxiety** głos nabrzmiały niepokojem

chargé d'affaires /ˌʃɑːʒeɪ dæˈfeə(r)/ *n* Admin (*pl* **chargés d'affaires)** chargé d'affaires *m inv*

chargehand /ˈtʃɑːdʒhænd/ *n* brygadzista *m*

charge nurse *n* przełożon|y *m*, -a *f* pielęgniarek

charger /ˈtʃɑːdʒə(r)/ *n* [1] Elec urządzenie *n* do ładowania akumulatorów [2] Mil Hist dat rumak *m*

charge sheet *n* GB Jur lista *f* zarzutów

char-grilled /ˈtʃɑːgrɪld/ *adj [steak, burger]* pieczony na węglu drzewnym

charily /ˈtʃeərɪlɪ/ *adv [handle, treat]* ostrożnie; *[praise, reward]* oszczędnie

chariot /ˈtʃærɪət/ *n* rydwan *m*

charioteer /ˌtʃærɪəˈtɪə(r)/ *n* woźnica *m* rydwanu

chariot race *n* wyścig *m* rydwanów

charisma /kəˈrɪzmə/ *n* [1] charyzma *f* [2] (*pl* **-mata)** Relig charyzmat *m*

charismatic /ˌkærɪzˈmætɪk/ **I** *n* charyzmatyk *m*

II *adj* charyzmatyczny

charitable /ˈtʃærɪtəbl/ *adj* [1] *[person]* (generous) hojny; (understanding) życzliwy, wyrozumiały **(to** or **towards sb** dla or wobec kogoś); *[act]* dobroczynny, miłosierny; **that wasn't a very ~ remark** to nie była zbyt miła uwaga [2] *[organization, institution]* charytatywny, dobroczynny; *[donation]* na cele dobroczynne or charytatywne; **a company having ~ status** Tax ≈ instytucja *f* wyższej użyteczności publicznej; **a ~ trust** Fin fundacja na cele dobroczynne or charytatywne; **~ work** działalność dobroczynna or charytatywna

charitably /ˈtʃærɪtəblɪ/ *adv [describe]* delikatnie

charity /ˈtʃærətɪ/ **I** *n* [1] (virtue) miłosierdzie *n*, miłość *f* bliźniego; **to do sth out of ~** zrobić coś z dobrego serca [2] (leniency) wyrozumiałość *f*, życzliwość *f* [3] (aid, aid organizations) dobroczynność *f*; (cause) cel *m* charytatywny, cele *m pl* dobroczynne or charytatywne; **to collect money for ~** zbierać pieniądze na cele dobroczynne or charytatywne; **to give (money) to ~** dać or wpłacić pieniądze na cele dobroczynne or charytatywne; **the proceeds go to ~** dochód zostaje przeznaczony na cele dobroczynne or charytatywne; **to live on** or **off ~** żyć z zapomogi; **we don't want ~** nie chcemy jałmużny [4] (individual organization) organizacja *f* charytatywna

II *modif [sale, concert]* dobroczynny

IDIOMS: **~ begins at home** pokrewieństwo ma pierwszeństwo

charity box *n* (in church) puszka *f* na datki

Charity Commission *n* GB komisja *f* nadzorująca działalność organizacji charytatywnych

charity shop *n* sklep *m* z rzeczami używanymi *(którego dochód przeznaczany jest na cele charytatywne)*

charity work *n* praca *f* charytatywna

charity worker *n* ochotni|k *m* -czka *f*, wolontariusz *m*, -ka *f*

charivari /ʃɑːrɪˈvɑːrɪ/ *n* kocia muzyka *f*

charlady /ˈtʃɑːleɪdɪ/ *n* GB dat sprzątaczka *f*

charlatan /ˈʃɑːlətən/ *n* szarlatan *m*

Charlemagne /ˈʃɑːləmeɪn/ *prn* Karol *m* Wielki

Charles /tʃɑːlz/ *prn* Karol *m*

charleston /ˈtʃɑːlstən/ *n* charleston *m*

charley horse /ˈtʃɑːlɪ hɔːs/ *n* US infml ból *m* mięśni *(wywołany intensywnymi ćwiczeniami fizycznymi)*; zakwasy *m pl* infml

charlie /ˈtʃɑːlɪ/ *n* GB infml [1] (fool) głupek *m*, pacan *m* infml; **to look/feel a right ~** wyglądać/czuć się jak głupek [2] US **a good-time ~** pej hulaka *m* [3] infml (cocaine) koka *f* [4] **Charlie** US Mil infml Vietcong *m* infml

charlotte /ˈʃɑːlɒt/ *n* Culin kruche ciasto *n* z owocami; **apple ~** szarlotka

charm /tʃɑːm/ **I** *n* [1] (attractiveness) czar *m*, urok *m*, wdzięk *m*; **personal ~** urok osobisty; **a man of great ~** uroczy or czarujący człowiek; **the old city is full of ~** stare miasto jest pełne uroku; **he was susceptible to her ~s** był czuły na jej wdzięki; **to use all one's ~** roztaczać cały swój urok or wdzięk; **to turn on the ~** pej zacząć się wdzięczyć infml [2] (talisman) amulet *m*, talizman *m*; **a lucky ~** talizman or amulet przynoszący szczęście [3] (jewellery) wisiorek *m*; **a ~ bracelet** bransoletka z breloczkami [4] (magic words) zaklęcie *n*; **to hold sb under a ~** rzucić na kogoś urok

II *vt* oczarow|ać, -ywać, omami|ć, -ać; **he ~ed his way into Head Office** dzięki wdziękowi or urokowi osobistemu dostał się do centrali; **she ~ed him into**

agreeing tak go omamiła, że się zgodził; **he was ~ed by her good looks** oczarowała go jej uroda

III charmed *pp adj* zaczarowany, zaklęty; **the ~ (inner) circle** krąg wtajemniczonych

IDIOMS: **to be able to ~ the birds from the trees** potrafić każdego oczarować; **to lead a ~ed life** być wybrańcem bogów; **to work like a ~** mieć magiczne działanie fig

charmer /ˈtʃɑːmə(r)/ *n* **he/she is a real ~** on/ona potrafi każdego oczarować or omotać

charming /ˈtʃɑːmɪŋ/ *adj [person, place, book, poem, sight]* czarujący, uroczy; *[manners]* ujmujący; **~!** iron pięknie!, uroczo!

charmingly /ˈtʃɑːmɪŋlɪ/ *adv [decorate, smile, look]* uroczo, czarująco; *[sing]* urzekająco

charm offensive *n* Pol kokietowanie *f* fig

charm school *n* szkoła *f* dobrych manier

charnel house /ˈtʃɑːnl haʊs/ *n* kostnica *f*

Charon /ˈkeərən/ *prn* Mythol Charon *m*

charr *n* Zool → **char²**

chart /tʃɑːt/ **I** *n* 1 (graph) wykres *m*, diagram *m*; **temperature ~** Med wykres temperatury, karta gorączkowa 2 (table) tabela *f*, tablica *f* 3 (map) mapa *f*; **weather ~** mapa pogody 4 Mus **the ~s** lista *f* przebojów; **to be number one in the ~s** być na czele listy przebojów

II *vt* 1 (make map of) sporządz|ić, -ać mapę (czegoś) *[land, coast]*; (on map) nan|ieść, -osić na mapę *[geographical feature]*; (trace) wytycz|yć, -ać *[route]*; Naut wykreśl|ić, -ać *[course]* 2 (record) z|obrazować or przedstawi|ć, -ać na wykresie *[changes, progress]*; (monitor) prze|śledzić 3 (outline) wytycz|yć, -ać *[plan of action]*

III *vi* Mus infml trafi|ć, -ać na listę przebojów

charter /ˈtʃɑːtə(r)/ **I** *n* 1 Pol karta *f*; (for company) statut *m*; **royal ~** edykt królewski 2 (special privileges) karta *f* praw; (for city) prawa *m pl* miejskie; **to be granted a ~** otrzymać kartę praw/prawa miejskie 3 Comm (hiring) (of plane, boat) czarter *m*; (of coach, train) wynajem *m*; **on ~ to sb** wyczarterowany or wynajęty komuś

II *vt* 1 wy|czarterować *[plane, boat]*; wynaj|ąć, -mować *[coach, machinery]* 2 Jur, Admin (incorporate) za|rejestrować *[company]*

III chartered *pp adj [professional]* dyplomowany; *[company]* zarejestrowany

chartered accountant *n* biegły or dyplomowany księgowy *m*, biegła or dyplomowana księgowa *f*

chartered bank *n* GB bank *m* ustanowiony aktem rządowym

chartered surveyor *n* GB rzeczoznawca *m* od wyceny nieruchomości

charter flight *n* GB rejs *m* czarterowy, czarter *m*

charter plane *n* GB samolot *m* czarterowy

charter school *n* US ≈ szkoła *f* społeczna *(finansowana z pieniędzy publicznych)*

chartist /ˈtʃɑːtɪst/ *n* US Fin analityk *m* giełdowy or rynkowy

Chartist /ˈtʃɑːtɪst/ *n* Hist czartysta *m*

charwoman /ˈtʃɑːwʊmən/ *n* dat sprzątaczka *f*

chary /ˈtʃeərɪ/ *adj [person, attitude]* ostrożny; **he's very ~ of giving praise** jest bardzo oszczędny w pochwałach

Charybdis /kəˈrɪbdɪs/ *n* Mythol Charybda *f*

chase¹ /tʃeɪs/ **I** *n* 1 (pursuit) pościg *m*, pogoń *f*; **a car/police ~** pościg samochodowy/policyjny; **to give ~ to sb** ruszyć w pogoń or pościg za kimś 2 fig (race) rywalizacja *f* **(for sth** o coś); **the ~ for the prize/jobs** rywalizacja o nagrodę/posadę 3 Equest = **steeplechase** 4 Hunt **the ~** polowanie *n*; łowy *m pl* liter 5 GB Hunt (deer park) teren *m* łowiecki

II *vt* 1 **(also ~ after)** (pursue) gonić, ścigać *[person, animal]*; zabiegać o (coś) *[contract, job]*; gonić za (czymś) *[success]* 2 **(also ~ after)** (make advances) uganiać się za (kimś) infml *[man, girl]* 3 infml **(also ~ after)** (try to win) dążyć do zdobycia (czegoś) *[title]*; dążyć do osiągnięcia (czegoś) *[target]* 4 (remove) przeg|onić, -aniać, przegnać, przepędz|ić, -ać; **~ the cat out of the kitchen** przepędź kota z kuchni

III *vi* = **chase about, chase around**

■ **chase about, chase around**: ¶ **~ about** biegać, ganiać ¶ **~ around [sth]** infml obiec coś *[town, building]*; **we ~d all around town looking for a suitable present** obiegliśmy całe miasto szukając odpowiedniego prezentu ¶ **~ [sb] around** uganiać się za (kimś)

■ **chase away**: **~ away [sb/sth], ~ [sb/sth] away** 1 (from an enclosed area) przepędz|ić -ać, przeg|onić, -aniać, wypędz|ić, -ać *[intruder, predator]*; (off a surface) spędz|ić, -ać, zg|onić, -aniać *[animal, insect]* 2 fig odpędz|ić, -ać (od siebie) *[anxiety, fear]*

■ **chase down** US = **chase up**

■ **chase off**: **~ off [sb/sth], ~ [sb/sth] off** odpędz|ić, -ać, odg|onić, -aniać *[animal, person]*

■ **chase up** GB: ¶ **~ up [sth], ~ [sth] up** odszuk|ać, -iwać, odna|leźć, -jdywać *[data, statistics]* ¶ **~ up [sb], ~ [sb] up** popędz|ić, -ać, ponagl|ić. -ać

IDIOMS: **to ~ one's (own) tail** kręcić się w kółko fig

chase² /tʃeɪs/ *vt* (engrave) grawerować, ozd|obić, -abiać rytami *[metal]*; wygrawerować *[design]*; **~d silver dish** grawerowane srebrne naczynie

chaser /ˈtʃeɪsə(r)/ *n* infml (between spirits) popitka *f* infml

chasm /ˈkæzəm/ *n* rozpadlina *f*, szczelina *f*; (deeper) przepaść *f*, otchłań *f* also fig; **the ~ between rich and poor** fig przepaść dzieląca biednych i bogatych

chassis /ˈʃæsɪ/ *n* (*pl* **~**) 1 Aut, Aviat podwozie *n*; Radio, TV podstawa *f* montażowa 2 US infml (body) figura *f*; **she's got quite a ~** ona ma ekstra figurę infml

chaste /tʃeɪst/ *adj* 1 (celibate) cnotliwy, czysty 2 (innocent) *[relationship]* czysty; *[kiss]* niewinny 3 (sober) *[style]* prosty, czysty

chastely /ˈtʃeɪstlɪ/ *adv* 1 *[live]* (in celibacy) cnotliwie, wstrzemięźliwie; (decently) uczciwie 2 *[written]* prosto, powściągliwie; *[decorated]* skromnie

chasten /ˈtʃeɪsn/ **I** *vt* 1 dat (punish) s|karcić, strofować *[person, child]* 2 (moderate) u|temperować

II chastened *pp adj* skarcony; **~ and subdued** przywołany do porządku

chasteness /ˈtʃeɪstnɪs/ *n* fml 1 (celibacy) czystość *f*, cnota *f* 2 (innocence) niewinność *f*, cnota *f* 3 (decency) uczciwość *f*, cnota *f* 4 (of style) prostota *f*

chastening /ˈtʃeɪsnɪŋ/ *adj* **a ~ experience** pouczające or otrzeźwiające doświadczenie; **to have a ~ effect (on sb)** działać otrzeźwiająco (na kogoś), dawać (komuś) do myślenia

chastise /tʃæˈstaɪz/ *vt* fml (physically) wy|chłostać, z|łoić skórę (komuś); (verbally) udziel|ić, -ać ostrej nagany or reprymendy (komuś) **(for sth/for doing sth** za coś/za zrobienie czegoś)

chastisement /tʃæˈstaɪzmənt/ *n* dat kara *f*; (physical) chłosta *f*, baty *plt*; (verbal) reprymenda *f*

chastity /ˈtʃæstətɪ/ *n* czystość *f*, niewinność *f*

chastity belt *n* pas *m* cnoty

chasuble /ˈtʃæzjʊbl/ *n* Relig ornat *m*

chat /tʃæt/ **I** *n* 1 (talk) pogawędka *f*; **to have a ~ with sb about sb/sth** uciąć sobie z kimś pogawędkę o kimś/czymś; **we had a ~ on the phone** pogadaliśmy sobie przez telefon; **I must have a ~ with him about his behaviour** będę musiał porozmawiać z nim o jego zachowaniu 2 (on Internet) rozmowa *f*; czat *m* infml

II *vi* (*prp, pt, pp* **-tt-**) pogadać infml **(with** or **to sb** z kimś)

■ **chat up** infml: **~ up [sb], ~ [sb] up** GB infml (flirtatiously) podrywać infml *[girl]*; (to obtain sth) nagabywać

chatline /ˈtʃætlaɪn/ *n* GB wewnętrzna sieć *f* telefoniczna; (for sexual encounters) sekstelefon *m* infml

chatroom /ˈtʃætruːm/ *n* Comput kanał *m* dyskusyjny; czatroom *m* infml

chat show *n* GB talk show *m inv*

chattel /ˈtʃætl/ *n* Jur ruchomość *f*, majątek *m* ruchomy; **he treats his wife like a ~** on traktuje żonę jak swoją własność; **all his goods and ~s** jego cały dobytek

chattel mortgage *n* US hipoteka *f* or zabezpieczenie *n* długu na ruchomości

chatter /ˈtʃætə(r)/ **I** *n* (of person) trajkot *m* infml; (of crowd, audience) gwar *m*; (of monkeys) skrzek *m*, pisk *m*; (of birds) ćwierk *m*, świergot *m*; (of magpies) skrzek *m*; (of machinery, guns) terkot *m*

II *vi* **(also ~ away, ~ on)** *[person]* paplać, trajkotać infml; *[birds]* ćwierkać, świergotać; *[monkeys, magpies]* skrzeczeć; *[machinery]* terkotać; *[teeth]* dzwonić, szczękać; **her teeth were ~ing** dzwoniła zębami; **my teeth were ~ing with the cold** szczękałem zębami z zimna

chatterbox /ˈtʃætəbɒks/ *n* gaduła *m/f*, papla *m/f* infml; (girl, woman) szczebiotka *f*, trajkotka *f* infml

chatterer /ˈtʃætərə(r)/ *n* infml gaduła *m/f* infml

chattering /ˈtʃætərɪŋ/ **I** *n* paplanina *f*, gadanina *f* infml

II *adj [person]* gadatliwy

chattering classes *npl* **the ~** pej inteligenci *m pl* głoszący liberalne poglądy

chatty /ˈtʃætɪ/ *adj [person]* gadatliwy; *[style]* gawędziarski

Chaucer /ˈtʃɔːsə/ *prn* Chaucer *m*

Chaucerian /tʃɔːˈsɪərɪən/ *adj* chauceriański, chaucerowski

chauffeur /ˈʃəʊfə(r), US ʃəʊˈfɜːr/ **I** *n* szofer *m*, kierowca *m*; **a ~-driven car** samochód z kierowcą

II *vt* być szoferem or kierowcą (kogoś); wozić (kogoś) infml

chauvinism /ˈʃəʊvɪnɪzəm/ *n* szowinizm *m*

chauvinist /ˈʃəʊvɪnɪst/ **I** *n* szowinist|a *m*, -ka *f*

II *adj* szowinistyczny

chauvinistic /ʃəʊvɪˈnɪstɪk/ *adj* szowinistyczny

ChB *n* GB = **Chirurgiae Baccalaureus** lekarz-chirurg *m (tytuł zawodowy)*

cheap /tʃiːp/ **I** *adj* [1] (inexpensive) *[article, meal, cut of meat, flight, service]* tani, niedrogi; *[fare, ticket]* zniżkowy; *[price, rate]* niski, niższy; **quality doesn't come ~** za jakość się płaci or trzeba płacić; **it's ~ to produce** produkcja tego jest tania; **it's ~ to run** to jest tanie w eksploatacji; **it works out ~er to take the train** podróż pociągiem wychodzi taniej; **the ~ seats** tańsze bilety or miejsca; **it's ~ at the price** za tę cenę, to okazja; **victory was ~ at the price** to nie była wysoka cena za zwycięstwo; **life is ~ in some countries** w niektórych krajach życia ludzkiego się nie ceni; **to hold sth ~** mieć coś za nic, nie cenić sobie czegoś; **~ and cheerful** bezpretensjonalny [2] Econ *[money, labour]* tani [3] pej (shoddy) *[shoes, wine]* tani; *[furniture, jewellery]* tandetny; **it's ~ and nasty** to tandeta [4] pej (easy) *[jibe, gimmick]* tani; *[woman, success]* łatwy; *[remark, retort]* niewybredny; **a ~ thrill** tania podnieta or rozrywka; **talk is ~** gadanie nic nie kosztuje; **to make oneself ~** poniżać się; **she had made herself ~ in my eyes** bardzo straciła w moich oczach [5] pej (mean) *[liar, trick]* podły; *[crook]* pospolity; *[flattery, compliment]* płaski; **a ~ shot** cios poniżej pasa [6] (with money) skąpy

II *adv* infml *[buy, get, sell]* tanio; **he can do the job ~** on może to zrobić tanio; **they are going ~** sprzedawane są po niższej cenie; **success doesn't come ~** na sukces trzeba zapracować

III on the cheap *adv phr [buy, sell]* taniej, po niższej cenie; **to do sth on the ~** pej załatwić coś tanim kosztem

cheapen /ˈtʃiːpən/ **I** *vt* [1] (make less expensive) obniż|yć, -ać koszty (czegoś) *[process]*; s|powodować potanienie (czegoś) *[product]* [2] (make less valuable) obniż|yć, -ać wartość (czegoś), zdewaluować *[life, liberty]* [3] (degrade) poniż|yć, -ać *[person]*

II *vr* **to ~ oneself** poniż|yć, -ać się

cheapie /ˈtʃiːpɪ/ infml **I** *n* [1] GB (bargain) okazja *f*; taniocha *f* infml [2] US (mean person) sknera *m/f* pej; kutwa *m/f* infml pej

II *adj* US tani; (low quality) tandetny

cheapjack /ˈtʃiːpdʒæk/ **I** *n* tandeciarz *m*, handla|rz *m*, -rka *f* tandetą dat

II *adj* **~ goods** tandeta infml; **~ electrician** infml elektryk partacz infml

cheaply /ˈtʃiːplɪ/ *adv [produce, do, provide, sell]* tanio; *[borrow money]* na niski procent; *[available, accessible]* tanio, po niskiej cenie; **to eat/live ~** jadać/żyć oszczędnie; **two can live as ~ as one** dwoje może wyżyć or utrzymać się za tyle, co jedna osoba

cheapness /ˈtʃiːpnɪs/ *n* [1] (low cost or price) (of article, system) taniość *f*; (of plan, system) ekonomiczność *f*; **the ~ of borrowing** niska stopa oprocentowania kredytu [2] (of joke, jibe) płaskość *f*, niewybredność *f*; (of trick) podłość *f*

cheapo /ˈtʃiːpəʊ/ *adj* infml tandetny

cheap rate *n* Telecom niższa taryfa *f*; **at a ~** według niższej taryfy

cheapskate /ˈtʃiːpskeɪt/ *n* infml kutwa *m/f* infml

cheat /tʃiːt/ **I** *n* [1] (person) krętacz *m*, -ka *f*, oszust *m*, -ka *f*; (in card games) szuler *m* [2] (dishonest action) nieuczciwość *f*; oszustwo *n*, szachrajstwo *n*

II *vt* oszuk|ać, -iwać *[person, company]*; **to ~ the taxman** oszukać urząd skarbowy; **to feel ~ed** czuć się oszukanym; **to ~ sb (out) of sth** oszustwem pozbawić kogoś czegoś

III *vi* oszuk|ać, -iwać; **to ~ at cards** oszukiwać w kartach; **to ~ in an exam** ściągać na egzaminie; **to ~ on one's husband/wife** zdradzać męża/żonę

IDIOMS: **to ~ death** wywinąć się śmierci

cheating /ˈtʃiːtɪŋ/ **I** *n* krętactwo *n*, oszustwo *n*, matactwo *n*; **to accuse sb of ~** zarzucić komuś oszustwo

II *adj [player, shopkeeper]* nieuczciwy

Chechen /ˈtʃetʃen/ **I** *n* Czeczeniec *m*, Czeczen *m*, -ka *f*

II *adj* czeczeński

Chechnya /ˌtʃetʃˈnjaː/ *prn* Czeczenia *f*

check /tʃek/ **I** *n* [1] (inspection) kontrola *f* **(on sb/sth** kogoś/czegoś); **quality ~** kontrola jakości; **to carry out ~s** przeprowadzać kontrole; **to give sth a ~** sprawdzić or skontrolować coś; **to keep a ~ on sb/sth** kontrolować kogoś/coś [2] Med badanie *n* kontrolne, kontrola *n*; **eye/breast ~** badanie oczu/piersi [3] (restraint) ograniczenie *n*; (stop) zahamowanie *n*, powstrzymanie *n*; (in career, plans) przeszkoda *f*; **to put** or **place a ~ on sth** ograniczyć or przyhamować coś *[immigration, production, growth]*; **to act** or **serve as a ~ on sth** działać na coś hamująco; **to hold** or **keep sth in ~** hamować or powstrzymywać coś; **to hold oneself in ~** panować nad sobą [4] (in chess) szach *m*; **in ~** zaszachowany; **to put the King in ~** dać szacha królowi, zaszachować króla; **your king is in ~** szach królowi [5] Tex (fabric) tkanina *f* or materiał *m* w kratę; (pattern) krata *f*, kratka *f* [6] US (cheque) czek *m*; **to pay by ~** płacić czekiem; **a ~ for £50** czek na 50 funtów [7] US (bill) rachunek *m*; **to pick up the ~** zapłacić rachunek [8] US (receipt) (ticket) kwit *m*, kwitek *m*; (token) numerek *m*; **baggage ~** kwit na bagaż [9] US (tick) znak *m* w kształcie litery V; ptaszek *m*, fajka *f* infml

II *modif [fabric, garment]* w kratę/kratkę, kraciasty

III *vt* [1] (for security) sprawdz|ić, -ać, s|kontrolować *[person, ticket, passport, area, vehicle, mechanism, fuse, baggage]*; **to ~ that /whether...** sprawdzić/upewnić się, czy...; **don't forget to ~ that the switch is in the 'OFF' position** upewnij się or nie zapomnij sprawdzić, czy przełącznik jest wyłączony; **to ~ toys for potential dangers** sprawdzać, czy zabawki nie są niebezpieczne (dla dzieci); **they ~ed the hotel for bombs/gas leaks** sprawdzili, czy w hotelu nie ma bomb/nie ulatnia się gaz [2] (verify) sprawdz|ić, -ać *[bill, data, accounts, output, statement, signature, banknote, spelling, translation]*; **to ~ sth for accuracy** sprawdzić, czy coś jest poprawne or dokładne; **to ~ a device for defects** sprawdzić, czy urządzenie nie ma usterek; **to ~ sth against sth** sprawdzić coś z czymś *[original document, recorded data, inventory]*; porównać coś z czymś *[signature]* [3] (for health) z|mierzyć *[temperature, blood pressure]*; z|badać *[reflexes, eyesight]*; **to ~ a patient's progress** sprawdzać, czy stan pacjenta się poprawia [4] (inspect) sprawdz|ić, -ać *[watch, map, pocket, wallet]*; **let me ~ my diary** pozwól, że sprawdzę w terminarzu [5] (find out) sprawdz|ić, -ać *[times, details, information]*; **~ if the baby's asleep** sprawdź, czy dziecko śpi; **I need to ~ how cold it is/where the station is** muszę sprawdzić, czy jest zimno/gdzie jest dworzec; **to ~ with sb that...** zapytać kogoś, czy...; dowiedzieć się od kogoś or upewnić sie u kogoś, czy....; **I had to ~ with him that it was OK** musiałem go zapytać, czy nie ma zastrzeżeń [6] (curb) powstrzym|ać, -ywać *[price rises, inflation, abuse]*; za|hamować *[increase, growth, progress]*; ogranicz|yć, -ać *[influence, emigration]*; z|dementować *[rumour]*; po|krzyżować *[plans]* [7] (restrain, keep in) opanow|ać, -ywać, powściąg|nąć, -ać *[emotions]*; powstrzym|ać, -ywać, wstrzym|ać, -ywać *[tears]*; **to ~ an exclamation/impulse to laugh** powstrzymać się, żeby nie krzyknąć/nie wybuchnąć śmiechem [8] (stop) zatrzym|ać, -ywać *[person, animal, enemy advance]*; s|tłumić *[rebellion]* [9] (in chess) za|szachować *[player, chesspiece]* [10] Comput s|kontrolować, sprawdz|ić, -ać [11] (in hockey) zatrzym|ać, -ywać, za|blokować *[shot]* [12] US (for safekeeping) odda|ć, -wać do szatni *[coat]*; odda|ć, -wać do przechowalni *[baggage]* [13] US (register) Aviat odprawi|ć, -ać *[baggage]* [14] US (tick) = **check off**

IV *vi* [1] (verify) sprawdz|ić, -ać **(whether** or **if** czy); **to ~ with sb** zapytać kogoś [2] (examine) **to ~ for sth** sprawdz|ić, -ać pod kątem (obecności) czegoś *[problems, disease, defects]*; szukać czegoś *[leaks, flaws, danger signs]* [3] (register) **to ~ into a hotel** zameldować się w hotelu [4] US (tally) *[accounts]* zg|odzić, -adzać się [5] (in poker) s|pasować

V *vr* [1] (restrain) **to ~ oneself** powstrzym|ać, -ywać się [2] (inspect) **to ~ oneself in the mirror** prze|jrzeć, -glądać się w lustrze

VI *excl* [1] (in chess) **~!** szach! [2] US infml (expressing agreement) zgoda!; dobra! infml

VII checked *pp adj* [1] Tex *[fabric, pattern, garment]* w kratę/kratkę, kraciasty [2] Ling *[syllable]* zamknięty; *[vowel]* występujący w sylabie zamkniętej

■ **check in**: ¶ **~ in** (at airport) zgł|osić, -aszać się do odprawy; (at hotel) za|meldować się; US (clock in) odbi|ć, -jać kartę po przyjściu do pracy, za|rejestrować godzinę przyjścia do pracy ¶ **~ in [sb/sth], ~ [sb /sth] in** [1] Aviat, Tourism (at airport) odprawi|ć, -ać *[passenger, baggage]*; za|meldować *[hotel guest]* [2] US (for safekeeping) (give) odda|ć, -wać do przechowalni *[baggage]*; odda|ć, -wać do szatni *[coat, umbrella]*; (take) *[attendant]* przyj|ąć, -mować *[baggage, coat]*

■ **check off**: **~ off [sth], ~ [sth] off** zaznacz|yć, -ać; odfajkow|ać, -ywać infml *[items, names]*

■ **check on**: **~ on [sb/sth]** 1 (observe) śledzić, s|kontrolować; **to ~ on sb's progress** śledzić postępy kogoś 2 (investigate) sprawdz|ić, -ać *[person, information]*; **she looked in the wardrobe to ~ on whether he'd taken his coat** zajrzała do szafy, żeby sprawdzić, czy wziął swój płaszcz

■ **check out**: ¶ **~ out** 1 (leave) **to ~ out of a hotel** wymeldować się z hotelu; **to ~ out of hospital** wypisać się ze szpitala, zostać wypisanym ze szpitala 2 (be correct) *[information, story]* potwierdz|ić, -ać się; *[figures, details]* zg|odzić, -adzać się 3 US (clock out) odbi|ć, -jać kartę wychodząc z pracy, za|rejestrować godzinę wyjścia z pracy 4 infml euph (die) pożegnać się or rozstać się z tym światem euph ¶ **~ out [sth], ~ [sth] out** 1 (investigate) sprawdz|ić, -ać *[information, package, area, building]*; z|badać, z|mierzyć *[blood pressure]*; zasięg|nąć, -ać informacji na temat (czegoś) *[club, scheme]* 2 infml (try) sprawdz|ić, -ać, wypróbow|ać, -ywać *[place, food]*; **we must ~ out the new film** infml musimy zobaczyć ten nowy film 3 US (remove) (from library) wypożycz|yć, -ać *[book]*; (from cloakroom, left-luggage) od|ebrać, -bierać ¶ **~ out [sb], ~ [sb] out** 1 (screen) sprawdz|ić, -ać *[person]*; **he's been ~ed out** został sprawdzony 2 (from hotel) wymeldow|ać, -ywać *[guests]* 3 US (at supermarket) obsłu|żyć, -giwać, przyj|ąć, -mować zapłatę od (kogoś) *[customer]* 4 US infml (take a look at) po|patrzyć na (kogoś); **~ him out!** popatrz(cie) tylko na niego!

■ **check over**: ¶ **~ [sth] over** sprawdz|ić, -ać *[document, wiring, machine]* ¶ **~ [sb] over** Med przebadać, zbadać

■ **check through**: **~ [sth] through** 1 sprawdz|ić, -ać *[data, work]* 2 US Aviat odprawi|ć, -ać *[luggage]*; **I've ~ed her luggage through to Chicago** odprawiłem jej bagaż do Chicago

■ **check up**: ¶ **~ up** sprawdz|ić, -ać (that... czy...) ¶ **~ up [sth]** sprawdz|ić, -ać *[story, accounts]*

■ **check up on**: ¶ **~ up on [sb/sth]** (investigate) sprawdz|ić, -ać *[person, story, details]*

checkbook /ˈtʃekbʊk/ *n* US książeczka *f* czekowa

checker /ˈtʃekə(r)/ **I** *n* 1 (employee) kontroler *m*, -ka *f* jakości, braka|rz *m*, -rka *f* 2 US (cashier) kasjer *m*, -ka *f* 3 US (in fabric) krata *f*, kratka *f* 4 US (attendant) (in left-luggage) pracowni|k *m*, -ca *f* przechowalni bagażu; (in cloakroom) szatnia|rz *m*, -rka *f* 5 US Games (piece) pionek *m (w warcabach)*

II checkers *npl* Games warcaby *plt*; **to play ~s** grać w warcaby

checkerboard /ˈtʃekəbɔːd/ *n* US szachownica *f*

checkered *adj* US = **chequered**

check-in /ˈtʃekɪn/ **I** *n* 1 (also **~ desk**) stanowisko *n* odprawy 2 (procedure) odprawa *f*

II *modif* **~ counter** stanowisko odprawy; **~ time is 12.30** do odprawy należy zgłosić się o 12.30

checking /ˈtʃekɪŋ/ *n* sprawdzanie *n*

checking account *n* US rachunek *m* bieżący

checklist /ˈtʃeklɪst/ *n* lista *f* kontrolna

checkmate /ˈtʃekmeɪt/ **I** *n* szach-mat *m*; fig pat *m* fig

II *excl* **~!** szach-mat!

III *vt* da|ć, -wać (komuś) szacha *[opponent]*; fig za|szachować, trzymać w szachu

check-off /ˈtʃekɒf/ *n* potrącanie *n* składek związkowych przez pracodawcę

checkout /ˈtʃekaʊt/ **I** *n* 1 (also **~ counter**) kasa *f*; **on the ~** w kasie, przy kasie 2 (in hotel) wymeldowanie *n*

II *modif* **~ queue** kolejka do kasy; **~ time is 12 o'clock** doba hotelowa kończy się o 12

checkout assistant *n* GB kasjer *m*, -ka *f*

checkout operator *n* = **checkout assistant**

checkpoint /ˈtʃekpɔɪnt/ *n* posterunek *m*, punkt *m* kontrolny; **army/police ~** posterunek wojskowy/policyjny

checkroom /ˈtʃekruːm, -rʊm/ *n* US 1 (cloakroom) szatnia *f* 2 (for baggage) przechowalnia *f* bagażu

checks and balances *npl* Pol mechanizmy *m pl* gwarantujące zachowanie równowagi politycznej

checkup /ˈtʃekʌp/ *n* 1 Med badania *n pl* kontrolne; **to go for/have a ~** iść na /zrobić sobie badania kontrolne; **to give sb a ~** przebadać kogoś 2 Dent przegląd *m* kontrolny

Cheddar /ˈtʃedə(r)/ *n* Culin ser *m* cheddar

cheek /tʃiːk/ **I** *n* 1 (of face) policzek *m*; **to dance ~ to ~** tańczyć tuląc się do siebie 2 infml (buttock) półdupek *m* infml 3 (impudence) tupet *m*, bezczelność *f*; **what a ~!** co za tupet!, ale bezczelność!; **she's got a (bit of a) ~** ona ma niezły tupet; **to have the ~ to do sth** mieć czelność coś zrobić

II *vt* GB infml stawiać się (komuś) infml

IDIOMS: **to turn the other ~** nadstawić drugi policzek

cheekbone /ˈtʃiːkbəʊn/ *n* Anat kość *f* policzkowa

cheekily /ˈtʃiːkɪlɪ/ *adv [ask, answer]* impertynencko, bezczelnie

cheekiness /ˈtʃiːkɪnɪs/ *n* tupet *m*, bezczelność *f*

cheekpiece /ˈtʃiːkpiːs/ *n* Equest pasek *m* policzkowy

cheek pouch *n* Zool worek *m* policzkowy

cheeky /ˈtʃiːkɪ/ *adj* 1 (impudent) *[person]* bezczelny; *[question]* impertynencki 2 (pert) *[grin]* zawadiacki, zuchwały

cheep /tʃiːp/ **I** *n* pisk *m*, kwilenie *n*

II *vi [young bird]* popiskiwać, za|kwilić

cheer /ˈtʃɪə(r)/ **I** *n* 1 (shout) (of joy) (radosny) okrzyk *m*; (of praise, support) wiwat *m*; **to give a ~** wiwatować; **to get a big ~** dostać owację, zostać nagrodzonym wiwatami; **three ~s for our new captain!** na cześć naszego nowego kapitana: (trzykrotne) hip, hip, hur(r)a! 2 (happiness) radość *f*, uciecha *f*; wesele *n* dat; **'be of good ~'** „bądź /bądźcie dobrej myśli"

II cheers *excl* 1 (toast) (na) zdrowie!; **here's to you, ~s!** twoje zdrowie! 2 GB infml (goodbye) cześć! infml 3 GB infml (thanks) dzięki!

III *vt* 1 (applaud) przyj|ąć, -mować wiwatami *[person, team, speech]*; wiwatować na cześć (kogoś/czegoś); z|robić or urządzić owację (komuś) 2 (hearten) doda|ć, -wać otuchy (komuś), pociesz|yć, -ać; **I was greatly ~ed by the news that...** bardzo mnie ucieszyła wiadomość, że...

IV *vi* wiwatować, wzn|ieść, -osić okrzyki; **to ~ loudly** wznosić gromkie okrzyki, głośno wiwatować; **to ~ for sb** kibicować komuś

■ **cheer on**: **~ on [sb], ~ [sb] on** zagrz|ać, -ewać do walki, kibicować (komuś) *[player, team]*

■ **cheer up**: ¶ **~ up** poweseleć, rozwesel|ić, -ać się, rozchmurz|yć, -ać się; **~ up!** rozchmurz się! ¶ **~ up [sb], ~ [sb] up** poprawi|ć, -ać nastrój (komuś) ¶ **~ up [sth], ~ [sth] up** ożywi|ć, -ać *[room]*

cheerful /ˈtʃɪəfl/ *adj* 1 (happy) *[person, smile, mood, music, atmosphere]* pogodny; *[enthusiasm, news]* radosny 2 (bright) *[colour, room, curtains]* wesoły 3 *[belief, conviction]* optymistyczny; *[optimism]* żywiołowy 4 (willing) *[worker, helper]* ochoczy

cheerfully /ˈtʃɪəfəlɪ/ *adv* 1 (joyfully) *[sing, whistle, wave]* wesoło; *[smile]* pogodnie, radośnie; *[work]* ochoczo, z ochotą 2 (blithely) *[admit, confess, declare]* niefrasobliwie; **she ~ accepted their criticism** z humorem przyjęła ich krytykę; **I could ~ murder him** z przyjemnością bym go ukatrupił infml

cheerfulness /ˈtʃɪəflnɪs/ *n* (of person) pogoda *f* ducha; (of atmosphere, place) wesołość *f*

cheerily /ˈtʃɪərɪlɪ/ *adv* radośnie, wesoło

cheering /ˈtʃɪərɪŋ/ **I** *n* owacja *f*, wiwaty *m pl*

II *adj* 1 *[news, words]* pocieszający, podnoszący na duchu 2 **~ crowds** wiwatujące or rozentuzjazmowane tłumy

cheerio /ˌtʃɪərɪˈəʊ/ *excl* infml 1 (goodbye) cześć! infml 2 (toast) zdrówko! infml

cheerleader /ˈtʃɪəliːdə(r)/ *n* cheerleaderka *f*

cheerless /ˈtʃɪəlɪs/ *adj [room, place, landscape]* ponury

cheery /ˈtʃɪərɪ/ *adj [smile, wave, greeting]* radosny, wesoły

cheese /tʃiːz/ **I** *n* ser

II *modif [soufflé]* serowy; **~ sandwich** kanapka z serem

■ **cheese off** infml: **~ off [sb], ~ [sb] off** z|męczyć, z|nużyć; **to be ~d off with sth** mieć czegoś powyżej uszu or po dziurki w nosie

IDIOMS: **as different as chalk and ~** podobny jak dzień do nocy; **to be a big ~** infml być wielką szychą infml; **say ~** (for photo) uśmiech proszę

cheeseboard /ˈtʃiːzbɔːd/ *n* (object) deska *f* do krojenia i podawania serów; (selection) sery *m pl*

cheeseburger /ˈtʃiːzbɜːgə(r)/ *n* cheeseburger *m*

cheesecake /ˈtʃiːzkeɪk/ **I** *n* 1 Culin sernik *m* 2 US infml **a piece of ~** (pretty girl) lalka *f*, kociak *m* infml

II *modif* US infml **~ ad** reklama z roznegliżowanym kociakiem

cheesecloth /ˈtʃiːzklɒθ, US -klɔːθ/ *n* (for wrapping cheese) rzadkie płótno *n*; (for garments) etamina *f*

C

cheese counter *n* dział *m* serowarski (w sklepie)
cheese-making /ˈtʃiːzmeɪkɪŋ/ *n* serowarstwo *n*
cheeseparing /ˈtʃiːzpeərɪŋ/ *n* [1] skórka *f* sera [2] fig derog (stinginess) skąpstwo *n*, sknerstwo *n*
cheese spread *n* ser *m* topiony
cheese straw *n* ≈ paluszek *m* serowy
cheesy /ˈtʃiːzɪ/ *adj* [1] *[smell, taste]* serowy; (resembling cheese) serowaty [2] *[grin]* szeroki [3] US infml (tacky) tandetny
cheetah /ˈtʃiːtə/ *n* Zool gepard *m*
chef /ʃef/ *n* (professional) mistrz *m* kucharski; (head cook) szef *m* kuchni
chef-d'œuvre /ʃeˈdɜːvrə/ *n* (*pl* **chefs d'œuvre**) arcydzieło *n*
Chelsea bun /ˌtʃelsɪˈbʌn/ *n* drożdżówka *f* z rodzynkami
chemical /ˈkemɪkl/ **I** *n* substancja *f* chemiczna
II *adj* chemiczny; *[fertilizer]* sztuczny
chemical engineer *n* inżynier chemik *m*
chemical engineering *n* inżynieria *f* chemiczna
chemically /ˈkemɪklɪ/ *adv* chemicznie
chemical warfare *n* wojna *f* chemiczna
chemical waste *n* odpady *plt* chemiczne
chemical weapon *n* broń *f* chemiczna
chemise /ʃəˈmiːz/ *n* [1] (dress) luźna sukienka *f* na ramiączkach [2] (undergarment) halka *f*; kombinacja *f* dat
chemist /ˈkemɪst/ *n* [1] GB (person) apteka|rz *m*, -rka *f*; **the ~'s (shop)** apteka *f* [2] (scientist) chemik *m*
chemistry /ˈkemɪstrɪ/ *n* [1] (science, subject) chemia *f* [2] (structure, properties) skład *m* chemiczny, właściwości *f pl* chemiczne [3] fig (rapport) wzajemna sympatia *f*; **sexual ~** wzajemny pociąg
chemistry set *n* zestaw *m* „mały chemik"
chemoprevention /ˌkiːməʊprɪˈvenʃn/ *n* Med chemioprewencja *f*
chemotherapy /ˌkiːməʊˈθerəpɪ/ *n* chemioterapia *f*, chemoterapia *f*; **a course of ~** leczenie chemoterapeutyczne
chenille /ʃəˈniːl/ *n* Tex szenila *f*
cheque GB, **check** US /tʃek/ *n* czek *m*; **to pay by ~** płacić czekiem; **to write** or **make out a ~ for £20** wypisać czek na 20 funtów; **to cash a ~** zrealizować czek; **to endorse a ~** indosować czek; **to stop a ~** wstrzymać realizację czeku
IDIOMS: **to give sb a blank ~** dać komuś wolną rękę or carte blanche
chequebook GB, **checkbook** US /ˈtʃekbʊk/ *n* książeczka *f* czekowa
chequebook journalism *n* Journ pej zdobywanie *n* sensacyjnych informacji za pieniądze
cheque card *n* Fin karta *f* czekowa
chequer GB, **checker** US /ˈtʃekə(r)/ *n* [1] Games pionek *m* [2] (pattern of squares) szachownica *f*; (one square) pole *n* (szachownicy)
chequered GB, **checkered** US /ˈtʃekəd/ *adj* [1] w kratę, w szachownicę [2] fig *[history, career, past]* burzliwy infml
chequered flag *n* Sport chorągiewka *f* startowa
chequers GB, **checkers** US /ˈtʃekəz/ *n* (+ *v sg*) Games warcaby *plt*
cheque stub *n* odcinek *m* dla wystawiającego czek
cherish /ˈtʃerɪʃ/ *vt* [1] (nurture) żywić *[hope]*; mieć *[ambition]*; pielęgnować, czcić *[memory]*; umiłować *[ideal]*; **to ~ illusions** łudzić się; **her most ~ed ambition** jej największa ambicja [2] (care for) pielęgnować *[garden]*; otaczać czułą opieką, hołubić, troszczyć się o (kogoś/coś) *[person, pet]*; dbać o (coś) *[object]*; **his most ~ed possession** najcenniejsze, co posiada [3] (value and protect) wysoko (sobie) cenić *[freedom, right, values]* [4] dat (love, treasure) u|miłować liter *[person]*
Chernobyl /tʃerˈnəʊbl, tʃeəˈnɒbl/ *prn* Czarnobyl *m*
cheroot /ʃəˈruːt/ *n* krótkie cygaro *n*
cherry /ˈtʃerɪ/ **I** *n* [1] (fruit) (sweet) czereśnia *f*; (sour) (also **morello ~**) wiśnia *f* [2] (tree, wood) czereśnia *f*; wiśnia *f* [3] (colour) (kolor *m*) wiśniowy *m*
II *adj* (colour) (also **~-red**) *[ribbon, coat]* wiśniowy; *[lips]* pąsowy
IDIOMS: **life is not a bowl of cherries** życie to nie bajka; **to get the first bite of the ~** mieć pierwszeństwo; **to get two bites at the ~** dwa razy się przymierzyć, mieć kolejną szansę; **to lose one's ~** infml stracić wianek dat or hum
cherry blossom *n* kwiat *m* wiśni
cherry bomb *n* US petarda *f*
cherry brandy *n* wiśniówka *f*
cherry laurel *n* Bot laurowiśnia *f*
cherry orchard *n* sad *m* wiśniowy
cherry-pick /ˈtʃerɪpɪk/ **I** *vt* dob|rać, -ierać, wy|selekcjonować
II *vi* wyb|rać, -ierać najlepsze kąski fig
cherry picker *n* [1] (machine) żuraw *m* wysięgnikowy [2] (person) zrywacz *m* wiśni
cherrypie /ˌtʃerɪˈpaɪ/ *n* [1] Bot heliotrop *m* peruwiański, tomiłek *m* peruwiański [2] Culin placek *m* z wiśniami/czereśniami
cherry plum *n* Bot śliwa *f* wiśniowa
cherry stone *n* pestka *f* wiśni/czereśni
cherry tomato *n* pomidor *m* winogronowy
cherry tree *n* czereśnia *f*; wiśnia *f*
cherub /ˈtʃerəb/ *n* [1] Relig, Art cherub *m*, cherubin *m* [2] (pretty child) cherubinek *m*
cherubic /tʃɪˈruːbɪk/ *adj* *[face, smile, look]* cherubinkowy; *[child]* jak aniołek
chervil /ˈtʃɜːvɪl/ *n* Bot trybula *f*
Cheshire /ˈtʃeʃə(r)/ *prn* Cheshire *n inv*
chess /tʃes/ *n* Games szachy *plt*; **a game of ~** partia szachów
chessboard /ˈtʃesbɔːd/ *n* szachownica *f*
chessman /ˈtʃesmæn/ *n* figura *f* szachowa
chesspiece /ˈtʃespiːs/ *n* = **chessman**
chessplayer /ˈtʃespleɪə(r)/ *n* szachist|a *m*, -ka *f*
chess set *n* szachy *plt*
chest /tʃest/ **I** *n* [1] Anat klatka *f* piersiowa; **the doctor is going to listen to your ~** lekarz cię osłucha [2] (container) (for packing) skrzynia *f*, paka *f*; (smaller) skrzynka *f*; (furniture) kufer *m*; **medicine ~** apteczka [3] Fin (fund) fundusz *m*
II *modif* Med **~ infection** infekcja dróg oddechowych; **~ pains** bóle w klatce piersiowej; **~ X-ray** prześwietlenie klatki piersiowej
IDIOMS: **to get sth off one's ~** zrzucić coś z serca; **to hold** or **keep one's cards close to one's ~** nie odkrywać kart
chest cold *n* Med nieżyt *m* dróg oddechowych
chesterfield /ˈtʃestəfiːld/ *n* (sofa) ≈ kanapa *f*
chest expander *n* ekspander *m*
chest freezer *n* zamrażarka *f* (otwierana od góry)
chest measurement *n* obwód *m* klatki piersiowej
chestnut /ˈtʃesnʌt/ **I** *n* [1] (also **~ tree**) kasztan *m* jadalny; (also **horse ~**) kasztanowiec *m*; kasztan *m* infml [2] (nut) kasztan *m*; **roast ~s** pieczone kasztany [3] (wood) kasztan *m* [4] (colour) (kolor *m*) kasztanowy *m*, kasztan *m* [5] Equest (horse) (male) kasztan *m*; (female) kasztanka *f* [6] fig (joke) **an old ~** dowcip z brodą
II *modif [furniture]* z drewna kasztanowego; *[puree, stuffing]* z kasztanów
III *adj [hair]* kasztanowy; *[horse]* kasztanowaty; cisawy dat
IDIOMS: **to pull someone's ~s out of the fire** infml ratować kogoś z opresji
chest of drawers *n* komoda *f*
chesty /ˈtʃestɪ/ *adj* infml *[cough]* piersiowy; *[person]* skłonny do przeziębień
cheval glass /ʃəˈvæl glɑːs/ *n* (mirror) psyche *n inv* dat
chevron /ˈʃevrən/ **I** *n* Mil, Herald szewron *m*
II *modif [pattern, paving]* w jodełkę
chew /tʃuː/ **I** *n* [1] (act) żucie *n*, przeżuwanie *n* [2] (sweet) ciągliwy cukierek *m* [3] (of tobacco) prymka *f*
II *vt* [1] *[person]* przeżu|ć, -wać, żuć *[food]*; żuć *[chewing gum, tobacco]*; obgry|źć, -zać, gryźć *[fingernails, pencil]*; **to ~ one's lip** przygryzać wargę [2] *[animal]* obgry|źć, -zać *[bone]*; po|gryźć *[carpet]*; **the moths have ~ed a hole in his coat** mole wygryzły mu dziurę w palcie
III *vi* żuć
■ **chew on**: **~ on [sth]** *[person, animal]* żuć, przeżuwać *[food]*; *[animal]* gryźć, obgryzać *[bone]*; infml fig *[person]* wgry|źć, -zać się w (coś) *[problem]* infml fig
■ **chew out** infml: **~ [sb] out** US zmy|ć, -wać (komuś) głowę, z|mieszać (kogoś) z błotem
■ **chew over** infml: **~ over [sth], ~ [sth] over** rozgry|źć -zać *[problem]* infml
■ **chew up**: **~ up [sth], ~ [sth] up** (eat) (dokładnie) przeż|uć, -uwać *[food]*; (destroy) *[dog]* pogryźć *[carpet, shoes]*; *[recorder]* wciągnąć *[tape]* ¶ **~ [sb] up** (scold) da|ć, -wać komuś wycisk
IDIOMS: **to bite off more than one can ~** infml porwać się z motyką na słońce; **to ~ the fat** infml gadać, gawędzić
chewable /ˈtʃuːəbl/ *adj [tablet]* do ssania
chewing gum *n* guma *f* do żucia
chewing tobacco *n* tytoń *m* do żucia
chewy /ˈtʃuːɪ/ *adj* ciągnący się, trudny do pogryzienia; *[meat]* żylasty; *[bread]* gliniasty; **a ~ toffee** ciągutka
chiaroscuro /kɪˌɑːrəˈskʊərəʊ/ **I** *n* światłocień *m*, chiaroscuro *n inv*
II *adj [lighting]* dający efekt światłocienia; **~ effect** efekt światłocienia
chiasma /kaɪˈæzmə/ *n* (*pl* **-mata**) Anat (of optic nerves) skrzyżowanie *n*; (of chromosomes) chiazma *f*
chiasmus /kaɪˈæzməs/ *n* Literat chiazm *m*

chic /ʃi:k/ **I** *n* szyk *m*; **to dress with ~** ubierać się z szykiem or elegancko; **to have ~** mieć szyk
II *adj* elegancki, szykowny
chicanery /ʃɪ'keɪnərɪ/ *n* krętactwo *n*, matactwo *n*
Chicano /tʃɪ'kɑ:nəʊ/ *n* US obywatel *m*, -ka *f* Stanów Zjednoczonych pochodzenia meksykańskiego
chichi /'ʃi:ʃi:/ *adj* infml pretensjonalny
chick /tʃɪk/ *n* [1] (young bird) pisklę *n*; (young chicken) kurczątko *n* [2] infml (young woman) babka *f*, cizia *f* infml
chickadee /'tʃɪkədi:/ *n* US sikora *f*
chicken /'tʃɪkɪn/ **I** *n* [1] Agric kurczak *m*, kurczę *n*; (female) kura *f*; **to keep ~s** hodować drób [2] Culin (also **~ meat**) kurczak *m* [3] infml (coward) cykor *m* infml [4] (game) **to play ~** bawić się w „kto pierwszy stchórzy"
II *modif [salad, stock]* z kurczaka; **~ wing** skrzydełko kurczaka; **~ sandwich** kanapka z kurczakiem
III *adj* infml tchórzliwy; **are you ~?** tchórz or cykor cię obleciał? infml
■ **chicken out** infml s|tchórzyć; spietrać się infml; **he ~ed out of his dental appointment** stchórzył przed wizytą u dentysty; **she ~ed out of telling him** stchórzyła i nie powiedziała mu
IDIOMS: **it's a ~ and egg situation** to jest tak jak z pytaniem, co było pierwsze: jajko czy kura; **to count one's ~s (before they are hatched)** dzielić skórę na niedźwiedziu; **he/she is no spring ~** infml on/ona jest już nie pierwszej młodości
chicken breast *n* pierś *f* kurczaka, filet *m* z kurczaka
chicken casserole *n* Culin potrawka *f* z kurczaka
chicken curry *n* Culin curry *n inv* z kurczaka
chicken drumstick *n* Culin nóżka *f* kurczaka
chicken farmer *n* hodowca *m* drobiu
chicken farming *n* hodowla *f* drobiu
chicken feed *n* [1] Agric karma *f* dla drobiu [2] infml (paltry sum) grosze *m pl*; **it's ~** to (marne) grosze
chicken-fried steak /ˌtʃɪkɪnfraɪd'steɪk/ *n* US Culin stek *m* wołowy w cieście
chicken-hearted /ˌtʃɪkɪn'hɑ:tɪd/ *adj* (also **chicken-livered**) tchórzliwy, strachliwy
chicken livers *n* Culin wątróbki *f pl* kurze
chicken noodle soup *n* Culin ≈ rosół *m* z kury/kurczaka z makaronem
chicken pox *n* Med ospa *f* wietrzna
chicken run *n* wybieg *m* dla drobiu
chickenshit /'tʃɪkɪnʃɪt/ **I** *n* US vinfml pej [1] (coward) cykor *m* infml [2] (petty details) bzdety *m pl* infml
II *adj* [1] (cowardly) tchórzliwy, bojaźliwy [2] (worthless, petty) gówniany vinfml
chicken thigh *n* udko *n* kurczaka
chicken wire *n* gęsta siatka *f* ogrodzeniowa
chickpea /'tʃɪkpi:/ *n* Bot ciecierzyca *f* pospolita, groch *m* włoski
chickweed /'tʃɪkwi:d/ *n* Bot gwiazdnica *f*
chicory /'tʃɪkərɪ/ **I** *n* [1] (vegetable) cykoria *f* sałatkowa [2] (in coffee) cykoria *f*
II *modif [soup, salad]* z cykorii

chide /tʃaɪd/ *vt* dat (rebuke or scorn) z|łajać, z|besztać **(for sth/doing sth** za coś/za zrobienie czegoś)
chief /tʃi:f/ **I** *n* [1] (of tribe, clan) wódz *m* [2] (of police) komendant *m*, szef *m* [3] Pol (leader) lider *m*, przywódca *m*; **party ~** lider or przywódca partii [4] infml (boss) szef *m*
II *adj* [1] (primary) *[cause, problem, reason]* główny [2] (highest in rank) *[editor, engineer]* naczelny; *[inspector, cashier]* główny
III in chief *adv phr* (chiefly) głównie, szczególnie, zwłaszcza
IV -in-chief *in combinations* naczelny; **commander-in-chief** wódz naczelny
IDIOMS: **too many ~s and not enough indians** zbyt wielu generałów, a za mało żołnierzy
chief accountant *n* główny księgowy *m*, główna księgowa *f*
chief administrator *n* zarządca *m*
chief assistant *n* pierwszy zastępca *m*; prawa ręka *f* fig
chief constable *n* GB komisarz *m*, szef *m* policji
chief editor *n* redaktor *m* naczelny
chief education officer *n* ≈ kurator *m* oświaty
chief engineer *n* naczelny inżynier *m*
chief executive *n* [1] Admin, Comm dyrektor *m* naczelny [2] US Pol prezydent *m* Stanów Zjednoczonych
chief executive officer, CEO *n* dyrektor *m* naczelny or generalny
chief inspector *n* GB (of police) główny inspektor *m*
chief justice *n* GB ≈ prezes *m* sądu najwyższego; US przewodniczący *m* kompletu sędziowskiego
chiefly /'tʃi:flɪ/ *adv* głównie, przede wszystkim
chief master sergeant *n* US ≈ starszy sierżant *m* sztabowy
chief of police *n* komendant *m* or szef *m* policji
Chief of Staff, C of S *n* Mil Szef *m* Sztabu; (of White House) sekretarz *m* generalny
chief of state *n* US głowa *f* państwa
chief petty officer, CPO *n* ≈ starszy bosman *m* sztabowy
Chief Rabbi *n* Naczelny Rabin *m*
chief secretary (to the Treasury) *n* GB ≈ minister *m* finansów
chief superintendent *n* GB (police) nadinspektor *m*
chieftain /'tʃi:ftən/ *n* (of tribe) wódz *m*; (of Scottish clan) naczelnik *m*
chief technician *n* (in the RAF) ≈ sierżant *m*
chief warrant officer, c.w.o. *n* ≈ starszy chorąży *m* sztabowy
chief whip *n* GB Pol rzecznik *m* dyscypliny klubowej
chiffchaff /'tʃɪftʃæf/ *n* Zool pierwiosnek *m*
chiffon /'ʃɪfɒn, US ʃɪ'fɒn/ **I** *n* szyfon *m*
II *modif [dress, scarf]* szyfonowy, z szyfonu
chiffonnier /ˌʃɪfɒnɪə(r), US ʃɪ'fɒnɪər/ *n* (sideboard) szyfoniera *f* dat
chignon /'ʃi:njɒn/ *n* kok *m*
chihuahua /tʃɪ'wɑ:wɑ:/ *n* Zool chihuahua *m*
chilblain /'tʃɪlbleɪn/ *n* Med odmrożenie *n*, odmrozina *f*
child /tʃaɪld/ *n* (*pl* **children**) [1] (non-adult) dziecko *n*; **I've known her since I was a ~** znam ją od dziecka; **to be with ~** arch być w błogosławionym stanie or przy nadziei dat [2] fig (infantile person) dziecko *n*, dzieciak *m*; **don't be such a ~!** nie bądź dzieckiem!; **he's a ~ in financial matters** w sprawach finansowych jest jak dziecko [3] fig (product) dziecko *n* fig; **a ~ of the 60s/nature** dziecko lat sześćdziesiątych/natury
IDIOMS: **it's ~'s play** to dziecinna igraszka; **the ~ is the father of the man** Prov ≈ dzieciństwo kształtuje człowieka
child abuse *n* maltretowanie *n* nieletnich; (sexual) wykorzystywanie *n* seksualne or molestowanie *n* nieletnich
childbearing /'tʃaɪldbeərɪŋ/ *n* macierzyństwo *n*; **of ~ age** w wieku rozrodczym; **constant ~** częste ciąże i porody; **to have ~ hips** hum mieć rozłożyste biodra
child benefit *n* GB zasiłek *m* na dziecko
childbirth /'tʃaɪldbɜ:θ/ *n* poród *m*; **to die in ~** umrzeć przy porodzie
childcare /'tʃaɪldkeə(r)/ *n* (nurseries, creches) opieka *f* przedszkolna; (bringing up children) wychowywanie *n* dziecka
childcare facilities *npl* żłobki *m pl* i przedszkola *m pl*
child guidance *n* GB Soc Admin poradnictwo *n* psychologiczne dla dzieci i młodzieży
childhood /'tʃaɪldhʊd/ **I** *n* dzieciństwo *n*; **in (one's) early/late ~** we wczesnym/późnym dzieciństwie; **to be in one's second ~** fig przeżywać drugą młodość fig
II *modif [memory, games, experience]* dziecięcy; *[event, friend]* z dzieciństwa; **his ~ home** dom jego dzieciństwa; **~ illness** choroba wieku dziecięcego
childish /'tʃaɪldɪʃ/ *adj* [1] (of child) *[laughter, fear, games]* dziecięcy; *[face]* dziecinny [2] pej (immature) dziecinny, infantylny
childishly /'tʃaɪldɪʃlɪ/ *adv [behave, say]* dziecinnie, infantylnie; **~ naive** naiwny jak dziecko
childishness /'tʃaɪldɪʃnɪs/ *n* dziecinność *f*, infantylność *f*
child labour *n* zatrudnianie *n* nieletnich
childless /'tʃaɪldlɪs/ *adj* bezdzietny
childlike /'tʃaɪldlaɪk/ *adj* dziecinny
childminder /'tʃaɪldmaɪndə(r)/ *n* GB opiekun *m*, -ka *f* do dziecka
child molester *n* osoba *f* molestująca nieletnich
child prodigy *n* cudowne dziecko *n*
child-proof /'tʃaɪldpru:f/ *adj [container, lock]* zabezpieczony przed dziećmi
child protection register *n* GB Soc Admin *rejestr nieletnich zagrożonych przemocą w rodzinie*
child psychiatrist *n* psychiatra *m* dziecięcy
child psychiatry *n* psychiatria *f* dziecięca
children /'tʃɪldrən/ *npl* → **child**
children's home *n* dom *m* dziecka
child star *n* dziecięca gwiazda *f (ekranu, estrady)*
Chile /'tʃɪlɪ/ *prn* Chile *n inv*
Chilean /'tʃɪlɪən/ **I** *n* Chilij|czyk *m*, -ka *f*
II *adj* chilijski
Chile nitre *n* saletra *f* chilijska
Chile pine *n* Bot araukaria *f*, igława *f*
Chile saltpetre *n* = **Chile nitre**

chill /tʃɪl/ **I** *n* [1] (coldness) chłód *m*; (more severe) ziąb *m*; **there's a ~ in the air** w powietrzu czuć chłód/ziąb; **to take the ~ off sth** lekko coś podgrzać *[milk]*; ogrzać coś *[room]* [2] (illness) przeziębienie *n*, zaziębienie *n*; **to catch a ~** przeziębić się [3] fig dreszcz *m* fig; **her presence cast a ~ over things** jej obecność zmroziła atmosferę; **the boycott cast a ~ over bilateral relations** bojkot spowodował ochłodzenie wzajemnych stosunków; **to send a ~ through sb** or **down sb's spine** przyprawić kogoś o dreszcze [4] (in foundry) kokila *f*, forma *f* metalowa

II *adj* [1] *[wind, air]* zimny, przejmujący [2] fig (causing fear) *[reminder, words]* groźny

III *vt* [1] Culin (make cool) o|studzić *[soup]*; oziębi|ć, -ać *[dessert]*; schł|odzić, -adzać *[wine]*; (keep cool) przechowywać w lodzie /lodówce *[food, meat]* [2] *[wind]* wyziębi|ć, -ać *[air, atmosphere]*; **the raw wind ~ed us to the bone** or **marrow** ostry wiatr przeniknął nas do szpiku kości; **to be ~ed to the bone** przemarznąć do szpiku kości [3] fig (cause to fear) **to ~ sb's** or **the blood** zmrozić komuś krew w żyłach [4] fig (depress) o|studzić *[enthusiasm, desire, joy]* [5] Tech chłodzić *[casting]*

IV *vi [dessert, wine]* schł|odzić, -adzać się, chłodzić się

V chilled *pp adj* (cooled) *[wine]* (dobrze) schłodzony; *[soup]* ostudzony; (refrigerated) *[food]* z lodówki; **serve ~ed** podawać schłodzone

■ **chill out** infml z|relaksować się; **~ out!** wyluzuj się! infml

chill cabinet *n* GB szafa *f* chłodnicza

chill casting *n* Tech [1] (process) odlewanie *n* kokilowe [2] (object) odlew *m* kokilowy or utwardzony

chiller /ˈtʃɪlə(r)/ *n* [1] chłodziarka *f* [2] Cin infml (also **spine-chiller**) dreszczowiec *m*

chilli, chili /ˈtʃɪlɪ/ *n* [1] (pod) czerwony pieprz *m*; (powder, substance) chili *n inv* [2] = **chili con carne** *n*

chilli con carne /ˌtʃɪlɪ kɒn ˈkɑːnɪ/ *n* chili con carne *n*

chilliness /ˈtʃɪlɪnɪs/ *n* = **chillness**

chilling /ˈtʃɪlɪŋ/ **I** *n* Tech chłodzenie *n*

II *adj [story, look, thought]* mrożący krew w żyłach

chillingly /ˈtʃɪlɪŋlɪ/ *adv [speak, remind]* groźnie, w sposób mrożący krew w żyłach; *[obvious]* przerażająco

chilli pepper *n* czerwony pieprz *m*, chili *n inv*

chilli powder *n* chili *n inv* (sproszkowane)

chilli sauce *n* ostry sos *m* z chili

chillness /ˈtʃɪlnɪs/ *n* [1] (of air, house) chłód *m*, ziąb *m* [2] fig (of welcome, words, look) chłód *m*, oziębłość *f*

chilly /ˈtʃɪlɪ/ *adj* [1] chłodny, zimny; **it's ~ today** dzisiaj jest chłodno or zimno [2] fig *[look, respond, smile]* chłodny, oziębły

chime /tʃaɪm/ **I** *n* (of clock) (mechanism or sound) kurant *m*; (of church bell or bells) dzwonienie *n*, dźwięk *m* dzwonu/dzwonów; (set of bells) karylion *m*

II chimes *npl* (doorbell, mobile) melodyjka *f* kurantowa

III *vt [clock]* wybi|ć, -jać godzinę; **the clock ~ed three** zegar wybił trzecią

IV *vi* [1] (strike) *[bell]* dzwonić; *[clock]* bić; (play a tune) dzwonić or wydzwaniać kuranty [2] **to ~ with sth** współgrać z czymś *[viewpoint, experience]*

■ **chime in** wtrąc|ić, -ać się (do rozmowy); (in agreement) przytak|nąć, -iwać, potakiwać; **to ~ in with sth** dopowiadać or dodawać or dorzucać coś *[opinion, comment]*

chimera /kaɪˈmɪərə/ *n* [1] (in art) (beast) chimera *f* [2] fig (idea) urojenie *n*, mrzonka *f* [3] Myth **Chimera** Chimera *f* [4] Biol chimera *f*

chimeric /kaɪˈmerɪk/ *adj* [1] urojony, złudny [2] Biol **~ gene** gen hybrydowy

chimney /ˈtʃɪmnɪ/ *n* (of house, factory) komin *m*; (on oil lamp) osłona *f*, szkiełko *n*, klosz *m*; (in mountaineering) komin *m*

chimneybreast /ˈtʃɪmnɪbrest/ *n* podmurówka *f* komina

chimney corner *n* wnęka *f* kominowa; fig kącik *m* przy kominku

chimney fire *n* pożar *m* w kominie

chimneypiece /ˈtʃɪmnɪpiːs/ *n* gzyms *m* nad kominkiem

chimneypot /ˈtʃɪmnɪpɒt/ *n* nasada *f* kominowa

chimneystack /ˈtʃɪmnɪstæk/ *n* komin *m*

chimney sweep *n* kominiarz *m*

chimp /tʃɪmp/ *n* infml = **chimpanzee**

chimpanzee /ˌtʃɪmpənˈziː, ˌtʃɪmpænˈziː/ *n* szympans *m*; **female ~** szympansica; **baby ~** szympansiątko

chin /tʃɪn/ **I** *n* broda *f*, podbródek *m*; **double ~** podwójny podbródek; **firm ~** mocna szczęka; **weak ~** cofnięty podbródek

II *vt* (*prp, pt, pp* **-nn-**) [1] (gym) **to ~ the bar** podciągnąć się na drążku na wysokość brody [2] infml **to ~ sb** dać komuś w szczękę

III *vi* (*prp, pt, pp* **-nn-**) US infml gadać, paplać infml

IDIOMS: **to keep one's ~ up** infml trzymać fason infml; **~ up!** głowa or uszy do góry!; **to take it on the ~** infml znieść coś po męsku; nie dać się

china /ˈtʃaɪnə/ **I** *n* porcelana *f*; **a piece of ~** porcelanowy przedmiot

II *modif [cup, plate]* porcelanowy

IDIOMS: **like a bull in a ~ shop** jak słoń w składzie porcelany

China /ˈtʃaɪnə/ *prn* Chiny *plt*; **the People's Republic of ~** Chińska Republika Ludowa; **Red ~** komunistyczne Chiny; **Nationalist ~** Taiwan

IDIOMS: **not for all the tea in ~** za nic na świecie, za żadne skarby

china cabinet *n* serwantka *f*

china clay *n* glinka *m* porcelanowa, kaolin *m*

china closet *n* US = **china cabinet**

china cupboard *n* szafka *f* z naczyniami stołowymi

Chinaman /ˈtʃaɪnəmən/ *n* (*pl* **-men**) arch or pej Chińczyk *m*

China Sea *prn* **the East ~** Morze *n* Wschodniochińskie; **the South ~ Sea** Morze *n* Południowochińskie

China tea *n* herbata *f* chińska

Chinatown /ˈtʃaɪnətaʊn/ *n* dzielnica *f* chińska

chinaware /ˈtʃaɪnəweə(r)/ *n* porcelana *f*

chinchilla /tʃɪnˈtʃɪlə/ *n* [1] Zool szynszyla *f* [2] (fur) szynszylowe futro *n*, szynszyle *plt*; **a ~ (coat)** futro z szynszyli

chin-chin /ˌtʃɪnˈtʃɪn/ *excl* infml (hello or goodbye) cześć! czołem! infml; (as a toast) zdrówko! infml

chine /tʃaɪn/ *n* [1] (cut of meat) karkówka *f* [2] (ridge) (of animal, fish) grzbiet *m* [3] Naut załamanie *n* burt

Chinese /tʃaɪˈniːz/ **I** *n* [1] (native, inhabitant) Chi|ńczyk *m*, -nka *f*; **the ~** (+ *v pl*) Chińczycy [2] (język *m*) chiński *m*; **in ~** po chińsku; **to speak ~** mówić po chińsku [3] GB infml (meal) chińskie danie *n*; chińszczyzna *f* infml; (restaurant) chińska restauracja *f*; **let's have a/some ~** może byśmy zjedli coś chińskiego

II *adj* chiński

Chinese cabbage *n* US = **Chinese leaves**

Chinese gooseberry *n* Bot kiwi *n inv*

Chinese lantern *n* [1] (light) lampion *m* [2] Bot miechunka *f* rozdęta

Chinese leaves *npl* GB Bot, Culin kapusta *f* pekińska

Chinese puzzle *n* łamigłówka *f* also fig

Chinese white *n* biel *f* cynkowa

chink[1] /tʃɪŋk/ *n* (slit) (in wall) szczelina *f*; (in door, curtain) szpara *f*, szparka *f*; **a ~ of light** promyk światła

IDIOMS: **a ~ in his/her armour** *n* fig jego /jej słaby punkt *m*

chink[2] /tʃɪŋk/ **I** *n* (sound) (of coins, glasses) brzęk *m*

II *vt* za|brzęczeć (czymś) *[coins]*; **they ~ed glasses** trącili się kieliszkami

III *vi [coins]* za|brzęczeć; *[glasses]* za|dzwonić

Chink /tʃɪŋk/ *n* infml offensive żółtek *m* infml offensive

chinless /ˈtʃɪnlɪs/ *adj* [1] (weak-chinned) z cofniętym podbródkiem [2] GB infml (weak) bez kręgosłupa fig; **a ~ wonder** ciapa, mięczak infml

chinoiserie /ʃiːnˈwɑːzərɪ/ *n* Art chinoiserie *n inv*, chińszczyzna *f*

chinos /ˈtʃiːnəʊz/ *npl* Fashn spodnie *plt* khaki, drelichy *plt* khaki; **a pair of ~** para drelichowych spodni

chin rest *n* (on violin) podbródek *m*

chinstrap /ˈtʃɪnstræp/ *n* (on helmet) pasek *m* pod brodę

chintz /tʃɪnts/ *n* Tex perkal *m*

chintzy /ˈtʃɪntsɪ/ *adj* [1] *[curtains]* perkalowy; *[furniture]* obite perkalem [2] *[style]* (rustic) GB rustykalny; (fussy) pretensjonalny; (gaudy) US tani, tandetny [3] US (mean) skąpy

chin-up /ˈtʃɪnʌp/ *n* podciągnięcie się *n* na drążku

chin-wag /ˈtʃɪnwæg/ **I** *n* pogawędka *f*; **to have a ~** uciąć sobie pogawędkę

II *vi* (*prp, pt, pp* **-gg-**) gawędzić

chip /tʃɪp/ **I** *n* [1] (fragment) (of stone, china, glass) odłamek *m*, odprysk *m*; (of wood) wiór *m*, drzazga *f* [2] (mark, flaw) (in china, glass) szczerba *f*, rysa *f*; (in paint) odprysk *m*; **this cup has a ~ in it** ta filiżanka jest wyszczerbiona [3] GB Culin (fried potato) frytka *f* [4] US (potato crisp) chips *m*; **a packet of ~s** paczka chipsów [5] Comput chip *m*, układ *m* scalony [6] Sport (in golf) krótkie zagranie *n* do dołka; (in football) wysoka piłka *f*; (in tennis) lob *m*

7 Games (in gambling) szton *m*, żeton *m*; **to cash in one's ~** wymienić żetony na pieniądze; fig wyrównać rachunki
II *vt* (*prp, pt, pp* **-pp-**) 1 (damage) wyszczerbi|ć, -ać *[cup, glass, plate]*; odłup|ać, -ywać, zdrap|ać, -ywać *[paint, varnish]*; **to ~ a tooth** wyszczerbić sobie ząb; **a ~ped cup** wyszczerbiona filiżanka 2 (carve) ocios|ać, -ywać *[wood, stone]* 3 Culin po|kroić *[potatoes] (na frytki)*
III *vi* (*prp, pt, pp* **-pp-**) 1 (damage) *[china, stone, teeth]* wyszczerbi|ć, -ać się; *[paint, varnish]* odprys|nąć, -kiwać 2 Sport (in tennis) lobować; (in football, golf) wybi|ć, -jać piłkę do góry
■ **chip away**: ¶ **~ away** 1 *[plaster]* odpadać, odpryskiwać; *[paint, veneer]* łuszczyć się, złuszczać się 2 **to ~ away at sth** (carve) ociosywać *[marble, rock]*; fig nadszarpywać, podrywać *[authority]*; podkopywać *[confidence]* ¶ **~ away [sth], ~ [sth] away** odłup|ać, -ywać *[plaster]*; zeskrob|ać, -ywać *[paint]*
■ **chip in** GB infml 1 (in conversation) przer|wać, -ywać, wtrąc|ić, -ać się; (officiously) dorzuc|ić, -ać swoje trzy grosze infml 2 (contribute money) zrzuc|ić, -ać się infml; **he ~ped in with £100** dołożył or dorzucił 100 funtów
■ **chip off**: ¶ **~ off** *[plaster]* odpa|ść, -dać; *[paint]* odprys|nąć -kiwać, złuszcz|yć, -ać się ¶ **~ off [sth], ~ [sth] off** obłup|ać, -ywać **(from sth** od czegoś); **he ~ped a piece off** odłupał kawałek; **he ~ed a piece off a tooth** nadłamał sobie ząb
IDIOMS: **to have a ~ on one's shoulder** być przewrażliwionym **(about sth** na punkcie czegoś); **he's got a ~ on his shoulder about not having gone to university** on czuje się gorszy, bo nie studiował na uniwersytecie; **a ~ off the old block** (boy) nieodrodny syn; (girl) nieodrodna córka; **when the ~s are down** kiedy sprawy źle się mają; kiedy przyjdzie co do czego; **to have had one's ~s** GB infml (suffer failure) dostać w kość infml; (die or be killed) przejechać się na tamten świat infml

chip basket *n* 1 Culin druciany koszyk *m* do smażenia frytek 2 (container) łubianka *f*
chipboard /ˈtʃɪpbɔːd/ *n* płyta *f* wiórowa
chipmunk /ˈtʃɪpmʌŋk/ *n* Zool pręgowiec *m* amerykański
chipolata /ˌtʃɪpəˈlɑːtə/ *n* GB Culin (mała) kiełbaska *f*
chip pan *n* frytkownica *f*
chipped potatoes *n* frytki *f pl*
Chippendale /ˈtʃɪpəndeɪl/ *adj* *[style]* chippendale
chipper /ˈtʃɪpə(r)/ *adj* infml dat radosny, wesoły
chippings /ˈtʃɪpɪŋz/ *n* kruszywo *n*, tłuczeń *m*, żwir *m*; **'loose ~!'** „sypki żwir!"
chippy /ˈtʃɪpɪ/ *n* GB infml frytkarnia *f*
chip shop *n* frytkarnia *f*
chiromancer /ˈkaɪərəʊmænsə(r)/ *n* chiromant|a *m*, -ka *f*
chiromancy /ˈkaɪərəʊmænsɪ/ *n* chiromancja *f*
chiropodist /kɪˈrɒpədɪst/ *n* pedikiurzyst|a *m*, -ka *f*
chiropody /kɪˈrɒpədɪ/ *n* pielęgnacja *f* stóp
chiropractic /ˌkaɪərəʊˈpræktɪk/ *n* Med kręgarstwo *n*, chiropraktyka *f*
chiropractor /ˈkaɪərəʊpræktə(r)/ *n* Med kręgarz *m*, chiropraktyk *m*
chirp /tʃɜːp/ **I** *n* (of bird) ćwierkanie *n*, świergot *m*; (of grasshopper) cykanie *n*; **to give a ~** zaćwierkać, zaświergotać
II *vi* *[birds]* za|ćwierkać, za|świergotać, za|szczebiotać; *[grasshoppers, crickets]* cykać; fig *[person]* za|szczebiotać, za|świergotać fig
chirpily /ˈtʃɜːpɪlɪ/ *adv* *[sing, whistle]* radośnie, beztrosko
chirpy /ˈtʃɜːpɪ/ *adj* infml radosny, beztroski
chirrup /ˈtʃɪrəp/ **I** *n* (of bird) ćwierkanie *n*, świergot *m*
II *vi* *[bird]* za|ćwierkać, za|świergotać; *[cricket, grasshopper]* cykać
chisel /ˈtʃɪzl/ **I** *n* dłuto *n*
II *vt* (*prp, pt, pp* GB **-ll-**, US **-l-**) 1 (shape) *[artist]* wy|rzeźbić; *[craftsman]* wy|dłutować; (finely) cyzelować; **he ~led the figure out of a single piece of wood** wyrzeźbił or wyciosał figurę z jednego kawałka drewna; **~led features** fig wyraziste rysy twarzy; **finely ~led features** fig subtelnie rzeźbione rysy twarzy 2 US infml (cheat) wyrolować infml; **he had ~led his brother out of his inheritance** wyrolował brata ze spadku
■ **chisel in** US infml **to ~ in on sb** okantować kogoś infml
chiseler /ˈtʃɪzlə(r)/ *n* US infml (cheat) oszust *m*; kanciarz *m* infml
chit[1] /tʃɪt/ *n* GB (voucher) bon *m*; (bill, note) pokwitowanie *n*, rachunek *m*; (short informal letter, memo) karteczka *f*
chit[2] /tʃɪt/ *n* infml pej (young girl) **a ~ of a girl** smarkula *f*, smarkata *f*
chitchat /ˈtʃɪttʃæt/ *n* infml pogaduszka *f* infml; **to spend one's time in idle ~** spędzać czas na pogaduszkach
chitterlings /ˈtʃɪtəlɪŋz/ *n* Culin flaki *plt* wieprzowe
chivalric /ˈʃɪvəlrɪk/ *adj* liter *[ideals, virtues]* rycerski
chivalrous /ˈʃɪvəlrəs/ *adj* 1 (heroic) rycerski 2 (polite) rycerski, szarmancki
chivalrously /ˈʃɪvəlrəslɪ/ *adv* szarmancko, po rycersku
chivalry /ˈʃɪvəlrɪ/ *n* 1 (qualities, system of values) rycerskość *f*; (knights) rycerstwo *n*; **the age of ~** czasy rycerstwa; **the age of ~ is not dead** hum są jeszcze prawdziwi dżentelmeni 2 (courtesy) rycerskość *f*, galanteria *f*, wyszukana grzeczność *f*
chive /tʃaɪv/ **I** *n* szczypior *m*, szczypiorek *m*
II *modif* *[dressing]* ze szczypiorkiem
chivvy /ˈtʃɪvɪ/ *vt* GB infml popędzać, poganiać; **to ~ sb into doing sth** pogonić kogoś, żeby coś zrobił
chivy *vt* US = **chivvy**
chlamydia /kləˈmɪdɪə/ *n* Med chlamydia *f*
chloral /ˈklɔːrəl/ *n* Chem chloral *m*
chlorate /ˈklɔːreɪt/ *n* Chem chloran *m*
chloric /ˈklɔːrɪk/ *adj* chlorowy
chloric acid *n* Chem kwas *m* chlorowy
chloride /ˈklɔːraɪd/ *n* Chem chlorek *m*
chlorinate /ˈklɔːrɪneɪt/ *vt* 1 Chem chlorować *[water]*; bielić *[linen]* 2 (disinfect) odkażać
chlorination /ˌklɔːrɪˈneɪʃn/ *n* 1 Chem (of water) chlorowanie *n*; (of linen) bielenie *n* 2 (disinfection) odkażanie *n*
chlorine /ˈklɔːriːn/ *n* Chem chlor *m*
chlorofluorocarbon, CFC /ˈklɔrəˌfluərəkɑːbən/ *n* Chem, Ecol freon *m*
chloroform /ˈklɒrəfɔːm, US ˈklɔːr-/ **I** *n* chloroform *m*
II *vt* u|śpić, -sypiać chloroformem
chlorophyll /ˈklɒrəfɪl/ **I** *n* chlorofil *m*
II *modif* *[toothpaste]* chlorofilowy
ChM *n* GB = **Master of Surgery** ≈ magister *n* w dziedzinie chirurgii
choc /tʃɒk/ *n* GB infml czekolada *f*; (small) czekoladka *f*
chocaholic /ˌtʃɒkəˈhɒlɪk/ *n* infml amator *m*, -ka *f* czekolady
choc-ice /ˈtʃɒkaɪs/ *n* GB lody *plt* w polewie czekoladowej
chock /tʃɒk/ **I** *n* 1 (for boat, plane, vehicle) klocek *m*, klin *m*; **to put a ~ under sth** podłożyć klin pod coś; **to put sth up on ~s** postawić coś na klockach 2 US Naut kluza *f*
II *vt* zaklinować
chock-a-block /ˌtʃɒkəˈblɒk/ *adj* nabity, zapchany; **the hall was ~ with people** sala była nabita
chock-full /ˌtʃɒkˈfʊl/ *adj* wypełniony po brzegi; **the hall was ~ of people** sala była wypełniona po brzegi
chocolate /ˈtʃɒklət/ **I** *n* 1 (substance) czekolada *f*; **plain** or **dark ~** czekolada gorzka; **milk ~** czekolada mleczna; **a bar of ~** tabliczka czekolady 2 (a sweet) czekoladka *f*, pomadka *f*; **a box of ~s** pudełko czekoladek, bombonierka 3 (drink) czekolada *f*; **hot ~** gorąca czekolada 4 (colour) (kolor *m*) czekoladowy *m*; **dark ~** ciemnobrązowy
II *modif* (made from) czekoladowy; (coated with) oblany czekoladą
chocolate-box /ˈtʃɒklətbɒks/ **I** *n* bombonierka *f*
II *adj* pej jak z obrazka
chocolate chip cookie *n* piegusek *m* *(herbatnik z wtopionymi kawałkami czekolady)*
chocolate-coated /ˌtʃɒklətˈkəʊtɪd/ *adj* = **chocolate-covered**
chocolate-covered /ˈtʃɒklətkʌvəd/ *adj* w polewie czekoladowej, oblany czekoladą
choice /tʃɔɪs/ **I** *n* 1 (selection) wybór *m*; **to make a ~** dokonać wyboru; **it was my ~ to go to Italy** to ja chciałem jechać do Włoch; **the ~ is yours, it's your ~** wybór należy do ciebie; **doctors have to make hard ~s sometimes** lekarze muszą czasem podejmować trudne decyzje 2 (right to select) wybór *m*; **to have the ~** mieć wybór; **to have a free ~** mieć wolny wybór 3 (option) wybór *m* **(between sth and sth** pomiędzy czymś a czymś); **you have a ~ of three colours** masz trzy kolory do wyboru; **I had no ~** or **I was left with no ~ but to agree** nie miałem innego wyboru or wyjścia, tylko się zgodzić; **you have two ~s open to you** masz dwie możliwości or dwa wyjścia 4 (range of options) wybór *m*; **a wide/narrow ~** wiele/niewiele do wyboru; **it was an unfortunate ~ of words** to był niefortunny dobór słów; **to be spoilt for ~** mieć kłopot z powodu zbyt wielu możliwości wyboru 5 (preference) wybór *m*; **I approve of your ~** popieram twój wybór; **the woman of my ~** moja

C

wybranka; **by** or **out of** or **from ~** z wyboru; **I would never have taken this job from ~** gdybym mógł wybierać, nigdy nie wziąłbym tej pracy; **you can take any two books of your ~** możesz wybrać dowolne dwie książki; **to be the people's ~** być wybranym przez naród; **he's a bad ~ as ambassador** on nie nadaje się na ambasadora; **my first ~ would be a Rolls Royce** na pierwszym miejscu wybrałabym Rolls Royce'a

II *adj* [1] (quality) *[fruit, vegetable, wine]* w najlepszym gatunku, wyborowy [2] (well-chosen) *[phrase, word]* trafnie dobrany; **~ language** euph niewybredny or nieparlamentarny język

IDIOMS: **you pays your money and you takes your ~** infml do wyboru, do koloru

choir /ˈkwaɪə(r)/ *n* [1] Mus chór *m*; **to be** or **sing in the church/school ~** być or śpiewać w chórze kościelnym/szkolnym [2] Archit prezbiterium *n*, chór *m*

choirboy /ˈkwaɪəbɔɪ/ *n* chłopiec *m* śpiewający w chórze kościelnym

choir festival *n* festiwal *m* chórów

choirgirl /ˈkwaɪəɡɜːl/ *n* dziewczynka *f* śpiewająca w chórze kościelnym

choirmaster /ˈkwaɪəmɑːstə(r), US -mæs-/ *n* kierownik *m* chóru, chórmistrz *m*

choir organ *n* Mus pozytyw *m* tylny or chórowy

choir practice *n* próba *f* chóru

choir school *n* GB szkoła *f* katedralna *(dla chłopców śpiewających w chórze)*

choir screen *n* balustrada *f* oddzielająca prezbiterium od nawy głównej

choirstall /ˈkwaɪəstɔːl/ *n* stalle *plt* chóru

choke /tʃəʊk/ **I** *n* [1] Aut ssanie *n*; **to pull out the ~** włączyć ssanie [2] (sound) dławienie (się) *n*, duszenie (się) *n*, krztuszenie (się) *n* [3] (of emotion) ściskanie *n* or ucisk *m* w gardle; **with a ~ in one's voice** zdławionym głosem

II *vt* [1] (throttle) dusić; **to ~ sb to death** udusić or zadusić kogoś [2] (impede breathing) *[fumes, smoke]* dusić [3] (render speechless) *[emotion]* od|jąć, -ejmować or od|ebrać, -bierać (komuś) mowę; **anger ~d him** złość odebrała mu mowę; **a voice ~d with sobs** głos zdławiony łkaniem [4] (block) = **choke up**

III *vi* [1] (be unable to breathe) dusić się; (on food) za|dławić się, u|dławić się; **to ~ on a fish bone** udławić się ością; **to ~ on a drink** zachłysnąć się; **to ~ to death** udusić or zadusić się [2] (become speechless) **to ~ with rage/emotion** z wściekłości /wzruszenia nie móc wydobyć (z siebie) głosu; **to ~ with laughter** krztusić się ze śmiechu [3] US infml (tense up) *[athlete, player]* pęk|nąć, -ać infml

IV choked *pp adj* infml [1] (angry) wkurzony, wnerwiony infml **(about sb/sth** z powodu kogoś/czegoś) [2] (upset) struty infml **(over** or **about sth** czymś)

■ **choke back**: **~ back [sth]** powstrzym|ać, -ywać *[cough, sob, tears, anger]*

■ **choke off**: ¶ **~ off [sth]** za|hamować *[growth]*; ogranicz|yć, -ać *[buying, lending, supplies]*; zmu|sić, -szać do milczenia *[opposition]*; ucisz|yć, -ać *[protest]*; ¶ **~ [sb] off** infml (interrupt) zam|knąć, -ykać (komuś) usta

■ **choke up**: **~ up [sth], ~ [sth] up** (block) zat|kać, -ykać, zap|chać, -ychać *[drain, road, town centre]*; *[weeds]* zagłusz|yć, -ać *[plants]*; zachwa|ścić, -szczać *[garden]*; pokry|ć, -wać *[pond]*; **the town centre is completely ~d up with traffic** centrum miasta jest całkowicie zakorkowane or zatkane infml

choker /ˈtʃəʊkə(r)/ *n* [1] (necklace) naszyjnik-obroża *m*; (band) opaska *f* na szyję [2] (clerical collar) koloratka *f*; (high collar) wysoki, sztywny kołnierzyk *m*

choking /ˈtʃəʊkɪŋ/ **I** *n* duszenie się *n*, krztuszenie się *n*; **a fit of ~, a ~ fit** atak kaszlu

II *adj [gas, fumes]* duszący, dławiący; **~ sensation** uczucie dławienia się

cholera /ˈkɒlərə/ Med **I** *n* cholera *f*

II *modif* **~ epidemic** epidemia cholery; **~ vaccination** szczepienie przeciwko cholerze

choleric /ˈkɒlərɪk/ *adj* wybuchowy, mający choleryczny temperament

cholesterol /kəˈlestərɒl/ *n* cholesterol *m*

cholesterol count *n* = **cholesterol level**

cholesterol level *n* poziom *m* cholesterolu

cholesterol screening *n* badanie *n* okresowe na poziom cholesterolu

cholesterol test *n* test *m* na poziom cholesterolu

chomp /tʃɒmp/ **I** *vt* infml s|chrupać

II *vi* **to ~ on sth** chrupać coś

choo-choo /ˈtʃuːtʃuː/ *n* baby talk ciuchcia *f* hum

choose /tʃuːz/ **I** *vt* (*pt* **chose**; *pp* **chosen**) [1] (select) wyb|rać, -ierać *[book, option]*; ob|rać, -ierać, wyb|rać, -ierać *[career, person]*; **we chose him from a shortlist of five candidates** wybraliśmy go spośród pięciu wstępnie wyselekcjonowanych kandydatów; **~ which car/hat you want** wybierz samochód/kapelusz, który chcesz; **you ~ where we sit, I don't mind** ty wybierz, gdzie usiądziemy, mnie jest obojętne; **we chose him as our leader /representative** wybraliśmy go na naszego przywódcę/jako naszego delegata; **we cannot ~ but obey orders** nie mamy wyjścia – musimy słuchać rozkazów [2] (decide) **to ~ to do sth** postanowić coś zrobić; **no one would ~ to live here** nikt z własnej woli nie chciałby tu mieszkać; **'why don't you sign?' – 'because I don't ~ to'** „dlaczego nie chcesz podpisać?" – „bo nie" infml; **he chose not to tell her** postanowił jej nie mówić

II *vi* (*pt* **chose**; *pp* **chosen**) [1] (select) wyb|rać, -ierać; **to ~ between sth and sth** wybierać pomiędzy czymś a czymś; **to ~ between two candidates/options** wybierać pomiędzy dwoma kandydatami /dwiema możliwościami; **you can ~ among these hotels** możesz wybierać spośród tych hoteli; **there are many models to ~ from** do wyboru jest wiele modeli; **there's not much to ~ from** wybór jest ograniczony, nie ma dużego wyboru; **there's nothing to ~ between X and Y** X i Y niczym specjalnym się od siebie nie różnią [2] (prefer) woleć; **whenever you ~** kiedy zechcesz; **to do as one ~s** postępować wedle własnej woli; **I don't mind, do as you ~** mnie jest obojętne, rób, co chcesz; **if you (so) ~** skoro tak chcesz

■ **choose up** US infml: **~ up [sb]** dob|rać, -ierać *[team members]*

choosy /ˈtʃuːzɪ/ *adj* grymaśny, wybredny; **she's very ~ about what she eats** jest bardzo wybredna jeśli chodzi o jedzenie; **I can't afford to be ~** nie mogę sobie pozwolić na kręcenie nosem

chop /tʃɒp/ **I** *n* [1] (blow with axe, tool, hand) uderzenie *n*, cios *m*, raz *m*; **to cut sth off with one ~** odrąbać coś jednym uderzeniem [2] Culin kotlet *m*; **pork/mutton ~** kotlet wieprzowy/barani [3] GB infml fig (axe) **to get the ~** *[person]* zostać wylanym z pracy infml; *[programme, show]* zostać zdjętym; **for the ~** do odstrzału infml fig [4] (in table tennis) ścięcie *n*

II chops *npl* infml gęba *f* infml; pysk *m*, ryj *m* vinfml; **to hit sb in the ~s** dać komuś w pysk infml; **to lick one's ~s** (at food) łykać ślinkę; (at idea) zacierać ręce

III *vt* (*prp, pt, pp* **-pp-**) [1] (cut up) po|rąbać, po|ciąć *[wood, log]*; po|siekać *[parsley, onion]*; po|kroić *[vegetables, meat]*; **to ~ sth into cubes/rounds** pokroić coś w kostkę/plasterki; **to ~ sth to pieces** or **bits** porąbać coś na kawałki; **to ~ sth finely** posiekać coś drobno [2] fig (cut, reduce) obci|ąć, -nać *[budget, subsidy]*; z|redukować *[service, deficit]*; (cut out) wyci|ąć, -nać *[quote, footage]* [3] Sport (give chopping blow to) ści|ąć, -inać *[ball]*; zadać cios (komuś) *[person]*

IV chopped *pp adj [parsley, nuts, meat]* posiekany

■ **chop down**: **~ down [sth], ~ [sth] down** ści|ąć, -nać, zrąbać *[tree]*; obci|ąć, -nać, odrąb|ać, -ywać *[branch]*

■ **chop off**: **~ off [sth], ~ [sth] off** ści|ąć, -nać, odrąb|ać, -ywać *[branch]*; odrąb|ać, -ywać *[head, hand, finger]*

■ **chop through**: **~ through [sth]** przerąb|ać, -ywać *[bone, cable]*; **to ~ one's way through the forest** wyrąbywać sobie drogę przez las

■ **chop up**: **~ up [sth], ~ [sth] up** po|rąbać *[wood, log]*; po|siekać *[meat, onion]*

IDIOMS: **~ ~!** GB infml galopem!, migiem! infml; **to ~ and change** *[person]* być jak chorągiewka na wietrze; *[situation]* zmieniać się jak w kalejdoskopie

chophouse /ˈtʃɒphaʊs/ *n* restauracja *f* specjalizująca się w daniach mięsnych z grilla

chopped liver *n* US [1] Culin siekana wątróbka *f* [2] infml fig **it's not ~** to nie byle co; **she's not ~** ona nie jest byle kim; **to make ~ of sb** (beat up) stłuc kogoś na kwaśne jabłko infml

chopper /ˈtʃɒpə(r)/ **I** *n* [1] (axe) siekiera *f*, topór *m*; (for kitchen) tasak *m* [2] infml helikopter *m*, śmigłowiec *m* [3] Elec przerywacz *m* [4] GB vulg kutas *m* vulg

II choppers *npl* infml (real) zęby *m pl*; kłapacze *m pl* infml; (false) sztuczna szczęka *f*; **a set of ~s** sztuczne szczęki

Chopper® /ˈtʃɒpə(r)/ *n* GB rower *m* do sportowej jazdy terenowej i akrobatycznej

chopping block *n* pniak *m* (do rąbania drzewa)
IDIOMS: **to be on the ~** *[business, service]* być przeznaczonym do likwidacji; **to put one's head on the ~** kłaść głowę pod topór
chopping board *n* Culin deska *f* (do krojenia)
chopping knife *n* nóż *n* kuchenny
choppy /ˈtʃɒpɪ/ *adj [sea, lake, river]* lekko wzburzony; *[wind]* zmienny
chopsticks /ˈtʃɒpstɪks/ *npl* (chińskie) pałeczki *f pl*
chop suey /tʃɒpˈsuːɪ/ *n* Culin czop sui *n inv (danie chińskie)*
choral /ˈkɔːrəl/ *adj [work, symphony]* chóralny, na chór
chorale /kəˈrɑːl/ *n* 1 (hymn, tune) chorał *m* 2 US (choir) chór *m*
choral society *n* towarzystwo *n* śpiewacze
chord¹ /kɔːd/ *n* 1 Mus (of harp) struna *f* 2 fig (emotional response) **it struck a ~ in** or **with him** to trafiło mu do serca; **to strike** or **touch the right ~** uderzyć or trafić we właściwą strunę 3 Math cięciwa *f*
chord² /kɔːd/ *n* Mus (group of notes) akord *m*
chore /tʃɔː(r)/ *n* 1 (routine task) (uciążliwy) obowiązek *m*; **the (household) ~s** obowiązki or prace domowe; **to do the/one's ~s** wykonywać swoje obowiązki domowe 2 (unpleasant task) katorga *f*, pańszczyzna *f* fig; **shopping is a real ~** robienie zakupów to istna katorga or udręka
choreograph /ˈkɒrɪəgrɑːf, -græf, US -græf/ *vt* opracow|ać, -ywać choreografię (czegoś); fig za|aranżować *[event, operation]*
choreographer /ˌkɒrɪˈɒgrəfə(r)/ *n* choreograf *m*
choreographic /ˌkɒrɪəˈgræfɪk/ *adj* choreograficzny
choreography /ˌkɒrɪˈɒgrəfɪ/ *n* choreografia *f*
chorister /ˈkɒrɪstə(r), US ˈkɔːr-/ *n* chórzyst|a *m*, -ka *f*
chortle /ˈtʃɔːtl/ **I** *n* chichot *m*, rechot *m*
II *vi* za|chichotać, za|rechotać (**at** or **about** or **over sth** z czegoś); **to ~ with pleasure** chichotać or rechotać z uciechy
chortling /ˈtʃɔːtlɪŋ/ *n* głośny śmiech *m*
chorus /ˈkɔːrəs/ **I** *n* 1 (supporting singers) chór *m*; (dancers, actors) zespół *m* wokalno-taneczny; (in revue) zespół *m* rewiowy 2 (piece of music) chór *m*, utwór *m* chóralny 3 (refrain) refren *m*; (in jazz) chorus *m*; **to join in the ~** (one person) przyłączyć się do chóru; (number of people) wspólnie śpiewać refren 4 (of birdsong) koncert *m*, chór *m*; (of yells) chóralny okrzyk *m*, chóralne okrzyki *m pl*; **a ~ of protest/praise** chóralne protesty/zachwyty; **to speak/answer in ~** mówić/odpowiadać chórem 5 Theat chór *m*
II *vt* (utter in unison) powiedzieć, mówić (zgodnym) chórem
chorus girl *n* tancerka *f* rewiowa
chorus line *n* zespół *m* rewiowy
chose /tʃəʊz/ *pt* → **choose**
chosen /ˈtʃəʊzn/ **I** *prp* → **choose**
II *adj* wybrany; **the ~ few** wybrańcy; **I was not one of the ~ few** iron nie miałem zaszczytu znaleźć się w gronie wybrańców; **the Chosen One** Bible Wybrany, Wybraniec; **the Chosen People** Bible naród *m* wybrany

chough /tʃʌf/ *n* Zool wrończyk *m*
choux pastry /ʃuː ˈpeɪstrɪ/ *n* Culin ciasto *n* ptysiowe
chow /tʃaʊ/ *n* 1 infml dat (food) żarcie *n* infml 2 (dog) chow-chow *m inv*
chowder /ˈtʃaʊdə(r)/ *n* Culin chowder *m (amerykańska zupa rybna lub z owoców morza)*
chow mein /ˌtʃaʊ ˈmeɪn/ *n* Culin czau mein *n (potrawa chińsko-amerykańska)*
chrism /ˈkrɪzəm/ *n* krzyżmo *n*
Christ /kraɪst/ **I** *n* Chrystus *m*
II *excl* vinfml Chryste!, Chryste Panie! infml
Christadelphian /ˌkrɪstəˈdelfɪən/ *n* christodelfian|in *m*, -ka *f*
Christ child *n* **the ~** Dzieciątko *n* Jezus
christen /ˈkrɪsn/ *vt* 1 Relig (baptize) *[priest]* o|chrzcić *[person, baby]*; **I was ~ed John, but everybody calls me Jack** na chrzcie dano mi imię John, ale wszyscy mówią na mnie Jack 2 (name) naz|wać, -ywać *[person, pet, place]*; Naut nada|ć, -wać (czemuś) imię, o|chrzcić *[ship]*; (nickname) przez|wać, -ywać 3 infml (use for the first time) za|inaugurować, otw|orzyć, -ierać *[dance hall]*; zacząć używać *[car]*; zacząć nosić *[glasses]*; (soil for the first time) o|chrzcić infml fig *[tablecloth, dress]*
Christendom /ˈkrɪsndəm/ *n* chrześcijaństwo *n*, świat *m* chrześcijański
christening /ˈkrɪsnɪŋ/ *n* chrzest *m*
Christian /ˈkrɪstʃən/ **I** *n* chrześcijan|in *m*, -ka *f*; **to become a ~** zostać chrześcijaninem, przyjąć wiarę chrześcijańską
II *adj* 1 Relig chrześcijański; **early ~** wczesnochrześcijański 2 *[act, virtues, charity]* chrześcijański; **it isn't very ~ (of you) to laugh at somebody else's misfortune** to nie po chrześcijańsku (z waszej strony) śmiać się z cudzego nieszczęścia
Christian Brothers *n* Relig Bracia *m pl* Szkolni
Christian era *n* era *f* chrześcijańska, era *f* dionizyjska
christiania /ˌkrɪstɪˈɑːnɪə/ *n* Sport krystiania *f*
Christianity /ˌkrɪstɪˈænətɪ/ *n* chrześcijaństwo *n*
Christianize /ˈkrɪstʃənaɪz/ *vt* s|chrystianizować, nawr|ócić, -acać na wiarę chrześcijańską
Christian name *n* imię *n* (nadane na chrzcie)
Christian Science *n organizacja religijna prowadząca działalność oświatową i wydawniczą*
Christian Scientist *n* członek *m* Christian Science
Christlike /ˈkraɪstlaɪk/ *adj* na podobieństwo Chrystusa, chrystusowy
Christmas /ˈkrɪsməs/ **I** *n* (day) Boże Narodzenie *n*, Dzień *m* Bożego Narodzenia; (period) Święta *n pl* Bożego Narodzenia, gwiazdka *f*; **at ~** na Boże Narodzenie; **what did you get for ~?** co dostałeś na gwiazdkę?; **we're going abroad for ~** na święta wyjeżdżamy za granicę; **over ~** przez święta; **Merry ~, Happy ~!** Wesołych Świąt!
II *modif [party, shopping]* (przed)świąteczny; *[present]* gwiazdkowy; *[card]* bożonarodzeniowy, świąteczny
Christmas bonus *n* premia *f* noworoczna
Christmas box *n* GB podarunek *m* gwiazdkowy *(dla listonosza, dozorcy, sprzątaczki)*

Christmas cactus *n* Bot epifylum *n* zimowe, bierwion *m* zimowy; grudzień *m* infml
Christmas cake *n* ciasto *n* z bakaliami *(podawane w Boże Narodzenie)*
Christmas carol *n* kolęda *f*
Christmas cracker *n strzelająca zabawka bożonarodzeniowa z niespodzianką*
Christmas Day *n* Dzień *m* Bożego Narodzenia, pierwszy dzień *m* świąt
Christmas dinner *n* obiad *m* świąteczny
Christmas Eve *n* Wigilia *f* Bożego Narodzenia
Christmas holiday *n* ferie *plt* świąteczne
Christmas Island *n* Wyspa *f* Bożego Narodzenia
Christmas pudding *n* GB pudding *m* bożonarodzeniowy
Christmas rose *n* Bot ciemiernik *m* zimowy
Christmas stocking *n* skarpeta *f* na prezenty
Christmassy /ˈkrɪsməsɪ/ *adj* infml świąteczny, bożonarodzeniowy
Christmastime /ˈkrɪsməstaɪm/ *n* okres *m* Świąt Bożego Narodzenia
Christmas tree *n* choinka *f*
IDIOMS: **to be lit up like a ~** infml (drunk) być pijanym or urżniętym jak bela infml
Christopher /ˈkrɪstəfə(r)/ *prn* Krzysztof *m*
chromatic /krəʊˈmætɪk/ *adj* Phys, Art, Mus chromatyczny
chromatic printing *n* Print druk *m* wielobarwny, chromotypia *f*
chromatics /krəˈmætɪks/ *n (+ v sg)* chromatyka *f*
chromatic scale *n* Mus skala *f* chromatyczna
chromatography /ˌkrəʊməˈtɒgrəfɪ/ *n* chromatografia *f*
chromatology /ˌkrəʊməˈtɒlədʒɪ/ *n* = **chromatics**
chrome /krəʊm/ **I** *n* (finish) chrom *m*
II *modif [article]* chromowany
chrome steel *n* stal *f* chromowa
chrome yellow *n* żółcień *f* chromowa
chromium /ˈkrəʊmɪəm/ *n* Chem chrom *m*
chromium-plated /ˌkrəʊmɪəmˈpleɪtɪd/ *adj* chromowany
chromium plating *n* (of metal) (process) chromowanie *n* galwaniczne; (coating) powłoka *f* chromowa, warstwa *f* chromu
chromosome /ˈkrəʊməsəʊm/ *n* Biol chromosom *m*
chronic /ˈkrɒnɪk/ *adj* 1 Med *[illness, state]* chroniczny, przewlekły; *[patient]* chronicznie or przewlekle chory 2 fig *[alcoholic]* nałogowy; *[liar]* notoryczny; *[shortage]* chroniczny; *[problem]* stały 3 GB infml (bad) beznadziejny; denny infml
chronically /ˈkrɒnɪklɪ/ *adv* 1 Med *[ill]* chronicznie, przewlekle; **the ~ sick** chronicznie or przewlekle chorzy 2 fig *[jealous]* chorobliwie; *[underfunded, overloaded]* chronicznie; *[stupid]* beznadziejnie; **the country is ~ short of coal/oil** kraj cierpi na chroniczny brak węgla/ropy
chronicle /ˈkrɒnɪkl/ **I** *n* kronika *f*; **a ~ of misfortunes/misunderstandings** fig ciąg or pasmo nieszczęść/nieporozumień
II Chronicles *npl* Bible (also **the Book of Chronicles**) Księga *f* Kronik

II *vt [person]* prowadzić or pisać kronikę (czegoś) *[war, daily life]*; *[diary, history book]* stanowić kronikę or zapis (czegoś) *[event, period]*; **to ~ events** zapisywać or rejestrować wydarzenia

chronicler /ˈkrɒnɪklə(r)/ *n* kronikarz *m*

chronological /ˌkrɒnəˈlɒdʒɪkl/ *adj* chronologiczny; **in ~ order** w porządku chronologicznym

chronologically /ˌkrɒnəˈlɒdʒɪklɪ/ *adv* chronologicznie, w porządku chronologicznym

chronology /krəˈnɒlədʒɪ/ *n* chronologia *f*

chronometer /krəˈnɒmɪtə(r)/ *n* chronometr *m*

chrysalis /ˈkrɪsəlɪs/ *n* Zool poczwarka *f*

chrysanth /krɪˈsænθ/ *n* = **chrysanthemum**

chrysanthemum /krɪˈsænθəməm/ *n* Bot chryzantema *f*

chub /tʃʌb/ *n* Zool kleń *m*

chubby /ˈtʃʌbɪ/ *adj [child, cheeks, face]* pucołowaty; *[fingers]* pulchny

chubby-cheeked /ˈtʃʌbɪˌtʃiːkt/ *adj* pyzaty, pucołowaty

chubby-faced /ˈtʃʌbɪfeɪst/ *adj* = **chubby-cheeked**

chuck[1] /tʃʌk/ **I** *n* [1] (stroke) pogłaskanie *n* pod brodą [2] GB infml (dismissal) (from job) **to get the ~** dostać kopa infml

II *vt* [1] infml (throw) rzu|cić, -cać, cis|nąć, -kać; smyrg|nąć, -ać infml; **~ me the keys** rzuć mi klucze; **~ it into the corner** rzuć or ciśnij to w kąt [2] infml (get rid of) rzuc|ić, -ać *[boyfriend, girlfriend]* [3] (stroke) **to ~ sb under the chin** pogłaskać kogoś pod brodą [4] infml (give up) = **chuck in**

■ **chuck away** infml: **~ away [sth], ~ [sth] away** [1] (discard) wyrzu|cić, -cać *[food, papers]* [2] (squander) z|marnować *[life, chance]*; roztrw|onić, -aniać, trwonić *[money]*

■ **chuck down** infml: **it's ~ing it down** leje jak z cebra

■ **chuck in** infml: **~ in [sth], ~ [sth] in** rzu|cić, -cać *[job, studies]*; **I'm going to ~ it (all) in** mam zamiar rzucić to wszystko w diabły

■ **chuck out** infml: ¶ **~ out [sth], ~ [sth] out** wyrzu|cić, -cać *[rubbish, clothes]* ¶ **~ out [sb], ~ [sb] out** wywal|ić, -ać, wyl|ać, -ewać infml; **to be ~ed out of college/a club** zostać wylanym or wywalonym z college'u/klubu

■ **chuck up** vinfml: ¶ **~ up** rzygać, wyrzygać się infml ¶ **~ up [sth], ~ [sth] up** wyrzygać infml *[meal, food]*

chuck[2] /tʃʌk/ *n* [1] Culin (also **~ steak**) rozbratel *f* [2] Tech uchwyt *m* obróbkowy

chucker-out /ˌtʃʌkərˈaʊt/ *n* (*pl* **chuckers-out**) GB infml wykidajło *n* infml

chucking-out time /ˌtʃʌkɪŋˈaʊttaɪm/ *n* GB infml pora *f* zamykania *(pubu, klubu)*

chuck key *n* Tech klucz *m* do uchwytu obróbkowego

chuckle /ˈtʃʌkl/ **I** *n* stłumiony chichot *m*, stłumiony śmiech *m*; **to give a ~** zachichotać; **it raised a ~** to wzbudziło śmiech

II *vi* za|chichotać; **to ~ at** or **over sth** chichotać z czegoś; **to ~ with pleasure** chichotać z zadowolenia; **to ~ to oneself** chichotać w duchu

chuck wagon *n* US kuchnia *f* polowa *(na ranczo)*

chuffed /tʃʌft/ *adj* GB infml *[person, expression]* uradowany, uszczęśliwiony (**about** or **at** or **with sth** czymś, z powodu czegoś)

chug /tʃʌg/ **I** *n* (of machine, car engine) stłumiony warkot *m*, perkotanie *n*

II *vi* (*prp, pt, pp* **-gg-**) [1] (make noise) *[train]* dyszeć, sapać; *[motorboat, car]* perkotać; **the train ~ged into/out of the station** pociąg sapiąc wjechał na stację/ruszył ze stacji [2] US infml = **chug-a-lug**

■ **chug along** *[train, old car]* telepać się; **the project is ~ging along nicely** fig praca idzie or posuwa się powolutku

chug-a-lug /ˈtʃʌgəlʌg/ *vt* US infml wypi|ć, -jać duszkiem *[beer]*

chukka /ˈtʃʌkə/ *n* Sport część *f* meczu polo *(trwająca 7,5 min)*

chum /tʃʌm/ *n* infml dat (friend) kumpel *m*, -ka *f*, koleś *m* infml; **watch it, ~!** uważaj, koleś!

■ **chum up** infml **to ~ up with sb** po|kumać or s|kumać się z kimś, za|kolegować się z kimś infml

chummy /ˈtʃʌmɪ/ *adj* infml dat *[person]* towarzyski; pej poufały; **to be ~ with sb** kumplować się z kimś infml; **they're very ~** są dobrymi kumplami

chump /tʃʌmp/ *n* [1] infml dat (foolish person) bałwan *m*, dureń *m*, matoł *m* [2] Culin kotlet *m* z polędwicy baraniej [3] (log) kloc *m*

IDIOMS: **to be off one's ~** GB infml dat być niespełna rozumu, mieć źle w głowie

chump chop *n* kotlet *m* z polędwicy baraniej

chunk /tʃʌŋk/ *n* [1] (piece) (of meat, bread, ice) kawał *m*; (of wood) kloc *m*; **pineapple ~s** ananas w kawałkach [2] (portion) (of text, day) kawał *m*; (of population) znaczna część *f*; **a fair ~** spory kawał

chunkily /ˈtʃʌŋkɪlɪ/ *adv* **~ built** krępy, przysadzisty

chunky /ˈtʃʌŋkɪ/ *adj* [1] *[stew, dog food]* z dużymi kawałkami mięsa; *[marmalade]* z dużymi kawałkami owoców [2] (bulky) *[sweater]* gruby, mięsisty; *[jewellery]* masywny; *[man]* krępy, przysadzisty

Chunnel /ˈtʃʌnl/ *n* GB infml **the ~** = **the Channel Tunnel**

church /tʃɜːtʃ/ **I** *n* [1] (building) kościół *m* [2] (also **the Church**) (religious body) Kościół *m*; **the Orthodox Church** Kościół prawosławny, cerkiew prawosławna; **the Church of England** Kościół anglikański; **to go into** or **enter the Church** przyjąć święcenia kapłańskie [3] (service) nabożeństwo *n*; (Catholic) msza *f*; **let's meet before/after ~** spotkajmy się przed mszą/po mszy; **to go to ~** chodzić do kościoła

II *modif [bell, clock, pew, steeple]* kościelny; *[fête]* parafialny; *[land]* należący do kościoła, przykościelny

IDIOMS: **as poor as a ~ mouse** biedny jak mysz kościelna

Church Army *n* Relig *anglikańska organizacja prowadząca działalność ewangelizacyjną i charytatywną*

Church Commissioners *npl* Relig *rada złożona z duchownych i świeckich zarządzająca finansami Kościoła anglikańskiego*

Church Fathers *npl* Relig Ojcowie *m pl* Kościoła

churchgoer /ˈtʃɜːtʃgəʊə(r)/ *n* Relig osoba *f* regularnie chodząca do kościoła, człowiek *m* religijny or praktykujący

churchgoing /ˈtʃɜːtʃgəʊɪŋ/ *n* przestrzeganie *n* praktyk religijnych

church hall *n* sala *f* parafialna

Churchillian /tʃəˈtʃɪlɪən/ *adj [grandeur, defiance, speech, tones]* w stylu Churchilla

church leader *n* Relig głowa *f* kościoła

churchman /ˈtʃɜːtʃmən/ *n* (*pl* **-men**) [1] (clergyman) duchowny *m* [2] (churchgoer) mężczyzna *m* religijny or praktykujący

church school *n* szkoła *f* wyznaniowa

church service *n* Relig nabożeństwo *n*; (Catholic) msza *f*

churchwarden /ˌtʃɜːtʃˈwɔːdən/ *n* administrator *m* kościoła

churchwoman /ˈtʃɜːtʃwʊmən/ *n* (*pl* **-women**) [1] kobieta-kapłan *f* [2] kobieta *f* religijna or praktykująca

churchy /ˈtʃɜːtʃɪ/ *adj* infml pej świętoszkowaty, bigoteryjny

churchyard /ˈtʃɜːtʃjɑːd/ *n* cmentarz *m* przykościelny

churl /tʃɜːl/ *n* dat gbur *m*, cham *m*

churlish /ˈtʃɜːlɪʃ/ *adj* gburowaty, chamski

churlishly /ˈtʃɜːlɪʃlɪ/ *adv* grubiańsko, po chamsku

churlishness /ˈtʃɜːlɪʃnɪs/ *n* grubiańskość *f*, chamstwo *n*

churn /tʃɜːn/ **I** *n* [1] (for butter) maselnica *f*, maślnica *f* [2] GB (for milk) bańka *f*, kanka *f*

II *vt* [1] **to ~ butter** ubijać masło [2] fig wzburz|yć, -ać *[water, air]*; wzrusz|yć, -ać *[earth]*; z|ryć *[mud]*

III *vi [ideas]* kłębić się, roić się; *[engine]* kręcić się w miejscu or na jałowym biegu; **my stomach was ~ing** żołądek podchodził or podjeżdżał mi do gardła

■ **churn out**: **~ out [sth], ~ [sth] out** produkować masowo *[goods]*; tłuc infml *[novels, plays, sitcoms, speeches]*

■ **churn up**: **~ up [sth], ~ [sth] up** wzburz|yć, -ać, burzyć *[water]*; wzrusz|yć, -ać *[earth]*

chute[1] /ʃuːt/ *n* [1] (channel) (for rubbish) zsyp *m*; (for coal) rynna *f*, zsuwnia *f*, zsypnia *f* [2] (slide) (in plane) rękaw *m*; (in swimming pool, playground) zjeżdżalnia *f* [3] Sport (for toboggan) tor *m* [4] Geog (waterfall) wodospad *m*

chute[2] /ʃuːt/ *n* infml (parachute) spadochron *m*

chutney /ˈtʃʌtnɪ/ *n* Culin czatni *n inv*; **tomato ~** czatni pomidorowe

chutzpa, chutzpah /ˈhʊtspə/ *n* infml hucpa *f*

chyme /kaɪm/ *n* Physiol treść *f* żołądka, miazga *f* pokarmowa

CI *n* → **Channel Islands**

CIA *n* = **Central Intelligence Agency** Centralna Agencja *f* Wywiadowcza, CIA

ciabatta /tʃəˈbɑːtə/ *n* Culin (also **~ bread**) ciabata *f*

ciao /tʃaʊ/ *excl* cześć! infml; ciao! infml dat

cicada /sɪˈkɑːdə, US -ˈkeɪdə/ *n* Zool cykada *f*, piewik *m*

cicatrix /ˈsɪkətrɪks/ *n* (*pl* **-trices**) Med, Bot blizna *f*

Cicero /ˈsɪsərəʊ/ *prn* Cycero *m*, Cyceron *m*

cicerone /ˌtʃɪtʃəˈrəʊnɪ/ *n* liter cicerone *m inv*

Ciceronian /ˌsɪsəˈrəʊnɪən/ *adj [speech, style]* cyceroński; cyceronowski ra

CID *n* GB → **Criminal Investigation Department**

cider /ˈsaɪdə(r)/ *n* cydr *m*, jabłecznik *m*
cider apple *n* jabłko *n* winne
cider press *n* prasa *f* do jabłek
cider vinegar *n* ocet *m* winny (z jabłek)
CIF *n* = **cost, insurance and freight** koszty *m pl* – ubezpieczenie *n* – fracht *m*, cif
cigar /sɪˈgɑː(r)/ **I** *n* cygaro *n*
II *modif* ~ **box/smoker** pudełko/palacz cygar; ~ **case** cygarnica; ~ **smoke** dym z cygara
cigar cutter *n* gilotynka *f* do cygar
cigarette /ˌsɪgəˈret, US ˈsɪgərət/ **I** *n* papieros *m*
II *modif [ash, smoke]* papierosowy, z papierosa; ~ **paper** bibułka papierosowa
cigarette butt *n* niedopałek *m* (papierosa); pet *m* infml
cigarette card *n obrazek dołączany dawniej do paczki papierosów, obecnie ceniony przez kolekcjonerów*
cigarette case *n* papierośnica *f*
cigarette end *n* = **cigarette butt**
cigarette holder *n* cygarniczka *f*; fifka *f* infml
cigarette lighter *n* zapalniczka *f*
cigarette pack *n* US = **cigarette packet**
cigarette packet GB *n* paczka *f* papierosów
cigar holder *n* cygarniczka *f*
cigar-shaped /sɪˈgɑːʃeɪpt/ *adj* w kształcie cygara
ciggie, ciggy /ˈsɪgɪ/ *n* infml fajka *f* infml
cilium /ˈsɪlɪəm/ *n* (*pl* **cilia**) Biol rzęska *f*
CIM *n* = **computer-integrated manufacturing**
C-in-C /ˌsiːɪnˈsiː/ *n* = **Commander in Chief** głównodowodzący *m*, wódz *m* naczelny
cinch /sɪntʃ/ **I** *n* [1] infml (easy task) betka *f*, pestka *f* infml; **the exam** or **passing the exam was a** ~ ten egzamin to była łatwizna; **it's a** ~ to małe piwo [2] infml (certainty) pewniak *m*; **that horse is a** ~ **to win the big race** murowane, że ten koń wygra główną gonitwę; **it's a** ~ **that she'll get the part** ma tę rolę jak w banku [3] US Equest popręg *m*
II *vt* [1] US Equest przypas|ać, -ywać *[saddle]*; **to** ~ **a horse** założyć koniowi popręg [2] US infml fig (make sure of) zapewni|ć, -ać (sobie)
cinder /ˈsɪndə(r)/ *n* [1] (ember) rozżarzony węgielek *m*; (ash) popiół *m*; ~**s** żar *m*; **to burn sth to a** ~ spalić coś na popiół or węgiel [2] (slag) żużel *m* [3] Geol tuf *m*
cinder block *n* US Constr pustak *m*
Cinderella /ˌsɪndəˈrelə/ *prn* Kopciuszek *m* also fig
cinder track *n* tor *m* żużlowy
cineaste /ˈsɪnɪæst/ *n* kinoman *m*, -ka *f*
cinecamera /ˈsɪnɪˌkæmərə/ *n* kamera *f* filmowa
cine club /ˈsɪnɪ klʌb/ *n* klub *m* filmowy
cine film *n* taśma *f* filmowa
cinema /ˈsɪnəmɑː, ˈsɪnəmə/ *n* [1] (building) kino *n*; **to go to the** ~ pójść do kina [2] (art form) film *m*, kino *n*; **she's interested in (the)** ~ ona interesuje się filmem; **a wonderful piece of** ~ kawał (świetnego) kina infml [3] (film industry) **the** ~ kinematografia *f*
cinema complex *n* multipleks *m*
cinemagoer /ˈsɪnəməˌgəʊə(r)/ *n* (regular) osoba *f* często chodząca do kina, kinoman *m*, -ka *f*; (spectator) widz *m*
Cinemascope® /ˈsɪnəməskəʊp/ *n* szeroki ekran *m*
cinematic /ˌsɪnəˈmætɪk/ *adj [technique, work]* kinematograficzny; *[genius]* filmowy; *[subject, scene, novel]* stanowiący dobry materiał filmowy; *[beauty]* filmowy
cinematograph /ˌsɪnəˈmætəgræf/ *n* projektor *m* kinowy, kinematograf *m*
cinematographer /ˌsɪnəməˈtɒgrəfə(r)/ *n* operator *m* filmowy
cinematographic /ˌsɪnəˌmætəˈgræfɪk/ *adj* kinematograficzny
cinematography /ˌsɪnəməˈtɒgrəfɪ/ *n* kinematografia *f*, kino *n*; **a marvellous piece of** ~ świetne kino
cinema-vérité /ˌsɪnəməˈverɪteɪ/ *n* kino *n* prawdy, cinéma vérité *n inv*
cinerary urn /ˌsɪnərərɪˈɜːn/ *n* urna *f*, popielnica *f*, cinerarium *n*
cinnabar /ˈsɪnəbɑː(r)/ *n* cynober *m*
cinnamon /ˈsɪnəmən/ **I** *n* [1] Culin cynamon *m* [2] Bot cynamonowiec *m* [3] (colour) (kolor *m*) cynamonowy *m*
II *adj* [1] *[cake, cookie]* cynamonowy, z cynamonem; ~ **stick** laska cynamonu [2] *[colour]* cynamonowy
cipher /ˈsaɪfə(r)/ **I** *n* [1] (code) szyfr *m*; **the message was written in** ~ wiadomość była zaszyfrowana or napisana szyfrem [2] (nonentity) zero *n* fig [3] Math, Comput zero *n* [4] (Arabic numeral) cyfra *f* arabska [5] monogram *m*, inicjał *m*
II *vt* za|szyfrować *[message, letter, telegram]*
circa /ˈsɜːkə/ *prep* około, circa
circadian /sɜːˈkeɪdɪən/ *adj* okołodobowy, całodobowy; ~ **rhythm** rytm dobowy
circle /ˈsɜːkl/ **I** *n* [1] (shape) koło *n*, okrąg *m*; (of spectators, trees, chairs) krąg *m*; **to form a** ~ *[objects]* utworzyć koło; *[people]* utworzyć krąg **(around sb/sth** wokół kogoś/czegoś); otoczyć kręgiem **(around sb/sth** kogoś/coś); **to sit in a** ~ siedzieć w koło; **to run in** ~**s** biegać w kółko; **to move in** ~**s** krążyć; **to go round in** ~**s** zataczać koła; fig *[person]* kręcić się w kółko fig [2] (group) krąg *m*, koło *n*; **to be in sb's** ~ należeć do kręgu kogoś; **his** ~ **of friends** krąg jego przyjaciół; **in business/theatrical/literary** ~**s** w kręgach or kołach biznesu/teatralnych/literackich; **to move in fashionable** ~**s** obracać się w wielkim świecie [3] Theat balkon *m*; **to sit in the** ~ siedzieć or mieć miejsce na balkonie
II *vt* [1] (move round) *[plane, helicopter]* okrąż|yć, -ać *[airport, tower]*; *[satellite]* krążyć wokół (czegoś) *[planet]*; *[person, animal]* ob|ejść, -chodzić dokoła, okrąż|yć, -ać; *[vehicle]* obje|chać, -żdżać dokoła *[building, square]*; **they** ~**d each other** krążyli wokół siebie [2] (encircle) *[teacher, proofreader]* wziąć w kółko, zakreśl|ić, -ać *[word, mistake]*
III *vi [helicopter, airplane, vulture]* kołować **(above** or **over sth** nad czymś); *[predator, vehicle, horseman]* krążyć **(around sb/sth** wokół kogoś/czegoś)
IDIOMS: **to come full** ~ powrócić do punktu wyjścia; **the wheel has come** or **turned full** ~ koło się zamknęło; **to have** ~**s under one's eyes** mieć podkrążone oczy; **to square the** ~ dokonać rzeczy niemożliwej
circlet /ˈsɜːklɪt/ *n* [1] (of gold) opaska *f*, diadem *m*; (of flowers) wianek *m*, wieniec *m* [2] (circle) kółko *n*, kółeczko *n*
circuit /ˈsɜːkɪt/ **I** *n* [1] (race track) (for vehicles) tor *m*; (for runners) bieżnia *f* [2] (lap) okrążenie *n*; **to do 15** ~**s of the track** zrobić 15 okrążeń [3] (regular round) obchód *m*, trasa *f* [4] (series of dates, events) cykl *m*; **tennis** ~ turniej tenisowy; **he appears on the cabaret** ~ pokazuje się w kabaretach [5] Jur (periodic journey) objazd *m*; **to be on the** ~ być w objeździe [6] US Jur okręg *m* sądowy, obwód *m* [7] Electron obwód *m*; **to complete/break the** ~ zamknąć/przerwać obwód
II *vt* z|robić okrążenie or rundę po (czymś) *[course, town]*
circuit board *n* Elec płytka *f* obwodu drukowanego
circuit breaker *n* Elec wyłącznik *m* (automatyczny)
circuit court *n* US Jur sąd *m* objazdowy
circuit diagram *n* Elec schemat *m* zasadniczy (połączeń)
circuit judge *n* GB Jur sędzia *m* sądu hrabstwa
circuitous /sɜːˈkjuːɪtəs/ *adj [route]* okrężny; *[means, method]* pośredni; *[argument, explanation]* pokrętny, zawiły; *[procedure]* skomplikowany, zawiły
circuitously /sɜːˈkjuːɪtəslɪ/ *adv [proceed, climb, navigate]* okrężną drogą; *[argue, explain, reply]* w sposób zawiły or pokrętny
circuitry /ˈsɜːkɪtrɪ/ *n* zespół *m* obwodów elektrycznych
circuit training *n* Sport trening *m* kondycyjny
circular /ˈsɜːkjʊlə(r)/ **I** *n* (newsletter) okólnik *m*; (advertisement) druk *m* reklamowy
II *adj* [1] *[object]* kolisty, okrągły; *[route]* okrężny; *[argument]* pokrętny [2] Biol *[DNA]* kolisty
circular breathing *n* Mus oddech *m* permanentny
circularity /ˌsɜːkjʊˈlærətɪ/ *n* kolistość *f*
circularize /ˈsɜːkjʊləraɪz/ *vt* roz|esłać, -syłać *[letters, questionnaires]*; rozprowadz|ić, -ać *[advertisements]*
circular letter *n* pismo *n* okólne, okólnik *m*
circular saw *n* piła *f* tarczowa
circulate /ˈsɜːkjʊleɪt/ **I** *vt* [1] (spread) udostęp|nić, -niać **(to sb** komuś); (widely) rozpowszechni|ć, -ać *[news, information]*; **the report was** ~**d to the members** raport udostępniono członkom; **to** ~ **the rumour that...** rozpuścić plotkę, że... [2] (inform) zawiad|omić, -amiać, powiad|omić, -amiać *[members, shareholders, branches]* [3] utrzym|ać -ywać cyrkulację (czegoś) *[blood, water]*
II *vi* [1] *[water, air, blood, rumour]* krążyć; *[banknote]* być w obiegu [2] (at party) *[host, guest]* krążyć; **the hostess was circulating (among the guests)** gospodyni krążyła wśród gości
circulating decimal *n* Math ułamek *m* dziesiętny okresowy
circulating library *n* (in hospitals, prison) ruchoma biblioteka *f* na wózku; US (lending library) objazdowa wypożyczalnia *f* książek

C

circulating medium *n* środek *m* płatniczy

circulation /ˌsɜːkjʊˈleɪʃn/ *n* [1] (of blood) krążenie *n*; **to have good/bad ~** mieć dobre/złe krążenie [2] (of air) cyrkulacja *f*, obieg *m*; (of fuel, water) obieg *m*, przepływ *m* [3] (of newspaper, magazine, book) nakład *m*; **a ~ of 2 million** dwumilionowy nakład [4] (of coins, banknotes) obieg *m*; **in ~** w obiegu; **to put sth into ~** wprowadzić coś do obiegu; **to take sth out of ~, to withdraw sth from ~** wycofać coś z obiegu [5] (of document, information) rozpowszechnianie *n*; **for ~** (on document) do wiadomości [6] (use) **a word which has entered ~** słowo, które weszło do powszechnego użycia [7] (social group) **she is back in ~** już wróciła do życia towarzyskiego

circulation area *n* [1] (of newspaper) zasięg *m* [2] (in railway station) hala *f* dworcowa; (in public buildings) trakty *m pl* or ciągi *m pl* komunikacyjne

circulation department *n* Journ dział *m* kolportażu

circulation figures *npl* nakład *m*

circulation manager *n* kierownik *m* działu kolportażu

circulatory /ˌsɜːkjʊˈleɪtərɪ, US ˈsɜːkjələtɔːrɪ/ *adj* Anat, Med krążeniowy; **the ~ system** układ krążenia

circumcise /ˈsɜːkəmsaɪz/ *vt* obrzez|ać, -ywać

circumcision /ˌsɜːkəmˈsɪʒn/ *n* obrzezanie *n*

circumference /səˈkʌmfərəns/ *n* obwód *m*; **to be 4 m in ~** mieć cztery metry w obwodzie

circumflex /ˈsɜːkəmfleks/ *n* (also **~ accent**) cyrkumfleks *m* (**on** or **over sth** nad czymś)

circumlocution /ˌsɜːkəmləˈkjuːʃn/ *n* wielosłowie *n*; Literat omówienie *n*, peryfraza *f*

circumlocutory /ˌsɜːkəmˈlɒkjʊtərɪ/ *adj* Literat peryfrastyczny

circumlunar /ˌsɜːkəmˈluːnə(r)/ *adj* okołoksiężycowy

circumnavigate /ˌsɜːkəmˈnævɪgeɪt/ *vt* opły|nąć, -ywać (dookoła) *[cape, peninsula, continent, world]*

circumnavigation /ˌsɜːkəmˌnævɪˈgeɪʃn/ *n* opłynięcie *n*

circumpolar /ˌsɜːkəmˈpəʊlə(r)/ *adj* okołobiegunowy

circumscribe /ˈsɜːkəmskraɪb/ *vt* [1] (define) określ|ić, -ać *[limit]*; ogranicz|yć, -ać *[role, freedom, powers]* [2] Math opis|ać, -ywać

circumscription /ˌsɜːkəmˈskrɪpʃən/ *n* [1] (of limits) określenie *n*; (of freedom, powers) ograniczenie *n* [2] Math opisanie *n*

circumspect /ˈsɜːkəmspekt/ *adj* fml ostrożny, powściągliwy; **to be ~ about sth** wyrażać się ostrożnie or powściągliwie o czymś *[likehood, chance]*; **you should be more ~ about making such allegations** powinieneś się zastanowić, zanim wystąpisz z takimi zarzutami

circumspection /ˌsɜːkəmˈspekʃn/ *n* fml ostrożność *f*, powściągliwość *f*

circumspectly /ˈsɜːkəmspektlɪ/ *adv* fml ostrożnie, powściągliwie

circumstance /ˈsɜːkəmstəns/ **I** *n* (event) fakt *m*, okoliczność *f*; **a strange ~** dziwne zdarzenie, dziwny wypadek; **a victim of ~** ofiara okoliczności

II circumstances *npl* [1] (state of affairs) okoliczności *f pl*; **in** or **under the ~s** w tych okolicznościach; **under no ~s** w żadnym wypadku, pod żadnym pozorem; **if ~s permit** jeśli okoliczności na to pozwolą; **due to ~s beyond our control** ze względu na okoliczności niezależne od nas [2] (conditions of life) sytuacja *f* materialna, położenie *n* materialne; **their ~s did not permit them to travel** sytuacja finansowa nie pozwalała im na podróże or podróżować; **in easy/poor ~s** dobrze/źle sytuowany

circumstantial /ˌsɜːkəmˈstænʃl/ *adj* [1] Jur **~ evidence** poszlaki *f pl* [2] (detailed) szczegółowy, drobiazgowy

circumstantiate /ˌsɜːkəmˈstænʃɪeɪt/ *vt* fml pop|rzeć, -ierać faktami, uzasadni|ć, -ać *[statement]*; przedstawi|ć, -ać okoliczności (czegoś) *[incident]*

circumvent /ˌsɜːkəmˈvent/ *vt* fml [1] (evade) ob|ejść, -chodzić, omi|nąć, -jać *[law, problem, difficulty]*; omi|nąć, -jać *[official, middleman, obstacle]* [2] (outwit) przechytrzyć *[adversary]*; (frustrate) udaremni|ć, -ać *[plot]*

circus /ˈsɜːkəs/ **I** *n* [1] cyrk *m* [2] GB (in place names) plac *m*

II *modif [tent, performer]* cyrkowy; **~ atmosphere** atmosfera jarmarku

cirque /sɜːk/ *n* Geol cyrk *m* lodowcowy, kar *m*

cirrhosis /sɪˈrəʊsɪs/ *n* Med marskość *f* wątroby

cirrus /ˈsɪrəs/ *n* (*pl* **cirri**) cirrus *m*, chmura *f* pierzasta

CIS *n* = **Commonwealth of Independent States** WNP *f*

cissy *n, adj* = **sissy**

Cistercian /sɪˈstɜːʃn/ **I** *n* cyster|s *m*, -ka *f*

II *adj* cysterski

cistern /ˈsɪstən/ *n* (of lavatory) spłuczka *f*, rezerwuar *m*; (in loft or underground) zbiornik *m* na wodę, cysterna *f*

citadel /ˈsɪtədəl/ *n* cytadela *f*; **the ~ of freedom** fig bastion wolności fig

citation /saɪˈteɪʃn/ *n* [1] (quotation) cytat *m*, [2] Mil pochwała *f*, wzmianka *f* pochwalna; **a ~ for bravery** pochwała za odwagę [3] Jur pozew *m*

cite /saɪt/ *vt* [1] (quote) za|cytować *[author, book, passage, sentence]*; (adduce) przyt|oczyć, -aczać, powoł|ać, -ywać się na (coś) *[fact, name, example]* [2] Mil (commend) **he was ~d in dispatches** wymieniono jego nazwisko w meldunkach [3] Jur poz|wać, -ywać; **to be ~d in divorce proceedings** zostać współpozwanym w procesie rozwodowym

citizen /ˈsɪtɪzn/ *n* obywatel *m*, -ka *f*; **Citizen Robespierre** Hist Obywatel Robespierre

citizenry /ˈsɪtɪznrɪ/ *n* obywatele *m pl*

Citizens' Advice Bureau, CAB *n* GB ≈ biuro *n* doradztwa personalnego

citizen's arrest *n* Jur areszt *m* obywatelski

citizen's band, CB *n* CB radio *n*

citizenship /ˈsɪtɪznʃɪp/ **I** *n* obywatelstwo *n*

II *modif* **~ papers** dokument nadania obywatelstwa

citrate /ˈsɪtreɪt/ *n* cytrynian *m*

citric /ˈsɪtrɪk/ *adj* cytrynowy

citric acid *n* kwas *m* cytrynowy

citron /ˈsɪtrən/ *n* cedrat *m*, cytron *m*

citrus /ˈsɪtrəs/ *n* (*pl* **-ruses**) (tree) drzewo *n* cytrusowe; (fruit) owoc *m* cytrusowy

citrus fruit *n* owoc *m* cytrusowy; (collectively) cytrusy *m pl*, owoce *m pl* cytrusowe

city /ˈsɪtɪ/ **I** *n* [1] (large town) miasto *n* [2] GB **the City** (londyńskie) City *n inv* [3] (population) miasto *n*; **the whole ~ has turned out to welcome the president** całe miasto wyległo, żeby powitać prezydenta

II *modif* **~ streets** ulice miasta; **~ people** ludność miejska; **~ life** życie w mieście

City and Guilds certificate *n* dyplom *m* czeladniczy/mistrzowski

city centre GB, **city center** US *n* centrum *n* (miasta), śródmieście *n*

city college *n* US Univ uniwersytet *m* *(finansowany z budżetu miasta)*

city council *n* Rada *f* Miejska

city councillor *n* GB radny *m* miejski, radna *f* miejska

city councilman *n* US radny *m* miejski

city councilwoman *n* US radna *f* miejska

city desk *n* Journ [1] US dział *m* miejski [2] GB dział *m* finansowy

city dweller *n* mieszkan|iec *m*, -ka *f* miasta

city editor *n* Journ [1] US redaktor *m*, -ka *f* działu miejskiego [2] GB redaktor *m*, -ka *f* działu finansowego

city fathers *npl* ojcowie *m pl* miasta

city hall *n* US [1] (building) ratusz *m* [2] Admin władze *plt* miasta

IDIOMS: **you can't fight ~** infml z biurokracją nie wygrasz

city limits *npl* granice *f pl* miasta

city manager *n* US administrator *m* wyznaczony przez radę miejską

city news *n* GB doniesienia *n pl* finansowe (z City)

city planner *n* urbanista *m*

city planning *n* urbanistyka *f*

cityscape /ˈsɪtɪskeɪp/ *n* pejzaż *m* miejski; Art weduta *f*

city slicker *n* infml cwaniaczek *m* infml

city state *n* Hist miasto-państwo *n*

City Technology College, CTC *n* ≈ technikum *n* *(utrzymywane wspólnie przez państwo i koła biznesu)*

citywide /sɪtɪˈwaɪd/ *adj* US *[campaign, network]* obejmujący zasięgiem całe miasto

civet /ˈsɪvɪt/ *n* [1] Zool cyweta *f* [2] (substance) cybet *m*

civic /ˈsɪvɪk/ *adj* [1] *[administration]* miejski [2] *[duty, education, responsibility, virtue]* obywatelski

civic centre GB, **civic center** US *n* centrum *n* administracyjno-kulturalne miasta

civics /ˈsɪvɪks/ *n (+ v sg)* wiedza *f* o społeczeństwie

civies *npl* US = **civvies**

civil /ˈsɪvl/ *adj* [1] (not military) *[affairs, aviation, wedding]* cywilny [2] (civic) *[conflict, unrest]* społeczny; *[virtue]* obywatelski [3] Jur *[case, court]* cywilny [4] (polite) *[person]* uprzejmy, grzeczny; **it was ~ of him** to było uprzejmie z jego strony

IDIOMS: **to keep a ~ tongue in one's head** liczyć się ze słowami

Civil Aeronautics Board, CAB *n* US ≈ Główny Inspektorat *m* Lotnictwa Cywilnego

Civil Aviation Authority, CAA *n* GB ≈ Główny Inspektorat *m* Lotnictwa Cywilnego
civil commotion *n* rozruchy *plt*, zamieszki *plt*
civil defence GB, **civil defense** US *n* obrona *f* cywilna
civil disobedience *n* nieposłuszeństwo *n* obywatelskie
civil engineer *n* inżynier *m* budownictwa wodnego i lądowego
civil engineering *n* inżynieria *f* wodno-lądowa
civilian /sɪˈvɪlɪən/ **I** *n* cywil *m*
II *adj* cywilny
civility /sɪˈvɪlətɪ/ *n* [1] (manners) uprzejmość *f* **(to** or **towards sb** w stosunku do kogoś); **he was treated with cold ~** potraktowano go z chłodną uprzejmością [2] (forms) uprzejmości *f pl*; **the usual civilities** zwykłe grzeczności
civilization /ˌsɪvəlaɪˈzeɪʃn, US -əlɪˈz-/ *n* cywilizacja *f*
civilize /ˈsɪvəlaɪz/ *vt* [1] u|cywilizować *[nation, tribe, barbarians]* [2] (educate, refine) wychow|ać, -ywać *[child, boor]*
civilized /ˈsɪvəlaɪzd/ *adj* [1] (advanced) *[society, world]* cywilizowany [2] (cultured) *[person, conversation]* kulturalny; *[tastes]* wyrobiony; **to become ~** nabrać ogłady; **let's discuss it like ~ people** porozmawiajmy o tym jak kulturalni ludzie; **please call back at a more ~ hour** proszę zadzwonić o przyzwoitszej porze
civilizing /ˈsɪvəlaɪzɪŋ/ *adj* cywilizujący; **she is a ~ influence on him** pod jej wpływem on nabiera ogłady
civil law *n* prawo *n* cywilne
civil liability *n* Jur odpowiedzialność *f* cywilna
civil liberty **I** *n* swobody *f pl* obywatelskie
II *modif [campaign, group]* na rzecz swobód obywatelskich; **civil liberties lawyer** rzecznik swobód obywatelskich
civil list *n* GB lista *f* cywilna *(pensje rodziny królewskiej przyznawane corocznie przez parlament)*
civilly /ˈsɪvəlɪ/ *adv* uprzejmie
civil marriage *n* ślub *m* cywilny
civil rights **I** *npl* prawa *n pl* obywatelskie
II *modif [activist, campaign]* na rzecz przestrzegania praw obywatelskich
civil servant *n* urzędni|k *m*, -czka *f* służby cywilnej
civil service **I** *n* służba *f* cywilna, administracja *f* państwowa
II *modif* **~ post** stanowisko w administracji państwowej; **~ recruitment** rekrutacja do służby cywilnej
Civil Service Commission, CSC *n* GB komisja *f* odpowiedzialna za nabór kandydatów do służby cywilnej
civil service examination *n* GB egzamin *m* do służby cywilnej
civil war *n* wojna *f* domowa; **the Civil War** US Hist wojna secesyjna
civil wedding *n* ślub *m* cywilny
civvies /ˈsɪvɪz/ *npl* infml ubranie *n* cywilne; **to be (dressed) in ~** być (ubranym) po cywilnemu
civvy /ˈsɪvɪ/ *n* infml cywil *m*
civvy street *n* infml życie *n* w cywilu infml; **in ~** w cywilu
CJD *n* Med → **Creutzfeld-Jakob disease**
cl = **centilitre(s)** centylitr *m*, cl
clack /klæk/ **I** *n* (of high heels) stuk *m*, stukot *m*; (of machine) klekot *m*, terkot *m*
II *vi* [1] *[high heels]* stukotać; *[typewriter]* stukać; *[knitting needles]* trzaskać; *[machine]* klekotać, terkotać [2] (chatter) trajkotać, mleć językiem infml; **tongues were ~ing** języki poszły w ruch
clad /klæd/ **I** *adj* (dressed) ubrany; (przy)odziany dat **(in sth** w coś); **scantily ~ dancers** skąpo odziane tancerki
II -clad *in combinations* **black-~ figure** postać w czerni; **ivy-~ tower** wieża obrośnięta bluszczem
cladding /ˈklædɪŋ/ *n* Constr pokrycie *n*, powłoka *f*
claim /kleɪm/ **I** *n* [1] (demand) roszczenie *n*, pretensja *f*; **to make ~s** or **lay ~ to sth** wysuwać roszczenia do czegoś, zgłaszać pretensje do czegoś *[land, share, throne, right, title]*; **to make a wage ~** wystąpić z żądaniami płacowymi; **there are too many ~s on her generosity** ludzie nadużywają jej hojności or szczodrości; **there are many ~s on her time** ona nie ma wolnej chwili [2] (basis for demand) prawo *n*, tytuł *m* **(to sth** do czegoś); **she has no ~ to the throne** ona nie ma żadnych praw do tronu; **you have no ~ on my sympathy** nie żądaj ode mnie współczucia; **I've got first ~ on the money** te pieniądze przede wszystkim mnie się należą; **that's her only ~ to fame** to jej jedyny tytuł do sławy [3] Insur (against a person) roszczenie *n*; (for fire, theft) żądanie *n* wypłaty odszkodowania; **to make** or **lodge** or **put in a ~** wystąpić o odszkodowanie; **a ~ for compensation** żądanie odszkodowania; **a ~ for damages** roszczenie odszkodowawcze; **they settled their ~s out of court** sprawę roszczeń załatwili polubownie [4] Soc Admin prośba *f*, podanie *n*; **to make** or **put in a ~** złożyć podanie o zasiłek; **a ~ for unemployment benefit** prośba o przyznanie zasiłku dla bezrobotnych [5] (refund request) prośba *n* o zwrot poniesionych kosztów; **travel ~** prośba o zwrot kosztów podróży [6] (allegation, assertion) twierdzenie *n*, zapewnienie *n* **(about** or **of sth** o czymś); **his ~ that he is innocent, his ~s of innocence, his ~s to be innocent** jego twierdzenie or zapewnienie o własnej niewinności or że jest niewinny; **her ~(s) to be able to do it** jej zapewnienie, że potrafi to zrobić; **some extraordinary ~s have been made about this drug** temu lekowi przypisuje się nadzwyczajne właściwości [7] (piece of land) działka *f* górnicza
II *vt* [1] (assert) twierdzić, utrzymywać **(that...** że...); **she ~s to be able to handle it** twierdzi or utrzymuje, że sobie z tym poradzi; **he ~s to be innocent** twierdzi or utrzymuje, że jest niewinny; **I don't ~ to be an expert** nie twierdzę, że jestem ekspertem; **she ~s to know nothing about it** twierdzi or utrzymuje, że nic nie wie na ten temat; **to ~ ignorance of the law** powoływać się na nieznajomość przepisów; **to ~ responsibility for an attack** przyznać się do dokonania zamachu; **she ~s acquaintance with Adam** twierdzi or utrzymuje, że zna Adama; **I can ~ some credit for the success of the dictionary** powodzenie słownika to po części i moja zasługa [2] (assert right to) zgł|osić, -aszać pretensje do (czegoś) *[money, land, property]*; **to ~ sth as a right, to ~ the right to sth** rościć sobie prawo do czegoś; **she ~ed that the land was hers, she ~ed the land as hers** twierdziła, że ta ziemia jest jej or należy do niej; **to ~ a title/prize** Sport zdobyć tytuł/nagrodę [3] (demand) za|żądać (czegoś), domagać się (czegoś) *[pay rise]*; (apply for) ubiegać się o (coś), wyst|ąpić, -ępować o (coś) *[free dental care, unemployment benefit]*; wyst|ąpić, -ępować o zwrot (czegoś) *[expenses]* [4] (cause loss of) **the accident ~ed 50 lives** wypadek spowodował śmierć 50 osób, w wypadku zginęło 50 osób
III *vi* [1] Insur **to ~ for damages** wystąpić o odszkodowanie za szkody [2] Soc Admin (apply for benefit) wyst|ąpić, -ępować o zasiłek *[welfare]*
■ **claim back: ~ back [sth], ~ [sth] back** wyst|ąpić, -ępować o zwrot (czegoś), za|żądać zwrotu czegoś *[cost, expenses]*; **you should ~ your money back** powinieneś zażądać zwrotu pieniędzy; **to ~ sth back on the insurance** złożyć wniosek o odszkodowanie za (coś) *(z tytułu polisy ubezpieczeniowej)*; **to ~ sth back on expenses** przedstawić rachunek z tytułu poniesionych kosztów na coś
claimant /ˈkleɪmənt/ *n* [1] Admin (for benefit, grant) ubiegając|y *m*, -a *f* się **(to sth** o coś); petent *m*, -ka *f* [2] Jur (to title, estate) roszczący|y *m*, -a *f* sobie prawo **(to sth** do czegoś); pretendent *m*, -ka *f* **(to sth** do czegoś) [3] Insur występując|y *m*, -a *f* z roszczeniem [4] Comm zgłaszając|y *m*, -a *f* reklamację
claim form *n* Insur formularz *m* zgłoszenia roszczenia ubezpieczeniowego
claims department *n* Insur wydział *m* likwidacji szkód
clairvoyance /kleəˈvɔɪəns/ *n* jasnowidzenie *n*, jasnowidztwo *n*
clairvoyant /kleəˈvɔɪənt/ **I** *n* jasnowidz *m*
II *adj [person]* jasnowidzący; **~ powers** zdolność jasnowidzenia
clam /klæm/ **I** *n* [1] Zool, Culin małż *m* jadalny [2] US infml dat dolar *m*
II *modif* **~ fishing** połów małży; **~ sauce** sos z małży
III *vi* (*prp, pt, pp* **-mm-**) zbierać małże
■ **clam up** przestać się odzywać, zam|knąć, -ykać się w sobie
IDIOMS: **to be as happy as a ~** czuć się jak ryba w wodzie; **to shut up like a ~** nie pisnąć słowa
clambake /ˈklæmbeɪk/ *n* US [1] (outdoor party) piknik *m* na plaży *(połączony z jedzeniem owoców morza)* [2] (noisy party) hałaśliwa zabawa *f*, hulanka *f*
clamber /ˈklæmbə(r)/ **I** *n* (up) wspinanie *n*, wspinaczka *f*; (down) zejście *n*, schodzenie *n*
II *vi* wdrap|ać, -ywać się **(up sth** na coś); **they ~ed into/out of the car** wgramolili się do samochodu/wygramolili się z samochodu infml; **he ~ed over the wall** przelazł przez mur infml; **we ~ed down**

C

the cliff schodziliśmy ze skały, pomagając sobie rękami

clam chowder /ˌklæm ˈtʃaʊdə(r)/ *n* zupa *f* z owoców morza

clamdiggers /ˈklæmdɪgəz/ *npl* US Fashn pumpy *plt*

clammy /ˈklæmɪ/ *adj [skin, hand]* lepki; *[fish, surface]* oślizły; *[weather, atmosphere]* parny; **his hands were ~ with sweat** miał dłonie lepkie od potu

clamorous /ˈklæmərəs/ *adj* 1 (loud) *[crowd]* hałaśliwy; *[voice]* gromki, donośny 2 (demanding) *[protest, demand]* głośny

clamour GB, **clamor** US /ˈklæmə(r)/ **I** *n* 1 (noise) hałas *m*, zgiełk *m* 2 (demands) **~ for sth** głośne żądania *n pl* czegoś; **~ against sth** głośne protesty *m pl* przeciwko czemuś

II *vt* (shout) **to ~ that...** wrzeszczeć, że...; **the children started ~ing to go home** dzieci zaczęły głośno domagać się, żeby iść do domu

III *vi* 1 (shout together) *[crowd, voices, protesters]* podn|ieść, -osić krzyk or wrzawę **(about** or **over sth** o coś or w sprawie czegoś); (talk noisily) drzeć się, wydzierać się infml 2 (demand) *[population, public, crowd]* **to ~ for sth** głośno domagać się czegoś; **to ~ for sb to do sth** głośno się domagać, żeby ktoś coś zrobił

clamp[1] /klæmp/ **I** *n* 1 Tech docisk *m*, zacisk *m*; Chem zaciskacz *m*, klamra *f*, łapa *f* laboratoryjna; Med zacisk *m*; Dent klamra *f*; (for lid) dociskacz *m* 2 fig ograniczenie *n* **(on sth** czegoś); **a ~ on public spending** ograniczenie wydatków publicznych 3 Aut (also **wheel ~**) blokada *f* koła

II *vt* 1 Tech (join, fasten) zacis|nąć, -kać, u|mocować w zacisku 2 (clench) zacis|nąć, -kać *[jaw, teeth]*; **a pipe ~ed between his teeth** z fajką w zębach; **his jaws were ~ed shut** miał zaciśnięte szczęki 3 Aut (also **wheel~**) za|łożyć, -kładać blokadę na koło (czegoś) *[car]*

■ **clamp down**: **to ~ down on sb/sth** pod|jąć, -ejmować zdecydowane kroki przeciwko komuś/czemuś *[criminals, drug peddling, violence]*; ukr|ócić, -acać *[extravagance]*; podda|ć, -wać ściślejszej kontroli *[media, public spending]*

■ **clamp on**: **~ on [sth], ~ [sth] on** 1 zam|knąć, -ykać *[lid]* 2 fig na|łożyć, -kładać *[restriction, sanction]*; wprowadz|ić, -ać *[curfew]*

clamp[2] /klæmp/ **I** *n* GB Agric kopiec *m*

II *vt* za|kopcować, za|dołować *[crop]*

clamp[3] /klæmp/ US **I** *n* (heavy footstep) ciężki krok *m*, ciężkie stąpanie *n*

II *vi* (tread heavily) ciężko stąpać

clampdown /ˈklæmpdaʊn/ *n* (on criminals, violence) zdecydowane kroki *m pl* **(on sb /sth** podjęte przeciwko komuś/czemuś); (on public spending) ograniczenie *n* **(on sth** czegoś); (on media) ściślejsza kontrola *f* **(on sth** czegoś)

clan /klæn/ *n* klan *m* also fig

clandestine /klænˈdestɪn/ *adj [organization]* tajny; *[marriage]* potajemny

clang /ˈklæŋ/ **I** *n* (of bells) dzwonienie *n*; (of metal) szczęk *m*

II *vt* zatrzas|nąć, -kiwać *[door, iron gates]*; **to ~ the bells** bić w dzwony

III *vi [bell, gong]* za|dzwonić, za|dźwięczeć; *[iron gates]* (głośno) szczęk|nąć, -ać; **to ~ shut** zatrzasnąć się ze szczękiem

clanger /ˈklæŋə(r)/ *n* GB infml gafa *f*; plama *f* infml; **to drop a ~** popełnić gafę; dać plamę infml

clanging /ˈklæŋɪŋ/ *n* dzwonienie *n*; (of bells) bicie *n*

clangour GB, **clangor** US /ˈklæŋgə(r)/ *n* liter szczęk *m*

clank /klæŋk/ **I** *n* brzęk *m*, szczęk *m*

II *vt* brzę|knąć -czeć (czymś), pobrzękiwać (czymś) *[jerrycan, chains]*

III *vi [armour, jerrycan, sheets of metal]* brzę|knąć, -czeć, pobrzękiwać; *[chains]* szczęk|nąć, -ać, brzę|knąć, -czeć

clanking /ˈklæŋkɪŋ/ **I** *n* brzękanie *n*, szczękanie *n*

II *adj [chains]* brzęczący, pobrzękujący

clannish /ˈklænɪʃ/ *adj [behaviour, mentality]* klanowy; *[group, profession]* zamknięty

clannishness /ˈklænɪʃnɪs/ *n* (of family) klanowość *f*; (of group) partykularyzm *m*

clansman /ˈklænzmən/ *n* (*pl* **-men)** członek *m* klanu szkockiego

clanswoman /ˈklænzwʊmən/ *n* (*pl* **-women)** członkini *f* klanu szkockiego

clap[1] /klæp/ **I** *n* 1 (of hands) klaśnięcie *n*; (round of applause) oklaski *plt*, brawa *plt*; **to get a ~** dostać brawa; **to give sb a ~** bić komuś brawo 2 (slap) klepnięcie *n*; **he gave me a friendly ~ on the back/shoulder** przyjaźnie poklepał mnie po plecach/po ramieniu 3 (noise) **a ~ of thunder** grzmot

II *vt* (*prp, pt, pp* **-pp-)** 1 (applaud) oklaskiwać *[performer, performance]*; **~ your hands!** klaszczcie! 2 (slap, slam) **to ~ one's hands over one's/sb's ears** zakryć or zasłonić sobie/komuś uszy dłońmi; **to ~ one's hand over one's/sb's mouth** zakryć or zasłonić sobie/komuś usta dłonią; **to ~ sb on the back** klepnąć kogoś w plecy; **to ~ sth shut** zatrzasnąć *[door, shutters, book]*; **to ~ hold of sth** infml złapać coś; **to ~ hold of sb** infml dopaść or dorwać kogoś infml 3 infml (set) **to ~ sb in jail** przymknąć or zapuszkować kogoś infml; **to ~ sb in irons** założyć komuś obrączki infml

III *vi* (*prp, pt, pp* **-pp-)** klaskać, bić brawo; **they ~ped to the rhythm of the song** klaskali w rytm piosenki; **the audience ~ped enthusiastically** widownia entuzjastycznie biła brawo

■ **clap along** klaskać **(to sth** w rytm czegoś)

■ **clap on**: 1 **to ~ on one's hat/cap** wcisnąć kapelusz/czapkę na głowę; **to ~ on the brakes** Aut infml wcisnąć hamulec; **to ~ on sail** Naut podnieść żagle 2 wprowa|dzić, -dzać *[surcharge, tax, duty]*; **most countries ~ped on tariffs to protect their farmers** większość krajów wprowadziła cła ochronne, żeby bronić interesów własnych producentów żywności

IDIOMS: **to ~ eyes on sb/sth** zobaczyć kogoś/coś; **I've never ~ped eyes on her before** pierwszy raz ją widzę na oczy

clap[2] /klæp/ *n* vinfml (venereal disease) tryper *m* dat or hum; **to get a dose of the ~** złapać trypra

clapboard /ˈklæpbɔːd/ *n* (board) deska *f* szalunkowa; (surface) szalunek *m*, szalowanie *n*

clapped-out /ˌklæptˈaʊt/ *adj* infml *[machinery, vehicle]* rozklekotany, zdezelowany; *[ideas, economy]* przestarzały; *[horse, donkey]* stary; *[person]* (exhausted) wykończony, wypompowany; *[politician, pop-star]* (past it) skończony

clapper /ˈklæpə(r)/ *n* serce *n* dzwonu

IDIOMS: **to go like the ~s** zasuwać jak mały parowozik infml; **her tongue runs like the ~s** ona bez przerwy miele językiem infml

clapperboard /ˈklæpəbɔːd/ *n* GB Cin klaps *m*

clapping /ˈklæpɪŋ/ *n* oklaski *plt*, brawa *plt*

claptrap /ˈklæptræp/ *n* infml mowa-trawa *f* infml

claque /klæk, klɑːk/ *n* klaka *f*, klakierzy *m pl*

claret /ˈklærət/ **I** *n* 1 (wine) bordo *n*, czerwone wino *n* bordoskie 2 (colour) (kolor *m*) bordo *m*, bordowy *m*

II *adj* (also **~-coloured)** bordo, bordowy

clarification /ˌklærɪfɪˈkeɪʃn/ *n* 1 (explanation) wyjaśnienie *n* 2 Culin (of butter, wine) klarowanie *n*; (of stock) szumowanie *n*

clarify /ˈklærɪfaɪ/ *vtr* 1 (explain) wyjaśni|ć, -ać *[point, problem]*; **a ~ing statement** oświadczenie wyjaśniające; **to become clarified** stać się jasnym 2 Culin s|klarować *[butter, wine]*; z|szumować *[stock]*

clarinet /ˌklærəˈnet/ *n* klarnet *m*

clarinettist /ˌklærəˈnetɪst/ *n* klarnecist|a *m*, -ka *f*

clarion /ˈklærɪən/ **I** *n* trąbka *f*

II *vt* liter otrąbić, obwie|ścić, -szczać

clarion call *n* liter wezwanie *n* (do czynu); larum *n* dat

clarity /ˈklærətɪ/ *n* (of sound) czystość *f*; (of vision, thought, speech, style) jasność *f*, klarowność *f*, przejrzystość *f*; (of TV picture) czystość *f*

clash /klæʃ/ **I** *n* 1 (confrontation) starcie *n* **(with sb** z kimś); fig (disagreement) utarczka *f* or potyczka *f* słowna **(on** or **over sth** z powodu czegoś, na temat czegoś) 2 Sport (contest) pojedynek *f* fig 3 (contradiction) sprzeczność *f*, niezgodność *f*; **a ~ of beliefs/interests** sprzeczność przekonań/interesów; **a ~ of cultures** zderzenie kultur; **a personality ~** niezgodność charakterów; 4 (inconvenient coincidence) kolidowanie *n* w czasie; **the meeting was rescheduled, so as to avoid a ~ with the press conference** termin spotkania został przesunięty, tak żeby nie kolidowało z konferencją prasową 5 **a ~ of colours** gryzące się kolory 6 (of swords) szczęk *m*; (of sheets of metal, of cymbals) brzęk *m*

II *vt* (bang) (also **~ together)** trzas|nąć -kać (czymś); uderz|yć, -ać (o siebie) *[saucepans, cymbals]*

III *vi* 1 (meet and fight) *[armies, rival groups]* zetrzeć, ścierać się; fig (disagree) po|kłócić się, zetrzeć, ścierać się; **he ~ed with his colleagues over** or **on this issue** starł się z kolegami w tej kwestii 2 (be in conflict) *[interests, beliefs, wishes]* pozostawać w sprzeczności ze sobą 3 (coincide inconveniently) *[meetings, appointments]* kolidować ze sobą

4 (not match) *[colours]* kłócić się or gryźć się ze sobą; *[garments]* nie pasować do siebie 5 (bang) (also **~ together)** *[swords, lids]* szczęk|nąć, -ać, brzę|knąć, -czeć; *[cymbals]* za|brzmieć

clasp /klɑːsp, US klæsp/ **I** *n* 1 (of bracelet, brooch, necklace) zameczek *m*; (of bag, purse) zamek *m*, zatrzask *m*; (of bra) zapięcie *n*; (of belt) klamra *f*, klamerka *f*, sprzączka *f* 2 (grip) uścisk *m*; **he held his opponent in a firm ~** trzymał przeciwnika w mocnym uścisku

II *vt* 1 (hold tightly) ścis|nąć, -kać (kurczowo) *[knife]*; trzymać się kurczowo (czegoś) *[rail]*; uścisnąć, ściskać *[hand]*; **he ~ed her hand** przytrzymał ją za rękę; **to ~ one's hands (together)** spleść dłonie; **to ~ sth to one's breast** przyciskać coś (kurczowo) do piersi 2 (embrace) ob|jąć, -ejmować, przytul|ić, -ać, tulić *[person, baby]*; przycis|nąć, -kać *[bag]*; **to ~ sb in one's arms** wziąć kogoś w ramiona, objąć kogoś; **to ~ sb to one's breast** przytulić or przycisnąć kogoś do piersi; **to ~ one's arms around one's knees** objąć kolana ramionami 3 (fasten) zapi|ąć, -nać *[bracelet, belt]*; przypi|ąć, -nać *[brooch]*; **to ~ a handbag shut** zamknąć torebkę na zatrzask

clasp knife *n* scyzoryk *m*; kozik *m*

class /klɑːs, US klæs/ **I** *n* 1 Sociol klasa *f*, warstwa *f*; **the working ~es** klasy pracujące; **professional ~es** wolne zawody 2 (group of students) Sch klasa *f*; Univ grupa *f*; (lesson) Sch lekcja *f*; Univ zajęcia *plt* **(in sth** z czegoś); **in ~** na lekcji/zajęciach; **to have a ~** mieć lekcję/zajęcia; **to give a ~** prowadzić lekcję/zajęcia; **to take a ~** GB prowadzić lekcje/zajęcia; US pobierać lekcje, uczęszczać na kurs 3 US Sch, Univ, Mil (year group) rocznik *m* 4 (category) (of age) kategoria *f*; (of vehicle, ship) klasa *f*; **to be in a ~ of one's own** or **by oneself** stanowić klasę dla siebie; **he's in a different ~ from the other players** on jest o klasę lepszy od pozostałych graczy; **he's not in the same ~ as the other players** on nie jest graczem tej samej klasy, co pozostali 5 infml (elegance) klasa *f*; **to have ~** mieć klasę; **to add a touch of ~ to sth** dodać czemuś splendoru 6 Tourism (on train) klasa *f*; (of hotel) kategoria *f*; **to travel first /economy ~** podróżować pierwszą klasą /klasą turystyczną; **a tourist-~ hotel** hotel klasy turystycznej 7 GB Univ **a first- /second-~ degree** ukończenie studiów z wynikiem bardzo dobrym/dobrym 8 Bot klasa *f*; Zool gromada *f* 9 Math klasa *f*

II *adj [player, athlete, horse]* pierwszorzędny

III *vt* **to ~ sb/sth as...** zaklasyfikować kogoś/coś jako...; **he's been ~ed with** or **among the greats of the sport** zalicza się go do arcymistrzów tej dyscypliny sportu

class action *n* Jur pozew *m* grupowy, powództwo *n* grupowe

class conscious *adj* świadomy różnic klasowych

class consciousness *n* identyfikacja *f* z własną klasą społeczną; (in Marxist discourse) świadomość *f* klasowa

class distinction *n* różnice *f pl* klasowe

class divisions *npl* podziały *m pl* klasowe

classic /ˈklæsɪk/ **I** *n* 1 (literary) klasyczne dzieło *n*, arcydzieło *n*; **the ~s** Literat, Cin klasyka *f* 2 Sport (horse race) główna gonitwa *f* klasyczna 3 infml (hilarious example) kwiatek *m* fig; **it was a real ~!** to był prawdziwy kwiatek! 4 Fashn **the little black dress is a wardrobe ~** „mała czarna" jest zawsze elegancka i modna

II *adj* 1 *[novel, film, performance, textbook]* klasyczny 2 *[example, case, symptoms]* klasyczny, typowy; **it's ~!** (to) typowe or klasyczne! 3 *[clothes, design, style, cars]* tradycyjny, klasyczny; **a ~ recipe for roasting beef** tradycyjny przepis na pieczoną wołowinę

classical /ˈklæsɪkl/ *adj* 1 (of Greece and Rome) klasyczny; (in the style of Greece and Rome) klasycystyczny; **~ education** wykształcenie klasyczne; **~ scholar** filolog klasyczny; **~ studies** filologia klasyczna 2 (traditional) klasyczny

classically /ˈklæsɪklɪ/ *adv [dress]* klasycznie; *[design]* w stylu klasycznym; **~ elegant** z klasyczną elegancją; **~ proportioned** o klasycznych proporcjach; **~ trained** z wykształceniem klasycznym

classical music *n* muzyka *f* klasyczna

classicism /ˈklæsɪsɪzəm/ *n* klasycyzm *m*

classicist /ˈklæsɪsɪst/ *n* (student) student *m*, -ka *f* filologii klasycznej; (teacher, scholar) filolog *m* klasyczny

classics /ˈklæsɪks/ *n pl (+ v sg)* filologia *f* klasyczna

classifiable /ˈklæsɪfaɪəbl/ *adj* dający się (za)klasyfikować

classification /ˌklæsɪfɪˈkeɪʃn/ *n* 1 (category) kategoria *f* 2 (categorization) klasyfikacja *f*, kategoryzacja *f*

classified /ˈklæsɪfaɪd/ **I** *n* (also **~ ad)** ogłoszenie *n* drobne

II *adj* 1 (categorized) sklasyfikowany 2 (secret) *[information, documents]* tajny

classified ad *n* ogłoszenie *n* drobne

classified directory *n* GB branżowy katalog *m* firm

classified results *npl* GB Sport oficjalne wyniki *m pl*

classified section *n* rubryka *f* ogłoszeń drobnych

classify /ˈklæsɪfaɪ/ *vt* 1 (categorize) s|klasyfikować *[books, data]*; **to ~ a book under** or **as sociology** zaszeregować książkę do socjologii; **to be classified by** or **according to subject** zostać uszeregowanym według dziedzin 2 (declare secret) opat|rzyć, -rywać klauzulą tajności *[document]*; utajni|ć, -ać *[information]*

classless /ˈklɑːslɪs, US ˈklæs-/ *adj [society]* bezklasowy; *[person]* nienależący do żadnej klasy społecznej; *[accent]* niezdradzający pochodzenia

class list *n* Sch lista *f* uczniów

class mark *n* sygnatura *f*

classmate /ˈklɑːsmeɪt, US ˈklæs-/ *n* kole|ga *m*, -żanka *f* z klasy

class number *n* = **class mark**

class president *n* US Sch gospod|arz *m*, -yni *f* klasy

class rank *n* Sch, Univ klasyfikowanie *n*; US stopień *m*

class-ridden /ˈklɑːsrɪdn, US ˈklæs-/ *adj [society, nation]* rozwarstwiony; **~ attitudes** uprzedzenia klasowe

classroom /ˈklɑːsruːm, -rʊm, US ˈklæs-/ *n* klasa *f*, sala *f* lekcyjna

class society *n* społeczeństwo *n* klasowe

class structure *n* struktura *f* klasowa

class struggle *n* walka *f* klasowa

class system *n* system *m* klasowy

class teacher *n* GB wychowaw|ca *m*, -czyni *f* klasy

class trip *n* wycieczka *f* szkolna

class war(fare) *n* Sociol, Pol walka *f* klas or klasowa

classy /ˈklɑːsɪ, US ˈklæsɪ/ *adj* infml *[person]* z klasą; *[dress]* szykowny; *[car, hotel]* luksusowy; *[actor, performance]* wielkiej klasy; **she's really ~** ona ma klasę

clatter /ˈklætə(r)/ **I** *n* (of dishes, pots) brzęk *m*; (of hooves) stukot *m*

II *vt [dishes, pots]* za|brzęczeć; *[hooves]* za|stukać; **stop ~ing those pots!** przestań tłuc tymi garnkami!

III *vi [typewriter]* stukać; *[dishes]* brzęczeć; *[vehicle]* terkotać, klekotać; **she ~ed (off) down the corridor** stukając obcasami poszła korytarzem; **the train ~ed over the bridge** pociąg ze stukotem przejechał przez most

clause /klɔːz/ *n* 1 Ling zdanie *n* składowe; **subordinate ~** zdanie podrzędne 2 Jur, Pol klauzula *f*

claustrophobia /ˌklɔːstrəˈfəʊbɪə/ *n* klaustrofobia *f*

claustrophobic /ˌklɔːstrəˈfəʊbɪk/ **I** *n* cierpiąc|y *m*, -a *f* na klaustrofobię

II *adj [person]* cierpiący na klaustrofobię; *[feeling]* klaustrofobiczny; **it's ~ in here** to pomieszczenie przyprawia o klaustrofobię; **I get ~ in lifts** w windzie doznaję uczucia klaustrofobii

clavichord /ˈklævɪkɔːd/ *n* klawikord *m*

clavicle /ˈklævɪkl/ *n* obojczyk *m*

claw /klɔː/ **I** *n* 1 Zool (of animal) pazur *m*; (of bird of prey) szpon *m*; **~s** (of crab, lobster) kleszcze *plt*, szczypce *plt* 2 infml fig (hand) łapa *f* infml; **to get one's ~s into sb** zagiąć na kogoś parol, uwziąć się na kogoś 3 (on hammer) pazur *m (do wyciągania gwoździ)*

II *vt* 1 (scratch) po|drapać 2 (tear) *[animal]* rozszarp|ać, -ywać pazurami or szponami 3 fig **to ~ sb's eyes out** wydrapać komuś oczy fig; **he ~ed his way to the top** robił karierę po trupach fig; **she ~ed her way out of the slums** dzięki uporowi i samozaparciu, wyrwała się ze slumsów

■ **claw at**: **~ at [sb/sth]** (attack) rzuc|ić, -ać się na kogoś/coś z pazurami; (scratch) drapać; **the cat's ~ing at the door** kot drapie do drzwi; **he ~ed at the branch as he fell** spadając próbował schwycić się gałęzi

■ **claw back**: **~ back [sth], ~ [sth] back** 1 GB Pol, Econ, Tax od|ebrać, -bierać *(w sposób pośredni)* *[allowance, benefit]*; odzysk|ać, -iwać *[investment]* 2 Comm, Sport odzysk|ać, -iwać z trudem *[position]*

clawback /ˈklɔːbæk/ *n* GB pieniądze *m pl* odebrane; **the ~ represents 2% of the excess income** suma odzyskana stanowi 2% nadwyżki dochodu

claw hammer *n* młotek *m* z pazurem *(do wyciągania gwoździ)*

clay /kleɪ/ **I** *n* 1 (soil, for sculpture) glina *f* 2 (in tennis) kort *m* ziemny

C

II *modif* 1 *[pot]* gliniany 2 Sport *[court]* ziemny

IDIOMS: **to have feet of ~** nie być bez skazy

clayey /ˈkleɪɪ/ *adj* gliniasty

claymore /ˈkleɪmɔː(r)/ *n* Hist szkocki miecz *m* obosieczny

clay pigeon *n* Sport rzutek *m*

clay pigeon shooting *n* strzelanie *n* do rzutków

clay pipe *n* fajka *f* gliniana

clay pit *n* glinianka *f*

clean /kliːn/ **I** *n* **to give sth a ~** wy|czyścić coś *[shoes, carpet, bike]*; umyć coś *[windows]*; **the cat is giving itself a ~** kot się myje

II *adj* 1 (not dirty) *[clothes, dishes, floor, hands, water]* czysty; *[wound, syringe]* zdezynfekowany, czysty; **it's not very ~ to drink out of somebody else's glass** to niehigienicznie pić z cudzej szklanki; **she keeps her house ~** utrzymuje dom w czystości; **my hands are ~** mam czyste ręce also fig; **~ and tidy** czysto i porządnie; **a ~ sheet of paper** czysta kartka papieru; **to rinse /wash sth ~** wymyć/wyprać coś do czysta; **to lick one's plate ~** *[person]* fig nie zostawić nic na talerzu, zjeść wszystko do ostatniego kęsa; *[animal]* wylizać miskę do czysta 2 (without pollution) *[fuel, process]* bezpieczny dla środowiska, niezanieczyszczający środowiska naturalnego; *[environment]* czysty 3 (not obscene) *[joke]* przyzwoity; *[comedian]* nie przekraczający granic przyzwoitości; **keep it** or **the conversation ~!** tylko bez świntuszenia! infml 4 (unsullied) *[reputation]* dobry, nieposzlakowany; **she's got a ~ record** ma czystą hipotekę fig; **I've checked him out, he's ~** infml sprawdziłem go, jest czysty infml 5 (no longer addicted) niebiorący; niećpający infml; **he's ~ now** infml on teraz nie bierze infml 6 infml (without illicit property) czysty infml; **he's ~** jest czysty infml; (no gun) jest nieuzbrojony; **the car/room is ~** samochód/pokój jest czysty 7 Sport *[match]* zagrany czysto; *[player]* grający czysto; *[serve, hit, throw]* czysty; **keep it ~** (in match) graj czysto 8 (elegant, neat) *[lines, profile]* czysty; *[edge]* gładki; **~ break** Med złamanie proste; **to make a ~ break with the past** fig całkowicie zerwać z przeszłością

III *adv* całkiem, zupełnie; **I ~ forgot** całkiem zapomniałem; **the bullet went ~ through his shoulder** kula przeszyła mu ramię; **the horse jumped ~ over the wall** koń pokonał przeszkodę, nie zawadzając o mur; **we're ~ out of bread** zostaliśmy bez odrobiny chleba

IV *vt* 1 (remove dirt from) wy|czyścić *[shoes, gun, cooker]*; wysprzątać, po|sprzątać *[room]*; u|myć *[window, car]*; **to ~ sth from** or **off sth** usunąć or zmyć coś z czegoś; **to ~ the blackboard** zetrzeć tablicę; **to have sth ~ed** dać coś do czyszczenia; **to ~ one's teeth** umyć zęby 2 (dry-clean) wy|prać chemicznie *[carpet]* 3 Culin sprawi|ć, -ać, o|czyścić *[chicken, fish]*; u|myć *[vegetables]*

V *vi* 1 (do housework) sprząt|nąć, -ać, z|robić porządki; **I've been ~ing all morning** cały ranek sprzątałem 2 (become cleansed) **these brass handles don't ~ very easily** te mosiężne klamki trudno się czyści 3 (remove dirt) *[substance]* usu|nąć, -wać brud

VI *vr* **to ~ oneself** *[animal]* z|robić toaletę fig

■ **clean down**: **~ down [sth], ~ [sth] down** wysprzątać *[house]*; wy|myć *[walls, doors]*

■ **clean off**: ¶ **~ off** *[stain]* zejść, schodzić; **this mark won't ~ off** ta plama nie chce zejść ¶ **~ off [sth], ~ [sth] off** zetrzeć, ścierać *[chalk mark]*; zmy|ć, -wać, usu|nąć, -wać *[stain, graffiti]*; **to ~ sth off** wy|trzeć, -cierać *[blackboard]*; u|myć *[car]*; zmy|ć, -wać *[wall]*

■ **clean out**: ¶ **~ out [sth], ~ [sth] out** (cleanse thoroughly) wysprzątać *[cupboard, stable]*; wyszorować *[toilets]*; **you should ~ out your ears** infml lepiej sobie umyj uszy ¶ **~ out [sb/sth], ~ [sb/sth] out** (leave empty, penniless) *[thief]* ogołocić ze wszystkiego *[house]*; obrobić infml *[person]*; *[shopping, holiday]* zrujnować fig *[person]*; **'another game?' – 'no, I'm ~ed out'** infml „jeszcze jedna partyjka?" – „nie, jestem spłukany" infml; **to ~ sb out of sth** oskubać kogoś z czegoś infml *[jewellery, money]*

■ **clean up**: ¶ **~ up** 1 (remove dirt) sprząt|nąć, -ać 2 (tidy) porządkować, sprząt|nąć, -ać; **I'm tired of ~ing up after you** mam dość sprzątania po tobie 3 (wash oneself) wy|myć się; **let me just ~ myself up** niech się trochę ogarnę or doprowadzę do porządku 4 infml (make profit) *[dealer]* z|robić pieniądze; zbi|ć, -jać forsę infml **(on sth** na czymś); *[gambler]* zgarn|ąć, -iać (całą) pulę ¶ **~ [sb] up** u|myć *[patient]*; **come and let me ~ you up** (to child) chodź, umyję cię ¶ **~ up [sth], ~ [sth] up** 1 (remove dirt) uprząt|nąć, -ać *[mess, rubbish, area, spillage]*; **~ that rubbish up off** or **from the floor** uprzątnij te śmiecie z podłogi; 2 (remove crime) zaprowa|dzić, -dzać porządek; 3 (make less obscene) usunąć wulgarne fragmenty z (czegoś) *[TV programme, comedy act]*

IDIOMS: **to ~ up one's act** *[person]* zacząć postępować według obowiązujących zasad; **to come ~ about sth** infml przyznać się do czegoś; **I'll have to come ~** infml będę musiał wyznać całą prawdę; **to make a ~ sweep of sth** (in organization, company) przeprowadzić czystkę; **the USA made a ~ sweep of all men's events** (win) sportowcy USA zgarnęli wszystkie medale w konkurencjach męskich

Clean Air Act *n* Pol ustawa *f* o czystym powietrzu

clean-cut /ˌkliːnˈkʌt/ *adj* *[outline, image]* wyrazisty; *[situation]* jasny; *[person, appearance]* schludny

cleaner /ˈkliːnə(r)/ *n* 1 (person) (in workplace, at home) sprzątacz *m*, -ka *f*; (in hospital) salow|y *m*, -a *f*; **a firm of office ~s** firma zajmująca się sprzątaniem biur 2 (machine) oczyszczarka *f*; **air ~** filtr powietrza; **carpet ~** maszyna do prania dywanów 3 (detergent) środek *m* czyszczący; **liquid ~** płyn czyszczący, środek czyszczący w płynie; **creme ~** pasta czyszcząca; **suede ~** środek do czyszczenia zamszu 4 (shop) (also **cleaner's)** pralnia *f* chemiczna

IDIOMS: **to take sb to the ~s** infml (swindle) oskubać kogoś infml; (defeat) **Scotland took England to the ~s** infml Szkocja spuściła Anglii lanie; (in divorce cases) **his ex-wife took him to the ~s** infml była żona puściła go z torbami

clean fuel *n* Ecol paliwo *n* ekologiczne

cleaning /ˈkliːnɪŋ/ *n* sprzątanie *n*; **to do the ~** sprzątać

cleaning cloth *n* szmata *f*, ścierka *f*

cleaning lady *n* sprzątaczka *f*

cleaning product *n* środek *m* czyszczący

cleanliness /ˈklenlɪnɪs/ *n* czystość *f*, schludność *f*

IDIOMS: **~ is next to godliness** Prov ≈ czystość jest jedną z największych cnót

clean living **I** *n* przyzwoity i zdrowy tryb *m* życia

II **clean-living** *adj* *[person, community]* prowadzący zdrowy tryb życia

cleanly **I** /ˈklenlɪ/ *adj* liter czysty, schludny

II /ˈkliːnlɪ/ *adv* *[cut]* równo; *[fight]* czysto; *[catch, hit]* precyzyjnie; **to break off ~** ułamać się równo; **she hits the notes ~** czysto bierze nuty

cleanness /ˈkliːnnɪs/ *n* czystość *f*, schludność *f*

clean-out /ˈkliːnaʊt/ *n* infml kant *m*, szwindel *m* infml

clean room *n* Comput, Ind czysty pokój *m*

cleanse /klenz/ *vt* 1 zmy|ć, -wać *[skin]*; oczy|ścić, -szczać *[blood]*; przemy|ć, -wać *[wound]* 2 fig oczy|ścić, -szczać *[person, mind, society]* **(of sth** z czegoś)

cleanser /ˈklenzə(r)/ *n* 1 Cosmet środek *m* do demakijażu 2 (household) środek *m* czyszczący

clean-shaven /ˌkliːnˈʃeɪvn/ *adj* gładko ogolony

clean sheet *n* fig (record) czysta hipoteka *f* fig; **to have kept a ~** zachować czystą hipotekę; Sport *[goalkeeper]* nie puścić żadnej bramki

cleansing /ˈklenzɪŋ/ **I** *n* czyszczenie *n*

II *adj* 1 Cosmet **~ product** środek do demakijażu 2 *[action, effect]* oczyszczający also fig

cleansing department *n* GB Admin służby *f pl* oczyszczania miasta

cleanup /ˈkliːnʌp/ *n* 1 gruntowne sprzątanie *n*, gruntowne porządki *m pl*; **to give a room a ~** infml zrobić porządki w pokoju, wysprzątać pokój 2 US (profit) zysk *m*; **to make a ~** infml obłowić się infml

cleanup campaign *n* (of city) kampania *f* na rzecz czystości w mieście; Pol czystka *f*

clear /klɪə(r)/ **I** *n* 1 (also **~ text)** in **~** Comput niezakodowany; Mil niezaszyfrowany 2 Sport wybicie *n* piłki z pola obrony

II *adj* 1 (transparent) *[glass, plastic]* przezroczysty; *[water, lake]* czysty, przejrzysty; *[liquid, solution]* klarowny; *[blue, green]* czysty; *[lens, varnish]* bezbarwny 2 (distinct) *[image, outline, impression, writing, sound, voice]* wyraźny; *[photograph]* ostry; **I didn't get a ~ look at the car** nie widziałem tego samochodu dobrze; **he had a ~ view of the man** wyraźnie widział tego mężczyznę; **to read sth in a ~ voice** przeczytać coś wyraźnie (na głos) 3 (comprehensibly plain) *[description, instruction, text]* jasny, klarowny; **to make sth ~ to sb** dać coś komuś jasno do zrozumienia; **he made it ~ to her that he didn't like it** dał jej jasno do zrozumienia, że mu się to nie podoba; **I wish to make it ~ that...** chciałbym wyraźnie zaznaczyć, że...; **is that ~?** czy to jasne?; **do I make myself ~?** czy wyrażam się jasno?; **let's get this ~** żeby było jasne; żeby nie było wątpliwości [4] (obvious) *[lack, need, sign, advantage, lead, majority]* wyraźny; *[example, evidence]* oczywisty; **it's ~ that...** to oczywiste, że...; **it was ~ from what he said that...** z tego, co powiedział, jasno wynikało, że...; **it's a ~ case of fraud** to oczywiste oszustwo [5] (not confused) *[memory]* żywy; *[plan]* klarowny; *[mind]* jasny; **to have a ~ picture in one's mind of sth** mieć w głowie jasny obraz czegoś; **to have/keep a ~ head** mieć/zachować jasność umysłu; **we need someone with a ~ head** potrzebujemy kogoś trzeźwo myślącego; **I'm not entirely ~** nie bardzo rozumiem; **I'm not ~ what to do/how to start** nie bardzo wiem, co zrobić/jak zacząć; **I have no ~ idea how it happened** nie bardzo wiem, jak to się stało or jak do tego doszło; **he had a ~ understanding of the problem** bardzo dobrze rozumiał istotę problemu; **this will give you a ~er idea of the problem** to ci pozwoli lepiej zrozumieć, w czym rzecz; **she's quite ~ about what the job involves** ona bardzo dobrze wie, na czym polega ta praca [6] (empty) *[road, space]* wolny; *[view]* otwarty; *[table]* uprzątnięty; **the road is ~ of obstacles** droga jest przejezdna; **the road is ~ of snow** droga jest odśnieżona [7] (not guilty) *[conscience]* czysty, spokojny [8] (unblemished) *[skin, complexion]* gładki [9] Med *[X-ray, scan]* czysty [10] (cloudless) *[sky]* czysty; *[day, night]* bezchmurny; **on a ~ day** w bezchmurny dzień [11] (frank) *[gaze, look]* szczery, otwarty [12] (pure) *[sound, tone, voice]* czysty [13] Culin *[honey]* płynny; *[jelly]* klarowny; *[soup]* czysty; **~ soup** bulion [14] (exempt from) **to be ~ of sth** być wolnym od czegoś *[debt, blame, suspicion]* [15] (free) *[day, diary]* wolny; **keep Saturday ~ for shopping** zarezerwuj sobie sobotę na zakupy; **keep the 24th ~, I'm having a party** nie planuj nic na 24., urządzam przyjęcie [16] (whole) *[week]* pełny; **you must allow three ~ days** trzeba liczyć trzy pełne dni [17] (net) *[gain, profit]* czysty; **£500 ~** or **a ~ £500** 500 funtów netto or na czysto [18] Ling *[vowel]* wysoki

III *adv* (away from) **to jump ~** odskoczyć, uskoczyć; **to jump ~ of sth** (jump out of) wyskoczyć z czegoś *[vehicle]*; (avoid) **he leapt ~ of the car/rock** uskoczył przed samochodem/spadającym głazem; **to pull sb ~ of sth** wyciągnąć kogoś z czegoś *[wreckage]*; odciągnąć kogoś od czegoś *[advancing train]*; **to stay** or **steer ~ of sb/sth** trzymać się z dala od kogoś/czegoś *[troublemakers, town centre, rocks]*; unikać czegoś *[alcohol, fatty foods, trouble]*; **he kept the boat ~ of the rocks** utrzymywał łódź w bezpiecznej odległości od skał; **'stand ~ of the doors!'** „proszę odsunąć się od drzwi!"; **to get ~ of sth** wydostać się z czegoś *[traffic, town]*

IV *vt* [1] (remove) usu|nąć, -wać *[trees, weeds, debris, papers, mines]*; odgarn|ąć, -iać *[snow]*; **to ~ demonstrators from the streets, to ~ the streets of demonstrators** usunąć demonstrantów z ulic; **~ the papers off the desk** sprzątnij papiery z biurka [2] (free from obstruction) przeczy|ścić, -szczać, przep|chnąć, -ychać *[drains]*; uprząt|nąć, -ać *[table, surface]*; oczy|ścić, -szczać *[site, land]*; **to ~ the road of obstacles** usunąć przeszkody z drogi; **to ~ the road of snow** odśnieżyć drogę; **to ~ sth out of the way** (from table, seat) zdjąć coś; (from floor) podnieść coś; **to ~ the way for sb** zrobić przejście dla kogoś; fig przygotować miejsce dla kogoś; **to ~ the way for sth** fig utorować drogę czemuś [3] (freshen) **to ~ the air** *[storm, wind]* odświeżyć powietrze; *[person]* prze|wietrzyć; fig oczyścić atmosferę fig [4] (empty) opróżni|ć, -ać *[desk, drawer, post box, room]* **(of sth** z czegoś**)**; ewakuować *[area, building]*; **the judge ~ed the court** sędzia kazał usunąć publiczność z sali rozpraw; **to ~ the office of furniture** powynosić meble z biura; **you're fired, ~ your desk** jesteś zwolniony, opróżnij biurko; **her singing ~ed the room** gdy zaczęła śpiewać, sala opustoszała [5] (create) z|robić *[space, passage]*; **to ~ a path through the bushes** torować sobie drogę przez zarośla [6] (disperse) rozpędz|ić, -ać, rozwi|ać, -ewać *[fog, smoke]*; rozpędz|ić, -ać *[crowd]* [7] (unblock) przeczy|ścić, -szczać *[nose, ears]*; **to ~ one's throat** odchrząknąć; **the fresh air will ~ your head** świeże powietrze cię otrzeźwi [8] Cosmet (z)likwidować *[spots, dandruff]*; **it will ~ your skin of acne** dzięki temu pozbędziesz się trądziku [9] Wine s|klarować [10] (destroy) wyburz|yć, -ać *[building]* [11] Comput wykasow|ać, -ywać, wymaz|ać, -ywać *[data]*; wy|czyścić *[disk]*; oczyścić *[screen]* [12] (dispose of) pozby|ć, -wać się (czegoś) *[stock]*; **to ~ the backlog** nadrobić zaległości; **'reduced to ~'** „wyprzedaż" [13] (pay off) spłac|ić, -ać *[debt, loan, mortgage]*; wyrówn|ać, -ywać *[account]* [14] Fin *[bank]* rozlicz|yć, -ać *[cheque]* [15] (make) osiąg|nąć, -ać infml *[profit]* [16] (free from blame) *[jury]* oczy|ścić, -szczać z zarzutów *[accused]*; **to be ~ed of suspicion /blame** zostać oczyszczonym z podejrzeń/z winy; **to ~ one's name** oczyścić swoje imię [17] Admin, Mil (vet) sprawdz|ić, -ać *[employee]*; **I've been ~ed** sprawdzono mnie; **she's been ~ed to see the documents** po zweryfikowaniu uzyskała wgląd w dokumenty [18] (officially approve) zatwierdz|ić, -ać *[proposal, request]*; dokon|ać, -ywać odprawy celnej (czegoś) *[goods]*; **to ~ sth with sb** uzyskać zatwierdzenie czegoś przez kogoś; **to be ~ed for take-off/landing** dostać pozwolenie na start /lądowanie [19] (jump over) pokon|ać, -ywać czysto *[fence, hurdle, wall]*; **she ~ed 2 m at the high jump** w skoku wzwyż pokonała wysokość 2 m [20] (pass through) zmieścić się pod (czymś), prze|jść, -chodzić pod (czymś) *[bridge]*; zmieścić się między (czymś), prze|jść, -chodzić między (czymś) *[gate-posts]*; **to ~ customs** przejść przez odprawę celną [21] Sport wybi|ć, -jać *[ball]*

V *vi* [1] (become transparent, unclouded) *[sky]* przejaśni|ć, -ać się, rozchmurz|yć, -ać się; *[wine, liquid]* s|klarować się [2] (disappear) *[smoke, fog, cloud, fumes]* roz|ejść, -chodzić się, rozwi|ać, -ewać się [3] (become pure) *[air]* oczy|ścić, -szczać się [4] (go away) *[pimples]* znik|nąć, -ać; *[rash, acne]* ust|ąpić, -ępować; *[skin]* poprawi|ć, -ać się, wygła|dzić, -dzać się [5] *[cheque]* zostać rozliczonym

■ **clear away**: ¶ po|sprzątać ¶ **~ away [sth], ~ [sth] away** usu|nąć, -wać, uprząt|nąć, -ać *[snow, leaves, debris, rubbish]*; po|sprzątać, po|zbierać *[papers, toys]*

■ **clear off**: ¶ **~ off** GB infml [1] (run away) zwi|ać, -ewać infml [2] (go away) zmy|ć, -wać się infml; **~ off, I'm busy** zjeżdżaj, jestem zajęty infml ¶ **~ off [sth]** US uprząt|nąć, -ać *[table]*

■ **clear out**: ¶ **~ out** (run away) zwi|ać, -ewać infml; **~ out!** wynoś się! ¶ **~ out [sth], ~ [sth] out** [1] (tidy) po|sprzątać *[room]*; z|robić porządek w czymś *[drawer, cupboard]* [2] (empty) opróżni|ć, -ać *[room, house]* [3] (throw away) po|wyrzucać *[old clothes, newspapers, rubbish]*

■ **clear up**: ¶ **~ up** [1] (tidy up) z|robić porządek; **they must ~ up after themselves** muszą po sobie posprzątać [2] (improve) *[weather]* poprawi|ć, -ać się; **it** or **the weather ~ed up** rozpogodziło się, przejaśniło się [3] (disappear) *[rash, infection]* ust|ąpić, -ępować ¶ **~ up [sth], ~ [sth] up** [1] (tidy) po|sprzątać *[room, beach, garden]*; uprząt|nąć, -ać *[mess, toys, papers, litter, broken glass]* [2] (resolve) wyjaśni|ć, -ać *[problem, difficulty, misunderstanding]*; rozwikł|ać, -ywać *[mystery]*

IDIOMS: **the coast is ~** fig niebezpieczeństwo minęło fig; **to be in the ~** (from danger) być bezpiecznym; (from suspicion) być wolnym od podejrzeń; (from guilt, blame) być oczyszczonym z zarzutów

clearance /ˈklɪərəns/ **I** *n* [1] (permission) pozwolenie *n*, zezwolenie *n*; (approval) zatwierdzenie *n*; **flight ~** zezwolenie na lot; **to have ~ for take-off/to land** *[plane]* mieć zezwolenie na start/na lądowanie; **you need ~ for your plans** (approval) twoje plany muszą zostać zatwierdzone; **send the report to him for ~** wyślij mu raport do zatwierdzenia; **to have ~ to do sth** mieć pozwolenie na zrobienie czegoś [2] (at customs) (formalities) odprawa *f* celna; (certificate) świadectwo *n* odprawy celnej; (of ship) (formalities) klarowanie *n*; (certificate) świadectwo *n* klarowania statku; **~ inwards/outwards** klarowanie statku na wejściu/wyjściu [3] Admin Mil (certificate) certyfikat *m* bezpieczeństwa [4] (removal) (of trees, vegetation) wycinka *f*, wycinanie *n*; (of buildings) wyburzenie *n*, wyburzanie *n*; **land ~, site ~** oczyszczanie terenu [5] Comm całkowita wyprzedaż *f*; **stock ~** wyprzedaż zapasów [6] (gap) odstęp *m*; **a 10 cm ~ between the van and the wall** dziesięciocentymetrowy odstęp między furgonetką a ścianą; **the bridge has a 4 metre ~** pod tym mostem mogą przejechać pojazdy do 4 m wysokości; **wheel/valve ~** Tech luz koła/zaworowy [7] Fin kliring *m* [8] Sport (in football, rugby)

wybicie *n* piłki z pola obrony; (in snooker, pool) perfekcyjne uderzenie *n*
II **Clearances** *npl* Scot Hist rugi *plt (górali szkockich z ziemi przeznaczonej na wypas owiec)*
clearance order *n* Admin zezwolenie *n* na rozbiórkę
clearance sale *n* Comm wyprzedaż *f*
clear-cut /ˌklɪəˈkʌt/ *adj [distinction, difference, outline]* wyraźny; *[division]* wyraźny, jednoznaczny; *[question, problem, rule, example]* jednoznaczny; *[idea, plan]* jasno sprecyzowany, klarowny; **~ features** wyraziste rysy; **the matter is not so ~** ta sprawa nie jest jednoznaczna
clear-headed /ˌklɪəˈhedɪd/ *adj [person]* trzeźwo myślący; *[attitude]* trzeźwy
clear-headedly /ˌklɪəˈhedɪdlɪ/ *adv* trzeźwo
clear-headedness /ˌklɪəˈhedɪdnɪs/ *n* (of person) trzeźwość *f* umysłu; (of decision, attitude) trzeźwość *f*
clearing /ˈklɪərɪŋ/ *n* [1] (glade) polana *f* [2] (removal) (of obstacles, mines, debris) usuwanie *n*; (of road) odblokowanie *n* [3] (levelling) (of forest) wycięcie *n*, wycinka *f*; (of buildings) wyburzenie *n*; (of land) oczyszczanie *n* [4] (eradication) (of pimples, toxins) usuwanie *n* [5] Fin kliring *m*
clearing bank *n* GB Fin bank *m* kliringowy
clearing house *n* Fin izba *f* rozrachunkowa; Admin (agency or organization) ≈ biuro *n* informacyjne
clearing-up /ˌklɪərɪŋˈʌp/ *n* porządki *m pl*, sprzątanie *n*; **I've got some ~ to do** mam trochę sprzątania, muszę zrobić porządki
clearly /ˈklɪəlɪ/ *adv* [1] (distinctly) *[speak, write]* wyraźnie; *[hear, see]* wyraźnie, dobrze; *[remember]* dobrze; *[visible, audible]* dobrze, wyraźnie; *[labelled, signposted]* czytelnie, wyraźnie [2] (intelligibly) *[describe, explain]* jasno [3] (lucidly) *[think]* jasno [4] (obviously) *[drunk, worried, wrong]* najwyraźniej; *[believe, hope, love, want]* najwyraźniej, najwidoczniej
clearness /ˈklɪənɪs/ *n* [1] (transparency) (of glass, water) przejrzystość *f*; (of varnish) bezbarwność *f* [2] Meteorol (of day, sky) bezchmurność *f* [3] (purity) (of air) czystość *f*, przejrzystość *f*; (of note, voice) czystość *f*; (of skin) gładkość *f* [4] (brightness) (of colour) czystość *f* [5] (distinctness) (of photograph) ostrość *f*; (of outline, image) wyrazistość *f*; (of handwriting) staranność *f*; (of memory) dokładność *f*, wyrazistość *f* [6] (candour) (of gaze, eyes) otwartość *f*, szczerość *f* [7] (intelligibility) (of style) przejrzystość *f*; (of message) jasność *f*
clear-out /ˈklɪəraʊt/ *n* GB infml **to have a (good) ~** zrobić (generalne) porządki; **to give sth a ~** zrobić w czymś porządek *[room, cupboard]*
clear round *n* Equest czysty przejazd *m*
clear-sighted /ˌklɪəˈsaɪtɪd/ *adj [person, judgment]* przenikliwy; *[compromise, decision]* rozważny
clear-sightedly /ˌklɪəˈsaɪtɪdlɪ/ *adv* przenikliwie
clear-sightedness /ˌklɪəˈsaɪtɪdnɪs/ *n* przenikliwość *f*
clearway /ˈklɪəweɪ/ *n* GB Transp droga *f* szybkiego ruchu
cleat /kliːt/ *n* [1] (on sole) kołek *m*, korek *m* [2] (shoe) but *m* piłkarski; **~s** korki *m pl* infml [3] Naut knaga *f* [4] (in carpentry) listwa *f* nośna
cleated /ˈkliːtɪd/ *adj [sole]* z kołkami, z korkami
cleavage /ˈkliːvɪdʒ/ *n* [1] (of breasts) rowek *m* między piersiami; przedziałek *m* infml; **to show a lot of ~** być mocno wydekoltowanym [2] (of opinion) podział *m*, rozłam *m*
cleave¹ /kliːv/ (*pt* **clove, cleft, cleaved;** *pp* **cloven, cleft, cleaved) I** *vt* [1] liter rozłup|ać, -ywać, rozszczepi|ć, -ać; fig po|dzielić *[society]*; **to ~ sth in two** rozłupać coś na dwie części [2] Geol rozłup|ać, -ywać *[stone]*
II *vi* rozłup|ać, -ywać się, rozszczepi|ć, -ać się
cleave² /kliːv/ *vi* (*pt, pp* **cleaved) to ~ to sb/sth** (be loyal to) wiernie trwać przy kimś /czymś; (stick to) trzymać się kogoś/czegoś
cleaver /ˈkliːvə(r)/ *n* tasak *m* rzeźniczy
clef /klef/ *n* Mus klucz *m*; **in the treble /bass ~** w kluczu wiolinowym/basowym
cleft /kleft/ **I** *pt, pp* → **cleave¹**
II *n* rozpadlina *f*, szczelina *f*
III *adj* **~ chin** podbródek z dołkiem
IDIOMS: **to be in a ~ stick** znaleźć się między młotem a kowadłem
cleft palate *n* rozszczep *m* podniebienia
clematis /ˈklemətɪs, kləˈmeɪtɪs/ *n* klematis *m*
clemency /ˈklemənsɪ/ *n* [1] (mercy) łaska *f*, łaskawość *f* **(towards sb** wobec kogoś) [2] (of weather) łagodność *f*
clement /ˈklemənt/ *adj [judge]* łagodny; *[weather]* przyjemny
clementine /ˈkleməntiːn/ *n* Bot klementynka *f*
clean and jerk *n* Sport (in weight-lifting) podrzut *m*
clenbuterol /klenˈbjuːtərɒl/ *n* Med klenbuterol *m*
clench /klentʃ/ *vt* zacis|nąć, -kać, ścis|nąć, -kać; **to ~ one's fist** zacisnąć pięść; **to ~ one's teeth/jaws** zacisnąć zęby/szczęki; **to ~ sth between one's teeth** ścisnąć coś zębami or w zębach; **to say sth between ~ed teeth** powiedzieć coś przez zaciśnięte zęby; **~ed-fist salute** pozdrowienie przez wzniesienie zaciśniętej pięści
Cleopatra /ˌkliːəˈpætrə/ *prn* Kleopatra *f*
clerestory /ˈklɪəstɔːrɪ/ *n* Archit przezrocze *n*
clergy /ˈklɜːdʒɪ/ *n* duchowieństwo *n*, kler *m*
clergyman /ˈklɜːdʒɪmən/ *n* (*pl* **-men)** duchowny *m*; (Protestant) pastor *m*; (Catholic) ksiądz *m*
cleric /ˈklerɪk/ *n* duchowny *m*
clerical /ˈklerɪkl/ *adj* [1] Relig *[matters]* klerykalny; *[control]* sprawowany przez duchowieństwo; *[appearance, manner]* księżowski [2] *[staff, employee, work]* biurowy; **she has a ~ post** pracuje jako urzędniczka
clerical assistant *n* niższy urzędnik *m*
clerical collar *n* koloratka *f*
clerical error *n* błąd *m* urzędniczy
clericalism /ˈklerɪkəlɪzəm/ *n* klerykalizm *m*
clerical student *n* kleryk *m*, seminarzysta *m*
clerical worker *n* urzędnik *m* biurowy
clerihew /ˈklerɪhjuː/ *n* Literat żartobliwy czterowiersz *m*
clerk /klɑːk, US klɜːrk/ **I** *n* [1] (in office, bank) urzędni|k *m*, -czka *f*; **bank ~** urzędnik bankowy; **booking ~** kasjer (w kasie biletowej); **head ~** Admin kierownik biura; Comm kierowni|k *m*, -czka *f* działu sprzedaży [2] GB (to lawyer) sekretarz *m*; dependent *m* dat; (in court) pisarz *m* sądowy [3] US (in hotel) (also **desk ~**) recepcjonist|a *m*, -ka *f*; (in shop) (also **sales ~**) ekspedient *m*, -ka *f*, sprzedaw|ca *m*, -czyni *f*
II *vi* US [1] Jur **to ~ for a judge** odbywać aplikację sądową [2] (in shop) pracować jako ekspedient/ekspedientka
clerk of the course *n* GB Aut, Turf sekretarz *m* zawodów
clerk of the court *n* GB Jur sekretarz *m* sądu
clerk of the House of Commons *n* GB sekretarz *m* Izby Gmin
clerk of (the) works *n* GB kierownik *m* robót budowlanych
clerk to the justices *n* GB doradca *m* prawny przy sędzi pokoju
Cleveland /ˈkliːvlənd/ *prn* Cleveland *m*
clever /ˈklevə(r)/ *adj* [1] (intelligent) *[person]* zdolny; *[mind]* bystry, lotny; **to be ~ at sth** mieć zdolności do czegoś; **to be ~ at doing sth** doskonale coś robić; **to be ~ with sth** dobrze sobie radzić z czymś *[computers]*; **to be ~ with figures** mieć zdolności matematyczne; **~ girl/dog!** mądra dziewczynka/mądry pies!; **that wasn't very ~!** to nie było zbyt mądre! [2] (ingenious) *[person, solution, gadget, plot]* pomysłowy, zmyślny; **how ~ of you!** to ci się udało!; **how ~ of you to find the solution** świetnie, że udało ci się znaleźć rozwiązanie [3] (shrewd) sprytny [4] (skilful) *[player, workman, manoeuvre, kick]* zręczny; **to be ~ at doing sth** mieć talent do robienia czegoś; **he's ~ with his hands** on ma zręczne ręce; **~ workmanship** zręcznie wykonana robota [5] (persuasive) *[advertisement]* pomysłowy; *[lawyer, salesperson]* zręczny [6] GB pej (cunning) sprytny; **don't be ~!** nie bądź taki mądry!; **he was too ~ for us** przechytrzył nas; **to be too ~ by half** wymądrzać się
clever-clever /ˌklevəˈklevə(r)/ *adj* GB infml pej *[person]* przemądrzały; *[idea]* wydumany
clever clogs *n* GB infml pej mądrala *m/f* infml
clever dick *n* = **clever clogs**
cleverly /ˈklevəlɪ/ *adv* (intelligently) inteligentnie; (skilfully, dextrously) zręcznie; (astutely, cunningly) sprytnie; **he ~ avoided doing it** sprytnie wywinął się od zrobienia tego
cleverness /ˈklevənɪs/ *n* (intelligence) inteligencja *f*; (ingenuity) pomysłowość *f*; (quick-wittedness) spryt *m*; (practical skills) zręczność *f*
cliché /ˈkliːʃeɪ, US kliːˈʃeɪ/ *n* komunał *m*, truizm *m*; **the car chase is a cinema ~** pościg samochodowy to oklepany chwyt kinowy; **to become a ~** stać się banalnym
clichéd /ˈkliːʃeɪd, US kliːˈʃeɪd/ *adj [phrase]* wyświechtany; *[ideas, advertisement]* oklepany; *[art, music, technique]* stereotypowy, banalny
click /klɪk/ **I** *n* [1] (of wood) trzask *m*; (of metal, china) brzęk *m*; (of mechanism) szczęk *m*; (of billiard balls, heels) stuk *m*; (of fingers, camera) pstryknięcie *n*; (of tongue) mlaśnięcie *n*; **with a ~ of one's fingers** pstrykając palcami; **with a ~ of one's heels** stukając obcasami [2] Ling mlask *m* [3] Comput kliknięcie *n*
II *vt* [1] (make sound) **to ~ one's fingers** pstryknąć palcami; **to ~ one's tongue**

mlasnąć językiem; **to ~ one's heels** stuknąć obcasami [2] **to ~ sth open/shut** otworzyć/zamknąć coś

III *vi* [1] *[camera, switch]* pstryk|nąć, -ać; *[lock]* szczęk|nąć, -ać; **the door ~ed behind her** usłyszała, jak drzwi zamykają się za nią; **I heard the cameras ~ing all at once** usłyszałem, jak wszystkie aparaty fotograficzne trzaskają równocześnie [2] infml (become clear) **suddenly something ~ed** nagle coś zaskoczyło infml; **everything ~s into place** teraz wszystko zaczyna do siebie pasować or układać się w całość [3] infml (work out perfectly) **everything ~ed for them** wszystko szło im jak po maśle [4] infml (strike a rapport) **we just ~ed** od razu przypadliśmy sobie do gustu [5] infml (be a great success, become popular) *[product, idea]* chwycić infml [6] Comput klik|nąć, -ać

clickable /ˈklɪkəbl/ *adj [image]* uaktywniający część programu po kliknięciu

clickety-click /ˌklɪkətɪˈklɪk/ *n* [1] **to go ~** *[machine]* stukotać, klekotać [2] GB (in bingo) sześćdziesiąt sześć

clicking /ˈklɪkɪŋ/ **I** *n* (of machine) stukot *m*; (of camera) trzask *m*

II *adj [machine]* stukający; *[camera]* trzaskający; **~ noise** trzaski

click language *n* Ling język *m* z mlaskami

clicks and mortar *adj [company]* łączący tradycyjne metody pracy z wykorzystaniem możliwości stwarzanych przez internet

clickthrough /ˈklɪkθruː/ *n* (on Internet) seria *f* kliknięć

client /ˈklaɪənt/ *n* klient *m*, -ka *f*

clientele /ˌkliːənˈtel, US ˌklaɪənˈtel/ *n* klientela *f*

client group *n* grupa *f* konsumentów

client-server /ˈklaɪəntˌsɜːvə(r)/ *adj* Comput klient-serwer *m*

client state *n* państwo *n* satelickie

cliff /klɪf/ *n* (by sea) klif *m*; (inland) urwisko *n*; **sandstone/chalk ~s** (by sea) klify piaskowcowe/kredowe; **steep ~s, vertical ~s** (by sea) urwiste or pionowe klify; (inland) pionowe urwiska

cliffhanger /ˈklɪfhæŋə(r)/ *n* infml (film) film *m* trzymający w napięciu; (story) opowieść *f* trzymająca w napięciu; (moment) chwila *f* napięcia; **to be a (real) ~** *[film, election, match]* trzymać w (niesamowitym) napięciu

cliffside /ˈklɪfsaɪd/ *n* ściana *f* klifu

clifftop /ˈklɪftɒp/ *n* wierzchołek *m* klifu

climacteric /klaɪˈmæktərɪk/ *n* [1] Physiol klimakterium *n* [2] fig punkt *m* kulminacyjny

climactic /klaɪˈmæktɪk/ *adj [event, moment]* kulminacyjny

climate /ˈklaɪmɪt/ *n* [1] Meteorol klimat *m* [2] fig atmosfera *f* fig [3] Econ, Pol klimat *m*

climate control *n* klimatyzacja *f*

climatic /klaɪˈmætɪk/ *adj* klimatyczny

climatology /ˌklaɪməˈtɒlədʒɪ/ *n* klimatologia *f*

climax /ˈklaɪmæks/ **I** *n* [1] (culmination, end) (of war, frenzy, celebration) punkt *m* kulminacyjny; (of speech, plot, play) moment *m* kulminacyjny; (of career) szczyt *m*, apogeum *n*; **to reach its ~** osiągnąć punkt kulminacyjny; **it's a fitting ~ to a long career** to właściwe ukoronowanie długiej kariery; **the exciting ~ of the tournament** pasjonujące zakończenie turnieju [2] (orgasm) szczytowanie *n*, orgazm *m* [3] (in rhetoric) klimaks *m*

II *vt* stanowić moment kulminacyjny (czegoś) *[week, match]*; uwieńczyć *[career, festival]* **(with sth** czymś)

III *vi* [1] (reach a high point) osiąg|nąć, -ać punkt kulminacyjny; **the show ~ed with all the performers singing together** finałem przedstawienia był wspólny śpiew wszystkich wykonawców [2] (sexually) osiąg|nąć, -ać orgazm, szczytować

climb /klaɪm/ **I** *n* [1] (ascent) (of hill, tower) wejście *n* **(up** pod górę); (of mountain) wspinaczka *f*, podejście *n* **(up** pod górę); **the ~ up the mountain took longer than the ~ down** wejście na szczyt góry trwało dłużej niż zejście; **a steep ~ to the summit** strome podejście na szczyt; **this rockface is one of the most difficult ~s in the Alps** ta skalna ściana to jedna z najtrudniejszych tras wspinaczkowych w Alpach [2] Aviat wznoszenie się *n* [3] fig (rise) pięcie się *n*, droga *f* na szczyty

II *vt* [1] (scale) *[car, person]* piąć się na (coś), pokon|ać, -ywać *[hill, slope]*; *[person]* wspi|ąć, -nać się na (coś) *[mountain, rockface]*; wspi|ąć, -nać się na (coś), wdrap|ać, -ywać się na (coś) *[wall, mast, stairs]*; **to ~ a ladder** wspiąć się or wejść na drabinę or po drabinie; **to ~ trees** chodzić po drzewach [2] Bot *[plant]* piąć się po (czymś) *[trellis, wall]*

III *vi* [1] (scale) wspi|ąć, -nać się, piąć się; **I ~ed along the ridge** piąłem się granią; **to ~ down sth** zejść po czymś *[rope, ladder, steps]*; zejść z czegoś *[mountain, rockface]*; **to ~ in(to) a car** wsiąść do samochodu; **'can you give me a lift?' – 'sure, ~ in!'** „podwieziesz mnie?" – „jasne, wsiadaj!"; **to ~ into bed** położyć się do łóżka; **to ~ over sth** (clamber over) przejść przez coś *[fence, wall]*; (step over) przestąpić przez coś *[log, stile]*; **to ~ up sth** wspiąć się po czymś *[rope, ladder]*; wspiąć się na coś *[stairs, tree]* [2] (rise) *[aircraft, sun]* wzn|ieść, -osić się [3] (slope up) *[road, path]* piąć się [4] (increase) *[temperature, birthrate]* podn|ieść, -osić się; *[profits]* wzr|osnąć, -astać

■ **climb down** wycof|ać, -ywać się **(from sth** z czegoś); **to ~ down over sth** ustąpić or pójść na ustępstwa w kwestii czegoś

IDIOMS: **to ~ the wall** US świrować vinfml

climb-down /ˈklaɪmdaʊn/ *n* infml ustępstwo *n* **(over sth** z czegoś)

climber /ˈklaɪmə(r)/ *n* [1] (mountaineer) wspinacz *m*, alpinist|a *m*, -ka *f*; (rock-climber) skałkowiec *m* [2] (plant) pnącze *n*

climbing /ˈklaɪmɪŋ/ **I** *n* wspinaczka *f*, alpinizm *m*, alpinistyka *f* → **mountain climbing, rock climbing**

II *adj* [1] Bot *[rose, ivy]* pnący [2] Zool wspinający się or łażący po drzewach

climbing boot *n* but *m* górski dat; (for trekking) but *m* trekingowy

climbing expedition *n* wyprawa *f* wysokogórska

climbing frame *n* (in playground) drabinki *f pl*

climbing irons *n pl* [1] (in mountaineering) raki *plt* [2] (for trees, poles) słupołazy *m pl*

climbing shoe *n* but *m* wspinaczkowy

climbing speed *n* Aviat prędkość *f* wznoszenia

climbing wall *n* ściana *f* wspinaczkowa

clime /klaɪm/ *n* liter strefa *f*; klima *f* arch; **in sunnier ~s** w cieplejszych krajach

clinch /klɪntʃ/ **I** *n* [1] (in boxing) klincz *m*; **in a ~** w klinczu [2] infml (embrace) objęcia *plt*, uścisk *m*; **in a ~** w objęciach [3] (nail) nit *m*; (part of nail) zakuwka *f*

II *vt* [1] Fin, Comm, Pol (secure) *[person]* s|finalizować *[agreement, deal]*; *[fact]* przypieczętow|ać, -ywać fig [2] (resolve) rozstrzyg|nąć, -ać *[argument, discussion]*; **the ~ing argument** ostateczny or rozstrzygający argument; **what ~ed it was...** sprawę przesądziło to, że...; **that ~es it for me** dla mnie to przesądza sprawę [3] Sport przesądz|ić, -ać o (czymś) *[promotion, victory]*

III *vi* Sport klinczować

clincher /ˈklɪntʃə(r)/ *n* infml (act, remark) czynnik *m* decydujący; (argument) decydujący argument *m*; (in football) decydująca or rozstrzygająca bramka *f*; **as a ~ they offered him a company car** dla zachęty zaproponowali mu samochód służbowy

cline /klaɪn/ *n* Biol klina *f*

cling /klɪŋ/ *vi* **(pt, pp clung)** [1] (physically) **to ~ (on) to sb/sth** kurczowo trzymać się or uczepić się kogoś/czegoś *[person, rail, raft]*; **to ~ together** przywrzeć do siebie; **to ~ on to sth for dear life** uczepić się czegoś ze wszystkich sił [2] (emotionally) **to ~ to sth** uparcie trwać przy czymś *[beliefs, myth, habit, lifestyle]*; uchwycić się czegoś *[hope]*; **to ~ to sb** przylgnąć do kogoś; **he ~s to me all the time** nie odstępuje mnie ani na chwilę; **she ~s to people for support** ona szuka oparcia u innych [3] (adhere) *[leaf, moss]* czepi|ć, -ać się **(to sth** czegoś); *[dress]* przyl|gnąć, -egać; *[smell]* utrzym|ać, -ywać się; **the smell of smoke clung to his jacket** jego marynarka przesiąknęła dymem; **to ~ to sth** *[ship, driver]* trzymać się czegoś *[coastline, kerb]*; **the road clung to the mountain** droga biegła zboczem góry

■ **cling on** *[custom, myth]* utrzymywać się; **to ~ on to sth** trzymać się kurczowo czegoś

clingfilm /ˈklɪŋfɪlm/ *n* GB folia *f* samoprzylegająca

clinging /ˈklɪŋɪŋ/ *adj* [1] *[dress]* przylegający, obcisły [2] *[plant]* pnący [3] *[child]* niesamodzielny; *[person]* pej bluszczowaty fig; **a ~ vine** (of woman) kobieta bluszcz

cling peaches GB *npl odmiana brzoskwiń o miąższu ściśle przylegającym do pestki*

clingstone peaches US *npl* = **cling peaches**

clingy /ˈklɪŋɪ/ *adj [child]* przylepny

clinic /ˈklɪnɪk/ *n* [1] (in hospital) przychodnia *f*, poradnia *f*; (private) klinika *f*; **eye ~** przychodnia/poradnia okulistyczna; **Dr X's ~** gabinet dr X [2] GB (nursing home) dom *m* opieki [3] (advice or teaching session) wykład *m* kliniczny *(połączony z demonstracją)*

clinical /ˈklɪnɪkl/ *adj* [1] Med *[research, test, medicine]* kliniczny [2] fig (scientific) *[approach]* rzeczowy; *[efficiency, precision]* chłodny [3] pej (unfeeling) chłodny

clinically /ˈklɪnɪklɪ/ *adv* [1] Med *[tested, observed, trained]* klinicznie; **~ dead** w

C

stanie śmierci klinicznej; ~ **depressed** chory na depresję [2] (unemotionally) na zimno, bez emocji

clinical psychologist *n* psycholog *m* kliniczny

clinical psychology *n* psychologia *f* kliniczna

clinical thermometer *n* termometr *m* lekarski

clinician /klɪˈnɪʃn/ *n* lekarz praktyk *m*, klinicysta *m*

clink[1] /klɪŋk/ **I** *n* (noise) brzęk *m*

II *vt* brzęk|nąć, -ać (czymś) *[keys, glass]*; **to ~ glasses with sb** stuknąć się kieliszkami z kimś

III *vi [glass, keys]* brzęk|nąć, -ać, pobrzękiwać

clink[2] /klɪŋk/ *n* infml (prison) ciupa *f* infml; **in the ~** w ciupie

clinker /ˈklɪŋkə(r)/ *n* [1] (ash) zastygły żużel *m* [2] GB (brick) cegła *f* klinkierowa [3] US infml (blunder) wpadka *f* infml; (wrong note) kiks *m* infml [4] US infml (bad product) bubel *m* infml; (failed film, play) chała *f* infml

clip[1] /klɪp/ **I** *n* [1] (spring-loaded) (in surgery) klamerka *f*, zacisk *m*; (on clipboard, earring) uchwyt *m*, klips *m* [2] (grip) (for hair) spinka *f*; (bulldog clip) klamerka *f*, klips *m* do papieru; (paperclip) spinacz *m* biurowy; (on pen) klips *m*; (on bow tie) zatrzask *m*; (jewellery) klips *m* [3] Elec (for wire) zacisk *m* [4] Mil (also **cartridge ~**) magazynek *m*

II *vt* (*prp, pt, pp* **-pp-**) (attach) przypi|ąć, -nać *[brooch, microphone]*; przyczepi|ć, -ać *[electric wire]*; (secure) zaczepi|ć, -ać *[pen]*; **to ~ sth together** spiąć coś; **there was a bill ~ped to the letter** do listu był przypięty rachunek

III *vi* (*prp, pt, pp*- **pp-**) przypinać się

clip[2] /klɪp/ **I** *n* [1] TV, Cin (excerpt) urywek *m* **(from sth** czegoś, z czegoś) [2] (from newspaper) wycinek *m* **(from sth** z czegoś) [3] Agric (wool) strzyża *f* [4] (of hedge) strzyżenie *n*, przycinanie *n*; (of nails, claws) obcinanie *n* [5] (notch) karb *m*, nacięcie *n* [6] infml (blow) uderzenie *n* [7] Ling forma *f* skrócona

II *vt* (*prp, pt, pp* **-pp-**) [1] (cut, trim) przyci|ąć, -nać *[nails, cigar]*; przystrzy|c, -gać, podstrzy|c, -gać *[hedge, hair, grass]*; o|strzyc *[dog, sheep]*; podci|ąć, -nać *[bird's wing]*; **to ~ an article out of the paper** wyciąć artykuł z gazety [2] GB (punch) przedziurkow|ać, -ywać, s|kasować *[ticket]* [3] (hit, glance off) *[bullet, ball]* o|trzeć, -cierać się o (coś); *[person]* trąc|ić, -ać *[object]*; **the car ~ped the kerb** samochód zaczepił o krawężnik [4] **to ~ one's speech** mówić urywanymi zdaniami [5] Ling skr|ócić, -acać [6] US infml (swindle) oskubać, orżnąć infml

IDIOMS: **to ~ sb's wings** podciąć komuś skrzydła; **to give sb a ~ on the ear, to ~ sb on the ear** infml trzepnąć or strzelić kogoś w ucho infml; **at a fair ~** szybko

clip art *n* Comput gotowy obraz *m*/rysunek *m*

clipboard /ˈklɪpbɔːd/ *n* [1] podkładka *f* do pisania z klipsem [2] Comput schowek *m*

clip-clop /ˈklɪpklɒp/ *n* stukot *m* kopyt

clip frame *n* antyrama *f*

clip joint *n* infml nocny lokal *m* z wygórowanymi cenami

clip-on /ˈklɪpɒn/ **I** **clip-ons** *npl* (earrings) klipsy *m pl*; (sunglasses) nakładki *f pl* (na okulary)

II *adj [bow tie]* przypinany; *[lamp]* przypinany, przyczepiany; *[cover]* zamykany na zatrzask

clip-on microphone *n* mikroport *m*, klip *m*

clipped /klɪpt/ *adj [speech]* urywany; *[style]* skrótowy

clipper /ˈklɪpə(r)/ **I** *n* Naut kliper *m*

II **clippers** *npl* (for nails) cążki *plt* do paznokci; (for hedge) sekator *m*; (for hair) maszynka *f* do strzyżenia

clipping /ˈklɪpɪŋ/ **I** *n* (from newspaper) wycinek *m*

II **clippings** *npl* (trimmings) (hair) ścięte włosy *m pl*; (nails) kawałki *m pl* (obciętych) paznokci; (hedge) ścięte gałęzie *f pl*; (of fabric) ścinki *m pl*

clippings library *n* archiwum *n* wycinków prasowych

clippity-clop /ˌklɪpətɪˈklɒp/ *n* = **clip-clop**

clique /kliːk/ *n* klika *f*, koteria *f*

cliquey /ˈkliːkɪ/ *adj [atmosphere]* koteryjny; *[group, profession]* hermetyczny; **our office is very ~** (exclusive) nasze biuro to bardzo hermetyczne środowisko; (divided) w naszym biurze panują koteryjne układy

cliquish /ˈkliːkɪʃ/ *n* = **cliquey**

cliquishness /ˈkliːkɪʃnɪs/ *n* klanowość *f*, elitarność *f*

clitoral /ˈklɪtərəl/ *adj* **~ stimulation /deformity** pobudzanie/deformacja łechtaczki

clitoridectomy /ˌklɪtɔːrɪˈdektəmɪ/ *n* wycięcie *n* łechtaczki

clitoris /ˈklɪtərɪs/ *n* (*pl* **-rides**) łechtaczka *f*

Cllr GB (on letter) = **councillor** radn|y *m*, -a *f*, rad.

cloaca /kləʊˈeɪkə/ *n* (*pl* **~e**) kloaka *f*

cloak /kləʊk/ **I** *n* [1] (garment) peleryna *f* [2] fig (front, cover) **to be a ~ for sth** służyć jako przykrywka dla czegoś *[operation]*; **under the ~ of darkness/secrecy** pod osłoną ciemności/tajemnicy; **under a ~ of respectability** zachowując pozory szacowności

II *vt* [1] (surround) **to ~ sth in** or **with sth** okryć coś czymś *[anonymity, secrecy]*; skryć coś pod zasłoną czegoś *[humour, respectability]*; **~ed in sth** okryty or spowity czymś *[darkness, mist]*; okryty aurą czegoś *[ambiguity, secrecy]* [2] (hide, disguise) skry|ć, -wać *[belief, intention]*

cloak-and-dagger /ˌkləʊkənˈdægə(r)/ *adj [story, thriller]* sensacyjny; *[affair, tactic, operation]* potajemny, sekretny; **the ~ brigade** GB infml hum tajne służby

cloakroom /ˈkləʊkrʊm/ *n* [1] (for coats) szatnia *f* [2] GB (lavatory) toaleta *f* publiczna

cloakroom attendant *n* [1] (in hotel) szatnia|rz *m*, -rka *f* [2] GB (at toilets) osoba *f* zatrudniona w toalecie publicznej

cloakroom ticket *n* numerek *m* do szatni

cloaks cupboard *n* GB szafa *f* wnękowa

clobber[1] /ˈklɒbə(r)/ *n* GB infml (gear) majdan *m* infml

clobber[2] /ˈklɒbə(r)/ *vt* [1] (hit, batter) walnąć infml [2] (penalize) *[law, tax increase]* uderz|yć, -ać w (kogoś); *[police]* da|ć, -wać (komuś) popalić infml [3] (defeat) załatwi|ć, -ać infml *[opponent]*

cloche /klɒʃ/ *n* [1] Hort klosz *m* [2] (also **~ hat)** *damski kapelusz w kształcie hełmu*

clock /klɒk/ **I** *n* [1] (timepiece) zegar *m*; **what time does the ~ say?** którą godzinę wskazuje zegar?; **to set a ~** nastawić zegar; **the ~ is fast/slow** ten zegar się spieszy/spóźnia; **to put the ~s forward /back one hour** przestawić zegary o godzinę do przodu/tyłu; **they want to turn** or **put the ~ back 600 years** chcą cofnąć czas o 600 lat; **you can't put the ~ back!** fig nie cofniesz czasu!; **he does everything by the ~** on robi wszystko z zegarkiem w ręku; **to watch sb/work around the ~** pilnować kogoś/pracować dwadzieścia cztery godziny na dobę; **to work against the ~** walczyć z czasem [2] (timer) (in computer) zegar *m* wewnętrzny; Tech zegar *m*, licznik *m*, czujnik *m* zegarowy [3] Aut infml licznik *m*; (taximeter) taksometr *m*, taksomierz *m*; licznik *m* infml; **a car with 20,000 kilometers on the ~** samochód z 20 000 kilometrów na liczniku or z przebiegiem 20 000 kilometrów [4] (in workplace) zegar *m* kontrolny or przemysłowy; **to punch the ~** odbić kartę zegarową [5] Sport stoper *m*; **to complete the course against the ~** Equest ukończyć wyścig w przewidzianym czasie, zmieścić się w limicie czasowym; **to beat the ~** (in games) ukończyć grę przed czasem; **a race against the ~** wyścig na czas; fig wyścig z czasem [6] GB infml (face) gęba *f* infml [7] (dandelion) dmuchawiec *m*

II *vt* [1] Sport **he ~ed 9.6 seconds in the 100 metres** przebiegł 100 m w 9,6 sekundy; **to ~ 5 minutes 2.987 seconds** uzyskać czas 5 minut i 2,987 sekundy [2] GB infml (hit) **to ~ sb one** rąbnąć kogoś infml [3] (catch) **the police ~ed him doing 150 km an hour** policja namierzyła go, kiedy jechał 150 km na godzinę [4] GB infml (see, notice) dostrze|c, -gać [5] GB Aut infml przestawi|ć, -ać licznik w (czymś) *[car]*

■ **clock in** GB odbi|ć, -jać kartę zegarową (przychodząc do pracy)

■ **clock off** GB = **clock out**

■ **clock on** GB = **clock in**

■ **clock out** odbi|ć, -jać kartę zegarową (wychodząc z pracy)

■ **clock up**: **~ up [sth]** [1] *[driver, car]* przejechać *[30 000 kilometres]* [2] *[worker]* przepracować *[hours]*; **I ~ed up 55 hours overtime last month** w zeszłym miesiącu miałem 55 nadgodzin

clock face *n* tarcza *f* zegara; cyferblat *m* dat

clocking-in /ˌklɒkɪŋˈɪn/ *n* Ind odbijanie *n* kart zegarowych (przy przyjściu do pracy)

clocking-in time *n* godzina *f* przyjścia do pracy

clockmaker *n* zegarmistrz *m*

clock patience *n* pasjans *m* zegar

clock radio *n* radio *n* z budzikiem

clock repairer *n* zegarmistrz *m*

clock tower *n* wieża *f* zegarowa

clock-watch /ˈklɒkwɒtʃ/ *vi* spoglądać ciągle na zegarek

clock-watcher /ˈklɒkwɒtʃə(r)/ *n* **he is a ~** on ciągle spogląda na zegarek

clockwise /ˈklɒkwaɪz/ **I** *adj* zgodny z ruchem wskazówek zegara; **in a ~ direction** w kierunku zgodnym z ruchem wskazówek zegara

II *adv* zgodnie z ruchem wskazówek zegara

clockwork /ˈklɒkwɜːk/ **I** *n* (in clock) mechanizm *m* zegarowy, werk *m*; (in toy) mechanizm *m*

II *adj [toy]* mechaniczny; *[mechanism]* zegarowy; **with ~ precision** z zegarmistrzowską precyzją

IDIOMS: **as regular as ~** jak w zegarku; **to go like ~** pójść jak po maśle or jak z płatka

clod /klɒd/ *n* 1 (of earth) gruda *f* (ziemi) 2 infml (fool) ciołek *m* infml

clodhopper /ˈklɒdhɒpə(r)/ *n* infml 1 (person) ciemięga *m* infml 2 (shoe) bucior *m*

clog /klɒg/ **I** *n* (shoe) sabot *m*, chodak *m*, drewniak *m*

II *vt, vi* (*prp, pt, pp* **-gg-**) = **clog up**

■ **clog up**: ¶ **~ up** *[drain, pores]* zap|chać, -ychać się, zat|kać, -ykać się; *[machinery]* za|blokować się; **the roads ~ up with traffic** na drogach tworzą się korki ¶ **~ up [sth], ~ [sth] up** zap|chać, -ychać, zat|kać, -ykać *[pipe, pores]*; za|blokować *[machinery]*; **to be ~ged up with traffic** być sparaliżowanym przez korki

IDIOMS: **to pop one's ~s** infml wyciągnąć kopyta infml

cloisonné /klwɑːˈzɒneɪ, ˌklɔɪzəˈneɪ/ **I** *n* emalia *f* komórkowa

II *adj [object]* zdobiony emalią komórkową

cloister /ˈklɔɪstə(r)/ **I** *n* 1 Archit krużganek *m* 2 Relig klasztor *m*

II *vt* odizolow|ać, -ywać **(from sb/sth** od kogoś/czegoś); **to lead a ~ed existence** żyć w izolacji od świata

III *vr* **to ~ oneself up** or **away** odizolow|ać, -ywać się, odgr|odzić, -adzać się od otoczenia

clone /kləʊn/ **I** *n* Biol, Comput klon *m*

II *vt* s|klonować

cloning /ˈkləʊnɪŋ/ *n* klonowanie *n*

close¹ /kləʊs/ **I** *n* 1 (street) zaułek *m*, ślepa uliczka *f*; (in street names) **she lives at 12 Goodwood Close** mieszka pod nr 12 przy Goodwood Close 2 (of cathedral) dziedziniec *m*

II *adj* 1 (with close links) *[relative, friend]* bliski; *[resemblance]* bliski, wyraźny; **to bear a ~ resemblance to sb/sth** być bardzo podobnym do kogoś/czegoś; **to have ~ ties with terrorist groups** mieć ścisłe powiązania z grupami terrorystycznymi; **to have ~ links with a twinned town** utrzymywać bliskie stosunki z bliźniaczym miastem; **to work in ~ collaboration with sb** blisko współpracować z kimś; **to be in ~ contact (with sth)** być w stałym kontakcie or w stałych kontaktach (z kimś); **they have a ~ friendship** są w bliskiej przyjaźni, są dobrymi przyjaciółmi 2 (almost equal) *[contest, finish]* wyrównany; *[result]* zbliżony, podobny; **'is it the same colour?' – 'no, but it's ~'** „czy to taki sam kolor?" – „nie, ale prawie"; **a ~ copy of his signature** doskonała podróbka jego podpisu; **it's a ~ match** (of colour, hairpiece) to niemal identyczny odcień 3 (thorough, rigorous) *[scrutiny, examination, study]* drobiazgowy; *[supervision]* ścisły; **to pay ~ attention to sth** zwracać na coś szczególną uwagę; **to keep a ~ watch** or **eye on sb/sth** bacznie pilnować kogoś/czegoś, bacznie obserwować kogoś/coś 4 (compactly aligned) *[texture, grain, weave]* gęsty; *[print]* gęsty, ścisły; *[military formation]* zwarty; **in ~ order** Mil w zwartym szyku 5 (stuffy) *[weather]* duszny, parny; **it's ~** jest duszno 6 infml (secretive) dyskretny, tajemniczy; **she's been very ~ about it** nie pisnęła o tym ani słówka; **it was kept a ~ secret** utrzymywano to w najskrytszej tajemnicy

III *adv* 1 (nearby) blisko, w pobliżu; **to live /work quite ~ (by)** mieszkać/pracować w pobliżu; **the mountains look closer than they are** wydaje się, że góry są bliżej niż w rzeczywistości; **how ~ is the town?** jak daleko jest do miasta?; **to come** or **draw closer** zbliżać się, przybliżać się; **the closer he came...** im był bliżej...; **to bring sth closer** przybliżyć coś; **to follow ~ behind (sb)** podążać tuż za (kimś); **to hold sb ~** objąć kogoś; **~ together** blisko siebie; **to come closer together** zbliżyć się do siebie 2 (in time) **the time is ~ when...** zbliża się moment, kiedy...; **how ~ are they in age?** jaka jest między nimi różnica wieku?; **Christmas is ~** Boże Narodzenie tuż, tuż → **draw** 3 (almost) **that's closer (to) the truth** to jest bliższe prawdy; **'is the answer three?' – '~!'** „czy odpowiedź brzmi trzy?" – „ciepło, ciepło!" infml

IV close by *prep phr, adv phr* blisko (czegoś), przy (czymś) *[wall, bridge]*; **the ambulance is ~ by** karetka jest już blisko

V close enough *adv phr* 1 wystarczająco blisko; **that's ~ enough** (no nearer) wystarczy, bliżej już nie; (acceptable as answer) dziękuję, to wystarczy; **to be/come ~ enough to do sth** być bliskim zrobienia czegoś 2 (approximately) **there were 20 yachts or ~ enough** było 20 jachtów, albo coś koło tego

VI close to *prep phr, adv phr* 1 blisko (czegoś) *[place, person, object]*; **~ to where** blisko miejsca, gdzie; **closer to sth** bliżej czegoś; **how ~ are we to the station?** jak daleko stąd do dworca? 2 (on point of) bliski (czegoś) *[tears, hysteria, collapse]*; **to be ~ to doing sth** być bliskim zrobienia czegoś 3 (almost at) **closer to 30 than 40** bliżej trzydziestki niż czterdziestki; **to come closest to sth** być najbliższym czegoś *[ideal, conception]*; **to come ~ to doing sth** być bliskim zrobienia czegoś; **he came ~ to giving up** był bliski rezygnacji; **how ~ are you to completing it?** ile ci zostało do końca?; **it's ~ to the time when we must decide** nadchodzi or zbliża się czas, kiedy musimy zdecydować 4 (also **~ on** infml) (approximately) **~ to** or **on 60 people/a century ago** prawie or blisko sześćdziesiąt osób/sto lat temu

IDIOMS: **(from) ~ to, (from) ~ up** z bliska; **it was a ~ call** or **shave** or **thing** mało brakowało

close² /kləʊz/ **I** *n* 1 koniec *m*, zakończenie *n*; **to bring sth to a ~** zakończyć coś; **to draw to a ~** zmierzać ku końcowi, zbliżać się do końca; **to come to a ~** zakończyć się; **at the ~ of day** liter u schyłku dnia 2 Fin **~ (of trading)** zamknięcie *n*; **at the ~** przy zamknięciu

II *vt* 1 (shut) zam|knąć, -ykać *[container, door, window, eyes, mouth, book, office, shop]*; zasu|nąć, -wać *[drawer]*; zaciąg|nąć, -ać *[curtains]*; **to ~ one's eyes to sth** fig przymykać na coś oczy; **to ~ one's eyes** euph (die) zamknąć oczy (na zawsze) euph 2 (block) zam|knąć, -ykać *[border, port, airport]*; zam|knąć, -ykać, za|blokować *[road]*; zaślepi|ć, -ać *[pipe, tube, opening]* 3 = **close down** 4 (bring to an end) za|kończyć *[meeting, discussion, proceedings]*; zam|knąć, -ykać *[case, investigation, enquiry]*; **the chairman ~d the meeting with a vote of thanks** przewodniczący zakończył spotkanie podziękowaniami; **the matter is now ~d** sprawę uważa się za zamkniętą 5 (reduce) **to ~ the gap** fig zmniejsz|yć, -ać różnicę; **measures which would ~ the gap between rich and poor** posunięcia, które zmniejszą przepaść pomiędzy bogatymi i biednymi; **to ~ the gap on sb/sth** dogonić kogoś/coś also fig; **to ~ the gaps** (improve fault) uzupełnić braki **(in sth** w czymś**)** 6 (agree) s|finalizować *[deal, contract, sale]* 7 Elec zam|knąć, -ykać *[circuit]*

III *vi* 1 (shut) *[door, lid, box, office, shop, polls, station]* zam|knąć, -ykać się; **the museum ~s at 5.30** muzeum zamyka się o 17.30; **his eyes ~ed and he fell asleep** oczy mu się zamknęły i usnął 2 (grip) *[fingers, hand, jaws]* zacis|nąć, -kać się; **his hands ~d around my throat** zacisnął mi ręce na szyi 3 (cease to operate) *[business, factory, mine, institution]* zostać zamkniętym 4 (end) *[meeting, enquiry, play, concert, season]* zakończyć się, skończyć się; **to ~ with sth** zakończyć się czymś *[song, scene, event]* 5 Fin **the pound ~d at $1.68** w chwili zamknięcia notowań kurs funta wyniósł 1,68 dolara; **the market ~d down/up** na rynku zanotowano spadek /wzrost obrotów; **the pound ~d up against the franc** funt umocnił się w stosunku do franka 6 (get smaller) *[gap]* z|maleć, zmniejsz|yć, -ać się; **the gap is closing between rich and poor** maleje przepaść pomiędzy bogatymi i biednymi 7 (get closer) *[pursuer, enemy]* zbliż|yć, -ać się **(on sth** do czegoś**)** 8 (heal) *[wound]* zasklepi|ć, -ać się

IV closed *pp adj* 1 (shut) *[door, window, container, business, public building, shop, eyes]* zamknięty; *[drawer, curtains]* zasunięty; *[pipe]* zatkany; *[mouth, fist]* zaciśnięty; **'~d'** (sign in shop) „zamknięte"; (sign in theatre) „nieczynne"; **'~d for lunch'** „przerwa obiadowa"; **'~d for repairs'** „remont"; **'~d at dusk'** (sign in park) „otwarte do zmroku"; **'road ~d'** „droga zamknięta"; **'~d to the public'** „zakaz wstępu"; **'~d to traffic"** „zakaz wjazdu"; **that door is ~d to me** fig ta droga jest dla mnie zamknięta; **behind ~d doors** fig za zamkniętymi drzwiami 2 (restricted) *[community, circle, meeting, organization]* za-

C

mknięty; **his mind is ~d to anything new** on nie uznaje żadnych nowości [3] Math *[curve, surface]* zamknięty; **~ set** zbiór domknięty [4] Ling *[syllable, vowel]* zamknięty
■ **close down**: ¶ **~ down** *[shop, business, club, institution]* (cease operating) zostać zamkniętym, ule|c, -gać likwidacji; GB Radio, TV **we are now closing down** kończymy nadawanie programu ¶ **~ down [sth], ~ [sth] down** zam|knąć, -ykać, z|likwidować *[business, factory, cinema]*
■ **close in** [1] *[pursuers, enemy]* ot|oczyć, -aczać (**on sb/sth** kogoś/coś); **the police began to ~ in on them** obława policyjna zacieśniała się wokół nich [2] *[winter]* nad|ejść, -chodzić; *[night]* zapa|ść, -dać; *[fog]* z|gęstnieć (**on** or **around sth** wokół czegoś); spowi|ć, -jać (**on** or **around sth** coś); *[darkness]* ot|oczyć, -aczać (**on** or **around sb** kogoś); *[forest, jungle]* przytł|oczyć, -aczać
[3] (get shorter) **the days are closing in** dni są coraz krótsze
■ **close off**: **~ off [sth], ~ [sth] off** zam|knąć, -ykać *[district, street, wing]*
■ **close out**: **~ out [sth], ~ [sth] out** US Comm przeceni|ć, -ać *[stock]*; z|likwidować *[part of business]*
■ **close up**: ¶ **~ up** [1] *[flower, petals, cavity]* zam|knąć, -ykać się; *[wound, cut]* zasklepi|ć, -ać się; *[group]* ścieśni|ć, -ać się; *[soldiers, troops]* z|ewrzeć, -wierać szeregi [2] *[shopkeeper, caretaker]* zam|knąć, -ykać [3] **he just ~s up** on po prostu zamyka się w sobie ¶ **~ up [sth], ~ [sth] up** [1] zam|knąć, -ykać *[shop, office, bank]* [2] zat|kać, -ykać *[hole, pipe]*; zam|knąć, -ykać *[entrance]*
■ **close with**: ¶ **~ with [sb]** [1] Comm (conclude deal) dogad|ać, -ywać się z (kimś), dobi|ć, -jać targu z (kimś) *[dealer, trader]* [2] Mil zetrzeć, ścierać się z (kimś) *[enemy]* ¶ **~ with [sth]** Fin przyj|ąć, -mować *[offer]*; za|akceptować *[deal]*

close combat *n* walka *f* wręcz

close company *n* Comm spółka *f* typu zamkniętego

close corporation *n* = **close company**

close-cropped /ˌkləʊsˈkrɒpt/ *adj [hair]* krótko ostrzyżony; *[grass]* krótko przycięty

closed book *n* infml (subject) czarna *f* magia fig; (person) zagadka *f* fig

closed caption *n* TV napisy *m pl* kodowane

closed circuit *n* obieg *m* zamknięty

closed-circuit television /ˌkləʊzdsɜːkɪtˈtelɪvɪʒn/ *n* telewizja *f* przemysłowa

closed cycle *n* obieg *m* zamknięty

closedown /ˈkləʊzdaʊn/ *n* [1] Comm, Ind zamknięcie *n*, likwidacja *f* [2] GB TV, Radio zakończenie *n* programu

closed primary *n* US Pol prawybory *plt* dla członków partii

closed scholarship *n* stypendium *n* *(przyznawane określonej grupie studentów)*

closed season *n* Hunt (also **close season**) okres *m* ochronny

closed shop *n* Mgmt *zakład pracy wymagający od pracowników przynależności do określonego związku zawodowego*

close-fisted /ˌkləʊsˈfɪstɪd/ *adj* skąpy

close-fitting /ˌkləʊsˈfɪtɪŋ/ *adj [garment]* dopasowany, obcisły

close-grained /ˌkləʊsˈgreɪnd/ *adj [wood]* o gęstym słoju; *[mineral, metal]* drobnoziarnisty

close-hauled /ˌkləʊsˈhɔːld/ *adj* Naut **to be ~** iść maksymalnie ostro na wiatr

close-knit /ˌkləʊsˈnɪt/ *adj* fig *[family, group]* zżyty

closely /ˈkləʊslɪ/ *adv* [1] (in close proximity) *[follow]* blisko; *[look]* z bliska; **to work ~ together** blisko ze sobą współpracować; **~ written** gęsto zapisany; **the script was so ~ typed that...** odstępy w maszynopisie były tak małe, że...; **to be ~ packed** *[people, boxed items]* być ściśniętym; **the houses were ~ spaced** domy stały bardzo blisko siebie [2] (not distantly) *[resemble]* blisko, bardzo; *[conform, integrated, coordinated]* ściśle; **which photo fits the rapist most ~?** które zdjęcie najbardziej przypomina gwałciciela?; **her description ~ fits that of the thief** podany przez nią opis dokładnie zgadza się z rysopisem złodzieja; **to be ~ akin to sth** bardzo coś przypominać; **to be ~ related to sth** ściśle się wiązać z czymś; **to be ~ related to sb** być blisko spokrewnionym z kimś [3] (carefully, in detail) *[study, monitor, observe, listen]* pilnie, uważnie; *[question]* szczegółowo, dokładnie; **a ~ guarded secret** pilnie strzeżona tajemnica [4] (evenly) **a ~ fought** or **contested game** wyrównana walka; **to be so ~ matched that...** *[competitors]* być na tak wyrównanym poziomie, że... [5] (near to body) *[shaven]* gładko; **to fit ~** *[garment]* być dopasowanym; **he held her ~ to him** mocno ją (do siebie) przytulał

close-mouthed /ˌkləʊsˈmaʊðd/ *adj* dyskretny; **to be ~ about sth** być bardzo powściągliwym w mówieniu o czymś

closeness /ˈkləʊsnɪs/ *n* [1] (emotionally) bliskość *f*, intymność *f* [2] (in mutual understanding) (of peoples) dobre stosunki *m pl*; **the ~ of their alliance** ścisły sojusz [3] (rapport) związek *m*; **~ to nature** kontakt z naturą [4] (proximity) (of place) bliskość *f* (**to sth** czegoś); (of event) zbliżanie się *n* [5] (of atmosphere) (inside) zaduch *m*; (outside) **the ~ of the weather** duchota infml [6] (accuracy, similarity) (of copy) wierność *f*; **the ~ of the resemblance** bliskie podobieństwo

close-run /ˌkləʊsˈrʌn/ *adj [race, contest]* zacięty

close-set /ˌkləʊsˈset/ *adj [eyes]* blisko osadzone; *[buildings]* gęsto pobudowane

closestool /ˈkləʊsstuːl/ *n* dat sedes *m* pokojowy

closet /ˈklɒzɪt/ **I** *n* [1] (cupboard) szafa *f* wnękowa; **linen ~** bieliźniarka [2] (room) gabinet *m* [3] dat (lavatory) ubikacja *f*
II *modif* (secret) *[alcoholic]* cichy; *[homosexual, transvestite]* nieujawniający się
III *vt* **to be ~ed with sb** odbywać z kimś rozmowę na osobności; **to ~ oneself away** (to be alone) zamknąć się; **a ~ed world** zamknięty świat
IDIOMS: **to come out of the ~** *[homosexual]* wyjść z ukrycia infml

closet drama *n sztuka przeznaczona raczej do czytania*

close-up **I** /ˈkləʊsʌp/ *n* zbliżenie *n*; **in ~** w zbliżeniu
II **close up** *adv* (**from**) **~** z bliska

closing /ˈkləʊzɪŋ/ **I** *n* zamknięcie *n*; **Sunday ~** (of shops) w niedzielę nieczynne; **a ~ of ranks** fig zwieranie szeregów
II *adj [minutes, months, days, words]* ostatni; *[scene, pages, stage]* końcowy; *[speech]* zamykający

closing bid *n* Fin najwyższa oferta *f*

closing date *n* ostateczny termin *m*

closing-down sale /ˈkləʊzɪŋdaʊnseɪl/ *n* US wyprzedaż *f* likwidacyjna

closing-out sale /ˈkləʊzɪŋaʊtseɪl/ *n* US = **closing-down sale**

closing price *n* Fin notowanie *n* końcowe, kurs *m* zamknięcia

closing time *n* godzina *f* zamknięcia; **'~!'** (in pubs) „zamykamy!"

closure /ˈkləʊʒə(r)/ *n* [1] (of road, lane, factory) zamknięcie *n* [2] Pol zamknięcie *n* obrad; **to move the ~** wnioskować o zamknięcie obrad [3] (fastening) zamykanie *n*; (lid) zamknięcie *n*; (strip) wiązadło *n* [4] Ling zbliżenie *n* narządów mowy

clot /klɒt/ **I** *n* [1] (in blood) zakrzep *m*; **~ in an artery** zakrzep tętniczy; **~ on the lung/brain** zakrzep w płucach/mózgu [2] GB infml (idiot) baran *m*, pacan *m* infml
II *vt* (*prp, pt, pp* **-tt-**) s|powodować krzepnięcie (czegoś) *[blood]*
III *vi* (*prp, pt, pp* **-tt-**) *[blood]* s|krzepnąć; *[milk, cream]* zsi|ąść, -adać się

cloth /klɒθ, US klɔːθ/ **I** *n* [1] (fabric) tkanina *f*, materiał *m*; (felted) sukno *n*; **wool/silk /cotton ~** tkanina wełniana/jedwabna /bawełniana [2] (piece of fabric) (for polishing) szmatka *f*; (for dusting) ściereczka *f*; (for the floor) szmata *f*, ścierka *f*; (for drying dishes) ścierka *f*; (for table) obrus *m*; **altar ~** obrus ołtarzowy; **damp ~** (for cleaning) mokra szmat(k)a; (for ironing) zaparzaczka; **dish ~** (for washing dishes) zmywak; **wrap it in a damp ~** zawiń to w wilgotną szmatkę; **~ of gold** złotogłów [3] Relig **the ~** sutanna *f*; (clergy) kler *m*; **a man of the ~** duchowny
II *modif* **~ cover/blind** pokrowiec/roleta z materiału; **hey ~ ears!** infml ej, ogłuchłeś, czy co? infml
IDIOMS: **cut your coat according to your ~** GB tak krawiec kraje, jak mu materii staje

clothbound /ˈklɒθbaʊnd, US ˈklɔːθ-/ *adj* (also **clothbacked**) *[book]* w oprawie płóciennej

cloth cap *n* GB kaszkiet *m*

clothe /kləʊð/ **I** *vt* (dress) ub|rać, -ierać; **to feed and ~ sb** żywić i ubierać kogoś; **to be ~d in white** być ubranym na biało; **fully ~d** całkowicie or kompletnie ubrany; **a landscape ~d in mist** fig krajobraz spowity mgłą
II *vr* **to ~ oneself** ub|rać, -ierać się

cloth-eared /ˌklɒθˈɪəd, US ˌklɔːθ-/ *adj* infml przygłuchy

clothes /kləʊðz, US kləʊz/ *npl* [1] (garments) ubranie *n*, ubrania *n pl*; **children's/work ~** ubranie dziecięce/robocze; **to put on /take off one's ~** ubrać/rozebrać się, założyć/zdjąć ubranie; **to change one's ~** przebrać się, zmienić ubranie; **without any ~ on** nago; **to make one's own ~**

samemu szyć sobie ubrania [2] (bedclothes) pościel *f* [3] (washing) pranie *n*

IDIOMS: **with only the ~ he stood up in** tak jak stał

clothes airer *n* suszarka *f* (stojak) do bielizny

clothes basket *n* kosz *m* na bieliznę do prania

clothes brush *n* szczotka *f* do ubrania

clothes drier *n* suszarka *f* do bielizny

clotheshanger /ˈkləʊðhæŋə(r), US ˈkləʊz-/ *n* wieszak *m*, ramiączko *n*

clothes horse *n* [1] suszarka *f* do bielizny [2] fig pej modni|ś *m*, -sia *f*

clothes line *n* sznur *m* do bielizny

clothes moth *n* mól *m* odzieżowy

clothes peg *n* klamerka *f* (do bielizny)

clothes pin *n* = **clothes peg**

clothes prop *n* podpórka *f* sznura na bieliznę

clothes shop *n* GB sklep *m* odzieżowy

clothes tree *n* US stojący wieszak *m* na ubrania

clothier /ˈkləʊðɪə(r)/ *n* dat (seller) kupiec *m* z branży odzieżowej; (designer) projektant *m*, -ka *f* konfekcji

clothing /ˈkləʊðɪŋ/ **I** *n* odzież *f*; **an item** or **article of ~** sztuka odzieży

II *modif [factory, trade]* odzieżowy

clothing allowance *n* (worker's) dodatek *m* ubraniowy/mundurowy; (child's) zasiłek *m* na wyprawkę

clothing industry *n* przemysł *m* odzieżowy

clothing trade *n* = **clothing industry**

clotted cream *n* ≈ gęsta śmietana *f*

cloture /ˈkləʊtʃə(r)/ *n* US Pol = **closure** [2]

cloud /klaʊd/ **I** *n* [1] (in sky) chmura *f*; obłok *m* liter [2] Meteorol (also **~ mass**) chmury *f pl*, zachmurzenie *n*; **some patches of ~** niewielkie zachmurzenie; **there's a lot of ~ about** jest pochmurno, zachmurzenie jest duże [3] (mass) (of smoke, dust) chmura *f*, tuman *m*; (of insects, birds) chmara *f* [4] fig (negative feature) aura *f*; **a ~ of gloom** aura przygnębienia; **a ~ of uncertainty/suspicion** aura niepewności/podejrzeń; **to cast a ~ over sth** rzucać się cieniem na coś; **there's a ~ hanging over you** nad twoją głową zbierają się czarne chmury [5] (blur) (in liquid, marble, gem) zmętnienie *n*; (in glass, on mirror) mgiełka *f*

II *vt* [1] (blur) *[steam, breath, tears]* zamglić *[mirror, vision]*; *[substance]* z|mącić *[liquid]*; **eyes ~ed with tears** oczy zamglone łzami [2] (confuse) przesł|onić, -aniać *[judgment]*; zaćmi|ć, -ewać *[memory]*; **to ~ the issue** zaciemnić sprawę [3] (blight) z|mącić *[atmosphere, occasion]*

III *vi* = **cloud over**

■ **cloud over** za|chmurzyć się also fig

IDIOMS: **to be living in ~-cuckoo-land** spaść z księżyca, urwać się z choinki infml; **to have one's head in the ~s** bujać w obłokach; **to walk around with one's head in the ~s** chodzić z głową w chmurach; **to be on ~ nine** infml być w siódmym niebie; **to be/leave under a ~** (in disgrace) być/odejść w niełasce

cloudberry /ˈklaʊdberɪ/ *n* Bot moroszka *f*

cloudburst /ˈklaʊdbɜːst/ *n* oberwanie *n* chmury

cloud chamber *n* Phys komora *f* Wilsona or mgłowa

cloud cover *n* pokrywa *f* chmur

clouded /ˈklaʊdɪd/ *adj* [1] *[sky]* zachmurzony; *[weather]* pochmurny [2] fig *[eyes, expression]* smutny

cloudiness /ˈklaʊdɪnɪs/ *n* [1] (of sky) pochmurność *f* [2] (of liquid, glass) zmętnienie *n*

cloudless /ˈklaʊdlɪs/ *adj* [1] *[sky, night]* bezchmurny [2] fig *[future]* pogodny; *[happiness, love]* niczym niezmącony

cloudy /ˈklaʊdɪ/ *adj* [1] *[weather]* pochmurny; **it's ~** jest pochmurno [2] *[liquid]* mętny; *[glass]* (misted) zamglony; (opaque) matowy

clout /klaʊt/ **I** *n* [1] infml (blow) uderzenie *n*, walnięcie *n*; **to give sb/sth a (good) ~** (porządnie) trzepnąć kogoś/coś infml; **to get a ~** *[person]* oberwać infml [2] fig (weight) siła *f*, znaczenie *n*; **political ~** znaczenie polityczne; **~ with sb/sth** wpływ na kogoś /coś; **to have** or **carry a great deal of ~** wywierać duży wpływ; **to have emotional ~** *[play, film]* zawierać w sobie ładunek emocjonalny [3] dial (cloth) szmatka *f*

II *vt* infml wal|nąć, -ić infml *[person]*; wal|nąć, -ić w (coś) infml *[ball]*

IDIOMS: **ne'er cast a ~ till May be out** Prov ≈ do św. Ducha nie zdejmuj kożucha

clove[1] /kləʊv/ *n* Culin [1] (spice) goździk *m*; **oil of ~s** olejek goździkowy [2] (of garlic) ząbek *m*

clove[2] /kləʊv/ *pt* → **cleave**

clove hitch *n* Naut wyblinka *f*

cloven /ˈkləʊvn/ *pp* → **cleave**

cloven foot *n* (of animal) racica *f*; (of devil) kopyto *n*

cloven hoof *n* = **cloven foot**

clover /ˈkləʊvə(r)/ *n* koniczyna *f*

IDIOMS: **to be** or **live in ~, to be** or **live like a pig in ~** opływać w dostatki

cloverleaf /ˈkləʊvəliːf/ *n* listek *m* koniczyny

cloverleaf junction *n* Transp koniczyna *f* drogowa infml *(bezkolizyjne skrzyżowanie)*

clown /klaʊn/ **I** *n* [1] (in circus) klown *m*, klaun *m*; (jester) błazen *m* [2] pej (fool) błazen *m*

II *vi* [1] = **clown around** [2] (perform) **he taught me how to ~** nauczył mnie jak grać klowna

■ **clown around** GB błaznować

clowning /ˈklaʊnɪŋ/ *n* [1] (professional) klownada *f* [2] (fooling) błazeństwa *n pl*, błazenada *f*

cloy /klɔɪ/ *vi [pleasure, food, fame]* s|tracić urok

cloying /ˈklɔɪɪŋ/ *adj* przesłodzony

club /klʌb/ **I** *n* [1] (society) *(+ v sg/pl)* klub *m*; **chess/tennis ~** klub szachowy/tenisowy; **book ~** klub książki; **to be in a ~** być członkiem klubu, należeć do klubu [2] infml (nightclub) nocny klub *m* [3] Sport klub *m*; **football ~** klub piłkarski [4] (stick) pałka *f*; (weapon) maczuga *f*; (for golf) kij *m* golfowy [5] (at cards) trefl *m*; **the ace of ~s** as trefl; **to play a low/high ~** zagrać niskim/wysokim treflem; **two tricks in ~s, two ~ tricks** dwie lewy treflowe

II *modif* **~ member/rules** członek/regulamin klubu; **~ DJ** didżej w nocnym klubie; **~ atmosphere** atmosfera nocnego klubu; **on the ~ scene** w nocnych klubach; **the London ~ scene** londyńskie nocne kluby

III *vt* (*prp, pt, pp* **-bb-**) zdzielić; **to ~ sb with a brick/truncheon** zdzielić kogoś cegłą/pałką; **to ~ sb to death** zakatować kogoś, zatłuc kogoś na śmierć

■ **club together** złożyć, składać się; zrzu|cić, -cać się infml **(for sth** na coś); **to ~ together to buy sth** zrzucić się, żeby coś kupić

IDIOMS: **join the ~!, welcome to the ~!** infml nie ty jeden/jedna!; witaj w klubie!; **to be in the ~** GB infml chodzić z brzuchem infml

C

clubbable /ˈklʌbəbl/ *adj* towarzyski

clubber /ˈklʌbə(r)/ *n* infml bywal|ec *m*, -czyni *f* nocnych klubów

clubbing /ˈklʌbɪŋ/ *n* infml clubbing *m*, chodzenie *n* do nocnych klubów; **let's go ~** chodźmy powłóczyć się po klubach

club car *n* US Rail wagon *m* pierwszej klasy (z bufetem)

club chair *n* US fotel *m* klubowy

club class **I** *n* Aviat pierwsza klasa *f*

II *adv* **to fly ~** latać pierwszą klasą

club foot *n* Med wrodzone zniekształcenie *n* stopy

club-footed /ˌklʌbˈfʊtɪd/ *adj* mający zniekształconą or zdeformowaną stopę

clubgoer /ˈklʌbgəʊə(r)/ *n* infml bywal|ec *m*, -czyni *f* nocnych klubów

clubhouse /ˈklʌbhaʊs/ *n* (for changing) US przebieralnia *f*; (for socializing) budynek *m* klubu

clubland /ˈklʌblænd/ *n* dzielnica *f* klubów nocnych

club sandwich *n* US Culin sandwicz *m* klubowy *(trzy kromki przełożone wędliną i sałatą)*

club soda *n* US woda *f* sodowa

club steak *n* US mały befsztyk *m (z końcowej części rostbefu)*

club subscription *n* składka *f* klubowa

cluck /klʌk/ **I** *n* gdaknięcie *n*; (repeated) gdakanie *n*; **to give a ~** zagdakać; **the hen goes ~! ~!** kura gdacze ko! ko! ko!

II *vt* **to ~ one's tongue** cmoknąć językiem

III *vi* [1] *[hen]* gdakać; **a ~ing sound** gdakanie [2] fig **to ~ over sth** (fuss) robić dużo hałasu wokół czegoś; (in annoyance) cmokać na znak dezaprobaty dla czegoś

clucking /ˈklʌkɪŋ/ *n* gdakanie *n*

clue /kluː/ **I** *n* [1] (in investigation) trop *m*, wskazówka *f*; **a ~ to sth** wskazówka co do czegoś *[identity]*; klucz do czegoś *[mystery]*; **to provide sb with a ~ (as) to where /how...** naprowadzać kogoś na to, gdzie /jak... [2] (hint, suggestion) wskazówka *f* **(to** or **as to sth** co do czegoś); **I'll give you a ~** dam ci wskazówkę; **come on, give me a ~** podpowiedz mi [3] infml (idea, notion) **I haven't (got) a ~** nie mam pojęcia; **he hasn't (got) a ~ about history** on nie ma (zielonego) pojęcia o historii [4] (to crossword) hasło *n*

II *vt* US **to ~ sb to sth** naprowadzić kogoś na coś

clued-up /ˌkluːdˈʌp/ *adj* GB infml dobrze poinformowany; oblatany infml; **to be ~ about** or **on sth** być w czymś oblatanym;

to get ~ about or on sth zapoznać się z czymś

clueless /ˈkluːlɪs/ *adj* GB infml ciemny infml **(about sth** jeśli chodzi o coś)

clump /klʌmp/ **I** *n* 1 (of flowers, grass) kępa *f*, kępka *f*; (of trees) kępa *f*, grupa *f*; (of people) grupka *f* 2 (of earth) gruda *f*, grudka *f* 3 (noise) ciężkie stąpanie *n*, tupot *m*

II *vt* (also **~ together**) po|sadzić w kępach or kępami *[plants]*

III *vi* (walk heavily) ciężko stąpać; **to ~ upstairs/downstairs** wchodzić po schodach/schodzić ze schodów ciężkim krokiem

clumsily /ˈklʌmzɪlɪ/ *adv [move]* niezgrabnie, niezdarnie; *[break sth]* przez nieuwagę; *[painted, expressed]* niezdarnie

clumsiness /ˈklʌmzɪnɪs/ *n* (carelessness) nieuwaga *n*; (awkwardness) niezdarność *f*, niezgrabność *f*, niezręczność *f*; (of style) nieporadność *f*, toporność *f*; (of device, system) niepraktyczność *f*

clumsy /ˈklʌmzɪ/ *adj [person]* niezdarny; (lacking social skills) nieobyty, nietaktowny; *[attempt, effort]* niezdarny, niezręczny; *[body, limbs]* nieforemny, pokraczny; *[object]* toporny; *[tool]* nieporęczny; *[style]* niezgrabny, toporny; *[handwriting]* niestaranny; **to be ~ at sports/drawing** nie mieć talentu do sportu/rysunków; **to be ~ with one's hands** nie mieć zdolności manualnych; **how ~ of me!** ale ze mnie niezdara! infml

clung /klʌŋ/ *pt, pp* → **cling**

clunk /klʌŋk/ infml **I** *n* 1 (sound) huk *m*, grzmot *m*; onomat łup!; **to go ~** gruchnąć, grzmotnąć; **the pole went ~ as it hit the floor** drąg gruchnął o podłogę 2 (blow) grzmotnięcie *n*; **to give sb a ~ on the head** grzmotnąć kogoś w głowę 3 US infml (idiot) dureń *m*

II *vi* gruchnąć, grzmotnąć, huknąć

clunker /ˈklʌŋkə(r)/ *n* US infml 1 (car, machine) gruchot *m* infml 2 (play, book) niewypał *m* fig

clunky /ˈklʌŋkɪ/ *adj* infml 1 (clumsy) niezdarny, niezgrabny 2 (shabby) lichy, nędzny 3 (clunking) *[bangles]* postukujący, dźwięczący

cluster /ˈklʌstə(r)/ **I** *n* 1 (group) (of grapes) kiść *f*; (of berries) grono *n*; (of people) grupka *f*, gromadka *f*; (of trees, bushes) kępa *f*; (of flowers, grass) kępka *f*; (of insects) rój *m*; (of houses, islands) skupisko *n*; (of ideas) zbitka *f*; **a diamond sapphire ~ ring** pierścionek z szafirem otoczonym drobnymi diamencikami 2 Astron (of stars) gromada *n* 3 Stat zespół *m*, grupa *f* 4 Ling **(consonant) ~** zbitka *f* spółgłoskowa

II *vi [people]* skupi|ć, -ać się, z|gromadzić się; **they (were) ~ed in front of the shop window** zgromadzili się przed wystawą; **the trees were ~ed around the church** drzewa otaczały kościół ciasnym pierścieniem

cluster bomb *n* bomba *f* kasetowa

clutch[1] /klʌtʃ/ **I** *n* 1 Aut (mechanism) sprzęgło *n*; (pedal) pedał *m* sprzęgła; **to let in** or **disengage the ~** wcisnąć sprzęgło; **to let out** or **engage the ~** puścić sprzęgło; **to release the ~** zwolnić sprzęgło 2 (grab) mocny chwyt *m*; **to make a ~ at sth** próbować schwycić coś 3 US (tight situation) opresja *f*, tarapaty *plt*; **in the ~** w opresji 4 US (bag) koperta *f*, kopertówka *f*

II clutches *npl* (power) szpony *m pl* fig; **to be in sb's ~es** być w szponach kogoś; **to fall into the ~es of sb/sth** wpaść w szpony kogoś/czegoś

III *vt* 1 (hold tightly) trzymać kurczowo, ściskać *[object, child]*; **the terrified child ~ed his mother's hand** przerażone dziecko kurczowo uczepiło się ręki matki; **the woman ~ed the money to her breast** kobieta przyciskała pieniądze do piersi 2 (grab at) = **clutch at**

■ **clutch at**: **~ at [sb/sth]** chwy|cić, -tać się (kogoś/czegoś) *[branch, lifebelt, rail, person]*; fig uchwycić or uczepić się (czegoś) *[hope]*; chwycić, -tać *[opportunity]*; uczepić się (czegoś) *[excuse]*; **she ~ed at my arm** chwyciła mnie za ramię → **straw**

clutch[2] /klʌtʃ/ *n* 1 (of eggs) łąg *m*, lęg *m*; (chicks) (wy)łąg *m*, (wy)lęg *m* 2 (of people) grupa *f*; (small) grupka *f*; (of books, awards) garść *f* fig; (of companies) grupa *m*

clutch bag *n* koperta *f*, kopertówka *f*

clutch cable *n* linka *f* sprzęgła

clutch disc *n* tarcza *f* sprzęgła

clutch linkage *n* mechanizm *m* sprzęgła

clutch linkage play *n* Aut, Mech, Eng luz *m* w mechanizmie sprzęgła

clutch pedal *n* pedał *m* sprzęgła

clutch pedal play *n* luz *m* pedału or w mechanizmie sprzęgła

clutter /ˈklʌtə(r)/ **I** *n* 1 (jumbled objects) rupiecie *m pl*; **in a ~** w nieporządku, w nieładzie; **what a ~!** co za bałagan! 2 (on radar) zakłócenia *n pl* radiolokacyjne

II *vt* = **clutter up**

■ **clutter up**: **~ up [sth], ~ [sth] up** 1 (make untidy) zagra|cić, -cać *[room, yard]*; zaśmie|cić, -cać *[floor, table]* 2 (cause congestions) za|tarasować *[corridor, street]* 3 (confuse with irrelevant information) zaśmiec|ić, -ać *[one's mind, brain]*; (overload with information) przeładow|ać, -ywać fig *[book, page]*; **don't ~ your essay up with unnecessary details** nie zaśmiecaj wypracowania niepotrzebnymi szczegółami

cluttered /ˈklʌtəd/ *adj [desk, mind]* zaśmiecony; *[room]* zagracony **(with sth** (czymś)); **the presentation was ~ with too many details** w prezentacji podano zbyt wiele niepotrzebnych szczegółów

Clwyd /ˈkluːɪd/ *prn* Clwyd *m inv*

Clyt(a)emnestra /ˌklaɪtɪmˈnestrə/ *prn* Klitemnestra *f*, Klitajmestra *f*

cm = **centimetre** centymetr *m*, cm

Cmdr *n* Mil = **Commander** komandor *m*, kmdr

CNAA *n* = **Council for National Academic Awards** *rada przyznająca stopnie naukowe absolwentom uczelni nie mających statusu uniwersytetów*

CND *n* = **Campaign for Nuclear Disarmament** ruch *m* na rzecz rozbrojenia atomowego

c/o Post = **care of** na adres; **John Smith, c/o Ann Mass** John Smith, z listami Ann Mass or u Ann Mass

Co *n* 1 = **company** spółka *f*, sp.; **...and Co...** hum ...i spółka... hum 2 Geog = **county** hrabstwo *n*, hrab.

CO *n* 1 Mil → **commanding officer** 2 US Post = **Colorado** 3 → **conscientious objector**

coach /kəʊtʃ/ **I** *n* 1 Aut (long-distance) autobus *m* dalekobieżny; (tourist) autokar *m*; **to go by ~** jechać autobusem or autokarem 2 GB (of train) wagon *m* 3 Sport trener *m*, -ka *f* 4 (for drama, voice) korepetytor *m*, -ka *f* 5 (tutor) nauczyciel *m*, -ka *f*, korepetytor *m*, -ka *f* 6 (horse-drawn) powóz *m*; (ceremonial) kareta *m*, karoca *m*; (for passengers) Hist dyliżans *m* 7 US Aviat klasa *f* turystyczna

II *modif [trip]* autokarowy; **~ journey** podróż autokarem; **~ holiday** wycieczka objazdowa

III *vt* 1 Sport trenować *[team, athlete]*; **to ~ boxing** być trenerem boksu 2 (teach) **to ~ sb** udzielać komuś korepetycji; **to ~ sb for an exam/a role** przygotowywać kogoś do egzaminu/roli; **to ~ sb in what to say** pouczyć kogoś, co ma powiedzieć

IDIOMS: **to drive a ~ and horses through sth** storpedować coś fig *[legislation, bill]*

coachbuilder /ˈkəʊtʃbɪldə(r)/ *n* GB konstruktor *m* karoserii

coachbuilding /ˈkəʊtʃbɪldɪŋ/ *n* GB produkcja *f* karoserii

coach driver *n* GB kierowca *m* autobusu or autokaru

coaching /ˈkəʊtʃɪŋ/ *n* 1 Sport trening *m*; **to receive ~** (during match) otrzymywać instrukcje (od trenera) 2 (lessons) korepetycje *f pl*

coachload /ˈkəʊtʃləʊd/ *n* GB autokar *m*; **a ~ of football fans** autokar pełen kibiców

coachman /ˈkəʊtʃmən/ *n* **(pl -men)** stangret *m*, woźnica *m*

coach operator *n* GB przewoźnik *m*

coach park *n* GB parking *m* dla autokarów

coach party *n* GB (group of people) wycieczka *f* autokarowa

coach station *n* GB dworzec *m* autobusowy

coach terminus *n* GB zajezdnia *f* autobusowa

coachwork /ˈkəʊtʃwɜːk/ *n* GB nadwozie *n*, karoseria *f*

coagulant /kəʊˈægjʊlənt/ **I** *n* koagulant *m*, koagulator *m*

II *adj* koagulujący, powodujący krzepnięcie

coagulate /kəʊˈægjʊleɪt/ **I** *vt* koagulować, powodować koagulację (czegoś)

II *vi [blood]* s|krzepnąć; *[egg white]* ści|ąć, -nać się; *[paint]* z|gęstnieć

coagulation /ˌkəʊægjʊˈleɪʃn/ *n* 1 Chem koagulacja *f* 2 s|krzepnięcie *n*, tężenie *n*

coal /kəʊl/ **I** *n* 1 (mineral) węgiel *m*; **a piece** or **lump of ~** kawałek węgla; (large) bryła węgla; **brown ~** węgiel brunatny; **soft ~** węgiel miękki or bitumiczny; **hard ~** węgiel kamienny 2 (individual piece) węgiel *m*; (small) węgielek *m*; **hot** or **live ~s** żar, gorące or żarzące się węgle

II *modif [stove]* węglowy; **~ cellar/shed** piwnica/szopa na węgiel; **~ shovel** łopata or szufla do węgla

III *vt* zaopat|rzyć, -rywać w węgiel *[factory]*

IV *vi [ship]* bunkrować węgiel

IDIOMS: **as black as ~** czarny jak smoła or węgiel; **to carry ~s to Newcastle** wozić drzewo do lasu; **to drag** or **haul sb over the ~s** infml zmieszać kogoś z błotem

coal-based /ˈkəʊlbeɪst/ *adj* węglowy, na bazie węgla

coal basin *n* zagłębie *n* węglowe, niecka *f* węglowa

coal-black /ˈkəʊlblæk/ *adj* czarny jak smoła or węgiel

coal box *n* skrzynia *n* na węgiel

coal bunker *n* zasobnik *m* węgla, zasiek *m* węglowy

coal-burning /ˈkəʊlbɜːnɪŋ/ *adj* węglowy, na węgiel

coal cutter *n* 1 (man) wrębiarz *m* 2 (machine) wrębiarka *f* do węgla

coal deposit *n* złoże *n* węgla

coal depot *n* skład *m* węgla

coal dust *n* pył *m* węglowy

coalesce /ˌkəʊəˈles/ *vi [groups of people, ideas]* po|łączyć się; *[political parties]* sprzymierz|yć, -ać się; *[substances]* Chem ule|c, -gać koalescencji

coalescence /ˌkəʊəˈlesns/ *n* połączenie *n*, zjednoczenie *n*; Chem koalescencja *f*

coalface /ˈkəʊlfeɪs/ *n* przodek *m*; **at the ~** na przodku; fig na czele, na przedzie

coalfield /ˈkəʊlfiːld/ *n* zagłębie *n* węglowe

coal fire *n* GB kominek *m*

coal-fired /ˈkəʊlfaɪəd/ *adj* opalany węglem

coalfish /ˈkəʊlfɪʃ/ *n* Zool czarniak *m*

coal gas *n* gaz *m* węglowy

coal hole *n* GB infml komórka *m* na węgiel

coal industry *n* przemysł *m* węglowy

coaling /ˈkəʊlɪŋ/ *n* Rail nawęglanie *n* (parowozu); Naut bunkrowanie *n* węgla

coaling station *n* stacja *f* bunkrowa

coalition /ˌkəʊəˈlɪʃn/ I *n* 1 Pol koalicja *f* 2 przymierze *n*, sojusz *m*

II *modif [government, party, partner]* koalicyjny

coal man *n* dostawca *m* węgla, węglarz *m*

Coal Measures *n* Geol **the ~** warstwy *f pl* karbońskie or węglowe

coal merchant *n* przedsiębiorca *m* handlujący węglem

coalmine /ˈkəʊlmaɪn/ *n* kopalnia *f* węgla

coalminer /ˈkəʊlmaɪnə(r)/ *n* górnik *m*

coalmining /ˈkəʊlmaɪnɪŋ/ I *n* górnictwo *n* węglowe

II *modif [family, region, town]* górniczy

coal oil *n* 1 US (kerosene) nafta *f* 2 (from coal) olej *m* węglowy

coal pit *n* szyb *m* węglowy, kopalnia *f* węgla

coal scuttle *n* kubeł *m* or wiadro *n* na węgiel

coal seam *n* pokład *m* węgla

coal tar *n* smoła *f* węglowa

coal tit *n* Zool sikora *f* sosnówka

coal yard *n* skład *m* węgla

coarse /kɔːs/ *adj* 1 (rough) *[texture]* szorstki, chropowaty; *[linen, wool, cloth]* szorstki, zgrzebny; *[grass]* ostry; *[skin, hair, paper]* szorstki; *[sand, salt, sandpaper]* gruboziarnisty 2 (not refined) ordynarny; **~ features** grubo ciosane rysy 3 (indecent) *[language, joke]* ordynarny 4 (food, wine) lichy, pośledni; **~ black bread** (zwykły) razowiec

coarse fish *n* ryby *f pl* słodkowodne *(z wyjątkiem łososiowatych)*

coarse fishing *n* GB łowienie *n* na wędkę ryb słodkowodnych *(poza łososiowatymi)*

coarse-grained /ˌkɔːsˈɡreɪnd/ *adj [texture]* gruboziarnisty; *[person]* prostacki, nieokrzesany

coarsely /ˈkɔːslɪ/ *adv [speak]* ordynarnie; **~ woven/ground** grubo tkany/mielony

coarsen /ˈkɔːsn/ I *vt* uczynić szorstkim *[skin]*; uczynić prostackim *[person]*

II *vi [person, speech, manners]* sta|ć, -wać się prostackim, s|pospolicieć; *[skin]* sta|ć, -awać się szorstkim; *[features]* z|grubieć

coarseness /ˈkɔːsnɪs/ *n* 1 (of manners) ordynarność *f* 2 (of sand, salt) gruboziarnistość *f*; (of cloth) szorstkość *f*, zgrzebność *f*; (of features) grubość *f* 3 (indecency) ordynarność *f*

coast /kəʊst/ I *n* 1 (region) wybrzeże *n*; (shoreline) brzeg *m*; **off the ~** niedaleko brzegu, u wybrzeża; **the east/west ~** wybrzeże wschodnie/zachodnie; **from ~ to ~** po całym kraju, jak kraj długi i szeroki; **the ~ is clear** fig droga wolna fig 2 US **the Coast** wybrzeże Pacyfiku 3 US tor *m* saneczkowy

II *modif [road, path]* nadbrzeżny

III *vi* 1 (freewheel) **to ~ downhill** *[car]* zjeżdżać z góry na luzie 2 (travel effortlessly) **to ~ along at 50 mph** sunąć 50 mil na godzinę; **they ~ed home** fig wygrali z łatwością; **to ~ through an exam** fig z łatwością zdać egzamin 3 Naut pły|nąć, -wać wzdłuż wybrzeża

coastal /ˈkəʊstl/ *adj [waters]* przybrzeżny; *[town, area]* nadbrzeżny, nadmorski

coaster /ˈkəʊstə(r)/ *n* 1 (mat) podkładka *m* pod szklankę 2 (for decanter) taca *f*; (on wheels) barek *m* 3 (boat) statek *m* żeglugi przybrzeżnej, kabotażowiec *m* 4 US (sledge) tobogan *m*, sanki *plt* 5 US (roller coaster) kolejka *f* górska *(w wesołym miasteczku)*

coastguard /ˈkəʊstɡɑːd/ *n* 1 (organization) straż *f* przybrzeżna 2 (person) (also **coastguardsman**) strażnik *m* straży przybrzeżnej

coastguard station *n* strażnica *f* or posterunek *m* straży przybrzeżnej

coastguard vessel *n* jednostka *f* pływająca straży przybrzeżnej

coastline /ˈkəʊstlaɪn/ *n* linia *f* brzegowa, brzeg *m*

coast-to-coast /ˌkəʊsttəˈkəʊst/ *adj [broadcast]* ogólnokrajowy; *[search]* na terenie całego kraju, obejmujący cały kraj

coat /kəʊt/ I *n* 1 (garment) (full-length) płaszcz *m*; (warm) palto *n*; (short) kurtka *f*; (worn with a matching skirt) żakiet *m*; **to turn one's ~** fig zmienić front *(i przyłączyć się do opozycji)* 2 Zool (of animals) sierść *f*; (of birds) upierzenie *n* 3 (layer) (of paint, varnish, polish, bitumen) warstwa *f*, powłoka *f*; (of dust, frost) warstwa *f*; **to apply another ~ of paint** nałożyć kolejną warstwę farby; **a ~ of icing** lukrowa polewa

II *modif* **~ pocket/lining** kieszeń/podszewka płaszcza; **~ button** guzik do płaszcza

III *vt* 1 (cover) **to ~ sth with sth** powlec coś czymś *[paint, tar, adhesive, varnish]*; pokryć coś czymś *[dust, silt, oil, frost]*; **to ~ sth with whitewash** pobielić coś *[fence, wall]*; **to ~ sth with rubber** gumować coś *[fabric]* 2 Culin **to ~ sth in** or **with sth** obtoczyć coś w czymś *[breadcrumbs, eggs, flour]*; polać coś czymś *[chocolate, melted cheese, sauce]*; **~ed with sugar** *[sweet]* lukrowany; *[pill]* powlekany

coatdress /ˈkəʊtdres/ *n* suknia *f* płaszczowa

coated /ˈkəʊtɪd/ *adj* 1 Med *[tongue]* obłożony 2 Print *[paper]* powlekany 3 (covered) **~ in sth** pokryty czymś *[mud, make-up]*; **~ pill** tabletka powlekana

coated lens *n* Phot obiektyw *m* z warstwą przeciwodblaskową

coat hanger *n* wieszak *m*, ramiączko *n*

coating /ˈkəʊtɪŋ/ *n* 1 Culin (of chocolate, sugar) polewa *f*; (of egg and breadcrumbs) panierka *f* 2 Constr, Tech, Ind powłoka *f*; **protective ~** powłoka ochronna

coat of arms *n* (sign) herb *m*; (shield) tarcza *f* herbowa

coat of mail *n* Hist kolczuga *f*

coatrack /ˈkəʊtræk/ *n* wieszak *m*

coatroom /ˈkəʊtruːm, -rʊm/ *n* US szatnia *f*

coat-tails /ˈkəʊtteɪlz/ *npl* poły *f pl* fraka

IDIOMS: **to be always hanging on sb's ~** chodzić za kimś krok w krok, nie odstępować kogoś ani na krok; **to ride on sb's ~** Pol pej windować się na plecach kogoś

coat tree *n* US wieszak *m* stojący

co-author /ˌkəʊˈɔːθə(r)/ I *n* współautor *m*, -ka *f*

II *vt* na|pisać wspólnie *[book, article, play]*

coax /kəʊks/ *vt* **to ~ sb to do** or **into doing sth** (persuade gently) namówić or nakłonić kogoś do zrobienia czegoś; **she ~ed the cat into the kitchen (with a piece of fish)** (kawałkiem ryby) zwabiła kota do kuchni; **he ~ed the horse out of its stable** wywabił konia ze stajni; **to ~ sth out of sb** wyprosić coś u kogoś; **to ~ sb out of a bad mood** poprawić komuś nastrój; **to ~ sb out of doing sth** odwieść kogoś od zamiaru zrobienia czegoś; **to ~ a car into starting** zapalić samochód po wielu próbach; **'do come,' he ~ed** „przyjdź", namawiał or zachęcał or nęcił; **to ~ the fire** rozniecić ogień; **to ~ sb back to life** przywrócić kogoś do życia

coaxial /kəʊˈæksɪəl/ *adj* współosiowy, koaksjalny

coaxing /ˈkəʊksɪŋ/ I *n* (gentle persuasion) perswazja *f*, nakłanianie *n*; **a little ~** łagodna perswazja; **no amount of ~ would make him drink it** żadne namowy or perswazje nie były w stanie skłonić go do wypicia tego

II *adj [manner, voice]* łagodny, perswadujący, perswazyjny

coaxingly /ˈkəʊksɪŋlɪ/ *adv* perswadująco, perswazyjnie

cob[1] /kɒb/ *n* 1 (horse) cob *m (krępy koń zaprzęgowy rasy anglo-normandzkiej)* 2 (swan) samiec *m* łabędzia, łabędź *m* 3 GB (loaf) okrągły bochenek *m* 4 (of maize) kolba *f* 5 GB (nut) orzech *m* laskowy

cob[2] /kɒb/ *n* GB Constr glina *f* zmieszana ze słomą *(do lepienia ścian)*

cobalt /ˈkəʊbɔːlt/ *n* Chem kobalt *m*; **~ 60** kobalt-60

cobalt blue *n* błękit *m* kobaltowy

cobalt bomb *n* Med, Mil bomba *f* kobaltowa

cobber /ˈkɒbə(r)/ *n* Austral infml (form of address) stary *m* infml

cobble[1] /ˈkɒbl/ **I** *n* brukowiec *m*; **~s** kocie łby, bruk
II *vt* wy|brukować *[street]*

cobble[2] /ˈkɒbl/ **I** *vt* dat (make) u|szyć *[shoes]*; (mend) naprawi|ć, -ać *[shoes]*
II *vi* (make shoes) szyć buty; (mend shoes) naprawiać buty
■ **cobble together**: **~ together [sth], ~ [sth] together** (put together) wypocić, wysmażyć infml fig *[essay, letter]*; s|klecić infml *[plan]*; u|pichcić infml *[meal]*

cobbled /ˈkɒbld/ *adj* (wy)brukowany

cobbler[1] /ˈkɒblə(r)/ *n* (shoemaker) szewc *m*

cobbler[2] /ˈkɒblə(r)/ *n* Culin (fruit pie) ≈ placek *m* z nadzieniem z owoców; (vegetable or meat pie) ≈ pieróg *m*, kulebiak *m*; (punch) kruszon *m*

cobblers /ˈkɒbləz/ *n* [1] GB vinfml bzdety *m pl* infml; **and ~ to them!** vinfml niech się w dupę pocałują vulg [2] vulg (testicles) jaja *n pl* vulg

cobblestones /ˈkɒblstəʊnz/ *n* bruk *m*, kocie łby *m pl*

cobnut /ˈkɒbnʌt/ *n* orzech *m* laskowy

COBOL /ˈkəʊbɒl/ *n* = **common business oriented language** język *m* programowania COBOL

cobra /ˈkəʊbrə/ *n* Zool kobra *f*; (Indian) okularnik *m*, kobra *f* indyjska

cobweb /ˈkɒbweb/ *n* pajęczyna *f*; **let's go out for a walk to blow away the ~s** fig chodźmy na spacer dla odświeżenia umysłu

cobwebbed /ˈkɒbwebd/ *adj [room]* zasnuty pajęczynami, pełen pajęczyn

cobwebby /ˈkɒbwebɪ/ *n* → **cobwebbed**

coca /ˈkəʊkə/ *n* Bot krasnodrzew *m*, koka *f*; (leaves) liście *m pl* koki

Coca-Cola® /ˌkəʊkəˈkəʊlə/ *n* coca-cola *f*, koka-kola *f*; **two ~s please** poproszę dwie cole

cocaine /kəʊˈkeɪn/ **I** *n* kokaina *f*
II *modif* **~ addict** kokainista; **~ addiction** kokainizm; **~ dealer** handlarz or dealer kokainy

coccus /ˈkɒkəs/ *n* (*pl* **-ci** /ˈkɒksaɪ/) Med ziarniak *m*

coccyx /ˈkɒksɪks/ *n* (*pl* **-yxes, -yges** /kɒkˈsaɪdʒiːz/) Anat kość *f* guziczna or ogonowa

cochair /ˈkəʊˌtʃeə(r)/ **I** *n* współprzewodniczący|y *m*, -a *f*
II *vt* współprzewodniczyć

cochairman /ˈkəʊˌtʃeəmən/ *n* (*pl* **-men**) współprzewodniczący *m*

cochairmanship /ˈkəʊˌtʃeəmənʃɪp/ *n* współprzewodnictwo *n*

Cochin China /ˌkəʊtʃɪn ˈtʃaɪnə/ *prn* Kochinchina *f*

cochineal /ˌkɒtʃɪˈniːl/ *n* [1] (dye) karmin *m*; (edible) koszenila *f*, koszenilina *f* [2] Zool koszenila *f*

cochlea /ˈkɒklɪə/ *n* (*pl* **-leae**) Anat ślimak *m*

cochlear /ˈkɒklɪə(r)/ *adj* Anat, Med ślimakowy

cock[1] /kɒk/ **I** *n* [1] (rooster) kogut *m* [2] Zool (male bird) samiec *m*; (of pheasant) kogut *m* [3] vulg (penis) kutas *m* vulg [4] vinfml (nonsense) pierdoły *plt* vulg; **that's a load of old ~** to same pierdoły [5] GB vinfml (term of address) **well, old ~?** jak tam stary? infml [6] (weathervane) kurek *m (na dachu)* [7] (of gun) kurek *m*; **at full/half ~** *[pistol, gun]* odbezpieczony/na wpół odbezpieczony [8] (stopcock) kurek *m*, zawór *m* kurkowy
II *modif* **~ bird** samiec; **~ sparrow** samiec wróbla
III *vt* [1] (raise) **to ~ an eyebrow** unieść brew; **the dog ~ed its leg** pies podniósł or zadarł nogę; **to ~ an ear** *[animal]* zastrzyc uchem; *[person]* nastawić ucha; **to keep an ear ~ed** mieć uszy otwarte; **he ~ed an eye at the clock** rzucił okiem na zegar [2] (tilt) przekrzywi|ć, -ać *[head, hat]* [3] Mil odbezpiecz|yć, -ać *[gun]*
■ **cock up** GB vinfml: ¶ **~ up** s|pieprzyć się vinfml ¶ **~ up [sth], ~ [sth] up** spieprzyć vinfml *[plan, schedule, assignment]*; **to ~ things up** wszystko spieprzyć
IDIOMS: **to be ~ of the walk** pej wodzić rej infml; **to go off at half ~** infml (be hasty) być w gorącej wodzie kąpanym; (be disappointing) spalić na panewce; **to live like fighting ~s** opływać we wszystko

cock[2] /kɒk/ *n* (of hay, straw) kopka *f*

cockade /kɒˈkeɪd/ *n* kokarda *f*, rozeta *f*

cock-a-doodle-doo /ˌkɒkəˌduːdlˈduː/ *n* kukuryku!; **to go ~** zapiać

cock-a-hoop /ˌkɒkəˈhuːp/ *adj* infml rozradowany, uszczęśliwiony **(over** or **about sth** z powodu czegoś)

Cockaigne /kɒˈkeɪn/ *prn* Kukania *f*, Szlarafia *f (legendarna kraina wiecznego dobrobytu)*

cock-a-leekie soup /kɒkəˈliːkɪ/ *n* GB zupa *f* z porów

cockamamie /ˌkɒkəˈmæmɪ/ *adj* (also **cockamamy)** infml niedorzeczny

cock-and-bull story /ˌkɒknˈbʊlstɔːrɪ/ *n* bajeczka *f*; **they told us some ~ about being robbed** opowiedzieli nam jakąś bajeczkę o tym, że ich obrabowano

cockatoo /ˌkɒkəˈtuː/ *n* Zool kakadu *n inv*

cockchafer /ˈkɒktʃeɪfə(r)/ *n* Zool chrabąszcz *m* majowy

cockcrow /ˈkɒkkrəʊ/ *n* **at ~** o pianiu koguta, o pierwszym kurze liter

cocked hat /ˌkɒktˈhæt/ *n* (two points) pieróg *m*, kapelusz *m* dwurożny; (three points) kapelusz *m* trójrożny or trójgraniasty
IDIOMS: **to knock sb into a ~** infml (defeat) położyć kogoś na (obie) łopatki; **to knock sth into a ~** US (ruin) położyć coś infml *[case, performance]*

cockerel /ˈkɒkərəl/ *n* kogucik *m*, kogutek *m*

cocker (spaniel) /ˈkɒkə(r) (spænjəl)/ *n* cocker-spaniel *m*

cockeyed /ˈkɒkaɪd/ *adj* infml [1] (with a squint) *[person, animal]* zezowaty [2] (askew, crooked) przekrzywiony [3] (crazy, impractical) *[ideas, plans]* szalony [4] (drunk) zalany, ululany infml

cockfight /ˈkɒkfaɪt/ *n* walka *f* kogutów

cockfighting /ˈkɒkfaɪtɪŋ/ *n* walki *f pl* kogutów

cockily /ˈkɒkɪlɪ/ *adv* zuchwale, z tupetem

cockiness /ˈkɒkɪnɪs/ *n* pewność *f* siebie, tupet *m*

cockle /ˈkɒkl/ *n* Zool, Culin sercówka *f* jadalna
IDIOMS: **it warmed the ~s of my heart to hear it** to podziałało jak balsam na moje serce; **this brandy will warm the ~s of your heart!** koniak dobrze ci zrobi!

cockleshell /ˈkɒklʃel/ *n* [1] (shell) muszla *f* sercówki [2] (boat) lekka płaska łódka *f*

cock lobster *n* samiec *m* homara

cockney /ˈkɒknɪ/ **I** *n* cockney *m (mieszkaniec londyńskiego East Endu; gwara, jaką się on posługuje)*
II *adj [humour]* cwaniacki; **~ accent** gwara londyńska

cockpit /ˈkɒkpɪt/ *n* [1] Aviat kabina *f* pilota [2] Aut kabina *f* kierowcy [3] Naut kokpit *m* [4] dat arena *f* walk kogutów

cockroach /ˈkɒkrəʊtʃ/ *n* karaluch *m*, karakon *m*

cockscomb /ˈkɒkskəʊm/ *n* [1] Zool grzebień *m* koguta [2] Bot celozja *f* grzebieniasta [3] = **coxcomb**

cocksucker /ˈkɒksʌkə(r)/ *n* vulg skurwysyn *m* vulg

cocksure /ˌkɒkˈʃɔː(r), US ˌkɒkˈʃʊər/ *adj* pej *[person]* pewny siebie; zadufany liter; *[manner]* wyzywający; *[attitude]* pyszny; **she's far too ~** ona jest nazbyt pewna siebie; **to be ~ about sth** być bardzo pewnym czegoś *[abilities, prospects]*

cocktail /ˈkɒkteɪl/ *n* [1] (drink) koktajl *m*; **gin ~** koktajl z dżinem; **to mix a ~** przyrządzić koktajl; **to have a ~** wypić koktajl [2] (mixture) **fruit ~** sałatka owocowa; **seafood ~** koktajl z owoców morza [3] fig (of elements, ideas) mieszanina *f*; miszmasz *m* infml; (of drugs) mieszanka *f*

cocktail bar *n* (also **~ lounge)** bar *m*, koktajlbar *m*

cocktail biscuit *n* krakers *m*

cocktail cabinet *n* GB barek *m*

cocktail dress *n* suknia *f* koktajlowa

cocktail hour *n* późne popołudnie *n*

cocktail party *n* koktajl *m*

cocktail sausage *n* kiełbaska *f* koktajlowa

cocktail shaker *n* shaker *m*

cocktail stick *n* wykałaczka *f (do przekąsek)*

cocktail table *n* US ława *f*

cocktail waitress *n* barmanka *f (serwująca koktajle)*

cocktease(r) /ˈkɒktiːzə(r)/ *n* vulg offensive podpuszczalska *f* infml

cock-up /ˈkɒkʌp/ *n* GB vinfml obciach *m*, obsuwa *f*; infml **what a ~!** co za obsuwa or obciach!; **to make a real ~ of sth** kompletnie coś spieprzyć vinfml

cocky /ˈkɒkɪ/ *adj* pewny siebie; **don't be so ~!** nie bądź taki chojrak! infml

cocoa /ˈkəʊkəʊ/ **I** *n* kakao *n*
II *modif [bean, butter]* kakaowy; **~ powder** kakao w proszku

coconut /ˈkəʊkənʌt/ **I** *n* kokos *m*; **desiccated ~** wiórki kokosowe; **creamed ~** mleczko kokosowe
II *modif [milk, oil, butter, ice cream, yogurt, cake]* kokosowy

coconut ice *n* pomadki *f pl* kokosowe

coconut matting *n* mata *f* z włókna kokosowego

coconut palm *n* Bot palma *f* kokosowa, kokosowiec *m*

coconut pyramid *n* GB ≈ kokosanka *f*

coconut shy *n* GB *gra polegająca na strącaniu kokosów z podpórek drewnianymi kulami*

cocoon /kəˈkuːn/ **I** *n* [1] Zool kokon *m*, oprzęd *m*; **the ~ stage** stadium poczwarki [2] fig (for metal equipment) osłona *f*; **wrapped**

in a ~ of blankets opatulony w koce; **in a ~ of love and warmth** w atmosferze miłości i ciepła

II *vt* [1] (wrap) opatul|ić, -ać **(in sth** w coś); otul|ić, -ać **(in sth** czymś); **to be ~ed in luxury/love** fig być otoczonym luksusem /miłością; **he was ~ed in his own private world** żył w swoim własnym, zamkniętym świecie [2] (protect) o|chronić, ochraniać; **to be ~ed against/from sth** być chronionym przed czymś/od czegoś; **a ~ed existence** życie pod kloszem or w cieplarnianych warunkach

cod[1] /kɒd/ *n* (*pl* **cod)** [1] Zool (also **codfish)** dorsz *m*, wątłusz *m*; **~ war** wojna dorszowa [2] Culin dorsz *m*, mięso *n* dorsza; **fillet of ~** filet z dorsza

cod[2] /kɒd/ infml **I** *n* (nonsense) bzdury *f pl*

II *adj* pej *[music, theatre]* denny infml; **~ psychology/sociology** pseudopsychologia/pseudosocjologia

COD *n* = **cash on delivery, collect on delivery** US płatne gotówką przy odbiorze

coda /ˈkəʊdə/ *n* [1] Mus koda *f* [2] Literat (to book) epilog *m*

coddle /ˈkɒdl/ *vt* rozpie|ścić, -szczać, hołubić *[child, patient]*; **~d eggs** jajka na miękko *(lekko ścięte)*

code /kəʊd/ **I** *n* [1] (laws, rules) Jur kodeks *m*; Admin regulamin *m*; **safety ~** przepisy bezpieczeństwa; **penal ~** kodeks karny; **~ of ethics** Psych, Sociol normy etyczne; **~ of practice** kodeks postępowania; Med kodeks etyki (lekarskiej); Admin przepisy proceduralne [2] (of behaviour) normy *f pl*, zasady *f pl*; **an unwritten ~** niepisana zasada; **to break the ~** złamać zasady, uchybić normom; **~ of honour** kodeks honorowy [3] (cypher, message) szyfr *m*, kod *m*; **to break** or **crack a ~** złamać szyfr; **it's in ~** to jest zapisane szyfrem or zaszyfrowane; **to put sth into ~** zaszyfrować coś [4] Biol (also **genetic ~)** kod *m* genetyczny [5] Telecom (also **dialling ~)** numer *m* kierunkowy; Post (also **postal ~)** kod *m* pocztowy [6] Fin **branch (sorting) ~** numer *m* kodowy oddziału or ekspozytury [7] Comput kod *m*

II *vt* za|szyfrować, za|kodować *[message]*; Comput za|kodować, za|programować

III *vi* (in genetics) **to ~ for sth** kodować *[amino acid]*

code area *n* Comput obszar *m* kodu programowego

code book *n* książka *f* kodowa

coded /ˈkəʊdɪd/ *adj* [1] *[message]* zakodowany, zaszyfrowany; fig ukryty, zakamuflowany; *[criticism]* ukryty, zawoalowany [2] Comput zakodowany; **~ decimal** system (liczbowy) kodowany dziesiętnie

codeine /ˈkəʊdiːn/ *n* Pharm kodeina *f*

code-name /ˈkəʊdneɪm/ **I** *n* kryptonim *m*

II *vt* nada|ć, -wać kryptonim (czemuś); **to be ~d XL23** mieć kryptonim XL23; **the operation ~d Neptune** operacja pod kryptonimem „Neptun"

code number *n* Telecom numer *m* kierunkowy

code of conduct *n* kodeks *m* postępowania

code page *n* Comput tablica *f* kodowa

codependency /kəʊdɪˈpendənsɪ/ *n* Psych współuzależnienie *n*

coder /ˈkəʊdə(r)/ *n* Comput, Electron (person) programista *m* kodujący; (machine) koder *m*, urządzenie *n* kodujące

codeword /ˈkəʊdwɜːd/ *n* (name) kryptonim *m*; (password) hasło *n*; fig znak *m* umowny

codex /ˈkəʊdeks/ *n* (*pl* **codices)** kodeks *m*

codfish /ˈkɒdfɪʃ/ *n* Zool = **cod**[1]

codger /ˈkɒdʒə(r)/ *n* infml **old ~** staruszek *m*, dziadek *m*

codicil /ˈkəʊdɪsɪl, US ˈkɒdəsl/ *n* Jur kodycyl *m*

codify /ˈkəʊdɪfaɪ, US ˈkɒd-/ *vt* s|kodyfikować *[laws]*; ustal|ić, -ać *[procedures, rules of game]*

coding /ˈkəʊdɪŋ/ *n* kodowanie *n*

coding sheet *n* Comput formularz *m* kodowy or programowy

cod-liver oil /ˌkɒdlɪvərˈɔɪl/ *n* tran *m*

codpiece /ˈkɒdpiːs/ *n* Hist, Fashn saczek *m* *(chroniący genitalia)*

co-driver /ˈkəʊdraɪvə(r)/ *n* (of lorry) zmienni|k *m*, -czka *f*; (in race) pilot *m*, -ka *f*

codswallop /ˈkɒdzwɒləp/ *n* GB infml brednie *f pl*, dyrdymały *plt* infml

Co Durham *n* GB Post → **County Durham**

coed /ˌkəʊˈed/ **I** *n* US Univ studentka *f*

II *adj* = **coeducational** Sch, Univ koedukacyjny; **to go ~** *[school]* stać się koedukacyjnym

coedit /kəʊˈedɪt/ *vt* *[scholar, writer]* współredagować

coedition /ˌkəʊəˈdɪʃn/ *n* publikacja *f* pod redakcją zespołu

coeditor /kəʊˈedɪtə(r)/ *n* współredaktor *m*, -ka *f*

coeducation /ˌkəʊedʒuːˈkeɪʃn/ *n* koedukacja *f*

coeducational /ˌkəʊedʒuːˈkeɪʃənl/ *adj* koedukacyjny

coefficient /ˌkəʊɪˈfɪʃnt/ *n* Math, Phys współczynnik *m*

coelacanth /ˈsiːləkænθ/ *n* Zool latimeria *f*

coeliac, celiac US /ˈsiːlɪæk/ Med **I** *n* (sufferer) chor|y *m*, -a *f* na celiakię

II *adj* trzewny; **~ disease** celiakia, enteropatia, choroba trzewna

coelioscopy /ˌsiːlɪˈɒskəpɪ/ *n* Med laparoskopia *f*

coequal /kəʊˈiːkwl/ **I** *n* równ|y *m*, -a *f*

II *adj* równy

coerce /kəʊˈɜːs/ *vt* zmu|sić, -szać, przymu|sić, -szać *[person, group]*; **to ~ sb into doing sth** wymusić na kimś zrobienie czegoś, zmusić kogoś do zrobienia czegoś; **he has been ~d into resigning** zmuszono go do rezygnacji

coercion /kəʊˈɜːʃn, US -ʒn/ *n* przymus *m*; **under ~** pod przymusem

coercive /kəʊˈɜːsɪv/ *adj* represyjny; **~ measures** środki przymusu

coeval /ˌkəʊˈiːvl/ fml **I** *n* (contemporary) współczesn|y *m*, -a *f*; (of same age) rówieśni|k *m*, -ca *f*

II *adj* współczesny **(with sb/sth** komuś /czemuś)

coexist /ˌkəʊɪgˈzɪst/ *vi* współistnieć, koegzystować **(with sb/sth** z kimś/czymś)

coexistence /ˌkəʊɪgˈzɪstəns/ *n* koegzystencja *f*, współistnienie *n*; **peaceful ~** pokojowe współistnienie

coexistent /ˌkəʊɪgˈzɪstənt/ *adj* współistniejący

C of C → **Chamber of Commerce**

C of E = **Church of England** Kościół *m* anglikański

coffee /ˈkɒfɪ, US ˈkɔːfɪ/ **I** *n* [1] (commodity, liquid) kawa *f*; **a cup of ~** filiżanka kawy [2] (cup of coffee) kawa *f*; **two ~s, please** proszę dwie kawy; **to have a ~** napić się kawy; **a black/white ~** kawa czarna/biała or z mlekiem

II *modif [cake, ice cream, dessert]* kawowy; **~ crop/grower/plantation** zbiór/plantator /plantacja kawy; **~ cup/filter/spoon** filiżanka/filtr/łyżeczka do kawy; **~ drinker** amator kawy; kawiarz infml

coffee bag *n* torebka *f* z kawą *(do zaparzania)*

coffee bar *n* bar *m* kawowy

coffee bean *n* ziarno *n* kawy; **a kilo of ~s** kilogram kawy ziarnistej

coffee break *n* przerwa *f* na kawę

coffeecake /ˈkɒfɪkeɪk, US ˈkɔːfɪ-/ *n* US ciastko *n (podawane z kawą)*

coffee-coloured GB, **coffee-colored** US /ˈkɒfɪkʌləd, US ˈkɔːfɪ-/ *adj* koloru kawy z mlekiem

coffee grinder *n* = **coffee mill**

coffee grounds *n* fusy *m pl*

coffee house *n* kawiarnia *f*

coffee klatsch *n* US spotkanie *n* przy kawie

coffee machine *n* (in café) ekspres *m* do kawy, kawiarka *f*; (domestic) (elektryczny) ekspres *m* do kawy; (vending machine) automat *m* z kawą

coffee maker *n* (electric) (domowy) ekspres *m* do kawy; (on stove) maszynka *f* do kawy

coffee mill *n* młynek *m* do kawy

coffee morning *n* GB spotkanie *n* towarzyskie *(zwykle połączone ze zbiórką pieniędzy na cele charytatywne)*

coffee percolator *n* = **coffee maker**

coffee pot *n* dzbanek *m* do kawy

coffee service *n* serwis *m* do kawy

coffee set *n* = **coffee service**

coffee shop *n* [1] (merchant's) sklep *m* z kawą [2] (café) bar *m* kawowy

coffee table *n* (small low table) niski stolik *m*

coffee-table book /ˈkɒfɪteɪbl bʊk, US ˈkɔːfɪ-/ *n* wydawnictwo *n* albumowe

coffee tree *n* krzew *m* kawowy

coffer /ˈkɒfə(r)/ *n* [1] kaseta *f*, szkatuła *f*; **the nation's ~s** fig szkatuła państwowa [2] Arch kaseton *m*, skrzyniec *m*

cofferdam /ˈkɒfədæm/ *n* koferdam *m*

coffered /ˈkɒfəd/ *adj [ceiling]* kasetonowy

coffin /ˈkɒfɪn/ *n* trumna *f*

IDIOMS: **that's another/the final nail in their ~** to dla nich kolejny cios/ostatni gwóźdź do trumny

coffin nail *n* infml papieroch *m* infml

C of I = **Church of Ireland** Kościół *m* irlandzki

C of S [1] = **Church of Scotland** Kościół *m* szkocki [2] → **Chief of Staff**

cog /kɒg/ *n* Tech (tooth) tryb *m*; (wheel) kółko *n* zębate; **a (tiny) ~ in the machine** fig maleńki trybik w mechanizmie fig

cogency /ˈkəʊdʒənsɪ/ *n* siła *f* or moc *f* przekonywania

C

cogent /ˈkəʊdʒənt/ *adj [argument, reason]* przekonujący
cogently /ˈkəʊdʒəntlɪ/ *adv* przekonująco
cogitate /ˈkɒdʒɪteɪt/ **I** *vt* obmyślać, obmyśliwać
II *vi* rozmyślać, zastanawiać się **(about** or **on sth** nad czymś)
cogitation /ˌkɒdʒɪˈteɪʃn/ *n* namysł *m*, zastanowienie *n*
cognac /ˈkɒnjæk/ *n* koniak *m*
cognate /ˈkɒgneɪt/ **I** *n* [1] Ling wyraz *m* pokrewny [2] Jur krewn|y *m*, -a *f*
II *adj* pokrewny
cognition /kɒgˈnɪʃn/ *n* [1] pojęcie *n*, zrozumienie *n* **(of sth** czegoś) [2] Psych, Philos poznanie *n*
cognitive /ˈkɒgnɪtɪv/ *adj* Psych poznawczy, kognitywny; Ling kognitywny
cognizance /ˈkɒgnɪzəns/ *n* [1] fml wiedza *f*; **to take ~ of sth** wziąć coś pod rozwagę [2] Jur kompetencja *f*, właściwość *f*; **the matter goes beyond the ~ of the court** ta sprawa nie należy do kompetencji or właściwości tego sądu
cognizant /ˈkɒgnɪzənt/ *adj* fml świadomy **(of sth** czegoś)
cognomen /kɒgˈnəʊmen/ *n* [1] Antiq przydomek *n* [2] (nickname) przydomek *m*, przezwisko *n*
cognoscenti /ˌkɒgnəˈʃentɪ/ *npl* **the ~** koneserzy *m pl*, znawcy *m pl*
cog railway *n* górska kolejka *f* zębata
cogwheel /ˈkɒgwiːl/ *n* Tech koło *n* zębate
cohabit /kəʊˈhæbɪt/ *vi* żyć w konkubinacie, mieszkać razem *(bez ślubu)* **(with sb** z kimś)
cohabitation /ˌkəʊhæbɪˈteɪʃn/ *n* wolny związek *m*; konkubinat *m* fml
cohabitee /ˌkəʊhæbɪˈtiː/ *n* partner *n*, -ka *f*; konkub|ent *n*, -ina *f* fml
coheir /kəʊˈeə(r)/ *n* współspadkobier|ca *m*, -czyni *f*
coheiress /kəʊˈeərɪs/ *n* współspadkobierczyni *f*
cohere /kəʊˈhɪə(r)/ *vi* [1] *[substance]* kleić się, lepić się [2] *[reasoning]* być spójnym
coherence /kəʊˈhɪərəns/ *n* (of thought) spójność *f*; koherencja *f* fml; **to give ~ to sth** nadać czemuś wewnętrzną spójność
coherent /kəʊˈhɪərənt/ *adj* [1] *[argument, analysis]* spójny; koherentny fml [2] *[person]* składnie mówiący; **he was barely ~** (through alcohol, fatigue) z trudnością można było go zrozumieć
coherently /kəʊˈhɪərəntlɪ/ *adv* (logically) logicznie; (understandably) składnie
cohesion /kəʊˈhiːʒn/ *n* [1] (of ideas) spójność *f* [2] Phys kohezja *f*
cohesive /kəʊˈhiːsɪv/ *adj* [1] *[group]* zwarty, spójny [2] *[force, power]* spajający; Phys spoisty
cohort /ˈkəʊhɔːt/ *n* Antiq kohorta *f* also fig
COHSE, Cohse /ˈkəʊzɪ/ *n* GB = **Confederation of Health Service Employees** *związek zawodowy pracowników służby zdrowia*
COI *n* GB = **Central Office of Information** *rządowe biuro informacji*
coif /kɔɪf/ **I** *n* [1] Relig kornet *m* [2] infml (hairstyle) koafiura *f* dat or hum
II *vt* infml (*prp, pt, pp* **-ff-**) u|fryzować dat or hum *[hair]*
coiffure /kwɑːˈfɜː(r)/ *n* fryzura *f*, uczesanie *n*; koafiura *f* dat or hum
coil /kɔɪl/ **I** *n* [1] (of rope, barbed wire) zwój *m*, krąg *m*; (of smoke) kłąb *m*; (of hair) lok *m*, pukiel *m* [2] Elec cewka *f*; (of petrol engine) cewka *f* zapłonowa [3] Med (contraceptive) spirala *f*; **to have a ~ fitted** mieć założoną spiralę
II *vt* zwi|nąć, -jać; owi|nąć, -jać *[rope, cable, lasso, wire, hair]* **(around sth** wokół czegoś); **she ~ed a strand of hair round her finger** owinęła sobie kosmyk włosów wokół palca
III *vi [road, river]* wić się; *[animal]* zwi|nąć, -ijać się w kłębek; **to ~ upwards** *[smoke]* wznosić się kłębami
IV *vr* **the python ~ed itself round the branch** pyton owinął się wokół gałęzi
■ **coil up**: ¶ **~ up** *[snake]* zwi|nąć, -jać się ¶ **~ up [sth], ~ [sth] up** zwi|nąć, -jać *[rope, wire, hosepipe]*
coil spring *n* sprężyna *f* śrubowa
coin /kɔɪn/ **I** *n* [1] moneta *f*; **a gold/nickel ~** moneta złota/niklowa; **a pound ~** moneta jednofuntowa; **a 5p ~** pięciopensówka [2] (coinage) bilon *m*; **£10 in ~** 10 funtów bilonem
II *vt* [1] bić *[coins]*; **she's really ~ing it** or **money** infml ona naprawdę robi grubą forsę infml [2] fig uku|ć, -wać *[word, term]*; **money isn't everything, to ~ a phrase** pieniądze to jeszcze nie wszystko, jak to się mówi
IDIOMS: **to pay sb back in their own ~** odpłacić komuś tą samą monetą; **two sides of the same ~** dwie strony medalu; **the other side of the ~** druga strona medalu
coinage /ˈkɔɪnɪdʒ/ *n* [1] (system of currency) system *m* monetarny; (coins) bilon *m* [2] (making coins) bicie *n* monet [3] fig (of word, phrase) tworzenie *n* nowych wyrażeń; **a recent ~** neologizm
coin box *n* (pay phone) automat *m* telefoniczny (na monety); (money box) kaseta *f* na monety *(w automatach)*
coincide /ˌkəʊɪnˈsaɪd/ *vi* [1] (occur simultaneously) zbie|c, -gać się **(with sth** z czymś) [2] (agree, correspond) *[account]* pokry|ć, -wać się **(with sth** z czymś); *[views]* być zbieżnym **(with sth** z czymś) [3] (occupy same space) pokry|ć, -wać się **(with sth** z czymś)
coincidence /kəʊˈɪnsɪdəns/ *n* [1] (chance) zbieg *m* okoliczności; **it is/was a ~ that...** to (jest/był) zbieg okoliczności, że...; **it was no ~ that...** nieprzypadkowo...; **a happy ~** szczęśliwy zbieg okoliczności or traf; **by a strange ~** dziwnym zbiegiem okoliczności or trafem; **by sheer ~** zupełnie przypadkowo, czystym zbiegiem okoliczności; **what a ~!** co za zbieg okoliczności! [2] fml (co-occurrence) (of events, views) zbieżność *f* [3] (agreement) (of tastes) zgodność *f*
coincident /kəʊˈɪnsɪdənt/ *adj* fml *[views, outlook]* zbieżny, zgodny; (occupying same position) pokrywający się; **to be ~ with sth** pokrywać się or zbiegać się z czymś
coincidental /kəʊˌɪnsɪˈdentl/ *adj* przypadkowy; **any similarity to actual people/events is purely ~** wszelkie podobieństwo do rzeczywistych osób/zdarzeń jest całkowicie przypadkowe or niezamierzone
coincidentally /kəʊˌɪnsɪˈdentəlɪ/ *adv* przypadkowo
coin-op /ˈkɔɪnɒp, -ɑːp/ *n* infml automat *m* pralniczy (na monety)
coin-operated /ˈkɔɪnˌɒpəreɪtɪd/ *adj [vending machine, shower, ticket dispenser]* na monety
coinsurance /ˌkəʊɪnˈʃɔːrəns/ *n* Insur koasekuracja *f*, wspólne ubezpieczenie *n*
coir /ˈkɔɪə(r)/ **I** *n* włókno *n* kokosowe
II *modif* **~ matting** maty z włókna kokosowego
coitus /ˈkəʊɪtəs/ *n* stosunek *m* or akt *m* płciowy; **~ interruptus** stosunek przerywany
coke[1] /kəʊk/ *n* (fuel) koks *m*
coke[2] /kəʊk/ *n* infml (cocaine) koka *f* infml
Coke® /kəʊk/ *n* infml cola *f*, kola *f* infml
Col = **Colonel** pułkownik *m*, płk; **Col XY** (on envelope) Płk XY
cola /ˈkəʊlə/ *n* [1] Bot kola *f* [2] (drink) cola *f*, kola *f* infml
colander /ˈkʌləndə(r)/ *n* durszlak *m*, cedzak *m*
cola nut *n* orzech *m* kola
cold /kəʊld/ **I** *n* [1] (chilliness) chłód *m*, zimno *n*; **to feel the ~** marznąć; **children don't seem to feel the ~** dzieci dobrze znoszą zimno; **to be out in the ~** przebywać na zimnie; **to come in from /out of the ~** wrócić z zimnego dworu; fig wrócić do łask; **to be left out in the ~** fig zostać na lodzie infml; **to tremble with ~** trząść się or drżeć z zimna [2] Med przeziębienie *n*, katar *m*; **to have a ~** być przeziębionym, mieć katar; **to catch** or **get a ~** przeziębić się, dostać kataru; **a bad ~** silne przeziębienie; **a ~ in the head** silny katar *(powodujący uczucie otępienia)*
II *adj* [1] (chilly) zimny; fig *[colour, light]* zimny; **I am** or **feel ~** jest mi zimno; **the room was** or **felt ~** w pokoju było zimno; **the wind is** or **feels cold** wieje zimny wiatr; **it's ~ outside** na dworze jest zimno; **it's** or **the weather is ~** jest zimno; **to get ~** *[person]* zmarznąć; *[food]* wystygnąć; **the weather is** or **it's getting ~er** robi się coraz zimniej; **to go ~** *[food, tea, water]* wystygnąć; **to keep sth ~** przechowywać coś w niskiej temperaturze *[food]* [2] (unemotional) *[expression, manner, smile, logic]* chłodny; *[fact]* goły, suchy; *[heart]* zimny, oziębły; **to be ~ to** or **towards sb** zachowywać się chłodno wobec kogoś; **to go ~ on sth** zniechęcić się do czegoś; **to leave sb ~** infml nie robić na kimś (żadnego) wrażenia; **pop music/golf leaves me ~** muzyka pop/golf w ogóle mnie nie rusza infml [3] (not recent) *[news]* nieaktualny; zwietrzały fig; **the trail has gone ~** trop jest (już) zwietrzały fig [4] (unconscious) **to be out ~** być nieprzytomnym; **to knock** or **lay sb out ~** ogłuszyć or znokautować kogoś
III *adv* [1] infml (without preparation) *[speak, perform]* z marszu infml [2] US (thoroughly) *[know]* na wylot; *[learn]* na blachę infml; **to stop ~** zatrzymać się nagle; **to turn sb down ~** posłać kogoś do wszystkich diabłów infml
IDIOMS: **~ hands, warm heart** dłonie zimne, za to serce gorące *(o kimś, kto ma*

zimne ręce); **to have** or **get ~ feet (about sth)** stchórzyć (przed czymś); **in ~ blood** z zimną krwią; **to make sb's blood run ~** fig ściąć komuś krew w żyłach; **in the ~ light of day** na spokojnie, na chłodno; **to be as ~ as ice** *[person, part of body]* być zimnym jak lód; **the hall was as ~ as ice** w holu było zimno jak w psiarni; **to pour** or **throw ~ water on sth** wynajdywać słabe punkty czegoś; **you're getting ~er!** Games zimno! zimno!

cold-blooded /ˌkəʊld'blʌdɪd/ *adj* [1] Zool *[animal]* zimnokrwisty, zmiennocieplny [2] fig *[criminal, killer, tyrant]* bezlitosny, bezwzględny; *[act, murder]* dokonany z zimną krwią; *[account, description]* beznamiętny

cold-bloodedly /ˌkəʊld'blʌdɪdlɪ/ *adv* z zimną krwią

cold-bloodedness /ˌkəʊld'blʌdɪdnɪs/ *n* (of act) bezwzględność *f*; (of person) bezwzględność *f*, brak *m* ludzkich uczuć

cold call *n* Comm niezapowiedziana wizyta *f* akwizytora; Telecom telefon *m* od akwizytora

cold calling *n* Comm akwizycja *f* przez telefon

cold chisel *n* przecinak *m* ślusarski

cold comfort *n* niewielkie pocieszenie *n*, słaba pociecha *f*

cold cream *n* cold-cream *m*

cold cuts *pl n* zimne mięsa *n pl*

cold fish *n* infml pej (person) zimna ryba *f* fig

cold frame *n* Hort inspekt *m*

cold front *n* Meteorol zimny front *m*

cold-hearted /ˌkəʊld'hɑːtɪd/ *adj* nieczuły, zimny

coldly /'kəʊldlɪ/ *adv [enquire, reply, say, receive, stare]* chłodno, oziębłe; **~ polite** lodowato uprzejmy; **~ classical** w surowym klasycznym stylu

coldness /'kəʊldnɪs/ *n* chłód *m* also fig; (of attitude) oziębłość *f*

cold-pressed /ˌkəʊld'prest/ *adj* Culin *[oil]* tłoczony na zimno

cold remedy *n* lekarstwo *n* or środek *m* na przeziębienie

cold room *n* komora *f* chłodnicza

cold sell *n* Comm sprzedaż *f* bezpośrednia

cold shoulder **I** *n* **to give sb the ~** potraktować kogoś oziębłe; **to get the ~** zostać chłodno przyjętym or potraktowanym
II *vt* (po)traktować kogoś chłodno

cold snap *n* Meteorol nagłe przejściowe ochłodzenie *n*

cold sore *n* Med opryszczka *f* (na wardze); febra *f* infml

cold start *n* Aut rozruch *m* zimnego silnika

cold steel *n* biała broń *f*

cold storage *n* [1] (process) przechowywanie *n* w chłodni; Chem kriogenika *f* [2] (place) chłodnia *f*; **to put sth into ~ storage** umieścić coś w chłodni; fig odłożyć na półkę fig *[idea, project, plan]*

cold store *n* chłodnia *f*

cold sweat *n* zimny pot *m*; **to be in a ~ about sth** oblać się zimnym potem na myśl o czymś; **to bring sb out in a ~** przerazić kogoś; sprawić, że ktoś oblewa się zimnym potem

cold table *n* Culin zimny bufet *m*

cold tap *n* kurek *m* od zimnej wody

cold turkey *n* infml (treatment) *leczenie uzależnienia przez raptowne odstawienie narkotyków*; (reaction) głód *m* narkotyczny; **to go ~ on sth** raptownie coś odstawić; **to be ~** odczuwać głód narkotyczny; być na głodzie infml

Cold War **I** *n* zimna wojna *f*
II *modif [era, mentality, politics]* zimnowojenny

cold warrior *n* zwolenni|k *m*, -czka *f* polityki zimnowojennej

cold wave *n* Meteorol oziębienie *n*

coleslaw /'kəʊlslɔː/ *n* surówka *f* z białej kapusty

coley /'kəʊlɪ/ *n* GB Zool czarniak *m*

colic /'kɒlɪk/ *n* Med kolka *f*, ból *m* kolkowy

colicky /'kɒlɪkɪ/ *adj [pain]* kolkowy; **~ baby** niemowlę ze skłonnością do kolki

coliseum /ˌkɒlɪ'siːəm/ *n* [1] **the Coliseum** (rzymskie) Koloseum *n* [2] US (exhibition hall) hala *f* wystawowa [3] US (stadium) stadion *m*

colitis /kə'laɪtɪs/ *n* Med zapalenie *n* okrężnicy

collaborate /kə'læbəreɪt/ *vi* [1] (work together) współpracować **(with sb/sth** z kimś/czymś**)**; **they ~ed with him on this film** or **in producing this film** współpracowali z nim przy kręceniu tego filmu [2] (assist enemy) kolaborować **(with sb/sth** z kimś/czymś**)**

collaboration /kəˌlæbə'reɪʃn/ *n* [1] (cooperation) współpraca *f*; **in close ~ (with sb/sth)** w ścisłej współpracy (z kimś/czymś) [2] (with enemy) kolaboracja *f*

collaborative /kə'læbərətɪv/ *adj [project, task, approach]* wspólny

collaborator /kə'læbəreɪtə(r)/ *n* [1] (partner) współpracowni|k *m*, -czka *f* [2] (with enemy) kolaborant *m*, -ka *f*, kolaboracjonist|a *m*, -ka *f*

collage /'kɒlɑːʒ, US kə'lɑːʒ/ *n* Art kolaż *m* also fig

collapse /kə'læps/ **I** *n* [1] (of building, bridge, tunnel, beam) zawalenie się *n*, runięcie *n* [2] (of empire, regime, government, institution) upadek *m*; (of defence, front, deals, talks, plan) załamanie się *n*; (of marriage) rozpad *m* [3] Econ (of economy) krach *m*, upadek *m*; (of market) załamanie *n*; (of price, currency) gwałtowny spadek *m*; **to be on the point** or **brink** or **of ~** być na skraju upadku or załamania się [4] Med (physical) zapaść *f*, kollaps *m*; (mental) załamanie *n* nerwowe; **to be close to ~** być bliskim załamania; **to be on the verge** or **point** or **brink of ~** być na skraju załamania [5] Med (of lung) zapadnięcie się *n* [6] (of balloon) opadnięcie *n*
II *vt* [1] (fold) złożyć, składać *[bike, deckchair, umbrella]* [2] (combine) po|łączyć *[ideas, senses]*; (condense) z|syntetyzować [3] Comput zwi|nąć, -jać
III *vi* [1] (founder) *[empire, government]* upa|ść, -dać; *[negotiations, talks]* załam|ać, -ywać się; *[marriage, system]* rozpa|ść, -dać się; *[hopes]* rozwi|ać, -ewać się, spełz|nąć, -ać na niczym; *[plans]* runąć; **to ~ into chaos** popadać w chaos [2] (go bankrupt) *[company, business]* upa|ść, -dać, z|bankrutować **(through sth** z powodu czegoś**)**; *[economy, market]* załam|ać, -ywać się; *[prices]* gwałtownie spa|ść, -dać; *[currency]* s|tracić wartość [3] (slump) pa|ść, -dać; (from exhaustion) pa|ść, -dać z nóg; (faint) ze|mdleć, zasłabnąć; **to ~ onto the bed/into sb's arms** paść na łóżko/komuś w ramiona; **to ~ from exhaustion/hunger** paść or zasłabnąć ze zmęczenia/głodu; **to ~ and die** umrzeć nagle; **to ~ in tears** zanieść or zalać się łzami, wybuchnąć płaczem; **to ~ into giggles** parsknąć or wybuchnąć śmiechem [4] (fall down) *[building, bridge]* zawal|ić, -ać się, runąć **(on sth, on top of sth** na coś**)**; *[roof, beam]* zwal|ić, -ać się **(on sth, on top of sth** na coś**)**; *[chair, bed]* załam|ać, -ywać się **(under sb/sth** pod ciężarem kogoś/czegoś**)** [5] (deflate) *[balloon]* s|tracić powietrze; *[soufflé, pastry]* opa|ść, -dać [6] Med *[lung]* zapa|ść, -dać się; **a ~d lung** zapadnięte płuco [7] (fold) *[bike, umbrella, deckchair]* złożyć, składać się

collapsible /kə'læpsəbl/ *adj [chair, bike]* składany

collar /'kɒlə(r)/ **I** *n* [1] (of coat) kołnierz *m*; (of shirt, dress) kołnierzyk *m*; **a soft/stiff ~** kołnierzyk miękki/usztywniony; **to grab sb by the ~** złapać or schwycić kogoś za kołnierz [2] (for dog) obroża *f*; (for cat) obróżka *f*; (for horse) chomąto *n* [3] (necklace) naszyjnik *m* „obroża" [4] Culin karkówka *f* [5] Tech kołnierz *m*, pierścień *m*
II *vt* infml [1] (catch) z|łapać; capnąć infml *[thief, runaway]* [2] (detain in conversation) dorwać infml; **he ~ed me as I was leaving** dorwał mnie, kiedy wychodziłem [3] (take) zwinąć, położyć łapę na (czymś) infml
IDIOMS: **to get hot under the ~** infml spienić się, wściec się infml; **to have one's ~ felt** hum zostać przymkniętym or wsadzonym infml

collarbone /'kɒləbəʊn/ *n* Anat obojczyk *m*

collar size *n* numer *m* kołnierzyka; **what's your ~?** jaki numer kołnierzyka nosisz?

collar stud *n* spinka *f* do kołnierzyka

collate /kə'leɪt/ *vt* [1] (order) po|segregować *[information, sets of figures]* [2] (compare) porówn|ać, -ywać, zestawi|ć, -ać **(with sth** z czymś**)** [3] Print s|kolacjonować *[manuscripts, books]*

collateral /kə'lætərəl/ **I** *n* [1] Fin (security) (dodatkowe) zabezpieczenie *n*; **to put sth up as a ~ for a loan** złożyć coś jako zabezpieczenie kredytu [2] Jur (relation) krewn|y *m*, -a *f* w linii bocznej
II *adj* [1] Jur (relative) w linii bocznej; (subordinate) drugorzędny, podrzędny [2] Mil **~ damage** *zniszczenia i straty wśród ludności cywilnej powstałe na skutek działań wojennych* [3] *[species, branch of family]* boczny [4] Jur **~ loan** dodatkowa pożyczka; **~ security** dodatkowe zabezpieczenia [5] Med *[artery, vein]* oboczny, poboczny, równoległy

collation /kə'leɪʃn/ *n* [1] (of evidence, written reports) porównanie *n*, zestawienie *n*; (of manuscript, book) kolacjonowanie *n* [2] fml (meal) lekki posiłek *m*

colleague /'kɒliːg/ *n* kole|ga *m*, -żanka *f*

collect[1] /kə'lekt/ **I** *adv* US Telecom **to call sb ~** zadzwonić do kogoś na koszt rozmówcy
II *vt* [1] (gather) z|ebrać, -bierać *[litter, leaves, wood, eggs, signatures]*; z|gromadzić, z|ebrać, -bierać *[information, facts, evidence]*; **she ~ed up her belongings** zebrała (swoje)

rzeczy; **to ~ one's wits** (after shock, surprise) pozbierać się; (prepare for confrontation) zmobilizować się; **to ~ one's strength** zebrać siły; **to ~ one's thoughts** zebrać myśli; **to ~ (up) one's courage** zebrać się na odwagę [2] (as hobby) zbierać *[stamps, coins]*; kolekcjonować *[antiques]*; **she ~s artists /stray cats** hum ona hołubi artystów/przygarnia bezdomne koty [3] (receive, contain) z|ebrać, -bierać *[rain water, drips]*; (attract, accumulate) **the shelves ~ a lot of dust** na tych półkach zbiera się or osiada mnóstwo kurzu; **this skirt always ~s dog hairs** do tej spódnicy zawsze przyczepia się psia sierść [4] (obtain) z|ebrać, -bierać *[donation]*; ściąg|nąć, -ać *[debt, tax, rent]*; pob|rać, -bierać *[pension, interest, duty, tax]*; inkasować *[fares, money]*; od|ebrać, -bierać *[degree, diploma]*; Admin egzekwować *[debt, tax, fine]*; **to ~ money for charity** zbierać pieniądze na cele dobroczynne; **the winner ~s £2,000** zwycięzca otrzyma 2 000 funtów [5] (take away) usu|nąć, -wać, wyw|ieźć, -ozić *[rubbish]*; z|bierać, -ebrać *[empty bottles]*; wyb|rać, -ierać *[mail, post]*; **I arranged to have the parcel ~ed** załatwiłem, że ktoś odbierze tę paczkę; **what time is the post ~ed?** o której godzinie jest wybierana poczta?; **'buyer ~s'** (in small add) „odbiór własny", „nie zapewniamy transportu" [6] (pick up) od|ebrać, -bierać *[person, keys, book]*; **to ~ children from school** odebrać dzieci ze szkoły; **to ~ a suit from the cleaners** odebrać garnitur z pralni; **she ~ed the keys from a neighbour** odebrała klucze od sąsiada

III *vi* [1] (accumulate, gather) *[substance, dust, leaves]* z|ebrać, -ierać się; *[crowd]* z|ebrać, -bierać się, z|gromadzić się [2] (raise money) kwestować; **to ~ for charity/famine victims** kwestować na cele charytatywne/na rzecz ofiar głodu

IV collected *pp adj* [1] *[person]* spokojny, opanowany; **she remained cool, calm and ~ed** zachowała zimną krew [2] (assembled) **the ~ed works of Dickens** dzieła zebrane Dickensa

V *vr* **to ~ oneself** wziąć się w garść infml

collect[2] /ˈkɒlekt/ *n* Rel kolekta *f*

collectable /kəˈlektəbl/ *adj* **to be very ~** *[rare objects]* być łakomym kąskiem dla kolekcjonerów

collectables /kəˈlektəblz/ *npl* starocie *f pl*; **'antiques and ~'** „antyki i starocie"

collect call *n* US Telecom rozmowa *f* na koszt rozmówcy

collection /kəˈlekʃn/ *n* [1] (collecting) (of objects) kolekcjonowanie *n*; (of information, data) gromadzenie *n*, zbieranie *n*; (of old clothes or newspapers) zbiórka *f*; (of debt, tax) ściąganie *n*; (of rent) inkasowanie *n*; Post wybieranie *n* poczty; **the ~ of money** kwesta, zbiórka pieniędzy; **your suit/bicycle is ready for ~** pański garnitur/rower jest do odbioru; **refuse ~** wywóz śmieci [2] (set of collected items) (of coins, stamps, books, records) kolekcja *f*, zbiór *m*; (anthology) zbiór *m*, antologia *f*; **art ~** kolekcja obrazów; **an odd ~ of people** dziwna mieszanina charakterów or typów; **autumn/spring ~** Fashn kolekcja jesienna /wiosenna [3] (sum of money collected) zebrane pieniądze *m pl* **(for sth** na coś); (in church) taca *f*; kolekta *f* dat

collection box *n* puszka *f* na datki

collection charge *n* Comm opłata *f* pobierana przy odbiorze, koszty *m pl* inkasa

collection plate *n* taca *f* na datki

collection point *n* (for parcels, goods) punkt *m* odbioru; (for donations) miejsce *n* składania datków; (for recycling) skup *m*, punkt *m* skupu **(for sth** czegoś)

collective /kəˈlektɪv/ **I** *n* (enterprise) spółdzielnia *f*

II *adj [decision]* wspólny; *[responsibility]* zbiorowy

collective agreement *n* układ *m* zbiorowy, umowa *f* zbiorowa

collective bargaining *n* negocjacje *f pl* w sprawie umowy zbiorowej

collective farm *n* (state-owned) ≈ państwowe gospodarstwo *n* rolne; (co-operative) rolnicza spółdzielnia *f* produkcyjna

collectively /kəˈlektɪvlɪ/ *adv [act, think]* wspólnie, razem; **to be ~ owned** być wspólną własnością; **they're known ~ as...** znani są pod nazwą...

collective noun *n* Ling rzeczownik *m* zbiorowy

collective ownership *n* własność *f* wspólna

collective security *n* bezpieczeństwo *n* zbiorowe

collective unconscious *n* nieświadomość *f* zbiorowa

collectivism /kəˈlektɪvɪzəm/ *n* kolektywizm *m*

collectivist /kəˈlektɪvɪst/ **I** *n* kolektywist|a *m*, -ka *f*

II *adj* kolektywistyczny

collectivize /kəˈlektɪvaɪz/ *vt* s|kolektywizować *[enterprise, land]*

collector /kəˈlektə(r)/ *n* [1] (of antiques, butterflies) kolekcjoner *m*, -ka *f*, zbieracz *m*, -ka *f*; (of stamps) filatelist|a *m*, -ka *f*; (of coins) numizmatyk *m*; **to be a stamp ~** zbierać znaczki [2] (official) (of taxes) poborca *m*; (of rates) inkasent *m*, -ka *f*; (of funds) skarbni|k *m*, -czka *f*; (of debt) egzekutor *m* [3] Elec, Radio kolektor *m*

collector's item *n* rzadki okaz *m*, rarytas *m*

colleen /ˈkɒliːn/ *n* dat młoda Irlandka *f*

college /ˈkɒlɪdʒ/ **I** *n* [1] Sch, Univ (place of tertiary education) uczelnia *f* wyższa; (school) szkoła *f* pomaturalna; (part of university) kolegium *n*, college *m*; US Univ fakultet *m*, wydział *m*; **to live in/out of ~** GB mieszkać w obrębie/poza obrębem college'u; **to be at** or **in ~, to go to ~** US studiować (na wyższej uczelni); **to enter/leave ~** zacząć /ukończyć wyższe studia; **to put a child through ~** sfinansować naukę dziecka na wyższej uczelni; **to drop out of ~, to be a ~ dropout** rzucić or przerwać studia [2] (of cardinals, peers) kolegium *n*; (of doctors) ≈ towarzystwo *n*; (of midwives, nurses) ≈ stowarzyszenie *n* [3] US infml (prison) pudło *n*, ciupa *f* infml

II *modif* **~ building/governor** budynek /dziekan college'u

IDIOMS: **to give sth the old ~ try** US włożyć w coś wiele serca or całą duszę

college-bound /ˌkɒlɪdʒˈbaʊnd/ *adj* US, Sch *[student]* wybierający się na studia; *[programme]* przygotowujący na studia wyższe

college education *n* wyższe studia *plt*; **to have a ~** mieć wyższe wykształcenie

college fellow *n* GB nauczyciel *m* akademicki, wykładowca *m* w college'u

college of advanced technology, CAT GB *n* ≈ wyższa szkoła *f* inżynierska

college of agriculture *n* ≈ akademia *f* rolnicza

college of education *n* GB studium *n* nauczycielskie

college of further education, CFE *n wieczorowa szkoła średnia dla dorosłych i młodzieży*

college staff *n* (+ *v sg/pl*) grono *n* wykładowców college'u

college student *n* student *m*, -ka *f* (college'u)

collegiate /kəˈliːdʒət/ *adj* [1] *[life]* uczelniany; *[university]* składający się z odrębnych college'ów [2] **~ church** kościół kolegiacki, kolegiata

collide /kəˈlaɪd/ *vi* [1] *[vehicle, plane, ship]* zderz|yć, -ać się **(with sth** z czymś); **I ~d with a tree** wpadłem na drzewo; **we ~d (with each other) in the corridor** zderzyliśmy się w korytarzu [2] fig (disagree) *[people, politicians]* zetrzeć się **(over sth** w kwestii czegoś); *[aims, interests]* kolidować (ze sobą)

collie /ˈkɒlɪ/ *n* collie *m*, owczarek *m* szkocki

collier /ˈkɒlɪə(r)/ *n* [1] (worker) górnik *m* [2] (ship) węglowiec *m*

colliery /ˈkɒlɪərɪ/ *n* kopalnia *f*

collision /kəˈlɪʒn/ *n* [1] (crash) zderzenie *n*, kolizja *f*; **to come into ~ with sth** zderzyć się z czymś; **head-on ~** zderzenie czołowe; **mid-air ~** zderzenie w powietrzu [2] (clash) konflikt *m*; **a ~ of interests** sprzeczność interesów

collision course *n* **to be on a ~** Naut, Aviat być na kursie kolizyjnym; fig zmierzać do konfrontacji **(with sb/sth** z kimś/czymś)

collision damage waiver *n* Insur zwolnienie *n* z obowiązku wypłaty odszkodowania *(w następstwie wypadku drogowego)*

collocate /ˈkɒləkeɪt/ Ling **I** *n* kolokat *m*

II *vi* łączyć się **(with sth** z czymś)

collocation /ˌkɒləˈkeɪʃn/ *n* Ling [1] (combining) kolokacja *f*, łączliwość *f* wyrazów [2] (phrase) zwrot *m*, wyrażenie *n*

colloquial /kəˈləʊkwɪəl/ *adj* potoczny, kolokwialny; **~ English** potoczna angielszczyzna

colloquialism /kəˈləʊkwɪəlɪzəm/ *n* kolokwializm *m*

colloquially /kəˈləʊkwɪəlɪ/ *adv* potocznie, kolokwialnie

colloquium /kəˈləʊkwɪəm/ *n* (*pl* **-quiums, -quia**) sympozjum *n*, kolokwium *n* **(on sth** na temat czegoś)

colloquy /ˈkɒləkwɪ/ *n* fml konwersacja *f*

collude /kəˈluːd/ *vi* zm|ówić, -awiać się, być w zmowie **(with sb** z kimś)

collusion /kəˈluːʒn/ *n* zmowa *f*; **to act in ~ with sb** działać w zmowie z kimś

collywobbles /ˈkɒlɪwɒblz/ *npl* infml [1] (nerves) ściskanie *n* w żołądku or dołku; **I have** or **get the ~ before going on stage** przed wyjściem na scenę ściska

mnie w żołądku or dołku [2] (indigestion) niestrawność *f*
cologne /kə'ləʊn/ *n* woda *f* kolońska
Cologne /kə'ləʊn/ *prn* Kolonia *f*
Colombia /kə'lɒmbɪə/ *prn* Kolumbia *f*
Colombian /kə'lɒmbɪən/ **I** *n* Kolumbij|czyk *m*, -ka *f*
II *adj* kolumbijski
colon[1] /'kəʊlən/ *n* Anat okrężnica *f*
colon[2] /'kəʊlən/ *n* Ling dwukropek *m*
colonel /'kɜːnl/ *n* Mil pułkownik *m*
colonial /kə'ləʊnɪəl/ **I** *n* mieszkan|iec *m*, -ka *f* kolonii
II *adj* kolonialny; US Archit w stylu kolonialnym
colonialism /kə'ləʊnɪəlɪzəm/ *n* kolonializm *m*
colonialist /kə'ləʊnɪəlɪst/ *n* kolonialista *m*
colonic /kə'lɒnɪk/ *adj* okrężniczy; **~ irrigation** płukanie okrężnicy
colonist /'kɒlənɪst/ *n* osadni|k *m*, -czka *f*, kolonist|a *m*, -ka *f*
colonization /ˌkɒlənaɪ'zeɪʃn, US -nɪ'z-/ *n* kolonizacja *f*
colonize /'kɒlənaɪz/ *vt* s|kolonizować, zasiedl|ić, -ać *[land]*; Biol *[plants, animals]* s|kolonizować *[area]*
colonizer /'kɒlənaɪzə(r)/ *n* kolonizator *m*
colonnade /ˌkɒlə'neɪd/ *n* Archit kolumnada *f*
colonnaded /ˌkɒlə'neɪdɪd/ *adj* z kolumnadą
colony /'kɒlənɪ/ *n* kolonia *f*
color *n, vt, vi* US = **colour**
Colorado /ˌkɒlə'rɑːdəʊ/ *prn* Kolorado *n*
Colorado beetle *n* Zool stonka *f* ziemniaczana
colorant /'kʌlərənt/ *n* barwnik *m*, substancja *f* barwiąca
coloration /ˌkʌlə'reɪʃn/ *n* (of animals) ubarwienie *n*; (of plants) barwy *f pl*; (of object) zabarwienie *n*; (of stained glass) koloryt *m*
coloratura /ˌkɒlərə'tʊərə/ *n* (cadenza) koloratura *f*; (singer) **~ soprano** sopran koloraturowy
colorist *n* = **colourist**
colorize /'kʌləraɪz/ *vt* Cin *za pomocą technik komputerowych zmieniać film czarno-biały na barwny*
color line *n* US dyskryminacja *f* rasowa
colossal /kə'lɒsl/ *adj* olbrzymi, kolosalny
colosseum *n* = **coliseum**
Colossians /kə'lɒʃnz/ *npl* Bible Kolosanie *plt*; List *m* do Kolosan
colossus /kə'lɒsəs/ *n* (*pl* **-ssi, -ssuses**) kolos *m*, olbrzym *m*
colostomy /kə'lɒstəmɪ/ Med **I** *n* kolostomia *f*
II *modif* **~ bag** worek kolostomijny
colostrum /kə'lɒstrəm/ *n* Physiol siara *f*
colour GB, **color** US /'kʌlə(r)/ **I** *n* [1] (hue) kolor *m*, barwa *f*; **what ~ is it?** jaki to ma kolor?, jakiego to jest koloru?; **do you have it in a different ~?** czy ma pan /pani w innym kolorze?; **the sky was the ~ of lead** niebo miało kolor or barwę ołowiu; **in ~** Cin, TV w kolorze, kolorowy; **the artist's use of ~** sposób operowania kolorem przez artystę; **the garden was a mass of ~** ogród zadziwiał mnogością barw; **to take the ~ out of sth** odbarwić coś; **I hope the ~ won't run** mam nadzieję, że kolor nie puszcza; **'available in 12 ~s'** „dostępne w 12 kolorach" [2] (vividness, authenticity) (in writing, description, music) barwność *f*, koloryt *m*; **local/period ~** koloryt lokalny/epoki; **a work full of ~** dzieło pełne wyrazu or ekspresji; **his writing lacks ~** jego pisarstwo jest bezbarwne or pozbawione siły wyrazu; **to give** or **lend ~ to sth** (make more interesting) ubarwić coś; (give credence) uwiarygodnić coś; **to paint sth in glowing ~s** przedstawić coś w jasnych barwach [3] (dye) (for food) barwnik *m*; (for hair) farba *f*; (shampoo) szampon *m* koloryzujący [4] Cosmet **cheek ~** róż; **eye ~** cień do powiek; **lip ~** szminka, pomadka do ust [5] (racial pigmentation) kolor *m* skóry; **people of all races and ~s** ludzie wszystkich ras i kolorów skóry [6] (complexion) rumieniec *m*; **to change ~** zmienić się na twarzy; **to lose (one's) ~** zblednąć, poblednąć; **that should put a bit of ~ into her cheeks!** to przyda jej rumieńców!; **to have a high ~** (naturally) mieć rumieńce; (from illness) mieć wypieki; (from embarrassment) być czerwonym na twarzy; **her face was drained of ~** była blada jak kreda; **her ~ rose** zarumieniła się; **he's getting his ~ back at last** nareszcie wracają mu rumieńce [7] (appearance, pretence) **to take on a different ~** ukazywać się w innym świetle; **to see sb in his/her true ~s** poznać prawdziwe oblicze kogoś; **to show one's true ~s** ukazać swoje prawdziwe oblicze; **that puts a different ~ on things** to zmienia postać rzeczy
II colours *npl* Sport, Turf barwy *f pl*; Mil sztandar *m*, barwy *f pl*; Naut bandera *f*; **racing ~s** Turf barwy stajni; **the ~s of the regiment** sztandar or barwy pułku; **he's playing in England's ~s** gra w barwach Anglii; **the ship flying the ~s of Poland** statek pod polską banderą; **to sail under false ~s** Naut pływać pod fałszywą banderą; fig stroić się w cudze piórka; **to get one's tennis/football ~s** GB Sport zostać wybranym do drużyny tenisowej/piłkarskiej; **a scarf in the club ~s** szalik w barwach klubu
III *modif* [1] Cin, Phot, TV *[film, picture, photo, slide, copier, printer]* kolorowy; *[photography]* barwny [2] Sociol *[prejudice, problem]* rasowy
IV *vt* [1] (with paints, crayons) po|kolorować; (with commercial paints) po|malować; (with food dye) zabarwi|ć, -ać; (with hair dye) u|farbować; **to ~ sth blue** pomalować/zabarwić coś na niebiesko [2] fig (prejudice) rzutować na (coś), zaważyć na (czymś) *[attitude, judgment, opinion]* [3] fig (enhance) ubarwi|ć, -ać, podkolorow|ać, -ywać *[account, story]*
V *vi [plant, fruit]* zmieni|ć, -ać kolor, nab|rać, -ierać koloru, barwić się; *[person]* (also **~ up**) po|czerwienieć (na twarzy); **to ~ (up) with anger/embarrassment** poczerwienieć or zaczerwienić się z gniewu /zakłopotania
IDIOMS: **let's see the ~ of your money** pokaż, że masz czym zapłacić; **to be off ~** być w złej formie or nie w formie; **to pass (an exam) with flying ~s** zdać (egzamin) celująco
colour analyst *n* Fashn specjalista *m* od kolorystyki
colour bar *n* GB dyskryminacja *f* rasowa, bariery *f pl* rasowe
colour blind *adj* **to be ~** być daltonistą; **the law should be ~** fig prawo nie może zależeć od koloru skóry
colour blindness *n* daltonizm *m*
colour code GB, **color code** US **I** *n* system *m* klasyfikacji za pomocą kolorów
II *vt* oznacz|yć, -ać kolorami
III colour-coded *pp adj* oznaczony kolorami *[files, wires, switches]*; **each file is ~d** każda teczka jest oznaczona określonym kolorem
coloured GB, **colored** US /'kʌləd/ **I** *n* GB, US offensive kolorow|y *m*, -a *f* offensive
II coloureds *npl* (laundry) kolory *m pl*; **'wash ~s separately'** „kolory prać oddzielnie"
III *adj* [1] kolorowy; **~ pencils** kredki; **a brightly ~ shirt** jaskrawa koszula, koszula w jaskrawych kolorach [2] Sociol (non-white) GB, US offensive kolorowy *m* offensive
IV -coloured *in combinations* **a raspberry-~ dress** malinowa sukienka, sukienka w kolorze malinowym; **copper-~ hair** miedziane włosy, włosy koloru miedzi; **a highly-~ account** fig mocno ubarwiona or podkoloryzowana relacja
colour-fast /'kʌləfɑːst, US -fæst/ *adj [fabric, garment]* o trwałych kolorach
colour filter *n* Phot filtr *m* barwny
colourful GB, **colorful** US /'kʌləfl/ *adj* [1] kolorowy, barwny [2] fig *[story, career, life]* barwny; **~ person** barwna postać
colourfully GB, **colorfully** US /'kʌləfəlɪ/ *adv [painted, dressed]* (na) kolorowo
colour graphics adaptor, CGA *n* Comput karta *f* grafiki kolorowej
colouring GB, **coloring** US /'kʌlərɪŋ/ *n* [1] (hue) (of plant, animal) ubarwienie *n*; (of pattern) kolorystyka *f*; (complexion) karnacja *f* [2] Art kolorowanie *n* [3] (dye) (for food) barwnik *m*; (for hair) farba *f*; **artificial ~** Culin sztuczny barwnik
colouring book *n* książeczka *f* do kolorowania
colourist /'kʌlərɪst/ *n* kolorysta *m*
colourless GB, **colorless** US /'kʌlələs/ *adj* [1] *[liquid, gas, substance, glass]* bezbarwny; *[face, cheeks, hands]* blady [2] fig (bland) *[personality, description, voice, life]* bezbarwny
colour magazine *n* Journ pismo *n* ilustrowane
colour reproduction *n* Art reprodukcja *f* barwna
colour scheme *n* tonacja *f* kolorystyczna, kolorystyka *f*
colour sense *n* wyczucie *n* koloru or barw
colour sergeant *n* GB ≈ sierżant *m* sztabowy
colour set *n* TV kolorowy telewizor *m* or odbiornik *m* telewizyjny
colour supplement *n* Journ dodatek *m* ilustrowany
colour television *n* telewizja *f* kolorowa
colour therapist *n* Psych specjalist|a *m*, -ka *f* od koloroterapii
colour therapy *n* koloroterapia *f*
colourway /'kʌləweɪ/ *n* dobór *m* kolorów, kompozycja *f* kolorystyczna
colt /kəʊlt/ *n* [1] Zool źrebak *m* [2] Sport młodzi|k *m*, -czka *f*
Colt® /kəʊlt/ *n* (pistol) kolt *m*

coltish /ˈkəʊltɪʃ/ *adj* [1] *[behaviour, play, nature]* płochy, swawolny; *[person]* trzpiotowaty [2] *[movements]* niezdarny
coltsfoot /ˈkəʊltsfʊt/ *n* (*pl* **coltsfoots**) Bot podbiał *m* pospolity
Columbia /kəˈlʌmbɪə/ *prn* Hist arch *poetycka nazwa Stanów Zjednoczonych*
columbine /ˈkɒləmbaɪn/ *n* Bot orlik *m*
Columbine /ˈkɒləmbaɪn/ *prn* Theat Kolombina *f*
Columbus /kəˈlʌmbəs/ *prn* Krzysztof Kolumb *m*
column /ˈkɒləm/ *n* [1] Archit kolumna *f*, filar *m* [2] (of steam, smoke) słup *m*; (of figures) kolumna *f*; **~ of mercury** słupek rtęci [3] Mil (of troops, vehicles) kolumna *f* [4] Journ (block of print) kolumna *f*, szpalta *f*; (newspaper section) rubryka *f*, dział *m*; (article) felieton *m*; **sports/gossip ~** rubryka sportowa/towarzyska; **letters ~** dział listów; **her name often appears in our ~s** jej nazwisko często pojawia się na naszych szpaltach or łamach; **he writes a ~ for The Globe** pisze felietony dla The Globe [5] Med **the spinal** or **vertebral ~** kręgosłup *m*
column inch *n* Print, Journ *jednostka wysokości kolumny (2,5 cm)*
columnist /ˈkɒləmnɪst/ *n* Journ felietonist|a *m*, -ka *f*; **sports ~** stały sprawozdawca sportowy; **political ~** komentator polityczny
coma /ˈkəʊmə/ *n* Med śpiączka *f*, koma *f*; **in a ~** w śpiączce; **to go into a ~** zapaść w śpiączkę
comatose /ˈkəʊmətəʊs/ *adj* [1] Med *[patient]* w stanie śpiączki [2] fig (with alcohol, apathy) otępiały, otumaniony
comb /kəʊm/ **I** *n* [1] (for hair) grzebień *m*, grzebyk *m*; **to run a ~ through one's hair, to give one's hair a ~** przyczesać się [2] (for animals) zgrzebło *n* [3] Tex czesarka *f* [4] (honeycomb) plaster *m* miodu [5] (cock's crest) grzebień *m*
II *vt* [1] **to ~ one's/sb's hair** u|czesać się /kogoś [2] (search) przeczes|ać, -ywać *[area, wood]*; **they ~ed the area (looking) for the missing boy** przeczesali teren w poszukiwaniu zaginionego chłopca [3] Tex czesać *[wool, textile]*
■ **comb out**: **~ out [sth], ~ [sth] out** rozczes|ać, -ywać *[knots, hair]*; **to ~ fleas /lice out of a dog** wyczesać pchły/wszy z sierści psa
■ **comb through**: **~ through [sth]** prze|jrzeć, -glądać *[book, article]* **(for sth** or **looking for sth** w poszukiwaniu czegoś)
combat /ˈkɒmbæt/ **I** *n* Mil walka *f*, bój *m*; **in ~** w boju, w walce; **to send sb into ~** wysłać kogoś do boju or walki; **close ~** walka wręcz; **single ~** pojedynek
II *modif [aircraft, helmet, troops]* bojowy; **~ zone** strefa walki
III *vt* (*prp, pt, pp* **-tt-**) walczyć z (czymś) *[violence, racism, crime, inflation]*; zwalcz|yć, -ać *[hunger, disease, poverty, fear]*
combatant /ˈkɒmbətənt/ **I** *n* walczący *m*
II *adj* walczący
combative /ˈkɒmbətɪv/ *adj [person]* bitny, waleczny
combat jacket *n* bluza *f* żołnierska
combat mission *n* zadanie *n* bojowe
combat police *n* GB oddziały *m pl* prewencji

combe *n* GB = **coomb**
combination /ˌkɒmbɪˈneɪʃn/ **I** *n* [1] (mixture, blend) połączenie *n*, kombinacja *f*; **a ~ of events** zbieg wydarzeń; **for a ~ of reasons** z (wielu) różnych powodów [2] (mixing) powiązanie *n*, połączenie *n*; **in ~ with sth** w połączeniu z czymś [3] (of numbers) kombinacja *f* [4] (of chemicals) łączenie *n*, wiązanie *n* [5] GB Aut motocykl *m* z koszem or przyczepą
II combinations *npl* GB dat (men's undergarment) trykotowy kombinezon *m*
combination lock *n* zamek *m* szyfrowy
combine I /ˈkɒmbaɪn/ *n* [1] Comm kartel *m*, syndykat *m* [2] Agric = **combine harvester**
II /kɒmˈbaɪn/ *vt* [1] (pair up, link) po|łączyć *[activities, colours, components, items, qualities, elements]* **(with sth** z czymś); powiązać, wiązać fig *[ideas, aims]* **(with sth** z czymś); **to ~ fantasy with realism** łączyć or mieszać fikcję z rzeczywistością; **to ~ two companies** (merge) połączyć dwie firmy or dwa przedsiębiorstwa; **to ~ forces** *[people, countries]* (merge) połączyć się, zjednoczyć się; (cooperate) połączyć siły or wysiłki [2] Culin z|mieszać, wymieszać **(with sth** z czymś) [3] Chem z|wiązać **(with sth** z czymś) [4] Agric z|ebrać, -bierać kombajnem *[crops]*
III /kəmˈbaɪn/ *vi* [1] (go together) *[activities, colours, styles]* po|łączyć się **(with sth** z czymś); *[factors, events]* zbie|c, -gać się **(with sth** z czymś); *[institutions, firms]* po|łączyć się **(into sth** w coś); **to ~ well with sth** pasować do czegoś [2] (join) *[people, groups]* z|jednoczyć się **(against sb/sth** przeciwko komuś/czemuś) [3] Chem wiązać się **(with sth** z czymś); **to ~ easily** łatwo tworzyć związki
combined /kəmˈbaɪnd/ *adj* [1] (joint) **~ operation** wspólna operacja, wspólne działania; Mil połączone działania (różnych broni); **a ~ effort** wspólny wysiłek; **their ~ strength wasn't enough to move it** nawet wspólnymi siłami nie udało im się tego ruszyć [2] (total) *[loss, salary, age, capacity, population]* łączny; **two men whose ~ age is 150** dwaj mężczyźni, którzy razem mają 150 lat [3] (put together) *[effects]* łączny; *[forces]* połączony; **~ with sth** w połączeniu z czymś; **more than all the rest ~** więcej niż cała reszta razem wzięta
combined drug therapy *n* leczenie *n* złożone (wielolekowe)
combined honours *n* GB Univ (+ *v sg/pl*) dyplom *m* uniwersytecki z dwóch dziedzin nauki
combined pill *n* pigułka *f* antykoncepcyjna dwuskładnikowa
combine harvester *n* kombajn *m*
combo /ˈkɒmbəʊ/ *n* [1] Mus infml kapela *f* infml; **jazz ~** combo [2] US infml (menu) *menu złożone z dwóch dań do wyboru*
combustible /kəmˈbʌstəbl/ *adj [substance]* palny; fig *[temperament]* wybuchowy
combustion /kəmˈbʌstʃn/ **I** *n* spalanie *n*; **internal ~ engine** silnik spalinowy wewnętrznego spalania
II *modif* **~ chamber/temperature** komora/temperatura spalania
come /kʌm/ **I** *n* vinfml sperma *f*
II *excl* (reassuringly) **~ (now)!** już, już (dobrze)!; (in warning, reproach) **~, ~! be careful what you say!** no, no! uważaj, co mówisz!; (impatience, irritation) **~, ~ !** no, dosyć tego!
III *vt* (*pt* **came**; *pp* **come**) [1] (travel) przeby|ć, -wać; **we have come 200 miles** przebyliśmy 200 mil [2] GB infml (act) **don't ~ the innocent with me** nie zgrywaj mi tu niewiniątka, nie zgrywaj się przede mną na niewiniątko infml; **to ~ the heavy-handed father** udawać surowego ojca
IV *vi* (*pt* **came**; *pp* **come**) [1] (arrive) *[person, day, success, fame, war, death]* przy|jść, -chodzić; *[car, train]* przyje|chać, -żdżać; *[boat]* przypły|nąć, -wać; *[spring, storm, day, news, help]* nad|ejść, -chodzić; **the letter came on Monday** list przyszedł w poniedziałek; **the newspaper usually ~s before I leave for work** gazetę zazwyczaj przynoszą, zanim wyjdę do pracy; **to ~ by sth** (take) przyjechać czymś *[bus, taxi, plane]*; **to ~ on foot** przyjść piechotą or pieszo; **to ~ by bike** przyjechać rowerem or na rowerze; **to ~ down sth** zejść z czegoś *[stairs, ladder]*; **to ~ up sth** wejść na coś *[stairs, ladder]*; **the bus came slowly up/down the hill** autobus wolno wjeżdżał pod górę/zjeżdżał z góry; **to ~ down from Scotland /Alaska** przyjechać ze Szkocji/z Alaski *(do Anglii, do centralnej części USA)*; **I have just come from the hospital** właśnie wróciłem ze szpitala; **to ~ into sth** wejść do czegoś *[room, house]*; **the train came into the station** pociąg wjechał na stację; **to ~ over sth** przelecieć nad czymś; **a ball came over the fence** piłka przeleciała przez płot; **to ~ past sb/sth** (on foot) przechodzić obok kogoś/czegoś, mijać kogoś/coś; (by car) przejeżdżać obok kogoś /czegoś, mijać kogoś/coś; **the car came round the corner** samochód wyjechał zza zakrętu; **to ~ through sth** *[person]* przejść przez coś; (by car) przejechać przez coś *[tunnel, town centre]*; **a large envelope came through the letterbox** przez otwór na listy wpadła (do środka) duża koperta; **the air ~s through these vents** powietrze wchodzi or dostaje się do środka tymi otworami wentylacyjnymi; **the rain is coming right through my coat** mój płaszcz przemókł na wylot; **to ~ to school/work** przychodzić do szkoły/pracy; **to ~ to the door/the phone** podejść do drzwi/do telefonu; **to ~ to the surface** wypłynąć na powierzchnię; fig wyjść na jaw; **tears came to his eyes** łzy napłynęły mu do oczu; **to ~ home** przyjść /przyjechać do domu; **to ~ to the company as an apprentice/a consultant** zacząć pracować w firmie jako praktykant/konsultant; **to ~ as sb/sth** (wear a costume of) przebrać się za kogoś/coś, przyjść jako ktoś/coś; **to ~ to do sth** przyjść coś zrobić; **to ~ running** nadbiec; **he came limping down the stairs** kuśtykając, zszedł ze schodów; **to ~ crashing to the ground** *[structure]* zawalić się, runąć na ziemię; **to ~ streaming through the window** *[light]* wlewać się przez okno; **dinner is ready: ~ and get it!** obiad gotowy: chodź i weź sobie!; **to ~ after sb** (chase) gonić kogoś; **to ~**

and go przychodzić i odchodzić; **you can ~ and go as you please** możesz przychodzić i wychodzić, kiedy zechcesz; **now that the children have left home, I'm free to ~ and go as I please** teraz, kiedy dzieci opuściły dom, mogę robić, co chcę; **fashions ~ and go** mody przychodzą i odchodzą; **your turn will ~** nadejdzie twoja kolej; **when the time ~s** kiedy przyjdzie or nadejdzie czas; **the time has come to do sth** nadszedł czas or nadeszła pora coś zrobić; **~ next week/year** w przyszłym tygodniu/roku; **~ next Christmas** na przyszłe Boże Narodzenie; **there may ~ a time/day when you regret it** może nadejść or przyjść taki czas/dzień, kiedy tego pożałujesz; **for some time to ~** (jeszcze) przez jakiś czas; **there's still the meal/speech to ~** czeka nas jeszcze posiłek/przemowa; **many lives will be lost in the battle to ~** wielu ludzi zginie w nadchodzącej bitwie [2] (approach) pod|ejść, -chodzić; **~ here!** podejdź tutaj!; **I am coming!** idę!; **~ to mummy!** chodź do mamusi!; **do not ~ any closer** nie podchodź bliżej; **~ and help me move the bed** chodź, pomóż mi przesunąć łóżko; **to ~ to sb for sth** przyjść do kogoś po coś *[advice, money]*; **I could see it coming** (of accident) wiedziałem, że tak będzie; **she came near** or **close to dropping the vase** o mało nie upuściła wazonu; **the company came close to bankruptcy** firma była bliska bankructwa; **she came to the job with preconceived ideas** rozpoczęła pracę z pewnymi wyobrażeniami [3] (call, visit) przy|jść, -chodzić; **I've come about your advertisement** przyszedłem w związku z ogłoszeniem or w sprawie ogłoszenia; **I've come to collect my car** przyszedłem odebrać samochód; **I've come for my jacket** przyszedłem po kurtkę; **my parents are coming for me at eight** rodzice przyjdą po mnie o ósmej; **they are coming for the weekend** przyjeżdżają na weekend; **I've got eight people coming to dinner tonight** mam dziś na kolacji osiem osób; **my sister is coming to stay with us** moja siostra przyjeżdża do nas na dłużej [4] (attend) przy|jść, -chodzić; **I can't** or **won't be able to ~** nie mogę or nie będę mógł przyjść; **we're having a party on Saturday, can you ~?** w sobotę urządzamy przyjęcie, przyjdziesz?; **to ~ to the wedding/party** przyjść na ślub/przyjęcie; **~ as you are** przyjdź tak jak jesteś (ubrany); **are you coming to church?** idziesz do kościoła?; **~ with me/us** chodź ze mną/z nami; **do you want to ~ fishing?** masz ochotę pójść na ryby? [5] (reach) **to ~ to** or **down to sth** *[dress, carpet, curtain, water]* sięgać do czegoś; **to ~ up to sth** *[water]* dochodzić do czegoś; **I've just come to the chapter where...** właśnie doszedłem do rozdziału, w którym... [6] (happen) **how did you ~ to break your leg?** jak złamałeś nogę?; **I can't understand how it came to be there** nie mogę zrozumieć, skąd to się tam wzięło; **no good will ~ of these reforms** z tych reform nic dobrego nie wyniknie; **no harm can ~ of trying** nie zaszkodzi spróbować; **I don't suppose anything will ~ of it** nie sądzę, żeby coś z tego wyszło; **this is what ~s of being soft-hearted** oto, do czego prowadzi miękkie serce; **how ~?** jak to się stało?; **how ~ you're up so early?** dlaczego tak wcześnie wstałeś?; **~ what may** niech się dzieje, co chce; **to take things as they ~** brać życie takim, jakie jest; **take advantage of any opportunities that ~ your way** korzystaj z każdej nadarzającej się okazji; **when you ~ to think of it...** jeśli się nad tym zastanowić...; **~ to think of it, you're right** na dobrą sprawę, masz rację [7] (begin) **to ~ to love/like/hate sb/sth** pokochać/polubić /znienawidzić kogoś/coś; **to ~ to understand sb/sth** zrozumieć kogoś/coś; **she came to believe he was telling her the truth** w końcu uwierzyła, że mówi jej prawdę [8] (be available) **the T-shirt ~s in three sizes/colours** są trzy rozmiary /kolory tych podkoszulków; **to ~ with a radio/sunroof** *[car]* być wyposażonym w radio/szyberdach; **all the dishes ~ with a selection of fresh vegetables** wszystkie dania podawane są ze świeżymi warzywami; **to ~ with matching napkins** stanowić komplet z serwetkami; **calculators don't ~ smaller/cheaper than this one** nie ma już mniejszych /tańszych kalkulatorów niż ten [9] (tackle) **to ~ to sth** zająć się czymś *[problem, subject]*; **I'll ~ to that in a minute** zajmę się tym za chwilę; **now we ~ to the moment you've all been waiting for** a teraz nadeszła chwila, na którą wszyscy czekaliście; **to ~ to sth/to doing sth late in life** zająć się czymś/robieniem czegoś w późnym okresie życia or w późnym wieku [10] (develop) **it ~s with practice/experience** to przychodzi z praktyką/doświadczeniem; **wisdom ~s with age** mądrość przychodzi z wiekiem [11] (be situated) (in sequence) nast|ąpić, -ępować, przy|jść, -chodzić; **to ~ after sth** nastąpić po czymś; **to ~ before sth** (in time) poprzedzać coś; (in importance) być ważniejszym niż coś or od czegoś; **to ~ first/last** (in race, competition) *[athlete, horse]* zająć pierwsze/ostatnie miejsce; **where did you ~?** które miejsce zająłeś?; **my family ~s first, work ~s second** na pierwszym miejscu stawiam rodzinę, na drugim pracę; **nothing can ~ between us** nic nie jest w stanie nas poróżnić; **to try to ~ between two people** próbować wtrącać się między dwoje ludzi; **nothing and nobody ~s between me and my morning cup of coffee!** żeby się waliło i paliło, muszę rano napić się kawy!; **nothing ~s between me and my football!** dla mnie piłka nożna to świętość! [12] (be due) **the house ~s to me when my parents die** po śmierci rodziców dom przechodzi na mnie; **death/old age ~s to us all** wszystkich nas czeka śmierć/starość; **he had it coming (to him)** infml należało mu się; **they got what was coming to them** infml dostali za swoje [13] (of thought) **it'll ~ to me in a minute** przypomnę sobie za chwilę; **it suddenly came to her that...** nagle zdała sobie sprawę, że...; **a serious error has come to my attention** zauważyłem poważny błąd [14] (be a question or case of) **when it ~s to sth/to doing sth** gdy chodzi o coś /zrobienie czegoś; **when it ~s to anything mechanical, he's useless** kiedy chodzi o sprawy techniczne, on jest do niczego [15] infml (reach orgasm) mieć orgazm

■ **come about** [1] (happen) *[accident, discovery]* mieć miejsce, zdarz|yć, -ać się; *[reform, change]* dokon|ać, -ywać się; *[situation]* zaistnieć; **how did it ~ about that...?** jak to się stało, że...?; **the discovery came about by accident** odkrycia dokonano przez przypadek [2] Naut zmieni|ć, -ać kurs

■ **come across**: ¶ **~ across** (be conveyed) *[meaning, message]* być jasnym or zrozumiałym, dać się jasno odczytać; *[feelings]* uzewnętrzni|ć, -ać się; **the message of the film ~s across clearly** film ma jasną wymowę; **her love of animals ~s across strongly** wyraźnie widać, że kocha zwierzęta; **she ~s across well on TV** dobrze wypada w telewizji; **to ~ across as a liar/an expert** sprawić wrażenie kłamcy/eksperta; **to ~ across as being honest/lazy** wydać się uczciwym/leniwym ¶ **~ across [sth]** nat|knąć, -ykać się na (coś), na|trafić na (coś) *[article, reference, example]* ¶ **~ across [sb]** wpa|ść, -dać na (kogoś); **she's one of the nicest people I've ever come across** jest jedną z najsympatyczniejszych osób, jakie zdarzyło mi się poznać

■ **come along** [1] (arrive) *[person]* zjawi|ć, -ać się; *[bus]* przyje|chać, -żdżać; *[opportunity]* pojawi|ć, -ać się; **if a better job ~s along, I'll take it** jeśli trafi się lepsza posada, wezmę ją [2] (hurry up) **~ along!** chodź już! [3] (attend) przy|jść, -chodzić; **why don't you ~ along?** nie poszlibyście z nami?; **to ~ along to a lecture/party** przyjść na wykład/przyjęcie; **to ~ along with sb** przyjść z kimś [4] (make progress) *[pupil, trainee]* robić postępy; *[plant, seedling]* rosnąć, róść; *[project, thesis, book]* posuwać się, postępować; *[studies, piano playing]* iść dobrze; **his Spanish/piano playing is coming along** robi postępy w hiszpańskim/grze na pianinie; **how's your thesis coming along?** jak się posuwa twoja praca?

■ **come apart** [1] (accidentally) *[book, parcel, bed, camera, shoes]* rozpa|ść, -dać się; **the book just came apart in my hands** książka po prostu rozpadła mi się w rękach [2] (intentionally) *[sections, components]* da|ć, -wać się rozdziel|ić; *[machine]* da|ć, -wać rozłożyć się na części

■ **come around** US = **come round**

■ **come at**: **~ at [sb]** [1] (attack) *[person, bull, goat]* za|atakować, na|trzeć, -cierać na (kogoś); **she was coming at me with a knife** zamierzyła się na mnie nożem [2] fig **abuse came at us from all sides** zewsząd posypały się na nas obelgi

■ **come away** [1] (leave) **to ~ away from the cinema/a match** wyjść z kina

C

/meczu; fig **to ~ away from the meeting disappointed/satisfied** wyjść rozczarowanym/zadowolonym ze spotkania; **to ~ away with the feeling that...** odejść z uczuciem, że... [2] (move away) odsu|nąć, -wać się; **~ away from the edge!** odsuń się od krawędzi! [3] (become detached) *[handle, plaster, cover, shelf]* odpa|ść, -dać; *[wallpaper]* od|ejść, -chodzić **(from sth** od czegoś); **the knob came away in my hands** gałka została mi w ręku

■ **come back** [1] (return) *[person, letter, feeling, good weather]* wr|ócić, -acać; **to ~ running back** przybiec z powrotem; **the memories came flooding back** powróciły wspomnienia; **to ~ back to sb/sth** wrócić do kogoś/czegoś *[spouse, lover, topic, problem]*; **can I ~ back to you on that tomorrow?** czy mogę wrócić do tej sprawy jutro?; **to ~ back as a hero/star** wrócić jako bohater/gwiazdor; **to ~ back with sb** wrócić z kimś; **to ~ back with sth** (return) wrócić z czymś *[present, idea, flu]*; (reply) odpowi|edzieć, -adać czymś *[offer, suggestion]*; **she came back at us with a stream of insults** w odpowiedzi obrzuciła nas stekiem obelg; **it's all coming back to me now** teraz wszystko sobie przypominam; **the name will ~ back to me** przypomnę sobie to nazwisko; **to ~ back to what you were saying...** wracając do tego, co powiedziałeś or o czym mówiłeś.... [2] (be restored) *[law, regime, system]* zosta|ć, -wać przywróconym; (become popular) *[trend, method, hairstyle]* wr|ócić, -acać; **to ~ back into fashion** znowu być w modzie

■ **come by**: ¶ **~ by** *[person]* (visit) wpa|ść, -dać, za|jrzeć, -glądać; **you must ~ by and see us** musisz do nas wpaść ¶ **~ by [sth]** zdoby|ć, -wać; **to be hard to ~ by** *[job, money, book]* być trudnym do dostania or zdobycia

■ **come down** [1] (move lower) *[person]* zejść, schodzić; *[lift, cable car]* zje|chać, -żdżać; *[blind, curtain]* opu|ścić, -szczać się, opa|ść, -dać; **to ~ down by parachute** skoczyć na spadochronie; **I came down in the lift** zjechałem windą; **he's really come down in the world** fig gorzej mu się teraz wiedzie; **she's come down in my estimation** straciła w moich oczach [2] (reach) sięgać; **his trousers barely came down to his ankles** spodnie ledwie sięgały mu kostek [3] (drop) *[price, inflation, temperature]* spa|ść, -dać; *[unemployment, cost]* zmniejsz|yć, -ać się; **computers are coming down in price** ceny komputerów spadają [4] Meteorol *[rain, snow]* padać; **the fog came down very suddenly** nagle pojawiła się mgła [5] (land) *[aircraft, helicopter, balloon]* wy|lądować [6] (crash) *[plane]* runąć [7] (fall down) *[ceiling, wall, house]* runąć; *[curtain rail]* spa|ść, -dać; *[fence, tree]* zwal|ić, -ać się; *[hem]* odpru|ć, -wać się [8] (be passed down, be inherited) *[stories, traditions, beliefs, talents, property]* być przekazywanym; **stories that ~ down to us from our parents** opowieści zasłyszane od rodziców; **this ring will ~ down to you eventually** w końcu ty odziedziczysz ten pierścionek; **few works have come down to us from that period** do naszych czasów przetrwało niewiele dzieł z tego okresu [9] (be summarized) *[problem, question]* sprowadzać się **(to sth** do czegoś); **this is what it ~s down to** do tego się to sprowadza [10] (reprimand) **the boss came down on me for being late for work** szef zrugał mnie za spóźnienie do pracy infml; **the critics really came down on his new play** recenzenci przejechali się po jego nowej sztuce infml [11] **to ~ down with sth** zachorować na coś

■ **come forward** (volunteer) zgł|osić, -aszać się; **to ~ forward with sth** zgłosić coś *[proposal, suggestion]*; zaproponować coś *[help, money]*; przedstawić coś *[evidence]*; **the police have asked witnesses to ~ forward** policja zaapelowała do świadków o zgłaszanie się

■ **come from**: **~ from [sth]** (originate) *[person]* pochodzić z (czegoś) *[city, country]*; *[word, song, legend]* pochodzić z (czegoś) *[country, language]*; *[substance, food]* być wytwarzanym z (czegoś) *[raw material]*; *[smell, sound]* dochodzić z (czegoś) *[place]*; **to ~ from Poland** pochodzić z Polski; **to ~ from a long line of artists** wywodzić się z rodu artystów

■ **come in** [1] (enter) *[person, animal]* w|ejść, -chodzić; *[rain, wind]* w|edrzeć, -dzierać się **(through sth** przez coś) [2] (return) wr|ócić, -acać; **he usually ~s in from work at seven** zazwyczaj wraca z pracy o siódmej [3] (come inland) *[tide]* nad|ejść, -chodzić; **a cool wind coming in from the sea** zimny wiatr (wiejący) od morza [4] (arrive) *[train, bus]* przyje|chać, -żdżać; *[plane]* przyl|ecieć, -atywać; *[boat]* przypły|nąć, -wać; *[letter, bill, delivery]* przy|jść, -chodzić; *[complaint, news]* napły|nąć, -wać; *[strawberries, new potatoes]* pojawi|ć, -ać się; **which horse came in first?** który koń przybiegł pierwszy?; **she's got £5,000 a month coming in** ma 5 000 funtów dochodu miesięcznie [5] (become current) *[long hair, mini-skirts]* w|ejść, -chodzić w modę; *[calculators, video cameras]* upowszechni|ć, -ać się; *[habit, practice]* rozpowszechni|ć, -ać się [6] (interject) wtrąc|ić, -ać się; **if I could ~ in here...** jeżeli mogę coś wtrącić...; **to ~ in with an opinion** wyrazić pogląd [7] Radio, Telecom (in radio transmission) **~ in, Delta Bravo** Delta Bravo, zgłoś się [8] (participate) **to ~ in with sb** zostać wspólnikiem kogoś; **to ~ in on sth** *[tradesman, worker]* przyłączyć się do czegoś *[scheme, venture]* [9] (serve a particular purpose) **where does Anna ~ in?** jaka jest w tym rola Anny?; **to ~ in handy** or **useful** *[box, string, skill]* przydać się [10] (receive) **to ~ in for criticism** *[person, plan]* zostać skrytykowanym; **to ~ in for praise** być chwalonym

■ **come into**: **~ into [sth]** [1] (inherit) o|dziedziczyć *[fortune, title, money]* [2] (be relevant) **to ~ into it** *[age, experience, satisfaction]* liczyć się; **luck/skill doesn't ~ into it** szczęście/umiejętności nie mają tu nic do rzeczy

■ **come off**: ¶ **~ off** [1] (become detached) (accidentally) *[button]* ur|wać, -ywać się; *[wallpaper, label]* odlepi|ć, -ać się; *[handle, paint, leg, lid]* odpa|ść, -dać; (intentionally) *[handle, leg, lid]* da|ć, -wać się odłączyć; **the knob came off in my hand** gałka została mi w ręku; **the price label won't ~ off** metka nie chce się odlepić [2] (fall off) *[rider]* spa|ść, -dać [3] (wash, rub off) *[mark, ink, stain]* zejść, schodzić; **those marks should ~ off** te plamy powinny zejść [4] (take place) *[deal, merger, wedding]* do|jść, -chodzić do skutku [5] (succeed) *[plan, attempt]* powieść się; wypalić infml; *[experiment, trick, joke]* uda|ć, -wać się [6] Theat, TV (be taken off) *[play, musical, film]* zejść, schodzić z afisza; *[TV show]* zostać zdjętym [7] (fare) **to ~ off well /badly in sth** wyjść na czymś dobrze/źle *[deal, affair]*; **he always ~s off worse** (in fight) on zawsze obrywa infml ¶ **~ off [sth]** [1] (stop using) przesta|ć, -wać brać *[pills, drugs]* [2] (fall off) spa|ść, -dać z (czegoś) *[bike, horse]* [3] (get off) zejść, schodzić z (czegoś) *[wall]*; **~ off the lawn!** zejdź z trawnika! [4] (be serious) **~ off it!** infml daj spokój!; nie wygłupiaj się! infml

■ **come on** [1] (follow) **you go ahead, we'll ~ on later** idź, my dołączymy do ciebie później [2] (exhortation) (encouraging) **~ on, follow me!** no, chodź za mną!; **~ on, try it!** no, spróbuj!; **hello! ~ on in!** cześć! wchodź!; (impatient) **~ on, we're going to be late!** no pośpiesz się, bo się spóźnimy!; (wearily) **~ on, somebody must know the answer!** ktoś przecież musi znać odpowiedź! [3] (make progress) *[person, patient, student]* z|robić postępy; *[plant]* rozwijać się; **the new road is coming on well** budowa nowej drogi posuwa się do przodu; **his tennis is coming on well** coraz lepiej gra w tenisa; **how are the new recruits coming on?** jak tam postępy nowych rekrutów? [4] (begin) *[asthma attack, headache]* zacz|ąć, -ynać się; *[rain]* zacz|ąć, -ynać padać; *[winter]* nadchodzić; *[night]* zapadać; *[film, programme]* rozpocz|ąć, -ynać się; **it came on to snow** zaczął padać śnieg; **I felt a headache coming on** zaczynała mnie boleć głowa [5] (start to work) *[light]* zapal|ić, -ać się; *[electricity, gas, heating, fan, oven]* włącz|yć, -ać się; **the power/water didn't ~ on again until 11** do jedenastej nie było elektryczności /wody [6] Theat (enter the stage) *[actor, performer]* wy|jść, -chodzić na scenę; *[play]* we|jść, -chodzić na afisz; Sport *[player, substitute]* w|ejść, -chodzić do gry

■ **come out** [1] (emerge) *[person, animal]* wy|jść, -chodzić; *[vehicle]* wyje|chać, -żdżać; *[sun, moon]* wy|jść, -chodzić, wy|jrzeć, -glądać; *[stars, flowers, buds]* pojawi|ć, -ać się; **~ out with your hands up** wychodzić z rękami do góry!; **when does he ~ out?** (of prison, hospital) kiedy on wychodzi?; **he came out of it rather well** fig nieźle sobie poradził; **he's come out in a rash** dostał wysypki; **he ~s out in a cold sweat/in goose pimples at the mere mention of the word** oblewa się zimnym potem/dostaje gęsiej skórki na sam dźwięk tego słowa [2] (originate) **to ~ out of sth** *[person, song, money]* pochodzić z (czegoś); *[report]* nad|ejść, -chodzić z (czegoś); **the money for the repair will**

have to ~ out of my savings pieniądze na reperację będę musiał wziąć z oszczędności [3] (result) **to ~ out of sth** *[breakthrough]* byś skutkiem czegoś; **something good came out of the disaster** ta katastrofa częściowo obróciła się na dobre [4] (strike) za|strajkować; **to ~ out on strike** zastrajkować [5] (declare oneself) **to ~ out in favour of/against sth** opowiedzieć się za czymś/przeciwko czemuś; (declare homosexuality) ujawni|ć, -ać swoją orientację homoseksualną; wy|jść, -chodzić z ukrycia infml [6] (fall out) *[contact lens, tooth, screw, nail, key, electric plug, contents]* wypa|ść, -dać; *[sink plug, stuffing, cork]* wy|jść, -chodzić; **my hair has started to ~ out** zaczęły mi wypadać or wychodzić włosy [7] (be emitted) *[smoke, air]* wydosta|ć, -awać się; *[blood]* płynąć, wypływać; **the water ~s out through** or **out of this hole** woda wypływa przez tę dziurę [8] (wash out) *[stain, ink, grease]* zejść, schodzić **(of sth** z czegoś); **it won't ~ out** to nie chce zejść; **the colour came out when I washed it** kolor puścił w praniu [9] (be deleted) *[sentence, quotation, reference]* zostać usuniętym; **that paragraph can ~ out** ten akapit można usunąć [10] (be published, issued) *[new product, design, model]* pojawi|ć, -ać się; *[book, magazine, record]* wy|jść, -chodzić, ukaz|ać, -ywać się; *[film]* w|ejść, -chodzić na ekrany [11] (become known) *[feelings]* uzewnętrzni|ć, -ać się, ujawni|ć, ać się; *[secret, truth, full story, details, facts]* wy|jść, -chodzić na jaw; *[news]* roz|ejść, -chodzić się; *[results]* zosta|ć, -wać ogłoszonym; *[meaning, message]* stać się czytelnym; **it came out that...** okazało się, że...; **the truth is bound to ~ out** prawda w końcu wyjdzie na jaw; **if it ever ~s out that it was my fault...** jeżeli kiedyś wyda się, że to była moja wina... [12] Phot, Print *[photo, colour]* wy|jść, -chodzić; **the photos haven't ~ out (very well)** zdjęcia nie wyszły zbyt dobrze; **I never ~ out well in photos** nigdy nie wychodzę dobrze na zdjęciach; **red ink won't ~ out on the photocopy** czerwony atrament nie wyjdzie na ksero [13] (end up) **to ~ out at 200 dollars** *[cost, bill]* wyn|ieść, -osić 200 dolarów; **the jumper came out too big** ten sweter wyszedł za duży; **she came out first in the history exam** najlepiej ze wszystkich zdała egzamin z historii; **the total always ~s out the same** suma zawsze wychodzi ta sama [14] (say) **to ~ out with sth** zna|leźć, -jdować coś *[excuse]*; wysk|oczyć, -akiwać z czymś infml *[nonsense, rubbish]*; wyst|ąpić, -ępować z czymś *[proposal, idea]*; **I knew what I wanted to say but it came out wrong** wiedziałem, co chcę powiedzieć, ale wyszło nie tak; **whatever will he ~ out with next?** co on jeszcze wymyśli?; **to ~ straight out with it** powiedzieć wprost [15] (enter society) *[girl]* zostać wprowadzonym w świat, zadebiutować

■ **come over**: ¶ **~ over** [1] (drop in) wpa|ść, -dać; **~ over for a drink** wpadnij na drinka; **he came over to collect his bike** wpadł po swój rower [2] (travel) *[motor vehicle]* przyje|chać, -żdżać; *[boat]* przypły|nąć, -wać; *[plane]* przyl|ecieć, -atywać; **they came over on a ferry** przypłynęli promem; **she's coming over on the 10 o'clock flight** przylatuje samolotem o dziesiątej; **she often ~s over to France** ona często przyjeżdża do Francji; **her ancestors came over with the Normans** jej przodkowie przybyli tu z Normanami [3] (change sides, opinions) **she came over to our side** przeszła na naszą stronę; **he'll soon ~ over to our way of thinking** szybko nawróci się na nasz sposób myślenia [4] (convey impression) *[message, meaning]* być jasnym or zrozumiałym; *[love]* uzewnętrzni|ć, -ać się, przejawi|ć, -ać się; *[voice]* być słyszalnym, nieść się; **his meaning didn't really ~ over** nie bardzo było wiadomo, o co mu chodzi; **to make one's feelings ~ over** uzewnętrzniać emocje; **she ~s over well in interviews** dobrze wypada w wywiadach; **to ~ over as honest/competent** sprawiać wrażenie człowieka uczciwego/kompetentnego [5] (suddenly become) **to ~ over all embarrassed/tired** (nagle) poczuć się zakłopotanym/zmęczonym; **she came over all dizzy/faint** zakręciło jej się w głowie/zrobiło jej się słabo; **he came over all shivery** dostał dreszczy ¶ **~ over [sb]** *[feeling]* ogar|nąć, -niać, opanow|ać, -ywać; **what's come over you?** co cię napadło? infml; **I don't know what came over her** nie wiem, co ją napadło infml

■ **come round** GB, **come around** US [1] (regain consciousness) odzysk|ać, -iwać przytomność [2] (make a detour) *[person]* prze|jść, -chodzić naokoło; *[vehicle]* prze|jechać, -żdżać naokoło [3] (circulate) *[steward, waitress]* prze|jść, -chodzić, krążyć [4] (visit) wpa|ść, -dać, za|jść, -chodzić infml; **I'll ~ round and collect it tomorrow** wpadnę po to jutro; **~ round for dinner/drinks** przyjdź na kolację/na drinka [5] (occur) *[event]* nad|ejść, -chodzić; **the elections are coming round again** znów zbliżają się wybory; **by the time the exams came round, I was a nervous wreck** gdy nadeszły egzaminy byłem nerwowo wykończony [6] (change one's mind) zmieni|ć, -ać zdanie; **to ~ round to an idea** przekonać się do jakiegoś pomysłu; **to ~ round to sb's way of thinking** uznać punkt widzenia kogoś [7] **to ~ round to doing sth** zabrać się do robienia czegoś [8] Naut *[boat]* zmieni|ć, -ać kurs; *[wind]* zmieni|ć, -ać kierunek

■ **come through**: ¶ **~ through** [1] (survive) przetrwać [2] (penetrate) *[cold, heat]* przenik|nąć, -ać; *[ink]* przebi|ć, -jać; *[light]* przenik|nąć, -ać, przebi|ć, -jać; *[water]* przesiąk|nąć, -ać [3] (arrive) **the fax came through at midday** faks przyszedł koło południa; **the call hasn't come through yet** jeszcze nie było połączenia; **my promotion has just come through** właśnie zatwierdzono mój awans; **she's still waiting for her visa/her results to ~ through** ciągle czeka na wizę/wyniki [4] (emerge) *[personality, qualities]* pokaz|ać, -ywać się ¶ **~ through [sth]** [1] (survive) przetrwać *[crisis, ordeal, recession]*; przeżyć *[war, operation]* [2] (penetrate) *[light, heat, cold]* przenik|nąć, -ać przez (coś) *[curtains, opening]*; *[ink, dye]* przebi|ć, -jać przez (coś); *[water]* przesiąk|nąć, -ać

■ **come to**: ¶ **~ to** (regain consciousness) (from faint) ocknąć się ¶ **~ to [sth]** [1] (total) *[bill, total, expenses]* wyn|ieść, -osić; *[shopping]* kosztować; **both columns should ~ to the same figure** obydwie kolumny powinny dać ten sam wynik; **that ~s to £40 altogether** to razem będzie 40 funtów [2] (result in) do|jść, -chodzić do (czegoś); **if it ~s to a fight** jeżeli dojdzie do bijatyki; **all her plans came to nothing** wszystkie jej plany spełzły na niczym; **did the plans ~ to anything?** czy coś wyszło z tych planów?; **all our efforts came to nothing** wszystkie nasze wysiłki spełzły na niczym; **I never thought it would ~ to this** nie sądziłem, że do tego dojdzie; **it may not ~ to that** może do tego nie dojdzie

■ **come under**: **~ under [sth]** [1] (be subjected to) **to ~ under attack/severe criticism** stać się celem ataków/ostrej krytyki; **to ~ under suspicion** być podejrzanym; **to ~ under threat** być zagrożonym; **we're coming under pressure** wywiera się na nas presję, naciska się nas [2] (be classified under) (in library, bookshop) **Dali ~s under Surrealism** Dali jest pod „surrealizm"; **dictionaries ~ under Reference** słowniki są w dziale encyklopedycznym [3] (be dealt with) podlegać (komuś /czemuś); **adult education ~s under the city council** kształcenie dorosłych podlega urzędowi miasta

■ **come up**: **~ up** [1] (arise) *[problem, issue, matter]* pojawi|ć, -ać się, wył|onić, -aniać się; *[name]* pa|ść, -dać; **to ~ up in conversation** *[subject]* zostać poruszonym w rozmowie; **this type of question may ~ up** mogą paść tego typu pytania [2] (be due to, eligible) **to ~ up for re-election** kandydować na drugą kadencję; **my salary ~s up for review in April** w kwietniu ma być rozpatrywana moja podwyżka; **the car is coming up for its annual service** zbliża się termin corocznego przeglądu samochodu [3] (occur) *[opportunity]* wył|onić, -aniać się; **something urgent has come up** wynikło coś pilnego; **a vacancy has come up** zwolnił się etat [4] (rise) *[sun, moon]* w|zejść, -schodzić; *[tide]* nad|ejść, -chodzić; *[bulb, seeds]* kiełkować; *[daffodils, beans]* w|zejść, -schodzić, puszczać [5] Jur *[case, hearing]* znaleźć się na wokandzie; *[person]* sta|nąć, -wać przed sądem; **his case came up before the disciplinary committee** jego sprawę rozpatrywała komisja dyscyplinarna

■ **come up against**: **~ up against [sth]** sta|nąć, -wać wobec (czegoś) *[problem, prejudice, opposition]*

■ **come up to**: **~ up to [sth]** [1] (attain) **to ~ up to expectations** spełnić oczekiwania; **to ~ up to standard** odpowiadać normom [2] (be nearly) zbliż|yć, -ać się do (czegoś); **it's coming up to 6 o'clock** dochodzi szósta; **we're coming up to the end of this stage** zbliżamy się do końca tego etapu

■ **come up with**: **~ up with [sth]** zna|leźć, -jdować *[answer, excuse]*; wyst|ą-

C

pić, -ępować z (czymś) *[proposal]*; wy|starać się o (coś) *[money]*; **can you ~ up with a better idea?** masz lepszy pomysł?

■ **come upon**: ¶ **~ upon [sth]** nat|knąć, -ykać się na (coś) *[book, reference]*; **to ~ upon an idea** wpaść na pomysł ¶ **~ upon [sb]** wpaść na (kogoś) *[friend]*

IDIOMS: **~ again?** infml co proszę?; **I don't know if I'm coming or going** już nawet nie wiem, jak się nazywam; **'how do you like your tea?' – 'as it ~s'** „jaką pijesz herbatę?" – „bez niczego"; **he's as stupid /honest as they ~** głupszych/uczciwszych (niż on) chyba już nie ma; **~ to that** or **if it ~s to that, you may be right** jeśli już o tym mowa, niewykluczone, że masz rację; **to ~ as a shock/a surprise/a blow to sb** być dla kogoś szokiem/zaskoczeniem/ciosem

comeback /ˈkʌmbæk/ *n* 1 (bid for success) comeback *m*; **to make** or **stage a ~** mieć swój comeback; **miniskirts are making a ~** minispódniczki wracają do mody 2 (redress) zadośćuczynienie *n*; **you may have no ~ if anything goes wrong** jeśli coś się nie powiedzie, nie dostaniesz rekompensaty; **your only ~ is to complain to the manager** możesz jedynie poskarżyć się kierownikowi 3 (retort) replika *f*, riposta *f* 4 (repercussions) reperkusje *f pl*

Comecon /ˈkɒmɪkɒn/ *n* Hist Rada *f* Wzajemnej Pomocy Gospodarczej, RWPG

comedian /kəˈmiːdɪən/ *n* (entertainer) artysta *m* komediowy, artystka *f* komediowa; (actor) aktor *m* komediowy or komiczny, aktorka *f* komediowa or komiczna; (joker) wesołek *m*; **he/she is a bit of a ~** on/ona zawsze błaznuje

comedienne /kəˌmiːdɪˈen/ *n* aktorka *f* komediowa or komiczna

comedown /ˈkʌmdaʊn/ infml *n* 1 (decline in status) degradacja *f*, upadek *m*; **it's quite a ~ for her to have to do it** zrobienie tego to dla niej degradacja 2 (disappointment) rozczarowanie *n*, zawód *m*; **it was rather a ~ for us** rozczarowaliśmy się trochę

comedy /ˈkɒmədɪ/ *n* 1 (genre) komedia *f*; **black/light ~** czarna/lekka komedia 2 (play) komedia *f*; **situation ~** komedia sytuacyjna; **~ of manners** komedia obyczajowa 3 (funny aspect) komizm *m*, dowcip *m*, humor *m*; **moments of high ~** wyjątkowo zabawne momenty; **low ~** niewybredny dowcip or humor

come-hither /ˌkʌmˈhɪðə(r)/ *adj* infml **~ look** prowokujące or powłóczyste spojrzenie

comeliness /ˈkʌmlɪnɪs/ *n* liter krasa *f*, nadobność *f* dat

comely /ˈkʌmlɪ/ *adj* liter urodziwy, nadobny dat

come-on /ˈkʌmɒn/ *n* infml 1 (sexual) **to give sb the ~** prowokować kogoś 2 (in sales jargon) chwyt *m* reklamowy

comer /ˈkʌmə(r)/ *n* (arrival) przybysz *m*; **the contest is open to all ~s** konkurs jest otwarty dla wszystkich chętnych; **to take on all ~s** *[champion, boxer]* zmierzyć się z każdym

comestible /kəˈmestəbl/ *adj* fml jadalny

comestibles /kəˈmestəblz/ *npl* fml wiktuały *plt* dat

comet /ˈkɒmɪt/ *n* Astron kometa *f*

comeuppance /kʌmˈʌpəns/ *n* infml **to get one's ~** dostać za swoje

comfit /ˈkʌmfɪt/ *n* dat cukierek *m*; karmelek *m* dat

comfort /ˈkʌmfət/ **I** *n* 1 (well-being) dobre samopoczucie *n*, komfort *m* psychiczny; (emphasizing wealth) dobrobyt *m*; (physical) wygoda *f*, komfort *m*; **to live in ~** mieszkać wygodnie; **he likes his ~** lubi wygodne życie 2 (amenity) udogodnienie *n*, wygoda *f*; **every modern ~** wszelkie nowoczesne udogodnienia; **home ~s** wygody domowe; **the ~s of civilization** przyjemności cywilizacji 3 (consolation) pociecha *f*, pocieszenie *n*; (relief from pain) ulga *f*; **it's a ~ to know (that)...** dobrze wiedzieć, że...; **to be a (great) ~ to sb** *[person]* być (wielką) pociechą dla kogoś; *[knowledge, belief]* być (wielką) ulgą dla kogoś; **to take** or **derive ~ from sth** czerpać ulgę or pocieszenie z czegoś; **to give** or **bring ~ to sb** (physically) przynosić komuś ulgę; (emotionally) być komuś or dla kogoś pociechą; **we can take ~ from the fact that he felt no pain** możemy pocieszać się tym, że nie cierpiał; **if it's any ~ (to you)** jeśli to cię pocieszy; **cold ~** słaba pociecha; **to be small ~ for sb** być dla kogoś niewielką pociechą

II *vt* pociesz|yć, -ać, doda|ć, -wać otuchy (komuś); **to be ~ed by the thought that...** pocieszać się myślą, że...; **the little girl ran to her mother to be ~ed** dziewczynka przybiegła do matki, żeby ją pocieszyła or ukoiła

IDIOMS: **too close for ~** (of where sb is, lives) zbyt blisko; **the shells landed much too close for ~** pociski padały niepokojąco or niebezpiecznie blisko; **that's outside my ~ zone** nie palę się do tego

comfortable /ˈkʌmftəbl, US -fərt-/ *adj* 1 *[bed, car, clothes, house, journey, position]* wygodny; *[temperature]* przyjemny 2 (relaxed) *[person]* odprężony; **to make oneself ~** (in chair) usiąść or usadowić się wygodnie; (at ease) rozgościć się; **are you ~?** wygodnie ci?; **she made everybody feel ~** sprawiła, że wszyscy poczuli się swobodnie; **the patient's condition is described as ~** stan pacjenta określa sie jako dobry; **the patient had a ~ night** chory spędził spokojną noc 3 (reassuring) *[idea, thought, belief]* uspokajający, krzepiący; *[majority, victory, margin]* znaczny; **to live at a ~ distance from sth** (far enough) mieszkać wystarczająco daleko od czegoś 4 (financially) *[person, family]* dobrze sytuowany; *[income, means]* zadowalający 5 (happy) **I would not feel ~ living at other people's expense** nie czułbym się dobrze, żyjąc na cudzy koszt; **I am not ~ about asking her to do it** krępuje mnie proszenie jej, żeby to zrobiła

comfortably /ˈkʌmftəblɪ, US -fərt-/ *adv* 1 (physically) *[sit]* wygodnie; *[rest]* spokojnie; *[dressed, furnished]* wygodnie 2 (easily) *[win, reach]* z łatwością 3 (financially) *[live]* dostatnio; **they can ~ afford three cars** z łatwością stać ich na trzy samochody; **to be ~ off** być w dobrej sytuacji materialnej

comfort eat *vi* jeść dla poprawienia samopoczucia

comforter /ˈkʌmfətə(r)/ *n* 1 (person) pocieszyciel *m*, -ka *f* 2 (scarf) szal *m* 3 GB (dummy) smoczek *m* 4 US (quilt) kołdra *f*

comfort food *n coś do zjedzenia dla poprawienia nastroju*

comforting /ˈkʌmfətɪŋ/ *adj* 1 *[gestures, news, thought, words]* pocieszający, podnoszący na duchu; **it is ~ to think that...** pocieszająca jest myśl, że... 2 *[drink, bath, food]* poprawiający nastrój or samopoczucie; **what you need is a ~ bath** kąpiel poprawi ci samopoczucie

comfortless /ˈkʌmfətlɪs/ *adj [room]* niewygodny; *[person]* niepocieszony, smutny; *[thought]* niewesoły

comfort station *n* US euph toaleta *f* publiczna

comfy /ˈkʌmfɪ/ *adj* infml = **comfortable**

comic /ˈkɒmɪk/ **I** *n* 1 (man) komik *m*; (woman) artystka *f* komiczna 2 (magazine) komiks *m*

II *adj [event, poem, appearance]* komiczny; *[talent]* komediowy; *[monologue, scene]* zabawny; **~ actor** aktor komiczny

comical /ˈkɒmɪkl/ *adj* komiczny

comically /ˈkɒmɪklɪ/ *adv* komicznie

comic book *n* komiks *m*

comic opera *n* opera *f* komiczna

comic relief *n* **to provide some ~** Theat rozładować napięcie also fig

Comic Relief Day *n doroczna impreza charytatywna*

comic strip *n* historyjka *f* obrazkowa, komiks *m*

coming /ˈkʌmɪŋ/ **I** *n* 1 (arrival) przybycie *n*; **~ and going , ~s and goings** ruch, krzątanina 2 (approach) (of spring, old age, event) nadejście *n*; (of new era) nastanie *n* 3 Relig **the Coming** (powtórne) przyjście *n* Chrystusa

II *pp adj* 1 *[election, event]* nadchodzący, zbliżający się; *[week, month]* najbliższy, przyszły; **I leave this ~ Monday** wyjeżdżam w ten or w najbliższy poniedziałek 2 (gaining importance) z przyszłością; **he's a ~ man/politician** to człowiek/polityk z przyszłością

coming-of-age /ˌkʌmɪŋəvˈeɪdʒ/ *n* osiągnięcie *n* pełnoletności

coming-out /ˌkʌmɪŋˈaʊt/ *n* 1 (of homosexual) ujawnienie *n* orientacji homoseksualnej; wyjście *n* z ukrycia infml 2 dat (of debutante) debiut *m* towarzyski

Comintern /ˈkɒmɪntɜːn/ *n* Komintern *m*, Międzynarodówka *f* Komunistyczna

comity /ˈkɒmətɪ/ *n* fml wzajemna kurtuazja *f*; **the ~ of nations** Pol comitas gentium

comma /ˈkɒmə/ *n* (in punctuation) przecinek *m*

command /kəˈmɑːnd, US -ˈmænd/ **I** *n* 1 (order) rozkaz *m*; Mil rozkaz *f*, komenda *f*; **to carry out/give a ~** wykonać/wydać rozkaz; **I did it at his ~** zrobiłem to na jego rozkaz; **at the ~ 'shoot', fire at the enemy!** na komendę „ognia", strzelać do wroga! 2 (authority) dowództwo *n*; **to have /take ~ of a regiment** sprawować/objąć dowództwo pułku; **to give sb ~ of sth** powierzyć komuś dowództwo czegoś; **to be in ~ (of sth)** dowodzić (czymś); **to be under the ~ of sb** *[person]* służyć pod dowództwem kogoś; *[regiment]* znajdować sie pod dowództwem kogoś; **I'm in ~ of**

the troops dowodzę wojskiem; **the enemy has ~ of the air** nieprzyjaciel kontroluje strefę powietrzną [3] (control) opanowanie *n*; **to have full ~ of one's emotions** w pełni panować nad emocjami; **to be in ~ of events** or **the situation** panować nad sytuacją; **to have sth at one's ~** dysponować czymś; **if you need help, I'm at your ~** jeśli potrzebujesz pomocy, jestem do dyspozycji; **to be in ~ of oneself** być opanowanym [4] (mastery, knowledge) znajomość *f*; **to have an excellent ~ of Russian** biegle władać rosyjskim; **she has a wide vocabulary at her ~** ma bogate słownictwo; **her ~ of computing skills** jej znajomość obsługi komputera [5] Mil (group of officers) dowództwo *n*; (group of soldiers) jednostka *f*; (district) okręg *m* wojskowy; (section of the forces) dowództwo *n*; **the high ~ ordered a retreat** naczelne dowództwo zarządziło odwrót [6] Comput polecenie *n*

II *vt* [1] (order) rozkaz|ać, -ywać (komuś); **to ~ sb to do sth** rozkazać komuś coś zrobić; **to ~ that...** rozkazać, żeby...; **I ~ed the release of the prisoner** rozkazałem zwolnić więźnia; **'stop!' he ~ed** „stać!" rozkazał [2] (deserve and get) cieszyć się (czymś) *[affection]*; wzbudzać *[respect, confidence, admiration]*; **now she can ~ very high fees** teraz może żądać bardzo wysokich stawek; **to ~ a good price** być dużo wartym [3] (have) dysponować (czymś) *[funds, resources, support, majority]* [4] (dominate) *[fortress]* górować nad (czymś) *[valley]*; (overlook) *[place, house]* mieć widok na (coś); **the house ~s a view of the lake** z domu roztacza się widok na jezioro [5] Mil dowodzić (czymś) *[regiment]*; **to ~ air/sea** panować w powietrzu/na morzu

III *vi* sprawować dowództwo

commandant /ˌkɒmənˈdænt/ *n* Mil komendant *m*

command economy *n* gospodarka *f* nakazowa

commandeer /ˌkɒmənˈdɪə(r)/ *vt* Mil za|rekwirować

commander /kəˈmɑːndə(r), US -mæn-/ *n* [1] dowódca *m*; Mil major *m*; Naut komandor porucznik *m*; **~ in chief** głównodowodzący; **tank ~** dowódca czołgu [2] GB (in police) *komendant londyńskiej policji metropolitalnej*

command file *n* Comput plik *m* poleceń, plik *m* sterujący

commanding /kəˈmɑːndɪŋ, US -ˈmæn-/ *adj* [1] (authoritative) *[look, manner, voice]* władczy; *[presence]* imponujący, majestatyczny [2] (dominant) *[position]* dominujący; **to have a ~ lead in the pools** zdecydowanie prowadzić w sondażach [3] (elevated) *[position]* wyżej położony; **the house enjoys a ~ view of the bay** z domu roztacza się widok na całą zatokę

commanding officer, CO *n* dowódca *m*

commandment /kəˈmɑːndmənt, US -ˈmæn-/ *n* [1] (order) nakaz *m* [2] Bible (also **Commandment**) przykazanie *n*; **the Ten Commandments** dziesięcioro przykazań; **to keep the ~s** przestrzegać przykazań

command module *n* Aerosp moduł *m* dowodzenia

commando /kəˈmɑːndəʊ, US -ˈmæn-/ Mil **I** *n* (*pl* **-os, -oes**) [1] (unit) jednostka *f* do zadań specjalnych, grupa *f* desantowo-dywersyjna [2] (member) komandos *m*

II *modif [operation]* komandoski

command performance *n* GB Theat galowe przedstawienie *n (w obecności członka rodziny królewskiej)*

command post, CP *n* Mil stanowisko *n* dowodzenia

command structure *n* Mil struktura *f* dowodzenia

commemorate /kəˈmeməreɪt/ *vt* upamiętni|ć, -ać *[event]*; u|czcić pamięć (kogoś) *[person]*

commemoration /kəˌmeməˈreɪʃn/ **I** *n* obchody *plt*; **in ~ of sb** ku czci kogoś; **in ~ of sth** dla uczczenia or upamiętnienia czegoś

II *modif [ceremony]* okolicznościowy; **~ service** nabożeństwo za zmarłych

commemorative /kəˈmemərətɪv, US -ˈmeməreɪt-/ *adj [coin, stamp, plaque, edition]* pamiątkowy

commence /kəˈmens/ fml **I** *vt* rozpocz|ąć, -ynać *[story, activity]*; wszcz|ąć, -ynać *[proceedings]*; **'well,' he ~d** „a więc", rozpoczął; **to ~ doing sth** zacząć coś robić

II *vi* rozpocz|ąć, -ynać się; **to ~ with a song** rozpocząć się piosenką

commencement /kəˈmensmənt/ *n* [1] fml (start) rozpoczęcie *n* [2] US Univ (ceremony) rozdanie *n* dyplomów; (day) dzień *m* rozdania dyplomów

commend /kəˈmend/ **I** *vt* [1] (praise) po|chwalić **(for** or **on sth** za coś); **she was ~ed for bravery** dostała pochwałę za odwagę; **highly ~ed** *[book, film]* godny polecenia [2] fml (recommend) polec|ić, -ać; **to ~ sb/sth to sb** polecić komuś kogoś/coś; **to have much to ~ it** mieć wiele walorów [3] (entrust) powierz|yć, -ać; **to ~ one's soul to God** polecać swą duszę Bogu [4] dat fml (give regards to) **~ me to him** przekaż mu moje uszanowanie fml

II *vt* **to ~ itself** (be acceptable) zyskać uznanie, przypaść do gustu; **his work did not ~ itself to the judges** jego praca nie zyskała uznania jurorów

commendable /kəˈmendəbl/ *adj* chwalebny, godny pochwały; **highly ~** godny najwyższego uznania

commendably /kəˈmendəblɪ/ *adv* chwalebnie; **he was ~ restrained** zachował się z godną uznania powściągliwością; **a ~ honest person** wzór uczciwości

commendation /ˌkɒmenˈdeɪʃn/ *n* [1] (praise) pochwała *f*; (award) wyróżnienie *n*; **with the ~ of sb** za aprobatą kogoś [2] Mil (medal) odznaczenie *n*; (citation) pochwała *f* [3] (recommendation) polecenie *n*, rekomendacja *f*

commensurable /kəˈmenʃərəbl/ *adj* współmierny; *[number]* podzielny

commensurate /kəˈmenʃərət/ *adj* [1] fml (proportionate) proporcjonalny **(with sth** do czegoś) [2] fml (appropriate) współmierny **(with sth** do czegoś) [3] Math podzielny **(with** or **to sth** przez coś)

comment /ˈkɒment/ **I** *n* [1] (remark) (public) komentarz *m* **(on sb/sth** na temat kogoś/czegoś); (in conversation) uwaga *f* **(on sb/sth** na temat kogoś/czegoś); (written) adnotacja *f*, komentarz *m*; **to make ~s** robić uwagi **(about sb/sth** na temat kogoś/czegoś) [2] (discussion) komentarze *m pl*, uwagi *f pl* **(about sb/sth** na temat kogoś/czegoś); **without ~** *[act, listen]* bez komentarza; *[occur, pass]* bez komentarzy; **this plan is open to ~** czekamy na uwagi na temat tego planu; **the minister was unavailable for ~** Journ nie udało się nam uzyskać komentarza od pana ministra; **'no ~'** „nie mam nic do powiedzenia"; **what she said was fair ~** jej uwaga była uzasadniona [3] (unfavourable image) **to be a ~ on sth** źle świadczyć o czymś *[society]*

II *vt* **to ~ that...** zauważyć, że...

III *vi* [1] (remark) wypowi|edzieć, -adać się; **to ~ on sb** wypowiedzieć się o kimś, robić uwagi na temat kogoś; **to ~ on sth** wypowiedzieć się o czymś, skomentować coś [2] (discuss) **to ~ on sth** na|pisać komentarz do czegoś *[text]*

commentary /ˈkɒməntrɪ, US -terɪ/ *n* [1] Radio, TV (description) komentarz *m*, sprawozdanie *n*, relacja *f* **(on sth** z czegoś); **a running ~** relacja na żywo [2] Journ (analysis) komentarz *m* **(on sth** na temat czegoś) [3] Literat (criticism) komentarz *m* **(on sth** do czegoś); **notes and ~ by...** przypisami i komentarzem opatrzył...

commentary box *n* loża *f* sprawozdawcza

commentate /ˈkɒmənteɪt/ **I** *vt* s|komentować

II *vi* **to ~ on sth** przeprowadzić relację z czegoś *[sporting event]*

commentator /ˈkɒmənteɪtə(r)/ *n* [1] (sports) komentator *m*, sprawozdawca *m*; **football ~** GB komentator or sprawozdawca piłkarski [2] (current affairs) komentator *m*; **political ~** komentator polityczny [3] (scholar) komentator *m*, -ka *f*

commerce /ˈkɒmɜːs/ *n* handel *m*; **to be** or **work in ~** pracować w handlu

commercial /kəˈmɜːʃl/ **I** *n* reklama *f*; **television/radio ~** reklama telewizyjna /radiowa; **beer/car ~** reklama piwa/samochodu

II *adj* [1] *[sector, organization]* handlowy; *[airline, bank]* komercyjny [2] (profitable) *[enterprises]* dochodowy, komercyjny; *[products]* handlowy; pej komercyjny, komercjalny [3] (large-scale) *[agriculture]* rynkowy; *[production]* na skalę przemysłową [4] (for the public) *[product]* rynkowy [5] *[TV, radio]* komercyjny

commercial art *n* grafika *f* użytkowa

commercial artist *n* grafik *m* reklamowy

commercial break *n* Radio, TV przerwa *f* na reklamę

commercialism /kəˈmɜːʃəlɪzəm/ *n* komercjalizm *m*

commercialization /kəˌmɜːʃəlaɪˈzeɪʃn, US -lɪˈz-/ *n* komercjalizacja *f*

commercialize /kəˈmɜːʃəlaɪz/ *vt* podda|ć, -wać regułom rynkowym *[economic activity]*; pej s|komercjalizować pej

commercialized /kəˈmɜːʃəlaɪzd/ *adj* pej skomercjalizowany

commercial law *n* prawo *n* handlowe

commercially /kəˈmɜːʃəlɪ/ *adv [sell]* opłacalnie, z zyskiem; **~ available** dostępny na rynku

commercial traveller *n* komiwojażer *m*

commercial vehicle *n* (for passengers) autobus *m*; (for goods) samochód *m* dostawczy

commie /ˈkɒmɪ/ infml **I** *n* komuch *m* infml pej

II *adj* komuchowaty, komuszy infml pej

commiserate /kəˈmɪzəreɪt/ **I** *vt* **'how awful,' she ~d** „jakie to straszne", powiedziała ze współczuciem

II *vi* współczuć **(with sb** komuś); **to ~ with sb about** or **over sth** współczuć komuś z powodu czegoś

commiseration /kəˌmɪzəˈreɪʃn/ *n* (expression of sympathy) wyrazy *m pl* współczucia; (sympathy) współczucie *n*; **a look of ~** spojrzenie pełne współczucia

commissar /ˈkɒmɪsɑː(r)/ *n* Pol Hist (in USSR) komisarz *m*

commissariat /ˌkɒmɪˈseərɪət/ *n* [1] Mil (department) intendentura *f* [2] Pol Hist (in USSR) komisariat *m*

commissary /ˈkɒmɪsərɪ/ *n* US [1] Mil (shop) kantyna *f*; (officer) intendent *m* [2] Cin bufet *m* *(w studiu filmowym)*

commission /kəˈmɪʃn/ **I** *n* [1] (payment for goods sold) prowizja *f*; **to get a 5% ~ on each item** otrzymywać 5% prowizji od sztuki; **to work on a ~ basis** or **on ~** być na prowizji [2] (professional fee) prowizja *f*; **we charge 1% ~ on travellers' cheques** przy realizacji czeków podróżnych pobieramy prowizję w wysokości 1% [3] (advance order) zamówienie *n*, zlecenie *n* **(for sth** na coś); **he got a ~ for a choral work** otrzymał zamówienie na skomponowanie utworu na chór; **to give sb a ~ to paint a portrait** zamówić portret u kogoś; **to work to ~** pracować na zlecenie [4] (committee) komisja *f*; **a ~ of inquiry** komisja dochodzeniowa [5] Mil patent *m* oficerski; **to get one's ~** otrzymać nominację na oficera; **to resign one's ~** złożyć patent or rezygnację [6] fml (carrying out) (of crime, sin) popełnienie *n* [7] (authority to act) pełnomocnictwo *n*, mandat *m* **(to do sth** do zrobienia czegoś) [8] (mission) poruczenie *n*, misja *f*; **he had a ~ to begin negotiations** powierzono mu misję rozpoczęcia negocjacji [9] (operation) **to be in ~** (warship) być w gotowości bojowej; **to be out of ~** (warship) być rozbrojonym; (machine) być niesprawnym, nie funkcjonować; **he'll be out of ~ for the whole World Cup** ze względu na stan zdrowia nie weźmie udziału w Pucharze Świata

II *vt* [1] (order) zam|ówić, -awiać *[opera, portrait, report]* **(from sb** u kogoś); **to ~ sb to write a novel/paint a portrait** zamówić u kogoś powieść/portret; **a ~ed portrait** portret na zamówienie [2] (instruct) **to ~ sb to do sth** zlecić komuś zrobienie czegoś, upoważnić kogoś do zrobienia czegoś [3] Mil mianować na stopień oficerski; **to be ~ed (as) an officer** zostać mianowanym oficerem; **a ~ed officer** oficer [4] (prepare for service) uzbr|oić, -ajać *[ship]*; odda|ć, -wać do użytku *[plane, equipment, weapon system]*; **the power station is ~ed for next March** elektrownia będzie uruchomiona or oddana do użytku w marcu przyszłego roku

commission agent *n* GB [1] Comm agent *m*, -ka *f*, ajent *m*, -ka *f*, przedstawiciel *m* handlowy, przedstawicielka *f* handlowa; komisjoner *m* dat [2] (bookmaker) bukmacher *m*

commissionaire /kəˌmɪʃəˈneə(r)/ *n* GB portier *m (w liberii)*

commissioner /kəˈmɪʃənə(r)/ *n* [1] Admin (commission member) członek *m* komisji; (functionary) komisarz *m*; (in the EC Commission) (also **Commissioner)** komisarz *m* Komisji Europejskiej [2] GB (in police) komendant *m* policji [3] US Sport **the Commissioner of Baseball** prezes *m* federacji baseballu

Commissioner for Local Administration *n* GB Admin rzecznik *m* rozpatrujący skargi na działanie władz lokalnych

Commissioner for Oaths *n* GB Jur *prawnik upoważniony do przyjmowania zaprzysiężonych zeznań*

Commissioner of Customs and Excise *n* GB Admin szef *m* urzędu ceł i akcyzy

Commissioner of Inland Revenue *n* GB Tax główny inspektor *m* podatkowy

Commission for Racial Equality, CRE *n* GB komisja *f* rządowa do zwalczania dyskryminacji rasowej

commissioning editor *n* [1] Publg ≈ redaktor *m* prowadzący [2] TV redaktor *m* wydania or programu

commissioning parent *n kobieta lub mężczyzna, którzy zawierają umowę z przyszłą matką biologiczną ich dziecka*

commission merchant *n* Comm komisant *m*

commission sale *n* Comm sprzedaż *f* komisowa

commit /kəˈmɪt/ **I** *vt (prp, pt, pp* **-tt-)** [1] (perpetrate) popełni|ć, -ać *[offence, crime, sacrilege, sin, error]*; **to ~ adultery** popełnić cudzołóstwo; **to ~ perjury** dopuścić się krzywoprzysięstwa [2] (engage, promise) zobowiąz|ać, -ywać *[person]* **(to do sth** do zrobienia czegoś); **this doesn't ~ you to anything** to cię do niczego nie zobowiązuje [3] (assign) przeznacz|yć, -ać *[money, time]* **(to** na coś); **all our funds are already ~ted** wszystkie nasze fundusze są już rozdysponowane [4] Jur **to ~ sb for trial** postawić kogoś w stan oskarżenia; **to ~ sb to a court for trial** postawić kogoś przed sądem, oddać kogoś pod sąd; **to ~ sb to jail** skazać kogoś na więzienie; **to ~ sb to a psychiatric hospital** orzec w stosunku do kogoś przymusowe leczenie psychiatryczne; **to have sb ~ted** uzyskać sądowe skierowanie kogoś do szpitala psychiatrycznego [5] fml (consign) **to ~ sb to sb's care** powierzyć kogoś opiece kogoś; **to ~ sth to the flames** oddać coś na pastwę płomieni; **to ~ sth to paper** przelać coś na papier; **to ~ sth to memory** nauczyć się czegoś na pamięć; **to ~ sb's body to the deep** oddać ciało kogoś morzu [6] Pol skierow|ać, -ywać do komisji *[bill]*

II *vr* **to ~ oneself** zobowiąz|ać, -ywać się **(to sth/to do sth** do czegoś/do zrobienia czegoś); **I can't** or **I won't ~ myself** nie mogę się do niczego zobowiązać; **to ~ oneself to sb** poświęcić się komuś; **he wouldn't ~ himself** unikał jednoznacznej odpowiedzi

commitment /kəˈmɪtmənt/ *n* [1] (obligation) zobowiązanie *n* **(to do sth** do zrobienia czegoś); **a previous/financial ~** wcześniejsze/finansowe zobowiązanie; **to meet one's ~s** wywiązać się ze zobowiązań; **to give a firm ~ that...** jednoznacznie zobowiązać się, że...; **to take on a ~** przyjąć na siebie zobowiązanie; **he has no family ~s** on nie ma żadnych zobowiązań rodzinnych; **absent due to family ~s** nieobecny z powodów rodzinnych [2] (dedication) oddanie *n* **(to sth** czemuś); zaangażowanie *n* **(to sth** w coś); **the job demands complete ~** ta praca wymaga pełnego zaangażowania; **she has shown a great sense of ~** wykazała sie dużym zaangażowaniem [3] Jur = **committal**

committal /kəˈmɪtl/ *n* [1] Jur (to prison) uwięzienie *n*; (to psychiatric hospital) skierowanie *n* na przymusowe leczenie psychiatryczne; (to court) przekazanie *n* sprawy *(celem rozpoznania)* [2] fml (consigning) powierzenie *n*; **the ~ of sb to sb's care** powierzenie kogoś opiece kogoś [3] Relig **~ to the grave** złożenie do grobu; **~ service** ceremonie pogrzebowe, egzekwie

committal for trial *n* Jur postawienie *n* w stan oskarżenia, przekazanie *n* sądowi

committal order *n* Jur nakaz *m* przyjęcia do aresztu

committal proceedings *npl* Jur postępowanie *n* wstępne

committed /kəˈmɪtɪd/ *adj* [1] (devoted) *[parent, carer, teacher]* oddany; *[Christian]* wierny; *[Socialist]* zdeklarowany, zagorzały; **to be ~ to sth/to doing sth** być oddanym czemuś/robieniu czegoś; **to be politically ~** być zaangażowanym politycznie; **to be emotionally ~** być zaangażowanym uczuciowo [2] (with commitments) zobowiązany **(to doing sth** do zrobienia czegoś); **I am heavily ~** (timewise) jestem bardzo zajęty; (financially) mam dużo zobowiązań finansowych [3] *[funds]* rozdzielony, rozdysponowany

committee /kəˈmɪtɪ/ *n* komitet *m*; (to investigate, report) komisja *f*; **to be** or **sit on a ~** zasiadać w komisji; **it was discussed in ~** ta sprawa była omawiana w komisji

committeeman /kəˈmɪtɪmən/ *n (pl* **-men)** US Pol [1] członek *m* komitetu /komisji [2] przewodniczący *m* lokalnego komitetu partyjnego

committee meeting *n* posiedzenie *n* komisji/komitetu

committee member *n* człon|ek *m*, -kini *f* komisji/komitetu

committee of the whole *n* US komisja *f* plenarna

committee stage *n* **the bill is at the ~** projekt ustawy został skierowany do komisji

committeewoman /kəˈmɪtɪwʊmən/ *n (pl* **-women)** US Pol [1] członkini *f* komitetu/komisji [2] przewodnicząca *f* lokalnego komitetu partii

commode /kəˈməʊd/ *n* [1] (chest of drawers) komoda *f* [2] (for invalid) sedes *m* pokojowy [3] US (toilet) toaleta *f*

commodious /kəˈməʊdɪəs/ *adj* fml *[lodgings]* przestronny; *[bed]* szeroki; *[cupboard]* pojemny; *[chair]* duży

commodities broker /kəˈmɒdətɪzˈbrəʊkə(r)/ *n* Fin makler *m* towarowy

commodities market /kəˈmɒdətɪzˈmɑːkɪt/ *n* Fin rynek *m* towarowy
commodity /kəˈmɒdətɪ/ *n* [1] Comm towar *m*, artykuł *m*; (of food) artykuł *m* spożywczy; **household commodities** artykuły użytku domowego; **perishable commodities** artykuły łatwo psujące się; **a rare ~** fig rarytas [2] Fin towar *m*
commodity dollar *n* US Fin dolar *m* towarowy
commodore /ˈkɒmədɔː(r)/ *n* [1] Mil (in navy) komodor *m* [2] (of yacht club) komandor *m*
common /ˈkɒmən/ **I** *n* (public land) ≈ błonie *n*, błonia *n pl*
II commons *npl* [1] Hist (the people) **the ~s** lud *m* [2] GB Pol (also **Commons) the ~s** Izba *f* Gmin [3] US Univ (refectory) stołówka *f*
III *adj* [1] (often encountered) *[crime, illness, mistake, problem, reaction]* pospolity; **this name is ~ in Poland** to imię jest w Polsce popularne; **in ~ use** w powszechnym użyciu; **in ~ parlance** w mowie potocznej; **it's ~ for teenagers to feel misunderstood** nastolatki często czują się nierozumiane; **it is ~ to see...** często widzi się...; **to be ~ among children /mammals** często występować u dzieci /ssaków [2] (shared) *[aim, approach, attributes, border, enemy, language, interest, ownership]* wspólny **(to sb/sth** dla kogoś/czegoś); **to be ~ to sb/sth** *[characteristic, mark, desire]* być wspólnym komuś/czemuś; **for the ~ good** dla wspólnego dobra, dla dobra ogółu; **by ~ agreement** za ogólną zgodą; **it is ~ knowledge** to rzecz powszechnie znana; **it is ~ knowledge that...** powszechnie wiadomo, że...; **~ property** własność wspólna; **it's ~ property** fig każdy to wie [3] (ordinary) *[man, woman]* zwykły, prosty; **a ~ soldier** szeregowy; **the ~ people** prości ludzie; **the ~ herd** pej pospólstwo pej; **a ~ criminal** pej pospolity przestępca [4] pej (low-class) prostacki; **it looks/sounds ~** to wygląda /brzmi prostacko [5] (minimum expected) *[courtesy, decency, humanity]* elementarny; **no sense of ~ decency** brak poczucia zwykłej or zwyczajnej przyzwoitości [6] Bot, Zool *[frog, daisy, algae]* pospolity; **a ~ variety** pospolita odmiana [7] Math *[denominator, factor, multiple]* wspólny
IV in common *adv phr* wspólnie; **to have sth in ~** mieć coś wspólnego **(with sb/sth** z kimś/czymś); **to hold sth in ~** Jur być współwłaścicielem czegoś
IDIOMS: **to be as ~ as muck** or **dirt** infml (vulgar) *[person]* być prostakiem; **to be on short ~s** GB żyć na skromnym wikcie; **to have the ~ touch** umieć nawiązać kontakt ze zwykłymi ludźmi
Common Agricultural Policy, CAP *n* wspólna polityka *f* rolna
common assault *n* Jur zwykła napaść *f*
common carrier *n* US przewoźnik *m* publiczny
common chord *n* Mus akord *m* konsonujący
common cold *n* Med przeziębienie *n*, katar *m*
common core *n* Sch przedmioty *m pl* podstawowe
common currency *n* [1] Fin wspólna waluta *f* [2] fig **to make sth ~** (widely used) upowszechnić coś; **given ~** (widely accepted) *[opinion, fact]* ogólnie przyjęty
Common Entrance (examination) *n* GB Sch *egzamin wstępny do płatnych szkół średnich*
commoner /ˈkɒmənə(r)/ *n* [1] (non-aristocrat) człowiek *m* z gminu, plebejusz *m* dat [2] Hist, Jur użytkownik *m* wspólnych gruntów
common fraction *n* Math ułamek *m* zwykły
common gender Ling **I** *n* rodzaj *m* wspólny
II *modif* **~ noun** epikoinon *m*
common ground *n* fig wspólna platforma *f* or płaszczyzna *f*
common law *n* Jur prawo *n* zwyczajowe; **at ~** zgodnie z prawem zwyczajowym
common-law husband /ˌkɒmənlɔːˈhʌzbənd/ *n* konkubent *m*
common-law marriage /ˌkɒmənlɔːˈmærɪdʒ/ *n* konkubinat *m*
common-law wife /ˌkɒmənlɔːˈwaɪf/ *n* konkubina *f*
commonly /ˈkɒmənlɪ/ *adv* [1] powszechnie, popularnie; **~ known as...** powszechnie znany jako... [2] *[speak, behave]* prostacko
common market, Common Market *n* **the ~** Wspólny Rynek *m*
commonness /ˈkɒmənnɪs/ *n* [1] (widespread occurrence) powszechność *f* [2] (lack of refinement) prostackość *f*, pospolitość *f*
common noun *n* Ling rzeczownik *m* pospolity
common-or-garden /ˌkɒmənɔːˈgɑːdn/ *adj [variety, plant, animal]* pospolity; *[event, item, object]* zwykły, zwyczajny
commonplace /ˈkɒmənpleɪs/ **I** *n* banał *m*; **it is a ~ that...** jest banałem stwierdzenie, że...
II *adj* (widespread) powszechny, pospolity; (banal, trite) banalny
commonplace book *n* notatnik *m* *(z ciekawostkami i przydatnymi cytatami)*
common prostitute *n* Jur prostytutka *f*
common room *n* (in school) świetlica *f*; (in university) klub *m*
common salt *n* sól *f* kuchenna
common sense **I** *n* zdrowy rozsądek *m*
II commonsense *adj* (also **commonsensical)** infml *[attitude, approach, action]* zdroworozsądkowy
common share *n* US Fin akcja *f* zwykła
common stock *n* US Fin akcje *f pl* zwykłe
common time *n* Mus takt *m* na cztery
Commonwealth /ˈkɒmənwelθ/ **I** *n* [1] GB Pol **the (British) ~ (of Nations)** (Brytyjska) Wspólnota *f* Narodów, Commonwealth *m* [2] GB Hist **the ~** republika *f (w latach 1649-60)* [3] Geog **the ~ of Australia** Związek *m* Australijski; **the ~ of Kentucky/of Virginia** stan *m* Kentucky/Wirginia; **the ~ of Puerto Rico** Wolne Państwo *n* Stowarzyszone Portoryko
II *modif* **~ country** kraj należący do BrytyjskiejWspólnoty Narodów
Commonwealth Day *n* święto *n* Brytyjskiej Wspólnoty Narodów *(24 maja)*
Commonwealth Games *npl* Igrzyska *plt* Brytyjskiej Wspólnoty Narodów or Commonwealthu
Commonwealth of Independent States, CIS *n* **the ~** Wspólnota *f* Niepodległych Państw, WNP
common year *n* rok *m* zwykły
commotion /kəˈməʊʃn/ *n* [1] (noise) hałas *m*, tumult *m*, zgiełk *m*; (confusion) zamieszanie *n*; **to make a ~** narobić hałasu; **what's all this ~?** co to za hałas /zamieszanie? [2] (outrage) zamieszki *plt*, rozruchy *plt*; **to cause a ~** wywołać zamieszki; **in a state of ~** *[crowd]* wzburzony; *[town]* ogarnięty zamieszkami
communal /ˈkɒmjʊnl, kəˈmjuːnl/ *adj* [1] (shared in common) *[property, area, room, showers, garden]* wspólny; **~ ownership** własność wspólna [2] (done collectively) *[prayer]* wspólny [3] (of a community) *[life]* społeczny [4] (within a community) **~ violence** or **clashes** zamieszki *(na tle etnicznym, religijnym)*
communally /ˈkɒmjʊnəlɪ, kəˈmjuːnəlɪ/ *adv* wspólnie
commune **I** /ˈkɒmjuːn/ *n* [1] (group of people) komuna *f*; **to live in a ~** żyć w komunie [2] Admin (in continental Europe) gmina *f* [3] Hist **the Commune** Komuna *f* Paryska
II /kəˈmjuːn/ *vi* [1] (relate to) **to ~ with nature** obcować z naturą; **to ~ with God** łączyć się z Bogiem; **to ~ with sb** rozmawiać z kimś od serca [2] Relig dat przyj|ąć, -mować komunię; komunikować ra
communicable /kəˈmjuːnɪkəbl/ *adj* [1] *[idea, concept]* zrozumiały, łatwy do pojęcia; *[emotion]* udzielający się innym [2] Med *[disease, virus]* zaraźliwy
communicant /kəˈmjuːnɪkənt/ *n* [1] Relig osoba *f* przystępująca do komunii [2] fml (informant) informator *m*, -ka *f*
communicate /kəˈmjuːnɪkeɪt/ **I** *vt* [1] (convey or transmit) przekaz|ać, -ywać *[ideas, feelings, instructions, information, news, values]* **(to sb** komuś); **his fear ~s itself to others** jego strach udziela się innym; **to ~ one's displeasure to sb** okazywać komuś swoje niezadowolenie [2] (transmit) roznosić *[disease, virus]*
II *vi* [1] porozumie|ć, -wać się **(with sb** z kimś); **how do they ~ (with each other)?** jak oni porozumiewają się (ze sobą)?; **to ~ through dance/by gestures** porozumiewać się za pomocą tańca/gestów [2] (be in contact) kontaktować się, komunikować się **(with sb/sth** z kimś/czymś); **to ~ by radio** kontaktować się przez radio; **we no longer ~ with each other** nie utrzymujemy już ze sobą kontaktu [3] (connect) łączyć się; **the bedroom ~s with the bathroom** z sypialni jest wejście do łazienki; **the two rooms/buildings ~** oba pokoje/budynki są ze sobą połączone [4] Relig przyj|ąć, -mować komunię
communicating door *n* drzwi *plt* łączące
communication /kəˌmjuːnɪˈkeɪʃn/ **I** *n* [1] (of information, ideas) przekazywanie *n*; (of feelings) okazywanie *n*; **a means/system of ~** środki/system przekazywania informacji [2] (contact) porozumienie *n* **(between sb and sb** pomiędzy kimś i kimś); **a lack of ~** brak porozumienia; **the lines of ~** Mil linie łączności; **to be in ~ with sb** być w kontakcie z kimś; **she's been in radio /telephone ~ with them** była z nimi w

C

kontakcie radiowym/telefonicznym [3] (message) wiadomość *f*

II **communications** *npl* [1] Telecom łączność *f*; **a breakdown in ~s** przerwanie łączności; **radio/telephone ~s** łączność radiowa/telefoniczna [2] Transp połączenia *f pl*; **the capital has good ~s with the coast** stolica ma dobre połączenia z wybrzeżem [3] Mil łączność *f*

III *modif* **~ system** system łączności; **~ skills** umiejętność nawiązywania kontaktu; **'good ~ skills required'** (in job ad) „wymagana łatwość nawiązywania kontaktu z ludźmi"

communication cord *n* GB Transp hamulec *m* bezpieczeństwa

communication interface *n* Comput złącze *n* komunikacyjne

communication line *n* linia *f* komunikacyjna

communication science *n* nauka *f* o komunikacji społecznej

communications company *n* firma *f* telekomunikacyjna

communications director *n* Pol specjalista *m* od public relations (w partii politycznej)

communications industry *n* przemysł *m* telekomunikacyjny

communications link *n* łącze *n* komunikacyjne

communications network *n* Telecom sieć *f* telekomunikacyjna

communications satellite *n* Telecom satelita *m* telekomunikacyjny

communications theory *n* teoria *f* informacji

communication studies *n* nauka *f* o komunikacji społecznej

communicative /kəˈmjuːnɪkətɪv, US -keɪtɪv/ *adj* [1] (talkative) rozmowny; **to be ~ about** or **on the subject of sth** chętnie mówić o czymś or na temat czegoś [2] **~ abilities/skills** łatwość/umiejętność nawiązywania kontaktu (z ludźmi) [3] Ling komunikatywny

communicator /kəˈmjuːnɪkeɪtə(r)/ *n* **to be a good ~** być komunikatywnym

communion /kəˈmjuːnɪən/ *n* [1] Relig wspólnota *f*; **the Anglican/Roman ~** wspólnota (wyznaniowa) kościoła anglikańskiego/rzymskokatolickiego; **the ~ of saints** świętych obcowanie [2] liter (with nature) obcowanie *f*; (with fellow man) duchowa bliskość *f*; komunia *f* liter

Communion /kəˈmjuːnɪən/ *n* Relig (also **Holy ~**) komunia *f*, Komunia *f* Święta; **to make one's First ~** pójść do Pierwszej Komunii; **to go to ~** chodzić do komunii; **to take ~** przyjmować komunię

Communion cup *n* kielich *m* mszalny

Communion rail *n* balustrada *f* przy ołtarzu, balaski *m pl* ołtarzowe

Communion service *n* nabożeństwo *n* eucharystyczne

Communion table *n* ołtarz *m*; Stół *m* Pański liter

Communion wine *n* wino *n* mszalne

communiqué /kəˈmjuːnɪkeɪ, US kəˌmjuːnəˈkeɪ/ *n* komunikat *m*

Communism, communism /ˈkɒmjʊnɪzəm/ *n* komunizm *m*

Communist, communist /ˈkɒmjʊnɪst/ **I** *n* komunist|a *m*, -ka *f*

II *adj* komunistyczny

communistic /ˌkɒmjʊˈnɪstɪk/ *adj* komunistyczny

Communist Party, CP *n* Partia *f* Komunistyczna

communitarianism /kəˌmjuːnɪˈteərɪənɪzəm/ *n* komunitarianizm *m*

community /kəˈmjuːnətɪ/ **I** *n* [1] (society at large) **the ~** społeczeństwo *n*; (people in a locality) społeczność *f* lokalna; **the international ~** społeczność międzynarodowa; **relations between police and the ~** stosunki policji ze społeczeństwem; **in the ~ interest** w interesie społecznym; **a sense of ~** poczucie więzi społecznych [2] (large grouping) społeczność *f*; (professional) środowisko *n*; **the Italian ~** społeczność włoska; **research/student ~** środowisko naukowe/studenckie; **the business ~** świat or koła biznesu [3] Relig **(religious) ~** wspólnota *f* wyznaniowa [4] Jur wspólnota *f*, wspólność *f*; **~ of goods/interests** wspólność majątkowa/wspólnota interesów [5] (on the Internet) internauci *m pl*

II *modif* środowiskowy

III **Community** *prn* **the (European) Community** Wspólnota *f* Europejska

IV **Community** *modif* **~ budget//regulation** budżet/przepisy Wspólnoty

community antenna *n* (also **~ aerial**) antena *f* zbiorcza

community care *n* GB opieka *f* pozaszpitalna *(dla osób przewlekle chorych i starszych)*

community centre *n* ≈ dom *m* kultury

community charge *n* GB Hist podatek *m* lokalny

community chest *n* US lokalny fundusz *m* zapomogowy

community college *n* US *dwuletni college przygotowujący do wyższych studiów*

community education *n* GB *ogólnodostępne kursy organizowane przez władze lokalne*

community health centre *n* ≈ ośrodek *m* zdrowia

community home *n* ≈ dom *m* poprawczy

community hospital *n* US ≈ szpital *m* rejonowy

community life *n* życie *n* społeczności lokalnej

community medicine *n* ≈ lecznictwo *n* otwarte

community policeman *n* ≈ dzielnicowy *m*

community policing *n system współpracy policji ze społecznością lokalną*

community property *n* US Jur wspólna *f* własność małżonków

community school *n* ≈ szkoła *f* środowiskowa

community service *n* Jur praca *f* na rzecz społeczności lokalnej

community singing *n* wspólne śpiewanie *n*

community spirit *n* duch *m* wspólnoty

community worker *n* społeczni|k *m*, -ca *f*

communize /ˈkɒmjʊnaɪz/ *vt* uspołeczni|ć, -ać *[property]*; s|komunizować *[people]*

commutable /kəˈmjuːtəbl/ *adj* [1] *[pension]* zamienialny [2] Jur *[sentence]* zamienialny **(into sth** na coś); **the prison sentence is ~ into a fine** wyrok więzienia może być zamieniony na karę grzywny

commutation /ˌkɒmjuːˈteɪʃn/ *n* [1] Fin przeliczenie *n*, zamiana *f* [2] Jur złagodzenie *n* kary [3] Ling komutacja *f* [4] Elec komutacja *f* [5] US (journey) dojeżdżanie *n* do pracy

commutation ticket *n* US bilet *m* okresowy

commutative /kəˈmjuːtətɪv/ *adj* Math, Logic komutatywny, przemienny

commute /kəˈmjuːt/ **I** *n* dojazd *m* do pracy; **it's an hour's ~** dojazd do pracy zajmuje godzinę

II *vt* [1] Fin zamieni|ć, -ać **(for** or **into sth** na coś) [2] Jur zamieni|ć, -ać, z|łagodzić *[penalty, punishment, sentence]*; **his life sentence was ~d to one of 25 years' imprisonment** karę dożywocia zamieniono mu na 25 lat więzienia

III *vi* dojeżdżać do pracy; **he ~s between Oxford and London** dojeżdża z Oxfordu do Londynu; **she didn't want to ~ to Glasgow** nie chciała codziennie dojeżdżać do Glasgow

commuter /kəˈmjuːtə(r)/ *n* dojeżdżając|y *m*, -a *f* (do pracy)

commuter belt *n* obszar *m* podmiejski *(którego mieszkańcy dojeżdżają do pracy do centrum)*

commuter train *n* pociąg *m* podmiejski *(szczególnie dla dojeżdżających do pracy)*

commuting /kəˈmjuːtɪŋ/ *n* dojeżdżanie *n* do pracy *(z obszarów podmiejskich)*

Comoros /ˈkɒmərəʊz/ *prn* **the ~** Komory *plt*

comp /kɒmp/ *n* US vinfml (free ticket) darmowy bilet *m*; (person) posiadacz *m*, -ka *f* darmowego biletu; (free gift) podarunek *m*, prezent *m*

compact[1] **I** /ˈkɒmpækt/ *n* [1] Cosmet (also **powder ~**) puderniczka *f (z pudrem w kamieniu)* [2] US Aut samochód *m* typu compact

II /kəmˈpækt/ *adj* [1] (compressed) *[snow, mass]* zbity, ubity; *[style, sentence]* zwięzły [2] (neatly constructed) *[kitchen, house]* funkcjonalnie urządzony *(przy niewielkiej powierzchni)*; *[equipment, kit]* niewielkich rozmiarów; **~ camera** kompakt; **of ~ build** *[person]* krępy

III /kəmˈpækt/ *vt* sprasow|ać, -ywać *[waste, rubbish]*; ubi|ć, -jać *[soil, snow]*

compact[2] /ˈkɒmpækt/ *n* (agreement) układ *m*, porozumienie *n*

compact disc, CD *n* płyta *f* kompaktowa; kompakt *m* infml

compact disc player *n* odtwarzacz *m* płyt kompaktowych

compact fluorescent light *n* świetlówka *f* kompaktowa

compactly /kəmˈpæktlɪ/ *adv [written, expressed]* zwięźle; **~ built** *[person]* krępy; **~ designed** o zwartej konstrukcji

compactness /kəmˈpæktnɪs/ *n* (of design) zwartość *f*; (of build) krępa budowa *f* ciała; (of style) zwięzłość *f*

compactor /kəmˈpæktə(r)/ *n* US ubijak *m*, ubijarka *f*

Companies Act *n* GB Jur ustawa *f* o spółkach

Companies House *n* GB Comm, Jur ≈ kancelaria *f* sądu handlowego

companion[1] /kəm'pænɪən/ *n* [1] (friend) towarzysz *m*, -ka *f*; **to be sb's constant ~** *[person]* być nieodłącznym towarzyszem kogoś; fig *[hunger, fear]* nieodłącznie towarzyszyć komuś; **a ~ in arms** towarzysz broni; **a ~ in misfortune** towarzysz niedoli [2] (also **paid ~**) dama *f* do towarzystwa [3] (item of matching pair) para *f*, drug|i *m*, -a *f* do pary [4] Literat, Publg **The Oxford Companion to Music/the Theatre** Oksfordzki leksykon muzyczny /teatralny; **The Fisherman's Companion** Poradnik wędkarza; **A Companion Guide to Florence** Przewodnik po Florencji

companion[2] /kəm'pænɪən/ *n* Naut luk *m* oświetleniowy

companionable /kəm'pænɪənəbl/ *adj [person]* towarzyski; *[chat]* przyjacielski; *[silence]* kojący; *[smile]* sympatyczny, życzliwy; *[meal]* w miłej atmosferze

companion hatch *n* Naut luk *m* zejściowy

companion ladder *n* Naut schody *plt* zejściowe

companion piece *n* para *f* (do czegoś)

companionship /kəm'pænɪənʃɪp/ *n* towarzystwo *n*; **I have a dog for ~** mam psa do towarzystwa

companion volume *n* Publg drugi tom *m*, tom *m* uzupełniający

companionway /kəm'pænɪənweɪ/ *n* Naut zejściówka *f*

company /'kʌmpənɪ/ **I** *n* [1] Comm (business enterprise) przedsiębiorstwo *n*, firma *f*; Jur spółka *f*, towarzystwo *n*; **airline ~** towarzystwo lotnicze [2] Mus, Theat zespół *m*; **theatre ~** zespół teatralny [3] Mil kompania *f* [4] (companionship) towarzystwo *n*; **to keep sb ~** dotrzymywać komuś towarzystwa; **to enjoy sb's ~** lubić towarzystwo kogoś, dobrze czuć się w towarzystwie kogoś; **he's good ~** lubię jego towarzystwo; **I have a cat for ~** kot dotrzymuje mi towarzystwa; **to be seen in sb's ~** or **in ~ with sb** być widywanym w towarzystwie kogoś; **to part ~ with sb** *[person]* rozstać się z kimś; **to part ~ with sth** hum spaść z czegoś *[horse, bike]*; **on political matters they part ~** w sprawach politycznych mają kompletnie różne poglądy; **to keep bad ~** obracać się w nieodpowiednim towarzystwie [5] (visitors) goście *m pl*; **to have/expect ~** mieć/spodziewać się gości [6] (society) towarzystwo *n*; **in ~** w towarzystwie; **in mixed ~** w mieszanym towarzystwie; **to be fit ~ for sb** być dla kogoś odpowiednim towarzystwem; **to keep ~ with sb** spotykać się z kimś; **Anna and ~** Anna i jej paczka infml [7] (similar circumstances) **to be in good ~** nie być osamotnionym; **don't worry, you're in good ~** nie martw się, nie ty jeden; **Maria, in ~ with many others, complained** Maria, tak jak wiele innych osób, skarżyła się [8] (gathering) towarzystwo *n*; **the assembled ~** obecni, zebrani [9] Naut załoga *f* [10] infml euph (CIA) **the Company** Firma *f* infml

II *modif* (of all business) **~ earnings/records** zarobki/akta spółek; (of a particular business) **~ accountant/headquarters** księgowy/siedziba spółki; **~ newsletter** biuletyn wydawany przez spółkę; **~ car park** parking dla pracowników spółki

company car *n* samochód *m* służbowy

company commander *n* Mil dowódca *m* kompanii

company director *n* dyrektor *m* spółki or przedsiębiorstwa

company doctor *n* [1] Med ≈ lekarz *m* zakładowy [2] (business analyst) specjalista *m* przygotowujący program naprawczy

company headquarters *npl* Mil siedziba *f* dowództwa kompanii

company law *n* GB Jur prawo *n* o spółkach

company lawyer *n* GB Jur [1] (attached to a firm) radca *m* prawny [2] (business law expert) specjalista *m* w dziedzinie prawa handlowego

company man *n* pracownik *m* oddany firmie

company meeting *n* zgromadzenie *n* akcjonariuszy

company name *n* Jur nazwa *f* spółki

company officer *n* pracownik *m* wyższego szczebla

company pension scheme *n* system *m* emerytalny przedsiębiorstwa

company policy *n* polityka *f* przedsiębiorstwa; **it is not ~ to disclose such figures** ujawnianie takich danych jest niezgodne z polityką przedsiębiorstwa

company promoter *n* założyciel *m* spółki

company secretary *n* GB Admin ≈ dyrektor *m* finansowy przedsiębiorstwa

company sergeant major, CSM *n* Mil ≈ starszy sierżant *m*

company tax *n* podatek *m* od spółek

company union *n* US zakładowa organizacja *f* związkowa

comparability /ˌkɒmpərə'bɪlətɪ/ *n* porównywalność *f*, współmierność *f*

comparable /'kɒmpərəbl/ *adj* [1] (similar) *[pay, quantity, skill]* porównywalny (**to** or **with sth** z czymś) [2] (equivalent) współmierny (**to** or **with sth** do czegoś)

comparative /kəm'pærətɪv/ **I** *n* Ling stopień *m* wyższy; **in the ~** w stopniu wyższym

II *adj* [1] Ling *[degree]* wyższy; *[adjective, adverb]* w stopniu wyższym [2] (relative) względny; **in ~ terms** w kategoriach względnych; **he's a ~ stranger to me** prawie go nie znam [3] (based on comparison) *[method, study, linguistics, religion]* porównawczy

Comparative Cost Principle *n* Econ zasada *f* kosztów komparatywnych

comparative literature *n* literatura *f* porównawcza

comparatively /kəm'pærətɪvlɪ/ *adv* [1] (relatively) *[safe, small, recent, young]* stosunkowo [2] (by comparison) *[analyse, examine, judge]* porównawczo

compare /kəm'peə(r)/ **I** *n* **a beauty /leader beyond ~** niezrównana piękność/niezrównany przywódca; **to be brave beyond ~** być bezprzykładnie odważnym

II *vt* [1] (contrast) porówn|ać, -ywać; **to ~ sb /sth with** or **to sb/ sth** porównywać kogoś /coś z kimś/czymś; **to ~ notes with sb** fig wymienić z kimś uwagi or wrażenia [2] (liken) porówn|ać, -ywać, przyrówn|ać, -ywać (**to sb/sth** do kogoś/czegoś) [3] Ling stopniować *[adjective, adverb]*

III **compared with** *prep phr* **~d with sb /sth** w porównaniu z kimś/czymś

IV *vi* da|ć, -wać się porównać, być porównywalnym; **these two televisions ~ well for price** te dwa telewizory mają porównywalne ceny; **the company ~s favourably with its competitors** na tle konkurencji firma prezentuje się korzystnie; **the car ~s unfavourably with similar models in the same price range** porównanie z innymi modelami w podobnej cenie wypada niekorzystnie dla tego samochodu; **how do the two models ~?** jak te dwa modele mają się do siebie?; **how does your job ~ with your last one?** jak oceniasz swoją obecną posadę w porównaniu z poprzednią?

V *vr* **to ~ oneself with** or **to sb** porównywać siebie z kimś

comparison /kəm'pærɪsn/ *n* [1] (likening) porównanie *n* (**between sb/sth** pomiędzy kimś/czymś); **to be beyond ~** być nieporównywalnym; **the ~ of sth to sth** porównanie czegoś z czymś, przyrównanie czegoś do czegoś; **to draw a ~ between sth and sth** przyrównać coś do czegoś; **to bear** or **stand ~** wytrzymywać porównanie (**with sth** z czymś) [2] (contrast) porównanie *n*; **for ~** dla porównania; **in** or **by ~ with sb/sth** w porównaniu z kimś/czymś [3] Ling stopniowanie *n*; **degrees of ~** stopnie

comparison test *n* test *m* porównawczy

compartment /kəm'pɑːtmənt/ *n* [1] Rail przedział *m* [2] (of wallet, box) przegródka *f*; (of refrigerator) komora *f*; **secret ~** skrytka

compartmentalize /ˌkɒmpɑːt'mentəlaɪz/ *vt* (divide) rozczłonkow|ać, -ywać; (categorize) fig za|szufladkować, zaszeregować

compass /'kʌmpəs/ **I** *n* [1] kompas *m*; Naut busola *f*, kompas *m*; **the points of the ~** rumby, znaki rumbowe [2] (extent, scope) zasięg *m*, zakres *m*, ramy *f pl*; **within the narrow ~ of our research** w ograniczonym zasięgu naszych badań; **within the ~ of this article/the law** w ramach tego artykułu/w zakresie tego prawa; **it falls within the ~ of the board** to należy do kompetencji or leży w gestii zarządu; **the concept is beyond the ~ of most minds** to pojęcie jest poza zasięgiem większości umysłów [3] Mus skala *f*

II **compasses** *npl* **a pair of ~es** cyrkiel *m*

III *vt* liter [1] (encircle) opas|ać, -ywać [2] (comprehend) ob|jąć, -ejmować or ogar|nąć, -niać umysłem [3] arch przemierz|yć, -ać *[oceans, seas]*; (go around) opły|nąć, -wać *[earth, world]*

compass bearing *n* namiar *m* kompasowy; **to take a ~ on sth** wyznaczyć położenie czegoś za pomocą kompasu

compass card *n* (also **~ rose**) róża *f* kompasowa

compass course *n* kurs *m* kompasowy

compassion /kəmˈpæʃn/ *n* współczucie *n*, litość *f* **(for sb** dla kogoś); **to arouse ~** budzić współczucie or litość; **to take ~ on sb** ulitować or zlitować się nad kimś

compassionate /kəmˈpæʃənət/ *adj* pełen współczucia; **on ~ grounds** z powodów osobistych

compassionate leave *n* urlop *m* okolicznościowy

compassionately /kəmˈpæʃənətlɪ/ *adv [act, treat]* ze współczuciem

compass point *n* znak *m* rumbowy

compass rose *n* róża *f* kompasowa

compass saw *n* Tech otwornica *f*

compatibility /kəmˌpætəˈbɪlətɪ/ *n* zgodność *f*, przystawalność *f*; Comput kompatybilność *f*

compatible /kəmˈpætəbl/ *adj* [1] *[ideas, principles]* zgodny **(with sb/sth** z kimś /czymś); **it's a pity we're not ~** szkoda, że nie pasujemy do siebie (charakterami) [2] Comput *[system, software]* kompatybilny; **IBM ~** zgodny ze standardem IBM [3] Biol, Med *[blood groups]* zgodny; *[medicines]* możliwy do stosowania łącznie

compatriot /kəmˈpætrɪət, US -ˈpeɪt-/ *n* fml roda|k *m*, -czka *f*

compel /kəmˈpel/ *vt* (*prp, pt, pp* **-ll-**) [1] (force) **to ~ sb to do sth** zmu|sić, -szać kogoś do zrobienia czegoś; **I feel ~led to warn you that...** czuję się w obowiązku cię ostrzec, że... [2] (command) **to ~ sb's respect/admiration** wzbudz|ić, -ać szacunek/podziw kogoś; **to ~ sb's attention** przyku|ć, -wać uwagę kogoś

compelling /kəmˈpelɪŋ/ *adj [reason]* istotny, ważny; *[argument]* nie do odparcia; *[performance, film, speaker, novel]* frapujący; **there's something ~ about him** on ma w sobie coś fascynującego

compellingly /kəmˈpelɪŋlɪ/ *adv [smile, look]* zniewalająco, urzekająco; *[write, act, play]* fascynująco; *[argue]* przekonująco

compendium /kəmˈpendɪəm/ *n* (*pl* **-diums, -dia**) [1] (handbook) poradnik *m*; **The Bridge-lover's Compendium** ABC brydżysty [2] (small encyclopedia) kompendium *n* [3] GB (box of games) zestaw *m* gier planszowych

compensate /ˈkɒmpenseɪt/ **I** *vt* [1] (indemnify) wynagr|odzić, -adzać, z|rekompensować *[loss, damage]*; **to ~ sb for injury** wypłacić komuś odszkodowanie za uszkodzenie ciała; **to be ~d for sth** otrzymać odszkodowanie za coś [2] (counterbalance) z|równoważyć *[imbalance, change]*

II *vi* [1] (make up for) **to ~ for sth** wynagr|odzić, -adzać coś, z|rekompensować coś [2] Psych, Physiol **to ~ for sth** kompensować sobie coś

compensation /ˌkɒmpenˈseɪʃn/ *n* [1] rekompensata *f*; **to be no ~ for sth** nie być żadną rekompensatą za coś; **in** or **as** or **by way of ~** jako rekompensata, tytułem rekompensaty [2] Jur odszkodowanie *n*; **to award ~** przyznać odszkodowanie; **he was awarded £3,000 ~** przyznano mu 3 000 funtów odszkodowania [3] Psych, Physiol kompensacja *f*

compensatory /ˌkɒmpenˈseɪtərɪ, US kəmˈpensətɔːrɪ/ *adj* [1] odszkodowawczy, wyrównawczy; **~ damages** odszkodowanie kompensacyjne [2] Psych, Physiol, Ling kompensacyjny

comper /ˈkɒmpə(r)/ *n* infml zapalony uczestnik *m* konkursów *(z nagrodami rzeczowymi)*

compère /ˈkɒmpeə(r)/ **I** *n* GB konferansjer *m*; TV gospodarz *m* programu

II *vt* po|prowadzić *[show, programme]*

compete /kəmˈpiːt/ **I** *vi* [1] (for job, prize) *[person]* rywalizować, konkurować; (for prominence) *[claims, needs]* walczyć o lepsze, kłócić się z (czymś) fig; **to ~ against** or **with sb for sth** rywalizować z kimś o coś; **they were competing (with each other) for the same job** ubiegali się o tę samą posadę; **I just can't ~ (with her)** (przy niej) nie mam żadnych szans; **the competing claims of motherhood and a job** trudne do pogodzenia obowiązki zawodowe i obowiązki matki [2] Comm *[companies]* konkurować, rywalizować; **to ~ against** or **with sb** konkurować z kimś **(for sth** o coś); **to ~ in the European market** konkurować na rynku europejskim; **we can't ~ with multinationals** nie jesteśmy w stanie konkurować z firmami wielonarodowymi [3] Sport wziąć, brać udział w zawodach; rywalizować, współzawodniczyć **(with** or **against sb** z kimś); **to ~ in the 1500 metres/the Olympics** wziąć udział or wystartować w biegu na 1500 metrów/w olimpiadzie; **there were 12 horses competing** startowało 12 koni [4] fig *[smell, taste, sound]* mieszać się; *[voices, sounds]* nakładać się na siebie, zagłuszać się

II competing *prp adj* rywalizujący, konkurujący; **~ shops** konkurujące (ze sobą) sklepy

competence /ˈkɒmpɪtəns/ *n* [1] (ability) umiejętność *f*; **to have the ~ to do sth** umieć or potrafić coś zrobić; **I doubt his ~ to do the work/lead the team** wątpię, czy potrafi wykonać tę pracę/poprowadzić zespół; **to require professional ~** wymagać zawodowych umiejętności [2] (skill) kwalifikacje *f pl*, umiejętności *f pl*; **her ~ as an accountant is not in question** jej kwalifikacje jako księgowej nie są kwestionowane; **I don't doubt his ~ as a sailor** nie wątpię w jego umiejętności żeglarskie; **~ in word-processing is necessary for this job** znajomość edytora tekstów jest konieczna w tej pracy; **we require ~ in Spanish** wymagana biegła znajomość hiszpańskiego [3] Jur kompetencja *f*, właściwość *f*; **to be within the ~ of the court** należeć do kompetencji sądu [4] Ling kompetencja *f* językowa [5] (means) dostateczne środki *m pl*

competent /ˈkɒmpɪtənt/ *adj* [1] (capable, efficient) kompetentny, wykwalifikowany; *[swimmer, player]* dobry [2] (adequate, satisfactory) *[performance, piece of work]* zadowalający; *[knowledge]* dostateczny, wystarczający; *[answer]* satysfakcjonujący [3] Jur *[court]* kompetentny, właściwy; *[person]* posiadający zdolność prawną

competently /ˈkɒmpɪtəntlɪ/ *adv* kompetentnie, fachowo

competition /ˌkɒmpəˈtɪʃn/ *n* [1] konkurencja *f*, rywalizacja *f*, współzawodnictwo *n* **(between sb and sb** pomiędzy kimś a kimś); **to be in ~ for sth** rywalizować o coś; **to be in ~ with sb/sth** rywalizować z kimś/czymś; **fair ~** uczciwa rywalizacja; **free/healthy ~** Comm wolna/zdrowa konkurencja; **unfair/keen ~** nieuczciwa/ostra rywalizacja [2] (contest) konkurs *m*; Sport konkurs *m*, zawody *plt*; (race) wyścig *m*; **they were selected by ~** zostali wybrani w drodze konkursu [3] (competitors) konkurencja *f*; **what's the ~ like?** jaka jest konkurencja?

competition car *n* samochód *m* wyścigowy

competitive /kəmˈpetɪtɪv/ *adj* [1] (enjoying rivalry) *[person]* ambitny; *[environment]* zmuszający do rywalizacji [2] Comm *[company, price, product, market, salary]* konkurencyjny; **~ tender** konkurencyjna oferta przetargowa [3] (decided by competition) *[sports]* wyczynowy; *[entry, examination, selection]* konkursowy; **by ~ examination** (for a position, office) w drodze konkursu

competitively /kəmˈpetɪtɪvlɪ/ *adv* [1] (in spirit of rivalry) *[play, behave]* ambitnie [2] Comm *[operate]* konkurencyjnie; **~ priced** w konkurencyjnej cenie

competitiveness /kəmˈpetɪtɪvnɪs/ *n* [1] (of person) duch *m* rywalizacji or współzawodnictwa [2] Comm (of product, price, salary, company) konkurencyjność *f*

competitor /kəmˈpetɪtə(r)/ *n* konkurent *m*, -ka *f*, rywal *m*, -ka *f*, (in competitions) uczestni|k *m*, -czka *f*; Sport zawodni|k *m*, -czka *f*

compilation /ˌkɒmpɪˈleɪʃn/ *n* [1] (on compact disc, video) wybór *m*, składanka *f* [2] (act of compiling) (of reference book) kompilacja *f*, opracowanie *n*; (of report, dossier) sporządzanie *n* [3] Comput tłumaczenie *n*, kompilacja *f*

compile /kəmˈpaɪl/ *vt* [1] (draw up) sporządz|ić, -ać *[report, list, index, record]*; opracow|ać, -ywać, s|kompilować *[reference book, entry, catalogue]* [2] Comput s|kompilować

compiler /kəmˈpaɪlə(r)/ *n* [1] kompilator *m*, -ka *f* [2] Comput kompilator *m*, program *m* kompilujący

complacency /kəmˈpleɪsnsɪ/ *n* samozadowolenie *n*; **there is no room for ~** nie należy popadać w samozadowolenie

complacent /kəmˈpleɪsnt/ *adj* zadowolony z siebie, pełen samozadowolenia; **to be ~ about sth** być zbyt pewnym czegoś *[success, future]*; **to grow ~ about sth** zacząć lekceważyć coś *[danger, threat]*

complacently /kəmˈpleɪsntlɪ/ *adv* z samozadowoleniem

complain /kəmˈpleɪn/ *vi* [1] (informally) po|skarżyć się, narzekać; **to ~ to sb about sth** poskarżyć się komuś na coś; **I ~ed to the neighbours about the noise** zwróciłem sąsiadom uwagę, że hałasują; **to ~ that...** narzekać or skarżyć się, że...; **she ~ed that the water was cold** narzekała, że woda jest zimna; **you're always ~ing!** stale or ciągle narzekasz! [2] (officially) złożyć, składać skargę or zażalenie; **to ~ to the police about sth** złożyć na policji skargę or zażalenie na coś [3] (of pain, illness, symptom) skarżyć się, uskarżać się **(of sth** na coś); **she ~ed of a headache** skarżyła się na ból głowy; **'how's life?' – 'oh, I can't ~'** „jak ci się wiedzie?” – „nie mogę narzekać”

complainant /kəm'pleɪnənt/ *n* Jur powód *m*, -ka *f*
complaint /kəm'pleɪnt/ *n* [1] (protest, objection) skarga *f* **(about sb/sth** na kogoś/coś); (usually written) zażalenie *n* **(about sth** w związku z czymś, na coś); (about faulty product) reklamacja *f*; **my main ~ was the food** mój główny zarzut dotyczył jedzenia; **there have been ~s about the noise** były skargi na hałas; **there have been ~s that the service is slow** były skargi na zbyt powolną obsługę; **the workers' ~s that they are badly paid are justified** skargi or narzekania robotników na niskie płace są uzasadnione; **the canteen was closed after** or **following ~s about poor hygiene** stołówkę zamknięto po skargach na brak czystości; **in case of ~, contact the management** skargi or reklamacje należy zgłaszać kierownictwu; **to have grounds** or **cause for ~** mieć powody or podstawy do narzekań or skarg; **to make a ~** wnieść skargę, złożyć zażalenie; **to make** or **submit a ~ to sb** złożyć skargę na ręce kogoś; **I've no ~s about the service** *[customer]* nie narzekam na obsługę; *[manager]* nie otrzymałem żadnych skarg na obsługę; **without a word of ~** bez słowa skargi [2] Jur powództwo *n*, skarga *f*; **to lay** or **lodge** or **file a ~ against sb** wnieść skargę or powództwo przeciwko komuś; **to lodge a ~ against sb with the police** złożyć na kogoś skargę w policji [3] Med choroba *f*; (milder) dolegliwość *f*; **he's got a heart/nervous ~** choruje na serce/nerwy; **she loves telling you about all her ~s** uwielbia opowiadać o swych dolegliwościach; **tiredness is a common ~** przemęczenie to częsta dolegliwość
complaints procedure *n* postępowanie *n* reklamacyjne, procedura *f* załatwiania reklamacji
complaisant /kəm'pleɪzənt/ *adj* liter uprzedzający grzeczny
-complected /kəm'plektɪd/ *in combinations* US = **-complexioned**
complement /'kɒmplɪmənt/ **I** *n* [1] uzupełnienie *n*, dopełnienie *n* **(to sth** czegoś); Ling, Math dopełnienie *n* [2] (quota) (of staff, trainees, crew) stan *m*; (of equipment) zestaw *m*; **out of a ~ of 200, only 49 were present** z ogólnej liczby 200, obecnych było tylko 49 osób; **full ~** pełny zestaw, pełny skład; **with a full ~ of staff** z kompletem personelu
II *vt* uzupełni|ć, -ać; **to ~ one another** uzupełniać się nawzajem; **wine ~s cheese** wino dobrze pasuje do serów
complementary /ˌkɒmplɪ'mentrɪ/ *adj* [1] uzupełniający, dopełniający; **to be ~ to one another** uzupełniać się (nawzajem); **they have ~ characters** uzupełniają się pod względem charakteru; **~ colour** barwa dopełniająca [2] Math *[angles]* dopełniający
complementary distribution *n* Ling dystrybucja *f* komplementarna or uzupełniająca
complementary medicine *n* medycyna *f* niekonwencjonalna
complete /kəm'pliːt/ **I** *adj* [1] (total, utter) kompletny, całkowity, zupełny; *[success, confidence, satisfaction]* pełny; **he's a ~ fool** on jest skończonym or kompletnym głupcem; **~ and utter** *[despair, disaster]* totalny; **it's ~ and utter rubbish** to piramidalna or totalna bzdura [2] (finished) ukończony; **far from ~** daleki od ukończenia; **not yet ~** jeszcze nie ukończony [3] (entire, full) *[collection, record, set]* kompletny, cały; *[edition]* pełny, kompletny; **~ works** dzieła wszystkie; **~ with batteries /instructions** razem z bateriami/instrukcją obsługi; **to make my happiness ~** żeby już mi niczego do szczęścia nie brakowało [4] (consummate) *[artist, star, gentleman, sportsman]* w całym tego słowa znaczeniu
II *vt* [1] (finish) u|kończyć, s|kończyć *[building, degree course, exercise, task]*; za|kończyć *[investigation, journey]*; **to ~ a jail sentence** odbyć karę więzienia w całości [2] (make whole) s|kompletować *[collection, trilogy, group]*; uzupełni|ć, -ać *[outfit, quotation, phrase]*; **to ~ an outfit with a beret** włożyć beret dla dopełnienia stroju; **just to ~ things** (make matters worse) na domiar złego [3] (fill in) wypełni|ć, -ać *[form, questionnaire]*
III completed *pp adj [creation, project, building]* ukończony; *[questionnaire]* wypełniony; **half ~d** na wpół ukończony
completely /kəm'pliːtlɪ/ *adv* całkowicie, zupełnie, kompletnie
completeness /kəm'pliːtnɪs/ *n* całość *f*, kompletność *f* **(of sth** czegoś); **to ensure the ~ of your information** żeby pańskie informacje były kompletne or pełne
completion /kəm'pliːʃn/ *n* [1] (finishing) ukończenie *n*, zakończenie *n*; **building work is due for ~ next year** prace budowlane mają się zakończyć w przyszłym roku; **on ~ (of the works)** po ukończeniu (robót); **to be nearing ~** być na ukończeniu [2] Jur (of house sale) sfinalizowanie *n* umowy; **on ~** po podpisaniu umowy
completion date *n* [1] (for works) termin *m* ukończenia [2] (for contract, sale, order) termin *m* realizacji [3] (for house purchase) data *f* podpisania umowy
complex /'kɒmpleks, US kəm'pleks/ **I** *n* [1] (building development) kompleks *m*; **leisure /sports ~** kompleks rekreacyjny/sportowy; **housing ~** osiedle mieszkaniowe [2] Psych kompleks *m*; **persecution ~** mania prześladowcza; **he's got a ~ about his weight** ma kompleks na punkcie swej tuszy; **I've got a ~ about spiders** infml panicznie boję się pająków [3] Med zespół *m*
II *adj* (elaborate, difficult) skomplikowany, złożony; (made up of parts) złożony; **~ number** Math liczba zespolona; **~ sentence** Ling zdanie podrzędnie złożone
complexion /kəm'plekʃn/ *n* [1] (skin colour) cera *f*, karnacja *f*; **to have a clear/bad ~** mieć ładną/brzydką cerę; **to have a fair /dark ~** mieć jasną/ciemną karnację [2] (nature) charakter *m*, oblicze *n*; **to change the ~ of sth, to put a new ~ on sth** stawiać coś w innym świetle; **that puts a different ~ on the matter** to zmienia postać rzeczy; **politicians of all ~s** politycy różnej maści fig
-complexioned /kəm'plekʃnd/ *in combinations* **dark/light-~** o ciemnej/jasnej karnacji
complexity /kəm'pleksətɪ/ *n* zawiłość *f*, złożoność *f*
compliance /kəm'plaɪəns/ *n* [1] (conformity) (with ruling, standard, wishes) (za)stosowanie się *n* **(with sth** do czegoś); podporządkowanie się *n* **(with sth** czemuś); **to do sth in ~ with procedure/the law** zrobić coś zgodnie z procedurą/prawem; **to bring sth into ~ with sth** dostosować coś do czegoś [2] (yielding disposition) uległość *n*
compliance costs *npl* koszty *m pl* dostosowania
compliant /kəm'plaɪənt/ *adj* uległy **(with** or **to sb/sth** wobec kogoś/czegoś)
complicate /'kɒmplɪkeɪt/ *vt* s|komplikować *[affairs, arrangements, life, situation]*; **the rescue operation has been ~d by bad weather** akcję ratowniczą utrudniają złe warunki pogodowe; **to ~ things** or **matters** do tego wszystkiego, na domiar złego
complicated /'kɒmplɪkeɪtɪd/ *adj* skomplikowany
complication /ˌkɒmplɪ'keɪʃn/ *n* [1] (problem) problem *m*, komplikacja *f*; **there is a further ~** jest jeszcze dodatkowy problem; **to make ~s** stwarzać problemy [2] Med powikłanie *n*, komplikacja *f*
complicit /kəm'plɪsɪt/ *adj [person]* współwinny **(in sth** czegoś); zamieszany **(in sth** w coś)
complicity /kəm'plɪsətɪ/ *n* współudział *m* **(in sth** w czymś)
compliment /'kɒmplɪmənt/ **I** *n* komplement *m*; **to pay sb a ~** powiedzieć komuś komplement; **to return the ~** odwzajemnić komplement; fig odwzajemnić się tym samym; **coming from him, that's a great ~** w jego ustach to wielki komplement
II compliments *npl* [1] (in expressions of praise) wyrazy *m pl* uznania; **to give sb one's ~s** złożyć komuś wyrazy uznania; **my ~s to the chef** wyrazy uznania dla szefa kuchni [2] (in expressions of politeness) **'with ~s'** (on transmission slip) „z pozdrowieniami"; **'with the ~s of the management'** „z wyrazami szacunku od dyrekcji"; **'with the ~s of the author'** „z pozdrowieniami od autora" [3] (in greetings) **'with the ~s of the season'** (on Christmas cards) „Wesołych Świąt"; **my ~s to your wife** fml ukłony dla małżonki fml
III *vt* po|chwalić; **to ~ sb on sth** pogratulować komuś czegoś
complimentary /ˌkɒmplɪ'mentrɪ/ *adj* [1] (flattering) *[remark, letter, review]* pochlebny; **to be ~ about sb/sth** wyrażać się pochlebnie o kimś/czymś; **he wasn't very ~ about my poems** nie wyrażał się zbyt pochlebnie o moich wierszach [2] (free) bezpłatny, gratisowy; **all drinks on our flights are ~** na pokładach naszych samolotów napoje serwujemy nieodpłatnie
complimentary close *n* US (in letter writing) formułka *f* grzecznościowa
complimentary copy *n* Publig egzemplarz *m* gratisowy, gratis *m*,
complimentary ticket *n* bilet *m* bezpłatny or gratisowy

C

compliments slip *n* bilet *m* grzecznościowy
compline /ˈkɒmplɪn/ *n* Relig kompleta *f*
comply /kəmˈplaɪ/ *vi* za|stosować się; **to ~ with sth** spełniać *[request, wish]*; stosować się do czegoś *[order, instructions]*; odpowiadać czemuś *[criteria, standards]*; **failure to ~ with the rules may result in prosecution** niepodporządkowanie się przepisom będzie karane; **all machinery must ~ with safety regulations** wszystkie urządzenia muszą spełniać warunki bezpieczeństwa
component /kəmˈpəʊnənt/ *n* (ingredient) składnik *m*; Aut, Tech część *f*; Math składowa *f*; Electron element *m*; Chem komponent *m*, składnik *m*
componential /ˌkɒmpəˈnenʃl/ *adj* składowy; **~ analysis** Ling analiza składnikowa
component part *n* część *f* składowa **(of sth** czegoś)
components factory *n* fabryka *f* części
comport /kəmˈpɔːt/ *vr* fml **to ~ oneself** zachow|ać, -ywać się
comportment /kəmˈpɔːtmənt/ *n* fml zachowanie *n*, postawa *f* **(towards sb** wobec kogoś)
compose /kəmˈpəʊz/ **I** *vt* [1] Literat, Mus (write) na|pisać *[poem, speech]*; u|łożyć, -kładać *[letter, reply]*; s|komponować *[music]* [2] (arrange) u|łożyć, -kładać, s|komponować *[painting, still-life]*; za|aranżować *[elements of work]* [3] (order) u|porządkować *[thoughts, ideas]*; **to ~ one's features** or **face** zapanować nad wyrazem twarzy [4] (constitute) stanowić, tworzyć *[whole]*; **to be ~d of sth** składać się z czegoś, być złożonym z czegoś [5] Print złożyć, składać, z|robić skład (czegoś)
II *vi* [1] Mus komponować [2] Print robić skład; **the composing room** zecernia [3] Jur doprowadzić do porozumienia stron
III *vr* **to ~ oneself** nastr|oić, -ajać się **(for sth** do czegoś); **to ~ oneself to sleep** u|łożyć, -kładać się do snu
composed /kəmˈpəʊzd/ *adj [person]* opanowany; *[features, appearance]* spokojny
composedly /kəmˈpəʊzɪdlɪ/ *adv [act, react, speak]* spokojnie
composer /kəmˈpəʊzə(r)/ *n* kompozytor *m*, -ka *f*
composite /ˈkɒmpəzɪt/ **I** *n* [1] (substance) kompozyt *m*; **a ceramic/metallic ~** kompozyt ceramiczny/metalowy [2] (combination) połączenie *n* [3] Comm przedsiębiorstwo *n* mieszane [4] Archit (**also ~ order**) porządek *m* kompozytowy [5] Bot roślina *f* złożona
II *adj* [1] *[character, personality, problem]* złożony; *[substance]* niejednorodny; **a ~ portrait** domniemany portret (przestępcy) [2] Archit, Phot kompozytowy [3] Bot, Math złożony [4] Comm *[demand, supply]* łączny; *[company, group]* mieszany
composite rate (of) tax *n* GB podatek *m* zryczałtowany
composition /ˌkɒmpəˈzɪʃn/ *n* [1] (make-up) skład *m*, struktura *f* **(of sth** czegoś); **metallic/similar in ~** o metalicznej /podobnej strukturze; **the racial/religious ~ of a jury** przekrój rasowy/religijny ławy przysięgłych [2] Mus kompozycja *f*, utwór *m*; Literat utwór *m*; **is this song your own ~?** czy ta piosenka to twoje dzieło? [3] Sch wypracowanie *n* (**about** or **on sth** na temat czegoś); **to get good marks for ~** otrzymać dobry stopień z wypracowania; **Polish/Latin ~** wypracowanie z polskiego/łaciny [4] Ling (of word, sentence) budowa *f*, struktura *f* [5] Print skład *m* [6] Art kompozycja *f* [7] Jur ugoda *f*, porozumienie *n*; **to come to ~** dojść do ugody or porozumienia
compositor /kəmˈpɒzɪtə(r)/ *n* Print składacz *m*, zecer *m*
compos mentis /ˌkɒmpəs ˈmentɪs/ *adj* hum **to be ~** być w pełni władz umysłowych
compost /ˈkɒmpɒst/ Hort **I** *n* kompost *m*
II *vt* kompostować *[soil]*; produkować kompost z (czegoś) *[leaves, plants]*
compostable /ˈkɒmpɒstəbl/ *adj* Agric, Ecol nadający się na kompost
compost heap *n* pryzma *f* kompostowa
composure /kəmˈpəʊʒə(r)/ *n* opanowanie *n*, spokój *m*; **to keep** or **maintain one's ~** zachować spokój; **to lose/regain one's ~** stracić/odzyskać panowanie nad sobą
compote /ˈkɒmpəʊt, -pɒt/ *n* [1] (dessert) ≈ owoce *m pl* w syropie, kompot *m* [2] US (plate) patera *f*
compound¹ **I** /ˈkɒmpaʊnd/ *n* [1] Chem związek *m* chemiczny **(of sth** czegoś); **carbon ~s** związki węgla [2] (word) wyraz *m* złożony [3] (mixture) połączenie *n* **(of sth** czegoś)
II /ˈkɒmpaʊnd/ *adj* [1] Biol, Bot, Chem *[eye, leaf, flower, substance]* złożony [2] Ling *[adjective, noun, sentence, tense]* złożony
III /kəmˈpaʊnd/ *vt* [1] (exacerbate) powiększ|yć, -ać, zwiększ|yć, -ać *[difficulty, offence, damage]*; s|potęgować *[anxiety]*; s|komplikować *[problem]*; **she ~ed her mistake by lying about it** popełniła błąd, a do tego skłamała; **to ~ misfortune with error** na domiar złego popełnić błąd [2] (combine) **to ~ sth with sth** po|łączyć coś z czymś; **to be ~ed of sth** składać się z czegoś [3] Jur **to ~ a debt** wejść w układ z wierzycielami; **to ~ an offence** or **a felony** odst|ąpić, -ępować od ścigania przestępstwa *(w zamian za osobistą korzyść)*
IV /kəmˈpaʊnd/ *vi* Jur (come to terms) u|łożyć, -kładać się z wierzycielami **(for sth** w sprawie czegoś)
compound² /ˈkɒmpaʊnd/ *n* (enclosure) ogrodzony or zamknięty teren *m*; **industrial/military ~** kompleks przemysłowy /wojskowy; **prison ~** blok więzienny; **diplomatic ~** zamknięta dzielnica dyplomatyczna; **workers'/miners' ~** bloki robotnicze/dla górników
compound fracture *n* złamanie *n* wieloodłamowe
compound interest *n* odsetki *plt* składane
compound meter *n* US metrum *n* złożone trójdzielne
compound microscope *n* mikroskop *m* złożony
compound time *n* GB metrum *n* złożone trójdzielne
comprehend /ˌkɒmprɪˈhend/ *vt* [1] (understand) poj|ąć, -mować, z|rozumieć; **I don't think you fully ~ the situation** wydaje mi się, że nie w pełni zdajesz sobie sprawę z sytuacji [2] fml (include, comprise) zaw|rzeć, -ierać, obj|ąć, -ejmować
comprehensible /ˌkɒmprɪˈhensəbl/ *adj* zrozumiały
comprehension /ˌkɒmprɪˈhenʃn/ *n* [1] (understanding) zrozumienie *n*; (ability to understand) zdolność *f* pojmowania; **he has no ~ of the real nature of politics** nie pojmuje istoty polityki; **that is beyond my ~** nie potrafię tego pojąć [2] Sch, Univ ćwiczenie *n* sprawdzające rozumienie
comprehensive /ˌkɒmprɪˈhensɪv/ **I** *n* GB Sch ≈ państwowa szkoła *f* średnia *(do której przyjmuje się dzieci niezależnie od dotychczasowych wyników w nauce)*
II **comprehensives** *npl* US Univ egzaminy *m pl* końcowe
III *adj* [1] (all-embracing) *[coverage, report, survey]* wyczerpujący, obszerny; *[list]* pełny; *[knowledge]* wszechstronny, rozległy; *[training]* wszechstronny; *[planning, measures]* szeroko zakrojony; *[rule]* o szerokim zastosowaniu; **a ~ insurance policy** ubezpieczenie pełne [2] GB Sch *[education, school]* ogólnodostępny, publiczny; **the ~ system** system powszechnego kształcenia ogólnego *(na poziomie szkoły średniej)*; **to go ~** *[school]* zrezygnować z egzaminów wstępnych [3] US Sch *[examination]* końcowy
compress **I** /ˈkɒmpres/ *n* kompres *m*, okład *m*
II /kəmˈpres/ *vt* [1] (condense) spręż|yć, -ać *[gas]*; sprasow|ać, -ywać *[straw]*; zgni|eść, -atać *[old cars]*; ugni|eść, -atać, ubi|ć, -jać *[soil]*; **~ed air** sprężone powietrze [2] **to ~ one's lips** ściąg|nąć, -ać wargi [3] fig (shorten) s|kondensować *[text]*; skr|ócić, -acać *[period of time]*; **to ~ ten pages into four paragraphs** skrócić dziesięć stron do czterech akapitów [4] Comput upakow|ać, -ywać, zagę|ścić, -szczać zapis
compression /kəmˈpreʃn/ *n* [1] Phys sprężanie *n*, kompresja *f* [2] (condensing) (of book, chapters) skrócenie *n*, kondensacja *f* [3] (concision) (of style) zwięzłość *f* [4] Comput (of data) kompresja *f*
compression ratio *n* stopień *m* sprężania
compressor /kəmˈpresə(r)/ *n* sprężarka *f*, kompresor *m*
comprise /kəmˈpraɪz/ *vt* [1] (include) zawierać, obejmować; (consist of) składać się z (czegoś); **the apartment ~s 2 bedrooms, a kitchen and a living room** mieszkanie składa się z dwóch sypialni, kuchni i pokoju dziennego [2] (compose) tworzyć, składać się na (coś); **a crowd ~d of students and workers** tłum złożony ze studentów i robotników
compromise /ˈkɒmprəmaɪz/ **I** *n* [1] (agreement) kompromis *m*; **to come to** or **reach a ~** osiągnąć kompromis; **to agree to a ~** zgodzić się na kompromis [2] (concession) **a ~ between price and quality** jakość za rozsądną cenę; **efficiency achieved with no ~ to safety** wydajność osiągnięta bez naruszania wymogów bezpieczeństwa

II *modif [agreement, solution, decision]* kompromisowy
III *vt* [1] (discredit) s|kompromitować *[person, organization]*; nara|zić, -ażać na szwank *[reputation]*; sprzeniewierz|yć, -ać się (czemuś) *[principles, beliefs]*; **to ~ oneself** s|kompromitować się [2] (endanger) zagr|ozić, -ażać (czemuś) *[negotiations]*; przekreśl|ić, -ać *[chances]* [3] US (settle) zażegn|ać, -ywać *[disagreement]*
IV *vi* pójść, iść na kompromis, osiąg|nąć, -ać kompromis; **to ~ on sth** pójść na kompromis w sprawie czegoś; **we cannot ~ on this point** w tym punkcie nie możemy ustąpić

compromising /ˈkɒmprəmaɪzɪŋ/ *adj [letter, situation, evidence]* kompromitujący

comptroller /kənˈtrəʊlə(r)/ *n* rewident *m* księgowy, kontroler *m*

Comptroller General *n* US ≈ przewodniczący *m* Głównej Izby Kontroli Wydatków Państwowych

compulsion /kəmˈpʌlʃn/ *n* [1] (urge) wewnętrzny przymus *m*; **to feel a ~ to do sth** czuć nieodpartą chęć zrobienia czegoś [2] (force) przymus *m*; **there is no ~ on you to do that** wcale nie musisz tego robić; **to act under ~** działać pod przymusem

compulsive /kəmˈpʌlsɪv/ *adj* [1] (inveterate) *[liar]* niepoprawny; *[gambler]* nałogowy; Psych kompulsywny; **~ eater** uzależniony od jedzenia; **~ gardener** maniak pracy w ogrodzie [2] (fascinating) *[book, story]* fascynujący, frapujący; **to be ~ viewing** *[film, play]* być fascynującym or frapującym

compulsively /kəmˈpʌlsɪvlɪ/ *adv* [1] Psych *[lie, gamble, wash]* w sposób nieopanowany, kompulsywnie [2] **to be ~ readable** stanowić frapującą lekturę

compulsories /kəmˈpʌlsərɪz/ *npl* Sport (in skating) jazda *f* obowiązkowa, program *m* obowiązkowy

compulsorily /kəmˈpʌlsərɪlɪ/ *adv* przymusowo

compulsory /kəmˈpʌlsərɪ/ *adj* [1] (enforced) *[subject, games, attendance, education, military service]* obowiązkowy; *[loan, liquidation, redundancy, retirement]* przymusowy; **to be forced to take ~ redundancy** zostać objętym zwolnieniem grupowym; **to be forced to take ~ retirement** zostać wysłanym na emeryturę [2] (absolute) *[powers, authority]* absolutny; *[regulations]* specjalny

compulsory purchase *n* GB wywłaszczenie *n*

compulsory purchase order *n* GB (of property) nakaz *m* wywłaszczenia

compunction /kəmˈpʌŋkʃn/ *n* skrupuły *m pl*, wyrzuty *m pl* sumienia; **to have no ~ in** or **about doing sth** robić coś bez skrupułów; **without the slightest ~** bez żadnych skrupułów

computation /ˌkɒmpjuːˈteɪʃn/ *n* obliczenie *n*, wyliczenie *n*

computational /ˌkɒmpjuːˈteɪʃənl/ *adj* Math, Stat obliczeniowy, rachunkowy; Comput (involving computers) komputerowy

computational linguistics *n (+ v sg)* językoznawstwo *n* informatyczne, językoznawstwo *n* komputerowe

compute /kəmˈpjuːt/ *vt* ob|licz|yć, -ać, wylicz|yć, -ać

computer /kəmˈpjuːtə(r)/ **I** *n* komputer *m*; **to do sth by ~** or **on a ~** zrobić coś na komputerze; **to have sth on ~** mieć coś w komputerze; **to put sth on ~** wprowadzić coś do komputera; **the ~ is up/down** komputer działa/nie działa
II *modif* komputerowy

computer-aided /ˌkəmpjuːtərˌeɪdɪd/ *adj* (also **computer-assisted**) wspomagany komputerowo

computer-aided design, CAD *n* projektowanie *n* wspomagane komputerowo, CAD

computer-aided language learning, CALL *n* nauka *f* języka obcego wspomagana komputerowo

computer-aided language teaching, CALT *n* nauczanie *n* języka obcego wspomagane komputerowo

computer-aided learning, CAL *n* uczenie (się) *n* wspomagane komputerowo

computer-aided manufacturing, CAM *n* wytwarzanie *n* wspomagane komputerowo

computer animation *n* animacja *f* komputerowa

computerate /kəmˈpjuːtərət/ *adj* biegły w obsłudze komputera

computer code *n* kod *m* komputera

computer dating *n* skomputeryzowane biuro *n* matrymonialne

computer dating service *n* komputerowe kojarzenie *n* par

computer engineer *n* inżynier informatyk *m*

computer error *n* błąd *m* komputerowy

computerese /kəmˈpjuːtəriːz/ *n* żargon *m* komputerowy

computer game *n* gra *f* komputerowa

computer graphics *npl (+ v sg)* grafika *f* komputerowa

computer hacker *n* (illegal) haker *m*; (legal) fanatyk *m* komputeryzacji

computer hacking *n* hakerstwo *n* infml

computer-integrated manufacturing, CIM /kəmˌpjuːtərɪntɪgreɪtɪdˌmænjʊˈfæktʃərɪŋ/ *n* system *m* produkcyjny zintegrowany, produkcja *f* komputerowo zintegrowana

computerization /kəmˌpjuːtəraɪˈzeɪʃn, US -rɪˈz-/ *n* komputeryzacja *f*

computerize /kəmˈpjuːtəraɪz/ *vt* [1] (store) s|komputeryzować *[records, accounts]* [2] (treat by computer) przetw|orzyć, -arzać komputerowo *[list, system]*

computer keyboard *n* klawiatura *m* komputera

computer keyboarder *n* maszynistka *f* komputerowa

computer language *n* język *m* programowania

computer literacy *n* znajomość *f* obsługi komputera

computer-literate /kəmˈpjuːtəˈlɪtərət/ *adj [person]* biegły w obsłudze komputera; **to be ~** umieć posługiwać się komputerem

computer operator *n* operator *m* komputera

computer program *n* program *m* komputerowy

computer programmer *n* programist|a *m*, -ka *f*

computer programming *n* programowanie *n*

computer room *n* pracownia *f* komputerowa

computer science *n* informatyka *f*

computer scientist *n* informatyk *m*

computer studies *n* Sch, Univ informatyka *f*

computer-telephony integration, CTI /kəmˌpjuːtətɪˌlefənɪntɪˌgreɪʃn/ *n* integracja *f* komputera z telefonem

computer typesetting *n* skład *m* komputerowy

computer virus *n* wirus *m* komputerowy

computing /kəmˈpjuːtɪŋ/ *n* informatyka *f*

comrade /ˈkɒmreɪd, US -ræd/ *n* dat or Pol towarzysz *m*, -ka *f*; **~-in-arms** towarzysz broni

comradeship /ˈkɒmreɪdʃɪp, US -ræd-/ *n* braterstwo *n*

comsat /ˈkɒmsæt/ *n* US = **communications satellite**

con[1] /kɒn/ *n* (disadvantage) argument *m* przeciw; **the ~s outweigh the pros** przeważają argumenty przeciw → **pro**

con[2] /kɒn/ infml **I** *n* (swindle) kant *m* infml; **it was all a ~** to był jeden (wielki) kant
II *vt* (*prp, pt, pp* **-nn-**) (trick) o|kantować infml *[person, public]*; **to ~ sb into doing sth** infml wrobić kogoś w zrobienie czegoś infml; **to ~ sb out of sth** infml podstępem wyłudzić coś od kogoś; **I was ~ned out of £50** okantowano mnie na 50 funtów

con[3] /kɒn/ *vt* arch (*prp, pt, pp* **-nn-**) (study diligently) pilnie studiować

con[4] /kɒn/ *n* infml = **convict**

Con. *n* GB Pol → **Conservative**

con artist *n* = **con man**

concatenation /kənˌkætɪˈneɪʃn/ *n* [1] (of ideas, events) powiązanie *n*, szereg *m* [2] Comput konkatenacja *f*, połączenie *n* kaskadowe, wiązanie *n* łańcuchowe [3] Philos konkatenacja *f*

concave /ˈkɒŋkeɪv/ *adj* wklęsły, wklęśnięty

concavity /kɒnˈkævətɪ/ *n* wklęsłość *f*

conceal /kənˈsiːl/ **I** *vt* ukry|ć, -wać *[object]*; skry|ć, -wać, ukry|ć, -wać *[fact, emotion]* **(from sb** przed kimś); zasł|onić, -aniać *[building]*; **she looked at him with barely ~ed hatred** patrzyła na niego z ledwie skrywaną nienawiścią
II **concealed** *pp adj [entrance, camera]* ukryty; *[turning]* niewidoczny

concealer /kənˈsiːlə(r)/ *n* Cosmet korektor *m*

concealment /kənˈsiːlmənt/ *n* (of object) ukrywanie *n*; (of feelings, facts) skrywanie *n*; **place of ~** kryjówka, miejsce ukrycia

concede /kənˈsiːd/ **I** *vt* [1] (admit) przyzna|ć, -wać się do (czegoś) *[defeat, failure, inability]*; uzna|ć, -wać *[superiority, victory]*; **to ~ the point** przyznać rację; **to ~ that...** przyznać, że...; **'perhaps,' he ~d** „być może", przyznał [2] (surrender) przyzna|ć, -wać *[liberty, right]* **(to sb** komuś); odda|ć, -wać *[authority, territory]* **(to sb** komuś) [3] Sport odda|ć, -wać *[point, goal]* **(to sb** komuś); **to ~ the match** oddać mecz bez walki [4] Pol **to ~ an election** przegrać w wyborach **(to sb** z kimś)

C

II *vi* 1 ust|ąpić, -ępować, da|ć, -wać za wygraną 2 Pol (in election) przyzna|ć, -awać się do porażki

conceit /kən'si:t/ *n* 1 (vanity) zarozumialstwo *n*, zarozumiałość *f* 2 (fancy) fanaberia *f* 3 (literary figure) górnolotna metafora *f*; (poem) panegiryk *m*

conceited /kən'si:tɪd/ *adj [person]* zarozumiały; *[remark]* przemądrzały; **a ~ expression** zarozumiała or przemądrzała mina

conceitedly /kən'si:tɪdlɪ/ *adv* zarozumiale, przemądrzale

conceivable /kən'si:vəbl/ *adj* wyobrażalny; **it is ~ that...** nie można wykluczyć, że...; **they used every ~ means** zastosowali wszelkie możliwe środki; **what ~ reason could they have for lying** dlaczegóż mieliby kłamać?

conceivably /kən'si:vəblɪ/ *adv* **it might just ~ cost more than £100** mogłoby to kosztować nawet ponad sto funtów; **it could ~ be true/a fake** nie można wykluczyć, że to prawda/podróbka; **they could ~ win** nie jest powiedziane, że nie wygrają; **could he ~ have finished?** czyżby już skończył?; **~, I might arrive before 10 am** niewykluczone, że przyjadę przed dziesiątą; **I can't ~ eat all that** nie ma mowy, żebym to wszystko zjadł; **you can't ~ expect me to do it now** chyba nie wyobrażasz sobie, że zrobię to teraz

conceive /kən'si:v/ **I** *vt* 1 począć *[child]* 2 (develop) stw|orzyć, -arzać *[idea, method]*; po|czuć *[hatred, passion]*; **to ~ a hatred for sb/sth** poczuć nienawiść do kogoś /czegoś; **a brilliantly ~d plan** doskonale wymyślony plan 3 (believe) poj|ąć, -mować, u|wierzyć w (coś); **I cannot ~ that he would leave without saying goodbye** nie mogę uwierzyć, że mógłby odejść bez pożegnania

II *vi* 1 (become pregnant) za|jść, -chodzić w ciążę 2 (imagine) **to ~ of sth** wyobra|zić, -żać sobie coś; **I cannot ~ of any better solution** nie mogę wyobrazić sobie lepszego rozwiązania

concentrate /'kɒnsntreɪt/ **I** *n* Chem, Culin koncentrat *m*; **tomato ~** koncentrat pomidorowy; **orange ~** koncentrat soku pomarańczowego, zagęszczony sok pomarańczowy

II *vt* 1 (focus) s|koncentrować, skupi|ć, -ać *[effort, attention]* **(on sth/on doing sth** na czymś/na zrobieniu czegoś); **fear/pain ~s the mind** strach/ból wzmaga koncentrację 2 Culin zagę|ścić, -szczać *[stock, sauce]*; Chem stęż|yć, -ać *[solutions, acid]*

III *vi* 1 (pay attention) s|koncentrować się, skupi|ć, -ać się **(on sth/on doing sth** na czymś/na zrobieniu czegoś) 2 (congregate) *[people, animals]* z|ebrać, -bierać się, z|gromadzić się; *[troops]* s|koncentrować się; **to be ~d** *[ownership, power, industry, population]* być skoncentrowanym or skupionym; **power is ~d in the hands of the wealthy** władzę skupiają w swoich rękach bogaci

concentrated /'kɒnsntreɪtɪd/ *adj* 1 Culin skoncentrowany, zagęszczony; Chem *[bleach, washing-up liquid]* skoncentrowany; *[acid, solution]* stężony 2 fig *[effort, emotion]* intensywny; Mil *[attack, fire]* skoncentrowany

concentration /ˌkɒnsn'treɪʃn/ *n* 1 (attention) koncentracja *f*, skupienie *n* **(on sth** na czymś); **with great ~** w olbrzymim skupieniu; **this work requires all one's (powers of) ~** ta praca wymaga pełnej koncentracji; **to lose one's ~** zdekoncentrować się, rozpraszać się 2 (specialization) skupienie się *n*, koncentrowanie się *n* **(on sth** na czymś); **the school is famous for its ~ on sport** ta szkoła jest znana z tego, że przywiązuje wielką wagę do zajęć sportowych; **~ on sales/on electrical goods** wyspecjalizowanie się w sprzedaży /sprzęcie elektrycznym 3 Chem stężenie *n*; **high/low ~** wysokie/niskie stężenie 4 (accumulation) koncentracja *f*; **the ~ of troops** koncentracja wojska; **there is a high ~ of unemployed in that area** w tym rejonie jest wysokie bezrobocie

concentration camp *n* obóz *m* koncentracyjny

concentric /kən'sentrɪk/ *adj* koncentryczny

concept /'kɒnsept/ *n* pojęcie *n*

concept car *n* ≈ prototyp *m* samochodu

conception /kən'sepʃn/ *n* 1 Med poczęcie *n*, zapłodnienie *n* 2 (origin, beginning) początek *m*; **from its ~ the plan was a failure** od samego początku ten plan był chybiony 3 (idea) koncepcja *f*, pojęcie *n* **(of sth** czegoś) 4 (understanding) pojęcie *n*; **her ~ of freedom is wrong** jej koncepcja wolności jest błędna; **to have no ~ of sth** nie mieć pojęcia o czymś; **you can have no ~ of how lovely she looked** nie masz pojęcia or nie wyobrażasz sobie, jak ślicznie wyglądała

conceptual /kən'septʃʊəl/ *adj* pojęciowy; Art, Philos konceptualny

conceptual art *n* sztuka *f* konceptualna

conceptualism /kən'septʃʊəlɪzəm/ *n* Art, Philos konceptualizm *m*

conceptualize /kən'septʃʊəlaɪz/ *vt* okreś|lić, -ać *[experience, reality, events]*

conceptually /kən'septʃʊəlɪ/ *adv* intelektualnie

concern /kən'sɜ:n/ **I** *n* 1 (worry) niepokój *m*, obawa *f* **(about** or **over sth** z powodu czegoś, o coś); **there is growing ~ about crime** rośnie zaniepokojenie przestępczością; **there is ~ for her safety** istnieje obawa o jej bezpieczeństwo; **to give rise to** or **cause for ~** dawać powody do obaw or niepokoju; **there is no cause for ~** nie ma powodów do obaw or niepokoju; **there is cause for ~** istnieją powody do obaw or niepokoju; **he expressed ~ at my results/for my health** wyraził niepokój o moje wyniki/o moje zdrowie; **my ~ that he might be in danger** moje obawy, że może mu coś zagrażać; **an expression of ~** (on face) wyraz zaniepokojenia 2 (preoccupation) zainteresowanie *n*; **environmental ~s** względy ekologiczne; **petty ~s** błahe zmartwienia; **our main ~ is to do sth** przede wszystkim zależy nam na zrobieniu czegoś 3 (care) (for person) troska *f*; **I did it out of ~ for him** zrobiłem to z troski o niego; **you have no ~ for safety** w ogóle nie dbasz o bezpieczeństwo 4 (company) przedsiębiorstwo *n*, firma *f*, interes *m*; **a going ~** rentowne przedsiębiorstwo 5 (personal business) sprawa *f*, interes *m*; **that's her ~** to jej interes or sprawa; **your private life is no ~ of mine** twoje życie prywatne to nie moja sprawa; **it's none of your ~, it's of no ~ to you** to nie twoja sprawa or twój interes; **what ~ is it of yours?** co cię to obchodzi? 6 Fin udział *m* **(in sth** w czymś)

II *vt* 1 (worry) z|martwić *[parent, public]* 2 (affect, interest) dotyczyć (kogoś/czegoś); **'to whom it may ~'** „zaświadczenie", „do wszystkich zainteresowanych" *(w nagłówku pisma bez określonego adresata)*; **this matter does not ~ you** ta sprawa ciebie nie dotyczy; **as far as I'm ~ed it's a waste of time** jeśli o mnie chodzi, to strata czasu; **as far as the pay is ~ed, I'm happy** jeśli chodzi o pieniądze, nie narzekam 3 (involve) **to be ~ed with sth** zajmować się czymś *[security, publicity]*; **to be ~ed in sth** być uwikłanym w coś *[scandal]* 4 (be about) *[book, programme]* traktować o (czymś); *[fax, letter]* dotyczyć (czegoś); **a book ~ed with** or **concerning gardening** książka na temat uprawy or traktująca o uprawie ogrodu

III *vr* **to ~ oneself with sth/with doing sth** zajmować się czymś/robieniem czegoś; **I don't ~ myself with their affairs** nie interesują mnie ich sprawy

concerned /kən'sɜ:nd/ *adj* 1 (anxious) zaniepokojony **(about** czymś); **I was ~ by** or **at the decision** zaniepokoiła mnie ta decyzja; **I was ~ to hear that...** z niepokojem przyjąłem wiadomość, że...; **to be ~ that sb may** or **might do sth** obawiać się, że ktoś może or mógłby zrobić coś; **to be ~ for sb** niepokoić się o kogoś 2 (involved) zainteresowany; **all (those) ~** wszyscy zainteresowani

concerning /kən'sɜ:nɪŋ/ *prep* odnośnie (kogoś/czegoś), co się tyczy (kogoś/czegoś)

concert /'kɒnsət/ **I** *n* 1 Mus koncert *m*; **a rock ~** koncert rockowy; **to appear in ~ at Carnegie Hall** wystąpić z koncertem w Carnegie Hall 2 fml (cooperation) zgodność *f*, jednomyślność *f*; **a ~ of praise** zgodny chór pochwał; **to act in ~** działać zgodnie or jednomyślnie; **in ~ with sb/sth** wspólnie z kimś/czymś; **their voices were raised in ~ against the new law** zgodnie wystąpili przeciw nowej ustawie

II *modif [pianist, music, version]* koncertowy; **~ ticket** bilet na koncert

concerted /kən'sɜ:tɪd/ *adj* (combined) *[action, campaign]* wspólny, uzgodniony; (determined) *[attempt, campaign]* zdecydowany; **to make a ~ effort to do sth** podjąć wspólny trud zrobienia czegoś

concertgoer /'kɒnsətˌgəʊə(r)/ *n* bywal|ec *m*, -czyni *f* koncertów

concert grand *n* fortepian *m* koncertowy

concert hall *n* sala *f* koncertowa

concertina /ˌkɒnsə'ti:nə/ **I** *n* koncertyna *f*, concertina *f*

II *vi* GB *[part of vehicle]* złożyć, składać się w harmonijkę; **three carriages had ~ed (together)** trzy wagony zostały sprasowane

concertmaster /'kɒnsətmɑ:stə(r), US -mæstə(r)/ *n* US koncertmistrz *m*

concerto /kən'tʃeətəʊ, -'tʃɜːt-/ *n* (*pl* **-tos, -ti**) koncert *m*; **piano/violin ~** koncert fortepianowy/skrzypcowy

concert party *n* Jur, Fin grupa *f* inwestorów *(starająca się przejąć pakiet kontrolny akcji przedsiębiorstwa)*

concert performance *n* koncert *m*

concert performer *n* artyst|a *m*, -ka *f* koncertowy; **she's a poor ~** ona słabo wypada na koncertach

concert pitch *n* Mus normalny ton *m* odniesienia, diapazon *m*; **to be at ~** fig być w znakomitej formie

concert tour *n* trasa *f* koncertowa, tournée *n*

concession /kən'seʃn/ *n* [1] (compromise) ustępstwo *n* **(on sth** w sprawie czegoś); **as a ~** tytułem ustępstwa; **to make ~s** czynić ustępstwa, pójść na ustępstwa **(to sb** wobec kogoś); **to make ~s to sth** liczyć się z czymś; **her sole ~ to fashion** jej jedyne ustępstwo na rzecz mody; **to make no ~s** nie iść na żadne ustępstwa [2] (yielding) ustępstwo *n* [3] (discount) zniżka *f*, ulga *f*; **'~s'** „bilety ulgowe"; **tax ~** ulga podatkowa [4] Mining (property rights) koncesja *f*; **oil ~** koncesja na wydobywanie ropy [5] Comm (marketing rights) koncesja *f*; **to run a perfume ~** mieć koncesję na sprzedaż perfum

concessionaire /kənˌseʃə'neə(r)/ *n* koncesjonariusz *m*, -ka *f*

concessional /kən'seʃənl/ *adj* **on ~ terms** *[sell, supply]* na warunkach preferencyjnych

concessionary /kən'seʃənərɪ/ **I** *n* = **concessionaire**

II *adj [fare, price, rate]* ulgowy, ze zniżką

concessive /kən'sesɪv/ *adj* Ling **~ clause** zdanie okolicznikowe przyzwolenia

conch /kɒŋk, kɒntʃ/ *n* [1] (creature) ślimak *m* podoskrzelny; (shell) muszla *f*, koncha *f* [2] Anat małżowina *f* or koncha *f* uszna [3] Arch = **concha 2**

concha /'kɒŋkə/ *n* (*pl* **-ae**) [1] Anat małżowina *f* or koncha *f* uszna [2] Archit koncha *f*

conchology /kɒŋ'kɒlədʒɪ/ *n* konchiologia *f*

conciliate /kən'sɪlɪeɪt/ **I** *vt* (placate) uła|g|odzić, -adzać *[person]*

II *vi* (act as mediator) **to ~ between management and strikers** mediować pomiędzy dyrekcją a strajkującymi

conciliation /kənˌsɪlɪ'eɪʃn/ **I** *n* pojednanie *n*; (by third party) mediacja *f*; Jur postępowanie *n* rozjemcze

II *modif* Ind *[board, meeting, scheme]* rozjemczy; **~ service** komisja rozjemcza or pojednawcza; **family ~ service** poradnia rodzinna

conciliator /kən'sɪlɪeɪtə(r)/ *n* mediator *m*, rozjemca *m*

conciliatory /kən'sɪlɪətərɪ, US -tɔːrɪ/ *adj [attitude, gesture, measures, policy, speech]* pojednawczy

concise /kən'saɪs/ *adj* [1] (succint) zwięzły [2] (abridged) krótki; **A Concise History of Celtic Art** Krótka historia sztuki celtyckiej

concisely /kən'saɪslɪ/ *adv [answer, analyse, write]* zwięźle

conciseness /kən'saɪsnɪs/ *n* zwięzłość *f*

concision /kən'sɪʒn/ *n* → **conciseness**

conclave /'kɒnkleɪv/ *n* [1] (private meeting) tajne zebranie *n* [2] Relig konklawe *n inv*; **to be in ~** uczestniczyć w konklawe

conclude /kən'kluːd/ **I** *vt* [1] (finish, end) za|kończyć *[discussion, chapter, performance]*; **'finally...,' he ~d** „wreszcie...", zakończył; **'to be ~d'** TV „zakończenie w następnym odcinku"; Journ „zakończenie w następnym numerze" [2] (settle) zaw|rzeć, -ierać *[treaty, deal, agreement]* [3] (deduce) wy|wnioskować **(from sth** z czegoś, na podstawie czegoś); **to ~ that sb is innocent** Jur uznać or postanowić, że ktoś jest niewinny

II *vi [story, event]* za|kończyć się, skończyć się **(with sth** czymś); *[speaker]* za|kończyć, skończyć **(with sth** czymś); **to ~ I'd like...** kończąc, chciałbym...; **he ~d by saying that...** na zakończenie powiedział, że...

concluding /kən'kluːdɪŋ/ *adj [chapter, note]* końcowy

conclusion /kən'kluːʒn/ *n* [1] (end) (of event, book, performance) zakończenie *n*, koniec *m*; **in ~** na zakończenie, na koniec [2] (opinion, resolution) wniosek *m*; **to come to** or **to reach a ~** dojść do wniosku; **to draw a ~ from sth** wyciągnąć z czegoś wniosek; **I don't think we can draw any ~s from this** nie sądzę, żebyśmy mogli wyciągnąć z tego jakieś wnioski; **this leads us to the ~ that...** to prowadzi nas do wniosku, że...; **don't jump** or **leap to ~s!** nie wyciągaj pochopnych wniosków! [3] (of agreement, treaty) zawarcie *n*; (of deal) sfinalizowanie *n* [4] (outcome) konkluzja *f*; **taken to its logical ~, this would mean that...** logicznie rozumując, to oznaczałoby, że...

conclusive /kən'kluːsɪv/ *adj [argument, evidence, proof]* ostateczny, rozstrzygający

conclusively /kən'kluːsɪvlɪ/ *adv* ostatecznie, ponad wszelką wątpliwość

concoct /kən'kɒkt/ *vt* [1] Culin przyrządz|ić, -ać; u|pichcić infml *[dish]* [2] (invent) wymyśl|ić, -ać *[story]*; obmyśl|ić, -ać *[excuse, plan]*

concoction /kən'kɒkʃn/ *n* [1] (dish) mieszanka *f*, mieszanina *f* **(of sth** czegoś); (drink) mikstura *f* [2] fig (style, effect) mieszanina *f* **(of sth** czegoś); melanż *m* [3] (preparation) (of plan, excuse) obmyślenie *n*

concomitant /kən'kɒmɪtənt/ fml **I** *n* cecha *f* towarzysząca **(of sth** czemuś)

II *adj [change, problem]* towarzyszący; **to be ~ with sth** iść w parze z czymś

concord /'kɒŋkɔːd/ *n* [1] fml (harmony) zgoda *f*; (treaty) ugoda *f* [2] Ling zgoda *f* [3] Mus konsonans *m*

concordance /kən'kɔːdəns/ *n* [1] fml (agreement) zgodność *f*; **to be in ~ with sth** być w zgodzie z czymś [2] (index) konkordancja *f*

concordancing programme *n* Comput, Ling program *m* konkordancyjny

concordant /kən'kɔːdənt/ *adj* zgodny; **to be ~ with sth** być zgodnym z czymś

concordat /kən'kɔːdæt/ *n* konkordat *m*

concourse /'kɒŋkɔːs/ *n* [1] Archit, Rail (large interior area) hala *f* [2] fml (gathering) zgromadzenie *n*

concrete /'kɒŋkriːt/ **I** *n* beton *m*

II *adj* [1] Constr *[block, base]* betonowy [2] fig konkretny; **in ~ terms** konkretnie

III *vt* = **concrete over**

■ **concrete over**: **~ over [sth]** wy|betonować *[road, lawn]*

concrete jungle *n* pej betonowa dżungla *f*

concrete mixer *n* betoniarka *f*

concretion /kən'kriːʃn/ *n* Geol konkrecja *f*

concubine /'kɒŋkjʊbaɪn/ *n* (of potentate) nałożnica *f*

concupiscence /kən'kjuːpɪsns/ *n* fml pożądanie *n*, pożądliwość *f*

concupiscent /kən'kjuːpɪsnt/ *adj* pożądliwy

concur /kən'kɜː(r)/ (*prp, pt, pp* **-rr-**) **I** *vt* przyzna|ć, -wać, zg|odzić, -adzać się **(that...** że...)

II *vi* [1] (agree) zg|odzić, -adzać się **(with sb/sth** z kimś/czymś) [2] (act together) **to ~ in sth** współuczestniczyć w czymś *[action]*; pop|rzeć, -ierać coś *[measure, decision]*; **to ~ with sb in condemning sth** przyłączyć się do kogoś w potępieniu czegoś [3] (tally) *[data, results, views]* pokry|ć, -wać się **(with sth** z czymś) [4] (combine) **to ~ to do sth** przyczyni|ć, -ać się do czegoś, złożyć, składać się na coś; **everything ~red to make the show a success** wszystko złożyło się na sukces widowiska [5] (coincide) *[events, circumstances]* zbie|c, -gać się

concurrence /kən'kʌrəns/ *n* [1] fml (agreement) zgoda *f*, zgodność *f*; **in ~ with sb/sth** w zgodzie z kimś/czymś; **a ~ of opinions** zgodność poglądów [2] (combination) **~ of events** zbieg *m* okoliczności [3] Math zbieżność *f*

concurrent /kən'kʌrənt/ *adj* [1] (simultaneous) *[events, celebrations]* jednoczesny, równoczesny; *[circumstances]* towarzyszący; **to be given two ~ sentences** Jur być skazanym za dwa różne przestępstwa z prawem jednoczesnego odbywania kary [2] fml (in agreement) *[opinions, statements, conclusions]* zbieżny **(with sth** z czymś) [3] Math *[lines]* zbieżny, zbiegający się

concurrently /kən'kʌrəntlɪ/ *adv* jednocześnie, równocześnie; **the two sentences are to run ~** Jur obie kary mają być odbywane jednocześnie

concuss /kən'kʌs/ *vt* Med **to be ~ed** doznać wstrząśnienia mózgu

concussion /kən'kʌʃn/ *n* Med wstrząśnienie *m* mózgu

condemn /kən'dem/ **I** *vt* [1] (censure) potępi|ć, -ać **(for sth/doing sth** za coś/za zrobienie czegoś); **he was ~ed for human rights abuses** potępiono go za nieprzestrzeganie praw człowieka; **to ~ sb as an opportunist** potępić kogoś za oportunizm [2] Jur (sentence) skaz|ać, -ywać; **to ~ sb to death/life imprisonment** skazać kogoś na śmierć/dożywotnie więzienie [3] (doom) skaz|ać, -ywać; **to be ~ed to a life of poverty** być skazanym na życie w nędzy; **another stroke has ~ed her to a wheelchair for life** kolejny wylew przykuł ją do wózka na resztę życia [4] (declare unsafe) przeznacz|yć, -ać do rozbiórki *[building]*; uzna|ć, -wać za niezdatny do spożycia *[meat, food products]* [5] (betray) zdradz|ić, -ać; **his obvious nervousness ~ed him** zdradziło go wyraźne zdenerwowanie; **his looks ~ him** jego wygląd zdradza go

II condemned *pp adj* [1] **~ed man /woman** skazany/skazana na śmierć; **~ed**

C

cell cela śmierci [2] **~ed building** budynek przeznaczony do rozbiórki

condemnation /ˌkɒndemˈneɪʃn/ *n* [1] (censure) potępienie *n* **(of sth** czegoś) [2] (indictment) **to be a ~ of sb/sth** źle świadczyć o kimś/czymś [3] Jur skazanie *n*

condemnatory /ˌkɒndemˈneɪtərɪ/ *adj* potępiający

condensation /ˌkɒndenˈseɪʃn/ *n* [1] (droplets) skroplona para *f* [2] Chem (of molecules) kondensacja *f* [3] Phys (of gas, vapour) skraplanie *n*, kondensacja *f* [4] (thickening) zagęszczanie *n* [5] (abridged version) skrót *m*

condense /kənˈdens/ **I** *vt* [1] (thicken) s|kondensować, zagę|ścić, -szczać *[soup]* [2] (abridge) skr|ócić, -acać, s|kondensować *[essay]*; **to ~ a chapter into two paragraphs** skrócić or skondensować rozdział do kilku akapitów [3] Chem skr|oplić, -aplać *[gas, vapour]*

II *vi* Chem *[gas, vapour]* skr|oplić, -aplać się; *[liquids]* z|gęstnieć

condensed /kənˈdenst/ *adj* skondensowany, zagęszczony

condensed milk *n* mleko *n* skondensowane

condensed type *n* Print czcionka *f* skondensowana or ścieśniona

condenser /kənˈdensə(r)/ *n* Elec, Phys kondensator *m*; Tech skraplacz *m*

condescend /ˌkɒndɪˈsend/ **I** *vt* (deign) **to ~ to do sth** raczyć coś zrobić

II *vi* (patronize) **to ~ to sb** potraktować kogoś w sposób protekcjonalny

condescending /ˌkɒndɪˈsendɪŋ/ *adj* protekcjonalny

condescendingly /ˌkɒndɪˈsendɪŋlɪ/ *adv* protekcjonalnie

condescension /ˌkɒndɪˈsenʃn/ *n* protekcjonalność *f*

condiment /ˈkɒndɪmənt/ *n* Culin przyprawa *f*

condition /kənˈdɪʃn/ **I** *n* [1] (stipulation) warunek *m*; **what are the ~s of the contract/loan?** jakie są warunki umowy /otrzymania pożyczki?; **to fulfil** or **meet** or **satisfy the ~s** spełniać warunki; **to make** or **set ~s** stawiać warunki; **to make it a ~ that...** postawić warunek, że...; **the offer has several ~s attached to it** oferta obwarowana jest kilkoma warunkami; **on ~ that...** pod warunkiem, że...; **I lent it to him on ~ that he return it on Tuesday** pożyczyłem mu to pod warunkiem, że zwróci we wtorek; **I agree on one ~, namely that you pay in cash** zgadzam się pod jednym warunkiem, a mianowicie że zapłaci pan gotówką; **on no ~** pod żadnym warunkiem, w żadnym wypadku; **I'll sell it under certain ~s** sprzedam to na określonych warunkach; **under the ~s of the agreement** zgodnie z warunkami umowy; **it is a ~ of the contract that you work 37 hours per week** zgodnie z umową pracuje pan 37 godzin tygodniowo; **investment is an essential ~ of economic growth** inwestowanie jest podstawowym warunkiem wzrostu gospodarczego; **~ subsequent/precedent** Jur warunek rozwiązujący/zawieszający [2] (state) stan *m*; **physical/mental ~** stan fizyczny/psychiczny; **to be in good/bad ~** *[house, car]* być w dobrym/złym stanie; **to keep sth in perfect ~** utrzymywać coś w idealnym stanie; **your hair is in poor ~** masz zniszczone włosy; **don't let him drive in that ~** nie pozwól mu prowadzić w tym stanie; **he is in good ~ for a man of 80** dobrze się trzyma jak na swoje 80 lat; **to be in a critical ~** być w stanie krytycznym; **the patient is in a stable ~** stan pacjenta ustabilizował się; **her ~ is serious** jej stan jest poważny; **to be in no ~ to do sth** nie być w stanie czegoś robić; **to be in an interesting ~** dat euph być w odmiennym or błogosławionym stanie dat euph [3] (disease) choroba *f*; **a heart/skin ~** choroba serca/skóry or skórna; **a fatal/an incurable ~** śmiertelna/nieuleczalna choroba; **to have a heart ~** chorować na serce, mieć wadę serca [4] (fitness) forma *f*, kondycja *f*; **to be in (top) ~** być w (doskonałej) formie; **to be out of ~** nie mieć formy or kondycji, stracić formę or kondycję; **to get one's body into ~** odzyskać formę or kondycję [5] (situation) status *m*, pozycja *f* społeczna; kondycja *f* dat; **the feminine ~** pozycja or sytuacja kobiety; **the human ~** kondycja ludzka or człowieka [6] (in philosophy, logic) warunek *m* **(for sth** czegoś)

II conditions *npl* (circumstances) warunki *n pl*; **housing/living/working ~s** warunki mieszkaniowe/życia/pracy; **to work under** or **in difficult ~s** pracować w trudnych warunkach; **weather ~s** warunki pogodowe

III *vt* [1] (determine) uwarunkow|ać, -ywać, warunkować; **changes have been ~ed by circumstances** zmiany zostały uwarunkowane okolicznościami [2] Psych uwarunkow|ać, -ywać, warunkować; **~ed reflex** or **response** odruch warunkowy also fig; **to ~ sb to do sth** or **into doing sth** fig przyuczyć kogoś do czegoś or do robienia czegoś; **to be ~ed to do** or **into doing sth** mieć utrwalony odruch robienia czegoś; **she argues that women are ~ed to be altruistic** twierdzi, że przez wychowanie wpaja się kobietom altruizm [3] (treat) nał|ożyć, -kładać odżywkę na (coś) *[hair, skin]*

conditional /kənˈdɪʃənl/ **I** *n* Ling **the ~** tryb *m* warunkowy or przypuszczający; **in the ~** w trybie warunkowym or przypuszczającym

II *adj* [1] *[agreement, acceptance, approval, support]* warunkowy; **the offer is ~ on** or **upon the name of the donor remaining secret** w ofercie zastrzeżono, że nazwisko darczyńcy or dawcy nie zostanie ujawnione; **to make sth ~ on** or **upon sth** uzależnić coś od czegoś; **to be ~ on** or **upon sth** zależeć od czegoś; **the sale is ~ on** or **upon signing the contract** sprzedaż nastąpi po podpisaniu umowy; **aid is ~ on** or **upon democratic reform** pomoc jest uzależniona od wprowadzenia reform demokratycznych, warunkiem udzielenia pomocy są reformy demokratyczne [2] Ling *[clause, sentence]* warunkowy [3] (in logic) *[proposition]* warunkowy

conditional bail *n* GB Jur zwolnienie *n* za kaucją

conditional discharge *n* GB Jur zwolnienie *n* warunkowe

conditionality /ˌkəndɪʃəˈnælətɪ/ *n* Econ, Fin warunkowość *f*

conditionally /kənˈdɪʃənəlɪ/ *adv* [1] (with stipulations) *[agree, accept, propose]* warunkowo [2] Jur **to be ~ discharged** zostać zwolnionym warunkowo

conditional sale *n* Comm sprzedaż *f* warunkowa

conditioner /kənˈdɪʃənə(r)/ *n* (for hair) odżywka *f*; (for laundry) płyn *m* do płukania tkanin; (for leather) krem *m* pielęgnacyjny

conditioning /kənˈdɪʃənɪŋ/ **I** *adj* [1] Psych uwarunkowanie *n* [2] Cosmet (of hair) pielęgnowanie *n*

II *pp adj* Cosmet *[shampoo, lotion]* pielęgnacyjny, z odżywką

condo /ˈkɒndəʊ/ *n* US infml = **condominium** [1]

condole /kənˈdəʊl/ *vi* **to ~ with sb** złożyć, składać komuś wyrazy współczucia

condolence /kənˈdəʊləns/ **I** *n* **a letter of ~** list kondolencyjny

II condolences *npl* kondolencje *plt*

condom /ˈkɒndɒm/ *n* prezerwatywa *f*, kondom *m*

condominium /ˌkɒndəˈmɪnɪəm/ *n* [1] US (also **~ unit)** (apartment) ≈ mieszkanie *n* własnościowe; US (building) blok *m* z mieszkaniami własnościowymi [2] Pol (joint territory) kondominium *n*

condone /kənˈdəʊn/ *vt* [1] (tolerate) za|akceptować, z|godzić się na (coś) *[behaviour, exploitation, use of violence]* [2] (forgive, understand) darow|ać, -ywać, wybacz|yć, -ać *[rudeness, behaviour]*

condor /ˈkɒndɔː(r)/ *n* kondor *m*

conduce /kənˈdjuːs, US -ˈduː-/ *vi* fml **to ~ to sth** sprzyjać czemuś

conducive /kənˈdjuːsɪv, US -ˈduː-/ *adj* sprzyjający **(to sth** czemuś)

conduct **I** /ˈkɒndʌkt/ *n* [1] (behaviour) zachowanie *n* **(towards sb** wobec kogoś); (of prisoner, pupil) sprawowanie *n* [2] (handling) (of campaign, business) prowadzenie *n*

II /kənˈdʌkt/ *vt* [1] (lead) za|prowadzić *[visitor, group]*; **she ~ed us around the house** oprowadziła nas po domu; **the security guard ~ed me to the exit** strażnik odprowadził mnie do wyjścia; **~ed tour** or **visit** zwiedzanie z przewodnikiem [2] (manage) prowadzić *[business, life, campaign, negotiations]*; **to ~ sb's defence** Jur prowadzić obronę kogoś, bronić kogoś [3] (carry out) przeprowadz|ić, -ać *[experiment, research, poll, survey]*; odprawi|ć, -ać *[religious ceremony]*; **to ~ an inquiry** prowadzić dochodzenie **(into sth** w sprawie czegoś) [4] Mus dyrygować (czymś) *[orchestra, choir, concert]* [5] Elec, Phys przewodzić, być przewodnikiem (czegoś) *[heat, electricity]*

III /kənˈdʌkt/ *vi* Mus dyrygować

IV /kənˈdʌkt/ *vr* **to ~ oneself** zachow|ać, -ywać się

conductance /kənˈdʌktəns/ *n* przewodność *f* czynna

conduction /kənˈdʌkʃn/ *n* przewodnictwo *n*

conductive /kənˈdʌktɪv/ *adj* przewodzący

conductivity /ˌkɒndʌkˈtɪvətɪ/ *n* przewodność *f* właściwa

conduct mark *n* Sch ocena *f* ze sprawowania or z zachowania
conductor /kən'dʌktə(r)/ *n* [1] Mus dyrygent *m*, -ka *f* [2] Transp (on bus) konduktor *m*, -ka *f* [3] US Rail kierownik *m* pociągu [4] Elec, Phys przewodnik *m*
conductress /kən'dʌktrɪs/ *n* Transp (on bus) konduktorka *f*
conduct sheet *n* Mil, Naut uwagi *f pl* w karcie ewidencyjnej
conduit /'kɒndɪt, 'kɒndjuːɪt, US 'kɒndwɪt/ *n* [1] (pipe) rura *f*; (channel) kanał *m* [2] Elec kanał *m* kablowy; (pipe) rurka *f* kablowa
condyle /'kɒndɪl/ *n* Anat kłykieć *m*
cone /kəʊn/ *n* [1] Math stożek *m*; **~-shaped** stożkowaty; **paper ~** papierowa tutka [2] Bot (of conifer) szyszka *f* [3] (also **ice-cream ~**) rożek *m* [4] Aut (for traffic) pachołek *m* [5] Geol (of volcano) stożek *m* wulkaniczny [6] Anat (in retina) czopek *m* siatkówki [7] Zool stożek *m*
■ **cone off**: **~ off [sth], ~ [sth] off** odgr|odzić, -adzać pachołkami *[lane, road]*
coney *n* = **cony**
confab /'kɒnfæb/ *n* infml **to have a ~ about sth** pogadać o czymś infml
confabulate /kən'fæbjʊleɪt/ *vi* [1] fml rozprawiać [2] Psych konfabulować
confection /kən'fekʃn/ *n* [1] Culin (cake) ciastko *n*; (sweet) cukierek *m*; (dessert) deser *m* [2] hum (dress) kreacja *f* [3] (combination) melanż *m* [4] (act, process) (of dessert) przyrządzanie *n*
confectioner /kən'fekʃənə(r)/ *n* cukiernik *m*; **~'s custard** krem; **~'s (shop)** cukiernia; **~'s sugar** US cukier puder
confectionery /kən'fekʃənərɪ, US -ʃənerɪ/ *n* (sweets) słodycze *plt*; (cakes) ciastka *n pl*
confederacy /kən'fedərəsɪ/ *n* [1] Pol konfederacja *f*; **the (Southern) Confederacy** US Hist Konfederacja Południa, Skonfederowane Stany Ameryki [2] (conspiracy) sprzysiężenie *n*, spisek *m*
confederate **I** /kən'fedərət/ *n* [1] (in conspiracy) wspólni|k *m*, -czka *f* [2] Pol konfederat *m*
II /kən'fedərət/ *adj [member, state]* sprzymierzony; *[army]* konfederacki, konfederacyjny
III /kən'fedəreɪt/ *vt* z|jednoczyć
IV /kən'fedəreɪt/ *vi* sprzymierz|yć, -ać się **(with sb** z kimś); **to ~ against sb** sprzymierzyć się przeciwko komuś
Confederate **I** /kən'fedərət/ *n* US Hist **the ~s** Konfederaci *m pl*
II *adj* konfederacki
confederation /kənˌfedə'reɪʃn/ *n* (alliance) konfederacja *f*
confer /kən'fɜː(r)/ (*prp, pt, pp* **-rr-**) **I** *vt* nada|ć, -wać, przyzna|ć, -wać *[title, degree, status, honour]* **(on** or **upon sb** komuś)
II *vi* naradz|ić, -ać się; konferować fml; **to ~ with sb about sth** naradzać się z kimś nad czymś; konferować z kimś w sprawie czegoś
conference /'kɒnfərəns/ **I** *n* [1] (meeting, symposium) konferencja *f*; Pol kongres *m*, zjazd *m*; **an international ~ on Aids** międzynarodowa konferencja na temat AIDS; **peace/disarmament ~** konferencja pokojowa/rozbrojeniowa; **(the) ~ voted to reject the motion** uczestnicy konferencji przegłosowali odrzucenie wniosku [2] (consultation) narada *f*; **to be in ~ with sb** naradzać się z kimś; odbywać naradę z kimś fml [3] US Sport konferencja *f*
II *modif [room, centre]* konferencyjny; **~ member** uczestnik konferencji
conference call *n* telekonferencja *f*
conference committee *n* US Pol *komisja ujednolicająca projekty ustaw przyjęte przez Senat i Izbę Reprezentatów*
conference table *n* stół *m* konferencyjny; **to get (together) round the ~** fig zasiąść do stołu obrad
conferment /kən'fɜːmənt/ *n* przyznanie *n*, nadanie *n*; (ceremony) Univ ceremonia *f* wręczenia dyplomów
confess /kən'fes/ **I** *vt* [1] przyzna|ć, -wać się do (czegoś) *[crime, mistake, desire, liking, weakness]*; wyzna|ć, -wać *[truth]*; **to ~ that...** wyznać, że...; **I must ~ I don't like him** muszę wyznać, że go nie lubię [2] Relig *[penitent]* wyzna|ć, -wać *[sins]*; *[believer, heretic]* wyzna|ć, -wać *[faith, belief]*; *[priest]* (hear confession of) wy|spowiadać *[penitent]*
II *vi* [1] (admit) przyzna|ć, -wać się; **to ~ to a crime** przyznać się do popełnienia przestępstwa; **they ~ed to having forgotten it was my birthday** wyznali, że zapomnieli o moich urodzinach [2] Relig wy|spowiadać się
confessed /kən'fest/ *adj* **a ~ murderer /thief** morderca/złodziej, który przyznał się do winy
confessedly /kən'fesɪdlɪ/ *adv* (by general admission) w opinii powszechnej (by one's own admission) **patients who, ~, have fallen in love with their therapists** pacjenci, którzy – jak sami przyznają – zakochali się w swoich terapeutach;
confession /kən'feʃn/ *n* [1] (statement) przyznanie się *n*; **to make a full ~** przyznać się do wszystkiego; **I have a ~ to make** muszę coś wyznać [2] Relig (of sins) spowiedź *f*; **to go to ~** chodzić or przystępować do spowiedzi; **to hear sb's ~** wyspowiadać kogoś; **to make one's ~** wyspowiadać się; (profession) **~ of faith** wyznanie wiary
confessional /kən'feʃənl/ **I** *n* [1] (in church) konfesjonał *m*; **under the seal of the ~** pod tajemnicą spowiedzi [2] (book) modlitewnik *m*
II *adj* [1] Relig pokutny [2] *[writing]* autobiograficzny
confessor /kən'fesə(r)/ *n* spowiednik *m*
confetti /kən'fetɪ/ *n* konfetti *n inv*
confidant /ˌkɒnfɪ'dænt/ *n* powiernik *m*
confidante /ˌkɒnfɪ'dænt/ *n* powiernica *f*
confide /kən'faɪd/ **I** *vt* [1] (entrust) powierz|yć, -ać *[object, person, duty]* **(to sb** komuś); **to ~ sb/sth to sb's care** powierzyć kogoś/coś opiece kogoś [2] (tell) powierz|yć, -ać *[secret]* **(to sb** komuś); przyzna|ć, -wać się do (czegoś) *[hope, fear]* **(to sb** komuś)
II *vi* (tell secrets) **to ~ in sb** zwierz|yć, -ać się komuś; **you can ~ in me** możesz mi zaufać
confidence /'kɒnfɪdəns/ *n* [1] (trust, faith) zaufanie *n* **(in sb/sth** do kogoś/czegoś); **it doesn't inspire ~** to nie wzbudza zaufania; **to have every ~ in sb/sth** mieć pełne zaufanie do kogoś/czegoś; **to put one's ~ in sb** zaufać komuś [2] Pol **vote of ~** wotum zaufania; **to pass a vote of ~** uchwalić wotum zaufania; **motion of no ~** wniosek o wotum nieufności; **to pass a vote of no ~** uchwalić wotum nieufności **(in sth** w związku z czymś, w sprawie czegoś) [3] (self-assurance) pewność *f* siebie; **she is full of ~** ona jest bardzo pewna siebie; **she lacks ~** brak jej pewności siebie [4] (certainty) przeświadczenie *n*, przekonanie *n*; **in the full ~ that...** w pełnym przeświadczeniu, że...; **I have every ~ that she will succeed** jestem w pełni przekonany, że jej się uda; **I can say with ~ that...** mogę z pełnym przeświadczeniem or przekonaniem powiedzieć, że... [5] (confidentiality) **to take sb into one's ~** zaufać komuś; **to tell sb sth in (strict) ~** powiedzieć coś komuś w (głębokiej) tajemnicy; **'write in strictest ~'** „prosimy o listy, gwarantujemy anonimowość" [6] (secret) zwierzenie *n*, sekret *m*; **they exchanged ~s** zwierzali się sobie nawzajem
confidence game *n* US = **confidence trick**
confidence interval *n* Stat przedział *m* ufności
confidence level *n* Stat poziom *m* zaufania
confidence man *n* GB dat oszust *m*
confidence trick *n* oszustwo *n*
confidence trickster *n* dat = **confidence man**
confident /'kɒnfɪdənt/ *adj* [1] (sure) pewny, przekonany; **to be ~ that...** być pewnym or przekonanym, że...; **to be ~ of success** or **of succeeding** być pewnym sukcesu; **she felt ~ about the future** z ufnością patrzyła w przyszłość [2] (self-assured) pewny siebie
confidential /ˌkɒnfɪ'denʃl/ *adj* [1] *[advice, agreement, matter, information, document, service]* poufny; **a ~ secretary** sekretarz osobisty, sekretarka osobista; **private and ~** poufne [2] (confiding) *[tone, voice]* konfidencjonalny fml; **he became very ~ with me** zaczął mi się zwierzać
confidentiality /ˌkɒnfɪdenʃɪ'ælətɪ/ *n* poufność *f*; **~ will be respected** dyskrecja zapewniona; **breach of ~** naruszenie tajemnicy
confidentially /ˌkɒnfɪ'denʃəlɪ/ *adv* w zaufaniu
confidently /'kɒnfɪdəntlɪ/ *adv [speak, behave]* śmiało; *[expect, predict]* z ufnością
confiding /kən'faɪdɪŋ/ *adj* ufny
confidingly /kən'faɪdɪŋlɪ/ *adv [say]* z ufnością; *[look]* ufnie
configuration /kənˌfɪgə'reɪʃn, US -ˌfɪgjʊ'reɪʃn/ *n* konfiguracja *f*
confine /kən'faɪn/ **I** *vt* [1] (in room, cell, prison, ghetto) zam|knąć, -ykać *[person]* **(in** or **to sth** w czymś); umie|ścić, -szczać w zakładzie zamkniętym *[mental patient]*; **to be ~d to bed** być przykutym do łóżka; **to be ~d to the house** nie wychodzić z domu; **to be ~d to barracks** mieć zakaz opuszczania koszar [2] (limit) ogranicz|yć, -ać *[comments, criticism, opinion]* **(to sth** do czegoś); **the problem is not ~d to old people** problem dotyczy nie tylko ludzi starszych; **the fire was ~d to the basement** pożar nie rozprzestrzenił się poza piwnicę [3] Med dat **to be ~d** leżeć w połogu dat

III *vr* **to ~ oneself to sth/to doing sth** ogranicz|yć, -ać się do czegoś/zrobienia czegoś

confined /kən'faɪnd/ *adj [area, space]* ograniczony; *[atmosphere]* duszny fig

confinement /kən'faɪnmənt/ *n* [1] (detention) (in cell, prison, institution) zamknięcie *n* **(in** or **to sth** w czymś); **~ to barracks** Mil zakaz opuszczania koszar [2] Med dat połóg *m* dat

confines /'kɒnfaɪnz/ *npl* (constraints) ograniczenia *n pl* **within the ~ of sth** w ramach czegoś *[situation, regulations]*; w obrębie czegoś *[building]*

confirm /kən'fɜːm/ *vt* [1] (state as true, validate) potwierdz|ić, -ać *[statement, event, identity, booking, belief, fear]*; **to ~ that...** potwierdzić, że...; **two people were ~ed dead** wiadomo już, że zginęły dwie osoby; **we were ~ed in our suspicions** nasze podejrzenia potwierdziły się; **to ~ receipt of sth** Comm potwierdzić odbiór czegoś *[cheque, goods]* [2] Admin zatwierdz|ić, -ać *[appointment]*; **to ~ sb as director/chief** zatwierdzić kogoś na stanowisku dyrektora/naczelnika [3] (justify) **to ~ sb in sth** utwierdz|ić, -ać kogoś w czymś *[resolve, belief, opinion]* [4] Jur potwierdz|ić, -ać, zatwierdz|ić, -ać *[decision]*; ratyfikować *[decree, treaty]* [5] Relig (in Roman Catholic Church) bierzmować; (in Protestantism) konfirmować

confirmation /ˌkɒnfə'meɪʃn/ *n* [1] potwierdzenie *n* **(of sth** czegoś); **all we've got is a verbal ~ that the payment has been made** mamy jedynie ustne potwierdzenie, że dokonano wpłaty [2] Jur ratyfikacja *f* [3] Admin, Pol (of appointment) zatwierdzenie *n* [4] Relig (Catholic) bierzmowanie *n*; (Protestant) konfirmacja *f*

confirmed /kən'fɜːmd/ *adj [alcoholic, liar, smoker]* notoryczny; *[bachelor]* zaprzysięgły; *[sinner]* zatwardziały; *[admirer]* zagorzały; *[habit]* zakorzeniony; *[belief, opinion, view]* niewzruszony; *[dislike]* nieprzezwyciężony

confiscate /'kɒnfɪskeɪt/ *vt* s|konfiskować **(from sb** komuś)

confiscation /ˌkɒnfɪ'skeɪʃn/ *n* konfiskata *f*, zajęcie *n*

conflagration /ˌkɒnflə'greɪʃn/ *n* pożar *m*; pożoga *f* liter

conflate /kən'fleɪt/ *vt* po|łączyć

conflation /kən'fleɪʃən/ *n* po|łączenie *n*

conflict **I** /'kɒnflɪkt/ *n* [1] Mil konflikt *m*; **armed ~** konflikt zbrojny; **the Middle East ~** konflikt bliskowschodni; **to be in /come into ~ with sb/sth** znajdować się w konflikcie/wejść w konflikt z kimś /czymś also fig [2] (dispute) konflikt *m*, różnica *f* zdań or poglądów **(between sb and sb** pomiędzy kimś a kimś); **to bring sb into ~ with sb** skłócić or poróżnić kogoś z kimś [3] (dilemma) sprzeczność *f*; **a ~ of interests** sprzeczność interesów; **to have a ~ of loyalties** być rozdartym, nie wiedzieć po czyjej stronie stanąć

II /kən'flɪkt/ *vi* (contradict) *[statement, feeling, attitude]* być sprzecznym **(with sth** z czymś); (clash) *[events, programme]* kolidować **(with sth** z czymś)

conflicting /kən'flɪktɪŋ/ *adj* [1] (incompatible) *[views, feelings, interests]* sprzeczny [2] (coinciding) **I have two ~ meetings for 7 July** 7 lipca mam dwa kolidujące ze sobą spotkania

confluence /'kɒnfluəns/ *n* [1] (of rivers) konfluencja *f* [2] (of ideas, opinion) zbieżność *f*; (of people) zgromadzenie *n*

conform /kən'fɔːm/ **I** *vt* dopasow|ać, -ywać, dostosow|ać, -ywać **(to sth** do czegoś)

II *vi* [1] (to rules, conventions, standards) *[person]* dostosow|ać, -ywać się **(to** or **with sth** do czegoś); *[model, machine]* odpowiadać **(to** or **with sth** czemuś); **she has always ~ed** ona się zawsze podporządkowuje; **to ~ to type** mieć wszystkie typowe cechy [2] (correspond) *[ideas, beliefs]* zgadzać się **(with** or **to sth** z czymś) [3] Relig za|stosować się do nakazów Kościoła

conformable /kən'fɔːməbl/ *adj* [1] fml (compatible, in agreement) zgodny **(to** or **with sth** z czymś); **to be ~ to sb's will** być zgodnym z wolą kogoś [2] *[person]* uległy, posłuszny

conformation /ˌkɒnfɔː'meɪʃn/ *n* Chem konformacja *f*

conformist /kən'fɔːmɪst/ **I** *n* konformist|a *m*, -ka *f*

II *adj* konformistyczny

conformity /kən'fɔːmətɪ/ *n* [1] (agreement) zgodność *f* **(to** or **with sth** z czymś); (compliance) przystosowanie *n*, dostosowanie *n* **(to** or **with sth** do czegoś); **in ~ with sth** w zgodzie or zgodnie z czymś; **he shows a slavish ~ to fashion** ślepo ulega modzie [2] Relig konformizm *m*

confound /kən'faʊnd/ *vt* [1] (perplex) wprawi|ć, -ać w zakłopotanie; skonfundować fml [2] fml (mix up, confuse) po|mylić **(with sb/sth** z kimś/czymś) [3] (discredit) udow|odnić, -adniać nieprawdziwość (czegoś); zada|ć, -wać kłam (czemuś) liter *[prediction, rumour, suspicion]*; obal|ić, -ać *[argument]*; z|dyskredytować *[critic]* [4] liter (defeat) po|mieszać (komuś) szyki *[enemy]*; po|krzyżować *[plan]*; udaremni|ć, -ać *[attempt]* [5] infml dat **~ it!** a niech to diabli!; **~ him!** a niech go diabli!; **that ~ed dog** ten przeklęty pies

confront /kən'frʌnt/ *vt* [1] (face) sta|nąć, -wać twarzą w twarz z (kimś/czymś) *[danger, enemy]*; po|godzić się z (czymś) *[loss]*; **to ~ the truth** spojrzeć prawdzie w oczy; **to be ~ed by sth** stanąć wobec czegoś *[crisis, problem]*; **a new problem ~ed the government** rząd stanął wobec nowego problemu; **these hazards ~ the miners every day** takie niebezpieczeństwa zagrażają górnikom każdego dnia; **police were ~ed by a group of demonstrators** policja starła się z grupą demonstrantów; **the sight which ~ed us** widok, jaki ukazał się naszym oczom [2] (bring together) s|konfrontować **(with sb/sth** z kimś/czymś); **to ~ the victim with the attacker** skonfrontować ofiarę z napastnikiem

confrontation /ˌkɒnfrʌn'teɪʃn/ *n* [1] (violent encounter) starcie *n*, konfrontacja *f*; **violent ~s between police and demonstrators** gwałtowne starcia policji z demonstrantami [2] (dispute) scysja *f*; **we had a ~ with our teachers** mieliśmy scysję z nauczycielami [3] (encounter) zetknięcie się *n*; (of witnesses) konfrontacja *f*; **it was my first ~ with sex** to było moje pierwsze doświadczenie seksualne

confrontational /ˌkɒnfrən'teɪʃənəl/ *adj* konfrontacyjny

Confucian /kən'fjuːʃn/ **I** *n* konfucjanista *m*, zwolenni|k *m*, -czka *f* konfucjanizmu

II *adj* konfucjański

Confucianism /kən'fjuːʃənɪzəm/ *n* konfucjanizm *m*

Confucius /kən'fjuːʃəs/ *prn* Konfucjusz *m*

confuse /kən'fjuːz/ *vt* [1] (bewilder) za|mącić (komuś) w głowie, zdezorientować; **to ~ the enemy troops** zmylić nieprzyjaciela [2] (fail to distinguish) po|mylić **(with sb/sth** z kimś/czymś) [3] (complicate) po|gmatwać, zagmatwać; **to ~ the issue** zagmatwać sprawę; **to ~ matters even more...** jakby tego nie było dość... [4] (embarrass) wpraw|ić, -iać w zakłopotanie, s|peszyć

confused /kən'fjuːzd/ *adj* [1] (perplexed) *[person]* zdezorientowany; **~ thoughts** or **mind** pomieszanie myśli; **to get ~** pogubić się; mieć mętlik w głowie infml; **he was ~ by the instructions** wskazówki tylko mu zamieszały w głowie; **I'm ~ about what to do** nie bardzo wiem, co robić [2] (muddled) *[account, reasoning]* zawiły; *[memories, impressions]* bezładny; *[sounds, voices]* pomieszany [3] (disconcerted) *[person]* speszony, zmieszany

confusedly /kən'fjuːzɪdlɪ/ *adv* [1] (in bewilderment) w konsternacji [2] (unclearly) *[think]* chaotycznie; *[speak]* bezładnie [3] (in embarrassment) z zakłopotaniem, z zażenowaniem

confusing /kən'fjuːzɪŋ/ *adj* [1] (perplexing) dezorientujący [2] (complicated) *[account, instructions]* zagmatwany

confusion /kən'fjuːʒn/ *n* [1] (in idea, in sb's mind) zamęt *m*; mętlik *m* infml; **to create ~** wywołać zamęt; **I was in a state of total ~** byłem zupełnie zdezorientowany; miałem kompletny mętlik w głowie infml [2] (lack of distinction) nieporozumienie *n*, pomyłka *f*; **because of the ~ between the two names** z powodu pomylenia tych dwóch nazwisk; **to avoid ~** żeby uniknąć nieporozumień or pomyłek [3] (chaos) zamieszanie *n*, chaos *m*; **to throw sth into ~** narobić zamieszania w czymś; **the meeting broke up in ~** spotkanie zakończyło się kompletnym chaosem [4] (embarrassment) zmieszanie *n*, zakłopotanie *n*, konsternacja *f*; **his presence threw her into ~** jego obecność wprawiła ją w zakłopotanie

confute /kən'fjuːt/ *vt* fml obal|ić, -ać *[theory]*; zbi|ć, -jać *[argument]*; **to ~ sb** dowieść komuś braku racji

conga /'kɒŋgə/ *n* [1] (dance) conga *f*, konga *f* [2] (also **~ drum**) conga *f*, konga *f*

con game *n* kant *m*, szwindel *m* infml

congeal /kən'dʒiːl/ **I** *vt* s|powodować krzepnięcie (czegoś) *[blood]*; s|powodować zastygnięcie (czegoś) *[oil, fat]*; ścią|ć, -nać *[milk]*

II *vi [blood]* s|krzepnąć; *[oil, fat]* zastyg|nąć, -ać, stężeć; *[milk, egg]* ści|ąć, -nać się

congenial /kən'dʒiːnɪəl/ *adj [company, person]* miły, przyjemny, sympatyczny; *[atmosphere, surroundings]* przyjemny; *[climate, work]* odpowiedni

congenital /kən'dʒenɪtl/ *adj* [1] Med wrodzony [2] fig *[fear, dislike]* od urodzenia; **he's**

a ~ liar/fool to niepoprawny łgarz/głupiec

congenitally /kən'dʒenɪtəlɪ/ *adv* [1] Med **to be ~ deformed** być ułomnym od urodzenia [2] fig *[dishonest, lazy]* od kołyski

conger /'kɒŋgə(r)/ *n* (also **~ eel**) konger *m*

congested /kən'dʒestɪd/ *adj* [1] *[road, shop, city, pavement]* zatłoczony; *[telephone lines]* przeciążony; *[district]* przeludniony [2] Med *[nose]* zapchany; *[lung, brain]* przekrwiony

congestion /kən'dʒestʃn/ *n* [1] (of district) przeludnienie *n*; (of road, street) korek *m*, zator *m*; **traffic ~** korki [2] Med (of nose) zapchanie *n*; (of lung, brain) przekrwienie *n*

conglomerate **I** /kən'glɒmərət/ *n* [1] konglomerat *m* [2] (company) konglomerat *m* [3] Geol zlepieniec *m*, konglomerat *m*

II /kən'glɒmərət/ *adj* zbity, zlepiony

III /kən'glɒməreɪt/ *vt* sp|oić, -ajać, zlepi|ć, -ać

IV /kən'glɒməreɪt/ *vi* zbi|ć, -jać się, zlepi|ć, -ać się

conglomeration /kənˌglɒmə'reɪʃn/ *n* [1] (collection) konglomerat *m*, zlepek *m* [2] Comm, Geol konglomeracja *f*

Congo /'kɒŋgəʊ/ *prn* [1] Kongo *n* [2] **the (River) ~** (rzeka) Kongo *n*

Congolese /ˌkɒŋgə'liːz/ **I** *n* Kongij|czyk *m*, -ka *f*

II *adj* kongijski

congrats /kən'græts/ *npl* infml gratulacje *plt*

congratulate /kən'grætʃʊleɪt/ **I** *vt* po|gratulować (komuś), po|winszować (komuś); **to ~ sb on sth/on doing sth** po|gratulować or powinszować komuś czegoś/zrobienia czegoś; **may I ~ you on your engagement?** przyjmij gratulacje z okazji zaręczyn

II *vr* **to ~ oneself** po|gratulować sobie, po|winszować sobie **(on sth/doing sth** czegoś/zrobienia czegoś)

congratulation /kənˌgrætʃʊ'leɪʃn/ **I** *n* **a letter of ~** list z powinszowaniami or gratulacjami

II congratulations *npl* gratulacje *plt*; **~s!** gratulacje!; **my ~s on your superb performance/the birth of your first baby** gratuluję wspaniałego występu/gratulacje z okazji narodzin pierwszego dziecka; **to offer sb one's ~s** składać komuś gratulacje

congratulatory /kən'grætʃʊlətərɪ, US -tɔːrɪ/ *adj [letter, telegram]* gratulacyjny; **~ speech** mowa pochwalna; **he patted my arm in a ~ manner** z uznaniem poklepał mnie po ramieniu

congregate /'kɒŋgrɪgeɪt/ **I** *vt* z|gromadzić *[crowds]*

II *vi* z|ebrać, -bierać się, z|gromadzić się; **a crowd had ~d around the entrance** przy wejściu zebrał się tłum

congregation /ˌkɒŋgrɪ'geɪʃn/ *n (+ v sg/pl)* [1] Relig (in church) wierni *m pl*; (in parish) parafianie *m pl*; (of cardinals, ecclesiastics) kongregacja *f* [2] GB Univ *walne zgromadzenie grona profesorskiego*

congregational /ˌkɒŋgrɪ'geɪʃənl/ *adj* Relig **~ prayer/singing** (wspólna) modlitwa /(wspólny) śpiew (wiernych); **the Congregational Church** kongregacjonaliści *m pl*, independenci *m pl*

Congregationalist /ˌkɒŋgrɪ'geɪʃənəlɪst/ **I** *n* kongregacjonalista *m*, independent *m*

II *adj [doctrine, minister]* kongregacjonalistyczny, independencki

congress /'kɒŋgres, US 'kɒŋgrəs/ *n* (conference) kongres *m*, zjazd *m* **(on sth** na temat czegoś)

Congress /'kɒŋgres, US 'kɒŋgrəs/ *n* Pol [1] US Kongres *m*; **in ~** w Kongresie; **she has been criticized in ~** członkowie Kongresu skrytykowali ją [2] (in India) Kongres *m* Narodowy

congressional /kən'greʃənl/ *adj [proceedings, resolution]* kongresowy

Congressional /kən'greʃənl/ *adj* US **~ candidate** kandydat do Kongresu; **~ committee/report** komisja/sprawozdanie Kongresu

Congressional District, CD *n* US okręg *m* wyborczy w wyborach do Kongresu

congressman /'kɒŋgresmən, US 'kɒŋgrəs-/ *n (pl* **-men)** US Pol kongresman *m*, członek *m* Kongresu

congressperson /'kɒŋgrespɜːsn, US 'kɒŋgrəs-/ *n* US Pol człone|k *m*, -kini *f* Kongresu

congresswoman /'kɒŋgreswʊmən, US 'kɒŋgrəs-/ *n (pl* **-women)** US Pol członkini *f* Kongresu

congruent /'kɒŋgrʊənt/ *adj* [1] fml *[measures, behaviour]* stosowny, odpowiedni, właściwy; **her reaction was hardly ~ with the seriousness of the situation** jej reakcja zupełnie nie pasowała do powagi sytuacji; **the two theories are not ~** te dwie teorie nie przystają do siebie [2] Math *[figures, numbers]* przystający, kongruentny

congruity /kəŋ'gruːətɪ/ *n* [1] fml (correspondence) podobieństwo *n*, zgodność *f*; **the ~ between sth and sth** podobieństwo pomiędzy czymś i czymś [2] fml (aptness) stosowność *f* [3] Math przystawanie *n*, kongruencja *f*

congruous /'kɒŋgrʊəs/ *adj* [1] fml stosowny, odpowiedni [2] zgodny **(with sth** z czymś) [3] Math kongruentny

conical /'kɒnɪkl/ *adj [roof, projection]* stożkowy; *[hat, hill, rock]* stożkowaty

conifer /'kɒnɪfə(r), 'kəʊn-/ *n* Bot drzewo *n* iglaste or szpilkowe

coniferous /kə'nɪfərəs, US kəʊ'n-/ *adj [tree, forest]* iglasty, szpilkowy

conjectural /kən'dʒektʃərəl/ *adj* oparty na przypuszczeniu or domniemaniu

conjecture /kən'dʒektʃə(r)/ **I** *n* przypuszczenie *n*, domysł *m*; **to make/hazard a ~** wyrazić/zaryzykować przypuszczenie; **to be a matter of ~** pozostawać w sferze domysłów or przypuszczeń

II *vt* przypuszczać, domyślać się; **she ~d the boy to be his son** domyślała się, że chłopiec był jego synem

III *vi* snuć domysły **(about sth** na temat czegoś)

conjoin /kən'dʒɔɪn/ fml **I** *vt* po|łączyć, po|wiązać **(with sth** z czymś)

II *vi* po|łączyć się

conjoint /kən'dʒɔɪnt/ *adj* fml wspólny

conjointly /kən'dʒɔɪntlɪ/ *adv* fml wspólnie; **to own sth ~** być współwłaścicielem czegoś

conjugal /'kɒndʒʊgl/ *adj* małżeński

conjugate /'kɒndʒʊgeɪt/ **I** *vt* odmieni|ć, -ać, koniugować *[verb]*

II *vi* [1] Ling *[verb]* odmieniać się [2] Biol koniugować

conjugation /ˌkɒndʒʊ'geɪʃn/ *n* Ling, Biol koniugacja *f*

conjunct /kən'dʒʌŋkt/ *adj* połączony; **that, and the ~ notion of...** to i wiążące się z tym pojęcie...

conjunction /kən'dʒʌŋkʃn/ *n* [1] połączenie *n*; **a ~ of circumstances/events** zbieg okoliczności/zdarzeń; **in ~** razem, wspólnie; **in ~ with sb/sth** razem or łącznie z kimś/czymś [2] Ling spójnik *m* [3] Astron koniunkcja *f*

conjunctiva /ˌkɒndʒʌŋk'taɪvə, kən'dʒʌŋktɪvə/ *n (pl* **-vas, -vae)** Anat spojówka *f*

conjunctive /kən'dʒʌŋktɪv/ *adj* Anat, Ling łączący

conjunctivitis /kənˌdʒʌŋktɪ'vaɪtɪs/ *n* zapalenie *n* spojówek

conjure **I** /kən'dʒʊə(r)/ *vt* [1] (by magic) wywoł|ać, -ywać *[spirits]*; wyczarow|ać, -ywać *[objects]*; **he ~d a rabbit out of his hat** wyczarował or wyciągnął królika z kapelusza; **she ~d a delicious supper out of thin air** fig z niczego wyczarowała przepyszną kolację; **a name to ~ with** fig nazwisko budzące szacunek [2] fml (implore) zaklinać, błagać; **to ~ sb to do sth** błagać or zaklinać kogoś, żeby coś zrobił

II *vi* robić sztuczki magiczne

■ **conjure away**: **~ away [sth], ~ [sth] away** sprawić, że (coś) znika jak za dotknięciem czarodziejskiej różdżki

■ **conjure up**: **~ up [sth]** wyczarow|ać, -ywać *[food, funds, image, vision]*; przywoł|ać, -ywać *[idea, memory]*; wywoł|ać, -ywać *[ghost]*; **he could always ~ up a joke** zawsze miał w zanadrzu dowcip

conjurer /'kʌndʒərə(r)/ *n* sztukmistrz *m*, iluzjonista *m*, prestidigitator *m*

conjuring /'kʌndʒərɪŋ/ *n* prestidigitatorstwo *n*, sztukmistrzostwo *n*

conjuring trick *n* prestidigitatorska sztuczka *f*

conjuror *n* = **conjurer**

conk /kɒŋk/ infml **I** *n* [1] GB (nose) kinol *m* infml [2] US (head) łeb *m*, pała *f* infml

II *vt* przywalić (komuś), dać (komuś) w dziób infml

■ **conk out** infml *[person]* (fall asleep) kimnąć infml; (die) wykitować, wykorkować infml; *[machine, car]* (stop working) nawal|ić, -ać, wysi|ąść, -adać infml

conker /'kɒŋkə(r)/ **I** *n* GB infml kasztan *m*

II conkers *npl zabawa w rozbijanie kasztanów*

con man *n* kanciarz *m*, oszust *m* infml

connect /kə'nekt/ **I** *vt* [1] (attach) po|łączyć, z|łączyć *[end, object, hose, tap]* **(to sth** z czymś); dołącz|yć, -ać *[carriage, coach]* **(to sth** do czegoś); **to ~ two tubes** połączyć (ze sobą) dwie rury [2] (link) *[road, bridge, railway, water]* po|łączyć *[place, road]* **(to** or **with sth** z czymś); **I always ~ her with the fashion world** ona zawsze kojarzy mi się ze światem mody; **to ~ sb with a crime/sb** łączyć kogoś ze zbrodnią/z kimś [3] (to mains) podłącz|yć, -ać *[plug, appliance]* **(to sth** do czegoś); przyłącz|yć, -ać *[house-*

C

hold, town] **(to sth** do czegoś); **to ~ sth to earth** uziemić coś; **is the gas cooker ~ed yet?** czy kuchenka gazowa jest już podłączona?; **we will ~ you on Monday** (electrically, to gas) w poniedziałek podłączymy was do sieci [4] Telecom podłącz|yć, -ać *[phone]*; łączyć *[person, call]*; **to ~ sb to sb /sth** połączyć kogoś z kimś/czymś *[department, reception]*; **her telephone ~s her to the White House** ma bezpośrednią linię telefoniczną z Białym Domem; **'trying to ~ you'** „proszę czekać" [5] (wire up, link technically) = **connect up**

II *vi* [1] *[room]* łączyć się **(with sth** z czymś); przylegać **(with sth** do czegoś); *[door, stairs, corridor]* prowadzić **(to sth** do czegoś) [2] Transp *[service, bus, plane]* zapewniać połączenie **(with sth** z czymś); **do the flights ~?** czy zdąży się na ten drugi lot? [3] infml (work smoothly) *[service, system]* dobrze funkcjonować [4] US Sport (strike) trafi|ć, -ać **(with sth** w coś) [5] US infml (feel rapport) **to ~ with sb** znaleźć w kimś bratnią duszę [6] US infml (buy drugs) kup|ić, -ować narkotyki

■ **connect up**: **~ up [sth], ~ [sth] up** podłącz|yć, -ać *[video, computer]*; **to ~ sth up to sth** podłączyć coś do czegoś; **to ~ two machines up** podłączyć do siebie dwie maszyny or dwa urządzenia

connected /kəˈnektɪd/ *adj* [1] (related) *[language, science, profession]* pokrewny **(to** or **with sth** czemuś); *[argument, story, sentence, topic, matter, structure, event]* logicznie powiązany **(to** or **with sth** z czymś); **the events are (closely) ~** te wypadki są ze sobą (ściśle) powiązane; **everything ~ with music** wszystko, co ma związek z muzyką [2] (in family) spokrewniony **(to sb** z kimś); **distantly ~** daleko spokrewniony; **~ by marriage** skoligacony; **to be well ~** (through family) mieć koneksje rodzinne or koligacje; (having influence) być ustosunkowanym [3] (joined) *[town, road]* połączony **(to** or **with sth** z czymś); *[pipe]* podłączony **(to** or **with sth** do czegoś) [4] Elec *[appliance]* podłączony (do sieci) [5] Comput podłączony; **to be ~ to the Internet** być podłączonym do Internetu

Connecticut /kəˈnetɪkət/ *prn* Connecticut *n inv*

connecting /kəˈnektɪŋ/ *adj* [1] *[room]* przejściowy; *[door]* łączący (dwa pomieszczenia); *[part]* łącznikowy [2] Transp **~ flight** połączenie

connecting rod *n* Aut łącznik *m*, korbowód *m*

connection, connexion GB dat /kəˈnekʃn/ *n* [1] (logical link) związek *m*; **is there a ~ between smoking and lung cancer?** czy istnieje związek między paleniem a rakiem płuc?; **to have a** or **some ~ with sb/sth** mieć jakiś or pewien związek z kimś/czymś; **to have no ~ with sb/sth** nie mieć związku z kimś/czymś; **to make the ~** dostrzec związek **(between sth and sth** pomiędzy czymś i czymś); **in ~ with sth** w związku z czymś; **in this/that ~** w związku z tym; **we have nothing to report in this ~** nie mamy nic do powiedzenia w związku z tą sprawą [2] (personal link) związek *m* **(with sb/sth** z kimś/czymś); **to have close ~s with sb /sth** być mocno związanym z kimś/czymś *[family, town, country]* [3] (person) (relative) krewn|y *m*, -a *f*; **~s** (contacts) znajomości *f pl*, koneksje *f pl*; **to have useful ~s** mieć znajomości or kontakty; **to have ~s in high places** mieć znajomości wśród wysoko postawionych osób [4] (connecting up) (to mains) podłączenie *n*; (of pipes, tubes, wires) połączenie *n*; (of wheels) sprzężenie *n* [5] Transp połączenie *n* **(with sth** z czymś); **to make /miss one's ~** zdążyć/nie zdążyć się przesiąść, złapać/spóźnić się na połączenie [6] Telecom (of caller to network) podłączenie *n* **(to sth** do czegoś); (of caller to number) połączenie *n* **(to sb/sth** z kimś/czymś); **to get a ~** uzyskać połączenie; **bad ~** zła linia, zakłócenia na linii [7] US infml (dealer) diler *m* narkotyków; (transaction) kupno *n* działki infml [8] Comput połączenie *n*; **Internet ~** połączenie z Internetem

connection charge *n* Telecom opłata *f* za połączenie

connective /kəˈnektɪv/ **I** *n* spójnik *m*, wyraz *m* łączący

II *adj* łączący; **~ tissue** Anat tkanka łączna

connectivity /kɒnekˈtɪvətɪ/ *n* Comput dołączalność *f*, zdolność *f* przyłączeniowa

conning tower /ˈkɒnɪŋtaʊə(r)/ *n* Naut (on submarine) kiosk *m*; (on warship) (pancerna) wieża *f* dowodzenia

conniption /kəˈnɪpʃn/ *n* US infml napad *m* furii or szału; **to go into ~s** dostać szału

connivance /kəˈnaɪvəns/ *n* ciche przyzwolenie *n*; **with the ~ of sb, with sb's ~** za cichym przyzwoleniem kogoś; **in ~ with sb** w zmowie z kimś

connive /kəˈnaɪv/ **I** *vi* [1] **to ~ at sth** tolerować coś, przym|knąć, -ykać oczy na coś *[theft, betrayal, escape]* [2] (participate) **to ~ (with sb) to do sth** z|robić coś w zmowie (z kimś)

II conniving *prp adj [person]* przebiegły; **a conniving glance** porozumiewawcze spojrzenie

connoisseur /ˌkɒnəˈsɜː(r)/ *n* koneser *m*, znawca *m*; **he's a ~ of wine, he's a wine ~** on jest koneserem or znawcą wina

connotation /ˌkɒnəˈteɪʃn/ *n* konotacja *f*

connotative /ˈkɒnəteɪtɪv/ *adj* konotacyjny

connote /kəˈnəʊt/ *vtr* [1] (imply, summon up) przyw|ieść, -odzić na myśl, kojarzyć się z (czymś) *[idea]*; przywoł|ać, -ywać *[feeling, emotion]* [2] Ling konotować

connubial /kəˈnjuːbɪəl, US -ˈnuː-/ *adj* fml małżeński

conquer /ˈkɒŋkə(r)/ **I** *vt* podbi|ć, -jać *[territory, nation, outer space]*; pokon|ać, -ywać *[enemy, obstacle]*; po|radzić sobie z (czymś) *[deficit, unemployment]*; zwalcz|yć, -ać *[disease, addiction, fear, jealousy]*; zdoby|ć, -wać *[fortress]*; zawojować *[person]*; opanow|ać, -ywać *[skill, technology]*; **to ~ the world** fig zawojować or podbić świat

II conquered *pp adj* podbity, zdobyty

III conquering *prp adj [army, nation]* zwycięski

conqueror /ˈkɒŋkərə(r)/ *n* zdobywca *m*; Sport zwycię|zca *m*, -żczyni *f*; **William the Conqueror** Wilhelm Zdobywca

conquest /ˈkɒŋkwest/ *n* [1] (of country) podbój *m*; (of mountain) zdobycie *n*; (of disease) zwalczenie *n*; (of person) podbój *m*; konkieta *f* dat [2] (territory) zdobycz *f* terytorialna; (person) zdobycz *f* fig hum

conquistador /kɒnˈkwɪstədɔː(r)/ *n* (*pl* **-dors, -dores**) konkwistador *m*

consanguinity /ˌkɒnsæŋˈgwɪnətɪ/ *n* pokrewieństwo *n*

conscience /ˈkɒnʃəns/ *n* [1] (sense of right and wrong) sumienie *n*; **a matter of ~** kwestia sumienia; **he is the ~ of the nation** on jest sumieniem narodu; **they have no ~** nie mają sumienia; **to have sb/sth on one's ~** mieć kogoś/coś na sumieniu; **to have a guilty** or **bad ~** mieć wyrzuty sumienia, mieć nieczyste sumienie; **to have a clear ~** mieć czyste sumienie; **to do sth with a clear ~** zrobić coś z czystym sumieniem; **they will have to live with their ~s** będą musieli żyć z poczuciem winy; **in all ~** ze spokojnym sumieniem; **to act in good ~** działać w dobrej wierze [2] (beliefs) przekonania *plt*; **freedom of ~** wolność sumienia or przekonań; **prisoner of ~** więzień sumienia

conscience clause *n* Jur klauzula *f* sumienia

conscience money *n* pieniądze *m pl* wpłacone anonimowo dla uspokojenia sumienia

conscience-stricken /ˈkɒnʃənsstrɪkn/ *adj [person]* gnębiony wyrzutami sumienia; *[letter]* pełen skruchy; *[smile, face]* skruszony

conscientious /ˌkɒnʃɪˈenʃəs/ *adj* [1] sumienny, skrupulatny [2] (founded on moral sense) *[scruples, objections]* moralny

conscientiously /ˌkɒnʃɪˈenʃəslɪ/ *adv [work, train]* sumiennie; *[avoid, clean]* starannie

conscientiousness /ˌkɒnʃɪˈenʃəsnɪs/ *n* sumienność *f*, skrupulatność *f*

conscientious objection *n* sprzeciw *m* moralny

conscientious objector, CO *n* obdżektor *m*

conscious /ˈkɒnʃəs/ **I** *n* Psych **the ~** świadomość *f*

II *adj* [1] (aware) świadomy, świadom; **to be ~ of sth** być świadomym czegoś, zdawać sobie sprawę z czegoś; **to be ~ that...** być świadomym tego, że...; zdawać sobie sprawę z tego, że...; **to become ~ of sth** uświadomić sobie coś, zdać sobie sprawę z czegoś; **to be politically ~** być uświadomionym politycznie; **to be environmentally/socially ~** być wyczulonym na problemy środowiska naturalnego/społeczne [2] (deliberate) *[decision]* świadomy; *[irony, rudeness]* zamierzony [3] Med przytomny; **in one's ~ moments** w chwilach przytomności or świadomości; **I wasn't fully ~** byłem na pół przytomny [4] Psych świadomy

III -conscious *(in combinations)* **art-~** posiadający wrażliwość artystyczną; **health-~** dbający o zdrowie; **class-~** świadomy różnic społecznych

consciously /ˈkɒnʃəslɪ/ *adv* [1] (knowingly) świadomie [2] (deliberately) umyślnie

consciousness /ˈkɒnʃəsnɪs/ *n* [1] (awareness) świadomość *f* **(of sth** czegoś); **the ~ that...** świadomość tego, że...; **class ~** świadomość klasowa; **safety ~** troska o bezpieczeństwo; **the idea penetrated public ~** idea przeniknęła do świadomości społecznej; **the truth dawned upon my ~** prawda dotarła do mojej świadomości [2] (shared beliefs) świadomość *f* zbiorowa [3] Med przytomność *f*; **to lose/regain ~** stracić/odzyskać przytomność

consciousness raising *n* uwrażliwianie *n (na problemy etyczne, społeczne, polityczne)*

conscript **I** /ˈkɒnskrɪpt/ *n* poborowy *m*

II /ˈkɒnskrɪpt/ *modif* poborowy; **~ army** wojsko z poboru; **~ soldier** poborowy

III /kənˈskrɪpt/ *vt* powoł|ać, -ywać *[soldier]*; z|werbować *[worker]*; **to ~ sb into the army** powołać kogoś do wojska

conscription /kənˈskrɪpʃn/ *n* pobór *m*, werbunek *m* **(into sth** do czegoś)

consecrate /ˈkɒnsɪkreɪt/ **I** *vt* [1] Relig poświę|cić, -cać, konsekrować *[church, object]*; wyświę|cić, -cać *[priest, deacon]* [2] fig poświę|cić, -cać *[life, day]*; **he ~d his life to helping the poor** poświęcił życie niesieniu pomocy ubogim; **today has been ~d to the memory of the fallen** dzisiejszy dzień jest poświęcony pamięci poległych

II consecrated *pp adj* (po)święcony; **~ ground** poświęcona ziemia; **~ bread** konsekrowany opłatek, hostia, komunikant; **~ wine** konsekrowane wino

consecration /ˌkɒnsɪˈkreɪʃn/ *n* [1] (of bishop) wyświęcenie *n*, konsekracja *f*; (of church) poświęcenie *n*, konsekracja *f* [2] (Catholicism) **the Consecration** przeistoczenie *n*, konsekracja *f*

consecutive /kənˈsekjʊtɪv/ *adj* [1] (successive) kolejny; **on three ~ Mondays** w trzy kolejne poniedziałki, w trzy poniedziałki pod rząd [2] Ling **~ clause** zdanie skutkowe

consecutively /kənˈsekjʊtɪvlɪ/ *adv* kolejno; **the sentences to run ~** Jur kary mają być odbywane kolejno

consensual /kənˈsensjʊəl, -ˈsenʃʊəl/ *adj* [1] Jur *[crime]* dokonany za obopólną zgodą; *[sex]* odbyty za przyzwoleniem drugiej strony; *[contract]* konsensualny [2] (of consensus) *[politics, approach]* zgodny [3] Med odruchowy, mimowolny

consensus /kənˈsensəs/ *n* konsensus *m*; **there is no ~ among the experts on this matter** wśród ekspertów nie ma zgodnej opinii w tej kwestii; **what's the general ~ of opinion in the office?** jakie jest stanowisko ogółu pracowników?; **the ~ (of opinion) is that...** panuje zgodne przekonanie, że...; **to reach a ~ about** or **on** or **as to sth** osiągnąć konsensus co do czegoś

consensus politics *n* polityka *f* konsensusu

consent /kənˈsent/ **I** *n* [1] (permission) pozwolenie *n*, zgoda *f*, przyzwolenie *n*; **with/without sb's ~** za zgodą/bez zgody kogoś; **age of ~** *wiek, w którym prawo dopuszcza współżycie seksualne i zawarcie małżeństwa*; **she was below the age of ~** była nieletnia [2] (agreement) zgoda *f*, aprobata *f*; **by common ~** za powszechną aprobatą; **by mutual ~** za obopólną zgodą; **with one ~** jednomyślnie

II *vt* **to ~ to do sth** zgodzić się coś zrobić

III *vi* (agree) zg|odzić, -adzać się; **to ~ to sth** zgodzić się or wyrazić zgodę na coś; **to ~ to sb doing sth** zgodzić się, żeby ktoś coś zrobił; **~ing adults** Jur świadomi swych czynów dorośli

consent form *n* GB *pisemna zgoda rodziców na udział dziecka w zajęciach pozaszkolnych*

consequence /ˈkɒnsɪkwəns, US -kwens/ *n* [1] (result) konsekwencja *f*, następstwo *n*; **as a ~ of sth** wskutek czegoś *[change, process, system]*; w następstwie czegoś *[event]*; **in ~** w rezultacie; **to take** or **face** or **suffer the ~s** ponosić konsekwencje [2] (importance) fml znaczenie *n*, ważność *f*, waga *f*; **it's a matter of some ~** to kwestia dużej wagi; **he told me little of ~** nie powiedział mi nic ważnego; **a man of ~** ważna osobistość; **a man of no ~** człowiek nic nieznaczący; **it's of no ~ to me** to mnie mało obchodzi

consequent /ˈkɒnsɪkwənt, US -kwent/ *adj* **the strike and (the) ~ redundancies** strajk i zwolnienia będące jego następstwem; **to be ~ upon sth** fml być następstwem czegoś, być spowodowanym czymś; **the rise in prices ~ upon the fall in the dollar** wzrost cen spowodowany spadkiem kursu dolara

consequential /ˌkɒnsɪˈkwenʃl/ *adj* fml [1] (significant) *[decision]* ważki, ważny [2] (self-important) pej wyniosły [3] arch = **consequent**

consequential loss *n* Jur strata *f* wtórna or pośrednia

consequently /ˈkɒnsɪkwəntlɪ, US -kwentlɪ/ *adv* wskutek tego, w rezultacie, w konsekwencji

conservancy /kənˈsɜːvənsɪ/ *n* [1] GB (controlling board) *rada sprawująca dozór nad lasami, rzekami, portami* [2] (conservation) ochrona *f* przyrody

conservation /ˌkɒnsəˈveɪʃn/ **I** *n* [1] (of nature, natural resources) ochrona *f* **(of sth** czegoś); **energy ~** (saving) oszczędzanie energii [2] (of heritage) konserwacja *f*, ochrona *f*; (of family tradition) zachowanie *n*, pielęgnowanie *n* [3] Phys (of energy, mass, momentum, parity) zachowanie *n*

II *modif* **~ group** grupa działająca na rzecz ochrony przyrody; **~ issue** kwestia ochrony przyrody; **~ measures** środki podejmowane w celu ochrony przyrody

conservation area *n* (in town or city) zespół *m* zabytkowy objęty ochroną konserwatora

conservationist /ˌkɒnsəˈveɪʃənɪst/ **I** *n* działacz *m*, -ka *f* ruchu na rzecz ochrony przyrody

II *adj* związany z ochroną przyrody; **the ~ lobby** lobby ekologiczne

conservation officer *n* GB konserwator *m* zabytków

conservation site *n* obiekt *m* objęty ochroną

conservatism /kənˈsɜːvətɪzəm/ *n* konserwatyzm *m*

conservative /kənˈsɜːvətɪv/ **I** *n* Pol konserwatyst|a *m*, -ka *f*

II *adj* [1] Pol *[person, society, policy, attitude]* konserwatywny [2] (cautious) *[attitude]* ostrożny; *[estimate]* skromny; **at a ~ estimate** skromnie licząc [3] *[taste]* tradycyjny; *[dress, style]* klasyczny

Conservative /kənˈsɜːvətɪv/ GB, Pol **I** *n* członk|ek *m*, -kini *f* partii konserwatywnej, konserwatyst|a *m*, -ka *f*

II *adj* konserwatywny; **the ~ Party** Partia Konserwatywna; **~ MP** poseł (z ramienia) Partii Konserwatywnej; **to vote ~** głosować na konserwatystów

conservatoire /kənˈsɜːvətwɑː(r)/ *n* konserwatorium *n*

conservator /ˈkɒnsəveɪtə(r)/ *n* [1] (in museum) konserwator *m* [2] US Jur (of child) opiekun *m*, -ka *f*, kurator *m*

conservatorship /ˈkɒnsəveɪtəʃɪp/ *n* US opieka *f*

conservatory /kənˈsɜːvətrɪ, US -tɔːrɪ/ *n* [1] (for plants) oranżeria *f* [2] US Mus konserwatorium *n*

conserve /kənˈsɜːv/ **I** *n* Culin przetwory *plt* owocowe; (jam) konfitura *f*

II *vt* [1] (protect) chronić *[forests, landscape, wildlife]*; zachow|ać, -ywać *[customs, language]*; chronić, konserwować *[remains, ruins]* [2] (save up) oszczędz|ić, -ać *[natural resources, energy, strength]* [3] Fin oszczędnie gospodarować (czymś) *[cash, stocks]*

consider /kənˈsɪdə(r)/ **I** *vt* [1] (give thought to, study) rozważ|yć, -ać *[alternatives, options, proposal, question, problem]*; rozpat|rzyć, -rywać *[case, evidence, facts, letter, offer]*; **to ~ how to do sth** zastanawiać się, jak coś zrobić; **to ~ why/whether...** zastanawiać się, dlaczego/czy...; **~ this** pomyśl o tym, rozważ to sobie; **the jury is ~ing its verdict** ława przysięgłych obraduje [2] (take into account, bear in mind) wziąć, brać pod uwagę *[risk, cost, difficulty, matter]*; mieć wzgląd na (kogoś/coś), pamiętać o (kimś /czymś) *[person, feelings, wishes]*; **when/if you ~ that...** gdy weźmie się/jeśli wziąć pod uwagę fakt, że...; **all things ~ed** w sumie [3] (envisage, contemplate) zastan|owić, -awiać się nad (czymś), rozważ|yć, -ać *[course of action, purchase]*; **to ~ doing sth** zastanawiać się nad zrobieniem czegoś; **I ~ed giving up my job** zastanawiałem się, czy nie zrezygnować z pracy; **to ~ sb for a role** brać kogoś pod uwagę przy obsadzaniu roli; **she is ~ing him for second prize** ona uważa go za (poważnego) kandydata do drugiej nagrody [4] (regard) uważać, traktować; **I ~ her (to be) a good teacher/choice** uważam ją za dobrą nauczycielkę/kandydatkę; **he was ~ed as a group leader** był uważany or uważano go za lidera grupy; **it is ~ed bad manners to smoke during meals** palenie podczas posiłku uważa się za przejaw braku wychowania; **to ~ that...** uważać, że...; **I ~ it my duty to warn him** uważam za swój obowiązek ostrzec or przestrzec go; **I ~ it a compliment that you have chosen me** to, że mnie wybrałeś, uważam za komplement; **to ~ sb/sth favourably** potraktować kogoś/coś życzliwie; **~ the matter closed** tę sprawę możesz uznać za zamkniętą; **~ it done** załatwione; **~ it forgotten** uznajmy to za niebyłe; **~ it a deal** umowa stoi [5] fml (look at) przyglądać się (czemuś); kontemplować fml *[face, sculpture, beauty]*

C

II *vi* zastan|owić, -awiać się; **I need some time to ~** potrzebuję trochę czasu na zastanowienie or do namysłu
III considered *pp adj* [1] *[answer, view, manner]* przemyślany; **it is my ~ed opinion that...** jestem głęboko przekonany, że...; **in my ~ed opinion** moim zdaniem [2] (respected) *[person]* szanowany; *[work, skill]* ceniony; **her paintings are highly** or **well ~ed** jej malarstwo jest wysoko cenione
IV *vr* **to ~ oneself (to be)** uważać się za (kogoś/coś) *[writer, failure]*; **he ~s himself a genius** pej ma się za geniusza
considerable /kən'sɪdərəbl/ *adj* [1] (significant) *[victory, achievement]* znaczący [2] (large) znaczny; **at ~ expense** znacznym kosztem; **to a ~ degree** or **extent** w znacznym stopniu
considerably /kən'sɪdərəblɪ/ *adv [improve, vary, less, more]* znacznie
considerate /kən'sɪdərət/ *adj [person]* taktowny, liczący się z innymi, uprzejmy; *[behaviour, remark]* taktowny **to be ~ of sb's position/feelings/point of view** mieć wzgląd na stanowisko/uczucia/punkt widzenia kogoś; **to be ~ towards sb** być uprzejmym wobec kogoś; **it was ~ of you to wait** ładnie z twojej strony, że poczekałeś
considerately /kən'sɪdərətlɪ/ *adv [act, behave]* taktownie, uprzejmie; **he ~ saved me a seat** był tak uprzejmy, że zajął dla mnie miejsce; **to behave ~ towards sb** zachować się uprzejmie wobec kogoś
consideration /kən,sɪdə'reɪʃn/ *n* [1] (thought, deliberation) namysł *m*, rozwaga *f*; **after** or **on careful ~** po głębokim namyśle; **to give ~ to sth** rozważać coś, zastanowić się nad czymś; **to give sth careful/serious ~** gruntownie/poważnie coś rozważyć; **to submit sth for sb's ~** przedłożyć coś komuś pod rozwagę; **to take sth into ~** wziąć coś pod uwagę; **in ~ of sth** (because of) zważywszy na coś; (in return for) w uznaniu czegoś fml; **to be under ~** *[matter]* być rozpatrywanym; **she is under ~ for the job** jest brana pod uwagę jako kandydatka na to stanowisko [2] (thoughtfulness, care) wzgląd *m* **(for sb/sth** na kogoś/coś); **he shows ~ for my feelings** szanuje moje uczucia; **to do sth out of ~ for sb** zrobić coś przez wzgląd na kogoś; **with no ~ for others** nie licząc się z innymi [3] (factor, thing to be considered) czynnik *m*, okoliczność *f*; (concern) wzgląd *m*; **financial/humanitarian ~s** względy finansowe/humanitarne; **it outweighs any ~ of cost/risk** to jest ważniejsze od kwestii ryzyka/kosztów; **safety is the overriding ~** bezpieczeństwo jest czynnikiem nadrzędnym [4] (importance) **to be of little/no ~** mieć małe znaczenie/nie mieć żadnego znaczenia; **your age is of no ~** twój wiek jest bez znaczenia [5] (fee) **for a ~** za wynagrodzeniem; **for a small ~** za drobną opłatą
considering /kən'sɪdərɪŋ/ **I** *prep, conj* zważywszy; **it's not bad, ~ the price /how cheap it was** nieźle, zważywszy cenę/jak mało to kosztowało; **he did well, ~ (that) he was tired** zważywszy or wziąwszy pod uwagę, że był zmęczony, spisał się dobrze
II *adv* infml mimo wszystko; **it wasn't such a bad day, ~** mimo wszystko nie był to najgorszy dzień; **you've done well, ~** mimo wszystko poszło ci dobrze
consign /kən'saɪn/ *vt* [1] (get rid of) wyrzuc|ić, -ać; **to ~ sth to the flames** wrzucić coś w ogień, spalić coś; **they were ~ed to a refugee camp** zostali umieszczeni w obozie dla uchodźców [2] (entrust) **to ~ sth to the care of sb** powierzyć coś opiece kogoś [3] Comm (send) wys|łać, -yłać *[goods]*
consignee /,kɒnsaɪ'niː/ *n* Comm (of goods on consignment) odbiorc|a *m*, -czyni *f*
consigner *n* = **consignor**
consignment /kən'saɪnmənt/ *n* Comm (sending) wysyłka *f*, ekspedycja *f*; (goods) partia *f* towaru, przesyłka *f*; **for ~** przeznaczony do wysyłki; **on ~** do sprzedaży konsygnacyjnej; **~ note** kwit konsygnacyjny, list przewozowy
consignor /kən'saɪnə(r)/ *n* Comm konsygnant *m*
consist /kən'sɪst/ *vi* **to ~ of sth** składać się z czegoś; **to ~ in sth/doing sth** polegać na czymś/na robieniu czegoś
consistency /kən'sɪstənsɪ/ *n* [1] (texture) konsystencja *f* [2] (coherence) konsekwencja *f*
consistent /kən'sɪstənt/ *adj* [1] (invariable) *[growth, help, level, quality]* stały; *[texture]* jednolity; *[criticism]* konsekwentny; **parents should be ~** rodzice powinni być konsekwentni [2] (repeated) *[attempts, demands]* uporczywy [3] (logical) *[argument, position, method, basis]* logiczny, spójny [4] **~ with sth** *[account, aim, belief, decision]* zgodny z czymś, odpowiadający czemuś; **she had injuries ~ with a fall** obrażenia, jakich doznała, mogły być skutkiem upadku
consistently /kən'sɪstəntlɪ/ *adv* [1] (invariably) *[criticize, support, appear]* konsekwentnie, stale; (repeatedly) systematycznie [2] (logically) *[play, argue, think]* logicznie
consistory /kən'sɪstərɪ, US -tɔːrɪ/ *n* konsystorz *m*
consolation /,kɒnsə'leɪʃn/ *n* pociecha *f*, pocieszenie *n* **(to sb** dla kogoś); **~ prize** nagroda pocieszenia also fig; **it's no ~ that the car is intact** to żadne pocieszenie, że samochód nie ucierpiał
consolatory /kən'sɒlətərɪ, US -tɔːrɪ/ *adj* pocieszający
console[1] /'kɒnsəʊl/ *n* [1] (controls) konsola *f*, konsoleta *f*; (on aircraft) pulpit *m* sterowniczy, tablica *f* sterownicza [2] (cabinet) szafka *f*; (table) konsola *f* [3] Archit wspornik *m*, konsola *f*
console[2] /kɒn'səʊl/ **I** *vt* pociesz|yć, -ać **(with sth** czymś); **to ~ sb for sth** pocieszać kogoś z powodu czegoś
II *vr* **to ~ oneself** pociesz|yć, -ać się
consolidate /kən'sɒlɪdeɪt/ **I** *vt* [1] (make stronger) utrwal|ić, -ać *[knowledge]*; um|ocnić, -acniać *[position]* [2] US Sch po|łączyć *[schools]* [3] Comm, Fin s|konsolidować, scal|ić, -ać *[resources]*; po|łączyć *[companies]*
II *vi* [1] (become stronger) umocni|ć, -ać się, utrwal|ić, -ać się [2] (unite) *[companies]* po|łączyć się
III consolidated *pp adj* [1] Fin scalony, skonsolidowany; **~d fund** fundusz konsolidacyjny [2] Jur **~d laws** zbiór obowiązujących ustaw [3] US Sch **~d school** ≈ szkoła zbiorcza
consolidation /kən,sɒlɪ'deɪʃn/ *n* [1] (of knowledge, skills) utrwalenie *n*; (of position) umocnienie *n*, wzmocnienie *n* [2] Comm, Fin (of companies) konsolidacja *f*
consoling /kən'səʊlɪŋ/ *adj* pocieszający
consols /'kɒnsəlz/ *npl* GB Fin konsole *f pl*, bezterminowe obligacje *f pl* państwowe
consommé /kən'sɒmeɪ/ *n* Culin bulion *m*
consonance /'kɒnsənəns/ *n* [1] fml (agreement) harmonia *f*, zgodność *f*; **in ~ with sth** w zgodzie z czymś; **to be in ~ with sth** harmonizować z czymś, odpowiadać czemuś [2] Literat, Mus konsonans *m*
consonant /'kɒnsənənt/ **I** *n* Ling spółgłoska *f*
II *adj* fml [1] (in agreement) zgodny **(with sth** z czymś) [2] Mus konsonansowy, harmonijny
consonantal /,kɒnsə'næntl/ *adj* spółgłoskowy
consonant shift Ling przesuwka *f* spółgłoskowa
consort **I** /'kɒnsɔːt/ *n* [1] (of reigning monarch) małżon|ek *m*, -ka *f* (panującego); **the prince ~** książę małżonek [2] dat (spouse) małżon|ek *m*, -ka *f* fml or hum [3] Mus zespół *m* kameralny
II /kən'sɔːt/ *vi* fml [1] (socially) **to ~ with sb** zadawać się z kimś; przestawać z kimś fml [2] (be in keeping) **to ~ with sth** pasować do czegoś, harmonizować z czymś
consortium /kən'sɔːtɪəm/ *n* (*pl* **-tiums, -tia)** Fin konsorcjum *n*
conspicuous /kən'spɪkjʊəs/ *adj* [1] (to the eye) *[feature, sign]* widoczny; *[garment]* rzucający się w oczy, zwracający uwagę; **~ consumption** obnoszenie się ze swoim bogactwem, ostentacyjne wydawanie pieniędzy; **to be ~** zwracać na siebie uwagę **(for sth** czymś); **to make oneself ~** zwracać uwagę; **I felt ~** miałem wrażenie, że wszyscy na mnie patrzą; **he was ~ by his absence** iron jego nieobecność rzucała się w oczy; **in a ~ position** w widocznym miejscu; na widoku infml [2] (unusual) *[success, gallantry, stupidity]* niezwykły, wyjątkowy; *[failure]* rażący, spektakularny; **to be ~ for sth** wyróżniać się czymś *[bravery, honesty, precision]*; **a ~ lack of sth** iron rażący brak czegoś
conspicuously /kən'spɪkjʊəslɪ/ *adv [placed]* w widocznym miejscu; na widoku infml; *[dressed]* w sposób zwracający uwagę; *[brave, honest, silent]* wyjątkowo; *[nervous]* wyraźnie, w widoczny sposób; **he was ~ absent** iron jego nieobecność rzucała się w oczy
conspiracy /kən'spɪrəsɪ/ *n* spisek *m* **(against sb** przeciwko komuś); **a ~ to destroy the government** spisek w celu obalenia rządu; **to enter into a ~** zawiązać spisek; **to hatch/crush a ~** uknuć/zdławić spisek; **to be charged with ~ to murder** być oskarżonym o współudział w przygotowaniu morderstwa; **a ~ of silence** zmowa milczenia; **~ theory** teoria spiskowa
conspirator /kən'spɪrətə(r)/ *n* spiskowiec *m*, konspirator *m*, -ka *f*
conspiratorial /kən,spɪrə'tɔːrɪəl/ *adj [air, tone of voice, whisper]* konspiracyjny; *[glance]*

porozumiewawczy; *[meeting, activities]* tajny, konspiracyjny

conspire /kən'spaɪə(r)/ *vi* [1] (plot) spiskować **(against sb** przeciwko komuś); **to ~ with sb** zmówić się z kimś; **to ~ to overthrow the dictator** zawiązać spisek w celu obalenia dyktatora; **to ~ with sb to rob the bank** zmówić się z kimś, żeby obrabować bank [2] (combine) *[circumstances, weather]* sprzysi|ąc, -ęgać się **(against sb** przeciwko komuś); **several things ~d to make us meet** wiele okoliczności przyczyniło się do naszego spotkania

constable /'kʌnstəbl, US 'kɒn-/ *n* GB Police posterunkowy *m*

constabulary /kən'stæbjʊlərɪ, US -lerɪ/ *n* GB policja *f*

constancy /'kɒnstənsɪ/ *n* [1] (to person) lojalność *f* **(to sb** wobec kogoś); (of partners) wierność *f* **(to sb** komuś) [2] (of will, belief) niezmienność *f*, stałość *f*

constant /'kɒnstənt/ **I** *n* [1] element *m* stały **(in sth** w czymś) [2] Math, Phys stała *f*, wielkość *f* stała, constans *m inv*

II *adj [source, pressure, problem, growth, care, speed, improvement, supply, temperature]* stały; *[problem, temptation, fear, stress, questions, attempts, visits]* stały, ciągły; *[threat, reminder, arguments, demands]* stały, nieustanny; *[companion, friend]* nieodłączny

constantly /'kɒnstəntlɪ/ *adv* ciągle, stale, ustawicznie

constellation /ˌkɒnstə'leɪʃn/ *n* [1] Astron gwiazdozbiór *m*, konstelacja *f* [2] fig, liter (of celebrities) plejada *f*

consternation /ˌkɒnstə'neɪʃn/ *n* konsternacja *f*; **in ~** skonsternowany; **to my/his ~** ku mojemu/jego zakłopotaniu, ku mojej/jego konsternacji; **the news filled her with ~** wiadomość wprawiła ją w konsternację

constipate /'kɒnstɪpeɪt/ *vt* s|powodować zaparcie u (kogoś)

constipated /'kɒnstɪpeɪtɪd/ *adj* Med cierpiący na zaparcie

constipation /ˌkɒnstɪ'peɪʃn/ *n* Med zaparcie *n*; **to have ~** mieć zaparcie

constituency /kən'stɪtjʊənsɪ/ *n* [1] (district) okręg *m* wyborczy; (voters) elektorat *m*; **~ party** GB okręgowa organizacja partyjna [2] US Pol (supporters) zwolennicy *m pl*

constituent /kən'stɪtjʊənt/ **I** *n* [1] Pol wyborca *m* [2] (element) element *m*, część *f* składowa [3] Chem składnik *m* [4] Ling **~ analysis** metoda składników bezpośrednich

II *adj [element, part]* składowy; Pol *[assembly, power]* ustawodawczy

constitute /'kɒnstɪtjuːt/ *vt* [1] (represent) stanowić *[threat, challenge, offence]* [2] (make up) stanowić *[percentage, figure]* [3] (set up) ustan|owić, -awiać, u|tworzyć *[committee, body]* [4] (elect) powoł|ać, -ywać *[chairperson, spokesperson]*

constitution /ˌkɒnstɪ'tjuːʃn, US -'tuːʃn/ *n* [1] (of country) konstytucja *f*; (of organization, party) statut *m*; **under the ~** zgodnie z konstytucją/ze statutem [2] (of person) organizm *m*; konstytucja *f* liter; **to have a strong/weak ~** mieć silny/słaby organizm [3] (make-up) (of committee, group) skład *m*

constitutional /ˌkɒnstɪ'tjuːʃənl, US -'tuː-/ **I** *n* dat przechadzka *f* (dla zdrowia)

II *adj* [1] *[law, crisis, reform, right, monarchy]* konstytucyjny; *[action]* zgodny z konstytucją; **a ~ amendment** poprawka do konstytucji [2] (innate) *[physical characteristic]* konstytucjonalny; *[tendency, inability]* wrodzony, organiczny

constitutionality /ˌkɒnstɪˌtjuːʃə'nælətɪ, US -tuː-/ *n* Jur konstytucyjność *f*, zgodność *f* z konstytucją

constitutionally /ˌkɒnstɪ'tjuːʃənəlɪ, US -'tuː-/ *adv* [1] Pol (legally) konstytucyjnie [2] (physically) fizycznie; (psychologically) z natury

constitutive /'kɒnstɪtjuːtɪv, US -tuː-/ *adj* [1] Admin ustawodawczy [2] Biol *[gene, mutation]* konstytucyjny

constrain /kən'streɪn/ **I** *vt* fml [1] (compel) zmu|sić, -szać **(to do sth** do zrobienia czegoś); **I am ~ed to ask you to leave** jestem zmuszony prosić cię, żebyś wyszedł [2] (limit) za|hamować *[development, research]*; ogranicz|yć, -ać *[freedom]*

II constrained *pp adj [smile]* wymuszony; *[behaviour]* sztuczny; *[silence, atmosphere]* napięty

constraint /kən'streɪnt/ *n* fml [1] (constriction) ograniczenie *n*; (compulsion) przymus *m*; **to put a ~ on sth** ograniczyć coś; **legal /formal ~s** wymogi prawne/formalne; **under ~** pod przymusem or presją [2] (uneasiness) skrępowanie *n*

constrict /kən'strɪkt/ **I** *vt* [1] uciskać *[ribs, neck]*; zwę|zić, -żać, obkurcz|yć, -ać *[blood vessel]*; hamować *[flow]*; ogranicz|yć, -ać, krępować *[movement]*; utrudni|ć, -ać *[breathing]* [2] fig ogranicz|yć, -ać swobodę (komuś) *[people]*

II constricted *pp adj [throat]* ściśnięty; *[voice, breathing]* zduszony; *[flow, space]* ograniczony; *[life]* pełny ograniczeń

constricting /kən'strɪktɪŋ/ *adj [garment]* krępujący ruchy; *[ideology, attitude, idea]* ograniczający; *[job, lifestyle]* ograniczający swobodę

constriction /kən'strɪkʃn/ *n* [1] (constraint) (of job, lifestyle) ograniczenie *f*; **a feeling of ~** uczucie duszenia się fig [2] (of chest) ucisk *m*; (of throat) ściskanie *n*; (of blood vessels) kurczenie się *n* [3] (by snake) uduszenie *n*

construct **I** /'kɒnstrʌkt/ *n* [1] fml (idea) konstrukcja *f* [2] Ling konstrukcja *m* [3] Psych konstrukt *n*

II /kən'strʌkt/ *vt* z|budować, s|konstruować

construction /kən'strʌkʃn/ **I** *n* [1] (act of building) budowa *f*; **under ~** w budowie [2] (also **~ industry)** przemysł *m* budowlany, budownictwo *n*; **to work in ~** or **the ~ industry** pracować w budownictwie [3] (structure) konstrukcja *f*; **of simple ~** o prostej budowie or konstrukcji [4] (interpretation) **to put a ~ on sth** zinterpretować coś [5] Ling konstrukcja *f*, struktura *f*

II *modif [work, equipment]* budowlany; **~ set** klocki

constructional /kən'strʌkʃənl/ *adj [fault]* konstrukcyjny

construction engineer *n* inżynier konstruktor *m*

construction paper *n* (for artwork) (kolorowy) karton *m*

construction site *n* plac *m* budowy

construction worker *n* robotnik *m* budowlany

constructive /kən'strʌktɪv/ *adj* [1] *[criticism, suggestion, attitude, idea]* konstruktywny [2] Ind, Jur Admin (implicit) *[crime, permission]* domniemany; **~ dismissal** zwolnienie się pracownika pod naciskiem dyrekcji

constructively /kən'strʌktɪvlɪ/ *adv [criticize, act]* konstruktywnie

constructor /kən'strʌktə(r)/ *n* (of houses, roads, bridges) budowniczy *m*, konstruktor *m*; (of ships, planes) konstruktor *m*

construe /kən'struː/ *vt* [1] (interpret) z|rozumieć *[remark, reaction, phrase]*; **I ~d this remark as a promise/to be a threat** odebrałem tę uwagę jako obietnicę/groźbę; **wrongly ~d** źle zrozumiane [2] Sch arch przeprowa|dzić, -dzać rozbiór gramatyczny (czegoś) *[sentence]*; tłumaczyć słowo po słowie *[text]*

consul /'kɒnsl/ *n* Antiq, Pol konsul *m*; **~ general** konsul generalny; **the Polish ~** polski konsul

consular /'kɒnsjʊlə(r), US -səl-/ *adj* konsularny

consulate /'kɒnsjʊlət, US -səl-/ *n* konsulat *m*

consulship /'kɒnslʃɪp/ *n* urząd *m* konsula

consult /kən'sʌlt/ **I** *vt* [1] (refer to) po|radzić się (kogoś), zasięg|nąć, -ać porady u (kogoś) *[person]* **(about sth** w sprawie czegoś); (more formal) s|konsultować się z (kimś) *[expert]* **(about sth** w sprawie czegoś); prze|konsultować z (kimś) *[expert]* **(about sth** coś); sprawdz|ić, -ać w (czymś) *[dictionary, document, reference book]* **(about sth** coś); **to ~ a map** spojrzeć na mapę; **to ~ one's watch** sprawdzić, która godzina [2] (take account of) mieć na uwadze or względzie, uwzględni|ć, -ać; **to ~ sb's interests** fml mieć na względzie interesy kogoś

II *vi* (also **~ together)** s|konsultować się **(about sth** w sprawie czegoś); **to ~ with sb** skonsultować się z kimś

consultancy /kən'sʌltənsɪ/ **I** *n* [1] Admin (also **~ firm)** firma *f* konsultingowa [2] Admin (advice) doradztwo *n*; (for business, industry) konsulting *m*; **to work in ~** zajmować się doradztwem or konsultingiem [3] GB Med (job) ≈ stanowisko *n* lekarza specjalisty

II *modif* **~ fees** Med opłata za wizytę u specjalisty

consultant /kən'sʌltənt/ **I** *n* [1] (expert) doradca *m*, konsultant *m*, -ka *f* **(in** or **on sth** do spraw czegoś); **a ~ to the Prime Minister** doradca premiera; **beauty ~** wizażysta; **legal ~** doradca prawny [2] GB Med ≈ lekarz *m* specjalista *(najwyższego stopnia)*

II *modif* **~ obstetrician/psychiatrist** (in hospital) ≈ specjalista-położnik/specjalista-psychiatra

consultation /ˌkɒnsl'teɪʃn/ *n* [1] (meeting) (for advice) konsultacja *f*; (for discussion) narada *f* **(about sth** w sprawie czegoś); Med konsylium *n*; **to have a ~** or **~s with sb** naradzić się or odbyć naradę z kimś; **a ~ with a doctor** wizyta u lekarza; **a ~ with a lawyer** porada prawna [2] (process) konsultacja *f* **(with sb** z kimś); **in ~ with sb**

C

w porozumieniu z kimś; **after ~ with an engineer/accountant** po zasięgnięciu opinii inżyniera/księgowego, po skonsultowaniu się z inżynierem/księgowym
consultative /kən'sʌltətɪv/ *adj [committee, role]* doradczy, konsultatywny; **in a ~ capacity** w charakterze doradcy, z głosem doradczym
consulting engineer *n* doradca *m* techniczny
consulting hours *npl* Med godziny *f pl* przyjęć
consulting room *n* Med gabinet *m* lekarski
consumables /kən'sju:məblz, US -'su:m-/ *npl* Comm towary *m pl* konsumpcyjne
consume /kən'sju:m, US -'su:m-/ *vt* [1] z|jeść, z|jadać *[food]*; wy|pić, wy|pijać *[drink]*; *[animal]* poż|reć, -erać *[prey]* [2] (use up) pochł|onąć, -aniać *[money, time, energy]*; zuży|ć, -wać *[fuel]*; **this testing ~s a major share of the resources** te próby pochłaniają lwią część zasobów finansowych [3] (destroy) *[flames]* s|trawić *[building, forest]*; *[illness]* wyniszcz|yć, -ać, trawić *[person]* [4] (overwhelm) *[envy]* zżerać; *[desire]* trawić *[person]*; **he was ~d by** or **with guilt** dręczyły go wyrzuty sumienia
consumer /kən'sju:mə(r), US -'su:m-/ *n* konsument *m*, -ka *f*; (of electricity, gas) odbiorca *m*
consumer advice *n* porady *f pl* dla konsumentów
consumer advice centre *n* GB ≈ urząd *m* ochrony praw konsumenta
consumer credit *n* kredyt *m* konsumpcyjny
consumer demand *n* popyt *m* na artykuły konsumpcyjne
consumer durables *n* artykuły *m pl* trwałego użytku, towary *m pl* konsumpcyjne trwałego użytku
consumer electronics *n pl* elektronika *m* użytkowa
consumer goods *n* towary *m pl* konsumpcyjne
consumer group *n* stowarzyszenie *n* konsumentów
consumerism /kən'sju:mərɪzəm, US -'su:m-/ *n* [1] (high consumption) konsumpcjonizm *m* [2] (consumer protection) ochrona *f* interesów konsumenta, konsumeryzm *m*
consumerist /kən'sju:mərɪst, US -'su:m-/ *adj* pej *[society, outlook, culture]* konsumpcyjny
Consumer Price Index *n* (also **CPI**) wskaźnik *m* cen towarów konsumpcyjnych
consumer products *n* towary *m pl* konsumpcyjne
consumer protection *n* ochrona *f* konsumenta
consumer research *n* badania *n pl* zachowań konsumentów
consumer society *n* społeczeństwo *n* konsumpcyjne
consumer spending *n* wydatki *m pl* na konsumpcję
consuming /kən'sju:mɪŋ, US -su:m-/ *adj [hatred]* zapiekły; *[passion]* nieokiełznany; *[desire, urge]* nieposkromiony
consummate fml **I** /kən'sʌmət/ *adj [actor, politician, liar]* wytrawny, doskonały; *[fool]* skończony; *[example]* doskonały
II /'kɒnsəmeɪt/ *vt* [1] Jur spełni|ć, -ać, s|konsumować fml *[marriage]* [2] (bring to completion) s|finalizować *[business deal]*
consummation /ˌkɒnsə'meɪʃn/ *n* fml (of marriage) spełnienie *n*, skonsumowanie *n* fml; (of efforts) ukoronowanie *n*
consumption /kən'sʌmpʃn/ *n* [1] (of food, alcohol) spożycie *n*; (of goods) konsumpcja *f*; (of fuel, energy) zużycie *n*; **electricity ~, ~ of electricity** zużycie energii elektrycznej; **unfit for human ~** (food) nie nadający się do spożycia; (water) niezdatny do picia [2] Med arch (tuberculosis) suchoty *plt* dat
consumptive /kən'sʌmptɪv/ arch **I** *n* suchotni|k *m*, -czka *f* dat
II *adj* dat suchotniczy dat
cont. = **continued** ciąg dalszy, cd.
contact I /'kɒntækt/ *n* [1] (touch) styczność *f*, stykanie się *n*, zetknięcie się *n* **(with sth** z czymś); **to come into ~ with sth** dotknąć czegoś, zetknąć się z czymś; **the bomb explodes on ~** bomba wybucha przy trafieniu w cel; **a point of ~** punkt styczności [2] (communication, connection) kontakt *m*, kontakty *m pl* **(with sb** z kimś); **direct ~** kontakt bezpośredni; **~ between teachers and parents** kontakt nauczycieli z rodzicami; **to be in ~** być w kontakcie; **to make ~** nawiązać kontakt; **to get in(to) ~** skontaktować się; **to lose ~** stracić kontakt; **to maintain ~** utrzymywać kontakty; **diplomatic/cultural/secret ~** kontakty dyplomatyczne /kulturalne/tajne [3] (by radar, radio) łączność *f*; **to make/lose ~** nawiązać/stracić łączność; **to be in ~** mieć łączność [4] (acquaintance) znajom|y *m*, -a *f*; (professional) kontakt *m*, kontakty *m pl* infml; (for drugs) pośredni|k *m*, -czka *f*, łącznik *m* [5] Elec styk *m* [6] = **contact lens** [7] Phot = **contact print** [8] Med osoba *f* z kontaktu; **sexual ~** partner seksualny
II *modif [address, number]* kontaktowy
III /kən'tækt, 'kɒntækt/ *vt* s|kontaktować się z (kimś); **to ~ sb by phone/radio** skontaktować się z kimś telefonicznie /drogą radiową; **he could not be ~ed** nie można się było z nim skontaktować
contactable /kən'tæktəbl, 'kɒn-/ *adj* **she is not ~ by phone (at the moment)** (chwilowo) nie można się z nią skontaktować telefonicznie
contact adhesive *n* klej *m* kontaktowy
contact breaker *n* Electr przerywacz *m*
contact lens *n* soczewka *f* kontaktowa; **~es** szkła kontaktowe
contact print *n* Phot odbitka *f* or kopia *f* stykowa
contact sport *n* sport *m* kontaktowy
contagion /kən'teɪdʒən/ *n* [1] Med zarażenie *n* [2] fig zaraza *f* fig
contagious /kən'teɪdʒəs/ *adj* Med zaraźliwy also fig
contain /kən'teɪn/ **I** *vt* [1] (hold) zawierać *[amount, ingredients, mistakes, information]* [2] (curb) powstrzym|ać, -ywać *[blaze, violence]*; zapobie|c, -gać rozprzestrzenianiu się (czegoś) *[strike, terrorism, epidemic]*; ogranicz|yć, -ać *[costs]*; **to ~ the river** zapobiegać wylewaniu rzeki, uregulować koryto rzeki [3] (control) po|hamować, powściąg|nąć, -ać *[grief, joy]* [4] Mil powstrzym|ać, -ywać *[enemy]*; wstrzym|ać, -ywać *[offensive]* [5] Math być podzielnym przez (coś)
II *vr* **to ~ oneself** opanow|ać, -ywać się
container /kən'teɪnə(r)/ *n* [1] (for food, liquid) pojemnik *m*; (skip, for waste) kontener *m*; **plastic/glass ~** pojemnik plastikowy /szklany; **water ~** pojemnik na wodę [2] Transp kontener *m*
container depot *n* skład *m* kontenerów
containerization /kənˌteɪnəraɪ'zeɪʃn/ *n* konteneryzacja *f*
containerize /kən'teɪnəraɪz/ *vt* (pack in) załadow|ać, -ywać w kontenery; (transport) prze|transportować w kontenerach
container lorry *n* = **container truck**
container port *n* terminal *m* kontenerowy
container ship *n* kontenerowiec *m*, statek *m* kontenerowy
container terminal *n* terminal *m* kontenerowy
container transport *n* transport *m* kontenerowy
container truck *n* ciężarówka *f* z kontenerem
containment /kən'teɪnmənt/ *n* US Pol, Hist **policy of ~** polityka powstrzymania ekspansji komunizmu
contaminant /kən'tæmɪnənt/ *n* substancja *f* zanieczyszczająca or skażająca
contaminate /kən'tæmɪneɪt/ **I** *vt* [1] (pollute) zanieczy|ścić, -szczać, zatru|ć, -wać *[water, food]*; (with radiation) ska|zić, -żać *[area]*; napromieniow|ać, -ywać *[person, animals]* [2] fig (infect) zatru|ć, -wać fig *[person]*; **our students are being ~d by Brown's extreme right-wing ideas** Brown zatruwa umysły naszych studentów skrajnie prawicowymi poglądami
II contaminated *pp adj [water, foodstuffs, vegetation]* skażony
contamination /kənˌtæmɪ'neɪʃn/ *n* [1] (pollution) skażenie *n*, zanieczyszczenie *n*, zatrucie *n*; (irradiation) skażenie *n* promieniotwórcze [2] fig (infection) **moral ~** zepsucie moralne [3] Ling kontaminacja *f*
contd = **continued** ciąg dalszy, cd.
contemplate /'kɒntəmpleɪt/ **I** *vt* [1] (consider deeply) rozważ|yć, -ać *[situation, meaning]*; **to ~ the day's events** podsumowywać or analizować wydarzenia dnia [2] (envisage) zastanawiać się nad (czymś) *[option, prospect]*; **she's contemplating giving up her job** zastanawia się nad rezygnacją z pracy; **it's too awful to ~** strach nawet o tym pomyśleć [3] (look at) podziwiać; kontemplować fml *[scene, picture]*
II *vi* dumać, rozmyślać
contemplation /ˌkɒntem'pleɪʃn/ *n* [1] (deep thought) rozmyślania *n pl*; kontemplacja *f* fml; **to be deep** or **lost in ~** trwać or pogrążyć się w rozmyślaniach [2] (looking) kontemplacja *f* **(of sth** czegoś) *[view, work of art]* [3] (expectation) **in ~ of the imminent disaster** w oczekiwaniu na nieuniknioną katastrofę
contemplative /kən'templətɪv, 'kɒntempleɪtɪv/ **I** *n* kontemplator *m* fml
II *adj [person, mood]* refleksyjny; Relig kontemplacyjny
contemporaneity /kənˌtempərə'ni:ətɪ/ *n* fml jednoczesność *f*, równoczesność *f*

contemporaneous /kənˌtempəˈreɪnɪəs/ *adj [actions, publication]* jednoczesny, równoczesny **(with sth** z czymś); *[event]* mający miejsce w tym samym czasie **(with sth** co coś); *[building, object]* pochodzący z tego samego okresu **(with sth** co coś)

contemporaneously /kənˌtempəˈreɪnɪəslɪ/ *adv [occur, appear]* jednocześnie, równocześnie **(with sth** z czymś)

contemporary /kənˈtemprərɪ, US -pərerɪ/ **I** *n* (of same age) rówieśni|k *m*, -czka *f*; (living at same time) współczesn|y *m*, -a *f*; **he was a ~ of mine at the university** studiował na uniwersytecie w tym samym czasie co ja; **he didn't win the respect of his contemporaries** nie zdobył uznania współczesnych

II *adj* [1] (present-day) *[music, fashion, artist]* współczesny; (up-to-date) nowoczesny; **~ history** historia najnowsza [2] (of same period) *[witness, documents, writer]* współczesny; *[style]* z tej samej epoki; **to be ~ with sb** żyć w tych samych czasach or w tym samym czasie, co ktoś; **to be ~ with sth** zbiegać się w czasie z czymś

contempt /kənˈtempt/ *n* pogarda *f*; **to feel ~ for sb/sth** odczuwać pogardę dla kogoś /czegoś; **to hold sb/sth in ~** gardzić or pogardzać kimś/czymś; **his ~ for truth** jego pogarda dla or lekceważenie prawdy; **to be beneath ~** zasługiwać na najgłębszą pogardę

contemptible /kənˈtemptəbl/ *adj [cowardice, person]* godny pogardy, zasługujący na pogardę; **it was a ~ thing to do** to było podłe or niegodziwe fml

contempt of congress *n* US Pol obraza *f* Kongresu

contempt of court *n* Jur (disobedience) niezastosowanie się *n* do nakazu sądu; (disrespect) obraza *f* sądu

contemptuous /kənˈtemptjʊəs/ *adj* pogardliwy, wzgardliwy; **to be ~ of sb/sth** być pełnym pogardy dla kogoś/czegoś

contemptuously /kənˈtemptjʊəslɪ/ *adv [smile, say]* pogardliwie, wzgardliwie; *[behave]* z pogardą

contend /kənˈtend/ **I** *vt* twierdzić, utrzymywać **(that...** że...); **'to succeed,' she ~ed, 'we must...'** „żeby odnieść sukces", stwierdziła, „musimy..."

II *vi* [1] (struggle) walczyć **(with sb/sth** z kimś/czymś); (deal) zmagać się, borykać się **(with sth** z czymś); stawi|ć, -ać czoło **(with sth** czemuś); **he's got a lot/enough to ~ with** ma wiele/wystarczająco dużo problemów [2] (compete) rywalizować **(for sth** o coś); **she was ~ing with him for first place** rywalizowała z nim o pierwsze miejsce

contender /kənˈtendə(r)/ *n* [1] Sport zawodni|k *m*, -czka *f*; **the top ~** faworyt; **the main ~s** główni rywale; **she's a ~ for first place** jest poważną kandydatką do pierwszego miejsca; **there are three ~s for first place** o pierwsze miejsce rywalizuje ze sobą trzech zawodników [2] (for job, political post) kandydat *m*, -ka *f*; **is he a serious ~ for this post?** czy on jest poważnym kandydatem na to stanowisko?

contending /kənˈtendɪŋ/ *adj [candidates]* rywalizujący; *[armies]* walczący

content[1] **I** /ˈkɒntent/ *n* [1] (relative quantity) zawartość *f*; **the fat/vitamin ~** zawartość tłuszczu/witamin; **high/low lead ~** wysoka/niska zawartość ołowiu; **to have a high/low protein ~** być bogatym/ubogim w białko [2] (meaning) (of essay, article) treść *f*, zawartość *f*; **form and ~** Literat forma i treść

II contents /ˈkɒntents/ *npl* [1] (of jar, bag) zawartość *f*; (of house, flat) wyposażenie *n*; **he emptied the drawer of its ~s** opróżnił szufladę z zawartości [2] (of book, letter) treść *f*; (of file) zawartość *f*; **list** or **table of ~s** spis rzeczy

content[2] /kənˈtent/ **I** *n* (happiness) zadowolenie *n*; ukontentowanie *n* dat

II *adj* (happy) zadowolony **(with sth** z czegoś); rad dat; (willing) gotowy, chętny; **she's ~ with her life/what she has** jest zadowolona z życia/z tego, co ma; **he's ~ to stay here/work hard** jest gotów tu zostać/ciężko pracować; **I'm quite ~ here** dobrze mi tu

III *vt* (satisfy) zadow|olić, -alać *[person]*; **you're easily ~ed** łatwo cię zadowolić, łatwo ci dogodzić

IV *vr* **to ~ oneself with sth/doing sth** zadowolić się czymś/zrobieniem czegoś; **I shall ~ myself with saying that...** fml pozwolę sobie tylko powiedzieć, że...

IDIOMS: **to one's heart's ~** *[eat, drink]* ile dusza zapragnie; *[dance]* do upadłego

contented /kənˈtentɪd/ *adj [person]* zadowolony **(with sth** z czegoś); **he gave a ~ sigh** westchnął z zadowoleniem; **he's a most ~ child** on jest wyjątkowo pogodnym dzieckiem; **a ~ feeling/smile** uczucie/uśmiech zadowolenia

contentedly /kənˈtentɪdlɪ/ *adv* z zadowoleniem

contentedness /kənˈtentɪdnɪs/ *n* zadowolenie *n*

contention /kənˈtenʃn/ *n* fml [1] (opinion) twierdzenie *n*; **it is her ~ that...** ona uważa, że... [2] (dispute) spór *m* **(about sth** o coś); **a matter** or **point of ~** kwestia sporna [3] (competition) rywalizacja *f*; **the two parties are in ~ to win the election** te dwie partie rywalizują or walczą o zwycięstwo w wyborach

contentious /kənˈtenʃəs/ *adj* [1] *[issue, subject]* kontrowersyjny; **to hold ~ views on sth** mieć dyskusyjne poglądy na temat czegoś [2] fml *[person]* kłótliwy, swarliwy

contentment /kənˈtentmənt/ *n* zadowolenie *n*; **with ~** *[sigh, smile]* z zadowoleniem; **there was a look of ~ on his face** miał wyraz zadowolenia na twarzy, miał zadowoloną minę

conterminous /kɒnˈtɜːmɪnəs/ *adj* fml *[state, region]* sąsiadujący, graniczący **(with sth** z czymś); *[boundaries]* wspólny

contest **I** /ˈkɒntest/ *n* [1] (competition) konkurs *m*; Sport zawody *plt*; **beauty ~** konkurs piękności; **fishing ~** zawody wędkarskie; **to enter a ~** wziąć udział w konkursie/w zawodach; **to hold a ~** zorganizować konkurs/zawody; **it's no ~** z góry wiadomo, kto wygra [2] (struggle) walka *f* also fig; **to enter the ~ with sb for sth** stanąć z kimś do walki o coś; **the ~ between Robert and Adam was fierce** walka or rywalizacja pomiędzy Robertem i Adamem była zacięta; (in election) **the presidential ~** walka o fotel prezydencki

II /kənˈtest/ *vt* [1] (object to) za|kwestionować *[decision, position, result]*; **to ~ a will** Jur podważyć ważność testamentu, zakwestionować or zaskarżyć testament [2] (compete for) Sport walczyć o zwycięstwo w (czymś) *[match]*; Pol rywalizować or walczyć o (coś); **a strongly ~ed seat** Pol mandat, o który toczy się ostra walka wyborcza; **to ~ an election** Pol kandydować w wyborach

contestant /kənˈtestənt/ *n* Sport zawodni|k *m*, -czka *f*; (in fight) przeciwni|k *m*, -czka *f*; (for job, in election) kandydat *m*, -ka *f*

contestation /ˌkɒntesˈteɪʃn/ *n* Jur zaskarżenie *n*

context /ˈkɒntekst/ *n* kontekst *m*; **in ~** *[study, understand]* w kontekście; **out of ~** *[quote]* bez kontekstu; *[examine]* pomijając kontekst; **to put sth into ~** rozpatrywać coś we właściwym kontekście

context-sensitive help /ˌkɒntekstsensətɪvˈhelp/ *n* Comput pomoc *f* kontekstowa

contextual /kənˈtekstʃʊəl/ *adj* kontekstowy

contextualize /kənˈtekstʃʊəlaɪz/ *vt* rozpat|rzeć, -rywać w szerszym kontekście

contiguous /kənˈtɪgjʊəs/ *adj* fml *[area, property]* graniczący, sąsiadujący **(to** or **with sth** z czymś); *[surfaces]* stykający się ze sobą, przylegający do siebie

continence /ˈkɒntɪnəns/ *n* fml wstrzemięźliwość *f*

continent[1] /ˈkɒntɪnənt/ *n* [1] (land mass) kontynent *m*; (mainland) stały ląd *m* [2] **the Continent** GB kontynent *m* europejski *(bez Wysp Brytyjskich)*; **on the Continent** na kontynencie (europejskim)

continent[2] /ˈkɒntɪnənt/ *adj* [1] Med kontrolujący czynności fizjologiczne [2] fml (sexually) wstrzemięźliwy

continental /ˌkɒntɪˈnentl/ **I** *n* Europej|czyk *m*, -ka *f* z kontynentu

II *modif* [1] Geog *[climate, vegetation]* kontynentalny [2] GB *[philosophy, universities]* Europy kontynentalnej; **~ car** samochód wyprodukowany na kontynencie (europejskim); **~ holiday** wakacje na kontynencie (europejskim)

IDIOMS: **it's not worth a ~** US infml to nie (jest) warte funta kłaków infml

continental breakfast *n* śniadanie *n* kontynentalne *(złożone z kawy, pieczywa, masła, dżemu)*

Continental Divide *n* US dział *m* wodny tworzony przez Góry Skaliste

continental drift *n* dryf *m* kontynentalny

Continental Europe *prn* kontynent *m* europejski

continental quilt *n* kołdra *f*

continental shelf *n* szelf *m* kontynentalny

contingency /kənˈtɪndʒənsɪ/ *n* [1] ewentualność *f*; **to be prepared for contingencies** być przygotowanym na różne ewentualności [2] Philos przypadkowość *f*

contingency fund *n* rezerwa *f* budżetowa

contingency plan *n* plan *m* awaryjny

C

contingency planning *n* ustalanie *n* strategii na wypadek sytuacji kryzysowej

contingency reserve *n* rezerwa *f* budżetowa

contingent /kən'tɪndʒənt/ **I** *n* [1] reprezentacja *f*, grupa *f*, lobby *n* [2] Mil kontyngent *m* [3] Philos przypadkowość *f*
II *adj* [1] (fortuitous) przypadkowy [2] fml **to be ~ on** or **upon sth** być zależnym od czegoś, zależeć od czegoś

continual /kən'tɪnjʊəl/ *adj* ciągły, nieustanny, ustawiczny

continually /kən'tɪnjʊəlɪ/ *adv* ciągle, nieustannie, ustawicznie

continuance /kən'tɪnjʊəns/ *n* [1] (of war, regime) trwanie *n* [2] (of species) przetrwanie *n*, ciągłość *f* [3] US Jur odroczenie *n* sprawy sądowej

continuant /kən'tɪnjʊənt/ *adj* ciągły, nieprzerwany

continuation /kənˌtɪnjʊ'eɪʃn/ *n* [1] (maintenance) kontynuowanie *n*, kontynuacja *f* [2] (resumption) kontynuacja *f* [3] (in book) ciąg *m* dalszy; (of contract) przedłużenie *n*, prolongata *f*; (of route) przedłużenie *n* [4] GB Fin report *m*, transakcja *f* prolongacyjna

continue /kən'tɪnjuː/ **I** *vt* [1] (carry on) kontynuować *[career, studies, enquiry, TV series, journey]* [2] (resume) wzn|owić, -awiać *[activity, conversation, campaign]*; **'to be ~d'** (in film) „ciąg dalszy nastąpi"; **'~d overleaf'** „ciąg dalszy na następnej stronie"; **'if I may ~, please'** iron „proszę pozwolić mi dokończyć"; **'what's more,' she ~d** „a co więcej", ciągnęła [3] (preserve) podtrzymywać, kultywować, kontynuować *[tradition, way of life]*; utrzym|ać, -ywać *[measures, standards, system]*
II *vi* [1] *[noise, debate, strike]* trwać; *[weather]* utrzym|ać, -ywać się; *[rain, pain, symptoms]* nie ust|ąpić, -ępować, utrzym|ać, -ywać się; **the trial ~s** proces toczy się dalej; **repair work is continuing on M6** trwają prace remontowe na autostradzie M6 [2] (keep on) **it ~d raining** or **to rain for two hours** padało przez dwie godziny bez przerwy; **they ~d searching late into the night** prowadzili poszukiwania do późnej nocy; **she ~d to live in the same house after her parents died** po śmierci rodziców nadal mieszkała w tym samym domu; **his health ~s to improve** jego stan ciągle się poprawia [3] *[person]* iść dalej; *[vehicle]* jechać dalej; *[route]* ciągnąć się; **he ~d down the street** szedł dalej ulicą; **we ~d on our way** ruszyliśmy dalej w drogę [4] (in career, role) **to ~ in office** pozostać na stanowisku, nadal pełnić funkcję; **she will ~ as minister** pozostanie or będzie nadal ministrem [5] (in speech) ciągnąć, mówić dalej; **he ~d by citing three precedents** (in debate) następnie powołał się na trzy precedensy [6] **to ~ with sth** kontynuować coś *[treatment]*; wykonywać coś nadal *[duties]*; **to ~ with the ironing** prasować dalej
III **continuing** *prp adj [advance, trend, effort]* stały; **on a continuing basis** na zasadzie stałej; **continuing education** kształcenie ustawiczne

continuity /ˌkɒntɪ'njuːɪtɪ/ *n* [1] ciągłość *f*; **to provide ~ of services** zapewnić stały serwis [2] Cin, TV (flow) ciągłość *f* akcji [3] Cin (continuous projection) projekcja *f* ciągła

continuity announcer *n* prezenter *m* telewizyjny, prezenterka *f* telewizyjna

continuity girl *n* sekretarka *f* planu

continuity man *n* sekretarz *m* planu

continuo /kən'tɪnjʊəʊ/ *n* (*pl* **-os**) Mus basso continuo *n inv*

continuous /kən'tɪnjʊəs/ *adj* [1] *[growth, flow, decline, care]* ciągły, stały; *[noise]* nieustanny, ustawiczny; *[love]* nieprzemijający; *[line, surface]* ciągły; **~ assessment** GB Sch, Univ ocena na podstawie pracy przez cały okres nauki; **~ performance** Cin seans non-stop [2] Ling *[tense]* ciągły; **it's in the present ~** to jest w czasie teraźniejszym ciągłym [3] Biol *[gene]* ciągły

continuously /kən'tɪnjʊəslɪ/ *adv* [1] (without a break) *[sing, talk]* ciągle, bez przerwy; *[breathe]* równomiernie [2] (repeatedly) ciągle, stale

continuum /kən'tɪnjʊəm/ *n* (*pl* **-nuums, -nua**) kontinuum *n* fml; **the time-space ~** kontinuum czasoprzestrzeni

contort /kən'tɔːt/ **I** *vt* [1] (twist) *[pain, pressure]* po|wykręcać, po|wykrzywiać *[limbs]*; **his features were ~ed with rage** gniew wykrzywił mu twarz [2] (distort) wypacz|yć, -ać, przeinacz|yć, -ać *[message, truth]*
II *vi [face, mouth]* wykrzyw|ić, -iać się

contortion /kən'tɔːʃn/ *n* [1] kontorsja *f* ra; (of face) grymas *m*; (of muscles) skurcz *m pl*; **to writhe in a ~ of pain** liter zwijać się w paroksyzmie bólu [2] (physical feat) wygibasy *m pl* hum [3] fig (challenge) **he went through amazing ~s to get it** musiał się dobrze nagimnastykować, żeby to zdobyć

contortionist /kən'tɔːʃənɪst/ *n* akrobata *m*; człowiek-guma *m* infml

contour /'kɒntʊə(r)/ *n* [1] (outline) kontur *m*, zarys *m* [2] Geog = **contour line**

contour line *n* Geog poziomica *f*, warstwica *f*, izohipsa *f*

contour map *n* mapa *f* poziomicowa

contra /'kɒntrə/ Hist **I** *n* (soldier) bojownik *m* contras
II *modif* **~ rebels** partyzanci contras; **the ~ army** armia contras

contraband /'kɒntrəbænd/ **I** *n* kontrabanda *f*
II *modif* przemycany, szmuglowany; **~ perfume/tobacco** perfumy/tytoń z przemytu or ze szmuglu

contrabass /ˌkɒntrə'beɪs/ *n* Mus kontrabas *m*

contrabassoon /ˌkɒntrəbə'suːn/ *n* Mus kontrafagot *m*

contraception /ˌkɒntrə'sepʃn/ *n* antykoncepcja *f*, zapobieganie *n* ciąży; **to practise ~** stosować antykoncepcję; **did you use any form of ~?** czy stosowała pani jakieś środki antykoncepcyjne?

contraceptive /ˌkɒntrə'septɪv/ **I** *n* środek *m* antykoncepcyjny
II *adj [method, pill]* antykoncepcyjny; **~ device** mechaniczny środek antykoncepcyjny

contract **I** /'kɒntrækt/ *n* [1] Admin, Jur (agreement) kontrakt *m*, umowa *f* **(for sth** na coś); **employment ~, ~ of employment** umowa o pracę; **a two-year ~** dwuletni kontrakt; **to enter into a ~ with sb** zawrzeć kontrakt or umowę z kimś; **to be on a ~** być na umowie or kontrakcie; **to be under ~ with sb** być związanym z kimś umową or kontraktem; **to be under ~ to sb** być związanym umową o pracę z kimś; **to be out of ~** być zwolnionym z warunków umowy or kontraktu [2] Comm (tender) przetarg *m*; **to win/lose a ~** wygrać/przegrać przetarg; **to award a ~ to sb** wybrać ofertę kogoś (w przetargu); **a ~ to maintain sth** or **for the maintenance of sth** przetarg na wykonanie prac konserwacyjnych or konserwację czegoś; **to do work under ~** zrobić or wykonać coś w ramach kontraktu; **to place a ~ for sth with sb** zlecić komuś wykonanie czegoś; **to put work out to ~** zlecić wykonanie pracy [3] vinfml (for assassination) **to put out a ~ on sb** zlecić zamordowanie kogoś; **there's a ~ out on him** jest na niego wyrok [4] Games (in bridge) kontrakt *m*
II /'kɒntrækt/ *modif* (labour, worker) kontraktowy, na umowę; **the work is done on a ~ basis** ta praca jest wykonywana na umowę zlecenie
III /kən'trækt/ *vt* [1] Med (develop) zara|zić, -żać się (czymś) *[disease, virus]* **(from sb** przez kontakt z kimś, od kogoś) [2] Jur (arrange) zaw|rzeć, -ierać *[marriage, alliance]*; zaciąg|nąć, -ać *[debt, loan]* [3] Comm Jur **to be ~ed to do sth** być związanym umową na zrobienie czegoś [4] (tighten) kurczyć *[muscles]*; z|marszczyć *[brow]*
IV /kən'trækt/ *vi* [1] Comm, Jur (undertake) **to ~ to do sth** zawrzeć umowę na zrobienie czegoś, zobowiązać się do zrobienia czegoś; **to ~ with sb to do sth** zawrzeć umowę z kimś na zrobienie czegoś [2] (shrink) *[wood, metal, market, funds, territory]* s|kurczyć się; *[support, influence]* z|maleć [3] Med, Physiol s|kurczyć się
■ **contract into** GB: **~ into [sth]** zgł|osić, -aszać akces do (czegoś) *[group, scheme, share deal]*
■ **contract out** GB: ¶ Fin, Jur **~ out** wycofa|ć, -ywać się z umowy ¶ **~ out [sth], ~ [sth] out** zlec|ić, -ać *[building, maintenance work]* **(to sb** komuś)

contract agreement *n* umowa *f*, kontrakt *m*

contract bridge *n* Games brydż *m (kontraktowy)*

contract cleaners *npl* firma *f* wynajmowana do sprzątania

contractile /kən'træktaɪl, US -tl/ *adj [tissue, muscle]* kurczliwy

contraction /kən'trækʃn/ *n* [1] (shrinkage) (of timber, metal, market) kurczenie się *n*; (of industry, sector) regres *m* [2] Med (of disease) zarażenie się *n* **(of sth** czymś); Physiol (muscular) skurcz *n*; **the ~s have started** zaczęły się skurcze (porodowe) [3] Ling forma *f* ściągnięta, kontrakcja *f*

contract killer *n* płatny morderca *m*

contract killing *n* zabójstwo *n* na zlecenie

contractor /kən'træktə(r)/ *n* [1] (from private sector) przedsiębiorca *m (zwykle budowlany)*; **army** or **defence ~** dostawca sprzętu i usług dla wojska [2] (worker) wykonawca *m*

[3] Jur (party) kontrahent *m*, -ka *f* [4] Games (in bridge) rozgrywający *m*

contractual /kən'træktʃʊəl/ *adj* kontraktowy, wynikający z umowy

contractually /kən'træktʃʊəlɪ/ *adv* zgodnie z umową; **to be ~ bound to do sth** być zobowiązanym umową do zrobienia czegoś

contract work *n* praca *f* najemna

contract worker *n* robotnik *m* najemny *or* kontraktowy

contradict /ˌkɒntrə'dɪkt/ **I** *vt* zaprzecz|yć, -ać (komuś) *[person]*; przeczyć (czemuś) *[statement]*; **all the reports ~ each other** wszystkie doniesienia przeczą sobie nawzajem; **the witnesses' reports ~ his alibi** zeznania świadków podważają jego alibi

II *vi* zaprzecz|yć, -ać; **don't ~!** nie zaprzeczaj!

III *vr* **to ~ oneself** przeczyć (samemu) sobie

contradiction /ˌkɒntrə'dɪkʃn/ *n* sprzeczność *f*; **a ~ between theory and practice** sprzeczność pomiędzy teorią a praktyką; **to be in ~ with sth** być *or* pozostawać w sprzeczności z czymś *[statement]*; stanowić zaprzeczenie czegoś *[principles]*; **it's a ~ in terms!** to sprzeczność sama w sobie!

contradictory /ˌkɒntrə'dɪktərɪ/ *adj [ideas, statements]* sprzeczny; **this idea is ~ to common sense** ten pomysł jest sprzeczny ze zdrowym rozsądkiem

contradistinction /ˌkɒntrədɪ'stɪŋkʃn/ *n* fml przeciwieństwo *n*; **in ~ to sth** w przeciwieństwie do czegoś

contraflow GB /'kɒntrəfləʊ/ **I** *n ruch dwukierunkowy wprowadzony czasowo na jednym pasie drogi*

II *modif [lane, traffic]* (czasowo) dwukierunkowy; **there is a ~ system in force on the M6** na autostradzie M6 czasowo wyłączono jedno pasmo z ruchu

contraindicated /ˌkɒntrə'ɪndɪkeɪtɪd/ *adj [drug, treatment]* przeciwwskazany

contraindication /ˌkɒntrəɪndɪ'keɪʃn/ *n* przeciwwskazanie *n* **(against sth** do czegoś)

contralto /kən'træltəʊ/ **I** *n* (*pl* **-tos, -ti**) (voice, singer) kontralt *m*

II *modif [voice]* kontraltowy; **~ part** partia na kontralt

contraption /kən'træpʃn/ *n* infml hum *or* pej ustrojstwo *n* infml

contrapuntal /ˌkɒntrə'pʌntl/ *adj [style, piece]* kontrapunktowy

contrarily /'kɒntrərɪlɪ, kən'treərɪlɪ/ *adv [behave, act, say]* przekornie

contrariness /'kɒntreərɪnɪs, kən'treərɪnɪs/ *n* przekora *f*; **out of sheer ~** z czystej przekory

contrariwise /kən'treərɪwaɪz, 'kɒntrərɪwaɪz, US -trerɪ-/ *adv* [1] (conversely) (i) odwrotnie [2] (in the opposite direction) *[travel, move]* w przeciwną stronę

contrary /'kɒntrərɪ, US -trerɪ/ **I** *n* przeciwieństwo *n*; **the ~ is the case** prawdą jest coś zupełnie przeciwnego; **quite the ~** (wręcz) przeciwnie; **on the ~** (quite the reverse) (wręcz) przeciwnie; **despite views /claims to the ~** mimo opinii/twierdzeń, że jest inaczej; **no-one said anything to the ~** nikt nie powiedział, że tak nie jest; **unless there is evidence to the ~** o ile nie pojawią się dowody świadczące przeciw temu

II *adj* [1] *[ideas, views]* sprzeczny **(to sth** z czymś); przeciwstawny **(to sth** czemuś) [2] *[direction]* przeciwny **(to sth** do czegoś); *[movement, wind]* przeciwny, w przeciwnym kierunku [3] /kən'treərɪ/ *[person]* przekorny; *[child]* krnąbrny

III contrary to *prep phr* wbrew (czemuś); **~ to popular belief/to rumours/to expectations** wbrew powszechnej opinii /plotkom/oczekiwaniom

contrast **I** /'kɒntrɑːst, US -træst/ *n* [1] (difference) kontrast *m*; (opposition) przeciwieństwo *n*; **the ~ between the lifestyles of young and old** kontrast między stylem życia młodych i starych; **by** *or* **in ~** (however) natomiast; **in ~ to sb/sth, by ~ with sb/sth** w odróżnieniu od kogoś /czegoś, w przeciwieństwie do kogoś/czegoś; **to be a ~ to** *or* **with sb/sth** stanowić kontrast względem kogoś/czegoś [2] Phot, TV kontrast *m*, kontrastowość *f*

II *vt* porówn|ać, -ywać *[things, persons]*; **to ~ sth with sth** zestawiać coś z czymś

III *vi* (differ) różnić się **(with sth** od czegoś); (show contrast) kontrastować **(with sth** z czymś)

IV contrasting *prp adj [colour, tone]* kontrastujący, kontrastowy; *[view, landscape]* pełen kontrastów; *[opinions, styles]* kontrastujące ze sobą

contrastive /kən'trɑːstɪv, US -'træst-/ *adj* kontrastowy; Ling kontrastywny

contravene /ˌkɒntrə'viːn/ *vt* fml [1] narusz|yć, -ać *[code, article, ban, law]*; **to ~ article 5** naruszyć artykuł 5. [2] zaprzecz|yć, -ać (czemuś), przeczyć (czemuś) *[theory, argument]*

contravention /ˌkɒntrə'venʃn/ *n* fml naruszenie *n*, przekroczenie *n* **(of sth** czegoś); **in ~ of the rules/law** wbrew przepisom/prawu

contretemps /'kɒntrətɒŋ/ *n* (*pl* **~**) [1] (argument) scysja *f*, spięcie *n* [2] (embarrassing event) niezręczna sytuacja *f*

contribute /kən'trɪbjuːt/ **I** *vt* [1] Insur, Tax wpła|cić, -cać *[sum, bonus, percentage of salary]* **(to sth** na coś); pokry|ć, -wać *[costs, expenses]* [2] (donate) ofiarow|ać, -ywać *[money, gift]* **(to** *or* **towards sth** na coś) [3] (to project, undertaking) wn|ieść, -osić *[ideas, experience]* **(to sth** do czegoś); **he ~s nothing to discussions** nie wnosi niczego do dyskusji; **they have much to ~** mają wiele do zaoferowania [4] Comm, Fin wn|ieść, -osić *[capital]*; **to ~ £50** wnieść 50 funtów [5] Journ pis|ać, -ywać *[article, column]*; **he regularly ~s articles to The Guardian** regularnie pisuje dla Guardiana

II *vi* [1] (be a factor in) **to ~ to** *or* **towards sth** przyczy|nić, -niać się do czegoś *[change, downfall]*; wpły|nąć, -wać, mieć wpływ na coś *[awareness, well-being, productivity]* [2] (participate) **to ~ to sth** wziąć, brać udział w czymś, włączyć się w coś *[community life, research]* [3] (give money) **to ~ to sth** w|esprzeć, -spierać finansowo coś *[campaign, fund, charity]*; **would you like to ~?** (for gift) czy się dołożysz? [4] Insur, Tax **to ~ to sth** wpła|cić, -cać (pieniądze) na coś *[pension fund, insurance scheme]* [5] Journ, Radio współpracować **(to sth** z czymś)

contribution /ˌkɒntrɪ'bjuːʃn/ *n* [1] (to tax, pension, insurance) składka *f* **(to** *or* **towards sth** na coś) [2] (to charity, campaign) datek *m*, dar *m* **(to** *or* **towards sth** na coś); **to make a ~** ofiarować datek; **'all ~s gratefully received'** „każdy datek mile widziany" [3] (role played) **his/her ~ to sth** jego/jej udział w czymś *[success, undertaking]*; jego /jej wkład w coś *[science, sport, art form]*; **to make a ~ to road safety** przyczynić się do zwiększenia bezpieczeństwa na drogach; **she didn't make much of a ~ to the discussion** niewiele wniosła do dyskusji; **a pathetic ~** (by team, performer) żałosne widowisko [4] Comm (to profits, costs) udział *m* [5] Radio, TV współudział *m*; Journ artykuł *m*; **a volume with ~s from eminent historians** publikacja zbiorowa zawierająca prace wybitnych historyków

contributor /kən'trɪbjʊtə(r)/ *n* [1] (to charity) ofiarodaw|ca *m*, -czyni *f*; **a list of ~s** lista ofiarodawców [2] (in discussion) uczestni|k *m*, -czka *f* [3] (to magazine, newspaper) współpracowni|k *m*, -czka *f*; (to book) współautor *m*, -ka *f* [4] (cause) **a ~ to sth** jedna z przyczyn czegoś

contributory /kən'trɪbjʊtərɪ, US -tɔːrɪ/ *adj* [1] **to be ~ to sth** przyczynić się do czegoś *[success, failure]*; **to be a ~ cause of sth** być jedną z przyczyn czegoś; **a ~ factor** czynnik dodatkowy; **~ negligence** Jur przyczynienie się poszkodowanego do powstania szkody [2] **~ pension scheme** GB *or* **plan** US emerytalny fundusz składkowy

con trick *n* kant *m*, szwindel *m* infml

contrite /'kɒntraɪt/ *adj* fml *[person, expression]* skruszony

contritely /kən'traɪtlɪ/ *adv* ze skruchą

contrition /kən'trɪʃn/ *n* fml [1] (remorse) skrucha *f*, kajanie *n* [2] Relig żal *m* za grzechy, skrucha *f*

contrivance /kən'traɪvəns/ *n* fml [1] (machine, device) urządzenie *n* [2] (ploy) wybieg *m*, podstęp *m* [3] (ingenuity) pomysłowość *f*, inwencja *f*

contrive /kən'traɪv/ *vt* [1] (arrange) za|aranżować *[meeting, event]* [2] fml (manage) **to ~ to do sth** zdołać coś zrobić; **she ~d to spill paint all over the floor** hum udało jej się zachlapać farbą całą podłogę [3] (invent) sprokurować fml *[machine, device, play, plot]*

contrived /kən'traɪvd/ *adj* pej [1] (deliberate) *[meeting, coincidence]* zaaranżowany [2] (forced) *[plot, ending, explanation]* naciągany infml [3] (artificial) *[style, behaviour]* nienaturalny, wystudiowany

control /kən'trəʊl/ **I** *n* [1] (domination) (of country, party, organization) władza *f*; (of animals, children, crowd, situation) panowanie *n* **(of sb /sth** nad kimś/czymś); (of investigation, operation, project) nadzór *m* **(of sth** nad czymś); (of life, fate) wpływ *m* **(of** *or* **over sb/sth** na kogoś/coś); (of others' behaviour) kontrola *f* **(over sb** nad kimś); (of disease, pests, social problem) zwalczanie *n* **(of sth** czegoś); **state ~** kontrola państwowa, nadzór państwa; **to be in ~ of a town/territory** *[army]* mieć kontrolę nad miastem/na obszarze; **to be in ~ of an operation/a project** kierować operacją/przedsięwzięciem; **to be in ~ of**

C

a problem radzić sobie z problemem; to have ~ over children/crowd/animals panować nad dziećmi/tłumem/zwierzętami; to have ~ over sb's behaviour kontrolować zachowanie kogoś; to take ~ of a town/territory przejąć kontrolę w mieście/na obszarze; to take ~ of an organization/an operation/a project przejąć kierowanie organizacją/operacją /przedsięwzięciem; to be under sb's ~, to be under the ~ of sb *[person]* być pod wpływem kogoś; *[army, government, organization, party]* być pod kontrolą kogoś; to be under ~ *[fire, problem, riot, situation]* być opanowanym; is the situation under ~? czy sytuacja jest opanowana?; everything's under ~ wszystko w porządku; to bring or get sth under ~ opanować coś *[fire, riot]*; zapanować nad czymś *[crowd]*; uporać się z czymś *[problem]*; to keep sth under ~ panować nad czymś; to be out of ~ *[animals, children, crowd, riot]* wymknąć się spod kontroli; the situation is out of ~ sytuacja wymknęła się spod kontroli; to let sth get out of ~, to lose ~ of sth stracić nad czymś panowanie or kontrolę; to be beyond or outside sb's ~ *[animal, child]* nie dawać nad sobą zapanować; the situation is beyond ~ sytuacja jest nie do opanowania; due to circumstances beyond our ~ z przyczyn od nas niezależnych [2] (restraint) kontrola *f*, panowanie *n*; to have or exercise ~ over sth kontrolować coś, panować nad czymś *[self, appetite, bodily function, emotion, urge]*; to keep ~ of oneself, to be in ~ of oneself panować nad sobą; to lose ~ (of oneself) stracić panowanie (nad sobą) [3] (physical mastery) ~ of sth opanowanie *n* czegoś *[ball, system]*; panowanie *n* nad czymś *[vehicle, machine, body, process]*; to be in ~ of sth panować nad czymś; to keep/lose ~ of a car panować/stracić panowanie nad samochodem or kierownicą; to take ~ (of car) zasiąść za kierownicą; (of plane) ująć stery; his car went out of ~ stracił panowanie nad samochodem [4] (lever, switch) przełącznik *m*; (knob) pokrętło *n*, gałka *f*; brightness/volume ~ regulacja kontrastu/natężenia dźwięku; ~s Aut układ sterowania; to be at the ~s Aviat siedzieć za sterem [5] Admin, Econ (regulation) kontrola *f*, regulacja *f* (on sth czegoś); cost/price ~ kontrola kosztów/cen; export/import ~ kontrola eksportu/importu [6] Sci (in experiment) doświadczenie *n* kontrolne; (a group) grupa *f* kontrolna

II *modif* ~ button/knob/switch guzik /przycisk/przełącznik regulujący

III *vt* (*prp, pt, pp* -ll-) [1] (dominate) rządzić (czymś), sprawować władzę w (czymś) *[country]*; mieć większość w (czymś) *[council, government, organization]*; kierować (czymś) *[air-traffic, investigation, project]*; regulować *[road traffic]*; Fin *[shareholder]* mieć pakiet kontrolny (czegoś) *[company]*; Mil kontrolować *[town, territory]*; Econ kontrolować *[market]*; fig rządzić (czymś), panować nad (czymś) *[mind]* [2] (discipline) opanow|ać, -ywać *[inflation, unemployment, riot, fire, pests]*; za|panować nad (kimś /czymś) *[person, animal, crowd, emotion, nerves, impulse, voice, bodily functions, pain]*; zwalcz|yć, -ać *[disease, epidemic]*; powstrzym|ać, -ywać *[laughter, tears]*; okiełzn|ać, -ywać *[animal, temper]* [3] (operate) sterować (czymś) *[machine, movement, process, system]*; sterować (czymś) *[boat]*; kierować (czymś) *[vehicle]*; pilotować *[plane]*; panować nad (czymś) *[ball]* [4] (regulate) regulować *[speed, pressure, intensity, volume, temperature]*; kontrolować, regulować *[immigration, trade, export, import]* [5] (check) s|kontrolować *[quality]*; sprawdz|ić, -ać *[accounts]* [6] Sci porówn|ać, -ywać *[experimental material]* (against z czymś)

IV *vr* (*prp, pt, pp* -ll-) to ~ oneself kontrolować się, panować nad sobą

control character *n* Comput znak *m* sterujący

control column *n* Aviat drążek *m* sterowy, wolant *m* poruszający lotki i ster wysokości

control experiment *n* doświadczenie *n* kontrolne

control freak *n* infml osoba *f* lubiąca rządzić innymi

control group *n* grupa *f* kontrolna

control key *n* Comput klawisz *m* sterujący

controllable /kən'trəʊləbl/ *adj [person, animal]* dający sobą kierować; *[emotion]* dający się opanować; *[vehicle]* zwrotny

controlled /kən'trəʊld/ **I** *adj [explosion, landing, skid]* kontrolowany; *[person, expression]* opanowany; *[voice]* spokojny, opanowany; ~ economy gospodarka nakazowa; manually/electronically ~ sterowany ręcznie/elektronicznie; under ~ conditions Sci w warunkach laboratoryjnych, pod kontrolą; ~ drug Pharm narkotyk

II -controlled *in combinations* Conservative/Labour-~ zdominowany przez konserwatystów/laburzystów; computer-~ sterowany komputerowo

controller /kən'trəʊlə(r)/ *n* [1] Radio, TV dyrektor *m* [2] Comm, Fin rewident *m*, -ka *f* [3] (machine) urządzenie *n* sterujące

controlling /kən'trəʊlɪŋ/ *adj* [1] *[authority, group, organization]* nadzorujący; *[factor]* decydujący; ~ power nadzór [2] Fin ~ interest, ~ share, ~ stake pakiet kontrolny

control menu *n* Comput menu *n* sterowania

control panel *n* (for car) deska *f* rozdzielcza; (for plane) tablica *f* sterownicza; (on television) panel *m* sterowania; (on machine) pulpit *m* sterowniczy

control point *n* Sport punkt *m* kontrolny

control room *n* Radio, TV pokój *m* nagrań, reżysernia *f*; Theat kabina *f* elektryków; Ind nastawnia *f*; Naut sterownia *f*

control tower *n* Aviat wieża *f* kontroli lotów

controversial /ˌkɒntrə'vɜːʃl/ *adj* kontrowersyjny

controversially /ˌkɒntrə'vɜːʃəlɪ/ *adv* kontrowersyjnie

controversy /'kɒntrəvɜːsɪ, kən'trɒvəsɪ/ *n* kontrowersja *f*, spór *m*; a ~ with sb /between sb and sb spór z kimś/między kimś a kimś; a ~ over or about sth kontrowersja dotycząca czegoś, spór na temat czegoś; the extradition ~ kontrowersja dotycząca ekstradycji; to arouse bitter ~ wywołać zacięty spór; to be the subject of much ~ wzbudzać wiele kontrowersji

controvert /ˌkɒntrə'vɜːt/ *vt* fml [1] (disprove) za|kwestionować, poda|ć, -wać w wątpliwość *[theory, findings]* [2] (disagree with) polemizować z (czymś) *[point of view]*

contusion /kən'tjuːʒn, US -'tuː-/ *n* Med stłuczenie *n*; a ~ to the right shoulder stłuczenie prawego barku

conundrum /kə'nʌndrəm/ *n* (mystery) zagadka *f*

conurbation /ˌkɒnɜː'beɪʃn/ *n* konurbacja *f*

convalesce /ˌkɒnvə'les/ *vi* przychodzić do zdrowia; he's convalescing przechodzi okres rekonwalescencji

convalescence /ˌkɒnvə'lesns/ *n* rekonwalescencja *f*; period of ~ okres rekonwalescencji

convalescent /ˌkɒnvə'lesnt/ **I** *n* rekonwalescent *m*, -ka *f*; ozdrowieniec *m* liter

II *modif* ~ leave urlop zdrowotny; ~ home/ward dom/oddział dla rekonwalescentów

III *adj [patient]* powracający or przychodzący do zdrowia

convection /kən'vekʃn/ **I** *n* konwekcja *f*

II *modif [current, heating]* konwekcyjny; ~ heater konwektor

convector (heater) /kən'vektəhiːtə(r)/ *n* konwektor *m*

convene /kən'viːn/ fml **I** *vt* zwoł|ać, -ywać *[meeting, congress]*

II *vi* z|ebrać, -bierać się

convener /kən'viːnə(r)/ *n* [1] (organizer) organizator *m*, -ka *f* (zebrania); (chairperson) przewodniczący *m*, -a *f* [2] GB Mgmt członek *m* rady zakładowej organizacji związkowej

convenience /kən'viːnɪəns/ *n* [1] (advantage) wygoda *f*; the ~ of sth zaleta or dogodność czegoś *[lifestyle, practice, method of payment]*; praktyczność *f* (czegoś) *[instant food, device, garment]*; for (the sake of) ~ dla wygody; to do sth for sb's ~ zrobić coś dla wygody kogoś; at your ~ (when it suits you) w dogodnym dla ciebie czasie, w dogodnej dla ciebie chwili; at your earliest ~ Comm niezwłocznie, jak najszybciej [2] (practical feature, device) udogodnienie *n*; 'modern ~s' (in ad) „wszelkie wygody" [3] (also public ~) GB fml (toilet) toaleta *f* publiczna

convenience foods *npl* dania *n pl* gotowe; (frozen) mrożonki *f pl*; (tinned) konserwy *f pl*

convenience store *n* sklep *m* ogólnospożywczy *(zazwyczaj całodobowy)*

convenient /kən'viːnɪənt/ *adj* [1] (suitable) *[time, place, location, arrangement]* dogodny; now is not a very ~ time to nie jest najlepszy moment; I hope this is ~ (for you) mam nadzieję, że ci to odpowiada; when would it be ~ for me to come? kiedy mógłbym przyjść?; if it's more ~ for her to take the train jeśli jej wygodniej podróżować pociągiem; a ~ place for the meeting/landing dogodne miejsce na spotkanie/do lądowania [2] (useful, practical) *[tool, system, method, device]* praktyczny; it's very ~ that you live so close to each other to bardzo wygodnie, że mieszkacie tak blisko siebie; we thought it was more ~ to eat in the

kitchen uznaliśmy, że wygodniej jest jeść w kuchni; **a ~ way to do** or **of doing sth** dobry sposób zrobienia czegoś [3] (in location) *[shops, amenities]* blisko położony; *[chair, table]* stojący obok; **to be ~ for sth** GB, **to be ~ to sth** US być dogodnie położonym względem czegoś, znajdować się w pobliżu czegoś *[station, shops, facilities]* [4] iron pej (expedient) *[excuse, explanation, target]* wygodny; **it's ~ for them to ignore the facts** wygodnie im przymykać oczy na fakty; **how** or **very ~!** sprytnie pomyślane!

conveniently /kənˈviːnɪəntlɪ/ *adv* [1] (in practical terms) *[borrow, repay]* na korzystnych or dogodnych warunkach; *[arrive, leave]* w dobrym momencie; **~ arranged/planned** dobrze przygotowany/zaplanowany; **the conference was ~ timed to coincide with the book fair** konferencję zaplanowano tak, że zbiegała się w czasie z targami książki [2] (in location) **~ situated, ~ located** dogodnie położony or usytuowany; **the house is ~ near the beach** dom jest dogodnie położony obok plaży; **a ~ placed on/off button** wygodnie umieszczony wyłącznik [3] iron pej (expediently) niby przypadkiem

convenor *n* = **convener**

convent /ˈkɒnvənt, US -vent/ *n* klasztor *m* żeński; **to enter a ~** wstąpić do klasztoru

conventicle /kənˈventɪkl/ *n* [1] (meeting) tajne zgromadzenie *n* sekty religijnej; konwentykiel *m* dat or hum [2] (meeting house) tajny dom *m* modlitwy

convention /kənˈvenʃn/ *n* [1] (meeting) (of profession, party, union) kongres *m*, zjazd *m*; US Pol konwencja *f* wyborcza; (of society, fans) spotkanie *n*, zebranie *n* [2] (social norms) konwenanse *m pl*; **to flout** or **defy ~** łamać konwenanse; **by ~** zwyczajowo [3] (usual practice) konwencja *f*; **literary /theatrical ~** konwencja literacka/teatralna [4] (agreement) konwencja *f* **(on sth** o czymś, dotycząca czegoś); **a ~ on human rights** konwencja praw człowieka

conventional /kənˈvenʃənl/ *adj* konwencjonalny; **the ~ wisdom about sth** popularny pogląd or obiegowe sądy na temat czegoś

Conventional Forces in Europe, CFE *n* Mil siły *f pl* konwencjonalne w Europie

conventionality /ˌkənvenʃəˈnælətɪ/ *n* konwencjonalność *f*

conventionally /kənˈvenʃənəlɪ/ *adv* konwencjonalnie; **a ~ armed missile** Mil pocisk konwencjonalny

convention centre GB, **convention center** US *n* centrum *n* kongresowe

conventioneer /kənˌvenʃəˈnɪə(r)/ *n* US uczestni|k *m*, -czka *f* zjazdu; Pol uczestni|k *m*, -czka *f* konwencji wyborczej

convent school *n* szkoła *f* prowadzona przez siostry zakonne

converge /kənˈvɜːdʒ/ *vi* [1] (tend to meet, approach) *[lines, roads]* zbiegać się, zejść, schodzić się; *[streams, rivers]* łączyć się; *[rays]* skup|ić, -iać się; *[groups of people]* spot|kać, -ykać się; **the marchers ~d on the city centre** uczestnicy marszu zebrali się w centrum miasta; **the two armies ~d on the capital** obie armie zbliżyły się do stolicy; **all the paths ~ at the edge of the forest** wszystkie ścieżki zbiegają się na skraju lasu [2] fig *[views, theories]* przybliżać się do siebie; *[societies]* upod|obnić, -abniać się do siebie; **here the two theories ~** w tym punkcie obie teorie są zbieżne

convergence /kənˈvɜːdʒəns/ *n* zbieżność *f*, konwergencja *f*; **the point of ~** punkt zbieżności

convergent /kənˈvɜːdʒənt/ *adj [ideas, tendencies]* zbieżny; *[lines, roads]* zbiegający się, schodzący się

convergent evolution *n* ewolucja *f* konwergentna or niezależna

convergent lens *n* soczewka *f* skupiająca or zbierająca

convergent thinking *n* myślenie *n* konwergencyjne

conversant /kənˈvɜːsnt/ *adj* **to be ~ with sth** doskonale coś znać *[rules, procedures]*

conversation /ˌkɒnvəˈseɪʃn/ *n* rozmowa *f* **(with sb** z kimś); konwersacja *f*; **to have** or **hold a ~** odbyć rozmowę **(about sb/sth** o kimś/czymś); **we were having a ~ about you** rozmawialiśmy o tobie; **to strike up /break off a ~** nawiązać/przerwać rozmowę; **to make ~** prowadzić rozmowę; **to have no ~** nie potrafić or nie umieć bawić towarzystwa rozmową; **deep in ~** pogrążony w rozmowie; **the art of ~** sztuka konwersacji

conversational /ˌkɒnvəˈseɪʃənl/ *adj [style]* gawędziarski; *[phrase]* potoczny; *[class, exercise]* konwersacyjny; **~ skills** umiejętność prowadzenia rozmowy; **in a ~ tone** tonem swobodnej rozmowy

conversationalist /ˌkɒnvəˈseɪʃənəlɪst/ *n* rozmówca *m*; **a charming/brilliant ~** czarujący/błyskotliwy rozmówca; **I'm not much of a ~** sztuka prowadzenia konwersacji nie jest moją mocną stroną

conversationally /ˌkɒnvəˈseɪʃənəlɪ/ *adv [say, discuss]* swobodnym tonem

conversational mode *n* Comput tryb *m* konwersacyjny, tryb *m* interakcyjny

conversation piece *n* [1] **to be a ~** *[object]* prowokować komentarze [2] (painting) obraz *m* przedstawiający scenę rodzajową [3] Theat ≈ dramat *m* obyczajowy

converse[1] /ˈkɒnvɜːs/ **I** *n* [1] odwrotność *f*; **the ~ is true** jest wręcz odwrotnie [2] Math, Philos odwrotność *f*

II *adj [opinion]* przeciwny; *[statement, proposition]* odwrotny

converse[2] /kənˈvɜːs/ *vi* po|rozmawiać **(about sb/sth** o kimś/czymś); konwersować dat

conversely /ˈkɒnvɜːslɪ/ *adv* odwrotnie, na odwrót

conversion /kənˈvɜːʃn, US kənˈvɜːrʒn/ *n* [1] (transformation) (of raw materials, energy, fuel) przetwarzanie *n* **(into** or **to sth** na coś); (of salt water) uzdatnianie *n*; (of vehicle, object) przeróbka *f*, adaptacja *f* **(into** or **to sth** na coś); Chem zamiana *f*, konwersja *f* **(into** or **to sth** na coś) [2] Math (of currency, measurement, weight) przeliczenie *n*; **~ from sth into sth** przeliczanie or zamiana czegoś na coś [3] Comput przetwarzanie *n*, konwersja *f* [4] (of building) adaptacja *f*, przebudowa *f*; **a loft ~** adaptacja or przebudowa strychu [5] (change, switch) przejście *n*; nawrócenie *n* fig; **~ to the metric system** przejście na system metryczny; **to undergo a ~** nawrócić się fig [6] Relig nawrócenie *n*; **~ from the Protestant to the Catholic faith** przejście z protestantyzmu na katolicyzm [7] Sport (in rugby) podwyższenie *n*

conversion course *n* program *m* na okres przejściowy

conversion disorder *n* histeria *f* konwersyjna

conversion hysteria *n* dat = **conversion disorder**

conversion rate *n* Fin kurs *m* wymiany

conversion table *n* tabela *f* przeliczeniowa

convert **I** /ˈkɒnvɜːt/ *n* neofit|a *m*, -ka *f*; (especially to Catholicism) konwertyta *m*; **to become a ~ to sth** nawrócić się na coś also fig; **to win** or **make ~s** zyskać wyznawców; fig zyskać zwolenników

II /kənˈvɜːt/ *vt* [1] (change into sth else) przer|obić, -abiać, przetw|orzyć, -arzać [2] (modify) przer|obić, -abiać *[car, cooker]* [3] Math przelicz|yć, -ać *[currency, measurement]* **(to** or **into sth** na coś); Comput przekształ|cić, -cać, prze|konwertować [4] Archit za|adaptować, przer|obić, -abiać *[barn, loft]* **(to** or **into sth** na coś) [5] Relig nawr|ócić, -acać also fig *[person]* **(to sth** na coś) [6] Sport (in rugby) podwyższ|yć, -ać *[try]* [7] Jur przywłaszcz|yć, -ać, sprzeniewierz|yć, -ać *[money, property]*

III /kənˈvɜːt/ *vi* [1] (change) prze|jść, -chodzić, przerzuc|ić, -ać się **(to sth** na coś); **I've ~ed to unleaded (petrol)** przeszedłem or przerzuciłem się na (benzynę) bezołowiową [2] (be convertible) *[sofa, object]* rozkładać się; **this sofa ~s into a bed** ta kanapa rozkłada się do spania [3] Relig zmieni|ć, -ać wyznanie; Pol zmieni|ć, -ać orientację polityczną; **he ~ed from Islam to Catholicism** przeszedł z islamu na katolicyzm [4] Sport (in rugby) podwyższ|yć, -ać próbę

IDIOMS: **to preach to the ~** wyważać otwarte drzwi

converter /kənˈvɜːtə(r)/ *n* [1] Elec konwertor *m*, konwerter *m*; (AC to DC) prostownik *m* [2] Radio przemiennik *m* częstotliwości [3] Ind konwertor *m* [4] Comput przetwornik *m*, konwerter *m*

convertibility /kənˌvɜːtəˈbɪlətɪ/ *n* zamienność *f* **(to** or **into sth** na coś); (of currency, bonds) wymienialność *f*

convertible /kənˈvɜːtəbl/ **I** *n* Aut kabriolet *m*

II *adj* [1] *[sofa, stool]* rozkładany; *[building, room]* (łatwy) do zaadaptowania na inne cele [2] Fin *[currency, bond]* wymienialny [3] *[car]* z opuszczanym dachem

convertor /kənˈvɜːtə(r)/ *n* = **converter**

convex /ˈkɒnveks/ *adj* wypukły

convexity /kɒnˈveksətɪ/ *n* wypukłość *f*

convey /kənˈveɪ/ *vt* [1] (transmit) *[person]* przekaz|ać, -ywać *[order, message, news, regards, thanks, congratulations, condolences]* **(to sb** komuś); wyra|zić, -żać *[opinion, judgment, feeling]*; **to ~ to sb that...** przekazać komuś, że...; **to ~ the impression of/that...** sprawiać wrażenie czegoś /że... [2] (communicate) *[words, images, gestures,*

C

music] odda|ć, -wać, wyra|zić, -żać *[mood, emotion, impression]*; **to ~ a sense** or **feeling of sth** wyrażać uczucie czegoś [3] (transport) *[vehicle]* przew|ieźć, -ozić *[people, goods]*; *[pipes, network]* dostarcz|yć, -ać, doprowadz|ić, -ać *[water]*; *[person, postal system]* dostarcz|yć, -ać *[letter, mail, message]* [4] Jur s|cedować *[property, legal title]* **(to sb** na kogoś)

conveyance /kən'veɪəns/ *n* [1] (of goods, passengers) przewóz *m* [2] dat (vehicle) środek *m* lokomocji [3] Jur (transfer of property, title) przeniesienie *n*, cesja *f* [4] Jur (document) **(deed of) ~** akt przeniesienia tytułu własności

conveyancer /kən'veɪənsə(r)/ *n* notariusz *m*

conveyancing /kən'veɪənsɪŋ/ *n* przeniesienie *n* tytułu własności; **to carry out ~ for sb** przygotować dla kogoś akt przeniesienia tytułu własności

conveyor /kən'veɪə(r)/ *n* [1] **(**also **~ belt)** (in factory) przenośnik *m* taśmowy; (for luggage) taśmociąg *m* bagażowy [2] (of goods, persons) przewoźnik *m*

convict **I** /'kɒnvɪkt/ *n* (imprisoned criminal) więźień *m*, -źniarka *f*; (deported criminal) zesłaniec *m*; **escaped ~** zbiegły więzień

II /kən'vɪkt/ *vt* [1] *[jury, court]* uzna|ć, -wać za winnego **(of sth/doing sth** czegoś /popełnienia czegoś); **to be ~ed on a charge of rape** zostać skazanym za gwałt; **a ~ed murderer/drug dealer** (in prison) odbywający karę za morderstwo/handel narkotykami; (now released) skazany za morderstwo/handel narkotykami [2] *[evidence]* obciąż|yć, -ać *[person]*

conviction /kən'vɪkʃn/ *n* [1] Jur skazanie *n* **(for sth** za coś); **to obtain/quash/uphold a ~** uzyskać/unieważniać/podtrzymać wyrok skazujący; **~ on fraud charges** skazanie za oszustwo [2] (belief) przekonanie *n* **(that...** że...); **to carry/lack ~** być przekonującym/nieprzekonującym

conviction politician *n* polityk *m* zaangażowany ideowo

conviction politics *n* polityka *f* zaangażowana ideowo

convince /kən'vɪns/ *vt* [1] (gain credibility of) przekon|ać, -ywać *[person, jury, reader]*; **to ~ sb of sth/that...** przekonać kogoś o czymś/że...; **the story fails to** or **does not ~** ta historia nie przekonuje or jest nieprzekonująca [2] (persuade) przekon|ać, -ywać, nam|ówić, -awiać *[voter, consumer]*; **how can we ~ them to change their minds?** jak ich przekonać do zmiany zdania?

convinced /kən'vɪnst/ *adj* [1] (firm in one's belief) *[Christian, pacifist]* zdeklarowany [2] (persuaded) przekonany **(of sth** o czymś); **to be ~ that...** być przekonanym, że...

convincing /kən'vɪnsɪŋ/ *adj [account, evidence, proof, theory]* przekonujący; *[victory, lead, win]* zdecydowany

convincingly /kən'vɪnsɪŋlɪ/ *adv [argue, claim, demonstrate, portray]* przekonująco; *[win, beat]* zdecydowanie

convivial /kən'vɪvɪəl/ *adj* [1] *[person]* towarzyski, wesoły [2] *[atmosphere]* wesoły; *[dinner, evening]* miły, przyjemny

conviviality /kənˌvɪvɪ'ælətɪ/ *n* [1] (of person) towarzyskość *f*; **a cheerful man of extraordinary ~** wesoły i niezwykle towarzyski człowiek [2] (of atmosphere) serdeczność *f*

convocation /ˌkɒnvə'keɪʃn/ *n* [1] GB Relig synod *m* biskupów kościoła anglikańskiego [2] GB Univ zgromadzenie *n* absolwentów *(podejmujące niektóre decyzje dotyczące uczelni)* [3] (convoking) zwołanie *n* zebrania [4] US Univ uroczyste pożegnanie *n* absolwentów

convoke /kən'vəʊk/ *vt* zwoł|ać, -ywać *[meeting, assembly]*

convoluted /'kɒnvəlu:tɪd/ *adj* [1] *[pattern, design]* w esy-floresy infml; **the ~ tendrils of the vines** wijące się pędy winorośli [2] fig *[argument, reasoning, style]* zawiły

convolution /ˌkɒnvə'lu:ʃn/ *n* (of pattern) zawijas *m* infml; **the ~s of the plot** fig meandry or zawiłości akcji

convolvulus /kən'vɒlvjʊləs/ *n* (*pl* **-luses, -li)** powój *m*

convoy /'kɒnvɔɪ/ **I** *n* konwój *m*; **the ~ of lorries/ships** konwój ciężarówek/okrętów; **under ~** pod eskortą; **in ~** w konwoju

II *vt* konwojować, eskortować *[people, ships]*

convulsant /kən'vʌlsənt/ **I** *n* Med środek *m* wywołujący drgawki

II *adj [drug]* wywołujący drgawki

convulse /kən'vʌls/ **I** *vt* [1] *[anger, cough, spasm, laughter]* wstrząs|nąć, -ać kimś /czymś *[person, body]*; **to be ~d with pain** skręcać się or zwijać się z bólu; **to be ~d with laughter** trząść się or pokładać się ze śmiechu; **to be ~d with fury** trząść się z wściekłości [2] fig *[riots, unrest]* wstrząs|nąć, -ać (czymś) *[country]*; **the country was ~d by disturbances** krajem wstrząsały niepokoje

II *vi [person, animal]* mieć drgawki or konwulsje

convulsion /kən'vʌlʃn/ *n* [1] (uncontrollable body movement) drgawki *plt*, konwulsje *plt*; **to go into ~s** dostać drgawek or konwulsji; [2] (uncontrollable laughter) paroksyzmy *m pl* śmiechu; **to be in ~s** zwijać or skręcać się ze śmiechu; **to have sb in ~s** rozśmieszyć kogoś do łez [3] fig (violent disturbance) gwałtowne niepokoje *plt*, rozruchy *plt*

convulsive /kən'vʌlsɪv/ *adj* [1] *[movement, grasp]* konwulsyjny, spazmatyczny; *[laughter]* spazmatyczny [2] fig *[change, disturbance, riot]* gwałtowny, burzliwy

convulsively /kən'vʌlsɪvlɪ/ *adv* konwulsyjnie, spazmatycznie

cony /'kəʊnɪ/ *n* [1] (fur) skórka *f* królicza [2] arch królik *m*

coo /ku:/ **I** *n* (of dove) gruchanie *n*; (of child) gaworzenie *n*

II *excl* GB infml dat (o) rety! infml

III *vi [lovers, pigeon]* gruchać; *[baby]* gaworzyć; **to ~ over a baby** przemawiać pieszczotliwie do niemowlęcia

IDIOMS: **to bill and ~** gruchać jak dwa gołąbki

co-occur /ˌkəʊə'kɜ:(r)/ *vi* współwyst|ąpić, -ępować

co-occurrence /ˌkəʊə'kʌrəns/ *n* współwystępowanie *n*

cooing /'ku:ɪŋ/ **I** *n* (of dove, lovers) gruchanie *n*; (of baby) gaworzenie *n*

II *adj* **a ~ voice** czuły or tkliwy głos

cook /kʊk/ **I** *n* kucha|rz *m*, -rka *f*; **she is a good ~** ona dobrze gotuje; **the chief ~** szef kuchni

II *vt* [1] Culin u|gotować, przyrządz|ić, -ać *[food, meal]* **(for sb** dla kogoś); **~ for 10 minutes** gotować (przez) 10 minut [2] infml pej (falsify) s|fałszować *[figures]*; s|fabrykować *[data, evidence]*; **to ~ the books** sfałszować księgi [3] US infml (ruin) przekreśl|ić, -ać *[chances]*

III *vi* [1] *[person]* gotować; **I enjoy ~ing** lubię gotować [2] *[vegetable, meal]* gotować się; **the carrots are ~ing** marchewka się gotuje [3] infml (happen) **there's something ~ing** coś się święci; **what's ~ing?** co się dzieje?

IV **cooked** *pp adj [food]* gotowany; **lightly ~ed** lekko podgotowany; **well ~ed** ugotowany do miękkości

■ **cook up** infml: **~ up [sth]** [1] (prepare quickly) u|pichcić infml *[meal]* [2] (invent) wymyśl|ić, -ać *[story, excuse]*; u|knuć *[plan, scheme]*

cookbook /'kʊkbʊk/ *n* książka *f* kucharska

cook-chill foods /ˌkʊk'tʃɪlfu:dz/ *npl* dania *n pl* gotowe mrożone

cooked breakfast *n* gorące śniadanie *n*

cooked ham *n* szynka *f* gotowana

cooked meats *npl* ≈ wędliny *f pl*

cooker /'kʊkə(r)/ *n* GB [1] (appliance) kuchnia *f*, kuchenka *f*; **gas/electric ~** kuchenka gazowa/elektryczna [2] Culin infml **these apples are ~s** to są jabłka do gotowania/pieczenia

cookery /'kʊkərɪ/ **I** *n* (cuisine) kuchnia *f*; **provincial ~** kuchnia regionalna

II *modif* **~ lesson/course** lekcja/kurs gotowania; **~ book** książka kucharska

cookhouse /'kʊkhaʊs/ *n* Mil kuchnia *f* polowa

cookie /'kʊkɪ/ *n* [1] US (biscuit) kruche ciasteczko *n*, herbatnik *m* [2] infml (person) **a tough ~** twardziel *m*, twarda sztuka *f* infml; **a smart ~** sprycia|rz *m*, -ra *f* infml [3] US infml (woman) babka *f* infml

IDIOMS: **that's the way the ~ crumbles** infml tak to już jest or bywa; **to toss** or **shoot one's ~s** US vinfml puścić pawia vinfml

cookie cutter **I** *n* Culin foremka *f* do wykrawania ciasteczek

II *adj [plan, project]* szablonowy, bez polotu

cookie sheet *n* US blacha *f* do pieczenia

cooking /'kʊkɪŋ/ **I** *n* (process) gotowanie *n*; **to do the ~** gotować, zajmować się gotowaniem; (cuisine) **French/Chinese ~** kuchnia francuska/chińska; **plain ~** proste potrawy; **home ~** domowa kuchnia

II *modif [salt, utensil]* kuchenny; *[oil]* jadalny; **~ wine** wino kuchenne

cooking apple *n* jabłko *n* do gotowania lub pieczenia

cooking chocolate *n* czekolada *f* do ciast i deserów

cooking foil *n* folia *f* aluminiowa

cooking salt *n* sól *f* kuchenna

cook-off /'kʊkɑf/ *n* US konkurs *m* kulinarny

cookout /'kʊkaʊt/ *n* US przyjęcie *n* z grillem

cooktop /'kʊktɒp/ *n* US płyta *f* kuchenna

cookware /ˈkʊkweə(r)/ *n* przybory *plt* kuchenne

cool /kuːl/ **I** *n* [1] (coldness) chłód *m* [2] infml (calm) spokój *m*; **to keep one's ~** (stay calm) zachować spokój; (not get angry) nie dać się wyprowadzić z równowagi; **to lose one's ~** (get angry) wyjść z siebie infml; (panic) stracić głowę; spanikować infml

II *adj* [1] *[breeze, day, drink, water, weather]* chłodny; *[fabric, dress]* lekki, przewiewny; *[colour]* zimny; **it's ~ today** jest dziś chłodno; **the fan keeps the room ~** wentylator chłodzi pokój; **it feels ~** *[surface]* to jest chłodne w dotyku; **I feel ~er now** już ochłonąłem; **your brow is ~er** masz chłodniejsze czoło; **it's getting ~, let's go in** robi się chłodno, wejdźmy do środka [2] (calm) *[approach, handling]* spokojny; **to stay ~** zachować spokój; **to keep a ~ head** nie tracić głowy; **keep ~!** tylko spokojnie! [3] (unemotional) *[manner, logic, response]* chłodny; *[reasoning]* trzeźwy [4] (unfriendly) *[reception, welcome]* chłodny, oziębły; **to be ~ with** or **towards sb** zachowywać się ozięble or chłodno w stosunku do kogoś, traktować kogoś oziębłe or chłodno [5] (casual) *[person, attitude]* na luzie infml; **she went up to him as ~ as you please and slapped him** podeszła do niego jak gdyby nigdy nic i dała mu w twarz infml; **he's a ~ customer** twardziel z niego infml [6] (for emphasis) **a ~ million dollars** okrągły milion dolarów [7] infml (sophisticated) *[clothes, car]* odjazdowy, odlotowy infml; **he thinks it's ~ to smoke** dla niego palenie to szpan infml; **it's not ~ to wear a tie** to obciach nosić krawat infml; **~, man!** infml wyluzuj!, spoko! infml [8] US infml (great) super, cool infml; **that's a ~ idea!** super pomysł! infml [9] infml Mus *[jazz]* w stylu cool

III *vt* [1] (lower the temperature of) ostudz|ić, -ać, studzić *[soup, pan]*; schł|odzić, -adzać, chłodzić *[wine]*; *[fan, air-conditioning]* ochł|odzić, -adzać, chłodzić *[room]* [2] fig ostudz|ić, -ać, studzić *[anger, ardour, passion]*

IV *vi* [1] (get colder) *[iron, soup]* o|stygnąć; *[air, water]* ochł|odzić, -adzać się; **to leave sth to ~** zostawić coś do wystygnięcia [2] (subside) *[passion, enthusiasm]* o|stygnąć; *[excitement]* opa|ść, -dać; *[friendship]* o|słabnąć, o|stygnąć; **relations between them have ~ed** stosunki między nimi się ochłodziły; **wait until tempers have ~ed** poczekaj, aż (oni) ochłoną

V -cooled *in combinations* **air/water-~ed** Tech chłodzony powietrzem/wodą

■ **cool down**: ¶ **~ down** [1] (grow cold) *[engine, iron, water]* o|stygnąć [2] fig *[person]* ochłonąć, uspok|oić, -ajać się; *[situation]* uspok|oić, -ajać się ¶ **~ [sth] down** schł|odzić, -adzać *[wine]*; o|studzić *[mixture]* ¶ **~ [sb] down** [1] (make colder) o|chłodzić [2] fig uspok|oić, -ajać

■ **cool off** [1] (get colder) *[pan, machine, tool]* wy|stygnąć; *[person]* o|chłodzić się; **let's go for a swim to ~ off** chodźmy popływać dla ochłody [2] fig (calm down) *[person]* ochłonąć, uspok|oić, -ajać się

IDIOMS: **~ it!** infml (stay calm) spokojnie!; bez nerwów! infml; **OK guys, ~ it!** infml (stop fighting) spokojnie chłopaki! infml; **to play it ~** infml zachować spokój

coolant /ˈkuːlənt/ *n* Tech chłodziwo *n*

cool bag *n* GB torba *f* z izolacją cieplną

cool box *n* lodówka *f* turystyczna

cooler /ˈkuːlə(r)/ *n* infml (prison) paka *f* infml; **he got five years in the ~** dostał pięć lat paki

cool-headed /ˌkuːlˈhedɪd/ *adj* *[person]* opanowany, działający z zimną krwią; *[decision, approach]* wyważony

coolie /ˈkuːlɪ/ *n* dat kulis *m*

cooling /ˈkuːlɪŋ/ **I** *n* chłodzenie *n*

II *prp adj* *[drink]* chłodzący; *[swim, shower, breeze]* orzeźwiający; *[device, agent]* chłodzący; **~ fan** wentylator

cooling-off period /ˌkuːlɪŋˈɒfpɪərɪəd/ *n* [1] Comm, Insur *okres, w którym strony mogą odstąpić umowy* [2] (in industrial relations) przerwa *f* w negocjacjach

cooling rack *n* Culin kratka *f* pod gorące naczynia

cooling system *n* układ *m* chłodzenia

cooling tower *n* Ind chłodnia *f* kominowa

coolly /ˈkuːllɪ/ *adv* [1] (lightly) *[dressed]* lekko, przewiewnie [2] (without warmth) *[greet, react, say]* chłodno, oziębłe [3] (calmly) *[say, reply, walk]* spokojnie [4] (boldly) *[demand, announce]* jak gdyby nigdy nic

coolness /ˈkuːlnɪs/ *n* [1] (coldness) chłód *m* [2] (unfriendliness) chłód *m*, oziębłość *f* [3] (calmness) opanowanie *n*, spokój *m*

coomb /kuːm/ *n* GB Geog dolina *f* wciosowa

coon /kuːn/ *n* [1] US Zool infml szop *m* [2] vulg offensive czarnuch *m* infml offensive

IDIOMS: **a ~'s age** US infml kawał czasu

coonskin /ˈkuːnskɪn/ *n* US skórka *f* szopa

coop /kuːp/ **I** *n* [1] (also **chicken ~, hen ~**) kojec *m*, klatka *f* [2] infml fig paka *f*, pudło *n* infml

II *vt* zam|knąć, -ykać w kojcu *[hens]*

■ **coop up**: **~ [sb/sth] up** u|więzić, zam|knąć, -ykać; **to keep sb/sth ~ed up** trzymać kogoś/coś w zamknięciu

IDIOMS: **to fly the ~** infml prysnąć infml

co-op /ˈkəʊɒp/ *n* [1] infml = **cooperative** spółdzielnia *f* [2] US (apartment) ≈ mieszkanie *n* spółdzielcze; (building) ≈ spółdzielczy blok *m* mieszkalny; **to go ~** przejść pod zarząd spółdzielni

cooper /ˈkuːpə(r)/ *n* bednarz *m*

cooperage /ˈkuːpərɪdʒ/ *n* bednarstwo *n*, bednarka *f*

cooperate /kəʊˈɒpəreɪt/ *vi* współpracować, współdziałać **(with sb** z kimś); **to ~ in sth/in doing sth** współpracować w czymś /przy robieniu czegoś; **to ~ on sth** wspólnie pracować nad czymś

cooperation /kəʊˌɒpəˈreɪʃn/ *n* współpraca *f*, współdziałanie *n* **(with sb** z kimś); **~ on sth** współpraca w czymś; **in close ~** w ścisłej współpracy; **he promised full ~** obiecał pełną współpracę

cooperative /kəʊˈɒpərətɪv/ **I** *n* [1] (organization) spółdzielnia *f*; kooperatywa *f* ra; **workers' ~** spółdzielnia robotnicza [2] US (apartment house) ≈ spółdzielczy blok *m* mieszkalny

II *adj* [1] (joint) *[venture, effort]* wspólny; **to take ~ action** podejmować wspólne działania [2] (helpful) *[person, organization]* skłonny do współpracy **(with sb** z kimś); chętny do pomocy **(with sb** komuś) [3] Comm, Pol spółdzielczy; **~ movement** ruch spółdzielczy, spółdzielczość; **to organize sth along ~ lines** zorganizować coś na wzór spółdzielni [4] US *[apartment, building]* spółdzielczy

cooperative bank *n* [1] bank *m* spółdzielczy [2] US kasa *f* mieszkaniowa

cooperative farm *n* (collective farm) rolnicza spółdzielnia *f* produkcyjna

cooperatively /kəʊˈɒpərətɪvlɪ/ *adv* (jointly) *[*[illegible] *out]* wspólnie; **he acted most ~** był wyjątkowo chętny do współpracy

Cooperative Party *n* GB Pol Partia *f* Spółdzielcza

cooperative society *n* spółdzielnia *f*

coopetition /kəʊˌɒpəˈtɪʃn/ *n* współpraca *f* połączona z współzawodnictwem

co-opt /ˌkəʊˈɒpt/ *vt* [1] (onto committee) przyj|ąć, -mować, dokooptować *[new members]* **(onto sth** do czegoś) [2] (win the support of) pozysk|ać, -iwać, przeciąg|nąć, -ać na swoją stronę *[adversary]* [3] Pol (absorb, assimilate) wchłonąć *[faction, movement]* [4] Pol (appropriate) przej|ąć, -mować *[slogan, policy]*

co-option /ˌkəʊˈɒpʃn/ *n* [1] (onto committee) przyjęcie *n*, dokooptowanie *n* [2] Pol (of group) przyłączenie *n*; (of opinion, issue) przejęcie *n*

coordinate I /ˌkəʊˈɔːdɪnət/ *n* (on map, graph) współrzędna *f*

II coordinates *npl* Fashn elementy *m pl* stroju *(które można dowolnie zestawiać)*

III coordinating *prp adj* [1] *[clothes, garment]* dobrany [2] *[authority, committee]* koordynujący; *[action]* koordynacyjny

IV /ˌkəʊˈɔːdɪneɪt/ *vt* s|koordynować *[movements, effort, action]*; uzg|odnić, -adniać *[policy, response]* **(with sb** z kimś)

V /ˌkəʊˈɔːdɪneɪt/ *vi* harmonizować **(with sth** z czymś); pasować **(with sth** do czegoś)

coordinate clause *n* Ling zdanie *n* składowe zdania współrzędnie złożonego

coordinated /ˌkəʊˈɔːdɪneɪtɪd/ *adj* *[response, policy]* skoordynowany; *[clothes, garments]* złożony z kilku części (tworzących dobraną całość)

coordinate geometry *n* geometria *f* analityczna

coordinating conjunction *n* Ling spójnik *m* współrzędny

coordination /ˌkəʊˌɔːdɪˈneɪʃn/ *n* [1] (of movements, body) koordynacja *f*; **to have good/poor ~** mieć dobrą/złą koordynację ruchów [2] (organization) koordynacja *f*, koordynowanie *n*

coordinator /ˌkəʊˈɔːdɪneɪtə(r)/ *n* koordynator *m*, -ka *f*

coot /kuːt/ *n* [1] Zool łyska *f* [2] infml głupiec *m*

IDIOMS: **as bald as a ~** infml łysy jak kolano

co-owner /ˌkəʊˈəʊnə(r)/ *n* współwłaściciel *m*, -ka *f*

cop[1] /kɒp/ **I** *n* infml (police officer) glina *m*, gliniarz *m* infml; **traffic ~** glina z drogówki; **to play ~s and robbers** bawić się w policjantów i złodziei

II *vt* (*prp, pt, pp* **-pp-**) [1] infml (catch, seize) przy|łapać; nakry|ć, -wać infml *[person]*; **to get ~ped doing sth** zostać złapanym or nakrytym na robieniu czegoś [2] infml (receive) dosta|ć, -wać *[punch, punishment]* [3] GB infml (be punished) **to ~ it** oberwać infml [4] infml (also **~ hold of**) (catch) chwy|cić, -tać; **~ hold of**

C

the rope chwyć się liny [5] infml (listen) słuchać; **~ a load of this!** posłuchaj tylko tego! [6] US infml (obtain) s|kombinować infml *[illegal drug]* [7] (steal) zwinąć infml [8] Jur (plead guilty) **to ~ a plea** przyznać się do winy *(żeby uniknąć oskarżenia o cięższe przewinienie)*

■ **cop out** infml wymigać się, wykręcić się infml; **to ~ out on a promise** wymigać się od spełnienia obietnicy; **to ~ out of doing sth** wykręcić się od zrobienia czegoś

IDIOMS: **it's a fair ~** GB infml przyznaję się bez bicia; **to ~ a feel** US infml dotknąć lubieżnie, obmacywać; **to ~ some Z's** US infml zdrzemnąć się chwilę; przyłożyć się na chwilę infml

cop² /kɒp/ *n* Tex kopka *f* przędzy

cop³ /kɒp/ *n* GB infml (use) **to be not much ~** być niewiele wartym

copacetic /ˌkəʊpəˈsetɪk, -ˈsiːtɪk/ *adj* US infml dat na medal infml

co-parenting /ˌkəʊˈpeərəntɪŋ/ *n* wspólne wychowywanie *n* dzieci po rozwodzie

copartner /ˌkəʊˈpɑːtnə(r)/ *n* wspólni|k *m*, -czka *f*

copartnership /ˌkəʊˈpɑːtnəʃɪp/ *n* [1] (co-ownership) współposiadanie *n* [2] (partnership) spółka *f*

cope¹ /kəʊp/ *n* Relig (cloak) kapa *f*

cope² /kəʊp/ **I** *vt* Constr zwieńcz|yć, -ać *[wall]*

II *vi* [1] (manage practically) po|radzić sobie, da|ć, -wać sobie radę; **to ~ with sb/sth** uporać się z kimś/czymś *[person, correspondence, work]*; sprostać czemuś *[demand]*; poradzić sobie z czymś *[disaster, inflation]*; **to learn to ~ alone** nauczyć się radzić sobie samemu, nauczyć się liczyć tylko na siebie; **it's more than I can ~ with** to ponad moje siły; **he somehow ~s in German** jakoś sobie radzi z niemieckim [2] (manage financially) da|ć, -wać sobie radę; **to ~ on £60 a week** utrzymać się za 60 funtów na tydzień; **to ~ with a loan** borykać się ze spłatą kredytu [3] (manage emotionally) **to ~ with sth** zn|ieść, -osić *[bereavement, depression]*; **to ~ with sb** umiejętnie postępować z kimś; **if you left me, I couldn't ~** gdybyś mnie opuścił, nie zniósłbym tego

copeck *n* = **kopeck**

Copenhagen /ˌkəʊpnˈheɪgən/ *prn* Kopenhaga *f*

Copernican /kəˈpɜːnɪkən/ *adj* kopernikański, kopernikowski

Copernicus /kəˈpɜːnɪkəs/ *prn* Kopernik *m*

copestone /ˈkəʊpstəʊn/ *n* [1] (coping stone) kamień *m* gzymsowy [2] (top stone, capstone) nakrywa *f* kamienna

copier /ˈkɒpɪə(r)/ *n* [1] (photocopier) fotokopiarka *f* [2] (of old texts) kopista *m* [3] (imitator) naśladow|ca *m*, -czyni *f*

co-pilot /ˈkəʊpaɪlət/ *n* Aviat drugi pilot *m*

coping /ˈkəʊpɪŋ/ *n* Archit zwieńczenie *n*

coping stone *n* kamień *m* gzymsowy

copious /ˈkəʊpɪəs/ *adj* [1] (plentiful) *[crop, snow]* obfity; *[notes]* obszerny; *[outpouring, tears]* rzęsisty; *[writer]* płodny [2] (generous) *[serving, meal]* obfity, suty; *[quantity]* pokaźny

copiously /ˈkəʊpɪəslɪ/ *adv [eat]* do syta; *[grow, bleed]* obficie; *[documented]* bogato; *[supplied]* w dużych ilościach; *[write]* dużo; **to weep ~** zalewać się łzami

cop-out /ˈkɒpaʊt/ *n* infml wykręt *m*

copper /ˈkɒpə(r)/ **I** *n* [1] Chem miedź *f* [2] infml (policeman) glina *m*, gliniarz *m* infml [3] GB infml (coin) miedziak *m*; **to save a few ~s** zaoszczędzić parę groszy [4] GB Hist (for washing) kocioł *m* [5] (colour) (kolor *m*) miedziany *m*

II *modif [bracelet, coin, nail, dome, pipe, wire, kettle, pan]* miedziany; **~ deposit/mine /ore** złoże/kopalnia/ruda miedzi

III *adj [hair]* miedziany; *[lipstick]* koloru miedzianego

copper beech *n* buk *m* czerwonolistny

Copper Belt *prn* Pas *m* Miedziowy *(wzdłuż granicy Zambii i Zairu)*

copper-bottomed /ˌkɒpəˈbɒtəmd/ *adj [guarantee, investment]* pewny

copper-coloured GB, **copper-colored** US /ˈkɒpəˌkʌləd/ *adj [hair]* miedziany; *[leaf, lipstick, metal]* koloru miedzianego

copperhead /ˈkɒpəhed/ *n* Zool mokasyn *m* miedziogłowiec

copperplate /ˈkɒpəpleɪt/ *n* [1] miedzioryt *m* [2] (also **~ handwriting**) pismo *n* kaligraficzne

copper-rich /ˌkɒpəˈrɪtʃ/ *adj* bogaty w miedź

coppersmith /ˈkɒpəsmɪθ/ *n* kotlarz *m*

copper's nark *n* GB infml dat kapuś *m* infml

copper sulphate *n* siarczan *m* miedzi

copperware /ˈkɒpəweə(r)/ *n* wyroby *m pl* z miedzi or miedziane

coppery /ˈkɒpərɪ/ *adj [colour]* miedziany

coppice /ˈkɒpɪs/ *n* młodnik *m*, młodniak *m*, zagajnik *m*

copra /ˈkɒprə/ *n* kopra *f*

co-presidency /kəʊˈpresɪdənsɪ/ *n* współprezesura *f*

co-president /kəʊˈpresɪdənt/ *n* **he is ~ of a company** jest jednym z prezesów spółki

coprocessor /kəʊˈprəʊsesə(r), US -ˈprɒ-/ *n* Comput koprocesor *m*

co-produce /ˌkəʊprəˈdjuːs/ *vt* wspólnie wy|produkować

co-product /kəʊˈprɒdʌkt/ *n* produkt *m* powstały w wyniku koprodukcji

co-production /ˌkəʊprəˈdʌkʃn/ *n* koprodukcja *f*

co-property /kəʊˈprɒpətɪ/ *n* współwłasność *f*

copse /kɒps/ *n* młodnik *m*, młodniak *m*, zagajnik *m*

cop-shop /ˈkɒpʃɒp/ *n* GB infml posterunek *m* policji

Copt /kɒpt/ *n* Relig Kopt *m*, -yjka *f*

copter /ˈkɒptə(r)/ *n* infml = **helicopter**

Coptic /ˈkɒptɪk/ *adj* koptyjski

copula /ˈkɒpjʊlə/ *n* (*pl* **-las, -lae**) Ling łącznik *m*, spójka *f*, kopula *f*

copulate /ˈkɒpjʊleɪt/ *vi* spółkować, kopulować

copulation /ˌkɒpjʊˈleɪʃn/ *n* spółkowanie *n*, kopulacja *f*

copulative /ˈkɒpjʊlətɪv, US -leɪtɪv/ **I** *n* Ling spójnik *m*

II *adj* [1] Ling spójnikowy, kopulatywny [2] *[organ]* kopulacyjny

copy /ˈkɒpɪ/ **I** *n* [1] (reproduction) kopia *f* (**of sth** czegoś); (of document) odpis *m*; (of painting, statue) kopia *f*, replika *f*; (imitation) imitacja *f*, kopia *f*; **to make a ~ of sth** zrobić kopię czegoś; **certified ~** kopia uwierzytelniona, odpis uwierzytelniony; **rough ~** brudnopis [2] (issue) (of book, newspaper, record) egzemplarz *m*; **author's ~** egzemplarz autorski [3] (matter to be printed, text) tekst *m*, maszynopis *m*; **to be** or **make good ~** być doskonałym materiałem na artykuł; **to file (one's) ~** złożyć tekst

II *vt* [1] (duplicate) s|kopiować, przekopiow|ać, -ywać *[document, letter]*; s|kopiować, przegr|ać, -ywać *[file, diskette, recording]*; **to ~ sth on a photocopier** skserować coś; **to ~ sth onto a disk** skopiować or przegrać coś na dysk [2] (imitate) naśladować *[person, style, design]* [3] (write out by hand) przepis|ać, -ywać *[inscription, text, exercise]* (**from sth** z czegoś); **they copied the notes into their books** przepisali notatki do zeszytów

III *vi [candidate, pupil]* odpis|ać, -ywać (**from sb** od kogoś); ściąg|nąć, -ać infml; **to ~ in a test** ściągać na egzaminie infml

■ **copy down**: **~ down [sth], ~ [sth] down** przepis|ać, -ywać (**from sth** z czegoś)

■ **copy off**: **~ off [sb]** odpis|ać, -ywać od (kogoś)

■ **copy out**: **~ out [sth], ~ [sth] out** przepis|ać, -ywać

copybook /ˈkɒpɪbʊk/ **I** *n* zeszyt *m* do ćwiczeń z kaligrafii

II *modif* [1] (model) *[answer, solution]* wzorcowy, modelowy; **~ perfect** bez zarzutu [2] US (trite) banalny

IDIOMS: **to blot one's ~** skompromitować się; dać plamę infml

copy brief *n* Advertg brief *m* reklamowy

copycat /ˈkɒpɪkæt/ **I** *n* infml pej papuga *f* fig

II *modif* **~ crime/murder** przestępstwo /morderstwo wzorowane na innym

copy desk *n* Journ dział *m* opracowywania rękopisów *(który przygotowuje publikacje)*

copy edit *vt* z|adiustować *[manuscript]*

copy editor *n* adiustator *m*, -ka *f*

copyholder /ˈkɒpɪhəʊldə(r)/ *n* Print [1] (device) rama *f* uchwytu oryginału [2] (person) pomocni|k *m*, -ca *f* korektora

copying /ˈkɒpɪɪŋ/ *n* kopiowanie *n*, powielanie *n*

copying ink *n* farba *f* drukarska

copying machine *n* fotokopiarka *f*

copyist /ˈkɒpɪɪst/ *n* [1] (of old texts) kopista *m* [2] (imitator) naśladow|ca *m*, -czyni *f* [3] (forger) fałszerz *m*

copy platform *n* platforma *f* reklamy

copyread /ˈkɒpɪriːd/ *vt* (*pt, pp* **copyread** /ˈkɒpɪred/) US Journ z|adiustować *[publication]*

copyreader /ˈkɒpɪriːdə(r)/ *n* US Journ adiustator *m*, -ka *f*

copyright /ˈkɒpɪraɪt/ **I** *n* prawo *n* autorskie; **to have** or **hold the ~ on** or **of sth** posiadać prawa autorskie do czegoś; **it is in ~** to jest chronione prawem autorskim; **it is out of ~** to nie jest chronione prawem autorskim

II *adj [book, work]* chroniony prawem autorskim

III *vt* zastrze|c, -gać sobie prawo własności autorskiej do (czegoś) *[work]*

copy typist *n* maszynistka *f*

copywriter /ˈkɒpɪraɪtə(r)/ *n* Advertg autor *m*, -ka *f* tekstów reklamowych
coquetry /ˈkɒkɪtrɪ/ *n* kokieteria *f*, zalotność *f*
coquette /kɒˈket/ *n* kokietka *f*
coquettish /kɒˈketɪʃ/ *adj* kokieteryjny, zalotny
coquettishly /kɒˈketɪʃlɪ/ *adv* kokieteryjnie, zalotnie
cor /kɔː(r)/ *excl* GB infml o kurczę! infml; **~ blimey!** kurczę blade! infml
coracle /ˈkɒrəkl/ *n* *łódka z impregnowanego materiału rozpiętego na szkielecie z wikliny*
coral /ˈkɒrəl, US ˈkɔːrəl/ **I** *n* [1] (substance) koral *m*, koralowina *f* [2] (organism) koral *m*, koralowiec *m*
II *modif* koralowy; **~ necklace** korale; **~ earrings** kolczyki z koralami or z korali
III *adj* (colour) koralowy
coral atoll *n* atol *m* (koralowy)
coral-coloured GB, **coral-colored** US /ˈkɒrəlˌkʌləd, US ˈkɔːrəl-/ *adj* koralowy
coral island *n* wyspa *f* koralowa
coral pink *n* róż *m* koralowy
coral reef *n* rafa *f* koralowa
Coral Sea *prn* **the ~** Morze *n* Koralowe
coral snake *n* wąż *m* koralowy
cor anglais /ˌkɔːr ˈɒŋgleɪ/ *n* (*pl* **cors anglais**) Mus rożek *m* angielski
corbel /ˈkɔːbl/ *n* Constr krokszteyn *m*
cord /kɔːd/ **I** *n* [1] (string) sznur *m*, sznurek *m*; (of dressing gown) pasek *m* wiązany; (of pyjama trousers) tasiemka *f*; **light ~** wyłącznik elektryczny ze sznureczkiem [2] Elec przewód *m*, sznur *m* (elektryczny) [3] Anat wiązadło *n*; **spinal ~** rdzeń kręgowy; **vocal ~s** struny głosowe; **umbilical ~** pępowina [4] infml (fabric) = **corduroy** sztruks *m* [5] US (of wood) ≈ sąg *m* *(3,62 m³)*
II cords *npl* infml (trousers) sztruksy *plt* infml
III *modif* infml *[garment]* sztruksowy
IDIOMS: **to cut the ~** uniezależnić się; przeciąć pępowinę fig
cordage /ˈkɔːdɪdʒ/ *n* sznury *m pl*; Naut olinowanie *n*
corded /ˈkɔːdɪd/ *adj [fabric]* prążkowany, w prążki
cordial /ˈkɔːdɪəl, US ˈkɔːrdʒəl/ **I** *n* [1] (fruit juice) syrop *m* owocowy [2] US (liqueur) likier *m*; kordiał *m* dat
II *adj* [1] (friendly) *[person, smile, atmosphere]* serdeczny **(to** or **with sb** wobec or w stosunku do kogoś); kordialny liter [2] (heartfelt) *[dislike, hatred]* szczery
cordiality /ˌkɔːdɪˈælətɪ, US ˌkɔːrdʒɪ-/ **I** *n* serdeczność *f* **(to** or **towards sb** wobec or w stosunku do kogoś); kordialność *f* liter
II cordialities *npl* fml serdeczności *f pl*
cordially /ˈkɔːdɪəlɪ, US -dʒəlɪ/ *adv* [1] (warmly) *[welcome, shake hands]* serdecznie; kordialnie liter [2] (strongly) *[hate]* szczerze, serdecznie
cordite /ˈkɔːdaɪt/ *n* kordyt *m*
cordless /ˈkɔːdlɪs/ *adj* bezprzewodowy; **~ telephone** telefon bezprzewodowy
cordon /ˈkɔːdn/ **I** *n* [1] kordon *m*; **to throw a ~ around sth** otoczyć or opasać coś kordonem; **police ~** kordon policyjny [2] (of an order) wstęga *f* orderowa
II *vt* = **cordon off**
■ **cordon off**: **~ off [sth], ~ [sth] off** zam|knąć, -ykać kordonem *[street]*; ot|oczyć, -aczać or opas|ać, -ywać kordonem *[area, crowd]*

cordon bleu /ˌkɔːdɒnˈblɜː/ **I** *n* wykwintna kuchnia *f*
II *adj* **~ cook** doskonały kucharz
cordon sanitaire /ˌkɔːdɒnˈsænɪteə/ *n* kordon *m* sanitarny
corduroy /ˈkɔːdərɔɪ/ **I** *n* sztruks *m*
II corduroys *npl* spodnie *plt* sztruksowe; sztruksy *plt* infml
III *modif [garment]* sztruksowy
corduroy road *n* US droga *f* utwardzona okrąglakami
core /kɔː(r)/ **I** *n* [1] (of apple, pear) gniazdo *n* nasienne; (remains of apple, pear) ogryzek *m* [2] fig (essential part) (of problem, issue) istota *f*, sedno *n* [3] (inner being) **rotten/selfish to the ~** zepsuty/samolubny na wskroś or do szpiku kości; **English to the ~** Anglik w każdym calu; **it shook me to the ~** to mną wstrząsnęło do głębi or do żywego [4] (of magnet, mould, reactor, rope, cable) rdzeń *m* [5] (of planet) jądro *n* [6] Comput rdzeń *m* [7] (small group) wąska grupa *f*, trzon *m*
II *modif [vocabulary]* podstawowy; *[issue, concept, principle]* fundamentalny, podstawowy; *[activity]* główny, podstawowy
III *vt* Culin usu|nąć, -wać gniazdo nasienne z (czegoś) *[apple]*
CORE *n* US = **Congress of Racial Equality** *organizacja powołana dla obrony praw mniejszości etnicznych*
core curriculum *n* Sch, Univ minimum *n* programowe
co-religionist /ˌkəʊrɪˈlɪdʒənɪst/ *n* współwyznaw|ca *m*, -czyni *f*
coreopsis /ˌkɒrɪˈɒpsɪs/ *n* Bot nachyłek *m*
corer /ˈkɔːrə(r)/ *n* (**also apple ~**) wydrążacz *m* do jabłek
core sample *n* Geol próbka *f* rdzeniowa
core skill *n* umiejętność *f* podstawowa
co-respondent /ˌkəʊrɪˈspɒndənt/ *n* Jur współpozwan|y *m*, -a *f* w sprawie o zdradę małżeńską
core subject *n* Sch, Univ przedmiot *m* obowiązkowy
core time *n* godziny *f pl* obowiązkowe *(w systemie regulowanego czasu pracy)*
Corfu /kɔːˈfuː/ *prn* Korfu *n inv*
corgi /ˈkɔːgɪ/ *n* (*pl* **~s**) corgi *m inv*
coriander /ˌkɒrɪˈændə(r), US ˌkɔːr-/ *n* kolendra *f*, kolender *m*
Corinth /ˈkɒrɪnθ/ *prn* Korynt *m*; **~ Canal** Kanał Koryncki; **Gulf of ~** Zatoka Koryncka
Corinthian /kəˈrɪnθɪən/ **I** *n* Korynt|czyk *m*, -ka *f*, Koryntyjczyk *m*, Koryntian|in *m*, -ka *f*
II Corinthians *npl* (+ *v sg*) Bible List *m* do Koryntian
III *adj* koryncki
Coriolanus /ˌkɒrɪəˈleɪnəs/ *prn* Koriolan *m*
cork /kɔːk/ **I** *n* [1] (substance) korek *m* [2] (in bottle) korek *m* [3] Fishg spławik *m* [4] Bot korkowina *f*
II *modif [tile, mat]* korkowy, z korka
III *vt* za|korkować *[bottle]*
■ **cork up**: **~ up [sth], ~ [sth] up** za|korkować *[bottle]*; fig s|tłumić w sobie *[feelings]*
IDIOMS: **to blow one's ~** US infml wybuchnąć (gniewem), wyjść z siebie
corkage /ˈkɔːkɪdʒ/ *n* korkowe *n* *(opłata pobierana od klientów za prawo wypicia przyniesionego ze sobą alkoholu)*

corked /kɔːkt/ *adj* [1] *[wine]* trącący korkiem [2] GB infml *[person]* zalany, urżnięty infml
corker /ˈkɔːkə(r)/ *n* [1] GB infml dat (story) kapitalna historia *f*; (stroke, shot) znakomite uderzenie *n*; **she's a real ~!** świetna cizia! infml [2] (device) korkownica *f*
corking /ˈkɔːkɪŋ/ *adj* GB infml dat kapitalny, znakomity
cork oak *n* dąb *m* korkowy
corkscrew /ˈkɔːkskruː/ **I** *n* korkociąg *m*
II *adj [stairs, hair]* kręcony
corkscrew curls *npl* anglezy *plt*
corm /kɔːm/ *n* Bot bulwa *f*
cormorant /ˈkɔːmərənt/ *n* kormoran *m*
corn¹ /kɔːn/ *n* [1] (cereal plants) zboże *n*; (grain) ziarno *n*; **a field of ~** łan zboża; **a sheaf of ~** snop or snopek zboża [2] GB (wheat) pszenica *f*; Scot, Ir (oat) owies *m* [3] US (maize) kukurydza *f*; **~ on the cob** gotowana kolba kukurydzy [4] infml pej (in book, film) banał *m*
corn² /kɔːn/ *n* Med (on foot) nagniotek *m*, odcisk *m*
IDIOMS: **to tread on sb's ~s** nastąpić or nadepnąć komuś na odcisk
cornball /ˈkɔːnbɔːl/ US infml pej **I** *n* poczciwiec *m*
II *adj* = **corny**
Corn Belt *n* US **the ~** *region uprawy kukurydzy w środkowej części Stanów Zjednoczonych*
corn bread *n* US chleb *m* z mąki kukurydzianej
corn bunting *n* Zool potrzeszcz *m*
corn circle *n* = **crop circle**
corncob /ˈkɔːnkɒb/ *n* kaczan *m* or kolba *f* kukurydzy; **a ~ pipe** fajka z główką z kaczana kukurydzy
corncrake /ˈkɔːnkreɪk/ *n* derkacz *m*
corncrib /ˈkɔːnkrɪb/ *n* US silos *m* do składowania kukurydzy
corn dog *n* US parówka *f* w cieście *(z mąki kukurydzianej)*
corn dolly *n* GB słomiana kukła *f* *(symbol święta plonów)*
cornea /ˈkɔːnɪə/ *n* (*pl* **-s, -neae**) rogówka *f*
corneal /ˈkɔːnɪəl/ *adj* rogówkowy
corned beef *n* wołowina *f* peklowana w puszce
cornelian /kɔːˈniːlɪən/ *n* karneol *m*, krwawnik *m*
corner /ˈkɔːnə(r)/ **I** *n* [1] (in geometry) kąt *m*; (of street) róg *m*; (of building) narożnik *m*; (of table, box, field, fabric, sail) róg *m*; (of room) kąt *m*, róg *m*; Aut (bend) zakręt *m*; (sharp) wiraż *m*; **the house on the ~** dom na rogu; **at the ~ of the street** na rogu ulicy; **to turn** or **go round the ~** skręcić za róg; **to turn the ~** fig wyjść na prostą infml; **the patient has turned the ~** u pacjenta nastąpiło przesilenie; **the company has turned the ~** firma wychodzi na prostą; **to put a child in the ~** Sch posłać dziecko do kąta; **she wiped her eyes with the ~ of her apron** wytarła oczy rogiem fartucha; **to fold sth from ~ to ~** złożyć coś po przekątnej; **to turn down the ~ of a page** zagiąć róg strony; **the car took the ~ too fast** samochód wziął zakręt ze zbyt dużą szybkością; **he lives around the ~ from me** (nearby) on mieszka dwa kroki ode mnie; **the post office is just around the ~**

C

(around the bend) poczta jest tuż za rogiem; **she disappeared round the ~** zniknęła za rogiem (ulicy); **Christmas is just around the ~** fig Boże Narodzenie jest tuż tuż; **you never know what's around the ~** fig nigdy nie wiadomo, co człowieka czeka [2] (side) (of eye) kąt *m*; (of mouth) kącik *m*; **to watch/see sb out of the ~ of one's eye** obserwować/widzieć kogoś kątem oka; **to speak out of the ~ of one's mouth** mówić półgębkiem [3] (remote place) kąt *m*, zakątek *m*; **a quiet ~ of Brittany** cichy zakątek Bretanii; **a quiet ~ of the office** spokojny kąt w biurze; **in a remote ~ of India** w dalekim zakątku Indii; **I searched every ~ of the house** przetrząsnąłem cały dom; **from all four ~s of the world** ze wszystkich stron świata [4] Sport (in boxing) narożnik *m*; (in football, hockey) korner *m*, rzut *m* rożny; **to take a ~** wywalczyć rzut rożny [5] (column) kącik *m*; **kids' ~** kącik dla dzieci; **collectors' ~** kącik kolekcjonera [6] Comm monopolizacja *f* rynku

II *modif [cupboard, shelf, table]* narożnikowy; *[house]* narożny; **a ~ seat** (on a train) miejsce z brzegu

III *vt* [1] (trap) osacz|yć, -ać *[person, animal]*; fig przyp|rzeć, -ierać do muru *[person]* [2] zająć, pozajmować *[best seats]*; Comm (monopolize) z|monopolizować, opanować *[market]*; **they ~ed the market in diamonds** zmonopolizowali rynek diamentów

IV *vi* Aut *[car]* wziąć, brać zakręty, skręc|ić, -ać; **this car ~s well** ten samochód dobrze trzyma się drogi na zakrętach

V -cornered *in combinations* **three-~ed** *[hat]* trójgraniasty; *[scarf, tile]* trójkątny; **four-~ed** czworokątny

IDIOMS: **to be in a tight ~** znaleźć się w trudnej sytuacji; **to drive sb into a ~** przyprzeć kogoś do muru; **to hold** or **fight one's ~** bronić własnej pozycji; **to paint** or **box oneself into a ~** zapędzić się w ślepą uliczkę; **to cut ~s** (financially) robić oszczędności; (in a procedure) iść na skróty fig

corner cupboard *n* szafka *f* narożna

corner flag *n* Sport chorągiewka *f* narożnikowa

cornering /ˈkɔːnərɪŋ/ *n* Aut pokonywanie *n* zakrętu

corner shop *n* pobliski sklepik *m*

cornerstone /ˈkɔːnəstəʊn/ *n* Archit kamień *m* węgielny also fig

cornerways /ˈkɔːnəweɪz/ *adj, adv* po przekątnej

cornerwise /ˈkɔːnəwaɪz/ *adj, adv* po przekątnej

cornet /ˈkɔːnɪt/ *n* [1] Mus kornet *m* [2] (for ice-cream) rożek *m* waflowy; (for sweets) rożek *m* papierowy, tutka *f*

cornetist, cornettist /kɔːˈnetɪst/ *n* kornecist|a *m*, -ka *f*

corn exchange *n* GB giełda *f* zbożowa

cornfed /ˈkɔːnfed/ *adj [chicken, livestock]* karmiony kukurydzą

cornfield /ˈkɔːnfiːld/ *n* GB pole *n* uprawne; US pole *n* kukurydziane

cornflakes /ˈkɔːnfleɪks/ *npl* płatki *m pl* kukurydziane

cornflour /ˈkɔːnflaʊə(r)/ *n* mąka *f* kukurydziana

cornflower /ˈkɔːnflaʊə(r)/ *n* chaber *m*; bławatek *m*, modrak *m* liter; **~ blue** (colour) (kolor *m*) chabrowy *m*

cornhusking /ˈkɔːnhʌskɪŋ/ *n* [1] łuskanie or łuszczenie *n* kukurydzy [2] US *święto z okazji zbioru kukurydzy*

cornice /ˈkɔːnɪs/ *n* [1] Archit gzyms *m*; karnisz *m* dat [2] (of rock, snow) nawis *m*

Cornish /ˈkɔːnɪʃ/ **I** *n* [1] **the ~** (+ *v pl*) Kornwalijczycy *m pl* [2] Ling (język *m*) kornwalijski *m*

II *adj* kornwalijski

Cornish pasty *n pasztecik z nadzieniem z mięsa i warzyw*

Corn Laws *n* Hist prawa *n pl* zbożowe

cornmeal /ˈkɔːnmiːl/ *n* mąka *f* kukurydziana

corn oil *n* olej *m* kukurydziany

corn picker *n* US maszyna *f* do zbioru kukurydzy

corn plaster *n* plaster *m* na odciski

corn pone *n* US chleb *m* z mąki kukurydzianej

corn poppy *n* mak *m* polny

cornrow /ˈkɔːnrəʊ/ *n* (hairstyle) *włosy splecione w cienkie warkoczyki zaczesane rzędkami do tyłu*

corn salad *n* Bot roszpunka *f* jadalna

corn shock *n* GB snop *m* or snopek *m* zboża

corn shuck *n* US pochwa *f* liściowa kukurydzy

corn silk *n* wąsy *m pl* kukurydzy

corn starch *n* US = **cornflour**

corn syrup *n* US syrop *m* kukurydziany

cornucopia /ˌkɔːnjʊˈkəʊpɪə/ *n* liter róg *m* obfitości also fig

Cornwall /ˈkɔːnwɔːl/ *prn* Kornwalia *f*

corn whisk(e)y *n* US bourbon *m*

corny /ˈkɔːnɪ/ *adj* infml pej *[joke]* (old) oklepany infml; (feeble) kiepski; *[song, film]* ckliwy, łzawy

corolla /kəˈrɒlə/ *n* korona *f* kwiatu

corollary /kəˈrɒlərɪ, US ˈkɒrəlerɪ/ *n* następstwo *n* **(of** or **to sth** czegoś)

corona /kəˈrəʊnə/ *n* [1] (*pl* **-nas, -nae**) Astron, Anat, Archit, Bot korona *f* [2] (*pl* **-nas, -nae**) Phys (also **~ discharge**) wyładowanie *n* koronowe [3] (*pl* **-nas**) (cigar) długie cygaro *n*

coronary /ˈkɒrənrɪ, US ˈkɔːrənerɪ/ **I** *n* Med zawał *m* (serca)

II *adj [artery]* wieńcowy

coronary care unit *n* oddział *m* intensywnej opieki kardiologicznej

coronary thrombosis *n* zator *m* tętnicy wieńcowej

coronation /ˌkɒrəˈneɪʃn, US ˌkɔːr-/ **I** *n* koronacja *f*

II *modif [robes]* koronacyjny; **~ ceremony/day** ceremonia/dzień koronacji

coroner /ˈkɒrənə(r), US ˈkɔːr-/ *n* koroner *m*

coroner's inquest *n* śledztwo *n* prowadzone przez koronera

coronet /ˈkɒrənet, US ˈkɔːr-/ *n* [1] (small crown) korona *f* [2] (woman's) diadem *m* [3] (of flowers) wianek *m* [4] (of horse's hoof) koronka *f* kopyta

corp *n* [1] = **corporal** kapral *m*, kpr. [2] US → **corporation**

corporal[1] /ˈkɔːpərəl/ *n* kapral *m*

corporal[2] /ˈkɔːpərəl/ *adj* fml cielesny

corporal punishment *n* kara *f* cielesna

corporate /ˈkɔːpərət/ *adj* [1] Comm, Fin dotyczący spółki; **~ accounts/policy** rachunkowość/polityka spółki; **~ assets** aktywa korporacyjne [2] (collective) *[action, decision, ownership]* wspólny; *[responsibility]* grupowy, zbiorowy

corporate advertising *n* reklama *f* działalności firmy

corporate body *n* osoba *f* prawna

corporate culture *n* kultura *f* firmy

corporate identity *n* tożsamość *f* firmy

corporate image *n* wizerunek *m* firmy

corporate law *n* US Jur statut *m* przedsiębiorstwa

corporate lawyer *n* US Jur (attached to firm) radca *m* prawny; (business law expert) specjalista *m* w zakresie prawa o przedsiębiorstwie

corporately /ˈkɔːpərətlɪ/ *adv [act, respond, responsible]* wspólnie

corporate name *n* nazwa *f* przedsiębiorstwa

corporate planning *n* planowanie *n* na szczeblu przedsiębiorstwa

corporate raider *n* Fin inwestor-drapieżca *m*

corporate state *n* Pol państwo *n* korporacyjne

corporate tax *n* GB podatek *m* od osób prawnych

corporation /ˌkɔːpəˈreɪʃn/ **I** *n* [1] Comm korporacja *f* [2] GB (town council) rada *f* miejska [3] GB infml hum (paunch) brzuszek *m* infml

II *modif [services, property]* komunalny

corporation lawyer *n* radca *m* prawny

corporation tax *n* GB podatek *m* od osób prawnych

corporatism /ˈkɔːpərətɪzəm/ *n* korporacjonizm *m*

corporatist /ˈkɔːpərətɪst/ *n* zwolenni|k *m*, -czka *f* korporacjonizmu

corporeal /kɔːˈpɔːrɪəl/ *adj* fml (bodily) cielesny, fizyczny; (not spiritual) materialny

corporeal hereditaments *npl* Jur dobra *plt* materialne podlegające dziedziczeniu

corps /kɔː(r)/ *n* [1] Mil (unit) korpus *m*; **medical/intelligence ~** służby medyczne/wywiadowcze [2] **the Diplomatic Corps** korpus *m* dyplomatyczny

corps de ballet /ˌkɔːdəˈbæleɪ/ *n* zespół *m* baletowy *(z wyjątkiem solistów)*

corpse /kɔːps/ *n* zwłoki *plt*, trup *m*

corpulence /ˈkɔːpjʊləns/ *n* fml tusza *f*, otyłość *f*

corpulent /ˈkɔːpjʊlənt/ *adj* fml korpulentny, zażywny liter

corpus /ˈkɔːpəs/ *n* (*pl* **-pora, -puses**) [1] Literat (of a particular author) dzieła *n pl* wszystkie or zebrane; (on a particular topic) zbiór *m* or ogół *m* tekstów [2] Ling korpus *m* językowy [3] Fin kapitał *m*

Corpus Christi /ˌkɔːpəs ˈkrɪstɪ/ *n* Boże Ciało *n*

corpuscle /ˈkɔːpʌsl/ *n* [1] Anat, Biol (also **blood ~**) krwinka *f*; **red/white (blood) ~** krwinka czerwona/biała [2] Anat (nerve ending) ciałko *n* końcowe nerwu [3] Phys cząstka *f*

corral /kəˈrɑːl, US -ˈræl/ **I** *n* US (enclosure) korral *m*, zagroda *f*

II *vt* zag|onić, -aniać, za|gnać *[cattle]*; (surround) ot|oczyć, -aczać *[demonstrators]*
correct /kəˈrekt/ **I** *adj* [1] (right) *[answer, estimate, figure]* poprawny; *[amount, decision, method, order]* właściwy; **that's ~!** tak jest!; **what's the ~ time?** która dokładnie godzina?; **to be ~ in every detail** być całkowicie poprawnym; **you are quite ~** masz całkowitą rację or słuszność; **you are quite ~ in what you say** to, co mówisz, jest ze wszech miar słuszne; **would I be ~ in thinking that...** czy słusznie sądzę, że...; **you were quite ~ to call me** słusznie zrobiłeś, dzwoniąc do mnie; **her suspicions proved ~** jej podejrzenia okazały się słuszne [2] (proper) *[behaviour, manner, procedure]* odpowiedni, właściwy; *[dress]* odpowiedni, stosowny; *[person]* dobrze wychowany; **according to the ~ procedures** we właściwy sposób
II *vt* [1] *[teacher, proofreader]* poprawi|ć, -ać *[error, text, spelling, pronunciation]* [2] (put right) poprawi|ć, -ać *[person]*; naprawi|ć, -ać *[false impression]*; **~ me if I'm wrong, but...** być może się mylę, ale...; **I stand ~ed** przyznaję się do błędu [3] Med s|korygować *[eyesight]* [4] fml (punish) u|karać; (rebuke) z|ganić
III *vr* **to ~ oneself** poprawić się
correcting fluid *n* korektor *m* w płynie
correction /kəˈrekʃn/ *n* [1] (act) poprawienie *n*; (of text) korekta *f* [2] (on manuscript, in dictation) poprawka *f*; **to make a ~** zrobić poprawkę [3] (adjustment) korekta *f*, skorygowanie *n* **(of sth** czegoś) [4] fml (punishment) środki *m pl* wychowawcze; **house of ~** dat dom poprawczy
correctional /kəˈrekʃnl/ *adj* US fml *[institution, regime]* więzienny
correction fluid *n* = **correcting fluid**
corrective /kəˈrektɪv/ **I** *n* korektura *f*, korektywa *f* fml; **this is a ~ to the idea that...** to jest sprostowanie tezy, że...
II *adj* [1] Med *[shoes, lens]* korekcyjny; **~ surgery** operacja odtwórcza [2] *[action, measures]* korygujący [3] (in penitentiary system) *[training]* resocjalizacyjny
correctly /kəˈrektlɪ/ *adv* [1] (accurately) poprawnie [2] (properly) stosownie, właściwie
correctness /kəˈrektnɪs/ *n* poprawność *f*
correlate /ˈkɒrəleɪt, US ˈkɔːr-/ **I** *n* fml korelat *m*
II *vt* s|korelować, zestawi|ć, -ać *[facts, results, data]* **(with sth** z czymś)
III *vi* *[facts, results, data]* korelować **(with sth** z czymś)
correlation /ˌkɒrəˈleɪʃn/ *n* korelacja *f*, współzależność *f* **(between sth and sth** między czymś a czymś); **a high/poor ~** bliska/słaba współzależność
correlative /kɒˈrelətɪv/ **I** *n* korelat *m*
II *adj* *[evidence, results, facts, data]* powiązany
correspond /ˌkɒrɪˈspɒnd/, US ˌkɔːr-/ *vi* [1] (match up) zg|odzić, -adzać się **(with sth** z czymś); **to ~ to sample** Comm odpowiadać próbce [2] (be equivalent) odpowiadać **(to sth** czemuś); korespondować **(to sth** z czymś); **to ~ roughly** mniej więcej sobie odpowiadać [3] (exchange letters) korespondować **(with sb** z kimś)
correspondence /ˌkɒrɪˈspɒndəns, US ˌkɔːr-/ *n* [1] (match) zgodność *f* **(between sth and sth** pomiędzy czymś a czymś) [2] (relationship) odpowiedniość *f* **(between sth and sth** czegoś i czegoś) [3] (similarity) podobieństwo *n* **(with sth** z czymś, do czegoś) [4] (exchange of letters) korespondencja *f*; **to be in ~ with sb** korespondować z kimś **(about sth** na temat czegoś); **to enter into ~** nawiązać korespondencję **(about sth** na temat czegoś)
correspondence clerk *n* Comm dat urzędnik *m* zajmujący się korespondencją
correspondence college *n* uczelnia *f* oferująca kursy korespondencyjne
correspondence column *n* Journ dział *m* listów
correspondence course *n* kurs *m* korespondencyjny
correspondent /ˌkɒrɪˈspɒndənt, US ˌkɔːr-/ *n* [1] (journalist) korespondent *m*, -ka *f*; **special ~** specjalny wysłannik [2] (letter-writer) korespondent *m*, -ka *f*; **to be a good /bad ~** lubić pisać listy/nie lubić pisać listów
corresponding /ˌkɒrɪˈspɒndɪŋ, US ˌkɔːr-/ *adj* [1] (matching) odpowiedni; **~ to sth** odpowiadający czemuś [2] (similar) analogiczny **(to sth** do czegoś)
correspondingly /ˌkɒrɪˈspɒndɪŋlɪ, US ˌkɔːr-/ *adv* [1] (consequently) odpowiednio [2] (proportionately) w takim samym stopniu
corrida /kɔːˈriːdə/ *n* korrida *f*
corridor /ˈkɒrɪdɔː(r), US ˈkɔːr-/ *n* [1] (in building, train) korytarz *m*; **the ~s of power** fig korytarze władzy [2] Geog, Pol korytarz *m*
corridor train *n* GB pociąg *m* z przedziałami
corrigendum /ˌkɒrɪˈgendəm, US ˌkɔːr-/ *n* (*pl* **-da**) errata *f*
corroborate /kəˈrɒbəreɪt/ *vt* potwierdz|ić, -ać
corroboration /kəˌrɒbəˈreɪʃn/ *n* potwierdzenie *n* **(of sth** czegoś); **evidence in ~ of sth** dowody na potwierdzenie czegoś or potwierdzające coś
corroborative /kəˈrɒbərətɪv, US -reɪtɪv/ *adj* potwierdzający
corrode /kəˈrəʊd/ **I** *vt* [1] s|korodować, s|powodować korozję (czegoś) *[metal, bodywork, frame]* [2] fig (undermine) s|powodować erozję (czegoś) *[moral values]*
II *vi* s|korodować, ule|c, -gać korozji
corrosion /kəˈrəʊʒn/ *n* [1] (process) korozja *f*, korodowanie *n*; **the ~ of the human spirit/moral standards** fig upadek ducha /zasad moralnych [2] (damage) rdza *f*
corrosive /kəˈrəʊsɪv/ **I** *n* substancja *f* korozyjna
II *adj* [1] *[rust, acid]* korozyjny, powodujący korozję [2] fig *[influence]* destrukcyjny; *[remark, satire]* zjadliwy
corrugated /ˈkɒrəgeɪtɪd, US ˈkɔːr-/ *adj* *[roof]* z blachy falistej; *[road]* pożłobiony koleinami; *[surface]* pofałdowany; *[surface of lake]* pomarszczony
corrugated iron *n* blacha *f* stalowa falista
corrugated paper *n* tektura *f* falista
corrugation /ˌkɒrəˈgeɪʃn, US ˌkɔːr-/ *n* pofałdowanie *n*
corrupt /kəˈrʌpt/ **I** *adj* [1] (dishonest) *[person, system]* skorumpowany; **~ practices** korupcja, nieuczciwe praktyki [2] (depraved) *[person]* zdeprawowany, zepsuty; *[behaviour, life]* niemoralny [3] *[language, manuscript, text]* (with errors) zniekształcony; Comput *[data, file]* uszkodzony [4] dat (decomposed) *[matter, corpse]* rozkładający się
II *vt* [1] (pervert) z|demoralizować, ze|psuć *[person, morals, culture]*; (through bribery) s|korumpować *[person, official, politician]*; **to ~ sb's morals** zdeprawować kogoś [2] (alter) przekręc|ić, -ać *[text]*; kaleczyć *[language]*; **a ~ed manuscript** rękopis z błędami [3] dat (decompose) spowodować rozkład (czegoś)
III *vi* [1] *[book, film, lifestyle]* z|demoralizować; **power ~s** władza korumpuje [2] dat *[body, corpse]* roz|łożyć, -kładać się
corruptible /kəˈrʌptəbl/ *adj* *[person, official]* przekupny
corruption /kəˈrʌpʃn/ *n* [1] (immorality) demoralizacja *f*, zepsucie *n*; (sexual) deprawacja *f*; **the ~ of minors** Jur deprawacja nieletnich [2] (dishonesty) korupcja *f* [3] (of text, manuscript) przekręcenie *n*, zafałszowanie *n*; (of computer data) uszkodzenie *n* [4] dat (decay) rozkład *m*
corsage /kɔːˈsɑːʒ/ *n* [1] (flowers) bukiecik *m* *(przypinany do sukienki)* [2] (bodice) stanik *m* (sukienki)
corsair /ˈkɔːseə(r)/ *n* korsarz *m*
corselet /ˈkɔːslɪt/ *n* Hist pancerz *m*
corset /ˈkɔːsɪt/ *n* gorset *m*; Med gorset *m* ortopedyczny
Corsica /ˈkɔːsɪkə/ *prn* Korsyka *f*; **in ~** na Korsyce
Corsican /ˈkɔːsɪkən/ **I** *n* Korsykan|in *m*, -ka *f*
II *adj* korsykański
cortege /kɔːˈteɪʒ/ *n* kondukt *m* pogrzebowy or żałobny
cortex /ˈkɔːteks/ *n* (*pl* **-tices**) [1] Anat kora *f* [2] Bot kora *f* pierwotna
cortical /ˈkɔːtɪkl/ *adj* Anat, Bot korowy
corticoid /ˈkɔːtɪkɔɪd/ *n* kortykosteroid *m*
corticosteroid /ˌkɔːtɪkəʊˈstɪərɔɪd, -ˈsterɔɪd/ *n* → **corticoid**
cortisone /ˈkɔːtɪzəʊn/ *n* kortyzon *m*
corundum /kəˈrʌndəm/ *n* korund *m*
coruscate /ˈkɒrəskeɪt, US ˈkɔːr-/ *vi* fml skrzyć się
coruscating /ˈkɒrəskeɪtɪŋ, US ˈkɔːr-/ *adj* fml skrzący się
corvette /kɔːˈvet/ *n* korweta *f*
cos[1] /kɒz/ *n* = **cosine** kosinus *m*
cos[2] /kɒs/ *n* = **cos lettuce**
cos[3] /kəz/ *conj* infml = **because**
cosec /ˈkəʊsek/ *n* = **cosecant** kosekans *m*
cosecant /ˌkəʊˈsiːkənt/ *n* kosekans *m*
cosh /kɒʃ/ GB **I** *n* pała *f*, pałka *f*
II *vt* uderz|yć, -ać pałką
cosign /ˌkəʊˈsaɪn/ *vt* Fin, Pol być konsygnatariuszem (czegoś)
cosignatory /ˌkəʊˈsɪgnətərɪ, US -tɔːrɪ/ *n* konsygnatariusz *m* **(of** or **to sth** czegoś)
cosily /ˈkəʊzɪlɪ/ *adv* *[sit, lie]* wygodnie; *[warm]* przytulnie
cosine /ˈkəʊsaɪn/ *n* kosinus *m*
cosiness /ˈkəʊzɪnɪs/ *n* [1] (comfort) (of room) przytulność *f*; (of clothing, chair) wygoda *f* [2] (intimacy) (of conversation, gathering) kameralny nastrój *m*
cos lettuce /ˌkɒs ˈletɪs/ *n* sałata *f* rzymska

C

cosmeceutical /ˌkɒzmə'sjuːtɪkl/ *n* kosmetyk *m* opracowany z wykorzystaniem najnowszych zdobyczy dermatologii
cosmetic /kɒz'metɪk/ **I** *n* kosmetyk *m*
II *adj* [1] kosmetyczny [2] fig pej (superficial) kosmetyczny, powierzchowny
cosmetician /ˌkɒzme'tɪʃn/ *n* kosmetyczka *f*
cosmetic surgery *n* chirurgia *f* kosmetyczna
cosmic /'kɒzmɪk/ *adj* [1] kosmiczny [2] fig (vast) ogromny; **an event of ~ significance** wydarzenie o ogromnym znaczeniu; **a disaster of ~ proportions** katastrofa kosmicznych rozmiarów
cosmic dust *n* pył *m* kosmiczny
cosmic rays *npl* promieniowanie *n* kosmiczne
cosmogony /kɒz'mɒgənɪ/ *n* kosmogonia *f*
cosmographer /kɒz'mɒgrəfə(r)/ *n* kosmograf *m*
cosmography /kɒz'mɒgrəfi/ *n* kosmografia *f*
cosmology /kɒz'mɒlədʒɪ/ *n* kosmologia *f*
cosmonaut /'kɒzmənɔːt/ *n* kosmonaut|a *m*, -ka *f*
cosmopolitan /ˌkɒzmə'pɒlɪtn/ **I** *n* kosmopolit|a *m*, -ka *f*
II *adj* kosmopolityczny
cosmos /'kɒzmɒs/ *n* **the ~** kosmos *m*, wszechświat *m*
Cossack /'kɒsæk/ **I** *n* Koza|k *m*, -czka *f*
II *adj* kozacki
cosset /'kɒsɪt/ *vt* rozpie|ścić, -szczać *[person]*; ochr|onić, -aniać, chronić *[industry, group]*
cossie /'kɒzɪ/ *n* GB infml (swimming costume) kostium *m* kąpielowy; (swimming trunks) kąpielówki *plt*
cost /kɒst, US kɔːst/ **I** *n* [1] (price) koszt *m*, cena *f* **(of sth** czegoś**)**; **don't let the ~ put you off** nie zniechęcaj się ceną; **the total ~ came to £500** całkowity koszt wyniósł 500 funtów; **you must bear the ~ of any repairs** musisz ponieść koszty wszelkich napraw; **the ~ of renovating a house is high** remont domu jest bardzo kosztowny; **at ~** po kosztach własnych; **at a ~ of £100** za cenę 100 funtów; **he had the flat redecorated at his own ~** odmalował mieszkanie na własny koszt; **at no ~ to the taxpayer** bez sięgania do kieszeni podatnika; **at no extra ~** bez dodatkowych kosztów; **at little/great ~** niewielkim/znacznym kosztem; **he studied abroad, at great ~ to his parents** za jego studia za granicą rodzice płacili ciężkie pieniądze; **to count the ~ of sth** oszacować koszty czegoś *[future decision]*; oszacować straty wynikłe z czegoś *[flood, earthquake]* [2] fig koszt *m*, cena *f*; **at all ~s** za wszelką cenę; **at the ~ of her own life** kosztem własnego życia; **she's been very successful, but at what ~ to her health?** odniosła wielki sukces, ale kosztem zdrowia; **I'll do it, but not at any ~** zrobię to, ale nie za każdą cenę; **we can generate power at little ~ to the environment** potrafimy wytwarzać energię bez większych strat dla środowiska; **I know to my ~ that...** przekonałem się na własnej skórze, że...; **the ~ in human lives was great** straty w ludziach były ogromne; **the battle was won at great ~ in human lives** zwycięstwo w bitwie zostało okupione ogromnymi stratami w ludziach; **whatever the ~** bez względu na cenę
II costs *npl* [1] Jur koszty *m pl* procesowe; **to pay ~s** zapłacić koszty procesowe; **to be awarded ~s** mieć zasądzone koszty [2] Comm, Fin koszty *m pl*; **transport/labour /production ~s** koszty transportu/robocizny/produkcji; **to cut** or **reduce ~s** obniżać koszty; **to cover ~s** pokryć koszty; **I barely covered my ~s** ledwo zwróciły mi się koszty
III *vt* [1] **(***pt, pp* **cost)** kosztować; **the camera ~s £300** ten aparat fotograficzny kosztuje 300 funtów; **how much does it ~?** ile to kosztuje?; **the tickets ~ too much** bilety są za drogie; **silver ~s less than gold** srebro jest tańsze od złota; **the meal cost us £40** posiłek kosztował nas 40 funtów; **the TV will ~ £50 to repair** naprawa telewizora będzie kosztowała 50 funtów; **a good wine ~s money** dobre wino kosztuje; **I can mend it but it will ~** infml mogę to naprawić, ale to będzie kosztować [2] **(***pt, pp* **cost)** fig kosztować; **that decision cost him his job** ta decyzja kosztowała go posadę; **high inflation cost us the election** wysoką inflację przypłaciliśmy przegraną w wyborach; **to ~ a lot of time and effort** kosztować wiele czasu i wysiłku; **politeness ~s nothing** uprzejmość nic nie kosztuje [3] **(***pt, pp* **~ed)** Accts, Fin **(**also **~ out)** (calculate cost of) s|kalkulować koszt (czegoś) *[product, project]*; **the project was ~ed at £3 million** koszt przedsięwzięcia skalkulowano na trzy miliony funtów
cost accountant *n* Accts kalkulator *m*
cost accounting *n* Accts kalkulacja *f* kosztów
cost and freight, CAF *n* koszt *m* i fracht *m*
co-star /'kəʊstɑː(r)/ **I** *n* Cin, Theat **her ~ is X** obok niej w głównej roli występuje X
II *vt* **(***prp, pt, pp* **-rr-) a film ~ring X and Y** film z udziałem X i Y
III *vi* **(***prp, pt, pp* **-rr-) to ~ with sb** partnerować komuś, grać u boku kogoś
Costa Rica /ˌkɒstə'riːkə/ *prn* Kostaryka *f*
Costa Rican /ˌkɒstə'riːkən/ **I** *n* Kostarykan|in *m*, -ka *f*
II *adj* kostarykański
cost-benefit analysis /kɒstˌbenɪfɪtə'næləsɪs, US kɔːst-/ *n* Accts, Comm analiza *f* kosztów i korzyści
cost centre *n* Accts centrum *m* kosztów
cost-cutting /'kɒstkʌtɪŋ, US 'kɔːst-/ **I** *n* obniżanie *n* or redukcja *f* kosztów
II *modif [strategy, measures]* mający na celu obniżenie or redukcję kosztów; **we've got rid of the fax machine as a ~ exercise** w ramach redukcji kosztów pozbyliśmy się faksu
cost-effective /ˌkɒstɪ'fektɪv, US ˌkɔːst-/ *adj* Mgmt opłacalny
cost-effectiveness /ˌkɒstɪ'fektɪvnɪs, US ˌkɔːst-/ *n* opłacalność *f*
costermonger /'kɒstəmʌŋgə(r), US 'kɔːst-/ *n* (also **coster)** GB arch stragania|rz *m*, -rka *f*
costing /'kɒstɪŋ, US 'kɔːstɪŋ/ **I** *n* (process) kalkulacja *f* kosztów
II costings *npl* (projected figures) kalkulacja *f* kosztów własnych, kosztorys *m* **(for sth** czegoś**)**
costive /'kɒstɪv, US 'kɔːstɪv/ *adj* [1] Med (constipated) cierpiący na zaparcie [2] fml (sluggish) ociężały
costliness /'kɒstlɪnɪs, US 'kɔːst-/ *n* kosztowność *f*, wysokie koszty *m pl*
costly /'kɒstlɪ, US 'kɔːstlɪ/ *adj* [1] (expensive) *[scheme, taste, habit]* kosztowny; **the decision proved to be a ~ mistake** decyzja okazała się kosztownym błędem [2] (valuable) *[jewellery]* drogocenny
cost of living *n* Econ, Fin koszty *m pl* utrzymania
cost of living adjustment *n* indeksacja *f* płac
cost of living allowance *n* dodatek *m* drożyźniany
cost of living bonus *n* dodatek *m* drożyźniany
cost of living index *n* wskaźnik *m* kosztów utrzymania
cost of money *n* Fin oprocentowanie *n* pieniądza
cost overrun *n* Acct, Fin przekroczenie *n* budżetu
cost-plus /ˌkɒst'plʌs, US ˌkɔːst-/ *n* koszty *m pl* plus marża *f*
cost price *n* Comm cena *f* po kosztach własnych
cost-push inflation /ˌkɒstpʊʃɪn'fleɪʃn, US ˌkɔːst-/ *n* Fin inflacja *f* kosztowa
costume /'kɒstjuːm, US -tuːm/ **I** *n* [1] (outfit) strój *m*; **national ~** strój narodowy; **period ~** strój z epoki or historyczny; **in ~** w strojach or kostiumach [2] Theat kostium *m* [3] GB dat **(**also **swimming ~)** kostium *m* kąpielowy [4] dat (woman's suit) kostium *m*
II *modif* **~ designer/collection/change** projektant/kolekcja/zmiana kostiumów
III *vt [designer]* projektować kostiumy do (czegoś) *[film, play]*; przeb|rać, -ierać (kogoś) w kostium *[actor]*
costume ball *n* bal *m* kostiumowy
costume drama *n* sztuka *f* kostiumowa
costume jewellery *n* sztuczna biżuteria *f*
costumier /kɒ'stjuːmɪə(r), US -'stuː-/ *n* osoba *f* sprzedająca/wypożyczająca stroje balowe i kostiumy teatralne
cosy GB, **cozy** US /'kəʊzɪ/ **I** *n* **(**also **tea-~)** ocieplacz *m* na imbryk z herbatą
II *adj* [1] (comfortable) *[room, house]* przytulny; *[chair, bed]* wygodny; *[clothing, blanket]* ciepły i miękki; **to feel ~** *[person]* czuć się błogo; *[room, house]* być przytulnym; **it's ~ here** przytulnie tutaj [2] (intimate) *[evening, chat]* miły; *[atmosphere]* kameralny [3] fig pej *[arrangement, deal, system]* kumoterski pej
■ **cosy up** GB, **cozy up** US infml *[person]* przymil|ić, -ać się **(to sb** do kogoś**)**
IDIOMS: **to play it ~** US infml przyhamować fig
cot /kɒt/ *n* [1] GB (for baby) łóżeczko *n* dziecinne [2] US (camp bed) łóżko *n* polowe [3] (on ship) koja *f*
cotangent /kəʊ'tændʒənt/ *n* cotangens *m*
cot death *n* GB śmierć *f* łóżeczkowa
Côte d'Azur /ˌkəʊtdə'zjʊə(r)/ *prn* Lazurowe Wybrzeże *n*

cotenant /ˌkəʊˈtenənt/ *n* współlokator *m*, -ka *f*
coterie /ˈkəʊtərɪ/ *n* koteria *f*
coterminous /ˌkəʊˈtɜːmɪnəs/ *adj* fml *[properties, states]* graniczący **(with sth** z czymś); **to be ~ with sth** graniczyć z czymś
cotillion /kəˈtɪlɪən/ *n* (dance) kotylion *m*; US kadryl *m*
cottage /ˈkɒtɪdʒ/ *n* domek *m*; (farm labourer's) chałupa *f*, chata *f*; **summer/weekend ~** domek letniskowy, dacza
cottage cheese *n* ≈ twaróg *m*, twarożek *m*
cottage hospital *n* GB ≈ wiejska izba *f* chorych
cottage industry *n* chałupnictwo *n*
cottage loaf *n* GB bochenek *m* wiejskiego chleba *(pieczony z dwóch części)*
cottage piano *n* GB małe pianino *n*
cottage pie *n* GB zapiekanka *f* z mielonego mięsa i ziemniaków
cottager /ˈkɒtɪdʒə(r)/ *n* [1] mieszkan|iec *m*, -ka *f* domku na wsi [2] US (vacationer) letni|k *m*, -czka *f*
cottaging /ˈkɒtɪdʒɪŋ/ *n szukanie partnerów seksualnych w toaletach publicznych*
cotter[1] /ˈkɒtə(r)/ *n* [1] Hist (also **cottier)** dzierżawca *m* [2] Scot (also **cottar)** pracownik *m* folwarczny
cotter[2] /ˈkɒtə(r)/ *n* (also **~ pin)** Tech przetyczka *f*, klin *m* poprzeczny
cotton /ˈkɒtn/ **I** *n* Bot, Tex bawełna *f*
II *modif [clothing, fabric]* bawełniany; *[industry]* bawełniarski; **~ field** pole bawełny; **~ town** ośrodek przemysłu bawełniarskiego
■ **cotton on** GB infml s|kapować, załap|ać, -ywać infml; **it took me a long time to ~ on to what he was saying** dużo czasu trwało, zanim skapowałem, co mówi
■ **cotton to** US infml [1] (take a liking) polubić, poczuć sympatię do (kogoś) [2] (approve) przekon|ać, -ywać się do (czegoś) *[plan, idea]*
■ **cotton up** US infml przymilać się **(to sb** do kogoś)
cotton batting *n* US = **cotton wool**
cotton belt *n* US **the Cotton Belt** *region uprawy bawełny na południu Stanów Zjednoczonych*
cotton bud *n* wacik *m* na patyczku, pałeczka *f* kosmetyczna
cotton cake *n* pasza *f* ze sprasowanych wytłoków bawełnianych
cotton candy *n* US wata *f* cukrowa
cotton drill **I** *n* Tex drelich *m* bawełniany **II** *modif [clothing]* drelichowy
cotton gin *n* odziarniarka *f* bawełny
cotton grass *n* Bot wełnianka *f*
cotton mill *n* przędzalnia *f* bawełny
cotton picker *n* (machine) maszyna *f* do zbioru bawełny; (person) zbieracz *m*, -ka *f* bawełny
cotton-picking /ˈkɒtnpɪkɪŋ/ *adj* US infml cholerny, przeklęty infml
cotton reel *n* szpulka *f* nici
cottonseed /ˈkɒtnsiːd/ *n* nasiona *n pl* bawełny
cottonseed cake *n* = **cotton cake**
cottonseed oil *n* olej *m* bawełniany
cottontail /ˈkɒtnteɪl/ *n* Zool królik *m* amerykański
cotton waste *n* czyściwo *n*
cotton wool *n* wata *f*; **absorbent ~** wata higroskopijna
IDIOMS: **to wrap sb in ~** trzymać kogoś pod kloszem
cotton worker *n* pracowni|k *m*, -ca *f* przemysłu bawełniarskiego
cotyledon /ˌkɒtɪˈliːdn/ *n* liścień *m*
couch /kaʊtʃ/ **I** *n* [1] (sofa) kanapa *f* [2] (doctor's) leżanka *f*; (psychoanalyst's) kozetka *f*; **to be on the ~** US poddawać się psychoanalizie [3] liter (bed) łóżko *n* [4] Bot = **couch grass**
II *vt* fml s|formułować *[idea, response]*; **a reply ~ed in conciliatory terms** odpowiedź sformułowana w sposób ugodowy
III *vi* liter (animal) czaić się
couchant /ˈkaʊtʃənt/ *adj* Herald *zwierzę w pozycji leżącej*; **a lion ~** lew leżący
couchette /kuːˈʃet/ *n* kuszetka *f*
couch grass *n* perz *m* właściwy
couch potato *n* infml pej leniwiec *m* fig pej
cougar /ˈkuːgə(r)/ *n* puma *f*, kuguar *m*
cough /kɒf, US kɔːf/ **I** *n* kaszel *m*; **dry ~** suchy kaszel; **to have a ~** kasłać, mieć kaszel; **she has a bad ~** ona bardzo kaszle
II *vi* kasłać
■ **cough up**: **~ up [sth]** [1] **he ~ed up blood** kasłał or pluł krwią [2] infml fig wydusić z siebie *[information]*; wybulić *[sum]*; **to ~ up (the money)** sięgnąć do portfela
cough drop *n* pastylka *f* na kaszel
coughing /ˈkɒfɪŋ, US ˈkɔːfɪŋ/ *n* kaszel *m*; **~ fit** atak kaszlu
cough lozenge *n* = **cough drop**
cough mixture *n* syrop *m* na kaszel
cough syrup *n* = **cough mixture**
could /kʊd, kəd/ *pt* → **can**[1]
couldn't /ˈkʊdnt/ = **could not**
could've /ˈkʊdəv/ = **could have**
coulee /ˈkuliː/ *n* US [1] (ravine) wąwóz *m* [2] (stream) sezonowy strumień *m* płynący dnem wąwozu
couloir /ˈkuːlwɑː(r)/ *n* Geog żleb *m*
council /ˈkaʊnsl/ **I** *n* rada *f*; **city/parish ~** rada miejska/parafialna; **county ~** władze samorządowe hrabstwa; **the Council of Europe** Rada Europy; **~ of war** narada wojenna; **to be in ~** odbywać posiedzenie or naradę
II *modif* **~ employee** pracownik samorządu lokalnego; **~ elections** wybory do samorządu lokalnego; **~ grant** dotacja przyznana przez samorząd lokalny
council chamber *n* sala *f* posiedzeń rady
council estate *n* GB osiedle *n* domów komunalnych
council flat *n* GB mieszkanie *n* komunalne
council house *n* GB komunalny dom *m* mieszkalny
council housing *n* GB budownictwo *n* komunalne
councillor /ˈkaʊnsələ(r)/ *n* (of town council) radn|y *m*, -a *f*; **Councillor Wilson** radny /radna Wilson
councilman /ˈkaʊnsɪlmən/ *n* (*pl* **-men)** US radny *m*
council tax *n* podatek *m* lokalny
council tenant *n* najemca *m* mieszkania komunalnego
councilwoman /ˈkaʊnsɪlwʊmən/ *n* (*pl* **-women)** US radna *f*
counsel /ˈkaʊnsl/ **I** *n* [1] fml (advice) rada *f*; **to keep one's own ~** chować swoje zdanie dla siebie; **to hold** or **take ~ with sb** naradzać się z kimś [2] Jur adwokat *m*; **~ for the defence** obrońca; **~ for the prosecution** oskarżyciel
II *vt* [1] (give advice to) doradz|ić, -ać, radzić (komuś), udziel|ić, -ać porad (komuś) *[patient, family, student]* **(about** or **on sth** na temat czegoś, w sprawie czegoś) [2] fml (recommend) zalec|ić, -ać *[caution, silence]*; **to ~ sb to do sth** poradzić komuś, żeby coś zrobił; **to ~ sb against sth** odradzić coś komuś
counselling, counseling US /ˈkaʊnsəlɪŋ/ **I** *n* [1] (psychological advice) pomoc *f* psychologa; **bereavement ~** pomoc dla osób, które straciły bliskich [2] (practical advice) doradztwo *n*, poradnictwo *n*; **academic ~** pomoc w wyborze kierunku studiów; **careers ~** poradnictwo zawodowe; **debt ~** poradnictwo finansowe *(dla osób mających problemy ze spłatą długu)*
II *modif* **~ group** grupa terapeutyczna; **~ centre** ośrodek pomocy, poradnia
counselling service *n* US Sch ≈ psycholog *m* szkolny
counsellor, counselor US /ˈkaʊnsələ(r)/ *n* [1] (adviser) doradca *m* [2] US Sch psycholog *m* szkolny [3] US Jur (also **~-at-law)** adwokat *m* [4] US (in holiday camp) opiekun *m*
count[1] /kaʊnt/ **I** *n* [1] (act of counting) liczenie *n*; (of votes) obliczanie *n*; **at the last ~** ostatecznie; **by my ~** według mnie; **to make** or **take a ~ of sth** policzyć coś; **to keep (a) ~ of sth** liczyć coś; **to lose ~ of sth** stracić rachubę czegoś; **I've lost ~ of the number of times I've tried** próbowałem nie wiem już ile razy [2] (level) stopień *m*; **cholesterol ~** poziom cholesterolu; **pollen ~** stężenie pyłków [3] (figure) liczba *f*; **the final ~** (of votes) ostateczne wyniki; **the body ~ has risen to 50** liczba ofiar wzrosła do pięćdziesięciu; **the official ~ was 3 million unemployed** według oficjalnych danych liczba bezrobotnych wyniosła trzy miliony [4] (call) **hold your breath for a ~ of five** wstrzymaj oddech i policz do pięciu; **on the ~ of three, fire!** na trzy, ognia!; **I'll give you a ~ of 10** liczę do dziesięciu [5] Jur zarzut *m*; **she was found guilty on both ~s** została uznana winną obu zarzucanych jej czynów [6] (point) **you're wrong on both ~s** w obu przypadkach się mylisz; **I disagree with you on the first ~** nie zgadzam się z tobą w pierwszej kwestii [7] Sport (in boxing) **to be out for the ~** infml zostać znokautowanym; **he's out for the ~** fig (asleep) śpi jak zabity
II *vt* [1] (add up) po|liczyć *[points, people, words, mistakes, objects]*; przelicz|yć, -ać *[one's change]*; wylicz|yć, -ać *[reasons, causes]*; **let's ~ how much we have spent so far** policzmy, ile do tej pory wydaliśmy; **they're still ~ing the votes** nadal liczą głosy; **she was ~ing the days until Christmas** odliczała dni do Bożego Narodzenia; **the teacher ~ed heads** nauczyciel policzył obecnych; **there were six of them, not ~ing the driver** było ich sześcioro, nie licząc kierowcy; **there'll be 14 of us, ~ing you and me** z tobą i ze

C

mną będzie nas czternaścioro; **to ~ the cost of sth** obliczyć koszt czegoś; fig rozważyć konsekwencje czegoś [2] (consider) **to ~ sb as sth** uznać kogoś za coś; **children over 15 are ~ed as adults** dzieci powyżej 15 lat traktuje się jak dorosłych; **to ~ sb among one's friends** zaliczać kogoś do grona przyjaciół

III *vi* [1] po|liczyć; **to ~ (up) to 50** policzyć do pięćdziesięciu; **to ~ in fives** liczyć piątkami or po pięć; **I've had six beers, but who's ~ing?** wypiłem sześć piw, i co z tego? [2] (be relevant) liczyć się; **that doesn't ~** to się nie liczy; **this ~s towards your final mark/pension** to się liczy do twojej końcowej oceny/emerytury [3] (be of importance) liczyć się, znaczyć; **qualifications ~ for little** kwalifikacje niewiele znaczą; **all her hard work ~ed for nothing** cała jej ciężka praca się nie liczyła; **every second ~s** liczy się każda sekunda [4] (be considered) **handbags don't ~ as luggage** torebki nie są traktowane jako bagaż

■ **count against**: **~ against [sb]** *[criminal record, past, age, background, mistake]* działać na niekorzyść (kogoś)

■ **count down** odliczać; **they're ~ing down to the end of the school year** odliczają or liczą dni do końca roku szkolnego

■ **count in**: **~ [sb] in** [1] (include) **if you're organizing an outing, ~ me in!** jeśli organizujecie jakąś wycieczkę, idę z wami!; **we're going on strike, can we ~ you in?** zaczynamy strajk, przyłączasz się? [2] Mus wybijać (komuś) takt

■ **count on, count upon**: **~ on [sb/sth]** liczyć na (kogoś/coś) *[person, event]*; **don't ~ on it!** nie licz na to!; **I was ~ing on the train being late** liczyłem na to, że pociąg się spóźni; **he's ~ing on her to help him** on liczy na jej pomoc

■ **count out**: ¶ **~ out [sth]** odlicz|yć, -ać *[money, cards]*; **she ~ed out £10 in coins** odliczyła 10 funtów bilonem or drobnymi ¶ **~ [sb] out** [1] (exclude) nie liczyć (kogoś); **if it's dangerous, you can ~ me out!** jeśli to niebezpieczne, nie liczcie na mnie!; **~ me out, I'm not interested** beze mnie, mnie to nie interesuje; **to ~ sb out of sth** wykluczyć kogoś z czegoś, nie uwzględniać kogoś w czymś *[plans, calculations]* [2] Sport **to be ~ed out** *[boxer]* zostać wyliczonym

■ **count up**: **~ up [sth]** podlicz|yć, -ać *[points]*; po|liczyć *[money, boxes]*; **~ up how many hours you've spent on the work** podlicz or oblicz, ile godzin spędziłeś nad tym

IDIOMS: **to ~ sheep** liczyć barany; **to ~ the pennies** liczyć się z (każdym) groszem; **to ~ oneself lucky** or **fortunate** uważać się za szczęściarza; **you may ~ yourself lucky that you only got a fine** masz szczęście, że skończyło się tylko na grzywnie; **it's the thought that ~s** liczą się intencje; **to stand up and be ~ed** odważnie głosić swoje przekonania

count² /kaunt/ *n* (also **Count**) (nobleman) hrabia *m*

countability /ˌkauntəˈbɪlətɪ/ *n* Ling policzalność *f*

countable /ˈkauntəbl/ *adj* Ling, Math policzalny

countdown /ˈkauntdaun/ *n* odliczanie *n* also fig; **~ to the rocket launch/the Olympic Games** odliczanie przed startem rakiety/rozpoczęciem Olimpiady

countenance /ˈkauntənəns/ **I** *n* [1] (face) oblicze *n* liter; (expression) mina *f*, wyraz *m* twarzy [2] fml (approval) poparcie *n*; **to give** or **lend ~ to sb/sth** udzielić komuś/czemuś poparcia

II *vt* fml (approve of) przyzw|olić, -alać na (coś) fml *[behaviour, action]*; (tolerate) tolerować *[misuse, slander]*; **I will not ~ his taking part in the scheme** nie zgodzę się na jego uczestnictwo w projekcie

IDIOMS: **to keep one's ~** fml zachować powagę; **to put sb out of ~** skonsternować or speszyć kogoś

counter- /kauntə(r)/ *in combinations* kontr-, anty-, przeciw-

counter¹ /ˈkauntə(r)/ *n* [1] (service area) (in shop) lada *f*, kontuar *m*; (in snack bar) bufet *m*, lada *f*; (in bank, post office) okienko *n*; (in bar, pub, café) bar *m*; **he works behind the ~** (in bank, post office) pracuje w okienku; (in shop) pracuje za ladą; (in bar) stoi za barem; **the man behind the ~** (in shop) sprzedawca; (in bank) kasjer; **the medicine is available over the ~** to lekarstwo jest dostępne bez recepty; **guns are not sold over the ~** broni nie można kupić bez zezwolenia; **to buy shares over the ~** kupować akcje w obrocie pozagiełdowym; **these magazines are sold under the ~** te pisma są sprzedawane spod lady; **to do a deal under the ~** dokonać transakcji „po cichu" → **over-the-counter** → **under-the-counter** [2] (section of a shop) dział *m*, stoisko *n*; **perfume/glove ~** stoisko perfumeryjne/z rękawiczkami, dział perfumeryjny/z rękawiczkami; **cheese ~** stoisko z serami [3] Games pionek *m* [4] (token) żeton *m*, szton *m*

counter² /ˈkauntə(r)/ *n* (counting device) licznik *m*

counter³ /ˈkauntə(r)/ *n* (on shoe) napiętek *m*, zapiętka *f*

counter⁴ /ˈkauntə(r)/ **I** *vt* od|eprzeć, -pierać *[claim, attack]*; odrzuc|ić, -ać *[accusations, threats]*; przeciwdziałać (czemuś) *[effect, inflation]*; wstrzym|ać, -ywać *[increase]*; odparow|ać, -ywać *[blow]*

II *vi* (retaliate) ripostować; **she ~ed by accusing him of negligence** w odpowiedzi oskarżyła go o zaniedbania; **she ~ed with a new proposal** wystąpiła z kontrpropozycją; **he ~ed with a left hook** odpowiedział lewym sierpowym

III counter to *prep phr* **to run** or **go ~ to sth** być sprzecznym z czymś; **to act ~ to sth** działać wbrew czemuś; **this trend runs ~ to forecasts** ta tendencja jest sprzeczna z prognozami; **he acted ~ to our wishes** działał wbrew naszym życzeniom

counteract /ˌkauntəˈrækt/ *vt* [1] (work against) przeciwdziałać (czemuś), zapobie|c, -gać (czemuś) *[decision, influence]*; z|neutralizować *[effects]* [2] (counterbalance) z|równoważyć *[tendency]*

counter-argument /ˌkauntərˈɑːgjumənt/ *n* kontrargument *m*

counter-attack /ˈkauntərətæk/ **I** *n* kontratak *m*, kontrnatarcie *n*, kontruderzenie *n*, przeciwnatarcie *n*, przeciwuderzenie *n* **(against sb/sth** przeciwko komuś/czemuś**)**

II *vt* przyst|ąpić, -ępować do kontrataku przeciwko (czemuś)

III *vi* kontratakować

counter-attraction /ˌkauntərəˈtrækʃn/ *n* (rival) konkurencja *f* fig; **television is a significant ~ to radio** telewizja stanowi poważną konkurencję dla radia

counterbalance **I** /ˈkauntəbæləns/ *n* przeciwwaga *f* **(to sth** dla czegoś**)**

II /ˌkauntəˈbæləns/ *vt* stanowić przeciwwagę dla (czegoś), przeciwważyć

counter-bid /ˈkauntəbɪd/ *n* kontrpropozycja *f*, kontroferta *f*

counterblast /ˈkauntəblɑːst, US -blæst/ *n* ostra replika *f*, riposta *f* **(to sth** na coś**)**

counter-charge **I** /ˈkauntətʃɑːdʒ/ *n* [1] Jur kontroskarżenie *n*, kontrpowództwo *n* [2] Mil kontratak *m*, kontruderzenie *n*, kontrnatarcie *n*, przeciwuderzenie *n*, przeciwnatarcie *n*

II /ˌkauntəˈtʃɑːdʒ/ *vt* [1] Jur wyst|ąpić, -ępować z kontroskarżeniem przeciwko (komuś) *[accuser]* [2] Mil **to ~ the enemy** przystąpić do przeciwnatarcia

countercheck **I** /ˈkauntətʃek/ *n* (double check) dodatkowa or powtórna kontrola *f*, weryfikacja *f*

II /ˌkauntəˈtʃek/ *vt* z|weryfikować

counter check *n* US = **counter cheque**

counter cheque *n* GB czek *m* kasowy

counter-claim /ˈkauntəkleɪm/ *n* [1] retorsja *f* [2] Jur roszczenie *n* wzajemne

counter clerk *n* US Fin, Post kasjer *m*, -ka *f*

counter-clockwise /ˌkauntəˈklɒkwaɪz/ **I** *adj* przeciwny do kierunku ruchu wskazówek zegara

II *adv* przeciwnie do kierunku ruchu wskazówek zegara

counter-culture /ˈkauntəkʌltʃə(r)/ *n* kontrkultura *f*

counter-current /ˈkauntəkʌrənt/ *n* prąd *m* przeciwny, przeciwprąd *m*

counter-espionage /ˌkauntərˈespɪənɑːʒ/ *n* kontrwywiad *m*

counter-example /ˈkauntərɪgzɑːmpl, US -zæmpl/ *n* kontrprzykład *m*

counterfeit /ˈkauntəfɪt/ **I** *n* falsyfikat *m*

II *adj [signature]* sfałszowany; *[note]* fałszywy; **~ money** fałszywe pieniądze

III *vt* s|fałszować, podr|obić, -abiać *[coins, documents, goods]*

counterfeiter /ˈkauntəfɪtə(r)/ *n* fałszerz *m*

counterfoil /ˈkauntəfɔɪl/ *n* odcinek *m* kontrolny

counter-inflationary /ˌkauntərɪnˈfleɪʃnrɪ, US -nerɪ/ *adj* antyinflacyjny

counter-insurgency /ˌkauntərɪnˈsɜːdʒənsɪ/ *n* tłumienie *n* rewolty

counter-insurgent /ˌkauntərɪnˈsɜːdʒənt/ *n* pacyfikator *m*

counter-intelligence /ˌkauntərɪnˈtelɪdʒəns/ **I** *n* kontrwywiad *m*

II *modif [activity, agency]* kontrwywiadowczy; **~ personnel** pracownicy kontrwywiadu

counter-intuitive /ˌkauntərɪnˈtjuːɪtɪv, US -ˈtuː-/ *adj* sprzeczny z intuicją

counter-irritant /ˌkaʊntər'ɪrɪtənt/ *n* [1] Med *środek powodujący łagodny odczyn zapalny* [2] fig ≈ temat *m* zastępczy
countermand /ˌkaʊntə'mɑːnd, US -'mænd/ *vt* odwoł|ać, -ywać, cof|nąć, -ać *[order, decision]*;
countermarch /'kaʊntəmɑːtʃ/ Mil **I** *n* kontrmarsz *m*
II *vi* przeprowadzi|ć, -ać kontrmarsz
counter-measure /'kaʊntəmeʒə(r)/ *n* środek *m* zaradczy **(against sth** przeciwko czemuś)
counter-move /'kaʊntəmuːv/ *n* kontrakcja *f*
counter-offensive /ˌkaʊntərə'fensɪv/ *n* kontrofensywa *f* **(against sb/sth** przeciwko komuś/czemuś); przeciwnatarcie *n*
counter-offer /'kaʊntərɒfə(r)/ *n* kontroferta *f*, kontrpropozycja *f*
counterpane /'kaʊntəpeɪn/ *n* dat narzuta *f*, kapa *f*
counterpart /'kaʊntəpɑːt/ *n* (of person, company, institution) odpowiednik *m* **(of** or **to sb/sth** kogoś/czegoś); (of document) kopia *f*, duplikat *m*
counterpoint /'kaʊntəpɔɪnt/ **I** *n* kontrapunkt *m*
II *vt* kontrapunktować
counterpoise /'kaʊntəpɔɪz/ **I** *n* [1] (weight) przeciwwaga *f* [2] (equilibrium) równowaga *f*
II *vt* z|równoważyć
counter-productive /ˌkaʊntəprə'dʌktɪv/ *adj* przynoszący efekt przeciwny do zamierzonego
counter-productiveness /ˌkaʊntəprə'dʌktɪvnɪs/ *n* bezowocność *f*, daremność *f*
counter-proposal /ˌkaʊntəprə'pəʊzl/ *n* kontrpropozycja *f*
counterpunch /'kaʊntəpʌntʃ/ **I** *n* kontra *f*
II *vt* odparow|ać, -ywać *[blow]*; s|kontrować *[opponent]*
III *vi* kontrować
Counter-Reformation /ˌkaʊntəˌrefə'meɪʃn/ *n* **the ~** Hist kontrreformacja *f*
counter-revolution /ˌkaʊntəˌrevə'luːʃn/ *n* kontrrewolucja *f*
counter-revolutionary /ˌkaʊntəˌrevə'luːʃənərɪ, US -nerɪ/ **I** *n* kontrrewolucjonist|a *m*, -ka *f*
II *adj* kontrrewolucyjny
countersign /'kaʊntəsaɪn/ **I** *n* Mil hasło *n*
II *vt* kontrasygnować *[cheque]*
countersink /'kaʊntəsɪŋk/ *vt* nawiercić|ić, -ać *[hole]*
counter staff *n* Fin, Post kasje|rzy *m pl*, -rki *f pl*
counter-summit /'kaʊntəsʌmɪt/ *n* równoległe spotkanie *n* na szczycie
counter-tenor /ˌkaʊntə'tenə(r)/ *n* kontratenor *m*
counter-terrorism /ˌkaʊntə'terərɪzəm/ *n* kontrterroryzm *m*
counter-terrorist /ˌkaʊntə'terərɪst/ *n* kontrterroryst|a *m*, -ka *f*
countervailing /'kaʊntəveɪlɪŋ/ *adj* fml wyrównujący; **~ duty** cło wyrównawcze
counterweight /'kaʊntəweɪt/ *n* przeciwwaga *f* **(to sth** dla czegoś)
countess /'kaʊntɪs/ *n* (also **Countess)** hrabina *f*

counting /'kaʊntɪŋ/ **I** *n* liczenie *n*
II *modif* **~ game/song** zabawa/piosenka ucząca liczenia; **~ rhyme** wyliczanka
counting house *n* GB dat rachuba *f* dat
countless /'kaʊntlɪs/ *adj* niezliczony; **he has forgotten his key on ~ occasions** zapominał klucza niezliczoną ilość razy
count noun *n* Ling rzeczownik *m* policzalny
countrified /'kʌntrɪfaɪd/ *adj* wiejski, rustykalny
country /'kʌntrɪ/ **I** *n* [1] (nation) kraj *m*; **the ~** (people) naród *m*, społeczeństwo *n*; **developing/Third World countries** kraje rozwijające się/trzeciego świata; **to go to the ~** GB Pol odwołać się do społeczeństwa *(poprzez rozpisanie nowych wyborów)* [2] (native land) kraj *m*, ojczyzna *f*; **to die for one's ~** umrzeć za kraj or ojczyznę; **the old ~** stary kraj [3] (also **~side)** (rural area) wieś *f*; **across ~** na przełaj; **in the ~** na wsi; **open ~** otwarta przestrzeń [4] (region) kraina *f*, region *m*; **fishing /walking ~** atrakcyjne tereny wędkarskie /do uprawiania turystyki pieszej; **cattle ~** region hodowli bydła [5] (also **~ music)** muzyka *f* country
II *modif* [1] *[life, road, scene]* wiejski; **~ person** człowiek ceniący życie na wsi [2] Mus (also **~ and western) ~ music /singer** muzyka/piosenkarz country
IDIOMS: **it's a free ~!** nie ma przymusu; **it's my line of ~** to moja specjalność; **it's not really my line of ~** to nie moja specjalność
country and western **I** *n* muzyka *f* w stylu country and western
II *modif* **~ singer** piosenkarz country and western
country blues *n* country blues *m*
countrybred /'kʌntrɪbred/ *adj* urodzony i wychowany na wsi
country bumpkin *n* pej wsiok *m*, wsiun *m* pej
country club *n* ≈ ekskluzywny ośrodek *m* rekreacyjno-sportowy za miastem
country cousin *n* pej or hum krewny *m* z prowincji
country dance *n* taniec *m* ludowy
country dancer *n* tancerz *m* ludowy, tancerka *f* ludowa
country dancing *n* tańce *m pl* ludowe
country gentleman *n* ≈ ziemianin *m*
country house *n* wiejska rezydencja *f*
countryman /'kʌntrɪmən/ *n* (*pl* **-men)** [1] (also **fellow ~)** rodak *m*, krajan *m* [2] (living out of town) mieszkaniec *m* wsi
country mile *n* infml **it's a ~!** to szmat or kawał drogi!; **he hit the ball a ~** wybił piłkę hen daleko
country music *n* muzyka *f* country
country park *n* tereny *m pl* rekreacyjne
country rock[1] *n* Geol skała *f* macierzysta
country rock[2] *n* Mus country-rock *m*
country seat *n* wiejska rezydencja *f*
countryside /'kʌntrɪsaɪd/ *n* [1] (scenery) krajobraz *m* (wiejski); (land) wieś *f*, wiejska okolica *f*; **there's some lovely ~ around here** to piękna okolica; **he explored the surrounding ~** zwiedzał okolicę [2] (inhabitants) ludność *f* wiejska

Countryside Commission *n* GB komisja *f* do spraw ochrony terenów naturalnych
countrywide /ˌkʌntrɪ'waɪd/ **I** *adj* ogólnokrajowy
II *adv* w całym kraju
countrywoman /'kʌntrɪwʊmən/ *n* (*pl* **-women)** [1] (also **fellow ~)** rodaczka *f*, krajanka *f* [2] (living out of town) mieszkanka *f* wsi
county /'kaʊntɪ/ **I** *n* GB Admin hrabstwo *n*; US ≈ hrabstwo *n*, powiat *m*
II *modif* *[jail]* okręgowy; **~ boundary /team** granica/drużyna hrabstwa
III *adj* GB pej *[accent]* afektowany; *[person]* z wyższych sfer
county agent *n* US doradca *m* do spraw rolnictwa
county council, CC *n* GB Pol władze *f pl* samorządowe hrabstwa
county councillor *n* GB Pol człon|ek *m*, -kini *f* władz samorządowych hrabstwa
county court *n* GB Jur ≈ sąd *m* okręgowy hrabstwa
county seat *n* US stolica *f* hrabstwa or powiatu
county town *n* GB stolica *n* hrabstwa
coup /kuː/ **I** *n* [1] (also **~ d'état)** zamach *m* stanu [2] (successful move) wyczyn *m*; **to pull off a ~** dokonać nie lada sztuki
II *modif* **~ attempt** próba zamachu stanu
coup de foudre /ˌkuː də 'fuːdrə/ *n* (unforseen event) grom *m* z jasnego nieba; (love) miłość *m* od pierwszego wejrzenia
coup de grâce /'kuːdə'grɑːs/ *n* coup de grâce *m*; fig ostateczny cios *m*; **to deliver the ~** dobić
coup d'état /kuː deɪ'tɑː/ *n* zamach *m* stanu
coupé /'kuːpeɪ/ *n* (also **coupe)** Aut coupé *n inv*
couple /'kʌpl/ **I** *n* [1] (pair) para *f*; **young (married) ~** młoda para [2] **a ~ of people** (two) dwie osoby; (few) kilka or parę osób; **a ~ of times** parę razy; **I think he had a ~** infml euph chyba trochę wypił [3] Sport para *f* [4] Phys para *f*
II *vt* [1] po|łączyć *[circuits, wheels]*; Rail doczepi|ć, -ać, dołącz|yć, -ać *[coaches]* [2] fig (associate) po|łączyć, s|kojarzyć *[names, ideas]*; **~ed with sth** w połączeniu z czymś
III *vi* *[animals]* (copulate) kopulować, spółkować
coupler /'kʌplə(r)/ *n* Mech łącznik *m*, cięgło *n*; (in plumbing) mufa *f*; Electron sprzęgacz *m*; Mus (in organ) połączenie *n*, łącznik *m*
couplet /'kʌplɪt/ *n* dwuwiersz *m*, dystych *m*
coupling /'kʌplɪŋ/ *n* [1] sprzężenie *n*, połączenie *m* [2] Rail sprzęg *m*
coupon /'kuːpɒn/ *n* [1] (for goods) bon *m*, talon *m*; **petrol/clothes ~** talon na benzynę/odzież [2] (form) kupon *m*; **reply ~** kupon zwrotny; **entry ~** (for competition) kupon uczestnictwa; (in football) kupon zakładów piłkarskich [3] Fin kupon *m*
courage /'kʌrɪdʒ/ *n* odwaga *f*; **to lack the ~ to do sth** nie mieć odwagi czegoś zrobić; **to have the ~ of one's convictions** mieć odwagę głosić własne przekonania; **to pluck up the ~ to do sth** zebrać się na odwagę, żeby coś zrobić; **to lose ~** zniechęcać się; **to show ~**

C

wykazać się odwagą, okazać odwagę; **to take one's ~ in both hands** zdobyć się na odwagę; **it takes ~ to do it** trzeba odwagi, żeby to zrobić; **he took ~ from her smile** jej uśmiech dodał mu odwagi

courageous /kəˈreɪdʒəs/ *adj* odważny, dzielny; **it was ~ of him to go to the rescue** wykazał odwagę śpiesząc na pomoc

courageously /kəˈreɪdʒəslɪ/ *adv* odważnie, dzielnie

courageousness /kəˈreɪdʒəsnɪs/ *n* odwaga *f*

courgette /kɔːˈʒet/ *n* cukinia *f*

courier /ˈkʊrɪə(r)/ *n* [1] (also **travel ~**) (guide) pilot *m* wycieczki [2] (for parcels, documents) kurier *m*, goniec *m*, posłaniec *m*; (for drugs) kurier *m*

courier company *n* Comm firma *f* kurierska

course /kɔːs/ **I** *n* [1] (progression) (of time, history) bieg *m*; (of career, event) przebieg *m*; **in the ~ of sth** w trakcie czegoś *[conversation, investigation, journey]*; **in the ~ of time** (at some future time) z czasem; (gradually) z biegiem czasu; **in the normal** or **ordinary ~ of events** or **things** normalną koleją rzeczy, zwykle; **in the ~ of doing sth** w trakcie robienia czegoś; **to take** or **run** or **follow its ~** przebiegać zgodnie z naturalną koleją rzeczy; **as winter ran its ~, ...** gdy nastała zima, ...; **she decided to let fate take its ~** postanowiła zostawić sprawy własnemu biegowi; **let nature take its ~** pozwól działać naturze; **justice must take its ~** sprawiedliwości musi stać się zadość; **events began to take a different ~** sprawy zaczęły przybierać inny obrót; **in due ~** we właściwym czasie; **to change the ~ of sth** zmienić bieg czegoś [2] (route) (of river) bieg *m*; (of star, planet) tor *m*; (of boat, plane) kurs *m*; **to be on** or **hold** or **steer a ~** Aviat, Naut trzymać kurs; **to be on ~ for sth** być w drodze do czegoś; fig zmierzać ku czemuś; **the economy is back on ~** stan gospodarki powrócił do normy; **to be** or **go off ~** zboczyć z kursu; **to change ~** zmienić kierunek; Aviat, Naut zmienić kurs also fig; **to set (a) ~ for sth** Aviat, Naut obrać kurs na coś; **~ of action** sposób or tryb postępowania; **to take a different ~ of action** obrać inny tryb postępowania; **this is the only ~ of action open to us** tylko tak możemy postąpić [3] Sch, Univ kurs *m*, zajęcia *n pl* **(in** or **of sth** z czegoś); **a maths /French ~** zajęcia z matematyki/francuskiego; **beginners' ~** kurs dla początkujących; **introductory ~** kurs wstępny; **advanced ~** kurs dla zaawansowanych; **a ~ of study** Sch przedmiot nauczania; Univ zajęcia uniwersyteckie; **a three year ~** trzyletnie studia; **to go on a ~** chodzić na zajęcia or wykłady; **to be on a ~** uczęszczać na zajęcia or wykłady [4] Med, Vet (of drugs, injections) seria *f*; **a ~ of treatment** kuracja, leczenie [5] Sport (in golf) pole *n* golfowe; (in athletics) bieżnia *f*; Turf tor *m* wyścigowy; **to stay the ~** ukończyć bieg; fig wytrwać [6] (part of meal) danie *f*; **second/third ~** drugie/trzecie danie; **the fish ~** danie rybne; **the cheese ~** sery [7] Constr (of brick, stone) warstwa *f*

II *vt* Hunt *[dog]* ścigać, gonić *[quarry]*; *[person]* puścić *[hounds]*

III *vi* [1] (rush) po|płynąć; **the tears ~d down her cheeks** łzy popłynęły jej po policzkach; **the blood was coursing through** or **in their veins** krew popłynęła im szybciej w żyłach; **ideas were coursing through his mind** różne myśli krążyły mu po głowie [2] Sport *[dogs]* ścigać zająca; *[person]* za|polować na zająca

IV -course *in combinations* **three/five-~ meal** posiłek trzydaniowy/pięciodaniowy, posiłek złożony z trzech/pięciu dań

V of course *adv phr* oczywiście, naturalnie; **of ~ I do!** oczywiście, że tak!; **of ~ he doesn't!** oczywiście, że nie!; **'did you lock the door?' – 'of ~ I did!'** „zamknąłeś drzwi na klucz?" – „oczywiście!"; **'you didn't believe him?' – 'of ~ not!'** „nie uwierzyłeś mu?" – „oczywiście, że nie!"; **it's too expensive, of ~** to oczywiście jest zbyt drogie; **you'll stay for dinner, of ~?** zostaniesz oczywiście na obiedzie?

course book *n* podręcznik *m*

course material *n* materiały *plt* szkoleniowe

courser /ˈkɔːsə(r)/ *n* [1] Hunt (person) myśliwy *m (polujący z psami)*; (dog) pies *m* myśliwski [2] liter dat (horse) rumak *m* liter

courseware /ˈkɔːsweə(r)/ *n* Comput programy *m pl* i materiały *plt* edukacyjne

coursework /ˈkɔːswɜːk/ *n* Sch, Univ praca *f* okresowa

coursing /ˈkɔːsɪŋ/ *n* polowanie *n* z psami

court /kɔːt/ **I** *n* [1] Jur (building) gmach *m* sądu, sąd *m*; (tribunal) sąd *m*; **to appear in ~** zeznawać przed sądem; **I'll see you in ~!** zobaczymy się w sądzie!; **to bring a case to ~** wnieść sprawę do sądu; **to go to ~ (over sth)** wystąpić na drogę sądową (w związku z czymś); **to take sb to ~** pozwać kogoś do sądu; **to take a matter to ~** oddać sprawę do sądu; **to rule sth out of ~** oddalić sprawę; **to settle a case out of ~** załatwić sprawę pozasądownie or ugodą pozasądową; **in open ~** na jawnej rozprawie; **in closed ~** przy drzwiach zamkniętych [2] (of sovereign) dwór *m*; **at ~** na dworze; **to hold ~** fig brylować [3] Sport (for tennis, squash) kort *m*; (for baseball) boisko *n* [4] (also **~yard**) dziedziniec *m*

II *modif* Jur *[decision, hearing, ruling]* sądowy; **~ sitting** posiedzenie sądu

III *vt* [1] dat (try to gain love of) zalecać się do (kogoś); umizgać się do (kogoś) liter *[woman]*; fig kokietować fig *[voters, customers]*; **she was being ~ed by a young officer** smalił do niej cholewki pewien młody oficer infml dat [2] (seek) zabiegać o (coś) *[affection, favour, support]*; igrać z (czymś) *[danger, death]*; ryzykować *[failure, disaster]*; szukać (czegoś) *[trouble]*

IV *vi* dat *[couple]* spotykać się; **a ~ing couple** zakochana para; **in our ~ing days** przed ślubem

IDIOMS: **to get laughed out of ~** stać się pośmiewiskiem; **to laugh sb out of ~** wyśmiać kogoś; **to pay ~ to sb** nadskakiwać komuś

court card *n* GB Games figura *f (w kartach)*

court circular *n* kronika *f* dworska

court dress *n* strój *m* dworski

courteous /ˈkɜːtɪəs/ *adj* uprzejmy **(to** or **towards sb** wobec kogoś); **it is/was ~ of them to do it** uprzejmie z ich strony, że to zrobili

courteously /ˈkɜːtɪəslɪ/ *adv* uprzejmie

courtesan /ˌkɔːtɪˈzæn, US ˈkɔːtɪzn/ *n* kurtyzana *f*

courtesy /ˈkɜːtəsɪ/ *n* [1] uprzejmość *f*, grzeczność *f*; **they could have had the ~ to inform us** grzeczność nakazywała poinformować nas; **it is only common ~ to do it** tego wymaga zwykła uprzejmość; **do me the ~ of hearing me out** iron może raczyłbyś wysłuchać mnie do końca iron; **to exchange courtesies** wymienić uprzejmości or grzeczności [2] **(by) ~ of sb** (with permission from) za zgodą kogoś *[rightful owner]*; (with funds from) dzięki wsparciu kogoś *[sponsor]*; **a free trip/flight ~ of the airline** wycieczka/przelot na koszt linii lotniczych, wycieczka/przelot fundowany przez linie lotnicze

courtesy call *n* wizyta *f* kurtuazyjna

courtesy car *n* samochód *m* (oddany komuś do dyspozycji); **to give sb a ~** dać komuś samochód do dyspozycji

courtesy coach *n* hotelowy autobus *m (kursujący na lotnisko)*

courtesy delay *n* Aut światło *n* z opóźnionym wyłącznikiem

courtesy light *n* Aut wewnętrzne oświetlenie *n (włączające się przy otwieraniu drzwi)*

courtesy title *n* tytuł *m* honorowy

courtesy visit *n* = **courtesy call**

courthouse /ˈkɔːthaʊs/ *n* Jur gmach *m* sądu; US budynek *m* administracji hrabstwa or powiatu

courtier /ˈkɔːtɪə(r)/ *n* dworzanin *m*, dworka *f*

courtly /ˈkɔːtlɪ/ *adj* [1] (polite) *[person, act, behaviour]* uprzejmy [2] (of a royal court) *[custom, ceremony]* dworski

courtly love *n* Literat miłość *f* dworska

court-martial /ˌkɔːtˈmɑːʃl/ Mil, Jur **I** *n* (*pl* **courts-martial)** sąd *m* wojskowy; (in wartime) sąd *m* polowy or wojenny; **to be tried by ~** być sądzonym przez sąd wojskowy

II *vt* (*prp, pt, pp* **-ll-**) odda|ć, -wać pod sąd wojskowy *[soldier]*; **to be ~led for sth** odpowiadać za coś przed sądem wojskowym

court of appeal GB, **court of appeals** US *n* Jur sąd *m* apelacyjny

Court of Auditors *n* (in EC) Trybunał *m* Audytorów

court of domestic relations *n* US Jur = **family court**

court of first instance *n* Jur sąd *m* pierwszej instancji

court of honour GB, **court of honor** US *n* Mil, Jur sąd *m* honorowy

court of inquiry *n* komisja *f* śledcza

court of law *n* Jur sąd *m*

Court of Session *n* GB Jur najwyższy sąd *m* cywilny w Szkocji

Court of St James *n* dwór *m* św. Jakuba *(oficjalna nazwa dworu angielskiego)*; **the new Spanish ambassador to the ~** nowy ambasador Hiszpanii w Wielkiej Brytanii

court order *n* Jur nakaz *m* sądowy

court reporter *n* Jur ≈ protokolant *m* sądowy, protokolantka *f* sądowa
courtroom /ˈkɔːtruːm, -rʊm/ *n* Jur sala *f* sądowa, sala *f* rozpraw
courtship /ˈkɔːtʃɪp/ *n* [1] (period of courting) starania *plt* o rękę; konkury *plt* dat [2] (act of courting) zaloty *plt*; umizgi *plt* liter; **his ~ of Sara** jego zaloty or umizgi do Sary
court shoe *n* czółenko *n*, pantofel *m*
courtyard /ˈkɔːtjɑːd/ *n* (of palace) dziedziniec *m*; (of house) podwórze *n*
cousin /ˈkʌzn/ *n* kuzyn *m*, -ka *f*
cove[1] /kəʊv/ *n* [1] (bay) zatoczka *f* [2] US (pass) wąwóz *m* [3] (also **coving**) faseta *f*
cove[2] /kəʊv/ *n* infml dat (man) gość *m* infml
coven /ˈkʌvn/ *n* sabat *m* czarownic
covenant /ˈkʌvənənt/ **I** *n* [1] (agreement) umowa *f*, ugoda *f* [2] Jur (payment agreement) pisemne zobowiązanie *n* finansowe [3] Bible przymierze *n*
II *vt* fml (agree) **to ~ to do sth** zobowiąz|ać, -ywać się do zrobienia czegoś; **I've ~ed £100 a year to a charity** zobowiązałem się do wpłacania 100 funtów rocznie na cele dobroczynne
covenanter /ˈkʌvənəntə(r)/ *n* Jur strona *f* (zawierająca umowę)
Coventry /ˈkɒvəntrɪ/ *prn* Coventry *n inv*
IDIOMS: **to send sb to ~** bojkotować kogoś
cover /ˈkʌvə(r)/ **I** *n* [1] (protective lid, sheath) nakrycie *n*, przykrycie *n*; (for furniture, mattress, umbrella) pokrowiec *m*; (for cushion) poszewka *f*; (for duvet, quilt) poszwa *f*; (for typewriter, record player, machine) wieko *n*; (for knife, blade) futerał *m*; (for pan, bowl) pokrywka *f*; (for pen) skuwka *f* [2] (bedclothes) **~s** nakrycie *n*, przykrycie *n* [3] (of book) okładka *f*, oprawa *f*; (of magazine, record) okładka *f*; **on the ~** na okładce; **she made the ~ of 'Time'** jej zdjęcie trafiło na okładkę „Time'a"; **from ~ to ~** od deski do deski [4] (shelter) schronienie *n*; **to provide ~ for sb** stanowić schronienie dla kogoś, dawać schronienie komuś; **to run for ~** biec, żeby się ukryć; **to take ~ from sth** schronić się przed czymś *[storm, bombing]*; **take ~!** kryć się!; **to break ~** wyjść z ukrycia; **under ~** pod dachem; **stay under ~** nie wychodź; **under ~ of darkness** pod osłoną nocy; **under ~ of the confusion he escaped** uciekł korzystając z zamieszania; **open land with no ~** otwarta przestrzeń bez żadnej możliwości ukrycia się [5] (for spy, agent, operation, crime) przykrywka *f* **(for sth** dla czegoś); **to work under ~** działać potajemnie; **under ~ of sth** pod pozorem czegoś; **under ~ of doing sth** pod pretekstem robienia czegoś; **to blow sb's ~** infml zdemaskować kogoś [6] Mil osłona *f*; **air ~** osłona z powietrza; **to give sb ~** osłaniać kogoś; **the artillery gave ~ as they advanced** artyleria osłaniała ich w czasie ataku [7] (replacement) (for teacher, doctor) zastępstwo *n*; **to provide emergency ~** zapewnić zastępstwo w nagłych przypadkach [8] GB Insur ochrona *f* ubezpieczeniowa **(for** or **against sth** od czegoś, na wypadek czegoś); **full ~** pełne pokrycie ubezpieczeniowe; **to give** or **provide ~ against accidents** zapewnić ubezpieczenie od następstw nieszczęśliwych wypadków; **he had ~ for fire and theft** był ubezpieczony na wypadek pożaru i kradzieży [9] Fin (collateral) zabezpieczenie *n* [10] (table setting) nakrycie *n* [11] Mus = **cover version**
II *modif* **~ design** projekt okładki; **~ illustration/text** rysunek/tekst na okładce
III *vt* [1] (conceal or protect) przykry|ć, -wać, nakry|ć, -wać *[table, bed, pan, legs]* **(with sth** czymś); oble|c, -kać *[cushion]* **(with sth** czymś); zakry|ć, -wać, przykry|ć, -wać *[hole]* **(with sth** czymś); **we had the sofa ~ed in grey leather** kanapę kazaliśmy obić szarą skórą; **~ your mouth when you yawn** kiedy ziewasz, zasłaniaj usta; **~ one eye and read the chart** zasłoń jedno oko i czytaj z tablicy; **you must ~ your head** musisz włożyć coś na głowę; **to ~ one's ears** zakryć sobie uszy [2] (coat) *[person, dust, snow, water, layer, paint]* pokry|ć, -wać *[ground, surface, person, cake]* **(with sth** czymś); **the garden was ~ed with snow, snow ~ed the garden** ogród był przykryty śniegiem, śnieg pokrywał ogród; **everything got ~ed in** or **with sand** wszystko pokrywał piasek, wszystko pokryło się piaskiem; **fish are ~ed in scales** ryby są pokryte łuskami; **to ~ one's face with cream** nałożyć krem na twarz; **he returned ~ed in glory/shame** fig powrócił okryty chwałą/hańbą [3] (be strewn over) *[litter, graffiti, blossom, bruises, scratches]* pokry|ć, -wać; **the tree was ~ed with blossom, blossom ~ed the tree** drzewo obsypane było kwieciem; **the path was ~ed with leaves** ścieżka była zasłana liśćmi; **he ~ed my essay in red marks** pokreślił całe moje wypracowanie na czerwono; **to ~ sb's face with kisses** obsypać twarz kogoś pocałunkami [4] (travel over) pokon|ać, -ywać, przemierz|yć, -ać *[distance]*; (extend over) zaj|ąć, -mować *[area]*; **we ~ed 200 km a day** pokonywaliśmy 200 km dziennie [5] (deal with, include) *[author, text, word]* obj|ąć, -ejmować *[subject, meaning]*; *[teacher]* przer|obić, -abiać *[topic, chapter, syllabus]*; *[law, regulations, invoice, payment, guarantee]* dotyczyć (kogoś/czegoś) *[organization, person, situation, work, cost, parts]*; **that price ~s everything** cena ta obejmuje wszystko; **the area ~ed by our representative** obszar podlegający naszemu przedstawicielowi; **the sales department ~s advertising** dział sprzedaży zajmuje się reklamą [6] (report on) *[journalist, reporter]* zaj|ąć, -mować się (czymś), przygotować relację na temat (czegoś) *[subject]*; *[station]* relacjonować, nada|ć, -wać relację or transmisję z (czegoś) *[story, event, match]*; **the game will be ~ed live on BBC1** mecz będzie transmitowany na żywo przez BBC1 [7] (pay for) *[amount, salary, person, organization]* pokry|ć, -wać *[costs, outgoings, loss, deficit]*; **£20 should ~ it** 20 funtów powinno wystarczyć (na pokrycie kosztów) [8] Insur ubezpiecz|yć, -ać *[person, property]* **(for** or **against sth** od czegoś, na wypadek czegoś); *[insurance, policy]* pokry|ć, -wać *[loss, damage]*; *[insurance, guarantee]* obj|ąć, -ejmować *[accidents, flooding, costs]*; **are you adequately ~ed?** czy ubezpieczyłeś się na odpowiednią sumę? [9] Mil, Sport (protect) kryć, osł|onić, -aniać *[person]*; osł|onić, -aniać *[advance, retreat, exit, area of pitch]*; **I'll ~ you** będę cię osłaniać; **I've got you ~ed!** (threat) mam cię na muszce!; **keep him ~ed!** Sport kryj go!; **to ~ one's back** infml fig nie wychylać się infml [10] (conceal) ukry|ć, -wać *[emotion, ignorance, guilt, truth]*; zagłusz|yć, -ać *[noise]*; zabi|ć, -jać *[smell]* [11] Mus (make version of) opracować wersję (czegoś) *[song]* [12] Zool (mate with) pokry|ć, -wać *[female animal]*
IV *vr* **to ~ oneself** zabezpiecz|yć, -ać się **(against sth** przed czymś); **to ~ oneself with glory/shame** okryć się chwałą/hańbą
V **-covered** *in combinations* **snow-~ed** pokryty śniegiem; **chocolate-~ed** w czekoladzie
VI **covered** *pp adj [porch, yard, garden]* zadaszony, pod dachem; *[pool, tennis court, passage]* kryty; *[dish, pan]* z pokrywką
■ **cover for: ~ for [sb]** [1] (replace) zast|ąpić, -ępować *[colleague, employee]* [2] (protect) kryć infml *[person]*; **I am going to be late, ~ for me** spóźnię się trochę, kryj mnie
■ **cover in** = **cover over**
■ **cover over: ~ over [sth], ~ [sth] over** przykry|ć, -wać *[passage, yard, area, pool]* **(with sth** czymś); zakry|ć, -wać *[painting, mark, stain]* **(with sth** czymś); zamaz|ać, -ywać *[word, mistake]* **(with sth** czymś)
■ **cover up: ¶ ~ up** [1] (put clothes on) ub|rać, -ierać się; **to ~ oneself up with sth** założyć coś na siebie [2] (conceal truth) ukry|ć, -wać prawdę; **to ~ up for sb/sth** kryć kogoś/coś infml *[colleague, friend, mistakes]*; **they're ~ing up for each other** kryją się nawzajem ¶ **~ up [sth], ~ [sth] up** [1] zasł|onić, -aniać *[window, footprints]* **(with sth** czymś); zakry|ć, -wać *[body]* **(with sth** czymś) [2] fig za|tuszować *[mistake, crime, truth, facts, loss, scandal]*; ukry|ć, -wać, skry|ć, -wać *[emotion]*
coverage /ˈkʌvərɪdʒ/ *n* [1] (in media) relacja *f*, sprawozdanie *n*; **live ~** relacja or transmisja na żywo; **television/radio/newspaper ~** relacja telewizyjna/radiowa/prasowa; **they don't give much ~ to** or **have much ~ of foreign news** nie poświęcają dużo miejsca wiadomościom zagranicznym; **sport gets too much TV ~** w telewizji jest zbyt dużo sportu [2] (in book, dictionary) opracowanie *n*; (in programme) sposób *m* przedstawienia or relacjonowania; **a dictionary with poor ~ of technical terms** słownik, w którym jest niewiele terminów technicznych; **the programme's ~ of modern music is excellent** ten program wspaniale przedstawia or prezentuje muzykę współczesną [3] (scope of company) zakres *m* działalności; (of radar, station) zasięg *m*, zakres *m* [4] Insur = **cover I** [8]
coveralls /ˈkʌvərɔːlz/ *npl* US (for worker) kombinezon *m*; (for child) ogrodniczki *plt*
cover charge *n* (in restaurants, nightclubs) opłata *f* za wstęp
covered market *n* hala *f* targowa
covered wagon *n* kryty wóz *m*, furgon *m*
cover girl *n* dziewczyna *f* z okładki
covering /ˈkʌvərɪŋ/ *n* [1] (for wall, floor) pokrycie *n*, powłoka *f*; **you'll need some sort of ~ for your head** będzie ci

C

potrzebne jakieś nakrycie głowy or coś na głowę [2] (layer of snow, dust, moss) warstwa *f*

covering fire *n* Mil osłona *f* ogniowa

covering letter *n* list *m* przewodni

coverlet /ˈkʌvəlɪt/ *n* narzuta *f*, kapa *f*

cover letter *n* US list *m* przewodni

cover note *n* GB Insur nota *f* pokrycia

cover sheet *n* (for fax) pismo *n* przewodnie

cover story *n* [1] Journ artykuł *m* z pierwszej strony [2] (in espionage) przykrywka *f* [3] fig (excuse) wymówka *f*

covert **I** /ˈkʌvə(r)/ *n* (thicket) gąszcz *m*, zarośla *plt*

II /ˈkʌvət, US ˈkəʊvɜːrt/ *adj [operation]* tajny; *[payment]* potajemny; *[glance]* ukradkowy; *[threat]* zawoalowany

covert coat *n* Hunt kurtka *f* myśliwska

covertly /ˈkʌvətlɪ, US ˈkəʊvɜːrtlɪ/ *adv [watch, observe]* ukradkowo; *[pay]* potajemnie

cover-up /ˈkʌvərʌp/ *n* próba *f* zatuszowania faktów

cover version *n* Mus nowe wykonanie *n*

covet /ˈkʌvɪt/ *vt* pragnąć (czegoś), patrzyć z zazdrością na (coś); **~ed prize** upragniona nagroda

covetous /ˈkʌvɪtəs/ *adj [person, nature]* chciwy; *[glance]* pożądliwy; **to be ~ of sth** zazdrościć czegoś

covetously /ˈkʌvɪtəslɪ/ *adv* pożądliwie

covetousness /ˈkʌvɪtəsnɪs/ *n* pożądliwość *f*

covey /ˈkʌvɪ/ *n* stadko *n* kuropatw; fig (of people) gromadka *f*, grupka *f*

cow[1] /kaʊ/ *n* [1] (cattle family) krowa *f*; (other animals) samica *f* [2] infml pej (woman) krowa *f* infml pej

IDIOMS: **till the ~s come home** bez końca, w nieskończoność

cow[2] /kaʊ/ *vt* zastrasz|yć, -ać; **to have a ~ed look** wyglądać na zastraszonego

coward /ˈkaʊəd/ *n* tchórz *m*

cowardice /ˈkaʊədɪs/ *n* tchórzostwo *n*, tchórzliwość *f*

cowardliness /ˈkaʊədlɪnɪs/ *n* = **cowardice**

cowardly /ˈkaʊədlɪ/ *adj* tchórzliwy; **it was ~ of you (to do it)** to było tchórzostwo z twojej strony

cowbell /ˈkaʊbel/ *n* dzwonek *m* *(uwiązany u szyi krowy)*

cowboy /ˈkaʊbɔɪ/ **I** *n* [1] US kowboj *m*; **to play ~s and Indians** bawić się w Indian i kowbojów [2] pej (incompetent worker) partacz *m*, fuszer *m* pej

II *modif* [1] *[boots, hat, film]* kowbojski [2] *[workman]* kiepski; *[practices]* nieprofesjonalny; *[company, outfit]* niepoważny

cowcatcher /ˈkaʊkætʃə(r)/ *n* US Rail zgarniacz *m*, odgarniacz *m*

cower /ˈkaʊə(r)/ *vi* s|kulić się (ze strachu) **(behind sth** za czymś); **to ~ away from sb** cofnąć się ze strachu przed kimś

cowgirl /ˈkaʊgɜːl/ *n* kowbojka *f*

cowhand /ˈkaʊhænd/ *n* oborow|y *m*, -a *f*

cowherd /ˈkaʊhɜːd/ *n* paste|rz *m*, -rka *f*, pastuch *m*

cowhide /ˈkaʊhaɪd/ *n* (leather) skóra *f* wołowa; US (whip) bykowiec *m*

cowl /kaʊl/ *n* [1] (hood) kaptur *m* [2] (also **chimney ~**) nasada *f* kominowa

cowlick /ˈkaʊlɪk/ *n* US infml kosmyk *m* opadający na czoło

cowl neck /ˌkaʊlˈnek/ *n* szeroki golf *m*

cowman /ˈkaʊmæn/ *n* (*pl* **-men**) oborowy *m*, mężczyzna *m* doglądający krów

co-worker /kəʊˈwɜːkə(r)/ *n* współpracowni|k *m*, -czka *f*

cow parsley *n* Bot trybula *f* leśna

cowpat /ˈkaʊpæt/ *n* krowi placek *m* infml

cowpea /ˈkaʊpiː/ *n* Bot wspięga *f* chińska, fasolnik *m* chiński

cowpoke /ˈkaʊpəʊk/ *n* US infml kowboj *m*

cowpox /ˈkaʊpɒks/ *n* ospa *f* krowia, krowianka *f*

cowpuncher /ˈkaʊpʌntʃə(r)/ *n* US infml kowboj *m*

cowrie /ˈkaʊrɪ/ *n* [1] Zool monetka *f* [2] (shell used as money) kauri *n inv*

cowry *n* = **cowrie**

co-write /kəʊˈraɪt/ *vt* (*pt* **-wrote;** *pp* **-written)** wspólnie napisać *[book, song]*

co-written /kəʊˈrɪtn/ *pp* → **co-write**

co-wrote /kəʊˈrəʊt/ *pt* → **co-write**

cowshed /ˈkaʊʃed/ *n* obora *f*

cowslip /ˈkaʊslɪp/ *n* Bot pierwiosnek *m*

cox /kɒks/ **I** *n* Sport sternik *m*

II *vt* sterować (czymś); **~ed pairs/fours** dwójki/czwórki ze sternikiem

III *vi* być sternikiem

coxcomb /ˈkɒkskəʊm/ *n* arch fircyk *m*, dandys *m* dat

coxless /ˈkɒkslɪs/ *adj* Sport bez sternika; **~ four** czwórka bez sternika

Cox's Orange Pippin /ˌkɒksɪzɒrɪndʒ ˈpɪpɪn/ *n* koksa *f*

coxswain /ˈkɒksn/ *n* sternik *m*

coy /kɔɪ/ *adj* [1] (bashful) *[person, smile, look]* wstydliwy [2] (reticent) nieskory **(about sth** do czegoś)

coyly /ˈkɔɪlɪ/ *adv* z fałszywą skromnością

coyness /ˈkɔɪnɪs/ *n* [1] (shyness) fałszywa skromność *f* [2] (reticence) rezerwa *f* **(about sth** w czymś)

coyote /kɔɪˈəʊtɪ, US ˈkaɪəʊt/ *n* (*pl* **~s, ~)** Zool kojot *m*, wilk *m* preriowy

coypu /ˈkɔɪpuː/ *n* Zool (*pl* **~s, ~)** nutria *f*

cozy *adj* US = **cosy**

CP *n* [1] Pol = **Communist Party** partia *f* komunistyczna, KP [2] Mil → **command post**

CPA *n* US → **certified public accountant**

cpd *n* → **compound** **I**[3][2]

CPI *n* Fin → **Consumer Price Index**

Cpl *n* = **corporal** kapral *m*, kpr

CPO *n* → **chief petty officer**

cps *n* Phys = **cycles per second** cykle na sekundę

CPS *n* GB Jur → **Crown Prosecution Service**

CPSA *n* GB = **Civil and Public Servants' Association** *związek zawodowy pracowników administracji państwowej*

CPU *n* Comput → **central processing unit**

cr Fin [1] = **credit** **I**[3] [2] = **creditor**

crab[1] /kræb/ **I** *n* [1] Zool, Culin krab *m* [2] Astrol **the Crab** Rak *m* [3] (louse) = **crab louse** [4] Tech (hoist) wózek *m* (suwnicy)

II **crabs** *npl* Publg zwroty *m pl*

III *vt* (*prp, pt, pp* **-bb-)** Aviat wprowadz|ić, -ać poprawkę kursu (czegoś) *[aircraft]*

IV *vi* (*prp, pt, pp* **-bb-)** Naut *[boat]* dryfować bokiem

IDIOMS: **to catch a ~** (in rowing) złapać raka infml

crab[2] /kræb/ infml **I** *vt* (*prp, pt, pp* **-bb-)** spaprać infml; **to ~ sb's act** popsuć komuś szyki

II *vi* (*prp, pt, pp* **-bb-)** (complain) biadolić, labiedzić infml **(about sth** na coś)

crab apple *n* (tree) dzika jabłoń *f*, jabłoń płonka *f*; (fruit) dzikie jabłko *n*

crabbed /ˈkræbɪd/ *adj* [1] (surly) opryskliwy, zrzędny [2] *[handwriting]* drobny i niewyraźny; **in a ~ hand** *[write]* maczkiem

crabbing /ˈkræbɪŋ/ *n* łowienie *n* krabów; **to go ~** iść na kraby

crabby /ˈkræbɪ/ infml *adj* opryskliwy, zrzędliwy

crab louse *n* wesz *f* łonowa, mendoweszka *f*

Crab Nebula *prn* Astron mgławica *f* Krab

crack /kræk/ **I** *n* [1] (single marked line) pęknięcie *n*, rysa *f* **(in sth** na czymś); (fine network) spękania *n pl*; **~s are appearing in their relationship** fig coś zaczyna się psuć w ich związku [2] (narrow opening) (in door, curtains, wall) szpara *f*; (in rock, ground) pęknięcie *n*, szczelina *f*; **to open the door a ~** lekko uchylić drzwi; **to leave the door open a ~** zostawić szparę w drzwiach [3] (drug) (also **~ cocaine)** crack *m* infml [4] (sharp noise of twig, bone, whip, shot) trzask *m* [5] infml (attempt) próba *f*; **to have a ~ at doing sth** próbować coś zrobić; **to have a ~ at sth** próbować swoich sił w czymś *[competition]*; sięgać po coś *[gold medal, title]*; **to have a ~ at a record** zaatakować rekord; **to have a ~ at (playing) Hamlet** zmierzyć się z rolą Hamleta; **he wants (to have) a ~ at the champion** chce się zmierzyć z czempionem or mistrzem [6] infml (joke) kawał *m* **(about sth** o czymś); (jibe) kpina *f*, szyderstwo *n* **(about sth** z czegoś); **a cheap ~** tani dowcip; **to have a ~ at sb** wyśmiewać kogoś, kpić sobie z kogoś [7] GB infml dial (laugh, good time) ubaw *m* infml

II *adj [troops, regiment]* wyborowy, elitarny; *[player]* pierwszorzędny; **a ~ shot** świetny strzelec

III *vt* [1] (make a crack in) s|powodować pęknięcie (czegoś) *[mirror, cup, bone]*; zarysow|ać, -ywać *[paint, varnish]* [2] (break) rozbi|ć, -jać *[casing, egg]*; rozłup|ać, -ywać *[nut]*; **I ~ed a glass** pękła mi szklanka; **to ~ a safe** włamać się do sejfu; rozpruć sejf infml; **let's ~ open a bottle of wine** napijmy się wina; **to ~ one's head open** infml rozwalić sobie głowę infml; **she didn't ~ a book for the class** US infml nawet nie zajrzała do książki przed lekcją; **to ~ the market** zdołać wejść na rynek [3] (solve) rozgry|źć, -zać *[problem, case]*; **to ~ a code** złamać szyfr; **to ~ a spy/crime network** zdemaskować szpiega/rozbić siatkę przestępczą; **I think I've ~ed it** infml chyba to rozgryzłem fig infml [4] (make cracking sound with) trzas|nąć, -kać (czymś), strzel|ić, -ać (czymś) *[whip]*; złamać z trzaskiem *[twig]*; wyłamywać (sobie) *[knuckles, joints]*; **to ~ sth over sb's head, to ~ sb on the head with sth** trzasnąć or grzmotnąć kogoś czymś w głowę infml; **to ~ one's head on sth** grzmotnąć się głową o coś infml; **to ~ the whip** fig wziąć (kogoś) do galopu fig [5] (overcome) z|łamać *[resistance, defences,*

opposition] [6] **to ~ a joke** opowiedzieć kawał infml [7] Chem krakować *[oil]*
IV *vi* [1] (develop crack) *[bone, mirror, cup, wall, ice, paint, varnish]* pęk|nąć, -ać, za-rysow|ać, -ywać się; (develop cracks) *[skin]* po|pękać; *[ground]* po|pękać, s|pękać [2] (cease to resist) *[person, opposition]* załam|ać, -ywać się; **to ~ under interrogation** złamać się podczas przesłuchania fig; **he tends to ~ under pressure** często nie wytrzymuje napięcia [3] (make sharp sound) *[knuckles, joint]* trzeszczeć; *[twig]* trzas|nąć, -kać; *[whip]* strzel|ić, -ać, trzas|nąć, -kać [4] *[voice]* załam|ać, -ywać się; **her voice ~ed with emotion** głos się jej łamał ze wzruszenia [5] **her face ~ed into a smile** twarz rozjaśniła się jej uśmiechem or w uśmiechu
■ **crack down** rozprawi|ć, -ać się **(on sth** z czymś)
■ **crack up** infml: ¶ [1] (have breakdown) sfiksować infml [2] (laugh) wybuch|nąć, -ać śmiechem [3] drug addicts' sl **to ~ (it) up** palić cracka ¶ **~ [sb/sth] up** chwalić, wychwalać
IDIOMS: **at the ~ of dawn** o brzasku; **not all** or **not as good as it's ~ed up to be** nie tak dobry, jak się zapowiadał; **to get ~ing** ruszyć z kopyta; **go on, get ~ing!** pośpieszcie się!; **to get ~ing on** or **with a job** zabrać się do pracy or roboty; **to have a fair ~ of the whip** mieć równe szanse; **to give sb a fair ~ of the whip** dać komuś równe szanse

crack-brained /ˈkrækbreɪnd/ *adj* infml zwariowany, stuknięty infml

crackdown /ˈkrækdaʊn/ *n* rozprawa *f* **(on sth** z czymś); **the police ~ on drug-dealing** rozprawienie się policji z handlarzami narkotyków

cracked /krækt/ *adj* [1] *[varnish, paint, leather]* popękany, porysowany; *[pavement, skin]* popękany; *[earth]* spękany; *[egg, bone, kneecap, basin, shell]* pęknięty [2] infml (mad) stuknięty infml

cracked olive *n* połówka *f* oliwki

cracked wheat *n* śruta *f* pszenna

cracker /ˈkrækə(r)/ *n* [1] (biscuit) krakers *m* [2] (firework) petarda *f* [3] (for Christmas) *strzelająca zabawka bożonarodzeniowa z niespodzianką* [4] US offensive biały nędzarz *m* [5] GB infml (beauty) cizia *f* infml; **she's a ~!, what a ~!** szałowa babka! infml [6] Comput włamywacz *m* komputerowy

cracker-barrel /ˈkrækəbærəl/ *adj* US *[philosopher]* domorosły

crackerjack /ˈkrækədʒæk/ *adj* US dat pierwszorzędny

crackers /ˈkrækəz/ *adj* GB infml stuknięty infml

crack factory *n* nielegalne laboratorium *n* kokainy

crackhead /ˈkrækhed/ *n* infml kokainist|a *m*, -ka *f*

crack house *n* infml meta *f* infml *(gdzie można zdobyć kokainę)*

cracking /ˈkrækɪŋ/ **I** *n* [1] Chem kraking *m*, krakowanie *n* [2] (in varnish, paint, plaster) pęknięcie *n*, rysa *f*
II *adj* GB *[game, goal, start]* doskonały, wspaniały; **at a ~ pace** raźno, żwawo
III *adv* GB infml **a ~ good shot/lunch** strzał/lunch na medal infml

crackle /ˈkrækl/ **I** *n* [1] (sound) (of fire, of radio) trzaski *m pl*; (of sausages) skwierczenie *n*; (of distant firearms) terkot *m* [2] (in pottery) krakelura *f*
II *vt* [1] za|szeleścić (czymś) *[foil, paper]* [2] o|zdobić krakelurą *[vase]*
III *vi [hot fat, sausages]* za|skwierczeć; *[radio, telephone line]* trzeszczeć; *[twigs, fire]* trzaskać

crackleware /ˈkræklweə(r)/ *n* ceramika *f* zdobiona krakelurą

crackling /ˈkræklɪŋ/ *n* [1] (sound) (of foil, cellophane) szelest *m*; (of fire) trzask *m*; (of hot fat) skwierczenie *n*; (of distant firearms) terkot *m* [2] Culin (crisp pork skin) chrupiąca skórka *f (np. na pieczonej wieprzowinie)*

cracknel /ˈkræknl/ *n* [1] (biscuit) ≈ herbatnik *m* [2] US Culin skwarki *m pl*

crackpot /ˈkrækpɒt/ infml **I** *n* świr *m* infml
II *adj* zwariowany

Cracow /ˈkrækɒʊ/ *prn* Kraków *m*

cradle /ˈkreɪdl/ **I** *n* [1] (for baby) kołyska *f*, kolebka *f* also fig; **from the ~** od kołyski or kolebki; **from the ~ to the grave** od kołyski or kolebki po grób; **the ~ of civilization** kolebka cywilizacji [2] (telephone rest) widełki *plt* [3] Naut kołyska *f* [4] Med (under bedclothes) stelaż *m* chroniący od ucisku kołdry [5] (hoistable platform) pomost *m* rusztowania wiszącego
II *vt* [1] (rock) u|kołysać *[baby]* [2] (hold) **to ~ sth in one's arms** tulić coś w ramionach [3] (lay) u|łożyć, -kładać ostrożnie **(in sth** w czymś); **the statuette lay ~d in cotton-wool** posążek leżał otulony watą
IDIOMS: **the hand that rocks the ~ rules the world** światem rządzą ci, którzy są wychowawcami młodzieży; **to rob the ~** infml romansować z kimś dużo od siebie młodszym

cradlesnatcher /ˈkreɪdlsnætʃə(r)/ *n* infml **he's a ~** on lubi młode dziewczyny; **she's a ~** ona lubi dużo młodszych od siebie mężczyzn

cradlesong /ˈkreɪdlsɒŋ/ *n* kołysanka *f*

craft /krɑːft, US kræft/ **I** *n* [1] (skill) (art-related) rzemiosło *n*, sztuka *f*; (job-related) fach *m*; **the potter's ~** garncarstwo; **the journalist's ~** dziennikarstwo, fach dziennikarski [2] (handiwork) rękodzielnictwo *n*, rękodzieło *n*; **arts and ~s** rękodzieło artystyczne [3] (cunning) chytrość *f*, przebiegłość *f* [4] (*pl* ~) (boat) statek *m*; (small) stateczek *m* [5] Aviat (*pl* ~) (also **air~**) samolot *m* [6] Aerosp (*pl* ~) (also **space~**) statek *m* kosmiczny
II *modif [guild]* rzemieślniczy; **~ exhibition** wystawa rzemiosła
III *vt* z|robić ręcznie

craftily /ˈkrɑːftɪlɪ, US ˈkræftɪlɪ/ *adv* chytrze, przebiegle

craftiness /ˈkrɑːftɪnɪs, US ˈkræftɪnɪs/ *n* chytrość *f*, przebiegłość *f*

craftsman /ˈkrɑːftsmən, US ˈkræft-/ *n* (*pl* **-men**) (skilled manually) rzemieślnik *m*; (skilled artistically) rękodzielnik *m*

craftsmanship /ˈkrɑːftsmənʃɪp, US ˈkræft-/ *n* kunszt *m*, mistrzostwo *n*

craftswoman /ˈkrɑːftswʊmən, US ˈkræft-/ *n* (*pl* **-women**) (skilled manually) kobieta *f* rzemieślnik; (skilled artistically) rękodzielniczka *f*

craft union *n* związek *m* zawodowy rzemieślników

craftwork /ˈkrɑːftwɜːk, US ˈkræft-/ *n* rękodzieło *n*

crafty /ˈkrɑːftɪ, US ˈkræftɪ/ *adj* chytry, przebiegły; **it was ~ of you to do it** chytrze or sprytnie postąpiłeś

crag /kræg/ *n* grań *f*

craggy /ˈkrægɪ/ *adj* [1] *[coastline]* skalisty; *[cliff, mountain]* urwisty [2] *[face]* pobrużdżony; *[features]* wyrazisty

cram /kræm/ *(prp, pt, pp* **-mm-) I** *vt* [1] (pack) w|epchnąć, -pychać; **she ~med the money into her pockets** poupychała pieniądze w kieszeniach; **I ~med all my things into one case** upchnąłem wszystkie rzeczy w jedną walizkę; **they ~med us all into one car** wepchnęli nas wszystkich do jednego samochodu; **to ~ a lot into one day** upchnąć mnóstwo zajęć w jednym dniu infml; **you can't ~ three meetings into one morning** nie wciśniesz trzech spotkań w jedno przedpołudnie infml [2] (fill) wypełni|ć, -ać *[room, car, mouth]* **(with sth** czymś); **the attic is ~med with junk** strych zapchany jest rupieciami; **a room ~med full of furniture** pokój zastawiony meblami
II *vi* [1] (get in) **we all ~med into one car** wszyscy wcisnęliśmy się do jednego samochodu [2] Sch dat kuć, wkuwać infml **(for sth** do czegoś)
III *vr* **to ~ oneself with sth** napchać się czymś, nawpychać się czegoś infml *[chips, sweets]*
IV crammed *pp adj [room]* zagracony; *[closet]* wypełniony po brzegi; *[timetable]* napięty

crammer /ˈkræmə(r)/ *n* GB infml [1] Sch, Univ intensywny kurs *m* [2] Sch kujon *m* infml pej

cramp[1] /kræmp/ *n* Med (pain) kurcz *m*, skurcz *m*; **I've got ~** GB or **a ~** US **in my leg** chwycił mnie kurcz w nodze; **stomach ~s** skurcze żołądka; **writer's ~** kurcz pisarski

cramp[2] /kræmp/ **I** *n* [1] (also **~ iron**) Constr klamra *f* ciesielska [2] = **clamp**[1]
II *vt* za|hamować *[progress, development]*
IDIOMS: **to ~ sb's style** przeszkadzać komuś

cramped /kræmpt/ *pp adj* [1] *[cell, house, office]* ciasny; **~ conditions** ciasnota; **we're very ~ (for space) in here** bardzo nam tu ciasno [2] *[handwriting]* ścisły

crampon /ˈkræmpən/ *n* Sport raki *plt*

cranberry /ˈkrænbərɪ, US -berɪ/ **I** *n* żurawina *f*
II *modif [jelly, sauce]* żurawinowy

crane /kreɪn/ **I** *n* [1] Zool żuraw *m* [2] Constr dźwig *m*, żuraw *m*; Cin dźwig *m*, kran *m*
II *vt* **to ~ one's neck** wyciągnąć szyję
■ **crane forward** wyciąg|nąć, -ać szyję

crane driver *n* operator *m* dźwigu

crane fly *n* komarnica *f*

crane operator *n* operator *m* dźwigu

cranesbill /ˈkreɪnzbɪl/ *n* geranium *n inv*, bodziszek *m*

crania /ˈkreɪnɪə/ *npl* → **cranium**

cranial /ˈkreɪnɪəl/ *adj* czaszkowy

cranial index *n* wskaźnik *m* antropologiczny

cranial nerve *n* nerw *m* czaszkowy

C

cranium /ˈkreɪnɪəm/ *n* (*pl* **~s, ~ia**) Anat czaszka *f*

crank /kræŋk/ **I** *n* 1 infml pej (freak) maniak *m*, fanatyk *m*; **a health-food ~** fanatyk zdrowej żywności 2 Tech (part of shaft) wykorbienie *n*; (handle) korba *f* 3 US infml (grouch) zrzęda *m/f*, gderacz *m*

II *vt* uruch|omić, -amiać za pomocą korby *[engine, car]*; nakręc|ić, -ać *[gramophone]*

▪ **crank out**: **~ out [sth], ~ [sth] out** wy|produkować, s|klecić infml *[essay, novel, film]*

▪ **crank up**: **~ up [sth], ~ [sth] up** (start) uruch|omić, -amiać korbą; fig (intensify) rozkręc|ić, -ać *[project, scheme, campaign]*

crankcase /ˈkræŋkkeɪs/ *n* skrzynia *f* korbowa

crankshaft /ˈkræŋkʃɑːft, US -ʃæft/ *n* wał *m* korbowy

cranky /ˈkræŋkɪ/ *adj* infml 1 (eccentric) zbzikowany, stuknięty infml 2 (grumpy) gderliwy, zrzędliwy; *[baby]* marudny 3 *[machine]* rozklekotany

cranny /ˈkrænɪ/ *n* szczelina *f* → **nook**

crap /kræp/ vinfml **I** *n* 1 (nonsense) pierdoły *plt* vinfml; **to talk a load of ~** gadać pierdoły 2 (of film, book) bzdet *m* infml; gówno *n* vulg 3 (faeces) gówno *n* vulg; **to have a ~** wysrać się vulg

II *adj* infml gówniany vulg; **to be ~ at chemistry** być do dupy z chemii vulg

III *vt* (*prp, pt, pp* **-pp-**) US wcis|nąć, -kać (komuś) kit infml

IV *vi* (*prp, pt, pp* **-pp-**) na|srać vulg

crape /kreɪp/ *n* krepa *f*

crapehanger /ˈkreɪphæŋə(r)/ *n* = **crepehanger**

crappy /ˈkræpɪ/ *adj* vinfml gówniany, do dupy vinfml

craps /kræps/ *n* Games *amerykańska hazardowa gra w kości*; **to shoot ~** grać w „craps”

crapulent /ˈkræpjʊlənt/ *adj* fml (given to drink) nadużywający alkoholu; (drunk) nietrzeźwy

crapulous /ˈkræpjʊləs/ *adj* = **crapulent**

crash /kræʃ/ **I** *n* 1 (noise) łomot *m*, łoskot *m*; **the ~ of thunder** grzmot; **a ~ of breaking glass** brzęk tłuczonego szkła; **to hit the ground with a ~** upaść z łoskotem na ziemię 2 Aut, Aviat, Rail (accident) katastrofa *f*, wypadek *m*; **car ~** kraksa, wypadek samochodowy; **train/plane/air ~** katastrofa pociągu/lotnicza; **to have a ~** mieć wypadek 3 Fin (of stock market, company) krach *m* 4 Comput awaria *f*

II *vt* 1 (involve in accident) rozbi|ć, -jać; **she ~ed the car** rozbiła samochód; **to ~ a car into a bus** zderzyć się z autobusem; **he's ~ed the car twice already** on miał już dwie kraksy or dwa wypadki 2 infml (gatecrash) **to ~ a party** wkręcić się na przyjęcie; **to ~ a concert** dostać się na koncert bez biletu

III *vi* 1 (have accident) *[car, plane]* rozbi|ć, -jać się; (collide) *[vehicles, planes]* zderz|yć, -ać się (ze sobą), wpa|ść, -dać na siebie; **to ~ into sb/sth** wpaść na kogoś/coś, zderzyć się z kimś/czymś; **I thought we were going to ~** Aut, Aviat myślałam, że się rozbijemy 2 Fin *[firm, company]* upa|ść, -dać, z|bankrutować; *[share prices]* spa|ść, -dać gwałtownie 3 (move loudly) tłuc się infml; **I could hear him ~ing around downstairs** słyszałem, jak tłukł się na dole; **shells ~ed all around me** wokół mnie wybuchały pociski; **to ~ through the undergrowth** przedzierać się przez krzaki 4 (fall) **to ~ to the ground** *[cup, tray, picture]* spaść na ziemię z hałasem or z łoskotem; *[tree]* runąć, zwalić się 5 Comput infml *[computer, system]* si|ąść, -adać infml 6 infml (**also ~ out**) (go to sleep) uderz|yć, -ać w kimono infml; (collapse) pa|ść, -dać; **can I ~ at your place?** mogę u ciebie przenocować?; **we just ~ed out on the floor** przenocowaliśmy po prostu na podłodze

crash barrier *n* 1 (on road) bariera *f* bezpieczeństwa 2 (for crowd control) bariera *f* zabezpieczająca

crash course *n* intensywny kurs *m*; **to take a ~ in Latin** uczęszczać na intensywny kurs języka łacińskiego

crash diet *n* intensywna dieta *f* odchudzająca

crash helmet *n* kask *m*

crashing /ˈkræʃɪŋ/ *adj* infml dat **a ~ bore** *[person]* skończony nudziarz infml; *[event]* beznadziejne nudziarstwo

crash-land /ˌkræʃˈlænd/ **I** *vt* **to ~ a plane** wy|lądować awaryjnie

II *vi* *[pilot]* wy|lądować awaryjnie

crash landing *n* lądowanie *n* awaryjne

crash pad *n* US infml kąt *m* do spania fig infml

crash-test /ˈkræʃtest/ *vt* przeprowadz|ić, -ać test wypadkowy

crash test dummy *n* manekin *m* używany w testach wypadkowych

crass /kræs/ *adj* *[person, behaviour]* prostacki; *[remark]* chamski; *[ignorance, error]* rażący; *[stupidity]* bezdenny

crassly /ˈkræslɪ/ *adv* *[ask, say]* po chamsku

crate /kreɪt/ **I** *n* 1 (for bottles, china, fruit, vegetables) skrzynka *f* 2 infml (car, plane) grat *m*, gruchot *m* infml

II *vt* za|pakować w skrzynki *[bottles, goods]*

crater /ˈkreɪtə(r)/ *n* 1 Astron, Geol krater *m* 2 (caused by explosion) lej *m*

cravat /krəˈvæt/ *n* fular *m*

crave /kreɪv/ *vt* 1 (**also ~ for**) łaknąć *[food, affection, change]*; *[pregnant woman]* mieć chętkę na (coś) *[food]*; **I ~ for a drink /some sleep** marzę, żeby się napić/przespać 2 fml błagać o (coś) *[forgiveness, pardon, mercy]*; zabiegać o (coś) *[attention, indulgence, permission]*

craven /ˈkreɪvn/ *adj* fml *[person, behaviour]* tchórzliwy

craving /ˈkreɪvɪŋ/ *n* (for food) łaknienie *n*; (for drug) głód *m*; (for affection, warmth, fame, freedom) pragnienie *n* (**for sth** czegoś); (in pregnancy) zachcianka *f*

craw /krɔː/ *n* 1 (crop of bird, insect) wole *n* 2 (stomach of animal) żołądek *m*

IDIOMS: **it sticks in my ~** to mi staje ością w gardle infml

crawfish /ˈkrɔːfɪʃ/ **I** *n* = **crayfish**

II *vi* US infml wycof|ać, -ywać się rakiem infml

crawl /krɔːl/ **I** *n* 1 Sport kraul *m*; **to do /swim the ~** płynąć kraulem 2 (slow pace) **at a ~** noga za nogą, w żółwim tempie; **to slow/be reduced to a ~** *[vehicle]* wlec się; *[growth]* zwolnić; *[output]* zmniejszyć się

II *vi* 1 *[insect, snake]* pełz|ać, -nąć; *[person]* czołgać się; *[baby]* raczkować; **to ~ in** *[insect, snake]* wpełznąć; *[person]* wczołgać się; **to ~ out from under sth** wypełznąć spod czegoś; **to ~ into bed** wleźć do łóżka; **to ~ to the door** doczołgać or dowlec się do drzwi; **to ~ into a hole** wpełznąć do dziury 2 (move slowly) *[vehicle]* wlec się 3 (pass slowly) *[time, days]* wlec się, wolno płynąć 4 infml (seethe) **to be ~ing with sth** roić się od czegoś *[insects, tourists, reporters]* 5 infml (flatter, creep) podlizywać się (**to sb** komuś); **don't come ~ing to me** tylko nie przychodź potem do mnie

IDIOMS: **to make sb's skin** or **flesh ~** przyprawiać kogoś o dreszcze

crawler /ˈkrɔːlə(r)/ *n* infml 1 GB (person) lizus *m*, -ka *f* infml 2 (slow vehicle) zawalidroga *f* 3 US (earthworm) glista *f*; glizda *f* infml 4 (on the Internet) wyszukiwarka *f*

crawler lane *n* GB pas *m* ruchu dla pojazdów jadących wolno

crawl space *n* Constr *niski korytarz umożliwiający dostęp do węzłów sanitarnych i innych urządzeń*

crayfish /ˈkreɪfɪʃ/ *n* 1 (freshwater) rak *m* 2 (spiny lobster) langusta *f*

crayon /ˈkreɪən/ **I** *n* kredka *f*; **in ~s** kredkami

II *vt* po|kolorować *[drawing]*; **to ~ sth red** pokolorować coś na czerwono

craze /kreɪz/ **I** *n* moda *f*; szał *m* infml; **the ~ for sports cars, the sports car ~** moda na samochody sportowe; **to be the latest ~** być ostatnim krzykiem mody; **it's just another ~** to tylko kolejna moda

II *vi* (**also ~ over**) *[china, glaze]* spękać

crazed /kreɪzd/ *adj* 1 (mad) *[person, animal]* oszalały; **he is power-~** władza uderzyła mu do głowy 2 (cracked) *[china, glaze, varnish]* pokryty spękaniami

crazily /ˈkreɪzɪlɪ/ *adv* 1 (madly) *[act, behave, drive, run, shout]* jak opętany or szalony 2 (at an angle) *[lean, tilt]* niebezpiecznie

crazy /ˈkreɪzɪ/ **I** *adj* 1 (insane) *[person, behaviour, idea, plan]* szalony, zwariowany; **to go ~** oszaleć, zwariować; **he would be ~ to do that** byłby szalony, gdyby to zrobił; **it would be ~ to do that** to byłoby szaleństwo; **to be ~ with grief/worry** szaleć z rozpaczy/z niepokoju; **you must be ~!** chyba oszalałeś or zwariowałeś! 2 (infatuated) **to be ~ about sb** szaleć za kimś; **to be ~ about sth** mieć bzika na punkcie czegoś infml 3 (startling) *[price, height, speed]* obłędny infml; **at a ~ angle** niebezpiecznie przechylony 4 US infml (excellent) *[holiday]* obłędny infml

II like crazy *adv phr* infml *[laugh, run, shout]* jak szalony; **they used to fight like ~** kłócili się jak opętani

crazy bone *n* US czułe miejsce *n* (*w łokciu*)

crazy golf *n* GB mini-golf *m*

crazy golf course *n* GB pole *n* do mini-golfa

crazy paving *n* GB ścieżka *f* z płyt o nieregularnych kształtach

crazy quilt *n* US Sewing kołdra *f* patchworkowa, patchwork *m*

CRC *n* → **camera ready copy**

CRE *n* GB → **Commission for Racial Equality**

C

creak /kriːk/ **I** n (of hinge, wheel, gate, door, floorboards, leather) skrzypnięcie n, skrzyp m; (of bones, joints) trzeszczenie n
II vi *[hinge, wheel, gate, door, floorboard, joint]* za|skrzypieć; *[bone]* za|trzeszczeć; fig *[regime, organization]* drżeć w posadach fig; **the door ~ed open** drzwi otworzyły się ze skrzypnięciem

creaking /ˈkriːkɪŋ/ **I** n = **creak I**
II adj [1] *[hinge, gate, floorboard, leather]* skrzypiący; *[bone]* trzeszczący [2] fig *[regime, structure]* drżący w posadach

creaky /ˈkriːkɪ/ adj [1] *[hinge, wheel, gate, floorboard, leather]* skrzypiący; *[bone, joint]* trzeszczący [2] fig *[alibi, policy]* na chwiejnych podstawach

cream /kriːm/ **I** n [1] (dairy product) śmietanka f; **sour ~** śmietana; **single/double ~** śmietanka chuda/kremówka; **strawberries and ~** truskawki ze śmietaną [2] fig (elite) **the ~ of the country's intelligentsia** kwiat inteligencji kraju; **the ~ of this year's graduates** czołówka tegorocznych absolwentów; **the ~ of society** śmietanka towarzyska [3] Cosmet krem m; **face/night ~** krem do twarzy /na noc [4] (soup) zupa-krem f; **~ of asparagus** krem ze szparagów [5] Culin (biscuit) ≈ markiza f; (chocolate) czekoladka f nadziewana [6] (colour) (kolor m) kremowy m [7] (polish) pasta f, krem m; **shoe ~** pasta do butów
II modif *[cake, bun]* z kremem
III adj (colour) kremowy
IV vt [1] Culin u|trzeć, -cierać; **~ the butter and sugar** utrzyj masło i cukier na jednolitą masę; **~ed potatoes** ziemniaki purée [2] (skim) zd|jąć, -ejmować śmietanę z (czegoś) *[milk]* [3] US infml (thrash) zetrzeć na miazgę infml *[opponents]*
V vi US vulg (climax) mieć orgazm; (become sexually excited) mieć mokro (w majtkach) vulg
■ **cream off: ~ off [sth], ~ [sth] off** zgarn|ąć, -iać *[profits]*; **they ~ed off the best young musicians** ściągnęli najlepszych muzyków
IDIOMS: **to look like the cat that's got the ~** wyglądać na bardzo zadowolonego z siebie

cream cheese n serek m śmietankowy

cream cleaner n mleczko n do czyszczenia

cream cracker n GB krakers m

creamer /ˈkriːmə(r)/ n [1] (for separating milk) centryfuga f [2] US (jug) dzbanuszek m do śmietanki [3] (coffee whitener) zabielacz m do kawy

creamery /ˈkriːmərɪ/ n [1] (dairy, factory) mleczarnia f [2] (shop) sklep m nabiałowy

cream jug n GB dzbanuszek m do śmietanki

cream of tartar n wodorowinian m potasu

cream pitcher n US = **creamer** [2]

cream puff n [1] Culin ptyś m [2] US infml pej (weakling) mięczak m [3] US infml (secondhand bargain) gratka f

cream soda n napój m gazowany o zapachu waniliowym

cream tea n GB podwieczorek m *(z bułeczkami z dżemem i bitą śmietaną)*

creamy /ˈkriːmɪ/ adj *[colour]* kremowy; *[sauce]* śmietanowy; *[taste, butter]* śmietankowy; **a ~ texture** konsystencja kremu; **to have a ~ complexion** mieć mleczną cerę

crease /kriːs/ **I** n [1] (in paper) zagięcie n, załamanie n; (in cloth) zagniecenie n; (regular: of trousers) kant m; **to put ~s in a pair of trousers** zaprasować kanty w spodniach [2] (in face) (wrinkle) zmarszczka f; (furrow) bruzda f; (in palm) linia f [3] Sport (in cricket) linia f; **to be at the ~** być przy linii
II vt [1] (crumple) po|gnieść, zagni|eść, -atać *[cloth, paper]* [2] (iron) u|prasować na kant *[trousers]*
III vi *[cloth]* po|gnieść się, z|miąć się; **his face ~d in laughter** zmarszczył twarz w uśmiechu
■ **crease up** infml: ¶ **~ up** (in amusement) zaśmiewać się ¶ **~ [sb] up** rozśmiesz|yć, -ać

creased /kriːst/ adj *[cloth, paper]* pognieciony, zmięty; *[face]* pokryty zmarszczkami, pomarszczony; *[brow]* zmarszczony

crease-resistant /ˈkriːsrɪsɪstənt/ adj *[fabric]* niegniotący, niemnący

create /kriːˈeɪt/ **I** vt [1] (make) stw|orzyć, -arzać, tworzyć *[character, product, precedent, system, work of art]*; wy|kreować *[fashion]*; u|tworzyć *[jobs]* [2] (cause) wywoł|ać, -ywać *[disorder, interest, scandal]*; s|powodować *[crisis, repercussion]*; stw|orzyć, -arzać *[problem]*; **to ~ a good/bad impression** zrobić or wywołać dobre/złe wrażenie [3] (appoint) nada|ć, -wać (komuś) tytuł; **he was ~d a peer** został parem
II vi GB infml urzą|dzić, -dzać scenę

creation /kriːˈeɪʃn/ n [1] (act) tworzenie n; **job ~** tworzenie stanowisk pracy [2] (thing created) dzieło n; (garment) kreacja f; **the ~ of a fevered imagination** wytwór chorej wyobraźni [3] **the Creation** stworzenie n świata [4] (the universe) wszechświat m

creationism /kriːˈeɪʃənɪzəm/ n kreacjonizm m

creationist /ˌkriːˈeɪʃnɪst/ n kreacjonist|a m, -ka f

creative /kriːˈeɪtɪv/ adj [1] (inventive) *[person, solution]* twórczy; *[cookery, use]* pomysłowy [2] (which creates) *[process, act, energy, imagination]* twórczy; kreatywny fml

creative accountancy, creative accounting n rachunkowość f twórcza

creatively /kriːˈeɪtɪvlɪ/ adv twórczo; kreatywnie fml

creative writing n (school subject) ≈ nauka f pisania kreatywnego; (general) twórczość f literacka

creativity /ˌkriːeɪˈtɪvətɪ/ n inwencja f twórcza, kreatywność f

creator /kriːˈeɪtə(r)/ n twórca m **(of sth** czegoś); **the Creator** Stwórca m

creature /ˈkriːtʃə(r)/ n [1] (living being) istota f żywa, stworzenie n; (microscopic) żyjątko n; **sea ~s** zwierzęta morskie; **~ from outer space** stwór z innej planety [2] dat (person) istota f, stworzenie n; **a charming ~** czarująca istota; **the poor ~!** biedactwo!; **~ of habit** niewolnik własnych przyzwyczajeń [3] Liter (creation) **a ~ of his time** wytwór or produkt swego czasu; **to be sb's ~** pej być marionetką w rękach kogoś

creature comforts n wygody plt; **to like one's ~** cenić sobie wygody

crèche /kreʃ, kreɪʃ/ n [1] GB (nursery) żłobek m; (in shop, hotel) przechowalnia f dla dzieci; **workplace ~, company ~** żłobek pracowniczy [2] (Christmas crib) żłóbek m

cred /kred/ n infml = **credibility → street cred**

credence /ˈkriːdns/ n fml wiara f; **to give ~ to sth** (believe) dać czemuś wiarę; **to give** or **lend ~ to sth** (make believable) uwiarygodnić coś; **to gain ~** zyskać wiarygodność; **letters of ~** Pol Admin listy uwierzytelniające

credentials /krɪˈdenʃlz/ npl [1] (qualifications) kwalifikacje plt; **to establish one's ~ as a writer** ustalić swoją pozycję jako pisarza [2] (of competence) referencje plt; (of identity) dokument m potwierdzający tożsamość; (of ambassador) listy m pl uwierzytelniające

credibility /ˌkredəˈbɪlətɪ/ n wiarogodność f, wiarygodność f; **to retain/lose one's ~** zachować/utracić wiarygodność

credibility gap n rozziew m pomiędzy słowami a rzeczywistością

credible /ˈkredəbl/ adj wiarogodny, wiarygodny

credit /ˈkredɪt/ **I** n [1] (approval) uznanie n **(for sth** za coś); **to get the ~ for sth /doing sth** zdobyć uznanie za coś/zrobienie czegoś; **she got no ~ for solving the problem** nie doczekała się uznania za rozwiązanie tego problemu; **to give sb (the) ~ for sth/for doing sth** docenić kogoś za coś/zrobienie czegoś; **to take the ~ for sth/for doing sth** przypisywać sobie zasługi za coś/zrobienie czegoś; **to be a ~ to sb/sth** być chlubą kogoś/czegoś; **to do sb ~, to do ~ to sb** przynosić komuś zaszczyt; **it's to your ~ that...** należy ci się uznanie za to, że...; **to her ~, she admitted her mistake** dobrze o niej świadczy, że przyznała się do błędu; **she has two medals to her ~** może się pochwalić się dwoma medalami, ma na swoim koncie dwa medale; **I gave her ~ for a little sense** sądziłem, że ma odrobinę rozsądku; **he is more intelligent than he is given ~ for** jest bardziej inteligentny, niż się powszechnie uważa; **~ where ~ is due, they have managed to score 20 points** gwoli sprawiedliwości, udało im się zdobyć 20 punktów [2] (credence) wiara f; (acceptance) uznanie n; **to gain ~** zyskać akceptację; **to place ~ in sth** dawać wiarę czemuś [3] Comm, Fin (borrowing) kredyt m; **to buy sth on ~** kupować coś na kredyt; **to live on ~** żyć na kredyt; **to give sb ~** udzielić komuś kredytu; **her ~ is good** jej wiarygodność kredytowa jest bez zarzutu [4] Fin (positive balance) saldo n dodatnie; **to be in ~** mieć dodatnie saldo; **to be £25 in ~** mieć 25 funtów po stronie „ma" [5] US Univ ≈ zaliczenie n, punkt m
II credits npl Cin, TV napisy m pl; (opening) czołówka f; **to roll the ~s** wyświetlić czołówkę
III vt [1] (attribute) **to ~ sb with sth** przypisywać komuś coś *[discovery, power, achievement]*; **to ~ sb with intelligence /honesty** sądzić, że ktoś jest inteligentny /uczciwy; **I ~ed the company with more concern for its employees** sądziłem, że ta firma bardziej dba o swoich pracowników [2] Fin uzna|ć, -wać *[account]*;

to ~ sth to sb's account zapisać coś na dobro rachunku kogoś [3] (believe) da|ć, -wać wiarę (czemuś) *[story, assertion]*; **would you ~ it!** dałbyś wiarę?

creditable /ˈkredɪtəbl/ *adj* [1] (of good standard) godziwy, przyzwoity [2] (deserving praise) *[action, reason]* godny uznania, chwalebny; *[place]* zaszczytny

creditably /ˈkredɪtəblɪ/ *adv* godziwie, jak się należy

credit account, C/A *n* Comm, Fin rachunek *m* kredytowy

credit agency *n* Comm, Fin agencja *f* badająca zdolność kredytową klienta

credit arrangements *npl* Fin warunki *m pl* kredytu

credit balance *n* Accts saldo *n* kredytowe or dodatnie

credit broker *n* Fin makler *m* finansowy

credit bureau *n* US Fin = **credit agency**

credit card *n* Comm, Fin karta *f* kredytowa

credit control *n* kontrola *f* kredytów

credit entry *n* Accts zapis *m* po stronie „ma"

credit facilities *npl* udogodnienia *n pl* kredytowe

credit freeze *n* Econ zamrożenie *n* kredytów

credit hour *n* US Univ punktowana godzina *f* zajęć

credit limit *n* Fin limit *m* kredytu

credit line *n* [1] Cin, TV wzmianka *f* *(w napisach)* [2] Fin linia *f* kredytowa

credit money *n* pieniądz *m* kredytowy

credit note *n* Comm nota *f* kredytowa

creditor /ˈkredɪtə(r)/ *n* Comm, Fin wierzyciel *m*, -ka *f*

credit rating *n* Fin zdolność *f* kredytowa

credit reference agency *n* agencja *f* badająca zdolność kredytową klienta

credit sale *n* Comm sprzedaż *f* na kredyt

credit side *n* [1] Acct strona *f* „ma" [2] fig dobra strona *f*; **on the ~...** pozytywne jest to, że...

credit squeeze *n* Econ = **credit freeze**

credit standing *n* Fin sytuacja *f* kredytowa, wypłacalność *f*

credit status *n* = **credit standing**

credit terms *npl* Comm, Fin warunki *m pl* kredytu

credit transfer *n* Fin przelew *m* środków

credit union *n* Fin spółdzielcza kasa *f* pożyczkowa

creditworthiness /ˈkredɪtwɜːðɪnɪs/ *n* Fin zdolność *f* kredytowa

creditworthy /ˈkredɪtwɜːðɪ/ *adj* Fin mający zdolność kredytową

credo /ˈkreɪdəʊ, ˈkriː-/ *n* [1] Relig **the Credo** wyznanie *n* wiary, kredo *n* [2] fig kredo *n*

credulity /krɪˈdjuːlətɪ, US -ˈduː-/ *n* łatwowierność *f*; **her story strained** or **stretched my ~ to the limit** przy najlepszych chęciach trudno mi było uwierzyć w jej historię

credulous /ˈkredjʊləs, US -dʒə-/ *adj* łatwowierny, naiwny

credulously /ˈkredjʊləslɪ, US -dʒə-/ *adv* łatwowiernie, naiwnie

creed /kriːd/ *n* [1] (religious persuasion) wyznanie *n* [2] (opinions) kredo *n*; **political ~** polityczne kredo; **people of all ~s** ludzie reprezentujący różne poglądy [3] Relig (prayer) **the Creed** wyznanie *n* wiary, kredo *n*

creek /kriːk, US also krɪk/ *n* [1] GB (inlet) zatoka *f*, zatoczka z *f* [2] US, Austral (stream) strumień *m*, strumyk *m*

IDIOMS: **to be up the ~ (without a paddle)** znaleźć się w tarapatach or w sytuacji nie do pozazdroszczenia; **to be up shit ~** vulg wdepnąć w gówno vinfml

creel /kriːl/ *n* kosz *m (na ryby, do łowienia homarów)*

creep /kriːp/ **I** *n* GB, infml [1] (flatterer) wazeliniarz *m*, wazelina *m/f* [2] (repellent person) kreatura *f*, menda *m/f*; **he's a ~** to menda

II *vi* (*pt, pp* **crept**) [1] (move furtively) skradać się; **to ~ in** zakraść się or wejść chyłkiem; **to ~ out** wymknąć się chyłkiem; **to ~ behind** zakraść się od tyłu; **to ~ under** wpełznąć or wczołgać się (pod coś) [2] fig **a threatening tone has crept into his voice** fig w jego głosie zaczęła pobrzmiewać groźna nuta; **a blush crept over her face** rumieniec wystąpił jej na twarzy [3] (move slowly) **to ~ forward** or **along** *[vehicle]* wlec się; **the water crept higher** poziom wody podnosił się wolno [4] (develop little by little) *[inflation, prices]* rosnąć powoli [5] *[insect]* pełz|nąć, -ać; *[cat]* skradać się [6] *[plant]* (horizontally) płożyć się; (climb) piąć się (w górę) [7] GB infml fig podlizywać się **(to sb** komuś**)**

■ **creep in** *[wrong note, error, bitterness]* wkra|ść, -dać się

■ **creep over**: **~ over [sb]** *[feeling]* ogarn|ąć, -iać

■ **creep through**: ¶ **~ through [sb]** *[chill]* ogar|nąć, -niać ¶ **~ through [sth]** prze|d|rzeć, -zierać się przez (coś) *[bushes]*

■ **creep up**: **~ up** *[inflation, debt, unemployment]* rosnąć stopniowo; **to ~ up on sb** podkraść się do kogoś niepostrzeżenie; fig zaskoczyć kogoś

IDIOMS: **to give sb the ~s** przyprawiać kogoś o gęsią skórkę

creeper /ˈkriːpə(r)/ **I** *n* [1] (in jungle) liana *f* [2] (creeping plant) (horizontally) roślina *f* płożąca; (climbing plant) pnącze *n* [3] US Auto (wheeled frame) **(**also **floor ~)** leżanka *f* monterska [4] infml but *m* na miękkiej podeszwie

II creepers *npl* [1] US (babysuit) pajacyk *m* [2] (for climbing) raki *plt*, słupołazy *plt*

creeping /ˈkriːpɪŋ/ *adj* [1] *[inflation]* pełzający; *[change, menace]* postępujący [2] *[plant]* (horizontally) płożący się; (climbing) pnący; *[animal]* pełzający

creeping buttercup *n* jaskier *m* płożący

creepy /ˈkriːpɪ/ *adj* infml [1] *[film, feeling, experience]* przyprawiający o gęsią skórkę [2] *[person]* odrażający

creepy-crawly /ˌkriːpɪˈkrɔːlɪ/ *n* infml robal *m* infml

cremate /krɪˈmeɪt/ *vt* podda|ć, -wać kremacji

cremation /krɪˈmeɪʃn/ *n* kremacja *f*

crematorium /ˌkreməˈtɔːrɪəm/ *n* GB (*pl* **-oria, -oriums**) (building) krematorium *n*; (oven) piec *m* krematoryjny

crematory /ˈkremətərɪ, US -tɔːrɪ/ **I** *n* US = **crematorium**

II *adj* krematoryjny

crème de la crème /ˌkrem də lɑː ˈkrem/ *n* **the ~** śmietanka *f* fig

crenellated /ˈkrenəleɪtɪd/ *adj* zwieńczony blankami

crenellation /ˌkrenəˈleɪʃən/ *n* Arch blanki *f pl*, krenelaż *m*

Creole /ˈkriːəʊl/ **I** *n* [1] (a white person) Kreol *m*, -ka *f*; (of mixed blood) czarny Kreol *m*, czarna Kreolka *f* [2] (language) (język *m*) kreolski *m*

II *adj* kreolski

creosote /ˈkriːəsəʊt/ **I** *n* kreozot *m*

II *vt* pociągnąć or zaimpregnować kreozotem *[wood, fence]*

crepe, crêpe /kreɪp/ **I** *n* [1] Tex (wool, silk) krepa *f* [2] (armband) opaska *f* żałobna, krepa *f* [3] (for shoes) **(**also **~ rubber)** krepa *f* [4] Culin cienki naleśnik *m*

II *modif* **~ dress** sukienka z krepy; **~ sole** podeszwa z krepy

crepe bandage *n* bandaż *m*

crêpe de Chine *n* Tex krepdeszyn *m*

crepehanger /ˈkreɪphæŋə(r)/ *n* US czarnowidz *m*

crepe paper *n* krepina *f*

crept /krept/ *pt, pp* → **creep**

crepuscular /krɪˈpʌskjʊlə(r)/ *adj* zmierzchowy

crescendo /krɪˈʃendəʊ/ **I** *n* (*pl* **~s**) [1] Mus crescendo *n inv* [2] fig (climax) **to reach a ~** *[campaign, protest]* osiągnąć apogeum; *[noise, violence]* osiągnąć szczytowe natężenie

II *adj, adv* Mus crescendo

III *vi* Mus grać crescendo

crescent /ˈkresnt/ *n* [1] (shape) półksiężyc *m*; Relig **the Crescent** Półksiężyc *m* [2] (street) ulica *f* w kształcie półkola

crescent moon *n* sierp *m* księżyca

cress /kres/ *n* Bot, Culin rzeżucha *f*

crest /krest/ **I** *n* [1] Zool (of skin) grzebień *m*; (of feathers) czub(ek) *m* [2] (of wave) grzebień *m*, grzbiet *m*; (of mountain) grań *f* [3] (of helmet) grzebień *m* [4] (headdress) kita *f*, czub *m* [5] Herald (coat of arms) herb *m*; (above coat of arms) korona *f*, tiara *f* [6] Anat (on bone) grzebień *m*, wyrostek *m* grzebieniasty

II *vt* [1] wspi|ąć, -nać się na (coś) *[hill]*; wzn|ieść, -osić się na (coś) *[wave]* [2] (crown) zwieńcz|yć, -ać

III *vi* US osiąg|nąć, -ać maksymalny poziom

IV crested *pp adj* [1] *[wave]* grzywiasty; *[bird, lizard]* grzebieniasty; (with tuft of hair, feathers) czubaty [2] *[stationery]* ozdobiony herbem

IDIOMS: **to be on the ~ of a wave** fig przeżywać dobry okres

crestfallen /ˈkrestfɔːlən/ *adj* zawiedziony, przybity

cretaceous /krɪˈteɪʃəs/ *adj* Geol *[rock]* kredowy; **the Cretaceous period** kreda

Cretan /ˈkriːtn/ **I** *adj* Krete|ńczyk *m*, -nka *f*

II *adj* kreteński

Crete /kriːt/ *prn* Kreta *f*; **in** or **on ~** na Krecie

cretin /ˈkretɪn, US ˈkriːtn/ *n* [1] infml pej kretyn *m*, -ka *f* [2] Med dat kretyn *m*, -ka *f*

cretinism /ˈkretɪnɪzəm, US ˈkriːt-/ *n* Med matołectwo *n*, kretynizm *m*

cretinous /ˈkretɪnəs, US ˈkriːt-/ *adj* kretyński

cretonne /ˈkretɒn/ *n* kreton *m*

Creutzfèld-Jakob disease, CJD /ˌkrɔɪtsfeldˈjækəbdɪziːz/ *n* Med choroba *f* Creutzfelda-Jakoba, gąbczaste zwyrodnienie *n* mózgu
crevasse /krɪˈvæs/ *n* szczelina *f* lodowa
crevice /ˈkrevɪs/ *n* szczelina *f*, pęknięcie *n*
crew[1] /kruː/ **I** *n* [1] Aviat, Naut załoga *f* [2] (in rowing) osada *f* [3] Cin, Radio, TV ekipa *f* [4] infml pej or hum (gang) banda *f*, zgraja *f*
II *vt* Naut być członkiem załogi (czegoś) *[boat]*
III *vi* Naut **to ~ for sb** płynąć z kimś jako załogant
crew[2] /kruː/ *pt* → **crow**
crewcut /ˈkruːkʌt/ *n* fryzura *f* na jeża; jeżyk *m* infml
crewel work /ˈkruːəlwɜːk/ *n* haft *m* na kanwie
crewman /ˈkruːmən/ *n* (*pl* **-men**) członek *m* załogi, załogant *m*
crew neck *n* wycięcie *n* pod szyją
crew neck sweater *n* sweter *m* pod szyję
crib /krɪb/ **I** *n* [1] (child's bed) łóżeczko *n* dziecinne [2] (Nativity scene) szopka *f*, żłóbek *m* [3] Agric (manger) żłób *m* [4] (plagiarism) plagiat *m* [5] Sch, Univ (illicit aid) ściągawka *f*, ściąga *f* infml; (book) bryk *m* [6] = **cribbage**
II *vt* (*prp, pt, pp* **-bb-**) odpis|ać, -ywać; ściąg|nąć, -ać infml
III *vi* (*prp, pt, pp* **-bb-**) Sch, Univ ściągać infml **(from sb/sth** od kogoś/z czegoś)
cribbage /ˈkrɪbɪdʒ/ *n gra w karty dla dwóch osób*
crib death *n* US Med = **cot death**
crick /krɪk/ **I** *n* bolesny kurcz *m*; **to have** or **get a ~ in one's back/neck** odczuć nagły ból w karku/szyi
II *vt* **he ~ed his back/neck** coś strzyknęło mu w krzyżu/karku
cricket[1] /ˈkrɪkɪt/ *n* Zool świerszcz *m*
cricket[2] /ˈkrɪkɪt/ **I** *n* Sport krykiet *m*
II *modif [bat, ball]* do krykieta; *[grounds, match]* krykietowy; **~ match** mecz krykieta
IDIOMS: **it's just not ~** dat or hum tak się nie robi, to nieuczciwe
cricketer /ˈkrɪkɪtə(r)/ *n* gracz *m* w krykieta, krykiecista *m*
crikey /ˈkraɪkɪ/ *excl* dat infml o rety! infml
crime /kraɪm/ **I** *n* [1] (minor offence) przestępstwo *n*; (serious offence) zbrodnia *f*; **the ~ of murder/theft** morderstwo/kradzież; **a ~ of violence** akt przemocy; **to commit a ~** popełnić przestępstwo/zbrodnię; **~ against humanity** zbrodnia przeciwko ludzkości; **~s against property** przestępstwa przeciwko mieniu [2] (criminal activity) przestępczość *f*; **drug ~** nielegalny obrót środkami odurzającymi; **car ~** kradzież samochodów; **computer ~** przestępczość komputerowa; **~ doesn't pay** zbrodnia nie popłaca [3] fig (immoral act) zbrodnia *f* fig; **it's a ~ to waste such talent** to zbrodnia marnować taki talent
II *modif [fiction, novel]* kryminalny; **~ rate** wskaźnik przestępczości; **~ wave** fala przestępczości
Crimea /kraɪˈmiːə/ *prn* **the ~** Krym *m*
Crimean /kraɪˈmiːən/ *adj* krymski
crime buster *n* infml = **crime fighter**
crime busting *adj* infml = **crime fighting**
crime correspondent *n* dziennikarz *m* zajmujący się sprawami kryminalnymi
crime desk *n* wydział *m* spraw kryminalnych
crime fighter *n* (police officer) policjant *m* zajmujący się zwalczaniem przestępczości
crime fighting *adj [body, detective]* zajmujący się zwalczaniem przestępczości
crime figures *npl* statystyka *f* przestępczości
crime of passion *n* zbrodnia *f* w afekcie
crime prevention **I** *n* zapobieganie *n* przestępczości
II *modif* **~ campaign/effort** kampania /działania w celu zapobiegania przestępczości
crime prevention officer *n* policjant *m* zajmujący się zapobieganiem przestępczości
crime squad *n* brygada *f* do walki z przestępczością
crime writer *n* autor *m*, -ka *f* powieści kryminalnych
criminal /ˈkrɪmɪnl/ **I** *n* przestęp|ca *m*, -czyni *f*
II *adj* [1] *[activity, organization]* przestępczy; **~ history** przeszłość kryminalna; **the ~ element in society** elementy przestępcze w społeczeństwie, margines przestępczy [2] fig (shameful) karygodny
criminal act *n* czyn *m* przestępczy
criminal assault *n* napaść *f* czynna
criminal bankruptcy *n* bankructwo *n* w wyniku kary sądowej
criminal bankruptcy order *n* orzeczenie *n* bankructwa w wyniku kary sądowej
criminal case *n* sprawa *f* karna
criminal charges *npl* zarzuty *m pl*, oskarżenia *n pl*; **to press/drop ~ against sb** wysunąć/wycofać oskarżenie przeciwko komuś; **to face ~** zostać postawionym w stan oskarżenia
criminal code *n* kodeks *m* karny
criminal conspiracy *n* zmowa *f* przestępcza
criminal conversation *n* cudzołóstwo *n*
criminal conviction *n* skazanie *n*
criminal court *n* sąd *m* karny
criminal damage *n* poważne szkody *f pl*
criminal injuries compensation *n* GB zadośćuczynienie *n* za szkody
criminal inquiry *n* dochodzenie *n*, śledztwo *n* (*w sprawie karnej*)
criminal intent *n* zamiar *m* przestępczy
criminal investigation *n* = **criminal inquiry**
Criminal Investigation Department, CID *n* GB wydział *m* kryminalny
criminality /ˌkrɪmɪˈnælətɪ/ *n* przestępczość *f*
criminalization /ˌkrɪmɪnəlaɪˈzeɪʃn, US -lɪˈz-/ *n* kryminalizacja *n*, uznanie *n* za niezgodne z prawem
criminalize /ˈkrɪmɪnəlaɪz/ *vt* uznać za niezgodne z prawem
criminal justice *n* sądownictwo *n* karne
criminal justice system *n* system *m* sądownictwa karnego
criminal law *n* prawo *n* karne
criminal lawyer *n* adwokat *m*, -ka *f* (*w sprawach karnych*)
criminal liability *n* odpowiedzialność *f* karna
criminal libel *n* oszczerstwo *n*, zniesławienie *n*
criminally /ˈkrɪmɪnəlɪ/ *adv* [1] Jur **a ~ motivated act** czyn z zamiarem przestępczym; **a ~ motivated minority** margines przestępczy; **to be ~ negligent** być winnym karygodnego zaniedbania [2] fig (shamefully) *[behave, act]* karygodnie
criminal negligence *n* zaniedbanie *n* karane sądownie
criminal offence *n* przestępstwo *n* karne
criminal procedure *n* procedura *f* karna, postępowanie *n* karne
criminal proceedings *n* postępowanie *n* karne
criminal record *n* karalność *f* uprzednia; **to have a ~** być karanym sądownie, mieć kryminalną przeszłość
Criminal Records Office *n* GB Jur centralny rejestr *m* skazanych
criminologist /ˌkrɪmɪˈnɒlədʒɪst/ *n* kryminolog *m*
criminology /ˌkrɪmɪˈnɒlədʒɪ/ *n* kryminologia *f*
crimp /krɪmp/ *vt* [1] karbować *[hair]* [2] przymarszczyć *[fabric]*; po|karbować brzegi (czegoś) *[pastry]*
IDIOMS: **to put a ~ in sth** US infml przeszkadzać w czymś
Crimplene® /ˈkrɪmpliːn/ *n* kremplina *f*
crimson /ˈkrɪmzn/ **I** *n* szkarłat *m*
II *adj* szkarłatny, pąsowy; **to go** or **blush ~** s|pąsowieć liter
cringe /krɪndʒ/ **I** *vi* [1] (physically) s|kulić się [2] (in embarrassment) po|czuć zażenowanie; **to make sb ~** zażenować kogoś [3] (in disgust) wzdryg|nąć, -ać się; **I ~ at the thought of it** wzdrygam się na samą myśl o tym; **it makes me ~** obrzydzenie mnie bierze [4] (grovel) **to ~ before sb** płaszczyć się przed kimś
II **cringing** *pp adj [smile, act]* służalczy, uniżony
cringe-making /ˈkrɪndʒmeɪkɪŋ/ *adj [speech, comment]* żenujący, wprawiający w zażenowanie
crinkle /ˈkrɪŋkl/ **I** *n* (in skirt) fałda *f*; (in fabric, paper, skin) zmarszczka *f*
II *vt* z|marszczyć, przymarszczyć *[fabric, paper]*; z|mrużyć *[eyes]*
III *vi [skin, leaf, paper]* z|marszczyć się; *[eyes]* z|mrużyć się
crinkle-cut /ˈkrɪŋklkʌt/ *adj [chips]* karbowany
crinkly /ˈkrɪŋklɪ/ *adj [hair]* w drobne loczki; *[material, paper]* marszczony; *[face]* pokryty zmarszczkami
crinoline /ˈkrɪnəlɪn/ *n* krynolina *f*
cripple /ˈkrɪpl/ **I** *n* [1] offensive (lame) kaleka *m/f* [2] (inadequate) **emotional ~** osoba z zahamowaniami emocjonalnymi; **social ~** osoba nieśmiała w towarzystwie; dzikus infml
II *vt* [1] (physically) o|kaleczyć, u|czynić (kogoś) kaleką; **to be ~d for life** zostać kaleką na całe życie [2] fig (emotionally) s|powodować uraz psychiczny u (kogoś), okaleczyć psychicznie; (make inactive, inefficient) s|paraliżować *[country, industry, economy]*; unieruch|omić, -amiać *[vehicle, engine]*; *[debt, burden]* przygni|eść, -atać *[person, group, company]*

crippled /ˈkrɪpld/ *adj* [1] (physically) *[person, animal]* okaleczony, kaleki; **he's ~ with arthritis** artretyzm odebrał mu sprawność fizyczną [2] fig *[person]* (by debt) obarczony; (by emotion) okaleczony, dotknięty; *[country, economy]* sparaliżowany **(by sth** czymś); *[vehicle]* niesprawny, unieruchomiony; *[ship]* uszkodzony

crippling /ˈkrɪplɪŋ/ *adj* [1] *[disease]* wyniszczający [2] fig *[taxes]* rujnujący; *[debt, burden]* przygniatający; *[emotion, inability, strike, effect]* paraliżujący, obezwładniający

crisis /ˈkraɪsɪs/ *n* (*pl* **-ses**) kryzys *m*; **cabinet ~** kryzys gabinetowy; **domestic ~** Pol kryzys wewnętrzny; **housing ~** kryzys mieszkaniowy; **energy ~** kryzys energetyczny; **the Gulf ~** kryzys w Zatoce Perskiej; **midlife ~** kryzys wieku średniego; **~ of confidence** kryzys zaufania; **~ over the budget** kryzys w związku z budżetem; **to be in ~** przeżywać kryzys; **to reach a ~** znaleźć się w sytuacji kryzysowej; **to be at/to reach ~ point** być w punkcie krytycznym/osiągnąć punkt krytyczny; **to be at ~ level** *[stocks]* znajdować się na poziomie krytycznym; **she's good in a ~** ona sprawdza się w sytuacjach kryzysowych

crisis centre GB, **crisis center** US *n* [1] (after disaster) sztab *n* antykryzysowy [2] (for alcoholics) poradnia *f* dla osób z problemem alkoholowym; (for battered wives, children) poradnia *f* dla ofiar przemocy w rodzinie

crisis intervention *n* Soc Admin doraźne działania *n pl* interwencyjne

crisis management *n* Pol działania *n pl* podejmowane w celu rozwiązania kryzysu

crisp /krɪsp/ **I** *n* GB (**also potato ~**) czips *m*, chips *m*; **smoky bacon ~s** czipsy bekonowe

II *adj* [1] (brittle) *[biscuit, fruit, vegetable]* kruchy; *[bacon, roll]* chrupiący [2] *[fabric, garment]* świeżo wyprasowany; *[banknote, paper]* szeleszczący; *[snow]* skrzypiący [3] (cold) *[air, morning]* rześki [4] fig (concise) *[order, words]* krótki; *[manner]* rzeczowy; *[design, musical performance]* czysty

■ **crisp up**: ¶ **~ up** wys|chnąć, -ychać ¶ **~ up [sth], ~ [sth] up** (make crisp) podpie|c, -kać

IDIOMS: **to be burnt to a ~** infml być spalonym na wiór

crispbread /ˈkrɪspbred/ *n* GB pieczywo *n* chrupkie

crisper /ˈkrɪspə(r)/ *n* US (in a refrigerator) pojemnik *m* na owoce i warzywa

crisply /ˈkrɪsplɪ/ *adv* [1] **a ~ ironed shirt** świeżo wyprasowana koszula [2] *[reply, speak]* lakonicznie, rzeczowo [3] *[design]* elegancko

crispness /ˈkrɪspnɪs/ *n* [1] (of biscuits, cakes, vegetables) kruchość *f*; (of bread) chrupkość *f* [2] (of ironed fabric, garment) świeżość *f* [3] (of weather, air) rześkość *f* [4] (of design) wyrazistość *f* [5] (of speech) rzeczowość *f*

crispy /ˈkrɪspɪ/ *adj* chrupiący, kruchy

crisscross /ˈkrɪskrɒs, US -krɔːs/ **I** *n* (of streets) siatka *f*, sieć *f*

II *adj* *[arrangement, design]* kratkowany; *[lines]* krzyżujący się

III *adv* **the streets run ~** ulice krzyżują się ze sobą

IV *vt* przeci|ąć, -nać (wzdłuż i wszerz)

V *vi* *[lines, streets]* przeci|ąć, -nać się

crit /krɪt/ *n* GB infml opracowanie *n* krytyczne

criteria /kraɪˈtɪərɪə/ *npl* → **criterion**

criterion /kraɪˈtɪərɪən/ *n* (*pl* **-ia**) kryterium *n* **(for sth** czegoś); **to meet a ~** spełniać kryterium

critic /ˈkrɪtɪk/ *n* krytyk *m*

critical /ˈkrɪtɪkl/ *adj* [1] (crucial) *[stage]* decydujący; *[moment, point]* krytyczny; **to be ~ to sth** mieć decydujące znaczenie dla czegoś *[future, success]* [2] (acute) *[condition]* krytyczny; **to be on the ~ list** być w stanie krytycznym [3] (disapproving) krytyczny **(of sb/sth** wobec or w stosunku do kogoś /czegoś) [4] (analytical) *[approach, study, theory]* krytyczny [5] (of reviewers) **the film was a ~ success** film zyskał uznanie krytyków [6] (discriminating) *[reader, viewer]* krytyczny; **to take a ~ look at sth** patrzeć na coś krytycznym okiem [7] Nucl, Phys krytyczny

critically /ˈkrɪtɪklɪ/ *adv* [1] (using judgment) *[evaluate, examine]* krytycznie [2] (with disapproval) *[view, speak]* krytycznie [3] (seriously) *[ill, injured]* poważnie; **~ important** o decydującym znaczeniu

critical mass *n* Nucl masa *f* krytyczna

critical path *n* Econ ścieżka *f* krytyczna

critical path analysis *n* Econ opracowanie *n* ścieżki krytycznej

criticism /ˈkrɪtɪsɪzəm/ *n* [1] (remark, evaluation) krytyczna ocena *f* or uwaga *f* [2] (study) studium *n* krytyczne **(of sth** czegoś) [3] (analysis) krytyka *f*; **literary ~** krytyka literacka

criticize /ˈkrɪtɪsaɪz/ *vt* [1] (find fault with) s|krytykować; **to ~ sb for sth/doing sth** skrytykować kogoś za coś/zrobienie czegoś [2] (analyse) podda|ć, -wać krytycznej ocenie *[performance]*

critique /krɪˈtiːk/ **I** *n* opracowanie *n* krytyczne

II *vt* US (analyse) przeprowadz|ić, -ać analizę krytyczną (czegoś)

critter /ˈkrɪtə(r)/ *n* US infml (animal) stworzenie *n*; (person) istota *f*

CRM *n* = **customer relationship management** dział *m* łączności z klientem

croak /krəʊk/ **I** *n* (of frog) rechot *m*; (of crow) krakanie *n*; (of person) chrapliwy głos *n*

II *vt* wy|chrypieć; **to ~ a reply** wychrypieć w odpowiedzi

III *vi* [1] *[frog]* za|rechotać; *[person]* chrypieć, mówić chrapliwym głosem [2] vinfml (die) wykitować infml

croaker /ˈkrəʊkə(r)/ *n* US infml gderacz *m*, panikarz *m*; defetysta *m* liter

Croat /ˈkrəʊæt/ *n* Chorwat *m*, -ka *f*

Croatia /krəʊˈeɪʃə/ *prn* Chorwacja *f*

Croatian /krəʊˈeɪʃn/ *adj* chorwacki

crochet /ˈkrəʊʃeɪ, US krəʊˈʃeɪ/ **I** *n* (art) szydełkowanie *n*; (work) robótka *f* szydełkowa

II *vt* z|robić szydełkiem, szydełkować *[sweater, scarf]*; **a ~ed shawl** szydełkowy szal

III *vi* szydełkować

crochet hook *n* szydełko *n*

crock /krɒk/ **I** *n* [1] infml (car) grat *m*, gruchot *m* infml; (person) próchno *n*, ramol *m* infml [2] dat (pot) garnek *m* gliniany [3] (shard) skorupa *f*; czerep *m* liter [4] US vinfml **a ~ (of shit)** pieprzone bzdury vinfml

II **crocks** *npl* gliniane naczynia *n pl*

crocked /krɒkt/ *adj* US infml ululany, urżnięty infml

crockery /ˈkrɒkərɪ/ *n* naczynia *n pl* stołowe

crocodile /ˈkrɒkədaɪl/ **I** *n* [1] (animal) krokodyl *m*; (leather) krokodylowa skóra *f*, krokodyl *m* [2] GB (line) sznur *m* *(samochodów, dzieci idących parami)*

II *modif* *[eggs]* krokodyli; *[bag, shoes]* z krokodylowej skóry; **~ clip** zacisk szczękowy; krokodylek infml

IDIOMS: **to shed ~ tears** płakać krokodylimi łzami, wylewać krokodyle łzy

crocus /ˈkrəʊkəs/ *n* (*pl* **-uses, croci**) krokus *m*

Croesus /ˈkriːsəs/ **I** *prn* Krezus *m*

II *n* krezus *m*, wielki bogacz *m*

IDIOMS: **as rich as ~** prawdziwy krezus

croft /krɒft, US krɔːft/ *n* zagroda *f*

crofter /ˈkrɒftə(r), US ˈkrɔːft-/ *n* zagrodnik *m*

Crohn's disease /ˈkrəʊnz dɪziːz/ *n* choroba *f* Leśniowskiego i Crohna

croissant /ˈkrwɑːsɑːnt/ *n* rogalik *m* francuski, croissant *m*

cromlech /ˈkrɒmlek/ *n* kromlech *m*

Cromwellian /krɒmˈwelɪən/ *adj* cromwellowski, kromwelowski

crone /krəʊn/ *n* pej starucha *f*; wiedźma *f* infml pej

crony /ˈkrəʊnɪ/ *n* kumpel *m*, koleś *m* infml

cronyism /ˈkrəʊnɪɪzəm/ *n* Pol kumoterstwo *n*

crook /krʊk/ **I** *n* [1] infml (rogue) oszust *m*, -ka *f* [2] (of road, river) zakręt *m*; (of arm) zgięcie *n* łokciowe; **to hold sth in the ~ of one's arm** trzymać coś na ręku [3] (shepherd's) zakrzywiony kij *m* pastuszy; (bishop's) pastorał *m* [4] Mus (of horn) krąglik *m*

II *adj* Austral infml *[person]* chory; *[food, drink]* podły

III *vt* zgi|ąć, -nać *[arm, finger]*; **she's only got to ~ her little finger for him to come running** wystarczy, że ona tylko kiwnie palcem, a on już biegnie

IDIOMS: **by hook or by ~** takim czy innym sposobem; pej nie przebierając w środkach

crooked /ˈkrʊkɪd/ **I** *adj* [1] (with a bend) *[path]* kręty; *[line]* zakrzywiony; *[back, person]* przygięty, zgarbiony; *[stick, finger]* zakrzywiony; *[teeth]* krzywy; **a ~ smile** fig krzywy uśmiech [2] (off-centre) przekrzywiony; *[house]* pochylony [3] infml (dishonest) nieuczciwy; szemrany infml

II *adv* *[build]* krzywo

crookedly /ˈkrʊkɪdlɪ/ *adv* krzywo

croon /kruːn/ **I** *vt* za|nucić *[song, lullaby]*

II *vi* nucić, śpiewać półgłosem

crooner /ˈkruːnə(r)/ *n* piosenkarz *m (w stylu sweet)*

crop /krɒp/ **I** *n* [1] (type of produce) uprawa *f*; **export ~** uprawa eksportowa; **cereal ~s** uprawy zbożowe [2] (growing in field) uprawa *f*, uprawy *f pl*; **without rain the ~s will fail** bez deszczu uprawy zmarnieją [3] (harvest) (of fruit, vegetables) plon *m*, zbiór *m*, zbiory *m pl*; **bumper ~** rekordowy plon or zbiór; **second ~ of carrots** drugi zbiór marchwi [4] fig (collection of prizes, medals) kolekcja *m*; (of people) grupa *f*; (of novels, films, publications) dorobek *m*; produkcja *f*; **this year's ~ of**

graduates tegoroczni absolwenci; **they are the cream of the ~** stanowią czołówkę [5] fig hum (of weeds) gąszcz *m*; (of spots) masa *f*; **a ~ of blond hair** gęste jasne włosy [6] (short haircut) krótka fryzura *f* [7] (of bird) wole *n* [8] (also **riding ~**) szpicruta *f*
II *vt* (*prp, pt, pp* **-pp-**) [1] (cut short) obci|ąć, -nać, przyci|ąć, -nać (krótko) *[hair, tail, ears]* [2] *[animal]* skub|nąć, -ać *[grass]* [3] Phot przyci|ąć, -nać *[photograph]* [4] (harvest) z|ebrać, -bierać *[vegetables, fruit, cereals]*; z|żąć *[wheat, corn]* [5] (grow produce on) uprawiać *[land]* [6] (grow) uprawiać *[vegetables, cereal]*
III *vi* (*prp, pt, pp* **-pp-**) *[produce, plant]* da|ć, -wać plony; *[land]* u|rodzić, dawać plony; **to ~ heavily** dawać obfite plony; **this variety ~s early/late** ta odmiana daje wczesne/późne plony
■ **crop out** *[rock]* wystawać
■ **crop up** *[matter, person, name, problem, opportunity]* pojawi|ć, -ać się; **if anything ~s up, phone me** jeśli coś wyskoczy, zadzwoń do mnie infml; **if the chance ever ~s up, take it** jeśli pojawi się taka szansa, nie zmarnuj jej; **she's always ~ping up in the papers** jej nazwisko stale pojawia się w gazetach

crop circle *n* (also **corn ~**) krąg *m* zbożowy

crop duster *n* = **crop sprayer**

crop dusting *n* = **crop spraying**

cropland /ˈkrɒplænd/ *n* ziemia *f* uprawna

cropped /krɒpt/ *adj* [1] *[hair]* krótko przycięty or ostrzyżony; *[grass, lawn]* strzyżony [2] Fashn *[jacket, top]* krótki, kusy [3] *[photograph]* obcięty

cropper /ˈkrɒpə(r)/ *n* odmiana *f* uprawna; **an early/late ~** odmiana dająca wczesne /późne plony
IDIOMS: **to come a ~** GB infml (fall badly) wywinąć orła infml; (fail disastrously) przepaść, polec, dać plamę fig infml

crop rotation *n* płodozmian *m*

crop spray *n* pestycyd *m*

crop sprayer *n* opryskiwacz *m*; (plane) samolot *m* do opryskiwania pól

crop spraying *n* opryskiwanie *n*, opylanie *n*

crop-spraying helicopter /ˌkrɒpspreɪɪŋˈhelɪkɒptə(r)/ *n* helikopter *m* do opryskiwania pól

crop top *n* Fashn krótka bluzeczka *f* do talii

croquet /ˈkrəʊkeɪ, US krəʊˈkeɪ/ Games **I** *n* krokiet *m*
II *modif [ball, mallet]* krokietowy; **~ match** partia krokieta

croquette /krəˈket/ *n* Culin krokiet *m*; **potato ~s, ~ potatoes** krokiety ziemniaczane

crosier /ˈkrəʊzɪə(r), US ˈkrəʊʒər/ *n* (also **crozier**) pastorał *m*

cross /krɒs, US krɔːs/ **I** *n* [1] (shape) krzyż *m*; (small) krzyżyk *m*; **to put a ~ against sth** postawić krzyżyk przy czymś *[name, item]*; **'put a ~ in the box'** „postaw krzyżyk w kratce"; **to sign with a ~** podpisywać się krzyżykami [2] Relig krzyż *m*; **the Cross** Krzyż *m* Święty; **St Andrew's Cross** Krzyż św. Andrzeja; **to make the sign of the ~** uczynić znak krzyża [3] (hardship) udręka *f*, brzemię *n*; krzyż *m* fig; **we all have our ~es to bear** każdy ma or dźwiga swój krzyż [4] (decoration) krzyż *m*; **Air Force Cross** GB Krzyż Sił Powietrznych [5] Biol (hybrid) krzyżówka *f*; fig skrzyżowanie *n*; **a mule is a ~ between a horse and a donkey** muł to krzyżówka konia z osłem; **this play is a ~ between a tragedy and a farce** ta sztuka to skrzyżowanie tragedii z farsą [6] Sewing skos *m*, ukos *m*; **to cut fabric on the ~** przeciąć tkaninę po ukosie or po skosie [7] Sport (in football) centra *f*, dośrodkowanie *n*; (in boxing) kontra *f*; **right/left ~** kontra z prawej /lewej ręki
II *adj* [1] (angry) rozgniewany, zagniewany; **to be ~ with sb** być na kogoś złym; **mummy will be ~ with you** mamusia będzie się na ciebie gniewać; **to get ~ with sb** rozgniewać or rozzłościć się na kogoś; **to be ~ about** or **at sth** być złym z powodu czegoś; **to make sb ~** rozgniewać or rozzłościć kogoś; **we've never had a ~ word (in twenty years)** nigdy się ze sobą nie pokłóciliśmy (od dwudziestu lat); **I've never had a ~ word from him** nigdy nie usłyszałem od niego złego słowa [2] (transverse) *[timber]* poprzeczny [3] (contrary) *[wind, wave]* boczny
III *vt* [1] (go across) (on foot) przekr|oczyć, -aczać *[border, line, threshold, limit]*; prze|jść, -chodzić przez (coś) *[road, street, river]*; (in vehicle, on horse) przeje|chać, -żdżać przez (coś) *[country, desert]*; (by boat) prze|płynąć przez (coś), przeprawi|ć, -ać się przez (coś) *[channel, river, sea]*; (by air) prze|lecieć, -latywać nad (czymś) *[ocean, mountains]*; *[path, railway line, river]* przeci|ąć, -nać *[garden, country, desert, route]*; *[bridge]* być przerzuconym przez (coś) or nad (czymś) *[river, precipice]*; **it ~ed his mind that...** przyszło mu na myśl, że...; **a brief smile ~ed her lips** lekki uśmiech przemknął or przebiegł po jej wargach; **to ~ the class /race divide** wznieść się ponad podziały klasowe/rasowe; **the programme ~es the bounds of decency** program przekracza granice przyzwoitości [2] (meet) *[road, path, railway line]* s|krzyżować się z (czymś) *[road, path, railway line]*; przeci|ąć, -nać *[road, line, river]*; **to ~ each other** krzyżować się or przecinać się nawzajem [3] (place in shape of a cross) położyć, kłaść na krzyż, s|krzyżować *[spoons, knives, ropes]*; **to ~ one's legs/arms** skrzyżować nogi/ręce; **she sat with one knee ~ed over the other** siedziała z nogą założoną na nogę [4] Biol s|krzyżować *[plants, animals, species]*; **to ~ sth and** or **with sth** skrzyżować coś z czymś [5] (oppose) przeciwstawi|ć, -ać się (komuś), sprzeciwi|ć, -ać się (komuś) *[person]*; po|krzyżować *[plan]*; **when ~ed, he gets very angry** jest bardzo zły, kiedy mu się sprzeciwić; **to be ~ed in love** doznać zawodu miłosnego; **he has been ~ed in love** spotkał go zawód miłosny [6] (draw line across) **to ~ a cheque** zakreśl|ić, -ać or za|krosować czek; **~ed cheque** GB czek zakreślony or krosowany [7] (mark to indicate) *[teacher]* zaznacz|yć, -ać krzyżykiem *[answer]*; **to ~ a box** postawić krzyżyk w kratce [8] Sport (football) dośrodkow|ać, -ywać *[ball]*
IV *vi* [1] (also **~ over**) (go across) (on foot) prze|jść, -chodzić (na drugą stronę); (in vehicle, on horse) przeje|chać, -żdżać (na drugą stronę); (by boat) przeprawi|ć, -ać się, przepły|nąć, -wać (na drugą stronę); **to ~ into Italy** przekroczyć granicę włoską [2] (meet) *[roads, lines, beams]* s|krzyżować się, przeci|ąć, -inać się; *[cars, trains]* mi|nąć, -jać się; *[letters]* rozmi|nąć, -jać się; **their paths have ~ed several times** fig ich drogi kilkakrotnie się spotkały or zeszły [3] (lie in shape of cross) *[straps, ropes, beams, bars]* krzyżować się
V *vr* **to ~ oneself** Relig prze|żegnać się
VI **crossed** *pp adj* Telecom **~ed line** zakłócenia or przebicia na linii; **I've got a ~ed line** włączyłem się do cudzej rozmowy
■ **cross off**: **~ off [sb/sth], ~ [sb/sth] off** skreśl|ić, -ać, wykreśl|ić, -ać *[name, thing, person]*; **to ~ sb/sb's name off a list** skreślić kogoś/nazwisko kogoś z listy
■ **cross out**: **~ out [sth], ~ [sth] out** skreśl|ić, -ać, wykreśl|ić, -ać *[line, sentence, paragraph]*
■ **cross over** [1] (go across) = **cross IV 1** [2] (change allegiance) prze|jść, -chodzić na drugą stronę fig; **to ~ over to the Opposition** przejść na stronę opozycji [3] (be placed across) *[straps]* s|krzyżować się
■ **cross through**: **~ [sth] through** przekreśl|ić, -ać, skreśl|ić, -ać *[word, phrase, line]*
IDIOMS: **we seem to have got our wires** or **lines ~ed** chyba się nie rozumiemy; **X and Y have got their wires** or **lines ~ed** X i Y nie mogą się ze sobą dogadać

cross action *n* Jur powództwo *n* wzajemne

crossbar /ˈkrɒsbɑː(r), US ˈkrɔːs-/ *n* [1] Sport poprzeczka *f* [2] (in bicycle) rura *f* górna ramy

crossbeam /ˈkrɒsbiːm, US ˈkrɔːs-/ *n* Constr poprzecznica *f*, trawers *m*

cross-bench /ˈkrɒsbentʃ, US ˈkrɔːs-/ *n* GB Pol (in Parliament) ława *f* dla posłów niezależnych

cross-bencher /ˌkrɒsˈbentʃə(r), US ˌkrɔːs-/ *n* poseł *m* niezależny

crossbill /ˈkrɒsbɪl, US ˈkrɔːs-/ *n* Zool krzyżodziób *m*

crossbones /ˈkrɒsbəʊnz, US ˈkrɔːs-/ *npl* → **skull**

cross-border /ˈkrɒsbɔːdə(r), US ˈkrɔːs-/ *adj [trade]* (przy)graniczny

crossbow /ˈkrɒsbəʊ, US ˈkrɔːs-/ *n* kusza *f*

crossbred /ˈkrɒsbred, US ˈkrɔːs-/ **I** *n* mieszaniec *m*, hybryd *m*, hybryda *f*
II *adj* hybrydowy

crossbreed /ˈkrɒsbriːd, US ˈkrɔːs-/ **I** *n* (animal) mieszaniec *m*, hybryd *m*, hybryda *f*; (person) offensive mieszaniec *m* offensive
II *vt* (*pt, pp* **-bred**) s|krzyżować, hybrydyzować *[animal, plant]*; **to ~ sth with sth** krzyżować coś z czymś
III *vi* (*pt, pp* **-bred**) s|krzyżować się (**with sth** z czymś)

crossbreeding /ˈkrɒsbriːdɪŋ, US ˈkrɔːs-/ *n* krzyżowanie *n*, hybrydyzacja *f*

cross-Channel /ˈkrɒstʃænl, US ˈkrɔːs-/ *adj* **~ ferry** prom *m* (kursujący) przez Kanał La Manche

C

cross-check **I** /ˈkrɒstʃek, US ˈkrɔːs-/ *n* weryfikacja *f*
II /ˌkrɒsˈtʃek, US ˌkrɔːs-/ *vt* sprawdz|ić, -ać ponownie, z|weryfikować *[information, calculation]*
III *vi* przeprowadz|ić, -ać weryfikację
cross-compiler /ˈkrɒskəmpaɪlə(r), US ˈkrɔːs-/ *n* Comput kompilator *m* skrośny
cross-correlation /ˌkrɒskɒrəˈleɪʃn, US ˌkrɔːs-/ *n* Stat korelacja *f* krzyżowa
cross-country /ˌkrɒsˈkʌntrɪ, US ˌkrɔːs-/ **I** *n* Sport (in running) bieg *m* przełajowy, kros *m*; (in skiing) bieg *m* narciarski
II *adj* [1] Sport *[race, championships, event]* przełajowy, krosowy; ~ **skiing** narciarstwo biegowe [2] (across fields) *[route, walk, hike]* prowadzący przez tereny wiejskie [3] (across a country) *[railway, road, route]* przecinający kraj
III *adv [run, walk, cycle]* na przełaj
cross-court /ˈkrɒskɔːt, US ˈkrɔːs-/ *adj* Sport *[shot, volley]* po przekątnej kortu, po crossie
cross-cultural /ˌkrɒsˈkʌltʃərəl, US ˌkrɔːs-/ *adj* międzykulturowy
crosscurrent /ˈkrɒsˌkʌrənt/ *n* [1] (at sea) przeciwprąd *m* [2] fig prąd *m* przeciwny, tendencja *f* przeciwna **(of sth** wobec or względem czegoś**)**
cross-curricular /ˌkrɒskəˈrɪkjʊlə(r), US ˌkrɔːs-/ *adj* wielokierunkowy
crosscut /ˈkrɒskʌt, US ˈkrɔːs-/ **I** *n* Tech przecięcie *n*
II *adj [plank, wire]* przecięty na ukos or poprzecznie; *[tool]* tnący na ukos or poprzecznie
crosscut chisel *n* wycinak *m*, punktak *m*
crosscut file *n* pilnik *m* o nacięciu krzyżowym
crosscut saw *n* piła *f* poprzeczna, poprzecznica *f*
cross-disciplinary /ˌkrɒsdɪsɪˈplɪnərɪ, US ˌkrɔːs-/ *adj* Sch, Univ *[course, syllabus]* interdyscyplinarny
cross-dress /ˌkrɒsˈdres, US ˌkrɔːs-/ *vi [man]* ub|rać, -ierać się jak kobieta; *[woman]* ub|rać, -ierać się jak mężczyzna
cross-dresser /ˌkrɒsˈdresə(r), US ˌkrɔːs-/ *n* transwestyt|a *m*, -ka *f*
cross-dressing /ˌkrɒsˈdresɪŋ, US ˌkrɔːs-/ *n* transwestytyzm *m*
crosse /krɒs/ *n* rakieta *f* do gry w lacrosse
cross-examination /ˌkrɒsɪɡˌzæmɪˈneɪʃn, US ˌkrɔːs-/ *n* [1] Jur pytania *n pl* strony przeciwnej [2] fig krzyżowy ogień *m* pytań; **I was subjected to ~** wzięto mnie w krzyżowy ogień pytań
cross-examine /ˌkrɒsɪɡˈzæmɪn, US ˌkrɔːs-/ *vt* [1] Jur zadawać pytania świadkowi strony przeciwnej [2] fig wziąć, brać w krzyżowy ogień pytań fig
cross-eye /ˈkrɒsaɪ, US ˈkrɔːs-/ *n* Med zez *m*
cross-eyed /ˌkrɒsˈaɪd, US ˌkrɔːs-/ *adj* zezowaty; **she's ~** ma zeza, jest zezowata; **this photograph makes him look ~** na tym zdjęciu wygląda, jakby miał zeza
cross-fertilization /ˌkrɒsˌfɜːtɪlaɪˈzeɪʃn, US ˌkrɔːs-/ *n* [1] Bot krzyżowanie *n*, hybrydyzacja *f* [2] fig twórcza wymiana *f* doświadczeń or myśli
cross-fertilize /ˌkrɒsˈfɜːtɪlaɪz, US ˌkrɔːs-/ **I** *vt* [1] Bot s|krzyżować, hybrydyzować [2] fig (help, promote) pobudzać, stymulować *[development, studies]*
II *vi* Bot s|krzyżować się
crossfire /ˈkrɒsfaɪə(r), US ˈkrɔːs-/ *n* [1] Mil krzyżowy ogień *m*; **to run into** or **get caught in the ~** dostać się w krzyżowy ogień [2] fig **to be** or **get caught in the ~** znaleźć się pod presją; **to get caught in the ~ of questions** dostać się w krzyżowy ogień pytań; **to get caught in the ~ of criticism** znaleźć się pod obstrzałem krytyki
cross-grained /ˌkrɒsˈɡreɪnd, US ˈkrɔːs-/ *adj* [1] *[timber]* czeczotowaty, nierówno usłojony [2] *[person]* zrzędny, zrzędliwy; *[horse]* narowisty
cross hairs *npl* krzyż *m* or siatka *f* nitek
crosshatch /ˈkrɒshætʃ, US ˈkrɔːs-/ *vt* za|kreskować, szrafować
crosshatching /ˈkrɒshætʃɪŋ, US ˈkrɔːs-/ *n* kreskowanie *n*, szrafowanie *n*
cross-index /ˌkrɒsˈɪndeks, US ˌkrɔːs-/ *vt* opat|rzyć, -rywać odsyłaczem *[item]*
crossing /ˈkrɒsɪŋ, US ˈkrɔːsɪŋ/ *n* [1] (journey) (over lake, sea, across mountains, desert, river) przeprawa *f*; (by air) przelot *m*; (over border) przekroczenie *n* granicy; **did you have a good ~?** czy miałeś dobrą podróż (przez kanał La Manche)? [2] (for pedestrians) przejście *n* dla pieszych [3] Rail (junction) przejazd *m*; (of roads) skrzyżowanie *n* [4] (place) **border ~** przejście *n* graniczne; **river ~** przeprawa *f* [5] Biol krzyżowanie *n*, hybrydyzacja *f*
crossing-out /ˌkrɒsɪŋˈaʊt, US ˌkrɔːs-/ *n* (*pl* **~s-out)** wykreślenie *n*, skreślenie *n*
cross-legged /ˌkrɒsˈleɡɪd, US ˌkrɔːs-/ **I** *adj [person]* siedzący po turecku; *[position]* po turecku
II *adv [sit]* po turecku
crossly /ˈkrɒslɪ, US ˈkrɔːslɪ/ *adv* z rozdrażnieniem, ze złością
crossmatch /ˈkrɒsmætʃ, US ˈkrɔːs-/ *vt* przeprowadz|ić, -ać próbę krzyżową (czegoś) *[blood type, transplant]*
crossover /ˈkrɒsəʊvə(r), US ˈkrɔːs-/ **I** *n* [1] Rail rozjazd *m* [2] Mus *muzyka łącząca różne style*
II *adj* Fashn *[straps]* krzyżujący się; *[bodice]* z ramiączkami na krzyż
crossover network *n* Electron zwrotnica *f*
cross-party /ˈkrɒsˌpɑːtɪ, US ˈkrɔːs-/ *adj* Pol *[amendment, initiative]* popierany przez kilka partii; *[group]* ponadpartyjny; *[support]* ponad podziałami partyjnymi
crosspatch /ˈkrɒspætʃ, US ˈkrɔːs-/ *n* infml (female) sekutnica *f* infml; (male) złośnik *m*
crosspiece /ˈkrɒspiːs, US ˈkrɔːs-/ *n* element *m* poprzeczny
crossply /ˈkrɒsplaɪ, US ˈkrɔːs-/ **I** *n* Aut opona *f* diagonalna
II *adj [tyre]* diagonalny
cross-pollinate /ˌkrɒsˈpɒlɪneɪt, US ˌkrɔːs-/ Bot **I** *vt* zapyl|ić, -ać krzyżowo *[flower]*
II *vi* zapyl|ić, -ać się krzyżowo
cross-pollination /ˌkrɒspɒlɪˈneɪʃn, US ˌkrɔːs-/ *n* obcopylność *f*, zapylenie *n* krzyżowe
cross-purposes /ˌkrɒsˈpɜːpəsɪz, US ˌkrɔːs-/ *npl* **we are at ~ (with each other)** (misunderstanding) nie rozumiemy się; (disagreement) nie możemy dojść (ze sobą) do porozumienia; **to talk at ~** mówić o dwóch różnych sprawach; **the teams had been working at ~** zespoły działały w sposób nieskoordynowany
cross-question /ˌkrɒsˈkwestʃən, US ˌkrɔːs-/ *vt* wziąć, brać (kogoś) w krzyżowy ogień pytań
cross-refer /ˌkrɒsrɪˈfɜː(r), US ˌkrɔːs-/ *vt* od|esłać, -syłać **(to sth** do czegoś); od|nieść, -osić **(to sth** do czegoś)
cross-reference /ˌkrɒsˈrefrəns, US ˌkrɔːs-/ **I** *n* odnośnik *m*, odsyłacz *m* **(to sth** do czegoś)
II *vt* zaopat|rzyć, -rywać w odnośniki *[book, dictionary]*; opat|rzyć, -rywać odnośnikiem *[entry, item]*
crossroads /ˈkrɒsrəʊdz, US ˈkrɔːs-/ *n* (*pl* **~**) [1] skrzyżowanie *n* dróg, rozdroże *n* [2] fig (decisive situation) rozdroże *n*, rozstajne drogi *f pl* fig; **to be at a ~** być na rozdrożu or na rozstajnych drogach
cross-section /ˌkrɒsˈsekʃn, US ˌkrɔːs-/ *n* [1] przekrój *m* poprzeczny; **in ~** w przekroju [2] fig (selection) grupa *f* reprezentatywna; przekrój *m* fig
cross-shaped /ˈkrɒsʃeɪpt, US ˈkrɔːs-/ *adj* w kształcie krzyża
cross-stitch /ˈkrɒsstɪtʃ, US ˈkrɔːs-/ **I** *n* ścieg *m* krzyżykowy, krzyżyki *m pl*; **~ embroidery** haft krzyżykowy or krzyżykami
II *vt* wyszy|ć, -wać krzyżykami
crosstalk /ˈkrɒstɔːk, US ˈkrɔːs-/ *n* [1] GB (repartee) pojedynek *m* na słowa, szermierka *f* słowna [2] Telecom przesłuch *m*; Radio przenik *m*
crosstie /ˈkrɒstaɪ, US ˈkrɔːs-/ *n* US Rail podkład *m* kolejowy
cross-town /ˌkrɒsˈtaʊn, US ˌkrɔːs-/ *adj* US *[line, bus, road]* przecinający miasto
crosstrees /ˈkrɒstriːz, US ˈkrɔːs-/ *npl* Naut saling *m*
crosswalk /ˈkrɒswɔːk, US ˈkrɔːs-/ *n* US przejście *n* dla pieszych
crossway /ˈkrɒsweɪ, US ˈkrɔːs-/ *n* US skrzyżowanie *n*, rozdroże *n*
crosswind /ˈkrɒswɪnd, US ˈkrɔːs-/ *n* wiatr *m* boczny
crosswise /ˈkrɒswaɪz, US ˈkrɔːs-/ **I** *adj* [1] (diagonal) ukośny; (transverse) poprzeczny [2] (like a cross) skrzyżowany, ułożony na krzyż
II *adv* [1] (diagonally) ukośnie, na ukos; (transversely) poprzecznie, w poprzek [2] (like a cross) na krzyż
crossword /ˈkrɒswɜːd, US ˈkrɔːs-/ **I** *n* (also **~ puzzle)** krzyżówka *f*; **to do a ~** rozwiązywać krzyżówkę
II *modif [book]* z krzyżówkami; **~ competition** konkurs dla krzyżówkowiczów
crotch /krɒtʃ/ *n* [1] Anat krocze *n* [2] (in trousers) krok *m*; **too tight in the ~** zbyt ciasne w kroku
crotchet /ˈkrɒtʃɪt/ *n* GB Mus ćwiartka *f*, ćwierćnuta *f*
crotchet rest *n* GB Mus pauza *f* ćwierćnutowa
crotchety /ˈkrɒtʃɪtɪ/ *adj [person]* zrzędny, marudny infml
crotchless /ˈkrɒtʃlɪs/ *adj* **~ panties** figi bez kroku

crouch /kraʊtʃ/ **I** *n* przysiad *m*, kucki *plt*; **in a ~** w kucki
II *vi* (also **~ down**) *[person, animal]* przykuc|nąć, -ać, kucać; (in order to hide) przycza|ić, -jać się; (for attack) spi|ąć, -nać się, gotować się (do skoku)

croup[1] /kruːp/ *n* Med krup *m*

croup[2] /kruːp/ *n* (of horse) zad *m*

croupier /ˈkruːpɪə(r)/ *n* krupier *m*

crouton /ˈkruːtɒn/ *n* grzanka *f*

crow[1] /krəʊ/ *n* Zool wrona *f*; **hooded ~** wrona siwa
IDIOMS: **as the ~ flies** w linii prostej, prosto jak strzelił; **stone the ~s!** infml a niech to (licho)! infml; **to make sb eat ~** US infml zmusić kogoś, żeby się pokajał

crow[2] /krəʊ/ **I** *n* (cock's cry) pianie *n*; (baby's cry) gaworzenie *n*
II *vi* [1] (exult) piać (z zachwytu) **(over** or **about sth** nad czymś); triumfować **(over sb** nad kimś) [2] *[baby]* za|gaworzyć [3] (*pt* **~ed, crew** dat) *[cock]* za|piać

crowbar /ˈkrəʊbɑː(r)/ *n* łom *m*

crowd /kraʊd/ **I** *n* [1] (mass of people) tłum *m*; (audience) publiczność *f*, widownia *f*; **a ~ of 10,000** dziesięciotysięczny tłum; **~s of people** tłumy ludzi; **to draw** or **attract a ~** ściągać or przyciągać tłumy; **a ~ gathered at the scene of the accident** na miejscu wypadku zebrał się tłum; **we are hoping for a big ~ at the concert** mamy nadzieję, że na koncert przyjdą tłumy; **the president waved to the ~(s)** prezydent pozdrowił tłumy; **we ski in Norway to avoid the ~s** na narty jeździmy do Norwegii, żeby uniknąć tłumów or tłoku; **people came in ~s to hear him** ludzie ściągnęli tłumnie, żeby go posłuchać; **it's not very good, but it'll pass in a ~** infml nie jest zbyt dobre, ale ujdzie w tłoku infml; **to follow** or **go** or **move with the ~** poddawać się woli ogółu; **to stand out from the ~** wyróżniać się [2] infml (group) paczka *f* infml; **'who's coming?' – 'the usual ~'** „kto przyjdzie?" – „ci, co zawsze"; **the ~ from the office** kumple z biura infml; **they're a friendly ~** to fajni ludzie infml; **he got in with the wrong ~** dostał się or wpadł w złe towarzystwo
II *modif* **~ behaviour/reaction** zachowanie/reakcja tłumu
III *vt* [1] (fill) s|tłoczyć się na (czymś) *[pavement, platform, road]*; **tourists ~ed the bars/trains** bary/pociągi były pełne turystów; **the roads were ~ed with cars** drogi były zatłoczone [2] (squash) wtł|oczyć, -aczać *[people, animals, cars, furniture]* **(into sth** do środka czegoś); **they have ~ed a lot of information into this brochure** w tej broszurze zawarto ogromną ilość informacji; **she ~s too much detail into her pictures** umieszcza w swoich obrazach zbyt wiele szczegółów; **we always try to ~ as much as possible into our visits to Paris** program naszego pobytu w Paryżu jest zawsze bardzo bogaty [3] (fill to excess) zastawi|ć, -ać; zagrac|ić, -ać infml *[room, house]* **(with sth** czymś); przeładow|ać, -ywać *[picture, design]* **(with sth** czymś); **the house was ~ed with paintings** w domu było mnóstwo obrazów [4] (jostle) nap|rzeć, -ierać na (kogoś) *[person]*; osacz|yć, -ać *[animal]*; zepchnąć, spychać *[vehicle, boat]* [5] infml (put pressure on) naciskać na (kogoś) fig; **stop ~ing me! let me think!** nie ponaglaj or nie popędzaj mnie! daj mi pomyśleć!
IV *vi* [1] s|tłoczyć się; **to ~ into sth** wepchnąć się do czegoś *[room, lift, vehicle]*; **to ~ onto sth** wepchnąć się do czegoś *[bus, train]*; **to ~ through sth** pchać się or przepychać się przez coś *[door, gates]*; **to ~ up/down the stairs** tłumnie wchodzić po schodach/schodzić ze schodów; **to ~ (up) against sth** pchać się or napierać na coś *[barrier]* [2] fig **disturbing thoughts ~ed into his mind** niepokojące myśli cisnęły mu się do głowy
■ **crowd around, crowd round** ¶ z|gromadzić się ¶ **~ around [sb/sth]** ot|oczyć, -aczać, z|gromadzić się wokół (kogoś/czegoś); **don't ~ around the entrance** proszę nie tłoczyć się przy wejściu
■ **crowd in**: ¶ **~ in** *[people, animals]* wcis|nąć, -kać się do środka; **to ~ in on sb** *[people, animals]* nap|rzeć, -ierać na kogoś; fig *[hills, walls]* przytł|oczyć, -aczać kogoś fig; fig *[thoughts, memories]* cisnąć się komuś do głowy ¶ **~ in [sb/sth], ~ [sb/sth] in** stł|oczyć, -aczać *[people, animals]*; up|chnąć, -ychać *[furniture, illustrations]*
■ **crowd out**: **~ out [sb/sth], ~ [sb/sth] out** wyp|rzeć, -ierać *[person, business]* **(of sth** z czegoś)
■ **crowd together**: ¶ *[people, animals]* stł|oczyć, -aczać się ¶ **~ together [sth], ~ [sth] together** stł|oczyć, -aczać

crowd control *n* panowanie *n* nad tłumem

crowd control barrier *n* bariera *f* zabezpieczająca

crowded /ˈkraʊdɪd/ *pp adj* [1] (full of people) *[train, restaurant, room, shop, street, beach]* zatłoczony; *[hospital]* przepełniony; *[church]* pełen, pełny; *[earth, area]* (overpopulated) przeludniony; **it's too ~ in here** tutaj jest zbyt tłoczno; **to be ~ with people** być zatłoczonym or pełnym ludzi [2] (cluttered) *[house, room]* zastawiony; zagracony infml **(with sth** czymś); *[table, surface]* pełny, pełen **(with sth** czegoś); *[car park]* zapełniony **(with sth** czymś); *[display, arrangement, design]* przeładowany **(with sth** czymś) [3] (busy) **~ day** wypełniony dzień; **~ schedule** przeładowany plan; **~ holiday** wakacje z bogatym programem; **he has a ~ life** on nie ma wolnej chwili; **her diary is ~ with appointments** ma kalendarz wypełniony spotkaniami

crowd-puller /ˈkraʊdpʊlə(r)/ *n* (event) (wielka) atrakcja *f*; (person) gwiazda *f* (przyciągająca tłumy)

crowd-pulling /ˈkraʊdpʊlɪŋ/ *adj* ściągający tłumy

crowd safety *n* bezpieczeństwo *n* zgromadzeń

crowd scene *n* Cin, Theat scena *f* zbiorowa

crowd trouble *n* zajścia *n pl*

crowfoot /ˈkrəʊfʊt/ *n* Bot jaskier *m*

crowing /ˈkrəʊɪŋ/ *n* [1] (of cock) pianie *n*; (of baby) gaworzenie *n* [2] (boasting) przechwałki *f pl*

crown /kraʊn/ **I** *n* [1] (of monarch) korona *f*; **a ~ of flowers** wianek; **a ~ of thorns** korona cierniowa or ciernista; **the Crown** Korona [2] GB Jur **the Crown** oskarżyciel *m* publiczny; **a witness for the Crown** świadek oskarżenia [3] Sport mistrzostwo *n*, tytuł *m* mistrzowski [4] (top) (of head) ciemię *n*; (of hill) szczyt *m*, wierzchołek *m*; (of road) korona *f*; (of hat) denko *n* [5] (head) głowa *f* [6] Dent korona *f* [7] (of tree, flower) korona *f* [8] Archit (of arch, vault) klucz *m*, zwornik *m* [9] Fin korona *f* [10] Naut pięta *f* kotwicy
II *vt* [1] u|koronować *[king, queen]*; u|dekorować, wręczyć trofeum (komuś) *[champion]* [2] (bring to worthy end) u|wieńczyć, u|koronować *[efforts, achievements]*; **the prize ~ed her career** nagroda była ukoronowaniem jej kariery; **her efforts were ~ed by success** jej starania zostały uwieńczone sukcesem; **to ~ it all, our car broke down** na domiar wszystkiego, zepsuł się nam samochód [3] (surmount) zwieńcz|yć, -ać, wieńczyć [4] infml (hit) huknąć or walnąć (kogoś) w głowę infml [5] Dent na|łożyć, -kładać koronę [6] Culin u|dekorować *[cake]* **(with sth** czymś) [7] Games (in draughts) **to ~ a piece** zrobić damkę
III *vr* infml **to ~ oneself** walnąć or huknąć się w głowę infml **(on sth** o coś)

Crown Agents *npl* GB Pol *agencja międzynarodowej pomocy finansowej i handlowej*

crown cap *n* kapsla *f*, kapsel *m*

crown colony *n* GB Pol kolonia *f* koronna

Crown court *n* GB Jur Sąd *m* Koronny

crowned head *n* koronowana głowa *f*

crown green bowling *n* GB Sport *gra w kule na trawie*

crowning /ˈkraʊnɪŋ/ **I** *n* koronacja *f*
II *adj* *[touch]* ostatni; *[success, moment]* największy, szczytowy; *[irony]* wyjątkowy; **the ~ achievement of his career** szczytowe osiągnięcie jego kariery

crowning glory *n* (achievement) szczytowe osiągnięcie *n*; **her ~ is her hair** fig włosy są jej największym atutem or największą ozdobą

crown jewels *npl* klejnoty *m pl* koronne

crown lands *npl* GB Jur domeny *f pl* królewskie

crown prince *n* następca *m* tronu

crown princess *n* [1] (heir) następczyni *f* tronu [2] (wife of heir) żona *f* następcy tronu

Crown Prosecution Service, CPS *n* GB Jur ≈ Prokuratura *f*

Crown prosecutor *n* GB Jur prokurator *m*

crown roast *n* Culin pieczone żeberka *plt*

crown saw *n* Techn piła *f* walcowa

Crown servant *n* GB Admin urzędnik *m* państwowy, urzędniczka *f* państwowa

crown wheel *n* [1] (in clock) koło *n* naciągowe [2] Mech koło *n* zębate tarczowe; **~ and pinion** mniejsze i większe koło w przekładni zębatej

crow's feet *npl* (on face) kurze łapki *f pl*

crow's nest *n* Naut bocianie gniazdo *n*

crozier *n* = **crosier**

crucial /ˈkruːʃl/ *adj* [1] *[role, importance]* decydujący, rozstrzygający **(to** or **for sb /sth** dla kogoś/czegoś); *[decision, issue]* zasadniczy; *[witness]* główny; **it is ~ that the problem is solved immediately** jest niezwykle istotne, żeby ten problem został natychmiast rozwiązany [2] GB infml (great) super infml

crucially /ˈkruːʃəlɪ/ *adv* **~ important** o zasadniczym znaczeniu; **~, he was there** najważniejsze jest to, że on tam był

crucible /ˈkruːsɪbl/ *n* [1] tygiel *m* [2] fig (severe test) ciężka próba *f*

crucifix /ˈkruːsɪfɪks/ *n* krucyfiks *m*

crucifixion /ˌkruːsɪˈfɪkʃn/ *n* ukrzyżowanie *n*; **the Crucifixion** Ukrzyżowanie

cruciform /ˈkruːsɪfɔːm/ *adj* w kształcie krzyża; *[church]* zbudowany na planie krzyża

crucify /ˈkruːsɪfaɪ/ *vt* [1] (execute) u|krzyżować [2] infml (criticize, defeat, punish) rozprawić się z (kimś/czymś); **if he found out, he'd ~ me** gdyby się dowiedział, zamordowałby mnie

crud /krʌd/ *n* vinfml [1] (dirt) paskudztwo *n* [2] US infml (disease) zaraza *f* [3] US pej (contemptible person) menda *f* infml pej

crude /kruːd/ **I** *n* (oil) ropa *f* naftowa
II *adj* [1] (rough) *[tool, method]* prymitywny; *[estimate]* przybliżony [2] (unsophisticated) *[person]* nieokrzesany; *[manners, behaviour]* prostacki; *[attempt, metaphor]* nieudolny, niezdarny [3] (vulgar, rude) *[laughter, joke, language, person]* ordynarny [4] (raw, unprocessed) *[rubber, ore]* surowy; *[data, statistics]* nieopracowany; **~ oil** ropa naftowa; **~ birth rate** przybliżony wskaźnik urodzeń

crudely /ˈkruːdlɪ/ *adv* [1] (simply) *[state, explain]* prosto [2] (roughly) *[painted, made]* prymitywnie; *[assembled]* z grubsza [3] (vulgarly) *[behave, insult, leer]* ordynarnie

crudeness /ˈkruːdnɪs/ *n* = **crudity**

crudités /ˈkruːdɪteɪ/ *npl* Culin *surowe warzywa podawane przed posiłkiem*

crudity /ˈkruːdɪtɪ/ *n* [1] (vulgarity) grubiaństwo *n*, ordynarność *f* [2] (of method) prymitywność *f* [3] (of metaphor) rubaszność *f*

cruel /ˈkruəl/ *adj* [1] *[person, fate, treatment, joke]* okrutny (**to sb** dla or w stosunku do kogoś); *[disappointment, blow]* wielki, ciężki [2] *[winter, climate]* ostry, srogi
IDIOMS: **you have to be ~ to be kind** czasem trzeba być okrutnym dla czyjegoś dobra

cruelly /ˈkruəlɪ/ *adv* okrutnie, z okrucieństwem

cruelty /ˈkruəltɪ/ *n* [1] (of person, fate, war) okrucieństwo *n* [2] (cruel treatment) znęcanie się *n* (**to sb** nad kimś)

cruet /ˈkruːɪt/ *n* [1] GB (also **~ stand**) podstawka *f* na przyprawy; menaż *m* ra [2] US (small bottle) buteleczka *f*, flaszeczka *f* *(na ocet lub oliwę)* [3] Relig ampułka *f*

cruise /kruːz/ **I** *n* [1] Naut rejs *m* wycieczkowy; **to be/to go on a ~** odbywać rejs /wyruszyć w rejs [2] Mil = **cruise missile**
II *vt* [1] **to ~ a sea/river** *[ship, liner]* pływać po morzu/rzece; *[tourist, sailor]* odbywać rejs po morzu/po rzece [2] *[car, driver, taxi]* krążyć po (czymś) *[street, city]* [3] infml **to ~ bars** *[homosexual]* szukać partnera w barach
III *vi* [1] *[liner, tourist]* odby|ć, -wać rejs wycieczkowy; **to ~ along the coast /round an island** odbywać rejs wzdłuż wybrzeża/wokół wyspy; **to ~ in the Mediterranean** odbywać rejs po Morzu Śródziemnym [2] *[plane]* lecieć ze stałą prędkością; **to ~ at 10,000 m/at 500 km/h** lecieć na wysokości 10 tysięcy metrów/ze stałą prędkością 500 km/godz [3] *[car]* jechać ze stałą prędkością; **to ~ at 80 km/h** jechać ze stałą prędkością 80 km/godz [4] infml **to ~ to victory/into first place** *[competitor, team, candidate]* gładko zmierzać do zwycięstwa/zdobycia pierwszego miejsca; **to ~ through an exam** śpiewająco zdać egzamin [5] *[taxi, police car]* wolno krążyć; **a cruising taxi** taksówka jadąca powoli w poszukiwaniu pasażera [6] infml (in search of a sexual partner) krążyć w poszukiwaniu partnera
IDIOMS: **to be cruising for a bruising** US infml szukać guza

cruise control *n* Aut ogranicznik *m* prędkości

cruise liner *n* statek *m* wycieczkowy

cruise missile *n* pocisk *m* samosterujący dalekiego zasięgu

cruiser /ˈkruːzə(r)/ *n* [1] Mil krążownik *m* [2] (cabin cruiser) łódź *f* motorowa z kabiną /kabinami [3] US (police car) radiowóz *m*

cruiserweight /ˈkruːzəweɪt/ *n* Sport waga *f* do 86,2 kg

cruising range *n* Aviat zasięg *m* na prędkości przelotowej

cruising speed *n* stała prędkość *f* jazdy

cruising yacht *n* jacht *m* morski wycieczkowy

cruller /ˈkrʌlə(r)/ *n* US ≈ pączek *m* (w kształcie obwarzanka), racuszek *m*

crumb /krʌm/ *n* [1] (of bread, cake, biscuit) okruch *m*, okruszyna *f* [2] (tiny amount) odrobina *f*; **a ~ of conversation** strzęp rozmowy; **a ~ of hope** odrobina nadziei [3] infml pej (person) gnojek *m* infml pej [4] (also **~ rubber**) granulowane odpady *m pl* gumowe

crumble /ˈkrʌmbl/ **I** *n* GB **apple ~** ≈ szarlotka *f* z kruszonką
II *vt* (also **~ up**) po|kruszyć *[bread, cheese]*; rozkrusz|yć, -ać, rozdr|obnić, -abniać *[soil]*
III *vi* [1] *[bread, cliff]* rozkrusz|yć, -ać się, kruszyć się; *[plaster]* po|pękać, kruszyć się; *[building]* popa|ść, -dać w ruinę [2] fig *[relationship, empire]* rozpa|ść, -dać się; *[economy]* popa|ść, -dać w ruinę; *[opposition, hope, determination]* o|słabnąć

crumbling /ˈkrʌmblɪŋ/ **I** *n* ruina *f*, upadek *m*
II *adj* [1] *[building]* popadający w ruinę, niszczejący; *[façade, concrete, cliff]* kruszejący [2] fig *[economy, empire]* upadający

crumbly /ˈkrʌmblɪ/ **I** *n* infml offensive (old person) wapniak *m* infml
II *adj [bread, cheese]* kruszący się; *[pastry]* kruchy; *[earth]* sypki

crumbs /krʌmz/ *excl* infml dat do diaska! infml dat

crummy /ˈkrʌmɪ/ *adj* infml pej [1] (seedy, substandard) *[pay, portion, hotel]* nędzny, lichy [2] US (unwell) **to feel ~** czuć się podle or parszywie

crump /krʌmp/ *n* [1] onomat bum *m* [2] US Mil infml pocisk *m* artyleryjski

crumpet /ˈkrʌmpɪt/ *n* [1] Culin racuszek *m* [2] GB infml (woman) dupeczka *f* vinfml; **a nice bit of ~** ładna dupeczka

crumple /ˈkrʌmpl/ **I** *vt* zgni|eść, -atać *[piece of paper, can]*; **to ~ sth into a ball** zgnieść coś w kulkę
II *vi* [1] (crush up) *[paper, garment]* po|gnieść się; *[metal, bumper, can]* zgni|eść, -atać się; *[face, features]* z|marszczyć się; **the front of the car ~d on impact** przód (jej) samochodu zgniótł się pod wpływem uderzenia; **the child's face ~d and he began to cry** dziecko skrzywiło się i wybuchnęło płaczem [2] (collapse) *[opposition, resistance]* załam|ać, -ywać się; **he ~d onto the floor** padł na podłogę
■ **crumple up**: **~ up [sth], ~ [sth] up** zmiąć, zgnieść

crumpled /ˈkrʌmpld/ *adj [dress, page]* pognieciony, zmięty; *[car]* zgnieciony; **to get ~** pognieść się, zgnieść się

crunch /krʌntʃ/ **I** *n* [1] (sound) (of gravel, glass, bone) chrzęst *m*; (of snow) skrzypienie *m*; (of gears) zgrzyt *m* [2] Econ, Fin (squeeze) kryzys *m*; **energy/housing ~** kryzys energetyczny /mieszkaniowy
II *vt* [1] (eat) s|chrupać *[apple, toast]*; *[dog]* obgry|źć, -zać *[bone]* [2] (crush) rozłup|ać, -ywać *[nuts]*; (underfoot) z|miażdżyć [3] (making noise) **she ~ed her way across the gravel** szła, a żwir chrzęścił pod jej stopami [4] Aut infml **to ~ the gears** zmienić biegi ze zgrzytem [5] Comput infml przetw|orzyć, -arzać *[data]*
III *vi [glass, gravel]* za|chrzęścić; *[snow]* za|skrzypieć; *[gears]* za|zgrzytać; **she was ~ing noisily on an apple** głośno chrupała jabłko; **his shoes ~ed on the gravel** żwir chrzęścił mu pod stopami
IV crunching *pp adj* **a ~ sound** or **noise** (of gravel, glass, bone) chrzęst; (of snow) skrzypienie; (of gears) zgrzyt
■ **crunch up**: **~ up [sth]** po|kruszyć, skruszyć *[glass, stone]* (**into sth** na coś); z|miażdżyć *[scrap metal, car]*
IDIOMS: **when** or **if it comes to the ~** kiedy or jak przyjdzie co do czego; **the ~ came when...** moment krytyczny nadszedł, gdy...

crunchy /ˈkrʌntʃɪ/ *adj [vegetable, apple]* chrupki; *[biscuit]* chrupiący; *[snow]* skrzypiący; *[gravel]* chrzęszczący

crupper /ˈkrʌpə(r)/ *n* Equest [1] (strap) podogonie *n* [2] (horse's rump) zad *m*

crusade /kruːˈseɪd/ **I** *n* [1] (also **Crusade**) Hist wyprawa *f* krzyżowa, krucjata *f*; **to be on a ~** uczestniczyć w wyprawie krzyżowej; **to go on a ~** wyruszyć na wyprawę krzyżową [2] (campaign) krucjata *f* (**against /for sth** przeciw czemuś/na rzecz czegoś)
II *vi* (campaign) walczyć (**against/for sth** z czymś/o coś)

crusader /kruːˈseɪdə(r)/ *n* [1] (also **Crusader**) Hist krzyżowiec *m* [2] (campaigner) bojowni|k *m*, -czka *f* (**against/for sth** walczący z czymś/o coś); **moral ~** obrońca moralności

crusading /kruːˈseɪdɪŋ/ *adj* wojujący

crush /krʌʃ/ **I** *n* [1] (crowd) ścisk *m*, tłok *m*; **in the ~** w ścisku, w tłoku; **it was (a bit of) a ~ in the car** infml w samochodzie był (niezły) ścisk [2] infml (infatuation) zadurzenie *n* infml; **to have a ~ on sb** durzyć się or być zadurzonym w kimś infml [3] GB (drink) **orange/lemon ~** napój pomarańczowy /cytrynowy *(z surowych owoców)*
II *vt* [1] fig (by force, argument) z|dławić *[protest, rebellion, uprising]*; rozn|ieść, -osić *[enemy,*

opponents]; z|miażdżyć *[opponent]*; z|niweczyć *[hopes]*; (by ridicule) z|niszczyć infml *[person]*; **to be ~ed by sth** być zdruzgotanym czymś *[ill-treatment, sorrow, tragedy]* [2] (squash) zgni|eść, -atać *[can, box]*; rozgni|eść, -atać *[fruit, vegetable]*; rozkrusz|yć, -ać *[stone, ice]*; wycis|nąć, -kać *[garlic]*; (in accident) z|miażdżyć *[person, part of body, vehicle]*; **to ~ sb against sth** przygnieść kogoś do czegoś *[barrier]*; **to be ~ed to death** (by vehicle) zginąć pod kołami; (in the crowd) zostać stratowanym; **she was ~ed to death by falling rocks** zginęła przygnieciona spadającymi głazami; **to ~ sth to a powder** zetrzeć coś na proszek or pył; **to ~ one's way through sth** przeciskać or przedzierać się przez coś *[crowd]* [3] (crease) po|gnieść, z|miąć *[garment, fabric]* [4] (clasp) przycis|nąć, -kać mocno; **he ~ed her to him** przycisnął ją mocno do siebie

III *vi* [1] **to ~ forward** przeć do przodu; **to ~ together** stłoczyć się; **to ~ into sth** wciskać się do środka (czegoś) *[room, vehicle]* [2] *[fabric, garment]* po|gnieść się, z|miąć się

■ **crush out**: **~ out [sth], ~ [sth] out** wycis|nąć, -kać *[juice]*; z|gasić *[cigarette]*

■ **crush up**: **~ up [sth], ~ [sth] up** rozkrusz|yć, -ać *[biscuits, rock]*

crush bar *n* GB bar *m (w foyer teatru)*

crush barrier *n* GB bariera *f* zabezpieczająca

crushed velvet *n* welur *m* gnieciony

crushing /ˈkrʌʃɪŋ/ *adj* [1] (overpowering) *[majority, weight]* przygniatający; *[defeat]* miażdżący; *[blow]* druzgocący; *[news]* przytłaczający [2] (humiliating) *[criticism, look]* miażdżący; *[remark]* druzgocący

crushingly /ˈkrʌʃɪŋlɪ/ *adv [say, look]* druzgocąco

crushproof /ˈkrʌʃpruːf/ *adj [fabric]* niemnący; *[packing]* sztywny

crust /krʌst/ *n* [1] (on bread, pie) skórka *f*; (end slice) piętka *f*; **a ~ of bread** skórka chleba; fig kawałek chleba; **to earn a** or **one's ~** GB infml zarabiać na kawałek chleba; **he'd share his last ~** podzieliłby się ostatnim kawałkiem chleba [2] (of mud, ice) skorupa *f*; (of snow) pokrywa *f*; (of blood) strup *m*, strupek *m*; **to form a ~** utworzyć skorupę; **the dried blood had formed a ~ over the wound** na ranie zrobił się strup; **the earth's ~** skorupa ziemska [3] (of wine, port) osad *m (wewnątrz butelki)* [4] US infml tupet *m*, czelność *f*; **to have the ~ to do sth** mieć czelność zrobić coś

crustacean /krʌˈsteɪʃn/ *n* skorupiak *m*

crusty /ˈkrʌstɪ/ *adj* [1] (bread) chrupiący [2] (irritable) zrzędliwy, zrzędny

crutch /krʌtʃ/ *n* [1] Med kula *f* (inwalidzka); **a pair of ~es** para kul; **to be** or **walk on ~es** poruszać się or chodzić o kulach [2] fig (prop) oparcie *n*, podpora *f*; **religion is a ~ for** or **to her** religia jest dla niej oparciem or podporą; **he uses tranquillizers as a ~** pomaga sobie środkami uspokajającymi [3] GB (crotch) Anat krocze *n*; (in trousers) krok *m* [4] Naut (for boom) krzyżak *m*; (for oar) dulka *f*

crux /krʌks/ *n* sedno *n*; **the ~ of the matter** sedno sprawy

cry /kraɪ/ **I** *n* [1] (shout, call) (of person) krzyk *m*, okrzyk *m*; (of bird) krzyk *m*; (of wolf) wycie *n*; **a great ~ went up** podniósł się wielki krzyk or wrzask; **to utter a ~** wydać okrzyk; **a ~ for help** wołanie o pomoc also fig; **a ~ for mercy** błaganie o litość; **there were cries of 'shame!'** słychać było okrzyki „hańba!" [2] (weep) płacz *m*; **to have a good ~** infml porządnie się wypłakać [3] (slogan) hasło *n*, slogan *m*, zawołanie *n*; **their ~ was 'lower taxes!'** ich hasłem było „niższe podatki!" [4] Hunt (of hounds) ujadanie *n*; **to be in full ~** *[pack]* gonić ujadając or z ujadaniem; **the press were in full ~ against them** GB fig prasa urządziła na nich nagonkę

II *vt* [1] (shout) wykrzyk|nąć, -iwać; **to ~ sth to sb** krzyknąć coś do kogoś; **'look out!' he cried** „uważaj!" krzyknął [2] (weep) **to ~ bitter tears/tears of joy** gorzko płakać/płakać z radości; **how many tears have I cried over you!** ileż ja łez przez ciebie wylałem!

III *vi* [1] (weep) za|płakać **(about sth** z powodu czegoś); **to ~ over sb/sth** płakać nad kimś/czymś; **to ~ in** or **with hunger /pain** płakać z głodu/bólu; **to ~ for joy** płakać z radości; **don't ~ about that!** nie przejmuj się tym!; **the baby was ~ing for his mother** dziecko płakało do mamy or za mamą; **to ~ with laughter** popłakać się ze śmiechu; **I laughed till I cried** uśmiałem się do łez; **what are you ~ing about?** dlaczego płaczesz?; **that'll give you something to ~ about!** infml będziesz miał teraz powód do płaczu! [2] (call out) = **cry out**

■ **cry down** GB: **~ down [sth]** z|lekceważyć *[efforts, success, opposition, view]*

■ **cry off** GB: (cancel appointment) odwoł|ać, -ywać spotkanie; (retract promise) wycof|ać, -ywać się; **they cried off at the last minute** zrezygnowali w ostatniej chwili

■ **cry out** (with pain, grief) krzy|knąć, -czeć; (call) za|wołać; **to ~ out in pain** krzyknąć z bólu; **to ~ out to sb** wołać do kogoś; **to ~ out against sth** głośno protestować przeciwko czemuś; **to ~ out for sth** (beg for) błagać o coś *[mercy]*; domagać się czegoś *[attention, assistance]*; (need desperately) pilnie potrzebować czegoś *[help, reforms, renovation]*; **the country is ~ing out for aid** temu krajowi potrzebna jest natychmiastowa pomoc; **these windows are ~ing out to be cleaned** hum te okna aż się proszą, żeby je umyć

IDIOMS: **for ~ing out loud!** na litość boską!; **it's a far ~ from the days when...** wiele się zmieniło od czasu, kiedy...; **it's a far ~ from the luxury to which they were accustomed** daleko temu do luksusu, do jakiego przywykli; **this small house is a far ~ from the palace where she was born** ten mały domek w niczym nie przypomina pałacu, w którym się urodziła; **to ~ for the moon** pragnąć gwiazdki z nieba; **to ~ one's eyes** or **heart out** wypłakiwać (sobie) oczy

crybaby /ˈkraɪbeɪbɪ/ *n* infml płaksa *m/f*, beksa *m/f* infml

crying /ˈkraɪɪŋ/ **I** *n* płacz *m*

II *adj* [1] (blatant) *[injustice]* krzyczący; *[need]* palący; **it's a ~ shame!** to woła o pomstę do nieba! [2] (weeping) *[person]* zapłakany

cryobiology /ˌkraɪəʊbaɪˈɒlədʒɪ/ *n* kriobiologia *f*

cryogenics /ˌkraɪəˈdʒenɪks/ *n* Biol (+ *v sg*) kriogenika *f*

cryonics /ˌkraɪˈɒnɪks/ *n* Med (+ *v sg*) zamrażanie *n*

cryosurgery /ˌkraɪəˈsɜːdʒərɪ/ *n* Med kriochirurgia *f*

cryotherapy /ˌkraɪəˈθerəpɪ/ *n* Med krioterapia *f*

crypt /krɪpt/ *n* krypta *f*

cryptanalysis /ˌkrɪptəˈnælɪsɪs/ *n* Comput kryptoanaliza *f*

cryptic /ˈkrɪptɪk/ *adj* [1] *[allusion, smile]* tajemniczy, zagadkowy; *[remark]* enigmatyczny; *[code, message]* tajny [2] Games *[crossword, clue]* kalamburowy

cryptically /ˈkrɪptɪklɪ/ *adv [reply, speak, smile]* tajemniczo, zagadkowo; **a ~ worded message** zagadkowo sformułowana wiadomość

crypto+ /ˈkrɪptəʊ/ *in combinations* krypto-

cryptogram /ˈkrɪptəgræm/ *n* kryptogram *m*

cryptographer /ˌkrɪpˈtɒgrəfə(r)/ *n* kryptograf *m*

cryptographic(al) /ˌkrɪptəʊˈgræfɪk(l)/ *adj* kryptograficzny

cryptography /ˌkrɪpˈtɒgrəfɪ/ *n* kryptografia *f*

crystal /ˈkrɪstl/ **I** *n* [1] Chem kryształ *m*; **wine ~s** kamień winny [2] Miner kryształ *m*; **rock ~** kryształ górski [3] (glass) szkło *n* kryształowe, kryształ *m*; **made of ~** kryształowy [4] (on watch) szkiełko *n*

II *modif* [1] *[chandelier, carafe]* kryształowy; *[jewellery]* z kryształu górskiego [2] *[water, sound]* krystaliczny, kryształowy

IDIOMS: **as clear as ~** *[water, sound]* czysty jak kryształ; *[explanation]* jasny jak słońce

crystal ball *n* kryształowa or szklana kula *f*; **to look into one's ~** fig próbować odgadnąć przyszłość

crystal clear *adj* [1] *[water, sound]* krystalicznie or kryształowo czysty; *[acoustics]* doskonały [2] *[explanation]* jasny, przejrzysty; **let me make it ~** powiem jasno

crystal gazing *n* wróżenie *n* z kryształowej kuli, krystalomancja *f*

crystal lattice *n* sieć *f* krystaliczna, sieć *f* przestrzenna kryształu

crystalline /ˈkrɪstəlaɪn/ *adj* krystaliczny

crystalline lens *n* soczewka *f* oczna

crystallize /ˈkrɪstəlaɪz/ **I** *vt* [1] fig s|krystalizować, s|precyzować *[views, ideas, plans]* [2] s|krystalizować *[syrup, solution, molten rock]*

II *vi* [1] *[ideas]* s|krystalizować się, s|konkretyzować się **(around sth** wokół czegoś) [2] *[solution, molten rock]* s|krystalizować się

III crystallized *pp adj [fruit, ginger]* kandyzowany

crystallography /ˌkrɪstəˈlɒgrəfɪ/ *n* krystalografia *f*

crystal set *n* detektor *m* or odbiornik *m* kryształkowy

crystal structure *n* struktura *f* krystaliczna

C

crystal therapy *n* uzdrawianie *n* kryształami
CSC *n* GB → **Civil Service Commission**
CSE *n* GB → **Certificate of Secondary Education**
CSEU *n* GB = **Confederation of Shipbuilding and Engineering Unions** konfederacja *f* związków pracowników przemysłu okrętowego
CS gas *n* GB gaz *m* łzawiący
CSM *n* → **company sergeant major**
CST *n* = **Central Standard Time**
CSU *n* GB = **Civil Service Union** związek *m* pracowników służby cywilnej
ct = **carat** karat *m*, kr
CT *n* 1 = **computerized tomography** tomografia *f* komputerowa 2 US Post = **Connecticut**
CTC *n* GB → **City Technology College**
CTI *n* = **computer-telephony integration**
cub /kʌb/ *n* 1 Zool młode *n* 2 (also **Cub scout**) ≈ zuch *m* 3 infml dat pej (young man) szczeniak *m* infml pej
Cuba /ˈkjuːbə/ *prn* Kuba *f*; **in ~** na Kubie
Cuban /ˈkjuːbən/ **I** *n* Kuba|ńczyk *m*, -nka *f*
II *adj* kubański
Cuban heel *n* Fashn słupek *m*
cubby-hole /ˈkʌbɪhəʊl/ *n* infml 1 (cramped room) klitka *f*, kanciapa *f* infml; (snug room) kącik *m* 2 (storage place) pakamera *f*, schowek *m* 3 (in desk) skrytka *f*
cube /kjuːb/ **I** *n* 1 Math sześcian *m* 2 Culin (of meat, stock, sugar) kostka *f*; **ice ~** kostka lodu 3 Math (the third power) trzecia potęga *f*
II *vt* 1 Math podn|ieść, -osić do sześcianu or do trzeciej potęgi; **what is five ~d?** ile jest pięć do trzeciej potęgi? 2 Culin po|kroić w kostkę
cube root *n* pierwiastek *m* sześcienny or trzeciego stopnia **(of sth** z czegoś)
cubic /ˈkjuːbɪk/ *adj* 1 Math *[form]* sześcienny 2 (measurement) *[metre, centimetre]* sześcienny; **two ~ metres** dwa metry sześcienne 3 Math *[equation, expression]* trzeciego stopnia
cubic capacity *n* pojemność *f*
cubicle /ˈkjuːbɪkl/ *n* (in changing room, public toilets) kabina *f*; (in dormitory, hospital) część *f* sali oddzielona zasłoną lub parawanem; (in office) US boks *m*
cubic measure *n* miara *f* objętości
cubism /ˈkjuːbɪzəm/ *n* kubizm *m*
cubist /ˈkjuːbɪst/ **I** *n* kubist|a *m*, -ka *f*
II *adj* kubistyczny
Cub pack *n* ≈ zastęp *m* zuchów
cub reporter *n* początkujący reporter *m*, początkująca reporterka *f*
cuckold /ˈkʌkəʊld/ arch **I** *n* rogacz *m* fig
II *vt* przypraw|ić, -ać (komuś) rogi infml
cuckoo /ˈkʊkuː/ **I** *n* kukułka *f*; **he's the ~ in the nest** fig pej (unwanted intruder) to niepożądany gość; (grown-up son) on jest ciągle na garnuszku rodziców
II *adj* infml hum (mad) stuknięty infml
cuckoo clock *n* zegar *m* z kukułką
cuckoo pint *n* Bot obrazki *plt* plamiste
cucumber /ˈkjuːkʌmbə(r)/ **I** *n* Hort, Culin ogórek *m*
II *modif* **~ sandwich** kanapka z ogórkiem; **~ salad** sałatka z ogórków
IDIOMS: **to be as cool as a ~** zachowywać stoicki spokój
cud /kʌd/ *n* **to chew the ~** przeżuwać; fig dumać, pogrążyć się w zadumie
cuddle /ˈkʌdl/ **I** *n* **to have a ~** tulić się; **to give sb a ~** przytulić kogoś; **young children need plenty of ~s** małe dzieci trzeba często przytulać
II *vt* przytul|ić, -ać, tulić *[girlfriend, baby, teddy bear]*
III *vi* przytul|ić, -ać się, tulić się
■ **cuddle up** przytul|ić, -ać się, tulić się **(against sb/sth** do kogoś/czegoś); **to ~ up together** tulić się do siebie; **to ~ up for warmth** przytulić się, żeby się rozgrzać
cuddly /ˈkʌdlɪ/ *adj* 1 (huggable) (sweet) milusieńki, milutki; (soft, plump) mięciutki; **he's very ~** aż chce się go przytulić 2 (fond of cuddling) przylepny
cuddly toy *n* GB przytulanka *f*
cudgel /ˈkʌdʒl/ dat **I** *n* pałka *f*
II *vt* (*prp, pt, pp* **-ll-, -l-** US) po|bić or obić kogoś **(with sth** czymś)
IDIOMS: **to ~ one's brains** infml łamać sobie głowę infml; **to take up the ~s for** or **on behalf of sb** stanąć w obronie kogoś; **to take up the ~s for** or **on behalf of sth** kruszyć o coś kopie
cue¹ /kjuː/ **I** *n* 1 Theat (line) końcówka *f*; (action) znak *m*, sygnał *m* dla aktora; Mus znak *m* rozpoczęcia partii; TV, Radio, Cin sygnał *m*; **a ~ for sth** znak or sygnał do rozpoczęcia czegoś; **a ~ from sb** znak or sygnał od kogoś; **on ~** (after word) po końcówce; (after action) po sygnale; **to come in on ~** *[instrument]* wejść na znak; **to give sb the ~ to enter** dać komuś sygnał do wejścia 2 fig (signal) wskazówka *f*; **to be sb's ~ to do sth** stanowić dla kogoś sygnał do zrobienia czegoś; **to take one's ~ from sb** postępować według wskazówek kogoś; fig wzorować się na kimś; **to follow sb's ~** iść za przykładem kogoś; **as if on ~** jak na zawołanie; **right on ~** w tym dokładnie momencie, jak na dany znak; jak na zawołanie **the police walked in, right on ~** dokładnie w tym momencie wkroczyła policja; **(that's a) ~ for a song!** to trzeba uczcić piosenką!
II *vt* = **cue in**
■ **cue in**: **~ in [sb], ~ [sb] in** TV, Cin, Radio da|ć, -wać sygnał (komuś)
cue² /kjuː/ Sport **I** *n* kij *m* bilardowy
II *vt* uderz|yć, -ać *[ball]*
cue ball *n* kula *f* bilardowa, bila *f*
cue card *n* TV teleprompter *m*
cuesta /ˈkwestə/ *n* Geogr Geol kuesta *f*
cuff¹ /kʌf/ **I** *n* 1 (of blouse, shirt, trousers) mankiet *m* 2 Med (for blood-pressure) rękaw *m* 3 infml **~s** (handcuffs) kajdanki *plt*; obrączki *f pl*, bransoletki *f pl* infml
II *vt* infml (handcuff) za|łożyć, -kładać obrączki or bransoletki (komuś) infml
IDIOMS: **to speak off the ~** mówić bez przygotowania; **to say sth off the ~** powiedzieć coś bez zastanowienia; **an off the ~ discussion** zaimprowizowana dyskusja; **an off the ~ remark/suggestion** uwaga/sugestia rzucona bez zastanowienia; **(to buy) on the ~** US kupować na krechę infml
cuff² /kʌf/ **I** *n* (blow) trzepnięcie *n*; **to give sb a ~ on the shoulder** trzepnąć kogoś w ramię
II *vt* (hit joyfully) trzep|nąć, -ać infml; **to ~ sb across the head/on** or **round the ear** trzepnąć kogoś w głowę/w ucho
cuff link *n* spinka *f* do mankietu
cuisine /kwɪˈziːn/ *n* (cooking) kuchnia *f*; **haute ~** wykwintna kuchnia
cul-de-sac /ˈkʌldəsæk/ *n* (street) ślepa uliczka *f*, ślepy zaułek *m* also fig; (on roadsign) droga *f* bez przejazdu
culinary /ˈkʌlɪnərɪ, US -nerɪ/ *adj* kulinarny
cull /kʌl/ **I** *n* 1 Agric (of livestock) ubój *m* selektywny 2 Hunt (for skin, meat) odstrzał *m* 3 Hunt (animals killed) ubita zwierzyna *f*
II *modif [cow, sow]* przeznaczony na ubój; *[deer]* przeznaczony do odstrzału
III *vt* 1 Agric dokon|ać, -ywać uboju (czegoś) *[livestock]* 2 Hunt przetrzebi|ć, -ać *[seal, whale]* 3 (gather) zaczerpnąć, czerpać *[information, details]* **(from sth** z czegoś)
culminate /ˈkʌlmɪneɪt/ *vi* 1 **to ~ in sth** za|kończyć się czymś *[war, disaster]*; zostać uwieńczonym czymś *[success]* 2 Astron kulminować
culmination /ˌkʌlmɪˈneɪʃn/ *n* 1 (outcome) rezultat *m*, wynik *m* **(of sth** czegoś) 2 (high point) (of work, career) ukoronowanie *n* **(of sth** czegoś); (of process) punkt *m* kulminacyjny 3 Astron kulminacja *f*
culottes /kjuːˈlɒts/ *n* spódnica-spodnie *f*; **a pair of ~** spódnica-spodnie
culpability /ˌkʌlpəˈbɪlətɪ/ *n* (of person) wina *f*; przewina *f* liter; (of action) karygodność *f*; **to accept ~** przyznać się do winy
culpable /ˈkʌlpəbl/ *adj [person]* winny; *[act, behaviour]* karygodny; **to hold sb ~ for sth** uważać kogoś za winnego czegoś
culpable homicide *n* Jur umyślne zabójstwo *n*
culpable negligence *n* Jur karygodne zaniedbanie *n*
culprit /ˈkʌlprɪt/ *n* winowaj|ca *m*, -czyni *f*; (of crime) Jur spraw|ca *m*, -czyni *f*
cult /kʌlt/ **I** *n* 1 Relig (primitive) kult *m*; (contemporary) sekta *f* 2 (worship) kult *m* **(of sb/sth** kogoś/czegoś); **personality ~, ~ of personality** kult jednostki 3 (craze) mania *f*; (admiration) kult *m*
II *modif [band, figure, film]* kultowy
cultbuster /ˈkʌltbʌstə(r)/ *n terapeuta, który pomaga uwolnić się spod wpływu grupy psychomanipulacyjnej*
cultivable /ˈkʌltɪvəbl/ *adj* uprawny
cultivar /ˈkʌltɪvɑː(r)/ *n* odmiana *f* uprawna
cultivate /ˈkʌltɪveɪt/ *vt* 1 uprawiać *[land, soil]*; hodować, uprawiać *[flowers]* 2 (develop) doskonalić, kształcić *[mind, tastes]*; rozwi|nąć, -jać *[interests]*; pielęgnować, kultywować *[friendship, relationship]*; rozwi|nąć, -jać, wy|kształcić w sobie *[sense of responsibility, interest]*; **to ~ one's image** kształtować swój wizerunek; **she ~d an air of indifference** zachowywała się z wystudiowaną obojętnością; **to ~ one's memory** ćwiczyć pamięć; **to ~ the right people** podtrzymywać znajomość z właściwymi osobami
cultivated /ˈkʌltɪveɪtɪd/ *adj* 1 Agric, Hort *[land, plant, variety]* uprawiany, zajęty pod uprawę; *[flowers, raspberries]* ogrodowy, hodowany 2 (refined) *[person]* obyty, wyrobiony; *[manners, tastes]* wyrobiony
cultivation /ˌkʌltɪˈveɪʃn/ *n* 1 Agric, Hort uprawa *f*; Hort hodowla *f*; **under ~** *[field]*

obsiany, obsadzony; **out of ~** nieuprawiany [2] (development) (of interests) kształtowanie *n*, rozwijanie *n*; (of mannerisms) pielęgnowanie *n*; **the ~ of influential people** podtrzymywanie znajomości z wpływowymi osobami [3] (social refinement) ogłada *f*

cultivator /ˈkʌltɪveɪtə(r)/ *n* [1] (implement or machine) kultywator *m* [2] (person) hodowca *m*; **the ~ of the new variety** hodowca nowej odmiany

cultural /ˈkʌltʃərəl/ *adj [activities, interests]* kulturalny; *[background, differences, diversity, traditions, influences]* kulturowy; **our ~ heritage** nasze dziedzictwo kulturowe

cultural attaché /ˈkʌltʃərəl əˈtæʃeɪ/ *n* attaché *m inv* kulturalny

culturally /ˈkʌltʃərəlɪ/ *adv [similar, different]* kulturowo; **a ~ diverse country** kraj kulturowo zróżnicowany; **~ (speaking)** z punktu widzenia kultury; **to be ~ determined** być uwarunkowanym kulturowo

Cultural Revolution *n* Hist **the ~** rewolucja *f* kulturalna

culture /ˈkʌltʃə(r)/ **I** *n* [1] (art and thought) kultura *f*; **high/popular ~** kultura wysoka/masowa; **to bring ~ to the masses** krzewić kulturę wśród mas [2] (way of life) kultura *f*; **minority ~s** kultury mniejszości etnicznych; **dominant ~** kultura większości etnicznej or dominująca; **street ~** kultura ulicy; **drug ~** subkultura narkotykowa [3] (cultivation) (of crops) uprawa *f*; (of improved varieties) hodowla *f*; (of animals) hodowla *f*; **sand ~** uprawy na piasku; **olive ~** uprawa oliwek [4] Biol (of bacteria) kultura *f*; **tissue ~** hodowla komórkowa [5] Sport **physical ~** kultura fizyczna

II *vtr* Biol wy|hodować *[bacteria, tissue]*

culture-bound /ˈkʌltʃəbaʊnd/ *adj* [1] *[test]* faworyzujący konkretną grupę kulturową [2] Ling *[term]* charakterystyczny dla danej kultury

cultured /ˈkʌltʃəd/ *adj [person]* kulturalny; *[tastes]* wyrobiony

cultured pearl *n* perła *f* hodowlana

culture-fair /ˈkʌltʃəfeə(r)/ *n* US *[test, method, approach]* dający równe szanse osobom z różnych kręgów kulturowych

culture medium *n* Biol pożywka *f*

culture shock *n* szok *m* kulturowy

culture-specific /ˌkʌltʃəspəˈsɪfɪk/ *adj* swoisty dla danej kultury

culture vulture *n* infml **to be a ~** biegać z jednej imprezy kulturalnej na drugą

culvert /ˈkʌlvət/ *n* (drain) przepust *m*

cum /kʌm/ *n* vinfml sperma *f*

-cum- /kʌm/ *in combinations* **a garage~workshop** garaż z warsztatem; **a gardener~handyman** ogrodnik i złota rączka w jednej osobie; **a kitchen~dining room** kuchnia z aneksem jadalnym

cumbersome /ˈkʌmbəsəm/ *adj [luggage]* nieporęczny; *[furniture]* nieustawny; *[method, procedure]* kłopotliwy; *[phrase]* niezręczny; *[style]* ciężki

Cumbria /ˈkʌmbrɪə/ *prn* Cumbria *f*

Cumbrian Mountains /ˈkʌmbrɪən ˈmaʊntɪnz/ *prn* Góry *f pl* Kumbryjskie

cumbrous /ˈkʌmbrəs/ *adj* liter ciężki, masywny

cumin /ˈkʌmɪn/ *n* kminek *m*

cum laude /ˌkʌm ˈlɔːdɪ, ˌkʊm ˈlaʊdeɪ/ *adv* US Univ z wyróżnieniem

cummerbund /ˈkʌməbʌnd/ *n* szeroki pas *m*, szeroka szarfa *f (do stroju wieczorowego lub hinduskiego)*

cumulative /ˈkjuːmjʊlətɪv, US -leɪtɪv/ *adj [process, stress]* narastający; *[total]* łączny; *[effect, impact]* kumulacyjny; **to be ~** *[effects]* kumulować się

cumulative action *n* Med działanie *n* skojarzone

cumulative evidence *n* Jur zbiór *m* dowodów, nagromadzone dowody *m pl*

cumulatively /ˈkjuːmjʊlətɪvlɪ, US -leɪtɪvlɪ/ *adv* kumulatywnie, narastająco

cumulative voting *n* głosowanie *n* dopuszczające kumulację głosów

cumulonimbus /ˌkjuːmjʊləʊˈnɪmbəs/ *n* (*pl* **-bi, -buses**) chmura *f* kłębiasto-deszczowa, cumulonimbus *m*

cumulus /ˈkjuːmjʊləs/ *n* (*pl* **-li**) chmura *f* kłębiasta, cumulus *m*

cuneiform /ˈkjuːnɪfɔːm, US kjʊəˈnɪəfɔːrm/ **I** *n* pismo *n* klinowe

II *adj* klinowy

cunnilingus /ˌkʌnɪˈlɪŋgəs/ *n* cunnilingus *m (stosunek oralny, w którym stroną aktywną jest mężczyzna)*

cunning /ˈkʌnɪŋ/ **I** *n* pej (of person, animal) przebiegłość *f*

II *adj* [1] pej *[person, animal, smile, look]* przebiegły; **it was very ~ of him** to było bardzo sprytne z jego strony; **he's a ~ old fox** to szczwany lis [2] (clever) *[trick, plot]* sprytny; *[device]* zmyślny [3] US (pretty, cute) *[baby, kitten]* milutki

cunningly /ˈkʌnɪŋlɪ/ *adv* [1] *[disguised, concealed, used]* sprytnie; *[devised]* zmyślnie [2] *[look, wink, say]* przebiegle

cunt /kʌnt/ *n* vulg [1] (man) piździelec *m* vulg; (woman) cipa *f*, pizda *f* vulg [2] (female genitals) cipa *f*, pizda *f* vulg

cup /kʌp/ **I** *n* [1] (container) filiżanka *f*; **a ~ and saucer** filiżanka ze spodkiem [2] (cupful) filiżanka *f* **(of sth** czegoś); Culin (measure) ≈ szklanka *f*; **two ~s of flour** dwie szklanki mąki [3] Sport puchar *m*; **to win a ~ for swimming/golf** zdobyć puchar w pływaniu/golfie [4] (in bra) miseczka *f*; **to be a D ~** mieć or nosić rozmiar miseczek D [5] (of flower) kielich *m*; (of acorn) miseczka *f* [6] (dessert) puchar *m*, pucharek *m*; (drink) koktajl *m* [7] Relig kielich *m* [8] (in golf) dołek *m*

II *vt* (*prp, pt, pp* **-pp-**) **to ~ sth in one's hands** trzymać coś w złączonych dłoniach *[butterfly, water, object]*; **to ~ one's hands around sth** otoczyć dłońmi coś *[bird, insect]*; osłonić dłońmi coś *[flame, match]*; **to ~ one's hands around one's mouth** zakryć usta dłońmi; **to ~ one's hands over sth** przykryć coś dłonią *[receiver]*

III cupped *pp adj* **in one's ~ped hands** w (złączonych) dłoniach

IDIOMS: **to be in one's ~s** dat być wstawionym or podchmielonym infml

cupbearer /ˈkʌpbeərə(r)/ *n* ≈ cześnik *m*, podczaszy *m* **(to sb** u kogoś)

cupboard /ˈkʌbəd/ *n* (in kitchen) szafka *f* (kuchenna); (full-length, built-in) szafa *f*; (in dining room) kredens *m*

IDIOMS: **the ~ is bare** kasa świeci pustkami

cupboard love *n* GB hum miłość *f* interesowna, miłość *f* z wyrachowania

cupboard space *n* miejsce *n* w szafach; **is there plenty of ~ in the new kitchen?** czy w nowej kuchni jest dużo szafek?

cupcake /ˈkʌpkeɪk/ *n* [1] Culin okrągłe ciasteczko *n* [2] US infml (girl) laska *f* infml

Cup Final *n* Sport finał *m* rozgrywek pucharowych

cupful /ˈkʌpfʊl/ *n* ≈ szklanka *f* **(of sth** czegoś)

cupid /ˈkjuːpɪd/ *n* Art amorek *m*, kupidyn *m*

Cupid /ˈkjuːpɪd/ *n* Kupido *m*, Kupidyn *m*; **~'s darts, ~'s arrows** strzały Kupidyna

cupidity /kjuːˈpɪdətɪ/ *n* fml chciwość *f*, zachłanność *f*

cupola /ˈkjuːpələ/ *n* [1] Archit (domed roof) kopuła *f*; (lantern) latarnia *f* [2] (furnace) żeliwiak *m*, kopulak *m* [3] Mil, Naut wieżyczka *f*

cuppa /ˈkʌpə/ *n* GB infml filiżanka *f* or kubek *m* herbaty; **let's have a ~** napijmy się herbatki infml

cupping glass *n* Med bańka *f*

cupric /ˈkjuːprɪk/ *adj* miedziowy

cupronickel /ˌkjuːprəʊˈnɪkl/ *n* miedzionikiel *m*

cup tie *n* GB mecz *m* pucharowy

cur /kɜː(r)/ *n* [1] liter pej (dog) kundel *m* [2] (despicable man) parszywy pies *m*

curable /ˈkjʊərəbl/ *adj* uleczalny

curaçao /ˌkjʊərəˈsəʊ, US -ˈsaʊ/ *n* curaçao *n inv*

curare /kjʊˈrɑːrɪ/ *n* kurara *f*

curate /ˈkjʊərət/ **I** *n* wikariusz *m*

II *vt* US być kuratorem (czegoś) *[exhibition]*

IDIOMS: **it's like the ~'s egg** to ma też i dobre strony

curative /ˈkjʊərətɪv/ *adj [power, treatment, drug]* uzdrawiający; *[properties]* leczniczy

curator /kjʊəˈreɪtə(r), US also ˈkjʊərətər/ *n* (of museum, gallery) kustosz *m*; (of exhibition) kurator *m*

curb /kɜːb/ **I** *n* [1] (control) ograniczenie *n* **(on sth** nałożone na coś); **to put a ~ on sth** nałożyć ograniczenie na coś, ograniczyć coś *[rights, spending]*; trzymać na wodzy coś *[anger, feelings]* [2] US (in street) krawężnik *m* [3] Equest (chain) łańcuszek *m* munsztuka; (bit) munsztuk *m*, wędzidło *n*, kiełzno *n*

II *vt* [1] (control) powściąg|nąć, -ać, po|hamować *[anger, desires]*; ogranicz|yć, -ać *[powers, influence, spending, consumption, tax evasion]*; przyhamow|ać, -ywać *[inflation, development]*; **to ~ one's temper** hamować się [2] Equest okiełzn|ać, -ywać, kiełzać *[horse]* [3] US **~ your dog!** proszę krótko trzymać psa!

curb bit *n* kiełzno *n*

curb service *n* US obsługa *f* bez wysiadania z samochodu

curbstone /ˈkɜːbstəʊn/ *n* US krawężnik *m*

curb weight *n* US Aut ciężar *f* własny pojazdu gotowego do jazdy

curd /kɜːd/ **I** *n* = **curds;** → **bean curd**

II curds *npl* zsiadłe mleko *n*

curd cheese *n* twaróg *m*

curdle /ˈkɜːdl/ **I** *vt* ści|ąć, -nać *[milk, whites of eggs]*; **to ~ sb's blood** fig ścinać komuś krew w żyłach

II *vi [milk]* zsi|ąść, -adać się; *[sauce]* z|warzyć się

C

cure /ˈkjʊə(r)/ **I** *n* [1] Med (therapy) metoda *f* leczenia **(for sth** czegoś); (remedy) środek *m* zaradczy **(for sth** na coś); (drug) lekarstwo *n* **(for sth** na coś); **he has tried all sorts of ~s** próbował leczyć się różnymi sposobami [2] Med (recovery) wyzdrowienie *n*; **to effect a ~** fml *[doctor]* wyleczyć, uleczyć; *[drug]* uzdrowić [3] fig (solution) lekarstwo *n*, recepta *f* fig **(for sth** na coś); **the best ~ for boredom is hard work** najlepszym lekarstwem na nudę jest ciężka praca; **the situation is beyond** or **past ~** sytuacja jest nie do naprawienia [4] Med (at spa, sanatorium) kuracja *f*; **to take a ~** przechodzić kurację, poddawać się kuracji [5] Relig (also **~ of souls)** duszpasterstwo *n*, obowiązki *m pl* duszpasterskie

II *vt* [1] Med u|leczyć *[patient, disease]*; **to ~ sb of sth** wyleczyć kogoś z czegoś [2] fig wy|leczyć fig *[person]* **(of sth** z czegoś); odzwyczaj|ić, -jać, oducz|yć, -ać *[person]* **(from sth** od czegoś); wykorzeni|ć, -ać *[bad habit]*; zapobie|c, -gać (czemuś) *[unemployment, inflation, shortages]*; **the economy is ~d of inflation** gospodarce nie zagraża już inflacja [3] Culin (dry) wy|suszyć; (salt) za|solić; (with vinegar) za|marynować; (smoke) u|wędzić [4] (treat) wyprawi|ć, -ać *[hide]*; podda|ć, -wać fermentacji i maturacji *[tobacco]*; wulkanizować *[rubber]*

IDIOMS: **what can't be ~d must be endured** Prov głową muru nie przebijesz

cure-all /ˈkjʊərɔːl/ *n* panaceum *n*, złoty środek *m* **(for sth** na coś); **a ~ drug** cudowny lek

curettage /ˌkjʊərɪˈtɑːʒ/ *n* Med łyżeczkowanie *n*

curfew /ˈkɜːfjuː/ *n* godzina *f* policyjna; **to impose a (ten o'clock) ~** wprowadzić godzinę policyjną (od dziesiątej); **to lift the ~** znieść godzinę policyjną

Curia /ˈkjʊrɪə/ *n* Relig **the ~** kuria *f* papieska

curie /ˈkjʊərɪ/ *n* Meas kiur *m*

curing /ˈkjʊərɪŋ/ *n* Culin (drying) suszenie *n*; (salting) solenie *n*; (smoking) wędzenie *n*

curio /ˈkjʊərɪəʊ/ *n* osobliwość *f*; (piece of bric-à-brac) bibelot *m*

curiosity /ˌkjʊərɪˈɒsətɪ/ *n* [1] (desire to know) ciekawość *f* **(about sth** czegoś); **to arouse/satisfy sb's ~** wzbudzić/zaspokoić ciekawość kogoś; **out of (idle) ~** z czystej ciekawości [2] (nosiness) ciekawość *f*, wścibstwo *n* [3] (object, text) (unusual) osobliwość *f*, kuriozum *n*; (rare) rzadkość *f* [4] (person) oryginał *m*

IDIOMS: **~ killed the cat** Prov ciekawość to pierwszy stopień do piekła

curious /ˈkjʊərɪəs/ *adj* [1] (interested) ciekawy, ciekaw; **~ to know why/how** ciekaw dlaczego/jak; **to be ~ about sth** być ciekawym czegoś; ciekawić się czymś liter; **I'm just ~!** jestem po prostu ciekaw! [2] pej (nosy) ciekawski, wścibski [3] (odd) *[person, case, effect, place, mixture]* osobliwy, dziwny; *[phenomenon]* kuriozalny; **it's ~ that...** to dziwne, że...; **a ~ -looking man** dziwacznie wyglądający człowiek

curiously /ˈkjʊərɪəslɪ/ *adv* [1] (oddly) *[silent, detached]* dziwnie; **~ shaped** o dziwnym kształcie; **~ enough, ...** co ciekawe, ... [2] *[ask]* z zaciekawieniem

curium /ˈkjʊərɪəm/ *n* Chem kiur *m*

curl /kɜːl/ **I** *n* [1] (of hair) lok *m*; **to wear one's hair in ~s** nosić loki [2] (coil, bend) zawijas *m*; (of smoke) kłąb *m*; (of wood) wiór *m*; **with a ~ of one's lip** z pogardliwym skrzywieniem ust

II *vt* [1] zakręc|ić, -ać *[hair]* [2] (wind, coil) *[person, animal, heat, moisture]* zwi|nąć, -jać; **to ~ one's fingers around sth** zacisnąć palce wokół czegoś; **to ~ one's toes around sth** chwycić coś palcami stóp; **to ~ oneself** or **one's body around sth** *[cat]* owinąć się wokół czegoś; **to ~ itself around sth** *[snake, caterpillar]* owinąć się wokół czegoś; **to ~ one's legs under oneself** podwinąć nogi pod siebie; **to ~ one's lip** *[person]* wydąć wargi; *[dog]* wyszczerzyć zęby

III *vi [hair]* kręcić się; *[leaf, piece of paper]* zwi|nąć, -jać się; *[edges, corners]* wywi|nąć, -jać się, zawi|nąć, -jać się; *[road, stream]* wić się; **to ~ around sth** owijać się wokół czegoś; **the smoke ~ed upwards** kłęby dymu unosiły się w górę; **his lip ~ed** wydął wargi

■ **curl up**: ¶ **~ up** *[person, animal]* zwi|nąć, -jać się w kłębek; *[leaf]* zwi|nąć, -jać się; *[edges, corners]* wywi|jać, -nąć się; *[smoke]* kłębić się; **to ~ up in bed/in a chair** zwinąć się na łóżku/w fotelu; **to be ~ed up on a sofa** leżeć zwiniętym na kanapie; **to ~ up into a ball** *[hedgehog]* zwinąć się w kulkę; **to ~ up with embarrassment** kulić się z zażenowania; **to ~ up with laughter** zwijać się ze śmiechu ¶ **~ up [sth], ~ [sth] up** *[heat, moisture]* s|powodować zwinięcie się (czegoś) *[leaf, piece of paper]*; *[person]* wywi|nąć, -jać, zawi|nąć, -jać *[edges, corners]*; **to ~ oneself up** *[person, cat]* zwi|nąć, -jać się w kłębek

IDIOMS: **I just wanted to ~ up and die when I spilt coffee on her new dress** infml chciałem się zapaść pod ziemię, kiedy wylałem kawę na jej nową sukienkę; **to make sb's hair ~** infml zszokować kogoś

curler /ˈkɜːlə(r)/ *n* [1] (roller) lokówka *f*, wałek *m*; **to be in ~s, to have one's hair in ~s** chodzić z lokówkami na głowie; **to put one's ~s in** zakręcić włosy (na lokówki) [2] Sport gracz *m* w curling

curlew /ˈkɜːljuː/ *n* kulik *m*

curlicue /ˈkɜːlɪkjuː/ *n* zakrętas *m*

curling /ˈkɜːlɪŋ/ *n* Sport curling *m*

curling irons *npl* = **curling tongs**

curling rink *n* lodowisko *n* do curlingu

curling tongs *npl* (electric) lokówka *f*; dat żelazka *n pl* do karbowania włosów

curlpaper /ˈkɜːlpeɪpə(r)/ *n* papilot *m*

curly /ˈkɜːlɪ/ *adj [hair]* (tight curls) kędzierzawy; (loose curls) kręcony; *[moustache, tail]* zakręcony; *[eyelashes]* podwinięty do góry; *[edge]* wywinięty; *[leaf]* poskręcany

curly-haired /ˌkɜːlɪˈheəd/ *adj* kędzierzawy

curly-headed /ˌkɜːlɪˈhedɪd/ *adj* = **curly-haired**

curly kale *n* jarmuż *m*

curly lettuce *n* sałata *f* karbowana

curmudgeonly /kɜːˈmʌdʒənlɪ/ *adj* dat pej *[person]* zrzędliwy, gderliwy

currant /ˈkʌrənt/ **I** *n* [1] (dried grape) koryntka *f* [2] (shrub, fruit) porzeczka *f*

II *modif* **~ bun** słodka bułeczka z rodzynkami; **~ loaf** chałka z rodzynkami

currency /ˈkʌrənsɪ/ *n* [1] Fin waluta *f*, środek *m* płatniczy; **what is the ~ of Poland?** jaka waluta jest w Polsce?; **to buy foreign ~** kupować obcą walutę; **have you any German ~?** czy masz jakieś niemieckie pieniądze? [2] (of word, term) częstotliwość *f* użycia; (of idea, opinion) popularność *f*; **to gain ~** *[word, term]* wejść do powszechnego użycia; *[idea, opinion]* zyskać popularność; **to give ~ to a rumour** potwierdzić pogłoskę

currency converter *n* elektroniczna tabela *f* kursów walut

currency devaluation *n* dewaluacja *f* pieniądza

currency market *n* rynek *m* walutowy

currency unit *n* jednostka *f* monetarna

current /ˈkʌrənt/ **I** *n* [1] (of electricity, water, air) prąd *m*; **to go with/against the ~** płynąć z prądem/pod prąd also fig [2] fig (course, trend) (of history, life, events) bieg *m*; (of work, thought) tok *m*; (of fashion) tendencja *f*, trend *m*; (creative, intellectual) nurt *m*; **a ~ of opinion** nurt (myśli)

II *adj* [1] (present) *[leader, situation, policy, value, crisis]* obecny; *[month, year, problems]* bieżący; *[issue of a magazine, estimate]* aktualny [2] (in common use) *[opinions, beliefs]* powszechnie przyjęty; *[word, term]* używany; **in ~ use** obecnie używany

current account, C/A *n* GB Fin Econ rachunek *m* bieżący

current account deficit *n* Fin saldo *n* ujemne na rachunku bieżącym

current account surplus *n* Fin saldo *n* dodatnie na rachunku bieżącym

current affairs *npl (+ v sg)* aktualności *f pl*, aktualne wydarzenia *n pl*

current assets *npl* środki *plt* obrotowe

current liabilities *npl* zobowiązania *n pl* bieżące

currently /ˈkʌrəntlɪ/ *adv* obecnie

curriculum /kəˈrɪkjʊləm/ *n* (*pl* **-lums, -la)** Sch program *m* nauczania; **in the ~** w programie nauczania

curriculum development *n* Sch opracowywanie *n* programu nauczania

curriculum vitae, CV *n* (*pl* **curricula vitae)** życiorys *m*

curry[1] /ˈkʌrɪ/ **I** *n* [1] (dish) curry *n inv*; **chicken/prawn ~** curry z kurczaka/krewetek; **hot/mild ~** curry ostre/łagodne [2] (also **~ powder)** curry *n inv*

II *vt* przyrządz|ić, -ać curry z (czegoś), przyprawi|ć, -ać curry *[chicken, meat]*; **curried chicken** kurczak przyprawiony curry

curry[2] /ˈkʌrɪ/ *vt* [1] (groom) wy|szczotkować *[horse]* [2] wyprawi|ć, -ać *[leather]*

IDIOMS: **to ~ favour with sb** nadskakiwać or przypochlebiać się komuś

curry comb *n* zgrzebło *n*

curry powder *n* curry *n inv*

curse /kɜːs/ **I** *n* [1] (problem) przekleństwo *n* fig; **the ~ of poverty** przekleństwo ubóstwa; **that car is a ~!** ten przeklęty samochód!, ten samochód to kara boska! [2] (swear word) przekleństwo *n*; **~s!** dat do licha! [3] (spell) klątwa *f*, przekleństwo *n*; **to put a ~ on sb** przekląć kogoś, rzucić na kogoś klątwę; **a ~ on them!** niech będą

przeklęci!; **to lift a ~** zdjąć klątwę [4] GB dat euph **to have the ~** mieć okres; być niedysponowaną euph
II *vt* przekl|ąć, -inać; **~d be the day that...** dat niech będzie przeklęty dzień, w którym...
III *vi* kląć, przeklinać; **to ~ and swear at sth** miotać przekleństwa na coś
IV **cursed** *pp adj* [1] *[man, car]* przeklęty [2] **she was ~d with bad eyes** jej nieszczęściem był słaby wzrok

cursive /ˈkɜːsɪv/ **I** *n* kursywa *f (pochyłe pismo ręczne)*
II *adj* **in ~ script** napisany ręcznie or odręcznie

cursor /ˈkɜːsə(r)/ *n* Comput kursor *m*

cursorily /ˈkɜːsərəlɪ/ *adv* pobieżnie; **to glance ~ at sth** rzucić na coś okiem

cursory /ˈkɜːsərɪ/ *adj [glance, inspection]* pobieżny; **to give sth a ~ glance** rzucić na coś okiem

curt /kɜːt/ *adj [person]* szorstki; *[manner, greeting, tone]* oschły, szorstki **(with sb** dla or wobec kogoś**)**

curtail /kɜːˈteɪl/ *vtr* [1] (restrict) ogranicz|yć, -ać *[freedom, right]*; za|hamować *[progress]* [2] (cut back) z|redukować *[expenditure]*; ogranicz|yć, -ać or zmniejsz|yć, -ać ilość/liczbę (czegoś) *[facilities]*; **a severely ~ed train service** znacznie zmniejszona liczba połączeń kolejowych [3] (cut short) skr|ócić, -acać *[holiday]*; przedwcześnie zakończyć *[career]*

curtailment /kɜːˈteɪlmənt/ *n* [1] (of rights, freedom) ograniczenie *n*; (of progress) zahamowanie *n* [2] (of expenditure) redukcja *f*; (of service, leisure facilities) zmniejszenie *n* ilości/liczby [3] (of holiday) przerwanie *n*, skrócenie *n*

curtain /ˈkɜːtn/ **I** *n* [1] (drape) zasłona *f*; (heavy) kotara *f*, portiera *f*; (of lace) firanka *f*; **a pair of ~s** zasłony; **to open/draw the ~s** rozsunąć/zasunąć zasłony; **a ~ of rain** ściana deszczu [2] Theat kurtyna *f*; **after the final ~** po ostatnim opuszczeniu kurtyny; **the ~ has fallen on sth** fig nastąpił koniec czegoś *[career, era]*
II *modif [material]* zasłonowy; **~ hook /ring** haczyk/kółko do zasłon; **~ rail** karnisz
■ **curtain off**: **~ off [sth], ~ [sth] off** oddziel|ić, -ać zasłoną; **to be ~ed off from sth** być oddzielonym od czegoś zasłonami
IDIOMS: **it will be ~s** infml to będzie koniec **(for sb/sth** kogoś/czegoś**)**; **to bring down the ~ on sth** spuścić na coś zasłonę

curtain call *n* Theat wywołanie *n* aktora przed kurtynę

curtain pole *n* drążek *m* do zasłon

curtain raiser *n* [1] Theat jednoaktówka *f* poprzedzająca właściwe przedstawienie [2] fig wstęp *m* **(for sth** do czegoś**)**

curtain tape *n* taśma *f* do zasłon

curtain wall *n* Archit ściana *f* osłonowa; Mil mur *m* obronny, kurtyna *f*

curtly /ˈkɜːtlɪ/ *adv* szorstko

curtness /ˈkɜːtnɪs/ *n* szorstkość *f*

curtsey /ˈkɜːtsɪ/ **I** *n (pl* **-eys, -ies)** → **curtsy**
II *vi (prt, pt, pp* **-seyed, -sied)** → **curtsy**

curtsy /ˈkɜːtsɪ/ **I** *n (pl* **-ies)** dyg *m*, dygnięcie *n*, głęboki ukłon *n*; **to make** or **drop a ~** dygnąć, złożyć głęboki ukłon
II *vi (pt, pp* **-ied)** dyg|nąć, -ać, złożyć głęboki ukłon **(to sb** przed kimś**)**

curvaceous /kɜːˈveɪʃəs/ *adj [woman]* o apetycznie zaokrąglonych kształtach; *[body, hips]* apetycznie zaokrąglony

curvature /ˈkɜːvətʃə(r), US -tʃʊər/ *n* krzywizna *f*; **~ of the spine** Med skrzywienie kręgosłupa

curve /kɜːv/ **I** *n* [1] (in line, graph) krzywa *f*; (of arch) łuk *m*; (of beam) ugięcie *n*, wygięcie *n*; (in road) (gentle) łuk *m*; (sharper) ostry zakręt *m*, wiraż *m*; (of landscape) falista linia *f*; (of cheek, hips, shoulders) krągłość *f* [2] **~s** infml (of woman) krągłe kształty *m pl*; **her sexy ~s** jej ponętne krągłości [3] Math, Econ krzywa *f*; **learning ~** krzywa postępów w nauce; **price ~** krzywa cen or cenowa
II *vt* zakrzywi|ć, -ać, wygi|ąć, -nać *[beam]*; zaokrągl|ić, -ać *[edge]*
III *vi [line, arch]* wygi|ąć, -nać się; *[edge, wall]* zaokrągl|ić, -ać się; *[road, railway]* zakręc|ić, -ać łukiem; **the road ~s down to the sea** droga łukiem schodzi or zakręca w dół do morza

curved /kɜːvd/ *adj [line, surface]* falisty; *[wall, flowerbed, table edge]* zaokrąglony; *[staircase]* zakręcony; *[brim, blade]* zagięty; *[arch]* sklepiony; *[nose]* garbaty; *[eyebrows]* łukowaty; *[beak]* zakrzywiony

curvet /kɜːˈvet/ **I** *n* Equest kurbet *m*
II *vi (prp, pt, pp* **-tt-)** wykon|ać, -ywać kurbet

curvilinear /ˌkɜːvɪˈlɪnɪə(r)/ *adj [motion]* krzywoliniowy

curvy /ˈkɜːvɪ/ *adj [woman]* o krągłych kształtach

cushion /ˈkʊʃn/ **I** *n* [1] (used for comfort) poduszka *f*; **a ~ of air** poduszka powietrzna [2] fig (protection, reserve) zabezpieczenie *n* **(against** przed czymś**)** [3] (in snooker) banda *f*; **to play off the ~** zagrać z odbiciem o bandę
II *vt* z|amortyzować *[fall, blow, impact, cost]*; osłabi|ć, -ać *[shock, effect]*; **to ~ sb against sth** ochronić kogoś przed czymś; **to ~ sb's fall** zamortyzować upadek kogoś
III **cushioned** *pp adj* [1] (padded) wyściełany; (covered in cushions) pokryty poduszkami [2] fig *[youth]* cieplarniany fig

cushion cover *n* pokrycie *n* poduszki

cushy /ˈkʊʃɪ/ *adj* infml cichy, spokojny; **a ~ number** GB (job) ciepła posadka, synekura

cusp /kʌsp/ *n* [1] Math ostrze *n* krzywej [2] Astron róg *m* [3] Astrol koniunkcja *f* [4] Dent guzek *m* zęba

cuspidor /ˈkʌspɪdɔː(r)/ *n* US spluwaczka *f*

cuss /kʌs/ **I** *n* infml dat [1] (oath) przekleństwo *n* [2] (person) typ *m*; **a queer old ~** stary dziwak
II *vi* kląć, przeklinać

cussed /ˈkʌsɪd/ *adj* infml dat [1] (obstinate) krnąbrny [2] (damned) przeklęty

cussedness /ˈkʌsɪdnɪs/ *n* infml dat krnąbrność *f*

cussword /ˈkʌswɜːd/ *n* przekleństwo *n*

custard /ˈkʌstəd/ *n* GB (creamy) słodki sos *m* z mleka i jajek z dodatkiem mąki
IDIOMS: **cowardy ~** infml tchórz

custard cream *n* Culin ≈ markiza *f*

custard pie *n* tarta *f* z kremem z mleka i jaj

custard pie humour *n humor charakterystyczny dla bufonady*

custard powder *n* GB słodki sos *m* z mleka i jajek w proszku z dodatkiem mąki

custard tart *n* tarta *f* z kremem z mleka i jajek

custodial /kʌˈstəʊdɪəl/ *adj* [1] Jur **~ sentence** kara pozbawienia wolności; **non-~ sentence** wyrok nie pozbawiający wolności [2] **to be put in ~ care** *[child]* zostać oddanym do domu dziecka [3] (guarding) **~ staff** ochrona; (in museum) strażnicy

custodian /kʌˈstəʊdɪən/ *n* (of building) dozorca *m*; (of collection) strażnik *m*; (in museum) kustosz *m*; (of morals, tradition) stróż *m* fig

custody /ˈkʌstədɪ/ *n* [1] Jur (detention) areszt *m*; **in ~** w areszcie; **to take sb into ~** zaaresztować kogoś; **to be remanded in ~** przebywać w areszcie; **to escape from ~** zbiec z aresztu [2] Jur (of child) opieka *f*; **in the ~ of sb** pod opieką kogoś; **to award** or **grant ~ of a child to sb** przyznać komuś opiekę nad dzieckiem [3] fml (keeping) (of documents, valuables) piecza *f*, kuratela *f* fml **(of sth** nad czymś**)**; **in the ~ of sb** pod opieką kogoś; **to have ~ of sth** sprawować pieczę nad czymś, mieć or sprawować nad czymś kuratelę; **in safe ~** pod dobrą opieką

custom /ˈkʌstəm/ **I** *n* [1] (personal habit) nawyk *m*, przyzwyczajenie *n*, zwyczaj *m*; **it is/was her ~ to bathe in the stream** ona ma/miała zwyczaj kąpać się w strumieniu; **as is/was his ~** jak ma/miał w zwyczaju [2] (convention) zwyczaj *m*, obyczaj *m*, tradycja *f*; **by ~** zwyczajowo, zgodnie z tradycją; **it is/was the ~ to do sth** jest /było w zwyczaju or przyjęte coś robić; **~ requires that...** obyczaj nakazuje, żeby...; **he broke with ~** zerwał z tradycją [3] (patronage) stała klientela *f*; **they've lost a lot of ~** utracili wielu klientów; **I shall take my ~ elsewhere** przestanę tutaj kupować [4] Jur prawo *n* zwyczajowe
II *adj [article, equipment]* na zamówienie

customarily /ˈkʌstəmərəlɪ, US ˌkʌstəˈmerəlɪ/ *adv* zwyczajowo, tradycyjnie

customary /ˈkʌstəmərɪ, US -merɪ/ *adj* [1] tradycyjny, zwyczajowy; **it is/was ~ for a wife to accompany her husband** przyjęte jest/było, że żona towarzyszy/towarzyszyła mężowi; **as is/was ~** zgodnie ze zwyczajem [2] Jur zwyczajowy; **~ law** prawo zwyczajowe

custom-built /ˌkʌstəmˈbɪlt/ *adj [car]* wykonany na zamówienie; *[house]* zbudowany według indywidualnego projektu

custom car *n* samochód *m* wykonany na indywidualne zamówienie

custom-designed /ˌkʌstəmdɪˈzaɪnd/ *adj* zaprojektowany na zamówienie

customer /ˈkʌstəmə(r)/ *n* [1] Comm klient *m*, -ka *f*; **'~ services'** „dział obsługi klienta" [2] infml (person) typ *m* infml; **a nasty ~** wstrętny typ; **she's a difficult ~** ona jest trudna we współżyciu; **he's an odd ~** dziwak z niego

customer careline *n* Comput pomoc *f* techniczna na telefon

customize /ˈkʌstəmaɪz/ *vt* (make) wykon|ać, -ywać na zamówienie; (alter) przer|obić, -abiać zgodnie z indywidualnymi potrzebami klienta; **~d holidays** GB, **~d vacation** US wakacje z programem opracowanym dla indywidualnego klienta; **~d software** oprogramowanie na indywidualne zamówienie

C

custom-made /ˌkʌstəmˈmeɪd/ *adj* wykonany na zamówienie; *[shirt, shoes]* na miarę
customs /ˈkʌstəmz/ **I** *n (+ v sg/pl)* (authority, place) urząd *m* celny; (procedure) odprawa *f* celna; **at ~** przy odprawie celnej; **to go through ~** przechodzić odprawę celną **II** *modif [inspection, declaration]* celny
Customs and Excise *n* GB Urząd *m* Ceł
customs border patrol *n* ≈ policja *f* celna
customs clearance *n* odprawa *f* celna
customs declaration *n* deklaracja *f* celna
customs duties *npl* opłaty *f pl* celne
customs hall *n* urząd *m* celny
customs house *n* komora *f* celna
customs inspection *n* kontrola *f* celna
customs officer *n* celni|k *m*, -czka *f*
customs official *n* = **customs officer**
customs post *n* posterunek *m* celny
customs service *n (+ v sg/pl)* służba *f* celna
customs shed *n* terminal *m*
customs union *n* unia *f* celna
cut /kʌt/ **I** *n* [1] (act, instance) cięcie *n* [2] (incision) (in cloth, fabric) rozcięcie *n*; (in wood) nacięcie *n*; (in surgery) nacięcie *n*; **to make a ~ in sth** zrobić rozcięcie w czymś *[cloth]*; zrobić nacięcie w czymś *[wood, cardboard]*; *[surgeon]* naciąć *[flesh]* [3] (wound) (scratch) rozcięcie *n*, skaleczenie *n*; (large) rana *f* cięta; **to get a ~ from sth** skaleczyć się o coś [4] (hairstyle) fryzura *f*; **a ~ and blow-dry** strzyżenie i modelowanie [5] infml (share) część *f*, udział *m*; działka *f*, dola *f* infml; **a ~ of the profits/takings** część zysków/wpływów; **she takes a 25% ~ of the total sum** ona bierze 25% całej sumy [6] (reduction) (in expenditure, budget) cięcie *n* **(in sth** w czymś); (in price, rate) obniżka *f* **(in sth** czegoś); (in number) ograniczenie *n* **(in sth** czegoś); **education ~s** cięcia w oświacie; **a ~ in prices, a price ~** obniżka cen; **a ~ in interest rates** obniżka stóp procentowych; **a ~ in the unemployment rate** obniżenie poziomu bezrobocia; **job ~s** redukcje zatrudnienia; **he agreed to take a ~ in salary** zgodził się na obniżkę pensji [7] (trim) **to give sth a ~** ostrzyc or ściąć coś *[hair]*; skosić or ściąć coś *[grass]* [8] Culin kawałek *m*, część *f* **(of sth** czegoś); **fillet is the most tender ~** polędwica to najdelikatniejsza część (mięsa) [9] (shape) (of suit, jacket) krój *m*, fason *m*; (of gem) szlif *m* [10] Cin (removal of footage) cięcie *n*; (shot) zmiana *f* planu, ostre przejście *n* **(from sth to sth** z czegoś na coś); **final ~** ostateczny montaż [11] (in editing) **to make ~s in sth** dokonać skrótów w czymś *[article, story]* [12] (shorter route) skrót *m* [13] Art, Print matryca *f* [14] Sport ścięcie *n* [15] Mus infml (track) kawałek *m* infml; **classic ~s from the 60's** klasyczne kawałki z lat sześćdziesiątych
II *vt* (*prp* **-tt-**; *pt, pp* **cut**) [1] (slice) po|kroić *[bread, meat, cake, cheese, fruit]* **(with sth** czymś); po|ciąć *[metal, paper, fabric, wood]* **(with sth** czymś); u|kroić, odkroić *[slice, piece of cake]*; **to ~ a hole** or **slit** *[person, knife]* wyciąć dziurę or otwór; *[sharp edge]* zrobić dziurę or otwór; **to ~ sth out of sth** wyciąć coś z czegoś *[fabric, magazine]*; **to ~ sth in half** or **two** przekroić coś na pół or na dwie części *[bread, cheese, tomato]*; przeciąć coś na pół or na dwie części *[metal, paper, plank]*; **to ~ sth to shreds** or **ribbons** pociąć coś na paski *[fabric, document]*; **~ the meat into cubes/slices** pokrój mięso w kostkę/w plastry; **my hands were cut to shreds** miałem pokiereszowane ręce [2] (sever) przeci|ąć, -nać *[rope, ribbon, wire]*; uci|ąć, -nać *[piece of string, stem]*; otw|orzyć, -ierać, przeci|ąć, -nać *[vein]*; ści|ąć, -nać *[flower]*; ści|ąć, -inać, s|kosić, z|żąć *[wheat]*; podci|ąć, -nać *[throat]*; fig z|erwać, -rywać *[ties, links]* [3] (carve out) z|robić *[notch]*; wydrąż|yć, -ać *[channel, tunnel]*; wy|ryć *[initials, picture]*; wyrąb|ać, -ywać *[footholds]* **(in sth** w czymś); **to ~ sth open** rozciąć *[packet, sack]*; *[surgeon]* otw|orzyć, -ierać *[chest, stomach]*; **I'm not going to let them ~ me open** nie pozwolę, żeby mnie kroili hum; **to ~ one's way through sth** wycinać sobie drogę przez coś *[undergrowth, jungle]* [4] (wound) (once) s|kaleczyć *[victim]*; (repeatedly) pokaleczyć *[victim]*; fig *[remark]* z|ranić *[person]*; **to ~ one's finger/leg** skaleczyć się w palec/w nogę, rozciąć sobie palec/nogę **(with sth** czymś); **he cut his head open** rozciął sobie głowę; **to ~ one's wrists** podciąć sobie żyły; **the rocks cut their feet** skały kaleczyły im stopy; **the wind cut me like a knife** wiatr przeszywał mnie do szpiku kości [5] (trim) ści|ąć, -nać, o|strzyc *[hair]*; obci|ąć, -nać *[hair, finger nails]*; przyci|ąć, -nać, przystrzy|c, -gać *[hedge, grass]*; **to have one's hair cut** ostrzyc się, obciąć włosy [6] (shape, fashion) o|szlifować *[gem]*; ocios|ać, -ywać *[marble, wood]*; przyci|ąć, -nać *[paper, pastry]*; s|kroić *[suit, skirt]*; *[locksmith]* dor|obić, -abiać *[key]*; **to ~ sth into strips/triangles** pociąć coś na paski/w trójkąty; **to ~ sth into the shape of a heart/bird** wyciąć z czegoś serce/ptaka [7] (liberate) **to ~ sb from sth** wydoby|ć, -wać kogoś z czegoś *[wreckage]*; **to ~ sb free** or **loose** uwolnić kogoś **(from sth** z czegoś); **they cut the horses loose** puścili konie luzem [8] (edit) skr|ócić, -acać *[article, film]*; wyci|ąć, -nać *[scene]*; **we cut the film to 90 minutes/by 10 minutes** skróciliśmy film do 90 minut/o 10 minut; **I cut the article from 3,000 to 2,000 words** skróciłem artykuł z 3 000 do 2 000 słów [9] (reduce) obniż|yć, -ać *[price, rate]*; zmniejsz|yć, -ać *[cost, expenditure, number, wages]*; skr|ócić, -acać *[length, working day, sentence, list]*; zmniejsz|yć, -ać *[size, inflation, losses]*; okr|oić, -awać *[budget]*; obci|ąć, -nać *[salary]*; z|redukować *[staff]*; **we've cut prices by 10%** obniżyliśmy ceny o 10%; **we've cut the amount of time we spend on the phone** ograniczyliśmy czas rozmów telefonicznych [10] (grow) **the baby's ~ing a tooth** dziecku wyrzyna się ząb [11] (switch off) wyłącz|yć, -ać *[lights, engine]* [12] (record) nagr|ać, -ywać *[album, track]* [13] Comput wyci|ąć, -nać *[paragraph, section]*; **~ and paste** wytnij i wklej; **~ the first paragraph and paste it in at the end** wytnij pierwszy akapit i wklej go na końcu [14] Games prze|łożyć, -kładać *[cards, deck]* [15] (dilute) rozcieńcz|yć, -ać *[drink, drugs]* **(with sth** czymś) [16] (intersect) *[line]* przeci|ąć, -nać *[circle]*; *[track]* przeci|ąć, -nać *[road]* [17] infml (stop) **~ the chatter** przestańcie gadać; **~ the flattery /sarcasm** skończ z tymi pochlebstwami /z tym sarkazmem; **~ the crap!** vinfml przestań pieprzyć! vinfml [18] infml (fail to attend) ur|wać, -ywać się z (czegoś) infml *[class, lesson, meeting]* [19] (snub) po|traktować jak powietrze *[person]*; **she cut me dead in the street** zignorowała mnie na ulicy [20] Cin (splice) z|montować *[film, tape]*
III *vi* (*prp* **-tt-**; *pt, pp* **cut**) [1] (make an incision) ciąć; (slice) kroić; **this knife ~s well** tym nożem dobrze się kroi; **cardboard ~s easily** tekturę tnie się z łatwością; **metal doesn't ~ very easily** trudno jest przeciąć metal; **~ along the dotted line** przetnij wzdłuż kropkowanej linii; **will the cake ~ into six?** czy to ciasto da się pokroić na sześć kawałków or porcji?; **to ~ into sth** rozkroić coś *[cake, pie]*; rozciąć coś *[fabric, paper]*; robić nacięcie w czymś *[flesh, organ]*; *[rope, belt]* wrzynać się w coś *[flesh, waist]* [2] (move, go) **to ~ across the park** pójść na przełaj przez park; **our route ~s across Belgium** nasza trasa przecina Belgię; **the lorry cut across my path** ciężarówka zajechała mi drogę; **to ~ down a side street** (in a car) pojechać na skróty boczną uliczką; **to ~ in front of sb** (in a queue) wepchnąć się przed kogoś; (in a car) zajechać komuś drogę [3] fig *[remark, criticism]* z|ranić [4] Cin **the camera cut to the president** w następnym ujęciu kamera pokazała prezydenta; **to ~ from the street to the courtroom** *[camera]* przejść z ulicy na salę rozpraw; **cut!** cięcie! [5] Games prze|łożyć, -kładać; **to ~ for the deal** ciągnąć karty, żeby wybrać rozdającego [6] fig **to ~ into sth** (impinge on) rozbi|ć, -jać *[leisure time, working day]*
IV *vr* (*prp* **-tt-**; *pt, pp* **cut**) **to ~ oneself** skaleczyć się; (shaving) zaciąć się; **to ~ oneself on the foot/chin** skaleczyć się w nogę/zaciąć się w brodę; **to ~ oneself on broken glass** skaleczyć się kawałkiem szkła; **to ~ oneself a slice of ham** ukroić sobie plasterek szynki; **~ yourself some cake** ukrój sobie kawałek ciasta; **she managed to ~ herself free** (cut her bonds) udało jej się przeciąć więzy
V **cut** *pp adj* [1] (sliced, sawn) *[fabric, rope, timber]* pocięty; *[pages]* porozcinany; *[end, edge]* ucięty; **ready-cut slices** pokrojone kromki [2] (shaped) *[gem]* oszlifowany; *[stone]* ociosany; *[glass, crystal]* rżnięty; *[clothes, garment]* skrojony; **a well-cut jacket** dobrze skrojona marynarka; **the trousers are ~ wide** spodnie zostały skrojone szeroko [3] (injured) *[lip]* rozcięty; **to have a cut finger** mieć rozcięty palec [4] Agric, Hort *[hay, grass]* ścięty, skoszony; *[flowers]* cięty [5] (edited) *[film, text]* okrojony
■ **cut across**: ¶ **~ across [sth]** [1] (bisect) *[path]* przeci|ąć, -nać *[field]* [2] (transcend) *[issue, disease]* przekr|oczyć, -aczać *[class barriers, boundaries, distinctions]* ¶ **~ across [sb]** (interrupt) przer|wać, -ywać (komuś) *[person]*
■ **cut along** po|śpieszyć **(to sth** do czegoś)

■ **cut at**: ~ **at [sth]** rąbać *[trunk, branches]*; ciąć *[rope, hair]*; ciosać *[stone]*; **to ~ at sb** zaatakować kogoś **(with sth** czymś)

■ **cut away**: ~ **away [sth]** odci|ąć, -nać *[rotten part, dead wood]*; wyci|ąć, -nać *[diseased tissue, tumour]*

■ **cut back**: ¶ ~ **back** (make reductions) oszczę|dzić, -dzać **(on sth** na czymś) ¶ ~ **back [sth],** ~ **[sth] back** [1] (reduce) ogranicz|yć, -ać *[expansion, production, spending, staffing levels]* [2] (prune) przyci|ąć, -nać *[plant, bush]*; obci|ąć, -nać *[dead wood]*

■ **cut down**: ¶ ~ **down** ogranicz|yć, -ać się; **'would you like a cigarette?' – 'no, I'm trying to ~ down'** „może papierosa?" – „nie, dziękuję, staram się ograniczyć palenie"; **to ~ down on sth** ograniczać spożycie czegoś *[alcohol, fatty food]*; ograniczać coś *[amount of time]*; rezygnować z czegoś *[luxuries]* ¶ ~ **down [sth],** ~ **[sth] down** [1] (chop down) ści|ąć, -nać *[tree]*; wyci|ąć, -nać *[forest]* [2] (reduce) z|redukować, zmniejsz|yć, -ać *[spending, number, size, time, scale]* **(from sth to sth** z czegoś do czegoś); ogranicz|yć, -ać *[consumption]* [3] (trim) obci|ąć, -nać *[curtains]*; przyci|ąć, -nać *[carpet]*; okr|oić, -ajać *[article, film]* ¶ ~ **[sb] down** liter *[disease]* powal|ić, -ać *[person]*; **to ~ sb down to size** przytrzeć or utrzeć komuś nosa

■ **cut in**: ¶ ~ **in** [1] (interrupt) (in conversation) wtrąc|ić, -ać się; (in dancing) odbi|ć, -jać partnera; **'I don't understand,' she cut in** „nie rozumiem", wtrąciła; **'may I ~ in?'** (on dance floor) „odbijany"; **to ~ in on sb** (in conversation) przerywać komuś; **to ~ in on sth** wtrącać się do czegoś *[discussion, conversation]* [2] (in vehicle) **the taxi cut in in front of me** taksówka zajechała mi drogę ¶ ~ **[sb] in** włącz|yć, -ać (do spółki); **they cut me in on the deal/profit** dopuścili mnie do interesu/udziału w zyskach; **shall we ~ you in?** (in game) grasz z nami?

■ **cut off**: ¶ ~ **off [sth],** ~ **[sth] off** [1] (remove) odci|ąć, -nać *[piece, tip, branch]*; odkr|oić, -awać *[slice, crusts]*; ści|ąć, -nać *[hair, corner, excess]*; **to ~ off one's/sb's fingers** odciąć sobie/komuś palce; **to ~ off sb's head** ściąć komuś głowę; **she had all her hair cut off** ostrzygła się na zapałkę [2] (reduce) **to ~ 1% off inflation** obniżyć inflację o 1%; **they've cut 10% off their prices** obniżyli ceny o 10%; **it cut 20 minutes off the journey** to skróciło czas podróży o 20 minut; **she cut ten seconds off the world record** poprawiła rekord świata o dziesięć sekund [3] (disconnect) odci|ąć, -nać *[gas, power, telephone, water, supply]*; rozłącz|yć, -ać *[call]* ¶ ~ **off [sth]** [1] (suspend) wstrzym|ać, -ywać *[financial aid, grant, allowance]* [2] (isolate, block) *[tide, army]* odci|ąć, -nać *[area, town, retreat, escape route]* ¶ ~ **[sb] off** [1] Telecom rozłącz|yć, -ać *[person]*; **we were ~ off** rozłączyło nas, przerwało nam [2] (disinherit) wydziedzicz|yć, -ać; **he cut me off without a penny** nie zapisał mi ani grosza [3] (interrupt) przer|wać, -ywać (komuś) *[person]*; przer|wać, -ywać *[transmission]*; **she cut me off in mid-phrase** przerwała mi w pół zdania ¶ ~ **off [sb],** ~ **[sb] off** (isolate) *[group, person]* od|izolować *[person]*; **to be cut off by the tide** być odciętym przez przypływ; **to feel cut off** czuć się wyizolowanym; **to ~ oneself off** odizolować się **(from sth** od czegoś)

■ **cut out**: ¶ ~ **out** *[engine, motor]* z|gasnąć; *[heater, system, device]* wyłącz|yć, -ać się ¶ ~ **out [sth]** wy|eliminować *[carbohydrates, fatty foods]*; rzuc|ić, -ać *[drinking]*; z|rezygnować z (czegoś) *[luxuries]* ¶ ~ **out [sth],** ~ **[sth] out** [1] (snip out) wyci|ąć, -nać *[article, piece, shape]* **(from sth** z czegoś) [2] (in sewing) s|kroić *[dress, skirt]*; **to ~ sth out of sth** wykroić coś z czegoś *[length of material]* [3] (remove) usunąć, -wać *[chapter, scene]* **(from sth** z czegoś); usunąć, -wać, wyci|ąć, -nać *[tumour]* [4] (block out) przesł|onić, -aniać *[view]*; wy|eliminować *[draught, noise, vibration]* [5] infml (stop) ~ **the noise out!** przestańcie robić taki hałas!; ~ **it out!** przestań! ¶ ~ **[sb] out** [1] (isolate) wyłącz|yć, -ać, wyeliminować **(of sth** z czegoś); odsu|nąć, -wać **(of sth** od czegoś); **to ~ sb out of one's will** pominąć kogoś w testamencie [2] (by nature) **to be cut out for teaching/nursing** być urodzonym nauczycielem/urodzoną pielęgniarką; **he's not cut out to be a teacher** on nie nadaje się na nauczyciela

■ **cut short**: ¶ ~ **short [sth],** ~ **[sth] short** skr|ócić, -acać *[holiday, visit, discussion]*; **to ~ the discussion short** uciąć dalszą dyskusję ¶ ~ **[sb] short** przer|wać, -ywać komuś

■ **cut through**: ¶ ~ **through [sth]** *[knife, scissors, person]* przeci|ąć, -nać *[cardboard, plastic, wire]*; *[detergent]* rozpu|ścić, -szczać *[grease]*; *[whip]* prze|ciąć *[air]*; *[boat]* przeci|ąć, -nać *[waves, water]*; *[person]* przebrnąć przez (coś) *[red tape]*; *[voice]* przebi|ć, -jać się przez (coś) *[noise]*; *[track, person]* przeci|ąć, -nać *[forest]*

■ **cut up**: ¶ ~ **up** US infml wygłupiać się ¶ ~ **up [sth],** ~ **[sth] up** po|ciąć *[paper, wood]*; po|kroić *[meat, bread, corpse, specimen]*; **to ~ sth up into pieces/stripes** pociąć or pokroić coś na kawałki/paski ¶ ~ **[sb] up** [1] (wound) *[gangster]* po|ranić *[victim]* [2] (upset) **to be very cut up** zupełnie nie móc się pozbierać **(about** or **by sth** po czymś) [3] Aut infml zajechać (komuś) drogę

IDIOMS: **to be a ~ above sb/sth** być lepszym od kogoś/czegoś; **to ~ and run** fig wziąć nogi za pas; **to ~ both ways** *[argument, measure]* mieć swoje dobre i złe strony; **to have one's work cut out to do sth** mieć jeszcze mnóstwo pracy do dokończenia czegoś

cut-and-dried /ˌkʌtnˈdraɪd/ *adj [answer, solution, contract]* gotowy; *[procedure, meeting]* rutynowy; *[idea, opinion]* ustalony; *[result]* pewny; **a ~ case** typowy przypadek; **a ~ formula for success** gotowa recepta na sukces; **I like everything to be ~** lubię, kiedy wszystko jest dopięte na ostatni guzik

cut and paste *n* Comput wycinanie *n* i wklejanie *n*

cut and thrust *n* **the ~ of debate** szermierka słowna; **the ~ of professional sport** zacięta rywalizacja w sporcie zawodowym

cutaneous /kjuːˈteɪnɪəs/ *adj* skórny

cutaway /ˈkʌtəweɪ/ **I** *n* [1] Archit aksonometria *f* rozcięta [2] Tech przekrój *m* w rzucie aksonometrycznym [3] Cin fragment *m* ujęcia *(przestawiony dla zasygnalizowania miejsca lub postaci)*

II *modif [diagram, drawing]* w aksonometrii rozciętej

cutback /ˈkʌtbæk/ *n* [1] Econ redukcja *f*; **~s in sth** cięcia w wydatkach na coś *[defence, health, education]*; ograniczanie czegoś *[credit, production]*; redukcje czegoś *[staff]*; cięcia w czymś *[spending]*; **government ~s** rządowe cięcia w budżecie [2] US Cin ujęcie *n* retrospekcyjne

cute /kjuːt/ *adj* infml [1] (sweet) *[baby, kitten]* słodki, milutki, uroczy; *[house, village]* uroczy; US (attractive) *[girl, guy]* fajny infml [2] pej *[picture]* ckliwy, cukierkowy, przesłodzony [3] US (clever) rezolutny, sprytny; pej cwany infml; **to get ~** wycwanić się infml; **don't be ~ with me** nie bądź taki cwany

cutely /ˈkjuːtlɪ/ *adv* [1] (sweetly) słodko, uroczo [2] (cleverly) sprytnie, rezolutnie

cutesy /ˈkjuːtsɪ/ *adj* infml pretensjonalny, wymuskany

cut glass I *n* szkło *n* rżnięte

II cut-glass *modif [decanter, bowl]* z rżniętego szkła; fig infml *[accent]* wykwintny, wytworny

cuticle /ˈkjuːtɪkl/ *n* [1] skórka *f (wokół paznokcia)* [2] Anat, Bot epiderma *f*, naskórek *m* [3] Bot, Zool kutykula *f*

cuticle remover *n* preparat *m* kosmetyczny do usuwania skórek

cutie /ˈkjuːtɪ/ *n* infml [1] (attractive person) (child) milutkie dziecko *n*; (girl) ślicznotka *f*; (man) przystojniak *m* infml [2] (clever child) sprycia|rz *m*, -ra *f* infml

cutie-pie /ˈkjuːtɪpaɪ/ *n* infml = **cutie**

cutlass /ˈkʌtləs/ *n* kord *m*

cutler /ˈkʌtlə(r)/ *n* (craftsman) wytwórca *m* sztućców

cutlery /ˈkʌtlərɪ/ *n* sztućce *m pl*; **a set of ~** komplet sztućców

cutlet /ˈkʌtlɪt/ *n* (meat) kotlet *m*; (fish) filet *m*; **a lamb/veal ~** kotlet jagnięcy/cielęcy

cut-off /ˈkʌtɒf/ **I** *n* [1] (upper limit) granica *f* [2] (automatic switch) (for power) (automatyczny) wyłącznik *m*; (for water-flow) zawór *m* odcinający [3] (cessation) zaprzestanie *n* **(of sth** czegoś) [4] US (shorter route) skrót *m*

II cut-offs *npl* obcięte dżinsy *plt*

cut-off date *n* termin *m* ostateczny

cut-off point *n* (górna) granica *f*; Fin, Tax zakończenie *n* okresu obrachunkowego

cut-out /ˈkʌtaʊt/ **I** *n* [1] (outline) (wycięta) sylwetka *f*; (for children) wycinanka *f*; **a cardboard ~** sylwetka wycięta z tektury [2] Electron (automatyczny) wyłącznik *m*

II *adj [doll, drawing]* wycięty; *[character]* fig papierowy fig

cut-price /ˌkʌtˈpraɪs/ **I** *adj* GB *[goods]* przeceniony, po obniżonej cenie; *[shop, retailer]* sprzedający towary po obniżonej cenie

II *adv [offer, sell]* po obniżonej cenie

cut-rate /ˌkʌtˈreɪt/ *adj* US = **cut-price**

cutter /ˈkʌtə(r)/ *n* [1] (sharp tool) (for mining) wrębiarka *f*; (for lino, carpet) nóż *m* (do cięcia); **glass-~** krajak; **tile-~** przyrząd do cięcia płytek ceramicznych [2] Naut kuter *m* [3] Sewing krojczy *m*, -ni *f*

C

cutter bar *n* Agric, Hort listwa *f* nożowa
cut-throat /ˈkʌtθrəʊt/ **I** *n* dat rzezimieszek *m*
II *adj* [1] (ruthless) *[battle, competition, rivalry]* zaciekły; *[world]* okrutny; **a ~ business** dziedzina, w której trzeba twardo walczyć o swoje [2] Sport **a ~ game** *odmiana wista*
cut-throat razor *n* GB brzytwa *f*
cutting /ˈkʌtɪŋ/ **I** *n* [1] (newspaper extract) wycinek *m* **(from sth** z czegoś) [2] Hort sadzonka *f*, odkład *m*; ablegier *m*; **to take a ~** odciąć sadzonkę [3] Rail wykop *m* [4] (shaping) (of gem) szlifowanie *n*; (of glass) rżnięcie *n*; (of key) dorabianie *n* [5] (digging) (of a tunnel) drążenie *n* [6] (slicing) (of cake, meat) krojenie *n* [7] Cin montaż *m* [8] Comput **~ and pasting** wycinanie *n* i wklejanie *n*
II cuttings *npl* (of wood, metal) ścinki *m pl*; **grass ~s** ścięta trawa
III *adj* [1] *[tool, implement]* tnący [2] (sharp) *[pain, wind]* przenikliwy, przejmujący; **to deal sb a ~ blow** uderzyć kogoś boleśnie; fig zranić kogoś boleśnie fig [3] (hurtful) *[remark]* kąśliwy, uszczypliwy
cutting board *n* (for food) deska *f* do krojenia; (for sewing) stół *m* do krojenia; (for crafts) stół *m* roboczy
cutting disc *n* (on saw) tarcza *f* tnąca; (in food processor) tarcza *f* rozdrabniająca
cutting edge **I** *n* (blade) ostrze *n* tnące; fig (of movement) czołówka *f*; **to be at the ~ of sth** torować nowe drogi w czymś *[technology, fashion]*
II *modif [film, industry, technology]* nowatorski
cutting equipment *n* sprzęt *m* ratunkowy *(do cięcia metalu)*
cuttingly /ˈkʌtɪŋlɪ/ *adv [say, speak, reply]* kąśliwie, uszczypliwie
cutting room *n* Cin montażownia *f*; **to end up on the ~ floor** zostać wyciętym podczas montażu
cuttings library *n* Journ archiwum *n* wycinków prasowych
cuttings service *n* = **cuttings library**
cutting table *n* Cin stół *m* montażowy
cuttlefish /ˈkʌtlfɪʃ/ *n* (*pl* **~, -es**) mątwa *f*, sepia *f*
CV, cv = **curriculum vitae** życiorys *m*, c.v., cv
c.w.o., CWO *n* [1] = **cash with order** [2] US, Mil = **Chief Warrant Officer**
cwt *n* = **hundredweight** cetnar *m*
cyan /ˈsaɪæn/ *n* Phot, Print barwa *f* niebiesko-zielona
cyanide /ˈsaɪənaɪd/ *n* cyjanek *m*
cyberart /ˈsaɪbərɑːt/ *n* cyberart *f*
cybercafé /ˈsaɪbəkæfeɪ/ *n* kawiarnia *f* internetowa
cybercitizen /ˈsaɪbəˌsɪtɪzn/ *n* obywatel *m* wirtualnego świata
cybercrime /ˈsaɪbəkraɪm/ *n* przestępstwo *n* dokonane przy zastosowaniu narzędzi elektronicznych
cyberculture /ˈsaɪbəkʌltʃə(r)/ *n* cyberkultura *f*
cybernaut /ˈsaɪbənɔːt/ *n* internauta *m*
cybernetics /ˌsaɪbəˈnetɪks/ *n (v + sg)* cybernetyka *f*
cyberpunk /ˈsaɪbəpʌŋk/ *n* cyberpunk *m*
cybersex /ˈsaɪbəseks/ *n* cyberseks *m*
cyberspace /ˈsaɪbəspeɪs/ *n* cyberprzestrzeń *f*
cybersquatting /ˈsaɪbəskwɒtɪŋ/ *m* zagnieżdżenie się *n* dzikiego lokatora na stronie internetowej
cyberstalker /ˈsaɪbəstɔːkə(r)/ *n* molestowanie *n* seksualne za pośrednictwem Internetu
cyborg /ˈsaɪbɔːg/ *n* cyborg *m*
cybrarian /saɪˈbreərɪən/ *n* dokumentalista *m* wirtualnego świata
cyclamate /ˈsaɪkləmeɪt, ˈsɪk-/ *n* cyklamінian *m*
cyclamen /ˈsɪkləmən, US ˈsaɪk-/ *n* [1] fiołek *m* alpejski, cyklamen *m* [2] (colour) (kolor *m*) cyklamenowy *m*
cycle /ˈsaɪkl/ **I** *n* [1] (movement, series) cykl *m*, proces *m* cykliczny; **washing ~** cykl prania [2] Literat, Mus cykl *m* [3] Phys cykl *m*; **~ per second** (jeden) cykl na sekundę, (jeden) herc *m*, Hz [4] (bicycle) rower *m*
II *vt* **to ~ 15 miles** przejechać 15 mil rowerem or na rowerze
III *vi* jechać, jeździć na rowerze; **to go cycling** pójść pojeździć na rowerze; **she ~s to work** jeździ do pracy rowerem
cycle clip *n* klamerka *f*, spinacz *m (do spinania nogawek spodni)*
cycle computer *n* komputer *m* rowerowy
cycle lane *n* ścieżka *f* rowerowa *(wydzielony pas jezdni)*
cycle race *n* wyścig *m* kolarski
cycle rack *n* stojak *m* na rowery
cycle shed *n* składzik *m* na rowery
cycle shop *n* sklep *m* z rowerami
cycle track *n* ścieżka *f* rowerowa
cyclic(al) /ˈsaɪklɪk(l)/ *adj* cykliczny; Chem pierścieniowy
cycling /ˈsaɪklɪŋ/ *n* jazda *f* na rowerze; Sport kolarstwo *n*; **to do a lot of ~** dużo jeździć na rowerze
cycling holiday *n* GB wakacje *plt* na rowerze; **to go on a ~** spędzić wakacje na rowerze
Cycling Proficiency Test *n* GB egzamin *m* na kartę rowerową
cycling shorts *n pl* spodenki *plt* kolarskie
cycling tour *n* wycieczka *f* rowerowa
cycling track *n* Sport tor *m* kolarski, welodrom *m*
cycling vacation *n* US = **cycling holiday**
cyclist /ˈsaɪklɪst/ *n* rowerzyst|a *m*, -ka *f*; Sport kolarz *m*
cyclo-cross /ˈsaɪkləkrɒs/ *n* Sport kolarstwo *n* przełajowe
cyclone /ˈsaɪkləʊn/ *n* Meteorol cyklon *m*; **~ fence** US ogrodzenie *n* zakończone drutem kolczastym
cyclonic /saɪˈklɒnɪk/ *adj* Meteorol wyżowy, cykloniczny
Cyclops /ˈsaɪklɒps/ *prn* Mythol cyklop *m*
cyclorama /ˌsaɪkləˈrɑːmə/ *n* Theat cyklorama *m*
cyclothymia /ˌsaɪkləʊˈθaɪmɪə/ *n* Psych cyklotymia *f*
cyclotron /ˈsaɪklətrɒn/ *n* Phys cyklotron *m*
cygnet /ˈsɪgnɪt/ *n* młody łabędź *m*
cylinder /ˈsɪlɪndə(r)/ *n* [1] Geom walec *m* [2] Aut cylinder *m*; **a four-~ engine** silnik czterocylindrowy [3] Print, Tech bęben *m* [4] (of revolver, watch, lock) bębenek *m* [5] GB (container) butla *f* (na gaz); (**also hot water ~**) bojler *m*
IDIOMS: **to be firing** or **working on all ~s** infml pracować na pełnych obrotach or pełną parą
cylinder block *n* blok *m* cylindrów
cylinder capacity *n* pojemność *f* skokowa cylindra
cylinder desk *n* biurko *n* cylindryczne
cylinder head *n* głowica *f* cylindra
cylinder head gasket *n* uszczelka *f* głowicy cylindra
cylindrical /sɪˈlɪndrɪkl/ *adj* walcowaty, cylindryczny
cymbal /ˈsɪmbl/ *n* talerz *m*; czynel *m* ra; **antique ~s** krotale
cynic /ˈsɪnɪk/ **I** *n* [1] (despising) cynik *m*; (doubtful) sceptyk *m* [2] **Cynic** Philos cynik *m*
II *adj* Philos cynicki, cyniczny
cynical /ˈsɪnɪkl/ *adj* (despising) cyniczny **(about sb/sth** w stosunku do kogoś /czegoś); (doubtful) sceptyczny **(about sb /sth** co do kogoś/czegoś)
cynically /ˈsɪnɪklɪ/ *adv* (despisingly) cynicznie; (doubtfully) sceptycznie
cynicism /ˈsɪnɪsɪzəm/ *n* [1] (attitude) cynizm *m*; (remark) sarkastyczna uwaga *f* [2] Philos cynizm *m*
cynosure /ˈsaɪnəzjʊə(r), US ˈsaɪnəʃʊər/ *n* **to be the ~ of all eyes** budzić powszechne zainteresowanie
cypher *n, vt* = **cipher**
cypress (tree) /ˈsaɪprəs (triː)/ *n* cyprys *m*
Cypriot /ˈsɪprɪət/ **I** *n* Cypryj|czyk *m*, -ka *f*; **a Greek ~** Cypryjczyk pochodzenia greckiego
II *adj* cypryjski
Cyprus /ˈsaɪprəs/ *prn* Cypr *m*; **in ~** na Cyprze
Cyrillic /sɪˈrɪlɪk/ **I** *n* cyrylica *f*
II *adj* cyrylicki; **~ alphabet** alfabet cyrylicki
cyst /sɪst/ *n* [1] Med torbiel *f*, cysta *f* [2] Biol (enclosing a cell) cysta *f*; (enclosing a larva, organism) błona *f*, otoczka *f*
cystic fibrosis /ˌsɪstɪk faɪˈbrəʊsɪs/ *n* mukowiscydoza *n*
cystitis /sɪˈstaɪtɪs/ *n* zapalenie *n* pęcherza moczowego; **to have ~** mieć zapalenie pęcherza
cytobiology /ˌsaɪtəʊbaɪˈɒlədʒɪ/ *n* cytobiologia *f*, biologia *f* komórki
cytogenetics /ˌsaɪtəʊdʒəˈnetɪks/ *n (+ v sg)* cytogenetyka *f*
cytological /ˌsaɪtəˈlɒdʒɪkl/ *adj* Biol cytologiczny
cytologist /saɪˈtɒlədʒɪst/ *n* Biol cytolog *m*
cytology /saɪˈtɒlədʒɪ/ *n* Biol cytologia *f*
czar, Czar /zɑː(r)/ *n* car *m*
czarevitch /ˈzɑːrɪvɪtʃ/ *n* carewicz *m*
czarina /zɑːˈriːnə/ *n* (ruler) caryca *f*; (czar's wife) carowa
czarism /ˈzɑːrɪzəm/ *n* carat *m*
czarist /ˈzɑːrɪst/ **I** *n* zwolenni|k *m*, -czka *f* caratu
II *adj* carski
Czech /tʃek/ **I** *n* [1] (person) Cze|ch *m*, -szka *f* [2] Ling (język *m*) czeski *m*
II *adj* czeski
Czechoslovak /ˌtʃekəˈsləʊvæk/ *n, adj* → **Czechoslovakian**
Czechoslovakia /ˌtʃekəsləʊˈvækɪə/ *prn* Hist Czechosłowacja *f*
Czechoslovakian /ˌtʃekəsləˈvəʊkiən/ **I** *n* Czechosłowa|k *m*, -czka *f*
II *adj* czechosłowacki
Czech Republic *prn* **the ~** Republika *f* Czeska, Czechy *plt*

d, D /di:/ *n* [1] (letter) D, d *n* [2] D Mus d, D, re *n*; **sonata in D major/minor** sonata D-dur/d-moll; **D flat** Des/des; **D sharp** Dis/dis [3] **D** Sch, Univ (grade) niedostateczny *m* [4] **d** = **died** zmarł|y *m*, -a *f*, zm. [5] **d** GB dat = **penny, pence** pens *m*; **2s 5d** 2 szylingi 5 pensów
DA *n* US Jur → **District Attorney**
dab[1] /dæb/ **I** *n* [1] (of butter, ointment, rouge) odrobina *f*; (of glue) maźnięcie *n* [2] (light blow) muśnięcie *n*; **he gave his tie a ~ with a damp cloth** przetarł krawat wilgotną szmatką
II dabs *npl* GB infml (fingerprints) odciski *m pl* palców
III *vt* (*prp, pt, pp* **-bb-**) mus|nąć, -kać *[eyes, face, wound, wall]*; **the wound should be lightly ~bed with an antiseptic** trzeba delikatnie przetrzeć ranę środkiem odkażającym
■ **dab at**: **~ at [sth]** prze|trzeć, -cierać *[eyes, wound]*; zetrzeć, ścierać *[stain]*
■ **dab off**: **~ off [sth], ~ [sth] off** usu|nąć, -wać *[make-up, dirt, excess water]*; **to ~ sth off with sth** zetrzeć coś czymś
■ **dab on**: **~ on [sth], ~ [sth] on** lekko na|łożyć, -kładać *[rouge, paint]*; przy|łożyć, -kładać *[ointment]*; skr|opić, -apiać się (czymś) *[perfume, scent]*; **to ~ sth on with sth** lekko przykładać coś na coś
IDIOMS: **to be a ~ hand at (doing) sth** GB infml mieć złote ręce do (robienia) czegoś; Sport być świetnym w czymś *[cricket, tennis]*
dab[2] /dæb/ *n* Zool płastuga *f*
dabble /ˈdæbl/ **I** *vt* z|moczyć, zam|oczyć, -aczać; **to ~ one's fingers/toes in sth** zamoczyć w czymś ręce/stopy
II *vi* = **dabble in**
■ **dabble in**: **~ in [sth]** bawić się w (coś), robić (coś) po amatorsku; **to ~ in the Stock Exchange** grać po amatorsku na giełdzie; **I just ~ in painting** maluję amatorsko, zabawiam się malowaniem
dabbler /ˈdæblə(r)/ *n* amator *m*, -ka *f*
dabchick /ˈdæbtʃɪk/ *n* Zool (European) perkozik *m*; (American) perkoz *m* pręgodzioby
Dacca /ˈdækə/ *prn* Dakka *f*
dace /deɪs/ *n* (*pl* **~, ~s**) kleń *m*
dacha /ˈdætʃə/ *n* dacza *f*
dachshund /ˈdækshʊnd/ *n* jamnik *m*
Dacron® /ˈdækrɒn, ˈdeɪkrɒn/ *n* dakron *m*
dactyl /ˈdæktɪl/ *n* Literat daktyl *m*
dactylic /dækˈtɪlɪk/ *adj* daktyliczny
dad, Dad /dæd/ *n* infml (parent) tata *m*, tato *m*; (old man) hum stary *m* infml
Dada /ˈdɑ:dɑ:/ Art **I** *n* (art movement) dadaizm *m*
II *adj* dadaistyczny
dadaism /ˈdɑ:dəɪzəm/ *n* Art dadaizm *m*
dadaist /ˈdɑ:dəɪst/ Art **I** *n* dadaista *m*
II *adj* dadaistyczny
daddy, Daddy /ˈdædɪ/ *n* infml tatuś *m*
daddy-long-legs /ˌdædɪˈlɒŋlegz/ *n* (*pl* **~**) GB komarnica *f*; US kosarz *m*
dado /ˈdeɪdəʊ/ *n* (*pl* **-does, -dos**) (of wall) lamperia *f*; (of pedestal) plinta *f*
Dad's army *n* GB Mil infml hum ≈ obrona *f* terytorialna *(z czasów II wojny światowej)*
Daedalus /ˈdi:dələs/ *prn* Dedal *m*
daff /dæf/ *n* GB infml → **daffodil**
daffodil /ˈdæfədɪl/ *n* żonkil *m*
daffodil yellow **I** *n* (kolor *m*) żółty *m*
II *adj* żółty
daffy /ˈdæfɪ/ *adj* infml głupawy
daft /dɑ:ft, US dæft/ infml **I** *adj* [1] (silly) głupi, durny [2] zwariowany; **to be ~ about sb/sth** mieć fioła na punkcie kogoś/czegoś infml
II *adv* **to talk ~** opowiadać głupoty infml
IDIOMS: **~ as a brush** GB infml głupi jak but (z lewej nogi)
Dagestan /ˌdægɪˈstɑ:n/ *prn* Dagestan *m*
dagger /ˈdægə(r)/ *n* [1] (weapon) sztylet *m* [2] Print krzyżyk *m (przy odnośnikach lub przy nazwiskach osób zmarłych)*
IDIOMS: **to be at ~s drawn** być na noże **(with sb** z kimś**)**; **to look ~s at sb** sztyletować kogoś wzrokiem, rzucać komuś mordercze spojrzenie
dago /ˈdeɪgəʊ/ vinfml *n* pej (*pl* **~es, ~s**) *obraźliwe określenie południowca*
daguerreotype /dəˈgerətaɪp/ *n* dagerotyp *m*
dahlia /ˈdeɪlɪə, US ˈdælɪə/ *n* dalia *f*
Dail Eireann /dɔɪlˈeɪrən/ *n* Pol niższa izba *f* parlamentu Irlandii
daily /ˈdeɪlɪ/ **I** *n* [1] (newspaper) dziennik *m*, gazeta *f* codzienna; **the national dailies** dzienniki ogólnokrajowe [2] GB infml (also **~ help, ~ maid**) pomoc *f* domowa na przychodne
II *adj [routine, visit, journey, exercises]* codzienny; *[wage, rate, intake]* dzienny; *[sight, phenomenon]* powszechny, codzienny; **~ newspaper** gazeta codzienna, dziennik; **on a ~ basis** codziennie; **to be paid on a ~ basis** dostawać zapłatę za każdą przepracowaną dniówkę; **to earn one's ~ bread** zarabiać na chleb or życie; **our ~ bread** chleb powszedni or codzienny; **the ~ grind** codzienna harówka; **the ~ round** codzienne zajęcia
III *adv* codziennie; **to be taken twice ~** zażywać dwa razy dziennie; **he is expected ~** fml oczekujemy go lada dzień
daintily /ˈdeɪntɪlɪ/ *adv [dance, tiptoe, curtsey]* z gracją, wdzięcznie; *[woven, carved]* delikatnie
daintiness /ˈdeɪntɪnɪs/ *n* (of porcelain) kruchość *f*; (of lace) delikatność *f*; (of figure) filigranowość *f*
dainty /ˈdeɪntɪ/ **I** *n* przysmak *m*
II *adj* [1] *[porcelain, lace]* delikatny; *[shoe, hat]* maleńki; *[hand, foot]* drobny; *[figure]* filigranowy; *[movement]* pełen gracji [2] *[dish, cake]* delikatny, wykwintny; **a ~ morsel** smakowity kąsek [3] (fastidious) wybredny **(about sth** w czymś**)**
daiquiri /ˈdækərɪ, ˈdaɪ-/ *n* daiquiri *n inv (koktail z rumu i soku cytrynowego)*
dairy /ˈdeərɪ/ *n* [1] (on farm) mleczarnia *f* [2] (shop) sklep *m* nabiałowy [3] Comm (company) zakład *m* mleczarski, mleczarnia *f*
dairy butter *n* masło *n* śmietankowe
dairy cattle *n* (+ *v pl*) bydło *n* mleczne
dairy cow *n* mleczna krowa *f*
dairy cream *n* śmietana *f*
dairy farm *n* gospodarstwo *n* mleczne
dairy farming *n* hodowla *f* bydła mlecznego
dairy ice cream *n* lody *plt* śmietankowe
dairymaid /ˈdeərɪmeɪd/ *n* mleczarka *f*, dojarka *f*
dairyman /ˈdeərɪmən/ *n* (*pl* **-men**) mleczarz *m*
dairy produce *n* produkty *m pl* mleczne
dairy products *npl* = **dairy produce**
dais /ˈdeɪɪs/ *n* (*pl* **~es**) podium *n*
daisy /ˈdeɪzɪ/ *n* (common) stokrotka *f*; (garden) margerytka *f*
IDIOMS: **(as) fresh as a ~** świeży jak pączek róży; **to be pushing up (the) daisies** infml wąchać kwiatki od spodu infml
daisy chain *n* wianuszek *m* ze stokrotek
daisy wheel Comput, Print **I** *n* głowica *f* wirująca
II *modif* **~ printer** drukarka z wirującą głowicą
Dalai Lama /ˌdælaɪˈlɑ:mə/ *prn* **the ~** Dalaj Lama *m*
dale /deɪl/ *n* dolina *f*
IDIOMS: **up hill and down ~** GB, **over hill and ~** US przez góry i doliny
dalliance /ˈdælɪəns/ *n* liter flirt *m*, zaloty *plt*; fig (with idea, political party) flirt *m* fig
dally /ˈdælɪ/ *vi* [1] **to ~ with sb** dat flirtować z kimś [2] **to ~ with sth** fig przymierzać się do czegoś fig *[plan, idea]*; **to ~ with a political party** flirtować z partią polityczną [3] (linger) marudzić, ociągać się **(over sth** z czymś**)**; **come on, don't ~!** chodź, nie grzeb się or nie guzdrz się! infml
Dalmatia /dælˈmeɪʃə/ *prn* Dalmacja *f*

Dalmatian /dæl'meɪʃn/ **I** *n* 1 (naitive of Dalmatia) Dalmaty|ńczyk *m*, -nka *f* 2 (dog) (also **dalmatian**) dalmatyńczyk *m*
II *adj* dalmatyński
dalmatic /dæl'mætɪk/ *n* Relig dalmatyka *f*
daltonism /'dɔːltənɪzəm/ *n* daltonizm *m*
daltonist /'dɔːltənɪst/ *n* daltonist|a *m*, -ka *f*
dam[1] /dæm/ **I** *n* 1 (construction) zapora *f* (wodna); (to prevent flooding) wał *m* 2 (body of water) zbiornik *m*, sztuczne jezioro *n*
II *vt* (*prp, pt, pp* **-mm-**) Constr wy|budować tamę na (czymś) *[river, lake]*; (to prevent flooding) obwałow|ać, -ywać
■ **dam up**: **~ up [sth], ~ [sth] up** 1 = **dam II** 2 (block up) s|tłumić *[feelings, anger, tears]*; powstrzym|ać, -ywać *[flow of words]*; zatrzym|ać, -ywać; za|stopować infml *[supplies, money]*
dam[2] /dæm/ *adj, adv* infml = **damn**
dam[3] /dæm/ *n* (animal) matka *f*
damage /'dæmɪdʒ/ **I** *n* 1 (physical) uszkodzenia *n pl* **(to sth** czegoś) *[building, vehicle, furniture]*; szkoda *f*; **to do** or **cause ~** wyrządzić or spowodować szkodę; **not much ~ was done to the car** samochód został tylko lekko uszkodzony; **~ of £300 was done to the car** uszkodzenie samochodu wyceniono na 300 funtów; **storm /water/frost ~** zniszczenia or szkody spowodowane przez burzę/wodę/mróz; **criminal ~** Jur akt wandalizmu; **~ to property** Jur szkoda majątkowa; **~ or loss** Insur szkoda lub strata 2 (medical) uszkodzenie *n*, uszczerbek *m*; **to cause ~ to sth** spowodować uszkodzenie (czegoś) *[liver, brain]*; **to cause ~ to health** zaszkodzić zdrowiu, spowodować uszczerbek na zdrowiu; **(irreversible) brain ~** (nieodwracalne) uszkodzenie mózgu; **psychological ~** uraz psychiczny 3 fig **to do ~ to sth** narazić na szwank coś *[reputation]*; zaszkodzić czemuś *[cause, relationship, self-confidence]*; **political ~** szkody polityczne; **(a lot of) ~ was done to sth** wyrządzono czemuś (sporą) szkodę; **it's too late, the ~ is done** już za późno, stało się
II damages *npl* Jur odszkodowanie *n*, suma *f* odszkodowania; **to claim for ~s** domagać się odszkodowania **(against sb** od kogoś); **a claim for ~s** roszczenie o odszkodowanie; **he paid £700 (in) ~s** zapłacił 700 funtów odszkodowania; **~s for the loss of earnings** odszkodowanie za utratę or stratę zarobków; **agreed ~s** uzgodniona suma odszkodowania; **to be liable for ~s** ponosić odpowiedzialność cywilną za szkody
III *vt* (physically) uszk|odzić, -adzać *[building, machine, furniture]*; za|szkodzić (czemuś), nara|zić, -żać na szwank *[health]*; s|powodować uszkodzenie (czegoś) *[part of body]*; wyrządz|ić, -ać szkodę (czemuś), z|niszczyć *[environment, crop]*; fig zaw|ieść, -odzić *[confidence]*; za|szkodzić (czemuś) *[career, negotiations, relationship, reputation]*; **~ed child** Psych dziecko z urazem psychicznym
IDIOMS: **what's the ~** infml ile mnie to będzie kosztować? infml
damageable /'dæmɪdʒəbl/ *adj* Insur łatwy do uszkodzenia
damaging /'dæmɪdʒɪŋ/ *adj* 1 (to reputation, career, person) przynoszący szkodę, szkodzący (to sb/sth komuś/czemuś); *[effect]* szkodliwy; *[consequences]* katastrofalny 2 (to health, environment) niszczący **(to sth** kogoś/coś)
damagingly /'dæmɪdʒɪŋlɪ/ *adv [harsh, lax]* szkodliwie
Damascus /də'mæskəs/ *prn* Damaszek *m*; **the road to ~** Bible droga do Damaszku; fig nagłe nawrócenie
damask /'dæməsk/ **I** *n* 1 Tex adamaszek *m* 2 Hist (metal) stal *f* damasceńska 3 (colour) (kolor *m*) bladoróżowy *m*
II *modif [cloth, robe]* adamaszkowy
III *adj* (colour) bladoróżowy
damask rose *n* róża *f* damasceńska
Dam Busters /'dæmbʌstəz/ *npl* GB Mil, Hist **the ~** *piloci RAF-u, którzy w 1943 roku bombardowali zapory na rzekach Zagłębia Ruhry*
dame /deɪm/ *n* 1 GB arch pani *f* (domu); **the ~** Theat *komiczna rola dojrzałej kobiety, grana zwykle przez mężczyznę*; **~ Fortune** fortuna 2 **Dame** GB *tytuł przysługujący kobietom udekorowanym najwyższymi odznaczeniami Imperium Brytyjskiego* 3 US infml kobitka *f* infml
dame school *n* dat *szkółka w domu nauczycielki*
damfool /'dæmfuːl/ *adj* infml dat głupi; durny infml
dammit /'dæmɪt/ *excl* infml cholera!, psiakrew! infml; **(or) as near as ~** GB infml prawie że, o mały włos infml
damn /dæm/ **I** *n* infml **not to give a ~** gwizdać na wszystko infml; **not to give a ~ about sb/sth** mieć kogoś/coś gdzieś or w nosie infml; **it's not worth a ~** to nie jest warte złamanego grosza infml; **he can't sing worth a ~** US infml w ogóle nie umie śpiewać
II *adj* infml *[object]* przeklęty, cholerny infml; **your ~ husband** twój cholerny mąż; **you ~ lunatic!** ty przeklęty or cholerny idioto!; **I can't see a ~ thing** cholera, nic nie widzę infml
III *adv* infml cholernie infml; **a ~ good film/meal** cholernie dobry film/dobre jedzenie; **it's just ~ stupid/unfair** to jest cholernie głupie/niesprawiedliwe; **I should ~ well hope so!** no, mam nadzieję!
IV damn near *adv phr* infml **he ~ near killed me/ran me over** o mało mnie nie zabił/przejechał
V *excl* infml cholera!, psiakrew! infml
VI *vt* 1 infml (curse) **~ you!** niech cię diabli (wezmą)! infml; **~ the weather/car!** ta przeklęta pogoda/ten przeklęty samochód! infml; **homework be ~ed, I'm going out!** do diabła z lekcjami – wychodzę! infml; **~ the consequences!** niech się dzieje, co chce!; **~ the expense!** co tam pieniądze!; **I'll be ~ed!** niech mnie diabli wezmą! infml; **I'll be** or **I'm ~ed if I'm going to pay!** nie zapłacę, choćby nie wiem co! infml; **I'm ~ed if I know!** nie mam zielonego pojęcia! infml; **~ it!** niech to szlag trafi!, niech to cholera weźmie! infml 2 Relig przekl|ąć, -inać *[sinner, soul]* 3 (condemn) potępi|ć, -ać *[person, action, behaviour]* **(for sth** za coś); **to ~ sb for doing sth** obwiniać kogoś o coś; **to ~ sb with faint praise** przyganiać komuś przez (zbyt) skąpe pochwały
damnable /'dæmnəbl/ *adj* 1 (disgraceful) godny potępienia 2 dat infml (awful) *[weather, person, inconvenience]* okropny
damnably /'dæmnəblɪ/ *adv* 1 (disgracefully) straszliwie, haniebnie; **~ cruel/wicked** potwornie okrutny/zły 2 dat infml (extremely) sakramencko dat
damnation /dæm'neɪʃn/ **I** *n* Relig potępienie *n*
II *excl* infml cholera jasna! infml
damned /dæmd/ **I** *n* (+ *v pl*) **the ~** potępieńcy *m pl*
II *adj* 1 Relig potępiony 2 infml → **damn II**
III *adv* → **damn III**
damnedest /'dæmdɪst/ *n* infml 1 (hardest) **to do one's ~ (for sb)** zrobić wszystko (dla kogoś); **to try one's ~ (to do sth)** stawać na głowie (żeby coś zrobić) infml 2 (surprising) **the ~ thing happened yesterday** wczoraj zdarzyła się zupełnie niebywała rzecz; **it was the ~ thing** to było coś niebywałego
damning /'dæmɪŋ/ *adj [evidence]* obciążający; *[criticism]* potępiający
Damocles /'dæməkliːz/ **I** *prn* Damokles *m*; **the Sword of ~** miecz Damoklesa
II *modif* damoklesowy
damp /dæmp/ **I** *n* 1 (atmosphere, conditions) wilgoć *f* 2 Mining (also **fire ~**) gaz *m* kopalniany 3 Mining (also **black ~**) powietrze *n* kopalniane *(o małej zawartości tlenu)*
II *adj [atmosphere, building, cloth, clothes, skin]* wilgotny
III *vt* 1 = **dampen** 2 = **damp down** 3 Mus s|tłumić *[string, note]*
■ **damp down**: **~ down [sth], ~ [sth] down** s|tłumić *[vibrations, sound]*; s|tłumić, z|dusić *[fire, flames]*; zażegn|ać, -ywać *[crisis]*; rozładow|ać, -ywać *[situation]*
damp-dry /ˌdæmp'draɪ/ *adj [clothes, sheet]* lekko wilgotny, wilgotnawy
dampen /'dæmpən/ *vt* 1 zwilż|yć, -ać *[cloth, sponge, ironing]* 2 fig o|studzić *[optimism, enthusiasm]*; **to ~ sb's spirits** zepsuć or popsuć komuś humor; oblać kogoś zimną wodą fig
dampener /'dæmpənə(r)/ *n* US = **damper** 4
damper /'dæmpə(r)/ *n* 1 (in fireplace, stove) szyber *m* 2 Mus tłumik *m* 3 Audio, Electron, Mech tłumik *m* drgań, amortyzator *m* 4 (for stamps) zwilżacz *m*; (for ironing) zaparzaczka *f*
IDIOMS: **the news put a ~ on the evening** infml wiadomość zepsuła atmosferę wieczoru; **he always puts a ~ on everything** infml zawsze musi zepsuć każdą przyjemność
dampness /'dæmpnɪs/ *n* (of ground, room, clothes) wilgoć *f*; (of weather) wilgotność *f*
damp-proof /'dæmppruːf/ *adj* odporny na wilgoć
damp(-proof) course *n* warstwa *f* izolacyjna przeciwwilgociowa
damp squib *n* fig niewypał *m* fig
damsel /'dæmzl/ *n* liter młoda dama *f*, panna *f* dat; **a ~ in distress** hum dama w opałach
damselfly /'dæmzlflaɪ/ *n* ważka *f* równoskrzydła

damson /ˈdæmzn/ *n* [1] (fruit) śliwka *f* damaszka, damascenka *f* [2] (tree) śliwa *f* damaszka

dan /dæn/ *n* (in judo, karate) dan *n*

dance /dɑːns, US dæns/ **I** *n* [1] taniec *m*; **modern ~** taniec nowoczesny; **to ask sb for a ~** poprosić or zaprosić kogoś do tańca; **may I have the next ~?** czy mogę panią prosić do następnego tańca?; **the Dance of Death** taniec śmierci [2] (social occasion) zabawa *f*; tańce *m pl* infml; **to give** or **hold a ~** urządzić zabawę z tańcami or wieczorek taneczny
II *modif [band, music, step]* taneczny; **~ company** zespół tańca; **~ shoes/wear** pantofle/strój do tańca; **~ studio** studio tańca
III *vt* [1] za|tańczyć *[dance, steps]*; **he ~d her around the garden** tańczył z nią po całym ogrodzie [2] (dandle) po|huśtać, podrzuc|ić, -ać *[child]*
IV *vi* [1] za|tańczyć **(with sb** z kimś); **to ~ to music** tańczyć w rytm muzyki [2] fig podsk|oczyć, -akiwać, skakać; **she ~ed into the room** wbiegła do pokoju w podskokach; **to ~ for joy** skakać z radości; **to ~ with rage** miotać się z wściekłości
■ **dance about, dance up and down** podskakiwać w miejscu
IDIOMS: **to ~ attendance on sb** nadskakiwać komuś; tańczyć or skakać koło kogoś infml; **to ~ the night away** przetańczyć całą noc; **to lead sb a merry ~** przysparzać komuś kłopotów

dance floor *n* parkiet *m*

dance hall *n* sala *f* taneczna

dance notation *n* zapis *m* kroków tanecznych, choreografia *f*

dance programme *n* karnet *m*

dancer /ˈdɑːnsə(r), US ˈdænsər/ *n* tance|rz *m*, -rka *f*

dance step *n* krok *m* tańca or w tańcu

dancing /ˈdɑːnsɪŋ, US ˈdænsɪŋ/ **I** *n* tańce *m pl* dat; **will there be ~?** czy będą tańce?
II *modif* **~ class/school/teacher** lekcja /szkoła/nauczyciel tańca; **~ shoes** buty or pantofle do tańca
III *prp adj [waves, sunbeams]* tańczący; *[eyes]* żywy, roześmiany

dancing girl *n* tancerka *f*, girlsa *f*

dancing partner *n* partner *m*, -ka *f* do tańca

D and C *n* Med = **dilation and curettage** łyżeczkowanie *n* macicy

dandelion /ˈdændɪlaɪən/ *n* Bot mniszek *m* lekarski, mlecz *m*; dmuchawiec *m* infml

dander /ˈdændə(r)/ *n* infml **to get sb's ~ up** zdenerwować kogoś; **to get one's ~ up** zdenerwować się **(over** or **about sth** z powodu czegoś)

dandified /ˈdændɪfaɪd/ *adj [person]* dandysowaty; *[appearance]* wymuskany

dandle /ˈdændl/ *vt* [1] **to ~ a baby on one's knee** huśtać dziecko na kolanach [2] (fondle) pieścić

dandruff /ˈdændrʌf/ *n* łupież *m*; **to have ~** mieć łupież; **anti-~ shampoo** szampon przeciwłupieżowy

dandy /ˈdændɪ/ **I** *n* elegant *m*, dandys *m*
II *adj* infml *[idea]* wspaniały
IDIOMS: **fine and ~** świetnie, w porządku

Dane /deɪn/ *n* Du|ńczyk *m*, -nka *f*

dang /dæŋ/ *adj, adv, excl* US → **darn²**

danger /ˈdeɪndʒə(r)/ *n* [1] (exposure to harm, cause of harm) niebezpieczeństwo *n* **(of sth** czegoś); zagrożenie *n* **(to sb/sth** dla kogoś /czegoś); **(to be) in ~** (być) w niebezpieczeństwie; **you are not in any ~** nic ci nie grozi; **the species is in ~ of extinction** temu gatunkowi grozi wymarcie; **the patient is out of ~** życiu pacjenta nie zagraża niebezpieczeństwo; **to put sb/sth in ~** narazić kogoś/coś na niebezpieczeństwo; **~ to life and limb** zagrożenie dla życia i zdrowia; **a ~ to society** zagrożenie dla społeczeństwa; **'~!'** „uwaga! (niebezpieczeństwo!)" [2] (unwelcome possibility) niebezpieczeństwo *n*, ryzyko *n*; **the ~ is that..., there is a ~ that...** istnieje niebezpieczeństwo or ryzyko, że...; **there is no ~ in doing sth** robienie czegoś niczym nie grozi; **'don't work too hard' – 'there's no ~ of that'** hum „nie przepracowuj się" – „nie ma obaw" hum

danger area *n* strefa *f* zagrożenia

danger list *n* **on the ~** Med *[patient]* w stanie krytycznym

danger money *n* dodatek *m* za pracę w niebezpiecznych warunkach

dangerous /ˈdeɪndʒərəs/ *adj* niebezpieczny **(for** or **to sb/sth** dla kogoś/czegoś); **it is ~ to skate on thin ice** niebezpiecznie jest ślizgać się po cienkim lodzie; **~ driving** Aut niebezpieczna jazda
IDIOMS: **to be on ~ ground** stąpać po śliskim gruncie

dangerously /ˈdeɪndʒərəslɪ/ *adv [drive, burn, leak]* niebezpiecznie; *[ill]* poważnie; **to live ~** lubić ryzyko

danger signal *n* sygnał *m* ostrzegawczy also fig

danger zone *n* = **danger area**

dangle /ˈdæŋgl/ **I** *vt* wymachiwać (czymś); fig kusić; **the prospect of promotion was ~d before** or **in front of him** kuszono go perspektywą awansu
II *vi* dyndać **(from sth** na czymś); *[puppet, keys, rope]* zwisać; **with legs dangling** wymachując or dyndając nogami; **to keep sb dangling** infml trzymać kogoś w napięciu

Danish /ˈdeɪnɪʃ/ **I** *n* [1] Ling (język *m*) duński *m* [2] US Culin = **Danish pastry**
II *adj* duński

Danish blue (cheese) *n* duński ser *m* pleśniowy

Danish pastry *n* ciastko *n* (z owocami lub kruszonką)

dank /dæŋk/ *adj [air]* wilgotny; *[cellar, cave]* zimny i wilgotny, zawilgocony

Dante /ˈdæntɪ/ *prn* Dante *m*

Dantean /ˈdæntɪən/ *adj* = **Dantesque**

Dantesque /dænˈtesk/ *adj* (Dante-like) dantejski; (Dante's) Dantejski

Danube /ˈdænjuːb/ *prn* **the ~** Dunaj *m*; **the Blue ~** Mus „Nad pięknym, modrym Dunajem"

Danzig /ˈdæntsɪg/ *prn* Hist Gdańsk *m*

daphne /ˈdæfnɪ/ *n* Bot wawrzynek *m*

daphnia /ˈdæfnɪə/ *n* rozwielitka *f*, dafnia *f*

dapper /ˈdæpə(r)/ *adj [man, appearance]* elegancki, wytworny

dapple /ˈdæpl/ **I** *vt* pokry|ć, -wać cętkami
II dappled *pp adj [horse]* (grey) jabłkowity; (bay) gniado-tarantowaty; *[cow]* łaciaty; *[sky]* pokryty obłoczkami; *[shade, surface]* z jaśniejszymi plamami

dapple-grey GB, **dapple-gray** US /ˌdæplˈgreɪ/ **I** *n* (horse) jabłkowity *m*
II *adj* jabłkowity

DAR US = **Daughters of the American Revolution** *stowarzyszenie potomkiń uczestników wojny o niepodległość Stanów Zjednoczonych*

Darby and Joan /ˌdɑːbɪənˈdʒəʊn/ **I** *n* *zgodna para małżeńska w starszym wieku*; **like ~** jak dwa gołąbki
II *modif* **~ Club** GB ≈ klub złotej jesieni

Dardanelles /ˌdɑːdəˈnelz/ *prn pl* **the ~** Dardanele *plt*, cieśnina *f* Dardanele

dare /deə(r)/ **I** *n* wyzwanie *n*; **to do sth for a ~** zrobić coś w odpowiedzi na wyzwanie
II *modal aux* [1] (to have the courage to) odważ|yć, -ać się, ośmiel|ić, -ać się, mieć śmiałość **(do sth** or **to do sth** coś zrobić); **few ~ (to) speak out** niewielu odważa się otwarcie mówić; **nobody ~d ask** nikt nie odważył się zapytać; **the article ~s to criticize** autor artykułu ośmiela się krytykować; **I'd never ~ say it to her** nigdy nie odważę się jej tego powiedzieć; **we wanted to watch but didn't ~** chcieliśmy popatrzeć, ale nie odważyliśmy się; **they don't ~** or **they daren't** GB **take the risk** nie śmią ryzykować; **read on if you ~** hum czytaj dalej, jeżeli strach cię jeszcze nie obleciał; **~ we follow their example?** czy odważymy się pójść ich śladem?; **~ I say it** nie bójmy się tego powiedzieć; **I ~ say, I daresay** GB zapewne; **I ~ say, I daresay that...** przypuszczam, że... [2] (expressing anger, indignation) ważyć się, ośmiel|ić, -ać się **(do sth** coś zrobić); **they wouldn't ~!** nie ośmieliliby się!; **he wouldn't ~ show his face here!** nie ośmieliłby się tu pokazać!; **don't (you) ~ speak to me like that!** nie waż się do mnie tak mówić!; **don't you ~!** (warning) ani mi się waż!; **how ~ you suggest that!** jak śmiesz coś takiego proponować!; **how ~ you!** jak śmiesz!
III *vt* **to ~ sb to do sth** rzucić (komuś) wyzwanie, żeby coś zrobił; **I ~ you to say it to her!** spróbuj jej to powiedzieć!; **go on, I ~ you!** no dalej, spróbuj!
IDIOMS: **who ~s wins** do odważnych świat należy

daredevil /ˈdeədevl/ **I** *n* śmiałek *m*, szaleniec *m*
II *adj [stunt, leap]* szaleńczy, śmiały

daren't /ˈdeənt/= **dare not**

daresay /ˌdeəˈseɪ/ GB → **dare II** [1]

daring /ˈdeərɪŋ/ **I** *n* odwaga *f*, śmiałość *f*
II *adj* [1] (courageous) śmiały, odważny; **it was ~ of her to do it** to było odważne z jej strony [2] (innovative) *[suggestion]* śmiały [3] (shocking) *[suggestion]* szokujący, śmiały; **~ dress** śmiała kreacja

daringly /ˈdeərɪŋlɪ/ *adv* śmiało

dark /dɑːk/ **I** *n* **the ~** ciemność *f*, ciemności *f pl*; **in the ~** w ciemnościach, po ciemku; **before ~** przed zmrokiem; **until ~** do zmroku; **after ~** po (zapadnięciu) zmroku
II *adj* [1] (lacking in light) *[room, alley, forest, sky]* ciemny; *[day]* ponury; **it is getting** or **growing ~** robi się ciemno, zapada

D

zmrok; **it is ~** jest ciemno; **it is very ~ in here** tutaj jest bardzo ciemno; **the sky went ~** niebo pociemniało; **the ~ side of the moon** niewidoczna or ciemna strona księżyca; **in ~est Africa** w samym sercu Afryki [2] (in colour) *[colour, suit, liquid]* ciemny; **~ blue/green** ciemnoniebieski /ciemnozielony [3] (physically) *[hair, eyes]* ciemny; *[skin, complexion]* (swarthy) śniady, smagły; (black or brown) ciemny; **she's ~** ona ma ciemne włosy; **his hair is getting ~er** włosy mu ciemnieją [4] (gloomy) *[mood]* ponury; *[period]* czarny; **the ~ days of the recession** czarne dni recesji [5] (sinister) *[thoughts]* czarny, mroczny; *[secret, purpose, motive, prejudice]* mroczny; *[influence]* zgubny; **the ~ side of sth** ciemna strona czegoś *[regime]*; **the ~ side of sb** zła strona kogoś *[person]* [6] (evil) *[influence]* zły; **~ forces** or **powers** ciemne moce [7] (angry) *[look]* gniewny; **I got a ~ look from him** przeszył mnie gniewnym wzrokiem [8] Ling ~ l ciemne l

IDIOMS: **a shot in the ~** strzał w ciemno; **to be in the ~** nic nie wiedzieć **(about sth** o czymś); **I'm in the ~ about her intentions** nie znam jej zamiarów; **to leave sb in the ~** pozostawić kogoś w nieświadomości; **to keep sb in the ~ about sth** utrzymywać kogoś w nieświadomości co do czegoś; **keep it ~** zachowaj to w sekrecie; **to take a leap** or **shot in the ~** (guess) strzelać (w ciemno); (risk) zaryzykować, podejmować ryzyko; **to work in the ~** GB poruszać się po omacku infml

dark age *n* fig mroczny okres *m*

Dark Ages *npl* Hist **the ~** wczesne średniowiecze *n*

dark chocolate *n* twarda, gorzka czekolada *f*

dark-complexioned /ˌdɑːkkəmˈplekʃnd/ *adj* śniady, o ciemnej karnacji

Dark Continent *n* dat **the ~** Czarny Ląd *m*

darken /ˈdɑːkən/ **I** *vt* [1] (reduce light in) przesł|onić, -aniać, przyćmi|ć, -ewać *[sun, sky, landscape]*; zaciemni|ć, -ać *[house, room]* [2] (in colour) przyciemni|ć, -ać *[complexion, liquid, colour, hair, skin]*; s|powodować ściemnienie (czegoś) *[skin, complexion]* [3] (cloud) rzuci|ć, -ać cień na coś *[atmosphere, future]*

II *vi* [1] (lose light) *[sky]* po|ciemnieć; *[night]* robić się coraz ciemniejszym; **the room /the streets ~ed** w pokoju/na ulicach ściemniło się, w pokoju/na ulicach zrobiło się ciemno [2] (in colour) *[liquid, skin, hair]* ś|ciemnieć [3] (show anger) *[eyes, face]* s|pochmurnieć [4] (become gloomy) *[atmosphere, mood, outlook]* sta|ć, -wać się ponurym

III darkened *pp adj [room, window]* zaciemniony

IV darkening *prp adj [sky, wood]* ciemniejący; **the ~ing evenings** wieczory, kiedy szybko robi się ciemno

IDIOMS: **don't ever ~ my door again!** hum or liter żeby twoja noga więcej tu nie postała!

darkey *n* infml = **darky**

dark-eyed /ˌdɑːkˈaɪd/ *adj* ciemnooki, czarnooki; **she was pale and ~** miała jasną cerę i ciemne oczy

dark glasses *npl* ciemne okulary *plt*, okulary *plt* słoneczne

dark horse *n* [1] GB infml (enigmatic person) zagadkowa or tajemnicza postać *f*; **you're a bit of a ~!** infml tajemniczy z ciebie człowiek! infml [2] (in sports) czarny koń *m* fig *(o zawodniku)* [3] US Pol czarny koń *m* fig

darkly /ˈdɑːklɪ/ *adv* [1] *[mutter, say, hint]* (grimly) ponuro; (sinisterly) złowieszczo; (ominously) *[eye, watch]* złowrogo; **~ humorous** pełen czarnego humoru [2] (in tones) **~ coloured** w ciemnym kolorze, w ciemnych barwach

darkness /ˈdɑːknɪs/ *n* [1] (blackness) ciemność *f*, mrok *m*; **to be plunged into ~** pogrążyć się w ciemności or w mroku; **as ~ fell** gdy zapadała ciemność or zapadał zmrok; **in/out of the ~** w ciemnościach /z ciemności; **under (the) cover of ~** pod osłoną mroku [2] (evil) **the forces of ~** siły zła

darkroom /ˈdɑːkruːm/ *n* ciemnia *f*

dark-skinned /ˌdɑːkˈskɪnd/ *adj [person]* ciemnoskóry

darky /ˈdɑːkɪ/ *n* infml offensive czarnuch *m* infml offensive

darling /ˈdɑːlɪŋ/ **I** *n* [1] (term of address) (to loved one) kochanie *n*; (to a child) moje maleństwo *n*, kochanie *n*; (affectedly: to acquaintance) mój drogi *m*, moja droga *f*; **you poor ~** moje biedactwo; **~ Rosie** Różyczko kochana [2] (kind, lovable person) kochan|y *m*, -a *f*; **her father is a ~** jej ojciec jest kochany; **the children have been little ~s** dzieci były kochane or bardzo grzeczne; **be a ~ and pour me a drink** bądź tak dobry i daj mi coś do picia [3] (favourite) (of circle, public) ulubieni|ec *m*, -ca *f*; (of family, parent) oczko *n* w głowie fig; (of teacher) pupil|ek *m*, -ka *f*

II *adj* [1] (expressing attachment) *[child, husband]* kochany, ukochany [2] (expressing approval, admiration) śliczny, słodki; **a ~ little baby /kitten!** jaki słodki dzidziuś/kotek!; **what a ~ little house!** jaki uroczy domek!

darn¹ /dɑːn/ **I** *n* cera *f* **(in sth** w czymś)

II *vt* za|cerować *[socks, sweater, hole]*

darn² /dɑːn/ **I** *adj* infml (also **darned**) przeklęty; cholerny infml

II *adv* cholernie infml; **~ good** znakomicie, świetnie

III *excl* cholera!, psiakrew! infml

darnel /ˈdɑːnl/ *n* Bot życica *f*

darning /ˈdɑːnɪŋ/ **I** *n* cerowanie *n*

II *modif* **~ wool/needle** przędza/igła do cerowania; **~ stitch** ścieg przeplatany

dart /dɑːt/ **I** *n* [1] Sport strzałka *f (do gry w strzałki)* [2] (weapon) strzała *f* (krótka); **poisoned ~** zatruta strzała; **tranquillizer ~** pocisk ze środkiem usypiającym [3] (movement) gwałtowny ruch *m*; **to make a ~ for/at sth** rzucić się do czegoś/na coś; **with a single ~** jednym szybkim ruchem [4] Sewing zaszewka *f*; **to put a ~ in a blouse** zrobić zaszewkę w bluzce

II darts *npl* Sport (+ *v sg*) gra *f* w strzałki; **a game of ~s** partia strzałek; **to play ~s** grać w strzałki

III *vt* rzuc|ić, -ać *[question, look, glance]* **(at sb** komuś); rzuc|ić, -ać (czymś) *[harpoon, shaft]* **(at sb** w kogoś); wywali|ć, -ać infml *[tongue]*; gwałtownie wyciąg|nąć, -ać *[paw]*; rzuc|ić, -ać *[ray(s)]*; **she ~ed an anxious glance over her shoulder** rzuciła niespokojne spojrzenie za siebie

IV *vi* rzuc|ić, -ać się **(at sth** na coś); **to ~ away** rzucić się do ucieczki; **to ~ in/out** wpaść/wypaść jak strzała infml; **swallows are ~ing through the air** jaskółki śmigają w powietrzu

dartboard /ˈdɑːtbɔːd/ *n* tarcza *f* do gry w strzałki

darting /ˈdɑːtɪŋ/ *adj [glance, movement]* błyskawiczny

Darwinian /dɑːˈwɪnɪən/ *adj* (Darwin-like) darwinowski; (Darwin's) Darwinowski

Darwinism /ˈdɑːwɪnɪzəm/ *n* darwinizm *m*

DASD *n* → **direct access storage device**

dash /dæʃ/ **I** *n* [1] (rush) **to make a ~ for sth** rzucić się do czegoś; **it has been a mad ~ to do it** wszyscy rzucili się, żeby to zrobić; **to make a ~ for it** (run away) zmiatać, zwiewać infml; **shall we make a ~ for it?** (to shelter) uciekamy tam?; zwiewamy tam? infml [2] Sport dat sprint *m*, bieg *m* sprinterski; **the 100 metre ~** bieg na 100 metrów [3] (punctuation mark) myślnik *m* [4] (in morse code) kreska *f*; **dot dot ~** kropka kropka kreska [5] (small amount) odrobina *f*; (of liquid) kropla *f* **(of sth** czegoś); (of pepper, salt) szczypta *f* **(of sth** czegoś); **a ~ of bitterness** kropla goryczy; **a ~ of humour** szczypta humoru [6] (flair) werwa *f* [7] Aut infml deska *f* (rozdzielcza)

II *excl* infml dat (exasperated) psiakość! infml dat; **~ it all!** a niech to! infml

III *vt* [1] (smash) roztrzask|ać, -iwać *[boat, glass]*; rozbryzg|ać, -iwać *[waves]*; **to ~ sth against sth** roztrzaskać coś o coś; **to ~ sth to the ground** roztrzaskać coś o ziemię; **to ~ sth to pieces** roztrzaskać coś na kawałki; **to ~ sb's brains out against sth** roztrzaskać komuś głowę o coś [2] fig (destroy) z|niweczyć *[hopes, expectations]*; z|burzyć *[optimism]*; osłabi|ć, -ać *[morale]*; **hopes of success were ~ed when...** nadzieje na sukces zostały zniweczone w chwili, gdy...

IV *vi* [1] (hurry) po|pędzić, pom|knąć, -ykać; śmig|nąć, -ać infml; **we ~ed for the exits** pomknęliśmy or popędziliśmy do wyjścia; **she ~ed across the road** przebiegła or śmignęła przez ulicę; **to ~ into/out** wpaść/wypaść; **to ~ around** or **about** ganiać (w kółko); **I must ~!** muszę lecieć! infml [2] (smash) *[boat, kite]* roztrzask|ać, -iwać się **(against sth** o coś); *[waves]* rozbryzg|ać, -iwać się **(against sth** o coś)

■ **dash off**: ¶ **~ off** pędem oddal|ić, -ać się ¶ **~ off [sth], ~ [sth] off** machnąć infml *[note, essay, sketch]*

IDIOMS: **to cut a ~** wyglądać bardzo elegancko

dashboard /ˈdæʃbɔːd/ *n* Aut deska *f* rozdzielcza

dashed /dæʃt/ *adj* infml dat przeklęty

dashiki /ˈdɑːʃɪkɪ/ *n* kolorowa, luźna koszula *f*

dashing /ˈdæʃɪŋ/ *adj* (spirited) *[person]* dziarski, żwawy; (stylish) *[outfit]* szykowny

dastardly /ˈdæstədlɪ/ *adj* liter podły, nikczemny

DAT /dat/ *n* → **digital audio tape**

data /ˈdeɪtə/ *npl* dane *plt*

data acquisition *n* gromadzenie *n* danych
data analysis *n* analiza *f* danych
data bank *n* bank *m* danych
database /ˈdeɪtəbeɪs/ *n* Comput baza *f* danych
database management system, DBMS *n* Comput system *m* zarządzania bazą danych
data capture *n* Comput zbieranie *n* danych
data carrier *n* Comput nośnik *m* danych
data collection *n* Comput zbieranie *n* danych
data communications *npl* Comput przesyłanie *n* danych, transmisja *f* danych
data corruption *n* Comput naruszenie *n* integralności danych
data dictionary *n* Comput słownik *m* (bazy) danych
data directory *n* Comput katalog *m* (bazy) danych
data disk *n* Comput dysk *m* z danymi or zawierający dane
data encryption *n* Comput szyfrowanie *n* danych
data entry *n* Comput wprowadzanie *n* danych
data file *n* Comput plik *m* danych
data handling *n* Comput obróbka *f* danych
data highway *n* infostrada *f*
data input *n* Comput wprowadzanie *n* danych
data item *n* Comput element *m* danych
data link *n* Comput łącze *n* danych
data management *n* Comput zarządzanie *n* danymi
data mining *n* Comput wybieranie *n* danych
Datapost /ˈdeɪtəpəʊst/ *n* GB Post poczta *f* ekspresowa; **by ~** pocztą ekspresową
data preparation *n* przygotowanie *n* danych
data processing *n* (procedure) przetwarzanie *n* danych; (career) informatyka *f*; (department) dział *m* informatyczny
data processing manager *n* szef *m* działu informatycznego
data processor *n* Comput (machine) procesor *m*; (worker) wprowadzając|y *m*, -a *f* dane
data protection *n* Comput, Jur, Admin ochrona *f* danych
data protection act *n* Jur ustawa *f* o ochronie danych
data retrieval *n* Comput wyszukiwanie *n* danych
data security *n* ochrona *f* danych
data storage *n* Comput (process) przechowywanie *n* danych; (medium) pamięć *f* danych
data storage device *n* Comput urządzenie *n* do przechowywania danych (w pamięci)
data structure *n* struktura *f* danych
data transmission, DT *n* Comput transmisja *f* or przesyłanie *n* danych
data type *n* typ *m* danych
data warehouse *n* Comput magazyn *m* danych, składnica *f* danych
date[1] /deɪt/ **I** *n* [1] (day of the month) data *f*; **~ of birth** data urodzin; **~ of delivery /expiry** termin dostawy/ważności; **what ~ is your birthday?** kiedy są twoje urodziny?; **what ~ is it today?, what's the ~ today?** jaki dziś mamy dzień?; **today's ~ is May 2** dzisiaj jest drugi maja; **there's no ~ on the letter** na tym liście nie ma daty; **'~ as postmark'** „data na stemplu pocztowym"; **to fix/set a ~** ustalić datę; **let's set a ~ now** ustalmy datę teraz; **the ~ for the match is June 5** mecz odbędzie się piątego czerwca; **at a later ~** w późniejszym terminie; **at a/some future ~** później; **of recent ~** niedawny [2] (of event) data *f*; (on coin) data *f* emisji [3] (meeting) (umówione) spotkanie *n*; (with boyfriend, girlfriend) randka *f*; **he has a ~ with Anna tonight** idzie dziś wieczorem na randkę z Anną, na dziś wieczór umówił się z Anną; **on our first ~** na naszej pierwszej randce; **I have a lunch ~ on Wednesday** umówiony jestem w środę na lunch; **to make a ~ for Monday** umówić się na poniedziałek [4] (person one is going out with) **John is her ~ for the party** (ona) idzie na przyjęcie z Johnem; **who's your ~ for tonight?** z kim jesteś dziś umówiony? [5] (pop concert) koncert *m*, występ *m*; **they're playing five ~s in England** dają pięć koncertów w Anglii
II to date *adv phr* do chwili obecnej
III *vt* [1] (mark with date) *[person]* na|pisać datę na (czymś), opat|rzyć, -rywać datą *[letter, cheque]*; *[machine]* datować *[envelope, document]*; **a cheque/letter ~d May 31st** czek opatrzony datą/list z dnia 31 maja; **a statuette ~d 1875** statuetka z roku 1875 [2] (identify age of) datować *[skeleton, building, object]*; **scientists have ~d the skeleton at 300 BC** naukowcy datują ten szkielet na IV w. p.n.e. [3] (reveal age of) **the style of clothing ~s the film** styl ubiorów zdradza, kiedy film powstał [4] (go out with) spotykać się z (kimś); chodzić z (kimś) infml *[person]*
IV *vi* [1] (originate) pochodzić z, datować się; **the cathedral ~s from** or **back to the 17th century** katedra pochodzi z XVII wieku; **her problems ~ from** or **back to the accident** jej problemy zaczęły się or datują się od wypadku; **these customs ~ from** or **back to the Middle Ages** te zwyczaje pochodzą ze or datują się od średniowiecza; **their friendship ~s from** or **back to childhood** ich przyjaźń sięga czasów dzieciństwa [2] (become dated) *[clothes, style]* wy|jść -chodzić z mody; *[slang]* zestarzeć się → **out-of-date, up-to-date**
date[2] /deɪt/ *n* [1] (fruit) daktyl *m* [2] (also **~ palm**) daktylowiec *m*, palma *f* daktylowa
dated /ˈdeɪtɪd/ *adj [clothes, style]* niemodny; *[ideas, convention, custom, word]* przestarzały, staroświecki; **to be ~** trącić myszką; **the book/film seems** or **looks rather ~ now** ta książka/ten film trąci już nieco myszką; **this style is becoming ~** ten styl wychodzi z mody
dateline /ˈdeɪtlaɪn/ *n* [1] (on document, newspaper article) *nagłówek podający datę i miejsce powstania* [2] Geog (also **date line**) linia *f* zmiany daty
date rape *n* gwałt *m* dokonany przez osobę znaną ofierze
date stamp **I** *n* [1] (device) datownik *m* [2] (mark) data *f* na stemplu
II date-stamp *vt* o|pieczętować datownikiem *[bill, envelope, letter, receipt]*
dating agency *n* agencja *f* kojarząca pary
dative /ˈdeɪtɪv/ Ling **I** *n* celownik *m*; **in the ~** w celowniku
II *adj [structure]* celownikowy; **~ ending** końcówka celownika; **~ case** celownik
daub /dɔːb/ **I** *n* infml pej (painting) bohomaz *m* pej
II *vt* **to ~ a wall with sth** pomazać czymś ścianę or mur; **to ~ sth on a wall** namazać coś na ścianie or murze; **she had ~ed make-up on her face, she had ~ed her face with make-up** pej wypacykowała się infml pej
daughter /ˈdɔːtə(r)/ *n* córka *f* also fig; liter córa *f* liter
daughterboard /ˈdɔːtəbɔːd/ *n* Comput płyta *f* rozszerzenia
daughter cell *n* Biol komórka *f* potomna
daughter chromatide *n* Biol chromatyda *f* potomna
daughter chromosome *n* Biol chromosom *m* potomny
daughter-in-law /ˈdɔːtərɪnˌlɔː/ *n* (*pl* **daughters-in-law**) synowa *f*
daughter language *n* Ling język *m* wywodzący się z innego
daughterly /ˈdɔːtəlɪ/ *adj* córczyn, córczyny dat; **~ affection** miłość córki, córczyna miłość
daughter nucleus *n* Biol jądro *n* komórkowe potomne
daunt /dɔːnt/ *vt* (discourage) zniechęc|ić, -ać, zra|zić, -żać *[person]*; **to be ~ed by sth** być zniechęconym or zrażonym przez coś; **not to be ~ed by sth** nie dać się czemuś zniechęcić; **nothing ~ed, she continued on her way** szła dalej nie bacząc na nic
daunting /ˈdɔːntɪŋ/ *adj [task, prospect]* zniechęcający, beznadziejny infml; *[person]* onieśmielający; **it is ~ to think/read** jak się pomyśli/przeczyta ogarnia człowieka uczucie zniechęcenia; **they were faced with a ~ amount of work** czekał ich przytłaczający ogrom pracy; **they were faced with a ~ range of possibilities** było tyle możliwości, że trudno im się było zdecydować
dauntless /ˈdɔːntlɪs/ *adj* nieustraszony, niezrażony
dauntlessly /ˈdɔːntlɪslɪ/ *adv* nieustraszenie, w nieustraszony sposób
davenport /ˈdævnpɔːt/ *n* [1] GB (desk) sekretarzyk *m* [2] US (sofa) rozkładana kanapa *f*
David /ˈdeɪvɪd/ *prn* Dawid *m*
davit /ˈdævɪt/ *n* Naut żurawik *m*
Davy Jones's Locker /ˌdeɪvɪdʒəʊnzɪz ˈlɒkə(r)/ *n* fig hum **to go to ~** dat infml pójść na dno morza
Davy lamp /ˈdeɪvɪlæmp/ *n* Miner lampa *f* Davy'ego, lampa *f* wskaźnikowa benzynowa
dawdle /ˈdɔːdl/ *vi* [1] (waste time) mitrężyć czas; guzdrać się infml; **he ~d over breakfast** guzdrał się ze śniadaniem [2] (move aimlessly) iść powoli, wlec się; **he ~d along the road** wlókł się drogą; **she ~d back to the house/up the hill** powlokła się z powrotem do domu/pod górę
dawdler /ˈdɔːdlə(r)/ *n* guzdrała *m/f*, maruda *m/f* infml
dawdling /ˈdɔːdlɪŋ/ *n* guzdranie się *n*, marudzenie *n* infml

D

dawn /dɔːn/ **I** *n* [1] świt *m*, brzask *m*; **at ~** o świcie or brzasku; **before** or **by ~** przed świtem; **at the crack of ~** bladym świtem; **~ broke** zaczęło świtać; **(I have to work) from ~ to** or **till dusk** (pracuję) od świtu do zmroku [2] fig (beginning) świt *m*, zaranie *n* fig; **the ~ of a new era/century** początek or zaranie nowej ery/nowego stulecia; **the ~ of a revolution** zaranie rewolucji; **a new ~ in computer technology/in Europe** początek nowej ery w technice komputerowej/w Europie; **the change in government was a false ~** nadzieje związane ze zmianą rządu okazały się przedwczesne; **since the ~ of time** od zarania dziejów, od zamierzchłych czasów

II *vi* [1] (become light) *[day]* wstać, za|świtać; **the day ~ed sunny and warm** dzień wstał słoneczny i ciepły; **the day will ~ when...** fig nastanie taki dzień, kiedy...; **a new age has ~ed** nastała nowa era; **hope ~ed on the horizon** na horyzoncie zaświtała nadzieja [2] (become apparent) **it ~ed on me/him that...** zaświtało mi/mu (w głowie), że...; **it suddenly ~ed on him why/how** nagle pojął, dlaczego/jak

dawn chorus *n* poranne *m pl* trele

dawning /ˈdɔːnɪŋ/ **I** *n* fig świt *m*, zaranie *n* **II** *adj* świtający; **~ hopes** błysk or promień nadziei

dawn raid *n* (policyjny) nalot *m* o świcie

day /deɪ/ **I** *n* [1] (24 hours) doba *f*; **a single room in this hotel is £200 a ~** jednoosobowy pokój w tym hotelu kosztuje 200 funtów za dobę [2] (unit of time) dzień *m*; **what ~ is it today?** jaki dziś dzień?; **~ after ~, ~ in ~ out** dzień w dzień; **every ~** codziennie; **every other ~** co drugi dzień; **from ~ to ~** z dnia na dzień; **from one ~ to the next** z każdym dniem; **from that ~ to this** od tamtego dnia or czasu do dzisiaj; **any ~ now** lada dzień; **one ~, some ~** pewnego dnia; **one fine ~** fig pewnego pięknego dnia; **within ~s** w ciągu kilku dni; **it's not every ~ that...** niecodziennie zdarza się, żeby...; **the ~ when...** or **that...** w dniu, w którym...; **it's ~s since I've seen you** nie widziałam cię od dawna; **to the ~** co do dnia; **to come on the wrong ~** pomylić dzień; **it had to happen today of all ~s!** że też to się musiało zdarzyć akurat dzisiaj!; **to this ~** do dzisiaj; **all ~ and every ~** zawsze; **the ~ after/before** następnego/poprzedniego dnia, dzień później/wcześniej; **the ~ before yesterday** przedwczoraj; **the ~ after tomorrow** pojutrze; **two ~s before /after the wedding** na dwa dni przed ślubem/dwa dni po ślubie; **from that ~ onwards** od tamtego dnia; **from this ~ forth** liter od dzisiaj; **they become more proficient by the ~** z dnia na dzień nabierają coraz większej wprawy [3] (until evening) dzień *m*; **working/school ~** dzień pracy/w szkole; **a hard/busy ~** ciężki /pracowity dzień; **a ~ at the seaside /shops** dzień (spędzony) nad morzem/na zakupach; **an enjoyable ~'s tennis/golf** dzień przyjemnie spędzony na grze w golfa/tenisa; **all ~** cały dzień; **all that ~** cały tamten dzień; **before the ~ was out** nim minął dzień; **during/for the ~** w ciągu dnia/na (cały) dzień; **to be paid by the ~** dostawać zapłatę za przepracowaną dniówkę; **to spend the ~ doing sth** spędzić dzień robiąc coś; **to take all the ~ doing sth** robić coś cały dzień; **pleased with their ~'s work** zadowoleni z tego, co zrobili w ciągu dnia; **hurry up, we haven't got all ~** pośpiesz się, czas ucieka or szkoda czasu; **it was a hot ~** tego dnia było gorąco; **have a nice ~!** miłego dnia!; **what a ~!** co za dzień! [4] (as opposed to night) dzień *m*; **as soon as ~ breaks** jak tylko wstanie dzień; **the ~s are getting longer/shorter** dni stają się dłuższe/krótsze; **to be on** or **to work ~s** pracować na dzienną zmianę; **we rested by ~** odpoczywaliśmy w dzień or w ciągu dnia; **at close of ~** liter o zmierzchu [5] (specific) dzień *m*; **Independence/Ascension Day** Dzień Niepodległości /Wniebowstąpienia; **Tuesday is my shopping ~** zakupy robię we wtorek; **the ~ of judgment** dzień sądu ostatecznego; **to her dying ~** do śmierci; **I might forget my lines on the ~** może się zdarzyć, że w najważniejszej chwili zapomnę języka w gębie infml; **it's not your ~, is it?** masz chyba dzisiaj zły dzień?; **I never thought I'd see the ~ when...** nigdy nie sądziłem, że dożyję dnia, kiedy... [6] (as historical period) czas *m*, czasy *m pl*; **in those ~s** w tamtych czasach; **in his/their ~** (at that time) za jego /ich czasów; (at height of success, vitality) za jego/ich najlepszych czasów; **one of the best poets of his ~** jeden z najlepszych poetów tamtej epoki; **in her younger ~s** za czasów jej młodości; **his early ~s as...** jego wczesne lata jako...; **his fighting /dancing ~s** czasy, kiedy walczył/tańczył; **to date from the ~s before the war** pochodzić z czasów przedwojennych

II *modif [excursion, visit]* całodzienny; *[clothes]* dzienny; *[pupil, job, nurse]* dzienny; **a 15-~ holiday** piętnastodniowe wakacje

IDIOMS: **in ~s gone by** w minionych or dawnych czasach; **it's all in a ~'s work** to zwykła codzienność; **not to give sb the time of ~** nie kłaniać się komuś; **to pass the time of ~ with sb** zamienić z kimś kilka słów; **it's one of those ~s!** to jeden z tych (okropnych) dni!; **those were the ~s** to były czasy; **that'll be the ~!** to jest bardzo mało prawdopodobne; iron akurat!; **'he promised to do the washing up' – 'that'll be the ~'** „obiecał, że pozmywa" – „akurat (mu wierzę)"; **it's a bit late in the ~ to start worrying now** jest już trochę za późno, żeby się martwić; **it's a bit late in the ~, but never mind** lepiej późno niż wcale; **to call it a ~** zrobić fajrant infml; zawiesić działalność also fig; **let's call it a ~!** wystarczy już tego!, na dziś koniec!; **to carry** or **win the ~** Sport, Pol, Mil zwyciężyć, wygrać; **to lose the ~** Sport, Pol, Mil przegrać; **to have an off ~** mieć zły or pechowy dzień; **to have had its ~** *[idea]* przebrzmieć, przeżyć się; *[people, things]* mieć już za sobą najlepsze lata; **to have seen better ~s** pamiętać lepsze czasy; **he's 50 if he's a ~** on ma co najmniej 50 lat; ma pięćdziesiątkę z okładem infml; **they decided to take a picnic and make a ~ of it** postanowili spędzić przyjemnie dzień na pikniku; **to make sb's ~** uszczęśliwić kogoś, sprawić komuś wielką przyjemność; **to save the ~** uratować sytuację; **to see the light of ~** ujrzeć światło dzienne; **to take one ~ at a time** nie robić dalekosiężnych planów, żyć dniem dzisiejszym; **your ~ will come** jeszcze się na tobie poznają → **week**

daybed /ˈdeɪbed/ *n* Med (in hospital) kozetka *f*

daybook /ˈdeɪbʊk/ *n* Comm dziennik *m*, księga *f* memoriałowa

dayboy /ˈdeɪbɔɪ/ *n* GB Sch uczeń *m (mieszkający poza internatem)*

daybreak /ˈdeɪbreɪk/ *n* świt *m*

day-care /ˈdeɪkeə(r)/ **I** *n* Soc Admin opieka *f* dzienna

II *modif* **~ centre** or **facilities** ośrodek opieki dziennej; **~ services** opieka dzienna

day centre GB, **day center** US *n* ośrodek *m* opieki dziennej

daydream /ˈdeɪdriːm/ **I** *n* marzenia *n pl*; **she was lost in a ~** zatopiła się w marzeniach

II *vi* rozmarz|yć, -ać się, pogrąż|yć, -ać się w marzeniach **(about sth** o czymś); **stop daydreaming and get on with your work** pej przestań myśleć o niebieskich migdałach i weź się do pracy

daydreamer /ˈdeɪdriːmə(r)/ *n* marzyciel *m*, -ka *f*

daygirl /ˈdeɪgɜːl/ *n* GB Sch uczennica *f (mieszkająca poza internatem)*

day labourer GB, **day laborer** US *n* robotnik *m* pracujący na dniówkę, robotnica *f* pracująca na dniówkę

daylight /ˈdeɪlaɪt/ **I** *n* [1] (light) dzień *m*, światło *n* dzienne; **it was still ~** było jeszcze jasno; **we have two hours of ~ left** mamy jeszcze dwie godziny do zmierzchu or zanim zapadnie zmierzch; **in (the) ~** (by day) za dnia; (in natural light) w świetle dziennym; **in broad ~** w biały dzień [2] (dawn) świt *m*; **they left before ~** wyjechali przed świtem

II *modif [attack, bombing, raid]* dzienny; **during ~ hours** za dnia

IDIOMS: **to see ~** (understand) doznać olśnienia; (finish) widzieć światełko w tunelu fig; **to beat** or **knock the living ~s out of sb** infml sprawić komuś solidne lanie, dać komuś porządny wycisk infml

daylight robbery *n* infml **it's ~!** to rozbój w biały dzień!

daylight saving time, DST *n* czas *m* letni

day-long /ˌdeɪˈlɒŋ/ *adj [excursion, party, activity, meeting]* całodzienny; *[noise, rain]* trwający cały dzień

day nursery *n* żłobek *m*

day-old /ˌdeɪˈəʊld/ *adj [baby, chick]* jednodniowy

daypass /ˈdeɪpɑːs, US -pæs/ *n* (in skiing) karnet *m* jednodniowy *(na wyciąg narciarski)*

day patient *n* pacjent *m* oddziału pobytu dziennego

day release **I** *n* **on ~** na urlopie szkoleniowym

II **day-release** *modif* **~ course** kurs w ramach urlopu szkoleniowego

day return (ticket) *n* GB Rail powrotny bilet *m* kolejowy ważny przez jeden dzień

dayroom /ˈdeɪruːm/ *n* pokój *m* dzienny

day school *n* szkoła *f (bez internatu)*
day shift *n* [1] (time period) pierwsza or dzienna zmiana *f*; **to be on (the) ~** pracować na pierwszej zmianie [2] (team) pierwsza zmiana *f*
day surgery *n* chirurgia *f* jednego dnia
daytime /ˈdeɪtaɪm/ **I** *n* dzień *m*; **in** or **during the ~** w ciągu dnia
II *modif [supervision, hours]* dzienny; *[activity, class, course]* odbywający się w ciągu dnia
day-to-day /ˌdeɪtəˈdeɪ/ *adj* [1] *[life, chores, expenditure, administration]* codzienny; *[routine, event, occurrence]* zwykły [2] (from day to day) **supplies are issued on a ~ basis** towary dostarczane są codziennie or co dzień
day-trip /ˈdeɪtrɪp / *n* jednodniowa wycieczka *f*
day-tripper /ˈdeɪtrɪpə(r)/ *n* uczestni|k *m*, -czka *f* jednodniowej wycieczki
daywear /ˈdeɪweə(r)/ *n* strój *m* codzienny
daze /deɪz/ **I** *n* **in a ~** (from blow) ogłuszony; (from drugs) otumaniony, otępiały; (from news) oszołomiony, ogłuszony; **I am in a complete ~ today** mam dziś straszny mętlik w głowie, jestem dziś zupełnie otumaniony; **to be going around in a ~** (from bad news) być otępiałym; (from good news) być oszołomionym
II *vt* **to be ~d by sth** zostać ogłuszonym przez coś *[fall, blow]*; być oszołomionym or poruszonym czymś *[news]*
dazed /deɪzd/ *adj* (by blow) ogłuszony; (by good news) oszołomiony; (by bad news) porażony
dazzle /ˈdæzl/ **I** *n* (of sth shiny) blask *m*; (of sunlight, torch) jaskrawe światło *n*
II *vt [torch, sun]* oślepi|ć, -ać; *[skill, beauty, wealth]* olśni|ć, -ewać; **my eyes were** or **I was ~d by the sun** słońce mnie oślepiło; **to ~ sb with sth** fig olśnić kogoś czymś
dazzling /ˈdæzlɪŋ/ *adj [beauty, achievement, performance]* olśniewający; *[sun, light]* oślepiający
dazzlingly /ˈdæzlɪŋlɪ/ *adv* **~ beautiful /white** olśniewająco or oszałamiająco piękny/olśniewająco biały; **a ~ successful career** oszałamiająca kariera
dB = **decibel** dB
DBMS *n* Comput → **database management system**
DBS *n* TV → **direct broadcasting by satellite**
DC [1] Elec → **direct current** [2] Geog → **District of Columbia** [3] Mus = **da capo** d.c.
dd Comm [1] → **direct debit** [2] → **demand deposit**
DD *n* Univ → **Doctor of Divinity**
D-day /ˈdiːdeɪ/ *n* [1] Mil Hist dzień „D" *m (lądowanie Aliantów w Normandii, 6 czerwca 1944 r.)* [2] fig ważna data *f*, ważny dzień *m*
DDP *n* → **distributed data processing**
DDT *n* Chem DDT *n*
DE US Post = **Delaware**
DEA *n* US = **Drug Enforcement Agency** Rządowa Agencja *f* do Walki z Narkotykami
deacon /ˈdiːkən/ *n* diakon *m*
deaconess /ˌdiːkəˈnes, ˈdiːkənɪs/ *n* diakonisa *f*
dead /ded/ **I** *n* [1] **the ~** *(+ v pl)* (people) zmarli *m pl*; **a monument to the ~** pomnik ku czci zmarłych [2] (death) **to rise from the ~** zmartwychwstać, powstać z martwych; **to be raised from the ~** zostać wskrzeszonym [3] fig (depths) **at ~ of night, in the ~ of night** w środku nocy, głęboką nocą; **in the ~ of winter** w (samym) środku zimy
II *adj* [1] (no longer living) *[person]* zmarły, martwy; *[animal]* zdechły; *[fish]* śnięty; *[leaf, flower]* zwiędły, uschnięty; *[skin]* martwy; **the ~ man/woman** zmarły/zmarła; **a ~ body** zwłoki; **he dropped (down) ~** padł martwy, padł trupem; **to play ~** udawać martwego or trupa; **drop ~!** infml spadaj! infml; **to shoot sb ~** zastrzelić kogoś; **~ and buried** fig *[idea, subject]* zarzucony, dawno zapomniany; **they're all ~ and gone now** już są od dawna na tamtym świecie; **more ~ than alive** wpółżywy; **'wanted, ~ or alive'** „poszukiwany – żywy lub martwy"; **to leave sb for ~** zostawić kogoś na pewną śmierć; **to give sb up for ~** uznać kogoś za zmarłego; **I'm absolutely ~ after that walk!** infml (exhausted) jestem zupełnie skonany po tym spacerze! infml [2] (extinct) *[language]* martwy; *[custom]* zapomniany; *[issue, debate]* wyczerpany, skończony; *[cigarette, match]* wypalony; *[fire]* wygasły; **are these glasses ~?** GB infml czy można zabrać te szklanki? [3] (dull, not lively) *[place]* wymarły; *[audience]* apatyczny; **the ~ season** martwy sezon [4] (not functioning, idle) *[battery]* wyczerpany; *[bank account]* pusty; *[capital, money]* nieprocentujący, martwy; *[file]* zarchiwizowany; *[phone]* głuchy; **the phone went ~** przerwało połączenie infml [5] (impervious) **to be ~ to sth** być nieczułym or niewrażliwym na coś [6] (numb) *[limb]* zmartwiały, zdrętwiały; **my arm has gone ~** zdrętwiała mi ręka [7] (absolute) **a ~ calm** zupełny spokój; **~ silence** martwa cisza; **to be a ~ shot** infml nie chybiać; **he came to a ~ stop** zamarł, stanął jak wryty; **she hit the target in the ~ centre** trafiła w sam środek tarczy
III *adv* GB (absolutely, completely) zupełnie, całkowicie; **are you ~ certain?** czy jesteś zupełnie pewien?; **he was staring ~ ahead** patrzył się prosto przed siebie; **sail ~ ahead** płyń prosto przed siebie; **~ in the middle of the street** na samym środku ulicy; **to be ~ on time** być punktualnym co do minuty; **I left (at) ~ on six o'clock** wyszedłem punktualnie o szóstej or punkt szósta; **it's ~ easy!** infml to dziecinnie proste!, to śmiesznie łatwe!; **his shot was ~ on target** trafił w sam cel; **they were ~ lucky not to get caught!** infml mieli piekielne szczęście, że ich nie złapano! infml; **~ drunk** infml zalany w trupa infml; **~ tired** infml skonany, wykończony infml; **~ scared** infml śmiertelnie przerażony; **you're ~ right!** infml masz rację!; święta racja! infml; **~ good!** infml super! infml; **'~ slow'** Aut „ograniczenie prędkości"; **to drive ~ slow** ograniczyć prędkość do minimum, jechać bardzo powoli; **~ straight** prosto jak strzelił; **to be ~ against sth** być zdecydowanie przeciwnym czemuś *[idea, plan]*; **to be ~ set on doing sth** upierać się, żeby coś zrobić; **he is ~ on for that job** US infml ma tę pracę w kieszeni infml; **you're ~ on!** US infml święta racja! infml; **he stopped ~** stanął jak wryty; **to cut sb ~** zignorować kogoś; udać, że się kogoś nie widzi
IDIOMS: **over my ~ body** infml po moim trupie infml; **to be ~ to the world** spać jak zabity; **I wouldn't be seen ~ wearing that hat!** w życiu nie założyłbym tego kapelusza infml; **I wouldn't be seen ~ in a place like that!** w życiu or za nic na świecie bym się tam nie pokazał infml; **the affair is ~ but it won't lie down** sprawa wciąż odbija się czkawką infml; **the only good traitor is a ~ traitor** dobry zdrajca to martwy zdrajca; **you do that and you're ~ meat!** infml zrób to, a nie ujdziesz z życiem!; **~ men tell no tales** Prov umarli milczą
dead air *n* Radio, TV cisza *f* w eterze
dead-and-alive /ˌdedənəˈlaɪv/ *adj* GB pej *[place]* nudny, bez życia
dead ball *n* Sport martwa piłka *f*
dead-ball line /ˌdedˈbɔːllaɪn/ *n* (in rugby) linia *f* końcowa
deadbeat /ˈdedbiːt/ infml **I** *n* nierób *m*, leń *m*, próżniak *m*
II **dead-beat** *adj* skonany infml
deadbolt /ˈdedbəʊlt/ *n* zasuwka *f*
dead centre *n* Tech martwy punkt *m*
dead duck *n* GB infml **to be a ~** *[person, scheme, proposal]* być do niczego
deaden /ˈdedn/ *vt* przycisz|yć, -ać, s|tłumić *[sound]*; uśmierz|yć, -ać *[pain]*; z|łagodzić *[shock, blow]*; oszuk|ać, -iwać *[hunger]*; o|studzić *[enthusiasm, passion]*; *[anaesthetic]* znieczul|ić, -ać *[nerve]*
dead end /ˌdedˈend/ **I** *n* ślepa uliczka *f*, ślepy zaułek *m* also fig
II **dead-end** /ˈdedend/ *adj [job]* bez perspektyw
deadening /ˈdednɪŋ/ **I** *n* (of pain) uśmierzenie *n*; (of blow, shock) złagodzenie *n*; (of sound, feeling) stłumienie *n*
II *adj* Med *[effect]* znieczulający, uśmierzający; **the ~ effect of television on imagination** otępiający wpływ telewizji na wyobraźnię
dead hand *n* pej **the ~ of bureaucracy /of the past** złe duchy biurokracji/przeszłości
deadhead /ˈdedhed/ **I** *n* [1] GB pej (stupid person) zero *m* pej [2] US (hippy) hipis *m*, -ka *f* [3] US (person with free ticket) posiadacz *m*, -ka *f* darmowego biletu [4] US Transp (truck, train) pusty przewóz *m*
II *vt* ob|erwać, -rywać zwiędnięte kwiaty z (czegoś) *[plant]*
dead heat *n* Sport (in athletics) bieg *m* nierozstrzygnięty; (in horseracing) gonitwa *f* nierozstrzygnięta
dead letter *n* [1] Post niedoręczony list *m* [2] fig martwa litera *f* fig; **to become a ~** *[rule]* stać się martwą literą; *[custom]* zaniknąć
dead letter box *n* skrzynka *f* na zwroty
dead letter drop *n* = **dead letter box**
dead-letter office /ˌdedˈletərɒfɪs, US -ɔːfɪs/ *n* Post dział *m* zwrotów
deadline /ˈdedlaɪn/ *n* ostateczny or nieprzekraczalny termin *m*; **to meet a ~**

D

zdążyć przed ostatecznym terminem; **to miss a ~** nie zdążyć w terminie or na czas; **I have a 10 o'clock ~ for this article** muszę zdążyć z tym artykułem na dziesiątą; **applicants must be able to meet ~s** kandydaci muszą umieć dotrzymywać terminów; **they have to work to very tight ~s** mają bardzo napięte terminy; **the ~ for applications is the 15th** ostateczny termin składania podań upływa piętnastego

deadliness /ˈdedlɪnɪs/ *n* (of poison, disease, blow) śmiertelność *f*; (of weapon) śmiercionośność *f*

deadlock /ˈdedlɒk/ **I** *n* [1] (impasse) martwy punkt *m*, impas *m*; **to be at (a)/reach (a) ~** być/znaleźć się w martwym punkcie or impasie; **to break the ~ between management and unions** przełamać impas w negocjacjach pomiędzy kierownictwem a związkami zawodowymi [2] (lock) zamek *m* antywłamaniowy

II deadlocked *pp adj [negotiations, situation]* znajdujący się w impasie or w martwym punkcie

dead loss *n* [1] infml pej (person) **a ~ as a salesman/teacher** do niczego jako sprzedawca/nauczyciel; **the film was a ~** ten film był beznadziejny; **these scissors are a ~!** te nożyczki są do niczego! [2] Comm bezpowrotna strata *f*

deadly /ˈdedlɪ/ **I** *adj* [1] (lethal) *[poison, disease, attack]* śmiertelny; *[weapon]* śmiercionośny; fig *[enemy, insult, hatred]* śmiertelny; **his aim is ~** *[gunman, sports player]* nie chybia; **the cold was ~** było strasznie zimno [2] (absolute, extreme) **in ~ earnest** ze śmiertelną powagą; **with ~ accuracy** z absolutną dokładnością [3] infml (dull, boring) *[person, event]* śmiertelnie nudny [4] (deathlike) *[pallor]* śmiertelny, trupi; *[silence]* grobowy

II *adv [dull, boring]* śmiertelnie, potwornie; **~ pale** trupio blady; **to be ~ serious** być śmiertelnie poważnym

deadly nightshade *n* pokrzyk *m*, wilcza jagoda *f*

deadly sin *n* grzech *m* śmiertelny; **the seven ~s** siedem grzechów głównych

dead man's fingers *n (+ v sg)* (coral) korkowiec *m*

dead man's handle *n* Rail czuwak *m* infml

dead matter *n* martwa materia *f*

dead men *npl* GB infml (empty bottles) puste flaszki *f pl* infml

deadness /ˈdednɪs/ *n* (of place, season) martwota *f*; (of eyes, expression) martwość *f*

deadnettle / ˈdednetl/ *n* Bot jasnota *f*

dead on arrival, DOA *adj* Med zmarły w drodze do szpitala

deadpan /ˈdedpæn/ **I** *adj [face, expression, voice]* śmiertelnie poważny; **her ~ humour amused the guests** rozbawiła gości dowcipami opowiadanymi ze śmiertelnie poważną or z kamienną twarzą

II *adv [look, say, reply]* śmiertelnie poważnie, z udawaną powagą

dead reckoning *n* Naut nawigacja *f* zliczeniowa; **by ~ reckoning** fig w przybliżeniu

dead ringer *n* infml **to be a ~ for sb** być sobowtórem kogoś

Dead Sea *prn* **the ~** Morze *n* Martwe

Dead Sea Scrolls *npl* **the ~** rękopisy *m pl* znad Morza Martwego

dead set *n* GB **to make a ~ at sb** infml zagiąć na kogoś parol; **to make a ~ at sth** iść na całość, żeby coś osiągnąć infml

dead stock *n* [1] Comm (capital) martwy kapitał *m*; (articles) niechodliwy towar *m* [2] Agric inwentarz *m* martwy

dead weight *n* [1] ciężar *m* nad siły; fig balast *m* fig [2] Naut nośność *f* statku [3] US fig (unproductive staff) nieproduktywni pracownicy *m pl*

dead wood *n* uschnięte drzewo *n*; GB fig nieproduktywni pracownicy *m pl*

deaf /def/ **I** *n* **the ~** *(+ v pl)* głusi *m pl*

II *adj* [1] *[person, animal]* głuchy; **to be ~ in one ear** być głuchym na jedno ucho, nie słyszeć na jedno ucho; **to go ~** ogłuchnąć, stracić słuch; **that's his ~ ear** nie słyszy na to ucho [2] fig **to be ~ to sth** być or pozostawać głuchym na coś; **to turn a ~ ear to sth** puścić coś mimo uszu; **to fall on ~ ears** *[request, advice]* trafiać w próżnię

IDIOMS: **as ~ as a (door)post** infml głuchy jak pień infml; **there are none so ~ as those who will not hear** Prov ≈ nie ma bardziej głuchych niż ci, którzy słyszeć nie chcą

deaf aid *n* GB aparat *m* słuchowy

deaf-and-dumb /ˌdefənˈdʌm/ *n, adj* offensive = **deaf without speech**

deafen /ˈdefn/ *vt* ogłusz|yć, -ać *[person]*; zagłusz|yć, -ać *[noise]*

deafening /ˈdefnɪŋ/ *adj* ogłuszający

deafeningly /ˈdefnɪŋlɪ/ *adv* ogłuszająco

deaf-mute /ˌdefˈmjuːt/ **I** *n* głuchoniem|y *m*, -a *f*

II *adj* głuchoniemy

deafness /ˈdefnɪs/ *n* głuchota *f*

deaf without speech **I** *n (+ v pl)* **the ~** głuchoniemi *m pl*

II *adj* głuchoniemy

deal[1] /diːl/ **I** *n* [1] (agreement) umowa *f*, układ *m*, porozumienie *n*; **the pay/OPEC ~** porozumienie płacowe/układ OPEC; **to make** or **strike a ~ with sb** zawrzeć umowę z kimś, dojść do porozumienia z kimś; **to do a ~ with sb** wejść w układ z kimś *[friend, kidnapper, criminal]*; **to do a ~** (in business) ubić interes, załatwić sprawę; **to pull off a ~** ubić interes; **it's a ~!** umowa stoi!; **the ~ is off!** nici z interesu! infml; **it's no ~!** nie ma mowy!; **a good ~** dobry interes; **to get the best of a ~** dobrze wyjść na umowie or interesie; **it's all part of the ~** (part of the arrangement) to należy do umowy; (part of the price, package) to jest wliczone w cenę; **to be in on the ~** wchodzić w interes infml [2] (sale) transakcja *f* handlowa; **property ~** transakcja na rynku nieruchomości; **arms ~** zakup broni; **cash/credit ~** transakcja gotówkowa/bezgotówkowa [3] (special offer, bargain) **for the best ~(s) in** or **on electrical goods come to Electrotech** najtańszy sprzęt elektryczny w Elektrotechu; **I got a good ~ on a used Fiat** zrobiłem dobry interes na tym używanym fiacie [4] (amount) **a great** or **good ~** dużo **(of sth** czegoś); **he is a good ~ older than me** jest ode mnie sporo starszy; **they have a great ~ in common** mają ze sobą wiele wspólnego; **he travels a great ~** bardzo dużo podróżuje; **he means a great ~ to me** bardzo wiele dla mnie znaczy [5] (treatment) **to get a good/bad ~ (from sb)** zostać dobrze/źle potraktowanym (przez kogoś); **to give sb a fair ~** potraktować kogoś sprawiedliwie; **he got a raw** or **rotten ~** fatalnie go potraktowano [6] Games (in cards) rozdanie *n*; **whose ~ is it?** kto teraz rozdaje?; **it's my ~** ja rozdaję

II *vt* (*pt, pp* **dealt**) [1] Games (also **~ out**) rozda|ć, -wać *[cards]*; da|ć, -wać *[hand]* [2] wymierz|yć, -ać, zada|ć, -wać *[blow, death-blow]* **(with sth** czymś); **to ~ a blow to sb/sth, to ~ sb/sth a blow** zadać komuś/czemuś cios also fig

III *vi* (*pt, pp* **dealt**) [1] Games (at cards) *[player]* rozda|ć, -wać [2] Comm, Fin (carry on business) *[person, firm]* handlować, robić or prowadzić interesy; (operate on stock exchange) prowadzić transakcje giełdowe, grać na giełdzie; **to ~ in sth** handlować czymś; **we ~ in software** zajmujemy się sprzedażą oprogamowania; **we don't ~ in blackmail** fig nie zajmujemy się or nie trudnimy się szantażem

■ **deal out**: **~ out [sth], ~ [sth] out** [1] (distribute) rozdziel|ić, -ać *[money, profits, gifts]*; rozda|ć, -wać *[cards]* [2] (mete out) wymierz|yć, -ać *[punishment, fine, justice]*; wyda|ć, -wać *[sentence]*

■ **deal with**: ¶ **~ with [sth]** [1] (sort out) uporać się z (czymś), poradzić sobie z (czymś) *[problem, situation, emergency, accident, matter, request, order, case]* [2] (consider, discuss) zaj|ąć, -mować się (czymś) *[issue, matter, question, topic]* ¶ **~ with [sb]** [1] (attend to, handle) zaj|ąć, -mować się (kimś) *[client, customer, patient, public, troublemaker]*; **I'll ~ with you later!** później się z tobą rozprawię! później się tobą zajmę!; **he did not ~ fairly with us** nie był or nie zachował się wobec nas w porządku [2] (do business with sb) utrzym|ać, -ywać stosunki handlowe z (kimś/czymś), robić interesy z (kimś/czymś) *[company, trader]*; pertraktować z (kimś/czymś) *[kidnappers, terrorist organization]*

IDIOMS: **to ~ well/badly by sb** potraktować kogoś dobrze/źle; **the company dealt badly by its clients** firma źle potraktowała swych klientów; **big ~!** iron wielkie rzeczy!; **it's no big ~** infml (modestly) żadna sprawa, nic takiego; **to make a big ~ (out) of sth** zrobić z czegoś wielki problem

deal[2] /diːl/ **I** *n* (timber) miękkie drewno *n*

II *modif [table, cupboard, floor]* z miękkiego drewna

dealer /ˈdiːlə(r)/ *n* [1] Comm (on a large scale) handlowiec *m*; (for a product, make of car) dealer *m*; (art) marszand *m* [2] (trafficker) handla|rz *m*, -rka *f*; **arms ~** handlarz bronią [3] (on stock exchange) makler *m* [4] Games rozdający|y *m*, -a *f* [5] infml (drug pusher) dealer *m*, diler *m*

dealership /ˈdiːləʃɪp/ *n* Comm przedstawicielstwo *n* handlowe **(for sb/sth** dla kogoś/czegoś)

dealing /ˈdiːlɪŋ/ **I** *n* [1] Comm prowadzenie *n* działalności handlowej; (on stock exchange) obrót *n* akcjami; **foreign exchange ~** transakcje or obroty w handlu międzynarodowym; ~ **resumed this morning** rano rynek transakcji wznowił działalność; ~ **is slow on the London Stock Exchange** na giełdzie londyńskiej obserwuje się zastój w zawieraniu transakcji; **there is heavy ~ in oil shares** wiele transakcji zawierane jest na rynku akcjami ropy naftowej; **the company has the reputation for fair ~** firma znana jest z uczciwości; ~ **in luxury goods is profitable** handel artykułami luksusowymi przynosi duże zyski [2] Games rozdawanie *n* [3] (trafficking) **arms/drugs ~** handel bronią /narkotykami

II dealings *npl* (relations) stosunki *m pl*, kontakty *m pl* **(with sb** z kimś); **we've had business ~s with him for five years** od pięciu lat prowadzimy z nim interesy; **I don't want any further ~s with her** nie chcę z nią mieć nic więcej do czynienia

dealing room *n* Fin sala *f* operacji finansowych

dealmaker /ˈdiːlmeɪkə(r)/ *n* Fin zawierając|y *m*, -a *f* umowę

dealt /delt/ *pt, pp* → **deal**

dean /diːn/ *n* Univ, Relig dziekan *m*

deanery /ˈdiːnərɪ/ *n* Relig (residence) dziekania *f*; (jurisdiction, duties) dziekanat *m*, dekanat *m*

deanship /ˈdiːnʃɪp/ *n* [1] Univ funkcja *f* dziekana [2] Relig dziekanat *m*, dekanat *m*

dear /dɪə(r)/ **I** *n* (term of address) (affectionate) kochan|y *m*, -a *f*; (more formal) mój drogi *m*, moja droga *f*; **Anna ~, ...** (affectionate) Anno, kochanie...; (less close) droga Anno...; **that's 50 pence, ~** infml (to a customer) 50 pensów, kochaniutki/kochaniutka or złociutki/złociutka infml; **all the old ~s** infml wszyscy staruszkowie; **you poor ~** (to child) (moje) biedactwo; (to adult) (mój) biedaku; **our uncle is a ~** nasz wujek jest kochany; **be a ~ and answer the phone** bądź tak dobry i odbierz telefon

II *adj* [1] (expressing attachment) *[friend, mother]* kochany, drogi; **my ~** or **~est girl/Anna** (patronizing) moja droga/moja droga Anno; **my ~ fellow** (insisting) mój drogi; **she's a very ~ friend of mine** jest moją serdeczną przyjaciółką; **he's my ~est friend** jest moim najbliższym przyjacielem; **~ old Adam** stary, poczciwy Adam; **to hold sb /sth very ~** bardzo kogoś/coś cenić; **freedom is very ~ to them** wolność jest im bardzo droga; **the project is ~ to his heart** to przedsięwzięcie jest drogie jego sercu; **her ~est wish is to go to Rome** jej największym pragnieniem jest pojechać do Rzymu [2] (expressing admiration) *[child, kitten]* słodki, uroczy; *[hat, cottage]* śliczny, uroczy; **a ~ little puppy** słodki szczeniaczek; **she's such a ~ child** ona jest takim słodkim dzieckiem [3] (in letter) drogi; **Dear Sir/Madam** Szanowny Panie/Szanowna Pani; **Dear Sirs** Szanowni Państwo; **Dear Mr Jones** Szanowny Panie Jones; **Dear Mr and Mrs Jones** Szanowni Państwo; **Dear Patricia** Droga or Kochana Patrycjo; **Dear David and Patricia** Drodzy or Kochani Dawidzie i Patrycjo; **My ~ Patricia** Moja kochana Patrycjo; **Dearest Robert** Ukochany or Najdroższy or Najmilszy Robercie [4] (expensive) *[article, shop, workman]* drogi; **to get ~er** zdrożeć

III *adv [buy, cost]* drogo; **this mistake will cost you ~** ta pomyłka będzie cię drogo kosztować

IV *excl* **oh ~!** (dismay, surprise) o Boże!; (less serious) o jejku!, o raju!, o matko kochana! dat; **~ me** or **~ ~, what a mess!** o jejku or o raju, co za bałagan! infml; **~ me, no!** o mój Boże, nie!

dear heart *n* kochan|y *m*, -a *f*

dearie /ˈdɪərɪ/ infml **I** *n* (term of address) (to friend) kochanie *n*; (to customer) kochaniutk|i *m*, -a *f*, złociutk|i *m*, -a *f*

II *excl* **~ me!** dat or hum o jej, jej!

Dear John letter *n list od dziewczyny /partnerki oznajmiający zerwanie związku*

dearly /ˈdɪəlɪ/ *adv* [1] (very much) **to love sb /sth ~** bardzo kochać kogoś/coś; **they would ~ love to see you** bardzo chcieliby cię zobaczyć; **I would ~ love to know** bardzo chciałbym wiedzieć; **our ~ beloved son** fml nasz najukochańszy syn; **'~ beloved, ...'** Relig (at the beginning of a service) „najmilsi, ..." [2] fig *[pay, buy]* drogo; **~ bought** drogo okupiony fig

IDIOMS: **to sell one's life ~** drogo sprzedać życie fig

dearth /dɜːθ/ *n* (of books, young people, ideas) niedostatek *m*, brak *m* **(of sb/sth** kogoś /czegoś); **there is a ~ of funds** brakuje funduszy

deary /ˈdɪərɪ/ *n, excl* infml = **dearie**

death /deθ/ *n* (of person) śmierć *f*, zgon *m*; (of animal) śmierć *f*; fig (of hopes, plans, dreams, democracy, civilization) koniec *m*; **at (the time of) his ~** w chwili (jego) śmierci; **a ~ in the family** śmierć w rodzinie; **~ by hanging/drowning** śmierć przez powieszenie/utopienie; **~ from starvation /suffocation** śmierć głodowa/przez uduszenie; **to starve to ~** umrzeć z głodu; **to freeze to ~** zamarznąć na śmierć; **to burn to ~** spalić się żywcem; **to put sb to ~** zgładzić or uśmiercić kogoś; **to sentence sb to ~** Jur skazać kogoś na śmierć; **~ to the king!** śmierć królowi!; **a fight to the ~** walka na śmierć i życie; **they fought to the ~** walczyli na śmierć i życie; **to drink oneself to ~** zapić się na śmierć infml; **to work oneself to ~** zapracowywać się or zaharowywać się na śmierć; **she fell to her ~** spadła i zabiła się; **she jumped to her ~** zabiła się skacząc z wysokości; **he met his ~ in a skiing accident** zginął w wypadku narciarskim; **to come close to ~** otrzeć się o śmierć, być o krok od śmierci; **he remains a controversial figure in ~ as in life** tak po śmierci, jak i za życia, wzbudza kontrowersje; **to die a violent ~** umrzeć gwałtowną śmiercią, zginąć tragicznie; **to do sb to ~** uśmiercić kogoś; **that excuse has been done to ~** fig to wymówka stara jak świat; **that joke has been done to ~** fig to kawał z brodą; **that play has been done to ~** w kółko wystawiają tę sztukę; **they were united in ~** śmierć ich połączyła; **till ~ do us part** póki nas śmierć nie rozłączy; **'Deaths'** Journ „Nekrologi"; **this means** or **spells the ~ of the old industries** to oznacza koniec or śmierć starych gałęzi przemysłu

IDIOMS: **those kids will be the ~ of me!** te dzieciaki wpędzą mnie do grobu!; **that car will be the ~ of her!** ten samochód ją wykończy!; **don't tell him, it will be the ~ of him** nic mu nie mów, to go dobije; **to be at ~'s door** być jedną nogą w grobie infml; **to die a** or **the ~** *[fashion]* skończyć się; *[entertainer, play]* zrobić klapę infml; **he died the ~** definitywnie się skończył; **it's a matter of life or ~** to kwestia życia i śmierci; **to look like ~ warmed up** wyglądać jak trzy ćwierci do śmierci, wyglądać jak śmierć infml; **I feel like ~ (warmed up)!** czuję sie jak trzy ćwierci do śmierci; **to be worried to ~** infml zamartwiać się na śmierć infml; **to be frightened to ~** być śmiertelnie przerażonym; **to frighten** or **scare sb to ~** infml śmiertelnie kogoś przerazić; **to be bored to ~** infml być śmiertelnie znudzonym; **I'm sick** or **tired to ~ of this!** infml mam tego serdecznie dosyć!; **you'll catch your ~ (of cold)** infml zamarzniesz na śmierć → **thousand**

deathbed /ˈdeθbed/ **I** *n* łoże *n* śmierci; **on one's ~** na łożu śmierci

II *modif* **to make a ~ confession /conversion** wyznać/nawrócić się na łożu śmierci; **~ scene** Cin, Theat scena śmierci

death benefit *n* GB odprawa *f* pośmiertna

death blow *n* śmiertelny cios *m* also fig; **to deal sb a ~** zadać komuś śmiertelny cios; **to deal sth a ~** fig zniweczyć coś *[plans]*

death camp *n* obóz *m* śmierci

death cell *n* cela *f* śmierci

death certificate *n* Jur akt *m* zgonu

death duties *npl* podatek *m* spadkowy

death duty *n* GB = **death duties**

death grant *n* GB zwrot *m* kosztów pogrzebu

deathhouse /ˈdeθhaʊs/ *n* US cele *f pl* skazańców

death knell /ˈdeθnel/ *n* dzwony *m pl* pogrzebowe; podzwonne *n* dat, also fig; fig ostatnia godzina *f*; **to sound** or **toll the ~ for** or **of sth** fig wybijać ostatną godzinę dla czegoś *[democracy, regime]*

deathless /ˈdeθlɪs/ *adj [fame, glory]* nieśmiertelny, nieprzemijający; **~ lines** iron wiekopomne słowa

deathlike /ˈdeθlaɪk/ *adj* = **deathly I**

death list *n* czarna lista *f*

deathly /ˈdeθlɪ/ **I** *adj [pallor]* trupi; *[silence]* grobowy; *[calm]* absolutny

II *adv* **~ pale** blady jak śmierć, trupio blady; **the house was ~ quiet** w domu panowała grobowa cisza

Death March *n* Mus marsz *m* żałobny

death mask *n* maska *f* pośmiertna

death penalty *n* kara *f* śmierci

death rate *n* śmiertelność *f*

death rattle *n* agonalne rzężenie *n*

death ray *n* śmiercionośny promień *m*

death roll *n* liczba *f* ofiar (śmiertelnych); żniwo *n* śmierci fig

death row *n* US cele *f pl* skazańców; **to be on ~** oczekiwać na wykonanie wyroku śmierci

death sentence *n* wyrok *m* śmierci also fig; **to pass a ~** wydać wyrok śmierci

death's head *n* trupia czaszka *f*

D

death's head moth *n* Zool zmierzchnica *f*, trupia główka *f*
death squad *n* pluton *m* egzekucyjny
death threat *n* grożenie *n* śmiercią
death throes *npl* agonia *f* also fig; **in one's ~** w agonii
death toll *n* liczba *f* ofiar śmiertelnych; **the ~ has risen to thirty** liczba ofiar wzrosła do trzydziestu
death trap *n* śmiertelna pułapka *f*
death warrant *n* pisemny rozkaz *m* wykonania wyroku śmierci; **to sign one's own ~** fig podpisać na siebie wyrok fig
death watch beetle *n* Zool kołatek *m*
death wish *n* pragnienie *n* śmierci; **to have a ~** fig *[government, organization]* zmierzać do klęski; **why is he doing this? has he got a ~?** fig dlaczego on to robi? życie mu niemiłe? fig
deb /deb/ *n* infml = **debutante**
debacle /deɪˈbɑːkl/ *n* fiasko *n*, niepowodzenie *n*; klapa *f* infml
debag /ˌdiːˈbæg/ *vt* (*prp, pt, pp* **-gg-**) GB infml ściąg|ać, -nąć (komuś) spodnie
debar /dɪˈbɑː(r)/ *vt* (*prp, pt, pp* **-rr-**) **to ~ sb from sth** wyklucz|yć, -ać kogoś z czegoś *[club]*; nie dopu|ścić, -szczać kogoś do uczestnictwa w czymś *[ceremony, race]*; **he was ~red from voting** został wykluczony z udziału w głosowaniu
debark /dɪˈbɑːk/ *vt, vi* = **disembark**
debarkation /ˌdiːbɑːˈkeɪʃn/ *n* = **disembarkation**
debase /dɪˈbeɪs/ **I** *vt* [1] (lower value, quality of) z|deprecjonować, z|dewaluować *[metal, currency]*; z|dewaluować *[emotion, ideal, word]*; **to be ~d** *[views, words]* zdeprecjonować or zdewaluować się [2] (degrade) poniż|yć, -ać, upokorz|yć, -ać *[person]*
II debased *pp adj [language, version]* zubożony
III *vr* **to ~ oneself** poniż|yć, -ać się (**by doing sth** robiąc coś)
debasement /dɪˈbeɪsmənt/ *n* [1] (of person) poniżenie *n*, upokorzenie *n*; (of word, emotion, ideal) dewaluacja *f* [2] (of metal) obniżenie *n* wartości; (of currency) dewaluacja *f*
debatable /dɪˈbeɪtəbl/ *adj* dyskusyjny; **that's ~!** to jest kwestia or sprawa dyskusyjna or sporna!; **it is ~ whether...** można dyskutować, czy...
debate /dɪˈbeɪt/ **I** *n* (formal) debata *f* (**on** or **about sth** nad czymś, na temat czegoś); (more informal) dyskusja *f* (**about sth** na temat czegoś, o czymś); **parliamentary ~** debata parlamentarna; **the abortion ~** debata w sprawie aborcji; **to hold a ~** zorganizować debatę; **to hold a ~ on sth** przeprowadzić debatę nad czymś, debatować nad czymś *[issue, proposal]*; **to be open to ~** być or pozostawać sprawą otwartą; **after (a) lengthy ~** po długiej debacie or dyskusji; **the plan is still under ~** ten plan jest ciągle przedmiotem debaty or dyskusji
II *vt* Pol (formally) debatować nad (czymś) *[issue, proposal, bill]*; (more informally) zastanawiać się nad (czymś), rozważać *[question]*; **I am debating whether to accept the offer** zastanawiam się, czy przyjąć propozycję; **a much ~d issue** gorąco dyskutowana kwestia
III *vi* **to ~ about sth** dyskutować na temat czegoś, dyskutować o czymś (**with sb** z kimś); **to ~ with oneself** zastanawiać się, bić się z myślami
debater /dɪˈbeɪtə(r)/ *n* dyskutant *m*, -ka *f*, uczestni|k *m*, -czka *f* debaty; **to be a good ~** być dobrym dyskutantem
debating /dɪˈbeɪtɪŋ/ *n* debatowanie *n*
debating point *n* argument *m*
debating society *n* klub *m* dyskusyjny
debauch /dɪˈbɔːtʃ/ **I** *n* hulanka *f*
II *vt* z|deprawować, sprowadz|ić, -ać (kogoś) na złą drogę
debauched /dɪˈbɔːtʃt/ *adj* rozpustny infml; **a ~ life** rozpustne życie
debauchee /ˌdebɔːˈtʃiː/ *n* rozpustni|k *m*, -ca *f* dat
debauchery /dɪˈbɔːtʃərɪ/ *n* rozpasanie *n*; rozpusta *f* dat
debenture /dɪˈbentʃə(r)/ *n* [1] Fin obligacja *f* [2] Comm (also **customs ~**) kwit *m* celny uprawniający do zwrotu cła
debenture bond *n* Fin obligacja *f*, skrypt *m* dłużny
debenture holder *n* Fin posiadacz *m*, -ka *f* obligacji
debenture stock *n* kapitał *m* obligacyjny, papiery *m pl* wartościowe o stałym oprocentowaniu
debilitate /dɪˈbɪlɪteɪt/ *vt* (physically, morally) osłabi|ć, -ać
debilitating /dɪˈbɪlɪteɪtɪŋ/ *adj* [1] *[disease]* osłabiający [2] *[economic conditions, wrangling]* działający destrukcyjnie
debility /dɪˈbɪlətɪ/ *n* Med osłabienie *n*; cherlactwo *n* dat
debit /ˈdebɪt/ Accts, Fin **I** *n* debet *m*
II *modif [account, balance]* debetowy; **~ entries** zapisy po stronie „winien"; **on the ~ side** Accts po stronie „winien"; **on the ~ side...** fig jako minus...
III *vt* debetować *[account]*; zapis|ać, -ywać w ciężar (czegoś) *[sum of money]*; **to ~ a sum to sb's account, to ~ sb/sb's account with a sum** obciążyć kogoś /rachunek sumą
debit card *n* GB karta *f* debetowa
debonair /ˌdebəˈneə(r)/ *adj* (suave) wytworny; (carefree) beztroski, niefrasobliwy; (affable) czarujący
debouch /dɪˈbaʊtʃ/ *vi* [1] Geog *[river, stream]* wpa|ść, -dać, u|jść, -chodzić (**into sth** do czegoś) [2] Mil wy|jść, -chodzić na otwarty teren
debrief /ˌdiːˈbriːf/ *vt* wysłuch|ać, -iwać sprawozdania; **to be ~ed** *[diplomat, agent]* składać sprawozdanie; *[defector, freed hostage]* być przesłuchanym, być wypytanym
debriefing /ˌdiːˈbriːfɪŋ/ *n* [1] (of freed hostage, defector) przesłuchanie *n*; **the soldiers will remain here for ~** żołnierze pozostaną na miejscu celem złożenia meldunku or sprawozdania [2] (report) sprawozdanie *n*, raport *m*
debris /ˈdeɪbriː, ˈde-, US dəˈbriː/ *n* [1] (remains) (of plane) szczątki *m pl*; (of building) ruiny *f pl*; hum (of meal) smętne resztki *f pl* hum [2] Geol rumosz *m* (skalny), rumowisko *f* skalne [3] (waste) gruz *m*
debt /det/ **I** *n* [1] Fin dług *m* (**to sb/sth** wobec kogoś/czegoś); **bad ~s** nieściągalne długi; **to cancel a ~** anulować dług; **Third World ~** długi or zadłużenie Trzeciego Świata; **to run up a ~** or **~s** popaść w długi or zadłużyć się; **to get into ~** znaleźć się w długach; **to be in ~** być w długach; **she is $2,000 in ~** ma 2 000 dolarów długu, jest zadłużona na 2 000 dolarów; **I'm in ~ (to the bank) to the tune of £7,000 pounds** jestem zadłużony (w banku) na sumę 7 000 funtów; **to get out of ~** wydostać się or wydobyć się z długów; **to pay off one's ~s** spłacić długi [2] (obligation) dług *m* (**to sb/sth** wobec kogoś/czegoś); **a ~ of honour** dług honorowy; **to pay one's ~ to society** spłacić dług wobec społeczeństwa; **to acknowledge one's ~ to sb** uznać się za dłużnika (kogoś); **I'm forever in your ~** jestem ci dozgonnie wdzięczny, jestem twoim dłużnikiem do końca życia
II *modif* Fin **~ collection** or **recovery** inkaso należności; **~ burden** ciężar długu; **~ interest/payment** oprocentowanie /spłata długu; **~ capacity** zdolność płatnicza; **~ level/ratio** poziom/współczynnik zadłużenia
debt collector *n* poborca *m* należności
debt-laden /ˈdetleɪdn/ *adj [country, company, person]* zadłużony
debtor /ˈdetə(r)/ Fin **I** *n* dłużni|k *m*, -czka *f*
II *modif [country, nation]* zadłużony
debt-ridden /ˈdetrɪdn/ *adj* pogrążony w długach
debug /ˌdiːˈbʌg/ *vt* (*prp, pt, pp* **-gg-**) [1] Comput usu|nąć, -wać usterki or błędy w (czymś) *[program]* [2] Telecom usu|nąć, -wać urządzenia podsłuchowe w (czymś) *[room, building]*
debugging /ˌdiːˈbʌgɪŋ/ *n* Comput usuwanie *n* usterek or błędów; odpluskwianie *n* infml
debunk /ˌdiːˈbʌŋk/ *vt* obal|ić, -ać *[myth, theory]*; podważ|yć, -ać *[belief]*
debut /ˈdeɪbjuː, US dɪˈbjuː/ **I** *n* [1] (artistic, sporting) debiut *m*; **to make one's screen ~** zadebiutować na ekranie; **to make one's ~ as an actor/politician** zadebiutować jako aktor/polityk [2] (social) **she made her ~ in society last year** w zeszłym roku zadebiutowała or została przedstawiona w towarzystwie
II *modif [concert, role, album]* debiutancki
III *vi [film]* mieć premierę; **to ~ as sb/sth** zadebiutować jako ktoś/coś
debutant /ˈdebjuːtɑːnt/ *n* debiutant *m*
debutante /ˈdebjuːtɑːnt/ *n* [1] (in public) debiutantka *f* [2] (in society) młoda dama *f*
Dec → **December**
decade /ˈdekeɪd, dɪˈkeɪd, US dɪˈkeɪd/ *n* [1] (period) dziesięciolecie *n*, dekada *f*; **a ~ ago** dziesięć lat temu [2] Relig (of rosary) dziesiątek *m*
decadence /ˈdekədəns/ *n* dekadencja *f*
decadent /ˈdekədənt/ **I Decadent** *n* Literat dekadent *m*, schyłkowiec *m*
II *adj* [1] dekadencki [2] (also **Decadent**) Literat dekadencki
decaf /ˈdiːkæf/ *n* infml kawa *f* bezkofeinowa
decaffeinated /ˌdiːˈkæfɪneɪtɪd/ *adj* bezkofeinowy
decagon /ˈdekəgən/ *n* dziesięciokąt *m*, dziesięciobok *m*
decagram(me) /ˈdekəgræm/ *n* dekagram *m*
decal /ˈdiːkæl/ *n* US kalkomania *f*

decalcification /diːˌkælsɪfɪˈkeɪʃn/ *n* odwapnianie *n*
decalcify /diːˈkælsɪfaɪ/ *vt* odwapni|ć, -ać
decalitre GB, **decaliter** US /ˈdekəliːtə(r)/ *n* dekalitr *m*
Decalogue /ˈdekəlɒg/ *n* **the ~** Dekalog *m*
decametre GB, **decameter** US /ˈdekəmiːtə(r)/ *n* dekametr *m*
decamp /dɪˈkæmp/ *vi* [1] (leave) ul|otnić, -atniać się infml; **he ~ed with all my money** ulotnił się ze wszystkimi moimi pieniędzmi [2] Mil zwi|nąć, -jać obóz
decant /dɪˈkænt/ *vt* [1] przel|ać, -ewać *[wine]* **(into sth** do czegoś) [2] fig przesiedl|ić, -ać *[people]*
decanter /dɪˈkæntə(r)/ *n* karafka *f*
decapitate /dɪˈkæpɪteɪt/ *vt* ści|ąć, -nać głowę (komuś)
decapitation /dɪˌkæpɪˈteɪʃn/ *n* ścięcie *n* głowy
decapod /ˈdekəpɒd/ *n* Zool (crustacean) dziesięcionóg *m*; (cephalopod) dziesięciornica *f*
decarbonization /diːˌkɑːbənaɪˈzeɪʃn, US -nɪˈz-/ *n* [1] Aut usuwanie *n* osadu węglowego [2] Chem dekarbonizacja *f*
decarbonize /diːˈkɑːbənaɪz/ *vt* [1] Aut usun|ąć, -wać osad węglowy z (czegoś) [2] Chem dekarbonizować
decarburization /diːˌkɑːbjʊraɪˈzeɪʃn, US -rɪˈz-/ *n* Tech odwęglanie *n*
decarburize /ˌdiːˈkɑːbjʊraɪz/ *vt* Tech odwęgl|ić, -ać
decathlete /dɪˈkæθliːt/ *n* dziesięcioboist|a *m*, -ka *f*
decathlon /dɪˈkæθlɒn/ *n* dziesięciobój *m*
decay /dɪˈkeɪ/ **I** *n* [1] (rot) (of vegetable matter) gnicie *n*, butwienie *n*; (of meat) gnicie *n*; (of wood) próchnienie *n*, butwienie *n*; **the smell of ~** zapach zgnilizny [2] (falling into ruin) (of building, facade) niszczenie *n*; (of area) upadek *m*; **to fall into ~** popaść w ruinę [3] fig (decline) (of society, civilization, institution) upadek *m*; **environmental ~** degradacja środowiska; **moral ~** upadek moralności; **this industry has been in ~ for some time** ta gałąź przemysłu znajduje się w stanie upadku (już) od jakiegoś czasu [4] Dent (also **tooth ~**) próchnica *f*; **to have ~** mieć próchnicę [5] Geol wietrzenie *n*, niszczenie *n* [6] Phys rozpad *m*
II *vt* [1] roz|łożyć, -kładać *[vegetable matter]*; s|powodować rozpad (czegoś) *[stone]* [2] s|powodować próchnicę (czegoś) *[teeth]*
III *vi* [1] (rot) *[vegetable matter, food, bone]* z|gnić; *[timber]* s|próchnieć, z|butwieć; *[corpse]* roz|łożyć, -kładać się; *[tooth]* ze|psuć się [2] (disintegrate) *[building, statue]* niszczeć, ule|c, -gać zniszczeniu [3] fig (decline) *[civilization, institution]* podupa|ść, -dać, chylić się ku upadkowi; *[beauty]* z|blaknąć, przekwit|nąć, -ać [4] Geol z|wietrzeć [5] Phys ule|c, -gać rozpadowi, rozpa|ść, -dać się
decayed /dɪˈkeɪd/ *adj* [1] *[vegetable matter]* zgniły; *[carcass, flesh]* w stanie rozkładu; *[timber]* spróchniały, zbutwiały; *[tooth]* zepsuty, popsuty, spróchniały; *[building]* zniszczony [2] fig *[society]* w stanie upadku; *[beauty]* przekwitły [3] Geol zwietrzały [4] Phys *[nucleus, particle]* w stanie rozpadu
decaying /dɪˈkeɪɪŋ/ *adj* [1] *[vegetable matter, food]* gnijący; *[timber]* próchniejący, butwiejący; *[corpse]* rozkładający się; *[tooth]* psujący się [2] *[building]* rozpadający się, walący się; *[street, suburb]* podupadający [3] fig *[culture, empire, civilization]* upadający, chylący się ku upadkowi
decease /dɪˈsiːs/ *n* zgon *m*
deceased /dɪˈsiːst/ **I** *n* **the ~** (dead person) zmarł|y *m*, -a *f*; (the dead collectively) (+ *v pl*) zmarli *m pl*
II *adj* nieżyjący, zmarły; **his ~ parents** jego nieżyjący rodzice
deceit /dɪˈsiːt/ *n* [1] (deceitfulness) oszukiwanie *n* infml [2] (act) oszustwo *n*, oszukaństwo *n* [3] Jur oszustwo *n*
deceitful /dɪˈsiːtfl/ *adj [person, word]* kłamliwy; *[behaviour]* oszukańczy; **I have never been ~** nigdy nikogo nie oszukałem
deceitfully /dɪˈsiːtfəlɪ/ *adv [behave]* nieuczciwie; *[speak]* kłamliwie; **they gained access to the information ~** podstępem zdobyli dostęp do informacji
deceitfulness /dɪˈsiːtflnɪs/ *n* (of person) oszustwo *n*, oszukaństwo *n*; (of behaviour) nieuczciwość *f*; (of words) kłamliwość *f*
deceive /dɪˈsiːv/ **I** *vt* [1] (lie to and mislead) oszuk|ać, -iwać, zw|ieść, -odzić *[friend, parent, teacher]*; **to ~ sb into doing sth** podstępem skłonić kogoś do zrobienia czegoś; **she was ~d into handing over the money** podstępem wyłudzono od niej pieniądze; **to ~ sb into thinking that...** kłamstwem or oszustwem wmówić komuś, że...; **to be ~d** (fooled) być oszukanym, dać się oszukać; (disapppointed) zawieść się; **to be ~d in sb** pomylić się co do kogoś, zawieść się na kimś; **don't be ~d** nie daj się zwieść; **he was ~d by her promises** zwiodły go jej przyrzeczenia; **don't be ~d by his mildness/good-humour** nie daj się zwieść jego łagodnością/dobrym humorem; **don't be ~d by appearances** nie daj się zwieść or zmylić pozorom; **do my eyes ~ me?** czy mnie oczy nie mylą? or czy mnie wzrok nie myli?; **I thought my eyes/ears were deceiving me** nie wierzyłem własnym oczom/uszom [2] (be unfaithful to) zdradz|ić, -ać *[spouse, lover]* **(with sb** z kimś)
II *vi [person]* oszuk|ać, -iwać; *[expression, generosity, promise]* zw|ieść, -odzić, z|mylić; **he likes to ~** on lubi oszukiwać; **appearances often ~** pozory często mylą; **with intent to ~** podstępnie
III *vr* **to ~ oneself** oszukiwać się; **to ~ oneself into believing that...** wmówić sobie, że...
deceiver /dɪˈsiːvə(r)/ *n* oszust *m*, -ka *f*; (liar) kłamca *m*
decelerate /diːˈseləreɪt/ *vi* Aut, Mech zw|olnić, -alniać; **economic growth/the rise in interest rates should ~** fig tempo wzrostu gospodarczego/tempo wzrostu stóp procentowych powinno spaść
deceleration /diːˌseləˈreɪʃn/ *n* [1] Aut, Mech zwalnianie *n*, wytracanie *n* prędkości [2] fig (of economic growth) zwolnienie *n* tempa; (of rate) zwolnienie *n* tempa wzrostu
December /dɪˈsembə(r)/ *n* **I** grudzień *m*; **in ~** w grudniu
II *modif* grudniowy
decency /ˈdiːsnsɪ/ *n* [1] (good manners) dobre obyczaje *m pl*; **to observe the decencies** zachować dobre obyczaje or dobre maniery [2] (propriety) przyzwoitość *f*; **common ~** zwykła przyzwoitość; **for the sake of ~** dla przyzwoitości; **they might have had the ~ to thank us** mogli mieć na tyle poczucia przyzwoitości, żeby nam chociaż podziękować; **you can't in all ~ ask him to pay** ze zwykłej przyzwoitości nie możesz zażądać od niego zapłaty; **he hasn't an ounce of ~** nie ma/nie posiada za grosz poczucia przyzwoitości
decent /ˈdiːsnt/ *adj* [1] (respectable) *[family, man, woman]* przyzwoity, porządny; **no ~ person would do a thing like that** żaden przyzwoity człowiek nie zrobiłby czegoś takiego; **she wanted to give him a ~ burial** (not cheap) chciała mu urządzić przyzwoity pogrzeb; (with due respect) chciała mu wyprawić godny pogrzeb; **after a ~ interval, he remarried** dla przyzwoitości odczekał, zanim ożenił się ponownie; **he did the ~ thing and resigned** zrobił to, co słuszne i złożył rezygnację; **try to persuade him to do the ~ thing** spróbuj go przekonać, żeby postąpił, jak należy [2] (pleasant) sympatyczny, miły; **he's a ~ sort of chap** infml porządny z niego gość infml; **it's ~ of him to help you** to miło or ładnie z jego strony, że ci pomógł [3] (adequate) *[facilities, wages, level]* przyzwoity [4] (not shabby) *[garment, shoes]* porządny; **I've nothing ~ to wear** nie mam się w co ubrać [5] (good) *[camera, choice, education, food, holiday, result, score]* całkiem dobry; **to make a ~ living** przyzwoicie zarabiać na życie; **I need a ~ night's sleep** muszę się dobrze wyspać; **they do a ~ fish soup at the Nautilus** w „Nautilusie" podają niezłą zupę rybną [6] (not indecent) *[behaviour, clothes, language]* przyzwoity; **are you ~?** czy możesz się już pokazać ludziom?
decently /ˈdiːsntlɪ/ *adv* [1] (fairly) *[housed, paid, treated]* przyzwoicie [2] (respectably) *[behave, treat, dress]* przyzwoicie, porządnie; **we left as soon as we ~ could** zostaliśmy tak długo, jak nakazywała przyzwoitość; **she was ~ brought up** została porządnie wychowana
decentralization /diːˌsentrəlaɪˈzeɪʃn, US -lɪˈz-/ *n* decentralizacja *f*
decentralize /diːˈsentrəlaɪz/ **I** *vt* [1] (reorganize) z|decentralizować *[government, company]* [2] (disperse) z|dekoncentrować *[industry, population]*
II *vi* z|decentralizować się
decent-sized /ˌdiːsntˈsaɪzd/ *adj* spory, całkiem duży
deception /dɪˈsepʃn/ *n* [1] (deceiving) oszukiwanie *n*, oszustwo *n*; **to obtain sth by ~** zdobyć coś nieuczciwym sposobem; **to practice ~** oszukiwać [2] (trick, lie) podstęp *m*; (trick to gain money, property) oszustwo *n*
deceptive /dɪˈseptɪv/ *adj [appearance, impression]* zwodniczy; **her mild manner is ~** jej łagodność jest zwodnicza; **appearances can be ~** pozory mylą
deceptively /dɪˈseptɪvlɪ/ *adv* [1] **it's ~ easy** to tylko wydaje się proste [2] Advertg **the house is ~ spacious** wbrew pozorom dom jest przestronny
decibel /ˈdesɪbel/ *n* decybel *m*
decide /dɪˈsaɪd/ **I** *vt* [1] (reach a decision) postan|owić, -awiać, z|decydować; **to ~ to**

D

do sth postanowić coś zrobić; **I ~d that I would turn down the offer** postanowiłem odrzucić ofertę; **I ~d that he was right** uznałem, że ma rację; **to ~ how to do sth** zdecydować, jak coś zrobić; **to ~ where /when** zdecydować or postanowić gdzie /kiedy; **he hasn't ~d whether to resign/sign** jeszcze nie zdecydował, czy zrezygnuje/podpisze; **it was ~d to wait** postanowiono czekać; **have you ~d what you are going to do?** czy zdecydowałeś or postanowiłeś, co zrobisz?; **nothing has been ~d yet** nic jeszcze nie postanowiono [2] (settle) rozstrzyg|nąć, -ać *[dispute, matter, quarrel]*; przesądzić o (czymś) *[fate, outcome]*; *[goal, penalty]* rozstrzyg|nąć, -ać *[match]*; **to ~ a case** *[jury]* rozstrzygnąć sprawę [3] (persuade) przekon|ać, -ywać; **to ~ sb to do sth** skłonić kogoś do zrobienia czegoś; **what finally ~d you to buy it?** co ostatecznie skłoniło cię, żeby to kupić?; **that's what ~d him against moving house** to właśnie odwiodło go od zamiaru przeprowadzki

II *vi* z|decydować (się); **let her ~** pozwól jej z(a)decydować; **it's up to him to ~** decyzja należy do niego; **I can't ~** nie mogę się zdecydować; **fate ~d otherwise** los zrządził inaczej; **to ~ against doing sth** zrezygnować ze zrobienia czegoś; **to ~ against sth** zarzucić coś, zaniechać czegoś *[plan, idea]*; **to ~ against sb** odrzucić *[candidate]*; **I ~d against the red dress** (no to buy) postanowiłam nie kupować czerwonej sukienki; (not to wear) postanowiłam nie zakładać czerwonej sukienki; **it's difficult to ~ between the two** trudno się zdecydować na jedno (z dwóch); **to ~ in favour of doing sth** zdecydować się zrobić coś; **to ~ in favour of/against sb** *[jury, judge, referee]* rozstrzygnąć na korzyść/niekorzyść kogoś *[plaintiff, home team]*; *[panel, judges]* wybrać/odrzucić kogoś *[candidate, applicant]*

■ **decide on**: ¶ **to ~ on [sth]** [1] (choose) z|decydować się na (coś) *[hat, wallpaper]*; ustali|ć, -ać *[date]*; **to ~ on a career in medicine/law** postanowić zostać lekarzem/prawnikiem [2] (come to a decision) ustal|ić, -ać *[measure, policy, course of action, size, budget]* ¶ **~ on [sb]** z|decydować się na (kogoś) *[member, applicant]*; wytypować *[team]*

decided /dɪˈsaɪdɪd/ *adj* [1] (noticeable) *[change, increase, drop]* zdecydowany; *[tendency]* wyraźny; *[interest, effort]* autentyczny [2] (determined) *[tone]* stanowczy; *[manner]* stanowczy, zdecydowany; *[views]* jasno sprecyzowany, zdecydowany; **to be quite ~ about doing sth** być całkowicie zdecydowanym coś zrobić

decidedly /dɪˈsaɪdɪdlɪ/ *adv* [1] (distinctly) *[smaller, better, odd, unwell]* zdecydowanie; *[happier, sad, violent]* wyraźnie; **she was ~ embarrassed** była wyraźnie zakłopotana [2] (resolutely) *[say, declare]* zdecydowanie, stanowczo

decider /dɪˈsaɪdə(r)/ *n* (point) decydujący punkt *m*; (race) decydujący wyścig *m*; (goal) decydująca bramka *f*; **the ~** (game) decydująca rozgrywka *f*

deciding /dɪˈsaɪdɪŋ/ *n [factor, goal, race]* decydujący

deciduous /dɪˈsɪdjʊəs, dɪˈsɪdʒʊəs/ *adj [tree, forest]* liściasty; *[leaves]* opadający (przed zimą); *[antlers]* zrzucany okresowo; *[teeth]* mleczny

decigram(me) /ˈdesɪgræm/ *n* decygram *m*

decilitre GB, **deciliter** US /ˈdesɪliːtə(r)/ *n* decylitr *m*

decimal /ˈdesɪml/ **I** *n* ułamek *m* dziesiętny → **circulating decimal**

II *adj [system, number]* dziesiętny; **~ currency** dziesiętny system monetarny; **~ fraction** ułamek dziesiętny; **~ point** przecinek; **to calculate to two ~ places** obliczać do dwóch miejsc po przecinku; **to go ~** przejść na system dziesiętny

decimalization /ˌdesɪməlaɪˈzeɪʃn, US -lɪˈz-/ *n* [1] (of currency, unit) przejście *n* na system dziesiętny [2] Math (of number) przekształcenie *n* na ułamek dziesiętny

decimalize /ˈdesɪməlaɪz/ *vt* [1] **to ~ currency/coinage** wprowadzić system dziesiętny; **to ~ a country** wprowadzić w kraju dziesiętny system monetarny [2] Math przekształc|ić, -ać na ułamek d|ziesiętny

decimate /ˈdesɪmeɪt/ *vt* z|dziesiątkować

decimation /ˌdesɪˈmeɪʃn/ *n* zdziesiątkowanie *n*

decimetre GB, **decimeter** US /ˈdesɪmiːtə(r)/ *n* decymetr *m*

decipher /dɪˈsaɪfə(r)/ *vt* [1] (decode) rozszyfrow|ać, -ywać *[message]*; odszyfrow|ać, -ywać *[enemy signals]*; z|łamać *[code]* [2] (make out) odcyfrow|ać, -ywać fig *[writing, note, scrawl]*

decipherable /dɪˈsaɪfrəbl/ *adj* [1] *[message]* dający się rozszyfrować [2] *[handwriting]* dający się odcyfrować fig

decision /dɪˈsɪʒn/ *n* [1] (resolution reached) postanowienie *n*, decyzja *f* **(about sb/sth** dotyczący kogoś/czegoś); **my ~ to leave** moje postanowienie, że odejdę; **to make** or **take a ~** podjąć decyzję; **to reach** or **come to a ~** zdecydować; **the right /wrong ~** słuszna or właściwa/niewłaściwa or błędna decyzja; **the judge's ~ is final** decyzja sędziego jest nieodwołalna [2] (act of making up one's mind) decydowanie *n*, podejmowanie *n* decyzji [3] (determination) zdecydowanie *n*, stanowczość *f*; **a woman of ~** kobieta, która wie, czego chce

decision-maker /dɪˈsɪʒnmeɪkə(r)/ *n* decydent *m*

decision-making /dɪˈsɪʒnmeɪkɪŋ/ **I** *n* podejmowanie *n* decyzji; **to be good at ~** umieć podejmować decyzję; **to be bad at ~** nie umieć podejmować decyzji

II *modif [process, procedure]* decyzyjny; **~ skills** umiejętność podejmowania decyzji

decision table *n* Comput tablica *f* decyzyjna

decisive /dɪˈsaɪsɪv/ *adj* [1] (firm) *[manner]* stanowczy; *[tone, reply]* zdecydowany, stanowczy; (stronger) kategoryczny; **he is not ~ enough** nie jest dość stanowczy; **a more ~ leader** bardziej stanowczy or zdecydowany przywódca [2] (conclusive) *[battle, factor, influence, argument]* decydujący; **it was ~ in forcing/persuading him to resign** to ostatecznie zmusiło/skłoniło go do złożenia rezygnacji

decisively /dɪˈsaɪsɪvlɪ/ *adv [speak, act]* zdecydowanie, stanowczo

decisiveness /dɪˈsaɪsɪvnɪs/ *n* stanowczość *f*, zdecydowanie *n*; (stronger) kategoryczność *f*

deck /dek/ **I** *n* [1] Naut pokład *m*; **upper ~** górny pokład; **car ~** pokład samochodowy; **to be on ~** być na pokładzie; **to go (up** or **out) on ~** wyjść na pokład; **below ~(s)** pod pokładem [2] US (terrace) taras *m* [3] (on bus) piętro *n*; **upper/lower ~** górne/dolne piętro [4] Audio (for records) płyta *f* podstawowa (adaptera, magnetofonu), dek *m* [5] Games **a ~ of cards** talia *f* kart [6] US infml drug users' sl działka *f* heroiny infml

II *vt* [1] (decorate) u|dekorować, przyozd|obić, -abiać, przystr|oić, -ajać *[building, room, table, tree]* **(with sth** czymś) [2] (dress up) wy|stroić *[person]* **(with** or **in sth** w coś) [3] US infml (floor) powal|ić, -ać (kogoś) na ziemię

■ **deck out**: ¶ **~ out [sth], ~ [sth] out** u|dekorować *[place]* **(with** or **in sth** czymś) ¶ **~ [sb] out** wy|stroić **(in sth** w coś); **he was ~ed out in his best suit** wystroił się w najlepszy garnitur

IDIOMS: **all hands on ~!** Naut wszyscy na pokład!; **to clear the ~s** przygotować grunt; **to hit the ~** infml przypaść do ziemi, przywarować; **he's not playing with a full ~** infml ma nie wszystkich w domu, ma nie wszystko po kolei infml

deckchair /ˈdektʃeə(r)/ *n* leżak *m*

deckhand /ˈdekhænd/ *n* marynarz *m* pokładowy

deckhouse /ˈdekhaus/ *n* pokładówka *f*

decking /ˈdekɪŋ/ *n* odeskowanie *n* or pokrycie *n* pomostu

deckle-edged /ˌdeklˈedʒd/ *adj* Print *[paper, page]* z nieobciętym brzegiem

declaim /dɪˈkleɪm/ **I** *vt* wygł|osić, -aszać *[speech]*; wy|recytować, za|deklamować *[poem]*

II *vi* [1] (deliver a speech) przem|ówić, -awiać; (deliver a poem) deklamować, recytować [2] (protest) **to ~ against sth** ostro wypowiadać się przeciwko czemuś, protestować przeciwko czemuś

declamation /ˌdekləˈmeɪʃn/ *n* [1] (protest) tyrada *f* **(against sth** przeciwko czemuś) [2] (rhetorical style) deklamacja *f*, deklamowanie *n*

declamatory /dɪˈklæmətərɪ, US -tɔːrɪ/ *adj* deklamatorski

declarable /dɪˈkleərəbl/ *adj [goods, duty]* podlegający ocleniu; *[income]* podlegający opodatkowaniu

declaration /ˌdekləˈreɪʃn/ *n* [1] (formal statement) oświadczenie *n*, deklaracja *f*; **a ~ of love** wyznanie miłości; **their ~s of innocence** ich zapewnienia o niewinności; **a ~ of income** Tax zeznanie podatkowe; **a customs ~** deklaracja celna; **to make a false ~** Jur złożyć fałszywe oświadczenie [2] (proclamation) (act) ogłoszenie *n*, proklamowanie *n*; (document) deklaracja *f*; **the Declaration of Independence** US Hist Deklaracja Niepodległości; **a ~ of war** wypowiedzenie wojny; **the ~ of the poll** ogłoszenie wyników głosowania [3] (in cards) odzywka *f*

declaration of association *n* Jur deklaracja *f* powołania spółki/stowarzyszenia

declaration of bankruptcy *n* Jur ogłoszenie *n* upadłości, orzeczenie *n* bankructwa

declaration of intent *n* Jur oświadczenie *n* woli

declaration of solvency *n* deklaracja *f* wypłacalności

declarative /dɪˈklærətɪv/ *adj* Ling oznajmujący, orzekający

declaratory /dɪˈklærətrɪ, US -tɔːrɪ/ *adj* Jur *[judgment]* deklaratywny *(ustalający prawo lub obowiązek)*; *[act]* wyjaśniający wątpliwości prawa zwyczajowego

declare /dɪˈkleə(r)/ **I** *vt* [1] (state firmly) oświadcz|yć, -ać **(that** że); (state openly) oznajmi|ć, -ać *[intention, decision]*; (in cards) zgł|osić, -aszać *[trumps]*; **to ~ one's support for sth** zadeklarować swoje poparcie dla czegoś; **to ~ one's love** wyznać miłość [2] (proclaim) wypowi|edzieć, -adać *[war]*; proklamować, ogł|osić, -aszać *[independence]*; ogł|osić, -aszać *[siege]*; **to ~ war on a country** wypowiedzieć wojnę państwu; **to ~ a state of emergency** ogłosić stan wyjątkowy; **to ~ sb the winner /president** ogłosić kogoś zwycięzcą/prezydentem; **to ~ sb guilty** uznać kogoś winnym; **I ~ the meeting closed** niniejszym zamykam obrady, niniejszym ogłaszam zamknięcie obrad; **to ~ a vintage** Wine *ogłosić, że dane wino pochodzi z dobrego rocznika* [3] Tax, Fin za|deklarować, zgł|osić, -aszać do oclenia *[goods]*; wykaz|ać, -ywać w deklaracji *or* bilansie *[income]*; **to ~ a dividend** ustalić dywidendę; **I have nothing to ~** nie mam nic do oclenia; **to ~ one's interest in a company** Jur ogłosić publicznie fakt posiadania udziałów w spółce

II *vi* [1] (make choice) opowi|edzieć, -adać się; **to ~ for sb/sth** opowiedzieć się za kimś /czymś; **to ~ against sb/sth** opowiedzieć się przeciwko komuś/czemuś [2] US Pol oficjalnie ogłosić fakt kandydowania na prezydenta [3] (in cards) licytować

III *vr* **to ~ oneself in favour of/against sth** opowiedzieć się za czymś/przeciwko czemuś; **they ~d themselves (to be) supporters of the rebels** opowiedzieli się po stronie rebeliantów; **he ~d himself (to be) guilty** przyznał się do winy

IV declared *pp adj [enemy, atheist]* zdeklarowany; *[intention]* jawny

IDIOMS: **well, I ~!** dat nie do wiary!

declaredly /dɪˈkleərɪdlɪ/ *adv* otwarcie

declarer /dɪˈkleərə(r)/ *n* Games rozgrywając|y *m*, -a *f*

declassification /ˌdiːˌklæsɪfɪˈkeɪʃn/ *n* Admin, Mil odtajnienie *n* **(of sth** czegoś)

declassify /ˌdiːˈklæsɪfaɪ/ *vt* Admin, Mil odtajni|ć, -ać *[document, secret plan]*

declension /dɪˈklenʃn/ *n* Ling deklinacja *f*

declinable /dɪˈklaɪnəbl/ *adj* Ling odmienny

declination /ˌdeklɪˈneɪʃn/ *n* [1] Geog deklinacja *f* magnetyczna [2] Astron deklinacja *f*

decline /dɪˈklaɪn/ **I** *n* [1] (downward trend) upadek *m* **(of sb/sth** kogoś/czegoś); **to be in ~** *[empire, civilization]* przeżywać (swój) upadek; *[economy, industry]* podupadać; *[party, politician]* tracić znaczenie; **to go** *or* **fall into ~** *[empire, civilization]* zacząć chylić się ku upadkowi [2] (decrease) spadek *m*, zmniejszanie się *n* **(of** *or* **in sth** czegoś); **to be on the** *or* **in ~** spadać, zmniejszać się; **a 5% ~ to 170** pięcioprocentowy spadek do stu siedemdziesięciu; **there has been a ~ in support for the party** spada *or* zmniejsza się poparcie dla partii [3] (of health, condition) pogarszanie się *n* **(in** *or* **of sth** czegoś); **to go** *or* **fall into a ~** *[person]* podupadać na zdrowiu; **his ~ into madness** (jego) popadnięcie w obłęd *or* szaleństwo

II *vt* [1] (refuse) nie przyj|ąć, -mować (czegoś) *[offer, honour, invitation]*; **to ~ to reply/to help sb** odmówić odpowiedzi /komuś pomocy [2] Ling deklinować *[noun, adjective]*

III *vi* [1] (drop) *[number, rate, demand, sales, trade, support]* spa|ść, -dać; *[quality]* pog|orszyć, -arszać się; *[business]* podupa|ść, -dać, zmniejsz|yć, -ać się [2] (wane) *[empire]* chylić się ku upadkowi; *[influence]* z|maleć, zmniejsz|yć, -ać się; *[status]* obniż|yć, -ać się; *[career]* kończyć się; *[team]* przeży|ć, -wać kryzys [3] (refuse) odm|ówić, -awiać (czegoś) [4] Ling odmieniać się [5] liter *[sun]* za|jść, -chodzić

IV declining *prp adj* [1] (getting fewer, less) *[number, rate]* malejący, zmniejszający się; **a declining birth/inflation rate** malejący wskaźnik urodzeń/inflacji; **declining sales** zmniejszająca się *or* malejąca sprzedaż; **the declining interest in sth** malejące zainteresowanie czymś [2] (in decline) *[empire]* chylący się ku upadkowi; *[industry]* podupadający; **the declining years of the empire** schyłek imperium; **in her declining years** u schyłku (jej) życia [3] (getting worse) *[health, quality]* pogarszający się

declivity /dɪˈklɪvətɪ/ *n* pochyłość *f*

declutch /ˌdiːˈklʌtʃ/ *vi* GB wyłącz|yć, -ać sprzęgło, wysprzęgać

decoction /dɪˈkɒkʃn/ *n* [1] (process) warzenie *n* [2] (essence) wywar *m*, odwar *m*

decode /ˌdiːˈkəʊd/ *vt* [1] rozszyfrow|ać, -ywać, odszyfrow|ać, -ywać *[message, signal]*; z|łamać *[code]*; rozszyfrow|ać, -ywać; odcyfrow|ać, -ywać fig *[handwriting, note]* [2] Comput, Electron dekodować, deszyfrować

decoder /ˌdiːˈkəʊdə(r)/ *n* [1] (person) szyfrant *m*, -ka *f*; (device) szyfrarka *f* [2] Comput, Electron dekoder *m*

decoding /ˌdiːˈkəʊdɪŋ/ *n* [1] rozszyfrowanie *n* [2] Comput, Electron dekodowanie *n*

decoke /ˌdiːˈkəʊk/ *vt* GB Aut usun|ąć, -wać nagar

decollate /ˌdiːkəˈleɪt/ *vt* roz|erwać, -rywać *[printout]*

décolleté /deɪˈkɒlteɪ, US -kɒlˈteɪ/ **I** *n* dekolt *m*, wycięcie *n*

II *adj [woman]* wydekoltowana; *[blouse, dress]* wydekoltowany, z dekoltem

decolonize /diːˈkɒlənaɪz/ *vt* przyzna|ć, -wać niepodległość (czemuś) *[colony]*

decompartmentalization /ˌdiːkɒmpɑːtˌmentəlaɪˈzeɪʃn, US -lɪˈz-/ *n* Admin zniesienie *n* podziałów

decompartmentalize /ˌdiːkɒmpɑːtˈmentəlaɪz/ *vt* Admin zn|ieść, -osić podziały w (czymś)

decompose /ˌdiːkəmˈpəʊz/ **I** *vt* [1] s|powodować rozkład (czegoś) *[corpse]*; s|powodować butwienie (czegoś) *[leaves, wood]* [2] Chem, Phys roz|łożyć, -kładać *[substance, chemical compound]* **(into sth** na coś); rozszczepi|ć, -ać *[light]* **(into sth** na coś)

II *vi* [1] *[corpse]* roz|łożyć, -kładać się; *[leaves, wood]* z|butwieć [2] Phys, Chem *[substance]* roz|łożyć, -kładać się; *[light]* rozszczepi|ć, -ać się

decomposition /ˌdiːkɒmpəˈzɪʃn/ *n* rozkład *m*; Psych, Chem rozpad *m*; (of light) rozszczepienie *n*

decompress /ˌdiːkəmˈpres/ *vt* Comput rozpakow|ać, -ywać, z|dekompresować *[file]*

decompression /ˌdiːkəmˈpreʃn/ *n* dekompresja *f*

decompression chamber *n* komora *f* dekompresyjna

decompression sickness *n* choroba *f* kesonowa

decongestant /ˌdiːkənˈdʒestənt/ **I** *n* środek *m* udrożniający górne drogi oddechowe

II *adj* udrożniający górne drogi oddechowe

deconstruction /ˌdiːkənˈstrʌkʃn/ *n* Literat dekonstrukcja *f*

decontaminate /ˌdiːkənˈtæmɪneɪt/ *vt* odka|zić, -żać

decontamination /ˌdiːkənˌtæmɪˈneɪʃn/ *n* odkażanie *n*, dekontaminacja *f*

decontrol /ˌdiːkənˈtrəʊl/ **I** *n* zniesienie *n* kontroli

II *vt* (*prp, pt, pp* **-ll-**) Econ, Fin znieść kontrolę (czegoś) *[trade]*; uw|olnić, -alniać *[prices]*

decor /ˈdeɪkɔː(r), US deɪˈkɔːr/ *n* [1] (of house, room) wystrój *m* [2] Theat dekoracja *f*, dekoracje *f pl*

decorate /ˈdekəreɪt/ **I** *vt* [1] (adorn) u|dekorować, przystr|oić, -ajać *[room, street]*; przyb|rać, -ierać, ozd|obić, -abiać *[cake, garment]*; ub|rać, -ierać *[Christmas tree]*; **~d with carvings** zdobiony rzeźbieniami [2] odn|owić, -awiać, wy|remontować *[house, room]*; (paint) po|malować; (paper) wy|tapetować; **the whole house needs to be ~d** cały dom wymaga odnowienia; **a newly ~d room** świeżo odnowiony pokój [3] odznacz|yć, -ać, u|dekorować **(for sth** za coś); **the soldier was ~d for bravery** żołnierz został odznaczony za odwagę; **to be ~d with sth** zostać odznaczonym *or* udekorowanym czymś *[medal]*

II *vi* (with paint) malować; (with paper) tapetować

decorating /ˈdekəreɪtɪŋ/ *n* (of room, house) odnawianie *n*; (with paint) malowanie *n*; (with paper) tapetowanie *n*; **'painting and ~'** „malowanie i tapetowanie"

decoration /ˌdekəˈreɪʃn/ *n* [1] (for festivitites) dekoracja *f*; (on garment) ozdoba *f*; (on cake) przybranie *n*; **to put up/take down ~s** zawiesić/zdjąć dekoracje; **the fireplace is only for ~** kominek jest tylko dla dekoracji [2] (by painter) pomalowanie *n*; (by decorator) urządzanie *n*, wystrój *m*; **he helped us with the ~ of the study** pomógł nam odnowić/urządzić pokój do

pracy; **interior ~** dekoracja wnętrz, wnętrzarstwo [3] Mil odznaczenie *n*
decorative /ˈdekərətɪv, US ˈdekəreɪtɪv/ *adj [border, frill, design]* ozdobny; *[sculpture]* dekoracyjny; **this is purely ~** to tylko dla ozdoby
decorator /ˈdekəreɪtə(r)/ *n* (painting) malarz *m* pokojowy; (papering) tapeciarz *m*; **'John Brown, painter and ~'** „John Brown, malowanie-tapetowanie"
decorous /ˈdekərəs/ *adj [behaviour, language, manners]* godny; obyczajny dat
decorously /ˈdekərəslɪ/ *adv [behave, dress]* godnie; obyczajnie dat
decorum /dɪˈkɔːrəm/ *n* **with ~** godnie; obyczajnie dat; **a sense of ~** poczucie przyzwoitości; **a breach of ~** naruszenie dobrych zasad
decoy **I** /ˈdiːkɔɪ/ *n* [1] (animal, person) przynęta *f* [2] Hunt (object) wabik *m* [3] Mil cel *m* pozorny, cel pułapka *m*
II /dɪˈkɔɪ/ *vt* z|wabić; **to ~ sb/sth into a trap** zwabić kogoś/coś w pułapkę; **to ~ sb /sth from sth** wywabić kogoś/coś z czegoś; **to ~ sb/sth away from sth** odciągnąć kogoś/coś od czegoś
decrease **I** /ˈdiːkriːs/ *n* (in price, inflation, number) spadek *m*; (controlled) redukcja *f*; **~ in spending** redukcja wydatków; **~ in strength** osłabienie
II /dɪˈkriːs/ *vt* zmniejsz|yć, -ać *[number, amount, size, effort]*; obniż|yć, -ać *[price, value]*
III /dɪˈkriːs/ *vi* [1] *[number, price, inflation]* spa|ść, -dać, obniż|yć, -ać się; *[enthusiasm, support, interest]* o|słabnąć, zmniejsz|yć, -ać się [2] (in knitting) spu|ścić, -szczać oczka
decreasing /dɪˈkriːsɪŋ/ *adj [number, population, size]* zmniejszający się; *[temperature, price]* obniżający się; *[enthusiasm, power, interest]* słabnący, zmniejszający się
decreasingly /dɪˈkriːsɪŋlɪ/ *adv [effective, independent]* coraz mniej; **~ important /popular** tracący na znaczeniu/popularności
decree /dɪˈkriː/ **I** *n* [1] (order) dekret *m*; **by royal ~** dekretem królewskim [2] (judgment) wyrok *m*, orzeczenie *n* sądu; **~ absolute /nisi** (in divorce) wyrok pełnomocny/warunkowy
II *vt* [1] (order, announce) zarządz|ić, -ać, nakaz|ać, -ywać *[amnesty, punishment]*; (by issuing a decree) za|dekretować; **to ~ that...** zarządzić or nakazać, żeby... [2] Jur za|wyrokować, orze|c, -kać **(that** że**)**
IDIOMS: **fate had ~d otherwise** los zrządził inaczej
decrepit /dɪˈkrepɪt/ *adj [chair, table]* rozlatujący się, rozpadający się; *[building]* walący się, w ruinie; *[old person, horse]* niedołężny
decrepitude /dɪˈkrepɪtjuːd, US -tuːd/ *n* (of object, building) zniszczenie *n*; (of horse, old person) zniedołężnienie *n*
decretal /dɪˈkriːtl/ *n* Relig dekret *m* papieski
decriminalization /diːˌkrɪmɪnəlaɪˈzeɪʃn, US -lɪˈz-/ *n* legalizacja *f*, zalegalizowanie *n*
decriminalize /diːˈkrɪmɪnəlaɪz/ *vt* zalegalizować
decry /dɪˈkraɪ/ *vt* potępi|ć, -ać
decrypt /diːˈkrɪpt/ *vt* Comput deszyfrować, rozszyfrow|ać, -ywać
decryption /diːˈkrɪpʃn/ *n* Comput deszyfrowanie *n*, rozszyfrowanie *n*
dedicate /ˈdedɪkeɪt/ **I** *vt* [1] (devote) poświęci|ć, -ać; **to ~ time to sth** poświęcić czas na coś; **to ~ one's life to sth** poświęcić czemuś życie; **she ~d her life to helping the poor** życie poświęciła wspomaganiu biednych [2] (write dedication) za|dedykować *[book, film, performance]* **(to sb** komuś**)** [3] Relig za|dedykować *[church, shrine]* **(to sb** komuś**)**
II *vr* **to ~ oneself to serving one's country** z oddaniem służyć krajowi
dedicated /ˈdedɪkeɪtɪd/ *adj* [1] (keen, devoted) *[teacher, mother, doctor, fan, worker, secretary, minister, disciple]* oddany; *[opponent]* zagorzały; *[student]* gorliwy; *[musician]* oddany pracy; *[attitude]* pełny oddania or poświęcenia; **he is ~ to his job** jest oddany swojej pracy; **she is ~ to looking after her old parents** z poświęceniem opiekuje się starymi rodzicami; **he is ~ to social reform** jest oddany sprawie reform społecznych; **we only take on people who are really ~** przyjmujemy tylko osoby naprawdę zaangażowane [2] Comput, Electron *[word processor, hardware, terminal]* dedykowany [3] (personalized) *[copy]* z dedykacją; (for special purposes) *[area, zone]* wydzielony, wyspecjalizowany [4] (bearing name) *[church]* pod wezwaniem; **a church ~ to St Anthony** kościół pod wezwaniem św. Antoniego
dedication /ˌdedɪˈkeɪʃn/ *n* [1] (devoted attitude) poświęcenie *n*, oddanie *n* **(to sth** czemuś**)**; zaangażowanie *n* **(to sth** w coś**)**; **her ~ to duty** jej obowiązkowość [2] (in a book) dedykacja *f* [3] (act of dedicating) zadedykowanie *n*; **there are several ~s for this record** tę płytę dedykujemy kilku osobom [4] Relig poświęcenie *n*
deduce /dɪˈdjuːs, US -ˈduːs/ *vt* wy|wnioskować, wy|dedukować **(from sth** z czegoś**)**; wyprowadz|ić, -ać, wyw|ieść, -odzić *[conclusion, theory]*; **to ~ that...** wywnioskować, że...
deducible /dɪˈdjuːsəbl, US -ˈduːs-/ *adj [conclusion, theory]* dający się logicznie wyprowadzić; **this theory is not ~ from the limited evidence that we have** za mało jest danych, żeby wysnuć taką teorię
deduct /dɪˈdʌkt/ *vt* [1] (subtract) odlicz|yć, -ać *[cost, expenses]* **(from sth** od czegoś**)**; od|jąć, -ejmować *[number]* **(from sth** od czegoś**)** [2] (withhold) potrąc|ić, -ać *[tax, pension contribution]* **(from sth** z czegoś**)**; **income tax is ~ed at source** podatek dochodowy jest potrącany u źródła
deductible /dɪˈdʌktəbl/ **I** *n* US Fin franszyza *f* redukcyjna
II *adj* Fin, Comm *[costs]* podlegający potrąceniu, odliczany
deduction /dɪˈdʌkʃn/ *n* [1] Fin, Econ (on wages) potrącenie *n*; (on bill) odliczenie *n*; **after ~s** po potrąceniach or odliczeniach; **to make a ~ from sth** potrącić z czegoś, odjąć od czegoś; **I made a ~ of 10% from the invoice** potrąciłam 10% od faktury [2] (conclusion) wniosek *m*, konkluzja *f*; **to make a ~** wysnuć or wyciągnąć wniosek **(from sth** z czegoś**)** [3] (reasoning) dedukcja *f*; **by ~** przez dedukcję
deductive /dɪˈdʌktɪv/ *adj* dedukcyjny
deed /diːd/ **I** *n* [1] (act) czyn *m*, uczynek *m*; **a brave ~** odważny czyn; **to do one's good ~ for the day** spełnić dobry uczynek [2] liter (heroic feat) bohaterski czyn *m* [3] Jur (document) akt *m* or dokument *m* notarialny; (for property) akt *m* własności
II *vt* US Jur przeni|eść, -osić prawo własności do (czegoś)
IDIOMS: **in word and ~** słowem i czynem; **in ~ if not in name** czynem jeśli nie słowem, de facto
deed box *n* kasetka *f* na dokumenty
deed of covenant *n* Jur umowa *f* or ugoda *f* opatrzona pieczęcią
deed of partnership *n* Comm, Jur umowa *f* spółki
deed poll *n* (*pl* **deeds poll)** Jur jednostronny akt *m* prawny; **to change one's name by ~** dokonać prawnej zmiany nazwiska
deejay /ˈdiːdʒeɪ/ *n* infml disc jockey *m*; didżej *m* infml
deem /diːm/ *vt* uzna|ć, -wać **(that** że**)**; **your essay was ~ed the best** twoje wypracowanie uznano za najlepsze; **we ~ed her worthy of it** uznaliśmy, że jest tego godna; **it was ~ed necessary/advisable to do it** uznano, że należy to zrobić/że dobrze byłoby to zrobić; **it was ~ed unnecessary to reply** uznano, że odpowiedź nie jest konieczna; **it was ~ed inadvisable to reply** uznano, że lepiej nie odpowiadać
deep /diːp/ **I** *n* [1] liter (sea) **the ~** głębiny *f pl* [2] (of space) głębia *f* [3] (central part) środek *m*, jądro *n* **(of sth** czegoś**)**
II *adj* [1] (vertically) *[well, water, snow, wrinkle, dish, box, drawer]* głęboki; *[grass]* wysoki; **a ~-pile carpet** dywan z długim włosem; **~ roots** Bot głębokie korzenie; fig głęboko sięgające korzenie; **~ cleansing** Cosmet głębokie czyszczenie skóry; **how ~ is the river/wound?** jak głęboka jest rzeka/rana?; **the lake is 13 m ~** jezioro ma 13 m głębokości; **a hole 5 cm ~, a 5 cm ~ hole** dziura głęboka na 5 cm; **the floor was 10 cm ~ in water** podłogę pokrywała dziesięciocentymetrowa warstwa wody; **the sound/spring came from a source ~ in the earth** dźwięk dochodził /źródło wypływało z głębi ziemi [2] (horizontally) *[shelf, stage, wardrobe, alcove, drawer]* głęboki; *[border, band, strip]* szeroki; **a shelf 30 cm ~** półka o głębokości 30 cm; **people were standing six ~** ludzie stali w sześciu szeregach; **cars were parked three ~** samochody zaparkowane były w trzech rzędach [3] fig (intense) *[admiration, impression, interest, regret, faith, love, sorrow, shame, coma, sleep]* głęboki; *[difficulty, trouble]* poważny; *[dismay, need, pleasure]* wielki; *[desire]* silny; **my ~est sympathy** wyrazy głębokiego współczucia; hum moje kondolencje iron [4] (impenetrable) *[darkness]* głęboki; *[mystery]* nieprzenikniony, niezgłębiony; *[secret]* najgłębszy; *[forest]* głęboki, gęsty; *[jungle]* gęsty; *[person]* myślący poważnie; głęboki fig; **they live in ~est Wales** hum mieszkają w Walii, na głębokiej prowincji; **you're a ~ one!** infml trudno cię rozgryźć!;

[5] (intellectually profound) *[idea, truth, meaning, thought]* głęboki; *[book]* mądry; *[discussion, insight]* wnikliwy; *[knowledge]* głęboki, gruntowny; **at a ~er level** pod powierzchnią, głębiej [6] (dark) *[colour]* głęboki, ciemny; **~ blue eyes** ciemnoniebieskie oczy [7] (low) *[voice, note, sound]* głęboki, niski [8] (absorbed, involved) **to be ~ in sth** być zatopionym or pogrążonym w czymś *[thought, conversation]*; być zajętym or zaabsorbowanym czymś *[book, entertainment]*; **to be ~ in debt** tonąć w długach [9] Sport *[shot, serve]* długi, daleki

III *adv* [1] (a long way down) *[dig, bury, cut, dive]* głęboko; **he thrust his hands ~ into his pockets** wsadził ręce głęboko do kieszeni; **she dived ~ into the lake** zanurkowała w wodę jeziora; **he plunged the knife ~ into her body** zatopił nóż głęboko w jej ciele; **~ in the cellars** głęboko w podziemiach; **~ beneath the sea/the earth's surface** głęboko w morzu/pod ziemią; **to dig ~er** kopać głębiej; **to dig ~er into an affair** fig wniknąć głębiej w sprawę; **to sink ~er into debt** fig coraz bardziej pogrążyć się w długach; **he drank ~ of the wine** liter pociągnął duży łyk or haust wina [2] (a long way in) *[go, venture, penetrate]* w głąb **(in** or **into sth** czegoś); **~ in the forest all was still** głęboko w lesie panował spokój; **to go ~ into the woods** wejść w głąb lasu; **~ in the heart of Texas** w samym sercu Teksasu; **~ in my heart** w głębi serca; **to be ~ in thought** być zatopionym w myślach; **to be ~ in discussion** być pochłoniętym dyskusją; **to work/talk ~ into the night** rozmawiać/pracować do późna w nocy; **he gazed ~ into my eyes** liter patrzał mi głęboko w oczy [3] fig (emotionally, in psyche) głęboko; **~ down** or **inside** w głębi duszy or serca; **~ down she was frightened** w głębi duszy bała się; **~ down she's a nice woman** tak naprawdę jest miłą osobą; **to go ~** *[faith, emotion, loyalty, instinct]* sięgać głęboko; **his problems go ~er than that** jego problemy są znacznie poważniejsze; **to run ~** *[belief, feeling, prejudice]* być głęboko zakorzenionym [4] Sport *[kick, serve, hit]* daleko

IDIOMS: **to be in ~** infml doigrać się; **to be in ~ waters** mieć poważne kłopoty

deep-chested /ˌdiːpˈtʃestɪd/ *adj* o potężnej klatce piersiowej

deep-dyed /ˌdiːpˈdaɪd/ *adj* [1] *[wood]* barwiony wgłębnie [2] fig *[villain]* (zły) do szpiku kości

deepen /ˈdiːpən/ **I** *vt* [1] (dig out) pogłębi|ć, -ać *[channel, hole]* [2] fig (intensify) pogłębi|ć, -ać *[awareness, dismay, knowledge, love, understanding]*; wzm|óc, -agać *[concern, interest, outrage]* [3] (make lower) zniż|yć, -ać *[voice, pitch, tone]* [4] (make darker) pogłębi|ć, -ać *[colour, tan]*

II *vi* [1] *[river, lake, channel, pool, water, mud, wrinkle]* pogłębi|ć, -ać się [2] fig (intensify) *[admiration, concern, dismay, interest, love]* wzm|óc, -agać się; *[crisis, knowledge, mystery, silence]* pogłębi|ć, -ać się; *[difficulties, gap, rift]* zwiększ|yć, -ać się [3] (grow lower) *[pitch, tone, voice]* zniż|yć, -ać się [4] (grow darker) *[colour, tan]* pogłębi|ć, -ać się; *[night]* sta|ć, -wać się (coraz) ciemniejszym; *[darkness]* z|gęstnieć

III deepening *prp adj* [1] fig *[awareness, crisis]* pogłębiający się; *[darkness]* gęstniejący; *[emotion]* narastający; *[interest, need]* wzrastający; *[understanding]* coraz lepszy; *[confusion, rift]* zwiększający się [2] *[water, mud, wrinkle, snow]* coraz głębszy [3] (becoming lower) *[sound, voice, tone, note]* obniżający się [4] (becoming darker) *[colour, suntan]* coraz ciemniejszy

deep end *n* najgłębsza część *f* basenu

IDIOMS: **to go off (at) the ~** infml fig wpaść we wściekłość; **to jump** or **go** or **plunge in at the ~ end** fig wypływać or puszczać się na szerokie wody; **to throw sb in at the ~** fig puścić kogoś na szerokie wody

deep-(fat-)fryer /ˌdiːpfætˈfraɪə(r)/ *n* frytkownica *f*

deep-felt /ˌdiːpˈfelt/ *adj [admiration]* szczery; *[hatred]* głęboki

deep-freeze /ˌdiːpˈfriːz/ **I** *n* zamrażarka *f*

II *vt* (*pt* **-froze**; *pp* **-frozen**) zamr|ozić, -ażać

deep-fried /ˌdiːpˈfraɪd/ *adj [meat, vegetables]* smażony w głębokim tłuszczu

deep-frozen /ˌdiːpˈfrəʊzn/ *adj* zamrożony

deep-fry /ˌdiːpˈfraɪ/ *vt* Culin u|smażyć w głębokim tłuszczu

deep-laid /ˌdiːpˈleɪd/ *adj [plan, scheme, plot]* misterny

deeply /ˈdiːplɪ/ *adv* [1] fig (intensely) *[felt, moving]* głęboko; *[committed, involved]* mocno; **our most ~ held convictions** nasze najgłębsze przekonania [2] (analytically) *[think, reflect]* głęboko; *[discuss, examine, study]* dogłębnie, dokładnie; **to go ~ into sth** dokładnie coś przeanalizować; **~ meaningful** o doniosłym znaczeniu [3] *[breath, sigh, sleep, dig, cut]* głęboko; *[blush, tan]* mocno

deep-rooted /ˌdiːpˈruːtɪd/ *adj* głęboko zakorzeniony

deep-sea /ˌdiːpˈsiː/ *modif [organism, current, exploration]* głębinowy

deep-sea diver *n* nurek *m* głębinowy

deep-sea diving *n* nurkowanie *n* głębokowodne

deep-sea fisherman *n* rybak *m* dalekomorski

deep-sea fishing *n* rybołówstwo *n* dalekomorskie

deep-seated /ˌdiːpˈsiːtɪd/ *adj* = **deep-rooted**

deep-set /ˌdiːpˈset/ *adj [eyes]* głęboko osadzony

deep-six, deep-6 /ˌdiːpˈsɪks/ *vt* US Journ pozby|ć, -wać się (czegoś) *[incriminating papers, documents]*; zarzuc|ić, -ać *[project]*

Deep South *n* US głębokie Południe *n* *(Stanów Zjednoczonych)*

deep space *n* przestrzeń *f* kosmiczna daleka, kosmos *m* głęboki

deep structure *n* Ling struktura *f* głęboka

deep therapy *n* Med radioterapia *f* głęboka

deer /dɪə(r)/ **I** *n* (*pl* **~**) (stag) jeleń *m*; (doe) łania *f*; (fawn) jelonek *m*; **red ~** jeleń szlachetny; **roe ~** sarna; **fallow ~** daniel

II *modif* **the ~ family** jeleniowate

deerhound /ˈdɪəhaʊnd/ *n* chart *m*

deerskin /ˈdɪəskɪn/ **I** *n* jelenia skóra *f*

II *modif* **~ gloves/jacket** rękawiczki /kurtka z jeleniej skóry or ze skóry jelenia

deerstalker /ˈdɪəstɔːkə(r)/ *n* [1] (hunter) tropiciel *m* jeleni [2] (hat) czapka *f* àla Sherlock Holmes

deerstalking /ˈdɪəstɔːkɪŋ/ *n* tropienie *n* jeleni

de-escalate /ˌdiːˈeskəleɪt/ **I** *vt* powstrzym|ać, -ywać or zahamować eskalację (czegoś) *[war, arms race, violence]*; za|łagodzić *[conflict, situation]*; z|łagodzić *[tension, crisis]*; **the signing of the treaty will ~ the arms race** podpisanie układu przyczyni się do zahamowania wyścigu zbrojeń

II *vi [tension, violence]* słabnąć; *[arms race, conflict, crisis]* zostać zahamowanym; *[tension]* opa|ść, -dać

de-escalation /diːˌeskəˈleɪʃn/ *n* deeskalacja *f*

deface /dɪˈfeɪs/ *vt* [1] (damage) z|niszczyć *[wall, door, furniture]*; (with inscriptions) pokry|ć, -wać napisami *[monument, painting, poster]*; **do not ~ the book by writing in the margins** nie niszcz tej książki, pisząc na marginesach; **to ~ sth with sth** zniszczyć or zeszpecić coś czymś *[graffiti, slogans]*; (scratch) po|rysować coś czymś *[penknife]* [2] (make illegible) zamaz|ać, -ywać *[inscription, notice]*

defacement /dɪˈfeɪsmənt/ *n* [1] (damaging) (of monument, painting) zeszpecenie *n*, zniszczenie *n* [2] (of inscription) zamazanie *n*

de facto /ˌdeɪˈfæktəʊ/ **I** *adj [ruler, government, marriage]* faktyczny

II *adv* faktycznie, de facto

defamation /ˌdefəˈmeɪʃn/ *n* Jur szkalowanie *n*; **~ of character** zniesławienie

defamatory /dɪˈfæmətrɪ, US -tɔːrɪ/ *adj* oszczerczy, szkalujący

defame /dɪˈfeɪm/ *vt* zniesławi|ć, -ać, o|szkalować

default /dɪˈfɔːlt/ **I** *n* [1] Fin (failure to keep up payments on mortgage, loan) nieuiszczenie *n* należności **(on sth** za coś); (failure to pay debt, fine) niewywiązanie się *n* z płatności; **the company is in ~** firma nie wywiązuje się ze swoich zobowiązań finansowych; **to be in ~ of payment** zalegać z płatnością [2] Jur (nonappearance in court) niestawiennictwo *n*; **a judgment by ~** wyrok zaoczny [3] Sport (absence from match, game) walkower *m*; **to win/lose by ~** wygrać/przegrać walkowerem [4] (lack) brak *m*; **to be elected by ~** zostać wybranym z braku innych kandydatów; **in ~ of sth** fml wobec braku or z (powodu) braku czegoś; **the system was chosen by ~** ten system wybrano z braku lepszej alternatywy [5] Comput wartość *f* standardowa, wartość *f* domyślna

II *modif* Comput *[attribute, case, position, option, value]* domyślny

III *vi* [1] Fin (fail to pay) **to ~ (on payments)** nie uiścić należności, nie uregulować płatności; **to ~ on a loan/mortgage repayment** nie spłacić pożyczki/kredytu hipotecznego; **to ~ on a fine** nie zapłacić mandatu [2] Jur (fail to appear in court) nie stawi|ć, -ać się w sądzie [3] (fail to perform) **to ~ on one's obligations** nie wywiązywać się ze zobowiązań; **to ~ on a promise** nie dotrzymać obietnicy [4] Sport (be absent) *[team]* oddać walkowerem; *[player]* nie stawić się do gry

defaulter /dɪˈfɔːltə(r)/ *n* [1] (non-payer) osoba *f* uchylająca się od regulowania płatności [2] Jur (nonattender) osoba *f* winna niestawiennictwa w sądzie

defaulting /dɪˈfɔːltɪŋ/ *adj* [1] *[party, tenant, mortgagor]* nie wywiązujący się z zobowiązań [2] *[party, defendant, witness]* uchylający się od stawiennictwa w sądzie; *[team]* oddający grę walkowerem; *[player]* nie stawiający się do gry

defeat /dɪˈfiːt/ **I** *n* [1] (failure to win) porażka *f*, klęska *f*; **to suffer a ~, to meet with ~** doznać porażki, ponieść porażkę or klęskę; **to accept ~** pogodzić się z porażką; **to concede** or **admit ~** przyznać się do porażki; **England's 3-2 ~ at the hands of** or **by Italy** porażka Anglii 3:2 w meczu z Włochami; **election ~** porażka wyborcza; **an air of ~** nastrój przygnębienia; **an admission of ~** przyznanie się do porażki or klęski; **a personal ~** osobista porażka [2] (victory) pokonanie *n* **(of sb/sth** kogoś /czegoś**)** [3] (of bill, proposal) odrzucenie *n* **(of sth** czegoś**)**

II *vt* [1] (beat) zwycięż|yć, -ać, pokon|ać, -ywać *[army, candidate, enemy, opposition, team]*; (in discussion, debate) pokon|ać, -ywać *[opponent]*; od|eprzeć, -pierać *[argument]*; **he's been ~ed by the republican candidate** pokonał go kandydat republikanów; **the government was ~ed by a majority of 20** przeciwko rządowi or za obaleniem rządu opowiedziano się przewagą 20 głosów [2] (reject) odrzuc|ić, -ać *[motion, amendment, proposal]* [3] (thwart) udaremn|ić, -ać *[attempt]*; zaw|ieść, -odzić *[hope]*; być wbrew *[ends]*; **he was ~ed in his attempts to escape** podejmowane przez niego próby ucieczki zostały udaremnione; **the accident ~ed her sporting ambitions** wypadek położył kres jej sportowym ambicjom; **don't let yourself be ~ed** nie załamuj się, nie poddawaj się; **to ~ one's own ends** postąpić wbrew własnym interesom [4] (baffle) **a problem that has ~ed many great minds** zagadnienie, któremu nie dało rady wiele tęgich umysłów; **it ~s me why.../what...** zupełnie nie pojmuję, dlaczego.../co...

defeated /dɪˈfiːtɪd/ *adj [army, team, party]* pokonany; **to look ~** wydawać się przygnębionym

defeatism /dɪˈfiːtɪzəm/ *n* defetyzm *m*

defeatist /dɪˈfiːtɪst/ **I** *n* defetysta *m*

II *adj* defetystyczny

defecate /ˈdefəkeɪt/ *vi* fml odda|ć, -wać stolec, wypróżni|ć, -ać się

defecation /ˌdefəˈkeɪʃn/ *n* fml wypróżnienie (się) *n*, defekacja *f*

defect **I** /ˈdiːfekt/ *n* [1] (flaw) defekt *m*, wada *f*; (minor) usterka *f*; **character ~** wada charakteru; **mechanical ~** usterka mechaniczna, defekt mechaniczny; **structural ~** wada konstrukcyjna [2] (disability) upośledzenie *n*, wada *f*; **a physical/mental ~** upośledzenie fizyczne/umysłowe; **hearing/sight/speech ~** wada słuchu /wzroku/wymowy; **a congenital** or **birth ~** wada wrodzona

II /dɪˈfekt/ *vi* (from country) zbie|c, -iegać, ucie|c, -kać; **to ~ from a cause/religion** wyprzeć się sprawy/religii; **to ~ from a party/an organization** wystąpić z partii /organizacji; **to ~ to the republican side** przejść na stronę republikanów; **a spy who ~ed to the West** szpieg, który uciekł na Zachód; **several soldiers ~ed to the enemy** kilku żołnierzy przeszło na stronę wroga

defection /dɪˈfekʃn/ *n* (from cause, religion) wyparcie się *n* **(from sth** czegoś**)**; (from country, army) ucieczka *f*; (from party, organization) wystąpienie *n*

defective /dɪˈfektɪv/ **I** *n* pej (person) niedorozwinięt|y *m*, -a *f* umysłowo

II *adj* [1] (faulty) *[part]* wadliwy; *[workmanship, work]* niedbały; *[speech]* niewyraźny; *[reasoning, method, idea]* błędny; *[eyesight, hearing]* słaby; **breakdown caused by ~ workmanship** szkoda spowodowana wadliwym wykonaniem; **the building is structurally ~** budynek ma wadliwą konstrukcję [2] (also **mentally ~**) pej niedorozwinięty umysłowo [3] Ling *[word, verb]* ułomny

defector /dɪˈfektə(r)/ *n* (from country) zbieg *m*, uciekinier *m*, -ka *f*; **a ~ from a party** osoba, która wystąpiła z partii; **a ~ from his/her religion** osoba, która wyparła się swojej religii

defence GB, **defense** US /dɪˈfens/ **I** *n* [1] (act of protection) obrona *f* **(against sb/sth** przed kimś/czymś**)**; **to come to sb's ~** stanąć w czyjejś obronie; fig (support) przyjść komuś w sukurs liter; **to put up a spirited ~** *[competitor, troops]* stawiać zacięty opór; **the cat uses its claws for ~** kot używa do obrony pazurów; **they marched in ~ of the right to strike** manifestowali w obronie prawa do strajku; **in the ~ of freedom** w obronie wolności; **to die in the ~ of one's country** umrzeć w obronie ojczyzny [2] (means of protection) broń *f*, obrona *f* **(against sb/sth** przed kimś/czymś**)**; **a line of ~** linia obrony; **means of ~** środek or sposób obrony; Psych, Zool mechanizm obronny; **a ~ against sth** sposób na coś *[anxiety, boredom, cheating]* [3] (support) obrona *f*; **I have nothing to say in his ~** nie mogę nic powiedzieć na jego obronę; **she spoke in his ~** wystąpiła w jego obronie; **in my own ~ I must say that...** na swoją obronę muszę powiedzieć, że...; **an article in ~ of monetarism** artykuł broniący monetaryzmu [4] Jur **the ~** (representatives of the accused) obrona *f*; (case, argument) obrona *f*; **the case for the ~** obrona; **to conduct one's own ~** prowadzić własną obronę; **the ~ argued that...** obrona argumentowała, że...; **her ~ was that she was provoked** broniła się, twierdząc, że została sprowokowana; **counsel for the ~** obrońca; **witness for the ~** świadek obrony; **to give evidence for the ~** zeznawać jako świadek obrony [5] Sport obrona *f*; **to play in ~** grać w obronie [6] Univ obrona *f* pracy *(magisterskiej, doktorskiej)*

II **defences** *npl* [1] Mil obrona *f*; **air ~s** obrona powietrzna, obrona przeciwlotnicza [2] Biol, Psych mechanizm *m* obronny; **the body's natural ~s** naturalne mechanizmy obronne organizmu; **to break down sb's ~s** przełamać opory u kogoś

III *modif* [1] Mil **~ adviser/chief** doradca /szef do spraw obrony; **~ budget** budżet obrony; **~ forces/policy** siły obronne /polityka obronna; **~ expenditure** wydatki na obronność; **~ industry** przemysł obronny; **~ cuts** cięcia w wydatkach na obronność; **~ control** kontrola (stanu) obronności [2] Jur **~ lawyer/witness** adwokat/świadek obrony

Defence Department *n* GB ≈ Ministerstwo *n* Obrony Narodowej

defenceless GB, **defenseless** US /dɪˈfenslɪs/ *adj [animal, person]* bezbronny; *[country, town]* pozbawiony obrony

defencelessness GB, **defenselessness** US /dɪˈfenslɪsnɪs/ *n* bezbronność *f*

defence mechanism GB, **defense mechanism** US *n* (of body) system *m* immunologiczny; Psych mechanizm *m* obronny

Defence Minister *n* GB ≈ minister *m* obrony narodowej

defend /dɪˈfend/ **I** *vt* [1] (guard, protect) obronić, bronić *[country, territory, person, freedom, argument, title, goal]* **(against** or **from sb/sth** przed kimś/czymś); wyst|ąpić, -ępować w obronie (czegoś), bronić (czegoś) *[freedom interests, rights]*; *[lawyer]* bronić (kogoś) *[client]*; **you must ~ your own interests** musisz bronić własnych interesów; **the government must ~ its majority** rząd musi się bronić przed utratą większości [2] (justify) bronić (czegoś) *[argument, belief, doctrine, opinion]*; uzasadni|ć, -ać *[action, behaviour, decision]* [3] Sport obronić, bronić (czegoś) *[record, title]* [4] Univ **to ~ a thesis** obronić pracę *(magisterską, doktorską)*

II *vi* Sport za|grać w or na obronie

III *vr* **to ~ oneself** [1] (protect oneself) o|bronić się **(against** or **from sb/sth** przed kimś/czymś**)** [2] Jur *[accused]* po|prowadzić własną obronę

IV **defending** *prp adj* [1] Sport *[champion, titleholder]* broniący tytułu [2] Jur **the ~ing counsel** adwokat obrony

defendant /dɪˈfendənt/ *n* Jur (in criminal court) oskarżon|y *m*, -a *f*, podsądn|y *m*, -a *f*; (in appeal court) pozwan|y *m*, -a *f*

defender /dɪˈfendə(r)/ *n* obrońca *m*; **Defender of the Faith** Obrońca Wiary *(Henryk VIII)*

defense /dɪˈfens/ *n* US = **defence**

Defense Ministry *n* US Ministerstwo *n* Obrony Narodowej

Defense Secretary *n* US sekretarz *m* obrony

defensible /dɪˈfensəbl/ *adj [position, territory, decision, theory, idea, case]* do obronienia, dający się obronić; *[attitude, behaviour, conduct]* dający się uzasadnić

defensive /dɪˈfensɪv/ **I** *n* Mil, Sport defensywa *f*, pozycja *f* obronna; **to be on the ~** być w defensywie, zająć pozycję obronną; **to put sb on the ~** zepchnąć kogoś do defensywy or na pozycję obronną

II *adj [alliance, behaviour, movement, reaction]* obronny; *[action, play, weapon]* defensywny; **they were very ~ about the new**

proposals byli bardzo niechętni nowym propozycjom

defer[1] /dɪˈfɜː(r)/ **I** *vt* (*prp, pp, pt* **-rr-**) (postpone) odr|oczyć, -aczać *[payment, military service, decision, meeting]*; od|łożyć, -kładać *[journey, publication, election, match]*; **to ~ judgment** wstrzymać się z wydaniem wyroku; **they ~red selling the house** wstrzymali się ze sprzedażą domu; **he has ~red making the decision for too long** zbyt długo zwlekał z podjęciem decyzji; **to ~ sentence** Jur zawiesić wykonanie wyroku; **to ~ sb's military service** odroczyć komuś rozpoczęcie służby wojskowej

II deferred *pp adj [meeting, military service]* odroczony; *[publication, election, purchase]* odłożony; **a ~red payment** (postponed) płatność odroczona; (in instalments) płatność rozłożona na raty; **~red payment plan** transakcja handlowa z odroczonym terminem płatności; **a ~red share** akcja odroczona; **a ~red sentence** Jur wyrok z odroczonym wykonaniem

defer[2] /dɪˈfɜː(r)/ *vi* (*prp, pt, pp* **-rr-**) **to ~ to sb/sth** zda|ć, -wać się na kogoś/coś; **I ~ to you in this matter** w tej sprawie zdaję się na ciebie; **to ~ to sb's judgment /experience** zdać się na sąd/doświadczenie kogoś; **to ~ to sb's wishes** or **demands** or **will** ulegać życzeniom kogoś

deference /ˈdefərəns/ *n* szacunek *m*, poważanie *n*; **in ~ to sb/sth, out of ~ to** or **for sb/sth** przez wzgląd na kogoś/coś, przez szacunek dla kogoś/czegoś; **in ~ to sb's wishes** ze względu na życzenia kogoś; **with all due ~ to X** z całym należnym szacunkiem dla X

deferential /ˌdefəˈrenʃl/ *adj* pełen szacunku, pełen poważania **(to sb** wobec kogoś**)**

deferentially /ˌdefəˈrenʃəlɪ/ *adv* z szacunkiem, z poważaniem

deferment /dɪˈfɜːmənt/ *n* [1] (of judgment, debt) odroczenie *n*; (of journey, decision) odłożenie *n* [2] US Mil **~ of draft** odroczenie służby wojskowej

deferral /dɪˈfɜːrəl/ *n* = **deferment**

defiance /dɪˈfaɪəns/ *n* (noncompliance) nieposłuszeństwo *n*, niepodporządkowanie się *n* **(of sth** czemuś**)**; (resistance) opór *m*, sprzeciw *m* **(of sth** wobec czegoś**)**; (disregard) lekceważenie *n*, nieposzanowanie *n* **(of sth** czegoś**)**; (challenge) wyzwanie *n*; **in ~ of sb /sth** wbrew komuś/czemuś, na przekór komuś/czemuś; **a gesture/act of ~ against sb/sth** gest/wyrażenie sprzeciwu wobec kogoś/czegoś; **in ~** *[look, say]* bezczelnie, wyzywająco

defiant /dɪˈfaɪənt/ *adj [attitude, behaviour, words, tone, look]* wyzywający; *[person]* arogancki, bezczelny

defiantly /dɪˈfaɪəntlɪ/ *adv* (challenging) wyzywająco; (showing disregard) bezczelnie

defibrillation /ˌdiːfɪbrɪˈleɪʃn/ *n* defibrylacja *f*

defibrillator /diːˈfɪbrɪleɪtə(r)/ *n* defibrylator *m*

deficiency /dɪˈfɪʃənsɪ/ *n* [1] (shortage) (of funds, resources) niedostatek *m* **(of** or **in sth** czegoś**)**; Med niedobór *m* **(of sth** czegoś**)**; **iron/vitamin ~** niedobór żelaza/witamin; **~ disease** choroba z niedoboru pokarmowego [2] (weakness) (human) niedoskonałość *f*, ułomność *f*; (of system, argument) mankament *m*; **his deficiencies as a poet** jego niedoskonałości or ułomności jako poety [3] Med (defect) (of liver, heart) niewydolność *f*; (of hearing) upośledzenie *n*

deficient /dɪˈfɪʃnt/ *adj* [1] (inadequate) niedostateczny; **to be ~ in sth** wykazywać brak or niedostatek czegoś; **a diet ~ in protein** dieta uboga w białko [2] (faulty, flawed) niesprawny; **a ~ health service** niewydolna służba zdrowia

deficit /ˈdefɪsɪt/ *n* Comm, Fin deficyt *m*, niedobór *m*; **to be in ~** mieć deficyt or niedobór; **budget ~** deficyt budżetowy; **a ~ in taxes** deficyt podatkowy

deficit spending *n* Fin finansowanie *n* przez deficyt finansowy

defile[1] /dɪˈfaɪl/ *vt* liter [1] (pollute) zanieczy|ś-cić, -szczać *[river, land, building]*; fig s|kalać *[beauty, purity, reputation]*; z|hańbić *[virgin, maiden]* [2] Relig s|profanować, z|bezcześcić *[church, altar]*

defile[2] /ˈdiːfaɪl/ *n* [1] (gorge) wąwóz *m* [2] (march in line) pojedyncza kolumna *f*

defilement /dɪˈfaɪlmənt/ *n* liter [1] (pollution) zanieczyszczenie *n*; fig (of beauty, reputation) skalanie *n*; (of virgin, maiden) zhańbienie *n* [2] Relig profanacja *f*, zbezczeszczenie *n*

definable /dɪˈfaɪnəbl/ *adj* dający się zdefiniować, możliwy do określenia; **my feelings are not easily ~** niełatwo jest mi określić, co czuję; **his duties are not clearly ~** jego obowiązków nie da się wyraźnie określić

define /dɪˈfaɪn/ *vt* [1] (give definition of) z|definiować *[word, term, phrase]* **(as sth** jako coś**)**; **this word is not easy to ~** tego słowa nie da się łatwo zdefiniować [2] (specify) s|precyzować *[attitude, problem]*; określ|ić, -ać *[condition, duties, feelings, limits, powers]*; **I can't ~ how I feel about him** nie potrafię określić swoich uczuć wobec niego; **his powers are not clearly ~d** jego uprawnienia nie są jasno określone [3] **to be ~d against sth** (stand out) *[building, tree]* rysować się or odznaczać się na tle czegoś *[forest, sky]*; odbijać się od czegoś *[background]*

definite /ˈdefɪnɪt/ *adj* [1] (not vague) *[opinion, plan, date, criteria]* określony, sprecyzowany; (exact) *[result, boundary, amount]* dokładny; **a ~ answer/refusal** wyraźna odpowiedź/odmowa; **~ evidence** jednoznaczne dowody; **to have a ~ feeling that...** wyraźnie czuć, że...; **can't you be more ~?** czy nie mógłbyś wyrażać się jaśniej?; **there's nothing ~ yet, nothing is ~ yet** jeszcze nic nie jest pewne or ustalone [2] (firm) *[contract, offer, decision, order]* wiążący [3] (sure) *[person]* pewny; **to be ~ about sth** być pewnym czegoś; **it's not ~** to nie jest pewne; **it is ~ that...** to (jest) pewne, że... [4] (decided) *[manner, tone]* zdecydowany, stanowczy [5] (obvious) *[change, advantage]* oczywisty; *[stain, smell]* wyraźny

definite article *n* Ling przedimek *m* określony; (marked for gender) rodzajnik *m* określony

definite integral *n* Math całka *f* oznaczona

definitely /ˈdefɪnɪtlɪ/ *adv* [1] (certainly) z pewnością, na pewno; **it is ~ going to rain** na pewno będzie padać; **he is ~ not coming to the wedding** on na pewno nie przyjdzie na ślub; **is she ~ going to be there?** czy ona na pewno tam będzie?; **this one is ~ the best/cheapest** ten jest niewątpliwie najlepszy/najtańszy; **this ~ isn't going to work** to się na pewno nie uda; **'are you going to resign?' – '~/~ not'** „czy masz zamiar ustąpić?" – „oczywiście/oczywiście, że nie" [2] (without doubt) zdecydowanie; **it is ~ colder today** dzisiaj jest zdecydowanie chłodniej; **he's ~ not my type** on zdecydowanie nie jest w moim typie [3] (categorically) *[answer, refuse]* stanowczo, zdecydowanie; **she stated her opinion most** or **very ~** przedstawiła swoją opinię w sposób bardzo kategoryczny [4] *[definitely] [agree, arrange]* definitywnie, ostatecznie

definition /ˌdefɪˈnɪʃn/ *n* [1] (of word, term) definicja *f*; (of feeling, quality) określenie *n*, sprecyzowanie *n*; **by ~** z definicji fml; **what's your ~ of good music?** co rozumiesz przez „dobra muzyka"? [2] TV, Comput, Phot rozdzielczość *f*; **a photo with good/bad ~** ostre/nieostre zdjęcie

definitive /dɪˈfɪnətɪv/ *adj* [1] (conclusive) *[result, decision, answer, solution]* ostateczny, definitywny; *[work, research, interpretation]* autorytatywny; **the ~ edition/version of a novel** pełne wydanie/ostateczna wersja powieści; **the ~ performance of Hamlet** najlepsze or niezrównane przedstawienie Hamleta [2] Post *[stamp, issue]* zwykły

definitively /dɪˈfɪnətɪvlɪ/ *adv [decide]* nieodwołalnie; *[solve, eradicate, answer]* definitywnie, ostatecznie

deflate /dɪˈfleɪt/ **I** *vt* [1] spu|ścić, -szczać powietrze z (czegoś) *[tyre, balloon, ball, airbed]* [2] fig od|ebrać, -bierać pewność siebie (komuś) *[confidence]*; z|szargać *[reputation]*; ukr|ócić, -acać *[conceit]*; umniejsz|yć, -ać *[importance]*; rozwi|ać, -ewać *[hopes]*; sprowadz|ić, -ać na ziemię *[person]* [3] Econ wpły|nąć, -wać na obniżenie (czegoś) *[prices]*; **to ~ the economy** prowadzić politykę deflacji; **to ~ the currency** zmniejszać obieg waluty

II *vi [tyre, ball, balloon]* s|tracić powietrze; s|flaczeć infml

III deflated *pp adj* [1] *[tyre, ball, baloon]* sflaczały infml [2] fig *[person]* przygnębiony, przybity

deflation /dɪˈfleɪʃn/ *n* [1] Econ deflacja *f* [2] (of tyre, baloon) sflaczenie *n* infml [3] fig **a feeling of ~** uczucie przygnębienia

deflationary /ˌdiːˈfleɪʃənərɪ, US -nerɪ/ *adj* deflacyjny

deflationist /dɪˈfleɪʃənɪst/ **I** *n* zwolennik *m*, -czka *f* deflacji

II *adj* popierający deflację

deflect /dɪˈflekt/ **I** *vt* [1] odchyl|ić, -ać kurs *[missile]*; zmieni|ć, -ać kierunek *[water, air]*; odgi|ąć, -nać *[light]*; **the ball was ~ed into the goal** odbita piłka trafiła do bramki [2] fig odwr|ócić, -acać *[attention]*; od|eprzeć, -pierać *[criticism, accusation]*; **her evidence ~ed blame from our brother** dzięki jej zeznaniom zdjęto winę z naszego brata [3] (dissuade) **to ~ sb from sth/from**

D

doing sth odw|ieść, -odzić kogoś od czegoś/zrobienia czegoś; **he won't be ~ed from his purpose** nic go nie odwiedzie od raz powziętego zamiaru
II *vi [missile]* zb|oczyć, -aczać (z kursu); *[compass needle]* odchyl|ić, -ać się; *[river]* zmieni|ć, -ać kierunek; *[ball]* odbi|ć, -jać się, zmieni|ć, -ać kierunek

deflection, deflexion /dɪˈflekʃn/ *n* (of missile) odchylenie *n* toru; (of river) zmiana *f* kierunku; (of indicator needle, angle) odchylenie *n*; (of light, rays) ugięcie *n*, odgięcie *n*

deflector /dɪˈflektə(r)/ *n* deflektor *m*, owiewek *m* kierujący

defloration /ˌdiːflɔːˈreɪʃn/ *n* fml defloracja *f* fml

deflower /ˌdiːˈflaʊə(r)/ *vt* liter [1] pozbawi|ć, -ać dziewictwa; z|deflorować fml *[virgin, maiden]* [2] s|kalać *[beauty, purity]*

defoliant /ˌdiːˈfəʊlɪənt/ *n* defoliant *m*

defoliate /ˌdiːˈfəʊlɪeɪt/ **I** *vt [chemical substance]* s|powodować opadanie liści z (czegoś) *[tree, shrub, plant]*; *[human, animal]* og|ołocić, -ałacać z liści
II *vi* Bot *[plant, tree, shrub]* zrzuc|ić, -ać liście, s|tracić liście

defoliation /ˌdiːfəʊlɪˈeɪʃn/ *n* defoliacja *f*

deforest /ˌdiːˈfɒrɪst/ **I** *vt* wylesi|ć, -ać *[terrain, place]*
II deforested *pp adj [area]* wylesiony, bezleśny

deforestation /ˌdiːfɒrɪˈsteɪʃn/ *n* wylesienie *n*

deform /dɪˈfɔːm/ **I** *vt* [1] z|deformować *[foot, spine]* [2] odkształc|ić, -ać *[metal, plastic]*; z|deformować *[shape, outline]* [3] fig oszpec|ić, -ać *[landscape]*
II *vi* odkształc|ić, -ać się, z|deformować się
III deformed *pp adj* [1] Med zdeformowany, zniekształcony; **a ~ed mind** fig chory umysł; **a ~ed person** osoba ułomna [2] *[metal, structure]* odkształcony

deformation /ˌdiːfɔːˈmeɪʃn/ *n* [1] Med deformacja *f*, zniekształcenie *n* [2] (of metal, structure) odkształcenie *n*, deformacja *f* [3] fig (of landscape) oszpecenie *n*

deformity /dɪˈfɔːmətɪ/ *n* Med (deformed part) zniekształcenie *n*, deformacja *f*; (condition) ułomność *f*, kalectwo *n*

defraud /dɪˈfrɔːd/ *vt* oszuk|ać, -iwać *[client, bank, employer]*; okra|ść, -dać *[person]*; **to ~ sb of sth** okraść kogoś z czegoś; **he ~ed his client of $2,000** okradł or oszukał swego klienta na 2 000 dolarów

defrauder /dɪˈfrɔːdə(r)/ *n* (professional) defraudant *m*, -ka *f*; (amateur) oszust *m*, -ka *f*

defray /dɪˈfreɪ/ *vt* pokry|ć, -wać *[cost]*; zwr|ócić, -acać *[expenses]*

defrayal /dɪˈfreɪəl/ *n* (of expenses, costs) zwrot *m*

defrayment /dɪˈfreɪmənt/ *n* = **defrayal**

defrock /ˌdiːˈfrɒk/ *vt* [1] Relig suspendować, wymierzyć karę suspensy (komuś) *[priest]* [2] fig zakaz|ać, -ywać wykonywania zawodu (komuś) *[lawyer, doctor]*

defrost /ˌdiːˈfrɒst/ **I** *vt* rozmr|ozić, -ażać *[frozen food, refrigerator, lock]*; odmr|ozić, -ażać *[windscreen, window]*
II *vi [window, windscreen, lock]* odmarz|nąć, -ać; *[frozen food, freezer]* rozmr|ozić, -ażać się
III *vr* **to ~ itself** *[freezer]* rozmr|ozić, -ażać się automatycznie

defroster /ˌdiːˈfrɒstə(r)/ *n* odmrażacz *m*

deft /deft/ *adj [movement]* wprawny, zwinny; *[worker, mechanic]* wprawny, sprawny; **to be ~ at doing sth** wprawnie coś robić, robić coś z dużą wprawą; **he is very ~ at feeding babies** karmienie niemowląt idzie mu bardzo sprawnie; **she's very ~ with the needle** z dużą wprawą posługuje się igłą

deftly /ˈdeftlɪ/ *adv* zręcznie, sprawnie

deftness /ˈdeftnɪs/ *n* zręczność *f*, zwinność *f*

defunct /dɪˈfʌŋkt/ *adj [organization, company]* nieistniejący, zlikwidowany; *[tradition, custom]* zapomniany; *[idea, law]* martwy

defuse /ˌdiːˈfjuːz/ *vt* [1] rozbr|oić, -ajać *[bomb, explosive device]* [2] fig rozładow|ać, -ywać fig *[situation, tension]*; za|łagodzić, zażegn|ać, -ywać *[conflict, crisis]*

defy /dɪˈfaɪ/ *vt* [1] (resist) przeciwstawi|ć, -ać się (komuś/czemuś) *[person, authority, law]*; z|ignorować *[order]*; nie liczyć się z (czymś) *[advice]* [2] (challenge) igrać z (czymś) *[danger, death]*; wyz|wać, -ywać *[person]*; s|prowokować *[person]*; przeczyć (czemuś) *[expectations, predictions]*; **to ~ sb to do sth** sprowokować kogoś do zrobienia czegoś; **I ~ you to prove me wrong** udowodnij mi, że nie mam racji [3] (elude) op|rzeć, -ierać się (czemuś) *[attempt, efforts]*; **to ~ description/imitation** być nie do opisania/podrobienia; **to ~ all logic** or **reason** być wbrew wszelkiej logice

degeneracy /dɪˈdʒenərəsɪ/ *n* degeneracja *f*, zwyrodnienie *n*

degenerate **I** /dɪˈdʒenərət/ *n* degenerat *m*, -ka *f*, zwyrodnialec *m*
II /dɪˈdʒenərət/ *adj* [1] *[person]* zdegenerowany, zwyrodniały; *[society, life]* zdegenerowany [2] Biol, Phys zdegenerowany, zwyrodniały
III /dɪˈdʒenəreɪt/ *vi* [1] *[race, morals]* z|degenerować się; *[health, quality]* pog|orszyć, -arszać się; **to ~ into sth** przerodzić się w coś *[war, chaos]*; **the debate ~d into a bitter argument** debata przerodziła się w zajadłą kłótnię; **to ~ into farce** zmienić się w farsę [2] Biol, Psych z|degenerować się, z|wyrodnieć

degeneration /dɪˌdʒenəˈreɪʃn/ *n* [1] (of quality of life, goods, health) pogorszenie się *n*; **the ~ of the economy** pogorszenie się stanu gospodarki [2] Biol degeneracja *f*, zwyrodnienie *n*

degenerative /dɪˈdʒenərətɪv/ *adj* Med zwyrodnieniowy

degradation /ˌdegrəˈdeɪʃn/ *n* [1] (humiliation) upokorzenie *n*, poniżenie *n*; **the ~ of being unable to support one's family** upokorzenie jakim jest niemożność utrzymania rodziny [2] (debasement) (of person) upokorzenie *n*, upodlenie *n*; (of culture, knowledge, work) upadek *m*; (of facilities) degradacja *f*; (of services) pogorszenie się *n* jakości; (of equipment) pogorszenie się *n* stanu [3] (squalor) nędza *f* [4] Biol, Chem, Ecol, Geol degradacja *f*

degrade /dɪˈgreɪd/ **I** *vt* [1] (humiliate) poniż|yć, -ać, upok|orzyć, -arzać *[person]* [2] (debase) poniż|yć, -ać *[person's body, culture, artist]*; **films which ~ women** filmy, które poniżają kobietę [3] (demote) z|degradować *[officer]* [4] Ecol s|powodować degradację (czegoś) *[environment]*
II *vi* [1] Biol, Chem rozł|ożyć, -kładać się [2] Geol ule|c, -gać degradacji

degrading /dɪˈgreɪdɪŋ/ *adj [portrayal, conditions, film, treatment, punishment]* poniżający, upokarzający **(to sb** dla kogoś**)**; (stronger) *[job, work]* hańbiący, upadlający

degree /dɪˈgriː/ *n* [1] Geog, Math, Meas stopień *m*; **at an angle of 40 ~s to the vertical** pod kątem 40 stopni w stosunku do pionu; **turn the knob through 180 ~s** obróć gałkę o 180 stopni; **ten ~s of latitude /longitude** dziesięć stopni szerokości/długości geograficznej; **20 ~s south of the equator** 20 stopni na południe od równika [2] Meteorol, Phys stopień *m*; **30 ~s Celsius** or **centigrade** 30 stopni Celsjusza; **it was 40 ~s in the shade** było 40 stopni w cieniu; **I had a temperature of 104 ~s (Fahrenheit)** miałam 39 stopni gorączki (Celsjusza) [3] Univ stopień *m* (naukowy); **first** or **bachelor's ~** licencjat; **higher ~** (master's) ≈ tytuł magistra, magisterium; **doctor's ~** stopień doktora, doktorat; **to take a ~** odbyć studia; **to get a ~** otrzymać stopień naukowy [4] (amount) stopień *m*; **this gives me a ~ of control** to daje mi pewną kontrolę; **a high ~ of efficiency** duża wprawa; **an alarming ~ of ignorance** zatrważający stopień niewiedzy; **the exact ~ of his influence is unknown** nie wiadomo, jak duże są jego wpływy; **to such a ~ that...** do takiego stopnia, że...; **to a** or **some ~** do pewnego stopnia; **to a lesser ~** w mniejszym stopniu; **I was not in the slightest ~ anxious** zupełnie się nie niepokoiłem; **by ~s** stopniowo; **with varying ~s of accuracy/success** raz lepiej, raz gorzej/ze zmiennym szczęściem or powodzeniem [5] US Jur **murder in the first ~** morderstwo pierwszego stopnia, morderstwo z premedytacją [6] Math, Mus stopień *m* [7] Ling stopień *m*; **the ~s of comparison** stopniowanie przymiotników; **comparative/superlative ~** stopień wyższy/najwyższy [8] dat (rank) urodzenie *n*; stan *m* dat; **a man of high/low ~** człowiek wysokiego/niskiego urodzenia or stanu

degree ceremony *n* GB Univ uroczystość *f* wręczania dyplomów

degree certificate *n* GB Univ dyplom *m* ukończenia studiów uniwersyteckich

degree course *n* GB Univ studia *plt* dyplomowe

degree examinations *npl* GB Univ egzaminy *m pl* dyplomowe

degree factory *n* GB infml pej fabryka *f* magistrów infml pej

degree-mill /dɪˈgriːˌmɪl/ *n* US = **degree factory**

dehumanization /ˌdiːhjuːmənaɪˈzeɪʃn, US -nɪˈz-/ *n* odczłowieczenie *n*, dehumanizacja *f*

dehumanize /ˌdiːˈhjuːmənaɪz/ *vt* odczłowiecz|yć, -ać, z|dehumanizować

dehumidifier /ˌdiːhjuːˈmɪdɪfaɪə(r)/ *n* osuszacz *m*, odwilżacz *m*

dehumidify /ˌdiːhjuːˈmɪdɪfaɪ/ *vt* odwilż|yć, -ać, osusz|yć, -ać

dehydrate /ˌdiːˈhaɪdreɪt/ **I** *vt* liofilizować *[food]*; Chem odw|odnić, -adniać *[substance]*; Med s|powodować odwodnienie (czegoś) *[body, tissues]*
II *vi [body, tissue]* odw|odnić, -adniać się

dehydrated /ˌdiːˈhaɪdreɪtɪd/ *adj* 1 (dried) *[food]* liofilizowany 2 (lacking fluids) *[person]* odwodniony; **to become ~** odwodnić się; **I feel ~** jestem odwodniony

dehydration /ˌdiːhaɪˈdreɪʃn/ *n* 1 (of food) liofilizacja *f* 2 Med odwodnienie *n*

de-ice /ˌdiːˈaɪs/ *vt* odl|odzić, -adzać, usu|nąć, -wać oblodzenie (czegoś) *[aircraft, aerofoil]*; odmr|ozić, -ażać *[window, windscreen]*; **to ~ a car** usunąć lód z szyb(y) samochodu

de-icer /ˌdiːˈaɪsə(r)/ *n* Aviat (device) odladzacz *m*; (substance) substancja *f* przeciwoblodzeniowa; Aut (substance, spray) odmrażacz *m*

deicide /ˈdiːɪˌsaɪd/ *n* 1 (act) bogobójstwo *n* 2 (person) bogobój|ca *m*, -czyni *f*

de-icing /ˌdiːˈaɪsɪŋ/ **I** *n* usuwanie *n* oblodzenia or lodu; Aviat odladzanie *n*

II *modif [substance, device]* odladzający; **the ~ process** usuwanie lodu or oblodzenia; **~ spray** Aut odmrażacz (do szyb samochodowych)

deictic /ˈdeɪktɪk/ Ling **I** *n* wyrażenie *m* deiktyczne

II *adj* deiktyczny

deification /ˌdiːɪfɪˈkeɪʃn/ *n* deifikacja *f*, ubóstwienie *n*

deify /ˈdiːɪfaɪ/ *vt* deifikować, ubóstwi|ć, -ać

deign /deɪn/ *vi* **to ~ to do sth** raczyć or łaskawie zechcieć coś zrobić iron

deism /ˈdiːɪzəm/ *n* deizm *m*

deist /ˈdiːɪst/ *n* deista *m*

deistic /diːˈɪstɪk/ *adj* deistyczny

deity /ˈdiːətɪ/ *n* bóstwo *n*; **the Deity** Bóg

deixis /ˈdeɪksɪs/ *n* Ling deixis *n inv*

déjà vu /ˌdeɪʒɑːˈvjuː/ *n* déjà vu *n inv*; **a feeling/sense of ~** poczucie/wrażenie déjà vu; **there was a sense of ~ about the nominations for the committee** hum or iron proponowany skład komisji wydawał się dziwnie znajomy hum or iron

dejected /dɪˈdʒektɪd/ *adj* (sad) przygnębiony, przybity; (disappointed) zniechęcony; **don't look so ~** nie bądź taki przygnębiony, rozchmurz się; **to get** or **become ~** zmarkotnieć, popaść w przygnębienie

dejectedly /dɪˈdʒektɪdlɪ/ *adv [stare, say]* z przygnębieniem, ponuro; **they walked ~ home after losing the match** po przegranym meczu przygnębieni wracali do domu

dejection /dɪˈdʒekʃn/ *n* (despondency) przygnębienie *n*; (discouragement) zniechęcenie *n*; **a feeling of ~ came over me** ogarnęło mnie uczucie przygnębienia or zniechęcenia

de jure /ˌdeɪˈdʒʊərɪ/ *adj, adv* de iure

dekko /ˈdekəʊ/ *n* GB infml (krótkie) spojrzenie *n*; **to have** or **take a ~ at sth** rzucić na coś okiem; **have you had a ~ at her new car?** widziałeś jej nowy samochód?

Delaware /ˈdeləweə(r)/ *prn* Delaware *n inv*

delay /dɪˈleɪ/ **I** *n* 1 (of train, flight, post) opóźnienie *n* **(of sth** czegoś); (traffic holdup) zator *m*; korek *m* infml; **a ~ of four hours ~, a four hour ~** czterogodzinne opóźnienie; **further ~s in flights/in taking off** dalsze opóźnienia lotów/startu samolotów; **long ~s on a motorway** duże korki na autostradzie 2 (slowness) zwłoka *f*; **without ~** bez (chwili) zwłoki, bezzwłocznie; **without further ~** bez dalszej zwłoki, dłużej nie zwlekając; **we apologize for the** or **our ~ in replying** przepraszamy, że dotąd nie odpowiedzieliśmy; **there's no time for ~** nie ma czasu na opóźnienia 3 (interval) upływ *m*; **after a few minutes' ~** po kilku minutach/po upływie kilku minut

II *vt* 1 (postpone, put off) od|łożyć, -kładać, odwle|c, -kać *[departure, decision]*; **we ~ed our journey until the weather improved** odłożyliśmy wyjazd do czasu poprawy pogody; **they ~ed paying the bill** odłożyli zapłacenie rachunku 2 (hold up) zatrzym|ać, -ywać *[person]*; wstrzym|ać, -ywać *[action]*; **don't ~ me, I'm in a hurry** spieszę się, nie zatrzymuj mnie; **your letter was ~ed in the post** twój list długo szedł 3 (cause to be late) opóźni|ć, -ać, s|powodować opóźnienie (czegoś) *[flight, train]*; **the flight was ~ed for six hours** lot był opóźniony (o) sześć godzin; **the train has been ~ed again** pociąg znów się spóźnił; **road works are ~ing traffic** roboty drogowe powodują opóźnienia w ruchu; **the bad weather ~ed our journey** fatalna pogoda przedłużyła naszą podróż

III *vi* zwlekać; **we ~ed too long** zbyt długo zwlekaliśmy; **don't ~, the train leaves in half an hour** pośpiesz się, pociąg odjeżdża za pół godziny

IV delayed *pp adj [reaction, flight, train]* opóźniony; *[passenger]* spóźniony; **to have a ~ed reaction** zareagować z opóźnieniem; **the drug has a ~ed effect** to lekarstwo ma opóźnione działanie

V delaying *prp adj* **~ing action** or **tactics** gra na zwłokę

delayed-action /dɪˌleɪdˈækʃn/ *adj [shutter]* o opóźnionym działaniu; *[fuse]* zwłoczny; *[bomb]* czasowy; **~ camera** aparat fotograficzny z samowyzwalaczem

dele /diːlɪ/ *n* Publg, Print kasownik *m*

delectable /dɪˈlektəbl/ *adj* (tasty) smakowity; *[drink]* przedni, wyborny; *[dress, room, child]* uroczy

delectation /ˌdiːlekˈteɪʃn/ *n* rozkoszowanie się *n*, przyjemność *f*; **for the ~ of sb, for sb's ~** dla przyjemności kogoś

delegate **I** /ˈdelɪgət/ *n* 1 (representative) delegat *m*, -ka *f* 2 US Pol (to party, convention) delegat *m*, -ka *f*; (in House of Representatives) *przedstawiciel w Izbie Reprezentantów bez prawa głosu*

II /ˈdelɪgeɪt/ *vt* 1 (transfer) przekaz|ać, -ywać *[power, authority, duty]* **(to sb** komuś); zlec|ić, -ać *[task]* **(to sb** komuś); **she ~d some of the work to her assistant** przekazała część pracy asystentowi 2 (select as agent) oddelegow|ać, -ywać, wyznacz|yć, -ać; **you have been ~d to make the tea** infml hum przypadł ci obowiązek zrobienia herbaty; masz zaszczyt zaparzenia herbaty hum

III /ˈdelɪgeɪt/ *vi* po|dzielić się obowiązkami or władzą; **a good manager must know how to ~** dobry kierownik musi wiedzieć, jak przekazywać obowiązki podwładnym

delegation /ˌdelɪˈgeɪʃn/ *n* 1 (body) delegacja *f*; (of responsibilities, duties) przekazanie *n* 2 (selecting agent) wy|delegowanie *n*; (with assignment) oddelegowanie *n*, wyznaczenie *n*

delete /dɪˈliːt/ *vt* (with a pen) wykreśl|ić, -ać, skreśl|ić, -ać; Comput s|kasować, wymaz|ać, -ywać *[character, file]*; **~ where inapplicable** or **as appropriate** niepotrzebne skreślić

delete key *n* Comput klawisz *m* kasujący, klawisz *m* DEL

deleterious /ˌdelɪˈtɪərɪəs/ *adj* fml *[effect, influence]* szkodliwy; **to be ~ to sth** szkodzić czemuś

deletion /dɪˈliːʃn/ *n* 1 (act) usunięcie *n*, skasowanie *n*; (by crossing out) skreślenie *n*, wykreślenie *n* 2 (item removed) skreślenie *n*

delft /delft/ *n* (also **delftware)** fajans *m* z Delft, delfty *m pl*

delft blue *n* błękit *m* kobaltowy

deli /ˈdelɪ/ *n* infml 1 (shop) delikatesy *plt* 2 US (eating place) bar *m*

deliberate **I** /dɪˈlɪbərət/ *adj* 1 (intentional) *[act, cruelty, mistake, choice]* rozmyślny, umyślny; (planned) *[act of aggression, vandalism, violation]* zamierzony; **this was no accident, it was ~** to nie był przypadek, to było rozmyślne 2 (unhurried) *[gesture, action]* niespieszny, powolny; (measured) *[steps, movement]* miarowy 3 (thoughtful) *[decision, action, judgment]* przemyślany; **he was ~ in his choice of words** starannie dobierał słowa

II /dɪˈlɪbəreɪt/ *vt* 1 (consider) rozważ|yć, -ać *[matter, problem, question]*; zastan|owić, -awiać się nad (czymś) *[matter, problem, question]* 2 (discuss) naradz|ić, -ać się nad (czymś) *[problem, question]*

III /dɪˈlɪbəreɪt/ *vi* 1 (discuss) toczyć debatę 2 (reflect) zastan|owić, -awiać się **(on** or **about** or **over sth** nad czymś); deliberować dat or hum

deliberately /dɪˈlɪbərətlɪ/ *adv* 1 (intentionally) *[do, say]* rozmyślnie, umyślnie; (on purpose) *[act, do]* celowo 2 (slowly and carefully) *[speak]* powoli i wyraźnie; *[walk]* niespiesznie, statecznie

deliberation /dɪˌlɪbəˈreɪʃn/ *n* 1 (consideration) zastanowienie (się) *n*; **after careful /long ~, she decided...** po uważnym /długim zastanowieniu, postanowiła... 2 (debate, discussion) obrady *plt* narada *f*; Jur narada *f* 3 (slowness) (of movement, speech) powolność *f*, stateczność *f*; **with ~** powolnie, niespiesznie

deliberative /dɪˈlɪbərətɪv/ *adj* 1 *[assembly, council]* obradujący 2 *[conclusion, decision, speech]* przemyślany, rozważny

delicacy /ˈdelɪkəsɪ/ *n* 1 (of features, design, fabric) delikatność *f*; (of fragrance, beauty, tone) delikatność *f*, subtelność *f*; (of touch, footsteps, gesture) lekkość *f* 2 (of health, constitution) wątłość *f*, delikatność *f* 3 (of mechanism, instrument) czułość *f*; (of senses) wrażliwość *f* 4 (of situation, subject) delikatność *f*; **a matter of great ~** bardzo delikatna sprawa 5 (tact) (of person) delikatność *f*, taktowność *f* 6 Culin przysmak *m*, delikates *m*; **caviar is a great ~** kawior jest wielkim przysmakiem

delicate /ˈdelɪkət/ **I** *adj* 1 (fine) *[design, features, flavour, shade, touch]* delikatny; *[perfume]* o delikatnym or subtelnym zapachu 2 (easily damaged) *[china, fabric]* delikatny 3 (finely tuned) *[mechanism, instrument]* czuły; *[senses]* wrażliwy 4 (weak) *[child,*

D

constitution] wątły; *[stomach]* delikatny; *[heart]* słaby; **I feel rather ~ today** nie czuję się dziś najlepiej [5] (requiring skill or tact) *[situation, operation, subject, manner]* delikatny; **her ~ handling of the problem** takt, z jaką zajęła się tą sprawą
II delicates *npl* (fabrics) tkaniny *f pl* delikatne

delicately /ˈdelɪkətlɪ/ *adv* [1] *[carved, printed, touch]* delikatnie; *[flavoured, perfumed]* subtelnie, lekko [2] *[treat, deal with people]* delikatnie; *[handle, phrase]* ostrożnie

delicatessen /ˌdelɪkəˈtesn/ *n* [1] (shop) sklep *m* delikatesowy; **the local ~ sells a wide range of French cheeses** w miejscowych delikatesach jest duży wybór francuskich serów [2] (food) delikates *m*, rarytas *m* [3] US (eating place) bar *m*

delicious /dɪˈlɪʃəs/ *adj* [1] *[food, drink]* (exquisite) wyborny, wyśmienity; (tasty) pyszny; **the salmon tastes ~** ten łosoś smakuje wybornie or wyśmienicie [2] *[feeling, joke, story]* doskonały; *[sight, person, sound]* wspaniały

deliciously /dɪˈlɪʃəslɪ/ *adv* wspaniale; **the water was ~ cool** woda była cudownie chłodna

delight /dɪˈlaɪt/ **I** *n* (joy) radość *f*; (pleasure) przyjemność *f*; (intense happiness) rozkosz *f*; (rapture) zachwyt *m*; **to take ~ in doing sth** robić coś z przyjemnością or radością; **to take ~ in sth** cieszyć się czymś, czerpać radość z czegoś; (intensively) rozkoszować się czymś; **I took ~ in their achievements** cieszyłem się z ich osiągnięć; **to laugh in sheer ~** śmiać się z czystej radości; **a cry of ~** okrzyk zachwytu or radości; **(much) to my ~** ku mojej wielkiej radości; **the ~s of camping** rozkosze biwakowania; **your work is a ~ to read** twoją pracę czyta się z przyjemnością; **the new ballet is a ~** nowy balet jest zachwycający; **she is a ~ to watch** or **to the eyes** to rozkosz or radość na nią patrzeć; **he is the ~ of his family** jest szczęściem swojej rodziny
II *vt* zachwyc|ić, -ać **(with sth** czymś); **he ~ed the children with his stories** zachwycił dzieci swymi opowieściami; **it ~s me that...** jestem zachwycony tym, że...; zachwyca mnie, że...
III *vi* **to ~ in sth** czerpać radość z czegoś, zna|leźć, -jdować przyjemność w czymś rozkoszować się or cieszyć się (czymś); **she ~ed in our failure** ucieszyła ją nasza porażka, ucieszyło ją nasze niepowodzenie

delighted /dɪˈlaɪtɪd/ *adj* (happy) uszczęśliwiony **(with** or **by** or **about sth** czymś); (pleased) zachwycony **(with** or **by** or **about sth** czymś); **~ smile/cry/expression** uśmiech/okrzyk/wyraz zachwytu; **with a ~ look on his face** z wyrazem zachwytu na twarzy; **we were ~ to hear of his success** z wielką przyjemnością dowiedzieliśmy się o jego sukcesie; **(I am) ~ to meet you** bardzo mi miło pana/panią poznać; **(I should be) ~!** z (największą) przyjemnością!

delightedly /dɪˈlaɪtɪdlɪ/ *adv [announce, smile, agree]* z zachwytem, z radością; *[laugh, applaud, shriek]* z zachwytu, z radości

delightful /dɪˈlaɪtfl/ *adj* [1] *[hat, person, performance, personality, atmosphere, view]* zachwycający; *[child, animal, garden]* rozkoszny; *[meal, party, story]* wspaniały; **it is ~ to do sth, it is ~ doing sth** wspaniale or cudownie jest robić coś; **it was ~ to sit in the shade for a while** wspaniale było przysiąść na chwilę w cieniu [2] *[character, manners]* zachwycający

delightfully /dɪˈlaɪtfəlɪ/ *adv [dressed, perform, behave]* zachwycająco; *[warm, furnished]* rozkosznie; **she is ~ eccentric** jest uroczą ekscentryczką; **she is ~ shy** jest wzruszająco nieśmiała

Delilah /dɪˈlaɪlə/ *prn* Bible Dalila *f*

delimit /ˌdiːˈlɪmɪt/ *vt* wytycz|yć, -ać *[boundary, territory, area]*; określ|ić, -ać, ustal|ić, -ać *[scope, range]*

delimitation /ˌdiːlɪmɪˈteɪʃn/ *n* (of boundaries) wytyczenie *n*; (of range) określenie *n*

delineate /dɪˈlɪnɪeɪt/ *vt* [1] (mark) na|rysować *[shape, object, line]*; wytycz|yć, -ać *[area]* [2] (determine) nakreśl|ić, -ać *[plan, strategy]*; wyznacz|yć, -ać *[area, aspects, subject]*; s|formułować *[problem, terms, concerns]*; **the character of the hero could be better ~d** charakter bohatera mógłby być lepiej nakreślony

delineation /dɪˌlɪnɪˈeɪʃn/ *n* fml [1] (of shape, strategy, problem) zarysowanie *n*, nakreślenie *n*; (of area, aspects, subject) wyznaczenie *n* [2] Literat (of character) portret *m* psychologiczny

delinquency /dɪˈlɪŋkwənsɪ/ *n* Jur [1] (offence) wykroczenie *n* [2] (criminality) przestępczość *f*; **juvenile ~** przestępczość nieletnich [3] US Fin zaległa płatność *f*

delinquent /dɪˈlɪŋkwənt/ **I** *n* winn|y *m*, -a *f* wykroczenia or przestępstwa; **juvenile ~** młodociany przestępca
II *adj* [1] *[behaviour, nature, act]* przestępczy; **a ~ child** Jur nieletni or niepełnoletni przestępca [2] US Fin *[tax, payment]* zaległy; *[debtor]* zalegający (z zapłaceniem podatku)

deliquesce /ˌdelɪˈkwes/ *vi* Phys rozpły|nąć, -wać się *(pod wpływem wilgoci powietrza)*

deliquescence /ˌdelɪˈkwesns/ *n* Phys rozpływanie się *n* *(pod wpływem wilgoci powietrza)*

deliquescent /ˌdelɪˈkwesnt/ *adj* Phys rozpływający się *(pod wpływem wilgoci powietrza)*

delirious /dɪˈlɪrɪəs/ *adj* [1] Med *[patient]* majaczący, bredzący; *[condition, hallucinations]* deliryczny; **to be ~** majaczyć or być w delirium; **to become ~** zacząć majaczyć [2] fig *[crowd, fan]* rozentuzjazmowany; **to be ~ with joy** szaleć z radości; **the crowd grew ~ with excitement** tłum szalał z podniecenia

deliriously /dɪˈlɪrɪəslɪ/ *adv* [1] Med *[rave]* nieprzytomnie, w malignie [2] fig *[scream]* w uniesieniu; **~ happy** szaleńczo szczęśliwy, szczęśliwy do szaleństwa

delirium /dɪˈlɪrɪəm/ *n* [1] Med majaczenie *n*, maligna *f*, delirium *n inv* [2] fig szaleństwo *n*, histeria *f*

delirium tremens /dɪˌlɪrɪəmˈtriːmenz/ *n* delirium tremens *n inv*

deliver /dɪˈlɪvə(r)/ **I** *vt* [1] (take to address) dostarcz|yć, -ać *[goods, groceries, milk]* **(to sb** komuś); (by vehicle) przyw|ieźć, -ozić **(to sb** komuś); (to several houses) rozn|ieść, -osić *[newspapers]*; (by vehicle) rozw|ieźć, -ozić, porozwozić *[newspapers]*; (to an individual) doręcz|yć, -ać *[mail, written notice]* **(to sb** komuś); przekaz|ać, -ywać *[oral message]*; **to ~ sth to the wrong address** dostarczyć coś pod zły adres; **'~ed to your door'** „z dostawą do domu"; **we're having pizza ~ed tonight** dziś wieczorem zamówimy pizzę z dostawą do domu [2] Med *[doctor, midwife, vet]* od|ebrać, -bierać poród (kogoś/czegoś) *[baby, baby animal]*; **to ~ the baby/the calf** odebrać dziecko/cielaka; **she was ~ed of a son** dat powiła or wydała na świat syna dat [3] (utter) wygł|osić, -aszać *[speech, sermon, line in play]*; ogł|osić, -aszać *[decision, verdict]*; postawić, stawiać *[ultimatum]*; udziel|ić, -ać *[rebuke, reprimand]* **(to sb** komuś); wyda|ć, -wać *[exclamation]*; opowi|edzieć, -adać *[joke]* [4] (hand over) przekaz|ać, -ywać, odda|ć, -wać *[property, money, goods]* **(over** or **up to sb** komuś); podda|ć, -wać *[town, ship]* **(over to** or **up to sb** komuś); **to ~ sth/sb into sb's care** powierzyć coś/kogoś opiece kogoś [5] (rescue) u|ratować; wybawi|ć, -ać liter *[person]* **(from sth** od czegoś); **to ~ sb from captivity** uratować kogoś z niewoli; **'~ us from evil'** (part of the Lord's Prayer) „zbaw nas ode złego" [6] (give, strike) wymierz|yć, -ać *[blow, knife thrust]*; wystrzeli|ć, -wać *[bullets, round]*; (in cricket) wyrzuc|ić, -ać *[ball]*; **to ~ the final blow** fig zadać ostateczny cios [7] (achieve) spełni|ć, -ać *[promise]*; wprowadz|ić, -ać (zgodnie z obietnicą) *[reform, improvement]*; **the new model ~s speed and fuel economy** nowy model zapewnia szybkość i oszczędność paliwa
II *vi* [1] *[tradesman, company]* dostarcz|yć, -ać; **the postman doesn't ~ on Sundays** listonosz nie przynosi or nie roznosi poczty w niedzielę [2] infml *[government, company]* dotrzym|ać, -ywać słowa **(on sth** w sprawie czegoś); *[computer, product]* sprawdz|ić, -ać się, zda|ć, -wać egzamin fig; **ultimately, the film doesn't ~** w ostatecznym rozrachunku ten film nie spełnia oczekiwań
III *vr* fml **to ~ oneself of sth** wyra|zić, -żać, wygł|osić, -aszać *[opinion]*
IDIOMS: **stand and ~!** dat or hum pieniądze, albo życie! hum; **to ~ the goods** infml wywiązać się; **to fail to ~ the goods** infml nie wywiązać się

deliverance /dɪˈlɪvərəns/ *n* wybawienie *n*; Relig zbawienie *n*

deliverer /dɪˈlɪvərə(r)/ *n* [1] (of goods, groceries) dostaw|ca *m*, -czyni *f* [2] (saviour) zbaw|ca *m*, -czyni *f*

delivery /dɪˈlɪvərɪ/ *n* [1] (of goods) dostawa *f*; (of mail, newspapers) dostarczanie *n*; **to pay on ~** zapłacić przy odbiorze; **to take ~ of sth** przyjąć coś, przyjąć dostawę czegoś; **there are two deliveries of mail a day** pocztę dostarcza się dwa razy dziennie [2] (of baby) poród *m* [3] (way of speaking) sposób *m* wygłaszania; **the actor's ~ of his lines** sposób wygłaszania kwestii przez aktora [4] (of judgment, ruling) ogłoszenie *n* [5] (handing over of property) przekazanie *n*; **to take ~ of sth** objąć coś w posiadanie *[property]* [6] Sport podanie *n*

delivery address *n* adres *m* odbiorcy
delivery boy *n* roznosiciel *m*
delivery charge *n* opłata *f* za dostawę or doręczenie
delivery girl *n* roznosicielka *f*, doręczycielka *f*
delivery man *n* roznosiciel *m*, doręczyciel *m*
delivery room *n* Med sala *f* or izba *f* porodowa
delivery suite *n* GB Med porodówka *f* infml
delivery truck *n* US = **delivery van**
delivery van *n* GB samochód *m* dostawczy
delivery woman *n* roznosicielka *f*, doręczycielka *f*
dell /del/ *n* liter zadrzewiona dolina *f*
delouse /ˌdiːˈlaʊs/ *vt* odwszawi|ć, -ać; odwszyć infml
Delphi /ˈdelfɪ/ *prn* Delfy *plt*
Delphic /ˈdelfɪk/ *adj* [1] Mythol delficki; ~ **oracle** wyrocznia delficka [2] (mysterious) enigmatyczny
delphinium /delˈfɪnɪəm/ *n* Bot ostróżka *f*
delta /ˈdeltə/ *n* [1] (Greek letter) delta *f*; Math delta *f* [2] GB Univ (mark) ocena *f* dostateczna [3] Geog (of river) delta *f*
delta wing *n* Aviat skrzydła *n pl* trójkątne or delta
deltoid /ˈdeltɔɪd/ **I** *n* (also ~ **muscle**) mięsień *m* naramienny
II *adj [shape]* trójkątny
delude /dɪˈluːd/ **I** *vt* zw|ieść, -odzić (**with sth** czymś); **he is trying to ~ us into believing that...** próbuje nam wmówić, że...
II *vr* **to ~ oneself** łudzić się; **to ~ oneself into believing that...** łudzić się, że...
III deluded *pp adj* **to be ~d** dać się zwieść; **the poor ~d creature** hum biedny naiwniak
deluge /ˈdeljuːdʒ/ **I** *n* potop *m*; fig zalew *m*
II *vt* zal|ać, -ewać (**with sth** czymś); **to be ~d with letters/requests** fig zostać zasypanym listami/prośbami
delusion /dɪˈluːʒn/ *n* iluzja *f*, urojenie *n*, złudzenie *n*; **to be under the ~ that...** wyobrażać sobie, że...; **to be under a ~** mieć złudzenia; karmić się złudzeniami liter; **to suffer from ~s** Psych cierpieć na urojenia; **~s of grandeur** mania wielkości
delusive /dɪˈluːsɪv/ *adj* złudny
de luxe /dəˈlʌks, -ˈlʊks/ *adj [car, apartment, model]* luksusowy; ~ **hotel** hotel klasy de luxe
delve /delv/ *vi* [1] **to ~ into sth** sięg|nąć, -ać do (czegoś) *[pocket, subject]*; zagłębi|ć, -ać się w (coś) *[memory, past, records]*; wnik|nąć, -ać w (coś) *[motive, subject]* [2] GB liter (dig) kopać
Dem US = **Democrat, Democratic**
demagnetize /diːˈmægnɪtaɪz/ *vt* rozmagnesow|ać, -ywać
demagogic /ˌdeməˈgɒgɪk/ *adj* demagogiczny
demagogue /ˈdeməgɒg/ *n* demagog *m*
demagogy /ˈdeməgɒgɪ/ *n* demagogia *f*
de-man /ˌdiːˈmæn/ *vt* GB zmniejsz|yć, -ać zatrudnienie w (czymś) *[factory, mine, quarry, industry, company]*
demand /dɪˈmɑːnd, US dɪˈmænd/ **I** *n* [1] (request) żądanie *n*; **to make a ~ for sth** zażądać czegoś, wystąpić z żądaniem czegoś; **there have been many ~s for his resignation** wielokrotnie żądano jego rezygnacji; **on ~** *[divorce, abortion, access]* na żądanie; Fin *[payable]* a vista; *[available]* na żądanie [2] (pressure) wymóg *m*; **the ~s of sth** wymogi czegoś; **I have many ~s on my time** jestem bardzo zajęty; **the purchase will make extra ~s on on our finances** ten zakup dodatkowo obciąży nasze finanse [3] Econ popyt *m*, zapotrzebowanie *n* (**for sth** na coś); **supply and ~** podaż i popyt; **there is (a) great ~ for teachers** jest duże zapotrzebowanie na nauczycieli [4] (favour) **to be in ~** mieć wzięcie; **these books are always in ~** na te książki zawsze jest popyt or zapotrzebowanie, te książki zawsze są poszukiwane; **he is in great ~ as a singer** jest wziętym piosenkarzem
II *vt* [1] (request) domagać się (czegoś) *[reform, release]*; za|żądać (czegoś) *[attention, payment, ransom]*; **to ~ an inquiry** domagać się przeprowadzenia dochodzenia; **to ~ one's money back** żądać zwrotu pieniędzy; **to ~ sth from sb** zażądać czegoś od kogoś; **I ~ to know the truth** żądam, żeby powiedziano mi prawdę; **to ~ to see sb's driving licence** zażądać okazania prawa jazdy; **to ~ that sb do sth** zażądać, żeby ktoś coś zrobił; **we ~ that we be included in the invitation** domagamy się, żeby nas również zaproszono [2] (require) *[work, situation, employer]* wymagać *[patience, skill, punctuality]* (**of sb** od kogoś); **to ~ of sb that...** wymagać od kogoś, żeby...; **we ~ of our employees that they be punctual** od naszych pracowników wymagamy punktualności
demand deposit *n* Fin wkład *m* bankowy zwrotny na żadanie, depozyt *m* na żądanie
demand feeding *n* karmienie *n* (niemowlęcia) na żądanie
demanding /dɪˈmɑːndɪŋ, US -ˈmænd-/ *adj [boss, teacher]* wymagający; *[child, sick person]* wymagający stałej opieki; *[work, course]* trudny; *[schedule]* napięty
demand note *n* GB Fin wezwanie *n* do zapłaty; US Fin weksel *m*
demand-pull inflation /dɪˌmɑːndpʊlɪnˈfleɪʃn, US dɪˌmænd-/ *n* Econ inflacja *f* spowodowana wzrostem popytu
demanning /ˌdiːˈmænɪŋ/ *n* GB zmniejszenie *n* zatrudnienia
demarcate /ˈdiːmɑːkeɪt/ *vt* wytycz|yć, -ać *[boundary]*; wyznacz|yć, -ać *[scope, space]*; **sociology and political science cannot always be strictly ~d** nie zawsze można dokładnie rozgraniczyć socjologię i nauki polityczne
demarcation /ˌdiːmɑːˈkeɪʃn/ *n* [1] (physical) (action, boundary) rozgraniczenie *n*, odgraniczenie *n* [2] Jur, Admin wytyczenie *n* granic or granicy (czegoś); **line of ~** linia demarkacyjna [3] (at work) podział *m* kompetencji
demarcation dispute *n* spór *m* kompetencyjny
démarche /ˈdeɪmɑːʃ, US deɪˈmɑːrʃ/ *n* zabiegi *m pl* or kroki *m pl* dyplomatyczne
demean /dɪˈmiːn/ *vr* **to ~ oneself** poniż|yć -ać się (**to do sth** żeby coś zrobić)
demeaning /dɪˈmiːnɪŋ/ *adj* poniżający
demeanour GB, **demeanor** US /dɪˈmiːnə(r)/ *n* fml (behaviour) zachowanie (się) *n*; (bearing) postawa *f*
demented /dɪˈmentɪd/ *adj* [1] (insane) *[person]* obłąkany; *[screams]* obłąkańczy [2] (very worried, irritated) *[person]* bliski obłędu; **to become ~** wpaść w obłęd; **to drive sb ~** wpędzić kogoś w obłęd, doprowadzić kogoś do obłędu
dementedly /dɪˈmentɪdlɪ/ *adv* (believe) obłąkańczo; (behave) jak w obłędzie
dementia /dɪˈmenʃə/ *n* Med demencja *f*, otępienie *n* umysłowe
demerara (sugar) /ˌdeməˈreərə/ *n* brązowy cukier *m* trzcinowy
demerge /diːˈmɜːdʒ/ **I** *vt* po|dzielić *[joined companies]*
II *vi* po|dzielić się, rozdziel|ić, -ać się
demerger /diːˈmɜːdʒə(r)/ *n* podział *m*
demerit /ˌdiːˈmerɪt/ *n* [1] wada *f*, ujemna strona *f*; **the merits and ~s of sth** zalety i wady czegoś [2] US Sch (also ~ **point**) przewinienie *n*
demigod /ˈdemɪgɒd/ *n* półbóg *m*
demijohn /ˈdemɪdʒɒn/ *n* gąsior *m*, butla *f*
demilitarization /diːˌmɪlɪtəraɪˈzeɪʃn, US -rɪˈz-/ *n* demilitaryzacja *f*
demilitarize /ˌdiːˈmɪlɪtəraɪz/ *vt* z|demilitaryzować; **~d zone** strefa zdemilitaryzowana
demimondaine /ˌdemɪmɒnˈdeɪn/ *n* euph dama *f* z półświatka
demimonde /ˌdemɪˈmɒnd/ *n* euph półświatek *m*; demi-monde *m* dat
demise /dɪˈmaɪz/ **I** *n* fml [1] (of institution, system, movement) upadek *m*; (of aspirations) koniec *m*; **her political ~** jej śmierć polityczna [2] euph, hum (death) zgon *m*; zejście *n* fml [3] Jur (lease) przeniesienie *n* praw własności, dzierżawa *f*; (by inheritance) przekazanie *n* w spadku; **~ of the crown** Pol przekazanie korony
II *vt* [1] Jur (by lease) przekaz|ać, -ywać w dzierżawę; (by will) zapis|ać, -ywać, darow|ać, -ywać [2] Pol przekaz|ać, -ywać *[sovereignty, the Crown]*
demisemiquaver /ˌdemɪˈsemɪkweɪvə(r)/ *n* GB Mus trzydziestkodwójka *f*
demist /ˌdiːˈmɪst/ *vt* GB usu|nąć, -wać zamglenie (czegoś) *[windscreen, rear window]*
demister /ˌdiːˈmɪstə(r)/ *n* GB odmgławiacz *m* szyb
demo /ˈdeməʊ/ **I** *n* infml (*pl* **-mos**) = **demonstration** [1] Pol demonstracja *f* [2] Aut model *m* pokazowy or na pokaz
II *modif* ~ **disk/cassette/tape** dyskietka /kaseta/taśma demonstracyjna
demob /ˌdiːˈmɒb/ GB infml **I** *n* demobilizacja *f*
II *vt* (*prp, pt, pp* **-bb-**) z|demobilizować
demobilization /diːˌməʊbɪlaɪˈzeɪʃn, US -lɪˈz-/ *n* demobilizacja *f*
demobilize /diːˈməʊbɪlaɪz/ *vt* z|demobilizować
democracy /dɪˈmɒkrəsɪ/ *n* (system) demokracja *f*; (country) państwo *n* demokratyczne
democrat /ˈdeməkræt/ *n* demokrat|a *m*, -ka *f*
Democrat /ˈdeməkræt/ **I** *prn* GB, US Pol demokrata *m*
II *modif* ~ **politician** polityk Partii Demokratycznej

D

democratic /ˌdeməˈkrætɪk/ *adj* [1] *[country, nation, election, constitution, principles]* demokratyczny [2] (believing in freedom) o demokratycznych poglądach

Democratic /ˌdeməˈkrætɪk/ *adj* US Pol **the ~ party** Partia Demokratyczna

democratically /ˌdeməˈkrætɪklɪ/ *adv* demokratycznie

democratization /dɪˌmɒkrətaɪˈzeɪʃn, US -tɪˈz-/ *n* demokratyzacja *f*

democratize /dɪˈmɒkrətaɪz/ *vt* z|demokratyzować

demographer /dɪˈmɒgrəfə(r)/ *n* demograf *m*

demographic /ˌdeməˈgræfɪk/ *adj* demograficzny

demography /dɪˈmɒgrəfɪ/ *n* demografia *f*

demolish /dɪˈmɒlɪʃ/ *vt* [1] wyburz|yć, -ać, roz|ebrać, -bierać *[building, wall]*; z|burzyć *[order, theory, village, town]*; obal|ić, -ać *[argument, theory]* [2] infml hum s|pałaszować, pochł|onąć, -aniać infml hum *[food]* [3] Sport infml rozgr|omić, -amiać *[enemy team]*

demolition /ˌdeməˈlɪʃn/ **I** *n* [1] (of building, wall) rozbiórka *f* [2] fig (of belief, system, village, town) zburzenie *n*; (of argument, theory) obalenie *n*

II *modif* **~ area** obszar, na którym prowadzona jest rozbiórka; **~ squad** Mil oddział saperski wysadzający obiekty; **~ work** prace rozbiórkowe; **~ worker** robotnik zatrudniony przy rozbiórce

demon /ˈdiːmən/ **I** *n* Relig demon *m* also fig; **the ~ drink** (alcohol) szatański napój; **the ~ of inflation** zmora inflacji

II *modif* **~ driver/player** wytrawny kierowca/gracz

demonetization /diːˌmʌnɪtaɪˈzeɪʃn, US -tɪˈz-/ *n* demonetyzacja *f*

demonetize /ˌdiːˈmʌnɪtaɪz/ *vt* (withdraw) wycof|ać, -ywać z obiegu; (deprive of value) z|deprecjonować

demoniac /dɪˈməʊnɪæk/ **I** *n* opętany *m* przez złe duchy

II *adj* = **demonic**

demonic /dɪˈmɒnɪk/ *adj [aspect, person, power]* demoniczny, szatański; *[music, noise]* piekielny

demonize /ˈdiːmənaɪz/ *vt* demonizować

demonology /ˌdiːməˈnɒlədʒɪ/ *n* demonologia *f*

demonstrable /ˈdemɒnstrəbl, US dɪˈmɒnstrəbl/ *adj* dający się udowodnić; **the candidate will have ~ organizing skills** kandydat musi wykazać się zdolnościami organizacyjnymi

demonstrably /ˈdemɒnstrəblɪ, dɪˈmɒnstrəblɪ/ *adv* (obviously) w sposób oczywisty

demonstrate /ˈdemənstreɪt/ **I** *vt* [1] (prove) dow|ieść, -odzić słuszności (czegoś) *[theory, principle]*; **to ~ that...** dowieść or wykazać, że...; **as ~d by this experiment** jak wykazało or dowiodło to doświadczenie [2] (illustrate) za|prezentować *[principle, concept]* [3] (show, reveal) okaz|ać, -ywać *[concern, emotions, feelings, support]*; wykaz|ać, -ywać, wykaz|ać, -ywać się (czymś) *[skill]*; **to ~ one's concern/one's support for sth** okazać zainteresowanie czymś [4] (display) za|demonstrować, za|prezentować *[machine, gadget, product]*; **to ~ how to do sth** zademonstrować, jak robić coś; **to ~ how sth works** zademonstrować działanie czegoś

II *vi* Pol manifestować, demonstrować; **to ~ for/against sth** demonstrować na rzecz czegoś/przeciwko czemuś

demonstration /ˌdemənˈstreɪʃn/ **I** *n* [1] Pol demonstracja *f*, manifestacja *f*; **~ against /for sth** demonstracja na rzecz czegoś /przeciwko czemuś; **to stage a ~** zorganizować demonstrację; **human rights ~** demonstracja w obronie praw człowieka [2] (of machine, gadget) demonstracja *f*, prezentacja *f*, pokaz *m*; **cookery ~** pokaz kulinarny; **to give a ~** zrobić prezentację or pokaz [3] (of emotion, concern) okazywanie *n* [4] (of theory, principle) przedstawienie *n*, wykazanie *n* **(of sth)**

II *modif* **~ model** prototyp; **~ match /sport** mecz/sport pokazowy

demonstration tape *n* taśma *f* demonstracyjna; taśma *f* demo infml

demonstrative /dɪˈmɒnstrətɪv/ **I** *n* Ling wyrażenie *n* wskazujące

II *adj* [1] *[person, behaviour]* wylewny [2] fml **to be ~ of sth** świadczyć o czymś [3] Ling wskazujący; **~ pronoun** zaimek (rzeczowny) wskazujący

demonstrator /ˈdemənstreɪtə(r)/ *n* [1] Pol demonstrant *m*, -ka *f* [2] Comm demonstrator *m*, -ka *f* [3] GB Univ asystent *m*, -ka *f* (profesora) [4] Aut infml samochód *m* przeznaczony do jazd próbnych

demoralization /dɪˌmɒrəlaɪˈzeɪʃn, US dɪˌmɔːrəlɪˈzeɪʃn/ *n* [1] (desenchantment) zniechęcenie *n* [2] (corruption) demoralizacja *f*

demoralize /dɪˈmɒrəlaɪz, US -ˈmɔːr-/ *vt* [1] (dishearten) zniechęc|ić, -ać; **to become ~d** zniechęcić się [2] (corrupt) z|demoralizować

demoralizing /dɪˈmɒrəlaɪzɪŋ, US -ˈmɔːr-/ *adj* demoralizujący

demote /ˌdiːˈməʊt/ *vt* z|degradować *[person]*; z|deprecjonować *[idea, principle, policy]*; zostać przeniesionym do niższej ligi *[football team]*

demotic /dɪˈmɒtɪk/ *adj* [1] Ling demotyczny [2] fml *[art form, press, entertainment]* plebejski

demotion /dɪˈməʊʃn/ *n* (of person) degradacja *f*; (of idea, principle, policy) deprecjacja *f*; (of football team) przeniesienie *n* do niższej ligi

demotivate /diːˈməʊtɪveɪt/ *vt* zniechę|cić, -ać

demur /dɪˈmɜː(r)/ fml **I** *n* **without ~** bez sprzeciwu

II *vi* (*prp, pt, pp* **-rr-**) [1] (object) odn|ieść, -osić się niechętnie **(at sth** do czegoś); sprzeciwi|ć, -ać się **(at sth** czemuś) [2] Jur wn|ieść, -osić sprzeciw

demure /dɪˈmjʊə(r)/ *adj* [1] (decorous) *[behaviour, girl, dress]* skromny; **she gave him a ~ smile** skromnie się do niego uśmiechnęła [2] pej (coy) fałszywie skromny

demurely /dɪˈmjʊəlɪ/ *adv* [1] (modestly) skromnie [2] pej (coyly) z fałszywą skromnością

demureness /dɪˈmjʊənɪs/ *n* [1] (modesty) skromność *f* [2] pej (coyness) fałszywa skromność *f*

demurrage /dɪˈmʌrɪdʒ/ *n* Comm, Jur (delay) przestój *m*; (compensation) przestojowe *n*

demutualization /diːˌmjuːtʃʊəlaɪˈzeɪʃn/ *n* przekształcenie *n* towarzystwa wzajemnego w spółkę publiczną

demutualize /diːˈmjuːtʃʊəlaɪz/ *vi* przekształc|ić, -ać towarzystwo wzajemne w spółkę publiczną

demystification /diːˌmɪstɪfɪˈkeɪʃn/ *n* (of esoteric, difficult subject) wyjaśnienie *n*

demystify /ˌdiːˈmɪstɪfaɪ/ *vt* (remove mystery from) wyjaśni|ć, -ać, wy|tłumaczyć *[story]*; (clarify) objaśni|ć, -ać, wyjaśni|ć, -ać *[sth not clear]*

demythologize /ˌdiːmɪˈθɒlədʒaɪz/ *vt* odmitologizow|ać, -ywać

den /den/ *n* [1] (of lion) legowisko *n*; (of fox) nora *f*, legowisko *n* [2] fig pej (of criminals) melina *f* infml pej; **a ~ of thieves** złodziejska melina; **a ~ of vice** or **iniquity** gniazdo rozpusty; **a gambling ~** jaskinia występku [3] fig (room) pokój *m*

denationalization /diːˌnæʃənəlaɪˈzeɪʃn, US -lɪˈz-/ *n* [1] (of industry) prywatyzacja *f* [2] (of individual, people) wynarodowienie *n*

denationalize /ˌdiːˈnæʃənəlaɪz/ *vt* [1] s|prywatyzować *[industry]* [2] wynar|odowić, -adawiać *[individual, people]*

denaturalization /diːˌnætʃərəlaɪˈzeɪʃn, US -lɪˈz-/ *n* pozbawienie *n* obywatelstwa, denaturalizacja *f*

denaturalize /ˌdiːˈnætʃərəlaɪz/ *vt* pozbawi|ć, -ać obywatelstwa, z|denaturalizować *[person]*

denature /ˌdiːˈneɪtʃə(r)/ *vt* Chem denaturować; **~d alcohol** spirytus denaturowany; denaturat infml

dengue /ˈdeŋgɪ/ *n* Med denga *f*

deniable /dɪˈnaɪəbl/ *adj [evidence, fact, theory]* sporny, wątpliwy

denial /dɪˈnaɪəl/ *n* [1] (of rumours) zaprzeczenie *n*, dementi *n inv*; (of accusation, doctrine, guilt) zaprzeczenie *n*; (of request, rights) odmowa *f*; (of country, religion) wyparcie się *n*; **he issued a ~ of his involvement in the scandal** oficjalnie zaprzeczył jakoby był zamieszany w ten skandal; **despite her ~ that she had met him** mimo że twierdziła, że go nie zna; **Peter's ~ of Christ** Bible zaparcie się św. Piotra [2] Psych zaprzeczenie *n* [3] = **self-denial**

denial of justice *n* Jur odmowa *f* ochrony prawnej

denier /ˈdenɪə(r)/ *n* Tex denier *m*, den *m*; **15 ~ tights** GB, **15 ~ pantyhose** US rajstopy o grubości 15 den

denigrate /ˈdenɪgreɪt/ *vt* oczerni|ć, -ać, uwłaczać (komuś) *[person]*; pomniejsz|yć, -ać *[achievement, success]*

denigration /ˌdenɪˈgreɪʃn/ *n* (of sb's character) oczernianie *n*; (of sb's success) pomniejszanie *n*

denim /ˈdenɪm/ **I** *n* (fabric) dżins *m*, materiał *m* dżinsowy

II *modif [jacket, shirt]* dżinsowy

III denims *npl* (trousers) dżinsy *plt*; (suit) dżinsowe ubranie *n*; (overalls) roboczy kombinezon *m*; **a pair of ~s** para dżinsów

denizen /ˈdenɪzn/ *n* [1] (person, animal) mieszkan|iec *m*, -ka *f*; **the ~s of the forest** mieszkańcy lasu [2] Jur (naturalized foreigner) naturalizowany cudzoziemiec *m*, naturalizowana cudzoziemka *f* [3] Bot zaaklimatyzowana roślina *f*

Denmark /ˈdenmɑːk/ *prn* Dania *f*

denominate /dɪˈnɒmɪneɪt/ *vt* [1] naz|wać, -ywać, określ|ić, -ać *[object, person]*; **to ~ sb/sth as sth** nazwać kogoś/coś jako coś [2] Fin **to be ~d in sth** być określonym w czymś *[dollars, euros]*

denomination /dɪˌnɒmɪˈneɪʃn/ *n* [1] Relig wyznanie *n*; denominacja *f* fml [2] Fin (of coins, notes) wartość *f* nominalna, nominał *m*; **high/low ~ coins** monety o wysokim /niskim nominale [3] (name assigned) nazwa *f*, określenie *n*

denominational /dɪˌnɒmɪˈneɪʃənl/ *adj [school]* wyznaniowy

denominative /dɪˈnɒmɪnətɪv/ **I** *n* derywat *m* odrzeczownikowy

II *adj* (naming) określający; (derived) odrzeczownikowy

denominator /dɪˈnɒmɪneɪtə(r)/ *n* Math mianownik *m*

denotation /ˌdiːnəʊˈteɪʃn/ *n* [1] Ling denotacja *f* [2] (symbol used) określenie *n*; (process) oznaczanie *n*

denotative /dɪˈnəʊtətɪv/ *adj* Ling denotacyjny

denote /dɪˈnəʊt/ *vt* [1] (stand for) *[written symbol]* oznacz|yć, -ać; *[notice, phrase, picture, word]* oznaczać, znaczyć [2] (show proof of) wskaz|ać, -ywać na (coś), świadczyć o (czymś) *[taste, intelligence]*

denouement /ˌdeɪˈnuːmɒŋ, US ˌdeɪnuːˈmɔːŋ/ *n* rozwiązanie *n*

denounce /dɪˈnaʊns/ *vt* [1] (inform on) za|denuncjować, don|ieść, -osić na (kogoś); **he threatened to ~ me to the inspector** groził, że doniesie na mnie inspektorowi [2] (criticize) potępi|ć, -ać **(for sth** za coś) [3] (accuse) otwarcie oskarż|yć, -ać **(for sth /doing sth** o coś/o zrobienie czegoś); **publicly ~d as a traitor/a thief** publicznie oskarżony o zdradę/o kradzież [4] Jur (give notice of termination) wypowi|edzieć, -adać *[agreement, treaty, armistice]*

denouncement /dɪˈnaʊnsmənt/ *n* = **denunciation**

denouncer /dɪˈnaʊnsə(r)/ *n* [1] denuncjator *m*, -ka *f*, donosiciel *m*, -ka *f* [2] (journalist) demaskator *m*

dense /dens/ *adj* [1] *[liquid, smoke, fog, wood, undergrowth]* gęsty; *[crowd]* zbity, zwarty; *[housing]* zwarty; **the population in the old town is very ~** stare miasto jest bardzo gęsto zaludnione [2] *[style, article]* treściwy [3] infml (stupid) *[person]* tępy [4] Phys o dużej masie właściwej [5] US (profound) *[book, sentence]* zawierający głębokie treści, poważny [6] Phot *[negative]* zaczerniony, mocno naświetlony

densely /ˈdenslɪ/ *adv [populated, wooded]* gęsto

denseness /ˈdensnɪs/ *n* [1] = **density** [2] infml tępota *f*

densimeter /denˈsɪmɪtə(r)/ *n* Phys gęstościomierz *m*, densymetr *m*

densitometer /ˌdensɪˈtɒmɪtə(r)/ *n* Phot densytometr *m*

density /ˈdensətɪ/ *n* [1] (of fog, wood, substance, population) gęstość *f*; (of housing, crowd) zwartość *f*; **high/low ~ housing** zwarta/rzadka zabudowa [2] Phys, Comput, Electron gęstość *f*

dent /dent/ **I** *n* (in metal, plastic) wgniecenie *n*; **to make a ~ in sth** zrobić wgniecenie w czymś *[metal]*; zarysować coś *[wood]*; **you've got a ~ in your car door** masz wgniecione drzwi w samochodzie; **to make a ~ in sb's savings** infml uszczuplić oszczędności kogoś; **this failure made a ~ in his self-esteem** fig ta porażka zraniła jego miłość własną

II *vt* wgni|eść, -atać *[metal object]*; po|rysować *[furniture, wooden surface]*; stuknąć infml *[car]*; **his pride has been ~ed** fig jego duma została zraniona

dental /ˈdentl/ **I** *n* Ling (also **dental consonant)** spółgłoska *f* zębowa

II *adj* [1] (of teeth) **~ decay** próchnica; **~ hygiene** higiena jamy ustnej; **~ problems** kłopoty z zębami [2] *[record, treatment]* dentystyczny, stomatologiczny [3] Ling zębowy

dental appointment *n* wizyta *f* u dentysty

dental clinic *n* klinika *f* or przychodnia *f* dentystyczna or stomatologiczna

dental floss *n* nić *f* dentystyczna

dental hygienist *n* asystent *m*, -ka *f* stomatologa or dentysty

dental nurse *n* pomoc *f* dentystyczna

dental plate *n* proteza *f* dentystyczna

dental receptionist *n* recepcjonistka *f* w gabinecie dentystycznym

dental school *n* szkoła *f* stomatologiczna

dental surgeon *n* dentyst|a *m*, -ka *f*, stomatolog *m*

dental surgery *n* (premises) gabinet *m* dentystyczny; (surgery) chirurgia *f* stomatologiczna, chirurgia *f* szczękowa

dental technician *n* technik *m* dentystyczny

dentifrice /ˈdentɪfrɪs/ *n* środek *m* do czyszczenia zębów

dentin(e) /ˈdentiːn/ *n* zębina *f*

dentist /ˈdentɪst/ *n* dentyst|a *m*, -ka *f*; **to go to the ~'s** iść do dentysty

dentistry /ˈdentɪstrɪ/ *n* dentystyka *f*, stomatologia *f*

dentition /ˌdenˈtɪʃn/ *n* (teeth) uzębienie *n*; (teething) ząbkowanie *n*

denture /ˈdentʃə(r)/ **I** *n* proteza *f* dentystyczna; **upper/lower ~** górna/dolna proteza

II dentures *npl* sztuczna szczęka *f*

denude /dɪˈnjuːd, US -ˈnuːd/ *vt* [1] ogoł|ocić, -acać *[tree, plant]*; obnaż|yć, -ać, odsł|onić, -aniać *[rock]* [2] fig **to be ~d of sth** być pozbawionym czegoś, być odartym or ogołoconym z czegoś

denunciation /dɪˌnʌnsɪˈeɪʃn/ *n* (public statement) potępienie *n* **(of sb/sth** kogoś /czegoś); **~ of sb as a traitor** zdemaskowanie kogoś jako zdrajcy

deny /dɪˈnaɪ/ **I** *vt* [1] zaprzecz|yć, -ać (czemuś) *[accusation, rumour, news]*; **to deny that...** zaprzeczyć, że...; **she denies that this is true** zaprzecza, że to prawda; **to ~ the rumour/news that...** zaprzeczyć pogłoskom/informacjom jakoby...; **to ~ doing/having done sth** zaprzeczyć, że się coś zrobiło; **they are ~ing all knowledge of the robbery** twierdzą, że nic nie wiedzą o tym napadzie rabunkowym; **there's no ~ing his popularity** nie można mu odmówić popularności [2] (refuse) **to ~ sb sth** odmówić komuś czegoś; **to ~ sb admittance to a building/club** odmówić komuś wstępu do budynku/klubu; **he was denied bail** Jur odmówiono mu zwolnienia z więzienia za kaucją [3] (renounce) zap|rzeć, -ierać się, wyp|rzeć, -ierać się *[God, religion]* [4] Comm **to ~ a signature** zakwestionować podpis

II *vr* **to ~ oneself sth** odm|ówić, -awiać sobie czegoś

deodorant /diːˈəʊdərənt/ **I** *n* (personal) dezodorant *m*; (for room) odświeżacz *m* powietrza; **an under-arm/a foot ~** dezodorant do ciała/stóp; **a roll-on/spray ~** dezodorant w kulce/w sprayu

II *adj [effect, powder]* dezodorujący

deodorize /diːˈəʊdəraɪz/ *vt* usu|nąć, -wać przykry zapach z (czegoś) *[clothing, fabric]*; odśwież|yć, -ać *[room, atmosphere]*

deontology /ˌdiːɒnˈtɒlədʒɪ/ *n* deontologia *f*

deoxidize /diːˈɒksɪdaɪz/ *vt* Chem odtleni|ć, -ać, z|redukować

deoxyribonucleic acid /dɪˌɒksɪˌraɪbəʊnjuːˌkleɪkˈæsɪd, US -nuː-/ *n* kwas *m* deoksyrybonukleinowy

depart /dɪˈpɑːt/ **I** *vt* **to ~ this life** liter rozstać się z życiem, odejść z tego świata liter

II *vi* [1] fml (leave) *[person]* wy|rusz|yć, -ać; *[train, bus]* odje|chać, -żdżać, od|ejść, -chodzić; *[plane]* odl|ecieć, -atywać, wyl|ecieć, -atywać; *[boat]* odpły|nąć, -wać, wypł|ynąć, -wać; **the train for London is about to ~** pociąg do Londynu za chwilę odjeżdża or odchodzi; **the train now ~ing from platform one** pociąg właśnie odchodzący or odjeżdżający z peronu pierwszego; **the last guests didn't ~ till after midnight** ostatni goście wyszli dopiero po północy [2] (deviate) **to ~ from sth** *[path]* odchodzić od czegoś *[road]*; fig odejść od czegoś *[subject, practice, script, custom]*; (desist) odstąpić od czegoś *[rule]*; (differ) odbiegać od czegoś *[position, attitude]*; **to ~ from the truth** rozminąć się z prawdą

departed /dɪˈpɑːtɪd/ **I** *n* **the ~** euph (dead person) nieboszcz|yk *m*, -ka *f*, zmarł|y *m*, -a *f*; (dead persons) zmarli *m pl*

II *adj* [1] euph (dead) zmarły [2] liter (vanished) *[glory, youth]* przebrzmiały; niegdysiejszy liter

departing /dɪˈpɑːtɪŋ/ *adj [chairman, government]* odchodzący, ustępujący; *[guest]* wychodzący

department /dɪˈpɑːtmənt/ *n* [1] Admin, Pol ministerstwo *n*; (part of ministry) departament *m* [2] Comm, Fin (section) (wy)dział *m*; Ind wydział *m*; **personnel ~** dział kadr; **social services ~** (wy)dział spraw socjalnych [3] Comm (in store) dział *m*, stoisko *n*; **fashion ~** dział konfekcji, stoisko z konfekcją [4] (in hospital) oddział *m*; **casualty ~** GB oddział pomocy doraźnej; **X ray ~** radiologia [5] (in university) wydział *m*; (smaller unit) ≈ zakład *m*; **English ~** instytut or zakład filologii angielskiej [6] Admin, Geog (district) departament *m* [7] infml (area) działka *f* infml fig; **that's not my ~!** to nie moja działka!; **she's a bit lacking in the brain/looks ~** rozumem/urodą ona nie grzeszy [8] Sch (in secondary schools) zespół *m* przedmiotowy

departmental /ˌdiːpɑːtˈmentl/ *adj* [1] Pol (ministerial) *[committee, meeting]* ministerialny; **her ~ colleague** jej kolega z ministerstwa [2] Admin (of organization, business) **~ head/meeting** kierownik/zebranie wy-

D

działu [3] (in university) wydziałowy, zakładowy; ~ **meeting** zebranie zakładu

departmentalization /ˌdiːpɑːtˌmentəlaɪˈzeɪʃn, US -lɪˈz-/ *n* rozczłonkowanie *n*

departmentalize /ˌdiːpɑːtˈmentəlaɪz/ *vt* po|dzielić

Department for Culture, Media and Sport *n* GB ministerstwo *n* kultury, środków przekazu i sportu

Department for Education and Employment, DfEE *n* GB ministerstwo *n* edukacji i zatrudnienia

Department for International Development, DFID *n* GB ministerstwo *n* rozwoju międzynarodowego

department head *n* [1] Admin, Comm kierowni|k *m*, -czka *f* (wy)działu, dyrektor *m* wydziału or departamentu [2] Univ dyrektor *m* instytutu, kierownik *m* zakładu

department manager *n* [1] (of business) kierowni|k *m*, -czka *f*, naczelnik *m* wydziału, dyrektor *m* wydziału or departamentu [2] (in store) kierowni|k *m*, -czka *f* działu or stoiska

Department of Defense, DOD *n* US departament *m* obrony

Department of Education and Science, DES *n* GB ministerstwo *n* szkolnictwa i nauki

Department of Energy, DOE *n* US departament *m* energetyki

Department of Health and Human Services *n* US departament *m* zdrowia i opieki społecznej

Department of Health, DOH *n* GB ministerstwo *n* zdrowia

Department of Social Security, DSS *n* GB ministerstwo *n* opieki społecznej

Department of the Environment, DOE *n* GB ministerstwo *n* ochrony środowiska

Department of the Environment, Transport and the Regions, DETR *n* GB ministerstwo *n* środowiska, transportu i regionów

Department of Trade and Industry, DTI *n* GB ministerstwo *n* handlu i przemysłu

department store *n* dom *m* towarowy

departure /dɪˈpɑːtʃə(r)/ **I** *n* [1] wyruszenie *n* w drogę; (of bus, train, person) odjazd *m*; (of plane) odlot *m*; (of boat) odpłynięcie *n*, wypłynięcie *n*; (of person by vehicle) wyjazd *m*; (on foot) wyjście *n*; ~ **from Heathrow** odlot z Heathrow; ~ **from a place** wyjazd skądś; **their ~ for their holidays has been postponed** odłożyli wyjazd na wakacje [2] (from office, job) odejście *n*, ustąpienie *n*; ~ **from a position** ustąpienie ze stanowiska [3] (from regulation, policy, tradition) odejście *n* **(from sth** od czegoś); (from norm) odchylenie *n* **(from sth** od czegoś); (from rule) odstępstwo *n*; ~ **from the truth** rozmijanie się z prawdą; **this technique is a total ~ from traditional methods** technika ta stanowi całkowite odejście od metod tradycyjnych; **in a ~ from standard practice...** wbrew zwykłej praktyce... [4] fig (start) zwrot *m*, nowy kierunek *m* **(in sth** w czymś); **this discovery makes a new ~ in physics** to odkrycie stanowi zwrot w fizyce

II *modif* ~ **date/time** data/godzina odjazdu/odlotu

departure gate *n* wyjście *n* (do samolotu), bramka *f*

departure language *n* język *m* wyjściowy

departure lounge *n* hala *f* odlotów

departure platform *n* Rail peron *m* dla pociągów odjeżdżających

departures board *n* (at airport) tablica *f* odlotów; Rail tablica *f* odjazdów

departures tax *n* opłata *f* lotniskowa

depend /dɪˈpend/ *vi* [1] (rely, place trust or confidence) polegać **(on sb/sth** na kimś /czymś); liczyć **(on sb/sth** na kogoś/coś); **you can ~ on him to spoil the evening** zawsze musi popsuć (nam) wieczór; **you can't ~ on the bus arriving on time** nie możesz liczyć na to, że autobus przyjedzie według rozkładu; **you can ~ on it!** możesz być pewien! [2] (be conditioned, determined) zależeć od (kogoś/czegoś); **the temperature varies ~ing on the season** temperatura zmienia się zależnie or w zależności od pory roku [3] (be financially dependent) **to ~ on sb/sth** być zależnym od kogoś/czegoś; **he has to ~ on his father for money** jest finansowo zależny od ojca [4] (be undecided) **it** or **that ~s** to zależy

dependability /dɪˌpendəˈbɪlətɪ/ *n* (of equipment, person) niezawodność *f*; **her ~ is a great comfort to us** to, że można na niej polegać, jest dla nas wielką pociechą

dependable /dɪˈpendəbl/ *adj [person]* godny zaufania; *[machine]* niezawodny; *[forecast, news, source]* pewny

dependance *n* US = **dependence**

dependant /dɪˈpendənt/ *n* Jur, Soc Admin (financially) **to be sb's ~** być na utrzymaniu kogoś; **he has five ~s** ma pięć osób na (swoim) utrzymaniu

dependence GB, **dependance** US /dɪˈpendəns/ *n* [1] (emotional, financial) uzależnienie *n*, zależność *f* **(on sb/sth** od kogoś /czegoś) [2] (trust) zaufanie *n* **(on sth/sb** do czegoś/kogoś) [3] (on drug, alcohol) uzależnienie *n* **(on sth** od czegoś); **alcohol/drug ~** uzależnienie od alkoholu/narkotyków

dependency /dɪˈpendənsɪ/ *n* [1] Pol (territory) terytorium *n* zależne [2] (reliance) (financial, emotional) zależność; (on drugs, alcohol) uzależnienie *n*

dependency culture *n* życie *n* w państwie opiekuńczym

dependency grammar *n* Ling gramatyka *f* zależności

dependency leave *n* GB Soc Admin urlop *m* opiekuńczy

dependent /dɪˈpendənt/ *adj* [1] (subordinate) zależny **(on sth/sb** od czegoś/kogoś); (on drugs) uzależniony; **to be ~ on** or **upon sb /sth** być zależnym od kogoś/czegoś; **a drug-~ patient** pacjent uzależniony od leków; **~ relatives** krewni na utrzymaniu [2] (contingent) *[event, emotion, action]* uwarunkowany **(on sth** czymś); **expedition ~ on the weather** wyprawa zależna or uzależniona od pogody [3] Ling *[clause]* podrzędny [4] Math *[variable]* zależny

depersonalize /ˌdiːˈpɜːsənəlaɪz/ *vt* pozbawi|ć, -ać charakteru *[restaurant, hotel]*; u|czynić bezosobowym *[criticism, service]*

depict /dɪˈpɪkt/ *vt* (visually) na|malować; (in writing) przedstawi|ć, -ać, odmalow|ać, -ywać fig

depiction /dɪˈpɪkʃn/ *n* przedstawienie *n*, obraz *m*

depilate /ˈdepɪleɪt/ *vt* wy|depilować *[leg, arm]*

depilatory /dɪˈpɪlətrɪ, US -tɔːrɪ/ **I** *n* depilator *m*

II *adj* depilacyjny

deplane /ˌdiːˈpleɪn/ *vi* US opu|ścić, -szczać samolot

deplete /dɪˈpliːt/ *vt* (reduce) uszczupl|ić, -ać *[stock, reserves, funds]*; zmniejsz|yć, -ać *[number]*; (exhaust) wyczerp|ać, -ywać *[supply, energy, resources]*; **a population severely ~d by war** ludność zdziesiątkowana przez wojnę liter; **the number of applicants is greatly ~d** liczba kandydatów znacznie spadła; **reservoirs ~d of water** zbiorniki niemal zupełnie pozbawione wody; **a lake ~d of fish** prawie bezrybne jezioro; **~d uranium/fuel** uran zubożony/paliwo zubożone

depletion /dɪˈpliːʃn/ *n* (of reserves, funds) uszczuplenie *n*; (of number) zmniejszenie *n*, spadek *m*; (exhaustion) wyczerpanie *n*

deplorable /dɪˈplɔːrəbl/ *adj [behaviour]* godny ubolewania; *[state]* opłakany, żałosny; **a ~ lack of manners/taste** godny ubolewania brak obycia/dobrego smaku

deplorably /dɪˈplɔːrəblɪ/ *adv [treat, behave]* w sposób godny ubolewania; *[late, early]* nieprzyzwoicie; *[impolite, negligent]* niewybaczalnie

deplore /dɪˈplɔː(r)/ *vt* (regret) ubolewać nad (czymś), boleć nad (czymś); **I ~ his lack of manners** ubolewam nad jego brakiem wychowania; **to ~ the fact that...** ubolewać nad tym, że...; (disapprove) potępi|ć, -ać, napiętnować

deploy /dɪˈplɔɪ/ *vt* [1] Mil rozlokow|ać, -ywać, rozmie|ścić, -szczać *[soldiers, equipment]* [2] rozstawi|ć, -ać *[chess pieces]*

deployment /dɪˈplɔɪmənt/ *n* Mil rozmieszczenie *n*, rozlokowanie *n*

depolarization /diːˌpəʊləraɪˈzeɪʃn, US -rɪˈz-/ *n* [1] Med, Phys depolaryzacja *f* [2] Pol zbliżenie *n* (opinii)

depolarize /diːˈpəʊləraɪz/ *vt* [1] Med, Phys depolaryzować [2] Mgmt, Pol doprowadz|ić, -ać do zbliżenia (czegoś) *[attitudes, parties]*; osiąg|nąć, -ać kompromis w (czymś) *[discussion]*

deponent /dɪˈpəʊnənt/ **I** *n* [1] Jur osoba *f* składająca zeznanie pod przysięgą [2] Ling deponens *m*

II *adj* [1] *[witness]* składający zeznanie pod przysięgą [2] Ling *[verb]* czynno-bierny

depopulate /ˌdiːˈpɒpjuleɪt/ *vt* wylud|ni|ć, -ać

depopulation /diːˌpɒpjuˈleɪʃn/ *n* wyludnienie *n*; **a region suffering from serious ~** region w znacznym stopniu wyludniony

deport /dɪˈpɔːt/ **I** *vt* Jur (expel) deportować *[immigrant, criminal]*; z|esłać, -syłać *[political prisoners]*; wyw|ieźć, -ozić *[slaves]*; **slaves ~ed to sugar plantations** nie-

wolnicy wywożeni na plantacje trzciny cukrowej
III *vr* fml **to ~ oneself** sprawować się, zachowywać się
deportation /ˌdiːpɔːˈteɪʃn/ *n* Jur (expulsion) (of immigrant, criminal) deportacja *f*; Hist (of slaves, political prisoners) wywiezienie *n*
deportation order *n* nakaz *m* deportacji
deportee /ˌdiːpɔːˈtiː/ *n* deportowan|y *m*, -a *f*
deportment /dɪˈpɔːtmənt/ *n* [1] fml (posture) postawa *f*; postura *f* liter; (way of walking) sposób *m* poruszania się [2] arch (behaviour) sposób *m* bycia, obejście *n*
depose /dɪˈpəʊz/ **I** *vt* [1] Pol z|detronizować *[king]*; obal|ić, -ać *[dictator]*; z|dymisjonować *[minister]*; pokon|ać, -ywać *[champion]* [2] Jur złożyć, składać *[evidence, attestation]*
II *vi* Jur *[witness]* zezna|ć, -wać pod przysięgą
deposit /dɪˈpɒzɪt/ **I** *n* [1] (to bank account) wpłata *f*, depozyt *m*, lokata *f*; **to make a ~** dokonać wpłaty; **I have £600 on ~ at the bank** zdeponowałem 600 funtów na koncie [2] (part payment) (on house, hire purchase goods) zaliczka *f*; **to put down a ~ on sth** dać zadatek na coś, zadatkować coś [3] (to secure goods, hotel room) zadatek *f*; **'a small ~ will secure any item'** „po wpłaceniu małego zadatku towar rezerwujemy" [4] (against damage) kaucja *f* [5] (on bottle) zastaw *m*; **is there a ~ on the bottle?** czy ta butelka jest z zastawem? [6] GB Pol wadium *n*; **to lose one's ~** stracić wadium [7] Geol, Geog (of oil, ore) złoże *n*, pokład *m*; (of silt, mud) nanos *m* [8] Chem, Wine (sediment) osad *m*
II *modif [bank, box]* depozytowy
III *vt* [1] (put down) położyć, kłaść, złożyć, składać *[object]*; *[animal]* złożyć, składać *[egg, spawn]* [2] (entrust) z|deponować, odda|ć, -wać na przechowanie *[valuables, documents]*; (earning interest) wpłac|ić, -ać *[money]*; **to ~ cash at** or **in a bank** wpłacić gotówkę do banku; **to ~ sth with a bank/solicitor** zdeponować coś w banku /u adwokata; **I ~ed the keys with my sister** klucze oddałem na przechowanie siostrze [3] Geol nan|ieść, -osić *[silt, mud]*; pozostawi|ć, -ać *[moraine, boulders]*
deposit account *n* GB Fin rachunek *m* depozytowy
depositary /dɪˈpɒzɪtərɪ/ *n* [1] Jur depozytariusz *m* [2] = **depository** [2]
deposition /ˌdepəˈzɪʃn/ *n* [1] Jur (statement) zeznanie *n* pod przysięgą; **to make** or **lodge a ~ (with sb)** złożyć zeznanie pod przysięgą (przed kimś) [2] (of ruler) detronizacja *f*; (of dictator) obalenie *n*; (of president) odwołanie *n* z urzędu
depositor /dɪˈpɒzɪtə(r)/ *n* Fin deponent *m*
depository /dɪˈpɒzɪtrɪ, US -tɔːrɪ/ *n* [1] (store) magazyn *m*, skład *m* [2] Jur, Fin depozytariusz *m*
deposit slip *n* Fin bankowy dowód *m* wpłaty
depot /ˈdepəʊ, US ˈdiːpəʊ/ *n* [1] Comm, Mil (for storage) skład *m* [2] Transp zajezdnia *f*; Rail lokomotywownia *f*; **a bus ~** zajezdnia autobusowa [3] US Transp (bus or train station) dworzec *m*
depravation /ˌdeprəˈveɪʃn/ *n* deprawacja *f*
deprave /dɪˈpreɪv/ *vt* z|deprawować
depraved /dɪˈpreɪvd/ *adj [person]* zdeprawowany; *[behaviour, tastes]* niemoralny
depravity /dɪˈprævətɪ/ *n* [1] deprawacja *f*; **led into ~** zdemoralizowany, zdeprawowany [2] (act) czyn *m* niemoralny
deprecate /ˈdeprɪkeɪt/ *vt* fml [1] (disapprove of) dezaprobować; (condemn) potępi|ć, -ać [2] (belittle) nie doceni|ć, -ać
deprecating /ˈdeprɪkeɪtɪŋ/ *adj* (disapproving) wyrażający dezaprobatę, niechętny; (disparaging) lekceważący; **~ smile/wink** lekceważący uśmiech/lekceważące mrugnięcie; **~ shrug** lekceważące wzruszenie ramion
deprecatingly /ˈdeprɪkeɪtɪŋlɪ/ *adv [smile, speak]* (about sb else) z dezaprobatą, niechętnie; (about oneself) skromnie
deprecatory /ˌdeprɪˈkeɪtərɪ, US -tɔːrɪ/ *adj* [1] (disapproving) potępiający [2] (apologetic) przepraszający
depreciate /dɪˈpriːʃɪeɪt/ *vi [property, currency, shares]* s|tracić na wartości **(against sth** w stosunku do czegoś)
depreciation /dɪˌpriːʃɪˈeɪʃn/ *n* [1] (loss of value) spadek *m* wartości, deprecjacja *f* [2] (on balance sheet) amortyzacja *f*, odpis *m* amortyzacyjny
depredation /ˌdeprəˈdeɪʃn/ *n* rabunek *m*, grabież *f*
depress /dɪˈpres/ *vt* [1] przygnębi|ć, -ać *[person]* [2] Comm, Fin obniż|yć, -ać *[prices, profits]*; zmniejsz|yć, -ać *[investments]*; doprowadz|ić, -ać do zastoju w (czymś) *[stock market, trading]* [3] (press down) nacis|nąć, -kać *[lever]*; przycis|nąć, -kać *[button, switch]*
depressant /dɪˈpresənt/ **I** *n* Med środek *m* uspokajający
II *adj* uspokajający
depressed /dɪˈprest/ *adj* [1] *[person]* przygnębiony, w depresji; *[mood]* smutny; **to be/get ~** być w depresji/wpaść w depresję; **I got very ~ about it** bardzo mnie to przygnębiło [2] Econ, Comm *[district, industry, region, sector, trade]* dotknięty kryzysem; *[sales, prices]* obniżony; **~ market** osłabiony rynek
depressing /dɪˈpresɪŋ/ *adj* przygnębiający, depresyjny; **that's what I find ~** i to uważam za najsmutniejsze
depressingly /dɪˈpresɪŋlɪ/ *adv [talk, describe]* w przygnębiający sposób; **~ slow** koszmarnie or okropnie wolno
depression /dɪˈpreʃn/ *n* [1] Med, Psych depresja *f*, przygnębienie *n*; **to suffer from ~** cierpieć na depresję [2] Econ (slump) depresja *f*, kryzys *m* **(in sth** czegoś); **the (Great) Depression** Hist Wielki Kryzys [3] (hollow) zagłębienie *n*; Geol wklęśnięcie *n* terenu, depresja *f* [4] Meteorol niż *m*
depressive /dɪˈpresɪv/ **I** *n* cierpiąc|y *m*, -a *f* na depresję; (prone) skłonn|y *m*, -a *f* do depresji
II *adj* [1] Med depresyjny; **~ illness** depresja [2] Econ *[effect, policy]* wyniszczający
depressurization /diːˌpreʃəraɪˈzeɪʃn, US -rɪˈz-/ *n* dekompresja *f*
depressurize /ˌdiːˈpreʃəraɪz/ **I** *vt* rozhermetyzow|ać, -ywać *[aircraft, container]*; zmniejsz|yć, -ać ciśnienie (czegoś) *[gas, liquid]*
II *vi [container, aircraft]* rozhermetyzow|ać, -ywać się; *[diver]* podda|ć, -wać się dekompresji
deprivation /ˌdeprɪˈveɪʃn/ *n* [1] (poverty) nędza *f*, ubóstwo *n*; **to suffer ~s** cierpieć niedostatek [2] Psych głód *m* uczuć, deprywacja *f* [3] (removal) (of right, privilege) pozbawienie *n*, utrata *f* [4] (lack, loss) brak *m*, utrata *f*
deprive /dɪˈpraɪv/ **I** *vt* pozbawi|ć, -ać; **to be ~d of sth** być pozbawionym czegoś
II deprived *pp adj [area]* upośledzony, ubogi; *[child]* z ubogiej rodziny; *[existence]* w biedzie, w niedostatku; **educationally ~d children** dzieci pozbawione możliwości edukacji; **he was an emotionally ~d child** był spragnionym uczucia dzieckiem
deprogramme /diːˈprəʊgræm/ *vt* Psych przeorientować *(ofiary zniewolenia umysłowego)*
deprogrammer /diːˈprəʊgræmə(r)/ *n* Psych terapeuta *f* ofiar zniewolenia umysłowego
dept = **department**
depth /depθ/ **I** *n* [1] (measurement) (of water, hole, box, shelf) głębokość *f*; (of layer, snow) grubość *f*; **to dive to a ~ of 10 m** nurkować na głębokość 10 metrów; **to dig to a ~ of 10 m** kopać do głębokości 10 metrów; **at a ~ of 30 m** na głębokości 30 metrów; **to be 12 m in ~** być głębokim na 12 metrów; **to be out of one's ~** (in water) stracić grunt, nie sięgać gruntu; fig czuć się zagubionym; **I'm completely out of my ~ when you start talking about...** całkowicie się gubię, kiedy zaczynasz mówić o... [2] (degree of intensity) (of colour) głębia *f*; (of crisis, recession) powaga *f*; (of ignorance, stupidity) bezdenność *f*; (of emotion, feelings) bezmiar *m*, głębia *f*; bezdeń *f* liter; **the ~ of despair** otchłań rozpaczy; **with ~ of feeling** z głębokim uczuciem [3] (complexity) (of analysis, knowledge) dogłębność *f*; (of work, novel) głębia *f*; **a work of great ~ and insight** głębokie i wnikliwe dzieło; **to study sth in ~** wnikliwie or dogłębnie coś przestudiować → **in-depth** [4] Mus (of voice, sound) niskość *f* [5] Cin, Phot głębia *f*; **~ of focus** obrazowa głębia ostrości; **~ of field** przedmiotowa głębia ostrości
II depths *npl* (remote part) głębia *f*; (most intense part) dno *n*, otchłań *f*; (demoralization) (moralne) dno *n*; **the ~s of the sea** głębina or głębia or otchłań morska; **in the ~s of the countryside** na głębokiej or zapadłej prowincji; **in the ~s of the woods** w głębi or w środku lasu; **to be in the ~s of despair** być na dnie rozpaczy; **in the ~s of his consciousness** w głębi duszy; **in the ~(s) of night** głęboką nocą; **in the ~(s) of winter** w pełni zimy; **to sink to the ~s** nisko upaść; **to reach the ~s** spaść or stoczyć się na (samo) dno
depth charge *n* Mil ładunek *m* głębinowy
deputation /ˌdepjʊˈteɪʃn/ *n* delegacja *f*; deputacja *f* dat
depute /dɪˈpjuːt/ *vt* fml (select) wyznacz|yć, -ać *[person]* **(for sth/to do sth** do zrobienia czegoś); (assign) zleci|ć, -ać *[task]* **(to sb** komuś)
deputize /ˈdepjʊtaɪz/ **I** *vt* US Pol wyznacz|yć, -ać na or jako delegata
II *vi* **to ~ for sb** zastąpić kogoś
deputy /ˈdepjʊtɪ/ **I** *n* [1] (aide, replacement) zastęp|ca *m*, -czyni *f* **(to sb** kogoś); **to act as (a) ~ for sb** zastępować kogoś; **to be**

D

appointed as a ~ for sb zostać mianowanym zastępcą kogoś [2] Pol (politician) deputowan|y *m*, -a *f*; (in Poland) pos|eł *m*, -łanka *f* [3] US (also **~ sheriff**) zastępca *m* szeryfa

II *modif* **~ minister/director** wiceminister/wicedyrektor; **~ sheriff** zastępca szeryfa

deputy chairman *n* Pol wiceprzewodniczący *m*; Mgmt wiceprezes *m*

deputy chief constable *n* GB (police) zastępca *m* szefa policji

deputy chief of staff *n* Mil zastępca *m* szefa sztabu

deputy judge *n* Jur sędzia *m* dodatkowy

deputy leader *n* GB Pol wiceprzewodnicząc|y *m*, -a *f*

deputy premier *n* Pol wicepremier *m*

deputy president *n* Pol, Mgmt wiceprezes *m*

deputy prime minister *n* = **deputy premier**

Deputy Speaker *n* GB Pol wiceprzewodnicząc|y *m*, -a *f* Izby Gmin

derail /dɪˈreɪl/ **I** *vt* s|podowodać wykolejenie się (czegoś) *[train]*; **the train has been ~ed** (unintentionally) pociąg wykoleił się

II *vi* wykole|ić, -jać się

derailleur gears /dəˈreɪljəgɪəz/ *npl* przerzutka *f*

derailment /dɪˈreɪlmənt/ *n* Rail wykolejenie *n*

derange /dɪˈreɪndʒ/ **I** *vt* fml [1] (make insane) doprowadz|ić, -ać do obłędu *[person]* [2] (disturb) zakłóc|ić, -ać *[calm, operation, routine]*; po|krzyżować *[plans]*

II deranged *pp adj [person]* obłąkany, niepoczytalny; *[idea]* obłąkańczy

derangement /dɪˈreɪndʒmənt/ *n* Psych obłęd *m*, szaleństwo *n*

derby /ˈdɑːbɪ, US ˈdɜːrbɪ/ *n* [1] (hat) melonik *m* [2] Turf derby *plt* [3] **the Derby** GB derby *n inv* w Epsom, gonitwa *f* trzylatków

Derbyshire /ˈdɑːbɪʃə(r)/ *prn* Derbyshire *n*

derecognition /ˌdiːrekəgˈnɪʃn/ *n* GB (of body, union) cofnięcie *n* uznania

derecognize /ˌdiːˈrekəgnaɪz/ *vt* GB cofnąć uznanie dla (czegoś) *[organization, country]*

deregulate /ˌdiːˈregjʊleɪt/ *vt* [1] uw|olnić, -alniać *[prices]*; wyj|ąć,-mować spod kontroli *[trade, market]* [2] Jur zn|ieść, -osić ograniczenia (czegoś)

deregulation /diːˌregjʊˈleɪʃn/ *n* Fin (of trade, market) zniesienie *n* kontroli; (of prices) uwolnienie *n*

derelict /ˈderəlɪkt/ **I** *n* [1] (tramp) bezdomny *m*, włóczęga *m* [2] Naut (wreck) wrak *m*

II *adj [building, farm, land]* (abandoned) opuszczony, porzucony; (ruined) zrujnowany, w ruinie; **to let sth go ~** doprowadzić coś do ruiny

dereliction /ˌderɪˈlɪkʃn/ *n* [1] (falling into decay) dewastacja *f*; rujnacja *f* infml; (abandoning) opuszczenie *n*, porzucenie *n*; **in a state of ~** zrujnowany, w opłakanym stanie [2] Jur **~ of duty** zaniedbanie *n* obowiązku

derestrict /ˌdiːrɪˈstrɪkt/ *vt* zn|ieść,-osić ograniczenia (czegoś) *[speed, controls]*; **~ed road** GB Aut droga bez ograniczenia prędkości

deride /dɪˈraɪd/ *vt* (ridicule) wyśmi|ać, -ewać **(sb/sth** kogoś/coś); wyśmiewać się or naśmiewać się z (kogoś/czegoś); (with contempt) wyszydz|ić, -ać **(sb/sth** kogoś/coś); szydzić z (kogoś/czegoś)

de rigueur /dərɪˈgɜː(r)/ *adj* (as etiquette) zgodny z wymaganiami etykiety; obowiązkowy fig; (as fashion) zgodny z wymaganiami mody; obowiązkowy fig

derision /dɪˈrɪʒn/ *n* drwiny *f pl*; **to arouse** or **provoke ~** wzbudzać śmiech or drwiny

derisive /dɪˈraɪsɪv/ *adj* drwiący, szyderczy

derisively /dɪˈraɪsɪvlɪ/ *adv* drwiąco, szyderczo

derisory /dɪˈraɪsərɪ/ *adj* [1] *[amount, resources]* śmiechu wart; *[offer, suggestion]* niepoważny [2] *[comment]* szyderczy

derivation /ˌderɪˈveɪʃn/ *n* Ling [1] (process) derywacja *f*; (origin) pochodzenie *n* [2] (word) derywacja *f*

derivative /dəˈrɪvətɪv/ **I** *n* Ling derywat *m*; Chem, Math pochodna *f*

II *adj* [1] Ling derywowany; Chem, Math pochodny [2] pej *[style]* zapożyczony, naśladowczy

derive /dɪˈraɪv/ **I** *vt* [1] czerpać *[profit, power, enthusiasm]* [2] zna|leźć, -jdować *[pleasure, joy]* **(from sth** w czymś); **to be ~d from sth** *[vitamin, enzyme]* być otrzymywanym z czegoś; *[name, word]* pochodzić od czegoś; *[rock, data]* pochodzić z czegoś [3] otrzymywać *[substance]* **(from sth** z czegoś) [4] Ling derywować *[word]*

II *vi [name, custom]* wywodzić się od (czegoś) **(from sth** od czegoś); *[power, idea]* pochodzić **(from sth** z czegoś)

dermatitis /ˌdɜːməˈtaɪtɪs/ *n* zapalenie *n* skóry; wysypka *f* infml

dermatologist /ˌdɜːməˈtɒlədʒɪst/ *n* dermatolog *m*

dermatology /ˌdɜːməˈtɒlədʒɪ/ *n* dermatologia *f*

dermis /ˈdɜːmɪs/ *n* Med, Zool skóra *f* właściwa

derogate /ˈderəgeɪt/ *vi* fml **to ~ from sth** (detract from) przyn|ieść, -osić ujmę czemuś *[status, position]*; umniejsz|yć, -ać coś *[right, position, power]*; uwłacz|yć, -ać czemuś *[dignity, honour]*; (deviate from) uchybi|ć, -ać czemuś *[correct behaviour]*; narusz|yć, -ać coś *[law]*

derogation /ˌderəˈgeɪʃn/ *n* (of authority, power, right, position) umniejszanie *n*; (of dignity, honour, status) uwłaczanie *n*; (of law) naruszenie *n*

derogatory /dɪˈrɒgətrɪ, US -tɔːrɪ/ *adj [remark, comment, term]* uwłaczający; *[review, article]* obraźliwy; **to be ~ about sb** wyrażać się o kimś obraźliwie

derrick /ˈderɪk/ *n* [1] (crane) żuraw *m* masztowy [2] (also **oil ~**) wieża *f* wiertnicza

derring-do /ˌderɪŋˈduː/ *n* arch brawura *f*; **deeds of ~** brawurowe czyny

derringer /ˈderɪndʒə(r)/ *n* US derringer *m* *(pistolet kieszonkowy)*

derris /ˈderɪs/ *n* Hort rotenoin *m*

Derry /ˈderɪ/ *prn* (county) hrabstwo *n* Derry; (also **Londonderry)** (town) Derry *n inv*, Londonderry *n inv*

derv /dɜːv/ *n* GB Aut olej *m* napędowy

dervish /ˈdɜːvɪʃ/ *n* derwisz *m*

DES *n* GB = **Department of Education and Science**

desalinate /ˌdiːˈsælɪneɪt/ *vt* ods|olić, -alać

desalination /diːˌsælɪˈneɪʃn/ **I** *n* odsalanie *n*

II *modif* **~ equipment** sprzęt do odsalania; **~ plant** zakład odsalania

desalinator /diːˈsælɪneɪtə(r)/ *n* urządzenie *n* do odsalania

desalt /ˌdiːˈsɔːlt/ *vt* ods|olić, -alać

descale /ˌdiːˈskeɪl/ *vt* GB usu|nąć, -wać kamień z (czegoś) *[teeth, iron, kettle]*

descaler /ˌdiːˈskeɪlə(r)/ *n* preparat *m* do usuwania kamienia

descant /ˈdeskænt/ *n* Mus dyskant *m*, dyszkant *m*

descant recorder *n* Mus flet *m* dyszkantowy

descend /dɪˈsend/ **I** *vt* zejść, schodzić po (czymś) or z (czegoś) *[steps]*; zejść, schodzić z (czegoś) *[slope]*; zejść, schodzić w dół (czymś) *[path]*; **he ~ed the stairs/ladder** zszedł po schodach/po drabinie

II *vi* [1] (go down) *[person, road, avalanche]* zejść, schodzić; *[rain, snow, hail]* s|padać; *[mist]* opa|ść, -dać; *[sun]* zniż|yć, -ać się; *[terrain]* obniż|yć, -ać się; *[aircraft]* obniż|yć, -ać lot; *[fog]* spły|nąć, -wać fig; **in ~ing order of importance** w kolejności or kolejno od najważniejszego [2] (be felt) *[despair, sleep, darkness, exhaustion, calm]* ogarn|ąć, -iać **(on** or **upon sb/sth** kogoś/coś); (fall) *[darkness, night]* zapa|ść, -dać [3] (arrive) *[tourists, visitors]* zwal|ić, -ać się infml **(on sb/sth** do kogoś/czegoś); *[unwanted guest]* zwal|ić, -ać się na głowę or kark infml **(on sb** komuś); **to ~ on the enemy** Mil spaść or uderzyć znienacka na nieprzyjaciela; **the police ~ed on the house and caught the whole gang** policja otoczyła dom i ujęła całą szajkę [4] *[person, family]* (be related to) **to ~ from sb, to be ~ed from sb** wywodzić się or pochodzić od kogoś, być potomkiem kogoś; **we ~** or **are ~ed from the Normans** wywodzimy się od Normanów; **he says he's ~ed from a royal family** mówi, że pochodzi or wywodzi się z królewskiego rodu; **I'm ~ed from William the Conqueror** jestem potomkiem Wilhelma Zdobywcy [5] (be inherited, transmitted) *[quality, property, privilege]* prze|jść, -chodzić **(from sb to sb** z kogoś na kogoś) [6] (degrade oneself) zniż|yć, -ać się **(to sth /doing sth** do czegoś/zrobienia czegoś); **to ~ so low** or **far as to lie** zniżyć się (aż) do kłamstwa [7] (sink) popa|ść, -dać **(into sth** w coś) *[sentimentalism, alcoholism]*; **the situation ~ed into chaos** zapanował chaos; **to ~ into crime** zejść na drogę występku

descendant /dɪˈsendənt/ *n* potom|ek *m*, -kini *f* **(of sb** kogoś); **~s** Jur potomkowie *m pl*; Biol potomstwo *n*

descendeur /ˌdesɑːnˈdɜː(r)/ *n* Sport (in mountaineering) ósemka *f* (zjazdowa)

descent /dɪˈsent/ *n* [1] (downward motion) zejście *n*, schodzenie *n*; (moral decline) staczanie się *n*; **to make one's ~** zejść; **the aircraft began its ~** samolot zaczął zniżać się or obniżać lot; **the Descent from the Cross** Relig Zdjęcie z Krzyża; **a slow ~ into drunkness** powolne staczanie się w alkoholizm; **thus he began his ~ into crime** w ten sposób zszedł or stoczył się na drogę występku [2] (downward path) zejście *n*, droga *f* w dół; (downward inclination) opadanie *n*, pochyłość *f*; **the street makes a sharp ~** ulica schodzi ostro or stromo w dół [3] (overwhelming arrival of guests, tourists) najazd *n* fig; Mil atak *m*, desant *m*; **to make a ~ on sb/sth** zwalić się do kogoś/czegoś infml; Mil zaatakować znienacka kogoś/coś, dokonać desantu na kogoś /coś [4] (extraction) pochodzenie *n*; **of Irish ~** pochodzenia irlandzkiego; **a British citizen by ~** Brytyjczyk z pochodzenia; **to trace one's (line of) ~ back to Henry VIII** wywodzić swoje pochodzenie od Henryka VIII

descramble /ˌdiːˈskræmbl/ *vt* Telcom, TV rozszyfrow|ać, -ywać pomieszane sygnały

descrambler /ˌdiːˈskræmblə(r)/ *n* Telcom, TV (device) dekoder *m*

descrambling /ˌdiːˈskræmblɪŋ/ *n* Telcom, TV dekodowanie *n*

describe /dɪˈskraɪb/ *vt* [1] (give details of) opis|ać, -ywać *[event, person, thing]*; **police ~d him as...** policja opisała go jako... [2] (characterize) przedstawi|ć, -ać, określ|ić, -ać; **to ~ sb as an idiot** przedstawić kogoś jako idiotę; **to ~ sth as useless** określić coś jako bezużyteczne; **he's ~d as generous/as a recluse** przedstawia się or określa się go jako osobę hojną/jako odludka; **I wouldn't ~ him as an artist** nie nazwałabym go artystą; **it could be ~d as pretty** można uznać, że to jest ładne [3] Math, Tech opis|ać, -ywać *[circle, curve]*

description /dɪˈskrɪpʃn/ *n* [1] (of person, event, object) opis *m* **(of sb/sth** kogoś/czegoś); (of person for police) rysopis *m* **(of sb** kogoś); **to be beyond ~** nie dać się opisać [2] (type, kind) (of object, food) rodzaj *m*; (of people) pokrój *m*; **of every ~, of all ~s** (of objects) wszelkiego rodzaju; (of people) wszelkiego pokroju; **items of a similar ~** podobne przedmioty; **I need a table of some ~** potrzebne mi jest coś jako stół → **job description**

descriptive /dɪˈskrɪptɪv/ *adj* opisowy

descriptive geometry *n* geometria *f* wykreślna

descriptive linguistics *n (+ v sg)* językoznawstwo *n* opisowe

descriptivism /dɪˈskrɪptɪvɪzəm/ *n* Philos, Literat, Ling deskryptywizm *m*

descriptivist /dɪˈskrɪptɪvɪst/ *n* Philos przedstawiciel *m*, -ka *f* deskryptywizmu

descry /dɪˈskraɪ/ *vt* arch dostrze|c, -gać *[land, star, ship]*

desecrate /ˈdesɪkreɪt/ *vt* [1] Relig s|profanować, z|bezcześcić *[church, altar]* [2] fig ze|szpecić *[landscape, area]*

desecration /ˌdesɪˈkreɪʃn/ *n* [1] Relig (of altar, shrine) profanacja *f*, zbezczeszczenie *n* [2] fig (of area, landscape) zeszpecenie *n*

deseed /ˌdiːˈsiːd/ *vt* Culin usu|nąć, -wać nasiona z (czegoś) *[vegetable, fruit]*

desegregate /ˌdiːˈsegrɪgeɪt/ *vt* **to ~ a school/neighbourhood** znieść segregację rasową w szkole/dzielnicy

desegregation /diːˌsegrɪˈgeɪʃn/ *n* desegregacja *f (rasowa)*

deselect /ˌdiːsɪˈlekt/ *vt* [1] GB Pol cofnąć poparcie dla (kogoś) *[candidate, member of parliament]*; **to be ~ed** nie otrzymać poparcia [2] Comput cof|nąć, -ać or anulować wybór

deselection /ˌdiːsɪˈlekʃn/ *n* GB wycofanie *n* poparcia

desensitize /ˌdiːˈsensɪtaɪz/ *vt* [1] Med (weaken person's reaction) (to allergen) odczul|ić, -ać; (to pain) znieczul|ić, -ać [2] Phot odczul|ić, -ać *[film, emulsion]* [3] Psych wy|leczyć z fobii

desert **I** /ˈdezət/ *n* pustynia *f* also fig

II /ˈdezət/ *modif [animal, region]* pustynny

III /dɪˈzɜːt/ *vt [person]* opu|ścić, -szczać, porzuc|ić, -ać *[house, land, person]*; *[determination, courage]* opu|ścić, -szczać *[person]*; **our luck ~ed us** szczęście nas opuściło; **his appetite ~ed him** stracił apetyt; **he ~ed his side for their rivals** przeszedł do obozu przeciwników or do wrogiego obozu fig

IV /dɪˈzɜːt/ *vi [soldier]* z|dezerterować; *[politician]* opu|ścić, -szczać szeregi partii; **they ~ed to the enemy** przeszli na stronę wroga; **they ~ed to the opposition** przeszli na stronę opozycji

desert boot *n* but *m* pustynny

desert campaign *n* Mil kampania *f* pustynna

desert crossing *n* przejście *n* przez pustynię

deserted /dɪˈzɜːtɪd/ *adj* [1] (abandoned) *[person, building, land]* opuszczony, porzucony [2] (empty) *[street, area, town]* wyludniony, opustoszały; *[beach]* pusty; **by midnight the streets are ~** przed północą ulice pustoszeją or wyludniają się

deserter /dɪˈzɜːtə(r)/ *n* Mil dezerter *m*; Pol zdrajca *m*, odstępca *m*; **shot as a ~** rozstrzelany za dezercję; **she is a ~ from the cause** zdradziła sprawę

desertification /dɪˌzɜːtɪfɪˈkeɪʃn/ *n* Geol pustynnienie *n*

desertion /dɪˈzɜːʃn/ *n* dezercja *f*; **shot for ~** rozstrzelany za dezercję; Jur porzucenie *n*; **to sue for divorce on the grounds of ~** Jur wniesienie pozwu o rozwód z powodu porzucenia

desert island *n* bezludna wyspa *f*

desert lynx *n* Zool karakal *m*, ryś *m* perski

desert rat *n* Zool skoczek *m* egipski

Desert Rat *n* GB Mil, Hist Szczur *m* Pustyni *(brytyjski żołnierz walczący podczas II wojny światowej w Afryce Północnej)*

deserts /dɪˈzɜːts/ *npl* (reward) zasłużona nagroda *f*; (punishment) zasłużona kara *f*; **to get one's (just) ~** dostać to, na co się zasłużyło; **according to his ~** tak, jak na to zasłużył; **sb's just ~** to, co się komuś słusznie należy

deserve /dɪˈzɜːv/ **I** *vt* zasłu|żyć, -giwać na (coś) *[victory, success, reward]*; **this act of bravery ~s a medal** za ten czyn bohaterski należy się medal; **you ~ better than this** zasługujesz na coś więcej or na coś lepszego; **she ~s to win/be punished** zasługuje na zwycięstwo/na karę; **what did we do to ~ this?** czym sobie na to zasłużyliśmy?; **they only got what they ~ed, it was no more than they ~ed** zasłużyli sobie na to

II *vi* **to ~ well/ill of sb** fml dobrze/źle się komuś przysłużyć; **she ~s to be remembered as a person who never gave up** zasługuje na to, żeby zachować ją w pamięci jako osobę, która nigdy nie dawała za wygraną; **they ~ better of us** zasługują na więcej z naszej strony

III deserved *adj [person, criticism, attention]* zasłużony

deservedly /dɪˈzɜːvɪdlɪ/ *adv* słusznie, zasłużenie

deserving /dɪˈzɜːvɪŋ/ *adj* [1] *[winner]* zasłużony; *[cause]* słuszny; **the ~ poor** potrzebujący [2] fml **to be ~ of sth** być wartym czegoś, zasługiwać na coś; **he is ~ of our respect** zasługuje na nasz szacunek; **a scheme ~ of consideration** plan wart rozważenia

desiccant /ˈdesɪkənt/ *n* środek *m* suszący or wysuszający; Chem środek *m* odwadniający; Agric desykant *m*

desiccate /ˈdesɪkeɪt/ **I** *vt* odw|odnić, -adniać *[chemical substance]*; wy|suszyć *[foodstuffs, material]*; wysusz|yć, -ać *[skin]*

II *vi* wys|chnąć, -ychać

desiccated /ˈdesɪkeɪtɪd/ *adj* [1] *[foodstuff]* suszony; *[skin]* przesuszony [2] pej wyjałowiony fig

desiccation /ˌdesɪˈkeɪʃn/ *n* (of foodstuffs) suszenie *n*; (of chemicals) odwadnianie *n*

desideratum /dɪˌzɪdəˈrɑːtəm/ *n (pl* **-ta)** dezyderat *m*, postulat *m*

design /dɪˈzaɪn/ **I** *n* [1] (idea, project, sketch) projekt *m*; **a ~ for sth** projekt czegoś; **of faulty/excellent ~** błędnie/doskonale zaprojektowany [2] Art, Archit (planning, development) projektowanie *n*; **to study graphic ~** studiować grafikę; **industrial ~** projektowanie przemysłowe; **interior ~** projektowanie wnętrz; **theatre ~** (costumes and scenery) scenografia i kostiumy [3] (completed object) model *m*; (pattern) wzór *m*; (decorative) deseń *m*; (of room, building) wystrój *m*; **this car is a very modern ~** to jest bardzo nowoczesny model samochodu; **this season's new ~s** nowe modele sezonu; **a fabric with a bold floral ~** tkanina w śmiały wzór or deseń kwiatowy; **a cup with a leaf ~** filiżanka z deseniem w liście [4] (intention) zamiar *m*, zamysł *m*; **to have a ~ to do sth** mieć zamiar coś zrobić; **by ~** (na)umyślnie, celowo; **to have ~s on sb/sth** mieć plany co do kogoś/czegoś; **to have (evil) ~s against sb, to have (evil) ~s on sb** mieć złe zamiary wobec kogoś

II *modif [data, defect]* projektowy; **~ technique** technika projektowania

III *vt* [1] (conceive, plan out) za|projektować *[dress, car, theatre set, building, decor, appliance]*; **well/badly ~ed** dobrze/źle zaprojektowany [2] (intend) przeznacz|yć, -ać; **a track ~ed for the use of cyclists** droga przeznaczona dla rowerzystów; **a jug ~ed to hold 4 litres of liquid** dzbanek na 4 litry płynu; **a course ~ed for foreign students** kurs przeznaczony dla studentów zagranicznych; **these measures are ~ed to reduce pollution** te środki mają zmniejszyć zanieczyszczenie środowiska; **a dining room ~ed as a grotto** jadalnia zaprojektowana jako grota or jaskinia [3] (draw plan for) *[draughtsman, stylist]* za|projektować *[object, garment, costume]*; sporządz|ić, -ać plan or projekt (czegoś) *[building, theatre set]*

designate **I** /ˈdezɪgneɪt, -nət/ *adj* nowo mianowany; desygnowany fml; **the director ~ of the company** nowo mianowany

D

dyrektor firmy; **prime minister ~** desygnowany na premiera

III /ˈdezɪgneɪt/ *vt [word]* określ|ić, -ać; **to ~ sb as sth** wyznaczyć or desygnować kogoś na coś; **we ~d you as our spokesman** wyznaczyliśmy ciebie na naszego rzecznika; **to ~ sth as sth** uznać coś za coś; **they ~d the land (as) a nature reserve** uznano ten teren za rezerwat przyrody; **a room ~d (as) a nonsmoking area** pokój przeznaczony dla (osób) niepalących; **to ~ sth for sb/sth** przeznaczyć coś dla kogoś /do czegoś; **the funds ~d for this purpose** fundusze or pieniądze przeznaczone na ten cel; **to ~ sb to do sth** wyznaczyć kogoś do zrobienia czegoś

designated driver *n* US (at party) osoba *f* niepijąca wyznaczona na kierowcę

designation /ˌdezɪgˈneɪʃn/ *n* [1] (naming) określenie *n*; (appointment) uznanie *n*; desygnowanie *n* fml [2] (name) tytuł *m*; **his ~ as ambassador** mianowanie go ambasadorem

design award *n* (for finished product) nagroda *f* za udaną realizację projektu; (for idea) nagroda *f* za projekt

design centre *n* (for exhibiting) salon *m* wystawienniczy; (for planning, construction) centrum *m* wzornictwa

design consultant *n* doradca *m* or konsultant *m* do spraw wzornictwa

design department *n* Ind wydział *m* projektowy, wydział *m* projektów or wzornictwa; Theat dział *m* scenograficzny

designedly /dɪˈzaɪnɪdlɪ/ *adv* fml celowo, umyślnie

design engineer *n* inżynier projektant *m*, konstruktor *m*

design engineering *n* projektowanie *n*

designer /dɪˈzaɪnə(r)/ **I** *n* (of decor, building, clothing, appliance, furniture) projektant *m*, -ka *f*; (of software) autor *m*, -ka *f*; (of cars, aircraft, bridges, computers) konstruktor *m*, -ka *f*; **costume ~** Theat, Cin projektant kostiumów; **hat ~** (for women) modystka; (for men) kapelusznik; **theatre ~** (of sets) scenograf

II *modif* Fashn *[drink, cocktail, hi-fi]* najmodniejszy; **~ jeans/sunglasses** dżinsy /okulary słoneczne znanego domu mody; **~ label** metka domu mody; **~ stubble** hum (modny) dwudniowy zarost, (modna) dwudniowa szczecina

designer drug *n* Med *działający jak narkotyk środek, którego posiadanie nie jest zabronione*

design fault *n* wada *f* konstrukcyjna, błąd *m* projektowy

design feature *n* cecha *f* konstrukcyjna

designing /dɪˈzaɪnɪŋ/ *adj* pej (crafty) podstępny; **she's a ~ woman** to intrygantka

design specification *n* specyfikacja *f* projektu

design student *n* student *m*, -ka *f* wzornictwa

desirability /dɪˌzaɪərəˈbɪlətɪ/ *n* [1] (of apartment, property, plan) atrakcyjność *f*, zalety *f pl* [2] (sexual) ponętność *f*; powab *m* liter

desirable /dɪˈzaɪərəbl/ *adj* [1] (wanted) *[outcome, solution, course of action]* pożądany; *[job, quality, residence]* upragniony; *[gift, souvenir]* mile widziany; **~ residence, ~ property** (in ad) komfortowa or luksusowa rezydencja [2] (sexually) *[man]* atrakcyjny; *[woman]* pociągająca, ponętna; **a ~ young man** (eligible) odpowiedni młody człowiek [3] (advisable) wskazany; (sensible) słuszny; **it was ~ to do it** należało or dobrze było to zrobić

desire /dɪˈzaɪə(r)/ **I** *n* [1] (wish) ochota *f*, chęć *f* **(for sth** na coś); (craving) pragnienie *n* **(for sth** czegoś); **to have no ~ to do sth** nie mieć ochoty zrobić czegoś; **it is my earnest ~ that...** gorąco pragnę, żeby...; **her heart's ~** liter (object) jej największe pragnienie; (person) najdroższa jej sercu osoba [2] (sexual) pożądanie *n*

II *vt* [1] (crave) za|pragnąć (kogoś/czegoś); (long for) mieć ochotę na (coś); (wish) za|życzyć sobie (czegoś); **to ~ to do sth** pragnąć or mieć ochotę or życzyć sobie zrobić coś; **I ~ to speak to the manager** fml życzę sobie rozmawiać z kierownikiem; **to ~ sb to do sth, to ~ that sb (should) do sth** pragnąć or życzyć sobie, żeby ktoś zrobił coś; **it leaves a lot to be ~d** to pozostawia wiele do życzenia; **to obtain the ~d effect** osiągnąć pożądany skutek; **if you so ~** fml jeśli takie jest pańskie życzenie [2] (sexually) pożądać (kogoś), pragnąć (kogoś)

desirous /dɪˈzaɪərəs/ *adj* fml **to be ~ of sth/doing sth** pragnąć czegoś/zrobić coś

desist /dɪˈzɪst/ *vi* fml przesta|ć, -wać; zaprzesta|ć, -wać fml; **to ~ from sth/doing sth** zaprzestać czegoś/robienia czegoś

desk /desk/ **I** *n* [1] (furniture) biurko *n*; Mus pulpit *m*; **writing ~** biurko [2] (in classroom) (pupil's) ławka *f*; (teacher's) stolik *m*, biurko *n* [3] (in public building) **reception ~** recepcja; **information ~** informacja *f*; **cash ~** kasa [4] (in newspaper office) **the ~** redakcja; **picture ~** serwis or dział fotograficzny; **sports ~** redakcja sportowa; **news ~** serwis informacyjny [5] (in organization, government office) (department) dział *m*; **he has a ~ at the Foreign Office** (post) pracuje or ma posadę w Ministerstwie Spraw Zagranicznych

II *modif [calendar, diary]* biurowy; **~ lamp** lampa na biurko; **~ job** praca przy biurku; **~ pad** (blotter) suszka; (notebook) notatnik

deskbound /ˈdeskbaʊnd/ *adj [job]* przy biurku, siedzący; **we are ~ all week** cały tydzień tkwimy przy biurkach

desk clerk *n* US (in hotel) recepcjonist|a *m*, -ka *f*

deskill /ˌdiːˈskɪl/ *vt* Ind [1] z|automatyzować *[job, process]*; (with computers) s|komputeryzować *[job, process]* [2] (fail to utilize sb's skills) zatrudni|ć, -ać poniżej kwalifikacji *[person, labour force]*

deskilling /ˌdiːˈskɪlɪŋ/ *n* (of workforce) obniżenie *n* kwalifikacji; (of job, process) zautomatyzowanie *n*

desk research *n* Advertg badania *n pl* gabinetowe/źródłowe

desktop /ˈdesktɒp/ **I** *n* [1] blat *m* [2] (also **~ computer, ~ PC**) komputer *m* biurkowy

II *modif* **~ model** model na biurko, model biurkowy

desktop computer *n* komputer *m* biurkowy

desktop PC *n* = **desktop computer**

desktop publishing, DTP *n* mała poligrafia *f* komputerowa

desolate **I** /ˈdesələt/ *adj* [1] (deserted) *[landscape, place]* wymarły; *[building]* opuszczony; *[field, area]* opustoszały [2] (devastated) *[city, house]* zrujnowany, zdewastowany [3] (forlorn) *[person, life, expression, face]* beznadziejnie smutny

II /ˈdeseleɪt/ *vt* [1] (lay waste) s|pustoszyć *[country, town]* [2] (sadden) pogrąż|yć, -ać w smutku *[person]*

desolately /ˈdesələtlɪ/ *adv [speak, gaze]* ze smutkiem, smętnie

desolation /ˌdesəˈleɪʃn/ *n* [1] (loneliness, bareness) (of place, landscape) pustkowie *n*; (of life) pustka *f*; (of person) samotność *f* [2] (devastation) (of city, country) spustoszenie *n* [3] (deep grief) nieutulony żal *m*; (wretchedness) beznadziejny smutek *m*, przygnębienie *n*

despair /dɪˈspeə(r)/ **I** *n* [1] (emotion) rozpacz *f*; desperacja *f* liter; **to sink into ~** wpaść w rozpacz; **don't give in to ~** nie poddawaj się rozpaczy; **to do sth in** or **out of ~** zrobić coś w or z rozpaczy; **to be in ~ about** or **over sth** zamartwiać się o coś; **to be in ~ at sth** być zrozpaczonym z powodu czegoś; **to drive sb to ~** doprowadzić kogoś do rozpaczy [2] (cause of anxiety) utrapienie *n*; **she is the ~ of his parents** jest utrapieniem rodziców

II *vi* (lose hope) tracić nadzieję **(of sth /doing sth** na coś/zrobienie czegoś); (be disconsolate) rozpaczać **(of sb/sth** nad kimś /czymś or z powodu kogoś/czegoś); **don't ~!** nie rozpaczaj!

despairing /dɪˈspeərɪŋ/ *adj [person]* zrozpaczony, rozpaczający; *[glance, gesture, letter]* rozpaczliwy

despairingly /dɪˈspeərɪŋlɪ/ *adv [look, write, speak]* rozpaczliwie, z rozpaczą

despatch *n, vt* = **dispatch**

desperado /ˌdespəˈrɑːdəʊ/ *n* (*pl* **-s, -es**) (desperate person) desperat *m*, -ka *f*, straceniec *m*

desperate /ˈdespərət/ *adj* [1] (filled with despair) *[person]* zrozpaczony; *[search, act, effort]* rozpaczliwy; **to be ~ for sth** rozpaczliwie potrzebować czegoś; **to be ~ for news** rozpaczliwie wyczekiwać wieści; **I'm ~ for a cup of tea** marzę o filiżance herbaty; **the refugees are ~** uchodźcy są w rozpaczliwej sytuacji; **he is ~ to find his father** on rozpaczliwie poszukuje ojca [2] (reckless) *[person]* zdesperowany; *[act]* desperacki; **to do sth ~** posunąć się do ostateczności [3] infml (terrible) koszmarny, potworny infml

desperately /ˈdespərətlɪ/ *adv* [1] (with despair) *[search, plead]* rozpaczliwie; *[glance, look, ask]* z rozpaczą; **to want sth ~** usilnie pragnąć czegoś; **to need sth ~** rozpaczliwie potrzebować czegoś [2] (recklessly) *[fight, struggle, hunt]* desperacko, po desperacku [3] (as intensifier) *[ill, sad, ignorant]* beznadziejnie; *[hungry, weak, poor]* koszmarnie, potwornie infml; **to be ~ in love** być beznadziejnie zakochanym

desperation /ˌdespəˈreɪʃn/ *n* rozpacz *f*; desperacja *f* liter; **an act of utter ~** akt skrajnej rozpaczy; **to do sth in** or **out of ~** zrobić coś w rozpaczy or z rozpaczy; **in sheer ~ I phoned the police** zdesperowany or doprowadzony do ostateczności zadzwoniłem na policję; **her ~ to win/for another victory** jej desperackie pragnienie, żeby kolejny raz wygrać; **to drive sb to ~** doprowadzić kogoś do rozpaczy

despicable /dɪˈspɪkəbl, ˈdespɪkəbl/ *adj* podły, nikczemny

despicably /dɪˈspɪkəblɪ, ˈdespɪkəblɪ/ *adv [act, behave]* podle, nikczemnie; *[greedy, rude, mean]* odrażająco, haniebnie

despise /dɪˈspaɪz/ *vt* gardzić, pogardzać (kimś/czymś) **(for sth** za coś, z powodu czegoś); **that's an offer not to be ~d** to propozycja nie do pogardzenia

despite /dɪˈspaɪt/ *prep* pomimo (czegoś), mimo (czegoś); **~ the fact that...** pomimo tego, że... or pomimo że...; **~ oneself** wbrew sobie (samemu)

despoil /dɪˈspɔɪl/ *vt* fml liter ograbi|ć, -ać *[museum, house, nation]*; s|plądrować *[country, land]*; **to ~ sb/sth of sth** fig ograbić kogoś/coś z czegoś

despondence /dɪˈspɒndəns/ *n* = **despondency**

despondency /dɪˈspɒndənsɪ/ *n* przygnębienie *n*, zniechęcenie *n*

despondent /dɪˈspɒndənt/ *adj [person]* (dejected) przygnębiony, przybity; (disheartened) zniechęcony; **he's ~ about losing his job** jest przybity z powodu utraty pracy; **she gave a ~ shrug** ze zniechęceniem wzruszyła ramionami

despondently /dɪˈspɒndəntlɪ/ *adv* (dejectedly) *[speak, move]* z przygnębieniem; (dishearteneddly) ze zniechęceniem; **~, she walked to the door** ze zniechęceniem or z przygnębieniem, podeszła do drzwi

despot /ˈdespɒt/ *n* despot|a *m*, -ka *f*

despotic /deˈspɒtɪk/ *adj* despotyczny

despotically /deˈspɒtɪklɪ/ *adv* despotycznie

despotism /ˈdespətɪzəm/ *n* despotyzm *m*

des res /ˌdezˈrez/ *n* infml (in ad) komfortowa or luksusowa rezydencja *f*

dessert /dɪˈzɜːt/ **I** *n* Culin deser *m* **II** *modif [plate, knife]* deserowy; **~ fruit** owoce na deser

dessert apple *n* jabłko *n* deserowe

dessert chocolate *n* czekolada *f* deserowa

dessertspoon /dɪˈzɜːtspuːn/ *n* łyżeczka *f* deserowa

dessert wine *n* wino *n* deserowe

destabilization /ˌdiːsteɪbəlaɪˈzeɪʃn, US -lɪˈz-/ *n* destabilizacja *f*

destabilize /ˌdiːˈsteɪbəlaɪz/ *vt* Pol, Econ z|destabilizować *[country, economy]*; podważ|yć, -ać pozycję (kogoś), osłabi|ć, -ać pozycję (kogoś/czegoś) *[government, president]*; **this has ~d the reform process** to zakłóciło przebieg procesu reform

destalinization /diːˌstɑːlɪnaɪˈzeɪʃn, US -nɪˈz-/ *n* Pol, Hist destalinizacja *f*

destalinize /diːˈstɑːlɪnaɪz/ *vt* Pol, Hist destalinizować

destination /ˌdestɪˈneɪʃn/ *n* (of journey) cel *m* podróży; (of letter, parcel) miejsce *n* przeznaczenia; (of train) stacja *f* docelowa; (of ship, aircraft) port *m* przeznaczenia; **trains to East coast ~s are delayed** pociągi do stacji na wschodnim wybrzeżu są opóźnione; **when will we arrive at our ~?, when will we reach our ~?** kiedy dotrzemy na miejsce or do celu?

destine /ˈdestɪn/ *vt* przeznacz|yć, -ać *[person, thing]* **(for sth** na coś or do czegoś)

destined /ˈdestɪnd/ *adj* [1] (preordained) przeznaczony **(for sth** or **to do sth** do czegoś); **he is ~ for higher things** jest przeznaczony do wyższych celów; **we were ~ never to meet again** było nam przeznaczone or pisane już nigdy więcej się nie spotkać; **it was ~ to happen** to musiało się wydarzyć, tak było przeznaczone or pisane; **it was ~ that...** los zrządził, że... [2] *[person, object, vehicle]* **this letter/parcel is ~ for Paris** miejscem przeznaczenia tego listu/tej paczki jest Paryż

destiny /ˈdestɪnɪ/ *n* los *m*, przeznaczenie *n*; **it was her ~ to become a queen** było jej przeznaczone zostać królową; **Destiny had decreed that...** los zrządził, że...; **a man of ~** mąż opatrznościowy; (full of promise) nadzieja fig

destitute /ˈdestɪtjuːt, US -tuːt/ **I** *n* **the ~** (+ *v pl*) ubodzy *m pl*, nędzarze *m pl* **II** *adj* [1] (poor) bez środków do życia; **he left her ~** pozostawił ją bez środków do życia [2] fml **to be ~ of sth** być pozbawionym czegoś *[common sense, pity, reason]*

destitution /ˌdestɪˈtjuːʃn, US -tuːt-/ *n* (skrajne) ubóstwo *n*

de-stress /diːˈstres/ *vi* odstresować się

destroy /dɪˈstrɔɪ/ **I** *vt* [1] (ruin) z|niszczyć *[building, landscape, evidence, letter]*; **to ~ a bomb** zdetonować bombę [2] fig obal|ić, -ać *[faith, influence, authority]*; z|niszczyć *[happiness, relationship, career]*; z|niweczyć *[hopes]*; ze|psuć *[atmosphere, reputation]* [3] (kill) wyniszcz|yć, -ać, unicestwi|ć, -ać *[population, country]*; rozgr|omić, -amiać *[enemy]*; zabi|ć, -jać *[animal]*; dobi|ć, -jać *[injured animal]*; wy|tępić *[pest]* [4] Sport infml załatwi|ć, -ać infml *[opponent]* **II** *vr* **to ~ oneself** popełni|ć, -ać samobójstwo

destroyer /dɪˈstrɔɪə(r)/ *n* [1] Naut niszczyciel *m* [2] (person) niszczyciel *m*, -ka *f*; (killer) zabój|ca *m*, -czyni *f* [3] (fire, flood, earthquake) niszczący żywioł *m*

destroying angel *n* Bot muchomór *m* mglejarka

destruct /dɪˈstrʌkt/ **I** *n* Mil (of rocket, missile) samozniszczenie *n* **II** *modif [mechanism]* likwidujący **III** *vt* z|niszczyć, unicestwi|ć, -ać *[missile, rocket]* **IV** *vi [missile]* ule|c, -gać samozniszczeniu

destruct button *n* przycisk *m* likwidujący

destructible /dɪˈstrʌktəbl/ *adj* zniszczalny; **this equipment/material is all too easily ~** ten sprzęt/materiał łatwo zniszczyć or łatwo się niszczy

destruction /dɪˈstrʌkʃn/ *n* (of buildings, evidence, environment) zniszczenie *n*; (of hope, faith) zniweczenie *n*; (of population) zagłada *f*; (of enemy) unicestwienie *n*; (of character) wypacz|enie, -anie *n*; (of reputation, career) zniszczenie *n*; (of happiness) zburzenie *n*; (of engine, machine) destrukcja *f*; **an act of wanton ~** niezrozumiały akt wandalizmu; **the gales caused widespread ~** huragan spowodował znaczne szkody; **total ~** całkowite zniszczenie

destructive /dɪˈstrʌktɪv/ *adj* [1] (causing destruction) *[force, fire]* niszczący; *[behaviour, policy, method]* destrukcyjny, niszczycielski; **to be ~ of** or **to sth** niszczyć coś; **a ~ child** mały psuj infml [2] (having potential to destroy) *[weapon]* niszczycielski; *[weapon, implement]* niebezpieczny; *[emotion, criticism, urge]* destruktywny

destructively /dɪˈstrʌktɪvlɪ/ *adv [behave]* destruktywnie

destructiveness /dɪˈstrʌktɪvnɪs/ *n* (of storm) niszczące działanie *n*; (of weapon, monster) niszczycielska siła *f*; (of person, emotion, behaviour) destruktywność *f*; (of child) skłonności *f pl* niszczycielskie; (of argument, regime, theory) destrukcyjny charakter *m*

destructor /dɪˈstrʌktə(r)/ *n* [1] GB (incineator) piec *m* do spopielania; Ind piec *m* do spalania odpadów [2] Mil samolikwidator *m*

desuetude /dɪˈsjuːɪtjuːd, US -tuːd/ *n* fml **to fall into ~** wyjść z użycia

desultory /ˈdesəltrɪ, US -tɔːrɪ/ *adj [conversation]* zdawkowy; *[reading]* pobieżny; *[attempt, effort]* bez entuzjazmu; **in a ~ fashion** *[applaude, play]* bez entuzjazmu; *[walk]* bez celu

Det = **Detective**

detach /dɪˈtætʃ/ **I** *vt* [1] (remove) odpi|ąć, -nać *[hood, lining]* **(from sth** od czegoś); od|erwać, -rywać *[sticker]*; odłącz|yć, -ać *[handle, link of chain]*; odczepi|ć, -ać *[carriage]* **(from sth** od czegoś) [2] (separate) oddziel|ić, -ać *[group, person]* **(from sb** od kogoś) [3] Mil odkomenderow|ać, -ywać; **he ~ed four soldiers for guard duty** odkomenderował czterech żołnierzy do służby wartowniczej **II** *vr* **to ~ oneself** odłącz|yć, -ać się **(from sb** od kogoś)

detachable /dɪˈtætʃəbl/ *adj [collar, cuff, lining]* odpinany; *[handle, lever]* ruchomy (dający się odłączyć); *[coupon, section of form]* do oderwania

detached /dɪˈtætʃt/ *adj* [1] (separate) osobny, oddzielny [2] (disinterested) obojętny; (neutral) obiektywny, bezstronny [3] Mil odkomenderowany

detached garage *n* garaż *m* wolno stojący

detached house *n* dom *m* (jednorodzinny) wolno stojący

detached retina *n* Med odklejona siatkówka *f*

detachment /dɪˈtætʃmənt/ *n* [1] (separation) (of group) oddzielenie (się) *n*; (by accident) oderwanie (się) *n*; **~ of sth from sth** oddzielenie or oderwanie (się) czegoś od czegoś; **~ of the retina** odklejenie or odwarstwienie siatkówki [2] Mil (sending on a mission) odkomenderowanie *n* [3] (lack of interest) obojętność *f*; (neutrality) bezstronność *f*, obiektywizm *m* [4] Mil (unit) oddział *m*

detail /ˈdiːteɪl, US dɪˈteɪl/ **I** *n* [1] (of story, account) szczegół *m*; (insignificant) drobiazg *m*, błahostka *f*; **point of ~** detal, szczegół; **in (some) ~** szczegółowo, w szczegółach; **in more** or **greater ~** bardziej szczegółowo; **in great** or **minute ~** bardzo szczegółowo, z najdrobniejszymi szczegółami; **to go into ~** wdawać się or wchodzić w szczegóły **(of sth** czegoś); **to go into ~s about sth** opisywać coś w szczegółach; **to have an**

D

eye for ~ dostrzegać szczegóły; **to show attention to ~** przywiązywać wagę do szczegółów; **I'll spare you the ~s** oszczędzę ci szczegółów [2] Art detal *m* [3] Mil *pododdział żołnierzy wyznaczony do konkretnego zadania*; **guard/kitchen ~** służba kuchenna/wartownicza

II details *npl* (information) szczegóły *m pl*, informacje *f pl* szczegółowe; **for further ~s please phone.../write...** Comm szczegółowe informacje można uzyskać pod numerem.../pisząc na adres...

III *vt* [1] (list) wyszczególn|ić, -ać *[items]*; (relate fully) opis|ać, -ywać szczegółowo *[plans, changes]* [2] Mil **to ~ sb to sth** odkomenderować kogoś do czegoś; **to ~ sb to guard duty** odkomenderować kogoś do pełnienia warty

detail drawing *n* rysunek *m* części

detailed /ˈdiːteɪld, US dɪˈteɪld/ *adj [map, account]* szczegółowy; *[work]* wymagający precyzji; **a very ~ painting of a horse** obraz konia namalowany z wielką dbałością o szczegóły

detain /dɪˈteɪn/ *vt* [1] (delay) zatrzym|ać, -ywać; **I won't ~ you any longer** nie będę cię dłużej zatrzymywać [2] (keep in custody) *[police]* zatrzym|ać, -ywać (w areszcie) *[offender]*; **to be ~ed for questioning** zostać zatrzymanym w celu przesłuchania [3] (in hospital) zatrzym|ać, -ywać *[patient]*; **she'll be ~ed for observation** zostanie zatrzymana na obserwację

detainee /ˌdiːteɪˈniː/ *n* (general) zatrzyman|y *m*, -a *f*; (political) więzień *m* polityczny

detect /dɪˈtekt/ *vt* [1] (find, locate) wykry|ć, -wać *[error, traces, evidence, plot, crime, disease, enemy plane]* [2] (sense) wyczu|ć, -wać *[gas, smell, heart beat, mood]*; **I ~ed a note of impatience in her voice** wyczułem nutę zniecierpliwienia w jej głosie

detectable /dɪˈtektəbl/ *adj [trace, element]* wykrywalny; (in sb's voice) *[emotion]* wyczuwalny; (in sb's expression) dostrzegalny

detection /dɪˈtekʃn/ **I** *n* (of crime, disease, error) wykry|cie, -wanie *n*; **~ of errors in a programme** wykrywanie błędów w programie; **the ~ of crime, crime ~** wykrywanie przestępstw, ściganie przestępstw; **to escape ~** *[criminal]* wymknąć się; *[error]* nie zostać wykrytym; **radar ~** wykrywanie radiolokacyjne; **submarine ~** wykrywanie okrętów podwodnych

II *modif* **(crime) ~ rate** wykrywalność przestępstw

detective /dɪˈtektɪv/ *n* (in police) oficer *m* z wydziału dochodzeniowo-śledczego; (private) detektyw *m*

detective constable *n* GB policjant *m* (z wydziału dochodzeniowo-śledczego)

detective inspector, DI *n* GB komisarz *m* (z wydziału dochodzeniowo-śledczego)

detective sergeant *n* GB sierżant *m* (z wydziału dochodzeniowo-śledczego)

detective story *n* opowiadanie *n* detektywistyczne or kryminalne; kryminał *m* infml

detective superintendent *n* GB nadinspector *m* (z wydziału dochodzeniowo-śledczego)

detective work *n* dochodzenie *n*, śledztwo *n* also fig

detector /dɪˈtektə(r)/ *n* wykrywacz *m*, detektor *m*; **lie ~** wykrywacz kłamstw

detector van *n* wóz *m* pelengacyjny

detente /ˌdeɪˈtɑːnt/ *n* Pol odprężenie *n*

detention /dɪˈtenʃn/ *n* [1] (confinement) uwięzienie *n*; **to be/die in ~** być więzionym /umrzeć w więzieniu [2] Jur (prison sentence) pozbawienie *n* wolności; (awaiting trial) areszt *m* tymczasowy; **sentenced to five years ~** skazany na pięć lat pozbawienia wolności [3] Sch koza dat infml; **I've got an hour's ~** muszę za karę zostać godzinę po lekcjach

detention centre *n* GB Jur izba *f* zatrzymań dla młodocianych przestępców

detention home *n* US = **detention centre**

deter /dɪˈtɜː(r)/ *vt* (*prp, pt, pp* **-rr-**) [1] (dissuade) powstrzym|ać, -ywać; **a scheme to ~ burglars/vandalism** plan, który powstrzyma włamywaczy/wandalizm; **nothing will ~ her** nic jej nie powstrzyma; **he was not ~red by their hostile reaction** nie powstrzymała go ich wroga reakcja [2] (discourage) zniechęc|ić, -ać; **this might ~ women from seeking work** to mogłoby zniechęcić kobiety do szukania pracy

detergent /dɪˈtɜːdʒənt/ **I** *n* detergent *m*

II *adj* [1] **~ powder/liquid** proszek/płyn do prania [2] Med oczyszczający; **extracts with a ~ effect** wyciągi o właściwościach oczyszczających

deteriorate /dɪˈtɪərɪəreɪt/ **I** *vi [health, relationship, situation]* pog|orszyć, -arszać się; *[material, foodstuff]* po|psuć się; *[weather]* pogorsz|yć, -ać się, po|psuć się; *[fabric]* z|niszczyć się; *[area]* podupa|ść, -dać; *[wood]* z|gnić; *[chemical compound]* rozł|ożyć, -kładać się; **his health is deteriorating** stan jego zdrowia pogarsza się; **the economy has ~d** stan gospodarki pogorszył się; **the discussion ~d into an argument** dyskusja przerodziła się w kłótnię

II deteriorating *prp adj* pogarszający się

deterioration /dɪˌtɪərɪəˈreɪʃn/ *n* (in quality, relationship, situation, weather, health) pogorszenie (się) *n* **(in sth** czegoś); (in numbers, quantity, standard, value) spadek *m* **(in sth** czegoś); (of leather, wood, foodstuffs) spadek *m* jakości; **a ~ in the standard of living** obniżenie stopy życiowej, obniżenie poziomu życia

determinable /dɪˈtɜːmɪnəbl/ *adj* [1] *[number, fact, amount]* dający się określić; **the depth of the lake is not ~** nie da się określić głębokości jeziora [2] Jur *[contract, right]* wygasający

determinant /dɪˈtɜːmɪnənt/ **I** *n* czynnik *m* warunkujący; determinant *m*, determinanta *f* fml; Math wyznacznik *m*

II *adj [factor, effect]* określający, wyznaczający; determinujący fml

determination /dɪˌtɜːmɪˈneɪʃn/ *n* [1] (quality) zdecydowanie *n*, determinacja *f*; **~ to do sth** zdecydowanie or determinacja, żeby zrobić coś [2] (of amount, date, limit, position) ustalenie *n*; (of frontier, boundary) wyznaczenie *n* [3] Jur, Admin (ruling) postanowienie *n*, orzeczenie *n*; (of contract, right) wygaśnięcie *n* [4] Math, Philos determinacja *f*

determine /dɪˈtɜːmɪn/ *vt* [1] (find out) ustal|ić, -ać *[fact, cause]*; **to ~ how/what /when** ustalić, jak/co/gdzie [2] (decide) określi|ć, -ać, ustal|ić, -ać *[date, price, cost, amount]*; **to ~ to do sth** zdecydować się or postanowić coś zrobić; **to ~ upon sth** zdecydować się na coś; **they ~d that...** ustalili or zdecydowali, że...; **it was ~d that...** ustalono, że... [3] (shape, influence) za|decydować o (czymś) *[outcome, lifestyle, career]*; wyznacz|yć, -ać *[scope, extent, boundary]*; z|determinować fml *[approach]*; **demand ~s supply** popyt określa podaż; **to ~ sb against sth** zniechęcić kogoś do czegoś [4] (control) *[factor]* z|decydować o (czymś) *[outcome, progress]*

determined /dɪˈtɜːmɪnd/ *adj* (firm) *[person]* zdecydowany **(to do sth** na coś, na zrobienie czegoś); *[approval, expression, manner]* zdecydowany, stanowczy; (unflinching) *[person, approach]* zdeterminowany; **he is ~ to start at once** jest zdecydowany zacząć natychmiast; **he was ~ that they should get there** postanowił, że tam dotrą

determiner /dɪˈtɜːmɪnə(r)/ *n* Ling określnik *m*

determining /dɪˈtɜːmɪnɪŋ/ *adj [factor, element]* decydujący; determinujący fml

determinism /dɪˈtɜːmɪnɪzəm/ *n* determinizm *m*

determinist /dɪˈtɜːmɪnɪst/ **I** *n* Philos determinista *m*

II *adj [idea, theory]* deterministyczny

deterrent /dɪˈterənt, US -ˈtɜː-/ **I** *n* środek *m* odstraszający, środek *m* powstrzymujący; Mil czynnik *m* powstrzymujący; **to be a ~ to sb** powstrzymywać kogoś; **to act** or **serve as a ~** Mil pełnić rolę czynnika powstrzymującego

II *adj [effect, measure, value]* odstraszający, powstrzymujący

detest /dɪˈtest/ *vt* nie cierpieć (kogoś /czegoś), nie znosić (kogoś/czegoś), nienawidzić (kogoś/czegoś); **to ~ doing sth** nie cierpieć or nie znosić robienia czegoś; **they ~ the thought of...** nie mogą ścierpieć myśli, że...

detestable /dɪˈtestəbl/ *adj [person]* obmierzły; *[behaviour, act]* wstrętny, obrzydliwy

detestably /dɪˈtestəblɪ/ *adv* wstrętnie, obrzydliwie

detestation /ˌdiːteˈsteɪʃn/ *n* [1] (hatred) wstręt *m*, odraza *f* **(of sb/sth** do kogoś /czegoś) [2] (object of hatred) (person) ≈ antypatia *m/f*; (thing) przedmiot *m* odrazy; paskudztwo *m* infml

dethrone /ˌdiːˈθrəʊn/ *vt* z|detronizować

dethronement /ˌdiːˈθrəʊnmənt/ *n* detronizacja *f*

detonate /ˈdetəneɪt/ **I** *vt* z|detonować *[bomb, device]*

II *vi* z|detonować, eksplodować

detonation /ˌdetəˈneɪʃn/ *n* (causing to explode) detonacja *f*, wybuch *m*

detonator /ˈdetəneɪtə(r)/ *n* detonator *m*

detour /ˈdiːtʊə(r), US dɪˈtʊər/ **I** *n* (diversion) objazd *m*; (roundabout way) okrężna droga *f*; **we made a ~ to visit a castle** pojechaliśmy okrężną drogą, żeby zwiedzić zamek; **it's worth a** or **the ~** warto nadrobić drogi; fig to warte zachodu infml

II *vt* US (redirect) wyznacz|yć, -ać objazd dla (czegoś) *[traffic]*; (bypass) okrąż|yć, -ać, obje|chać, -żdżać *[city]*

III *vi* z|robić objazd, jechać okrężną drogą

detox /ˌdiːˈtɒks/ = **detoxify, detoxi(fi)cation**

detoxicate /ˌdiːˈtɒksɪkeɪt/ *vt* odtru|ć, -wać, podda|ć, -wać detoksykacji

detoxi(fi)cation /ˌdiːtɒksɪ(fɪ)ˈkeɪʃn/ **I** *n* detoksykacja *f*, odtrucie *n*, odtruwanie *n*; detoks *m* infml; **to be in ~** być na detoksykacji

II *modif [centre, treatment]* odwykowy; **~ plant** oczyszczalnia

detoxify /ˌdiːˈtɒksɪfaɪ/ *vt* oczy|ścić, -szczać z substancji toksycznych *[water, foodstuffs, soil]*; odtru|ć, -wać, podd|ać, -wać detoksykacji *[patient]*

DETR *n* GB = **Department of the Environment, Transport and the Regions**

detract /dɪˈtrækt/ *vi* **to ~ from sth** pomniejsz|yć, -ać coś *[achievement, success, value]*; za|szkodzić *[harmony, image, publicity, good opinion]*; umniejszy|ć, -ać *[merit]*; ze|psuć *[pleasure, enjoyment, character]*; **nothing can ~ from our happiness** nic nam nie zmąci szczęścia

detraction /dɪˈtrækʃn/ *n* krytykanctwo *n*

detractor /dɪˈtræktə(r)/ *n* krytyk *m*; **among his chief ~s** wśród jego zagorzałych krytyków; **his many ~s claim that...** jego liczni krytycy twierdzą, że...

detrain /ˌdiːˈtreɪn/ Mil **I** *vt* wyda|ć, -wać rozkaz opuszczenia pociągu *[troops]*

II *vi* wysi|ąść, -adać z pociągu

detriment /ˈdetrɪmənt/ *n* **to the ~ of sb/sth** ze szkodą or z uszczerbkiem dla kogoś/czegoś; **to the great ~ of sth** z wielką szkodą dla czegoś; **without ~ to sb/sth** bez szkody or uszczerbku dla kogoś/czegoś

detrimental /ˌdetrɪˈmentl/ *adj [effect, influence]* szkodliwy **(to sb/sth** dla kogoś/czegoś**)**; *[criticism, decision]* krzywdzący **(to sb/sth** dla kogoś/czegoś**)**; **to be ~ to sb/sth, to have a ~ effect on sb/sth** wpływać ujemnie na kogoś/coś, mieć ujemny wpływ na kogoś/coś *[environment, person, wildlife]*

detritus /dɪˈtraɪtəs/ *n* [1] pozostałości *f pl* **(of sth** po czymś, czegoś**)** [2] Geol detrytus *m*

deuce[1] /djuːs, US duːs/ *n* (in tennis) równowaga *f*; (in cards, dice) dwójka *f*

deuce[2] /djuːs, US duːs/ *n* infml dat licho *n*; **what/where the ~?** co/gdzie do licha? infml

deuced /ˈdjuːsɪd, djuːst, US duːst/ **I** *adj* infml dat *[person]* przeklęty; *[thing]* piekielny

II *adv* diablo

Deuteronomy /ˌdjuːtəˈrɒnəmɪ, US ˌduː-/ *prn* Bible Księga *f* Powtórzonego Prawa

devaluate /ˌdiːˈvæljʊeɪt/ *vt* = **devalue**

devaluation /ˌdiːvæljʊˈeɪʃn/ *n* [1] Econ, Fin (of currency) dewaluacja *f*; (of shares) obniżenie *n* wartości; **a 12% ~** dwunastoprocentowa dewaluacja [2] fig (lowering of status) dewaluacja *f*, deprecjacja *f* infml

devalue /ˌdiːˈvæljuː/ **I** *vt* [1] Econ, Fin z|dewaluować *[currency]* **(against sth** w stosunku do czegoś**)**; s|powodować spadek cen (czegoś) *[shares]*; **to be ~d by 6%** zostać zdewaluowanym o 6% [2] (underestimate) nie doceni|ć, -ać; **honesty has become ~d** uczciwość zdewaluowała się or zdeprecjonowała się

II *vi* Econ, Fin *[currency]* z|dewaluować się **(against sth** w stosunku do czegoś); *[property, shares]* s|tracić na wartości; *[government, country]* przeprowadz|ić, -ać dewaluację

devastate /ˈdevəsteɪt/ **I** *vt* [1] s|pustoszyć *[land, countryside]*; obr|ócić, -acać w ruinę or w perzynę *[town, city]*; z|dewastować *[building]*; wyniszcz|yć, -ać *[population, enemy]* [2] fig załam|ać, -ywać *[person]*

II devastated *pp adj* [1] *[building, town]* zdewastowany [2] fig *[person]* zdruzgotany, załamany **(by sb/sth** przez kogoś/coś**)**

devastating /ˈdevəsteɪtɪŋ/ *adj* [1] *[attack, power, force]* miażdżący; *[storm, war]* niszczycielski; fig *[beauty, charm]* olśniewający [2] (crushing) *[wit, criticism, comment, reply, argument]* druzgocący, miażdżący; **to be ~ about sb/sth** nie zostawić na kimś/czymś suchej nitki [3] infml (brilliant) bombowy infml

devastatingly /ˈdevəsteɪtɪŋlɪ/ *adv [speak, comment]* miażdżąco, w sposób druzgocący; *[amusing]* niesamowicie

devastation /ˌdevəˈsteɪʃn/ *n* [1] (of land, town) spustoszenie *n*; (of building) dewastacja *f*, z|dewastowanie *n* [2] (of person) wstrząs *m*, szok *m*; **~ at the loss of somebody** wstrząs po stracie kogoś; **her ~ was complete** była całkiem zdruzgotana

develop /dɪˈveləp/ **I** *vt* [1] (acquire) rozwi|nąć, -jać *[skill]*; naby|ć, -wać *[knowledge]*; nab|rać, -ierać *[habit, feature]*; nabawić się; złapać infml *[illness, bad cough, cold]*; **to ~ an awareness of sth** uświadomić sobie coś; **to ~ a liking** or **taste for sth** polubić coś; **the engine ~ed a fault** w silniku coś się popsuło; **she ~ed the symptoms of flu** pojawiły się or wystąpiły u niej objawy grypy [2] (evolve) rozwi|nąć, -jać *[idea, plan, story]*; u|doskonalić *[procedures, invention, technique]*; przedstawi|ć, -ać *[mathematical solution, point of view]*; **he had well ~ed opinions on sth** miał wyrobioną opinię na temat czegoś [3] (expand, build up) rozwi|nąć, -jać *[skill, intellect, muscles, business]*; pogłębi|ć, -ać *[friendship, knowledge, understanding]*; roz|egrać, -grywać *[game]* [4] (improve) zagospodarow|ać, -ywać *[land, site]*; rozbudow|ać, -ywać *[city centre]*; **they want to ~ this field into a business park** chcą przekształcić to pole w zaplecze swojej firmy [5] Comm, Ind (create) rozwi|nąć, -jać *[market, relations]*; pracować nad powstaniem (czegoś) *[new product]*; **he's ~ing a new model** opracowuje nowy model [6] Phot wywoł|ać, -ywać *[photographs]*

II *vi* [1] (evolve) *[seed, embryo, child, intelligence, skills, society, country, theory, plot, play]* rozwi|nąć się, -jać się **(into sth** w coś**)** [2] (come into being) *[friendship]* na|rodzić się; *[trouble, difficulty, crack, hole]* powsta|ć, -wać; *[illness, symptom]* pojawi|ć, -ać się; **a storm is ~ing out at sea** nadciąga sztorm [3] (progress, advance) *[friendship, war, illness]* rozwi|nąć, -jać się; *[difficulty, crack, fault]* pogłębi|ć, -ać się; *[game, story]* roz|egrać -grywać się [4] (in size, extent) *[town, business]* rozwi|nąć, -jać się

developed /dɪˈveləpt/ *adj [country, economy]* rozwinięty

developer /dɪˈveləpə(r)/ *n* [1] (also **property ~**) developer *m*, firma *f* deweloperska [2] Phot wywoływacz *m* [3] Psych, Sch **early ~** dziecko nad wiek rozwinięte; **late ~** dziecko rozwijające się z opóźnieniem

developing /dɪˈveləpɪŋ/ **I** *n* [1] Phot wywoływanie *n* [2] rozwijanie (się) *n*

II *adj [area, economy]* rozwijający się

developing bath *n* Phot kąpiel *f* wywołująca

developing country *n* kraj *m* rozwijający się

developing tank *n* Phot bak *m* do wywoływania, koreks *m*

developing world *n* kraje *m pl* rozwijające się

development /dɪˈveləpmənt/ *n* [1] (creation) (of commercial product) stworzenie *n*; (of new industry) rozwijanie *n*, rozwój *m*; **new ~** nowość [2] (evolution, growth) rozwój *m* [3] (fostering) (of links, the arts, sport, industry) rozwijanie *n*, rozwój *n* [4] (of land) zagospodarowanie *n*; (of site, city centre) rozbudowa *f*; (of region) rozwój [5] (land, buildings developed) **housing ~** osiedle domków jednorodzinnych; **office ~** biurowiec; **commercial ~** centrum handlowo-usługowe [6] (innovation) **research and ~** prace badawczo-rozwojowe; (name of a department) dział badań naukowych; **major ~s in surgery** główne osiągnięcie chirurgii [7] (event) rozwój *m* wydarzeń or wypadków; **a surprise ~ in the pay talks** niespodziewany obrót (sprawy) w negocjacjach płacowych; **the latest ~s** ostatnie wydarzenia; **to await ~s** czekać na dalszy rozwój wypadków [8] Maths, Music, Philos (of theme, idea) rozwinięcie *n*

developmental /dɪˌveləpˈmentl/ *adj* Psych rozwojowy

development area *n* strefa *f* rozwoju gospodarczego

development bank *n* bank *m* rozwoju

development company *n* firma *f* deweloperska

development costs *npl* koszty *m pl* wdrożenia do produkcji

development period *n* okres *m* wdrożeniowy

development planning *n* planowanie *n* zagospodarowania or rozwoju

development potential *n* możliwości *f pl* rozwojowe

deviance /ˈdiːvɪəns/ *n* zboczenie *n*, dewiacja *f*

deviancy /ˈdiːvɪənsɪ/ *n* = **deviance**

deviant /ˈdiːvɪənt/ **I** *n* dewiant *m* fml; (sexual) zboczeniec *m*; (social) wykolejeniec *m*; Bot, Zool, Ling (case, example, form, structure) odstępstwo *n* od normy

II *adj [beliefs, behaviour]* dewiacyjny; (socially) wykolejony; (sexually) zboczony

deviate /ˈdiːvɪeɪt/ *vi* [1] (from norm) odbie|c, -gać; (from intentions, principles) odst|ąpić, -ępować; (from beliefs) sprzeniewierz|yć, -ać się; (from subject) odbie|c, -gać; **to ~ from the truth** mijać się z prawdą [2] *[ship, plane, missile]* zb|oczyć, -aczać **(from sth** z czegoś**)** *[course]*

deviation /ˌdiːvɪˈeɪʃn/ *n* [1] (from course, route) zboczenie *n* **(from sth** z czegoś**)** [2] (from

D

norm, custom) odstępstwo *n* **(from sth** od czegoś); **his statement was a significant ~ from the truth** jego oświadczenie znacznie odbiegało od prawdy [3] Polit (from party line) odchylenie *n* [4] (from subject) odejście *n*, odchodzenie *n* **(from sth** od czegoś) [5] (sexual) zboczenie *n*, dewiacja *f* [6] (of compass needle) dewiacja *f* [7] Stat odchylenie *n*; **standard/mean ~** odchylenie standardowe/średnie

deviationism /ˌdiːvɪˈeɪʃənɪzəm/ *n* Pol odejście *n* or odchodzenie *n* od partyjnej linii ideologicznej

deviationist /ˌdiːvɪˈeɪʃənɪst/ Pol **I** *n* rozłamowiec *m*

II *adj [policy, clique, faction]* rozłamowy

device /dɪˈvaɪs/ *n* [1] (household) urządzenie *n* **(for sth/doing sth** do czegoś/do robienia czegoś) [2] Tech przyrząd *m*; **a ~ for measuring** or **to measure** przyrząd pomiarowy [3] (system) urządzenie *n*; **security ~** urządzenie zabezpieczające [4] **(**also **explosive ~, incendiary ~)** (bomb) bomba *f* [5] Comput urządzenie *n* peryferyjne [6] fig (trick) sposób *m* **(for doing sth/to do sth** żeby coś zrobić) [7] Econ (means) mechanizm *m* **(for doing/to do sth** zrobienia czegoś) [8] Literat środek *m* wyrazu [9] Herald (emblem) godło *n*; (motto) dewiza *f*

IDIOMS: **to leave sb to their own ~s** pozostawić kogoś samemu sobie

devil /ˈdevl/ **I** *n* [1] (also **Devil)** Relig (Satan) **the ~** szatan *m* [2] (evil spirit) diabeł *m*, demon *m*; **to be possessed by ~s** być opętanym przez diabła or demony [3] infml fig (evil person, animal) diabeł *m* wcielony; **little ~** (child) półdiablę *n* [4] infml (for emphasis) **what/where/why/how the ~...** co/gdzie /dlaczego/jak do or u diabła... infml; **how the ~ should I know?** skąd do or u diabła mam wiedzieć?; **a** or **the ~ of a mess /problem** piekielny bałagan/kłopot infml [5] infml (expressing affection, sympathy) **a lucky ~** szczęściarz; **the poor ~** biedaczysko; **you poor ~!** biedaku!; **he's a handsome /cheeky ~** on jest piekielnie or diabelnie przystojny/bezczelny infml; **some poor ~ of a soldier** jakiś nieszczęsny żołnierz [6] infml (clever person) **to be a ~ at sth** być diablo or piekielnie dobrym w czymś, robić coś diablo or piekielnie dobrze infml; **he was a ~ with the fair sex** był pożeraczem niewieścich serc [7] infml dat (nuisance) diabelstwo *n* infml; **to be a ~ for doing sth** mieć paskudny zwyczaj robienia czegoś; **the ~'s own** piekielny, diabelny; **these pans are a ~ to clean** te garnki jest piekielnie trudno wymyć; **he's a ~ for gambling** on jest zatwardziałym hazardzistą [8] liter (courage, spirit) duch *m* walki [9] GB Jur aplikant *m* adwokacki

II *vt* (*prp, pt, pp* **-ll-** GB, **-l-** US) Culin przyprawi|ć, -ać na ostro *[meat, kidneys]*

III *vi* (*prp, pt, pp* **-ll-**) GB **to ~ for sb** pracować dla kogoś; Jur odbywać aplikację u kogoś

IV devilled *adj* GB, **deviled** US Culin *[dish]* (przyprawiony) na ostro

IDIOMS: **be a ~!** infml nie bądź taki!, bądź człowiekiem! infml; **the ~ you know is better than the ~ you don't** ≈ lepsze znane niebezpieczeństwo niż nieznane; **(to be caught) between the ~ and the deep blue sea** (znaleźć się) między młotem a kowadłem; **the ~ looks after his own** hum głupim szczęście sprzyja infml hum; **the ~ only knows where/why** diabli wiedzą or licho wie, gdzie/dlaczego; **to have the luck of the ~** GB infml mieć piekielne szczęście; **like the ~** infml *[scream]* jak potępieniec; *[run, work]* jak szalony; **to raise the ~** infml podnieść wrzask infml; **speak of the ~ (and he is bound to appear)** o wilku mowa (a wilk tu); **there will be the ~ to pay when he finds out!** będzie sądny dzień, kiedy się dowie; **go to the ~!** infml idź do diabła! infml; **the ~ he did!** infml akurat!; **the ~ you did!** infml nie zalewaj! infml; **to give the ~ his due...** nie da się ukryć, że...; trzeba przyznać, że...; **what the ~!** (expressing resignation) pal licho or diabli!

devilfish /ˈdevlfɪʃ/ *n* [1] (octopus) wielka ośmiornica *f* [2] US (manta) diabeł *m* morski

devilish /ˈdevəlɪʃ/ **I** *adj* [1] *[practices, invention]* diabelski [2] (heinous) *[crime, plan]* potworny, ohydny [3] fig *[cunning, charm, smile]* diaboliczny

II *adv* GB infml dat piekielnie, diabelnie

devilishly /ˈdevəlɪʃlɪ/ *adv* [1] (horribly) potwornie [2] infml *[clever, cunning, handsome, hot]* piekielnie, diabelnie; *[smile]* diabolicznie

devilishness /ˈdevəlɪʃnɪs/ *n* [1] (heinousness) potworność *f* [2] (dashing charm) diaboliczność *f*

devil-may-care /ˌdevlmeɪˈkeə(r)/ **I** *n* lekkoduch *m*

II *adj* niefrasobliwy, lekkomyślny

devilment /ˈdevlmənt/ *n* GB (malice) złośliwość *f*; **out of sheer ~** z czystej złośliwości; **they are up to some ~ or other** szykują jakiś numer or jakąś diabelską sztuczkę infml

devilry /ˈdevlrɪ/ *n* złośliwość *f*

devil's advocate *n* adwocat *m* diabła, advocatus diaboli *m inv*; **to play ~** występować jako adwokat diabła or advocatus diaboli

devil's food cake *n* US tort *m* czekoladowy

deviltry /ˈdevltrɪ/ *n* US = **devilry**

devil worship *n* kult *m* diabła, satanizm *m*

devil worshipper *n* satanist|a *m*, -ka *f*

devious /ˈdiːvɪəs/ *n* [1] (sly) *[means, method]* pokrętny; *[mind]* krętacki; *[person, plan]* chytry [2] (winding) *[route]* okrężny; *[way, road]* kręty

deviously /ˈdiːvɪəslɪ/ *adv* chytrze, przebiegle

deviousness /ˈdiːvɪəsnɪs/ *n* (of person, plan) chytrość *f*, przebiegłość *f* (of route) krętość *f*

devise /dɪˈvaɪz/ **I** *n* Jur zapis *m*

II *vt* [1] (invent) opracow|ać, -ywać *[plan, method, procedure]*; wymyśl|ić, -ać *[ending for a novel]*; za|projektować *[fashion, style, machine, tool]*; obmyśl|ić, -ać *[plot, trap]*; u|kartować *[downfall, revenge]*; **his problems are entirely of his own devising** sam sobie stwarza problemy [2] Jur zapis|ać, -ywać *[property, estate]* **(to sb** komuś)

devisee /ˌdɪvaɪˈziː/ *n* Jur spadkobier|ca *m*, -czyni *f*

deviser /dɪˈvaɪzə(r)/ *n* (of plan, procedure, fashion, plot) autor *m*, -ka *f*; (of product, fashion) projektant *m*, -ka *f*

devisor /dɪˈvaɪzə(r)/ *n* Jur spadkodaw|ca *m*, -czyni *f*

devitalization /ˌdiːˌvaɪtəlaɪˈzeɪʃn, US -lɪˈz-/ *n* osłabienie *n*

devitalize /ˌdiːˈvaɪtəlaɪz/ *vt* osłabi|ć, -ać

devocalization /ˌdiːˌvəʊkəlaɪˈzeɪʃn, US -lɪˈz-/ *n* ubezdźwięcznienie *n*

devocalize /ˌdiːˈvəʊkəlaɪz/ *vt* ubezdźwięczni|ć, -ać

devoice /dɪˈvɔɪs/ *vt* Ling ubezdźwięczni|ć, -ać

devoicing /dɪˈvɔɪsɪŋ/ *n* Ling ubezdźwięcznienie *n*

devoid /dɪˈvɔɪd/ **~ of sth** *prep phr* pozbawiony czegoś *[talent, common sense]*; **~ of sin** bez grzechu; **to be ~ of (any) blame for sth** nie ponosić żadnej winy za coś

devolution /ˌdiːvəˈluːʃn, US ˌdev-/ *n* [1] (transfer) przekazanie *n*; **~ of power from central to local government** przekazanie władzy przez rząd centralny władzom lokalnym; **Scottish/Irish ~** przekazanie władzy parlamentowi szkockiemu /irlandzkiemu [2] Jur przejście *n* [3] Biol degeneracja *f*

devolve /dɪˈvɒlv/ **I** *vt* przekaz|ać, -ywać, przen|ieść, -osić; **to ~ sth to** or **on sb/sth** przekazać coś komuś/czemuś, przenieść coś na kogoś/coś

II *vi* [1] (be the responsibility of) *[responsibility, duty]* prze|jść, -chodzić **(on sb** na kogoś); **it ~d on him to make a speech** przypadło mu w udziale wygłoszenie mowy [2] Jur prze|jść, -chodzić **(on** or **to sb** na kogoś) [3] Biol z|degenerować się

III devolved *pp adj* zdecentralizowany

Devon /ˈdevn/ *prn* Devon *m*

Devonian /dɪˈvəʊnɪən/ *adj* dewoński

devote /dɪˈvəʊt/ **I** *vt* poświęc|ić, -ać *[time, energy, effort]* **(to sth/to doing sth** na coś /zrobienie czegoś); poświęc|ić, -ać *[article, novel, programme]* **(to sth** czemuś); **an article ~d to sb/sth** artykuł poświęcony komuś/czemuś; **they ~ their life to the poor/to helping the poor** poświęcają życie biednym/pomaganiu biednym

II *vr* **to ~ oneself** poświęc|ić, -ać się **(to sb/sth** komuś/czemuś); **to ~ oneself to one's family/to politics/to helping the poor** poświęcić się rodzinie/polityce/pomaganiu biednym

devoted /dɪˈvəʊtɪd/ *adj [person, follower]* oddany **(to sb/sth** komuś/czemuś); *[animal, service]* wierny; *[friendship]* zażyły; **they're ~ to each other** są sobie bardzo oddani, są do siebie bardzo przywiązani

devotedly /dɪˈvəʊtɪdlɪ/ *adv* z oddaniem; **to love sb ~** kochać kogoś żarliwie or całym sercem

devotee /ˌdevəˈtiː/ *n* (of music, sport etc) miłośni|k *m*, -czka *f* **(of sth** czegoś); (of political cause) zwolenni|k *m*, -czka *f* **(of sth** czegoś); (of person) wielbiciel *m*, -ka *f* **(of sb** kogoś); (of religious sect) wyznaw|ca *m*, -czyni *f*

devotion /dɪˈvəʊʃn/ **I** *n* [1] (commitment) (to person, work, homeland, the arts, cause, God) oddanie *n* **(to sth/sb** czemuś/komuś); **his ~ to detail** jego przywiązanie do szczegółów; **their ~ to each other** ich wzajemne przywiązanie; **his ~ to the arts** (love) jego

miłość do sztuki, jego umiłowanie sztuki; (support) wspieranie sztuki or artystów [2] (consecration) (of chapter, time) poświęcenie *n*; **the ~ of time to sth/to doing sth** poświęcenie czasu na coś/na zrobienie czegoś
II devotions *npl* modlitwy *f pl*
devotional /dɪˈvəʊʃənl/ *adj [matters, activity]* religijny; *[attitude]* nabożny liter
devour /dɪˈvaʊə(r)/ *vt* [1] (consume) poż|reć, -erać also fig *[food, book]*; z|eżreć, -żerać *[petrol, resources]*; pochł|onąć, -aniać *[big sums of money]*; **to be ~ed by sth** być żeranym przez coś *[passion, jealousy]*; **to ~ sb with one's eyes** pożerać kogoś wzrokiem infml [2] (destroy) *[fire, water, sea, plague]* pochł|onąć, -aniać; *[death]* zab|rać, -ierać
devourer /dɪˈvaʊərə(r)/ *n* pożeracz *m*, -ka *f* also fig
devouring /dɪˈvaʊərɪŋ/ *adj [passion]* pożerający; *[ambition, jealousy]* chorobliwy; *[hunger]* dojmujący; *[fear]* paraliżujący
devout /dɪˈvaʊt/ *adj* [1] Relig *[prayer]* żarliwy; *[person, act]* pobożny; nabożny liter; **a ~ believer** żarliwy wyznawca [2] (sincere) *[hope, wish]* szczery, gorący; **it is my ~ wish that...** żywię gorące pragnienie, żeby...
devoutly /dɪˈvaʊtlɪ/ *adv* [1] Relig *[pray, kneel]* pobożnie; nabożnie liter [2] (sincerely) *[wish, hope]* szczerze, gorąco
devoutness /dɪˈvaʊtnɪs/ *n* [1] (piety) pobożność *f*; nabożność *f* liter [2] (zeal) gorliwość *f*
dew /djuː, US duː/ *n* rosa *f*
DEW *n* US Mil = **distant early warning**; **~ line** system wczesnego ostrzegania
Dewar flask /ˌdjuːəˈflaːsk, US ˌduːərˈflæsk/ *n* Chem naczynie *n* Dewara
dewclaw /ˈdjuːklɔː, US ˈduː-/ *n* Zool wilczy pazur *m (u psa)*
dewdrop /ˈdjuːdrɒp, US ˈduː-/ *n* kropla *f* rosy
Dewey decimal system /ˌdjuːɪˈdesɪmlsɪstəm, US ˌduː-/ *n* dziesiętna klasyfikacja *f* biblioteczna
dewfall /ˈdjuːfɔːl, US ˈduː-/ *n* opad *m* rosy
dewlap /ˈdjuːlæp, US ˈduː-/ *n* podgardle *n*
dew point *n* Phys punkt *m* rosy
dew pond *n* sztuczne jezioro *n* kondensacyjne
dewy /ˈdjuːɪ, US ˈduː-/ *adj [grass, field]* zroszony, mokry od rosy; *[mist, morning]* wilgotny
dewy-eyed /ˌdjuːɪˈaɪd, US ˌduː-/ *adj* [1] (emotional) rozrzewniony [2] (naive) zaślepiony
Dexedrine® /ˈdeksədriːn/ *n* dexedryna *f*
dexie /ˈdeksɪ/ *n* infml drug users' slang tabletka *f* dexedryny
dexter /ˈdekstə(r)/ *adj* Herald prawy
dexterity /dekˈsterətɪ/ *n* zręczność *f*, sprawność *f*; **~ at** or **in** or **with sth/at doing sth** zręczność or sprawność w czymś/w robieniu czegoś
dexterous /ˈdekstrəs/ *adj [person, movement, manager, diplomacy]* zręczny; *[pianist, hand]* wprawny **(at sth/doing sth** w czymś/robieniu czegoś); *[mind]* lotny; **he is ~ with a needle/brush** dobrze sobie radzi z igłą/z pędzlem
dexterously /ˈdekstrəslɪ/ *adj [move]* zwinnie; *[manage, solve]* zręcznie, umiejętnie; *[think]* sprytnie
dextrin(e) /ˈdekstrɪn/ *n* dekstryna *f*
dextrose /ˈdekstrəʊs, -əʊz/ *n* dekstroza *f*, cukier *m* gronowy
dextrous /ˈdekstrəs/ *adj* = **dexterous**
dextrously /ˈdekstrəslɪ/ *adv* = **dexterously**
DFC *n* GB Mil = **Distinguished Flying Cross** Lotniczy Krzyż *m* Walecznych
DfEE *n* GB = **Department for Education and Employment**
DFID *n* GB = **Department for International Development**
DFM *n* GB Mil = **Distinguished Flying Medal** Lotniczy Medal *m* Walecznych
dg = **decigram** dg
DG → **director general**
dhal /daːl/ *n* Bot nikla *f* indyjska
dharma /ˈdaːmə/ *n* Relig dharma *f*
dhoti /ˈdəʊtɪ/ *n* dhoti *n (przepaska na biodra noszona przez mężczyzn w Indiach)*
dhow /daʊ/ *n* dawa *f*
DI *n* [1] GB = **Detective Inspector** [2] = **direct injection** Aut wtrysk *m* bezpośredni
diabetes /ˌdaɪəˈbiːtiːz/ *n* cukrzyca *f*
diabetic /ˌdaɪəˈbetɪk/ **I** *n* diabety|k *m*, -czka *f*; cukrzyk *m* infml
II *adj [coma, condition]* cukrzycowy; *[patient]* chory na cukrzycę; *[chocolate, jam]* dla diabetyków
diabolic /ˌdaɪəˈbɒlɪk/ *adj* diabelski
diabolical /ˌdaɪəˈbɒlɪkl/ *adj* [1] infml (terrible) okropny, koszmarny; **it is ~ that...** to okropne, że... [2] (evil) *[crime, act, lie]* potworny; *[person]* nieludzki; *[influence]* zgubny; *[smile, laugh, expression, figure]* diaboliczny [3] infml (as intensifier) pioruński infml
diabolically /ˌdaɪəˈbɒlɪklɪ/ *adv* [1] (badly) *[sing, perform, behave]* okropnie [2] (very) *[expensive, crowded]* potwornie infml [3] (wickedly) *[laugh]* diabolicznie; *[cunning]* diabelnie
diabolo /dɪˈæbələʊ, daɪ-/ *n* Games gra *f* diabolo
diachronic /ˌdaɪəˈkrɒnɪk/ *adj* diachroniczny
diachronically /ˌdaɪəˈkrɒnɪklɪ/ *adv* diachronicznie
diacid /ˌdaɪˈæsɪd/ *adj* dwuwodorotlenowy
diacritic /ˌdaɪəˈkrɪtɪk/ **I** *n* Ling (also **diacritical mark)** znak *m* diakrytyczny
II *adj* (also **diacritical)** [1] Ling diakrytyczny [2] (distinguishing) dystynktywny, wyróżniający
diadem /ˈdaɪədem/ *n* diadem *m*
diaeresis GB, **dieresis** US /daɪˈerəsɪs/ *n* (*pl* **-ses)** diereza *f*
diagnose /ˈdaɪəgnəʊz, US ˌdaɪəgˈnəʊs/ *vt* [1] Med z|diagnozować *[patient]*; rozpozna|ć, -wać, *[illness]*; **the illness was ~d as cancer** rozpoznano or zdiagnozowano nowotwór; **she was ~d (as a) diabetic** or **as having diabetes** rozpoznano u niej cukrzycę; **the doctor ~d that the child had an ear infection** lekarz stwierdził u dziecka zapalenie ucha [2] fig określ|ić, -ać *[problem]*; stwierdz|ić, -ać *[fault]*
diagnosis /ˌdaɪəgˈnəʊsɪs/ *n* (*pl* **-ses)** [1] Med rozpoznanie *n*; diagnoza *f* also fig; **to make a ~** postawić diagnozę [2] Bot diagnoza *f* taksonomiczna
diagnostic /ˌdaɪəgˈnɒstɪk/ *adj* diagnostyczny
diagnostician /ˌdaɪəgnɒˈstɪʃn/ *n* diagnosta *m*, diagnostyk *m*
diagnostics /ˌdaɪəgˈnɒstɪks/ *n* [1] Med (+ *v sg)* diagnostyka *f* [2] Comput (+ *v pl)* diagnostyka *f*
diagonal /daɪˈægənl/ **I** *n* [1] (line) linia *f* ukośna; Geom przekątna *f* [2] Tex diagonal *m*
II *adj [lines, stripes, pattern]* ukośny; **our street is ~ to the main road** nasza ulica odchodzi ukosem od głównej drogi; **a ~ path across a field** ścieżka na skos przez pole
diagonally /daɪˈægənəlɪ/ *adv [draw, cut, fold]* ukośnie; *[move, cross]* na skos or ukos **(to sth** w stosunku do czegoś)
diagram /ˈdaɪəgræm/ **I** *n* [1] (plan) schemat *m*; **in the ~** na schemacie [2] Stat diagram *m*, wykres *m* [3] Math wykres *m*
II *vt* przedstawi|ć, -ać w formie wykresu
diagrammatic /ˌdaɪəgrəˈmætɪk/ *adj* schematyczny; **in ~ form** w formie diagramu or wykresu
diagrammatically /ˌdaɪəgrəˈmætɪklɪ/ *adv* schematycznie; **information presented ~** dane przedstawione w formie diagramu or wykresu
dial /ˈdaɪəl/ **I** *n* [1] (of a telephone, control panel, watch) tarcza *f* [2] GB infml, dat morda *f* infml
II *vt* (*prp, pt, pp* **-ll-** GB, **-l-** US) *[person]* wykręc|ić, -ać *[number]*; (more formal) *[person, machine]* wyb|rać, -ierać *[number]*; **to ~ sb** zadzwonić do kogoś; **to ~ sb's house /office** zadzwonić do kogoś do domu/do biura; **she ~led 73-35-49** wykręciła 73-35-49; **to ~ 999** (for police, ambulance or for fire brigade) zadzwonić pod numer 999; **to ~ the wrong number** wykręcić zły numer
III dial+ *in combinations* **~-a-disc/-a-recipe/-a-pizza** (service) płyta/przepis /pizza na telefon
dialect /ˈdaɪəlekt/ **I** *n* Ling dialekt *m*; **a rural~** gwara; **to speak (in) ~** mówić dialektem
II *modif [word, expression, pronunciation]* dialektalny; *[poetry, literature]* pisany dialektem or w dialekcie; *[atlas]* lingwistyczny; *[geography]* językowy
dialectal /ˌdaɪəˈlektl/ *adj* Ling dialektalny
dialect atlas *n* = **linguistic atlas**
dialectic /ˌdaɪəˈlektɪk/ **I** *n* dialektyka *f*
II *adj* dialektyczny
dialectical /ˌdaɪəˈlektɪkl/ *adj* dialektyczny
dialectically /ˌdaɪəˈlektɪklɪ/ *adv* dialektycznie
dialectical materialism *n* materializm *m* dialektyczny
dialectical materialist *n* zwolenni|k *m*, -czka *f* materializmu dialektycznego
dialectics /ˌdaɪəˈlektɪks/ *n* (+ *v sg)* dialektyka *f*
dialectician /ˌdaɪəlekˈtɪʃn/ *n* dialekty|k *m*, -czka *f*
dialectologist /ˌdaɪəlekˈtɒlədʒɪst/ *n* dialektolog *m*, gwaroznawca *m*
dialectology /ˌdaɪəlekˈtɒlədʒɪ/ *n* Ling dialektologia *f*
dialling GB, **dialing** US /ˈdaɪəlɪŋ/ *n* wybieranie *n* numeru; **abbreviated ~** proste wybieranie, wybieranie numerów skróconych; **direct ~** połączenie bezpośrednie
dialling code *n* GB numer *m* kierunkowy
dialling tone *n* sygnał *m* zgłoszenia

D

dialogue /ˈdaɪəlɒg, US -lɔːg/ **I** *n* rozmowa *f* **(with sb** z kimś); Pol rozmowy *f pl*, dialog *m* **(between sb and sb** pomiędzy kimś a kimś); (in a book, film) dialog *m*
II *vi* rozmawiać **(with sb** z kimś)
dialogue box *n* Comput okienko *n* dialogowe, ramka *f* dialogowa
dial tone *n* US = **dialling tone**
dial-up /ˈdaɪəlʌp/ *adj [line, network]* komutowany
dialysis /ˌdaɪˈæləsɪs/ *n* (*pl* **-lyses)** Med dializa *f*; **to undergo kidney ~** być dializowanym
dialysis machine *n* Med dializator *m*, sztuczna nerka *f*
diamagnetic /ˌdaɪəmægˈnetɪk/ *adj* diamagnetyczny
diamagnetism /ˌdaɪəˈmægnɪtɪzəm/ *n* diamagnetyzm *m*
diamanté /ˌdiːəˈmɒnteɪ, US ˌdiːəmɑːnˈteɪ/ **I** *n* (jewellery) biżuteria *f* ze strasu; (decorative trim) dżety *m pl*; (fabric) tkanina *f* zdobiona dżetami
II *modif [fabric]* zdobiony dżetami; **~ earrings** kolczyki ze strasu
diameter /daɪˈæmɪtə(r)/ *n* Math średnica *f*; **a circle with a ~ of 5 m** okrąg o średnicy 5 m; **the circle is 2 metres in ~** okrąg ma 2 metry średnicy; **to magnify 15 ~s** powiększyć 15 razy
diametric(al) /ˌdaɪəˈmetrɪk(l)/ *adj* 1 fig *[difference]* diametralny; *[opposition, contradiction]* całkowity 2 Math diametralny
diametrically /ˌdaɪəˈmetrɪklɪ/ *adv* 1 fig diametralnie; **his opinions are ~ opposed to mine** jego opinie diametralnie różnią się od moich 2 Math diametralnie
diamond /ˈdaɪəmənd/ **I** *n* 1 (stone) (unpolished) diament *m*; (polished) brylant *m* 2 (shape) romb *m* 3 Cards karo *n*; dzwonek *m* infml; **the five of ~s** piątka karo; **to play a ~** zagrać w karo 4 (in baseball) boisko *n*
II *modif [dust]* diamentowy; *[brooch, necklace, ring]* brylantowy; **~ mine** kopalnia diamentów
diamondback (rattlesnake) /ˈdaɪəməndbæk/ *n* Zool grzechotnik *m* diamentowy
diamond cutter *n* szlifierz *m* diamentów
diamond jubilee *n* sześćdziesięciolecie *n*
diamond merchant *n* handlarz *m* diamentami
diamond-shaped /ˈdaɪəməndʃeɪpt/ *adj* romboidalny
diamond wedding (anniversary) *n* brylantowe wesele *n*, brylantowe gody *plt*
Diana /daɪˈænə/ *prn* Diana *f*
diapason /ˌdaɪəˈpeɪsn/ *n* diapazon *m*; **open/stopped ~** pryncypał/burdon
diaper /ˈdaɪəpə(r), US ˈdaɪpər/ US **I** *n* pieluszka *f*, pielucha *f*
II *vt* przewi|nąć, -jać *[baby]*
diaphanous /daɪˈæfənəs/ *adj* przeźroczysty, przeświecający
diaphoretic /ˌdaɪəfəˈretɪk/ **I** *n* Pharm środek *m* napotny
II *adj [drug, medicine]* napotny
diaphragm /ˈdaɪəfræm/ *n* 1 Anat przepona *f* 2 Audio membrana *f* 3 Phot przysłona *f*, przesłona *f* 4 Med (contraceptive) krążek *m* maciczny
diarist /ˈdaɪərɪst/ *n* 1 (author) autor *m*, -ka *f* dzienników or pamiętnika; (chronicler) pamiętnikarz *m* 2 Journ (journalist) autor *m*, -ka *f* kroniki towarzyskiej
diarrhoea GB, **diarrhea** US /ˌdaɪəˈrɪə/ *n* (condition) biegunka *f*, rozwolnienie *n*; (faeces) półpłynny stolec *m*
diarrhoeal GB, **diarrheal** US /ˌdaɪəˈrɪəl/ *adj* biegunkowy
diary /ˈdaɪərɪ/ *n* 1 (for appointments) terminarz *m*, agenda *f*; **to put sth in one's ~** zanotować coś w terminarzu; **my ~ is full** mam mnóstwo spraw 2 (journal) dziennik *m*, pamiętnik *m*; **to keep a ~** prowadzić dziennik, pisać pamiętnik 3 Journ kronika *f* towarzyska; **sports ~** kronika sportowa
diaspora /daɪˈæspərə/ *n* diaspora *f*; Relig, Hist **the Diaspora** diaspora żydowska
diastase /ˈdaɪəsteɪz/ *n* diastaza *f*
diastole /daɪˈæstəlɪ/ *n* Physiol rozkurcz *m* serca
diatom /ˈdaɪətəm, US -tɒm/ *n* Bot okrzemka *f*
diatomic /ˌdaɪəˈtɒmɪk/ *adj* dwuatomowy
diatonic /ˌdaɪəˈtɒnɪk/ *adj* Mus diatoniczny
diatribe /ˈdaɪətraɪb/ *n* diatryba *f* **(against sb/sth** przeciw komuś/czemuś)
diazepam /daɪˈæzɪpæm/ *n* Pharm diazepam *m*
dibasic /daɪˈbeɪsɪk/ *adj* dwuzasadowy
dibber /ˈdɪbə(r)/ *n* Hort sadzak *m* ogrodniczy
dibble /ˈdɪbl/ **I** *n* = **dibber**
II *vt* Hort dołkować (pod sadzenie); **to ~ holes in the soil** zrobić dołki w ziemi
III *vi* z|robić dołki
dibs /dɪbz/ *npl* US infml baby talk **~ on those potato chips** zaklepuję te chipsy infml
dice /daɪs/ **I** *n* (*pl* **~)** Games (object) kostka *f*; (game) kości *plt*; **to throw** or **roll the ~** rzucić kostkę; **no ~!** infml (refusal) nie ma mowy!; **it was no ~** (no luck) nici or guzik z tego! infml
II *vt* Culin po|kroić w kostkę
III *vi* grać w kości; **to ~ for sth** rzucić kości o coś
IDIOMS: **the ~ are loaded against him** los mu nie sprzyja; **to ~ with death** igrać z ogniem
dicey /ˈdaɪsɪ/ *adj* infml 1 (risky) ryzykowny; **it's a ~ business** to ryzykowne przedsięwzięcie 2 (uncertain, unreliable) *[map, weather, future]* niepewny; **to look ~** wyglądać niepewnie
dichloride /daɪˈklɔːraɪd/ *n* dwuchlorek *m*
dichotomy /daɪˈkɒtəmɪ/ *n* dychotomia *f*
dichromate /daɪˈkrəʊmeɪt/ *n* dwuchromian *m*
dichromatic /ˌdaɪkrəʊˈmætɪk/ *adj* dwubarwny
dick /dɪk/ **I** *n* vulg 1 (penis) chuj *m* vulg; fiut *m* vinfml 2 US infml (detective) glina *f* infml 3 US vulg = **dickhead**
II *vt* US vulg jebać vulg
III *vi* vinfml (also **~ around)** opieprzać się, opierniczać się vinfml
dickens /ˈdɪkɪnz/ *n* infml dat **where/who /what the ~...?** gdzie/kto/co u diaska...? infml dat; **to have the ~ of a job** or **time doing sth** pierońsko się namęczyć, żeby zrobić coś infml
Dickensian /dɪˈkenzɪən/ *adj [character, world, Christmas]* dickensowski; pej *[conditions, buildings]* nędzny
dicker /ˈdɪkə(r)/ *vi* infml targować się **(for sth** o coś)
dickey /ˈdɪkɪ/ *n* = **dicky**
dickhead /ˈdɪkhed/ *n* GB vulg kretyn *m*; ciul *m* vulg
dickie bow /ˈdɪkɪbəʊ/ *n* infml mucha *f* infml
dicky[1] /ˈdɪkɪ/ *n* (shirt-front) gors *m (pod smoking)*
dicky[2] /ˈdɪkɪ/ *adj* GB infml *[heart]* słaby; *[condition]* kiepski
dicky-bird /ˈdɪkɪbɜːd/ *n* infml 1 (bird) baby talk ptaszek *m* infml 2 hum **I didn't say a ~** słowa nie pisnąłem; **not a ~** (order) ani mru mru infml
dicta /ˈdɪktə/ *npl* → **dictum**
Dictaphone® /ˈdɪktəfəʊn/ *n* dyktafon *m*
dictate **I** /ˈdɪkteɪt/ *n* 1 (decree) nakaz *m*; dyktat *m* fml 2 (promptings) nakaz *m*; **to follow the ~ of one's conscience** postępować zgodnie z własnym sumieniem
II /dɪkˈteɪt, US ˈdɪkteɪt/ *vt* 1 (read out) po|dyktować, przedyktować *[letter, text, sentence]* **(to sb** komuś) 2 (prescribe) dyktować *[terms, conditions, fashion]* **(to sb** komuś); narzuc|ić, -ać *[action, behaviour, attitude]* **(to sb** komuś); **the custom ~s that...** zwyczaj nakazuje, żeby...
III /dɪkˈteɪt, US ˈdɪkteɪt/ *vi* 1 (read aloud) po|dyktować **(to sb** komuś) 2 (give orders) dyrygować, rządzić **(to sb** kimś); **I won't have him dictating to me!** nie pozwolę, żeby mną rządził or dyrygował!
dictating machine *n* dyktafon *m*
dictation /dɪkˈteɪʃn/ *n* 1 (reading aloud) dyktowanie *n* **(of sth** czegoś); **to take ~** notować pod dyktando 2 Sch dyktando *n*; **to give a ~** zrobić dyktando; **to do a ~** napisać dyktando 3 fml (of terms, conditions, fashion) podyktowanie *n*; (of situation, behaviour) narzucenie *n* **(of sth** czegoś)
dictator /dɪkˈteɪtə(r), US ˈdɪkteɪtər/ *n* 1 Pol dyktator *m*, -ka *f* 2 fig (autocratic person) despot|a *m*,-ka *f* fig
dictatorial /ˌdɪktəˈtɔːrɪəl/ *adj* 1 *[rule, government, regime, power]* dyktatorski 2 (tyrannical) *[teacher, boss, parent]* despotyczny
dictatorially /ˌdɪktəˈtɔːrɪəlɪ/ *adv* po dyktatorsku
dictatorship /dɪkˈteɪtəʃɪp, US ˈdɪkt-/ *n* Pol 1 (form of government) dyktatura *f*; tyrania *f* fig 2 (country, regime) dyktatura *f*
diction /ˈdɪkʃn/ *n* 1 fml (enunciation) dykcja *f* **(of sth** czegoś) 2 Literat (choice of words) styl *m*; **poetic ~** styl poetycki
dictionary /ˈdɪkʃənrɪ, US -nerɪ/ **I** *n* słownik *m* **(of sth** czegoś); **a French-English ~** słownik francusko-angielski; **to look up sth in a ~** sprawdzić coś w słowniku
II *modif [definition, entry]* słownikowy; **~ page/publisher** strona/wydawca słownika
dictum /ˈdɪktəm/ *n* (*pl* **-ums, -a)** 1 (maxim) powiedzenie *n*; dictum *n* liter 2 Jur (pronouncement) opinia *f* sędziego **(on sth** w sprawie czegoś) 3 Jur → **obiter dicta**
did /dɪd/ *pt* → **do**
didactic /daɪˈdæktɪk, dɪ-/ *adj* 1 dydaktyczny 2 (pedantic) *[manner, tone]* profesorski, mentorski
diddle /ˈdɪdl/ infml **I** *vt* (swindle) o|cyganić, nab|rać, -ierać infml; **to ~ sth out of sb, to ~ sb out of sth** wycyganić coś od kogoś infml
II *vi* US (dawdle) guzdrać się

diddly /ˈdɪdlɪ/ *n* US infml (also **~ squat) to know ~** nie mieć zielonego pojęcia infml **(about sth** o czymś)

didgeridoo /ˌdɪdʒərɪˈdu:/ *n* Mus aborygeńska tuba *f*

didn't /ˈdɪdnt/ = **did not**

Dido /ˈdaɪdəʊ/ *prn* Dydona *f*

die[1] /daɪ/ **I** *vt* (*prp* **dying;** *pt, pp* **died) to ~ a violent/lingering/natural death** umrzeć śmiercią gwałtowną/powolną/naturalną; **to ~ a noble death** umrzeć z honorem; **to ~ a hero's death** polec śmiercią bohatera

II *vi* (*prp* **dying;** *pt, pp* **died)** [1] (expire, end one's life) *[person]* um|rzeć, -ierać; *[animal]* zd|echnąć, -ychać; **he knew he was dying** wiedział, że umiera; **when I ~** kiedy umrę, po mojej śmierci; **she ~d a year ago** zmarła rok temu; **as he lay dying** kiedy umierał, kiedy konał; **he ~d peacefully** miał spokojną śmierć; **to be left to ~** być pozostawionym na pewną śmierć; **to ~ in one's sleep** umrzeć podczas snu or we śnie; **to ~ young** umrzeć młodo; **to ~ a pauper** umrzeć w biedzie or w nędzy; **to ~ a happy man** umrzeć jako szczęśliwy człowiek; **to ~ of** or **from sth** umrzeć na coś *[illness]*; umrzeć z powodu czegoś *[bad treatment, neglect]*; umrzeć z czegoś *[starvation, grief]*; **to ~ of natural causes** umrzeć śmiercią naturalną; **he ~d of a broken heart** pękło mu serce fig; **nobody ever ~d of hard work** od ciężkiej pracy jeszcze nikt nie umarł [2] (be killed) z|ginąć; **to ~ doing sth** zginąć robiąc coś; **to ~ in the epidemic/in the explosion** umrzeć podczas epidemii/zginąć w wyniku eksplozji; **they were going to rescue them or ~ in the attempt** mieli ich uratować albo sami zginąć; **to ~ in action/in the line of duty** zginąć w boju/na posterunku; **he'd sooner** or **rather ~ than do sth** prędzej by umarł, niż zrobiłby coś; **I'd sooner ~!** prędzej umrę!; **to ~ by one's own hand** liter zginąć z własnej ręki; **to ~ for sth** umrzeć or zginąć za coś *[country, beliefs]* [3] (wither) *[plant, crop]* us|chnąć, -ychać [4] fig um|rzeć, -ierać, s|konać **(of sth** z czegoś); **to ~ of boredom/embarrassment/fright** umierać z nudów/ze wstydu/ze strachu; **I'll ~ if I have to go there again** nie przeżyję (tego), jeśli znów będę musiał tam pójść; **I wanted to ~** or **I could have ~d when...** chciałem się zapaść pod ziemię, kiedy...; **I thought I'd/he'd ~ of shock when...** myślałem, że padnę/że padnie, kiedy... infml; **I nearly/I could have ~d laughing** o mało nie skonałem /myślałem, że skonam ze śmiechu [5] infml (long) **to be dying for sth** marzyć o czymś *[cup of tea, something to eat]*; nie móc się doczekać czegoś *[break, change]*; **clothes to ~ for** infml wymarzone ciuchy infml; **I'm dying to find out what he said** nie mogę się doczekać, żeby się dowiedzieć, co powiedział [6] (go out) *[light, flame, spark]* z|gasnąć [7] (fade) *[love, hatred]* wygas|nąć, -ać; *[memory]* za|trzeć, -cierać się; *[fame]* przemi|nąć, -jać; *[tradition]* za|ginąć; *[bitterness, resentment]* prze|jść, -chodzić; *[tradition, language]* obum|rzeć, -ierać; **the secret ~d with her** sekret zabrała ze sobą do grobu [8] hum (cease functioning) *[machine, engine]* wysi|ąść, -adać, zd|echnąć, -ychać infml; **the engine spluttered and then ~d** silnik zagrzechotał, a potem zdechł; **the car suddenly ~d on me** samochód nagle mi zgasł [9] infml (on stage) *[comedian, entertainer]* zbłaźnić się infml

■ **die away** *[sounds, wind]* u|cichnąć; *[rain]* usta|ć, -wać

■ **die back** *[plant, shrub]* obum|rzeć, -ierać; *[leaves, stems]* us|chnąć, -ychać

■ **die down** [1] (lose strength) *[storm, wind, waves, emotion, row]* uspok|oić się, -ajać się; *[noise, scandal, rumours]* przycich|nąć, -ać; *[pain, swelling, infection]* ust|ąpić, -ępować; *[flames]* przygas|nąć, -ać; *[tremors, opposition, fighting, support, enthusiasm]* o|słabnąć; **when all the fuss ~s down** kiedy uspokoi się całe to zamieszanie [2] Bot, Hort obum|rzeć, -ierać

■ **die off** *[people, animals, plants]* wym|rzeć, -ierać; *[plants, bacteria]* wy|ginąć

■ **die out** [1] (become extinct) *[plants, animals, dialect, practice, ritual]* wym|rzeć, -ierać; *[clan, tribe, dynasty]* wygas|nąć, -ać [2] (ease off) *[showers, rain]* ust|ąpić, -ępować

IDIOMS: **never say ~!** nie opuszczaj rąk!, nie rezygnuj!; **to ~ hard** *[prejudice, misconception]* być trudnym do wykorzenienia; **to ~ in one's bed** umrzeć we własnym łóżku; **you only ~ once** raz kozie śmierć

die[2] /daɪ/ *n* [1] Games (*pl* **dice)** kość *f* do gry [2] Tech (for stamping metal) matryca *f* [3] Tech (for screw threads) gwintownik *m*

IDIOMS: **the ~ is cast** kości zostały rzucone; **to be as straight as a ~** być kryształowo uczciwym człowiekiem

die-cast /ˈdaɪkɑ:st, US -kæst/ *adj* odlewany pod ciśnieniem

die-casting /ˈdaɪkɑ:stɪŋ, US -kæstɪŋ/ *n* odlewanie *n* kokilowe

diehard /ˈdaɪhɑ:d/ **I** *n* [1] pej (conservative) twardogłow|y *m*, -a *f* pej [2] (stubborn person) charakterniak *m* infml

II *adj* [1] Pol (in party) reakcyjny, wsteczny [2] pej (conservative) zacofany [3] (stubborn person) uparty; charakterny infml

dielectric /ˌdaɪɪˈlektrɪk/ Electr **I** *n* dielektryk *m*

II *adj* dielektryczny

dieresis /daɪˈerəsɪs/ *n* US = **diaeresis**

diesel /ˈdi:zl/ *n* [1] (engine) diesel *m* [2] (locomotive) lokomotywa *f* spalinowa; (vehicle) (also **~ car)** samochód *m* z silnikiem diesla, diesel *m* [3] (also **~ fuel, ~ oil)** olej *m* napędowy

diesel-electric /ˌdi:zlɪˈlektrɪk/ *adj* spalinowo-elektryczny

diesel engine *n* Tech (in car) silnik *m* Diesla; (in train) silnik *m* wysokoprężny

diesel train *n* pociąg *m* z lokomotywą spalinowo-elektryczną

diesinker /ˈdaɪsɪŋkə(r)/ *n* ślusarz *m* precyzyjny

diestamping /ˈdaɪstæmpɪŋ/ *n* tłoczenie *n*

diestock /ˈdaɪstɒk/ *n* gwintownica *f*

diet[1] /ˈdaɪət/ **I** *n* [1] (food habits) (of person) sposób *m* odżywiania się, dieta *f*; (of animal) pokarm *m*; **to live on a ~ of cakes and ice cream** żywić się ciastkami i lodami; **a healthy ~ of vegetables and whole grains** zdrowe pożywienie składające się z warzyw i potraw zbożowych z pełnego ziarna; **rice is the staple ~ in China** ryż jest podstawowym pożywieniem w Chinach; **a vitamin deficiency in the ~** niedobór witamin w diecie or pożywieniu [2] Med (limiting food) dieta *f*; **to be on a ~** być na diecie; **to go on a ~** przejść na dietę; **to put sb on a ~** przepisać or zalecić komuś dietę; **to stick to a ~** przestrzegać diety [3] fig strawa *f* duchowa, pokarm *m* dla ducha fig; **a ~ of comedies and soap operas** strawa duchowa w postaci komedii i oper mydlanych

II *modif [biscuit, drink]* niskokaloryczny, dietetyczny; **~ pill** pigułka na odchudzanie

III *vi* za|stosować dietę; *[overweight person]* odchudz|ić, -ać się

diet[2] /ˈdaɪət/ *n* Hist, Pol (legislative assembly) zgromadzenie *n* ustawodawcze

dietary /ˈdaɪətrɪ, US -terɪ/ *adj [habits, needs]* żywieniowy; *[problem]* związany z odżywianiem się; **by ~ methods** za pomocą diety, stosując dietę

dietary fibre *n* GB, **dietary fiber** US błonnik *m*

dietary supplement *n* witaminy *f pl* i mikroelementy *m pl*

diet doctor *n* US dietety|k *m*, -czka *f*

dietetic /ˌdaɪəˈtetɪk/ *adj* dietetyczny

dietetics /ˌdaɪəˈtetɪks/ *n (+ v sg)* dietetyka *f*

dietician, dietitian /ˌdaɪəˈtɪʃn/ *n* dietety|k *m*, -czka *f*

diff /dɪf/ *n* US = **difference** różnica *f*; **what's the ~?** co (to) za różnica?, jaka to różnica?

differ /ˈdɪfə(r)/ *vi* [1] (be different) różnić się **(from sb/sth** od kogoś/czegoś); **to ~ in sth** różnić się czymś; **to ~ in that...** różnić się tym, że...; **to ~ widely/markedly** różnić się bardzo/znacząco; **tastes ~** są gusta i guściki [2] (disagree) **to ~ from sb** być odmiennego niż ktoś zdania **(about** or **on sth** jeśli chodzi o coś, co do czegoś); **I ~ with you** mam odmienne zdanie; **I must ~ with you** nie mogę się z tobą zgodzić; **I beg to ~** pozwalam sobie mieć odmienne zdanie fml; **we must agree to ~** pozostaniemy każdy przy swoim zdaniu

difference /ˈdɪfrəns/ *n* [1] (dissimilarity) różnica *f* **(between sb/sth and sb/sth** pomiędzy kimś/czymś a kimś/czymś); **~ in** or **of sth** różnica w czymś, różnica czegoś; **age ~** różnica wieku; **what's the ~ between...?** jaka jest różnica między...?; **what's the ~?** (it doesn't matter) co za różnica?; **to tell the ~ between sth and sth** odróżnić coś od czegoś; **I can't tell** or **see the ~** nie widzę różnicy; **to make a ~** zmieniać wszystko; **to make a ~ to sth** zmieniać coś; **it makes no ~ what I do** nie ma żadnego znaczenia, co zrobię; **it makes all the ~** or **a world of ~** to wszystko zmienia, to całkiem co innego; **will it make any ~ (to you) if I come later?** czy zrobi ci różnicę, jeśli przyjdę później?; **what a ~ that makes!** co za różnica!; **it makes no ~ to me** to mi nie robi różnicy, wszystko mi jedno; **what ~ does it make if...?** co za różnica, jeśli...?; **it will cost you £5 or as near as makes no ~** będzie cię to kosztować 5 funtów lub niewiele więcej; **a shampoo**

D

with a ~ Advert szampon inny niż wszystkie [2] (disagreement) nieporozumienie *n*, różnica *f* zdań **(over sth** co do czegoś); **we have had our ~s but...** były między nami nieporozumienia, ale...; **to settle one's ~s** dojść do porozumienia; **a ~ of opinion** różnica zdań [3] Math różnica *f*; **multiply the sum of the figures by the ~ between them** pomnóż sumę tych liczb przez ich różnicę

different /ˈdɪfrənt/ *adj* [1] (dissimilar) inny **(from** or **to** GB or **than** US **sb/sth** niż ktoś /coś); **in a ~ way** inaczej; **they are ~ in that respect/in their views** różnią się pod tym względem/w poglądach; **that's ~** or **a ~ matter** to zupełnie co innego; **to feel a ~ person** czuć się innym człowiekiem; **you're no ~ from them** jesteś od nich nie lepszy; **it would have been a ~ story if...** co innego, gdyby...; **but I know ~** infml ale ja wiem swoje [2] (diverse) różny; **people have very ~ opinions about that** ludzie mają bardzo różne opinie na ten temat [3] (distinct) różny; **medals from ~ countries** medale z różnych krajów; **I've been to five ~ shops** byłem w pięciu różnych sklepach [4] (unusual) inny, niezwykły, niezwyczajny; **well, it's certainly ~!** no, to z pewnością jest inne (niż wszystkie)!; **something a bit ~ for a present** coś niebanalnego na prezent; **he always has to be ~** on zawsze musi się czymś wyróżniać

differential /ˌdɪfəˈrenʃl/ **I** *n* [1] (in price, rate, pay) różnica *f*; **pay** or **wage ~s** różnice płacowe [2] Math różniczka *f* [3] Aut dyferencjał *m*, mechanizm *m* różnicowy

II *adj* [1] zróżnicowany [2] Math, Aut różniczkowy

differential calculus *n* rachunek *m* różniczkowy

differential equation *n* równanie *n* różniczkowe

differential gear *n* dyferencjał *m*, mechanizm *m* różnicowy

differentially /ˌdɪfəˈrenʃəlɪ/ *adv [affect, benefit]* w zróżnicowany sposób; **to tax sth ~** zastosować zróżnicowaną stawkę podatkową w stosunku do czegoś

differential operator *n* operator *m* różniczkowy

differential pricing *n* zróżnicowanie *n* cen

differentiate /ˌdɪfəˈrenʃɪeɪt/ **I** *vt* [1] (tell the difference) odróżni|ć, -ać, rozróżni|ć, -ać; **can you ~ the two species/one species from the other** czy potrafisz rozróżnić te dwa gatunki/odróżnić jeden gatunek od drugiego [2] (make the difference) odróżni|ć, -ać **(from sb/sth** od kogoś/czegoś); **the marks on the plumage ~ the male from the female** plamki na upierzeniu odróżniają samca od samicy; **to be ~d by sth** odróżniać się czymś [3] Math z|różniczkować

II *vi* [1] (tell the difference) odróżni|ć, -ać, rozróżni|ć, -ać; **I can't ~ between brown and green** nie rozróżniam brązowego i zielonego [2] (show the difference) *[person, analyst]* rozróżni|ć, -ać; **the writer ~s between the social and the economic causes of the revolution** pisarz rozróżnia społeczne i ekonomiczne przyczyny rewolucji [3] (discriminate) *[person]* z|robić różnicę **(between sb and sb** pomiędzy kimś a kimś)

III differentiated *pp adj [product]* odróżniający się; **the characters are clearly ~d** postacie wyraźnie różnią się między sobą

differentiation /ˌdɪfərenʃɪˈeɪʃn/ *n* [1] (distinction) **~ between sth and sth** rozróżnienie pomiędzy czymś a czymś; **~ from sth** odróżnienie od czegoś; **a clear ~ of roles /responsibilities** jasny podział ról /obowiązków; **product ~** Comm indywidualizacja wyrobu, różnicowanie produktu [2] Math różniczkowanie *n*

differently /ˈdɪfrəntlɪ/ *adv* [1] (in another way) inaczej **(from sb/sth** niż ktoś/coś); **I'd have done it ~** ja zrobiłbym to inaczej; **you may well feel ~ about it when you see the results** bardzo możliwe, że będziesz innego zdania, kiedy zobaczysz rezultaty [2] (in different ways) inaczej, odmiennie; **age affects men and women ~** inaczej starzeją się kobiety, a inaczej mężczyźni; **we all see this ~** każdy widzi to inaczej or odmiennie

difficult /ˈdɪfɪkəlt/ *adj* [1] (hard, not easy to do) *[task, choice, question, puzzle]* trudny; **it is ~ to learn Russian, Russian is ~ to learn** trudno nauczyć się rosyjskiego; **it will be ~ (for us) to decide** trudno (nam) będzie zdecydować; **it is ~ to do sth** trudno zrobić coś; **it is ~ for me to understand, I find it ~ to understand** trudno mi to zrozumieć; **what I find ~ about it is...** trudne w tym dla mnie jest...; **what is so ~ about it?** co w tym jest takiego trudnego?; **to prove ~** okazać się trudnym [2] (complex, inaccessible) *[author, novel, concept]* trudny **(for sb** dla kogoś) [3] (awkward) *[period, years, position, person, client, case]* trudny **(for sb** dla kogoś); **14 is a ~ age** 14 lat to trudny wiek; **to make life ~ for sb** utrudniać komuś życie; **to be ~ about sth/doing sth** robić trudności z czymś/ze zrobieniem czegoś; **he is ~ to live with** or **to get on with** trudno z nim wytrzymać

difficulty /ˈdɪfɪkəltɪ/ *n* [1] (of task, activity, situation) trudność *f*; **the ~ of the task/of deciding what to do** trudność tego zadania/podjęcia decyzji, co zrobić; **to have ~ in breathing** mieć trudności z oddychaniem; **to have (great** or **the greatest) ~ (in) doing sth** mieć (ogromne) trudności ze zrobieniem czegoś, z trudem robić coś; **to have ~ with one's eyesight** mieć kłopoty or problemy ze wzrokiem; **with ~** z trudem, z trudnością; **without ~** bez trudu, bez trudności [2] (problem) trudność *f*, kłopot *m*; **to have a lot of difficulties** mieć mnóstwo kłopotów or problemów; **to get oneself in** or **run into difficulties with the police/authorities** popaść w kłopoty z policją/władzami; **to get into difficulties, to find oneself in difficulties** znaleźć się w kłopotach or tarapatach; **to make difficulties for somebody** robić komuś trudności; **the ~ is that...** problem polega na tym, że... [3] (of author, style) trudność *f*

diffidence /ˈdɪfɪdəns/ *n* (lack of self-confidence) brak *m* pewności (siebie); (shyness) nieśmiałość *f*; **I don't understand your ~ about asking for a pay rise** nie rozumiem, czemu krępujesz się poprosić o podwyżkę

diffident /ˈdɪfɪdənt/ *adj [person]* (not self-confident) niepewny siebie, bez wiary w siebie; (modest) nieśmiały, skromny; **she is rather ~ about expressing her views** niechętnie wyraża swoją opinię

diffidently /ˈdɪfɪdəntlɪ/ *adv [stand, smile]* nieśmiało

diffract /dɪˈfrækt/ *vt* Phys ugi|ąć, -nać, podda|ć, -wać dyfrakcji

diffraction /dɪˈfrækʃn/ *n* Phys ugięcie *n*, dyfrakcja *f*

diffraction grating *n* siatka *f* dyfrakcyjna

diffuse **I** /dɪˈfjuːs/ *adj* [1] Phys *[light, gas]* rozproszony; *[picture]* rozmyty [2] *[disease]* szeroko rozprzestrzeniony; *[organization]* rozproszony [3] *[style]* rozwlekły; *[writer, speaker]* posługujący się rozwlekłym stylem

II /dɪˈfjuːz/ *vt* [1] rozpr|oszyć, -aszać *[light]*; s|powodować przenikanie (czegoś) *[particles]* [2] szerzyć *[knowledge]*; rozpowszechni|ć, -ać *[ideas, news]*

III /dɪˈfjuːz/ *vi* [1] *[particles]* przenik|nąć, -ać, dyfundować; *[light]* rozpr|oszyć, -aszać się [2] *[news, custom]* rozprzestrzeni|ć, -ać się

IV diffused *pp adj [light, lighting]* rozproszony

diffusely /dɪˈfjuːslɪ/ *adv [speak, write]* rozwlekle

diffuseness /dɪˈfjuːsnɪs/ *n* (of argument) rozwlekłość *f*; (of organization) rozproszenie *n*

diffuser /dɪˈfjuːzə(r)/ *n* dyfuzor *m*

diffusion /dɪˈfjuːʒn/ *n* dyfuzja *f*, rozproszenie *n*

dig /dɪg/ **I** *n* [1] (poke) (with elbow, finger) szturchaniec *m*; (with fist) kuksaniec *m*; **to give sb a ~ in the ribs** szturchnąć kogoś w żebra [2] infml (jibe) przytyk *m* **(at sb** pod adresem kogoś); **to take** or **get in a ~ at sb** zrobić przytyk pod adresem kogoś [3] Archeol wykopaliska *n pl*; **to go on a ~** pojechać na wykopaliska [4] Hort kopanie *n*; **to give the garden a ~** skopać ogród

II digs *npl* GB (room) wynajęty pokój *m*; **to live in ~s** mieszkać w wynajętym pokoju

III *vt* **(prp -gg-; pt, pp dug)** [1] (excavate) wykop|ać, -ywać, kopać *[ditch, grave, trench]* **(in sth** w czymś); przekop|ać, -ywać *[tunnel]*; **to ~ a path through the snow** wykopać ścieżkę w śniegu; **to one's way** or **oneself out of sth** wygrzebać or wydostać się z czegoś [2] Hort skopać, przekop|ać, -ywać *[garden, plot]*; rozkop|ać, -ywać *[site]* [3] (extract) kopać *[root crops, potatoes]* **(out of sth** z czegoś); wydoby|ć, -wać *[coal, turf]* **(out of sth** z czegoś) [4] (embed) wbi|ć, -jać *[knife, needle]* **(into sth** w coś); **you're ~ging your nails into my arm** wbijasz mi paznokcie w rękę [5] US infml (like) **she really ~s that guy** naprawdę podoba jej się ten facet infml; **I don't ~ westerns** nie lubię westernów [6] US infml (understand) s|kapować, załap|ać, -ywać infml [7] US infml dat (look at) patrzeć na (coś); **~ that tie!** popatrz na ten krawat!

IV *vi* **(prp -gg-; pt, pp dug)** [1] (excavate) kopać; Archeol prowadzić wykopaliska; **to ~ for sth** kopać w poszukiwaniu czegoś *[ore,* *remains, treasure]*; **to ~ into one's reserves** sięgnąć do zapasów [2] (search) **to ~ in** or **into sth** przeszuk|ać, -iwać *[pockets, bag, records]*; **she dug into her bag for her ticket** grzebała w torbie w poszukiwaniu biletu; **to ~ for information** szukać informacji [3] **to ~ into sth** (uncomfortably) *[springs, thorns]* wbi|ć, -jać się w coś *[body part]*

■ **dig in**: ¶ [1] Mil okop|ać, -ywać się; um|ocnić, -acniać swoją pozycję fig [2] infml (eat) zacząć wcinać infml; **~ in everybody!** (at meal) wcinajcie! ¶ **~ in [sth], ~ [sth] in** Hort zakop|ać, -ywać *[compost, fertilizer]*; (embed) wbi|ć, -jać *[stake, teeth, weapon]*; **to ~ oneself in** Mil okopać się also fig

■ **dig into**: **~ into [sth]** [1] grzebać w (czymś) *[bag, pockets]*; przekop|ać, -ywać *[pockets]*; **to ~ into sb's past** fig odgrzebywać przeszłość kogoś [2] infml (eat) zacz|ąć, -ynać wcinać infml *[cake, meal]*

■ **dig out**: **to ~ out [sth], to ~ [sth] out** wykop|ać, -ywać *[root, weed]* **(of sth** z czegoś); wyciąg|nąć, -ać *[nail, splinter]* **(of sth** z czegoś); odkop|ać, -ywać *[body]* **(of sth** z czegoś); fig wy|szperać *[facts, information]* **(of sth** w czymś)

■ **dig up**: **~ up [sth], ~ [sth] up** (unearth) odgrzeb|ać, -ywać *[body]*; odkop|ać, -ywać *[ruin, treasure]*; wykop|ać, -ywać *[crop, plant]*; wy|karczować *[root, tree]*; rozkop|ać, -ywać *[road]*; (turn over) przekop|ać, -ywać *[ground, soil]*; skopać *[garden]*; fig (discover) dokop|ać, -ywać się do (czegoś) fig *[information, facts, scandal]*

digest **I** /ˈdaɪdʒest/ *n* [1] (summary) skrót *m*, streszczenie *n*; **in ~ form** w formie streszczenia [2] (periodical) przegląd *m*

II /daɪˈdʒest, dɪ-/ *vt* [1] s|trawić *[food]*; **easy /difficult to ~** lekkostrawny/ciężkostrawny [2] fig (assimilate mentally) przetrawi|ć, -ać fig *[facts, information]*; poj|ąć, -mować *[implication]*

III /daɪˈdʒest, dɪ-/ *vi* *[food, meal]* zostać strawionym

digestible /dɪˈdʒestəbl/ *adj* [1] (easy to digest) *[food]* strawny; **more** or **easily ~** lżej strawny [2] fig (easy to assimilate mentally) *[facts, book, form]* łatwo przyswajalny

digestion /daɪˈdʒestʃn, dɪ-/ *n* [1] (action) trawienie *n*; **to have a good/poor ~** mieć dobry/słaby żołądek [2] Chem trawienie *n*, wytrawianie *n* [3] fig (mental assimilation) przyswojenie *n*, zrozumienie *n*

digestive /dɪˈdʒestɪv, daɪ-/ **I** *n* GB (also **~ biscuit)** herbatnik *m* pełnoziarnisty

II *adj [process, organs]* trawienny

digestive system *n* system *m* trawienny

digestive tract *n* przewód *m pokarmowy*

digger /ˈdɪgə(r)/ *n* [1] (excavator) koparka *f* [2] (worker) kopacz *m* [3] infml (Australian) (also **Digger)** Australijczyk *m*

digging /ˈdɪgɪŋ/ **I** *n* [1] (in garden) kopanie *n*, przekopywanie *n*; **the ~ must be done before the ground freezes** trzeba skopać ogródek, zanim ziemia zamarznie [2] Civ Eng, Constr kopanie *n*, drążenie *n* **(for sth** czegoś); **~ for Eurotunnel** kopanie or drążenie Eurotunelu [3] Mining (excavation) wydobywanie *n* **(for sth** czegoś); (search) poszukiwanie *n* **(for sth** czegoś) [4] Archeol wykopaliska *n pl*

II diggings *npl* (material) Archeol znalezisko *n*; Mining miejsce *n* złotonośne

digit /ˈdɪdʒɪt/ *n* [1] Math cyfra *f*; **a two-~ number** liczba dwucyfrowa [2] Anat palec *m* [3] Astron *dwunasta część średnicy Słońca lub Księżyca*

digital /ˈdɪdʒɪtl/ *adj* [1] *[display, clock, recording, camera]* cyfrowy [2] Anat palcowy

digital access lock *n* zamek *m* cyfrowy

digital audio tape, DAT *n* cyfrowa taśma *f* dźwiękowa

digital certificate *n* Comput certyfikat *m* cyfrowy

digital computer *n* komputer *m* cyfrowy

digitalin /ˌdɪdʒɪˈteɪlɪn/ *n* Chem digitalina *f*

digitalis /ˌdɪdʒɪˈteɪlɪs/ *n* [1] Bot naparstnica *f* [2] Pharm digitalis *m*

digitalization /ˌdɪdʒɪtəlaɪˈzeɪʃn/ *n* Comput proces *m* transformacji danych analogowych na postać cyfrową

digital lock *n* = **digital access lock**

digital signature *n* Comput podpis *m* elektroniczny

digitize /ˈdɪdʒɪtaɪz/ *vt* Comput z|dyskretyzować *[data]*

digitizer /ˈdɪdʒɪtaɪzə(r)/ *n* Comput dyskretyzator *m*

diglossia /daɪˈglɒsɪə/ *n* Ling diglosja *f*

dignified /ˈdɪgnɪfaɪd/ *adj [person]* dostojny; *[bearing, bow, manner]* godny; *[behaviour, self-restraint]* pełen godności; **to maintain a ~ silence** zachować pełne godności milczenie

dignify /ˈdɪgnɪfaɪ/ *vt* (add distinction) doda|ć, -wać powagi (czemuś) *[things, events]*; **to ~ sth with the name** or **label of sth, to ~ sth by calling it sth** nazwać coś szumnie; **a narrow passage dignified with the name of dining hall** wąski korytarzyk szumnie nazywany jadalnią

dignitary /ˈdɪgnɪtərɪ/ *n* dygnitarz *m*, dostojnik *m*

dignity /ˈdɪgnətɪ/ *n* [1] (of person) godność *f*; (of occasion) powaga *f*; **an affront to human ~** obraza ludzkiej godności; **to be beneath sb's ~** być poniżej godności kogoś; **to stand on one's ~** unieść się godnością [2] (title) tytuł *m*, godność *f*; **to be next in ~ to sb** być od kogoś o stopień niżej rangą; **persons of ~ in the local community** osoby o wysokiej pozycji w lokalnej społeczności [3] (high position) wysoka pozycja *f*

digraph /ˈdaɪgrɑːf, US -græf/ *n* Ling dwuznak *m*

digress /daɪˈgres/ *vi* z|robić dygresję; **to ~ from a subject** zboczyć z tematu, odejść od tematu; **may I ~ for a moment?** pozwolę sobie na dygresję

digression /daɪˈgreʃn/ *n* dygresja *f*; **~ from the subject** odejście od tematu; **by way of ~** na marginesie

digressive /daɪˈgresɪv/ *adj [writer, speaker]* mający skłonność do dygresji, dygresyjny, odbiegający od tematu

dihedral /daɪˈhiːdrəl/ Math **I** *n* dwuścian *m*

II *adj* dwuścienny

dike /daɪk/ *n* → **dyke[1]** [1][5]

diktat /ˈdɪktæt/ *n* dyktat *m* fml

dilapidated /dɪˈlæpɪdeɪtɪd/ *adj [building, furniture]* rozpadający się, zniszczony; *[vehicle]* zdezelowany infml; *[state, condition]* opłakany

dilapidation /dɪˌlæpɪˈdeɪʃn/ **I** *n* ruina *f*

II dilapidations *npl* GB Jur rekompensata *f* za szkody z winy najemcy

dilate /daɪˈleɪt/ **I** *vt* Med rozszerz|yć, -ać *[arteries, pupils]*

II *vi* [1] Med (widen) *[pupil, blood vessel]* rozszerz|yć, -ać się [2] (discuss at length) **to ~ on subject of sth** rozwodzić się na temat czegoś

III dilated *pp adj [pupils]* rozszerzony; *[nostrils]* rozdęty; **to be five centimetres ~d** (in labour) mieć rozwarcie na pięć centymetrów

dilation /daɪˈleɪʃn/ *n* (of arteries, pupils) rozszerzenie (się) *n*; (of cervix) rozwarcie *n*

dilatoriness /ˈdɪlətərɪnɪs, US -tɔːrɪ-/ *n* fml opieszałość *f* **(in doing sth** w robieniu czegoś)

dilatory /ˈdɪlətərɪ, US -tɔːrɪ/ *adj* fml [1] (slow) *[person, behaviour]* opieszały; **to be ~ in doing sth** zwlekać ze zrobieniem czegoś [2] (time-wasting) *[tactics, manoeuvre]* opóźniający, obliczony na zwłokę

dilatory plea *n* Jur zarzut *m* obliczony na zwłokę w postępowaniu

dildo /ˈdɪldəʊ/ *n* [1] (object) sztuczny penis *m* [2] vinfml (idiot) pacan *m*, patafian *m* infml

dilemma /daɪˈlemə, dɪ-/ *n* rozterka *f*; dylemat *m* fml; **to be in a ~ over** or **about which to choose** być w rozterce, co wybrać; stać przed dylematem, co wybrać; **to put sb in an awful ~** postawić kogoś w bardzo kłopotliwym położeniu

IDIOMS: **to be on the horns of a ~** znaleźć się między młotem a kowadłem

dilettante /ˌdɪlɪˈtæntɪ/ **I** *n* (*pl* **-tes, -ti)** dyletant *m*, -ka *f*

II *modif [attitude]* dyletancki; **~ person** dyletant

dilettantism /ˌdɪlɪˈtæntɪzəm/ *n* dyletantyzm *m*, dyletanctwo *n*

diligence /ˈdɪlɪdʒəns/ *n* [1] (zeal) gorliwość *f* **(in sth/doing sth** w czymś/w robieniu czegoś) [2] (industry) pracowitość *f* [3] Jur **due ~** należyta staranność *f*; **to exercise due ~** działać z należytą starannością

diligent /ˈdɪlɪdʒənt/ *adj* [1] (industrious) *[person]* pracowity; *[pupil, student]* pilny [2] (conscientious) *[worker, researcher]* sumienny; *[supporter, campaigner]* gorliwy **(in doing sth** w czymś/w robieniu czegoś) [3] *[work, research]* sumienny, skrupulatny; *[efforts]* usilny

diligently /ˈdɪlɪdʒəntlɪ/ *adv* [1] (conscientiously) sumiennie, skrupulatnie [2] (with application) z zaangażowaniem

dill /dɪl/ *n* Bot koper *m* ogrodowy

dill pickle *n* ≈ ogórki *m pl* konserwowe

dilly /ˈdɪlɪ/ *n* US infml [1] (person) okaz *m*; unikat *m* infml [2] (thing) coś niesamowitego, rewelacja *f* infml; **a ~ of a problem** niezła zagwozdka infml

dillydally /ˈdɪlɪdælɪ/ *vi* infml [1] (dawdle) marudzić, guzdrać się infml [2] (waste time) obijać się infml [3] (hesitate) wahać się

dillydallying /ˈdɪlɪdælɪɪŋ/ *n* infml guzdranie się *n*

D

dilute /daɪˈljuːt, US -ˈluːt/ **I** *adj [liquid, solution, mixture]* rozcieńczony
II *vt* [1] (make weaker) rozcieńcz|yć, -ać *[liquid, paint, varnish]* **(with sth** czymś) [2] (make thinner) rozrzedz|ić, -ać *[soup, sauce, glue]* **(with sth** czymś) [3] (make brighter) rozjaśni|ć, -ać *[colour]* **(with sth** czymś) [4] fig osłabi|ć, -ać *[influence, responsibility]*; obniży|ć, -ać *[standards, systems]*; za|hamować *[development]*
III diluted *pp adj* rozrzedzony, rozcieńczony **(with sth** czymś)

diluted shares *npl* Fin rozwodnienie *n* udziałów

diluter /daɪˈljuːtə(r), US -ˈluːt-/ *n* Chem rozcieńczalnik *m*

dilution /daɪˈljuːʃn, US -ˈluː-/ *n* [1] (of liquid, paint) rozcieńczenie *n* **(with sth** czymś) [2] (of influence) fig osłabienie *n*; (of standard) obniżenie *n* [3] Fin **~ of equity** obniżenie wartości akcji

dim /dɪm/ **I** *adj* [1] (badly lit) *[corner, corridor]* ciemny [2] (not bright) *[glow, gleam, light]* przyćmiony; **the twilight was growing ~mer** zapadał zmierzch or zmrok [3] (weak) *[lamp, vision, voice]* słaby [4] (hard to see) *[shape, figure]* niewyraźny [5] (vague) *[recollection, memory]* niewyraźny, mglisty; *[feeling, awareness]* niejasny; **to have a ~ memory of sth** mgliście coś pamiętać [6] (dull) *[pewter, brass, glass]* matowy [7] (pale) *[shade, hue, colour]* wyblakły [8] infml (stupid) infml *[person]* ciemny, tępy infml; *[remark]* głupi [9] (not favourable) *[future]* niewesoły; *[prospect, outlook]* marny
II *vt* (*prp, pt, pp* **-mm-**) [1] (turn down) przyga|sić, -szać, ściemni|ć, -ać *[light, lighting]*; przykręc|ić, -ać *[oil lamp, gas lamp]*; **to ~ one's headlights** US Aut przełączyć z długich na światła mijania [2] (make vague) za|trzeć, -cierać *[memory, recollection]*; zamaz|ać, -ywać *[shape, outline, view]* [3] (make weaker) osłabi|ć, -ać *[eyesight, ability, perception]*; przy|tłumić *[noise]*; fig studzić *[passion]*; rozwiewać *[hopes]*; **tears ~med her eyes** oczy jej zaszły łzami [4] (cause to fade) przyćmi|ć, -ewać *[beauty]* [5] (make dull) z|matowić *[polish, shine, metal]*
III *vi* (*prp, pt, pp* **-mm-**) [1] (become less intense) *[lights, glow]* przygas|nąć, -ać [2] (become vague) *[recollection, memory]* za|trzeć, -cierać się [3] (become weaker) *[eyesight, hope]* o|słabnąć; *[glory, beauty]* z|blednąć [4] (become dull) *[shiny things, surfaces]* z|matowieć [5] (fade) *[colour, brightness]* wy|blaknąć
IDIOMS: **to take a ~ view of sth** patrzeć nieprzychylnym okiem na coś, nie aprobować czegoś

dime /daɪm/ *n* US dziesięciocentówka *f*; fig grosz *m*
IDIOMS: **I haven't got a ~** nie mam złamanego grosza; **not worth a ~** infml nie wart grosza or złamanego szeląga; **to stop/turn on a ~** infml zatrzymać się /zawrócić niemal w miejscu; **they are a ~ a dozen** infml jest ich na kopy

dime bag *n* US infml (of drug) działka *f (warta 10 dolarów)*

dime novel *n* US powieść *f* brukowa

dimension /dɪˈmenʃn/ **I** *n* [1] (aspect) wymiar *m*; **to bring** or **add a new ~ to the problem/discussion** nadać problemowi/dyskusji nowy wymiar; **to take on a whole new ~** nabrać całkiem innego wymiaru [2] Archit, Math, Tech wymiar *m*, wielkość *f*
II dimensions *npl* (scope) zasięg *m*, rozmiary *m pl* **(of sth** czegoś); **of enormous ~s** ogromnych rozmiarów

-dimensional /-dɪˈmenʃənl/ *in combinations* **two-/three-~** dwuwymiarowy/trójwymiarowy → **one-dimensional**

dime store *n* US tani sklep *m* wielobranżowy

diminish /dɪˈmɪnɪʃ/ **I** *vt* [1] (reduce) zmniejsz|yć, -ać *[quantity, proportion, supplies]* [2] (weaken) osłabi|ć, -ać *[authority, control, enthusiasm, love, hope]*; z|mącić *[happiness]* [3] (denigrate) pomniejsz|yć, -ać *[achievement]*; nadszarp|nąć, -ywać *[reputation]*; poniż|yć, -ać *[person]*
II *vi* [1] (decrease) *[numbers, funds, supplies, chances]* z|maleć, zmniejsz|yć, -ać się; *[value, interest rate]* spa|ść, -dać; **to ~ in value** stracić na wartości; **to ~ in numbers** zmniejszyć się liczebnie [2] (weaken) *[emotion, strength, influence, resistance, popularity]* o|słabnąć; *[happiness]* przygas|nąć, -ać; *[after-effects]* ust|ąpić, -ępować
III diminished *pp adj* [1] (reduced in quantity or intensity) *[amount]* zmniejszony; *[level, rate]* obniżony; *[income, value]* obniżony, zmniejszony; *[force, enthusiasm, support]* słabszy, mniejszy [2] (reduced in status) *[person]* przegrany infml; *[position, honour]* nadwątlony [3] Jur **~ed responsibility** zmniejszona odpowiedzialność; **on grounds of ~ed responsibility** z uwagi na zmniejszoną odpowiedzialność [4] Mus zmniejszony; **a ~ed fifth** zmniejszona kwinta
IV diminishing *prp adj [number]* malejący; *[level, rate]* spadający; *[popularity, effect]* słabnący *[funds, resources]* topniejący; **the law of ~ing returns** prawo malejących przychodów krańcowych

diminuendo /dɪˌmɪnjʊˈendəʊ/ Mus **I** *n* diminuendo *n inv*
II *adj* diminuendo
III *adv* diminuendo, coraz ciszej

diminution /ˌdɪmɪˈnjuːʃn, US -ˈnuːʃn/ *n* (of income) zmniejszenie *n* **(of** or **in sth** czegoś); (of funds) uszczuplenie *n* **(of** or **in sth** czegoś); (of level, rate, rank) obniżenie *n* **(of** or **in sth** czegoś); (of intensity, power, role) osłabienie *n* **(in** or **of sth** czegoś); Mus dyminucja *f*

diminutive /dɪˈmɪnjʊtɪv/ **I** *n* Ling zdrobnienie *n*
II *adj* [1] (minute) *[person, figure]* drobny; *[object]* malutki [2] Ling *[suffix]* zdrabniający; *[form of word]* zdrobniały

dimity /ˈdɪmətɪ/ *n* Tex dymka *f*

dimly /ˈdɪmlɪ/ *adv* [1] (not brightly) *[glow, shine]* słabo, blado; **~ lit** słabo oświetlony [2] *[perceive, make out, visible]* niewyraźnie [3] *[remember, recall]* mgliście; **I ~ recall that...** pamiętam, jak przez mgłę, że...; **to be ~ aware of sth** niejasno zdawać sobie sprawę z czegoś

dimmer /ˈdɪmə(r)/ *n* [1] (also **~ switch**) regulator *m* oświetlania, ściemniacz *m* [2] US Aut (headlight) światło *n* mijania; (parking light) światło *n* postojowe

dimming /ˈdɪmɪŋ/ *n* [1] (of lights) przygaszenie *n*, przyciemnienie *n*, ściemnienie *n* [2] (of shiny surface) zmatowienie *n* [3] (of hope, glory) przygaśnięcie *n*

dimness /ˈdɪmnɪs/ *n* [1] (of interior) półmrok *m*; **the ~ of the lamp/torch** słabe światło lampy/latarki [2] (of recollection, figure, outline) **despite the ~ of the figure** pomimo, że sylwetka była niewyraźna or zamazana; **the ~ of people's recollections of those times** mgliste or niewyraźne wspomnienia ludzi o tamtych czasach [3] (of eyesight) niedowidzenie *n* [4] (of surface) matowość *n*

dimorphism /daɪˈmɔːfɪzəm/ *n* [1] Chem dwupostaciowość *f* [2] Biol dwupostaciowość *f*, dymorfizm *m*

dimple /ˈdɪmpl/ **I** *n* (in cheek) dołeczek *m*; (in glass) wgłębienie *n*; (on water) zmarszczka *f*
II *vt [rain, wind]* z|marszczyć *[water]*; **a smile ~d her cheeks** przy uśmiechu w policzkach robiły jej się dołeczki
III *vi* (become dimpled) *[cheeks, flesh, face]* mieć dołeczki; *[water]* z|marszczyć się; **her cheeks ~d as she smiled** w uśmiechu robiły jej się w policzkach dołeczki; **she ~d prettily** robiły jej się śliczne dołeczki
IV dimpled *pp adj [chin]* z dołeczkiem; *[cheeks, face]* z dołeczkami; *[surface, glass]* z wgłębieniami; *[water]* zmarszczony

dimwit /ˈdɪmwɪt/ *n* infml głupek *m*, półgłówek *m* infml

dim-witted /ˌdɪmˈwɪtɪd/ *adj* infml *[person]* tępy; *[remark]* głupkowaty

din /dɪn/ **I** *n* (of people, traffic, voices) harmider *m*, wrzawa *f*, zgiełk *m*; (of machines) łoskot *m*, hałas *m*; **to make a ~** hałasować, aż uszy puchną or pękają; **the ~ of battle** bitewna wrzawa
II *vi* (*prp, pt, pp* **-nn-**) hałasować
IDIOMS: **to ~ sth into sb** infml wbić coś komuś do głowy; **to kick up a ~** infml podnieść wrzawę, zrobić raban infml

dine /daɪn/ **I** *vt* pod|jąć -ejmować (kogoś) obiadem/kolacją → **wine**
II *vi* (eat dinner) (at midday) z|jeść obiad; (in the evening) z|jeść kolację → **wine**
■ **dine in** z|jeść (główny posiłek) w domu
■ **dine off, dine on**: **~ on [sth]** z|jeść (coś) (na główny posiłek)
■ **dine out** z|jeść (główny posiłek) poza domem; **to ~ out on sth** fig wielokrotnie zabawiać towarzystwo (czymś) *[story, anecdote]*

diner /ˈdaɪnə(r)/ *n* [1] (restaurant guest) gość *m* [2] US (restaurant) tania restauracja *f* [3] (in train) wagon *m* restauracyjny

dinero /dɪˈnerəʊ/ *n* US infml szmal *m*, kasa *f* infml

dinette /daɪˈnet/ *n* US [1] (room) kącik *m* jadalny [2] (also **~ set**) komplet *m* stołowy

dingaling /ˌdɪŋəˈlɪŋ/ *n* [1] onomat dzyń, dzyń; **to go ~** zadzwonić [2] US infml (fool) pajac *m*, świr *m* infml

dingbat /ˈdɪŋbæt/ *n* infml głupek *m*, przygłup *m* infml

dingdong /ˈdɪŋdɒŋ/ **I** *n* [1] onomat bim-bam, bim-bom [2] GB infml (quarrel) draka *f*, afera *f* infml
II *adj* GB zgiełkliwy, jazgotliwy

dinge /dɪndʒ/ *n* US vinfml offensive czarnuch *m*, asfalt *m* infml offensive

dinghy /ˈdɪŋɪ/ *n* 1 (also **sailing ~**) jolka *f* 2 (inflatable) ponton *m*, dingi *n inv*
dingo /ˈdɪŋgəʊ/ *n* (*pl* **-es**) dingo *m*
dingus /ˈdɪŋgəs/ *n* US infml dyngs *m*, dynks *m*, wihajster *m* infml
dingy /ˈdɪndʒɪ/ *adj [streets, room, place, furnishings]* obskurny; *[material]* wyświechtany; *[colour]* wyblakły, spłowiały
dining car *n* wagon *m* restauracyjny
dining chair *n* krzesło *n* stołowe, krzesło *n* w jadalni
dining hall *n* (private) pokój *m* stołowy, jadalnia *f*; (in institution) stołówka *f*
dining room **I** *n* (in house) pokój *m* stołowy, jadalnia *f*; (in hotel) sala *f* restauracyjna
II *modif* **~ furniture** meble stołowe, meble do jadalni
dining table *n* stół *m* do jadalni or do pokoju stołowego
dink /dɪŋk/ *n* Sport = **drop shot**
dinky /ˈdɪŋkɪ/ *adj* infml 1 GB (nice) *[object]* słodki, śliczny; (small) filigranowy 2 US byle jaki, tandetny infml
DINKY /ˈdɪŋkɪ/ *n* infml = **dual income no kids yet** ≈ dobrze zarabiające bezdzietne małżeństwo *n*
dinner /ˈdɪnə(r)/ *n* 1 (evening meal) kolacja *f*; (midday meal) obiad *m*; **at ~** przy obiedzie /kolacji; **to have ~** jeść obiad/kolację; **to have chicken for ~** mieć or zjeść kurczaka na obiad/kolację; **to have friends to ~** zaprosić przyjaciół na obiad/kolację; **to go to ~** iść na proszony obiad/proszoną kolację; **be invited to ~** zostać zaproszonym na obiad/kolację; **to be invited to ~ at sb's** zostać zaproszonym do kogoś na kolację/obiad; **we'll be ten for ~ tonight** będzie nas dziś dziesięcioro na obiedzie/kolacji; **'~!'** „proszę do stołu!", „obiad gotowy!/kolacja gotowa!" 2 (banquet) przyjęcie *n*, uroczysta kolacja *f* (**for sb** na cześć kogoś); **to give a ~** wydać przyjęcie or uroczystą kolację 3 (food) jedzenie *n*; **to give the dog its ~** nakarmić psa; **vegetable ~** (for baby) jarzynowa zupka dla dziecka
IDIOMS: **he's had more affairs/problems than you've had hot ~s** infml nie wyobrażasz sobie, ile miał romansów/ile ma problemów
dinner bell *n* (in house) dzwonek *m* na obiad or kolację; (in school) dzwonek *m* na przerwę obiadową
dinner dance *n* oficjalne przyjęcie *n* połączone z tańcami
dinner duty *n* GB Sch dyżur *m* podczas szkolnej przerwy obiadowej
dinner fork *n* widelec *m* do dania głównego
dinner hour *n* GB Sch przerwa *f* obiadowa
dinner jacket, DJ *n* smoking *m*
dinner knife *n* nóż *m* do dania głównego
dinner lady *n* GB Sch osoba *f* wydająca posiłki w szkolnej stołówce
dinner money *n* GB Sch pieniądze *plt* na obiad w szkole
dinner party *n* uroczysta kolacja *f*, przyjęcie *n*
dinner party conversation *n* salonowa rozmowa *f*
dinner plate *n* płytki talerz *m*
dinner roll *n* bułeczka *f* podawana do obiadu
dinner service *n* serwis or komplet *m* obiadowy
dinner set *n* = **dinner service**
dinner table *n* stół *m* do jadalni; **at the ~** *[discuss, tell]* przy stole
dinner theater *n* US ≈ kabaret *m*
dinnertime /ˈdɪnətaɪm/ *n* (midday) pora *f* obiadowa; (evening) pora *f* kolacji
dinnerware /ˈdɪnəweə(r)/ *n* US naczynia *n pl* stołowe
dinosaur /ˈdaɪnəsɔː(r)/ *n* dinozaur *m*
dint /dɪnt/ **I** *n*
II by ~ of sth *prep phr* dzięki czemuś; **by ~ of sheer hard work** tylko dzięki ciężkiej pracy
diocesan /daɪˈɒsɪsn/ **I** *n* Relig biskup *m* ordynariusz
II *adj* diecezjalny
diocese /ˈdaɪəsɪs/ *n* Relig diecezja *f*, biskupstwo *n*
diode /ˈdaɪəʊd/ *n* dioda *f*
Dionysius /ˌdaɪəˈnɪzɪəs/ *n* Mythol Dionizos *m*
dioptre, diopter US /daɪˈɒptə(r)/ *n* dioptria *f*
diorama /ˌdaɪəˈrɑːmə/ *n* diorama *f*
dioxide /daɪˈɒksaɪd/ *n* dwutlenek *m*
dioxin /daɪˈɒksɪn/ *n* dioksyna *f*
dip /dɪp/ **I** *n* 1 (bathe) krótka kąpiel *m*; **to go for** or **have a quick ~** wskoczyć na chwilę do wody 2 (hollow) (in ground) obniżenie *n* terenu; (in road) spadek *m* 3 (downward movement) (of head) pochylenie *n*; (of plane) obniżenie *n* 4 fig (decrease) (in prices, rates, sales) spadek *m* (**in sth** czegoś) 5 (look) zerknięcie *n* (**into sth** do czegoś, na coś) 6 Culin dip *m (gęsty, zimny sos)*; **avocado ~** dip z awokado 7 Agric (also **sheep ~**) kąpiel *f* w płynie odkażającym 8 Geol (of stratum) upad *m* 9 Phys (also **angle of ~, magnetic ~**) inklinacja *f* magnetyczna
II *vt* (*prp, pt, pp* **-pp-**) 1 (immerse) zanurz|yć, -ać *[fingers, toes]* (**in** or **into sth** w czymś); zam|oczyć, -aczać *[garment, cloth]* 2 wy|kąpać w płynie odkażającym *[sheep]* 3 US Aut przełącz|yć, -ać (światła) z długich na mijania *[headlights]*; **~ped headlights** światła mijania 4 Tech galwanizować *[metal]*
III *vi* (*prp, pt, pp* **-pp-**) 1 (move downwards) *[sun]* zniż|yć, -ać się, za|jść, -chodzić; *[bird]* za|nurkować; *[plane]* pikować; **the sun ~ped below the horizon** słońce schowało się za horyzontem 2 (slope downwards) *[land, level]* obniż|yć, -ać się; *[path]* opa|ść, -dać 3 fig (decrease) *[price, value, exchange rate, speed]* spa|ść, -adać 4 (put hand) *[person]* sięg|nąć, -ać (**for sth** po coś); **to ~ into one's bag for sth** sięgnąć po coś do torby; **to ~ into one's savings** fig sięgnąć głęboko do kieszeni fig 5 (read a little) **to ~ into sth** za|jrzeć, -glądać do czegoś *[book, report]*
Dip *n* = **diploma**
DIP /dɪp/ *n* Comput = **dual in-line package** obudowa *f* podłużna dwurzędowa
diphtheria /dɪfˈθɪərɪə/ *n* błonica *f*, dyfteryt *m*
diphthong /ˈdɪfθɒŋ, US -θɔːŋ/ *n* Phon dwugłoska *f*, dyftong *m*
diphthongize /ˈdɪfθɒŋaɪz, US -θɔːŋ-/ **I** *vt* Phon dyftongizować *[simple vowel]*
II *vi* zmieni|ć, -ać się w dyftong
diploid /ˈdɪplɔɪd/ Biol **I** *n* diploid *m*
II *adj* diploidalny
diploma /dɪˈpləʊmə/ *n* dyplom *m* (**in** sth z czegoś, w dziedzinie czegoś); **a teaching ~** dyplom nauczycielski
diplomacy /dɪpˈləʊməsɪ/ *n* dyplomacja *f* also fig
diploma mill *n* US pej fabryka *f* magistrów infml pej
diplomat /ˈdɪpləmæt/ *n* dyplomata *m* also fig
diplomatic /ˌdɪpləˈmætɪk/ *adj* 1 Pol dyplomatyczny; **at a ~ level** na szczeblu dyplomatycznym; **through ~ channels** kanałami dyplomatycznymi; **to break off /restore ~ relations** zerwać/wznowić stosunki dyplomatyczne 2 (astute) *[behaviour, person]* sprytny, dyplomatyczny 3 (tactful) *[person, remark, behaviour]* taktowny, dyplomatyczny
diplomatically /ˌdɪpləˈmætɪklɪ/ *adv* dyplomatycznie also fig; **to settle the dispute ~** rozstrzygnąć spór na drodze dyplomatycznej or drogą dyplomatyczną
diplomatic bag *n* GB poczta *f* dyplomatyczna
diplomatic corps *n* korpus *m* dyplomatyczny
diplomatic immunity *n* immunitet *m* dyplomatyczny
diplomatic passport *n* paszport *m* dyplomatyczny
diplomatic pouch *n* US poczta *f* dyplomatyczna
diplomatic relations *npl* stosunki *plt* dyplomatyczne
diplomatic service *n* służba *f* dyplomatyczna
diplomatist /dɪˈpləʊmətɪst/ *n* dyplomata *m*
dip needle *n* Phys busola *m* inklinacyjna
dipole /ˈdaɪpəʊl/ *n* 1 Elec, Phys dipol *m*, dwubiegun *m* 2 (also **~ aerial**) antena *f* dipolowa, dipol *m*
dipper /ˈdɪpə(r)/ *n* 1 Zool nurek *m* 2 US (ladle) chochla *f* 3 US Astron → **Big Dipper, Little Dipper**
dippy /ˈdɪpɪ/ *adj* infml pomylony, zbzikowany infml
dipso /ˈdɪpsəʊ/ *n* infml pej = **dipsomaniac** pija|k *m*, -czka *f*
dipsomania /ˌdɪpsəˈmeɪnɪə/ *n* Med opilstwo *n* okresowe, dypsomania *f*
dipsomaniac /ˌdɪpsəˈmeɪnɪæk/ *n* Med dypsoman *m*, dypsomaniak *m*
dipstick /ˈdɪpstɪk/ *n* 1 Aut prętowy wskaźnik *m* poziomu; bagnet *m* infml 2 infml (idiot) idiot|a *m*, -ka *f* infml
dip switch *n* Aut przełącznik *m* świateł mijania
diptera /ˈdɪptərə/ *npl* Zool dwuskrzydłe *m pl*
dipterous /ˈdɪptərəs/ *adj* 1 Zool *[insect]* dwuskrzydły 2 Bot *[seed]* dwuskrzydłowy
diptych /ˈdɪptɪk/ *n* dyptyk *m*, dyptych *m*
dire /ˈdaɪə(r)/ *adj* 1 (terrible) *[consequence, occurrence, situation]* tragiczny; *[neglect]* skrajny; *[warning]* złowieszczy; **to be in ~ need of sth** pilnie potrzebować czegoś; **to be in ~ straits** być w tragicznym położeniu 2 infml (awful) *[film, food, performance]* okropny
direct /daɪˈrekt, dɪ-/ **I** *adj* 1 (without intermediary) *[appeal, aid, control, link, participation, talks]* bezpośredni; **in ~ contact with**

D

sth (touching) stykający się z czymś; (communicating) w bezpośrednim kontakcie z czymś; **to keep sth away from ~ heat/sunlight** chronić coś przed wysoką temperaturą /światłem słonecznym [2] (without detour) *[access, route, flight, train]* bezpośredni; **to be a ~ descendant of sb** wywodzić się w prostej linii od kogoś [3] (clear) *[cause, comparison, impact, influence, reference, result, threat, evidence]* bezpośredni; *[contrast]* wyraźny; **to be the ~ opposite of sth** być dokładnym przeciwieństwem czegoś; **to be of no ~ value** nie mieć realnej wartości; **to be in no ~ danger** nie być bezpośrednio zagrożonym, nie być narażonym na bezpośrednie niebezpieczeństwo [4] (straightforward) *[approach, method, question]* bezpośredni; *[answer, response, person]* bezpośredni, szczery; **to be ~ with sb** być z kimś szczerym [5] Astron *[motion]* postępowy

II *adv* [1] (without intermediary) *[negotiate, dial]* bezpośrednio; *[deal, speak, write]* bezpośrednio, wprost; **available ~ from the manufacturer** do nabycia wprost or bezpośrednio od producenta; **to pay sth ~ into sb's account** wpłacać coś bezpośrednio na konto kogoś [2] (without detour) *[come, go]* bezpośrednio; **to fly ~ (from Warsaw to New York)** lecieć bezpośrednio (z Warszawy do Nowego Jorku)

III *vt* [1] fig (address, aim) s|kierować *[appeal, criticism, protest, remark]* **(at sb** do kogoś); skierow|ać, -ywać *[effort, resource]* **(to** or **towards sth** na coś); **to ~ sb's attention to sb/sth** zwrócić uwagę kogoś na kogoś/coś [2] (control) kierować (kimś/czymś) *[company, operation, project]*; regulować *[traffic]* [3] (point, aim) s|kierować *[attack, light, car, look, steps]* **(at sb/sth** na kogoś/coś); wy|mierzyć *[gun]* **(at sb/sth** w kogoś/coś) [4] Cin, Radio, TV wy|reżyserować *[film, play, drama, opera]*; po|prowadzić *[actor, cameraman]*; **~ed by Hitchcock** w reżyserii Hitchcocka [5] (instruct) polec|ić, -ać; **to ~ sb to do sth** polecić komuś zrobić coś; **to ~ that sth (should) be done** polecić, żeby coś zostało zrobione; **he ~ed that the money be repaid** polecił zwrócić pieniądze; **he did it as ~ed** zrobił to or wykonał to zgodnie z instrukcją; **'to be taken as ~ed'** Pharm „stosować zgodnie z zaleceniem lekarza" [6] (show route) **to ~ sb to sth** skierować kogoś gdzieś, pokazać or wskazać komuś drogę do czegoś; **can you ~ me to the station?** czy może mi pan /pani wskazać drogę do stacji?

IV *vi* Cin, Radio, TV **Lee ~ed** reżyserował Lee

direct access *n* Comput dostęp *m* bezpośredni or swobodny

direct access device *n* Comput urządzenie *n* o dostępie bezpośrednim

direct access file *n* Comput plik *m* o dostępie bezpośrednim

direct access storage device, DASD *n* Comput urządzenie *n* pamięciowe o dostępie bezpośrednim

direct action *n* akcja *f* bezpośrednia

direct broadcasting by satellite, DBS *n* TV bezpośrednia transmisja *f* satelitarna

direct current, DC *n* Elec prąd *m* stały

direct debit *n* Fin stałe zlecenie *n* płatnicze; **by ~** na podstawie dyspozycji bankowej

direct discourse *n* US Ling = **direct speech**

direct election *n* wybory *plt* bezpośrednie

direct grant school *n* GB szkoła *f* prywatna *(dofinansowywana przez władze lokalne w zamian za przyjęcie bez czesnego pewnej liczby uczniów)*

direct hit *n* celny strzał *m*, trafienie *n*; **to make a ~** Mil trafić w cel; **the hospital received** or **sustained two ~s** szpital został dwukrotnie trafiony

direction /daɪˈrekʃn, dɪ-/ **I** *n* [1] (left, right, north, south) kierunek *m*; **in the ~ of sth** w kierunku czegoś; **to gesture in sb's ~** zrobić or wykonać gest w kierunku kogoś; **to go in the same/opposite ~** iść w tym samym/przeciwnym kierunku; **in every ~** na wszystkie strony; **in this** or **that ~** w tym kierunku; **in the wrong/right ~** w złym/dobrym kierunku; **a step in the right ~** fig krok w dobrym kierunku; **from all ~s** ze wszystkich stron; **a sense of ~** zmysł orientacji [2] (taken by company, government, career) kierunek *m*, cel *m*; **a change of ~** zmiana orientacji or kierunku; **to lack ~** nie mieć określonego celu; **we have taken different ~s** obraliśmy różne drogi [3] (supervision, guidance) kierowanie *n*; **under the ~ of sb** pod kierownictwem kogoś [4] Theat, Cin, Radio, TV reżyseria *f*; **under the ~ of Bergman** w reżyserii Bergmana [5] Mus (of orchestra) **orchestra under the ~ of Herbert von Karajan** orkiestra pod dyrekcją or batutą Herberta von Karajana

II directions *npl* [1] (for route) wskazówki *f pl*; **to ask for ~s (from sb)** pytać (kogoś) o drogę; **to give sb ~s** dać komuś wskazówki, wskazać komuś drogę [2] (for use) instrukcja *f*, wskazówki *f pl* **(as to** or **about sth** co do czegoś); **to follow sb's ~s** postępować według wskazówek kogoś; **~s for use** instrukcja użytkowania; **stage ~s** didaskalia

directional /daɪˈrekʃənl, dɪ-/ *adj* (relating to direction) *[marker]* kierunkowy; **~ aerial** antena kierunkowa

direction finder *n* Naut namiernik *m*, pelengator *m*

direction finding *n* Naut namiar *m*

directive /daɪˈrektɪv, dɪ-/ **I** *n* [1] Admin dyrektywa *f*, wytyczna *f* **(on sth** odnośnie czegoś) [2] Comput zlecenie *n* sterujące

II *adj* kierunkowy

direct labour GB, **direct labor** US *n* bezpośrednie koszty *m pl* robocizny

directly /daɪˈrektlɪ, dɪ-/ **I** *adv* [1] (without a detour) *[go, contact, refer, negotiate]* bezpośrednio; *[move]* prosto; *[aim, point, challenge]* wprost; **to look ~ at sth** patrzeć prosto na coś; **to look ~ at sb** patrzeć wprost na kogoś; **to be ~ descended from sb** pochodzić w prostej linii od kogoś [2] (exactly) *[above, behind, opposite]* dokładnie; *[contradict]* zupełnie, całkowicie; *[compare]* wprost; **~ proportional to sth** wprost proporcjonalny do czegoś [3] (at once) tuż, zaraz; **~ after sth** tuż or zaraz po czymś; **~ before sth** tuż przed czymś [4] (very soon) zaraz, wkrótce; **he'll be back ~** zaraz wraca [5] (frankly) *[speak]* szczerze, otwarcie; *[refuse, deny]* kategorycznie

II *conj* GB (as soon as) jak tylko, skoro tylko; **~ he saw me he stopped** jak tylko mnie zobaczył, zatrzymał się

direct mail *n* reklama *f* bezpośrednia

direct marketing *n* marketing *m* bezpośredni

direct memory access, DMA *n* Comput bezpośredni dostęp *m* do pamięci

direct method *n* metoda *f* bezpośrednia *(nauczania języków obcych)*

directness /daɪˈrektnɪs, dɪ-/ *n* [1] (of person) bezpośredniość *f*, szczerość *f* [2] (of play, work, writing) autentyczność *f*

direct object *n* Ling dopełnienie *n* bliższe

director /daɪˈrektə(r), dɪ-/ *n* [1] Admin, Comm (of company, organization, programme) kierowni|k *m*, -czka *f*, szef *m*, -owa *f* infml; (solely in control) dyrektor *m* naczelny; (one of board) członek *m* zarządu; **Director of Education** GB Soc Admin ≈ kurator oświaty [2] (of project) kierownik *m* (odpowiedzialny) [3] Theat, Cin, TV reżyser *m*, -ka *f*; **artistic ~** dyrektor artystyczny; **~ of programmes** TV dyrektor programowy [4] Mus dyrygent *m*, -ka *f* [5] Sch, Univ **~ of studies** kierownik działu nauczania; **~ of admissions** kierownik działu rekrutacji

directorate /daɪˈrektərət, dɪ-/ *n* [1] (board) zarząd *m* [2] (position) dyrektorstwo *n*

director general, DG *n* dyrektor *m* naczelny

directorial /ˌdaɪrekˈtɔːrɪəl, ˌdɪ-/ *adj* [1] (Admin) *[responsibilities, duties]* dyrektorski [2] Cin, Theat *[debut, style]* reżyserski

Director of Public Prosecutions, DPP *n* GB ≈ Prokurator *m* Generalny

director's chair *n* krzesło *n* reżyserskie

directorship /daɪˈrektəʃɪp, dɪ-/ *n* kierownictwo *n*; **to hold a ~** mieć stanowisko dyrektora, mieć kierownicze stanowisko; **a suitable candidate for the deputy ~** odpowiedni kandydat na stanowisko zastępcy dyrektora

directors' report *n* sprawozdanie *n* zarządu

directory /daɪˈrektərɪ, dɪ-/ *n* [1] Telecom książka *f* telefoniczna; **local ~** miejscowa książka telefoniczna [2] Comm branżowy katalog *m* firm; **street ~** spis ulic [3] Comput katalog *m*

directory assistance *n* US = **directory enquiries**

directory enquiries *npl* GB informacja *f* telefoniczna; **to call ~** zadzwonić do informacji

direct primary *n* US prawybory *plt* bezpośrednie

direct question *n* Ling pytanie *n* bezpośrednie

directrix /daɪˈrektrɪks, dɪ-/ *n* (*pl* **-ices**) kierownica *f*

direct rule *n* Pol rządy *m pl* bezpośrednie

direct sales *npl* sprzedaż *f* bezpośrednia

direct speech *n* Ling mowa *f* niezależna

direct tax *n* podatek *m* bezpośredni

direct taxation *n* opodatkowanie *n* bezpośrednie

direct transfer *n* Fin bezpośredni przekaz *m* or transfer *m*

dirge /dɜːdʒ/ *n* [1] Mus, Literat elegia *f*, pieśń *f* żałobna [2] hum pej (lengthy complaint) zawodzenie *n*, lament *m*
dirigible /ˈdɪrɪdʒəbl/ *n* Aviat sterowiec *m*
dirk /dɜːk/ *n* szkocki sztylet *m*
dirndl /ˈdɜːndl/ *n* Fashn [1] (dress) chłopka *f* [2] (also **~ skirt)** suto marszczona spódnica *f*
dirt /dɜːt/ *n* [1] (mess) brud *m*; **wash the ~ off your face!** umyj sobie twarz!; **a colour that doesn't show the ~** kolor, na którym nie znać brudu [2] (soil) ziemia *f*; (mud) błoto *n* [3] infml pej (gossip) brudy *plt*; **to dig up ~ on** or **about sb** wywlec brudy na temat kogoś; **to dish the ~ on** or **about sb** obrzucić kogoś błotem [4] euph (obscenity) nieprzyzwoitości *f pl*, sprośności *f pl* [5] euph (excrement) odchody *plt*, kupa *f*; **dog ~** psie odchody
IDIOMS: **to make sb eat ~** US infml zmieszać kogoś z błotem; **to treat sb like ~** pomiatać kimś, mieć kogoś za nic
dirtbike /ˈdɜːtbaɪk/ *n* motocykl *m* terenowy
dirt-cheap /ˌdɜːtˈtʃiːp/ **I** *adj* infml tani jak barszcz infml
II *adv [buy, sell, get, hire]* za psie pieniądze infml
dirt farmer *n* US drobny farmer *m*, rolnik *m*
dirtiness /ˈdɜːtɪnɪs/ *n* [1] (of conditions, person, surroundings) brud *m* [2] (obscenity) nieprzyzwoitość *f*, sprośność *f*
dirt road *n* droga *f* gruntowa
dirt track *n* [1] Sport tor *m* żużlowy [2] (road) = **dirt road**
dirty /dɜːtɪ/ **I** *adj* [1] (messy, soiled) *[face, clothing, dish, mark, car, street, work]* brudny; *[nose]* zasmarkany; **to get ~** ubrudzić się; **to get** or **make sth ~** zabrudzić or ubrudzić coś; **to get one's hands ~** fig ubrudzić sobie ręce fig [2] Med (not sterile) *[needle]* brudny; *[wound]* zakażony [3] infml (obscene) *[book, idea]* nieprzyzwoity; *[word]* brudny; *[joke]* sprośny; świński infml; **to have a ~ mind** mieć sprośne or kosmate myśli [4] (unhygienic, disgusting) *[habit]* obrzydliwy; *[child]* brudny; **you ~ pig!** infml (not clean) ty brudasie!; (disgusting) ty świntuchu! infml [5] infml (dishonest) *[contest, election]* nieuczciwy; *[fighter]* walczący nieczysto; *[player]* nieuczciwy, grający nieuczciwie; *[cheat, liar, rascal, lie]* podły; **you ~ rat!** ty podła świnio! infml; **that was a ~ trick** to było (podłe) świństwo; **it's a ~ business** to brudny interes; to śmierdząca sprawa infml [6] *[colour]* brudny; **~ green /white** brudnozielony/brudnobiały [7] (stormy) *[weather, night]* paskudny
II *adv* infml [1] (dishonestly) **to play/fight ~** grać/walczyć nieczysto [2] (obscenely) **to talk ~** świntuszyć; **to think ~** mieć sprośne or kosmate myśli [3] (as intensifier) **a ~ great dog** cholernie wielki pies infml
III *vt* u|brudzić, za|brudzić *[carpet, nappy]*; **to ~ one's hands doing sth** fig ubrudzić sobie ręce, robiąc coś
IDIOMS: **his name seems to be a ~ word around here** tutaj lepiej nie wymieniać jego imienia; **to do the ~ on sb** infml zrobić komuś świństwo; podłożyć komuś świnię infml; **to give sb a ~ look** infml krzywo na kogoś spojrzeć; **do your own ~ work!** infml nie będę odwalał za ciebie brudnej roboty! infml; **to send sb to do one's ~ work** infml zwalać na kogoś brudną robotę infml
dirty-minded /ˌdɜːtɪˈmaɪndɪd/ *adj* infml sprośny
dirty old man *n* infml obleśny staruch *m*; stary zbereźnik *m* dat
dirty protest *n* GB *protest, w którym więźniowie wyrażają swoje niezadowolenie zanieczyszczając cele*
dirty tricks *npl* nieuczciwe chwyty *m pl*, chwyty *m pl* poniżej pasa
dirty tricks campaign *n* kampania *f* oszczerstw
dirty war *n* brudna wojna *f*
dirty weekend *n* infml upojny weekend *m* we dwoje hum
disability /ˌdɪsəˈbɪlətɪ/ **I** *n* [1] Med (handicap) upośledzenie *n*; (physical) kalectwo *n*, inwalidztwo *n*; **the disabilities of old age** schorzenia wieku podeszłego; **multiple disabilities** upośledzenie wieloukładowe; **~ for work** niezdolność do pracy; **total /partial ~** całkowite/częściowe inwalidztwo [2] fig (disadvantage) **to be under a ~** znaleźć się w niekorzystnej sytuacji [3] Jur (disqualification) brak *m* zdolności prawnej
II *modif [benefit, pension]* inwalidzki
disability cover *n* Insur ubezpieczenie *n* na wypadek inwalidztwa
disable /dɪsˈeɪbl/ **I** *vt* [1] Med (cripple) *[illness, accident]* przyprawi|ć, -ać kogoś o kalectwo; *[chronic illness, permanent handicap]* dokucz|yć, -ać (komuś), doskwierać (komuś); **she was severely ~d in a car crash** wypadek samochodowy spowodował u niej ciężkie kalectwo; **she was ~d by chronic bronchitis** dokuczał jej chroniczny bronchit [2] (render useless) unieruch|omić, -amiać *[plant, machinery, ship]* [3] Mil unieszkodliwi|ć, -ać *[gun, tank, ship, plane]* [4] Comput za|blokować *[computer, part of computer]* [5] Jur u|czynić niezdolnym do działań prawnych; **to be ~d from doing sth** utracić prawo robienia czegoś
II disabling *prp adj [illness, condition]* powodujący inwalidztwo
disabled /dɪsˈeɪbld/ **I** *n* **the ~** *(+ v pl)* niepełnosprawni *m pl*
II *adj* [1] Med niepełnosprawny; **to be badly/slightly ~** być poważnie/lekko upośledzonym; **mentally ~** upośledzony umysłowo; **~ ex-serviceman** inwalida wojenny [2] Soc Admin *[facility, equipment]* dla niepełnosprawnych; **~ access** podjazd dla wózków inwalidzkich
disabled driver *n* niepełnosprawny kierowca *m*
disabled list *n* US Sport lista *f* kontuzjowanych zawodników
disabled person *n* inwalid|a *m*, -ka *f*
disablement /dɪsˈeɪblmənt/ **I** *n* [1] Med kalectwo *n*, inwalidztwo *n* [2] Jur pozbawienie *n* zdolności wykonywnia czynności prawnych
II *modif [benefit, pension]* inwalidzki
disabuse /ˌdɪsəˈbjuːz/ *vt* fml wyprowadz|ić, -ać z błędu **(of sth** co do czegoś); **I'm sorry to have to ~ you** przykro mi, że muszę rozwiać twoje złudzenia
disaccharide /daɪˈsækəraɪd/ *n* dwucukier *m*, dwusacharyd *m*
disadvantage /ˌdɪsədˈvɑːntɪdʒ, US -ˈvæn-/ **I** *n* [1] (drawback) wada *f*, ujemna strona *f*, minus *m*; **the pleasures outweighed the ~s** plusy przeważały nad minusami [2] (position of weakness) niekorzyść *f*; **to sell sth at a ~** sprzedać coś ze stratą; **to be at a ~** być w niekorzystnej sytuacji; **to catch sb at a ~** zaskoczyć kogoś; **to put sb at a ~** stawiać kogoś w niekorzystnej sytuacji; **to show sb at a ~** przedstawiać kogoś w niekorzystnym świetle; **to my/his ~** na moją/jego niekorzyść [3] (discrimination) upośledzenie *n* (społeczne)
II *vt* upośledz|ić, -ać, s|krzywdzić *[person, group]*; za|szkodzić (czemuś) *[interests]*
disadvantaged /ˌdɪsədˈvɑːntɪdʒd, US -ˈvæn-/ **I** *n* **the ~** *(+ v pl)* pokrzywdzeni *m pl* przez los
II *adj [person, class, race, nation]* pokrzywdzony przez los
disadvantageous /ˌdɪsædvɑːnˈteɪdʒəs, US -væn-/ *adj* niekorzystny **(to sb/sth** dla kogoś/czegoś)
disadvantageously /ˌdɪsædvɑːnˈteɪdʒəslɪ, US -væn-/ *adv* niekorzystnie
disaffected /ˌdɪsəˈfektɪd/ *adj* zrażony, zniechęcony **(with sb/sth** do kogoś/czegoś)
disaffection /ˌdɪsəˈfekʃn/ *n* niezadowolenie *n* **(with sth** z czegoś)
disagree /ˌdɪsəˈgriː/ *vi* [1] (differ) *[people]* nie zg|odzić, -adzać się **(with sb/sth** z kimś /czymś); **to ~ on** or **about sth** nie zgadzać się or mieć odmienne zdanie na temat czegoś; **to ~ which was the best restaurant** nie móc dojść do porozumienia, która z restauracji jest najlepsza; **we agreed to ~** każdy z nas pozostał przy swoim zdaniu; **he ~d with her idea** nie zgodził się z jej zdaniem [2] (conflict) *[figures, statistics, accounts]* być sprzecznym **(with sth** z czymś) [3] **to ~ with sb** (upset) *[food, weather]* nie służyć komuś; **work ~s with me** hum praca mi nie służy
disagreeable /ˌdɪsəˈgriːəbl/ *adj [person, mood]* niemiły; *[remark, experience]* przykry; *[smell, sight, situation]* nieprzyjemny
disagreeableness /ˌdɪsəˈgriːəblnɪs/ *n* (of a task, remark) nieprzyjemny charakter *m*; (of person) nieprzyjemny sposób *m* bycia; nieprzyjemne zachowanie *n* **(to sb** wobec kogoś)
disagreeably /ˌdɪsəˈgriːəblɪ/ *adv [play]* źle; *[look]* krzywo; *[act, behave]* nieprzyjemnie; *[say]* nieprzyjemnym tonem; **it was ~ hot** było nieznośnie gorąco
disagreement /ˌdɪsəˈgriːmənt/ *n* [1] (difference of opinion) niezgoda *f*, różnica *f* zdań **(about** or **on sth** na temat czegoś, **as to sth** co do czegoś); **to be in total ~ with sb** zupełnie się z kimś nie zgadzać; **there was (serious) ~ among the participants** wśród uczestników wystąpiła (poważna) różnica zdań; **there was a ~ about who was to be the leader** nie było zgody, kto ma być przywódcą [2] (inconsistency) rozbieżność *f* **(between sth and sth** pomiędzy czymś a czymś) [3] (argument) sprzeczka *f*, spór *m* **(about** or **over sth** o coś)

D

disallow /ˌdɪsəˈlaʊ/ *vt* [1] Admin, Jur odrzu|cić, -ać *[claim, appeal]* [2] Sport *[referee]* nie uzna|ć, -wać (czegoś) *[goal]*
disambiguate /ˌdɪsæmˈbɪgjʊeɪt/ *vt* ujednoznaczni|ć, -ać
disappear /ˌdɪsəˈpɪə(r)/ **I** *vt* Pol euph (cause to disappear) s|powodować zniknięcie (kogoś) *[dissident]*
II *vi* [1] (vanish, go away) znik|nąć, -ać; (get lost) zapodzi|ać, -ewać się, przepa|ść, -dać; **to ~ from view** zniknąć z oczu; **to ~ without trace** zniknąć bez śladu; **where has my book ~ed to?** gdzie się podziała moja książka? [2] (die out) *[species]* wyginąć; **to be fast ~ing** wymierać
IDIOMS: **to do a ~ing act** ulotnić się infml
disappearance /ˌdɪsəˈpɪərəns/ *n* (from view) zniknięcie *n* **(of sb/sth** kogoś/czegoś); (getting lost) zaginięcie *n* **(of** sb/sth kogoś /czegoś)
disappeared /ˌdɪsəˈpɪəd/ *npl* Pol euph **the ~** *(+ v pl)* osoby *f pl* zaginione
disappoint /ˌdɪsəˈpɔɪnt/ *vt* [1] (let down) rozczarow|ać, -ywać *[person]* [2] (upset) rozwi|ać, -ewać *[dreams, hopes]*; udaremni|ć, -ać *[plans]*
disappointed /ˌdɪsəˈpɔɪntɪd/ *adj* [1] (let down) rozczarowany **(about** or **at** or **in** or **with sth** czymś); **she was ~ at losing the match** była rozczarowana przegraną; **to be ~ to see that...** być rozczarowanym widząc, że...; **I am ~ in you** rozczarowałeś mnie [2] (unfulfilled) zawiedziony; **she was ~ in love** spotkał ją zawód miłosny
disappointing /ˌdɪsəˈpɔɪntɪŋ/ *adj [book, performance, result]* słaby; *[meeting, trip]* niespełniający oczekiwań; **to be ~** nie spełniać oczekiwań; **it is ~ that...** to przykre, że...; **how ~!** jaka szkoda!
disappointment /ˌdɪsəˈpɔɪntmənt/ *n* [1] (feeling) rozczarowanie *n*; **to sb's ~** ku rozczarowaniu kogoś; **there was general ~ at the result** wynik wszystkich rozczarował [2] (source of upset) zawód *m*; **to be a ~ to sb** sprawić komuś zawód; **their daughter's been a big ~ to them** bardzo się zawiedli na córce, córka sprawia im wielki zawód
disapprobation /dɪsˌæprəˈbeɪʃn/ *n* fml dezaprobata *f* **(of sb/sth** dla kogoś/czegoś)
disapproval /ˌdɪsəˈpruːvl/ *n* dezaprobata *f* **(of sb/sth** dla kogoś/czegoś, w stosunku do kogoś/czegoś)
disapprove /ˌdɪsəˈpruːv/ *vi* być przeciwnym; **to ~ of sth** nie pochwalać czegoś *[behaviour, lifestyle]*; **to ~ of sb** odnosić się z dezaprobatą do kogoś; **to ~ of smoking /hunting** być przeciwnikiem palenia/polowań; **he ~s of young couples living together before marriage** nie pochwala tego, że młodzi ludzie mieszkają razem przed ślubem
disapproving /ˌdɪsəˈpruːvɪŋ/ *adj [look, gesture]* pełen dezaprobaty, ganiący
disapprovingly /ˌdɪsəˈpruːvɪŋlɪ/ *adv [look, speak, gesture]* z dezaprobatą
disarm /dɪsˈɑːm/ **I** *vt* [1] rozbr|oić, -ajać *[criminal, burglar]*; z|demilitaryzować *[country]* [2] fig rozbr|oić, -ajać fig *[critics, opponents]*
II *vi [nation]* rozbr|oić, -ajać się
disarmament /dɪsˈɑːməmənt/ **I** *n* rozbrojenie *n*
II *modif [conference, proposal]* rozbrojeniowy
disarming /dɪsˈɑːmɪŋ/ **I** *n* rozbrojenie *n*
II *adj [person, smile, frankness]* rozbrajający; **he was at his most ~** był całkowicie rozbrajający
disarmingly /dɪsˈɑːmɪŋlɪ/ *adv [smile, say]* rozbrajająco; **~ frank** rozbrajająco szczery
disarrange /ˌdɪsəˈreɪndʒ/ *vt* z|robić bałagan w (czymś), po|rozrzucać *[papers]*; po|targać *[hair]*
disarranged /ˌdɪsəˈreɪndʒd/ *adj [bedclothes]* w nieładzie; *[hair]* potargany
disarray /ˌdɪsəˈreɪ/ *n* [1] (confusion) zamęt *m*, chaos *m*; **in complete/total ~** w kompletnym/całkowitym chaosie; **my thoughts are all in ~** mam zamęt or chaos w głowie [2] (disorder) nieład *m*, bałagan *m*
disassemble /ˌdɪsəˈsembl/ *vt* z|demontować *[machine]*; roz|łożyć, -kładać (na części) *[gun, engine]*
disassociate /ˌdɪsəˈsəʊʃɪeɪt/ *vt, vi* = **dissociate**
disassociation /ˌdɪsəˌsəʊʃɪˈeɪʃn/ *n* = **dissociation**
disaster /dɪˈzɑːstə(r), US -zæs-/ *n* [1] (flood, earthquake) klęska *f* żywiołowa, kataklizm *m*; (crash, sinking) katastrofa *f*; **air/rail/environmental ~** katastrofa lotnicza/kolejowa /ekologiczna [2] (trouble) nieszczęście *n*; **to be heading for ~** zmierzać ku katastrofie; **~ struck** stało się nieszczęście [3] fig (failure) kompletne fiasko *n*, klęska *f*; **the talks ended in ~** rozmowy zakończyły się kompletnym fiaskiem; **the maths teacher is a ~** infml matematyk jest beznadziejny
disaster area *n* obszar *m* klęski żywiołowej; **my room is a ~** fig mój pokój wygląda jak pobojowisko
disaster fund *n* fundusz *m* dla ofiar klęski żywiołowej
disaster movie *n* film *m* katastroficzny
disaster victim *n* ofiara *f* katastrofy
disastrous /dɪˈzɑːstrəs, US -zæs-/ *adj [error, outcome, consequences]* fatalny; *[flood, fire]* katastrofalny; *[crash, shipwreck]* tragiczny
disastrously /dɪˈzɑːstrəslɪ, US -zæs-/ *adv [end]* fatalnie; *[wrong, affected]* katastrofalnie; *[inadequate, extravagant, expensive]* niezwykle; *[fall, slump, reduced]* gwałtownie; **to turn out ~** przybrać tragiczny or katastrofalny obrót; **to go ~ wrong** zakończyć się olbrzymim fiaskiem
disavow /ˌdɪsəˈvaʊ/ *vt* fml wyp|rzeć, -ierać się (czegoś) *[connection, knowledge]*; zaprze|czyć, -ać (czemuś) *[rumours]*
disavowal /ˌdɪsəˈvaʊəl/ *n* wyparcie się *n*, zaprzeczenie *n*
disband /dɪsˈbænd/ **I** *vt* rozwiąz|ać, -ywać *[association, group]*; Mil rozpu|ścić, -szczać, rozformow|ać, -ywać *[regiment, unit]*
II *vi [committee, group]* rozwiąz|zać, -ywać się; *[regiment, platoon]* rozformow|ać, -ywać się
disbanding /dɪsˈbændɪŋ/ *n* (of group) rozwiązanie *n*, rozformowanie *n*; (of troops) rozpuszczenie *n* **(of sth** czegoś)
disbar /dɪsˈbɑː(r)/ *vt* Jur (*prp, pt, pp* **-rr-**) pozbawi|ć, -ać uprawnień adwokackich
disbarment /dɪsˈbɑːmənt/ *n* Jur pozbawienie *n* uprawnień adwokackich
disbelief /ˌdɪsbɪˈliːf/ *n* niedowierzanie *n*; **in ~** z niedowierzaniem
disbelieve /ˌdɪsbɪˈliːv/ *vt* fml nie u|wierzyć (komuś) *[person]*; nie dawać wiary (czemuś), nie uwierzyć (czemuś) *[story, allegations]*; **to ~ that...** nie wierzyć, że...
disbeliever /ˌdɪsbɪˈliːvə(r)/ *n* niedowiarek *m*
disbelieving /ˌdɪsbɪˈliːvɪŋ/ *adj* niedowierzający
disbud /dɪsˈbʌd/ *vt* (*ptp, pt, pp* **-dd-**) usu|nąć, -wać pączki z (czegoś), ob|erwać, -rywać pączki z (czegoś) *[plant, fruit tree]*
disburse /dɪsˈbɜːs/ *vt* fml wydatkować *[money, sum, funds]* **(on sth** na coś)
disbursement /dɪsˈbɜːsmənt/ *n* fml [1] (act) wydatkowanie *n* [2] (sum) nakład *m*
disc /dɪsk/ *n* [1] (flat circular plate) krążek *f*; (round surface) tarcza *f*; **the ~ of the moon /sun** tarcza księżyca/słońca [2] Anat krążek *m* międzykręgowy; dysk *m* infml; **he had a slipped ~** miał wypadnięty dysk, wypadł mu dysk [3] Mus płyta *f*; **on ~** na płycie [4] Mil (badge) plakietka *f*; **an identity ~** plakietka identyfikacyjna [5] GB Comput → **disk** [6] Aut **tax ~** *plakietka na szybie samochodu informująca o opłaceniu podatku drogowego*
discard /dɪsˈkɑːd/ **I** *n* [1] (in cards) zrzutka *f* [2] (cast-off garment) łach *m* infml; (cast-off item) rupieć *m* infml
II *vt* [1] (get rid of) pozby|ć, -wać się (czegoś) *[clothes, possessions]*; wyrzuc|ić, -ać *[litter, rubbish]*; Culin usu|nąć, -wać *[bones, stalks]* [2] (abandon) zaniechać (czegoś) *[idea, plan, strategy]*; opu|ścić, -szczać, porzuc|ić, -ać *[person]* [3] (in cards) zrzuci|ć, -ać *[cards, Queen of Hearts]* [4] (take off) zrzuc|ić, -ać *[clothes]*
III *vi* (in cards) zrzuci|ć, -ać się
disc brakes *npl* Aut hamulce *m pl* tarczowe
discern /dɪˈsɜːn/ *vt* fml rozpozna|ć, -awać *[object, features]*; dostrze|c, -gać *[intention, truth, meaning]*
discernible /dɪˈsɜːnəbl/ *adj [difference, likeness, outline]* zauważalny, dostrzegalny; **barely ~** ledwo dostrzegalny
discernibly /dɪˈsɜːnəblɪ/ *adv* dostrzegalnie, zauważalnie
discerning /dɪˈsɜːnɪŋ/ *adj [critic, public, buyer]* wymagający; *[collector, eye, ear, taste]* wytrawny
discernment /dɪˈsɜːnmənt/ *n* wnikliwość *f*, znawstwo *n*
discharge **I** /ˈdɪstʃɑːdʒ/ *n* [1] (release) (of prisoner, soldier) zwolnienie *n*; (of patient) wypisanie *n* (ze szpitala); **to get one's ~** zostać zwolnionym/wypisanym [2] (pouring out) (of water) wyciekanie *n*, uchodzenie *n*; (of gas) emisja *f*, uchodzenie *n*; (of waste) wyrzucanie *n*; Med sączenie (się) *n* [3] (substance released) (waste) zrzut *m* fml; (gas) emisja *f*; (liquid) wypływ *m*; Med (from eye, wound) wydzielina *f*; **vaginal ~** upławy [4] (performance) **the ~ of one's duties** wykonywanie obowiązków, wywiązywanie się z obowiązków [5] Elec wyładowanie *n* [6] (firing) wystrzał *m* [7] (unloading) wyładowanie *n*, wyładunek *m*, rozładunek *m* [8] Jur uchylenie *n* upadłości [9] (repayment) spłata *f*; **in ~ of a debt** w ramach spłaty długu [10] (termination) (of bankrupt) przywrócenie *n* praw *(upadłemu dłużnikowi)*; (of contract) uchylenie *n*

II /dɪsˈtʃɑːdʒ/ *vt* [1] (release) zw|olnić, -alniać *[employee, prisoner, serviceman]*; wypis|ać, -ywać *[patient]*; **to be ~d from hospital** zostać wypisanym ze szpitala; **to ~ sb from their duties** zwolnić kogoś z pełnienia obowiązków [2] (give off) wypu|ścić, -szczać *[liquid, nuclear waste]*; wy|emitować, wypu|ścić, -szczać *[gas]*; (deliberately) spu|ścić, -szczać *[waste]*; *[river]* wyl|ać, -ewać *[water]* [3] Med wydziel|ić, -ać *[fluid, pus]*; **to ~ blood** krwawić [4] Fin spłac|ić, -ać *[debt]*; przywr|ócić, -acać do praw po spłacie długu *[bankrupt]* [5] (perform) spełni|ć, -ać, wywiąz|ać, -ywać się z (czegoś) *[duty, obligation]*; przyj|ąć, -mować (na siebie) *[responsibility]* [6] (unload) *[docker]* wyładow|ać, -ywać, rozładow|ać, -ywać *[cargo]*; *[ship, vehicle]* zostawi|ć, -ać *[cargo]*; wysadz|ić, -ać *[passengers]* [7] (fire) strzel|ić, -ać z (czegoś) *[firearms]*; wystrzeli|ć, -wać *[arrow, round]* [8] Electron, Phys wytw|orzyć, -arzać *[energy]*

III /dɪsˈtʃɑːdʒ/ *vi [wound]* ropieć; ślimaczyć się infml

IV /dɪsˈtʃɑːdʒ/ *vr* **to ~ oneself** (from hospital) wypis|ać, -ywać się (ze szpitala)

disc harrow *n* Agric brona *f* talerzowa

disciple /dɪˈsaɪpl/ *n* [1] (of artist, philosopher) ucze|ń *m*, -nnica *f*; (of leader) zwolenni|k *m*, -czka *f* **(of sb** kogoś) [2] Bibl uczeń *m*, apostoł *m*

disciplinarian /ˌdɪsɪplɪˈneərɪən/ *n* zwolenni|k *m*, -czka *f* surowej dyscypliny; **he is a poor ~** nie potrafi utrzymać dyscypliny

disciplinary /ˈdɪsɪplɪnərɪ, US -nerɪ/ *adj [measures, procedure]* dyscyplinarny; *[matter, problem]* dotyczący dyscypliny

discipline /ˈdɪsɪplɪn/ **I** *n* [1] (controlled behaviour) dyscyplina *f*; **military ~** dyscyplina wojskowa; **to maintain classroom ~** utrzymywać dyscyplinę w klasie [2] (punishment) kara *f* [3] (academic subject) dyscyplina *f* naukowa

II *vt* (control) z|dyscyplinować, na|uczyć dyscypliny *[children, recruits]*; zapanować nad (czymś) *[emotions]*; (punish) u|karać *[offenders, rebels]*

III *vr* **to ~ oneself** narzucić sobie dyscyplinę; **to ~ oneself to get up early** zmusić się do wczesnego wstawania

disciplined /ˈdɪsɪplɪnd/ *adj [group, manner, person]* zdyscyplinowany; *[approach]* metodyczny

disc jockey, DJ *n* dyskdżokej *m*, didżej *m*

disclaim /dɪsˈkleɪm/ *vt* wyp|rzeć, -ierać się (czegoś), zaprzecz|yć, -ać (czemuś); Jur zrze|c, -kać się (czegoś), zrezygnować z (czegoś) *[property]*

disclaimer /dɪsˈkleɪmə(r)/ *n* oficjalne sprostowanie *n*, dementi *n inv*; Jur zrzeczenie *n* się, zrezygnowanie *n*; **to issue a ~** wydać dementi

disclose /dɪsˈkləʊz/ *vt* ukaz|ać, -ywać *[scene, sight]*; ujawni|ć, -ać *[information, news, secret]*; **disclosing tablets** Dent substancje barwiące płytkę nazębną

disclosure /dɪsˈkləʊʒə(r)/ *n* [1] (action) ujawnienie *n* **(of sth** czegoś) [2] (disclosed information) ujawniona informacja *f* infml

disco /ˈdɪskəʊ/ **I** *n* (event) dyskoteka *f*; (club) dyskoteka *f*, disco *n*; (music) disco *n*

II *vi* tańczyć

discography /dɪsˈkɒɡrəfɪ/ *n* dyskografia *f*

discolor *n* US = **discolour**

discoloration /ˌdɪskʌləˈreɪʃn/ *n* (fading) odbarwienie *n*; (change of colour) przebarwienie *n*; (of teeth) zżółknięcie *n*

discolour GB, **discolor** US /dɪsˈkʌlə(r)/ **I** *vt* (cause to fade) odbarwi|ć, -ać; (cause to change colour) s|powodować przebarwienie (czegoś); (of teeth) s|powodować zżółknięcie (czegoś); **~ed with age** *[garment]* wypłowiały; **~ed teeth** pożółkłe or zżółkłe zęby

II *vi* (fade) odbarwi|ć, -ać się, wy|blaknąć; (fabric) wy|płowieć; (change in colour) przebarwi|ć, -ać się

discombobulate /ˌdɪskəmˈbɒbjʊleɪt/ *vt* hum wprawi|ć, -ać w osłupienie *[person]*

discomfit /dɪsˈkʌmfɪt/ *vt* liter (make uneasy) s|konsternować fml; (cause worry) pomieszać (komuś) szyki

discomfiture /dɪsˈkʌmfɪtʃə(r)/ *n* liter konsternacja *f* fml

discomfort /dɪsˈkʌmfət/ *n* [1] (lack of comfort) niewygoda *f* [2] (slight pain) dolegliwość *f*; **to be in some ~** odczuwać lekki ból [3] (embarrassment) zakłopotanie *n*, skrępowanie *n*; **to cause sb ~** wprawić kogoś w zakłopotanie

discomposure /ˌdɪskəmˈpəʊʒə(r)/ *n* zmieszanie *n*, zakłopotanie *n*; (worry) niepokój *m*

disconcert /ˌdɪskənˈsɜːt/ *vt* (embarrass) wprawi|ć, -ać w zakłopotanie; (perturb) za|niepokoić

disconcerting /ˌdɪskənˈsɜːtɪŋ/ *adj* [1] (worrying) niepokojący [2] (unnerving) denerwujący [3] *[embarrassing]* żenujący

disconcertingly /ˌdɪskənˈsɜːtɪŋlɪ/ *adv [frank, forthcoming, self-assured]* zaskakująco; *[behave]* w zaskakujący sposób, żenująco

disconnect /ˌdɪskəˈnekt/ **I** *vt* odłącz|yć, -ać *[electricity, telephone]*; wyłącz|yć, -ać *[plug, refrigerator, lights]*; rozłącz|yć, -ać *[caller]*; odczepi|ć, -ać *[carriage]* **(from sth** od czegoś); **to get** or **have sth ~ed** odłączyć/wyłączyć coś; **I've been ~ed** (on telephone) rozłączono mnie; (because of non-payment of bill) wyłączono mi telefon

II *vi* Comput rozłącz|yć, -ać

disconnected /ˌdɪskəˈnektɪd/ *adj [ideas, thoughts]* bezładny, chaotyczny; *[remark, observation]* oderwany

disconsolate /dɪsˈkɒnsələt/ *adj* niepocieszony, zrozpaczony

disconsolately /dɪsˈkɒnsələtlɪ/ *adv [nod, gaze]* ze smutkiem, smutno

discontent /ˌdɪskənˈtent/ *n* niezadowolenie *n*; **the winter of ~** GB Hist *okres strajków przełomu lat 1978-1979 w Wielkiej Brytanii*

discontented /ˌdɪskənˈtentɪd/ *adj* niezadowolony **(with sth** z czegoś)

discontentment /ˌdɪskənˈtentmənt/ *n* niezadowolenie *n*

discontinuation /ˌdɪskəntɪnjʊˈeɪʃn/ *n* (of service) zlikwidowanie *n*; (of product) zaprzestanie *n* produkcji

discontinue /ˌdɪskənˈtɪnjuː/ *vt* zaprzest|ać, -awać *[production]*; zawie|sić, -szać *[rail, bus service]*; przer|wać, -ywać *[visit]*; **'~d line'** Comm „ostatnia partia z tej serii"

discontinuity /dɪsˌkɒntɪˈnjuːətɪ/ *n* fml [1] (incoherence) brak *m* ciągłości [2] (interruption) przerwa *f*

discontinuous /ˌdɪskənˈtɪnjʊəs/ *adj [process]* przerywany; *[argument]* niespójny

discord /ˈdɪskɔːd/ *n* [1] (lack of harmony) niezgoda *f*; **domestic ~** kłótnie rodzinne; **to introduce a note of ~** wprowadzić rozdźwięk [2] Mus dysonans *m*

IDIOMS: **apple of ~** kość niezgody

discordant /dɪˈskɔːdənt/ *adj [view, opinion]* niezgodny; Mus *[note, tune]* fałszywie brzmiący; **to strike a ~ note** fig zakłócić harmonię

discotheque /ˈdɪskətek/ *n* dyskoteka *f*

discount **I** /ˈdɪskaʊnt/ *n* Comm rabat *m*, upust *m*, zniżka *f*; **to get a ~** otrzymać rabat or zniżkę **(on sth** na coś); **to give sb a ~** udzielić komuś rabatu or zniżki; **~ for cash** rabat przy zapłacie gotówką; **at a ~** z rabatem, ze zniżką; **to buy sth at a ~** kupić coś z rabatem; **to be sold at a ~** Fin *[shares]* być sprzedawanym po cenie niższej od nominalnej; **honesty is at a ~ in that family** fig w tej rodzinie nie ceni się uczciwości

II /dɪsˈkaʊnt, US ˈdɪskaʊnt/ *vt* [1] (reject) pomi|nąć-jać, nie brać pod uwagę (czegoś) *[theory, suggestion, advice, possibility]* [2] Comm (reduce price) obniż|yć, -ać cenę (czegoś) *[goods, items]*; (give a discount) udziel|ić, -ać rabatu na (coś) *[goods]* [3] Fin dyskontować *[bill of exchange, invoice]*

discount flight *n* zniżkowa taryfa *f* lotnicza

discount house *n* [1] GB Fin bank *m* dyskontowy [2] US = **discount store**

discount rate *n* stopa *f* dyskontowa

discount store *n dom towarowy lub sklep sprzedający towary z rabatem*

discourage /dɪˈskʌrɪdʒ/ *vt* [1] (dishearten) zniechęc|ić, -ać *[person]*; **don't be ~d!** nie zniechęcaj się!; **to become ~d** zniechęcić się [2] (oppose) nie pochwalać (czegoś) *[smoking, lateness]* [3] (deter) odw|ieść, -odzić *[person]* **(from sth/doing sth** od czegoś)

discouragement /dɪˈskʌrɪdʒmənt/ *n* [1] (despondency) zniechęcenie *n* [2] (disincentive) hamulec *m* fig; **it's more of a ~ than an incentive** to bardziej odstrasza niż zachęca [3] (disapproval) dezaprobata *f*

discouraging /dɪˈskʌrɪdʒɪŋ/ *adj [result, reply]* zniechęcający; **she was rather ~ about my chances** nie dawała mi większych szans

discourse **I** /ˈdɪskɔːs/ *n* [1] (speech) wykład *m* **(on** or **about sth** na temat czegoś, o czymś); **to give** or **deliver a ~** wygłosić wykład [2] (conversation) rozmowa *f*, dysputa *f* fml [3] Ling dyskurs *m*

II /dɪˈskɔːs/ *vi* rozprawiać **(about sth** o czymś)

discourse analysis *n* Ling analiza *f* dyskursu

discourteous /dɪsˈkɜːtɪəs/ *adj* niegrzeczny, nieuprzejmy

discourteously /dɪsˈkɜːtɪəslɪ/ *adv* niegrzecznie, nieuprzejmie

discourtesy /dɪsˈkɜːtəsɪ/ *n* [1] (rudeness) nieuprzejmość *f* **(towards sb** wobec kogoś); **to show ~** zachować się nieuprzejmie [2] (rude remark or act) niegrzeczność *f*; afront *m* fml; **to do sb a ~** zrobić komuś afront

discover /dɪsˈkʌvə(r)/ *vt* [1] (learn) pozn|ać, -wać *[truth, method]*; (unexpectedly) odkry|ć, -wać; **to ~ who/how/that...** dowiedzieć

D

się, kto/jak/że...; **we ~ed that he can cook** okazało się, że on potrafi gotować; odkryliśmy, że on potrafi gotować [2] (find) zna|leźć, -jdować *[body, treasure, artefacts]*; odna|leźć, -jdować *[missing object]* [3] (become aware) odkry|ć, -wać *[America, star, pencillin, new talent]*; (invent) wyna|leźć, -jdować *[method, process]*

discoverer /dɪsˈkʌvərə(r)/ *n* odkryw|ca *m*, -czyni *f* **(of sth** czegoś**)**

discovery /dɪˈskʌvərɪ/ *n* [1] (finding out) odkrycie *n*; **a voyage of ~** podróż odkrywcza [2] (coming across) znalezienie *n* [3] (sth or sb discovered) odkrycie *n*; (invention) wynalazek *m*; **she's his new ~** ona jest jego nowym odkryciem [4] Jur ujawnienie *n*

discredit /dɪsˈkredɪt/ **I** *n* [1] (disgrace) ujma *f*; **to bring sb into ~** kompromitować kogoś; **to be to sb's ~** źle o kimś świadczyć; **to bring ~ on sb** przynosić komuś ujmę; **to be a ~ to sb/sth** przynosić komuś/czemuś wstyd [2] (lack of belief) wątpliwość *f*; **to cast** or **throw ~ on sth** podawać coś w wątpliwość

II *vt* z|dyskredytować *[person]* **(by sth** czymś**)**; poda|ć, -wać w wątpliwość, podważ|yć, -ać *[idea, belief, theory]*; odm|ówić, -awiać wiary w (coś) *[information, report, fact]*

discreditable /dɪsˈkredɪtəbl/ *adj [behaviour, action, deed]* kompromitujący

discreet /dɪˈskriːt/ *adj [friend, enquiry, nod, elegance, make-up]* dyskretny; *[shade, colour]* stonowany; **I followed him at a ~ distance** podążałam za nim w bezpiecznej odległości

discreetly /dɪˈskriːtlɪ/ *adv* dyskretnie

discrepancy /dɪsˈkrepənsɪ/ *n* rozbieżność *f* **(in sth** w czymś**)**

discrete /dɪˈskriːt/ *adj* wyraźny; Phys, Ling, Math dyskretny, nieciągły

discretion /dɪˈskreʃn/ *n* [1] (tact) dyskrecja *f*; **the soul of ~** uosobienie dyskrecji [2] (authority) prawo *n* decydowania; **I have ~ over that decision** podejmę tę decyzję według własnego uznania; **in** or **at sb's ~** według uznania kogoś; **to use one's (own) ~** zdecydować samemu; **the age of ~** dojrzałość, pełnoletniość

discretionary /dɪˈskreʃənərɪ, US -nerɪ/ *adj [powers, measures]* nieokreślony; *[grants, payments]* w dowolnej wysokości

discriminant /dɪˈskrɪmɪnənt/ *n* Math wyróżnik *m*

discriminate /dɪˈskrɪmɪneɪt/ *vi* [1] (distinguish) rozróżni|ć, -ać, odróżni|ć, -ać; **to ~ between X and Y** odróżnić X od Y, rozróżnić X i Y [2] (act with prejudice) dyskryminować **(against sb** kogoś**)**; **to ~ in favour of sb** faworyzować kogoś

discriminating /dɪˈskrɪmɪneɪtɪŋ/ *adj [audience, viewer]* wyrobiony; *[connoisseur]* wytrawny; *[customer]* wybredny

discrimination /dɪˌskrɪmɪˈneɪʃn/ *n* [1] pej (prejudice) dyskryminacja *f* **(against sb** kogoś**)**; **racial/sexual ~** dyskryminacja rasowa/płci; **positive ~** dyskryminacja pozytywna; **~ in favour of sb** uprzywilejowanie kogoś [2] (taste) (dobre) wyczucie *n*; (ability to differentiate) rozeznanie *n*; **to show ~** wykazać dobry gust

discriminatory /dɪˈskrɪmɪnətərɪ, US -tɔːrɪ/ *adj* dyskryminacyjny

discursive /dɪˈskɜːsɪv/ *adj* [1] *[style]* dygresyjny [2] (not intuitive) dyskursywny

discus /ˈdɪskəs/ *n* (object) dysk *m*; (event) rzut *m* dyskiem

discuss /dɪˈskʌs/ **I** *vt* [1] (talk about) prze|dyskutować, om|ówić, -awiać *[matter, problem, performance]* **(with sb** z kimś**)**; rozmawiać o (kimś) *[person]*; **we'll have to ~ it** musimy to przedyskutować, musimy o tym porozmawiać; **there's nothing to ~** nie ma o czym mówić [2] (in book, article) om|ówić, -awiać

II *vi* dyskutować

discussant /dɪˈskʌsənt/ *n* dyskutant *m*, -ka *f*

discussion /dɪˈskʌʃn/ *n* [1] dyskusja *f*, rozmowa *f* **(on** or **about sth** o czymś, na temat czegoś**)**; **the matter under ~** sprawa będąca przedmiotem dyskusji; **to come up for ~** być poddanym pod dyskusję; **to bring sth up for ~** poddać coś pod dyskusję [2] (in lecture, book, article) omówienie *n* **(of sth** czegoś**)**

discussion document *n* wprowadzenie *n* do dyskusji

discussion group *n* kółko *n* dyskusyjne, grupa *f* dyskusyjna

discussion paper *n* = **discussion document**

discus thrower *n* Sport dyskobol *m*, -ka *f*

disdain /dɪsˈdeɪn/ **I** *n* pogarda *f*, lekceważenie *n* **(for sb/sth** dla kogoś/czegoś**)**; **with ~** z pogardą, z lekceważeniem; **a look /sneer of ~** pogardliwe spojrzenie/pogardliwy uśmieszek

II *vt* z|lekceważyć, wzgardzić *[offer, invitation, company]*; **she ~ed to reply** nie raczyła odpowiedzieć

disdainful /dɪsˈdeɪnfl/ *adj [person, attitude, look]* lekceważący, pogardliwy; **to be ~ of** or **to sb/sth** traktować kogoś/coś z pogardą

disdainfully /dɪsˈdeɪnfəlɪ/ *adv* pogardliwie, lekceważąco

disease /dɪˈziːz/ *n* Hort, Med [1] (specific illness) choroba *f* also fig [2] (range of infections) choroby *f pl*; **to cause ~** powodować choroby

diseased /dɪˈziːzd/ *adj* chory also fig

disembark /ˌdɪsɪmˈbɑːk/ **I** *vt* wyładow|ać, -wywać *[cargo]*; wysadz|ić, -ać *[passengers]*

II *vi [passengers]* wysi|ąść, -adać **(from sth** z czegoś**)**

disembarkation /dɪsˌembɑːˈkeɪʃn/ *n* (of cargo) rozładunek *m*; (of people) wysadzanie *n* pasażerów

disembodied /ˌdɪsɪmˈbɒdɪd/ *adj* bezcielesny

disembowel /ˌdɪsɪmˈbaʊəl/ *vt* (*prp, pt, pp* **-ll-** GB, **-l-** US) wypru|ć, -wać wnętrzności (komuś) *[victim]*; wy|patroszyć *[animal]*

disenchant /ˌdɪsɪnˈtʃɑːnt/ *vt* rozczarow|ać, -ywać

disenchanted /ˌdɪsɪnˈtʃɑːntɪd, US -ˈtʃænt-/ *adj* rozczarowany **(with sth** czymś**)**; **to become ~ with sth** rozczarować się do czegoś

disenchantment /ˌdɪsɪnˈtʃɑːntmənt, US -ˈtʃænt-/ *n* rozczarowanie *n*

disenfranchise /ˌdɪsɪnˈfræntʃaɪz/ *vt* pozbawi|ć, -ać praw obywatelskich *[people, town, women]*

disengage /ˌdɪsɪnˈɡeɪdʒ/ **I** *vt* rozłącz|yć, -ać; **to ~ the clutch** zwolnić sprzęgło

II *vi* Mil zaprzesta|ć, -wać walki

III *vr* **to ~ oneself** uwolnić się **(from sb /sth** od kogoś/czegoś**)**

IV disengaged *pp adj* fml wolny

disengagement /ˌdɪsɪnˈɡeɪdʒmənt/ *n* Mil, Pol wycofanie się *n* **(from sth** z czegoś**)**

disentangle /ˌdɪsɪnˈtæŋɡl/ *vt* [1] (unravel) rozpląt|ać, -ywać *[hair, string, wool]* [2] (separate) wypląt|ać, -ywać *[keys]* **(from sth** z czegoś**)** [3] fig (sort out) rozwiąz|ać, -ywać, rozwikłać *[problem, mystery]*

disequilibrium /ˌdɪsiːkwɪˈlɪbrɪəm/ *n* brak *m* równowagi

disestablish /ˌdɪsɪˈstæblɪʃ/ *vt* **to ~ the Church** oddziel|ić, -ać Kościół od państwa

disestablishment /ˌdɪsɪˈstæblɪʃmənt/ *n* rozdział *m* Kościoła od Państwa

disfavor *n* US = **disfavour**

disfavour GB, **disfavor** US /dɪsˈfeɪvə(r)/ **I** *n* fml [1] (disapproval) dezaprobata *f*; **to look on sb/sth with ~** patrzeć na kogoś/coś z dezaprobatą [2] (disgrace) niełaska *f*; **to be in ~** być w niełasce **(with sb** u kogoś**)**; **to fall into ~** popaść w niełaskę **(with sb** u kogoś**)**

II *vt* (disapprove) nie aprobować

disfigure /dɪsˈfɪɡə(r), US dɪsˈfɪɡjər/ **I** *vt* oszpec|ić, -ać *[building, face, landscape, person]*

II disfigured *pp adj* oszpecony **(by sth** czymś, przez coś**)**

disfigurement /dɪsˈfɪɡəmənt, US dɪsˈfɪɡjə-/ *n* oszpecenie *n*

disfranchise /dɪsˈfræntʃaɪz/ *vt* = **disenfranchise**

disgorge /dɪsˈɡɔːdʒ/ **I** *vt* [1] wyplu|ć, -wać *[liquid]*; **to ~ smoke** dymić [2] fig *[bus, train]* wyplu|ć, -wać fig *[passengers]* [3] Med wykrztusić *[fishbone]*

II *vr* **to ~ itself** *[river]* uchodzić **(into sth** do czegoś**)**

disgrace /dɪsˈɡreɪs/ **I** *n* [1] (shame) wstyd *m* **(of sth/doing sth** z powodu czegoś/zrobienia czegoś**)**; **to bring ~ on sb** przynieść komuś wstyd; **to be in ~** być w niełasce; **that's no ~, there's no ~ in that** to żaden wstyd [2] (scandal) hańba *f*; **what a ~!** co za hańba!; **it's a ~ that...** to hańba, że...; **he's a ~ to the school** on kompromituje szkołę; **the state of this kitchen is an absolute ~** ta kuchnia jest w koszmarnym stanie

II *vt* przyn|ieść, -osić wstyd or hańbę (komuś/czemuś) *[school, family]*

III disgraced *pp adj [general, leader, player]* skompromitowany

IV *vr* **to ~ oneself** (behave badly) skompromitować się; (dishonour oneself) zhańbić się, okryć się hańbą

disgraceful /dɪsˈɡreɪsfl/ *adj [conduct, situation]* haniebny, skandaliczny; **it's ~!** (shameful) to hańba!

disgracefully /dɪsˈɡreɪsfəlɪ/ *adv* haniebnie, skandalicznie

disgruntled /dɪsˈɡrʌntld/ *adj* zdegustowany, niezadowolony; **~ stare** niezadowolony wzrok

disguise /dɪsˈɡaɪz/ **I** *n* (costume) przebranie *n*; **in ~** w przebraniu also fig; **a master of ~** fig mistrz w maskowaniu się

II *vt* (change appearance) zmieni|ć, -ać wygląd (komuś), u|charakteryzować *[person]*; zmieni|ć, -ać *[voice]*; za|tuszować *[blemish]*; fig ukry|ć, -wać *[feelings, facts]*; **to ~ sb as sb/sth** przebrać kogoś za kogoś/coś; **~d as a priest** przebrany za księdza; **there's no disguising the fact that...** nie da się ukryć tego, że ...
III *vr* **to ~ oneself** przeb|rać, -ierać się **(as** sb/sth za kogoś/coś**)**
IDIOMS: **it was a blessing in ~ for her** wyszło jej to na dobre

disgust /dɪsˈɡʌst/ **I** *n* wstręt *m*; (physical) obrzydzenie *n*; (moral) odraza *f*; **~ at sb/sth** wstręt do kogoś/czegoś; **to fill sb with ~** napawać kogoś wstrętem, budzić w kimś odrazę; **in ~** ze wstrętem, z odrazą /obrzydzeniem; **to sb's ~** ku obrzydzeniu kogoś
II *vt* wzbudz|ić, -ać wstręt w (kimś); (physically) napawać obrzydzeniem (kogoś); (morally) budzić odrazę w (kimś), napawać (kogoś) odrazą
III disgusted *pp adj* (physically) pełen obrzydzenia **(at** or **by** or **with sb/sth** dla kogoś/czegoś); (morally) oburzony; zniesmaczony infml **(at** or **by** or **with sb/sth** kimś /czymś); **I am ~ed with him for cheating** jego oszustwa napawają mnie wstrętem

disgustedly /dɪsˈɡʌstɪdlɪ/ *adv* ze wstrętem

disgusting /dɪsˈɡʌstɪŋ/ *adj* (morally) wstrętny, odrażający; (physically) obrzydliwy, wstrętny

disgustingly /dɪsˈɡʌstɪŋlɪ/ *adv* [1] *[smelly, dirty, fat]* obrzydliwie, wstrętnie [2] infml fig *[well, healthy, fit, rich]* strasznie; nieprzyzwoicie; **he's ~ rich** infml jest nieprzyzwoicie bogaty infml

dish /dɪʃ/ **I** *n* [1] (plate) (for eating) talerz *m*; (for serving) półmisek *f*; **meat/vegetable ~** półmisek na mięso/na jarzyny; **a set of ~es** komplet naczyń [2] (food) potrawa *f*, danie *n*; **chicken/fish ~** danie z kurczaka/rybne; **side ~** dodatki do dania głównego [3] TV (also **satellite ~**) antena *f* satelitarna [4] fig (good-looking person) (male) przystojniak *m* infml; (female) ślicznotka *f*, lalunia *f* infml
II dishes *npl* naczynia *n pl*
III *vt* infml [1] dat (ruin) z|niweczyć *[chances, hopes, plans]* [2] (gossip) **to ~ the dirt on sb** obsmarować kogoś infml
IV *vi* US infml (chat) gadać infml
■ **dish out**: **~ out [sth]** [1] (hand out) rozda|ć, -wać *[money, leaflets]* [2] (speak) prawić *[compliments]*; obrzuc|ić, -ać (czymś) *[insults]*; wymierz|yć, -ać *[punishment]*; udziel|ić, -ać (czegoś), da|ć, -wać *[advice]*; **he can really ~ it out** infml ten to potrafi dokopać infml [3] Culin na|łożyć, -kładać *[helping, food]*
■ **dish up**: **~ up [sth]** [1] poda|ć, -wać *[food, meal]* [2] przyt|oczyć, -aczać *[arguments]*; za|proponować *[idea]*
IDIOMS: **this is just my ~** US infml to mi pasuje, to jest to infml

dishabille /ˌdɪsəˈbiːl/ *n* dat dezabil *m*, negliż *m*

disharmony /dɪsˈhɑːmənɪ/ *n* dysonans *m*

dishcloth /ˈdɪʃklɒθ, US -klɔːθ/ *n* (for washing) zmywak *m*; (for drying) ścierka *f* do naczyń

dishearten /dɪsˈhɑːtn/ *vt* zniechęc|ić, -ać; **don't be ~ed!** nie zniechęcaj się!

disheartening /dɪsˈhɑːtnɪŋ/ *adj* zniechęcający, przygnębiający

dishevelled GB, **disheveled** US /dɪˈʃevld/ *adj [person]* wyglądający niechlujnie; rozmamłany infml; *[hair]* potargany, rozczochrany; *[clothes]* w nieładzie

dishonest /dɪsˈɒnɪst/ *adj* nieuczciwy

dishonestly /dɪsˈɒnɪstlɪ/ *adv* nieuczciwie; **~ come by** zdobyty nieuczciwym sposobem

dishonesty /dɪsˈɒnɪstɪ/ *n* nieuczciwość *f*

dishonor *n* US = **dishonour**

dishonour GB, **dishonor** US /dɪsˈɒnə(r)/ **I** *n* [1] (shame) hańba *f*, niesława *f*; **to bring ~ on sb** okryć kogoś hańbą or niesławą [2] Fin (of cheque) niehonorowanie *n*
II *vt* [1] (disgrace) z|hańbić *[memory, person]*; okry|ć, -wać hańbą *[family, nation, team]* [2] (renege on) z|łamać *[agreement]*; Fin nie honorować (czegoś) *[cheque]*; nie wykupić (czegoś) *[bill]*

dishonourable GB, **dishonorable** US /dɪsˈɒnərəbl/ *adj [behaviour, action]* haniebny, niegodny, niecny; *[person]* niegodziwy, niegodny

dishonourable discharge GB, **dishonorable discharge** US Mil karne zwolnienie *n*; **to get a ~** być or zostać karnie zwolnionym

dishonourably GB, **dishonorably** US /dɪsˈɒnərəblɪ/ *adv [behave, act]* haniebnie, niegodnie

dishpan /ˈdɪʃpæn/ *n* US miska *f*, miednica *f*

dishrag /ˈdɪʃræɡ/ *n* US zmywak *m*, ściereczka *f*

dishtowel /ˈdɪʃtaʊəl/ *n* ścierka *f* do naczyń

dishwasher /ˈdɪʃwɒʃə(r)/ *n* (person) pomywacz *m*, -ka *f*; (machine) zmywarka *f* do naczyń

dishwasher detergent detergent *m* do zmywarek

dishwasher powder *n* proszek *m* do zmywarki

dishwasher salt *n* sól *f* (zmiękczająca) do zmywarki

dishwater /ˈdɪʃwɔːtə(r)/ *n* pomyje *plt*; fig, pej (weak tea, coffee) lura *f* infml; (soup) pomyje *plt* fig infml; **as dull as ~** US nudny jak flaki z olejem

dishy /ˈdɪʃɪ/ *adj* GB seksowny infml

disillusion /ˌdɪsɪˈluːʒn/ **I** *n* rozczarowanie *n* **(with sb/sth** kimś/czymś**)**
II *vt* rozczarow|ać, -ywać, rozwi|ać, -ewać złudzenia (kogoś) *[person]*; **I hate to ~ you, but...** przykro mi, że muszę cię rozczarować, ale...

disillusioned /ˌdɪsɪˈluːʒnd/ *adj* pozbawiony złudzeń, rozczarowany; **to be ~ with sb/sth** być rozczarowanym kimś/czymś

disillusionment /ˌdɪsɪˈluːʒnmənt/ *n* rozczarowanie *n*

disincentive /ˌdɪsɪnˈsentɪv/ *n* **it acts as** or **is a ~ to work** to działa demobilizująco; **the unstable political climate is acting as a ~ to investment** niestabilna sytuacja polityczna zniechęca do inwestowania

disinclination /ˌdɪsɪnklɪˈneɪʃn/ *n* fml niechęć *f*; **~ to do sth** niechęć do robienia czegoś; **a marked/natural ~** wyraźna /wrodzona niechęć

disinclined /ˌdɪsɪnˈklaɪnd/ *adj* fml niechętny

disinfect /ˌdɪsɪnˈfekt/ *vt* z|dezynfekować, odka|zić, -żać

disinfectant /ˌdɪsɪnˈfektənt/ *n* środek *m* dezynfekujący or odkażający

disinfection /ˌdɪsɪnˈfekʃn/ *n* dezynfekcja *f*, odkażenie *n*

disinflation /ˌdɪsɪnˈfleɪʃn/ *n* polityka *f* antyinflacyjna, zwalczanie *n* inflacji

disinflationary /ˌdɪsɪnˈfleɪʃənərɪ, US -nerɪ/ *adj* deflacyjny

disinformation /ˌdɪsɪnfəˈmeɪʃn/ *n* dezinformacja *f*

disingenuous /ˌdɪsɪnˈdʒenjʊəs/ *adj* nieszczery; **you're being ~** nie jesteś szczery

disingenuously /ˌdɪsɪnˈdʒenjʊəslɪ/ *adv* fml nieszczerze

disingenuousness /ˌdɪsɪnˈdʒenjʊəsnɪs/ *n* fml nieszczerość *f*

disinherit /ˌdɪsɪnˈherɪt/ *vt* wydziedzicz|yć, -ać

disinhibit /dɪsɪnˈhɪbɪt/ *vt* pozbawi|ć, -ać zahamowań; Med odhamow|ać, -ywać

disinhibiting /dɪsɪnˈhɪbɪtɪŋ/ *adj* pozbawiający zahamowań; Med odhamowujący

disintegrate /dɪsˈɪntɪɡreɪt/ *vi* [1] *[plane, spacecraft, rug]* rozpa|ść, -dać się; *[rock]* roz|kruszyć się [2] *[family, relationship, empire]* rozpa|ść, -dać się

disintegration /dɪsˌɪntɪˈɡreɪʃn/ *n* [1] (of aircraft, organization) rozpad *m*; (of cloth, wood) rozkład *m* [2] (of family, relationship) rozkład *m*, rozpad *m*, dezintegracja *f*

disinter /ˌdɪsɪnˈtɜː(r)/ *vt* (*prp, pt, pp* **-rr-**) [1] (from grave) ekshumować *[corpse]* [2] fig odgrzeb|ać, -ywać *[story, scandal]*

disinterested /dɪsˈɪntrəstɪd/ *adj* [1] (impartial) *[observer, party, stance, advice]* bezstronny [2] (uninterested) niezainteresowany **(in sth** czymś**)**

disinterestedness /dɪsˈɪntrəstɪdnɪs/ *n* bezstronność *f*

disintermediation /ˌdɪsɪntəmiːdɪˈeɪʃn/ *n* wykluczenie *n* pośrednictwa

disinterment /ˌdɪsɪnˈtɜːmənt/ *n* ekshumacja *f*

disinvestment /dɪsɪnˈvestmənt/ *n* dezinwestycja *f*

disjoint /dɪsˈdʒɔɪnt/ *adj* Math rozłączny

disjointed /dɪsˈdʒɔɪntɪd/ *adj [account, programme, speech]* chaotyczny

disjunction /dɪsˈdʒʌŋkʃn/ *n* fml dysjunkcja *f*

disjunctive /dɪsˈdʒʌŋktɪv/ *adj* Ling dysjunktywny, rozłączny

disk /dɪsk/ *n* [1] Comput dysk *m*; **on ~** na dysku [2] US = **disc**

disk directory *n* katalog *m* or skorowidz *m* dysku

disk drive *n* napęd *m* dysku

diskette /dɪˈsket/ *n* dyskietka *f*

disk management *n* zarządzanie *n* dyskiem

disk operating system, DOS *n* system *m* operacyjny DOS

disk player *n* czytnik *m* dysku

disk space *n* przestrzeń *f* dyskowa, ilość *f* miejsca na dysku

dislike /dɪsˈlaɪk/ **I** *n* niechęć *f*; awersja *f* fml; **her ~ of sb/sth** jej niechęć do kogoś /czegoś; **to take a ~ to sb/sth** poczuć niechęć do kogoś/czegoś; **I took an instant ~ to him** od razu mi się nie spodobał; **one's likes and ~s** to co się

D

lubi i czego się nie lubi; to co się podoba i nie podoba; **we all have our likes and ~s** każdy ma swoje sympatie i antypatie **II** *vt* nie lubić; **to ~ doing sth** nie lubić robić czegoś; **I have always ~d him** nigdy go nie lubiłem; **I ~ her intensely** bardzo jej nie lubię, odczuwam do niej awersję; **I don't ~ city life** życie w mieście mi nie przeszkadza

dislocate /ˈdɪsləkeɪt, US ˈdɪsləʊkeɪt/ **I** *vt* [1] Med zwichnąć, wywichnąć *[shoulder, hip]* [2] fml (disrupt) zakłóc|ić, -ać, z|dezorganizować *[transport, traffic, economy]*; z|destabilizować *[social structure]* [3] fml (displace) rozpr|oszyć, -aszać, s|powodować przemieszczenie (kogoś/czegoś) *[population]*
II dislocated *pp adj [shoulder, hip]* zwichnięty, wywichnięty

dislocation /ˌdɪsləˈkeɪʃn, US ˌdɪsləʊˈkeɪʃn/ *n* [1] Med zwichnięcie *n*, wywichnięcie *n* [2] fml (of traffic, transport, economy) zakłócenie *n*, dezorganizacja *f*; (of social structure) destabilizacja *f* [3] fml (displacement) przemieszczanie (się) *n*

dislodge /dɪsˈlɒdʒ/ *vt* [1] (shift, remove) z|erwać, -rywać *[tile]* **(from sth** z czegoś); usu|nąć, -wać *[lid, foreign body, obstacle]* **(from sth** z czegoś); obrusz|yć, -ać *[stone]* [2] (drive out) obal|ić, -ać *[dictator]*; odsu|nąć, -wać od władzy *[party, person]*; wyp|rzeć, -ierać *[enemy]*

disloyal /dɪsˈlɔɪəl/ *adj* nielojalny **(to sb /sth** wobec or w stosunku do kogoś)

disloyalty /dɪsˈlɔɪəltɪ/ *n* nielojalność *f* **(to sb/sth** wobec or w stosunku do kogoś /czegoś)

dismal /ˈdɪzməl/ *adj* [1] *[day, mood, place]* ponury, posępny; *[future]* czarny fig [2] infml *[failure, performance]* fatalny

dismally /ˈdɪzməlɪ/ *adv* [1] *[stare, wander]* ponuro, posępnie [2] *[fail]* fatalnie; **the talks have failed ~** rozmowy zakończyły się kompletnym fiaskiem; **to perform ~** *[business]* iść bardzo kiepsko infml; *[team]* fatalnie się spisać

dismantle /dɪsˈmæntl/ *vt* [1] (take apart) roz|ebrać, -bierać, rozmontow|ać, -ywać *[construction, scaffolding, motor]* [2] (phase out) rozwiąz|ać, -ywać *[organization]*; z|likwidować *[system, structure]*

dismantling /dɪsˈmæntlɪŋ/ *n* [1] (of machine) demontaż *m* [2] (of organization) rozwiązanie *n*; (of system) likwidacja *f*

dismast /dɪsˈmɑːst, US -ˈmæst/ *vt* pozbawi|ć, -ać masztu *[ship]*

dismay /dɪsˈmeɪ/ **I** *n* (worry) wielki niepokój *m* **(at sth** z powodu czegoś); (disappointment) konsternacja *f*; (fear) przerażenie *n*; **we were filled** or **struck with ~** ogarnęło nas przerażenie; **in ~** z niepokojem; **to his/her ~** ku jego/jej przerażeniu
II *vt* przera|zić, -żać

dismayed /dɪsˈmeɪd/ *adj* przerażony, skonsternowany, zaniepokojony **(at sth** czymś, z powodu czegoś); **she was ~ that she had forgotten her house keys again** z przerażeniem stwierdziła, że znowu zapomniała kluczy do domu

dismember /dɪsˈmembə(r)/ **I** *vt* [1] roz|edrzeć, -dzierać na kawałki *[prey]*; po|ćwiartować *[carcass]*; rozczłonkow|ać, -ywać *[corpse, victim]* [2] fig po|dzielić *[country, organization]*
II dismembered *pp adj [corpse]* poćwiartowany, rozczłonkowany

dismemberment /dɪsˈmembəmənt/ *n* [1] (of body) poćwiartowanie *n*, rozczłonkowanie *n* [2] fig (of country, organization) podział *m*

dismiss /dɪsˈmɪs/ *vt* [1] (reject) odrzuc|ić, -ać *[possibility, suggestion]*; **to ~ sth out of hand** odrzucić coś z miejsca [2] (treat lightly) z|lekceważyć; **I should ~ this story as an idle rumour** zlekceważyłbym tę opowieść jako zwykłą plotkę; **to ~ sb/sth with a shrug/a joke** zbyć kogoś/coś wzruszeniem ramion/żartem [3] (put out of mind) zapom|nieć, -inać o (czymś) *[worry, anxiety]*; odsu|nąć, -wać od siebie *[thought]*; **to ~ sth from one's mind** wyrzucić coś z pamięci [4] (sack) zw|olnić, -alniać *[worker, employee]*; odprawi|ć, -ać *[servant]*; zdymisjonować fml *[government minister]*; **he was ~ed from his post/job** został zwolniony ze stanowiska/z pracy; **to ~ sb for sth/for doing sth** zwolnić kogoś za coś/zrobienie czegoś; **to be ~ed as head of department** zostać zwolnionym ze stanowiska szefa departamentu; **~ed as incompetent** zwolniony z powodu niekompetencji [5] (send away) odprawi|ć, -ać, po|żegnać *[subordinate]*; (disband) z|demobilizować, rozpu|ścić, -szczać *[army]*; zw|olnić, -alniać *[pupils, class]*; da|ć, -wać (komuś) rozkaz rozejścia się *[troops]*; **class ~!** koniec zajęć!; **troops ~!** oddział! rozejść się!; **the troops were ~ed** żołnierzom kazano się rozejść [6] Jur oddal|ić, -ać *[case, charges, appeal]* [7] Sport (in cricket) wy|eliminować *[team, player]*

dismissal /dɪsˈmɪsl/ *n* [1] (from employment) zwolnienie *n*; (of servant) odprawienie *n*; (of government minister) zdymisjonowanie *n* fml; **unfair** or **wrongful ~** nieuzasadnione zwolnienie [2] (from one's presence) (of pupil, class) zwolnienie *n*; (of subordinate) odprawienie *n*, zwolnienie *n*; (of troops) rozkaz *m* rozejścia się [3] (from one's thoughts) wyrzucenie *n* [4] (disregard for) zlekceważenie *n* [5] Jur (of appeal, claim) oddalenie *n*

dismissive /dɪsˈmɪsɪv/ *adj* lekceważący; **to be ~ of sb/sth** potraktować kogoś/coś lekceważąco or z lekceważeniem

dismissively /dɪsˈmɪsɪvlɪ/ *adv [say, speak, smile]* lekceważąco, z lekceważeniem

dismount /dɪsˈmaʊnt/ **I** *vt* [1] z|demontować *[gun]* [2] Equest zrzuc|ić, -ać *[rider]*
II *vi* zsi|ąść, -adać **(from sth** z czegoś) *[horse, bicycle]*

disobedience /ˌdɪsəˈbiːdɪəns/ *n* nieposłuszeństwo *n*

disobedient /ˌdɪsəˈbiːdɪənt/ *adj* nieposłuszny; **to be ~ to sb** nie (u)słuchać kogoś

disobey /ˌdɪsəˈbeɪ/ **I** *vt* nie po|słuchać *[parents, orders]*; nie przestrzegać, z|łamać *[rules, law]*
II *vi* być nieposłusznym

disobliging /ˌdɪsəˈblaɪdʒɪŋ/ *adj [manner, attitude]* nieuprzejmy; *[person]* nieuczynny

disorder /dɪsˈɔːdə(r)/ **I** *n* [1] (lack of order) nieład *m*; (mess) bałagan *m* infml; **in ~** w nieładzie; **to retreat in ~** Mil rozpierzchnąć się [2] Pol (disturbances) rozruchy *plt*, zamieszki *plt*; **civil ~** niepokoje społeczne; **the march ended in ~** marsz zakończył się rozruchami or zamieszkami [3] Med, Psych (malfunction) zaburzenia *n pl*; (disease) choroba *f*; **blood/lung ~** choroba krwi/płuc; **mental/personality ~** zaburzenia umysłowe /osobowości
II *vt* Med, Psych s|powodować zaburzenia (czegoś)

disordered /dɪsˈɔːdəd/ *adj* [1] *[brain, imagination]* chory; *[mind]* niezrównoważony, obłąkany [2] *[life]* niezorganizowany

disorderly /dɪsˈɔːdəlɪ/ *adj* [1] (untidy) *[room]* nieporządny, niechlujny; *[heap]* bezładny [2] (disorganized) *[person, existence]* niezorganizowany; Mil *[retreat]* bezładny [3] (unruly) *[meeting, demonstration]* burzliwy; *[crowd, behaviour]* awanturniczy, agresywny; fig *[imagination]* rozgorączkowany; **the police feared that the crowd was becoming ~** policja obawiała się, że tłum stanie się agresywny or może stać się agresywny

disorderly behaviour *n* Jur zakłócenie *n* porządku publicznego

disorderly conduct *n* = **disorderly behaviour**

disorderly house *n* Jur (brothel) dom *m* publiczny; (gaming house) dom *m* gry

disorganization /dɪsˌɔːɡənaɪˈzeɪʃn, US -nɪˈz-/ *n* dezorganizacja *f*

disorganize /dɪsˈɔːɡənaɪz/ *vt* z|dezorganizować

disorganized /dɪsˈɔːɡənaɪzd/ *adj [household, life]* zdezorganizowany; *[person, group]* źle zorganizowany

disorient /dɪsˈɔːrɪənt/ *vt* = **disorientate**

disorientate /dɪsˈɔːrɪənteɪt/ **I** *vt* z|dezorientować; **to become ~** stracić rozeznanie
II disorientated *pp adj* zdezorientowany

disown /dɪsˈəʊn/ *vt* nie przyzna|ć, -wać się do (czegoś) *[article, play, essay]*; wyrze|c, -kać się (kogoś), wyp|rzeć, -ierać się (kogoś) *[child]*

disparage /dɪˈspærɪdʒ/ *vt* fml z|dyskredytować

disparagement /dɪˈspærɪdʒmənt/ *n* fml zdyskredytowanie *n*

disparaging /dɪˈspærɪdʒɪŋ/ *adj [remarks, comments]* lekceważący **(about sb/sth** kogoś/coś); pogardliwy **(about sb/sth** w stosunku do kogoś/czegoś); **to be ~ about sb/sth** lekceważąco wyrażać się o kimś/ czymś

disparagingly /dɪˈspærɪdʒɪŋlɪ/ *adv* lekceważąco; **she referred to them ~ as amateurs** określiła ich lekceważąco jako amatorów

disparate /ˈdɪspərət/ *adj* [1] (very different) zasadniczo odmienny or różny; **a ~ group** niejednorodna grupa [2] (incompatible) rozbieżny, nie dający się połączyć

disparity /dɪˈspærətɪ/ *n* (difference) różnica *f*, rozbieżność *f*; (inequality) nierówność *f*, dysproporcja *f*

dispassionate /dɪˈspæʃənət/ *adj* [1] (impartial) obiektywny, bezstronny **(about sb/sth** co do kogoś/czegoś); **try to be ~ about it** spróbuj odnieść się do tego obiektywnie [2] (unemotional) beznamiętny, obojętny

dispassionately /dɪˈspæʃənətlɪ/ *adv* [1] obiektywnie, bezstronnie [2] (unemotionally) beznamiętnie, obojętnie

dispatch /dɪˈspætʃ/ **I** *n* [1] (report) depesza *f*, komunikat *m*; Journ doniesienie *n*, komuni-

kat *m*; Mil meldunek *m*, komunikat *m*; **to be mentioned in ~es** Mil zostać wymienionym w rozkazie dziennym [2] (sending) wysyłka *f*; **date of ~** data wysyłki [3] (speed) pośpiech *m*; **with ~** szybko, prędko
II *vt* [1] (send) wys|łać, -yłać *[letter, parcel, person, troops]*; wy|ekspediować fml; **to ~ sb/sth to Warsaw** wysłać kogoś/coś do Warszawy [2] hum (consume) s|pałaszować *[plateful, crate, supplies]*; wy|trąbić infml *[drink]* [3] euph (kill) wys|łać, -yłać na tamten świat, z|likwidować *[person]* [4] (complete) uwinąć się z (czymś) *[work]*; (szybko) załatwi|ć, -ać *[problem]*

dispatch box *n* kaseta na dokumenty

Dispatch Box *n* GB Pol mównica *f* w Izbie Gmin *(dla członków rządu i gabinetu cieni)*

dispatcher /dɪˈspætʃə(r)/ *n* dyspozytor *m*, -ka *f*

dispatch rider *n* Comm Mil kurier *m*

dispel /dɪˈspel/ *vt* (*prp, pt, pp* **-ll-**) [1] fml rozpr|oszyć, -aszać, rozpędz|ić, -ać *[mist, cloud]* [2] rozwi|ać, -ewać *[doubts, fears, anxiety, illusions]*; położyć, kłaść kres (czemuś) *[rumours]*

dispensable /dɪˈspensəbl/ *adj* zbędny, niekonieczny; **~ luxury** zbędny luksus

dispensary /dɪˈspensərɪ/ *n* [1] (clinic) ambulatorium *n* [2] (in hospital) apteka *n*; (in chemist's) laboratorium *n* [3] US sklep *m* monopolowy

dispensation /ˌdɪspenˈseɪʃn/ *n* fml [1] (distributing) (of funds) przydzielanie *n*; (of alms) rozdawanie *n*; (of justice) wymierzanie *n* [2] (permission) Jur uwolnienie *n*, zwolnienie *n*; Relig dyspensa *f* fml; **~ from sth** zwolnienie or dyspensa od czegoś; **Papal ~** dyspensa papieska [3] (system) Pol, Relig system *m*

dispense /dɪˈspens/ *vt* [1] (give out) *[person]* przydziel|ić, -ać *[funds]*; rozda|ć, -wać *[alms]*; udziel|ić, -ać (czegoś), da|ć, -wać *[advice]*; *[machine, chemist]* wyda|ć, -wać *[medicine, food, drinks, money]* [2] fml (administer) **to ~ justice** wymierzyć sprawiedliwość; **to ~ a sacrament** udzielić sakramentu; **to ~ authority** sprawować władzę [3] Pharm sporządz|ić, -ać *[medicine]*; z|realizować *[prescription]* [4] (permit) uw|olnić, -alniać, zw|olnić, -alniać **(from sth** od czegoś); Relig udziel|ić, -ać (komuś) dyspensy **(from sth** od czegoś)
■ **dispense with** [1] (manage without) oby|ć, -wać się bez (czegoś) *[luxuries, services]* [2] (abandon) z|rezygnować z (czegoś) *[formalities, policy]*; (make unnecessary) u|czynić zbędnym *[resource, facilities]*

dispenser /dɪˈspensə(r)/ *n* (for liquid soap) dozownik *m*; (for drinks, paper cups) automat *m*; **cash ~** bankomat

dispensing chemist *n* GB farmaceut|a *m*, -ka *f*

dispensing optician *n* optyk *m*

dispersal /dɪˈspɜːsl/ *n* [1] (scattering) (of people, animals) rozproszenie się *n*; (of gases, fumes, vapour) rozprzestrzenienie się *n*; (of seeds) rozsiewanie się *n* [2] (spread) (of factories, industry, installation) rozproszenie *n*

dispersant /dɪˈspɜːsənt/ *n* Chem dyspergator *m*

disperse /dɪˈspɜːs/ **I** *vt* [1] (scatter) rozpr|oszyć, -aszać, rozpędz|ić, -ać *[demonstrators, crowd]*; rozsi|ać, -ewać *[seeds]*; rozwi|ać, -ewać *[fumes]* [2] (distribute) rozmie|ścić, -szczać *[factories, troops]*; (disseminate) rozpowszechni|ć, -ać *[information, news]* [3] Chem z|dyspergować *[particles]*
II *vi* [1] rozpr|oszyć, -aszać się [2] Chem roz|łożyć, -kładać się

dispersion /dɪˈspɜːʃn, US dɪˈspɜːrʒn/ *n* [1] (of population) rozprzestrzenianie *n*; **the Dispersion** (diaspora) diaspora [2] Mil (of shells) rozrzut *m* [3] Phys (of radiation) rozpraszanie *n*; (of light) dyspersja *f* [4] Stat dyspersja *f*

dispirit /dɪˈspɪrɪt/ *vt* zniechęc|ić, -ać

dispirited /dɪˈspɪrɪtɪd/ *adj [look, expression]* zniechęcony, przygnębiony; **~ mood** nastrój zniechęcenia or przygnębienia

dispiritedly /dɪˈspɪrɪtɪdlɪ/ *adv [speak, sigh, trudge]* ze zniechęceniem

dispiriting /dɪˈspɪrɪtɪŋ/ *adj [attitude, remark, progress, reading]* zniechęcający, przygnębiający

displace /dɪsˈpleɪs/ *vt* [1] (replace) wyp|rzeć, -ierać, wy|eliminować *[competitor, leader]*; przen|ieść, -osić or przesu|nąć, -wać na inne stanowisko *[worker]* [2] (expel) wysiedl|ić, -ać *[person, population]* [3] Naut, Phys wyp|rzeć, -ierać

displaced person *n* wysiedleniec *m*

displacement /dɪsˈpleɪsmənt/ *n* [1] (of workers, jobs) przeniesienie *n*, przesunięcie *n* [2] (of population) wysiedlenie *n* [3] Naut wyparcie *n* [4] Psych przeniesienie *n* [5] Med przemieszczenie *n* organu

displacement activity *n* Psych migracja *f*

displacement tonnage *n* Naut wyporność *f*

display /dɪˈspleɪ/ **I** *n* [1] Comm (for sale) (of food, small objects) wystawa *f*; (of furniture, equipment, vehicles) ekspozycja *f*; **window ~** witryna; **to be on ~** być wystawionym; **on ~ in the window** na wystawie, w witrynie; **to put sth on ~** wystawić or eksponować coś; (on the counter) wyłożyć coś; (in the window display) umieścić coś na wystawie or w witrynie; **'for ~ purposes'** Comm *[book, object]* „egzemplarz okazowy" [2] (exhibition) wystawa *f*, ekspozycja *f*; **to go on ~** zostać wystawionym; **to put sth on ~** wystawić coś; **'do not touch the ~'** „proszę nie dotykać eksponatów" [3] (for decoration) **what a lovely ~ of flowers** co za piękna kompozycja kwiatowa [4] (demonstration) (of art, craft, skill, dance, sport) pokaz *m*; **to put on** or **mount a ~** zorganizować pokaz; **air ~** pokaz lotniczy [5] (of emotion, failing, quality) przejaw *m*; (of strength) popis *m*; (of wealth) pokaz *m*; **in a ~ of sth** w przejawie czegoś *[anger, impatience, affection]*; **in a ~ of solidarity** na znak solidarności; **to make a ~ of sth** pej obnosić się z czymś *[wealth, knowledge]* [6] Comput, Aut, Aviat (device) monitor *m* obrazowy; (in telephone, radio) wyświetlacz *m*, displej *m*; **digital ~** wyświetlacz cyfrowy [7] Print, Journ **full page ~** wyróżnienie na całą stronę [8] Zool gody *plt*
II *vt* [1] Comm (show, set out) wywie|sić, -szać *[notice, poster, advertisement]*; wystawi|ć, -ać, wy|łożyć, -kładać *[food, goods, clothes]*; **they had T-shirts ~ing the names of their sponsors** nosili koszulki z nazwami sponsorów [2] Comput *[computer, screen, panel]* wyświetl|ić, -ać, pokaz|ać, -ywać *[information, figures, time]*; **the total is ~ed here** ogólna suma wyświetla się or pokazuje się tutaj [3] (exhibit) wystawi|ć, -ać *[paintings, artefacts]* [4] (reveal) *[person]* przejawi|ć, -ać *[enthusiasm, intelligence, interest, skill, virtue, vice]*; zdradz|ić, -ać *[ignorance]*; okaz|ać, -ywać *[emotion, strength]*; *[decision, reply, essay]* dow|ieść, -odzić (czegoś) *[understanding, lack of concern]*; **an opportunity to ~ one's talents** okazja, żeby pokazać, co się potrafi [5] pej (flaunt) obnosić się z (czymś) *[wealth]*; popis|ać, -ywać się (czymś) *[knowledge]*; za|prezentować, chwalić się (czymś) *[beauty, legs, chest]*
III *vi* Zool *[male]* wabić samicę

display advertisement *n* Journ reklama *n* wielkoformatowa

display artist *n* Comm dekorator *m*, -ka *f* wystaw

display cabinet *n* (in house) oszklona szafka *f*, serwantka *f*; (in museum) gablota *f*

display case *n* = **display cabinet**

display panel *n* Comput panel *m* graficzny

display rack *n* Comm stelaż *m* do wystawiania towarów

display type *n* Print czcionka *f* afiszowa or plakatowa

display unit *n* [1] Comput monitor *m* ekranowy [2] Comm = **display rack**

display window *n* witryna *f*, okno *n* wystawowe, wystawa *f*

displease /dɪsˈpliːz/ *vt* (cause displeasure) wywoł|ać, -ywać niezadowolenie u (kogoś); (annoy) z|denerwować, drażnić

displeased /dɪsˈpliːzd/ *adj* niezadowolony **(with** or **at sb/sth** z kogoś/czegoś); **she was ~ to see that the work had not been done** była niezadowolona, że praca nie została wykonana

displeasing /dɪsˈpliːzɪŋ/ *adj* nieprzyjemny; **to be ~ to sb/sth** drażnić kogoś/coś

displeasure /dɪsˈpleʒə(r)/ *n* niezadowolenie *n* **(at sb/sth** z kogoś/czegoś); **her ~ at my presence was obvious** była wyraźnie niezadowolona z mojej obecności; **to my great ~** ku mojemu wielkiemu niezadowoleniu; **much to the ~ of the crowd** ku wielkiemu niezadowoleniu tłumu

disport /dɪˈspɔːt/ *vr* liter, or hum **to ~ oneself** zabawi|ć, -ać się

disposable /dɪˈspəʊzəbl/ **I disposables** *npl* artykuły *m pl* jednorazowego użytku
II *adj* [1] (throwaway) *[nappy, syringe, plate, razor]* jednorazowy, jednorazowego użytku [2] (available) do rozporządzenia

disposable assets *npl* Fin majątek *m* dochód rozporządzalny

disposable income *n* Fin dochód *m* netto, dochód *m* rozporządzalny

disposable load *n* Aviat ładowność *f*

disposal /dɪˈspəʊzl/ *n* [1] (removal) (of rubbish) wywóz *m*, wywózka *f*; (of nuclear waste, human waste) usuwanie *n*; (of a body, excess stock) pozbycie się *n*; **for ~** do wyrzucenia [2] Fin, Comm (sale) (of assets, securities, business) zbycie *n*, sprzedaż *f* **(of sth** czegoś) [3] (completion) *[of business, item on agenda]* załatwienie *n* [4] (for use, access) dysponowanie *n*; **to be at sb's ~** być do dyspozycji kogoś; **to put** or **place sth at sb's ~** oddać coś do dyspozycji kogoś; **to have sth at one's**

D

~ mieć coś do swojej dyspozycji [5] (arrangement) rozmieszczenie *n*

disposal value *n* Fin wartość *f* zbycia środka trwałego

dispose /dɪˈspəʊz/ **I** *vt* [1] (arrange) rozmie|ścić, -szczać *[troops, exhibits]*; ustawi|ć, -ać *[furniture]*; roz|łożyć, -kładać, u|łożyć, -kładać *[papers, books]*; **to ~ troops in twenty lines** ustawić żołnierzy w dwudziestu szeregach [2] (encourage) skł|onić, -aniać, nakł|onić, -aniać **(to sth/to do sth** do czegoś/do zrobienia czegoś); **what ~d him to do it?** co go do tego skłoniło?

II disposed *pp adj* skłonny, chętny; **to be ~d to sth/to do sth** być skłonnym do czegoś/do zrobienia czegoś; **to be well-~d/ill-~d to** or **towards sb/sth** być dobrze/źle usposobionym do kogoś/czegoś; **to be ill-~d to do sth** nie być skorym do zrobienia czegoś; **should you feel so ~d** fml jeśli będzie pan miał/pani miała ochotę

■ **dispose of**: **~ of [sth/sb]** [1] (get rid of) pozby|ć, -wać się (kogoś/czegoś) *[body, evidence]*; usu|nąć, -wać *[rival, rubbish]*; unieszkodliwi|ć, -ać *[bomb, nuclear waste]* [2] (deal with speedily) rozprawi|ć, -ać się z (kimś/czymś) *[opposition, theory]*; uporać się z (czymś) *[court case, item on agenda, problem]*; załatwi|ć, -ać *[correspondence, question]*; sprząt|nąć, -ać infml fig *[meal]* [3] (bequeath) roz|dysponować, rozporządz|ić, -ać (czymś); (sell) zby|ć, -wać *[shares, property]* [4] (have use of) dysponować (czymś), rozporządzać (czymś) *[funds, resources]* [5] (destroy) uśmier-c|ić, -ać *[enemy, rival]*

IDIOMS: **man proposes, God ~s** Prov człowiek strzela, Pan Bóg kule nosi

disposer /dɪˈspəʊzə(r)/ *n* US (in sink) młynek *m* do rozdrabniania odpadków (w zlewozmywaku)

disposition /ˌdɪspəˈzɪʃn/ *n* [1] (temperament) usposobienie *n*; **to have** or **to be of a gentle/cheerful/unpleasant ~** mieć łagodne/pogodne/nieprzyjemne usposobienie [2] (tendency) skłonność *f*, tendencja *f*; **to have/show a ~ to sth/to do sth** mieć /przejawiać skłonność or tendencję do czegoś/robienia czegoś [3] (willingness) ochota *f*, chęć *f*; **to have** or **show a ~ to do sth** mieć ochotę coś zrobić [4] (arrangement) (of troops, exhibits) rozmieszczenie *n*; (of furniture, vehicles) ustawienie *n* [5] Jur rozporządzenie *n*; (of assets) rozdysponowanie *n*, dyspozycja *f* [6] (by divine power) zrządzenie *n*; **a ~ of Providence** zrządzenie opatrzności

dispossess /ˌdɪspəˈzes/ *vt* [1] Jur wywłaszcz|yć, -ać; **to ~ sb of sth** wywłaszczyć kogoś z czegoś *[land, property]* [2] (in football) **to ~ sb** zabrać komuś piłkę; **to be ~ed** stracić piłkę

dispossessed /ˌdɪspəˈzest/ **I** *n* **the ~** *(+ v pl)* wywłaszczeni *m pl*; (poor) pozbawieni *m pl* środków do życia

II *adj [family]* wywłaszczony; *[son]* wydziedziczony; **a ~ people** (poor) naród pozbawiony środków do życia; (politically) naród pozbawiony własnego państwa

dispossession /ˌdɪspəˈzeʃn/ *n* wywłaszczenie *n*; ekspropriacja *f* fml

disproportion /ˌdɪsprəˈpɔːʃn/ *n* dysproporcja *f* **(between sth and sth** pomiędzy czymś a czymś)

disproportionate /ˌdɪsprəˈpɔːʃənət/ *adj* (size) nieproporcjonalny **(to sth** do czegoś); (amount) niewspółmierny **(to sth** do czegoś)

disproportionately /ˌdɪsprəˈpɔːʃənətlɪ/ *adv* nieproporcjonalnie, niewspółmiernie; **~ high** *[costs, expectations]* nieproporcjonalnie wysoki; **he had ~ long legs** miał nieproporcjonalnie długie nogi; **the city's population is ~ young** w mieście jest nieproporcjonalnie dużo młodych

disprove /dɪsˈpruːv/ *vt* obal|ić, -ać *[theory, argument]*; zada|ć, -wać kłam (czemuś) *[allegation, belief, idea, story]*

disputable /dɪˈspjuːtəbl, ˈdɪspjʊt-/ *adj* dyskusyjny, sporny

disputant /dɪˈspjuːtənt, ˈdɪspjʊtənt/ *n* fml dyskutant *m*, -ka *f*; dysputant *m*, -ka *f* dat

disputation /ˌdɪspjuːˈteɪʃn/ *n* [1] dat fml dysputa *f* fml [2] fml spór *m*

disputatious /ˌdɪspjʊˈteɪʃəs/ *adj* fml kłótliwy, swarliwy

dispute /dɪˈspjuːt/ **I** *n* [1] (quarrel) spór *m* **(over** or **about sth** o coś, w sprawie czegoś); (between individuals) kłótnia *f*, sprzeczka *f*; **border/pay ~** spór graniczny/płacowy; **to be in ~ with sb** być z kimś skłóconym; **to have a ~ with sb** prowadzić z kimś spór; **to enter into a ~ with sb** wszcząć z kimś spór [2] (controversy) kontrowersja *f* **(over** or **about sth** w związku z czymś); **to be in ~** być sprawą dyskusyjną, budzić wątpliwości; **not to be in ~** nie podlegać dyskusji; **beyond ~** bezsporny, bezdyskusyjny; **without ~** bezspornie, bezdyskusyjnie; **there is some ~ about the cause** istnieją kontrowersje, co do przyczyny; **it is a matter of ~, it is open to ~** to jest sprawa dyskusyjna; **it is open to ~ whether this solution would work** nie wiadomo, czy to rozwiązanie okaże się dobre

II *vt* [1] (question truth of) za|kwestionować *[claim, figures, result, theory]*; **she ~d the referee's decision** zakwestionowała decyzję sędziego; **I ~ that!** nie zgadzam się z tym! [2] (claim possession of) zgł|osić, -aszać pretensje do (czegoś) *[property, territory, title]*

III *vi* dyskutować, spierać się; **to ~ with sb about sth** spierać się z kimś o coś

IV disputed *pp adj* [1] *[claim, fact, statement, theory]* sporny, dyskusyjny [2] *[land, territory]* sporny

disqualification /dɪsˌkwɒlɪfɪˈkeɪʃn/ *n* [1] (from post, career) wykluczenie *n* **(from sth** z czegoś) [2] Sport dyskwalifikacja *f* **(for doing sth** za coś); wykluczenie *n* **(from sth** z czegoś) [3] GB Jur (suspension) **a six months ~** zawieszenie na sześć miesięcy [4] Aut, Jur **~ from driving, driving ~** zakaz prowadzenia pojazdów mechanicznych [5] (thing which disqualifies) czynnik *m* dyskwalifikujący; **his lack of experience is not a ~ for the post** brak doświadczenia nie dyskwalifikuje go jako kandydata na to stanowisko

disqualify /dɪsˈkwɒlɪfaɪ/ *vt* [1] (from post, career) z|dyskwalifikować *[candidate]*; **to ~ sb from doing sth** pozbawić kogoś prawa robienia czegoś; **your age disqualifies you from this post** twój wiek dyskwalifikuje cię jako kandydata na to stanowisko [2] Sport *[regulation]* (before event) wyklucz|yć, -ać **(from sth** z czegoś); (after event) z|dyskwalifikować **(for sth** za coś); *[physical condition]* uczynić niezdolnym **(from doing sth** do zrobienia czegoś); **he was disqualified for taking drugs** został zdyskwalifikowany za przyjmowanie środków dopingujących [3] GB Aut, Jur **to ~ sb from driving** pozbawić kogoś prawa prowadzenia pojazdów mechanicznych; odebrać komuś prawo jazdy infml; **caught driving while disqualifed** zatrzymany podczas prowadzenia pojazdu w okresie obowiązującego zakazu

disquiet /dɪsˈkwaɪət/ fml **I** *n* niepokój *m*, zaniepokojenie *n* **(about** or **over sth** w związku z czymś); **public ~** niepokoje społeczne

II *vt* za|niepokoić

disquieting /dɪsˈkwaɪətɪŋ/ *adj* fml niepokojący

disquietingly /dɪsˈkwaɪətɪŋlɪ/ *adv* fml niepokojąco

disquisition /ˌdɪskwɪˈzɪʃn/ *n* fml (written) rozprawa *f* **(on sth** na temat czegoś); (oral) wywód *m* **(on sth** o czymś, na temat czegoś)

disregard /ˌdɪsrɪˈgɑːd/ **I** *n* (for problem, feelings, person, law, right) lekceważenie *n* **(for sb/sth** kogoś/czegoś); (for human life) brak *m* poszanowania; (for danger, safety) niezważanie *n* **(for sth** na coś)

II *vt* [1] (discount) z|lekceważyć *[feelings, instructions]*; nie zważać na (coś) *[dangers]*; z|ignorować *[remark, trivia]*; nie brać pod uwagę (czegoś) *[human nature, evidence]* [2] (disobey) okaz|ać, -ywać brak poszanowania dla or wobec (czegoś) *[law, rules]*

disrepair /ˌdɪsrɪˈpeə(r)/ *n* (requiring repair) zły stan *m*; **in (a state of) ~** w złym or opłakanym stanie; **to fall into ~** *[building]* popaść w ruinę; *[machinery]* zniszczyć się

disreputable /dɪsˈrepjʊtəbl/ *adj* [1] (unsavoury) *[person]* mający złą opinię, podejrzany; *[neighbourhood, place]* podejrzany, cieszący się złą sławą [2] (tatty) *[person]* niechlujny; *[clothing]* nędzny [3] (discredited) *[conduct, action]* niecny, haniebny

disreputably /dɪsˈrepjʊtəblɪ/ *adv [behave]* nagannie; *[dress]* niechlujnie

disrepute /ˌdɪsrɪˈpjuːt/ *n* zła reputacja *f*, zła sława *f*; **to be held in ~** cieszyć się złą sławą; **to bring sb/sth into ~** kompromitować kogoś/coś; **to be brought into ~** zostać skompromitowanym

disrespect /ˌdɪsrɪˈspekt/ *n* brak *m* szacunku **(for sb/sth** dla kogoś/czegoś); nieposzanowanie *n* **(for sth** czegoś); **to show ~ to** or **towards sb** okazać komuś brak szacunku; **he meant no ~** nie chciał być nieuprzejmy; **no ~ (to you/him), but...** z całym szacunkiem, ale...

disrespectful /ˌdɪsrɪˈspektfl/ *adj [person]* nieokazujący szacunku **(to** or **towards sb** komuś); *[conduct, remark]* niegrzeczny **(to** or **towards sb/sth** wobec or w stosunku do kogoś/czegoś); **it was most ~ of him to say such a thing** powiedzenie czegoś takiego było z jego strony bardzo niegrzeczne

disrespectfully /ˌdɪsrɪˈspektfəlɪ/ *adv [behave]* bez szacunku, niegrzecznie

disrobe /dɪsˈrəʊb/ *vi* 1 fml *[judge, mayor]* zd|jąć, -ejmować togę; *[monarch]* zd|jąć, -ejmować szaty 2 hum (undress) roz|ebrać, -bierać się; rozdzi|ać, -ewać się dat or hum

disrupt /dɪsˈrʌpt/ *vt* zakłóc|ić, -ać *[traffic, communications, meeting]*; po|krzyżować *[plans]*; przer|wać, -ywać *[conversation, proceedings]*; spowodować zerwanie (czegoś) *[relations]*; spowodować przerwę w (czymś) *[electricity supply]*; **the country was ~ed by the strike** strajk sparaliżował kraj

disruption /dɪsˈrʌpʃn/ *n* 1 (disorder) zamęt *m* **(in sth** w czymś); **to cause ~ to sth** wprowadzić zamęt w czymś 2 (disrupting) (of meeting, schedule, routine) zakłócenie *n*; (of plan) pokrzyżowanie *n*; (of electricity supply) przerwanie *n* 3 (upheaval) wstrząs *m*

disruptive /dɪsˈrʌptɪv/ *adj* 1 *[pupil, behaviour]* zakłócający spokój; *[influence, element]* destruktywny, destrukcyjny; **he's a ~ influence** to zły duch fig 2 Elec **~ discharge** wyładowanie zupełne

disruptively /dɪsˈrʌptɪvlɪ/ *adv [behave]* w sposób zakłócający spokój

disruptiveness /dɪsˈrʌptɪvnɪs/ *n* (of behaviour) niezdyscyplinowanie *n*, brak *m* dyscypliny

diss /dɪs/ *vt* infml obra|żać, -zić *[person]*

dissatisfaction /dɪˌsætɪsˈfækʃn/ *n* niezadowolenie *n* **(with sb/sth** z kogoś/czegoś)

dissatisfied /dɪˈsætɪsfaɪd/ *adj* niezadowolony **(with sb/sth** z kogoś/czegoś)

dissect /dɪˈsekt/ **I** *vt* 1 (cut up) przeprowadz|ić, -ać sekcję (czegoś) *[corpse]*; s|preparować *[animal, plant, organ]*; wyizolować *[gene, molecule]* 2 pej (analyse) rozprawi|ć, -ać się z (czymś) *[book, play, system]*

II dissected *pp adj* Bot, Geol w przekroju

dissection /dɪˈsekʃn/ *n* 1 (of human body, animal) dysekcja *f* 2 (analysis) wnikliwa analiza *f* (czegoś)

dissemble /dɪˈsembl/ fml **I** *vt* ukry|ć, -wać *[feelings, emotions]*; przemilcz|eć, -ać *[truth, motives]*

II *vi [person]* udawać

disseminate /dɪˈsemɪneɪt/ *vt* rozpowszechni|ć, -ać *[information, products]*; szerzyć *[beliefs, ideas, views]*

dissemination /dɪˌsemɪˈneɪʃn/ *n* (of information, products) rozpowszechnianie *n*; (of ideas, beliefs) propagowanie *n*, szerzenie *n*

dissension /dɪˈsenʃn/ *n* (discord) tarcia *plt*; **~ within the party** tarcia w łonie partii; **~ among rival groups** tarcia pomiędzy rywalizującymi ze sobą grupami

dissent /dɪˈsent/ **I** *n* 1 (disagreement) różnica *f* zdań; (protest) sprzeciw *m* **(from sth** wobec czegoś); **I must voice my ~** muszę zgłosić sprzeciw 2 Relig odstępstwo *n (od religii panującej)* 3 US Jur (also **~ing opinion**) zdanie *n* odrębne

II *vi* 1 (disagree) mieć odmienne zdanie; **to ~ from sth** odcinać się od czegoś, zaoponować przeciw czemuś; **to ~ from the majority opinion** odciąć się od opinii większości 2 Relig odst|ąpić, -ępować **(from sth** od czegoś)

III dissenting *prp adj* 1 Pol *[group]* rozłamowy; *[opinion]* przeciwny, odmienny; **~ing voice** głos sprzeciwu 2 GB Hist Relig odstępczy, odszczepieńczy

dissenter /dɪˈsentə(r)/ *n* człowiek *m* inaczej myślący; Relig odszczepieniec *m*

Dissenter /dɪˈsentə(r)/ *n* GB Hist Relig dysydent *m*

dissentient /dɪˈsenʃənt/ *n* Pol fml opozycjonist|a *m*, -ka *f*

dissertation /ˌdɪsəˈteɪʃn/ *n* 1 GB Univ praca *f* pisemna; dysertacja *f* fml **(on sth** na temat czegoś) 2 US Univ (doctoral) rozprawa *f*; (master's) praca *f* magisterska **(on sth** na temat czegoś) 3 fml (treatise) rozprawa *f* **(on sth** na temat czegoś)

disservice /dɪsˈsɜːvɪs/ *n* szkoda *f*, krzywda *f*; **to do a ~ to sb/sth** źle się przysłużyć komuś/czemuś

dissidence /ˈdɪsɪdəns/ *n* opozycja *f*

dissident /ˈdɪsɪdənt/ **I** *n* Pol dysydent *m*, -ka *f*

II *adj* dysydencki

dissimilar /dɪˈsɪmɪlə(r)/ *adj [brothers]* niepodobny **(to sb** do kogoś); *[lives, people, hairstyle]* odmienny, różny **(to sb/sth** od kogoś/czegoś); **her new hairstyle was not ~ to mine** jej nowa fryzura nie różniła się bardzo od mojej

dissimilarity /ˌdɪsɪmɪˈlærətɪ/ *n* 1 (lack of similarity) odmienność *f* **(between sth and sth** pomiędzy czymś i czymś) 2 (difference) różnica *f* **(in sth** czegoś); **the ~ in age made conversation very difficult** różnica wieku bardzo utrudniała rozmowę

dissimulate /dɪˈsɪmjʊleɪt/ fml **I** *vt* za|taić *[thoughts, feelings]*

II *vi [person, group of people]* udawać

dissimulation /dɪˌsɪmjʊˈleɪʃn/ *n* fml udawanie *n*, symulacja *f*

dissipate /ˈdɪsɪpeɪt/ fml **I** *vt* 1 (scatter) rozpr|oszyć, -aszać *[fog, mist, clouds]* 2 (dispel) rozwi|ać, -ewać *[fears, anxieties, suspicions, hopes]* 3 (exhaust) z|gasić *[enthusiasm]*; roztrw|onić, -aniać *[energy, fortune, money]*; z|marnować *[efforts, talents]*

II *vi [cloud]* rozpr|oszyć, -aszać się; *[enthusiasm]* z|gasnąć; *[emotions, energy]* wyczerp|ać, -ywać się

dissipated /ˈdɪsɪpeɪtɪd/ *adj* rozpustny, rozwiązły; **to lead a ~ life** prowadzić rozwiązłe or rozpustne życie

dissipation /ˌdɪsɪˈpeɪʃn/ *n* fml 1 (of mist, heat) rozproszenie *n* 2 (of hopes, anxieties) rozwianie się *n* 3 (of energy) wyczerpanie *n*; (of fortune, wealth, money) roztrwonienie *n* 4 (debauchery) rozpusta *f*

dissociate /dɪˈsəʊʃɪeɪt/ **I** *vt* 1 (separate) oddziel|ić, -ać, rozdziel|ić, -ać **(from sth** od czegoś) 2 Chem s|powodować dysocjację

II *vi* Chem dysocjować, ule|c, -gać dysocjacji

III *vr* **to ~ oneself** odci|ąć, -nać się **(from sb/sth** od kogoś/czegoś)

dissociation /dɪˌsəʊʃɪˈeɪʃn/ *n* 1 oddzielenie *n*, rozdzielenie *n* 2 Chem dysocjacja *f* 3 Psych dysocjacja *f*

dissolute /ˈdɪsəluːt/ *adj* rozpustny, rozwiązły; **a ~ man** rozpustnik; **to lead a ~ life** prowadzić rozpustne or rozwiązłe życie

dissolution /ˌdɪsəˈluːʃn/ *n* 1 (of marriage, empire) rozpad *m*; (of alliance, Parliament, partnership) rozwiązanie *n*; (of meeting) zamknięcie *n*; **the Dissolution (of the Monasteries)** GB Hist likwidacja klasztorów (*przez Henryka VIII*) 2 (dissipation) rozwiązłość *f*

dissolve /dɪˈzɒlv/ **I** *n* Cin, TV przenikanie *n*

II *vt* 1 *[liquid, water, acid]* rozpu|ścić, -szczać *[solid, grease, dirt, powder]* 2 *[person]* rozpu|ścić, -szczać *[powder, sugar, tablet]* **(in sth** w czymś) 3 (break up) rozwiąz|ać, -ywać *[assembly, organization, partnership]*

III *vi* 1 (liquefy) rozpu|ścić, -szczać się **(in sth** w czymś) 2 (fade) *[mist, hopes, fears]* rozwi|ać, -ewać się; *[outline, image]* znik|nąć, -ać, rozpły|nąć, -wać się 3 (break up) *[assembly, meeting]* za|kończyć się; *[parliament, party]* rozwiąz|ać, -ywać się; *[crowd]* roz|ejść, -chodzić się 4 (collapse) **to ~ into tears** zalać się łzami; **to ~ into laughter** or **giggles** roześmiać się, zachichotać 5 Cin, TV za|stosować efekt przenikania; **one scene ~s into another** jedna scena przechodzi w drugą

IDIOMS: **to ~ into thin air** fig rozpłynąć się w powietrzu fig

dissonance /ˈdɪsənəns/ *n* 1 Mus dysonans *m* 2 fml (of colours, sounds) dysharmonia *f*; (of beliefs) rozdźwięk *m*

dissonant /ˈdɪsənənt/ *adj* 1 Mus dysonansowy 2 fml *[opinion, belief]* sprzeczny, rozbieżny; *[colours, sounds]* dysharmonijny

dissuade /dɪˈsweɪd/ *vt* odw|ieść, -wodzić *[person, group of persons]*; **to ~ sb from sth /doing sth** odwieść kogoś od czegoś /zrobienia czegoś, wyperswadować komuś coś/zrobienie czegoś

dissuasion /dɪˈsweɪʒn/ *n* odradzanie *n* **(from sth/doing sth** czegoś); odwodzenie *n* **(from sth/doing sth** od czegoś)

dissuasive /dɪˈsweɪsɪv/ *adj [voice]* perswadujący; *[speech, argument]* odwodzący od (czegoś)

distaff /ˈdɪstɑːf, US ˈdɪstæf/ *n* Tex kądziel *f*

IDIOMS: **on the ~ side** po kądzieli

distance /ˈdɪstəns/ **I** *n* 1 (extent of space) odległość *f* **(between sth and sth** między czymś a czymś); Sports dystans *m*; **the ~ from Warsaw to Berlin** odległość z Warszawy do Berlina; **they cycled a ~ of 200 miles** przejechali na rowerach 200 mil; **at a ~ of 50 metres** w odległości 50 metrów; **at a** or **some ~ from sth** w pewnej odległości od czegoś; **at this ~** na tę odległość; **from this ~** z tej odległości; **at a safe/equal ~ (from sth)** w bezpiecznej/równej odległości (od czegoś); **a long/short ~ away** daleko/niedaleko (stąd); **to keep sb at a ~** trzymać kogoś na dystans or na odległość; **to keep one's ~** trzymać się z daleka **(from sb/sth** od kogoś/czegoś**)**; zachować dystans **(from sb/sth** wobec kogoś/czegoś); **to put some ~ between oneself and Oxford/the border** oddalić się od Oxfordu/granicy; **from a ~** z daleka, z oddali; **in the ~** w dali, w oddali; **it's no ~** infml to tuż obok; **it's within walking/cycling ~** można tam dojść na piechotę/dojechać na rowerze; **within shouting ~** w zasięgu głosu; **'free delivery, ~ no object'** „bezpłatna dostawa bez względu na odległość" 2 (in time) **at a ~ of 50 years** z dystansu or z perspektywy 50 lat; **from this ~** z dzisiejszej perspektywy; **at a ~ it's easy to see that I made mistakes** z perspek-

D

tywy czasu widać wyraźnie, że popełniłem błędy

II *modif* Sport **long-/middle-~ race** bieg długodystansowy/średniodystansowy; **long-/middle-~runner** długodystansowiec/średniodystansowiec

III *vt* [1] (separate) oddal|ić, -ać *[two people]*; **to ~ sb from sb/sth** (emotionally) oddalić kogoś od kogoś; **to become ~d from sb** oddalić się od kogoś [2] (outdo) z|dystansować *[rival, competitor]*

IV *vr* **to ~ oneself** (detach oneself) z|dystansować się **(from sb/sth** od kogoś /czegoś); (alienate oneself) odsu|nąć, -wać się, oddal|ić, -ać się **(from sb/sth** od kogoś /czegoś)

distance learning *n* Sch, Univ uczenie się *n* na odległość

distant /ˈdɪstənt/ *adj* [1] (in space) *[cry, land, journey, sound]* daleki, odległy, oddalony; **the ~ shape/sound of sth** odległy zarys /dźwięk czegoś; **we could just make out the ~ silhouette of the castle** w oddali majaczył zarys zamku; **to travel to a ~ country/town** podróżować do dalekiego kraju/odległego miasta; **~ from sth** oddalony od czegoś; **40 km ~ from sth** znajdujący się 40 km od czegoś; **on the ~ horizon** daleko na horyzoncie [2] (in time) *[past, memory, prospect, future]* daleki, odległy; **at some time in the ~ past /future** kiedyś w dalekiej przeszłości/przyszłości; **in the dim and ~ past** dawno, dawno temu; w zamierzchłych czasach; **in the not too ~ future** w niedalekiej przyszłości [3] (far removed) *[cousin, relative, descendant]* daleki [4] (faint) *[association, connection]* luźny; *[similarity, likeness, resemblance]* odległy, nikły; *[hope, possibility]* nikły; *[memory]* daleki, blady [5] (cool) *[person, manner, greeting, attitude]* chłodny [6] (expressionless) *[look, stare]* nieobecny; *[smile]* nieprzytomny

distantly /ˈdɪstəntlɪ/ *adv* [1] (loosely) *[associated, connected]* luźno; **the two concepts are ~ connected** te dwa pojęcia są ze sobą luźno powiązane; **Robert is ~ related to her** Robert jest jej dalekim krewnym; **they are ~ related** łączy ich dalekie pokrewieństwo [2] (far away in space) *[audible, visible]* z oddali [3] (coolly) *[smile, behave, reply, greet]* z dystansem, z rezerwą [4] (expressionlessly) **to look/stare ~** patrzeć /przyglądać się nieobecnym wzrokiem

distaste /dɪsˈteɪst/ *n* euph (slight) niesmak *m*; (marked) wstręt *m*, obrzydzenie *n* **(for sb/sth** do kogoś/czegoś); **he screwed up his face in ~** skrzywił się z niesmakiem/z obrzydzeniem

distasteful /dɪsˈteɪstfl/ *adj* euph (slight) niesmaczny; (markedly) wstrętny, obrzydliwy; **to be ~ to sb** budzić w kimś niesmak or odrazę; **I find the remark ~** to niesmaczna uwaga

distemper¹ /dɪˈstempə(r)/ *n* Vet, Zool (in dogs) nosówka *f* psia; (in horses) zołzy *plt*

distemper² /dɪˈstempə(r)/ **I** *n* [1] (paint) farba *f* klejowa [2] Art tempera *f*

II *vt* po|malować farbą klejową *[wall, room]*

distend /dɪˈstend/ **I** *vt* (swell) rozd|ąć, -ymać *[stomach, intestine]*; wyd|ąć, -ymać *[balloon]*; (stretch) rozciąg|nąć, -ać *[membrane]*

II *vi* (swell) rozd|ąć, -ymać się; (stretch) rozciąg|nąć, -ać się

III distended *pp adj* **~ed stomach** rozdęty żołądek; **~ed bladder** rozszerzony pęcherz

distension GB, **distention** US /dɪˈstenʃn/ *n* Med rozstrzeń *f*

distention *n* US = **distension**

distich /ˈdɪstɪk/ *n* Literat dystych *m*

distil GB, **distill** US /dɪˈstɪl/ **I** *vt* (*prp, pt, pp* **-ll-** GB) [1] (purify) destylować *[liquid]*; **to ~ sth from sth** oddestylować coś od czegoś, wydestylować coś z czegoś [2] (make) destylować, rektyfikować *[alcohol]* **(from sth** z czegoś) [3] fml (cull) wydoby|ć, -wać istotę (czegoś) *[thought, wisdom]*

II *vi* (*prp, pt, pp* **-ll-** GB) [1] *[dew]* skr|oplić, -aplać się; *[tears]* kap|nąć, -ać, s|płynąć [2] *[liquid]* prze|destylować się

III distilled *pp adj* [1] *[liquid]* destylowany; *[alcohol]* rektyfikowany, destylowany [2] fig **~ed wisdom/knowledge** kwintesencja mądrości/wiedzy

■ **distil off**: **~ [sth] off** wydestylować

distillation /ˌdɪstɪˈleɪʃn/ *n* [1] Chem (purification) destylacja *f*; (of alcohol) rektyfikacja *f*, destylacja *f* [2] (product) destylat *m* [3] (of emotions, ideas) istota *f*, kwintesencja *f*

distilled water *n* woda *f* destylowana

distiller /dɪˈstɪlə(r)/ *n* gorzelnik *m*, producent *m* alkoholu

distillery /dɪˈstɪlərɪ/ *n* gorzelnia *f*

distinct /dɪˈstɪŋkt/ *adj* [1] *[image, object]* (not blurred) wyraźny; (easily visible) wyraźnie widoczny [2] (definite) *[advantage, resemblance, progress]* wyraźny; *[improvement, success]* wyraźny, zdecydowany; *[impression]* nieodparty; *[possibility]* realny; **to have a ~ memory of sb/sth** wyraźnie kogoś/coś pamiętać [3] (separate) odrębny **(from sth** w stosunku do czegoś) [4] (different) różny, odmienny **(from sth** od czegoś); **to be ~ from sth** różnić się od czegoś, być odmiennym od czegoś; **X, as ~ from Y** X, w odróżnieniu od Y

distinction /dɪˈstɪŋkʃn/ *n* [1] (differentiation) rozróżnienie *n*; **a fine ~** subtelne rozróżnienie; **to make** or **draw a ~ between A and B** przeprowadzić rozróżnienie pomiędzy A i B; **the ~ of A from B** odróżnienie A od B; **without ~ of race or creed** bez względu na rasę lub wyznanie; **class ~** różnica klasowa [2] (difference) różnica *f*; **to blur the ~ between sth and sth** zatrzeć różnicę pomiędzy czymś a czymś [3] (preeminence) świetność *f*; **with ~** doskonale, znakomicie; **of ~** znakomity; **to win ~** wyróżnić się; **to have the ~ of doing sth** wyróżnić się zrobieniem czegoś [4] (elegance) dystynkcja *f*, wytworność *f*; **a woman of great ~** wielce dystyngowana or wytworna kobieta [5] (specific honour) wyróżnienie *n*; **to win a ~ for bravery** zostać wyróżnionym za odwagę [6] Mus, Sch, Univ wyróżnienie *n*; **with ~** z wyróżnieniem

distinctive /dɪˈstɪŋktɪv/ *adj* [1] charakterystyczny **(of sb/sth** dla kogoś/czegoś); wyróżniający **(of sb/sth** kogoś/coś) [2] Ling *[feature]* dystynktywny

distinctly /dɪˈstɪŋktlɪ/ *adv* [1] *[speak, hear, see, say, tell]* wyraźnie; *[remember]* wyraźnie, dokładnie [2] (very noticeably) *[possible]* zdecydowanie; *[embarrassing, odd, scared]* ogromnie, bardzo; *[better, cold]* zdecydowanie, wyraźnie

distinguish /dɪˈstɪŋgwɪʃ/ **I** *vt* [1] (see, hear) rozpozna|ć, -wać [2] (separate) rozróżni|ć, -ać, odróżni|ć, -ać; **it is impossible to ~ (between) them** nie można ich rozróżnić or odróżnić; **to ~ A from B** odróżnić A od B; **to be ~ed** różnić się, odróżniać się **(from sb/sth** od kogoś/czegoś); **to be ~ed by sth** różnić się czymś, wyróżniać się czymś; **to ~ one from another** odróżnić jeden od drugiego [3] (mark out or classify) wyróżni|ać, -ać; **to be ~ed by sth** wyróżniać się czymś

II *vr* **to ~ oneself** wyróżni|ć, -ać się, odznacz|yć, -ać się **(in sth** w czymś); **to ~ oneself as a novelist** wyróżnić się jako powieściopisarz; **you didn't exactly ~ yourself** iron nie popisałeś się

III distinguishing *prp adj [factor, feature, mark]* wyróżniający; **~ing marks** (on passport) znaki szczególne; Zool cechy charakterystyczne

distinguishable /dɪˈstɪŋgwɪʃəbl/ *adj* [1] (able to be told apart) **to be ~** różnić się; **to be ~ from sb/sth** odróżniać się od kogoś/czegoś **(by sth** czymś); **to be ~ by sth** wyróżniać się czymś [2] (visible) widoczny [3] (audible) słyszalny, rozpoznawalny

distinguished /dɪˈstɪŋgwɪʃt/ *adj* [1] (elegant) dystyngowany, wytworny; **~-looking** wyglądający dystyngowanie or wytwornie [2] (famous) wybitny

distort /dɪˈstɔːt/ **I** *vt* [1] (physically) zniekształc|ić, -ać *[image, reflection, voice]*; z|deformować *[face]*; odkształc|ić, -ać *[metal]* [2] (misrepresent) zniekształc|ić, -ać *[argument, statement]*; wypacz|yć, -ać *[truth]*; przeinacz|yć, -ać *[facts, words]*; zafałszow|ać, -ywać *[history]*; **~ing mirror** lustro zniekształcające; krzywe zwierciadło fig [3] Electron zniekształc|ić, -ać *[wave, sound, signal]* [4] (skew) s|fałszować *[figures]*

II *vi [metal]* odkształc|ić, -ać się

III distorted *pp adj* [1] (twisted) *[features, face]* wykrzywiony; *[structure, metal]* zdeformowany, odkształcony; *[image, sound]* zniekształcony [2] (skewed) *[report, interpretation]* przekłamany; *[figures]* sfałszowany

distortion /dɪˈstɔːʃn/ *n* [1] (of reality) zniekształcenie *n*; (of opinion, facts) przeinaczenie *n*; (of truth) wypaczenie *n* [2] (of data, figures) sfałszowanie *n* [3] (physical) (of metal) odkształcenie *n*; (of sound) zniekształcenie *n*; (of features) zniekształcenie *n* [4] (visual) zniekształcenie *n*

distract /dɪˈstrækt/ *vt* [1] (break concentration of) rozpr|oszyć, -aszać *[driver, player]*; **to be easily ~ed by sth** łatwo się rozpraszać czymś; **to ~ sb from sth/doing sth** odrywać kogoś od czegoś/robienia czegoś, przeszkadzać komuś w robieniu czegoś; **I was ~ed by the noise** rozpraszał mnie or przeszkadzał mi hałas [2] (divert) **to ~ (sb's) attention** odwrócić uwagę kogoś **(from sth** od czegoś) [3] (amuse) zabawiać, rozerwać

distracted /dɪˈstræktɪd/ *adj* [1] (anxious) *[air, look]* strapiony, zdenerwowany; **she was ~ with grief/worry** dręczył ją smutek/niepokój [2] (abstracted) *[look]* nieobecny, błędny [3] dat (mad) szalony, oszalały

distractedly /dɪˈstræktɪdlɪ/ *adv* [1] *[look, wander]* błędnie, nieprzytomnie [2] *[run]* nieprzytomnie, na oślep; **to love sb ~** kochać kogoś do szaleństwa; **to weep ~** zanosić się płaczem

distracting /dɪˈstræktɪŋ/ *adj* (interrupting) *[sound, presence, flicker]* rozpraszający; (bothering) drażniący; **that's a most ~ noise!** co za nieznośny hałas!

distraction /dɪˈstrækʃn/ *n* [1] (from concentration) zakłócenie *n* spokoju; **I don't want any ~s** potrzebuję spokoju [2] (being distracted) rozproszenie *n* uwagi, nieuwaga *f*; **a moment's ~** chwila nieuwagi [3] (diversion) odmiana *f*, oderwanie się *n*; **a ~ from sth** oderwanie się od czegoś *[problem]* [4] (entertainment) rozrywka *f*; **a welcome ~ from sth** miła odmiana po czymś [5] dat (madness) szaleństwo *n*; **to love sb to ~** kochać kogoś do szaleństwa; **you drive me to ~!** doprowadzasz mnie do szału!

distrain /dɪˈstreɪn/ *vi* Jur **to ~ upon sb's goods** zająć or dokonać zajęcia własności kogoś

distraint /dɪˈstreɪnt/ *n* Jur zajęcie *n*

distraught /dɪˈstrɔːt/ *adj* zrozpaczony **(at** or **over sth** czymś); **~ with grief** oszalały z rozpaczy; **they were ~ to learn that...** byli zrozpaczeni na wieść, że...

distress /dɪˈstres/ **I** *n* [1] (pain) ból *m*, cierpienie *n*; **to be in ~** odczuwać ból, cierpieć; **foetal ~** Med zagrożenie płodu [2] (anguish) cierpienie *n*, rozpacz *f*; **to be in (great/deep) ~** cierpieć (bardzo/dotkliwie); **to my/his ~ they...** ku mojej/jego rozpaczy oni...; **in his ~** w rozpaczy; **to cause sb ~** zadać komuś ból [3] (poverty) nędza *f*; **in ~** w nędzy [4] Naut **in ~** w niebezpieczeństwie [5] Jur zajęcie *n* sądowe, obłożenie *n* aresztem

II *vt* (upset) z|martwić; (stronger) sprawi|ć, -ać ból (komuś), przygnębi|ć, -ać (kogoś); **it ~ed her to see him in that condition** z przykrością oglądała go w takim stanie

III *vr* **to ~ oneself** zamartwiać się

distress call *n* wzywanie *n* pomocy

distressed /dɪˈstrest/ *adj* [1] (upset) zasmucony, przygnębiony; (stronger) zrozpaczony **(at** or **by sth** czymś); **I was ~ to hear about his death** zasmuciła mnie wiadomość o jego śmierci; **to be ~ that...** być zrozpaczonym, że...; **in a ~ state** w stanie przygnębienia [2] (impoverished) zubożały; **to live in ~ circumstances** fml żyć w biedzie; **a ~ area** region dotknięty bezrobociem; **~ gentlewomen** dat zubożałe damy [3] (artificially aged) *[furniture]* sztucznie postarzony

distressing /dɪˈstresɪŋ/ *adj* (sad) przygnębiający, smutny; (disturbing) niepokojący; **it is ~ that...** to smutne/niepokojące, że...; **it is ~ to see sb/sth** smutek ogarnia na widok kogoś/czegoś; **it was ~ to see her in that condition** przykro było oglądać ją w takim stanie

distress merchandise *n* US towar *m* sprzedawany tanio *(ze względu na długi firmy)*

distress rocket *n* Naut rakieta *f* sygnalizacyjna

distress sale *n* Comm wyprzedaż *f* po niskiej cenie *(w celu spłacenia długów)*

distress signal *n* Naut sygnał *m* SOS

distributary /dɪˈstrɪbjʊtərɪ, US -terɪ/ *n* Geog odnoga *f*; (of delta) ramię *n*

distribute /dɪˈstrɪbjuːt/ *vt* [1] (share out) rozda|ć, -wać *[food, leaflets]*; (hand out) rozprowadz|ić, -ać *[documents, information]*; (share out) rozdziel|ić, -ać *[money]*; **to ~ sth to sb/sth** rozdać coś komuś/czemuś; **to ~ sth among sb/sth** rozdzielić coś pomiędzy kogoś/coś; **they ~d the spoils among themselves** podzielili zdobycze między siebie [2] (disperse) **to be ~d** *[flora, fauna, mineral deposits]* występować [3] (spread out) roz|łożyć, -kładać *[load, weight]*; **the weight is ~d unevenly** ciężar jest rozłożony nierównomiernie [4] Comm rozprowadz|ić, -ać *[goods, books]* [5] Cin zaj|ąć, -mować się dystrybucją or rozpowszechnianiem (czegoś) *[films]* [6] Print roz|ebrać, -bierać *[type]*

distributed data processing, DDP *n* Comput rozproszone przetwarzanie *n* danych

distributed system *n* Comput rozproszony system *m* komputerowy

distribution /ˌdɪstrɪˈbjuːʃn/ **I** *n* [1] (sharing) (of funds, food) rozdział *m*, rozdzielenie *n* **(to sb** wśród or pomiędzy kogoś); (of information) rozpowszechnianie *n* **(to sb** wśród kogoś); (of leaflets) rozprowadzanie *n*; **for ~ to schools** do wprowadzenia w szkołach; **the ~ of wealth** podział majątku narodowego [2] Comm dystrybucja *f*; Cin dystrybucja *f*, wprowadzenie *n* [3] (of flora, fauna, minerals) występowanie *n*; (of population, resources) rozmieszczenie *n* [4] Stat rozkład *m* [5] (of weight, burden) rozłożenie *n* [6] Ling rozkład *m*, dystrybucja *f*

II *modif* Comm, Econ *[channel, company, network]* dystrybucyjny; **~ costs/system** koszty/system dystrybucji; Comput *[address, kit]* dystrybucyjny; Cin **~ rights** prawo rozpowszechniania

distribution list *n* rozdzielnik *m*

distributor /dɪˈstrɪbjʊtə(r)/ *n* [1] Comm, Cin dystrybutor *m*; **sole ~ for sth** wyłączny dystrybutor czegoś [2] Aut (engine part) rozdzielacz *m*

district /ˈdɪstrɪkt/ **I** *n* [1] (in country) region *m*, rejon *m* [2] (in city) dzielnica *f* [3] (sector) (administrative) okręg *m*; US (electoral) okręg *m* wyborczy; (postal) rejon *m* pocztowy; **health ~** GB rejon opieki zdrowotnej

II *vt* US Pol po|dzielić na okręgi wyborcze *[county, state]*

district attorney *n* US prokurator *m* okręgowy

district council *n* GB rada *f* lokalna; **urban ~** rada dzielnicy

district court *n* US sąd *m* okręgowy

district manager *n* dyrektor *m* oddziału

district nurse *n* GB pielęgniarka *f* środowiskowa

District of Columbia, DC *prn* Dystrykt *m* Kolumbii

distrust /dɪsˈtrʌst/ **I** *n* nieufność *f*, brak *m* zaufania **(of sb/sth** do kogoś/czegoś, w stosunku do kogoś/czegoś)

II *vt* nie ufać (komuś/czemuś); nie mieć zaufania do (kogoś/czegoś)

distrustful /dɪsˈtrʌstfl/ *adj* nieufny **(of sb/sth** w stosunku do kogoś/czegoś)

disturb /dɪˈstɜːb/ **I** *vt* [1] (interrupt) zakłóc|ić, -ać *[sleep, work, silence]*; przeszk|odzić, -adzać (komuś) *[person]*; **my sleep was ~ed by a barking noise** obudziło mnie szczekanie psa; **I'm sorry to ~ you** przepraszam, że panią/pana niepokoję; **'do not ~'** (on notice) „nie przeszkadzać” *(wywieszka na drzwiach pokoju hotelowego)*; **to ~ the peace** Jur zakłócać spokój [2] (upset) *[news]* za|niepokoić, z|martwić *[person]*; **they were ~ed to learn that...** zmartwiła ich wiadomość, że...; **it ~s me that...** niepokoi mnie, że... [3] (agitate) *[wind]* porusz|yć, -ać *[sediments, curtain, papers]*; z|marszczyć *[surface of water]*; *[person]* (disarrange) ruszać *[papers]*; **don't ~ the papers on my desk** nie ruszaj papierów na moim biurku

II *vr* **to ~ oneself** (be inconvenienced) przeszkadzać sobie; **don't ~ yourself on my account** nie przejmuj się mną

disturbance /dɪˈstɜːbəns/ *n* [1] (interruption, inconvenience) zakłócenie *n* [2] (riot) niepokoje *m pl*; (violent incident, fight) zajście *n*; **to cause a ~ of the peace** zakłócić spokój or porządek publiczny [3] Meteorol anomalie *f pl* [4] Psych niepokój *m*; (more serious) zaburzenie *n*

disturbed /dɪˈstɜːbd/ *adj* [1] Psych niezrównoważony; **emotionally ~** niezrównoważony emocjonalnie; **mentally ~** chory umysłowo [2] (concerned) zaniepokojony, poruszony **(by sth** czymś) [3] (restless) *[sleep, night]* niespokojny

disturbing /dɪˈstɜːbɪŋ/ *adj* niepokojący; (stronger) zatrważający; **it is ~ that...** to niepokojące, że...; **it is ~ to know that...** niepokoi świadomość, że...

disturbingly /dɪˈstɜːbɪŋlɪ/ *adv* niepokojąco; **~, unemployment has risen** niepokojąco wzrosło bezrobocie; **~ for the team, they lost again** kolejna przegrana wzbudziła niepokój drużyny

disunite /ˌdɪsjuːˈnaɪt/ fml **I** *vt* poróżnić, po|dzielić *[group, alliance, party]*

II **disunited** *pp adj* poróżniony, podzielony

disunity /dɪsˈjuːnətɪ/ *n* fml rozłam *m*

disuse /dɪsˈjuːs/ *n* **to be in ~** *[machinery]* być nieużywanym; **to fall into ~** *[building, plant]* stać pustym; *[practice, tradition]* zostać zarzuconym; *[word]* wyjść z użycia

disused /dɪsˈjuːzd/ *adj [church, factory]* opuszczony; *[mine]* nieeksploatowany

disyllabic /daɪsɪˈlæbɪk, dɪ-/ *adj* Ling dwuzgłoskowy, dwusylabowy

ditch /dɪtʃ/ **I** *n* rów *m*

II *vt* infml [1] (get rid of) z|erwać, -rywać z (kimś) *[friend, ally]*; pu|ścić, -szczać kantem (kogoś) infml *[boyfriend, girlfriend]*; porzuc|ić, -ać *[car]*; pozby|ć, -wać się (czegoś) *[piece of machinery, machine]*; wyl|ać, -ewać infml *[employee]* [2] (abandon) zarzuc|ić, -ać *[plan, idea]* [3] US (evade, escape) wym|knąć, -ykać się (komuś) *[police]*; **to ~ school** iść na wagary infml [4] Aviat z|wodować awaryjnie *[plane]* [5] US (crash) rozwal|ić, -ać infml *[car]*

III *vi* [1] Aviat *[pilot, crew]* **to ~ a plane** zwodować awaryjnie [2] Agric obradl|ić, -ać, okop|ać, -ywać

D

ditchdigger /ˈdɪtʃdɪgə(r)/ *n* US robotnik *m* ziemny

ditcher /ˈdɪtʃə(r)/ *n* robotnik *m* ziemny

ditching /ˈdɪtʃɪŋ/ *n* [1] Agric (digging) kopanie *n* rowów; (maintenance) konserwacja *f* rowów; **hedging and ~** pielęgnacja żywopłotów i konserwacja rowów [2] Aviat wodowanie *n* awaryjne

ditchwater /ˈdɪtʃwɔːtə(r)/ *n* woda *f* w rowie

IDIOMS: **as dull as ~** nudny jak flaki z olejem infml

dither /ˈdɪðə(r)/ **I** *n* infml rozterka *f*; **to be in a ~, to be all of a ~** być w rozterce

II *vi* (be indicisive) wahać się; **stop ~ing!** zdecyduj się wreszcie!; **to ~ about** or **over sth** nie móc się zdecydować na coś; **I was ~ing whether to go or not** nie mogłam się zdecydować, czy iść, czy nie

ditherer /ˈdɪðərə(r)/ *n* pej oferma *m/f* infml; pierdoła *m/f* vinfml

ditsy /ˈdɪtsɪ/ *n* US infml pej (woman) słodka *f* idiotka

ditto /ˈdɪtəʊ/ **I** *n* US kopia *f*

II *adv* infml tak samo; (so do I, so am I) ja też; **'I hate Mondays' – '~'** „nie znoszę poniedziałków" – „ja też"

III *vt* US powiel|ić, -ać

ditto marks *npl* Print znak *m* powtórzenia

ditty /ˈdɪtɪ/ *n* dat (song) śpiewka *f* dat; (poem) wierszowanka *f*, rymowanka *f*

ditzy *n* = **ditsy**

diuretic /ˌdaɪjuˈretɪk/ **I** *n* środek *m* moczopędny, diuretyk *m*

II *adj* moczopędny

diurnal /daɪˈɜːnl/ *adj* [1] Biol *[animal]* prowadzący dzienny tryb życia; *[flower]* kwitnący w dzień, zamykający się na noc [2] (daily) codzienny

diva /ˈdiːvə/ *n* (*pl* **~s, ~e**) diwa *f*

divan /dɪˈvæn, US ˈdaɪvæn/ *n* ≈ sofa *f*

divan bed *n* tapczan *m*

dive /daɪv/ **I** *n* [1] (plunge into water) skok *m* do wody [2] (swimming under water) nurek *m*, nurkowanie *n*; **to be on a ~** nurkować or płynąć pod wodą [3] (descent) (of bird) spadanie *n*; (of plane) lot *m* nurkowy, pikowanie *n*; (of submarine, whale) zanurzenie się *n*; **no plane could pull out of a ~ like that** żaden samolot nie wyszedłby z takiego nurkowania; **to take a ~** fig *[prices]* spaść; **the party's fortunes have taken a ~** spadło poparcie dla partii [4] (lunge) **to make a ~ for sth** rzucić się do czegoś or na coś; **he made a ~ for the door** skoczył or rzucił się do drzwi [5] infml (deliberate fall) (in fixed fight) **to take a ~** paść na deski; (in football) **that was a ~!** ale lipa! infml [6] infml pej (bar, club) spelun(k)a *f* infml

II *vi* (*pt, pp* **~d** GB, **dove** US) [1] (into water) sk|oczyć, -akać do wody; (under water) za|nurkować [2] *[bird, plane]* spa|ść, -dać lotem nurkowym [3] *[whale, submarine]* zanurz|yć, -ać się; **to ~ to a depth of 100 feet** zanurzyć się na głębokość 100 stóp; (lunge, throw oneself) rzuc|ić, -ać się; (for cover) da|ć, -wać nura infml; **to ~ into the bushes /under the bed** dać nura w krzaki/pod łóżko; **to ~ into a bar/shop** wejść do baru/sklepu; **he ~d into his pocket and produced some money** sięgnął do kieszeni i wyjął pieniądze

■ **dive for**: **~ for [sth]** [1] *[diver]* za|nurkować w poszukiwaniu (czegoś) *[pearls, treasure]* [2] *[player]* rzuc|ić, -ać się do (czegoś); **to ~ for cover** kryć się

■ **dive in** [1] (into water) za|nurkować [2] fig **the best thing is to ~ right in** (into task) najlepiej od razu zabrać się do dzieła; **~ in!** (start eating) zabierajcie się do jedzenia!

dive-bomb /ˈdaɪvbɒm/ *vt* [1] Mil z|bombardować z lotu nurkowego *[building, target, town]* [2] (in swimming pool) da|ć, -wać nura do wody

dive-bomber /ˈdaɪvbɒmə(r)/ *n* Mil nurkowiec *m*

dive-bombing /ˈdaɪvbɒmɪŋ/ *n* Mil bombardowanie *n* z lotu nurkowego

diver /ˈdaɪvə(r)/ *n* [1] (from board) skoczek *m* do wody; (in flippers) (płetwo)nurek *m* [2] (deep-sea) nurek *m* [3] Zool (species) nur *m*; (diving bird generally) nurek *m*

diverge /daɪˈvɜːdʒ/ *vi* [1] *[experiences, interests, opinions]* różnić się [2] **to ~ from sth** odbiegać od czegoś *[belief, truth, norm, stance]* [3] *[railway line, road]* roz|ejść, -chodzić się, rozwidl|ić, -ać się; **the M6 ~s from the M1 north of Rugby** M6 odchodzi od M1 na północ od Rugby; **their paths ~d** fig ich drogi rozeszły się

divergence /daɪˈvɜːdʒəns/ *n* rozbieżność *f*; Biol dywergencja *f*

divergent /daɪˈvɜːdʒənt/ *adj [views, opinions]* rozbieżny

divergent thinking *n* Psych myślenie *n* dywergencyjne

divers /ˈdaɪvəz/ *adj* arch liter różnoraki, rozmaity

diverse /daɪˈvɜːs/ *adj* [1] (varied) *[interests, talents]* wieloraki, różnorodny [2] (different) odmienny, różny

diversification /daɪˌvɜːsɪfɪˈkeɪʃn/ *n* różnorodność *f*, zróżnicowanie *n*; Econ dywersyfikacja *f*

diversify /daɪˈvɜːsɪfaɪ/ **I** *vt* [1] urozmaic|ić, -ać *[syllabus, programme]*; z|różnicować *[skills, interests]* [2] Comm poszerz|yć, -ać zakres (czegoś) *[services, investments]*

II *vi* Comm poszerz|yć, -ać ofertę

diversion /daɪˈvɜːʃn, US daɪˈvɜːrʒn/ *n* [1] GB (redirection) (of traffic) objazd *m*; (of watercourse) zmiana *f* kierunku; (of money) przekazanie *n* [2] (distraction) zajście *n* odwracające uwagę; **a ~ from one's daily worries** oderwanie się od codziennych trosk; **to create a ~** odwrócić uwagę; Mil przeprowadzić pozorację [3] dat (entertainment) rozrywka *f*

diversionary /daɪˈvɜːʃənərɪ, US daɪˈvɜːrʒənerɪ/ *adj* [1] *[argument, point, remark]* kierujący uwagę na inne tory, odwracający uwagę [2] Mil *[tactic, landing, manoeuvre]* pozorowany

diversion sign *n* GB znak *m* objazdu

diversity /daɪˈvɜːsətɪ/ *n* [1] (versatility) wielostronność *f* [2] (range of differences) rozmaitość *f*, różnorodność *f*; bogactwo *n* fig

divert /daɪˈvɜːt/ **I** *vt* [1] (redirect) zmieni|ć, -ać kierunek (czegoś) *[road, stream, course]*; przełącz|yć, -ać *[phone call]*; **to ~ traffic to/through a town** skierować ruch do miasta/przez miasto; **to ~ traffic onto a road** skierować ruch na drogę; **to ~ traffic away from a bridge** skierować ruch na trasę omijającą most [2] obr|ócić, -acać *[funds, energy]* **(into sth** na coś) [3] odwr|ócić, -acać *[attention]* **(away from sb/sth** od kogoś/czegoś); **to ~ the conversation from the matter in hand** zmienić temat rozmowy [4] dat (amuse) roz|bawić, zabawi|ć, -ać *[audience, children]*

II *vi* **to ~ to sth** zb|oczyć, -aczać w kierunku czegoś

diverting /daɪˈvɜːtɪŋ/ *adj* dat zabawny

divest /daɪˈvest/ fml **I** *vt* **to ~ sb of sth** od|ebrać, -bierać komuś coś [1] *[weapons]*; rozdzi|ać, -ewać kogoś z czegoś *[robes]* [2] fml (deprive) pozbawi|ć, -ać kogoś (czegoś) *[power, responsibility, rights, property]*

II *vr* **to ~ oneself of (sth)** wyzby|ć, -wać się czegoś *[asset, beliefs, ideas]*; zd|jąć, -ejmować coś z siebie *[robes]*

divestiture /daɪˈvestɪtʃə(r)/ *n* pozbawienie *n* **(of sth** czegoś)

divestment /daɪˈvestmənt/ *n* = **divestiture**

divide /dɪˈvaɪd/ **I** *n* [1] (split) podział *m*; przepaść *f* fig **(between sth and sth** między czymś i or a czymś); **the North-South ~** przepaść między Północą a Południem [2] (turning-point) przełom *m*; **this novel represents the ~ in his literary output** ta powieść stanowi przełom w jego twórczości [3] Geog (watershed) dział *m* wodny, wododział *m*

II *vt* [1] (split up into parts) po|dzielić *[house, class, money, work]*; **the work is ~d into three movements** utwór dzieli się na trzy części [2] (share) rozdziel|ić, -ać; **he ~d his fortune among his grandchildren** podzielił swój majątek pomiędzy wnuki; **he ~s his time between home and office** dzieli czas między domem i biurem or między dom i biuro [3] (separate) oddziel|ić, -ać **(from sth** od czegoś); **a wall ~d her garden from mine** mur oddzielał jej ogród od mojego [4] Math po|dzielić *[number]*; **38 ~d by 19 is 2** 38 podzielone przez 19 daje 2 [5] (cause disagreement) po|dzielić *[allies, nation, government, political party]*; **~ and rule** dziel i rządź [6] GB Pol **they proposed to ~ the House on the issue** zaproponowali przeprowadzenie głosowania w tej sprawie

III *vi* [1] *[road, river]* rozwidl|ić, -ać się; *[crowd]* rozst|ąpić, -ępować się; *[group]* rozdziel|ić, -ać się; **the members ~d into two camps** członkowie podzielili się na dwa obozy; **the train ~s at Dover** od Dover część składu jedzie w innym kierunku [2] Biol *[cell, organism]* po|dzielić się [3] *[number]* dzielić się, być podzielnym; **will 41 ~, or is it a prime?** czy 41 się dzieli, czy jest liczbą pierwszą? [4] GB Pol **the House ~d** deputowani przeprowadzili głosowanie

IV divided *pp adj [party, government, society]* podzielony; *[interests, opinion]* odmienny; **~d highway** US droga szybkiego ruchu; **the party is ~d on the issue** w partii istnieje różnica zdań w tej sprawie

■ **divide off**: **~ off [sth], ~ [sth] off** (mark off) oddziel|ić, -ać *[area of land, room]* **(from sth** od czegoś)

■ **divide out**: **~ out [sth], ~ [sth] out** rozdziel|ić, -ać *[money, fund]* **(among sb** pomiędzy kogoś)

■ **divide up**: **~ up [sth], ~ [sth] up** [1] (break up) po|dzielić [2] (share out) rozdziel|ić, -ać **(among sb** pomiędzy kogoś)
IDIOMS: **to cross the great ~** euph udać się na wieczny spoczynek, przekroczyć próg wieczności
divided skirt *n* spódnica-spodnie *f*
dividend /ˈdɪvɪdend/ *n* [1] Fin (share) dywidenda *f*; **final ~** dywidenda ostateczna; **to pass ~s** wstrzymać wypłatę dywidendy; **to raise the ~** podnieść wysokość dywidendy; **to pay ~s** fig procentować fig [2] (bonus) dodatkowa korzyść *f*; **peace ~** Pol korzyści wypływające z pokoju [3] Math dzielna *f* [4] (in football pools) wygrana *f*
dividend cover *n* pokrycie *n* dywidendy
dividend yield *n* dochód *m* z dywidendy
divider /dɪˈvaɪdə(r)/ *n* (in room) przegroda *f*; (in files) przekładka *f*
dividers /dɪˈvaɪdəz/ *npl* cyrkiel *m* warsztatowy or podziałowy, przenośnik *m*
dividing /dɪˈvaɪdɪŋ/ *adj [fence, hedge]* oddzielający; *[line]* dzielący; **~ wall** ścianka działowa
dividing line *n* linia *f* podziału
dividing point *n* punkt *m* graniczny
divination /ˌdɪvɪˈneɪʃn/ *n* wróżenie *n*, przepowiadanie *n* przyszłości
divine /dɪˈvaɪn/ **I** *n* [1] (also **Divine**) (God) **the ~** Bóg *m* [2] (priest) duchowny *m*
II *adj* [1] *[worship]* święty; *[retribution]* boży, boski; **~ providence** opatrzność boska [2] infml (wonderful) boski
III *vt* [1] liter (foretell) przepowi|edzieć, -adać *[future]* [2] liter (find out) odgad|nąć, -ywać *[intentions, truth]* [3] (dowse) wykry|ć, -wać za pomocą różdżki *[water, metal]*
divinely /dɪˈvaɪnlɪ/ *adv* [1] (by God) *[ordained, inspired]* od or przez Boga; **~ inspired** *[texts]* z bożej or boskiej inspiracji; **~ revealed** objawiony; **~ ordained event** zrządzenie boskie [2] (wonderfully) *[dance, smile]* bosko; **~ simple** cudownie prosty
diviner /dɪˈvaɪnə(r)/ *n* [1] różdżka|rz *m*, -rka *f* [2] (foreteller) wróżbit|a *m*, -ka *f*
divine right *n* prawo *n* boskie
diving /ˈdaɪvɪŋ/ **I** *n* [1] (swimming under water) nurkowanie *n*; **to go ~** nurkować [2] Sport (from a board) skoki *m pl* do wody
II *modif [equipment, gear]* nurkowy; *[club]* płetwonurkowy
diving bell *n* keson *m*
diving board *n* odskocznia *f*
diving suit *n* skafander *m* nurka
divining rod *n* różdżka *f*
divinity /dɪˈvɪnətɪ/ *n* [1] (of deity, person) boskość *f* [2] (deity) bóstwo *n*; **the Divinity** Bóg [3] (theology) teologia *f*
divisible /dɪˈvɪzəbl/ *adj* Math *[number]* podzielny **(by sth** przez coś)
division /dɪˈvɪʒn/ *n* [1] (splitting) podział *m* **(into sth** na coś); (in party, organization) rozłam *m* [2] (sharing) (of one thing) podział *m*; (of several things) rozdział *m* [3] Biol podział *m* [4] Math dzielenie *n*; **can you do ~?** potrafisz dzielić? [5] Mil (of troops, planes) dywizja *f*; Naut eskadra *f* [6] Admin jednostka *f* administracyjna [7] Comm (branch) oddział *m*; (department) dział *m*, wydział *m*; (in police) wydział *m*; **chemicals ~** dział chemiczny; **sales ~** dział sprzedaży [8] (in football) liga *f*; **to be in one ~** or **the first ~** być w pierwszej lidze; **a second-~ club** klub drugoligowy [9] (disagreement) podział *m*, niezgoda *f* **(between sb and sb** pomiędzy kimś i kimś) [10] (in box, case) przegroda *f*, przegródka *f* [11] GB Pol (vote) głosowanie *n* *(rozdzielenie się głosujących za i przeciw)*; **to claim the ~** zażądać głosowania [12] US Univ wydział *m*, fakultet *m*
divisional /dɪˈvɪʒənl/ *adj [officer]* Mil dywizyjny; **~ commander** Mil dowódca dywizji; *[championship]* Sport ligowy
Divisional Court *n* GB Jur sąd *m* okręgowy *(działający jako sąd apelacyjny)*
division bell *n* GB Pol dzwonek *m* wzywający na głosowanie
division of labour *n* Econ podział *m* pracy
division sign *n* Math znak *m* dzielenia
divisive /dɪˈvaɪsɪv/ *adj [measure, policy]* stwarzający podziały; **to be socially ~** dzielić społeczeństwo; **to be racially ~** wprowadzać podziały rasowe
divisor /dɪˈvaɪzə(r)/ *n* Math dzielnik *m*
divorce /dɪˈvɔːs/ **I** *n* [1] rozwód *m* **(from sb** z kimś); **she's asked me for a ~** poprosiła mnie o rozwód; **to file** or **sue for ~** Jur wnieść sprawę o rozwód; **to grant a ~** Jur udzielić rozwodu, orzec rozwód; **a no-fault ~** rozwód bez orzekania o winie [2] fig (separation) rozdział *m* **(between sth and sth** pomiędzy czymś a czymś)
II *vt* [1] Jur (end marriage) rozw|ieść, -odzić się z (kimś), roz|ejść, -chodzić się z (kimś); **they were ~d in 1987** rozwiedli się w 1987 roku [2] fig (separate) oddziel|ić, -ać **(from sth** od czegoś); **to ~ science from ethics** oddzielać naukę od etyki
III *vi* Jur rozw|ieść, -odzić się; **they ~d in 1987** rozwiedli się w 1987 roku
IV divorced *pp adj* [1] (marital status) rozwiedziony; **~d man** rozwodnik; **~d woman** rozwódka [2] (unconnected) oderwany; **his plans are ~d from reality** jego plany są oderwane od rzeczywistości
divorce court *n* Jur sąd *m* cywilny *(orzekający w sprawach rozwodowych)*
divorcee /dɪˌvɔːˈsiː/ *n* rozw|odnik *m*, -ódka *f*
divorce proceedings *n* Jur postępowanie *n* rozwodowe; **to start ~** wszcząć postępowanie rozwodowe
divorce settlement *n* Jur (conditions) ugoda *f* rozwodowa; (sum of money) ≈ alimenty *plt*
divot /ˈdɪvət/ *n* [1] (in golf) kawałek *m* darni *(przypadkowo wyszarpnięty kijem golfowym)* [2] (in roofing) kostka *f* darni
divulge /daɪˈvʌldʒ/ *vt* ujawni|ć, -ać *[secret, information, details]*; **to ~ sth to sb** wyjawić coś komuś; **to ~ that...** wyjawić, że...
divvy /ˈdɪvɪ/ *n* GB infml, dat = **dividend** dywidenda *f*
■ **divvy up**: **~ up [sth], ~ [sth] up** po|dzielić, rozdzielić
dixie /ˈdɪksɪ/ *n* GB Mil menażka *f*
Dixie /ˈdɪksɪ/ *n południowe stany USA*
IDIOMS: **I'm not just whistling ~** US ja nie żartuję
Dixie cup® *n* papierowy kubek *m (do lodów i zimnych napojów)*
Dixieland /ˈdɪksɪlænd/ *n* US = **Dixie**
Dixieland jazz *n* dixieland *m*
DIY *n* GB → **do-it-yourself**
dizzily /ˈdɪzɪlɪ/ *adv [stagger, walk]* w oszołomieniu; (spiral) w sposób przyprawiający o zawrót głowy; **the skyscraper towered ~ above us** drapacz chmur wznosił się nad nami na zawrotną wysokość
dizziness /ˈdɪzɪnɪs/ *n* zawroty *m pl* głowy; **to suffer from ~** mieć zawroty głowy
dizzy /ˈdɪzɪ/ **I** *adj* [1] (physically) cierpiący na zawroty głowy; **I feel ~** kręci mi się w głowie; **to make sb ~** przyprawić kogoś o zawrót głowy; **to suffer from ~ spells** miewać zawroty głowy [2] (mentally) nieprzytomny fig; **to be ~ with delight** być nieprzytomnym z zachwytu [3] *[height, pace]* zawrotny [4] (silly) beztroski, niefrasobliwy
II *vt* liter osz|ołomić, -ałamiać *[person]*; zaćmi|ć, -ewać *[mind]*
III dizzying *prp adj [height, drop]* przyprawiający o zawrót głowy; *[pace, speed]* zawrotny
DJ *n* [1] = **disc jockey** didżej *m*, DJ [2] GB → **dinner jacket**
Djibouti /dʒɪˈbuːtɪ/ *prn* Dżibuti *n*
DMA *n* → **direct memory access**
DMZ *n* = **demilitarized zone** strefa *f* zdemilitaryzowana
DNA *n* = **deoxyribonucleic acid** DNA *m inv*; **~ test/testing** analiza/test DNA
DNA fingerprint *n* odciski *m pl* linii papilarnych DNA
DNA fingerprinting *n* analiza *f* odcisku linii papilarnych DNA
DNA profile *n* = **DNA fingerprint**
DNA profiling *n* = **DNA fingerprinting**
D-notice /ˈdiːnəʊtɪs/ *n* GB Pol, Journ *oficjalny zakaz publikacji informacji zagrażającej bezpieczeństwu państwa*
do[1] /duː, də/ **I** *vt* (*pt* **did**; *pp* **done**) [1] (be busy with, perform) z|robić *[washing up, ironing]*; wykon|ać, -ywać *[task]*; **lots/nothing to do** dużo/nic do zrobienia; **it all had to be done again** trzeba to było wszystko zrobić od początku or od nowa; **what are you doing?** co robisz?; **are you doing anything tonight?** masz jakieś plany na wieczór?, co robisz wieczorem?; **she's been doing too much lately** ostatnio za dużo pracuje; **she does nothing but moan** ona nic tylko narzeka; **what can I do for you?** co mogę dla pani/pana zrobić?, w czym mogę pani/panu pomóc?; **will you do something for me?** zrobisz coś dla mnie? [2] (make smart) **to do sb's hair** ułożyć komuś włosy, zrobić komuś fryzurę; **to do one's teeth** umyć zęby; **to do the living room in pink** urządzić salon na różowo [3] (finish) odby|ć, -wać *[military service]*; zrobić, skończyć, wykonać *[job]*; **the job is almost done** ta robota jest prawie wykonana; **to have done doing sth** infml skończyć coś, skończyć robienie czegoś; **have you done complaining?** infml skończyłeś już z tym narzekaniem?; **tell him now and have done with it** powiedz mu teraz i skończ z tym raz na zawsze; **it's as good as done** to jest prawie or właściwie zrobione or skończone; **that's done it** (task successfully completed) zrobione, skończone, gotowe; (expressing dismay) no nie, tego już za wiele [4] (complete

D

through study) *[student]* przer|obić, -abiać *[book, subject, author]*; z|robić *[degree, homework]* [5] (write) na|pisać *[critique, biography]*; z|robić *[translation]* [6] (effect change) z|robić; **the walk will do me good** spacer dobrze mi zrobi; **what have you done to the kitchen?** co zrobiłeś z kuchnią?; **has she done something to her hair?** czy ona zrobiła coś z włosami?; **I haven't done anything with your pen!** nawet nie dotykałem twojego pióra!; **what are we to do with you!** i co my mamy z tobą zrobić or począć!; **that hat/dress does a lot for her** w tym kapeluszu/w tej sukience wygląda naprawdę dobrze [7] (harm) zrobić; **to do something to one's foot/arm** zrobić sobie coś w stopę/rękę; **I won't do anything to you** nic ci nie zrobię; **I'll do you!** infml załatwię cię! infml [8] infml (deal with) **the hairdresser says she can do you now** fryzjer mówi, że może się teraz tobą zająć; **they don't do theatre tickets** nie zajmują się sprzedażą biletów teatralnych; **to do breakfasts** wydawać śniadania [9] (cook) z|robić *[sausages, spaghetti]*; **I'll do you an omelette** zrobię ci omlet; **well done** *[meat]* wysmażony [10] (prepare) przygotow|ać, -ywać *[vegetables]* [11] (produce) wystawi|ć, -ać *[play]*; z|robić *[film, programme]* **(on sth** na temat czegoś**)** [12] (imitate) naśladować *[celebrity, voice, mannerism]* [13] (travel at) robić infml; **to do 60** robić 60 na godzinę [14] (cover distance) z|robić infml; **we've done 30 km since lunch** zrobiliśmy od obiadu 30 km [15] infml (see as tourist) zalicz|yć, -ać infml *[Venice, Tower of London]* [16] infml (satisfy needs of) **will this do you?** czy to ci wystarcza? [17] (cheat) **we've been done** zrobiono nas na szaro or w konia infml; **to do sb out of sth** oskubać kogoś z czegoś *[money]*; **he did me out of the job** wyrolował mnie z tej roboty infml [18] infml (rob) **to do a bank** obrobić bank infml [19] infml (arrest, convict) **to get done for sth** zostać ukaranym za coś, dostać mandat za coś *[illegal parking]*; **to do sb for speeding** wlepić komuś mandat za zbyt szybką jazdę infml [20] (sterilize) **to be done** *[person, animal]* zostać wysterylizowanym

II *vi* (*pt* **did;** *pp* **done)** [1] (behave) z|robić, wykonać; **'do as you are told'** (here and now) „zrób, co ci kazano"; (when with others) „rób, co ci każą or mówią" [2] (serve purpose) spełni|ć, -ać swoją rolę; **that box/those trousers will do** to pudełko będzie dobre /te spodnie będą dobre [3] (be acceptable) **this really won't do!** (as reprimand) tak dłużej być nie może [4] (be sufficient) wystarcz|yć, -ać; **will five dollars do?** czy wystarczy pięć dolarów?; **that'll do!** (as reprimand) wystarczy!, dość tego! [5] (finish) skończyć; **have you done?** skończyłeś? [6] (get on) (in competitive situation) *[person]* wypaść, poradzić sobie; *[business]* wyjść na swoje, poradzić sobie; (in health) *[person]* radzić sobie, czuć się; **how will they do in the elections?** jak wypadną w wyborach?; **he's doing as well as can be expected** (patient) jak na swój stan czuje się w miarę dobrze; **my lettuces are doing well** sałata dobrze mi rośnie [7] GB infml dat (clean) sprzątać, robić sprzątanie; **the woman who does for us** kobieta, która u nas sprząta [8] GB infml (be active) **you'll be up and doing again in no time** zanim się obejrzysz, znowu będziesz w dobrej formie

III *v aux* (*pt* **did;** *pp* **done)** [1] (with questions, negatives) **did he like his present?** czy podobał mu się prezent?; **own up, did you or didn't you take my pen?** przyznaj się, wziąłeś moje pióro, czy nie?; **didn't she look wonderful?** czy(ż) nie wyglądała cudownie? [2] (for emphasis) **he did do it really!** naprawdę to zrobił!; **so you do want to go after all!** więc jednak chcesz pojechać!; **I do wish you'd let me help you** tak bym chciał, żebyś pozwolił sobie pomóc [3] (referring back to another verb) **he said he'd help her and he did** powiedział, że jej pomoże i dotrzymał słowa; **he says he'll phone but he never does** ciągle obiecuje, że zadzwoni, ale nic z tego nie wychodzi; **you draw better than I do** rysujesz lepiej ode mnie; **you either did or you didn't** albo zrobiłeś, albo nie [4] (in requests, imperatives) **do sit down!** (proszę) siadaj!, (proszę) siadajcie!; **'may I take a leaflet?' – 'do'** „czy mogę sobie wziąć ulotkę? –„oczywiście"; **do shut up!** bądź /bądźcie cicho!; **don't you tell me what to do!** nie będziesz mi mówił, co mam robić! [5] (in tag questions and responses) **he lives in England, doesn't he?** on mieszka w Anglii, prawda?; **'who wrote it?' – 'I did'** „kto to napisał?" – „ja"; **'shall I tell him?' – 'no, don't'** „powiedzieć mu?" – „nie"; **'he knows the president' – 'does he?'** „on zna prezydenta" – „naprawdę?"; **so do they/you** oni/ty też; **neither does he/she** ani on/ona [6] (with inversion) **only rarely does he write letters** rzadko pisze listy; **little did he suspect/think that...** w ogóle nie podejrzewał/nie sądził, że...

IV *n* GB infml (party, gathering) **his leaving do** jego pożegnalne przyjęcie; jego pożegnalna feta infml

■ **do away with**: ¶ **do away with [sth]** (abolish) zn|ieść, -osić *[custom, rule]*; z|likwidować *[bus service]*; z|burzyć *[building]* ¶ **do away with [sb]** infml (get rid of, kill) pozbyć się (kogoś), zlikwidować *[person]*

■ **do down** GB infml: **do [sb] down** [1] (cheat, defeat) o|kantować, oszwabi|ć, -ać infml [2] (make ashamed) **don't do yourself down** nie masz się czego wstydzić, nie masz sobie czego wyrzucać

■ **do for** infml: **do for [sb/sth]** (kill) *[illness]* z|niszczyć, zabi|ć, -jać *[person]*; fig z|niszczyć, z|rujnować *[ambitions, project]*; **I'm done for** fig koniec ze mną, już po mnie

■ **do in** infml: **do [sb] in** [1] (kill) zabi|ć, -jać [2] (exhaust) wykończyć infml; **I feel done in** jestem wykończony

■ **do out** infml: **do out [sth], do [sth] out** wysprzątać, uporządkować *[room, garage]*

■ **do over**: ¶ **do [sth] over** US (redo) zrobić or wykonać ponownie *[job, work]* ¶ **do [sb] over** infml sprawić komuś manto, dać komuś wycisk infml

■ **do up**: ¶ **do up** *[dress, coat]* zapinać się ¶ **do up [sth], do [sth] up** [1] (fasten) zawiąz|ać, -ywać *[laces]*; zapi|ąć, -nać *[zip]*; **do up your buttons** zapnij guziki [2] (wrap) z|robić *[parcel]*; **to do one's hair up into a bun** upiąć włosy w kok [3] (renovate) odn|owić, -awiać *[house, furniture]* ¶ **do oneself up** zrobić się na bóstwo infml; **I was all done up** zrobiłam się na bóstwo

■ **do with**: **do with [sb/sth]** [1] (involve) **it has something/nothing to do with sb /sth** to ma coś wspólnego/to nie ma nic wspólnego z kimś/czymś; **what's that got to do with it?** a cóż to ma z tym wspólnego?; **what's it (got) to do with you?** co to ma z tobą wspólnego?; **it's got everything to do with it** i o to właśnie chodzi, i w tym problem; **his shyness is to do with his childhood** jego nieśmiałość wywodzi się z dzieciństwa; (talk to) **he won't have anything to do with me any more** nie chce już mieć ze mną nic do czynienia [2] (tolerate, bear) tolerować, zn|ieść, -osić; **I can't do with loud music** nie znoszę głośnej muzyki; **I can't do with all these changes** nie potrafię zaakceptować tych wszystkich zmian [3] (need) **I could do with a drink** napiłbym się czegoś; **I could do with a holiday** przydałby mi się urlop [4] (finish) **it's all over and done with** wszystko skończone; **have you done with my pen/the photocopier?** będziesz jeszcze używał mojego pióra?/fotokopiarki?; **I've done with all that** fig skończyłem z tym wszystkim

■ **do without**: **do without [sb/sth]** oby|ć, -wać się bez (kogoś/czegoś) *[person, advice, thing]*; **I can do without your sympathy** obejdę się bez twojej litości or twojego współczucia; **I can't do without a car** nie potrafię się obyć bez samochodu; **you'll have to do without!** musisz sobie jakoś poradzić!

IDIOMS: **all the dos and don'ts** (instructions) wszystkie nakazy i zakazy; (advantages and disadvantages) wszystkie za i przeciw; **do as you would be done by** nie czyń drugiemu, co tobie niemiło; **how do you do** (form of greeting) bardzo mi przyjemnie or miło; **it doesn't do to be late** nie wypada się spóźniać; **it was all I could do not to burst out laughing** ledwo się powstrzymałem, żeby nie parsknąć śmiechem; **it's a poor do if...** infml to kiepska sprawa, jeśli...; **nothing doing!** (no way) nie ma mowy; **there's nothing doing here** nic się tutaj nie dzieje; **well done!** dobra robota!, brawo!; **what are you doing with yourself these days?** co u ciebie słychać?, co się z tobą dzieje?; **what are you going to do for money?** skąd weźmiesz pieniądze?; **what's done is done** co się stało, to się nie odstanie; **what's this doing here?** a co to tutaj robi?

do² /dəʊ/ *n* Mus = **doh**

do. = **ditto**

DOA *adj* → **dead on arrival**

dob /dɒb/ *v* (*prp, pt, pp* **-bb-)**

■ **dob in** infml: **~ in [sb], ~ [sb] in** wr|obić, -abiać infml *[person]*

d.o.b. → **date of birth**

Doberman (pinscher) /ˌdəʊbəmənˈpɪnʃə/ *n* doberman *m*

doc /dɒk/ infml *n* (doctor) doktor *m*, pani doktor *f*

docile /ˈdəʊsaɪl, US ˈdɒsl/ *adj [person, animal, mood]* potulny; *[population, personality]* uległy
docility /dəʊˈsɪlətɪ/ *n* (of animal, person) potulność *f*; (of population, personality) uległość *f*
dock¹ /dɒk/ **I** *n* [1] Naut, Ind (for unloading or repair) dok *m*; **to come into ~** wejść do portu; **to be in ~** (for repairs) stać w doku [2] US Naut (wharf) nabrzeże *n*; (also **loading ~**) nabrzeże *n*, pirs *m*
II docks *npl* Naut, Ind port *m*; **to work in** or **at the ~s** pracować w porcie
III *modif* (also **~s**) *[area, installations]* portowy; **~ strike** strajk dokerów
IV *vt* [1] Naut wprowadz|ić, -ać (do portu) *[ship, boat]* [2] Aerosp po|łączyć (na orbicie) *[two spacecrafts]*
V *vi* [1] Naut (arrive) *[ship]* przybi|ć, -jać; (moor) stać (w porcie); **the ship ~ed at Southampton** statek przybił do portu w Southampton [2] Aerosp po|łączyć się (na orbicie)
dock² /dɒk/ *vt* [1] Vet przyci|ąć, -nać *[dog's ears]*; obci|ąć, -nać *[horse's tail, dog's tail]*; przystrzy|c, -gać *[horse's tail]* [2] GB (reduce) obci|ąć, -nać infml *[wages]*; potrąc|ić, -ać *[sum]*; obniż|yć, -ać *[marks]*; od|jąć, -ejmować *[points]*; **they had their pay ~ed for going on strike** za udział w strajku obcięto im zarobki; **to ~ £50 from sb's wages** potrącić komuś 50 funtów z pensji
dock³ /dɒk/ *n* GB Jur ława *f* oskarżonych; **the prisoner in the ~** więzień na ławie oskarżonych; **to put sb in the ~** fig postawić kogoś pod pręgierzem fig
dock⁴ /dɒk/ *n* Bot szczaw *m*
docker /ˈdɒkə(r)/ *n* doker *m*, robotnik *m* portowy
docket /ˈdɒkɪt/ **I** *n* [1] Comm (label) deklaracja *f* zawartości przesyłki; (custom certificate) kwit *m* celny [2] US (list) wykaz *m*; Jur rejestr *m* wyroków i spraw w toku; **the court has several other cases on its ~** sąd ma na wokandzie kilka innych spraw
II *vt* [1] Comm zaopat|rzyć, -rywać w deklarację *[package]* [2] US Jur (summarize) sporządz|ić, -ać protokół (czegoś) *[proceedings]*; wpis|ać, -ywać do rejestru *[case]*; (prepare for trial) przygotow|ać, -ywać *[case]*
docking /ˈdɒkɪŋ/ *n* [1] Aerosp połączenie *n* na orbicie [2] Naut dokowanie *n*
dock labourer *n* = **dockworker**
dockland /ˈdɒklənd/ *n* (also **~s**) dzielnica *f* portowa
Docklands /ˈdɒkləndz/ *prn dawna dzielnica portowa, obecnie ekskluzywna dzielnica Londynu*
dock leaf *n* Bot liść *m* szczawiu
dockside(s) /ˈdɒksaɪd(z)/ *n(pl)* nadbrzeże *n*
dock walloper *n* US infml doker *m*
dockworker /ˈdɒkwɜːkə(r)/ *n* doker *m*, robotnik *m* portowy
dockyard /ˈdɒkjɑːd/ *n* stocznia *f*
doctor /ˈdɒktə(r)/ **I** *n* [1] Med leka|rz *m*, -rka *f*; doktor *m*; **she's a ~** ona jest lekarzem; **who's your ~?** u kogo się leczysz?; **to go to the ~('s)** pójść do lekarza; **to train as a ~** studiować medycynę; **to be under a ~** GB być pod opieką lekarza; **to play ~s and nurses** bawić się w doktora; **~'s orders** zalecenia lekarza; hum najlepsze lekarstwo fig infml [2] (form of address) doktor *m*, doktor *f inv*; **thank you, ~** dziękuję, panie doktorze/pani doktor; **Doctor Armstrong** doktor Armstrong [3] Univ doktor *m*
II *vt* [1] (tamper with) s|fałszować *[accounts, document, figures]*; s|fabrykować, s|preparować *[evidence, text]*; **to ~ sb's coffee with rat poison** dosypać komuś trutkę na szczury do kawy [2] GB Vet wy|sterylizować *[animal]*; wy|kastrować *[male animal]*
IDIOMS: **that's just what the ~ ordered!** tego mi/ci właśnie potrzeba!
doctoral /ˈdɒktərəl/ *adj [thesis]* doktorski; **~ research** studia doktoranckie; **~ student** doktorant *m*, -ka *f*
doctorate /ˈdɒktərət/ *n* doktorat *m*; **~ in law/biochemistry** doktorat z prawa/biochemii; **to get one's ~** zrobić doktorat
Doctor of Divinity, DD *n* (person) doktor *m* teologii; (degree) doktorat *m* z teologii
Doctor of Philosophy, PhD, DPhil *n* (person) ≈ doktor *m* nauk; (degree) ≈ doktorat *m* nauk
doctor's excuse *n* US = **doctor's note**
doctor's note GB *n* zwolnienie *n* lekarskie
doctrinaire /ˌdɒktrɪˈneə(r)/ **I** *n* doktryner *m*, -ka *f*
II *adj* doktrynerski
doctrinal /dɒkˈtraɪnl, US ˈdɒktrɪnl/ *adj* doktrynalny
doctrine /ˈdɒktrɪn/ *n* doktryna *f*
docudrama /ˈdɒkjʊdrɑːmə/ *n* TV dokument *m* fabularyzowany
document /ˈdɒkjʊmənt/ **I** *n* dokument *m*; **legal ~** dokument prawny; **identity ~** dowód tożsamości; **insurance/travel ~s** dokumenty ubezpieczeniowe/podróżne; **policy ~** Pol deklaracja programowa; **~s in a case** Jur akta sprawy
II *vt* [1] (support with documents) u|dokumentować *[application, case, claim, event]*; **a badly-/well-~ed report** źle/dobrze udokumentowany raport; **the only ~ed case of sth** jedyny udokumentowany przypadek czegoś [2] (provide with documents) zaopat|rzyć, -rywać w dokumenty *[person, organization, ship, vehicle]*
documentary /ˌdɒkjʊˈmentrɪ, US -terɪ/ **I** *n* TV, Cin, Radio dokument *m* infml (**on** or **about sth** na temat czegoś, o czymś); **radio/TV ~** radiowy/telewizyjny program dokumentalny; **film ~** film dokumentalny
II *adj [account, style, technique]* dokumentalny, dokumentarny; **~ evidence** or **proof** Jur dowody z dokumentów; (in historical research) świadectwa pisane
documentary bill *n* Comm, Fin weksel *m* dokumentowy
documentary letter of credit *n* Comm, Fin akredytywa *f* dokumentowa
documentation /ˌdɒkjʊmenˈteɪʃn/ *n* [1] (documents) dokumentacja *f* [2] (act of recording) dokumentowanie *n*; **one of the historian's tasks is the ~ of social change** jednym z zadań historyka jest dokumentowanie zmian społecznych
document case *n* (briefcase) aktówka *f*; (folder) teczka *f (kartonowa, plastikowa)*
document holder *n* = **document case**
document reader *n* Comput czytnik *m* dokumentów
document retrieval *n* Comput wyszukiwanie *n* dokumentów
document wallet *n* teczka *f (kartonowa, plastikowa)*
docusoap /ˈdɒkjʊsəʊp/ *n* TV telenowela *f* dokumentalna
DOD *n* US → **Department of Defense**
dodder¹ /ˈdɒdə(r)/ *n* Bot kanianka *f*
dodder² /ˈdɒdə(r)/ *vi* [1] (tremble) trząść się [2] (move) dreptać na trzęsących się nogach
dodderer /ˈdɒdərə(r)/ *n* ramol *m* infml
doddering /ˈdɒdərɪŋ/ *adj* [1] *[person]* (unsteady) trzęsący się; *[movement]* niepewny [2] (senile) *[person]* zdziecinniały; zramolały infml
doddery /ˈdɒdərɪ/ *adj* = **doddering**
doddle /ˈdɒdl/ *n* GB infml **it's a ~!** to bułka z masłem or pestka! infml; **it's no ~** to trudny orzech do zgryzienia, to nie przelewki
dodecahedron /ˌdəʊdekəˈhiːdrən, US -rɒn/ *n* dwunastościan *m*
Dodecanese /ˌdəʊdɪkəˈniːz/ **I** *npl* Geog **the ~** Dodekanez *m*
II *modif* dodekaneski
dodge /dɒdʒ/ **I** *n* [1] (movement) unik *m*; **he made a quick ~ to right/left** zrobił szybki unik w prawo/w lewo [2] GB infml (trick) sztuczka *f*, trik *m*; **I know a ~ to get out of military service/for getting free airline tickets** wiem, jak wywinąć się od służby wojskowej/jak skombinować bezpłatne bilety lotnicze; **she's up to all the ~s** ona zna różne sztuczki or triki
II *vt* [1] (move suddenly) uchyl|ić, -ać się przed (czymś) *[bullet, projectile, blow]*; wym|knąć, -ykać się (komuś) *[pursuers]*; **to ~ an oncoming vehicle** *[pedestrian]* uskoczyć przed nadjeżdżającym samochodem; *[driver]* gwałtownie skręcić, żeby uniknąć zderzenia z nadjeżdżającym samochodem [2] (avoid) unik|nąć, -kać (kogoś/czegoś) *[person, accusation, difficulty, confrontation]*; uchyl|ić, -ać się od płacenia(czegoś) *[tax]*; **to ~ a question** uchylić się od odpowiedzi na pytanie; **to ~ an issue** pominąć sprawę milczeniem; **to ~ military service** wymigać or wykręcić się od służby wojskowej; **to ~ doing sth** wykręcić or wymigać się od zrobienia czegoś
III *vi [boxer, footballer]* z|robić unik; **the motorcyclist was dodging in and out of the traffic** motocyklista lawirował pomiędzy samochodami
dodgem (car) /ˈdɒdʒəm/ *n* GB samochodzik *n* elektryczny *(na autodromie)*; **to go on the ~s** jeździć samochodzikami na autodromie
dodger /ˈdɒdʒə(r)/ *n* [1] (trickster) kombinator *m*, -ka *f* infml [2] (shirker) obibok *m*; (in the army) dekownik *m*; **fare ~** pasażer na gapę infml [3] Naut osłona *f* brezentowa → **draft dodger, tax dodger**
dodgy /ˈdɒdʒɪ/ *adj* GB [1] (untrustworthy) *[person]* podejrzany; *[business, deal, establishment]* szemrany infml [2] (risky, dangerous) *[plan, decision, investment]* ryzykowny; *[situation, moment, finances, weather]* niepewny; **that company is a bit ~ financially** ta firma nie jest w najlepszej kondycji finansowej; **his health is a bit ~** ma

kłopoty ze zdrowiem, zdrowie mu nie dopisuje

dodo /ˈdəʊdəʊ/ *n* Zool dront *m*, dodo *m*

IDIOMS: **to be as dead as a ~** należeć do przeszłości, być przeżytkiem

doe /dəʊ/ *n* (deer) łania *f*; (rabbit) królica *f*; (hare) zajęczyca *f*

DOE /dəʊ/ *n* [1] GB → **Department of the Environment** [2] US → **Department of Energy**

doe-eyed /ˈdəʊaɪd/ *adj* o sarnich oczach

doer /ˈduːə(r)/ *n* (active person) człowiek *m* czynu

does /dʌz, dəz/ *3rd pers sg pres* → **do**

doeskin /ˈdəʊskɪn/ **I** *n* ircha *f*; **in ~** z irchy

II *modif [gloves, jacket]* irchowy, z irchy

doesn't /ˈdʌznt/ = **does not** → **do**

doff /dɒf, US dɔːf/ *vt* dat zd|jąć, -ejmować *[hat, coat]*; **to ~ one's hat to sb** uchylić przed kimś kapelusza

dog /dɒg, US dɔːg/ **I** *n* [1] Zool pies *m* [2] (male wolf, fox) samiec *m* [3] infml (person) pies *m* infml; **you lucky ~!** ty szczęściarzu!; **you dirty** or **vile ~!** ty nędzny psie! infml; **he's a crafty old ~!** to szczwany lis!; **it shouldn't happen to a ~** nie życzyłbym tego największemu wrogowi [4] vinfml (unattractive woman) maszkara *f*, pokraka *f* offensive [5] US infml (poor quality object) szmelc *m* [6] Tech zapadka *f*

II dogs *npl* GB Sport (greyhound racing) **the ~s** wyścigi *m pl* psów

III *vt* (*prp, pt, pp* **-gg-**) [1] (follow) iść, chodzić krok w krok za (kimś), nie odstępować na krok (kogoś) *[person]*; **to ~ sb's footsteps** deptać komuś po piętach [2] (plague) uprzykrz|yć, -ać życie (komuś), nie da|ć, -wać żyć (komuś) *[person]*; utrudni|ć, -ać *[career, project]*; **he is ~ged by misfortune** prześladuje go pech; **poor health had ~ged his childhood** chorował przez całe dzieciństwo

IDIOMS: **it's ~ eat ~** to jest bezpardonowa walka; **every ~ has its day** każdy ma w życiu swoje pięć minut; **give a ~ a bad name (and hang him)** Prov zła sława ciągnie się za człowiekiem; **to put on the ~** US infml stroić się w pawie piórka; **love me, love my ~** kto miłuje przyjaciela, miłuje i psa jego; kto pana kocha, ten i psa jego głaszcze; **to go and see a man about a ~** euph hum (relieve oneself) pójść się wysiusiać infml; (go on unspecified business) mieć coś do załatwienia; **they don't have a ~'s chance** nie mają cienia szansy; **it's a ~'s life** to pieskie życie; **to lead a ~'s life** mieć pieskie życie; **to lead sb a ~'s life** zatruć komuś życie; **there's life in the old ~ yet** stary ale jary; **to go to the ~s** infml schodzić na psy; **to treat sb like a ~** traktować kogoś jak psa; **to be dressed up** or **got up like a ~'s dinner** infml odstawić się jak stróż w Boże Ciało infml ; **to make a ~'s breakfast of sth** infml spieprzyć coś infml ; **you wouldn't put a ~ out on a night like this** psa by nie wypędził na taką pogodę → **teach**

dog basket *n* koszyk *m* dla psa

dog biscuit *n* ciasteczko *n* dla psa

dog breeder *n* hodowca *m* psów

dog cart *n* dwukołowy powozik *m*; dwukółka *f* dat

dog catcher *n* rakarz *m*; hycel *m* dat

dog collar *n* [1] (for dog) obroża *f* [2] infml hum (for clergyman) koloratka *f*

dog days *npl* [1] (hot days) kanikuła *f* fml [2] fig (slack period) laba *f*, luz *m* infml

doge /dəʊdʒ/ *n* Hist doża *m*

dog-eared /ˈdɒgɪəd, US ˈdɔːg-/ *adj [book, pages]* z oślimi uszami

dog-end /ˌdɒgˈend, US ˌdɔːg-/ *n* infml pet *m* infml

dogfight /ˈdɒgfaɪt, US ˈdɔːg-/ *n* [1] walka *f* psów; (between people) bójka *f*, szarpanina *f* [2] Mil Aviat walka *f* powietrzna (samolotów)

dogfighting /ˈdɒgfaɪtɪŋ, US ˈdɔːg-/ *n* walki *f pl* psów

dogfish /ˈdɒgfɪʃ, US ˈdɔːg-/ *n* Zool rekinek *m*; Culin mięso *n* z rekinka

dog food *n* pokarm *m* dla psa

dogged /ˈdɒgɪd, US ˈdɔːgɪd/ *adj [person, character, insistence, refusal]* uparty; *[persistence, determination]* zawzięty; *[defence, resistance]* zacięty; **a ~ campaigner for women's rights** wytrwały orędownik praw kobiet

doggedly /ˈdɒgɪdlɪ, US ˈdɔːg-/ *adv [refuse, defend, campaign]* uparcie, zawzięcie; *[persistent, determined]* wytrwale

doggedness /ˈdɒgɪdnɪs, US ˈdɔːg-/ *n* upór *m*, zawziętość *f*

Dogger Bank /ˌdɒgəˈbæŋk/ *prn* ławica *f* Dogger Bank

doggerel /ˈdɒgərəl, US ˈdɔːg-/ *npl* rymowanki *f pl* infml

doggie /ˈdɒgɪ, US ˈdɔːgɪ/ *n* infml = **doggy I**

doggo /ˈdɒgəʊ, US ˈdɔːgəʊ/ *adv* GB infml **to lie ~** przyczaić się

doggone /ˈdɒgɒn, US ˈdɔːgɔːn/ US infml **I** *adj* (also **~d**) piekielny, cholerny infml

II *adv* (also **~d**) piekielnie, cholernie infml

III *excl* **~ it!** niech to diabli!, szlag by to trafił! vinfml

doggy /ˈdɒgɪ, US ˈdɔːgɪ/ **I** *n* piesek *m*

II *adj* psi; **I'm not a very ~ person** nie przepadam za psami

doggy bag *n torba na resztki zabierane z restauracji do domu*

doggy fashion *adv* infml *[eat, drink]* jak pies; *[make love]* na pieska infml; **to swim ~** pływać pieskiem

doggy paddle *n, vi* infml = **dog paddle**

dog handler *n* (of police force, security organization) przewodnik *m* psa

doghouse /ˈdɒghaʊs, US ˈdɔːg-/ *n* US psia buda *f*

IDIOMS: **to be in the ~** infml być w niełasce; **to be in the ~ with sb** infml mieć u kogoś krechę, mieć u kogoś przechlapane infml

dogie /ˈdəʊgɪ/ *n* US cielak *m* bez matki

dog in the manger **I** *n* pies *m* ogrodnika

II dog-in-the-manger *modif* **~ attitude /behaviour** postawa/zachowanie jak pies ogrodnika

dog Latin *n* łacina *f* kuchenna infml

dogleg /ˈdɒgleg, US ˈdɔːg-/ *n* Aut ostry łuk *m*, wiraż *m*

dog licence *n* zaświadczenie *n* o opłaceniu podatku za psa

doglike /ˈdɒglaɪk, US ˈdɔːg-/ *adj [devotion, fidelity]* psi

dogma /ˈdɒgmə, US ˈdɔːgmə/ *n* dogmat *m*

dogmatic /dɒgˈmætɪk, US dɔːg-/ *adj* dogmatyczny **(about sth** w sprawie czegoś)

dogmatically /dɒgˈmætɪklɪ, US dɔːg-/ *adv* dogmatycznie, w sposób dogmatyczny

dogmatism /ˈdɒgmətɪzəm, US ˈdɔːg-/ *n* dogmatyzm *m*

dogmatist /ˈdɒgmətɪst, US ˈdɔːg-/ *n* dogmaty|k *m*, -czka *f*

dogmatize /ˈdɒgmətaɪz, US ˈdɔːg-/ *vi* dogmatyzować; **to ~ about sth** głosić dogmatyczne poglądy na temat czegoś

do-gooder /duːˈgʊdə(r)/ *n* pej osoba *f* uszczęśliwiająca innych na siłę pej

dog paddle **I** *n* piesek *m*; **to swim the ~** pływać pieskiem

II *vi* pły|nąć, -wać pieskiem

dog rose *n* Bot dzika róża *f*

dogsbody /ˈdɒgzbɒdɪ, US ˈdɔːgz-/ *n* GB infml (also **general ~**) (man, woman) chłopak *m* or chłopiec *m* na posyłki

dog's home *n* infml psiarnia *f*

dogshow /ˈdɒgʃəʊ, US ˈdɔːg-/ *n* wystawa *f* psów

Dog Star *n* Astron Syriusz *m*, Psia Gwiazda *f*

dog tag *n* US Mil infml identyfikator *m*

dog-tired /ˌdɒgˈtaɪəd, US ˌdɔːg-/ *adj* infml skonany, wykończony

dogtooth /ˈdɒgtuːθ, US ˈdɔːg-/ *n* (*pl* **dogteeth)** Archit *psie zęby m pl (motyw ornamentalny gotyku angielskiego)*

dog-tooth check **I** *n* kurza stopka *f*

II *adj [skirt, suit]* w kurzą stopkę

dogtooth violet *n* Bot psiząb *m*

dogtrack /ˈdɒgtræk, US ˈdɔːg-/ *n* tor *m* wyścigów chartów

dogtrot /ˈdɒgtrɒt, US ˈdɔːg-/ *n* Equest lekki kłus *m*

dogwatch /ˈdɒgwɒtʃ, US ˈdɔːg-/ *n* Naut psia wachta *f*

dogwood /ˈdɒgwʊd, US ˈdɔːg-/ *n* Bot dereń *m*

dogy *n* US = **dogie**

doh /dəʊ/ *n* Mus do *n*

doily /ˈdɔɪlɪ/ *n* serwetka *f* papierowa o wzorze koronkowym

doing /ˈduːɪŋ/ **I** *prp* → **do**

II *n* **all of this is your ~** to wszystko twoja sprawka; **it's none of my ~** to nie moja wina; **it takes some ~!** to wymaga pewnego wysiłku!

III doings *npl* [1] (actions) poczynania *plt*; (events) wypadki *m pl* [2] GB infml (thingy) dings *m* infml; **pass me that ~s!** podaj mi to!

do-it-yourself, DIY /ˌduːɪtjəˈself/ **I** *n* majsterkowanie *n*

II *modif [store, goods]* dla majsterkowiczów; **~ book** poradnik „zrób to sam"; **~ enthusiast** majsterkowicz

do-it-yourselfer /ˌduːɪtjəˈselfə(r)/ *n* majsterkowicz *m*, -ka *f*

dojo /ˈdəʊdʒəʊ/ *n* Sport dodzio *n*

Dolby (stereo)® /ˈdɒlbɪ/ *n* system *m* dolby (stereo)

doldrums /ˈdɒldrəmz/ *npl* [1] Meteorol (area) równikowy pas *m* ciszy; (weather) cisza *f* równikowa [2] fig (stagnation) **to be in the ~** *[person]* być w depresji, mieć chandrę; *[company, economy]* znajdować się w zastoju

dole /dəʊl/ *n* GB Soc Admin infml zasiłek *m* dla bezrobotnych; **to be/go on the ~** być na zasiłku/pójść na zasiłek

■ **dole out**: **~ out [sth], ~ [sth] out** rozdziel|ić, -ać *[food, money]* **(to sb** między kogoś)

doleful /ˈdəʊlfl/ *adj* smętny
dolefully /ˈdəʊlfəlɪ/ *adv* smętnie
dole queue *n* GB [1] kolejka *f* po zasiłek *(w urzędzie pracy)* [2] fig (also **~s**) liczba *f* bezrobotnych
dolichocephalic /ˌdɒlɪˌkəʊsɪˈfælɪk/ *adj* długogłowy
doll /dɒl, US dɔːl/ *n* [1] lalka *f*; **she's playing with a ~/her ~s** bawi się lalką/lalkami; **~'s bed/hairbrush** łóżeczko/szczotka do włosów dla lalek [2] infml (pretty girl) lala *f*, laleczka *f* infml; (attractive man) przystojniak *m* infml [3] (nice person) **you're a ~!** (to woman) równa z ciebie babka! infml; (to man) równy z ciebie gość! infml
■ **doll up** infml: **~ up [sb/sth], ~ [sb/sth] up** wyszykować *[room, house]*; **to ~ sb up in sth** wystroić kogoś w coś; **to ~ oneself up, to get ~ed up** wyelegantować się
dollar /ˈdɒlə(r)/ *n* dolar *m*
IDIOMS: **the sixty-four thousand ~ question** pytanie za sto punktów
dollar area *n* strefa *f* dolarowa
dollar bill *n* US banknot *m* dolarowy
dollar diplomacy *n* Pol dyplomacja *f* dolarowa
dollar sign *n* symbol *m* dolara
dollop /ˈdɒləp/ *n* infml porcyjka *f* infml **(of sth** czegoś**)**; fig dawka *f*, doza *f*
doll's hospital *n* punkt *m* naprawy lalek, klinika *f* lalek
doll's house *n* domek *m* dla lalek
dolly /ˈdɒlɪ, US ˈdɔːlɪ/ **I** *n* [1] infml (doll) laleczka *f* [2] Tech (mobile platform on wheels) wózek *m* jednoosiowy transportowy [3] Cin, TV dolka *f* [4] (for washing clothes) kijanka *f* dat [5] US Rail (locomotive) lokomotywka *f* [6] Tech (for rivet) wspornik *m* do nitowania [7] Sport (in cricket) łatwe odbicie *n*
II *vi* Cin, TV **to ~ in/out** najeżdżać /odjeżdżać kamerą
dolly bird *n* GB infml pej słodka idiotka *f* pej
dolly mixture *n* *mieszanka malutkich, różnokolorowych słodyczy*
dolmades /dɒlˈmɑːðez/ *npl* Culin gołąbki *m pl* w liściach winorośli
dolman /ˈdɒlmən/ *n* Fashn dolman *m*
dolman sleeve *n* Fashn wąski, długi rękaw *m*
dolmen /ˈdɒlmen/ *n* Archeol dolmen *m*
dolomite /ˈdɒləmaɪt/ *n* dolomit *m*
Dolomites /ˈdɒləmaɪts/ *prn pl* Geog **the ~** Dolomity *plt*
dolphin /ˈdɒlfɪn/ *n* Zool delfin *m*
dolphinarium /ˌdɒlfɪˈneərɪəm/ *n* (*pl* **~s, -ria**) delfinarium *n*
dolphin striker *n* Naut delfiniak *m*
dolt /dəʊlt/ *n* pej głupek *m*
doltish /ˈdəʊltɪʃ/ *adj* pej niemądry
domain /dəʊˈmeɪn/ *n* [1] (area of activity) dziedzina *f*, domena *f* **(of sth** czegoś**)**; **in the political/economic** w dziedzinie polityki/gospodarki [2] (estate) włości *plt* dat; dobra *plt* liter [3] fig królestwo *n*; **the kitchen is my wife's ~** kuchnia to królestwo mojej żony [4] Math dziedzina *f*
domain name *n* Comput nazwa *f* domeny
domain name system, DNS *n* Comput system *m* nazw domen
dome /dəʊm/ *n* Archit kopuła *f*; **the blue ~ of the sky** liter sklepienie niebieskie, kopuła nieba; **the shining ~ of his head** jego lśniąca łysina
domed /dəʊmd/ *adj* [1] Archit *[building]* nakryty kopułą, kopulasty; *[roof]* kopulasty, kopułowaty; *[ceiling]* sklepiony [2] *[forehead, helmet]* wypukły
Domesday Book /ˈduːmzdeɪbʊk/ *n* GB Hist *księga katastralna z czasów Wilhelma Zdobywcy*
domestic /dəˈmestɪk/ **I** *n* [1] dat (servant) służąc|y *m*, -a *f* [2] infml (argument) rodzinna awantura *f* infml
II *adj* [1] (home) *[news, market, prices, production, consumption, flights]* krajowy; *[politics, affairs, crisis]* wewnętrzny [2] (of house) *[matters, chores, use, services]* domowy; **~ items** przedmioty gospodarstwa domowego; **~ water/gas/electricity** woda/gas /elektryczność do użytku domowego; **~ staff** służba [3] (family) *[life, situation, harmony, arguments]* rodzinny; *[atmosphere, comforts]* domowy; *[lifestyle]* domatorski; **she's very ~** ona jest prawdziwą domatorką [4] (not wild) *[animal]* domowy
domestically /dəˈmestɪklɪ/ *adv [produce, supply, use]* w kraju; **these are difficult times for the president ~** prezydent boryka się obecnie z trudnymi problemami w kraju; **~, the decision was a disaster** dla kraju ta decyzja była katastrofalna
domestic appliance *n* sprzęt *m* gospodarstwa domowego
domesticate /dəˈmestɪkeɪt/ **I** *vt* udom|owić, -awiać, osw|oić, -ajać *[animal]*; zagospodarow|ać, -ywać *[countryside]*
II domesticated *adj* [1] (tamed) *[animal]* udomowiony, oswojony; *[countryside]* zagospodarowany [2] **to be ~d** *[person]* lubić zajmować się domem
domestication /dəˌmestɪˈkeɪʃn/ *n* (of animal) udomowienie *n*
domestic help *n* pomoc *f* domowa, gosposia *f*
domesticity /ˌdɒməˈstɪsətɪ, ˌdəʊ-/ *n* [1] (home life) zacisze *n* domowe [2] (household duties) obowiązki *m pl* domowe
domestic science **I** *n* GB Sch ≈ zajęcia *n pl* praktyczno-techniczne
II *modif* **~ teacher/teaching** nauczyciel /nauczanie zajęć praktyczno-technicznych
domestic servant *n* służąc|y *m*, -a *f*
domestic service **I** *n* **to be in ~** pracować jako służący/służąca
II domestic services *npl* usługi *f pl* w zakresie sprzątania
domestic violence *n* przemoc *f* w rodzinie
domicile /ˈdɒmɪsaɪl/ *n* Admin Jur miejsce *n* stałego zamieszkania
domiciled /ˈdɒmɪsaɪld/ *adj* Admin Jur zamieszkały; **~d in Britain/in London** zamieszkały w Wielkiej Brytanii/w Londynie
domiciliary /ˌdɒmɪˈsɪlɪərɪ, US -erɪ/ *adj [visit, care, services]* domowy; **~ information** informacje dla lokatorów; **~ rights** uprawnienia lokatorów
dominance /ˈdɒmɪnəns/ *n* [1] (supremacy) dominacja *f* **(of sb/sth** nad kimś/czymś**)**; prymat *m* **(of sth** czegoś**)** [2] (numerical strength) przewaga *f* **(of sth** czegoś**)** [3] Biol, Ecol dominacja
dominant /ˈdɒmɪnənt/ **I** *n* [1] Mus dominanta *f* [2] Biol (gene) gen *m* dominujący [3] Ecol dominanta *f*
II *adj* [1] (more powerful) *[quality, partner, role, ingredient, colour, issue, species]* dominujący [2] (visible) *[landmark, position]* widoczny; *[building]* górujący; *[piece of furniture]* wyeksponowany [3] Biol *[characteristics, gene]* dominujący [4] Mus *[chord, key]* dominantowy
dominate /ˈdɒmɪneɪt/ **I** *vt* z|dominować *[person, region, town]*; **to ~ the market /industry** zdominować rynek/przemysł; **to be ~d by sb/sth** *[committee, market, industry, university]* być zdominowanym przez kogoś/coś *[company, group]*; **life in the West is ~d by the car/television** życie na Zachodzie zdominowane jest przez samochody/telewizję; **an area ~d by factories/shops** teren, na którym przeważają fabryki/sklepy
II *vi* dominować **(over sb** nad kimś**)**; **in this discussion the question of the economy ~s** w tych dyskusjach dominuje kwestia gospodarki
dominating /ˈdɒmɪneɪtɪŋ/ *adj [personality, character]* dominujący; *[voice, tone]* apodyktyczny
domination /ˌdɒmɪˈneɪʃn/ *n* dominacja *f* **(by sb/sth** przez kogoś/coś**)**; **his defeat ended American ~ of the sport** jego porażka położyła kres amerykańskiej dominacji w tej dyscyplinie sportu
dominatrix /ˌdɒmɪˈneɪtrɪks/ *n* (*pl* **-ices**) (sex partner) *partnerka grająca dominującą rolę w stosunkach sadomasochistycznych*
domineer /ˌdɒmɪˈnɪə(r)/ *vi* pej dyrygować, rządzić **(over sb** kimś**)**
domineering /ˌdɒmɪˈnɪərɪŋ/ *adj [person]* despotyczny, apodyktyczny; *[manner, personality, tone]* władczy
Dominica /dəˈmɪnɪkə/ *prn* Geog Dominika *f*
Dominican /dəˈmɪnɪkən/ **I** *n* [1] Geog Dominika|nin *m*, -nka *f* [2] Relig Dominikanin *m*
II *adj* dominikański
Dominican Republic *n* **the ~** Dominika *f*, Republika *f* Dominikańska
dominion /dəˈmɪnɪən/ *n* [1] (authority) władza *f*, zwierzchnictwo *n* **(over sb/sth** nad kimś/czymś**)** [2] (area ruled) posiadłości *f pl* [3] GB Hist (of empire) (also **Dominion**) dominium *n*
domino /ˈdɒmɪnəʊ/ **I** *n* [1] Games (piece) kostka *f* domino [2] Hist Fashn (cloak) domino *n*; (eye-mask) maska *f* na oczy
II dominoes *npl* Games domino *n*
domino effect *n* Pol efekt *m* domina
domino theory *n* Pol teoria *f* domina
don[1] /dɒn/ *n* [1] GB Univ nauczyciel *m* akademicki *(zwłaszcza w Oxfordzie i Cambridge)* [2] US (in mafia) mafijny boss *m*
don[2] /dɒn/ *vt* (*prp, pt, pp* **-nn-**) liter przywdzi|ać, -ewać liter *[clothes, hat]*; przyb|rać, -ierać *[expression, air]*; przywoł|ać, -ywać na usta *[smile]*; **he ~ned a welcoming smile as his guests arrived** na widok gości przywołał na usta uprzejmy uśmiech
donate /dəʊˈneɪt, US ˈdəʊneɪt/ **I** *vt* ofiarow|ać, -ywać *[money, goods, equipment]*; odda|ć, -wać *[blood, organ, body]* **(to sb/sth** komuś/czemuś**)**
II *vi* da|ć, -wać datek; **to ~ to a charity** dać datek na cel charytatywny or na dobroczynność

D

donation /dəʊˈneɪʃn/ *n* [1] (money or goods given) datek *m* **(to sb/sth** dla kogoś/na coś) [2] (act of giving) ofiarowanie *n* **(of sth to sb /sth** czegoś komuś/na coś)

done /dʌn/ **I** *pp* → **do**
II *pp adj* (socially acceptable) **it's not the ~ thing** tak się nie robi; **it's not ~ to spit cherry stones at one's neighbour** nie pluje się w sąsiada pestkami czereśni
III *excl* (making deal) załatwione!

doner kebab /ˌdəʊnəkəˈbæb/ *n* Culin kebab *m*

dong¹ /dɒŋ/ *n* [1] (sound of a bell) bam *m*; **ding ~!** bim bam! [2] US vinfml (penis) kutas *m* vulg; fiut *m* vinfml

dong² /dɒŋ/ *n* (monetary unit) dong *m*

dongle /ˈdɒŋgl/ *n* Comput klucz *m* sprzętowy

donjon /ˈdɒndʒən/ *n* Archit stołb *m*, donżon *m*

Don Juan /ˌdɒnˈdʒuːən/ *prn* Don Juan *m*; fig donżuan *m*, uwodziciel *m*

donkey /ˈdɒŋkɪ/ *n* [1] Zool osioł *m* [2] infml (stupid person) osioł *m* infml
IDIOMS: **she could talk the hind legs off a ~** potrafi zagadać człowieka na śmierć; **~'s years** infml całe wieki, kopę lat infml; **it's ~'s years since we've seen each other** infml kopę lat nie widzieliśmy się

donkey engine *n* Naut, Mech mały silnik *m* pomocniczy

donkey jacket *n* Fashn ciepła kurtka *f* robocza

donkey ride *n* przejażdżka *f* na ośle

donkey work *n* czarna robota *f* infml

donnish /ˈdɒnɪʃ/ *adj [person]* uczony; *[manner, look]* profesorski

donor /ˈdəʊnə(r)/ *n* [1] Med (of organ) daw|ca *m*, -czyni *f*; **blood ~** krwiodaw|ca *m*, -czyni *f*; **kidney/sperm ~** dawca nerki/nasienia [2] (of money) ofiarodaw|ca *m*, -czyni *f*, donator *m*

donor card *n* karta *f* dawcy *(dokument potwierdzający wolę oddania organów po śmierci)*

donor organ *n* narząd *m* dawcy

Don Quixote /ˌdɒnˈkwɪksət/ *prn* [1] Don Kichote *m* [2] fig donkiszot *m*, błędny rycerz *m*

don't /dəʊnt/ = **do not**

don't know *n* (in survey) niezdecydowany respondent *m*

donut /ˈdəʊnʌt/ *n* US = **doughnut**

doodad /ˈduːdæd/ *n* US, Canada infml = **doodah**

doodah /ˈduːdɑː/ *n* GB infml to coś *n*; wihajster *m*, dinks *m* infml

doodle /ˈduːdl/ **I** *n* bazgroły *plt*, gryzmoły *plt*
II *vi [person]* na|gryzmolić, na|bazgrać, na|bazgrolić **(on sth** na czymś)

doodlebug /ˈduːdlbʌg/ *n* GB Mil Hist pocisk *m* V-1

doofus /ˈduːfəs/ *n* US infml kretyn *m*, -ka *f* infml

doolally /duːˈlælɪ/ *adj* infml hum zbzikowany, stuknięty infml

doom /duːm/ **I** *n* (death) śmierć *f*; (unhappy destiny) (of person) fatum *n*; (of country, group) nieuchronność *f* przeznaczenia; **I was filled with a sense of impending ~** owładnęło mną przeczucie zbliżającego się nieszczęścia; **to prophecy ~** przepowiedzieć klęskę or nieszczęście; **the prophets of ~** czarnowidze
II *vt* skaz|ać, -ywać *[person, project]* **(to sth** na coś); **to be ~ed to do sth** być skazanym na zrobienie czegoś; **to be ~ed to failure** być skazanym na niepowodzenie; **to be ~ed from the start** od początku być skazanym (na niepowodzenie)
IDIOMS: **to spread** or **preach ~ and gloom** malować wszystko w czarnych barwach; **it's not all ~ and gloom** nie wszystko stracone, jest jeszcze iskierka nadziei

doom-laden /ˈduːmleɪdn/ *adj [prophecies, speech]* fatalistyczny, katastroficzny

doomsday /ˈduːmzdeɪ/ **I** *n* sądny dzień *m*; Relig dzień *m* Sądu Ostatecznego; **until ~** hum do końca świata, do sądnego dnia
II *modif* **a ~ scenario** katastroficzna wizja

doomwatch /ˈduːmwɒtʃ/ *n* [1] Ecol *kontrola mająca na celu ochronę środowiska naturalnego* [2] (predicting) przepowiadanie *n* katastrofy ekologicznej

door /dɔː(r)/ *n* [1] (of building, room) drzwi *plt*; (of cupboard, washing-machine) drzwiczki *plt*; **the ~ to the kitchen/terrace** drzwi do kuchni/na taras; **their house is a few ~s down** mieszkają kilka domów dalej; **behind closed ~s** za zamkniętymi drzwiami; **to shut** or **close the ~ on sth** fig położyć kres czemuś fig; **to slam the ~ in sb's face** zatrzasnąć komuś drzwi przed nosem fig [2] Aut, Rail drzwi *plt*, drzwiczki *plt*; **a four-~ car** samochód czterodrzwiowy; **'mind the ~s, please'** (in underground) „uwaga, drzwi zamykają się" [3] (entrance) wejście *n*; **to be at the ~** stać pod drzwiami; **answer the ~, will you?** otwórz drzwi; **to be on the ~** stać przy wejściu; **to pay at the ~** płacić przy wejściu; **the ~s open at six o'clock** wstęp od godziny szóstej
IDIOMS: **to be at death's ~** stać nad grobem; być trzy ćwierci do śmierci infml; **to get a foot in the ~** zrobić dobry początek; ustawić się infml fig; **to lay sth at sb's ~** obarczyć kogoś czymś; **responsibility for her death lies at your ~** odpowiedzialność za jej śmierć spada na ciebie; **to open the ~s to sth** utorować drogę czemuś, otworzyć drzwi czemuś; **to leave the ~ open to** or **for sth** zostawić otwartą furtkę do czegoś; **this will open ~s for him** to mu otworzy wszystkie drzwi; **when one ~ shuts, another opens** nie ma tego złego, co by na dobre nie wyszło; **to show sb the ~** pokazać komuś drzwi

door bell *n* dzwonek *m* u drzwi

door chime *n* dzwonek *m* u drzwi *(wygrywający melodyjkę)*

door frame *n* futryna *f* drzwiowa, ościeżnica *f* drzwiowa

door handle *n* (lever type) klamka *f*; (turning type) gałka *f*; Aut klamka *f*

door jamb *n* ościeże *n*

doorkeeper /ˈdɔːkiːpə(r)/ *n* portier *m*, -ka *f*

door-knob /ˈdɔːnɒb/ *n* gałka *f* u drzwi

door-knocker /ˈdɔːrnɒkə(r)/ *n* kołatka *f*

doorman /ˈdɔːmæn/ *n* (*pl* **-men**) (at hotel) odźwierny *m*, portier *m*; (at cinema) bileter *m*

doormat /ˈdɔːmæt/ *n* [1] wycieraczka *f* [2] fig pej popychadło *n*

doornail /ˈdɔːneɪl/ *n* Tech gwóźdź *m* o szerokiej główce; **dead as a ~** zimny trup

door plate *n* (of doctor, lawyer) tabliczka *f* or wizytówka *f* na drzwiach

doorpost /ˈdɔːpəʊst/ *n* stojak *m*, słupek *m* (framugi)

doorstep /ˈdɔːstep/ **I** *n* [1] (threshold) próg *m*; (step) stopień *m* [2] infml (chunk of bread) pajda *f*
II *vt* GB Pol (canvass) **to ~ sb** agitować kogoś *(chodząc po domach)*
IDIOMS: **on one's ~** za progiem; **we don't want a factory to be built on our ~ step** nie chcemy, żeby zbudowano nam fabrykę pod nosem

door-stepping /ˈdɔːstepɪŋ/ *n* GB Pol domokrąstwo *n (w celu agitacji politycznej)*

door stop *n* odbój *m* drzwiowy

door-to-door /ˌdɔːtəˈdɔː(r)/ **I** *adj* [1] *[salesman, selling]* obwoźny, domokrążny [2] Pol **~ campaign** kampania „od drzwi do drzwi"
II door to door *adv phr [sell]* w systemie obwoźnym; **it's 90 minutes ~** (distance) cała droga zabiera 90 minut

doorway /ˈdɔːweɪ/ *n* [1] (frame of door) otwór *m* drzwiowy [2] (means of access) **in the ~** w drzwiach; **we sheltered from the rain in a shop ~** schroniliśmy się przed deszczem w wejściu do sklepu or w drzwiach sklepu; **to block the ~** zastawić or zablokować wejście

dopamine /ˈdəʊpəmiːn/ *n* Chem, Physiol dopamina *f*

dope /dəʊp/ **I** *n* [1] infml (narcotics) Med środek *m* odurzający; (illegal drug) narkotyk *m*; (canabis) marihuana *f*; trawka *f* infml; **to take ~** ćpać infml [2] infml (fool) palant *m* infml [3] infml (information) informacje *f pl* **(on sb /sth** o kimś/czymś, na temat kogoś/czegoś); **what's the ~ on Adam?** co mamy na Adama? infml [4] Aut, Tech (additive) domieszka *f* [5] Ind (in dynamite manufacture) materiał *m* obojętny [6] (varnish) lakier *m*
II *vt* [1] (give drug to) Sport poda|ć, -wać środki dopingujące (komuś/czemuś) *[athlete, horse]*; poda|ć, -wać narkotyk or narkotyki (komuś), odurzyć *[person]*; **they had been ~d and tied up** zostali odurzeni narkotykiem i związani [2] (put drug in) doda|ć, -wać środka odurzającego or narkotyku do (czegoś) *[food, drink]*
III doped *pp adj* (also **~d up)** *[horse, athlete]* na dopingu infml; *[person]* pod wpływem narkotyku; naćpany infml
■ **dope out**: **~ out [sth], ~ [sth] out** rozpracow|ać, -ywać *[plan]*; wyniuchać infml *[intentions]*; wykombinować infml *[answer]*

dope fiend *n* infml ćpun *m*, -ka *f* infml

dope peddler *n* infml dealer *m* narkotyków

dope test **I** *n* Sport test *m* antydopingowy
II dope-test *vt* podda|ć, -wać kontroli antydopingowej *[athlete]*

dopey /ˈdəʊpɪ/ *adj* [1] (silly) *[person, remark, look]* głupkowaty infml [2] (not fully awake) półprzytomny, otumaniony

doping /ˈdəʊpɪŋ/ *n* Sport stosowanie *n* środków dopingowych; doping *m* infml

doppelganger /ˈdɒplɡeŋə(r)/ *n* sobowtór *m*
Doppler effect /ˈdɒpləɪfekt/ *n* zjawisko *n* Dopplera
Doric /ˈdɒrɪk/ *adj* Archit dorycki
dork /dɔːk/ *n* US, Austral infml idiot|a *m*, -ka *f*
dorm /dɔːm/ *n* GB Sch → **dormitory**
dormant /ˈdɔːmənt/ *adj* [1] Geol *[volcano]* uśpiony; Zool *[animal]* śpiący snem zimowym; Bot *[plant, seed]* w okresie spoczynku; *[emotion, sexuality]* uśpiony, drzemiący; *[project, idea]* chwilowo zapomniany; *[conflict]* tlący się; *[talent]* nierozkwitły; *[organization]* nieprowadzący działalności; **to lie ~** znajdować się or być w stanie uśpienia [2] Herald *[lion]* śpiący; **lion ~** śpiący lew
dormer /ˈdɔːmə(r)/ *n* (also **~ window**) okno *n* mansardowe, lukarna *f*
dormitory /ˈdɔːmɪtrɪ, US -tɔːrɪ/ **I** *n* [1] GB sala *f* sypialna; (in monastery) dormitorium *n* [2] US Univ dom *m* akademicki; akademik *m* infml
II *modif* **~ suburb/town** dzielnica/miasto sypialnia
Dormobile® /ˈdɔːməbiːl/ *n* samochód *m* z częścią mieszkalną
dormouse /ˈdɔːmaʊs/ *n* (*pl* **dormice**) Zool orzesznica *f*
dorsal /ˈdɔːsl/ *adj* Zool *[fin, bone]* grzbietowy
Dorset /ˈdɔːsɪt/ *prn* Dorset *m*
dory[1] /ˈdɔːrɪ/ *n* US Naut płaskodenna łódź *f* rybacka
dory[2] /ˈdɔːrɪ/ *n* Zool piotrosz *m*
DOS /dɒs/ *n* Comput → **disk operating system**
dosage /ˈdəʊsɪdʒ/ *n* Med (administering of medicine) dawkowanie *n*, dozowanie *n*; (amount) dawka *f*, doza *f*
dose /dəʊs/ **I** *n* [1] (measured quantity) dawka *f*, doza *f* also fig **(of sth** czegoś); **a ~ of optimism** dawka or doza optymizmu [2] (bout) **to get a ~ of shingles/measles** zachorować na półpasiec/odrę; **to have a nasty ~ of flu** mieć paskudną grypę; **to catch a ~** infml (of VD) złapać trypra infml
II *vt* **to ~ sb with medicine** zaaplikować komuś leki; (heavily) nafaszerować kogoś lekami infml
III *vr* **to ~ oneself up** nafaszerować się lekami infml
IDIOMS: **like a ~ of salts** w błyskawicznym tempie; **he's all right in small ~s** można go znieść tylko w niewielkich dawkach fig
dosh /dɒʃ/ *n* GB infml forsa *f*, kasa *f* infml
doss /dɒs/ *n* GB infml (easy task) **it's a ~!** to pestka! infml
■ **doss around** infml obijać się, wałkonić się infml
■ **doss down** infml prze|kimać się infml; **can I ~ down at your place?** mogę się u ciebie przekimać?
dosser /ˈdɒsə(r)/ *n* infml [1] (tramp) bezdomn|y *m*, -a *f*, kloszard *m* [2] (lazy person) próżniak *m*, obibok *m*
dosshouse /ˈdɒshaʊs/ *n* infml noclegownia *f*
dossier /ˈdɒsɪə(r), -ɪeɪ/ *n* akta *plt*, dossier *n inv* **(on sb/sth** dotyczące kogoś/czegoś)
dost /dʌst/ arch → **do you**
Dostoevsky /ˌdɒstɔɪˈefskɪ/ *prn* Dostojewski *m*
dot /dɒt/ **I** *n* [1] kropka *f*; (on fabric, wallpaper) kropka *f*, kropeczka *f*; (above letter) kropka *f*; Mus kropka *f*; (in Morse code) kropka *f*; **~, ~, ~** wielokropek [2] Math punkt *m*; GB (decimal point) przecinek *m*; **join up the ~s to complete the drawing** połącz punkty, aby dokończyć ten rysunek [3] (distant tiny mark) punkt *m*, punkcik *m*; **a ~ of light** światełko *n* [4] (small amount) odrobina *f*
II *vt* (*prp, pt, pp* **-tt-**) [1] (in writing) (with one dot) postawić, stawiać kropkę nad (czymś) *[letter]*; zaznacz|yć, -ać kropką *[item, name]*; Mus postawić, stawiać kropkę przy (czymś) *[note]*; (with dots) wykropkow|ać, -ywać, zaznacz|yć, -ać kropkami *[place]* [2] Culin (with liquid) po|kropić; (with powder) po|sypać *[chicken, joint]* **(with sth** czymś) [3] (be scattered along) **fishing villages ~ the coast, the coast is ~ted with fishing villages** wioski rybackie są rozrzucone wzdłuż wybrzeża [4] (cover with dots) pokry|ć, -wać kropkami *[paper, wall]*
IDIOMS: **on the ~** punktualnie, co do minuty; **at two o'clock on the ~** punkt druga; **since the year ~** infml od wieków
DOT *n* US = **Department of Transportation** Ministerstwo *n* Transportu
dotage /ˈdəʊtɪdʒ/ *n* zdziecinnienie *n*; **to be in one's ~** być zdziecinniałym
dot-com /dɒtˈkɒm/ **I** *n* (Internet company) firma *f* typu dot.com, firma *f* internetowa
II *modif [millionaire, society]* internetowy; *[revolution]* w Internecie; *[shares]* w firmie internetowej; **~ era** era Internetu
dote /dəʊt/ *vi* (show love) **to ~ on sb/sth** hołubić kogoś/coś; mieć bzika na punkcie kogoś/czegoś infml; **some pets are ~d on, others are neglected** niektóre zwierzęta są kochane, inne zaniedbywane
doth /dʌθ/ arch = **does**
doting /ˈdəʊtɪŋ/ *adj* kochający, czuły
dotingly /ˈdəʊtɪŋlɪ/ *adv [affectionate, attached]* bezgranicznie; *[gaze, look, treat]* tkliwie, czule
dot matrix printer *n* drukarka *f* igłowa
dotted /ˈdɒtɪd/ *adj* [1] Fashn (spotted) w kropki; **the sky was ~ with stars** fig niebo było usiane gwiazdami [2] Mus *[note]* wydłużony
dotted line *n* [1] Print linia *f* kropkowana; **'tear along the ~'** „oderwij wzdłuż linii kropkowanej"; **to sign on the ~** podpisać na linii kropkowanej; fig wyrazić (pisemną) zgodę [2] (road marking) linia *f* przerywana
dotterel /ˈdɒtərəl/ *n* Zool mornel *m*
dotty /ˈdɒtɪ/ *adj* GB infml *[person]* zbzikowany infml; *[idea]* wariacki infml; **to be ~ about sth/sb** mieć bzika or fioła na punkcie czegoś infml
double /ˈdʌbl/ **I** *n* [1] Theat, Cin (stand-in) dubler *m*, -ka *f* [2] (of person) sobowtór *m* [3] (of whisky) podwójna *f* infml; (of vodka, brandy) setka *f* infml; **on second thoughts, make it a ~** po namyśle, proszę jednak o podwójną [4] (in horse racing) obstawienie *n* zwycięzców dwóch gonitw [5] Games (in bridge) kontra *f*; (in dominoes) dublet *m*; **to throw a ~** (in board games) wyrzucić parę; (in darts) trafić w dwójkę [6] (of money) podwójna or podwojona kwota *f*; (of charge, winnings, fee) podwójna or podwojona stawka *f*; (of items) podwójna or podwojona liczba *f*; **I'll give you ~** dam ci dwa razy tyle or więcej
II doubles *npl* (in tennis, badminton) gra *f* podwójna, debel *m*; **to play a game of ~s** zagrać w grze podwójnej, rozegrać debla
III doubles *modif [match, partner]* deblowy; **~s player** deblist|a *m*, -ka *f*
IV *adj* [1] (twice as much) *[portion, share, width]* podwójny; *[strength]* zdwojony; *[whisky, gin, vodka]* podwójny, duży; **she gave her father a ~ helping of potatoes** nałożyła ojcu podwójną porcję ziemniaków; **he had drunk four ~ whiskies** wypił cztery podwójne whisky [2] (twofold, dual) *[coat, door, aim]* podwójny; **~ advantage** podwójna korzyść; **to serve a ~ purpose** służyć podwójnemu celowi; **a remark with a ~ meaning** uwaga o podwójnym znaczeniu; **a ~ page advertisement/article** reklama/artykuł na rozkładówce; **to lead a ~ life** prowadzić podwójne życie [3] (when spelling, giving number) **to be spelt with a ~ 'g'** pisać się przez dwa 'g'; **my phone number is six four ~ three ~ five (64 33 55)** mój numer telefonu to sześćdziesiąt cztery, dwie trójki, dwie piątki; **to throw a ~ five/two** (with two dice) wyrzucić dwie piątki/dwójki [4] (intended for two people or things) *[bed, room, duvet]* dwuosobowy; *[invitation]* dla dwóch osób; *[pram, pushchair]* podwójny; **a ~ garage** garaż na dwa samochody [5] Bot **~ flower** kwiat podwójny
V *adv* [1] (twice) podwójnie, dwukrotnie; **I need ~ that amount (of milk)** potrzebuję dwa razy tyle (mleka); **it'll take ~ the time** to zajmie dwa razy więcej czasu; **our house is ~ the size of theirs** nasz dom jest dwa razy większy od ich; **his income is ~ hers** on ma dwukrotnie większe dochody od niej; **she's ~ his age** ona jest dwa razy starsza od niego; **unemployment is ~ what it was before the recession** bezrobocie wzrosło dwukrotnie od czasu recesji; **~ three is six** dwa razy trzy jest sześć [2] *[fold]* na dwa, na pół; *[bend]* wpół, we dwoje; *[sleep, walk]* we dwoje, razem; **fold the blanket ~ for extra warmth** złóż koc na dwoje, żeby było cieplej; **to be bent ~ with pain /laughter** być zgiętym we dwoje or wpół z bólu/ze śmiechu; **to see ~** widzieć podwójnie; **he began to see ~** zaczęło mu się dwoić w oczach
VI *vt* [1] (increase twofold) podw|oić, -ajać *[cost, rent, amount]*; dublować *[bet, stake]*; po|mnożyć przez dwa *[number]*; **think of a number, ~ it, ...** pomyśl sobie jakąś liczbę, pomnóż ją przez dwa... [2] (also **~ over**) (bend, fold) złożyć, składać we dwoje or wpół *[bandage, paper, rope]*; **she ~d the blanket (over) for extra warmth** złożyła koc na dwoje, żeby było cieplej; **the seam will be stronger if you ~ the thread** szew będzie mocniejszy, jeśli się go zeszyje podwójną nitką; **to ~ one's fist** zacisnąć pięść [3] Ling (in spelling) podw|oić, -ajać *[letter, consonant]* [4] Mus z|dublować; **to ~ a part** zdublować partię [5] (in cards) (when making call in bridge) skontrować; **to ~ the stakes** podwoić stawkę [6] Naut opły|nąć, -wać *[cape, headland]*
VII *vi* [1] *[cost, share, size, effect, population]* podw|oić, -ajać się, dwukrotnie wzr|osnąć, -astać; **to ~ in price/number/size** podwoić swoją cenę/ilość/wielkość; **to ~ in value** podwoić swoją wartość [2] **to ~ as**

D

sth *[table, bedroom, knife]* służyć również jako coś; **the stool ~s as a bedside table** taboret spełnia również rolę szafki nocnej; **the study ~d as a playroom** gabinet służył także jako pokój do zabaw [3] *[person]* (have secondary role, part) wyst|ąpić, -ępować w podwójnej roli; (have secondary job, duty) pracować dodatkowo **(as sb/sth** jako ktoś/coś); **the gardener ~s as our chauffeur** ogrodnik pracuje także jako kierowca [4] *[violinist, guitarist, trumpeter]* za|grać dodatkowo **(on sth** na czymś); **one of the flautists ~s on piccolo** jeden z flecistów gra dodatkowo na pikolo [5] Theat, Cin **to ~ for sb** dublować kogoś, występować jako dubler/dublerka kogoś [6] (in bridge) kontrować

■ **double back** *[person, animal]* zawr|ócić, -acać; *[road, river, queue]* zakręc|ić, -ać; **to ~ back on one's tracks** wrócić po własnych śladach; **to ~ back on itself** *[road, ridge, queue]* zakręcać z powrotem

■ **double up**: ¶ **~ up** [1] (bend) zgi|ąć, -nać się we dwoje; **to ~ up in pain** skręcać się z bólu; **to ~ up with laughter** infml pokładać się or skręcać się ze śmiechu infml; **she suddenly dropped her glass and ~d up** upuściła nagle szklankę i zgięła się we dwoje [2] (share bedroom) dzielić sypialnię; (share office) dzielić biuro **(with sb** z kimś); **Adam ~s up with Robert when we have people to stay** kiedy ktoś u nas nocuje, Adam dzieli sypialnię z Robertem [3] GB (in betting) obstawi|ć, -ać dwa konie w dwóch gonitwach ¶ **~ up [sb], ~ [sb] up** *[pain, blow, laughter, sight]* zgi|ąć, -nać we dwoje; **to be ~d up in** or **with pain** skręcać się z bólu; **the audience were ~d up (with laughter)** publiczność pokładała się or skręcała się ze śmiechu infml

IDIOMS: **at the ~, on the ~** Mil szybkim marszem; fig biegiem, z życiem; **~ or quits** (in gambling) podwójna wygrana albo jesteśmy na zero

double act *n* Theat duet *m*

double-acting /ˌdʌblˈæktɪŋ/ *adj* (hinge, door) otwierający się w dwie strony; (drug, cleanser) o podwójnym działaniu

double agent *n* podwójny agent *m*

double album *n* Mus podwójny album *m*

double bar *n* Mus podwójna kreska *f* taktowa

double-barrelled GB, **double-barreled** US /ˌdʌblˈbærəld/ *adj* [1] *[gun]* o dwu lufach; **~ shotgun** dubeltówka, dwururka [2] GB fig *[name, surname]* dwuczłonowy

double bass **I** *n* (instrument) kontrabas *m*; (player) kontrabasist|a *m*, -ka *f*; **to play the ~** grać na kontrabasie

II *modif [string, bow, key]* kontrabasowy

double bassoon *n* kontrafagot *m*

double bed *n* podwójne łóżko *n*

double-bedded /ˌdʌblˈbedɪd/ *adj* **~ hotel room** pokój hotelowy z podwójnym łóżkiem

double bend *n* Aut (road sign) podwójny zakręt *m*

double bill *n* Theat spektakl *m* składający się z dwóch utworów; Cin seans *m* składający się z dwóch filmów

double bind *n* [1] impas *m*; **to be caught in a ~** znaleźć się w impasie [2] Psych podwójne więzy *plt*; **to put sb in a ~** krępować kogoś podwójnymi więzami fig

double-blind /ˌdʌblˈblaɪnd/ *adj [experiment, method]* ślepy; **~ test** próba „na ślepo"

double bluff *n* podwójny blef *m*

double boiler *n* US podwójny garnek *m (z dolną częścią wypełnioną wodą)*

double-book /ˈdʌblbʊk/ **I** *vt* z|robić podwójną rezerwację (czegoś) *[room, seat, flight]*; **to ~ a seat** sprzedać dwa bilety na to samo miejsce; **they had ~ed the whole flight** (deliberately) sprzedali podwójne bilety na cały lot

II *vi [hotel, airline, company]* robić podwójne rezerwacje

double booking *n* podwójna rezerwacja *f*

double bounce *n* (in tennis) podwójny kozioł *m*

double-breasted /ˌdʌblˈbrestɪd/ *adj [jacket]* dwurzędowy

double check **I** *n* (once again) ponowne sprawdzenie *n*; (twice) dwukrotne sprawdzenie *n* **(on sth** czegoś)

II *vt* ponownie or dwukrotnie sprawdz|ić, -ać *[arrangements, date, figures, time]*

double chin *n* (of fat) podwójny podbródek *m*; **that photo makes me look as if I had three ~ chins** wyglądam na tym zdjęciu, jakbym miał trzy podwójne podbródki

double-chinned /ˌdʌblˈtʃɪnd/ *adj [fat person]* o podwójnym podbródku; *[old person]* o obwisłym podbródku

double-click /dʌblˈklɪk/ *n* Comput podwójne kliknięcie *n*

double-clutch /ˈdʌblklʌtʃ/ *vi* US Aut = **double-declutch**

double concerto *n* Mus koncert *m* podwójny

double consonant *n* Ling spółgłoska *f* podwojona

double cream *n* GB Culin śmietana *f* kremowa, kremówka *f*

double-cross /ˌdʌblˈkrɒs/ infml **I** *n* podstęp *m*

II *vt* (cheat) wystawi|ć, -ać kogoś do wiatru infml

double-crosser /ˌdʌblˈkrɒsə(r)/ *n* infml oszust *m*

double daggers *npl* Print podwójny krzyżyk *m (jako odnośnik)*

double date US **I** *n* randka *f* dwóch par, randka *f* w dwie pary; **to go on a ~** iść na randkę w dwie pary

II **double-date** *vi* pójść, iść na randkę w dwie pary

double-dealer /ˌdʌblˈdiːlə(r)/ *n* obłudni|k *m*, -ca *f*, dwulicowiec *m*

double-dealing /ˌdʌblˈdiːlɪŋ/ **I** *n* dwulicowość *f*

II *adj* dwulicowy

double-decker /ˌdʌblˈdekə(r)/ *n* [1] GB (bus) autobus *m* piętrowy; piętrus *m* infml [2] US infml (sandwich) kanapka *f* dwuwarstwowa; kanapka *f* piętrowa infml

double-declutch /ˌdʌbldiːˈklʌtʃ/ *vi* GB Aut podwójnie wysprzęg|nąć, -ać

double density, DD *adj* Comput **~ disk** dysk o podwójnej gęstości zapisu

double-digit /ˌdʌblˈdɪdʒɪt/ *adj* US dwucyfrowy; **~ inflation** dwucyfrowa inflacja

double-dipper /ˌdʌblˈdɪpə(r)/ *n* US osoba *f* dorabiająca sobie na boku infml

double dipping *n* US dorabianie *n* na boku infml

double door(s) *n(pl)* drzwi *plt* dwuskrzydłowe

double Dutch *n* GB infml bełkot *m* infml; **to talk ~** gadać bez sensu; **it's all ~ to me!** to dla mnie bełkot!

double-edged /ˌdʌblˈedʒd/ *adj* [1] *[sword, blade]* obosieczny, dwusieczny [2] fig (with two meanings) *[remark, reply]* dwuznaczny; (malicious) *[argument]* obosieczny

double entendre /ˌduːblɑːnˈtɑːndrə/ *n* dwuznacznik *m*; **to resort to ~** stosować dwuznaczniki

double entry Accts **I** *n* podwójne księgowanie *n*

II **double-entry** *modif* **~ method/system** metoda/system podwójnego księgowania; **~ bookkeeping** księgowość podwójna

double exposure Phot *n* [1] (act, process) podwójne naświetlenie *n*, podwójna ekspozycja *f* [2] (photograph) odbitka *f* z podwójnie naświetlonego negatywu

double-faced /ˌdʌblˈfeɪst/ *adj* [1] *[fabric, material]* dwustronny [2] pej *[person]* dwulicowy

double fault **I** *n* (in tennis) podwójny błąd *m* serwisowy; **to serve a ~** popełnić podwójny błąd serwisowy

II **double-fault** *vi* popełni|ć, -ać podwójny błąd serwisowy

double feature *n* Cin = seans *m* składający się z dwóch filmów

double-figure /ˌdʌblˈfɪgə(r), US-ˈfɪgjər/ *adj [numbers]* dwucyfrowy; **~ percent** powyżej dziesięciu procent, ponad dziesięć procent

double figures *npl* **in** or **into ~** powyżej dziesięciu; **infation went into ~ this week** inflacja skoczyła w tym tygodniu powyżej dziesięciu (procent); **are we in ~ yet?** (in score of game) czy przekroczyliśmy już dziesięć (punktów)?

double flat Mus **I** *n* (accidental) podwójny bemol *m*; (note) podwójnie obniżony dźwięk *m*

II **double-flat** *adj* Mus podwójnie obniżony, z dwoma bemolami; **~ sign** or **symbol** podwójny bemol

double-fronted /ˌdʌblˈfrʌntɪd/ *adj [shop, bungalow]* z oknami z dwóch stron wejścia

double game *n* **to play a ~** prowadzić podwójną grę

double-glaze /ˌdʌblˈgleɪz/ *vt* za|łożyć, -kładać podwójne szyby w (czymś) *[window, house]*; **a ~d window** okno z podwójną szybą; **all the houses are fully ~d** we wszystkich domach są podwójne szyby w oknach

double glazing *n* podwójne szyby *f pl*; **to put in ~** założyć or zainstalować podwójne szyby

double helix *n* podwójna spirala *f*, podwójny heliks *m*

double indemnity *n* US Insur podwójne ubezpieczenie *n*

double jeopardy *n* Jur *powtórne pociągnięcie do odpowiedzialności za to samo przestępstwo*

double-jointed /ˌdʌblˈdʒɔɪntɪd/ *adj [finger, limb]* giętki; *[person]* gibki

double knit I *n* dzianina *f* podwójnie tkana *or* dziana

II **double-knit** *modif [fabric, material]* podwójnie tkany *or* dziany; *[skirt, dress]* z dzianiny podwójnie tkanej *or* dzianej

double knitting (wool) *n* gruba włóczka *f (złożona z dwóch lub więcej nitek)*

double knot *n* podwójny węzeł *m*

double-length cassette /ˌdʌblleŋθkəˈset/ *n* podwójna kaseta *f*

double lesson *n* Sch dwie godziny *f pl* lekcyjne

double lock I *n* podwójny zamek *m*

II **double-lock** *vt* zam|knąć, -ykać na podwójny zamek *[door]*

double negative *n* Ling podwójne przeczenie *n*

double-park /ˌdʌblˈpɑːk/ I *vt* parkując za|blokować *[vehicle]*

II *vi* za|parkować na drugiego infml

double parking *n* parkowanie *n* na drugiego infml

double period *n* = **double lesson**

double pneumonia *n* obustronne zapalenie *n* płuc

double-quick /ˌdʌblˈkwɪk/ infml I *adj* **in ~ time** migiem, piorunem infml

II *adv [work, eat, leave]* migiem, w mig, piorunem infml; *[run]* bardzo szybko

double room *n* (in hotel) dwuosobowy pokój *m*; (in house) podwójna *or* dwuosobowa sypialnia *f*

double saucepan *n* GB podwójny garnek *m (z dolną częścią wypełnianą wodą)*

double sharp Mus I *n* (accidental) podwójny krzyżyk *m*; (note) podwójnie podwyższony dźwięk *m*

II *adj* podwójnie podwyższony, z dwoma krzyżykami; **~ sign** *or* **symbol** podwójny krzyżyk

double-sided disk /ˌdʌblsaɪdɪdˈdɪsk/ *n* Comput dyskietka *f* dwustronna

double-sided tape /ˌdʌblsaɪdɪdˈteɪp/ *n* dwustronna taśma *f* samoprzylepna

double-space /ˌdʌblˈspeɪs/ *vt* na|pisać z podwójnym odstępem *[text, letter]*; **the article should be ~d** artykuł należy napisać z podwójną interlinią

double spacing *n* Print podwójna interlinia *f*, podwójny odstęp *m*

double spread *n* Journ kolumny *f pl* rozkładowe, rozkładówka *f*

double standard *n* podwójna *or* nierówna miara *f*; (moral) podwójna moralność *f*; **to have a ~** *or* **~s** mieć podwójną moralność

double star *n* Astron gwiazda *f* podwójna

double-stop /ˌdʌblˈstɒp/ Mus I *vt [violinist, cellist]* równocześnie przycis|nąć, -kać *[two strings]*; równocześnie wykon|ać, -ywać *[two notes]*

II *vi* grać dwudźwięk

double stopping *n* Mus dwudźwięk *m*

doublet /ˈdʌblɪt/ *n* 1 Fashn, Hist kaftan *m* 2 Ling dublet *m* słowotwórczy

double take *n* **to do a ~** mieć opóźnioną reakcję, mieć spóźniony refleks

double talk *n* pej pustosłowie *n* pej

double taxation *n* Tax podwójne opodatkowanie *n*; **~ taxation agreement** porozumienie o unikaniu podwójnego opodatkowania

doublethink /ˈdʌblθɪŋk/ *n* pej dwójmyślenie *n*; **to do a ~** dać popis dwójmyślenia

double time *n* 1 (rate of pay) podwójna stawka *f*; **to be paid ~** otrzymywać podwójną stawkę 2 US Mil szybki marsz *m*; **in ~** szybkim marszem

doubleton /ˈdʌbltən/ *n* Games dubleton *m*; dubel *m* infml

double vision *n* podwójne widzenie *n*; **to have ~** widzieć podwójnie

double wedding *n* ślub *m* dla dwóch par; **the sisters had a ~** obie siostry brały ślub jednocześnie

double whammy *n* infml podwójny cios *m* fig

double yellow line(s) *n(pl)* GB Aut podwójna żółta linia *f (oznaczająca zakaz parkowania)*

double yolk *n* **an egg with a ~** jajko z dwoma żółtkami

doubling /ˈdʌblɪŋ/ *n* (of amount, number, letter) podwojenie *n*; (of cost, salary) dwukrotny wzrost *m*; (of strength) zdwojenie *n*; **the new tax will result in the ~ of prices** nowy podatek spowoduje dwukrotny wzrost cen

doubly /ˈdʌblɪ/ *adv* 1 (twice as much) *[sure, dangerous, difficult]* podwójnie; w dwójnasób liter; **I made ~ sure that all the doors were locked** dwukrotnie sprawdzałem, czy wszystkie drzwi są zamknięte na klucz; **be ~ careful, the road is very slippery** bądź bardzo ostrożny, droga jest bardzo śliska 2 (in two ways) *[talented, disappointed, punished]* podwójnie; po dwakroć liter; **she is ~ gifted, as a writer and as an artist** ona jest podwójnie utalentowana, jako pisarka i jako plastyczka; **to be ~ mistaken** podwójnie się mylić, mylić się po dwakroć

doubry /ˈduːbrɪ/ *n* infml GB (whatsit) wihajster *m*, dinks *m* infml

doubt /daʊt/ I *n* wątpliwość *f*; **there is no ~ that...** nie ma wątpliwości, że...; **there is little ~ that...** jest prawie pewne, że...; **there is no ~ about sth/as to sth** nie ma wątpliwości odnośnie czegoś/co do czegoś; **there is no ~ about her guilt** *or* **that she is guilty** nie ma wątpliwości, że jest winna; **there is no ~ about it** nie ma co do tego żadnej wątpliwości; **there is some ~ about its authenticity** istnieją wątpliwości, co do autentyczności tego; **there is some ~ about** *or* **as to whether he will be able to come** nie jest pewne, czy będzie mógł przyjść; **there is no ~ in my mind that I'm right** nie mam wątpliwości, że racja jest po mojej stronie; **to have no ~ that...** nie mieć wątpliwości, że...; **to have one's ~s about sth** mieć wątpliwości co do czegoś; **I have my ~s!** mam pewne wątpliwości!; **to have one's ~s (about) whether...** mieć wątpliwości, czy...; **I have my ~s about whether he's telling the truth** mam wątpliwości, czy mówi prawdę; **to have one's ~s about doing sth** mieć wątpliwości, czy należy coś zrobić; **no ~** bez wątpienia; **no ~ the police will want to speak to you, the police will no ~ want to speak to you** bez wątpienia policja będzie chciała z tobą porozmawiać; **to leave sb in no ~ about sth** nie pozostawić komuś najmniejszej wątpliwości co do czegoś; **to be in ~** *[future, outcome, project]* być niepewnym; *[honesty, guilt, innocence]* być wątpliwym; **this report has put the whole project in ~** to sprawozdanie postawiło realizację przedsięwzięcia pod znakiem zapytania; **the election result is not in any ~** nie ma żadnej wątpliwości co do wyniku głosowania, wynik głosowania jest przesądzony; **if** *or* **when in ~** w razie wątpliwości; **to be open to ~** *[evidence, testimony]* budzić wątpliwości; **to cast** *or* **throw ~ on sth** podawać coś w wątpliwość *[evidence, document]*; **beyond (all) ~** ponad wszelką wątpliwość; **without (a) ~** bez wątpienia; **to prove sth beyond (all) ~** udowodnić coś ponad wszelką wątpliwość; **without the slightest ~** bez najmniejszej wątpliwości, bez cienia wątpliwości; **there is room for ~** mogą zrodzić się wątpliwości; **there is no room for ~** nie ma miejsca na wątpliwości → **benefit**

II *vt* wątpić **(if** *or* **whether...** czy...); powątpiewać w (coś), wątpić w (coś) *[ability, assertion, honesty]*; mieć wątpliwości co do (czegoś) *[existence, fact, evidence, result]*; **to ~ one's own ears/eyes** nie wierzyć własnym uszom/oczom; **I ~ it (very much)!** bardzo w to wątpię!; **I ~ he'll agree** wątpię, czy się zgodzi; **I don't ~ you're telling the truth** nie wątpię, że mówisz prawdę; **I didn't ~ that she would succeed** nie miałam wątpliwości, że jej się uda; **there could be no ~s to his honesty** nie ma wątpliwości co do jego uczciwości

III *vi* wątpić, powątpiewać

doubter /ˈdaʊtə(r)/ *n* niedowiarek *m*

doubtful /ˈdaʊtfl/ I *n* Pol niezdecydowan|y *m*, -a *f*

II *adj* 1 (unsure) *[person, expression]* pełen wątpliwości, niepewny; *[argument, benefit, evidence, result]* wątpliwy; *[future, weather]* niepewny; **to be ~ about doing sth** wahać się, czy coś zrobić; **I'm ~ if** *or* **whether it's worth it** nie jestem pewien *or* mam wątpliwości, czy to jest tego warte; **to be ~ about** *or* **as to sth** mieć wątpliwości co do czegoś *[explanation, idea, plan]*; mieć wątpliwości w związku z czymś *[job, object, purchase]*; **I am ~ as to his suitability for the job** wątpię, czy on nadaje się do tej pracy 2 (questionable) *[person, neighbourhood, activities, past]* podejrzany; *[taste]* wątpliwy

doubtfully /ˈdaʊtfəlɪ/ *adv* 1 (hesitantly) *[say, look, listen]* niepewnie, z wahaniem 2 (with disbelief) *[say, look]* powątpiewająco; *[listen]* z powątpiewaniem 3 (not convincingly) *[identify, ascribe, argue]* nieprzekonywająco, nieprzekonująco

doubtfulness /ˈdaʊtfəlnɪs/ *n* 1 (hesitancy) niepewność *f*; (scepticism) zwątpienie *n* 2 (questionable nature) wątpliwy charakter *m*

doubting Thomas /ˌdaʊtɪŋˈtɒməs/ *n* niewierny Tomasz *m*

doubtless /ˈdaʊtlɪs/ *adv* bez wątpienia, niewątpliwie

douche /duːʃ/ I *n* 1 (for external use) natrysk *m* 2 Med (for internal use) (device) irygator *m*; (bathing) irygacja *f*

D

II *vt* obmy|ć, -wać *[body, part of body]*; przepłuk|ać, -iwać *[internal cavity]*

dough /dəʊ/ *n* [1] Culin ciasto *n*; **bread /pizza ~** ciasto na chleb/na pizzę [2] infml (money) forsa *f*, szmal *m* infml

doughboy /ˈdəʊbɔɪ/ *n* US dat soldiers' sl żołnierz *m* piechoty amerykańskiej *(zwłaszcza podczas I wojny światowej)*

doughnut, donut US /ˈdəʊnʌt/ **I** *n* pączek *m*; (ring-shaped) pączek *m* wiedeński; **jam/cream ~** pączek z dżemem/z kremem

II *vt* infml z|robić sztuczny tłum wokół (kogoś) *[speaker]*

IDIOMS: **it's dollars to ~s that...** infml murowane, że...; głowę daję, że... infml

doughty /ˈdaʊtɪ/ *adj* dat *[person, defence]* mężny; *[courage]* nieustraszony

doughy /ˈdəʊɪ/ *adj [bread]* zakalcowaty; *[consistency, substance]* gumowaty; *[complexion, face]* ziemisty

Douglas fir /ˌdʌgləsˈfɜː(r)/ *n* Bot daglezja *f*, jedlica *f* zielona

dour /dʊə(r)/ *adj [person, manner, look, silence]* srogi; *[building, landscape, sky, mood]* posępny, ponury

dourly /ˈdʊəlɪ/ *adv [say, speak, frown]* srogo; *[smile]* ponuro, posępnie

douse /daʊs/ *vt* [1] (cover in water) obl|ać, -ewać *[person, object, room, head]*; **to ~ sb /sth with water** oblać kogoś/coś wodą; **to ~ sb/sth with** or **in petrol** oblać kogoś /coś benzyną [2] (put out) z|gasić *[flames, fire, light]*

dove[1] /dʌv/ *n* [1] Zool gołąb *m*, gołębica *f*; (symbol of peace) gołąbek *m* pokoju [2] US Pol ugodowiec *m*

dove[2] /dəʊv/ *pt* US → **dive**

dovecot(e) /ˈdʌvkɒt, ˈdʌvkəʊt/ *n* gołębnik *m*

dove-grey /ˌdʌvˈgreɪ/ **I** *n* (kolor *m*) gołębi *m*

II *adj* gołębi, w gołębim kolorze

doveish /ˈdʌvɪʃ/ *adj* Pol ugodowy

Dover /ˈdəʊvə(r)/ *prn* Geog Dover *m*; **the Straits of ~** Cieśnina Kaletańska

Dover sole *n* Zool sola *f*

dovetail /ˈdʌvteɪl/ **I** *n* Constr (joint) jaskółczy ogon *m*, połączenie *n* wczepinowe; (part of joint) wczep *m* jaskółczy or płetwiasty

II *vt* [1] fig dostosow|ać, -ywać *[plans, actions, policies, research, schedules, arguments]* **(with sth** do czegoś) [2] Constr po|łączyć na jaskółczy ogon *[pieces of wood]*

III *vi* fig współgrać (**with sth** z czymś); **to ~ together** współgrać ze sobą

dovish *adj* = **doveish**

dowager /ˈdaʊədʒə(r)/ *n* [1] wdowa *f (dziedzicząca tytuł po mężu)*; **~ duchess** księżna wdowa [2] hum matrona *f*

dowdiness /ˈdaʊdɪnɪs/ *n* (of clothes) brak *m* gustu or elegancji; (of woman) zaniedbany wygląd *m*, zaniedbanie się *n*

dowdy /ˈdaʊdɪ/ *adj [woman]* zaniedbana; *[clothes]* nieelegancki; *[image]* abnegacki; **I look so ~** wyglądam fatalnie

dowel /ˈdaʊəl/ **I** *n* kołek *m*

II *vt* (GB **-ll-**, US **-l-**) po|łączyć na kołki

Dow Jones (industrial average) /ˌdaʊˈdʒəʊnz/ *n* Fin wskaźnik *m* Dow-Jonesa

down /daʊn/ **I** *adv* [1] (from higher to lower position) **to go/come ~** pójść/zejść na dół; **to fall ~** spaść; **to sit ~ on the floor** usiąść na podłodze; **to pull ~ a blind** spuścić roletę; **I'm on my way ~** już schodzę; **I'll be right ~** zaraz zejdę; **'~!'** (to a dog) „leżeć!"; (in crossword) pionowo; **read ~ to the end of the paragraph** przeczytaj do końca akapitu [2] (indicating position at lower level) **~ below** na dole; (when looking down from height) w dole; **the noise was coming from ~ below** hałas dochodził z dołu; **they could see the lake ~ below** w dole widać było jezioro; **~ there** w or na dole; **'where are you?' – '~ here!'** „gdzie jesteś?" – „tu (na dole)!"; **to keep one's head ~** schylić głowę; **the blinds were ~** rolety były spuszczone or opuszczone; **a sports car with the hood ~** sportowy samochód z opuszczonym dachem; **several trees were blown ~** kilka drzew zostało powalonych or zwalonych (przez wiatr); **a bit further ~** trochę dalej; **their office is two floors ~** ich biuro znajduje się dwa piętra niżej; **it's on the second shelf ~** to leży na drugiej półce od góry; **the coal lies 900 metres ~** węgiel zalega na głębokości 900 metrów; **it's ~ at the bottom of the lake** to znajduje się na samym dnie jeziora; **the telephone lines are ~** zerwało linie telefoniczne [3] (from upstairs) **is Tim ~ yet?** czy Tim już zszedł? [4] (indicating direction) **to go ~ to Brighton** jechać do Brighton; **they've gone ~ to the country for the day** pojechali na wieś na jeden dzień; **they moved ~ here from Scotland a year ago** przeprowadzili się tutaj ze Szkocji rok temu; **to live ~ south** infml mieszkać na południu [5] (in a range, scale, hierarchy) **children from the age of 10 ~** dzieci poniżej dziesięciu lat; **everybody from the Prime Minister ~** wszyscy od premiera w dół; **everybody from the lady of the manor ~ to the lowliest servant** wszyscy, poczynając od dziedziczki a kończąc na najnędzniejszej służącej; **from the sixteenth century ~ to the present day** od szesnastego wieku aż po dzisiejsze czasy [6] (indicating loss of money, decrease in profits) **hotel bookings are ~ by a half this year** w tym roku zarezerwowano o połowę mniej pokoi hotelowych; **this year's profits are well ~ on last year's** zysk w tym roku jest o wiele niższy niż w ubiegłym roku; **I'm £10 ~** jestem 10 funtów do tyłu infml; **tourism is ~ 40 percent this year** zainteresowanie turystyką jest o czterdzieści procent niższe w tym roku [7] (indicating decrease in extent, volume, quality, process) **to get one's weight ~** schudnąć; zrzucić wagę infml; **we managed to get the price ~ to £200** udało nam się obniżyć cenę do 200 funtów; **in the end she managed to get the article ~ to five pages** w końcu udało jej się skrócić artykuł do pięciu stron; **I'm ~ to my last fiver** infml zostało mi ostatnie pięć funtów; **I'm ~ to my last cigarette** został mi ostatni papieros; **he described her exactly, right ~ to the colour of her eyes** opisał ją dokładnie, łącznie z kolorem oczu; **'dollar fever ~ on Wall St'** journ „opada gorączka na Wall Street"; **that's seven ~, three to go!** no, mamy już siedem, zostały nam trzy (rundy)! [8] (in writing) **to put sth ~ (on paper** or **in writing)** zapisać coś; **it's set ~ here in black and white** jest tu wyraźnie czarno na białym (napisane) [9] (on list, book, programme, schedule) **to put sb's name ~** zapisać kogoś; **you're ~ to speak next** jesteś następny do zabrania głosu; **I've got you ~ for next Thursday** (in appointment book) zapisałem cię na przyszły czwartek [10] (incapacitated) **to be ~ with the flu/with malaria** chorować na grypę/malarię [11] Sport (behind) **to be two sets/six points ~** *[tennis player]* przegrywać dwoma setami /sześcioma punktami; **the team is ~ 12-6** drużyna przegrywa 12:6 [12] (as deposit) **to pay 40 pounds ~** wpłacić 40 funtów zadatku [13] (downwards) **he was lying face ~** leżał na brzuchu; **the bread fell with the buttered side ~** chleb upadł stroną posmarowaną or masłem do dołu

II *prep* [1] (from higher to lower point) **they came running ~ the hill** zbiegli z górki; **tears ran ~ his face** po twarzy spływały mu łzy; **did you enjoy the journey ~?** czy miałeś dobrą podróż?; **she's gone ~ town** pojechała do miasta or do centrum [2] (at a lower part) **they live ~ the road** mieszkają kawałek dalej; **it's ~ the corridor to your right** to jest dalej w korytarzu po prawej stronie; **it's a few miles ~ the river from here** to parę mil w dół rzeki; **the kitchen is ~ those stairs** do kuchni prowadzą te schody [3] (along) **to go ~ the street** iść ulicą; **a dress with buttons all ~ the front** sukienka zapinana od góry do dołu; **he looked ~ her throat** zajrzał jej do gardła; **to look ~ a tunnel** zajrzeć w głąb tunelu; **to look ~ a telescope** popatrzeć przez teleskop [4] (throughout) **~ the ages** or **centuries** przez (całe) wieki

III *adj* [1] infml (depressed) **to feel ~** być przygnębionym; być w dołku infml [2] *[escalator, elevator]* w or na dół; GB Rail *[train, line]* z Londynu *(lub innego większego miasta do mniejszego)* [3] Comput niesprawny

IV *vt* infml [1] powal|ić, -ać, rzuc|ić, -ać na ziemię *[person]*; strąc|ić, -ać *[plane]* [2] (gulp) **he ~ed his beer** wypił piwo jednym haustem

IDIOMS: **to have a ~ on sb, to be ~ on sb** infml nie trawić kogoś infml; **you don't hit a man when he's ~** Prov nie kopie się leżącego; **it's ~ to you to decide** decyzja należy do ciebie; **it's ~ to you now** teraz twoja kolej; **~ with tyrants/the king!** precz z tyranią/z królem!

down /daʊn/ *n* [1] (feathers) puch *m*; **a quilt filled with ~** kołdra puchowa [2] (hairs) meszek *m*

Down /daʊn/ *prn* Down *n inv (w Irlandii Płn.)*

down-and-out /ˌdaʊnənˈaʊt/ **I** *n* kloszard *m*

II *adj* **to be ~** włóczyć się

down-at-heel /ˌdaʊnətˈhiːl/ *adj [person]* zabiedzony; *[place]* nędzny, lichy; *[shoes]* zdarty

downbeat /ˈdaʊnbiːt/ **I** *n* Mus akcentowana miara *f* taktu

II *adj* infml [1] (depressed) *[person]* struty infml; (pessimistic) przygaszony; *[mood]* pesymistyczny [2] (laid back) *[view, assessment]* powściągliwy

down-bow /ˈdaʊnbəʊ/ *n* Mus smyczkowanie *n* z góry do dołu

downcast /ˈdaʊnkɑːst, US -kæst/ *adj* [1] (directed downwards) *[eyes]* spuszczony; *[look]* spod opuszczonych powiek [2] (dejected) przybity

downdraft *n* US = **downdraught**

downdraught GB, **downdraft** US /ˈdaʊndrɑːft, US -dræft/ *n* prąd *m* zstępujący

downer /ˈdaʊnə(r)/ *n* infml [1] **to be on a ~** (be depressed) być w dołku infml [2] (pill) środek *m* uspokajający

downfall /ˈdaʊnfɔːl/ *n* [1] (of dynasty, person, government) upadek *m*; **she proved to be his ~** doprowadziła go do upadku [2] (of rain, snow) opad *m*

downgrade /ˈdaʊngreɪd/ **I** *n* US spadek *m*, pochyłość *f*; **to be on the ~** fig *[profits]* zmniejszać się; *[actor]* tracić popularność

II *vt* [1] (demote) z|degradować *[employee]*; **the hotel has been ~d to a guest house** obniżono kategorię tego hotelu na pensjonat [2] (degrade) pomniejsz|yć, -ać, umniejsz|yć, -ać *[role, significance, status]*

downhearted /ˌdaʊnˈhɑːtɪd/ *adj* przygnębiony

downhill /ˌdaʊnˈhɪl/ **I** *adj [path, road]* (biegnący) w dół; *[walk, drive]* z góry, w dół

II *adv* **to go ~** *[person]* (on foot) schodzić; (on skis, by vehicle) zjeżdżać; *[path, road]* biec w dół; *[vehicle]* zjeżdżać; **she has gone ~ a lot since you saw her last** fig (elderly person) bardzo się posunęła od czasu, gdy widziałeś ją po raz ostatni; (sick person) jej stan bardzo się pogorszył od czasu, gdy widziałeś ją po raz ostatni; **since he took over as manager business has gone ~** od czasu gdy został dyrektorem, interes podupadł; **from now on it's ~ all the way** fig (easy) teraz to już z górki infml; (disastrous) dalej jest już równia pochyła infml

downhill race *n* bieg *m* zjazdowy

downhill ski(ing) *n* narciarstwo *n* zjazdowe

down-home /ˌdaʊnˈhəʊm/ *adj* US infml (from Southern states) z (amerykańskiego) południa; (rustic) rustykalny

Downing Street /ˈdaʊnɪŋstriːt/ *n* GB Pol Downing Street *(ulica w Londynie, przy której znajduje się rezydencja premiera i ministra skarbu)*

down-in-the-mouth /ˌdaʊnɪnðəˈmaʊθ/ *adj* infml skwaszony

download /ˌdaʊnˈləʊd/ Comput **I** *n* dane *plt (które mogą być przesłane z serwera)*

II *vt* Comput przes|łać, -yłać dane z serwera

downloadable /ˌdaʊnˈləʊdəbl/ *adj* Comput do pobrania

downloading /ˌdaʊnˈləʊdɪŋ/ *n* Comput pobieranie *n*; ściąganie *n* infml *(danych, czcionek programu)*

downmarket /ˌdaʊnˈmɑːkɪt / *adj [products, goods, hotel, restaurant]* tandetny; *[hotel, restaurant]* lichy; *[area, neighbourhood]* uboższy; *[newspaper, programme]* dla niewybrednych odbiorców

down payment *n* zaliczka *f*, przedpłata *f*; **to make a ~ of 50 pounds** wpłacić zaliczkę w wysokości 50 funtów

downpipe /ˈdaʊnpaɪp/ *n* GB rynna *f* pionowa

downplay /ˌdaʊnˈpleɪ/ *vt* infml z|bagatelizować *[event, incident]*

downpour /ˈdaʊnpɔː(r)/ *n* ulewa *f*

downright /ˈdaʊnraɪt/ **I** *adj* [1] (absolute) *[insult]* jawny; *[refusal, statement]* kategoryczny, stanowczy; *[liar]* skończony; **he is a ~ fool** to skończony idiota; **that's a ~ lie!** to wierutne kłamstwo! [2] (forthright) *[person]* szczery, otwarty

II *adv [stupid, rude]* wręcz

downriver /ˌdaʊnˈrɪvə(r)/ **I** *adj* w dolnym biegu rzeki

II *adv [move]* w dół rzeki

downs /daʊnz/ *npl* GB (hills) wzgórza *n pl*; **the Downs** wapienne wzgórza w południowej Anglii

downshift /ˈdaʊnʃɪft/ US Aut **I** *n* redukcja *f*

II *vi* z|redukować

downshifter /ˈdaʊnʃɪftə(r)/ *n osoba rezygnująca z intratnej posady na rzecz spokoju*

downside /ˈdaʊnsaɪd/ infml **I** *n* minus *m* **(of sth** czegoś)

II downside up *adj phr, adv phr* spodem na wierzch fig

downspout /ˈdaʊnspaʊt/ *n* US = **downpipe**

Down's syndrome I *n* zespół *m* Downa

II *modif* **~ baby** dziecko z zespołem Downa

downstage /ˌdaʊnˈsteɪdʒ/ **I** *adj* z przodu sceny, na przodzie sceny

II *adv [stand]* z przodu sceny, na przodzie sceny; (move) bliżej rampy

downstairs /ˌdaʊnˈsteəz/ **I** *n* dolne piętro *n*; (ground floor) parter *m*

II *adj [room]* na dole; (on ground floor specifically) na parterze; (one floor below) piętro niżej; **the ~ flat** GB or **apartment** US mieszkanie na parterze; **with ~ bathroom** z łazienką na dole or na parterze

III *adv [come, go]* na dół; *[live]* (on ground floor) na parterze; (on floor below) piętro niżej; **a noise came from ~** z dołu or z parteru dochodził hałas

downstate /ˈdaʊnsteɪt/ US **I** *n* **to come from ~** (south) przybyć z Południa (Stanów Zjednoczonych); (rural) przybyć z prowincji

II *adj* z Południa (Stanów Zjednoczonych)

III *adv [go]* na Południe; *[come]* z Południa

downstream /ˌdaʊnˈstriːm/ **I** *adj [journey, trip]* w dół rzeki; *[sail]* z prądem; *[town, village]* w dole rzeki

II *adv [drift]* z prądem; *[travel]* w dół rzeki

downstream industry *n* Ind przetwórstwo *n* paliw

downstroke /ˈdaʊnstrəʊk/ *n* (in writing) linia *f* or laseczka *f* w dół

downswept /ˈdaʊnswept/ *adj [wings]* zakrzywione do dołu

downswing /ˈdaʊnswɪŋ/ *n* [1] (in golf) downswing *m* [2] Econ = **downtrend**

downtime /ˈdaʊntaɪm/ *n* czas *m* przestoju

down-to-earth /ˌdaʊntəˈɜːθ/ *adj [approach, person]* praktyczny; *[reason]* przyziemny; **she is very ~** (ona) twardo stąpa po ziemi

downtown /ˌdaʊnˈtaʊn/ US **I** *adj [hotel, store, streets]* śródmiejski; **~ New York /Boston** centrum Nowego Jorku/Bostonu

II *adv [do shopping]* w mieście, w centrum; *[go]* do miasta, do centrum

downtrend /ˈdəʊntrend/ *n* Econ tendencja *f* zniżkowa

downtrodden /ˈdaʊntrɒdn/ *adj [country]* uciskany; *[person]* poniewierany

downturn /ˈdaʊntɜːn/ *n* (in career) schyłek *m*; (in economy) tendencja *f* zniżkowa **(in sth** w dziedzinie czegoś); (in profits, spending, demand) spadek *m* **(in sth** czegoś)

down under infml **I** *n* (Australia) Australia *f*; (New Zeeland) Nowa Zelandia *f*

II *adv* **to go ~** po|jechać do Australii /Nowej Zelandii

downward /ˈdaʊnwəd/ **I** *adj [movement, glance, stroke]* w dół, do dołu; *[path]* biegnący w dół; **to be on the ~ path** fig *[inflation]* zmniejszyć się; *[economy]* przeżywać kryzys

II *adv* = **downwards**

downward mobility *n* cofnięcie się *m* do niższej klasy społecznej

downwards /ˈdaʊnwədz/ *adv [look]* w dół, ku dołowi; *[gesture]* do dołu, w dół; **to slope ~** *[path]* opadać; **read the list from the top ~** przeczytaj listę od góry do dołu or od początku do końca; **she laid the cards face ~ on the table** położyła zakryte karty na stół; **he was floating face ~** unosił się na or w wodzie na brzuchu; **from the 15th century ~** licząc od XV wieku (do naszych czasów); **everybody from the boss ~** wszyscy od szefa w dół

downward trend *n* Econ tendencja *f* zniżkowa

downwind /ˌdaʊnˈwɪnd/ *adv* z wiatrem; **to be ~ of sth** Hunt chwytać wiatr; **the ashes drifted ~ from the fire** popiół z paleniska unosił się z wiatrem

downy /ˈdaʊnɪ/ *adj* [1] *[skin, cheek, fruit]* pokryty meszkiem [2] *[bed, pillow]* puchowy

dowry /ˈdaʊərɪ/ *n* posag *m*, wiano *n*

dowse /daʊz/ **I** *vt* = **douse**

II *vi* Miner wykry|ć, -wać podziemne źródła wody i kopaliny

dowser /ˈdaʊzə(r)/ *n* radiestet|a *m*, -ka *f*, różdżka|rz *m*, -rka *f*

dowsing rod *n* różdżka *f*

doxology /dɒkˈsɒlədʒɪ/ *n* Relig doksologia *f*

doxy /ˈdɒksɪ/ *n* vinfml, arch rozpustnica *f*, nierządnica *f* dat

doyen /ˈdɔɪən/ *n* fml nestor *m*; (of diplomatic corps) dziekan *m*

doyenne /dɔɪˈen/ *n* fml nestorka *f*

doyley *n* = **doily**

doz = **dozen**

doze /dəʊz/ **I** *n* drzemka *f*; **she fell into a ~** zapadła w drzemkę; **to have a ~** zdrzemnąć się

II *vi [person, cat]* zdrzemnąć się, drzemać

■ **doze off**: **~ off** (momentarily) przys|nąć, -ypiać; (sleep) zas|nąć, -ypiać; **I must have ~d off for a moment** musiałem przysnąć na chwilę

dozen /ˈdʌzn/ *n* [1] Meas (twelve) tuzin *m*; **a ~ eggs/people** tuzin jaj/osób; **two/three ~** dwa/trzy tuziny; **half a ~, a half ~** pół tuzina; **£1 a ~** tuzin za funta; **by the ~** na tuziny [2] (several) **I've told you a ~ times** mówiłam ci już setki or dziesiątki razy; **~s of people/books/times** dziesiątki ludzi /książek/razy

D

dozer /ˈdəʊzə(r)/ *n* infml spycharka *f*, buldożer *m*

dozy /ˈdəʊzɪ/ *adj* [1] (drowsy) senny [2] GB infml (stupid) tępawy

DPhil *n* → **Doctor of Philosophy**

DPP *n* GB → **Director of Public Prosecutions**

Dr *n* [1] = **Doctor** doktor *m*, dr [2] = **Drive** II 2

drab /dræb/ **I** *n* Tex *tkanina burego koloru*
II *adj [colour]* bury; *[existence]* bezbarwny; *[day]* szary; *[building, surroundings, suburb]* ponury

drabness /ˈdræbnɪs/ *n* (of colour, clothes) burość *f*; (of life) monotonia *f*, nuda *f*; (of building, place, surroundings) ponurość *f*

drachm /dræm/ *n* [1] Pharm drachma *f* [2] = **drachma**

drachma /ˈdrækmə/ *n* (*pl* **~s, ~e**) drachma *f*

draconian /drəˈkəʊnɪən/ *adj* drakoński

draft /drɑːft, US dræft/ **I** *n* [1] (of letter, article, speech, novel) szkic *m*, brudnopis *m*; (of contract, law, plan) projekt *m* [2] Fin polecenie *n* wypłaty; **to make a ~ on a bank** wystawić tratę or weksel na bank → **bank draft** [3] US Mil (conscription) pobór *m* [4] Mil (intake) kontyngent *m* [5] US = **draught**
II *modif* **~ version** pierwsza wersja; **~ agreement/resolution** projekt umowy /uchwały; **~ ruling** Jur projekt orzeczenia
III *vt* [1] na|pisać roboczą wersję or brudnopis (czegoś) *[letter, article, speech]*; sporządz|ić, -ać projekt (czegoś) *[contract, law, plan]* [2] US Mil (conscript) powoł|ać, -ywać **(into sth** do czegoś) [3] GB (transfer) przen|ieść, -osić, przerzuc|ić, -ać *[personnel]*; oddelegow|ać, -ywać *[person]*; odkomenderow|ać, -ywać *[troops]*; **he's been ~ed to India** został przeniesiony do Indii [4] Sport dokon|ać, -ywać selekcji, wyb|rać, -ierać [5] US (choose) **to ~ sb to do sth** wyznaczyć kogoś do zrobienia czegoś
■ **draft in** GB: **~ in [sb], ~ [sb] in** ściąg|nąć, -ać *[experts, personnel, police]*

draft board *n* US Mil komisja *f* poborowa

draft card *n* US Mil karta *f* powołania

draft dodger *n* US Mil dekownik *m* infml pej

draftee /ˌdrɑːfˈtiː, US ˌdræfˈtiː/ *n* US Mil rekrut *m*

draftiness /ˈdrɑːftɪnɪs, US ˈdræft-/ *n* US = **draughtiness**

drafting table *n* US stół *m* kreślarski

draftproof *adj* US = **draughtproof**

draftproofing *n* US = **draughtproofing**

drafts *n* US = **draughts**

draftsman *n* US = **draughtsman**

draftsmanship US = **draughtsmanship**

drafty /ˈdrɑːftɪ, US ˈdræft-/ *adj* US = **draughty**

drag /dræg/ **I** *n* [1] infml (bore) (person) nudzia|rz *m*, -ra *f*; **the lecture was a ~** wykład był potwornie nudny; **I know it's a ~ but...** wiem, że to męka, ale...; **it's such a ~ filling in forms** to udręka wypełniać formularze; **what a ~!** co za męka or mordęga! [2] Aviat, Phys opór *m* [3] fig (hindrance) zawada *f*, przeszkoda *f* **(to sth** dla czegoś) [4] (sledge) sanie *plt* [5] (hook) US kotwiczka *f*; Naut kotwica *f* czterołapowa; Agric drapacz *m* [6] Hunt trop *m* [7] infml (puff) sztach *m* infml; **to have a ~ on one's cigarette** sztachnąć się papierosem infml [8] (women's clothes) **in ~** w damskim przebraniu; **to dress up in ~** przebrać się za kobietę [9] US infml (influence) wpływy *plt* [10] US infml (road) **the main ~** główny trakt *m*
II *modif* [1] Theat **~ artist** aktor w damskim przebraniu; **~ act/show** numer/przedstawienie w damskim przebraniu; **~ ball** bal przebierańców [2] Aut, Sport **~ race** wyścig bolidów
III *vt* (*prp, pt, pp* **-gg-**) [1] (pull) ciągnąć *[boat]*; (along the ground) wlec *[log, sledge]*; **to ~ sth along the ground** ciągnąć or wlec coś po ziemi; **to ~ sth (up) to sth** dociągnąć or dowlec coś do czegoś; **we ~ged the boat up onto the beach** wyciągnęliśmy łódkę na plażę; **to ~ a chair over to the window** przysunąć krzesło pod okno; **to ~ sb out of bed** wyciągnąć or wywlec kogoś z łóżka infml; **to ~ sb from sth** odciągnąć kogoś od czegoś; **to ~ sb to a match/the dentist** zaciągnąć or zawlec kogoś na mecz/do dentysty infml; **to ~ sb into the room/bushes** wciągnąć kogoś do pokoju/w krzaki; **to ~ sb into an argument/dispute** wciągnąć kogoś w kłótnię/spór; **don't ~ me into this** proszę mnie w to nie wciągać, proszę mnie w to nie mieszać; **don't ~ my mother into this** nie mieszaj w to mojej matki; **to ~ sb through the courts** ciągać kogoś po sądach; **to ~ sb's name through** or **in the mud** zaszargać dobre imię kogoś [2] (search) przeszuk|ać, -iwać *[lake, river, pond]* [3] Comput przeciąg|nąć, -ać *[icon]* [4] (trail) wlec (za sobą) *[wounded limb, coat]*; **to ~ sth in the dirt** wlec coś po błocie; **to ~ one's feet** or **heels** wlec się noga za nogą, powłóczyć nogami; fig ociągać się **(on sth** z czymś)
IV *vi* (*prp, pt, pp* **-gg-**) [1] (go slowly) *[hours, days, story, plot]* wlec się; **the third act ~ged** trzeci akt wlókł się w nieskończoność [2] (trail in mud) **to ~ in sth** *[hem, belt]* wlec się po czymś [3] (rub) *[brake]* trzeć [4] (inhale) **to ~ on sth** zaciągnąć się czymś *[cigarette]*
V *vr* **to ~ oneself to sth** do|wlec się do czegoś *[work, school]*
■ **drag along**: ¶ **~ [sth] along** ciągnąć, wlec ¶ **~ [sb] along to sth** za|ciągnąć (kogoś) na coś *[show, lecture]*; za|ciągnąć (kogoś) do czegoś *[cinema, theatre]*
■ **drag away**: ¶ **~ [sb] away** odciąg|nąć, -ać; **to ~ sb away from sth** odciągnąć kogoś od czegoś *[TV]*; wyciągnąć kogoś z czegoś *[party]* ¶ **~ [oneself] away from [sth]** wyrwać się z (czegoś) *[party]*; oderwać się od (czegoś) *[TV]*
■ **drag down**: **~ [sth] down** obniż|yć, -ać *[level, standard]*; **to be ~ged down to sb's level** zostać ściągniętym do poziomu kogoś; **he ~ged me down with him** fig pociągnął mnie za sobą w dół fig
■ **drag in**: **~ in [sth], ~ [sth] in** wspom|nieć, -inać *[name, story]*
■ **drag on** *[conflict, speech]* ciągnąć się; **the war ~ged on until 1918** wojna ciągnęła się do 1918 roku
■ **drag out**: ¶ **~ [sth] out** przeciąg|nąć, -ać *[speech, meeting]* ¶ **~ [sth] out of sb** wyciąg|nąć, -ać z kogoś *[apology, truth]*
■ **drag up**: ¶ **~ up [sth], ~ [sth] up** wyciąg|nąć, -ać, wywle|c, -kać *[secret, past]* ¶ **~ up [sb]** pu|ścić, -szczać samopas, zaniedb|ać, -ywać wychowanie (kogoś) *[children]*

drag and drop *n* Comput przeciąganie *n* i upuszczanie *n*

drag coefficient *n* Aut, Aviat współczynnik *m* oporu

drag factor *n* Aut, Aviat = **drag coefficient**

draggy /ˈdrægɪ/ *adj [party, play]* nudny, wlekący się (w nieskończoność)

drag harrow *n* Agric brona *f*

drag hunt *n* Hunt polowanie *n* po sztucznym tropie

drag lift *n* Sport wyciąg *m* (narciarski) orczykowy

dragnet /ˈdrægnet/ *n* [1] Fishg włok *m* [2] Hunt sieć *f* [3] (police search) obława *f* policyjna

dragoman /ˈdrægəmən/ *n* (*pl* **~s, -men**) arch dragoman *m*

dragon /ˈdrægən/ *n* [1] Mythol smok *m* [2] pej (woman) zołza *f* infml pej [3] Econ smok *m (kraj o dynamicznie rozwijającej się gospodarce)*
IDIOMS: **to chase the ~** drug addicts' sl palić opium lub heroinę

dragonfly /ˈdrægənflaɪ/ *n* Zool ważka *f*

dragoon /drəˈguːn/ **I** *n* Mil dragon *m*
II *vt* **to ~ sb into doing sth** zmusić kogoś do zrobienia czegoś, wymusić na kimś zrobienie czegoś

drag queen *n* infml [1] Theat aktor *m* grający rolę kobiecą [2] transwestyta *m*

dragster /ˈdrægstə(r)/ *n* Aut Sport dragster *m* infml

dragstrip /ˈdrægstrɪp/ *n* Aut Sport tor *m* dla dragsterów

drain /dreɪn/ **I** *n* [1] (pipe) (in street, house) przewód *m* kanalizacyjny, rura *f* kanalizacyjna; (in washing machine) wąż *m* odpływowy [2] (opening) (in street) studzienka *f*; (in sink) otwór *m* odpływowy; **open ~** otwarty ściek; **to unblock the ~s** przepchać rury; **to drop sth down a ~** wrzucić coś do ścieku [3] (ditch) kanał *m* or rów *m* odwadniający [4] (loss) (of money) topnienie *n* fig; (of people) odpływ *m*; **to be a ~ on resources** pochłaniać ogromne środki [5] Med sączek *m*, dren *m*
II *vt* [1] osusz|yć, -ać *[land, marshes]*; spu|ścić, -szczać wodę z (czegoś) *[lake, radiator]*; **to ~ the water out of a container** spuścić wodę ze zbiornika; **to ~ a boiler** opróżnić bojler [2] Culin odsącz|yć, -ać *[pasta, canned food]*; osącz|yć, -ać *[fresh vegetables]*; **to ~ the dishes** zostawić naczynia, żeby obeschły [3] (sap) wyczerp|ać, -ywać *[person, resources]*; **it ~s all my energy** to mnie kompletnie wyczerpuje or wykańcza; **to ~ sb of strength/energy** pozbawić kogoś sił/energii; **to ~ sth of resources/funds** poważnie uszczuplić środki/fundusze czegoś [4] (drink) opróżni|ć, -ać, osusz|yć, -ać *[glass]*; wypi|ć, -jać do dna *[contents, drink]* [5] Geol *[river]* odprowadz|ić, -ać wodę z (czegoś) *[basin, region]* [6] Med drenować, sączkować *[wound]*
III *vi* [1] (empty) *[water, liquid]* wypły|nąć, -wać **(out of** or **from sth** z czegoś); (from pot) wy|ciec, wyciek|nąć, -ać; *[bath, radiator, sink]* opróżni|ć, -ać się; **to ~ into sth**

[water, river] spływać or wpływać do czegoś *[sea, river, gutter, ditch]*; wsiąkać w coś *[soil]*; przenikać przez coś *[rock]*; **the blood** or **colour has ~ed from her face, her face has ~ed of blood** or **colour** krew odpłynęła jej z twarzy; **she felt the tension ~ out of her** poczuła, że napięcie ustępuje; **I can see the life ~ing out of him** widzę, jak życie z niego uchodzi liter [2] (become dry) *[dishes, food]* obcie|c, -kać; **to leave sth to ~** zostawić coś, aż obeschnie *[dishes]*; zostawić coś, aż obcieknie *[pasta]*

■ **drain away**: [1] (flow away) *[water, liquid]* spły|nąć, -wać **(into sth** do czegoś); **to ~ away into the soil** wsiąkać w ziemię [2] *[hope]* wygas|nąć, -ać; *[funds]* wyczerp|ać, -ywać się; **her courage ~ed away** opuściła ją odwaga

■ **drain off, drain out:** ¶ **~ off** *[water, liquid]* spły|nąć, -wać ¶ **~ off [sth], ~ [sth] off** odl|ać, -ewać *[water, fluid]*

IDIOMS: **to go down the ~** infml fig *[work]* pójść na marne; *[business]* splajtować infml; **that's £100 down the ~** infml 100 funtów wyrzuconych w błoto infml; **to laugh like a ~** infml ryczeć ze śmiechu infml

drainage /ˈdreɪnɪdʒ/ **I** *n* [1] (of land, marshes) osuszanie *n*, drenowanie *n*; (of wound) sączkowanie *n*, drenaż *m* [2] (system of pipes) system *m* kanalizacyjny; (system of ditches) drenaż *m* [3] (of soil) drenaż *m*

II *modif [channel, system]* odwadniający; *[pipe]* odprowadzający (wodę)

drainage area *n* Geol zlewnia *f*, dorzecze *n*

drainage basin *n* = **drainage area**

drainage tube *n* Med dren *m*, sączek *m*

drainboard /ˈdreɪnbɔːd/ *n* US (for dishes, bottles) ociekacz *m*

drained /dreɪnd/ *adj [person, face]* wycieńczony

drained weight *n* ciężar *m* netto po obcieknięciu or osuszeniu

drainer /ˈdreɪnə(r)/ *n* suszarka *f* (na naczynia)

draining /ˈdreɪnɪŋ/ **I** *n* (of land, marshes) osuszanie *n*, drenowanie *n*; (of rain, water in pipes) odprowadzanie *n*, odpływ *m*

II *adj* (emotionally, physically) wycieńczający

draining board *n* ociekacz *m*

drainpipe /ˈdreɪnpaɪp/ **I** *n* (for rain water) rynna *f*; (for waste water, sewage) rura *f* kanalizacyjna or ściekowa

II drainpipes *npl* GB infml (also **drainpipe trousers)** (spodnie) rurki *plt* infml

drake /dreɪk/ *n* kaczor *m*

dram /dræm/ *n* [1] Pharm drachma *f* [2] Scot infml (drink) kropelka *f* (alkoholu), kieliszeczek *m* infml

drama /ˈdrɑːmə/ **I** *n* [1] (genre) dramat *m*; (theory) dramaturgia *f*; **modern ~** dramat współczesny [2] (acting) aktorstwo *n*; (directing) reżyseria *f* teatralna [3] (play) dramat *m*; TV sztuka *f* telewizyjna; Radio słuchowisko *n* [4] Journ (dramatic event) dramat *m*, tragedia *f*; **a human ~** ludzki dramat [5] (fuss) dramat *m*, tragedia *f*; **to make a ~ out of sth** zrobić z czegoś dramat or tragedię [6] (excitement) dramatyzm *m*; **her life was full of ~** jej życie obfitowało w dramatyczne wydarzenia

II *modif [school]* teatralny, dramatyczny; **~ course** kurs aktorski/reżyserii/dramaturgii; **~ student** student szkoły teatralnej; **~ critic** krytyk teatralny; **~ documentary** TV dokument fabularyzowany

dramatic /drəˈmætɪk/ *adj* [1] Literat, Theat *[literature, art, effect]* dramatyczny; *[gesture, entrance, exit]* teatralny; **for ~ effect** dla wywołania dramatycznego efektu [2] (tense, exciting) *[situation, event]* dramatyczny [3] (sudden, radical) *[change, improvement]* radykalny; *[impact]* zasadniczy; *[goal, comeback]* spektakularny; *[landscape]* pełen dramatyzmu

dramatically /drəˈmætɪklɪ/ *adv* [1] (radically) *[change, improve]* radykalnie; *[deteriorate, reduce]* drastycznie [2] (causing excitement) w dramatyczny sposób [3] Literat, Theat dramatycznie [4] (in a theatrical way) **to gesture ~** wykonywać teatralne gesty; **to pause ~** teatralnie zawiesić głos

dramatics /drəˈmætɪks/ *npl* [1] sztuka *f* dramatyczna; **amateur ~** teatr amatorski [2] pej przedstawienie *n* fig pej

dramatic society *n* amatorska grupa *f* teatralna

dramatis personae /ˌdræmətɪspɜːˈsəʊnaɪ/ *npl* fml (characters) osoby *f pl* dramatu; (actors) obsada *f*

dramatist /ˈdræmətɪst/ *n* dramaturg *m*, dramatopisa|rz *m*, -rka *f*

dramatization /ˌdræmətaɪˈzeɪʃn, US -tɪˈz-/ *n* [1] (dramatized version) adaptacja *f*; (for stage) dramatyzacja *f*, teatralizacja *f*; (for TV, cinema) ekranizacja *f*; **TV ~** adaptacja telewizyjna; **musical ~** wersja musicalowa [2] (exaggeration) dramatyzowanie *n*

dramatize /ˈdræmətaɪz/ **I** *vt* [1] (adapt) Theat dokon|ać, -ywać adaptacji scenicznej (czegoś), u|dramatyzować *[play, novel, short story]*; Cin, TV z|ekranizować, dokon|ać, -ywać ekranizacji (czegoś) *[play, novel, short story]*; Radio dokon|ać, -ywać adaptacji radiowej (czegoś) *[play, novel, short story]* [2] (enact, depict) przedstawi|ć, -ać [3] (make dramatic) udramatyczni|ć, -ać, u|dramatyzować; pej z|robić dramat z (czegoś) *[event, problem]*

II *vi* dramatyzować

III dramatized *pp adj [account, version]* udramatyzowany; **~d documentary** dokument fabularyzowany

drank /dræŋk/ *pt* → **drink**

drape /dreɪp/ **I** *n* [1] US (curtain) zasłona *f*, kotara *f* [2] (of fabric) draperia *f*

II *vt* **to ~ sth with sth, to ~ sth over sth** przykryć coś czymś, udrapować coś na czymś; **walls ~d with sth** ściany pokryte czymś; **~d in sth** *[person, statue]* spowity w coś; **to ~ oneself over an armchair** rozwalić się w fotelu infml; **she was ~d around his neck** infml hum uwiesiła mu się na szyi infml

draper /ˈdreɪpə(r)/ *n* GB dat bławatnik *m* dat; **a ~'s shop** sklep *m* tekstylny; sklep *m* bławatny dat

drapery /ˈdreɪpərɪ/ **I** *n* (decorative) draperia *f*

II draperies *npl* US zasłony *f pl*, kotary *f pl*

drastic /ˈdræstɪk/ *adj* [1] (severe) *[politics, reduction, step, remedy]* drastyczny; *[effect]* daleko idący [2] (dramatic) *[change]* radykalny

drastically /ˈdræstɪklɪ/ *adv [change, increase, reduce, cut]* drastycznie, radykalnie

drat /dræt/ *excl* infml **~ (it)!** (a) niech to! infml; **~ that man!** bodaj go gęś! infml dat; **you're right, ~ you!** a niech cię, masz rację! infml

dratted /ˈdrætɪd/ *adj* infml *[person, thing]* cholerny infml

draught GB, **draft** US /drɑːft, US dræft/ **I** *n* [1] (current) (of wind) powiew *m*, podmuch *m*; (cold air) przeciąg *m* [2] (in fireplace) ciąg *m*; cug *m* infml; **the ~ to a furnace** ciąg or cug w piecu [3] **on ~** *[beer]* z beczki, beczkowy [4] (of liquid, air) haust *m*; **he downed it in a single ~** wypił to duszkiem; **taking long ~s of cool air** głęboko wdychając chłodne powietrze [5] arch (potion) mikstura *f* [6] Naut (of ship) zanurzenie *n* [7] GB Games pionek *m* warcabowy

II *modif* [1] *[beer, cider]* beczkowy, z beczki [2] *[animal, horse]* pociągowy

IDIOMS: **to feel the ~** infml odczuwać skutki na własnej skórze

draughtboard /ˈdrɑːftbɔːd, US ˈdræft-/ *n* GB Games plansza *f (do gry w warcaby)*

draught excluder *n* uszczelnienie *n* drzwi, okien

draughtiness GB, **draftiness** US /ˈdrɑːftɪnɪs, US ˈdræftɪnɪs/ *n* przeciągi *m pl*

draughtproof GB, **draftproof** US /ˈdrɑːftpruːf, US ˈdræft-/ **I** *adj* Constr *[door, window]* uszczelniony

II *vt* Constr uszczelni|ć, -ać *[door, window]*

draughtproofing GB, **draftproofing** US /ˈdrɑːftpruːfɪŋ, US ˈdræft-/ *n* [1] (insulation) uszczelnianie *n* [2] (material) uszczelniacz *m*, materiał *m* uszczelniający

draughts /drɑːfts, US dræfts/ *n (+ v sg)* GB Games (set) warcaby *plt*; **to play ~** grać w warcaby

draughtsman GB, **draftsman** US /ˈdrɑːftsmən, US ˈdræft-/ *n* (*pl* **-men)** [1] Tech kreśla|rz *m*, -rka *f* [2] Art rysowni|k *m*, -czka *f* [3] GB Games pionek *m (w warcabach)*

draughtsmanship GB, **draftsmanship** US /ˈdrɑːftsmənʃɪp, US ˈdræft-/ *n* [1] Tech kreślarstwo *n* [2] Art rysownictwo *n*

draughty GB, **drafty** US /ˈdrɑːftɪ, US ˈdræftɪ/ *adj [room, house]* pełen przeciągów; **it's terribly ~ in here** straszny tu przeciąg

draw /drɔː/ **I** *n* [1] (raffle) loteria *f*; **to win sth in a ~** wygrać coś na loterii [2] (choosing) losowanie *n*, ciągnienie *n*; **the ~ for the finals is made today** dzisiaj odbędzie się losowanie do finałów [3] (tie) (in match) remis *m*; (in race, athletics) wynik *m* nierozstrzygnięty [4] (attraction) atrakcja *f*; **Greta Garbo was a big ~ in her day** w swoim czasie Greta Garbo cieszyła się wielką popularnością [5] (on cigarette) zaciągnięcie się *n*; **he took a ~ on his cigarette/pipe** zaciągnął się papierosem /pyknął fajką [6] US (hand of cards) rozdanie *n*

II *vt* (*pt* **drew;** *pp* **drawn)** [1] (on paper) na|rysować, na|szkicować *[picture, plan, portrait, face, circle]*; na|rysować, wykreśl|ić, -ać *[line]*; **to ~ a picture/map** narysować obrazek/mapę; **he drew (a picture of) a boat** narysował łódkę; **to ~ sb sth, to ~ sth for sb** narysować coś komuś or coś dla kogoś [2] fig na|szkicować, nakreśl|ić, -ać *[character, picture, situation]*; przeprowadz|ić, -ać *[comparison, distinction]*; wykaz|ać,

D

-ywać *[analogy, parallel]* [3] (pull) po|ciągnąć *[coach, caravan, plough, rope]*; **the boy drew his toy train along the pavement** chłopiec ciągnął kolejkę po chodniku; **I drew the lamp towards me** przysunąłem lampę do siebie; **he drew the child towards him** przyciągnął dziecko do siebie; **I drew him into the kitchen** zaciągnąłem go do kuchni; **to ~ a bolt /curtains** zasunąć rygiel/zasłony; **I drew the string as tight as I could** zawiązałem or naciągnąłem sznurek jak najmocniej; **~ the rope through the hole** przeciągnij sznur przez otwór; **she drew a ten pound note from her purse** wyciągnęła z torebki banknot dziesięciofuntowy; **he drew his finger along the shelf** przeciągnął palcem po półce; **to ~ a handkerchief across one's brow** przetrzeć sobie czoło chusteczką; **to ~ a comb through one's hair** przyczesać sobie włosy grzebieniem; **she drew her shawl round her shoulders** owinęła ramiona szalem; **she drew his arm through hers** wzięła go pod rękę; **to ~ water from a well** czerpać or brać wodę ze studni; **to ~ a pint of beer** nalać kufel piwa (beczkowego); nalać duże piwo infml; **to ~ blood** (cut skin) skaleczyć; **to ~ a bow** naciągnąć łuk [4] (derive) wyciąg|nąć, -ać *[conclusion]* **(from sth** z czegoś); czerpać *[comfort, information, inspiration, strength]* **(from sth** z czegoś); **she drew consolation from the Bible** czerpała pociechę z Biblii; **to ~ a lesson/a moral from sth** wyciągnąć z czegoś naukę/morał; **information drawn from many sources** informacje zaczerpnięte or pochodzące z różnych źródeł; **his friends /readers are drawn from all walks of life** jego przyjaciele/czytelnicy wywodzą się z różnych środowisk [5] (cause to talk) skł|onić, -aniać do rozmowy *[person]* **(about** or **on sb/sth** na temat kogoś/czegoś); **I hoped she'd tell me, but she wouldn't be drawn** or **she refused to be drawn** miałem nadzieję, że mi powie, ale nie chciała rozmawiać na ten temat; **to ~ sth from** or **out of sb** wyciągnąć or wydobyć coś z kogoś *[information, truth]*; **she drew tears of laughter from the audience** rozśmieszyła widzów do łez; **I managed to ~ a smile from him** udało mi się wywołać uśmiech na jego twarzy [6] (attract) przyciąg|nąć, -ać *[attention, crowd, customers]*; wzbudz|ić, -ać *[interest]*; wywoł|ać, -ywać *[reaction]*; z|ebrać, -bierać *[praise]*; **the idea drew much criticism from both sides** obie strony ostro skrytykowały ten pomysł; **the course ~s students from all over the world** kurs przyciąga studentów z całego świata; **his performance drew great applause** jego występ nagrodzono burzliwymi oklaskami; **to ~ sb's attention to sth** zwrócić uwagę kogoś na coś; **to ~ attention to oneself** zwracać na siebie uwagę; **she felt drawn to this mysterious stranger** pociągał ją ten tajemniczy nieznajomy; **what drew you to the legal profession?** co cię skłoniło do wyboru zawodu prawnika?; **the sound of the explosion drew her to the window** odgłos wybuchu przyciągnął ją do okna; **to ~ sb into sth** wciągnąć kogoś do czegoś *[conversation, argument]*; **I'm not going to be drawn into any argument with you** nie mam zamiaru kłócić się z tobą; **they were drawn together by their common grief** zbliżyło or połączyło ich wspólne nieszczęście; **to ~ the enemy fire** ściągać (na siebie) ogień nieprzyjaciela; **I'll ~ their fire** ściągnę ogień na siebie [7] Fin (take out) wyj|ąć, -mować, pod|jąć, -ejmować, wyciąg|nąć, -ać *[money]* **(from sth** z czegoś); wystawi|ć, -ać *[cheque, bill of exchange, promissory note]* **(on sb** na kogoś); (receive) pob|rać, -ierać *[wages, pension]* [8] (extract, remove) wyciąg|nąć, -ać *[card, cork, nail, thorn, gun, sword]* **(from sth** z czegoś); wyr|wać, -ywać *[tooth]*; doby|ć, -wać (czegoś) liter *[sword]*; **to ~ a gun on sb** wymierzyć do kogoś z pistoletu, wymierzyć pistolet w kogoś; **to ~ a knife on sb** zamierzyć się na kogoś nożem; **his fangs have been drawn** fig stępiono mu kły fig [9] Games (choose at random) wy|losować *[name, number, winner, opponent]*; wyciąg|nąć, -ać *[straw, card]*; **they asked him to ~ the winner** poproszono go o wylosowanie zwycięzcy; **whoever ~s the shortest straw will go first** kto wyciągnie najkrótszą słomkę idzie pierwszy; **to ~ a winning ticket** wygrać na loterii or w losowaniu; **Italy has been drawn against Spain** or **to play Spain** Włochy wylosowały Hiszpanię jako przeciwnika; **Jones drew Smith in the first round** w pierwszej rundzie eliminacji Jones zmierzy się ze Smithem [10] Sport **to ~ a match** z|remisować [11] (disembowel) wy|patroszyć *[chicken, turkey, goose]*; Hist rozpłatać brzuch (komuś) *[prisoner]* [12] Hunt osacz|yć, -ać *[animal]* [13] Games **to ~ trumps** ściąg|nąć, -ać atuty [14] Tech ciągnąć *[wire, glass, plastic]* [15] Naut **the ship ~s six metres** statek ma sześć metrów zanurzenia [16] dat (run) **to ~ a bath** przygotow|ać, ywać kapiel, nal|ać, -ewać wodę do wanny

III *vi* (*pt* **drew;** *pp* **drawn)** [1] (make picture) rysować; **she ~s very well** ona bardzo dobrze rysuje; **to ~ round** or **around sth** obrysować coś *[hand, template]* [2] (move) **to ~ ahead (of sth/sb)** *[vehicle, person]* wyprzedzić (coś/kogoś); fig *[person, company]* wysunąć się do przodu (przed coś /kogoś); **to ~ alongside sth** *[boat]* przybić do czegoś *[quay]*; **the car drew alongside the lorry** samochód podjechał obok ciężarówki; **the time/day is ~ing close when...** nadchodzi or zbliża się czas/dzień, kiedy...; **they drew closer to listen** zbliżyli się, żeby lepiej słyszeć; **the train drew into the station** pociąg wjechał na stację; **to ~ level with sb/sth** zrównać się z kimś/czymś; **to ~ level with the other athletes** (in score) zrównać się z innymi zawodnikami; (in race) dogonić innych zawodników; **to ~ over** *[vehicle]* (stop) zatrzymać się; (still moving) podjechać; **the lorry drew over to the right-hand side of the road** ciężarówka zjechała na prawą stronę drogi; **to ~ to one side** *[person]* przejść na bok; **to ~ round** or **around** *[people]* zebrać się; **they drew round the teacher** otoczyli nauczyciela; **to ~ to a halt** *[vehicle]* zatrzymać się, zahamować; **to ~ to an end** or **a close** *[event, life]* dobiegać końca, zbliżać się do końca; **the time of his departure is ~ing near** zbliża się czas jego wyjazdu [3] Sport (in match) z|remisować **(with sb/sth** z kimś/czymś); (in race) *[runner, racer]* znaleźć się na mecie jednocześnie **(with sb/sth** z kimś/czymś); (finish equal, with same points) zaj|ąć, -mować miejsce ex aequo **(with sb/sth** z kimś /czymś); **they drew for second place** zajęli drugie miejsce ex aequo; **X drew with Y** (in match) X zremisował z Y; (in race) X dobiegł do mety jednocześnie z Y [4] (choose at random) **to ~ for sb/sth** losować kogoś/coś; **they drew for partners** losowali partnerów [5] *[chimney, flue, vacuum cleaner]* ciągnąć; *[pump]* pompować, ssać; **to ~ on one's cigarette** zaciągnąć się papierosem; **he drew on his pipe** ciągnął dym z fajki [6] *[tea]* naciąg|nąć, -ać, zaparz|yć, -ać się

■ **draw apart**: **~ apart** [1] *[people, animals, things]* **to ~ apart from sb/sth** oddzielić się od kogoś/czegoś, rozdzielać się z kimś /czymś [2] fig oddal|ić, -ać się, odsu|nąć, -wać się; **Adam and Ann seem to be ~ing apart** Adam i Anna jakby oddalali się od siebie

■ **draw aside**: ¶ **~ aside [sth], ~ [sth] aside** ściąg|nąć, -ać *[blanket, cover]*; rozsu|nąć, -wać *[curtains]*; odsu|nąć, -wać (na bok) *[obstacle, piece of furniture]* ¶ **~ [sb] aside** wziąć na stronę or na bok

■ **draw away**: ¶ **~ away** [1] *[vehicle]* rusz|yć, -ać, odje|chać, -żdżać; *[boat]* odpły|nąć, -wać [2] *[person]* oddal|ić, -ać się also fig **(from sb/sth** od kogoś/czegoś); (recoil) odsu|nąć, -wać się **(from sb/sth** od kogoś /czegoś) ¶ **~ away [sth], ~ [sth] away** cof|nąć, -ać *[foot, hand]*; odsu|nąć, -wać *[piece of furniture]* ¶ **~ [sb] away** odciąg|nąć, -ać **(from sth** od czegoś); **to ~ sb away from a book** fig odciągnąć uwagę kogoś od książki

■ **draw back**: ¶ **~ back** (move back, recoil) odsu|nąć, -wać się ¶ **~ back [sth], ~ [sth] back** cof|nąć, -ać *[foot, hand]*; rozsu|nąć, -wać *[curtains]* ¶ **~ back [sb], ~ [sb] back** (attract) przyciąg|nąć, -ać z powrotem *[audience, customers]*

■ **draw down**: **~ down [sth], ~ [sth] down** opu|ścić, -szczać *[blind, screen, veil]*

■ **draw in**: ¶ **~ in** [1] (arrive) *[train]* wje|chać, -żdżać; *[bus]* podje|chać, -żdżać [2] (grow shorter) *[days, nights]* stawać się krótszym; **the days are ~ing in** dni są coraz krótsze ¶ **~ in [sth], ~ [sth] in** [1] (in picture) dorysow|ać, -ywać *[background, detail]* [2] (reduce) ściąg|nąć, -ać *[belt, reins, string]*; skr|ócić, -acać *[chain, lead, rope]*; wciąg|nąć, -ać *[stomach]*; s|chować *[claws]* [3] (suck in) *[person]* wciąg|nąć, -ać *[air]*; *[pump, machine]* zas|sać, -ysać *[air, gas, liquid]*; **to ~ in one's breath** wciągnąć powietrze [4] (attract) przyciąg|nąć, -ać *[audiences, crowds]*; przyn|ieść, -osić *[cash, funds]* [5] (involve) wciąg|nąć, -ać *[person]* also fig; **I managed to avoid getting drawn in** nie dałem się w to wciągnąć

■ **draw off**: ¶ **~ off** *[vehicle, train]* odje|chać, -żdżać, rusz|yć, -ać; *[army]* wycof|ać, -ywać się ¶ **~ off [sth], ~ [sth] off** ściąg|nąć, -ać *[cover, dress, gloves, shoes]*; u|toczyć *[beer, pint]*; spu|ścić, -szczać *[fluid, pus]*; upu|ścić, -szczać *[blood]*

■ **draw on**: ¶ **~ on** [1] (approach) *[time, date, season]* nad|ejść, -chodzić, zbliż|yć, -ać się [2] (pass) *[evening, day, season, time]* upływać, mijać; **as the party drew on he became more talkative** w miarę rozkręcania się przyjęcia stawał się coraz bardziej rozmowny ¶ **~ on [sth]** wykorzyst|ać, -ywać *[skills, reserves, savings, strength]*; **in her novels she ~s on childhood memories** w swych powieściach sięga do wspomnień z dzieciństwa; **the report ~s on information from many sources** w raporcie wykorzystano informacje z wielu źródeł; **to ~ on one's expertise** korzystać z własnego doświadczenia ¶ **~ on [sth], ~ [sth] on** naciąg|nąć, -ać *[dress, gloves, jumper, shoes]*

■ **draw out**: ¶ **~ out** [1] (leave) *[bus, train]* odje|chać, -żdżać, rusz|yć, -ać; **the train drew out of the station** pociąg odjechał ze stacji; **a car drew out in front of me** jakiś samochód zajechał mi drogę [2] (get longer) *[day, night]* wydłuż|yć, -ać się, sta|ć, -wać się dłuższym; **the days are ~ing out** dni są coraz dłuższe ¶ **~ out [sth], ~ [sth] out** [1] (take out) wyj|ąć, -mować *[handkerchief, purse, cigarette, knife]* **(from** or **out of sth** z czegoś); **to ~ out sth** dobywać (czegoś) liter *[sword]*; wyciąg|nąć, -ać *[cork, nail, splinter]* **(from** or **out of sth** z czegoś); wyr|wać, -ywać *[tooth]*; wypompow|ać, -ywać *[air, liquid]*; wy|losować *[number, ticket]* [2] Fin pod|jąć, -ejmować *[cash, money, balance]* [3] (cause to last longer) przeciąg|nąć, -ać, przedłuż|yć, -ać *[interview, meeting, speech]* [4] (extract) wyciąg|nąć, -ać, wydoby|ć, -wać *[information, secret, truth]*; **they managed to ~ a confession out of him** udało się im skłonić go do przyznania się [5] Tech (stretch) ciągnąć *[glass, metal, plastic]* ¶ **~ [sb] out** (make less shy) ośmiel|ić, -ać, rozruszać; **I managed to ~ him out of his silence** udało mi się wciągnąć go w rozmowę; **I drew the old man out about the war** wyciągnąłem staruszka na wspomnienia o wojnie

■ **draw up**: ¶ **~ up** *[vehicle]* zatrzym|ać, -ywać się, podje|chać, -żdżać; *[boat]* przybi|ć, -jać do brzegu ¶ **~ up [sth], ~ [sth] up** [1] sporządz|ić, -ać *[contract, list, plan, report, will]* [2] (pull upwards) wciąg|nąć, -ać *[bucket]* [3] (bring) przysu|nąć, -wać *[chair, stool]* **(to sb/sth** do kogoś/czegoś) [4] (draw together) ściąg|nąć, -ać *[drawstring, thread]* ¶ **~ oneself up** (stand upright, proudly) wyprostow|ać, -ywać się; **she drew herself up to her full length** wyprostowała się

IDIOMS: **to be quick/slow on the ~** infml (in understanding) szybko/wolno chwytać infml; (in replying) wypalić w odpowiedzi/namyślać się nad odpowiedzią; *[cowboy]* szybko /wolno dobyć broń; **to beat sb to the ~** *[rival, competitor]* wyprzedzić kogoś, pokonać kogoś; *[cowboy]* szybciej wyciągnąć broń; **to ~ the line** wyznaczyć granicę; **you've got to ~ the line somewhere** muszą być jakieś granice; **to ~ the line at sth/at doing sth** (relating to oneself) nie posunąć się do czegoś/zrobienia czegoś; (relating to others) nie godzić się na coś /robienie czegoś; **I want to help you, but I ~ the line at lying** chcę ci pomóc, ale nie posunę się do kłamstwa; **the union agreed to longer hours but drew the line at wage cuts** związek zgodził się na dłuższy dzień pracy, ale nie przystał na obniżenie zarobków

drawback /ˈdrɔːbæk/ *n* [1] wada *f*, minus *m* **(of** or **to sth** czegoś); **it's one of the ~s of the system** to jedna z wad tego systemu [2] Comm (on exports) cło *n* zwrotne

drawbridge /ˈdrɔːbrɪdʒ/ *n* most *m* zwodzony

drawee /drɔːˈiː/ *n* Fin trasat *m*

drawer /drɔː(r)/ **I** *n* [1] (in chest, cabinet, table) szuflada *f*; **desk/cutlery ~** szuflada biurka/na sztućce [2] (of pictures) rysowni|k *m*, -czka *f* [3] Fin wystawca *m* weksla, trasant *m*
II drawers *npl* dat (for men) kalesony *plt*; (for women) refomy *plt* dat

drawer liner *n* wyściółka *f* szuflady

drawing /ˈdrɔːɪŋ/ **I** *n* [1] (picture) rysunek *m*; **pencil/charcoal ~** rysunek ołówkiem /węglem; **a rough ~** szkic [2] (action, occupation) rysowanie *n*; **classes in ~** zajęcia z rysunku
II *modif [book, pad, paper]* rysunkowy; **~ course/class/teacher** kurs/lekcja/nauczyciel rysunku; **~ tools** przybory do rysowania

drawing account *n* Fin (current account) rachunek *n* bieżący or a vista

drawing board *n* [1] (board) deska *f* kreślarska, rysownica *f*, rajzbret *m*; (table) stół *m* kreślarski [2] fig **we'll have to go back to the ~** musimy zacząć od początku; **the project never got off the ~** project nigdy nie ujrzał światła dziennego fig

drawing card *n* [1] (popular artiste, event) atrakcja *f* [2] US (marketable skill, asset) atut *m*

drawing office *n* pracownia *f* kreślarska

drawing pin *n* pinezka *f*

drawing room *n* salon *m*

drawl /drɔːl/ **I** *n* przeciąganie *n* samogłosek; **in a thick Texas ~** z silnym teksańskim akcentem
II *vt* powiedzieć (coś) przeciągając samogłoski
III *vi* mówić przeciągając samogłoski

drawn /drɔːn/ **I** *pp* → **draw**
II *adj* [1] *[face, look]* wymizerowany; **he looked pale and ~** był blady i wymizerowany [2] Sport *[game, match]* remisowy

drawn butter *n* masło *n* topione z przyprawami

drawn(-thread) work /ˌdrɔːnθredˈwɜːk/ *n* mereżka *f*

draw poker *n* US Games poker *m* zamknięty

drawsheet /ˈdrɔːʃiːt/ *n* Med prześcieradło *n* na rolce *(łatwe do wyciągnięcia spod chorego)*

drawstring /ˈdrɔːstrɪŋ/ **I** *n* sznurek *m* or tasiemka *f* do ściągania
II *modif [bag]* ściągany na sznurek or na tasiemkę; **~ teabag** torebka (herbaty) niekapka infml

draw ticket *n* los *m* (na loterii)

draw(-top) table /ˌdrɔːtɒpˈteɪbl/ *n* stół *m* rozsuwany

dray /dreɪ/ *n* Hist Transp platforma *f*

drayhorse /ˈdreɪhɔːs/ *n* Hist koń *m* pociągowy

dread /dred/ **I** *n* (terror) strach *m*; (weaker) lęk *m* **(of sth/sb** przed czymś/kimś); **I have an absolute ~ of heights** odczuwam paniczny lęk wysokości; **to live in ~ of sth/sb** żyć w lęku przed czymś/kimś; **to live in ~ of sth happening** obawiać się, że coś się stanie; **it's his constant ~** to napawa go stałym lękiem; **her ~ that her husband might return** jej lęk, że mąż mógłby powrócić
II *vt* (fear) bać się (czegoś) *[old age, interview]*; lękać się (czegoś) *[death, injury]*; **to ~ the thought of sth** drżeć na (samą) myśl o czymś; **to ~ that...** bać or lękać się, że...
III dreaded *pp adj* budzący postrach

dreadful /ˈdredfl/ *adj* [1] (unpleasant) *[day, weather, person]* okropny, straszny; **what a ~ nuisance!** co za okropność!; **a ~ mess** okropny or straszny bałagan; **a ~ waste of time** straszna strata czasu; **he made a ~ fuss** narobił strasznego szumu; **I had a ~ time trying to convince him** przeżyłem ciężkie chwile próbując go przekonać [2] (poor quality) *[play, film, service, standard]* fatalny, okropny [3] (horrifying) *[accident, injury, crime]* straszny, potworny [4] (ill) **to feel/look ~** czuć się/wyglądać okropnie [5] liter (inspiring fear) *[weapons, foe]* straszliwy [6] (embarrassed) **to feel ~** czuć się okropnie (głupio)

dreadfully /ˈdredfəlɪ/ *adv* [1] (emphatic) *[disappointed, cross]* okropnie; *[wrong, sorry]* bardzo, naprawdę; **I'm ~ sorry** bardzo mi przykro; **I miss him ~** tęsknię za nim okropnie [2] (horribly) *[suffer, treat, behave]* okropnie, strasznie

dreadlocks /ˈdredlɒks/ *npl* dredy *ptl* infml

dreadnought /ˈdrednɔːt/ *n* Mil pancernik *m*; drednot *m* dat

dream /driːm/ **I** *n* [1] (while asleep) sen *m*; **goodnight! sweet ~s!** dobranoc, przyjemnych or miłych snów!; **it was like a bad ~** to było jak zły sen; **I had a ~ about my father last night** zeszłej nocy (przy)śnił mi się ojciec; **he had a ~ about finding a heap of coins** śniło mu się, że znalazł całą górę monet [2] (while awake) sen *m* na jawie; **to live/go round in a ~** żyć /chodzić jak we śnie; **to be in a ~** śnić na jawie; **he was sitting there in a ~** siedział i myślał o niebieskich migdałach infml [3] (hope) marzenie *n*; **I have a ~ that...** marzę o tym, żeby...; **to have ~s of doing sth** marzyć o zrobieniu czegoś; **to be like a ~ come true** być spełnieniem marzeń; **to make sb's ~ come true** spełnić marzenie kogoś; **the car/man of your ~s** samochód/mężczyzna twoich marzeń; **to have success beyond the wildest ~s** odnieść sukces przechodzący najśmielsze oczekiwania; **to be rich beyond one's wildest ~s** być bogatym ponad wszelkie wyobrażenie; **never in her wildest ~s had she thought that...** nawet w najśmielszych marzeniach nie przyszło jej do głowy, że ...; **you couldn't imagine a**

D

more vicious person, even in your wildest ~s nie masz pojęcia jaki to niegodziwy człowiek [4] (wonderful person, thing) marzenie *n* fig; **their new house is a ~** ich nowy dom to marzenie; **the car is a ~ to drive** ten samochód prowadzi się jak marzenie; **she was wearing a ~ of a dress** miała na sobie suknię jak marzenie; **like a ~** (smoothly) jak marzenie; jak ta lala infml; **the engine runs like a ~** silnik działa jak marzenie; **the whole thing went like a ~** wszystko poszło jak z płatka

II *modif [car, house, kitchen, job, holiday]* wymarzony

III *vt* (*pt, pp* **dreamt, ~ed**) [1] (while asleep) śnić **(that...** że...); **she ~ed (that) she was in Paris** śniło jej się, że jest w Paryżu [2] (envisage) przypuszczać; **I never ~ed (that)...** nawet mi się nie śniło, że...; **did you ever ~ you'd be living in a castle?** czy ci się kiedyś śniło, że będziesz mieszkał w zamku?; **who'd have dreamt it?** i kto by to przypuszczał?!

IV *vi* (*pt, pp* **dreamt, ~ed**) [1] (while asleep) śnić, mie|ć, -wać sny; **I never ~** nie miewam snów, nigdy nic mi się nie śni; **do animals ~?** czy zwierzętom coś się śni, czy zwierzęta miewają sny?; **to ~ about** or **of sth** śnić o czymś; **I ~ed about you last night** śniłeś mi się zeszłej nocy; **he ~ed about being shipwrecked** śniło mu się, że jest rozbitkiem [2] (daydream) marzyć, śnić na jawie **(of** or **about sth** o czymś); **he's always ~ing** on ciągle marzy or śni na jawie; **what are you ~ing about?** o czym marzysz?; **even if I'll never do it, I can ~, can't I?** nawet jeśli nigdy tego nie zrobię, mogę sobie chociaż pomarzyć; **you're** or **you must be ~ing if you think (that)...** łudzisz się, jeśli sądzisz, że...; **~ on!** iron nadzieja jest matką głupich! [3] (consider) **I would never** or **wouldn't ~ of it** (because impossible, unlikely) nie przyszłoby mi to do głowy; (because inappriopriate) nie odważyłbym się; **I'd never have ~ed of speaking to my father like that!** nie odważyłbym się tak odezwać do ojca!; **he wouldn't ~ of offering to help** nie przyszłoby mu do głowy zaoferować pomoc; **'are you going to apologize to her?' – 'I wouldn't ~ of it!'** „zamierzasz ją przeprosić?" – „ani mi się śni!"

■ **dream away**: **to ~ away the hours /the afternoon** trawić całe godziny/popołudnie na snuciu marzeń or na marzeniach

■ **dream up**: **~ up [sth]** wy|kombinować infml *[plan, excuse, explanation]*; wymyśl|ić, -ać *[theory, invention, literary character]*; **whatever will they ~ up next?** co oni jeszcze wymyślą?

dreamboat /ˈdriːmbəʊt/ *n* infml hum (female) cud dziewczyna *f*, ślicznotka *f*; (male) adonis *m*, efeb *m*

dreamer /ˈdriːmə(r)/ *n* [1] (idealist) marzyciel *m*, -ka *f* [2] pej (inattentive) **to be a ~** myśleć o niebieskich migdałach pej [3] (person having dream) śniąc|y *m*, -a *f*

dreamily /ˈdriːmɪlɪ/ *adv* [1] (in a dream) *[move, walk]* jak we śnie; *[say, reply]* rozmarzonym głosem, marzycielsko; *[look, stare]* marząco; *[smile]* z rozmarzeniem [2] (gently) *[play, whisper, murmur]* kojąco

dreamland /ˈdriːmlænd/ *n* senne marzenie *n*; **the sort of thing that only happens in ~** coś, co zdarza się tylko w (sennych) marzeniach; **to live in ~** żyć w krainie marzeń or jak we śnie

dreamless /ˈdriːmlɪs/ *adj [sleep]* bez snów; **her sleep was ~ and undisturbed** spała spokojnie i bez snów

dreamlessly /ˈdriːmlɪslɪ/ *adv [sleep]* bez snów

dreamlike /ˈdriːmlaɪk/ *adj [quality, air, state, situation]* odrealniony; oniryczny liter

dreamt /dremt/ *pt, pp* → **dream**

dreamtime /ˈdriːmtaɪm/ *n* Austral Anthrop czas *m* przodków

dreamworld /ˈdriːmwɜːld/ *n* kraina *f* or świat *m* marzeń; **to be living in a ~** żyć marzeniami; **she's living in a ~ if she thinks (that)...** łudzi się, jeśli sądzi, że...

dreamy /ˈdriːmɪ/ *adj* [1] (distracted) *[person, nature]* marzycielski; *[expression, look, voice, smile]* rozmarzony [2] (gentle) *[sound, music]* kojący [3] (dreamlike) *[story, scene, day]* jak ze snu [4] infml dat (attractive) *[person, house, car, dress]* jak marzenie

dreariness /ˈdrɪərɪnɪs/ *n* [1] (of weather, landscape) posępność *f* [2] (of life, routine) monotonia *f*, szarość *f*; (of person) pospolitość *f*, przeciętność *f*

dreary /ˈdrɪərɪ/ *adj* [1] *[day, weather, scene, landscape]* ponury, posępny [2] *[routine, work, life]* monotonny, szary; *[person]* nudny

dredge /dredʒ/ **I** *n* Naut [1] (machine) draga *f* [2] (boat) = **dredger**

II *vt* [1] bagrować, dragować *[river, harbour, channel]*; czerpać, wydoby|ć, -wać *[mud, silt]* [2] Culin (sprinkle) posyp|ać, -ywać **(with sth** czymś)

III *vi* bagrować, dragować

■ **dredge up**: **~ up [sth], ~ [sth] up** [1] wydoby|ć, -wać, czerpać *[sand, silt]* [2] fig przywoł|ać, -ywać *[memories]*; wyciąg|nąć, -ać na światło dzienne *[scandal]*

dredger /ˈdredʒə(r)/ *n* Naut [1] (boat) pogłębiarka *f*, bagrownica *f* [2] Culin sitko *n (do posypywania ciast cukrem)*

dregs /dregz/ *npl* [1] (of wine) męty *plt*; (of coffee, tea) fusy *plt*; (last drops) resztki *f pl*; **to drink sth (down) to the ~** wypić coś do dna [2] fig pej męty *plt*, szumowiny *plt*; **the ~ of society** or **humanity** męty społeczne, szumowiny

drench /drentʃ/ **I** *vt* (in rain, water) przemoczyć *[person, clothes]*; (in perfume) skr|opić, -apiać rzęsiście **(in sth** czymś)

II **drenched** *pp adj* przemoczony, zlany **(in sth** czymś); **to get ~ed** przemoknąć; **she was ~ed to the skin** przemokła do suchej nitki; **she was ~ed in perfume** zlana była perfumami

drenching /ˈdrentʃɪŋ/ **I** *n* **to get a ~** przemoknąć

II *adj* **~ rain** ulewny deszcz

Dresden /ˈdrezdən/ **I** *prn* Drezno *n*

II *n* (also **~ china**) porcelana *f* drezdeńska; **a piece of ~** przedmiot z drezdeńskiej porcelany

dress /dres/ **I** *n* [1] (item of women's clothing) sukienka *f*; **silk/cotton ~** jedwabna/bawełniana sukienka [2] (clothing) ubranie *n*, strój *m*, ubiór *m*; **his style of ~** jego sposób ubierania się; **casual ~** codzienne ubranie; **in formal ~** w stroju wizytowym; **military ~** mundur or strój wojskowy

II *modif [material]* sukienkowy, na sukienkę; **~ pattern/design** wykrój/wzór sukienki

III *vt* [1] (put clothes on) ub|rać, -ierać *[person, child]*; **to get ~ed** ubrać się [2] (decorate) ozd|obić, -abiać, przyozd|obić, -abiać **(with sth** czymś); **to ~ a Christmas tree** ubrać choinkę; **to ~ a shop window** udekorować witrynę sklepową [3] Culin przypraw|ić, -ać *[salad]*; oporządz|ić, -ać, sprawi|ć, -ać *[chicken, crab, game]* [4] Med opat|rzyć, -rywać *[wound]* [5] (finish) obr|obić, -abiać *[stone, wood]*; wyprawi|ć, -ać *[hide]* [6] Agric (fertilize) naw|ieźć, -ozić *[land]* [7] Hort (prune) przyci|ąć, -nać *[tree, shrub]* [8] Mil wyrówn|ać, -ywać, równać *[ranks]*; ustawi|ć, -ać w szyku *[troops]*

IV *vi* [1] (put on clothes) ub|rać, -ierać się; **to ~ in a suit** włożyć garnitur, ubrać się w garnitur; **to ~ in red/black** ubierać się na czerwono/na czarno; **to ~ for dinner/for the theatre** ubrać się do obiadu/do teatru [2] *[troops]* wyrówn|ać, -ywać szeregi

V *vr* **to ~ oneself** ub|rać, -ierać się

VI **dressed** *pp adj* ubrany **(in sth** w coś); **well ~ed** dobrze ubrany

■ **dress down**: ¶ **~ down** *[person]* ub|rać, -ierać się niezbyt starannie ¶ **~ down [sb], ~ [sb] down** udziel|ić, -ać (komuś) nagany or reprymendy, z|ganić

■ **dress up**: ¶ **~ up** [1] (smartly) wy|stroić się; **to ~ up for dinner** przebrać się do kolacji [2] (in fancy dress) przeb|rać, -ierać się **(as sb** za kogoś) ¶ **~ up [sb], ~ [sb] up** (disguise) przeb|rać, -ierać **(in sth** w coś) ¶ **~ up [sth], ~ [sth] up** (improve) ozd|obić, -abiać, przyb|rać, -ierać *[garment, outfit]*; fig upiększ|yć, -ać *[facts]*; podretuszować *[plan, idea]*

IDIOMS: **~ed to kill** wystrzałowo ubrany infml → **nine**

dressage /ˈdresɑːʒ/ *n* Equest ujeżdżanie *n*

dress circle *n* Theat pierwszy balkon *m*

dress clothes *npl* US ubranie *n* wyjściowe

dress coat *n* frak *m*

dress code *n* przepisowy strój *m (obowiązujący na daną okazję lub w danej grupie społecznej)*

dress designer *n* projektant *m*, -ka *f* mody

dress-down Friday /ˌdresdaʊnˈfraɪdɪ/ *n* piątek *m* dniem bez krawata

dresser[1] /ˈdresə(r)/ *n* [1] (person) **to be a sloppy/stylish ~** ubierać się niechlujnie /elegancko [2] Theat garderobiany *m* [3] (tool) (for wood, stone) narzędzie *n* do obróbki

dresser[2] /ˈdresə(r)/ *n* [1] (for dishes) kredens *m* [2] US (for clothes) komoda *f*; (with a mirror) toaletka *f*

dressing /ˈdresɪŋ/ **I** *n* [1] Med opatrunek *m* [2] Culin (sauce) sos *m*, dressing *m*; **cream ~** sos śmietanowy [3] US Culin (stuffing) nadzienie *n*, farsz *m* [4] (of wood, stone) obróbka *f* [5] (of hide) zmiękczanie *n*, międlenie *n* [6] Agric (fertilizer) nawóz *m* naturalny, kompost *m*

II **dressings** *npl* Archit profilowanie *n*

dressing case *n* neseser *m*

dressing-down /ˌdresɪŋˈdaʊn/ reprymenda *f*, nagana *f*; **to give sb a ~** dać komuś reprymendę; zrugać kogoś infml

dressing gown *n* szlafrok *m*

dressing room *n* Theat garderoba *f*; (in house) garderoba *f*; (at sports grounds) przebieralnia *f*, szatnia *f*

dressing station *n* Mil, Med punkt *m* opatrunkowy

dressing table *n* toaletka *f*

dressing table set *n* przybory *plt* toaletowe

dressmaker /ˈdresmeɪkə(r)/ *n* krawiec *m* damski, krawcowa *f* damska

dressmaking /ˈdresmeɪkɪŋ/ *n* krawiectwo *n* damskie or lekkie

dress parade *n* Mil defilada *f*, parada *f*

dress rehearsal *n* Theat próba *f* generalna or kostiumowa; fig próba *f* generalna **(for sth** przed czymś**)**

dress sense *n* **to have ~** ubierać się gustownie or z gustem; **to have no ~** ubierać się bez gustu

dress shield *n* potnik *m*

dress shirt *n* koszula *f* frakowa

dress suit *n* frak *m*

dress uniform *n* mundur *m* galowy

dressy /ˈdresɪ/ *adj* infml elegancki, szykowny

drew /druː/ *pt* → **draw**

dribble /ˈdrɪbl/ **I** *n* [1] (of liquid) strużka *f*; **there is only a ~ left** fig została tylko odrobina [2] Sport drybling *m*

II *vt* [1] (spill) pozw|olić, -alać spłynąć *[paint]* **(on** or **onto sth** na coś**)**; **he is dribbling soup all down his bib** cała zupa spływa mu po śliniaku [2] Sport dryblować *[ball]*; **he ~d the ball past two defenders** dryblował, omijając dwóch obrońców

III *vi* [1] *[liquid]* ście|c, -kać, ciec **(on** or **onto sth** na coś**)**; **water was dribbling from the pipe** woda ciekła z rury [2] *[baby, old person]* ślinić się [3] Sport dryblować

■ **dribble in** *[money, contributions]* wpływać powoli; skapywać infml

■ **dribble out**: **~ out [sth], ~ [sth] out** wydzielać *[cash, funds]*

dribbler /ˈdrɪblə(r)/ *n* [1] (baby) **he's a bit of a ~, so be careful of your suit** on się ślini, uważaj na garnitur [2] Sport drybler *m*

driblet /ˈdrɪblɪt/ *n* (small quantity) odrobina *f*; kapka *f* infml; (of liquid) kropelka *f*

dribs and drabs /ˌdrɪbzənˈdræbz/ **in ~** *adv phr [arrive, leave]* stopniowo, grupkami; *[pay, receive]* po trochu

dried /draɪd/ **I** *pt, pp* → **dry**

II *adj [fruit, herbs, vegetables]* suszony; *[eggs, milk]* w proszku; *[flower]* zasuszony

dried-up /ˌdraɪdˈʌp/ *adj* [1] *[river bed, spring, well]* wyschnięty [2] pej *[person]* zasuszony

drier /ˈdraɪə(r)/ *n* [1] (for clothes, hair) suszarka *f* [2] (for paint, varnish) suszka *f*, sykatywa *f*

drift /drɪft/ **I** *n* [1] (flow, movement) **the ~ of the current** prąd *m (wody, powietrza)*; **to be carried downstream by the ~ of the current** płynąć z prądem; **the ~ of events** fig bieg wydarzeń; **the ~ from the land** migracja ze wsi do miasta; **the ~ of refugees to the border** wędrówka uchodźców ku granicy; **the slow ~ of strikers back to work** stopniowy powrót strajkujących do pracy [2] (ocean current) prąd *m*, dryf *m*; **North Atlantic ~** Prąd Północnoatlantycki; **continental ~** dryf kontynentalny [3] (deviation) (of projectile, aircraft) znoszenie *n*; (of ship) dryf *m*, znos *m* [4] (mass) (of snow) zaspa *f*; (of leaves, sand) zwał *m*; (of mist, smoke) smuga *f*; **the rain/snow was falling in ~s** zacinał deszcz/śnieg [5] (general meaning) sens *m*; **I don't quite get** or **catch** or **follow your ~** nie całkiem rozumiem, o co ci chodzi; **the ~ of what she was saying was plain** sens tego, co mówiła, był jasny; **get the ~?** infml chwytasz?, kapujesz? infml [6] Geol (glacial deposit) osad *m* [7] (in mining) sztolnia *f*, chodnik *m* [8] Ling zmiany *f pl* językowe [9] Elec, Radio dryft *m*

II *vt* zn|ieść, -osić *[boat]*; un|ieść, -osić *[smoke]*

III *vi* [1] (be carried by tide, current) *[raft, boat, floating object]* po|dryfować, po|płynąć z prądem; (by wind) *[balloon, smoke]* un|ieść, -osić się; *[fog]* po|płynąć; **the raft was ~ing out to sea/downstream** tratwa dryfowała or płynęła w stronę morza/w dół rzeki; **mist was ~ing in from the sea** z nad morza nadciągała mgła; **clouds ~ed across the sky** po niebie przeciągały chmury; **voices ~ed into the garden** szmer rozmów docierał do ogrodu; **to ~ off course** zboczyć z kursu; **to ~ onto the rocks** podryfować na skały [2] (pile up) *[snow]* u|tworzyć zaspy; *[leaves, sand]* na|gromadzić się; **~ing snow** tumany śniegu, kurzawa; **~ed snow** kopny śnieg [3] (move aimlessly) **to ~ along** *[person]* wałęsać się bez celu; fig nic nie robić; **to ~ around** or **about the house** snuć się po domu; łazić z kąta w kąt infml; **to ~ into /out of the room** wchodzić do/wychodzić z pokoju; **to ~ from job to job** stale zmieniać pracę; **to ~ from town to town** przenosić się z miejsca na miejsce; **to ~ through life** żyć z dnia na dzień; **the country is ~ing towards recession/war** kraj stacza się ku recesji/wojnie; **I'm content to let the things ~** pozostawiam sprawy własnemu biegowi [4] fig (stray) **to ~ into teaching/publishing** trafić do szkolnictwa/pracy w wydawnictwie fig; **to ~ into crime/prostitution** wejść na drogę przestępstwa/nierządu; **the conversation ~ed onto politics** rozmowa zeszła na politykę

■ **drift apart** *[couple, friends, lovers]* odsuwać or oddalać się **(from sb/each other** od kogoś/siebie**)**; **we seem to be ~ing apart** odsuwamy się or oddalamy się od siebie

■ **drift away** *[crowd, spectators]* roz|ejść, -chodzić się, od|ejść, -chodzić, oddal|ić, -ać się **(from sth** od czegoś**)**; fig *[person]* (from belief, faith) od|ejść, -chodzić **(from sth** od czegoś**)**

■ **drift off** [1] (fall asleep) zapa|ść, -dać w sen [2] (leave) iść, pójść sobie

drift anchor *n* dryfkotwa *f*

drifter /ˈdrɪftə(r)/ *n* [1] Fishg lugier *m*, dryfter *m* [2] (aimless person) **to be a ~** nigdzie nie zagrzać miejsca

drift ice *n* tłuka *f*, lód *m* dryfujący

drift-net /ˈdrɪftnet/ *n* pławnica *f*, sieć *f* dryfująca

driftwood /ˈdrɪftwʊd/ *n* (on water) dryfujące drewno *n*; (on shore) drewno *n* (wyrzucone na brzeg)

drill[1] /drɪl/ **I** *n* [1] (tool) wiertarka *f*; (drilling bit) wiertło *n*; (for mining, oil) świder *m*; Dent wiertło *n* [2] Mil musztra *f*; **rifle ~** musztra z bronią [3] (practice) próbny alarm *m*; **lifeboat/fire ~** próbny alarm szalupowy /pożarowy [4] Sch ćwiczenie *n* [5] GB infml dat (procedure) **the ~** ogólnie przyjęta zasada *f*

II *vt* [1] przewierc|ić, -ać *[wood, metal, masonry]*; wywierc|ić, -ać *[tunnel, shaft]*; borować *[teeth]*; **to ~ a hole in sth** wywiercić otwór w czymś [2] Mil wy|musztrować *[troops]*; **a well-~ed crew** dobrze wyszkolona załoga [3] (teach) **to ~ sb in sth** wyuczyć kogoś czegoś; **to ~ sth into sb** wpoić coś komuś

III *vi* [1] wiercić **(into sth** w czymś**)**; (with drilling rig) prowadzić wiercenia **(for sth** w poszukiwaniu czegoś**)**; **the dentist ~ed into the tooth** dentysta borował ząb [2] Mil ćwiczyć musztrę

drill[2] /drɪl/ **I** *n* [1] (furrow) bruzda *f*; (row of plants) rząd *m* [2] (machine) siewnik *m* rzędowy

II *vt* za|siać w rzędach

drill[3] /drɪl/ *n* Tex drelich *m*

drilling /ˈdrɪlɪŋ/ *n* (for oil, gas, water) wiercenia *n pl*; Dent, Tech borowanie *n*; **~ for oil, oil ~** wiercenia w poszukiwaniu ropy

drilling derrick *n* wieża *f* wiertnicza

drilling platform *n* platforma *f* wiertnicza

drilling rig *n* (on land) wiertnia *f*; (at sea) platforma *f* wiertnicza

drill sergeant *n* Mil instruktor *m* musztry (w stopniu sierżanta)

drily /ˈdraɪlɪ/ *adv* [1] (coldly) sucho, oschle [2] (with dry wit) szyderczo, kostycznie

drink /drɪŋk/ **I** *n* [1] (nonalcoholic) napój *m*; **a fizzy/milky ~** napój gazowany/mleczny; **to have a ~** napić się; **can I have a ~ of water?** czy mogę prosić trochę wody?; **to give sb a ~** podać komuś coś do picia; **to give a plant a ~** podlać roślinę [2] (alcoholic) napój *m* alkoholowy, drink *m*; **to have a ~** napić się; **would you like a ~?** napijesz się czegoś?, masz ochotę na drinka?; **a quick ~** jeden szybki infml; **to go for a ~** pójść się czegoś napić, pójść na drinka; **he likes a ~** lubi się napić; **the ~s are on me** ja stawiam; **a round of ~s** kolejka [3] (act of drinking) picie *n*; **to take** or **have a ~ of sth** wypić coś, napić się czegoś; **I gave her a ~ from my can /bottle** dałem jej napić się z mojej puszki /butelki [4] (collectively) picie *n*; (alcoholic) alkohol *m*; **food and ~** jedzenie i picie; **he was smelling of ~** czuć było od niego alkohol; **to be under the influence of ~** znajdować się pod wpływem alkoholu; **to take to ~** (as addiction) zacząć pić [5] **the ~** infml (the sea) wielka woda *f* fig

II *vt* (*pt* **drank**; *pp* **drunk**) [1] (consume) wy|pić; (habitually, repeatedly) wy|pijać *[liquid, glass, bottle, pint]*; napić się (czegoś) *[liquid]*; **I don't ~ coffee/whisky** nie pijam kawy /whisky; **~ this: it'll make you feel better** wypij to, zaraz się lepiej poczujesz; **what are you ~ing?** (when offering) czego się napijesz?; **I think the dog wants something to ~** psu chyba chce się pić; **to ~**

D

sth from or **out of a bottle/can/cup** napić się czegoś z butelki/puszki/filiżanki; **to ~ a toast (to sb)** wypić toast (na cześć kogoś); **to ~ sb's health** or **the health of sb** wypić (za) zdrowie kogoś [2] (absorb) *[plant, grass, flower]* pić; *[soil, earth]* wchł|onąć, -aniać *[water, rain]*

III *vi* (*pt* **drank;** *pp* **drunk)** [1] (consume liquid) pić **(from** or **out of sth** z czegoś); **to ~ (straight) from the bottle** napić się (prosto) z butelki [2] (consume alcohol) pić; **he never ~s alone** nigdy nie pije sam; nigdy nie pije do lustra infml; **have you been ~ing?** piłeś?; **don't ~ and drive!** piłeś? nie jedź! [3] (as toast) **to ~ to the bride/to the health of our friend** wypić zdrowie panny młodej/naszego przyjaciela; **to ~ to sb** przepić do kogoś infml; **to ~ to sth** wypić za coś; **what should we ~ to next?** za co się teraz napijemy?

IV *vr* **to ~ oneself unconscious** upić się or spić się do nieprzytomności; **to ~ oneself to death** zapić się na śmierć; **he drank himself into a stupor** urżnął się w sztok infml

■ **drink away**: **~ away [sth], ~ [sth] away** zapi|ć, -jać *[pain, troubles]*; przepi|ć, -jać *[fortune, wages]*; **she tried to ~ her sorrows away** próbowała topić smutki w butelce; **we drank the night away** piliśmy przez całą noc

■ **drink down**: **~ down [sth], ~ [sth] down** (gulp all) wypi|ć, -jać do dna

■ **drink in**: **~ in [sth]** [1] *[earth, plant, grass, roots]* wchł|onąć, -aniać *[water, rain, air]*; **I drank in the fresh mountain air** chłonąłem czyste, górskie powietrze [2] fig (take in) chłonąć *[beauty, atmosphere, lecture]*; **she drank in every word he said** chłonęła każde jego słowo

■ **drink up**: ¶ **~ up** (finish) s|kończyć pić ¶ **~ up [sth], ~ [sth] up** dopi|ć, -jać, wypić do dna *[milk, beer, tea, wine]*

IDIOMS: **to drive sb to ~** wpędzić kogoś w alkoholizm; **to ~ with the flies** Austral pić do lustra; **I'll ~ to that!** jestem za (tym)! infml ; **don't listen to him, it's (just) the ~ talking** nie słuchaj go, to takie pijackie gadanie

drinkable /ˈdrɪŋkəbl/ *adj* [1] (safe to drink) *[water, milk, juice]* zdatny do picia [2] (acceptable) *[coffee, beer, wine]* **it's ~** da się wypić

drink-driver /ˌdrɪŋkˈdraɪvə(r)/ *n* GB pijany kierowca *m*

drink-driving /ˌdrɪŋkˈdraɪvɪŋ/ GB **I** *n* jazda *f* w stanie nietrzeźwym, jazda *f* po pijanemu

II *modif* **~ fine/sentence** mandat/wyrok za prowadzenie po pijanemu

drinker /ˈdrɪŋkə(r)/ *n* [1] pijąc|y *m*, -a *f*; **tea /coffee ~** amator herbaty/kawy [2] (habitual consumer of alcohol) pija|k *m*, -czka *f*; **to be a ~** pić; **I'm not much of a ~** w zasadzie nie piję; **he's a heavy ~** on bardzo dużo pije [3] (customer in bar) klient *m*, -ka *f*; (consumer) pijąc|y *m*, -a *f* alkohol

drinking /ˈdrɪŋkɪŋ/ **I** *n* [1] picie *n*; **to cut down on one's coffee ~** pić mniej kawy [2] (of alcohol) picie *n* alkoholu; spożywanie *n* alkoholu fml; (habitually or to excess) nadużywanie *n* alkoholu; **there is a lot of ~ at his parties** u niego na przyjęciach pije się dużo alkoholu; **~ and driving** prowadzenie samochodu po pijanemu

II *modif* [1] *[law, legislation, restriction]* dotyczący spożywania napojów alkoholowych; **you must change your ~ habits** musisz pić mniej alkoholu, musisz ograniczyć picie alkoholu; **a ~ companion** kompan do kielicha or picia hum; **~ bout** or **session** or **spree** pijatyka, pijaństwo [2] **~ trough** koryto *n* do pojenia; **~ bowl** czara; **~ straw** słomka

III -drinking *in combinations* pijący; **one of my tea-/beer-~ friends** jeden z moich przyjaciół, amatorów herbaty/piwa

drinking chocolate *n* GB czekolada *f* pitna, czekolada *f* do picia

drinking fountain *n* „wodotrysk" *m* z wodą pitną

drinking problem *n* US = **drink problem**

drinking song *n* piosenka *f* biesiadna

drinking-up time /ˌdrɪŋkɪŋˈʌptaɪm/ *n* GB *czas między podaniem ostatniej kolejki a zamknięciem pubu*

drinking water *n* woda *f* pitna

drink problem *n* GB (alcoholism) problem *m* alkoholowy, alkoholizm *m*; **to have a ~** (serious) być alkoholikiem; (less serious) nadużywać alkoholu

drinks cabinet *n* GB barek *m*

drinks cupboard *n* GB = **drinks cabinet**

drinks dispenser *n* GB automat *m* z napojami

drinks machine *n* GB dystrybutor *m* napojów

drinks party *n* GB koktajl *m*

drip /drɪp/ **I** *n* [1] (drop) (spadająca or skapująca) kropla *f* [2] (sound) kapanie *n* **(of sth** czegoś); **the ~ of rain/a tap** kapanie deszczu/z kranu [3] GB Med kroplówka *f*; **to be on a ~** mieć kroplówkę, być podłączonym do kroplówki [4] infml pej (insipid person) głupek *m* infml

II *vt* (*pt, pp, prp* **-pp-)** [1] *[leak, roof]* przepuszczać *[rain, water]*; *[person, fingers]* ociekać (czymś) *[sweat, blood]*; **to ~ sth onto** or **down sth** pochlapać coś czymś; **to ~ sth all over sth** zachlapać coś czymś [2] fig (ooze) **he ~ped contempt** był przepełniony pogardą, zionął pogardą; **he ~ped charm** był uroczy do przesady; **his voice ~ped smugness** w jego głosie brzmiało samozadowolenie

III *vi* (*pt, pp, prp* **-pp-)** [1] *[water, blood, oil, rain]* kapać; **to ~ from** or **off sth** skapywać z czegoś; **to ~ down sth** ściekać or skapywać po czymś; **to ~ into/onto sth** skapywać do czegoś/na coś [2] *[tap]* ciec; *[branches]* ociekać; *[washing]* kapać **(onto sth** na coś); *[wound]* broczyć (krwią); **the engine is ~ping** cieknie z silnika; **her nose is ~ping** cieknie jej z nosa; **to be ~ping with sth** ociekać czymś; fig być przepełnionym czymś

drip-dry /ˌdrɪpˈdraɪ/ **I** *adj [shirt, fabric, sheets]* do suszenia bez wyżymania

II *vt* **wash and ~** uprać i powiesić bez wyżymania

III *vi* suszyć bez wyżymania

drip feed I /ˈdrɪpfiːd/ *n* (intravenous) odżywianie *n* pozajelitowe; (directly into intestines) odżywianie *n* dojelitowe

II /ˌdrɪpˈfiːd/ *vt* (intravenously) odżywiać pozajelitowo *[patient]*; (into intestines) odżywiać dojelitowo *[patient]*

drip mat *n* podkładka *f (pod szklankę)*

drip pan *n* brytfanna *f*

dripping /ˈdrɪpɪŋ/ **I** *n* Culin tłuszcz *m* z pieczonego mięsa

II *adj [tap]* cieknący; *[washing]* kapiący; *[coat]* przemoknięty

dripping pan *n* = **drip pan**

dripping wet *adj [person]* przemoczony do suchej nitki; *[clothes, hair, towel]* ociekający wodą; *[day]* deszczowy

drivable *adj* = **driveable**

drive /draɪv/ **I** *n* [1] (car journey) jazda *f*; (for pleasure) przejażdżka *f*; **to go** or **come for a ~** pojechać or wybrać się na przejażdżkę, przejechać się; **to take sb for a ~** zabrać kogoś na przejażdżkę; **to take the car for a ~** przejechać się samochodem; **it's a 40 mile ~ to the hospital** do szpitala jest 40 mil jazdy samochodem; **the sea is only five minutes' ~ from our house** od nas z domu nad morze jest tylko pięć minut jazdy samochodem; **it's a magnificent ~ to Oxford from here** droga stąd do Oxfordu jest przepiękna [2] (private road) (short) podjazd *m*; (longer) droga *f* dojazdowa; (in names of roads) ulica *f*; **the car is in** or **on the ~** samochód stoi na podjeździe; **turn left into Milton Drive** skręć w lewo w Milton Drive [3] Mech, Aut (mechanism to transmit the power) napęd *m*; **a left-hand ~ car** samochód z kierownicą po lewej stronie [4] Comput (unit) stacja *f* dysków; **disk/tape ~** napęd dyskowy/taśmy [5] (large-scale effort) (military) ofensywa *f*; (commercial) kampania *f*; (political, social) akcja *f*; **a charity/publicity ~** akcja charytatywna/promocyjna; **a ~ against/for** or **towards sth** akcja przeciw czemuś/na rzecz czegoś; **a ~ to increase efficiency** działania zmierzające do zwiększenia wydajności [6] (motivation, energy) zapał *m*, energia *f*; **he lacks** or **is lacking in the ~ to win** brakuje mu woli zwycięstwa; **she has plenty of ~ and enthusiasm** ona ma mnóstwo zapału i entuzjazmu [7] (instinct, urge) popęd *m*; (desire) dążenie *m* **(for sth** do czegoś); **sex(ual) ~** popęd płciowy; **his ~ for perfection** jego dążenie do perfekcji [8] Sport (hard stroke) (in tennis, badminton, cricket) drajw *m*; (in golf) drive *m inv* [9] Hunt (of game) nagonka *f*, naganka *f*; (of cattle) spęd *m* [10] GB (tournament) turniej *m*; **a whist/bridge ~** turniej wista/brydżowy

II *modif* Mech *[mechanism, system]* napędowy, napędzajacy

III *vt* (*pt* **drove;** *pp* **driven)** [1] (steer) kierować (czymś) *[motor vehicle, railway engine]*; powozić (czymś) *[wagon, cart, coach]*; (as one's occupation) być kierowcą (czegoś); (operate, be in control of) prowadzić *[car, bus, train]*; jeździć (czymś) *[sports car, minivan, VW]*; (cover distance) przeje|żdżać, -chać; z|robić infml *[100 miles, 300 kilometres]*; **she ~s the school bus** ona jest kierowcą szkolnego autobusu; **what (car) do you ~?** czym jeździsz?, jakim samochodem jeździsz?; **to ~ a car into the**

garage wprowadzić samochód do garażu; **he drove the truck into a brick wall** wjechał ciężarówką w mur; **I'll ~ the car onto the ferry, and you can ~ it off** ja wjadę autem na prom, a ty zjedziesz [2] (transport) (once) za|wieźć; (many times) wozić; **she drove me home** zawiozła mnie do domu; **to ~ tourists round town** obwozić turystów po mieście; **he hates being driven** on nie znosi być pasażerem [3] (power, propel) napędzać; **the generator is driven by steam** generator jest napędzany parą; **what ~s the economy?** fig co jest motorem rozwoju gospodarczego?; co napędza gospodarkę? infml [4] (push) *[wind, gale]* nieść *[snow, sand]*; **dead leaves driven along by the wind** zeschłe liście niesione wiatrem; **the ship was driven off course** statek został zepchnięty z kursu; **the gales drove the snow into deep drifts** wiatr usypał ze śniegu wysokie zaspy [5] (strike) wbi|ć, -jać *[nail, peg, stake]* **(into sth** w coś); **to ~ a stake/nail through sth** przebić coś kołkiem/gwoździem; **I drove the rivets home** zaklepałem nity [6] (in understanding, remembering) **to ~ sth into sb's head** wbić coś komuś w głowę or do głowy; **to ~ sth into one's head** (memorize) wbić sobie coś w pamięć, dobrze coś zapamiętać; **to ~ sb/sth from** or **out of one's head** or **mind** or **thoughts** wyrzucić kogoś/coś z pamięci; **something had driven the name right out of his head** to nazwisko całkiem wypadło or wyleciało mu z pamięci or z głowy; **he tried to ~ her out of his thoughts** próbował o niej zapomnieć or nie myśleć; **to ~ sth home (to sb)** uświadomić coś (komuś), uzmysłowić coś (komuś); **we must ~ (it) home to her that...** musimy jej uświadomić, że... [7] (bore) przebi|ć, -jać *[road, passage]*; wy|kopać *[well]*; **to ~ a tunnel through the rock/a mountain** przebić tunel w skale/pod górą [8] (herd, chase) pędzić *[people, animals]*; spławi|ć, -ać *[logs]*; **to ~ cattle across a bridge/river** przepędzić bydło przez most/rzekę; **to ~ sheep/cattle into a field** wypędzić owce /bydło na pastwisko; **to ~ sb into a trap** zagnać or zapędzić kogoś w pułapkę; **to be driven out of** or **from the country/one's home** zostać wypędzonym z kraju/domu; **smaller businesses are being driven out of the market** fig mniejsze firmy są wypierane z rynku [9] Hunt nag|nać, -aniać *[game]* [10] (motivate) *[jealousy, lust, fear]* kierować (kimś), powodować (kimś); (bring to specified state) doprowadz|ić, -ać; (force) zmu|sić, -szać; **he was driven by jealousy** kierowała nim zazdrość; **he was driven to suicide** został doprowadzony do samobójstwa; **he was driven by hunger to steal** głód zmusił or doprowadził go do kradzieży; **to ~ sb out of their mind** or **wits** doprowadzić kogoś do szału or szaleństwa; **to ~ sb mad** or **crazy** or **nuts** infml doprowadzać kogoś do szału or szaleństwa; **it's enough to ~ you mad!** infml szału można dostać! infml; **to ~ sb into debt** wpędzić kogoś w długi; **to be driven out of business** zostać doprowadzonym do ruiny or bankructwa [11] (force to work) zmu|sić, -szać do wytężonej pracy; **to ~ sb too hard** zamęczyć kogoś, zmuszać kogoś do zbyt ciężkiej pracy [12] Sport (in tennis, football) wybi|ć, -jać *[ball]*; (in golf, cricket) pos|łać, -yłać *[ball]*

IV *vi* (*pt* **drove;** *pp* **driven)** [1] Aut *[driver]* po|prowadzić (samochód), po|jechać; jeździć; *[passenger, car]* (once) po|jechać; (many times) jeździć; **can you ~?** umiesz prowadzić (samochód)?; **will you ~?** poprowadzisz?; **he was driving at 80 miles per hour/on the left/on the main road** jechał z prędkością 80 mil na godzinę/lewą stroną/główną ulicą; **he ~s for Ferrari** on jeździ w stajni Ferrari; **you can't ~ along the High Street** High Street jest zamknięta dla ruchu; **she ~s to work /London every day** codziennie jeździ do pracy/Londynu samochodem; **he drove into the car park** wjechał na parking; **to ~ into a fence/tree** wjechać w ogrodzenie/drzewo; **my brother/the car drove into a ditch** mój brat/samochód wjechał do rowu; **I drove over the bridge** przejechałem przez most; **you've just driven over a hedgehog** właśnie przejechałeś jeża; **he drove through a red light** przejechał na czerwonym świetle; **the queen waved as she drove past** królowa, przejeżdżając, pomachała ręką; **to drive straight at sb** jechać prosto na kogoś; **the taxi drove out of the station** taksówka wyjechała spod stacji; **you use a lot of petrol driving round the town** jeżdżąc po mieście, spala się dużo benzyny [2] **this car ~s well** ten samochód dobrze się prowadzi [3] *[wind, rain]* zacinać; **the hail /sand/snow was driving in my face** zacinało gradem/piaskiem/śniegiem prosto w twarz; **the waves drove against the sea wall** fale biły o falochron; **the sand had driven into every nook and cranny** piach wciskał się w każdą szparę [4] Sport (in cricket, tennis, hockey) odbi|ć, -jać; (in golf, football) wybi|ć, -jać

V *vr* **to ~ oneself** [1] Aut (be driver) **the Minister ~s himself** Minister sam prowadzi samochód; **he drove himself to hospital** pojechał sam do szpitala [2] (push oneself) zapracow|ać, -ywać się; **to ~ oneself too hard** przepracowywać się

■ **drive at**: **what are you driving at?** do czego zmierzasz?, co chcesz przez to powiedzieć?

■ **drive away**: ¶ **~ away** Aut *[driver]* rusz|yć, -ać (z miejsca); *[car]* odje|chać, -żdżać ¶ **~ away [sb/sth], ~ [sb/sth] away** [1] *[driver]* rusz|yć, -ać (czymś) z miejsca, odje|chać, -żdżać (czymś) *[vehicle]* [2] (transport) **to ~ sb away in sth** zabrać kogoś czymś; **they drove her away in an ambulance/a taxi** zabrali ją karetką /taksówką [3] (get rid of) (by force) odpędz|ić, -ać *[birds, insects, fish, pests]*; (by intimidation) odstrasz|yć, -ać *[people, customers, tourists, visitors]* [4] (cause to disappear) rozwi|ać, -ewać *[doubts, fears, suspicions]*

■ **drive back**: ¶ **~ back** (return) przy|jechać z powrotem; **to ~ there and back on the same day** pojechać tam i z powrotem w ciągu jednego dnia ¶ **~ back [sb/sth], ~ [sb/sth] back** [1] (transport back) przyw|ieźć, -ozić z powrotem *[person, people]* [2] (force to retreat) od|eprzeć, -pierać *[enemy, rioters]*; odg|onić, -aniać *[animals]* [3] (force to come back) przyg|nać, -aniać z powrotem; (force to go back) zag|nać, -aniać z powrotem; **we were driven back by bad weather** paskudna pogoda przygnała nas z powrotem do domu

■ **drive down**: ¶ **~ down** [1] (downhill) zje|chać, -żdżać; **it's a steep hill, ~ down slowly** to stromy zjazd, jedź powoli [2] (go to) po|jechać; **I drove down to the coast** pojechałem na wybrzeże ¶ **~ down [sth], ~ [sth] down** *[person]* obniż|yć, -ać *[prices, wages]*; *[action, event]* s|powodować obniżkę (czegoś) *[prices, interest rates]*; zmniejsz|yć, -ać, obniż|yć, -ać *[inflation]*

■ **drive forward** (in football) za|atakować

■ **drive in**: ¶ **~ in** *[person, vehicle]* wje|chać, -żdżać ¶ **~ in [sth], ~ [sth] in** wbi|ć, -jać *[nail, peg, stake]*

■ **drive off**: ¶ **~ off** [1] (leave) odje|chać, -żdżać; (start moving) rusz|yć, -ać (z miejsca) [2] (in golf) rozpocz|ąć, -ynać grę ¶ **~ off [sb /sth], ~ [sb/sth] off** [1] (force to go away) przepędz|ić, -ać *[birds, enemy]* [2] (transport) **to ~ sb off in sth** zabrać kogoś (czymś)

■ **drive on**: ¶ **~ on** (continue driving) po|jechać dalej ¶ **to ~ [sb] on** z|dopingować *[person]*; **to ~ sb on to do sth** zdopingować kogoś, żeby coś zrobił or do zrobienia czegoś; **she drove him on to try again** zdopingowała go, żeby jeszcze raz spróbował; zdopingowała go do podjęcia jeszcze jednej próby

■ **drive out**: ¶ **~ out** (out of a garage, parking space) wyje|chać, -żdżać ¶ **~ out [sb/sth], ~ [sb/sth] out** odpędz|ić, -ać *[intruder, pests, memory, thoughts]*; wypędz|ić, -ać *[evils spirits]*; wyp|rzeć, -ierać *[business, organization]*; **she tried to ~ out these thoughts of revenge** próbowała odpędzić or odegnać od siebie myśli o zemście

■ **drive over**: ¶ **~ over** (to somewhere) przy|jechać; (from somewhere) po|jechać ¶ **~ [sth] over** (travel) po|jechać (czymś) *[car, taxi, bus, ambulance]* ¶ **~ [sb/sth] over** (transport) zaw|ieźć, -ozić *[person, goods, furniture]*

■ **drive round**: ¶ **~ round** (somewhere nearby) podje|chać, -żdżać; (aimlessly, in circles) jeździć w kółko ¶ **~ [sth] round** podje|chać, -żdżać (czymś) *[car, taxi, lorry, ambulance]*; **~ the car round to the front of the house** podjedź pod dom od frontu ¶ **~ [sb] round** (once) pod|wieźć; (many times) pod|wozić; **he drove me round to the chemist's** podwiózł mnie do apteki ¶ **~ round [sth], ~ [sth] round** *[motor, belt, wind, water]* obr|ócić, -acać *[propeller, blades, wheel]*

■ **drive up**: ¶ **~ up** [1] (go uphill) podje|chać, -żdżać (pod górę or do góry), wje|chać, -żdżać (na górę or na szczyt) [2] (arrive) przy|jechać; (approach) podje|chać, -żdżać ¶ **~ up [sth], ~ [sth] up** zwiększ|yć, -ać *[inflation, unemployment figures]*; podn|ieść, -osić *[wages, interest rates]*; podbi|ć, -jać *[prices]*

driveable /ˈdraɪvəbl/ *adj* [1] *[car, bus, tractor]* (in working order) nadający się do jazdy; (safe to drive) zdatny do jazdy; (legal)

D

dopuszczony do ruchu; (comfortable) wygodny w prowadzeniu [2] *[road, moors]* przejezdny; **within a ~ distance** w odległości, którą można pokonać samochodem
drive-by (shooting) /ˌdraɪvbaɪ/ *n* US strzały *m pl* z jadącego samochodu
drive-in /ˈdraɪvɪn/ **I** *n* (cinema) kino *n* samochodowe infml; (restaurant) restauracja *f* drive-in infml
II *modif [restaurant, bank]* dla zmotoryzowanych
drivel /ˈdrɪvl/ infml **I** *n* bzdury *f pl*, brednie *f pl*
II *vi* (*prp, pt, pp* GB **-ll-**, US **-l-**) (also **~ on**) pleść bzdury (**about sth** o czymś, na temat czegoś)
driveline /ˈdraɪvlaɪn/ *n* przenoszenie *n* napędu
driven /ˈdrɪvn/ **I** *pp* → **drive**
II *adj [person]* z determinacją dążący do celu
III **-driven** *in combinations* **chauffeur-~ car** samochód z kierowcą; **petrol-~ engine** Aut silnik benzynowy; **belt-~ fan** wentylator o napędzie pasowym; **menu-~** Comput sterowany przez menu
driver /ˈdraɪvə(r)/ *n* [1] (of motor vehicle) kierowca *m*; (of train) maszynista *m*; (of tram) motorniczy *m*; (of cart) woźnica *m*; **a lorry /bus ~** kierowca ciężarówki/autobusu; **a rally/racing ~** kierowca rajdowy/wyścigowy; **a taxi** or **cab ~** taksówkarz; **to be a good/bad ~** być dobrym/złym kierowcą; **to be a careful/reckless ~** być rozważnym/nieostrożnym kierowcą [2] (of animals) poganiacz *m* [3] Mech człon *m* napędzający; Electron sterownik *m* [4] Sport (golf club) driver *m* [5] Comput sterownik *m*; drajwer *m* infml → **slave driver**
driver's education *n* US szkolenie *n* kierowców
driver's license *n* US = **driving licence**
driver's seat *n* = **driving seat**
drive shaft *n* wał *m* napędowy or pędny
drive-through /ˈdraɪvθruː/ *n* US *sklep lub restauracja dla zmotoryzowanych*
drivetime /ˈdraɪvtaɪm/ *n* [1] (commuting time) godziny *f pl* szczytu [2] **~ music** US Radio audycja muzyczna nadawana w godzinach szczytu
drive unit *n* układ *m* pędny zblokowany, blok *m* pędny
drive-up window /ˌdraɪvʌpˈwɪndəʊ/ *n* US bankomat *m* dla zmotoryzowanych
driveway /ˈdraɪvweɪ/ *n* podjazd *m*
driving /ˈdraɪvɪŋ/ **I** *n* (steering) prowadzenie *n*, jazda *f*; (travelling) jeżdżenie *n*; **motorway /night ~** jazda autostradą/nocą; **~ is difficult/fun** prowadzenie samochodu jest trudne/jest przyjemne; **her ~ has improved** coraz lepiej prowadzi samochód
II *modif* **comfortable ~ position** wygodna pozycja do prowadzenia (samochodu); **my ~ skills/habits** moje umiejętności /przyzwyczajenia jako kierowcy; **~ manoeuvres** manewrowanie samochodem or pojazdem
III *adj* [1] *[rain, hail, snow]* zacinający; *[wind]* porywisty [2] *[force]* napędowy; *[influence]* decydujący; *[need, necessity]* palący [3] Mech *[chain]* napędowy; *[gear]* pędny
driving belt *n* pas *m* napędowy
driving examiner *n* egzaminator *m* przeprowadzający egzamin na prawo jazdy
driving force *n* fig siła *f* napędowa, motor *m* fig (**behind sth** czegoś)
driving instructor *n* instruktor *m*, -ka *f* jazdy
driving lesson *n* lekcja *f* prowadzenia samochodu; jazda *f* infml
driving licence GB *n* prawo *n* jazdy
driving mirror *n* lusterko *n* wsteczne
driving offence *n* Jur wykroczenie *n* drogowe
driving range *n* (in golf) teren *m* treningowy
driving school *n* szkoła *f* jazdy
driving seat *n* siedzenie *n* or fotel *m* kierowcy
IDIOMS: **to be in the ~** fig być u steru fig
driving test *n* egzamin *m* na prawo jazdy; **to take/pass one's ~** zdawać/zdać egzamin na prawo jazdy; **to fail one's ~** nie zdać egzaminu na prawo jazdy; oblać egzamin na prawo jazdy infml
driving wheel *n* Tech koło *n* pędne
drizzle /ˈdrɪzl/ **I** *n* Meteorol mżawka *f*
II *vt* Culin **~ the salad with oil** skrop sałatkę oliwą
III *vi* Meteorol mżyć
drizzly /ˈdrɪzlɪ/ *adj [day, weather]* dżdżysty
droll /drəʊl/ *adj* [1] (amusing) zabawny, śmieszny [2] dat (odd, quaint) dziwaczny
dromedary /ˈdrɒmədərɪ, US -ədərɪ/ *n* dromader *m*
drone /drəʊn/ **I** *n* [1] Zool truteń *m* [2] fig (parasite) truteń *m*, darmozjad *m* [3] Aviat (pilotless aircraft) samolot *m* zdalnie sterowany [4] (of engine) warkot *m*; (of insects) bzyk *m*; (of traffic, voices) szum *m*; **I could hear his monotonous ~** słyszałem jego monotonny głos [5] Mus (note) burdon *m* [6] (pipe) piszczałka *f* burdonowa
II *vt* wy|cedzić (coś) przez zęby; **'as you like,' he ~d** „jak sobie życzysz", wycedził przez zęby
III *vi [engine]* buczeć, warkotać; *[insect]* brzęczeć, bzyczeć; *[person]* cedzić (słowa)
■ **drone on** infml pej ględzić infml (**about sth** o czymś)
drongo /ˈdrɒŋgəʊ/ *n* [1] Zool dławik *m* [2] Austral infml pej kretyn *m*, -ka *f*
drool /druːl/ *vi* [1] za|ślinić się; **baby's ~ed all down his bib** dziecko zaśliniło sobie cały śliniaczek [2] infml fig **to ~ over sth/sb** pożerać wzrokiem coś/kogoś; **to ~ at the thought of sth/sb** oblizywać się na samą myśl o czymś/kimś; **he ~ed at the mouth** ślinka mu ciekła
droop /druːp/ **I** *n* (of head, shoulders) pochylenie *n*; (of eyelids) opadnięcie *n*
II *vt* opu|ścić, -szczać, pochyl|ić, -ać *[head]*
III *vi* [1] (sag) *[head, shoulders, feather]* opa|ść, -dać; *[flower]* z|więdnąć; oklapnąć infml; *[flag, branch, moustache]* zwisać [2] (flag) *[person, spirits]* o|słabnąć
drooping /ˈdruːpɪŋ/ *adj* [1] *[eyelids, head]* opadający; *[branch, moustache]* zwisający; *[flower, plant]* zwiędły; oklapnięty infml; *[shoulders]* przygarbiony [2] fig **~ spirits** słabnący duch, słabnące chęci
droopy /ˈdruːpɪ/ *adj [bottom, moustache, stomach]* obwisły; *[flowers, leaves]* zwiędły, oklapnięty infml; **~ drawers** infml palant *m* infml offensive
drop /drɒp/ **I** *n* [1] (drip, globule) kropla *f*; **~ by ~** kropla po kropli; **add the oil in ~s** dodawaj oleju po kropelce [2] infml (small quantity) odrobina *f*; kapka *f* infml; (of alcohol) kropelka *f* hum; **could I have a ~ more tea, please?** czy mogę jeszcze prosić o odrobinę herbaty?; **this isn't a bad ~ of wine** wcale niezłe to wino; **to have had a ~ too much** euph odrobinę za dużo wypić, wypić o jednego za dużo infml [3] (on necklace, earring) łezka *f*; (on chandelier) wisior *m* [4] (sweet) drażetka *f*; **pear/lemon ~** drażetka o smaku gruszkowym/cytrynowym [5] (decrease) obniżenie (się) *n*, spadek *m*; **a 5% ~** or **a ~ of 5% in inflation** pięcioprocentowy spadek inflacji, spadek inflacji o 5%; **there has been a sharp ~ in unemployment** nastąpił gwałtowny spadek bezrobocia [6] (incline) spadek *m*; (sheer slope) urwisko *n*; **there was a steep ~ on either side of the ridge** grań opadała na obie strony stromymi urwiskami; **a ~ of 100 metres to the water below** (from a cliff) stumetrowe urwisko do lustra wody; (from a bridge) odległość stu metrów do lustra wody; **don't lean out – it's a big ~** nie wychylaj się – tu jest bardzo stromo; **what a ~!** ale wysoko! [7] (delivery) (from aircraft) zrzut *m*; (from lorry, van) dostawa *f*; (parachute jump) skok *m* spadochronowy or na spadochronie; **to make a ~** (of supplies, equipment) dokonać zrzutu, wykonać zrzut; *[parachutist]* skoczyć na spadochronie [8] (parachutist) desantowiec *m*, spadochroniarz *m*; zrzutek *m* infml [9] (secret place) skrzynka *f* kontaktowa [10] (trapdoor) zapadnia *f* [11] (the gallows) szubienica *f* [12] Theat = **drop curtain**
II **drops** *npl* Med krople *f pl*, kropelki *f pl*; **to put ~s in sb's/one's eyes** wpuścić krople komuś/sobie do oczu
III *vt* (*prp, pt, pp* **-pp-**) [1] (allow to fall) (accidentally) upu|ścić, -szczać; (deliberately) rzuc|ić, -ać; zrzuc|ić, -ać; **mind you don't ~ it!** uważaj, nie upuść tego!; **you're ~ping mud on the carpet!** zostawiasz błoto na dywanie!; **I ~ped the key in a puddle** klucz wpadł mi do kałuży; **he ~ped a stone into the well** wrzucił kamień do studni; **~ it!** rzuć to!, zostaw to!; **he ~ped a coin into the slot** wrzucił monetę do otworu; **he ~ped a 30-foot putt** (in golf) Sport trafił piłką do dołka z (odległości) 30 stóp; **she ~ped the shuttlecock over the net** odbita przez nią lotka spadła tuż za siatką [2] (from aircraft) zrzuc|ić, -ać *[bomb, shell, supplies, equipment, troops]*; **they ~ped a bomb on the village school** zrzucili bombę na wiejską szkołę; **the troops were ~ped by parachute** przeprowadzono desant spadochronowy [3] (leave) (also **~ off**) *[driver]* wysadz|ić, -ać *[passenger]*; podrzuc|ić, -ać infml *[person, object]*; **I'll ~ it off on my way home** podrzucę to po drodze do domu; **can you ~ me off at the post office** czy możesz mnie wysadzić przy poczcie?, czy możesz podrzucić mnie na pocztę?; **the taxi ~ped him at the corner** taksówkarz wysadził go na rogu [4] (lower) spu|ścić, -szczać, opu|ścić, -szczać *[trousers, sail,*

curtain, arm, eyes]; obniż|yć, -ać *[price]*; zmniejsz|yć, -ać *[speed]*; zniż|yć, -ać *[voice]*; **to ~ the neckline** powiększyć dekolt; **the curtain was hastily ~ped** pospiesznie opuszczono kurtynę; **she ~ped her gaze** spuściła wzrok; **this skirt is too short, I'll have to ~ the hem** ta spódnica jest za krótka, będę musiała odwinąć zakład; **~ your voice, you'll wake the baby** mów ciszej, bo obudzisz dziecko [5] (mention casually) rzuc|ić, -ać *[remark, word, suggestion]*; **to ~ a hint about sth** zrobić aluzję do czegoś; **to ~ a word in sb's ear** szepnąć komuś słówko; **he just ~ped it into the conversation that..., he let it ~ that...** w rozmowie po prostu wspomniał, że... [6] (write) **to ~ sb a postcard/a few lines/a note** napisać do kogoś kartkę /kilka słów/list; **to ~ sb a line** napisać do kogoś [7] (exclude) opu|ścić, -szczać *[word, letter, article, syllable]*; pomi|nąć, -jać *[word, letter, digit, figure, person]*; (when speaking) połk|nąć, -ykać *[syllable, letter, sound]*; **your name was ~ped from the guest list by mistake** na liście gości pańskie nazwisko pominięto przez pomyłkę [8] (abandon) z|erwać, -rywać z (kimś/czymś) *[boyfriend, acquaintance, habit]*; porzuc|ić, -ać, zarzu|c|ić, -ać *[idea, work]*; zaniechać (czegoś) *[demand, plan, claim]*; zarzuc|ić, -ać, z|rezygnować z (czegoś) *[work, subject]*; odst|ąpić, -ępować od (czegoś) *[charges, accusations]*; **to ~ everything** rzucić wszystko; **can we ~ the subject, please?** zostawmy ten temat, dobrze?; **just ~ it!** infml przestań!, daj spokój!; **let's ~ the formalities** darujmy sobie te formalności [9] infml (lose) przepu|ścić, -szczać infml *[money]*; **he ~ped a month's wages in a single evening** w jeden wieczór przepuścił całą miesięczną pensję [10] Sport (lose) s|tracić *[point, serve]*; przegr|ać, -ywać *[set, match]* [11] Zool (give birth to) u|rodzić *[young, calf, cub, foal]* [12] infml **to ~ acid** brać LSD

IV *vi* (*prp, pt, pp* **-pp-**) [1] (fall) *[person, animal, cup, fruit]* spa|ść, -dać; *[flower, leaf, blossom]* opa|ść, -dać; *[tears, rain]* kapać; **an apple ~ped on his head** spadło mu na głowę jabłko; **the pen ~ped from** or **out of his hand** pióro wypadło mu z ręki; **the rock ~ped into the water** kamień wpadł do wody; **the climber ~ped to his death** wspinacz spadł i i zabił się na miejscu [2] (move downwards) *[person, animal]* pa|ść, -dać; *[sun, aircraft]* zniż|yć, -ać się, opa|ść, -dać; *[arm, curtain, head]* opa|ść, -dać; (collapse with exhaustion) infml pa|ść, -dać (ze zmęczenia) infml; **I ~ped to the ground** padłem or runąłem na ziemię; **he ~ped into a chair** padł na krzesło; **they ~ped to their knees** padli or runęli na kolana; **the dog's tail ~ped** pies spuścił or zwiesił ogon; **the sun ~ped below the horizon** słońce skryło się za horyzontem; **the plane ~ped to an altitude of 1,000 m** samolot zszedł na wysokość 1000 m; **to ~ dead** infml paść trupem; **~ dead!** infml idź do diabła! infml; **his mouth ~ped open** (in surprise) rozdziawił usta ze zdumienia; **you look ready to ~** infml wyglądasz jakbyś miał za chwilę paść (ze zmęczenia) [3] (fall away) *[land, garden, cliff, road]* opadać; **the shore ~s steeply at this point** w tym miejscu brzeg stromo opada; **the garden ~s gently down to a pond** ogród łagodnie schodzi do stawu → **drop away** [4] Sewing *[garment, curtain]* wydłuż|yć, -ać się; **the hem of my skirt ~ped** odpruł mi się obręb spódnicy [5] (in scale, order, hierarchy) spa|ść, -dać; **she ~ped to third/last place** spadła na trzecie/ostatnie miejsce [6] (decrease abruptly) *[temperature, level, speed, prices, unemployment]* spa|ść, -dać; *[water level]* opa|ść, -dać; *[wind, noise, wind]* przycich|nąć, -ać; **his voice ~ped to a whisper** zniżył głos do szeptu; **membership has ~ped to five** liczba członków spadła do pięciu [7] (come to an end) *[subject, conversation, correspondence]* ur|wać, -ywać się; **to let sth ~** (neglect) zaniedbać coś; (abandon) dać spokój czemuś; **I think we should let the matter ~** chyba powinniśmy dać tej sprawie spokój

■ **drop away** [1] (decrease) *[attendance, support, interest]* spa|ść, -dać [2] (descend) *[cliff, track]* spadać, schodzić

■ **drop back** zosta|ć, -wać w tyle; **he had ~ped back from the rest of the hikers** został w tyle za resztą piechurów

■ **drop behind** [1] = **drop back** [2] (in school, at work) pozosta|ć, -wać w tyle; **to ~ behind sb/sth** pozostawać w tyle za kimś /czymś; **he is ~ping behind in his work** nie nadąża z pracą

■ **drop by** wpa|ść, -dać infml; **if there is anything you need just ~ by** wpadnij, jeśli będziesz czegoś potrzebował; **some friends ~ped by to see me** kilku przyjaciół wpadło mnie odwiedzić

■ **drop in**: **~ in** za|jść, -chodzić; wpa|ść, -dać infml; **do ~ in if you happen to be in the area** wpadnij, jeśli będziesz w okolicy; **~ in at the baker's** zajdź do piekarni; **to ~ in on sb** wpaść do kogoś; **I'll ~ in (to you) later** wpadnę do ciebie później

■ **drop off**: ¶ **~ off** [1] (fall off) *[handle, label]* odpa|ść, -dać; *[leaf, fruit, blossom]* opa|ść, -dać [2] **~ off (to sleep)** zas|nąć, -ypiać; (unintentionally) przys|nąć, -ypiać [3] (decrease, become weaker) *[attendance, support, production demand]* spa|ść, -dać; *[traffic, practice]* zmniejsz|yć, -ać się; **customers/friends ~ off** ubywa klientów/przyjaciół ¶ **~ off [sb/sth], ~ [sb/sth] off** wysadz|ić, -ać; podrzuc|ić, -ać infml; **the bus will ~ you off at the station** autobus wysadzi cię przy dworcu

■ **drop out** [1] (fall out) *[coin, handkerchief, page, contact lens, teeth]* wypa|ść, -dać **(of sth** z czegoś) [2] (withdraw) (from activity, contest, race) wycof|ać, -ywać się; (from school, university) porzuc|ić, -ać; **to ~ out of politics/the tournament** wycofać się z polityki /z turnieju; **he ~ped out in his final year at university** rzucił studia na ostatnim roku [3] (disappear) **to ~ out of sight** zniknąć z oczu; **to ~ out of usage /circulation** wyjść z użycia/obiegu; **the word has ~ped out of the language** słowo wyszło z użycia

■ **drop over** = **drop round**

■ **drop round**: ¶ **~ round** infml za|jść, -chodzić; wpa|ść, -dać infml; **I'll ~ round (to your house) later** wpadnę (do ciebie) później ¶ **~ [sth] round** podrzuc|ić, -ać infml; **Bill can ~ your books round on his way home** Bill może podrzucić ci książki jadąc do or w drodze do domu

IDIOMS: **a ~ in the bucket** or **ocean** kropla w morzu potrzeb; **to get/have the ~ on sb** US zdobyć/mieć nad kimś przewagę; **to ~ a brick** or **a clanger** infml strzelić gafę infml; **to ~ sb in it** infml wrobić kogoś infml

drop-add period /ˌdrɒp'ædpɪərɪəd/ *n* US Univ *czas na ostateczny wybór zajęć*

dropcloth /'drɒpklɒθ, US -klɔːθ/ *n* US płachta *f* malarska

drop curtain *n* Theat kurtyna *f* *(podnoszona)*

drop-dead /ˌdrɒp'ded/ *adv* infml olśniewająco, bajecznie; **~ gorgeous** *[woman]* olśniewająco piękna; *[man]* bardzo przystojny

drop-down menu /ˌdrɒpdaʊn'menjuː/ *n* Comput menu *n inv* rozwijane

drop forge *n* młot *m* spadowy

drop goal *n* (in rugby) gol *m* z drop kicka

drop hammer = **drop forge**

drop handlebars *npl* kierownica *f* *(z rączkami typu baranie rogi)*

drop kick *n* (rugby, American football) kopnięcie *n* z kozła, drop kick *n*

drop leaf *n* (of table) skrzydło *m* blatu *(opuszczane)*

drop-leaf table /ˌdrɒpliːf 'teɪbl/ *n* stół *m* z podnoszonym or opuszczanym blatem

droplet /'drɒplɪt/ *n* kropelka *f*

drop-off /'drɒpɒf/ *n* (in attendance, support, trade) spadek *m*; (in traffic, practice) zmniejszenie się *n* **(in sth** czegoś)

dropout /'drɒpaʊt/ *n* [1] (from school, college, university) porzucając|y *m*, -a *f* naukę; **she is a college ~** rzuciła studia infml [2] (from society) wyrzutek *m* [3] Sport (in rugby) wznowienie *n* gry

dropper /'drɒpə(r)/ *n* kroplomierz *m*, zakraplacz *m*

droppings /'drɒpɪŋz/ *npl* (of mouse, rabbit, sheep) bobki *m pl*; (of horse) łajno *n*; (of birds) odchody *plt*

dropping zone *n* = **drop zone**

drop scone *n* ≈ racuch *m*

drop shipment *n* *realizacja dużego zamówienia bez pośrednika*

drop shot *n* Sport dropszot *m*, skrót *m*; **to play a ~** zagrać dropszota or skrót

dropsy /'drɒpsɪ/ *n* Med puchlina *f* wodna

drop tank *n* Aviat zbiornik *m* paliwa odrzucany

drop zone *n* zrzutowisko *n*

drosophila /drə'sɒfɪlə/ *n* Zool drozofila *f*; muszka *f* owocowa infml

dross /drɒs/ *n* [1] Ind odpady *plt*; (on molten metal) kożuch *m* żużlowy [2] (rubbish) śmieć *m* also fig

drought /draʊt/ *n* susza *f*

drove /drəʊv/ **I** *pt* → **drive**

II *n* (of animals) stado *n*; **~s of people** tłumy ludzi; **to come/depart in ~s** przybyć /wychodzić grupami

drover /'drəʊvə(r)/ *n* poganiacz *m* (bydła)

drown /draʊn/ **I** *vt* [1] (kill by immersion) u|topić *[person, animal]*; **the entire crew was ~ed** zatonęła cała załoga [2] (flood) zat|opić, -apiać, zal|ać, -ewać *[land, fields]* [3] (make inaudible) zagłusz|yć, -ać *[sound, voice, speech]*

D

II *vi [person, animal]* u|tonąć, u|topić się
III *vr* **to ~ oneself** u|topić się
▪ **drown out**: ¶ **~ out [sth], ~ [sth] out** zagłusz|yć, -ać *[music, noise, sound]* ¶ **~ [sb] out** zagłusz|yć, -ać *[person]*
IDIOMS: **to ~ one's sorrows** topić smutki w alkoholu; zalewać robaka infml

drowning /ˈdraʊnɪŋ/ **I** *n* utonięcie *n*, utopienie się *n*
II *adj [person]* tonący
IDIOMS: **a ~ man will clutch at a straw** Prov tonący brzytwy się chwyta

drowse /draʊz/ **I** *n* **to be in a ~** przysypiać, być na pół przytomnym infml
II *vt* **to ~ the afternoon/journey away** przedrzemać całe popołudnie/całą podróż
III *vi* (be half asleep) przysypiać; (sleep lightly) drzemać

drowsily /ˈdraʊzɪlɪ/ *adv [say, move]* sennie

drowsiness /ˈdraʊzɪnɪs/ *n* senność *f*; **'may cause ~'** (on medication) „może powodować senność"

drowsy /ˈdraʊzɪ/ *adj* [1] *[person]* senny, śpiący; **I feel ~** spać mi się chce; **to grow ~** robić or stawać się sennym [2] liter (sleep-inducing) *[afternoon, atmosphere]* senny

drubbing /ˈdrʌbɪŋ/ *n* infml wycisk *m* infml; **to give sb a (good) ~** dać komuś wycisk or w kość, złoić komuś skórę; **to take** or **get a ~** dostać wycisk or w kość

drudge /drʌdʒ/ **I** *n* wół *m* roboczy fig
II *vi* (physically, mentally) tyrać, harować infml

drudgery /ˈdrʌdʒərɪ/ *n* mozół *m*; harówka *f* infml; **household ~** domowa harówka

drug /drʌg/ **I** *n* [1] Med, Pharm lek *m*, lekarstwo *n*; **a pain-relieving ~** lek przeciwbólowy; **a ~ to fight infection** lek zwalczający infekcję; **to be on ~s** zażywać leki [2] (narcotic) narkotyk *m*; **hard /soft ~s** narkotyki twarde/miękkie; **to be on** or **to take ~s** brać narkotyki; Sport brać środki dopingujące; **to do ~s** infml ćpać infml
II *modif* [1] (narcotic) *[culture, crime]* narkotykowy; **~ shipment/smuggler** dostawa /przemytnik narkotyków; **~ trafficking** handel narkotykami [2] Med, Pharm *[company, industry]* farmaceutyczny; *[treatment]* farmakologiczny
III *vt* (*prp, pt, pp* **-gg-**) [1] (sedate) *[kidnapper, vet]* u|śpić, -sypiać, poda|ć, -wać środek usypiający (komuś/czemuś) *[victim, animal]* [2] (dope) *[person, vet]* dosypać, -ywać środka usypiającego or oszałamiającego do (czegoś) *[drink, food]*; *[trainer]* poda|ć, -wać środki dopingujące (czemuś) *[horse]*
IDIOMS: **a ~ on the market** bubel infml

drug abuse *n* zażywanie *n* narkotyków

drug abuser *n* narkoman *m*, -ka *f*

drug addict *n* narkoman *m*, -ka *f*

drug addiction *n* narkomania *f*

drugged /drʌgd/ *adj* [1] (under the influence of medicine) *[person]* pod wpływem środków odurzających; **~ state/feeling** stan/uczucie zamroczenia; **to be ~ up to the eyeballs** być do nieprzytomności nafaszerowanym środkami odurzającymi; **to be in a ~ sleep** zapaść w narkotyczny sen [2] (poisoned) **~ drink** napój ze środkiem oszałamiającym

drugget /ˈdrʌgɪt/ *n* Tex drojet *m*

druggist /ˈdrʌgɪst/ *n* US apteka|rz *m*, -rka *f*

druggy /ˈdrʌgɪ/ *n* (also **drugster**) narkoman *m*, -ka *f*, ćpun *m*, -ka *f* infml

drug habit *n* uzależnienie *n* od narkotyków

drug peddler *n* = **drug pusher**

drug pusher *n* handlarz *m* narkotykami, diler *m* narkotykowy

drug rape *n* gwałt *m* na osobie oszołomionej narkotykami; **to be a victim of ~** zostać oszołomionym narkotykami i zgwałconym

drug-related /ˈdrʌgrɪleɪtɪd/ *adj* związany z narkotykami

drugs ring *n* siatka *f* handlarzy narkotyków

drugs charges *npl* oskarżenie *n* o przestępstwo narkotykowe

drugs offence *n* Jur wykroczenie *n* przeciwko przepisom dotyczącym środków pobudzających or narkotyków

drugs raid *n* akcja *f* policyjna oddziału antynarkotykowego

drugs scene *n* świat *m* narkotyków

Drug(s) Squad *n* GB wydział *m* do spraw narkotyków

drugstore /ˈdrʌgstɔː(r)/ *n* US ≈ drogeria *f* *(gdzie sprzedaje się również leki, napoje chłodzące, kanapki)*

drugstore cowboy *n* US infml leser *m*, miglanc *m* infml

drug taker *n* narkoman *m*, -ka *f*

drug-taking /ˈdrʌgteɪkɪŋ/ *n* zażywanie *n* narkotyków; Sport stosowanie *n* środków dopingujących

drug test *n* Med, Sport test *m* antydopingowy, kontrola *f* antydopingowa

drug user *n* narkoman *m*, -ka *f*

druid /ˈdruːɪd/ *n* druid *m*

druidic /drʊˈɪdɪk/ *adj* druidyczny

druidism /ˈdruːɪdɪzəm/ *n* druidyzm *m*

drum /drʌm/ **I** *n* [1] Mus bęben *m*; (small) bębenek *m*; Mil werbel *m* [2] Ind, Comm (for liquids) (small) baryłka *f*; (larger) beczka *f* [3] Tech, Aut (in washing machine, brakes) bęben *m* [4] (spool for rope, cable) bęben *m* [5] (box for sweets) bombonier(k)a *f* [6] (sound) bębnienie *n*
II drums *npl* perkusja *f*; **Joe Morello on ~s** Joe Morello na perkusji
III *vt* (*prp, pt, pp* **-mm-**) **she sat ~ming her fingers on the desk** siedziała, bębniąc palcami po stole; **I managed to ~ a few dates into their heads** fig udało mi się wbić im do głowy parę dat
IV *vi* (*prp, pt, pp* **-mm-**) [1] (beat drum) bębnić, za|grać na bębnie [2] (make drumming sound) *[rain]* bębnić; **to ~ on the table with one's fingers** bębnić palcami po stole
▪ **drum home**: **~ [sth] home** wbi|ć, -jać coś do głowy *[lesson, message, point]*
▪ **drum out**: **~ [sb] out** wyrzuc|ić, -ać, wyklucz|yć, -ać *[person]* **(of sth** z czegoś**)**
▪ **drum up**: ¶ **~ up [sth]** nakręc|ić, -ać coś *[business, trade]* ¶ **~ up [sb]** pozysk|ać, -iwać *[customers]*; **to ~ up sb's support** pozyskać poparcie kogoś **(for sb/sth** dla kogoś/czegoś**)**
IDIOMS: **to beat the ~ for sth** fig robić wiele hałasu wokół czegoś

drumbeat /ˈdrʌmbiːt/ *n* Mus uderzenie *n* bębna

drumbeater /ˈdrʌmbiːtə(r)/ *n* US infml agent *m* reklamowy

drum brake *n* hamulec *m* bębnowy

drumhead /ˈdrʌmhed/ *n* membrana *f* bębna

drumhead court-martial *n* Mil sąd *m* polowy

drum kit *n* Mus perkusja *f*

drumlin /ˈdrʌmlɪn/ *n* Geog, Geol drumlin *m*

drum machine *n* automat *m* perkusyjny, perkusja *f* elektroniczna

drum major *n* tamburmajor *m*

drum majorette *n* *damski odpowiednik tamburmajora*

drummer /ˈdrʌmə(r)/ *n* [1] Mus (in military band) dobosz *m* [2] perkusista *m* [3] US infml (salesman) komiwojażer *m*

drummer boy *n* dobosz *m*

drumming /ˈdrʌmɪŋ/ *n* [1] (activity) uderzanie *n* w bęben; Mus (in orchestra) gra *f* na instrumentach perkusyjnych [2] (noise made on drum) bębnienie *n*; **the ~ faded away** bębnienie ucichło [3] (of rain, fingers) bębnienie *n*; (of feet) tupanie *n*; (of hooves) tętent *m*

drumroll /ˈdrʌmrəʊl/ *n* Mus werbel *m*, tryl *m* werbli

drumstick /ˈdrʌmstɪk/ *n* [1] Mus pałka *f* do gry na perkusji [2] Culin (of chicken) udko *n*

drunk /drʌŋk/ **I** *pp* → **drink**
II *n* pija|k *m*, -czka *f*
III *adj* [1] pijany; **to get ~** upić się; **to get sb ~** upić kogoś; **~ driver** pijany kierowca; **~ driving** prowadzenie samochodu po pijanemu; **to be ~ and disorderly** Jur będąc w stanie nietrzeźwym naruszać porządek publiczny; **it is illegal to be ~ in charge of a motor vehicle** Jur kierowanie pojazdem w stanie nietrzeźwym jest sprzeczne z prawem; **to be arrested for being ~ in charge of a motor vehicle** Jur zostać aresztowanym za prowadzenie pojazdu w stanie nietrzeźwym [2] fig **~ with sth** pijany czymś *[happiness, passion]*; upojony czymś *[freedom]*
IDIOMS: **as ~ as a lord** GB, **as ~ as a skunk** US infml pijany jak bela or jak szewc or jak bąk infml

drunkard /ˈdrʌŋkəd/ *n* pija|k *m*, -czka *f*

drunken /ˈdrʌŋkən/ *adj* *[person]* (who is drunk) pijany; (habitually drinking) zapijaczony; *[fury, orgy, party, stupor]* pijacki; **~ state** stan upojenia alkoholowego

drunkenly /ˈdrʌnkənlɪ/ *adv* *[sing, shout, brawl, quarrel]* po pijanemu; (as if drunk) *[stagger, sway]* jak pijany; **to lurch ~** *[person]* chwiać się na nogach; *[vehicle]* jechać zygzakiem

drunkenness /ˈdrʌŋkənnɪs/ *n* [1] (state) upicie (się) *n* fig [2] (habit) opilstwo *n*

drunkometer /ˌdrʌŋˈkɒmɪtə(r)/ *n* US alkomat *m*

druthers /ˈdrʌðəz/ *npl* US infml wybór *m*; **if I had my ~** gdybym mógł wybierać

dry /draɪ/ **I** *n* GB Pol ultrakonserwatyst|a *m*, -ka *f*
II *adj* [1] (not wet or moist) *[clothes, hands, soil, paint, rustle]* suchy; *[riverbed, well, throat]* wyschnięty; *[ingredients]* sypki; **to run ~** *[river]* wyschnąć; *[food supplies, money]* skończyć się; **~ bread** suchy chleb; **to be** or **feel ~** (thirsty) być spragnionym, odczuwać pragnienie; **to keep (oneself) ~** pozostać suchym, nie zmoknąć; **to keep sth ~** utrzymać coś suchym; **to get ~** wyschnąć; **to get sth ~** wysuszyć coś; **to wipe sth ~** wytrzeć coś do sucha; **the kettle has boiled ~** woda w czajniku

wygotowała się; **on ~ land** na suchym lądzie [2] (not rainy) *[climate, month, heat, season]* suchy; *[day, spell, weather]* bezdeszczowy; **it'll be ~ today** dzisiaj nie będzie padać [3] (not sweet) *[sherry, wine]* wytrawny [4] (ironic) *[wit, remark]* ironiczny; (cold) *[person, tone, voice]* oschły [5] (dull) *[book, reading, subject matter]* nieciekawy [6] (forbidding alcohol) *[state, country]* zakazujący handlu i spożywania alkoholu [7] GB Pol *[view, minister]* ultraprawicowy

III *vt* wy|suszyć *[clothes, washing]*; wy|trzeć, -cierać *[surface, wet object]*; (industrially) u|suszyć *[fruit]*; (after washing) wy|trzeć, -cierać do sucha *[skin, hands]*; **to ~ the dishes** wytrzeć or powycierać naczynia; **to ~ one's/sb's hair** wysuszyć sobie/komuś włosy; **to ~ one's eyes** wytrzeć sobie oczy, otrzeć łzy

IV *vi* [1] *[clothes, washing, paint, glue]* wy|schnąć [2] *[actor, speaker]* zaniemówić, stracić mowę

V *vr* **to ~ oneself** wy|trzeć, -cierać się do sucha

■ **dry off**: ¶ **~ off** *[water, wet object, person]* wyschnąć; **this material dries off very quickly** ten materiał bardzo szybko schnie ¶ **~ off [sb/sth], ~ [sb/sth] off** wy|trzeć, -cierać *[oneself, wet object]*; **the sun has dried off the water that was lying on the pitch** słońce wysuszyło boisko; **he dried himself off with a towel** wytarł się ręcznikiem

■ **dry out**: ¶ **~ out** [1] *[wood, walls, clay, soil]* wys|chnąć, -ychać; **don't let that plant ~ out** dopilnuj, żeby ta roślina nie uschła [2] *[person, alcoholic]* być odtruwanym; być na odwyku infml ¶ **to ~ out [sb /sth], to ~ [sb/sth] out** [1] wy|suszyć *[wood, walls, clay, soil]* [2] infml odtru|ć, -wać (kogoś) *[alcoholic]*

■ **dry up**: ¶ **~ up** [1] *[river, well, spring]* wys|chnąć, -ychać [2] fig (run out) *[source, supply, funds, money]* wyczerp|ać -ywać się [3] (wipe crockery) po|wycierać naczynia [4] infml (be unable to speak) *[actor, speaker, interviewee]* zaniemówić, stracić mowę; **oh, ~ up, will you!** GB zamknij się wreszcie! infml ¶ **~ up [sth], ~ [sth] up** wysuszyć *[water, puddles, river]*; wycierać, powycierać (do sucha) *[dishes]*

IDIOMS: **(as) ~ as a bone** suchy jak pieprz; **(as) ~ as dust** nudny jak flaki z olejem infml

dryad /ˈdraɪæd, ˈdraɪəd/ *n* driada *f*

dryasdust /ˌdraɪəzˈdʌst/ *adj* fig potwornie nudny

dry cell *n* Elec ogniwo *n* suche

dry-clean /ˌdraɪˈkliːn/ *vt* wy|prać chemicznie or na sucho; **to have sth ~ed** oddać coś do prania na sucho; **'~ only'** „prać chemicznie or na sucho"

dry-cleaner's /ˌdraɪˈkliːnəz/ *n* pralnia *f* chemiczna

dry-cleaning /ˌdraɪˈkliːnɪŋ/ *n* pranie *n* chemiczne or na sucho

dry dock *n* suchy dok *m*

dryer /ˈdraɪə(r)/ *n* = **drier**

dry-eyed /ˌdraɪˈaɪd/ *adj* **to be** or **remain ~** nie uronić ani jednej łzy

dry farming *n* Agric uprawa *f* bez nawadniania

dry fly *n* Fishng sucha mucha *f*

dry goods *npl* US dat pasmanteria *f*

dry goods store *n* US dat pasmanteria *f*, sklep *m* pasmanteryjny

dry ice *n* (refrigerant) suchy lód *m*

drying /ˈdraɪɪŋ/ **I** *n* (with a dryer) suszenie *n*; (with a cloth) wycieranie *n*

II *adj [wind]* suszący, wysuszający; *[weather]* suchy; **it's a good ~ day** to dobry dzień na suszenie prania

drying rack *n* suszarka *f* do naczyń

drying room *n* suszarnia *f*

drying-up /ˌdraɪɪŋˈʌp/ *n* GB **to do the ~** powycierać naczynia

drying-up cloth *n* GB ścierka *f* do naczyń

dryly /ˈdraɪlɪ/ *adv* = **drily**

dry martini *n* wytrawne martini *n*

dry measure *n* miara *f* objętościowa ciał sypkich

dryness /ˈdraɪnɪs/ *n* [1] (of soil, weather, skin) suchość *f* [2] (of wine, sherry) stopień *m* wytrawności [3] (of manner, tone) oschłość *f*; (of wit, humour) kostyczność *f*

dry rot *n* suchy mursz *m*

dry run *n* przebieg *m* próbny; fig próba *f* generalna

dry shampoo *n* suchy szampon *m*

dry shave *n* golenie *n* na sucho

dry-shod /ˌdraɪˈʃɒd/ *adv* dat suchą stopą, o suchej stopie

dry ski slope *n* sztuczny stok *m* narciarski

drystone wall /ˌdraɪstəʊnˈwɔːl/ *n* mur *m* bezzaprawowy

DSc *n* = **Doctor of Science** doktor *m* nauk ścisłych

DSS *n* GB Soc Admin = **Department of Social Security** [1] (ministry) ≈ Ministerstwo *n* Spraw Socjalnych [2] (local office) ≈ wydział *m* spraw socjalnych

DST *n* → **daylight saving time**

DT *n* → **data transmission**

DTI *n* GB → **Department of Trade and Industry**

DTP *n* → **desktop publishing**

DT's *npl* infml = **delirium tremens** Med **the ~** delirium tremens *n inv*

dual /ˈdjuːəl, US ˈduːəl/ **I** *n* Ling liczba *f* podwójna

II *adj* podwójny, dwoisty

dual carriageway *n* GB droga *f* szybkiego ruchu

dual-circuit brakes /ˌdjuːəlˈsɜːkɪt, US ˌduːəl-/ *npl* Aut hamulce *m pl* o podwójnym obwodzie

dual-control /ˌdjuːəlkənˈtrəʊl, US ˌduːəl-/ *adj* Aviat z podwójnym sterem

dual controls *npl* Aviat dwuster *m*

dualism /ˈdjuːəlɪzəm, US duː-/ *n* dualizm *m*

duality /djuːˈælətɪ, US duː-/ *n* dwoistość *f*

dual nationality *n* podwójne obywatelstwo *n*

dual personality *n* Psych rozdwojenie *n* osobowości

dual-purpose /ˌdjuːəlˈpɜːpəs, US ˌduːəl-/ *adj* dwufunkcyjny

dub /dʌb/ **I** *vt* (*prp, pt, pp* **-bb-**) [1] Cin (into foreign language) z|dubbingować *[film, dialogue]*; **the movie was ~bed into Polish** film miał polską ścieżkę dźwiękową; (add sound track) doda|ć, -wać postsynchrony do (czegoś) *[film]*; z|miksować *[sound effect]* [2] (nickname) naz|wać -ywać *[person, thing]*; **Mrs Thatcher was ~bed into the Iron Lady** panią Thatcher nazwano Żelazną Damą [3] (knight) **to ~ sb (a) knight** pasować kogoś na rycerza

II dubbed *pp adj [film]* dubbingowany

Dubai /duːˈbaɪ/ *prn* Dubaj *m*

dubbin /ˈdʌbɪn/ *n* GB tłuszcz *m* garbarski

dubbing /ˈdʌbɪŋ/ *n* [1] (into foreign language) dubbing *m* [2] (adding soundtrack) postsynchronowanie *n*; (sound mixing) miksowanie *n*

dubious /ˈdjuːbɪəs, US ˈduː-/ *adj* [1] (showing doubt) *[person]* niepewny; *[look, response]* powątpiewający; **to be ~ about sth** mieć wątpliwości co do czegoś; **I am still ~ about accepting this offer** ciągle mam wątpliwości, czy przyjąć tę propozycję; **to be ~ whether sth is true** wątpić, czy coś jest prawdą [2] (arguable) *[point, question]* dyskusyjny, wątpliwy; **that's a ~ issue** to kwestia dyskusyjna, to wątpliwa sprawa [3] (suspect) *[character, origin, person]* podejrzany [4] (equivocal) *[distinction, privilege]* wątpliwy; **~ honour/compliment** wątpliwy zaszczyt/komplement

dubiously /ˈdjuːbɪəslɪ, US ˈduː-/ *adv* [1] *[ask, say]* powątpiewajaco, z powątpiewaniem; *[look at]* podejrzliwie, z podejrzliwością [2] (arousing doubt) (behave) podejrzanie

dubiousness /ˈdjuːbɪəsnɪs, US ˈduː-/ *n* [1] (doubt) wątpliwości *f pl* [2] (of claim, evidence, motive, distinction) wątpliwy charakter *m*

Dublin /ˈdʌblɪn/ **I** *prn* Dublin *m*

II *modif* dubliński

Dublin Bay prawn *n* Zool homarzec *m*; Culin krewetka *f* królewska

Dubliner /ˈdʌblɪnə(r)/ *n* (native) dubli|ńczyk *m*, -nianka *f*

ducal /ˈdjuːkl, US ˈduː-/ *adj* książęcy

ducat /ˈdʌkət/ *n* Hist dukat *m*

duchess /ˈdʌtʃɪs/ *n* księżna *f*

duchy /ˈdʌtʃɪ/ *n* księstwo *n*

duck[1] /dʌk/ **I** *n* [1] Zool, Culin (*pl* **~s, ~**) kaczka *f* [2] Sport (in cricket) **to be out for** or **to make a ~** nie zdobyć ani jednego punktu; **to break one's ~** zdobyć pierwszy punkt; fig przełamać złą passę [3] GB infml dial (also **~s**) (form of address) złotko

II *vt* [1] (lower) **to ~ one's head** schylić głowę [2] (dodge) uchyl|ić, -ać się przed (czymś) *[ball, blow, punch]* [3] fig (avoid) pomi|nąć, -jać milczeniem *[issue, question]*; uchyl|ić, -ać się od (czegoś) *[responsibility]* [4] (push under water) podt|opić, -apiać *[person]* *(w trakcie zabawy)*

III *vi* z|robić unik; **to ~ into sth/behind sth** dać nura w coś/za coś; **I ~ed into a side-street to avoid meeting her** dałem nura w boczną uliczkę, żeby jej nie spotkać

■ **duck out** infml: ¶ **~ out of [sth]** wym|knąć, -ykać się z czegoś *[office, room]* ¶ **~ out of doing sth** wykręc|ić, -ać się od robienia czegoś

IDIOMS: **he took to it like a ~ to water** poczuł się jak ryba w wodzie; **(there's no point in telling him off) it's like water off a ~'s back** (nie ma co go strofować) po nim wszystko spływa jak woda po kaczce or po gęsi

duck[2] /dʌk/ **I** *n* Tex drelich *m*

II ducks *npl* Fashn spodnie *plt* drelichowe

duck-billed platypus /ˌdʌkbɪldˈplætɪpəs/ *n* Zool dziobak *m*

D

duckboard /ˈdʌkbɔːd/ *n* Constr schodnia *f*
duck-egg blue /ˌdʌkegˈbluː/ *adj* bladozielonkawo-niebieski
duckie /ˈdʌkɪ/ *n* infml = **ducky**
ducking /ˈdʌkɪŋ/ *n* **to get a ~** zostać wrzuconym do wody wbrew woli
ducking stool *n* Hist *stołek do pławienia czarownic, przestępców*
duckling /ˈdʌklɪŋ/ *n* kaczątko *n*, kaczę *n*
duck pond *n* staw *m*, sadzawka *f* dla kaczek
ducks and drakes /ˌdʌksənˈdreɪks/ *n* Games **to play ~** puszczać kaczki *(na wodzie)*; **to play ~ with sth** fig roztrw|onić, -aniać *[money, inheritance]*; z|marnować *[chance]*; **to play ~ with sb** fig traktować kogoś lekceważąco
duck shooting *n* polowanie *n* na kaczki
duck soup *n* US infml (something easy) **it's ~!** to pestka or małe piwo! infml
duckweed /ˈdʌkwiːd/ *n* rzęsa *f* wodna
ducky /ˈdʌkɪ/ infml **I** *n* GB dial złotko *n*
II *adj* US (cute) śliczny, milutki
duct /dʌkt/ *n* [1] Tech kanał *m*, przewód *m* [2] Anat przewód *m*
ductile /ˈdʌktaɪl, US -tl/ *adj* [1] *[metal]* plastyczny, ciągliwy [2] fml fig (open to persuasion) *[person]* ustępliwy; elastyczny fig; (docile) uległy
ductless gland /ˌdʌktlɪsˈglænd/ *n* Anat gruczoł *m* dokrewny or wydzielania wewnętrznego
dud /dʌd/ infml **I** *n* [1] (badly made thing) bubel *m*; **that battery's a ~** ta bateria jest wyczerpana; (skill, firework) niewypał *m*; **this book/film is a ~** ta książka/ten film to kompletny niewypał fig [2] (useless person) ofiara *f* losu infml
II duds *npl* dat (clothes) łachy *m pl*, szmaty *f pl* infml
III *adj [motor, engine, part, fireworks]* felerny infml; *[battery]* wyczerpany; *[coin, note]* fałszywy; *[cheque]* bez pokrycia
dude /djuːd, US duːd/ *n* infml [1] (man) facet *m* infml; **he's a cool ~** niezły z niego luzak infml [2] US (city dweller) miastow|y *m*, -a *f*; (dandy) goguś *m*, laluś *m*, picuś-glancuś *m* infml
■ **dude up**: infml **~ up [sb], ~ [sb] up** wyszykować *[apartment]*; **to get ~d up** wystafirować się infml; **to be ~d up** być wystafirowanym infml
dude ranch *n* US ośrodek *m* wczasowy na farmie *(oferujący aktywny wypoczynek)*
dudgeon /ˈdʌdʒən/ *n*
IDIOMS: **in (high) ~** dat (offended) (mocno) urażony; (angry) rozeźlony
due /djuː, US duː/ **I** *n* (what is owed) to, co się komuś należy; **it was his ~** to mu się należało; **the reward which was his ~** nagroda, która mu się należała; **to give sb his/her/their ~** oddać mu/jej/im sprawiedliwość; **the Tax Office, give them their ~, refunded the money** Urząd Skarbowy, oddajmy mu sprawiedliwość, zwrócił im pieniądze
II dues *npl* (for membership) składka *f*; (for import, taxes) opłata *f*; **to pay one's ~s** zapłacić składkę; fig spełnić swą powinność
III *adj* [1] (payable) **the rent is ~ on/isn't ~ till Wednesday** termin płacenia czynszu mija we środę/dopiero we środę; **the next instalment falls ~ at the end of the month** termin wpłacenia następnej raty przypada na koniec miesiąca; **when ~** w odpowiednim terminie; **the balance ~** należna kwota; **debts ~ to the company/by the company** aktywa/pasywa firmy [2] (entitled to) **how much are you ~?** ile ci się należy?; **to be ~ to sb** *[money, reward]* należeć się or przysługiwać komuś; **they should pay him the money that is ~ to him** powinni zapłacić mu pieniądze, które mu się należą; **we are ~ (for) a wage increase** (as is normal) należy nam się podwyżka; (if all goes well) dostaniemy podwyżkę; **I'm not ~ for a holiday yet** nie przysługuje mi or nie należy mi się jeszcze urlop; **I am ~ some back pay/four days' holiday** należy mi się zaległa pensja /należą mi się zaległe cztery dni urlopu [3] (appropriate) *[attention, care, solemnity]* należyty, stosowny; **after ~ consideration** po należytym zastanowieniu; **to give a matter ~ reflection** należycie się nad sprawą zastanowić; **to show ~ regard** or **consideration to sth** poświęcać czemuś należytą uwagę; **with all ~ regard /respect to sb/sth** z całym należnym uznaniem/szacunkiem dla kogoś/czegoś; **with all ~ respect to a man of his age** z całym szacunkiem należnym osobie w jego wieku; **with all ~ respect, you have no right to complain!** z całym szacunkiem, nie masz prawa narzekać!; **the matter will be cleared up in ~ course** sprawa zostanie wyjaśniona we właściwym czasie; **in ~ course it transpired that...** po pewnym czasie okazało się, że... [4] Jur (in phrases) **in ~ form** we właściwej formie; **~ diligence** należyta staranność; **to be charged with driving without ~ care and attention** być oskarżonym o brak ostrożności podczas prowadzenia pojazdu [5] (scheduled, expected) *[arrival]* planowy; *[publication]* planowany; **to be ~ to do sth** mieć coś zrobić; **we are ~ to leave at the end of June** mamy wyjechać w końcu czerwca; **the changes ~ in the year 2010** zmiany, które mają nastąpić w roku 2010; **the train is ~ (in)** or **~ to arrive at six** pociąg przyjeżdża o szóstej; **the train was ~ (in)** or **~ to arrrive at six** pociąg miał przyjechać o szóstej; **we're ~ (in) soon** wkrótce będziemy na miejscu; **the plane is not ~ out** or **~ to leave till five** samolot odlatuje dopiero o piątej; **her new book is ~ out next week** jej nowa książka ma się ukazać w przyszłym tygodniu; **to be ~ for demolition** być przeznaczonym do rozbiórki; **to be ~ for completion** być na ukończeniu
IV *adv* (directly) prosto; **to go/sail ~ east /south** iść/płynąć prosto na wschód/południe; **the house faces ~ south** dom stoi frontem na południe; **they marched ~ south from the oasis** z oazy pomaszerowali w kierunku południowym or na południe; **~ east there is...** na wschód znajduje się...
V due to *prep phr* [1] (because of) z powodu (czegoś); **~ to the bad weather** z powodu złej pogody; **~ to the fact that the satellite link had broken down** z powodu przerwania łączności satelitarnej; **delay is ~ to bad weather conditions** opóźnienie spowodowane jest złymi warunkami atmosferycznymi; **~ to unforeseen circumstances** z powodu nieprzewidzianych okoliczności; **'closed ~ to illness'** „zamknięte z powodu choroby" [2] (thanks to) dzięki (komuś/czemuś); **it's all ~ to you** to wszystko dzięki tobie
due bill *n* US Fin pisemne zobowiązanie *n* zapłaty
due date *n* termin *m* zwrotu
duel /ˈdjuːəl, US ˈduːəl/ **I** *n* pojedynek *m*; **to fight a ~** stoczyć pojedynek; **to challenge sb to a ~** wyzwać kogoś na pojedynek; **~ of words** pojedynek na słowa, pojedynek słowny
II *vi* (*prp, pt, pp* **-ll-**) pojedynkować się; stoczyć pojedynek also fig
duellist /ˈdjuːəlɪst, US ˈduː-/ *n* pojedynkujący się *m*
duenna /djuːˈenə, US ˈduː-/ *n* duenna *f*
due process of law *n* US Jur właściwa procedura *f* prawna
duet /djuːˈet, US duː-/ *n* duet *m*; **to play a ~** zagrać duet; **guitar/piano ~** duet gitarowy/fortepianowy
duff /dʌf/ infml **I** *n* siedzenie *n*, tyłek *m* infml
II *adj* GB [1] (defective) *[machine]* zepsuty [2] Mus *[note]* fałszywy [3] Sport **a ~ shot** kiks infml [4] (stupid) *[idea, suggestion]* idiotyczny infml
III *vt* [1] (disguise stolen goods) zmieni|ć, -ać wygląd (czegoś) [2] GB Sport **to ~ a shot** skiksować
■ **duff in, duff up**: **~ [sb] in, ~ [sb] up** dać komuś wycisk infml
duffel /ˈdʌfl/ *n* wełniana baja *f*, molton *m*
duffel bag *n* worek *m* marynarski
duffel coat *n* budrysówka *f*
duffer /ˈdʌfə(r)/ *n* infml dat (ungifted person) matołek *m* infml; **to be a ~ at** GB or **in** US **English** być nogą z angielskiego infml
duffle *n* = **duffel**
dug[1] /dʌg/ *pt, pp* → **dig**
dug[2] /dʌg/ *n* [1] dat (udder) dójka *f* [2] dat pej (breast) cycek *m* infml
dugong /ˈduːgɒŋ/ *n* Zool diugoń *m*
dugout /ˈdʌgaʊt/ *n* [1] Naut (boat) piroga *f*, czółno *n*, dłubanka *f* [2] Sport ławka *f* rezerwowych [3] Mil ziemianka *f*
duke /djuːk, US duːk/ **I** *n* książę *m*
II dukes *npl* US infml pięści *f pl*; **to put up one's ~s** podnieść pięści (do walki)
dukedom /ˈdjuːkdəm, US ˈduːk-/ *n* (territory) księstwo *n*; (title) tytuł *m* książęcy
dulcet /ˈdʌlsɪt/ *adj* liter melodyjny; **I recognized her ~ tones** hum rozpoznałam jej słodki szczebiot
dulcimer /ˈdʌlsɪmə(r)/ *n* Mus cymbały *plt*
dulcinea /ˌdʌlsɪˈnɪə/ *n* dat dulcynea *f*
dulia /ˈdjuːlɪə, US ˈduː-/ *n* Relig dulia *f*
dull /dʌl/ **I** *adj* [1] (uninteresting) *[book, film, lecture, person]* nudny, nieciekawy; *[life, journey, music]* monotonny; *[dish]* pozbawiony smaku, mdły; *[meal]* nieurozmaicony; *[appearance, outfit, hairstyle]* nieefektowny; **never a ~ moment** ani chwili spokoju [2] (not bright) *[eye]* zmętniały; *[colour]* nijaki, zmatowiały; *[day, sky, weather]* pochmurny; *[complexion]* ziemisty;

[glow] przyćmiony [3] (muffled) *[explosion, thud]* głuchy [4] (not sharp) *[blade, ache, pain]* tępy; **to have a ~ wit** być mało inteligentnym [5] Fin *[market]* w zastoju

II *vt* [1] (make matt) zmatowić *[finish, shine]* [2] (make blunt) s|tępić *[knife, blade]*; przytępi|ć, -ać *[senses]*; uśmierz|yć, -ać *[pain]*; po|psuć *[appetite]*

III *vi* *[colour]* s|płowieć; *[sound]* s|tracić ostrość

dullard /ˈdʌləd/ *n* dat pej cymbał *m* infml

dullness /ˈdʌlnɪs/ *n* (of life) szarzyzna *f*; (of routine) monotonia *f*; (of company, conversation) nuda *f*; (of weather) szarość *f*

dullsville /ˈdʌlsvɪl/ *n* infml (dull town) dziura *f* zabita dechami, grajdoł *m* infml; **~!** (of a situation) nudy na pudy! infml

dully /ˈdʌlɪ/ *adv* [1] *[say, repeat]* smutno, z przygnębieniem [2] *[gleam]* ledwie, słabo [3] *[move, trail]* niezręcznie, ciężko [4] *[throb, ache]* tępo

dulse /dʌls/ *n* Bot rodymeria *f* palczasta

duly /ˈdjuːlɪ, US ˈduː-/ *adv* [1] (in proper fashion) należycie, jak się należy [2] (as expected) jak przewidywano; (as arranged) zgodnie z planem

dumb /dʌm/ *adj* [1] (handicapped) niemy; **a ~ person** niemowa; **~ animals** fig nieme stworzenia [2] (temporarily) *[person]* oniemiały; **~ with astonishment** oniemiały ze zdziwienia; **to be struck ~** oniemieć [3] (taciturn) milczący [4] infml (stupid) *[person]* tępy; *[idea, question, action]* durny infml; **to act ~** udawać głupiego

■ **dumb down**: **~ [sth] down, ~ down [sth]** upr|ościć, -aszczać, uczynić bardziej zrozumiałym *[course, TV programmes, news coverage]*

dumb-ass /ˈdʌmæs/ *n* US vinfml kretyn *m*, -ka *f* infml

dumbbell /ˈdʌmbel/ *n* [1] Sport ciężarek *m*; **~s** hantle *plt* [2] US infml tuman *m*, idiot|a *m*, -ka *f* infml

dumb blonde *n* infml pej słodka idiotka *f* pej

dumb cluck *n* infml ciemniak *m* infml

dumbfound /dʌmˈfaʊnd/ *vt* wprawi|ć, -ać w osłupienie

dumbfounded /dʌmˈfaʊndɪd/ *adj* oniemiały, osłupiały

dumbly /ˈdʌmlɪ/ *adv* w osłupieniu

dumbness /ˈdʌmnɪs/ *n* [1] (handicap) niemota *f* [2] infml (stupidity) tępota *f*

dumbo /ˈdʊmbəʊ/ *n* infml głupek *m*, dureń *m* infml

dumb show *n* Theat pantomima *f*

dumbstruck /ˈdʌmstrʌk/ *adj* osłupiały, oniemiały

dumb terminal *n* Comput głuchy terminal *m*

dumbwaiter /ˌdʌmˈweɪtə(r)/ *n* [1] (elevator) winda *f* do transportu dań z kuchni do sali jadalnej [2] (food trolley) pomocnik *m* na kółkach [3] GB (revolving tray) taca *m* obrotowa *(do podawania potraw)*

dumdum /ˈdʌmdʌm/ *n* [1] Mil (also **~ bullet**) pocisk *m* dum-dum [2] infml przygłup *m*, imbecyl *m* infml

Dumfries and Galloway /dʌmˌfriːsənˈgæləweɪ/ *prn* Dumfries and Galloway *n*

dummy /ˈdʌmɪ/ **I** *n* [1] (model) manekin *m*; **tailor's ~** manekin krawiecki; **wax ~** figura woskowa; **ventriloquist's ~** lalka brzuchomówcy [2] (imitation) atrapa *f* [3] Publg, Print makieta *f* [4] Fin figurant *m*, -ka *f* [5] (in bridge) stół *m*; **to play from ~** zagrać ze stołu [6] GB Sport (move) zwód *m*; **to sell sb a ~** wywieść kogoś w pole; okiwać kogoś infml [7] infml (stupid person) kretyn *m*, -ka *f* infml [8] GB (for baby) smoczek *m* [9] Ling ≈ wyraz *m* pusty

II *modif* *[flower, fruit]* sztuczny; *[document]* podrobiony; *[company, firm, candidate]* fikcyjny; *[bullet]* ślepy; *[shell, bomb]* ćwiczebny; **~ furniture/drawer/book** imitacja mebla/szuflady/książki

III *vt* Sport zw|ieść, -odzić

IV *vi* (in football) kiw|nąć, -ać; Sport kiw|nąć, -ać się infml

■ **dummy up** US infml nabrać wody w usta

dummy bridge *n* Games brydż *m* z dziadkiem

dummy element *n* Ling element *m* pusty or abstrakcyjny

dummy load *n* Elec obciążenie *n* zastępcze

dummy pass *n* GB Sport pozorowane or markowane podanie *n*

dummy run *n* (trial) próba *f*; Mil atak *m* symulowany; (of plane) lot *m* ćwiczebny; Tech (of machinery) przebieg *m* zerowy

dummy symbol *n* Ling symbol *m* abstrakcyjny

dummy variable *n* Math zmienna *f* fikcyjna

dump[1] /dʌmp/ **I** *n* [1] (public) wysypisko *n*; **municipal** or **town ~** wysypisko miejskie; **rubbish ~** GB, **garbage ~** US wysypisko śmieci [2] (rubbish heap) usypisko *n*, hałda *f* [3] Mil skład *m*; **arms/munitions ~** skład broni/amunicji [4] infml pej (town, village) grajdoł *m*, dziura *f* infml pej; (hotel, house) nora *f* infml pej [5] Comput zrzut *m*, skład *m* [6] US vulg **to take a ~** wysrać się vulg

II *vt* [1] *[person]* wyrzuc|ić, -ać *[refuse]*; opróżni|ć, -ać *[sewage]*; pozby|ć, -wać się (czegoś) *[nuclear waste]*; *[factory, ship]* pozby|ć, -wać się (czegoś) *[waste, pollutants]* [2] (sell) **to ~ goods on the market** (on home market) zarzucić rynek tanim krajowym towarem; (abroad) wyeksportować towar po cenach dumpingowych [3] infml (get rid of) rzuc|ić, -ać, zostawi|ć, -ać *[boyfriend]*; pozby|ć, -wać się *[tedious person]*; zostawi|ć, -ać *[car, shopping]*; porzuc|ić, -ać *[idea, policy]* [4] infml (put down) rzuc|ić, -ać *[bag, object]* [5] Comput zrzuc|ić, -ać *[data]* [6] Mil (store) składować *[explosives, weapons]*

■ **dump on ~ on [sb]** US vinfml przypieprz|yć, -ać się do (kogoś) vinfml

dump[2] /dʌmp/ *n* arch smutna piosenka *f* or melodia *f*

IDIOMS: **to be down in the ~s** infml być w depresji; mieć chandrę infml

dumper /ˈdʌmpə(r)/ *n* [1] Rail wagon *m* samowyładowczy, wywrotka *f* [2] Aut wywrotka

dumper truck *n* Aut = **dumper** [2]

dumping /ˈdʌmpɪŋ/ *n* [1] (of rubbish) wysypywanie *n*, wyrzucanie *n*; (of sand, rubble) zwalanie *n*; (of liquid waste) spuszczanie *n*; **'no ~', '~ prohibited'** „zakaz składowania śmieci i gruzu" [2] Fin, Comm dumping *m*

dumping ground *n* wysypisko *n*, zwałowisko *n* **(for sth** czegoś); (for sewage) zlewisko *n* **(for sth** czegoś); fig **that school is a ~ for other schools' rejects** tu uczą się ci, których relegowano z innych szkół

dumpling /ˈdʌmplɪŋ/ *n* [1] Culin ≈ kluska *f*; **fruit ~** knedel [2] infml (person) klucha *f*, pulpet *m* infml

dump truck *n* Aut = **dumper** [2]

dumpy /ˈdʌmpɪ/ *adj* [1] (plump) przysadzisty [2] US infml (run-down) nędzny, obskurny

dun[1] /dʌn/ **I** *n* [1] (colour) (kolor *m*) ciemnobrązowy *m*, (kolor *m*) bury *m* [2] (horse) gniadosz *m*

II *adj* *[material]* ciemnobrązowy, bury; *[horse]* gniady

dun[2] /dʌn/ *vt* (*prp, pt, pp* **-nn-**) *[creditor, tradesman]* upom|nieć, -inać się u (kogoś) *[person, company]* **(for sth** o coś)

dunce /dʌns/ *n* matołek *m* infml; **to be a ~ at sth** być nogą z czegoś infml

dunce's cap *n* ośle uszy *n pl* dat

dunderhead /ˈdʌndəhed/ *n* dat cymbał *m*, głupek *m* infml

dune /djuːn, US duːn/ *n* wydma *f*

dune buggy *n* lekki samochód *m* terenowy

dung /dʌŋ/ **I** *n* [1] (excrement) łajno *n*; (for manure) obornik *m*, gnój *m* [2] infml fig (something disgusting) gówno *n* vinfml

II *vt* naw|ieźć, -ozić obornikiem *[field]*

dungaree /ˌdʌŋgəˈriː/ **I** *n* (fabric) drelich *m*

II dungarees *npl* [1] (fashionwear) ogrodniczki *plt* [2] (workwear) kombinezon *m*

dung beetle *n* Zool żuk gnojak *m*

dungeon /ˈdʌndʒən/ *n* loch *m*

dung heap *n* = **dunghill**

dunghill /ˈdʌŋhɪl/ *n* gnojowisko *n*; kupa *f* gnoju also fig

dunk /dʌŋk/ *vt* [1] m|oczyć, -aczać *[biscuit, piece of toast, bread]* **(in sth** w czymś) [2] zanurz|yć, -ać *[person, head]* **(in sth** w czymś) [3] (in basketball) **to ~ a ball** wykonać wsad

Dunkirk /dʌnˈkɜːk/ *prn* Dunkierka *f*

dunk shot *n* Sport wsad *m*

dunlin /ˈdʌnlɪn/ *n* biegus *m* zmienny

dunno /dəˈnəʊ/ infml = **don't know**

dunnock /ˈdʌnək/ *n* pokrzywnica *f*

dunny /ˈdʌnɪ/ *n* Aust, NZ infml kibel *m* vinfml

duo /ˈdjuːəʊ, US ˈduːəʊ/ *n* Mus, Theat duet *m*

duodecimal /ˌdjuːəʊˈdesɪml, US ˌduːəˈdesəml/ *adj* dwunastkowy

duodecimo /ˌdjuːəʊˈdesɪməʊ, US ˌduːəˈdesəməʊ/ *n* (*pl* **~s**) Print dwunastka *f*

duodenal /ˌdjuːəˈdiːnl, US ˌduːəˈdiːnl/ *adj* *[ulcer]* dwunastniczy

duodenum /ˌdjuːəʊˈdiːnəm, US ˌduːəˈdiːnəm/ *n* (*pl* **~na, ~nums**) Anat dwunastnica *f*

duologue /ˈdjuːəlɒg, US ˈduː-/ *n* dialog *m*

duopoly /djuːˈɒpəlɪ, US duː-/ *n* duopol *m*

dupe /djuːp, US duːp/ **I** *n* naiwniak *m* infml

II *vt* nab|rać, -ierać *[person]*; **to ~ sb into sth/doing sth** naciągnąć kogoś na coś /zrobienie czegoś infml; **we've been ~d!** infml daliśmy się nabrać! infml

duple /ˈdjuːpl, US ˈduːpl/ *adj* Mus *[time]* dwudzielny

duplex /ˈdjuːpleks, US ˈduː-/ **I** *n* US (apartment) mieszkanie *n* dwupoziomowe; (house) bliźniak *m*

II *adj* Comput podwójny, dwustronny

duplicate **I** /ˈdjuːplɪkət, US ˈduːpləkət/ *n* [1] (copy) (of document) kopia *f*; odpis *m* fml; (spare, replacement) duplikat *m* **(of sth** cze-

D

goś); (of painting, cassette, video) kopia *f* **(of sth** czegoś); **in ~** w dwóch egzemplarzach; Jur z kopią, z odpisem [2] (photocopy) fotokopia *f* [3] (repetition) (of performance, action) powtórka *f*

II /ˈdjuːplɪkət, US ˈduːpləkət/ *adj* [1] (copied) *[cheque, receipt]* z kopią; **a ~ key** zapasowy klucz; **a ~ document** kopia dokumentu [2] (in two parts) *[form, invoice]* w dwóch egzemplarzach

III /ˈdjuːplɪkeɪt, US ˈduːpləkeɪt/ *vt* [1] (copy) sporządz|ić, -ać kopię or odpis (czegoś) *[document]*; s|kopiować, sporządz|ić, -ać kopię (czegoś) *[cassette, film, painting, video]* [2] (photocopy) sporządz|ić, -ać fotokopię (czegoś), powiel|ić, -ać [3] (repeat) ponownie wykon|ać, -ywać *[work]*; powt|órzyć, -arzać *[action, performance]*; **to ~ resources** podwoić zasoby

IV /ˈdjuːplɪkeɪt, US ˈduːpləkeɪt/ *vi* Biol podw|oić, -ajać się

duplicating machine *n* powielacz *m*

duplication /ˌdjuːplɪˈkeɪʃn, US ˌduːplə-/ *n* [1] (copying) skopiowanie *n*, powielenie *n* [2] (copy of book, cassette, film) kopia *f* [3] (repeating) (of effort, work) powielenie *n*; **~ of resources** podwojenie zasobów [4] Biol duplikacja *f*

duplicator /ˈdjuːplɪkeɪtə(r), US ˈduːplə-/ *n* powielacz *m*

duplicitous /djuːˈplɪsətəs, US duː-/ *adj* obłudny, dwulicowy

duplicity /djuːˈplɪsətɪ, US duː-/ *n* [1] dwulicowość *f*, obłuda *f* [2] (double-dealing) fałsz *m*, obłuda *f*

durability /ˌdjʊərəˈbɪlətɪ, US ˌdʊərə-/ *n* (of material, product) wytrzymałość *f*; (of friendship, marriage) trwałość *f*

durable /ˈdjʊərəbl, US ˈdʊərəbl/ **I durables** *npl* artykuły *m pl* trwałego użytku

II *adj [material, metal, relationship]* wytrzymały; *[equipment]* solidny; *[peace, realtionship]* trwały; *[friendship, fame]* niezachwiany; *[tradition]* głęboko zakorzeniony; **~ goods** artykuły trwałego użytku

Duralumin® /djʊəˈræljʊmɪn, US dʊə-/ *n* duraluminium *n*

duration /djʊˈreɪʃn, US dʊˈreɪʃn/ *n* czas *m* or okres *m* (trwania); **of long/short ~** długotrwały/krótkotrwały; **for the ~ of the meeting/war** na czas trwania zebrania/wojny; **a stay of six months' ~** sześciomiesięczny pobyt; **if we can't get the car started, we'll be here for the ~** jeśli nie uda nam się zapalić, zostaniemy tu nie wiadomo jak długo

duress /djʊˈres, US dʊˈres/ *n* przymus *m* also Jur; **to do sth under ~** zrobić coś pod przymusem

Durex® /ˈdjʊəreks, US ˈdʊəreks/ *n* prezerwatywa *f*

during /ˈdjʊərɪŋ/ *prep* podczas (czegoś), w trakcie (czegoś); **~ this time** w tym czasie; **you never see him ~ the day** nie widuje się go w dzień; **~ his lifetime he was relatively unknown** za życia był stosunkowo mało znany; **she'll call ~ the week** zadzwoni w tygodniu

dusk /dʌsk/ *n* (twilight) zmierzch *m*, zmrok *m*; (semidarkness) półmrok *m*; **at ~** o zmierzchu, o zmroku; **in the ~** w półmroku; **~ was falling** zapadał zmierzch or zmrok; **~ to dawn curfew** godzina policyjna od zmierzchu do świtu

duskiness /ˈdʌskɪnɪs/ *n* (of person, limbs, cheeks) śniadość *f*; (of room) półmrok *m*

dusky /ˈdʌskɪ/ *adj [person, skin, complexion]* śniady, smagły; (black) *[person]* ciemnoskóry; *[room, shadows]* mroczny; *[colour]* przydymiony

dust /dʌst/ **I** *n* [1] (grime) kurz *m*; **thick with ~** pokryty grubą warstwą kurzu; **to allow the ~ to settle** poczekać, aż kurz opadnie; fig poczekać, aż sytuacja się uspokoi or wyjaśni [2] (grit) pył *m*; **chalk /coal ~** pył kredowy/węglowy; **cosmic /radioactive/volcanic ~** pył kosmiczny /radioaktywny/wulkaniczny; **a speck of ~** pyłek [3] Art, Ind proszek *m* [4] liter (mortal remains) prochy *plt*; **~ to ~ ashes to ashes** prochem jesteś i w proch się obrócisz [5] liter (ground) ziemia *f*; **to fall off into the ~** spaść na ziemię

II *vt* [1] (clean) odkurz|yć, -ać *[furniture, room]* [2] (coat lightly) posyp|ać, -ywać *[cake]* **(with sth** czymś); **to ~ one's face** upudrować or przypudrować twarz **(with sth** czymś)

III *vi* zetrzeć, ścierać, pościerać kurze

■ **dust down**: ¶ **~ down [sth], ~ [sth] down** odkurz|yć, -ać *[armchair, table]* ¶ **~ (oneself) down** otrzep|ać, -ywać się z kurzu

■ **dust off**: **~ off [sth], ~ [sth] off** [1] (clean) odkurz|yć, -ać *[surface, table]* [2] (brush off) zmi|eść, -atać *[crumbs, powder]* **(from sth** z czegoś)

IDIOMS: **to throw ~ in sb's eyes** sypać or rzucać komuś piaskiem w oczy; **to shake the ~ off one's feet** odejść w gniewie; **to bite the ~** *[person]* (die) gryźć ziemię infml; *[plan, idea]* (fail) wziąć w łeb

dust bag *n* worek *m* do odkurzacza

dust bath *n* kąpiel *f* w piasku

dustbin /ˈdʌstbɪn/ *n* GB pojemnik *m* na śmieci

dustbin lid *n* GB pokrywa *f* pojemnika na śmieci

dustbin man *n* GB śmieciarz *m*

dust bowl **I** *n* Geog obszar *m* pustynny

II Dust Bowl *prn obszar Stanów Zjednoczonych dotknięty burzami piaskowymi i pyłowymi*

dustcart /ˈdʌstkɑːt/ *n* GB śmieciarka *f*

dust cloth *n* US ścierka *f* do kurzu

dust cloud *n* tuman *m* kurzu

dust cover *n* (on book) obwoluta *f*; (on furniture) pokrowiec *m*

dust devil *n* burza *m* pyłowa

duster /ˈdʌstə(r)/ *n* [1] GB (cloth) ścierka *f* do kurzu; (for blackboard) ścierka *f* do tablicy; (block) gąbka *f* → **feather duster** [2] US (housecoat) podomka *f* [3] Agric opylacz *m*

dust-free room /ˌdʌstfriːˈruːm/ *n* Aerosp pomieszczenie *n* czyste *(o zaostrzonych wymaganiach co do czystości i sterylności powietrza)*

dust heap *n* [1] sterta *f* or kupa *f* śmieci infml [2] fig **to be thrown on the ~** zostać wyrzuconym na śmietnik fig

dusting /ˈdʌstɪŋ/ *n* [1] (cleaning) ścieranie *n* kurzu, odkurzanie *n*; **to do the ~** zetrzeć or pościerać kurze; **to give sth a ~** zetrzeć z czegoś kurze [2] (of snow) warstewka *f* [3] Culin (of sugar, chocolate) **to give the cake a ~ of sth** posypać ciasto czymś [4] Agric opylanie *n*

dusting powder *n* talk *m*

dust jacket *n* Publg obwoluta *f*

dustman /ˈdʌstmən/ *n* (*pl* **-men)** GB śmieciarz *m*

dust mite *n* Zool roztocz *m*

dustpan /ˈdʌstpæn/ *n* szufelka *f*, śmietniczka *f*; **a ~ and brush** szufelka or śmietniczka i zmiotka

dust sheet *n* płachta *f (chroniąca meble przed zakurzeniem)*

dust storm *n* kurzawa *f*; (in desert) burza *f* piaskowa or pyłowa

dust-up /ˈdʌstʌp/ *n* infml [1] (quarrel) spięcie *n*, sprzeczka *f* [2] (fight) bójka *f*; **to get into a ~ with sb** wdać się w bójkę z kimś

dusty /ˈdʌstɪ/ *adj [house, table, road]* zakurzony; **~ climb/journey** wspinaczka/podróż w kurzu; **to get ~** zakurzyć się

IDIOMS: **to give sb a ~ answer** (unhelpful) zbyć kogoś; (bad-tempered) odpowiedzieć komuś niegrzecznie or opryskliwie

dusty blue *adj* popielatoniebieski

dusty pink *adj* przydymiony różowy

Dutch /dʌtʃ/ **I** *n* [1] Ling (język *m*) holenderski *m* [2] **the ~** (+ *v pl*) Holendrzy *m pl*

II *adj [culture, food, football, politics]* holenderski

IDIOMS: **to be in ~ with sb** US infml mieć u kogoś przechlapane, mieć u kogoś krechę infml; **to go ~ with sb** infml zapłacić każdy za siebie; **to talk to sb like a ~ uncle** prawić komuś morały or kazania

Dutch auction *n* Fin licytacja *f* zniżkowa

Dutch barn *n* Agric bróg *m*

Dutch cap *n* kapturek *m* maciczny

Dutch courage *n* pijacka odwaga *f*; **I need (some) ~** muszę się napić dla kurażu

Dutch door *n* US drzwi *plt* o skrzydłach dzielonych poziomo

Dutch East Indies *prn* Hist Holenderskie Indie *plt* Wschodnie

Dutch elm disease *n* Bot choroba *f* naczyniowa wiązu, grafioza *f*

Dutch Guiana *prn* Hist Gujana *f* Holenderska

Dutchman /ˈdʌtʃmən/ *n* (*pl* **-men)** Holender *m*

IDIOMS: **it's true or I'm a ~** niech mnie drzwi ścisną, jeśli to nieprawda infml

Dutch oven *n* przedpalenisko *n*, palenisko *n* przednie

Dutch School *n* Art szkoła *f* holenderska

Dutch treat *n* (party) przyjęcie *n* składkowe; (in restaurant) wspólny posiłek *n* w restauracji *(gdzie każdy płaci za siebie)*

Dutch West Indies *prn* Antyle *plt* holenderskie

Dutchwoman /ˈdʌtʃwʊmən/ *n* (*pl* **-women)** Holenderka *f*

dutiable /ˈdjuːtɪəbl, US ˈduː-/ *adj* Tax podlegający opodatkowaniu; (at customs) *[goods, item]* podlegający ocleniu

dutiful /ˈdjuːtɪfl, US ˈduː-/ *adj* [1] (obedient) *[child]* posłuszny; *[husband, wife]* oddany, dobry; *[act]* pełen oddania or szacunku; **she gave him a ~ smile** uśmiechnęła się do niego grzecznie or uprzejmie [2] (conscientious) *[employee, pupil]* obowiązkowy, sumienny

dutifully /ˈdjuːtɪfəlɪ, US ˈduː-/ *adv* [1] (conscientiously) *[work]* sumiennie, obowiązkowo [2] (obediently) *[behave, respond]* posłusznie

duty /ˈdjuːtɪ, US ˈduːtɪ/ **I** *n* [1] (obligation) obowiązek *m* **(to sb** w stosunku do or względem kogoś); **to have a ~ to do sth** mieć obowiązek zrobić coś; **to make it one's ~ to do sth** uznać za swój obowiązek zrobić coś; **it is my ~ to do it** to mój obowiązek; **to do one's ~** wypełnić swój obowiązek; **to do one's ~ by sb** spełnić swój obowiązek wobec or względem kogoś; **in the course of ~** Mil podczas pełnienia obowiązków służbowych; **~ calls!** obowiązki wzywają!; **I feel ~-bound to do it** zrobienie tego uważam za swój obowiązek; **to neglect one's duties** zaniedbać swoje obowiązki; **out of a sense of ~** z poczucia obowiązku; **moral ~** moralny obowiązek; **legal/statutory ~** prawny/statutowy obowiązek [2] (task) obowiązek *m*; **to take up one's duties** zacząć pełnić obowiązki; **to perform** or **carry out one's duties as an employee/an official** wykonywać obowiązki pracownika/urzędnika; **my duties consist of...** do moich obowiązków należy... [3] (work) Mil, Police służba *f*; Med, Transp, Sch dyżur *m*; **to be on ~** być na służbie/na dyżurze; **he's on guard ~ today** ma dzisiaj służbę wartowniczą; **the doctor is off ~ now** ten lekarz nie ma teraz dyżuru; **to go on ~** zacząć służbę; **to go off ~** skończyć służbę; **night ~** nocna służba /nocny dyżur; **to do ~ for sb** zastąpić kogoś na służbie/dyżurze; **to do ~ for** or **as sth** służyć za coś; **this big box does ~ for a table** to wielkie pudło służy za stół [4] Tax (on things bought) podatek *m* **(on sth** od czegoś); (on things imported) cło *n* **(on sth** za coś); **customs duties** cła *n pl*; **to exempt sth from ~** zwolnić coś od cła/podatku

II *modif [security guard]* pełniący służbę; *[nurse]* dyżurny

duty call *n* grzecznościowa wizyta *f*

duty chemist *n* dyżurna apteka *f*

duty-free /ˌdjuːtɪˈfriː, US ˌduː-/ **I** *adj [import, store]* wolnocłowy; *[goods]* bezcłowy, wolny od cła

II *adv [sell, import]* bez cła

duty-free allowance *n* limit *m* towarów zwolnionych od cła

duty-frees /ˌdjuːtɪˈfriːz, US ˌduː-/ *n* towary *m pl* bezcłowe

duty-free shop *n* sklep *m* wolnocłowy

duty-free shopping *n* zakupy *m pl* w sklepie wolnocłowym

duty officer *n* oficer *m* dyżurny

duty-paid /ˌdjuːtɪˈpeɪd, US ˌduː-/ *adj [sale]* po ocleniu, po uiszczeniu cła; *[goods]* oclony

duty roster *n* Admin grafik *m* dyżurów

duty rota *n* = **duty roster**

duty solicitor *n* GB Jur adwokat *m* z urzędu

duvet /ˈduːveɪ/ *n* GB kołdra *f*

duvet cover *n* poszwa *f*, podpinka *f* na kołdrę

DVD *n* = **Digital Video Disc, Digital Versatile Disc** DVD *n inv*

DVD audio *n* DVD-audio *n inv*

DVD-ROM *n* DVD-ROM *n inv*

DVD video *n* DVD-video *n inv*

DVLA *n* GB = **Driver and Vehicle Licencing Agency** *agencja rządowa odpowiedzialna za pobieranie podatku drogowego i wydawanie praw jazdy*

DVM *n* US Vet = **Doctor of Veterinary Medicine** lekarz *m* or doktor *m* weterynarii

dwarf /dwɔːf/ **I** *n* (*pl* **~s, dwarves)** karzeł *m*, karlica *f*

II *adj* karłowaty, skarłowaciały

III *vt* (make appear small, insignificant) przyćmi|ć, -ewać *[achievments, feat]*; **to be ~ed by sth** *[person, object]* wydawać się małym w porównaniu z czymś; **the skyscraper ~s the neighbouring buildings** ten wieżowiec przytłacza sąsiednie budynki; **I felt ~ed by her brother** przy jej bracie czułem się jak karzeł

dwarfish /ˈdwɔːfɪʃ/ *adj [person, appearance]* karzełkowaty

dwell /dwel/ *vi* (*pt, pp* **dwelt)** liter [1] (live) mieszkać **(in sth** w czymś) [2] fig **to ~ in sth** kryć się w (czymś) *[mind, heart]*

■ **dwell on: ~ on [sth]** [1] (think about) rozmyślać nad (czymś), rozpamiętywać; **I used to ~ on this a lot** wiele nad tym rozmyślałem; **to ~ on the past** rozmyślać o przeszłości, rozpamiętywać przeszłość [2] (talk about) rozwodzić się na temat (czegoś)

dweller /ˈdwelə(r)/ *n* mieszkan|iec *m*, -ka *f*; **city** or **town ~** mieszkaniec miasta; **country ~** mieszkaniec wsi

dwelling /ˈdwelɪŋ/ *n* Admin mieszkanie *n*

dwelling house *n* dom *m* mieszkalny

dwelling place *n* miejsce *n* zamieszkania

dwelt /dwelt/ *pt, pp* → **dwell**

DWI *n* US Jur = **driving while intoxicated** prowadzenie *n* pojazdu w stanie nietrzeźwym

dwindle /ˈdwɪndl/ *vi* (also **~ away)** *[numbers]* z|maleć, zmniejsz|yć, -ać się; *[supplies, provisions]* s|kurczyć się; *[enthusiasm, interest, strength]* o|słabnąć; *[health]* pog|orszyć, -arszać się; **my financial resources had ~d to nothing** moje zasoby finansowe skurczyły się do zera

dwindling /ˈdwɪndlɪŋ/ **I** *n* (of enthusiasm, interest) słabnięcie *n*; (of resources) zmniejszanie się *n*

II *adj [strength, interest, enthusiasm]* słabnący; *[numbers]* malejący; *[resources, supplies, provisions]* kurczący się, malejący; *[health]* pogarszający się

dye /daɪ/ **I** *n* [1] (substance) barwnik *m*; **synthetic/vegetable ~** barwnik syntetyczny/roślinny [2] (for hair, cloth, shoes) farba *f*; **hair ~** farba do włosów

II *vt* u|farbować *[fabric]*; **to ~ sth red** ufarbować coś na czerwono; **to ~ one's hair** ufarbować sobie włosy

III *vi [fabric]* u|farbować się

IV **dyed** *pp adj* u|farbowany

dyed-in-the-wool /ˌdaɪdɪnðəˈwʊl/ *adj* zatwardziały

dyeing /ˈdaɪɪŋ/ *n* farbowanie *n*

dyer /ˈdaɪə(r)/ *n* (person) farbiarz *m*; (company) farbiarnia *f*

dyestuff /ˈdaɪstʌf/ *n* barwnik *m*

dyeworks /ˈdaɪwɜːks/ *n* farbiarnia *f*

Dyfed /ˈdʌvɪd/ *prn* Dyfed *n*

dying /ˈdaɪɪŋ/ **I** *prp* → **die**

II *n* [1] (people) **the ~** (+ *v pl*) umierający *m pl*, konający *m pl*; **prayer for the ~** modlitwa za umierających [2] (death) śmierć *f*, agonia *f*

III *adj* [1] (about to die) *[person]* umierający, konający; *[animal]* zdychający; *[plant]* obumierający; **the ~ man's wish** ostatnie życzenie umierającego [2] (final) *[minutes, moment, stages, words]* ostatni; **I will remember it till my ~ day** zapamiętam to do śmierci; **~ breadth** ostatnie tchnienie [3] (fading) *[sun, light, fire, embers]* gasnący [4] (close to extinction) *[custom, industry, tradition]* wymierający; **she's one of a ~ breed** należy do wymierającego gatunku fig

IDIOMS: **to look like a ~ duck (in a thunderstorm)** infml hum wyglądać jak siedem nieszczęść

dyke[1] /daɪk/ *n* [1] (embankment) grobla *f*, wał *m* ochronny [2] (ditch) rów *m* odwadniający [3] (bank of earth) nasyp *m* [4] Scot (wall) murek *m* [5] Geol dajk *m*, dajka *f* [6] (causeway) grobla *f*

dyke[2] /daɪk/ *n* vinfml offensive lezba *f* vinfml offensive

D

dynamic /daɪˈnæmɪk/ **I** *n* dynamiczność *f*

II **dynamics** *npl* dynamika *f*

III *adj* dynamiczny

dynamically /daɪˈnæmɪklɪ/ *adv* [1] dynamicznie [2] Phys **~-tested** przetestowany dynamicznie

dynamism /ˈdaɪnəmɪzəm/ *n* dynamizm *m*

dynamite /ˈdaɪnəmaɪt/ **I** *n* dynamit *m*; **this story is politcal ~** ta historia to beczka prochu; **that girl's ~!** fig (dynamic, energetic) to dziewczyna z biglem! infml

II *adj* US infml extra, super infml

III *vt* wysadz|ić, -ać w powietrze *[rock]*

dynamo /ˈdaɪnəməʊ/ *n* [1] Elec prądnica *f*, dynamo *n* [2] infml fig (person) **he's a real ~** rozpiera go energia

dynast /ˈdɪnæst, US ˈdaɪ-/ *n* dynasta *m*

dynastic /dɪˈnæstɪk, US daɪ-/ *adj* dynastyczny

dynasty /ˈdɪnəstɪ, US ˈdaɪ-/ *n* dynastia *f*; **the Habsburg ~** dynastia Habsburgów

dyne /daɪn/ *n* dyna *f*

dysenteric /ˌdɪsənˈterɪk/ *adj* Med czerwonkowy, dyzenteryczny

dysentery /ˈdɪsəntrɪ, US -terɪ/ *n* Med czerwonka *f*, dyzenteria *f*

dysfunction /dɪsˈfʌŋkʃn/ *n* zaburzenie *n* czynności

dysfunctional /dɪsˈfʌŋkʃənl/ *adj* zaburzeniowy

dyslexia /dɪsˈleksɪə, US dɪsˈlekʃə/ *n* dysleksja *f*; **to suffer from ~** mieć dysleksję

dyslexic /dɪsˈleksɪk/ **I** *n* dyslekty|k *m* -czka *f*

II *adj* dyslektyczny

dysmenorrhea /ˌdɪsmenəˈriːə/ *n* bolesne miesiączkowanie *n*

dyspepsia /dɪsˈpepsɪə/ *n* niestrawność *f*; dyspepsja *f* ra

dyspeptic /dɪsˈpeptɪk/ *adj* [1] (person) cierpiący na niestrawność [2] dat (irritable) nieznośny

dysphasia /dɪsˈfeɪzɪə/ *n* Med dysfazja *f*

dyspraxia /dɪsˈpræksɪə/ *n* Med dyspraksja *f*, utrudnienie *n* czynności ruchowej wywołane przez ból

dystopia /dɪsˈtəʊpɪə/ *n* dystopia *f (przeciwieństwo Utopii)*

dystrophy /ˈdɪstrəfɪ/ *n* dystrofia *f*

E

e, E /iː/ *n* [1] (letter) e *n*, E *n* [2] Mus E *n*, e *n*; **sonata in E major/minor** sonata E-dur /e-moll; **E flat/sharp** es/eis [3] **E** Geog = **East** wsch.; (on map) E [4] Sch (mark) ocena *f* dopuszczająca [5] infml (drug) ekstaza *f*

e+ *in combinations* **e-book** książka elektroniczna; **e-text/catalogue** tekst/katalog elektroniczny; **e-shopping** zakupy internetowe

each /iːtʃ/ **I** *det [person, animal, group, object]* każdy; **~ time** za każdym razem; **~ time I see him** za każdym razem, gdy go widzę; **~ morning/year** każdego ranka /roku, co rano/rok; **~ person will receive a ticket** każdy otrzyma bilet; **~ one of us /them** każdy z nas/z nich; **he lifted ~ box, ~ one heavier than the last** podnosił kolejno pudła, jedno cięższe od drugiego; **~ and every day** dzień w dzień; **~ and every house in the neighbourhood** wszystkie bez wyjątku domy w sąsiedztwie; **I want ~ and every one of you to be present** chcę, żebyście wszyscy bez wyjątku or co do jednego byli obecni **II** *pron* każd|y, -a, -e; **two bedrooms, ~ with its own bathroom** dwie sypialnie, każda z łazienką; **~ in turn stepped onto the stage** każdy po kolei wychodził na scenę; **I'll have a little of ~, please** poproszę wszystkiego po trochu; **they ~ received a book** każdy z nich dostał książkę; **John and Bill ~ won a car** John i Bill wygrali po samochodzie; **~ of us /you** każdy z nas/z was; **~ of them blamed the other** oskarżali się wzajemnie or nawzajem; **the missiles, ~ of which costs...** pociski, z których każdy kosztuje... **III** *adv* **we paid $10 ~** zapłaciliśmy po 10 dolarów, każdy z nas zapłacił 10 dolarów; **can we have two pieces ~?** czy możemy dostać po dwa kawałki?; **the apples are 20 pence ~** jabłka są po 20 pensów sztuka or za sztukę; **three bundles of ten notes ~** trzy pliki po dziesięć banknotów (każdy)

each other *pron* (also **one another**) *[hold, like, greet]* się; *[help, congratulate]* sobie (wzajemnie); *[look at]* siebie; **they know ~** oni znają się; **we hate/are fond of ~** nie znosimy się/lubimy się; **to help ~** pomagać sobie wzajemnie; **to shout at ~** krzyczeć na siebie; **they wear ~'s clothes** pożyczają sobie nawzajem ubrania; **their respect/contempt for ~** ich wzajemny szacunek/wzajemna pogarda

each way *adj, adv* **to place an ~ bet on a horse/dog, to bet on a horse/dog ~** typować konia/psa na zwycięzcę jednego z trzech pierwszych miejsc

eager /ˈiːɡə(r)/ *adj* [1] (keen) chętny, ochoczy; **to be ~ to do sth** mieć ochotę coś zrobić, być chętnym do zrobienia czegoś [2] (impatient) **~ for sth** spragniony or żądny czegoś *[affection, fame, knowledge, revenge]*; **to be ~ to do sth** nie móc doczekać się, żeby coś zrobić; **the people are ~ for change** naród pragnie zmian; **he is ~ to please** bardzo chce się przypodobać [3] (enthusiastic) *[supporter]* zagorzały, gorący; *[discussion]* zażarty, zagorzały; *[student, pursuit]* gorliwy; *[acceptance]* entuzjastyczny [4] (excited) *[face, look, crowd]* przejęty, podekscytowany; *[anticipation]* niecierpliwy

eager beaver *n* infml (nad)gorliwiec *m* infml

eagerly /ˈiːɡəlɪ/ *adv* [1] (enthusiastically) *[work, pursue]* z zapałem, gorliwie; *[listen, talk]* z przejęciem; *[seize upon]* skwapliwie; *[desire]* żarliwie, gorąco [2] (impatiently) *[look, stare, wait]* niecierpliwie, z niecierpliwością

eagerness /ˈiːɡənɪs/ *n* [1] (keenness) zapał *m* **(for sth** do czegoś**)**; ochota *f* **(to do** żeby coś zrobić**)** [2] (impatience) pragnienie *n* **(for sth** czegoś**)**; **~ to do sth** pragnienie zrobienia czegoś or żeby coś zrobić; **in my ~ to leave I left my coat** tak bardzo spieszyłem się z wyjściem, że zostawiłem palto [3] (enthusiasm) przejęcie *n*, podniecenie *n*; **the ~ of their faces** przejęcie malujące się na ich twarzach

eagle /ˈiːɡl/ *n* [1] Zool orzeł *m* [2] (emblem) orzeł *m* [3] (lectern) pulpit *m (w kościele)* [4] (in golf) „eagle" *m (dwa uderzenia poniżej par)*

eagle eye *n* sokole oko *n* fig; **to keep an ~ on sb/sth** mieć oko na kogoś/coś infml

eagle-eyed /ˌiːɡlˈaɪd/ *adj* o sokolim wzroku

eagle owl *n* puchacz *m*

eagle ray *n* orleń *m*

eagle scout *n* US *skaut – zdobywca 21 sprawności*

eaglet /ˈiːɡlɪt/ *n* orlę *n*, orlątko *n*

ear¹ /ɪə(r)/ **I** *n* [1] Anat, Zool ucho *n*; **inner /middle/outer ~** ucho wewnętrzne/środkowe/zewnętrzne [2] (hearing, perception) ucho *n*, słuch *m*; **pleasant to the ~** przyjemny dla ucha; **to the trained/untrained ~** dla wyćwiczonego/niewyćwiczonego ucha; **to sound odd to the English ~** brzmieć dziwnie dla Anglika; **to play music by ~** grać ze słuchu; **to have a good ~ (for music)** mieć dobry słuch (muzyczny); **to have a good ~ for languages** mieć słuch językowy; **to have a good ~ for accents** potrafić określić pochodzenie mówiącego po jego akcencie; **to have good ~s** mieć wyczulony słuch, dobrze słyszeć

II *modif* **~ infection/operation** infekcja /operacja ucha

IDIOMS: **it has come to my ~s that...** doszły mnie słuchy, że...; **my ~s are burning** czuję, że ktoś mnie obgaduje; **to be all ~s** infml (cały) zamienić się w słuch; **to be on one's ~s** GB infml (drunk) chodzić na rzęsach infml; **to be out on one's ~s** infml (from job) wylecieć na pysk, być wyrzuconym na pysk infml; (from home) znaleźć się na bruku; **to be up to one's ~s in debt** siedzieć w długach po uszy; **to be up to one's ~s in work** zakopać się po uszy w pracy; **to bend sb's ~** suszyć komuś głowę; **to close** or **shut one's ~(s) to sb** nie chcieć kogoś wysłuchać; **to close** or **shut one's ~(s) to sth** zamykać uszy na coś, nie chcieć o czymś słyszeć; **to fall about one's ~s** *[life, plan]* zawalić się komuś infml; **to get a thick ~** infml dostać or oberwać w ucho infml; **to give sb a thick ~** infml dać komuś w ucho, dołożyć komuś infml; **to go in one ~ and out the other** jednym uchem wchodzić or wlatywać, a drugim wychodzić or wylatywać; **to have a word in sb's ~** szepnąć komuś słówko; **to have the ~ of sb** potrafić wpłynąć na kogoś; **to have** or **keep one's ~ to the ground** starać się wyczuć, co w trawie piszczy; **to be wet behind the ~s** mieć mleko pod nosem; **to keep one's ~s open** mieć uszy otwarte; **to lend** or **give a sympathetic ~ to sb** wysłuchać kogoś życzliwie; **to listen with (only) half an ~** słuchać jednym uchem, słuchać piąte przez dziesiąte; **to play it by ~** fig wymyślić coś na poczekaniu; zobaczyć, jak się sytuacja rozwija; **to set** or **put sb on his/her ~** US infml doprowadzić kogoś do wściekłości → **deaf, flap**

ear² /ɪə(r)/ *n* Bot (of wheat) kłos *m*; (of maize) kolba *f*

earache /ˈɪəreɪk/ *n* ból *m* ucha; **he has ~** GB **he has an ~** US boli go ucho

earbashing /ˈɪəbæʃɪŋ/ *n* infml bura *f*, ruga *f* infml; **to give sb an ~** natrzeć komuś uszu; zrugać kogoś, dać komuś burę or rugi infml

eardrops /ˈɪədrɒps/ *npl* [1] Med krople *f pl* do ucha [2] (earrings) (kolczyki *m pl*) łezki *f pl*

eardrum /ˈɪədrʌm/ *n* błona *f* bębenkowa; bębenek *m* infml

earflap /ˈɪəflæp/ *n* nausznik *m (przy czapce)*

earful /ˈɪəfʊl/ *n* infml **to give sb an ~** (scold) natrzeć komuś uszu; (talk excessively) zagadać kogoś na śmierć infml; **to get an ~** (be scolded) dostać burę or rugę infml; **to get an ~ of sb's problems** nasłuchać się o

problemach kogoś; **get an ~ of this!** posłuchajcie tego!
earhole /ˈɪəhəʊl/ *n* otwór *m* uszny
earl /ɜːl/ *n* hrabia *m*
earldom /ˈɜːldəm/ *n* [1] (title) hrabiostwo *n*, tytuł *m* hrabiowski [2] (land) dobra *plt* hrabiego, hrabstwo *n*
earlobe /ˈɪələʊb/ *n* małżowina *f* uszna
earlocks /ˈɪəlɒks/ *npl* pejsy *m pl*
early /ˈɜːlɪ/ **I** *adj* [1] (one of the first) *[years, play, book, phase, model, indication]* wczesny; *[scene, chapter]* początkowy; *[Christians, settlers]* pierwszy; **an ~ computer/bicycle** wczesny model komputera/roweru; **the earliest computer/bicycle** pierwszy komputer/rower; **the ~ weeks of the strike** pierwsze tygodnie strajku; **at an earlier stage** na wcześniejszym etapie; **an ~ chapter** jeden z pierwszych rozdziałów; **in an earlier chapter** w jednym z wcześniejszych rozdziałów; **one of the earliest attempts** jedna z pierwszych prób; **in the ~ part of the show** na początku przedstawienia; **the earliest days of the cinema** początki kina; **~ man** człowiek pierwotny; **in an earlier life** w poprzednim życiu [2] (sooner than usual) *[breakfast, lunch, potatoes, blackberries, harvest]* wczesny; *[death, delivery]* przedwczesny; *[payment, settlement]* wcześniejszy; **to have an ~ lunch/night** wcześnie zjeść lunch/pójść spać; **to catch the earlier train** złapać wcześniejszy pociąg; **to take an ~ holiday** GB or **an ~ vacation** US pojechać na wcześniejsze wakacje; **to take ~ retirement** przejść na wcześniejszą emeryturę; **their ~ arrival caused chaos** ich wcześniejsze przybycie wprowadziło zamieszanie [3] (near beginning of period) *[morning, spring, hours, train, flight, pregnancy]* wczesny; **in ~ childhood** we wczesnym dzieciństwie; **in ~ January** na początku stycznia; **at an ~ age** w bardzo młodym wieku; **in the ~ Middle Ages/the ~ 60's** we wczesnym średniowieczu/we wczesnych latach 60.; **to be in one's ~ thirties** być po trzydziestce; **to make an ~ start** wcześnie wyruszyć; **at the earliest** najwcześniej; **the earliest I can come is Monday** mogę przyjść najwcześniej or dopiero w poniedziałek; **at an ~ hour** wcześnie; **in the ~ hours** nad ranem; **until the ~ hours** do wczesnych godzin porannych; **to keep ~ hours** wcześnie się kłaść i wcześnie wstawać [4] (prompt) *[decision, payment, reply]* szybki; **at an ~ date** (możliwie) szybko; **at the earliest possible opportunity** przy najbliższej sposobności; **at your earliest convenience** fml kiedy tylko będzie to dla pana/pani dogodne fml [5] Biol *[gene]* wczesny
II *adv* [1] (in period of time) *[get up, leave, come, start, book, post, arrive]* wcześnie; **it's still ~** jest jeszcze wcześnie; **it's too ~ to say** jest zbyt wcześnie, żeby można było coś powiedzieć; **Easter falls/is ~ this year** Wielkanoc w tym roku wypada/jest wcześnie; **can you let me know as ~ as possible?** daj mi znać jak najwcześniej; **can't you make it earlier?** (arranging date) nie mógłbyś wcześniej?; **five minutes earlier** pięć minut wcześniej; **Adam can't get there earlier than 3 pm** Adam nie dotrze tam wcześniej niż o trzeciej; **it started as ~ as 1983** to się zaczęło już w 1983; **(very) ~ on** już na (samym) początku; **~ next year** na początku przyszłego roku; **~ in the war/match** na początku wojny/meczu; **~ in the afternoon** wczesnym popołudniem; **~ in one's life** w młodości; **I realized ~ on that...** szybko zdałem sobie sprawę, że...; **as I said earlier...** jak już mówiłem (wcześniej)...; **on Wednesday at the earliest** najwcześniej w środę [2] (before expected) *[arrive, leave, ripen]* wcześniej; (too soon) *[arrive]* za or zbyt wcześnie, przed czasem; **I'm sorry to arrive a bit ~, I'm sorry I'm a bit ~** przepraszam, że przychodzę trochę za wcześnie; **the postman was ~ today** dziś listonosz był wcześniej; **the strawberries are ~ this year** truskawki są wcześnie w tym roku; **to finish sth two days/weeks ~** skończyć coś dwa dni /tygodnie wcześniej; **to retire ~** przejść na wcześniejszą emeryturę
IDIOMS: **~ to bed ~ to rise (makes you healthy, wealthy, and wise)** Prov kto rano wstaje, temu Pan Bóg daje; **it's a bit ~ in the day to say** troszkę za wcześnie, żeby coś można było powiedzieć; **it's ~ days yet** to dopiero początek; **the ~ bird catches the worm** Prov (who gets up early) kto rano wstaje, temu Pan Bóg daje; (who comes first) kto pierwszy, ten lepszy; **to be an ~ bird** być rannym ptaszkiem
Early American *adj [architecture, furniture]* z czasów pionierskich *(w historii Ameryki)*
early closing (day) *n* GB **Wednesday is ~** we środę sklepy są krócej otwarte or pracują krócej
Early English Archit **I** *n* wczesny gotyk *m (angielski)*
II *adj [style, arch, window, church]* wczesnogotycki
early riser *n* ranny ptaszek *m*
early warning I *n* **to give sb an ~ of sth** ostrzec kogoś zawczasu o czymś; **to be** or **come as an ~ of sth** być pierwszą zapowiedzią czegoś
II *modif [symptom]* wczesny; *[sign, signal]* ostrzegawczy
early warning system *n* Mil system *m* wczesnego ostrzegania
earmark /ˈɪəmɑːk/ **I** *n* [1] (on livestock) (metal) kolczyk *m*; (branded) piętno *n* [2] fig cecha *f* (charakterystyczna), znamię *n*; **to have all the ~s of sth** nosić wszelkie cechy or znamiona czegoś
II *vt* [1] o|znakować, znaczyć *[animal]* [2] fig przeznacz|yć, -ać *[money, site]* **(for sth** na coś); **he was ~ed for foreign secretary** był przewidziany na ministra spraw zagranicznych
earmuffs /ˈɪəmʌfs/ *npl* nauszniki *plt*
earn /ɜːn/ *vt* [1] *[person]* zar|obić, -abiać *[money, sum]*; otrzym|ać, -ywać *[salary, wage]*; **she ~ed some extra by waitressing** zarobiła trochę dodatkowo, pracując jako kelnerka; **to ~ a living** or **one's living** zarabiać na życie [2] Fin **to ~ a profit** *[shares, stocks]* przy|nieść, -nosić zysk; **to ~ a lot** *[shares, stocks]* przy|nieść, -nosić duży zysk [3] fig (acquire) *[person]* zdoby|ć, -wać *[respect, praise, reputation]*; **her honesty has ~ed her the respect /admiration of her colleagues** uczciwością zjednała sobie szacunek/uznanie kolegów; **to ~ sb's respect** *[person]* zdobyć sobie szacunek kogoś [4] fig (deserve) zasłużyć (sobie) na (coś) *[holiday, rest, retirement]*; **enjoy your holidays! you've ~ed it!** udanych wakacji! zasłużyłeś (sobie) na nie!; **a well-~ed rest** zasłużony odpoczynek; **respect has to be ~ed** na szacunek trzeba (sobie) zasłużyć
earned income *n* dochód *m* wypracowany, dochody *m pl* z pracy
earner /ˈɜːnə(r)/ *n* [1] (person) **to be a low /high ~** mało/dobrze zarabiać; **low/high ~s** mało/dobrze zarabiający; **she is the sole ~ in the family** jedyna w rodzinie pracuje zarobkowo [2] GB infml (source of income) **to be a nice little ~** przynosić niezłe dochody
earnest¹ /ˈɜːnɪst/ **I** *n* (seriousness) **to be in ~** nie żartować; **this time I'm in ~** tym razem nie żartuję; **to begin** or **start in ~** *[campaign]* zacząć się or rozpocząć się na dobre; **to begin** or **start doing sth in ~, to begin** or **start in ~ to do sth** *[person]* zabrać się do czegoś poważnie or na serio
II *adj* [1] (serious) *[person]* poważny; **to be ~ about sth** poważnie coś traktować [2] (sincere) *[intention, promise, wish]* szczery; *[promise, pledge]* solenny fml [3] (fervent) *[prayer, plea, desire]* gorący, żarliwy [4] (diligent) *[efforts, toil]* rzetelny; *[employee]* sumienny, gorliwy
earnest² /ˈɜːnɪst/ *n* [1] (also **~ money**) Comm zaliczka *f*, zadatek *m* [2] Fin, Comm (guarantee) zastaw *m*, kaucja *f* [3] fig (token) dowód *m*; (foretaste) przedsmak *m*, zapowiedź *f*; **as an ~ of my good intentions** na dowód moich dobrych intencji; **an ~ of the major recession to come** zapowiedź poważnej recesji
earnestly /ˈɜːnɪstlɪ/ *adv* [1] (seriously) *[speak, discuss, ask]* poważnie [2] (sincerely) *[hope, wish]* szczerze; *[promise]* solennie fml [3] (fervently) *[pray, plead]* gorąco, żarliwie [4] (diligently) *[work]* rzetelnie, sumiennie
earnestness /ˈɜːnɪstnɪs/ *n* [1] (seriousness) powaga *f*; **I say this in all ~** mówię to z całą powagą [2] (sincerity) szczerość *f* [3] (fervour) żarliwość *f* [4] (diligence) rzetelność *f*, sumienność *f*
earning power *n* zdolność *f* zarobkowa
earnings /ˈɜːnɪŋz/ *npl* (of person) zarobki *m pl*, dochody *m pl* **(from sth** z czegoś); (of company, from shares) zyski *m pl* **(from sth** z czegoś); **export ~** zyski z eksportu; **to be on high ~** mieć wysokie zarobki
earnings growth *n* wrost *m* dochodów or zarobków
earnings-related /ˈɜːnɪŋzrɪleɪtɪd/ *adj* zależny od dochodów
ear, nose and throat department, ENT department *n* otolaryngologia *f*, otorynolaryngologia *f*
ear, nose and throat specialist, ENT specialist *n* otolaryngolog *m*, otorynolaryngolog *m*
earphones /ˈɪəfəʊnz/ *npl* słuchawki *f pl (zakładane na uszy lub do ucha)*

earpiece /ˈɪəpiːs/ *n* [1] Telecom muszla *f* słuchawki, słuchawka *f* [2] (of glasses) końcówka *f* zausznika [3] Journ słuchawka *f* *(zakładana do ucha)*
earpiercing /ˈɪəˌpɪəsɪŋ/ **I** *n* przekłuwanie *n* uszu
II *adj [scream]* rozdzierający, przeraźliwy
earplug /ˈɪəplʌɡ/ *n* zatyczka *f* do uszu
earring /ˈɪərɪŋ/ *n* (for pierced ear) kolczyk *m*; (clipped) klips *m*
ear shell *n* Zool uchowiec *m*
earshot /ˈɪəʃɒt/ *n* **within/out of ~** w zasięgu/poza zasięgiem głosu; **to be within ~ of sb/sth** być na tyle blisko, żeby słyszeć kogoś/coś *[person, call, noise, conversation]*; **to be out of ~ of sb/sth** być zbyt daleko, żeby słyszeć kogoś/coś
earsplitting /ˈɪəsplɪtɪŋ/ *adj [scream, shout]* przeraźliwy; *[noise]* ogłuszający
earth /ɜːθ/ **I** *n* [1] (also **Earth**) (planet) Ziemia *f*; (world) ziemia *f*, świat *m*; **the Earth moves around the Sun** Ziemia krąży wokół Słońca; **life on ~** życie na ziemi; **the ~'s surface** powierzchnia ziemi; **the ~'s atmosphere/crust** atmosfera/skorupa ziemska; **to vanish off the face of the ~** zniknąć z powierzchni ziemi; **to the ends of the ~** na koniec świata; **the oldest city on ~** najstarsze miasto na ziemi or na świecie; **to come down to ~** *[airplane]* wylądować; fig wrócić na ziemię, zejść z obłoków fig; **to bring sb back down to ~** fig ściągnąć kogoś z obłoków (na ziemię) fig [2] (soil) ziemia *f*; **to cover the roots with ~** przykryć korzenie ziemią [3] infml (as intensifier) **how/where /who on ~ ...?** jak/gdzie/kto do or u licha...?; **what on ~ do you mean?** co właściwie chcesz przez to powiedzieć?; **nothing on ~ would persuade me to sell it** za nic w świecie bym tego nie sprzedał [4] (foxhole) nora *f*, jama *f*; **to go to ~** schować się do nory or jamy; fig ukryć się, zaszyć się; **to run sb to ~** fig dopaść kogoś, wytropić kogoś; **to run sth to ~** fig znaleźć coś (po długich poszukiwaniach) [5] GB Elec (terminal) uziom *m*; (connection) uziemienie *n* [6] Chem tlenek *m* pierwiastka ziem rzadkich [7] infml (huge amount) **to cost the ~** kosztować fortunę; **to promise sb the ~** obiecywać komuś złote góry
II *modif [electrode, cable, terminal, wire]* uziomowy
III *vt* GB Elec uziemi|ć, -ać *[appliance, circuit, plug]*
■ **earth up**: **~ up [sth], ~ [sth] up** *[person, gardener]* okop|ać, -ywać *[roots, plant]*
IDIOMS: **to move heaven and ~ (to do sth)** poruszyć niebo i ziemię (żeby coś zrobić); **to look like nothing on ~** infml *[person]* wyglądać nie z tej ziemi; *[food]* wyglądać podejrzanie; **to feel like nothing on ~** infml (ill) czuć się podle
earthborn /ˈɜːθbɔːn/ *adj* liter (mortal) *[creature]* ziemski, śmiertelny
earthbound /ˈɜːθbaʊnd/ *adj* [1] (unable to fly) *[creature, animal]* naziemny; fig *[ambition, thoughts]* przyziemny; *[performance]* płaski, płytki [2] (moving towards earth) *[spaceship, meteor]* lecący w kierunku Ziemi
earth closet *n* GB latryna *f*
earthen /ˈɜːθn/ *adj* [1] (made of earth) ziemny [2] (made of clay) *[pot]* gliniany
earthenware /ˈɜːθnweə(r)/ **I** *n* wyroby *m pl* ceramiczne, ceramika *f*; (glazed) fajans *m*
II *modif [crockery]* ceramiczny, fajansowy
earthiness /ˈɜːθɪnɪs/ *n* [1] (of person) prostolinijność *f*; (of attitude) trzeźwość *f*; (of joke) dosadność *f* [2] **~ of smell/taste** zapach /smak ziemi
earthing /ˈɜːθɪŋ/ *n* GB Elec uziemienie *n*
earthling /ˈɜːθlɪŋ/ *n* Ziemian|in *m*, -ka *f*
earthly /ˈɜːθlɪ/ *adj* [1] (terrestrial) ziemski; **an ~ paradise** raj na ziemi [2] infml (as intensifier) **it's no ~ use** to nie ma najmniejszego sensu; **there's no ~ reason** nie ma najmniejszego powodu; **I haven't an ~ (idea)** GB nie mam zielonego pojęcia infml
earth mother *n* [1] Relig Matka *f* Ziemia *f* [2] fig (maternal woman) uosobienie *n* macierzyństwa
earthmover /ˈɜːθmuːvə(r)/ *n* maszyna *f* do robót ziemnych
earth-moving equipment /ˈɜːθmuːvɪŋɪkwɪpmənt/ *n* sprzęt *m* do robót ziemnych
earthquake /ˈɜːθkweɪk/ *n* trzęsienie *n* ziemi
earthquake-resistant construction /ˌɜːθkweɪkrɪˌzɪstəntkənˈstrʌkʃn/ *n* konstrukcja *f* odporna na wstrząsy tektoniczne
earth science *n* nauka *f* o ziemi
earthshaking /ˈɜːθʃeɪkɪŋ/ *adj* infml (momentous) *[discovery, event]* epokowy; (shocking) *[news, experience, discovery]* wstrząsający
earthshattering /ˈɜːθʃætərɪŋ/ *adj* infml = **earthshaking**
earth sign *n* Astrol znak *m* Ziemi
earth tone *n* Art kolor *m* or pigment *m* ziemny; Fashn (kolor *m*) brunatny *m*
earth tremor *n* wstrząs *m* podziemny
earthwards /ˈɜːθwədz/ *adv* w kierunku Ziemi
earthwork /ˈɜːθwɜːk/ *n* (*pl* **~, ~s**) [1] (embankment) wał *m* ziemny; Mil szaniec *m* [2] (excavation work) roboty *f pl* ziemne
earthworm /ˈɜːθwɜːm/ *n* dżdżownica *f*
earthy /ˈɜːθɪ/ *adj* [1] (natural) *[person]* prostolinijny; *[realism, attitude]* trzeźwy; *[vigour, sensuality]* pierwotny; *[joke]* dosadny; **~ wisdom** zdrowy rozsądek [2] **~ smell /taste/colours** zapach/smak/kolory ziemi; **these potatoes taste ~** te ziemniaki smakują ziemią [3] (covered in soil) *[hands, shoes, spade]* ubrudzony or uwalany ziemią
ear trumpet *n* trąbka *f* akustyczna *(dla głuchych)*
earwax /ˈɪəwæks/ *n* woskowina *f*, woszczyna *f*
earwig /ˈɪəwɪɡ/ *n* skorek *m*
earwitness /ˈɪəwɪtnɪs/ *n* Jur świadek *m* ze słyszenia
ease /iːz/ **I** *n* [1] (lack of difficulty) łatwość *f*; (of prose, style) przystępność *f*; **for ~ of sth** dla ułatwienia czegoś, żeby ułatwić coś *[access, reference, use]*; **with ~** z łatwością, łatwo [2] (freedom from anxiety) spokój *m*, beztroska *f*; **at ~** spokojny, odprężony; **at ~!** Mil spocznij!; **to be** or **feel at ~** być spokojnym, nie przejmować się; **to be** or **feel ill at ~** czuć niepokój, czuć się nieswojo **(about sth** z powodu czegoś); **to take one's ~** odprężyć się; **to put sb's mind at ~** uspokoić kogoś, rozwiać obawy kogoś **(about sth** co do czegoś); **her mind was at ~ at last** nareszcie mogła odetchnąć z ulgą [3] (confidence of manner) swoboda *f*; **to feel at ~** czuć się swobodnie; **to feel ill at ~** czuć się skrępowanym or nieswojo; **she quickly put me at (my) ~** sprawiła, że wkróce poczułem się swobodnie [4] (comfort, convenience) wygoda *f*; (affluence) dostatek *m*; **to live a life of ~** wieść beztroskie życie [5] (relief) ulga *f*
II *vt* [1] (lessen) z|łagodzić *[tension, crisis, restrictions, physical pain]*; zmniejsz|yć, -ać *[burden, congestion, speed]*; **to ~ the pain /grief** ukoić ból/żal; **to ~ the housing shortage** poprawić sytuację mieszkaniową [2] (make easier) ułatwi|ć, -ać *[communication, development, transition]*; polepsz|yć, -ać *[situation]* [3] (free from worry, agitation) **to ~ sb's mind** uspokoić kogoś; **if it will ~ your mind...** jeżeli to cię uspokoi...; **to ~ sb of their worry** or **anxiety** uspokoić kogoś, rozwiać obawy kogoś [4] (loosen) poluzow|ać, -ywać *[strap]*; poluźni|ć, -ać *[dress, coat]*; **to ~ a rope** Naut wyluzować linę [5] (move carefully) **to ~ sth into sth** włożyć ostrożnie coś do czegoś; **to ~ sth out of sth** wyjąć ostrożnie coś z czegoś; **to ~ sb out of power** fig odsunąć kogoś od władzy; **she ~d the car out of the car park** ostrożnie wyjechała (samochodem) z parkingu; **he ~d the screw out** ostrożnie wykręcił śrubę; **he gently ~d back the lever** delikatnie cofnął dźwignię
III *vi* [1] (lessen) *[pressure]* zelżeć; *[pain, tension]* ust|ąpić, -ępować, zelżeć; *[pace, rate]* o|słabnąć; *[fog]* rozwi|ać, -ewać się; *[congestion, overcrowding]* zmniejsz|yć, -ać się; **after an hour the rain ~d** po godzinie deszcz osłabł [2] (become less difficult) *[situation]* poprawi|ć, -ać się, ule|c, -gać poprawie; *[problem]* ust|ąpić, -ępować [3] Fin *[price]* nieco spa|ść, -dać, obniż|yć, -ać się
IV *vr* **to ~ oneself into a chair/bath** ostrożnie usadowić się w fotelu/w wannie; **to ~ oneself out of a chair** podnieść się (powoli) z fotela; **to ~ oneself through a gap** przecisnąć się przez szparę
■ **ease back**: **~ back [sth], ~ [sth] back** zd|jąć, -ejmować (coś) ostrożnie, uchyl|ić, -ać, odchyl|ić, -ać *[cover, bandage]*
■ **ease off**: ¶ **~ off** [1] (lessen) *[traffic, rain, snow]* zmniejsz|yć, -ać się; *[fog]* rozwi|ać, -ewać się; *[demand, congestion]* zmniejsz|yć, -ać się; *[pain, tension]* ust|ąpić, -ępować, zelżeć [2] (work less hard) *[person]* zwolnić, odpuścić sobie infml ¶ **~ off [sth], ~ [sth] off** (remove gently) zd|jąć, -ejmować ostrożnie *[lid, boot]*
■ **ease up** (relax) *[person]* odpręż|yć, -ać się; *[pressure, tension]* ust|ąpić, -ępować, zelżeć; *[situation]* ule|c, -gać lekkiej poprawie; **~ up a bit!** (go slow) zwolnij trochę!; **to ~ up on sb/sth** odpuścić komuś/sobie coś infml
easel /ˈiːzl/ **I** *n* sztaluga *f*
II *modif [painting]* sztalugowy
easement /ˈiːzmənt/ *n* [1] Jur (right of way) prawo *n* przejazdu [2] Hist serwitut *m*
easily /ˈiːzɪlɪ/ *adv* [1] (with no difficulty) z łatwością, bez trudu; (smoothly) lekko, łatwo; **such things are ~ forgotten** takie rzeczy łatwo się zapomina; **the problem is ~**

solved ten problem da się łatwo rozwiązać; **this dress washes ~** ta sukienka łatwo się pierze; **~ accessible** łatwo dostępny [2] (comfortably) *[breathe, fit, talk, smile]* swobodnie; *[sleep]* dobrze, spokojnie [3] (readily) *[cry, laugh, trust]* łatwo; **to get bored ~** łatwo or szybko się nudzić; **he is ~ cheated** daje się łatwo oszukać, łatwo go oszukać [4] (unquestionably) na pewno, niewątpliwie, z pewnością; **~ the funniest film** z pewnością or bez wątpienia najzabawniejszy film; **~ 50 miles/4 kilograms** lekko licząc, 50 mil/4 kilogramy [5] (probably) bardzo możliwe, (że); **he may ~ cancel the match** bardzo możliwe, że odwoła mecz; **it could ~ have been me** to mógłbym być ja; **she could ~ die** ona może umrzeć

easiness /ˈi:zɪnɪs/ *n* [1] (lack of difficulty) łatwość *f* [2] (comfort) (of life, existence) łatwość *f*, wygoda *f*; (of attitude, manner) swoboda *f*

east /i:st/ **I** *n* wschód *m*; **the ~ of the village/county** wschodnia część wsi/hrabstwa; **to the ~ of Paris** na wschód od Paryża

II East *prn* [1] Geog **the ~** (Orient) Wschód *m*; (of country, continent) wschód *m* [2] (in cards) gracz *m* E

III *adj [side, coast, wall, wind]* wschodni

IV *adv [move]* na wschód; **to live/lie ~ of sth** mieszkać/leżeć na wschód od czegoś; **to go ~ of sth** mijać coś od wschodu

IDIOMS: **~ or west, home is best** Prov wszędzie dobrze, ale w domu najlepiej

East Africa *prn* Afryka *f* Wschodnia

East Anglia *prn* hrabstwo *n* East Anglia

East Berlin *prn* Pol Hist Berlin *m* Wschodni

eastbound /ˈi:stbaʊnd/ *adj [carriageway]* prowadzący na wschód; *[traffic, train]* w kierunku wschodnim; **the ~ platform** GB peron dla jadących w kierunku wschodnim

East End *prn* GB **the ~** East End *m* *(wschodnia, kiedyś uboższa część Londynu)*

East Ender *n* GB (inhabitant) mieszkan|iec *m*, -ka *f* East Endu; (native) osoba *f* pochodząca z East Endu

Easter /ˈi:stə(r)/ **I** *n* Wielkanoc *f*, święta *n pl* wielkanocne; **at ~** na Wielkanoc; **over ~** w czasie świąt Wielkiejnocy; **Happy ~** Wesołych Świąt (Wielkanocnych), Wesołego Alleluja

II *modif [Sunday, Monday, parade, break]* wielkanocny; **~ bunny** czekoladowy zajączek *(wielkanocny prezent dla dzieci)*; **~ egg** (confectionery) czekoladowe jajo wielkanocne; (painted) pisanka, kraszanka; **~ candle** świeca paschalna

Easter Island *prn* Wyspa *f* Wielkanocna

easterly /ˈi:stəlɪ/ **I** *n* (wind) wiatr *m* wschodni or od wschodu

II *adj [wind, breeze]* wschodni, wiejący od wschodu; *[area]* wschodni, leżący na wschodzie; **to travel in an ~ direction** jechać w kierunku wschodnim or na wschód; **the most ~ part of the country** część kraju położona najdalej na wschód

eastern /ˈi:stən/ *adj* [1] *[coast, border, Europe]* wschodni [2] (also **Eastern**) (oriental) wschodni

Eastern bloc *n* Pol Hist **the ~** blok *m* wschodni

Eastern bloc country *n* państwo *n* bloku wschodniego

Eastern Church *n* kościół *m* wschodni

Eastern Daylight Time, EDT *n* US czas letni *m* wschodnioamerykański

easterner /ˈi:stənə(r)/ *n* US (inhabitant) mieszkan|iec *m*, -ka *f* wschodniego wybrzeża Stanów Zjednoczonych; (native) osoba *f* pochodząca ze wschodniego wybrzeża Stanów Zjednoczonych

Eastern European Time, EET *n* czas *m* wschodnioeuropejski

easternmost /ˈi:stənməʊst/ *adj [area, town]* położony najdalej na wschód

Eastern Standard Time, EST *n* czas *m* urzędowy wschodnioamerykański

east-facing /ˌi:stˈfeɪsɪŋ/ *adj [window, room]* wychodzący na wschód; *[slope]* wschodni

East German Pol Hist **I** *n* Niem|iec *m*, -ka *f* z NRD

II *adj [town, river, industry]* wschodnioniemiecki, enerdowski

East Germany *prn* Pol Hist Wschodnie Niemcy *plt*, NRD *f*

East Indies *prn pl* **the ~** Indie *plt* Wschodnie

East Side *prn* **the ~** wschodnia część *f* Manhattanu

East Sussex /ˌi:st ˈsʌsɪks/ *prn* East Sussex *m*

East Timor /ˌi:stˈti:mɔ:(r)/ *prn* Timor *m* Wschodni

eastward /ˈi:stwəd/ **I** *adj [side, wall, slope]* wschodni; *[journey, route, movement]* na wschód; **in an ~ direction** w kierunku wschodnim

II *adv* (also **~s**) *[go]* na wschód

East-West relations /i:stwestrɪˈleɪʃnz/ *npl* Pol stosunki *plt* między Wschodem a Zachodem

easy /ˈi:zɪ/ **I** *adj* [1] (not difficult) *[question, job, puzzle]* łatwy, prosty; *[life, victory]* łatwy; **it's not ~ to talk to him, he's not an ~ man to talk to** rozmowa z nim nie jest łatwa, ciężko się z nim rozmawia; **that's ~ for you to say!** łatwo ci mówić!; **that's easier said than done** łatwo powiedzieć (trudniej wykonać); **the house is ~ to find** ten dom łatwo znaleźć; **it's all** or **only too ~ to slide into debt** bardzo łatwo jest wpaść w długi; **she makes it look ~** to wydaje się takie łatwe, kiedy się na nią patrzy; **within ~ reach of the station** całkiem blisko stacji; **it's an ~ walk from here** to parę kroków stąd; **in ~ payments** w dogodnych ratach; **to be an ~ winner** wygrać z łatwością; **to make things** or **life easier (for sb)** ułatwić (komuś) życie; **we didn't have an ~ time of it** to nie był dla nas łatwy okres; **to take the ~ way out** wybrać łatwe rozwiązanie; pójść na łatwiznę infml; **to have an ~ ride** fig nie mieć problemów; **nothing could be easier** (nie ma) nic prostszego; **what could be easier?** cóż prostszego? [2] (relaxed) *[smile, elegance, grace, style]* niewymuszony; **at an ~ pace** spokojnym tempem, bez pośpiechu; **to feel ~ (in one's mind) about sth** być spokojnym o coś; **I'll feel easier when the murderer is behind the bars** będę spokojniejszy, gdy morderca trafi za kratki [3] (weak) *[victim, prey]* łatwy; **to be an ~ game** or **meat for sb** być łatwym łupem dla kogoś; **she is an ~ touch** łatwo ją naciągnąć [4] infml pej (promiscuous) *[woman]* łatwy pej; **a woman of ~ virtue** kobieta lekkich obyczajów → **lay** [5] infml (having no preference) **I'm ~** wszystko mi jedno [6] Fin *[market]* lekko zniżkujący

II *adv* [1] (in a relaxed way) spokojnie; **to take it** or **things ~** nie przemęczać się; **take it ~!** (stay calm, don't worry) spokojnie!; **stand ~!** Mil spocznij! [2] infml (in a careful way) **go ~ on** or **with him!** potraktuj go łagodnie!; **go ~ on** or **with butter!** oszczędnie z masłem!, nie za dużo masła! infml; **go ~ on the gin!** nie przesadź z ginem!; **~ with that table** ostrożnie z tym stołem

IDIOMS: **as ~ as ABC, as ~ as pie, as ~ as falling off a log, as ~ as anything** prosty jak drut infml; **~ come ~ go** łatwo przyszło, łatwo poszło; **~ does it!** ostrożnie!; **~ on the ear** przyjemny dla ucha; **~ on the eye** miły dla oka; **he's ~ on the eye** miło na niego popatrzeć

easy-care /ˈi:zɪkeə(r)/ *adj [fabric, shirt, curtain]* łatwy do prania i prasowania

easy chair *n* głęboki fotel *m*

easygoing /ˌi:zɪˈgəʊɪŋ/ *adj* [1] (tolerant) wyrozumiały, łatwy w obejściu; (taking things as they are) mało wymagający; **when it comes to food, I'm pretty ~** co do jedzenia, to nie jestem zbyt wybredny [2] (relaxed) spokojny; (indolent) niefrasobliwy

easy listening *n* muzyka *f* lekka

easy money *n* łatwy pieniądz *m*

easy over *n* US jajko *n* smażone z dwóch stron

easy-peasy /ˌi:zɪˈpi:zɪ/ *adj* infml łatwiutki; **it's ~** to łatwizna infml

Easy Street *n* infml **to be on ~** nie mieć żadnych trosk, żyć jak u Pana Boga za piecem

easy terms *npl* [1] Fin, Comm dogodne warunki *m pl*; **on ~** na dogodnych warunkach [2] (friendly relationship) **to be on ~ with sb** być z kimś w dobrych stosunkach or w dobrej komitywie

eat /i:t/ **I eats** *npl* GB infml jedzenie *n*; jedzonko *n* infml; **we can buy some ~s on the way** możemy kupić coś do jedzenia po drodze

II *vt* (*pt* **ate**; *pp* **eaten**) [1] *[person, animal]* (consume) z|jeść; (regularly, occasionally) z|jadać *[fruit, leaves, dinner]*; **to ~ (one's) lunch /supper** jeść lunch/kolację; **I never ~ breakfast/meat** nie jadam śniadań/mięsa, nigdy nie jem śniadania/mięsa; **to ~ sth for lunch/breakfast** zjeść coś na lunch /śniadanie; **I haven't had anything to ~ all day** nic nie jadłem przez cały dzień; **have you had enough to ~?** najadłeś się?; **it's not fit to ~** (poisonous) to jest niejadalne; (inedible) to nie nadaje się do jedzenia; **that looks almost too nice to ~** wygląda tak ładnie, że aż szkoda zjeść; **she looks good enough to ~!** jest taka ładna, że chciałoby się ją zjeść or schrupać!; **to ~ one's fill** najeść się (do syta); **to ~ one's way through a whole loaf** pochłonąć cały bochenek chleba; **to ~ sb/sth alive** zjeść kogoś/coś (żywcem) also fig; **don't be afraid, I won't ~ you!** nie bój się, przecież cię nie zjem! [2] infml (also **~ up**) (guzzle) *[car, heater, cooker]* z|żerać,

E

-żerać infml *[petrol, electricity]* [3] infml (worry) gryźć infml fig; **what's ~ing you?** co cię gryzie?, czym się gryziesz?
III *vi* (*pt* **ate**; *pp* **eaten**) [1] (take food) jeść; **to ~ with sth** jeść czymś *[fingers, spoon]*; **to ~ from** or **out of sth** jeść z czegoś *[plate, bowl]* [2] (have a meal) z|jeść (posiłek); (usually, occasionally) jadać; **have you eaten yet?** jadłeś już?; **I never ~ in the canteen** nie jadam w stołówce; **we ~ at six** jemy obiad o szóstej
■ **eat away**: ¶ **~ away at [sth]** *[acid, disease, rust, woodworm]* w|eżreć, -żerać się w coś; fig pochł|onąć, -aniać coś *[profits, savings]*; osłabi|ć, -ać coś *[hope, resolve, trust]* ¶ **~ away [sth], ~ [sth] away** [1] *[water]* podmy|ć, -wać *[bank, cliff, wall]*; *[weather, wind]* s|powodować wietrzenie (czegoś) [2] *[rust, disease, mice, woodworm]* (completely) przeż|reć, -erać, wyż|reć, -erać; (gradually or partially) pod|eżreć, -żerać, nad|eżreć, -żerać; *[disease]* z|eżreć, -żerać *[person]*
■ **eat into**: **~ into [sth]** [1] (damage) *[acid, rot]* w|eżreć, -żerać się w (coś) [2] (use up) *[cost, fee, bill, tax]* nadszarp|nąć, -ywać, uszczupl|ić, -ać *[savings, profits, allowance]* [3] (encroach on) *[chore, task, duty]* zab|rać, -ierać *[time, holiday]*
■ **eat out** (once) z|jeść w restauracji or poza domem; (often) jadać poza domem or w restauracjach; **let's ~ out tonight** zjedzmy dziś poza domem, chodźmy dzisiaj gdzieś na kolację
■ **eat up**: ¶ **~ up** z|jeść, -jadać wszystko; **~ up!** zjedz to do końca! ¶ **~ up [sth], ~ [sth] up** [1] (finish) s|kończyć (jeść), z|jeść [2] (guzzle) *[costs, expenses]* pochł|onąć, -aniać *[money, profits, income]*; *[car, heater, cooker]* z|eżreć, -żerać *[fuel, electricity]* [3] infml (travel distance) pokon|ać, -ywać *[miles, kilometres]* [4] *[envy, worry, curiosity]* zżerać; **he was eaten up with jealousy/curiosity** zżerała go zazdrość/ciekawość
IDIOMS: **I could ~ a horse** infml hum mógłbym zjeść konia z kopytami infml hum; **I had to ~ my words** musiałem odwołać to, co powiedziałem; musiałem wszystko odszczekać infml; **to ~ out of sb's hand** jeść komuś z ręki; **to ~ like a horse** jeść jak koń or za dwóch or za dziesięciu; **to ~ sb out of house and home** infml objeść kogoś do szczętu; **to ~ oneself sick (on sth)** infml przejeść się (czymś); **to ~ one's heart out** zadręczać się, dręczyć się; **she ~s her heart out about another woman/my new car** (suffer envy) zżera or dręczy ją zazdrość z powodu innej kobiety /mojego nowego auta; **I'm ~ing my heart out for him** (suffer longing) zżera or dręczy mnie tęsknota za nim
eatable /ˈiːtəbl/ **I** **eatables** *npl* jedzenie *n*
II *adj* (not poisonous) jadalny; (edible) nadający się do jedzenia; zjadliwy infml; **our school meals are barely ~** posiłki w naszej szkole są niejadalne
eat-by date /ˈiːtbaɪdeɪt/ *n* GB data *f* przydatności do spożycia
eaten /ˈiːtn/ *pp* → **eat**
eater /ˈiːtə(r)/ *n* [1] (person, animal) **he's a big ~** on lubi zjeść; **she's a fussy ~** jest wybredna w jedzeniu; **he's not a big fruit ~** nie przepada za owocami; **this bat is a fruit ~** ten nietoperz żywi się owocami [2] (apple) jabłko *n* deserowe
eatery /ˈiːtərɪ/ *n* infml (mała) restauracja *f*, knajpka *f*
eat-in /ˌiːtˈɪn/ *adj [meal]* spożywany na miejscu
eating /ˈiːtɪŋ/ *n* **to make good/excellent /poor ~** mieć dobry/wspaniały/nieszczególny smak
eating apple *n* jabłko *n* deserowe
eating disorder *n* Med zaburzenia *n pl* odżywiania
eating habits *npl* sposób *m* odżywiania się
eating house *n* restauracja *f*
eating irons *npl* infml hum sztućce *plt*
eating out *n* **I love ~** uwielbiam chodzić do restauracji
eating place *n* restauracja *f*
eau de cologne /ˌəʊdəkəˈləʊn/ *n* woda *f* kolońska
eaves /iːvz/ *npl* (of roof) okap *m* (dachu)
eavesdrop /ˈiːvzdrɒp/ *vi* (*prp, pt, pp* **-pp-**) podsłuch|ać, -iwać **(on sb/sth** kogoś/coś); (electronically) założyć podsłuch **(on sb** komuś)
eavesdropper /ˈiːvzdrɒpə(r)/ *n* podsłuchiwacz *m* infml
ebb /eb/ **I** *n* odpływ *m*; **the tide is on the ~** jest odpływ; **we'll sail on the ~** wyruszymy wraz z odpływem; **the ~ and flow** przypływ i odpływ also fig; **the ~ and flow of feelings and moods** zmienne uczucia i nastroje
II *vi* [1] *[tide]* ust|ąpić, -ępować; **the tide was ~ing** był odpływ; **the table shows when the tide ~s and flows** tabela pokazuje godziny odpływów i przypływów; **to ~ and flow** odpływać i przypływać, opadać i wznosić się [2] fig (also **~ away**) *[fortune, enthusiasm]* s|topnieć; *[support]* z|maleć; **he could feel his strength ~ing** czuł, że opuszczają go siły
IDIOMS: **to be at a low ~** *[person, business]* przechodzić kryzys; *[confidence, demand, faith]* spaść do minimum; **my funds are at a low ~** krucho u mnie z pieniędzmi infml
ebb tide *n* odpływ *m*
EBCDIC *n* = **extended binary-coded decimal interchange code** rozszerzony kod *m* wymiany liczb dziesiętnych kodowanych dwójkowo
EBD *n* = **emotional and behavioural disorder** Psych nadpobudliwość *f* psychoruchowa
Ebonics /eˈbɒnɪks/ *n* US *uproszczona angielszczyzna używana przez część murzyńskiej społeczności w Stanach Zjednoczonych*
ebonite /ˈebənaɪt/ *n* ebonit *m*
ebony /ˈebənɪ/ **I** *n* [1] (wood) heban *m* [2] (tree) heban *m*, hebanowiec *m*, hurma *f* [3] (colour) (kolor *m*) hebanowy *m*, heban *m*
II *modif [casket, veneer, bark]* hebanowy; *[skin, eyes]* hebanowy, czarny jak heban
EBRD *n* = **European Bank for Reconstruction and Development** EBOR *m*
EBU *n* = **European Broadcasting Union**
ebullience /ɪˈbʌlɪəns, ɪˈbʊlɪəns/ *n* żywiołowość *f*
ebullient /ɪˈbʌlɪənt, ɪˈbʊlɪənt/ *adj [person]* tryskający energią; *[temperament]* bujny, żywy
e-business /ˈiːbɪznɪs/ *n* e-biznes *m*
EC *n* = **European Community** WE *f*
e-cash /ˈiːkæʃ/ *n* pieniądz *m* elektroniczny
eccentric /ɪkˈsentrɪk/ **I** *n* [1] (person) ekscentry|k *m*, -czka *f*, dziwa|k *m*, -czka *f* [2] Tech mimośród *m*, ekscentryk *m*
II *adj* [1] (person, behaviour, views) ekscentryczny, dziwaczny [2] Tech ekscentryczny, mimośrodowy, niewspółśrodkowy
eccentrically /ɪkˈsentrɪklɪ/ *adv [dress, behave, act]* ekscentrycznie, dziwacznie
eccentricity /ˌeksenˈtrɪsətɪ/ *n* [1] (quality) ekscentryczność *f*, dziwaczność *f* [2] (instance of eccentric behaviour) dziwactwo *n*; **that's another ~ of his** to jeszcze jedno z jego dziwactw
Eccles cake /ˈekəlzkeɪk/ *n* GB ciastko *n* z bakaliami
Ecclesiastes /ɪˌkliːzɪˈæstiːz/ *prn* (also **the Book of ~**) Eklezjastes *m*, Księga *f* Koheleta
ecclesiastic /ɪˌkliːzɪˈæstɪk/ *n* duchowny *m*, osoba *f* duchowna
ecclesiastical /ɪˌkliːzɪˈæstɪkl/ *adj [history, institution, law]* kościelny; **~ dress** szaty duchowne
ecclesiology /ɪˌkliːzɪˈɒlədʒɪ/ *n* eklezjologia *f*
ECG *n* = **electrocardiogram, electrocardiograph** EKG *n*, ekg. *n*
echelon /ˈeʃəlɒn/ *n* [1] (rank) szczebel *m*; **a job in the upper ~s of the Civil Service** stanowisko wyższego szczebla w administracji państwowej; **to mix with the higher ~s of the business world** obracać się w wyższych sferach biznesu [2] Mil (of troops) rzut *m*; (of supply vehicles) eszelon *m*
echinoderm /ɪˈkaɪnədɜːm, ˈekɪn-/ *n* szkarłupień *m*
echo /ˈekəʊ/ **I** *n* (*pl* **~es**) [1] (of sound) echo *n*; (of footsteps, explosion) odgłos *m*; **to cheer to the ~** zgotować burzliwą owację, głośno oklaskiwać [2] (secondary sound) pogłos *m*; **the acoustics are bad because of the ~** sala ma fatalną akustykę z powodu pogłosu [3] (of idea, opinion) odbicie *n*, odzwierciedlenie *n*, echo *n*; **to have ~es of sth** przypominać coś, nosić znamiona czegoś
II *vt* [1] rozbrzmiewać echem (czegoś); **the rocks ~ed their shouts** ich okrzyki odbijały się (echem) od skał [2] (repeat) powt|órzyć, -arzać *[words]*; (express agreement with) zg|odzić, -adzać się z (czymś) *[opinion, criticism]* [3] (resemble) przypominać *[author, style]*
III *vi* (resound) *[sound]* odbi|ć, -jać się echem; *[cave]* rozbrzmie|ć, -wać echem; **the room ~ed with** or **to the sound of their laughter** pokój rozbrzmiewał ich śmiechem; **ideas that ~ down** or **through the ages** idee, które przez całe wieki nie tracą na aktualności
echo chamber *n* Radio, TV kabina *f* pogłosowa
echoing /ˈekəʊɪŋ/ *adj [hall, corridor]* rozbrzmiewający echem
echolocation /ˌekəʊˌləʊˈkeɪʃn/ *n* Zool echolokacja *f*
echo sounder *n* echosonda *f*
éclair /ɪˈkleə(r)/ *n* Culin ekler *m*, eklerka *f*
eclampsia /ɪˈklæmpsɪə/ *n* rzucawka *f* porodowa, eklampsja *f*

éclat /eɪˈklɑː/ *n* [1] (success) olśniewający sukces *m*; (admiration) najwyższy podziw *m*; **with great ~** znakomicie, olśniewająco [2] (brilliant effect) blask *m*, splendor *m*; (setting) wspaniała oprawa *f*

eclectic /ɪˈklektɪk/ **I** *n* eklektyk *m*
II *adj* eklektyczny

eclecticism /ɪˈklektɪsɪzəm/ *n* eklektyzm *m*

eclipse /ɪˈklɪps/ **I** *n* [1] Astron zaćmienie *n* **(of sth** czegoś); **partial/total ~** zaćmienie częściowe/całkowite; **solar/lunar ~** zaćmienie Słońca/Księżyca; **the moon is going into ~** tarcza Księżyca przechodzi przez cień Ziemi [2] fig (of power, fame, influence) zmierzch *m*, upadek *m* **(of sth** czegoś); **to be in ~** przeżywać okres upadku; **to go into ~** chylić się ku upadkowi
II *vt* [1] Astron zasł|onić, -aniać, przysł|onić, -aniać *[moon, sun]* [2] fig (overshadow) zepchnąć, spychać (kogoś/coś) na drugi plan *[person, nation, issue]*; przyćmi|ć, -ewać *[fame, success]*

eclipsing binary *n* gwiazda *f* podwójna zaćmieniowa

ecliptic /ɪˈklɪptɪk/ **I** *n* ekliptyka *f*
II *adj* ekliptyczny

eclogue /ˈeklɒg/ *n* ekloga *f*, bukolika *f*, sielanka *f*

eclosion /ɪˈkləʊʒn/ *n* przeobrażenie *n*; (of larva) przepoczwarczenie *n*, przepoczwarzenie *n*

eco /ˈiːkəʊ/ **I** *n* = **ecology**
II *modif [group]* ekologiczny
III eco+ *in combinations* eko-, ekologiczny

eco-audit /ˌiːkəʊˈɔːdɪt/ *n* ocena *f* wpływu zakładu na środowisko

eco-aware /ˌiːkəʊəˈweə(r)/ *adj* świadomy zagrożeń dla środowiska

ecocatastrophe /ˌiːkəkəˈtæstrəfɪ/ *n* katastrofa *f* ekologiczna

ecocide /ˈiːkəsaɪd/ *n* zagłada *f* ekologiczna

eco-freak /ˈiːkəʊfriːk/ *n* infml pej ekolog fanatyk *m*

eco-friendly /ˌiːkəʊˈfrendlɪ/ *adj* przyjazny dla środowiska

eco-label /ˈiːkəʊleɪbl/ *n* etykieta *f* „produkt ekologiczny"

eco-labelling /ˈiːkəʊleɪblɪŋ/ *n* oznaczanie *n* etykietą „produkt ekologiczny"

E. coli /iːˈkəʊlaɪ/ *n* pałeczka *f* okrężnicy, bakteria *f* E. coli

ecological /ˌiːkəˈlɒdʒɪkl/ *adj* ekologiczny

ecologically /ˌiːkəˈlɒdʒɪklɪ/ *adv* ekologicznie

ecologist /iːˈkɒlədʒɪst/ *n* ekolog *m*

ecology /ɪˈkɒlədʒɪ/ **I** *n* ekologia *f*
II *modif* Pol *[movement, party, issue]* ekologiczny

e-commerce /ˈiːkɒmɜːs/ *n* handel *m* elektroniczny

ecomovement /ˈiːkəʊmuːvmənt/ *n* ruch *m* ekologiczny

econometric /ɪˌkɒnəˈmetrɪk/ *adj* ekonometryczny

econometrician /ɪˌkɒnəməˈtrɪʃn/ *n* specjalist|a *m*, -ka *f* od ekonometrii

econometrics /ɪˌkɒnəˈmetrɪks/ *n (+ v sg)* ekonometria *f*

econometrist /ɪˌkɒnəˈmetrɪst/ *n* = **econometrician**

economic /ˌiːkəˈnɒmɪk, ˌek-/ *adj* [1] *[crisis, policy, change]* gospodarczy, ekonomiczny; *[forecast, life, sanction, system]* gospodarczy; **an ~ miracle** cud gospodarczy; **~ performance** wyniki gospodarcze; **to make ~ sense** mieć sens z gospodarczego or ekonomicznego punktu widzenia [2] *[science]* ekonomiczny [3] (profitable) *[business, production]* opłacalny, rentowny; **to sell sth at an ~ price** sprzedawać coś z zyskiem; **to make ~ sense** być opłacalnym, opłacać się

economical /ˌiːkəˈnɒmɪkl, ˌek-/ *adj* [1] *[car, machine, method]* ekonomiczny, oszczędny; **to be ~ to run** być ekonomicznym w eksploatacji; **to be ~ on petrol** zużywać mało benzyny; mało palić infml [2] *[person]* gospodarny, oszczędny; **to be ~ with sth** oszczędnie czymś gospodarować [3] fig *[style]* oszczędny; *[artist, writer]* stosujący oszczędne środki wyrazu; **to be ~ with words** być oszczędnym w słowach; **to be ~ with the truth** iron nie mówić całej prawdy

economically /ˌiːkəˈnɒmɪklɪ, ek-/ *adv* [1] *[strong, weak, viable, united]* gospodarczo [2] (sparingly) *[run, operate]* ekonomicznie, oszczędnie [3] *[write, convey]* zwięźle

economic analyst *n* analityk *m* ekonomiczny or gospodarczy

economic and monetary union, EMU *n* unia *f* gospodarcza i walutowa

economic cost *n* koszty *m pl* ekonomiczne or gospodarcze

economic development *n* rozwój *m* gospodarczy

economic geography *n* geografia *f* gospodarcza

economic growth *n* wzrost *m* gospodarczy or ekonomiczny

economic history *n* historia *f* gospodarcza

economic indicator *n* wskaźnik *m* gospodarczy

economic management *n* zarządzanie *n* gospodarką

economics /ˌiːkəˈnɒmɪks, ˌek-/ **I** *n* [1] (science) *(+ v sg)* ekonomia *f* [2] (financial aspects) *(+ v pl)* ekonomika *f* **(of sth** czegoś) [3] Sch, Univ nauki *f pl* ekonomiczne, ekonomia *f*
II *modif* **~ degree** stopień naukowy w dziedzinie nauk ekonomicznych; **~ editor** redaktor działu gospodarki; **~ faculty** wydział nauk ekonomicznych; **~ textbook** podręcznik do ekonomii

economic system *n* system *m* or ustrój *m* gospodarczy

economic theory *n* teoria *f* ekonomiczna

economist /ɪˈkɒnəmɪst, ˌek-/ *n* ekonomist|a *m*, -ka *f*; **business ~** specjalista od ekonomiki przedsiębiorstwa

economize /ɪˈkɒnəmaɪz/ **I** *vt* zaoszczędzić, oszczędzać *[time, money]*
II *vi* oszczędz|ić, -ać **(on sth** na czymś); **the company has begun a drive to ~** firma rozpoczęła kampanię oszczędnościową

economy /ɪˈkɒnəmɪ/ *n* [1] (existing state) gospodarka *f*; **the ~ is picking up** stan gospodarki poprawia się; **a shaky/sound ~** niestabilna/zdrowa gospodarka [2] (economic system) gospodarka *f*; **a market ~** gospodarka rynkowa; **developed market economies** kraje o rozwiniętej gospodarce rynkowej [3] (saving) oszczędność *f*; **to make economies** robić oszczędności; **for reasons of ~** ze względów oszczędnościowych; **economies of scale** ekonomia skali [4] (thrift) gospodarność *f*; (of style) zwięzłość *f*, oszczędność *f*; **to practise ~** oszczędnie gospodarować; **with (an) ~ of effort** przy minimum wysiłku; **~ of words** oszczędność w słowach; **a model noted for its fuel ~** model zużywający mało paliwa

economy class *n* Aviat klasa *f* turystyczna

economy drive *n* kampania *f* or polityka *f* oszczędnościowa

economy pack *n* duże opakowanie *n*

economy-sized /ɪˈkɒnəmɪsaɪzd/ *adj [pack]* duży

ecosphere /ˈiːkəʊsfɪə(r)/ *n* ekosfera *f*

ecosystem /ˈiːkəʊsɪstəm/ *n* ekosystem *m*, system *m* ekologiczny

eco-terrorist /ˌiːkəˈterərɪst/ *n* ekoterroryst|a *m*, -ka *f*

ecotone /ˈiːkətəʊn/ *n* ekoton *m (strefa przejściowa między wspólnotami roślinnymi)*

ecotourism /ˌiːkəʊˈtʊərɪzəm, -ˈtɔːr-/ *n* ekoturystyka *f*, turystyka *f* ekologiczna

ecotoxic /ˌiːkəʊˈtɒksɪk/ *adj* zatruwający środowisko

ecotype /ˈiːkətaɪp/ *n* ekotyp *m*, typ *m* ekologiczny

eco-warrior /ˈiːkəʊwɒrɪə(r), US -wɔːr-/ *n* bojowni|k *m*, -czka *f* ruchu ekologicznego

ecru /ˈeɪkruː/ **I** *n* (kolor *m*) écru *m inv*
II *adj* koloru écru

ECSC *n* = **European Coal and Steel Community** EWWS *f*

ecstasy /ˈekstəsɪ/ *n* [1] ekstaza *f*, uniesienie *n*; **sheer/pure ~** prawdziwa/czysta rozkosz; **religious ~** ekstaza religijna, uniesienie religijne; **to be in ~** or **ecstasies (over sth)** wpaść w najwyższy zachwyt (nad czymś); **to send sb into ecstasies** wprawić kogoś w najwyższy zachwyt [2] (also **Ecstasy, E, XTC**) (drug) ekstaza *f*

ecstatic /ɪkˈstætɪk/ *adj* [1] (happy) *[person]* zachwycony, uszczęśliwiony **(about sth** czymś) [2] *[happiness, joy]* szalony; *[state]* entuzjastyczny; *[crowd]* rozentuzjazmowany [3] (trance-like) ekstatyczny

ecstatically /ɪkˈstætɪklɪ/ *adv [react, cheer]* entuzjastycznie; *[listen]* z entuzjazmem; **~ happy** bezgranicznie szczęśliwy; **to be ~ reviewed** *[book, film]* mieć entuzjastyczne recenzje

ECT *n* Med → **electroconvulsive therapy**

ectomorph /ˈektəʊmɔːf/ *n* ektomorf *m*

ectopic pregnancy /ekˌtɒpɪkˈpregnənsɪ/ *n* ciąża *f* pozamaciczna

ectoplasm /ˈektəplæzəm/ *n* ektoplazma *f*

Ecuador /ˈekwədɔː(r)/ *prn* Ekwador *m*

Ecuadorian /ˌekwəˈdɔːrɪən/ **I** *n* Ekwador|czyk *m*, -ka *f*
II *adj* ekwadorski

ecu, ECU /ˈekjuː, eɪˈkuː/ **I** *n* = **European Currency Unit** ECU *n inv*, ecu *n inv*; **hard ~** mocne ecu
II *modif [deposit, value]* w ecu; **~ bond** euroobligacja w walucie ecu

ecumenical /ˌiːkjuːˈmenɪkl, ˈek-/ *adj* ekumeniczny; **Ecumenical Council** sobór *m* powszechny or ekumeniczny

ecumenism /iːˈkjuːmənɪzəm/ *n* ekumenizm *m*

eczema /ˈeksɪmə, US ɪgˈziːmə/ *n* egzema *f*, wyprysk *m*, wykwit *m* skórny; **to suffer from ~** mieć egzemę

eczema sufferer *n* osoba *f* cierpiąca na egzemę

ed. [1] = **editor** [2] = **edited by** red. [3] = **edition** wyd.

Ed.B *n* US = **Bachelor of Education** ≈ licencjat *m* w dziedzinie pedagogiki

EDD *n* Med → **estimated date of delivery**

eddy /ˈedɪ/ **I** *n* (of air, snow, water) wir *m*; (of dust, fog, smoke) zawirowanie *n*; **he was caught in an ~** porwał go wir **II** *vi [dust, leaves, smoke]* za|wirować; *[mist]* snuć się, kłębić się; *[crowd]* za|falować

edelweiss /ˈeɪdlvaɪs/ *n* (*pl* **~**) szarotka *f* alpejska

edema *n* US = **oedema**

Eden /ˈiːdn/ *prn* raj *m*, Eden *m* also fig; **the garden of ~** rajski ogród

edentate /ɪˈdenteɪt/ Zool **I** *n* szczerbak *m* **II** *adj [animal]* należący do rzędu szczerbaków

EDF *n* = **European Development Fund** EFR *m*

edge /edʒ/ **I** *n* [1] (outer limit) (of object, page, table, area) brzeg *m*; (of forest, road, town) skraj *m*; (of cliff, coin, table, ruler) krawędź *f*; (of town) kraniec *m*; (of dress, tablecloth) brzeg *m*, kraj *m*; **at the water's ~** nad wodą; **on the ~ of the city** na krańcu miasta; **the film had us on the ~ of our seats till the end** film trzymał nas w napięciu do samego końca [2] (side) (of coin, plank) krawędź *f* boczna; **a book with gilt ~s** książka ze złoconymi brzegami; **to stand sth on its ~** postawić coś na sztorc [3] (sharp side) ostrze *n*, krawędź *f* tnąca; **a knife with a sharp ~** ostry nóż; **to put an ~ on sth** naostrzyć coś; **to take the ~ off sth** stępić coś [4] (sharpness) **to give an ~ to sth** zaostrzyć coś *[appetite]*; **to take the ~ off sth** zepsuć coś *[pleasure]*; zaspokoić coś *[hunger]*; złagodzić coś *[blow, grief]*; ułagodzić *[anger]*; **to take the ~ off sb's appetite** (spoil) popsuć komuś apetyt; (satisfy) zaspokoić apetyt; **there was an ~ to his voice** w jego głosie wyczuwało się napięcie or zdenerwowanie; **his voice had a menacing ~ to it** w jego głosie pobrzmiewał groźny ton; **to lose one's ~** *[style, writing]* stracić ostrość or wyrazistość; *[person]* stracić wigor [5] (advantage) **to have the ~ over** or **on sb** mieć przewagę nad kimś, być lepszym od kogoś *[competitor, rival]*; **to have a slight ~ (over sb)** mieć (nad kimś) nieznaczną przewagę; **to give sb the ~ over sb** dać komuś przewagę nad kimś [6] (nervousness) **to be on ~** być podenerwowanym or spiętym; **her nerves were on ~** miała nerwy napięte jak postronki; **she's on ~ to see him** nie może doczekać się, żeby go zobaczyć; **that sound sets my teeth on ~** ten dźwięk mnie bardzo irytuje [7] fig (extremity) **on the ~ of sth** na krawędzi czegoś *[disaster, war]*; **to be brought to the ~ of war** stanąć wobec groźby wojny; **to live on the ~** prowadzić niespokojne życie; **the news pushed him over the ~** wiadomość doprowadziła go do ostateczności fig

II *vt* [1] (move slowly) przesu|nąć, -wać *[chair]* **(towards sth** w kierunku czegoś); **he ~d the car closer to the kerb** podjechał samochodem bliżej krawężnika; **I tried to ~ her towards the door** próbowałem skierować ją w stronę drzwi; **she ~d her way along the precipice** ostrożnie posuwała się wzdłuż przepaści; **I ~d my way along the packed corridor** przepchałem się przez zatłoczony korytarz [2] (border) ob|lamować, obszy|ć, -wać *[collar, handkerchief]* **(with sth** czymś); **the paper was ~d in black** papier miał czarną obwódkę; **the palm trees that ~d the beach** palmy, które obrzeżały plażę [3] (trim) okr|oić, -awać *[pastry]*; Hort przystrzy|c, -gać brzegi (czegoś) *[lawn]* [4] (sharpen) na|ostrzyć *[blade]*; **a voice ~d with fear** fig zalękniony głos

III *vi* (advance) **to ~ forward** przesu|nąć, -wać się do przodu, posu|nąć, -wać się do przodu; **to ~ up to sb/sth** *[person]* przysu|nąć, -wać się do kogoś/czegoś; **to ~ closer to** or **towards sth** powoli zbliżać się do czegoś, powoli zmierzać ku czemuś *[victory, independence]*

■ **edge out**: ¶ **~ out** *[car, driver]* wyje|chać, -żdżać powoli; **to ~ out of a parking space** wyjechać z miejsca parkowania; **I ~d out of the room** wymknąłem się z pokoju; **I ~d out of the door** prześlizgnąłem się przez drzwi ¶ **~ out [sb/sth], ~ [sb/sth] out** wysu|nąć, -wać się przed (kogoś) *[rival, opponent]*; **to ~ sb out of sth** odsunąć kogoś od czegoś *[power]*; **they ~d the nationalists out of the second place** zepchnęli narodowców z drugiego miejsca; **we've ~d our competitors out of the market** wyparliśmy konkurencję z rynku

■ **edge up**: **~ up** [1] *[prices, figure]* powoli wzr|osnąć, -astać, rosnąć [2] **to ~ up to sb** przysu|nąć, -wać się do kogoś

edger /ˈedʒə(r)/ *n* Hort podkaszarka *f*

edgeways /ˈedʒweɪz/ *adv* (to one side) *[move]* bokiem; (on one side) *[lay, put]* na bok IDIOMS: **I can't get a word in ~** nie mogę dojść do słowa

edgewise /ˈedʒwaɪz/ *adv* = **edgeways**

edgily /ˈedʒɪlɪ/ *adv* nerwowo

edginess /ˈedʒɪnɪs/ *n* podenerwowanie *n*, zdenerwowanie *n*

edging /ˈedʒɪŋ/ *n* [1] (border) (of dress, handkerchief) obszycie *n*, lamówka *f*; (of lawn) obrzeże *n* [2] (making a border) (on fabric) wykończenie *n*, obszycie *n*; (in garden) obrzeżenie *n*

edging shears *npl* nożyce *plt* do strzyżenia obrzeża trawnika

edgy /ˈedʒɪ/ *adj* podenerwowany, zirytowany **(about sth** czymś, z powodu czegoś)

EDI *n* = **electronic data interchange** elektroniczna wymiana *f* danych, EDI

edible /ˈedɪbl/ *adj* [1] (safe to eat) *[fruit, plant, mushroom, snail]* jadalny; *[canned food]* zdatny do spożycia [2] (eatable) znośny; zjadliwy infml hum

edict /ˈiːdɪkt/ *n* [1] Jur, Pol dekret *m*; Hist edykt *m*; **to issue an ~** wydać dekret; **by royal/government ~** dekretem królewskim/rządowym [2] hum (command) zarządzenie *n*

edification /ˌedɪfɪˈkeɪʃn/ *n* fml (instruction) oświecenie *n* fml; (moral improvement) umoralnienie *n*, podbudowa *f* moralna

edifice /ˈedɪfɪs/ *n* gmach *m* also fig

edify /ˈedɪfaɪ/ *vt* (instruct) poucz|yć, -ać; (morally) wpły|nąć, -wać umoralniająco na (kogoś), umoralni|ć, -ać

edifying /ˈedɪfaɪɪŋ/ *adj* pouczający, budujący

Edinburgh /ˈedɪnbərə/ *prn* Edynburg *m*

Edinburgh Festival *n* GB międzynarodowy festiwal *m* sztuki w Edynburgu

edit /ˈedɪt/ **I** *n* (of film) montaż *m*; (of publication) redakcja *f*

II *vt* [1] (check for publishing) z|redagować *[text]*; z|robić redakcję (czegoś) *[novel]*; (revise) przeredagow|ać, -ywać *[text]* [2] (annotate, select) z|redagować, opracow|ać, -ywać *[essays, letters, anthology, author, works]* [3] (cut down) skr|ócić, -acać *[account, version, reader's letter]*; pej okroić [4] Journ być redaktorem naczelnym (czegoś), wyda|ć, -wać *[newspaper, journal]*; być odpowiedzialnym za (coś), redagować *[section, page]* [5] Cin, TV z|robić montaż (czegoś), z|montować *[film, programme]* [6] Comput z|redagować *[data]*

■ **edit out** Cin: **~ out [sth], ~ [sth] out** wyci|ąć, -nać *[scene]*

editing /ˈedɪtɪŋ/ *n* [1] (tidying for publication) redakcja *f*, redagowanie *n* [2] (of essays, anthology) redakcja *f*, opracowanie *n* [3] (of film) montaż *m* [4] (of newspaper) redagowanie *n*, wydawanie *n* [5] Comput (of data) edycja *f*, redagowanie *n*

edition /ɪˈdɪʃn/ *n* [1] (version) Journ wydanie *n*; Publg wydanie *n*, edycja *f*; **first/new ~** pierwsze/nowe wydanie, pierwsza/nowa edycja; **morning/evening ~** wydanie poranne/popołudniowe; **hardback ~** wydanie w twardej oprawie [2] Journ, Publg (number of copies) nakład *m*; **limited ~** nakład ograniczony [3] TV program *m*; (of soap opera) odcinek *m*; (of news) serwis *m*, wydanie *n* [4] (of coins) emisja *f*; (of porcelain) seria *f* [5] US (of event) edycja *f*; **the 80th ~ of the Indianapolis 500** 80. edycja wyścigów Indianapolis 500

editor /ˈedɪtə(r)/ *n* [1] (of newspaper) redaktor *m* naczelny **(of sth** czegoś); **political /sports/fashion ~** redaktor działu polityki/sportowego/mody [2] (of book, manuscript) redaktor *m*, -ka *f* [3] (of writer, works, anthology) edytor *m* fml; **he's the ~ of Keats' letters** wydał drukiem listy Keatsa [4] (of film) montażyst|a *m*, -ka *f*

editorial /ˌedɪˈtɔːrɪəl/ **I** *n* artykuł *m* wstępny **(on sth** na temat czegoś); wstępniak *m* infml

II *adj* [1] Journ *[policy, staff]* redakcyjny; **~ freedom** wolność publikacji; **~ interference** ingerowanie w sprawy redakcyjne; **~ office** redakcja; **to have ~ control** sprawować kontrolę redakcyjną or wydawniczą; **the ~ page** strona, na której drukowany jest artykuł redakcyjny [2] Publg *[policy, decision]* wydawniczy; *[work, comment]* redakcyjny; **to do ~ work** zajmować się redagowaniem

editorialist /ˌedɪˈtɔːrɪəlɪst/ *n* US autor *m*, -ka *f* artykułów wstępnych

editorialize /ˌedɪˈtɔːrɪəlaɪz/ *vi* przedstawi|ć, -ać własną opinię *(zamiast obiektywnych faktów)*

editor-in-chief /ˌedɪtərɪnˈtʃiːf/ *n* redaktor *m* naczelny

editorship /ˈedɪtəʃɪp/ *n* (position) stanowisko *n* redaktora; **the paper flourished under her ~** gazeta doskonale prosperowała pod jej kierownictwem; **an anthology under his ~** antologia pod jego redakcją
EDP *n* = **electronic data processing** elektroniczne przetwarzanie *n* danych, EPD *n*
EDS *n* → **exchangeable disk storage**
EDT *n* → **Eastern Daylight Time**
educable /ˈedʒʊkəbl/ *adj* zdolny do przyswajania sobie wiedzy
educate /ˈedʒʊkeɪt/ **I** *vt* [1] (at school, college) wy|kształcić *[child, pupil, student]*; **to ~ one's children privately/at a state school** kształcić dzieci w szkole prywatnej/państwowej; **to be ~d at Oxford/in Paris** kształcić się or zdobywać wykształcenie w Oksfordzie/w Paryżu [2] (inform) po|informować, po|instruować, poucz|yć, -ać *[public, smokers, drivers]* (**about** or **in** or **on sth** o czymś); **to ~ the public about** or **in** or **on the consequences of drug abuse** poinformować or pouczyć społeczeństwo o skutkach narkomanii; **to ~ sb to do sth** przyuczyć kogoś do robienia czegoś; pouczyć kogoś, jak coś robić [3] (refine) wy|kształcić, wyr|obić, -abiać *[taste]*; rozwi|nąć, -jać *[mind]*; edukować *[person]*
II *vr* **to ~ oneself** kształcić się; **to ~ oneself to do sth** uczyć się coś robić; uczyć się, jak coś robić
educated /ˈedʒʊkeɪtɪd/ **I** *n* **the ~** *(+ v pl)* (having an education) ludzie *plt* wykształceni; (cultivated) ludzie *plt* kulturalni
II *adj [person]* (having an education) wykształcony; (cultivated) kulturalny; *[taste, palate]* wyrobiony; *[mind]* rozwinięty, wykształcony; *[judgment]* poważny; *[language, style]* świadczący o wykształceniu, kulturalny; *[accent]* staranny; **to be poorly ~** nie mieć wykształcenia
IDIOMS: **to make an ~ guess** postawić hipotezę *(opartą na rzetelnej wiedzy)*; **making an ~ guess, I'd say that...** opierając się na posiadanych informacjach, zaryzykowałbym twierdzenie, że...
education /ˌedʒʊˈkeɪʃn/ **I** *n* [1] (system) Sch, Univ szkolnictwo *n*, edukacja *f*; Sch oświata *f*; **primary/secondary/higher ~** szkolnictwo podstawowe/średnie/wyższe; **government spending on ~** wydatki państwa na oświatę or szkolnictwo [2] (imparting knowledge) kształcenie *n*, nauczanie *n*; (acquiring knowledge) nauka *f*, oświata *f*; (acquired knowledge) wykształcenie *n*; **private/state school ~** nauka w szkole prywatnej/państwowej; **to continue one's ~** kontynuować naukę; **~ should be available to all** oświata or nauka powinna być dostępna dla każdego; **to have had a secondary/university ~** mieć wykształcenie średnie/uniwersyteckie; **to get a good ~** otrzymać staranne wykształcenie; odebrać solidne wykształcenie fml; **she has had little ~** nie ma właściwie wykształcenia; **sex ~** wychowanie seksualne; **musical/political ~** edukacja muzyczna/polityczna [3] Univ (field of study) pedagogika *f*
II *modif [system]* oświatowy, edukacyjny; **~ allowance** zasiłek or dodatek na naukę; **~ budget** budżet szkolnictwa or oświaty; **~ method** metoda nauczania; **Education Minister/Ministry** minister szkolnictwa /Ministerstwo Szkolnictwa; **~ spending** wydatki na szkolnictwo or oświatę
education act *n* ustawa *f* o szkolnictwie or edukacji
education adviser *n* ≈ doradca *m* do spraw przysposobienia zawodowego
educational /ˌedʒʊˈkeɪʃənl/ *adj* [1] *[establishment, policy, system]* oświatowy; *[method, experience]* pedagogiczny; **~ standards** poziom nauczania; **what kind of ~ background does she have?** jakie ona ma wykształcenie? [2] (instructive) *[programme, value]* edukacyjny; *[toy, game]* dydaktyczny; *[experience, talk]* pouczający
educationalist /ˌedʒʊˈkeɪʃənəlɪst/ *n* pedagog *m*
educationally /ˌedʒʊˈkeɪʃənəlɪ/ *adv* [1] *[worthless, useful]* z punktu widzenia pedagogiki [2] *[disadvantaged, privileged]* z punktu widzenia dostępu do oświaty
educationally subnormal, ESN
I *n* **the ~** *(+ v pl)* opóźnieni *m pl* umysłowo
II *adj* opóźniony umysłowo
educational psychologist *n* psycholog *m* szkolny
educational psychology *n* psychologia *f* wychowawcza
educational television, ETV *n* US telewizja *f* edukacyjna
Educational Welfare Officer *n* GB *urzędnik zajmujący się sprawami bytowymi w oświacie*
education authority *n* GB *jednostka administracji oświatowej na szczeblu regionu, odpowiednik kuratorium*
education committee *n* GB *komisja zajmująca się sprawami oświatowymi na szczeblu regionu*
education department *n* [1] GB **(Education Department)** (also **Department of Education and Science)** Ministerstwo *n* Oświaty or Szkolnictwa [2] GB (in local government) wydział *m* oświaty or szkolnictwa [3] (in university, college) wydział *m* pedagogiki
educationist /ˌedʒʊˈkeɪʃnɪst/ *n* = **educationalist**
education officer *n członek komisji zajmującej się sprawami oświaty, odpowiednik kuratora*
educative /ˈedʒʊkətɪv/ *adj [experience]* pouczający
educator /ˈedʒʊkeɪtə(r)/ *n* wychowawca *m*
educe /ɪˈdʒuːs/ *vt* fml wyw|ieść, -odzić *[principle, number]*
edutainment /ˌedjʊˈteɪnmənt/ *n* połączenie *n* zabawy z nauką, gra *f* edukacyjna
Edward /ˈedwəd/ *prn* Edward *m*
Edwardian /edˈwɔːdɪən/ Hist **I** *n człowiek żyjący w epoce króla Edwarda VII*
II *adj [age]* edwardiański; **in ~ times** za panowania Edwarda VII
EEC *n* = **European Economic Community** EWG *f*; **~ country/policy** kraj /polityka EWG
EEG *n* = **electroencephalogram, electroencephalograph** EEG *m*, eeg. *m*
eek /iːk/ *excl* hum *okrzyk zaskoczenia, strachu*
eel /iːl/ *n* węgorz *m*
IDIOMS: **he's as slippery as an ~** jest śliski jak piskorz; **to wriggle like an ~** wić się jak piskorz
eelworm /ˈiːlwɜːm/ *n* węgorek *m*
e'en /iːn/ *adv* arch or liter = **even**
EEOC *n* US = **Equal Employment Opportunity Commission** *komisja stojąca na straży równych szans w dziedzinie zatrudnienia*
e'er /eə(r)/ *adv* arch or liter = **ever**
eerie /ˈɪərɪ/ *adj* [1] (frightening) *[scream, silence]* upiorny, pełny grozy; *[feeling, place]* niesamowity; **an ~ tale of ghosts** niesamowita opowieść o duchach [2] (baffling) *[resemblance]* niesamowity; *[mystery]* przedziwny
eerily /ˈɪərɪlɪ/ *adv* niesamowicie
eeriness /ˈɪərɪnɪs/ *n* niesamowitość *f*, upiorność *f*
EET *n* → **Eastern European Time**
eff /ef/ *vi* infml **to ~ and blind** rzucać mięsem infml; **~ off!** vinfml odpieprz się! vinfml
efface /ɪˈfeɪs/ **I** *vt* [1] (wipe out) za|trzeć, -cierać, pozacierać *[sign, inscription]*; **to ~ sth from sth** zetrzeć coś z czegoś; **to ~ sth from one's memory, to ~ the memory of sth** wymazać coś z pamięci, zatrzeć wspomnienie czegoś [2] (eclipse) przyćmi|ć, -ewać *[success]*
II *vr* **to ~ oneself** usunąć się w cień
effect /ɪˈfekt/ **I** *n* [1] (net result) skutek *m*, efekt *m*, rezultat *m* (**of sth** czegoś); (influence) działanie *n*, wpływ *m* (**on sb/sth** na kogoś/coś); **it had the ~ of increasing output** poskutkowało to wzrostem produkcji, spowodowało to wzrost produkcji; **the ~ of advertising is to increase demand** skutkiem or efektem reklamy jest wzrost popytu; **to have an ~ on sb/sth** mieć wpływ na kogoś/coś; **to have a damaging ~ on sth** źle wpływać or oddziaływać na coś; **to have little ~ on sb/sth** mieć niewielki wpływ na kogoś/coś; **criticism doesn't seem to have any ~ on him** krytyka nie wydaje się skutkować w jego przypadku; **to use sth to good ~** stosować coś z powodzeniem or z dobrym skutkiem; **to use sth to dramatic ~** stosować coś z doskonałym skutkiem or efektem [2] (repercussions) konsekwencje *f pl* (**on sb/sth** dla kogoś/czegoś) [3] (efficacy) skuteczność *f*; **the treatment loses ~ over time** z czasem kuracja przestaje być skuteczna or traci skuteczność; **to take ~** *[pills, anaesthetic]* zacząć działać; **my advice was of no ~** moje rady nie poskutkowały or nie odniosły żadnego skutku; **she warned him, but to little ~** ostrzegła go, ale z miernym skutkiem; **we took precautions, to no ~** byliśmy ostrożni, ale na nic się to zdało [4] Admin, Jur (applicability) obowiązywanie *n*; (operation) wejście *n* w życie; **to come into ~** wejść/wchodzić w życie; **to put sth into ~** wprowadzać coś w życie; **to remain in ~** obowiązywać; **to take ~** zacząć obowiązywać; **with ~ from January 1, contributions will increase by 5%** z dniem 1 stycznia następuje wzrost składek o 5 procent; **I wish to cancel my subscription with immediate ~** chcę zrezygnować z subskrypcji od dziś or z dniem dzisiejszym [5] (meaning) sens *m*; **the ~ of what he is saying is that...** sens tego, co mówi, jest taki, że...; z tego, co mówi, wynika, że...; **a statement was**

E

issued to the ~ that the talks had broken down wydano oświadczenie, z którego wynika, że rozmowy zostały zerwane; **rumours to that ~** pogłoski, które zdają się to potwierdzać; **yes, she made a remark to that ~** tak, powiedziała coś w tym sensie; **he said it wasn't true, or words to that ~** powiedział, że to nieprawda, czy coś w tym rodzaju [6] (impression) efekt *m*, wrażenie *n*; **the overall ~** ogólny efekt, ogólne wrażenie; **the lighting gives** or **creates the ~ of moonlight** oświetlenie daje efekt or wywołuje wrażenie księżycowej poświaty; **to achieve an ~** osiągnąć efekt; **the film had quite an ~ on me** film wywarł na mnie duże wrażenie; **he uses colour to stunning ~** po mistrzowsku posługuje się kolorem; **she uses her wit to deadly ~** ma bardzo cięty język; **he paused for ~** zrobił efektowną pauzę; **she dresses like that for ~** ubiera się tak, żeby zwrócić na siebie uwagę [7] Sci efekt *m*; **the Doppler ~** efekt or zjawisko Dopplera; **the placebo ~** efekt placebo

II effects *npl* [1] fml (belongings) majątek *m* ruchomy, ruchomości *f pl*; **personal ~s** rzeczy osobiste; **household ~s** wyposażenie domu [2] Cin, TV (also **special ~s**) efekty *m pl* specjalne

III in effect *adv phr* faktycznie, w rzeczywistości, praktycznie

IV *vt* wprowadz|ić, -ać *[improvement, reform]*; dokon|ać, -ywać (czegoś) *[repair, sale, transformation, payment]*; doprowadz|ić, -ać do (czegoś) *[reconciliation, settlement]*; **to ~ one's escape** uciec; **to ~ entry** Jur wtargnąć, wejść (bezprawnie); **to ~ a saving in** or **of sth** oszczędzić coś

effective /ɪˈfektɪv/ *adj* [1] *[deterrent, drug, protest, device, treatment]* skuteczny; *[efforts, use]* efektywny, skuteczny; *[argument, speaker]* przekonywający; **an ~ cure for a headache** skuteczny środek na ból głowy; **an ~ way of doing sth** skuteczny sposób robienia czegoś; **to be ~** poskutkować; **it's more ~ to change the whole system** lepiej jest zmienić cały system; **the ~ life of an appliance** trwałość *f* użytkowa urządzenia [2] (operational) *[legislation, regulation]* obowiązujący; **the new rates will be ~ (as) from August 27** nowe stawki będą obowiązywać od 27 sierpnia; **to become ~** wejść/wchodzić w życie; **to cease to be ~** przestać obowiązywać; **~ date** data wejścia w życie [3] (actual) *[control, leader]* faktyczny, rzeczywisty; Fin *[income, exchange rate, value]* realny; *[demand]* efektywny [4] (striking, impressive) robiący wrażenie; (pleasing) efektowny

effectively /ɪˈfektɪvlɪ/ *adv* [1] (efficiently) *[work, cure, communicate]* skutecznie, efektywnie; *[compete, solve]* z powodzeniem; *[speak, argue]* przekonywająco [2] (in effect) faktycznie, w rzeczywistości; **this ~ means that...** oznacza to faktycznie, że... [3] (impressively) *[contrast, decorate]* w sposób robiący wrażenie; **the statistics ~ demonstrate the failure of the policy** statystyki wyraźnie wskazują na niepowodzenie tej polityki

effectiveness /ɪˈfektɪvnɪs/ *n* [1] (efficiency) skuteczność *f*, efektywność *f* (**of sth** czegoś) [2] (impressiveness) **~ of the decor /lecture** (wielkie) wrażenie, jakie robi wystrój/wykład

effector /ɪˈfektə(r)/ *n* efektor *m*

effects man *n* Cin specjalista *m* od efektów specjalnych

effectual /ɪˈfektʃʊəl/ *adj* [1] fml (effective) *[cure, method, punishment]* skuteczny [2] Jur *[agreement, document]* obowiązujący, posiadający moc prawną

effectually /ɪˈfektʃʊəlɪ/ *adv* skutecznie

effectuate /ɪˈfektjʊeɪt/ *n* fml dokon|ać, -ywać (czegoś), wprowadz|ić, -ać *[change, reform]*; **to ~ the policies of the Act** Jur realizować or wprowadzać w życie postanowienia ustawy

effeminacy /ɪˈfemɪnəsɪ/ *n* zniewieściałość *f*

effeminate /ɪˈfemɪnət/ *adj* zniewieściały

efferent /ˈefərənt/ *adj* Physiol odprowadzający, eferentny

effervesce /ˌefəˈves/ *vi* [1] *[liquid, mixture, drink]* musować, pienić się, burzyć się; *[gas]* uchodzić, ulatywać *(burząc ciecz)* [2] fig *[person]* tryskać energią; **to ~ with exhilaration** tryskać radością

effervescence /ˌefəˈvesns/ *n* [1] (of liquid) musowanie *n*, burzenie się *n* [2] fig (of person) żywiołowość *f*

effervescent /ˌefəˈvesnt/ *adj* [1] *[liquid]* musujący, pieniący się [2] fig *[person]* tryskający życiem; *[temperament]* żywiołowy; **she was ~ with exhilaration** tryskała radością

effete /ɪˈfiːt/ *adj* [1] pej (effeminate) *[person]* zniewieściały [2] pej (weak) *[person]* apatyczny, niemrawy, słaby; *[civilization]* ogarnięty bezwładem, ulegający rozkładowi; *[philosophy]* jałowy [3] Bot, Zool bezpłodny, niepłodny

effeteness /ɪˈfiːtnɪs/ *n* [1] pej (effeminacy) zniewieściałość *f* [2] pej (weakness) (of civilization) bezwład *m*; (of person) apatyczność *f*, niemrawość *f* [3] Bot, Zool bezpłodność *f*, niepłodność *f*

efficacious /ˌefɪˈkeɪʃəs/ *adj* efektywny, skuteczny

efficaciously /ˌefɪˈkeɪʃəslɪ/ *adv* efektywnie, skutecznie

efficacy /ˈefɪkəsɪ/ *n* skuteczność *f*, efektywność *f*; **the drug's ~ in curing TB** skuteczność or efektywność leku w leczeniu gruźlicy

efficiency /ɪˈfɪʃnsɪ/ *n* [1] (ability) sprawność *f*; **her ~ in running the company** jej operatywność w prowadzeniu firmy [2] (effectiveness) efektywność *f*, skuteczność *f*; **to improve/impair ~** poprawić/obniżyć efektywność; **the army must be kept at maximum** or **peak ~** armia musi zachować maksymalną skuteczność (bojową) [3] (productivity) wydajność *f*; (ratio) współczynnik *m* sprawności or wydajności; **the (fuel) ~ of a car** zużycie paliwa (przez samochód); **to produce electricity at 50% ~** wytwarzać energię elektryczną przy współczynniku wydajności 50%

efficiency (apartment) /ɪˈfɪʃnsɪəpɑːtmənt/ *n* US umeblowana kawalerka *f*

efficient /ɪˈfɪʃnt/ *adj* [1] (capable) *[person, employee, management]* sprawny, kompetentny; **to be ~ at doing sth** sprawnie coś robić [2] (effective) *[method, system]* skuteczny, efektywny; *[use]* racjonalny; **to make ~ use of sth** racjonalnie coś wykorzystywać [3] *[machine, engine]* (productive) wydajny; (operating well) sprawny, sprawnie działający; **to be 40% ~** mieć czterdziestoprocentową wydajność

efficiently /ɪˈfɪʃntlɪ/ *adv* (well, capably) sprawnie, efektywnie; (without waste) wydajnie

effigy /ˈefɪdʒɪ/ *n* [1] (likeness) podobizna *f*, wizerunek *m*; (statue) postać *f* [2] (dummy) kukła *f*; **to burn an ~ of sb, to burn sb in ~** spalić kukłę wyobrażającą kogoś, dokonać symbolicznego spalenia kogoś

effing /ˈefɪŋ/ *adj* vinfml pieprzony vinfml; **the ~ computer is down again** pieprzony komputer znów wysiadł vinfml; **what ~ business is it of yours?** co cię to do cholery obchodzi? infml

efflorescence /ˌeflɔːˈresns/ *n* [1] Bot kwitnienie *n*; rozkwit *m* also fig [2] Med wykwit *m* [3] Chem, Geol (process) utrata *f* wody krystalizacyjnej *(w wyniku wietrzenia)*; (result) nalot *m*, wykwit *m* (mineralny)

efflorescent /ˌeflɔːˈresnt/ *adj* [1] Bot kwitnący also fig [2] Chem, Geol wietrzejący

effluence /ˈeflʊəns/ *n* emanacja *f*

effluent /ˈeflʊənt/ **I** *n* [1] (waste) ściek *m*; **industrial/untreated ~** ścieki przemysłowe/nieoczyszczone [2] (stream) strumień *m* wypływający

II *modif* **~ management** zagospodarowanie or utylizacja ścieków; **~ treatment** oczyszczanie ścieków

effluvium /ɪˈfluːvɪəm/ *n* (*pl* **-via, -viums**) [1] (smell) wyziewy *plt* [2] (waste) ściek *m*

effort /ˈefət/ *n* [1] (exertion) wysiłek *m*, trud *m*; **despite all our ~(s)** pomimo naszych starań or wysiłków; **to put a lot of ~ into sth/doing sth** włożyć wiele wysiłku or trudu w coś/w zrobienie czegoś; **to put all one's ~(s) into doing sth** skierować cały swój wysiłek na zrobienie czegoś; **to redouble one's ~** podwoić wysiłki; **to spare no ~** nie szczędzić wysiłków or trudu; **it's a waste of time and ~** szkoda czasu i wysiłku; **it was worth the ~** wysiłek or trud się opłacił; **it isn't worth the ~!** szkoda zachodu!; **with ~** z trudem, z wysiłkiem; **without ~** bez trudu, bez wysiłku; **it's an ~ to climb the stairs** ciężko jest wspiąć się na schody; **it's hard at first, but in time it becomes less of an ~** na początku jest to trudne, ale z czasem wymaga mniejszego wysiłku or staje się łatwiejsze; **an ~ of will/imagination** wysiłek woli/wyobraźni [2] (attempt) staranie *n*, próba *f*, usiłowanie *n*; **desperate/vain ~s** rozpaczliwe/daremne próby or starania or usiłowania; **all my ~s were in vain** wszystkie moje wysiłki spełzły na niczym; **to make an ~** po|starać się, s|próbować; **to make more of an ~** bardziej się starać or wysilać; **to make every ~** dokładać wszelkich starań; **he made no ~ to apologize** nawet nie próbował się usprawiedliwić; **in an ~** or **in their ~s to reduce crime, the**

government expanded the police force w celu przeciwdziałania przestępczości rząd zwiększył siły policyjne; **his ~s at clearing up the mystery failed** podjęte przez niego próby wyjaśnienia tajemnicy spełzły na niczym or nie powiodły się [3] (result) dzieło *n*, próba *f*; **a joint ~** wspólne dzieło, wspólnie podjęta próba; **this painting is my first/latest ~** ten obraz to moje pierwsze/najnowsze dzieło; **not a bad ~ for a first try** całkiem nieźle jak na pierwszą próbę or pierwszy raz [4] (initiative) akcja *f*, inicjatywa *f*; **a famine relief ~** akcja pomocy ofiarom głodu; **peace ~** inicjatywa pokojowa; **war ~** akcja ludności cywilnej na rzecz wojny

effortless /ˈefətlɪs/ *adj* [1] (easy) *[achievement, success]* łatwy; *[style]* lekki, swobodny [2] (innate) *[grace, skill, superiority]* wrodzony, naturalny

effortlessly /ˈefətlɪslɪ/ *adv* bez wysiłku, bez trudu, łatwo, lekko

effortlessness /ˈefətlɪsnɪs/ *n* [1] (ease) łatwość *f*; **the ~ of her rise to fame** łatwość, z jaką zdobyła rozgłos [2] (naturalness) naturalność *f*

effrontery /ɪˈfrʌntərɪ/ *n* bezczelność *f*, tupet *m*; **to have the ~ to do sth** mieć czelność coś zrobić

effulgence /ɪˈfʌldʒns/ *n* liter olśniewający blask *m*

effusion /ɪˈfjuːʒn/ *n* [1] (of liquid) wylew *m*; (of gas, lava) efuzja *f* [2] Med (of blood) wylew *m*, krwotok *m* (do jamy ciała); (of fluid, pus) wysięk *m* [3] fig (outpouring) (of emotion) poryw *m*, uniesienie *n*; (of colour, light) feeria *f*; **poetical ~s** poetyczne porywy or uniesienia; **an ~ of anger/despair** poryw gniewu/rozpaczy

effusive /ɪˈfjuːsɪv/ *adj [person, welcome, thanks]* wylewny; *[style]* górnolotny, przesadny; **to bestow ~ praise on sb** wychwalać kogoś pod niebiosa, rozpływać się nad kimś

effusively /ɪˈfjuːsɪvlɪ/ *adv [welcome, thank]* wylewnie

effusiveness /ɪˈfjuːsɪvnɪs/ *n* (of manner) wylewność *f*; (of style) górnolotność *f*

EFL = **English as a Foreign Language**
I *n* angielski *m* jako język obcy
II *modif* **~ teacher/course** nauczyciel /kurs angielskiego jako języka obcego

eft /eft/ *n* traszka *f*, tryton *m*

EFT *n* → **electronic funds transfer**

EFTA /ˈeftə/ *n* = **European Free Trade Association** EFTA *f*

EFTPOS /ˈeftpɒs/ *n* = **electronic funds transfer at point of sale** elektroniczny system *m* transferu pieniędzy w punkcie sprzedaży

eg = **exempli gratia** np.

egad /ɪˈgæd, iːˈgæd/ *excl* arch na Boga!

egalitarian /ɪˌgælɪˈteərɪən/ **I** *n* egalitarysta *m*
II *adj [ideas, theory]* egalitarystyczny; *[society, system]* egalitarny; *[thinker]* o egalitarystycznych poglądach

egalitarianism /ɪˌgælɪˈteərɪənɪzəm/ *n* egalitaryzm *m*

egest /iːˈdʒest/ *vt* Physiol wydalić, -lać

egg[1] /eg/ **I** *n* [1] Culin jajko *n*; **a fried/boiled ~** jajko sadzone/gotowane; **scrambled ~s** jajecznica; **~s and bacon** jajka na bekonie; **chocolate ~** jajko z czekolady [2] Zool jaj(k)o *n* [3] Biol (female cell) komórka *f* jajowa [4] infml dat (fellow) **a good ~** dobry chłop; **a bad ~** paskudny typ; **I say, old ~** słuchaj, stary
II *modif [noodles]* jajeczny; *[farm]* jajczarski; **~ sandwich** kanapka z jajkiem
III *vt* US infml (throw eggs at) obrzu|cić, -cać jajkami
IDIOMS: **to have ~ on one's face** infml wyjść na durnia infml; **to kill sth in the ~** stłumić coś w zarodku; **to lay an ~** US Theat zrobić klapę infml; **to put all one's ~s in one basket** postawić wszystko na jedną kartę; **as sure as ~s is ~s** pewne jak dwa razy dwa jest cztery

egg[2] /eg/ *vt*
■ **egg on: ~ on [sb], ~ [sb] on** nam|ówić, -awiać; pej napu|ścić, -szczać, podbecht|ać, -ywać infml; **to ~ sb on to do sth** namówić kogoś do (zrobienia) czegoś; napuścić kogoś, żeby coś zrobił infml; **the fans ~ed their favourites on** kibice zagrzewali swych faworytów do walki

egg and dart *n* Archit wole oczy *n pl*, jajownik *m*

egg-and-spoon race /ˌegnˈspuːnreɪs/ *n* wyścig *m* z jajkiem na łyżce

eggbeater /ˈegbiːtə(r)/ *n* [1] Culin trzepaczka *f* [2] US infml helikopter *m*

egg box *n* pojemnik *m* na jajka

egg cream *n* US koktajl *m* mleczno-czekoladowy

eggcup /ˈegkʌp/ *n* kieliszek *m* do jajek

egg custard *n deser zapiekany z jajek i mleka*

egg donation *n* oddanie *n* komórki jajowej

egg donor *n* dawczyni *f* komórki jajowej

egger /ˈegə(r)/ *n* Zool barczatka *f*

egg flip *n* = **eggnog**

egg foo yong /eg fuː ˈjɒŋ/ *n* US jajecznica *f* foo-yung

egg fried rice *n* ryż *m* smażony po kantońsku

egghead /ˈeghed/ *n* infml pej jajogłowy *m*

eggnog /ˈegnɒg/ *n* ajerkoniak *m*

eggplant /ˈegplɑːnt, US -plænt/ *n* US bakłażan *m*, oberżyna *f*

egg roll *n* US krokiet *m* po chińsku *(nadziewany mięsem lub jarzynami)*

eggs Benedict *n (+ v sg)* US jajka *n pl* sadzone na grzance z szynką

egg-shaped /ˈegʃeɪpt/ *adj* jajowaty

eggshell /ˈegʃel/ *n* [1] skorupka *f* jajka [2] (colour) (kolor *m*) jasnożółty *m*

eggshell blue *n* (kolor *m*) jasnoniebieski *m*

eggshell china *n* „skorupka *f* jajka" *(cienka porcelana chińska)*

eggshell finish *n* półmat *m*, wykończenie *n* półmatowe

egg slicer *n* krajacz *m* do jajek

egg timer *n* (clockwork) minutnik *m*; (with sand) klepsydra *f*

egg whisk *n* trzepaczka *f*

egg white *n* białko *n* (jaja)

eggy /ˈegɪ/ *adj* GB infml **to be ~** być wkurzonym infml; **to get ~ with sb** wkurzyć się na kogoś infml

egg yolk *n* żółtko *n* (jaja)

eglantine /ˈegləntaɪn/ *n* dzika róża *f*

ego /ˈegəʊ, ˈiːgəʊ, US ˈiːgəʊ/ *n* [1] Psych ego *n inv*, jaźń *f* [2] (self-esteem) własne ja *n inv*; pej miłość *f* własna; **to have an inflated ~** mieć zbyt wysokie mniemanie o sobie; **to boost** or **bolster sb's ~** dodać komuś pewności siebie, dodać komuś wiary we własne siły; **to feed** or **flatter sb's ~** połechtać próżność kogoś; **it was a real ~ trip for her** to schlebiało jej próżności; **to be on an ~ trip** puszyć się jak paw

egocentric /ˌegəʊˈsentrɪk, ˈiːgəʊ-, US ˈiːg-/ **I** *n* egocentry|k *m*, -czka *f*
II *adj* egocentryczny

egocentricity /ˌegəʊsənˈtrɪsətɪ, ˌiːgəʊ-, US ˌiːg-/ *n* egocentryzm *m*

egoism /ˈegəʊɪzəm, ˈiːg-, US ˈiːg-/ *n* egoizm *m*

egoist /ˈegəʊɪst, ˈiːg-, US ˈiːg-/ *n* egoist|a *m*, -ka *f*

egoistic(al) /ˌegəʊˈɪstɪk(l), ˌiːg-, US ˌiːg-/ *adj* egoistyczny

egomania /ˌegəʊˈmeɪnɪə, ˌiːg-, US ˌiːg-/ *n* skrajny egocentryzm *m*

egomaniac /ˌegəʊˈmeɪnɪæk, ˌiːg-, US ˌiːg-/ *n* egocentry|k *m*, -czka *f*

egotism /ˈegəʊtɪzəm, ˈiːg-, US ˈiːg-/ *n* egotyzm *m*

egotist /ˈegəʊtɪst, ˈiːg-, US ˈiːg-/ *n* egotyst|a *m*, -ka *f*

egotistic(al) /ˌegəʊˈtɪstɪk, ˌiːg-, US ˌiːg-/ *adj* egotystyczny

egregious /ɪˈgriːdʒɪəs/ *adj [lie, liar]* bezczelny, wierutny; *[error]* gruby, poważny; *[incompetence]* jawny; **he's an ~ ass!** infml to patentowany osioł! infml

egress /ˈiːgres/ *n* fml (action) wychodzenie *n*; (exit point) wyjście *n*; **right of ~** Jur prawo wyjścia

egret /ˈiːgrɪt/ *n* czapla *f* biała

Egypt /ˈiːdʒɪpt/ *prn* Egipt *m*

Egyptian /ɪˈdʒɪpʃn/ **I** *n* Egipcjan|in *m*, -ka *f*
II *adj* egipski

Egyptologist /ˌiːdʒɪpˈtɒlədʒɪst/ *n* egiptolog *m*

Egyptology /ˌiːdʒɪpˈtɒlədʒɪ/ *n* egiptologia *f*

eh /eɪ/ *excl* (expressing incredulity, inviting repetition) co!?; (expressing mild surprise) hm

EIB *n* → **European Investment Bank**

eider /ˈaɪdə(r)/ *n* edredon *m*

eiderdown /ˈaɪdədaʊn/ *n* [1] (quilt) kołdra *f* puchowa [2] (down) edredon *m*

eidetic /aɪˈdetɪk/ *adj* Psych ejdetyczny

Eid ul-Fitr /ˌiːdʊlˈfɪtrə/ *n* id al-fitr *m*, mały bajram *m (uroczystość zakończenia ramadanu)*

Eiffel Tower /ˌaɪflˈtaʊə(r)/ *n* **the ~** wieża *f* Eiffla

eight /eɪt/ **I** *n* [1] (numeral) osiem; (symbol) ósemka *f*; **~ o'clock** godzina ósma; **book ~, chapter ~** księga ósma, rozdział ósmy; **bus no. 8** autobus numer osiem; ósemka infml [2] (boat, crew, card) ósemka *f*
II *adj* osiem; (male) ośmiu *(+ v sg)*; (male and female) ośmioro *(+ v sg)*; **~-hour day** ośmiogodzinny dzień pracy; **to work ~-hour shifts** pracować na trzy zmiany
IDIOMS: **to be** or **have had one over the ~** infml być pod dobrą datą, mieć lekko w czubie infml

eight ball *n* US bila *f* czarna; **to be behind the ~** fig być w tarapatach or opałach

E

eighteen /eɪ'tiːn/ **I** *n* (numeral) osiemnaście; (symbol) osiemnastka *f*
II *adj* osiemnaście; (male) osiemnastu (+ *v sg*); (male and female) osiemnaścioro (+ *v sg*); **~-hole golf course** osiemnastodołkowe pole golfowe
eighteenth /eɪ'tiːnθ/ **I** *n* [1] (in order) osiemnast|y *m*, -a *f*, -e *n*; **the ~ of May** osiemnasty maja [2] (fraction) osiemnasta *f* (część)
II *adj* osiemnasty
III *adv [come, finish]* na osiemnastym miejscu
eighth /eɪtθ/ **I** *n* [1] (in order) ósm|y *m*, -a *f*, -e *n*; **the ~ of June** ósmy czerwca [2] (fraction) ósma *f* (część) [3] Mus (interval) oktawa *f*
II *adj* ósmy
III *adv [come, finish]* na ósmym miejscu
eighth note *n* US Mus ósemka *f*
eightieth /'eɪtɪəθ/ **I** *n* [1] (in order) osiemdziesiąt|y *m*, -a *f*, -e *n* [2] (fraction) osiemdziesiąta *f* (część)
II *adj* osiemdziesiąty
III *adv [ranked]* na osiemdziesiątym miejscu
eighty /'eɪtɪ/ **I** *n* (numeral) osiemdziesiąt; (symbol) osiemdziesiątka *f*; **the eighties of the 19th century** lata osiemdziesiąte XIX wieku; **she's in her eighties** ma osiemdziesiąt kilka lat; przekroczyła osiemdziesiątkę infml
II *adj* osiemdziesiąt; (male) osiemdziesięciu (+ *v sg*); (male and female) osiemdziesięcioro (+ *v sg*)
eighty-one /ˌeɪtɪ'wʌn/ *n, adj* osiemdziesiąt jeden
eighty-six /ˌeɪtɪ'sɪks/ **I** *n, adj* osiemdziesiąt sześć
II *vt* US infml wykop|ać, -ywać infml *[person]*
Einsteinian /aɪn'staɪnɪən/ **I** *n* (unit) ajnsztajn *m*, einstein *m*
II *adj* einsteinowski; (Einstein's) Einsteinowski
einsteinium /aɪn'staɪnɪəm/ *n* (element) einstein *m*, ajnsztajn *m*
Eire /'eərə/ *prn* Irlandia *f*, Republika *f* Irlandii
Eisteddfod /ˌaɪ'stedfəd, ˌaɪ'steðvɒd/ *n walijski festiwal artystyczny*
either /'aɪðər, US 'iːðər/ **I** *pron* [1] (one or other) albo jeden, albo drugi, którykolwiek (z dwóch), który bądź (z dwóch); (in the negative) ani jeden, ani drugi, żaden (z dwóch); **you can take ~ (of them)** możesz wziąć albo jeden, albo drugi, możesz wziąć którykolwiek; **I don't like ~ of those dresses** nie podoba mi się żadna z tych sukienek; **I don't believe ~ of you** nie wierzę żadnemu z was; nie wierzę ani jednemu, ani drugiemu; **without ~ (of them)** bez żadnego z nich, bez jednego ani drugiego; **~ or both of you can do it** albo jeden (z was), albo obydwaj możecie to zrobić; **'which book do you want?' – '~'** „którą chcesz książkę?" – „którą bądź" [2] (both) każdy (z dwóch); (males) obaj, obydwaj; (females) obie, obydwie; (male and female) oboje, obydwoje; (animals, things) obie, obydwie; oba, obydwa; **~ of the two possibilities** obie możliwości, każda z tych dwóch możliwości; **~ would be difficult to repair** i jedno, i drugie trudno będzie naprawić; **~ of us could do it** każdy z nas (dwóch) może to zrobić
II *det* [1] (one or the other) albo jeden, albo drugi, którykolwiek (z dwóch), który bądź (z dwóch); (in the negative) ani jeden, ani drugi, żaden (z dwóch); **you can take ~ route** możesz wybrać albo jedną, albo drugą trasę; **the key wasn't in ~ drawer** klucza nie było ani w jednej, ani w drugiej szufladzie, klucza nie było w żadnej z (obu) szuflad [2] (both) każdy (z dwóch); (males) obaj, obydwaj; (females) obie, obydwie; (male and female) oboje, obydwoje; (animals, things) obie, obydwie; oba, obydwa; **~ one of the solutions is acceptable** oba rozwiązania są do przyjęcia, każde z (dwóch) rozwiązań jest do przyjęcia; **in ~ case** w jednym i drugim przypadku, w obu przypadkach; **at ~ side of the street** po obu stronach ulicy; **in ~ hand** w każdej ręce; **~ way, you win** tak czy owak or w obu przypadkach wygrywasz; **~ way, it'll be difficult** tak czy owak, to będzie trudne; **I don't care ~ way** jest mi wszystko jedno; **I don't have strong views ~ way** nie jestem ani za, ani przeciw
III *adv* [1] (also, too) też (nie); **I don't eat meat and he doesn't ~** nie jem mięsa i on też nie (je); **he's not clever but he's not stupid ~** nie jest mądry, ale nie jest też głupi; **I can't do it ~** ja też nie potrafię tego zrobić; **there's no answer to this question ~** na to pytanie też nie ma odpowiedzi [2] (moreover, at that) do tego, (a) ponadto; **this restaurant is good and not expensive ~** ta restauracja jest dobra i wcale niedroga or i do tego niedroga; **not only was it expensive, but it didn't work ~** nie tylko było drogie, ale do tego or ponadto nie działało; **and I don't have to pay a penny ~** a to tego or ponadto nie muszę nic płacić
IV **~... or** *conj* [1] (as alternatives) albo..., albo; **I was expecting him ~ Tuesday or Wednesday** spodziewałem się go albo we wtorek, albo we środę; **we can eat ~ now or after the show** możemy zjeść albo teraz, albo po przedstawieniu; **it's ~ him or me** albo on, albo ja; **I confessed, it was ~ that or be tortured** przyznałem się, miałem do wyboru albo to, albo tortury [2] (in the negative) ani..., ani; **I can't speak ~ Spanish or Italian** nie mówię ani po hiszpańsku, ani po włosku; **you're not being ~ sincere or fair** nie jesteś ani szczery, ani sprawiedliwy [3] (as an ultimatum) albo..., albo; **~ you finish your work or you'll be punished** albo skończysz pracę, albo zostaniesz ukarany; **put down the gun, ~ that or I call the police** odłóż broń, bo wezwę policję
either-or /ˌaɪðər'ɔː(r)/ *adj* **it's an ~ situation, you have to decide** albo-albo, musisz podjąć decyzję
ejaculate /ɪ'dʒækjʊleɪt/ **I** *vt* [1] (exclaim) wykrzyk|nąć, -iwać [2] Physiol **to ~ semen** mieć wytrysk nasienia
II *vi* mieć wytrysk
ejaculation /ɪˌdʒækjʊ'leɪʃn/ *n* [1] (verbal) okrzyk *m* [2] Physiol wytrysk *m* nasienia, ejakulacja *f*
ejaculatory /ɪ'dʒækjʊleɪtərɪ, US -tɔːrɪ/ *adj* wytryskowy, ejakulacyjny
eject /ɪ'dʒekt/ **I** *vt* [1] (give out) *[machine, system]* wypu|ścić, -szczać *[gas, waste]*; *[volcano]* wyrzuc|ić, -ać *[lava, rocks]*; buch|nąć, -ać (czymś) *[lava]*; **the gases are ~ed through/from the pipe** gazy wydobywają się przez rurę/z rury [2] Audio wyrzuc|ić, -ać *[cassette]* [3] infml (throw out) wyrzu|cić, -cać *[intruder, troublemaker]*; wy|eksmitować *[tenant]*; wyp|rzeć, -ierać *[enemy troops]*; **the drunk was ~ed from the pub** pijanego wyrzucono z pubu
II *vi [pilot]* katapultować się
eject button *n* Audio klawisz *m* kieszeni kasety
ejection /ɪ'dʒekʃn/ *n* [1] (of gases) wydzielanie się *n*; (of lava) erupcja *f* [2] (of troublemaker) wyrzucenie *n*; (of tenant) eksmisja *f*, wyeksmitowanie *n*; (of enemy troops) wyparcie *n* [3] Aviat katapultowanie (się) *n*
ejection seat *n* US Aviat fotel *m* katapultowy or wyrzucany
ejector /ɪ'dʒektə(r)/ *n* [1] (pump) ejektor *m*, strumienica *f* ssąca [2] Aviat (also **~ seat**) fotel *m* katapultowy or wyrzucany
eke /iːk/ *vt*
■ **eke out**: **~ out [sth], ~ [sth] out** [1] (make last) oszczędnie gospodarować (czymś) *[income, supplies]*; **to ~ out a living** or **an existence (on £80 a week)** z trudem wiązać koniec z końcem (mając 80 funtów na tydzień) [2] (supplement) uzupeł|nić, -niać *[earnings, supplies]*; podreperow|ać, -ywać *[income]*; **she ~d out her earnings with evening work/by doing odd jobs** podreperowywała or łatała budżet, pracując wieczorami/chwytając się różnych prac
el /el/ *n* US = **elevated railroad** kolej *f* miejska nadziemna
elaborate **I** /ɪ'læbərət/ *adj* [1] (complex) *[system, task, solution, procedure]* złożony, skomplikowany; *[meal]* wymyślny; *[composition]* rozbudowany [2] *[ornamentation, pattern]* (ornate) misterny, wyszukany; (intricate) wymyślny [3] (carefully planned) *[preparation]* drobiazgowy, staranny; *[plan]* misterny; *[excuse, question]* skomplikowany; *[joke]* wyrafinowany; **in ~ detail** z najmniejszymi szczegółami; **with ~ care** z drobiazgową starannością
II /ɪ'læbəreɪt/ *vt* opracow|ać, -ywać w szczegółach *[new strategy]*; szczegółowo om|ówić, -awiać *[point]*; rozwi|nąć, -jać *[theory, hypothesis]*
III /ɪ'læbəreɪt/ *vi* (go into details) om|ówić, -awiać szczegółowo, rozwodzić się; **need I ~?** czy muszę jeszcze coś dodawać?; **to ~ (up)on sth** podać szczegóły czegoś, rozwinąć coś *[plan, proposal]*
IV **elaborated** *pp [theory, hypothesis]* rozwinięty; *[plan, proposal]* starannie opracowany; *[idea, view]* przemyślany; **~d code** Ling kod *m* rozwinięty
elaborately /ɪ'læbərətlɪ/ *adv* [1] *[decorated, carved]* misternie; *[dressed, patterned]* wymyślnie [2] *[defined, described]* drobiazgowo, szczegółowo; *[arranged]* przemyślnie
elaborateness /ɪ'læbərətnɪs/ *n* [1] (complexity) (of apparatus, network) złożoność *f*, zawiłość *f*; (of ornamentation) misterność *f* [2] (minuteness)

(of preparations) staranność *f*; (of plan) drobiazgowość *f*
elaboration /ɪˌlæbəˈreɪʃn/ *n* (of plan, strategy, theory) szczegółowe opracowanie *n*; (of point) szczegółowe omówienie *n*
élan /ˈeɪlɒn, eɪˈlɑːn/ *n* rozmach *m*, werwa *f*
elapse /ɪˈlæps/ *vi* *[time, years]* upły|nąć, -wać, płynąć, mi|nąć, -jać, przemi|nąć, -jać
elastane /ɪˈlæsteɪn/ *n* elastik *m*
elastic /ɪˈlæstɪk/ **I** *n* [1] (band) gum(k)a *f* [2] (fabric) elastik *m*
II *adj* [1] *[fabric, waistband]* elastyczny, rozciągliwy; *[bone]* giętki [2] fig *[demand, supply, conception, plan]* elastyczny; *[conscience]* elastyczny, giętki
elasticated /ɪˈlæstɪkeɪtɪd/ *adj [waistband, bandage]* elastyczny
elastic band *n* gum(k)a *f*; (small) recepturka *f*
elasticity /ˌelæsˈtɪsətɪ, US ɪˌlæ-/ *n* elastyczność *f*, sprężystość *f*
elastomer /ɪˈlæstəmə(r)/ *n* elastomer *m*
Elastoplast® /ɪˈlæstəplɑːst/ *n* GB plaster *m* z opatrunkiem
elate /ɪˈleɪt/ *vt* uszczęśliwi|ć, -ać, wpra|wić, -wiać w euforyczny nastrój
elated /ɪˈleɪtɪd/ *adj* upojony, uszczęśliwiony (**at** or **by sth** czymś); **I was ~ at having won** rozpierała mnie radość z powodu zwycięstwa; **they were in (an) ~ mood** byli w euforii
elation /ɪˈleɪʃn/ *n* (ogromna) radość *f*, euforia *f*; **to be filled with ~** być w euforii (**at** or **over sth** z powodu czegoś)
Elba /ˈelbə/ *prn* Elba *f*
Elbe /ˈelbə/ *prn* **the ~ (River)** Łaba *f*
elbow /ˈelbəʊ/ **I** *n* [1] (joint) łokieć *m*; **to lean on one's ~s** wesprzeć or podeprzeć głowę na łokciach; **at sb's ~** u boku kogoś [2] (of sleeve) łokieć *m*; **to be worn through at the ~s** być przetartym na łokciach; **my sweater is going at the ~s** mój sweter przeciera się or poprzecierał się na łokciach [3] (sharp bend) (of pipe) kolanko *n*; (in road) (ostry) zakręt *m*; (in river) zakole *n*
II *vt* **to ~ sb in the stomach** szturch|nąć, -ać kogoś w brzuch; **to ~ sb aside/out of the way** od|epchnąć, -pychać kogoś na bok/z drogi; **to ~ one's way through the crowd** torować sobie drogę przez tłum (łokciami)
III *vi* **to ~ through the crowd** przep|chnąć, -ychać się przez tłum; **to ~ forward** przep|chnąć, -ychać się do przodu
IDIOMS: **more power to your/his ~!** GB powodzenia! tak trzymać! infml; **to be out at (the) ~(s)** *[person]* być obszarpanym or zaniedbanym; *[garment]* być wyświechtanym or sfatygowanym; **to be up to the ~s in sth** tkwić w czymś po uszy; **to bend the** or **an ~** infml zaglądać do kieliszka or butelki; dawać sobie w szyję infml; **to get the ~** infml dostać kopa infml; **to give sb the ~** infml dać komuś kopa infml; **to rub ~s with sb** US infml kolegować się z kimś
elbow grease *n* infml wysiłek *m*; **to put some ~ into sth** przyłożyć się do czegoś; **this room needs a bit of ~** przydałoby się doprowadzić ten pokój do porządku
elbow joint *n* staw *m* łokciowy
elbow-rest /ˈelbəʊrest/ *n* (in car) podłokietnik *m*
elbowroom /ˈelbəʊruːm/ *n* [1] (room to move, work) (wolna) przestrzeń *f*; **there isn't much ~ in this kitchen** nie ma gdzie się ruszyć w tej kuchni [2] fig pole *n* manewru, swoboda *f* działania
elder[1] /ˈeldə(r)/ **I** *n* [1] (older person) starsza osoba *f*; **respect your ~s and betters** szanuj starszych; **she is the ~ of the two** ona jest z nich dwóch starsza; **she is my ~ by three years** ona jest ode mnie starsza o trzy lata [2] (senior person) (in tribe, village) starszy *m*, członek *m* starszyzny; (in organization) nestor *m*, -ka *f*; **the ~s** starszyzna; **an ~ of the literary world** nestor wśród pisarzy; **party ~s** Pol długoletni członkowie partii [3] Relig prezbiter *m*
II *adj* starszy *(w rodzinie)*; **the ~ girl** starsza córka; **Pliny the Elder** Pliniusz Starszy
elder[2] /ˈeldə(r)/ *n* Bot dziki or czarny bez *m*
elderberry /ˈeldəberɪ/ *n* (plant) dziki bez *m*; (berry) jagoda *f* dzikiego bzu
elderberry wine *n* wino *n* z dzikiego bzu
elderflower /ˈeldəflaʊə(r)/ *n* kwiat *m* dzikiego bzu
elderly /ˈeldəlɪ/ **I** *n* **the ~** *(+ v pl)* ludzie *plt* starsi or w podeszłym wieku; **care of the ~** opieka nad ludźmi starszymi or w podeszłym wieku
II *adj* [1] *[person]* starszy, starszawy; **her ~ father** jej stary ojciec; **an ~ couple** para w podeszłym wieku [2] *[vehicle, machinery, aircraft]* starawy, stary
elder statesman *n* nestor *m*; (politician) wybitny mąż *m* stanu
elder stateswoman *n* nestorka *f*
eldest /ˈeldɪst/ **I** *n* najstarsz|y *m*, -a *f*; **she's my ~** to moja najstarsza (córka)
II *adj* najstarszy *(w rodzinie)*
elect /ɪˈlekt/ **I** *n* **the ~** *(+ v pl)* wybrańcy *m pl*; **God's ~** wybrańcy Boga
II *adj* **the president ~** prezydent elekt
III *vt* [1] (by vote) wyb|rać, -ierać, ob|rać, -ierać *[president, representative]*; **she was ~ed from among the delegates** została wybrana spośród delegatów; **to be ~ed to a post/an assembly** zostać wybranym na stanowisko/do zgromadzenia; **to ~ sb (as) president** wybrać kogoś na (urząd) prezydenta, obrać kogoś prezydentem [2] (choose) wyb|rać, -ierać *[method, system]*; **to ~ to do sth** postanowić or zdecydować się coś zrobić; **she ~ed not to take the exam** postanowiła nie zdawać egzaminu or nie przystępować do egzaminu
IV elected *pp [authority, officer, representative]* obieralny, wybieralny; *[king]* elekcyjny; **~ed office** urząd obieralny
electable /ɪˈlektəbl/ *adj [party, candidate]* mający (większe) szanse wyborcze; **to make a candidate/party more ~** zwiększyć szanse wyborcze kandydata/partii
election /ɪˈlekʃn/ **I** *n* [1] (ballot) wybory *plt*; **the presidential ~** wybory prezydenckie; **the ~ for treasurer** wybory skarbnika; **in** or **at the ~** w wyborach; **to call an ~** zwołać wybory; **to win/lose an ~** wygrać /przegrać wybory [2] (appointment) wybór *m*, obiór *m* (**of sb/sth** kogoś/czegoś); **her ~ to the executive committee** jej wybór do zarządu or na członka zarządu; **to stand for ~** kandydować or startować w wyborach
II *modif [campaign, manifesto]* wyborczy; *[fever]* przedwyborczy; **~ day/results** dzień/wyniki wyborów
electioneering /ɪˌlekʃəˈnɪərɪŋ/ *n* (campaigning) agitacja *f* (przed)wyborcza
elective /ɪˈlektɪv/ **I** *n* Sch, Univ przedmiot *m* fakultatywny
II *adj* [1] (elected) *[office, official, committee]* obieralny, wybieralny; (empowered to elect) *[assembly, body]* wyborczy, mający prawo obierania [2] (not compulsory) *[surgery, treatment]* ≈ planowy *(nie dla ratowania życia)*; Sch, Univ *[course, subject]* fakultatywny
elector /ɪˈlektə(r)/ *n* [1] (voter) wyborca *m*, elektor *m* [2] US Pol elektor *m*, członek *m* kolegium elektorów [3] Hist **~ of Saxony** elektor *m* saksoński
electoral /ɪˈlektərəl/ *adj* wyborczy
electoral boundary *n* granica *f* okręgu wyborczego
electoral college *n* kolegium *n* elektorów
electoral district *n* okręg *m* wyborczy
electorally /ɪˈlektərəlɪ/ *adv [damaging, advantageous]* z punktu widzenia szans w wyborach
electoral register *n* spis *m* wyborców
electoral roll *n* = **electoral register**
electoral vote *n* US głosy *m pl* kolegium elektorów
electorate /ɪˈlektərət/ *n (+ v sg/pl)* elektorat *m*, wyborcy *m pl*
Electra /ɪˈlektrə/ *prn* Elektra *f*
Electra complex *n* kompleks *m* Elektry
electric /ɪˈlektrɪk/ **I electrics** *npl* GB Aut infml instalacja *f* elektryczna (samochodu); elektryka *f* infml
II *adj* elektryczny; fig *[atmosphere]* naelektryzowany, pełen napięcia
electrical /ɪˈlektrɪkl/ *adj* elektryczny
electrical engineer *n* inżynier elektryk *m*
electrical engineering *n* elektrotechnika *f*; Univ inżynieria *f* elektryczna
electrical fitter *n* elektryk *m*
electrically /ɪˈlektrɪklɪ/ *adv* elektrycznie; **~ driven** napędzany prądem; **~ charged** naładowany
electric blanket *n* koc *m* elektryczny
electric blue **I** *n* (kolor *m*) jaskrawoniebieski *m*
II *adj* jaskrawoniebieski
electric chair *n* krzesło *n* elektryczne
electric eel *n* węgorz *m* elektryczny
electric eye *n* fotokomórka *f*
electric fence *n* ogrodzenie *n* pod napięciem; Agric pastuch *m* elektryczny
electric field *n* pole *n* elektryczne
electric guitar *n* gitara *f* elektryczna
electrician /ˌɪlekˈtrɪʃn/ *n* elektryk *m*
electricity /ˌɪlekˈtrɪsətɪ/ **I** *n* elektryczność *f*, energia *f* elektryczna; **to switch off/on the ~** wyłączyć/włączyć prąd
II *modif [generator, cable]* elektryczny; **~ charges** opłaty za elektryczność
electricity board *n* GB zakład *m* energetyczny
electricity supply *n* dostawa *f* energii elektrycznej or prądu
electric motor *n* silnik *m* elektryczny
electric ray *n* Zool drętwa *f*

E

electric shock *n* wstrząs *m* elektryczny, porażenie *n* prądem; Med elektrowstrząs *m*; **to get an ~** zostać porażonym prądem; **~ treatment** terapia elektrowstrząsowa
electric storm *n* burza *f* z piorunami
electric window *n* Aut szyba *f* elektryczna
electrification /ɪˌlektrɪfɪˈkeɪʃn/ *n* [1] (of railway, region) elektryfikacja *f* [2] Phys elektryzacja *f*
electrify /ɪˈlektrɪfaɪ/ *vt* [1] z|elektryfikować *[railway, region]*; **electrified fence** ogrodzenie pod napięciem [2] Phys na|elektryzować [3] fig z|elektryzować *[audience, crowd]*
electrifying /ɪˈlektrɪfaɪɪŋ/ *adj [speech]* elektryzujący fig
electroanalysis /ɪˌlektrəʊəˈnæləsɪs/ *n* analiza *f* elektrochemiczna, elektroanaliza *f* chemiczna
electrocardiogram, ECG /ɪˌlektrəʊˈkɑːdɪəgræm/ *n* elektrokardiogram *m*, EKG *n*, ekg. *n*
electrocardiograph, ECG /ɪˌlektrəʊˈkɑːdɪəgrɑːf, US -græf/ *n* elektrokardiograf *m*, EKG *n*, ekg. *n*
electrochemical /ɪˌlektrəʊˈkemɪkl/ *adj* elektrochemiczny
electrochromatography /ɪˌlektrəʊˌkrəʊməˈtɒgrəfɪ/ *n* elektrochromatografia *f*
electroconvulsive therapy, ECT /ɪˌlektrəʊkənˈvʌlsɪv ˈθerəpɪ/ *n* terapia *f* elektrowstrząsowa
electrocute /ɪˈlektrəkjuːt/ **I** *vt* (injure) pora|zić, -żać (kogoś) prądem; (in electric chair) s|tracić (kogoś) na krześle elektrycznym; **to be ~d** (accidentally) zostać śmiertelnie porażonym prądem; (in electric chair) zostać straconym na krześle elektrycznym
II *vr* **to ~ oneself** (die) zginąć od porażenia prądem elektrycznym
electrocution /ɪˌlektrəˈkjuːʃn/ *n* śmiertelne porażenie *n* prądem elektrycznym
electrode /ɪˈlektrəʊd/ *n* elektroda *f*
electrodialysis /ɪˌlektrəʊdaɪˈælɪsɪs/ *n* elektrodializa *f*
electrodynamics /ɪˌlektrəʊdaɪˈnæmɪks/ *n (+ v sg)* elektrodynamika *f*
electroencephalogram /ɪˌlektrəʊɪnˈsefələgræm/ *n* elektroencefalogram *m*, EEG *n*, eeg. *n*
electroencephalograph /ɪˌlektrəʊɪnˈsefələgrɑːf, US -græf/ *n* elektroencefalograf *m*
electrolyse /ɪˈlektrəlaɪz/ *vt* podda|ć, -wać elektrolizie, elektrolizować
electrolysis /ˌɪlekˈtrɒləsɪs/ *n* Chem, Cosmet elektroliza *f*
electrolyte /ɪˈlektrəlaɪt/ *n* elektrolit *m*
electrolyze *vt* US = **electrolyse**
electromagnet /ɪˌlektrəʊˈmægnɪt/ *n* elektromagnes *m*
electromagnetic /ɪˌlektrəʊmægˈnetɪk/ *adj* elektromagnetyczny
electromagnetism /ɪˌlektrəʊˈmægnɪtɪzəm/ *n* elektromagnetyzm *m*
electromechanical /ɪˌlektrəʊmɪˈkænɪkl/ *adj* elektromechaniczny
electrometer /ˌɪlekˈtrɒmɪtə(r)/ *n* elektrometr *m*
electromotive force /ɪˌlektrəʊˌməʊtɪvˈfɔːs/ *n* siła *f* elektromotoryczna
electron /ɪˈlektrɒn/ *n* elektron *m*
electronegative /ɪˌlektrəʊˈnegətɪv/ *adj* elektroujemny, elektrycznie ujemny
electron gun *n* wyrzutnia *f* elektronowa, działo *n* elektronowe
electronic /ˌɪlekˈtrɒnɪk/ *adj* elektroniczny
electronically /ˌɪlekˈtrɒnɪklɪ/ *adv* elektronicznie
electronic data processing *n* elektroniczne przetwarzanie *n* danych
electronic directory *n* notes *m* elektroniczny
electronic engineer *n* elektronik *m*
electronic engineering *n* elektronika *m*
electronic eye *n* fotokomórka *f*
electronic funds transfer, EFT *n* elektroniczny transfer *m* środków pieniężnych
electronic funds transfer system *n* system *m* elektronicznego transferu środków pieniężnych
electronic mailbox *n* elektroniczna skrzynka *f* pocztowa
electronic mail, E-mail *n* poczta *f* elektroniczna, e-mail *m*
electronic mail system *n* system *m* poczty elektronicznej
electronic media *npl* elektroniczne środki *m pl* przekazu
electronic music *n* muzyka *f* elektroniczna
electronic news gathering *n* elektroniczne zbieranie *n* informacji *(z serwisów prasowych)*
electronic office *n* skomputeryzowane biuro *n*
electronic organizer *n* notes *m* elektroniczny
electronic pointer *n* = **electronic stylus**
electronic publishing *n* wydawanie *n* książek w formie elektronicznej
electronics /ˌɪlekˈtrɒnɪks/ *n (+ v sg)* elektronika *f*
electronic stylus *n* pióro *n* świetlne
electronic surveillance *n* nadzór *m* elektroniczny
electronic tag *n* znacznik *m* elektroniczny; (on clothing) klips *m* elektroniczny; (for prisoner) lokalizator *m* elektroniczny
electron microscope *n* mikroskop *m* elektronowy
electron volt *n* elektronowolt *m*
electrophysiology /ɪˌlektrəʊˌfɪsɪˈɒlədʒɪ/ *n* elektrofizjologia *f*
electroplate /ɪˈlektrəpleɪt/ *vt* galwanizować, powle|c, -kać elektrolitycznie
electroplating /ɪˈlektrəpleɪtɪŋ/ *n* [1] (process) powlekanie *n* elektrolityczne or galwaniczne; (technique) galwanotechnika *f* [2] (coat) powłoka *f* elektrolityczna or galwaniczna
electropositive /ɪˌlektrəʊˈpɒzətɪv/ *adj* elektrododatni
electroshock therapy, EST /ɪˌlektrəʊˈʃɒkˈθerəpɪ / *n* terapia *f* elektrowstrząsowa
electroshock treatment, EST *n* = **electroshock therapy**
electrostatic /ɪˌlektrəʊˈstætɪk/ *adj* elektrostatyczny
electrostatics /ɪˌlektrəʊˈstætɪks/ *n (+ v sg)* elektrostatyka *f*
electrosurgery /ɪˌlektrəʊˈsɜːdʒərɪ/ *n* elektrochirurgia *f*
electrotechnology /ɪˌlektrəʊtekˈnɒlədʒɪ/ *n* elektrotechnika *f*
electrotherapist /ɪˌlektrəʊˈθerəpɪst/ *n* fizykoterapeuta *m* zajmujący się elektroleczeniem
electrotherapy /ɪˌlektrəʊˈθerəpɪ/ *n* elektroterapia *f*, elektrolecznictwo *n*
electrotype /ɪˈlektrəʊtaɪp/ **I** *n* galwanotyp *m*
II *vt* kliszować metodą galwanoplastyczną
electrovalency /ɪˌlektrəʊˈveɪlənsɪ/ *n* elektrowartościowość *f*, wartościowość *f* jonowa or elektrochemiczna
electrovalent /ɪˌlektrəʊˈveɪlənt/ *adj [bond, compound]* jonowy, heteropolarny
electrum /ɪˈlektrəm/ *n* elektrum *n*
elegance /ˈelɪgəns/ *n* elegancja *f*, szyk *m*
elegant /ˈelɪgənt/ *adj* [1] (refined, graceful) *[person, clothes, restaurant]* elegancki, wytworny; *[gesture, manners]* wytworny [2] (neat) *[plan, solution]* zgrabny; *[essay, novel]* zgrabnie napisany
elegantly /ˈelɪgəntlɪ/ *adv [dressed, furnished]* elegancko, wytwornie; *[written]* zgrabnie
elegiac /ˌelɪˈdʒaɪək/ *adj [couplet, lament]* elegijny
elegy /ˈelədʒɪ/ *n* elegia *f*; **an ~ for a lost friend** elegia na śmierć przyjaciela
element /ˈelɪmənt/ *n* [1] (constituent) element *m*, część *f* składowa, składnik *m*; (factor) czynnik *m*; pierwiastek *m* liter; **a key /important ~ in her philosophy** główny/ważny element jej filozofii; **the poor salary was just one ~ in my dissatisfaction** niska pensja była jedną z przyczyn mojego niezadowolenia; **the time ~** czynnik czasu; **the ~ of surprise** element zaskoczenia [2] (small part) odrobina *f* **(of sth** czegoś); **an ~ of truth/caution** odrobina prawdy/ostrożności [3] (rudiment) (of courtesy, grammar, maths) podstawowa or elementarna zasada *f* **(of sth** czegoś); **~s of trigonometry** podstawy trygonometrii [4] (constituent group) element *m*; **the hooligan ~ in the audience** element chuligański wśród widzów [5] (air, water) żywioł *m*; **the four ~s** cztery żywioły; **the ~s** (weather) żywioły liter; **to brave the ~s** hum stawić czoło żywiołom; **exposed to the ~s** wystawiony na działania warunków atmosferycznych [6] Chem pierwiastek *m* [7] Math element *m*, składnik *m* [8] Elec człon *m*, ogniwo *n*; (of kettle, heater) element *m* grzejny
IDIOMS: **to be in one's ~** być w swoim żywiole; **to be out of one's ~** czuć się nieswojo
elemental /ˌelɪˈmentl/ *adj* [1] *[force, desire]* żywiołowy [2] *[knowledge, needs, truth]* elementarny [3] Chem *[form, state]* wolny, niezwiązany
elementary /ˌelɪˈmentrɪ/ *adj* [1] (basic, fundamental) podstawowy, zasadniczy; (simple) elementarny; **~ German** podstawy języka niemieckiego; **~, my dear Watson!** to proste, mój drogi Watsonie! [2] Sci elemen-

tarny; ~ **particle** cząstka elementarna [3] Sch GB dat *[school]* elementarny dat; US podstawowy; ~ **teacher** US nauczyciel szkoły podstawowej

elephant /ˈelɪfənt/ *n* [1] słoń *m*; (female) słonica *f*; **baby** ~ słoniątko, słonik [2] US Pol **the** ~ *symbol Partii Republikańskiej*

IDIOMS: **to have a memory like an** ~ mieć doskonałą pamięć; **to see pink ~s** widzieć białe myszki

elephantiasis /ˌelɪfənˈtaɪəsɪs/ *n* Med słoniowacizna *f*, elefantiaza *f*

elephantine /ˌelɪˈfæntaɪn/ *adj* [1] *[person, legs, movements]* słoniowaty; ~ **joke/humour** ciężki dowcip *m* [2] Zool słoniowy

elephant seal *n* słoń *m* morski

elevate /ˈelɪveɪt/ *vt* [1] (promote) wyn|ieść, -osić na wyższe stanowisko fml *[person]*; podn|ieść, -osić rangę (czegoś) *[town, profession]*; **the archbishop was ~d to cardinal** arcybiskup został wyniesiony do godności kardynała; **he was ~d to the position of manager** hum awansował na kierownika; **to ~ sb to the peerage** nadać komuś tytuł szlachecki; **to ~ sb to the status of a star** uczynić z kogoś gwiazdę, wykreować kogoś na gwiazdę; **to ~ sth to (the status of) religion** podnieść coś do rangi religii [2] (uplift) uwzniośl|ić, -ać *[mind, soul]*; **to ~ sb's spirit** podnieść kogoś na duchu [3] (raise) podn|ieść, -osić *[load, level]*; podwyższ|yć, -ać *[level, platform]*; Geol wypiętrz|yć, -ać *[mountain chain]*

elevated /ˈelɪveɪtɪd/ *adj* [1] *[style, thought, tone]* podniosły, wzniosły; ~ **opinion of oneself** wysokie wyobrażenie o sobie [2] *[position, status]* wysoki [3] *[level, platform, temperature]* podniesiony, podwyższony; *[site]* wyżej położony; ~ **railway** kolej nadziemna

elevated highway *n* US estakada *f*

elevated railroad *n* US kolej *m* miejska nadziemna

elevation /ˌelɪˈveɪʃn/ *n* [1] (in rank, status) (of person) wyniesienie *n* fml *(na wyższe stanowisko)*; (of idea) podniesienie *n* rangi; **his ~ to the rank of colonel** jego awans na pułkownika; **her ~ to the peerage surprised many people** nadanie jej or uzyskanie przez nią tytułu szlacheckiego było dla wielu zaskoczeniem [2] Archit elewacja *f*; **side/front** ~ elewacja boczna /frontowa [3] (height) wysokość *f* (nad poziomem morza); **at an ~ of 200 metres (above sea level)** na wysokości 200 metrów (nad poziomem morza) [4] (angle) (of star) elewacja *f*; (of gun) kąt *m* podniesienia or celowania [5] (hill) wzniesienie *n*, wypiętrzenie *n* [6] Geom rzut *m* pionowy [7] (of style, thought) uwznioślenie *n*, wzniosłość *f* [8] Relig (also **Elevation**) Podniesienie *n*

elevator /ˈelɪveɪtə(r)/ *n* [1] US (in building) winda *f*, dźwig *m* [2] (hoist) podnośnik *m*, przenośnik *m*, elewator *m* [3] US (for grain) elewator *m* zbożowy, silos *m* [4] Aviat ster *m* wysokości [5] Anat (mięsień *m*) dźwigacz *m*

elevator music *n* US infml muzyka *f* lekka *(nadawana przez głośniki w domach towarowych itp.)*

elevator operator *n* US windzia|rz *m*, -rka *f*

eleven /ɪˈlevn/ **I** *n* [1] (numeral) jedenaście; (symbol) jedenastka *f* [2] Sport (team) drużyna *f*; jedenastka *f* infml; **a football** ~ piłkarska jedenastka; **the first/second** ~ drużyna zajmująca pierwsze/drugie miejsce w klasyfikacji; **to play for the first** ~ grać o pierwsze miejsce; **a cricket** ~ drużyna krykieta [3] GB Sch = **eleven-plus**

II *adj* jedenaście; (male) jedenastu *(+ v sg)* (male and female) jedenaścioro *(+ v sg)*

eleven-plus /ɪˌlevnˈplʌs/ *n* GB Sch *dawny egzamin zdawany w wieku 11 lat, decydujący o dalszej edukacji*

elevenses /ɪˈlevnzɪz/ *n (+ v sg/pl)* GB infml ≈ drugie śniadanie *n*

eleventh /ɪˈlevnθ/ **I** *n* [1] (in order) jedenas-t|y *m*, -a *f*, -e *n*; **on May the 11th** jedenastego maja [2] (fraction) jedenasta *f* (część) [3] Mus septyma *f* wielka

II *adj* jedenasty

III *adv [come, finish]* na jedenastym miejscu

eleventh hour I *n* **at the** ~ w ostatniej chwili, za pięć dwunasta

II eleventh-hour *modif* ~ **decision** decyzja podjęta w ostatniej chwili

elf /elf/ *n (pl* **elves)** elf *m*, chochlik *m*; fig (mischievous child) psotnik *m*

elfin /ˈelfɪn/ *adj [castle, creature]* baśniowy; fig (diminutive) *[figure, magic]* zwiewny; (mischievous) *[smile]* figlarny, filuterny, chochlikowaty

elicit /ɪˈlɪsɪt/ *vt* [1] (obtain) uzysk|ać, -iwać *[explanation, information, opinion, promise]* **(from sb** od kogoś); zysk|ać, -iwać *[support, cooperation]* **(from sb** kogoś); wywoł|ać, -ywać *[reaction]* **(from sb** ze strony kogoś); **the speech ~ed a hostile response from the audience** przemówienie spotkało się z wrogą reakcją ze strony słuchaczy [2] (provoke) wywoł|ać, -ywać *[laughter, smile]*

elide /ɪˈlaɪd/ *vt* Ling opu|ścić, -szczać *(głoskę w wymowie, literę w pisowni)*

eligibility /ˌelɪdʒəˈbɪlətɪ/ *n* (for benefit, pension) prawo *n*, uprawnienia *n pl* **(for sth** do czegoś, do ubiegania się o coś); (for job) odpowiednie kwalifikacje *f pl* **(for sth** do czegoś); **the rules governing ~ for benefits** przepisy określające warunki niezbędne dla otrzymania zasiłku; **they challenged his ~ to stand for election** zakwestionowali jego prawo do startowania w wyborach

eligible /ˈelɪdʒəbl/ *adj* [1] (qualifying) *[applicant, candidate]* spełniający niezbędne warunki; **to be ~ for sth** mieć prawo ubiegać się o coś *[allowance, benefit, membership]*; **to be ~ for appointment/promotion** kwalifikować się na stanowisko/do awansu; **to be ~ to do sth** mieć prawo coś zrobić or zrobienia czegoś; **to be ~ to vote/to stand for election** mieć czynne/bierne prawo wyborcze; **you will become ~ to join the club on reaching the age of 18** będziesz miał prawo wstąpić do klubu, kiedy skończysz 18 lat; **the 4 million ~ voters** cztery miliony (obywateli) uprawnionych do głosowania [2] dat (marriageable) *[man, woman]* wolny, do wzięcia; **an ~ young man/woman** kawaler/panna do wzięcia; **to be ~** być dobrą partią

Elijah /ɪˈlaɪdʒə/ *prn* Eliasz *m*

eliminate /ɪˈlɪmɪneɪt/ *vt* [1] (omit from consideration) wy|eliminować *[candidate, team]*; wyklucz|yć, -ać *[hypothesis, possibility, suspect]* [2] (eradicate) wy|eliminować, z|likwidować *[disease, costs, fat]* [3] (kill) z|likwidować *[person]* [4] Math wy|eliminować [5] Physiol wydal|ić, -ać *[poison, waste]*

elimination /ɪˌlɪmɪˈneɪʃn/ **I** *n* [1] (getting rid of) eliminacja *f*, wyeliminowanie *n* [2] (ruling out) odrzucenie *n*; **by (a process of)** ~ przez eliminację [3] Sport (defeat) wyeliminowanie *n* [4] Math eliminacja *f* [5] Physiol wydalanie *n*

II *modif [contest, round]* eliminacyjny

eliminator /ɪˈlɪmɪneɪtə(r)/ *n* GB Sport eliminacje *f pl*

Elisha /ɪˈlaɪʃə/ *prn* Elizeusz *m*

elision /ɪˈlɪʒn/ *n* Ling elizja *f*

élite /eɪˈliːt/ **I** *n* [1] (group) *(+ v sg/pl)* elita *f* [2] Print krój *m* Elite

II *adj [club, squad, troops]* elitarny; *[group, minority]* stanowiący elitę; *[restaurant]* odwiedzany przez elitę

élitism /eɪˈliːtɪzəm/ *n* [1] (superiority) elitaryzm *m* [2] Pol elityzm *m*

élitist /eɪˈliːtɪst/ **I** *n* zwolenni|k *m*, -czka *f* elityzmu

II *adj [school, club]* elitarny; *[views]* elitarystyczny

elixir /ɪˈlɪksɪə(r)/ *n* eliksir *m*; fig (remedy) lekarstwo *n* fig; **the ~ of life** eliksir życia

Elizabethan /ɪˌlɪzəˈbiːθən/ **I** *n osoba żyjąca za panowania Elżbiety I*

II *adj* elżbietański

elk /elk/ *n (pl* **~, ~s)** [1] (European, Asian) łoś *m*; (female) klępa *f*, łosza *f*; (young) łosię *n*, łoszak *m* [2] (American) wapiti *m inv*

ellipse /ɪˈlɪps/ *n* Math elipsa *f*; Ling = **ellipsis**

ellipsis /ɪˈlɪpsɪs/ *n (pl* **-ses)** [1] Ling elipsa *f*, wyrzutnia *f* [2] Print wielokropek *m (wskazujący na opuszczenie)*

ellipsoid /ɪˈlɪpsɔɪd/ **I** *n* elipsoida *f*

II *adj* elipsoidalny

elliptic(al) /ɪˈlɪptɪk(l)/ *adj* [1] *[shape]* eliptyczny [2] *[reference]* zawoalowany; *[style]* eliptyczny; *[remark, speech]* pełen niedomówień; Ling *[sentence]* eliptyczny

Ellis Island /ˌelɪsˈaɪlənd/ *prn* US wyspa *f* Ellis *(w Nowym Jorku w latach 1892-1943 największy urząd kontrolny władz imigracyjnych Stanów Zjednoczonych)*

elm /elm/ *n* (tree, wood) wiąz *m*

elocution /ˌeləˈkjuːʃn/ **I** *n* dykcja *f*, wymowa *f*

II *modif* ~ **lessons/teacher** lekcje/nauczyciel dykcji or wymowy

elocutionist /ˌeləˈkjuːʃnɪst/ *n* nauczyciel *m*, -ka *f* dykcji or wymowy

elongate /ˈiːlɒŋgeɪt, US ɪˈlɔːŋ-/ **I** *vt* (lengthen) wydłuż|yć, -ać *[shape, image]*; (stretch) rozciąg|nąć, -ać *[fibre, sphere]*

II *vi* (get longer) wydłuż|yć, -ać się, wyciąg|nąć, -ać się; (stretch) rozciąg|nąć, -ać się

III *adj* = **elongated**

elongated /ˈiːlɒŋgeɪtɪd, US ɪˈlɔːŋ-/ *adj [limbs, fingers, image]* wydłużony; *[face]* pociągły; **to become** ~ wydłużać się, wyciągać się

elongation /ˌiːlɒŋˈgeɪʃn/ *n* [1] wydłużenie (się) *n* [2] Astron elongacja *f*

E

elope /ɪˈləʊp/ *vi [couple]* ucie|c, -kać *(żeby się pobrać potajemnie)*; **to ~ with sb** uciec z kimś
elopement /ɪˈləʊpmənt/ *n* ucieczka *f (kochanków)*
eloquence /ˈeləkwəns/ *n* [1] (fluency) (of speaker) elokwencja *f*, wymowność *f*; (of speech, words) potoczystość *f* [2] (meaning) (of fact) wymowa *f*; (of gesture, smile) wymowność *f*
eloquent /ˈeləkwənt/ *adj* [1] *[speaker, politician]* elokwentny; wygadany infml; *[speech, style]* potoczysty; *[appeal]* jasno sformułowany; **to be ~ about sth** rozwodzić się nad czymś [2] *[gesture, look, yawn, fact, silence]* wymowny; *[fact, reminder]* wiele mówiący; *[proof]* dobitny, przekonujący
eloquently /ˈeləkwəntlɪ/ *adv* [1] *[speak, argue]* ze swadą [2] *[glance, yawn]* wymownie; *[illustrate, prove]* dobitnie
El Salvador /ˌelˈsælvədɔː(r)/ *prn* Salwador *m*
else /els/ **I** *adv* [1] (other than, instead of) **somebody ~** ktoś inny; **something ~** coś innego; **nobody ~** nikt inny; **nothing ~** nic innego; **everybody ~** wszyscy inni; **everything ~** wszystko inne; **somewhere ~** gdzieś indziej; **nowhere ~** nigdzie indziej; **if all ~ fails** gdy wszystko inne zawiedzie; **he talks of little ~** (prawie) o niczym innym nie mówi; **anybody ~ would have just paid and left** każdy inny po prostu zapłaciłby i wyszedł; **I never drink anything ~** nigdy niczego innego nie piję; **I can't think of anything ~** (new idea) nic innego nie przychodzi mi do głowy; (haunting memory) nie mogę myśleć o niczym innym; **why can't you be like everybody ~?** dlaczego nie możesz być jak inni?; **I've looked everywhere ~** sprawdzałem wszędzie indziej; **let's go somewhere ~** chodźmy gdzieś indziej; **they have nowhere ~ to go** nie mają dokąd (indziej) pójść; **everybody ~ but me went to the football match** wszyscy (inni) poza mną poszli na mecz piłkarski; **nothing ~ but a change of government can save the economy** nic, poza zmianą rządu, nie uratuje gospodarki; **what ~ can you expect from her?** czegóż innego możesz się po niej spodziewać?; **who ~ but a mother would have done it?** któż inny zrobiłby to, jak nie matka?; **'is that you, Robert?' – 'who ~?'** „czy to ty, Robercie?" – „a któż by inny?"; **she's something ~!** infml ona jest nie z tej ziemi! infml [2] (in addition) jeszcze, poza tym; **what ~ did he say?** co jeszcze or co poza tym powiedział?; **who ~ knows?** kto jeszcze wie?; **where ~ can it be?** gdzie(ż) jeszcze może to być?; **how ~ can we do it?** jak jeszcze możemy to zrobić?; **was there anybody ~?** czy był tam ktoś jeszcze/ktoś poza tym?; **will there be anything ~, madam?** czy coś jeszcze, proszę pani?; **he didn't see anybody ~** nie widział nikogo więcej; **she didn't say anything ~** nie powiedziała nic więcej; **there's little/not much ~ we can do** niewiele/niewiele więcej możemy zrobić; **they do nothing ~ besides watching television** nie robią nic poza oglądaniem telewizji; **if nothing ~ he's polite** przynajmniej jest uprzejmy; **whatever ~ he might be he's not a liar** cokolwiek by o nim powiedzieć, (na pewno) nie jest kłamcą; **'so what ~ is new?'** iron „co ty powiesz?", „wielka mi nowina!"
II or else *conj phr* [1] (if not) bo (inaczej), w przeciwnym razie; (threateningly) bo jak nie; **eat this or ~ you'll be hungry later** zjedz to, bo będziesz później głodny; **you must pay £100 or ~ go to prison** musisz zapłacić 100 funtów, bo or w przeciwnym razie pójdziesz do więzienia; **stop that now, or ~!** infml przestań natychmiast, bo pożałujesz! [2] (about choice) albo (też); **either he's already left or ~ he can't hear the telephone** albo już wyszedł, albo (też) nie słyszy telefonu; **do something about it, or ~ stop complaining** zrób (z tym) coś albo przestań narzekać; **your book must be here, or ~ you've lost it** twoja książka musi tu być albo ją zgubiłeś or chyba że ją zgubiłeś
elsewhere /ˌelsˈweə(r), US ˌelsˈhweər/ *adv* gdzie indziej; **to go/look ~** iść/patrzeć gdzie indziej; **~ in the book** w innym miejscu w książce; **~ in Europe** gdzie indziej w Europie; **sorry, my mind was ~** przepraszam, zamyśliłem się
ELT *n* → **English Language Teaching**
elucidate /ɪˈluːsɪdeɪt/ **I** *vt* objaśni|ć, -ać *[text, concept]*; wyjaśni|ć, -ać, wyświetl|ić, -ać *[mystery, puzzle]*; naświetl|ić, -ać *[problem, point]*
II *vi* wyjaśniać, objaśniać
elucidation /ɪˌluːsɪˈdeɪʃn/ *n* (of text, concept) objaśnienie *n*; (of mystery, puzzle) wyjaśnienie *n*, wyświetlenie *n*; (of problem, point) naświetlenie *n*
elude /ɪˈluːd/ *vt* [1] (escape) wym|knąć, -ykać się (komuś, czemuś) *[pursuer, attacker, radar system]*; um|knąć, -ykać (czemuś) *[notice, attention]*; omi|nąć, -jać *[trap]*; unik|nąć, -ać (czegoś) *[capture, blow]*; **to ~ observation** nie zostać dostrzeżonym [2] (be beyond the reach of) *[prize, success]* omi|nąć, -jać (kogoś); **to ~ definition** być trudnym do zdefiniowania, nie dać się zdefiniować; **it ~s me/it ~s my comprehension how they get away with it** nie mogę pojąć, jak im się to bezkarnie udaje; **his name ~s me for the moment** w tej chwili nie mogę sobie przypomnieć jego nazwiska [3] (avoid) uchyl|ić, -ać się od (czegoś) *[obligation, responsibility]*; unikać (czegoś) *[gaze, eyes]*
elusive /ɪˈluːsɪv/ *adj* [1] (difficult to catch, get) *[person, animal]* nieuchwytny; *[prize, victory, goal]* nieosiągalny, trudno osiągalny [2] (hard to define) *[feeling, quality]* niedający się określić, nieuchwytny; *[concept]* trudny do zdefiniowania [3] (not lasting) *[dream, thought, happiness]* ulotny; *[glance]* przelotny; *[memory]* zawodny [4] (evasive) *[reply]* wymijający; **to be ~** odpowiadać wymijająco
elusively /ɪˈluːsɪvlɪ/ *adv [answer, reply]* wymijająco; *[glance]* przelotnie; **to slip ~ from sb's memory** ulecieć komuś z pamięci
elusiveness /ɪˈluːsɪvnɪs/ *n* (of person, concept) nieuchwytność *f*; (of prize, victory, goal) nieosiągalność *f*; (of thought, memory, dream) ulotność *f*; (of answer, reply) zwodniczość *f*
elver /ˈelvə(r)/ *n* młody węgorz *m*
elves /elvz/ *npl* → **elf**
Elysian /ɪˈlɪzɪən/ *adj* [1] Mythol elizejski; **the ~ fields** Pola Elizejskie [2] fig *[bliss, splendour, delight]* niebiański, boski liter
Elysium /ɪˈlɪzɪəm/ *prn* Mythol Elizjum *n*
elytron /ˈelɪtrɒn/ *n* (*pl* **-tra**) pokrywa *f* skrzydłowa (owadów)
em /em/ *n* Print [1] (piece of type) firet *m* [2] (measurement) cycero *n*
'em /em/ *pron* infml = **them**
emaciated /ɪˈmeɪʃɪeɪtɪd/ *adj [person, animal, body]* wyniszczony, wychudzony; *[body, part of body]* wychudły; **to become ~** wychudnąć
emaciation /ɪˌmeɪsɪˈeɪʃn/ *n* (of animal, person, body) wyniszczenie *n*, wycieńczenie *n*; (of arms, legs) wychudzenie *n*; **in an advanced state of ~** w stanie skrajnego wycieńczenia
email, e-mail /ˈiːmeɪl/ **I** *n* [1] (medium) poczta *f* elektroniczna, e-mail *m* [2] (mail item) wiadomość *f* przesłana pocztą elektroniczną, e-mail *m*; majl *m* infml; **to send sb an ~** przesłać komuś e-maila [3] (on letterhead, business card) adres *m* e-mailowy
II *modif [address, message]* e-mailowy
III *vt* przes|łać, -yłać (komuś) e-maila; prze|emailować do (kogoś) infml *[person]*; przes|łać, -yłać *[document]*; **to ~ sth to sb** przesłać coś komuś
emanate /ˈeməneɪt/ **I** *vt* wydziel|ić, -ać, emitować *[radiation]*; emanować (coś) *[heat]*; fig emanować (czymś) *[feeling, atmosphere]*; **her face ~d sadness** jej twarz emanowała smutkiem, z jej twarzy emanował smutek
II *vi* **to ~ from sth** *[light, heat]* wydziel|ić, -ać się z czegoś, emanować z czegoś; *[gas]* wydoby|ć, -wać się z czegoś; *[voices]* dochodzić z czegoś, dobiegać z czegoś; *[tradition]* wywodzić się od or z czegoś; **the strength of a trade union ~s from its members** źródłem siły związku zawodowego są jego członkowie
emanation /ˌeməˈneɪʃn/ *n* emanancja *f*
emancipate /ɪˈmænsɪpeɪt/ *vt* [1] (free) wyzw|olić, -alać *[slaves, serfs]* **(from sb** spod czyjejś władzy); uw|olnić, -alniać **(from sth** od czegoś) [2] (give equal status) zrówn|ać, -ywać (kogoś) w prawach, przyzna|ć, -wać (komuś) równe prawa *[women, ethnic minority]*; wy|emancypować *[women]*; **to become ~d** *[woman]* wyemancypować się
emancipated /ɪˈmænsɪpeɪtɪd/ *adj [woman, mind]* wyzwolony, wyemancypowany
emancipation /ɪˌmænsɪˈpeɪʃn/ *n* (of slaves, serfs) wyzwolenie *n*; (of women) emancypacja *f*
emasculate /ɪˈmæskjʊleɪt/ **I** *vt* [1] (castrate) pozbawi|ć, -ać (kogoś) męskości *[man]*; wy|kastrować *[man, male animal]*; wy|trzebić *[male animal]*; **some men feel ~d by strong women** niektórzy mężczyźni czują się mniej męscy w towarzystwie silnych kobiet [2] fig (weaken) osłabi|ć, -ać *[opposition, trade unions, local government]*; za|szkodzić (czemuś), źle się odbić na (czymś) *[legislation, movie]*
II *adj* [1] (effeminate) zniewieściały [2] (castrated) *[man, animal]* wykastrowany; *[animal]* wytrzebiony

emasculation /ɪˌmæskjʊˈleɪʃn/ *n* [1] (effeminateness) zniewieściałość *f*; (castration) kastracja *f*, wykastrowanie *n* [2] fig (of opposition, trade unions, local government) osłabienie *n*; (of language) zubożenie *n*

embalm /ɪmˈbɑːm, US -ˈbɑːlm/ *vt* [1] za|balsamować *[body]* [2] fig utrwal|ić, -ać, zachow|ać, -ywać *[tradition, practice]*; **to ~ the memory of sb** zachować pamięć o kimś, dochować komuś pamięci [3] liter *[flowers, incense]* przesyc|ić, -ać wonią

embalmer /ɪmˈbɑːmə(r)/ *n* balsamista *m*

embalming /ɪmˈbɑːmɪŋ/ *n* balsamowanie *n*

embankment /ɪmˈbæŋkmənt/ *n* [1] (for road, railway) nasyp *m* [2] (against flooding) wał *m*, obwałowanie *n* [3] (slope) skarpa *f* [4] (road) bulwar *m*; (walkway) nabrzeże *n*

embargo /ɪmˈbɑːgəʊ/ **I** *n* (*pl* **~es**) [1] (trade sanctions) embargo *n*; **arms/oil ~** embargo na dostawy broni/ropy naftowej; **to be under an ~** być objętym embargiem; **to lay** or **place sth under an ~, to lay** or **place an ~ on sth** nałożyć na coś embargo, objąć coś embargiem; **to lift** or **raise** or **remove an ~** znieść or uchylić embargo [2] (prohibition) zakaz *m* **(on sth** czegoś); (restraint) ograniczenie *n*; **to put an ~ on sth/on doing sth** wydać zakaz czegoś/robienia czegoś; **to be (placed) under an ~** być objętym zakazem [3] Journ embargo *n*; **the report carries an ~ until Monday** raport jest pod embargiem do poniedziałku [4] Naut embargo *n*

II *vt* wprowadz|ić, ać embargo na (coś) *[trade, export]*; ob|jąć, -ejmować embargiem (coś) *[arms, grain, oil]*

embark /ɪmˈbɑːk/ **I** *vt* (on ship) zaokrętow|ać, -ywać *[passengers]*; załadow|ać, -ywać *[cars, lorries, goods]*; (on plane) wprowa|dzić, -dzać na pokład *[passengers]*; za|ładować *[goods]*

II *vi* [1] *[passenger]* (on ship) zaokrętow|ać, -ywać się; (on plane) w|ejść, -chodzić na pokład; **to ~ for New York** Naut zaokrętować się na statek odpływający do Nowego Jorku [2] **to ~ on sth** wyrusz|yć, -ać w coś *[journey, voyage]*; rozpocz|ąć, -ynać coś *[career, campaign, tour]*; pod|jąć, -ejmować coś *[undertaking, course of action, mission]*; zab|rać, -ierać się do czegoś *[reform, project]*; pej wda|ć, -wać się w coś *[war, discussion, dubious business]*; **to ~ on a life of crime** wejść na drogę przestępstwa

embarkation /ˌembɑːˈkeɪʃn/ *n* (of passengers) (on ship) zaokrętowanie *n*; (on plane) wejście *n* na pokład; (of cars, goods) załadunek *m*

embarkation card *n* karta *f* pokładowa

embarkation leave *n* Mil krótki urlop *m* przed wyjazdem do placówki zamorskiej

embarrass /ɪmˈbærəs/ *vt* (make uncomfortable) wprawi|ć, -ać (kogoś) w zakłopotanie, s|peszyć, za|żenować; (make ashamed) zawstydz|ić, -ać; (cause problems) postawić, stawiać w trudnym położeniu; **it ~es me to ask her for help** proszenie jej o pomoc krępuje or żenuje mnie

embarrassed /ɪmˈbærəst/ *adj* [1] *[person]* speszony, zażenowany, skrępowany, zakłopotany; *[silence]* pełen zażenowania; **he gave an ~ cough** zakasłał nerwowo; **to be** or **feel ~** być speszonym, czuć się zażenowanym; **to be ~ about** or **by sth** (feel uncomfortable) być speszonym or zażenowanym czymś *[compliment, joke, remark, situation]*; (feel ashamed) wstydzić się czegoś *[ignorance]*; **she was ~ about telling me** wstydziła się or krępowała się mi powiedzieć; **I was ~ to accept the money** krępowałem się przyjąć pieniądze [2] **financially ~** w kłopotliwej or trudnej sytuacji finansowej; **to find oneself in ~ circumstances** znaleźć się w trudnej sytuacji finansowej, mieć kłopoty finansowe

embarrassing /ɪmˈbærəsɪŋ/ *adj [person]* żenujący; *[question]* kłopotliwy, wprawiający w zakłopotanie; *[situation, remark]* krępujący, żenujący; *[attempt, mistake, performance]* żałosny, żenujący; **to put sb in an ~ position** stawiać kogoś w kłopotliwym położeniu; **the revelations could be highly ~ for the government** te rewelacje mogą postawić rząd w kłopotliwej sytuacji; **the acting was so bad it was ~** aktorzy grali żenująco słabo or tak słabo, że aż wstyd

embarrassingly /ɪmˈbærəsɪŋlɪ/ *adv [behave]* w sposób żenujący; *[frank, inept]* żenująco; **most ~ for the government, the allegations are the subject of a police inquiry** zarzuty te są badane przez policję, co stawia rząd w szczególnie żenującym or kłopotliwym położeniu

embarrassment /ɪmˈbærəsmənt/ *n* [1] (shame) zażenowanie *n*, zakłopotanie *n*, skrępowanie *n* **(about** or **at sth** z powodu czegoś); **to cause sb ~** stawiać kogoś w kłopotliwym położeniu; **to my ~** ku memu zażenowaniu or zakłopotaniu; **she blushed with ~** poczerwieniała z zażenowania or z zakłopotania; **she left the room in ~** wyszła z pokoju zażenowana; **he suffered the ~ of having to admit that...** ze wstydem or z zażenowaniem musiał przyznać, że... [2] (cause of shame) wstyd *m*; (problem) kłopotliwa sytuacja *f*; **to be an ~ to sb** *[person]* przynosić komuś wstyd; *[behaviour]* wprawiać kogoś w zakłopotanie; **his past is an ~ to him** wstydzi się swojej przeszłości; **his resignation comes as an ~ to the government** jego rezygnacja stawia rząd w kłopotliwej sytuacji; **this room is an ~!** ten pokój to wstyd! hum; **financial ~** kłopoty finansowe [3] fml (superfluity) **an ~ of riches** kłopot z powodu zbyt dużego wyboru; embarras de richesse fml

embassy /ˈembəsɪ/ *n* ambasada *f*; **the Italian ~** ambasada Włoch or włoska

embattled /ɪmˈbætld/ *adj* [1] Mil *[city]* oblegany, oblężony; *[country]* trapiony przez wojnę; *[army, forces]* okrążony przez wroga [2] fig (having problems) znękany or nękany or trapiony przez kłopoty

embed /ɪmˈbed/ *vt* (*prp, pt, pp* **-dd-**) [1] (fix) osadz|ić, -ać **(in sth** w czymś); **to be ~ded in sth** *[thorn, splinter, nail, screw]* tkwić w czymś *[flesh, paw, wood, wall]*; *[stake]* być wbitym w coś *[soil]*; *[plant]* ukorzenić się w czymś *[soil]*; *[plaque]* być wmurowanym w coś *[floor, wall]*; *[rock]* wryć się or być wrytym w coś *[mud, lawn]* [2] fig **to be ~ded in sth** *[notion, belief, value]* zakorzenić się w czymś *[language, thinking, memory]*; **this incident is firmly ~ded in my memory** to wydarzenie wryło mi się głęboko w pamięć [3] Ling wstawi|ć, -ać, zanurz|yć, -ać *[clause]* **(in sth** do czegoś) [4] Comput wbudow|ać, -ywać *[program, system]*

embedding /ɪmˈbedɪŋ/ *n* Ling zanurzenie *n*

embellish /ɪmˈbelɪʃ/ *vt* [1] (decorate) ozd|obić, -abiać, upiększ|yć, -ać *[building, garment, manuscript]* **(with sth** czymś); **lavishly ~ed** bogato zdobiony [2] (exaggerate) upiększ|yć, -ać, podkolorow|ać, -ywać, ubarwi|ć, -ać *[account, description, truth]*

embellishment /ɪmˈbelɪʃmənt/ *n* [1] (ornament) ozdoba *f*, upiększenie *n* [2] (of story, truth) upiększenie *n* [3] Mus ozdobnik *m*

ember /ˈembə(r)/ *n* rozżarzony węgielek *m*; **the ~s** żar; **the dying ~s** przygasający or gasnący żar; **the ~s of his love** fig gasnący żar jego miłości

embezzle /ɪmˈbezl/ *vt* z|defraudować, sprzeniewierz|yć, -ać fml *[funds]*; **to ~ thousands of dollars from a charity** okraść organizację dobroczynną na tysiące dolarów

embezzlement /ɪmˈbezlmənt/ *n* defraudacja *f*, sprzeniewierzenie *n*

embezzler /ɪmˈbezlə(r)/ *n* defraudant *m*, malwersant *m*

embitter /ɪmˈbɪtə(r)/ *vt* rozgorycz|yć, -ać, wprawi|ć, -ać w rozgoryczenie *[person]*; zatru|ć, -wać *[relations]*; **to ~ sb towards sth** rozczarować kogoś do czegoś

embittered /ɪmˈbɪtəd/ *adj [person]* rozgoryczony, zgorzkniały; *[atmosphere]* nieprzyjemny, nieprzyjazny; *[speech, retort]* pełny goryczy

emblazon /ɪmˈbleɪzn/ *vt* [1] (decorate) ozd|obić, -abiać *[flag, shield]* **(with sth** czymś); **the flag with the family arms ~ed on it** sztandar ozdobiony herbem rodowym; **the company's name was ~ed across his T-shirt** jego koszulkę zdobiła nazwa firmy; **his family life was ~ed all over the papers** o jego życiu rodzinnym rozpisywały się gazety [2] liter (extol) wysławiać, opiewać; **his deeds were ~ed by poets** jego czyny opiewali poeci

emblem /ˈembləm/ *n* (of country) godło *n*; (of organization) emblemat *m*; (of idea, success) symbol *m*; (of courage, virtue) wzór *m*

emblematic /ˌembləˈmætɪk/ *adj [quality]* symboliczny, emblematyczny; **to be ~ of sth** (represent) symbolizować coś; (characterize) być typowym dla czegoś

embodiment /ɪmˈbɒdɪmənt/ *n* [1] (personification, expression) ucieleśnienie *n*, uosobienie *n*, wcielenie *n* **(of sth** czegoś) [2] (inclusion) wcielenie *n*, włączenie *n*

embody /ɪmˈbɒdɪ/ *vt* [1] (personify) ucieleśni|ć, -ać, uos|obić, -abiać, reprezentować *[virtue, evil, ideal]*; **to be embodied in sb /sth** znaleźć odbicie or odzwierciedlenie w kimś/czymś [2] (express) wyra|zić, -żać, urzeczywistni|ć, -ać *[idea, thought]* [3] (include) zaw|rzeć, -ierać *[theory, rights]*; **to be embodied in the constitution** być zawartym w konstytucji

embolden /ɪmˈbəʊldən/ **I** *vt* ośmiel|ić, -ać, doda|ć, -wać (komuś) śmiałości or odwagi;

E

to ~ sb to do sth zdopingować kogoś do zrobienia czegoś

II **emboldened** *pp adj* ośmielony; pej rozzuchwalony

embolism /ˈembəlɪzəm/ *n* Med zator *m*, embolia *f*

emboss /ɪmˈbɒs/ *vt* wytł|oczyć, -aczać wzory na (czymś) *[fabric, leather, paper]*; gofrować *[fabric, paper]*; ozd|obić, -abiać wypukłym wzorem, trybować, repusować *[metal]*; wytł|oczyć, -aczać *[initials]*

embossed /ɪmˈbɒst/ *adj [fabric, paper]* ozdobiony wypukłym wzorem, gofrowany; *[leather]* wytłaczany; *[metal]* trybowany, repusowany; **~ stationery** papeteria z wytłoczonym nagłówkiem; **paper ~ with leaf design** papier z wytłoczonym motywem liści; **~ lettering** wytłoczone litery

embouchure /ˈɒmbʊʃʊə(r)/ *n* Mus ustnik *m*

embrace /ɪmˈbreɪs/ **I** *n* 1 uścisk *m*, objęcia *n pl*; **to hold sb in a warm/fond ~** gorąco/czule kogoś objąć; **to be locked in a passionate ~** spleść się w namiętnym uścisku 2 fig (of ideology) przyjęcie *n*

II *vt* 1 (hug) wziąć, brać w objęcia, ob|jąć, -ejmować 2 fig (espouse, adopt) przyj|ąć, -mować *[offer, proposal, religion]*; s|korzystać skwapliwie z (czegoś) *[opportunity]*; opowi|edzieć, -adać się za (czymś) *[cause, idea, ideology]* 3 fig (include) ob|jąć, -ejmować *[subject areas, beliefs, elements]* 4 fig (take in) ob|jąć, -ejmować (wzrokiem) *[view]*; ob|jąć, -ejmować (myślą) *[idea]*

III *vi* ob|jąć, -ejmować się

embrasure /ɪmˈbreɪʒə(r)/ *n* rozglifienie *n*, glif *m*; Mil otwór *m* strzelniczy

embrocation /ˌembrəʊˈkeɪʃn/ *n* środek *m* do nacierania ciała

embroider /ɪmˈbrɔɪdə(r)/ **I** *vt* 1 wy|haftować, wyszy|ć, -wać *[cloth, design, initials]*; **she ~ed the tablecloth with small red roses** na obrusie wyhaftowała czerwone różyczki 2 fig podkolorow|ać, -ywać, ubarwi|ć, -ać *[story, fact, truth]*

II *vi* haftować, wyszywać

embroidered /ɪmˈbrɔɪdəd/ *adj* haftowany, wyszywany; **~ in gold thread** haftowany or wyszywany złotą nicią; **~ with small red roses** haftowany w czerwone różyczki

embroidery /ɪmˈbrɔɪdərɪ/ **I** *n* 1 (design) haft *m*; (activity) haft *m*, haftowanie *n* 2 fig upiększenia *n pl* fig

II *modif* **~ silk/thread** jedwab/nici do haftowania

embroidery hoop *n* tamborek *m*

embroil /ɪmˈbrɔɪl/ *vt* wpląt|ać, -ywać *[person]* **(in sth** w coś); **to ~ oneself in sth** uwikłać się w coś, wdać się w coś *[dispute, controversy]*; **to become ~ed in sth** zostać wplątanym w coś

embryo /ˈembrɪəʊ/ **I** *n* 1 (human, animal) embrion *m*, zarodek *m*; (plant) zarodek *m* 2 fig zalążek *m*; fig **in ~** w stanie zarodkowym or embrionalnym

II *adj* = **embryonic**

embryological /ˌembrɪəˈlɒdʒɪkl/ *adj* embriologiczny

embryologist /ˌembrɪˈɒlədʒɪst/ *n* embriolog *m*

embryology /ˌembrɪˈɒlədʒɪ/ *n* embriologia *f*

embryonic /ˌembrɪˈɒnɪk/ *adj* 1 Biol embrionalny, zarodkowy 2 fig *[plan, policy]* znajdujący się w stanie embrionalnym; *[democracy]* rodzący się

emcee /ˌemˈsiː/ US **I** *n* (of programme) prowadząc|y *m*, -a *f*; (of show) konferansjer *m*; (of function) mistrz *m* ceremonii; (of dance) wodzirej *m*

II *vt* (po)prowadzić *[show, event]*

em dash /ˈɛmdæʃ/ *n* Print myślnik *m*, pauza *f*

emend /ɪˈmend/ *vt* wn|ieść, -osić poprawki do (czegoś) *[text, document]*

emendation /ˌiːmenˈdeɪʃn/ *n* (alteration) poprawka *f*; emendacja *f* ra; (correcting) korekta *f*, poprawienie *n*

emerald /ˈemərəld/ **I** *n* 1 (stone) szmaragd *m* 2 (colour) (kolor *m*) szmaragdowy *m*

II *modif [necklace]* szmaragdowy, ze szmaragdów; *[ring]* ze szmaragdem

III *adj [colour]* szmaragdowy

emerald green **I** *n* (kolor *m*) szmaragdowozielony *m*

II *adj* szmaragdowozielony

Emerald Isle *n* **the ~** Szmaragdowa or Zielona Wyspa *f*, Irlandia *f*

emerge /ɪˈmɜːdʒ/ **I** *vi* 1 (come out) pojawi|ć, -ać się; (from under water) wynurz|yć, -ać się; **to ~ from sth** *[person]* wy|jść, -chodzić z czegoś *[room, house, prison]*; *[vehicle]* wyje|chać, -żdżać z czegoś *[tunnel]*; wył|onić, -aniać się z czegoś *[fog, mist]*; **the moon ~d from behind the clouds** księżyc wyjrzał or wyłonił się zza chmur; **he ~d from his sleep/reverie** ocknął się ze snu/ z zamyślenia 2 fig *[issue, problem, ideology, new nation, film star]* pojawi|ć, -ać się; *[idea, problem]* wył|onić, -aniać się; *[truth, secret]* wy|jść, -chodzić na jaw; *[talent]* objawi|ć, -ać się; **gradually a picture is beginning to ~** (of situation) stopniowo zaczyna wyłaniać się obraz sytuacji; **to ~ as a priority** okazać or stać się sprawą priorytetową; **to ~ as a major figure** okazać or stać się ważną postacią; **it ~d that...** okazało się, że...; **it ~s from this that...** wynika z tego, że...; **it has now ~d that this was not true** okazuje się teraz, że nie było to prawdą

II **emerging** *prp adj [market, industry]* powstający; *[democracy, caution]* rodzący się; *[opportunities]* wyłaniający się; *[writer, actor]* początkujący

emergence /ɪˈmɜːdʒəns/ *n* (of literary genre, movement, problem) pojawienie się *n*; (of truth) wyjście *n* na jaw; **the ~ of new industries from traditional forms of agriculture** powstawanie or wyłanianie się nowych gałęzi przemysłu z tradycyjnych form rolnictwa

emergency /ɪˈmɜːdʒənsɪ/ **I** *n* also Med nagły wypadek *m* or przypadek *m*; **in an ~, in case of ~** (in urgent situation) w nagłym przypadku, w razie potrzeby; (in dangerous situation) w razie niebezpieczeństwa; **in times of ~** w sytuacjach kryzysowych; **(to declare) a state of ~** Pol (ogłosić) stan wyjątkowy; (of natural disaster) (ogłosić) stan zagrożenia or klęski żywiołowej

II *modif [meeting, session]* nadzwyczajny; *[measures, plan, situation]* wyjątkowy; *[store, reserves, ration]* żelazny; *[repairs]* awaryjny; *[fund]* na specjalne cele

emergency aid *n* pomoc *f* w nagłych przypadkach

emergency ambulance service *n* pogotowie *n* ratunkowe

emergency blanket *n* koc *m* *(w wyposażeniu pierwszej pomocy)*

emergency brake *n* (on train) hamulec *m* bezpieczeństwa; US Aut hamulec *m* ręczny

emergency breakdown service *n* Aut pomoc *f* drogowa, pogotowie *n* drogowe

emergency call *n* nagłe wezwanie *n*

emergency case *n* Med nagły przypadek *m*

emergency centre GB, **emergency center** US *n* (for refugees) ośrodek *m* pomocy społecznej (dla uchodźców); Med pogotowie *n* ratunkowe; Aut stacja *f* napraw

emergency cord *n* linka *f* hamulca bezpieczeństwa

emergency exit *n* droga *f* ewakuacyjna; (door) wyjście *n* awaryjne

emergency landing *n* lądowanie *n* przymusowe or awaryjne

emergency laws *npl* Pol ustawy *f pl* wyjątkowe; (collectively) ustawodawstwo *n* wyjątkowe

emergency medical service, EMS *n* US pogotowie *n* ratunkowe

emergency number *n* numer *m* alarmowy *(pogotowia ratunkowego, policji, straży pożarnej)*

emergency powers *npl* Pol nadzwyczajne uprawnienia *n pl*

emergency rations *npl* żelazne racje *f pl*

emergency room *n* US oddział *m* pomocy doraźnej or w nagłych wypadkach

emergency service *n* Med pomoc *f* w nagłych wypadkach; Aut pomoc *f* drogowa, pogotowie *n* drogowe

emergency services *npl* pomoc *f* w nagłych wypadkach

emergency stop *n* nagłe or gwałtowne (za)hamowanie *n*

emergency surgery *n* operacja *f* ze wskazań nagłych

emergency telephone *n* automat *m* telefoniczny łączący ze służbami ratowniczymi

emergency ward *n* oddział *m* nagłych przypadków or pomocy doraźnej

emergency worker *n* ratowni|k *m*, -czka *f*

emergent /ɪˈmɜːdʒənt/ *adj* 1 (at early stage) *[industry, nation]* powstający, nowo powstały; *[democracy]* kształtujący się; *[talent]* nowo objawiony; *[superpower, literary genre]* nowy 2 (following logically) wynikły 3 Phil emergentny

emerging /ɪˈmɜːdʒɪŋ/ *adj* = **emergent** 1

emeritus /ɪˈmerɪtəs/ *adj* **professor ~, ~ professor** zasłużony emerytowany profesor

emery /ˈemərɪ/ *n* szmergiel *m*

emery board *n* (nail file) pilniczek *m* do paznokci *(z warstwą papieru ściernego)*

emery cloth *n* płótno *n* szmerglowe

emery paper *n* papier *m* ścierny szmerglowy

emetic /ɪˈmetɪk/ **I** *n* środek *m* wymiotny

II *adj* 1 Pharm wymiotny 2 infml *[dessert, poetry]* przyprawiający o mdłości

emigrant /ˈemɪɡrənt/ **I** *n* emigrant *m*, -ka *f* **II** *modif* emigrancki
emigrate /ˈemɪɡreɪt/ *vi* wy|emigrować; **to ~ from Britain to Australia** wyemigrować z Wielkiej Brytanii do Australii
emigration /ˌemɪˈɡreɪʃn/ *n* emigracja *f*
émigré /ˈemɪɡreɪ/ *n* wychodźca *m*, emigrant *m*, -ka *f (zazwyczaj polityczny)*
eminence /ˈemɪnəns/ *n* [1] (fame) sława *f*, renoma *f*; (distinction) dostojeństwo *n*; (person) znakomitość *f* [2] **Eminence** (title of cardinal) Eminencja *f*; **His Eminence Cardinal Roncalli** Jego Eminencja Kardynał Roncalli; **Your Eminence** (form of address) Eminencjo! [3] liter (hill) wyniosłość *f*, wzniesienie *n*
éminence grise /ˌeɪmɪnɑːnsˈɡriːz/ *n* (*pl* **~s grises**) szara eminencja *f*
eminency /ˈemɪnənsɪ/ *n* = **eminence**
eminent /ˈemɪnənt/ *adj* [1] (famous, respected) *[person, scholar]* wybitny; **to be ~ in one's field** być znakomitością w swej dziedzinie [2] *[qualities, achievements, career]* (outstanding) nadzwyczajny, wyjątkowy; (indisputable) niewątpliwy
eminently /ˈemɪnəntlɪ/ *adv [suitable, logical, fair]* nadzwyczaj; *[capable, qualified, fair]* wyjątkowo; *[desirable, plausible]* wysoce
emir /eˈmɪə(r)/ *n* emir *m*
emirate /ˈemɪəreɪt/ *n* emirat *m*
emissary /ˈemɪsərɪ/ *n* wysłanni|k *m*, -czka *f*, emisariusz *m*, -ka *f*; **an ~ to the British government** emisariusz wysłany z misją do rządu brytyjskiego
emission /ɪˈmɪʃn/ *n* [1] (amount emitted) emisja *f*; **~s of noxious gases from power stations** emisje szkodliwych gazów pochodzące z elektrowni [2] (emitting) (of gases, radiation, sound) emisja *f*; (of heat) wydzielanie *n*; (of signal) wysyłanie *n*; (of steam) wypuszczanie *n*; (of lava, ashes) wyrzucanie *n* [3] (of banknotes, currency) emisja *f* [4] Med (of fluid) wydzielanie *n*; **nocturnal ~(s)** zmaza nocna, polucja
emission spectrum *n* widmo *n* (optyczne) emisyjne
emit /ɪˈmɪt/ *vt* (*prp, pt, pp* **-tt-**) [1] (discharge) wy|emitować *[fumes, light, radiation]*; wydziel|ić, -ać *[heat, smell]*; wys|łać, -yłać *[signal]*; wypu|ścić, -szczać *[steam, sparks]*; wyrzuc|ić, -ać *[lava, ashes, dust]*; **the noxious fumes ~ted from** or **by factory chimneys** szkodliwe wyziewy z kominów fabrycznych [2] (utter) wyda|ć, -wać *[sound, cry, groan]* [3] (issue) wy|emitować *[banknotes, currency]*
emitter /ɪˈmɪtə(r)/ *n* Electron emiter *m*
Emmy /ˈemɪ/ (*pl* **~s**) (also **~ award**) *n* US TV nagroda *f* Emmy *(za osiągnięcia w twórczości telewizyjnej)*
emollient /ɪˈmɒlɪənt/ **I** *n* Pharm środek *m* zmiękczający *(powierzchnię skóry)*
II *adj* [1] *[words, gesture, effect]* (conciliatory) pojednawczy; (indulgent) wyrozumiały, pobłażliwy [2] Pharm zmiękczający
emoluments /ɪˈmɒljʊmənts/ *n* fml (salary) wynagrodzenie *n*; (expert's, architect's) honorarium *n*; (earnings) uposażenie *n*; (benefits in kind) wynagrodzenie *n* w naturze, deputaty *m pl*
emote /ɪˈməʊt/ *vi* wpa|ść, -dać w egzaltację; *[actor]* posługiwać się tanimi efektami
emoticon /ɪˈməʊtɪkɒn, -ˈmɒtɪ-/ *n* Comput emoticon *m*, uśmieszek *m*
emotion /ɪˈməʊʃn/ *n* [1] (feeling) uczucie *n*; **I was torn by conflicting ~s** targały mną sprzeczne uczucia; **he won't talk about his ~s** nie chce mówić o swych uczuciach [2] (surge of feeling) wzruszenie *n*; **to show no ~** nie okazywać wzruszenia; **he was overcome by ~** ogarnęło go wzruszenie; **in a voice filled with ~** wzruszonym głosem
emotional /ɪˈməʊʃənl/ *adj* [1] Psych *[development, problems, stability]* emocjonalny [2] (feeling) *[person, mood, tie]* uczuciowy; *[reaction, tie]* emocjonalny; **to be ~ about sth** przejmować się czymś [3] (moving) *[appeal, speech]* wzruszający; **to be ~ about sth** wzruszać się czymś; **he gets rather ~** (cries easily) łatwo wzrusza się do łez; (gets irrational) łatwo daje się ponieść emocjom
emotional abuse *n* znęcanie się *n* psychiczne
emotional blackmail *n* szantaż *m* moralny
emotional health *n* zdrowie *n* psychiczne
emotionalism /ɪˈməʊʃənəlɪzəm/ *n* (sentimentality) ckliwość *f*; (vehemence) emocjonalne podejście *n*
emotionally /ɪˈməʊʃənəlɪ/ *adv* [1] Psych *[involved, immature]* emocjonalnie; **~ deprived** niekochany; **~ disturbed** niezrównoważony emocjonalnie [2] (showing feeling) *[involved]* uczuciowo; *[speak]* z uczuciem, z przejęciem; **~ charged** *[relationship, atmosphere, language]* rozemocjonowany, pełen emocji; *[issue]* wywołujący emocje
emotional trauma *n* uraz *m* psychiczny
emotionless /ɪˈməʊʃnlɪs/ *adj* beznamiętny, obojętny
emotionlessly /ɪˈməʊʃnlɪslɪ/ *adv* beznamiętnie, obojętnie
emotionlessness /ɪˈməʊʃnlɪsnɪs/ *n* obojętność *f*
emotive /ɪˈməʊtɪv/ *adj [issue]* budzący emocje; *[language, word]* silnie zabarwiony emocjonalnie; Ling emotywny
empanel /ɪmˈpænl/ *vt* (*prp, pt, pp* **-ll-** GB, **-l-** US) [1] (place on list) wpis|ać, -ywać (kogoś) na listę kandydatów na przysięgłych *[juror]* [2] (select) powoł|ać, -ywać *[jury, committee]*
empathetic /ˌempæˈθetɪk/ *adj* = **empathic**
empathetically /ˌempæˈθetɪklɪ/ *adv* = **empathically**
empathic /emˈpæθɪk/ *adj* (also **empathetic**) *[communion, relationship]* pełen zrozumienia; *[understanding]* głęboki; *[person]* wrażliwy, nieobojętny; **to be ~ to** or **with sb** wczuwać się w sytuację kogoś
empathically /emˈpæθɪklɪ/ *adv [respond, relate, communicate]* ze zrozumieniem
empathize /ˈempəθaɪz/ *vi* **to ~ with sb** identyfikować się z kimś *[person]*; **to ~ with sth** wczuwać się w coś *[character, emotions]*; rozumieć coś *[animals]*
empathy /ˈempəθɪ/ *n* (głębokie) zrozumienie *n* **(with sb/sth** dla kogoś/czegoś); Psych empatia *f*, współodczuwanie *n*; **to feel ~ with sb** wczuwać się w czyjąś sytuację
emperor /ˈempərə(r)/ *n* cesarz *m*; imperator *m* liter
emperor moth *n* pawica *f*
emperor penguin *n* pingwin *m* cesarski
emphasis /ˈemfəsɪs/ *n* (*pl* **-ses**) [1] (importance) nacisk *m*; **to lay** or **place** or **put the ~ on sth** kłaść nacisk na coś; **we lay particular/great ~ on punctuality** przywiązujemy szczególną/dużą wagę do punktualności; **in our company the ~ is on efficiency** w naszym przedsiębiorstwie kładziemy nacisk na sprawność działania; **to shift the ~ from sth to sth** przenieść nacisk z czegoś na coś; **the new policy reflects a change of ~** nowa polityka jest odbiciem zmiany priorytetów [2] (intensity of expression) emfaza *f*, podkreślenie *n*; **to speak with ~** mówić z emfazą; **she repeated her words for ~** powtórzyła swe słowa dla podkreślenia; **my/author's ~** podkreślenie moje/autora [3] (accentuation) akcent *m*; **the ~ is on the last syllable** akcent pada na ostatnią sylabę; **he put special ~ on the word 'never'** szczególnie mocno zaakcentował słowo „nigdy"
emphasize /ˈemfəsaɪz/ *vt* [1] (give importance to) podkreśl|ić, -ać, uwypukl|ić, -ać *[fact, point]*; położyć, kłaść nacisk na (coś) *[policy, need, support]*; **it should be ~d that...** należy podkreślić, że...; **to ~ the importance of sth** podkreślić znaczenie or wagę czegoś [2] (stress vocally) (mocno) za|akcentować *[word, syllable]* [3] (highlight) podkreśl|ić, -ać, uwydatni|ć, -ać *[feature, aspect]*
emphatic /ɪmˈfætɪk/ *adj* [1] (firm, insistent) *[denial, refusal, statement]* stanowczy; *[voice]* dobitny; *[manner, gesture]* wymowny; **the answer was an ~ 'no'** odpowiedzią było stanowcze „nie"; **to be ~ about sth** mocno nalegać na coś, mocno podkreślać coś; **he was most ~ that I should do it** bardzo mocno nalegał, żebym to zrobił [2] (clear) *[victory, defeat]* wyraźny, zdecydowany [3] Ling emfatyczny
emphatically /ɪmˈfætɪklɪ/ *adv* [1] (vehemently) *[speak, state]* dobitnie; *[refuse, deny, insist]* stanowczo; **and I say this most ~** i podkreślam or mówię to z całą stanowczością [2] (undeniably) *[win, defeat]* zdecydowanie; *[be defeated]* sromotnie; **he was most ~ not a genius** stanowczo or z całą pewnością nie był geniuszem [3] Ling *[pronounce]* z emfazą; *[use]* dla podkreślenia, dla emfazy
emphysema /ˌemfɪˈsiːmə/ *n* rozedma *f* płuc, emfizema *f*
empire /ˈempaɪə(r)/ *n* [1] (territory) imperium *n*; (ruled by emperor) cesarstwo *n*; **the Roman Empire** cesarstwo rzymskie; **the Soviet ~** imperium sowieckie [2] fig imperium *n*, królestwo *n* fig
Empire /ˈempaɪə(r)/ *adj [furniture, fashions]* empirowy
empire-builder /ˈempaɪəbɪldə(r)/ *n* pej twórca *m* imperium also fig
empire-building /ˈempaɪəbɪldɪŋ/ *n* pej ≈ tworzenie *n* nadmiernie rozbudowanej instytucji
Empire Day *n* GB dat święto *n* Wspólnoty Brytyjskiej *(24 maja)*
Empire line *adj [dress]* empirowy *(z podwyższoną talią)*
Empire State *prn* US **the ~** stan *m* Nowy Jork
empirical /ɪmˈpɪrɪkl/ *adj [knowledge, method, data]* empiryczny; *[method, observation, data]* doświadczalny

E

empirically /ɪmˈpɪrɪklɪ/ *adv [study, observe, test]* empirycznie, doświadczalnie
empiricism /ɪmˈpɪrɪsɪzəm/ *n* empiryzm *m*
empiricist /ɪmˈpɪrɪsɪst/ **I** *n* Phil empirysta *m*, empiryk *m*
II *adj [philosophy, doctrine, tradition]* empirystyczny
emplacement /ɪmˈpleɪsmənt/ *n* Mil stanowisko *n (działa, artylerii)*
employ /ɪmˈplɔɪ/ **I** *n* fml **the firm has 40 workers in its ~** przedsiębiorstwo zatrudnia 40 osób; **to be in sb's ~** or **in the ~ of sb** pracować dla kogoś; *[terrorist, spy]* być na usługach kogoś
II *vt* [1] (take on, hire) zatrudni|ć, -ać; **the company ~s 600 workers** przedsiębiorstwo zatrudnia 600 pracowników; **to ~ sb as a night watchman** zatrudnić kogoś jako or w charakterze nocnego stróża; **to ~ sb to compile dictionary entries** zatrudnić kogoś do opracowywania haseł słownikowych [2] (use) za|stosować *[device, method, technique]*; wykorzyst|ać, -ywać *[intelligence, resources, talent]*; posłu|żyć, -giwać się (czymś) *[metaphor, expression, term, tool]*; **to be ~ed in sth/in doing sth** zajmować się czymś/robieniem czegoś; **his time would be better ~ed studying** lepiej by było, gdyby zajął się nauką; **her talents/skills would be better ~ed in advertising** można by lepiej wykorzystać jej talent/umiejętności w reklamie
employable /ɪmˈplɔɪəbl/ *adj [person]* zdolny do pracy; **at my age you cease to be ~** w moim wieku trudno już znaleźć pracę; **a second language would make you more ~** znajomość drugiego języka zwiększy twoje szanse znalezienia pracy
employed /ɪmˈplɔɪd/ **I** *n* **the ~** *(+ v pl)* zatrudnieni *m pl*
II *adj* [1] (in work) zatrudniony; **to be ~ with a company** być zatrudnionym w przedsiębiorstwie [2] (busy) zajęty **(in sth** czymś**) (in doing sth** robieniem czegoś)
employee /ˌemplɔɪˈiː, ɪmˈplɔiː/ *n* pracowni|k *m*, -ca *f*, zatrudnion|y *m*, -a *f*; **~'s pension** emerytura pracownicza
employer /ɪmˈplɔɪə(r)/ *n* pracodaw|ca *m*, -czyni *f*; **~s' organization** organizacja (zrzeszająca) pracodawców
employment /ɪmˈplɔɪmənt/ *n* [1] (paid work) praca *f*, zatrudnienie *n*; **what's the nature of your ~?** czym się pan zajmuje?; **to take up ~** podjąć pracę; **to seek ~** szukać pracy or zatrudnienia; **to find ~** znaleźć pracę or zatrudnienie; **to be in ~** mieć pracę; **to be without ~** nie mieć pracy, być bez pracy; **people in/without ~** osoby zatrudnione/bez zatrudnienia; **conditions of ~** warunki zatrudnienia; **place of ~** miejsce zatrudnienia or pracy; **the service industries give ~ to several million people** sektor usług daje zatrudnienie kilku milionom ludzi [2] (availability of work) zatrudnienie *n*; **full ~** pełne zatrudnienie; **the Department of Employment** GB Ministerstwo Pracy [3] (hiring, taking on) zatrudni|enie, -anie *n* **(of sb** kogoś); **the ~ of extra staff as market analysts/to complete the job** zatrudnienie dodatkowych pracowników jako analityków rynku /do ukończenia zadania [4] (use) (of resources, talent) wykorzystywanie *n*; (of method, technique) zastosowanie *n*; (of device, expression, term) użycie *n* [5] fml (pastime) zajęcie *n*
employment agency *n* biuro *n* pośrednictwa pracy
employment contract *n* umowa *f* o pracę
employment exchange *n* GB dat = employment office
employment law *n* prawo *n* pracy
Employment Minister *n* = Employment Secretary
employment office *n* GB urząd *m* zatrudnienia
employment policy *n* polityka *f* zatrudnienia
Employment Secretary *n* minister *m* pracy
Employment Training *n* GB szkolenie *n* zawodowe *(dla bezrobotnych)*
emporium /ɪmˈpɔːrɪəm/ *n* (*pl* **-riums, -ria**) (centre of commerce) fml centrum *n* handlowe; **a lighting ~** duży sklep z lampami
empower /ɪmˈpaʊə(r)/ *vt* [1] (legally) **to ~ sb to do sth** upoważni|ć, -ać kogoś do zrobienia czegoś, upełnom|ocnić, -acniać kogoś do zrobienia czegoś; *[constitution]* da|ć, -wać komuś prawo do zrobienia czegoś; **the police are ~ed to search the premises** policja ma prawo przeszukać pomieszczenia; **she is ~ed to sign the contract on my behalf** jest upoważniona do podpisania kontraktu w moim imieniu [2] (politically) wzm|ocnić, -acniać pozycję (kogoś) *[consumers, women, young]*; **to feel ~ed (by sth)** czuć się silniejszym (dzięki czemuś)
empowering /ɪmˈpaʊərɪŋ/ *adj* inspirujący
empress /ˈemprɪs/ *n* cesarzowa *f*; (in Russia) caryca *f*, carowa *f*
emptiness /ˈemptɪnɪs/ *n* [1] (of landscape, region, house) pustka *f*; **the vast ~ of space** bezkresna przestrzeń; **I was surprised by the ~ of the cinema/train** byłem zdziwiony, że w kinie/pociągu było tak pusto or były takie pustki [2] (of life) pustka *f*; (of promise, threat) czczość *f*; (of hopes) płonność *f*, próżność *f*; (of ideas, argument) jałowość *f* [3] (in stomach) czczość *f*
empty /ˈemptɪ/ **I** *n* infml (bottle) pusta butelka *f*; **to run on ~** (with little fuel) *[car]* jechać „na rezerwie" infml; (with little energy) *[person]* gonić resztkami sił
II *adj* [1] (lacking contents) *[container, pocket, stomach]* pusty, próżny; *[diary, page]* czysty, niezapisany; *[revolver]* niezaładowany; *[desktop]* pusty; **on an ~ stomach** na czczo [2] (lacking people) *[restaurant, street]* pusty, wyludniony; *[house, beach]* pusty, opustoszały; *[seat, table, place]* wolny, niezajęty; **the house has been ~ for five years** dom jest niezamieszkany od pięciu lat; **the jails are now ~ of political prisoners** w więzieniach nie ma teraz więźniów politycznych [3] (with no effect) *[word, boast, promise, rhetoric, threat]* pusty, czczy, próżny; *[gesture]* pusty, nic nieznaczący; *[argument]* jałowy; *[dream]* próżny; *[look]* pozbawiony wyrazu; **~ of meaning** pozbawiony sensu or znaczenia [4] (purposeless) *[life, days]* pusty; *[person]* pusty, bezmyślny; **I have an ~ feeling inside** czuję w środku pustkę
III *vt* (also **~ out)** [1] (clear) opróżni|ć, -ać *[container, pocket, building]*; **he was told to ~ his pockets** kazano mu opróżnić kieszenie; **she emptied the saucepan over his head** wylała mu na głowę zawartość rondla; **the thieves emptied the house of its entire contents** złodzieje wynieśli z domu wszystko; **first ~ your mind of all preconceptions** wpierw or najpierw zapomnij o wszelkich uprzedzeniach [2] (pour out) wyl|ać, -ewać *[liquid]*; (take out) wysyp|ać, -ywać *[sugar, candies, small objects]*; **~ the soup into a saucepan** wlej zupę do rondla; **he emptied the candies into a glass jar** wsypał cukierki do szklanego słoja; **she emptied the contents all over the floor** rozsypała zawartość po całej podłodze
IV *vi* (also **~ out)** [1] *[bath, tank, room]* opróżni|ć, -ać się; *[public place]* o|pustoszeć; **the streets emptied of people** ulice opustoszały [2] **to ~ into sth** *[river, stream]* u|chodzić, -jść or wpa|ść, -dać do czegoś *[river, sea]*
empty-handed /ˌemptɪˈhændɪd/ *adj [arrive, leave, return]* z pustymi rękami, z niczym also fig
empty-headed /ˌemptɪˈhedɪd/ *adj* głupkowaty, niemądry, pusty
empyema /ˌempaɪˈiːmə, ˌempɪ-/ *n* ropniak *m*
empyrean /ˌempaɪˈriːən, ˌempɪ-/ liter **I** *n* **the ~** empireum *n*, siedziba *f* bogów
II *adj* empirejski
EMS *n* [1] = **European Monetary System** ESW *m* [2] → **emergency medical service**
emu /ˈiːmjuː/ *n* emu *m inv*
EMU *n* = **European Monetary Union** EUW *f*
emulate /ˈemjʊleɪt/ *vt* [1] fml (imitate) naśladować; (rival) (próbować) dorównać (komuś); **their feat has never been ~d** nigdy nie zdołano powtórzyć ich wyczynu [2] Comput emulować
emulation /ˌemjʊˈleɪʃn/ *n* [1] fml (imitation) naśladownictwo *n*; **in ~ of sb/sth** wzorem or na wzór kogoś/czegoś [2] fml (rivalry) rywalizacja *f* [3] Comput emulacja *f*
emulator /ˈemjʊleɪtə(r)/ *n* Comput emulator *m*
emulsifier /ɪˈmʌlsɪfaɪə(r)/ *n* (chemical) emulgator *m*
emulsify /ɪˈmʌlsɪfaɪ/ **I** *vt* z|emulgować
II *vi [two liquids]* z|emulgować się
emulsion /ɪˈmʌlʃn/ *n* [1] Chem, Phot emulsja *f* [2] (also **~ paint)** farba *f* emulsyjna, emulsja *f*
en /en/ *n* Print półfiret *m*
enable /ɪˈneɪbl/ *vt* [1] **to ~ sb to do sth** (allow) umożliwi|ć, -ać komuś zrobienie czegoś, pozw|olić, -alać komuś coś zrobić; (give opportunity) da|ć, -wać komuś możność zrobienia czegoś; **their generosity ~d us to buy the house** ich szczodrość umożliwiła nam kupno domu [2] (make possible) umożliwi|ć, -ać *[development, growth, learning]* [3] (encourage) **to ~ sb** stw|orzyć, -arzać komuś odpowiednie warunki (do działania) [4] Comput uaktywni|ć, -ać

enabler /ɪˈneɪblə(r)/ *n* **to be an ~** *[teacher, trainer]* pomagać podopiecznym rozwijać umiejętności

enabling /ɪˈneɪblɪŋ/ *adj* [1] Jur, Pol **~ act** or **legislation** ustawowe upoważnienie; US ustawa o nadzwyczajnych pełnomocnictwach [2] *[teaching method]* pozwalający rozwinąć umiejętności

enact /ɪˈnækt/ *vt* [1] (perform) od|egrać, -grywać *[scene]*; za|grać *[role, drama]*; **to be ~ed** *[drama, scene]* roz|egrać, -grywać się; **the scene that was being ~ed before our eyes** scena, która rozgrywała się na naszych oczach [2] Jur, Pol (pass) uchwal|ić, -ać *[law]*; (bring into effect) wciel|ić, -ać w życie *[bill, policy]*; **to ~ that...** postanowić, że...; **as by law ~ed** jak przewiduje or stanowi prawo

enactment /ɪˈnæktmənt/ *n* [1] (of scene) odegranie *n*, odgrywanie *n*; (of play) za|granie *n* [2] Jur, Pol (law) ustawa *f*, akt *m* ustawodawczy; (process) ustanowienie *n*, wprowadzenie *n* w życie

enamel /ɪˈnæml/ **I** *n* [1] (coating) emalia *f*; (on pottery) polewa *f*, szkliwo *n*, glazura *f*; (on teeth) szkliwo *n*, emalia *f*; **nail ~** emalia do paznokci [2] Art (object) przedmiot *m* zdobiony emalią, emalia *f*; (painting) malowidło *n* na emalii [3] dat (also **~ paint**) emalia *f*, farba *f* emaliowa

II *modif [saucepan]* emaliowany; *[pottery, tile]* szkliwiony, glazurowany; *[brooch]* zdobiony emalią; *[woodwork]* lakierowany

III *vt* (*prp, pt, pp* **-ll-** GB, **-l-** US) pokry|ć, -wać emalią, emaliować *[saucepan]*; pokry|ć, -wać glazurą or szkliwem, glazurować, szkliwić *[pottery]*; ozd|obić, -abiać or zdobić (coś) emalią *[brooch]*; po|lakierować *[woodwork, nails]*

IV enamelled GB, **enameled** US *pp adj [saucepan]* emaliowany, polewany; *[glass, pottery]* szkliwiony, glazurowany; *[ornament]* zdobiony emalią

enamelling GB, **enameling** US /ɪˈnæmlɪŋ/ *n* [1] (process) emaliowanie *n*, pokrywanie *n* szkliwem or glazurą [2] Art emalierstwo *n*

enamelware /ɪˈnæməlweə(r)/ *n* naczynia *n pl* emaliowane or polewane

enamelwork /ɪˈnæməlwɜːk/ *n* Art (branch) emalierstwo *n*; (objects) przedmioty *m pl* zdobione emalią, emalie *f pl*

enamoured GB, **enamored** US /ɪˈnæməd/ *adj* [1] **to be ~ of sb/sth** (fond) uwielbiać kogoś/coś; (delighted) być zachwyconym kimś/czymś; **his boss is not too ~ with him for the moment** hum szef chwilowo nie darzy go zbytnią sympatią hum; **you don't seem greatly ~ of the idea/plan** nie wydajesz się zbytnio zachwycony tym pomysłem/planem [2] dat or liter (infatuated) **to be ~ of sb** być rozmiłowanym or rozkochanym w kimś

en bloc /ˌɒnˈblɒk/ *adv* jako całość; en bloc fml; **to accept sth ~** akceptować coś jako całość; **they left the meeting ~** wyszli z zebrania gremialnie

enc. = **encl.**

encamp /ɪnˈkæmp/ *vi* (set up camp) rozbi|ć, -jać obóz; Mil sta|nąć, -wać obozem; (be settled in camp) obozować; Mil stać obozem

encampment /ɪnˈkæmpmənt/ *n* obozowisko *n*; Mil obóz *m*

encapsulate /ɪnˈkæpsjʊleɪt/ *vt* [1] (summarize) stre|ścić, -szczać, uj|ąć, -mować (coś) zwięźle; (sum up) podsumow|ać, -ywać; **the editorial ~s the views of many conservatives** artykuł wstępny podsumowuje poglądy or jest syntezą poglądów wielu konserwatystów [2] (include, incorporate) zaw|rzeć, -ierać; **more information than can be ~d in one article** więcej informacji, niż da się zawrzeć w jednym artykule [3] (exemplify) być uosobieniem (czegoś) [4] Pharm kapsułkować *[drug]*

encase /ɪnˈkeɪs/ *vt* przykry|ć, -wać, pokry|ć, -wać, zakry|ć, -wać; **to be ~d in sth** być zakrytym or pokrytym czymś *[cement, wood]*; być powleczonym czymś *[plastic]*; być zamkniętym w czymś *[shell]*; **his leg was ~d in plaster** miał nogę w gipsie; **knights ~d in armour** rycerze zakuci w zbroję; **his feet were ~d in a pair of baseball boots** miał na nogach buty do baseballu

encash /ɪnˈkæʃ/ *vt* GB z|realizować *[cheque, money order]*; spieniężyć, -ać *[bond]*

encashment /ɪnˈkæʃmənt/ *n* (of cheque) realizacja *f*; (of bond) spieniężenie *n*

encaustic Art /ɪnˈkɔːstɪk/ **I** *n* (technique) enkaustyka *f*; (product) malowidło *n* wykonane techniką enkaustyczną

II *adj* enkaustyczny

encephalic /ˌenkɪˈfælɪk/ *adj* mózgowy

encephalitis /ˌenkefəˈlaɪtɪs/ *n* zapalenie *n* mózgu

encephalogram /enˈkefələgræm/ *n* encefalogram *m*

encephalomyelitis /enˌsefələʊmaɪəˈlaɪtɪs, -kef-/ *n* zapalenie *n* mózgu i rdzenia

encephalon /enˈkefəlɒn/ *n* mózgowie *n*

enchain /ɪnˈtʃeɪn/ *vt* [1] (bind) zaku|ć, -wać (kogoś) w łańcuchy *[slave]*; (tie to) przyku|ć, -wać (kogoś) łańcuchami *[prisoner]*; uwiąz|ać, -ywać (coś) na łańcuchu *[dog]* [2] fig przyku|ć, -wać *[attention]*; przyku|ć, -wać uwagę (kogoś) *[person]*

enchant /ɪnˈtʃɑːnt, US -ˈtʃænt/ **I** *vt* [1] (delight) oczarow|ać, -ywać, zauroczyć [2] (cast spell on) za|czarować, rzuc|ić, -ać urok na (kogoś)

II enchanted *pp adj* [1] (delighted) *[person, audience]* oczarowany, zauroczony, zachwycony (**by** or **with sth** czymś); **I'm ~ed to make your acquaintance** fml bardzo mi miło pana/panią poznać [2] (under spell) *[garden, sword]* zaczarowany [3] (delightful) *[place]* czarowny; **some ~ed evening** pewnego czarownego wieczoru

enchanter /ɪnˈtʃɑːntə(r), US -ˈtʃæntər/ *n* czarodziej *m*, -ka *f*

enchanting /ɪnˈtʃɑːntɪŋ, US -ˈtʃænt-/ *adj [person, smile]* czarujący; *[place, sight, smile]* uroczy, czarowny

enchantingly /ɪnˈtʃɑːntɪŋlɪ, US -ˈtʃænt-/ *adv [sing, smile, dance]* czarująco, czarownie; *[beautiful, pretty]* zachwycająco; *[located]* uroczo

enchantment /ɪnˈtʃɑːntmənt, US -ˈtʃænt-/ *n* [1] (great charm) urok *m*, czar *m*, powab *m*; (enraptured condition) oczarowanie *n*, zachwyt *m*; **the garden has lost all/none of its ~ (for her)** (dla niej) ogród utracił cały swój urok/nie stracił nic ze swego uroku [2] (spell) czar *m*, urok *m*; **to place an ~ on sb** rzucić na kogoś czar or urok [3] (use of magic) czary *plt*

enchantress /ɪnˈtʃɑːntrɪs, US -ˈtʃænt-/ *n* [1] (sorceress) czarodziejka *f* [2] fig uwodzicielka *f*

enchilada /ˌentʃɪˈlɑːdə/ *n* [1] Culin enchilada *f* [2] US infml **big ~** gruba ryba *f*

encircle /ɪnˈsɜːkl/ *vt [troops]* okrąż|yć, -ać *[army, area]*; *[troops, police, fence,]* ot|oczyć, -aczać *[person, building, area]*; *[belt, bracelet]* opas|ać, -ywać *[waist, ankle]*; (hem in) osacz|yć, -ać *[person, animal]*; **Moscow is ~d by** or **with a ring road** Moskwę opasuje obwodnica; **he ~d me in his arms** otoczył mnie ramionami, objął mnie

encirclement /ɪnˈsɜːklmənt/ *n* Mil okrążenie *n*; **to break out of ~** wyrwać się z okrążenia

encircling /ɪnˈsɜːklɪŋ/ *adj [troops, fence, trees]* otaczający; *[manoeuvre]* okrążający

encl. **I** *n* = **enclosure** zał. *m (załącznik)*

II *adj* = **enclosed** w załączeniu

enclave /ˈenkleɪv/ *n* enklawa *f*

enclitic /enˈklɪtɪk/ Ling **I** *n* enklityka *f*

II *adj* enklityczny

enclose /ɪnˈkləʊz/ *vt* [1] (surround) ot|oczyć, -aczać (**with** or **by sth** czymś); (with fence, wall) ogr|odzić, -adzać (**with** or **by sth** czymś); *[casing, shell]* mieścić w sobie; **to ~ a sentence in brackets** ująć zdanie w nawias [2] (confine) zam|knąć, -ykać (**in** or **within sth** w czymś); **to ~ sb within four walls** zamknąć kogoś w czterech ścianach [3] (insert in letter) załącz|yć, -ać (**in** or **with sth** do czegoś); **a cheque for 10 pounds is ~d** w załączeniu czek na 10 funtów; **I'll ~ your letter with mine** włożę twój list do koperty wraz z moim; **a letter enclosing a cheque** list wraz z czekiem; **please find ~d...** w załączeniu przesyłamy...

enclosed /ɪnˈkləʊzd/ *adj [shelter, passage]* osłonięty; *[bath, appliance]* obudowany; *[life]* klasztorny; *[garden]* ogrodzony; **~ order** Relig zakon klauzurowy; **~ space** przestrzeń zamknięta

enclosure /ɪnˈkləʊʒə(r)/ *n* [1] (space) miejsce *n* ogrodzone; (for animals) zagroda *f*; (at zoo) wybieg *m*; (at sports grounds) sektor *m*; (for racehorses) padok *m* [2] (fence) ogrodzenie *n* [3] (action) (of field, garden, land) (o)grodzenie *n* [4] (document) załącznik *m* [5] GB Hist grodzenie *n* [6] Relig klauzura *f*

encode /ɪnˈkəʊd/ *vt* za|kodować, za|szyfrować *[message]*; Comput za|kodować; **to be ~d in(to) a secret cipher** zostać zapisanym tajnym kodem

encoder /ɪnˈkəʊdə(r)/ *n* Comput koder *m*, urządzenie *n* kodujące; Ling czynny użytkownik *m* języka

encoding /ɪnˈkəʊdɪŋ/ *n* kodowanie *n*

encomium /enˈkəʊmɪəm/ *n* (*pl* **-miums, -mia**) fml panegiryk *m* (**to sb/sth** sławiący kogoś/coś); enkomion *m* ra

encompass /ɪnˈkʌmpəs/ *vt* [1] (take in) ob|jąć, -ejmować *[range of subjects, activities, aspects]*; (mentally) ogarn|ąć, -iać; **no one mind can ~ the whole of human knowledge** żaden umysł nie jest w stanie ogarnąć całości wiedzy ludzkiej [2] (cover) *[empire, forest]* zaj|ąć, -mować, ob|jąć,

E

-ejmować *[surface, area, acres]* [3] (encircle, envelop) *[fence, enemy, wilderness]* ot|oczyć, -aczać; **to ~ sb with protection** otoczyć kogoś opieką

encore /ˈɒŋkɔː(r)/ **I** *n* [1] (extra piece) bis *m*; **to play/sing an ~** zagrać/zaśpiewać na bis; **the band gave three ~s** zespół bisował trzy razy [2] (demand) wołanie *n* o bis; **to get** or **receive an ~** być wywoływanym do bisowania

II *excl* bis!

III *vt* wywoł|ać, -ywać (kogoś) do bisowania *[performer, rock band]*

encounter /ɪnˈkaʊntə(r)/ **I** *n* [1] (meeting) spotkanie *n* **(with sb** z kimś); (experience) kontakt *m*, zetknięcie się *n* **(with sth** z czymś); **a chance ~** przypadkowe spotkanie; **through a chance ~** dzięki przypadkowemu spotkaniu; **casual sexual ~s** przypadkowe kontakty seksualne; **his frequent ~s with the law** jego częste zatargi or kłopoty z prawem; **my first ~ with the works of Tennyson** moje pierwsze zetknięcie się z dziełami Tennysona; **I had a close ~ with a lamp post** hum wpadłem na latarnię; miałem niemiłą przygodę z latarnią, latarnia stanęła mi na drodze hum [2] Mil potyczka *f*; Sport spotkanie *n*

II *vt* [1] (come across) napot|kać, -ykać, spot|kać, -ykać *[person]*; (briefly) nat|knąć, -ykać się na (kogoś) [2] (experience) natrafi|ć, -ać na (coś) *[resistance]*; doświadcz|yć, -ać (czegoś) *[setback]*; sta|nąć, -wać wobec (czegoś) *[new experience, danger, problem]*; spot|kać, -ykać się z (czymś) *[opposition]*; napot|kać, -ykać *[difficulties]* [3] Sport zmierzyć się z (kimś) *[person]*

encounter group *n* Psych grupa *f* terapeutyczna

encourage /ɪnˈkʌrɪdʒ/ *n* [1] (give hope, courage) doda|ć, -wać (komuś) otuchy; (reassure) po|działać zachęcająco na (kogoś); **we haven't been ~d by** or **at the response so far** dotychczasowy odzew nie jest zbyt zachęcający; **to ~ sb to do sth** zachęcić kogoś do zrobienia czegoś; **she ~d me to try again** zachęcała mnie, żebym spróbował jeszcze raz; **these observations ~d him in his belief that...** te obserwacje utwierdziły go w przekonaniu, że... [2] (make bold) ośmiel|ić, -ać, zachęc|ić, -ać *[person]*; **don't ~ him in bad habits** nie namawiaj go do złego; **if you're too lenient you simply ~ them to misbehave** jeśli będziesz zbyt pobłażliwy, rozzuchwalą się; **don't laugh at his jokes, it'll only ~ him!** nie śmiej się z jego dowcipów, bo tylko go prowokujesz! [3] (support) pobudz|ić, -ać *[activity, initiative]*; (make more likely) sprzyjać (czemuś) *[growth, speculation, investment]*; po|działać pobudzająco na (coś) *[industry]*

encouragement /ɪnˈkʌrɪdʒmənt/ *n* [1] (support, inducement) zachęta *f* **(of sb** ze strony kogoś) **(to sb** dla kogoś); **she needed no ~** nie trzeba było jej zachęcać or namawiać; **with no ~ from me** bez żadnej zachęty z mojej strony [2] (heartening) otucha *f*; **to give ~ to sb, to be an ~ to sb** dodawać komuś otuchy [3] (stimulating) popieranie *n* **(of sth** czegoś); poparcie *n* **(of sth** dla czegoś)

encouraging /ɪnˈkʌrɪdʒɪŋ/ *adj* [1] (promising) *[progress, sign]* zachęcający, wiele obiecujący [2] (giving courage, hope) *[news, words]* krzepiący, pokrzepiający; **you might sound a bit more ~!** mógłbyś okazać trochę więcej entuzjazmu!

encouragingly /ɪnˈkʌrɪdʒɪŋlɪ/ *adv [say, smile]* krzepiąco, pokrzepiająco; *[improve, rise]* w sposób wiele obiecujący; **complaints are ~ few** skarg jest niewiele, co napawa optymizmem; **an ~ high percentage** wysoki procent, dobrze wróżący na przyszłość

encroach /ɪnˈkrəʊtʃ/ *vi* [1] **to ~ on sth** (intrude on) *[vegetation]* zar|osnąć, -astać coś *[desert, route]*; *[sea]* podmy|ć, -wać coś, wrzynać się w coś *[land]*; *[enemy]* narusz|yć, -ać granicę czegoś, w|edrzeć, -dzierać się na terytorium czegoś *[country]*; (from all sides) osacz|yć, -ać coś; **his shed ~es on our property** jego szopa wchodzi na nasz teren; **to ~ on sb's territory** or **turf** fig wchodzić komuś w paradę; **to ~ on sb's time** zabierać komuś czas [2] **to ~ on sth** (infringe on) narusz|yć, -ać coś *[rights, privacy, autonomy]* [3] (approach) *[middle age]* zbliż|ać, -yć się

encroachment /ɪnˈkrəʊtʃmənt/ *n* [1] (of vegetation) wdzieranie się *n* **(on sth** na teren czegoś); (of sea) podmywanie *n* **(on sth** czegoś); (by enemy) naruszanie *n* granicy **(on sth** czegoś); **the sea is making gradual ~s on the coastline** morze stopniowo podmywa brzeg [2] (on rights, privacy) naruszenie *n* **(on sth** czegoś); **~s on sb's time** zabieranie komuś czasu

encrust /ɪnˈkrʌst/ *vt* **to be ~ed with sth** być inkrustowanym czymś *[jewels]*; być bogato zdobionym czymś *[ornaments]*; być pokrytym skorupą czegoś *[mud, dried blood]*; być pokrytym warstwą czegoś *[moss, snow]*

encrustation /ˌɪnkrʌsˈteɪʃn/ *n* [1] (of jewels) inkrustacja *f* [2] (of earth, blood, ice) skorupa *f*

encrypt /enˈkrɪpt/ *vt* za|kodować, za|szyfrować *[message]*; Telecom za|kodować; **this channel is ~ed** to jest kanał kodowany

encryption /enˈkrɪpʃn/ *n* Telecom kodowanie *n*

enculturation /ˌenkʌltjʊəˈreɪʃn/ *n* akulturacja *f*

encumber /ɪnˈkʌmbə(r)/ *vt* [1] (burden) **to ~ sb with sth** obarcz|yć, -ać czymś *[duties, family, baggage]*; obciąż|yć, -ać kogoś czymś *[debts, mortgage]* [2] (hamper) przeszk|odzić, -adzać w (czymś) *[efforts]*; za|tamować ruch (czegoś) *[vehicle]*; *[clothes]* krępować *[person]* [3] (fill up) zastawi|ć, -ać *[room, store]* **(with sth** czymś); za|tarasować *[street]* **(with sth** czymś)

encumbrance /ɪnˈkʌmbrəns/ *n* [1] (burden) ciężar *m*, obciążenie *n* **(to sb** dla kogoś) [2] (hindrance) (to movement, to one's freedom) ograniczenie *n* **(to sth** czegoś); (to traffic) przeszkoda *f* **(to sb/sth** dla kogoś/czegoś) [3] Jur obciążenie *n* hipoteczne; **an estate free from ~(s)** posiadłość nieobciążona hipotecznie

encyclical /enˈsɪklɪkl/ **I** *n* encyklika *f*

II *adj* encykliczny

encyclop(a)edia /ɪnˌsaɪkləˈpiːdɪə/ *n* encyklopedia *f*; **she's a walking ~** hum to chodząca encyklopedia

encyclop(a)edic /ɪnˌsaɪkləˈpiːdɪk/ *adj* encyklopedyczny

encyclop(a)edist /ɪnˌsaɪkləˈpiːdɪst/ *n* encyklopedysta *m*

end /end/ **I** *n* [1] (finish, final part) (of week, holiday, journey, game, story, sentence) koniec *m*, zakończenie *n*; (of journey) kres *m*; **'The End'** (of film, book) „Koniec"; **at** or **towards the ~ of the summer/story** pod koniec lata/opowiadania; **by the ~ of the week /year** do końca tygodnia/roku; **it'll be ready by the ~ of the month** będzie gotowe do końca miesiąca; **to put an ~ to sth, to bring sth to an ~** położyć kres czemuś; **to get to the ~ of sth** s|kończyć coś; **to come to an ~** *[patience, resources]* skończyć się, wyczerpać się; *[holiday, war]* dobie|c, -gać końca; **to be at an ~** *[patience, resources]* kończyć się, wyczerpywać się, być na wyczerpaniu; **I'm at the ~ of my strength** sił mi już brak, nie mam więcej siły; **in the ~ I went home** ostatecznie or w końcu poszedłem do domu; **in the ~, at the ~ of the day** (all things considered) ostatecznie, w ostatecznym rozrachunku, koniec końców; **it's the ~ of the line** or **road for the project** to koniec całego przedsięwzięcia; **for days /months on ~** całymi dniami/miesiącami; **there is no ~ to his talent** ma wyjątkowy talent; **no ~ of letters/people** nieprzebrane mnóstwo listów/ludzi; **he went to no ~ of trouble to do it** zadał sobie ogromny trud, żeby to zrobić; **this will please her no ~** ogromnie ją to ucieszy; **that really is the ~!** infml to szczyt wszystkiego! infml; **you really are the ~!** infml rzadki z ciebie okaz! infml; **I'm not going and that's the ~ of that!** nigdzie nie idę i na tym koniec or i już!; **he stood her up once and that was the ~ of him** raz wystawił ją do wiatru i to był jego koniec infml; **just give him the money and let that be an ~ of** or **to it!** daj mu pieniądze i niech wreszcie będzie z tym koniec!; **we'll never hear the ~ of this** to się nigdy nie skończy; **he's a thief – ~ of story!** to złodziej i kwita! [2] (extremity) (of rope, stick, queue, road, table) koniec *m*; (of nose, tail) koniuszek *m*, czubek *m*; (of area) kraniec *m*, kres *m*; (of rope, cable for attachment) końcówka *f*; **at/on the ~ of the road** przy/na końcu drogi; **at** or **on the ~ of the nose** na końcu or czubku nosa; **at the ~ of the garden** na krańcu ogrodu; **the northern ~ of the town** północny kraniec miasta; **the front/back ~ of the car** przód/tył samochodu; **the third from the ~** trzeci od końca; **from one ~ to another** od początku do końca; **from one ~ of the country to the other** od krańca do krańca kraju, jak kraj długi i szeroki; **from ~ to ~** od końca do końca; **we put the tables ~ to ~** zestawiliśmy stoły krótszymi bokami; **he doesn't know one ~ of the engine from the other** fig nie ma zielonego pojęcia o silnikach infml; **to stand sth on (its) ~** postawić coś na sztorc; **that experience stood my pre-**

vious ideas on ~ to doświadczenie kompletnie zachwiało moje dotychczasowe przekonania; **I went ~ over ~ down the slope** US stoczyłem się ze zbocza; **I'm always ~ man when it comes to promotion** US jestem zawsze na szarym końcu, jeśli chodzi o awans [3] (part, side) strona *f*; **she takes care of the business /advertising ~** ona zajmuje się stroną handlową/promocyjną; **things are fine at my/this ~** u mnie/tutaj wszystko jest w porządku; **how does it look from your ~?** jak to wygląda z twojego punktu widzenia?; **to keep one's ~ of the bargain** dotrzymać umowy; **there was silence at the other ~** (in telephone conversation) po drugiej stronie zapanowała cisza [4] (of scale, spectrum) koniec *m*; **at the lower ~ of the social scale** na dole drabiny społecznej; **at the top ~ of the market** *[commodity]* należący do towarów najwyższej jakości; **this suit is from the cheaper** or **bottom ~ of the range** ten garnitur należy do najtańszych z asortymentu [5] (aim) cel *m*; **to this** or **that ~, with this ~ in view** w tym celu; **for political ~s** dla celów politycznych; **to use sth for one's own ~s** wykorzystywać coś dla własnych celów; **an ~ in itself** cel sam w sobie; **a means to an ~** środek do osiągnięcia celu; **does the ~ justify the means?** czy cel uświęca środki? [6] (remaining part) (of rope, string) kawałek *m*; (of meat) resztka *f*; **candle ~** ogarek; **cigarette ~** niedopałek (papierosa) [7] Sport pole *n*; **to change ~s** zmienić pole; **at the Saints' ~** na polu drużyny Saints [8] (death, destruction) koniec *m*, kres *m* (życia); **to meet one's ~** *[person]* zakończyć życie, dokonać żywota liter; **they met a violent ~** umarli śmiercią gwałtowną; **to be nearing one's ~** zbliżać się do kresu życia; **to come to a bad** or **sticky ~** źle skończyć; **and that was the ~ of her** i taki był jej koniec

II *modif [carriage]* ostatni; *[house, seat]* z brzegu

III *vt* s|kończyć, zak|ończyć, -ańczać *[strike, war, search, meeting, programme, match]*; położyć, kłaść kres (czemuś) *[friendship, marriage, rumour]*; **he ~ed his speech with the following words...** zakończył przemówienie następującymi słowami...; **he ~ed his own life, he ~ed it all** skończył ze sobą; **he ~ed his days in hospital** dokonał żywota or swych dni w szpitalu liter; **they ~ed the day in a restaurant** na zakończenie dnia poszli do restauracji; **we ~ed the first half ahead** po pierwszej połowie mieliśmy prowadzenie or byliśmy na prowadzeniu; **the sale to ~ all sales** wyprzedaż, jakiej jeszcze nigdy przedtem nie było; wyprzedaż nad wyprzedaże

IV *vi* [1] (finish in time) *[day, career, meeting, relationship, book, war]* s|kończyć się, zak|ończyć, -ańczać się; *[agreement, contract]* wygas|nąć, -ać; **the concert ~s at eleven** koncert kończy się o jedenastej; **to ~ in sth** skończyć or zakończyć się czymś *[divorce, failure, tragedy]*; **it ~ed in a fight/in victory** skończyło się bójką/zwycięstwem; **it will all ~ in tears** skończy się płaczem, źle się skończy; **to ~ with sth** kończyć się czymś; **the film ~s with the heroine dying** film kończy się śmiercią bohaterki; **it always ~s with me apologizing** to zawsze ja muszę w końcu przepraszać; **the word ~s in** or **with an 'x'** słowo kończy się literą or na literę „x"; **where will it all ~?** czym się to wszystko skończy?, do czego to wszystko doprowadzi? [2] (finish in space) *[line, path, queue]* s|kończyć się

■ **end up**: **~ up [sth]** s|kończyć; **to ~ up (as) president/winner** zostać prezydentem/zwycięzcą; **to ~ up alcoholic** skończyć jako alkoholik; **he ~ed up poor/rich (when he died)** umarł jako bogacz /biedak; **I don't know how he'll ~ up** nie wiem, co z niego będzie; **I ~ed up (by) doing it myself** skończyło się na tym, że sam to zrobiłem, koniec końców sam to zrobiłem; **to ~ up in London** znaleźć się w Londynie; **to ~ up in hospital/prison** trafić do szpitala/więzienia, wylądować w szpitalu/więzieniu infml; **that boy will ~ up in serious trouble** ten chłopak będzie miał poważne kłopoty; **to ~ up with a contract/prize** zdobyć kontrakt /nagrodę; **to ~ up nowhere** niczego nie osiągnąć

IDIOMS: **all's well that ~s well** wszystko dobre, co się dobrze kończy; **to get one's ~ away** vinfml spuścić się vulg; **to keep one's ~ up** infml trzymać się, nie dawać się; nie pękać infml

endanger /ɪnˈdeɪndʒə(r)/ *vt* zagr|ozić, -ażać (komuś/czemuś) *[health, life]*; stanowić zagrożenie dla (kogoś/czegoś) *[environment, species]*; za|szkodzić (komuś/czemuś), nara|zić, -żać na szwank *[career, interests, prospects]*; **an ~ed species** gatunek zagrożony (wymarciem); fig hum gatunek na wymarciu fig

en dash /ˈendæʃ/ *n* Print półpauza *f*

endear /ɪnˈdɪə(r)/ **I** *vt* **to ~ sb to sb** zjedn|ać, -ywać komuś kogoś; **his humour ~ed him to the public** jego poczucie humoru zjednało mu publiczność, poczuciem humoru zjednał sobie publiczność; **what ~s her to me is her honesty** ujmuje mnie w niej uczciwość

II *vr* **to ~ oneself to sb** zaskarbić sobie sympatię kogoś

endearing /ɪnˈdɪərɪŋ/ *adj [habit, personality, smile, quality]* ujmujący; *[remark, child, smile]* uroczy; **there is nothing very ~ about him** nie ma w nim nic szczególnie sympatycznego

endearingly /ɪnˈdɪərɪŋlɪ/ *adv [smile, remark, compliment]* uroczo; *[honest, simple]* ujmująco; *[loyal]* wzruszająco; *[look]* rozbrajająco; **~, she remembered what flowers I liked** to było takie miłe, że pamiętała, jakie kwiaty lubię

endearment /ɪnˈdɪəmənt/ *n* (word) czułe słowo *n*; (gesture) czułości *f pl*; **terms** or **words of ~** czułe słówka, czułostki, czułości

endeavour GB, **endeavor** US /ɪnˈdevə(r)/ **I** *n* [1] (attempt) próba *f* **(to do sth** zrobienia czegoś**)**; staranie *n*, wysiłek *m* **(to do sth** żeby coś zrobić**)**; **to make an ~** or **~s to do sth/at doing sth** próbować or usiłować or starać się coś zrobić; **he made every ~ to help** robił wszystko, żeby pomóc, dokładał wszelkich starań, żeby pomóc; **despite our best ~s** pomimo naszych usilnych starań or ogromnych wysiłków; **in a last ~ to end the strike, the management...** podejmując ostatnią próbę zakończenia strajku, dyrekcja... [2] (striving) dążenia *n pl*; **the futility of all human ~** daremność wszelkich ludzkich poczynań; **a new field of human ~** nowa dziedzina działalności ludzkiej [3] (project) przedsięwzięcie *n*

II *vt* **to ~ to do sth** (make an effort) po|starać się coś zrobić; (try hard) usiłować coś zrobić, s|próbować coś zrobić

endemic /enˈdemɪk/ **I** *n* endemia *f*

II *adj* endemiczny; **malaria is ~ in** or **to this region** malaria jest chorobą endemiczną w tym regionie; **poverty is ~ in** or **to this region** ubóstwo jest powszechne w tym regionie

endgame /ˈendgeɪm/ *n* Games końcówka *f (partii, rozgrywki)*

ending /ˈendɪŋ/ *n* [1] (of book, play, film) zakończenie *n*; **I prefer films with happy ~s** wolę filmy z happy endem; wolę filmy, które dobrze się kończą [2] Ling końcówka *f*; **verb ~s** końcówki czasownikowe

endive /ˈendɪv, US -daɪv/ *n* [1] (curly) endywia *f* [2] US (also **French ~**) cykoria *f*

endless /ˈendlɪs/ *adj* [1] (unlimited) *[energy, patience, stock]* niewyczerpany; *[attempts, possibilities]* niezliczony; *[choice]* nieskończony, nieograniczony; **to go to ~ trouble to do sth** zadawać sobie ogromny trud, żeby coś zrobić [2] (interminable) *[argument, search, job]* niekończący się, wieczny; *[list, line, road]* nieskończenie długi; *[desert]* bezkresny; **to ask ~ questions** zadawać bez końca pytania [3] Tech *[belt, chain]* bez końca

endlessly /ˈendlɪslɪ/ *adv* [1] (infinitely) *[generous, patient, tolerant]* nieskończenie, bezgranicznie; *[extend, stretch]* w nieskończoność; **the plain stretched out ~ before us** przed nami rozciągała się bezkresna równina [2] (incessantly) *[chatter, talk]* bez końca, bez ustanku; (time and time again) *[try, argue]* wiecznie

endline /ˈendlaɪn/ *n* US Sport linia *f* końcowa (boiska)

end matter *n* Publg aneksy *m pl*

endmost /ˈendməʊst/ *adj* (nearest the end) ostatni; (most distant) najdalszy

endocarditis /ˌendəʊkɑːˈdaɪtɪs/ *n* zapalenie *n* wsierdzia

endocardium /ˌendəʊˈkɑːdɪəm/ *n* (*pl* **-cardia**) wsierdzie *n*

endocarp /ˈendəʊkɑːp/ *n* Bot endokarp *m*

endocrine /ˈendəʊkraɪn, -ˌkrɪn/ *adj [gland]* wewnątrzwydzielniczy, dokrewny; *[disorder, system]* hormonalny

endocrinologist /ˌendəʊkrɪˈnɒlədʒɪst/ *n* endokrynolog *m*

endocrinology /ˌendəʊkrɪˈnɒlədʒɪ/ *n* endokrynologia *f*

end of term GB Sch, Univ **I** *n* koniec *m* semestru

II **end-of-term** *modif [exam, report]* semestralny; *[ball, party]* na zakończenie semestru

E

endogamous /en'dɒgəməs/ *adj* endogamiczny

endogamy /en'dɒgəmɪ/ *n* endogamia *f*

endogenous /en'dɒdʒɪnəs/ *adj* endogeniczny, endogenny

endolymph /'endəulɪmf/ *n* endolimfa *f*, śródchłonka *f*

endometriosis /ˌendəumiːtrɪ'əusɪs/ *n* gruczolistość *f* śródmaciczna, endometrioza *f*

endometrium /ˌendəu'miːtrɪəm/ *n* (*pl* **-metria**) śluzówka *f* maciczna, endometrium *n*

endomorph /'endəumɔːf/ *n* endomorfik *m*

endorphin /en'dɔːfɪn/ *n* endorfina *f*

endorse /ɪn'dɔːs/ *vt* [1] (give support) udziel|ić, -ać poparcia (komuś/czemuś), wyra|zić, -żać aprobatę dla (kogoś/czegoś) *[action, candidate]* [2] (approve) zatwierdz|ić, -ać *[document, will, invoice]*; **she has been ~d by the mayor** jej kandydatura została zatwierdzona przez burmistrza [3] Comm (advertise) lansować *[product, brand]* [4] Fin podpis|ać, -ywać na odwrocie *[cheque]*; indosować fml [5] GB Aut *odnotować wykroczenie na prawie jazdy*; **to have one's driving licence ~d** otrzymać punkty karne (za wykroczenie drogowe)

endorsement /ɪn'dɔːsmənt/ *n* [1] (of action, policy) aprobata *f* **(of sth** czegoś**)**; (of candidate) poparcie *n* **(of sb** dla kogoś**)** [2] (of document, will, invoice) zatwierdzenie *n* [3] (of product) lansowanie *n* [4] (of cheque) podpis *m* na odwrocie; indos *m* fml [5] GB Aut adnotacja *f*, wpis *m (o wykroczeniu drogowym)*; **he has had two ~s for speeding** dwukrotnie otrzymał punkty karne za przekroczenie prędkości

endoscope /'endəskəup/ *n* wziernik *m*, endoskop *m*

endoscopy /en'dɒskəpɪ/ *n* endoskopia *f*, wziernikowanie *n*

endoskeleton /'endəuskelɪtn/ *n* kościec *m* wewnętrzny

endothermic /ˌendəu'θɜːmɪk/ *adj* endotermiczny

endow /ɪn'dau/ *vt* [1] (provide income for) wspom|óc, -agać finansowo *[charity, hospital, school]*; (establish by providing funds) u|fundować *[prize, hospital bed, academic post]*; **to ~ a hospice with £1 million** zapisać hospicjum milion funtów [2] (bestow) obdarz|yć, -ać *[person, animal]* **(with sth** czymś**)**; **to be ~ed with sth** być obdarzonym czymś *[ability, talent, attribute]*; być wyposażonym w coś *[facilities]*; **she is well ~ed** infml ona ma czym oddychać infml hum; **he is well ~ed** infml ten to ma się czym pochwalić, natura mu nie poskąpiła hum

endowment /ɪn'daumənt/ *n* [1] (providing for) (of school, hospital, charity) dotowanie *n*, dofinansowywanie *n*; (establishing) (of prize, hospital bed, academic post) ufundowanie *n* [2] (money, property) darowizna *f*; **capital ~** wyposażenie kapitałowe [3] (talent, ability) przyrodzony dar *m*; (ability) uzdolnienie *n*

endowment insurance *n* ubezpieczenie *n* na życie z rentą kapitałową

endowment mortgage *n* hipoteka *f* spłacana z wypłaty ubezpieczenia na życie

endowment policy *n* = **endowment insurance**

endpaper /'endpeɪpə(r)/ *n* Publg wyklejka *f*, forzac *m*

end product *n* Comm produkt *m* końcowy; fig wynik *m* końcowy

end result *n* wynik *m* or rezultat *m* końcowy

end table *n* US niski stolik *m (ustawiany przy stole)*

endue /ɪn'djuː/ *vt* fml **to ~ sb with sth** obdarz|yć, -ać kogoś czymś *[attribute, quality]*; przyda|ć, -wać komuś czegoś *[importance]*; **to be ~d with an aura of mystery** być otoczonym aurą tajemniczości

endurable /ɪn'djuərəbl, US -'duə-/ *adj [pain, life]* znośny; *[ordeal, hardship]* możliwy do zniesienia; **scarcely ~** prawie nie do zniesienia; **the noise/pain was no longer ~** hałas/ból stał się nie do zniesienia, hałasu/bólu nie dało się dłużej znieść

endurance /ɪn'djuərəns, US -'duə-/ *n* (physical) wytrzymałość *f*, odporność *f* **(of sth** na coś**)**; **to test sb's powers of ~ to the full** wystawić wytrzymałość kogoś na ciężką próbę; **to show great powers of ~** wykazać niezwykłą odporność or wytrzymałość; **past** or **beyond (all) ~** *[rudeness, pain]* nie do zniesienia; **to provoke sb beyond ~** doprowadzić kogoś do ostateczności

endurance test *n* Sport, Mil sprawdzian *m* wytrzymałości; Aut, Aviat test *m* wytrzymałościowy; Tech (of material) próba *f* zmęczeniowa; hum ciężka próba *f*

endure /ɪn'djuə(r), US -'duər/ **I** *vt* [1] (suffer) zn|ieść, -osić *[hardship, pain, suffering]*; wy|cierpieć *[poverty]*; **the country had ~d ten years of constant war** kraj wycierpiał 10 lat ciągłej wojny; **the firm ~d heavy financial losses** firma poniosła duże straty finansowe [2] (tolerate) zn|ieść, -osić *[behaviour, person, sight]*; **I can't ~ seeing** or **to see children suffer** nie mogę znieść widoku cierpiących dzieci [3] (withstand) przetrzym|ać, -ywać *[attack]*; zn|ieść, -osić *[imprisonment]*

II *vi* (last) *[love, memory]* prze|trwać; **I don't think I can ~ much longer** chyba już dłużej nie wytrzymam

enduring /ɪn'djuərɪŋ, US -'duə-/ *adj [memories, influence, peace]* trwały; *[government, regime]* stabilny; *[tradition, poverty, agony, friendship]* długotrwały; *[pain, shortages]* uporczywy, ciągły; *[fame]* nieprzemijający

enduringly /ɪn'djuərɪŋlɪ, US -'duə-/ *adv [popular, influential, stubborn]* stale, niezmiennie

end user *n* Comm, Comput użytkownik *m* końcowy

endways /'endweɪz/ *adv* US [1] (upright) pionowo, na sztorc [2] (lengthwise) *[look]* z boku [3] (end to end) końcami do siebie

endwise /'endwaɪz/ *adv* = **endways**

enema /'enɪmə/ *n* Med lewatywa *f*; enema *f* ra; **to give sb an ~** zrobić komuś lewatywę

enemy /'enəmɪ/ **I** *n* [1] (adversary) wróg *m*; **he's my worst/deadly ~** on jest moim największym/śmiertelnym wrogiem; **ignorance is the ~ of progress** niewiedza jest wrogiem postępu; **to make enemies** na|robić or napytać sobie wrogów; **to make an ~ of sb** uczynić or zrobić sobie z kogoś wroga; **his arrogance made him many enemies** przez arogancję narobił sobie wielu wrogów; **public ~ number one** wróg publiczny numer jeden; **the ~ within** wróg wewnętrzny; piąta kolumna fig; **I wouldn't wish such a fate on my worst ~** nie życzyłbym takiego losu najgorszemu wrogowi; **he is his own worst ~** on jest sam swoim największym wrogiem; **'know your ~'** (as advice) „trzeba mieć rozeznanie przeciwnika" [2] Mil **the ~** (+ *v sg/pl*) nieprzyjaciel *m*, wróg *m*; **the enemy was** or **were forced back** nieprzyjaciel został zmuszony do odwrotu; **to go over to the ~** przejść na stronę wroga; fig przejść na stronę przeciwnika

II *modif [forces, aircraft, territory]* nieprzyjacielski; wraży liter; *[propaganda]* wrogi; **the ~ agents** agenci wroga; **~ alien** obywatel wrogiego państwa; **killed by ~ action** zabity przez nieprzyjaciela or wroga; **under ~ occupation** pod okupacją nieprzyjaciela; **~-occupied territory** obszar zajęty or okupowany przez wroga

energetic /ˌenə'dʒetɪk/ *adj* [1] (full of life) *[person]* energiczny; *[politician, manager]* dynamiczny; *[old man]* żwawy, dziarski; *[child, dog]* żywy, ruchliwy; **I'm not feeling very ~ today** brak mi dziś energii [2] (requiring energy) *[exercise]* forsowny; *[vacation]* aktywny; **jogging is too ~ for me** jogging jest dla mnie zbyt forsowny [3] (vigorous) *[administration, campaign, reforms]* dynamiczny; *[measures]* zdecydowany, energiczny; *[denial, refusal]* stanowczy; *[protest]* energiczny, gwałtowny; *[debate]* ożywiony

energetically /ˌenə'dʒetɪklɪ/ *adv [work, exercise, act]* energicznie, z energią; *[dance]* z werwą, z wigorem; *[argue, speak]* ze swadą; *[deny]* stanowczo; *[promote, publicize]* z rozmachem; **to stride ~** kroczyć energicznie or zamaszyście

energetics /ˌenə'dʒetɪks/ *n* Phys (+ *v sg*) energetyka *f*

energize /'enədʒaɪz/ *vt* [1] (invigorate) *[food, medicine, rest]* wzm|ocnić, -acniać *[person, body]*; *[challenge]* pobudz|ić, -ać do działania *[person]*; pobudz|ić, -ać *[mind]* [2] Elec zasil|ić, -ać energią

energizer /'enədʒaɪzə(r)/ *n* (drink) napój *m* energetyczny

energizing /'enədʒaɪzɪŋ/ *adj [foods, vitamins]* wzmacniający; *[shower]* orzeźwiający; *[influence, work]* mobilizujący

energy /'enədʒɪ/ **I** *n* [1] (strength, vitality) energia *f*, siła *f*; **to work off surplus ~** spalać nadmiar energii; **to be full of ~** być pełnym energii, tryskać energią; **to have the ~ to do sth** mieć siły coś zrobić; **to focus one's energies on sth** skoncentrować energię or siły na czymś; **to devote all one's energies to sth/to doing sth** poświęcić całą energię or wszystkie siły na coś/na zrobienie czegoś; **it would be a waste of time and ~** szkoda czasu i energii; **to save one's ~** oszczędzać siły [2] (power, fuel) energia *f*; **nuclear/solar ~** energia atomowa/słoneczna; **to save /waste ~** oszczędzać/marnować energię; **the Department of Energy** Ministerstwo Energetyki; **Energy Secretary** or **Minister** minister do spraw energetyki [3] Phys

energia *f*; **kinetic/potential ~** energia kinetyczna/potencjalna
II *modif [band, gap]* energetyczny; *[crisis]* paliwowy

energy audit *n* ocena *f* zużycia energii

energy-consuming /ˈenədʒɪkənsjuːmɪŋ, US -suːmɪŋ/ *adj* energochłonny

energy consumption *n* zużycie *n* energii

energy efficiency *n* sprawność *f* watogodzinowa

energy level *n* Phys poziom *m* energetyczny

energy resources *npl* zasoby *m pl* energetyczne

energy saving **I** *n* oszczędność *f* energii
II **energy-saving** *adj [device]* energooszczędny; **~ measures** metody ograniczenia zużycia energii

enervate /ˈenəveɪt/ *vt* osłab|ić, -iać, pozbawi|ć, -ać (kogoś) sił; **he was ~d by his long illness/by heat** był osłabiony długą chorobą/upałem

enervating /ˈenəveɪtɪŋ/ *adj [illness]* wycieńczający; *[atmosphere, heat]* męczący

enfeeble /ɪnˈfiːbl/ *vt* wycieńczy|ć, -ać *[person]*; osłabi|ć, -ać *[memory, nation, economy]*; **~d by age and illness** zniedołężniały z powodu podeszłego wieku i choroby

enfeeblement /ɪnˈfiːblmənt/ *n* osłabienie *n*; fig niemoc *f*

enfilade /ˌenfɪˈleɪd/ Mil **I** *n* ogień *m* flankowy or skrzydłowy; amfilada *f* dat
II *vt* ostrzel|ać, -iwać (kogoś) ogniem flankowym

enfold /ɪnˈfəʊld/ *vt* [1] (embrace) obj|ąć, -ejmować; **to ~ sb in** or **with one's arms** wziąć kogoś w ramiona [2] (envelop) *[smell]* owi|onąć, -ewać; *[mist, darkness]* spowi|ć, -jać

enforce /ɪnˈfɔːs/ *vt* [1] (make effective) wprowadz|ić, -ać w życie *[rule, policy, decision]*; (cause to be obeyed) wy|egzekwować *[court order, payment, discipline]* [2] (impose by force) narzuc|ić, -ać *[rule]*; wymu|sić, -szać *[obedience, discipline]*; **to ~ sth on sb** zmusić kogoś do czegoś; **to ~ silence on sb** zmusić kogoś do milczenia; **to ~ one's will** narzucić swoją wolę [3] (strengthen) stanowić potwierdzenie (czegoś), przemawiać za (czymś) *[opinion, theory]*

enforceable /ɪnˈfɔːsəbl/ *adj* możliwy do wyegzekwowania; Jur *[law, ruling, decision]* wykonalny; **the rule is not ~** tego przepisu nie da się wyegzekwować

enforced /ɪnˈfɔːst/ *adj [idleness, isolation, resignation, abstinence]* przymusowy; *[discipline]* narzucony

enforcement /ɪnˈfɔːsmənt/ **I** *n* (of law, policy, decision) wprowadzanie *n* w życie; (of regulation, discipline) egzekwowanie *n*; **~ of obedience** zmuszanie do posłuszeństwa
II *modif* **~ action, ~ measures** Jur środki przymusu; **~ agencies** US organy ścigania

enfranchise /ɪnˈfræntʃaɪz/ *vt* [1] (grant right to vote to) nada|ć, -wać (komuś) prawo wyborcze; (give political rights to) przyzna|ć, -wać (komuś) prawa polityczne [2] (emancipate) wyzw|olić, -alać *[slave]*; (under feudal system) uw|olnić, -alniać od poddaństwa *[serf]*; (give land to) uwłaszcz|yć, -ać

enfranchisement /ɪnˈfræntʃaɪzmənt/ *n* [1] Pol (by right to vote) nadanie *n* prawa wyborczego; (by giving equal rights) równouprawnienie *n*, zrównanie *n* w prawach [2] (emancipation) (of slave) wyzwolenie *n*; (of peasants) uwolnienie *n* od poddaństwa; (by giving land) uwłaszczenie *n*

engage /ɪnˈgeɪdʒ/ **I** *vt* [1] fml (interest, attract) za|interesować *[person]*; przyciąg|nąć, -ać *[attention]*; wzbudz|ić, -ać *[interest, sympathy]*; zaj|ąć, -mować *[imagination, thoughts]*; **to ~ sb in conversation** zająć kogoś rozmową, nawiązać z kimś rozmowę; **to be ~d in conversation** być zajętym rozmową; **to be otherwise ~d** mieć inne zobowiązania [2] (involve) **to ~ sb in sth** wciąg|nąć, -ać kogoś do czegoś *[conspiracy, struggle]*; **to be ~d in sth** zajmować się czymś *[activity, research]*; być zaangażowanym w coś, zaangażować się w coś *[conspiracy, struggle]*; **to be ~d in discussions /negotiations** brać udział w rozmowach /negocjacjach, prowadzić rozmowy/negocjacje [3] (employ) zatrudni|ć, -ać, za|angażować *[lawyer, interpreter, cleaner]*; **to ~ sb as a governess** zatrudnić or zaangażować kogoś w charakterze guwernantki; **to ~ sb to decorate the house** zatrudnić kogoś do remontu domu; **to ~ sb's services** skorzystać z usług kogoś [4] Mech włącz|yć, -ać *[clutch, gear]*; sprząc, sprzęg|nąć, -ać *[cog-wheels, parts of machine]* [5] Mil zetrzeć, ścierać się z (kimś, czymś) *[troops, army]* [6] dat (book) za|rezerwować *[room, table]*
II *vi* fml [1] (take part) **to ~ in sth** zaj|ąć, -mować się czymś *[activity, research, gossip]*; za|angażować się w coś *[campaign, controversy, dubious business]*; pod|jąć, -ejmować *[dialogue, discussion, polemic]* [2] (deal with) **to ~ with sb/sth** po|radzić sobie z kimś /czymś *[problem, situation, critics]* [3] Mil **to ~ with sb/sth** nawiąz|ać, -ywać walkę z kimś/czymś *[army, troops, forces]*; **to ~ in combat/hostilities** podjąć walkę/działania wojenne [4] arch (pledge) **to ~ to do sth** poprzysi|ąc, -ęgać, że się coś zrobi liter [5] Mech *[clutch]* w|ejść, -chodzić; *[cog-wheel]* zazębi|ć, -ać się; *[automatic lock]* zask|oczyć, -akiwać

engaged /ɪnˈgeɪdʒd/ *adj* [1] (before marriage) zaręczony; **to be ~** być zaręczonym **(to sb** z kimś**)**; **to get ~** zaręczyć się **(to sb** z kimś**)**; **we were ~ for three years before getting married** byliśmy zaręczeni przez trzy lata, zanim pobraliśmy się; **the ~ couple** narzeczeni [2] *[line, number, taxi, toilet]* zajęty

engaged tone *n* GB sygnał *m* zajęty; **I keep getting an ~** numer jest ciągle zajęty

engagement /ɪnˈgeɪdʒmənt/ *n* [1] fml (appointment) (umówione) spotkanie *n*; (of performer, artist) występ *m*; (arrangement to do sth) zobowiązania *n pl*; **a prior** or **previous ~** wcześniejsze zobowiązania/wcześniej umówione spotkanie; **official** or **public ~s** oficjalne spotkania or obowiązki; **I have a dinner ~ on Friday** jestem umówiony na kolację w piątek [2] (before marriage) (pledge) zaręczyny *plt*; (period) narzeczeństwo *n*; **to break off one's ~** zerwać zaręczyny [3] Mil (battle) bitwa *f*, potyczka *f* **(with sb/sth** z kimś/czymś**)** [4] (employment) zatrudnienie *n*, zaangażowanie *n*; (of artist, performer) angaż *m* [5] arch fml (promise) zobowiązanie *n* **(to do sth** (do) zrobienia czegoś**)**

engagement book *n* terminarz *m*; (small) terminarzyk *m*

engagement diary *n* = **engagement book**

engagement ring *n* pierścionek *m* zaręczynowy

engaging /ɪnˈgeɪdʒɪŋ/ *adj [person, manner, smile]* ujmujący, sympatyczny; *[concept, novel, play]* ciekawy, zajmujący

engagingly /ɪnˈgeɪdʒɪŋlɪ/ *adv [behave, smile]* ujmująco; *[write]* ciekawie, zajmująco

engender /ɪnˈdʒendə(r)/ *vt [conditions, event]* być źródłem (czegoś), z|rodzić *[conflict, feeling]*; **we are trying to ~ a sense of responsibility in young people** staramy się wyrobić poczucie obowiązku w młodych ludziach

engine /ˈendʒɪn/ *n* [1] (motor) silnik *m*, motor *m*; **steam ~** maszyna parowa; **jet ~** silnik odrzutowy; **to be the ~ of change** fig być motorem zmian fig [2] Rail (locomotive) lokomotywa *f*; **diesel ~** lokomotywa spalinowa; **steam ~** lokomotywa parowa, parowóz; **to sit facing/with one's back to the ~** siedzieć przodem/tyłem do kierunku jazdy [3] Hist **~ of war** machina *f* oblężnicza

engine driver *n* Rail maszynista *m*

engineer /ˌendʒɪˈnɪə(r)/ **I** *n* [1] (graduate) inżynier *m*; **electrical/mechanical ~** inżynier elektryk/mechanik [2] (in factory) mechanik *m*, monter *m*; (on ship) mechanik *m*; **chief ~** Naut pierwszy mechanik [3] (for maintenance) monter *m*, technik *m*; **heating /telephone ~** monter centralnego ogrzewania/sieci telefonicznej [4] Mil saper *m*, żołnierz *m* wojsk inżynieryjnych; **the (Royal) Engineers** (królewskie) wojska inżynieryjne [5] US Rail maszynista *m*
II *vt* [1] (plot, contrive) u|knuć, ukartować *[plot, revolt, scheme]*; doprowadz|ić, -ać do (czegoś) *[success, truce]* [2] (construct) s|konstruować

engineering /ˌendʒɪˈnɪərɪŋ/ *n* [1] (subject, science) inżynieria *f*; **civil/chemical ~** inżynieria lądowa/chemiczna; **electrical ~** elektrotechnika; **a feat of ~** cud techniki [2] (industry) przemysł *m* maszynowy [3] (structure) konstrukcja *f*

engineering and design department *n* Ind biuro *n* projektów *(w zakładzie przemysłowym)*

engineering company *n* biuro *n* projektowania maszyn i urządzeń

engineering course *n* kurs *m* (poli)techniczny

engineering degree *n* Univ dyplom *m* inżyniera

engineering department *n* Univ wydział *m* inżynieryjny

engineering drawing *n* rysunek *m* techniczny maszynowy

engineering factory *n* = **engineering works**

engineering industry *n* przemysł *m* maszynowy

engineering science *n* Univ inżynieria *f*

engineering student *n* Univ student *m*, -ka *f* wydziału inżynieryjnego

engineering worker *n* robotnik *m* przemysłu maszynowego
engineering works *n* zakład *m* przemysłu maszynowego
engine failure *n* defekt *m* silnika
engine house *n* US [1] Rail lokomotywownia *f*, parowozownia *f* [2] (for fire engine) remiza *f* strażacka
engine oil *n* olej *m* silnikowy
engine room *n* Tech maszynownia *f*; **the ~ of the economy** fig siła napędowa gospodarki
engine shed *n* GB Rail lokomotywownia *f*, parowozownia *f*
England /ˈɪŋglənd/ *prn* Anglia *f*
English /ˈɪŋglɪʃ/ **I** *n* [1] Ling (język *m*) angielski *m*; **the Queen's/King's ~** wzorcowa angielszczyzna; **to read ~** Univ studiować filologię angielską [2] **the ~** (+ *v pl*) Anglicy *m pl*
II *adj [countryside, accent]* angielski; **~ lesson/textbook** lekcja/podręcznik (do) języka angielskiego
english /ˈɪŋglɪʃ/ *n* US (in billiards) podkręcenie *n* (bili); **to put some ~ on a ball** podkręcić bilę
English as a Foreign Language, EFL *n* angielski *m* jako język obcy
English as a Second Language, ESL *n* angielski *m* jako język drugi
English bond *n* Constr wiązanie *n* wozówkowo-główkowe
English breakfast *n* śniadanie *n* angielskie *(zwykle z jajkami na bekonie, tostami)*
English Channel *prn* **the ~** Kanał *m* La Manche
English for Special Purposes, ESP *n* angielski *m* specjalistyczny
English Heritage *prn* GB *organizacja działająca na rzecz ochrony dziedzictwa historycznego*
English Language Teaching, ELT *n* nauczanie *n* języka angielskiego
Englishman /ˈɪŋglɪʃmən/ *n* (*pl* **-men**) Anglik *m*
IDIOMS: **an ~'s home is his castle** Prov ≈ dom Anglika jest jego twierdzą
Englishness /ˈɪŋglɪʃnɪs/ *n* angielskość *f*; (of behaviour, custom) angielska cecha *f*; **he was proud of his ~** był dumny z tego, że jest Anglikiem
English rose *n* młoda Angielka *f (o jasnej, delikatnej cerze)*
English speaker *n* osoba *f* władająca językiem angielskim; Ling użytkownik *m* języka angielskiego; **applicants must be fluent ~s** kandydaci muszą biegle władać językiem angielskim
English-speaking /ˈɪŋglɪʃspiːkɪŋ/ *adj [country, community, world]* anglojęzyczny; *[guide, secretary]* mówiący po angielsku
English walnut *n* US orzech *m* włoski
Englishwoman /ˈɪŋglɪʃwʊmən/ *n* (*pl* **-women**) Angielka *f*
Eng Lit /ˈɪŋglɪt/ *n* = **English Literature** literatura *f* angielska
engraft /ɪnˈgrɑːft, US -ˈgræft/ *vt* zaszcze|pić, -piać *[scion]* **(on sth** na czymś); przeszcze|pić, -piać *[piece of skin]*; **to ~ sth in sb** fig zaszczepić *or* wszczepić coś komuś
engram /ˈengræm/ *n* ślad *m* pamięciowy, engram *m*
engrave /ɪnˈgreɪv/ *vt* [1] (carve) wy|grawerować, wy|ryć, rytować *[words, design, inscription]*; ozd|obić, -abiać (coś) rytem *or* grawerunkiem *[metal, stone]*; **the bracelet was ~d with her name** na bransolecie było wyryte *or* wygrawerowane jej imię; **the words were ~d on** *or* **in his memory** fig te słowa wryły mu się w pamięć; **his face will be ~d on my mind forever** fig na zawsze zapamiętam jego twarz [2] Print odbi|ć, -jać (coś) z płyty graficznej *[characters, design]*
engraver /ɪnˈgreɪvə(r)/ *n* grawer *m*, -ka *f*, rytownik *m*
engraving /ɪnˈgreɪvɪŋ/ *n* [1] (process) grawerowanie *n*; (art) grawerstwo *n* [2] (design) grawerunek *m* [3] (print) grafika *f*; (old) sztych *m*; grawiura *f* dat; **wood ~** drzeworyt; **steel ~** staloryt
engraving plate *n* płyta *f* graficzna
engross /ɪnˈgrəʊs/ *vt* [1] za|absorbować *[person]*; trzymać w napięciu *[audience]*; **to be ~ed in sth** być pochłoniętym czymś *[book, spectacle, work]*; być zaabsorbowanym czymś *[problem, work]* [2] Jur z|robić ostateczną redakcję (czegoś) *[legal document]* [3] US z|monopolizować *[market]*
engrossing /ɪnˈgrəʊsɪŋ/ *adj [book, programme]* wciągający, zajmujący; *[problem, work]* absorbujący
engrossment /ɪnˈgrəʊsmənt/ *n* Jur ostateczna redakcja *f*
engulf /ɪnˈgʌlf/ *vt [sea, waves]* pochł|onąć, -aniać; *[lava, mud, waves]* zal|ać, -ewać; *[fire, emotion, panic]* ogar|nąć, -niać; *[darkness, silence]* zale|c, -gać w (czymś), zapa|ść, -dać w (czymś) *[house, forest]*; **revolution ~ed the country** kraj ogarnęła rewolucja; **he was ~ed by hatred/grief** ogarnęła go nienawiść/ogarnął go smutek
enhance /ɪnˈhɑːns, US -ˈhæns/ *vt* [1] (improve) zwiększ|yć, -ać *[prospects, chances]*; popra|wi|ć, -ać *[reputation, reception, appearance, taste]*; rozszerz|yć, -ać, zwiększ|yć, -ać *[privileges, rights, authority, power]*; pod|nieść, -nosić *[status]*; wzm|ocnić, -acniać *[position]*; s|potęgować *[impression]*; uwydatni|ć, -ać *[beauty]*; wy|retuszować *[photo]* [2] (increase) podn|ieść, -osić *[value, prices, salary]*
enhancement /ɪnˈhɑːnsmənt, US -ˈhæns-/ *n* (of prospects, reputation) poprawa *f*; (of rights, privileges, authority, power) rozszerzenie *n*, zwiększenie *n*; (of status, pension, salary) podniesienie *n*; (of beauty, quality) uwydatnienie *n*; (of impression) spotęgowanie *n*
enharmonic /ˌenhɑːˈmɒnɪk/ *adj* enharmoniczny
enigma /ɪˈnɪgmə/ *n* zagadka *f*; **she's an ~ to me** ona jest dla mnie zagadką
enigmatic /ˌenɪgˈmætɪk/ *adj [smile]* zagadkowy; *[statement]* enigmatyczny; *[personality]* tajemniczy; **don't be so ~!** nie bądź taki tajemniczy!
enigmatically /ˌenɪgˈmætɪklɪ/ *adv* zagadkowo, enigmatycznie
enjambement /ɪnˈdʒæmmənt/ *n* Literat przerzutnia *f*; enjambement *m inv* ra
enjoin /ɪnˈdʒɔɪn/ *vt* (order, urge) wymagać (czegoś) *[discipline, obedience]* **(on sb** od kogoś); nakaz|ać, -ywać *[silence, discretion]* **(on sb** komuś); zalec|ić, -ać *[caution, discretion]* **(on sb** komuś); **to ~ sb to do sth** nakazać komuś coś zrobić *or* zrobienie czegoś; **to ~ sb not to do sth, to ~ sb from doing sth** US zabraniać komuś coś zrobić *or* zrobienia czegoś
enjoy /ɪnˈdʒɔɪ/ **I** *vt* [1] (get pleasure from) lubić *[reading, swimming, sport, hobby]*; **I ~ cooking/gardening** lubię gotować/pracę w ogródku; **don't worry, I'll ~ looking after Robert** nie martw się, z przyjemnością zajmę się Robertem; **she ~s life** ona kocha życie; **he knows how to ~ life** potrafi korzystać z życia; **I ~ed the film /concert** podobał mi się film/koncert; **I ~ed my day in London** spędziłem w Londynie bardzo przyjemny dzień; **I didn't ~ the party** źle się bawiłem na przyjęciu; **did you ~ the holiday/weekend?** czy miałeś udane wakacje/udany weekend?; **thank you for a wonderful evening, we really ~ed it!** dziękujemy za cudowny wieczór, naprawdę doskonale się bawiliśmy!; **the tourists are ~ing the good weather** turyści korzystają z pięknej pogody; **~ your meal!** smacznego!; **did you ~ the meal?** czy jedzenie ci smakowało?; **~ our hotel's excellent restaurant** zapraszamy do naszej znakomitej restauracji hotelowej; **he ~ed a meal /coffee in the restaurant** zjadł posiłek /wypił kawę w restauracji [2] (benefit from) korzystać z (czegoś) *[rights, privileges, benefit]*; cieszyć się (czymś) *[good health, popularity]*; mieć *[paid holiday, advantage]*; **the film ~ed great success** film odniósł wielki sukces
II *vi* US **~!** baw się dobrze!
III *vr* **to ~ oneself** dobrze się bawić, przyjemnie spędzać czas; **to ~ oneself doing sth** z upodobaniem *or* z przyjemnością coś robić; **~ yourselves!** bawcie się dobrze!
enjoyable /ɪnˈdʒɔɪəbl/ *adj [activity, occasion, weekend]* przyjemny, miły; **this was a very ~ film** to był uroczy film
enjoyably /ɪnˈdʒɔɪəblɪ/ *adv [chat, dine]* miło, przyjemnie; **we spent the afternoon ~ down by the lake** miło *or* przyjemnie spędziliśmy popołudnie nad jeziorem
enjoyment /ɪnˈdʒɔɪmənt/ *n* [1] (pleasure) przyjemność *f*, radość *f*; **to do sth for ~** robić coś dla przyjemności; **to get ~ from sth** bardzo lubić coś, czerpać radość z czegoś; **to get ~ from doing sth** z przyjemnością coś robić, znajdować przyjemność w robieniu czegoś; **she gets a lot of ~ from** *or* **out of reading** czytanie sprawia jej ogromną przyjemność; **to spoil sb's ~** zepsuć komuś przyjemność; **much to our ~** ku naszej wielkiej radości, ku naszemu wielkiemu zadowoleniu [2] (enjoyable activity) przyjemność *f*; **golf and bridge are his main ~s** golf i brydż to jego główne przyjemności [3] fml (of privileges, rights) korzystanie *n* **(of sth** z czegoś)
enlarge /ɪnˈlɑːdʒ/ **I** *vt* [1] (make larger) powiększ|yć, -ać *[area, building, breasts, capacity]*; zwiększ|yć, -ać *[number, population, staff]*; rozszerz|yć, -ać *[sphere of knowledge, influence, pupils]*; rozwi|nąć, -jać *[business, firm, muscles]* [2] Phot powiększ|yć, -ać,

z|robić powiększenie (czegoś) *[photograph, document]*
II *vi* [1] (get bigger) *[space, influence, majority]* zwiększ|yć, -ać się; *[circle of friends, hole]* powiększ|yć, -ać się; *[population, numbers]* wzr|osnąć, -astać; *[business, firm]* rozwi|nąć, -jać się [2] Med *[liver, muscle]* powiększ|yć, -ać się; *[pupil]* rozszerz|yć, -ać się [3] (explain) **to ~ on sth** rozwi|nąć, -jać *[subject, theory]*; **can you ~ on what has already been said?** czy możesz coś dodać do tego, co zostało już powiedziane?; **she did not ~ on what she meant by 'unsuitable'** nie sprecyzowała, co ma na myśli, mówiąc „nieodpowiedni"
III enlarged *pp adj* [1] Med *[pore, pupil]* rozszerzony; *[liver, muscle]* przerośnięty, powiększony; *[tonsils]* powiększony; *[joint]* zgrubiały [2] *[photograph]* powiększony; **a new ~d edition** nowe, rozszerzone wydanie

enlargement /ɪn'lɑːdʒmənt/ *n* [1] (increase in size) (of territory, empire, breasts) powiększenie *n*; (of number, membership, capacity) zwiększenie *n*, rozszerzenie *n*; (of influence, knowledge, opening) poszerzenie *n*; (of business) rozwój *m* [2] Phot powiększenie *n* [3] Med (of liver, muscles, heart) przerost *m*, hipertrofia *f*; (of pupils) rozszerzenie *n*; (of joint) zgrubienie *n*

enlarger /ɪn'lɑːdʒə(r)/ *n* Phot powiększalnik *m*

enlighten /ɪn'laɪtn/ *vt* oświec|ić, -ać fml or iron *[people, population]*; **to ~ sb on sth** objaśnić komuś coś; **I'm waiting to be ~ed** iron proszę mnie oświecić iron; **I tried to ~ him as to the true state of affairs** próbowałem mu wyjaśnić, jak się faktycznie sprawy mają; **I'm no more ~ed now than I was at the beginning** wiem tyle, co na początku

enlightened /ɪn'laɪtnd/ *adj [person, mind]* oświecony, światły; *[opinion, policy]* postępowy; *[decision]* mądry; **~ despotism** despotyzm oświecony; **in these ~ days, in this ~ age** iron w tych czasach postępu

enlightening /ɪn'laɪtnɪŋ/ *adj [book, conversation]* pouczający

enlightenment /ɪn'laɪtnmənt/ **I** *n* (edification) oświecenie *n*; (clarification) wyjaśnienie *n* **(on sth** czegoś); **I turned to her for ~** zwróciłem się do niej, żeby mi wyjaśniła or żeby mnie oświeciła iron; **for your ~** gwoli wyjaśnienia
II Enlightenment *prn* **the (Age of) Enlightenment** oświecenie *n*, wiek *m* oświecenia
III Enlightenment *modif [epoch, author]* oświeceniowy

enlist /ɪn'lɪst/ **I** *vt* [1] Mil z|werbować; **to ~ sb in(to) the army** zwerbować kogoś do wojska [2] fig z|werbować, pozysk|ać, -iwać *[helpers, members, volunteers]*; zjedn|ać, -ywać sobie *[supporters]*; **to ~ sb's help /cooperation** pozyskać pomoc/współpracę kogoś; **to ~ sb to do sth** poprosić kogoś o pomoc w czymś or w zrobieniu czegoś
II *vi* Mil zaciąg|nąć, -ać się; **he ~ed in the navy** zaciągnął się do marynarki wojennej

enlisted man *n* US Mil szeregowy *m*, żołnierz *m*

enlistment /ɪn'lɪstmənt/ *n* [1] Mil zaciąg *m*, pobór *m*, werbunek *m* [2] fig (of volunteers) werbowanie *n*; (of support) pozyskiwanie *n*

enliven /ɪn'laɪvn/ *vt* ożywi|ć, -ać *[room, place, conversation]*; **he ~ed his speech with some witty anecdotes** okrasił przemówienie kilkoma dowcipnymi anegdotami

en masse /ˌɒn'mæs/ *adv* (in a crowd) masowo; (all together) jak jeden mąż, en masse

enmesh /ɪn'meʃ/ *vt* **to become ~ed in sth** zapląt|ać, -ywać się w coś *[net, rope]*; u|wikłać się w coś *[conflict]*; **to be ~ed in a family feud** być uwikłanym w kłótnię rodzinną

enmity /'enmətɪ/ *n* wrogość *f* **(towards** or **for sb/sth** w stosunku do kogoś/czegoś); **personal/old enmities** osobiste/dawne antagonizmy

ennoble /ɪ'nəʊbl/ *vt* [1] nada|ć, -wać (komuś) tytuł szlachecki, nobilitować [2] fig uszlachetni|ć, -ać *[person]*; kształcić, uwzniośl|ić, -ać *[character, mind]*

Enoch /'iːnɒk/ *prn* Bible Henoch *m*

enological *adj* US = **oenological**

enologist *n* US = **oenologist**

enology *n* US = **oenology**

enormity /ɪ'nɔːmətɪ/ *n* [1] (of disaster, problem, responsibility, task) ogrom *m*; (of crime) potworność *f* [2] fml (crime) haniebna or potworna zbrodnia *f* [3] (mistake) poważne uchybienie *n*

enormous /ɪ'nɔːməs/ *adj* ogromny, olbrzymi; **an ~ amount of sth** ogromna ilość czegoś; **an ~ number of people** ogromna liczba ludzi; **it makes an ~ difference** to kolosalna or ogromna różnica; **to his ~ delight** ku jego wielkiej radości

enormously /ɪ'nɔːməslɪ/ *adv [change, enjoy, vary]* ogromnie; *[complex, rich]* niezmiernie; *[big, long]* niezwykle; **he is ~ fat** jest niesamowicie gruby; **I like him ~** szalenie go lubię; **we enjoyed ourselves ~** bawiliśmy się doskonale; **I'm not ~ optimistic about your promotion prospects** nie jestem zbytnim optymistą, jeśli chodzi o twoje szanse na awans

enough /ɪ'nʌf/ **I** *pron, det* dość (czegoś), dosyć (czegoś), wystarczająco dużo (czegoś); **'do you need any more chairs /paper' – 'no, I have ~'** „czy potrzebujesz więcej krzeseł/papieru" – „nie, mam dosyć or wystarczająco dużo"; **will 10 be ~?** czy wystarczy dziesięć?; **have you had ~ to eat?** najadłeś się?, nie będziesz głodny?; **I'll never go skiing again: one broken leg is ~!** już nigdy nie pojadę na narty – jedno złamanie nogi wystarczy!; **they don't pay us ~** płacą nam za mało; **that's ~ for me, thank you** dziękuję, tyle (mi) wystarczy; **you've had more than ~ to drink** dość już wypiłeś; **this cheese is delicious: I can't eat ~ of it** ten ser jest tak pyszny, że mogę go jeść i jeść; **I've had ~ of him/of his rudeness** mam go dość /mam dość jego chamstwa; **I've got ~ to worry about** mam dość zmartwień; **I think you have said ~!** chyba już dość powiedziałeś!; **once was ~ for me!** jeden raz mi zupełnie wystarczy!; **~ of this foolishness/idle chatter!** dość tych wygłupów /tego gadania!; **that's ~ (from you)!** dość tego!; **~ is ~!** co za dużo, to niezdrowo!; **I've had ~!** mam już tego dość!; **he's ~ of a fool to believe it** to taki głupiec, że gotów w to uwierzyć
II *adj* dość (czegoś), dosyć (czegoś), wystarczająco wiele (czegoś); **do we have ~ glasses?** czy mamy dość kieliszków?; **is there ~ coffee left?** czy zostało dość kawy?; **I don't have ~ money to buy it** nie mam dość pieniędzy, żeby to kupić; **I didn't get ~ sleep** nie wyspałem się; **that's ~ noise!** dość tych wrzasków!; **you've made ~ food to feed an army** przygotowałeś tyle jedzenia, że można wykarmić pluton wojska; **there was more than ~ food to go round** było aż nadto jedzenia (na tę liczbę osób); **they had more than ~ time** mieli aż nadto czasu; **there'll be time ~ for talking later** będzie jeszcze wiele czasu na rozmowy; **I have reason ~** mam swoje powody
III *adv* [1] (sufficiently) dość, dosyć, dostatecznie, wystarczająco; **tall/sweet ~** dość or dostatecznie or wystarczająco wysoki /słodki; **big ~ to hold 60 people** na tyle duży, żeby pomieścić 60 osób; **I was foolish ~ to give her my phone number** byłem tak głupi, że dałem jej swój numer telefonu; **would you be kind ~ to open the window?** bądź tak dobry i otwórz okno, otwórz z łaski swojej okno; **he hasn't worked ~** nie pracował tyle, ile powinien; **you are not trying hard ~** nie starasz się, jak należy; **it's difficult ~ with one (child), let alone two** jest ciężko z jednym dzieckiem, nie mówiąc o dwójce; **not good ~** nie dość dobry [2] (quite, very) **you know well ~ that...** dobrze wiesz, że...; **it's natural ~ that he should want to see her** to całkiem naturalne, że chce się z nią zobaczyć; **he seemed willing ~ to help** wydawał się chętny do pomocy; **curiously/oddly/funnily ~** co ciekawe/dziwne/zabawne; **and sure ~...!** i rzeczywiście...!; **near ~** prawie; **your jacket is near ~ dry now** twoja kurtka jest prawie sucha [3] (tolerably, passably) dość, dosyć, całkiem; **he's interesting ~ to talk to** dość or całkiem przyjemnie z nim się rozmawia; **I like my job well ~ but...** dość lubię swoją pracę, ale...; **it's a nice ~ city** to dość or całkiem przyjemne miasto

IDIOMS: **~ is as good as a feast** Prov ≈ co za dużo, to niezdrowo

enquire *vt, vi* = **inquire**

enquiring *adj* = **inquiring**

enquiringly *adv* = **inquiringly**

enquiry *n* = **inquiry**

enrage /ɪn'reɪdʒ/ *vt* doprowadz|ić, -ać do wściekłości, rozwściecz|yć, -ać; **to be ~d at sb** być na kogoś wściekłym, wściec się na kogoś

enraged /ɪn'reɪdʒd/ *adj [person]* wściekły; *[bull, dog]* rozjuszony

enrapture /ɪn'ræptʃə(r)/ *vt* zachwyc|ić, -ać, oczarow|ać, -ywać; **to be ~d by sth** być zachwyconym or oczarowanym czymś; **he gazed ~d** wpatrywał się jak urzeczony

enrich /ɪn'rɪtʃ/ **I** *vt* wzbogac|ić, -ać *[person, language, food]*; użyźni|ć, -ać *[soil]*; **to be**

E

~ed with sth zostać wzbogaconym czymś
II *vr* **to ~ oneself** wz|bogacić się
enriched nuclear fuel *n* wzbogacone paliwo *n* jądrowe
enrichment /ɪnˈrɪtʃmənt/ *n* (of food, experience, vocabulary) wzbogacenie *n*; (of person, nation) bogacenie się *n*
enrol, enroll US /ɪnˈrəʊl/ (*prp, pt, pp* **-ll-**)
I *vt [parent]* zapis|ać, -ywać; *[college, school]* przyj|ąć, -mować; Mil z|werbować; **to ~ sb in a school/on a course** zapisać kogoś do szkoły/przyjąć kogoś na kurs
II *vi* zapis|ać, -ywać się; Mil zaciąg|nąć, -ać się; **to ~ in the Navy** zaciągnąć się do marynarki wojennej; **to ~ at a school /university** zapisać się do szkoły/na uniwersytet; **to ~ for** or **in** or **on a course** zapisać się na kurs
enrolment, enrollment US /ɪnˈrəʊlmənt/ *n* [1] (act of enrolling) (by person, student) zapis|anie (się) *n*; (by school, society) nabór *m*, zapisy *plt*; **~ at a school/on a course** zapisanie się or zapisy do szkoły/na kurs; **the ~ fee for the course** wpisowe na kurs; **school ~s** zapisy do szkoły [2] Mil (by person) zaciągnięcie się *n*; (by army) nabór *m* [3] (number) liczba *f* przyjętych; **the course will have a maximum ~ of 20** na kurs może zostać przyjętych do 20 osób; **the drop in ~s** spadek liczby przyjętych
en route /ˌɒnˈruːt/ *adv [be]* w drodze; **we were ~ to** or **for Cambridge** byliśmy w drodze do Cambridge; **to stop ~** zatrzymać się po drodze
ensconce /ɪnˈskɒns/ **I** *vt* **to be ~d** (in a new house) rozlokow|ać, -ywać się; (in an armchair) usad|owić, -awiać się, rozsi|ąść, -adać się; **to be comfortably/firmly ~d** (in a job, situation) mieć wygodną/mocną pozycję
II *vr* **to ~ oneself** (settle) ulokować się wygodnie; (hide) zaszyć się
ensemble /ɒnˈsɒmbl/ **I** *n* (of performers) zespół *m*; (of buildings) zespół *m* architektoniczny; (of furniture) zestaw *m*, garnitur *m*; (of clothes) zestaw *m*; **seen as an ~** rozpatrywany jako całość
II *modif* **~ playing/acting** Theat gra zespołowa
enshrine /ɪnˈʃraɪn/ *vt* [1] Relig złożyć, składać w relikwiarzu *[relic]* [2] fig chronić *[rights]*; czcić, ot|oczyć, -aczać czcią *[memory]*; **these principles are ~ed in the constitution** zasady te zapisane są w konstytucji; **~d in law/tradition** uświęcony prawem/tradycją
enshroud /ɪnˈʃraʊd/ *vt* spowi|ć, -jać, okry|ć, -wać; **to be ~ed in sth** być spowitym czymś *[mist]*; być okrytym czymś *[mystery]*
ensign /ˈensən/ *n* [1] Naut bandera *f*; **the ship was flying the German ~** okręt płynął pod banderą niemiecką; **blue/red /white ~** GB bandera pomocniczych jednostek pływających/marynarki handlowej /marynarki wojennej [2] US Naut GB Mil Hist (officer) chorąży *m*
enslave /ɪnˈsleɪv/ *vt* (make a slave of) u|czynić niewolnikiem *[person]*; ujarzmi|ć, -ać, uciemięż|yć, -ać, ciemiężyć *[nation]*; fig zniew|olić, -alać *[person, mind]*; **to be ~d by passion** być niewolnikiem namiętności, znaleźć się w szponach namiętności
enslavement /ɪnˈsleɪvmənt/ *n* ujarzmienie *n*, uciemiężenie *n*; fig zniewolenie *n*; **the country suffered a hundred years of ~** kraj ten doświadczył stu lat niewoli
ensnare /ɪnˈsneə(r)/ *vt* [1] z|łapać w sidła *[animal]* [2] fig *[person]* usidl|ić, -ać, omot|ać, -ywać; *[beauty, charm]* zniew|olić, -alać
ensue /ɪnˈsjuː, US -ˈsuː/ *vi [argument, fight]* wywiąz|ać, -ywać się; *[death, defeat, investigation]* nast|ąpić, -ępować; **to ~ from sth** być skutkiem or następstwem czegoś, nastąpić w wyniku czegoś
ensuing /ɪnˈsjuːɪŋ, US -ˈsuː-/ *adj [circumstances]* zaistniały, wynikły; *[disorder]* powstały; *[period, year]* następny; **in the ~ fight/argument** w walce/kłótni, jaka się wywiązała
en suite /ˌɒnˈswiːt/ **I** *n* (room) pokój *m* z łazienką; (bathroom) przylegla łazienka *f*
II *adj* przyległy; **a room with an ~ bathroom** or **with bathroom ~** pokój z (przyległą) łazienką
ensure /ɪnˈʃɔː(r), US ɪnˈʃʊər/ *vt* [1] (secure) zapewni|ć, -ać, za|gwarantować *[place, income]*; **to ~ sb sth** zapewniać komuś coś *[ticket, place]*; **to ~ that...** gwarantować, że... [2] (satisfy oneself that) upewni|ć, -ać się, (że); **please ~ that all the lights are switched off** proszę się upewnić, czy wszystkie światła są zgaszone
ENT *n* = **Ear, Nose and Throat**
entail /ɪnˈteɪl/ **I** *n* Jur ordynacja *f*, majorat *m*
II *vt* [1] (involve) wiązać się z (czymś), pociąg|nąć, -ać za sobą *[changes, expense, risk]*; (necessitate) wymagać (czegoś) *[patience, discretion]* **(on sb** od kogoś); **taking the job ~s our moving to Detroit** przyjęcie tej posady będzie się wiązało z (naszą) przeprowadzką do Detroit; **this ~s that...** z tego wynika, że... [2] Jur przekaz|ać, -ywać jako ordynację or majorat (czegoś) *[estate]*; **to ~ an estate on sb** ustanowić ordynację na rzecz kogoś
entailment /ɪnˈteɪlmənt/ *n* (in logic) (process) wynikanie *n*; (proposition) sąd *m* implikowany
entangle /ɪnˈtæŋgl/ **I** *vt* [1] (twist, catch) opląt|ać, -ywać; **to become** or **get ~d (in sth)** zaplątać się (w coś); **to be ~d in sth** być zaplątanym w coś or oplątanym czymś; **the two ropes had become ~d** dwie liny splątały się (ze sobą); **he had bits of straw ~d in his hair** we włosy wplątały mu się źdźbła słomy; **his feet got ~d in the net** nogi zaplątały mu się w sieci [2] fig u|wikłać *[person]* **(in sth** w coś); **to be ~d in sth** być uwikłanym w coś *[conspiracy, fighting]*; **to become ~d in sth** uwikłać się or wdać się w coś *[conspiracy, controversy]*; zaangażować się w coś *[activity, ideology]*; **she became ~d in her own lies** zaplątała się we własnych kłamstwach; **to get ~d with the law** wejść w konflikt z prawem; **to be ~d with sb** (sexually) związać się z kimś, uwikłać się w związek z kimś
II *vr* **to ~ oneself** fig uwikłać się **(in sth** w coś)
entanglement /ɪnˈtæŋglmənt/ *n* [1] (complicated situation) pogmatwana sytuacja *f*; **the legal ~s** zawiłości prawne [2] (involvement) (of person) związek *m* **(with sb** z kimś); powiązanie *n* **(with sth** z czymś); (of country, government) zaangażowanie *n* **(in sth** w coś); **his ~s with women** jego przygody z kobietami [3] (of pipes, cables) plątanina *f*, gmatwanina *f*; **barbed wire ~s** zasieki z drutu kolczastego
entente /ɒnˈtɒnt/ *n* przymierze *n*
enter /ˈentə(r)/ **I** *n* Comput klawisz *m* „enter"
II *vt* [1] (go into) *[person]* w|ejść, -chodzić do (czegoś) *[room, house]*; (more formal) wkr|oczyć, -aczać do (czegoś); przekr|oczyć, -aczać granicę (czegoś) *[country, zone]*; **to ~ the house by the back door** wejść do domu tylnymi drzwiami; **the ship will ~ port at 6 o'clock** statek wejdzie or wpłynie do portu o godzinie szóstej; **the train ~ed the station** pociąg wjechał or wtoczył się na stację; **here the river ~s the sea** w tym miejscu rzeka wpada do morza [2] (begin) w|ejść, -chodzić w (coś), wkr|oczyć, -aczać w (coś) *[phase, period]*; rozpocz|ąć, -ynać *[new term, final year]*; **she's ~ing her third year as president** rozpoczyna trzeci rok prezydentury; **the strike is ~ing its third week** zaczyna się trzeci tydzień strajku; **he's ~ing his fiftieth year** rozpoczyna pięćdziesiąty rok życia; **the country is ~ing (a period of) recession** kraj wchodzi or wkracza w okres recesji [3] (join) wst|ąpić, -ępować do (czegoś) *[army, organization, convent, party]*; przyst|ąpić, -ępować do (czegoś) *[organization, party]*; rozpocz|ąć, -ynać pracę w (czymś) *[company, profession]*; w|ejść, -chodzić do (czegoś) *[firm]*; rozpocz|ąć, -ynać naukę w (czymś) *[school]*; rozpocz|ąć, -ynać naukę na (czymś) *[university]*; sta|nąć, -wać do (czegoś) *[competition, race]*; **to ~ parliament** zostać deputowanym; **to ~ the priesthood** zostać kapłanem [4] (begin to take part) przyst|ąpić, -ępować do (czegoś) *[war, negotiations]*; **to ~ politics** zająć się polityką [5] (put forward) zgł|osić, -aszać *[competitor, horse, poem, picture]* **(for sth** do czegoś); **12 horses have been ~ed in the race** do gonitwy zgłoszono dwanaście koni; **she ~ed three students for the examination** zapisała na egzamin trójkę studentów [6] (register, record) (in diary, notebook) za|notować **(in sth** w czymś) *[appointment, fact]*; (in form, list, ledger) zapis|ać, -ywać **(in sth** w czymś, na czymś); **to ~ an item in the books** Accts zaksięgować pozycję; **to ~ one's name on a list** wpisać się na listę; **to ~ sb's name on a list** wciągnąć kogoś na listę; **~ your name in the space provided** wpisz swoje nazwisko w zaznaczonym miejscu; **to ~ an objection/a complaint** zgłosić zastrzeżenie/skargę [7] Jur **to ~ an appeal** złożyć apelację; **to ~ a plea of not guilty** nie przyznawać się do winy [8] fig (come into) **to ~ sb's mind /head** przyjść komuś na myśl/do głowy; **it never ~ed my mind that...** nigdy nie sądziłem, że...; **a note of sarcasm ~ed her voice** w jej głosie dało się odczuć nutę sarkazmu [9] Comput wprowadz|ić, -ać *[data]*
III *vi* [1] (come, go in) *[person, animal, object]* w|ejść, -chodzić; **'~!'** „proszę (wejść)!"; **the bullet ~ed above the ear** kula weszła powyżej ucha; **'~ Ophelia'** Theat „wchodzi

Ofelia" [2] (enrol) zgł|osić, -aszać się **(for sth** do czegoś); **has he ~ed for the competition/race?** czy zgłosił się do konkursu /wyścigu?

■ **enter into**: **~ into [sth]** [1] (embark on) nawiąz|ać, -ywać *[correspondence, conversation]*; pod|jąć, -ejmować *[debate, negotiations]*; wda|ć, -wać się w (coś) *[argument]*; złożyć, składać *[explanation, apologies]*; zaw|rzeć, -ierać *[deal, contract]*; w|ejść, -chodzić w (coś) *[alliance]*; **to ~ into details** wdawać się or wchodzić w szczegóły [2] (become involved) wczu|ć, -wać się w (coś) *[feelings]*; **to ~ into the spirit of it** or **of the occasion** dać się unieść nastrojowi chwili [3] (be part of) liczyć się w (czymś), mieć znaczenie w (czymś) *[plans, calculations]*; **money does not ~ into it** pieniądze nie mają tu znaczenia, pieniądze nie są tu istotne; **costs must ~ into consideration** należy wziąć pod uwagę koszty

■ **enter on** = **enter upon**

■ **enter up**: **~ up [sth], ~ [sth] up** zapis|ać, -ywać *[figure, total, detail]*; Accts za|księgować *[item]*

■ **enter upon**: **~ upon [sth]** [1] (undertake) rozpocz|ąć, -ynać *[career, war]*; zaw|rzeć, -ierać *[marriage]* [2] Jur ob|jąć, -ejmować, przej|ąć, -mować *[inheritance]*

enteric /en'terɪk/ *adj* jelitowy

enteric fever *n* dur *m* brzuszny

enteritis /ˌentə'raɪtɪs/ *n* zapalenie *n* jelit

enterobacteria /ˌentərəʊbæk'tɪərɪə/ *npl* enterobakterie *f pl*

enterostomy /ˌentə'rɒstəmɪ/ *n* enterostomia *f*

enterotomy /ˌentə'rɒtəmɪ/ *n* nacięcie *n* jelita

enterovirus /ˌentərəʊ'vaɪərəs/ *n* enterowirus *m*

enterprise /'entəpraɪz/ *n* [1] (undertaking, venture) przedsięwzięcie *n*; (plan) projekt *m*; **business ~** przedsięwzięcie gospodarcze [2] (initiative) przedsiębiorczość *f*, inicjatywa *f*, rzutkość *f*; **the spirit of ~** duch przedsiębiorczości; **man of great ~** człowiek niezwykle przedsiębiorczy or rzutki [3] (company, firm) przedsiębiorstwo *n* [4] (activity) działalność *f* gospodarcza; **private ~** prywatna inicjatywa, sektor prywatny; **literary ~** działalność literacka

enterprise allowance *n* GB Admin subwencja *f* państwowa *(na rozpoczęcie działalności gospodarczej)*

enterprise culture *n* (society) *świat, w którym liczy się przedsiębiorczość*; (atmosphere) klimat *m* sprzyjający przedsiębiorczości

enterprise zone *n* specjalna strefa *f* ekonomiczna *(wspierana przez państwo)*

enterprising /'entəpraɪzɪŋ/ *adj [person]* przedsiębiorczy, rzutki; *[plan, venture]* śmiały; **it was very ~ of you to write to the chairman** wykazałeś dużą inicjatywę or wykazałeś się przedsiębiorczością, pisząc do przewodniczącego

enterprisingly /'entəpraɪzɪŋlɪ/ *adv [act, say]* w sposób świadczący o inicjatywie or przedsiębiorczości

entertain /ˌentə'teɪn/ **I** *vt* [1] (keep amused) zabawi|ć, -ać; (make laugh) rozbawi|ć, -ać; (keep interested) zaj|ąć, -mować; **to keep sb ~ed** *[person]* zabawiać kogoś; *[toy, film]* zajmować kogoś; **to ~ sb with sth** zabawiać or zajmować kogoś czymś; **to ~ the troops** występować dla wojska [2] (play host to) pod|jąć, -ejmować, przyj|ąć, -mować; **to ~ sb to dinner** podjąć or ugościć kogoś kolacją; **she's been ~ed to dinner by some friends** przyjaciele podjęli ją kolacją; **England will ~ Spain at Wembley** Sport Anglia będzie gospodarzem spotkania z Hiszpanią na Wembley [3] fml (nourish) żywić *[belief, doubt, hope, suspicions]*; rozważać, brać pod uwagę *[idea, possibility, suggestion]*; mieć *[ambition]*; **to ~ the idea of doing sth** nosić się z zamiarem zrobienia czegoś; **he would never ~ the thought of doing that** nigdy nie przyszłoby mu do głowy to zrobić

II *vi* (have guests) pod|jąć, -ejmować gości, przyj|ąć, -mować gości; **they ~ a lot** często mają or podejmują gości

entertainer /ˌentə'teɪnə(r)/ *n* artysta *m* estradowy, artystka *f* estradowa; Radio, TV artyst|a *m*, -ka *f (występujący w programach rozrywkowych)*

entertaining /ˌentə'teɪnɪŋ/ **I** *n* podejmowanie *n* gości; **they do a lot of ~** często podejmują or mają gości; **I love ~** lubię wydawać przyjęcia or podejmować gości; **an amount for travel and ~** suma na pokrycie kosztów podróży i fundusz reprezentacyjny

II *adj* (amusing) zabawny; (diverting) przyjemny, zajmujący

entertainingly /ˌentə'teɪnɪŋlɪ/ *adv* (amusingly) zabawnie; (interestingly) zajmująco

entertainment /ˌentə'teɪnmənt/ *n* [1] (amusement) rozrywka *f*; **what do you do for ~ here?** jakie są tu rozrywki?, co tu można robić, żeby się rozerwać?; **television is her only ~** telewizja to jej jedyna rozrywka; **for sb's ~** żeby zabawić kogoś; **I only play for my own ~** gram jedynie dla własnej przyjemności; **(much) to the ~ of sb** ku (wielkiej) uciesze kogoś; **the world of ~, the ~ world** świat rozrywki [2] (event) widowisko *n*; (performance) występ *m*, przedstawienie *n* [3] (hospitality) przyjmowanie *n* or podejmowanie *n* gości

entertainment allowance *n* fundusz *m* reprezentacyjny

entertainment expenses *npl* wydatki *m pl* na cele reprezentacyjne

entertainment industry *n* **the ~** przemysł *m* rozrywkowy

enthral(l) /ɪn'θrɔːl/ *vt* (*prp, pt, pp* **-ll-**) [1] (captivate) *[performance, novel]* za|fascynować; *[beauty, charm, scenery]* oczarować, urze|c, -kać, zauroczyć; **to be ~ed by sb's beauty** być zauroczonym urodą kogoś, być pod wrażeniem urody kogoś [2] dat (enslave) *[person]* u|czynić (kogoś) niewolnikiem; *[bars]* u|więzić

enthralling /ɪn'θrɔːlɪŋ/ *adj [novel, performance, race]* pasjonujący, frapujący; *[scenery]* fascynujący, urzekający; *[beauty]* zniewalający

enthrone /ɪn'θrəʊn/ *vt* wprowadz|ić, -ać na tron, intronizować *[monarch]*; intronizować *[bishop]*; **he has been ~d as Emperor of Russia** został koronowany na cara Rosji; **to sit ~d** liter zasiadać na tronie liter; siedzieć na majestacie arch; **~d in the hearts of millions** wielbiony przez miliony ludzi

enthronement /ɪn'θrəʊnmənt/ *n* intronizacja *f*; **his ~ as Emperor** jego koronacja na cesarza

enthuse /ɪn'θjuːz, US -θuːz/ **I** *vt* **to ~ sb (with sth)** zara|zić, -żać kogoś entuzjazmem (dla or do czegoś); **'superb!' he ~d** „wspaniale!", zachwycił się

II *vi* zachwycać się **(about** or **over sth** czymś); opowiadać z entuzjazmem **(about** or **over sth** o czymś); **he ~d at length about his job** długo i z entuzjazmem opowiadał o swojej pracy

enthusiasm /ɪn'θjuːzɪæzəm, US -'θuːz-/ *n* [1] entuzjazm *m* **(for sth** do or dla czegoś); zapał *m* **(for sth** do czegoś); **to show ~ for** or **about doing sth** z entuzjazmem odnieść się do zrobienia czegoś; **to arouse ~ in sb** wzbudzić zapał or entuzjazm kogoś, wzniecić w kimś zapał; **to arouse sb to ~** rozentuzjazmować kogoś; **to fill sb with ~** natchnąć kogoś entuzjazmem or zapałem; **I can't work up any ~ for the idea** nie mam przekonania do tego pomysłu [2] (hobby) pasja *f*, namiętność *f*

enthusiast /ɪn'θjuːzɪæst, US -'θuːz-/ *n* entuzjast|a *m*, -ka *f*, miłośni|k *m*, -czka *f* **(for sth** czegoś); **a golfing ~** miłośnik or entuzjasta golfa; **to be an ~ for sth** entuzjazmować się czymś, być entuzjastą or miłośnikiem czegoś

enthusiastic /ɪnˌθjuːzɪ'æstɪk, US -ˌθuːz-/ *adj [response, review, welcome]* entuzjastyczny; *[crowd, spectators]* rozentuzjazmowany; *[singing]* pełen uniesienia; *[discussion]* gorący; *[worker]* gorliwy; *[gardener]* zapalony; *[supporter]* zagorzały; **to be ~ about sth** (present or future activity) być pełnym entuzjazmu dla czegoś, z entuzjazmem odnieść się do czegoś; (past event) z entuzjazmem mówić o czymś; **you don't sound ~ about my idea** odnoszę wrażenie, że nie jesteś zachwycony moim pomysłem; **they were not very ~ about going to the museum** nie byli zachwyceni pomysłem pójścia do muzeum; **he's not very ~ about his work** do swojej pracy odnosi się bez wielkiego entuzjazmu

enthusiastically /ɪnˌθjuːzɪ'æstɪklɪ, US -ˌθuːz-/ *adv [cheer, greet]* entuzjastycznie; *[agree, work]* z entuzjazmem, ochoczo; **the play was ~ greeted by the critics** sztuka została entuzjastycznie przyjęta przez krytyków

entice /ɪn'taɪs/ *vt* (with offer, prospect, money) s|kusić, z|nęcić **(with sth** czymś); (with food, charms) z|wabić, przywabi|ć, -ać **(with sth** czymś); **to ~ a mouse from its hole** wywabić mysz z norki; **to ~ sb to do sth** or **into doing sth** nakłonić kogoś do zrobienia czegoś; (to sth wrong) podkusić kogoś do zrobienia czegoś; **it's hard not to be ~d** trudno się nie skusić

■ **entice away**: **~ [sb] away** odciąg|nąć, -ać; **to ~ sb away from sth** odciągnąć kogoś od czegoś *[work, activity]*; **to ~ sb away from sb** skłonić kogoś do odejścia od kogoś *[husband, wife]*; **they ~d him away with the offer of a higher salary** skusili go wyższymi zarobkami

E

enticement /ɪnˈtaɪsmənt/ *n* [1] (offer, prospect) kusząca perspektywa *f* **(of sth** związana z czymś); (allure) pokusa *f* **(of sth** czegoś); **an ~ to sb** pokusa dla kogoś; **an ~ to do sth** pokusa zrobienia czegoś or żeby coś zrobić [2] (act) wabienie *n*, przywabianie *n*, nęcenie *n*; **the ~ to do** or **into doing sth** nakłanianie do zrobienia czegoś
enticing /ɪnˈtaɪsɪŋ/ *adj [prospect, offer, food, smell]* kuszący, nęcący; *[person]* ponętny; *[look, gesture]* powabny liter; *[sound]* wabiący, nęcący
enticingly /ɪnˈtaɪsɪŋlɪ/ *adv [cool, delicious]* nęcąco; *[move]* powabnie; *[beckon]* kusząco; **~ picturesque** zachwycająco malowniczy; **the smell drifted ~ from the kitchen** z kuchni dobiegał kuszący zapach
entire /ɪnˈtaɪə(r)/ *adj* [1] (whole, complete) *[country, family, world]* cały; **an ~ day** cały dzień; **throughout the ~ house** w całym domu; **the ~ 50,000 dollars** całe 50 000 dolarów; **the ~ three million population** cała trzymilionowa ludność; **the ~ village will go to the dance** cała wieś pójdzie na zabawę; **the ~ proceeds will go to charity** wszystkie zyski zostaną przekazane na dobroczynność [2] (undiminished) *[support, devotion, control]* całkowity; **the ~ atmosphere changed** atmosfera zmieniła się całkowicie; **the ~ purpose of his visit** wyłączny cel jego wizyty [3] (intact) *[edition, manuscript]* kompletny, pełny; *[collection]* cały, nienaruszony
entirely /ɪnˈtaɪəlɪ/ *adv* [1] (wholly) *[agree, reject, destroy, restore, rework]* całkowicie; *[innocent, different, unnecessary]* zupełnie; **that changes things ~** to wszystko zmienia; **~ free of additives** bez konserwantów i innych dodatków; **not ~** nie całkiem, niezupełnie; **I'm not ~ surprised** wcale or bynajmniej mnie to nie dziwi [2] (solely) wyłącznie, tylko; **it wasn't his fault ~** to nie był wyłącznie or tylko jego błąd; **I was ~ to blame** to była wyłącznie moja wina; **it's ~ up to you** to zależy tylko or wyłącznie od ciebie; **he did it ~ for the money** zrobił to tylko or wyłącznie dla pieniędzy; **~ at your risk** wyłącznie or tylko na własne ryzyko
entirety /ɪnˈtaɪərətɪ/ *n* całość *f*; **the ~ of his speech was devoted to...** jego przemówienie w całości było poświęcone...; **the film will be shown in its ~** film będzie pokazany w całości; **we must obey the law in its ~** musimy przestrzegać prawa w całej jego rozciągłości
entitle /ɪnˈtaɪtl/ *vt* [1] (authorize) **to ~ sb to sth/to do sth** upoważni|ć, -ać kogoś do czegoś/do zrobienia czegoś; **to be ~d to sth** mieć prawo do czegoś; **to be ~d to do sth** być uprawnionym do robienia czegoś, mieć prawo coś robić; **I'm only claiming what I'm ~d to** żądam tylko tego, co mi się należy; **everyone's ~d to their own opinion** każdy ma prawo do własnego zdania; **I feel ~d to a bit of peace** uważam, że mam prawo do odrobiny spokoju [2] (call) za|tytułować *[book, play, painting]*; **the sculpture is ~d 'The Apple Tree'** rzeźba nosi tytuł „Jabłoń"; **a poem ~d 'Love'** wiersz zatytułowany „Miłość"
entitlement /ɪnˈtaɪtlmənt/ *n* (right) prawo *n* **(to sth/to do sth** do czegoś/do zrobienia czegoś); **~ to vote** prawo do głosowania; **your leave ~ is four weeks** masz prawo do czterech tygodni urlopu
entity /ˈentətɪ/ *n* [1] (institution, state) jednostka *f*; **legal ~** osoba prawna; **to treat sth as a single ~** traktować coś jako jedną całość [2] (existence, being) istota *f*
entomb /ɪnˈtuːm/ *vt* (bury) po|grzebać, złożyć, składać do grobu *[body]*; zakop|ać, -ywać *[treasure]*; **the nuclear waste has been ~ed in cement** odpady jądrowe zostały zatopione w betonie
entombment /ɪnˈtuːmmənt/ *n* (of body) złożenie *n* do grobu; (of nuclear waste) zatopienie *n* w betonie
entomological /ˌentəməˈlɒdʒɪkl/ *adj* entomologiczny
entomologist /ˌentəˈmɒlədʒɪst/ *n* entomolog *m*
entomology /ˌentəˈmɒlədʒɪ/ *n* entomologia *f*
entourage /ˌɒntʊˈrɑːʒ/ *n* osoby *f pl* towarzyszące; świta *f* hum; **the popstar and her ~ of dancers and singers** gwiazda muzyki pop i towarzyszący jej tancerze i wokaliści
entr'acte /ˈɒntrækt/ *n* (interval) antrakt *m*, przerwa *f*; (performance) interludium *n*
entrails /ˈentreɪlz/ *npl* wnętrzności *plt*, trzewia *plt* also fig; Culin flaki *plt*
IDIOMS: **to read the ~** prorokować, czytać przyszłość
entrain US /ɪnˈtreɪn/ **I** *vt* załadow|ać, -ywać do pociągu *[troops, passengers]*
II *vi [troops]* załadow|ać, -ywać się do pociągu
entrance¹ /ˈentrəns/ *n* [1] (for people) wejście *n* **(to sth** do czegoś); (for vehicles) wjazd *m*; **main ~** wejście główne; **wait for me at the ~ to the building** czekaj na mnie przy wejściu do budynku [2] (act of entering) wejście *n*; **to make an ~** Theat zrobić wejście also fig; **to force an ~ (into a building)** włamać się (do budynku) [3] (admission) wstęp *m*; **to gain ~ to the university/club** zostać przyjętym na uniwersytet/do klubu; **they were refused** or **denied ~ to the restaurant** nie wpuszczono ich do restauracji
entrance² /ɪnˈtrɑːns, US -ˈtræns/ *vt* urze|c, -kać; **to be ~d at** or **with sth** być urzeczonym czymś; **to stand/sit ~d** stać /siedzieć jak urzeczony
entrance examination *n* [1] Sch, Univ egzamin *m* wstępny [2] (for civil service) egzamin *m* kwalifikacyjny *(dla urzędników państwowych)*
entrance fee *n* [1] (to public building) opłata *f* za wstęp [2] (to join club, for competition) wpisowe *n*
entrance hall *n* (in house) hol *m*, przedpokój *m*; (in public building, mansion) hall *m* or hol *m* wejściowy
entrance requirements *npl* wymagania *n pl* dla kandydatów
entrance ticket *n* bilet *m* or karta *f* wstępu
entrancing /ɪnˈtrɑːnsɪŋ, US -ˈtræns-/ *adj* urzekający, czarujący
entrancingly /ɪnˈtrɑːnsɪŋlɪ, US -ˈtræns-/ *adv [dance, sing, smile]* czarująco; *[look]* urzekająco; **an ~ beautiful woman** urzekająco piękna kobieta
entrant /ˈentrənt/ *n* [1] (in race, competition) uczestni|k *m*, -czka *f*; (in exam) osoba *f* zdająca egzamin; (in entrance exam) kandydat *m*, -ka *f* [2] (to profession) adept *m*, -ka *f*; **an ~ to the diplomatic service** początkujący dyplomata
entrap /ɪnˈtræp/ *vt* (*prp, pt, pp* **-pp-**) [1] z|łowić or z|łapać (kogoś) w pułapkę; fig usidl|ić, -ać; **to ~ sb into doing sth** podstępnie zmusić kogoś do zrobienia czegoś [2] US Jur za|stosować prowokację policyjną
entrapment /ɪnˈtræpmənt/ *n* US Jur prowokacja *f* policyjna
entreat /ɪnˈtriːt/ *vt* błagać, usilnie prosić **(for sth** o coś); **to ~ sb to do sth** błagać or usilnie prosić kogoś, żeby coś zrobił; **to ~ sb for sth, to ~ sth of sb** błagać or usilnie prosić kogoś o coś; **spare his life, I ~ you!** błagam, daruj mu życie!; **she ~ed him to have mercy** błagała go o litość
entreating /ɪnˈtriːtɪŋ/ *adj* błagalny
entreatingly /ɪnˈtriːtɪŋlɪ/ *adv* błagalnie
entreaty /ɪnˈtriːtɪ/ *n* błaganie *n*, usilna prośba *f*; **oh Lord, hear our ~** Panie, usłysz nasze błagania; **a gesture/prayer of ~** błagalny gest/błagalna modlitwa; **he was deaf to her entreaties** był głuchy na jej błagania or usilne prośby
entrecôte (steak) /ˌɒntrəkəʊtˈsteɪk/ *n* antrykot *m*
entrée /ˈɒntreɪ/ *n* [1] GB Culin przystawka *f* [2] US Culin (main course) danie *n* główne [3] (into society) wstęp *m*; **he has an** or **the ~ into the most influential circles** obraca się w najbardziej wpływowych kołach
entrench /ɪnˈtrentʃ/ **I** *vt* [1] Mil okop|ać, -ywać *[position]*; fig um|ocnić, -acniać *[supremacy, views]* [2] (safeguard) zawarow|ać, -ywać, za|gwarantować (prawnie) *[rights, freedom]*
II *vr* **to ~ oneself** Mil okopywać się; fig *[custom, supremacy]* umacniać się, okrzepnąć; **he ~ed himself as chairman** umocnił swoją pozycję jako przewodniczący
entrenched /ɪnˈtrentʃt/ *adj* [1] Mil *[position]* umocniony [2] fig *[ideas, opinions, prejudices]* głęboko zakorzeniony; *[rights, powers]* zawarowany, gwarantowany; **she is ~ in her views** nic nie jest w stanie zmienić jej poglądów; **the right to vote is ~ in the constitution** prawo wyborcze jest zawarowane or gwarantowane konstytucyjnie; **he was well ~ (in the company)** miał silną pozycję (w firmie); **a society ~ in superstition** społeczeństwo tkwiące głęboko w przesądach
entrenchment /ɪnˈtrentʃmənt/ *n* [1] Mil (act) okopanie się *n*; (system of trenches) umocnienia *n pl* [2] (of views, attitudes) konsolidacja *f*, ugruntowanie *n* **(in sth** czegoś)
entrepôt /ˈɒntrəpəʊ/ *n* Comm [1] (warehouse) skład *m* dla towarów tranzytowych [2] (port) port *m* przeładunkowy or rozdzielczy
entrepreneur /ˌɒntrəprəˈnɜː(r)/ *n* Comm przedsiębiorca *m*
entrepreneurial /ˌɒntrəprəˈnɜːrɪəl/ *adj [initiative, skills]* świadczący o przedsiębior-

czości; **the ~ spirit** duch przedsiębiorczości; **to have ~ spirit** or **skills** być przedsiębiorczym or rzutkim

entropy /ˈentrəpɪ/ *n* entropia *f*

entropy diagram *n* wykres *m* entropowy

entrust /ɪnˈtrʌst/ *vt* **to ~ sb with sth, to ~ sth to sb** powierzyć coś komuś; **they have been ~ed with (the task of) organizing the meeting** powierzono im zorganizowanie zebrania; **I ~ed the child to her (care)** powierzyłem dziecko jej opiece

entry /ˈentrɪ/ *n* [1] (act of entering) wejście *n*; **her ~ stopped all conversation** jej wejście przerwało rozmowę, na jej wejście wszyscy zamilkli; **to make an ~ into a room** wejść or wkroczyć do pokoju; **she made her ~ by a side door** weszła bocznymi drzwiami; **to gain ~ (in)to a building/computer file** dostać się do budynku/pliku; **he failed to gain ~** (to building) nie udało mu się dostać do środka; **to force ~ (in)to a building** wedrzeć się do budynku; **point of ~** (of bullet) wlot (kuli) [2] (to club, institution, university) wstąpienie *n* **(to sth** do czegoś); (to pact, treaty, competition) przystąpienie *n* **(to sth** do czegoś); **his ~ into the world of politics** początek jego kariery politycznej; **he was refused ~** (to country) nie otrzymał pozwolenia na przekroczenie granicy [3] (door, gate, passage) wejście *n*; (for vehicles) wjazd *m*; **'no ~'** (on door) „wstęp wzbroniony"; (in one-way street) „zakaz wjazdu" [4] (recorded item) (in dictionary, encyclopedia) hasło *n*, artykuł *m* hasłowy; (in diary) notatka *f*; (in ship's log, register) zapis *m*; (in ledger, accounts' book) pozycja *f*; **to make an ~ in one's diary** zanotować or zapisać coś w dzienniku or pamiętniku; **there is no ~ in his diary for July 13** nic nie zapisał w dzienniku pod datą 13 lipca; **to make an ~ of sth in a ledger** zaksięgować coś, wpisać coś do ksiąg; **data ~** Comput wprowadzanie danych [5] (in contest) zgłoszenie *n*; (person entered) uczestni|k *m*, -czka *f*; (thing entered) praca *f* konkursowa; **the winning ~ in the cattle show** zwycięzca wystawy zwierząt hodowlanych; **let's have a look at the winning entries** chodźmy obejrzeć nagrodzone prace; **there were 20 entries** wpłynęło 20 zgłoszeń; **there was a large ~ for the contest** wpłynęło wiele zgłoszeń na konkurs; **send your ~ to...** zgłoszenia prosimy nadsyłać na adres...

entry fee *n* opłata *f* za wstęp

entry form *n* kwestionariusz *m*

entryism /ˈentrɪɪzəm/ *n* GB Pol infiltracja *f* (partii politycznej) *(celem rozbicia jej od wewnątrz)*

entry-level /ˈentrɪlevl/ *adj [product]* przeznaczony dla początkujących

entry permit *n* wiza *f* wjazdowa

entry phone *n* domofon *m*

entry requirements *npl* warunki *m pl* przyjęcia *(na uniwersytet, do konkursu)*

entryway /ˈentrɪweɪ/ *n* US przejście *n*

entry word *n* US (in dictionary) hasło *n*, wyraz *m* hasłowy

entry wound *n* wlot *m* rany

ents /ents/ *npl* GB Univ infml = **entertainments** działalność *f* kulturalna i rozrywkowa

entwine /ɪnˈtwaɪn/ **I** *vt* (twist together) spl|eść, -atać also fig; (twist around) opl|eść, -atać; **she had flowers ~d in her hair** miała kwiaty wplecione we włosy; **their destinies were closely ~d** ich losy były ze sobą ściśle splecione

II *vi [ribbons, stems, initials]* spl|eść, -atać się, opl|eść, -atać się; *[memories, fates]* spl|eść, -atać się ze sobą; *[bodies, lovers]* spl|eść, -atać się w uścisku; **to ~ around a pole/tree** oplatać tykę/drzewo

E number *n* GB (number) *numer dodatku do żywności wg norm Komisji Europejskiej*; (additive) dodatek *m* do żywności

enumerate /ɪˈnjuːməreɪt, US -ˈnuː-/ *vt* fml (mention) wylicz|yć, -ać, wymieni|ć, -ać; (count) po|liczyć

enumeration /ɪˌnjuːməˈreɪʃn, US -ˌnuː-/ *n* fml (list) wykaz *m*, wyliczenie *n*; (counting) policzenie *n*

enunciate /ɪˈnʌnsɪeɪt/ *vt* [1] wym|ówić, -awiać *[words, names]*; wypowi|edzieć, -adać *[lines]* [2] s|formułować *[idea, concept, problem]*; wy|kładać, -łożyć *[theory]*; przedstawi|ć, -ać *[facts, policy]*; ogł|aszać, -osić *[verdict, principles]*; **to ~ sth clearly** or **with clarity** wyrazić coś dobitnie

enunciation /ɪˌnʌnsɪˈeɪʃn/ *n* [1] (of word, sound) wymowa *f*, artykulacja *f*; **the actor's ~ was very clear** aktor miał doskonałą dykcję [2] (of principle, problem, theory) sformułowanie *n*, przedstawienie *n*; (of facts, policy) przedstawienie *n*, ogłoszenie *n*; (of opinion) wyrażenie *n*, wygłoszenie *n*

enuresis /ˌenjʊəˈriːsɪs, US ˌenʊə-/ *n* mimowolne oddawanie *n* moczu, enurezja *f*

enuretic /ˌenjʊəˈretɪk, US ˌenʊə-/ *adj [condition, illness]* polegający na nietrzymaniu moczu

envelop /ɪnˈveləp/ *vt* [1] okry|ć, -wać, otul|ić, -ać; spowi|ć, -jać, zasnu|ć, -wać liter; **~ed in sth** okryty or otulony czymś *[cape, blanket]*; spowity or zasnuty czymś *[mist, smoke]*; ogarnięty czymś *[fire]*; **the city was ~ed in fog** miasto spowiła mgła; **her intentions were ~ed in mystery** jej zamiary były otoczone tajemnicą [2] Mil okrąż|yć, -ać, ot|oczyć, -aczać

envelope /ˈenvələʊp, ˈɒn-/ *n* [1] Post koperta *f*; **a sealed ~** zaklejona or zapieczętowana koperta; **to put sth in an ~** włożyć coś do koperty [2] Aviat (of balloon, airship) powłoka *f* [3] Biol, Bot powłoka *f* [4] Math obwiednia *f* [5] Tech (of vacuum tube) bańka *f* (lampy)

IDIOMS: **to push the ~** być nowatorskim

envelopment /ɪnˈveləpmənt/ *n* Mil okrążenie *n*

envenom /ɪnˈvenəm/ *vt* liter (fill with malice) zatru|ć, -wać *[atmosphere]*; podsyc|ić, -ać *[argument]*; rozjątrz|yć, -ać *[person]*; (embitter) napełni|ć, -ać goryczą *[person, mind]*

enviable /ˈenvɪəbl/ *adj* godny pozazdroszczenia, do pozazdroszczenia

enviably /ˈenvɪəblɪ/ *adv* w sposób godny pozazdroszczenia; **she was ~ slim/rich** można jej było pozazdrościć szczupłej figury/bogactwa

envious /ˈenvɪəs/ *adj [person]* zazdrosny; *[look, tone, words]* zawistny; **to be ~ of sb** zazdrościć komuś; **I am ~ of your new car/your success** zazdroszczę ci nowego samochodu/sukcesu; **to make sb ~** wzbudzić zazdrość kogoś, wzbudzić w kimś zazdrość

enviously /ˈenvɪəslɪ/ *adv [look, watch]* zazdrośnie, zawistnie; *[listen, think]* z zazdrością, z zawiścią

environment /ɪnˈvaɪərənmənt/ *n* [1] Ecol **the ~** środowisko *n* naturalne; **Department of the Environment** Ministerstwo Ochrony Środowiska; **Minister** or **Secretary of State for the Environment** minister ochrony środowiska [2] (external conditions) (objects, region) otoczenie *n*; (physical, social, cultural, moral) środowisko *n*; (physical) warunki *m pl*; **a hostile ~ for man** środowisko nieprzyjazne dla człowieka; **she's studying rabbits in their natural ~** bada króliki w ich naturalnym środowisku; **wild animals suffer in a zoo ~** w ogrodzie zoologicznym dzikie zwierzęta cierpią; **to create a stable home ~ for one's children** stworzyć dzieciom rodzinną atmosferę [3] Psych środowisko *n* [4] Comput środowisko *n*, otoczenie *n* [5] Art environment *m*

environmental /ɪnˌvaɪərənˈmentl/ *adj* [1] (of surroundings) *[factor, changes, conditions]* środowiskowy; **~ influence** wpływ środowiska [2] Ecol *[damage]* środowiskowy, poniesiony przez środowisko; *[issue, group]* ekologiczny; **~ pollution/protection** ochrona/zanieczyszczenie środowiska (naturalnego); **~ effect/impact** wpływ/oddziaływanie na środowisko; **~ disaster** katastrofa ekologiczna [3] Psych środowiskowy

environmental audit *n* przegląd *m* środowiskowy, ocena *f* porealizacyjna inwestycji

environmental health *n* stan *m* zdrowotny środowiska

Environmental Health Officer *n* ≈ inspektor *m* sanitarny

environmentalist /ɪnˌvaɪərənˈmentəlɪst/ *n* (specialist) ekolog *m*, specjalist|a *m*, -ka *f* w zakresie ochrony środowiska; (conservationist) działacz *m*, -ka *f* na rzecz ochrony środowiska, ekolog *m*

environmentally /ɪnˌvaɪərənˈmentəlɪ/ *adv* **~ safe** or **sound** bezpieczny dla środowiska; **~ speaking** z punktu widzenia środowiska naturalnego; **~ friendly (product)** (produkt) ekologiczny; **~ aware** świadomy zagrożeń dla środowiska naturalnego

Environmental Protection Agency, EPA *n* Agencja *f* Ochrony Środowiska

Environmental Studies *npl* GB Sch nauka *f* o środowisku naturalnym

environs /ɪnˈvaɪərənz/ *npl* okolice *f pl*; **Dublin and its immediate ~** Dublin i jego najbliższe okolice; **the ~ of Warsaw** okolice Warszawy

envisage /ɪnˈvɪzɪdʒ/ *vt* [1] (anticipate) przewi|dzieć, -dywać; **to ~ doing sth** *[person]* przewidywać or planować zrobienie czegoś; *[plan, budget]* zakładać zrobienie czegoś; **it is ~d that...** przewiduje się or zakłada się, że... [2] (visualize) wyobra|zić, -żać sobie;

E

I can't ~ anyone buying it nie wyobrażam sobie, żeby ktoś chciał to kupić
envision /en'vɪʒn/ *vt* US = **envisage**
envoi /'envɔɪ/ *n* = **envoy²**
envoy¹ /'envɔɪ/ *n* [1] (emissary) wysłanni|k *m*, -czka *f*, poseł *m* [2] (diplomat) poseł *m*; **~ extraordinary and minister plenipotentiary** poseł nadzwyczajny i minister pełnomocny
envoy² /'envɔɪ/ *n* (also **envoi)** Literat przesłanie *n*, envoi *m inv*
envy /'envɪ/ **I** *n* zazdrość *f*; (stronger) zawiść *f*; **to cause** or **arouse ~** wzbudzać zazdrość; **(to look) with ~** (patrzeć) z zazdrością or zazdrośnie; **I was filled with ~ at his success** jego sukces wzbudził moją zazdrość; **he was eaten up with ~** zżerała go zazdrość; **(to do sth) out of ~** (zrobić coś) z zazdrości; **you'll be the ~ of the whole school** cała szkoła będzie ci zazdrościć, wszyscy w szkole będą ci zazdrościć
II *vt* po|zazdrościć (komuś) *[person]*; po|zazdrościć (czegoś) *[good fortune, wealth]*; **I ~ her** zazdroszczę jej; **to ~ sb sth** zazdrościć komuś czegoś; **I don't ~ her the responsibility** nie zazdroszczę jej takiej odpowiedzialności
IDIOMS: **to be green with ~** pozielenieć or pożółknąć z zazdrości
enzyme /'enzaɪm/ *n* enzym *m*
EOC *n* GB → **Equal Opportunities Commission**
eocene /'i:əʊsi:n/ **I** *n* eocen *m*
II *adj* eoceński
eon *n* = **aeon**
eosin(e) /'i:əsɪn/ *n* eozyna *f*
EPA *n* → **Environmental Protection Agency**
epaulet(te) /'epəlet/ *n* (loop, tab) pagon *m*; Mil epolet *m*, naramiennik *m*; szlifa *f* ra
epee, épée /'epeɪ/ *n* szpada *f*
ephedrine /'efədrɪn/ *n* efedryna *f*
ephemeral /ɪ'femərəl/ *adj* [1] *[fame, pleasure]* efemeryczny, ulotny [2] Biol efemeryczny
ephemerid /ɪ'femərɪd/ *n* jętka *f*
ephemeris /ɪ'femərɪs/ *n* (*pl* **-ides)** Astron efemeryda *f*
Ephesian /ɪ'fi:ʒən/ *n* Efezjan|in *m*, -ka *f*; **the ~s** Bible List do Efezjan
Ephesus /'efɪsəs/ *prn* Efez *m*
epic /'epɪk/ **I** *n* (poem) epopeja *f*, epos *m*; (film, novel) epopeja *f* also fig
II *adj* [1] Literat epicki, epiczny [2] fig *[deeds, struggle, task]* heroiczny, homerycki; *[voyage]* trudny, pełen przygód; *[banquet]* imponujący; **of ~ proportions** o imponujących rozmiarach
epicarp /'epɪkɑ:p/ *n* Bot egzokarp *m*
epicene /'epɪsi:n/ **I** *n* [1] Ling epikoinon *m*, rzeczownik *m* rodzaju wspólnego [2] fml (hermaphrodite) hermafrodyta *m*, obojnak *m*
II *adj* [1] fml (effeminate) zniewieściały, bezpłciowy [2] Ling *[noun]* rodzaju wspólnego
epicentre GB, **epicenter** US /'epɪsentə(r)/ *n* epicentrum *n*
epicure /'epɪkjʊə(r)/ *n* smakosz *m*
epicurean /ˌepɪkjʊ'ri:ən/ **I** *n* epikurejczyk *m*
II *adj* epikurejski
epicureanism /ˌepɪkjʊ'ri:ənɪzəm/ *n* epikureizm *m*

Epicurus /epɪ'kjʊərəs/ *prn* Epikur *m*
epidemic /ˌepɪ'demɪk/ **I** *n* epidemia *f* also fig **(of sth** czegoś); plaga *f* dat or fig
II *adj* epidemiczny; **of ~ proportions** o rozmiarach epidemii
epidermis /ˌepɪ'dɜ:mɪs/ *n* epiderma *f*; Zool naskórek *m*; Bot skórka *f*
epidiascope /ˌepɪ'daɪəskəʊp/ *n* epidiaskop *m*
epididymis /ˌepɪ'dɪdɪmɪs/ *n* (*pl* **-mises)** najądrze *n*
epidural /ˌepɪ'djʊərəl/ **I** *n* (procedure) znieczulenie *n* zewnątrzoponowe; (drug) środek *m* do znieczulania zewnątrzoponowego
II *adj [injection, anaesthetic]* do znieczulania zewnątrzoponowego
epigenesis /ˌepɪ'dʒenɪsɪs/ *n* Biol, Geol epigeneza *f*
epiglottis /ˌepɪ'glɒtɪs/ *n* Anat nagłośnia *f*
epigram /'epɪgræm/ *n* Literat epigramat *m*, epigram *m*
epigrammatic(al) /ˌepɪgrə'mætɪk(l)/ *adj* epigramatyczny
epigraph /'epɪgrɑ:f, US -græf/ *n* epigraf *m*
epigraphy /ɪ'pɪgrəfɪ, e-/ *n* epigrafika *f*
epilepsy /'epɪlepsɪ/ *n* padaczka *f*, epilepsja *f*
epileptic /ˌepɪ'leptɪk/ **I** *n* epilepty|k *m*, -czka *f*
II *adj* epileptyczny, padaczkowy; **~ fit** atak or napad epileptyczny or padaczkowy
epilogue /'epɪlɒg/ *n* epilog *m*
epinephrine /ˌepɪ'nefrɪn/ *n* US Med adrenalina *f*
Epiphany /ɪ'pɪfənɪ/ *n* święto *n* Trzech Króli, dzień *m* Objawienia Pańskiego; Epifania *f* ra
epiphenomenon /ˌepɪfɪ'nɒmɪnən/ *n* (*pl* **-na)** epifenomen *m*
epiphyte /'epɪfaɪt/ *n* epifit *m*
epiphytic /ˌepɪ'fɪtɪk/ *adj* epifityczny
episcopacy /ɪ'pɪskəpəsɪ/ *n* episkopat *m*
episcopal /ɪ'pɪskəpl/ *adj* episkopalny, biskupi; **~ ring** pierścień biskupi
Episcopal Church *n* kościół *m* episkopalny
Episcopalian /ɪˌpɪskə'peɪlɪən/ **I** *n* człon|ek *m*, -kini *f* kościoła episkopalnego
II *adj* episkopalny
episcopate /ɪ'pɪskəpət/ *n* [1] (office, diocese) biskupstwo *n* [2] (episcopacy) episkopat *m*
episcope /'epɪskəʊp/ *n* GB episkop *m*
episiotomy /əˌpi:zɪ'ɒtəmɪ/ *n* nacięcie *n* krocza *(przy porodzie)*
episode /'epɪsəʊd/ *n* [1] (event) wydarzenie *n*; (of minor significance) epizod *m*; **he denied the whole ~** zaprzeczył, jakoby takie wydarzenie miało miejsce [2] (of story, TV serial) odcinek *m*, część *f* [3] Literat, Mus epizod *m*
episodic /ˌepɪ'sɒdɪk/ *adj* [1] (sporadic) epizodyczny, sporadyczny [2] (made up of episodes) *[novel]* wielowątkowy
epistaxis /ˌepɪ'staksɪs/ *n* fml krwawienie *n* z nosa
epistemological /ɪˌpɪstɪmə'lɒdʒɪkl/ *adj* epistemologiczny
epistemology /ɪˌpɪstɪ'mɒlədʒɪ/ *n* epistemologia *f*
epistle /ɪ'pɪsl/ *n* Literat list *m*; (long and boring) epistoła *f* hum; **the Epistle to the Corinthians** Bible List do Koryntian

epistolary /ɪ'pɪstələrɪ, US -lerɪ/ *adj [novel, skill, style]* epistolarny; *[friendship, contacts]* listowny
epitaph /'epɪtɑ:f, US -tæf/ *n* [1] (inscription, composition) epitafium *n* [2] fig (statement) (lapidarny) komentarz *m*
epithelium /ˌepɪ'θi:lɪəm/ *n* (*pl* **-liums, -lia)** nabłonek *m*
epithet /'epɪθet/ *n* [1] (descriptive word, phrase) epitet *m*, określenie *n*; (descriptive title) przydomek *m* [2] (abusive word, expression) epitet *m*, wyzwisko *n*
epitome /ɪ'pɪtəmɪ/ *n* [1] (person) uosobienie *n* **(of sb/sth** kogoś/czegoś); (thing) typowy przykład *m* **(of sth** czegoś); (highest example) szczyty *m pl*, wyżyny *plt* **(of sth** czegoś) [2] (abstract) streszczenie *n*, skrót *m*
epitomize /ɪ'pɪtəmaɪz/ *vt* [1] (typify) *[person]* być uosobieniem (czegoś); *[thing]* być typowym przykładem (czegoś), stanowić przejaw (czegoś) [2] (summarize) stre|ścić, -szczać
EPNS *n* = **electroplated nickel silver** mosiądz *m* (wysokoniklowy) platerowany
epoch /'i:pɒk, US 'epək/ *n* epoka *f*; **this discovery marked an ~ in medicine** to odkrycie było początkiem nowej epoki w medycynie
epochal /'i:pəkəl/ *adj* = **epoch-making**
epoch-making /'i:pɒkmeɪkɪŋ/ *adj [discovery, invention]* epokowy, przełomowy
eponym /'epənɪm/ *n* eponim *m*
eponymous /ɪ'pɒnɪməs/ *adj* Literat *[character]* tytułowy
EPOS /'i:pɒs/ *n* = **electronic point of sale** elektroniczny punkt *m* sprzedaży, EPOS *m*; **~ terminal** terminal elektronicznego punktu sprzedaży
epoxy /ɪ'pɒksɪ/ *adj* epoksydowy
epoxy resin *n* żywica *f* epoksydowa
EPROM /'i:prɒm/ *n* = **erasable programmable read-only memory** pamięć *f* stała wymazywalna i programowalna
eps *npl* = **earnings per share** dochód *m* z akcji
Epsom salts /'epsəmsɔ:lts/ *npl (+ v sg/pl)* epsomit *m*; Med sól *f* gorzka
equable /'ekwəbl/ *adj* [1] (moderate) *[climate]* umiarkowany, łagodny; *[region]* leżący w strefie umiarkowanej; *[temperature]* stały [2] (even-tempered) *[person]* zrównoważony; *[temperament, voice]* spokojny
equably /'ekwəblɪ/ *adv [speak, respond]* ze spokojem, spokojnie
equal /'i:kwəl/ **I** *n* równ|y *m*, -a *f*; **to be the ~ of sb/sth** być równym komuś/czemuś, nie być gorszym od kogoś/czegoś; **to treat sb as an ~** or **as one's ~** traktować kogoś jak równego (sobie); **to be sb's ~ in sth** dorównywać komuś pod względem czegoś or w czymś; **to have no ~, to be without ~** nie mieć równego or równych sobie
II *adj* [1] (in size, amount) *[quantity]* jednakowy, taki sam; *[number]* równy; **we got an ~ amount of money** dostaliśmy jednakową or taką samą sumę; **~ work ~ pay** taka sama płaca za taką samą pracę; **to fight for ~ pay** walczyć o zrównanie zarobków; **to demand ~ time on television** domagać się jednakowego czasu antenowego; **~ to sth** równy czemuś; **a sum ~ to one month's salary** kwota równa miesięcznej pensji; **twelve inches is ~ to one foot**

dwanaście cali równa się jednej stopie; **to be (roughly) ~ in size** być (mniej więcej) tego samego rozmiaru [2] (in privilege, status, quality) *[skill, status, ease, delight]* jednakowy, taki sam; *[rights, contest]* równy; **all men are ~ before the law** wszyscy ludzie są równi wobec prawa; **with ~ pleasure /violence** z jednakową przyjemnością /gwałtownością; **to have ~ difficulty** mieć takie same trudności; **the candidates are about ~** kandydaci są mniej więcej na takim samym poziomie; **he's ~ to his brother in ability** dorównuje zdolnościami swemu bratu [3] (not inferior or superior) *[partner]* równorzędny; **on ~ terms** *[fight, compete]* jak równy z równym; *[judge, treat]* na równych prawach; **to be on ~ terms** or **an ~ footing with sb** być z kimś na równej stopie [4] (capable, adequate) **to be** or **feel ~ to sth** czuć się na siłach or móc sprostać czemuś *[job, task]*; **to feel ~ to doing sth** być w stanie coś zrobić, czuć się na siłach coś zrobić; **to prove ~ to the task** stanąć na wysokości zadania; **funds ~ to their needs** fundusze odpowiadające ich potrzebom

III *adv* Sport *[finish]* równo; **to come ~ third** zająć ex aequo trzecie miejsce **(with sb** z kimś**)**

IV *vt* (*prp, pt, pp* **-ll-** GB, **-l-** US) [1] Math równać się; **two times two ~s four** dwa razy dwa równa się cztery; **let x ~ 4** załóżmy, że x równa się 4; niech x równa się 4; **no work ~s no money** brak pracy to brak pieniędzy [2] (match) dorówn|ać, -ywać (komuś/czemuś) *[person, standard]*; wyrówn|ać, -ywać *[record, time]*; **no other tenor can ~ him** żaden inny tenor nie może się z nim równać

IDIOMS: **all (other) things being ~** (basically) w zasadzie; (if all goes well) jeśli tak dalej pójdzie, o ile nic się nie zmieni

equality /ɪˈkwɒlətɪ/ *n* równość *f*, równouprawnienie *n*; **sexual ~** równość or równouprawnienie płci; **~ of opportunities** równe szanse, zrównanie szans

equalize /ˈiːkwəlaɪz/ **I** *vt* zrówn|ać, -ywać *[rights, opportunity, incomes]*; wyrówn|ać, -ywać *[pressure, weight]*; **to ~ the rights of men and women** zrównać w prawach mężczyzn i kobiety

II *vi* Sport wyrówn|ać, -ywać

equalizer /ˈiːkwəlaɪzə(r)/ *n* [1] Sport (goal) bramka *f* wyrównująca; (point) punkt *m* wyrównujący; **to score the ~** strzelić bramkę wyrównującą, zdobyć punkt wyrównujący [2] Electron korektor *m* [3] US infml (gun) pukawka *f* infml

equally /ˈiːkwəlɪ/ *adv* [1] (in equal amounts) *[divide, share]* równo [2] (without bias) *[treat]* jednakowo, tak samo [3] (to an equal degree) *[clever, disappointed]* tak samo, równie; **they are ~ guilty** są tak samo or równie winni; **~ easy/comfortable** równie łatwy/wygodny; **she is liked ~ by young and old** lubią ją zarówno młodzi, jak i starzy [4] (just as possibly) **~ (well)** równie dobrze [5] (at the same time) jednocześnie, w równym stopniu

Equal Opportunities Commission, EOC *n* GB komisja *f* do spraw równouprawnienia zawodowego

equal opportunity **I** equal opportunities *npl* równouprawnienie *n*; **to have equal opportunities** mieć równe szanse

II *modif [employer]* stosujący zasadę równouprawnienia; *[legislation]* gwarantujący równouprawnienie

equal rights *npl* równe prawa *n pl*

Equal Rights Amendment, ERA *n* US poprawka *f* o równości praw bez względu na płeć

equals sign GB, **equal sign** US *n* znak *m* równości

equanimity /ˌekwəˈnɪmətɪ/ *n* spokój *m*; **with ~** ze spokojem, spokojnie

equate /ɪˈkweɪt/ **I** *vt* [1] (identify) utożsami|ć, -ać **(with sth** z czymś**)**; (compare) porówn|ać, -ywać **(with sth** z czymś**)**; przyrówn|ać, -ywać **(with sth** do czegoś**)** [2] Math postawić, stawiać znak równości **(sth with sth** pomiędzy czymś a czymś**)**; **let us ~ x with y** załóżmy, że x równa się y

II *vi* być tożsamym **(with sth** z czymś**)**

equation /ɪˈkweɪʒn/ *n* [1] Math równanie *n*; **simple ~** równanie liniowe or pierwszego stopnia [2] fig **the ~ of wealth and happiness is misguided** utożsamianie bogactwa ze szczęściem jest nieporozumieniem; **the other side of the ~ is that...** inna sprawa, że...; **there is an ~ between unemployment and higher crime rates** istnieje zależność pomiędzy bezrobociem a wzrostem przestępczości; **to enter into the ~** wchodzić w rachubę

equator /ɪˈkweɪtə(r)/ *n* **the ~** równik *m*

equatorial /ˌekwəˈtɔːrɪəl/ *adj* równikowy

Equatorial Guinea *prn* Gwinea *f* Równikowa

equerry /ˈekwərɪ, ɪˈkwerɪ/ *n* GB koniuszy *m* dworski *(w służbie rodziny królewskiej)*

equestrian /ɪˈkwestrɪən/ **I** *n* jeździec *m*

II *adj [event]* hip(p)iczny, jeździecki; *[dress, habit, gloves]* do jazdy konnej; **~ portrait /statue** portret/posąg na koniu

equestrienne /ɪˌkwestrɪˈen/ *n* amazonka *f*

equidistant /ˌiːkwɪˈdɪstənt/ *adj* [1] równo oddalony, znajdujący się w jednakowej odległości **(from sth** od czegoś**)** [2] Math równoodległy

equilateral /ˌiːkwɪˈlætərəl/ *adj* równoboczny

equilibrate /ˌiːkwɪˈlaɪbreɪt/ **I** *vt* z|równoważyć

II *vi* z|równoważyć się

equilibrist /ɪˈkwɪlɪbrɪst/ *n* (acrobat) ekwilibryst|a *m*, -ka *f*, akrobat|a *m*, -ka *f*; (tight-rope walker) linoskoczek *m*

equilibrium /ˌiːkwɪˈlɪbrɪəm/ *n* (*pl* **-riums, -ria**) [1] (physical) równowaga *f*; **in (a state of) ~** w równowadze, w stanie równowagi [2] (mental) równowaga *f*, spokój *m*, opanowanie *n*; **nothing seems to disturb her ~** nic nie jest w stanie wytrącić jej z równowagi

equine /ˈekwaɪn/ *adj [face, features]* koński; **~ diseases** choroby koni; **the ~ species** zwierzęta jednokopytne

equinoctial /ˌiːkwɪˈnɒkʃl, ˌek-/ *adj [gale, tide]* równonocny; **~ circle** or **line** równik niebieski; **~ year** rok zwrotnikowy

equinox /ˈiːkwɪnɒks, ˈek-/ *n* równonoc *f*, zrównanie *n*; ekwinokcjum *n* ra; **spring** or **vernal ~** równonoc wiosenna, zrównanie wiosenne; **autumnal ~** równonoc jesienna, zrównanie jesienne

equip /ɪˈkwɪp/ *vt* (*prp, pt, pp* **-pp-**) [1] (supply) wyposaż|yć, -ać, zaopat|rzyć, -rywać *[person, building, factory, room, vehicle]* **(with sth** w coś**)**; wy|ekwipować *[troops, tourist]*; **to ~ oneself with sth** zaopatrzyć się w coś; **to be well ~ped for the expedition** być dobrze wyposażonym or zaopatrzonym na wyprawę; **the spare room had been ~ped as a dark-room** wolny pokój został adaptowany na ciemnię; **fully ~ped kitchen** całkowicie wyposażona kuchnia, kuchnia z pełnym wyposażeniem [2] fig przygotow|ać, -ywać *[person]* **(for sth** do czegoś**)**; **she wasn't ~ped to cope with this problem** nie umiała radzić sobie z tym problemem; **we were well ~ped to answer their questions** byliśmy dobrze przygotowani na ich pytania, potrafiliśmy odpowiedzieć na ich pytania; **the aim of the course is to ~ people with the skills necessary for this job** celem kursu jest wykształcenie w uczestnikach umiejętności niezbędnych w tej pracy

E

equipage /ˈekwɪpɪdʒ/ *n* dat (carriage) ekwipaż *m* dat

equipment /ɪˈkwɪpmənt/ *n* [1] (set of tools, objects) (of office, building, factory) wyposażenie *n*; (sports, electrical, photographic) sprzęt *m*; (of tourist, traveller, soldier) ekwipunek *m*; (analytical, measuring) aparatura *f*, urządzenia *n pl*; **a piece** or **item of ~** element or część wyposażenia or ekwipunku [2] (action) wyposażenie *n*, wyposażanie *n*

equisetum /ˌekwɪˈsiːtəm/ *n* (*pl* **-tums, -ta**) skrzyp *m*

equitable /ˈekwɪtəbl/ *adj* sprawiedliwy, godziwy

equitably /ˈekwɪtəblɪ/ *adv* sprawiedliwie

equitation /ˌekwɪˈteɪʃn/ *n* fml jeździectwo *n*, hip(p)ika *f*

equity /ˈekwətɪ/ **I** *n* [1] (fairness) słuszność *f*, sprawiedliwość *f* [2] Fin (nett value) wartość *f* majątku netto [3] Fin (investment) udział *m* (w kapitale spółki) [4] Jur *system prawny stosowany w krajach anglosaskich jako uzupełnienie norm ustawowych i prawa zwyczajowego* [5] **Equity** Theat związek *m* zawodowy aktorów *(w Wielkiej Brytanii, Stanach Zjednoczonych i Kanadzie)*

II **equities** *npl* Fin akcje *f pl* zwyczajne

equity capital *n* Fin kapitał *m* własny, kapitał *m* akcyjny

Equity card *n* legitymacja *f* członka związku zawodowego aktorów

equity financing *n* Fin finansowanie *n* poprzez emisję akcji

equity market *n* Fin rynek *m* akcji

equity of redemption *n* Jur prawo *n* wykupu obciążonego długiem majątku

equivalence /ɪˈkwɪvələns/ *n* równoważność *f*, ekwiwalencja *f*; **the word 'home' in English has no precise ~ in Polish** angielskie słowo „home" nie ma dokładnego odpowiednika w języku polskim

equivalence class *n* Math klasa *f* równoważności

equivalence principle *n* Phys zasada *f* równoważności

equivalence relation *n* Math relacja *f* równoważności

equivalent /ɪ'kwɪvələnt/ **I** *n* odpowiednik *m*, ekwiwalent *m* **(for** or **of sth** czegoś); (of sum of money) równowartość *f* **(for** or **of sth** czegoś); **ten thousand people is the ~ of the population of this town** dziesięć tysięcy ludzi to tyle, ile mieszkańców ma to miasto; **what's the ~ of fifty pounds in dollars?** pięćdziesiąt funtów to ile w przeliczeniu na dolary?
II *adj* taki sam, jednakowy; (in quality, significance) równorzędny; (in value) równowartościowy; *[word, expression]* równoznaczny; *[person, institution]* pełniący takie same funkcje, podobny; **to be ~ to sth** odpowiadać czemuś; **what is 5 pounds ~ to in dollars?** 5 funtów to ile w przeliczeniu na dolary?

equivocal /ɪ'kwɪvəkl/ *adj* [1] (ambiguous) *[attitude, outcome, reply, words]* dwuznaczny, niejednoznaczny; *[reply]* wymijający [2] (suspicious) *[behaviour, reputation]* dwuznaczny, podejrzany; *[circumstances]* niejasny [3] (of doubtful significance) *[evidence]* wątpliwy

equivocally /ɪ'kwɪvəklɪ/ *adv [answer, reply, respond]* dwuznacznie, wymijająco

equivocate /ɪ'kwɪvəkeɪt/ *vi* unikać jasnej odpowiedzi, wykręc|ić, -ać się od odpowiedzi

equivocation /ɪˌkwɪvə'keɪʃn/ *n* [1] (use of ambiguous words) dwuznaczność *f*, stosowanie *n* uników; **without ~** bez (stosowania) uników or wykrętów, jednoznacznie [2] (ambiguous word, expression) dwuznacznik *m*

er /ə, ɜː/ *excl* hm

ER *n* = **Elizabeth Regina** królowa *f* Elżbieta

era /'ɪərə/ *n* Geol, Hist era *f*; (in politics, fashion) epoka *f*, era *f*; **the ~ of the miniskirt** epoka mini; **the Christian ~** era chrześcijańska; **to mark the end of an ~** wyznaczać or oznaczać koniec ery or epoki; **the advent of a new ~** początek or nastanie nowej ery or epoki

ERA *n* → **Equal Rights Amendment**

eradicate /ɪ'rædɪkeɪt/ *vt* wykorzeni|ć, -ać, wypleni|ć, -ać *[superstition, vice, crime, corruption]*; zwalcz|yć, -ać *[disease]*; wypleni|ć, -ać *[weeds]*; pozby|ć, -wać się (czegoś), z|likwidować *[problem]*

eradication /ɪˌrædɪ'keɪʃn/ *n* (of superstition, vice, crime, corruption) wykorzenienie *n*, wyplenienie *n*; (of problem) zlikwidowanie *n*, pozbycie się *n*; (of disease) zwalczenie *n*; (of weeds) wyplenienie *n*

erase /ɪ'reɪz, US ɪ'reɪs/ *vt* [1] (with rubber) zetrzeć, ścierać *[writing, mark]*; Audio, Comput s|kasować; Comput usu|nąć, -wać, wymaz|ać, -ywać [2] fig (blot out) wyzby|ć, -wać się (czegoś), pozby|ć, -wać się (czegoś) *[thought, feeling, fear, hope]*; **he could not ~ the bitter memory from his mind** nie mógł pozbyć się gorzkich wspomnień [3] fig (destroy) zwalcz|yć, -ać, wy|eliminować, z|likwidować *[poverty, hunger, disease]* [4] US infml (kill) sprząt|nąć, -ać infml

erase head *n* Audio, Comput głowica *f* kasująca

eraser /ɪ'reɪzə(r), US -sər/ *n* (for paper) guma *f* or gumka *f* do wycierania; (for blackboard) (cloth) szmatka *f* do tablicy; (sponge) gąbka *f* do tablicy

eraser head *n* = **erase head**

Erasmus /ɪ'ræzməs/ *prn* Erazm *m* z Rotterdamu

Erasmus scheme *n* Univ program *m* Erasmus *(wymiana międzyuniwersytecka)*

erasure /ɪ'reɪʒə(r)/ *n* [1] (of poverty, disease) likwidacja *f*; (of graffiti, writing) zmazanie *n* [2] (sth erased) miejsce *n* wymazane

erbium /'ɜːbɪəm/ *n* erb *m*

ere /eə(r)/ **I** *prep* arch or liter przed; **~ break of day** przed świtem; **~ long** niebawem, wkrótce; **~ now** przedtem
II *conj* zanim, nim; **~ (the) day is out** nim skończy się dzień

erect /ɪ'rekt/ **I** *adj* [1] *[head]* podniesiony; *[posture, figure,]* wyprostowany; *[tail]* zadarty; *[ears]* postawiony; **with head ~** z podniesioną głową; **to hold oneself ~** trzymać się prosto; **to stand ~** stać wyprostowanym [2] *[column, stones]* stojący; **to be ~** stać (pionowo) [3] Physiol *[penis]* pobudzony, w stanie erekcji; *[nipple]* pobudzony
II *vt* [1] wzn|ieść, -osić *[building, barricade, statue]*; postawić, stawiać *[scaffolding]*; rozbi|ć, -jać *[tent]*; ustawi|ć, -ać *[sign, screen]* [2] fig z|budować *[theory]*; ustan|owić, -awiać *[system]*; powoł|ać, -ywać *[institution]*

erectile /ɪ'rektaɪl, US -tl/ *adj [organ]* zdolny do erekcji; **~ tissue** tkanka jamista

erection /ɪ'rekʃn/ *n* [1] (putting up) (of building, statue, barricade) wzniesienie *n*; (of mast, scaffolding, tent) postawienie *n*; (of sign, screen) ustawienie *n* [2] (building) gmach *m* [3] Physiol erekcja *f*, wzwód *m*

erector /ɪ'rektə(r)/ *n* [1] (muscle) mięsień *m* unoszący or podnoszący [2] (person) monter *m*, budowniczy *m*

erector set *n* US ≈ mały konstruktor *m* *(zestaw dla dzieci do budowania modeli)*

erg[1] /ɜːg/ *n* Phys erg *m*

erg[2] /ɜːg/ *n* Geol erg *m*, pustynia *f* piaszczysta

ergative /'ɜːgətɪv/ Ling **I** *n* ergatyw *m*
II *adj* ergatywny

ergo /'ɜːgəʊ/ *adv* fml (a) więc; (a) zatem, przeto liter

ergonomics /ˌɜːgə'nɒmɪks/ *n (+ v sg)* ergonomia *f*, ergonomika *f*

ergonomist /ɜː'gɒnəmɪst/ *n* ergonom *m*

ergot /'ɜːgət/ *n* [1] Agric sporysz *m* [2] Pharm ergotamina *f*

ergotherapy /ˌɜːgəʊ'θerəpɪ/ *n* terapia *f* zajęciowa, ergoterapia *f*

ergotism /'ɜːgətɪzəm/ *n* zatrucie *n* ergotaminą

erica /'erɪkə/ *n* wrzosiec *m*

Erie /'ɪərɪ/ *prn* **Lake ~** (jezioro *n*) Erie *inv*

Erin /'erɪn, 'ɪərɪn/ *prn* arch or liter Irlandia *f*

Eritrea /erɪ'treɪə/ *prn* Erytre(j)a *f*

Eritrean /erɪ'treɪən/ **I** *n* Erytrej|czyk *m*, -ka *f*
II *adj* erytrejski

erk /ɜːk/ *n* GB infml Mil szeregowy *m (w wojskach lądowych lub lotniczych)*; Naut majtek *m* dat or hum

ERM *n* → **Exchange Rate Mechanism**

ermine /'ɜːmɪn/ *n* (animal) gronostaj *m*; (fur) gronostaje

Ernie /'ɜːnɪ/ *n* GB = **Electronic random number indicator equipment** *elektroniczne urządzenie do wybierania numerów wygrywających bony premiowe*

erode /ɪ'rəʊd/ **I** *vt* [1] *[water, wind, glacial ice]* z|niszczyć (coś) w procesie erozji, s|powodować erozję (czegoś) *[coast, cliff, mountain]*; *[sea, waves]* podmy|ć, -wać *[coast]*; *[acid]* przeż|reć, -erać, w|eżreć, -żerać się w (coś) *[metal]* [2] fig ogranicz|yć, -ać *[freedom, privilege]*; pod|erwać, -rywać *[authority]*; podkop|ać, -ywać *[confidence]*; źle wpły|nąć, -wać na (coś) *[standards, quality]*; **wages have been ~d by inflation** inflacja spowodowała spadek realnych zarobków; **their position is being ~d by tough competition** ostra konkurencja szkodzi ich pozycji
II *vi* [1] *[cliff, mountain]* ul|ec, -egać erozji or zniszczeniu [2] fig *[confidence, faith]* załam|ać, -ywać się; *[relationship]* pog|orszyć, -arszać się; *[right, privilege]* zosta|ć, -wać ograniczonym

erogenous /ɪ'rɒdʒənəs/ *adj* erogenny, erogeniczny; **~ zone** or **area** strefa erogenna

Eros /'ɪərɒs/ *prn* [1] Mythol Eros *m* [2] Philos, Psych eros *m*

erosion /ɪ'rəʊʒn/ *n* [1] (by wind, water, glacial ice) erozja *f*; (by rust) korozja *f*; (by acid) przeżeranie *n*, trawienie *n*; **soil ~** erozja gleby; **wind ~** erozja eoliczna [2] fig (of freedom, right, power) ograniczenie *n*; (of confidence) spadek *m* [3] Med nadżerka *f*

erosive /ɪ'rəʊsɪv/ *adj [acid]* żrący; *[effect, elements]* erozyjny

erotic /ɪ'rɒtɪk/ *adj* erotyczny

erotica /ɪ'rɒtɪkə/ *npl literatura, filmy, dzieła sztuki o tematyce erotycznej*

eroticism /ɪ'rɒtɪsɪzəm/ *n* erotyka *f*, erotyczność *f*

eroticize /ɪ'rɒtɪsaɪz/ *vt* przyda|ć, -wać (czemuś) erotyzmu

erotomania /ɪˌrɒtəʊ'meɪnɪə/ *n* erotomania *f*

err /ɜː(r)/ *vi* [1] (make mistake) popełni|ć, -ać błąd, po|mylić się; **to ~ in one's judgment** pomylić się w osądzie or w ocenie; **to ~ in agreeing to sth** niepotrzebnie zgodzić się na coś [2] (do wrong) z|błądzić, z|grzeszyć; **to ~ on the side of caution** grzeszyć nadmiarem ostrożności; **to ~ on the side of generosity** przesadzać z hojnością; **to ~ from the path of righteousness** zejść z drogi cnoty
[IDIOMS:] **to ~ is human** błądzić jest rzeczą ludzką

errand /'erənd/ *n* polecenie *n*, sprawa *f* do załatwienia; **to run ~s** załatwiać sprawy; (to shops) załatwiać sprawunki; pej być na posyłki; **I've got some ~s to do** or **run** mam kilka spraw do załatwienia; **I have to go on an ~** or **to run an ~ for my mother** muszę załatwić coś matce or dla matki; **he has been sent on an ~** wysłano go, żeby coś załatwił; **an ~ of mercy** czyn miłosierny or miłosierdzia
[IDIOMS:] **to go** or **be sent on a fool's ~** wysilać się na próżno *(udając się gdzieś niepotrzebnie)*; wyjść na głupka infml

errand boy *n* chłopiec *m* na posyłki

errant /'erənt/ *adj* fml (misbehaving) *[person]* zbłąkany; *[husband, wife]* wiarołomny fml or hum; **a knight ~** błędny rycerz

errata /e'rɑːtə/ *npl* → **erratum**

erratic /ɪ'rætɪk/ *adj* [1] *[person, driver, behaviour]* nieobliczalny, nieodpowiedzialny; *[performance, results]* nierówny; *[behaviour, attempt]* niekonsekwentny; *[moods, person]* zmienny; *[delivery, pulse, respiration]* nieregularny; *[movements, attempts]* nieskoordynowany; **an ~ bus service** nieregularnie jeżdżące autobusy; **the stock market has been ~** rynek papierów wartościowych wykazuje wahania [2] Geol *[block, boulder]* eratyczny, narzutowy

erratically /ɪˈrætɪklɪ/ *adv [play, perform, function]* nierówno; *[deliver]* nieregularnie; *[drive]* w sposób nieodpowiedzialny; *[behave]* w niezrównoważony sposób

erratum /eˈrɑːtəm/ *n* (*pl* **errata**) błąd *m* drukarski; **an ~ slip** arkusz poprawek, errata

erroneous /ɪˈrəʊnɪəs/ *adj [idea, conclusion, statement]* błędny, mylny

erroneously /ɪˈrəʊnɪəslɪ/ *adv* błędnie, mylnie

error /ˈerə(r)/ *n* [1] (in arithmetic, printing, grammar) błąd *m*, pomyłka *f*; **to make a serious ~** (in arithmetics) zrobić poważny błąd; (in judgment) popełnić poważną pomyłkę; **an ~ of** or **in sth** błąd w czymś; **an ~ of** or **in grammar** błąd gramatyczny; **by ~, in ~** omyłkowo, przez pomyłkę; **an ~ of judgment** pomyłka (wskutek błędnego rozeznania sytuacji); **margin of ~** margines błędu; **the accident was due to human ~** przyczyną wypadku był błąd człowieka; **to be in ~** Relig błądzić; **~s and omissions excepted** Comm z zastrzeżeniem błędów i opuszczeń [2] Comput błąd *m*; **~ message** komunikat o błędzie; **~ correction** korekta błędu

IDIOMS: **to see the ~ of one's ways** zdać sobie sprawę z własnych błędów

ersatz /ˈeəzæts, ˈɜːsɑːts/ **I** *n* erzac *m*, surogat *m*, namiastka *f*
II *adj* **~ fur** sztuczne futro; **~ tobacco /coffee** erzac or namiastka tytoniu/kawy

erstwhile /ˈɜːstwaɪl/ **I** *adj* liter niegdysiejszy liter
II *adv* niegdyś, ongiś liter

eruct /ɪˈrʌkt/ *vi* US = **eructate**

eructate /eˈrʊkteɪt/ *vi* fml **he/she ~d** odbiło mu/jej się

erudite /ˈeruːdaɪt/ *adj [person]* uczony; *[book, discussion]* uczony; erudycyjny fml; **he/she is ~** on/ona jest erudytą/erudytką

eruditely /ˈeruːdaɪtlɪ/ *adv* uczenie

erudition /ˌeruːˈdɪʃn/ *n* erudycja *f*

erupt /ɪˈrʌpt/ *vi* [1] *[volcano]* wybuch|nąć, -ać; *[water, oil]* wytrys|nąć, -kiwać, trys|nąć, -kać; *[fire, flames]* buch|nąć, -ać [2] fig *[war, violence, hostilities]* wybuch|nąć, -ać; *[laughter, cry]* rozle|c, -gać się

eruption /ɪˈrʌpʃn/ *n* [1] (of volcano) wybuch *m*, erupcja *f*; (of water, oil) wytrysk *m*, wytryśnięcie *n*; (of flames, fire) wybuch *m* [2] fig (of laughter, hostilities, violence) wybuch *m*; (of political movement) nagłe pojawienie się *n* [3] Med wykwit *m* skórny [4] Dent wyrzynanie się *n* zębów

erysipelas /ˌerɪˈsɪpɪləs/ *n* Med róża *f*

erythrocyte /ɪˈrɪθrəʊsaɪt/ *n* erytrocyt *m*, krwinka *f* czerwona

Esau /ˈiːsɔː/ *prn* Ezaw *m*

escalate /ˈeskəleɪt/ **I** *vt* s|potęgować *[problem, efforts, inflation]*; zwiększ|yć, -ać *[involvement, claims]*; podn|ieść, -osić *[prices]*; **to ~ the war** nasilać działania wojenne
II *vi [violence, conflict]* nasil|ić, -ać się; *[prices, inflation, unemployment, demand]* wzr|osnąć, -astać; **to ~ into a major crisis** przerodzić się w poważny kryzys

escalation /ˌeskəˈleɪʃn/ *n* (of violence, war) eskalacja *f* (**in** or **of sth** czegoś); (of prices, inflation) wzrost *m* (**in** or **of sth** czegoś)

escalation clause *n* = **escalator clause**

escalator /ˈeskəleɪtə(r)/ *n* schody *plt* ruchome; eskalator *m* ra; **up/down ~** schody ruchome prowadzące w górę/w dół

escalator clause *n* klauzula *f* indeksacyjna

escalope /ˈeskələʊp/ *n* eskalopek *m*

escapade /ˈeskəpeɪd, ˌeskəˈpeɪd/ *n* (adventure) eskapada *f*; (prank) wyskok *m*

escape /ɪˈskeɪp/ **I** *n* [1] (of person) ucieczka *f* also fig; **an attempted ~** próba ucieczki; **an ~ from prison** ucieczka z więzienia; **an ~ from reality** ucieczka od rzeczywistości; **an ~ to the west** ucieczka na zachód; **to make an/one's ~** uciec; **to make good one's ~** ratować się ucieczką; fig sprytnie wybrnąć z kłopotliwej sytuacji; **to have a narrow** or **lucky ~** o włos uniknąć nieszczęścia, cudem ujść cało; **there's no ~** fig nie ma wyjścia [2] (leak) (of liquid) wyciek *m* (**from sth** z czegoś); (of gas) ulatnianie się *n* (**from sth** z czegoś)
II *vt* [1] (avoid) unik|nąć, -ać (czegoś) *[defeat, danger, injury, death, responsibility]*; u|jść, -chodzić (czemuś) *[penalty, death]*; **to ~ detection** nie zostać wykrytym; **there's no escaping the fact that...** nie ulega wątpliwości, że..., nie da się zaprzeczyć, że... [2] (elude) *[name, fact]* **to ~ sb's attention** or **notice** umknąć or ujść uwadze kogoś; **nothing ~s his eagle eye** przed jego wzrokiem nic się nie ukryje; **the name/word ~s me** imię/to słowo wyleciało mi z pamięci, nie mogę przypomnieć sobie imienia/tego słowa [3] (slip out) **a sigh ~d her** westchnienie dobyło się z jej piersi; **a groan ~d his lips** z ust wyrwał mu się jęk
III *vi* [1] (get away) ucie|c, -kać also fig; **to ~ from sth** uciec z czegoś *[prison, army, cage]*; uciec od czegoś *[boredom]*; **to ~ from sb** uciec komuś or przed kimś; **to ~ (in)to somewhere** uciec dokądś; **he ~d into a world of his own** zamknął się we własnym świecie; **to ~ unharmed** or **without a scratch** ujść or wyjść cało (**from sth** z czegoś); **to ~ with minor injuries** wyjść z opresji z niewielkimi obrażeniami; **to ~ by the skin of one's teeth** cudem wyjść z opresji; **to (manage to) ~ with one's life** ujść z życiem [2] (leak) *[gas]* u|jść, -chodzić, ul|otnić, -atniać się; *[water]* wycie|c, -kać; *[radioactivity]* wydziel|ić, -ać się [3] Comput **to ~ from** or **out of sth** wy|jść, -chodzić z czegoś *[window, program]*
IV escaped *pp adj [prisoner, convict, animal]* zbiegły

escape artist *n* (showman) sztukmistrz *m* *(uwalniający się z więzów i zamknięć)*; (criminal) specjalista *m* od ucieczek

escape character *n* Comput znak *m* unikowy or ucieczki

escape chute *n* Aviat rynna *f* ratunkowa

escape clause *n* Jur, Comm klauzula *f* zwalniająca od odpowiedzialności

escape cock *n* Tech zawór *m* bezpieczeństwa (ciśnieniowy)

escapee /ɪˌskeɪˈpiː/ *n* uciekinier *m*, -ka *f*; (from prison) zbieg *m*

escape hatch *n* Naut luk *m* ratunkowy

escape key, Esc *n* Comput klawisz *m* „escape" or anulujący

escapement /ɪˈskeɪpmənt/ *n* Mech wychwyt *m*

escape plan *n* plan *m* ucieczki

escape road *n* droga *f* awaryjna

escape route *n* (in case of fire) droga *f* ewakuacyjna; (for fugitives) trasa *f* ucieczki

escape sequence *n* Comput sekwencja *f* unikowa

escape shaft *n* Mining szyb *m* ratunkowy

escape valve *n* Tech zawór *m* bezpieczeństwa (ciśnieniowy)

escape velocity *n* Aerosp prędkość *f* ucieczki

escape wheel *n* Tech koło *n* wychwytowe

escapism /ɪˈskeɪpɪzəm/ *n* eskapizm *m*

escapist /ɪˈskeɪpɪst/ **I** *n* eskapista *m*
II *adj* eskapistyczny

escapologist /ˌeskəˈpɒlədʒɪst/ *n* sztukmistrz *m* *(uwalniający się z więzów i zamknięć)*

escapology /ˌeskəˈpɒlədʒɪ/ *n* sztuka *f* uwalniania się z więzów i zamknięć

escarpment /ɪˈskɑːpmənt/ *n* skarpa *f*

eschatological /ˌeskətəˈlɒdʒɪkl/ *adj* eschatologiczny

eschatology /ˌeskəˈtɒlədʒɪ/ *n* eschatologia *f*

eschew /ɪsˈtʃuː/ *vt* fml (avoid) wystrzegać się (czegoś) *[evil, method, indulgence, temptation]*; (give up) wyrze|c, -kać się (czegoś) *[violence]*

escort **I** /ˈeskɔːt/ *n* [1] Mil, Naut eskorta *f*; **police/military ~** eskorta policyjna/wojskowa; **armed ~** uzbrojona eskorta; **under (police) ~** pod eskortą (policji) [2] (companion) osoba *f* towarzysząca; (to a dance) partner *m*; (in agency) osoba *f* do towarzystwa
II /ɪˈskɔːt/ *vt* [1] Mil eskortować, konwojować; **to ~ sb in/out** wprowadzić/wyprowadzić kogoś pod eskortą [2] (to a function) towarzyszyć (komuś); (home, to the door) odprowadz|ić, -ać; **visitors will be ~ed by an expert** zwiedzającym będzie towarzyszył specjalista; **he ~ed me round the museum** oprowadził mnie po muzeum

escort agency *n* agencja *f* towarzyska

escort duty *n* Mil, Naut eskortowanie *n*, konwojowanie *n*

escort vessel *n* Naut eskortowiec *m*

escritoire /ˌeskrɪˈtwɑː(r)/ *n* sekretarzyk *m*

escrow /eˈskrəʊ/ **I** *n* Jur depozyt *m* *(do przekazania osobie upoważnionej)*; **in ~** w depozycie
II *vt* z|deponować

escrow account *n* US rachunek *m* depozytowy

escutcheon /ɪˈskʌtʃən/ *n* [1] Herald tarcza *f* herbowa [2] (on lock) osłona *f* zamka

IDIOMS: **to be a blot on the ~** być plamą na honorze (kogoś)

esker /ˈeskə(r)/ *n* Geol oz *m*

Eskimo /ˈeskɪməʊ/ **I** *n* [1] (person) Eskimos *m*, -ka *f* [2] (language) (język *m*) eskimoski *m*
II *adj* eskimoski; **~ dog** pies eskimoski

ESL *n* → **English as a Second Language**

ESN *adj* → **educationally subnormal**

esophagus *n* = **oesophagus**

esoteric /ˌiːsəʊˈterɪk, ˌe-/ *adj [poetry, language, knowledge]* ezoteryczny; *[script]* tajemny; *[reason]* tajemniczy; hum *[taste]* dziwaczny, osobliwy

esoterica /ˌiːsəʊˈterɪkə, ˌe-/ *n* US (objects) tajemnicze przedmioty *m pl*; (knowledge) wiedza *f* tajemna

esp *adv* = **especially**

ESP *n* [1] → **extrasensory perception** [2] → **English for Special Purposes**

espalier /ɪˈspælɪeɪ, US ɪˈspæljər/ **I** *n* (tree) drzewo *n* rozpięte na treliażu; (trellis) treliaż *m*, kratownica *f*
II *vt* rozpi|ąć, -nać na treliażu *[tree, shrub]*

esparto /eˈspɑːtəʊ/ *n* (also **esparto grass**) ostnica *f* esparto, halfa *f*

especial /ɪˈspeʃl/ *adj* fml *[importance, care, interest]* szczególny; *[difficulties, character]* wyjątkowy; *[friend]* bliski

especially /ɪˈspeʃəlɪ/ *adv* [1] (above all) zwłaszcza, szczególnie; **everyone was bored, ~ me** wszyscy się nudzili, zwłaszcza or szczególnie ja; **~ as it's so hot** zwłaszcza, że jest tak gorąco; **more ~ as...** zwłaszcza or tym bardziej że...; **he ~ ought to be told** zwłaszcza jemu należy powiedzieć; **why her ~?** dlaczego właśnie ona? [2] (on purpose) specjalnie; **he came ~ to see me** przyszedł specjalnie, żeby się ze mną zobaczyć [3] (particularly) *[important, difficult, useful]* szczególnie; **I didn't ~ like the book** książka niezbyt mi się podobała

Esperantist /ˌespəˈræntɪst/ *n* esperantyst|a *m*, -ka *f*

Esperanto /ˌespəˈræntəʊ/ *n* esperanto *n*

espionage /ˈespɪənɑːʒ/ *n* szpiegostwo *n*, wywiad *m*

esplanade /ˌespləˈneɪd/ *n* esplanada *f*

espousal /ɪˈspaʊzl/ *n* fml (support) **~ of sth** poparcie *n* czegoś; orędownictwo *n* na rzecz czegoś fml

espouse /ɪˈspaʊz/ *vt* [1] fml opowi|edzieć, -adać się za (czymś) *[cause, idea]*; z|wiązać się z (czymś) *[party]*; ob|rać, -ierać *[way of life, profession]* [2] arch (marry) poślubi|ć, -ać

espresso /eˈspresəʊ/ *n* kawa *f* z ekspresu or po włosku

espy /ɪˈspaɪ/ *vt* arch or liter zoczyć liter

Esq GB = **esquire** (on letter) **John Roberts Esq** WP John Roberts

esquire /ɪˈskwaɪə(r)/ *n* [1] Hist (knight's attendant) giermek *m* [2] (as title) **Peter Mitchell, Esquire** Wielmożny Pan Peter Mitchell

essay /ˈeseɪ/ **I** *n* [1] Sch wypracowanie *n* **(on** or **about sth** na temat czegoś); Univ praca *f* **(on sth** na temat czegoś); Literat esej *m*, szkic *m* **(on sth** o czymś) [2] liter (endeavour) próba *f* **(at** or **in doing sth** zrobienia czegoś)
II *modif* **~ question** temat do rozwinięcia; **~ test** US Univ egzamin pisemny *(obejmujący wypracowanie)*
III *vt* liter [1] (attempt) pod|jąć, -ejmować próbę **(to do sth** zrobienia czegoś); **she ~ed a smile** próbowała się uśmiechnąć; **to ~ a task** jąć się zadania [2] (test) podda|ć, -wać próbie

essayist /ˈeseɪɪst/ *n* eseist|a *m*, -ka *f*

essence /ˈesns/ **I** *n* [1] (central feature) istota *f*, sedno *n*; **the ~ of the problem** istota or sedno problemu; **time is of the ~** liczy się czas; **he's the very ~ of a diplomat** to rasowy dyplomata; **it's the ~ of stupidity/greed** to szczyt głupoty/chciwości [2] Phil, Theol istota *f*; (Aristotelian) esencja *f* [3] Cosmet, Culin esencja *f*, wyciąg *m*
II in ~ *adv phr* w gruncie rzeczy, zasadniczo

essential /ɪˈsenʃl/ **I** *n* (object) rzecz *f* niezbędna; (quality, element) podstawa *f*; **I packed a few ~s** spakowałem kilka niezbędnych rzeczy; **a car is (not) an ~** samochód (nie) jest czymś niezbędnym; **there are two ~s in comedy** w komedii dwie sprawy są podstawowe
II essentials *npl* **the ~s** (of science) podstawy *f pl* **(of sth** czegoś); (of living) rzeczy *f pl* niezbędne **(of sth** do czegoś); **to get down to ~s** przejść do spraw zasadniczych, zająć się sprawami zasadniczymi
III *adj* [1] (vital) *[ingredient, equipment, support, qualification]* niezbędny; *[role, question]* zasadniczy; *[services]* podstawowy; **~ goods** artykuły podstawowe or pierwszej potrzeby; **~ maintenance work** niezbędne prace konserwacyjne; **it is ~ to arrive on time** należy koniecznie przybyć punktualnie; **it is ~ that our prices remain competitive** nasze ceny muszą pozostać konkurencyjne; **to be ~ to** or **for sth** być niezbędnym do czegoś; **to be ~ to** or **for sb** być niezbędnym dla kogoś; **'previous experience ~'** (in ad) „konieczne doświadczenie" [2] (basic) *[difference, theme, feature, element]* zasadniczy, istotny; **it's ~ reading** to podstawowa or obowiązkowa lektura; **humanity's ~ goodness** dobroć właściwa człowiekowi; **his ~ humility** właściwa mu pokora

essentially /ɪˈsenʃəlɪ/ *adv* [1] (basically) zasadniczo; (in essence) w gruncie rzeczy; **we are ~ in agreement** zasadniczo zgadzamy się (ze sobą); **~, it's an old argument** w gruncie rzeczy to stary spór [2] (more or less) *[true, correct]* zasadniczo, w zasadzie [3] (above all) przede wszystkim, nade wszystko

essential oil *n* olejek *m* eteryczny or lotny

est = **established**

EST *n* [1] US → **Eastern Standard Time** [2] Med → **electroshock therapy**

establish /ɪˈstæblɪʃ/ **I** *vt* [1] (set up) za|łożyć, -kładać *[business, firm]*; u|tworzyć *[department, state, tribunal, government]*; nawiąz|ać, -ywać *[contact, relationship]*; ustanowi|ć, -ać *[law]*; zaprowadz|ić, -ać *[peace]*; określ|ić, -ać, ustal|ić, -ać *[guidelines]*; s|tworzyć *[basis]*; **his father ~ed him in business** ojciec pomógł mu założyć firmę [2] (gain acceptance for) wprowadz|ić, -ać *[principle, theory, method]*; ugruntow|ać, -ywać *[authority, supremacy]*; **to ~ one's reputation** wyrobić sobie reputację; **to ~ a reputation for oneself as a singer/liar** wyrobić sobie pozycję śpiewaka/opinię kłamcy [3] (determine, prove) ustal|ić, -ać *[ownership, paternity, facts, cause]*; dow|ieść, -odzić (czegoś) *[innocence]*; **to ~ that...** ustalić, że...; **to ~ what/why/whether...** ustalić, co/dlaczego/czy...; **to ~ the cause of death** ustalić or określić przyczynę zgonu; **to ~ sb's guilt** (in investigation) ustalić winę kogoś; (in court) dowieść winy kogoś
II *vr* **to ~ oneself** (in house, room) urządz|ić, -ać się; **he ~ed himself in the legal profession** zdobył pozycję jako prawnik; **he quickly ~ed himself as the office clown** szybko zyskał reputację biurowego dowcipnisia

established /ɪˈstæblɪʃt/ *adj [institution]* o ustalonej pozycji; *[artist]* uznany; *[reputation, view, procedure, order]* ustalony; *[custom]* przyjęty; **it's a well ~ fact that...** powszechnie uznanym faktem jest to, że...; **(company) ~ in 1920** (firma) założona w 1920 roku; **the ~ church** religia panująca, kościół państwowy

establishment /ɪˈstæblɪʃmənt/ **I** *n* [1] (setting up) **~ of sth** (of business, institution) założenie *n* czegoś; (of law, rule) ustanowienie *n* czegoś; (of government, institution) utworzenie *n* czegoś; (of criteria) określenie *n* czegoś; **the ~ of relations** nawiązanie stosunków [2] (institution, organization) placówka *f*; (shop, business) firma *f*; **research/commercial ~** placówka badawcza/handlowa; **military ~s** instalacje wojskowe [3] (staff) personel *m* **(of sth** czegoś); (in household) służba *f*; Mil stan *m* liczebny (armii)
II Establishment *prn* GB (ruling group) **the Establishment** Pol establishment *m*; (social order) ustalony porządek *m*; **the artistic /medical ~** wpływowe gremia or kręgi świata artystycznego/medycznego; **to join** or **become part of the Establishment** Pol stać się częścią establishmentu
III *modif [attitudes, values]* typowy dla establishmentu; *[artist, author]* prawomyślny; **an ~ figure** wpływowa figura

estate /ɪˈsteɪt/ *n* [1] (stately home and park) posiadłość *f*; (landed property) majątek *m* ziemski; **a country ~** posiadłość wiejska [2] (group of buildings) **a housing ~** osiedle mieszkaniowe; **an industrial ~** strefa przemysłowa [3] (assets) majątek *m*; **to divide one's ~** rozdzielić majątek [4] (condition) stan *m*; **the (holy) ~ of matrimony** (święty) stan małżeński; **to reach man's ~** dat osiągnąć stan męski dat [5] Hist or arch (class) stan *m*; **the three ~s** trzy stany; **of high/low ~** wysokiego /niskiego stanu [6] GB = **estate car**

estate agency *n* GB agencja *f* nieruchomości

estate agent *n* GB pośrednik *m* w handlu nieruchomościami

estate car *n* GB (samochód *m*) kombi *n inv*

estate duty *n* GB podatek *m* spadkowy

Estates General *npl* **the ~** Hist Stany *m pl* Generalne

estate tax *n* US podatek *m* spadkowy

esteem /ɪˈstiːm/ **I** *n* szacunek *m*, poważanie *n*; estyma *f* liter; **to hold sb in high ~** darzyć kogoś wielkim szacunkiem; **a book held in high ~** wielce ceniona książka; **to go up/down in sb's ~** zyskać/stracić w oczach kogoś, zyskać/stracić szacunek kogoś
II *vt* fml [1] (admire) poważać, szanować *[person]*; cenić *[work]*; doceniać *[quality]*; **our highly ~ed colleague** nasz szanowny

kolega [2] (think) uważać; **I ~ it an honour to be here** obecność tutaj poczytuję sobie za zaszczyt fml

ester /ˈestə(r)/ *n* ester *m*

Esther /ˈestə(r)/ *prn* Estera *f*

esthete /ˈesθiːt/ *n* US = **aesthete**

estimable /ˈestɪməbl/ *adj* fml *[person]* godny szacunku; *[achievement, contribution]* chlubny, chwalebny; **my ~ colleague** mój szanowny kolega

estimate **I** /ˈestɪmət/ *n* [1] (of quality) ocena *f*; (of quantity) liczba *f* szacunkowa; (of cost) wycena *f*, szacunek *m*; **by the government's ~** zgodnie z wyliczeniami or z oceną rządu; **by his own ~** według niego; **at a rough ~** w przybliżeniu; **at a conservative ~** lekko licząc [2] Comm (quote) kosztorys *m*, kalkulacja *f*; **to make an ~** zrobić kosztorys or kalkulację; **to put in an ~ for sth** sporządzić kosztorys or kalkulację czegoś; **a higher/lower ~** wyższe/niższe koszty [3] Admin preliminarz *m* budżetowy; **defence ~s** preliminarz wydatków na obronność [4] (estimation) ocena *f* **(of sb** kogoś)

II /ˈestɪmeɪt/ *vt* [1] (guess) o|szacować *[size, value]*; określ|ić, -ać w przybliżeniu *[distance, prize, speed]*; **to ~ sb's losses at 7 million** oszacować straty kogoś na siedem milionów; **his estate has been ~d at $400 million** jego majątek szacuje się na 400 milionów dolarów; **to ~ that...** oceniać, że...; **they are ~d to have 100 shops** ocenia się, że mają 100 sklepów; **what do you ~ his chances to be?** jak oceniasz jego szanse? [2] (submit) *[builder, tenderer]* ustal|ić, -ać, określ|ić, -ać *[price, cost]* **(for sth** czegoś)

III estimated *pp adj [cost, figure]* przybliżony, szacunkowy; **an ~d 300 people** około 300 osób; **the ~ 1,000 victims** 1 000 ofiar według szacunkowych obliczeń

estimated time of arrival, ETA *n* przewidywany czas *m* przybycia

estimated time of delivery, ETD *n* Med przybliżony termin *m* porodu

estimated time of departure, ETD *n* (of vehicle) przywidywany czas *m* odjazdu; (of airplane) przewidywany czas *m* odlotu

estimation /ˌestɪˈmeɪʃn/ *n* [1] (esteem) poważanie *n*, szacunek *m*; **to go up/down in sb's ~** zyskać/stracić w oczach kogoś, zyskać/stracić szacunek kogoś [2] (judgment) opinia *f*, mniemanie *n*; **in my ~** w moim odczuciu or mniemaniu [3] (of amount, value) szacunkowa ocena *f*

Estonia /ɪˈstəʊnɪə/ *prn* Estonia *f*

Estonian /ɪˈstəʊnɪən/ **I** *n* [1] (person) Esto|ń-czyk *m*, -nka *f* [2] Ling (język *m*) estoński *m*

II *adj* estoński

estrange /ɪˈstreɪndʒ/ **I** *vt* zra|zić, -żać **(from sb/sth** do kogoś/czegoś)

II estranged *pp adj* [1] (in marriage) **to be ~d from sb** *[spouse]* pozostawać w separacji z kimś; **to be ~d from one's family** nie mieszkać z rodziną; **his ~d wife** żona, która od niego odeszła [2] (no longer friendly) **to be ~d from sb/sth** z|erwać, -rywać z kimś/czymś *[family, friend, tradition]*

estrangement /ɪˈstreɪndʒmənt/ *n* separacja *f*

estrogen *n* US = **oestrogen**

estrone *n* US = **oestrone**

estrous *n* US = **oestrous**

estrus *n* US = **oestrus**

estuary /ˈestʃʊərɪ, US -ʊerɪ/ *n* ujście *n* (rzeki), estuarium *n*

Estuary English *n* GB *angielszczyzna łącząca elementy akcentu londyńskiego i wymowy standardowej*

E Sussex *n* GB Post *kod pocztowy East Sussex* **→ East Sussex**

ETA *n* **→ estimated time of arrival**

e-tailer /ˈiːteɪlə(r)/ *n* detalista *m* internetowy

e-tailing /ˈiːteɪlɪŋ/ *n* internetowy handel *m* detaliczny

et al = **et alii** i inni, i in.

etc *adv* = **et cetera** itd., itp.

et cetera, etcetera /ɪtˈsetərə, et-/ *adv* (and so on) i tak dalej; (and similar things) i temu podobne

etceteras /ɪtˈsetərəz, et-/ *npl* inne różności *plt*

etch /etʃ/ **I** *vt* wytrawi|ć, -ać *[glass, metal, design]*; **to be ~ed in sth** być wyrytym w czymś; **to be ~ed on** or **into sb's memory** or **mind** fig wryć się komuś głęboko w pamięć

II *vi* Art, Print wykon|ać, -ywać kwasoryt or akwafortę

etching /ˈetʃɪŋ/ *n* (technique) akwaforta *f*, kwasoryt *m*; (picture) akwaforta *f*, sztych *m*

IDIOMS: **come up and see my ~s** hum chodź, pokażę ci moją kolekcję znaczków or płyt euph

ETD *n* **→ estimated time of departure**

eternal /ɪˈtɜːnl/ **I** *n* **the Eternal** Relig Przedwieczny Bóg *m*

II *adj* [1] (lasting forever) *[life, love]* wieczny; Relig *[bliss, glory, light]* wiekuisty; **~ rest** wieczny spoczynek, wieczne odpoczywanie [2] (unchanged by time) *[question, truths, values]* odwieczny [3] infml (perpetual) *[noise, complaints]* wieczny, nieustanny; **an ~ student** hum wieczny student; **he's an ~ optimist** on jest niepoprawnym optymistą; **it is to his ~ credit that...** wieczna chwała mu za to, że... fml

Eternal City *n* **the ~** Wieczne Miasto *n*

eternally /ɪˈtɜːnəlɪ/ *adv* wiecznie; **~ grateful** dozgonnie wdzięczny, wdzięczny do końca życia; **we are ~ in your debt** fig jesteśmy twoimi dłużnikami do końca życia; **~ yours, Jessica** (in letter) Twoja na wieki, Jessica

eternal triangle *n* odwieczny trójkąt *m*

eternity /ɪˈtɜːnətɪ/ *n* wieczność *f*; **for ~** na wieczność, na wieki; **to wait for an ~** fig czekać całą wieczność fig; **it seemed an ~ before the door opened** wydawało się, że minęła cała wieczność, zanim drzwi się otworzyły

eternity ring *n pierścionek ofiarowany jako symbol wiecznej miłości*

ethane /ˈeθeɪn, ˈiːθ-/ *n* etan *m*

ethanol /ˈeθənɒl/ *n* etanol *m*, alkohol *m* etylowy

ether /ˈiːθə(r)/ *n* [1] Chem eter *m* [2] GB liter (upper air) **the ~** eter *m*; **messages flying through the ~** wiadomości płynące na falach eteru

ethereal /ɪˈθɪərɪəl/ *adj* eteryczny

ethic /ˈeθɪk/ *n* Philos etyka *f*; **the success ~** kult sukcesu

ethical /ˈeθɪkl/ *adj [problem, principle, value]* etyczny; **an ~ objection** zastrzeżenie natury etycznej or moralnej; **~ code** kodeks etyczny; **~ fund** fundusz inwestujący według przyjętego kodeksu etycznego; **~ investment** inwestowanie w spółki działające zgodnie z przyjętym kodeksem etycznym; **not to be ~** być nieetycznym

ethically /ˈeθɪklɪ/ *adv* etycznie

ethics /ˈeθɪks/ *n* [1] (+ *v sg*) Philos etyka *f* [2] (+ *v pl*) (moral code) etyka *f*; **a violation of professional ~** pogwałcenie zasad etyki zawodowej; **medical ~** etyka or deontologia lekarska

Ethiopia /ˌiːθɪˈəʊpɪə/ *prn* Etiopia *f*

Ethiopian /ˌiːθɪˈəʊpɪən/ **I** *n* Etiop|czyk *m*, -ka *f*

II *adj* etiopski

ethnic /ˈeθnɪk/ **I** *n* offensive przedstawiciel *m*, -ka *f* mniejszości etnicznej

II *adj [community, group, music]* etniczny; *[Pole, Chinese]* rdzenny, rodowity; *[dance, dress, food]* egzotyczny; *[unrest, violence, divisions]* na tle etnicznym; **the conflicts are ~ in origin** konflikty mają podłoże etniczne

ethnically /ˈeθnɪklɪ/ *adv* z etnicznego punktu widzenia, pod względem etnicznym

ethnic cleansing *n* czystka *f* etniczna

ethnicity /eθˈnɪsətɪ/ *n* (origin) tożsamość *f* etniczna; (character) charakter *m* etniczny

ethnic minority *n* mniejszość *f* etniczna

ethnocentric /ˌeθnəʊˈsentrɪk/ *adj* etnocentryczny

ethnocentrism /ˌeθnəʊˈsentrɪzəm/ *n* etnocentryzm *m*

ethnographer /eθˈnɒgrəfə(r)/ *n* etnograf *m*

ethnography /eθˈnɒgrəfɪ/ *n* etnografia *f*

ethnolinguistics /ˌeθnəʊlɪŋˈgwɪstɪks/ *n* (+ *v sg*) etnolingwistyka *f*

ethnologist /eθˈnɒlədʒɪst/ *n* etnolog *m*

ethnology /eθˈnɒlədʒɪ/ *n* etnologia *f*

ethology /iːˈθɒlədʒɪ/ *n* etologia *f*

ethos /ˈiːθɒs/ *n* etos *m*; **the middle class ~** etos klasy średniej, etos mieszczański

ethyl /ˈiːθaɪl, ˈeθɪl/ *n* etyl *m*

ethyl acetate *n* octan *m* etylu

ethyl alcohol *n* alkohol *m* etylowy, etanol *m*

ethylene /ˈeθɪliːn/ *n* etylen *m*

etiolated /ˈiːtɪəleɪtɪd/ *adj [plant]* wypłoniony; *[person]* blady i wątły

etiology /ˌiːtɪˈɒlədʒɪ/ *n* etiologia *f*

etiquette /ˈetɪket, -kət/ *n* [1] (social) etykieta *f* [2] (diplomatic) protokół *m*; (professional) normy *f pl* postępowania; **medical ~** etyka zawodowa lekarza [3] (ceremonial) ceremoniał *m*

Etna /ˈetnə/ *prn* Etna *f*

Etruria /eˈtrʊərɪə/ *prn* Hist Etruria *f*

Etruscan /ɪˈtrʌskən/ **I** *n* [1] (person) Etrusk *m*, -a *f* [2] Ling (język *m*) etruski *m*

II *adj* etruski

ETV *n* US **→ educational television**

etymological /ˌetɪməˈlɒdʒɪkl/ *adj* etymologiczny

etymologically /ˌetɪməˈlɒdʒɪklɪ/ *adv* etymologicznie

etymologist /ˌetɪˈmɒlədʒɪst/ *n* etymolog *m*

etymology /ˌetɪˈmɒlədʒɪ/ *n* etymologia *f*

EU *n* = **European Union** UE *f*
eucalyptus /ju:kəˈlɪptəs/ **I** *n* (*pl* **-lypti, -lyptuses**) eukaliptus *m*
II *adj [oil, leaf]* eukaliptusowy
Eucharist /ˈju:kərɪst/ *n* **the ~** eucharystia *f*
Eucharistic /ju:kəˈrɪstɪk/ *adj* eucharystyczny
euchre US /ˈju:kə(r)/ **I** *n* Games *gra w karty*
II *vt* infml (trick) **to ~ sb out of sth** wyrolować kogoś z czegoś infml
Euclid /ˈju:klɪd/ *prn* Euklides *m*
Euclidean /ju:ˈklɪdɪən/ *adj* euklidesowy
eugenic /ju:ˈdʒenɪk/ *adj* eugeniczny
eugenics /ju:ˈdʒenɪks/ *n (+ v sg)* eugenika *f*
eulogize /ˈju:lədʒaɪz/ **I** *vt* wychwalać pod niebiosa *[person]*; opiewać *[virtue]*
II *vi* **to ~ over sth** zachwycać się czymś, unosić się nad czymś
eulogy /ˈju:lədʒɪ/ *n* pean *m* (**to sb/sth** ku czci kogoś/czegoś, na cześć kogoś/czegoś); (at funeral) mowa *f* pogrzebowa; **to deliver** or **say the ~ for sb** US wygłosić mowę (pogrzebową) ku czci kogoś
eunuch /ˈju:nək/ *n* eunuch *m*, kastrat *m*
euphemism /ˈju:fəmɪzəm/ *n* eufemizm *m*; **'pass away' is a ~ for 'die'** „odejść" jest eufemizmem używanym zamiast „umrzeć"
euphemistic /ju:fəˈmɪstɪk/ *adj* eufemistyczny, eufemiczny
euphemistically /ju:fəˈmɪstɪklɪ/ *adv* eufemistycznie, eufemicznie
euphonious /ju:ˈfəʊnɪəs/ *adj* (pleasant) miły dla ucha; Ling, Literat eufoniczny
euphonium /ju:ˈfəʊnɪəm/ *n* eufonium *n*
euphony /ˈju:fənɪ/ *n* eufonia *f*
euphorbia /ju:ˈfɔ:bɪə/ *n* wilczomlecz *m*, euforbia *f*
euphoria /ju:ˈfɔ:rɪə/ *n* euforia *f*
euphoric /ju:ˈfɒrɪk, US -ˈfɔ:r-/ *adj [mood, optimism]* euforyczny; *[person]* ogarnięty euforią, w stanie euforii; **to describe sth in ~ terms** opisać coś słowami pełnymi zachwytu
Euphrates /ju:ˈfreɪti:z/ *n* **the ~** Eufrat *m*
euphuism /ˈju:fju:ɪzəm/ *n* eufuizm *m*
Eurasia /jʊəˈreɪʒə/ *prn* Eurazja *f*
Eurasian /jʊəˈreɪʒn/ **I** *n* Euroazjat|a *m*, -ka *f*
II *adj* eurazjatycki
EURATOM /jʊəˈrætəm/ *n* = **European Atomic Energy Community** Euratom *m*
eureka /jʊəˈri:kə/ *excl* eureka!
eurhythmics GB, **eurythmics** US /ju:ˈrɪðmɪks/ *n (+ v sg)* rytmika *f*
Euripides /ju:ˈrɪpɪdi:z/ *n* Eurypides *m*
Euro, euro /ˈjʊərəʊ/ *n* Fin Euro *n inv*, euro *n inv*
Euro+ *in combinations* euro-
Eurobeach /ˈjʊərəʊbi:tʃ/ *n* plaża *f* spełniająca wymogi EWG
Eurobond /ˈjʊərəʊbɒnd/ *n* euroobligacja *f*
eurocentric /jʊərəʊˈsentrɪk/ *adj* eurocentryczny, europocentryczny
eurocentrism /jʊərəʊˈsentrɪzəm/ *n* eurocentryzm *m*, europocentryzm *m*
eurocheque /ˈjʊərəʊtʃek/ *n* euroczek *m*; **~ card** karta euroczek
Eurocommunism /jʊərəʊˈkɒmjʊnɪzəm/ *n* eurokomunizm *m*
Eurocrat /ˈjʊərəʊkræt/ *n* eurokrata *m*
Eurocurrency /jʊərəʊˈkʌrənsɪ/ **I** *n* eurowaluta *f*
II *modif [market]* eurowalutowy
Eurodollar /ˈjʊərəʊdɒlə(r)/ *n* eurodolar *m*
Euroland /ˈjʊərəʊlænd/ *n* Euroland *m*
Euromarket /ˈjʊərəʊmɑ:kɪt/ *n* (Common Market) rynek *m* Wspólnoty Europejskiej; (money market) rynek *m* eurowalutowy
Euromart /ˈjʊərəmɑ:t/ *n* = **Euromarket**
Euro-MP /jʊərəʊemˈpi:/ *n* deputowan|y *m*, -a *f* do Parlamentu Europejskiego
Europa /jʊˈrəʊpə/ *prn* Mythol Europa *f*
Europe /ˈjʊərəp/ *prn* Europa *f*; **to go into ~** wejść do Europy
European /jʊərəˈpi:ən/ **I** *n* Europej|czyk *m*, -ka *f*
II *adj* europejski
European Atomic Energy Community, EURATOM *n* Europejska Wspólnota *f* Energii Atomowej, EURATOM *m*
European Bank for Reconstruction and Development, EBRD *n* Europejski Bank *m* Odbudowy i Rozwoju, EBOR *m*
European Broadcasting Union, EBU *n* Europejska Unia *f* Radiofoniczna, EBU *f/n inv*
European Central Bank *n* Europejski Bank *m* Centralny
European Coal and Steel Community, ECSC *n* Europejska Wspólnota *f* Węgla i Stali, EWWiS *f*
European Commission *n* Komisja *f* Europejska
European Commissioner *n* komisarz *m* europejski
European Community, EC *n* Wspólnota *f* Europejska, WE *f inv*
European Convention on Human Rights *n* Europejska Konwencja *f* Praw Człowieka
European Court of Human Rights *n* Europejski Trybunał *m* Praw Człowieka
European Court of Justice *n* Europejski Trybunał *m* Sprawiedliwości
European Cup *n* Sport Puchar *m* Europy
European Cupwinners' Cup *n* Sport Europejski Puchar *m* Zdobywców Pucharów
European Currency Unit, ECU *n* europejska jednostka *f* walutowa, ECU *n inv*
European Development Fund, EDF *n* Europejski Fundusz *m* Rozwoju, EFR *m*
European Economic Community, EEC *n* Europejska Wspólnota *f* Gospodarcza, EWG *f/n inv*
European Free Trade Association, EFTA *n* Europejskie Stowarzyszenie *n* Wolnego Handlu, EFTA *f*
European Investment Bank, EIB *n* Europejski Bank *m* Inwestycyjny, EIB
Europeanize /jʊərəˈpi:ənaɪz/ *vt* z|europeizować; **to become ~d** zeuropeizować się
European Monetary System, EMS *n* Europejski System *m* Monetarny, ESW *m/n inv*
European Monetary Union *n* Europejska Unia *f* Monetarna, EUW *f/n inv*
European Parliament *n* Parlament *m* Europejski
European Space Agency, ESA *n* Europejska Agencja *f* Kosmiczna, ESA
European standard *n* Ind, Comm (in EC) norma *f* Unii Europejskiej
European Union, EU *n* Unia *f* Europejska, UE *f/n inv*
europium /jʊˈrəʊpɪəm/ *n* europ *m*
Eurosceptic /jʊərəʊˈskeptɪk/ *n* eurosceptyk *m*
Eurostar® /ˈjʊərəʊstɑ:(r)/ *n* Transp Eurostar *m (pociąg kursujący pod Kanałem La Manche)*
Eurotrash /ˈjʊərəʊtræʃ/ *n* infml pej *bogaci Europejczycy mieszkający w USA*
Eurotunnel /ˈjʊərəʊtʌnl/ *n* Eurotunel *m (pod kanałem La Manche)*
Eurovision /ˈjʊərəʊvɪʒn/ *n* Eurowizja *f*; **~ song contest** konkurs piosenki Eurowizji
Euro zone *n* Euroland *m*
Eurydice /jʊˈrɪdɪsɪ/ *prn* Mythol Eurydyka *f*
eurythmics *n* US = **eurhythmics**
Eustachian tube /ju:ˌsteɪʃnˈtju:b, US -ˈtu:b/ *n* trąbka *f* Eustachiusza
eustatic /ju:ˈstætɪk/ *adj* eustatyczny
euthanasia /ju:θəˈneɪzɪə, US -ˈneɪʒə/ *n* eutanazja *f*
eutrophication /ju:trəfɪˈkeɪʃn/ *n* Ecol eutrofizacja *f*
evacuate /ɪˈvækjʊeɪt/ **I** *vt* [1] (leave) ewakuować się z (czegoś), opu|ścić, -szczać *[village, building]* [2] (make people leave) ewakuować, opróżni|ć, -ać *[building, area]*; ewakuować, przeprowadz|ić, -ać ewakuację (czegoś) *[residents]* (**from sth** z czegoś); **they were ~d to the countryside** zostali ewakuowani na prowincję [3] Physiol opróżni|ć, -ać, wypróżni|ć, -ać *[bowels]*; wydal|ić, -ać, ewakuować *[poison]*
II *vi [troops, residents]* ewakuować się
evacuation /ɪˌvækjʊˈeɪʃn/ *n* [1] (of building, residents) ewakuacja *f* [2] (of bowels) wypróżnienie *n*
evacuee /ɪˌvækju:ˈi:/ *n* osoba *f* ewakuowana; ewakuant *m* ra
evade /ɪˈveɪd/ *vt* uchyl|ić, -ać się od (czegoś) *[responsibility, duty, military service]*; uchyl|ić, -ać się przed (czymś) *[blow]*; z|ignorować, pomi|nąć, -jać (coś) milczeniem *[issue, problem, question]*; unikać (czegoś) *[glance, look, person]*; wym|knąć, -ykać się (komuś), um|knąć, -ykać (komuś) *[pursuer, police]*; ob|ejść, -chodzić, omi|nąć, -jać *[regulation]*; **to ~ taxes** uchylać się od płacenia podatków; **stop trying to ~ the question** nie wykręcaj się od odpowiedzi (na pytanie); **so far he ~d capture** jak dotąd nie został schwytany
evaluate /ɪˈvæljʊeɪt/ *vt* oceni|ć, -ać *[person, situation, results, ability, application]*; oszacow|ać, -ywać, wyceni|ć, -ać *[damage, property]*; określ|ić, -ać *[responsibility]*; określ|ić, -ać wysokość (czegoś) *[loan]*; **to ~ the damage at £50** wycenić szkodę na 50 funtów
evaluation /ɪˌvæljʊˈeɪʃn/ *n* (of job, performance, situation) ocena *f*; (of property, damage) oszacowanie *n*, wycena *f*; (moral) osąd *m*
evaluative /ɪˈvæljʊətɪv/ *adj [viewer]* krytyczny; *[term]* wartościujący; *[test]* klasyfikacyjny; *[research]* rozpoznawczy
evanescence /ˌevəˈnesns/ *n* liter ulotność *f*, przemijanie *n*
evanescent /ˌi:vəˈnesnt, US ˌe-/ *adj* liter ulotny, przemijający

evangelical /ˌiːvænˈdʒelɪkl/ **I** *n* ewangeli|k *m*, -czka *f*
II *adj* [1] Relig (referring to gospel) ewangeliczny; ewangelijny ra [2] Relig (Protestant) ewangelicki [3] fig (zealous) *[fervour]* żarliwy
evangelicalism /ˌiːvænˈdʒelɪkəlɪzəm/ *m* ewangelizm *m*
evangelism /ɪˈvændʒɪlɪzəm/ *n* [1] Relig (preaching) ewangelizacja *f* [2] fig żarliwy zapał *m*
evangelist /ɪˈvændʒəlɪst/ **I** *n* (preacher) kaznodzieja *m*, ewangelista *m*
II Evangelist *n* Bible ewangelista *m*; **St John the Evangelist** św. Jan Ewangelista
evangelize /ɪˈvændʒəlaɪz/ **I** *vt* ewangelizować *[people, country]*
II *vi* fig gardłować (**about sth** na temat czegoś)
evaporate /ɪˈvæpəreɪt/ **I** *vt* odparow|ać, -ywać *[liquid]*
II *vi* [1] *[liquid]* wyparow|ać, -ywać [2] fig *[hopes, fear, enthusiasm, confidence]* rozwi|ać, -ewać się; *[anger, fear]* mi|nąć, -jać; *[fortune, opposition, support]* s|topnieć
evaporated milk /ɪˈvæpəreɪtɪdmɪlk/ *n* mleko *n* skondensowane
evaporation /ɪˌvæpəˈreɪʃn/ *n* Phys parowanie *n*, ewaporacja *f*
evasion /ɪˈveɪʒn/ *n* [1] (of responsibility) uchylanie się *n* (**of sth** od czegoś); **tax ~** uchylanie się od płacenia podatków [2] (excuse) wybieg *m*, wykręt *m*; (answer) wymijająca odpowiedź *f*; unik *m* infml; **he resorted to ~** zastosował unik
evasive /ɪˈveɪsɪv/ *adj [answer]* wymijający; **to be ~** *[speaking person]* mówić mało konkretnie; **when pressed for details, they became ~** gdy poproszono ich o szczegóły, zaczęli kluczyć; **to take ~ action** Naut, Aviat, GB Aut wykonać manewr wymijający; fig zastosować unik infml
evasively /ɪˈveɪsɪvlɪ/ *adv [answer]* wymijająco
evasiveness /ɪˈveɪsɪvnɪs/ *n* (of answer) pokrętność *f*
eve /iːv/ *n* [1] wigilia *f*; **on the ~ of sth** w przeddzień czegoś [2] arch (evening) zmierzch *m*, wieczór *m* → **Christmas Eve, New Year's Eve**
Eve /iːv/ *prn* Ewa *f*
even[1] /ˈiːvn/ **I** *adv* [1] (emphasizing point) nawet; **he didn't ~ try** nawet nie spróbował; **~ a child could do it** nawet dziecko potrafiłoby to zrobić; **don't ~ think about it!** nawet o tym nie myśl!; **I can't ~ swim, never mind dive** nie potrafię (nawet) pływać, a co dopiero nurkować; **don't tell anyone, not ~ Adam** nie mów nikomu, nawet Adamowi; **it would be madness ~ to try** szaleństwem byłoby nawet próbować; **~ now** nawet teraz, jeszcze teraz; **~ today** nawet dziś, jeszcze dziś [2] (with comparative) nawet, jeszcze; **it's ~ colder today than yesterday** dziś jest nawet or jeszcze zimniej niż wczoraj; **~ more carefully** jeszcze ostrożniej [3] (introducing stronger expression) (a) nawet; **it'll be difficult, ~ dangerous** to będzie trudne, a nawet niebezpieczne; **disease or ~ death** choroba, a nawet śmierć
II even as *conj phr* fml (just) **~ as I speak** właśnie teraz, gdy mówię (te słowa); **~ as I watched** właśnie wtedy, gdy patrzyłem; na moich oczach; **~ as I predicted** dokładnie tak, jak przewidywałem; **she died ~ as she had lived** umarła tak, jak żyła
III even if *conj phr* nawet gdyby; (present or future events) choćby, chociażby; (future events) nawet jeśli; **we'll do it ~ if it takes months** dokonamy tego, nawet jeśli ma nam to zająć miesiące or choćby nam to zajęło miesiące; **~ if I knew, I wouldn't tell you** choćbym or nawet gdybym wiedział, nie powiedziałbym ci
IV even so *adv phr* mimo wszystko, mimo to; **it was interesting ~ so** mimo wszystko to było ciekawe; **I had a terrible headache, but ~ so I went to the concert** miałem okropny ból głowy, ale mimo to poszedłem na koncert
V even then *adv phr* (at that time) nawet wtedy; (all the same) mimo to; **I explained it twice, but ~ then they didn't understand** wyjaśniałem dwa razy, (a) mimo to nie zrozumieli
VI even though *conj phr* chociaż, choć, mimo że; **she told him ~ though I asked her not to** powiedziała mu, chociaż or mimo że prosiłem ją, żeby nie mówiła
even[2] /ˈiːvn/ *adj* [1] (flat) *[ground, surface]* równy, płaski; (smooth) *[surface, coat of paint]* gładki; **the floor isn't ~** podłoga jest nierówna; **plane the boards down to make them ~** wyrównaj deski heblem; **to be ~ with sth** być w równej linii z czymś *[wall, floor]* [2] (regular, uniform) *[teeth, hemline]* równy; *[progress, temperature]* stały; *[breathing, distribution, motion]* równomierny; *[colour, lighting]* jednolity [3] (calm) *[disposition, tone, voice]* spokojny; *[temper]* równy; **he kept his voice ~** mówił spokojnym tonem [4] (fair) *[distribution, exchange]* równy [5] (equal) *[chance, contest]* równy; **to be ~ (with sb)** *[competitor]* mieć równe szanse (z kimś); iść łeb w łeb (z kimś) fig; **after four rounds they're ~** po czterech rundach mają równe szanse; **he stands an ~ chance of winning** ma spore szanse na zwycięstwo; **it's ~ money they won't turn up** albo przyjdą, albo nie przyjdą – na dwoje babka wróżyła [6] (quits, owing nothing) **to be ~ (with sb)** być (z kimś) kwita; **so now we're ~, so that makes us ~** a więc jesteśmy kwita; **to get ~ with sb** policzyć się z kimś, załatwić z kimś porachunki, wyrównać z kimś rachunki; **I'll get ~ with her one day** jeszcze się z nią kiedyś policzę [7] Math *[number]* parzysty
■ **even out**: ¶ **~ out** *[differences, imbalance, inequality]* wyrówn|ać, -ywać się ¶ **~ out [sth], ~ [sth] out** wyrówn|ać, -ywać *[payment, differences, surface]*; z|redukować *[inequalities, disadvantages]*; wygładz|ić, -ać *[skin]*
■ **even up**: **~ up [sth], ~ [sth] up** wyrówn|ać, -ywać *[amounts, numbers, score]*; z|równoważyć *[burden, balance]*; **if you pay for my ticket, then that will ~ things up between us** jeśli zapłacisz za bilet, to będziemy kwita
even[3] /iːvn/ *n* arch schyłek *m* dnia, szara godzina *f* liter
even field *n* → **even playing field**
even-handed /ˌiːvnˈhændɪd/ *adj* bezstronny
evening /ˈiːvnɪŋ/ **I** *n* [1] (close of day) wieczór *m*; **in the ~** wieczorem; **at 7 o'clock in the ~** o siódmej wieczorem; **during the ~ it started to rain** wieczorem or z wieczora zaczęło padać; **this ~** dziś wieczorem or wieczór; **later this ~** później wieczorem; **tomorrow/yesterday ~** jutro/wczoraj wieczorem or wieczór, jutrzejszego/wczorajszego wieczoru; **on the following** or **next ~** następnego dnia wieczorem; **the previous ~, the ~ before** poprzedniego wieczoru; **on the ~ of the 14th** czternastego wieczorem; **on the ~ of his birthday** wieczorem w dniu jego urodzin; **on the ~ of their arrival** wieczorem w dniu ich przyjazdu; **on Friday ~** w piątek wieczorem; **on Friday ~s** w piątkowe wieczory; **every ~** co wieczór, każdego wieczoru; **every Thursday ~** w każdy czwartkowy wieczór or czwartek wieczorem; **on a fine summer ~** w piękny letni wieczór; **the long winter ~s** długie, zimowe wieczory; **I'll be in all ~** będę w domu przez cały wieczór; **what do you do in the ~s?** co robisz wieczorami?; **she came in the ~** przyszła wieczorem; **let's have an ~ in** spędźmy wieczór w domu; **let's have an ~ out** wyjdźmy gdzieś wieczorem; **to work ~s** pracować wieczorami [2] **musical/theatrical ~** wieczór *m* or wieczorek *m* muzyczny /teatralny [3] fig liter **in the ~ of one's life** u schyłku życia liter
II evenings *npl* **to work ~s** pracować na popołudniowej zmianie; **to be on ~s** być or pracować na popołudniowej zmianie
III *modif [bag, shoe]* wieczorowy; *[breeze, flight, walk]* wieczorny
IV *excl* infml (also **good ~**) dobry wieczór!
evening class *n* kurs *m* wieczorowy
evening dress *n* [1] (formal clothes) strój *m* wieczorowy; **in ~** w stroju wieczorowym [2] (also **~ gown**) suknia *f* wieczorowa
evening fixture *n* GB Sport wieczorna impreza *f* sportowa
evening game *n* wieczorny mecz *m*
evening match *n* = **evening game**
evening meal *n* wieczorny posiłek *m*
evening paper *n* popołudniówka *f*
evening performance *n* spektakl *m* wieczorny
evening prayers *npl* nabożeństwo *n* wieczorne
evening primrose *n* wiesiołek *m*
evening service *n* nabożeństwo *n* wieczorne
evening shift *n* popołudniowa zmiana *f*
evening showing *n* Cin seans *m* wieczorny
evening star *n* gwiazda *f* wieczorna liter
evenly /ˈiːvnlɪ/ *adv* [1] *[spread, apply, breathe]* równomiernie; *[share, divide]* równo; **~ distributed** *[money]* równo rozdzielony; *[paint, colour]* równomiernie rozprowadzony; *[disease, phenomenon]* jednakowo rozpowszechniony; **the two teams were ~ matched** obie drużyny były na tym samym poziomie [2] (placidly) *[say]* spokojnie
evenness /ˈiːvnnɪs/ *n* (of ground, surface) równość *f*; (of distribution, breathing, movement) równomierność *f*; (of temperament) zrównowa-

E

żenie *n*; (of quality) stałość *f*; (of speech, manner) spokój *m*

even playing field *n* GB równe szanse *f pl*

evens /ˈiːvnz/ **I** *npl* **I'll give you ~ that...** założę się (z tobą), że...

II *modif* **to be an ~ favourite** mieć szanse jeden do jednego; **an ~ bet** zakład al pari

evensong /ˈiːvnsɒŋ/ *n* nabożeństwo *n* wieczorne *(w kościele anglikańskim)*

event /ɪˈvent/ *n* 1 (incident) wydarzenie *n*, zdarzenie *n*; **a chain of ~s** łańcuch wydarzeń; **~s are moving so fast** wydarzenia następują szybko po sobie; **the police was unable to control ~s** policja nie była w stanie zapanować nad sytuacją; **the course of ~s** bieg wydarzeń; **in the normal course of ~s** w normalnych okolicznościach, normalną koleją rzeczy 2 (eventuality) wypadek *m*, przypadek *m*; **in the ~ of sth** w razie czegoś, w przypadku czegoś *[fire, accident]*; **in the unlikely ~ that he (should) fail the exam** gdyby, co jest mało prawdopodobne, nie zdał egzaminu; **in that ~** w takim razie; **in any** or **either ~** w każdym wypadku; **in the ~** GB (as things turned out) ostatecznie, jak się okazało; **she was afraid he would be nervous, but in the ~ he sang beautifully** obawiała się, że będzie miał tremę, ale w końcu zaśpiewał doskonale; **in any ~, at all ~s** w każdym razie; **after the ~** po fakcie 3 (occasion) **social/cultural ~** wydarzenie towarzyskie/kulturalne; **fund--rising ~** zbiórka pieniędzy, kwesta; **charitable ~** impreza dobroczynna; **it was quite an ~** to było prawdziwe wydarzenie 4 (in athletics) konkurencja *f*; **200m ~** bieg na 200 m; **men's/women's ~s** konkurencje męskie/kobiece; **field /track events** konkurecje lekkoatletyczne rozgrywane na płycie stadionu/na bieżni 5 Equest **three-day ~** wszechstronny konkurs *m* konia wierzchowego, WKKW

IDIOMS: **to be wise after the ~** być mądrym po szkodzie

even-tempered /ˌiːvnˈtempəd/ *adj* zrównoważony

eventer /ɪˈventə(r)/ *n* Equest *[person]* uczestni|k *m*, -czka *f* wszechstronnego konkursu konia wierzchowego; **he's a good ~** *[horse]* dobrze spisuje się we wszechstronnym konkursie

eventful /ɪˈventfl/ *adj [holiday, year]* bogaty or obfitujący w wydarzenia; *[life]* ciekawy, burzliwy; **this has been an ~ week** ten tydzień obfitował w wydarzenia

eventide /ˈiːvntaɪd/ *n* liter wieczór *m*; szara godzina *f* liter

eventide home *n* GB dom *m* spokojnej starości

eventing /ɪˈventɪŋ/ *n* GB Equest wszechstronny konkurs *m* konia wierzchowego, WKKW *m inv*

eventual /ɪˈventʃʊəl/ *adj [aim, failure, disappearance, costs, hope]* ostateczny; *[outcome, success, agreement]* końcowy; **it led to the ~ collapse of the talks** doprowadziło to ostatecznie do załamania się rozmów; **the ~ outcome was that...** skończyło się na tym, że...

eventuality /ɪˌventʃʊˈælətɪ/ *n* ewentualność *f* **(of sth** czegoś); **he must consider every ~** musi wziąć pod uwagę każdą ewentualność; **in the ~ of sth** w wypadku czegoś; **in certain eventualities** w pewnych okolicznościach; **(to be prepared) for any ~** (być przygotowanym) na każdą ewentualność

eventually /ɪˈventʃʊəlɪ/ *adv* ostatecznie, w końcu; **to do sth ~** w końcu zrobić coś

eventuate /ɪˈventʃʊeɪt/ *vi* fml 1 (come about) *[quarrel]* wywiąz|ać, -ywać się; *[famine]* pojawi|ć, -ać się; *[procedure]* do|jść, -chodzić do skutku; **to ~ from sth** wynikać z czegoś, być skutkiem czegoś 2 (result) **to ~ in sth** s|kończyć się czymś, doprowadz|ić, -ać do czegoś; **to ~ favourably** skończyć się pomyślnie

ever /ˈevə(r)/ **I** *adv* 1 (at any time) kiedykolwiek; (in questions) kiedyś; (with negative) nigdy; **I doubt if I'll ~ come back** wątpię, czy kiedykolwiek wrócę; **I don't remember ~ seeing them** nie przypominam sobie, żebym ich kiedykolwiek spotkał; **they are unlikely ~ to get their money back** mało prawdopodobne, żeby mieli kiedykolwiek odzyskać pieniądze; **the best/worst film ~ made** najlepszy /najgorszy film, jaki kiedykolwiek nakręcono; **it's the biggest fish I've ~ seen** to największa ryba, jaką kiedykolwiek widziałem; **have you ~ visited London?** czy byłeś kiedyś w Londynie?; **will we ~ get there?** czy kiedyś tam dotrzemy?; **don't you ~ listen?** dlaczego nigdy nie słuchasz?; **nobody ~ comes to see me** nikt mnie nigdy nie odwiedza; **she's the funniest actress ~!** to najzabawniejsza aktorka na świecie!; **the first time ~** pierwszy raz, po raz pierwszy; **my first car ~** mój pierwszy samochód, pierwszy samochód w życiu; **never ~** nigdy, przenigdy; **something I would never ~ do** coś, czego nigdy, przenigdy nie zrobiłbym; **hardly ~** bardzo rzadko, prawie nigdy; **we hardly ~ meet** bardzo rzadko się widujemy, prawie nigdy się nie widujemy; **seldom** or **rarely, if ~** rzadko, jeśli w ogóle; **he rarely, if ~, goes to bed before 3 am** rzadko, jeśli w ogóle, kładzie się spać przed trzecią rano; **if you ~ see her, if ~ you see her** jeśli ją kiedyś zobaczysz; **he said if ~ I was passing through Oxford...** powiedział, że jeśli kiedyś or kiedykolwiek będę przejazdem w Oksfordzie...; **if ~ someone deserved a rise, she did** jeśli ktokolwiek zasługiwał na podwyżkę, to właśnie ona; **this was proof, if ~ proof was needed** to był dowód – jeśli w ogóle jakiś dowód był potrzebny; **he's a fool if ~ I saw one** or **if ~ there was one!** to wyjątkowy głupiec! 2 (when making comparison) **more beautiful/difficult than ~** piękniejszy/trudniejszy niż kiedykolwiek; **these are our worst ~ results** to są jak dotąd nasze najgorsze wyniki; **more than ~ before** bardziej niż kiedykolwiek przedtem; **the situation is worse than ~ before** sytuacja jest gorsza niż kiedykolwiek przedtem; **more women than ~ before are working** pracuje więcej kobiet niż kiedykolwiek przedtem; **he's happier than he's ~ been** jest szczęśliwszy niż kiedykolwiek przedtem; **she's more gifted than he'll ~ be!** on jej nigdy nie dorówna talentem! 3 (at all times, always) zawsze; **~ loyal/helpful** (jak) zawsze lojalny/pomocny; **~ the optimist** wieczny optymista; **as ~** jak zwykle, jak zawsze; **to be as cheerful as ~** być wciąż or jak zawsze radosnym; **the same as ~** taki sam jak zawsze; **they were, as ~, ready to help us** jak zwykle byli gotowi nam pomóc; **~ since** od tego czasu; **I moved to Brighton 20 years ago and I've lived here ~ since** przeprowadziłem się do Brighton dwadzieścia lat temu i od tego czasu stale tu mieszkam; **~ since I first saw her** od czasu, gdy ją po raz pierwszy ujrzałem; **they lived happily ~ after** (in fairy tales) i żyli długo i szczęśliwie; **for ~** na zawsze; **I'll love you for ~ and ~** będę cię kochać przez całe życie; **for ~ and ~, amen** Relig na wieki wieków, amen; **for ~ and a day** całe wieki; **it took me for ~ and a day to finish it** skończenie tego zajęło mi całe wieki; **~ and anon** liter co jakiś czas; **your ~ loving father** dat Twój zawsze kochający Cię ojciec; **~ yours, yours ~** na zawsze Twój/Wasz 4 (increasingly) *[growing, worsening]* stale; *[larger, prettier]* coraz; **the ~ growing threat of war** stale narastająca groźba wojny; **the company is making ~ larger profits** firma ma coraz większe zyski; **~ more** coraz bardziej; **the situation is growing ~ more dangerous** sytuacja staje się coraz bardziej niebezpieczna 5 (expressing anger, irritation) **when will you ~ learn!** kiedyż się wreszcie nauczysz!; **where ~ have I put my pen?** gdzież ja położyłem to pióro?; **don't (you) ~ speak to me like that!** nie waż się nigdy mówić do mnie w ten sposób!; **if you ~ speak to me like that again...** jeśli jeszcze raz odezwiesz się do mnie w ten sposób...; **that's the last time he ~ comes here!** jego noga więcej tu nie postanie!; **have you ~ heard such rubbish!** słyszałeś większą bzdurę?!; **you were a fool ~ to believe it!** byłeś głupcem, że w ogóle w to uwierzyłeś!; **that's all he ~ does!** tylko to potrafi!; **all you ~ do is moan!** potrafisz tylko narzekać!; **did you ~ see such a thing!** widziałeś coś podobnego?!; **well, did you ~!** coś podobnego! 6 (expressing surprise) **why ~ not?** GB ależ dlaczego (nie)?; **well, well, who ~ would have guessed** or **who would ~ have guessed?** no, no, któż by się tego spodziewał!; **what ~ do you mean?** co też chcesz przez to powiedzieć? 7 GB (very) **~ so** tak (bardzo); **I'm ~ so glad you came!** tak bardzo się cieszę, że przyszedłeś!; **it's ~ so slightly damp** (about weather) jest trochę wilgotno; **it's ~ so cold in here** tak tu zimno; **thanks ~ so much!** bardzo dziękuję!, wielkie dzięki!; **she's ~ so much better** czuje się już dużo lepiej; **I've received ~ so many letters** dostałem tak wiele listów; **she's ~ such a bright child!** to takie bystre dziecko!; **it's ~ such a shame!** (to) taka szkoda! 8 infml (in exclamations) **is he ~ dumb!** cóż z niego za tępak!, cóż to za tępak!; **can she ~ dance!** ależ ona (doskonale) tańczy!; **am I ~ glad to see**

you! jakże or tak się cieszę ze spotkania!; **'are you having fun?' – 'am I ~!'** „dobrze się bawisz?" – „jeszcze jak!"

II **ever+** *in combinations* **~-growing** or **-increasing** stale rosnący

III **before ever** *conj phr* jeszcze zanim; **she was unhappy before ~ divorcing him/before ~ we left** była nieszczęśliwa, jeszcze zanim rozwiodła się z nim/wyjechaliśmy

ever-changing /ˌevəˈtʃeɪndʒɪŋ/ *adj* stale zmieniający się

Everest /ˈevərɪst/ *prn* **(Mount) ~** (Mount) Everest *m*; **the ~ of sth** fig szczyt czegoś

evergreen /ˈevəgriːn/ **I** *n* [1] Bot (tree) drzewo *n* zimozielone or wiecznie zielone; (plant) roślina *f* zimozielona or wiecznie zielona [2] fig (song) niestarzejący się przebój *m*; evergreen *m* infml

II *adj* [1] Bot *[plant, tree]* zimozielony, wiecznie zielony [2] fig *[song]* niestarzejący się; *[singer, sportsman]* niezawodny, zawsze młody; *[subject of conversation]* stary jak świat

everlasting /ˌevəˈlɑːstɪŋ, US -ˈlæst-/ *adj* [1] (eternal) *[peace, love, glory, snow]* wieczny; **a promise of ~ life** obietnica życia wiecznego [2] fig (constant) *[complaints, quarrels]* wieczny, nieustanny [3] (lasting a long time) *[flower]* trwały

everlastingly /ˈevəˈlɑːstɪŋlɪ, US -ˈlæst-/ *adv* *[complain, quarrel]* wiecznie, nieustannie; *[patient]* nieskończenie

evermore /ˌevəˈmɔː(r)/ *adv* liter wiecznie; **for ~** na zawsze, na wieki

ever-present /ˌevəˈprezənt/ *adj* wszechobecny

every /ˈevrɪ/ **I** *det* [1] (each) każdy; **~ room was searched** wszystkie pokoje zostały przeszukane; **~ writer needs a dictionary** każdemu pisarzowi potrzebny jest słownik; **she answered ~ (single) question** odpowiedziała na każde pytanie or na wszystkie pytania (bez wyjątku); **~ time** za każdym razem; **~ time I see her** za każdym razem, gdy ją widzę; **I've read ~ one of her books** przeczytałem wszystkie jej książki; **they gave ~ one of their employees a watch** dali każdemu z pracowników zegarek; **~ one of us is responsible** każdy z nas jest odpowiedzialny or ponosi odpowiedzialność; **that goes for ~ one of you!** to dotyczy was wszystkich or każdego z was!; **I enjoyed ~ minute of it** doskonale się bawiłem; **she ate ~ last crumb of the cake** zjadła ciasto do ostatniego okruszka; **he spent ~ last penny of the money** wydał wszystko co do grosza; **five out of ~ ten** pięć z dziesięciu; (of men) pięciu z dziesięciu; **one in ~ hundred** jeden na sto; **there are three women for ~ ten men** na dziesięciu mężczyzn przypadają trzy kobiety; **from ~ side** z każdej strony, ze wszystkich stron; **in ~ way** (from every point of view) pod każdym względem; (using every method) na wszelkie sposoby [2] (indicating frequency, recurrence) **~ day** codziennie, każdego dnia; **~ Thursday** co czwartek, w każdy czwartek; **~ week/month/year** co tydzień/miesiąc/rok, każdego tygodnia/miesiąca/roku; **~ second/third day** co dwa/trzy dni; **once ~ few minutes/days** co kilka minut/dni; **~ second house has a garden** co drugi dom ma ogródek; **~ 60 kilometres** co sześćdziesiąt kilometrów; **it's not ~ day that...** nie co dzień zdarza się, że... [3] (emphatic) **your ~ word/wish** każde twoje słowo/życzenie; **I have ~ confidence in you** mam do ciebie pełne zaufanie; **there is ~ chance of a good harvest** są wszelkie szanse or widoki na dobre zbiory; **we have ~ expectation that...** wszystko wskazuje na to, że...; **you have ~ reason to doubt her word** masz wszelkie powody, żeby nie wierzyć jej słowu; **they have ~ right to complain** mają wszelkie prawo narzekać; **I wish you ~ success/happiness** życzę ci samych sukcesów/wiele szczęścia; **he is ~ bit as handsome as his father** jest równie przystojny jak jego ojciec; **it was ~ bit as good as her last film** ten film był równie dobry jak jej poprzedni; **I respect him ~ bit as much as you do** szanuję go tak samo jak ty

II **every other** *adj phr* (alternate) co drugi; **~ other day/house** co drugi dzień/dom; **he comes ~ other Thursday** przychodzi (w) co drugi czwartek; **leave ~ other page blank** zostaw co drugą stronę czystą

IDIOMS: **~ now and then, ~ now and again, ~ so often, ~ once in a while** co jakiś czas, od czasu do czasu; **~ little (bit) helps** każda pomoc jest mile widziana; (collecting, saving money) ziarnko do ziarnka, a zbierze się miarka; **it's ~ man for himself** każdy dba o własną skórę; **~ man for himself!** ratuj się, kto może!; **~ man Jack of them** każdy or wszyscy bez wyjątku; cała banda infml; **~ which way** US infml *[scatter]* na or we wszystkie strony

everybody /ˈevrɪbɒdɪ/ *pron* każdy; (all) wszyscy; **is ~ agreed?** czy wszyscy się zgadzają?; **~ else** wszyscy inni; **~ thinks they're** or **he's worse off than ~ else** każdy uważa, że jest biedniejszy od (wszystkich) innych; **~ knows ~ else around here** wszyscy się tutaj znają (nawzajem); **~ has his or her own particular way of doing things** każdy ma swój własny sposób (postępowania); **you can't please ~** wszystkich nie zadowolisz or nie da się zadowolić; **he's mad, ~ knows that** to szaleniec, każdy to wie or wszyscy to wiedzą; **~ who is anybody** każdy, kto jest kimś; **not ~ gets an opportunity like that** nie każdemu or nie wszystkim dana jest taka szansa

everyday /ˈevrɪdeɪ/ *adj [activities, problems, clothes]* codzienny; *[occurrence, problem, routine]* powszedni; *[story, character]* zwykły, banalny; **~ life** codzienne życie; **~ Polish** polski na co dzień; **this is not an ~ occurrence** to nie zdarza się co dzień or codziennie; **items in ~ use** przedmioty codziennego użytku

Everyman /ˈevrɪmæn/ *n* szary człowiek *m*, zwykły zjadacz *m* chleba

everyone /ˈevrɪwʌn/ *pron* = **everybody**

everyplace /ˈevrɪpleɪs/ *adv* US infml = **everywhere**

everything /ˈevrɪθɪŋ/ *pron* wszystko; **is ~ all right?** czy wszystko w porządku?; **how's ~ with you?** jak ci się wiedzie?; **they sell ~ from vegetables to paintbrushes** handlują wszystkim – od warzyw po pędzle; **~'s ready** wszystko gotowe; **~ else** wszystko inne; **there's only bread left, they've eaten ~ else** jest tylko chleb, zjedli wszystko inne; **~ possible has been done** zrobiono wszystko, co możliwe; **she's ~ to me** ona jest dla mnie wszystkim; **money isn't ~** pieniądze to nie wszystko; **have you got your papers and ~?** czy masz papiery i całą resztę?; **I like him and ~, but I wouldn't choose to go on holiday with him** w zasadzie go lubię, ale nie pojechałabym z nim na wakacje; **this has nothing to do with raising standards and ~ to do with saving money** nie chodzi tu wcale o podniesienie poziomu, chodzi wyłącznie o oszczędność pieniędzy

IDIOMS: **he's got ~ going for him** ma wszystko, czego potrzeba do szczęścia or do osiągnięcia sukcesu

everywhere /ˈevrɪweə(r), US -hweər/ *adv* wszędzie; **she's been ~** wszędzie była; **~ else** wszędzie indziej; **we stayed in this hotel as ~ else was closed for the winter** zatrzymaliśmy się w tym hotelu, bo wszystko inne było zamknięte na okres zimy; **~ you go you see poverty** gdziekolwiek się nie pójdzie, widać nędzę; **~ looks different at night** wszystko wygląda inaczej nocą

evict /ɪˈvɪkt/ *vt* wy|eksmitować **(from sth** z czegoś)

eviction /ɪˈvɪkʃn/ *n* eksmisja *f* **(from sth** z czegoś)

eviction notice *n* = **eviction order**

eviction order *n* nakaz *m* eksmisji

evidence /ˈevɪdəns/ **I** *n* [1] (proof) dowody *m pl* **(of sth** czegoś); **~ for** or **in favour of sth** dowody na coś or przemawiające za czymś; **~ against sth** dowody (przemawiające) przeciwko czemuś; **a piece of ~** dowód *m*; **incontrovertible/dubious ~** niezbite/wątpliwe dowody; **circumstantial ~** poszlaki *f pl*; **~ to** or **in support of sth** dowody na poparcie czegoś; **~ (as to the fact) that...** dowody na to, że...; **there is no ~ (to suggest) that...** nic nie wskazuje na to, że...; **all the ~ is** or **suggests that...** wszystko wskazuje na to, że...; **to present the ~** przedstawić dowody; **to produce sth in ~** przedstawić coś jako dowód; **to use sth in ~ against sb** wykorzystać coś jako dowód or użyć czegoś jako dowodu przeciwko komuś; **for lack of ~** z braku dowodów; **on the ~ of this document** zgodnie z tym dokumentem; **not to believe the ~ of one's eyes** nie wierzyć własnym oczom [2] Jur (testimony) zeznania *n pl*; **to give** or **bear ~** złożyć zeznania, zeznać **(for/against sb** na korzyść/niekorzyść kogoś); **to give ~ for the defence/the prosecution** być świadkiem obrony/oskarżenia; **to call sb in ~** wezwać kogoś na świadka; **to hear** or **take sb's ~** wysłuchać zeznań kogoś; **(to be convicted) on the ~ of sb** (zostać skazanym) na podstawie zeznań kogoś; **to weigh the ~** oceniać materiał dowodowy → **Queen's evidence** [3] (trace) (of storm, struggle) ślady *m pl*; (of ill health) oznaki *f pl*;

E

(historic, archaeological) świadectwo *n*; **to bear** or **give ~ of sth** świadczyć o czymś; **to be in ~** być widocznym; **neglect is in ~ everywhere** wszędzie widoczne są zaniedbania; **she is not much in ~ these days** ostatnio nie widuje się jej często; **he likes to be in ~** lubi zwracać na siebie uwagę
II *vt* fml (show) świadczyć o (czymś); (testify) dowodzić (czegoś); **(as) ~d by recent events** czego dowodzą or co potwierdzają ostatnie wydarzenia

evidence-based medicine, EBM /ˌevɪdənsbeɪstˈmedsn/ *n* medycyna *f* oparta na dowodach naukowych

evident /ˈevɪdənt/ *adj [feeling]* widoczny, jawny; *[mistake, sign]* oczywisty, ewidentny; **to be ~ from sth** jasno wynikać z czegoś; **it is ~ (to me) that...** jest (dla mnie) jasne or oczywiste, że...; **that's ~** to jasne or oczywiste; **his fear is ~ in his expression/behaviour** jego twarz/zachowanie zdradza strach; **this reaction is most ~ in men** tę reakcję widać najwyraźniej u mężczyzn

evidently /ˈevɪdəntlɪ/ *adv* [1] (apparently) widocznie; **~, he decided to leave** widocznie postanowił wyjść; **'isn't it illegal?' – '~ not'** „czy to nie jest nielegalne?" – „widocznie nie" [2] (obviously) wyraźnie, najwyraźniej

evil /ˈiːvl/ **I** *n* [1] (wickedness) zło *n*; **to do ~** czynić zło; **to speak ~ of sb** źle się wyrażać o kimś, źle mówić o kimś; **the forces of ~** siły zła; **the struggle of good against ~** walka dobra ze złem [2] (bad thing) (of war, disease, social problem) tragiczne or zgubne skutki *m pl*; (of doctrine, regime) nikczemność *f*, niegodziwość *f*; **a social ~** plaga społeczna; **the ~s of drink /drugs** szkodliwe skutki alkoholu/narkotyków
II *adj* [1] (wicked) *[person, intent, deed]* zły, nikczemny, niegodziwy; *[destiny, influence, reputation]* zły; *[intent, plan]* niecny; *[effect]* zły, zgubny; **an ~ spirit** zły duch; **an ~ tongue** złośliwy język; **the ~ eye** zły urok; **to put the ~ eye on sb** rzucić na kogoś zły urok; **the Evil One** szatan, bies, zły [2] (unpleasant) *[smell, temper, weather]* paskudny
IDIOMS: **to give sb the ~ eye** spojrzeć na kogoś złym okiem; **the lesser of two ~s** mniejsze zło; **hear no ~, see no ~, speak no ~** Prov ≈ lepiej słyszeć jak najmniej, widzieć jak najmniej, mówić jak najmniej; **money is the root of all ~** pieniądze są źródłem wszelkiego zła; **to put off the ~ hour** or **day** odwlekać nieprzyjemny moment; **to return good for ~** odpłacać dobrem za zło

evildoer /ˈiːvlduːə(r)/ *n* liter złoczyńca *m*

evildoing /ˈiːvlduːɪŋ/ *n* niegodziwość *f*

evilly /ˈiːvəlɪ/ *adv* perfidnie, złośliwie

evil-minded /ˌiːvlˈmaɪndɪd/ *adj* złośliwy, perfidny

evil-mindedness /ˌiːvlˈmaɪndɪdnɪs/ *n* perfidia *f*, złośliwość *f*

evil-smelling /ˌiːvlˈsmelɪŋ/ *adj* cuchnący, śmierdzący

evince /ɪˈvɪns/ *vt* fml *[person]* przejawi|ć, -ać *[intelligence, talent, disregard, anger]*; *[remark, manner]* świadczyć o (czymś) *[intelligence, interest]*; **to ~ itself** *[talent]* objawić się

eviscerate /ɪˈvɪsəreɪt/ *vt* [1] fml usu|nąć, -wać wnętrzności z (czegoś) *[body]*; wy|patroszyć *[turkey]* [2] fig osłabi|ć, -ać, podkop|ać, -ywać *[forces, government]*; pozbawi|ć, -ać charakteru *[building, town]*

evocation /ˌevəˈkeɪʃn/ *n* przywołanie *n*, wizja *f* **(of sth** czegoś); ewokacja *f* liter

evocative /ɪˈvɒkətɪv/ *adj* działający na wyobraźnię, sugestywny; ewokacyjny liter; **to be ~** działać na wyobraźnię; **to be ~ of sth** przywodzić na myśl coś

evocatively /ɪˈvɒkətɪvlɪ/ *adv* sugestywnie

evoke /ɪˈvəʊk/ *vt* [1] przywoł|ać, -ywać *[memory, feeling]*; ewokować fml [2] wywoł|ać, -ywać *[response, smile, interest, admiration]*

evolution /ˌiːvəˈluːʃn/ *n* [1] Biol, Sociol ewolucja *f*; **the theory of ~** teoria ewolucji [2] (development) (of language, thought) ewolucja *f*; (of country, science) rozwój *m* [3] fml (movement) (of dancer, skater) ewolucja *f*; (of troops, fleet) manewr *m*

evolutionary /ˌiːvəˈluːʃənərɪ, US -nerɪ/ *adj* ewolucyjny

evolutionism /ˌiːvəˈluːʃənɪzəm/ *n* ewolucjonizm *m*

evolve /ɪˈvɒlv/ **I** *vt* [1] (work out) opracow|ać, -ywać, wypracow|ać, -ywać *[theory, policy, system]*; (develop) rozwi|nąć, -jać *[idea]*; **to ~ sth from sth** wyprowadzić coś z czegoś *[idea, axiom]* [2] Biol wykształc|ić, -ać *[characteristic]*
II *vi* [1] *[system, company]* rozwi|nąć, -jać się; *[language, method, theory]* ewoluować; **to ~ from sth** ewoluować od czegoś, rozwijać się z czegoś; **to ~ into sth** *[theory]* ewoluować w kierunku czegoś; *[organization]* rozwinąć się w coś [2] *[animal, organism]* rozwi|nąć, -jać się, prze|jść, -chodzić ewolucję; **Darwin believed that we ~d from apes** Darwin uważał, że pochodzimy od małpy

ewe /juː/ *n* owca *f*; **~ lamb** owieczka, jarka

ewer /ˈjuːə(r)/ *n* dzban *m*

ex /eks/ **I** *n* infml (former partner) były *m* (mąż), była *f* (żona) infml; **he's my ex** to mój były *(np. mąż)*
II *prep* Comm **ex factory** or **works** *[price]* loco fabryka; **ex wharf** or **dock** franco nabrzeże; **ex coupon** Fin bez kuponu *(uprawniającego do dywidendy)*

exacerbate /ɪgˈzæsəbeɪt/ *vt* pog|orszyć, -arszać, zaogni|ć, -ać *[relations, situation]*; s|powodować nasilenie się (czegoś) *[pain, disease]*; s|powodować pogorszenie (czegoś) *[conditions]*

exact /ɪgˈzækt/ **I** *adj [amount, calculation, description, detail, number, replica, time]* dokładny; *[instrument]* precyzyjny; **the ~ sciences** nauki ścisłe; **this is the ~ spot** to dokładnie to miejsce; **at the ~ moment** dokładnie w tym momencie; **tell me your ~ whereabouts** powiedz mi, gdzie dokładnie jesteś; **those were her ~ words** to były dokładnie jej słowa; **she has a very ~ memory for detail** ma doskonałą pamięć do szczegółów; **to be (more) ~** ściśle mówiąc, a dokładnie; **it was in summer, July to be ~** to było latem, ściśle mówiąc or a dokładnie w lipcu; **could you give me the ~ change?** czy mógłbyś dać mi dokładnie odliczoną sumę?; **the ~ same hat** infml dokładnie taki sam kapelusz; **he did the ~ same thing** infml zrobił dokładnie to samo
II *vt* [1] (obtain) wy|egzekwować *[money, payment, obedience]* **(from sb** od kogoś); ściąg|nąć, -ać *[taxes]* **(from sb** od kogoś); wymu|sić, -szać *[ransom, promise]* **(from sb** na kimś); **to ~ revenge** wziąć odwet; **the price they ~ed from us** cena, jaką musieliśmy im zapłacić [2] (demand) wymagać *[attention, effort, skill]*

exacting /ɪgˈzæktɪŋ/ *adj [person]* wymagający; *[activity, task]* wymagający wysiłku; *[requirements, standards]* rygorystyczny

exaction /ɪgˈzækʃn/ *n* (of money, payment) egzekwowanie *n*; (of taxes) ściąganie *n*; (of ransom) wymuszenie *n*; **~ on one's time** obciążenie czasowe; **~s of a senior post** obciążenia związane z pełnieniem wysokiej funkcji

exactitude /ɪgˈzæktɪtjuːd, US -tuːd/ *n* dokładność *f*, ścisłość *f*; **with ~** dokładnie, ściśle, precyzyjnie

exactly /ɪgˈzæktlɪ/ *adv [measure, calculate]* dokładnie, ściśle; *[describe, know]* dokładnie; **she arrived at six-thirty ~** or **at ~ six-thirty** przyjechała punktualnie o szóstej trzydzieści; **no-one knew ~ why/who** nikt nie wiedział dokładnie dlaczego/kto; **he told me ~ the same story** opowiedział mi dokładnie tę samą historyjkę; **that's ~ what I was going to say** to właśnie miałem zamiar powiedzieć; **my feelings** or **opinion ~!** no właśnie!, ja też tak uważam!; **what ~** or **~ what were you doing?** co właściwie robiłeś?; **not ~** niezupełnie; **'so she's a friend of yours?' – 'not ~'** „a więc ona jest twoją przyjaciółką" – „niezupełnie"; **she wasn't ~ overjoyed/surprised** iron nie była zbyt zachwycona/zdziwiona

exactness /ɪgˈzæktnɪs/ *n* dokładność *f*, ścisłość *f*, precyzja *f*; **with great ~** z dużą precyzją or dokładnością

exaggerate /ɪgˈzædʒəreɪt/ **I** *vt* wyolbrzymi|ć, -ać *[problem, danger, risk]*; przesadnie uwydatni|ć, -ać, podkreśl|ić, -ać *[beauty, gesture, contrast]*; popa|ść, -dać w przesadę w (czymś) *[story]*
II *vi* przesadz|ić, -ać, wpa|ść, -dać w przesadę

exaggerated /ɪgˈzædʒəreɪtɪd/ *adj [account, version]* przejaskrawiony; *[praise, politeness]* przesadny; *[criticism]* nadmierny; *[smile, laugh]* sztuczny; **to have an ~ opinion of oneself** or **of one's own importance** mieć zbyt wysokie mniemanie or wygórowaną opinię o sobie

exaggeration /ɪgˌzædʒəˈreɪʃn/ *n* przesada *f*; **a bit** or **something of an ~** lekka przesada; **without ~** bez (cienia) przesady; **it's no ~ to say that...** bez przesady można powiedzieć, że... nie jest przesadą stwierdzenie, że...

exalt /ɪgˈzɔːlt/ *vt* fml [1] (praise) sławić, wysławiać liter [2] (elevate) wyn|ieść, -osić (kogoś) na urząd

exaltation /ˌegzɔːlˈteɪʃn/ *n* [1] (great joy) uniesienie *n*; egzaltacja *f* ra [2] (praising) sławienie *n*, wysławianie *n*

exalted /ɪɡˈzɔːltɪd/ *adj* fml [1] (elevated) *[rank, position]* wysoki; *[person]* wysoko postawiony [2] (jubilant) *[person, mood]* ekstatyczny, pełen uniesienia [3] (exaggerated) *[manner, style]* egzaltowany; **to have an ~ opinion of oneself** mieć o sobie zbyt wygórowane mniemanie or wygórowaną opinię

exam /ɪɡˈzæm/ *n* egzamin *m* → **examination**

examination /ɪɡˌzæmɪˈneɪʃn/ **I** *n* [1] Sch, Univ egzamin *m*; **entrance/competitive /oral/written ~** egzamin wstępny/konkursowy/ustny/pisemny; **French/Biology ~, ~ in French/Biology** egzamin z francuskiego/biologii; **June/December ~s** letnia/zimowa sesja egzaminacyjna; **to sit** or **take an ~** zdawać egzamin; **to pass an ~** zdać egzamin; **to fail an ~** nie zdać egzaminu; oblać egzamin infml; **to resit an ~** zdawać egzamin poprawkowy [2] Med (also **medical ~**) badanie *n* (lekarskie); **to have an ~** przejść badanie; **to give sb an ~** zbadać or przebadać kogoś; **to do a thorough physical ~ of** or **on a patient** dokładnie zbadać or przebadać pacjenta [3] (inspection) (of object) zbadanie *n*, obejrzenie *n*; (of subject, facts) analiza *f*, rozpatrzenie *n*; (of accounts) kontrola *f*; (of luggage, passport) sprawdzenie *n*; **expert's ~** ekspertyza; **~ of one's conscience** rachunek sumienia; **on ~ the document proved to be genuine** po sprawdzeniu or zbadaniu dokument okazał się autentyczny; **on** or **after close ~ of the facts she discovered that...** po dokładnej analizie faktów stwierdziła, że...; **the proposal is under ~** propozycja jest rozpatrywana; **the proposal under ~** rozpatrywana propozycja [4] Jur (of witness, suspect) przesłuchanie *n*; (of case) rozpatrzenie *n*; **legal ~** analiza prawna; **under ~ the prisoner confessed** w trakcie przesłuchania aresztowany przyznał się do winy → **cross examination**

II *modif* Sch, Univ *[certificate, questions]* egzaminacyjny; **~ results** wyniki egzaminu or egzaminów; **~ candidate** przystępujący do egzaminu; (at entrance exams) kandydat *(na studia, do szkoły)*

examination board *n* komisja *f* egzaminacyjna

examination paper *n* Sch, Univ (to be answered) arkusz *m* egzaminacyjny; (written answers) praca *f* egzaminacyjna

examination script *n* praca *f* egzaminacyjna

examine /ɪɡˈzæmɪn/ *vt* [1] (inspect, consider) sprawdz|ić, -ać, przeprowadz|ić, -ać kontrolę (czegoś) *[luggage, passport, equipment]*; z|badać *[facts, theory, document, evidence]*; s|kontrolować, przeprowadz|ić, -ać kontrolę (czegoś) *[accounts]*; **to ~ one's conscience** zrobić rachunek sumienia [2] (visually) o|bejrzeć, -glądać dokładnie *[document, object]*; przy|jrzeć, -glądać się (komuś/czemuś) dobrze *[person, face]*; **I ~d her face for signs of exhaustion** przyglądałem się jej twarzy, szukając oznak wyczerpania [3] Med z|badać, przebadać *[person, part of body]* [4] Sch, Univ prze|egzaminować *[candidate, pupil]*; **to ~ sb in French/maths** przeegzaminować kogoś z francuskiego/matematyki; **to ~ sb on (their knowledge of) the Industrial Revolution** przeegzaminować kogoś z (wiedzy o) rewolucji przemysłowej; **to ~ sb orally/in writing** poddać kogoś egzaminowi ustnemu/pisemnemu, zrobić komuś egzamin ustny/pisemny; **they are ~d in maths every year** mają egzamin z matematyki co roku [5] Jur przesłuch|ać, -iwać *[witness, defendant, suspect]*; rozpat|rzyć, -rywać *[case, evidence]*

IDIOMS: **you need your head ~d!** infml chyba zwariowałeś! infml

examinee /ɪɡˌzæmɪˈniː/ *n* egzaminowan|y *m*, -a *f*; (at entrance exams) kandydat *m*, -ka *f*

examiner /ɪɡˈzæmɪnə(r)/ *n* egzaminator *m*, -ka *f*; **to fail to satisfy the ~s** nie zdać or nie zaliczyć egzaminu

examining board *n* Sch, Univ komisja *f* egzaminacyjna

examining body *n* Sch, Univ = **examining board**

examining justice *n* Jur = **examining magistrate**

examining magistrate *n* Jur sędzia *m* śledczy

exam nerves *npl* trema *f* przed egzaminem

example /ɪɡˈzɑːmpl, US -ˈzæmpl/ *n* [1] (illustration) przykład *m* **(of sth** czegoś); **for ~** na przykład; **he cited the ~ of Roosevelt/penicillin** podał jako przykład Roosevelta/penicylinę [2] (model) przykład *m*, wzór *m*; **his courage is an ~ to us all** jego odwaga jest dla nas wszystkich wzorem or przykładem; **to follow sb's ~** iść za przykładem kogoś; **following the ~ of Gandhi** (idąc) za przykładem Gandhiego; **to set a good ~** dawać dobry przykład; **you're setting a bad ~ for the others** dajesz innym zły przykład; **children learn by ~** dzieci uczą się przez naśladowanie [3] (warning) przykład *m*, nauczka *f*; **he was punished as an ~ to others** ukarano go dla przykładu; **let this be an ~ for the rest of the class** niech to będzie nauczką dla reszty klasy

exasperate /ɪɡˈzæspəreɪt/ *vt* (cause irritation to) drażnić, z|irytować; (cause frustration to) doprowadz|ić, -ać do rozpaczy

exasperated /ɪɡˈzæspəreɪtɪd/ *adj* (irritated) zirytowany, rozdrażniony **(by** or **at** or **with sth** czymś); (frustrated) zdesperowany **(by** or **at** or **with sth** czymś); **she was ~ with him/with his stubbornness** on/jego upór doprowadzał ją do rozpaczy; **to get** or **become ~** zdenerwować się

exasperating /ɪɡˈzæspəreɪtɪŋ/ *adj [person, wait]* irytujący, nieznośny; *[day]* męczący

exasperatingly /ɪɡˈzæspəreɪtɪŋlɪ/ *adv* **~ clumsy/stupid** irytująco niezdarny/głupi

exasperation /ɪɡˌzæspəˈreɪʃn/ *n* irytacja *f*, złość *f*; **in ~** ze złością

ex cathedra /ˌekskəˈθiːdrə/ **I** *adj* autorytatywny

II *adv* autorytatywnie; ex cathedra fml

excavate /ˈekskəveɪt/ **I** *vt* [1] Archeol odkop|ać, -ywać *[ruins, vase]*; przeszuk|ać, -iwać (kopiąc) *[site]*; **to ~ sb's past** fig grzebać w przeszłości kogoś [2] Constr wykop|ać, -ywać *[ditch, hole]*; przekop|ać, -ywać, wy|drążyć *[tunnel]*; wyb|rać, -ierać *[soil]*

II *vi* Archeol prowadzić wykopaliska

excavation /ˌekskəˈveɪʃn/ **I** *n* (activity) (of site, land) kopanie *n*, rozkopywanie *n*; (of tunnel) drążenie *n*, przekopywanie *n*; (result) wykop *m*, rozkop *m*; **~ work** Constr roboty ziemne; wykopki infml; Archeol prace wykopaliskowe

II excavations *npl* Archeol (site) wykopalisko *n*

excavator /ˈekskəveɪtə(r)/ *n* [1] (machine) koparka *f* [2] Archeol (person) archeolog *m* prowadzący wykopaliska

exceed /ɪkˈsiːd/ *vt* [1] (be greater than) przewyższ|yć, -ać *[value]*; przekr|oczyć, -aczać *[sum, quantity]*; prześcig|nąć, -ać *[person]* **(in sth** w czymś); **to ~ the budget by 10%** przekroczyć budżet o 10 procent; **not ~ing 30 days/$20** nie więcej niż 30 dni /20 dolarów; **when expenses ~ income** gdy wydatki są wyższe od dochodów [2] (go beyond) przekr|oczyć, -aczać *[limit, minimum]*; **arrested for ~ing the speed limit** zatrzymany za przekroczenie dozwolonej prędkości; **to ~ all expectations** przechodzić najśmielsze oczekiwania; **to ~ one's powers** przekroczyć własne kompetencje; **the costs of the damage ~ed our worst fears** straty były dużo wyższe, niż się obawialiśmy

exceedingly /ɪkˈsiːdɪŋlɪ/ *adv* fml niezmiernie, nadzwyczaj; **in ~ bad taste** w bardzo złym guście

excel /ɪkˈsel/ **I** *vt* prześcig|nąć, -ać (kogoś), górować nad (kimś) **(in sth** w czymś, pod względem czegoś)

II *vi* celować, wyróżni|ć, -ać się **(at** or **in sth, at** or **in doing sth** w czymś, w robieniu czegoś)

III *vr* **to ~ oneself** prze|jść, -chodzić samego siebie

excellence /ˈeksələns/ **I** *n* (of style, execution) perfekcja *f*, doskonałość *f*; **a school noted for its academic ~** szkoła słynąca z doskonałych wyników; **an award for ~ in journalism and the fine arts** nagroda za wybitne osiągnięcia w dziedzinie dziennikarstwa i sztuk pięknych; **a wine of surpassing ~** wyborne wino

II Excellence *n* = **Excellency**

Excellency /ˈeksələnsɪ/ *n* ekscelencja *m*; **His ~ the Polish Ambassador** Jego Ekscelencja Ambasador Polski; **Your ~** (form of address) Ekscelencjo!

excellent /ˈeksələnt/ **I** *adj* [1] *[standard, quality, news, condition]* doskonały; *[food, artist]* znakomity, wyśmienity [2] Sch celujący

II *excl* doskonale!, świetnie!

excellently /ˈeksələntlɪ/ *adv* doskonale, znakomicie, świetnie

excelsior /ɪkˈselsɪɔː(r)/ *n* US wełna *f* drzewna

except /ɪkˈsept/ **I** *prep* (also **~ for**) poza (kimś/czymś), oprócz (kogoś/czegoś), wyjąwszy (kogoś/coś), z wyjątkiem (kogoś /czegoś); **everyone was invited ~ (for) me** wszyscy zostali zaproszeni poza mną or oprócz mnie; **he does everything around the house ~ cook** robi w domu wszystko poza gotowaniem or oprócz gotowania;

E

who could have done it ~ him? któż mógł to zrobić, jeśli nie on?; where could she be ~ at home? gdzież mogłaby być, jeśli nie w domu?; ~ (that)... tyle tylko że...; they look exactly the same, ~ that one has a birth mark wyglądają identycznie, tyle tylko że jeden ma znamię; ~ if or when... chyba że; he is pleasant, ~ if he loses his temper jest miły, chyba że wpadnie w złość

II except for *prep phr* [1] (apart from) poza (kimś/czymś), oprócz (kogoś/czegoś), wyjąwszy (kogoś/coś) [2] (if it were not for) gdyby nie (ktoś/coś); she would have left him long ago ~ for the children rzuciłaby go dawno temu, gdyby nie dzieci; I'd tell you, ~ for the fact that... powiedziałbym ci, gdyby nie to, że...

III *conj* arch ~ (that) he be dead chyba że nie żyje

IV *vt* wyłącz|yć, -ać (from sth z czegoś); present company ~ed z wyjątkiem tu obecnych; Fred ~ed, everyone seemed happy poza Fredem wszyscy wydawali się zadowoleni

excepting /ɪk'septɪŋ/ *prep* z wyjątkiem (kogoś/czegoś); always ~ oczywiście z wyjątkiem (kogoś/czegoś); the whole staff, not ~ the headmaster cały personel, nie wyłączając dyrektora (szkoły)

exception /ɪk'sepʃn/ *n* [1] (special case) wyjątek *m*; the ~ proves the rule wyjątek potwierdza regułę; an ~ to the rule wyjątek od reguły; with the (possible) ~ of sb/sth (ewentualnie) z wyjątkiem kogoś/czegoś, (być może) oprócz kogoś /czegoś; with some or certain ~s z pewnymi wyjątkami; without ~ bez wyjątku; to make an ~ (for sb) zrobić (dla kogoś) wyjątek; there can be no ~s nie może być wyjątków [2] to take ~ to sth (feel offended) po|czuć się urażonym or dotkniętym czymś *[remark, suggestion]*; (complain about) narzekać na coś, protestować przeciwko czemuś

exceptionable /ɪk'sepʃənəbl/ *adj* budzący sprzeciw, nie do przyjęcia

exceptional /ɪk'sepʃənl/ *adj* [1] wyjątkowy [2] US Sch (handicapped) specjalnej troski; (gifted) wybitnie uzdolniony

exceptionally /ɪk'sepʃənəlɪ/ *adv* wyjątkowo

excerpt /'eksɜːpt/ *n* (of text, symphony) wyjątek *m*, ustęp *m*, fragment *m*; (of film, book) urywek *m*, fragment *m*

excess **I** /ɪk'ses/ *n* [1] (immoderate degree) nadmiar *m* (of sth czegoś); (amount) nadwyżka *f* (of sth czegoś); an ~ of caution /optimism nadmierna ostrożność/nadmierny optymizm, nadmiar ostrożności /optymizmu; the ~ of supply over demand nadwyżka podaży nad popytem; any ~ (fruit) may be frozen resztę (owoców) można zamrozić; to be in ~ of sth przekraczać coś; earnings in ~ of the national average zarobki powyżej średniej krajowej; it is far in ~ of what is reasonable to znacznie przekracza granice rozsądku [2] (immoderation) przesada *f*, brak *m* umiaru; to eat/drink to ~ jeść/pić bez umiaru; to carry sth to ~ przesadzić w or z czymś; carried to ~ posunięty do przesady; a life of ~ dogadzanie sobie [3] GB Insur franszyza *f*, udział *m* własny

II excesses *npl* (irresponsible) ekscesy *m pl*; (stupid) wybryki *m pl*; (cruel) okrucieństwa *n pl*

III /'ekses/ *adj* (additional) dodatkowy; (more than allowed) przekraczający dozwoloną normę; (not needed) nadmierny, zbędny; ~ speed nadmierna prędkość; ~ weight nadwaga *f*; to drive with ~ alcohol GB prowadzić w stanie nietrzeźwym; remove ~ fat (on meat) usuń tłuszcz

excess baggage *n* nadwyżka *f* bagażu, dodatkowy bagaż *m*

excess fare *n* dopłata *f* (do biletu)

excessive /ɪk'sesɪv/ *adj [ambition, interest, praise]* nadmierny; *[demand, price]* wygórowany; ~ drinking nadużywanie alkoholu

excessively /ɪk'sesɪvlɪ/ *adv* [1] (inordinately) *[harsh, long, expensive]* zbyt, ponad miarę; *[drink, spend]* bez umiaru; *[worry, praise]* nadmiernie [2] infml (very) *[dull, embarrassing, unhelpful]* wyjątkowo

excess luggage *n* = excess baggage

excess postage *n* dopłata *f* (do przesyłki)

excess profits *npl* zyski *m pl* ponadnormatywne

excess profits tax *n* podatek *m* od zysków ponadnormatywnych

exchange /ɪks'tʃeɪndʒ/ **I** *n* [1] (swap) (of prisoners, shots, glances, ideas, information) wymiana *f*; (of objects) zamiana *f*; in ~ (for sth) w zamian (za coś); to give/take sth in ~ dać/wziąć coś w zamian; to gain/lose on the ~ zyskać/stracić na zamianie; a part ~ zamiana za dopłatą; ~ of contracts Jur ostateczne podpisanie *n* umowy; 'no ~s on sale goods' „towarów przecenionych nie wymieniamy" [2] (discussion) wymiana *f* zdań; an angry/heated ~ ostra/burzliwa wymiana zdań [3] Comm, Fin wymiana *f*; the rate of ~ kurs *m* (walutowy); what's the rate of ~ between the dollar and the pound? jaki jest kurs dolara w stosunku do funta?; bill of ~ weksel *m*; first /second/third ~ weksel *m* prima/sekunda/tertia [4] Comm, Fin (place of business) giełda *f* → commodities exchange, corn exchange, stock exchange [5] (visit) wymiana *f* (*międzynarodowa, międzyuczelniana*); to be or go on an ~ uczestniczyć w wymianie; ~ student student uczestniczący w wymianie; ~ visit wizyta w ramach wymiany [6] Telecom (also telephone ~) centrala *f* (telefoniczna)

II *vt* wymieni|ć, -ać, zamieni|ć, -ać (for sth na coś); where can we ~ dollars for pounds? gdzie możemy wymienić dolary na funty?; to ~ sth with sb wymienić się z kimś czymś, zamienić się z kimś na coś; to ~ greetings/remarks/looks wymienić pozdrowienia/uwagi/spojrzenia; to ~ a few words (with sb) zamienić kilka słów (z kimś); to ~ seats with sb zamienić się z kimś miejscami or na miejsca; to ~ blows (with sb) pobić się (z kimś); to ~ contracts Jur podpisać umowę; to ~ hostages wymienić zakładników

exchangeable /ɪks'tʃeɪndʒəbl/ *adj [goods]* podlegający wymianie; *[part]* wymienny; the voucher is ~ for goods of the same value talon można wymienić na towary o tej samej wartości

exchangeable disk *n* Comput dysk *m* wymienny

exchangeable disk storage, EDS *n* Comput wymienna pamięć *f* dyskowa

exchange broker *n* Fin makler *m* dewizowy

exchange bureau *n* kantor *m* wymiany

exchange control *n* kontrola *f* dewizowa

exchange control regulations *npl* przepisy *m pl* dewizowe

exchange controls *n* instrumenty *m pl* kontroli dewizowej

exchange dealer *n* Fin = exchange broker

exchange market *n* rynek *m* dewizowy or walutowy

exchange premium *n* zysk *m* kursowy, ażio *n*

exchange rate *n* kurs *m* walutowy

Exchange Rate Mechanism, ERM *n* mechanizm *m* kursów walutowych *(w ramach Europejskiego Systemu Monetarnego)*

exchange restrictions *npl* ograniczenia *n pl* dewizowe

exchange value *n* równowartość *f*; Fin wartość *f* kursowa

exchequer /ɪks'tʃekə(r)/ *n* Admin the Exchequer Ministerstwo *n* Skarbu; fiskus *m* infml hum; I must consult my ~ (before I buy it) infml hum muszę się zastanowić, czy mnie na to stać

excisable /ɪk'saɪzəbl/ *adj* podlegający opłacie akcyzowej

excise[1] /'eksaɪz/ *n* (also excise duty) akcyza *f*, opłata *f* akcyzowa

excise[2] /ɪk'saɪz/ *vt* [1] Med wyci|ąć, -nać, usu|nąć, -wać [2] (from text) usu|nąć, -wać *[passage]*

exciseman /'eksaɪzmæn/ *n* (*pl* -men) urzędnik *m* akcyzy or skarbowy

excision /ɪk'sɪʒn/ *n* [1] Med wycięcie *n*, usunięcie *n* [2] (from text) usunięcie *n*

excitability /ɪkˌsaɪtə'bɪlətɪ/ *n* pobudliwość *f*

excitable /ɪk'saɪtəbl/ *adj [person, animal, disposition]* pobudliwy; Med *[nerve]* wrażliwy na bodźce

excitant /'eksɪtənt/ **I** *n* środek *m* pobudzający

II *adj* pobudzający

excite /ɪk'saɪt/ *vt* [1] (make excited) ekscytować, roz|emocjonować; (sexually) podniec|ić, -ać, pobudz|ić, -ać [2] (stimulate) pobudz|ić, -ać *[imagination]*; rozbudz|ić, -ać *[interest]*; wzbudz|ić, -ać *[admiration, curiosity, enthusiasm, envy, suspicion]*; wywoł|ać, -ywać *[comment, controversy, speculation]* [3] (incite) doprowadz|ić, -ać do (czegoś), s|prowokować *[rebellion, riot]* [4] Med pobudz|ić, -ać *[nervous system]* [5] Phys wzbudz|ić, -ać *[atom, molecule]*

excited /ɪk'saɪtɪd/ *adj* [1] (happy, enthusiastic) *[person]* podniecony, rozentuzjazmowany (about sth czymś, z powodu czegoś); *[shouts]* entuzjastyczny; (impatient, boisterous) rozgorączkowany, przejęty (about sth czymś, z powodu czegoś); she's ~ about going/about the trip to Greece jest przejęta wyjazdem/wycieczką do Grecji; to get ~ (about sth) (be happy) wpaść w entuzjazm (z powodu czegoś); (be impatient) gorączkować się (czymś); **(it's) nothing to get ~ about!** nie ma się czym zachwycać!; nie ma się czym podniecać! infml [2] (nervous, worried) zdenerwowany **(about sth** czymś, z powodu czegoś); **to get ~ about sth** denerwować się czymś, przejąć się czymś; **don't get ~!** (cross) tylko się nie denerwuj! [3] (sexually) podniecony, pobudzony [4] Phys *[atom, molecule, state]* wzbudzony

excitedly /ɪk'saɪtɪdlɪ/ *adv [gesture, laugh, shout]* z podnieceniem; **'listen!' she said ~** „słuchaj!" powiedziała podnieconym głosem; **they were ~ awaiting her arrival** z niecierpliwością czekali na jej przybycie

excitement /ɪk'saɪtmənt/ *n* [1] (enthusiasm, happiness) radosne podniecenie *n*, rozemocjonowanie *n*; (agitation) rozgorączkowanie *n*; **what an ~!** ale emocje!; **in the ~ we forgot to lock the car** w całym zamieszaniu zapomnieliśmy zamknąć samochód; **the news caused great ~** wiadomość wywołała wielkie poruszenie; **I want some ~ out of life** chcę używać życia or cieszyć się życiem; **the doctor advised me to avoid any ~** doktor przykazał mi nie denerwować się; **he was in a state of great ~** był bardzo podniecony or rozgorączkowany [2] (exciting experience) podniecające or ciekawe doświadczenie *n*

exciting /ɪk'saɪtɪŋ/ *adj [film, story]* pasjonujący; *[performer]* fascynujący; *[experience]* ekscytujący; **an ~ new acting talent** nowy, fascynujący talent aktorski; **it's not exactly an ~ prospect** nie jest to zachwycająca perspektywa

excl. = **excluding**

exclaim /ɪk'skleɪm/ **I** *vt* wykrzyk|nąć, -iwać, krzyknąć, za|wołać **(that** że); **'what?' he ~ed** „co takiego?" wykrzyknął **II** *vi* krzy|knąć, -czeć, za|wołać; **to ~ in anger** krzyknąć w gniewie; **to ~ at sth** (indignantly) (głośno) oburzyć się na coś; (admiringly) (głośno) zachwycić się czymś

exclamation /ˌekskləˈmeɪʃn/ *n* [1] okrzyk *m*; **~s of happiness** okrzyki radości [2] Ling (word) wykrzyknik *m*; (sentence) wykrzyknienie *n*

exclamation mark *n* wykrzyknik *m*

exclamation point *n* US = **exclamation mark**

exclamatory /ɪk'sklæmətrɪ, US -tɔːrɪ/ *adj* Ling wykrzyknikowy

exclude /ɪk'skluːd/ *vt* [1] (debar) wyklucz|yć, -ać, wyłącz|yć, -ać *[person, group]* **(from sth** z czegoś); zawie|sić, -szać *[pupil]*; **to be ~d from membership of the party** zostać wykluczonym z partii; **to be ~d from taking part in the competition** zostać wyłączonym z udziału w konkursie; **they are ~d from (applying for) these jobs** oni nie mają prawa ubiegać się o te stanowiska; **women are often ~d from positions of authority** kobiety często nie mają dostępu do wyższych stanowisk; **they have been ~d from the inquiry** zostali wyłączeni ze śledztwa; **to ~ sb from the jurisdiction of a court** wyłączyć kogoś spod jurysdykcji sądu [2] (reject) wyklucz|yć, -ać *[possibility]*; pomi|nąć, -jać *[issue, doubt, name]*; **if you ~ the spelling mistakes, it's a good piece of work** jeśli pominąć błędy ortograficzne, to jest to dobra praca; **the police have ~d robbery as a motive for the murder** policja wyklucza rabunek jako motyw morderstwa [3] (leave out) nie ob|jąć, -ejmować; **the price ~s accommodation** cena nie obejmuje zakwaterowania [4] (keep out) zam|knąć, -ykać dostęp (czegoś) *[sunlight, air]*

excluding /ɪk'skluːdɪŋ/ *prep* wyłączając, nie licząc; **we spent $38 ~ breakfast** wydaliśmy 38 dolarów, nie licząc śniadania

exclusion /ɪk'skluːʒn/ *n* [1] (debarment) (from organization) wykluczenie *n* **(from sth** z czegoś); (from will, document) wyłączenie *n* **(from sth** z czegoś); (from premises, area) zamknięcie *n* dostępu **(from sth** do czegoś) [2] (omission) pominięcie *n*; **to the ~ of sb/sth** z pominięciem kogoś/czegoś; **he spends all his time gardening to the ~ of his family/everything else** przez cały czas zajmuje się ogrodem kosztem rodziny/innych zajęć [3] Sch zawieszenie *n*

exclusion clause *n* Jur klauzula *f* zwalniająca od odpowiedzialności prawnej

exclusion order *n* Jur (for terrorist) zakaz *m* przekraczania granicy; (for spouse) sądowy zakaz *m* wstępu do rodzinnego domu *(dla osób znęcających się nad pozostałymi członkami rodziny)*

exclusion zone *n* Mil strefa *f* zamknięta

exclusive /ɪk'skluːsɪv/ **I** *n* Journ, TV, Radio *reportaż, wywiad publikowany na prawach wyłączności przez jedną gazetę, stację*

II *adj* [1] (select) *[club, district, hotel, school, society]* ekskluzywny; *[company]* doborowy; *[goods]* luksusowy [2] (restricted) *[privileges, rights, use]* wyłączny; *[story, interview]* Journ publikowany na prawach wyłączności; **to have ~ rights for sth** mieć wyłączne prawa do czegoś; **to have ~ use of sth** być wyłącznym użytkownikiem czegoś; **the report ~ to the Independent** reportaż specjalnie dla (dziennika) „Independent"; **a feature ~ to the English language** cecha występująca wyłącznie w języku angielskim; **the species is ~ to these islands** gatunek występuje wyłącznie na tych wyspach [3] (sole) *[interest, occupation]* jedyny [4] (excluding) **mutually ~** wzajemnie się wykluczający; **to be mutually ~** wzajemnie się wykluczać; **~ of sb/sth** nie licząc kogoś/czegoś, wyłączając kogoś/coś; **there were five men ~ of myself** było pięciu mężczyzn, nie licząc mnie; **£25 ~ of postage and packing** 25 funtów, nie licząc porto i opakowania

exclusively /ɪk'skluːsɪvlɪ/ *adv* wyłącznie, jedynie; **~ for members** tylko dla członków

exclusivism /ɪk'skluːsɪvɪzəm/ *n* ekskluzywizm *m*

excommunicate /ˌekskəˈmjuːnɪkeɪt/ *vt* na|łożyć, -kładać ekskomunikę na (kogoś), ekskomunikować, rzuc|ić, -ać klątwę na (kogoś)

excommunication /ˌekskəˌmjuːnɪˈkeɪʃn/ *n* ekskomunika *f*, klątwa *f*

ex-con /ˌeks'kɒn/ *n* infml były więzień *m*

excrement /ˈekskrɪmənt/ *n* ekskrementy *plt*, odchody *plt*

excrescence /ɪk'skresns/ *n* narośl *f*; fig obce ciało *n* fig

excreta /ɪk'skriːtə/ *n* fml (faeces) ekskrementy *plt*, odchody *plt*; (waste matter) wydaliny *f pl*

excrete /ɪk'skriːt/ *vt* wydal|ić, -ać *[waste matter]*; wydziel|ić, -ać *[juice, sweat]*

excretion /ɪk'skriːʃn/ *n* [1] (act) wydalanie *n* [2] (sth excreted) wydalina *f*

excretory /ɪk'skriːtərɪ, US -tɔːrɪ/ *adj* wydalniczy

excruciating /ɪk'skruːʃɪeɪtɪŋ/ *adj* [1] *[pain, suffering, noise]* straszliwy, nieznośny; *[situation]* rozpaczliwy [2] infml (awful) *[bore, boredom]* potworny, straszliwy; *[performance]* koszmarny

excruciatingly /ɪk'skruːʃɪeɪtɪŋlɪ/ *adv [painful]* nieznośnie, straszliwie; *[embarrassing, boring]* potwornie, koszmarnie; **~ funny** szalenie zabawny

exculpate /ˈekskʌlpeɪt/ *vt* uniewinni|ć, -ać, uw|olnić, -alniać (kogoś) od winy; **to ~ sb from the charge** oczyścić kogoś z zarzutów; **to ~ sb from blame** uwolnić kogoś od winy or odpowiedzialności

excursion /ɪk'skɜːʃn/ *n* [1] (outing) wycieczka *f*; (short) wypad *m*; **to go on an ~** pojechać na wycieczkę; **to make an ~ (into the country)** zrobić wycieczkę (za miasto); wyskoczyć za miasto infml; **a shopping ~** wyprawa or wypad na zakupy [2] (into subject, field) **an ~ into sth** próba *f* czegoś; **to make an ~ into writing for the theatre** podjąć próbę pisania dla teatru [3] (digression) dygresja *f*

excursion ticket *n* bilet *m* wycieczkowy

excursion train *n* pociąg *m* wycieczkowy

excusable /ɪk'skjuːzəbl/ *adj* wybaczalny

excuse **I** /ɪk'skjuːs/ *n* [1] (justification) usprawiedliwienie *n*, wytłumaczenie *n* **(for sth** czegoś); **there is no ~ for such behaviour/for cheating** nie ma usprawiedliwienia dla takiego zachowania/dla oszustwa, nic nie usprawiedliwia takiego zachowania/oszustwa; **to offer an ~** usprawiedliwić się; **I refuse to make ~s for you any longer** nie będę się już więcej za ciebie tłumaczył; **(those who are) absent without ~** (ci, którzy są) nieobecni bez usprawiedliwienia [2] (pretext) pretekst *m*; (not to do sth) wymówka *f*, wykręt *m*; **a good /lame ~** dobra/kiepska wymówka; **to make** or **find an ~** znaleźć pretekst or wymówkę; **you're always making ~s!** zawsze się wykręcasz!, zawsze masz jakąś wymówkę!; **that's just an ~!** to tylko wymówka or pretekst!; **to be an ~ to do sth** or **for doing sth** być pretekstem do zrobienia czegoś or żeby coś zrobić; **I have a good ~ for not doing it** mam dobry pretekst or dobrą wymówkę, żeby tego nie robić; **this gave me a good ~ to leave early** posłużyło mi to za dobry pretekst, żeby wyjść wcześniej; **is that the best ~ you can come up with?** czy nie stać cię na lepszą wymówkę?; **any ~ for a day off work!** każdy pretekst jest dobry, żeby nie iść do pracy! [3] (poor substitute) (nędzna) namiastka *f* **(for sth** czegoś)

II **excuses** *npl* **to make one's ~s** przepraszać (za nieobecność) **(to sb** kogoś) usprawiedliwi|ć, -ać się **(to sb** komuś or przed kimś); **please give them my ~s**

E

przeproś ich, proszę, w moim imieniu; usprawiedliw mnie, proszę, przed nimi **III** /ɪk'skju:z/ *vt* [1] (forgive) wybacz|yć, -ać (komuś) *[person]*; wybacz|yć, -ać (coś) *[mistake, misconduct]*; **to ~ sb for doing sth** wybaczyć komuś zrobienie czegoś or że coś zrobił; **you could be ~d for misinterpreting him** można ci wybaczyć, że źle go zrozumiałeś; **if you'll ~ the expression** przepraszam za wyrażenie, za przeproszeniem; **~ my interrupting you** or **~ me for interrupting you, but...** przepraszam, że (ci) przerywam, ale...; **~ me!** (apologizing) bardzo przepraszam!; **~ me, can I get past?** (attracting attention) przepraszam, czy może mnie pan przepuścić?, przepraszam, chciałbym przejść; **~ me, is this the London train?** przepraszam, czy to pociąg do Londynu?; **~ me for asking, but do you live here?** proszę mi wybaczyć, że pytam, ale czy pan tu mieszka?; **you'll have to ~ me for not inviting you in** proszę mi wybaczyć or proszę się nie gniewać, że nie zapraszam do środka; **~ me, but I think that you're mistaken** przepraszam, ale wydaje mi się, że się mylisz; **~ me, but I did not get the sack!** infml bardzo przepraszam, ale wcale mnie nie wyrzucono!; **if you'll ~ me, I have work to do** proszę mi wybaczyć, ale mam coś do zrobienia; **'would you like a drink?' – '~ me?"** US „zrobić ci drinka?" – „słucham?" or „proszę?" [2] (justify) usprawiedliwi|ć, -ać *[conduct, action]*; usprawiedliwi|ć, -ać, wy|tłumaczyć *[person]*; **nothing can ~ such rudeness** nic nie usprawiedliwia takiego zachowania [3] (release from obligation) zw|olnić, -alniać **(from sth/from doing sth** z czegoś, z (obowiązku) zrobienia czegoś); **to be ~d from games** zostać zwolnionym z wychowania fizycznego; **may I be ~d?** GB euph (used by school children) czy mogę wyjść (do toalety)?

IV *vr* **to ~ oneself** [1] (on leaving) przepr|osić, -aszać; po|prosić o wybaczenie fml; **she ~d herself and left** przeprosiła or poprosiła o wybaczenie i wyszła [2] (offer excuse) usprawiedliwi|ć, -ać się **(for sth, for doing sth** za coś, za zrobienie czegoś); wy|tłumaczyć się **(for sth** z czegoś)

ex-directory /ˌeksdaɪ'rektərɪ, -dɪ-/ *adj* GB **an ~ number** numer zastrzeżony; **he's ~, his number is ~** on ma zastrzeżony numer telefonu; **to go ~** zastrzec numer telefonu

ex dividend /ˌeks'dɪvɪdend/ *adj* bez dywidendy

exec /ɪk'zek/ *n* US infml = **executive**

execrable /'eksɪkrəbl/ *adj* fml *[weather, food, taste]* wstrętny, ohydny, obrzydliwy; *[manners]* budzący obrzydzenie or wstręt; **I find your comments in ~ taste** uważam, że twoje uwagi są niesmaczne or w bardzo złym tonie

execrably /'eksɪkrəblɪ/ *adv* fml *[act, behave]* wstrętnie, ohydnie, obrzydliwie

execrate /'eksɪkreɪt/ *vt* fml [1] (abhor) mieć or odczuwać wstręt do (kogoś/czegoś), nie cierpieć (kogoś/czegoś) [2] (curse) przekl|ąć, -inać, złorzeczyć (komuś/czemuś)

execration /ˌeksɪ'kreɪʃn/ *n* fml [1] (abhorence) wstręt *m*, odraza *f* **(of sb/sth** do kogoś /czegoś); **to hold sb/sth in ~** czuć do kogoś/czegoś wstręt or odrazę [2] (curse) przekleństwo *n*, klątwa *f*; **to pronounce an ~ on sb** przekląć kogoś, rzucić na kogoś klątwę

executable file /ɪg'zekjʊtəbl/ *n* Comput plik *m* wykonywalny

executant /ɪg'zekjʊtnt/ *n* Mus fml wykonaw|ca *m*, -czyni *f*

execute /'eksɪkju:t/ *vt* [1] (kill) s|tracić, dokon|ać, -ywać egzekucji (kogoś), wykon|ać, -ywać egzekucję na (kimś); **to be ~d for sth** zostać straconym za coś [2] (carry out) wykon|ać, -ywać *[command, task, piece of work]*; spełni|ć, -ać, wypełni|ć, -ać *[duty, wish]*; przeprowadz|ić, -ać *[plan]*; z|realizować *[idea, purpose]* [3] Jur (put into effect) wykon|ać, -ywać *[will]*; spełni|ć, -ać *[last wish]*; (make valid) nada|ć, -wać moc prawną (czemuś) *[contract, deed]* [4] (perform) wykon|ać, -ywać *[dance, step, minuet, passage]* [5] Comput wykon|ać, -ywać

execution /ˌeksɪ'kju:ʃn/ *n* [1] (killing) stracenie *n*, egzekucja *f*; **~ by firing-squad /hanging** egzekucja przez rozstrzelanie /powieszenie [2] (of order, task) wykonanie *n*; (of duty, wish) spełnienie *n*; (of plan) przeprowadzenie *n*; (of aim, idea) realizacja *f*; **to put sth into ~** wprowadzić coś w życie; **in the ~ of one's duty** podczas wykonywania obowiązków (służbowych) [3] Jur (of will) wykonanie *n* [4] fml (of piece of music, dance) wykonanie *n* [5] Comput wykonanie *n*

executioner /ˌeksɪ'kju:ʃənə(r)/ *n* Jur (also **public ~**) kat *m*

executive /ɪg'zekjʊtɪv/ **I** *n* [1] (committee) (in administration, labour unions) ciało *n* wykonawcze, organ *m* wykonawczy; (in party) egzekutywa *f*; (in commerce) kierownictwo *n*; **to be on the ~** należeć do kierownictwa [2] (administrator) pracownik *m* szczebla kierowniczego; **junior/senior ~** samodzielny pracownik niższego/wyższego stopnia; **top ~** członek ścisłego kierownictwa; **chief ~ (officer)** dyrektor naczelny; **sales/finance ~** dyrektor handlowy/finansowy; **he's an ~ with IBM** zajmuje kierownicze stanowisko w IBM [3] US **(the ~)** władza *f* wykonawcza

II *adj* [1] (managerial) *[position, powers, decision, talent]* kierowniczy; **to possess ~ ability** mieć zdolności kierownicze [2] (administrative) *[committee, branch, authority]* wykonawczy [3] (luxury) *[desk, housing]* luksusowy, ekskluzywny

executive arm *n* organ *m* wykonawczy, ciało *n* wykonawcze

executive board *n* zarząd *m*

executive branch *n* = **executive arm**

executive briefcase *n* teczka *f (zwykle walizkowa)*

executive class *n* (in plane) klasa *f* executive *(pierwsza)*

executive committee *n* komitet *m* wykonawczy

executive council *n* (of company) rada *f* wykonawcza; (of party) komitet *m* wykonawczy, egzekutywa *f*; (of labour union) rada *f* wykonawcza

executive director *n* dyrektor *m* wykonawczy

executive jet *n* samolot *m* należący do firmy

Executive Mansion *prn* US **the ~** (White House) Biały Dom *m*

executive member *n* członek *m* komitetu wykonawczego or egzekutywy

executive officer *n* członek *m* kadry kierowniczej

executive order *n* US dekret *m* prezydencki

executive privilege *n* US *prawo prezydenta do nieujawniania pewnych informacji*

executive producer *n* Cin pełnomocnik *m* producenta

executive program *n* Comput program *m* nadzorczy, dyrygent *m*

executive secretary *n* Admin sekretarz *m* wykonawczy; (manager's secretary) sekreta|rz *m*, -rka *f*

executive session *n* zamknięte obrady *plt* parlamentu

executive suite *n* (in hotel) apartament *m* reprezentacyjny; (in company headquarters) pokoje *m pl* zarządu

executive toy *n* gadżet *m („zabawka" dla zestresowanych osób na wysokich stanowiskach)*

executor /ɪg'zekjʊtə(r)/ *n* Jur wykonawca *m* testamentu

executrix /ɪg'zekjʊtrɪks/ *n (pl* **-es, executrices)** Jur wykonawczyni *f* testamentu

exegesis /ˌeksɪ'dʒi:sɪs/ *n (pl* **-ses)** egzegeza *f* **(of sth** czegoś)

exemplar /ɪg'zemplə(r), -plɑ:(r)/ *n* fml wzór *m*, ideał *m* **(of sth** czegoś)

exemplary /ɪg'zemplərɪ, US -lerɪ/ *adj* [1] *[behaviour, student, father]* przykładny, wzorowy; *[model, patience]* godny naśladowania [2] *[punishment]* przykładny; **~ damages** Jur odszkodowanie z nawiązką

exemplify /ɪg'zemplɪfaɪ/ *vt* [1] (be example of) stanowić przykład (czegoś) [2] (illustrate) z|ilustrować [3] Jur sporządz|ić, -ać uwierzytelniony odpis (czegoś); **an exemplified copy (of sth)** uwierzytelniony odpis (czegoś)

exempt /ɪg'zempt/ **I** *adj* zwolniony **(from sth** od czegoś); **to be ~ from tax** or **taxation** być zwolnionym od podatku

II *vt* zw|olnić, -alniać *[goods, loan, property]* **(from sth** od czegoś, z czegoś); **to ~ sb (from sth)** zw|olnić, -alniać kogoś (od czegoś) *[responsibility]*; zw|olnić, -alniać kogoś (z czegoś) *[exam, course, service]*; **his poor eyesight ~ed him from military service** ze względu na słaby wzrok został zwolniony ze służby wojskowej; **to ~ sb from doing sth** zwolnić kogoś z obowiązku robienia czegoś

exemption /ɪg'zempʃn/ *n* zwolnienie *n*; **~ from sth** zwolnienie od czegoś *[tax]*; zwolnienie z czegoś *[exam, course, service]*; **tax ~** zwolnienie podatkowe

exercise /'eksəsaɪz/ **I** *n* [1] (physical) (movements) gimnastyka *f*, ćwiczenie *n*; (activity) ruch *m*; **swimming is good ~** pływanie dobrze robi; **to take ~** gimnastykować się, zażywać ruchu; **you don't take much/any ~** mało/wcale się nie ruszasz; **to play tennis for ~** grać w tenisa, żeby zachować sprawność fizyczną [2] Mus, Sport (training task) ćwiczenie *n*; **to do an ~** wykonać ćwiczenie; **breathing/vocal ~s** ćwiczenia oddechu/wokalne; **intellectual ~** ćwiczenie dla umysłu [3] Sch ćwiczenie *n*, zadanie *n*; **maths ~** zadanie matematyczne or z matematyki [4] Mil (drill) musztra *f*; (training) ćwiczenia *n pl*, manewry *m pl*; **to go on ~(s)** udać się na ćwiczenia/manewry [5] (undertaking) operacja *f*, kampania *f*; **marketing/cost-cutting ~** operacja marketingowa/zmniejszająca koszty; **public relations ~** kampania promocyjna; **academic ~** czysto akademickie rozważania; **the object of this ~ is to reduce losses** celem tej operacji jest zmniejszenie strat; **an ~ in diplomacy/democracy** lekcja dyplomacji/demokracji [6] (use) **the ~ of sth** korzystanie z (czegoś) *[rights, privileges]*; sprawowanie czegoś *[power, authority]*; wykonywanie czegoś *[duties]*; posługiwanie się czymś *[imagination, intellect]*; zachowanie czegoś *[caution, patience]*

II **exercises** *npl* US uroczystości *f pl*

III *vt* [1] (exert) ćwiczyć *[body, mind, muscles]*; gimnastykować *[limb]*; wyprowadz|ić, -ać (na spacer) *[dog]*; przeg|onić, -aniać *[horse]*; musztrować *[troops, recruits]* [2] (worry) niepokoić, dręczyć *[mind, conscience]*; **a problem which has ~d many great minds** problem, który zaprzątał wiele światłych umysłów; **to be much** or **greatly ~d by** or **about sth** liter zadręczać się czymś [3] (use) zachow|ać, -ywać *[caution, patience]*; wykaz|ać, -ywać się (czymś) *[tolerance]*; sprawować, mieć *[authority, control, power]*; s|korzystać z (czegoś) *[right, rights]*; wyw|rzeć, -ierać *[influence]*; **to ~ great care** postępować z wielką ostrożnością; **to ~ restraint** zachować umiar; **the examiner will ~ his discretion in such cases** w takich przypadkach wszystko zależy od uznania egzaminatora [4] Fin s|korzystać z prawa (czegoś) *[option]*

IV *vi* ćwiczyć, gimnastykować się

exercise bicycle *n* rower *m* treningowy

exercise book *n* zeszyt *m*

exercise programme *n* Med, Sport program *m* ćwiczeń

exerciser /ˈeksəsaɪzə(r)/ *n* [1] US = **exercise bicycle** [2] (person) trener *m*

exert /ɪɡˈzɜːt/ **I** *vt* wyw|rzeć, -ierać *[pressure, influence]* **(on sb/sth** na kogoś/coś); wykorzyst|ać, -ywać *[talent, authority]*; uży|ć, -wać (czegoś) *[force, authority]*; **to ~ every effort** dołożyć wszelkich starań **(to do sth** żeby coś zrobić)

II *vr* **to ~ oneself** wysil|ić, -ać się; **you shouldn't ~ yourself** nie powinieneś się zbytnio wysilać; **don't ~ yourself!** iron uważaj, żebyś się przypadkiem nie przepracował! iron

exertion /ɪɡˈzɜːʃn/ *n* [1] (effort) wysiłek *m*, trud *m*; **(to achieve sth) by one's own ~s** (osiągnąć coś) własnymi siłami; **after the day's ~s** po całodziennym wysiłku; **the ~s of the climb** trudy wspinaczki [2] (exercising) (of pressure, influence) wywieranie *n*; (of authority) wykorzystywanie *n*; (of force) stosowanie *n*; **the ~ of influence on sb** wywieranie *n* wpływu na kogoś

exeunt /ˈeksɪənt/ *vi* Theat **~ king and courtiers** król i dworzanie wychodzą

exfoliant /ˌeksˈfəʊlɪənt/ *n* Cosmet środek *m* złuszczający

exfoliate /ˌeksˈfəʊlɪeɪt/ **I** *vt* s|powodować odwarstwienie (czegoś) *[rock, bark]*; z|łuszczyć *[skin]*

II *vi [rock, bark]* odwarstwi|ć, -ać się, z|łuszczyć się; *[skin]* z|łuszczyć się

exfoliating scrub *n* Cosmet peeling *m*

exfoliation /eksˌfəʊlɪˈeɪʃn/ *n* Geol odwarstwianie *n*, złuszczenie (się) *n*; Cosmet peeling *m*, eksfoliacja *f*; Med złuszczenie (się) *n*

ex gratia /ˌeksˈɡreɪʃə/ *adj [payment, award]* dobrowolny, z dobrej woli

exhalation /ˌekshəˈleɪʃn/ *n* [1] (act) (of breath) wydech *m*; (of smoke, fumes) emisja *f* [2] (substance) (fumes, gases) wyziewy *m pl*; (vapour, mist) opar *m*

exhale /eksˈheɪl/ **I** *vt* [1] (breathe out) *[person]* wydychać, wypu|ścić, -szczać *[air]*; wydmuch|ać, -iwać, wypu|ścić, -szczać *[smoke]*; wyda|ć, -awać *[moan]* [2] (give off) wydziel|ić, -ać *[fumes, smell]*; wypu|ścić, -szczać, emitować *[smoke, gas]*

II *vi [person, animal]* wypu|ścić, -szczać powietrze (z płuc), z|robić wydech

exhaust /ɪɡˈzɔːst/ **I** *n* Aut [1] (pipe) rura *f* wydechowa [2] (fumes) spaliny *plt*

II *vt* [1] (tire out) wyczerp|ać, -ywać, z|męczyć *[person, animal]*; **it ~ed him to talk too long** zbyt długie mówienie męczyło go [2] (cover thoroughly) wyczerp|ać, -ywać *[subject, topic]*; **to ~ all possibilities** wyczerpać wszystkie możliwości [3] (use up) wyczerp|ać, -ywać *[resources, supplies, reserves]*; wyjał|owić, -awiać *[soil]*; wy|eksploatować *[oil well, mine]* [4] (drain) opróżni|ć, -ać *[vessel, boiler]* **(of sth** z czegoś); **to ~ the flask of air** usunąć powietrze z kolby

III *vr* **to ~ oneself** przemęcz|yć, -ać się, z|męczyć się

exhausted /ɪɡˈzɔːstɪd/ *adj* [1] (tired) wyczerpany **(by sth** czymś); **physically and mentally ~** wyczerpany fizycznie i psychicznie [2] (used up) *[supplies, resources]* wyczerpany; *[mine, oil well]* wyeksploatowany

exhaust emissions *n* = **exhaust fumes**

exhaust fumes *n* spaliny *plt*

exhausting /ɪɡˈzɔːstɪŋ/ *adj [work, activity]* wyczerpujący; *[person, climate]* męczący

exhaustion /ɪɡˈzɔːstʃn/ *n* [1] (tiredness) wyczerpanie *n*, przemęczenie *n*; **to suffer from ~** być wyczerpanym or przemęczonym; **to be dropping from ~** padać z wyczerpania or ze zmęczenia [2] (of resources, supplies) wyczerpanie *n*

exhaustive /ɪɡˈzɔːstɪv/ *adj [account, description, comment]* wyczerpujący; *[analysis, study]* dogłębny; *[inquiry, research]* drobiazgowy; *[list]* pełny; **in ~ detail** drobiazgowo

exhaustively /ɪɡˈzɔːstɪvlɪ/ *adv [describe, comment]* drobiazgowo, wyczerpująco; *[study]* dogłębnie

exhaust pipe *n* rura *f* wydechowa

exhaust system *n* system *m* odprowadzania spalin

exhaust valve *n* zawór *m* wylotowy or wydechowy

exhibit /ɪɡˈzɪbɪt/ **I** *n* [1] (item on display) eksponat *m*; **do not touch the ~s** prosimy nie dotykać eksponatów; **the prize ~** ozdoba ekspozycji [2] US (exhibition) wystawa *f*, ekspozycja *f*; **to be on ~** być wystawionym (na pokaz); **a Gauguin ~** wystawa (dzieł) Gauguina [3] Jur dowód *m* rzeczowy; **~ A** dowód rzeczowy A

II *vt* [1] wystawi|ć, -ać (na pokaz) *[goods, paintings]* [2] okaz|ać, -ywać *[fear, courage, curiosity]*; wykaz|ać, -ywać, wykaz|ać, -ywać się (czymś) *[skill, dexterity]*; **to ~ signs of interest** zdradzać oznaki zainteresowania [3] Jur przedstawi|ć, -ać jako dowód rzeczowy

III *vi* wystawiać; **he ~s in the local gallery** wystawia w miejscowej galerii

exhibition /ˌeksɪˈbɪʃn/ **I** *n* [1] (of art, goods) wystawa *f*, ekspozycja *f*; **art ~** wystawa sztuki; **the Picasso ~** wystawa (dzieł) Picassa; **to mount** or **put on an ~** zorganizować wystawę; **to be on ~** być wystawionym (na pokaz); **to make an ~ of oneself** fig zrobić z siebie widowisko [2] (of skill, arrogance, rudeness) popis *m*, pokaz *m* [3] (of film) prezentacja *f* [4] GB Univ stypendium *n*

II *modif [hall, stand]* wystawowy; *[gallery]* wystawienniczy; **~ catalogue** katalog wystawy

exhibition centre GB, **exhibition center** US *n* centrum *m* wystawiennicze

exhibitioner /ˌeksɪˈbɪʃənə(r)/ *n* GB Univ stypendyst|a *m*, -ka *f*

exhibitionism /ˌeksɪˈbɪʃənɪzəm/ *n* Psych ekshibicjonizm *m*; (extravagant behaviour) kabotyństwo *n* fml

exhibitionist /ˌeksɪˈbɪʃənɪst/ **I** *n* Psych ekshibicjonista *m*; (show-off) osoba *f* lubiąca się popisywać; kabotyn *m*, -ka *f* pej

II *adj* Psych ekshibicjonistyczny

exhibitor /ɪɡˈzɪbɪtə(r)/ *n* [1] (of art, goods) wystawca *m* [2] US (of cinema) właściciel *m* sali kinowej

exhilarate /ɪɡˈzɪləreɪt/ *vt* [1] (make happy) *[speed, music, wine]* up|oić, -ajać; *[action, scene, thought]* wprawi|ć, -ać w radosny nastrój; **we were ~d by our success** byliśmy upojeni sukcesem [2] (stimulate) *[breeze, mountain air]* po|działać ożywczo na (kogoś)

exhilarating /ɪɡˈzɪləreɪtɪŋ/ *adj [breeze]* ożywczy; *[swim, experience]* rozkoszny; *[contest, argument, dance, music]* porywający; *[climb, journey, run]* emocjonujący

exhilaration /ɪɡˌzɪləˈreɪʃn/ *n* radosne podniecenie *n*, euforia *f*; **to fill sb with a sense of ~** przepełnić kogoś radością, wprawić kogoś w stan radosnego podniecenia

exhort /ɪɡˈzɔːt/ *vt* **to ~ sb to do sth** nawoływać kogoś, żeby coś zrobił; nakłaniać kogoś do zrobienia czegoś; (stronger) zaklinać kogoś, żeby coś zrobił; **to ~ sb to action** zagrzewać kogoś do działania

exhortation /ˌeɡzɔːˈteɪʃn/ *n* (by politician) nawoływanie *n* **(to sth/to do sth** do czegoś/do zrobienia czegoś)

exhumation /eksˌhjuːˈmeɪʃn, US ɪɡˌzuːm-/ *n* ekshumacja *f*

exhumation order *n* Jur zezwolenie *n* na przeprowadzenie ekshumacji

exhume /eksˈhjuːm, US ɪɡˈzuːm/ *vt* ekshumować

ex-husband /ˌeksˈhʌzbənd/ *n* były mąż *m*, eks-małżonek *m*

exigency fml /ˈeksɪdʒənsɪ/ **I** *n* (emergency) nagląca potrzeba *f*, konieczność *f*
II exigencies *npl* (demands) wymogi *m pl*
exigent /ˈeksɪdʒənt/ *adj* fml *[person, customer, task]* wymagający; *[situation]* naglący; *[crisis, problem]* wymagający natychmiastowego działania
exiguity /ˌegzɪˈgjuːətɪ/ *n* (of room) ciasnota *f*; (of income, resources) szczupłość *f*; (of diet) skromność *f*
exiguous /egˈzɪgjuəs/ *adj [space, kitchen]* ciasny; *[income, savings, resources]* szczupły, znikomy; *[diet]* skromny
exile /ˈeksaɪl/ **I** *n* [1] (person) (voluntary) emigrant *m*, -ka *f*; (involuntary) banita *m* liter; (expelled from) wygnaniec *m*; (expelled to) zesłaniec *m* [2] (state) (self-imposed) emigracja *f*, wychodźstwo *n*; (enforced) banicja *f* liter; (from somewhere) wygnanie *n*; (to somewhere) zesłanie *n*; **in ~** na wygnaniu or zesłaniu or emigracji; **government in ~** rząd emigracyjny or na wychodźstwie; **to go into ~** (voluntary) wyemigrować
II Exile *prn* Relig **the Exile** niewola *f* babilońska
III *vt* **to ~ sb from a country** wygnać kogoś z kraju; **to ~ sb to Siberia** zesłać kogoś na Syberię; **to ~ sb for life** skazać kogoś na dożywotnie wygnanie or zesłanie; skazać kogoś na dożywotnią banicję liter
IV exiled *pp adj* (from somewhere) wygnany; (to somewhere) zesłany; **the ~d Mr X today said...** pan X, przebywający na wygnaniu or zesłaniu, powiedział dziś...
exist /ɪgˈzɪst/ *vi* [1] (be real, actual) istnieć; **do vampires really ~?** czy wampiry naprawdę istnieją?; **to cease to ~** przestać istnieć; **to continue to ~** nadal istnieć; **that ~s only in your imagination** to tylko wytwór twojej wyobraźni; **he acts as if I don't ~** traktuje mnie jak powietrze [2] (survive) egzystować, wegetować; **they can do no more than ~ on that wage** przy takich zarobkach mogą jedynie egzystować or wegetować; **we can just about ~ on my wages** przy moich zarobkach z trudem wiążemy koniec z końcem [3] (live) egzystować, żyć; **to ~ on a diet of potatoes** żywić się wyłącznie ziemniakami; **how can he ~ without friends?** jak on może żyć bez przyjaciół?
existence /ɪgˈzɪstəns/ *n* [1] (being) istnienie *n*; **the largest aircraft in ~** największy istniejący samolot; **how long has the company been in ~?** jak długo istnieje firma?; **I wasn't aware of its ~** nie wiedziałem, że istnieje; **to come into ~** powstać; **to go out of ~** przestać istnieć [2] (life) byt *m*, egzystencja *f*, życie *n*; **to struggle for one's very ~** walczyć o byt; **to lead a lonely ~** prowadzić samotne życie
existent /ɪgˈzɪstənt/ *adj* fml istniejący
existential /ˌegzɪˈstenʃl/ *adj* egzystencjalny
existentialism /ˌegzɪˈstenʃəlɪzəm/ *n* egzystencjalizm *m*
existentialist /ˌegzɪˈstenʃəlɪst/ **I** *n* egzystencjalist|a *m*, -ka *f*
II *adj* egzystencjalistyczny
existing /ɪgˈzɪstɪŋ/ *adj [product, laws, order, institution]* istniejący; (present) *[policy, management, leadership]* obecny; **under the ~ conditions** w zaistniałych or obecnych warunkach
exit /ˈeksɪt/ **I** *n* [1] (way out) (from room, building, aircraft) wyjście *n*; **'no ~'** „przejścia nie ma" [2] Transp droga *f* wyjazdowa; **take ~ 13 into Lynchburg** na zjeździe 13. pojedź na Lynchburg [3] (departure) (from building, room) wyjście *n*; (from stage) zejście *n* (ze sceny); **to make an ~** wyjść; Theatr zejść ze sceny; Sport zostać wyeliminowanym; **to make a quick** or **hasty ~** ulotnić się, zwiać infml; **to make one's final ~** euph zejść z tego świata, rozstać się z życiem
II Exit *prn* GB *stowarzyszenie skupiające zwolenników eutanazji*
III *vt* opu|ścić, -szczać, wy|jść, -chodzić z (czegoś) *[room, building]*; zejść, schodzić z (czegoś) *[stage]*
IV *vi* [1] (leave) *[person]* wy|jść, -chodzić; *[tunnel, shaft]* mieć wylot [2] Theat zejść, schodzić ze sceny; **'~ Hamlet'** „Hamlet wychodzi"; **to ~ left/right** opuścić scenę lewą/prawą kulisą [3] Comput wy|jść, -chodzić *(z programu, pliku)*
exit point *n* Comput punkt *m* wyjścia
exit poll *n* sonda *f* wśród opuszczających punkt wyborczy
exit sign *n* znak *m* kierujący do wyjścia
exit visa *n* wiza *f* wyjazdowa
exit wound *n* wylot *m* rany
Exocet /ˈeksəset/ *prn* (also **~ missile**) Mil exocet *m (pocisk taktyczny bliskiego zasięgu, zwykle do atakowania okrętów)*
exocrine /ˈeksəukraɪn/ *adj* zewnątrzwydzielniczy
exodus /ˈeksədəs/ **I** *n* exodus *m*
II Exodus *prn* Bible **the Book of Exodus** Księga *f* Wyjścia; **the Exodus** wyjście *n* (z Egiptu)
ex officio /ˌeksəˈfɪʃɪəu/ *adj, adv* z urzędu; ex officio ra
exogenous /ekˈsɒdʒɪnəs/ *adj* [1] *[forces, factors]* zewnętrzny; *[population]* napływowy [2] Biol, Geol, Med egzogeniczny, egzogenny
exonerate /ɪgˈzɒnəreɪt/ *vt* oczy|ścić, -szczać (kogoś) z zarzutów; **to ~ sb from blame/responsibility** uwolnić kogoś od winy/odpowiedzialności; **to ~ sb from the crime** oczyścić kogoś z zarzutu popełnienia przestępstwa
exoneration /ɪgˌzɒnəˈreɪʃn/ *n* oczyszczenie *n* z zarzutów
exorbitance /ɪgˈzɔːbɪtəns/ *n* **~ of price /rent** wyśrubowana cena/wyśrubowany czynsz; **~ of expenditure/cost** kolosalne or ogromne wydatki/koszty; **~ of demands** wygórowane żądania
exorbitant /ɪgˈzɔːbɪtənt/ *adj [charges, price]* wyśrubowany, niebotyczny; *[cost, amount, increase]* ogromny, kolosalny; *[ambition, demands]* wygórowany; **to an ~ degree** (aż) do przesady; **to go to ~ lengths to do sth** chwytać się różnych sposobów, żeby coś zrobić
exorbitantly /ɪgˈzɔːbɪtəntlɪ/ *adv [high, expensive]* niebotycznie; *[charge, pay, spend]* co niemiara; **~ paid** przepłacany; **~ priced** potwornie drogi
exorcism /ˈeksɔːsɪzəm/ *n* egzorcyzm *m*; **to carry out an ~ on sb** odprawiać egzorcyzmy nad kimś
exorcist /ˈeksɔːsɪst/ *n* egzorcysta *m*
exorcize /ˈeksɔːsaɪz/ *vt* egzorcyzmować *[demon, place]*; fig uw|olnić, -alniać się od (czegoś) *[past]*; **to ~ the memory of sth** odpędzić wspomnienie czegoś or o czymś
exoskeleton /ˌeksəuˈskelɪtn/ *n* szkielet *m* zewnętrzny
exosphere /ˈeksəusfɪə(r)/ *n* egzosfera *f*
exoteric /ˌeksəuˈterɪk/ *adj [doctrine, account]* przystępny, popularny; egzoteryczny ra
exothermic /ˌeksəuˈθɜːmɪk/ *adj* egzotermiczny
exotic /ɪgˈzɒtɪk/ **I** *n* [1] (person) oryginał *m* [2] (animal, plant) egzotyk *m*
II *adj* [1] (foreign, unusual) *[plant, animal, place, appearance, name]* egzotyczny [2] euph (erotic) *[appeal, pleasure]* zmysłowy; *[dancer, literature]* erotyczny
exotica /ɪgˈzɒtɪkə/ *npl* egzotyki *m pl*
exoticism /ɪgˈzɒtɪsɪzəm/ *n* egzotyka *f*, egzotyzm *m*
expand /ɪkˈspænd/ **I** *vt* [1] (enlarge) rozwi|nąć, -jać *[trade, business, network]*; powiększ|yć, -ać *[workforce, empire, sales]*; rozbudow|ać, -ywać *[system]*; rozszerz|yć, -ać *[horizons, knowledge, influence]* [2] (stretch) wypi|ąć, -nać *[chest]*; napi|ąć, -inać *[muscles]*; rozd|ąć, -ymać *[lungs]*; (develop) rozwi|nąć, -jać *[chest, muscles]* [3] Math rozwi|nąć, -jać *[fraction, expression]*
II *vi* [1] (develop) *[industry, relations, flower petals]* rozwi|nąć, -jać się; *[knowledge, gas, metal, universe]* rozszerz|yć, -ać się; *[institution, population, market]* rozr|osnąć, -astać się; *[supply, possibilities, chest]* powiększ|yć, -ać się, zwiększ|yć, -ać się; (stretch) *[chest, muscles]* napi|ąć, -nać się; *[elastic, rubber band]* rozciąg|nąć, -ać się; **heat makes metals ~** pod wpływem ciepła metale rozszerzają się; **the company is ~ing into overseas markets** przedsiębiorstwo rozszerza działalność na rynki zamorskie; **the company is ~ing into textiles** przedsiębiorstwo rozszerza działalność na tekstylia [2] (relax) *[person]* rozluźni|ć, -ać się; **her face ~ed into a broad smile** na jej twarzy pojawił się szeroki uśmiech
III expanded *pp adj [article, version]* rozwinięty; *[programme, project]* rozbudowany; **~ed plastic** tworzywo sztuczne porowate or spienione; **~ed polystyrene** polistyren piankowy; **~ed metal** Constr siatka metalowa (rozciągana)
■ **expand (up)on: ~ up(on) [sth]** rozwi|jać, -nąć *[topic, theory, aspect]*
expandable /ɪkˈspændəbl/ *adj [waistband]* elastyczny; *[system]* rozszerzalny
expander /ɪkˈspændə(r)/ *n* [1] Telecom ekspandor *m* [2] (also **chest ~**) ekspander *m*
expanding /ɪkˈspændɪŋ/ *adj* [1] (growing) *[market, business, economy, service, sector]* rozwijający się; *[area, town, project]* powiększający się; *[role, population]* rosnący; *[possibilities]* otwierający się; **the ~ universe theory** teoria rozszerzającego się wszechświata [2] *[bracelet]* rozciągający się; **~ file** teczka kartonowa z bokami w harmonijkę
expanse /ɪkˈspæns/ *n* (of land, sky, water) przestrzeń *f*; przestwór *m*, przestworze *n* liter; **she was swathed in an ~ of red silk** spowita była w czerwony jedwab

expansion /ɪk'spænʃn/ *n* [1] (in volume, extent) (of business, trade, economic activity) rozwój *m*; (of output, trade, number) wzrost *m*; (of product range, research) poszerzenie *n*; (of building) rozbudowa *f*; (of book, thesis, argument) rozwinięcie *n*; (territorial, colonial, economic) ekspansja *f*; **~ into new areas of research** rozszerzenie badań na nowe dziedziny; **rate of ~** tempo wzrostu or rozwoju [2] Phys (of gas, metals) rozszerzanie (się) *n* [3] Math (of fraction, expression) rozwinięcie *n* [4] Tech (in engine) rozprężanie (się) *n*

expansionary /ɪk'spænʃənərɪ/ *adj [economy, factor]* ekspansywny

expansion board *n* Comput = **expansion card**

expansion bolt *n* Tech śruba *f* z tulejką rozprężającą; (in mountaineering) nit *m*

expansion card *n* Comput karta *f* rozszerzenia or rozbudowy

expansionism /ɪk'spænʃənɪzəm/ *n* Econ, Pol ekspansjonizm *m*

expansionist /ɪk'spænʃənɪst/ **I** *n* Econ, Pol zwolenni|k *m*, -czka *f* ekspansjonizmu
II *adj* ekspansjonistyczny

expansion joint *n* (joint) złącze *n* przesuwne; (gap) szczelina *f* dylatacyjna

expansion programme *n* program *m* rozwojowy

expansion scheme *n* = **expansion programme**

expansion slot *n* Comput gniazdo *n* rozszerzające, złącze *n* do rozbudowy funkcjonalnej

expansion tank *n* Aut zbiornik *m* rozprężny

expansive /ɪk'spænsɪv/ *adj* [1] (effusive) *[person, mood]* wylewny; *[gesture, smile]* szeroki; *[welcome]* serdeczny [2] (grand, extravagant) *[lifestyle]* wystawny; *[theme, vision]* wspaniały [3] (extensive) *[brow, chest]* szeroki; *[desert, square]* rozległy [4] (extendable) *[gas]* rozszerzalny, rozprężalny; *[cement]* ekspansywny; *[metal]* zwiększający objętość (podczas krzepnięcia); **~ force** siła pęcznienia

expansively /ɪk'spænsɪvlɪ/ *adv* [1] (effusively) *[greet, speak]* wylewnie; *[speak]* serdecznie; *[smile]* szeroko; *[gesture, wave]* energicznie [2] (in detail) *[describe]* szeroko

expansiveness /ɪk'spænsɪvnɪs/ *n* (of person) wylewność *f*; (of landscape) rozległość *f*

expat /ˌeks'pæt/ *n, adj* infml = **expatriate**

expatiate /ɪk'speɪʃɪeɪt/ *vi* rozwodzić się **(on** or **upon sth** nad czymś)

expatriate **I** /ˌeks'pætrɪət/ *n* osoba *f* mieszkająca poza własnym krajem or na obczyźnie; ekspatriant *m* ra
II /ˌeks'pætrɪət/ *adj* **an ~ Pole/Irishman** Polak/Irlandczyk (żyjący) na obczyźnie
III /ˌeks'pætrɪeɪt/ *vt* skaz|ać, -ywać na wygnanie; ekspatriować ra

expect /ɪk'spekt/ **I** *vt* [1] (anticipate) oczekiwać (czegoś), spodziewać się (czegoś) *[event, victory, defeat, trouble]*; **to ~ the worst** być przygotowanym na najgorsze, spodziewać się najgorszego; **we ~ fine weather** powinna być ładna pogoda, należy spodziewać się ładnej pogody; **what did you ~?** czego się spodziewałeś?; **I ~ed as much** tego się spodziewałem; **you knew what to ~** wiedziałeś, czego można się spodziewać; **to ~ sb to do sth** oczekiwać or spodziewać się, że ktoś coś zrobi; **she is ~ed to win** oczekuje się, że ona wygra; **he is ~ed to arrive at six** ma przyjechać o szóstej; **I ~ to lose/to be working late** spodziewam się or sądzę, że przegram/że będę pracować do późna; **I was ~ing to do better** spodziewałem się or oczekiwałem, że lepiej mi pójdzie; **to ~ that...** spodziewać się or oczekiwać, że...; **I ~ (that) I'll lose** spodziewam się, że przegram; pewnie przegram; **it's only to be ~ed that the children should feel homesick** to naturalne, że dzieci tęsknią za domem; **it was hardly to be ~ed that she should agree** trudno było oczekiwać, że się zgodzi; **more/worse than ~ed** więcej/gorzej niż się spodziewano or niż oczekiwano; **not as awful as I had ~ed** nie tak straszny, jak się spodziewałem; **as one might ~, as might be ~ed** jak można było się spodziewać, jak można było oczekiwać [2] (rely on) oczekiwać (czegoś), liczyć na (coś) *[sympathy, help]* **(from sb** ze strony kogoś, od kogoś); **don't ~ any sympathy from me!** nie oczekuj ode mnie współczucia!, nie licz na współczucie z mojej strony!; **I ~ you to be punctual** liczę na to or oczekuję, że będziesz punktualnie [3] (await) spodziewać się (kogoś), oczekiwać (kogoś) *[baby, guest, company]*; **I'm ~ing someone** spodziewam się kogoś, czekam na kogoś; **what time shall we ~ you?** o której (godzinie) możemy się ciebie spodziewać?; **I'll ~ you at eight** czekam na ciebie o ósmej; **to be ~ing a baby/twins** spodziewać się dziecka/bliźniąt; **~ me when you see me** GB nie potrafię powiedzieć, kiedy będę; przyjdę, jak będę infml [4] (require) oczekiwać *[commitment, hard work]* **(from sb** od kogoś, po kimś); **to ~ sb to do sth** wymagać od kogoś zrobienia czegoś; **you will be ~ed to work at weekends** będziesz musiał pracować w weekendy; **I can't be ~ed to know everything!** nie możesz ode mnie wymagać, żebym wszystko wiedział!; **what do you ~ me to do about it?** co według ciebie mam zrobić (w tej sprawie)?; **I ~ to see you there** liczę na to, że cię tam zastanę; **it's too much to ~** to zbyt duże wymagania [5] GB (suppose) przypuszczać, sądzić; **I ~ so** sądzę, że tak; **I don't ~ so** nie sądzę; **I ~ you're tired** pewnie jesteś zmęczony; **I ~ you'd like a bath** pewnie chciałbyś się wykąpać
II *vi* (be pregnant) **to be ~ing** spodziewać się dziecka; być przy nadziei dat
III **expected** *pp adj [guest, letter, attack, reaction, income, price rise, sales]* oczekiwany, spodziewany; **the ~ed $9 million loss** spodziewana strata 9 milionów dolarów

expectancy /ɪk'spektənsɪ/ *n* wyczekiwanie *n*, nadzieja *f*; **he had an air** or **look of ~** widać było, że czegoś wyczekuje; **a feeling of ~** nastrój wyczekiwania; **life ~** średnia długość życia

expectant /ɪk'spektənt/ *adj* [1] *[look, expression]* pełen wyczekiwania; *[crowd]* wyczekujący [2] **~ mother/father** przyszła matka/przyszły ojciec

expectantly /ɪk'spektəntlɪ/ *adv [wait, listen]* niecierpliwie; *[look]* wyczekująco

expectation /ˌekspek'teɪʃn/ *n* [1] (assumption, prediction) oczekiwanie *n*, przewidywanie *n*; **it is my ~ that...** przewiduję or sądzę, że...; **to have ~s of success** spodziewać się sukcesu; **against (contrary to) all ~(s)** wbrew wszelkim oczekiwaniom or przewidywaniom; **the plan succeeded beyond all ~(s)** plan powiódł się or udał się nadspodziewanie; **it's in line with ~s** to jest zgodne z przewidywaniami; **in ~ of war** w przewidywaniu wojny; **in ~ of better times** mając nadzieję or w nadziei na lepsze czasy; **you have been chosen in the ~ that...** zostałeś wybrany w nadziei, że... [2] (aspiration, hope) nadzieja *f* **(of sth** na coś); **~s of inheritance /promotion** nadzieje na spadek/awans; **to come** or **live up to sb's ~s** spełniać czyjeś oczekiwania or nadzieje; **to fall short of sb's ~s** nie spełnić czyichś oczekiwań or nadziei; **I don't want to raise their ~s** nie chcę rozbudzać w nich nadziei; **to have great ~s of sb/sth** wiązać z kimś/czymś wielkie nadzieje; **an atmosphere of ~** atmosfera oczekiwania [3] (requirement, demand) oczekiwanie *n*, wymaganie *n*; **to have certain ~s of sb** mieć określone wymagania w stosunku do kogoś

expectorant /ɪk'spektərənt/ **I** *n* środek *m* wykrztuśny
II *adj* wykrztuśny

expectorate /ɪk'spektəreɪt/ **I** *vt* wykrztu|sić, -szać, odkrztu|sić, -szać
II *vi* odkaszl|nąć, -iwać

expediency /ɪk'spiːdɪənsɪ/ *n* [1] (advisability) względy *m pl* praktyczne *(podyktowane sytuacją)*; **as a matter of ~** ze względów praktycznych [2] (self-interest) własny interes *m*, doraźna korzyść *f*

expedient /ɪk'spiːdɪənt/ **I** *n* środek *m* doraźny; **she got inside by the simple ~ of breaking the window** dostała się do środka, po prostu wybijając szybę
II *adj* [1] (appropriate) celowy, wskazany [2] (advantageous) korzystny, wygodny

expediently /ɪk'spiːdɪəntlɪ/ *adv* w korzystny sposób; **to arrive ~** przybyć w samą porę or w odpowiednim momencie

expedite /'ekspɪdaɪt/ *vt* fml [1] (speed up) przyspiesz|yć, -ać *[operation, process]*; (facilitate) usprawni|ć, -ać *[work]*; ułatwi|ć, -ać *[task]* [2] (finish) szybko za|kończyć *[business]* [3] (send) wy|ekspediować *[data, document]*

expedition /ˌekspɪ'dɪʃn/ *n* [1] (to explore) wyprawa *f*, ekspedycja *f*; **to go/set out on an ~** udać się/wyruszyć na wyprawę [2] (for leisure) wyprawa *f*; **climbing ~** wyprawa w góry, wspinaczka; **hunting /fishing ~** wyprawa na polowanie/na ryby; **sightseeing ~** wycieczka krajoznawcza; **to go on a shopping ~** udać się na zakupy [3] fml (speed) **with ~** szybko, pilnie

expeditionary force /ˌekspɪ'dɪʃənərɪfɔːs/ *n* korpus *m* ekspedycyjny

expeditious /ˌekspɪ'dɪʃəs/ *adj* fml *[action, decision, response]* szybki; *[method, procedure]* sprawny

expeditiously /ˌekspɪ'dɪʃəslɪ/ *adv* fml szybko, sprawnie

expel /ɪk'spel/ *vt* **(***prp, pt, pp* **-ll-)** [1] (force to leave) wydal|ić, -ać *[diplomat, dissident]*; usu|nąć, -wać *[tenant]*; wyrzuc|ić, -ać infml

E

[tenant, member]; wyp|rzeć, -ierać *[enemy]*; wyklucz|yć, -ać *[player, member]*; **to ~ a pupil** (from school) usunąć ucznia; (from classroom) wyrzucić or wyprosić ucznia [2] (discharge) wypu|ścić, -szczać, usu|nąć, -wać *[air, liquid, smoke]*; **take a breath, then ~ the air slowly through the nose** zrób wdech, a następnie powoli wypuść powietrze nosem

expend /ɪk'spend/ *vt* [1] (devote, spend) poświęc|ić, -ać *[time]* **(on sth** na coś); w|łożyć, -kładać *[effort, energy]* **(on sth** w coś); wyda|ć, -wać, wydatkować *[money]* **(on sth** na coś); **to ~ care (on doing sth)** dokładać starań (żeby coś zrobić); **I've ~ed a good deal of time on her/the project** poświęciłem jej/projektowi wiele czasu [2] (use up) zuży|ć, -wać, wyczerp|ać, -ywać *[resources, stocks]*

expendability /ɪkˌspendə'bɪlətɪ/ *n* (worthlessness) zbędność *f*, zbyteczność *f*; **he was aware of his own ~** był świadom tego, że nie jest niezbędny or że można się bez niego obejść

expendable /ɪk'spendəbl/ *adj* [1] Mil *[troops, equipment]* (spisany) na straty fig; **land forces may be ~** siły lądowe można poświęcić [2] (dispensable) zbyteczny, zbędny; **an ~ luxury** zbędny luksus; **he became ~** przestał być niezbędny [3] (disposable) *[container, fuel tank]* jednorazowy; *[equipment, materials]* zużywalny; **~ goods** środki nietrwałe

expenditure /ɪk'spendɪtʃə(r)/ *n* [1] (amount spent) wydatki *m pl*, nakłady *m pl*; **~ on education/defence** wydatki na edukację /obronę; **income and ~** dochody i wydatki; **capital ~** nakłady kapitałowe; **public/consumer ~** wydatki publiczne /na cele konsumpcyjne [2] (in bookkeeping) rozchód *m*; **below the line ~** wydatki na dodatkową działalność [3] (spending) (of energy, time, money) wydatkowanie *n*, nakład *m* **(on sth** na coś); **the ~ of an additional five thousand dollars** wydatkowanie dodatkowo pięciu tysięcy dolarów; **to do sth with minimum ~ of time and energy** zrobić coś przy minimalnym nakładzie czasu i energii; **a useful ~ of time** pożyteczne wykorzystanie czasu

expense /ɪk'spens/ **I** *n* [1] (cost) koszt *m*, nakład *m*; **at vast ~** ogromnym kosztem or nakładem; **at one's own ~** na własny koszt, własnymi nakładami; **at public ~** na koszt państwa; **to go to some ~** ponieść pewne koszty; **to go to the ~ of renting a villa** pozwolić sobie na wynajęcie willi; **to go to great ~, to go to a great deal of ~** wykosztować się **(to do sth** żeby coś zrobić); **to put sb to ~** narazić kogoś na koszty or wydatki; **to spare no ~ (over sth)** nie szczędzić kosztów (na coś); **to do sth, no ~ spared** zrobić coś, nie szczędząc kosztów or nie licząc się z kosztami; **to save oneself the ~ of a hotel** oszczędzić sobie kosztów hotelu; **it's well worth the ~** to jest naprawdę warte tych pieniędzy; **hang the ~!** infml pal sześć pieniądze! infml [2] fig **at the ~ of sb/sth** kosztem kogoś/czegoś *[health, public, safety]*; **they had a good laugh at my ~** dobrze się bawili moim kosztem; **he became successful at the ~ of his ideals** osiągnął sukces kosztem własnych ideałów [3] (cause for expenditure) wydatek *m*; **petrol is a big ~ for me** benzyna to dla mnie duży wydatek; **it's too much of an ~** to zbyt duży wydatek

II expenses *npl* (incidental costs) koszty *m pl*, wydatki *m pl (poniesione w związku z wykonywaną pracą)*; **tax-deductible ~s** koszty odliczane od podatku; **entertainment ~s** koszty poniesione na cele reprezentacyjne; **to cover sb's ~s** *[company, sum]* pokrywać czyjeś wydatki; **to get one's ~s paid** otrzymywać zwrot kosztów; **all ~s paid** *[trip]* w pełni opłacony; **she's going to London, all ~s paid** jedzie do Londynu, mając w pełni opłaconą podróż i pobyt; **to claim ~s** wystąpić o zwrot kosztów; **$400 plus ~s** 400 dolarów plus zwrot poniesionych kosztów; **to put sth on ~s** wliczyć coś w koszty; **the lunch was on ~s** lunch był na koszt firmy; **to fiddle one's ~s** infml kantować przy rozliczaniu wydatków infml

expense account *n* fundusz *m* reprezentacyjny; **to put sth on an ~** przedstawić coś do rozliczenia; **~ dinner** kolacja na koszt firmy

expensive /ɪk'spensɪv/ *adj [car, coat, holiday, investment]* drogi, kosztowny; *[shop, area]* drogi; **~ to maintain** drogi or kosztowny w utrzymaniu; **an ~ lifestyle** wystawne życie; **she has very ~ tastes** podoba się jej wszystko, co drogie; **it's getting ~ to eat out** jadanie w restauracji staje się coraz droższe; **an error like that could prove ~ for him** taki błąd może go wiele kosztować

expensively /ɪk'spensɪvlɪ/ *adv [dine, live]* wystawnie; *[buy]* drogo; *[dress]* kosztownie; **~ furnished** luksusowo wyposażony

expensiveness /ɪk'spensɪvnɪs/ *n* duży koszt *m*, kosztowność *f*

experience /ɪk'spɪərɪəns/ **I** *n* [1] (expertise) doświadczenie *n*; **driving/management /teaching ~** doświadczenie w prowadzeniu pojazdu/w zarządzaniu/pedagogiczne; **from my/his own ~** z własnego doświadczenia; **to know sth from ~** znać coś z doświadczenia; **she knew from bitter ~ that...** gorzkie doświadczenie nauczyło ją, że...; **to speak/judge from ~** mówić /sądzić na podstawie własnego doświadczenia; **in my ~, such promises mean nothing** wiem z doświadczenia, że takie obietnice nic nie znaczą; **in all my 20 years' ~ as headmistress, I've never seen anything like it** od 20 lat jestem dyrektorką szkoły, a nigdy z czymś takim się nie spotkałam; **to learn by ~** uczyć się poprzez praktykę; **to have ~ of sth** mieć doświadczenie w czymś; **to have ~ with children/animals** potrafić zajmować się dziećmi/zwierzętami, mieć doświadczenie w zajmowaniu się dziećmi/zwierzętami; **to have ~ (in working) with computers** mieć doświadczenie w obsłudze komputera; **to acquire** or **gain ~** nabyć doświadczenia, zdobyć doświadczenie; **'no previous ~ required'** (in ad) „doświadczenie nie jest konieczne"; **'~ of computers an advantage'** (in ad) „pożądana umiejętność obsługi komputera" [2] (incident) doświadczenie *n*, przeżycie *n*, doznanie *n*; **a pleasant /painful ~** przyjemne/bolesne doświadczenie or przeżycie; **a religious/spiritual ~** przeżycie or doznanie religijne/duchowe; **to have** or **go through a new ~** doświadczyć czegoś nowego; **a world tour: the ~ of a lifetime!** podróż dookoła świata: przygoda życia!; **that was quite an ~!** co za przeżycie!

II *vt* [1] (undergo) doświadcz|yć, -ać (czegoś) *[misfortune, ill-treatment, kindness]*; pon|ieść, -osić *[loss]*; dozna|ć, -wać *[defeat]*; mieć, przeży|ć, -wać *[problems, difficulties]*; prze|jść, -chodzić, ule|c, -gać (czemuś) *[change]*; **to ~ sth personally** or **at first hand** doświadczyć czegoś osobiście [2] (feel) doświadcz|yć, -ać, dozna|ć, -wać, po|czuć *[emotion, sensation, physical pleasure]*

experienced /ɪk'spɪərɪənst/ *adj [worker, professional]* doświadczony; *[diplomat, politician]* wytrawny; **he ran an ~ eye over the horse** obejrzał konia fachowym okiem; **you're not ~ enough for this job** nie masz wystarczającego doświadczenia, żeby wykonywać tę pracę; **to be ~ in** or **at sth** mieć doświadczenie w czymś; **to be ~ in working with computers** mieć doświadczenie w obsłudze komputera

experiment /ɪk'sperɪmənt/ **I** *n* [1] (test) doświadczenie *n*, eksperyment *m*; **~s on animals** doświadczenia na zwierzętach; **~s on the effectiveness of a new drug** badanie skuteczności nowego leku; **~s in chemistry/nuclear physics** doświadczenia w dziedzinie chemii/fizyki jądrowej; **to conduct** or **carry out an ~** przeprowadzić or zrobić doświadczenie or eksperyment; **as an ~, by way of ~** jako eksperyment, tytułem próby, na próbę [2] (original attempt) eksperyment *m*; **a theatrical ~** eksperyment teatralny

II *vi* przeprowadz|ić, -ać doświadczenia, eksperymentować **(on sb/sth** na kimś /czymś); **to ~ with sth** próbować czegoś *[method, drug]*

experimental /ɪkˌsperɪ'mentl/ *adj [science, research, animal, psychology]* doświadczalny; *[laboratory]* badawczy; *[season, week]* próbny; *[design, music, theatre]* eksperymentalny; *[novelist, novel]* awangardowy, nowatorski; **in the ~ stage** w fazie prób or doświadczeń

experimentally /ɪkˌsperɪ'mentəlɪ/ *adv [establish, test]* doświadczalnie; *[lick, nibble, touch]* na próbę

experimentation /ɪkˌsperɪmen'teɪʃn/ *n* [1] (use of experiments) eksperymentowanie *n*; Sci przeprowadzanie *n* doświadczeń [2] (experiment) doświadczenia *n pl*, eksperymenty *m pl*; **recent ~** ostatnie doświadczenia; **animal ~** doświadczenia na zwierzętach

expert /'ekspɜːt/ **I** *n* specjalist|a *m*, -ka *f*, ekspert *m*; Jur ekspert *m*, biegły *m*, rzeczoznawca *m*; (at practical skills) fachowiec *m*; **an ~ in computer science** specjalista or ekspert w zakresie informatyki; **an ~ on medieval music** znawca muzyki średniowiecznej; **an ~ at (repairing) old clocks** specjalista or fachowiec od (naprawy) starych zegarów; **financial/economic ~**

ekspert w zakresie or z zakresu finansów /ekonomii; **forensic ~** biegły medycyny sądowej; **to ask the ~s** poradzić się specjalistów, zasięgnąć fachowej rady; **don't ask me, you're the ~!** mnie się nie pytaj, to ty się podobno na tym znasz! **II** *adj [knowledge]* specjalistyczny, fachowy; *[opinion, advice]* fachowy; *[professional]* wytrawny, biegły; **an ~ cook** mistrz sztuki kulinarnej; **to be ~ at sth/at doing sth** radzić sobie doskonale z czymś/z robieniem czegoś; **to do sth with ~ skill** or **touch** robić coś z wielką wprawą; **to cast an ~ eye over sth** rzucić na coś fachowym okiem or okiem fachowca

expertise /ˌekspɜːˈtiːz/ *n* (skill) biegłość *f*; kompetencje *plt* **(in sth** w dziedzinie czegoś); (knowledge) znajomość *f* **(in sth** czegoś); znawstwo *n* **(in sth** w dziedzinie czegoś); (practical) wprawa *f*; **his marketing ~** jego znajomość marketingu; **her ~ in the field of literary criticism** jej znawstwo w dziedzinie krytyki literackiej; **I admired the ~ with which he prepared the meal** podziwiałem, z jaką wprawą przygotowywał posiłek; **to have /lack the ~ to do sth** mieć wprawę/nie mieć wprawy w robieniu czegoś

expertly /ˈekspɜːtlɪ/ *adv [drive, steer, avoid]* umiejętnie, wprawnie; *[constructed, presented]* fachowo; *[cook, paint, play]* z dużą wprawą

experts report *n* ekspertyza *f*

expert system *n* Comput system *m* ekspertowy or ekspercki

expert witness *n* Jur biegły *m* sądowy; **to call an ~** powołać biegłego na świadka

expiate /ˈekspɪeɪt/ *vt* odkup|ić, -ywać *[sin, guilt, crime]*; napraw|ić, -ać *[fault]*

expiation /ˌekspɪˈeɪʃn/ *n* (of crime, guilt, sin) odkupienie *n*; ekspiacja *f* liter; (of fault) naprawienie *n*; **in ~ of his sins** jako pokuta za grzechy, na znak skruchy; **he bought her flowers in ~ for** or **of his guilt** kupił jej kwiaty, żeby zmazać swą winę

expiatory /ˈekspɪətərɪ, US -tɔːrɪ/ *adj [gesture, action]* wyrażający skruchę; *[prayer]* ekspiacyjny; **he brought her an ~ gift of flowers** na przeprosiny przyniósł jej kwiaty

expiration /ˌekspɪˈreɪʃn/ *n* [1] (termination) (of treaty, contract, visa) wygaśnięcie *n*; (of current year) upływ *m*; (of term of office) zakończenie *n* [2] (exhalation) (by plants) oddychanie *n*; (of breath) wydech *m*; Ling ekspiracja *f* [3] arch (death) zgon *m*

expiration date *n* = **expiry date**

expire /ɪkˈspaɪə(r)/ *vi* [1] (end) *[document, licence]* s|tracić ważność; *[lease, contract, fire]* wygas|nąć, -ać; *[period, deadline, term of office]* upły|nąć, -wać, mi|nąć, -jać; **my passport has ~d** mój paszport stracił ważność [2] (exhale) *[person, animal]* wypu|ścić, -szczać powietrze (z płuc); *[plant]* oddychać [3] (die) *[person, animal]* arch or hum wyzionąć ducha dat or hum; *[theatre show]* paść infml

expiry /ɪkˈspaɪərɪ/ *n* (of contract, lease) wygaśnięcie *n*; (of passport, licence) utrata *f* ważności; (of time limit, mandate) koniec *m*

expiry date *n* (of passport, credit card) data *f* ważności; (of library book) termin *m* zwrotu; (of contract) data *f* wygaśnięcia; (of loan) termin *m* spłaty; (of perishable item) data *f* przydatności do spożycia

explain /ɪkˈspleɪn/ **I** *vt* wyjaśni|ć, -ać, wy|tłumaczyć; **to ~ sth to sb** wyjaśnić or wytłumaczyć komuś coś; **she ~ed to us how it had happened/why she had done it** wyjaśniła or wytłumaczyła nam, jak to się stało/dlaczego to zrobiła; **'it's like this,' he ~ed** „to jest tak", wyjaśniał; **how can you ~ the fact that...?** jak możesz wyjaśnić or wytłumaczyć fakt, że...; **that ~s it!, that ~s everything!** to wszystko wyjaśnia!, teraz wszystko jasne!; **I ~ed that I'd been delayed** wytłumaczyłem or wyjaśniłem, że coś mnie zatrzymało

II *vi* wyjaśni|ć, -ać, wy|tłumaczyć; **if you'd just let me ~** pozwól mi wyjaśnić or wytłumaczyć; **he's got some ~ing to do** będzie się musiał nieźle tłumaczyć

III *vr* **to ~ oneself** wy|tłumaczyć się; **please ~ yourself more clearly** postaraj się mówić jaśniej, powiedz jasno, o co ci chodzi; **you're late, ~ yourself!** spóźniłeś się, wytłumacz się!

■ **explain away**: **~ away [sth], ~ [sth] away** usprawiedliwi|ć, -ać *[mistake, poor results]*; wyjaśni|ć, -ać *[fact, problem]*; uzasadni|ć, -ać *[attitude, result]*

explainable /ɪkˈspleɪnəbl/ *adj* wytłumaczalny; **it is (easily) ~** to można (łatwo) wyjaśnić or wytłumaczyć

explanation /ˌekspləˈneɪʃn/ *n* (reason) wyjaśnienie *n*, wytłumaczenie *n* **(of sth** czegoś); (description) objaśnienie *n* **(of sth** czegoś); **an ~ for sth** wyjaśnienie czegoś or dla czegoś; **to accept sb's ~ that...** przyjąć wyjaśnienie kogoś, że...; **by way of ~, in ~** tytułem wyjaśnienia; gwoli wyjaśnienia dat; **I demand an ~** żądam wyjaśnienia; **it needs no ~** tego nie trzeba tłumaczyć or wyjaśniać; **what have you to say in ~ of your conduct?** co masz na usprawiedliwienie swego zachowania?, jak wyjaśnisz swoje zachowanie?; **there must be an ~ for it** musi być jakieś wyjaśnienie or wytłumaczenie (tego)

explanatory /ɪkˈsplænətrɪ, US -tɔːrɪ/ *adj [leaflet, film, diagram]* objaśniający; *[letter, statement]* wyjaśniający; **~ notes** objaśnienia

expletive /ɪkˈspliːtɪv, US ˈeksplətɪv/ **I** *n* fml [1] (exclamation) wykrzyknik *m*; euph (swearword) przekleństwo *n*, wyraz *m* niecenzuralny [2] Ling wyraz *m* pusty

II *adj* uzupełniający, dopełniający

explicable /ɪkˈsplɪkəbl, ˈek-/ *adj* wytłumaczalny; **for no ~ reason** z niewytłumaczalnego powodu; **to be ~ in terms** or **in the light of sth** znajdować wytłumaczenie w kontekście or w świetle czegoś

explicate /ˈeksplɪkeɪt/ *vt* fml objaśni|ć, -ać, wy|łożyć, -kładać; eksplikować fml

explication /ˌeksplɪˈkeɪʃən/ *n* fml objaśnienie *n*; eksplikacja *f* fml

explicit /ɪkˈsplɪsɪt/ *adj* [1] (precise) *[order, prohibition, intention, contrast]* wyraźny; *[terms, instructions, reasons]* jasny; *[contract, plan]* jasno sprecyzowany; **she was quite ~ on this point** jasno przedstawiła swoje stanowisko w tej sprawie [2] (open) *[denial, refutation]* jednoznaczny; *[criticism]* jawny; *[support, opposition, declaration]* zdecydowany; **to be ~ about sth** mówić otwarcie o czymś [3] (sexually) niedwuznaczny; **he described it in ~ detail** opisał to z wszystkimi szczegółami or graficznie [4] Math *[function]* jawny

explicitly /ɪkˈsplɪsɪtlɪ/ *adv [warn, forbid, show, mention]* wyraźnie; *[deny, order]* kategorycznie, stanowczo; *[admit]* otwarcie, wprost; *[violent, sadistic]* jawnie

explode /ɪkˈspləʊd/ **I** *vt* [1] odpal|ić, -ać, s|powodować wybuch (czegoś) *[bomb]* [2] fig obal|ić, -ać *[argument, myth, theory]*; zaprzecz|yć, -ać (czemuś), przeczyć (czemuś) *[rumour]*

II *vi* [1] *[bomb, boiler, container, aircraft, gas]* wybuch|nąć, -ać, eksplodować; *[building, vehicle]* wyl|ecieć, -atywać w powietrze; *[thunder]* za|grzmieć [2] fig *[person]* (with anger) wybuch|nąć, -ać; *[controversy]* wybuch|nąć, -ać; *[issue]* nab|rać, -ierać rozgłosu; **to ~ in** or **with anger** wpaść w gniew, wybuchnąć gniewem; **to ~ with laughter** or **into giggles** wybuchnąć śmiechem; **the streets ~d into life** na ulicach zapanowało gwałtowne ożywienie; **the country ~d into civil war** w kraju wybuchła wojna domowa; **the meeting ~d into violent rioting** mityng przerodził się w gwałtowne zamieszki [3] fig (increase) *[population, birthrate, cost]* gwałtownie wzr|osnąć, -astać [4] fig (break out) *[sun]* rozbłys|nąć, -kiwać; *[buds]* pęk|nąć, -ać; **they ~d onto the rock music scene in 1977** zdobyli przebojem scenę rockową w roku 1977

E

exploded diagram *n* Tech rysunek *m* or widok *m* zespołu rozebranego *(pokazujący wzajemne położenie części)*; Ling wykres *m* rozczłonowany

exploded view *n* = **exploded diagram**

exploding star *n* gwiazda *f* zmienna

exploit **I** /ˈeksplɔɪt/ *n* wyczyn *m*; **amorous ~s** podboje miłosne

II /ɪkˈsplɔɪt/ *vt* [1] (use) wykorzyst|ać, -ywać *[talent, energy]*; wy|eksploatować *[resources]* [2] pej (use unfairly) wyzysk|ać, -iwać *[workers]*; wykorzyst|ać, -ywać *[opportunity, weakness, trust, friend]*

exploitable /ɪkˈsplɔɪtəbl/ *adj [worker, talents, contacts]* przydatny; *[sources of energy]* do wykorzystania; *[land, minerals]* nadający się do eksploatacji

exploitation /ˌeksplɔɪˈteɪʃn/ *n* (of talent, weakness, people) wykorzystywanie *n*; (unfair) wyzysk *m*; (of resources) eksploatacja *f*, eksploatowanie *n*

exploitative /ɪkˈsplɔɪtətɪv/ *adj* pej *[system]* oparty na wyzysku; *[organization, firm]* eksploatujący pracowników

exploration /ˌekspləˈreɪʃn/ *n* [1] (of place, region, space) badanie *n*, eksploracja *f*, rozpoznanie *n*; (of subject) zgłębianie *n*; (for resources) poszukiwanie *n*; **a voyage of ~** wyprawa odkrywcza; **we set off on an ~ of the village** ruszyliśmy zwiedzać miasteczko [2] Med badanie *n*, eksploracja *f*

exploratory /ɪkˈsplɒrətrɪ, US -tɔːrɪ/ *adj* [1] (investigative) *[expedition]* badawczy, eksploracyjny; *[excavations]* rozpoznawczy

[2] (preliminary) *[talks, discussion]* wstępny, przygotowawczy [3] Med *[surgery]* eksploracyjny; *[tests]* rozpoznawczy
explore /ɪkˈsplɔː(r)/ **I** *vt* [1] (investigate) z|badać *[possibility, suggestion, topic]*; zgłębi|ć, -ać *[problem]* [2] (travel through) z|badać, s|penetrować *[territory, jungle]*; zwiedz|ić, -ać *[town]*; **a few hours to ~ the city** kilka godzin na zwiedzenie miasta [3] Med z|badać
II *vi* (investigate) z|badać; (search) prze|prowadzić poszukiwania; **to ~ for oil** prowadzić poszukiwania ropy; **what's over there? let's go and ~** co tam jest? chodźmy zobaczyć
explorer /ɪkˈsplɔːrə(r)/ *n* [1] badacz *m*, -ka *f*, eksplorator *m* [2] Comput eksplorator *m*
explosion /ɪkˈspləʊʒn/ *n* [1] (of bomb, boiler, gas, dynamite) wybuch *m*, eksplozja *f*; **to hear an ~** usłyszeć wybuch or eksplozję or detonację [2] fig (of mirth, rage) wybuch *m*; (of price, activity) gwałtowny wzrost *m*; (of group, movement) gwałtowny rozkwit *m*; (of colour, light) eksplozja *f*, feeria *f*; **a population ~** eksplozja demograficzna; **an ~ in student numbers** gwałtowny wzrost liczby studentów
explosive /ɪkˈspləʊsɪv/ **I** *n* [1] materiał *m* wybuchowy [2] Ling = **plosive**
II *adj* [1] *[substance, mixture, charge]* wybuchowy; **~ force** or **power** siła wybuchu; **an ~ device** bomba [2] fig *[temper]* wybuchowy; *[situation, issue]* zapalny; *[violence, growth]* gwałtowny [3] Ling = **plosive**
exponent /ɪkˈspəʊnənt/ *n* [1] (of idea, policy) propagator *m*, -ka *f* [2] (of art style) przedstawiciel *m*, -ka *f*; (of artform, instrument, sport) adept *m*, -ka *f* [3] Math wykładnik *m* potęgi
exponential /ˌekspəʊˈnenʃl/ *adj* Math wykładniczy; fig *[growth, decay]* gwałtowny
exponentially /ˌekspəʊˈnenʃəlɪ/ *adv* Math wykładniczo; fig *[grow, rise]* w postępie geometrycznym fig
export **I** /ˈekspɔːt/ *n* [1] (activity) eksport *m*, wywóz *m* **(of sth** czegoś**)**; **for ~ only** wyłącznie na eksport [2] (commodity) towar *m* or produkt *m* eksportowy; **visible and invisible ~s** eksport widzialny i niewidzialny or towarowy i pozatowarowy; **a ban on ~s** zakaz eksportu or wywozu; **~s exceeded imports** eksport był wyższy od importu; **it's our best known ~** to nasz najlepszy produkt eksportowy also fig
II *modif [beer, market, production]* eksportowy
III /ɪkˈspɔːt/ *vt* [1] wy|eksportować *[goods, services]*; **to ~ new technologies from developed countries/to developing countries** eksportować nowe technologie z krajów rozwiniętych/do krajów rozwijających się [2] rozpowszechni|ć, -ać, szerzyć *[ideas]*; szerzyć *[culture]* [3] Comput wys|łać, -yłać, eksportować *[file]*
IV /ɪkˈspɔːt/ *vi* eksportować; **to ~ to many countries** eksportować do wielu krajów
exportable /ɪkˈspɔːtəbl/ *adj* znajdujący popyt na obcych rynkach
export agent *n* agent *m* eksportowy
exportation /ˌekspɔːˈteɪʃn/ *n* eksport *m*, wywóz *m*
export control *n* reglamentacja *f* eksportu
export credit *n* kredyt *m* eksportowy
export drive *n* kampania *f* proeksportowa
export duty *n* cło *n* wywozowe
export earnings *npl* wpływy *plt* z eksportu
exporter /ɪkˈspɔːtə(r)/ *n* eksporter *m*; **the leading ~ of cars** czołowy eksporter samochodów
export finance *n* finansowanie *n* eksportu
export-import company /ˌekspɔːtˈɪmpɔːtˌkʌmpənɪ/ *n* przedsiębiorstwo *n* handlu zagranicznego
export licence *n* licencja *f* eksportowa
export manager *n* kierownik *m* działu eksportu
export market *n* rynek *m* eksportowy
export-orientated /ˌekspɔːtˈɔːrɪenteɪtɪd/ *adj* GB proeksportowy, nastawiony na eksport
export-oriented /ˈekspɔːtˈɔːrɪəntɪd/ *adj* US = **export-orientated**
export reject *n* odrzut *m* z eksportu
export trade *n* handel *m* eksportowy
expose /ɪkˈspəʊz/ **I** *vt* [1] (display) odsł|onić, -aniać *[body, skin]*; obnaż|yć, -ać *[teeth]*; (provocatively) obnaż|yć, -ać *[chest, thighs]* [2] (make public) ujawni|ć, -ać *[secret, fact, scandal, identity, inefficiency]*; z|demaskować *[person, lie, duplicity]*; **to ~ sb as a spy** zdemaskować kogoś jako szpiega; **to ~ sb for what they are** pokazać, kim ktoś jest naprawdę [3] (uncover, exhibit) odsł|onić, -aniać *[fossil, rock, wire]*; odkry|ć, -wać *[contents, inside]*; obnaż|yć, -ać *[wound, nerve]*; ukaz|ać, -ywać *[dirt, contents]*; **the shop lacks space to ~ all goods** w sklepie jest zbyt mało miejsca, żeby wyłożyć wszystkie towary; **to ~ the inside of the palace to the public** udostępnić wnętrza pałacu publiczności; **to ~ sth to public view** wystawić coś na widok publiczny [4] (make vulnerable) **to ~ sb/sth to sth** nara|zić, -żać kogoś/coś na coś *[danger, ridicule, infection, temperature]*; wystawi|ć, -ać kogoś/coś na działanie czegoś *[rain, heat, sunshine]*; wystawi|ć, -ać kogoś/coś na coś *[temptation]*; **'do not ~ to heat/damp/sunlight'** (on labels) „chronić przed wysoką temperaturą /wilgocią/światłem słonecznym" [5] (introduce to) **to ~ sb to sth** wprowadz|ić, -ać kogoś w arkana czegoś *[opera, politics]*; wystawi|ć, -ać kogoś na coś *[influence, effect]*; **to be ~d to sth** doświadczyć or zaznać czegoś *[grief, effect, reality]*; stać się obiektem czegoś *[attention, press coverage]*; mieć kontakt z czymś *[education, music, spoken English]* [6] Phot naświetl|ić, -ać *[film]* [7] Antiq (abandon) porzuc|ić, -ać (kogoś) na pastwę losu *[child]*
II *vr* **to ~ oneself** [1] (exhibit one's body) obnaż|yć, -ać się [2] (make oneself vulnerable) narażać się **(to sth** na coś**)**
exposé /ekˈspəʊzeɪ, USˌekspəˈzeɪ/ *n* [1] (exposure) (in newspaper) publikacja *f* demaskatorska, artykuł *m* demaskatorski; (on radio, TV) program *m* demaskatorski; **an ~ of sth** publikacja ujawniająca/program ujawniający coś [2] (résumé) omówienie *n*
exposed /ɪkˈspəʊzd/ *adj* [1] (displayed for viewing) *[part of body, nerve]* obnażony; *[wire, beam]* odkryty [2] (unsheltered) *[hillside]* odkryty; *[position, flank]* Mil odsłonięty [3] Phot *[film]* naświetlony
exposition /ˌekspəˈzɪʃn/ *n* [1] (explanation) naświetlenie *n*; (presentation) przedstawienie *n*; Literat, Mus ekspozycja *f* [2] (exhibition) ekspozycja *f*, wystawa *f*; Relig wystawienie *n* Najświętszego Sakramentu
expostulate /ɪkˈspɒstjʊleɪt/ fml **I** *vt* **'no,' he ~d** „nie", stanowczo zaoponował or ostro zaprotestował
II *vi* (remonstrate) wykładać własne racje; **to ~ with sb (about sth)** (argue) spierać się z kimś (o coś), dyskutować z kimś (o czymś); (chide) wymawiać or wypominać or wyrzucać komuś coś
expostulation /ɪkˌspɒstjʊˈleɪʃn/ *n* fml wymówki *f pl*, przestrogi *f pl*
exposure /ɪkˈspəʊʒə(r)/ *n* [1] (disclosure) (of secret, crime) ujawnienie *n*; (of person) zdemaskowanie *n*; **to threaten sb with ~** grozić komuś zdemaskowaniem; **his ~ as a drug dealer** zdemaskowanie go jako handlarza narkotyków [2] (contact) **~ to sth** wystawienie na działanie czegoś *[light, sun, radiation]*; narażenie na coś *[danger, temptation, stress]*; kontakt z czymś *[art, ideas, politics]*; **prolonged ~ to the sun may cause skin cancer** zbyt długie opalanie może powodować raka skóry; **~ to other cultures** obcowanie z innymi kulturami; **they've had minimal ~ to computers** mają minimalne doświadczenie w pracy na komputerze [3] Med **to die of ~** umrzeć z powodu nadmiernego wyziębienia organizmu; umrzeć z zimna infml; **to suffer from ~** mieć objawy hipotermii or ogólnego wyziębienia organizmu [4] Journ, Radio, TV publicity *n inv*; (of scandal) nagłośnienie *n*; **film stars get a lot of press ~** gwiazdom filmowym poświęca się wiele miejsca w mediach [5] (orientation) wystawa *f*, ekspozycja *f*; **a house with a southern ~** dom z wystawą or ekspozycją południową [6] (of part of body) obnażenie *n*; **indecent ~** obnażenie się (w miejscu publicznym) [7] Phot (amount of light) naświetlenie *n*, ekspozycja *f*; (picture) ujęcie *n*; **a 24 ~ film** film 24-klatkowy [8] Fin, Insur ryzyko *n*
exposure meter *n* Phot światłomierz *m*
exposure time *n* Phot czas *m* naświetlania
expound /ɪkˈspaʊnd/ **I** *vt* objaśni|ć, -ać, wy|łożyć, -kładać *[views, theory]*; dokon|ać, -ywać wykładni (czegoś) *[law]*
II *vi* rozprawiać **(about** or **on sth** o czymś**)**
ex-president /ˌeksˈprezɪdənt/ *n* były prezydent *m*, eks-prezydent *m*
express /ɪkˈspres/ **I** *n* (train) ekspres *m*, pociąg *m* ekspresowy; (bus) autobus *m* ekspresowy
II *adj* [1] (rapid) *[letter, bus, train, delivery]* ekspresowy; *[goods]* dostarczany ekspresowo [2] fml (explicit) *[instruction, order, wish]* wyraźny; *[promise]* solenny fml; **I left ~ instructions not to admit anyone** wydałem wyraźne instrukcje, żeby nikogo nie wpuszczać; **on the ~ condition that...** jedynie pod tym warunkiem, że...; **I came here with the ~ purpose of seeing you** przyszedłem tu specjalnie po to, żeby się z tobą zobaczyć
III *adv* **to send sth ~** Post wysłać coś ekspresem; **to deliver sth ~** dostarczyć coś ekspresowo

IV *vt* [1] (in words) wyra|zić, -żać *[view, surprise]*; **to ~ anxiety about sth** wyrazić niepokój z powodu czegoś; **I can hardly ~ my gratitude** nie wiem, jak mam wyrazić mą wdzięczność; brak mi słów, żeby wyrazić mą wdzięczność; **words cannot ~ how I felt** słowami nie da się wyrazić, jak się czułem [2] (without words) *[face, look]* wyra|zić, -żać *[grief, fear]*; *[person]* da|ć, -wać wyraz (czemuś) *[disappointment, anger]*; **his music ~es a deep feeling of grief** jego muzyka wyraża uczucie głębokiego smutku [3] Math wyra|zić, -żać *[number, quantity]*; **to ~ sth as a percentage** wyrazić coś w procentach or jako odsetek [4] (squeeze out) wycis|nąć, -kać *[fluid]* [5] Post wys|łać, -yłać (coś) ekspresem *[letter, parcel]*

V *vr* **to ~ oneself** wyrażać się; **to ~ oneself in English** wysławiać się po angielsku; **to ~ oneself in music** wypowiadać się w muzyce

expressage /ɪk'spresɪdʒ/ *n* US Comm fracht *m* przyśpieszony

expression /ɪk'spreʃn/ *n* [1] (phrase) wyrażenie *n*, zwrot *m*; **a fixed ~** utarty zwrot; **if you'll pardon the ~** przepraszam za wyrażenie infml; uczciwszy uszy dat or hum [2] (look) wyraz *m* twarzy, mina *f*; **from her ~ I knew that something had happened** po jej minie poznałem, że coś się stało; **there was a puzzled ~ on her face** na jej twarzy malowało się zdumienie; **not a flicker of ~ crossed her face** zachowała obojętny wyraz twarzy, z jej twarzy nie można było nic wyczytać [3] (utterance) wyrażenie *n*; (manifestation) wyraz *m*; **freedom of ~** wolność słowa; **beautiful beyond ~** nad wyraz or nieopisanie piękny; **to give ~ to one's feelings/fears** dać wyraz uczuciom/obawom, wyrazić uczucia/obawy; **riots are an ~ of social unrest** zamieszki są wyrazem niepokojów społecznych; **her artistic talents found their ~ in music** jej talent artystyczny znalazł wyraz w muzyce [4] (feeling) ekspresja *f*, wyraz *m*; **put some ~ into your playing** graj z większą ekspresją; **to read with ~** czytać tonem pełnym ekspresji or wyrazu [5] Math wyrażenie *n*

expressionism /ɪk'spreʃənɪzəm/ *n* ekspresjonizm *m*

expressionist /ɪk'spreʃənɪst/ **I** *n* ekspresjonista *m*

II *adj* ekspresjonistyczny

expressionless /ɪk'spreʃnlɪs/ *adj [face, eyes, voice, playing]* pozbawiony wyrazu; **he remained ~ throughout the interview** przez całą rozmowę zachował kamienny wyraz twarzy

expression mark *n* Mus oznaczenie *n* interpretacyjne

expressive /ɪk'spresɪv/ *adj [eyes, face, gesture]* pełen wyrazu or ekspresji; *[language, portrait]* ekspresywny, ekspresyjny; **to be ~ of sth** wyrażać coś; **~ ability** or **powers** Ling zdolność wysławiania się

expressively /ɪk'spresɪvlɪ/ *adv* w sposób pełen wyrazu or ekspresji

expressiveness /ɪk'spresɪvnɪs/ *n* (of work of art, performance) ekspresyjność *f*; (of words) siła *f* wyrazu; (of gesture) wyrazistość *f*

expressivity /ɪkˌspre'sɪvətɪ/ *n* [1] (of style, picture) ekspresywność *f*, siła *f* ekspresji [2] Biol ekspresywność *f*

expressly /ɪk'spreslɪ/ *adv* [1] (explicitly) *[order, request, prohibit]* kategorycznie; *[promise]* solennie fml; *[ask, tell]* wyraźnie [2] (specifically) *[designed, intended]* specjalnie

express rifle *n* strzelba *f* szybkostrzelna *(na grubego zwierza)*

expressway /ɪk'spresweɪ/ *n* US Transp autostrada *f*

expropriate /ˌeks'prəʊprɪeɪt/ *vt* [1] Jur wywłaszcz|yć, -ać *[owner, land, assets]*; **to ~ land from sb, to ~ sb from land** wywłaszczyć ziemię kogoś [2] hum (steal) przywłaszcz|yć, -ać sobie euph *[money, ideas]*

expropriation /ˌeksˌprəʊprɪ'eɪʃn/ *n* wywłaszczenie *n*; ekspropriacja *f* fml

expulsion /ɪk'spʌlʃn/ *n* (of diplomat, pupil, alien) wydalenie *n*; (of member, player) wykluczenie *n*; (of gas, liquid) wypuszczenie *n*; **~ of breath** wydech

expunge /ɪk'spʌndʒ/ *vt* fml wykreśl|ić, -ać, wymaz|ać, -ywać **(from sth** z czegoś**)**; **to ~ sth from one's memory** fig wymazać coś z pamięci; **to ~ a town from the face of the earth** fig zmieść miasto z powierzchni ziemi

expurgate /'ekspəgeɪt/ *vt* usu|nąć, -wać niektóre ustępy z (czegoś) *[book, text] (ze względów obyczajowych)*; **I've read the article in an ~d version** artykuł czytałem tylko w wersji okrojonej or ocenzurowanej

exquisite /'ekskwɪzɪt, ɪk'skwɪzɪt/ *adj* [1] (lovely, perfect) *[face]* piękny, cudowny; *[beauty, charm]* niespotykany, wyjątkowy; *[complexion, features, manner]* nieskazitelny; *[politeness, taste]* wyszukany; *[irony, wit, revenge]* wyrafinowany; *[object]* cudny; *[smell]* cudowny; *[taste, meal]* wyśmienity, wyborny; **she looked ~** wyglądała przepięknie or cudownie; **of ~ craftsmanship** kunsztownej roboty [2] (intense) *[pain]* dotkliwy; *[pleasure, joy]* wyjątkowy, niekłamany; *[relief]* ogromny

exquisitely /ek'skwɪzɪtlɪ/ *adv* [1] (perfectly) *[dressed]* nienagannie; *[decorated]* przepięknie, cudownie; *[carved]* kunsztownie; *[timed, judged]* doskonale; *[polite, tactful]* niezwykle; *[beautiful, smooth]* wyjątkowo; *[smell]* cudownie; *[taste]* wybornie [2] (intensely) *[sensitive, relieved, happy]* niezmiernie

ex-serviceman /ˌeks'sɜːvɪsmən/ *n* (*pl* **-men**) były wojskowy *m*

ex-servicewoman /ˌeks'sɜːvɪswʊmən/ *n* (*pl* **-women**) kobieta *f* były wojskowy

ext Telecom = **extension** (numer *m*) wewnętrzny *m*, w.

extant /ek'stænt, US 'ekstənt/ *adj* (surviving) pozostały, ocalały; (currently existing) istniejący

extemporaneous /ɪkˌstempə'reɪnɪəs/ *adj* (za)improwizowany

extemporary /ɪks'tempərərɪ/ *adj* = **extemporaneous**

extempore /ek'stempərɪ/ **I** *adj* (za)improwizowany

II *adv* bez przygotowania

extemporize /ɪk'stempəraɪz/ *vi* improwizować

extend /ɪk'stend/ **I** *vt* [1] (enlarge) rozbudo|wać, -ywać, powiększ|yć, -ać *[building, factory]*; przedłuż|yć, -ać *[road, runway]*; poszerz|yć, -ać *[knowledge, research, study, circle of friends, range, scope]*; wzbogac|ić, -ać *[vocabulary]*; rozszerz|yć, -ać *[influence, research, study, range, scope, empire]*; zwiększ|yć, -ać *[clientele, powers]*; **the service has been ~ed to the suburbs** linia została przedłużona do dzielnic podmiejskich; **the list has been ~ed to include new members** lista została rozszerzona o nowych członków [2] (prolong) przedłuż|yć, -ać; **the deadline was ~ed by six months** termin został przedłużony o sześć miesięcy [3] (stretch) wyciąg|nąć, -ać *[limbs, neck]*; rozpo|strzeć, -ścierać *[wings]*; rozciąg|nąć, -ać *[rope, wire]*; **she ~ed her hand to greet him** wyciągnęła do niego rękę na powitanie [4] fml (offer) złożyć, składać *[congratulations, condolences]*; udziel|ić, -ać (czegoś) *[help, hospitality, credit, loan]*; **to ~ an invitation to sb** zaprosić kogoś; wystosować zaproszenie do kogoś fml; **to ~ a warm welcome to sb** serdecznie kogoś powitać, zgotować komuś serdeczne powitanie [5] (strain) zmu|sić, -szać do wysiłku *[pupil, racehorse]*; wytęż|yć, -ać *[strength, intelligence]*; **to ~ oneself** wysilać się [6] Acct przen|ieść, -osić *[balance, total]*

II *vi* [1] (stretch) *[beach, desert]* rozciągać się, rozpościerać się; *[fence, road]* ciągnąć się; **their empire ~ed over the whole of the Mediterranean** ich imperium obejmowało cały basen Morza Śródziemnego; **the motorway network ~s over the whole of England** sieć autostrad pokrywa całą Anglię; **the rainy weather will ~ as far as Scotland** obszar opadów będzie sięgał aż po Szkocję; **the railway ~s from Moscow to Vladivostok** linia kolejowa ciągnie się z Moskwy do Władywostoku; **the forest ~s for miles** las ciągnie się kilometrami; **a view of fields ~ing into the distance** widok pól ciągnących się po horyzont; **the path ~s beyond the road** ścieżka ciągnie się dalej po drugiej stronie drogi [2] (last) ciągnąć się, trwać; **to ~ into September/next week** ciągnąć się or trwać do (początku) września/następnego tygodnia; **to ~ well into the night** (prze)ciągnąć się or trwać do późnej nocy; **to ~ over a month/two weeks** ciągnąć się or trwać przez miesiąc/dwa tygodnie [3] (cover in scope) *[jurisdiction, authority, influence]* rozciągać się **(to sb/sth** na kogoś/coś**)**; *[knowledge, experience]* obejmować **(to sth** coś**)**; **the regulations do not ~ to foreign students** te przepisy nie obejmują or nie dotyczą studentów z zagranicy; **to ~ beyond sth** wykraczać poza zakres czegoś; **his interest ~ed beyond common politeness** jego zainteresowanie było czymś więcej niż zwykłą uprzejmością; **the effects of this legislation will ~ further than intended** ustawa pociągnie za sobą skutki poważniejsze, niż zakładano; **her interest in the environment doesn't ~ as far as doing something about it** jej zainteresowanie ochroną środowiska nie oznacza, że faktycznie robi cokolwiek w tej dziedzinie [4] **the ladder ~s to 10 feet** drabinę można rozsunąć do wysokości dziesięciu stóp

E

III extended *pp adj [visit, stay]* długi, przeciągający się; *[credit, contract]* długoterminowy; *[bulletin, programme]* rozszerzony; *[sentence]* Jur przedłużony; *[area, premises]* powiększony, duży

extendable /ɪkˈstendəbl/ *adj* [1] (of adjustable length) *[cable, lead, handle]* wysuwany; *[ladder]* rozsuwany [2] (renewable) *[contract, lease, visa]* z możliwością przedłużenia

extended family *n* rodzina *f* wielopokoleniowa

extended forecast *n* US prognoza *f* długoterminowa

extender /ɪkˈstendə(r)/ *n* [1] (in paint) (to add body) wypełniacz *m*; (to dilute) rozcieńczalnik *m* [2] (in plastics) rozcieńczalnik *m*

extensible /ɪkˈstensəbl/ *adj* Comput rozszerzalny

extensible mark-up language, XML *n* Comput język *m* znakowania tekstów, XML *m*

extension /ɪkˈstenʃn/ *n* [1] (to house) dobudówka *f*, przybudówka *f*; (to hospital, library) skrzydło *n*, pawilon *m*; (of road, track, cable) przedłużenie *n*; (of table) dodatkowy blat *m*; **the new ~ to the hospital** nowe skrzydło szpitalne, nowy pawilon szpitalny; **I had a kitchen ~ built** dobudowałem kuchnię [2] Telecom (appliance) telefon *m* wewnętrzny; (number) (numer *m*) wewnętrzny *m*; **he's on ~ 243** on ma (numer) wewnętrzny 243; **~ 14, please** poproszę wewnętrzny 14 [3] (prolongation) (of contract, visa, period) przedłużenie *n*, prolongata *f*; (for piece of work, essay) przesunięcie *n* terminu złożenia; **the ~ of the deadline** przedłużenie or przesunięcie terminu; **he's been given an ~ to finish his thesis** przedłużono mu termin złożenia pracy [4] (widening) (of powers, rights, scheme, services) rozszerzenie *n*; (of knowledge, meaning) poszerzenie *n*; (of idea, theory) rozwinięcie *n*; (of demand) wzrost *m*; (of business) rozwój *m*; **by ~** (logically) (a) zatem; **he detests his wife, and, by ~, women in general** nienawidzi własnej żony, a co za tym idzie – wszystkich kobiet [5] (of arm, leg) (act) wyciągnięcie *n*; (position) wyprost *m* [6] Med wyciąg *m* [7] (in hairdressing) treska *f* [8] Philos ekstensja *f* [9] Comput rozszerzenie *n*

extension cable *n* przedłużacz *m*

extension course *n* kurs *m* uniwersytecki dla pracujących

extension ladder *n* drabina *f* wysuwana

extension lead *n* = **extension cable**

extension ring *n* Phot pierścień *m* pośredni

extension tube *n* Phot = **extension ring**

extensive /ɪkˈstensɪv/ *adj* [1] (wide-ranging) *[contacts, knowledge, market, network]* rozległy; *[powers, range, selection]* szeroki; *[research, investigation, consultation]* szeroko zakrojony; *[list]* długi; *[changes]* znaczny; *[training]* wielostronny; *[tour]* wielki [2] (substantial) *[garden, forest, burns, injuries]* rozległy; *[alterations, damage, loss, investment]* znaczny; *[quotation]* obszerny; **an ~ circle of friends** liczne grono przyjaciół; **to make ~ use of sth** korzystać w znacznym stopniu z czegoś [3] Agric, Phys ekstensywny; **~ farming** ekstensywna gospodarka rolna

extensively /ɪkˈstensɪvlɪ/ *adv [travel, read]* wiele; *[discuss, quote, write]* obszernie; *[advertise, publish]* szeroko; *[revise, modify]* w znacznym stopniu; *[burned, damaged]* poważnie; *[used]* powszechnie

extensor /ɪkˈstensə(r)/ *n* mięsień *m* prostujący, prostownik *m*

extent /ɪkˈstent/ *n* [1] (size, amount) (of park, garden, empire, problem, influence, damage) rozmiary *m pl*; (of power, knowledge) zakres *m*; (of commitment, involvment) stopień *m*; (of injuries) rozległość *f*; **the nature reserve is 200 square kilometres in ~** rezerwat przyrody zajmuje powierzchnię 200 kilometrów kwadratowych; **I then realized the full ~ of her involvement** wtedy zrozumiałem, jak głęboko jest w to zamieszana; **over the whole ~ of sth** na całym terenie czegoś *[park, garden]*; w całej rozciągłości czegoś *[problem]*; **to open a gate to its full ~** otworzyć bramę na całą szerokość; **he borrowed from his father to the ~ of £5,000** pożyczył od ojca aż 5 000 funtów [2] (degree) stopień *m*; **to what ~...?** do jakiego stopnia...?, w jakim stopniu...?; **to some** or **a certain ~** w pewnym stopniu, do pewnego stopnia; **to a great/large ~** w dużym/znacznym stopniu; **it irritated me to such an ~ that I left** tak mnie to zirytowało, że wyszedłem; **it hurt to the ~ of making me cry** bolało tak bardzo, że płakałem; **he wasn't yet bored to the ~ of resigning his job** nie był jeszcze na tyle znudzony, żeby zrezygnować z pracy; **he went to the ~ of actually firing her** posunął się aż do wyrzucenia jej z pracy

extenuate /ɪkˈstenjʊeɪt/ *vt* stanowić usprawiedliwienie dla (czegoś) *[dishonesty, crime]*

extenuating /ɪkˈstenjʊeɪtɪŋ/ *adj [factor, aspect]* przesądzający o złagodzeniu kary, stanowiący usprawiedliwienie; **~ circumstances** okoliczności łagodzące

extenuation /ɪkˌstenjʊˈeɪʃn/ *n* usprawiedliwienie *n*, okoliczność *f* łagodząca; **in ~ of his guilt he pleaded diminished responsibility** powołał się na ograniczoną poczytalność jako okoliczność łagodzącą

exterior /ɪkˈstɪərɪə(r)/ **I** *n* [1] (of house, object) zewnętrzna strona *f* **(of sth** czegoś**)**; **the palace has a grand ~** pałac jest wspaniały z zewnątrz; **in the ~ the house looked gloomy** z zewnątrz dom był ponury [2] (of person) (appearance) powierzchowność *f*; (outward behaviour) sposób *m* bycia; **behind the tough ~ he's very sensitive** choć z pozoru twardy, jest bardzo wrażliwym człowiekiem; **her liberal ~** pej jej pozorny liberalizm [3] Cin ujęcie *n* plenerowe; plener *m* infml; **they shot ~s in Spain** kręcili plenery w Hiszpanii [4] Art plener *m*

II *adj* [1] *[surface, wall]* zewnętrzny; *[calm]* zewnętrzny, pozorny; **~ decorating** odnowienie elewacji; **for ~ use** (paint) do malowania powierzchni zewnętrznych [2] Cin, Phot *[shot, scene]* plenerowy

exterior angle *n* kąt *m* zewnętrzny

exteriorize /ɪkˈstɪərɪəraɪz/ *vt* Med wył|onić, -aniać *[organ]*; Psych uzewnętrzni|ć, -ać *[feelings]*

exterminate /ɪkˈstɜːmɪneɪt/ *vt* wy|tępić *[pests]*; dokon|ać, -ywać eksterminacji or zagłady (kogoś) *[people]*

extermination /ɪkˌstɜːmɪˈneɪʃn/ *n* (of pests) (wy)tępienie *n*; (of people) eksterminacja *f*, zagłada *f*

extermination camp *n* obóz *m* zagłady or śmierci

exterminator /ɪkˈstɜːmɪneɪtə(r)/ *n* US (for rats) deratyzator *m*; (for insects) osoba *f* zajmująca się dezynsekcją

extern /ˈekstɜːn/ *n* US [1] Sch *uczeń niemieszkający w internacie* [2] Med *lekarz stażysta lub student medycyny mieszkający poza kliniką*

external /ɪkˈstɜːnl/ *adj* [1] (outer) *[surface, wall, world]* zewnętrzny; *[wound]* powierzchowny, zewnętrzny; **'for ~ use only'** „(wyłącznie) do użytku zewnętrznego"; **to be ~ to sth** znajdować się na zewnątrz (w stosunku do) czegoś [2] (from outside) *[aid, pressure, mail, call]* z zewnątrz; *[force, influence]* zewnętrzny; *[audition, opinion]* niezależny [3] (foreign) *[affairs, policy, trade]* zagraniczny [4] Univ *[examiner]* z zewnątrz, spoza uczelni; *[degree]* eksternistyczny; **~ student** eksternista, ekstern; **~ examination** *egzamin zdawany przed komisją spoza własnej uczelni* [5] Comput zewnętrzny

external angle *n* = **exterior angle**

external diameter *n* średnica *f* zewnętrzna

externalize /ɪkˈstɜːnəlaɪz/ *vt* uzewnętrzni|ć, -ać

externally /ɪkˈstɜːnəlɪ/ *adv* (on the outside) *[calm, healthy]* pozornie, zewnętrznie

externals /ɪkˈstɜːnlz/ *npl* aspekty *m pl* zewnętrzne, pozory *m pl*

extinct /ɪkˈstɪŋkt/ *adj [species, plant, animal]* wymarły; *[custom]* zapomniany; *[volcano, emotion, passion]* wygasły; *[fire]* zgasły; *[language]* martwy; **to become ~** *[species, animal, plant]* wymrzeć; *[fire, volcano]* wygasnąć

extinction /ɪkˈstɪŋkʃn/ *n* [1] (of species, plant, animal) (dying out) wymarcie *n*; (destruction) wytępienie *n*; **to be threatened with ~** być zagrożonym wymarciem or wytępieniem; **the elephant is in danger of being hunted to ~** słoniom grozi całkowite wytępienie [2] (of fire, passion, enthusiasm, hope) wygaśnięcie *n*; (of light) zgaśnięcie *n* [3] Comm, Fin (of debt) umorzenie *n*

extinguish /ɪkˈstɪŋgwɪʃ/ *vt* [1] z|gasić *[fire, light, cigarette]*; u|gasić, s|tłumić *[enthusiasm, passion]*; wymaz|ać, -ywać *[memory]*; rozwi|ać, -ewać *[hope]* [2] Comm, Fin um|orzyć, -arzać *[debt]*

extinguisher /ɪkˈstɪŋgwɪʃə(r)/ *n* (also **fire ~**) gaśnica *f*; (of candle) gasidło *n*

extirpate /ˈekstəpeɪt/ *vt* wykorzeni|ć, -ać, wypleni|ć, -ać *[social evil, superstition]*; wypleni|ć, -ać *[weeds]*; usu|nąć, -wać *[organ]*

extirpation /ˌekstəˈpeɪʃn/ *n* (of evil, superstition) wykorzenienie *n*, wyplenienie *n*; (of weeds) wyplenienie *n*

extirpator /ˈekstəpeɪtə(r)/ *n* Agric opielacz *m*

extn = **extension**

extol GB, **extoll** US /ɪkˈstəʊl/ *vt* wychwalać, chwalić; **to ~ sb/sth to the skies** wychwalać kogoś/coś pod niebiosa

extort /ɪkˈstɔːt/ *vt* **to ~ sth from** or **out of sb** (by threat) wymu|sić, -szać coś od kogoś *[money]*; (by importunity) wymóc coś na kimś *[promise, confession]*; wyłudz|ić, -ać coś od kogoś *[money, signature]*; (overcharge) wydu|sić, -szać z kogoś coś *[high price]*; **to ~ every** or **the last penny (from sb)** wydusić (z kogoś) ostatni grosz

extortion /ɪkˈstɔːʃn/ *n* (under false pretences) wyłudzenie *n*; (by coercion) wymuszenie *n*; (overcharging) zdzierstwo *n*

extortionate /ɪkˈstɔːʃənət/ *adj [prices, profits]* niebotyczny; *[demands]* wygórowany

extortioner /ɪkˈstɔːʃənə(r)/ *n* = **extortionist**

extortionist /ɪkˈstɔːʃənɪst/ *n* (blackmailer) szantażyst|a *m*, -ka *f*; (swindler) szalbierz *m* liter

extra /ˈekstrə/ **I** *n* [1] (additional charge) dopłata *f*, opłata *f* dodatkowa [2] (additional feature) dodatek *m*; **optional ~s** Aut dodatkowe części wyposażenia, wyposażenie dodatkowe; **the sunroof is an ~** rozsuwany dach należy do dodatkowych części wyposażenia; **the little ~s in life** (luxuries) drobne przyjemności w życiu [3] Cin, Theat statyst|a *m*, -ka *f* [4] Journ dodatek *m* specjalny, wydanie *n* specjalne

II *adj* [1] (additional) *[bus, expense, hour, staff]* dodatkowy; **it will cost an ~ £1,000** to będzie kosztować dodatkowo 1 000 funtów; **delivery/postage is ~** za dostawę/porto obowiązuje dodatkowa opłata [2] (especial) *[care, caution]* wyjątkowy; **to take ~ trouble** or **pains to do sth** dokładać wyjątkowych starań, żeby coś zrobić

III *adv* [1] (as intensifier) szczególnie, wyjątkowo; **to be ~ careful/kind** być szczególnie ostrożnym/uprzejmym; **he tried ~ hard to be patient** bardzo się starał, żeby nie stracić cierpliwości; **I worked ~ hard today** pracowałem dziś wyjątkowo ciężko [2] (more) *[cost, earn, pay]* dodatkowo, ekstra; **to charge ~ for sth** żądać dopłaty or dodatkowej zapłaty za coś; **you have to pay ~ for a sunroof** za rozsuwany dach będzie pan musiał zapłacić dodatkowo or ekstra; **dinner costs £15 but wine is ~** obiad kosztuje 15 funtów, ale za wino trzeba zapłacić osobno

extra charge *n* dodatkowa opłata *f*, dopłata *f*; **at no ~** bez dodatkowych opłat

extract **I** /ˈekstrækt/ *n* [1] (excerpt) (of novel) urywek *m*, wyjątek *m* **(from sth** czegoś, z czegoś); (of recording) fragment *m* **(from sth** czegoś); (of legal document) wyciąg *m* **(from sth** z czegoś) [2] (concentrate) wyciąg *m*, ekstrakt *m* **(from** or **of sth** z czegoś); **vanilla/lemon ~** esencja waniliowa/cytrynowa

II /ɪkˈstrækt/ *vt* [1] (pull out) wyr|wać, -ywać, usu|nąć, -wać *[tooth]*; usu|nąć, -wać *[bullet, splinter]*; (from pile, drawer, pocket) wyciąg|nąć, -ać, wydoby|ć, -wać *[wallet, paper, object]* **(from sth** z czegoś) [2] fig (obtain) wymóc *[promise]* **(from sb** na kimś); wydoby|ć, -wać *[confession, secret]* **(from sb** od kogoś); czerpać *[pleasure, energy]* **(from sth** z czegoś); wydoby|ć, -wać *[sense, nuance]* **(from sth** z czegoś); **to ~ money from sb** wyłudzić od kogoś pieniądze [3] Mining wydoby|ć, -wać *[minerals, oil]*; Chem uzysk|ać, -iwać *[iron, gold]* **(from sth** z czegoś) [4] Math wyciąg|nąć, -ać *[square root]*

extraction /ɪkˈstrækʃn/ *n* [1] (by mining) wydobycie *n* **(of sth** czegoś); (by chemical process) uzyskiwanie *n* **(of sth** czegoś); (removal) usuwanie *n* **(of sth** czegoś) [2] Dent, Med (of bullet, splinter, tooth) usunięcie *n* **(of sth** czegoś); Dent ekstrakcja *f*; **you need two more ~s** Dent ma pan jeszcze dwa zęby do usunięcia [3] (ancestry) pochodzenie *n*; **of Polish ~** pochodzenia polskiego; **he's Russian by ~** on jest z pochodzenia Rosjaninem

extractive /ɪkˈstræktɪv/ *adj [industry]* wydobywczy; *[process]* ekstrakcyjny

extractor /ɪkˈstræktə(r)/ *n* [1] Chem ekstraktor *m* [2] (for juice) sokowirówka *f* [3] (in gun) wyrzutnik *m* [4] = **extractor fan**

extractor fan *n* wyciąg *m*

extra-curricular /ˌekstrəkəˈrɪkjʊlə(r)/ *adj* Sch, Univ *[activity]* ponadprogramowy, dodatkowy

extraditable /ˈekstrədaɪtəbl/ *adj [offence, crime]* grożący ekstradycją; **to be ~** *[person]* podlegać ekstradycji

extradite /ˈekstrədaɪt/ *vt* dokon|ać, -ywać ekstradycji (kogoś); ekstradować fml; **to ~ sb from Poland to Britain** wydalić or ekstradować fml kogoś z Polski do Wielkiej Brytanii; **to ~ sb to Poland** wydać kogoś Polsce

extradition /ˌekstrəˈdɪʃn/ **I** *n* ekstradycja *f*; **~ of the war criminals from Bolivia to Britain** ekstradycja zbrodniarzy wojennych z Boliwii do Wielkiej Brytanii

II *modif [proceedings]* ekstradycyjny; **~ treaty** traktat ekstradycyjny or o ekstradycji

extra-dry /ˌekstrəˈdraɪ/ *adj [wine]* (bardzo) wytrawny

extra-fast /ˌekstrəˈfɑːst, US -ˈfæst/ *adj* superszybki

extragalactic /ˌekstrəgəˈlæktɪk/ *adj* pozagalaktyczny

extrajudicial /ˌekstrədʒuːˈdɪʃl/ *adj* pozasądowy

extra-large /ˌekstrəˈlɑːdʒ/ *adj [pullover, shirt]* w rozmiarze XL; *[bottle, tin]* maksi

extralinguistic /ˌekstrəlɪŋˈgwɪstɪk/ *adj* pozajęzykowy

extramarital /ˌekstrəˈmærɪtl/ *adj* pozamałżeński

extra-mural /ˌekstrəˈmjʊərəl/ *adj* [1] GB Univ *[course, studies, student]* zaoczny [2] US Sch *[athletics, football game]* międzyszkolny; Med *[care, treatment]* pozaszpitalny [3] Hist *[suburb, basilica]* poza murami miasta

extraneous /ɪkˈstreɪnɪəs/ *adj* [1] (outside) *[element, influence]* zewnętrzny; *[noise]* z zewnątrz; *[idea, origin, people]* obcy [2] (not essential) *[issue, detail, information]* nieistotny; **to be ~ to sth** mieć niewielki związek z czymś, być nieistotnym dla czegoś

extranet /ˈekstrənet/ *n* Comput ekstranet *m*

extraordinarily /ɪkˈstrɔːdnrəlɪ, US -dənerɪlɪ/ *adv* [1] (as intensifier) niezwykle, nadzwyczaj, wyjątkowo [2] (strangely) przedziwnie

extraordinary /ɪkˈstrɔːdnrɪ, US -dənerɪ/ *adj* [1] (exceptional) niezwykły, nadzwyczajny, wyjątkowy; **to go to ~ lengths to do sth** chwytać się najróżniejszych sposobów, żeby coś zrobić; **there is nothing ~ in that** nie ma w tym nic nadzwyczajnego [2] (very odd) zadziwiający, zdumiewający; (incredible) niesłychany; **the most ~ thing has happened** zdarzyło się coś zdumiewającego or zadziwiającego; **I find it ~ that noone bothered to inform me** to zdumiewające or niesłychane, że nikt mnie nie raczył poinformować; **how ~!** zdumiewające!, niesłychane! [3] (special) *[meeting, session]* nadzwyczajny; **~ general meeting** nadzwyczajne walne zgromadzenie *n* [4] (in titles of persons) nadzwyczajny; **ambassador ~** ambasador nadzwyczajny

extra pay *n* dodatek *m* do pensji

extrapolate /ɪkˈstræpəleɪt/ *vt* [1] przewi|dzieć, -dywać, wnioskować o (czymś) **(from sth** na podstawie czegoś); ekstrapolować fml [2] Math ekstrapolować

extrapolation /ɪkˌstræpəˈleɪʃn/ *n* ekstrapolacja *f*

extrasensory /ˌekstrəˈsensərɪ, US -sɔːrɪ/ *adj* pozazmysłowy

extrasensory perception, ESP *n* percepcja *f* pozazmysłowa

extra-special /ˌekstrəˈspeʃl/ *adj* nadzwyczajny

extra-strong /ˌekstrəˈstrɒŋ/ *adj [coffee, tea, paper, thread]* bardzo mocny; *[disinfectant, weed killer]* bardzo silnie działający

extraterrestrial /ˌekstrətəˈrestrɪəl/ **I** *n* istota *f* pozaziemska, kosmit|a *m*, -ka *f*

II *adj* pozaziemski

extraterritorial /ˌekstrəˌterɪˈtɔːrɪəl/ *adj* eksterytorialny

extraterritorial possessions *npl* posiadłości *f pl* eksterytorialne

extra time *n* Sport dogrywka *f*; **to play** or **go into ~** grać dogrywkę

extravagance /ɪkˈstrævəgəns/ *n* [1] (excessive spending) rozrzutność *f* [2] (costly thing) luksus *m* [3] (of dress, behaviour) ekstrawagancja *f*; (of claim, story) nieprawdopodobność *f*, fantastyczność *f* [4] liter (excess) ekstrawagancja *f*

extravagant /ɪkˈstrævəgənt/ *adj* [1] (wasteful) *[person, spending, way of life]* rozrzutny; *[needs, tastes]* kosztowny; (lavish) *[meal]* wystawny; **it seems very ~ to have three cars** trzy samochody to wielka rozrzutność; **she paid an ~ sum for this** zapłaciła za to bajeczną sumę; **let's be ~!** nie będziemy sobie żałować!; **to be ~ with sth** nie żałować czegoś [2] (exaggerated) *[praise, compliment]* przesadny; *[behaviour, dress, gesture]* ekstrawagancki; *[demand]* wygórowany; *[claim, notion]* przesadzony

extravagantly /ɪkˈstrævəgəntlɪ/ *adv* [1] (wastefully) *[live, spend]* rozrzutnie; (lavishly) *[decorated, furnished]* luksusowo, zbytkownie; **to use sth ~** nie żałować czegoś [2] (immoderately, wildly) *[dress, behave]* ekstrawagancko; *[praise]* przesadnie; *[claim]* z przesadą

extravaganza /ɪkˌstrævəˈgænzə/ *n* Cin, Theat wielkie widowisko *n*; **it was a public relations ~** to była kampania promocyjna na wielką skalę

extravehicular /ˌekstrəviːˈhɪkjʊlə(r)/ *adj [activity]* poza statkiem kosmicznym

extravert *n, adj* = **extrovert**

extra virgin olive oil *n* Culin oliwa *f* z pierwszego tłoczenia

E

extreme /ɪkˈstriːm/ **I** *n* 1 (extreme situation) krańcowość *f*, skrajność *f*; (extreme measure) ostateczność *f*; **a country of ~s** kraj kontrastów; **to be driven to ~s** być or zostać doprowadzonym do ostateczności; **to go to ~s** popadać w krańcowość; **to go to any ~ to achieve sth** nie cofać się przed niczym, żeby coś osiągnąć; **to go from one ~ to the other** wpadać z jednej skrajności or krańcowości or ostateczności w drugą; **to take** or **carry sth to ~s** posuwać się w czymś do krańcowości or skrajności 2 (greatest degree) najwyższy stopień *m* **(of sth** czegoś); **~s of passion/cruelty** dzika namiętność/dzikie okrucieństwo; **to withstand ~s of temperatures** wytrzymywać temperatury ekstremalne; **cautious/naive to the ~** wyjątkowo ostrożny/naiwny 3 (furthest point) kraniec *m*, koniec *m*; **at one ~ of sth** na jednym krańcu or końcu czegoś 4 Math ekstremum *n*

II *adj* 1 (as intensifier) *[cold, heat, care, difficulty]* wyjątkowy, niezwykły, niesłychany; *[joy, pleasure, relief]* najwyższy; *[poverty]* skrajny; *[pain]* przejmujący, dojmujący; **with ~ caution** z nadzwyczajną ostrożnością; **a matter of ~ importance** sprawa najwyższej wagi; **an ~ case** skrajny przypadek 2 (outside normal range) *[case, condition, example, situation]* ekstremalny; *[idea, measure, view, nationalist]* skrajny, krańcowy; Pol ekstremistyczny; **to be ~ in one's views** mieć skrajne or krańcowe or ekstremistyczne poglądy; **to be on the ~ right/left** Pol reprezentować skrajną prawicę/lewicę; **to believe sth to an ~ degree** być o czymś głęboko przekonanym; **to go to ~ lengths to achieve sth** nie cofać się przed niczym, żeby coś osiągnąć; **this is cubism at its most ~** to przykład kubizmu w skrajnej postaci 3 (furthest) najdalszy; (highest) najwyższy; (lowest) najniższy; **in the ~ north /south** na najdalszej północy/na najdalszym południu; **we're at the ~ limit of our resources** nasze zasoby są na wyczerpaniu; **the ~ penalty** najwyższa kara, najwyższy wymiar kary

extremely /ɪkˈstriːmlɪ/ *adv* niezwykle, wyjątkowo, w najwyższym stopniu; **I'm ~ sorry** bardzo mi przykro, bardzo przepraszam; **he did ~ well in the exams** doskonale mu poszło na egzaminach; **they are ~ unlikely to help us** jest bardzo mało prawdopodobne, że nam pomogą

extreme sport *n* sport *m* ekstremalny

extreme unction *n* Relig ostatnie namaszczenie *n*

extremism /ɪkˈstriːmɪzəm/ *n* ekstremizm *m*

extremist /ɪkˈstriːmɪst/ **I** *n* ekstremist|a *m*, -ka *f*

II *adj* ekstremistyczny

extremity /ɪkˈstremətɪ/ *n* 1 (furthest point) kraniec *m*, koniec *m* **(of sth** czegoś); **they stand at opposite extremities** fig są jak dwa bieguny fig 2 (of body) kończyna *f* 3 (extremeness) (of situation, views) krańcowość *f*, skrajność *f* **(of sth** czegoś); (of despair, grief, pain) ogrom *m* **(of sth** czegoś) 4 (dire situation) krytyczna sytuacja *f*, twarda konieczność *f*; **things have reached such an ~ that...** sytuacja stała się tak poważna, że...; **they were driven to the ~ of selling their house** stanęli przed twardą koniecznością sprzedaży domu, twarda konieczność zmusiła ich do sprzedaży domu

extricate /ˈekstrɪkeɪt/ **I** *vt* (from trap) wyswob|odzić, -adzać **(from sth** z czegoś); (from net) wypląt|ać, -ywać **(from sth** z czegoś); (from predicament) wybawi|ć, -ać, wywikłać **(from sth** z czegoś)

II *vr* **to ~ oneself (from sth)** (from predicament) wypląt|ać, -ywać się, wywikłać się (z czegoś); (from embrace) wyswobodzić się, uw|olnić, -alniać się (z czegoś); (from place) wyr|wać, -ywać się (z czegoś)

extrinsic /ekˈstrɪnsɪk/ *adj [cause, factor, influence, stimulus]* zewnętrzny; *[aid, information]* pochodzący z zewnątrz; *[value]* nominalny; **~ to sth** nienależący do istoty czegoś

extroversion /ˌekstrəˈvɜːʃn, US -ˈvɜːrʒn/ *n* ekstrawersja *f*

extrovert /ˈekstrəvɜːt/ **I** *n* ekstrawerty|k *m*, -czka *f*

II *adj* ekstrawersyjny, ekstrawertywny

extrude /ɪkˈstruːd/ *vt* 1 (force out) wycis|nąć, -kać *[glue, toothpaste]* 2 Ind (shape) wytł|oczyć, -aczać *[plastic]*; wycis|nąć, -kać *[metal]*

extrusion /ɪkˈstruːʒn/ *n* 1 Tech (of metal) wyciskanie *n*; (of plastic, rubber) wytłaczanie *n* 2 (component) wytłoczka *f* 3 Geol ekstruzja *f*

extrusive /eksˈtruːsɪv/ *adj [rock]* wylewny, wulkaniczny

exuberance /ɪgˈzjuːbərəns, US -ˈzuː-/ *n* (of greeting) wylewność *f*; (of child, player, youth) żywiołowość *f*; (of vegetation, style) bujność *f*

exuberant /ɪgˈzjuːbərənt, US -ˈzuː-/ *adj* 1 (lively) *[person, team, crowd]* rozentuzjazmowany; *[mood, excitement]* pełen uniesienia; *[character]* żywiołowy; **she was in ~ high spirits** była w euforii 2 (effusive) *[compliments, greetings]* wylewny; *[imagination]* wybujały; *[speech, writing]* kwiecisty 3 (prolific) *[vegetation, vines]* wybujały, bujny

exuberantly /ɪgˈzjuːbərəntlɪ, US -ˈzuː-/ *adv [play, dance]* żywiołowo; *[shout, wave]* z werwą; *[describe, recount]* barwnie; *[grow, spread]* bujnie

exude /ɪgˈzjuːd, US -ˈzuːd/ **I** *vt* 1 (give off) wydziel|ić, -ać *[liquid, sweat]*; rozt|oczyć, -aczać *[smell]*; pu|ścić, -szczać *[sap]* 2 (radiate) promieniować (czymś) *[energy, charm, enthusiasm]*; emanować (czymś) *[melancholy, confidence]*; roztaczać *[affluence]*

II *vi* 1 *[smell, sweat]* wydziel|ić, -ać się **(from sth** z czegoś); *[sap, blood, resin]* wycie|c, -kać, sączyć się **(from sth** z czegoś) 2 *[conviction, fear, confidence]* emanować **(from sb/sth** z kogoś/czegoś)

exult /ɪgˈzʌlt/ *vi* nie posiadać się z radości, radować się; **to ~ at** or **in sth** radować się czymś or z czegoś liter; **to ~ at the prospect of sth** cieszyć się na myśl o czymś; **to ~ over one's enemies** triumfować nad wrogiem

exultant /ɪgˈzʌltənt/ *adj [shout, tone]* rozradowany, pełen radości; *[cry, dance]* triumfalny; **in an ~ mood** w szampańskim nastroju; **to be ~ about** or **at sth** radować się czymś liter

exultantly /ɪgˈzʌltəntlɪ/ *adv [laugh, shout, chant]* w radosnym uniesieniu; **~ happy** w euforii

exultation /ˌegzʌlˈteɪʃn/ *n* radość *f*, euforia *f*; **with ~** z radością; **in ~** z radości, w euforii

exurbia /ˌeksˈɜːbɪə/ *n* US zamożna podmiejska miejscowość *f (której mieszkańcy dojeżdżają do pracy w metropolii)*

ex-wife /ˌeksˈwaɪf/ *n* (*pl* **ex-wives**) była żona *f*, eks-małżonka *f*

ex-works /ˌeksˈwɜːks/ *adj* Comm *[price, value]* loco fabryka

eye /aɪ/ **I** *n* 1 Anat oko *n*; (sight) oko *n*, wzrok *m*; **to have blue/sad ~s** mieć niebieskie/smutne oczy; **to have good ~s** mieć dobre oczy or dobry wzrok; **to have sharp ~s** mieć sokoli wzrok; **to raise/lower one's ~s** podnieść/spuścić oczy or wzrok; **as far as the ~ can see** jak okiem sięgnąć; **in the twinkling of an ~** w mgnieniu oka; **visible to the naked ~** widoczny gołym okiem; **I can't believe my ~s!** (własnym) oczom nie wierzę!; **I wouldn't have believed it, if I hadn't seen it with my own ~s** nie uwierzyłbym, gdybym nie zobaczył tego na własne oczy; **there was sorrow/fear in her ~s** miała w oczach smutek/strach; **with one's ~s (wide) open** fig całkowicie świadomie, z pełną świadomością; **with one's ~s closed** fig (without full awareness) na ślepo, w ciemno; (with great ease) z zamkniętymi oczami; **to be sb's ~s and ears** być oczami i uszami kogoś; **to close** or **shut one's ~s to sth** przymykać oczy na coś; **to cry one's ~s out** wypłakiwać sobie oczy; **to feast one's ~s on sth** paść oczy or wzrok czymś; **to keep one's ~s open** mieć oczy (szeroko) otwarte; **keep your ~s open for a restaurant** rozglądaj się za restauracją; **you've got ~s in your head, haven't you?** infml przecież masz oczy!, od czego masz oczy!?; **use your ~s! it's on the table in front of you!** otwórz oczy! jest przed tobą na stole! 2 (look, gaze) spojrzenie *n*, oko *n*, wzrok *m*; **his ~s turned towards her** skierował oczy or spojrzenie na nią; **before** or **in front of my very ~s** na moich oczach; **to the expert/untrained ~** dla wprawnego/niewprawnego oka; **under the watchful /critical ~(s) of sb** pod czujnym/krytycznym okiem or wzrokiem kogoś; **he has ~s only for her** świata poza nią nie widzi; **'to cast** or **run one's ~ over sth** rzucić okiem na coś; **to catch sb's ~** zwrócić uwagę kogoś, przyciągnąć or przykuć spojrzenie kogoś; **he caught my ~ at the party** zwróciłam na niego uwagę na przyjęciu; **nothing caught my ~ in the store** nic mi się nie podobało w sklepie; **can you catch his ~?** czy możesz ściągnąć go wzrokiem?; **these colours really catch the ~** te kolory są naprawdę efektowne; **to lay** or **set** or **clap ~s on sb/sth** zobaczyć kogoś/coś; **I've never clapped ~s on him before in my life** infml nigdy przedtem nie widziałem go na oczy; **to have one's ~s on sb/sth** patrzyć na kogoś/coś, wpatrywać się w kogoś/coś; **she had one ~ on her work and the other**

on the clock pracowała, popatrując na zegar; **keep your ~s on the road!** patrz na drogę or przed siebie!; **keep your ~ on the ball!** patrz na piłkę!; **to keep an ~ on sb/sth** mieć oko na kogoś/coś; **to look sb straight in the ~** patrzeć komuś prosto w oczy; **I couldn't look him in the ~** nie mogłem spojrzeć mu w oczy; **to meet sb's ~s** popatrzeć komuś w oczy; **I was too ashamed to meet her ~s** zbyt się wstydziłem, żeby spojrzeć jej w oczy; **their ~s met** ich spojrzenia spotkały się; **to open one's ~s** otworzyć oczy; **to open sb's ~s to sth** otworzyć komuś oczy na coś; **to take one's ~s off sb/sth** odwrócić oczy or wzrok od kogoś/czegoś; **she couldn't take her ~s off him** nie mogła oderwać od niego oczu or wzroku or spojrzenia; **London seen through the ~s of a child, a child's ~-view of London** Londyn oczami dziecka; **'my ~!'** infml „akurat!", „dobre sobie!"; **'~s right/left!'** Mil „na prawo/na lewo patrz!" [3] (attention) **the ~s of the world will be on her** oczy całego świata będą zwrócone na nią; **the company has been in the public ~ a lot recently** firma jest ostatnio w centrum zainteresowania opinii publicznej; **to keep out of the public ~** trzymać się w cieniu; **to have one's ~ on sb/sth** mieć kogoś /coś na oku; **she has her ~ on a house in that street** ma na oku dom przy tej ulicy; **I've had my ~ on him for some time** mam go na oku już od jakiegoś czasu; **they have their ~s on you for the director's with an ~ to sth** mając na uwadze coś; **with an ~ to selling it, they had the house painted** pomalowali dom, nosząc się z zamiarem jego sprzedaży [4] (opinion) **in the ~s of the law** w świetle prawa; **in the ~s of the church/the world** według kościoła/w oczach świata; **in your/his ~s** w twoich/jego oczach [5] (ability to judge) **to have a good ~** (in shooting, tennis) mieć dobre oko; **to have an ~ for sth** mieć doskonałe wyczucie czegoś *[detail, colour]*; **to have an ~ for a bargain** potrafić kupować tanio or okazyjnie; **to get one's ~ in** GB Sport nauczyć się oceniać sytuację *(prędkość lotu piłki i jej kierunek w krykiecie, tenisie)*; **a man with an ~ for the girls** mężczyzna lubiący młode dziewczyny [6] Sewing (in needle) ucho *n*, uszko *n*; (to attach hook to) oczko *n* (haftki) [7] (on potato) oczko *n* [8] (on peacock's tail) (pawie) oko *n* [9] (of hurricane, storm) centrum *n*, ośrodek *m*; (of cyclone) oko *n*; **the ~ of the storm** fig (place of calm) spokojna przystań fig; (place of intense activity) oko cyklonu fig; **the ~ of the wind** strefa najsilniejszego wiatru

II *modif [muscle, tissue]* oczny; **~ disease** choroba oczu; **~ operation** operacja oka; **~ ointment/lotion** maść/balsam do oczu; **to have ~ trouble** mieć kłopoty ze wzrokiem or z oczami

III -eyed *in combinations* **almond-~d** o migdałowych oczach; **blue- /brown-~d** błękitnooki/brązowooki

IV *vt* [1] (look at) przy|jrzeć, -glądać się (komuś/czemuś), przypat|rzyć, -rywać się (komuś/czemuś); **to ~ sb/sth with suspicion/caution** przyglądać się komuś/czemuś podejrzliwie/nieufnie; **to ~ sb/sth with envy** spoglądać na kogoś/coś z zawiścią or zawistnie [2] infml (ogle) → **eye up**

■ **eye up** infml: **~ up [sb], ~ [sb] up** otaksować (kogoś) spojrzeniem; **to ~ sb up and down** zmierzyć kogoś wzrokiem z góry na dół or od stóp do głów

IDIOMS: **an ~ for an ~ (a tooth for a tooth)** oko za oko, ząb za ząb; **it was one in the ~ for him** to była dla niego dobra nauczka; **to be all ~s** wlepiać oczy, nie móc oderwać wzroku; **to be up to one's ~s in sth** być zawalonym czymś *[mail, complaints, work]*; tkwić po uszy w czymś *[debt, work]*; **he's in it up to the ~s** on tkwi w tym po uszy; **to have ~s in the back of one's head** mieć oczy z tyłu głowy; **to keep one's ~s peeled** or **skinned** infml mieć oczy szeroko otwarte; **to make ~s at sb** robić słodkie oczy do kogoś; **to see ~ to ~ with sb (about sth)** podzielać punkt widzenia kogoś (w sprawie czegoś); **what the ~ doesn't see (the heart doesn't grieve over)** Prov czego oczy nie widzą, tego sercu nie żal; **there's more to it than meets the ~** kryje się za tym coś więcej

eyeball /ˈaɪbɔːl/ **I** *n* gałka *f* oczna

II *vt* przypatrywać się (komuś), sondować (kogoś) wzrokiem

IDIOMS: **to be ~ to ~ with sb** stanąć z kimś oko w oko or twarzą w twarz; **an ~-to-~ confrontation** otwarta konfrontacja; **to be up to one's ~s in sth** tkwić w czymś po uszy *[debt, work]*

eye bank *n* bank *m* tkanki ocznej

eyebath /ˈaɪbɑːθ, US -bæθ/ *n* (cup) kieliszek *m* do płukania gałki ocznej; (procedure) płukanie *n* or przemywanie *n* gałki ocznej

eyebolt /ˈaɪbəʊlt/ *n* Tech śruba *f* oczkowa

eyebrow /ˈaɪbraʊ/ *n* brew *f*; **to raise one's** or **an ~** (in surprise) unieść brwi or brew; (in disapproval) zmarszczyć or ściągnąć brwi; **to raise a few ~s** wywołać konsternację

eyebrow pencil *n* Cosmet kredka *f* do brwi

eye candy *n* infml [1] Comput fraktal *m* [2] (man, woman) laleczka *m/f* infml

eye-catching /ˈaɪkætʃɪŋ/ *adj [colour, design, dress, hat]* efektowny, przyciągający wzrok; *[advertisement, headline]* przyciągający uwagę

eye contact *n* kontakt *m* wzrokowy; **to make ~ with sb** spotkać się z kimś spojrzeniem; **to avoid ~ with sb** unikać czyjegoś spojrzenia

eyecup /ˈaɪkʌp/ *n* [1] Phot osłona *f* or oprawa *f* okularu [2] US kieliszek *m* do płukania gałki ocznej

eyedrops /ˈaɪdrɒps/ *n* krople *f pl* do oczu

eyeful /ˈaɪfʊl/ *n* [1] (amount) **I got an ~ of dust/sand** pył/piasek wpadł mi do oka [2] infml (good look) **to get an ~ (of sth)** napaść oczy (czymś); **get an ~ of that!** popatrz tylko na to!; **she's an ~!** US jest na kim oko zawiesić! infml

eyeglass /ˈaɪɡlɑːs, US -ɡlæs/ *n* [1] (monocle) monokl *m* [2] = **eyepiece**

eyeglasses /ˈaɪɡlɑːsɪz, US -ɡlæs-/ *npl* US okulary *plt*

eye hospital *n* szpital *m* okulistyczny

eyelash /ˈaɪlæʃ/ *n* rzęsa *f*

eyelet /ˈaɪlɪt/ *n* (in shoe, belt) dziurka *f*; (in sail) luwers *m*, remizka *f*

eye level /ˈaɪlevl/ **I** *n* wysokość *f* wzroku; **at ~** na wysokości wzroku

II eye-level *adj [display, shelf]* znajdujący się na wysokości wzroku

eyelid /ˈaɪlɪd/ *n* powieka *f*

eyeliner /ˈaɪlaɪnə(r)/ *n* Cosmet (pencil) kredka *f* do oczu; (liquid) tusz *m* do kresek

eye make-up *n* Cosmet kosmetyk *m* do makijażu oczu

eye make-up remover *n* Cosmet preparat *m* do demakijażu oczu

eye mask *n* maseczka *f* na oczy *(do spania)*

eye-opener /ˈaɪəʊpnə(r)/ *n* [1] (revelation) rewelacja *f*; **the trip was a real ~ for him** wycieczka okazała się dla niego prawdziwą rewelacją [2] US (drink) kieliszek *m* „na dzień dobry"

eye-patch /ˈaɪpætʃ/ *n* przepaska *f* na oko

eye pencil *n* ołówek *m* do oczu

eyepiece /ˈaɪpiːs/ *n* okular *m*

eye rhyme *n* Literat rym *m* homograficzny

eyeshade /ˈaɪʃeɪd/ *n* daszek *m (chroniący oczy przed zbyt jaskrawym światłem)*

eye shadow *n* Cosmet cień *m* do powiek

eyesight /ˈaɪsaɪt/ *n* wzrok *m*; **to have good/poor ~** mieć dobry/słaby wzrok; **my ~ is failing** psuje mi się wzrok

eye socket *n* Anat oczodół *m*

eyes-only /ˌaɪzˈəʊnlɪ/ *adj* US poufny

eyesore /ˈaɪsɔː(r)/ *n* brzydactwo *n*, szkaradzieństwo *n*

eye specialist *n* okulista *m*, oftalmolog *m*

eye splice *n* Naut szplajs *m*

eye strain *n* przemęczenie *n* wzroku

eye surgeon *n* chirurg *m* oczny, chirurg oftalmolog *m*

eye test *n* badanie *n* wzroku

eyetie /ˈaɪtaɪ/ *n* GB infml offensive makaroniarz *m* infml pej or hum

eyetooth /ˈaɪtuːθ/ *n* (*pl* **-teeth**) kieł *m* górny *(u człowieka)*

IDIOMS: **I'd give my ~ for that job/car** wiele bym dał za tę pracę/za ten samochód; **I'd give my ~ to go to this concert** wiele bym dał, żeby pójść na ten koncert

eyewash /ˈaɪwɒʃ/ *n* [1] Med płyn *m* do przemywania oczu [2] fig (nonsense) brednie *f pl*; (untruth) mydlenie *n* oczu; **it's a lot of ~** to same brednie, to tylko mydlenie oczu; **to give sb a load of ~** naopowiadać komuś bzdur, zamydlić komuś oczy

eyewitness /ˈaɪwɪtnɪs/ **I** *n* naoczny świadek *m*

II *modif* **an ~ account** or **report** relacja naocznego świadka

eyrie /ˈeərɪ, ˈaɪərɪ/ *n* orle gniazdo *n*

Ezekiel /ɪˈziːkjəl/ *prn* Ezechiel *m*

e-zine /ˈiːziːn/ *n* magazyn *m* internetowy

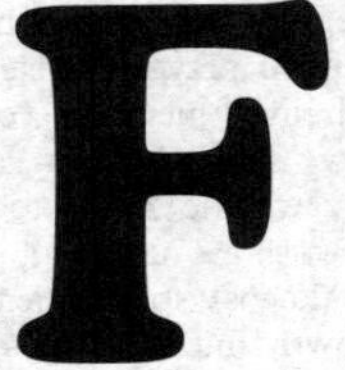

f, F /ef/ *n* [1] (letter) f, F *n* [2] F Mus f, F, fa *n*; **sonata in F major/minor** sonata F-dur /f-mol; **F flat/sharp** fes/fis [3] F = **Fahrenheit** °F

fa /fɑː/ *n* Mus fa *n*

FA *n* GB [1] = **Football Association** angielski związek *m* piłki nożnej [2] vinfml = **Fanny Adams** [3] vinfml = **fuck all** vulg **you know sweet FA about it** gówno wiesz na ten temat vulg

FAA *n* = **Federal Aviation Association** US federalny zarząd *m* lotnictwa cywilnego

fab /fæb/ *adj* GB infml = **fabulous** bajeczny

Fabian /ˈfeɪbɪən/ *n* GB Pol fabianin *m*

Fabian Society *n* GB Towarzystwo *n* Fabiańskie, Fabianie *m pl*

fable /ˈfeɪbl/ *n* [1] Literat (moral tale) bajka *f*; (legend) baśń *f* [2] (lie) bajka *f* fig

fabled /ˈfeɪbld/ *adj* [1] (of legend) baśniowy [2] (acclaimed) legendarny

Fablon® /ˈfæblɒn/ *n* GB okleina *f* samoprzylepna

fabric /ˈfæbrɪk/ *n* [1] (cloth) materiał *m*, tkanina *f* [2] (of building) konstrukcja *f*; fig (of society) tkanka *m* liter

fabricate /ˈfæbrɪkeɪt/ *vt* [1] (produce) wytwarzać *[goods]* [2] (invent) zmyśl|ić, -ać *[story, excuse]*; s|fabrykować *[evidence, document]*

fabrication /ˌfæbrɪˈkeɪʃn/ *n* [1] (of goods) wytwarzanie *n* [2] (false statement, story) zmyślenie *n*; **the story is pure** or **a total ~** ta historia jest całkowicie zmyślona [3] (of document, evidence) sfabrykowanie *n*

fabric conditioner *n* = **fabric softener**

fabric softener *n* środek *m* do zmiękczania tkanin

fabulous /ˈfæbjʊləs/ **I** *adj* [1] infml (great) *[weather, fortune, income]* bajeczny; *[city, palace]* wspaniały; *[price]* rewelacyjny; *[party, feeling, clothes, figure, match]* fantastyczny; **we had a ~ time** bawiliśmy się świetnie [2] *[beast, realm]* baśniowy, bajkowy **II** *excl* infml fantastycznie! infml

fabulously /ˈfæbjʊləslɪ/ *adv* infml *[rich]* bajecznie; *[successful, beautiful]* niewiarygodnie; **he's doing ~ (well)** idzie mu fantastycznie; **~ expensive** niesamowicie drogi

façade, facade /fəˈsɑːd/ *n* fasada *f* also fig

face /feɪs/ **I** *n* [1] (of person) twarz *f*; (of cow, horse, fox, dog) pysk *m*, morda *f*; (of cat) pyszczek *m*; **to have an honest ~** mieć uczciwą twarz; **to have ink on one's ~** mieć atrament na twarzy; **he punched me in the ~** uderzył mnie pięścią w twarz; **to spit in sb's ~** napluć komuś w twarz; **to slam the door in sb's ~** zatrzasnąć komuś drzwi przed nosem; **to laugh in sb's ~** roześmiać się komuś w twarz or w nos; **I know that ~** skądś znam tę twarz; **to look sb in the ~** spojrzeć komuś w oczy; **I told him to his ~ that he was lazy** powiedziałem mu prosto w twarz or prosto w oczy, że jest leniem; **I dare not show my ~** boję się pokazać; **don't you dare show your ~ in here again!** żebyś mi się tu więcej nie pokazywał; **to be ~ up/down** *[person]* leżeć na plecach/brzuchu; **to put one's ~ on** infml hum zrobić sobie twarz infml [2] (expression) mina *f*; **the smug ~ of the examiner** zadowolona z siebie mina egzaminatora; **she looked at me with a puzzled ~** patrzył na mnie ze zdziwioną miną; **a long ~** smutna mina; **to pull** or **make a ~** zrobić minę; **I can't wait to see his ~ when you tell him** nie mogę się doczekać, żeby zobaczyć jego minę, jak mu powiesz; **you should have seen their ~s** szkoda, że nie widziałeś ich min [3] fig (outward appearance) oblicze *n* fig; **the changing ~ of education/Europe** zmieniające się oblicze edukacji/Europy; **the ugly ~ of the regime** ciemne oblicze reżimu; **the acceptable ~ of capitalism** kapitalizm z ludzką twarzą; **on the ~ of it, it sounds easy** na pierwszy rzut oka to wydaje się proste [4] (dignity) twarz *f*; **to lose ~** stracić twarz; **to save ~** zachować twarz; **to avoid a loss of ~ he lied** skłamał, żeby nie stracić twarzy [5] GB infml (nerve) **to have the ~ to do sth** mieć czelność coś zrobić [6] (dial) (of clock, watch) tarcza *f* [7] (surface) (of solid figure) ściana *f*; (of dice) ścianka *f*; (of coin) awers *m*; (of planet) powierzchnia *f*; **the largest island on the ~ of the earth** or **globe** największa wyspa na powierzchni ziemi or globu; **to disappear** or **vanish off the ~ of the earth** infml *[person, keys]* zapaść się pod ziemię; **the hidden ~ of the moon** ciemna strona księżyca [8] Geol (of cliff, mountain) ściana *f* [9] Mining czoło *n* przodka [10] (working surface) (of hammer) obuch *m*; (of playing card, document) wierzch *m*; **to lie ~ up /down** być odwróconym wierzchem do góry/do dołu [11] Print oczko *n* czcionki

II in the face of *prep phr* [1] (despite) pomimo (czegoś) *[overwhelming odds]* [2] (in confrontation with) w obliczu (czegoś) *[opposition, enemy, danger]*

III *vt* [1] (look towards) *[building, room]* wychodzić na (coś) *[park, beach]*; **they sat facing each other** siedzieli naprzeciwko siebie; **to ~ north/south** *[person]* patrzeć na północ/południe; *[building]* wychodzić na północ/południe; **he turned to ~ the door/the class** odwrócił się przodem do drzwi/klasy; **she stood facing the class** stała przodem do klasy; **facing me/our house, there is...** naprzeciwko mnie/naszego domu znajduje się...; **a seat facing the engine** (on train) siedzenie przodem do kierunku jazdy; **~ the front!** patrz przed siebie! [2] (confront) sta|nąć, -wać przed (czymś) *[challenge, choice]*; sta|nąć, -wać w obliczu (czegoś) *[crisis, defeat, ruin, redundancy]*; sta|nąć, -wać naprzeciw (kogoś /czegoś) *[rival, team]*; **to ~ a fine** być zmuszonym zapłacić grzywnę; **to be ~d with sth** mieć przed sobą coś *[problem, task]*; **~d with such a hard decision, I panicked** wpadłem w panikę przed podjęciem tak trudnej decyzji; **~d with the prospect of having to resign/move house** wiedząc, że będę musiał złożyć rezygnację/wyprowadzić się; **to ~ sb with the truth** uświadomić komuś prawdę; **to ~ sb with the evidence** przedstawić komuś dowody; **he ~s 18 months in prison** czeka go 18 miesięcy więzienia; **I'm facing the prospect of being unemployed** grozi mi bezrobocie; **the president has agreed to ~ the press /cameras** prezydent zgodził się spotkać z prasą/stanąć przed kamerami [3] (acknowledge) **~ the facts!** spójrz prawdzie w oczy!; **let's ~ it** spójrzmy prawdzie w oczy [4] (tolerate prospect) **I can't ~ working today** dzisiaj nawet nie chcę słyszeć o pracy; **I can't ~ him** boję się spojrzeć mu w oczy; **he couldn't ~ the thought of eating** nie mógł znieść samej myśli o jedzeniu; **I don't think I can ~ another coffee** dość już mam kawy na dzisiaj infml [5] (run the risk of) **you ~ a fine/suspension** grozi ci grzywna/zawieszenie; **you ~ spending 20 years in jail** grozi ci dwadzieścia lat więzienia [6] Sewing wyk|ończyć, -ańczać *[armhole, cuff]* **(with sth** czymś) [7] (Constr) ob|łożyć, -kładać *[façade, wall]* [8] Print, Publg **the photograph on the facing page** fotografia na sąsiedniej stronie

IV *vi* [1] **to ~ towards sth** *[person, chair]* stać przodem do czegoś *[camera, audience, fire]*; *[window, house]* wychodzić na coś *[street, garden]*; **to ~ forward** patrzeć przed siebie; **to ~ backwards** oglądać się za siebie; **to be facing up/down** *[card, exam, paper]* leżeć wierzchem do góry/do dołu; [2] Mil **about ~!** w tył zwrot!; **left ~!** w lewo zwrot!

■ **face down** US: **~ [sb] down** pognębić *[opponent, enemy]*

■ **face out**: ¶ **~ [sb/sth] out** stawi|ć, -ać czoło (komuś/czemuś) *[opponent, critic, criticism]*

■ **face up**: ¶ **~ up to [sth]** po|godzić się z (czymś) *[truth, fact]*; sprostać (czemuś) *[responsibility]* ¶ **~ up to [sb]** stawi|ć, -ać czoło (komuś)

IDIOMS: **in your ~!** infml chrzań się! vinfml; **to feed** or **fill** or **stuff one's ~** infml opychać się infml **(with sth** czymś**); to set one's ~ against sth** przeciwstawić się czemuś

faceache /ˈfeɪseɪk/ *n* 1 Med nerwoból *m* twarzy 2 GB vinfml (mournful-looking person) smutas *m* infml

face card *n* US (in cards) figura *f*

face cloth *n* GB myjka *f* do twarzy

face cream *n* krem *m* do twarzy

faceguard /ˈfeɪsgɑːd/ *m* maska *f* (ochronna)

faceless /ˈfeɪslɪs/ *adj* fig anonimowy, bezimienny

face-lift /ˈfeɪslɪft/ *n* 1 Cosmet lifting *m*; **to have a ~** zrobić sobie lifting 2 fig **to give sth a ~** odnowić coś *[building, town centre]*; zmienić formułę czegoś *[magazine]*; wprowadzić zmiany w czymś *[political party]*

face-off /ˈfeɪsɒf/ *n* 1 US (confrontation) starcie *n* 2 Sport (in ice hockey) wznowienie *n*

face-pack /ˈfeɪspæk/ *n* maseczka *f* kosmetyczna

face paint *n* farba *f* do malowania twarzy

face powder *n* puder *m* kosmetyczny

facer /ˈfeɪsə(r)/ *n* GB infml 1 (blow) fanga *f* infml 2 fig **that's a ~!** masz babo placek! infml

face-saver /ˈfeɪsseɪvə(r)/ *n* sposób *m* na zachowanie twarzy; **his resignation was nothing more than a ~** zrezygnował tylko po to, żeby zachować twarz

face-saving /ˈfeɪsseɪvɪŋ/ *adj [plan, solution]* pozwalający zachować twarz; **he offered me a ~ solution** zaproponował mi honorowe rozwiązanie

facet /ˈfæsɪt/ *n* 1 (of gemstone) faseta *f* 2 (of question, problem) aspekt *m* 3 (of personality) strona *f*

facetious /fəˈsiːʃəs/ *adj [remark, suggestion]* niemądry; *[person]* niepoważny; **she's being ~** sili się na dowcip

facetiously /fəˈsiːʃəslɪ/ *adv [talk, say]* niepoważnie; *[laugh]* niemądrze

facetiousness /fəˈsiːʃəsnɪs/ *n* żartobliwość *f*; **your ~ is out of place** twoje dowcipy są nie na miejscu

face-to-face /ˌfeɪstəˈfeɪs/ **I** *adj* **a ~ conversation/meeting** bezpośrednia rozmowa/dyskusja

II face to face *adv* **to come ~ with sb /sth** stanąć oko w oko z kimś/czymś *[burglar, death]*; **to meet sb ~** spotkać się z kimś osobiście; **to tell sb sth ~** powiedzieć coś komuś osobiście; **to talk to sb ~** porozmawiać z kimś osobiście

face value *n* 1 Fin wartość *f* nominalna 2 fig **to take sth at ~** zakładać prawdziwość czegoś *[claim, figures]*; brać coś za dobrą monetę *[remark, compliment]*; **to take sb at ~** sądzić kogoś po pozorach; **at ~ it looks like a good idea** na pierwszy rzut oka wydaje się, że to dobry pomysł

facial /ˈfeɪʃl/ **I** *n* infml zabieg *n* kosmetyczny (twarzy); **she had a ~ done** była u kosmetyczki na zabiegu

II *adj [muscles, nerve]* twarzowy; **~ massage** masaż twarzy; **~ hair** zarost; **~ expression** wyraz twarzy

facial palsy *n* Med porażenie *n* nerwu twarzowego

facies /ˈfeɪʃiːz/ *npl* 1 Med twarz *f* 2 Geol facja *f*

facile /ˈfæsaɪl, US ˈfæsl/ *adj* 1 (easy) *[victory, achievement]* łatwy 2 (superficial) *[remark, thinking, reply, writing, style]* płytki; *[solution]* łatwy; *[sympathy]* zdawkowy; *[tears]* na zawołanie 3 (fluent) *[speech, manners, person]* gładki fig

facilitate /fəˈsɪlɪteɪt/ *vt* ułatwi|ć, -ać *[change, negotiations, growth, development]*; **the heavy rain didn't exactly ~ matters** rzęsisty deszcz raczej nie ułatwił sprawy

facilitator /fəˈsɪlɪteɪtə(r)/ *n* **to be a ~ for sb** pomagać komuś

facilities management *n* 1 (of infrastructure) zarządzanie *n* infrastrukturą 2 Comput zarządzanie *n* systemem informatycznym

facility /fəˈsɪlətɪ/ **I** *n* 1 (building) obiekt *m*; **manufacturing ~** zakład wytwórczy; **computer ~** centrum komputerowe or informatyczne; **warehouse ~** magazyn; **cold-storage ~** chłodnia 2 (ease) łatwość *f*; **with ~** z łatwością 3 (ability) łatwość *f* **(for sth** czegoś**); ~ for languages** zdolności językowe 4 (feature) funkcja *f*, możliwość *f*; **a pause/spell-check ~** funkcja or możliwość szybkiego zatrzymania/sprawdzania pisowni 5 Admin, Comm możliwość *f*; **credit/overdraft ~** możliwość zaciągnięcia kredytu/zadłużania się; **we have facilities to send books** wysyłamy książki; **I have no facilities for photocopying** nie mam dostępu do kserokopiarki; **'fax facilities available'** „możliwość korzystania z faksu"

II facilities *npl* **medical facilities** dostęp do opieki medycznej; **leisure facilities** baza rekreacyjna; **computing facilities** dostęp do komputerów; **facilities for the disabled** udogodnienia dla niepełnosprawnych; **toilet facilities** toalety; **harbour facilities** urządzenia portowe; **shopping facilities** infrastruktura handlowa, bliskość sklepów; **tourist facilities** baza or infrastruktura turystyczna; **sporting facilities** obiekty sportowe; **postal facilities** usługi pocztowe; **changing facilities** przebieralnie; **parking facilities** parking, miejsca do parkowania; **to have cooking and washing facilities** mieć kuchnię i łazienkę

facing /ˈfeɪsɪŋ/ *n* 1 Archit, Constr okładzina *f*; **stone/stucco ~** kamienna/stiukowa okładzina 2 Sewing (for strengthening) obszycie *n* 3 Fashn wyłóg *m*; **a jacket with contrasting ~s** żakiet z kontrastującymi wyłogami

facsimile /fækˈsɪməlɪ/ **I** *n* 1 (copy) (of document, signature) faksymile *n inv*; (sculpture) kopia *f*; **reproduced in ~** faksymilowany 2 fml (fax) telefaks *m*

II *modif* faksymilowany; **~ machine** telefaks

fact /fækt/ **I** *n* 1 (accepted thing) fakt *m*; **the ~ that he is young doesn't change anything** fakt or to, że jest młody, niczego nie zmienia; **it's a ~ that...** jest faktem, że...; **to know for a ~ that...** wiedzieć na pewno, że...; **owing** or **due to the ~ that...** w związku z tym, że...; **the ~ (of the matter) is (that)...** faktem jest, że...; **the ~ remains (that)...** pozostaje faktem, że...; **~s and figures** cyfry i fakty 2 (truth) fakty *m pl*; **to tell ~ from fiction** odróżniać rzeczywistość od fikcji or prawdę od fałszu; **to mix (up) ~ and fiction** mieszać rzeczywistość z fikcją; **it's not speculation, it is ~** to nie są żadne domysły, to fakty; **to be based on ~** opierać się na faktach; **to accept sth as ~** uznać coś za prawdę; **the story was presented as ~** przedstawiono to jako prawdziwą historię 3 (thing which really exists) fakt *m*; **the ~ of recession means that...** istnienie recesji oznacza, że...; **to stick to the ~s** trzymać się faktów; **space travel is now a ~** podróże kosmiczne stały się rzeczywistością 4 Jur (deed) fakt *m*

II in fact, as a matter of fact *adv phr* (when reinforcing point) faktycznie, rzeczywiście; **they promised to pay and in ~ that's what they did** obiecali zapłacić i faktycznie or rzeczywiście zapłacili; (when contrasting, contradicting) tak naprawdę; **I don't mind at all, in ~ I'm delighted** nie, nie mam nic przeciwko temu, a nawet bardzo się cieszę

IDIOMS: **I'm bored and that's a ~** nie da się ukryć, że się nudzę; **to know/learn the ~s of life** (sex) wiedzieć/dowiedzieć się, skąd się biorą dzieci; **the ~s of life** (unpalatable truths) smutna rzeczywistość; **the economic/political ~s of life** realia ekonomiczne/polityczne

factfinder /ˈfæktfaɪndə(r)/ *n* informator *m*; **London ~** informator o Londynie

fact-finding /ˈfæktfaɪndɪŋ/ *adj [mission]* rozpoznawczy; **~ committee** komisja badająca okoliczności sprawy

faction /ˈfækʃn/ *n* 1 (group) frakcja *f*; *[religious]* odłam *m* 2 (dissent) wewnętrzne spory *m pl*

factional /ˈfækʃənl/ *adj* frakcyjny

factionalize /ˈfækʃənəlaɪz/ *vi* po|dzielić się (na frakcje)

factious[1] /ˈfækʃəs/ *n* Theat, Cin, TV dokument *m* fabularyzowany

factious[2] /ˈfækʃəs/ *adj [country]* pogrążony w chaosie; *[group]* (quarrelsome) wichrzycielski; (divided) podzielony

factitious /fækˈtɪʃəs/ *adj [interest, demand]* sztuczny

factitive /ˈfæktɪtɪv/ *adj* Ling faktytywny

factor /ˈfæktə(r)/ **I** *n* 1 (element) czynnik *m*; **to be an unknown ~** stanowić niewiadomą; **human ~** czynnik ludzki; **common ~** wspólny element; **unknown ~** niewiadoma; **protection ~** (of suntan lotion) współczynnik ochrony przed promieniowaniem słonecznym; **~ of safety** Tech współczynnik bezpieczeństwa 2 Math czynnik *m*; **(highest) common ~** (największy) wspólny dzielnik; **to resolve into ~s** rozłożyć się na czynniki; **to rise by a ~ of 5** wzrosnąć 5 razy 3 Comm (agent) pośrednik *m*; faktor *m* dat; (of debts) firma *f* faktoringowa 4 (of commodities) komisant *m* 5 Scot (estate manager) (za)rządca *m*

II *vt* US Math = **factorize**

III *vi* Comm być pośrednikiem, faktorować

F

■ factor in: ~ in [sth], ~ [sth] in wziąć, brać pod uwagę
factor 8 *n* Med czynnik *m* VIII
factorage /ˈfæktərɪdʒ/ *n* (commission) komisowe *n*; faktorne *n* dat
factor analysis *n* Stat analiza *m* czynnikowa
factorial /fækˈtɔːrɪəl/ **I** *n* Math silnia *f*; **~ 3** 3 silnia
II *adj [method]* czynnikowy
factoring /ˈfæktərɪŋ/ *n* [1] Comm (of debts) faktoring *m* [2] (by agent) pośrednictwo *n*; **he is in grain ~** zajmuje się pośrednictwem w handlu zbożem
factorize /ˈfæktəraɪz/ *vt* Math roz|łożyć, -kładać na czynniki
factory /ˈfæktərɪ/ **I** *n* (plant) fabryka *f*; (smaller) wytwórnia *f*; **shoe/car ~** fabryka butów/samochodów
II *modif [chimney, price]* fabryczny; **~ owner** właściciel fabryki; fabrykant dat
Factory Acts *npl* GB Hist *dziewiętnastowieczne ustawy o ochronie pracy*
factory farm *n* ferma *f* przemysłowa
factory farming *n* chów *m* przemysłowy
factory floor *n* (place) hala *f* fabryczna; (workers) robotnicy *m pl*
factory inspector *n* inspektor *m* pracy
factory inspectorate *n* inspektorat *m* pracy
factory-made /ˌfæktərɪmeɪd/ *adj* wykonany fabrycznie
factory outlet *n* sklep *m* fabryczny
factory ship *n* statek *m* przetwórnia
factory shop *n* = **factory outlet**
factory system *n* produkcja *f* fabryczna
factory unit *n* zakład *m* produkcyjny
factory worker *n* robotni|k *m*, -ca *f*
factotum /fækˈtəʊtəm/ *n* totumfacki *m* dat; **general ~** hum człowiek do wszystkiego
fact sheet *n* zestawienie *n*
factual /ˈfæktʃʊəl/ *adj [information, account, description]* oparty na faktach; **~ error** błąd rzeczowy; **~ programme** GB TV, Radio reportaż
factually /ˈfæktʃʊəlɪ/ *adv* **~ correct /incorrect** zgodny/niezgodny z faktami
faculty /ˈfæklti/ *n* [1] (power, ability) zdolność *f* **the ~ of speech** zdolność mowy; **to have a ~ for sth/doing sth** mieć zdolność do czegoś/do robienia czegoś; **to be in command** or **possession of all one's faculties** być w pełni władz umysłowych; **critical ~** umysł krytyczny [2] GB Univ wydział *m*; **Law ~, ~ of Law** wydział prawa [3] US Univ, Sch (staff) kadra *f*
faculty advisor *n* US Sch ≈ opiekun *m* koła zainteresowań; Univ kierownik *m* studiów
Faculty Board *n* GB Univ rada *f* wydziału
faculty lounge *n* US Sch pokój *m* nauczycielski
faculty meeting *np* US Univ zebranie *n* wykładowców; Sch zebranie *n* nauczycieli i or grona pedagogicznego
fad /fæd/ *n* infml [1] (craze) chwilowa moda *f* **(for sth** na coś) [2] (whim) fanaberia *f* **(about sth** dotycząca czegoś) [3] (person) **he's a food ~** jest wybredny w jedzeniu
faddish /ˈfædɪʃ/ *adj* infml *[person]* wybredny **(about sth** w czymś)
faddy /ˈfædɪ/ *adj* GB = **faddish**
fade /feɪd/ **I** *vt* **the sun/age has ~d the curtains** zasłony wyblakły od słońca/ze starości
II *vi* [1] (get lighter) *[fabric, colour]* (in wash) sp|rać, -ierać się; (in sun) wy|blaknąć, s|płowieć; **the cloth ~d to a dull blue** ta tkanina spłowiała i stała się szaroniebieska; **guaranteed not to ~** trwałość kolorów gwarantowana [2] (wither) *[flowers]* z|więdnąć; **the flowers ~d a bit** kwiaty nieco przywiędły [3] (disappear) *[good looks, beauty]* przemi|nąć, -jać; *[sound]* zanik|nąć, -ać; *[interest, excitement]* opa|ść, -dać; *[smile, light, hope]* przygas|nąć, -ać; *[memory, faculty, hearing, sight]* o|słabnąć; *[memories]* za|trzeć, -cierać się; **to ~ into the crowd/background** wtopić się w tłum /w tło; **to ~ from** or **out of sight** zniknąć z pola widzenia
■ **fade away** *[sound, music]* stopniowo ucich|nąć, -ać; *[sick person]* z|gasnąć; *[actor, star]* (voluntarily) usu|nąć, -wać się w cień fig; (involuntarily) odchodzić w zapomnienie; *[distinction, division]* za|trzeć, -cierać się
■ **fade in**: **~ in [sth], ~ [sth] in** Cin, Radio, TV wzm|ocnić, -acniać *[sound, voice]*; rozjaśni|ć, -ać *[picture, colour]*
■ **fade out**: ¶ **~ out** Radio, Cin *[sound, signal]* zanik|nąć, -ać; *[picture]* ściemni|ć, -ać się; *[lights]* stopniowo z|gasnąć ¶ **~ out [sb /sth], ~ [sb/sth] out** Radio, Cin wycisz|yć, -ać *[sound, performer]*; ściemni|ć, -ać *[picture]*
faded /ˈfeɪdɪd/ *adj [photo, colour]* wyblakły, spłowiały; *[beauty, flowers]* przekwitły; *[jeans]* sprany; *[aristocrat]* podupadły
fade-in /ˈfeɪdɪn/ *n* Cin, Radio, TV (of sound) wzmacnianie *n*; (of picture) rozjaśnianie *n*
fade-out /ˈfeɪdaʊt/ *n* Cin, Radio, TV (of sound) zanikanie *n*; (of picture) ściemnianie *n*
faecal, fecal /ˈfiːkəl/ *adj* US kałowy
faeces, feces US /ˈfiːsiːz/ *npl* kał *m*
faerie /ˈfeɪərɪ/ *n* arch [1] (being) = **fairy** [1] [2] (land) zaczarowana kraina *f*
faff /fæf/ *vi*
■ **faff about, faff around** GB infml zajmować się głupotami infml
fag[1] /fæg/ *n* infml (cigarette) fajka *f*, szlug *m* infml
fag[2] /fæg/ GB infml **I** *n* [1] (piece of work) mordęga *f* [2] dat (in public school) *uczeń będący na usługach starszego kolegi*
II *vi* (*prp, pt, pp* **-gg-**) dat (in public school) *[pupil]* być na usługach starszego kolegi
■ **fag out**: infml **~ [sb] out** *[exercise, game, race]* wyk|ończyć, -ańczać infml; **to be ~ged out** być wykończonym
IDIOMS: **I can't be ~ged to do it** infml nie chce mi się tego robić
fag[3] /fæg/ *n* US infml offensive (homosexual) pedał *m*, pedzio *m* infml offensive
fag end *n* infml [1] (cigarette end) niedopałek *m*; pet *m* infml [2] fig końcówka *f*
faggot /ˈfægət/ *n* [1] (meatball) pulpet *m* [2] (firewood) wiązka *f* (chrustu, drewna) na podpałkę [3] US vinfml offensive pedzio *m* infml offensive
faggoting /ˈfægətɪŋ/ *n* Sewing mereżka *f*
fah /fɑː/ *n* Mus = **fa**
Fahrenheit /ˈfærənhaɪt/ *adj* **80 degrees ~** 80 stopni (w skali) Fahrenheita; **in ~** w stopniach Fahrenheita
faience /ˌfaɪˈɑːns/ **I** *n* fajans *m*
II *modif* fajansowy
fail /feɪl/ **I** *n* Sch, Univ ocena *f* niedostateczna; **to get a ~** nie zdać **(in sth** czegoś); Sch otrzymać ocenę niedostateczną **(in sth** z czegoś)
II **without fail** *adv phr [arrive, do, happen]* niezawodnie, z całą pewnością; **I'll be there at six o'clock without ~** na pewno będę o szóstej
III *vt* [1] Sch, Univ nie zdać (czegoś); oblać infml *[exam, driving test, subject]*; obl|ać, -ewać infml *[person]* **(in sth** z czegoś) [2] (omit, be unable) **to ~ to do sth** nie zrobić czegoś; **to ~ to keep one's word** nie dotrzymać słowa; **it never ~s to annoy her** to ją zawsze denerwuje; **to ~ to appear (in court)** Jur nie stawić się (w sądzie); **one could hardly ~ to notice that...** trudno było nie zauważyć, że... [3] (let down) zaw|ieść, -odzić *[friend, family, nation]*; *[courage]* opu|ścić, -szczać *[person]*; *[memory]* zaw|ieść, -odzić *[person]*; **words ~ me!** brak mi słów!
IV *vi* [1] (be unsuccessful) *[exam candidate]* nie zdać; obl|ać, -ewać infml; *[attempt, plan, negotiations]* nie powieść się; *[technique]* nie da|ć, -wać rezultatów; **he ~ed in the exams/in history** nie zdał egzaminów /historii, oblał egzaminy/historię; **to ~ in one's attempts to do sth** nie zdołać zrobić czegoś; **I tried to repair it but I ~ed** próbowałem to naprawić, ale mi się nie udało; **she ~ed miserably** poniosła całkowitą porażkę; **to ~ in one's duty** nie dopełnić obowiązków; **if all else ~s** jeśli wszystko inne zawiedzie; **it never/seldom ~s** to nigdy nie zawodzi/rzadko zawodzi [2] (weaken) *[eyesight, hearing, health]* pog|orszyć, -arszać się; *[person]* o|słabnąć; **before the light ~s** zanim się ściemni; **to be ~ing fast** *[person]* słabnąć w oczach; *[health]* gwałtownie się pogarszać; **his voice ~ed him** zaniemówił [3] (stop functioning) *[brakes]* zaw|ieść, -wodzić; wysi|ąść, -adać infml; *[engine]* ze|psuć się; wysi|ąść, -adać infml; *[power, electricity]* ule|c, -gać awarii; wysi|ąść, -adać infml; **our water supply has ~ed** mamy awarię wodociągu; **food supplies ~** zawodzą dostawy żywności [4] Agric **if the crops ~** jeżeli plony będą niskie [5] (go bankrupt) z|bankrutować; s|plajtować infml [6] Med **his heart/kidneys ~ed** miał niewydolność serca/nerek
V **failed** *pp adj [coup d'état, project]* nieudany; **a ~ed actor/writer** aktor /pisarz, któremu się nie powiodło
failing /ˈfeɪlɪŋ/ **I** *n* wada *f*
II *prp adj* **she has ~ eyesight** pogarsza jej się wzrok; **to be in ~ health** być słabego zdrowia
III *prep* **try washing it, ~ that take it to the cleaners** spróbuj wyprać, a jeśli się nie uda, zanieś do pralni
failing grade *n* US Sch ocena *f* niedostateczna
fail-safe /ˈfeɪlseɪf/ *adj [device, machine, system]* bezpieczny w razie uszkodzenia
fail soft *adj [system]* posiadający zabezpieczenia przeciwawaryjne
failure /ˈfeɪljə(r)/ *n* [1] (lack of success) niepowodzenie *n* **(in sth** w czymś); **his ~ to understand the problem** niezrozumienie przez niego problemu; **to end in ~**

zakończyć się niepowodzeniem [2] Fin (bankruptcy) bankructwo *n*; plajta *f* infml [3] (unsuccessful person) (generally in life) nieudacznik *m* infml; (at sth) **to be a ~ at sports** być kiepskim w sporcie; **he was a ~ as a teacher** był marnym nauczycielem; **I feel a ~** nic mi się w życiu nie udaje [4] (unsuccessful venture or event) **to be a ~** *[play, film]* być nieudanym; *[party, operation, experiment]* nie udać się; *[new weapon]* nie zdać egzaminu fig [5] (breakdown) (of engine, machine, power) awaria *f*; Med (of organ) niewydolność *f*; **crop ~** niskie plony; **a series of crop ~s** kilka lat niskich plonów; **power ~** awaria prądu; **due to mechanical ~** z powodu uszkodzenia mechanicznego [6] (not doing) **~ to keep a promise** niedotrzymanie obietnicy; **~ to appear (in court)** niestawienie się (w sądzie); **~ to comply with the rules** niezastosowanie się do przepisów; **~ to pay** niezapłacenie; **they were surprised at his ~ to attend the meeting** byli zaskoczeni, że nie pojawił się na zebraniu

fain /feɪn/ *adv* arch chętnie

faint /feɪnt/ **I** *n* omdlenie *n*; **to fall into a ~** stracić przytomność; **to fall to the floor in a ~** paść zemdlonym na ziemię; **a dead ~** całkowita utrata przytomności

II *adj* [1] (slight) *[glow, smell, trace, hope, sign]* słaby; *[accent, breeze]* lekki; *[markings, signature, streak]* niewyraźny, ledwo widoczny; *[sound]* cichy; *[colour]* blady, nikły; *[chance, resemblance]* nikły; *[memory]* mglisty; *[suspicion, impression]* niejasny; **there's not the ~est hope of ever finding him** nie ma najmniejszej nadziei na odnalezienie go; **there is only a ~ possibility that he'll come** istnieje tylko niewielkie prawdopodobieństwo, że przyjdzie; **he hadn't the ~est idea who she was** nie miał najmniejszego pojęcia, kto to był; **I haven't the ~est** infml nie mam zielonego pojęcia infml; **to give a ~ smile** uśmiechnąć się blado [2] (weak) *[voice, breathing]* słaby [3] (dizzy) **he felt ~** zrobiło mu się słabo; **he was ~ with hunger/from lack of air** było mu słabo z głodu/z braku powietrza [4] (ineffectual) *[attempt, protest]* nieśmiały

III *vi* zasłabnąć; (more seriously) ze|mdleć, s|tracić przytomność; **to ~ from heat /exhaustion/hunger** zasłabnąć z upału /wyczerpania/głodu; **she ~ed from loss of blood** zasłabła or straciła przytomność na skutek utraty krwi

IDIOMS: **~ heart never won fair lady** Prov do odważnych świat należy Prov

fainthearted /ˌfeɪntˈhɑːtɪd/ **I** *n* **the ~** (+ *v pl*) ludzie *plt* małego ducha liter or hum

II *adj* (cowardly) bojaźliwy, tchórzliwy; *[attempt]* nieśmiały; **~ reform** nieśmiała próba reform

fainting /ˈfeɪntɪŋ/ *n* zasłabnięcie *n*, omdlenie *n*

fainting fit *n* zasłabnięcie *n*, omdlenie *n*

faintly /ˈfeɪntlɪ/ *adv* [1] (slightly) *[glisten, shine]* słabo; *[coloured, tinged]* lekko; *[disappointed, disgusted, silly]* trochę; **not even ~ amusing** ani trochę nie śmieszny; **to be ~ reminiscent of sth** trochę przypominać coś [2] (weakly) *[smile]* słabo; (gently) *[call, murmur]* cicho; **to breathe ~** ledwie oddychać; **to snore ~** (z lekka) pochrapywać

faintness /ˈfeɪntnɪs/ *n* [1] (of sound, cry) słabość *f*; **the ~ of sb's breathing** słabo wyczuwalny oddech kogoś [2] (dizziness) zawroty *m pl* głowy

fair¹ /feə(r)/ *n* [1] (market) jarmark *m*, targ *m*; (for charity) kiermasz *m* na cele dobroczynne [2] (funfair) wesołe miasteczko *n* [3] Comm targi *plt*; **book/food ~** targi książki/artykułów spożywczych

fair² /feə(r)/ **I** *adj* [1] (just, reasonable) *[arrangement, punishment, ruling, trial, decision]* sprawiedliwy; *[share]* należny; *[person]* sprawiedliwy **(to sb** wobec kogoś); *[exchange, competition, offer, deal]* uczciwy; *[wage, price]* uczciwy, godziwy; Sport *[tackle]* przepisowy; **he got his ~ share** dostał tyle, ile mu się należało; **they're paying their ~ share** płacą tyle, ile powinni; **as is only ~** jak tego wymaga sprawiedliwość; **it's only ~ that he should be first** wypada, żeby to ona była pierwsza; **it's only ~ to tell you that...** powinieneś wiedzieć, że...; **to give sb a ~ deal** or **shake** US potraktować kogoś uczciwie; **I give you ~ warning** lojalnie cię uprzedzam; **that's a ~ question/point** to słuszne pytanie/słuszna uwaga; **a ~ sample** wystarczająca próbka; **to be ~, he did try to pay** trzeba uczciwie przyznać, że próbował zapłacić; **it is** or **seems only ~ to say that...** trzeba przyznać, że...; **~ comment** Jur zarzut uczciwie postawiony; **that's a ~ comment** to prawda; **it (just) isn't ~!** to niesprawiedliwe!, to nie fair!; **it's not ~ on Adam** to nie fair wobec Adama; **~ enough!** zgoda, w porządku! [2] (moderately good) *[condition, performance]* niezły; *[chance]* spory; **I have a ~ knowledge of French** nieźle znam francuski; **it's a ~ bet that...** infml są spore szanse, że... [3] (quite large) (amount, number, size) spory; **a ~ degree of success** spory sukces; **we were going at a ~ old pace** or **speed** infml poruszaliśmy się z niezłą prędkością infml; **he's had a ~ bit of luck/trouble** infml miał sporo szczęścia/kłopotów; **I've travelled around a ~ amount** sporo podróżowałem; **the car was still a ~ way off** samochód był wciąż jeszcze dość daleko [4] Meteorol (fine) *[weather]* ładny; *[forecast]* dobry; *[wind]* sprzyjający; **the weather was set ~** było dość ładnie; **the barometer was set ~** barometr wskazywał dobrą pogodę; **the arrangements were set ~** fig wszystko było w porządku [5] (light-coloured) *[hair]* jasny, blond; *[skin, complexion]* jasny; **my brother's ~** mój brat jest blondynem [6] liter (beautiful) *[lady, maid, city, promises, words]* piękny; **with her/my own ~ hands** hum własnoręcznie; **the ~ sex** hum płeć piękna

II *adv [play]* uczciwie, fair

IDIOMS: **by ~ means or foul** nie przebierając w środkach; **to be ~ game for sb** łatwo padać ofiarą kogoś; **to be in a ~ way to do sth** być na dobrej drodze do zrobienia czegoś; **~ dos** infml musi być sprawiedliwie; **you can't say ~er than that** infml taniej już się nie da; **~ and square** bezdyskusyjnie; **to win ~ and square** zwyciężyć bezdyskusyjnie

fair copy *n* czystopis *m*; **to make a ~ of sth** przepisać coś na czysto

fairground /ˈfeəgraʊnd/ *n* [1] (for market) plac *m* targowy [2] (for funfair) wesołe miasteczko *n* [3] Comm teren *m* targów, tereny *m pl* targowe

fair-haired /ˌfeəˈheəd/ *adj* jasnowłosy

fair-haired boy *n* US infml fig pupilek *m*

fairing /ˈfeərɪŋ/ *n* Aut, Aviat owiewka *f*

fairly /ˈfeəlɪ/ *adv* [1] (quite, rather) *[large, accurate, fast, well]* dość, dosyć; *[sure, painless]* niemal; **I saw her ~ recently** widziałem ją całkiem niedawno; **the hours ~ flew past** godziny szybko upłynęły; **the house ~ shook to the loud music** dom aż trząsł się od głośnej muzyki [2] (justly) *[describe, obtain]* uczciwie; *[treat, judge, share, win]* sprawiedliwie; *[say]* słusznie

fair-minded /ˌfeəˈmaɪndɪd/ *adj [person, approach]* bezstronny

fairness /ˈfeənɪs/ *n* [1] (justness) sprawiedliwość *f*; (of election) uczciwość *f*; **in all ~, he has been a hard worker** trzeba przyznać, że ciężko pracował; **in ~ to him, he did phone** trzeba mu oddać sprawiedliwość, że zadzwonił [2] (lightness) (of complexion, hair) jasność *f*

fair play *n* czysta gra *f*, fair play *f inv*; **to have a sense of ~** przestrzegać zasad fair play; **to ensure ~** zapewnić przestrzeganie reguł gry

fair-sized /ˌfeəˈsaɪzd/ *adj [container, vehicle, crowd]* spory

fair-skinned /ˌfeəˈskɪnd/ *adj* **a ~ girl** dziewczyna o jasnej karnacji; **to be ~** mieć jasną karnację

fair trade *n* [1] uczciwa konkurencja *f* [2] (in international trade) zasady *f pl* wzajemności w polityce celnej

fairway /ˈfeəweɪ/ *n* [1] (in golf) aleja *f* [2] Naut tor *m* wodny, farwater *m*

fair-weather friend /ˌfeəweðəˈfrend/ *n* pej **he's a ~** żaden z niego przyjaciel

fairy /ˈfeərɪ/ *n* [1] (magical being) duszek *m*; **bad ~** złośliwy duszek [2] vinfml offensive ciota *m* infml offensive

IDIOMS: **to be away with the fairies** infml mieć przywidzenia

fairy godmother *n* dobra wróżka *f*; **to play ~** fig udawać dobrą wróżkę

fairyland /ˈfeərɪlænd/ *n* baśniowa kraina *f* also fig

fairy lights *npl* GB kolorowe światełka *n pl*; (on Christmas tree) lampki *f pl* choinkowe

fairy-like /ˈfeərɪlaɪk/ *adj* urzekający

fairy queen *n* królowa *f* elfów

fairy story *n* bajka *f*, baśń *f*

fairy tale **I** *n* [1] bajka *f*, baśń *f* [2] fig (lie) bajka *f*, bajeczka *f*

II **fairy-tale** *modif [ending]* bajkowy; **~ prince/princess** książę/księżniczka z bajki

fait accompli /ˌfeɪtəˈkɒmpliː/ *n* (*pl* **faits accomplis)** fakt *m* dokonany; **to present sb with a ~** postawić kogoś przed faktem dokonanym

faith /feɪθ/ *n* [1] (confidence) wiara *f*; **to have ~ in sb** ufać komuś; **to have ~ in sb's ability** wierzyć w umiejętności kogoś; **to have ~ in a party** ufać partii; **to have ~ in a method** wierzyć w (jakąś) metodę; **to**

F

put one's ~ in sb/sth pokładać wiarę w kimś/czymś; **to act in good/bad ~** działać w dobrej/złej wierze; **to accept** or **take sth on ~** przyjmować coś na wiarę; **he has no ~ in socialism** nie wierzy w socjalizm; **he has no ~ in human nature** nie dowierza ludzkiej naturze; **I have no ~ in her** (ona) nie budzi mojego zaufania; **to break ~ with sb/sth** zdradzić kogoś/coś [2] (belief) wiara *f* **(in sb/sth** w kogoś/coś) [3] (system of beliefs) wiara *f*; **the Christian/Muslim ~** wiara chrześcijańska/muzułmańska; **people of all ~s** ludzie wszystkich wyznań

faithful /ˈfeɪθfl/ **I** *n* [1] Relig **the ~** *(+ v pl)* wierni *plt* [2] (adherent) **the ~** *(+ v pl)* wierni zwolennicy *m pl*; (of team) wierni kibice *m pl* **II** *adj* [1] (loyal) wierny **(to sb/sth** komuś/czemuś); **the ~ few** garstka najwierniejszych [2] (accurate) *[representation, adaptation, quotation]* wierny **(to sth** czemuś); **to give a ~ account of events** wiernie przedstawić przebieg wydarzeń

faithfully /ˈfeɪθfəlɪ/ *adv* [1] *[follow, serve]* wiernie; *[promise]* solennie [2] (accurately) *[reproduced, adapted, recreated]* wiernie [3] (in letter writing) **yours ~** z wyrazami szacunku

faithfulness /ˈfeɪθflnɪs/ *n* [1] (loyalty) wierność *f* **(to sb/sth** komuś/czemuś) [2] (accuracy) (of description, adaptation, reproduction) wierność *f* **(to sth** czemuś)

faith healer *n* uzdrowiciel *m*, -ka *f*

faith healing *n* uzdrawianie *n* (niekonwencjonalnymi metodami)

faithless /ˈfeɪθlɪs/ *adj* liter *[friend, husband]* wiarołomny liter

faithlessness /ˈfeɪθlɪsnɪs/ *n* niewierność *f*, wiarołomstwo *n*

fajitas /fəˈhiːtəz, -ˈdʒiː-/ *npl* Culin fajitas *plt*

fake /feɪk/ **I** *n* [1] (jewel, work of art) imitacja *f*; (commercial item) imitacja *f*; podróbka *f* infml; (document) fałszywka *f* infml; **the bomb was a ~** bomba nie była prawdziwa [2] (person) oszust *m*, -ka *f* [3] US Sport zwód *m* **II** *adj* [1] *[fur, gem, flower]* sztuczny; **~ wood/granite** sztuczne drewno/sztuczny granit, imitacja drewna/granitu; **~ Louis XV furniture** imitacja mebli z epoki Ludwika XV [2] *[interview]* sfabrykowany; *[trial]* sfingowany; *[emotion]* udawany; *[smile]* sztuczny, fałszywy [3] (counterfeit) *[passport]* fałszywy **III** *vt* [1] (forge) s|fałszować *[passport, signature]* [2] infml (falsify) s|fałszować *[election, results]* [3] (pretend) uda|ć, -wać *[emotion, illness]*; **to ~ it** (pretend illness) symulować; (pretend knowledge) US blefować; (ad-lib) US improwizować [4] US Sport **to ~ a pass** zamarkować podanie

■ **fake out**: US infml **~ out [sb], ~ [sb] out** [1] Sport oszuk|ać, -iwać [2] fig nab|rać, -ierać; **he really ~ed me out** ale mnie nabrał

fakir /ˈfeɪkɪə(r), US fəˈkɪə(r)/ *n* fakir *m*

falafel /fəˈlæfl/ *n* Culin falafel *m*

falcon /ˈfɔːlkən, US ˈfælkən/ *n* sokół *m*

falconer /ˈfɔːlkənə(r), US ˈfæl-/ *n* sokolnik *m*

falconry /ˈfɔːlkənrɪ, US ˈfæl-/ *n* sokolnictwo *n*

Falkland Islander /ˌfɔːkləndˈaɪləndə(r)/ *n* Falkland|czyk *m*, -ka *f*

Falklands /ˈfɔːkləndz/ *prn pl* (also **Falkland Islands) the ~** Falklandy *plt*, Wyspy *f pl* Falklandzkie

fall /fɔːl/ **I** *n* [1] (act of falling) (of person) upadek *m* **(from sth** z czegoś); (of leaves, flowers, nuts) opadanie *n*; (of rain, snow, hail) opady *m pl*; (of night) zapadnięcie *n*; **until the ~ of the curtain** aż do opadnięcia kurtyny; **a ~ of 20 metres, a 20 metre ~** upadek z wysokości 20 metrów; **to have a ~** upaść, przewrócić się; Sport mieć upadek [2] (amount fallen) (of soot, pollutants, radioactive material) opad *m*; **the hearthrug was ruined by a ~ of soot** opadająca sadza zniszczyła dywanik; **a heavy ~ of rain** obfite opady deszczu [3] (in temperature, shares, quality, production, demand, popularity) spadek *m* **(in sth** czegoś); **the pound has suffered a sharp/slight ~** nastąpił gwałtowny/niewielki spadek funta; **a ~ in value** spadek wartości; **a ~ of 10%** dziesięcioprocentowy spadek; **a ~ to 125** spadek do 125 [4] (of leader, regime, empire, monarchy, fortress, town) upadek *m*; **the government's ~ from power** upadek rządu; **~ from grace** or **favour** popadnięcie w niełaskę; **the Fall** Relig upadek pierwszego człowieka [5] US (autumn) jesień *f*; **in the ~ of 1992** jesienią 1992 roku [6] (in pitch, intonation) opadanie *n* [7] (in wrestling) położenie *n* na łopatki; (in judo) rzut *m* **II falls** *npl* wodospad *m* **III** *vi* (*pt* **fell**; *pp* **fallen)** [1] (come down) *[person, vase, bomb, leaves, apple]* spa|ść, -dać; *[rain, snow, hail]* spaść, padać; **~ing rain** padający deszcz; **he was hurt by ~ing masonry** zranił go spadający kawałek muru; **to ~ 10 metres** spaść z wysokości 10 metrów; **five centimetres of snow fell** spadło pięć centymetrów śniegu; **to ~ from** or **out of sth** wypaść z czegoś *[boat, nest, bag, hands]*; **to ~ from** or **off sth** spaść z czegoś *[chair, table, roof, bike, wall]*; **her hair fell over her shoulders** włosy opadały jej na ramiona; **to ~ on sb/sth** spaść na kogoś/coś *[person, town]*; **it fell on my head** to mi spadło na głowę; **to ~ on the floor** spaść na podłogę; **to ~ in** or **into sth** wpaść do czegoś *[bath, river, sink]*; **to ~ down a hole/shaft** wpaść do dziury/szybu; **to ~ down the stairs** spaść ze schodów; **to ~ under sth** wpaść pod coś *[table, bus, train]*; **to ~ through sth** przelecieć or wpaść przez coś *[ceiling, hole]*; **to ~ to the floor** spaść or upaść na podłogę; **to ~ to earth** or **the ground** spaść or upaść na ziemię [2] (lose upright position) *[person, animal]* upa|ść, -dać, przewr|ócić, -acać się; *[wardrobe, easel, lamp]* przewr|ócić, -acać się; *[tree]* przewr|ócić, -acać się, zwal|ić, -ać się; *[scaffolding, building]* zawal|ić, -ać się; **he fell on the stairs** upadł or przewrócił się na schodach; **to ~ on one's back/face** upaść na plecy/twarz; **to ~ on one's back/face in the mud** upaść plecami/twarzą w błoto [3] (decrease) *[speed, temperature, price, inflation, production, number, attendance, quality]* spa|ść, -dać; *[standard, level, morale]* obni|żyć, -ać się; **to ~ in the charts** spaść na listach przebojów; **to ~ (by) 10%/£20** spaść o 10%/20 funtów; **to ~ to £100/third place** spaść do 100 funtów/na trzecią pozycję; **production fell to an all-time low** produkcja spadła do najniższego poziomu w historii; **to ~ from £100/first place** spaść ze 100 funtów/z pierwszego miejsca; **to ~ below zero/5%** spaść poniżej zera/5% [4] (yield position) *[town, fortress]* pa|ść, -dać, upa|ść, -dać; *[government, regime]* upa|ść, -dać; **to ~ from power** utracić władzę; **to ~ to the enemy/allies** wpaść w ręce wroga/aliantów; **the seat fell to the Conservatives** mandat przypadł konserwatystom; **to ~ from grace in sb's eyes** utracić względy kogoś [5] euph (die) pa|ść, -dać, polec; **to ~ on the battlefield** polec na polu chwały [6] fig (descend) *[darkness, night]* zapa|ść, -dać **(on sth** nad czymś); *[beam, gaze]* pa|ść, -dać **(on sth** na coś); *[shadow]* pa|ść, -dać **(over sb/sth** na kogoś/coś); *[blame]* spa|ść, -dać **(on sb** na kogoś); **silence fell on the room** w pokoju zapadła cisza [7] (occur) *[stress]* padać **(on sth** na coś); *[Easter, anniversary]* wypa|ść, -dać; **Christmas ~s on a Tuesday** Boże Narodzenie wypada we wtorek; **to ~ into/outside a category** mieścić/nie mieścić się w (jakiejś) kategorii, podpadać/nie podpadać pod (jakąś) kategorię infml; **to ~ under the heading of...** znajdować się pod hasłem...; **to ~ within sb's area of responsibility** mieścić się w zakresie obowiązków kogoś [8] (be incumbent on) przypa|ść, -dać w udziale **(to sb** komuś); spa|ść, -dać **(on sb** na kogoś); **it fell to me to organize the party** organizacja przyjęcia spadła na mnie [9] pa|ść, -dać; **to ~ into bed/a chair** paść na łóżko/krzesło; **to ~ to** or **on one's knees** paść na kolana; **to ~ at sb's feet** paść komuś do nóg; **to ~ into sb's/each other's arms** (throw oneself) paść komuś/sobie w ramiona; **to ~ on each other** paść sobie w objęcia; **to ~ on sb's neck** rzucić się komuś na szyję [10] (pass into specified state) **to ~ ill** zachorować, rozchorować się; **to ~ silent** or **quiet** zamilknąć, ucichnąć; **to ~ open** *[book]* otworzyć się; **to ~ asleep** zasnąć; **to ~ vacant** zwolnić się; **to ~ into bits** or **pieces** rozpaść się (na kawałki); **to ~ into a sleep/coma** zapaść w sen/śpiączkę; **to ~ into depression/a trance** wpaść w depresję/trans; **to ~ into disuse** przestać być używanym [11] *[ground]* = **fall away** [12] Relig upa|ść, -dać [13] GB dial (get pregnant) za|jść, -chodzić w ciążę

■ **fall about** GB infml **to ~ about (laughing** or **with laughter)** pękać ze śmiechu

■ **fall apart** [1] *[bike, shoes, car, house]* rozpa|ść, -dać się, rozl|ecieć, -atywać się [2] fig *[marriage]* rozpa|ść, -dać się; *[plan, system]* walić się fig; *[country]* niszczeć [3] infml *[person]* załam|ać, -ywać się

■ **fall away** [1] *[paint, plaster]* odpa|ść, -dać **(from sth** z czegoś) [2] *[ground]* opadać **(to sth** w kierunku czegoś) [3] *[demand, support, numbers]* spa|ść, -dać

■ **fall back** *[crowd]* cofn|ąć, -ać się; Mil *[troops, army, enemy]* wycof|ać, -ywać się

■ **fall back on**: ¶ **~ back on [sth]** ucie|c, -kać się do (czegoś) *[method, trick, threat, violence]*; **to ~ back on one's savings** sięgnąć do swoich oszczędności; **to have sth to ~ back on** mieć coś w zapasie ¶ ~

back on [sb] oprzeć się na (kimś) fig *[parents]*

■ **fall behind**: ¶ ~ **behind** *[runner, country]* zosta|ć, -wać w tyle; *[work]* opóźni|ć, -ać się; **his studies have fallen behind** narobił sobie zaległości (w nauce); **to ~ behind with** GB or **in** US **sth** mieć zaległości w czymś *[work, reading, payments, correspondence]* ¶ ~ **behind [sb/sth]** zosta|ć, -wać w tyle za (kimś/czymś) *[classmates, competitors, horses]*

■ **fall down** [1] *[book, poster, person]* spa|ść, -dać [2] (from upright position) *[person, animal]* upa|ść, -dać, przewr|ócić, -acać się; *[tree]* przewr|ócić, -acać się, zwal|ić, -ać się; *[tent, wall, house, scaffolding]* zawal|ić, -ać się, przewr|ócić, -acać się; **the whole place is ~ing down** wszystko tu się sypie or wali [3] GB fig *[argument, plan, case]* upa|ść, -dać; *[person]* nie wywiązać się; **that's where the government's policy ~s down** to tu właśnie wali się cała polityka rządu; **to ~ down on sth** *[person]* potknąć sie na czymś fig *[detail, question, obstacle]*; **to ~ down on the job** zawalić robotę infml; **to ~ down on a promise** nie dotrzymać obietnicy

■ **fall for**: ¶ ~ **for [sth]** dać się nabrać na (coś) *[trick, story]* ¶ ~ **for [sb]** zakoch|ać, -iwać się w (kimś)

■ **fall in** [1] *[sides, walls, roof]* zapa|ść, -dać się [2] Mil *[soldier]* sta|nąć, -wać w szeregu; *[soldiers]* ustawi|ć, -ać się w szeregu; **~ in!** w szeregu zbiórka!

■ **fall in with**: ~ **in with [sth/sb]** [1] (get involved with) **to ~ in with a group** przyłączyć się do grupy; **to ~ in with a bad crowd** zadać się z nieodpowiednimi ludźmi [2] (go along with) dostosow|ać, -ywać się do (czegoś/kogoś) *[request, timetable, plan, person]* [3] (be consistent with) odpowiadać (czemuś) *[expectations]*

■ **fall off** [1] *[person, hat]* spa|ść, -dać; *[leaf, fruit]* spa|ść, -dać, opa|ść, -dać; *[handle, label]* odpa|ść, -dać [2] fig *[attendance, takings, sales, output, support, interest]* spa|ść, -dać; *[quality, standard]* pog|orszyć, -arszać się; *[enthusiasm]* opa|ść, -dać; *[curve on graph]* opa|ść, -dać

■ **fall on**: ¶ ~ **on [sth]** rzuc|ić, -ać się na (coś) *[food, treasure]* ¶ ~ **on [sb]** napa|ść, -dać na (kogoś)

■ **fall out**: ~ **out** [1] *[page, person, hair, tooth]* wypa|ść, -dać [2] *[soldiers]* roz|ejść, -chodzić się; **~ out!** rozejść się! [3] infml (quarrel) po|kłócić się **(over sth** o coś**)**; **to ~ out with sb** pokłócić się z kimś [4] GB (turn out) **it fell out that...** tak wypadło, że...

■ **fall over**: ¶ ~ **over** *[person, object]* przewr|ócić, -acać się ¶ ~ **over [sth]** przewr|ócić, -acać się o (coś), pot|knąć, -ykać się o (coś); **to ~ over oneself to do sth** infml wyłazić ze skóry, żeby coś zrobić infml; **people were ~ing over themselves to buy shares** ludzie pchali się drzwiami i oknami, żeby kupić akcje infml

■ **fall through** *[deal]* nie do|jść, -chodzić do skutku; *[plan]* nie udać się

■ **fall to**: ¶ ~ **to** (start eating) zab|rać, -ierać się do jedzenia; (start working) zab|rać, -ierać się do roboty ¶ ~ **to doing [sth]** zab|rać, -ierać się do robienia czegoś

■ **fall upon** = **fall on**

IDIOMS: **did he ~ or was he pushed** hum (about death, dismissal) ciekawe, czy ktoś mu w tym pomógł; **the bigger you are** or **the higher you climb, the harder you ~** im wyżej się zajdzie, tym boleśniejszy jest upadek; **to stand or ~ on sth** zależeć od czegoś

fallacious /fəˈleɪʃəs/ *adj* błędny

fallaciously /fəˈleɪʃəslɪ/ *adv* błędnie

fallaciousness /fəˈleɪʃəsnɪs/ *n* błędność *f*

fallacy /ˈfæləsɪ/ *n* [1] (belief) błędne przekonanie *n* [2] (argument) błędne rozumowanie *n*

fallback position /ˌfɔːlbækpəˈzɪʃn/ *n* Mil pozycja *f* do odwrotu; fig wyjście *n* awaryjne infml fig

fallen /ˈfɔːlən/ **I** *pp* → **fall**

II *n* **the ~** (+ *v pl*) polegli *plt*

III *pp adj [soldier]* poległy; *[leaf]* opadły; *[tree]* zwalony; *[angel]* upadły; **~ woman** dat kobieta upadła dat

fall guy *n* infml (scapegoat) kozioł *m* ofiarny; (dupe) jeleń *m* infml fig

fallibility /ˌfæləˈbɪlətɪ/ *n* (of method, memory) zawodność *f*; (of system, human nature) niedoskonałość *f*; (of person) omylność *f*

fallible /ˈfæləbl/ *adj [person]* omylny; *[method, memory]* zawodny; (of system, human nature) niedoskonały

falling-off /ˌfɔːlɪŋˈɒf/ *n* (also **falloff**) (in production, attendance) spadek *m* **(in sth** czegoś**)**; (in quality) pogorszenie się *n* **(in sth** czegoś**)**; (in standard) obniżenie *n* **(in sth** czegoś**)**

falling-out /fɔːlɪŋˈaʊt/ *n* kłótnia *f*; **to have a ~** pokłócić się **(with sb** z kimś**)**

falling star /ˌfɔːlɪŋ ˈstɑː(r)/ *n* spadająca gwiazda *f*

fall line *n* [1] (in skiing) linia *f* największego spadku [2] Geog krawędź *f* płaskowyżu

Fallopian tube /fəˈləʊpɪən/ *n* jajowód *m*

fallout /ˈfɔːlaʊt/ *n* opad *m* (promieniotwórczy); fig efekt *m* uboczny

fallout shelter *n* schron *m* przeciwatomowy

fallow /ˈfæləʊ/ *adj [land]* leżący odłogiem; **to lie ~** leżeć odłogiem also fig; **a ~ period** fig martwy sezon

fallow deer *n* daniel *m*

false /fɔːls/ *adj* [1] (wrong) *[impression, idea, belief]* błędny; *[information, rumour, report, allegation, statement]* nieprawdziwy; **their fears/expectations may well prove ~** ich obawy/oczekiwania mogą okazać się bezpodstawne; **a ~ sense of security** złudne poczucie bezpieczeństwa; **~ hopes** złudne nadzieje; **a ~ step** fałszywy krok [2] (fraudulent) *[banknotes, passport, name, address, information, statement, testimony]* fałszywy; *[tax returns]* niezgodny z prawdą; **to give ~ evidence** Jur fałszywie świadczyć; **to bear ~ witness** Jur złożyć fałszywe zeznanie; **charged with ~ accounting** Accts, Jur oskarżony o fałszowanie ksiąg rachunkowych; **~ modesty** fałszywa skromność [3] (artificial) *[nose, eyelashes, moustache]* sztuczny; *[floor]* podniesiony; *[ceiling]* podwieszany [4] (affected, disloyal) *[person]* fałszywy

false alarm *n* fałszywy alarm *m* also fig

false bottom *n* (in bag, box) podwójne dno *m*

false economy *n* pozorna oszczędność *f*

false friend *n* Ling fałszywy przyjaciel *m* (tłumacza); faux ami *n inv*

falsehood /ˈfɔːlshʊd/ *n* [1] (not truth) fałsz *m*, nieprawda *f*; **to tell truth from ~** odróżnić prawdę od fałszu [2] (lie) nieprawda *f*, kłamstwo *n*; **to tell a ~** mówić nieprawdę; **to tell ~s** kłamać

false imprisonment *n* bezprawne pozbawienie *n* wolności

falsely /ˈfɔːlslɪ/ *adv* [1] (wrongly) *[represent, state]* fałszywie, nieprawdziwie; **~ accused** (accidentally) niesłusznie oskarżony; (deliberately) fałszywie oskarżony; **to ~ imprison sb** Jur uwięzić kogoś bezprawnie [2] (mistakenly) *[confident]* bezpodstawnie; *[assume]* błędnie; **to ~ believe** być niesłusznie przekonanym [3] *[smile, laugh]* fałszywie, sztucznie

false memory syndrome *n* Psych fałszywe wspomnienia *n pl*

false move *n* fałszywy ruch *m*

falseness /ˈfɔːlsnɪs/ *n* fałszywość *f*, fałsz *m*

false note *n* Mus fałszywy dźwięk *m*; fig zgrzyt *m* fig; **to strike a ~** *[person]* popełnić gafę

false pretences *npl* **on** or **under ~** podstępem; Jur (by an action) uciekając się do oszustwa; (in speech, writing) posługując się fałszem; (pretending to be someone else) podszywając się pod kogoś innego

false rib *n* Anat żebro *f* rzekome

false start *n* Sport falstart *m* also fig

false step *n* fałszywy krok *m*

false teeth *npl* sztuczna szczęka *f*; **to put in/take out one's ~** założyć/wyjąć sztuczną szczękę

falsetto /fɔːlˈsetəʊ/ **I** *n* [1] (voice) falset *m* [2] (singer) falsecista *m*

II *adj [voice, whine]* falsetowy

falsies /ˈfɔːlsɪz/ *npl* infml dat sztuczne piersi *f pl*

falsification /ˌfɔːlsɪfɪˈkeɪʃn/ *n* [1] (alteration) (of documents, figures) fałszowanie *n*; **~ of accounts** Jur fałszowanie ksiąg rachunkowych [2] (distortion) (of the truth, facts) zafałszowanie *n*

falsify /ˈfɔːlsɪfaɪ/ *vt* [1] (alter) s|fałszować *[documents, results, accounts]* [2] (distort) za|fałszować *[facts, story]*

falsity /ˈfɔːlsətɪ/ *n* (of accusation, statement) fałszywość *f*; (of beliefs) błędność *f*

falter /ˈfɔːltə(r)/ **I** *vt* (also **~ out**) wykrztusić *[word, phrase]*

II *vi* [1] *[demand, interest, economy]* o|słabnąć [2] *[person]* za|wahać się; *[courage]* o|słabnąć; **to ~ in one's resolve/belief** chwiać się w postanowieniu/wierze [3] (when speaking) (because of emotion) *[person]* mówić łamiącym się głosem; (because of hesitancy) zacinać się; *[voice]* załam|ać, -ywać się; **to speak without ~ing** mówić bez zająknięcia [4] (when walking) *[person]* za|chwiać się; **to walk without ~ing** iść pewnym krokiem

faltering /ˈfɔːltərɪŋ/ *adj [demand, enthusiasm, interest, economy]* słabnący; *[footsteps]* niepewny; **to speak in a ~ voice** (because of emotion) mówić łamiącym się głosem; (because of hesitancy) mówić niepewnym głosem

falteringly /ˈfɔːltərɪŋlɪ/ *adv [walk]* chwiejnie; **to speak ~** (because of emotion) mówić łamiącym się głosem; (because of hesitancy) mówić niepewnym głosem

F

fame /feɪm/ *n* sława *f*; **her ~ as an actress** jej sława jako aktorki; **to rise to ~** stać się sławnym; **to seek ~** szukać rozgłosu; **the film brought him ~** ten film przyniósł mu sławę; **to acquire ~** zyskać sławę; **this was her (chief) claim to ~** (głównie) dzięki temu była znana; **~ and fortune** sława i bogactwo; **the road to ~** droga do sławy

famed /feɪmd/ *adj* słynny; **~ for sth** słynący z czegoś; **to be ~ for sth** słynąć z czegoś

familiar /fəˈmɪlɪə(r)/ **I** *n* [1] (animal spirit) *duch pod postacią zwierzęcia towarzyszący czarownicy* [2] (friend) druh *m*, kompan *m*
II *adj* [1] (well-known) *[landmark, phrase, sight, shape, sound, face, feeling]* znajomy **(to sb** komuś); *[figure, story]* dobrze znany **(to sb** komuś); **her face looked ~ to me** jej twarz wydawała mi się znajoma; **that name has a ~ ring to it, that name sounds ~** to nazwisko brzmi znajomo; **a name ~ to millions** imię znane milionom; **I thought her voice sounded ~** jej głos wydawał mi się znajomy; **to be on ~ ground** fig czuć się pewnie [2] (customary) *[argument, excuse, complaint]* wieczny, stały [3] (acquainted) **to be ~ with sth** znać coś; **to be ~ with sb** dobrze kogoś znać; **to make oneself ~ with sth** zaznajomić or zapoznać się z czymś [4] (intimate) *[manner, tone, language]* serdeczny; *[way]* zażyły, familiarny; **to be on ~ terms with sb** być z kimś w zażyłych or bliskich stosunkach [5] (presumptuous) poufały; **to be too ~ with sb** być nazbyt poufałym w stosunku do kogoś; **to get too ~ with sb** spoufalać się z kimś

familiarity /fəˌmɪlɪˈærətɪ/ *n* [1] (acquaintance) (with author, art, subject, politics) znajomość *f* **(with sb/sth** kogoś/czegoś) [2] (of surroundings, place) swojskość *f* **(of sth** czegoś) [3] (informality) poufałość *f*; **the ~ of his tone/style** poufałość w jego tonie/sposobie bycia
IDIOMS: **~ breeds contempt** Prov poufałość rodzi lekceważenie

familiarize /fəˈmɪlɪəraɪz/ **I** *vt* zaznaj|omić, -amiać, zapozna|ć, -wać **(with sth** z czymś) *[fact, area, procedure, job]*; zapozna|ć, -wać **(with sb** z kimś)
II *vr* **to ~ oneself with sth** zaznaj|omić, -amiać się z czymś, zapozna|ć, -wać się z czymś *[facts, system, work]*; osw|oić, -ajać się z czymś *[place]*; **to ~ oneself with sb** zapoznać się z kimś

familiarly /fəˈmɪlɪəlɪ/ *adv [address, speak]* poufale; **she behaves too ~ towards everyone** odnosi się do wszystkich zbyt poufale

family /ˈfæməlɪ/ **I** *n* (group) rodzina *f* also Zool, Ling; familia *f* dat or hum; (old and famous) ród *m*; (children) dzieci *n pl*; **to run in the ~** być cechą rodzinną; **to be one of the ~** być członkiem rodziny; **to start a ~** założyć rodzinę; **do you have any ~?** masz rodzinę?; **a ~ of four** czteroosobowa rodzina
II *modif [affair, feud, home, responsibilities, life]* rodzinny; *[accommodation]* dla całej rodziny; **for ~ reasons** z przyczyn rodzinnych; **a ~ member/friend** członek/przyjaciel rodziny
IDIOMS: **to be in the ~ way** infml hum być przy nadziei dat

Family Allowance *n* GB Soc Admin ≈ zasiłek *m* rodzinny

family business *n* interes *m* rodzinny

family butcher *n* sklep *m* mięsny w okolicy

family circle *n* [1] (group) krąg *m* rodzinny [2] US Theat drugi balkon *m*

family court *n* US Jur sąd *m* rodzinny

Family Credit *n* GB Soc Admin zasiłek *m* dla rodzin o niskich dochodach

Family Crisis Intervention Unit *n* *wydział do spraw przemocy w rodzinie*

family doctor *n* lekarz *m* rodzinny

family entertainment *n* rozrywka *f* dla całej rodziny

family-friendly /ˌfæməlɪˈfrendlɪ/ *adj [policy]* prorodzinny

family grouping *n* GB Sch *tworzenie grup przedszkolnym dla dzieci w różnym wieku*

Family Health Service Authority, FHSA *n* GB Soc Admin *urząd odpowiedzialny za podpisywanie kontraktów z lekarzami prowadzącymi prywatne praktyki*

Family Income Supplement *n* Soc Admin dodatek *m* dla rodzin o niskich dochodach

family man *n* dobry mąż *m* i ojciec *m*

family name *n* nazwisko *n*

family-owned /ˌfæməlɪˈəʊnd/ *adj [business]* rodzinny

family planning *n* planowanie *n* rodziny

Family Planning Association, FPA *n* Towarzystwo *n* Planowania Rodziny

family planning clinic *n* poradnia *f* planowania rodziny

family practice *n* US **to have a ~** być lekarzem rodzinnym

family practitioner *n* Med lekarz *m* rodzinny

family romance *n* US Psych *dziecięce rojenia, że nie jest się dzieckiem własnych rodziców*

family room *n* pokój *m* dzienny

family-size(d) /ˌfæməlɪˈsaɪzd/ *adj* **~ packet** opakowanie dla całej rodziny

family style US **I** *adj* **~ dinner** obiad podany na półmiskach
II *adv* **to serve ~** podawać do stołu na półmiskach

family tree *n* drzewo *n* genealogiczne

family unit *n* Sociol komórka *f* rodzinna

family viewing *n* kino *n* familijne; **(suitable for) ~ viewing** *[film, programme]* odpowiedni dla dzieci

famine /ˈfæmɪn/ *n* głód *m*

famished /ˈfæmɪʃt/ *adj* infml zgłodniały infml; **I'm ~** umieram z głodu fig

famous /ˈfeɪməs/ *adj [person, building, institution]* sławny, słynny; **~ for sth** słynący z czegoś; **a ~ victory** wspaniałe zwycięstwo; **~ last words!** iron akurat, myślałby kto!

famously /ˈfeɪməslɪ/ *adv* [1] (wonderfully) doskonale; **we get on** or **along ~** świetnie się rozumiemy [2] (notably) **Churchill is ~ quoted as saying...** wszyskim znane są słowa Churchilla, że...; **he was a novelist but most ~ a poet** pisał powieści, ale najbardziej znany był jako poeta

fan[1] /fæn/ **I** *n* [1] (for cooling) (electric) wiatrak *m*, wentylator *m*; (hand-held) wachlarz *m*; Aut wentylator *m*; **~-(assisted) oven** piekarnik z termoobiegiem [2] Agric wialnia *f*
II *vt* (*prp, pt, pp* **-nn-**) [1] (stimulate) podsyc|ić, -ać *[fire, flame, hatred, hopes]* [2] (cool) *[breeze]* owi|ać, -ewać *[face]*; (with fan, card) po|wachlować **(with sth** czymś); **to ~ one's face** wachlować sobie twarz [3] Agric prze|wiać *[grain]*
III *vr* (*prp, pt, pp* **-nn-**) **to ~ oneself** wachlować się **(with sth** czymś)
■ **fan out**: ¶ **~ out** *[lines, railway lines]* roz|ejść, -chodzić się promieniście; **they ~ned out across the plain** rozsypali się wachlarzem po całej równinie ¶ **~ out [sth], ~ [sth] out** ułożyć, układać w wachlarz *[cards, papers]*; **the bird ~ned out its feathers** ptak rozłożył pióra w wachlarz
IDIOMS: **to ~ the flames** dolać oliwy do ognia

fan[2] /fæn/ *n* (enthusiast, devotee) wielbiciel *m*, -ka *f*; fan *m*, -ka *f* infml; (of team) kibic *m*; **football ~** kibic piłkarski; **jazz ~** fan jazzu; **he's a Presley ~** jest wielbicielem or fanem Presleya; **I'm not one of her ~s** nie zaliczam się do jej wielbicieli; **I'm a ~ of American TV** uwielbiam amerykańską telewizję

fanatic /fəˈnætɪk/ *n* fanaty|k *m*, -czka *f*

fanatical /fəˈnætɪkl/ *adj* fanatyczny; **to be ~ about sth** mieć do czegoś fanatyczny stosunek

fanatically /fəˈnætɪklɪ/ *adv [dedicated, devoted]* fanatycznie

fanaticism /fəˈnætɪsɪzəm/ *n* fanatyzm *m*

fan belt *n* pasek *m* klinowy (wentylatora)

fanciable /ˈfænsɪəbl/ *adj* GB infml *[girl, man]* niczego sobie infml

fancier /ˈfænsɪə(r)/ *n* (of animals) (breeder) zawołany hodowca *m*; (lover) miłośni|k *m*, -czka *f*

fanciful /ˈfænsɪfl/ *adj* [1] (indulging in fancies) *[person]* bujający w obłokach infml; **to be ~** *[person]* bujać w obłokach [2] *[notion]* urojony; *[explanation, story]* zmyślony [3] (odd) *[name]* wymyślny; *[idea]* dziwaczny; *[design, hat]* fantazyjny; *[design]* udziwniony

fancifully /ˈfænsɪfəlɪ/ *adv [decorated]* fantazyjnie; *[named]* wymyślnie; **to think** or **imagine ~ that...** naiwnie wyobrażać sobie, że...

fancily /ˈfænsɪlɪ/ *adv [displayed]* z przepychem; **~ dressed** wystrojony

fan club *n* fanklub *m*; Sport klub *m* kibica; **I'm not a member of his ~** fig nie przepadam za nim; nie jestem jego fanem infml

fancy /ˈfænsɪ/ **I** *n* [1] (liking) upodobanie *n* **(for sth** do czegoś); **to catch** or **take sb's fancy** *[object]* spodobać się komuś; **he had taken her ~** (sexually) wpadł jej w oko infml; (not sexually) przypadł jej do gustu; **have whatever takes your ~** weź (sobie), co chcesz; **he took a ~ to your sister** (sexually) GB twoja siostra wpadła mu w oko; (non-sexually) spodobała mu się twoja siostra, twoja siostra przypadła mu do gustu; **I've taken a ~ to that dress/car** spodobała mi się ta sukienka/spodobał mi się ten samochód [2] (whim) kaprys *m*; **a passing ~** chwilowy kaprys; **to have a ~ for sth**

mieć chętkę na coś infml *[food]*; **as** or **when the ~ takes me** jak or kiedy tylko przyjdzie mi ochota [3] (fantasy) urojenie *n*; **is it fact or ~?** czy to prawda, czy jakiś wymysł? → **flight** [4] GB fml (vague idea) **I have a ~ (that)...** wydaje mi się, że... [5] GB (cake) ciasteczko *n* lukrowane

II *adj* [1] (elaborate) *[equipment]* skomplikowany; *[food]* wyszukany, wykwintny; **nothing ~** (of meal) nic specjalnego [2] (odd) *[idea, project]* niesamowity, szalony; *[name, gadget, equipment, food, clothes, display]* wymyślny [3] (decorative) *[paper, box]* fantazyjny [4] Comm **~ food** produkty delikatesowe [5] Zool *[animal]* osobliwy

III *vt* [1] infml (want) mieć ochotę na (coś) *[food, drink, entertainment]*; **~ a coffee?** chcesz kawy?; **what do you ~ for lunch?** co byś zjadł na obiad?; **to ~ doing sth** mieć ochotę coś robić; **do you ~ going to the cinema?** poszedłbyś do kina? [2] (like) **I ~ this book/chair** podoba mi się ta książka/to krzesło; **I don't ~ the idea of sharing a flat with anybody!** nie chcę z nikim mieszkać! [3] GB infml (feel attracted to) **I ~ her** ona mi się podoba; **I fancied her like mad** szalałem za nią [4] (expressing surprise) **~ her remembering my name!** wyobraź sobie, że pamiętała, jak się nazywam!; **~ anyone buying that old car!** pomyśleć, że ktoś chce kupić ten stary samochód!; **~ seeing you here!** infml ty tutaj?; **~ that!** infml a to ci dopiero! infml [5] dat (believe, imagine) **he fancied he heard footsteps** wydawało mu się, że słyszy kroki; **'how much does he earn?' – 'not much, I ~'** „ile on zarabia?" – „wydaje mi się, że niewiele" [6] Sport, Turf uważać (kogoś/coś) za pewniaka *[athlete, horse]*; **who do you ~ to win the Cup?** jak sądzisz, kto zdobędzie puchar?

IV *vr* [1] infml pej (be conceited) **to ~ oneself** mieć wysokie mniemanie o sobie; **she fancies herself in that hat** uważa, że świetnie jej w tym kapeluszu; **she fancies herself with a tennis racquet** uważa, że świetnie gra w tenisa [2] infml (wrongly imagine) **to ~ oneself as sb** uważać się za kogoś

V fancied *pp adj* Sport, Turf *[contender]* typowany na zwycięzcę; **Bobby's Boy is strongly fancied** Bobby's Boy jest zdecydowanym faworytem; **to be fancied for sth** być typowanym na zwycięzcę w czymś *[competition, election]*

IDIOMS: **a little of what you ~ does you good** odrobina przyjemności nie zaszkodzi; **to ~ one's chances** GB infml być zbyt pewnym swego; **I don't ~ his chances** infml nie daję mu specjalnych szans

fancy dress I *n* przebranie *n*, kostium *m*, strój *m*; **to wear ~** być przebranym; **in ~** w przebraniu

II *modif* **~ prize** nagroda za najlepsze przebranie or najlepszy kostium or strój; **~ competition** konkurs na najlepsze przebranie or najlepszy kostium or strój; **a ~ ball** or **party** bal kostiumowy, bal przebierańców

fancy goods *npl* GB upominki *m pl*

fancy man *n* infml pej dat (lover) gach *m* infml pej

fancy woman *n* infml pej dat kochanica *f* infml pej

fancywork /ˈfænsɪwɜːk/ *n* Sewing ozdobna robótka *f* ręczna

fandango /fænˈdæŋgəʊ/ *n* (*pl* **~s**) fandango *n*

fanfare /ˈfænfeə(r)/ *n* Mus fanfara *f*; **in** or **with a ~ of publicity** fig z wielką pompą

fang /fæŋ/ *n* (of dog, wolf) kieł *m*; (of snake) ząb *m* jadowy

fan heater *n* grzejnik *m* wentylatorowy

fanjet /ˈfændʒet/ *n* (engine) silnik *m* turboodrzutowy; (plane) samolot *m* turboodrzutowy

fan letter *n* list *m* od wielbiciela/wielbicielki

fanlight /ˈfænlaɪt/ *n półkoliste okienko nad drzwiami lub innym oknem*

fan magazine *n* = **fanzine**

fan mail *n* listy *m pl* od wielbicieli

fanny /ˈfænɪ/ *n* [1] GB vinfml (vagina) cipa *f* vulg [2] US infml (buttocks) pupa *f* infml

fanny pack *n* US saszetka *f* do paska

fan-shaped /ˈfænʃeɪpt/ *adj [leaf, stain, ornament]* wachlarzowaty; *[window]* półkolisty

fantail (pigeon) /ˈfænteɪl/ *n* pawik *m*

fantasia /fænˈteɪzɪə, US -ˈteɪʒə/ *n* Mus fantazja *f*

fantasize /ˈfæntəsaɪz/ **I** *vt* wyobra|zić, -żać sobie; **to ~ that...** wyobrażać sobie, że...

II *vi* fantazjować **(about sth** o czymś**)**; **to ~ about doing sth** marzyć o zrobieniu czegoś

fantastic /fænˈtæstɪk/ *adj* [1] infml (wonderful) *[food, view, holiday, weather, news]* fantastyczny infml; **you look ~!** fantastycznie wyglądasz! [2] (incredible) niesamowity, nieprawdopodobny [3] infml (huge) *[profit, speed]* zawrotny; *[increase]* niesamowity [4] (magical) fantastyczny

IDIOMS: **to trip the light ~** hum tańcować hum

fantastically /fænˈtæstɪklɪ/ *adv* [1] infml *[wealthy, expensive]* niesamowicie; *[grow, increase]* niesamowicie [2] infml (very well) *[perform, go]* fantastycznie [3] (fancifully) *[colour, portray]* niesamowicie

fantasy /ˈfæntəsɪ/ **I** *n* [1] (dream) fantazja *f* [2] (imagination) urojenie *n* [3] (untruth) wymysł *m* [4] (genre) fantasy *n inv* [5] (story, film) opowieść *f* fantastyczna [6] Mus fantazja *f*

II *modif* **a ~ world** świat fantazji

fantasy football *n* ≈ gra *f* w ligę *(gra polegająca na kompletowaniu wymyślonych drużyn z rzeczywistych zawodników)*

fan vault *n* Archit sklepienie *n* wachlarzowe

fan vaulting *n* = **fan vault**

fanzine /ˈfænziːn/ *n* fanzin *m*

FAO[1] *n* = **Food and Agriculture Organization** FAO *f/n*

FAO[2] *prep phr* = **for the attention of** do wiadomości

FAQ *npl* = **frequently asked questions** często zadawane pytania *n pl*

far /fɑː(r)/ **I** *adv* (*comp* **farther, further;** *superl* **farthest, furthest)** [1] (to, at, from a long distance) daleko; **is it ~?** czy to daleko?; **it's not very ~** to niezbyt daleko; **have you come ~?** czy przyjechałeś z daleka?; **is it ~ to London?** czy daleko jest stąd do Londynu?; **~ off, ~ away** daleko; **he doesn't live ~ away** nie mieszka daleko; **to be ~ from home/the city** być daleko od domu/miasta; **~ beyond the city** *[be]* daleko za miastem; *[go]* daleko za miasto; **~ above the trees** *[be]* wysoko (po)nad drzewami; *[jump, throw]* wysoko (po)nad drzewa; **~ out at sea** na pełnym morzu; **~ into the jungle** *[be]* głęboko w dżungli; *[go]* głęboko w dżunglę; **~ underground** *[be]* głęboko pod ziemią; *[go]* głęboko pod ziemię [2] (expressing specific distance) **how ~ is it to Leeds?** jak daleko jest do Leeds?; **how ~ is Glasgow from London?** jak daleko jest z Glasgow do Londynu?; **I don't know how ~ it is to Chicago from here** nie wiem, jak daleko jest stąd do Chicago; **go as ~ as the church /traffic lights** dojdź/dojedź do kościoła /świateł; **he walked as ~ as her** or **as she did** zaszedł tak daleko jak ona [3] (to, at a long time away) **~ back in the past** w zamierzchłej przeszłości; **I can't remember that ~ back** tak daleko moja pamięć nie sięga; **as ~ back as 1965** już w 1965 roku; **as ~ back as he can remember** tak dawno jak tylko sięga pamięcią; **the holidays are not ~ off** wakacje już niedaleko; **he's not ~ off 70** dobiega siedemdziesiątki; **peace seems very ~ away** or **off** pokój wydaje się bardzo odległy; **a change in government cannot be ~ away** trzeba się liczyć z rychłymi zmianami w rządzie; **he worked ~ into the night** pracował do późna w nocy [4] (to a great degree, very much) dużo, o wiele; **~ better/bigger/more beautiful** dużo or o wiele or znacznie or daleko lepszy/większy/piękniejszy; **~ too fast /cold** dużo or o wiele za szybko/zimno; **~ too much money/too many people** o wiele za dużo pieniędzy/ludzi; **~ above /below the average** dużo or znacznie powyżej/poniżej średniej; **the results fell ~ short of expectations** wyniki były dużo or o wiele or znacznie gorsze, niż się spodziewano; **interest rates haven't come down very ~** oprocentowanie nie obniżyło się zbytnio; **they are ~ ahead of their competitors** znacznie wyprzedzają konkurencję [5] (to what extent, to the extent that) **how ~ is it possible?** jak dalece or na ile jest to możliwe?; **how ~ have they got with the work?** jak daleko posunęli się z pracą?; jak daleko już są z robotą? infml; **we must wait and see how ~ this policy is successful** musimy poczekać i zobaczyć, na ile ta polityka okaże się skuteczna; **I wouldn't trust him very ~** zbytnio bym mu nie ufał; **as** or **so ~ as we can, as** or **so ~ as possible** w miarę (naszych) możliwości; **as** or **so ~ as I know** o ile wiem; **as** or **so ~ as I can see** z tego co widzę; **as** or **so ~ as I can remember** o ile dobrze pamiętam; **as** or **so ~ as I am /they are concerned** jeżeli o mnie/o nich chodzi; **as** or **so ~ as the money is concerned** jeżeli chodzi o pieniądze; **as** or **so ~ as that goes** jeżeli o to chodzi; **your plan is OK as ~ as it goes, but...** twój plan nie jest najgorszy, ale... [6] (to extreme degree) daleko; **to go too ~** *[person]* posunąć się za daleko; **it has gone ~ enough!** dosyć już tego!; **she took** or **carried the**

F

joke too ~ przesadziła z tym żartem; **to push sb too ~** doprowadzić kogoś do ostateczności; **to go so ~ as to do sth** posunąć się do zrobienia czegoś; **I wouldn't go so ~ as to say that** tego bym nie powiedział

II *adj* (*comp* **farther, further;** *superl* **farthest, furthest)** [1] (remote) **the ~ north/east** daleka północ/daleki wschód **(of sth** czegoś); **a ~ country** daleki kraj [2] (further away, other) **at the ~ end of the room** w drugim końcu pokoju; **on the ~ side of the street** na drugim końcu ulicy [3] Pol **the ~ right/left** skrajna prawica /lewica

III by far *adv phr* zdecydowanie; **it's by ~ the nicest/the most expensive, it's the nicest/the most expensive by ~** to jest zdecydowanie najładniejsze/najdroższe

IV far and away *adv phr* zdecydowanie; **he's ~ and away the best/the most intelligent** jest zdecydowanie najlepszy /najinteligentniejszy

V far from *prep phr* **to be ~ from happy /satisfied** wcale nie być szczęśliwym /zadowolonym; **your account is ~ from (being) accurate** twojej relacji daleko do dokładności; **I'm ~ from certain** wcale nie jestem pewien; **it's ~ from easy** to wcale nie jest łatwe; **~ from complaining, I am very pleased** wcale nie narzekam, przeciwnie, jestem bardzo zadowolony; **I'm not tired, ~ from it!** wcale nie jestem zmęczony!; **'are you hungry?' – '~ from it'** „jesteś głodny?" – „ani trochę"

VI so far *adv phr* [1] (up till now) do tej pory, dotychczas, jak dotąd; **she's only written one book so ~** do tej pory or dotychczas or jak dotąd napisała tylko jedną książkę; **we've managed so ~** do tej pory or dotychczas or jak dotąd dawaliśmy sobie radę; **we have £3000 so ~** na razie mamy 3000 funtów; **so ~, so good** na razie wszystko idzie dobrze, jak dotąd wszystko jest w porządku [2] (up to a point) **the money will only go so ~** pieniędzy starczy tylko na jakiś czas; **they will only compromise so ~** istnieje granica kompromisu, której nie przekroczą; **you can only trust him so ~** możesz mu zaufać tylko do pewnego stopnia

VII thus far *adv phr* do tej pory, dotychczas, jak dotąd; **thus ~ we don't have any information** do tej pory or dotychczas or jak dotąd nie mamy żadnej wiadomości

IDIOMS: **~ and wide, ~ and near** wszędzie; **~ be it from me to interfere in your affairs, but...** nie chcę się wtrącać w twoje sprawy, ale...; **he is pretty ~ gone** (ill) jest z nim bardzo źle; (drunk) jest zupełnie zalany infml; **how ~ gone** or **along** US **is she (in her pregnancy)** w którym jest miesiącu ciąży?; **not to be ~ off** or **out** or **wrong** (be almost correct) być blisko; **she will go ~** ona daleko zajdzie; **this wine/food won't go very ~** tego wina/jedzenia nie jest zbyt wiele; **to be a ~ cry from sth** bynajmniej nie przypominać czegoś

farad /ˈfærəd/ *n* Phys farad *m*

faraway /ˌfɑːrəˈweɪ/ *adj* odległy also fig

farce /fɑːs/ *n* Theat farsa *f* also fig; **the trial was a ~** proces był farsą

farcical /ˈfɑːsɪkl/ *adj* farsowy; **it's ~** to farsa

far-distant /ˌfɑːˈdɪstənt/ *adj [land, mountains, region]* odległy; **in the ~ future** w odległej przyszłości

fare /feə(r)/ **I** *n* [1] (cost of travelling) opłata *f* za przejazd; **train/taxi/bus ~** opłata za przejazd pociągiem/taksówką/autobusem; **air ~** cena biletu lotniczego; **child/adult ~** cena biletu dla dzieci/dorosłych; **full ~** pełna opłata; **half ~** opłata z pięćdziesięcioprocentową zniżką; **return ~** cena biletu powrotnego; **~s are going up** przejazdy drożeją, ceny biletów rosną; **the ~ to Piccadilly (on the underground) is 80p** przejazd (metrem) do Piccadilly kosztuje 80 pensów; **he paid my (air) ~ to Tokyo** opłacił mój lot do Tokio; **how much is the ~ to London by train?** ile kosztuje bilet kolejowy do Londynu?; **I haven't got the ~ for the bus** nie mam na autobus; **'please have the correct ~ ready'** (on bus) „kierowca nie wydaje reszty" [2] (taxi passenger) klient *m*, -ka *f* [3] dat (food) strawa *f* dat; **plain ~** prosta strawa; **hospital/prison ~** wikt szpitalny /więzienny; **bill of ~** jadłospis

II *vi* [1] (get on) **how did you ~?** jak ci poszło?; **we ~d badly/well** poszło nam źle/dobrze; **the team ~d well in the final** drużyna dobrze wypadła w finale [2] (progress) **the company is faring well despite the recession** pomimo recesji firma ma się dobrze

Far East *prn* **the ~** Daleki Wschód *m*

Far Eastern *adj [affairs, influence, markets]* dalekowschodni

fare dodger *n* pasażer *m*, -ka *f* na gapę

fare-paying passenger /ˌfeəpeɪɪŋˈpæsɪndʒə(r)/ *n* pasażer *m* płacący za przejazd

fare stage *n* Transp strefa *f*

fare-thee-well /ˌfeəðiːˈwel/ **to a fare-thee-well** *adv phr* US [1] (perfectly) do perfekcji [2] (very hard) *[thrash]* niemiłosiernie

farewell /ˌfeəˈwel/ **I** *n* pożegnanie *n*; **to say one's ~s** pożegnać się **(to sb** z kimś); **to bid sb ~** pożegnać kogoś

II *modif [party, gift, speech]* pożegnalny

III *excl* żegnaj!

far-fetched /ˌfɑːˈfetʃt/ *adj* naciągany

far-flung /ˌfɑːˈflʌŋ/ *adj* [1] (remote) *[area, country, outpost]* odległy [2] (widely distributed) *[countries, towns, regions]* rozrzucony; *[network]* rozwinięty

farinaceous /ˌfærɪˈneɪʃəs/ *adj* (mealy, powdery) mączny; (of starch) skrobiowy

farm /fɑːm/ **I** *n* gospodarstwo *n* (rolne); (big and specialized) farma *f*; **pig/sheep ~** hodowla świń/owiec; **chicken ~** farma or ferma kurza; **fish ~** gospodarstwo rybne; **dairy ~** ferma mleczna, gospodarstwo mleczarskie; **to work on a ~** pracować na roli

II *modif [building, animal]* gospodarski

III *vt* uprawiać *[land]*

IV *vi* gospodarować

V farmed *pp adj [fish]* hodowlany

■ **farm out:** ¶ **~ out [sth]** zlec|ić, -ać *[work]* **(to sb** komuś) **~ [sb] out** odda|ć, -wać pod opiekę *[child, guest]* **(to sb** komuś)

farm club *n* US Sport lokalna drużyna *f* bejsbolowa

farmer /ˈfɑːmə(r)/ *n* rolnik *m*; (in the West) farmer *m*; **chicken/pig/sheep ~** hodowca kur/świń/owiec

farm gate price *n* cena *f* producenta

farm hand *n* = **farm worker**

farmhouse /ˈfɑːmhaʊs/ *n* wiejski dom *m*

farmhouse loaf *n* chleb *m* wiejski

farming /ˈfɑːmɪŋ/ **I** *n* [1] (profession) rolnictwo *n* [2] (of area, land) uprawa *f* [3] (of animals) hodowla *f*; **chicken/pig/sheep ~** hodowla kur/świń/owiec

II *modif [community]* rolniczy; **~ methods** metody uprawy; **~ subsidies** subsydia dla rolników

farm labourer *n* = **farm worker**

farmland /ˈfɑːmlænd/ *n* ziemia *f* uprawna

farm produce *n* produkty *m pl* rolne

farm shop *n* sklep *m* z produktami rolnymi *(przy gospodarstwie)*

farmstead /ˈfɑːmsted/ *n* dat obejście *n*

farm worker *m* robotnik *m* rolny, robotnica *f* rolna

farmyard /ˈfɑːmjɑːd/ *n* wiejskie podwórze *n*

farmyard chicken *n* wiejski kurczak *m*

Faroes /ˈfeərəʊz/ *prn pl* (also **Faroe Islands) the ~** Wyspy *f pl* Owcze

far-off /ˌfɑːrˈɒf, US -ˈɔːf/ *adj* daleki, odległy

far out infml **I** *adj* (modern) awangardowy

II *excl* (great) odlotowy infml

farrago /fəˈrɑːgəʊ/ *n* **a ~ of nonsense and lies** stek bzdur i kłamstw

far-reaching /ˌfɑːˈriːtʃɪŋ/ *adj [effect, implication, change, reform, proposal]* daleko idący; *[investigation]* dogłębny; *[plan, programme]* dalekosiężny

farrier /ˈfærɪə(r)/ *n* [1] GB kowal *m (kujący konie)* [2] (doctor) weterynarz *m*

farrow /ˈfærəʊ/ **I** *n* małe *n pl* or młode *n pl* świni

II *vi [sow]* o|prosić się

far-seeing /ˌfɑːˈsiːɪŋ/ *adj* → **far-sighted**

far-sighted /ˌfɑːˈsaɪtɪd/ *adj* [1] (prudent) *[person, policy, view, idea]* dalekowzroczny [2] US Med **to be ~** być dalekowidzem

fart /fɑːt/ vinfml **I** *n* [1] (wind) pierdnięcie *n* vulg [2] (stupid person) pierdoła *m* vinfml; **you silly old ~!** ty stary pryku! vinfml

II *vi* pier|dnąć, -dzieć vulg

■ **fart about, fart around** vinfml [1] (fool about) wygłupiać się infml [2] (do nothing) opieprzać się vinfml

farther /ˈfɑːðə(r)/ **I** *adv* → **further I** [1] [2] [3]

II *adj* → **III** [2]

farthest /ˈfɑːðɪst/ *adj, adv* → **furthest**

farthing /ˈfɑːðɪŋ/ *n* GB Hist *dawna moneta o wartości ćwierć pensa*; **I haven't got a ~** infml nie mam złamanego grosza, nie mam grosza przy duszy

FAS *n* → **foetal alcohol syndrome**

fascia /ˈfeɪʃə/ *n* [1] GB Aut (dashboard) tablica *f* or deska *f* rozdzielcza [2] (over shop) szyld *m* [3] Anat powięź *f*

fascicle /ˈfæsɪkl/ *n* [1] Anat, Bot wiązka *f* [2] (also **fascicule)** zeszyt *m* wydawniczy

fascinate /ˈfæsɪneɪt/ *vt* [1] (interest) za|fascynować [2] (petrify) *[snake, glare]* za|hipnotyzować

fascinated /ˈfæsɪneɪtɪd/ *adj* zafascynowany

fascinating /ˈfæsɪneɪtɪŋ/ *adj [story, person, conversation]* pasjonujący, fascynujący; *[conversation]* niezwykle zajmujący

fascination /ˌfæsɪˈneɪʃn/ *n* [1] (interest) fascynacja *f*, zafascynowanie *n* **(with** or **for sth** czymś); **they watched/listened in ~** patrzyli/słuchali zafascynowani [2] (power) **to have** or **hold a ~ for sb** fascynować kogoś

fascism /ˈfæʃɪzəm/ *n* faszyzm *m*

fascist /ˈfæʃɪst/ **I** *n* faszyst|a *m*, -ka *f*; fig zamordysta *m* infml

II *adj* faszystowski

fashion /ˈfæʃn/ **I** *n* [1] (way) sposób *m*; **she works in a strange ~** ma dziwny styl pracy; **in a brutal/strange ~** w brutalny /dziwny sposób [2] (style) styl *m*; **in my own ~** po swojemu; **in the Chinese/French ~** w stylu chińskim/francuskim; **after the ~ of the Impressionists** na modłę impresjonistów [3] (vogue, trend) moda *f*; **to be in ~** być w modzie, być modnym; **to be out of ~** nie być w modzie, być niemodnym; **to come into ~** wchodzić w modę; **to go out of ~** wychodzić z mody; **the ~ for mini-skirts** moda na spódniczki mini; **the ~ is for long coats this winter** tej zimy modne są długie płaszcze; **to be a slave to ~** być niewolnikiem mody; **to start a ~** zapoczątkować modę; **to be all the ~** być krzykiem mody; **to set the ~** wyznaczyć styl

II *modif [accessory]* modny; *[jewellery, tights]* fantazyjny; **to make a ~ statement** fig nosić się ekstrawagancko

III fashions *npl* **ladies' ~s** konfekcja damska; **Paris ~s** paryska moda; **1930s ~s** moda lat trzydziestych

IV *vt* [1] (shape) wy|modelować *[statue, clay]*; **to ~ clay into sth** ulepić coś z gliny [2] (make) z|robić **(out of** or **from sth** z czegoś)

IDIOMS: **to do sth after a ~** robić coś jako tako

fashionable /ˈfæʃnəbl/ *adj [style, garment, area, topic]* modny **(among** or **with sb** wśród kogoś); **nowadays it's ~ to be cynical** cynizm jest teraz modny or w modzie

fashionably /ˈfæʃnəblɪ/ *adv* modnie; **his hair was ~ long** zgodnie z panującą modą miał długie włosy

fashion business *n* świat *m* mody

fashion buyer *n przedstawiciel handlowy kupujący dla sklepu elegancką konfekcję*

fashion-conscious /ˈfæʃnkɒnʃəs/ *adj [person]* podążający za modą; **to be ~** podążać za modą

fashion designer *n* projektant *m*, -ka *f* mody

fashion editor *n* Journ redaktor *m*, -ka *f* działu mody

fashion house *n* dom *m* mody

fashion-magazine /ˌfæʃnˌmægəˈziːn/ *n* magazyn *m* mody, żurnal *m*

fashion model *n* model *m*, -ka *f*

fashion parade *n* pokaz *m* mody, rewia *f* mody

fashion-plate /ˈfæʃnpleɪt/ *n* (illustration) zdjęcie *n* z żurnala; **to be a ~** *[person]* być jak z żurnala

fashion show *n* pokaz *m* mody

fashion victim *n* niewolni|k *m*, -ca *f* mody

fast¹ /fɑːst, US fæst/ **I** *adj* [1] (speedy) szybki, prędki; **a ~ train** pociąg pośpieszny; **to be a ~ walker/reader/writer** szybko chodzić/czytać/pisać; **he is a ~ worker** szybko pracuje; (in seduction) nie traci czasu [2] Sport *[court, pitch, track]* szybki [3] (ahead of time) **my watch is ~** mój zegarek się śpieszy; **you are five minutes ~** twój zegarek śpieszy się pięć minut [4] (immoral) zepsuty; **to lead a ~ life** prowadzić hulaszczy tryb życia [5] Phot **~ film** bardzo czuły film; **~ exposure** krótki czas naświetlania [6] (firm) *[door, lid]* dobrze zamknięty; *[rope]* dobrze umocowany; **to make sth ~** przycumować *[boat]*; umocować *[rope]* [7] (loyal) *[friend]* wierny; *[friendship]* mocny [8] (permanent) *[colour, dye]* trwały

II *adv* [1] (rapidly) *[move, speak, write]* szybko; **how ~ can you knit/read?** jak szybko robisz na drutach/czytasz?; **I need help ~** natychmiast potrzebuję pomocy; **I ran as ~ as my legs would carry me** biegłem co sił w nogach; **these customs are ~ disappearing** te zwyczaje szybko zanikają; **education is ~ becoming a luxury** edukacja w szybkim tempie staje się luksusem; **the time is ~ approaching when...** nieuchronnie zbliża się chwila, kiedy...; **not so ~!** nie tak szybko or prędko!; **as ~ as I make the toast, he eats it** ledwo zdążę zrobić grzankę, on już ją zjada; **I couldn't get out of there ~ enough** infml wyszedłem stamtąd najszybciej jak tylko mogłem [2] (firmly) *[hold, stuck]* mocno; *[shut]* dobrze; **to stand ~** *[person]* mocno trzymać się na nogach; fig trwać przy swoim; **to be ~ asleep** mocno spać

III fast by *adv phr* liter tuż obok

IDIOMS: **to play ~ and loose with sb** zwodzić kogoś; **to pull a ~ one on sb** infml zrobić w konia kogoś infml

fast² /fɑːst, US fæst/ **I** *n* (abstinence) post *m*; **to break one's ~** złamać post

II *vi* (abstain from food) pościć

fastback /ˈfɑːstbæk, US ˈfæst-/ *n* GB Aut fastback *m*

fast breeder reactor *n* Nucl reaktor *m* powielający na prędkich neutronach

fast day *n* Relig dzień *m* postu, post *m*

fasten /ˈfɑːsn, US ˈfæsn/ **I** *vt* [1] (close) zam|knąć, -ykać *[bolt, lid, case]*; zapi|ąć, -inać *[belt, sandals, necklace, coat, buckle]* [2] (attach) przymocow|ać, -ywać *[notice, shelf, lead, rope]* **(to sth** do czegoś**) (onto sth** na czymś); **to ~ the ends together** połączyć końce; **to ~ the pages together** spiąć kartki papieru [3] (fix) **his eyes ~ed on me** utkwił we mnie wzrok; **to ~ the blame /responsibility on sb** zrzucić na kogoś winę/odpowiedzialność

II *vi* (close) *[box]* zam|knąć, -ykać się; *[necklace, belt, skirt]* zapi|ąć, -inać się; **to ~ at the back/side** zapinać się z tyłu/z boku

■ **fasten down**: **~ down [sth], ~ [sth] down** zam|knąć, -ykać *[hatch, lid]*; przymocow|ać, -ywać *[loose edge]*

■ **fasten on**: ¶ **~ on** *[lid]* zam|knąć, -ykać się ¶ **~ [sth] on** zam|knąć, -ykać *[lid]* ¶ **~ on [sth]** uchwycić się (czegoś) *[idea]*; **he ~ed on the idea of escaping** uchwycił się or uczepił się myśli o ucieczce

■ **fasten onto**: **~ onto [sb]** op|rzeć, -ierać się na (kimś) fig

■ **fasten up**: **~ up [sth], ~ [sth] up** zam|knąć, -ykać *[case]*; zawiąz|ać, -ywać *[shoe]*; zapi|ąć, -inać *[coat]*

fastener /ˈfɑːsnə(r), US ˈfæsnə(r)/ *n* [1] (for clothing) zapięcie *n*; (zip) zamek *m*; **snap ~** zatrzask [2] (for box, bag) zamknięcie *n*

fastening /ˈfɑːsnɪŋ, US ˈfæsnɪŋ/ **I** *n* (for clothing) zapięcie *n*; (for box) zamknięcie *n*

II -fastening *in combinations* **front-/back-~** zapinany z przodu/z tyłu

fast-flowing /ˌfɑːstˈfləʊɪŋ, US ˌfæst-/ *adj* wartki

fast food /ˌfɑːstˈfuːd, US ˌfæst-/ **I** *n* fast food *m*

II *modif* **~ restaurant/outlet/counter** fast food; **~ chain** sieć fast foodów

fast-forward /ˌfɑːstˈfɔːwəd, US ˌfæst-/ **I** *n* Audio przewijanie *n* do przodu

II *modif* **~ key/button** klawisz/przycisk przewijania do przodu

fast-growing /ˌfɑːstˈgrəʊɪŋ, US ˌfæst-/ *adj [industry]* szybko rozwijający się

fastidious /fæˈstɪdɪəs/ *adj* [1] (extremely careful) *[person]* drobiazgowy, pedantyczny **(about sth** na punkcie czegoś) [2] (hard to please) *[person]* wybredny [3] (easily disgusted) *[person]* delikatny

fastidiously /fæˈstɪdɪəslɪ/ *adv [work]* porządnie; *[tidy]* pedantycznie; *[dressed]* niezwykle starannie

fastidiousness /fæˈstɪdɪəsnɪs/ *n* drobiazgowość *f*, pedanteria *f*

fastigiate /fæˈstɪdʒɪt/ *adj [plant]* stożkowaty

fasting /ˈfɑːstɪŋ, US ˈfæstɪŋ/ *n* post *m*

fast lane /ˈfɑːstleɪn, US ˈfæst-/ *n* Aut pas *m* ruchu do wyprzedzania; **to live in the ~** fig żyć na pełnych obrotach; **to enjoy life in the ~** fig lubić życie na pełnych obrotach

fast living *n* hulaszczy tryb *m* życia

fast-moving /ˌfɑːstˈmuːvɪŋ, US ˌfæst-/ *adj [traffic]* szybki

fastness /ˈfɑːstnɪs, US ˈfæst-/ *n* [1] (speed) prędkość *f*, szybkość *f* [2] (of dye) trwałość *f* [3] (*pl* **-es**) (stronghold) liter twierdza *f*

fast rewind **I** *n* Audio przewijanie *n* do tyłu

II *modif* **~ key/button** klawisz/przycisk przewijania do tyłu

fast-talk /ˌfɑːstˈtɔːk, US ˌfæst-/ *vt* infml zagad|ać, -ywać infml *[person]*; **to ~ sb into signing an agreement** namówić kogoś do podpisania umowy

fast-talking /ˌfɑːstˈtɔːkɪŋ, US ˌfæst-/ *adj* infml *[salesperson]* wygadany infml

fast-track /ˈfɑːsttræk, US ˈfæst-/ **I** *n* Mgmt szybki awans *m*; **to apply for the ~** ubiegać się o przyśpieszony awans

II *modif* **~ system/scheme** system szybkich awansów; **~ place** posada uzyskana dzięki przyśpieszonemu awansowi

III /ˌfɑːstˈtræk, US ˌfæst-/ *vt* awansować (kogoś) w przyśpieszonym trybie

fat /fæt/ **I** *n* [1] (substance) tłuszcz *m*; **~ intake** spożycie tłuszczów; **animal/vegetable ~s** tłuszcze zwierzęce/roślinne; **beef/mutton ~** tłuszcz wołowy/barani; **goose ~** tłuszcz (z) gęsi; **fried in ~**

F

smażony na tłuszczu; **body ~** tkanka tłuszczowa; **to lay down reserves of ~** gromadzić zapasy tłuszczu; **to run to ~** utyć [2] Chem tłuszcz *m*
II *adj* [1] (overweight) *[person, animal, body, thigh, tummy]* gruby; tłusty pej; *[cheek, finger]* pulchny; tłusty pej; **to get ~** tyć; **to get ~ on chocolates** tyć od czekoladek; **to get** or **grow ~ on sth** fig dorobić się na czymś [2] (full, swollen) *[wallet, envelope]* wypchany, gruby; *[file, novel, magazine]* gruby; *[cushion]* wypchany; *[fruit, pea pod]* okazały; *[pear]* pękaty [3] (remunerative) *[profit, cheque, fee]* pokaźny; **a nice ~ job** dobrze płatna praca [4] (fertile) *[year]* tłusty; *[valley, land]* żyzny [5] (worthwhile) **a ~ role** rola dająca pole do popisu [6] (fatty) *[bacon, meat]* tłusty [7] infml iron (not much) **you're a ~ lot of use!** żadnego z ciebie pożytku!; **and a ~ lot of good it did you!** na wiele ci się to zdało!; **a ~ lot you know!** co ty możesz wiedzieć?; **a ~ lot you care!** nic cię to nie obchodzi!; **'will she go?' – '~ chance'** „czy pójdzie?" – „akurat" infml; **a ~ chance you've got!** masz marne szanse! infml
IDIOMS: **the ~'s in the fire** infml będzie awantura infml; **to be in ~ city** US infml mieć wszystkiego w bród; **to live off the ~ of the land** opływać w dostatki

fatal /ˈfeɪtl/ *adj* [1] (lethal) *[accident, injury, shot, illness, blow]* śmiertelny [2] (disastrous) *[consequences, day, hour]* fatalny; *[weakness, flaw, mistake, decision]* fatalny w skutkach; *[influence]* zgubny; **to be ~ to sb/sth** być fatalnym w skutkach dla kogoś/czegoś; **it would be ~ to refuse** odmowa byłaby fatalnym błędem

fatalism /ˈfeɪtəlɪzəm/ *n* fatalizm *m*

fatalist /ˈfeɪtəlɪst/ *n* fatalist|a *m*, -ka *f*

fatalistic /ˌfeɪtəˈlɪstɪk/ *adj [attitude, outlook]* fatalistyczny; **a ~ person** fatalista

fatalistically /ˌfeɪtəˈlɪstɪklɪ/ *adv* fatalistycznie

fatality /fəˈtælətɪ/ *n* [1] (person killed) ofiara *f* (śmiertelna); **there have been no fatalities** nie było ofiar; **road fatalities** śmiertelne ofiary wypadków drogowych [2] (deadliness) (of blow, fall) śmiertelne skutki *m*; (of toxin) śmiertelne działanie *n* [3] (fate) fatum *n inv*, fatalność *f*

fatally /ˈfeɪtəlɪ/ *adv* [1] *[injured, wounded, ill]* śmiertelnie [2] fig *[flawed]* nieodwracalnie; *[compromised]* całowicie

fat-ass /ˌfætˈæs / *n* US vinfml pej tłusta świnia *f* vinfml pej

fatback /ˈfætbæk/ *n* US słonina *f* *(z grzbietu)*

fat cat *n* infml fig gruba *f* ryba fig

fate /feɪt/ *n* [1] (controlling power) (also **the ~s**) los *m*; (adverse) fatum *n inv*; **~ was on my side/against me** los mi sprzyjał/nie sprzyjał; **a (cruel) twist of ~** (okrutne) zrządzenie losu; **to tempt ~** kusić los; **to leave sb to their ~** pozostawić kogoś swojemu losowi; **to be resigned to one's ~** poddać się losowi, zdać się na los [2] (death) śmierć *f*; **to meet a sad ~** marnie skończyć [3] (outcome, result) los *m*; **nothing is known of the ~ of the three men** nic nie wiadomo o losie tych trzech ludzi; **he looks likely to suffer a similar ~** wygląda na to, że spotka go podobny los; **a ~ worse than death** hum los gorszy od śmierci; **his ~ is sealed** jego los jest przypieczętowany [4] Mythol **the Fates** Parki

fated /ˈfeɪtɪd/ *adj* [1] (destined) **we were ~ never to meet** nie było nam pisane się spotkać; **she was ~ to die in poverty** pisane jej było umrzeć w biedzie [2] (doomed) skazany **(to do sth** na robienie czegoś**)** [3] (decreed by fate) z góry przesądzony

fateful /ˈfeɪtfl/ *adj [decision, event, words]* brzemienny w skutki; *[day]* pamiętny

fat farm *n* infml klinika *f* dla odchudzających się

fat-free /ˌfætˈfriː/ *adj* beztłuszczowy

fathead /ˈfæthed/ *n* infml pej głąb *m* infml pej

fat-headed /ˌfætˈhedɪd/ *adj* infml pej durny infml pej

father /ˈfɑːðə(r)/ **I** *n* [1] (parent) ojciec *m*; **to be like a ~ to sb** być dla kogoś jak ojciec; **from ~ to son** z ojca na syna [2] (ancestor) ojciec *m*; **land of our ~s** ziemia naszych ojców [3] (originator) ojciec *m*; **the ~ of the motor car/of English theatre** ojciec motoryzacji/angielskiego teatru
II *vt* s|płodzić *[child]*
IDIOMS: **like ~ like son** jaki ojciec, taki syn; **the ~ and mother of a row** infml wielka awantura

Father /ˈfɑːðə(r)/ *n* [1] Relig (God) Ojciec *m*; **the Our ~** (prayer) Ojcze nasz; **God the ~** Bóg Ojciec [2] (title for priest) ksiądz *m*; (from religious order) ojciec *m*; **~** (to secular priest) proszę księdza; (to priest from religious order) ojcze

Father Christmas *n* GB Święty Mikołaj *m*

father confessor *n* Relig ojciec *m* duchowny, spowiednik *m*; fig powiernik *m*

father figure *n* autorytet *m*

fatherhood /ˈfɑːðəhʊd/ *n* ojcostwo *n*

father-in-law /ˈfɑːðərɪnlɔː/ *n* teść *m*

fatherland /ˈfɑːðəlænd/ *n* ojczyzna *f*

fatherless /ˈfɑːðəlɪs/ *adj* bez ojca

fatherly /ˈfɑːðəlɪ/ *adj* ojcowski

Father's Day *n* dzień *m* ojca

Father Time *n* Ojciec Czas *m (personifikacja czasu)*

fathom /ˈfæðəm/ **I** *n* Meas Naut sążeń *m* anglosaski *(= 1,83 m)*
II *vt* [1] Naut sondować [2] (also GB **~ out**) (understand) poj|ąć, -mować

fathomless /ˈfæðəmlɪs/ *adj [mystery]* niezgłębiony; *[eyes]* przepaścisty; **lost in the ~ ocean** zaginiony w niezmierzonej głębi oceanu

fatigue /fəˈtiːg/ **I** *n* [1] (tiredness) znużenie *n*; **mental ~** zmęczenie psychiczne; **muscle ~** zmęczenie mięśni; **she was in a state of complete ~** słaniała się ze zmęczenia; **battle** or **combat ~** nerwica frontowa [2] Tech **metal ~** zmęczenie *n* metalu [3] (also **~ duty)** Mil (in kitchen) służba *f* w kuchni; (as punishment) praca *f* poza kolejnością; **to be on ~s** pełnić służbę w kuchni
II fatigues *npl* Mil (uniform) mundur *m* polowy; **camouflage ~s** mundur polowy maskujący
III *modif* **a ~ party** Mil pododdział gospodarczy
IV *vt* z|męczyć *[person, metal]*
V fatigued *pp adj* znużony

fatigue dress *n* Mil mundur *m* polowy

fatiguing /fəˈtiːgɪŋ/ *adj* fml *[task, experience]* nużący

fatless /ˈfætlɪs/ *adj* beztłuszczowy

fatness /ˈfætnɪs/ *n* (of person) tusza *f*

fatso /ˈfætsəʊ/ *n* infml pej (person) grubas *m*, -ka *f*, tłuścioch *m*, -a *f* infml pej

fat-soluble /ˌfætˈsɒljʊbl/ *adj* rozpuszczalny w tłuszczach

fatstock /ˈfætstɒk/ *n* GB zwierzęta *n pl* tuczne

fatten /ˈfætn/ **I** *vt* = **fatten up**
II *vi [animal]* przyb|rać, -ierać na wadze
■ **fatten up**: **~ up [sb/sth], ~ [sb/sth] up** (slightly) podtucz|yć, -ać, podpaść *[person, animal]*; (considerably) u|tuczyć, upaść *[person, animal]*; fig w|pompować dużo pieniędzy w (coś) *[industry]*

fattening /ˈfætnɪŋ/ **I** *n* tuczenie *n*; Agric tucz *m*
II *adj [food, drink]* tuczący

fattism /ˈfætɪzəm/ *n* infml dyskryminacja *f* osób otyłych

fatty /ˈfætɪ/ **I** *n* infml pej grubas *m*, -ka *f*, tłuścioch *m*, -a *f* infml pej
II *adj* [1] *[tissue]* tłuszczowy [2] *[meat, cooking]* tłusty

fatty acid *n* kwas *m* tłuszczowy

fatty degeneration *n* zwyrodnienie *n* tłuszczowe

fatty deposits *n* złogi *m pl* tłuszczu

fatuity /fəˈtjuːətɪ, US -ˈtuːətɪ/ *n* (of person, remark) głupota *f*

fatuous /ˈfætʃʊəs/ *adj [remark, joke, smile]* głupkowaty; *[activity, exercise]* bezmyślny

fatuousness /ˈfætʃʊəsnɪs/ *n* = **fatuity**

fatwa /ˈfætwɑː/ *n* fatwa *f*

faucet /ˈfɔːsɪt/ *n* US kran *m*

fault /fɔːlt/ **I** *n* [1] (in person) wada *f*; (in wiring, machine, system) wada *f*, usterka *f* **(in sth** w czymś**)**; (electrical failure, breakdown) awaria *f*; **structural ~** wada strukturalna; **design ~** wada konstrukcyjna; **software ~** błąd oprogramowania; **my greatest ~** moja największa wada; **for all his ~s** mimo wszystkich swoich wad; **to be scrupulous to a ~** być skrupulatnym aż do przesady [2] (responsibility, guilt) wina *f*; **to be sb's ~, to be the ~ of sb** być winą kogoś; **it's his ~ that...** to jego wina, że...; **it's all your ~** to wszystko twoja wina, to wszystko przez ciebie; **it's your own silly ~** infml to wszystko przez twoją własną głupotę infml; **it's not my ~** to nie moja wina; **it's hardly their ~** to bynajmniej nie ich wina; **whose ~ will it be if we're late?** czyja to będzie wina, jeśli się spóźnimy?; **the ~ lies with him/the company** to on /firma ponosi za to odpowiedzialność; **through no ~ of her own** nie z własnej winy; **to be at ~** być winnym; **he's always finding ~** ciągle się czepia infml [3] Sport błąd *m* serwisowy; **to serve a ~** popełnić błąd serwisowy [4] Geol uskok *m* (tektoniczny) [5] Jur wina *f*; **no-~ compensation** odszkodowanie niezależnie od winy; **no-~ divorce** rozwód bez orzekania o winie; **no-~ insurance** US Aut ubezpieczenie gwarantujące odszkodowanie niezależnie od winy
II *vt* zarzuc|ić, -ać (komuś); **you can't ~ her** nie można jej nic zarzucić; **it cannot be ~ed** nie da się temu nic zarzucić; **to ~**

sb for sth/doing sth zarzucać komuś coś /zrobienie czegoś
fault-finding /ˈfɔːltfaɪndɪŋ/ **I** *n* [1] Tech poszukiwanie *n* usterek [2] (of person) szukanie *n* dziury w całym
II *adj [person]* szukający dziury w całym; *[attitude]* krytykancki
faultless /ˈfɔːltlɪs/ *adj* [1] *[performance, German]* bezbłędny; *[manners, taste]* nienaganny [2] Equest *[round]* bezbłędny
faultlessly /ˈfɔːltlɪslɪ/ *adv [speak]* bezbłędnie; *[behave]* nienagannie, bez zarzutu
fault line *n* linia *f* uskoku
fault plane *n* płaszczyzna *f* uskoku
faulty /ˈfɔːltɪ/ *adj* [1] *[wiring, car part, machine, product]* wadliwy [2] *[logic, policy, philosophy, argument]* błędny
faun /fɔːn/ *n* faun *m*
fauna /ˈfɔːnə/ *n* (*pl* **~s, -nae**) fauna *f*
Faust /faʊst/ *prn* Faust *m*
Faustian /ˈfaʊstɪən/ *adj* faustyczny, faustowski
fauvism /ˈfəʊvɪzəm/ *n* Art fowizm *m*
faux pas /ˌfəʊ ˈpɑː/ *n* (*pl* **~**) faux pas *n inv*, nietakt *m*
favour GB, **favor** US /ˈfeɪvə(r)/ **I** *n* [1] (approval) przychylność *f*; **to look with ~ on sb/sth, look on sb/sth with ~** patrzeć na kogoś/coś przychylnie; **to regard sb/sth with ~** spoglądać na kogoś/coś przychylnie; **to win/lose ~ with sb** zdobyć sobie/stracić przychylność kogoś; **to find ~ with sb** znajdować przychylność w oczach kogoś; **the proposal didn't find ~ with the workforce** ta propozycja nie znalazła uznania wśród załogi; **to gain ~ with sb** zyskać przychylność kogoś; **to be out of ~ with sb** *[person]* być w niełasce u kogoś; **radical socialism is out of ~** radykalny socjalizm nie ma już zbyt wielu zwolenników; **to fall out of** or **from ~ with sb** *[person]* popaść w niełaskę u kogoś; **to fall** or **go out of ~** *[idea, fashion, method]* stracić zwolenników [2] (kindness) przysługa *f*; **to do sb a ~** wyświadczyć komuś przysługę; **in return for all your ~s** za wszystko, co dla mnie zrobiłeś; **they're not doing themselves any ~s by doing that** zrobienie tego nie wyjdzie im na korzyść; **do me a ~!** (in exasperation) zlituj się!; (in disbelief) chyba żartujesz!; **do me a ~ and...** bądź tak miły i...; **do me a ~: shut up!** bądź tak dobry i zamknij się!; **do yourself a ~: get rid of it** pozbądź się tego dla własnego dobra; **as a (special) ~** w ramach (szczególnej) przysługi; **she did it as a ~ to her boss** zrobiła to dla swojego szefa; **to ask a ~ of sb, to ask sb a ~** poprosić kogoś o przysługę; **may I ask you a ~?** zrobisz coś dla mnie?, mogę cię o coś prosić?; **to owe sb a ~** mieć u kogoś dług wdzięczności; **you owe me a ~** jesteś mi coś winien; **to return a ~, to return the ~** odwdzięczyć się also iron **(by doing sth** robiąc coś**)** [3] (favouritism) specjalne względy *m pl*; **to show ~ to sb, to show sb ~** okazywać komuś specjalne względy, faworyzować kogoś [4] (advantage) **to be in sb's ~** *[situation, financial rates]* być korzystnym dla kogoś; *[wind, tide]* sprzyjać komuś; **a decision in his ~** decyzja na jego korzyść; **everything was in her ~** wszystkie okoliczności jej sprzyjały; **the plan has a lot in its ~** wiele przemawia za tym planem; **if the case doesn't go in our ~** jeśli nie wygramy sprawy; **in sb's ~** *[money, balance]* na korzyść kogoś [5] dat (small gift) drobny upominek *m* [6] Hist (token) *wstążka ofiarowana rycerzowi przez jego damę*
II favours *npl* euph (sexual) względy *plt* euph
III in favour of *prep phr* [1] (on the side of) za (kimś/czymś); **to be in ~ of sb/sth** być za kimś/czymś; **to vote in ~ of sth** głosować za czymś; **I'm in ~ of that** jestem za (tym); **to be in ~ of changing the law** być za zmianą prawa; **to speak in ~ of sb/sth** opowiedzieć się za kimś/czymś *[person, idea]*; **there is not much which can be said in his ~** niewiele dobrego można o nim powiedzieć; **to come out in ~ of sb/sth** poprzeć kogoś/coś *[person, plan]* [2] (to the advantage of) **to work in ~ of sb** działać na korzyść kogoś; **to decide in sb's ~** rozstrzygnąć na korzyść kogoś; **to be biased** or **weighted in ~ of sb** faworyzować kogoś [3] (made out to) **a cheque in ~ of sb** czek na rzecz kogoś [4] (out of preference for) **to reject sth in ~ of sth else** odrzucić coś na rzecz czegoś innego
IV *vt* [1] (prefer) woleć *[clothing, colour, date]*; opowiadać się za (czymś) *[party, method, choice, solution]* [2] (be partial) faworyzować [3] (benefit) *[weather, circumstances, plans, law, balance of power]* sprzyjać (czemuś) [4] (approve of) być za (czymś) *[course of action, proposal]*; **I ~ closing the business** jestem za zamknięciem firmy [5] fml or iron (honour) **to ~ sb with sth** zaszczycić kogoś czymś
V favoured *pp adj* [1] (most likely) *[course of action, date, plan, view]* preferowany; *[candidate]* faworyzowany [2] (favourite) *[player]* ulubiony [3] (privileged) *[child, employee]* faworyzowany; **the ~ed few** wybrańcy
favourable GB, **favorable** US /ˈfeɪvərəbl/ *adj* [1] (good) *[weather, circumstance, conditions, time]* sprzyjający **(to sb/sth** komuś /czemuś**)**; *[reaction, reply, review]* przychylny **(to sb/sth** komuś/czemuś**)**; *[result]* korzystny **(to sb** dla kogoś**)**; *[sign]* dobry; *[impression]* korzystny; **to be ~ to sth** *[weather, circumstance, conditions, time]* sprzyjać czemuś; **conditions are ~ to setting up a business** warunki sprzyjają założeniu firmy; **to have a ~ reception** zostać dobrze przyjętym; **in a ~ light** w korzystnym świetle; **there are ~ indications that it will be a good harvest this year** wszystko wskazuje na to, że w tym roku będą dobre zbiory; **he made a ~ comparison between my book and the others** moją książkę ocenił lepiej niż pozostałe [2] (in agreement) **to be ~** zgadzać się **(to sth** na coś**)**; **my father is not ~ to my going alone** ojciec nie zgadza się, żebym szedł sam
favourably GB, **favorably** US /ˈfeɪvərəblɪ/ *adv [speak, look on, consider]* przychylnie; **to impress sb ~** wywrzeć korzystne wrażenie na kimś; **to be reviewed ~** otrzymać przychylne recenzje; **to be ~ situated** być korzystnie or dogodnie usytuowanym; **to be ~ disposed** or **inclined to sb/sth** być przychylnie nastawionym do kogoś/czegoś; **to be ~ received** zostać przychylnie przyjętym; **to compare ~ with sth** wypadać lepiej w porównaniu z czymś
favourite GB, **favorite** US /ˈfeɪvərɪt/ **I** *n* [1] (person, animal) ulubieni|ec *m*, -ca *f*; **this film/jumper is one of his ~s** to jeden z jego ulubionych filmów/swetrów; **my ~!** mój ulubiony!; **fish fingers are always a ~ with children** dzieci przepadają za paluszkami rybnymi [2] Sport, Turf faworyt *m*, -ka *f*
II *adj [actor, animal, sport, clothes, restaurant, pastime]* ulubiony; *[aunt]* ukochany
favouritism GB, **favoritism** US /ˈfeɪvərɪtɪzəm/ *n* faworyzowanie *n*; **they can't accuse me of ~** nie mogą oskarżyć mnie o faworyzowanie kogokolwiek; **she must be shown no ~** nie należy jej faworyzować
fawn[1] /fɔːn/ **I** *n* [1] Zool (young deer) jelonek *m* [2] (colour) (kolor *m*) płowy *m*
II *adj* płowy
fawn[2] /fɔːn/ *vi* **to ~ on sb** *[dog]* łasić się do kogoś; *[person]* przymilać się do kogoś, łasić się do kogoś
fawning /ˈfɔːnɪŋ/ *adj [behaviour, manner]* przymilny; **a crowd of ~ courtiers** tłum dworaków pej
fax /fæks/ **I** *n* faks *m*
II *vt* prze|faksować *[document]*; wys|łać, -yłać faks do (kogoś) *[person]*
fax directory *n* spis *m* numerów faksów
fax machine *n* faks *m*
fax message *n* faks *m*
fax number *n* numer *m* faksu
faze /feɪz/ *vt* infml s|peszyć
FBI *n* US = **Federal Bureau of Investigation** FBI *m/n*
FCA *n* US = **Farm Credit Administration** *agencja do spraw kredytów rolniczych*
FCC *n* US = **Federal Communications Commission**
FCO *n* GB = **Foreign and Commonwealth Office** *brytyjskie Ministerstwo Spraw Zagranicznych*
FDA *n* US = **Food and Drug Administration**
FE *n* GB = **further education**
fealty /ˈfiːəltɪ/ *n* arch zależność *f* lennicza; **to take an oath of ~** składać hołd lenny
fear /fɪə(r)/ **I** *n* [1] (fright, dread) strach *m*, lęk *m*; **~ of death** lęk przed śmiercią; **~ of heights** lęk wysokości; **for ~ of death /punishment** ze strachu przed śmiercią /karą; **she was unable to speak for** or **from ~** ze strachu nie była w stanie mówić; **he agreed out of ~** zgodził się ze strachu; **to live in ~** żyć w strachu; **he lives in ~ of being found out** or **that he will be found out** żyje w strachu, że zostanie zdemaskowany; **to go** or **live in ~ of one's life** bać się or drżeć o swoje życie; **I kept quiet for ~ of waking them up** or **that they would wake up** zachowywałem się cicho ze strachu, że ich obudzę; **to have no ~ of sth** nie bać się czegoś; **to have no ~ that sth would happen** nie bać się, że coś się wydarzy; **have no ~!** nie bój się!; **the news struck ~ into his heart** liter ta wiadomość napełniła go

F

lękiem 2 (apprehension, worry) obawa *f*; **their ~s for their son's health/the future** ich obawy o zdrowie syna/o przyszłość; **my ~s proved groundless** moje obawy okazały się bezpodstawne; **my worst ~s were confirmed** potwierdziły się moje najgorsze obawy; **my ~s about the company collapsing** or **that the company would collapse** moje obawy, że firma upadnie; **~s are growing that his life might be in danger** rośnie obawa, że jego życiu zagraża niebezpieczeństwo; **(grave) ~s have arisen that...** pojawiły się (poważne) obawy, że...; **I told him my ~s that...** powiedziałem mu o swoich obawach, że...; **the future/the operation holds no ~s for her** nie obawia się o przyszłość/wynik operacji 3 (possibility) **there's no ~ of him** or **his being late** nie ma obawy, że się spóźni; **no ~!** nie ma obaw! infml 4 (awe) **the ~ of God** bojaźń Boża; **he had no ~ of God or man** nie bał się Boga, ani ludzi
II *vt* 1 (be afraid of) bać się; **to ~ sth/sb** bać się czegoś/kogoś; **to ~ to do sth** bać się coś zrobić; **a ruler who was greatly ~ed** władca budzący lęk; **she is a woman to be ~ed** należy się jej bać; **there is nothing to ~** nie ma się czego bać 2 (anticipate) obawiać się (czegoś); **to ~ the worst** obawiać się najgorszego; **experts ~ a crisis** eksperci obawiają się kryzysu; **I ~ (that) she may be dead** obawiam się, że ona może już nie żyć; **the substance is ~ed to cause cancer** istnieją obawy, że ta substancja powoduje raka; **20 people are ~ed dead** or **to have died in the accident** istnieją obawy, że w wypadku zginęło 20 osób; **it is ~ed that the recession may get worse** istnieją obawy, że recesja może się pogłębić 3 (think) **I ~ not/so** obawiam się, że nie/tak; **it's raining, I ~** obawiam się, że pada
III *vi* bać się, obawiać się **(for sb/sth** o kogoś/coś); **he ~ed for his life** bał się or obawiał się o swoje życie; **never ~!** nie ma obaw! infml
IDIOMS: **to put the ~ of God into sb** napędzić komuś (porządnego) stracha infml; **in ~ and trembling** trzęsąc się ze strachu also fig; **without ~ or favour** bezstronnie

fearful /ˈfɪəfl/ *adj* 1 (afraid) przestraszony **(of sth** czymś); **to be ~ of sth/doing sth** bać się czegoś/coś zrobić; **to be ~ for sb** bać się or obawiać się o kogoś 2 (dreadful) *[sight, rage, argument, heat]* straszny; **I find him a ~ bore** według mnie jest strasznym or straszliwym nudziarzem

fearfully /ˈfɪəfəlɪ/ *adv* 1 (timidly) *[cower, look]* bojaźliwie; *[tremble]* ze strachu 2 (dreadfully) *[ugly, hungry, hot, expensive, nice]* strasznie infml

fearless /ˈfɪəlɪs/ *adj [person]* nieustraszony; **to be ~ of the consequences** nie bać się konsekwencji

fearlessly /ˈfɪəlɪslɪ/ *adv* nieustraszenie

fearlessness /ˈfɪəlɪsnɪs/ *n* odwaga *f*

fearsome /ˈfɪəsəm/ *adj* 1 (frightening) przerażający 2 (frightful) potworny

feasibility /ˌfiːzəˈbɪlətɪ/ *n* 1 (of idea, plan, proposal) wykonalność *f*, realność *f* **(of sth** czegoś) 2 (of claim, story, excuse) prawdopodobieństwo *n*

feasibility study *n* studium *n* wykonalności

feasible /ˈfiːzəbl/ *adj* 1 (possible) *[plan, proposal]* realny, wykonalny; **it is/was ~ that...** istnieje/istniała możliwość, że... 2 (plausible) *[excuse, explanation]* prawdopodobny

feast /fiːst/ **I** *n* 1 (sumptuous meal) uczta *f*; (formal, celebratory) bankiet *m*; feta *f* hum; **wedding ~** przyjęcie weselne; **to give** or **hold a ~** wyprawić ucztę 2 fig (for eyes, senses) uczta *f* **(to** or **for sth** dla czegoś); **a ~ of music** muzyczna uczta fig; **a ~ of colour** feeria barw 3 Relig święto *n*; **a ~ day** święto
II *vt* 1 fig **to ~ one's eyes on sth** napawać wzrok widokiem czegoś; **to ~ one's mind on sth** napawać się czymś 2 pod|jąć, -ejmować *[person]* **(on** or **with sth** czymś)
III *vi* ucztować; **to ~ on** or **upon sth** zajadać się czymś
IDIOMS: **enough is as good as a ~** co za dużo, to niezdrowo

feasting /ˈfiːstɪŋ/ *n* ucztowanie *n*

feat /fiːt/ *n* (achievement) wyczyn *m*; **to accomplish** or **perform a ~** dokonać wyczynu; **it was no mean ~** to był nie lada wyczyn; **a ~ of technology** cud techniki; **a ~ of endurance/skill/daring** pokaz wytrzymałości/zręczności/odwagi

feather /ˈfeðə(r)/ **I** *n* pióro *n*; **~s** (for cushions, mattresses) pierze *n*
II *modif [boa]* pierzasty; **~ cushion /mattress** poduszka/materac z pierza
III *vt* 1 (in rowing) położyć, kłaść na płask *[blade]* 2 Aviat ustawi|ć, -ać w chorągiewkę *[propeller]*
IV **feathered** *pp adj* **a ~ed garment** strój z piórami; **our ~ed friends** nasi skrzydlaci przyjaciele
IDIOMS: **as light as a ~** lekki jak piórko; **birds of a ~ flock together** Prov swój ciągnie do swego; **in full ~** w świetnej formie; **that'll make the ~s fly** będzie pierze leciało; **that's another ~ in his cap** to jego kolejny sukces; **you could have knocked me down with a ~** zupełnie mnie zatkało

feather bed **I** *n* materac *m* wypełniony pierzem; piernat *m* dat
II *vi* (*prp, pt, pp* **-dd-**) Ind dotować *[industry]*

feather-bedding /ˌfeðəˈbedɪŋ/ *n* Ind dotowanie *n* przemysłu

featherbrain /ˈfeðəbreɪn/ *n* ptasi móżdżek *m* infml

feather-brained /ˈfeðəbreɪnd/ *adj* **to be ~** mieć ptasi móżdżek infml

feather cut *n krótka fryzura damska*

feather duster *n* miotełka *f* z piór

featherstitch /ˈfeðəstɪtʃ/ **I** *n* ścieg *m* gałązkowy
II *vt* wy|haftować ściegiem gałązkowym

featherweight /ˈfeðəweɪt/ **I** *n* Sport waga *f* piórkowa
II *modif* **~ champion/title** mistrz/mistrzostwo wagi piórkowej

feathery /ˈfeðərɪ/ *adj [touch]* lekki jak piórko; *[snowflake, shape, leaf]* pierzasty

feature /ˈfiːtʃə(r)/ **I** *n* 1 (distinctive characteristic) cecha *f*; **a ~ of those times** charakterystyczna cecha tej epoki; **a unique ~ of this landscape** wyjątkowa cecha tego krajobrazu; **to become a permanent ~ of sth** stać się nieodłączną cechą czegoś 2 (aspect) **good ~s of sth** zalety or dobre strony czegoś; **the plan has some good ~s** ten plan ma swoje zalety or dobre strony; **bad ~s of sth** wady or złe strony czegoś; **a worrying ~ of the incident** (to) co jest niepokojące w tym wydarzeniu; **it's the one redeeming ~ in that book** tylko to ratuje tę książkę 3 (of car, computer, product) **optional ~s** dodatkowe elementy wyposażenia; **built-in safety ~s** wbudowane elementy zabezpieczające 4 (of face) rys *m*; **with sharp/coarse ~s** o ostrych/grubych rysach; **a woman with delicate ~s** kobieta o delikatnych rysach; **her eyes are her best ~** najładniejsze w jej twarzy są oczy 5 (also **~ film**) film *m* fabularny pełnometrażowy; **a double ~** seans składający się z dwóch filmów 6 Journ (article) artykuł *m* **(on sth** o czymś); **he does** or **has a ~ in the Times** stale pisuje do „Times'a" 7 Radio, TV (also **~ programme**) reportaż *m* **(on sth** o czymś) 8 Ling cecha *f*
II **features** *npl* **the ~s** twarz
III **-featured** *in combinations* **coarse-/sharp-~d** o grubych/ostrych rysach
IV *vt* 1 (present) *[magazine, issue]* zamie|ścić, -szczać *[picture, story]*; *[poster, magazine, author]* przedstawiać *[person, place, event]*; *[film]* ukaz|ać, -ywać *[person, event, place]*; **the film ~s an unknown actor** w tym filmie występuje nieznany aktor; **the cassette ~s some old favourites** na kasecie znajduje się kilka starych przebojów 2 *[model, car, computer]* być wyposażonym w (coś) *[facility, accessory]* 3 US infml (imagine) wyobra|zić, -żać sobie
V *vi* 1 (figure) (on list, menu) figurować; **to ~ prominently** zajmować poczesne miejsce 2 (perform) *[actor]* za|grać **(in sth** w czymś)

feature article *n* obszerny artykuł *m*

feature film *n* film *m* fabularny pełnometrażowy

feature-length /ˈfiːtʃəˌleŋθ/ *adj [film]* pełnometrażowy

featureless /ˈfiːtʃəlɪs/ *adj* bez wyrazu

feature writer *n* autor *m*, -ka *f* obszernych artykułów

Feb *n* = **February**

febrifuge /ˈfebrɪfjuːdʒ/ **I** *n* lek *m* przeciwgorączkowy
II *adj* przeciwgorączkowy

febrile /ˈfiːbraɪl/ *adj* 1 *[activity]* gorączkowy 2 Med **~ patient** pacjent z gorączką, gorączkujący pacjent; **~ convulsion** drgawki gorączkowe

February /ˈfebrʊərɪ, US -ʊrɪ/ **I** *n* luty *m*; **~ in ~** w lutym
II *modif* lutowy

fecal *adj* US = **faecal**

feces *npl* US = **faeces**

feckless /ˈfeklɪs/ *adj* 1 (irresponsible) nieodpowiedzialny 2 (inept) nieudolny

fecund /ˈfiːkənd, ˈfekənd/ *adj* liter *[person]* płodny; *[earth]* żyzny; fig *[imagination]* bujny

fecundity /fɪˈkʌndətɪ/ *n* liter (of person) płodność *f*; (of earth) żyzność *f*; fig (of imagination) bujność *f*

fed /fed/ *pt, pp* → **feed**

Fed /fed/ *n* [1] US infml agent *m* federalny [2] = **federal, federation** [3] = **Federal Reserve**

federal /ˈfedərəl/ **I** **Federal** *prn* US [1] Hist (party supporter) federalista *m*; (during Civil War) unionista *m* [2] = **Fed** [1] infml

II *adj* Admin, Pol *[system, country]* federacyjny, federalny; *[court, judge, police, government]* federalny; **it has to be decided at ~ level** decyzja musi zapaść na szczeblu federalnym

IDIOMS: **to make a ~ case out of sth** US zrobić z igły widły

Federal Bureau of Investigation, FBI *n* US Federalny Urząd *m* Śledczy

Federal Communications Commission, FCC *n* US Federalna Komisja *f* Łączności

Federal Energy Regulatory Commission *n* US Federalna Agencja *f* Energetyki

federal holiday *n* US święto *n* państwowe

Federal Housing Administration, FHA *n* US *agencja państwowa zajmująca się ubezpieczaniem kredytów hipotecznych*

federalism /ˈfedərəlɪzəm/ *n* Pol federalizm *m*

federalist /ˈfedərəlɪst/ **I** *n* federalist|a *m*, -ka *f*

II *adj* federalistyczny

Federal Land Bank *n* US federalny bank *m* rolny

federally /ˈfedərəlɪ/ *adv* [1] *[elect, govern]* na szczeblu federalnym [2] US **~ funded/built** finansowany/wybudowany przez rząd federalny

Federal Republic of Germany *prn* Republika *f* Federalna Niemiec

Federal Reserve *n* US Rezerwa *f* Federalna

Federal Reserve Bank *n* US Bank *m* Rezerwy Federalnej

Federal Reserve System *n* US System *m* Rezerwy Federalnej

Federal Trade Commission *n* US Federalna Komisja *f* Handlu

federate /ˈfedəreɪt/ **I** *adj* federacyjny

II *vt* s|federować

III *vi* u|tworzyć federację

federation /ˌfedəˈreɪʃn/ *n* Pol federacja *f*

fedora /fɪˈdɔːrə/ *n* Fashn fedora *f*

fed up *adj* infml **to be ~ with** or **of sb/sth** mieć kogoś/czegoś dosyć; **to be ~ about sth** nie móc znieść czegoś; **I'm ~ (with) listening to her** mam dosyć słuchania tego, co ona mówi

fee /fiː/ *n* [1] (for professional, artistic services) honorarium *n*; (for other services) opłata *f*; **school ~s** czesne; **the ~ for the X-ray is $30** opłata za prześwietlenie wynosi 30 dolarów; **a list of ~s for our various services** taryfa opłat za świadczone przez nas usługi; **he charged us a ~ of $200** wziął od nas 200 dolarów; **to pay a ~ for sth** zapłacić za coś; **to be paid on a ~ basis** otrzymywać honoraria; **to do sth for a (small) ~** zrobić coś za (niewielką) opłatą [2] (for admission) opłata *f* za wstęp; (for membership) składka *f* członkowska; (for joining club, organization) wpisowe *n*; **to pay an admission** or **entrance ~** zapłacić za wstęp; **there is a ~ for admission** za wstęp trzeba zapłacić; **an examination ~** opłata za egzamin; **a registration ~** wpisowe; **a booking ~** opłata rezerwacyjna

feeble /ˈfiːbl/ *adj* [1] *[person, animal, institution]* słaby [2] *[light, sound, pulse]* słaby; *[increase]* nikły [3] *[argument, excuse]* nieprzekonujący; *[joke, intellect, performance]* marny; *[attempt]* nieudolny

feeble-minded /ˌfiːblˈmaɪndɪd/ *adj* [1] (of low intelligence) *[person]* ograniczony umysłowo [2] euph (handicapped) upośledzony umysłowo [3] (irresolute) *[person]* niezdecydowany

feeble-mindedness /ˌfiːblˈmaɪndɪdnɪs/ *n* [1] ograniczenie *n* umysłowe [2] euph (handicap) upośledzenie *n* umysłowe [3] (indecision) niezdecydowanie *n*

feebleness /ˈfiːblnɪs/ *n* słabość *f*

feebly /ˈfiːblɪ/ *adv* [1] *[burn, cry, smile, wave, protest]* słabo [2] *[explain]* nieprzekonująco; **to joke ~** próbować żartować

feed /fiːd/ **I** *n* GB [1] (meal) (for animal) porcja *f* paszy; (for baby) karmienie *n*; **the baby was having five ~s a day** dziecko było karmione pięć razy dziennie; **~ of oats** porcja owsa [2] infml (hearty meal) wyżerka *f* infml; **to have a ~** podjeść sobie; **to have a good ~** mieć niezłą wyżerkę infml [3] Agric (also **~stuffs**) pasza *f*, karma *f*; (for horse) obrok *m* [4] Tech, Ind (material) nadawa *f*, wsad *m* [5] (process) (providing fuel) zasilanie *n*; (providing material) podawanie *n*; **paper ~** podawanie papieru [6] (mechanism) (providing fuel) urządzenie *n* zasilające; (pipe, channel) przewód *m* doprowadzający; (aperture) wsyp *m*; (for liquid) wlew *m* [7] (in comedy) (actor) *aktor stanowiący tło dla komika*; (also **~-line**) *kwestia, na którą dowcipnie odpowiada komik*

II *vt* (*pt, pp* **fed**) [1] (supply with food) wy|żywić, wy|karmić *[person, family]* **(on sth** czymś); **to ~ a plant** dostarczać roślinie składników odżywczych; **to ~ horses on sth** paść or karmić konie czymś; **I shall have ten guests to ~** będę musiał nakarmić dziesięć osób [2] (give food to) na|karmić *[person, guests, animal]* **(on sth** czymś); **to ~ sth to sb, to ~ sb sth** karmić kogoś czymś; **to ~ sth to animals** karmić zwierzęta czymś; **she was ~ing bread to the ducks** karmiła kaczki chlebem [3] (supply) zasil|ić, -ać *[lake, reservoir, machine]*; podsyc|ić, -ać *[fire]*; wrzuc|ić, -ać monety do (czegoś) *[meter]*; dostarcz|yć, -ać *[information, secrets]* **(to sb/sth** komuś/czemuś); **to ~ sth into sth** wrzucać coś do czegoś *[meter, slot machine]*; wprowadzać coś do czegoś *[slot, hole, pipe, computer]*; dostarczać coś do czegoś *[machine]*; **to ~ a machine with sth** podawać coś do maszyny *[paper, materials]* [4] fig (fuel) podsyc|ić, -ać *[ambition, prejudice, desire]*; **to ~ a drug habit** zaspokajać głód narkotykowy [5] Sport poda|ć, -wać *[ball]* **(to sb** komuś) [6] Theat podsu|nąć, -wać (komuś) kwestię *[comedian]*

III *vi* (*pt, pp* **fed**) [1] (eat) *[person]* jeść; *[horse, cattle]* (on prepared food) jeść; (in field) paść się [2] (survive) **to ~ on sth** żywić się czymś *[substance, prey]* [3] fig (thrive) **hatred ~s on envy** nienawiść żywi się zazdrością [4] (enter) **to ~ into sth** *[paper, tape]* wchodzić do czegoś *[machine]*; *[stream]* wpadać do czegoś *[river]*

IV *vr* **to ~ oneself** *[child, invalid]* jeść samodzielnie; *[country]* wyżywić się

■ **feed back**: **~ back [sth], ~ [sth] back** *[staff, salesmen]* przekaz|ać, -ywać *[information, results]* **(to sb/sth** komuś/do czegoś); *[computer]* zwr|ócić, -acać *[information, results]*

■ **feed up** GB: **~ [sb/sth] up, ~ up [sb/sth]** (make healthier) podkarmi|ć, -ać; (make slightly fatter) podtucz|yć, -ać *[child, animal]*; (fatten) u|tuczyć *[animal]*

feedback /ˈfiːdbæk/ *n* [1] (reactions) reakcje *f pl*; **~ from sb on sth** reakcje kogoś na coś [2] (opinions) opinie *f pl*; **~ from sb on sth** opinie kogoś na temat czegoś [3] (from test, experiment) wyniki *m pl* **(from sth** czegoś) **(on sth** dotyczące czegoś) [4] Comput sprzężenie *n* zwrotne [5] Audio (from microphone) sprzężenie *n* [6] Econ sprzężenie *n* zwrotne

feedbag /ˈfiːdbæg/ *n* (with feed) worek *m* z obrokiem; (for feed) worek *m* na obrok

feeder /ˈfiːdə(r)/ *n* [1] (person, animal) **he's a good/poor ~** on dużo/niewiele je; **to be a noisy/slow ~** jeść głośno mlaskając/jeść powoli [2] GB (also **~ bib**) śliniak *m* [3] Transp (also **~ road** GB) droga *f* dojazdowa; (also **~ canal**) kanał *m* zasilający [4] Rail (also **~ line**) łącznica *f* kolejowa [5] (for printer, photocopier) podajnik *m* [6] Agric przenośnik *m* taśmowy paszy [7] Elec (conductor) linia *f* zasilająca [8] Geog (also **~ stream**) dopływ *m*

feeder primary (school) *n* szkoła *f* postawowa *(kształcąca kandydatów dla danej szkoły średniej)*

feed grains *npl* zboża *n pl* paszowe

feeding /ˈfiːdɪŋ/ *n* karmienie *n*

feeding bottle *n* GB butelka *f* do karmienia niemowląt

feeding stuffs *npl* pasze *m pl*

feeding time *n* pora *f* karmienia

feed pipe *n* rura *f* zasilająca

fee income *n* dochody *m pl* z honorariów

feel /fiːl/ **I** *n* [1] (atmosphere, impression created) nastrój *m*, atmosfera *f*; **I like the ~ of the place** lubię atmosferę tego miejsca; **there was a conspiratorial/relaxed ~ about it** panowała tam konspiracyjna/swobodna atmosfera; **it has the ~ of a country cottage** czujesz się tam jak w wiejskim domku; **the town has a friendly ~** w (tym) mieście panuje przyjazna atmosfera [2] (sensation to the touch) **the soft ~ of the kitten's fur** miękkość kociego futerka; **you can tell by the ~ (that)...** można poznać dotykiem, że...; **to have an oily /slimy ~** być tłustym/oślizgłym w dotyku; **I like the ~ of silk against my skin** lubię dotyk jedwabiu na skórze [3] (act of touching, feeling) **to have a ~ of sth, to give sth a ~** dotknąć czegoś, pomacać coś; **to have a ~ in one's pockets** pogrzebać or pomacać w kieszeniach; **let me have a ~, give me a ~** (touch) daj dotknąć; (hold, weigh) daj potrzymać [4] (familiarity, understanding) **to get the ~ of sth** wdrożyć się w coś *[system]*; **I haven't got the ~ of the gears in this car yet** jeszcze nie czuję biegów w tym samochodzie infml; **it gives you a ~ of**

F

or **for the controls/job market** to daje pewne pojęcie, jak funkcjonuje urządzenie sterujące/rynek pracy [5] (flair) zdolności *f pl* **(for sth** do czegoś); **to have a ~ for languages** mieć zdolności językowe; **to have a ~ for language** mieć wyczucie językowe

II *vt* (*pt, pp* **felt**) [1] (experience) po|czuć *[affection, desire, envy, pride, unease, hostility, strain]*; odczu|ć, -wać *[bond, effects, consequences, loyalty]*; **to ~ an obligation** czuć się zobowiązanym; **to ~ a sense of isolation** mieć poczucie izolacji; **I no longer ~ anything for her** już nic do niej nie czuję; **the impact of the legislation is still being felt** ciągle odczuwa się skutki wprowadzenia tego prawa; **the effects will be felt throughout the country** skutki odczuje cały kraj; **to make one's displeasure felt** dać wyraz swemu niezadowoleniu; **to ~ sb's loss very deeply** bardzo głęboko odczuć or przeżyć stratę kogoś; **I felt my spirits rise** czułem, jak wstępuje we mnie otucha [2] (believe, think) **to ~ (that)...** czuć, że...; **she ~s she has no option** czuje, że nie ma wyboru; **I ~ you're making a mistake** sądzę, że popełniasz błąd; **I ~ I should warn you** czuję, że powinienem cię ostrzec; **I ~ he's hiding something** czuję, że on coś ukrywa; **I ~ deeply** or **strongly that they are wrong** jestem głęboko przekonany, że oni się mylą; **to ~ sth to be unnecessary** uważać, że coś jest niepotrzebne; **I felt it best to refuse** uznałem, że najlepiej będzie odmówić; **we ~ it necessary to complain** uważamy, że musimy złożyć skargę [3] (physically) po|czuć *[blow, pressure, motion, draught, heat, object, ache, stiffness, twinge]*; odczu|ć, -wać *[effects]*; **I felt something soft** poczułem coś miękkiego; **you can ~ the vibrations** czuje się wibracje; **I can't ~ anything in my leg** zupełnie nie mam czucia w nodze; **she doesn't ~ the cold** nie odczuwa or czuje zimna; **I felt the house shake** czułem, że dom się trzęsie; **she felt something crawl(ing) up her arm** czuła, jak coś pełznie jej po ręce; **I can ~ it getting warmer** czuję, że się ociepla; **I felt the tablets doing me good** czułem, że te tabletki dobrze mi robią; **the earth tremor was felt over a wide area** wstrząsy były odczuwalne na dużym obszarze [4] (touch deliberately) po|macać *[carving, texture, washing, leaf, cloth, body part, bag, parcel]*; wyczu|ć, -wać *[pulse, lump]*; z|badać *[patient]*; **to ~ the weight of sth** zobaczyć, jak ciężkie jest coś; **to tell what it is by ~ing it** rozpoznać coś dotykiem; **~ how cold/soft it is** zobacz, jakie to zimne /miękkie; **to ~ one's breasts for lumps** skontrolować piersi; **to ~ sb for weapons** obszukać kogoś, czy nie ma broni; **to ~ one's way** iść po omacku; fig badać grunt fig; **to ~ one's way out of the room** po omacku wyjść z pokoju; **to ~ one's way towards a solution** poszukiwać rozwiązania [5] (sense, be aware of) wyczu|ć, -wać, czuć *[presence, tension, resentment, irony]*; być świadomym (czegoś) *[importance, seriousness]*; **I could ~ her frustration** wyczuwałem jej frustrację; **I could ~ her staring at me** czułem, jak na mnie patrzy

III *vi* (*pt, pp* **felt**) [1] (emotionally) czuć się *[sad, happy, safe, trapped, betrayed, cheated]*; być *[nervous, angry, surprised, sure]*; **to ~ stupid/mean** czuć się głupio/podle; **to ~ lonely** czuć się samotnym; **to ~ afraid** odczuwać strach; **to ~ an idiot** czuć się jak idiota; **he felt like a star** czuł się jak gwiazdor; **to ~ as if** or **though...** mieć wrażenie, że...; **I felt as if** or **though nobody cared** miałem wrażenie, że nikomu na tym nie zależy; **how do you ~?** (what do you think?) a ty co sądzisz?; **how do you ~ about being in charge?** (do you enjoy it?) jak ci się podoba bycie szefem?; (would you like it?) co sądzisz o zostaniu szefem?; **how do you ~ about marriage?** co sądzisz o małżeństwie?; **how do you ~ about Tim?** (for a job, role) co sądzisz o Timie?; (emotionally) co czujesz do Tima?; **I ~ strongly about the issue** ta sprawa leży mi na sercu; **how does it ~** or **what does it ~ like to be a dad?** jak to jest or jakie to uczucie być ojcem?; **now you know how it ~s!** teraz wiesz, jak to jest or jakie to uczucie!; **how would you ~?** jak ty byś się czuł?; **what made her ~ that way?** co ją wprawiło w taki nastrój?; **if that's the way you ~...** jeżeli w ten sposób do tego podchodzisz... → **feel for** [2] (physically) po|czuć się *[better, young, fat]*; **to ~ good** dobrze się czuć; **to ~ tired/ill /old** czuć się zmęczonym/chorym/starym; **I ~ hot/comfortable/sick** jest mi gorąco /wygodnie/niedobrze; **I ~ hungry/thirsty** chce mi się jeść/pić; **he felt shivery** miał dreszcze; **how do you ~?, how are you ~ing?** jak się czujesz?; **I'll see how I ~** or **what I ~ like tomorrow** zobaczę, jak będę się czuł jutro; **it ~s like being hit with a hammer** to tak, jakby mi ktoś dał obuchem w głowę **I ~ as if** or **as though I haven't slept a wink** czuję się, jakbym nie zmrużył oka; **it felt as if I was floating** czułem się, jakbym się unosił; **you're as young as you ~** człowiek ma tyle lat, na ile się czuje; **she isn't ~ing herself today** jest dzisiaj nie w sosie infml [3] (create certain sensation) **to ~ cold/smooth** być zimnym/gładkim w dotyku; **the house ~s empty** dom wydaje się pusty; **that ~s nice!** to miłe!; **your arm will ~ sore at first** ręka będzie cię na początku bolała; **something doesn't ~ right** coś tu nie gra infml; **it ~s strange living alone** dziwnie się czuję, mieszkając sam; **it ~s like leather** w dotyku przypomina skórę; **it ~s like (a) Sunday** wydaje się, jakby to była niedziela; **the bone ~s as if it's broken** kość wygląda na złamaną; **it ~s as if it's going to rain, it ~s like rain** wygląda na to, że będzie padać; **it ~s to me as if there's a lump** wyczuwam coś jakby guzek [4] (want) mieć ochotę; **to ~ like sth/doing sth** mieć ochotę na coś/coś zrobić; **I ~ like crying** chce mi się płakać; **I ~ like a drink** mam ochotę na drinka; **what do you ~ like for lunch?** co byś zjadł na lunch?; **I don't ~ like it** nie mam ochoty; **stop whenever you ~ like it** przerwij, kiedy będziesz miał ochotę; **'what did you do that for?' – 'I just felt like it'** „po co to zrobiłeś?" – „bo tak mi się podobało" [5] (touch, grope) **to ~ in a bag /pocket** pogrzebać or pomacać w torebce /kieszeni; **to ~ along the wall** iść po omacku wzdłuż ściany; **to ~ down the back of the sofa** sprawdzić ręką za oparciem kanapy → **feel around, feel for**

IV *vr* **to ~ oneself doing sth** czuć, że coś się robi; **she felt herself losing her temper** czuła, że traci panowanie nad sobą; **he felt himself falling in love** czuł, że jest bliski zakochania się

■ **feel around, feel about**: **~ around** po|macać; **to ~ around in a bag/pocket** pomacać w torebce/kieszeni; **to ~ around for sth** poszukać czegoś

■ **feel for**: ¶ **~ for [sth]** po|szukać; **to ~ for a ledge with one's foot** poszukać nogą występu; **to ~ for broken bones** zbadać, czy nie ma złamań ¶ **~ for [sb]** współczuć (komuś)

■ **feel out** US: **~ out [sb], ~ [sb] out** wy|badać *[person]*

■ **feel up** infml: **~ up [sb/sth], ~ [sb/sth] up** obmac|ać, -ywać *[person, body part]*; **to ~ each other up** obmacywać się

■ **feel up to**: **~ up to [sth]** czuć się na siłach; **to ~ up to doing sth** czuć się na siłach zrobić coś; **do you ~ up to it?** czujesz się na siłach?

IDIOMS: **to ~ a fool** głupio się czuć

feeler /ˈfiːlə(r)/ *n* czułek *m*

IDIOMS: **to put out ~s** zbadać grunt infml

feeler gauge *n* szczelinomierz *m*

feelgood /ˈfiːlgʊd/ *adj* pej *[speech, rhetoric, imagery, atmosphere]* wywołujący dobre samopoczucie; **the government is playing on the ~ factor** rząd próbuje wywołać w społeczeństwie dobre samopoczucie

feeling /ˈfiːlɪŋ/ **I** *n* [1] (emotion) uczucie *n*; **~ and reason** serce i rozum; **a guilty ~** poczucie winy; **~ of satisfaction** poczucie satysfakcji; **~ of panic** uczucie paniki; **it is a strange ~ to be...** to dziwne uczucie być...; **to hide/show one's ~s** skrywać /okazywać swoje uczucia; **to put one's ~s into words** wyrazić swoje uczucia słowami; ubrać swoje uczucia w słowa fig; **to spare sb's ~s** oszczędzić komuś przykrości; **to hurt sb's ~s** zranić uczucia kogoś; **what are your ~s for her?** co do niej czujesz?; **to have tender ~s for** or **towards sb** mieć sentyment do kogoś; **I know the ~** wiem, jak to jest!; **'never!' she said with ~** „nigdy!" powiedziała z naciskiem w głosie [2] (opinion, belief) odczucie *m*; **there is a growing ~ that...** panuje coraz silniejsze przeświadczenie, że...; **the ~ among Russians is that...** w odczuciu Rosjan...; **my own ~ is that..., my own ~s are that...** (ja) sam uważam, że...; **to have strong ~s about sth** mieć zdecydowane poglądy na coś; **popular ~** powszechne odczucie; **religious ~** uczucia religijne; **~s are running high** emocje rosną [3] (sensitivity) wrażliwość *f*; **a person of ~** osoba wrażliwa; **have you no ~?** czy ty nie masz serca?; **to have a ~ for beauty** być wrażliwym na piękno; **to play /speak with great ~** grać/mówić z

wielkim uczuciem; **to have no ~ for nature** być niewrażliwym na piękno natury 4 (impression) wrażenie *n*; **a ~ of sth** uczucie czegoś; **a ~ of being trapped** uczucie osaczenia; **it's just a ~** tak mi się po prostu wydaje; **he had a ~ that he was being followed** miał wrażenie, że jest śledzony; **I've got a horrible ~ (that) I've forgotten my passport** to straszne, ale chyba zapomniałem paszportu; **I had a ~ you'd say that** czułem, że to powiesz; **I had a ~ (that) I might see you** czułem, że może cię zobaczę; **I get the ~ he doesn't like me** iron coś mi się zdaje, że on mnie nie lubi iron; **I've got a bad ~ about this** mam złe przeczucia co do tego 5 (physical sensation) uczucie *n*; (ability to sense) czucie *n*; **an itchy ~** uczucie swędzenia; **a dizzy ~** zawroty głowy; **a ~ of nausea /pain/hunger** uczucie mdłości/bólu/głodu; **a loss of ~ in sth** utrata czucia w czymś *[leg, arm]* 6 (atmosphere) atmosfera *f*; **a ~ of tension/optimism** atmosfera napięcia/optymizmu; **there was an eerie ~ in the cave** w jaskini było jakoś niesamowicie 7 (instinct) talent *m* **(for sth** do czegoś**)**
II *adj [person]* uczuciowy, wrażliwy; *[gesture, remark]* czuły

feelingly /ˈfiːlɪŋlɪ/ *adv [describe, play, write, speak]* z uczuciem; *[say, comfort]* ze współczuciem

fee-paying /ˈfiːpeɪɪŋ/ **I** *n* opłacanie *n* czesnego
II *adj [school]* płatny; *[parent, pupil]* płacący czesne

fee simple *n* (*pl* **fees simple)** Jur nieograniczone prawo *n* własności ziemskiej; (estate) majątek *m* bez ograniczeń spadkobrania

fee-splitting /ˈfiːsplɪtɪŋ/ *n* US Med *płacenie prowizji lekarzowi kierującemu pacjenta na konsultację*

feet /fiːt/ *npl* → **foot**

feign /feɪn/ *vt* uda|ć, -wać *[enthusiasm, surprise]*; **to ~ ignorance** udawać, że się nic nie wie; **she ~ed illness** udawała chorobę; udawała, że jest chora; **with ~ed surprise** z udawanym zdziwieniem

feint[1] /feɪnt/ **I** *n* (in fencing) finta *f*; (in boxing) markowany cios *m*; Mil manewr *m* mylący
II *vi* (in fencing) wykon|ać, -ywać fintę; (in boxing) za|markować cios; Mil wykon|ać, -ywać manewr mylący

feint[2] /feɪnt/ *n* Print (on paper) linie *f pl*; **narrow ~ paper** papier w linie

feisty /ˈfaɪstɪ/ *adj* infml 1 (lively) **a ~ lad** chłopak z charakterem 2 US (quarrelsome) zadziorny

feldspar /ˈfeldspɑː(r)/ *n* Miner skaleń *m*

felicitate /fəˈlɪsɪteɪt/ *vt* fml po|winszować (komuś) **(on sth** czegoś**)**

felicitation /fəˌlɪsɪˈteɪʃn/ *n* fml powinszowanie *n* **(on sth** z okazji czegoś**)**; **may we offer you our ~s** proszę przyjąć nasze powinszowania

felicitous /fəˈlɪsɪtəs/ *adj* fml (apt) *[remark, example, comment, choice]* trafny

felicity /fəˈlɪsətɪ/ **I** *n* fml 1 (appropriateness) trafność *f*; **to express oneself with ~** trafnie się wyrazić 2 (happiness) szczęście *n*
II felicities *npl* liter łaski *f pl* fortuny fig

feline /ˈfiːlaɪn/ **I** *n* kot *m*
II *adj [illness, grace, face]* koci also fig

fell[1] /fel/ *pt* → **fall**

fell[2] /fel/ *n* GB (mountain) góra *f*; (hill) wzgórze *n*

fell[3] /fel/ *vt* ści|ąć, -nać *[tree]*; wyrąb|ać, -ywać *[forest]*; powal|ić, -ać *[person]*

fell[4] /fel/ *adj* liter, dat straszliwy
IDIOMS: **in one ~ swoop, with one ~ blow** za jednym zamachem

fella /ˈfelə/ *n* infml facet *m*, gość *m* infml

fellatio /fəˈleɪʃɪəʊ/ *n* fellatio *n inv (stosunek oralny, w którym stroną pasywną jest mężczyzna)*

feller /ˈfelə(r)/ *n* infml facet *m*, gość *m* infml

felling /ˈfelɪŋ/ *n* (of trees) wyrąb *m*

fellow /ˈfeləʊ/ **I** *n* 1 infml (man) facet *m*, gość *m* infml; **a nice ~** fajny facet or gość; **a strange ~** dziwny facet or gość; **an old ~** stary; **look here, old ~** słuchaj stary; **poor old ~** biedak; **poor little ~** (to child) biedactwo; **my dear ~!** mój drogi!; **what do you ~s think?** co (chłopaki) myślicie?; **some poor ~ will have to do it** jakiś nieszczęśnik będzie musiał to zrobić; **give a ~ a bit of room!** posuń się trochę! 2 (of society, association) (also in titles) członek *m* **(of sth** czegoś**)** 3 Univ GB (of teaching staff in general) ≈ nauczyciel *m* akademicki; (governor) *członek kolegium zarządzającego uczelnią* 4 US (researcher) stypendysta *m* 5 dat (colleague) kolega *m*; **your ~s at school** twoi koledzy ze szkoły; **soldiers sacrificing their lives to save their ~s** żołnierze poświęcający życie, żeby ocalić swoich towarzyszy 6 infml dat (boyfriend) facet *m* infml
II *modif* **her ~ lawyers/teachers** jej koledzy prawnicy/nauczyciele; **he and his ~ students/sufferers** on i inni studenci/chorzy; **a ~ Englishman/Pole** rodak *(Anglik, Polak)*

fellow being *n* bliźni *m*

fellow citizen *n* współobywatel *m*, -ka *f*

fellow countryman *n* rodak *m*, krajan *m*

fellow countrywoman *n* rodaczka *f*, krajanka *f*

fellow creature *n* **you and your ~s on this earth** ty i inni mieszkańcy tej planety

fellow drinker *n* kompan *m* od kieliszka

fellow feeling *n* (understanding) zrozumienie *n*; (solidarity) współczucie *n*

fellow human being *n* bliźni *n*

fellow man *n* bliźni *m*

fellow member *n* współczłonek *m*, kolega *m*

fellow passenger *n* współpasażer *m*, -ka *f*

fellow prisoner *n* współwię|zień *m*, -źniarka *f*

fellowship /ˈfeləʊʃɪp/ *n* 1 (companionship) (social) koleżeństwo *n*; (religious) braterstwo *n* 2 (association) bractwo *n* 3 Univ (post) ≈ etat *m* naukowo-dydaktyczny; (funding) stypendium *n* naukowo-badawcze; **postgraduate ~s** stypendia podyplomowe

fellow traveller GB, **fellow traveler** US *n* towarzysz *m*, -ka *f* podróży; Pol fig sympatyk *m* komunizmu

fellow worker *n* kole|ga *m*, -żanka *f* z pracy

fell-walking /ˈfelwɔːkɪŋ/ *n* GB wycieczki *f pl* w góry

felon /ˈfelən/ *n* Hist, Jur zbrodniarz *m*

felony /ˈfelənɪ/ *n* ciężkie przestępstwo *n*

felt[1] /felt/ *pt, pp* → **feel**

felt[2] /felt/ **I** *n* (cloth) filc *m*, pilśń *f*
II *modif [hat, toy]* filcowy, pilśniowy

felt-tip (pen) /ˈfelttɪp/ *n* mazak *m*, flamaster *m*

fem /fem/ *n* infml (lesbian) lesbijka *f (pełniąca bierną rolę w czasie współżycia)*

female /ˈfiːmeɪl/ **I** *n* 1 Biol samica *f*; (person) kobieta *f*; (plant) osobnik *m* żeński; **in the ~** (of animals) u samic 2 infml pej (woman) baba *f* infml
II *adj* 1 Bot, Zool *[organ, flower]* żeński; **~ cat** kotka; **~ rabbit** królica; **~ ostrich /salmon** samica strusia/łososia 2 (relating to women) *[company, trait, voice, figure]* kobiecy; **~ emancipation/equality** emancypacja /równouprawnienie kobiet; **~ role** (in society) rola kobiety; (in film, play) rola kobieca; **the ~ sex** płeć żeńska; **~ singer** śpiewaczka; **~ student** studentka; **~ employee** pracownica, pracowniczka 3 Elec *[part, connection]* żeński

female circumcision *n* obrzezanie *n* łechtaczki

female condom *n* kobieca prezerwatywa *f*

feminine /ˈfemənɪn/ **I** *n* Ling rodzaj *m* żeński; **in the ~** w rodzaju żeńskim
II *adj* 1 *[clothes, style, features, occupation, issue]* kobiecy; **the ~ side of his nature** kobiece cechy jego charakteru 2 Ling *[noun, adjective, pronoun]* rodzaju żeńskiego; *[ending, form, gender]* żeński

femininity /ˌfeməˈnɪnətɪ/ *n* kobiecość *f*

feminism /ˈfemɪnɪzəm/ *n* feminizm *m*

feminist /ˈfemɪnɪst/ **I** *n* feminist|a *m*, -ka *f*
II *modif [lobby, response]* feministyczny

feminization /ˌfemənaɪˈzeɪʃn/ *n* feminizacja *f*

feminize /ˈfemənaɪz/ *vt* s|feminizować

femme *n* US = **fem**

femme fatale /ˌfæmfəˈtɑːl/ *n* (*pl* **femmes fatales)** kobieta *f* fatalna; femme fatale *f inv*

femoral /ˈfemərəl/ *adj* udowy

femur /ˈfiːmə(r)/ *n* kość *f* udowa

fen /fen/ **I** *n* GB mokradło *n*
II the Fens *prn pl nizinny region we wschodniej Anglii*

fence /fens/ **I** *n* 1 (barrier) ogrodzenie *n*; (in garden, in the country) płot *m*; (in front of house, around building site) parkan *m*, płot *m*; (of wire netting) siatka *f*; **a chain-link ~** łańcuch (ograniczający); **security ~** ogrodzenie zabezpieczające 2 Equest przeszkoda *f* 3 infml (receiver of stolen goods) paser *m*, -ka *f* 4 Tech (on saw, plane) prowadnica *f*
II *vt* 1 ogr|odzić, -adzać *[area, garden]* 2 infml upłynni|ć, -ać infml *[stolen goods]*
III *vi* 1 Sport (fight) fechtować się; (practise sport) uprawiać szermierkę 2 (in discussion) lawirować 3 infml (receive stolen goods) zajmować się paserstwem
■ **fence in:** ¶ **~ in [sth], ~ [sth] in** ogr|odzić, -adzać *[area, structure]* **(with sth** czymś**)**; z|budować ogrodzenie dla (czegoś) *[animals]* ¶ **~ [sb] in** fig **I feel ~d in** czuję, że mam ograniczone pole działania
■ **fence off:** **~ off [sth], ~ [sth] off** odgr|odzić, -adzać
IDIOMS: **to mend ~s** pogodzić się **(with sb** z kimś**)**; **to sit on the ~** być niezdecydowanym

fencer /ˈfensə(r)/ *n* Sport szermie|rz *m*, -rka *f*

F

fencing /ˈfensɪŋ/ **I** *n* [1] Sport szermierka *f*; fechtunek *m* dat [2] (fences) ogrodzenie *n*
II *modif* Sport *[match, club, mask]* szermierczy; ~ **lesson/teacher** lekcja/trener szermierki
fend /fend/ *vt*
■ **fend for**: **to ~ for oneself** po|radzić sobie samemu
■ **fend off**: **~ off [sb/sth], ~ [sb/sth] off** od|eprzeć, -pierać *[attacker, blow,]*; zby|ć, -wać *[question]*
fender /ˈfendə(r)/ *n* [1] (for fire) osłona *f* paleniska [2] US Aut błotnik *m* [3] Naut odbijacz *m* [4] US Rail zderzak *m* oczyszczający tory
fender-bender /ˈfendəbendə(r)/ *n* US Aut infml stłuczka *f*
fenestration /ˌfenɪˈstreɪʃn/ *n* [1] Archit rozmieszczenie *n* okien [2] Med fenestracja *f*
feng shui /ˌfeŋˈʃuːɪ, ˌfʊŋˈʃweɪ/ *n* feng shui *n inv*
fennel /ˈfenl/ *n* Bot fenkuł *m* włoski, koper *m* włoski
fenugreek /ˈfenuːgriːk/ *n* Bot kozieradka *f*
feral /ˈfɪərəl, ˈferəl/ *adj [animal]* zdziczały
ferment I /ˈfɜːment/ *n* (unrest) ferment *m*; **in (a state of) ~** wzburzony; **the country was in ~** w kraju wrzało
II /fəˈment/ *vt* [1] podda|ć, -wać fermentacji *[beer, wine]* [2] fig wzniec|ić, -ać *[trouble, unrest]*
III /fəˈment/ *vi [wine, beer, yeast, fruit]* s|fermentować
fermentation /ˌfɜːmenˈteɪʃn/ *n* fermentacja *f*
fern /fɜːn/ *n* paproć *f*
ferocious /fəˈrəʊʃəs/ *adj [animal]* dziki; *[competition, argument]* zażarty; *[assault, attack]* brutalny; *[violence, cruelty]* dziki; *[heat]* morderczy; *[climate]* srogi; *[spike, dagger]* ostry
ferociously /fəˈrəʊʃəslɪ/ *adv [attack]* (verbally) gwałtownie; (physically) brutalnie; *[fight]* zaciekle; *[bark]* wściekle; **a ~ fought campaign** brutalnie prowadzona kampania
ferocity /fəˈrɒsətɪ/ *n* (of criticism, campaign) ostrość *f*; (in voice) wściekłość *f*; (of assault) brutalność *f*; (of climate) srogość *f*
ferret /ˈferɪt/ **I** *n* [1] (animal) fretka *f* [2] fig szperacz *m*
II *vi* (*prp, pt, pp* **-tt-**) [1] Hunt polować z fretkami [2] (search) **to ~ for sth** szperać w poszukiwaniu czegoś *[keys]*
■ **ferret about** myszkować **(in sth** w czymś)
■ **ferret out** infml: ¶ **~ [sth], ~ [sth] out** wyszperać *[truth, information, bargain]*; wywęszyć, węszyć za (czymś) *[story]* ¶ **~ [sb] out** wytropić *[agent, thief]*
ferrety /ˈferətɪ/ *adj* **~ face** szczurza twarz
ferrite /ˈferaɪt/ *n* ferryt *m*
ferroconcrete /ˌferəʊˈkɒŋkriːt/ *n* żelazobeton *m*, żelbet *m*
ferrous /ˈferəs/ *adj* [1] (containing iron) *[alloy]* zawierający żelazo [2] (of divalent iron) *[carbonate, chloride, oxide, sulfide]* żelazawy
ferrule /ˈferuːl, US ˈferəl/ *n* okucie *n*
ferry /ˈferɪ/ **I** *n* prom *m*; **car ~** prom samochodowy; **Mississippi/Nile ~** prom przez Mississipi/Nil; **to go by** or **on a ~** popłynąć promem
II *modif [crossing]* promowy; **~ disaster** katastrofa promu; **~ sailing times** rozkład rejsów promów; **~ services** połączenia promowe
III *vt* przew|ieźć, -ozić *[people, goods, vehicles]*; **to ~ sb away** wywieźć kogoś; **he's always ~ing them to and from school** zawsze wozi dzieci do szkoły i z powrotem
ferryman /ˈferɪmæn/ *n* (*pl* **-men**) przewoźnik *m*
fertile /ˈfɜːtaɪl, US ˈfɜːrtl/ *adj* [1] (capable of producing offspring) *[human, animal]* płodny; *[land, valley, soil]* żyzny [2] (capable of developing into new organism) *[egg]* zapłodniony [3] fig *[imagination, mind, environment]* płodny
fertility /fəˈtɪlətɪ/ **I** *n* [1] (of land) żyzność *f*; (of human, animal) płodność *f* [2] fig (of mind, imagination) płodność *f*
II *modif* **~ symbol/rite** symbol/rytuał płodności
fertility drug *n* lek *m* na bezpłodność
fertility treatment *n* leczenie *n* bezpłodności
fertilization /ˌfɜːtɪlaɪˈzeɪʃn, US -lɪˈz-/ *n* (of land) użyźnianie *n*, nawożenie *n*; (of human, animal, plant, egg) zapłodnienie *n*
fertilize /ˈfɜːtɪlaɪz/ *vt* użyźni|ć, -ać, naw|ieść, -ozić *[land]*; zapł|odnić, -adniać *[human, animal, plant, egg]*
fertilizer /ˈfɜːtɪlaɪzə(r)/ *n* nawóz *m*; **organic/chemical ~** nawóz organiczny /sztuczny
fervent /ˈfɜːvənt/ *adj [admirer]* zagorzały; *[supporter, desire]* gorący; *[believer]* żarliwy; *[speech]* płomienny
fervently /ˈfɜːvəntlɪ/ *adv [believe]* żarliwie; *[admire]* gorąco; *[agree]* ochoczo; *[declare]* z zapałem; **to hope ~** mieć głęboką nadzieję
fervid /ˈfɜːvɪd/ *adj* fml żarliwy
fervour GB, **fervor** US /ˈfɜːvə(r)/ *n* zapał *m*, ferwor *m*; **with ~** z zapałem, z ferworem
fess /fes/ *vi*
■ **fess up** infml przyzna|ć, -wać się
fester /ˈfestə(r)/ *vi [wound, cut, situation]* zaogni|ć, -ać się; *[feeling]* wzm|óc, -agać się
festival /ˈfestɪvl/ *n* [1] Relig święto *n* [2] (of music, films, drama) festiwal *m*
festive /ˈfestɪv/ *adj [occasion, atmosphere, decorations]* świąteczny; *[appearance]* odświętny; **a ~ air** świąteczny nastrój; **to be in (a) ~ mood** być w świątecznym nastroju; **the ~ season** okres świąteczny
festivity /feˈstɪvətɪ/ **I** *n* świętowanie *n*; **an occasion of great ~** wielka feta
II festivities *npl* (festive event) zabawa *f*
festoon /feˈstuːn/ **I** *n* girlanda *f*
II *modif* **~ curtain** feston
III *vt* ub|rać, -ierać, przystr|oić, -ajać *[tree, room, person]* **(with sth** czymś)
feta /ˈfetə/ *n* Culin feta *f*
fetal US *adj* = **foetal**
fetch /fetʃ/ *vt* [1] (go for and bring back) (on foot) przyn|ieść, -osić *[object]*; przyprowadz|ić, -ać *[person, animal]*; (by vehicle) przyw|ieźć, -ozić; **to go to ~ sth/sb** iść po coś/kogoś; **(go and) ~ a ladder** przynieś drabinę, idź po drabinę; **to ~ sth for sb** przynieść coś komuś; **~ him a chair please** proszę, przynieś mu krzesło; **to ~ help/a doctor** sprowadzić pomoc/lekarza; **she'll come and ~ you** ona po ciebie przyjdzie; **~!** (to dog) aport!; **to ~ sb back** przyprowadzić kogoś z powrotem [2] (bring financially) przyn|ieść, -osić *[sum, amount]*; **to ~ a good price** sprzedać się za dobrą cenę; **it won't ~ much** wiele się za to nie dostanie; **these vases can ~ up to £600** za te wazy będzie można dostać nawet 600 funtów [3] infml (hit) **to ~ sb a blow** zdzielić kogoś infml
■ **fetch in** infml: ¶ **~ in [sth], ~ [sth] in** przyn|ieść, -osić (coś) ¶ **~ [sb] in** przyprowadz|ić, -ać (kogoś)
■ **fetch out** infml: ¶ **~ out [sth], ~ [sth] out** wyciąg|nąć, -ać *[object]* ¶ **~ out [sb], ~ [sb] out** wyprowadz|ić, -ać (kogoś)
■ **fetch up** infml: **to ~ up in Rome** wylądować w Rzymie infml
IDIOMS: **to ~ and carry for sb** wysługiwać się komuś
fetching /ˈfetʃɪŋ/ *adj [child, habit, photo, person]* uroczy; *[smile]* ujmujący; *[hat, outfit]* zachwycający
fetchingly /ˈfetʃɪŋlɪ/ *adv [smile, look]* uroczo; **she was dressed very ~** była bardzo wdzięcznie ubrana
fête /feɪt/ **I** *n* festyn *m*; **a church ~** kiermasz parafialny; **a charity ~** kiermasz dobroczynny
II *vt* fetować *[hero, winner, celebrity]*
fetid, foetid /ˈfetɪd, US ˈfiːtɪd/ *adj [water, air]* cuchnący
fetish /ˈfetɪʃ/ *n* [1] (object) fetysz *m*; **to make a ~ of sth** fetyszyzować coś [2] (obsessive interest) obsesja *f*; **to have a ~ about** or **for sth** mieć obsesję na punkcie czegoś
fetishism /ˈfetɪʃɪzəm/ *n* fetyszyzm *m*
fetishist /ˈfetɪʃɪst/ *n* fetyszyst|a *m*, -ka *f*
fetishistic /ˌfetɪˈʃɪstɪk/ *adj* fetyszystyczny
fetlock /ˈfetlɒk/ *n* [1] (joint) pęcina *f* [2] (tuft of hair) szczotka *f* pęcinowa
fetter /ˈfetə(r)/ **I fetters** *npl* [1] (of prisoner, slave) kajdany *plt*; **the prisoner was kept in ~s** więźnia trzymano skutego łańcuchami; **to put sb in ~s** zakuć kogoś w kajdany [2] fig (of totalitarianism) okowy *plt*, kajdany *plt*; (of marriage) więzy *plt*
II *vt* [1] zaku|ć, -wać w kajdany *[person]*; s|pętać *[animal]* [2] fig s|krępować ręce (komuś) *[person]* fig
fettle /ˈfetl/ *n*
IDIOMS: **in fine** or **good ~** *[person]* w doskonałej formie
fetus *n* US = **foetus**
feu /fjuː/ *n* Scot, Jur wieczysta dzierżawa *f*
feud /fjuːd/ **I** *n* zatarg *m*, spór *m* **(between sb and sb** między kimś a kimś); **to carry on a ~ with sb** toczyć spór z kimś; **to start a ~** wszczynać zatarg; **family ~** kłótnia rodzinna; **blood ~** krwawa waśń rodowa
II *vi* toczyć spór **(with sb over sth** z kimś o coś)
feudalism /ˈfjuːdəlɪzəm/ *n* feudalizm *m*
feuding /ˈfjuːdɪŋ/ **I** *n* waśń *f*
II *adj [faction, families]* zwaśniony
feu duty *n* Scot Jur czynsz *m* dzierżawny
fever /ˈfiːvə(r)/ *n* [1] (temperature) gorączka *f*, temperatura *f*; **to have a ~** mieć gorączkę or temperaturę; **her ~ has broken** or **subsided** gorączka ustąpiła [2] fig rozgorączkowanie *n*; gorączka *f* fig; **in a ~ of excitement** w gorączkowym podnieceniu [3] (craze) szał *m*, szaleństwo *n*; **gold ~** gorączka złota; **rock-and-roll ~** szał rock-

and-rolla; **he's got gambling ~** ogarnęła go gorączka hazardu

fevered /ˈfiːvəd/ *adj [brow, imagination]* rozpalony; *[activity, excitement]* gorączkowy

feverfew /ˈfiːvəfjuː/ *n* Bot złocień *m* maruna

feverish /ˈfiːvərɪʃ/ *adj* [1] (ill) *[person]* rozpalony; *[eyes]* rozgorączkowany; *[dream]* dręczący; **I'm feeling a bit ~** mam chyba lekką gorączkę [2] (restless) *[activity, excitement]* gorączkowy; **in a burst of ~ activity** w nagłym przypływie energii

feverishly /ˈfiːvərɪʃlɪ/ *adv [work, search]* gorączkowo

fever pitch *n* **to bring a crowd to ~** *[music, orator]* porwać tłum; **excitement reached ~** podniecenie sięgnęło zenitu

few /fjuː/ (*comp* **fewer;** *superl* **fewest)** **I** *quantif* [1] (not many) mało, niewiele; **~ visitors/letters** mało zwiedzających/listów; **~ people came to the meeting** na zebranie przyszło mało osób; **very ~ houses/families** bardzo mało domów /rodzin; **there are very ~ opportunities for graduates** jest bardzo mało miejsc pracy dla absolwentów; **one of my ~ pleasures** jedna z moich nielicznych or niewielu przyjemności; **on the ~ occasions that she has visited the country** przy okazji jej nielicznych wizyt w kraju; **their needs are ~** nie mają wielkich potrzeb; **their demands are ~** żądają niewiele; **they are ~ in number** jest ich niewielu; **there are too ~ women in this profession** w tym zawodzie pracuje zbyt mało kobiet; **with ~ exceptions** z nielicznymi wyjątkami; **a man of ~ words** człowiek małomówny; (approvingly) człowiek oszczędny w słowach [2] (some, several) (males) kilku, paru *(+ v sg)*; (females) kilka, parę *(+ v sg)*; (male and female) kilkoro *(+ v sg)*; (animals, things) kilka, parę *(+ v sg)*; **every ~ days** co kilka or parę dni; **over the ~ next days/weeks** przez kilka or parę następnych dni/tygodni; **these past ~ days** tych kilka or parę ostatnich dni; **the first ~ weeks** kilka or parę pierwszych tygodni; **the ~ books that she possessed** tych kilka książek, które posiadała

II a few *quantif* (males) kilku, paru *(+ v sg)*; (females) kilka, parę *(+ v sg)*; (male and female) kilkoro *(+ v sg)*; (animals, things) kilka, parę *(+ v sg)*; **I would like a ~ more** chciałbym jeszcze kilka or parę; **quite a ~ people/houses** sporo osób/domów; **we've lived here for a good ~ years** mieszkamy tutaj ładnych or ładne parę lat; **a ~ weeks earlier** kilka or parę tygodni wcześniej; **in a ~ minutes** za kilka or parę minut; **in a ~ more months** już za kilka or parę miesięcy; **a ~ more times** jeszcze kilka or parę razy

III *pron* [1] (not many) mało *(+ v sg)*; **~ of them** niewiele *(+ v sg)*; (males) niewielu *(+ v sg)*; **~ of us/them succeeded** niewielu z nas/nich się powiodło; **there are so ~ of them that...** (men) jest ich tak niewielu or mało, że...; (women, children, animals, objects) jest ich tak niewiele or mało, że...; **there are four too ~** jest o czterech /cztery za mało; **as ~ as four people turned up** przyszły tylko cztery osoby; **~ can deny that** niewielu zaprzeczy [2] (some) (males) kilku, paru *(+ v sg)*; (females) kilka, parę *(+ v sg)*; (male and female) kilkoro *(+ v sg)*; (animals, things) kilka, parę *(+ v sg)*; **a ~ of the soldiers** kilku or paru z tych żołnierzy; **a ~ of the countries** kilka or parę z tych krajów; **a ~ of the employees** (men and women) kilkoro (z) pracowników; **I only need a ~** potrzebuję tylko kilku or paru; **quite a ~ of the tourists came from Germany** sporo spośród tych turystów przyjechało z Niemiec; **a good ~ of the houses were damaged** sporo spośród tych domów uległo zniszczeniu; **there are only a very ~ left** zostali tylko bardzo nieliczni/zostały tylko bardzo nieliczne; **a ~ wanted to go on strike** kilku or paru chciało strajkować

IV *n* **the ~** nieliczni *plt*; **the ~ who wanted to vote for him** ci nieliczni, którzy chcieli na niego głosować; **great wealth in the hands of the ~** wielkie bogactwo w rękach nielicznych; **music that appeals only to the ~** muzyka, która podoba się tylko nielicznym

IDIOMS: **such people/opportunities are ~ and far between** tacy ludzie/takie okazje trafiają się bardzo rzadko; **villages in this area are ~ and far between** w tym rejonie jest bardzo niewiele wsi; **to have had a ~ (too many)** infml wypić kilka kieliszków (za dużo)

fewer /ˈfjuːə(r)/ (*comparative of* **few) I** *adj* mniej; **there are ~ trains on Sunday** w niedzielę jest mniej pociągów; **there were ~ people/cases than last time** było mniej ludzi/przypadków niż poprzednio; **~ and ~ people** coraz mniej ludzi or osób; **there are ~ and ~ opportunities for doing this kind of thing** jest coraz mniej okazji, żeby coś takiego zrobić

II *pron* mniej; **~ than 50 people** mniej niż 50 osób; **no ~ than...** aż...; nie mniej niż...; **I have seen ~ of them recently** ostatnio widuję ich mniej; **his visits to her grew ~** coraz rzadziej ją odwiedzał

fewest /ˈfjuːɪst/ (*superlative of* **few) I** *adj* najmniej; **they have the ~ clothes** mają najmniej ubrań; **the ~ accidents happened in this area** w tym rejonie wydarzyło się najmniej wypadków

II *pron* najmniej; **he sold the ~** on sprzedał najmniej; **the country where the ~ survived** kraj, w którym przeżyło najmniej osób

fey /feɪ/ *adj* [1] (affected) *[person, behaviour]* afektowany [2] (clairvoyant) **to be ~** być jasnowidzem

fez /fez/ *n* (*pl* **~zes)** fez *m*

ff = **following** i następne

FHA *n* US = **Federal Housing Administration**

FHSA *n* GB Soc Admin → **Family Health Service Authority**

fiancé /fɪˈɒnseɪ, US ˌfiːɑːnˈseɪ/ *n* narzeczony *m*

fiancée / fɪˈɒnseɪ, US ˌfiːɑːnˈseɪ/ *n* narzeczona *f*

fiasco /fɪˈæskəʊ/ *n* (failure) fiasko *n*; (of party, social event) klapa *f* infml; (ignominy) kompromitacja *f*; **to end in ~** zakończyć się fiaskiem; **a complete/an utter ~** zupełne/całkowite fiasko

fiat /ˈfaɪæt, US ˈfiːət/ *n* fml odgórna decyzja *f*

fiat money *n* Fin pieniądz *n* fiducjarny

fib /fɪb/ infml **I** *n* (lie) koszałki-opałki *plt* infml **II** *vi* (*prp, pt, pp* **-bb-)** pleść koszałki-opałki infml

fibber /ˈfɪbə(r)/ *n* infml kłamczuch *m*, -a *f* infml

fibre GB, **fiber** US /ˈfaɪbə(r)/ *n* [1] (of thread, wood) włókno *n* [2] Tex włókno *n*; **synthetic** or **artificial ~** włókno syntetyczne or sztuczne [3] (in diet) błonnik *m*; **a high ~ diet** dieta bogata w błonnik [4] Bot, Physiol włókno *n*; **root ~s** korzonki [5] fig (strength of character) **a man of ~** człowiek z charakterem fig; **he lacks moral ~** brak mu kręgosłupa (moralnego) fig

fibreboard GB, **fiberboard** US /ˈfaɪbəbɔːd/ *n* płyta *f* pilśniowa; **a piece of ~** płyta pilśniowa

fibrefill GB, **fiberfill** US /ˈfaɪbəfɪl/ *n* włókno *n* syntetyczne *(służące jako materiał wypełniający)*

fibreglass GB, **fiberglass** US /ˈfaɪbəglɑːs, US -glæs/ *n* włókno *n* szklane; **a ~ panel** płyta z włókna szklanego

fibre optic GB, **fiber optic** US *adj [link]* światłowodowy; **~ cable** światłowód, kabel światłowodowy

fibre optics GB, **fiber optics** US *n* technika *f* światłowodowa

fibril /ˈfaɪbrɪl/ *n* fibryla *f*, włókienko *n*

fibrillation /ˌfaɪbrɪˈleɪʃn/ *n* [1] Biol włóknienie *n*, fibrylacja *f* [2] Med migotanie *n*

fibrin /ˈfaɪbrɪn/ *n* fibryna *f*, włóknik *m*

fibrinogen /faɪˈbrɪnədʒən/ *n* fibrynogen *m*

fibroid /ˈfaɪbrɔɪd/ **I** *n* Med mięśniak *m* macicy

II *adj [structure, tissue]* włóknisty

fibroma /faɪˈbrəʊmə/ *n* (*pl* **-mas, -mata)** włókniak *m*

fibrosis /faɪˈbrəʊsɪs/ *n* Med zwłóknienie *n*

fibrositis /ˌfaɪbrəˈsaɪtɪs/ *n* Med gościec *m* mięśniowo-ścięgnisty

fibrous /ˈfaɪbrəs/ *adj [tissue, stem]* włóknisty

fibula /ˈfɪbjʊlə/ *n* (*pl* **-las, -lae)** [1] Anat kość *f* strzałkowa, strzałka *f* [2] (brooch) fibula *f*

fiche /fiːʃ/ *n* mikrofilm *m*

fickle /ˈfɪkl/ *adj [fate, weather, stock market]* nieprzewidywalny, kapryśny; *[moods, behaviour]* zmienny; *[friend]* niepewny

fickleness /ˈfɪklnɪs/ *n* (of lover) niestałość *f*; (of weather) kapryśność *f*; (of behaviour) zmienność *f*; **~ of fortune** kaprysy losu; **the ~ of his moods** zmienność jego nastrojów

fiction /ˈfɪkʃn/ *n* [1] Literat (genre, books) beletrystyka *f*, literatura *f* piękna; **to write ~** pisać powieści; **children's ~** literatura dziecięca; **light ~** literatura lekka; **American ~** proza amerykańska [2] (delusion) fikcja *f*; **liberty is a ~** wolność jest fikcją; **to tell the truth from ~** odróżnić prawdę od fikcji; **to keep up the ~ that...** podtrzymywać fikcję, że... [3] (untruth) bajka *f* fig; **do you believe that ~ that she was sick?** wierzysz w tę bajkę o jej chorobie?; **this address is a ~** to jest fikcyjny adres

fictional /ˈfɪkʃənl/ *adj* [1] Literat *[character, event]* fikcyjny [2] *[device, method]* literacki [3] (untrue) *[address, report, state of affairs, situation]* fikcyjny; *[belief, identity, rumour]* fałszywy

F

fictionalize /ˈfɪkʃənəlaɪz/ *vt* z|beletryzować *[account, story, history]*
fiction list *n* lista *f* utworów beletrystycznych
fiction writer *n* beletrysta *m*
fictitious /fɪkˈtɪʃəs/ *adj* [1] (false) *[name, address, account, excuse]* zmyślony [2] (imaginary) *[character, place, event]* fikcyjny, zmyślony; **all the characters in this film are ~** wszystkie postaci w tym filmie są fikcyjne
fiddle /ˈfɪdl/ **I** *n* [1] infml (dishonest scheme) machlojka *f* infml; **to work a ~** coś kombinować infml; **it's a complete ~** to zwykłe oszustwo; **tax ~** machlojka podatkowa; **to be on the ~** kombinować infml [2] (violin) skrzypce *plt*; (folk instrument) skrzypki *plt*
II *vt* infml s|fałszować *[tax return, figures]*
III *vi* [1] (fidget) **to ~ with sth** bawić się czymś *[pencil, glasses]* [2] (adjust) **to ~ with sth** po|kręcić czymś *[knobs, controls]* [3] (interfere) **to ~ with sth** ruszać coś *[possessions]*; **somebody's been fiddling with my things!** ktoś ruszał moje rzeczy!
■ **fiddle around** [1] (be idle) obijać się infml [2] **to ~ around with sth** (readjust) majstrować przy czymś *[typewriter, engine]*; (fidget) bawić się czymś *[corkscrew, elastic band]*
IDIOMS: **he is as fit as a ~** jest zdrów jak ryba; **to have a face as long as a ~** mieć grobową minę; **to play second ~** grać drugie skrzypce; **to play second ~ to sb** pozostawać w cieniu kogoś; **to ~ while Rome burns** zajmować się bzdurami, kiedy wszystko się wali
fiddle-faddle /ˈfɪdlfædl/ *n* infml **(what) ~!** (co za) trele-morele! infml
fiddler /ˈfɪdlə(r)/ *n* skrzyp|ek *m*, -aczka *f*
fiddler crab *n* Zool krab-skrzypek *m*
fiddlesticks /ˈfɪdlstɪks/ *excl* infml dat austriackie gadanie! infml dat
fiddling /ˈfɪdlɪŋ/ **I** *n* infml (cheating) machlojki *f pl* infml; (stronger) przekręty *m pl* infml
II *adj* (trifling) nieważny
fiddly /ˈfɪdlɪ/ *adj* pej *[tool, switch, fastening]* nieporęczny; **a ~ job** or **task** dłubanina infml; **the bottle is ~ to open** tę butelkę niewygodnie się otwiera
fidelity /fɪˈdelətɪ/ *n* wierność *f* **(to sb/sth** komuś/czemuś)
fidget /ˈfɪdʒɪt/ **I** *n* (child) wiercipięta *m/f* infml hum
II fidgets *npl* **to have** or **get the ~s** nie móc usiedzieć w jednym miejscu
III *vi* (move constantly) wiercić się; **stop ~ing!** przestań się wiercić!; **he's always ~ing** nie może usiedzieć w jednym miejscu; **to ~ with sth** bawić się czymś
■ **fidget about, fidget around** wiercić się
fidgety /ˈfɪdʒɪtɪ/ *adj* (physically) *[child]* ruchliwy; *[adult]* rozbiegany; (psychologically) niespokojny; **meetings/concerts make me ~** nie mogę wysiedzieć na zebraniach/koncertach
fiduciary /fɪˈdjuːʃərɪ/ **I** *n* Jur powiernik *m*
II *adj* powierniczy
fief /fiːf/ *n* Hist lenno *n*
fiefdom /ˈfiːfdəm/ *n* Hist lenno *n*
field /fiːld/ **I** *n* [1] Agric (for crops) pole *n*; (with grass) łąka *f*; **in the ~s** w polu; **a ~ of barley** or **a barley ~** pole jęczmienia [2] Geog pole *n*; **ice/snow ~** pole lodowe /śnieżne; **lava ~** pokrywa lawowa [3] Sport (area) boisko *n*; **on the ~** na boisku; **to take to the ~** wyjść na boisko [4] Sport (participants) stawka *f*; Hunt uczestnicy *m pl* polowania; **to lead** or **be ahead of the ~** przewodzić stawce also fig [5] (area of knowledge) dziedzina *f*; **he's an expert in the ~ of genetic engineering** jest specjalistą w dziedzinie inżynierii genetycznej; **he's active in the political ~** działa na polu polityki; **it's outside his ~** to wykracza poza jego dziedzinę [6] Ling pole *n* semantyczne, pole *n* znaczeniowe [7] (real environment) teren *m*; **in the ~** w terenie [8] Mil **the ~ of battle** pole bitwy; **to die in the ~** zginąć na polu chwały; **to take the ~** stanąć do walki; **to hold the ~** dotrzymać pola liter; fig *[theory]* być aktualnym [9] (range) pole *n*; **~ of vision** or **view** pole widzenia; **~ of fire** Mil pole rażenia [10] Comput, Phys, Math pole *n* [11] Art, Herald pole *n* [12] (airfield) lotnisko *n*
II *vt* [1] Sport (in cricket, baseball) chwy|cić, -tać w polu gry *[ball]* [2] Sport wystawi|ć, -ać *[team, player]* [3] (put at disposal) s|kierować do akcji *[equipment, people]* [4] (deal with) odpowi|edzieć, -adać na (coś) *[question]*
III *vi* Sport (in cricket) grać w obronie
IDIOMS: **to play the ~** skakać z kwiatka na kwiatek fig
field ambulance *n* Mil Med ambulans *m* polowy
field day *n* [1] Sch wycieczka *f*; Univ zajęcia *plt* w terenie; **a geography ~** zajęcia krajoznawcze [2] Mil (manoeuvres) ćwiczenia *plt* na poligonie [3] US (sports day) dzień *m* sportu
IDIOMS: **to have a ~** (have fun) mieć używanie infml; **the press had a ~ with the scandal** prasa miała używanie w związku z tym skandalem
field drain *n* rów *m* melioracyjny
fielder /ˈfiːldə(r)/ *n* (in baseball, cricket) gracz *m* drużyny atakującej
field event *n* Sport konkurencja *f* techniczna *(w lekkiej atletyce)*
fieldfare /ˈfiːldfeə(r)/ *n* Zool kwiczoł *m*
field glasses *npl* lornetka *f* polowa
field goal *n* US (in American football, rugby) punkty *m pl* zdobyte strzałem na bramkę; (in basketball) punkty *m pl* z gry
field gun *n* Mil działo *n* polowe
field hand *n* US (labourer) robotnik *m* rolny
field hockey *n* US Sport hokej *m* na trawie
field hospital *n* US Mil Med szpital *m* polowy
field house *n* US Sport [1] (changing room) szatnia *f* [2] (sports centre) hala *f* sportowa
field kitchen *n* Mil kuchnia *f* polowa
field label *n* Ling kwalifikator *m* tematyczny
field marshal, FM *n* Mil GB feldmarszałek *m*; (Polish equivalent) marszałek *m*; Hist marszałek *m* polny
fieldmouse /ˈfiːldmaʊs/ *n* **(*pl* -mice)** Zool mysz *f* polna
field officer *n* Mil starszy *m* oficer
fieldsman /ˈfiːldzmən/ *n* **(*pl* -men)** US Sport = fielder
field sports *npl* Sport *wędkarstwo, strzelectwo i myślistwo*
field strength *n* Phys natężenie *n* pola
fieldstrip /ˈfiːldstrɪp/ *vt* Mil roz|łożyć, -kładać *[firearm]*
field study *n* praca *f* badawcza w terenie
field test **I** *n* próba *f* terenowa
II *vt* prze|testować w warunkach polowych *[weapon]*
field trials *npl* (of vehicle) próby *f pl* terenowe
field trip *n* Sch wycieczka *f* (edukacyjna); Univ zajęcia *plt* w terenie
fieldwork /ˈfiːldwɜːk/ *n* (of surveyor, collector) praca *f* w terenie
fieldworker /ˈfiːldwɜːkə(r)/ *n* **to be a ~** pracować w terenie
fiend /fiːnd/ *n* [1] (evil spirit) demon *m*; **the Fiend** szatan [2] infml (naughty child) szatan *m* fig [3] infml (fanatic) mania|k *m*, -czka *f*; **a racing/football ~** maniak wyścigów/piłki nożnej; **a dope ~** narkoman
fiendish /ˈfiːndɪʃ/ *adj* [1] (cruel) *[cruelty]* nieludzki; *[tyrant]* krwawy; *[expression, glee]* diabelski, szatański; **to take a ~ delight in sth/doing sth** znajdować w czymś/w robieniu czegoś szatańską przyjemność [2] (ingenious) *[plan, scheme]* szatański [3] infml (difficult, awful) *[problem, job, evening, traffic]* piekielny
fiendishly /ˈfiːndɪʃlɪ/ *adv* [1] *[laugh, plot]* szatańsko [2] infml (very) *[ambitious, difficult]* piekielnie
fierce /fɪəs/ *adj [person, storm, criticism, speech]* gwałtowny; *[dog]* ostry, zły; *[animal]* groźny; *[battle, attack]* zażarty; *[competition]* zacięty; *[hatred, anger, expression]* dziki; *[voice, look]* wściekły; *[determination]* zaciekły; *[loyalty]* bezwzględny; *[advocate, supporter]* zagorzały; *[flames, storm]* szalejący; *[heat]* straszliwy; **he has a ~ temper** jest człowiekiem wybuchowym
fiercely /ˈfɪəslɪ/ *adv* [1] *[react]* gwałtownie; *[compete, oppose]* zaciekle; *[fight]* zaciekle, zażarcie; *[hit, stare, shout, speak]* z wściekłością; *[criticize]* ostro; *[burn, blaze]* gwałtownie [2] *[critical, hot, jealous]* strasznie; *[loyal]* bezwzględnie; *[determined]* całkowicie
fierceness /ˈfɪəsnɪs/ *n* (of animal) dzikość *f*; (of dog) ostrość *f*; (of person, storm, flames) gwałtowność *f*; (of battle) zażartość *f*; (of competition) zaciętość *f*; (of criticism) ostrość *f*; (of determination) siła *f*; **the ~ of his expression** wściekłość na jego twarzy; **to escape the ~ of the heat** uciec przed straszliwym żarem
fiery /ˈfaɪərɪ/ *adj [orator, speech]* płomienny; *[temper]* ognisty; *[person]* wybuchowy; *[wound]* zaogniony; *[gas]* palny; *[sunset, sky]* płomienny; *[eyes]* płonący; *[food]* ostry; *[drink]* mocny; *[volcano, furnace]* buchający; **~ red** ognistoczerwony; **~ orange** płomienisty, jaskrawopomarańczowy
fiesta /fɪˈestə/ *n* fiesta *f*
FIFA /ˈfiːfə/ *n* = **Fédération Internationale de Football Associations** Międzynarodowa Federacja *f* Piłki Nożnej, FIFA *f*
fife /faɪf/ *n* piszczałka *f*
fifteen /ˌfɪfˈtiːn/ **I** *n* [1] (numeral) piętnaście; (symbol) piętnastka *f* [2] (rugby team) piętnastka *f*

II *adj* piętnaście; (male) piętnastu *(+ v sg)*; (male and female) piętnaścioro *(+ v sg)*

fifteenth /ˌfɪfˈtiːnθ/ **I** *n* 1 (in order) piętnast|y *m*, -a *f*, -e *n*; **the ~ of June** piętnasty czerwca 2 (fraction) piętnasta *f* (część); **three ~s** trzy piętnaste
II *adj* piętnasty
III *adv [come, finish]* na piętnastym miejscu

fifth /fɪfθ/ **I** *n* 1 (in order) piąt|y *m*, -a *f*, -e *n*; **the ~ of May** piąty maja 2 (fraction) piąta *f* (część); **two ~s** dwie piąte 3 Mus kwinta *f* 4 (also **~ gear**) Aut piąty bieg *m*; piątka *f* infml 5 US Meas ≈ 0,75 l
II *adj* piąty
III *adv [come, finish]* na piątym miejscu
IDIOMS: **to be the ~ wheel** być piątym kołem u wozu

Fifth Amendment *n* US Jur piąta poprawka *f* (do konstytucji); **to take** or **invoke the ~** odmówić składania zeznań, powołując się na piątą poprawkę

fifth column *n* Hist piąta kolumna *f*

fifth columnist *n* dywersant *m*, -ka *f*

fifth generation *adj [computer]* piątej generacji

fifthly /ˈfɪfθlɪ/ *adv* po piąte

fiftieth /ˈfɪftɪəθ/ **I** *n* 1 (in sequence) pięćdziesiąt|y *m*, -a *f*, -e *n* 2 (fraction) pięćdziesiąta *f* (część); **two ~s** dwie pięćdziesiąte
II *adj* pięćdziesiąty
III *adv [come, finish]* na pięćdziesiątym miejscu

fifty /ˈfɪftɪ/ **I** *n* (numeral) pięćdziesiąt; (symbol) pięćdziesiątka *f*
II *adj* pięćdziesiąt; (male) pięćdziesięciu *(+ v sg)*; (male and female) pięćdziesięcioro *(+ v sg)*

fifty-fifty /ˌfɪftɪˈfɪftɪ/ **I** *adj* **her chances of success are only ~** jest tylko pięćdziesiąt procent szansy, że jej się uda; **to have a ~ chance of doing sth** mieć pięćdziesiąt procent szansy na zrobienie czegoś
II *adv* **to split** or **share sth ~** podzielić się czymś pół na pół or po równo or po połowie or fifty-fifty infml; **to go ~ on sth** podzielić się czymś pół na pół or po równo or po połowie or fifty-fifty infml

fig[1] /fɪg/ *n* 1 (fruit) figa *f*; **dried/fresh ~s** suszone/świeże figi 2 (tree) figowiec *m*

fig[2] *adj* = **figurative** przen.

fig. *n* = **figure** rys.; **see fig. 3** patrz rys. 3

fight /faɪt/ **I** *n* 1 fig (struggle) walka *f* **(against sb/sth** z kimś/czymś**) (for sth** o coś**) (to do sth** żeby coś zrobić**)**; **the ~ for survival** walka o przetrwanie; **the ~ for life** walka o życie; **to keep up the ~** nie dawać za wygraną; **to put up a ~** bronić się **(against sb/sth** przed kimś/czymś**)**; **a ~ to the death** walka na śmierć i życie also fig 2 (outbreak of fighting) (without firearms) bójka *f* **(between sb and sb** pomiędzy kimś i kimś**) (over sth** o coś**)**; (with many people involved) bijatyka *f* **(between sb and sb** pomiędzy kimś i kimś**) (over sth** o coś**)**; (battle) walka *f*, potyczka *f* **(between sb and sb** pomiędzy kimś a kimś**) (for sth** o coś**)**; (between animals) walka *f* **(between sth and sth** pomiędzy czymś i czymś**)**; **to get into** or **have a ~ with sb** wdać się z kimś w bójkę; **to start a ~** wywołać bójkę **(with sb** z kimś**)** 3 (in boxing) walka *f* **(between sb and sb** pomiędzy kimś i kimś**)**; **to win/lose a ~** wygrać/przegrać walkę; **a straight ~** uczciwa walka also fig 4 (quarrel) kłótnia *f* **(over sth** o coś**) (with sb** z kimś**)**; **to have a ~ with sb** kłócić się z kimś 5 (desire to fight) chęć *f* do walki; (fighting spirit) wola *m* walki; **there was no ~ left in her** straciła całą chęć do walki
II *vt* (*pt, pp* **fought**) 1 walczyć z (kimś /czymś) also fig *[disease, evil, opponent, emotion, problem, proposal, tendency, fire]*; prowadzić *[campaign, war]* **(against sb/sth** przeciw komuś/czemuś**)**; s|toczyć *[battle]* **(against sb/sth** z kimś/czymś**)**; **to ~ one's way through sth** torować sobie siłą drogę przez coś *[crowd]*; torować sobie drogę wśród czegoś *[difficulties, obstacles]*; **to ~ sb** walczyć z kimś also fig; **to ~ each other** walczyć ze sobą; **the battle was fought in the air** bitwa toczyła się w powietrzu 2 Pol *[candidate]* ubiegać się o (coś) *[seat]*; startować w (czymś) *[election]* 3 Jur bronić (czegoś) *[case, cause]*
III *vi* (*pt, pp* **fought**) 1 fig (campaign) walczyć **(for sth** o coś**) (against sth** z czymś**) (to do sth** żeby coś zrobić**)**; **to ~ hard** walczyć zaciekle 2 Mil, Sport walczyć **(against sb/sth** przeciwko komuś/czemuś**) (with sb/sth** z kimś/czymś**)**; **to ~ for one's country** walczyć za ojczyznę; **to ~ in a battle** brać udział w bitwie; **to ~ for one's life** walczyć o życie; **to ~ for breath** usiłować złapać oddech; **to ~ against sleep** walczyć ze snem; **to stand and ~** stawić opór; **to go down ~ing** paść w walce; fig walczyć do ostatka 3 (argue) po|kłócić się **(with sb** z kimś**) (over** or **about sth** o coś**)**; **to ~ over sth** kłócić się o coś *[land, possessions]*; *[birds, animals]* walczyć o coś *[food]*
■ **fight back**: ¶ 1 (in fight, match) **we fought back to level the score** rzuciliśmy się do ataku i wyrównaliśmy wynik; **don't let them bully you, ~ back!** nie daj im się, broń się!; **to ~ back against sb/sth** stawiać komuś/czemuś opór 2 (against criticism, argument) odpowi|edzieć, -adać na atak **(with sth** czymś**)** ¶ **~ back [sth]** przem|óc, -agać *[fear, anger]*; s|tłumić *[tears]*
■ **fight down**: **~ down [sth]** s|tłumić *[emotions]*
■ **fight off**: ¶ **~ off [sb/sth], ~ [sb/sth] off** od|eprzeć, -pierać *[troops, attack]*; przepędz|ić, -ać *[attacker]*; fig przem|óc, -agać *[despair]*; zwalcz|yć, -ać *[illness]*; odrzuc|ić, -ać *[challenge, criticism, proposal, takeover bid]*
■ **fight on** kontynuować walkę
■ **fight out**: **~ out [sth], ~ [sth] out** *[armies, forces, nations]* rozstrzyg|nąć, -ać siłą *[matter, differences]*; **leave them to ~ it out** niech to rozstrzygną między sobą
IDIOMS: **to ~ the good ~** walczyć w słusznej sprawie

fighter /ˈfaɪtə(r)/ *n* 1 (determined person) **she's a ~** ona łatwo się nie poddaje 2 (also **~ plane**) myśliwiec *m*, samolot *m* myśliwski 3 (boxer) bokser *m*

fighter bomber *n* myśliwiec *m* bombardujący, samolot *m* myśliwsko-bombowy

fighter pilot *n* pilot *m* myśliwca

fighting /ˈfaɪtɪŋ/ **I** *n* 1 Mil walki *f pl* **(between sb and sb** pomiędzy kimś a kimś**)**; **heavy ~** ciężkie walki; **~ has broken out** rozgorzały walki 2 (in street, pub) bójka *f*; **no ~ in the playground** bójki na placu zabaw są zabronione
II *prp adj* 1 Mil *[unit, force, troops]* bojowy; **~ man** żołnierz; **~ strength** wartość bojowa 2 *[talk, words]* (aggressive) ostry; (encouraging) zagrzewający do walki; **a ~ spirit** duch walki

fighting chance *n* **to have a ~** mieć spore szanse **(of doing sth** na zrobienie czegoś**)**

fighting cock *n* kogut *m* do walk → **cock**
IDIOMS: **we live like ~s** tylko ptasiego mleka nam brakuje

fighting fit *adj* **to be ~** być w pełni sił

fig leaf *n* Bot liść *m* figowy; Art listek *m* figowy also fig

figment /ˈfɪgmənt/ *n* **a ~ of the/of one's imagination** wytwór wyobraźni

fig tree *n* Bot figowiec *m*

figurative /ˈfɪgərətɪv/ *adj* 1 Ling *[meaning]* przenośny; **in the ~ sense** w znaczeniu przenośnym 2 Art *[style]* figuratywny

figuratively /ˈfɪgərətɪvlɪ/ *adv* w przenośni; **~ speaking...** mówiąc w przenośni...; **literally and ~** dosłownie i w przenośni

figure /ˈfɪgə(r), US ˈfɪgjər/ **I** *n* 1 (digit) cyfra *f*; **a four-/six-~ sum** suma czterocyfrowa/sześciocyfrowa; **her salary runs into six ~s** ona zarabia ponad sto tysięcy; **inflation is in single/double ~s** inflacja jest na poziomie jednocyfrowym/dwucyfrowym; **to look at the ~s** sprawdzić wyliczenia; **to be good with ~s** być dobrym w rachunkach; **to have a head for ~s** mieć głowę do rachunków 2 (amount) liczba *f*; (sum of money) kwota *f*; **a provisional ~** wstępna liczba; **a disappointing ~** wynik gorszy od oczekiwanego; **a ~ of 15 million** liczba 15 milionów; **a ~ of £150** kwota 150 funtów; **government ~s** dane rządowe; **official ~s** oficjalne dane 3 (known or important person) postać *f*; **an important/a well-known ~** ważna/znana figura; **controversial ~** kontrowersyjna postać; **political ~** wpływowy polityk; **a minor** or **marginal ~** niewiele znacząca postać; **a legendary ~ in rugby/rock music** legendarna postać rugby/muzyki rockowej 4 (person, human form) postać *f*; **a familiar/imposing/diminutive ~** znajoma/imponująca/drobna postać; **human/reclining ~** Art postać ludzka/półleżąca; **a ~ appeared through the mist** z mgły wyłoniła się jakaś postać; **to cut a sorry/fine ~** sprawiać smutne /świetne wrażenie; **to cut a dashing ~** wspaniale się prezentować 5 (representative or symbol) **authority ~** autorytet; **hate ~** znienawidzona postać; **she is something of a Cassandra/Lady Macbeth ~** jest kimś w rodzaju Kasandry/Lady Macbeth 6 (body shape) sylwetka *f*, figura *f*; **to keep one's ~** zachować zgrabną sylwetkę or figurę; **to lose one's ~** stracić zgrabną sylwetkę or figurę; **to watch one's ~** dbać o linię; **to have a great ~** infml mieć świetną figurę; **made for a man's /woman's ~** uszyty na męską/damską sylwetkę 7 (geometric or other shape) figura *f*; **a plane ~** figura płaska; **a solid ~** bryła

F

8 (diagram, drawing) rysunek *m*; rycina *f* fml; **see ~ 4** patrz rysunek 4 9 (in dance, skating) figura *f*

II *vt* 1 infml (suppose) **to ~ that...** pomyśleć, że...; **that's what I ~d** tak właśnie myślałem 2 Literat (express) symbolizować

III *vi* 1 (feature, appear) występować; (in list, report) figurować 2 infml (make sense) zgadzać się; **that ~s** to jasne; **that doesn't ~** to nie ma sensu

■ **figure in** US: **~ in [sth], ~ [sth] in** wliczlyć, -ać *[amount, charge]*

■ **figure on** infml: **~ on [sth]** liczyć na (coś); **I hadn't ~d on that** na to nie liczyłem; **are you figuring on doing something today?** liczysz, że coś dzisiaj zrobisz?; **to ~ on sb doing sth** liczyć, że ktoś coś zrobi

■ **figure out**: ¶ **~ out [sth], ~ [sth] out** znalleźć, -jdować *[answer, reason, best way]*; **to ~ out who/why/how...** dojść do tego, kto/dlaczego/jak...; **she's got her future ~d out** ma już zaplanowaną przyszłość ¶ **~ out [sb], ~ [sb] out** (understand) **I can't ~ him out** nie mogę go rozgryźć

figure bass *n* Mus bas *m* cyfrowany

figurehead /ˈfɪgəhed, US ˈfɪgjər-/ *n* 1 (symbolic leader) symboliczny przywódca *m*; (puppet) figurant *m* pej 2 (of ship) aflaston *m*, galion *m*

figure of eight *n* ósemka *f*; **to do a ~** *[skater, plane]* zrobić ósemkę

figure of speech *n* Literat, Ling figura *f* retoryczna; **it's just a ~** infml tak się tylko mówi

figure skater *n* łyżwiarz *m* figurowy, łyżwiarka *f* figurowa

figure skating *n* łyżwiarstwo *n* figurowe, jazda *f* figurowa na łyżwach

figurine /ˌfɪgəˈriːn, US ˌfɪgjəˈriːn/ *n* figurka *f*, figurynka *f*

figwort /ˈfɪgwɜːt/ *n* Bot trędownik *m*

Fiji /ˌfiːˈdʒiː/ *prn* Fidżi *n inv*; **the ~ Islands** wyspy Fidżi

Fijian /fiˈdʒiːən/ **I** *n* 1 (person) Fidżyjlczyk *m*, -ka *f* 2 (language) (język *m*) fidżi *m*

II *adj* fidżyjski

filament /ˈfɪləmənt/ *n* 1 Elec żarnik *m* 2 (of fibre) włókno *n*

filbert /ˈfɪlbət/ *n* 1 (nut) orzech *m* laskowy 2 (shrub) leszczyna *f*, orzech *m* laskowy

filch /fɪltʃ/ *vt* infml podwędzilć, -ać infml **(from sth/sb** z czegoś/komuś)

file[1] /faɪl/ **I** *n* (tool) pilnik *m*

II *vt* opiłowlać, -ywać *[wood, edge]*; **to ~ one's nails** opiłować paznokcie; **to ~ through sth** przepiłować coś (pilnikiem) *[bar, chain]*

■ **file down**: **~ down [sth], ~ [sth] down** spiłowlać, -ywać *[surface, tooth, claw]*

file[2] /faɪl/ **I** *n* 1 (for papers, documents) (folder) teczka *f* (na dokumenty); (folder with clips) skoroszyt *m*; (ring binder) segregator *m*; (card tray) pudełko *n* na fiszki 2 (record) kartoteka *f*; teczka *f* infml; (on particular subject) akta *plt*; **secret ~s** tajne akta; **to have** or **keep a ~ on sb** mieć or przechowywać akta kogoś, mieć kogoś w kartotece; **his fingerprints /details are on ~** jego odciski palców /dane są w aktach or w kartotece; **she's on ~** ona jest or figuruje w kartotece; **to open a ~ on sb/sth** założyć teczkę komuś /kartotekę czegoś; **it's time to close the ~** fig czas zamknąć or zakończyć sprawę; **to open ~s to sb** udostępnić akta komuś 3 Comput plik *m*; **computer ~** plik 4 (line) rząd *m*; **to walk in single ~** iść rządkiem or gęsiego

II *modif* Comput **~ editing/name/protection** edycja/nazwa/zabezpieczenie pliku; **~ management** zarządzanie plikami

III *vt* 1 Admin włącz|yć, -ać do dokumentacji *[invoice, letter, record]*; **to ~ sth under (the heading) 'clients'** włączyć coś do dokumentacji pod hasłem „klienci"; **receipts are ~d under their date of issue** kwity są poukładane według daty wydania; **we ~ these reports under country of origin** te sprawozdania są segregowane według kraju pochodzenia 2 Jur wnlieść, -osić *[suit, claim, complaint]* **(against sb** przeciw komuś); złożyć, składać *[application, request]*; **to ~ an application with the appropriate authorities** skierować podanie do odpowiednich władz; **to ~ a petition in bankruptcy** złożyć wniosek o otwarcie postępowania upadłościowego; **to ~ a lawsuit (against sb)** wnieść sprawę (przeciwko komuś), pozwać kogoś; **to ~ papers for adoption** złożyć wniosek o adopcję; **to ~ a claim for damages against sb** wnieść roszczenie o odszkodowanie od kogoś 3 Journ przekazlać, -ywać *[report]*

IV *vi* 1 Jur **to ~ for (a) divorce** wnieść sprawę rozwodową 2 (walk) iść jeden za drugim, iść rządkiem or gęsiego; **they ~d into/out of the classroom** weszli do /wyszli z klasy jeden za drugim or rządkiem or gęsiego; **we ~d past the coffin** jeden za drugim przedefilowaliśmy przed trumną

file cabinet *n* US = **filing cabinet**

file card *n* US = **filing card**

file clerk *n* US = **filing clerk**

file-closer /ˈfaɪlkləʊzə(r)/ *n* Mil żołnierz *m* zamykający kolumnę

file copy *n* kopia *f* dla archiwum

file manager *n* Comput menedżer *m* plików

file server *n* Comput serwer *m* plików

filial /ˈfɪlɪəl/ *adj [duty, love]* (of son) synowski; (of daughter) córczyny dat

filibuster /ˈfɪlɪbʌstə(r)/ **I** *n* obstrukcja *f* parlamentarna

II *vi* zalstosować obstrukcję (parlamentarną)

filigree /ˈfɪlɪgriː/ **I** *n* filigran *m*

II *modif [brooch, work]* filigranowy; **~ silver** srebrny wyrób filigranowy

filing /ˈfaɪlɪŋ/ *n* segregowanie *n*; **have you done the ~?** czy uporządkowałeś papiery?

filing box *n* pudło *n* kartotekowe

filing cabinet *n* segregator *m*, szafa *f* na dokumenty

filing card *n* fiszka *f*

filing clerk *n* pracownik *m* biurowy

filings /ˈfaɪlɪŋz/ *npl* opiłki *m pl*

filing system *n* system *m* przechowywania dokumentów

filing tray *n* tacka *f* na dokumenty

Filipino /ˌfɪlɪˈpiːnəʊ/ **I** *n* Filipilńczyk *m*, -nka *f*

II *adj [art, culture, food]* filipiński; **the ~ capital/population** stolica/ludność Filipin

fill /fɪl/ **I** *n* **to eat/drink one's ~** najeść /napić się do syta; **to have had one's ~** mieć dość **(of sth** czegoś)

II *vt* 1 *[person, rain]* napełnilć, -ać; *[water, fruit, soil]* wypełnilć, -ać *[container]* **(with sth** czymś); **fruit ~ed the baskets, the baskets were ~ed with fruit** kosze były wypełnione owocami; **tears ~ed his eyes** jego oczy wypełniły się łzami; **to ~ the kettle** nalać wody do czajnika 2 *[crowd, audience]* wypełnilć, -ać, zapełnilć, -ać *[room, building, street]*; *[sound, smoke]* wypełnilć, -ać *[room, building, street]*; *[sunlight]* zallać, -ewać; **the speaker had ~ed the hall** mówca zgromadził pełną salę (słuchaczy); **to ~ one's house with flowers /antiques** zapełnić dom kwiatami/antykami; **the smell of flowers ~ed the house** zapach kwiatów wypełnił cały dom 3 (plug) wypełnilć, -ać *[crack, hole, hollow]* **(with sth** czymś); wypełnilć, -ać szczeliny w (czymś) *[wall, doorframe]* **(with sth** czymś); fig wypełnilć, -ać *[gap, vacuum, void]* **(with sth** czymś) 4 (fulfil) spełnilć, -ać *[role, requirement]*; zaspoklоić, -ajać *[need]* 5 (occupy, take up) zapełnilć, -ać *[page, chapter, volumes, tape]* **(with sth** czymś); wypełnilć, -ać, zapełnilć, -ać *[time, day, hours]*; **to ~ one's days with work** wypełniać or zapełniać sobie dni pracą; **to ~ (one's) time doing sth** (consciously) wypełniać or zapełniać sobie czas robieniem czegoś; **he ~ed his days dreaming about the past** całymi dniami rozmyślał o przeszłości 6 *[company, university]* obsadzlić, -ać *[post, vacancy, place, chair]* **(with sb** kimś); *[applicant]* oblјąć, -ejmować *[post, vacancy]*; **there are still 10 places to ~** pozostało jeszcze 10 miejsc do obsadzenia 7 *[emotion]* przepełnilć, -ać *[heart, mind, person]*; **to ~ sb's mind/heart with sth** napełnić serce/umysł kogoś czymś; **to ~ sb's head with nonsense** zamącić komuś w głowie 8 (stuff, put filling in) wyplchać, -ychać *[cushion, quilt]* **(with sth** czymś); nadzilać, -ewać *[pie, pastry]* **(with sth** czymś); przellożyć, -kładać *[sandwich]* **(with sth** czymś); napełnilć, -ać, nabilć, -jać *[fire extinguisher, gas cylinder]* **(with sth** czymś) 9 *[dentist]* zalplombować *[tooth]* 10 *[wind]* wydląć, -ymać *[sail]* 11 (carry out) *[chemist]* zlrealizować *[order, prescription]* 12 (with food) → **fill up**

III *vi* 1 *[bath, bucket]* napełnilć, -ać się, zapełnilć, -ać się, wypełnilć, -ać się **(with sth** czymś); *[theatre, hall, streets]* zapełnilć, -ać się, wypełnilć, -ać się **(with sth/sb** czymś/kimś); **to ~ with tears** *[eyes]* wypełnić się łzami 2 *[sail]* wydląć, -ymać się

IV -filled *in combinations* **smoke-/book-~ed room** pokój pełen dymu/książek; **foam-~ed fire extinguisher** gaśnica pianowa; **feather-~ed pillow** poduszka wypchana pierzem; **hate-~ed world** świat pełen nienawiści

■ **fill in**: ¶ **~ in** *[person]* być na zastępstwie; **to ~ in for sb** zastępować kogoś ¶ **~ in [sth]** wypełnilć, -ać, zapełnilć, -ać *[time, day, hour]* ¶ **~ in [sth], ~ [sth] in** 1 (complete) wypełnilć, -ać *[form, box,* section]; wpis|ać, -ywać [name, address, details] [2] (plug) wypełni|ć, -ać [hole, crack, gap] **(with sth** czymś) [3] (supply) uzupełni|ć, -ać [details, gaps in knowledge] [4] (colour in) wypełni|ć, -ać [shape, panel]; **to ~ sth in with pencil/in red** zamalować coś ołówkiem/na czerwono ¶ **~ in [sb], ~ [sb] in** [1] (inform) wprowadz|ić, -ać kogoś **(on sth** w coś) [2] GB infml (beat up) dołożyć (komuś) infml [person]

■ **fill out**: ¶ **~ out** [person, face, cheeks] zaokrągl|ić, -ać się ¶ **~ out [sth], ~ [sth] out** wypełni|ć, -ać [form, application]; wypis|ać, -ywać [certificate, prescription]

■ **fill up**: ¶ **~ up** [bath] napełni|ć, -ać się, zapełni|ć, -ać się, wypełni|ć, -ać się **(with sth** czymś); [theatre, bus] zapełni|ć, -ać się, wypełni|ć, -ać się **(with sb/sth** kimś /czymś); **to ~ up on sth** [person] napchać się czymś infml [bread, sweets] ¶ **~ up [sth], ~ [sth] up** napełni|ć, -ać [jug, tank, box] **(with sth** czymś); wypełni|ć, -ać [room, hall] **(with sth** czymś); **to ~ up the whole room** zająć cały pokój; **~ it** or **her up!** (with petrol) do pełna, proszę!; **to ~ up the time** zabić czas ¶ **~ up [sb], ~ [sb] up** nap|chać, -ychać infml **(with sth** czymś); **it ~s you up!** to jest bardzo sycące!; **to ~ oneself up** zapchać się infml **(with sth** czymś)

filler /ˈfɪlə(r)/ **I** n [1] (to increase the bulk, weight) wypełniacz m [2] (to fill pores, cracks) (for wood) kit m szpachlowy; (for car body) szpachla f; (for walls) masa f szpachlowa [3] Journ (article, photo, music) wypełniacz m infml; **to use sth as a ~** wykorzystać coś jako wypełniacz

II modif [article, photo, material] wypełniający lukę

filler cap n GB Aut korek m wlewu

fillet /ˈfɪlɪt/ **I** n [1] Culin filet m; (beef) polędwica f; **400 g of beef ~** 400 g polędwicy wołowej; **a pork ~** polędwiczka wieprzowa; **three sole ~s, three ~s of sole** trzy filety z soli [2] (ribbon) wstążeczka f

II vt filetować [fish]; **~ed cod** filety z dorsza

fillet steak n polędwica f wołowa

fill-in /ˈfɪlɪn/ n infml **to be a ~** być na zastępstwie

filling /ˈfɪlɪŋ/ **I** n [1] Culin (of pie) nadzienie n; **what kind of ~ have the sandwiches got?** z czym są kanapki?; **pie with blackberry ~** placek z jeżynami; **use jam as a ~ for the cake** przełóż ciasto dżemem [2] (for tooth) plomba f, wypełnienie n; **I went to the dentist to have a ~ (done)** poszedłem do dentysty, żeby mi założył plombę [3] (of quilt, pillow, bed, mattress) wypełniacz m

II adj [food, dish] sycący; zapychający infml

filling station n stacja f benzynowa

fillip /ˈfɪlɪp/ n bodziec m; **to give a ~ to sth** ożywić coś [show, business]; zdynamizować coś [sales]; wprowadzić ożywienie na czymś [stock market]; rozbudzić coś [patriotism]

filly /ˈfɪlɪ/ n (horse) młoda klacz f

film /fɪlm/ **I** n [1] Cin (movie) film m; **there's a new ~ on** grają nowy film; **to be** or **work in ~s** pracować w filmie; **short ~** film krótkometrażowy [2] Phot film m, błona f fotograficzna, klisza f; **a colour ~** film kolorowy; **to capture sth on ~** utrwalić coś na zdjęciu [3] (layer) (of dust, oil) warstewka f **(of sth** czegoś); **to look at sb through a ~ of tears** patrzeć na kogoś przez łzy [4] Culin folia f do żywności

II modif filmowy

III vt [person] s|filmować [event, programme, novel]; [camera] za|jerestrować [action, scene]

IV vi [camera man, crew] kręcić zdjęcia; **the cast are ~ing in Egypt** ekipa kręci zdjęcia w Egipcie; **special equipment to ~ at night** specjalny sprzęt do filmowania nocą

■ **film over** [glass, window] zamglić się; **his eyes ~ed over with tears** oczy zaszły mu łzami or zamgliły mu się łzami

film archive n archiwum n filmowe, filmoteka f

film award n nagroda f filmowa

film badge n Tech dawkomierz m fotograficzny, dozymetr m fotograficzny

film buff n infml kinoman m, -ka f

film camera n kamera f (filmowa)

film club n klub m filmowy

film contract n kontrakt m na nakręcenie filmu

film coverage n relacja f filmowa

film critic n krytyk m filmowy

film director n reżyser m (filmowy)

film festival n festiwal m filmowy

filmgoer /ˈfɪlmɡəʊə(r)/ n widz m kinowy

film industry n przemysł m filmowy

filming /ˈfɪlmɪŋ/ n Cin kręcenie n filmu

film laboratory n laboratorium n filmowe

film library n filmoteka f

film magazine n magazyn m filmowy

film-maker /ˈfɪlmmeɪkə(r)/ n filmowiec m

film-making /ˈfɪlmmeɪkɪŋ/ n robienie m filmów

film music n muzyka f filmowa

filmography /fɪlˈmɒɡrəfɪ/ n filmografia f

film poster n plakat m filmowy

film premiere m premiera f filmowa

film producer n producent m filmowy

film production n produkcja f filmów

film rights npl prawa n pl do ekranizacji

film script n scenariusz m filmowy

film sequence n sekwencja f filmowa

filmset /ˈfɪlmset/ **I** n Cin plan m filmowy

II vt (prp **-tt-**; pt, pp **~**) Print wykon|ać, -ywać fotoskład

filmsetter /ˈfɪlmsetə(r)/ n Print (person) operator m fotosettera; (machine) fotosetter m

filmsetting /ˈfɪlmsetɪŋ/ n Print fotoskład m

film show m seans m filmowy, pokaz m filmowy

film star m gwiazda f filmowa

film strip m seria f statycznych klatek

film studio n studio n filmowe

film test n zdjęcia n pl próbne

film version n wersja f filmowa

filmy /ˈfɪlmɪ/ adj [1] (thin) [dress] zwiewny; [fabric, screen, layer] przezroczysty [2] (cloudy) [glass, lens] zamglony

filo pastry /ˌfiːləʊˈpeɪstrɪ/ n Culin rodzaj cienko wałkowanego ciasta używanego w kuchni śródziemnomorskiej

filter /ˈfɪltə(r)/ **I** n [1] Sci, Tech filtr m; **air/oil /water ~** filtr powietrza/oleju/wody [2] Audio, Phot, Telecom filtr m [3] Cosmet filtr m; **sun ~** filtr przeciwsłoneczny [4] (also **~ lane)** GB Transp pas m do skręcania [5] GB Transp (arrow) zielona strzałka f (na sygnalizatorze świetlnym)

II vt prze|filtrować [liquid, gas, coffee]

III vi [1] (also **~ off)** GB Transp **to ~ off to the left** [driver, traffic] zje|chać, -żdżać na pas do skrętu w lewo [2] (trickle) **to ~ into sth** [light, water] sączyć się do czegoś; [sound] przenikać do czegoś; [details, people] napływać powoli do czegoś; **to ~ out** [crowd, people] wychodzić grupkami

■ **filter in** [light, sound] przenik|nąć, -ać; [details] do|trzeć, -cierać

■ **filter out**: ¶ **~ out** [details, news, light, sound] przenik|nąć, -ać na zewnątrz ¶ **~ out [sth], ~ [sth] out** odfiltrow|ać, -ywać [particles, impurities]; nie wpu|ścić, -szczać [light, noise]; odsi|ać, -ewać [applicants]

■ **filter through**: ¶ **~ through** [light, sound] przenik|nąć, -ać; [details] roz|ejść, -chodzić się; **to ~ through to sb** [news] docierać do kogoś ¶ **~ through [sth]** [sound, light] przenik|nąć, -ać przez (coś) [screen, curtain]

filter bed n warstwa f filtracyjna

filter cigarette n papieros m z filtrem

filter coffee n (cup of coffee) kawa f parzona przez filtr; (ground coffee) kawa f mielona

filter coffee machine n = **filter coffee maker**

filter coffee maker n kawiarka f

filter funnel n lejek m z filtrem

filtering software n Comput filtr m internetowy

filter paper n Culin, Sci bibuła f filtracyjna

filter pump n Tech pompa f filtracyjna

filter tip n (filter) filtr m; (cigarette) papieros m z filtrem

filter-tipped /ˌfɪltəˈtɪpt/ adj [cigarette] z filtrem

filth /fɪlθ/ n [1] (dirt) brud m; **moral ~** zepsucie moralne [2] (vulgarity) nieprzyzwoitości f pl; (swearing) rynsztokowy język m [3] GB vinfml offensive (police) **the ~** psy m pl offensive

filthy /ˈfɪlθɪ/ adj [1] (dirty) [house, floor, rag, hands, face] bardzo brudny; (revolting) [habit] obrzydliwy [2] (vulgar) [language, word] ordynarny, rynsztokowy; [book, magazine] nieprzyzwoity; **to have a ~ mind** mieć brudne myśli [3] GB (unpleasant) [weather, mood] paskudny; **she gave him a ~ look** spojrzała na niego ze złością; **to be in a ~ temper** być w paskudnym nastroju; **he's got a ~ temper** on ma wredny charakter

filthy rich adj infml obrzydliwie bogaty infml

filtrate /ˈfɪltreɪt/ n filtrat m

filtration /fɪlˈtreɪʃn/ n filtracja f

fin /fɪn/ n [1] Zool (of fish, whale) płetwa f [2] Aviat, Aerosp statecznik m [3] Tech, Aut żebro n [4] Naut miecz m

finagle /fɪˈneɪɡl/ vt US infml [1] (wangle) załatwi|ć, -ać sobie, skombinować sobie infml [grade, leave, ticket] [2] (trick) **to ~ sb into doing sth** naciągnąć kogoś na zrobienie czegoś infml

finagler /fɪˈneɪɡlə(r)/ n US infml pej kombinator m, -ka f

finagling /fɪˈneɪɡlɪŋ/ n US infml machlojki f pl infml

final /ˈfaɪnl/ **I** n [1] Sport finał m [2] Journ (edition) ostatnie wydanie n; **the late ~** ostatnie wydanie popołudniowe

II *adj* [1] (last) *[day, book, meeting]* ostatni; *[question]* ostatni, końcowy; ~ **examination** egzamin końcowy; ~ **examinations** GB Univ egzaminy dyplomowe; US Univ egzaminy semestralne; ~ **instalment** Comm ostatnia rata [2] (definitive) *[decision, answer, result, judgment]* ostateczny; **that's ~!** to ostateczna decyzja!; **to have the ~ word** mieć ostatnie słowo; **she has the ~ say** ona ma ostatnie słowo, ostatnie słowo należy do niej

final approach *n* Aviat podejście *n* do lądowania

final cause *n* Philos ostateczna przyczyna *f*

final demand *n* Comm ostateczne wezwanie *n* do zapłaty

final dividend *n* Fin dywidenda *f* końcowa

finale /fɪˈnɑːlɪ, US -ˈnælɪ/ *n* Mus, Theat finał *m* also fig; **the grand ~** wielki finał

final invoice *n* Comm faktura *f* końcowa

finalist /ˈfaɪnəlɪst/ *n* finalist|a *m*, -ka *f*

finality /faɪˈnælətɪ/ *n* ostateczność *f*, nieodwracalność *f*; **to say sth with ~** powiedzieć coś stanowczo

finalization /ˌfaɪnəlaɪˈzeɪʃn, US -lɪˈz-/ *n* finalizacja *f*, sfinalizowanie *n*

finalize /ˈfaɪnəlaɪz/ *vt* s|finalizować *[purchase, contract, deal, plan]*; za|kończyć *[letter, report]*; ustal|ić, -ać *[details, route, timetable]*; przeprowadz|ić, -ać do końca *[divorce]*; **to ~ a decision** podjąć ostateczną decyzję; **to ~ a team** ustalić skład zespołu

finally /ˈfaɪnəlɪ/ *adv* [1] (eventually) w końcu; (with relief) nareszcie; **they ~ arrived** w końcu przyjechali [2] (lastly) na koniec, wreszcie; **~ I would like to thank...** na koniec chciałbym podziękować..., chciałbym wreszcie podziękować... [3] (definitively) *[settle, resolve, decide]* ostatecznie, raz na zawsze

final notice *n* Comm nota *f* końcowa

finals /ˈfaɪnlz/ *npl* [1] GB Univ egzaminy *m pl* dyplomowe; US Univ egzaminy *m pl* semestralne [2] Sport finały *m pl*

Final Solution *n* Hist **the ~** ostateczne rozwiązanie *n*

finance /ˈfaɪnæns, fɪˈnæns/ **I** *n* [1] (banking, money systems) finanse *plt*; **high ~** wielka finansjera [2] (funds) fundusze *m pl*; **to get** or **obtain ~ for sth** zdobyć or uzyskać fundusze na coś [3] (credit) kredyt *m*; **free ~!, 0% ~!** nieoprocentowany kredyt!

II finances *npl* (financial situation) (of person) sytuacja *f* finansowa; finanse *plt* infml; (of company, country) finanse *plt*

III *modif [director, correspondent, page]* finansowy; ~ **minister/ministry/committee** minister/ministerstwo/komisja finansów

IV *vt* s|finansować *[project]*

finance bill *n* Fin projekt *m* ustawy skarbowej

finance company *n* Fin spółka *n* finansująca sprzedaż ratalną

finance house *n* = **finance company**

financial /faɪˈnænʃl, fɪ-/ *adj [situation, adviser, institution, service]* finansowy

financial backer *n* Fin sponsor *m*

financial futures market *n* Fin terminowy rynek *m* papierów dłużniczych

financially /faɪˈnænʃəlɪ, fɪ-/ *adv* finansowo

Financial Times (Industrial Ordinary Share) Index, FT Index *n indeks cen akcji 30 wiodących firm notowanych na giełdzie londyńskiej, podawany w dzienniku „Financial Times"*

Financial Times-Stock Exchange Index, FTSE 100 *n indeks cen akcji 100 wiodących firm notowanych na giełdzie londyńskiej, podawany w dzienniku „Financial Times"*

financial year *n* GB Fin rok *m* finansowy

financier /faɪˈnænsɪə(r), US ˌfɪnənˈsɪər/ *n* finansista *m*

financing /ˈfaɪnænsɪŋ, fɪˈnænsɪŋ/ *n* finansowanie *n*

finch /fɪntʃ/ *n ptak z rodziny ziarnojadów*

find /faɪnd/ **I** *n* (discovery) odkrycie *n*; (lucky purchase) okazja *f*; **an arms ~** odkrycie składu nielegalnej broni; **to make a great ~ in a shop** trafić na wspaniałą okazję w sklepie; **she's a real ~** infml ona jest prawdziwym skarbem

II *vt* (*pt, pp* **found**) [1] (discover by chance) zna|leźć, -jdować *[thing, person]*; (come and see) zasta|ć, -wać *[thing, person]*; **'found: black kitten'** „znaleziono czarnego kotka"; **I found a letter lying on the table** na stole znalazłem list; **to leave sth as one found it** zostawić coś w takim stanie, w jakim się to zastało; **I found him working on the car, as usual** zastałem go pracującego jak zwykle przy samochodzie; **he was found dead** znaleziono go martwego; **he was found to be dead** okazało się, że nie żyje; **we found the door locked** or **to be locked** okazało się, że drzwi są zamknięte; **I found that...** okazało się, że...; **she arrived (only) to ~ that the train had left** kiedy przyjechała, okazało się, że pociąg już odjechał [2] (discover by looking) zna|leźć, -jdować *[thing, person]*; (after losing) odna|leźć, -jdować, zna|leźć, -jdować; **I can't ~ my keys** nie mogę znaleźć kluczy; **to ~ sth on a map** znaleźć coś na mapie; **she found his glasses for him** znalazła mu okulary; **to ~ one's way** or **the way to sth** trafić do czegoś; **to ~ one's way out of sth** znaleźć wyjście z czegoś *[building, forest]*; **to ~ one's own way home** samemu trafić do domu [3] (discover desired thing) zna|leźć, -jdować *[job, flat, car, seat, solution]*; odna|leźć, -jdować, zna|leźć, -jdować *[vocation]*; **you'll ~ lingerie downstairs** dział z bielizną jest na dole; **to ~ room for sth** znaleźć miejsce na coś; **to ~ the time/the energy/the money for sth** znaleźć na coś czas/energię/pieniądze; **to ~ sth for sb, to ~ sb sth** znaleźć coś dla kogoś, znaleźć coś komuś; **to ~ sth for sb to do, to ~ sb sth to do** znaleźć komuś coś do roboty; **to ~ oneself sth** znaleźć sobie coś [4] (encounter) napot|kać, -ykać *[word, term, species]*; **this plant is not found in Europe** ta roślina nie występuje w Europie; **the portrait is to be found in the Louvre** ten portret znajduje sie w Luwrze [5] (judge, consider) uważać; **you will ~ that...** przekonasz się, że..; **we found Paris (to be) a beautiful city** Paryż bardzo nam się spodobał; **how did you ~ her?** co o niej sądzisz?; **how did you ~ the fish?** jak ci smakowała ryba?; **to ~ sb polite/a bore** uważać, że ktoś jest uprzejmy/nudny; **he found the exam easy/difficult** dla niego ten egzamin był łatwy/trudny; **he ~s it hard to make friends** trudno mu nawiązywać przyjaźnie; **I found it impossible to tell the difference between the two** nie umiałem ich odróżnić; **she found it painful to turn her head** bolało ją, kiedy obracała głowę [6] (experience) zna|leźć, -jdować *[pleasure, satisfaction, comfort]* **(in sth** w czymś) **(in doing sth** w robieniu czegoś); **to ~ difficulty in sth** mieć trudności z czymś [7] (reach) **to ~ the mark** trafić do celu; **to ~ the target** trafić; **to ~ its (own) level** *[liquid]* ustabilizować się na określonym poziomie; **to ~ one's (own) level** (socially, professionally) *[person]* znaleźć odpowiednie dla siebie miejsce; **to ~ its way to sth** trafić do czegoś *[bin, pocket, town]*; **how did it ~ its way into your bag?** jak to trafiło do twojej torby? [8] Jur **to ~ that...** orzec, że...; **to ~ sb guilty/not guilty** uznać kogoś winnym/za niewinnego **(of sth** czegoś); **he was found guilty** uznano go winnym [9] (arrive to find) **I hope this card ~s you well** mam nadzieję, że ta kartka zastanie cię w dobrym zdrowiu; **the next day found him feeling ill** następnego dnia poczuł się fatalnie [10] Comput zna|leźć, -jdować

III *vi* Jur **to ~ for/against sb** orzec na korzyść/niekorzyść kogoś

IV *vr* **to ~ oneself** [1] (physically) zna|leźć, -jdować się; **to ~ oneself in Cairo /trapped** znaleźć się w Kairze/w pułapce; **she found herself unable to do it** doszła do przekonania, że nie jest w stanie tego zrobić; **she found herself wishing that...** zdała sobie sprawę, że pragnie, aby... [2] (discover one's vocation) odna|leźć, -jdywać się

■ **find out**: ¶ **~ out** dowi|edzieć, -adywać się; **I hope no-one ~s out** mam nadzieję, że nikt się nie dowie; **to ~ out about sth** dowiedzieć się o czymś ¶ **~ out [sth], ~ [sth] out** odkry|ć, -wać *[fact, cause, truth]*; zna|leźć, -jdować *[answer]*; **to ~ out the times of buses/the results** dowiedzieć się o godziny odjazdów autobusów/o wyniki; **to ~ out who/why/where...** dowiedzieć się, kto/dlaczego/gdzie...; **to ~ out that...** dowiedzieć się, że ... ¶ **~ [sb] out** z|demaskować *[person]*; **he was found out** został zdemaskowany

IDIOMS: **all found** z pełnym utrzymaniem; **to ~ one's feet** nabrać pewności; **to take sb as one ~s him/her** zaakceptować kogoś takim, jakim jest

finder /ˈfaɪndə(r)/ **I** *n* [1] (of treasure, lost thing) znalazca *m*; **the ~ will receive a reward** znalazca otrzyma nagrodę [2] (telescope) szukacz *m*

II -finder *in combinations* **job-~** agent pośrednictwa pracy; **house-~** pośrednik w handlu nieruchomościami; **fact-~** encyklopedia, leksykon

IDIOMS: **~ keepers (losers weepers)** ≈ znalezione, nie kradzione

fin de siècle /ˌfændəˈsjeklə/ **I** *n* fin de siècle *m*

II *adj* findesieclowy

finding /ˈfaɪndɪŋ/ *n* (of court) orzeczenie *n*; (of committee, research) wniosek *m*, konkluzja *f*; (of experiment) wynik *m*; **they made the following ~s** stwierdzono, co następuje; **the latest ~ is that it contains a carcinogenic substance** ostatnio odkryto, że zawiera substancję rakotwórczą

fine[1] /faɪn/ **I** *n* (punishment) grzywna *f* **(for sth** za coś**)**; (for traffic offence) mandat *m* **(for sth** za coś**)**; **to get** or **be given a ~** zostać ukaranym grzywną; (for traffic offence) dostać mandat; **to impose a ~ of £50/the maximum ~ on sb** ukarać kogoś grzywną w wysokości 50 funtów/maksymalną grzywną; **'no smoking – maximum ~ £50'** „zakaz palenia pod karą grzywny w wysokości do 50 funtów"
II *vt* u|karać grzywną *[offender]*; (for traffic offence) na|łożyć, -kładać mandat na (kogoś) **(for sth/doing sth** za coś/zrobienie czegoś**)**; **to ~ sb £50** ukarać kogoś grzywną w wysokości 50 funtów; **to be ~d heavily** dostać wysoką grzywnę; **she was ~d for speeding** dostała mandat za przekroczenie szybkości

fine[2] /faɪn/ **I** *adj* [1] (very good) *[performance, writer, example, specimen]* świetny; *[quality, standard]* wysoki; **to be in ~ form** być w świetnej formie; **the ~st example/collection** najwspanialszy przykład/najwspanialsza kolekcja; **the ~st quality** najwyższa jakość; **a ~ gesture** piękny gest; **a ~ figure of a woman** dat or hum piękna kobieta [2] (satisfactory) *[meal, arrangement]* dobry; *[holiday]* udany; **that's ~** w porządku; **to be/feel ~** mieć się/czuć się dobrze; **'~, thanks'** „dziękuję, dobrze"; **'we'll go now, OK?' – '~'** „pójdziemy, dobrze?" – „dobrze"; **that's ~ by** or **with me** nie mam nic przeciwko temu; **it is ~ for four of us** (of room, cottage) jest w sam raz dla naszej czwórki [3] infml iron **a ~ friend you are!** ładny z ciebie przyjaciel!; **you picked a ~ time to tell me!** niezły moment sobie wybrałeś, żeby mi powiedzieć!; **you're a ~ one to talk!** i kto to mówi!; **that's all very ~, but...** wszystko bardzo pięknie, ale...; **it's all very ~ to say buy another one, but...** łatwo powiedzieć, kup nowy, ale... [4] Meteorol *[weather, day, morning]* piękny; **it's ~, the weather is ~** jest ładnie, jest ładna pogoda; **it turned ~ later** później się wypogodziło; **one ~ day, one of these ~ days** fig pewnego pięknego dnia [5] (very thin, delicate) *[hair, fabric, thread, line, layer]* cienki; *[feature]* delikatny; *[mist]* lekki, zwiewny; *[sieve, net, mesh]* gęsty [6] (small-grained) *[powder, soil, particles]* drobny [7] (subtle) *[adjustment, detail]* drobny; *[distinction]* subtelny; *[judgment]* wyważony [8] (delicate and high quality) *[china, crystal, linen]* delikatny; *[lace, embroidery]* misterny; **the ~st wine** najlepsze wino [9] (refined, grand) *[lady, gentleman, clothes, manners]* wytworny; **sb's ~r feelings** wyższe uczucia (kogoś) [10] (commendable) *[person]* wspaniały, wartościowy; **he's a ~ man** to wspaniały człowiek [11] (pure) *[gold, silver]* czysty
II *adv* [1] *[get along, come along, do]* świetnie; **you're doing ~** świetnie ci idzie; **that suits me ~** bardzo mi to odpowiada [2] *[cut, chop, slice]* drobno; *[slice]* cienko
IDIOMS: **not to put too ~ a point on it** mówiąc wprost; **a chance would be a ~ thing!** infml to by było zbyt piękne!; **to cut it a bit ~** zrobić coś w ostatniej chwili infml; **there's a ~ line between X and Y** jest subtelna różnica między X i Y; **to tread a ~ line** balansować na cienkiej linie

fine art *n* (also **the ~s**) sztuki *f pl* piękne; **to study ~** studiować sztuki piękne
IDIOMS: **to have sth down to a ~** doprowadzić coś do perfekcji *[routine]*; opanować coś do perfekcji *[skill]*

fine-drawn /ˌfaɪnˈdrɔːn/ *adj [distinction]* subtelny

fine grain *adj* Phot drobnoziarnisty

fine-grained /ˌfaɪnˈgreɪnd/ *adj* [1] *[wood, leather]* drobnoziarnisty [2] *[salt, sugar]* drobny

finely /ˈfaɪnlɪ/ *adv* [1] *[chopped, grained, ground, minced]* drobno; *[sliced]* cienko [2] *[controlled, adjusted, tuned]* precyzyjnie; *[poised]* starannie; **~ balanced** *[decision, argument]* wyważony; *[votes, game]* bardzo wyrównany; **~ judged** precyzyjny [3] *[carved, wrought]* misternie [4] *[written, painted, executed]* świetnie [5] (sumptuously) *[furnished, dressed]* wytwornie

fineness /ˈfaɪnnɪs/ *n* [1] (of adjustment, detail) precyzja *f*; (of features, fabric, china) delikatność *f*; (of thread) cienkość *f* [2] (of metal) próba *f*

fineness ratio *n* Aviat, Naut współczynnik *m* smukłości kadłuba

fine print *n* drobny druk *m*

finery /ˈfaɪnərɪ/ *n* odświętny strój *m*; (worn by woman) strojna toaleta *f*; **in all her ~** (in her best clothing) wystrojona

finespun /ˌfaɪnˈspʌn/ *adj [notion, argument]* wysublimowany

finesse /fɪˈnes/ **I** *n* [1] (skill, subtlety) finezja *f* [2] (in cards) impas *m*
II *vt* [1] (handle adroitly) wyw|ieść, -odzić w pole *[person]*; zręcznie ominąć *[objection]* [2] (in cards) za|impasować (czymś); **to ~ a queen** zaimpasować królową
III *vi* (in cards) zaimpasować

fine-tooth(ed) comb /ˌfaɪnˈtuːθkəʊm/ *n* gęsty grzebień *m*
IDIOMS: **to go over** or **through sth with a ~** wziąć coś pod lupę *[evidence, document]*; przeczesać *[house, area]*

fine-tune /ˌfaɪnˈtjuːn/ *vt* dostr|oić, -ajać *[equipment, instrument, economy]*

fine tuning *n* dostrajanie *n*

finger /ˈfɪŋgə(r)/ **I** *n* [1] Anat palec *m* (u ręki); **first** or **index ~** palec wskazujący; **second** or **middle ~** palec środkowy; **third** or **ring ~** palec serdeczny; **fourth** or **little ~** mały palec; **to point one's ~ at sb/sth** pokazywać kogoś/coś palcem; **she ran her ~s through his hair** przeczesała mu włosy palcami; **to run one's ~s over sth** przesunąć palcami po czymś; **something is wrong, but I can't quite put my ~ on it** fig coś jest nie tak, ale nie bardzo wiem co; **he didn't lift** or **raise a ~ to help** palcem nie kiwnął, żeby pomóc; **I didn't lay a ~ on her** nawet palcem jej nie tknąłem; **to put two ~s up at sb** GB infml, **to give sb the ~** US infml pokazać komuś palec *(w obscenicznym geście)*; **to hold sth between ~ and thumb** trzymać coś w palcach; **I can count them on the ~s of one hand** mogę je policzyć na palcach jednej ręki [2] (of glove) palec *m* [3] (narrow strip) (of land) pas *m*; (of mist, smoke) smużka *f* [4] (small amount) **pour two ~s of whisky** nalej whisky na dwa palce
II *vt* [1] (touch) dotykać (palcami) *[fabric, goods, lip, tie]*; **to ~ one's beard** gładzić brodę [2] infml (inform on) za|kapować infml *[person]*
IDIOMS: **to be all ~s and thumbs** mieć dwie lewe ręce; **to get one's ~s burnt** sparzyć się (na czymś) fig; **to keep one's ~s crossed** trzymać kciuki **(for sb** za kogoś**)**; **to point the ~ at sb** wskazać (na) kogoś palcem; **to point the ~ of suspicion at sb** rzucić na kogoś podejrzenie; **to pull one's ~ out** vinfml ruszyć tyłek infml; **to put the ~ on sb** infml zakapować kogoś or na kogoś infml; **to slip through sb's ~s** *[opportunity]* przejść komuś koło nosa; *[person]* wymknąć się komuś; **to twist** or **wrap sb around one's little ~** owinąć sobie kogoś wokół (małego) palca

finger biscuit *n* szampanka *f*, podłużny herbatnik *m* biszkoptowy

fingerboard /ˈfɪŋgəbɔːd/ *n* Mus podstrunnica *f*

finger bowl *n* miseczka *f* do obmywania palców

finger buffet *n* Culin *zimny bufet z przekąskami spożywanymi bez użycia sztućców*

finger cymbals *npl* Mus *intstrument złożony z dwóch blaszek przyczepionych do palców*

finger-dry /ˌfɪŋgəˈdraɪ/ *vt* **to ~ one's hair** (dry) przeczesywać włosy palcami, żeby szybciej schły; (style) modelować włosy palcami

finger exercises *npl* Mus palcówki *f pl*

finger hole *n* Mus otwór *m* boczny *(fletu, klarnetu)*

fingering /ˈfɪŋgərɪŋ/ *n* Mus palcówki *f pl*

fingerless glove /ˌfɪŋgəlɪsˈglʌv/ *n* rękawica *f* bez palców, mitynka *f*

finger mark *n* ślad *m* palca; **dirty ~s** ślady brudnych palców

finger-paint /ˈfɪŋgəpeɪnt/ *vi* na|malować palcami

finger painting *n* [1] (technique) malowanie *n* palcami [2] (picture) obraz *m* namalowany palcami

finger plate *n płytka na drzwiach, chroniąca okolice klamki przed zabrudzeniem*

finger post *n* drogowskaz *m (w kształcie dłoni z wyciągniętym palcem wskazującym)*

fingerprint /ˈfɪŋgəprɪnt/ **I** *n* odcisk *m* palca; **to take sb's ~s** pobrać odciski palców kogoś; **a set of ~s** komplet odcisków palców; **genetic** or **DNA ~** odcisk linii papilarnych DNA, genetyczny odcisk palca
II *modif* **a ~ expert** ekspert w dziedzinie daktyloskopii
III *vt* pob|rać, -ierać odciski palców (kogoś) *[person]*; zd|jąć, -ejmować odciski palców z (czegoś) *[glass, surface, weapon]*

fingerprinting /ˈfɪŋgəprɪntɪŋ/ *n* zdejmowanie *n* odcisków palców

F

fingerprinting kit *n* zestaw *m* do zdejmowania odcisków palców
finger-stall /ˈfɪŋgəstɔːl/ *n* ochraniacz *m* na palec
finger tight *adj* ręcznie dociśnięty
fingertip /ˈfɪŋgətɪp/ *n* koniuszek *m* palca; **to touch sth with one's ~s** dotknąć czegoś końcami palców
IDIOMS: **she's an aristocrat to her ~s** jest arystokratką w każdym calu; **to have sth at one's ~s** mieć coś w małym palcu
fingertip control *n* obsługa *f* przez naciśnięcie guzika
finger trouble *n* infml Comput błąd *m* w obsłudze klawiatury
fingerwagging /ˈfɪŋgəwægɪŋ/ **I** *n* fig napomnienie *n*
II *modif [memo]* z napomnieniem
finial /ˈfɪnɪəl/ *n* Archit kwiaton *m*
finicky /ˈfɪnɪkɪ/ *adj [person]* wybredny (**about sth** w czymś); *[job, task]* żmudny
finish /ˈfɪnɪʃ/ **I** *n* (*pl* **~es**) 1 (end) koniec *m*; **from start to ~** od początku do końca; **it will be a fight to the ~** to będzie walka na śmierć i życie also fig; **to be in at the ~** uczestniczyć do samego końca 2 Sport końcówka *f*; (of race) finisz *m*; (finishing line) meta *f*; **a close ~** ostra rywalizacja na finiszu also fig; **an athlete with a good ~** zawodnik dysponujący dobrym finiszem 3 (surface, aspect) (of clothing, wood, car) wykończenie *n*; (of fabric, leather) apretura *f*; **a car with a metallic ~** samochód pokryty lakierem metalik infml; **paint with a matt/silk ~** lakier matowy/z połyskiem
II *vt* 1 (complete) s|kończyć *[chapter, sentence, task]*; u|kończyć, s|kończyć *[building, novel, sculpture, opera]*; **to ~ doing sth** skończyć robić coś; **I must get this report ~ed for Friday** muszę mieć ten raport gotowy na piątek 2 (leave) s|kończyć *[work, studies]*; **I ~ work at 5:30 pm** kończę pracę o wpół do szóstej po południu; **she ~es school/university next year** w przyszłym roku kończy szkołę/uniwersytet 3 (consume) s|kończyć *[meal, sandwich]*; dopi|ć, -jać *[drink]*; dopal|ić, -ać *[cigarette]*; **who ~ed all the biscuits?** kto wyjadł wszystkie ciasteczka? 4 (put an end to) za|kończyć *[career]* 5 infml (exhaust) wyk|ończyć, -ańczać infml *[person]*; **that long walk ~ed me!** jestem wykończony po tak długim spacerze!, wykończył mnie ten długi spacer! 6 (destroy) z|niszczyć *[career, person, politician]*; **this news nearly ~ed him** ta informacja prawie go wykończyła infml 7 Tech wyk|ończyć, -ańczać *[furniture]* (**with sth** czymś)
III *vi* 1 (end) *[conference, programme, holidays, term]* s|kończyć się; **the meeting ~es at 3 pm** zebranie kończy się o trzeciej po południu; **the film ~es on Thursday** film będzie wyświetlany do czwartku; **I'll see you when the concert ~es** zobaczymy się po koncercie; **wait until the music ~es** poczekaj, aż skończy się muzyka; **as the concert was ~ing...** w miarę, jak koncert zbliżał się do końca...; **after the lecture ~es we'll have lunch** po wykładzie zjemy lunch; **I'm waiting for the washing machine to ~** czekam, aż się skończy pranie 2 (reach end of race) u|kończyć wyścig; **to ~ last/third** zająć ostatnie/trzecie miejsce; **my horse ~ed first** mój koń przybiegł pierwszy; **the horse/the athlete failed to ~** koń/zawodnik nie ukończył wyścigu 3 (conclude) *[speaker]* skończyć; **he won't let me ~** on nie da mi skończyć; **let me ~** proszę dać mi skończyć; **she ~ed with a quotation** zakończyła cytatem 4 (leave employment) **I ~ed at the bank yesterday** od wczoraj nie pracuję w banku
IV **finished** *pp adj* 1 **beautifully ~ed** *[furniture, interior]* pięknie wykończony; **interior ~ed in marble/grey** wnętrze wykończone marmurem/na szaro; **walls ~ed in blue gloss** niebieskie ściany z połyskiem; **the ~ed product** gotowy produkt 2 (accomplished) *[performance]* nienaganny 3 (ruined) skończony; **as a boxer he's ~ed** jest skończony jako bokser; **after the scandal her career was ~ed** po tym skandalu jej kariera była skończona
■ **finish off**: ¶ **~ off [sth], ~ [sth] off** 1 (complete) skończyć *[letter, task]*; **I'll just ~ off the ironing** zaraz skończę prasować 2 (round off) **to ~ off the meal with a glass of brandy** zakończyć posiłek kieliszkiem brandy ¶ **~ [sb] off** 1 (exhaust) *[game, race, work]* wyk|ończyć, -ańczać infml *[person]* 2 (destroy) zniszczyć *[career, person, politician]* 3 (kill) dobi|ć, -jać *[person, animal]*; **he ~ed him off with his sword** dobił go swoim mieczem
■ **finish up**: ¶ *[person]* (in a place) wylądować infml; **they ~ed up in London/on the other side of town** wylądowali w Londynie/na drugim końcu miasta; **he ~ed up in prison** wylądował w więzieniu; **to ~ up as a teacher** w końcu zostać nauczycielem; **I ~ed up spending $500** skończyło się na tym, że wydałem 500 dolarów; **it ~ed up with me having to buy a new car** skończyło się na tym, że musiałem kupić nowy samochód ¶ **~ up [sth], ~ [sth] up** dokończyć *[milk, cake]*; zużyć *[paint]*
■ **finish with**: ¶ **~ with [sth]** s|kończyć z (czymś) *[theatre, politics, work]*; **have you ~ed with the newspaper?** czy skończyłeś już (czytać) gazetę?; **hurry up and ~ with the scissors, I need them** pośpiesz się z tymi nożyczkami, potrzebne mi są; **pass the pen to me when you've ~ed with it** daj mi pióro, jak nie będzie ci już potrzebne; **I'm ~ed with school/politics!** koniec ze szkołą/z polityką! ¶ **~ with [sb]** 1 (split up) z|erwać, -rywać z (kimś) *[girlfriend, boyfriend]* 2 (stop punishing) **I haven't ~ed with you yet!** jeszcze z tobą nie skończyłem!; **you'll be sorry when I've ~ed with you!** jeszcze się z tobą porachuję!
finisher /ˈfɪnɪʃə(r)/ *n* 1 (worker) pracownik *m* wykonujący prace wykończeniowe 2 Sport **he was one of the top ten ~s in the race** ukończył wyścig w pierwszej dziesiątce
finishing line *n* GB linia *f* mety, meta *f*
finishing post *n* Sport celownik *m*
finishing school *n* Sch *prywatna szkoła dla dziewcząt przygotowująca do życia w wielkim świecie*
finishing touch *n* ostatni szlif *m*; **to put the ~es to sth** dopieścić coś infml *[painting, speech, room]*
finish line *n* US = **finishing line**
finite /ˈfaɪnaɪt/ *adj* 1 *[resources, knowledge, amount]* ograniczony 2 Ling **a ~ verb** osobowa forma czasownika; **~ state grammar** gramatyka skończenie stanowa 3 Math, Philos skończony
fink /fɪŋk/ US vinfml pej **I** *n* 1 (informer) kapuś *m* infml pej 2 (contemptible person) drań *m* infml
II *vi* (inform) **to ~ on sb** zakapować kogoś, kapować na kogoś infml
■ **fink out** ¶ vinfml s|krewić infml; **to ~ out on sb** wystawić kogoś do wiatru
Finland /ˈfɪnlənd/ *prn* Finlandia *f*
Finn /fɪn/ *n* Fin *m*, -ka *f*
Finnish /ˈfɪnɪʃ/ **I** *n* (language) (język *m*) fiński *m*
II *adj* fiński
Finno-Ugric /ˌfɪnəʊˈuːgrɪk/ *n* język *m* z rodziny ugrofińskich
fiord *n* = **fjord**
fir /fɜː(r)/ *n* (also **~ tree**) jodła *f*
fir cone *n* szyszka *f* jodłowa
fire /ˈfaɪə(r)/ **I** *n* 1 (element) ogień *m*; **to set ~ to sth, to set sth on ~** podpalić coś; **to be on ~** płonąć, palić się; **my throat is on ~** pali mnie w gardle; **to be destroyed by ~** zostać zniszczonym przez ogień; **to catch ~** zapalić się; **to be on ~ with love/desire** fig płonąć z miłości/pożądania 2 (blaze) pożar *m*; **a house/forest ~** pożar domu/lasu; **to start a ~** wzniecić pożar; **a ~ broke out** wybuchł pożar; **to fight a ~** walczyć z ogniem; **to tackle a ~** gasić pożar; **to put out a ~** ugasić pożar; **the ~ is out** pożar został ugaszony 3 (for warmth) ogień *n*; (outside) ognisko *n*; **to make** or **build a ~** rozpalić ognisko or ogień; **to sit by the ~** siedzieć przy kominku; (outside) siedzieć przy ognisku or ogniu; **a lovely/roaring ~** trzaskający/buzujący ogień; **electric ~** GB grzejnik elektryczny 4 (shots) ogień *m*; **to open ~ on sb** otworzyć ogień do kogoś; **to exchange ~** ostrzeliwać się wzajemnie; **to be/come under enemy ~** być/znaleźć się pod nieprzyjacielskim ogniem; **the police/passers-by came under ~** policja/przechodnie znaleźli się pod obstrzałem; **to be under ~** fig być pod ostrzałem krytyki fig (**from sb** ze strony kogoś); **to draw sb's ~** ściągnąć na siebie ogień kogoś; **to hold one's ~** (refrain) nie strzelać; (stop) przerwać or wstrzymać ogień; **to return sb's ~** odpowiedzieć komuś ogniem; **a burst of machine-gun ~** gwałtowny ogień z broni maszynowej 5 (verve) zapał *m*
II *excl* 1 (raising alarm) pali się! 2 (order to shoot) ognia!
III *vt* 1 wystrzelić, strzelać z (czegoś), wypalić z (czegoś) *[gun, weapon]*; wystrzeli|ć, -wać *[rocket, missile]*; wypu|ścić, -szczać *[arrow]*; cis|nąć, -kać (czymś) *[object, rock]*; oddа|ć, -wać *[shot]*; **to ~ a shot at sb/sth** wystrzelić do kogoś/czegoś 2 (ceremonially) **to ~ a 21 gun salute** oddać 21 salw armatnich 3 fig (shoot) **to ~ sth at sb** zasypać kogoś czymś *[questions]*; obrzucić kogoś czymś *[insults]* 4 (inspire) rozpal|ić, -ać *[imagination, desire]*; wzbudz|ić, -ać *[enthu-*

siasm]; **to ~ sb with sth** wzbudzić w kimś coś *[enthusiasm, urge]*; **to be ~ed with enthusiasm** być pełnym entuzjazmu **(for sth** dla czegoś) [5] infml (dismiss) wyrzuc|ić, -ać; wyl|ać, -ewać infml; **you're ~d!** zwalniam pana!, pan już tu nie pracuje! [6] Tech wypal|ić, -ać *[ceramics]*

IV *vi* [1] Mil wystrzelić, strzel|ić, -ać **(at** or **on sb/sth** do kogoś/czegoś) [2] Mech *[engine]* zapal|ić, -ać

■ **fire off**: **~ off [sth]** [1] wystrzelić z (czegoś), strzelać z (czegoś) *[gun]*; wystrzeli|ć, -wać *[bullet, missile]*; **to ~ off a few rounds** oddać kilka strzałów [2] fig hum (utter) wysk|oczyć, -akiwać z (czymś) *[question, orders]*; (send) wyp|chnąć, -ychać infml *[letter, memo]*

■ **fire up**: **~ up [sb], ~ [sb] up** (stimulate) pobudz|ić, -ać; **to be all ~d up** (angry, furious) kipieć z wściekłości; (aroused, excited) drżeć z podniecenia

IDIOMS: **~ away!** śmiało!; **to hang ~** Mil strzelać z opóźnieniem; fig *[plans, project]* odwlekać się; **to hold one's ~** wstrzymać się *(z krytyką)*; **to play with ~** igrać z ogniem; **he'll never set the world on ~** on świata nie zawojuje; **to go through ~ and water for sb** skoczyć w ogień za kimś → **house**

fire alarm *n* (device, signal) alarm *m* pożarowy

fire-and-brimstone /ˌfaɪərənˈbrɪmstəʊn/ *adj [sermon, preacher]* straszący ogniem piekielnym

fire appliance *n* wóz *m* strażacki

firearm /ˈfaɪərɑːm/ *n* broń *f* palna

fireback /ˈfaɪəbæk/ *n* tylna płyta *f* paleniska

fireball /ˈfaɪəbɔːl/ *n* [1] Nucl kula *f* ognista [2] Astron bolid *m* [3] Meteorol piorun *m* kulisty [4] fig (person) wulkan *m* (energii) fig

fire bell *n* dzwonek *m* alarmowy

fireboat /ˈfaɪəbəʊt/ *n* statek *m* pożarniczy

firebomb /ˈfaɪəbɒmb/ **I** *n* bomba *f* zapalająca

II *vt* zrzuc|ić, -ać bomby zapalające na (coś) *[building]*

firebox /ˈfaɪəbɒks/ *n* Hist Rail komora *f* paleniskowa

firebrand /ˈfaɪəbrænd/ *n* fig podżegacz *m*, -ka *f*

firebreak /ˈfaɪəbreɪk/ *n* przecinka *f*, dukt *m*

firebrick /ˈfaɪəbrɪk/ *n* cegła *f* ogniotrwała or szamotowa

fire brigade *n* straż *f* pożarna

firebug /ˈfaɪəbʌg/ *n* infml podpalacz *m*, -ka *f*

fire chief *n* US komendant *m* straży pożarnej

fireclay /ˈfaɪəkleɪ/ *n* glina *f* ogniotrwała, szamot *m*

fire cover *n* ubezpieczenie *n* od ognia

firecracker /ˈfaɪəkrækə(r)/ *n* petarda *f*

fire-damaged /ˌfaɪəˈdæmɪdʒd/ *adj* uszkodzony przez ogień

firedamp /ˈfaɪədæmp/ *n* gaz *m* kopalniany

fire department *n* US straż *f* pożarna

firedog /ˈfaɪədɒg/ *n* ruszt *m*

fire door *n* drzwi *plt* pożarowe

fire drill *n* ćwiczenia *n pl* przeciwpożarowe

fire-eater /ˈfaɪəriːtə(r)/ *n* połykacz *m*, -ka *f* ognia

fire engine *n* wóz *m* strażacki

fire escape *n* (staircase) schody *plt* pożarowe; (ladder) drabinka *f* pożarowa

fire exit *n* wyjście *n* ewakuacyjne

fire extinguisher *n* gaśnica *f*

firefighter /ˈfaɪəfaɪtə(r)/ *n* strażak *m*

firefighting /ˈfaɪəfaɪtɪŋ/ **I** *n* gaszenie *n* pożarów

II *modif [operation, plane]* pożarniczy

firefly /ˈfaɪəflaɪ/ *n* (*pl* **-flies**) świetlik *m*, robaczek *m* świętojański

fireguard /ˈfaɪəgɑːd/ *n* (mesh screen) ekran *m* kominkowy

fire hazard *n* zagrożenie *n* pożarowe; **to be a ~** stanowić zagrożenie pożarowe

firehouse /ˈfaɪəhaʊs/ *n* US remiza *f* strażacka

fire hydrant *n* hydrant *m* przeciwpożarowy

fire insurance *n* ubezpieczenie *n* od ognia

fire irons *npl* akcesoria *plt* kominkowe

firelight /ˈfaɪəlaɪt/ *n* blask *m* ognia; **in the** or **by ~** przy blasku ognia

firelighter /ˈfaɪəlaɪtə(r)/ *n* (material) podpałka *f*

fire loss adjuster *n* Insur *rzeczoznawca szacujący szkody spowodowane pożarem*

fireman /ˈfaɪəmən/ *n* (*pl* **-men**) strażak *m*

fire marshall *n* US (in a city, county) szef *m* służby przeciwpożarowej

fireplace /ˈfaɪəpleɪs/ *n* kominek *m*

fireplug /ˈfaɪəplʌg/ *n* US hydrant *m* przeciwpożarowy

fire power *n* Mil siła *f* ognia

fire practice *n* = **fire drill**

fireproof /ˈfaɪəpruːf/ **I** *adj [clothing, door]* ognioodporny; *[safe, furniture]* ogniotrwały; *[casserole, dish]* ogniotrwały, żaroodporny

II *vt* uodp|ornić, -arniać na działanie ognia

fire raiser *n* GB podpalacz *m*, -ka *f*

fire-raising /ˈfaɪəreɪzɪŋ/ *n* GB podpalenie *n*

fire regulations *npl* (law) przepisy *m pl* przeciwpożarowe; (instructions) instrukcja *f* postępowania na wypadek pożaru

fire risk *n* zagrożenie *n* pożarowe

fire sale *n* wyprzedaż *f* po pożarze; **to have a ~ of assets** Fin wyprzedawać swoje aktywa

fire screen *n* ekran *m* kominkowy

fire service *n* straż *f* pożarna

fireside /ˈfaɪəsaɪd/ *n* (area) miejsce *n* przy kominku; **to sit by the ~** siedzieć przy kominku

fire station *n* remiza *f* strażacka

fire tower *n* przeciwpożarowa wieża *f* obserwacyjna

firetrap /ˈfaɪətræp/ *n miejsce pozbawione wyjść ewakuacyjnych*

firetruck /ˈfaɪətrʌk/ *n* US wóz *m* strażacki

firewall /ˈfaɪəwɔːl/ *n* [1] przegroda *f* ogniotrwała, ściana *f* przeciwpożarowa [2] Comp system *m* ściany zaporowej

firewarden /ˈfaɪəwɔːdn/ *n* osoba *f* odpowiedzialna za ochronę przeciwpożarową

firewater /ˈfaɪəˌwɔːtə(r)/ *n* infml woda *f* ognista infml

firewood /ˈfaɪəwʊd/ *n* drewno *n* na opał

firework /ˈfaɪəwɜːk/ **I** *n* fajerwerk *m*

II fireworks *npl* [1] fajerwerki *m pl*, sztuczne ognie *plt* [2] fig (trouble) awantura *f*; **there'll be ~s!** będzie awantura; **to wait for the ~s to die down** odczekać, aż cała awantura się skończy

fireworks display *n* pokaz *m* sztucznych ogni

fireworks factory *n* fabryka *f* sztucznych ogni

firing /ˈfaɪərɪŋ/ *n* [1] (of guns) kanonada *f*; **there was continuous ~** trwała nieustanna kanonada [2] (of ceramics) wypalanie *n*

firing line *n* **to be in the ~** znajdować się na linii ognia; **to be first in the ~** fig (under attack) być pod ostrzałem krytyki

firing pin *n* iglica *f*

firing squad *n* pluton *m* egzekucyjny; **to face the ~** stanąć przed plutonem egzekucyjnym; **death by ~** śmierć przez rozstrzelanie

firm[1] /fɜːm/ *n* (business) firma *f*, przedsiębiorstwo *n*; **electronics/haulage/security ~** firma elektroniczna/transportowa /ochroniarska; **small ~** mała firma; **taxi ~** przedsiębiorstwo taksówkowe; **~ of architects** firma architektoniczna; **law ~** firma prawnicza

firm[2] /fɜːm/ **I** *adj* [1] (hard) *[mattress, muscle]* twardy; *[body, fruit]* jędrny; *[handshake]* mocny; **to get a ~ grip on sth** chwycić coś mocno; **to give sth a ~ tap/tug** stuknąć w coś/pociągnąć za coś mocno [2] (steady) *[table, ladder]* stabilny; **check that the ladder's ~** sprawdź, czy drabina dobrze stoi [3] fig (strong) *[foundation, base, basis, friend]* solidny; **to get a ~ grasp of sth** zapoznać się dokładnie z czymś *[principles]*; **a ~ grounding** solidne podstawy; **one must keep a ~ grip on the facts** trzeba mocno trzymać się faktów; **to have a ~ hold on sth** mocno trzymać coś; **to be on ~ ground** stać na pewnym gruncie fig; **it's my ~ belief that...** głęboko wierzę w to, że...; **the ~ favourite** pewniak infml [4] (definite) *[offer]* wiążący; *[commitment]* pełny; *[intention]* niewzruszony; *[refusal]* stanowczy; *[date]* ostateczny; *[evidence]* niezbity; **a ~ assurance** solenne zapewnienie [5] (resolute) *[person, stand]* niewzruszony **(with sb** wobec kogoś); *[leadership, response]* zdecydowany; *[purpose]* wytyczony; *[voice]* mocny; **he needs a ~ hand** on potrzebuje twardej ręki [6] Fin *[dollar, pound]* mocny; *[market]* ustabilizowany

II *adv* **to stand ~** nie ustępować; fig trwać przy swoim zdaniu; **to stand ~ against sth** mocno sprzeciwiać się czemuś; **to remain** or **hold ~** *[person, government]* być niewzruszonym; *[currency]* utrzymywać kurs **(against sth** w stosunku do czegoś)

III *vi* Fin *[share, price]* (stabilize) u|stabilizować się **(at sth** na poziomie czegoś); (rise) w|zrosnąć **(to sth** do poziomu czegoś)

■ **firm up**: ¶ **~ up** *[arrangement, deal]* s|konkretyzować się; *[muscle]* wzm|ocnić, -acniać się; *[flesh]* z|jędrnieć ¶ **~ up [sth], ~ [sth] up** ostatecznie potwierdz|ić, -ać *[arrangement, deal]*; wzm|ocnić, -acniać *[muscle, flesh]*

firmament /ˈfɜːməmənt/ *n* liter firmament *m* liter

firmly /ˈfɜːmlɪ/ *adv* [1] *[say, answer, state]* stanowczo; **tell him ~ but politely** powiedz mu uprzejmie, ale stanowczo; **to deal ~ with sb/sth** postępować stanowczo z kimś/czymś; **naughty children have to**

F

be dealt with ~ z niegrzecznymi dziećmi trzeba postępować stanowczo [2] *[deny, reject, resist]* stanowczo, zdecydowanie; *[be convinced, believe]* głęboko; **to be ~ committed to sth** być mocno zaangażowanym w coś; **~ held beliefs** zdecydowane poglądy [3] *[clasp, grip, hold, push, press, tie, attach, fasten]* mocno; *[seal]* szczelnie; **to be ~ rooted** or **embedded in sth** fig być mocno zakorzenionym w czymś; **we have it ~ under control** w pełni nad tym panujemy

firmness /ˈfɜːmnɪs/ *n* [1] (of person) stanowczość *f*; (of mattress, pillow) twardość *f* [2] Fin (of price, pound, share) stabilność *f*

firmware /ˈfɜːmweə(r)/ *n* Comput mikroprogramy *m pl*

first /fɜːst/ **I** *pron* [1] (of series, group) pierwsz|y *m*, -a *f*, -e *n*; **Beethoven's ~** Mus I symfonia Beethovena; **he was the ~ in his family to join the army** jako pierwszy w rodzinie wstąpił do wojska; **she'd be the ~ to complain/to admit it** ona pierwsza by się poskarżyła/by to przyznała; **she was one of** or **among the ~ to arrive** przybyła jako jedna z pierwszych [2] (of month) pierwszy *m*; **the ~ (of May)** pierwszy (maja); **she left on the ~** wyjechała pierwszego [3] **First** (in titles) Pierwszy; **Charles the First** Karol I; **Elizabeth the First** Elżbieta I [4] (initial moment) **the ~ I knew about his death was a letter from his wife** o tym, że umarł, dowiedziałem się (dopiero) z listu od jego żony; **that's the ~ I've heard of it!** pierwsze słyszę! infml [5] (beginning) początek *m*; **at ~** na początku, najpierw; **from the (very) ~** od (samego) początku; **from ~ to last** od początku do końca [6] (new experience) **a ~ for sb/sth** coś nowego dla kogoś [7] Aut jedynka *f* infml; **to be in ~** *[driver, car]* jechać na jedynce → **gear** [8] GB Univ (degree) *dyplom z bardzo dobrą oceną*; **to get a ~ in history** or **a history ~** ukończyć historię z oceną bardzo dobrą na dyplomie

II *adj* [1] (of series, group) pierwszy; **the ~ three pages/people** pierwsze trzy strony /osoby; **the three ~ pages/people** trzy pierwsze strony/osoby; **the ~ few minutes** pierwszych kilka minut; **he was the ~ man to walk on the moon** był pierwszym człowiekiem, jaki chodził po Księżycu; **the ~ film that he directed** pierwszy film, jaki wyreżyserował [2] (in phrases) **at ~ glance** or **sight** na pierwszy rzut oka; **for the ~ time** po raz pierwszy; **I warned him not for the ~ time that...** nie po raz pierwszy go ostrzegałem, że...; **for the ~ and last time** pierwszy i ostatni raz; **I'll ring ~ thing tomorrow** zadzwonię jutro z samego rana; **I'll phone the dentist ~ thing this afternoon** po południu zaraz zadzwonię do dentysty; **I'll do it ~ thing** zrobię to w pierwszej kolejności [3] (slightest) **he doesn't know the ~ thing about politics** on nie ma najmniejszego pojęcia o polityce; **I don't know the ~ thing about him** kompletnie nic o nim nie wiem; **she didn't have the ~ idea what to do/where to go** nie miała zielonego pojęcia, co robić/gdzie pójść infml

III *adv* [1] (before others) *[arrive, leave]* (jako) pierwszy; **Maria left ~** Maria wyszła pierwsza; **to get there ~** przybyć na miejsce jako pierwszy; fig być pierwszym; **I wanted the vase, but Anna got there ~** chciałem kupić ten wazon, ale Anna była pierwsza; **you go ~!** idź pierwszy!; **ladies ~!** panie mają pierwszeństwo!; **women and children ~** najpierw kobiety i dzieci [2] (at top of ranking) **to come ~** Games, Sport zająć pierwsze miejsce, być pierwszym **(in sth** w czymś); fig być na pierwszym miejscu; **his career comes ~ with him** karierę zawodową stawia na pierwszym miejscu; **to put sb/sth ~** fig stawiać kogoś /coś na pierwszym miejscu [3] (to begin with) najpierw; **~ of all** po pierwsze, przede wszystkim; **~ we must decide** najpierw musimy zdecydować; **~ mix the eggs and sugar** najpierw ukręć jajka z cukrem; **~ she tells me one thing, then something else** najpierw mówi mi jedno, a potem coś innego; **there are two reasons: ~...** są dwa powody: po pierwsze...; **at ~** początkowo; **when we were ~ married** zaraz po ślubie; **when he ~ arrived** zaraz po przyjeździe; **he was a gentleman ~ and last** był przede wszystkim dżentelmenem [4] (for the first time) po raz pierwszy, pierwszy raz; **I ~ met him in Paris** po raz pierwszy spotkałem się z nim w Paryżu [5] (rather) **move to the country? I'd die ~!** przeprowadzić się na wieś? prędzej umrę!

IDIOMS: **~ come, ~ served** kto pierwszy, ten lepszy; **on a ~ come ~ served basis** według kolejności zgłoszeń; **~ things ~!** wszystko po kolei!; **to put ~ things ~** koncentrować się na najważniejszych rzeczach

first aid **I** *n* pierwsza pomoc *f*; **to give sb ~** udzielić komuś pierwszej pomocy; **lessons in ~** kurs pierwszej pomocy

II first-aid *modif* **~ instructor** instruktor pierwszej pomocy; **~ equipment** sprzęt pierwszej pomocy; **~ room/post** gabinet /punkt opatrunkowy

first aider *n* infml ratowni|k *m*, -czka *f*

first aid kit *n* apteczka *f*

first aid officer *n* ratowni|k *m*, -czka *f*

first base *n* Sport (in baseball) pierwsza baza *f*; **to get to ~** dobiec do pierwszej bazy; **not to get to ~** fig *[project, idea]* nawet nie wystartować porządnie

first-born /ˈfɜːstbɔːn/ **I** *n* pierworodn|y *m*, -a *f*

II *adj [child, son]* pierworodny

first class **I** *n* [1] Transp pierwsza klasa *f* [2] GB Post ≈ przesyłka *f* ekspresowa

II *adj* **first-class** [1] Tourism, Transp *[seat, ticket]* w pierwszej klasie; *[accommodation, hotel]* o najwyższym standardzie; **~ carriage/compartment** wagon/przedział pierwszej klasy [2] Post *[stamp, letter]* ≈ ekspresowy; **to send sth by ~ mail** wysłać coś ekspresem [3] GB Univ **to graduate with ~ honours in chemistry** ukończyć chemię z wyróżnieniem [4] (excellent) pierwszorzędny; pierwsza klasa infml

III *adv* [1] Transp **to travel ~** podróżować pierwszą klasą [2] Post **to send sth ~** ≈ wysłać coś ekspresem

first course *n* (of meal) pierwsze danie *n*

first cousin *n* (aunt's son) brat *m* cioteczny; (uncle's son) brat *m* stryjeczny; (aunt's daughter) siostra *f* cioteczna; (uncle's daughter) siostra *f* stryjeczna

first day cover *n* Post *koperta ze znaczkiem ostemplowanym pierwszego dnia emisji*

first degree burn *n* oparzenie *n* pierwszego stopnia

first degree murder *n* US Jur morderstwo *n* z premedytacją

first edition *n* pierwsze wydanie *n*; (as collector's item) pierwodruk *m*

first estate *n* Pol Hist pierwszy stan *m*

first-ever /ˌfɜːstˈevə(r)/ *adj [event]* pierwszy

First Family *n* US Pol rodzina *f* prezydencka

first floor **I** *n* GB pierwsze piętro *n*; US parter *m*

II first-floor *modif [room, apartment]* GB na pierwszym piętrze; US na parterze

first-footing /ˌfɜːstˈfʊtɪŋ/ *n* Scot **to go ~** *iść z wizytą tuż po północy w noc sylwestrową*

first form *n* GB Sch pierwsza klasa *f*

first former *n* GB Sch ucze|ń *m*, -nnica *f* pierwszej klasy

first fruits *n pl* liter fig pierwsze owoce *m pl*

first-generation /ˌfɜːstdʒenəˈreɪʃn/ *adj [American, Australian]* w pierwszym pokoleniu; *[machine, computer]* pierwszej generacji

first grade *n* US Sch pierwsza klasa *f*

firsthand /ˌfɜːstˈhænd/ *adj, adv* z pierwszej ręki; **at first hand** z pierwszej ręki

First Lady *n* [1] US Pol pierwsza dama *f*; **the President and the ~** prezydent z małżonką [2] fig pierwsza dama *f* **(of sth** czegoś)

first language *n* język *m* ojczysty

first light *n* pierwszy brzask *m*; **at ~** o (pierwszym) brzasku

firstly /ˈfɜːstlɪ/ *adv* po pierwsze

first mate *n* Naut pierwszy oficer *m*

first name *n* imię *n*; **to be on ~ terms with sb** być z kimś po imieniu

first night **I** *n* Theat premiera *f*

II first-night *modif [audience]* premierowy; *[nerves]* przedpremierowy; *[party]* popremierowy; **~ tickets** bilety na premierę

first-nighter /ˌfɜːstˈnaɪtə(r)/ *n* Theat bywalec *m* premier

first offender *n* Jur przestępca *m* dotychczas niekarany

first officer *n* Aviat, Naut pierwszy oficer *m*

first past the post *n* GB Pol **~ system** większościowy system wyborczy

first performance *n* Theat światowa prapremiera *f*; Mus światowe prawykonanie *n*

first person *n* Ling pierwsza osoba *f*; **in the ~** w pierwszej osobie; **~ singular /plural** pierwsza osoba liczby pojedynczej/mnogiej

first principle *n* podstawowa zasada *f*; **let's go back to ~s** zacznijmy od początku

first-rate /ˌfɜːstˈreɪt/ *adj* pierwszorzędny

first school *n* GB Sch *szkoła dla dzieci w wieku 5-9 lat*

first-strike /ˌfɜːstˈstraɪk/ *adj* Mil **~ missile** pocisk pierwszego rażenia

first-time buyer /ˌfɜːsttaɪmˈbaɪə(r)/ *n osoba kupująca po raz pierwszy dom lub mieszkanie*

first-timer /ˌfɜːstˈtaɪmə(r)/ *n* infml (in sport, activity) początkujący *m*; (in new experience) **he's a ~** dla niego to pierwszy raz
first violin *n* pierwsze skrzypce *plt*
first water *n* **of the ~** *[diamond]* czystej wody; fig pierwszej wody
First World *n* (also **First World countries) the ~** kraje *m pl* wysoko rozwinięte
first year **I** *n* [1] (group) Sch pierwsza klasa *f*; Univ pierwszy rok *m* [2] Sch (pupil) pierwszoklasist|a *m*, -ka *f*; Univ (student) student *m*, -ka *f* pierwszego roku; pierwszoroczniak *m* infml
II first-year *modif [pupil, student]* pierwszoroczny; **~ teacher** (school) nauczyciel w pierwszej klasie; (university) wykładowca na pierwszym roku
firth /fɜːθ/ *n* Scot zatoka *f*
fiscal /ˈfɪskl/ *adj* fiskalny
fiscal year *n* Fin rok *m* podatkowy
fish /fɪʃ/ **I** *n* (*pl* **~, ~es**) [1] Zool ryba *f*; **to catch a ~** złapać or złowić rybę; **freshwater ~** ryba słodkowodna; **saltwater** or **sea ~** ryba morska [2] Culin ryba *f*; **to eat /cook ~** jeść/gotować rybę; **wet ~** świeża ryba
II *modif [market, shop]* rybny; *[scale, eye]* rybi; **~ fork/knife** nóż/widelec do ryb; **~ bone** ość
III *vt* łowić na (czymś) *[waters]*; łowić w (czymś) *[river, sea]*; **the sea has been ~ed intensively** na morzu prowadzono intensywne połowy
IV *vi* [1] *[fisherman]* łowić; *[angler]* łowić, wędkować; **to ~ for trout/cod** łowić pstrągi/dorsze [2] fig (test for response) **'why did he ask me that?' – 'he was just ~ing!'** „dlaczego mnie o to zapytał?" – „chciał cię wybadać"; **to ~ for information** próbować uzyskać informacje; **to ~ for compliments** domagać się komplementów
■ **fish around**: węszyć (**for sth** w poszukiwaniu czegoś)
■ **fish out**: **~ out [sth]** [1] (from bag, pocket, box) wydoby|ć, -wać *[money, handkerchief, pen]* (**of sth** z czegoś) [2] (from water) wył|owić, -awiać *[body, object]* (**of sth** z czegoś); **the river is ~ed out** z tej rzeki odłowiono już wszystkie ryby
IDIOMS: **neither ~ nor fowl (nor good red herring)** ni pies, ni wydra; **to be like a ~ out of water** czuć się nieswojo; **to drink like a ~** infml pić jak szewc infml; **to ~ in troubled waters** łowić ryby w mętnej wodzie; **to have other ~ to fry** mieć ważniejsze sprawy na głowie; **he's a queer ~** infml to dziwny gość infml; **he's a cold ~** infml nic go nie rusza infml; **there are plenty more ~ in the sea** na tym świat się nie kończy; (of person) na nim świat się nie kończy
fish and chips *n* smażona ryba *f* z frytkami
fish and chip shop *n* GB ≈ smażalnia *f* ryb
fishbowl /ˈfɪʃbəʊl/ *n* kuliste akwarium *n*
fish cake *n* kotlecik *m* rybny
fisher /ˈfɪʃə(r)/ *n* ryba|k *m*, -czka *f*
fisherman /ˈfɪʃəmən/ *n* (*pl* **-men**) rybak *m*; (angler) wędkarz *m*

fishery /ˈfɪʃərɪ/ *n* [1] (where fish are caught) łowisko *n* [2] (business, occupation) rybołówstwo *n*
fishery protection vessel *n* statek *m* nadzorujący łowisko
fish-eye lens /ˌfɪʃaɪˈlenz/ *n* Phot rybie oko *n*
fish farm *n* gospodarstwo *n* rybne
fish farming *n* hodowla *f* ryb
fish finger *n* GB paluszek *m* rybny
fish food *n* pokarm *m* dla ryb
fish fry *n* US piknik *m* wędkarski *(z łowieniem i smażeniem ryb)*
fish hook *n* haczyk *m*
fishing /ˈfɪʃɪŋ/ **I** *n* (industry) rybołówstwo *n*; (job) rybactwo *n*; (as sport, hobby) wędkarstwo *n*; **deep-sea/off-shore ~** rybołóstwo dalekomorskie/przybrzeżne; **mackerel/salmon ~** połów makreli/łososia; **to go ~** iść na ryby
II *modif [boat, fleet, port, village]* rybacki
fishing ground *n* łowisko *n*
fishing line *n* żyłka *f* (wędkarska)
fishing net *n* sieć *f* rybacka
fishing rod *n* wędka *f*
fishing tackle *n* sprzęt *m* wędkarski
fishing village *n* wioska *f* rybacka
fish kettle *n* (owalny) garnek *m* do ryb
fish ladder *n* przepławka *f*
fish market *n* targ *m* rybny
fish meal *n* mączka *f* rybna
fishmonger /ˈfɪʃmʌŋgə(r)/ *n* GB handlarz *m* ryb; (shopkeeper) właściciel *m*, -ka *f* sklepu rybnego; **~'s (shop)** sklep rybny
fishnet /ˈfɪʃnet/ **I** *n* = **fishing net**
II *adj [tights]* ażurowy; **~ stockings** kabaretki
fish paste *n* GB pasta *f* rybna
fishplate /ˈfɪʃpleɪt/ *n* Rail, Tech łubek *m*
fishpond /ˈfɪʃpɒnd/ *n* (in garden) staw *m* z ryb(k)ami; (at fish farm) staw *m* rybny
fish restaurant *n* restauracja *f* rybna
fish shop *n* GB sklep *m* rybny
fish slice *n* łopatka *f* do ryb
fish store *n* US = **fish shop**
fishtail /ˈfɪʃteɪl/ *vi* Aut, Aviat zarzuc|ić, -ać
fish tank *n* akwarium *n*
fishwife /ˈfɪʃwaɪf/ *n* (*pl* **-wives**) handlarka *f* rybami; **like a ~** jak przekupka
fishy /ˈfɪʃɪ/ *adj* [1] (of fish) *[smell, taste]* rybi [2] infml fig *[explanation, account]* mętny; *[situation, business]* śliski, śmierdzący infml; **it sounds a bit ~ to me** to mi trochę śmierdzi infml
fissile /ˈfɪsaɪl, US ˈfɪsl/ *adj* [1] Phys rozszczepialny [2] Tech *[wood]* łupliwy
fission /ˈfɪʃn/ *n* [1] (also **nuclear ~**) Phys rozszczepienie *n* jądra atomu [2] Biol podział *m*
fissionable /ˈfɪʃənəbl/ *adj* Phys rozszczepialny
fissure /ˈfɪʃə(r)/ *n* szczelina *f* also Anat
fissured /ˈfɪʃəd/ *adj* spękany
fist /fɪst/ *n* pięść *f*; (of a child) piąstka *f*; **to shake one's ~ at sb** pogrozić komuś pięścią; **to clench one's ~s** zacisnąć pięści
IDIOMS: **to make money hand over ~** dorabiać się w szybkim tempie; **to make a good/poor ~ of doing sth** radzić sobie /kiepsko sobie radzić ze zrobieniem czegoś
fist fight *n* walka *f* na pięści
fistful /ˈfɪstfʊl/ *n* garść *f* (**of sth** czegoś)

fisticuffs /ˈfɪstɪkʌfs/ *n* infml bijatyka *f* na pięści
fistula /ˈfɪstjʊlə/ *n* (*pl* **~s, -ae**) przetoka *f*, fistuła *f*
fit[1] /fɪt/ *n* [1] Med atak *m*, napad *m*; **to have a ~** mieć atak; (epileptic) mieć napad padaczkowy [2] (of anger) napad *m*; (of jealousy, passion) szał *m*; (of enthusiasm, panic) przypływ *m*; **a ~ of coughing** atak kaszlu; **a ~ of crying** napad płaczu; **to have a ~ of the giggles** mieć atak śmiechu; **to be in ~s over sth** infml zaśmiewać się do łez z czegoś; **to have sb in ~s** infml rozśmieszyć kogoś do łez; **to have** or **throw a (blue) ~** infml wpaść w szał
IDIOMS: **by** or **in ~s and starts** *[work]* zrywami
fit[2] /fɪt/ **I** *n* (of garment) **to be a good/poor ~** *[coat]* dobrze/źle leżeć; *[shoes]* pasować /nie pasować; **to be a tight ~** być przyciasnym; **it'll be a tight ~, but we can all squeeze in** (in car) będzie ciasno, ale wszyscy się zmieścimy
II *adj* [1] (athletic) wysportowany; (in good shape) w dobrej formie; **you're looking ~ and well!** wyglądasz doskonale!; **to feel ~** czuć się dobrze; **to get ~** nabrać formy or kondycji; **to keep ~** utrzymywać formę or kondycję [2] (suitable, appropriate) *[time, company]* odpowiedni, właściwy (**for sb** dla kogoś); **to be ~ for sth** *[person]* nadawać się do czegoś, być zdatnym or zdolnym do czegoś *[work, travel]*; nadawać się do czegoś, być odpowiednią osobą do czegoś *[job, role]*; *[place]* nadawać się do czegoś *[swimming]*; **a ~ time to do sth** odpowiednia or właściwa pora, żeby zrobić coś or do zrobienia czegoś or na zrobienie czegoś; **to be only ~ for the bin** nadawać się tylko na śmietnik or do wyrzucenia; **to be ~ for nothing** nie nadawać się do niczego; **~ for human consumption** nadający się or zdatny do spożycia; **it's not ~ to eat /drink** to się nie nadaje do jedzenia/picia, tego się nie da jeść/pić; **he is not ~ to drive/govern** on nie jest w stanie prowadzić/rządzić; **~ to live in** nadający się do zamieszkania; **I'm not ~ to be seen!** w takim stanie nie mogę się pokazać (ludziom)!; **to see** or **think ~ to do sth** uznać za stosowne zrobić coś; **do as you see** or **think ~** zrób, jak uważasz; zrób, co uważasz za stosowne; **when you see** or **think ~** kiedy uznasz za stosowne; **it is ~ that...** fml słusznym jest, żeby... fml; **to be in no ~ state to do sth** nie być w stanie czegoś zrobić [3] (worthy) godny (**for sb** kogoś); **a meal ~ for a king** królewska uczta, uczta godna króla [4] infml (in emphatic phrases) **to be ~ to drop** padać ze zmęczenia, padać z nóg; **to cry/laugh ~ to burst** zanosić się płaczem/śmiechem; **to cry ~ to break your heart** płakać tak, że aż serce się kraje; **he looked ~ to explode** wyglądał, jakby miał zaraz wybuchnąć
III *vt* (*prp* **-tt-**; *pt* **fitted, fit** US; *pp* **fitted**) [1] (be the right size) pasować na (coś/kogoś) *[bed, feet, finger, person]*; *[key]* pasować do (czegoś) *[keyhole, lock, box]*; z|mieścić się w (czymś) *[envelope, space]*; (be good for one's figure) *[garment]* dobrze leżeć na (kimś)

F

[person]; **that dress doesn't ~ me** (is wrong size) ta sukienka na mnie nie pasuje; (is not good for my figure) ta sukienka źle na mnie leży; **the jacket doesn't ~ me across the shoulders** marynarka źle leży w ramionach; **to ~ ages 3 to 5** nadawać się dla dzieci od 3 do 5 lat; **to ~ size X to Y** odpowiadać rozmiarom od X do Y; **'one size ~s all'** „rozmiar uniwersalny" [2] (make or find room for) zmieścić, pomieścić *[people, objects]*; **to ~ sth in** or **into sth** zmieścić coś w czymś *[car, house, room]*; **can you ~ this on your desk?** zmieści ci się to jeszcze na biurku? [3] (put) umie|ścić, -szczać **(in sth** w czymś**) (on sth** na czymś**)**; **to ~ a key into a lock** włożyć klucz do zamka [4] (install) za|łożyć, -kładać *[lock]*; za|instalować, za|montować *[door, lock, shower]*; za|mocować *[handle, castors]*; położyć, kłaść *[carpet]*; **to ~ A to B, to ~ A and B together** połączyć A z or i B; **to ~ sth into place** umocować coś [5] (provide with) **to ~ sth with sth** zaopatrzyć coś w coś; **to be ~ted with sth** *[patient]* otrzymać coś *[hearing aid]*; mieć założone coś *[pacemaker, prothesis]*; **a car ~ted with a radio** samochód wyposażony w radio [6] (for garment) **to ~ sb for sth** brać z kogoś miarę na coś *[garment, uniform]*; **he's being ~ted for a suit** ma przymiarkę garnituru u krawca [7] (be compatible with) pasować do (czegoś), odpowiadać (czemuś) *[description]*; spełniać *[requirements]*; pasować do (czegoś) *[decor, colour scheme, room]*; **we have no-one ~ting that description** nie ma tu nikogo odpowiadającego temu opisowi; **the punishment should ~ the crime** kara winna być proporcjonalna do winy → **bill** [8] (qualify, make suitable) **to ~ sb for sth/doing sth** *[experience, qualifications]* predestynować kogoś do czegoś/robienia czegoś; **to be ~ted for a role** nadawać się do roli

IV *vi* (*prp* **-tt-**; *pt* **fitted, fit** US; *pp* **fitted**) [1] (be the right size) *[garment, shoes, object, lid, sheet]* pasować; (be good for one's figure) *[garment]* dobrze leżeć; **these jeans ~, I'll take them** te dżinsy są dobre, wezmę je; **your jeans ~ really well** twoje dżinsy doskonale leżą; **this key doesn't ~** ten klucz nie pasuje [2] (have enough room) z|mieścić się; **the toys should ~ into that box** zabawki powinny zmieścić się w tym pudle; **will the table ~ in that corner?** czy stół zmieści się w tym rogu? [3] (go into designated place) pasować **(into sth** do czegoś**)**; **to ~ inside one another** pasować jedno do drugiego, mieścić się jedno w drugim; **to ~ into place** *[part, handle, cupboard]* dobrze pasować; *[brick]* mocno się trzymać [4] fig (tally, correspond) zgadzać się, pokrywać się **(with sth** z czymś**)** *[facts, statement, story]*; **his story doesn't ~** w jego opowieści coś się nie zgadza; **something doesn't ~ here** coś tu się nie zgadza; coś tu nie gra infml; **to ~ into sth** pasować do czegoś *[colour scheme, ideology]*; **it all ~s into place!** wszystko się zgadza!

■ **fit in:** ¶ **~ in** [1] *[key]* pasować, wejść, wchodzić; *[object]* z|mieścić się; *[people, objects]* zmieścić się, pomieścić się; **will you all ~ in?** czy wszyscy się zmieścicie or pomieścicie?; **these books won't ~ in** te książki się nie zmieszczą [2] fig (be in harmony) *[attitude, person]* pasować **(with sb/sth** do kogoś/czegoś**)**; *[statement]* zgadzać się, pokrywać się **(with sth** z czymś**)**; **he doesn't ~ in** on nie pasuje do reszty; **I'll ~ in with your plans** dostosuję się do twoich planów ¶ **~ in [sth], ~ [sth] in** [1] (find room for) zmieścić, pomieścić *[books, objects]*; w|łożyć, -kładać *[key]* [2] (find time for) zna|leźć, -jdować czas na (coś) *[break, game, meeting]* ¶ **~ in [sb], ~ [sb] in** zna|leźć, -jdować czas dla (kogoś) *[patient, colleague]*

■ **fit on:** ¶ **~ on** iść infml; **where does it ~ on?** gdzie to ma iść? ¶ **~ on(to) [sth]** pasować do (czegoś;) **this part ~s on(to) this section** ta część pasuje do tego elementu ¶ **~ [sth] on** na|łożyć, -kładać *[top, piece]*

■ **fit out, fit up: ~ out** or **up [sth], ~ [sth] out** or **up** wyposaż|yć, -ać **(with sth** w coś**)**; **to ~ a flat out as an office** zaadaptować mieszkanie na biuro; **to ~ sb out with sth** wyposażyć kogoś w coś, zaopatrzyć kogoś w coś *[garment, hearing aid]*

fitful /ˈfɪtfl/ *adj [sleep, night]* niespokojny; *[wind, mood]* zmienny; *[showers]* przelotny; *[light]* przerywany

fitfully /ˈfɪtfəlɪ/ *adv [sleep]* niespokojnie; *[rain]* przelotnie; *[shine]* z przerwami; *[work]* zrywami

fitment /ˈfɪtmənt/ *n* stały element *m* wyposażenia

fitness /ˈfɪtnɪs/ **I** *n* [1] (physical condition) sprawność *f* fizyczna [2] (aptness) (of person) zdatność *f*, przydatność *f* **(for sth** do czegoś**) (to do sth** do zrobienia czegoś**)**; **I doubt his ~ for the job** wątpię, czy on nadaje się na to stanowisko; **many people are concerned about her ~ to govern** panuje obawa, czy będzie umiała rządzić

II *modif:* **~ club** studio odnowy biologicznej, fitness club; **~ centre** centrum odnowy biologicznej; **~ gym/room** (for body building) siłownia; **~ level** poziom sprawności fizycznej

fitness consultant *n* instruktor *m*, -ka *f* w studiu odnowy biologicznej

fitness fanatic *n* fanatyk *m*, -czka *f* ćwiczeń fizycznych

fitness test *n* test *m* sprawnościowy

fitness training *n* ćwiczenia *n pl* fizyczne

fitted /ˈfɪtɪd/ *adj* [1] *[clothes]* dopasowany, obcisły [2] *[furniture, unit, wardrobe]* wbudowany; *[kitchen]* obudowany

fitted carpet *n* wykładzina *f* dywanowa

fitted sheet *n* prześcieradło *n* z gumką

fitter /ˈfɪtə(r)/ *n* [1] (of machine, equipment) monter *m* [2] (also **carpet ~**) osoba *f* układająca wykładziny dywanowe [3] (of garment) krawiec *m* wykonujący poprawki

fitting /ˈfɪtɪŋ/ **I** *n* [1] (standardized part) (electrical, gas) element *m* instalacji; (bathroom) armatura *f*; (on door, furniture) okucie *n*; **kitchen ~s** wyposażenie kuchni → **light fitting, shop fitting** [2] (for clothing) przymiarka *f*, miara *f*; (for hearing aid) dobranie *n*; **to go for a ~** iść do przymiarki or miary [3] (width of shoe) tęgość *f* obuwia

II *adj* [1] (apt) *[description, remark]* trafny; *[site]* odpowiedni; *[memorial]* stosowny; **it was a ~ end for such a man** jego koniec był taki, jak całe jego życie; **a ~ tribute to her work** hołd należny jej dziełu; **it is ~ that we should remember those who died** powinniśmy czcić pamięć zmarłych [2] (seemly) *[behaviour]* stosowny, właściwy

III -fitting *in combinations* **well-~** *[garment]* dobrze leżący; *[dentures]* dobrze dopasowany; **badly-~** *[garment, dentures]* źle dopasowany; **tight-/loose-~** *[garment]* obcisły/luźny

fittingly /ˈfɪtɪŋlɪ/ *adv [named]* trafnie; *[situated, severe]* odpowiednio

fitting room *n* przymierzalnia *f*

five /faɪv/ **I** *n* [1] (numeral) pięć; (symbol) piątka *f* [2] US infml (five dollar note) banknot *m* pięciodolarowy

II fives *npl* GB Sport *gra polegająca na odbijaniu dłonią piłki o ścianę*

III *adj* pięć; (male) pięciu *(+ v sg)*; (male and female) pięcioro *(+ v sg)*

IDIOMS: **to take ~** US infml zrobić sobie przerwę

five-and-dime /ˌfaɪvənˈdaɪm/ *n* US tani sklep *m* wielobranżowy

five-a-side /ˌfaɪvəˈsaɪd/ GB **I** *n* (also **~ football**) piłka *f* nożna pięcioosobowa

II *modif* **~ tournament/match** turniej /mecz piątek piłkarskich

Five Nations Championship *n* (in rugby) turniej *m* pięciu narodów

five o'clock shadow *n* świeży zarost *m*

fiver /ˈfaɪvə(r)/ *n* GB infml (note) banknot *m* pięciofuntowy; piątka *f* infml

five spot *n* US infml banknot *m* pięciodolarowy; piątka *f* infml

five-star hotel /ˌfaɪvstɑːhəʊˈtel/ *n* hotel *m* pięciogwiazdkowy

five-year plan /ˌfaɪvjɪəˈplæn/ *n* plan *m* pięcioletni

fix /fɪks/ **I** *n* [1] infml (quandary) zagwozdka *f* infml; **to be in a ~** być w kropce infml [2] infml (dose) (of drugs) działka *f* infml; (of coffee, nicotine) dawka *f*; **to get a ~** dać sobie w żyłę infml; **a weekly ~ of a television programme** cotygodniowa dawka telewizji [3] Aviat, Naut (means of identification) pozycja *f*; **to take a ~ on sth** namierzyć coś *[ship, plane]*; **to get a ~ on sth** fig ustalić coś *[location, size, price]*; **let's get a ~ on the problem** ustalmy, w czym jest problem [4] infml (rigged arrangement) **the fight was a ~** walka była ustawiona infml

II *vt* [1] (establish, set) ustal|ić, -ać *[time, venue, amount, chronology, position on map]*; **to ~ tax at 20%** ustalić podatek w wysokości 20%; **on the date ~ed** w ustalonym dniu; **nothing has been ~ed yet** nic jeszcze nie jest ustalone [2] (organize) z|organizować *[meeting, visit, trip]*; przygotow|ać, -ywać *[drink, meal, snack]*; **to ~ one's hair** uczesać się; **to ~ one's face** umalować się; **how are we ~ed for time /money?** jak stoimy z czasem/z pieniędzmi? infml; **how are you ~ed for tonight /next week?** co robisz dzisiaj wieczorem /w przyszłym tygodniu? [3] (mend) napra|wi|ć, -ać *[article, equipment]*; (sort out) rozwiązać *[problem]*; **this television needs ~ing** ten telewizor wymaga naprawy [4] (keep from moving) umocow|ać, -ywać; (attach) przymocow|ać, -ywać *[handle, hook, shelf]* **(on** or **to sth** do czegoś); przywiąz|ać, -ywać *[rope, string]* **(on** or **to sth** do czegoś); (hang) powiesić, wieszać *[notice, sign, shelf]* **(on** or **to sth** na czymś); osadz|ić, -ać *[post, stake]* **(into sth** w czymś); wbi|ć, -jać *[nail, hook]* **(into sth** w coś); za|montować *[door]*; na|łożyć, -kładać *[bayonet]*; przypi|ąć, -inać *[badge, brooch]* **(to sth** do czegoś); **to ~ sth into place** przymocować coś; **~ bayonets!** bagnet na broń!; **she was ~ed to the spot with fear** ze strachu stała jak wmurowana; **to ~ the blame on sb** obarczyć kogoś winą; **suspicion became ~ed on him** podejrzenie padło na niego; **her name was firmly ~ed in my mind** jej imię głęboko zapadło mi w pamięć; **he tried to ~ the scene in his mind** starał się utrwalić w pamięci tę scenę [5] (concentrate) skupi|ć, -ać *[attention, thoughts]* **(on sth** na czymś); z|wiązać *[hopes]* **(on sth** z czymś); **to ~ one's eyes** or **gaze on sb /sth** utkwić wzrok w kimś/czymś; **his hopes were ~ed on going to university** żył nadzieją wstąpienia na uniwersytet [6] infml (rig, corrupt) ustawi|ć, -ać infml *[match, fight, race]*; s|fałszować *[election]*; przekup|ić, -ywać *[witness, juror, judge]* [7] infml (get even with) policzyć się z (kimś) *[bully, criminal]*; (deal with, kill) załatwi|ć, -ać infml *[mob, gangster]*; **I'll soon ~ him (for you)!** już ja się z nim policzę! [8] Art, Biol, Phot, Tex utrwal|ić, -ać *[film, design, tissue]* [9] Chem z|wiązać [10] Biol, Chem wiązać

III *vi* infml (inject oneself) szprycować się, dawać sobie w żyłę infml

IV fixed *pp adj [address, income, focus, price, rate, proportions, order, intervals]* stały; *[aim, menu, method]* ustalony; *[rule, principle]* sztywny; *[behaviour]* niezmienny; *[determination]* niezachwiany; *[intention]* mocny; *[smile]* przyklejony fig; *[stare, glare]* nieruchomy; *[expression]* niewzruszony; *[intervals]* regularny; **a ~ed idea** obsesja; **to have ~ed ideas about sth** mieć obsesję na punkcie czegoś; **of no ~ed abode** or **address** bez stałego miejsca zamieszkania; **he is ~ed** infml (in financial terms) jest nieźle ustawiony infml

■ **fix on, fix upon**: ¶ **~ on [sth]** zdecydować się na (kogoś/coś) *[person, place, food, object, date of holiday]*; ustal|ić, -ać *[date, time, amount, venue]* ¶ **~ on [sth], ~ [sth] on** (attach) za|łożyć, -kładać *[hat, glasses, earrings]*; przybi|ć, -jać *[horseshoe]*; **to ~ a lid on** przykryć pokrywką

■ **fix up**: ¶ **~ up [sth], ~ [sth] up**: [1] (organize) z|organizować *[holiday, meeting]*; ustal|ić, -ać *[date]*; **it's all ~ed up** wszystko jest załatwione [2] (decorate) odn|owić, -awiać *[room, house]*; (put in order) doprowadz|ić, -ać do porządku; **he ~ed up the bedroom as a study** przerobił sypialnię na gabinet [3] (attach) powiesić, wieszać *[shelf, notice]* [4] s|klecić *[shelter, storage]* ¶ **to ~ sb up with sth** załatwi|ć, -ać komuś coś *[accommodation, equipment, vehicle, ticket, meal]*; **to ~ sb up with a girl** infml załatwić dla kogoś dziewczynę or panienkę infml

fixated /fɪkˈseɪtɪd/ *adj* **to be ~ on sb/sth** być sfiksowanym na punkcie kogoś/czegoś, mieć bzika na punkcie kogoś/czegoś infml

fixation /fɪkˈseɪʃn/ *n* [1] Psych fiksacja *f* also fig infml; **to have a ~ on** or **about sth** mieć fiksację na punkcie czegoś; fiksować na punkcie czegoś fig infml; **mother ~** nadmierne przywiązanie do matki [2] Phot, Chem utrwalanie *n*

fixative /ˈfɪksətɪv/ *n* Phot, Chem utrwalacz *m*

fixed assets *n* Fin środki *m pl* trwałe

fixed charge *n* obciążenie *n* stałe

fixed costs *n* koszty *m pl* stałe

fixedly /ˈfɪksɪdlɪ/ *adv [gaze, look]* nieruchomym wzrokiem; **to smile ~** mieć uśmiech przyklejony do ust

fixed point *n* Comput, Math punkt *m* stały odwzorowania

fixed rate financing *n* Fin finansowanie *n* po kursie sztywnym

fixed star *n* Astron gwiazda *f* stała

fixed term contract *n* umowa *f* (o pracę) na czas określony

fixer /ˈfɪksə(r)/ *n* [1] infml (schemer) magik *m* infml [2] Phot utrwalacz *m*

fixing /ˈfɪksɪŋ/ **I** *n* umocowanie *n*; Fin fixing *m*

II fixings *npl* [1] Culin przybranie *n* [2] (screws, bolts) mocowania *n pl*

fixity /ˈfɪksətɪ/ *n* stałość *f*; **his ~ of purpose** jego uparte dążenie do celu

fixture /ˈfɪkstʃə(r)/ *n* [1] stały element *m* wyposażenia; (lighting) oświetlenie *n*; (plumbing) armatura *f*; **~s and fittings** instalacja i wyposażenie [2] Jur prawna przynależność *f* nieruchomości [3] Sport impreza *f* sportowa [4] infml fig (person) **if you stay in this college any longer, you'll become a ~** jeśli jeszcze trochę zostaniesz w tej szkole, to zapuścisz tu korzenie hum

fixture list *n* kalendarz *m* imprez sportowych

fizz /fɪz/ **I** *n* [1] (of drink) gaz *m*, bąbelki *m pl* infml [2] (of steam) syk *m*; (of match, firework) trzask *m* [3] GB infml (drink) (champagne) szampan *m*; bąbelki *plt* infml hum; (sparkling wine) wino *n* musujące

II *vi [drink]* musować; *[steam]* za|syczeć; *[match, firework]* trzas|nąć, -kać

■ **fizz up** musować

fizzle /ˈfɪzl/ *vi* zasyczeć

■ **fizzle out** *[interest, enthusiasm]* wygas|nąć, -ać; *[romance]* wypal|ić, -ać się; *[strike, campaign, project]* za|kończyć się fiaskiem; *[story]* mieć nijakie zakończenie; **the firework ~d out** raca posyczała i zgasła

fizzy /ˈfɪzɪ/ *adj [drink]* gazowany; z bąbelkami infml

fjord /fɪˈɔːd/ *n* fiord *m*

Fl *n* US Post = **Florida**

flab /flæb/ *n* infml tłuszczyk *m* infml

flabbergast /ˈflæbəgɑːst, US -gæst/ *vt* wprawi|ć, -ać w osłupienie; **I was ~ed at the thought that...** zaniemówiłem na samą myśl, że...

flabby /ˈflæbɪ/ *adj* [1] *[skin, cheeks]* obwisły; *[muscles]* zwiotczały; *[person]* kluchowaty infml; *[handshake]* anemiczny [2] fig *[person, temperament]* niemrawy; *[excuse, argument]* marny

flaccid /ˈflæsɪd/ *adj [muscle, flesh, plant]* zwiotczały

flaccidity /ˌflæˈsɪdətɪ/ *n* (of flesh, cheeks) zwiotczałość *f*

flack /flæk/ **I** *n* US rzeczni|k *m* (prasowy), -czka *f* (prasowa)

II *vi* **to ~ for sb** być rzecznikiem (prasowym) kogoś

flack vest *n* US = **flak jacket**

flag[1] /flæg/ **I** *n* [1] (symbol) flaga *f*; Naut bandera *f*; (of regiment) sztandar *m*; (paper) chorągiewka *f*; **to hoist** or **run up a ~** wciągnąć flagę (na maszt); **to wave a ~** machać chorągiewką; **a ~ flew from every building** na każdym budynku wisiała flaga; **to sail under the Panamanian ~** pływać pod panamską banderą [2] (as signal) Naut flaga *f*; Rail, Sport chorągiewka *f*; **to show the white ~** wywiesić białą flagę; fig skapitulować; **with ~s flying** Naut w gali flagowej [3] (on map) chorągiewka *f* [4] Comput flaga *f*

II *vt* (*prp, pt, pp* **-gg-**) [1] (mark with tab) zaznacz|yć, -ać *[text]* [2] (signal) za|sygnalizować *[problem]* [3] Comput ustawi|ć, -ać flagę w (czymś) *[programme]*

■ **flag down**: **~ down [sth], ~ [sth] down** zatrzym|ać, -ywać *[train, taxi]*

IDIOMS: **to fly the ~** (for one's country) reprezentować swój kraj; **to wave the ~** składać patriotyczne deklaracje; **we must keep the ~ flying** (for one's country) musimy dbać o dobre imię naszego kraju

flag[2] /flæg/ *n* Bot irys *m*, kosaciec *m*

flag[3] /flæg/ *vi [interest, morale]* o|słabnąć; *[athlete, walker]* opa|ść, -dać z sił; *[campaigner]* s|tracić zapał; *[conversation]* przesta|ć, -wać się kleić; **her strength was ~ging** traciła siły

flag[4] /flæg/ *n* (also **~stone**) kamienna płyta *f*

flag carrier *n* narodowe linie *f pl* lotnicze

flag day *n* GB dzień *m* zbiórki na cele dobroczynne

Flag Day *n* US Święto *n* Flagi Państwowej (*14 czerwca*)

flagellant /ˈflædʒələnt/ *n* [1] Hist Relig biczownik *m*, flagelant *m* [2] (sexual) (sadist) sadysta *m* uprawiający flagelację; (masochist) masochista *m* uprawiający flagelację

flagellate /ˈflædʒəleɪt/ **I** *n* Biol wiciowiec *m*

II *adj* (also **~d**) Biol wiciowy

III *vt* biczować

IV *vr* **to ~ oneself** biczować się

flagellation /ˌflædʒəˈleɪʃn/ *n* [1] Hist Relig samobiczowanie *n* [2] (sexual) flagelacja *f*

flagelliform /fləˈdʒelɪfɔːm/ *adj* Biol wiciowy

flagellum /fləˈdʒeləm/ *n* (*pl* **-la, ~s**) Biol wić *f*

flageolet /ˌflædʒəˈlet, ˈflædʒ-/ *n* Mus flażolet *m*

flagged /flægd/ *adj [floor]* z kamiennych płyt; *[hall, kitchen, cellar]* wyłożony kamiennymi płytami

flagging /ˈflægɪŋ/ *n* (stones) kamienne płyty *f pl*

flag of convenience *n* tania bandera *f*

flag officer *n* oficer *m* flagowy *(należący do korpusu admiralskiego)*

flagon /ˈflægən/ *n* (bottle) butla *f*; (jug) dzban *m*

flagpole /ˈflægpəʊl/ *n* (standing) maszt *m* (flagowy); (on ship) flagsztok *m*; **we'll run it** or **the idea up the ~** fig zbadamy reakcję na ten pomysł

F

flagrant /ˈfleɪgrənt/ *adj [injustice, violation]* rażący
flagrantly /ˈfleɪgrəntlɪ/ *adv [behave]* rażąco; *[refuse]* wręcz; *[dishonest]* jawnie
flagship /ˈflægʃɪp/ **I** *n* Navy okręt *m* flagowy; Naut statek *m* flagowy
II *modif [company, product]* sztandarowy
flag stop /ˈflægstɒp/ *n* US przystanek *m* na żądanie
flag-waving /ˈflægweɪvɪŋ/ *n* patriotyczny ferwor *m*
flail /fleɪl/ **I** *n* Agric cep *m*
II *vt* [1] Agric wy|młócić (cepem) *[corn]* [2] = **flail about**
III *vi* = **flail about**
■ **flail about, flail around**: ¶ **~ about, ~ around** *[person, arms, legs]* młócić powietrze ¶ **~ [sth] about, ~ [sth] around** wymachiwać (czymś) *[arms, legs]*
flair /ˈfleə(r)/ *n* [1] (talent) talent *m*, dar *m*; **a ~ for sth** talent do czegoś *[languages, photography, cartooning]*; dar czegoś *[conversation]*; **to have a ~ for writing** mieć lekkie pióro; **a ~ for organizing** zmysł organizacyjny, talent organizatorski; **a ~ for making people like one** dar zjednywania sobie ludzi [2] (style) klasa *f*
flak /flæk/ *n* [1] Mil (guns) artyleria *f* przeciwlotnicza; (fire) ogień *m* artylerii przeciwlotniczej [2] infml fig (criticism) gromy *m pl* fig; **he got** or **took a lot of ~** spadły na niego gromy
flake /fleɪk/ **I** *n* [1] (of snow, cereal, soap) płatek *m*; (of chocolate) wiórek *m* [2] (of paint, rust, metal) płat *m*; (of rock) płytka *f*; (of flint) odłupek *m* [3] US infml (eccentric) dziwadło *n* infml
II *vt* [1] (also **~ off**) złuszcz|yć, -ać *[skin, paint, rust]*; odłup|ać, -ywać *[stone]* [2] rozdr|obnić, -abniać *[fish]*; **~ed almonds** płatki migdałowe
III *vi* [1] (also **~ off**) *[paint, skin]* z|łuszczyć się; *[plaster]* odpa|ść, -dać; *[stone]* odłup|ać, -ywać się [2] *[fish]* rozpa|ść, -dać się na kawałki
■ **flake off** US vinfml (get away) spieprzać vinfml
■ **flake out** infml (fall asleep) pa|ść, -dać (z wyczerpania) infml
flake white *n* biel *f* ołowiana
flakey *adj* infml = **flaky** [3]
flak jacket GB *n* kamizelka *f* kuloodporna
flaky /ˈfleɪkɪ/ *adj* [1] *[paint, skin]* łuszczący się; *[plaster]* odpadający; *[rock, texture of rock]* łupkowaty; **the rock here is ~** skała w tym miejscu się odłupuje [2] *[snow]* puszysty [3] US infml (eccentric) *[person]* postrzelony infml; *[idea, movie]* zwariowany infml
flaky pastry *n* ciasto *n* francuskie
flambé /ˈflɒmbeɪ/ *adj* Culin płonący
flamboyant /flæmˈbɔɪənt/ *adj* [1] *[person, behaviour, clothes, lifestyle, image]* ekstrawagancki; *[colour]* krzykliwy; *[gestures]* ekspresyjny [2] Archit **~ gothic** późny gotyk *(francuski)*
flame /fleɪm/ **I** *n* [1] płomień *m*; **a naked ~** otwarty ogień; **to be in ~s** palić się, płonąć; **to go up in** or **burst into ~s** stanąć w płomieniach; **over a high/low ~** Culin na dużym/małym ogniu; **to be shot down in ~s** *[plane]* zostać zestrzelonym; fig *[idea, suggestion]* zostać odrzuconym [2] fig (of love, desire) płomień *m*, żar *m* **(of sth** czegoś); **to burn with a brighter ~** płonąć żywszym płomieniem; **to fan** or **fuel the ~s of love** podsycać płomień miłości; **to fan the ~s of violence** podsycać przemoc; **an old ~** infml (person) dawna miłość [3] (colour) ognista czerwień *f*
II *adj [leaf, flower]* ognistoczerwony; *[hair]* płomiennorudy
III *vt* [1] Culin opal|ić, -ać *[food]* [2] (on Internet) wys|łać, -yłać obraźliwą wiadomość (komuś)
IV *vi* [1] *[fire, torch]* za|płonąć [2] fig *[cheeks, leaves, sunset]* płonąć fig **(with sth** czymś); **to ~ red** płonąć czerwienią [3] fig *[emotion]* rozpal|ić, -ać się fig
■ **flame up** *[fire]* buch|nąć, -ać płomieniem
flame-coloured GB, **flame-colored** US /ˈfleɪmkʌləd/ *adj [tree, sky, sunset]* ognistoczerwony; *[hair]* płomiennorudy
flamenco /fləˈmeŋkəʊ/ **I** *n* flamenco *n*
II *modif* **~ dancer** tancerz flamenco
flameproof /ˈfleɪmpruːf/ *adj* ognioodporny, ogniotrwały
flamer /ˈfleɪmə(r)/ *n* (on Internet) autor *m*, -ka *f* obraźliwych wiadomości
flame retardant I *n* materiał *m* niepalny
II *adj [substance, fabric]* niepalny
flamethrower /ˈfleɪmθrəʊə(r)/ *n* miotacz *m* ognia
flaming /ˈfleɪmɪŋ/ **I** *n* (in Internet) wysyłanie *n* obraźliwych wiadomości
II *adj* [1] *[garment, vehicle, building, torch]* płonący [2] fig *[face]* rozogniony; *[sky, colours]* płomienny [3] *[row]* gwałtowny [4] infml (emphatic) cholerny infml; **~ idiot!** cholerny dureń! infml
flamingo /fləˈmɪŋgəʊ/ *n* (*pl* **~s, -oes**) flaming *m*, czerwonak *m*
flammable /ˈflæməbl/ *adj* palny; **highly ~** łatwopalny
flan /flæn/ *n* tarta *f*; **apricot ~** kruchy placek z morelami; **cheese ~** tarta serowa
Flanders /ˈflɑːndəz/ *prn* Flandria *f*
flange /flændʒ/ *n* (on wheel) wieniec *m*; (on pipe, tool) kołnierz *m*; (on beam) stopka *f*
flanged /flændʒd/ *adj* **~ pipe** rura kołnierzowa; **~ wheel** koło z wieńcem; **~ tool** narzędzie z kołnierzem; **~ beam** dźwigar ze stopką
flank /flæŋk/ **I** *n* [1] Anat bok *m* [2] (of mountain) zbocze *n*; (of building) skrzydło *n* [3] Mil (of bastion, formation) flanka *f* [4] Culin łata *f* [5] Pol skrzydło *n* [6] Sport skrzydło *n*, flanka *f*
II *vt* [1] (place on each side) ot|oczyć, -aczać (z dwóch stron) **(by** or **with sth** czymś); **he was ~ed by two guards carrying rifles** z obu stron miał strażnika z bronią; **the house was ~ed by trees** po obu stronach domu rosły drzewa [2] (place at one side) zam|knąć, -ykać **(by sth** czymś); **a courtyard ~ed by houses on three sides** dziedziniec z trzech stron otoczony domami [3] Mil oskrzydl|ić, -ać, flankować; **the general ~ed his army with heavy artillery** generał umieścił na flankach ciężką artylerię
flanker /ˈflæŋkə(r)/ *n* (in rugby) skrzydłowy *m*
flannel /ˈflænl/ **I** *n* [1] Tex (wool, cotton) flanela *f* [2] GB (also **face ~**) myjka *f* do twarzy [3] GB infml (talk) **cut the ~!** mów, tylko bez owijania w bawełnę!
II flannels *npl* [1] (trousers) spodnie *plt* flanelowe [2] US piżama *f* flanelowa
III *vi* (*prp, pt, pp* **-ll-,** US **-l-)** infml bić pianę infml fig
flannelette /ˌflænəˈlet/ *n* bawełniana flanela *f*
flap /flæp/ **I** *n* [1] (on pocket) klapka *f*; (on hat, cap) klapka *f*, nausznik *m*; (of envelope, book jacket) skrzydełko *n*; (of tent) poła *f*; (of skin) płat *m* [2] (made of wood) (on table) opuszczany blat *m*; (on counter) podnoszony blat *m*; (of trapdoor) klapa *f*; (for cat) klapka *f* [3] (sound, movement) (of wings) łopot *m*, trzepot *m* **(of sth** czegoś); (of sails) łopot *m* **(of sth** czegoś); (of shutter) (single sound) trzaśnięcie *n* [4] Aviat lotka *f* [5] infml (panic) **to be in a ~** być roztrzęsionym; **to get into a ~** wpadać w panikę [6] Ling spółgłoska *f* uderzeniowa
II *vt* (*prp, pt, pp* **-pp-)** [1] (move) *[wind]* za|łopotać (czymś) *[sail, clothes]*; *[person]* mach|nąć, -ać (czymś), wymachiwać (czymś) *[object, hand, paper]* **(at sb/sth** w kierunku kogoś/czegoś); (clean) wy|trzepać *[sheet, cloth]*; **the bird was ~ping its wings** ptak trzepotał skrzydłami; **he ~ped his arms around** wymachiwał rękami; **to ~ the flies away** odganiać muchy [2] (strike) trzepnąć, pacnąć
III *vi* (*prp, pt, pp* **-pp-)** [1] (move) *[wing]* za|trzepotać; *[material, sail, flag, clothes]* za|łopotać; *[shutter, door]* trzas|nąć, -kać; **the bird ~ped away/past** ptak odleciał /przeleciał machając skrzydłami [2] infml (panic) panikować; **stop ~ping!** przestań panikować!
flapjack /ˈflæpdʒæk/ *n* Culin [1] GB herbatnik *m* z płatkami owsianymi [2] US naleśnik *m*
flapper /ˈflæpə(r)/ *n* (also **~ girl**) infml nowoczesna panna *f (w latach dwudziestych)*
flare /fleə(r)/ **I** *n* [1] (light signal) Aviat (on runway) latarnia *f* lotniskowa; Mil (on target) bomba *f* oświetlająca, flara *f*; Naut (distress signal) raca *f* [2] (burst of fire) (of match, lighter, fireworks) błysk *m* [3] Ind (in petroleum processing) pochodnia *f* [4] Fashn (of skirt) klosz *m*; **trousers with a very wide ~** spodnie bardzo rozszerzające się u dołu [5] Astron (also **solar ~**) rozbłysk *m* [6] Phot refleks *m* świetlny
II flares *npl* (trousers) dzwony *plt* infml; **a pair of ~** dzwony
III *vt* [1] (widen) roz|kloszować *[skirt]*; rozszerz|yć, -ać *[trouser leg]*; **a ~d skirt** rozkloszowana spódnica [2] Ind spal|ić, -ać na wolnym powietrzu *[gases]*
IV *vi* [1] (burn briefly) *[match, sunspot, firework]* rozbłys|nąć, -kiwać [2] fig (erupt) *[violence]* rozpęt|ać, -ywać się; **tempers started to ~** atmosfera zaczęła się robić gorąca [3] (also **~ out)** (widen) *[skirt]* rozszerz|yć, -ać się [4] *[nostrils]* rozszerz|yć, -ać się
■ **flare up** [1] (burn brightly) *[fire, flame]* zapłonąć jaśniej; *[candle, torch]* buch|nąć, -chać jasnym płomieniem [2] fig (erupt) *[fighting, revolt]* rozgorzeć; *[epidemic, violence]* wybuch|nąć, -ać; *[person]* wybuch|nąć, -ać gniewem; **anger ~ed up** nastąpił wybuch niezadowolenia [3] (recur) *[illness, symptoms, pain]* nasil|ić, -ać się ponownie
flare path *n* światła *n pl* pasa startowego
flare-up /ˈfleərʌp/ *n* [1] (of fire, light) rozbłysk *m* [2] fig (of fighting, trouble) (outburst) wybuch *m*;

(of quarrel, dispute) zaognienie *n*; (of anger, fury) przypływ *m*; **~ of war** nasilenie działań wojennych; **a violent ~** gwałtowna fala przemocy [3] (recurrence) (of disease) nawrót *m*; **he felt a ~ of jealousy** poczuł, jak na nowo budzi się w nim zazdrość

flash /flæʃ/ **I** *n* [1] (sudden light) (of headlights, knife) błysk *m* **(of sth** czegoś); (of jewels) blask *m*; **a ~ of lightning** błyskawica; **a ~ of light** błysk [2] fig **a ~ of genius/wit** przebłysk geniuszu/humoru; **a ~ of understanding** błysk zrozumienia; **a ~ of inspiration/anger** przypływ natchnienia /złości; **in a ~ of intuition** w nagłym olśnieniu; **it came to him in a ~ that...** nagle przyszło mu do głowy, że...; **it was all over in** or **like a ~** w okamgnieniu było po wszystkim [3] Phot flesz *m*, lampa *f* błyskowa [4] (news) wiadomość *f* z ostatniej chwili [5] Mil (stripe) (on clothing) naszywka *f*; (on car) znak *m* *(przynależności do danej jednostki)* [6] (on horse) (on head) gwiazdka *f*; (elsewhere) łatka *f* [7] GB infml (display) **give us a quick ~!** hum daj popatrzyć!
II *adj* infml pej (posh) *[hotel, car, suit]* szpanerski infml; **your ~ friend** twój przyjaciel szpaner
III *vt* [1] infml (display) *[person]* mach|nąć, -achać (czymś) *[identification card, papers, money]*; **to ~ sth at sb** machnąć komuś czymś przed nosem; (flaunt) **to ~ sth at sb** popisywać się przed kimś czymś *[jewellery, money]* [2] (shine) błys|nąć, -kać (czymś) *[torch, light, mirror]*; **to ~ a torch at** or **on sth** poświecić latarką na coś or po czymś; **to ~ a signal/message to sb** przesyłać komuś sygnał/wiadomość latarką; **~ the torch three times** błyśnij latarką trzy razy; **to ~ one's headlights (at sb)** dać (komuś) sygnał światłami [3] fig (send) *[person]* rzuc|ić, -ać *[smile, warning, look]* **(at sb** komuś) [4] (send) *[reporter]* przes|łać, -yłać *[pictures, news]* **(to sth** do czegoś) *[paper, head office]*; (show) **they ~ed a message onto the screen** wyświetlili wiadomość na ekranie
IV *vi* [1] (shine) *[warning light, lightning, torch, jewels, metal]* błys|nąć, -kać; *[eyes]* za|płonąć **(with sth** czymś) *[excitement, delight, anger, rage]*; **to ~ on and off** migać, migotać; **his right indicator was ~ing** miał włączony prawy kierunkowskaz [2] (appear suddenly) *[image, picture]* ukazać się **(onto sth** na czymś) *[screen]*; **it ~ed through his mind to call the police** przemknęło mu przez myśl, żeby wezwać policję [3] infml (expose oneself) *[person]* obnaż|yć, -ać się **(at sb** przed kimś)
■ **flash about, flash around**: **~ [sth] about** obnosić się z (czymś) *[money, credit card]*
■ **flash back**: **the film then ~es back to the beginning of war** akcja filmu przenosi się wtedy w przeszłość do początków wojny; **her mind** or **thoughts ~ed back to sth/to when...** wróciła myślami do czegoś/do czasu, gdy...
■ **flash by, flash past** *[person, bird]* przem|knąć, -ykać jak błyskawica; *[time]* mi|nąć, -jać szybko; **the landscape was ~ing past the train window** krajobraz przesuwał się szybko za oknami pociągu
■ **flash up**: ¶ **~ up** *[message, result]* wyświetl|ić, -ać się ¶ **~ up [sth], ~ [sth] up** wyświetl|ić, -ać *[message, result]* **(on sth** na czymś)
IDIOMS: **to be a ~ in the pan** *[fame, success]* trwać tylko przez chwilę; **quick as a ~** *[happen]* w okamgnieniu

flashback /ˈflæʃbæk/ *n* [1] Cin retrospekcja *f*; **a ~ to sth** powrót do czegoś [2] (memory) wspomnienie *n*

flashbulb /ˈflæʃbʌlb/ *n* żarówka *f* błyskowa

flash burn *n* Med oparzenie *n* spowodowane eksplozją atomową

flash card *n* (for teaching) plansza *f*; (for awarding points) tabliczka *f* punktacji

flash cube *n* kostka *f* błyskowa

flasher /ˈflæʃə(r)/ *n* infml [1] (exhibitionist) ekshibicjonista *m* [2] Aut migacz *m*

flash flood *n* gwałtowna powódź *f*

flash-forward /ˈflæʃˌfɔːwəd/ *n* Cin scena *f* z przyszłości

flash-fry steak /ˌflæʃfraɪˈsteɪk/ *n* Culin krwisty stek *m*

flash gun *n* Phot flesz *m*

flash Harry *n* GB infml pej szpaner *m* infml

flashily /ˈflæʃɪlɪ/ *adv [dress, dressed]* krzykliwie

flashing /ˈflæʃɪŋ/ **I** *n* [1] Constr blacharka *f* dachowa [2] infml (exhibitionism) ekshibicjonizm *m*
II *adj [light, sign]* migający

flash light *n* (torch) latarka *f*

flash memory *n* Comput pamięć *f* błyskowa

flash photography *n* fotografowanie *n* z fleszem

flashpoint /ˈflæʃpɔɪnt/ *n* [1] Chem temperatura *f* zapłonu [2] fig (trouble spot) punkt *m* zapalny [3] fig (explosive situation) punkt *m* krytyczny

flashy /ˈflæʃɪ/ *adj* infml pej *[driver, player]* lubiący się popisywać; *[move, stroke, presentation]* efekciarski; *[car]* szpanerski infml; *[dress, jewellery]* krzyczący; *[colour, tie]* krzykliwy; **she's a ~ dresser** ona ubiera się krzykliwie

flask /flɑːsk, US flæsk/ *n* [1] Chem kolba *f* [2] (large) (for oil, wine) butla *f*; (small) butelka *f*, flaszka *f*; (vacuum) termos *m*; **(hip) ~** piersiówka

flat¹ /flæt/ **I** *n* [1] **to strike sb with the ~ of one's hand/sword** uderzyć kogoś otwartą dłonią/płazem miecza; **the ~ of an oar** pióro wiosła; **to walk on the ~** GB iść po płaskim; **to park on the ~** zaparkować na płaskim [2] infml (on car, bike) flak *m* infml [3] Mus (sign, note) bemol *m* [4] Theat malowana dekoracja *f* → **salt flat**
II flats *npl* [1] US infml buty *m pl* na płaskim obcasie [2] Geog (marshland) podmokła nizina *f*
III *adj* [1] (level) *[surface, landscape, road, roof]* płaski; (not rounded) *[stone, stomach, chest, nose, face]* płaski; (shallow) *[dish, basket, box]* płaski, płytki; **to be ~ on one's back/face** leżeć na wznak/twarzą do ziemi; **she was ~ on her face in the snow** leżała z twarzą w śniegu; **to hammer sth ~** rozbić coś młotkiem (na płasko); **to be squashed ~** zostać zmiażdżonym [2] (deflated) *[tyre, ball]* flakowaty; **to have a ~ tyre** mieć flaka, złapać gumę infml; **the tyre has gone ~** siadła opona infml [3] (pressed close) **is it ~ against the wall?** czy przylega dobrze do ściany?; **keep your feet ~ on the floor** nie odrywaj stóp od ziemi [4] Fashn *[shoes]* na płaskim obcasie; **~-heeled, with ~ heels** na płaskim obcasie [5] (absolute) *[refusal, rejection, denial]* kategoryczny; **you're not going and that's ~!** infml nie pójdziesz i koniec! [6] (standard) *[fare, fee, charge]* jednolity [7] (monotonous) *[voice, tone]* bezbarwny, beznamiętny; (unexciting) *[performance, story, style]* bezbarwny; *[colour]* mdły; *[taste]* nijaki [8] (not fizzy) *[beer, lemonade]* zwietrzały; **to go ~** zwietrzeć [9] (depressed) **to feel ~** czuć się przybitym [10] GB *[battery]* Elec wyczerpany; Aut rozładowany; **to go ~** Elec wyczerpać się; Aut rozładować się [11] Comm, Fin (slow) *[market, trade, spending, profits]* w zastoju [12] Mus **E/A/D ~** es/as/des; **in the key of E ~ major** w tonacji es-dur [13] Mus (off key) **to be ~** *[instrument]* brzmieć za nisko; **to go ~** *[string, instrument]* rozstroić się [14] (matt) *[paint, surface]* matowy
IV *adv* [1] (horizontally) *[lie, lay]* płasko, na płask; **to fall ~** (u)paść jak długi; **lay the blanket ~ on the floor** rozłóż koc równo na podłodze; **to knock sb ~ with a single blow** powalić kogoś na ziemię jednym uderzeniem; **they laid the village ~** zrównali wioskę z ziemią; **to lie ~** *[person]* (take position) położyć się; (be in position) po|leżeć; *[pleat, hair]* leżeć płasko; **to lie/land ~ on one's back** leżeć na plecach/upaść do tyłu [2] (in close contact) **to push** or **press sth ~ against the wall** przycisnąć coś równo do ściany; **we pressed ~ against the wall** przylgnęliśmy mocno do ściany; **she pressed her nose ~ against the window** rozpłaszczyła nos na szybie [3] (exactly) **in 10 minutes ~** równo w 10 minut [4] infml (absolutely) **she told me ~ that...** powiedziała mi bez ogródek, że...; **to turn sth down ~** z miejsca coś odrzucić *[offer, proposal]*; **they went ~ against their orders** postąpili całkowicie wbrew rozkazom [5] Mus *[sing, play]* za nisko
IDIOMS: **to fall ~** *[joke, plan]* nie wypalić infml; *[party, evening]* być niewypałem; *[play]* zrobić klapę infml

flat² /flæt/ *n* mieszkanie *n*

flat-bed lorry /ˌflætbedˈlɒrɪ/ *n* ciężarówka *f* z platformą

flat-bottomed /ˌflætˈbɒtəmd/ *adj [boat]* płaskodenny

flat broke *adj* infml kompletnie spłukany infml

flat cap *n* czapka *f* z daszkiem

flatcar /ˈflætkɑː(r)/ *n* wagon *m* platforma

flat-chested /ˌflætˈtʃestɪd/ *adj* **a ~ woman** kobieta płaska jak deska infml

flat feet *npl* płaskostopie *n*

flatfish /ˈflætfɪʃ/ *n* Zool płastuga *f*

flat foot *n* infml dat stójkowy *m* dat

flat-footed /ˌflætˈfʊtɪd/ *adj* [1] Med **a ~ child** dziecko z płaskostopiem; **to be ~** mieć płaskostopie [2] infml (clumsy) niezgrabny [3] infml pej (tactless) *[attempt, manner, remark]* niezręczny
IDIOMS: **to catch sb ~** infml przyłapać kogoś na obijaniu się infml

F

flat-hunting /ˈflæthʌntɪŋ/ *n* GB **to go ~** szukać mieszkania
flatiron /ˈflætaɪən/ *n* Hist żelazko *n* *(grzane na piecu)*
flat jockey *n* dżokej *m* specjalizujący się w wyścigach płaskich
flatlands /ˈflætlændz/ *n pl* równina *f*
flat-leaf parsley /ˌflætliːfˈpɑːslɪ/ *n* pietruszka *f* naciowa
flatlet /ˈflætlɪt/ *n* GB mieszkanko *n*
flatline /ˈflætlaɪn/ *vi* infml wyciąg|nąć, -ać kopyta infml
flatly /ˈflætlɪ/ *adv* [1] (absolutely) *[refuse, contradict, reject, deny]* kategorycznie; **to be ~ opposed to sth** kategorycznie sprzeciwiać się czemuś [2] (unemotionally) *[say, reply]* beznamiętnie
flatmate /ˈflætmeɪt/ *n* współlokator *m*, -ka *f*
flatness /ˈflætnɪs/ *n* [1] (of terrain, landscape, roof, stone, surface) płaskość *f* [2] (dullness) (of voice) beznamiętność *f*; (of colours) nijakość *f*; (of style, description, story) bezbarwność *f*
flat out /ˌflætˈaʊt/ infml **I** *adj* GB (also **~ tired** US) wypompowany, wykończony infml
II *adv [drive]* z maksymalną prędkością; *[ride, go, work]* tak szybko, jak tylko się da; **it only does 120 km per hour ~** wyciąga wszystkiego 120 km na godzinę; **to tell sb ~ that...** US powiedzieć komuś prosto z mostu, że...
IDIOMS: **to go ~ for sth** dwoić się i troić, żeby coś zrobić
flat-pack /ˈflætpæk/ *adj* **a ~ bookcase** regał do samodzielnego monażu
flat race *n* wyścig *m* płaski
flat racing *n* wyścigi *m pl* płaskie
flat rate /ˌflætˈreɪt/ **I** *n* stawka *f* jednolita or zryczałtowana
II flat-rate *modif [contribution, fee, tax]* jednolity, zryczałtowany
flat screen *adj [TV]* płaskoekranowy
flat season *n* sezon *m* wyścigów płaskich
flat-sharing /ˈflætʃeərɪŋ/ *n* wspólne mieszkanie *n* (z kimś)
flat silver *n* US srebrne sztućce *plt*
flat spin *n* Aviat korkociąg *m* płaski
IDIOMS: **to be in a ~** infml latać jak wariat infml
flatten /ˈflætn/ **I** *vt* [1] (level) *[rain, storm]* położyć, kłaść *[crops, grass]*; zwal|ić, -ać *[tree, fence]*; *[bombing, earthquake]* z|równać z ziemią *[building, town]*; **he ~ed him with a single punch** rozłożył go jednym uderzeniem; **he'll ~ you!** infml on zetrze cię na miazgę! [2] (smooth out) rozpłaszcz|yć, -ać *[nose, piece of metal]*; spłaszcz|yć, -ać *[sth round]*; wyrówn|ać, -ywać *[surface, ground, road]* [3] (crush) zgni|eść, -atać, z|miażdżyć *[animal, fruit, hat, box]* [4] infml fig (beat) z|miażdżyć *[person, team]*; **to ~ sb's self-confidence** przytrzeć komuś nosa [5] Mus obniż|yć, -ać *[note]* [6] GB Aut, Elec wyczerp|ać, -ywać *[radio battery]*; rozładow|ać, -ywać *[car battery]*
II *vi* = **flatten out**
III *vr* **to ~ oneself** przylgnąć płasko **(against sth** do czegoś)
IV flattened *pp adj [shape, nose, head]* spłaszczony; *[box, can]* zgnieciony; (by rain, storm) *[grass, weeds]* położony; (by earthquake, bombs) *[building, district]* zrównany z ziemią
■ **flatten out**: ¶ **~ out** *[slope, road, ground]* wyrówn|ać, -ywać się; *[graph, curve]* spłaszcz|yć, -ać się; *[growth, exports]* u|stabilizować się ¶ **~ out [sth], ~ [sth] out** wyrówn|ać, -ywać *[ground, road]*; **he ~ed the map out on the table** rozpostarł mapę na stole
flattening /ˈflætnɪŋ/ *n* [1] (of ground) wyrównywanie *n*; (of metal) rozpłaszczanie *n* [2] (humiliation) upokorzenie *n*
flatter /ˈflætə(r)/ **I** *vt* [1] (compliment) pochlebi|ć, -ać (komuś) **(on sth** z powodu czegoś); **I am ~ed that...** pochlebia mi, że... [2] (enhance) **this photograph doesn't ~ you** na tym zdjęciu nie wyglądasz korzystnie; **a hairstyle that ~s the shape of sb's face** fryzura, która podkreśla kształt twarzy; **this dress ~s her** do twarzy jej w tej sukience
II *vr* **to ~ oneself** pochlebiać sobie; **to ~ oneself on being...** pochlebiać sobie, że się jest...; **I ~ myself that I know a bit about computers** pochlebiam sobie, że wiem co nieco o komputerach
flatterer /ˈflætərə(r)/ *n* pochleb|ca *m*, -czyni *f*
flattering /ˈflætərɪŋ/ *adj [remark, opinion]* pochlebny; (excessively) pochlebczy; *[portrait]* korzystny; *[dress, hat]* twarzowy
flatteringly /ˈflætərɪŋlɪ/ *n* pochlebnie; (excessively) pochlebczo; **~ attentive** nadskakujący
flattery /ˈflætərɪ/ *n* pochlebstwo *n*
IDIOMS: **~ will get you nowhere** nic nie zyskasz pochlebstwami
flatties /ˈflætɪz/ *npl* GB infml buty *m pl* na płaskim obcasie
flat-topped /ˈflættɒpt/ *adj [mountain, hill]* o spłaszczonym wierzchołku
flatulence /ˈflætjʊləns/ *n* wzdęcie *n*
flatulent /ˈflætjʊlənt/ *adj* [1] Med *[person]* cierpiący na wzdęcie; *[indigestion]* (połączony) ze wzdęciem; *[food]* powodujący wzdęcia [2] fig *[style]* nadęty
flatware /ˈflætweə(r)/ *n* US [1] (cutlery) sztućce *plt* [2] (crockery) talerze *m pl*
flatworm /ˈflætwɜːm/ *n* Zool płaziniec *m*
flaunt /flɔːnt/ **I** *vt* pej obnosić się z (czymś) *[wealth, possession]*; afiszować się z (czymś /kimś) *[opinions, lover]*; popisywać się (czymś) *[knowledge, ability, quality]*; **to ~ one's superiority** dawać odczuć swoją wyższość
II *vr* **to ~ oneself** popisywać się
flautist /ˈflɔːtɪst/ *n* flecist|a *m*, -ka *f*
flavour GB, **flavor** US /ˈfleɪvə(r)/ **I** *n* [1] Culin smak *m*; **with a coffee ~** o smaku kawowym; **to bring out the ~ (of sth)** wydobyć smak (czegoś); **to have no ~** być bez smaku; **banana ~ yoghurt** jogurt o smaku bananowym; **we have five different ~s of ice cream** mamy lody w pięciu smakach; **to be full of ~** mieć wyrazisty smak [2] fig (atmosphere) (of period, place) klimat *m*; (hint) posmak *m*; **an exotic /unpleasant ~** egzotyczny/nieprzyjemny posmak; **the ~ of life in the 1930s** klimat lat trzydziestych
II *vt* [1] Culin (improve taste) nada|ć, -wać smak (czemuś); (add specific taste) doprawi|ć, -ać, przypraw|ić, -ać **(with sth** czymś) [2] fig zaprawi|ć, -ać fig **(with sth** czymś)
III flavoured GB, **flavored** US *pp adj* [1] Culin aromatyzowany; **coffee-/chocolate-~ed** o smaku kawowym/czekoladowym; **fully-~ed** o bogatym smaku [2] fig zaprawiony fig **(with sth** czymś)
IDIOMS: **to be ~ of the month** infml *[thing]* być przebojem sezonu; *[person]* cieszyć się ogromną popularnością
flavour-enhancer GB, **flavor-enhancer** US /ˈfleɪvərɪnhɑːnsə(r), US -hæn-/ *n* stymulator *m* smaku
flavouring GB, **flavoring** US /ˈfleɪvərɪŋ/ *n* (for sweet taste) aromat *m*; (for meat, fish) przyprawa *f*; **natural/artificial ~** naturalny/sztuczny aromat
flavourless GB, **flavorless** US /ˈfleɪvəlɪs/ *adj* bez smaku
flaw /flɔː/ **I** *n* (in textile, china, gem) skaza *f* **(in sth** na czymś); (in character) wada *f* **(in sth** czegoś); (in machine) wada *f*, usterka *f* **(in sth** w czymś); (in reasoning, theory) błąd *m* **(in sth** w czymś); (in contract) Jur uchybienie *n* formalne
II *vt* za|szkodzić (czemuś) *[beauty]*
flawed /flɔːd/ *adj [diamond]* ze skazą; *[person, character]* pełen wad; **his argument is deeply ~** jego argumentacja zawiera poważne błędy
flawless /ˈflɔːlɪs/ *adj [complexion]* nieskazitelny; *[gem, character]* bez skazy; *[argument, specimen]* doskonały; *[performance, technique]* bezbłędny
flax /flæks/ *n* Bot, Tex len *m*
flaxen /ˈflæksn/ *adj [thread]* lniany; fig *[hair, curls]* lniany; **a ~-haired child** lnianowłose dziecko
flay /fleɪ/ *vt* [1] (skin) ob|edrzeć, -dzierać ze skóry [2] (beat) z|bić *[person]* [3] (criticize) niemiłosiernie zjechać infml
flea /fliː/ *n* pchła *f*
IDIOMS: **to send sb away with a ~ in their ear** infml zbesztać kogoś, naurągać komuś infml
fleabag /ˈfliːbæg/ *n* infml pej [1] GB (person) wszarz *m* infml offensive; (animal) zapchlone zwierzę *n* [2] US (hotel) podły hotel *m*
fleabite /ˈfliːbaɪt/ *n* [1] ugryzienie *n* pchły [2] fig (trifle) pestka *f* infml fig
flea-bitten /ˈfliːbɪtn/ *adj* [1] (bitten) *[legs, arms]* pogryziony przez pchły; (infested) *[animal]* zapchlony [2] infml (shabby) zapuszczony
flea collar *n* obroża *f* przeciw pchłom
flea market *n* pchli targ *m*
fleapit /ˈfliːpɪt/ *n* GB infml pej obskurne kino *n*
flea powder *n* proszek *m* przeciw pchłom
fleck /flek/ **I** *n* (of colour) ciapka *f*; (of light, blood, paint) plamka *f*; (of foam, milk) kropelka *f*; (of dust, powder) drobinka *f*
II *vt* **to be ~ed with sth** być poplamionym czymś *[blood, paint, mud]*; **white ~ed with pink** biały w różowe ciapki; **hair ~ed with grey** włosy przyprószone siwizną; **eyes ~ed with green** oczy z zielonymi plamkami
fled /fled/ *pt, pp* → **flee**
fledged /fledʒd/ *adj* → **fully-fledged**
fledg(e)ling /ˈfledʒlɪŋ/ **I** *n* Zool opierzone pisklę *n*
II *modif [artist, barrister]* świeżo upieczony;

[party, group] nowopowstały; *[democracy, enterprise]* raczkujący

flee /fliː/ (*pt, pp* **fled**) **I** *vt* um|knąć, -ykać z (czegoś), ucie|c, -kać z (czegoś) *[place, country]*; um|knąć, -ykać przed (kimś /czymś), ucie|c, -kać przed (kimś/czymś) *[danger, fire, enemy]*

II *vi* 1 *[person, animal]* um|knąć, -ykać, pierzch|nąć, -ać (**before/in face of sth** przed czymś/w obliczu czegoś); **to ~ from sth** uciec przed czymś *[persecution, temptation]*; uciec z czegoś *[room, building]* 2 fig liter *[hope, happiness]* pierzch|nąć, -ać

fleece /fliːs/ **I** *n* 1 (on animal) runo *n* 2 Tex futerko *n*; (for sportswear) polar *m*; **~-lined** na misiu; (in sportswear) z polarem 3 (garment) futerko *n*; (sportswear) polar *m*

II *vt* infml (cheat) oskub|ać, -ywać infml fig (**of sth** z czegoś); **that restaurant really ~d us** w tej restauracji zdarli z nas skórę

fleecy /ˈfliːsɪ/ *adj [lining]* z misia; **~ clouds** baranki

fleet /fliːt/ *n* 1 (of ships, planes) flota *f*; (of small vessels) flotylla *f*; **fishing ~** flota rybacka 2 (of vehicles) (in reserve) park *m*; (on road) konwój *m*; **car ~** park samochodowy

fleet admiral *n* US admirał *m* floty *(najwyższy stopień w marynarce wojennej)*

Fleet Air Arm *n* GB lotnictwo *n* marynarki wojennej

fleet chief petty officer *n* GB starszy bosman *m* sztabowy

fleet-footed /ˌfliːtˈfʊtɪd/ *adj* rączy liter

fleeting /ˈfliːtɪŋ/ *adj [pleasure]* chwilowy; *[glance, memory]* przelotny; *[visit, moment]* krótki

fleetingly /ˈfliːtɪŋlɪ/ *adv [appear, glance, think]* przelotnie

fleet of foot *adj* = **fleet-footed**

Fleet Street *prn* fig prasa *f (brytyjska)*

Fleming /ˈflemɪŋ/ *n* Flamand *m*, Flamand|czyk *m*, -ka *f*

Flemish /ˈflemɪʃ/ **I** *n* 1 Ling (język *m*) flamandzki *m* 2 **the ~** Flamandowie, Flamandczycy

II *adj* flamandzki

flesh /fleʃ/ *n* 1 (soft tissue) ciało *n*; **the thorn went deep into the ~ of my hand** cierń wbił mi się głęboko w rękę 2 (meat) mięso *n* 3 (of fruit) miąższ *m* 4 fig **I'm only ~ and blood** jestem tylko człowiekiem; **it's more than ~ and blood can bear** to więcej niż normalny człowiek może znieść; **how could she do that to her own ~ and blood?** jak mogła zrobić coś takiego komuś z rodziny?; **in the ~** we własnej osobie; **I've seen her perform on television, but never in the ~** widziałem ją w telewizji, ale nigdy na żywo; **the pleasures/sins of the ~** rozkosze/grzechy cielesne; **it makes my ~ creep** skóra mi cierpnie na myśl o tym

■ **flesh out**: **~ [sth] out, ~ out [sth]** pod|eprzeć, -pierać fig *[speech, article, report]* **(with sth** czymś)

IDIOMS: **he demands his pound of ~** kategorycznie domaga się swego; **to go the way of all ~** liter euph przenieść się na tamten świat; **to press the ~** infml wymieniać uściski dłoni z wieloma osobami

flesh colour GB, **flesh-color** US *n* (kolor *m*) cielisty *m*

flesh-coloured GB, **flesh-colored** US /ˈfleʃkʌləd/ *adj* cielisty

flesh-eating /ˈfleʃiːtɪŋ/ *adj* mięsożerny

fleshings /ˈfleʃɪŋz/ *npl* cieliste rajstopy *plt*

fleshly /ˈfleʃlɪ/ *adj* cielesny

fleshpot /ˈfleʃpɒt/ *n* jaskinia *m* rozpusty

flesh wound *n* powierzchowna rana *f*

fleshy /ˈfleʃɪ/ *adj [lip, fruit, leaf]* mięsisty; *[breasts, buttocks]* pełny; *[person, arm, leg]* pulchny

fleur-de-lis /ˌflɜːdəˈliː/ *n* (*pl* **fleurs-de-lis**) Art, Herald lilia *f*

flew /fluː/ *pt* → **fly**

flex /fleks/ **I** *n* GB (for electrical appliance) przewód *m*, kabel *m*

II *vt* 1 (contract) napi|ąć, -inać *[muscle]*; **to ~ one's muscles** fig prężyć muskuły 2 (bend and stretch) zgi|ąć, -nać *[limb]*; porusz|yć, -ać (czymś) *[finger, toe]*

flexibility /ˌfleksəˈbɪlətɪ/ *n* 1 (of wire, tubing) giętkość *f*, elastyczność *f*; (of person, body) gibkość *f*, giętkość *f* 2 fig (of system, scheme, approach, person) elastyczność *f*; **to allow ~ in doing sth** pozwalać na pewną elastyczność w robieniu czegoś

flexible /ˈfleksəbl/ *adj* 1 *[arrangement, plan, agenda]* elastyczny; *[working hours]* ruchomy; *[repayment plan]* o zmiennych terminach 2 *[person]* (able to bend) gibki, giętki; (tractable) elastyczny; **to be ~ about** or **over sth** być elastycznym w kwestii czegoś; **I can be ~** mogę się dostosować 3 *[tube, wire, stem]* giętki, elastyczny; *[glass, road surface]* elastyczny

flexible response *n* Mil elastyczne reagowanie *n*

flexibly /ˈfleksəblɪ/ *adv* elastycznie

flexi disc /ˈfleksɪdɪsk/ *n* Audio ≈ pocztówka *f* dźwiękowa

flexion /ˈflekʃn/ *n* zgięcie *n*

flexitime /ˈfleksɪtaɪm/ *n* ruchomy czas *m* pracy; **to work ~** mieć ruchomy czas pracy

flexor /ˈfleksə(r)/ *n* Anat zginacz *m*

flibbertygibbet /ˌflɪbətɪˈdʒɪbɪt/ *n* infml trzpiot *m*, -ka *f*

flick /flɪk/ **I** *n* 1 (blow) (of fingers) prztyczek *m*; (of duster, cloth, whip) trzepnięcie *n*; (of tongue) mlaśnięcie *n*; **she gave his nose a little ~** dała mu prztyczka w nos; **I gave the mare a ~ of my whip** trzepnąłem klacz batem; **he gave the coin/marble a ~** pstryknął monetą/kulką 2 (movement) szybki ruch *m* (**of sth** czymś or czegoś); **with a ~ of its tail** jednym machnięciem ogona; **with a ~ of the wrist** zamaszystym ruchem nadgarstka; **to have a ~ through a book** przekartkować książkę; **at the ~ of a switch** za przyciśnięciem guzika 3 (sound) (of switch, fingers) pstryknięcie *n*; (of catch, whip) trzask *m* trzaśnięcie *n*, 4 infml (film) film *m*

II flicks *npl* infml kino *n*

III *vt* 1 (strike) (with fingers) pstryk|nąć, -ać (czymś); (with whip, twig, cloth) trzep|nąć, -ać (czymś); (with tail) mach|nąć, -ać (czymś); **she ~ed the duster out of the window** strzepnęła ściereczkę za okno; **to ~ a duster over the chairs** przejechać ściereczką po krzesłach; **to ~ sth at sb** (with fingers) pstryknąć w kogoś czymś; **to ~ a crumb off sth** strzepnąć okruszek z czegoś; **he ~ed his ash onto the floor** strzepnął popiół na podłogę 2 (press) pstryk|nąć, -ać infml *[switch]*; **to ~ the television on/off** włączyć/wyłączyć telewizor 3 Sport lekko trąc|ić, -ać *[ball]*

■ **flick away**: **~ away [sth], ~ [sth] away** (with fingers) strzep|nąć, -ywać (**from sth** z czegoś); oganiać się od (czegoś) *[fly]*

■ **flick back**: **~ back [sth], ~ [sth] back** odrzuc|ić, -ać do tyłu *[hair]*

■ **flick off**: **~ off [sth], ~ [sth] off** (with finger, tail) strzep|nąć, -ywać; (with cloth) zetrzeć, ścierać

■ **flick out**: ¶ **~ out** *[tongue]* wysu|nąć, -wać się gwałtownie ¶ **~ out [sth], ~ [sth] out** wysu|nąć, -wać gwałtownie *[tongue, blade]*

■ **flick over**: **~ over [sth], ~ [sth] over** przerzuc|ić, -ać *[pages]*

■ **flick through**: **~ through [sth]** prze|kartkować *[book, report]*; **to ~ through the channels** TV skakać po kanałach infml

flicker¹ /ˈflɪkə(r)/ **I** *n* 1 (unsteady light) (of light, flame, image) migotanie *n*; (of lightning) błysk *m*; **the candle gave a final ~** świeca zamigotała po raz ostatni 2 (slight sign) **a ~ of hope** iskierka nadziei; **a ~ of interest/smile** cień zainteresowania /uśmiechu; **a ~ of annoyance/surprise** lekkie rozdrażnienie/zdziwienie 3 (movement) (of eye, eyelid) drgnięcie *n* (**of sth** czegoś); **without a ~** fig bez mrugnięcia okiem

II *vi* 1 (shine unsteadily) *[fire, light, image]* za|migotać; *[lightning]* błys|nąć, -kać 2 (pass quickly) przem|knąć, -ykać; **a smile ~ed on his lips for a moment** uśmiech przemknął mu po twarzy; **a suspicion ~ed across** or **through his mind** przemknęło mu przez myśl podejrzenie 3 (move) *[needle]* drg|nąć, -ać; *[eyelid]* za|mrugać

flicker² /ˈflɪkə(r)/ *n* US Zool dzięcioł *m* różowoszyi

flickering /ˈflɪkərɪŋ/ *adj [light]* migotliwy, migocący; *[lamp, candle]* migocący; *[eyelid, image]* drgający

flick knife *n* GB nóż *m* sprężynowy

flier /ˈflaɪə(r)/ *n* 1 (person) (pilot) lotnik *m*; **a frequent ~** (passenger) osoba często latająca samolotem 2 (bird, insect) **to be a good ~** dobrze latać; **to be a graceful ~** pięknie wyglądać w locie 3 (handbill) ulotka *f*

flight¹ /flaɪt/ **I** *n* 1 Aerosp, Aviat, Transp (journey) lot *m* (**from sth** z czegoś) (**to sth** do czegoś); **scheduled/charter ~** lot rejsowy/czarterowy; **a ~ to/from London** lot do/z Londynu; **all ~s have been cancelled due to fog** wszystkie loty zostały odwołane z powodu mgły; **the ~ over the Alps was superb** przelot nad Alpami był wspaniały; **we hope you enjoyed your ~** mamy nadzieję, że mieli państwo przyjemny lot; **have a good ~!** życzymy miłego lotu!; **we took the next ~ (out) to New York** polecieliśmy następnym samolotem do Nowego Jorku 2 (course) (of bird, arrow, missile) lot *m* (**of sth** czegoś) 3 (power of locomotion) latanie *n*; **to have the power of ~** potrafić latać; **an era of supersonic/space ~** era lotów ponaddźwiękowych/kosmicznych; **in (full)**

F

~ *[bird, plane]* w (pełnym) locie [4] (group) (of birds) stado *n*; (of aircraft) eskadra *f*; **a ~ of arrows** deszcz strzał [5] (set) **~ of steps /stairs** schody, bieg schodów; **six ~s (of stairs)** sześć pięter; **we live four ~s up** (on fourth floor) mieszkamy na czwartym piętrze; (four floors above) mieszkamy cztery piętra wyżej; **a ~ of hurdles** Sport seria płotków; **a ~ of locks** ciąg śluz; **a ~ of terraces** ciąg tarasów [6] fig (display) **~s of rhetoric** popisy krasomówcze; **a ~ of fancy** (idea) wymysł; **his ~s of imagination** wytwory jego wyobraźni

II *modif* **~ delay** opóźnienie lotu; **~ time** godzina odlotu; **~ information** informacja o odlotach i przylotach; **~ schedule** rozkład lotów

IDIOMS: **to be in the top ~** być w czołówce

flight² /flaɪt/ *n* (escape) ucieczka *f*; **~ from sb/sth** ucieczka przed kimś/czymś *[enemy, army, war, poverty, starvation]*; **to take ~** salwować się ucieczką dat or hum; **to put sb to ~** zmusić kogoś do ucieczki; **a ~ of capital** Econ ucieczka kapitału

flight attendant *n* Aviat steward *m*, -esa *f*

flight bag *n* torba *f* na ramię *(służąca jako bagaż podręczny w samolocie)*

flight control *n* [1] (by radio) kontrola *f* lotów [2] (control system) przyrządy *m pl* pilotażowe

flight crew *n* Aviat personel *m* latający

flight deck *n* [1] Aviat (compartment) pokład *m* załogowy [2] Naut pokład *m* startowy lotniskowca

flight engineer *n* mechanik *m* pokładowy

flightless /ˈflaɪtlɪs/ *adj [bird, insect]* nielatający; **the order of ~ birds** rząd ptaków nielatających

flight lieutenant *n* GB Mil ≈ kapitan *m* lotnictwa

flight log *n* książka *f* pokładowa

flight path *n* tor *m* lotu

flight plan *n* program *m* lotu

flight recorder *n* rejestrator *m* parametrów lotu, czarna skrzynka *f*

flight sergeant *n* GB Mil ≈ starszy sierżant *m* lotnictwa

flight simulator *n* Aviat symulator *m* lotu

flight-test /ˈflaɪttest/ *vt* oblat|ać, -ywać *[aircraft]*; wykon|ać, -ywać próbny lot (czegoś) *[spacecraft]*

flighty /ˈflaɪtɪ/ *adj [person]* lekkomyślny; *[woman, girl]* płochy dat; *[lover, partner]* niestały; *[mind, imagination]* rozbiegany; *[account]* chaotyczny

flimflam /ˈflɪmflæm/ US infml **I** *n* [1] (nonsense) bzdura *f* [2] (swindle) machlojka *f* infml

II *vt* o|szachrować infml

flimsily /ˈflɪmzɪlɪ/ *adv [dressed]* lekko; **~ built** byle jak sklecony

flimsiness /ˈflɪmzɪnɪs/ *n* (of clothes) lekkość *f*, cienkość *f*; (of fabric, paper) cienkość *f*; (of building, construction) nietrwałość *f*, lichość *f*; (of evidence, excuse) słabość *f*

flimsy /ˈflɪmzɪ/ **I** *n* GB dat pelur *m*, papier *m* przebitkowy

II *adj [clothes]* cienki, lekki; *[fabric]* cienki; *[structure, appliance]* nietrwały, lichy; *[argument, excuse, evidence]* marny

flinch /flɪntʃ/ *vi* wzdryg|nąć, -ać się; **without ~ing** z kamienną twarzą; **to ~ from doing sth** wzdragać się przed zrobieniem czegoś; **to ~ at sth** obruszyć się na coś, żachnąć się na coś *[criticism, insult]*; **to ~ at the thought of doing sth** wzdrygnąć się na myśl o zrobieniu czegoś; **they wouldn't ~ from doing it** nie mieliby oporów przed zrobieniem tego

fling /flɪŋ/ **I** *n* infml [1] (spree) szaleństwo *n*; **to have a ~** zaszaleć; **to have a last** or **final ~** zaszaleć po raz ostatni [2] (affair) (sexual) przygoda *f*; (intellectual) chwilowa fascynacja *f*; **to have a brief ~ with Marxism** przeżyć chwilową fascynację marksizmem

II *vt* (*pt, pp* **flung**) (throw) cis|nąć, -kać (coś or czymś) *[ball, stone, grenade]* **(at sb/sth** w kogoś/coś) **(onto sth** na coś) **(into sth** do czegoś); ciskać *[insult]* **(at sb** pod adresem kogoś); rzuc|ić, -ać *[accusation]* **(at sb** pod adresem kogoś); **she flung him a look of contempt** rzuciła mu spojrzenie pełne pogardy; **to ~ the past in sb's face** wyrzucać or wypominać komuś (jego) przeszłość; **they were ~ing abuse at each other** obrzucali się wzajemnie obelgami; **to ~ sb to the ground /against sth** *[person, blast]* cisnąć kogoś or kimś na ziemię/o coś; **to ~ a few things into a suitcase** wrzucić trochę rzeczy do walizki; **to ~ a scarf over one's shoulders** zarzucić szal na ramiona; **she flung her arms around his neck** zarzuciła mu ręce na szyję; **to ~ sb into prison** wtrącić kogoś do więzienia

III *vr* (*pt, pp* **flung**) **to ~ oneself** rzuc|ić, -ać się **(across sth** przez coś) **(into sth** do czegoś) **(onto sth** na coś) **(under sth** pod coś) **(off sth** z czegoś); **he flung himself at her feet** rzucił się jej do stóp; **to ~ oneself into doing sth** (with energy, abandon) rzucić się do robienia czegoś

■ **fling about, fling around**: **~ [sth] around** szastać (czymś) *[money]*

■ **fling away**: **~ [sth] away** wyrzuc|ić, -ać

■ **fling back**: **~ back [sth], ~ [sth] back** odrzuc|ić, -ać *[ball, keys]*; odrzuc|ić, -ać do tyłu *[hair, head]*; otw|orzyć, -ierać gwałtownie *[door]*

■ **fling down**: **~ down [sth], ~ [sth] down** cis|nąć, -kać (na ziemię) *[coat, newspaper]*

■ **fling on**: **~ on [sth]** wrzuc|ić, -ać or zarzuc|ić, -ać na siebie *[clothes]*

■ **fling open**: **~ open [sth], ~ [sth] open** otw|orzyć, -ierać gwałtownie *[door, window]*

■ **fling out**: **~ [sb] out** wyrzuc|ić, -ać (za drzwi) *[lover, troublemaker]*; **to ~ sb out of sth** wyrzucić kogoś z czegoś *[flat]*

IDIOMS: **to ~ oneself at sb** fig lecieć na kogoś infml; **youth must have its ~** młodość musi się wyszumieć

flint /flɪnt/ **I** *n* [1] Geol, Anthrop krzemień *m* [2] dat (for kindling) krzemień *m* [3] (in lighter) kamień *m*

II *modif [church, wall]* z krzemienia; *[arrowhead, axe, pebbles, nodule]* krzemienny

flint glass *n* flint *m*

flintlock /ˈflɪntlɒk/ *n* (lock) zamek *m* skałkowy; (gun) karabin *m* skałkowy

flinty /ˈflɪntɪ/ *adj* [1] Geol *[soil, cliff]* krzemienisty [2] (hard) *[surface]* twardy jak kamień; *[wall, face]* kamienny

flip /flɪp/ **I** *n* [1] (of finger) (movement of fingers) pstryknięcie *n*; (blow) prztyczek *m*; **to give sth a ~** pstryknąć coś; **with a ~ (of the fingers)** jednym pstryknięciem; **to decide who goes by the ~ of a coin** rzucić monetą, kto idzie [2] Aviat, Sport (somersault) przewrót *m* [3] (glance) **to have a ~ through sth** przelecieć coś wzrokiem *[magazine, guide]*

II *adj [attitude]* lekceważący; *[person, remark, reply]* nonszalancki

III *excl* GB infml **~!** o kurczę!

IV *vt* (*prp, pt, pp* **-pp-**) [1] (toss) rzuc|ić, -ać (czymś) *[coin]*; podrzuc|ić, -ać *[pancakes]*; **let's ~ a coin to decide** rzućmy monetą [2] (flick) pstryk|nąć, -ać *[switch]*; **to ~ sth on/off** włączyć/wyłączyć coś gwałtownie; **to ~ sth open/shut** otworzyć/zamknąć coś gwałtownie

V *vi* (*prp, pt, pp* **-pp-**) infml [1] (get angry) wście|c, -kać się infml [2] (go mad) wpa|ść, -dać w szał infml [3] (get excited) o|szaleć infml **(over sth** na punkcie czegoś)

■ **flip out** infml [1] (get angry) wście|c, -kać się infml [2] (go mad) wpa|ść, -dać w szał infml

■ **flip over**: ¶ **~ over** *[vehicle, plane]* prze|koziołkować ¶ **~ over [sth], ~ [sth] over** [1] (toss) podrzuc|ić, -ać *[pancake, omelette]*; rzuc|ić, -ać (czymś) *[coin]* [2] (turn) przewr|ócić, -acać *[pages]*

■ **flip through**: **~ through [sth]** przerzuc|ić, -ać *[magazine, book, index]*

IDIOMS: **he ~ped his lid** or **top** US or **wig** zagotowało się w nim ze złości

flipboard /ˈflɪpbɔːd/ *n* GB tablica *f* flipchart

flipchart /ˈflɪptʃɑːt/ *n* = **flipboard**

flip-flop /ˈflɪpflɒp/ *n* [1] (sandal) japonka *f* [2] Comput (device) przerzutnik *m* [3] US (about-face) wolta *f*

flippancy /ˈflɪpənsɪ/ *n* nonszalancja *f*; **the ~ of his tone** jego nonszalancki ton

flippant /ˈflɪpənt/ *adj* (lacking respect) *[remark, person, tone, behaviour]* nonszalancki; (not serious) *[tone, answer]* niepoważny; **don't be ~!** trochę powagi!, nie żartuj sobie!; **I'm not being ~** mówię zupełnie poważnie, nie żartuję

flippantly /ˈflɪpəntlɪ/ *adv [ask, observe]* nonszalancko

flipper /ˈflɪpə(r)/ *n* (of animal, for swimming) płetwa *f*

flipping /ˈflɪpɪŋ/ GB infml **I** *adj* cholerny infml; **~ heck!** psiakość! infml

II *adv [stupid, rude, painful, cold]* cholernie infml; **that tastes ~ horrible!** to jest obrzydliwe! *(w smaku)*

flip side *n* [1] (on record) strona *f* B [2] (other side) druga strona *f* **(of** or **to sth** czegoś)

flip-top /ˈflɪptɒp/ *n* przykrywka *f*

flirt /flɜːt/ **I** *n* [1] (person) flircia|rz *m*, -r(k)a *f* infml [2] (act) flirt *m*; **to have a ~ with sb** infml flirtować z kimś

II *vi* flirtować **(with sb** z kimś); **to ~ with sth** igrać z czymś *[danger, death]*; rozważać coś *[idea]*

flirtation /ˌflɜːˈteɪʃn/ *n* [1] (relationship) flirt *m*; **to have a ~ with sb** flirtować z kimś

2 (interest) przelotny flirt *m* fig **(with sth** z czymś)

flirtatious /ˌflɜːˈteɪʃəs/ *adj [behaviour, glance, wink, laugh]* kokieteryjny, zalotny; *[person]* skłonny do flirtów

flirting /ˈflɜːtɪŋ/ *n* flirtowanie *n*

flit /flɪt/ **I** *n* 1 (move) **to do a (moonlight) ~** infml wynieść się cichaczem or cichcem 2 US vinfml offensive (homosexual) ciota *f* infml offensive

II *vi* (*prp, pt, pp* **-tt-**) 1 (also **~ about**) (fly) *[bird, bat]* śmig|nąć, -ać; **to ~ from tree to tree** śmigać z drzewa na drzewo 2 (move quickly and lightly) pom|knąć, -ykać; **she was ~ting about the house** latała po całym domu 3 (flash) *[idea, expression]* przem|knąć, -ykać **(across** or **through sth** przez coś) 4 (move restlessly) **to ~ from one thing to another** przeskakiwać od jednej rzeczy do drugiej; **to ~ from one country to another** przenosić się z jednego kraju do drugiego

flitch /flɪtʃ/ *n* połeć *m* wędzonego boczku

flitting /ˈflɪtɪŋ/ *adj* = **flitty**

flitty /ˈflɪtɪ/ *adj* US infml offensive zniewieściały

flivver /ˈflɪvə(r)/ *n* US infml dat (stary) gruchot *m* infml

float /fləʊt/ **I** *n* 1 Fishg (on net) pływak *m*, pława *f*; (on line) spławik *m*, pływak *m* 2 Aviat pływak *m* 3 (in plumbing) pływak *m* 4 GB (swimmer's aid) deska *f (do nauki pływania)*; US (lifejacket) kamizelka *f* ratunkowa 5 (vehicle) platforma *f* na kołach; **carnival ~** *platforma używana podczas karnawałowej parady*; **milk ~** GB samochód mleczarza 6 Comm (also **cash ~**) (in till) *pieniądze w kasie przeznaczone do wydawania reszty* 7 US (soft drink) napój *m* z pływającą gałką lodów 8 GB Constr (tool) packa *f* tynkarska 9 US Fin (value) *kwota niezrealizowanych czeków będących w obiegu*

II *vt* 1 *[person]* spu|ścić, -szczać na wodę *[boat]*; *[tide, water, current]* un|ieść, -osić *[ship]* **(off sth** z czegoś); (transport) spławi|ć, -ać *[logs, raft, goods]*; **to ~ boats on the pond** puszczać łódki na stawie 2 Fin wypu|ścić, -szczać, wy|emitować *[shares, securities]*; rozpis|ać, -ywać, wy|emitować *[loan]*; rozpocz|ąć, -ynać działalność (czegoś) *[company]*; upłynni|ć, -ać kurs (czegoś) *[currency]*; **to ~ sth on the Stock Exchange** wprowadzać coś na giełdę; **to be ~ed on the Stock Exchange** wejść na giełdę 3 (propose) wysu|nąć, -wać *[idea, suggestion]*

III *vi* 1 (on liquid) (stay on surface) *[boat, oil]* unosić się na wodzie, pływać; *[person]* leżeć na wodzie; (move) *[object]* pły|nąć, -wać; **wood ~s** drewno pływa; **there were leaves ~ing on the water** na powierzchni wody pływały or unosiły się liście; **she can ~ but she can't swim** potrafi utrzymywać się na wodzie, ale nie potrafi pływać; **to ~ on one's back** leżeć na plecach na wodzie; **to ~ (back) up to the surface** wypłynąć (z powrotem) na powierzchnię; **to ~ down** or **along the river** płynąć z prądem; **the boat was ~ing out to sea** łódź płynęła na pełne morze 2 (in air) *[balloon, smoke, mist]* unieść się w powietrze, unosić się w powietrzu; **clouds ~ed across the sky** obłoki płynęły po niebie 3 fig (waft) **the voices ~ed across the water** głosy niosły się po wodzie; **music from the ballroom ~ed out into the garden** muzyka z sali balowej niosła się do ogrodu; **they were ~ing round the hall** wirowali w tańcu po całej sali; **she ~ed into the room** lekkim krokiem weszła do pokoju; **the thought ~ed through his mind** przeszło mu to przez myśl 4 Fin *[currency]* mieć płynny kurs

■ **float about, float around** 1 (circulate) *[idea, rumour]* krążyć 2 infml (be nearby) znajdować się w pobliżu; **are my keys ~ing around?** czy nie ma tu gdzieś moich kluczy?; **your glasses are ~ing around somewhere** twoje okulary gdzieś się tu poniewierają infml 3 infml (aimlessly) *[person]* snuć się infml; **he just ~s about the house all day** on przez cały dzień tylko snuje się po domu

■ **float off** *[boat]* odpły|nąć, -wać; *[feather, balloon]* odl|ecieć, -atywać

floater /ˈfləʊtə(r)/ *n* US 1 (without fixed duties) pracownik *m* do różnych zadań; (changing jobs) osoba *f* często zmieniająca pracę 2 Pol infml (undecided voter) *wyborca często zmieniający sympatie polityczne*; (voting twice) *(nieuczciwy) wyborca oddający więcej niż jeden głos*; (bribed) przekupiony wyborca *m* 3 Insur = **floating policy**

float glass *n* szkło *n* płaskie *(wylewane na powierzchni roztopionego metalu)*

floating /ˈfləʊtɪŋ/ **I** *n* 1 (of ship, boat) spuszczenie *n* na wodę; (of logs) spław *m* 2 Fin (of company) emisja *f* akcji **(of sth** czegoś); (of shares, loan) emisja *f*; (of currency) upłynnienie *n* kursu

II *adj* 1 (on water) *[debris, wreckage, hotel]* pływający; *[bridge]* pontonowy 2 (unstable) zmienny; **~ population** ludność migrująca

floating assets *npl* Fin środki *m pl* obrotowe

floating capital *n* Fin kapitał *m* obrotowy

floating cheque *n* Fin czek *m* niezrealizowany

floating currency *n* Fin waluta *f* o płynnym kursie

floating debt *n* Fin państwowy dług *m* krótkoterminowy

floating decimal (point) *n* Math zmienny przecinek *m*

floating dock *n* Naut dok *m* pływający

floating exchange rate *n* Fin płynny kurs *m* waluty

floating islands *npl* Culin ≈ zupa *f* nic

floating kidney *n* Anat nerka *f* wędrująca or ruchoma

floating point representation *n* Comput, Math reprezentacja *f* zmiennoprzecinkowa or zmiennopozycyjna

floating policy *n* Insur *polisa ubezpieczenia majątku ruchomego bez względu na miejsce, w którym się znajduje*

floating rate *n* Fin (of exchange) kurs *m* zmienny

floating rate interest *n* Fin oprocentowanie *n* o zmiennej stopie

floating rate note *n* Fin obligacja *f* o zmiennym oprocentowaniu

floating restaurant *n* pływająca restauracja *f*

floating rib *n* Anat żebro *n* wolne

floating vote *n* Pol głos *m* elektoratu niezdecydowanego

floating voter *n* Pol wyborca *m* niezdecydowany

flocculent /ˈflɒkjʊlənt/ *adj [cloud, cloud masses]* wełnisty

flock[1] /flɒk/ **I** *n* 1 (of sheep, goats) stado *n*, trzoda *f*; (of birds) stado *n* 2 (of people) gromada *f*; **in ~s** gromadnie 3 Relig (for priest) parafia *f*; trzódka *f* fig hum

II *vi [animals, people]* z|gromadzić się **(around sb/sth** wokół kogoś/czegoś); **to ~ into sth** przybyć tłumnie na coś *[exhibition]*; **to ~ to do sth** zgromadzić się, żeby coś zrobić; **to ~ together** zgromadzić się → **feather**

flock[2] /flɒk/ *n* 1 Tex wyczeski *plt*; **wool ~** wyczeski wełniane, wełna odpadowa 2 (fleecy tuft) kłak *m*; **little ~s of wool** kłaczki wełny

flock wallpaper *n tapeta z wypukłym wzorem*

floe /fləʊ/ *n* kra *f*; **a mass of ice ~s** kra lodowa

flog /flɒg/ *vt* (*prp, pt, pp* **-gg-**) 1 (beat) wy|chłostać 2 GB infml (sell) op|chnąć, -ychać infml; **to ~ sb sth, to ~ sth to sb** opchnąć coś komuś

IDIOMS: **to ~ a joke/story into the ground** or **to death** GB infml opowiadać jakiś dowcip/jakąś historię setki razy; **to ~ oneself into the ground** or **to death** GB infml zaharowywać się na śmierć

flogging /ˈflɒgɪŋ/ *n* chłosta *f*; **to give sb a ~** wychłostać kogoś

flood /flʌd/ **I** *n* 1 (overflowing of water) powódź *f*; **destroyed by ~** zniszczony przez powódź; **insured against ~** ubezpieczony od powodzi; **'~!'** (on roadsign) „droga zalana!"; **the river is in ~** rzeka wylała; **the Flood** Bible potop 2 fig **a ~ of sth** powódź czegoś *[light, words]*; zalew czegoś *[letters, complaints, imports]*; **a ~ of memories** fala wspomnień; **a ~ of people/visitors** tłumy ludzi/zwiedzających; **a ~ of abuse** grad przekleństw; **to be in ~s of tears** zalewać się łzami 3 Phot, Theat infml = **floodlight**

II *vt* 1 (submerge, inundate) *[river, burst pipe]* zal|ać, -ewać *[house, area]*; *[storm]* s|powodować wystąpienie z brzegów (czegoś) *[river]* 2 fig **memories ~ed her mind** naszła ją fala wspomnień; **relief ~ed his face** na jego twarzy pojawił się wyraz ulgi; **he was ~ed with joy** ogarnęła go ogromna radość 3 **to ~ sb with sth** zasypywać kogoś czymś *[offers, letters]* 4 Comm (over-supply) zal|ać, -ewać *[shops, market]* **(with sth** czymś) 5 Aut zal|ać, -ewać *[engine, carburettor]*

III *vi* 1 *[meadow, street, cellar]* (once) zostać zalanym; (regularly) być zalewanym; *[river]* wyl|ać, -ewać; **the cellar ~ed** zalało piwnicę 2 fig **to ~ into sth** *[light]* zal|ać, -ewać coś; *[people]* zapełni|ć, -ać coś; **tears ~ed down his cheeks** łzy spłynęły mu strumieniami po policzkach; **a blush ~ed over his face** rumieniec zalał mu twarz; **to ~ over** or **through sb** *[emotion]* ogarnąć kogoś

IV flooded *pp adj [area, house]* zalany; **to be ~ed with sth** być zalanym czymś

F

[light, tears, refugees]; tonąć w powodzi czegoś *[complaints]*
■ **flood back** *[memories]* powr|ócić, -acać falą
■ **flood in** *[water, light]* wedrzeć się, wdzierać się; fig *[contributions, refugees]* napływać
■ **flood out**: ¶ **~ out** *[water, liquid]* wyl|ać, -ewać się ¶ **~ [sth] out** *[floodwater]* zal|ać, -ewać *[area, house]*; **many families were ~ed out** z powodu powodzi wiele rodzin zostało ewakuowanych

floodbank /ˈflʌdbæŋk/ *n* wał *m* przeciwpowodziowy

flood control *n* ochrona *f* przeciwpowodziowa

flood damage *n* zniszczenia *n pl* spowodowane powodzią

floodgate /ˈflʌdgeɪt/ *n* zastawka *f*; **to open the ~s to** or **for sb/sth** fig pozwolić na swobodny napływ kogoś/czegoś; **the decision/conference may open the ~s** fig ta decyzja/konferencja może stanowić precedens; **to open the ~s of revolution** dać początek rewolucji

flooding /ˈflʌdɪŋ/ *n* [1] (floods) powodzie *f pl*; (act of flooding) zalewanie *n*; **'road liable to ~'** „droga zagrożona zalaniem" [2] (overflowing) (of river) wylew *n*

flood level *n* poziom *m* wody

floodlight /ˈflʌdlaɪt/ **I** *n* (device) reflektor *m*; (beam of light) światło *n* reflektorów; **to play under ~s** grać przy sztucznym oświetleniu
II *vt* (*pt, pp* **floodlit**) podświetl|ić, -ać *[building]*; oświetl|ić, -ać *[stage]*
III floodlit *pp adj [match]* przy sztucznym oświetleniu; *[building, pageant]* podświetlony

floodmark /ˈflʌdmɑːk/ *n* wskaźnik *m* wielkiej wody

floodplain /ˈflʌdpleɪn/ *n* obszar *m* zalewowy

flood tide *n* wielka woda *f*

floodwaters /ˈflʌdwɔːtəz/ *npl* wody *plt* powodzi

floodway /ˈflʌdweɪ/ *n* kanał *m* przeciwpowodziowy

floor /flɔː(r)/ **I** *n* [1] (of room) podłoga *f*; (stone) posadzka *f*; (of car, lift) podłoga *f*; **a dirt** or **earth ~** klepisko; **dance ~** parkiet; **to polish the ~** froterować podłogę; **to take the ~** *[dancers]* wyjść na parkiet [2] (of sea, tunnel, valley) dno *n*; **the forest ~** poszycie lasu [3] (of Stock Exchange) parkiet *m*; (of debating Chamber) sala *f* (obrad); (of factory) hala *f*; **questions from the ~** pytania z sali; **to have the ~** mieć głos; **to take the ~** zabrać głos; **to hold the ~** przemawiać; **the ~ is yours** oddaję panu/pani głos; **to be elected from the ~** zostać wybranym jako kandydat z sali [4] (storey) piętro *n*; **on the first ~** GB na pierwszym piętrze; US na parterze; **the top ~** ostatnie piętro; **ground** or **bottom ~** GB parter; **we're six ~s up** (on the sixth storey) jesteśmy na szóstym piętrze; (six storeys above this storey) jesteśmy sześć pięter wyżej [5] Fin (of prices, charges) dolna granica *f* **(of sth** czegoś**)**; **to go through the ~** *[prices]* spaść poniżej minimum
II *vt* [1] (in cement) wyl|ać, -ewać podłogę or posadzkę w (czymś) *[room, house]*; (in wood) u|łożyć, -kładać podłogę w (czymś) *[room, house]*; **an oak-~ed room** pokój z dębową podłogą or dębowym parkietem; **the kitchen is ~ed with tiles** podłoga w kuchni jest wyłożona terakotą [2] (knock over) powal|ić, -ać (na ziemię) *[attacker, boxer]* [3] fig (silence) *[argument, remark]* zam|knąć, -ykać usta (komuś) *[person, critic]*; (stump) *[question]* zbi|ć, -jać z tropu (kogoś) *[candidate]*; **I was ~ed by question five** rozłożyłem się na piątym pytaniu infml [4] US Aut infml wcis|nąć, -kać do dechy infml *[accelerator]*; **to ~ it** infml wcisnąć gaz do dechy infml
IDIOMS: **to cross the ~** przejść na drugą stronę barykady fig; **to wipe the ~ with sb** sprawić komuś tęgie lanie

floor area *n* powierzchnia *m* użytkowa

floorboard /ˈflɔːbɔːd/ *n* deska *f* podłogowa

floor cloth *n* ścierka *f* do podłogi

floor covering *n* wykładzina *f* podłogowa

floor exercises *npl* Sport ćwiczenia *n pl* wolne

flooring /ˈflɔːrɪŋ/ *n* podłoga *f*

floor lamp *n* US lampa *f* stojąca

floor leader *n* US Pol (in Congress) ≈ przewodnicząc|y *m*, -a *f* klubu parlamentarnego

floor-length /ˈflɔːleŋθ/ *adj [curtains]* (sięgający) do podłogi

floor manager *n* [1] TV kierowni|k *m*, -czka *f* planu [2] Comm kierowni|k *m*, -czka *f* piętra *(w domu towarowym)*

floor plan *n* Archit plan *m* piętra

floor polish *n* pasta *f* do podłogi

floor polisher *n* (machine) froterka *f*

floor rate *n* Fin stawka *f* minimalna

floor show *n* program *m* rozrywkowy *(w restauracji, lokalu nocnym)*

floor space *n* powierzchnia *f*; **we have 400 sq m of ~ to let** dysponujemy powierzchnią 400 m^2 do wynajęcia

floorwalker /ˈflɔːwɔːkə(r)/ *n* US *pracownik dużego sklepu nadzorujący pracę sprzedawców*

floosie /ˈfluːzɪ/ *n* infml zdzira *f* infml

floozy *n* infml = **floosie**

flop /flɒp/ **I** *n* [1] (heavy movement) **to sit down on a chair with a ~** zwalić się na krzesło infml [2] infml (failure) klapa *f* infml [3] US infml = **flophouse**
II *vi* (*prp, pt, pp* **-pp-**) [1] (move heavily) **to ~ down** *[person]* klapnąć infml; **to ~ down on a bed/sofa** zwalić się na łóżko/sofę infml; **I'm ready to ~** infml zaraz padnę infml [2] (hang loosely) *[head, hair]* opa|ść, -dać; *[ear]* zwisać [3] infml (fail) *[play, project, business, venture]* zrobić klapę infml [4] US infml (sleep) kimać infml; (go to sleep) uderz|yć, -ać w kimono infml
■ **flop out** US (rest) infml odpocz|ąć, -ywać sobie infml; (sleep) zasnąć
■ **flop over** US infml zmieni|ć, -ać front; **to ~ over to sth** przerzuc|ić, -ać się na coś infml

flophouse /ˈflɒphaʊs/ *n* US infml nora *f* pej; (sordid hotel) noclegownia *f*

floppy /ˈflɒpɪ/ **I** *n* Comput dyskietka *f*
II *adj [hair]* opadający; *[ears]* zwisający, oklapły; *[clothes]* wiszący; *[flesh, body]* obwisły; **a ~** or **~-brimmed hat** kapelusz z opadającym rondem; **to let one's arm go ~** zwiesić bezwładnie rękę

floppy disk *n* Comput dyskietka *f*

floppy drive *n* Comput napęd *m* dyskietek

flora /ˈflɔːrə/ *n* flora *f*; **the ~ and fauna** flora i fauna

floral /ˈflɔːrəl/ *adj* kwiecisty; *[fabric, dress]* kwiecisty, w kwiaty; *[design, fragrance, arrangement]* kwiatowy; **~ art** sztuka układania kwiatów; **~ tribute** wiązanka (pogrzebowa)

Florence /ˈflɒrəns/ *prn* Florencja *f*

Florentine /ˈflɒrəntaɪn/ *adj* florencki, florentyński

floret /ˈflɒrɪt/ *n* Culin *różyczka kalafiora lub brokułów*

floribunda /ˌflɒrɪˈbʌndə/ *n odmiana róż o kwiatach rosnących w dużych pękach*

florid /ˈflɒrɪd, US ˈflɔːr-/ *adj* [1] (ornate) *[writing, style, language]* kwiecisty [2] (ruddy) *[person, face]* rumiany

Florida /ˈflɒrɪdə/ *prn* Floryda *f*; **in ~** na Florydzie

florin /ˈflɒrɪn, US ˈflɔːrɪn/ *n* Hist floren *m*; (in England) moneta *f* dwuszylingowa

florist /ˈflɒrɪst, US ˈflɔːrɪst/ *n* kwiacia|rz *m*, -rka *f*; **~'s** (shop) kwiaciarnia

floss /flɒs, US flɔːs/ **I** *n* [1] (fluff) puszek *m* [2] (of silk) nić *f* oprzędu [3] (for embroidery) jedwab *m* [4] Dent nić *f* dentystyczna
II *vt* **to ~ one's teeth** wyczyścić zęby nicią dentystyczną

flossy /ˈflɒsɪ/ *adj* US infml rzucający się w oczy

flotation /fləʊˈteɪʃn/ **I** *n* [1] Fin (of a company, industry) uruchomienie *n*; (of shares, stock, loan) emisja *f*; (of currency) wahania *n pl*; **stock market ~** wejście na giełdę [2] (condition of floating) (of ship) pływalność *f* [3] Chem, Ind flotacja *f*
II *modif [costs, plan, price, prospectus]* emisyjny

flotation bag *n* zbiornik *m* pływalnościowy

flotation device *n* US (life jacket) kamizelka *f* ratunkowa; Aviat pływak *m*

flotation tank *n* komora *f* wypornościowa

flotilla /fləˈtɪlə/ **I** *n* flotylla *f*
II *modif [yacht]* wycieczkowy; **~ holiday** GB zorganizowany rejs flotyllą jachtów

flotsam /ˈflɒtsəm/ *n* szczątki *plt* rozbitego statku; **~ and jetsam** (on water) pływające szczątki; fig (odds and ends) rupiecie; (people) rozbitkowie życiowi; **the ~ and jetsam of society** wyrzutki społeczeństwa

flounce[1] /flaʊns/ **I** *n* (movement) gwałtowny ruch *m* **(of sth** czegoś**)**
II *vi* **he ~d in/out** wbiegł/wybiegł wzburzony

flounce[2] /flaʊns/ *n* Fashn (frill) falbana *f*

flounced /flaʊnst/ *adj* Fashn falbaniasty

flounder[1] /ˈflaʊndə(r)/ *n* Zool [1] GB stornia *f*, flądерka *f* [2] US płastuga *f*

flounder[2] /ˈflaʊndə(r)/ **I** *vi* [1] (move with difficulty) *[animal, person]* brnąć **(through sth** przez coś**)** *[mud, water]* [2] fig (falter) *[speaker]* plątać się; *[career, economy, company, project]* kuleć fig; **to ~ through a speech** jakoś przebrnąć przez przemówienie
II floundering *prp adj [company, economy, industry]* kulejący fig

flour /ˈflaʊə(r)/ **I** *n* mąka *f*; **~ and water paste** klajster

II *modif [bin]* na mąkę; ~ **sifter** sito do (przesiewania) mąki; ~ **mill** młyn zbożowy
III *vt* posyp|ać, -ywać mąką *[cake tin, board]*
flourish /ˈflʌrɪʃ/ **I** *n* [1] (gesture) teatralny gest *m*; **he took off his hat with a ~** zdjął kapelusz teatralnym gestem [2] (detail, touch) **with a rhetorical** or **an emphatic ~** z emfazą; **the show began with a ~** przedstawienie zaczęło się z wielkim rozmachem; (in a piece of music) **the final ~** końcowe fanfary; **the opening ~** przygrywka [3] (in style) ozdobnik *m*; (in handwriting) zawijas *m*; (on pot) ozdobny deseń *m*; **to sign sth with a ~** podpisać się pod czymś zamaszyście
II *vt* wymachiwać (czymś) *[ticket, document]*; **to ~ sth in sb's face** wymachiwać czymś komuś przed nosem
III *vi [tree, plant, firm, animal, child]* rozkwit|nąć, -ać; *[democracy, corruption, arts]* kwitnąć; **my family is ~ing** moja rodzina ma się świetnie
flourishing /ˈflʌrɪʃɪŋ/ *adj [town, wildlife, society]* w rozkwicie; *[business]* dobrze prosperujący; **to be ~** rozkwitać, kwitnąć
floury /ˈflaʊərɪ/ *adj* [1] *[hands, apron]* cały w mące [2] *[potato, apple]* mączysty, mączasty
flout /flaʊt/ *vt* z|lekceważyć *[law, order, rule, convention, tradition]*
flow /fləʊ/ **I** *n* [1] (movement) (of liquid) przepływ *m*; (of river, stream) prąd *m*; (of refugees, visitors) napływ *m*; (of information) przepływ *m*; (of time) upływ *m*; (of words) potok *m*; **to go with the ~** infml płynąć z prądem fig; **to cut off the ~ of oil** odciąć dostawy ropy naftowej; zakręcić kurek z ropą infml; **to stop in full ~** fig przerwać w pół słowa [2] (circulation) (of blood) krążenie *n*; (of electricity) przepływ *m*; **to impede traffic ~** zakłócać ruch uliczny; **to increase the ~ of adrenalin** podnieść poziom adrenaliny [3] Geog (of tide) przypływ *m*
II *vi* [1] (move) *[liquid, gas]* płynąć; wpły|nąć, -wać **(into sth** do czegoś); fig *[people, offers, money]* napły|nąć, -wać **(into sth** do czegoś); **to ~ down sth** spływać po czymś; **to ~ through sth** *[liquid, gas]* przepływać przez coś; **to ~ south** płynąć na południe; **to ~ in/back** wpływać/wypływać; **to ~ upwards** *[liquid]* płynąć w górę; *[gas]* unosić się; **to ~ downwards** *[liquid]* spływać na dół; *[gas]* opadać; **to ~ past sth** przepływać obok czegoś; **to ~ from sth** płynąć z czegoś; fig (follow) wynikać z czegoś; **the river ~s into the sea** rzeka wpływa or wpada do morza [2] (be continuous) *[words, apologies, thoughts]* płynąć; *[conversation]* toczyć się wartko; *[beer, wine]* lać się strumieniami; *[days, hours]* płynąć, upływać; **the days ~ed past** mijały dni [3] (move within a system) *[blood, water]* krążyć **(through** or **round sth** po czymś); *[electricity]* płynąć **(through** or **round sth** w czymś); **the blood ~s through the veins** krew krąży or płynie w żyłach; **pleasure ~ed through her** ogarnęło ją zadowolenie; **the traffic is ~ing smoothly** ruch odbywa się bez zakłóceń [4] (move gracefully) *[hair, dress]* spływać; *[pen]* sunąć płynnie **(across sth** po czymś) [5] Geog **the tide is beginning to ~** zaczyna się przypływ
flowchart /ˈfləʊtʃɑːt/ *n* Comput diagram *m* sekwencji działań
flower /ˈflaʊə(r)/ **I** *n* [1] (bloom, plant) kwiat *m*; **to be in ~** kwitnąć; **to come into ~** zakwitnąć; **the roses are just coming into ~** róże właśnie zaczynają kwitnąć; **in full ~** w pełnym rozkwicie; **'no ~s by request'** „prosimy o nieskładanie kwiatów i wieńców" [2] fig (best part) **the ~ of the nation's youth** sam kwiat młodzieży; **in the ~ of his youth** w kwiecie wieku; **in full ~** w pełnym rozkwicie fig
II *vi* [1] (be in flower) *[plant, tree]* kwitnąć; (come into flower) *[plant, tree]* zakwit|nąć, -ać [2] fig *[love, talent]* rozkwit|nąć, -ać; *[person, movement]* rozwi|nąć, -jać się
flower arrangement *n* kompozycja *f* kwiatowa
flower arranging *n* układanie *n* kompozycji kwiatowych
flowerbed /ˈflaʊəbed/ *n* kwietnik *m*; (round) klomb *m*; (long) rabata *f*
flower children *npl* dzieci *n pl* kwiaty
flowered /ˈflaʊəd/ *adj [material, wallpaper, dress]* w kwiaty; *[plant]* kwitnący; *[lawn]* ukwiecony
flower garden *n* ogród *m* kwiatowy
flower girl *n* [1] (seller) kwiaciarka *f* [2] (bride's attendant) *dziewczynka sypiąca kwiaty na weselu*
flower head *n* Bot kwiatogłówka *f*
flowering /ˈflaʊərɪŋ/ **I** *n* [1] Bot, Hort kwitnienie *n*, kwitnięcie *n* **(of sth** czegoś) [2] fig (development) rozkwit *m* fig **(of sth** czegoś)
II *adj* (producing blooms, in bloom) *[plant, shrub]* kwitnący; **late-/early-~** późno/wcześnie kwitnący; **summer-~** kwitnący w lecie
flowerpot /ˈflaʊəpɒt/ *n* doniczka *f*; (large) donica *f*
flower power *n hipisowska ideologia miłości i pokoju*
flower seller *n* kwiacia|rz *m*, -rka *f*
flower shop *n* kwiaciarnia *f*
flower show *n* wystawa *f* kwiatów
flower stall *n* stragan *m* z kwiatami
flowery /ˈflaʊərɪ/ *adj [hillside, field]* ukwiecony; *[design]* kwiatowy; *[fabric, skirt]* kwiecisty, w kwiaty; *[scent]* kwiatowy; *[language, speech, style]* kwiecisty
flowing /ˈfləʊɪŋ/ *adj [movement]* płynny; *[style]* potoczysty; *[handwriting]* zamaszysty; *[line]* łagodny; *[rhythm, melody]* kołyszący; *[hair, mane]* opadający; *[clothes]* powłóczysty
flown /fləʊn/ *pp* → **fly**
flow sheet *n* = **flowchart**
fl oz = **fluid ounce(s)**
flu /fluː/ **I** *n* grypa *f*; **to come down with ~** zachorować na grypę
II *modif [injection, vaccine]* przeciwgrypowy; **~ attack/epidemic/virus** atak/epidemia/wirus grypy
flub /flʌb/ US infml **I** *n* (also **~-up)** (sth badly done) fuszerka *f* infml; (error) byk *m* infml
II *vt* (*prp, pt, pp* **-bb-)** s|knocić infml; **she ~bed her lines** sypnęła się infml
■ **flub up**: infml ¶ **~ up** robić głupstwa ¶ **~ up [sth]** s|knocić infml
fluctuate /ˈflʌktjʊeɪt/ **I** *vi [temperature, rate]* wahać się **(between sth and sth** między czymś a czymś); *[people, opinions]* zmieniać się
II fluctuating *prp adj [mood, rate]* zmienny
fluctuation /ˌflʌktjʊˈeɪʃn/ *n* (in mood, behaviour) zmienność *f* **(in** or **of sth** czegoś); (in price, rate) wahania *n pl*, fluktuacja *f* **(in** or **of sth** czegoś); (in temperature, quality) wahania *n pl* **(in** or **of sth** czegoś)
flue /fluː/ *n* (of chimney) przewód *m* (kominowy); (of boiler, stove) rura *f* spalinowa
flue gas *n* gazy *m pl* spalinowe
fluency /ˈfluːənsɪ/ *n* [1] (competence) biegłość *f*; **with great ~** biegle; **his ~ in French helps him in his work** biegła znajomość francuskiego przydaje mu się w pracy [2] (ease) (of speaking) płynność *f*; **the ~ of his writing** swoboda, z jaką pisze; **you must improve your ~** musisz popracować nad płynnością wypowiedzi
fluent /ˈfluːənt/ *adj* [1] biegły; **~ French** biegła znajomość francuskiego; **her French is ~** ona biegle mówi po francusku; **I speak ~ Greek** biegle mówię po grecku; **a ~ Greek speaker** osoba biegle mówiąca po grecku; **he answered in ~ Polish** odpowiedział płynną polszczyzną; **to be ~ in English** biegle znać angielski [2] (eloquent) *[speaker]* elokwentny; *[speech, account]* płynny, potoczysty; *[writer]* mający lekkie pióro; **to be a ~ reader** płynnie czytać [3] (graceful) *[movement]* płynny; *[style]* gładki
fluently /ˈfluːəntlɪ/ *adv* [1] (accurately) *[speak a language]* biegle [2] (with ease) płynnie
flue pipe *n* Muz piszczałka *f* wargowa
fluff /flʌf/ **I** *n* [1] (down) (on clothes, carpet) kłaczki *m pl*; (under furniture) koty *m pl* infml; (on animal) puszek *m* [2] infml (girl) **a bit of ~** pej cizia infml [3] infml (mistake) gafa *f*, potknięcie *n* [4] US infml (trivia) głupoty *f pl* infml
II *vt* [1] (also **~ up)** (puff up) *[bird, cat]* na|stroszyć *[feathers, tail]*; na|stroszyć (palcami) *[hair]*; przetrzepać *[cushion]* [2] infml (get wrong) s|chrzanić infml *[exam, audition, shot]*; s|kiksować *[note, bar]*; **to ~ one's lines** sypnąć się infml; **I ~ed it!** schrzaniłem!
fluffy /ˈflʌfɪ/ *adj [animal, hair, cake, mixture, egg white]* puszysty; *[material]* mechaty, puszysty; *[jumper]* puchaty; *[toy]* pluszowy
fluid /ˈfluːɪd/ **I** *n* płyn *m*; Chem, Tech ciecz *f*; **cleaning ~** płyn do czyszczenia
II *adj* [1] płynny; Chem, Tech ciekły [2] (flexible) *[situation, arrangement, plan]* płynny; **my opinions/ideas are fairly ~** nie mam jasno sprecyzowanej opinii/jasno sprecyzowanego pomysłu [3] (graceful) *[gesture, movement, style, lines]* płynny
fluid assets *npl* US Fin aktywa *plt* płynne
fluid capital *n* US Fin kapitał *m* płynny
fluidity /fluːˈɪdətɪ/ *n* [1] (of substance) płynność *f* **(of sth** czegoś) [2] (of plans, ideas) płynność *f* **(of sth** czegoś) [3] (of style, movements, lines) płynność *f* **(of sth** czegoś)
fluid mechanics *n (+ v sg)* Phys mechanika *f* płynów
fluid ounce *n* Meas uncja *f* objętości
fluke[1] /fluːk/ **I** *n* (lucky chance) szczęśliwy traf *m*; fuks *m* infml; **by a (sheer) ~** szczęśliwym or czystym trafem; **it was no ~** to nie był przypadek

F

II *adj* = **fluky**
III *vt* (in billiards) wbi|ć, -jać przypadkowo *[ball]*

fluke² /fluːk/ *n* (of anchor) łapa *f*; (of harpoon, arrow) zębaty grot *m*

fluke³ /fluːk/ *n* Zool przywra *f*; **liver ~** motylica wątrobowa; **blood ~** przywra żylna

fluky, flukey /ˈfluːkɪ/ *adj* [1] (lucky) *[coincidence, circumstances]* szczęśliwy; *[goal, shot, winner]* przypadkowy [2] (changeable) *[weather, wind]* kapryśny

flume /fluːm/ *n* Geog rynna *f*; (slide) rynna *f*; (channel) kanał *m*

flummery /ˈflʌmərɪ/ *n* [1] Culin *rodzaj leguminy* [2] infml dat (nonsense) banialuki *plt*

flummox /ˈflʌməks/ *vt* infml skołować infml *[person]*

flummoxed /ˈflʌməkst/ *adj* infml skołowany infml

flung /flʌŋ/ *pt, pp* → **fling**

flunk /flʌŋk/ infml **I** *vt* US Univ, Sch *[student]* obl|ać, -ewać infml *[exam, subject]*; *[teacher]* obl|ać, -ewać infml *[class, pupil]*
II *vi [student]* obl|ać, -ewać infml
■ **flunk out** infml *[student, pupil]* wyl|ecieć, -atywać **(of sth** z czegoś**)**

flunkey GB, **flunky** US /ˈflʌŋkɪ/ *n* (*pl* **-eys** GB, **-ies** US) [1] (servant) lokaj *m* [2] fig pej sługus *m* pej

fluorescein /flɔːˈresiːn, US ˌflʊəˈresiːn/ *n* fluoresceina *f*

fluorescence /flɔːˈresəns, US flʊəˈr-/ *n* fluorescencja *f*

fluorescent /flɔːˈresənt, US flʊəˈr-/ *adj* [1] *[socks, badge]* odblaskowy [2] *[light, lamp]* fluorescencyjny

fluoridate /ˈflɔːrɪdeɪt, US ˈflʊər-/ *vt* fluorować, fluoryzować *[water]*

fluoridation /ˌflɔːrɪˈdeɪʃn, US ˌflʊər-/ *n* fluoryzacja *f*

fluoride /ˈflɔːraɪd, US ˈflʊəraɪd/ **I** *n* fluorek *m*
II *modif [toothpaste, mouthwash]* fluoryzowany

fluorinate /ˈflɔːrɪneɪt, US ˈflʊər-/ *vt* = **fluoridate**

fluorine /ˈflɔːriːn, US ˈflʊər-/ *n* fluor *m*

fluorite /ˈflʊəraɪt/ *n* US = **fluorspar**

fluorspar /ˈflɔːspɑː(r)/ *n* fluoryt *m*

flurry /ˈflʌrɪ/ **I** *n* [1] (gust) (of wind) podmuch *m*; (of dust, leaves, snow) tuman *m*; **~ of rain** krótki gwałtowny deszcz [2] (bustle) poruszenie *n*; **a ~ of activity/excitement/interest** nagłe ożywienie/podniecenie/zainteresowanie [3] (burst) (of complaints, enquiries, words) lawina *f* [4] Fin (of stock exchange) ożywienie *n*; **a ~ on sth** nagły wzrost zainteresowania czymś *[shares]*; **a ~ of buying** gwałtowny wzrost ilości zleceń kupna
II *vt* s|peszyć *[person]*

flush¹ /flʌʃ/ **I** *n* [1] (blush) (on cheeks) rumieniec *m*; (from fever) wypieki *m pl*; (in sky) łuna *f*; **there was a ~ in her cheeks** miała zarumienione policzki; **the thought brought a ~ of anger to her cheeks** na tę myśl poczerwieniała ze złości [2] (surge) **a ~ of anger/pride** przypływ złości/dumy; **a ~ of pleasure** nagłe uczucie zadowolenia; **with a ~ of anger/shame** w przypływie złości/w nagłym poczuciu wstydu; **in the first ~ of success/victory** upojony sukcesem/zwycięstwem; **they were no longer in the first ~ of youth** byli już nie pierwszej młodości; **the full ~ of beauty** pełnia urody [3] (of water) strumień *m* wody; (toilet device) spłuczka *f*; **to give the toilet a ~** spuścić wodę
II *vt* [1] (clean with water) płukać, przepłuk|ać, -iwać *[drain, pipe]*; **to ~ the toilet** spuścić wodę; **to ~ sth down the toilet** spuścić coś w sedesie [2] (colour) **anger/fever ~ed her cheeks** dostała wypieków ze złości/z gorączki
III *vi* [1] (redden) *[person]* po|czerwienieć, za|rumienić się **(with sth** z czegoś**)**; **to ~ with anger** poczerwienieć ze złości [2] (operate) **the toilet doesn't ~** nie można spuścić wody; **we heard the toilet ~** słyszeliśmy spuszczanie wody
■ **flush away**: **~ away [sth], ~ [sth] away** pozby|ć, -wać się (czegoś) *[waste, evidence]*
■ **flush out**: **~ out [sb/sth]** wy|płoszyć; wykurz|yć, -ać infml *[animal, spy]*; **to ~ sb /sth out of a hiding place** wypłoszyć kogoś/coś z kryjówki

flush² /flʌʃ/ *adj* [1] (level) **to be ~ with sth** być w równej linii z czymś *[wall, working surface]* [2] infml (rich) **to be ~** być przy forsie infml; **to feel ~** czuć się jak bogacz

flush³ /flʌʃ/ *n* (in poker) kolor *m*

flushed /flʌʃt/ *adj* [1] (reddened) *[face, cheeks]* (with anger) poczerwieniały; (with shame, embarassment, excitement) poczerwieniały, zarumieniony; **to be ~ with excitement** poczerwienieć z podniecenia; **to be ~ with shame** poczerwienieć or zarumienić się ze wstydu [2] (glowing) jaśniejący, promieniejący **(with sth** czymś**)** *[happiness, pride]*; **~ with success/victory** upojony sukcesem /zwycięstwem

fluster /ˈflʌstə(r)/ **I** *n* podenerwownie *n*; **to be in a ~** być podenerwowanym; **to get in a ~** tracić głowę
II *vt* wytrąc|ić, -ać z równowagi; **to get** or **become ~ed** zdenerwować się; **to look ~ed** wyglądać na podenerwowanego

flute /fluːt/ **I** *n* [1] Mus flet *m* [2] Archit kanelura *f*, żłobkowanie *n* [3] (glass) wąski, wysoki kieliszek *m*, flet *m (zwykle do szampana)*
II *modif [composition, case]* na flet; **~ lesson/part** lekcja/partia fletu

fluted /ˈfluːtɪd/ *adj [collar]* rurkowany; *[glass, flan tin]* żłobkowany; *[column]* kanelowany, żłobkowany

fluting /ˈfluːtɪŋ/ *n* (of fabric) rurkowanie *n*; (on china, glass) żłobkowanie *n*; (on column) kanelura *f*

flutist /ˈfluːtɪst/ *n* US flecist|a *m*, -ka *f*

flutter /ˈflʌtə(r)/ **I** *n* [1] (rapid movement) (of wing, lashes, flag) trzepot *m*, trzepotanie *n*; (of paper, leaves) (lekki) szelest *m*; **she waved goodbye with a ~ of her handkerchief** pomachała chusteczką na pożegnanie; **with one ~ of her eyelashes, she captured his heart** (wystarczyło, że) raz zatrzepotała rzęsami i już zdobyła jego serce; **heart ~** Med trzepotanie przedsionków [2] (stir) **a ~ of excitement** dreszcz podniecenia; **a ~ of panic** przypływ paniki; **she was all in** or **of a ~** GB była cała rozdygotana; **to cause a ~** *[announcement]* wywołać poruszenie [3] GB infml (bet) **to have a ~ on the horses** zagrać na wyścigach; **she likes the odd ~** ona lubi hazard; **to have a ~ on the Stock Exchange** zagrać na giełdzie [4] Electron (in sound) drżenie *n* dźwięku [5] Aviat flatter *m*
II *vt* (move) za|trzepotać (czymś) *[wing, eyelashes]*; porusz|yć, -ać szybko (czymś), wachlować się (czymś) *[fan]*; za|mrugać (czymś) *[eyelids]*; po|machać (czymś) *[handkerchief, piece of paper]*; **the moth was ~ing its wings against the lampshade** ćma biła skrzydłami o abażur; **to ~ one's eyelashes (at sb)** zatrzepotać rzęsami (na widok kogoś)
III *vi* [1] (move rapidly) *[wings, flag, ribbon, eyelashes]* za|trzepotać; *[fan]* poruszać się szybko; *[eyelids]* za|mrugać; *[person, hands]* dygotać; **the bird's wings still ~ed** ptak wciąż trzepotał skrzydłami; **flags ~ed in the breeze/above the streets/from the mast** flagi trzepotały na wietrze/ponad ulicami/na maszcie [2] (fly rapidly) fruwać; **to ~ away** odfrunąć [3] (spiral) **(**also **~ down)** *[petals]* opa|ść, -dać wirując [4] (beat irregularly) *[heart]* bić nierówno; **his pulse was ~ing** miał nierówne tętno; **his heart was ~ing as he waited for the results** z drżeniem serca czekał na wyniki

fluttering /ˈflʌtərɪŋ/ **I** *n* [1] (flapping) (of wings, fan, dress, flag) trzepotanie *n*, trzepot *m*; (of leaves) opadanie *n* [2] (beating) (of heart) nerwowe bicie *n*; **the ~ of pulse** nierówne tętno
II *adj [flag, bunting, dress]* trzepoczący; *[birds]* fruwający

fluvial /ˈfluːvɪəl/ *adj* rzeczny

flux /flʌks/ *n* [1] (uncertainty) ciągłe zmiany *f pl*; **to be in (a state of) ~** ciągle się zmieniać [2] Phys strumień *m* [3] Tech (for metals) topnik *m* [4] Med wyciek *m*, wypływ *m*

flux density *n* Phys gęstość *f* strumienia

fly¹ /flaɪ/ **I** *n* [1] (of trousers) rozporek *m* [2] (of tent) (entrance) poła *f*; (roof) tropik *m* [3] (of flag) (outer edge) powiewająca część *f* flagi; (length) długość *f* [4] GB Hist (carriage) dorożka *f*
II flies *npl* [1] (of trousers) rozporek *m*; **your flies are undone!** masz rozpięty rozporek! [2] Theat nadscenie *n*
III *vt* (*pt* **flew**; *pp* **flown)** [1] (operate) latać (czymś), pilotować *[aircraft, spacecraft, balloon]*; pu|ścić, -szczać *[model aircraft, kite]*; **the pilot flew the plane to...** pilot doprowadził samolot do..., pilot doleciał do...; **to ~ sth to the moon** polecieć czymś na księżyc [2] (transport by air) prze|w|ieźć, -ozić (samolotem) *[person]*; prze|transportować (samolotem), prze|w|ieźć, -ozić (samolotem) *[animal, supplies, food]*; **we will ~ you to New York for £150** z nami polecisz do Nowego Yorku za 150 funtów; **to ~ troops/food out to the scene** przerzucić oddziały/żywność samolotami na miejsce [3] (cross by air) przel|ecieć, -atywać *[Atlantic, Channel]* [4] (cover by air) *[bird, aircraft, spacecraft]* przel|ecieć, -atywać *[distance]*; **I ~ over 10,000 km a year** przelatuję ponad 10 000 km rocznie [5] (display) *[person, organization]* wywie|sić, -szać *[flag]*; **the embassy was ~ing the Polish flag** na budynku ambasady powiewała polska flaga; **the ship is ~ing the French**

ensign na maszcie statku powiewa francuska bandera; fig statek pływa pod francuską banderą [6] fml (flee) ucie|c, -kać z (czegoś) *[country]*; ucie|c, -kać z rąk (kogoś) *[enemy]*

IV *vi* (*pt* **flew;** *pp* **flown)** [1] *[insect, balloon, kite, rocket, aircraft]* po|lecieć, latać; *[bird]* po|lecieć, latać, po|frunąć, fruwać; **to ~ north/south** polecieć na północ/na południe; **to ~ over** or **across sth** przelecieć nad czymś *[field, Paris, the Alps]*; **to ~ past** przelecieć (obok); **to ~ over(head)** przelecieć (nad głową); **a pigeon flew past the window** przed oknem przeleciał or przefrunął gołąb; **the bird flew down and ate the bread** ptak sfrunął i zjadł chleb; **there's a mosquito ~ing around** gdzieś tu lata komar; **to ~ out of sth** wylecieć z czegoś; **to ~ into a cage** wlecieć do klatki; **rumours were ~ing (around)** krążyły plotki [2] **to ~ into Gatwick** *[passenger]* przylecieć na (lotnisko) Gatwick; **to ~ from Okęcie** wylecieć z Okęcia; **to ~ out to London** wylecieć do Londynu; **to ~ from Rome to Athens** polecieć z Rzymu do Aten; **to ~ in Concorde** lecieć concorde'em; **to ~ LOT** lecieć LOT-em; **she flew to Madrid in a helicopter** poleciała do Madrytu helikopterem; **we ~ to Boston twice a day** *[airline]* latamy to Bostonu dwa razy dziennie; **an attempt to ~ around the world** próba lotu dookoła świata [3] (be propelled) *[bullet, glass, sparks, insults, threats]* po|lecieć; (to and fro or time and again) latać; **to ~ over the wall/across the room** przelecieć nad murem/przez pokój; **to ~ into the room** wlecieć do pokoju; **something flew into his eye** coś wleciało or wpadło mu do oka; **to ~ in all directions** latać we wszystkie strony; **to ~ off** *[hat, sheet of paper]* zlecieć, sfrunąć; **to ~ open** gwałtownie się otworzyć; **to go ~ing** infml *[person]* runąć jak długi; *[object, objects]* wylecieć; **the blow sent him ~ing** infml aż się zatoczył od tego uderzenia; **she bumped into me and sent my drink ~ing** infml potrąciła mnie tak, że kieliszek wypadł mi z ręki; **to ~ at sb** rzucić się na kogoś; (verbally) wsiąść na kogoś infml; **to ~ into a rage** or **temper** fig wpaść we wściekłość; **to ~ into a panic** fig wpaść w panikę [4] (rush, hurry) po|lecieć; **I must ~!** muszę lecieć! infml; **to ~ past** (in a hurry) przelecieć; **to ~ in** wlecieć; **to ~ out** wylecieć [5] (also **~ past, ~ by)** (go quickly) *[time]* z|lecieć; *[holidays]* przel|ecieć, -atywać; **time flies when you're having fun** czas szybko leci, kiedy się człowiek dobrze bawi [6] (flutter, wave) *[flag, scarf, cloak, hair]* powiewać; **to ~ in the wind** powiewać na wietrze [7] fml (flee) ucie|c, -kać; **to ~ from sb/sth** uciekać przed kimś/czymś

■ **fly away** odl|ecieć, -atywać; fig *[cares]* rozwi|ać, -ewać się

■ **fly in:** ¶ **~ in** *[person]* przyl|ecieć, -atywać; **to ~ in from Oslo** przylatywać z Oslo ¶ **~ in [sb/sth], to ~ [sb/sth] in** dostarcz|yć, -ać samolotem *[food, supplies]*; przyw|ieźć, -ozić samolotem *[person]*; **to have sb/sth flown in** sprowadzić kogoś /coś samolotem

■ **fly off** *[bird, insect, helicopter]* odl|ecieć, -atywać

IDIOMS: **to ~ in the face of sth** (defy) śmiało patrzyć w oczy czemuś *[danger]*; sprzeciwiać się czemuś *[authority, tradition]*; (contradict) pozostawać w jawnej sprzeczności z czymś *[evidence, proof]*; **to let ~ (with) sth** nagle zaatakować czymś *[hail of bullets]*; **to let ~ a stream of abuse** puścić wiązkę infml; **to let ~ at sb** nawrzeszczeć na kogoś; **he really let ~** naprawdę się wkurzył infml

fly² /flaɪ/ *n* Zool, Fishg mucha *f*

IDIOMS: **he wouldn't hurt** or **harm a ~** nie skrzywdziłby muchy; **there are no flies on her** jest kuta na cztery nogi; **to drop/die like flies** padać/umierać jak muchy

fly³ /flaɪ/ *adj* infml [1] US szykowny [2] GB (clever) sprytny

fly agaric *n* muchomor *m* czerwony

flyaway /ˈflaɪəweɪ/ *adj [hair]* miękki i delikatny

flyblown /ˈflaɪbləʊn/ *adj* [1] (not bright and new) *[furniture, object]* sfatygowany; *[joke]* oklepany; *[metaphor]* wytarty [2] (infested with fly eggs) **~ meat/food** mięso/jedzenie z jajami much [3] (flyspecked) upstrzony przez muchy

flyby /ˈflaɪbaɪ/ *n* [1] Aerosp **a ~ of sth** przelot w pobliżu czegoś *[planet, spacecraft]* [2] Aviat (flypast) defilada *f* lotnicza

fly-by-night /ˈflaɪbaɪnaɪt/ infml **I** *n* kombinator *m*, -ka *f* infml; (company) firma-krzak *f* infml

II *adj [company, operation]* podejrzany; *[person]* nieodpowiedzialny

fly-by-wire (control) system /ˌflaɪbaɪˈwaɪə(r)/ *n* Aviat elektroniczny układ *m* sztucznej stateczności i sterowania

flycatcher /ˈflaɪkætʃə(r)/ *n* Zool muchołówka *f*

fly-drive /ˈflaɪdraɪv/ *adj* Tourism **~ holiday** wycieczka obejmująca przelot samolotem i wynajem samochodu

flyer /ˈflaɪə(r)/ *n* = **flier**

fly-fishing /ˈflaɪfɪʃɪŋ/ *n* wędkarstwo *n* muchowe

fly-half /ˌflaɪˈhɑːf, US -ˈhæf/ *n* Sport (in rugby) pomocnik *m* środkowego

flying /ˈflaɪɪŋ/ **I** *n* [1] (in plane) latanie *n*; **to be afraid of ~** bać się latać samolotem; **to take up ~** zająć się lataniem [2] (of bird, animal) latanie *n*; **adapted for ~** przystosowany do latania

II *modif [goggles, helmet, jacket, suit]* lotniczy; **~ course/instructor/school** kurs /instruktor/szkoła latania or pilotażu

III *adj* [1] (able to fly) *[animal, insect, machine]* latający [2] (in process of flying) *[object, broken glass]* lecący; **the dancer's ~ feet** zwinne stopy tancerza; **to take a ~ leap** dać wielkiego susa

IDIOMS: **with ~ colours** *[emerge, come through]* zwycięsko; *[pass]* śpiewająco; **to win with ~ colours** odnieść tryumfalne zwycięstwo

flying boat *n* wodnosamolot *m*, wodnopłat *m*, hydroplan *m*

flying bomb *n* bomba *f* latająca, pocisk *m* V1

flying buttress *n* łuk *m* przyporowy

flying doctor *n* lekarz *m* latający na wizyty do pacjentów samolotem

Flying Dutchman *n* **the ~** Latający Holender *m*

flying fish *n* ryba *f* latająca

flying fox *n* Zool (bat) lis *m* latający

flying officer *n* GB porucznik *m* lotnictwa

flying picket *n* uczestni|k *m*, -czka *f* lotnej pikiety

flying saucer *n* latający talerz *m*

flying squad *n* lotna brygada *f*

flying start *n* Sport start *m* lotny; **to get off to a ~** fig świetnie wystartować

flying tackle *n* Sport chwyt *m* w biegu

flying visit *n* krótka wizyta *f*

fly kick *n* Sport kopnięcie *n* w biegu

flyleaf /ˈflaɪliːf/ *n* Print wyklejka *f*

fly-on-the-wall /ˌflaɪɒnðəˈwɔːl/ *adj [documentary, film, report]* kręcony na żywo

flyover /ˈflaɪəʊvə(r)/ *n* [1] GB Transp wiadukt *m* [2] US Aviat defilada *f* lotnicza

flypaper /ˈflaɪpeɪpə(r)/ *n* lep *m* na muchy

flypast /ˈflaɪpɑːst/ *n* GB Aviat defilada *f* lotnicza

flyposting /ˈflaɪpəʊstɪŋ/ *n* rozlepianie *n* plakatów w niedozwolonych miejscach

flysheet /ˈflaɪʃiːt/ *n* [1] (of tent) tropik *m* [2] (handbill) ulotka *f*

flyspray /ˈflaɪspreɪ/ *n* spray *m* na muchy

flyswatter /ˈflaɪswɒtə(r)/ *n* packa *f* na muchy

flytipping /ˈflaɪtɪpɪŋ/ *n* GB wyrzucanie *n* śmieci w miejscach niedozwolonych

flyweight /ˈflaɪweɪt/ **I** *n* waga *f* musza

II *modif* **~ boxer/champion** bokser /mistrz wagi muszej; **~ match** walka w wadze muszej

flywheel /ˈflaɪwiːl/ *n* Mech koło *n* zamachowe

flywhisk /ˈflaɪwɪsk/ *n* miotełka *f* do odganiania much

FM *n* [1] Mil = **field marshal** [2] Radio = **frequency modulation**

FMB *n* US = **Federal Maritime Board** Zarząd *m* Federalny Marynarki Handlowej

FO *n* GB = **Foreign Office**

foal /fəʊl/ **I** *n* źrebię *n*, źrebak *m*; **the grey mare is in ~ again** ta siwa klacz jest znowu źrebna

II *vi [mare]* o|źrebić się

foam /fəʊm/ **I** *n* [1] (on sea, bath) piana *f*; (on drinks) piana *f*, pianka *f*; **the ~** liter odmęty liter [2] (on animal, from mouth) piana *f* [3] (chemical) (for fire fighting) piana *f*; (for shaving) pianka *f* [4] (made of rubber, plastic) pianka *f*

II *vi* [1] (froth) *[beer, water, sea]* s|pienić się; **to ~ at the mouth** *[animal]* toczyć pianę z pyska; fig *[person]* pienić się fig [2] (sweat) *[horse]* pokry|ć, -wać się pianą, pienić się

■ **foam up** ¶ *[beer, lemonade]* s|pienić się

foam-backed /ˌfəʊmˈbækt/ *adj* na warstwie pianki

foam bath *n* (chemical) płyn *m* do kąpieli; (bath) kąpiel *f* z pianą

foam-filled /ˌfəʊmˈfɪld/ *adj* wypełniony pianką

foam insulation *n* izolacja *f* piankowa

foam mattress *n* materac *m* piankowy

foam rubber *n* guma *f* piankowa

foamy /ˈfəʊmɪ/ *adj [waves]* spieniony; *[beer, lemonade]* z pianą

fob¹ /fɒb/ *n* [1] (pocket) kieszonka *f* na zegarek

[2] (watch-chain) dewizka *f* [3] (ornament) breloczek *m*; **key ~** breloczek na klucze

fob² /fɒb/ *v*

■ **fob off** (*prp, pt, pp* **-bb-**): ¶ **~ off [sb], ~ [sb] off** [1] (palm off) zby|ć, -wać *[enquirer, customer]*; **I ~bed him off with an excuse** zbyłem go jakąś wymówką; **he tried to ~ her off with a different model** próbował ją zbyć, wciskając jej inny model [2] (get rid of) pozby|ć, -wać się; spławi|ć, -ać infml *[person]* ¶ **~ off [sth]** odrzuc|ić, -ać *[attempt, enquiry]*; (dispose of goods) **to ~ off sth onto sb** wepchnąć coś komuś infml

FOB *adj, adv* = **free on board**

fob watch *n* zegarek *n* kieszonkowy

FOC *adj, adv* = **free of charge**

focal /ˈfəʊkl/ *adj* Phys ogniskowy; fig *[institution, figure]* centralny

focal infection *n* zakażenie *n* ogniskowe

focal length *n* odległość *f* ogniskowa, ogniskowa *f*

focal plane *n* płaszczyzna *f* ogniskowa

focal point *n* [1] (in optics) ognisko *n* [2] (centre of activity, attention) (place) punkt *m* centralny **(of sth** czegoś**)**; (person) postać *f* centralna; **a ~ for the community** miejsce skupiające lokalną społeczność; **his life lacks a ~** brakuje mu życiowego celu [3] (main concern) główny punkt *m*; **to act as a ~ for discussion** stanowić główny punkt dyskusji

fo'c'sle *n* = **forecastle**

focus /ˈfəʊkəs/ **I** *n* (*pl* **~es, foci)** [1] (focal point) ognisko *n*; **to be in/out of ~** *[image]* być ostrym/nieostrym; **the camera is in /out of ~** w aparacie jest/nie jest ustawiona ostrość; **to go out of ~** *[device]* rozregulować się; *[image]* stać się nieostrym; **to bring sth into ~** ustawić ostrość czegoś; fig unaocznić coś, wskazać na coś fig; **to come into ~** nabrać ostrości [2] (device on lens) regulacja *f* ostrości; **to get the ~ right** ustawić ostrość [3] (centre of interest) **the ~ of sb's interest** przedmiot zainteresowania kogoś; **to be a ~ of sb's attention** być w centrum uwagi kogoś; **to become the ~ of controversy** stać się przedmiotem sporu; **to become a ~ for the press** znaleźć się w centrum zainteresowania prasy; **to provide a ~ for research** stać się przedmiotem badań [4] (emphasis) nacisk *m*; **our ~ should be on Europe as a whole** nasza uwaga powinna koncentrować się na Europie jako całości; **the ~ will be on health** nacisk zostanie położony na kwestię zdrowia

II *vt* (*prp, pt, pp* **-s-, -ss-)** [1] (direct) skupi|ć, -ać, z|ogniskować *[beam, ray]* **(on sth** na czymś**)**; skupi|ć, -ać *[gaze]* **(on sth /sb** na czymś/kimś**)** [2] (adjust) ustawi|ć, -ać ostrość w (czymś) *[lens, camera, microscope]*; **to ~ one's lens on sth** ustawić ostrość na coś *[object]* [3] fig (concentrate) skupi|ć, -ać *[attention]* **(on sth** na czymś**)**; **to ~ one's mind on sth** skupić się na czymś

III *vi* (*prp, pt, pp* **-s-, -ss-)** [1] (see properly) **he was so drunk that he couldn't ~ his eyes properly** był tak pijany, że ledwo widział na oczy [2] (home in) **to ~ on sth** *[rays, beams, attention]* skupić się na czymś; *[gaze]* zatrzymać się na czymś; *[photographer, astronomer, camera]* ustawić ostrość na coś [3] (concentrate) **to ~ on sth** *[person, survey, study]* skupić się na czymś, skoncentrować się na czymś

IV focused, focussed *pp adj* [1] *[image]* ostry; **the telescope is ~ed** teleskop ma ustawioną ostrość [2] *[person]* dążący do celu

focus group *n* grupa *f* dyskusyjna

fodder /ˈfɒdə(r)/ *n* [1] (for animals) pasza *f* [2] hum (for people) strawa *f* [3] fig (for artistic creation, imagination) pożywka *m*

foe /fəʊ/ *n* liter wróg *m* also fig

FoE *n* = **Friends of the Earth**

foehn /fɜːn/ *n* Geog fen *m*

foetal, fetal US /ˈfiːtl/ *adj* płodowy; **in the ~ position** w pozycji embrionalnej; **~ abnormalities** nieprawidłowy rozwój płodu

foetal alcohol syndrome, FAS *n* płodowy zespół *m* alkoholowy

foetid *adj* = **fetid**

foetus, fetus US /ˈfiːtəs/ *n* płód *m*

fog /fɒg/ **I** *n* [1] Meteorol mgła *f*; **a patch of ~** pasmo mgły; **a blanket of ~** zasłona mgły; **we get thick ~s here** w tym rejonie występują gęste mgły; **a ~ of cigarette smoke** kłęby dymu papierosowego [2] fig (confusion) mgła *f* **(of sth** czegoś**)**; **a ~ of ignorance** powszechna niewiedza or ignorancja; **to be in a ~** mieć zamęt w głowie [3] Phot zadymienie *n*

II *vt* (*prp, pt, pp* **-gg-)** [1] (also **~ up)** *[steam]* pokry|ć, -wać parą *[glass]*; *[light]* zamglić *[film]*; **a ~ged (up) windscreen** zaparowana przednia szyba [2] fig (confuse) **to ~ the issue** zaciemniać sprawę; **to ~ sb's brain** otumanić kogoś infml

III *vi [mirror, glasses]* zaparow|ać, -ywać

fog bank *n* pas *m* gęstej mgły

fogbound /ˈfɒgbaʊnd/ *adj [plane, passenger]* unieruchomiony przez mgłę; *[airport]* sparaliżowany przez mgłę

fogey /ˈfəʊgɪ/ *n* infml pej piernik *m*, ramol *m* infml pej; **he's a young ~** on się już urodził stary

foggy /ˈfɒgɪ/ *adj* [1] Meteorol *[day, landscape, weather]* mglisty; **it will be ~ tomorrow** jutro wystąpią mgły i zamglenia [2] fig *[idea, notion]* mglisty; **I haven't the foggiest idea** infml nie mam zielonego pojęcia infml

Foggy Bottom *n* US infml *amerykański Departament Stanu*

foghorn /ˈfɒghɔːn/ *n* Naut syrena *f* mgłowa; **to have a voice like a ~** mieć tubalny głos

foglamp /ˈfɒglæmp/ *n* Aut światło *n* przeciwmgielne

foglight /ˈfɒglaɪt/ *n* = **foglamp**

fog patch *n* lokalne zamglenie *n*

foible /ˈfɔɪbl/ *n* dziwactwo *n*

foil¹ /fɔɪl/ **I** *n* [1] (for wrapping) folia *f* aluminiowa; **a sheet of ~** arkusz folii; **~-wrapped** zawinięty w folię; **gold/silver ~** (wrapping) złotko/sreberko [2] (setting) tło *n*; **to be** or **act as a ~ to** or **for sth** stanowić kontrast dla czegoś

II *modif [container, wrapper]* foliowy

foil² /fɔɪl/ *n* Sport floret *m*

foil³ /fɔɪl/ *vt* powstrzym|ać, -ywać *[person]*; udaremni|ć, -ać *[attempt, plot, robbery]*; po|krzyżować *[plan]*; **I was ~ed in my attempt to escape** mój zamiar ucieczki spełzł na niczym; **~ed again!** znowu wszystko na nic!

foist /fɔɪst/ *vt* [1] (impose) **to ~ sth on sb** narzucać komuś coś *[opinion, idea]*; **to ~ oneself on sb** narzucać się komuś [2] (offload) **to ~ sth on sb** wmusić coś komuś

fold¹ /fəʊld/ **I** *n* [1] (crease) (in fabric, skin) fałda *f*, fałd *m* **(of sth** czegoś, na czymś**)**; (in paper, map) zagięcie *n* **(of sth** czegoś**)**; **to make a ~ in a sheet of paper** zagiąć kartkę papieru; **the curtain hung in soft ~s** zasłona opadała luźnymi fałdami; **the skirt hung in soft ~s** spódnica układała się w luźne fałdy [2] Geog sfałdowanie *n* terenu; **a ~ in the hills** zagłębienie między wzgórzami [3] Geol fałd *m*

II -fold *in combinations* **to increase twofold/threefold** wzrastać dwukrotnie /trzykrotnie; **the problems are threefold** problemy są trojakiego rodzaju; **interest rates have increased ninefold** stopa procentowa wzrosła dziewięciokrotnie

III *vt* [1] *[crease]* złożyć, składać *[paper, sheet, shirt, chair, table, umbrella, wings]*; **to ~ the paper in half** or **two** złożyć papier na pół; **a ~ed sheet/newspaper** złożone prześcieradło/złożona gazeta [2] (wrap) owi|nąć, -jać **(in sth** czymś**)**; zawi|nąć, -jać **(in sth** w coś**)**; **~ some newspaper around the vases** owiń wazony gazetami; **the valley was ~ed in mist** liter dolina była spowita mgłą liter [3] (intertwine) s|krzyżować *[arms]*; spl|eść, -atać *[hands]*; **she sat with her legs ~ed under her** siedziała z podwiniętymi nogami; **to ~ sb into one's arms** objąć kogoś ramionami

IV *vi* [1] *[chair, table]* złożyć, składać się [2] (fail) *[play]* zostać zdjętym z afisza; *[company]* zwi|nąć, -jać się infml; *[project]* nie wypalić infml

■ **fold away**: ¶ **~ away** *[bed, table]* składać się ¶ **~ away [sth], ~ [sth] away** po|składać *[clothes, linen, chairs]*

■ **fold back**: ¶ **~ back** (open) **to ~ back against the wall** *[door, shutters]* odchylać się do ściany ¶ **~ back [sth], ~ [sth] back** odchyl|ić, -ać *[shutter, door]*; odwi|nąć, -jać *[collar, sheet, sleeve]*

■ **fold down**: ¶ **~ down** *[car seat, pram hood]* złożyć, składać się ¶ **~ down [sth], ~ [sth] down** złożyć, składać *[seat, pram hood, sheets]*; zagi|ąć, -nać *[page corner, collar, flap]*

■ **fold in**: ¶ **~ in [sth], ~ [sth] in** doda|ć, -wać *[sugar, flour]*

■ **fold out**: ¶ **~ out [sth], ~ [sth] out** roz|łożyć, -kładać *[map, newspaper]*

■ **fold over**: ¶ **~ over** rozkładać się ¶ **~ [sth] over** zagi|ąć, -inać *[flap]*

■ **fold up**: ¶ **~ up** *[chair, pram, umbrella]* złożyć, składać się ¶ **~ up [sth], ~ [sth] up** złożyć, składać *[newspaper, chair, umbrella]*; **to ~ sth up again** złożyć coś z powrotem

fold² /fəʊld/ *n* [1] (group) Relig owczarnia *f* [2] Agric zagroda *f*; **sheep ~** zagroda dla owiec

IDIOMS: **to stay in/return to the ~** pozostać wśród swoich/powrócić do swoich; **to return to the family/party ~** powrócić na łono rodziny/partii

foldaway /ˈfəʊldəweɪ/ *adj [bed, table]* składany
folder /ˈfəʊldə(r)/ *n* [1] (cover) **cardboard ~** teczka *f* tekturowa; **plastic ~** teczka *f* plastikowa; (soft) koszulka *f* [2] (for artwork) teczka *f* [3] (brochure) folder *m* [4] Tech (for paper) falcówka *f*, złamywarka *f* [5] Comput katalog *m*
folding /ˈfəʊldɪŋ/ *adj [bed, bicycle, table, umbrella]* składany; *[door]* harmonijkowy; **a ~ camera** aparat mieszkowy
folding money *n* pieniądz *m* papierowy, banknoty *m pl*
folding seat *n* rozkładane siedzenie *n*
folding stool *n* składany stołek *m*
folding top *n* Aut składany dach *m*; **a car with a ~** samochód ze składanym dachem
fold mark *n* zagięcie *n* strony; (on corner) ośle uszy *plt* fig
foldout /ˈfəʊldaʊt/ **I** *n* rozkładówka *f*
II *modif [map]* rozkładany
foliage /ˈfəʊlɪɪdʒ/ *n* liście *m pl*; listowie *n* liter
foliation /ˌfəʊlɪˈeɪʃn/ *n* [1] Bot ulistnienie *n* [2] Print paginacja *f* [3] Geol foliacja *f* [4] Archit ornamentacja *f* roślinna
folic acid /ˌfəʊlɪk ˈæsɪd/ *n* kwas *m* foliowy
folio /ˈfəʊlɪəʊ/ **I** *n* (book, paper) folio *n inv*; **in ~** in folio
II *modif [edition, volume]* in folio
folk /fəʊk/ **I** *n* [1] (people) *(+ v pl)* ludzie *plt*; **country/city ~** ludzie ze wsi/z miasta; **old ~** starzy ludzie, starzy; **young ~** młodzież, młodzi; **poor ~** biedacy [2] US (simple people) lud *m* [3] Mus *(+ v sg)* (traditional) muzyka *f* ludowa; (modern) muzyka *f* folkowa, folk *m*
II folks *npl* [1] infml (parents) rodzice *m pl*; starzy *m pl* infml [2] infml (addressing people) **that's all, ~s!** infml to wszystko, moi drodzy!
III *modif* [1] (traditional) *[dance, dancing, song, music, art, culture, tradition]* ludowy; **~ tale** podanie ludowe [2] (modern) *[group, song, concert, club]* folkowy; **~ music** muzyka folk, folk; **~ enthusiast** entuzjasta muzyki folk or folku
folk etymology *n* etymologia *f* ludowa
folk hero *n* bohater *m* ludowy
folkie /ˈfəʊkɪ/ *n* infml fan *m*, -ka *f* muzyki folk
folklore /ˈfəʊklɔː(r)/ *n* (art) folklor *m*; (wisdom) tradycja *f* ludowa
folk medicine *n* medycyna *f* ludowa
folk memory *n* pamięć *f* zbiorowa
folk rock *n* folk rock *m*
folksy /ˈfəʊksɪ/ *adj* infml [1] (rustic) *[clothes]* stylizowany na ludowy, rustykalny; *[house]* urządzony na ludowo, rustykalny [2] (unpretentious) *[person]* swojski; **to act ~** zgrywać się na równego gościa infml
folk wisdom *n* mądrość *f* ludowa
follicle /ˈfɒlɪkl/ *n* [1] Bot mieszek *m* [2] Anat (hair) mieszek *m*; (in the ovary) pęcherzyk *m* jajnikowy, pęcherzyk *m* Graafa
follow /ˈfɒləʊ/ **I** *vt* [1] (move after) (on foot) pójść, iść za (kimś/czymś); (in car) po|jechać, jeździć za (kimś/czymś); **to ~ sb in/out** wejść/wyjść za kimś; (in car) wjechać/wyjechać za kimś; **she ~ed her father into politics** poszła w ślady ojca i zajęła się polityką; **they'll ~ us on a later flight** polecą późniejszym lotem [2] (secretly) *[spy, police]* śledzić *[person, car]*; **~ that cab!** za tą taksówką!; **to have sb ~ed** kazać kogoś śledzić; **I think I'm being ~ed** wydaje mi się, że jestem śledzony [3] (come after in time) *[event, period, incident]* nast|ąpić, -ępować po (czymś); *[item on list]* być po (czymś); *[monarch]* wst|ąpić, -ępować na tron po (kimś); *[leader]* obj|ąć, -ejmować przywództwo po (kimś); **October ~s September** po wrześniu jest październik; **a period of political instability ~ed the civil war** po wojnie domowej nastąpił okres politycznej niestabilności; **I chose salad and ~ed it with fish** wybrałem sałatkę, a następnie zamówiłem rybę; **Smith finished first, closely ~ed by Jones** Smith był pierwszy, a tuż za nim był Jones; **I ~ed up my swim with a sauna** po basenie poszedłem do sauny [4] (go along) *[person]* (on foot) pójść w kierunku oznaczonym (czymś), iść w kierunku oznaczonym (czymś) *[arrow]*; pójść według (czegoś), iść według (czegoś) *[map]*; pójść (czymś), iść (czymś) *[path, road]*; (in car, on bike) po|jechać w kierunku oznaczonym (czymś) *[arrow]*; po|jechać według (czegoś) *[map]*; po|jechać (czymś) *[path, road]*; *[footpath, border]* biec wzdłuż (czegoś) *[river, railway line, coast]*; **~ this road** jedź tą drogą; **to ~ the tracks** iść po śladach; **we ~ed the river to its source** wybraliśmy się w górę rzeki, aż do jej źródeł [5] (be guided by) kierować się (czymś) *[instinct]*; post|ąpić, -ępować zgodnie z (czymś) *[tradition, instructions]*; trzymać się (czegoś) *[line of enquiry, course of action]*; podąż|yć, -ać za (czymś) *[fashion]*; **if you ~ this argument to its logical conclusion...** jeśli pójdziesz tym tokiem rozumowania aż do końca... [6] (support, be led by) wyznawać *[religion, faith, ideas]*; postępować zgodnie z (czymś) *[teachings]*; pójść za (kimś), iść za (kimś) *[leader]*; **to ~ sb's example** pójść za przykładem kogoś or w ślady kogoś; **on this question I ~ Freud** w tej kwestii zgadzam się z Freudem; **to ~ sb in everything** (imitate) naśladować kogoś we wszystkim [7] (watch or read closely) interesować się (czymś) *[sport, tennis]*; śledzić *[serial, film, lecture, trial]*; **to ~ the stock market** śledzić sytuację na giełdzie; **to ~ sth with one's eyes** śledzić coś wzrokiem, wodzić oczami or wzrokiem za czymś; **to ~ sb's fortunes** śledzić losy kogoś [8] (understand) nadąż|yć, -ać za (czymś) *[explanation, reasoning, plot]*; **do you ~ me?** rozumiesz?; **if you ~ my meaning, if you ~ me** jeśli rozumiesz, co mam na myśli [9] (practise) wykonywać *[trade, profession]*; poświęcić się (czemuś) *[career]*; prowadzić *[life]* [10] (be a logical consequence) **it ~s that...** wynika z tego, że...; **it doesn't necessarily ~ that...** nie musi to oznaczać, że...
II *vi* [1] (move after) **you go first, I'll ~** idź pierwszy, ja pójdę za tobą; **she set off in her car and he ~ed on his motorbike** ruszyła swoim samochodem, a on pojechał za nią na motocyklu; **to ~ in sb's footsteps** pójść w ślady kogoś [2] (come after in time) nast|ąpić, -ępować; **in the days that ~ed** w ciągu następnych dni; **in the confusion that ~ed** w zamieszaniu, które nastąpiło; **there ~ed a lengthy debate** następnie miała miejsce długa debata; **what ~s is just a summary** potem jest już tylko podsumowanie; **there's fish to ~** potem będzie ryba; **the results were as ~s** wyniki były następujące; **the sum is calculated as ~s** sumę oblicza się w następujący sposób [3] (be logical consequence) wynik|nąć, -ać **(from sth** z czegoś); **problems are sure to ~** na pewno wynikną z tego problemy; **that doesn't ~** to nie jest takie oczywiste, nie musi tak być; **that ~s** to oczywiste; **it ~s from what he said that...** z tego, co mówi, wynika, że... [4] (understand) rozumieć, pojmować; **I don't ~** nie rozumiem
■ **follow about, follow around: ~ [sb] around** wszędzie chodzić za (kimś)
■ **follow on: ~ on** *[person]* dołącz|yć, -ać; **to ~ on from sth** być kontynuacją czegoś; **~ing on from yesterday's lecture...** kontynuując wczorajszy wykład...
■ **follow out** US: **~ out [sth]** wykon|ać, -ywać *[orders]*; za|stosować się do (czegoś) *[instructions]*; pójść, iść za (czymś) *[advice]*
■ **follow through: ¶ ~ through** (in tennis) wyk|ończyć, -ańczać uderzenie ¶ **~ through [sth], ~ [sth] through** doprowadz|ić, -ać do końca *[project, scheme, experiment]*; dotrzym|ać, -ywać (czegoś) *[promise]*; spełni|ć, -ać *[threat]*; prze|śledzić *[idea, theory, argument]*; **to ~ sth through to sth** doprowadzić coś do czegoś
■ **follow up: ¶ ~ up** Sport **he ~ed up with a left hook** (of boxer) poprawił lewym sierpowym ¶ **~ up [sth], ~ [sth] up** [1] (reinforce, confirm) **to ~ up a letter with a phone call** po wysłaniu listu zadzwonić; **he ~ed up his success with the opening of another five factories** po tym sukcesie otworzył kolejne pięć fabryk; **your work will be wasted if you don't ~ it up** twoja praca pójdzie na marne, jeśli na tym zakończysz [2] (act upon, pursue) pójść śladem (czegoś), iść śladem (czegoś) *[story]*; za|interesować się (czymś) *[call, article, suggestion]*; rozpat|rzyć, -rywać *[complaint, offer]*; wykorzyst|ać, -ywać *[tip, hint]*; **to ~ up a lead** pójść jakimś tropem ¶ **~ up [sb], ~ [sb] up** (maintain contact with) obserwować *[patient]*
IDIOMS: **~ that!** infml niech ktoś spróbuje mnie pokonać!
follower /ˈfɒləʊwə(r)/ *n* [1] (of religion, teachings) wyznaw|ca *m*, -czyni *f*; (of theory, tradition, political leader) zwolenni|k *m*, -czka *f*; (of thinker, artist, religious leader) uczeń *m* [2] (of sport, team) kibic *m*; (of TV series, soap opera) wierny widz *m*; **~s of politics/her career will know that...** ci, którzy interesują się polityką/jej karierą, będą wiedzieli, że...; **dedicated ~s of fashion** niewolnicy mody [3] (not leader) szeregowy członek *m* organizacji [4] dat adorator *m* dat
following /ˈfɒləʊwɪŋ/ **I** *n* [1] (of theorist, party, political figure) zwolennicy *m pl*; (of religion, cult) wyznawcy *m pl*; (of soap opera, show) widzowie *m pl*; (of sports team) kibice *m pl*; **the cult has a huge/small ~** ten kult ma mnóstwo /niewielu wyznawców; **a writer with a loyal/young ~** pisarz mający wiernych

F

czytelników/popularny wśród młodzieży; **the party wants to build up its ~ in the south** partia chce zyskać nowych zwolenników na południu [2] (before list or explanation) **you will need the ~** będziesz potrzebował następujących rzeczy; **the ~ have been elected** wybrano następujące osoby; **the ~ is a literal translation** poniższy tekst jest dosłownym tłumaczeniem

II *adj* [1] (next) *[day, year, page, chapter]* następny; **they were married the ~ June** pobrali się w czerwcu następnego roku [2] (about to be mentioned) *[person, item, question]* następujący; **for the ~ reasons** z następujących powodów; **in the ~ way** w następujący sposób [3] (from the rear) **my car will do 120 mph with a ~ wind** mój samochód wyciąga 120 mil na godzinę jadąc z wiatrem

III *prep* (after) po (czymś); (as a result) w następstwie (czegoś); **~ your request for information** w związku z pańską prośbą o informacje

follow-my-leader /ˌfɒləʊmə'li:də(r)/ *n* (game) ≈ ojciec *m* Wirgiliusz

follow-on /ˌfɒləʊ'ɒn/ *n* kontynuacja *f*; **as a ~ from sth** jako kontynuacja czegoś

follow-through /ˌfɒləʊ'θru:/ *n* (in tennis) wykończenie *n* uderzenia

follow-up /'fɒləʊʌp/ **I** *n* [1] (film, record, programme) dalsza część *f* **(to sth** czegoś); **as a ~ to the programme there will be...** uzupełnieniem programu będzie...; **this is a ~ to my call** dzwoniłem wcześniej w tej sprawie [2] (of patient) katamneza *f*; **after the operation there is no ~** po operacji nie prowadzi się obserwacji pacjenta

II *modif* [1] (supplementary) *[study, survey, work, discussion]* dalszy; *[interview, inspection, check]* kontrolny; *[article, programme, meeting]* uzupełniający; *[letter]* potwierdzający [2] (of patient, ex-inmate) *[visit]* kontrolny; **~ care for ex-prisoners** opieka społeczna nad byłymi więźniami; **~ care for patients** opieka poszpitalna

folly /'fɒlɪ/ *n* [1] (madness) głupota *f*; **it would be utter ~ to buy it** kupienie tego byłoby czystą głupotą; **an act of sheer ~** czyste szaleństwo [2] (foolish act) szaleństwo *n*; **the follies of youth** szaleństwa młodości [3] Archit (romantyczna) budowla *f* ogrodowa

foment /fəʊ'ment/ *vt* [1] Med okładać (kataplazmami) *[ulcer, wound]* [2] fig podburz|yć, -ać do (czegoś) *[revolt, violence]*; wzniec|ić, -ać *[discord, trouble]*; wywoł|ać, -ywać *[tension]*

fomentation /ˌfəʊmen'teɪʃn/ *n* [1] Med gorący okład *m*, kataplazm *m* [2] fig (of discord) wzniecanie *n*; (of tension) wywoływanie *n*

fond /fɒnd/ *adj* [1] (loving) *[gesture, look, farewell, person]* czuły; *[memories]* miły; **'with ~est love, Julie'** „Twoja kochająca Julia" [2] (heartfelt) *[wish, ambition]* szczery; *[hope]* głęboki [3] (naive) *[belief, hope, imagination]* naiwny; **in the ~ hope that...** łudząc się, że... [4] (partial) **to be ~ of sb/sth** bardzo kogoś/coś lubić; **to be ~ of doing sth** bardzo lubić coś robić [5] (irritatingly prone) **to be ~ of doing sth** z upodobaniem robić coś

fondle /'fɒndl/ *vt* [1] pieścić *[child, lover]*; po|głaskać *[pet]*; po|głaskać po (czymś) *[fur, hair]* [2] (lewdly) obmacywać; **she accused him of fondling her in the back of a taxi** oskarżyła go, że się do niej dobierał na tylnym siedzeniu taksówki infml

fondly /'fɒndlɪ/ *adv* [1] (lovingly) czule [2] (naively) *[believe, hope]* naiwnie

fondness /'fɒndnɪs/ *n* [1] (tenderness) czułość *f*; **with ~** z czułością, czule [2] (love) uczucie *n* sympatii **(for sb** do kogoś) [3] (liking) słabość *f*; **a ~ for sweets/gin** słabość do słodyczy/dżinu; **a ~ for reading/books** zamiłowanie do czytania/książek [4] (irritating penchant) nieznośna skłonność *f* **(for sth /doing sth** do czegoś/robienia czegoś)

font[1] /fɒnt/ *n* Relig chrzcielnica *f*

font[2] /fɒnt/ *n* Print, Comput czcionka *f*

fontanelle GB, **fontanel** US /ˌfɒntə'nel/ *n* ciemiączko *n*

food /fu:d/ **I** *n* [1] Biol (sustenance) (for people, animals) pożywienie *n*, pokarm *m*; **~ is short** brakuje pożywienia [2] (foodstuffs) (for people) jedzenie *n*, żywność *f*; (for animals) jedzenie *n*, pokarm *m*; **cat ~** jedzenie or pokarm dla kotów; **frozen/kosher ~** żywność mrożona/koszerna; **~ and drink** jedzenie i picie; **give him some ~** daj mu coś do jedzenia; **to shop for ~** kupować jedzenie or żywność; **we have no ~ in the house** nie mamy w domu nic do jedzenia [3] (cuisine, cooking) kuchnia *f*, jedzenie *n*; (meal) jedzenie *n*; **I like Chinese ~** lubię kuchnię chińską; **is the ~ good in Japan?** czy japońska kuchnia jest dobra?; **to be a lover of good ~** lubić dobrze zjeść; **to like one's ~** mieć apetyt; **to be off one's ~** nie mieć apetytu [4] fig (fuel) (for speculation, gossip, argument) pożywka *f* fig; **that's ~ for thought** to daje do myślenia

II *modif [product, industry, shop, counter]* spożywczy; **~ producer/production/rationing/prices** producent/produkcja/racjonowanie/ceny żywności; **~ additives** dodatki do żywności

food aid *n* pomoc *f* żywnościowa

Food and Agriculture Organization, FAO *n* Organizacja *f* Narodów Zjednoczonych do spraw Wyżywienia i Rolnictwa, FAO *n inv*

Food and Drug Administration, FDA *n* US Federalny Urząd *m* Żywności i Leków

food chain *n* łańcuch *m* pokarmowy

food crop *n* Agric uprawa *f* roślin spożywczych

foodie /'fu:dɪ/ *n* infml łakomczuch *m* infml

food parcel *n* paczka *f* żywnościowa

food poisoning *n* zatrucie *n* pokarmowe

food processing *n* przetwórstwo *n* spożywcze

food processor *n* robot *m* kuchenny

food science *n* dietetyka *f*

food stamp *n* US bon *m* żywnościowy

foodstuff /'fu:dstʌf/ *n* artykuł *m* spożywczy

food subsidies *npl* subwencje *f pl* na rozwój przemysłu spożywczego

food supply *n* [1] (of the world, a country) zasoby *plt* żywności [2] (for army, town) zaopatrzenie *n* w żywność; **to cut off sb's food supplies** odciąć kogoś od źródeł zaopatrzenia

food value *n* wartość *f* odżywcza

foofaraw /'fu:fərɔ:/ *n* US infml [1] (frill) ozdóbki *f pl* [2] (fuss) niepotrzebny raban *m* infml

fool[1] /fu:l/ **I** *n* [1] (silly person) głupiec *m*; głupek *m*, dureń *m* infml; **the poor ~** biedny frajer; **you stupid ~, look what you've done!** popatrz durniu, co zrobiłeś!; **some ~ of a lawyer** jakiś głupi or głupawy prawnik; **don't be (such) a ~** nie bądź durniem; **to act** or **play the ~** udawać or zgrywać głupiego; **to make sb look a ~, to make a ~ of sb** (ridicule) zrobić z kogoś durnia; (trick) wystrychnąć kogoś na dudka; **to make a ~ of oneself** zbłaźnić się, zrobić z siebie durnia; **she was a ~ to go there** głupio zrobiła, że tam poszła; **to be ~ enough to agree** być na tyle głupim, żeby się zgodzić; głupio się zgodzić; **she's no ~, she's nobody's ~** ona nie jest taka głupia; **any ~ could do that** infml każdy głupi to potrafi; **(the) more ~ you!** infml ty frajerze! [2] Hist (jester) błazen *m*, trefniś *m*

II *modif* US infml *[politician, lawyer]* durny infml; **that's a ~ thing to say!** co za bzdury!

III *vt* nab|rać, -ierać, oszuk|ać, -iwać; **you don't ~ anybody!** nikogo nie nabierzesz!; **you don't ~ me for a minute!** ani trochę ci nie wierzę!; **don't let that ~ you!** nie daj się zwieść!; **who are you trying to ~?** kogo chcesz nabrać?; **to ~ sb into doing sth** wmanewrować kogoś w zrobienie czegoś infml; **to ~ sb into believing** or **thinking that...** wmówić komuś, że...; **to ~ sb out of a large sum money** wyłudzić od kogoś dużą sumę pieniędzy; **to be ~ed by sb** dać się nabrać komuś; **you really had me ~ed!** infml ale mnie nabrałeś!

IV *vi* (joke, tease) wygłupiać się infml; **I'm only ~ing** tylko się wygłupiam; **no ~ing!** iron co ty powiesz! infml

V *vr* **to ~ oneself** łudzić się; **they ~ed themselves into thinking that...** łudzili się, (wmawiając sobie) że...

■ **fool about, fool around** GB infml ¶ [1] (waste time) obijać się infml [2] (act stupidly) wygłupiać się infml; **to ~ about** or **around with sth** bawić się czymś [3] (have affairs) **to ~ around with sb** kręcić z kimś infml

IDIOMS: **a ~ and his money are soon parted** Prov ≈ głupi dwa razy traci; **that's a ~'s errand** próżny trud; **there is no ~ like an old ~** stary a głupi; **to live in a ~'s paradise** żyć w błogiej nieświadomości; **you could have ~ed me!** infml iron nie mów!

fool[2] /fu:l/ *n* Culin **rhubarb/fruit ~** mus rabarbarowy/owocowy

foolhardiness /'fu:lhɑ:dɪnɪs/ *n* ryzykanctwo *n*, brawura *f*

foolhardy /'fu:lhɑ:dɪ/ *adj [behaviour]* ryzykancki; *[act, attempt]* ryzykancki, brawurowy; *[person]* lekkomyślny

foolish /'fu:lɪʃ/ *adj* [1] (naively silly) niemądry; **to be ~ enough to do sth** być na tyle niemądrym, żeby coś zrobić; **it was ~ (of you) to leave the door unlocked** niezamknięcie drzwi nie było zbyt mądre [2] (stupid) *[grin, look, decision, comment, reply, action]* głupi; **to look ~** mieć głupią minę; **to feel ~** głupio się czuć; **to make sb**

look ~ zrobić z kogoś głupca; **that was a ~ thing to do** to było głupie

foolishly /ˈfuːlɪʃlɪ/ *adv* głupio, niemądrze; **~, I believed him** jak głupi uwierzyłem mu

foolishness /ˈfuːlɪʃnɪs/ *n* głupota *f*; **it is (sheer) ~ to buy it** kupowanie tego jest (czystą) głupotą

foolproof /ˈfuːlpruːf/ *adj* [1] *[method, plan]* niezawodny [2] *[camera, machine]* łatwy w obsłudze

foolscap GB /ˈfuːlskæp/ *n* (for office) papier *m* kancelaryjny o formacie 330x200 mm; (for printing) papier *m* drukarski o formacie 340x430 mm

fool's gold *n* (iron pyrites) piryt *m*; (copper pyrites) chalkopiryt *m*

foot /fʊt/ **I** *n* (*pl* **feet**) [1] Anat stopa *f*; (of cat, dog) łapa *f*; (of bird, insect) noga *f*; (of stocking, sock) stopa *f*; **on ~** pieszo, na piechotę; **under ~** pod stopami; **he hasn't set ~ in this house/in England for 10 years** jego noga nie postała w tym domu/w Anglii od dziesięciu lat; **from head to ~** od stóp do głów; **to rise to one's feet** (po)wstać, podnieść się; **to be on one's feet again** (after illness) stanąć na nogi; **to help sb to their feet** pomóc komuś wstać; **to get sb back on their feet** (after illness, setback) postawić kogoś na nogi; **her speech brought the audience to its feet** jej przemówienie wywołało entuzjazm słuchaczy; **to be on one's feet all day** (be busy) być na nogach cały dzień; **to be quick on one's feet** szybko się poruszać, być szybkim; **to be bound hand and ~** mieć skrępowane ręce i nogi; fig mieć związane ręce fig; **to jump to one's feet** skoczyć na równe nogi; **to sit at sb's feet** siedzieć u stóp kogoś; fig uczyć się od kogoś; **to sweep sb off their feet** zwalić kogoś z nóg; **he simply swept the girl off her ~** fig dziewczyna całkiem straciła dla niego głowę fig; **my ~!** infml akurat! infml [2] (measurement) stopa *f* (= *0,3048 m*) [3] (bottom) (of mountain) podnóże *n* **(of sth** czegoś); **at the ~ of sth** u stóp czegoś *[mountain, stairs]*; u dołu czegoś *[page]*; na końcu czegoś *[list, letter, table]*; w nogach czegoś *[bed]* [4] (in sewing machine) stopka *f* [5] (in poetry) stopa *f* [6] Mil piechota *f*

II *vt* **to ~ the bill** zapłacić rachunek **(for sth** za coś); ponieść koszty fig **(of sth** czegoś)

IDIOMS: **not to put a ~ wrong** nie popełnić ani jednego błędu; **to be rushed off one's feet** być zaganianym infml; **to be /get under sb's feet** plątać się komuś pod nogami; **to catch sb on the wrong ~** zaskoczyć kogoś; **to cut the ground from under sb's feet** wytrącić komuś broń z ręki fig; **to dance/walk sb off their feet** zatańczyć/zagonić kogoś na śmierć infml; **to fall** or **land on one's feet** spaść na cztery łapy; **to have two left feet** być niezdarnym; **to keep both** or **one's feet on the ground** mocno stać na ziemi; **to leave somewhere feet first** zostać wyniesionym skądś nogami do przodu; **to put one's ~ down** infml (accelerate) wcisnąć gaz infml; (say no) postawić się infml; **to put one's ~ in it** popełnić gafę; **to put one's best ~ forward** (do one's best) dołożyć wszelkich starań; (hurry) wyciągać nogi; **to put one's feet up** wyciągnąć się; **to stand on one's own (two) feet** stać na własnych nogach; **to start off** or **get off on the wrong /right ~** źle/dobrze zacząć; **to wait on sb hand and ~** wysługiwać się komuś

footage /ˈfʊtɪdʒ/ *n* [1] Cin materiał *m* filmowy; **some ~ of sb/sth** materiał filmowy przedstawiający kogoś/coś; **news ~** relacja filmowa [2] Meas długość *f* *(w stopach)*

foot and mouth (disease) *n* Vet pryszczyca *f*, choroba *f* pyska i racic

football /ˈfʊtbɔːl/ **I** *n* [1] (game) GB piłka *f* nożna, futbol *m*; US futbol *m* amerykański; **to play ~** GB grać w piłkę (nożną); US grać w futbol (amerykański); **to be good/bad at ~** dobrze/źle grać w piłkę nożną [2] (ball) piłka *f* futbolowa; futbolówka *f* infml

II *modif [boot, club, kit, match, pitch, practice, season, team]* piłkarski, futbolowy; US *[helmet, uniform]* futbolowy

football coach *n* trener *m* piłkarski

football coupon *n* GB kupon *m* zakładów piłkarskich

footballer /ˈfʊtbɔːlə(r)/ *n* piłka|rz *m*, -rka *f*

football fan *n* kibic *m* piłkarski

football game *n* US mecz *m* futbolu amerykańskiego

Football League *n* GB Sport liga *f* piłkarska

football player *n* piłka|rz *m*, -rka *f*

football pools *npl* GB zakłady *plt* piłkarskie

football special *n* GB specjalny pociąg *m* dla kibiców piłkarskich

football supporter *n* kibic *m* piłkarski

footbath /ˈfʊtbɑːθ, US -bæθ/ *n* brodzik *m*

footboard /ˈfʊtbɔːd/ *n* [1] (to stand on) stopień *m*; (to rest foot on) oparcie *n* dla nóg [2] (on bed) wezgłowie *n*

footbrake /ˈfʊtbreɪk/ *n* hamulec *m* nożny

footbridge /ˈfʊtbrɪdʒ/ *n* kładka *f* (dla pieszych)

footer /ˈfʊtə(r)/ **I** *n* [1] GB infml (football) noga *f* infml [2] Print stopka *f*

II -footer *in combinations* **he is a six-~** on ma ponad metr osiemdziesiąt; **a 50-~** statek (o) długości 50 stóp

footfall /ˈfʊtfɔːl/ *n* [1] Comm **the store has an anual ~ of 1 million visitors** milion osób rocznie odwiedza ten sklep [2] krok *m*, odgłos *m* stąpania

footfault /ˈfʊtfɔːlt/ *n* (in tennis) błąd *m* stóp

foothills /ˈfʊthɪlz/ *npl* pogórze *n*

foothold /ˈfʊthəʊld/ *n* oparcie *n* dla nóg, punkt *m* oparcia; **to gain a/lose one's ~** znaleźć/stracić punkt oparcia; **to gain** or **get a ~** *[company]* zaczepić się na rynku infml; *[ideology]* zapuścić korzenie; *[new invention, drug]* przyjąć się; *[plant, insect]* rozprzestrzenić się

footing /ˈfʊtɪŋ/ *n* [1] (basis) podstawa *f*; **on a firm/solid ~** na mocnej/solidnej podstawie; **to put** or **place sth on a legal ~** nadać czemuś podstawy prawne [2] (relationship) **to be on a friendly/informal ~ with sb** być z kimś na przyjacielskiej/poufałej stopie; **on an equal ~** na równej stopie; **on a war ~** na stopie wojennej [3] (grip for feet) **to lose one's ~** stracić równowagę; **to keep one's ~** utrzymać równowagę

footle /ˈfuːtl/ *vi* GB infml

■ **footle about, footle around** obijać się infml

footlights /ˈfʊtlaɪts/ *npl* Theat światła *n pl* rampy; **to go behind the ~** fig wstąpić na deski sceniczne fig

footling /ˈfuːtlɪŋ/ *adj* infml bzdurny infml

footlocker /ˈfʊtlɒkə(r)/ *n* US Mil szafka *f* *(w nogach łóżka)*

footloose /ˈfʊtluːs/ *adj* niczym nieskrępowany

IDIOMS: **~ and fancy free** wolny jak ptak

footman /ˈfʊtmən/ *n* (*pl* **-men)** arch (servant) lokaj *m*; (soldier) piechur *m*

footmark /ˈfʊtmɑːk/ *n* ślad *m* *(stopy, nogi, łapy)*

footnote /ˈfʊtnəʊt/ *n* przypis *m*; **I'd like to add a brief ~ to what Mr Brown has just said** chciałbym uzupełnić to, co powiedział pan Brown

foot passenger *n* (on ferry) pasażer *m*, -ka *f* bez samochodu

footpath /ˈfʊtpɑːθ, US -pæθ/ *n* (in countryside) ścieżka *f*, dróżka *f*; (in town) chodnik *m*

foot patrol *n* (in police) pieszy patrol *m*

footplate /ˈfʊtpleɪt/ *n* Hist Rail pomost *m* parowozu

footprint /ˈfʊtprɪnt/ *n* ślad *m* (stopy)

foot pump *n* pompa *f* nożna

footrest /ˈfʊtrest/ *n* podnóżek *m*

foot rot *n* Vet zanokcica *f*

footsie /ˈfʊtsɪ/ *n* infml **he was playing ~ with her** dotykali się zalotnie stopami pod stołem

Footsie (Index) /ˈfʊtsɪ/ *n* Fin infml = **Financial Times-Stock Exchange Index, FTSE 100**

footslogging /ˈfʊtslɒgɪŋ/ *n* forsowna wędrówka *f*

foot soldier *n* Mil Hist piechur *m*; (in mafia) żołnierz *m*

footsore /ˈfʊtsɔː(r)/ *adj* **to be ~** mieć obolałe nogi; **he was ~** bolały go nogi

footstep /ˈfʊtstep/ *n* krok *m*, odgłos *m* kroków

IDIOMS: **to follow in sb's ~s** pójść w ślady kogoś

footstool /ˈfʊtstuːl/ *n* podnóżek *m*

footwear /ˈfʊtweə(r)/ *n* obuwie *n*

footwell /ˈfʊtwel/ *n* Aut miejsce *n* na nogi

footwork /ˈfʊtwɜːk/ *n* praca *f* nóg

footy /ˈfʊtɪ/ *n* infml (football) noga *f* infml

fop /fɒp/ *n* pej fircyk *m*

foppish /ˈfɒpɪʃ/ *adj* pej *[person, manners, clothes]* fircykowaty

for /fɔː(r), fə(r)/ **I** *prep* [1] (intended to belong to or be used by) dla (kogoś); **who are the flowers ~?** dla kogo są te kwiaty?; **to buy sth ~ sb** kupić coś dla kogoś or komuś; **she bought a book ~ me** kupiła mi or dla mnie książkę; **she bought presents ~ the family** kupiła prezenty dla całej rodziny or całej rodzinie; **a club ~ young people** klub dla młodzieży; **keep some pancakes ~ us** zostawcie dla nas or nam kilka naleśników; **not ~ me, thanks** ja dziękuję [2] (intended to help or benefit) dla (kogoś); **to do sth ~ sb** zrobić coś dla kogoś; **you risked your life ~ us** ryzykowałeś dla nas życie; **let me carry it ~ you** poniosę ci to; **could you book a seat ~ me?** mógłbyś zarezerwować mi or dla mnie miejsce?; **he cooked dinner ~**

F

us ugotował nam or dla nas obiad; **play a tune ~ us** zagraj nam coś [3] (indicating purpose) do (czegoś); (of medicine, cure, treatment) na (coś); **what is it ~?** do czego to jest or służy?; **it's ~ removing stains** to jest or służy do usuwania plam; **what's this spring ~?** do czego jest or służy ta sprężynka?; **it's not ~ cleaning windows** to nie jest do mycia okien; **an attic ~ storing furniture** strych (służący) do składowania mebli; **'I need this book' – 'what ~?'** „potrzebna jest mi ta książka" – „po co?"; **what did you say that ~?** po co to powiedziałeś?; **to stop ~ a rest** zatrzymać się na odpoczynek; **to do sth ~ a laugh** zrobić coś dla żartu; **to go ~ a swim/meal** iść popływać/coś zjeść; **to go ~ a walk/trip** iść na spacer/jechać na wycieczkę; **I need something ~ my cough** potrzebuję czegoś na kaszel; **she's being treated ~ depression** leczy się na depresję; **a cure ~ cancer** lekarstwo na raka; **I sent the suit away ~ cleaning** oddałem garnitur do (wy)czyszczenia; **the bell rang ~ class to begin** zadzwonił dzwonek na lekcję; **~ further information see...** więcej szczegółów znajdziesz w... [4] (as representative, member, employee of) **to work ~ a company** (be employed) pracować w (jakiejś) firmie; (render services) pracować dla (jakiejś) firmy; **to play ~ France** reprezentować Francję, grać w reprezentacji Francji; **the MP ~ Oxford** poseł z Oksfordu; **Minister ~ Foreign Affairs** minister spraw zagranicznych [5] (indicating cause or reason) **the reason ~ sth** (direct cause) powód czegoś; (justification) powód do czegoś; **I had no reason ~ doing it** nie miałem powodu tego robić; **the reason ~ my going there was...** poszedłem tam, ponieważ...; **~ this reason, I'd rather...** dlatego wolałbym...; **grounds ~ divorce /hope** podstawy do rozwodu/nadziei; **to jump ~ joy** skakać z radości; **I buy it ~ flavour/freshness** kupuję to ze względu na smak/bo jest świeże; **imprisoned ~ murder** uwięziony za morderstwo; **she left him ~ another man** rzuciła go dla innego mężczyzny; **famous ~ its wines** sławny ze swoich win; **to praise/criticize sb ~ sth** chwalić/krytykować kogoś za coś; **I was unable to sleep ~ the pain/the noise** nie mogłem spać z powodu bólu /hałasu or przez ból/hałas; **the car is the worse ~ wear** samochód jest już bardzo wysłużony; **if it weren't ~ her we wouldn't be here** gdyby nie ona, nie byłoby nas tutaj; **if it hadn't been ~ the traffic jams, we'd have made it** gdyby nie korki, zdążylibyśmy; **the plant died ~ want of water** roślina zmarniała z powodu braku wody; **she's annoyed with me ~ contradicting her** jest na mnie zła, że się z nią nie zgadzam [6] (indicating person's attitude) dla (kogoś); **to be easy ~ sb** być łatwym dla kogoś; **~ her it's almost like a betrayal** dla niej to prawie jak zdrada; **the film was too earnest ~ me** (jak) dla mnie ten film był zbyt poważny; **it was a shock ~ him** to był dla niego szok; **what counts ~ them is...** dla nich liczy się...; **living in London is not ~ me** mieszkanie w Londynie to nie dla mnie; **that's good enough ~ me** (jak) dla mnie może być [7] (considering) jak na (kogoś/coś); **she's very young ~ a doctor** jak na lekarkę jest bardzo młoda; **to be mature ~ one's age** być dojrzałym (jak) na swój wiek; **it's warm ~ the time of year** (jak) na tę porę roku jest ciepło; **it's not a bad wine ~ the price** jak na tę cenę to wino nie jest złe [8] (towards) dla (kogoś); **to have admiration/respect ~ sb** mieć dla kogoś podziw/szacunek; **I feel sorry ~ her** żal mi jej; **to feel contempt ~ sb** odczuwać pogardę dla kogoś [9] (on behalf of) **I can't do it ~ you** nie mogę tego za ciebie zrobić; **let her answer ~ herself** niech sama odpowie; **I speak ~ everyone here** mówię w imieniu wszystkich tu obecnych; **to be pleased ~ sb** cieszyć się razem z kimś; **to be anxious ~ sb** niepokoić się o kogoś; **say hello to him ~ me** pozdrów go ode mnie [10] (as regards) **to be a stickler ~ punctuality** wymagać punktualności (od siebie i innych); mieć bzika na punkcie punktualności infml; **~ efficiency, there is no better system** jeżeli chodzi o wydajność, to nie ma lepszego systemu; **she's a great one ~ jokes** ona jest pierwsza do żartów; **to be all right ~ money** dobrze stać z pieniędzmi; **luckily ~ her** na jej szczęście, na szczęście dla niej; **I haven't the patience** or **enough patience ~ sewing** nie mam cierpliwości do szycia [11] (indicating duration from beginning to end) **he was/will be away ~ a year** nie było/nie będzie go (przez) rok; **will he be away ~ long?** długo go nie będzie?, na długo wyjeżdża?; **they were married ~ 25 years** byli małżeństwem (przez) 25 lat; **she remained silent ~ a few moments** milczała (przez) kilka chwil; **I was in Paris ~ two weeks** (przez) dwa tygodnie byłem w Paryżu; **to last ~ hours** ciągnąć się godzinami; **you can stay ~ a year** możesz zostać (przez) rok; **she'll live here ~ a year** będzie tu mieszkać (przez) rok; **to store sth in the cellar ~ the winter** (keep in cellar) przechowywać coś przez zimę w piwnicy [12] (indicating duration up to a certain moment) **~ some time** od jakiegoś czasu, jakiś czas; **we've been together ~ two years** jesteśmy ze sobą od dwóch lat; **he hasn't been seen ~ several days** nie widziano go od kilku dni or już kilka dni; **I haven't slept ~ a week** nie śpię od tygodnia, już tydzień nie śpię; **they hadn't seen each other ~ 10 years** nie widzieli się 10 lat or od 10 lat [13] (indicating expected duration); **she's off to Paris ~ the weekend** wyjechała na weekend do Paryża; **I'm going to Spain ~ six months** jadę na sześć miesięcy do Hiszpanii; **to store sth in the cellar ~ the winter** (put in cellar) chować coś na zimę do piwnicy [14] (indicating deadline); **it will be ready ~ Saturday** na sobotę będzie gotowe; **when is the essay ~?** na kiedy jest to wypracowanie? [15] (indicating time before sth happens) **the car won't be ready ~ another 6 weeks** samochód nie będzie gotowy jeszcze przez 6 tygodni; **you don't have to decide ~ a week yet** masz jeszcze tydzień na podjęcie decyzji [16] (on the occasion of); **to go to China ~ Christmas** pojechać na Boże Narodzenie do Chin; **invited ~ Easter** zaproszony na Wielkanoc; **he got a bike ~ his birthday** dostał rower na urodziny [17] (indicating scheduled time); **the summit is scheduled ~ next month** szczyt zaplanowano na następny miesiąc; **that's all ~ now** to wszystko na teraz; **I'd like an appointment ~ Monday** chciałbym się umówić or zapisać na poniedziałek; **I have an appointment ~ 4 pm** jestem umówiony or zapisany na czwartą; **it's time ~ bed** czas do łóżka; **now ~ some fun/food** teraz się zabawimy/coś zjemy [18] (indicating distance) **to drive ~ miles** jechać (całymi) kilometrami; **a road lined with trees ~ 3 km** droga wysadzana drzewami na długości 3 km; **it's the last shop ~ 30 miles** następny sklep jest dopiero 30 mil stąd; **there's nothing but desert ~ miles around** na przestrzeni kilometrów nie ma nic poza pustynią [19] (indicating destination) do (czegoś); **a ticket ~ Dublin** bilet do Dublina; **the train leaves ~ London** ten pociąg jedzie do Londynu; **to leave ~ work** wychodzić do pracy; **to head ~ the beach** zmierzać na plażę; **to swim ~ the shore** płynąć do brzegu [20] (indicating cost, value); **it was sold ~ £100** sprzedano to za 100 funtów; **they bought the car ~ £6000** kupili ten samochód za 6000 funtów; **10 apples ~ £1** 10 jabłek za funta; **he'll fix it ~ £10** naprawi to za 10 funtów; **I wouldn't do it ~ anything** za nic bym tego nie zrobił; **you paid too much ~ that dress** przepłaciłeś tę sukienkę; **I'll let you have it ~ £20** odstąpię ci to za 20 funtów; **a cheque ~ £20** czek na 20 funtów; **to exchange sth ~ sth else** wymienić coś na coś innego → **nothing** [21] (in favour of) za (czymś); **to be ~ sth** być za czymś *[peace, divorce, reunification]*; **I'm all ~ it** w pełni to popieram; **I'm ~ going to a nightclub** jestem za pójściem do nocnego klubu; **who's ~ a game of football?** kto gra w piłkę?; **to vote ~ change** głosować za zmianą; **the argument ~ recycling** argument za recyklingiem; **there's no evidence ~ that** nie ma na to dowodów [22] (stressing appropriateness) **she's the person ~ the job** ona jest właściwą osobą do tej pracy; **suitably dressed ~ the climate** ubrany odpowiednio do warunków klimatycznych [23] (indicating availability) **~ sale** na sprzedaż, do sprzedania; **bicycles ~ hire** wypożyczanie rowerów [24] (as part of ratio); **one teacher ~ five pupils** jeden nauczyciel na pięciu uczniów; **~ every female judge there are ten male judges** w zawodzie sędziego na jedną kobietę przypada dziesięciu mężczyzn [25] (equivalent to) **T ~ Tom** T jak Tom; **what's the French ~ 'boot'?** jak jest „but" po francusku?; **the technical term ~ it is „phoneme"** w specjalistycznym języku to się nazywa fonem; **what is CD short ~?** co oznacza skrót CD?; **green is ~ go** zielone światło oznacza, że można jechać/iść [26] (in explanations) **~ one thing ... and ~ another...**

po pierwsze..., a po drugie...; ~ **that matter** jeżeli już o tym mówimy; ~ **example** na przykład; **I, ~ one, agree with her** ja w każdym razie się z nią zgadzam [27] (when introducing clauses) **I brought her home ~ you to meet her** przyprowadziłem ją, żebyś mógł ją poznać; **more investment is needed ~ economic growth to occur** potrzeba więcej inwestycji, żeby nastąpił wzrost gospodarczy; **the idea was ~ you to work it out yourself** założenie było takie, że ty sam miałeś się z tym uporać; **there's not enough time ~ us to have a drink** nie mamy czasu, żeby się napić; **that's ~ us to decide** decyzja należy do nas; **it's not ~ him to tell us what to do** nie będzie nam mówił, co mamy robić; **it would be unwise ~ us to generalize** nie powinniśmy uogólniać; **it's not convenient ~ them to come today** nie jest im na rękę przyjść dzisiaj; **the best thing would be ~ them to leave** byłoby najlepiej, gdyby sobie poszli; **it must have been serious ~ her to cancel the class** to musiało być coś poważnego, skoro odwołała zajęcia; **there's nothing worse than ~ someone to spy on you** nie ma nic gorszego niż być szpiegowanym; **there's no need ~ people to get upset** nie ma powodu, żeby ludzie się denerwowali [28] (after) **to name a child ~ sb** nadać dziecku imię po kimś [29] (indicating occasion in sequence) **this is happening ~ the first/fifth time** to się zdarza pierwszy/piąty raz or po raz pierwszy/piąty

II *conj* fml ponieważ

IDIOMS: **oh ~ a nice hot bath!** marzę o gorącej kąpieli!; **I'll be (in) ~ it if...** GB infml oberwie mi się, jeśli... infml; **right, you're ~ it!** GB infml doigrałeś się!; **to have it in ~ sb** infml uwziąć się na kogoś infml; **that's adolescents ~ you!** proszę (bardzo), to jest właśnie młodzież!; **there's gratitude ~ you!** i to niby ma być wdzięczność?

FOR *adj, adv* → **free on rail**

forage /ˈfɒrɪdʒ, US ˈfɔːr-/ **I** *n* [1] (animal feed) pasza *f* [2] (search) **to go on a ~ for sth** udać się na poszukiwanie czegoś *[food, wood]*

II *vt* na|karmić *[animals]*

III *vi* **to ~ (about** or **around) for sth** poszukiwać czegoś

forage cap *n* furażerka *f*

forasmuch /ˌfɔːrəzˈmʌtʃ/ *conj* fml **~ as...** zważywszy, że... fml; **each partner, ~ as he has contributed to the initial capital of the firm...** zważywszy, że każdy z udziałowców wniósł swój wkład w kapitał zakładowy firmy, ...

foray /ˈfɒreɪ, US ˈfɔːreɪ/ **I** *n* [1] (first venture) **the first ~ into the computer market** pierwszy krok na rynku komputerowym; **to make a ~ into sth** spróbować swoich sił w czymś *[politics, acting, sport]* [2] (raid) wypad *m* also Mil; **to make a ~ into enemy territory** dokonać wypadu na teren wroga

II *vi* Mil **to ~ into sth** najechać coś

forbad(e) /fɔːˈbæd, US fəˈbeɪd/ *pt* → **forbid**

forbear /fɔːˈbeə(r)/ *vi* (*pt* **forbore;** *pp* **forborne)** fml powstrzym|ać, -ywać się **(from sth/doing sth** od czegoś/przed zrobieniem czegoś)

forbearance /fɔːˈbeərəns/ *n* fml wyrozumiałość *f*; **to show ~ (towards sb)** okazywać wyrozumiałość (komuś)

forbearing /fɔːˈbeərɪŋ/ *adj* fml wyrozumiały

forbears *n* = **forebears**

forbid /fəˈbɪd/ **I** *vt* (*prp* **-dd-**; *pt* **forbad(e);** *pp* **forbidden)** [1] (disallow) zakaz|ać, -ywać, zabr|onić, -aniać; **to ~ sb to do sth** zakazać or zabronić komuś robienia czegoś or robić coś; **to ~ sb sth** zakazać or zabronić komuś czegoś; **to ~ sth categorically** or **expressly** zakazać or zabronić czegoś kategorycznie or stanowczo [2] (prevent, preclude) nie pozw|olić, -alać na (coś) *[action]*; **his health ~s it** jego zdrowie na to nie pozwala; **God ~!** nie daj Boże!; **God ~ she should do that!** nie daj Boże, żeby miała to zrobić!

II *vr* **to ~ oneself sth/to do sth** nie pozwolić sobie na coś/na robienie czegoś

forbidden /fəˈbɪdn/ *adj [practice]* zakazany, zabroniony; *[place, city]* zakazany; **he's ~ to do it** nie wolno mu tego robić; **smoking is ~** obowiązuje zakaz palenia, nie wolno palić; **~ subject** zakazany temat; **~ fruit** zakazany owoc

forbidding /fəˈbɪdɪŋ/ *adj [edifice, landscape, prospect, expression, look]* złowrogi; *[manner]* nieprzystępny

forbiddingly /fəˈbɪdɪŋlɪ/ *adv [scowl, frown]* złowrogo

forbore /fɔːˈbɔː(r)/ *pt* → **forbear**

forborne /fɔːˈbɔːn/ *pp* → **forbear**

force /fɔːs/ **I** *n* [1] (physical strength, impact) (of explosion, collision, blow, earthquake, fall, sun's rays) siła *f*; **I was knocked over by the ~ of the blast** siła wybuchu powaliła mnie na ziemię; **to break the ~ of a fall/blow** osłabić siłę upadku/ciosu; **to hit sb with all the ~ one can muster** uderzyć kogoś z całej siły [2] (use of violence) siła *f*; **to use ~** użyć siły; **to do sth by ~** zrobić coś siłą; **by ~ of arms, by military ~** przy użyciu wojska [3] fig (strength) (of character, argument, will, motivation, nature) siła *f*; (of delivery, speech) moc *f*; **to do sth by** or **out of** or **from ~ of habit** zrobić coś siłą przyzwyczajenia; **by** or **out of** or **from ~ of circumstance** przez przypadek; **by ~ of numbers** dzięki swojej liczebności; **to say sth with some ~** powiedzieć coś z całą mocą; **to have the ~ of law** mieć moc prawną [4] (strong influence) siła *f*; **to be a ~** *[group]* być znaczącą siłą; *[person]* mieć duże wpływy; **market ~s** siły rynku; **the ~s of evil** siły zła; **to be a ~ for change** prowadzić do zmian; **to be a ~ for good** prowadzić do zmian na lepsze; **to be a world ~** *[country]* być światowym mocarstwem [5] (organized group) siły *f pl*; **occupation/peacekeeping ~** siły okupacyjne/pokojowe; **air/naval ~** siły powietrzne/morskie; **the ~s of law and order** siły porządkowe; **a ~ of 2000 men** Mil oddział w sile 2000 żołnierzy; **to rally one's ~s** *[commander]* zgrupować siły; **to join ~s** połączyć siły; **to join ~s to buy sth** fig złożyć się na coś → **labour force, workforce, task force** [6] (police) (also **Force) the ~** policja *f*; **police ~** siły policyjne [7] Phys siła *f*; **~ of gravity** siła ciężkości; **centrifugal/centripetal ~** siła odśrodkowa/dośrodkowa [8] Meteorol siła *f*; **a ~ 10 gale** sztorm o sile dziesięciu stopni w skali Beauforta

II forces *npl* Mil (also **armed ~s) the ~s** siły *plt* zbrojne; **to be in the ~s** służyć w wojsku

III in force *adv phr* [1] (in large numbers) *[come, attend]* tłumnie [2] Jur *[law, act, prices, ban, curfew]* obowiązujący; **to be in ~** obowiązywać

IV *vt* [1] (oblige) zmu|sić, -szać *[person]*; **to ~ sb to do sth** zmusić kogoś, żeby coś zrobił or do zrobienia czegoś; **to be ~d to do sth** być zmuszonym coś zrobić or do zrobienia czegoś; **to ~ one's brain to think clearly** zmusić swój umysł do logicznego myślenia [2] (achieve) wymu|sić, -szać *[action]*; **protesters have ~d a public inquiry** protestujący wymusili przeprowadzenie publicznego dochodzenia; **the earthquake ~d the evacuation of hundreds of residents** trzęsienie ziemi spowodowało konieczność ewakuacji setek mieszkańców; **to ~ a smile/a laugh** zmusić się do uśmiechu/śmiechu [3] (push, thrust) **to ~ one's way through sth** przedzierać się przez coś; **she ~d her way to the top through sheer perseverance** dotarła na sam szczyt dzięki wytrwałości; **to ~ sb up against sth** przyprzeć kogoś do czegoś; **she ~d him to his knees** zmusiła go do uklęknięcia; **the oncoming car ~d the bike off the road/into the ditch** nadjeżdżający samochód zmusił rowerzystę do zjechania z drogi/do rowu [4] (apply great pressure to) s|forsować *[door, window, lock, safe, engine]*; **to ~ an entry** Jur wtargnąć siłą; **to ~ the issue** przeforsować kwestię; **to ~ the pace** forsować tempo [5] Agric, Hort (speed up growth of) pędzić *[plants]*; u|tuczyć *[animal]*

V *vr* [1] **to ~ oneself to do sth** zmuszać się do zrobienia czegoś [2] (impose oneself) **to ~ oneself on sb** narzucać się komuś

■ **force back**: **~ back [sb/sth], ~ [sb/sth] back** [1] od|eprzeć, -pierać *[crowd, army]*; **she ~d him back against the wall** przyparła go do ściany [2] fig powstrzym|ać, -ywać *[tears, emotions, anger]*

■ **force down**: **~ down [sth], ~ [sth] down** [1] (force to land) zmu|sić, -szać do lądowania *[aircraft]* [2] (eat reluctantly) wmu|sić, -szać w siebie *[food]*; **to ~ sth down sb** wmuszać coś w kogoś; **don't ~ your ideas down my throat!** infml nie narzucaj mi na siłę swoich pomysłów! [3] Fin (reduce) s|powodować obniżenie (czegoś) *[prices, wages, demand, profits, currency value]*; z|dusić *[inflation]*; **to ~ down unemployment** zmniejszyć bezrobocie [4] (squash down) zgni|eść, -atać *[object]*

■ **force in**: **~ in [sth], ~ [sth] in** w|epchnąć, -pychać *[object]*

■ **force into**: **~ [sb/sth] into sth** [1] (compel) zmu|sić, -szać (kogoś) do czegoś; **to be ~d into doing sth** zostać zmuszonym do zrobienia czegoś; **I was ~d into it** zmuszono mnie do tego [2] (push, thrust) **she ~d him into the car** wepchnęła go do

F

samochodu; **he ~d his clothes into a suitcase** upchnął swoje ubrania w walizce; **he ~d his way into the house** siłą wdarł się do domu

■ **force on**: **~ [sth] on sb** narzuc|ić, -ać (coś) komuś; **the decision was ~d on him** ta decyzja została mu narzucona; **team X ~d a draw on team Y** drużyna X wywalczyła remis z drużyną Y

■ **force open**: **~ open [sth], ~ [sth] open** otw|orzyć, -ierać siłą *[door, window, box, safe]*; **she ~d the patient's mouth open** siłą otworzyła pacjentowi usta; **he ~d his eyes open** zmusił się do otworzenia oczu

■ **force out**: **~ out [sth], ~ [sth] out** wyp|rzeć, -ierać *[enemy, invader]*; (by pushing) wyp|chnąć, -ychać *[object]*; (by pulling) wyciąg|nąć, -ać na siłę *[object]*; **the government was ~d out in the elections** w wyniku wyborów rząd został zmuszony do ustąpienia; **she ~d out a few words** wydusiła z siebie kilka słów; **to ~ one's way out of sth** wydostać się siłą z czegoś; **to ~ sth out of sb** wydobyć coś z kogoś siłą *[information, confession, apology]*; **the injury ~d him out of the game** kontuzja wyeliminowała go z gry

■ **force through**: **~ through [sth], ~ [sth] through** przep|chnąć, -ychać infml *[legislation, measures]*; **to ~ a bill through parliament** przepchnąć ustawę przez parlament

■ **force up**: **~ up [sth], ~ [sth] up** *[crisis, situation, inflation]* s|powodować wzrost (czegoś) *[prices, costs, demand, unemployment]*; *[government, company, minister]* wymu|sić, -szać wzrost (czegoś) *[prices, wages, exchange rates]*

IDIOMS: **to ~ sb's hand** wywierać na kogoś presję

forced /fɔːst/ *adj* [1] (false) *[laugh, smile, interpretation, conversation]* wymuszony [2] (imposed) *[labour, saving, landing, march]* przymusowy; *[marriage]* wymuszony [3] Hort *[plant]* pędzony

force-feed /ˈfɔːsfiːd/ *vt* (*pt, pp* **-fed**) na|karmić na siłę *[person, animal, bird]* **(on** or **with sth** czymś); **her parents ~ her (on** or **with) Mozart** fig rodzice zmuszają ją do słuchania Mozarta

force-feeding /ˌfɔːsˈfiːdɪŋ/ *n* (of person, animal, bird) karmienie *n* na siłę

forceful /ˈfɔːsfl/ *adj [person, behaviour]* energiczny; *[character]* silny; *[attack, defence]* zaciekły; *[speech]* wielki

forcefully /ˈfɔːsfəlɪ/ *adv [say, argue]* z mocą; *[hit]* mocno, silnie

force majeure /ˌfɔːsmæˈʒɜː(r)/ *n* Comm siła *f* wyższa

forcemeat /ˈfɔːsmiːt/ *n* GB Culin farsz *m*

forceps /ˈfɔːseps/ Med **I** *n* (*pl* **~**) kleszcze *plt*

II *modif [birth, delivery]* kleszczowy

forcible /ˈfɔːsəbl/ *adj [repatriation, eviction, removal]* przymusowy

forcibly /ˈfɔːsəblɪ/ *adv [restrain, remove]* siłą; *[repatriate]* przymusowo

forcing bid *n* (in bridge) odzywka *f* forsująca

forcing house *n* Hort cieplarnia *f*

ford /fɔːd/ **I** *m* bród *m*

II *vt* przeprawi|ć, -iać się w bród przez (coś) *[river, stream]*

fore /fɔː(r)/ **I** *n* [1] **to be to the ~** być na pierwszym planie; **to come to the ~** *[person, issue]* wysunąć się na pierwszy plan; *[quality]* ujawnić się; *[team, party, competitor]* wysunąć się na prowadzenie; **to bring sth to the ~** ujawnić coś *[talent, quality]*; wysunąć coś na pierwszy plan *[issue, problem]* [2] Naut dziób *m*

II *adj* przedni; Naut dziobowy

III *excl* (in golf) uwaga!

fore-and-aft /ˌfɔːrənˈɑːft/ *adj* Naut **~ sail** żagiel skośny; **~ rig** ożaglowanie suche or skośne

forearm /ˈfɔːrɑːm/ *n* przedramię *n*

forebears /ˈfɔːbeəz/ *npl* fml przodkowie *m pl*

forebode /fɔːˈbəʊd/ *vt* (*pt* **forebode**) fml przepowi|edzieć, -adać *[failure]*

foreboding /fɔːˈbəʊdɪŋ/ *n* złe przeczucie *n*; **to have a ~ that...** mieć złe przeczucie, że...; **to have ~s about sth** żywić obawy co do czegoś; **a sense of ~** złe przeczucia; **full of ~** pełen złych przeczuć

forecast /ˈfɔːkɑːst, US -kæst/ **I** *n* [1] **(**also **weather ~)** prognoza *f* (pogody); **the ~ is for rain** prognoza przewiduje deszcz [2] Comm, Econ, Fin prognoza *f* **(about sth** dotycząca czegoś); **profits/sales ~** prognozowane zyski/prognozowana sprzedaż [3] Turf **a (racing) ~** typowane wyniki *m pl* wyścigów, typy *m pl* na wyścigi

II *vt* (*pt, pp* **forecast)** przepowi|edzieć, -adać *[weather]*; przepowi|edzieć, -adać, zapowi|edzieć, -adać *[sunshine, rain]*; przewi|dzieć, -dywać, prognozować *[profits, sales]*; Turf wy|typować *[results]*; **to ~ that...** przewidywać, że...; **as forecast** jak przewidywano; (about weather) jak zapowiadano; **sunshine is forecast for tomorrow** na jutro zapowiadają słoneczną pogodę; **investment is forecast to fall** przewiduje się or prognozuje się spadek inwestycji

III *pp adj [growth, demand, deficit, fall]* przewidywany, prognozowany

forecaster /ˈfɔːkɑːstə(r), US -kæst-/ *n* [1] (of weather) meteorolog *m*, synoptyk *m* [2] Comm, Econ, Fin prognosta *m* [3] Sport specjalista *m* typujący wyniki wyścigów

forecasting /ˈfɔːkɑːstɪŋ, US -kæst-/ *n* [1] przewidywanie *n* [2] **weather ~** prognozowanie pogody [3] Comm, Econ, Pol prognozowanie *n*; **economic ~** prognozowanie gospodarcze; **electoral ~** prognozowanie wyników wyborów

forecastle /ˈfəʊksl/ *n* Naut dziobówka *f*; Hist forkasztel *m*

foreclose /fɔːˈkləʊz/ **I** *vt* fml [1] Fin, Jur **to ~ a mortgage** zaj|ąć, -mować obciążoną nieruchomość [2] wyklucz|yć, -ać *[possibility, chance]*

II *vi* Fin, Jur **to ~ on sb** or **sb's mortgage** *[bank, building society]* zaj|ąć, -mować obciążoną nieruchomość kogoś

foreclosure /fɔːˈkləʊʒə(r)/ *n* fml zajęcie *n* obciążonej nieruchomości

forecourt /ˈfɔːkɔːt/ *n* [1] GB (of shop, hypermarket) parking *m*; (of garage) podjazd *m* [2] GB Rail plac *m* dworcowy [3] (of church) plac *m* przed kościołem; (of castle) podjazd *m* [4] Sport (in tennis) pola *n pl* serwisowe

foredoom /fɔːˈduːm/ *vt fml* przesądz|ić, -ać o (czymś) *[career, prospects]*; przesądz|ić, -ać o losie (kogoś) *[person]*; **to ~ sth to sth** z góry skazać coś na coś *[failure]*; **the play seemed ~ed** wydawało się, że ta sztuka jest z góry skazana na niepowodzenie

forefather /ˈfɔːfɑːðə(r)/ *n* przodek *m*

forefinger /ˈfɔːfɪŋgə(r)/ *n* palec *m* wskazujący

forefoot /ˈfɔːfʊt/ *n* (*pl* **-feet)** (of horse) przednia noga *f*

forefront /ˈfɔːfrʌnt/ *n* **at** or **in the ~ of sth** na czele czegoś *[campaign, changes]*; na pierwszej linii w czymś *[battle]*; **to be at the ~ of new development/research** przodować w nowych rozwiązaniach/badaniach; **it's in the ~ of my mind** zaprząta mi to umysł; **the issue should be brought to the ~** tę kwestię należy wysunąć na pierwszy plan

forego *vt* = **forgo**

foregoing /ˈfɔːgəʊɪŋ/ **I** *n* fml **the ~** (people) wyżej wymienieni; (facts) powyższe; **in view of the ~** wobec powyższego

II *adj* (already mentioned) *[statement, information, analysis]* przytoczony; (preceeding) *[paragraph, section]* poprzedni; *[discussion]* dotychczasowy

foregone /ˈfɔːgɒn, US -ˈgɔːn/ *adj* **it is/was a ~ conclusion** to jest/było z góry przesądzone

foreground /ˈfɔːgraʊnd/ **I** *n* pierwszy plan *m*; **in the ~** na pierwszym planie

II *vt* uwypukl|ić, -ać

forehand /ˈfɔːhænd/ **I** *n* Sport forhend *m*; **to sb's ~** na forhend kogoś

II *modif* **a ~ smash/return/volley** smecz/return/wolej z forhendu

forehead /ˈfɒrɪd, ˈfɔːhed, US ˈfɔːrɪd/ *n* czoło *n*; **high/low ~** wysokie/niskie czoło; **on one's ~** na czole

foreign /ˈfɒrən, US ˈfɔːr-/ *adj* [1] *[country, language, culture, currency, citizen]* obcy; *[tourist, visitor, student, goods, trade, travel]* zagraniczny; **~ imports** import; **~ relations** stosunki międzynarodowe; **in ~ parts** w obcych krajach [2] (alien, unknown) *[characteristics, concept]* obcy; **~ to sb/sb's nature** obcy komuś/naturze kogoś

foreign affairs *npl* sprawy *f pl* zagraniczne

foreign aid *n* pomoc *f* zagraniczna

foreign aid budget *n* środki *m pl* pomocowe

Foreign and Commonwealth Office, FCO *n* GB = **foreign office**

foreign body *n* Med ciało *n* obce

foreign correspondent *n* korespondent *m* zagraniczny, korespondentka *f* zagraniczna

foreigner /ˈfɒrənə(r)/ *n* cudzoziem|iec *m*, -ka *f*, obcokrajowiec *m*

foreign exchange *n* waluty *f pl* obce, dewizy *plt*

foreign exchange dealer *n* dealer *m* walutowy

foreign exchange market *n* rynek *m* walut

foreign language assistant *n* Sch *praktykant pomagający nauczycielowi języka obcego*

foreign legion *n* legia *f* cudzoziemska

foreign minister *n* minister *m* spraw zagranicznych

foreign ministry *n* ministerstwo *n* spraw zagranicznych, MSZ *n inv/m*
Foreign Office, FO *n* GB Ministerstwo *n* Spraw Zagranicznych
foreign-owned /ˌfɒrən'əʊnd/ *adj [company]* zagraniczny
foreign policy *n* polityka *f* zagraniczna
foreign secretary *n* GB = **foreign minister**
foreign service *n* służba *f* dyplomatyczna
foreknowledge /ˌfɔː'nɒlɪdʒ/ *n* fml **to have ~ of a crime** Jur wiedzieć o planowanym przestępstwie; **to have ~ of a disaster** mieć świadomość zbliżającej się katastrofy
foreland /'fɔːlənd/ *n* cypel *m*, przylądek *m*
foreleg /'fɔːleg/ *n* przednia noga *f*
forelock /'fɔːlɒk/ *n* (of person) lok *m* na czole; (of horse) grzywka *f*; **to touch** or **tug one's ~** fig być pełnym szacunku
foreman /'fɔːmən/ *n* (*pl* **-men**) [1] (in factory) brygadzista *m* [2] Jur przewodniczący *m* ławy przysięgłych
foremast /'fɔːmɑːst, -məst/ *n* fokmaszt *m*
foremost /'fɔːməʊst/ **I** *adj [artist, politician, expert, band]* czołowy; *[competitor]* główny; **we have many problems, ~ among these are...** mamy wiele problemów, z których najpoważniejsze to...; **the issue is ~ in our minds** ta sprawa szczególnie zaprząta naszą uwagę
II *adv* **first and ~** przede wszystkim
forename /'fɔːneɪm/ *n* imię *n*
forenoon /'fɔːnuːn/ *n* przedpołudnie *n*; **in the ~** przed południem
forensic /fə'rensɪk, US -zɪk/ **I forensics** *npl* US (public speaking) oratorstwo *n*
II *adj* [1] (in crime detection) **~ tests** ekspertyzy zakładu medycyny sądowej; **~ evidence** wyniki ekspertyzy sądowej; **~ expert** ekspert w dziedzinie medycyny sądowej [2] fml (in debate) *[skill]* oratorski; *[attack, accuracy]* zabójczy
forensic linguistics *n (+ v sg)* językoznawstwo *n* kryminalistyczne or sądowe
forensic medicine *n* medycyna *f* sądowa
forensic science *n* = **forensic medicine**
forensic scientist *n* specjalist|a *m*, -ka *f* w dziedzinie medycyny sądowej
forepaw /'fɔːpɔː/ *n* (of cat, dog) przednia łapa *f*
foreplay /'fɔːpleɪ/ *n* gra *f* wstępna
forequarter /'fɔːkwɔːtə(r)/ **I** *n* (of carcass) przednia ćwierć *f*
II forequarters *npl* (of horse) przód *m*
forerunner /'fɔːrʌnə(r)/ *n* [1] (predecessor) (person) prekursor *m*, -ka *f*; (invention) zapowiedź *f*; (institution, model) poprzedni|k *m*, -czka *f* [2] (sign) zwiastun *m*
foresail /'fɔːseɪl/ *n* Naut fok *m*
foresee /fɔː'siː/ *vt* (*pt* **foresaw**; *pp* **foreseen**) przewi|dzieć, -dywać **(that... że...)**; **nobody foresaw her being elected** nikt nie przewidział, że zostanie wybrana; **their reaction could have been foreseen** można było przewidzieć ich reakcję
foreseeable /fɔː'siːəbl/ *adj* **to be ~** być do przewidzenia; **it was ~ that he...** było do przewidzenia, że on...; **for the ~ future** przez jakiś (określony) czas; **in the ~ future** w dającej się przewidzieć przyszłości
foreshadow /fɔː'ʃædəʊ/ *vt* zapowi|edzieć, -adać, zwiastować
foreshore /'fɔːʃɔː(r)/ *n* [1] (between limits of tides) *obszar zalewany podczas przypływu* [2] (between sea and cultivated land) przybrzeże *n*
foreshorten /fɔː'ʃɔːtn/ **I** *vt [artist]* przedstawi|ć, -ać w perspektywie *[line, object, form]*; *[distance]* sprawi|ć, -ać, że (coś) wydaje się zniekształcone *[line, object, form]*
II foreshortened *pp adj* zniekształcony, w skróconej perspektywie
foreshortening /fɔː'ʃɔːtnɪŋ/ *n* skrót *m* perspektywiczny
foresight /'fɔːsaɪt/ *n* dalekowzroczność *f* fig; **to have the ~ to do sth** być na tyle przewidującym or dalekowzrocznym, żeby coś zrobić; **lack of ~** krótkowzroczność fig
foreskin /'fɔːskɪn/ *n* Anat napletek *m*
forest /'fɒrɪst, US 'fɔːr-/ *n* las *m*; (big and old) puszcza *f*; **oak/pine ~** las dębowy/sosnowy; **(tropical) rain ~** (tropikalny) las deszczowy; **500 hectares of ~** 500 hektarów lasu
forestall /fɔː'stɔːl/ *vt* uprzedz|ić, -ać *[action, event, discussion]*; ubie|c, -gać *[person, competitor]*
forest decline *n* degradacja *f* lasów
forested /'fɒrɪstɪd, US 'fɔːr-/ *adj* zalesiony; **densely ~** gęsto zalesiony
forester /'fɒrɪstə(r), US 'fɔːr-/ *n* (skilled in forestry) leśnik *m*; (in charge of a forest) leśniczy *m*
forest fire *n* pożar *m* lasu
forest floor *n* poszycie *n*
forest management *n* gospodarka *f* leśna
forest ranger *n* US strażnik *m* leśny
forestry /'fɒrɪstrɪ, US 'fɔːr-/ *n* leśnictwo *n*
Forestry Commission *n* GB zarząd *m* lasów
forestry worker *n* GB (maintenance) strażnik *m* leśny; (lumberjack) robotnik *m* leśny
foretaste /'fɔːteɪst/ *n* przedsmak *m* **(of sth** czegoś)
foretell /fɔː'tel/ *vt* (*pt, pp* **foretold**) przepowi|edzieć, -adać; **to ~ the future** przepowiedzieć przyszłość
forethought /'fɔːθɔːt/ *n* przezorność *f*; **to have the ~ to do sth** być na tyle przezornym, żeby coś zrobić
forever /fə'revə(r)/ *adv* [1] (also **for ever**) (eternally) *[last, live, love]* wiecznie; **captured ~ in a photo** uwieczniony na fotografii; **it can't go on** or **last ~** to nie może wiecznie trwać; **I want it to be like this ~** chcę, żeby już tak zawsze było; **~ after(wards)** na zawsze; **the desert seemed to go on ~** wydawało się, że pustynia nigdy się nie skończy; **the pain seemed to go on ~** wydawało się, że ból nigdy nie ustąpi; **I can't keep doing it ~** nie mogę tego bez końca robić → **ever** [2] (also **for ever**) (definitely) *[leave, lose, close, change, stay, exile, disappear, destroy]* na zawsze [3] (persistently) bez przerwy; **to be ~ doing sth** robić coś bez przerwy; **he is ~ moaning** infml bez przerwy jęczy infml [4] infml (also **for ever**) (ages) **to take ~** *[task, procedure]* ciągnąć się w nieskończoność; **he takes ~ to do it** zajmuje mu to całe wieki [5] (always) zawsze; **~ patient** zawsze cierpliwy [6] (in acclamations) **England ~!** górą Anglia!
forevermore /fəˌrevə'mɔː(r)/ *adv* na zawsze
forewarn /fɔː'wɔːn/ *vt* ostrze|c, -gać zawczasu *[person]* **(of sth** przed czymś); **to ~ sb that...** ostrzec kogoś, że...
IDIOMS: **~ed is forearmed** Prov zawczasu ostrzeżony (jest) na czas uzbrojony
foreword /'fɔːwɜːd/ *n* słowo *n* wstępne
forfeit /'fɔːfɪt/ **I** *n* [1] Jur (depriving) (of right) pozbawienie *n* **(of sth** czegoś); (of possession) konfiskata *f* **(of sth** czegoś) [2] (penalty paid) kara *f* (pieniężna); **to pay a ~** zapłacić karę [3] (in game) fant *m*; **to pay a ~** dać fant; **to play ~s** grać w fanty
II *adj* Jur **to be ~** *[property]* podlegać konfiskacie **(to sb** na rzecz kogoś)
III *vt* [1] (lose) u|tracić *[life, freedom, respect]*; s|tracić *[deposit]* [2] (give up) zrze|c, -kać się (czegoś) *[right]*; z|rezygnować z (czegoś) *[free time]*
forfeiture /'fɔːfɪtʃə(r)/ *n* Jur (of property, money) konfiskata *f* **(of sth** czegoś); (of right) utrata *f* **(of sth** czegoś)
forgave /fə'geɪv/ *pt* → **forgive**
forge /fɔːdʒ/ **I** *n* kuźnia *f*
II *vt* [1] kuć *[metal]*; wyku|ć, -wać *[gate, chain]* [2] (counterfeit) podr|obić, -abiać *[banknotes, signature, date, will]*; **a ~ed passport** fałszywy or podrobiony paszport [3] (establish) u|tworzyć *[alliance]*; opracow|ać, -ywać *[plan]*; **to ~ commercial links** nawiązać kontakty handlowe
III *vi* **to ~ ahead** posuwać się do przodu; fig *[company, industry]* rozwijać się dynamicznie; **to ~ ahead** or **forward with sth** posuwać się do przodu z czymś *[plan]*; **to ~ into the lead** wysunąć się na prowadzenie
forger /'fɔːdʒə(r)/ *n* fałszerz *m*
forgery /'fɔːdʒərɪ/ *n* [1] (counterfeiting) fałszerstwo *n* [2] (fake document, signature, banknote, picture) falsyfikat *m*
forget /fə'get/ (*prp* **-tt-**; *pt* **forgot**; *pp* **forgotten**) **I** *vt* [1] (not remember) zapom|nieć, -inać *[face, number, poem]*; zapom|nieć, -inać o (czymś) *[appointment]*; **to ~ that...** zapomnieć, że...; **to ~ to do sth** zapomnieć coś zrobić; **to ~ how...** zapomnieć, jak...; **I've forgotten your name** zapomniałem, jak się nazywasz; **three people, not ~ting the baby** trzy osoby i do tego jeszcze dziecko; **I'm in charge and don't you ~ it!** nie zapominaj, że ja tu rządzę!; **~ it!** (no way) nie ma mowy!; (drop the subject) daj spokój!; (think nothing of it) nie ma o czym mówić! [2] (put aside) zapom|nieć, -inać o (czymś) *[past, quarrel, differences]*; **~ I ever mentioned him** zapomnij, że w ogóle o nim wspomniałem; **she'll never let me ~ it** nigdy mi nie da o tym zapomnieć [3] (leave behind) zapom|nieć, -inać (czegoś) *[hat, passport]*; fig zapom|nieć, -inać o (czymś) *[inhibition, traditions, family]*
II *vi* zapom|nieć, -inać
III *vr* **to ~ oneself** zapom|nieć, -inać się
■ **forget about**: **~ about [sb/sth]** zapom|nieć, -inać o (kimś/czymś) *[person, affair, birthday]*
IDIOMS: **once seen, never forgotten** niezapomniany
forgetful /fə'getfl/ *adj* [1] (absent-minded) *[person]* roztargniony; zapominalski infml; **to become** or **grow ~** mieć coraz gorszą pamięć [2] (negligent) **~ of the danger, she...** nie zważając na niebezpieczeń-

stwo, ...; **to be ~ of one's duties** zapominać o swoich obowiązkach

forgetfulness /fə'getflnɪs/ *n* [1] (absent-mindedness) roztargnienie *n* [2] (carelessness) roztrzepanie *n*

forget-me-not /fə'getmɪnɒt/ *n* Bot niezapominajka *f*

forget-me-not blue *n* kolor *m* niezapominajek; **the child's eyes were ~** dziecko miało oczy jak niezapominajki

forgettable /fə'getəbl/ *adj [day, fact, film]* niewart zapamiętania; *[actor, writer]* przeciętny

forgivable /fə'gɪvəbl/ *adj* wybaczalny

forgive /fə'gɪv/ (*pt* **forgave**; *pp* **forgiven**) **I** *vt* wybacz|yć, -ać (komuś), przebacz|yć, -ać (komuś) *[person]*; wybacz|yć, -ać *[remark, behaviour]*; przebacz|yć, -ać *[crime]*; odpu|ścić, -szczać *[sin]*; darować *[debt]*; **to ~ sb (for) sth** wybaczyć or przebaczyć coś komuś; **to ~ sb for doing sth** wybaczyć komuś, że coś zrobił; **he could be forgiven for believing her** można mu wybaczyć, że jej uwierzył; **such a crime cannot be forgiven** nie można wybaczyć takiej zbrodni; **~ my curiosity, but...** proszę wybaczyć moją ciekawość, ale...; **~ me for interrupting** przepraszam, że przerywam; **to ~ and forget** puścić w niepamięć; **it is forgiven though not forgotten** zostało przebaczone, ale nie zapomniane

II *vr* **to ~ oneself** wybaczyć sobie

forgiveness /fə'gɪvnɪs/ *n* [1] (for action, crime) przebaczenie *n*; **to ask sb's ~** prosić kogoś o przebaczenie or wybaczenie; **to pray for (God's) ~** modlić się (do Boga) o przebaczenie [2] (of debt) darowanie *n* [3] (willingness to forgive) wielkoduszność *f*; **to be full of ~** być wielkodusznym

forgiving /fə'gɪvɪŋ/ *adj [person]* wielkoduszny; *[climate, terrain]* łagodny; *[equipment]* odporny, wytrzymały

forgo /fɔː'gəʊ/ *vt* (*pt* **forwent**; *pp* **forgone**) odm|ówić, -awiać sobie (czegoś) *[pleasure, opportunity]*; z|rezygnować z (czegoś) *[chance, reward, money]*

forgot /fə'gɒt/ *pt* → **forget**

forgotten /fə'gɒtn/ *pp* → **forget**

fork /fɔːk/ **I** *n* [1] (for eating) widelec *m* [2] (tool) widły *plt* [3] (division) (in tree, railway, road) rozwidlenie *n* **(in sth** czegoś**)**; (in river) rozwidlenie *n*, widły *plt*; (on bicycle) widelec *m*, widełki *plt*; **to come to a ~ in the road** dojechać do rozwidlenia [4] (in chess) widełki *plt*

II *vt* [1] (lift with fork) podn|ieść, -osić widłami; (pitch) przerzuc|ić, -ać widłami *[hay, manure, earth]*; **to ~ sth around** rozrzucać coś widłami [2] (in chess) wziąć, brać w widełki *[opponent, chesspiece]*

III *vi* [1] (divide) *[road, river]* rozwidlać się [2] (also **~ off**) (turn) **to ~ (off) to the right /left** *[road, river, railway line]* odchodzić w prawo/lewo, odbijać w prawo/lewo; *[driver]* skręc|ić, -ać w prawo/lewo

■ **fork out** infml: ¶ **~ out** za|bulić infml **(for sth** za coś**)** ¶ **~ out [sth]** wy|bulić infml *[money]*

■ **fork over**: ¶ **~ over [sth], ~ [sth] over** [1] (turn over) przekop|ać, -ywać widłami *[soil]*; przerzuc|ić, -ać widłami *[manure, hay]* [2] US infml fig (hand over) **~ it over!** no dawaj! infml

■ **fork up** = **fork over**

forked /fɔːkt/ *adj [twig, branch, tongue]* rozwidlony

IDIOMS: **to speak with a ~ tongue** co innego myśleć, co innego mówić

forked lightning *n* zygzak *f* błyskawicy

forkful /'fɔːkfʊl/ *n* [1] (of food) kęs *m* *(mieszczący się na widelcu)* [2] (of hay) *ilość mieszcząca się na widłach*

forklift /'fɔːklɪft/ **I** *n* US = **forklift truck**

II *vt* podn|ieść, -osić wózkiem widłowym *[pallets]*

forklift truck *n* GB wózek *m* widłowy

fork spanner *n* klucz *m* płaski

fork supper *n* zimny bufet *m*

forlorn /fə'lɔːn/ *adj* [1] (desolate, deserted) *[person]* opuszczony; *[place, street, building]* wymarły, opustoszały [2] (wretched, pitiable) *[cry, face, sight, scene]* żałosny [3] (desperate) *[attempt]* rozpaczliwy; **in the ~ hope that...** łudząc się, że...

forlornly /fə'lɔːnlɪ/ *adv [gaze]* ze smutkiem; *[wander, search] rozpaczliwie*

form /fɔːm/ **I** *n* [1] (kind, manifestation) (of activity, energy, exercise, transport, government, protest, work, entertainment, taxation) forma *f*; (of substance, disease) postać *f*; **different ~s of life** or **life ~s** różne formy życia; **it's a ~ of blackmail** to forma szantażu; **some ~ of control is needed** potrzebna jest jakaś forma kontroli; **in the ~ of crystals/loan** w formie or postaci kryształów/pożyczki; **in a new/different ~** w nowej/innej postaci; **to publish articles in book ~** wydać artykuły w formie książkowej; **he won't touch alcohol in any ~** nie tknie alkoholu pod żadną postacią; **to take various ~s** przybierać różne formy; **to take the ~ of a strike** przybrać formę strajku [2] (document) formularz *m*; **to fill in** or **fill out** or **complete a ~** wypełnić formularz; **blank ~** czysty formularz [3] (shape) (of object) kształt *m*; (of person) postać *f*; **to take ~** *[idea, project]* nabierać kształtu; **to take** or **assume the ~ of a man/swan** przyjmować or przybierać ludzką postać/postać łabędzia [4] (of athlete, horse, performer) forma *f*; **to be in good/poor ~** być w dobrej/kiepskiej formie; **to be on ~** być w formie; **to be off ~** być bez formy; **to return to ~** odzyskać formę; **to return to one's best ~** powrócić do szczytowej formy; **to study the ~** studiować tabelę wyników [5] Literat, Art forma *f*; **~ and content** forma i treść; **a literary/theatrical ~** forma literacka/teatralna; **verse ~s** formy wierszowe; **in an abridged ~** w formie skróconej; **the limitations of this ~** ograniczenia tej formy literackiej [6] (etiquette) formy *f pl*; **it's bad ~ to do that** tak się nie robi; **purely as a matter of ~** wyłącznie dla formy; **I never know the ~ at these ceremonies** nigdy nie wiem, jak się zachować na takich uroczystościach; **you know the ~** ty wiesz jak się zachować [7] GB Sch klasa *f*; oddział *m* dat; **in the first/fourth ~** w pierwszej/czwartej klasie [8] (prescribed set of words) formuła *f*; **they object to the ~ of words used** nie zgadzają się ze sformułowaniem [9] GB infml (criminal record) **to have ~** być notowanym **(for sth** za coś**)** [10] Ling forma *f*; **in question ~** w formie pytającej [11] (hare's nest) nora *f* [12] (bench) ławka *f*

II *modif* GB Sch **the ~ room** klasa

III *vt* [1] (organize, create) za|łożyć, -kładać *[club, cartel, band, union]*; u|tworzyć *[barrier, circle]* **(from sth/sb** z czegoś/kogoś**)**; s|formować *[government, cabinet]*; zaw|rzeć, -ierać *[alliance]*; nawiąz|ać, -ywać *[friendship, relationship]*; u|tworzyć *[sentence, tense, compound]*; Mil u|formować, s|formować *[fours, column]*; **to ~ a queue** utworzyć kolejkę; **the letters are not properly ~ed** te litery nie mają właściwego kształtu; **please ~ a circle** proszę utworzyć krąg; **how are stalactites ~ed?** w jaki sposób powstają or tworzą się stalaktyty? [2] (conceive) stw|orzyć, -arzać sobie *[image, picture]*; wyr|obić, -abiać sobie *[opinion, idea]*; nab|rać, -bierać (czegoś) *[admiration]*; odn|ieść, -osić *[impression]*; **to ~ a habit of doing sth** nabrać zwyczaju robienia czegoś [3] (mould) u|kształtować *[child, pupil, personality, attitudes]*; **tastes ~ed by television** gusty ukształtowane przez telewizję [4] (constitute) tworzyć; **the 12 people who ~ the jury** 12 osób tworzących ławę przysięgłych; **to ~ part of sth** stanowić część czegoś, być częścią czegoś; **to ~ a large part/the basis of sth** stanowić znaczną część/podstawę czegoś

IV *vi [puddles, scum, ice, crowd]* u|tworzyć się; *[idea]* na|rodzić się

V **-formed** *in combinations* **half-~ed** w połowie ukształtowany; **perfectly-~** doskonale uformowany

■ **form into**: **~ into [sth]** *[people]* u|tworzyć *[groups, classes, teams]*; **to ~ people into sth** podzielić ludzi na coś *[groups, teams, classes]*; **to ~ words into a sentence** ułożyć zdanie z wyrazów; **to ~ objects into patterns/a circle** ułożyć wzory/krąg z przedmiotów; **the workers ~ed themselves into unions** robotnicy zorganizowali się w związki

■ **form up** *[children, people]* ustawi|ć, -ać się; *[procession, cortege]* u|formować się

formal /'fɔːml/ *adj* [1] (official) *[announcement, enquiry, reception, invitation, residence]* oficjalny; (in due form) *[request, protest, application, procedure]* formalny, oficjalny [2] (not casual) *[register, style, language, manner, welcome, occasion]* oficjalny; *[clothing, outfit]* galowy; *[jacket]* elegancki; (on invitation) **'dress: ~'** „strój wieczorowy"; **this expression is too ~** ten zwrot jest zbyt książkowy; **do you have to be so ~?** czy musisz być taki oficjalny?; **he sounded very ~** przybrał bardzo oficjalny ton; **~ teaching methods** tradycyjne metody nauczania [3] (structured) *[logic, proof, grammar, linguistics, reasoning]* formalny [4] (in recognized institution) *[education, qualification, training]* formalny; **her ~ education ceased when she was fifteen** przestała chodzić do szkoły, gdy miała 15 lat [5] Literat, Art *[brilliance, symmetry, weakness]* formalny

formaldehyde /fɔː'mældɪhaɪd/ *n* formaldehyd *m*

formal dress *n* strój *m* wizytowy or wieczorowy; Mil mundur *m* galowy

formal garden *n* ogród *m* francuski

formalin /ˈfɔːməlɪn/ *n* formalina *f*

formalism /ˈfɔːməlɪzəm/ *n* formalizm *m*

formalist /ˈfɔːməlɪst/ **I** *n* formalist|a *m*, -ka *f*
II *adj* formalistyczny

formality /fɔːˈmælətɪ/ *n* [1] (legal or social convention) formalność *f*; **to dispense with** or **skip the formalities** dać sobie spokój z ceremoniami; **to comply with the formalities** dopełnić formalności; **a mere ~, just a ~** czysta formalność; **customs formalities** formalności celne [2] (formal nature) (of occasion, language, register, style, voice) oficjalność *f*; (of dress) odświętność *f*; (of room) oficjalny wygląd *m*; **with a minimum of ~** bez specjalnych ceremonii; **with scrupulous ~** z zachowaniem wszelkich form

formalize /ˈfɔːməlaɪz/ *vt* [1] (make official) nada|ć, -wać formalny charakter (czemuś) *[arrangement, agreement, relations]* [2] (in logic, computing) s|formalizować

formally /ˈfɔːməlɪ/ *adv* [1] (officially) *[accuse, admit, announce, declare, end, notify, offer, recognize, withdraw]* formalnie, oficjalnie; (in set form) *[responsible]* formalnie [2] (not casually) *[speak, write, address, greet, entertain, celebrate]* oficjalnie; **to dress ~** ubrać się galowo; **he was not dressed ~ enough** jego strój nie był wystarczająco elegancki

format /ˈfɔːmæt/ **I** *n* [1] (general formulation) (of product, publication, passport) kształt *m*; (of band, musical group) skład *m*; (of game, TV show) formuła *f*; **the standard VHS ~** standardowy format VHS; **available in all ~s: cassette, CD...** dostępny na wszystkich nośnikach: kasetach, płytach kompaktowych... [2] Publg (size of book, magazine) format *m*; **in a two-colour ~** w dwóch kolorach; **folio ~** format folio [3] Comput format *m*; **in tabular ~** w formacie tabeli; **standard display ~** standardowy format wyświetlania
II *vt* (*prp, pt, pp* **-tt-**) Comput s|formatować

formation /fɔːˈmeɪʃn/ **I** *n* [1] (creation) (of government, committee) formowanie *n*, tworzenie *n*; (of friendship, relationship) nawiązywanie *n*; (of alliance, company, impression, new word) tworzenie *n*; (of character, habit) kształtowanie *n*; (of ideas) formułowanie *n* [2] (being created) (of government, committee) formowanie się *n*, tworzenie się *n*; (of friendship, relationship) nawiązywanie się *n*; (of alliance, company, impression, crater) tworzenie się *n*, powstawanie *n*; (of character, habit) kształtowanie się *n*; (of new word, idea) powstawanie *n* [3] (shape, arrangement) formacja *f*; **to fly in ~** Mil lecieć w szyku; **in close/battle ~** Mil w zwartym szyku/w szyku bojowym; **a cloud ~** zwały chmur
II *modif [flying]* w szyku; *[dancing]* w formacjach

formative /ˈfɔːmətɪv/ **I** *n* Ling formant *m*
II *adj* [1] **sb's ~ years** okres formowania or kształtowania osobowości kogoś; **to have a ~ effect on sth** mieć wpływ na kształtowanie czegoś; **it was a ~ experience for him** to przeżycie wywarło na niego ogromny wpływ [2] Ling *[element, affix]* formatywny

formatter /ˈfɔːmætə(r)/ *n* Comput formater *m*

formatting /ˈfɔːmætɪŋ/ *n* Comput formatowanie *n*

form captain *n* GB Sch (boy) ≈ przewodniczący *m* or gospodarz *m* klasy; (girl) ≈ przewodnicząca *f* or gospodyni *f* klasy

former[1] /ˈfɔːmə(r)/ *n* Aviat wręga *f*

former[2] /ˈfɔːmə(r)/ **I** *n* **the ~** (the first of two) pierwszy; **the ~ is simple, the latter is complex** pierwsze jest proste, a drugie złożone
II *adj* [1] (earlier) *[times, era, size, state]* dawny; (previous) *[era, state, size]* poprzedni; **to restore sth to its ~ glory** przywrócić czemuś dawną świetność; **of ~ days** or **times** z dawnej epoki; **he's a shadow of his ~ self** jest cieniem dawnego siebie; **in a ~ existence** or **life** w poprzednim wcieleniu or życiu [2] (no longer) *[leader, employer, husband, champion]* były; (previous) poprzedni; **a ~ president** były prezydent; **the ~ president** poprzedni prezydent [3] (first of two) *[proposal, course, method]* (ten) pierwszy

former[3] /ˈfɔːmə(r)/ **-former** *in combinations* GB Sch **fourth-~** czwartoklasist|a *m*, -ka *f*

formerly /ˈfɔːməlɪ/ *adv* (in earlier time, no longer) niegdyś, dawniej; (previously) poprzednio; **Smith's was ~ a very successful firm** Smith's był niegdyś dobrze prosperującą firmą; **Mr Green, ~ with Grunard's** pan Green, poprzednio pracujący w firmie Grunard's; **Mrs Vincent, ~ Miss Martin** pani Vincent, z domu Martin

Formica® /fɔːˈmaɪkə/ *n rodzaj trwałego plastikowego laminatu*

formic acid /ˌfɔːmɪkˈæsɪd/ *n* kwas *m* mrówkowy

formidable /ˈfɔːmɪdəbl, fɔːˈmɪd-/ *adj* [1] (intimidating) *[person]* onieśmielający; *[task]* ogromny; *[obstacle, competition]* potężny [2] (awe-inspiring) robiący wrażenie

formless /ˈfɔːmlɪs/ *adj* [1] *[figure, mass, object]* bezkształtny; *[shape]* nieforemny [2] *[ideas]* niesprecyzowany; *[novel, music]* źle skonstruowany

form master *n* (also **form teacher**) GB Sch wychowawca *m*

form mistress *n* (also **form teacher**) GB Sch wychowawczyni *f*

form of address *n* sposób *m* zwracania się, forma *f* grzecznościowa; **what is the correct ~ for an archbishop?** w jaki sposób należy zwracać się do arcybiskupa?

Formosa /fɔːˈməʊsə/ *prn* Hist Formosa *f*

formula /ˈfɔːmjʊlə/ **I** *n* (*pl* **-lae, ~s**) [1] (legal, religious, diplomatic) formuła *f*; (meaningless phrase) formułka *f* [2] Math, Phys, Chem wzór *m*, formuła *f* [3] (method) sposób *m* **(for sth** na coś) [4] (recipe) skład *m* **(for sth** czegoś); fig recepta *f* **(for sth** na coś); **no-one has yet devised a ~ for lasting peace** nikt jeszcze nie wymyślił or nie znalazł recepty na trwały pokój [5] US (for babies) modyfikowane mleko *n* w proszku; mieszanka *f* dla niemowląt
II Formula *modif* Aut Sport **~ One racing/car** wyścigi/samochód formuły pierwszej

formulate /ˈfɔːmjʊleɪt/ *vt* s|formułować *[reply, idea, charge, contract, rule, principle]*; opracow|ać, -ywać *[plan, strategy, policy]*

formulation /ˌfɔːmjʊˈleɪʃn/ *n* (of thought, contract, rule) sformułowanie *n*; (of policy, strategy, plan) opracowanie *n*

fornicate /ˈfɔːnɪkeɪt/ *vi* cudzołożyć, mieć stosunki pozamałżeńskie

fornication /ˌfɔːnɪˈkeɪʃn/ *n* cudzołóstwo *n*

forsake /fəˈseɪk/ *vt* (*pt* **forsook;** *pp* **forsaken)** fml opu|ścić, -szczać *[person, home]*; zarzuc|ić, -ać *[habit]*

forsaken /fəˈseɪkən/ *pp adj* opuszczony

forsook /fəˈsʊk/ *pt* → **forsake**

forsooth /fəˈsuːθ/ *excl* arch zaiste! arch

forswear /fɔːˈsweə(r)/ *vt* (*pt* **forswore;** *pp* **foresworn)** [1] (renounce) wyrze|c, -kać się (czegoś) *[ambition, wealth, vice]* [2] Jur (deny) wyp|rzeć, -ierać się (czegoś) *[participation, collusion]*

forsythia /fɔːˈsaɪθɪə, US fərˈsɪθɪə/ *n* Bot forsycja *f*

fort /fɔːt/ *n* fort *m*
IDIOMS: **to hold** or **hold down** US **the ~** zostać na gospodarstwie fig

forte /ˈfɔːteɪ, US fɔːrt/ **I** *n* [1] (strong point) mocna strona *f* [2] Mus forte *n inv*
II *adj, adv* Mus forte

fortepiano /ˌfɔːteɪpɪˈænəʊ/ *n* Mus Hist fortepian *m*

forth /fɔːθ/ *adv* (onwards) **from this day ~** od dzisiaj; **from that day ~** od tego or tamtego dnia → **back, so**

forthcoming /ˌfɔːθˈkʌmɪŋ/ *adj* [1] (happening soon) *[event, election, season]* nadchodzący, zbliżający się; *[book]* mający się wkrótce ukazać [2] (available) **no information was ~ from the government** od rządu nie napływały żadne informacje; **the loan was not ~** nie udało się zaciągnąć pożyczki [3] (communicative) *[person]* przystępny, otwarty; (willing to talk) rozmowny; **to be ~ about sth** mówić otwarcie o czymś; **he wasn't very ~ about it** niezbyt chętnie o tym mówił

forthright /ˈfɔːθraɪt/ *adj [person]* prostolinijny; *[manner]* bezpośredni; *[reply, statement]* szczery; **in ~ terms** otwarcie; **to be ~ in condemning sth** otwarcie potępiać coś; **he gave her a ~ answer** odpowiedział jej wprost

forthwith /fɔːθˈwɪθ, -ˈwɪð/ *adv* fml niezwłocznie fml; **to become effective ~** Jur zacząć obowiązywać natychmiast

fortieth /ˈfɔːtɪəθ/ **I** *n* [1] (in order) czterdziest|y *m*, -a *f*, -e *n* [2] Math (fraction) czterdziesta *f* (część); **two ~s** dwie czterdzieste
II *adj* czterdziesty
III *adv [come, finish]* na czterdziestym miejscu

fortification /ˌfɔːtɪfɪˈkeɪʃn/ *n* [1] (act) fortyfikowanie *n*, umacnianie *n* **(of sth** czegoś) [2] (works) fortyfikacja *f*, umocnienie *n* **(of sth** czegoś)

fortify /ˈfɔːtɪfaɪ/ **I** *vt* [1] um|ocnić, -acniać, u|fortyfikować *[place]* **(against sb/sth** przed kimś/czymś); pokrzepi|ć, -ać *[person]* [2] wzm|ocnić, -acniać *[wine]* **(with sth** czymś); wzbogac|ić, -ać *[cereal, diet, milk]* **(with sth** czymś); **fortified wine** wino likierowe; **fortified diet** dieta wzbogacona witaminami; **fortified with vitamins** witaminizowany
II *vr* **to ~ oneself** pokrzepi|ć, -ać się

fortissimo /fɔːˈtɪsɪməʊ/ *n, adj, adv* Mus fortissimo

fortitude /ˈfɔːtɪtjuːd, US -tuːd/ *n* hart *m* (ducha)

Fort Knox /ˌfɔːtˈnɒks/ *prn* Fort Knox *m inv*
IDIOMS: **as secure as ~** zabezpieczony jak skarbiec

fortnight /ˈfɔːtnaɪt/ *n* GB dwa tygodnie *m pl*; **in a ~'s time** za dwa tygodnie; **a ~'s holiday** dwutygodniowe wakacje; **the first ~ in August** pierwsze dwa tygodnie sierpnia; **today ~, a ~ today** od dziś za dwa tygodnie

fortnightly /ˈfɔːtnaɪtlɪ/ GB **I** *adj [meeting, visit]* odbywający się co dwa tygodnie or raz na dwa tygodnie; *[publication]* wychodzący co dwa tygodnie or raz na dwa tygodnie; **a ~ magazine** dwutygodnik
II *adv [publish, meet]* co dwa tygodnie, raz na dwa tygodnie

Fortran /ˈfɔːtræn/ **I** *n* Comput Fortran *m*
II *modif* **~ statement** instrukcja w Fortranie

fortress /ˈfɔːtrɪs/ *n* twierdza *f*, forteca *f*

fortuitous /fɔːˈtjuːɪtəs, US -ˈtuː-/ *adj* [1] fml (accidental) przypadkowy [2] infml controv (lucky) *[move]* szczęśliwy; *[timing]* fortunny

fortuitously /fɔːˈtjuːɪtəslɪ, US -ˈtuː-/ *adv* fml przypadkowo

fortunate /ˈfɔːtʃənət/ *adj [coincidence, event]* szczęśliwy; *[circumstance]* pomyślny, sprzyjający; **to be ~** *[person]* mieć szczęście; **it was ~ for him that you arrived** miał szczęście, że się pojawiłeś; **you're very ~ to have found such a house** miałeś dużo szczęścia, że znalazłeś taki dom; **he was ~ in his colleagues/in the weather** miał szczęście do współpracowników/do pogody; **you are ~ in not being a parent** masz szczęście, że nie masz dzieci; **he is ~ in that he doesn't have to work** ma szczęście, że nie musi pracować; **how ~ that...** co za szczęście, że...; **we should remember those less ~ than ourselves** powinniśmy pamiętać o tych, którym się gorzej powodzi niż nam

fortunately /ˈfɔːtʃənətlɪ/ *adv* na szczęście; **~ for him** na szczęście dla niego, na jego szczęście

fortune /ˈfɔːtʃuːn/ **I** *n* [1] (wealth) fortuna *f*, majątek *m*; **a small ~** fortunka; **to make a ~** zbić fortunę or majątek **(on sth** na czymś); **to spend/cost a ~** wydać/kosztować fortunę or majątek; **a man of ~** człowiek zamożny; **to seek fame and ~** szukać bogactwa i sławy [2] (luck) szczęście *n*; **to have the good ~ to do sth** mieć szczęście coś robić; **by good ~** szczęśliwym trafem; **ill ~** pech [3] (destiny) los *m*, fortuna *f*; **~ smiled on us** los uśmiechnął się do nas, fortuna uśmiechnęła się do nas; **to tell sb's ~** powróżyć komuś
II fortunes *npl* (of team, party, country) losy *m pl*; **the ~s of war** zawierucha wojenna
IDIOMS: **~ favours the brave** Prov odważnym szczęście sprzyja

fortune cookie *n* US ciasteczko *n* z wróżbą

fortune hunter *n* pej (man) łowca *m* posagów; (woman) kobieta *f* polująca na bogatego męża

fortune-teller /ˈfɔːtʃuːntelə(r)/ *n* (man) wróż(biarz) *m*; (woman) wróżka *f*

fortune-telling /ˈfɔːtʃuːntelɪŋ/ *n* (job) wróżbiarstwo *n*; (action) wróżenie *n*

forty /ˈfɔːtɪ/ **I** *n* (numeral) czterdzieści; (symbol) czterdziestka *f*
II *adj* czterdzieści; (male) czterdziestu (+ *v sg*); (male and female) czterdzieścioro (+ *v sg*)
IDIOMS: **to have ~ winks** uciąć sobie drzemkę infml

forty-niner /ˌfɔːtɪˈnaɪnə(r)/ *n* US Hist poszukiwacz *m* złota *(w okresie gorączki złota w Kalifornii w 1849)*

forum /ˈfɔːrəm/ *n* (*pl* **~s, fora)** forum *n* **(for sth** dla czegoś); **in an open ~** na forum ogólnym

forward /ˈfɔːwəd/ **I** *n* Sport napastnik *m*
II *adj* [1] (bold) bezczelny; **it was ~ of him to ask** to było bezczelne or bezczelnością z jego strony, że zapytał [2] (towards the front) *[movement, roll, pass]* do przodu; *[gears]* przedni; *[part, half]* przedni; **to be too far ~** *[seat, headrest]* być za bardzo do przodu; **~ troops** Mil pierwsza linia [3] (early) *[season, plant]* wczesny [4] (of task, project) **how far ~ are you?** gdzie już jesteś?; **we are not very far ~ yet** jeszcze nie posunęliśmy się zbyt daleko [5] Comm **~ buying** kupno na termin; **~ delivery** dostawa na termin; **~ market** rynek transakcji terminowych; **~ purchase** zakup na termin; **~ rates** stawki transakcji terminowych; **~ price** cena w transakcji terminowej
III *adv* [1] *[step, leap, fall, topple, go, walk, rush]* do przodu; **to wind sth ~** przewinąć coś do przodu *[cassette, tape]*; **to move sth ~** posunąć coś do przodu also fig; **'~ march!'** „naprzód marsz!"; **a seat facing ~** siedzenie przodem do kierunku jazdy; **a way ~** rozwiązanie, wyjście; **there's no other way ~** nie ma innego rozwiązania or wyjścia → **backward** [2] (towards the future) **to travel** or **go ~ in time** przenieść się do przyszłości or w przyszłość; **from this day ~** od dzisiaj; **from that day** or **time ~** od tego or tamtego dnia
IV *vt* [1] (dispatch) wys|łać, -yłać *[goods, catalogue, document, parcel]* **(to sb** do kogoś) [2] (send on) przes|łać, -yłać *[mail]*; **'please ~'** (on envelope) „proszę przesłać dalej do adresata"

forward defence GB, **forward defense** US *n* Mil wysunięta obrona *f*

forwarder /ˈfɔːwədə(r)/ *n* [1] (of freight) spedytor *m* [2] (of mail) nadawca *m*

forwarding /ˈfɔːwədɪŋ/ *n* [1] (of freight) spedycja *f* [2] (of mail) wysyłanie *n*

forwarding address *n* (nowy) adres *m* do korespondencji

forwarding agent *n* spedytor *m*

forwarding charges *npl* opłaty *f pl* spedycyjne

forwarding country *n* kraj *m* wysyłający

forwarding instructions *npl* instrukcje *f pl* wysyłkowe

forwarding station *n* stacja *f* wysyłkowa

forward-looking /ˌfɔːwədˈlʊkɪŋ/ *adj [company, person]* patrzący w przyszłość

forwardness /ˈfɔːwədnɪs/ *n* (of child, behaviour) bezczelność *f*

forward planning *n* planowanie *n* perspektywiczne

forwards /ˈfɔːwədz/ *adv* = **forward III** → **backwards**

forward slash *n* ukośnik *m* (prawy)

Fosbury flop /ˌfɒzbrɪˈflɒp/ *n* Sport (in high jump) flop *m*

fossil /ˈfɒsl/ **I** *n* [1] Geol skamieniałość *f*, skamielina *f* [2] infml pej (person) wapniak *n* infml pej
II *modif [organism]* kopalny; **~ hunter /collection** poszukiwacz/kolekcja skamieniałości

fossil fuel *n* paliwo *n* kopalne

fossilized /ˈfɒsəlaɪzd/ *adj* [1] *[bone, shell]* skamieniały [2] fig *[system]* skostniały

foster /ˈfɒstə(r)/ **I** *adj [parent, brother, child]* przybrany
II *vt* [1] (encourage, promote) zaszczepi|ć, -ać *[feeling, understanding, spirit, attitude]*; promować, z|budować *[image]*; pop|rzeć, -ierać *[development, conception, art, sport]*; rozwi|nąć, -jać *[interests, activity, friendship]*; rozbudz|ić, -ać *[hope]*; **to ~ sth** *[circumstances]* sprzyjać czemuś [2] (cherish) żywić *[feelings, hope]* [3] (take into family) wziąć, brać na wychowanie *[child]*; (act as parent) wychowywać *[child]* [4] GB (place in care of) umie|ścić, -szczać w rodzinie zastępczej *[child]*; **to ~ children with local families** umieścić dzieci w rodzinach zastępczych w okolicy

foster care *n* opieka *f* zastępcza; **in ~** w rodzinie zastępczej

foster family *n* rodzina *f* zastępcza

foster home *n* = **foster family**

fostering /ˈfɒstərɪŋ/ *n* GB wychowanie *n* w rodzinie zastępczej

foster mother *n* [1] (woman) (providing foster care) matka *f* w rodzinie zastępczej [2] Agric (apparatus) sztuczna kwoka *f*

fought /fɔːt/ **I** *pt, pp* → **fight**
II -fought *in compositions* **close-~** wyrównany; **hard-~** zacięty

foul /faʊl/ **I** *n* Sport faul *m* **(on sb** na kimś); (in basketball) przewinienie *n*, faul *m*; **to commit a ~** sfaulować; **to be sent off for a ~ on an opponent** zostać wykluczonym za sfaulowanie przeciwnika; (in soccer) dostać czerwoną kartkę za faul; **cries of ~** fig głosy protestu
II *adj* [1] (disgusting) *[place, smell, taste, food]* obrzydliwy; *[breath, air, water]* cuchnący [2] (grim) *[weather, mood, day]* paskudny; **in fair weather or ~** czy słońce czy słota; fig na dobre i na złe; **in a ~ mood** or **humour** w podłym nastroju or humorze; **to have a ~ temper** mieć paskudne usposobienie [3] (wicked) *[treachery, villain, traitor]* nikczemny; *[crime, deed]* ohydny; **'murder most ~'** „ohydny mord" [4] (offensive) *[language]* plugawy, rynsztokowy; **to have a ~ tongue** posługiwać się plugawym or rynsztokowym językiem; rzucać mięsem infml [5] Sport *[blow, hit, tackle]* niedozwolony, nieprzepisowy, nieczysty; **to resort to ~ means** uciekać się do niedozwolonych sposobów or chwytów
III *adv* **if you play me ~ I'll never forgive you** jeśli będziesz oszukiwał, nigdy ci nie wybaczę
IV *vt* [1] (pollute) zanieczy|ścić, -szczać *[atmosphere, environment, sea, beach, pavement]* [2] (become entangled in) *[rope, fishing net, sea weed]* opląt|ać, -ywać *[engine, propeller]*; **the propeller was ~ed by nets** śruba zaplątała się w sieci [3] (clog) unieruch|o-

mić, -amiać *[mechanism]*; zat|kać, -ykać *[chimney, pipe]* [4] Sport s|faulować [5] Naut uderz|yć, -ać *[vessel]*

[V] *vi* [1] Sport s|faulować [2] Naut **to ~ on sth** wpłynąć na coś *[rocks]*

■ **foul out** (in basketball) zejść z boiska *(za przekroczony limit przewinień)*

■ **foul up** infml: ¶ **~ up** s|knocić infml ¶ **~ up [sth], ~ [sth] up** [1] po|krzyżować *[plan]*; z|marnować *[opportunity]*; rozwal|ić, -ać infml *[system]*; **he always manages to ~ things up** zawsze coś sknoci infml [2] (pollute) zanieczy|ścić, -szczać *[air, soil]*

IDIOMS: **to fall** or **run ~ of sb** zadrzeć z kimś; **to fall ~ of the law** zadrzeć z prawem

foully /ˈfaʊlɪ/ *adv [treated, abused, slandered]* podle; *[swear]* szpetnie, paskudnie

foul-mouthed /ˌfaʊlˈmaʊðd/ *adj* ordynarny

foul play *n* [1] (crime) przestępstwo *n* [2] Sport nieczysta gra *f*; **a piece of ~** nieczyste zagranie; **several instances of ~** wiele nieczystych zagrań

foul-smelling /ˌfaʊlˈsmelɪŋ/ *adj* cuchnący

foul-tasting /ˌfaʊlˈteɪstɪŋ/ *adj* obrzydliwy (w smaku)

foul-up /ˈfaʊlʌp/ *n* infml wpadka *f* infml

found¹ /faʊnd/ *pt, pp* → **find**

found² /faʊnd/ *vt* [1] (set up) za|łożyć, -kładać *[town, club, colony, family]*; (give money for) u|fundować *[school, hospital, chapel]*; **'~ed 1897'** „rok założenia 1897" [2] (base) op|rzeć, -ierać *[opinion, regime, philosophy, novel]* **(on sth** na czymś); **to be ~ed on sth** opierać się na czymś

found³ /faʊnd/ *vt* Tech odl|ać, -ewać *[metal, glass]*

foundation /faʊnˈdeɪʃn/ *n* [1] (base) (man-made) fundament *m*; (natural) podłoże *n*; fig (of society, culture, belief) fundamenty *m pl* **(of** or **for sth** czegoś); **to be built on a ~ of rock** stać na skalnym podłożu; **to lay the ~s for sth** kłaść fundamenty pod coś; fig kłaść podwaliny czegoś or pod coś; **to rock** or **shake sth to its ~s** wstrząsnąć czymś w posadach also fig [2] fig (truth) podstawa *f*; **his accusations have no real** or **are without ~** jego oskarżenia nie mają podstaw or są bezpodstawne; **there is no ~ in the report that...** raport nie daje podstaw do twierdzenia, że...; **what ~ do you have for saying so?** na jakiej podstawie tak twierdzisz? [3] (setting up) założenie *n*; (giving money for) ufundowanie *n* **(of sth** czegoś) [4] Fin (trust) fundacja *f*

foundation course *n* GB Univ ≈ kurs *m* przygotowawczy

foundation garment *n* dat (support underwear) bielizna *f* wyszczuplająca

foundation stone *n* kamień *m* węgielny

founder¹ /ˈfaʊndə(r)/ *n* (of company, family) założyciel *m*, -ka *f*; (of religion) twór|ca *m*, -czyni *f*; (donor) fundator *m*, -ka *f*

founder² /ˈfaʊndə(r)/ US Equest [I] *n* (inflammation) ochwat *m*

[II] *vi [horse]* ochwacić się

founder³ /ˈfaʊndə(r)/ *vi* [1] (sink) *[ship, vehicle]* za|tonąć [2] (fail) *[plans, projects, hopes, career]* lec or legnąć w gruzach; *[talks]* załam|ać, -ywać się

founder member *n* GB członek założyciel *m*

Founder's Day *n* GB Sch ≈ rocznica *f* założenia *(szkoły)*

founders' shares *npl* Fin akcje *f pl* założycielskie

founding /ˈfaʊndɪŋ/ *n* (of institution) założenie *n*

founding father *n* ojciec *m* fig; **the Founding Fathers** US Hist twórcy amerykańskiej konstytucji

foundling /ˈfaʊndlɪŋ/ *n* arch podrzutek *m*, znajda *m/f*

foundry /ˈfaʊndrɪ/ *n* odlewnia *f*

foundry worker *n* odlewnik *m*

fount /faʊnt/ *n* [1] liter (of knowledge, wisdom) skarbnica *f* liter; **~ of goodness** uosobienie dobroci [2] Print czcionka *f*

fountain /ˈfaʊntɪn, US -tn/ *n* [1] (man-made decoration) fontanna *f*, wodotrysk *m* [2] fig (of liquid, light, lava) fontanna *f* fig

fountainhead /ˈfaʊntənhed/ *n* źródło *n* also fig

fountain pen *n* wieczne pióro *n*

four /fɔː(r)/ [I] *n* cztery; (symbol) czwórka *f*

[II] *adj* cztery; (male) czterech *(+ v sg)*; (male and female) czworo *(+ v sg)*

IDIOMS: **on all ~s** (of person) na czworakach; **to the ~ winds** (in all directions) na wszystkie strony

four-ball /ˈfɔːbɔːl/ *adj* (in golf) *[round, game, match]* dwóch na dwóch

four-by-four /ˌfɔːbaɪˈfɔː(r)/ *n* Aut samochód *m* z napędem na cztery koła

fourchette /fʊəˈʃet/ *n* Anat spoidełko *n* tylne

four-colour process GB, **four-color process** US /ˌfɔːkʌlərˈprəʊses/ *n* Print druk *m* czterobarwny

four-dimensional /ˌfɔːdɪˈmenʃənl/ *adj* czterowymiarowy

four-door /ˌfɔːˈdɔː(r)/ *adj* Aut *[model]* czterodrzwiowy

four-engined /ˌfɔːˈendʒɪnd/ *adj* Aviat *[aircraft]* czterosilnikowy

four eyes *n* offensive okularni|k *m*, -ca *f* infml iron or hum

four-flush /ˈfɔːflʌʃ/ *vi* US (in cards) blefować

fourfold /ˈfɔːfəʊld/ [I] *adj [benefit]* poczwórny; *[increase, reduction]* czterokrotny

[II] *adv [increase, rise]* czterokrotnie

four-four time /ˌfɔːˈfɔːtaɪm/ *n* Mus **in ~** na cztery czwarte

four-handed /ˌfɔːˈhændɪd/ *adj* Mus na cztery ręce; *[game of bridge, whist]* dla czterech graczy

four-H club /fɔːˈeɪtʃklʌb/ *n* US *organizacja wspierająca edukację dzieci z terenów rolniczych*

four-in-hand /ˌfɔːɪnˈhænd/ *n* Equest czterokonny zaprzęg *m*

four-leaf clover /ˌfɔːliːfˈkləʊvə(r)/ *n* czterolistna koniczyna *f*

four-leaved clover *n* = **four-leaf clover**

four-legged friend /ˌfɔːlegɪdˈfrend/ *n* czworonożny przyjaciel *m*

four-letter word /ˌfɔːletəˈwɜːd/ *n* niecenzuralne słowo *n*

four-piece band /ˌfɔːpiːsˈbænd/ *n* kwartet *m*

four-ply /ˌfɔːˈplaɪ/ *adj [wool, yarn]* poczwórny

four-poster (bed) /ˌfɔːˈpəʊstə(r)/ *n* łóżko *n* z baldachimem

fourscore /ˌfɔːˈskɔː(r)/ arch [I] *n* osiemdziesiąt

[II] *adj* osiemdziesiąt

four-seater /ˌfɔːˈsiːtə(r)/ *n* Aut infml czteroosobowy samochód *m*

foursome /ˈfɔːsəm/ *n* czwórka *f*; **will you make a ~ with us?** dołączysz do naszej trójki?

foursquare /ˌfɔːˈskweə(r)/ [I] *adj* [1] *[building]* (square-shaped) kwadratowy; (solid) solidny [2] *[approach, attitude, decision]* stanowczy; *[account, report]* konkretny

[II] *adv [stand, place]* prosto

four-star /ˈfɔːstɑː(r)/ [I] *n* GB Aut (also **~ petrol)** ≈ etylina *f* 98

[II] *adj [hotel, restaurant]* czterogwiazdkowy

four-stroke /ˈfɔːstrəʊk/ *adj* Aut *[engine]* czterosuwowy

fourteen /ˌfɔːˈtiːn/ [I] *n* (numeral) czternaście; (symbol) czternastka *f*

[II] *adj* czternaście; (male) czternastu *(+ v sg)*; (male and female) czternaścioro *(+ v sg)*

fourteenth /ˌfɔːˈtiːnθ/ [I] *n* [1] (in order) czternast|y *m*, -a *f*, -e *n*; **the ~ of July** czternasty lipca [2] (fraction) czternasta *f* (część); **three ~s** trzy czternaste

[II] *adj* czternasty

[III] *adv [come, finish]* na czternastym miejscu

fourth /fɔːθ/ [I] *n* [1] (in order) czwart|y *m*, -a *f*, -e *n*; **the ~ of July** czwarty lipca [2] (fraction) czwarta *f* (część); **three ~s** trzy czwarte [3] Mus kwarta *f* [4] (also **~ gear)** Aut czwarty bieg *m*; czwórka *f* infml

[II] *adj* czwarty

[III] *adv [come, finish]* na czwartym miejscu

fourth-class /ˌfɔːθˈklɑːs, US -ˈklæs/ *adj* [1] US Post *[mail, letter]* zwykły [2] **a ~ citizen** infml fig pej obywatel drugiej kategorii

fourth dimension *n* Phys czwarty wymiar *m*; fig dodatkowy wymiar *m*

fourth estate *n* **the ~** (press) czwarta władza *f*

fourthly /ˈfɔːθlɪ/ *adv* po czwarte

fourth-rate /ˌfɔːθˈreɪt/ *adj [performance, hotel, film]* trzeciorzędny

four-wheel /ˌfɔːˈwiːl, US -ˈhwiːl/ *adj* Aut *[brakes, drive]* na cztery koła; **a ~ drive (vehicle)** samochód z napędem na cztery koła

fowl /faʊl/ [I] *n* [1] (domestic bird) kura *f*; (group) drób *m*; (food) kurczak *m* [2] dat (birds) ptactwo *n*; **the ~ of the air** Bible ptactwo powietrzne → **fish**

[II] *vi* **to go ~ing** iść na polowanie na ptactwo

fowling piece *n* dat dubeltówka *f*

fowl pest *n* pomór *m* drobiu

fox /fɒks/ [I] *n* [1] (animal) lis *m* also fig [2] US infml (attractive woman) kociak *m* infml

[II] *modif* (also **~ fur)** *[coat, jacket]* z lisów; *[collar, hat]* z lisa

[III] *vt* infml (confuse) zbi|ć, -jać z tropu, z|dezorientować; (deceive) zwieść, zwodzić; **that's got me ~ed** GB tutaj zgłupiałem infml

fox cub *n* lisek *m*

fox fur *n* (skin) futro *n* lisa; (coat) lisy *plt*

foxglove /ˈfɒksglʌv/ *n* Bot naparstnica *f*

F

foxhole /ˈfɒkshəʊl/ *n* lisia nora *f*; Mil okop *m* strzelecki
foxhound /ˈfɒkshaʊnd/ *n* foxhound *m*
fox hunt *n* polowanie *n* na lisa
fox hunting *n* polowanie *n* na lisa
fox terrier *n* foksterier *m*
foxtrot /ˈfɒkstrɒt/ **I** *n* fokstrot *m*
II *vi* za|tańczyć fokstrota
foxy /ˈfɒksɪ/ *adj* 1 (in appearance) *[features, face]* lisi 2 (crafty) przebiegły 3 infml (sexy) seksowny
foyer /ˈfɔɪeɪ, US ˈfɔɪər/ *n* (in theatre) foyer *n inv*; (in hotel) hol *m*
FPA *n* = **Family Planning Association**
fr Fin = **franc**
Fr Relig = **Father**
fracas /ˈfrækɑː, US ˈfreɪkəs/ *n* awantura *f*
fractal /ˈfræktl/ *n* fraktal *m*
fraction /ˈfrækʃn/ *n* 1 Math (portion) ułamek *m* **(of sth** czegoś**)** 2 (tiny amount) drobna część *f*; **for a ~ of a second** przez ułamek sekundy; **a ~ of what I need** drobna część tego, czego potrzebuję; **the bullet missed by a ~** kula przeszła tuż obok; **to move one's head a ~ to the left** przesunąć głowę troszkę w lewo; **a ~ higher/lower** odrobinę wyżej/niżej
fractional /ˈfrækʃənl/ *adj* 1 *[rise, decline, difference]* nieznaczny 2 Math *[equation]* ułamkowy; **~ part** ułamek
fractional currency *n* Fin moneta *f* zdawkowa
fractional distillation *n* Chem destylacja *f* frakcyjna
fractionally /ˈfrækʃənəlɪ/ *adv* odrobinę
fractionation /ˌfrækʃəˈneɪʃn/ *n* Biol frakcjonowanie *n*
fractious /ˈfrækʃəs/ *adj [person, personality]* zrzędliwy; *[child]* marudny; *[situation, confrontation]* napięty
fracture /ˈfræktʃə(r)/ **I** *n* (of bone) złamanie *n*; (of rock) pęknięcie *n*, szczelina *f*; fig podział *m*, rozłam *m*
II *vt* z|łamać *[bone, limb]*; rozłup|ać, -ywać *[rock]*; fig narusz|yć, -ać *[economy, unity]*; **the issue could well ~ the coalition** fig kwestia ta może doprowadzić do rozłamu w koalicji
III *vi [bone]* z|łamać się; *[pipe, rock]* pęk|nąć, -ać; (in several places) po|pękać
fragile /ˈfrædʒaɪl, US -dʒl/ *adj* 1 (easily broken) *[glass, eggshell, bone, happiness, peace, system]* kruchy 2 (delicate) *[complexion, flower]* delikatny 3 (in weakened state) *[person, plant, health, link]* słaby, wątły; **to look ~** marnie wyglądać; **to feel ~** marnie się czuć
fragility /frəˈdʒɪlətɪ/ *n* 1 (of glass, happiness) kruchość *f* 2 (of complexion) delikatność *f* 3 (of health, link, person) słabość *f*, wątłość *f*
fragment **I** /ˈfrægmənt/ *n* (of rock, shell, object) fragment *m*; (of music, poem, conversation) fragment *m*, urywek *m*; (of china, glass, food) kawałek *m*; (of bomb, grenade) odłamek *m*; **to break into ~s** rozpaść się na kawałki
II /frægˈment/ *vt* (break into fragments) po|dzielić
III /frægˈment/ *vi [glass, windscreen]* rozbi|ć, -jać się; *[group, political party]* rozpa|ść, -dać się; *[shell, grenade]* roz|erwać, -rywać się
fragmental /ˌfrægˈmentl/ *adj* Geol *[rock, deposit]* okruchowy, detrystyczny
fragmentary /ˈfrægməntrɪ, US -terɪ/ *adj* 1 (incomplete) *[picture, knowledge, memories]* fragmentaryczny; (disconnected) *[pieces]* oderwany 2 Geol *[rock, deposit]* okruchowy, detrystyczny
fragmentation /ˌfrægmənˈteɪʃn/ *n* (of grenade) rozerwanie się *n*, rozprysk *m*; (of political party) rozdrobnienie *n*
fragmentation bomb *n* Mil bomba *f* odłamkowa
fragmented /frægˈmentɪd/ *pp adj [account, version]* niekompletny; *[plot, dialogue, rhythm]* urywany; *[world, system]* podzielony
fragrance /ˈfreɪgrəns/ *n* zapach *m*
fragrance-free /ˌfreɪgrənsˈfriː/ *adj* bezzapachowy
fragrant /ˈfreɪgrənt/ *adj* pachnący; *[herbs, spices]* aromatyczny; **~ memories** liter urocze wspomnienia
fraidy-cat /ˈfreɪdɪkæt/ *n* US baby talk strachajło *n* infml
frail /freɪl/ *adj* 1 (physically weak) *[person, health]* słabowity 2 (fragile) *[hope, excuse, human nature]* słaby
frailty /ˈfreɪltɪ/ *n* 1 (structure) wątłość *f*; (of person, health) słabowitość *f* 2 (imperfection) słabość *f*
frame /freɪm/ **I** *n* 1 (structure) (of building) szkielet *m*; (of ship, aircraft) wręga *f*; (of vehicle, bicycle, bed, piano) rama *f*; (of tent, rucksack) stelaż *m* 2 (border) (of picture) rama *f*; (small) ramka *f*; (of window) rama *f*, framuga *f*; (of door) futryna *f*, framuga *f*; (of spectacles) oprawka *f* 3 (body) ciało *n*; (build) postura *f*; **huge/slender ~** zwalista/szczupła postura 4 Cin, TV (single image) kadr *m*, klatka *f*; **to get sth in the ~** zmieścić coś w kadrze 5 Comput ramka *f* 6 (in snooker) (triangle) trójkąt *m*; (game) gra *f* 7 (for producing textiles) rama *f*; (for embroidering) ramki *f pl* hafciarskie 8 Agric (for protecting plants) inspekt *m*; (in beehive) ramka *f* 9 infml (set-up) **to put sb in the ~** wrobić kogoś infml
II frames *npl* (of spectacles) oprawka *f*
III *vt* 1 (put in frame) oprawi|ć, -ać *[picture, photograph]*; fig (be a frame of) obramow|ać, -ywać *[face, view]*; 2 (formulate in words) s|formułować *[question, reply]* 3 (devise) opracowa|ć, -ywać *[plan, project]*; u|kształtować *[policy]*; u|knuć *[plot]* 4 (mouth, person) wym|ówić, -awiać *[words]* 5 infml (set up) wr|obić, -abiać infml *[suspect, associate]*; **to ~ sb for robbery/murder** wrobić kogoś w rabunek/morderstwo; **I've been ~d** zostałem wrobiony, wrobiono mnie
IV -framed *in combinations* **steel/timber-~d house** dom o konstrukcji stalowej /drewnianej
frame frequency *n* Cin, TV częstotliwość *f* obrazu
frame house *n* dom *m* o drewnianej konstrukcji
frameless /ˈfreɪmlɪs/ *adj [spectacles]* bez oprawek; *[mirror, picture]* nieoprawiony
frame line *n* Cin linia *f* oddzielająca klatki
frame of mind *n* nastrój *m*, humor *m*; **to put sb in a better ~** wprawić kogoś w lepszy nastrój or humor; **to be in the right /wrong ~ for sth/to do sth** być/nie być w odpowiednim nastroju do czegoś/żeby zrobić coś
frame of reference *n* układ *m* odniesienia
framer /ˈfreɪmə(r)/ *n* ramiarz *m*
frame rucksack *n* plecak *m* ze stelażem
frame tent *n* namiot *m* ze stelażem
frame-up /ˈfreɪmʌp/ *n* infml zmowa *f*; **it's a ~** to zostało ukartowane
framework /ˈfreɪmwɜːk/ *n* 1 szkielet *m*, konstrukcja *f* 2 fig (structure) (of novel) struktura *f*, konstrukcja *f*; (of society) struktura *f* 3 fig (basis) podstawy *plt*; **legal /political/moral ~** podstawy prawne/polityczne/moralne 4 fig (limits) ramy *plt*; **within the ~ of the UN** w ramach ONZ; **within the ~ of the law** w granicach prawa
framing /ˈfreɪmɪŋ/ *n* 1 (of picture, photograph) oprawa *f* 2 Cin kadrowanie *n*
franc /fræŋk/ *n* Fin frank *m*
France /frɑːns, US fræns/ *prn* Francja *f*
franchise /ˈfræntʃaɪz/ **I** *n* 1 Pol prawo *n* wyborcze; **universal ~** powszechne prawo wyborcze 2 Comm franszyza *f*; **to hold a ~ for sth** posiadać franszyzę na coś
II *modif [operation, chain, business]* franszyzowy; **~ holder** franszyzobiorca
III *vt* Comm udziel|ić, -ać franszyzy na (coś) *[product, service]*
Francis /ˈfrɑːnsɪs, US ˈfræns-/ *prn* Franciszek *m*; **St ~ of Assisi** św. Franciszek z Asyżu
Franciscan /frænˈsɪskən/ **I** *n* franciszka-n|in *m*, -ka *f*
II *adj* franciszkański; **a ~ friar** franciszkanin
francium /ˈfrænsɪəm/ *n* Chem frans *m*
franco /ˈfræŋkəʊ/ *adv* Comm franko; **~ domicile/frontier** franko siedziba odbiorcy/granica
Franco- /ˈfræŋkəʊ/ *in combinations* francusko-
francophile /ˈfræŋkəʊfaɪl/ **I** *n* frankofil *m*
II *adj* frankofilski
francophobe /ˈfræŋkəʊfəʊb/ **I** *n* frankofob *m*
II *adj* wrogo nastawiony do Francuzów
francophone /ˈfræŋkəfəʊn/ **I** *n* osoba *f* francuskojęzyczna, frankofon *m*
II *adj* frankofoński, francuskojęzyczny
frangipane /ˈfrændʒɪpeɪn/ *n* 1 Culin masa *f* migdałowa, krem *m* migdałowy 2 = **frangipani**
frangipani /ˌfrændʒɪˈpɑːnɪ/ *n* (*pl* **~, ~s**) (shrub) uroczyn *m* czerwony; (perfume) perfumy *plt* z uroczynu czerwonego
frank[1] /fræŋk/ *adj [person, discussion, confession]* szczery; *[interest, curiosity, animosity]* nieskrywany; **I'll be perfectly ~ with you...** będę z tobą całkiem szczery...
frank[2] /fræŋk/ *vt* Post o|frankować dat *[letter, parcel]*; o|stemplować *[stamp]*
Frank /fræŋk/ *n* Hist Frank *m*
frankfurter /ˈfræŋkfɜːtə(r)/ *n* Culin frankfurterka *f*
frankincense /ˈfræŋkɪnsens/ *n* żywica *f* olibanowa; **gold, ~ and myrrh** złoto, kadzidło i mirra
franking machine *n* maszyna *f* do frankowania
Frankish /ˈfræŋkɪʃ/ **I** *n* Ling język *m* Franków
II *adj* **~ culture/habits** kultura/zwyczaje Franków
frankly /ˈfræŋklɪ/ *adv [discuss, confess]* szczerze; *[hostile]* otwarcie; **~, I couldn't**

care less szczerze mówiąc, nic mnie to nie obchodzi

frankness /ˈfræŋknɪs/ *n* (candour) szczerość *f*

frantic /ˈfræntɪk/ *adj* [1] (uncontrolled) *[applause, activity, excitement]* szaleńczy, szalony; *[person]* oszalały; *[weeping]* niepohamowany; **to be ~ with worry** odchodzić od zmysłów z niepokoju; **a husband ~ with jealousy** oszalały z zazdrości mąż; **to drive sb ~** doprowadzić kogoś do szału; **to go ~** oszaleć [2] (desperate) *[shout, struggle, effort]* rozpaczliwy [3] (nervous) *[activity, hurry, period]* gorączkowy [4] infml (extreme) szalony infml

frantically /ˈfræntɪklɪ/ *adv* [1] (excitedly) *[wave, shout, cheer]* jak oszalały, jak szalony [2] (desperately) *[struggle, beat, knock]* rozpaczliwie [3] (nervously) *[search]* gorączkowo

frappé /ˈfræpeɪ/ **I** *n* US (frozen drink) mrożony napój *m*; (milkshake) mrożony koktail *m* mleczny

II *adj* (iced) *[drink]* mrożony

fraternal /frəˈtɜːnl/ *adj [sentiments, feelings, greetings, spirit]* braterski

fraternity /frəˈtɜːnətɪ/ *n* [1] (brotherhood) braterstwo *n* [2] (sharing profession) **medical /banking ~** środowisko lekarskie/bankowe [3] US Univ korporacja *f*

fraternity pin *n* US Univ odznaka *f* korporacji

fraternization /ˌfrætənaɪˈzeɪʃn, US -nɪˈz-/ *n* fraternizacja *f*, bratanie się *n* **(with sb** z kimś**)**

fraternize /ˈfrætənaɪz/ *vi* z|bratać się, fraternizować się **(with sb** z kimś**)**

fratricide /ˈfrætrɪsaɪd/ *n* [1] (act) bratobójstwo *n* [2] (person) bratobój|ca *m*, -czyni *f*

fraud /frɔːd/ **I** *n* [1] (act, instance of deception) oszustwo *n*; **financial/electoral ~** oszustwo finansowe/wyborcze; **to obtain sth by ~** uzyskać coś za pomocą oszustwa; **credit card ~** oszustwo przy użyciu karty kredytowej [2] infml (person) oszust *m*, -ka *f*

II *modif* **~ trial/allegations** proces/oskarżenia o oszustwo; **~ investigation** dochodzenie w sprawie oszustwa; **~ charge** zarzut popełnienia oszustwa

Fraud Squad *n* GB ≈ wydział *m* przestępstw gospodarczych

fraudulence /ˈfrɔːdjʊləns, US -dʒʊ-/ *n* [1] = **fraud I**[1] [2] (of scheme) oszukańczy charakter *m*; (of cheque, signature) fałszywość *f*

fraudulent /ˈfrɔːdjʊlənt, US -dʒʊ-/ *adj [system, practice, intent, offer]* oszukańczy; *[signature, declaration, cheque, claim]* fałszywy; *[gain, earnings, use]* nielegalny; *[statement]* niezgodny z prawdą

fraudulent conversion *n* Jur oszukańcze przywłaszczenie *n*

fraudulently /ˈfrɔːdjʊləntlɪ, US -dʒʊ-/ *adv* oszukańczo, fałszywie; **to fill out an income tax form ~** wypełnić zeznanie podatkowe niezgodnie z prawdą

fraught /frɔːt/ *adj* [1] (filled) **to be ~ with dangers/difficulties** *[journey, life]* być najeżonym niebezpieczeństwami/trudnościami [2] (tense) *[person]* spięty; *[situation, atmosphere]* napięty; *[period]* pełen napięcia

fray[1] /freɪ/ *n* [1] fml (fight) bój *m*; **in the thick of the ~** w wirze walki; **are you ready for the ~?** fig jesteś gotów do boju? fig hum; **to enter the ~** ruszyć do boju [2] (brawl) burda *f*

fray[2] /freɪ/ **I** *vt* [1] *[person]* wystrzępi|ć, -ać, po|strzępić *[cloth, rope, carpet]*; **constant wear has ~ed the jeans** dżinsy wytarły się od ciągłego noszenia [2] fig (irritate) nadszarp|nąć, -ywać *[nerves]*

II *vi* [1] *[fabric, garment, edge]* wy|strzępić się; *[rope]* prze|trzeć, -cierać się [2] *[nerves]* pu|ścić, -szczać; *[patience]* s|kończyć się; **tempers are beginning to ~** nerwy zaczynają puszczać

III frayed *pp adj [material]* postrzępiony; *[nerves]* stargany

frazzle /ˈfræzl/ **I** *n* infml **I'm worn to a ~** jestem na ostatnich nogach infml; **to burn sth to a ~** spalić coś na węgiel

II *vt* [1] (burn) spalić na węgiel [2] **to ~ sb's nerves** przyprawić kogoś o rozstrój nerwowy; **to feel ~d** czuć się wykończonym

freak /friːk/ **I** *n* [1] offensive (deformed person or animal) dziwoląg *m* offensive; **to be a ~** być jakimś dziwolągiem [2] (strange person) dziwa|k *m*, -czka *f* [3] (unusual occurrence) anomalia *f*; **a ~ of nature** wybryk natury [4] infml (enthusiast) mania|k *m*, -czka *f*; **a jazz ~** maniak jazzu; **a computer ~** maniak komputerowy; **religious ~** fanatyk religijny [5] infml dat (hippy) hi(p)pis *m*, -ka *f*

II *modif [accident, occurrence, weather]* niecodzienny; *[plant]* dziwaczny

III *vi* infml (also **~ out)** (get angry) *[person]* wkurz|yć, -ać się infml

■ **freak out** infml: ¶ **~ out** [1] (get angry) *[person]* wkurz|yć, -ać się infml [2] (experience hallucinations) *[person]* odl|ecieć, -atywać infml **(on sth** pod wpływem czegoś**)** ¶ **~ out [sb], ~ [sb] out** (make angry) wkurz|yć, -ać infml *[person]*

freakish /ˈfriːkɪʃ/ *adj* [1] (monstrous) *[appearance, person, creature]* wynaturzony [2] (surprising) *[event, weather]* dziwny [3] (unusual) *[person, behaviour, clothes]* dziwaczny

freak-out /ˈfriːkaʊt/ *n* infml (on drugs) odlot *m* infml

freak show *n* gabinet *m* osobliwości

freaky /ˈfriːkɪ/ *adj* infml dziwaczny

freckle /ˈfrekl/ **I** *n* pieg *m*

II *vi [skin]* pokry|ć, -wać się piegami; **I ~ easily** od byle czego robią mi się *or* wychodzą mi piegi

freckled /ˈfrekld/ *pp adj* (covered in freckles) *[skin, face]* piegowaty

Frederick /ˈfredrɪk/ *prn* Fryderyk *m*

free /friː/ **I** *n* (also **~ period)** Sch wolna lekcja *f*; okienko *n* infml

II *adj* [1] (unhindered, unrestricted) *[person, country, election, press]* wolny; *[access, passage, choice, translation]* wolny, swobodny; *[movement, flow]* swobodny; **to be ~ to do sth** móc coś robić; **to leave sb ~ to do sth** pozwolić komuś coś zrobić; **to leave sb ~ to choose** pozostawić komuś swobodę wyboru; **feel ~ to do it!** nie krępuj się, zrób to!; **feel ~ to ask questions** proszę śmiało pytać; **'may I use your phone?' – 'feel ~'** „czy mogę skorzystać z telefonu?" – „bardzo proszę"; **feel ~ to make yourself a coffee** proszę się nie krępować i zrobić sobie kawę; **to break ~ of** *or* **from sth** uwolnić się *or* wyzwolić się od czegoś *[influence, restriction]*; **to set sb ~ from sth** uwolnić kogoś od czegoś *[task]*; **to set sb ~ to do sth** dać komuś swobodę zrobienia czegoś; **a school where children are allowed ~ expression** szkoła, w której dzieci mają swobodę wyrażania swoich opinii; **there will be ~ movement of workers within the country** robotnicy będą mogli swobodnie przemieszczać się po kraju; **I oiled the hinges to allow ~ movement** naoliwiłem zawiasy, żeby swobodnie chodziły; **roadworks have restricted the ~ movement of traffic** roboty drogowe ograniczyły ruch kołowy [2] (not captive or tied) *[person]* wolny; *[animal]* na wolności; *[limb]* wolny, swobodny; *[end]* luźny, wolny; **she grabbed it with her ~ hand** chwyciła to wolną ręką; **one more tug and my shoe was ~** jeszcze jedno szarpnięcie i udało mi się wyciągnąć but; **to set sb/sth ~** zwolnić *or* wypuścić (na wolność) kogoś *[prisoner, hostage]*; wypuścić (na wolność) coś *[animal]*; **to pull/jerk sth ~** wyciągnąć /wyszarpnąć coś *[object, shoe]*; **to break ~** *[person]* uwolnić się, oswobodzić się; *[animal]* wydostać się na wolność, oswobodzić się; **the boat broke ~ from** *or* **of its moorings** łódź zerwała się z cumy; **how did the parrot get ~?** jak ta papuga wydostała się (na wolność)?; **they had to cut the driver ~ from his car** musieli przeciąć samochód, żeby uwolnić kierowcę; **we managed to cut the rabbit ~** (from trap) udało nam się oswobodzić królika [3] (devoid) wolny; **I was ~ from** *or* **of them** uwolniłem się od nich; **to be ~ from** *or* **of litter/weeds/pollution** być wolnym od śmieci/chwastów/zanieczyszczeń; **he's not entirely ~ from** *or* **of blame** nie jest całkiem bez winy; **a day ~ from** *or* **of interruptions** dzień, kiedy nikt nie przeszkadza; **she was ~ from** *or* **of any bitterness** nie było w niej żadnej goryczy; **she was ~ from** *or* **of any hatred** nie było w niej cienia nienawiści; **I'm finally ~ from** *or* **of debt** wreszcie pozbyłem się długów; **put the glasses in a box to keep them ~ from** *or* **of harm** włóż szklanki do pudełka, żeby nic im się nie stało; **will he ever be ~ from** *or* **of pain?** czy on kiedyś uwolni się od bólu?; **this soup is ~ from** *or* **of artificial colourings** w tej zupie nie ma sztucznych barwników; **~ of** *or* **from tax** Fin wolny od podatku; **~ of** *or* **from interest** Fin nieoprocentowany [4] (costing nothing) *[ticket, meal, delivery, sample]* darmowy, bezpłatny; **'admission ~'** „wstęp wolny *or* bezpłatny"; **~ gift** Comm upominek reklamowy; **she only came with us in the hope of a ~ meal/ride** poszła z nami tylko dlatego, że liczyła na darmowy posiłek/darmową przejażdżkę; **you can't expect a ~ ride** fig nie ma nic za darmo; **to have a ~ ride** fig żyć na cudzy koszt [5] (not occupied) *[person, time, morning, chair, room]* wolny; **are you ~ for lunch on Monday?** masz w poniedziałek czas, żeby razem zjeść lunch?; **is this seat ~?** czy to miejsce jest wolne?; **I'm trying to keep Tuesday ~ to go and see her** staram się zostawić sobie wtorek wolny, żeby ją odwiedzić; **'please leave** *or* **keep this parking space ~ for disabled drivers'** „miejsce zarezerwowa-

F

ne dla niepełnosprawnych kierowców" [6] (generous, lavish) **to be ~ with sth** nie skąpić or nie żałować czegoś *[food, drink, advice]*; nie szczędzić czegoś *[compliments]*; **they've always been very ~ with money** nigdy nie żałowali or nie skąpili pieniędzy; **don't be too ~ with the gin** tylko nie przesadź z tym dżinem; **to make ~ with sth** swobodnie się rozporządzać czymś *[sb's money, belongings]* [7] (familiar) swobodny; **he is too ~ in his manner** zachowuje się zbyt swobodnie; **to make ~ with sb** za dużo sobie pozwalać wobec kogoś [8] Chem *[atom, nitrogen]* wolny [9] Ling *[form, morpheme]* wolny; *[stress]* swobodny; **~ vowel** samogłoska w sylabie otwartej

III *adv* [1] (unrestricted) *[roam, run, flow, swing]* swobodnie; *[hang]* swobodnie, luźno; **to go ~** (be freed) *[hostage]* zostać uwolnionym; (not go to jail) *[murderer, criminal]* pozostawać na wolności [2] (without payment) *[give, mend, repair, travel]* za darmo, bezpłatnie; **buy two, get one ~** kup dwa, a dostaniesz trzeci za darmo; **children are admitted ~** dla dzieci wstęp wolny or bezpłatny

IV **for free** *adv phr [give, mend, repair, work]* za darmo; **I'll tell you this for ~** infml to akurat mogę ci powiedzieć infml

V *vt* [1] (set at liberty) (from prison) wypu|ścić, -szczać (na wolność); (from captivity) uw|olnić, -alniać, oswob|odzić, -adzać *[person]*; oswob|odzić, -adzać, wypu|ścić, -szczać (na wolność) *[animal]*; wyzw|olić, -alać *[country, town]*; (from slavery) uw|olnić, -alniać, wyzw|olić, -alać; (from wreckage) wydoby|ć, -wać, oswob|odzić, -adzać; **to ~ sth from sth** uwolnić coś od czegoś; **to ~ sb from sth** wypuścić kogoś z czegoś *[prison]*; uwolnić kogoś od czegoś *[burden, blame, responsibility, anxiety, guilt, oppression, suffering, pain]*; **to ~ sth from state control** uwolnić coś spod kontroli państwa [2] (make available) odblokow|ać, -ywać *[money, capital, resources]*; uw|olnić, -alniać, oswob|odzić, -adzać *[hands]*; zw|olnić, -alniać *[room, space, place]*; **early retirement ~d him to pursue his hobby** przejście na wcześniejszą emeryturę pozwoliło mu zająć się swoim hobby

VI *vr* **to ~ oneself from sth** wyswob|odzić, -adzać się z czegoś, wydosta|ć, -wać się z czegoś *[wreckage, chains]*; uw|olnić, -alniać się spod czegoś *[control, influence]*; uw|olnić, -alniać się od czegoś *[blame, responsibility, burden, restriction]*

VII **-free** *in combinations* **smoke-~** niedymiący; **sugar-~** bez cukru, niesłodzony; **additive-~** bez dodatków; **interest-~** Fin nieoprocentowany; **dust-~** *[environment]* wolny od kurzu; *[surface]* niezakurzony; **pain-~** bezbolesny → **tax-free, lead-free, troublefree**

IDIOMS: **~ as a bird** or **the air** wolny jak ptak; **the best things in life are ~** najlepsze rzeczy w życiu są za darmo; **to give sb a ~ hand in sth** dać komuś wolną rękę w czymś; **to have a ~ hand in sth** mieć wolną rękę w czymś

free agent *n* **to be a ~** być sam sobie panem

free alongside ship *adj* franco wzdłuż burty statku

free and easy *adj* swobodny

free association *n* Psych wolne skojarzenie *n*

freebase /ˈfriːbeɪs/ **I** *n* kokaina *f* w postaci wolnej zasady

II *vi* zażywać kokainę w postaci wolnej zasady

freebee *n* = **freebie**

freebie /ˈfriːbiː/ **I** *n* infml (gift) upominek *m*; (meal) darmowy posiłek *m*; (trip) darmowa wycieczka *f*

II *modif [lunch, trip]* darmowy

free board *n* wolna burta *f*

freebooter /ˈfriːbuːtə(r)/ *n* rozbójnik *m*; (pirate) morski rozbójnik *m*; fig niebieski ptak *m*

Free Church *n* kościół *m* nonkonformistyczny

free city *n* wolne miasto *n*

free climbing *n* wolna wspinaczka *f*

free collective bargaining *n* negocjacje *plt* z pracodawcą w sprawie umowy zbiorowej

freedom /ˈfriːdəm/ *n* [1] (liberty) wolność *f*; **to give sb their ~** dać komuś wolność [2] (right or ability to act) wolność *f*, swoboda *f*; **~ to travel** swoboda podróżowania; **~ of association** wolność or swoboda zrzeszania się; **~ of assembly/thought/speech** wolność zgromadzeń/przekonań/słowa; **~ of choice** wolność or swoboda wyboru; **~ of action** swoboda działania; **~ of movement** swoboda ruchów; **~ of worship/the press** wolność wyznania/prasy; **~ of information** swobodny dostęp do informacji [3] (entitlement to use) **they gave us the ~ of their house while they were away** udostępnili nam dom na czas swojej nieobecności; **to give sb/receive the ~ of a city** przyznać komuś/otrzymać honorowe obywatelstwo miasta; **~ of the seas** wolność mórz [4] (lack of) **~ from sth** wolność od czegoś *[fear, pain, responsibility]*; brak czegoś *[control]*; **to have** or **enjoy ~ from war/fear/hunger/care** być wolnym od wojen/strachu/głodu/trosk; **the new government promised ~ from hunger/from want to all its people** nowy rząd obiecał społeczeństwu zlikwidowanie głodu/niedostatku [5] (ease) (of movement, gesture, style) swoboda *f*

freedom fighter *n* bojownik *m* o wolność, bojowniczka *f* o wolność

free enterprise **I** *n* wolna przedsiębiorczość *f*

II *modif [economy, system]* rynkowy

freefall /ˈfriːfɔːl/ **I** *n* spadanie *n* swobodne

II **free-fall** *modif [bomb, rocket]* niesterowany

free flight *n* lot *m* swobodny

free-floating /ˌfriːˈfləʊtɪŋ/ *adj [object]* dryfujący; *[ideas]* luźny

free-flowing /ˌfriːˈfləʊɪŋ/ *adj [liquid]* swobodnie spływający; *[conversation]* swobodny; *[music]* łagodny

Freefone®, **Freephone**® /ˈfriːfəʊn/ **I** *n* GB Telecom bezpłatny numer *m*; (for information) bezpłatna infolinia *f*

II *modif* **~ service** bezpłatna infolinia; **dial ~ 123** zadzwoń pod bezpłatny numer 123; **dial ~ recovery service** zadzwoń pod bezpłatny numer pomocy drogowej

free-for-all /ˈfriːfərˌɔːl/ *n* (fight) ogólna bijatyka *f*; (quarrel) ogólna pyskówka *f* infml

freehand /ˈfriːhænd/ **I** *adj [drawing, map]* odręczny

II *adv [draw, sketch]* od ręki, odręcznie

free hit *n* (rzut *m*) wolny *m*

freehold /ˈfriːhəʊld/ **I** *n* własność *f*; **to have the ~ of sth** mieć tytuł własności czegoś

II *modif [property, estate, building, land, house, shop]* własny; **~ tenant** właściciel

freeholder /ˈfriːhəʊldə(r)/ *n* właściciel *m*, -ka *f*

free house *n* GB pub *m* niezwiązany z żadnym browarem

free kick *n* = **free hit**

free labor *n* US = **free labour**

free labour *n* GB praca *f* robotników niezrzeszonych w związkach zawodowych

freelance /ˈfriːlɑːns, US -læns/ **I** *n* wolny strzelec *m* fig

II *adj* niezależny; **to do ~ work** pracować jako wolny strzelec, wykonywać prace zlecone; **to employ sb on a ~ basis** or **footing** zatrudnić kogoś na podstawie umowy zlecenia

III *adv [work]* jako wolny strzelec, na umowy zlecenia

IV *vi* pracować jako wolny strzelec, pracować na umowy zlecenia

freelancer /ˈfriːlɑːnsə(r), US -læns-/ *n* = **freelance I**

freeload /ˌfriːˈləʊd/ *vi* infml pasożytować **(on sb** na kimś**)**

freeloader /ˌfriːˈləʊdə(r)/ *n* infml pasożyt *m*, darmozjad *m*

free love *n* wolna miłość *f*

freely /ˈfriːlɪ/ *adv* [1] (without restriction) *[move, turn, breathe, travel, sell, speak]* swobodnie; (abundantly) *[spend, give]* szerokim gestem; **~ available** (easy to find) *[commodity, drug, help, information]* łatwo dostępny; (accessible) *[information, education]* ogólnie dostępny; **wine flowed ~** wino lało się strumieniami [2] (willingly) *[admit, confess]* chętnie [3] (not strictly) *[translate, adapt]* swobodnie

freeman /ˈfriːmən/ *n* (*pl* **-men**) (also **~ of the city**) honorowy obywatel *m* miasta

free market **I** *n* (also **~ economy**) wolny rynek *m*, gospodarka *f* wolnorynkowa; **in a ~** w gospodarce wolnorynkowej

II *modif [system]* wolnorynkowy; **~ forces** siły rynku

freemarketeer /ˌfriːmɑːkɪˈtɪə(r)/ *n* zwolenni|k *m*, -czka *f* wolnego rynku

Freemason /ˈfriːmeɪsn/ *n* wolnomularz *m*, mason *m*

Freemasonry /ˌfriːˈmeɪsnrɪ/ *n* wolnomularstwo *n*, masoneria *f*

free of charge, FOC **I** *adj [service, admission, delivery]* darmowy, bezpłatny

II *adv* Comm *[repair, mend, replace]* bezpłatnie, za darmo, f.o.c.

free on board, FOB *adj* Comm franco statek; US franco punkt dostawy; f.o.b.

free on rail, FOR *adj* Comm franco wagon, f.o.r., FOR

free period *n* Sch wolna lekcja *f*; okienko *n* infml

Freephone® *n, adj* = **Freefone**

free port *n* port *m* wolnocłowy

freepost /ˈfri:pəust/ GB **I** *n* '~' (on envelope) „zwolnione z opłaty pocztowej"
II *modif [service, address]* zwolniony z opłaty pocztowej; **~ system** system, w którym adresat opłaca koszt przesyłki
free-range /ˌfri:ˈreɪndʒ/ *adj [hen, chicken, poultry]* hodowany w naturalnych warunkach
free-range eggs *npl* jaja *n pl* wiejskie
freesia /ˈfri:zɪə, US ˈfri:ʒər/ *n* Bot frezja *f*
free speech *n* wolność *f* słowa
free spirit *n* wolny duch *m*
free-spirited /ˌfri:ˈspɪrɪtɪd/ *adj [person, character, outlook]* niezależny
free-standing /ˌfri:ˈstændɪŋ/ *adj [cooker, bath, lamp, statue, sculpture]* wolno stojący; fig *[organization, company]* niezależny
Free State *n* US Hist wolny stan *m*
freestone /ˈfri:stəun/ *n* kamień *m* ciosowy
freestyle /ˈfri:staɪl/ **I** *n* (in swimming) styl *m* dowolny; (in skiing) akrobacje *f pl* narciarskie; (in snowboarding) freestyle *m*; (amateur wrestling) zapasy *plt* w stylu wolnym; (all-in wrestling) wolnoamerykanka *f*
II *modif [swimming, race]* stylem dowolnym; *[wrestling, event]* w stylu wolnym; **~ skiing** akrobacje narciarskie
freethinker /ˌfri:ˈθɪŋkə(r)/ *n* wolnomyśliciel *m*, -ka *f*
freethinking /ˌfri:ˈθɪŋkɪŋ/ **I** *n* (also **free thought**) wolnomyślność *f*
II *adj [person]* wolnomyślny
free throw *n* (in basketball) rzut *m* osobisty
free-throw line /ˌfri:ˈθrəulaɪn/ *n* linia *f* rzutów osobistych
free trade **I** *n* wolny handel *m*
II *modif* **~ movement** ruch na rzecz wolnego handlu; **~ agreement** umowa o wolnym handlu; **~ zone** strefa wolnego handlu
free trader *n* zwolenni|k *m*, -czka *f* wolnego handlu
free university *n* US Univ uniwersytet *m* otwarty
free verse *n* wiersz *m* wolny
free vote *n* głosowanie *n* bez dyscypliny partyjnej
freeware /ˈfri:weə(r)/ *n* Comput darmowe oprogramowanie *n*
freeway /ˈfri:weɪ/ *n* US autostrada *f*
freewheel /ˌfri:ˈwi:l, US -ˈhwi:l/ **I** *n* Mech (of bicycle, vehicle) wolne koło *n*
II *vi* (on bike) toczyć się, jechać na wolnym kole; (in car) toczyć się, jechać na luzie; fig *[person]* być na luzie infml
freewheeler /ˌfri:ˈwi:lə(r), US -ˈhwi:lə(r)/ *n* luzak *m* infml
freewheeling /ˌfri:ˈwi:lɪŋ, US -ˈhwi:lɪŋ/ *adj* luzacki infml
free will *n* [1] Philos wolna wola *f* [2] **of one's own ~** z własnej woli
freeze /fri:z/ **I** *n* [1] Meteorol mróz *m*; **big ~** wielkie mrozy [2] Econ, Fin zamrożenie *n* **(on sth** czegoś); **benefit/price/rent/wages ~** zamrożenie wydatków socjalnych/cen/czynszów/płac; **to impose a ~ on sth** zamrozić coś
II *vt* (*pt* **froze;** *pp* **frozen)** [1] *[person]* zamr|ozić, -ażać *[food]*; *[cold weather]* s|powodować zamarznięcie (czegoś) *[liquid]*; przemr|ozić, -ażać *[fruit, ground]*; **the lock was frozen** zamek był zamarznięty [2] fig (halt) z|mrozić; **to ~ sb with a glance** zmrozić kogoś spojrzeniem; **the terrible sight froze them to the spot** na ten potworny widok zamarli w bezruchu [3] Econ, Fin zamr|ozić, -ażać *[price, loan, assets]* [4] Cin zatrzym|ać, -ywać *[frame, picture]* [5] (anaesthetize) zamr|ozić, -ażać *[gum, skin]* [6] Comput zamr|ozić, -ażać *[window]*
III *vi* (*pt* **froze;** *pp* **frozen)** [1] (turn solid) *[water, river, pipes]* zamarz|nąć, -ać; *[food]* zamr|ozić, -ażać się; **to ~ to sth** przymarznąć do czegoś [2] (feel cold) *[person]* przemarznąć, z|marznąć; **to ~ to death** zamarznąć [3] fig (become motionless) *[person, animal]* zam|rzeć, -ierać, zastyg|nąć, -ać w bezruchu; **the story made my blood ~** ta historia zmroziła mi krew w żyłach; **the smile froze on his face** uśmiech zastygł mu na twarzy; **to ~ with horror** zamierać z przerażenia; **to ~ with surprise** oniemieć ze zdziwienia; **~!** (shouted by police) stój! [4] fig (become haughty) ze|sztywnieć fig
■ **freeze out:** ¶ **~ out [sb], ~ [sb] out** nie chcieć rozmawiać z (kimś) *[colleague, friend]* ¶ **~ out [sth], ~ [sth] out** Comm wyp|rzeć, -ierać z rynku *[goods, company, competitor]*
■ **freeze over** *[river, lake, windscreen]* zamarz|nąć, -ać; **the windscreen is frozen over** szyba jest całkiem zamarznięta
■ **freeze up** *[pipe, lock, window]* zamar|znąć, -zać
IDIOMS: **I can wait until hell ~s over** mogę czekać aż do śmierci; **when hell ~s over!** prędzej mi tu kaktus wyrośnie! infml
freeze-dried /ˌfri:zˈdraɪd/ *adj* liofilizowany
freeze-dry /ˌfri:zˈdraɪ/ *vt* liofilizować
freeze-frame /ˌfri:zˈfreɪm/ *n* Cin, TV, Video stop-klatka *f*
freezer /ˈfri:zə(r)/ *n* [1] (for food storage) zamrażarka *f*; (industrial) chłodnia *f* [2] US (ice-cream maker) maszynka *f* do lodów
freezer bag *n* torba *f* termoizolacyjna
freezer compartment *n* zamrażalnik *m*
freezer trawler *n* trawler *m* chłodnia
freezing /ˈfri:zɪŋ/ **I** *n* [1] Meterol zero *n* (stopni); **below ~** poniżej zera [2] Fin zamrożenie *n*
II *adj [person]* przemarznięty; *[conditions, weather]* mroźny; **this room is ~** w tym pokoju jest lodowato; **I'm ~** jest mi przeraźliwie zimno; **it's ~ in here** tu jest lodowato; **~ fog** marznąca mgła
freezing cold **I** *n* przenikliwe zimno *n*
II *adj [room, wind]* przeraźliwie zimny; *[shower, water]* lodowaty
freezing point *n* temperatura *f* zamarzania
freight /freɪt/ **I** *n* [1] Comm (goods) ładunek *m*, towary *m pl* [2] (transport system) przewóz *m* towarów, fracht *m*; **air/rail/sea ~** transport or fracht lotniczy/kolejowy/morski; **to send sth by air/rail/sea ~** wysłać coś frachtem powietrznym/kolejowym/morskim [3] (cost) koszt *m* przewozu, przewoźne *n*; (by ship) fracht *m*
II *modif [company, service]* przewozowy; *[transport, wagon, train]* towarowy; **~ route** trasa przewozu; **~ traffic** ruch or transport towarowy
III *vt* Comm *[person, company]* (send) wys|łać, -yłać *[goods]*; (transport) przew|ieźć, -ozić *[goods]*
freightage /ˈfreɪtɪdʒ/ *n* [1] (charge) fracht *m*, przewoźne *n* [2] (goods) fracht *m*, ładunek *m*
freight car *n* Rail wagon *m* towarowy
freight charges *npl* Comm opłaty *f pl* za przewóz, opłaty *f pl* frachtowe
freight collect *adv* US Comm **to dispatch sth ~** wysłać coś na koszt odbiorcy
freight costs *npl* koszty *m pl* przewozu or frachtu
freighter /ˈfreɪtə(r)/ *n* [1] Naut frachtowiec *m* [2] Aviat transportowiec *m*
freight forward *adv* GB Comm = **freight collect**
freight forwarder *n* Comm spedytor *m*
freight forwarding agent *n* = **freight forwarder**
freight insurance *n* ubezpieczenie *n* ładunku
freightliner /ˈfreɪtlaɪnə(r)/ *n* Rail pociąg *m* kontenerowy
freight note *n* nota *f* frachtowa
freight operator *n* Comm spedytor *m*
freight terminal *n* terminal *m* towarowy
freight ton *n* Meas tona *f* frachtowa
freight yard *n* plac *m* załadunkowy
French /frentʃ/ **I** *n* [1] Ling (język *m*) francuski *m* [2] **the ~** *(+ v pl)* Francuzi *plt*
II *adj* francuski
IDIOMS: **pardon my ~** hum proszę wybaczyć wyrażenie; **to take ~ leave** wyjść po angielsku
French Academy *n* Akademia *f* Francuska
French bean *n* fasola *f* zwykła
French Canadian **I** *n* [1] (person) francuskojęzyczny Kanadyjczyk *m*, francuskojęzyczna Kanadyjka *f* [2] Ling kanadyjska francuszczyzna *f*
II *adj* **~ person** francuskojęzyczny Kanadyjczyk, francuskojęzyczna Kanadyjka; **~ town** miasto we francuskojęzycznej części Kanady; **~ custom** zwyczaj panujący we francuskojęzycznej części Kanady
French chalk *n* (for marking cloth) kreda *f* krawiecka; (for removing stains) kreda *f* do czyszczenia
French doors *npl* US drzwi *plt* balkonowe
French dressing *n* GB sos *m* winegret; US sos *m* z majonezu i keczupu
French fried potatoes *npl* frytki *f pl*
French fries *npl* frytki *f pl*
French Guiana *prn* Gujana *f* Francuska
French horn *n* Mus waltornia *f*, róg *m*
French horn player *n* waltornist|a *m*, -ka *f*
Frenchified /ˈfrentʃɪfaɪd/ *adj* infml sfrancuziały; *[style, manner, ways]* na modłę francuską; **to become ~** sfrancuzieć
Frenchify /ˈfrentʃɪfaɪ/ *vt* pej or hum **to ~ one's style/manner** przyjąć styl/obyczaj francuski; **to ~ one's accent** mówić z francuskim akcentem
French kiss *n* pocałunek *m* z języczkiem infml; **to give sb a ~** pocałować kogoś z języczkiem
French knickers *npl* (majtki) motylki *plt*
French letter *n* infml dat (contraceptive) prezerwatywa *f*
French loaf *n* bagietka *f*

Frenchman /ˈfrentʃmən/ *n* (*pl* **-men**) Francuz *m*
French marigold *n* Bot aksamitka *f* rozpierzchła
French mustard *n* musztarda *f* francuska
French pleat *n* [1] Sewing fałda *m* podwójna (od środka) [2] (hairstyle) (roll) banan *m*; (pleat) warkocz *m* francuski
French polish **I** *n* politura *f*
II *vt* politurować
French poodle *n* pudel *m*
French Revolution *n* Rewolucja *f* Francuska
French Riviera *n* Riwiera *f* Francuska
French seam *n* szew *m* francuski
French-speaking /ˈfrentʃspiːkɪŋ/ *adj* francuskojęzyczny
French stick *n* = **French loaf**
French toast *n* grzanka *f* francuska
French West Africa *prn* Francuska Afryka *f* Zachodnia
French window *n* = **French doors**
Frenchwoman /ˈfrentʃwʊmən/ *n* (*pl* **-women**) Francuzka *f*
frenetic /frəˈnetɪk/ *adj [activity, pace, dance]* szaleńczy; *[life, lifestyle]* szalony; *[applause, cheers]* frenetyczny liter
frenetically /frəˈnetɪklɪ/ *adv [dance, party]* bez opamiętania; **to rush around ~ in search of sth** miotać się w poszukiwaniu czegoś
frenzied /ˈfrenzɪd/ *adj [activity, passion, lust]* szalony; *[mob]* rozszalały; *[attempt, effort]* desperacki; **he made a ~ attack on her** rzucił się na nią jak szalony; **she was the victim of a ~ attack** padła ofiarą brutalnego ataku; **we had to make a ~ dash to the airport** hum musieliśmy gnać na lotnisko jak szaleni
frenzy /ˈfrenzɪ/ *n* gorączka *f*; **media ~** wrzawa w mediach; **to drive** or **rouse sb to a ~** wprowadzić kogoś w gorączkowy nastrój; **to drive** or **rouse a crowd to a ~** porwać tłum; **a ~ of preparations** gorączka przygotowań; **there is a ~ of activity** praca wre; **to be in a state of ~** być rozgorączkowanym; **to be in a ~ of joy** szaleć or nie posiadać się z radości; **to be in a ~ of anxiety** odchodzić od zmysłów z niepokoju; **to be in a ~ of anticipation** nie móc się doczekać
frequency /ˈfriːkwənsɪ/ *n* częstotliwość *f* (**of sth** czegoś); **errors in order of ~** błędy według częstotliwości występowania; **these incidents have been occurring with increasing ~** takie przypadki zdarzają się coraz częściej
frequency band *n* pasmo *n* częstotliwości
frequency distribution *n* Stat rozkład *m* częstości
frequency hopping *n* Telecom skok *m* częstotliwości
frequency modulation *n* modulacja *f* częstotliwości
frequent **I** /ˈfriːkwənt/ *adj* [1] (common) *[objection, custom, assumption, expression]* częsty; **it's quite ~, it's quite a ~ occurrence** to dość częste, to się zdarza dość często [2] (happening often) *[attempt, change, departure, discussion, visit, visitor]* częsty; **to make ~ use of sth** często z czegoś korzystać; **to be in ~ contact with sb** mieć z kimś częsty kontakt; **she is a ~ visitor to our house** jest u nas częstym gościem; **she is a ~ customer of ours** jest naszą stałą klientką; **to be sb's ~ companion** często komuś towarzyszyć
II /frɪˈkwent/ *vt* bywać w (czymś) *[bar, club]*
frequentative /frɪˈkwentətɪv/ **I** *n* Ling czasownik *m* wielokrotny
II *adj* wielokrotny, frekwentywny
frequently /ˈfriːkwəntlɪ/ *adv* często
fresco /ˈfreskəʊ/ *n* (*pl* **-oes**) fresk *m*
fresh /freʃ/ *adj* [1] (not old) *[food]* świeży; **to look/smell ~** wyglądać/pachnieć świeżo; **the milk tastes ~** sądząc po smaku, to mleko jest świeże; **milk ~ from the cow** mleko prosto od krowy; **bread ~ from the oven** chleb prosto z pieca; **eggs ~ from the farm** świeże jaja, jaja prosto z fermy; **flowers ~ from the garden** kwiaty prosto z ogrodu [2] Culin (not preserved) *[herbs, vegetables, coffee]* świeży; **~ orange juice** świeżo wyciśnięty sok z pomarańczy [3] (renewed, other) *[clothes, linen]* czysty; *[supplies]* świeży; *[drink, cigarette, ammunition, hope, problem, attempt, information, evidence, assignment]* nowy; **a ~ coat of paint** nowa warstwa farby; **a ~ glass of wine** następny kieliszek wina; **to take a ~ look at sth** spojrzeć na coś świeżym okiem; **to make a ~ start** zacząć od nowa [4] (recent) *[mark, fingerprint, cut, blood, memory, news]* świeży; **write it down while it's ~ in your mind** zapisz, póki masz to (na) świeżo w pamięci; **the accident is still ~ in her memory** wciąż ma świeżo w pamięci ten wypadek [5] (recently returned) **teachers ~ from** or **out of college** nauczyciele świeżo po studiach; **to be ~ from a trip abroad** być świeżo po podróży zagranicznej; **~ from London** prosto z Londynu [6] (original, refreshing) *[outlook, attitude]* świeży; **a ~ approach to the problem** świeże podejście do problemu [7] (alert, energetic) rześki; **to feel** or **be ~** czuć się rześko; **you'll feel ~er in the morning** rano poczujesz się bardziej rześko; **I felt ~ after my holiday** po wakacjach czułem się świeży i wypoczęty [8] (cool, refreshing) *[air, day, morning]* świeży, rześki; *[weather]* chłodny; *[water]* orzeźwiający; **~ breeze** Meteorol dość silny wiatr [9] *[colour]* soczysty [10] (healthy) *[face, complexion]* świeży [11] US infml (over-familiar) bezczelny; **to be ~ with sb** pozwalać sobie za dużo w stosunku do kogoś; **he started to get ~ with her** (sexually) zaczął się do niej przystawiać infml

IDIOMS: **we are ~ out of bread** infml nie mamy ani kromki chleba

fresh air *n* świeże powietrze *n*; **in the ~** na świeżym powietrzu; **to let in some ~** wpuścić trochę (świeżego) powietrza; **to get some ~** zaczerpnąć (świeżego) powietrza; **they don't get enough ~** za mało wychodzą na (świeże) powietrze
fresh-air fiend /ˌfreʃˈeəfiːnd/ *n* infml [1] (liking ventilation) mania|k *m*, -czka *f* wietrzenia [2] (outdoor type) mania|k *m*, -czka *f* świeżego powietrza
freshen /ˈfreʃn/ **I** *vt* (renew) odśwież|yć, -ać *[paintwork, jacket]*
II *vi [air, weather]* ochł|odzić, -adzać się; *[wind]* nasil|ić, -ać się; **winds ~ing from the east** nasilający się wiatr wschodni
■ **freshen up** *[person]* odśwież|yć, -ać się
fresher /ˈfreʃə(r)/ *n* GB Univ infml student *m*, -ka *f* pierwszego roku; pierwszoroczniak *m* infml; **~'s week** ≈ dni adaptacyjne
freshet /ˈfreʃɪt/ *n* [1] (flood) gwałtowny wylew *m* rzeki [2] (stream) strumień *m* wpadający do morza
fresh-faced /ˌfreʃˈfeɪst/ *adj* młodzieńczy
freshly /ˈfreʃlɪ/ *adv [baked, brewed, ground, made, squeezed, painted, cleaned, washed, ironed]* świeżo, dopiero co
freshman /ˈfreʃmən/ *n* (*pl* **-men**) [1] Univ student *m* pierwszego roku; pierwszoroczniak *m* infml [2] US fig (in Congress, in firm) nowy *m*
fresh money *n* Fin świeży pieniądz *m*
freshness /ˈfreʃnɪs/ *n* [1] (of foodstuff, produce, linen, paintwork, flavour) świeżość *f* [2] (originality) (of approach, interpretation) świeżość *f* [3] (energy) (of person) świeżość *f* [4] (coolness) (of air, day, morning) świeżość *f*, rześkość *f* [5] (of face, complexion) świeżość *f* [6] (impudence) (of person, manner) bezczelność *f*
fresh water **I** *n* słodka woda *f*
II **freshwater** *modif [animal, organism, lake]* słodkowodny
freshwoman /ˈfreʃwʊmən/ *n* (*pl* **-women**) Univ studentka *f* pierwszego roku
fret[1] /fret/ *n* Mus próg *m*
fret[2] /fret/ Archit **I** *n* ornament *m* geometryczny (*z prostopadłych linii, np. meander*)
II *vt* (*prp, pt, pp* **-tt-**) ozd|obić, -abiać ornamentem geometrycznym *[ceiling]*; wy|rzeźbić ornament geometryczny w (czymś) *[wood]*
III **fretted** *pp adj* **~ted ceiling** sufit z ornamentem geometrycznym
fret[3] /fret/ *vi* (*prp, pt, pp* **-tt-**) [1] (worry, be anxious) przejmować się (**about** or **over sb/sth** kimś/czymś); **don't ~** uspokój się; **she's been ~ting all week** od tygodnia się denerwuje [2] *[baby]* marudzić; **he's ~ting for his mother** płacze za matką
fretful /ˈfretfl/ *adj [sleep]* niespokojny; *[person]* rozdrażniony; *[child]* marudny
fretfully /ˈfretfəlɪ/ *adv* niespokojnie
fretsaw /ˈfretsɔː/ *n* wyrzynarka *f*
fretwork /ˈfretwɜːk/ *n* (patterns) ornamenty *m pl* geometryczne
Freudian /ˈfrɔɪdɪən/ **I** *n* freudyst|a *m*, -ka *f*
II *adj* freudowski; (Freud's) Freudowski
Freudian slip *n* freudowska pomyłka *f*
Fri = Friday
friable /ˈfraɪəbl/ *adj [soil]* kruchy
friar /ˈfraɪə(r)/ *n* Relig brat *m* zakonny; **Friar Adam** Brat Adam
fricassee /ˈfrɪkəsiː/ *n* potrawka *f*
fricative /ˈfrɪkətɪv/ **I** *n* Ling spółgłoska *f* szczelinowa or frykatywna
II *adj [consonant]* szczelinowy, frykatywny
friction /ˈfrɪkʃn/ *n* [1] Phys tarcie *n* [2] Ling frykcja *f* [3] fig (conflict) tarcia *plt* (**between sb and sb** między kimś a kimś); **there is growing ~ between management and workforce** nasilają się tarcia między kie-

rownictwem a załogą; **there is a certain amount of ~ in any family** w każdej rodzinie występują pewne tarcia
friction-driven /ˌfrɪkʃnˈdrɪvn/ *adj* **~ toy** zabawka na koło zamachowe
friction tape *n* US taśma *f* izolacyjna
Friday /ˈfraɪdɪ/ **I** *n* piątek *m*; **on ~** w piątek
II *modif* piątkowy
fridge /frɪdʒ/ *n* GB lodówka *f*
fridge-freezer /ˌfrɪdʒˈfriːzə(r)/ *n* lodówka *f* z zamrażarką
fried /fraɪd/ → **fry²**
friend /frend/ **I** *n* [1] (person one knows) znajom|y *m*, -a *f*; (at work, school) koleg|a *m*, -żanka *f*; (person one likes) przyjaci|el *m*, -ółka *f*; **a ~ of the family** przyjaciel domu; **he's a ~ of my father's** jest znajomym ojca; **to make ~s** zaprzyjaźnić się **(with sb** z kimś); **he finds it difficult to make ~s** ma trudności z nawiązywaniem kontaktów; **to be ~s with sb** przyjaźnić się z kimś; (not quarrel) żyć w przyjaźni z kimś; **they've been ~s for 15 years** przyjaźnią się od 15 lat; **to be the best ~ of friends** żyć ze sobą w wielkiej przyjaźni; **to be a good ~ to sb** być prawdziwym przyjacielem kogoś; **he's no ~ of mine!** wcale nie jest moim przyjacielem!; **a ~ of his** jego znajomy /znajoma; **a photographer ~ of mine** mój znajomy fotograf; **we're just good ~s** jesteśmy tylko przyjaciółmi (nic poza tym); **that's what ~s are for!** od czego ma się przyjaciół?!; **let's be ~s!** (after quarrel) zgoda?; **who goes there? ~ or foe?** kto to? swój czy wróg?; **our old ~ the taxman** hum or iron nasz dobry znajomy, urzędnik podatkowy hum or iron [2] fig (supporter, ally) (of party, cause, movement) zwolennik *m*; **the Friends of Covent Garden** Miłośnicy Covent Garden; **~s in high places** wpływowi przyjaciele [3] (form of address) **come here, my ~** podejdź no tu, przyjacielu; **my learned ~** Jur mój szanowny kolega [4] fig (familiar object) **this book is an old ~** znam tę książkę doskonale
II Friend *prn* Relig kwakier *m*, -ka *f*
IDIOMS: **a ~ in need is a ~ indeed** Prov prawdziwych przyjaciół poznaje się w biedzie; **with ~s like him, who needs enemies?** ładny mi przyjaciel!
friendless /ˈfrendlɪs/ *adj* bez przyjaciół; **to feel ~** czuć się samotnym
friendliness /ˈfrendlɪnɪs/ *n* (of voice, manner) życzliwość *f*; (of hotel, shop) życzliwa atmosfera *f*
friendly /ˈfrendlɪ/ **I** *n* Sport mecz *m* towarzyski, spotkanie *n* towarzyskie
II *adj [person]* przyjazny, życzliwy, miły; *[animal]* przyjazny; *[behaviour, attitude, smile]* przyjazny, przyjacielski; *[government, nation]* przyjazny; *[argument, agreement]* przyjacielski; *[match]* towarzyski; *[hotel, shop]* miły; **a ~ gathering** spotkanie towarzyskie; **to be ~ with sb** żyć z kimś w przyjaźni; **to get** or **become ~ with sb** zaprzyjaźnić się z kimś; **to be on ~ terms with sb** być z kimś w dobrych stosunkach; **to be ~ to sth** być otwartym na coś *[new ideas]*; być przyjaźnie nastawionym do czegoś *[small firms, local groups]*; **to have a ~ relationship with sb** być z kimś w przyjacielskich stosunkach; **the people round here are very ~** tutejsi ludzie są bardzo życzliwi; **he is very ~ with the boss all of a sudden** jakoś nagle stał się wielkim przyjacielem szefa; **let me give you some ~ advice** posłuchaj przyjacielskiej rady; **that's not very ~!** to niezbyt uprzejme!
III -friendly *in combinations* **environment-~** przyjazny dla środowiska; **dolphin-~ tuna** tuńczyk łowiony bez szkody dla delfinów; **user-~** łatwy w obsłudze; **child-~** przystosowany dla dzieci; **customer-~** wygodny dla klientów
friendly fire *n* Mil euph **to be killed by ~** zginąć od ognia swoich
Friendly Islands *prn pl* Wyspy *f pl* Przyjacielskie
friendly society *n* GB Insur towarzystwo *n* wzajemnej asekuracji
friendship /ˈfrendʃɪp/ *n* przyjaźń *f*; **(to do sth) out of ~** (zrobić coś) z przyjaźni; **to form ~s** zawierać przyjaźnie
friendship bracelet *n* pleciona bransoletka *f (ofiarowana w dowód przyjaźni)*
Friends of the Earth, FoE *n* Przyjaciele *m pl* Ziemi
fries /fraɪz/ *npl* US infml frytki *f pl*
Friesian /ˈfriːzjən, ˈfriːʒən/ *n* [1] (cattle) bydło *n* fryzyjskie [2] Ling = **Frisian**
frieze /friːz/ *n* Archit fryz *m*
frig /frɪg/ *vi*
■ **frig about** vinfml [1] (waste time) opieprzać się vinfml [2] (behave stupidly) wygłupiać się infml
frigate /ˈfrɪgɪt/ *n* fregata *f*
frigging /ˈfrɪgɪŋ/ *adj* vinfml pieprzony vinfml
fright /fraɪt/ *n* [1] (terror) przerażenie *n*; **to be paralyzed with ~** zdrętwieć z przerażenia; **to give a cry of ~** krzyknąć z przerażenia; **to take ~** przerazić się **(at sth** czymś); **the government took ~ at the increase in crime** rząd przeraził się wzrostem przestępczości [2] (shock) **to have** or **get a ~** przestraszyć się; **to give sb a ~** przestraszyć kogoś; **it gave me such a ~** tak mnie to przeraziło; **I had the ~ of my life!** myślałem, że umrę ze strachu! [3] infml (person) straszydło *n*; **to look a ~** wyglądać jak straszydło
frighten /ˈfraɪtn/ *vt [noise, scream, explosion, situation]* przera|zić, -żać; **it ~s me to see her so ill** jestem przerażony jej chorobą; **it ~ed him just to think about it** był przerażony już na samą myśl o tym; **I'm not easily ~ed** nie łatwo mnie przerazić; **the incident ~ed me into changing my plans** to zdarzenie tak mnie przeraziło, że zmieniłem plany; **their threats ~ed him into submission/silence** ich groźby zmusiły go do posłuszeństwa/milczenia; **to ~ sb out of doing sth** odstraszyć kogoś od zrobienia czegoś
■ **frighten away**: **~ away [sb/sth], ~ [sb/sth] away** odg|onić, -aniać, przeg|onić, -aniać *[geese, children]*
■ **frighten off**: **~ off [sb], ~ [sb] off** odstrasz|yć, -ać *[intruder, rival, buyer, bidder]*
frightened /ˈfraɪtnd/ *adj* przerażony; **to be ~** bać się **(of sb/sth** kogoś/czegoś) **(to do sth** zrobić coś); **to be ~ that...** bać się, że...; **she was too ~ even to look** bała się nawet spojrzeć; **she was ~ about what might happen** bała się, co może się stać; **she was ~ about losing her job** bała się, że może stracić pracę; **to be ~ at the thought of doing sth** bać się pomyśleć o zrobieniu czegoś; **I've never been so ~ in my life** nigdy w życiu nie byłem taki przerażony; **he's a very ~ man** on bardzo się boi → **death, wit**
frightening /ˈfraɪtnɪŋ/ *adj* [1] *[monster, story, experience, accident]* przerażający [2] fig (alarming) *[statistics, results, prospect, rate, speed]* zatrważający
frighteningly /ˈfraɪtnɪŋlɪ/ *adv [close, simple, expensive, obvious]* potwornie infml
frightful /ˈfraɪtfl/ *adj* [1] (inducing horror) *[scene, sight]* przerażający [2] infml (terrible, bad) *[prospect, possibility, mistake, headache, poem, smell]* potworny; **the future was ~ to contemplate** aż strach było myśleć, co przyszłość przyniesie; **he had a ~ time of it** dla niego to było straszne; **he's a ~ bore** jest potwornym nudziarzem; **that wallpaper looks ~** ta tapeta wygląda potwornie; **that ~ woman!** ta potworna baba! infml [3] GB (great) **this strike is a ~ nuisance** ten strajk jest ogromnie uciążliwy; **would it be a ~ nuisance for you to bring it round?** czy byłby to dla ciebie wielki kłopot, gdybyś wziął to ze sobą?; **it's a ~ shame** wielka szkoda
frightfully /ˈfraɪtfəlɪ/ *adv* GB potwornie; **we're going to be ~ late** (not on time) aż wstyd, ile się spóźnimy; (in the night) będziemy bardzo późno; **he was ~ tired** był potwornie zmęczony; **I am ~ sorry** jest mi potwornie przykro; **it's ~ kind of you** to szalenie uprzejmie z twojej strony; **he's not ~ popular** nie jest specjalnie popularny
fright wig *n* peruka *f* klowna
frigid /ˈfrɪdʒɪd/ *adj* [1] Med *[woman]* oziębły [2] Geog, Meteorol *[zone, climate]* polarny [3] fig *[look, indifference]* lodowaty
frigidity /frɪˈdʒɪdətɪ/ *n* Med oziębłość *f* also fig
frigidly /ˈfrɪdʒɪdlɪ/ *adv [respond, answer]* oziębłe
frill /frɪl/ **I** *n* [1] Fashn (on dress, curtain) falbana *f*; (on shirt front) żabot *m* [2] Culin (decoration) papilot *m*
II frills *npl* [1] (on clothes, furniture) ozdóbki *f pl* infml [2] (on car, appliance) dodatki *m pl*; bajery *m pl* infml; **this is the basic model, with no ~s** to jest wersja podstawowa, bez żadnych dodatków; **give us a reliable system, with no ~s** daj nam niezawodny system, bez żadnych specjalnych bajerów → **no-frills** [3] (in writing, drawing) esy-floresy *plt*
frilled /frɪld/ *adj [dress]* z falbaną; *[collar]* z falbanką
frilly /ˈfrɪlɪ/ *adj [garment]* z falbankami
fringe /frɪndʒ/ **I** *n* [1] GB (of hair) grzywka *f* [2] (decorative trim) frędzle *m pl* [3] (edge) (of forest, meadow) skraj *m* **(of sth** czegoś); (of town) obrzeża *n pl*, peryferie *plt* **(of sth** czegoś); **to be on the ~ of the crowd** stać na skraju tłumu [4] Pol, Sociol (group) skrzydło *n*; **the extremist ~ of the party** skrajne skrzydło partii [5] Theat **the ~** teatr *m* alternatywny
II fringes *npl* **on the (outer) ~s of the**

F

town na obrzeżach *or* peryferiach miasta; **on the ~s of society** na marginesie społeczeństwa; **he drifted around the ~s of showbusiness/the art world** ocierał się o showbiznes/świat sztuki

III *modif* [1] Theat *[theatre]* alternatywny; **~ actor/performance** aktor/przedstawienie teatru alternatywnego [2] Pol, Sociol *[activity]* uboczny; **~ group** skrajne ugrupowanie; **~ elements** elementy skrajne

IV *vt* [1] (put trim on) ozd|obić, -abiać frędzlami *[curtains, cloth]* [2] (form border) *[trees]* okalać *[field, garden, pool, house]*; ciągnąć się wzdłuż (czegoś) *[road]*

V fringed *pp adj* [1] Fashn, Sewing *[garment]* z frędzlami [2] (edged) *[field, square, lagoon]* otoczony **(with** *or* **by sth** czymś)

fringe benefits *npl* [1] (pensions, life or medical cover) dodatkowe świadczenia *n pl* socjalne [2] (company car, house) dodatkowe korzyści *f pl*

fringing reef *n* rafa *f* przybrzeżna

frippery /ˈfrɪpərɪ/ *n* [1] (trivia) drobiazgi *m pl* [2] (on garment) ozdóbki *f pl* infml

frisbee® /ˈfrɪzbiː/ *n* frisbee *n inv*

Frisian /ˈfrɪzɪən/ **I** *n* [1] (person) Fryz *m*, -yjka *f* [2] Ling (język *m*) fryzyjski *m*

II *adj* fryzyjski; **the ~ Islands** Wyspy Fryzyjskie

frisk /frɪsk/ **I** *vt* (search) obszuk|ać, -iwać *[person]*

II *vi [lamb, child]* brykać

frisky /ˈfrɪskɪ/ *adj* [1] (playful, high-spirited) *[lamb, puppy]* rozbrykany; **to be in a ~ mood** być w doskonałym humorze [2] (skittish) *[horse]* narowisty [3] infml (sexy) **to be feeling ~** hum mieć ochotę troszkę pofiglować

fritillary /frɪˈtɪlərɪ/ *n* [1] Bot szachownica *f* [2] Zool perłowiec *m*

fritter[1] /ˈfrɪtə(r)/ *n* Culin **apple ~** jabłko *n* w cieście

fritter[2] /ˈfrɪtə(r)/ *vt*

■ **fritter away**: **~ away [sth], ~ [sth] away** roz|trwonić *[money, resources, opportunities, time]*; **he ~s away his money on silly things/on sweets** trwoni pieniądze na głupstwa/na słodycze

fritz /frɪts/ *n* US infml **to be on the ~** (be out of order) nie działać

frivolity /frɪˈvɒlətɪ/ *n* [1] (foolish light-heartedness) brak *m* powagi [2] (unnecessary activity) **to waste time on frivolities** marnować czas na głupstwa

frivolous /ˈfrɪvələs/ *adj* [1] (not serious) *[person, behaviour, attitude]* niepoważny; **~ remark** żarcik [2] (unimportant) *[details]* błahy; *[activity, enquiry]* niepoważny

frivolously /ˈfrɪvələslɪ/ *adv [behave]* niepoważnie; *[spend money]* lekkomyślnie; **to treat sth ~** traktować coś lekko

frivolousness /ˈfrɪvələsnɪs/ *n* (light-heartedness) beztroska *f*

frizz /frɪz/ **I** *n* (curl) loczki *m pl*

II *vt* mocno zakręc|ić, -ać *[hair]*

frizzle /ˈfrɪzl/ **I** *vt* przypie|c, -kać, przysmaż|yć, -ać

II *vi [bacon]* skwierczeć

frizzy /ˈfrɪzɪ/ *adj [hair]* mocno kręcony, kędzierzawy; **~-haired** z kręconymi włosami

frock /frɒk/ *n* [1] Fashn sukienka *f* [2] (of monk) habit *m*

frock coat *n* surdut *m*

frog /frɒg, US frɔːg/ **I** *n* [1] Zool żaba *f* [2] (on violin bow) żabka *f*

II Frog *n* infml offensive żabojad *m* infml hum

IDIOMS: **to have a ~ in one's throat** mieć chrypkę

frogman /ˈfrɒgmən, US ˈfrɔːg-/ *n* (*pl* **-men**) płetwonurek *m*

frog-march /ˈfrɒgmɑːtʃ, US ˈfrɔːg-/ *vt* GB po|prowadzić siłą *[prisoner]*

frogs' legs *n* Culin żabie udka *n pl*

frog-spawn /ˈfrɒgspɔːn, US ˈfrɔːg-/ *n* (eggs) (żabi) skrzek *m*

frolic /ˈfrɒlɪk/ **I** *n* igraszka *f*

II *vi* figlować; **to ~ in the waves** pluskać się w morzu

from /frɒm, frəm/ *prep* [1] (indicating place of origin, direction) (starting inside) z, ze (czegoś); (starting outside) od (czegoś); **~ Scotland /school/the wall/the table** ze Szkocji /szkoły/ściany/stołu; **goods/paper ~ Denmark** towary/papier z Danii; **a flight/train ~ London** lot/pociąg z Londynu; **a friend ~ Chicago** znajomy z Chicago; **a colleague ~ Japan** kolega z Japonii; **people ~ Spain** Hiszpanie; **where is he ~?** skąd on pochodzi?; **she comes ~ Oxford** (ona) pochodzi z Oksfordu; **to go ~ Warsaw to Cracow** jechać z Warszawy do Krakowa; **to stretch ~ Warsaw to Cracow** *[traffic jam]* ciągnąć się z *or* od Warszawy do Krakowa; *[plain]* ciągnąć się *or* rozciągać się od Warszawy do Krakowa; **~ the direction of Warsaw** od (strony) Warszawy; **~ the station to the castle** (starting inside the station) ze stacji do zamku; (starting outside the station) od stacji do zamku; **~ the door to the window** od drzwi do okna; **the tunnel /road ~ X to Y** tunel/droga z X do Y; **noises ~ upstairs** hałasy dochodzące z góry; **to take sth ~ one's bag/one's pocket** wyjąć coś z torby/z kieszeni; **to take sth ~ the shelf** wziąć coś z półki; **~ under the table** spod stołu; **an icy wind blew ~ over the mountains** znad *or* sponad gór wiał mroźny wiatr; **~ behind the tree** zza drzewa; **~ in front of my house** sprzed mojego domu; **~ between two trees** spomiędzy dwóch drzew; **~ among the trees** spomiędzy drzew; **~ here/there** stąd/stamtąd [2] (expressing distance) **it's not far ~ New York/the hotel /the bed** to niedaleko Nowego Jorku /hotelu/łóżka; **10 km ~ here** 10 km stąd; **20 km ~ the sea/Paris** 20 km od morza /od Paryża [3] (expressing time span) od (czegoś); **open ~ 2 pm until 5 pm** otwarte od drugiej do piątej po południu; **~ June to August** od czerwca do sierpnia; **one month/5 years ~ now** za miesiąc/za 5 lat; **~ today/July** od dzisiaj/od lipca; **deaf ~ birth** głuchy od urodzenia; **~ the age of 8 he wanted to act** już w wieku 8 lat chciał być aktorem; **~ day to day** z dnia na dzień; **~ that day on** od tamtego dnia; **~ the moment I met her** odkąd ją poznałem [4] (using as a basis) z (czegoś); **~ a novel by Dickens** na podstawie powieści Dickensa; **~ life** z natury; **to grow plants ~ seed** hodować rośliny z nasion; **to speak ~ notes** mówić z notatek; **to speak ~ experience** mówić z własnego doświadczenia [5] (representing, working for); **a man ~ the council** człowiek z rady; **a representative ~ IBM** przedstawiciel IBM; człowiek z IBM infml [6] (among) spośród (czegoś); **to choose** *or* **select** *or* **pick ~ sth** wybrać spośród czegoś [7] (indicating giver, sender, author) **~ him/her/them** od niego/niej/nich; **~ me** ode mnie; **a card/letter ~ John** kartka/list od Johna; **where did it come ~?** skąd to przyszło?; **where does it come ~?** (quotation) z czego to jest?; **an extract/a quotation ~ sb** wyjątek/cytat z kogoś; **to read ~ the Bible** czytać fragment Biblii; **I got no sympathy ~ him** nie okazał mi ani odrobiny współczucia; **you can tell him ~ me that...** możesz mu ode mnie powiedzieć, że... [8] (expressing extent range) od (czegoś); **wine ~ £5 a bottle** wino od 5 funtów wzwyż za butelkę; **children ~ the ages of 12 to 15** dzieci (w wieku) od 12 do 15 lat; **it costs anything ~ 50 to 100 dollars** to kosztuje od 50 do 100 dolarów; **everything ~ paper clips to wigs** wszystko, począwszy od spinaczy, na perukach skończywszy; **to rise ~ 10% to 17%** wzrosnąć z 10% do 17%; **~ start to finish, ~ beginning to end** od początku do końca [9] (in subtraction) odjąć, minus; **10 ~ 27 leaves 17** 27 odjąć 10 równa się 17 [10] (because of, due to); **I know ~ speaking to her that...** z rozmowy z nią wiem, że...; **he knows her ~ work** zna ją z pracy; **~ tiredness /hunger** ze zmęczenia/głodu [11] (judging by) sądząc z (czegoś); **~ what she said...** (sądząc) z tego, co mówi...; **~ what I saw...** (sądząc) z tego, co widziałem...; **~ his expression, I'd say he was furious** sądząc z jego miny, był wściekły; **~ the way he talks you'd think he was an expert** słuchając go, można by pomyśleć, że jest ekspertem

frond /frɒnd/ *n* (of fern, palm) liść *m* pierzasty

front /frʌnt/ **I** *n* [1] (forward facing area) (of building) front *m*, fronton *m*, fasada *f*; (of cupboard, box, car, sweater) przód *m*; (of book, folder) okładka *f*; (of envelope) przednia strona *f*; (of coin, banknote) awers *m*; (of fabric) prawa strona *f*; **the dress buttons at the ~** sukienka zapina się z przodu; **which is the ~?** gdzie tu jest przód?; (of fabric) która strona jest prawa?; **write the address on the ~ of the envelope** napisz adres na kopercie [2] (furthest forward part) (of train, queue, auditorium) przód *m*; (of boat) przód *m*, dziób *m*; **at the ~ of the procession/line** na przedzie *or* czele procesji/kolejki; **at the ~ of the house** od frontu; **to sit at the ~ of the class** siedzieć z przodu klasy; **he pushed to the ~ of the crowd** przepchał się przez tłum na sam przód; **face the ~!** patrz przed siebie!; (to soldier) na wprost patrz!; **I'll sit in the ~ with the driver** usiądę z przodu, obok kierowcy; **there's room at the ~ of the coach** jest miejsce z przodu *or* na przodzie autokaru; **how long is the car from ~ to back?** jaką długość ma ten samochód? [3] Mil, Pol front *m*; **at the ~** na froncie [4] (stomach) brzuch *m*; **to sleep/lie on one's ~** spać/leżeć na brzuchu; **to spill sth down one's ~** oblać sobie (cały) przód czymś [5] GB (promenade) nadbrzeżna promenada *f*; **on the sea/river ~** *[hotel, restaurant]* nad samym morzem /samą rzeką [6] Meteorol front *m* [7] (area of activity) pole *n*; **to advance on a variety of ~s** robić postępy na wielu polach; **there are problems on the financial ~** są problemy finansowe; **there's nothing new on the wages ~** nie ma nic nowego w sprawie płac; **changes on the domestic** or **home ~** Pol zmiany w kraju [8] fig (outer appearance) **his cynicism is just a ~** jego cynizm to tylko maska; **to put on a brave ~** udawać odważnego; **to present a united ~** stanowić jednolity front [9] infml (cover) przykrywka *f*; **to be a ~ for sth** być przykrywką dla czegoś fig

II *adj* [1] (facing street) *[wall]* frontowy, przedni; *[entrance]* frontowy; *[window]* od ulicy; *[bedroom]* od frontu, od strony ulicy; *[garden, lawn]* przed budynkiem [2] (furthest from rear) *[tyre, wheel, leg, paw, tooth]* przedni; **~ seat** (in car) przednie siedzenie; (in cinema) miejsce z przodu; **go and sit in the ~ seat** usiądź sobie z przodu; **in the ~ row** w pierwszym rzędzie; **the ~ end of the train** przód pociągu [3] (first) *[page, section]* pierwszy; *[racing car, horse]* prowadzący [4] (head-on) *[view]* od frontu, od przodu

III in front *adv phr* (ahead) **who's in ~?** kto prowadzi?; **I'm 30 points in ~** prowadzę trzydziestoma punktami; **the Italian car is in ~ on the tenth lap** włoski samochód prowadzi na dziesiątym okrążeniu; **the teacher walked in ~** z przodu szedł nauczyciel; **keep a safe distance away from the car in ~** zachowaj bezpieczną odległość od samochodu jadącego przed tobą

IV in front of *prep phr* [1] (before) przed (kimś/czymś); **sit/walk in ~ of me** usiądź/idź przede mną; **in ~ of the mirror/TV/house** przed lustrem/telewizorem/domem; **don't let her get in ~ of you!** nie daj jej się wyprzedzić! [2] (in the presence of) przy (kimś); **not in ~ of the children!** nie przy dzieciach!

V *vt* [1] (face) *[house, garden]* wychodzić na (coś) *[river, sea]* [2] infml (lead) stać na czele (czegoś) *[band, company, party]*; **the organization is ~ed by...** na czele organizacji stoi... [3] TV po|prowadzić *[TV show]*

VI *vi* [1] (face) **to ~ onto** GB or **on** US **sth** wychodzić na coś *[sea, main road]* [2] (serve as cover) **to ~ for sb/sth** *[organization]* być przykrywką dla kogoś/czegoś fig *[group]*

frontage /ˈfrʌntɪdʒ/ *n* [1] Archit fronton *m* [2] (access) **with ocean/river ~** nad samym oceanem/samą rzeką

frontal /ˈfrʌntl/ **I** *n* Relig antepedium *n* → **full-frontal**

II *adj* [1] *[attack, assault]* frontalny [2] Anat *[lobe]* czołowy [3] Meteorol *[system]* związany z frontem atmosferycznym [4] Cin, Phot *[lighting]* od przodu

front bench /ˌfrʌntˈbentʃ/ **I** *n* GB Pol [1] (seats) przednie ławy *f pl* [2] (members) członkowie *m pl* rządu; **the opposition ~** przywództwo opozycji

II front-bench *modif [spokesperson]* występujący w imieniu rządu; *[politician]* z rządu; *[revolt]* wśród członków rządu

frontbencher /ˌfrʌntˈbentʃə(r)/ *n* GB Pol infml (government) członek *m* rządu; (opposition) członek *m* przywództwa opozycji

front cover *n* okładka *f*

front door *n* drzwi *plt* główne

front-end /ˌfrʌntˈend/ Comput **I** *n* (also **~ processor**) procesor *m* czołowy, procesor *m* wysunięty

II *modif [processor, system]* czołowy, wysunięty

front-end fee *n* Fin prowizja *f* od zaangażowania *(przy kredycie)*

front-end load *n* Fin, Insur *zwrot kosztów operacyjnych w momencie rozpoczęcia spłaty kredytu*

frontier /ˈfrʌntɪə(r), US frʌnˈtɪər/ **I** *n* [1] granica *f* also fig; **the ~s of science** granice nauki; **the ~ between Poland and Germany** granica polsko-niemiecka [2] US **the wild ~** Dziki Zachód *m*

II *modif* [1] *[town, zone, controls]* graniczny [2] US **the ~ spirit** duch Dzikiego Zachodu

frontier post *n* posterunek *m* graniczny

frontiersman /frʌnˈtɪəzmən/ *n* (*pl* **-men**) US Hist pionier *m*

frontispiece /ˈfrʌntɪspiːs/ *n* Print, Publg frontyspis *m*

front line /ˈfrʌntlaɪn/ **I** *n* [1] Mil linia *f* frontu; **troops in** GB or **on** US **the ~** oddziały na linii frontu [2] fig (exposed position) pierwsza linia *f*; **to be in** GB or **on** US **the ~** być na pierwszej linii [3] Sport (in rugby) **the ~** napastnicy pierwszej linii

II front-line *modif* [1] Mil *[troops, units]* frontowy; *[positions]* na pierwszej linii [2] Pol *[area, country, state]* bezpośrednio sąsiadujący z obszarem konfliktu

Front Line States *npl* Pol państwa *n pl* graniczące z RPA

front-loader /ˌfrʌntˈləʊdə(r)/ *n* infml pralka *f* ładowana z przodu

frontman /ˈfrʌntmən/ *n* (*pl* **-men**) [1] (figurehead) **he was an excellent ~ for their shady organization** świetnie się nadawał do firmowania ich podejrzanej organizacji (swoim nazwiskiem) [2] (TV presenter) prezenter *m* [3] (lead musician) lider *m*

front matter *n* Publg strony *f pl* początkowe przed tekstem głównym

front money *n* US zaliczka *f*

front office *n* US (management) dyrekcja *f*

front of house GB **I** *n* Theat foyer *n inv*

II front-of-house *modif [staff]* pracujący na widowni i w foyer; **~ manager** kierownik organizacji widowni; **~ duties** obowiązki na widowni i w foyer

front page **I** *n* (of newspaper, book) pierwsza strona *f*; **the merger made the ~** Journ ta fuzja trafiła na pierwsze strony gazet

II front-page *modif [picture, story, news]* (worthy to be put on first page) na pierwszą stronę; (which appeared on first page) z pierwszej strony; **the ~ headlines** nagłówki z pierwszych stron gazet

front-runner /ˌfrʌntˈrʌnə(r)/ *n* [1] (favourite) faworyt *m* **(in sth** w czymś); (for post, in election) główny kandydat *m* **(for sth** na coś) [2] Sport *zawodnik, którego taktyka polega na pozostawaniu na czele podczas całego wyścigu*

front vowel *n* Ling samogłoska *f* przednia

front-wheel drive, FWD /ˌfrʌntwiːlˈdraɪv, US -hwiːl-/ **I** *n* napęd *m* na przednie koła

II *modif* **a ~ car** samochód z napędem na przednie koła

frost /frɒst/ **I** *n* [1] (weather condition, frozen state) mróz *m*; **10° of ~** 10 stopni mrozu; **a touch of ~** przymrozek; **there's a touch of ~ in the air** jest lekki przymrozek; **there was a hard ~** był tęgi mróz; **late /early ~s** wiosenne/jesienne przymrozki [2] (icy coating) szron *m* **(on sth** na czymś); **to be covered with ~** być oszronionym

II *vt* Culin po|lukrować *[cake]*

III frosted *pp adj* [1] Cosmet *[nail varnish, eye shadow]* perłowy [2] (iced) *[cake]* lukrowany [3] (opaque) *[glass, bulb]* matowy [4] (chilled) *[drinking glass]* oszroniony

■ **frost over, frost up** *[window, windscreen]* pokry|ć, -wać się szronem; **the windshield has ~ed over** szron pokrył przednią szybę

frostbite /ˈfrɒstbaɪt/ *n* odmrożenie *n*; **to have** or **get ~** doznać odmrożeń; **to get ~ in sth** odmrozić coś

frostbitten /ˈfrɒstbɪtn/ *adj [hands, feet]* odmrożony; *[vegetables]* zmarznięty

frosting /ˈfrɒstɪŋ/ *n* (icing) lukier *m*

frost-resistant /ˈfrɒstrɪzɪstənt/ *adj [variety, vegetable]* mrozoodporny

frosty /ˈfrɒstɪ/ *adj* [1] *[air, weather, morning]* mroźny; *[windscreen, windowpane, lawn]* oszroniony; **it'll be ~ tonight** czeka nas mroźna noc; **tomorrow will start ~** jutro spodziewane są poranne przymrozki; **we're in for a spell of ~ weather** nadciąga fala mroźnego powietrza [2] fig *[smile, atmosphere, reception]* lodowaty

froth /frɒθ, US frɔːθ/ **I** *n* [1] (on beer, champagne, water, around mouth) piana *f* [2] fig (of talk) czcza gadanina *f*, bicie *n* piany infml; **all his talk was just so much ~** wszystko, co mówił, było tylko biciem piany

II *vi* s|pienić się; **the beer ~ed over the edge of the glass** piana z piwa przelała się przez brzeg kufla; **to ~ at the mouth** *[animal]* toczyć pianę z pyska; fig (with rage) *[person]* pienić się fig

frothy /ˈfrɒθɪ, US ˈfrɔːθɪ/ *adj* [1] (foamy) *[beer]* z pianą; *[coffee]* z pianką; *[liquid, surface of sea]* spieniony [2] (lacy) *[lingerie]* zwiewny

frown /fraʊn/ **I** *n* zmarszczenie *n* brwi; **a worried ~** zatroskana mina; **I could see from her ~ that...** jej zmarszczone brwi świadczyły o tym, że...; **to reply/say with a ~** odpowiedzieć/powiedzieć marszcząc brwi; **to give sb a ~** (angry look) zrobić marsową minę; **she attracted disapproving ~s** ściągnęła na siebie spojrzenia pełne dezaprobaty

II *vi* z|marszczyć brwi; **to ~ at sb** spojrzeć na kogoś marszcząc brwi or z marsową miną; **he ~ed at the bad news** słysząc złe wieści, zmarszczył brwi or skrzywił się; **she ~ed at the interruption** skrzywiła się, gdy jej przerwano

■ **frown on, frown upon**: **~ on** or **upon [sth]** krzywo patrzeć na (coś) *[behaviour, activity, attitude]*; **to be ~ed on** *[behaviour, dress, views]* być źle widzianym

frowning /ˈfraʊnɪŋ/ *adj [face]* zachmurzony

frowsy /ˈfraʊzɪ/ *adj* [1] *[person, clothes]* niechlujny [2] *[room]* zatęchły; *[smell]* stęchły; *[atmosphere]* duszny
froze /frəʊz/ *pt* → **freeze**
frozen /ˈfrəʊzn/ **I** *pp* → **freeze**
II *adj* [1] *[lake, ground, pipe]* zamarznięty; *[person, fingers]* przemarznięty; **I'm ~** jestem przemarznięty; **to be ~ stiff** or **to the bone** przemarznąć na kość or do szpiku kości; **the ~ North** daleka Północ [2] fig **I was ~ with fear** zmroził mnie strach; **she was ~ to the spot** zastygła w bezruchu; zmieniła się słup soli fig [3] Culin *[vegetables, meat]* mrożony [4] Fin, Econ *[prices, assets, capital]* zamrożony
FRS *n* = **Fellow of the Royal Society** członek *m* Towarzystwa Królewskiego
fructification /ˌfrʌktɪfɪˈkeɪʃn/ *n* [1] Agric, Hort owocowanie *n*; fig (of work, plans) owoce *m pl* fig [2] Bot owocnik *m*
fructify /ˈfrʌktɪfaɪ/ *vi* Agric za|owocować also fig
frugal /ˈfru:gl/ *adj [person, life, lifestyle]* oszczędny; *[meal]* skromny; **to be ~ with money** być oszczędnym
frugality /fru:ˈgælətɪ/ *n* (of person) oszczędność *f*; (of meal) skromność *f*
frugally /ˈfru:gəlɪ/ *adv [eat]* skromnie; *[live, stock]* oszczędnie, skromnie; *[manage]* oszczędnie
fruit /fru:t/ **I** *n* (*pl* **~, ~s**) [1] Bot (edible, inedible) owoc *m*; **a piece of ~** owoc; **have some ~** poczęstuj się owocami; **to be in ~** *[tree, plant]* owocować; **to bear ~** *[tree, plant]* rodzić owoce, owocować; **~ is very good for you** owoce są bardzo zdrowe; **the ~s of the earth** liter płody ziemi [2] fig owoc *m* fig; **to enjoy the ~(s) of one's labour /of victory** cieszyć się owocami swojej pracy/zwycięstwa; **her efforts finally bore ~** jej wysiłki w końcu zaowocowały; **the ~ of their union** liter owoc ich związku [3] US vinfml offensive pedzio *m* infml offensive
II *vi [tree, plant]* za|owocować
fruitarian /fru:ˈteərɪən/ *n* frutarianin *m*
fruitarianism /fru:ˈteərɪənɪzəm/ *n* frutarianizm *m*
fruit bowl *n* (large) salaterka *f (na owoce)*; (individual) miseczka *f*
fruit cake *n* [1] Culin keks *m* [2] infml hum świr *m* infml
IDIOMS: **to be as nutty as a ~** być zupełnym świrem infml
fruit cocktail *n* Culin sałatka *f* owocowa
fruit cup *n* koktail *m* owocowy
fruit dish *n* salaterka *f (na owoce)*
fruit drop *n* drops *m* owocowy
fruiterer /ˈfru:tərə(r)/ *n* dat sprzedaw|ca *m*, -czyni *f* owoców
fruit farm *n* gospodarstwo *n* sadownicze
fruit farmer *n* sadownik *m*
fruit farming *n* sadownictwo *n*
fruit fly *n* muszka *f* owocowa
fruitful /ˈfru:tfl/ *adj* [1] fig *[partnership, relationship, discussion, years]* owocny; *[source]* bogaty; **this is not a ~ line of enquiry** ten trop nie jest obiecujący [2] liter *[earth]* urodzajny
fruitfully /ˈfru:tfəlɪ/ *adv [spend time, collaborate, use one's talents]* owocnie; *[teach]* z powodzeniem
fruitfulness /ˈfru:tflnɪs/ *n* [1] liter (of earth) urodzajność *f* [2] fig (of approach, line of questioning) skuteczność *f*; **the ~ of their research** owocność ich badań
fruit gum *n* żelka *f* owocowa
fruition /fru:ˈɪʃn/ *n* **to come to ~** *[hope]* ziścić się; *[plan, idea]* zostać zrealizowanym; **to be close to ~** *[plan, idea]* być bliskim realizacji; **to bring sth to ~** zrealizować coś, urzeczywistnić coś
fruit knife *n* nożyk *m* do owoców
fruitless /ˈfru:tlɪs/ *adj [attempt, search, trip, discussion]* bezowocny
fruit machine *n* automat *m* do gry
fruit salad *n* = **fruit cocktail**
fruits of the forest *npl* owoce *m pl* leśne
fruit tree *n* drzewo *n* owocowe
fruity /ˈfru:tɪ/ *adj* [1] (flavoured) *[fragrance, smell]* owocowy; *[wine]* owocowy w smaku [2] (mellow) *[voice, tone]* soczysty [3] (salacious) *[joke, story]* soczysty [4] US infml (crazy) szurnięty infml
frump /frʌmp/ *n* pej kobieta *f* ubrana bez gustu
frumpish /ˈfrʌmpɪʃ/ *adj* pej *[woman]* ubrana bez gustu
frustrate /frʌˈstreɪt, US ˈfrʌstreɪt/ *vt* [1] (irk, annoy) z|irytować, z|denerwować *[person]*; **it really ~s me having to wait so long!** irytuje mnie, że muszę tak długo czekać! [2] (disappoint) s|frustrować *[person]* [3] (thwart) udaremni|ć, -ać *[attempt, effort, plot]*; zaw|ieść, -odzić *[hopes]*; po|krzyżować *[plan]*; **the weather ~d our efforts** pogoda udaremniła nasze wysiłki
frustrated /frʌˈstreɪtɪd, US ˈfrʌst-/ *adj* [1] (irritated) poirytowany, podenerwowany; **a ~ President told the reporters...** poirytowany prezydent powiedział dziennikarzom...; **to become ~ at sth** zdenerwować się or zirytować się czymś; **I'm so ~, my work is going really badly** mam już dość, nic mi nie wychodzi w pracy [2] (unfulfilled in aspirations) *[person]* sfrustrowany; *[desire, urge]* niezaspokojony; **he feels ~ in his new job** jest sfrustrowany nową pracą; **a ~ man/woman** frustrat/frustratka [3] (thwarted) *[effort, attempt]* bezskuteczny; *[plan]* nieudany [4] (would-be) *[actor, director]* niedoszły [5] (sexually) niezaspokojony
frustrating /frʌˈstreɪtɪŋ, US ˈfrʌst-/ *adj* [1] (irritating) *[obstinacy]* denerwujący, irytujący; **there's nothing more ~!** nie ma nic bardziej denerwującego!; **you locked yourself out? how ~!** nie mogłeś dostać się do środka? co za pech! [2] (disappointing) *[experience, situation]* frustrujący; **it's ~ to be so helpless** taka bezradność jest frustrująca
frustratingly /frʌˈstreɪtɪŋlɪ, US ˈfrʌst-/ *adv [difficult, elusive]* zniechęcająco; **my spare time is ~ short** mam strasznie mało wolnego czasu; **~, my team lost** ku memu rozczarowaniu moja drużyna przegrała
frustration /frʌˈstreɪʃn/ *n* [1] (disappointment) frustracja *f*, rozczarowanie *n* **(at** or **with sth** z powodu czegoś); **to feel anger and ~** odczuwać złość i frustrację; **to vent one's ~s on sb/sth** wyładowywać własne frustracje na kimś/czymś; **to seethe with ~** być bardzo zirytowanym; **in ~** w stanie frustracji [2] (annoying aspect) **one ~ of watching sport on television is that...** w telewizyjnych transmisjach sportowych denerwujące jest to, że...; **the ~s of house-buying are endless** kupowanie domu to niekończące się pasmo frustracji [3] (ruination) (of hopes, desires) niespełnienie *n*; (of plan, project) fiasko *n* [4] (sexual) niezaspokojenie *n*, frustracja *f*
fry[1] /fraɪ/ *n* [1] Zool *(+ v pl)* narybek *m* [2] fig **small ~** *(+ v pl)* (children) dzieciarnia *f*; drobiazg *m* fig; (unimportant people) płotki *f pl* fig
fry[2] /fraɪ/ (*pt, pp* **fried**) **I** *vt* Culin u|smażyć
II *vi* smażyć się; **there's a smell of ~ing** pachnie smażeniną
III fried *pp adj [fish, eggs, food, potatoes]* smażony
frying pan *n* GB patelnia *f*
IDIOMS: **to jump out of the ~ into the fire** wpaść z deszczu pod rynnę
fry-up /ˈfraɪʌp/ *n* GB smażone jedzenie *n*
FSH *n* = **follicle-stimulating hormone** Biol folitropina *f*
ft = **foot, feet**
FTP *n* = **file transfer protocol** Comput protokół *m* przesyłania plików
FTSE 100 *n* → **Financial Times-Stock Exchange Index**
fuchsia /ˈfju:ʃə/ *n* Bot fuksja *f*
fuck /fʌk/ vulg **I** *n* [1] (act) pieprzenie *n* vinfml; pierdolenie *n* vulg; **to have a ~** pieprzyć się vinfml; pierdolić się vulg [2] (woman) **to be a good ~** być niezłą dupą vulg
II *excl* kurwa (mać)! vulg; **~ you!** pieprz się! vinfml; pierdol się! vulg; **what the ~ is he doing here?** co on tu, kurwa, robi? vulg
III *vt* wy|pieprzyć vinfml *[woman]*; wy|pierdolić vulg *[woman]*; **did you ~ her?** pieprzyłeś ją?, pieprzyłeś się z nią?
IV *vi* pieprzyć się vinfml; pierdolić się vulg
■ **fuck about, fuck around** vulg: ¶ **~ about** or **around** opieprzać się vinfml; opierdalać się vulg ¶ **~ [sb] about** or **around** chromolić kogoś vinfml; traktować kogoś jak gówno vulg
■ **fuck off** vulg (go away) spieprzać vinfml; spierdalać vulg; (leave sb alone) odpieprzyć się vinfml; odpierdolić się vulg
■ **fuck up** vulg: ¶ **~ up** s|pieprzyć vinfml; spierdolić vulg ¶ **~ up [sb], ~ [sb] up** (confuse) **he's a ~ed up kid** ten dzieciak ma popieprzone życie vinfml ¶ **~ [sth] up** spieprzyć vinfml; spierdolić vulg *[job, task]*
IDIOMS: **I'm ~ed if I know, ~ knows!** vulg cholera wie! infml; chuj go wie! vulg; **it's ~ed** vulg (broken) wypierdolił się vulg; **we're ~ed** vulg jesteśmy udupieni vulg; **~ me!** vulg ja pierdolę! vulg
fuck-all /ˌfʌkˈɔ:l/ *adv* GB vulg **he knows ~ about it** gówno o tym wie vulg; **he does ~ in this office** on gówno robi w tym biurze vulg
fucking /ˈfʌkɪŋ/ vulg **I** *adj [mess, shambles, machine, idiot]* pieprzony vinfml; pierdolony vulg
II *adv [stupid, cold, hot]* jak cholera infml
fuck-up /ˈfʌkʌp/ *n* vulg (confused situation) burdel *m* infml; **what a ~!** ale burdel!
FUD *n* = **fear, uncertainty, and doubt** *praktyka marketingowa polegająca na dyskredytowaniu produktu konkurencji*
fuddle /ˈfʌdl/ infml **I** *vt* **to ~ the brain** or **head** *[drink]* uderzyć do głowy; *[drugs]* otumanić infml

II **fuddled** *pp adj* [1] (confused) *[person]* otumaniony infml; *[idea]* mętny; **to be in a ~d state** być zdezorientowanym; **my brain** or **mind is a bit ~d** jestem trochę skołowany infml [2] (tipsy) zalany, zawiany, zaprawiony infml

fuddy-duddy /ˈfʌdɪdʌdɪ/ infml **I** *n* wapniak *m* infml

II *adj [style, institution]* archaiczny; *[person, idea]* staroświecki; **to have ~ ways** być staroświeckim

fudge[1] /fʌdʒ/ *n* Culin (soft sweet) krówka *f*; **have a piece of ~** poczęstuj się krówką

fudge[2] /fʌdʒ/ **I** *n* Journ, Print (stop press news) wiadomość *f* z ostatniej chwili; (box or column for stop press) miejsce *n* na wiadomości z ostatniej chwili

II *vt* infml [1] (evade) unikać (czegoś) *[issue, problem]* [2] (falsify) s|fałszować *[accounts, figures]*

III *vi* infml (dodge issue) migać się infml

fudge sauce *n* Culin ≈ sos *m* karmelowy

fuel /ˈfju:əl/ **I** *n* [1] (for car, plane, machinery, nuclear reactor) paliwo *n*; (for heating) opał *m*; **the use of ~s such as coal and oil** wykorzystanie materiałów opałowych, takich jak węgiel i olej [2] fig **to provide ~ for sth** być pożywką dla czegoś *[claims, rumours]*; podsycać coś *[hatred, hostility]*

II *modif [crisis, shortage]* paliwowy; **~ prices** ceny paliwa; **~ bill** rachunek za opał

III *vt* (*prp, pt, pp* **-ll-, -l-** US) [1] (make run) *[oil, gas]* napędzać *[engine]*; **to be ~led by sth** *[furnace]* być opalanym czymś; **this vehicle is ~led by petrol/gas** to pojazd na benzynę/gaz [2] (put fuel into) za|tankować *[plane, vehicle]* [3] fig (spur) podsyc|ić, -ać *[tension, fears, hatred, discord, speculation]*; napędzać *[inflation]*

[IDIOMS:] **to add ~ to the flames** or **fire** dolewać oliwy do ognia

fuel consumption *n* (of plane, car) zużycie *n* paliwa; (in industry) zużycie *n* materiałów opałowych

fuel-efficient /ˌfju:əlɪˈfɪʃnt/ *adj [system, engine]* ekonomiczny, energooszczędny

fuel injection *n* wtrysk *m* paliwa

fuel injection engine *n* silnik *m* z wtryskiem paliwa

fuel injector *n* wtryskiwacz *m* paliwa

fuel oil *n* olej *m* opałowy

fuel pump *n* pompa *f* paliwowa

fuel rod *n* pręt *m* paliwowy

fuel saving **I** *n* oszczędzanie *n* energii

II *adj [measure, policy]* mające na celu oszczędzanie energii

fuel tank *n* (of car) bak *m*; (of plane, ship) zbiornik *m* paliwa

fug /fʌg/ *n* GB infml zaduch *m*; **there was a terrible ~ in the bar** w barze było strasznie nadymione or duszno; **the ~ of exhaust fumes** smród spalin infml

fuggy /ˈfʌgɪ/ *adj [room]* (smoky) zadymiony; (airless) duszny; **~ atmosphere** zaduch

fugitive /ˈfju:dʒətɪv/ **I** *n* zbieg *m*; (refugee) uciekinier *m*, -ka *f*; **to be a ~ from justice** ukrywać się przed wymiarem sprawiedliwości

II *adj* [1] liter (fleeting) *[happiness, impression, sensation]* ulotny [2] (in flight) *[leader, criminal]* zbiegły

fugue /fju:g/ *n* [1] Mus fuga *f*; **a Bach ~** fuga Bacha [2] Psych amnezja *f*, fuga *f*

fulcrum /ˈfʊlkrəm/ *n* (*pl* **~s, -cra**) [1] Phys (of lever) punkt *m* podparcia [2] fig **the ~ of the whole debate** clou całej debaty

fulfil GB, **fulfill** US /fʊlˈfɪl/ (*prp, pt, pp* **-ll-**) **I** *vt* [1] (realize, carry out) spełni|ć, -ać *[promise, dream, desire, hope, prophecy]*; z|realizować *[ambition]*; zaspok|oić, -ajać *[need, desire]*; **to ~ one's potential** w pełni wykorzystać swoje możliwości [2] (satisfy) *[job, way of life, role]* pozw|olić, -alać realizować się (komuś) *[person]*; **to be/feel ~led** mieć satysfakcję (z tego, co się robi) [3] (satisfy requirements of) spełniać *[role, function]*; spełni|ć, -ać *[conditions, terms]*; wypełni|ć, -ać *[duty]*; wywiąz|ać, -ywać się z (czegoś) *[contract]*; **unless these conditions are ~led** jeżeli nie zostaną spełnione te warunki

II *vr* **to ~ oneself** spełni|ć, -ać się

fulfilling /fʊlˈfɪlɪŋ/ *adj [job, career]* dający satysfakcję; *[marriage]* udany; *[experience]* wzbogacający

fulfilment GB, **fulfillment** US /fʊlˈfɪlmənt/ *n* [1] (satisfaction) satysfakcja *f*; (stronger) spełnienie *n*; **sexual ~** zaspokojenie seksualne; **personal ~** spełnienie się, samorealizacja; **~ still eluded her** wciąż oczuwała brak satysfakcji; **to find ~ in acting/nursing** zrealizować się w aktorstwie/pielęgniarstwie [2] (realization) **the ~ of sth** spełnienie czegoś *[prophecy, promise, desire]*; zaspokojenie czegoś *[ambition, needs]* [3] (carrying out) (of role) spełnienie *n*; (of duty, obligation) wypełnienie *n* [4] (meeting requirements) **the ~ of the contract** wywiązanie się z umowy; **the ~ of the requirements will entail...** aby spełnić wymogi, trzeba będzie...

full /fʊl/ **I** *adj* [1] (completely filled) *[glass, drawer, tape, room, train, hotel, page, disk]* pełny; **~ of sth** pełny czegoś; **~ to the brim** wypełniony po brzegi; **~ to overflowing** *[bucket]* tak pełny, że aż się przelewa; *[room, train]* przepełniony; *[suitcase, drawer]* wypchany; **to have one's hands ~** mieć zajęte ręce; fig mieć pełne ręce roboty; **don't speak with your mouth ~** nie mów z pełnymi ustami; **the hotel is ~ of tourists** hotel jest pełen turystów, w hotelu jest pełno turystów; **the book is ~ of errors** książka jest pełna błędów, w książce jest pełno błędów; **he is ~ of energy** przepełnia go energia; **he is ~ of ideas/life** jest pełen pomysłów/życia; **the flight is ~** nie ma wolnych miejsc na ten lot; **sorry, we're ~ (up)** przepraszamy, ale mamy komplet; **'car park ~'** „brak wolnych miejsc (na parkingu)"; **the papers are ~ of the accident** w gazetach pełno doniesień o tym wypadku; **he is ~ of his holiday plans** ciągle mówi o swoich wakacyjnych planach; **to be ~ of oneself** pej być zarozumiałym; **to be ~ of one's own importance** pej zadzierać nosa [2] (sated) (also **~ up)** *[stomach]* pełny; **I'm ~ (up)** infml najadłem się; **I am ~ of chocolate** objadłem się czekoladą [3] (busy) **my diary is ~ for this week** cały ten tydzień mam zajęty; **she leads a very ~ life** prowadzi bardzo intensywne życie; **his evenings are completely ~** wieczory ma całkowicie zajęte; **we've got a ~ week ahead of us** czeka nas pracowity tydzień [4] (complete) *[pack, set, name, address, breakfast, price, control, responsibility, support, understanding, awareness,]* pełny; *[investigation, inquiry]* wyczerpujący; **~ details** wszystkie szczegóły; **a ~ set of teeth** pełne uzębienie; **in ~ uniform** w pełnym umundurowaniu; **the ~ extent of the damage** rozmiary zniszczeń; **the ~ implications of sth** wszystkie konsekwencje czegoś; **he has a ~ head of hair** ma gęste włosy; **to be in ~ view** być w pełni widocznym; **to do sth in ~ view of sb** zrobić coś na oczach kogoś [5] (officially recognized) *[member, partner, citizen]* pełnoprawny; *[membership, right]* pełny [6] (maximum) *[employment, bloom, power]* pełny; **he has the radio at ~ volume** nastawił radio na cały regulator; **at ~ speed** pełnym gazem; **in ~ sail** pod pełnymi żaglami; **in ~ sunlight** w pełnym słońcu; **to make ~ use of sth, to use sth to ~ advantage** w pełni coś wykorzystywać; **~ marks** GB maksymalne noty; **she deserves ~ marks for courage** GB ona zasługuje na najwyższe uznanie za odwagę [7] (for emphasis) *[hour, week, 10 miles]* cały; **bring the boat round a ~ 45 degrees** obróć łódź o całe 45 stopni [8] (rounded) *[figure, face, lips, breasts]* pełny; *[sleeve, trousers, robe]* obszerny, szeroki; **to be ~ in the face** mieć pełną twarz; **~ skirt** szeroka spódnica; **clothes for the ~er figure** stroje dla puszystych infml euph [9] Astron **~ moon** (moon) księżyc w pełni; (phenomenon, time) pełnia (księżyca); **there's a ~ moon tonight** dzisiaj jest pełnia; **at ~ moon** przy pełni księżyca [10] (rich) *[colour]* soczysty, głęboki; *[sound, tone]* soczysty, pełny; *[flavour]* wyrazisty

II *adv* [1] (directly) **~ in the face/stomach** prosto w twarz/brzuch; **to look sb ~ in the face** spojrzeć komuś prosto w twarz [2] (very) **to know ~ well** wiedzieć doskonale; **as you know ~ well** jak doskonale wiesz [3] (to the maximum) **to turn sth up ~** ustawić coś na cały regulator *[volume]*; **with the heating up ~** przy ogrzewaniu włączonym na cały regulator

III **in full** *adv phr* **to write sth in ~** napisać coś w pełnym brzmieniu; **please, write your name in ~** proszę napisać swoje pełne imię i nazwisko; **to publish /describe sth in ~** opublikować/opisać coś w całości; **to pay in ~** zapłacić w całości

[IDIOMS:] **to enjoy** or **live life to the ~** cieszyć się życiem, żyć pełnią życia

full adder *n* Comput pełny sumator *m*

full-back /ˌfʊlˈbæk/ *n* Sport obrońca *m*

full beam *n* Aut **to put the headlights on ~** włączyć długie światła or światła drogowe

full blast *adv* infml **the TV was on** or **going at ~** telewizor grał na cały regulator or na ful infml; **we had the heater on (at) ~** nastawiliśmy grzejnik na cały regulator or na ful infml

full-blooded /ˌfʊlˈblʌdɪd/ *adj* [1] (vigorous, committed) *[argument]* zaciekły; *[supporter,*

F

socialist] zagorzały; *[socialism, monetarism]* czysty [2] (pure bred) *[horse]* pełnej krwi
full-blown /ˌfʊlˈbləʊn/ *adj* [1] *[disease]* pełnoobjawowy; *[epidemic]* prawdziwy; **to have ~ Aids** mieć pełnoobjawowe AIDS [2] *[lawyer, doctor]* w pełni wykwalifikowany [3] (large-scale) *[recession, crisis, war]* na wielką skalę [4] *[flower]* rozwinięty
full board *n* Tourism zakwaterowanie *n* z pełnym wyżywieniem
full-bodied /ˌfʊlˈbɒdɪd/ *adj [wine]* treściwy
full colour **I** *n* **50 illustrations in ~** 50 barwnych ilustracji
II **full-colour** *modif [picture, photograph, advertisement]* barwny
full-cream milk /ˌfʊlkriːmˈmɪlk/ *n* GB mleko *n* pełnotłuste
full cry *n* **the hounds were in ~** psy ujadały
full dress **I** *n* uroczysty strój *m*; Mil mundur *m* galowy or paradny; **officers in ~** oficerowie w paradnych mundurach
II **full-dress** *modif* [1] Mil *[uniform]* galowy, paradny; *[reception, officer]* w paradnych mundurach [2] *[debate, investigation]* oficjalny
fuller /ˈfʊlə(r)/ *n* Tex folusznik *m*, pilśniarz *m*
fuller's earth *n* Chem ziemia *f* fulerska
full-face /ˌfʊlˈfeɪs/ *adj, adv* en face
full-frontal /ˌfʊlˈfrʌntl/ *adj [photograph]* ukazujący nagą postać z przodu
full-grown /ˌfʊlˈgrəʊn/ *adj [plant]* w pełni wyrośnięty; *[animal, person]* dorosły
full house *n* [1] Theat pełna widownia *f*; **to play to a ~** grać przy pełnej widowni [2] Games (in poker) ful *m*
full-length **I** /ˌfʊlˈleŋθ/ *adj* [1] Cin *[film]* pełnometrażowy [2] *[novel, article]* duży [3] (head to toe) *[portrait]* stojący, en pied; *[mirror, window]* do podłogi [4] (long) *[dress, sleeve]* długi; **~ curtains** zasłony do podłogi
II *adv [lie, fall]* jak długi
full name *n* pełne imię *n* i nazwisko *n*
fullness /ˈfʊlnɪs/ *n* [1] (of box, case, stomach) pełność *f* [2] (completeness) (of understanding) pełnia *f* [3] (of breasts, face, lips) pełność *f* [4] (of sleeve) obszerność *f*; (of skirt) sutość *f*
IDIOMS: **in the ~ of time** w końcu
full-page /ˌfʊlˈpeɪdʒ/ *adj [article, advertisement, picture]* całostronnicowy, na całą stronę
full pay *n* pełne wynagrodzenie *n*
full price **I** *adj* po pełnej cenie
II *adv* po pełnej cenie
full-scale /ˌfʊlˈskeɪl/ *adj* [1] (in proportion) *[drawing, design]* w skali naturalnej; *[model, replica]* naturalnej wielkości [2] (extensive) *[search, operation]* (prowadzony) na szeroką skalę; *[study]* pogłębiony [3] (total) *[alert, panic]* ogólny; *[war, crisis]* regularny [4] (complete) *[performance]* duży
full-size(d) /ˌfʊlˈsaɪz(d)/ *adj* [1] (not for children) *[bicycle, bed, violin]* duży [2] (full-scale) naturalnej wielkości
full stop *n* GB [1] (in punctuation) kropka *f*; **I'm not leaving, ~!** nie wyjeżdżam, koniec, kropka! [2] (impasse) **negotiations came to a ~** negocjacje utknęły w martwym punkcie [3] (halt) **work has come to a ~** praca stanęła na dobre
full-throated /ˌfʊlˈθrəʊtɪd/ *adj* **to give a ~ laugh** roześmiać się na całe gardło

full time **I** *n* Sport koniec *m* meczu; **the referee blew the whistle for ~** sędzia odgwizdał koniec meczu
II **full-time** *modif* [1] Sport *[score, whistle]* końcowy [2] (permanent) *[worker, secretary]* na pełnym etacie, pełnoetatowy; **to be in ~ education** *[schoolchild]* uczyć się w szkole; *[student]* studiować na studiach dziennych; **it's a ~ job keeping the garden tidy** utrzymanie ogrodu to praca na okrągło
III *adv [work]* na pełnym etacie; *[study]* na studiach dziennych
full-timer /ˌfʊlˈtaɪmə(r)/ *n* (worker) pracownik *m* zatrudniony na pełnym etacie or pełnoetatowy; (student) student *m*, -ka *f* na studiach dziennych
full word *n* Ling wyraz *m* samodzielny znaczeniowo
fully /ˈfʊlɪ/ *adv* [1] (completely) *[understand, appreciate, recover]* w pełni; *[recover]* całkowicie; *[automatic, furnished]* w pełni; **to be ~ qualified** mieć odpowiednie kwalifikacje; **the dress is ~ lined** cała sukienka jest na podszewce; **I ~ intend to do it** mam szczery zamiar to zrobić; **he doesn't ~ realize what he's doing** nie w pełni zdaje sobie sprawę z tego, co robi [2] (to the maximum) *[laden, opened, stretched]* całkowicie; **my time is ~ occupied** nie mam chwili wolnego czasu; **~ booked** w całości zarezerwowany [3] (comprehensively) *[study, describe]* dokładnie; *[explain, answer]* wyczerpująco; **I'll write more ~ later** kiedy indziej napiszę więcej [4] (at least) co najmniej; **it took us ~ two hours to get there** dotarcie tam zajęło nam całe or dobre dwie godziny; **it must be ~ five years since I last saw her** minęło już dobre pięć lat, odkąd ją ostatnio widziałem
fully-fashioned /ˌfʊlɪˈfæʃnd/ *adj* Fashn *[cardigan, jumper]* dopasowany; **~ stockings** pończochy z piętą
fully-fledged /ˌfʊlɪˈfledʒd/ *adj* [1] Zool *[bird]* w pełni opierzony [2] fig (established) *[citizen, member]* pełnoprawny; **a ~ lawyer /accountant** prawnik/księgowy z prawem samodzielnego wykonywania zawodu
fulmar /ˈfʊlmə(r)/ *n* Zool petrel *m* lodowy
fulminate /ˈfʌlmɪneɪt, US ˈfʊl-/ **I** *n* Chem piorunian *m*
II *vi* pomstować infml (**against** or **at sb/sth** na kogoś/coś)
fulsome /ˈfʊlsəm/ *adj* fml *[praise, compliment]* przesadny; *[apology]* uniżony; *[thanks]* nazbyt wylewny; *[manner]* ugrzeczniony; **to be ~ in one's praise of sth** wychwalać coś przesadnie
fulsomely /ˈfʊlsəmlɪ/ *adv [thank]* nazbyt wylewnie; **to praise sb ~** wychwalać kogoś pod niebiosa
fulsomeness /ˈfʊlsəmnɪs/ *n* (of manner, thanks) zbytnia wylewność *f*
fumarole /ˈfjuːmərəʊl/ *n* Geol fumarola *f*
fumble /ˈfʌmbl/ **I** *n* Sport (by goalkeeper, rugby player) wypuszczenie *n* piłki
II *vt* Sport wypu|ścić, -szczać *[ball]*
III *vi* [1] (fiddle clumsily) **to ~ in one's bag for a cigarette/tissue** grzebać w torebce w poszukiwaniu papierosa/chusteczki; **to ~ with sth** szarpać się z czymś *[zipper, buttons, lock]* [2] (search clumsily) = **fumble about** [3] fig **to ~ for words** szukać odpowiednich słów
■ **fumble about**: **to ~ about in the dark to find sth** szukać czegoś po omacku; **to ~ about in a bag/drawer** grzebać w torebce/szufladzie
fume /fjuːm/ *vi* [1] infml **he is fuming with anger** gotuje się ze złości infml; **to ~ with impatience** siedzieć jak na rozżarzonych węglach; **he was fuming at the delay** był wściekły z powodu opóźnienia [2] (produce gas, vapour) wydzielać opary; (produce smoke) dymić
fumes /fjuːmz/ *npl* wyziewy *plt*, opary *plt*; **petrol ~** GB, **gas ~** US opary benzyny; **factory ~** dymy fabryczne; **traffic** or **exhaust ~** spaliny
fumigate /ˈfjuːmɪgeɪt/ *vt* odka|zić, -żać
fun /fʌn/ **I** *n* zabawa *f*; **to have ~ doing sth** dobrze się bawić robiąc coś; **to have ~ with sth** mieć z czymś zabawę; **have ~!** baw się dobrze!, dobrej zabawy!; **we had great/good ~** bawiliśmy się świetnie /nieźle; **it is ~ to do it, doing it is ~** fajnie się to robi infml, (robienie tego) to niezła zabawa; **card games are great ~** karty to świetna zabawa; **to do sth for ~** or **for the ~ of it** robić coś dla zabawy or dla przyjemności; **to do sth in ~** robić coś dla zabawy or dla żartów; **half the ~ of sth /doing sth is...** cała przyjemność z czegoś /z robienia czegoś polega na...; **it's all good clean ~** nie ma w tym nic złego; **it's not much ~ for me** to mnie specjalnie nie bawi; **it's no ~ just sitting here** to żadna przyjemność tak tu siedzieć; **it's not my idea of ~** nie wydaje mi się to zabawne; **to spoil sb's ~** zepsuć komuś zabawę; **it takes the ~ out of it** to psuje całą przyjemność; **to be full of ~** lubić się bawić; **to have a sense of ~** umieć się bawić; **he's ~** to fajny gość infml; **she's great ~ to be with** jest świetnym kompanem; **we had ~ cleaning up** iron mieliśmy niezłą zabawę, sprzątając to wszystko; **that looks like ~!** iron będzie niezła zabawa!
II *adj [person]* fajny infml; **it's a ~ thing to do** to jest fajne
III *vi* infml wygłupiać się
IDIOMS: **to become a figure of ~** stać się obiektem kpin; **to have ~ and games** ubawić się jak rzadko also iron; **to make ~ of** or **poke ~ at sb/sth** nabijać się z kogoś infml
function /ˈfʌŋkʃn/ **I** *n* [1] (role) (of body, organ, tool, person) funkcja *f*; **to fulfil a ~** *[person]* pełnić funkcję; **to perform a ~ as sb/sth** *[person, object]* pełnić funkcję kogoś/czegoś; **in her ~ as...** jako...; **that is not part of my ~** to nie należy do moich funkcji; **the ~ of the heart is to...** funkcja serca polega na...; **bodily ~s** funkcje życiowe [2] (ceremony) uroczystość *f*; (occasion) przyjęcie *n* [3] Comput funkcja *f* [4] Math funkcja *f* [5] fig **to be a ~ of sth** być funkcją czegoś also fig
II *vi* [1] (work) funkcjonować, działać [2] (operate as) **to ~ as sb** pełnić funkcję or rolę kogoś; **to ~ as sth** służyć jako coś

functional /ˈfʌŋkʃənl/ *adj* [1] (practical) *[design, furniture]* funkcjonalny [2] (in working order) działający; **is this machine ~?** czy ta maszyna działa?; **he's barely ~ before 10 o'clock** hum przed 10. nie bardzo nadaje się do użytku hum [3] Med **~ disorder** zaburzenie czynnościowe

functionalism /ˈfʌŋkʃənəlɪzəm/ *n* funkcjonalizm *m*

functionalist /ˈfʌŋkʃənəlɪst/ **I** *n* zwolenni|k *m*, -czka *f* funkcjonalizmu
II *adj* funkcjonalistyczny

functionary /ˈfʌŋkʃənərɪ, US -nerɪ/ *n* funkcjonariusz *m*, -ka *f*

function key *n* Comp klawisz *m* funkcyjny

function room *n* sala *f* przeznaczona na uroczystości

function word *n* Ling wyraz *m* funkcyjny

fund /fʌnd/ **I** *n* [1] (cash reserve) fundusz *m*; **emergency ~** fundusz na nieprzewidziane wydatki; **disaster relief ~** fundusz pomocy ofiarom katastrof; **unemployment ~** fundusz dla bezrobotnych; **strike ~** fundusz pomocy strajkującym; **the International Monetary Fund** Międzynarodowy Fundusz Walutowy [2] fig (store) **she's a ~ of wisdom** jest skarbnicą mądrości; **he has a ~ of wit/experience** ma ogromne poczucie humoru/doświadczenie
II funds *npl* (money) fundusze *m pl*, pieniądze *m pl*; **to be in ~s** mieć pieniądze; **government ~s, public ~s** pieniądze or fundusze rządowe; **'no ~s', 'insufficient ~s'** (on cheque) „brak pokrycia"
III Funds *prn pl* GB **the Funds** państwowe papiery *m pl* wartościowe
IV *vt* [1] (finance) s|finansować *[company, project]* [2] (convert) s|konsolidować *[debt]*
V funded *pp adj* **government-~ed** finansowany ze środków rządowych or publicznych; **under-~ed** niedofinansowany

fundamental /ˌfʌndəˈmentl/ **I fundamentals** *npl* **the ~s** podstawy *f pl* **(of sth** czegoś); **let's get down to ~s** przejdźmy do spraw zasadniczych
II *adj [question, issue, meaning, error, concern]* fundamentalny, zasadniczy **(for sb /sth** dla kogoś/czegoś); **to be ~ to sth** mieć fundamentalne or zasadnicze znaczenie dla czegoś; **of ~ importance** o fundamentalnym or zasadniczym znaczeniu

fundamentalism /ˌfʌndəˈmentəlɪzəm/ *n* fundamentalizm *m*

fundamentalist /ˌfʌndəˈmentəlɪst/ **I** *n* fundamentalist|a *m*, -ka *f*
II *adj* fundamentalistyczny

fundamentally /ˌfʌndəˈmentəlɪ/ *adv [opposed, flawed]* z gruntu; *[incompatible]* całkowicie; *[change]* zasadniczo; **what concerns me ~ is...** przede wszystkim chodzi mi o...; **~, I think that...** zasadniczo uważam, że...; **he's ~ a socialist** w głębi duszy jest socjalistą; **you are ~ mistaken** całkowicie się mylisz

fundholder /ˈfʌndhəʊldə(r)/ *n* GB Med *lekarz samodzielnie dysponujący przyznanym budżetem*

fundholding /ˈfʌndhəʊldɪŋ/ *adj* GB Med **a ~ GP** *lekarz ogólny samodzielnie dysponujący przyznanym budżetem*

funding /ˈfʌndɪŋ/ *n* Econ, Fin [1] (financial aid) finansowanie *n*; **~ from the private sector** finansowanie przez sektor prywatny; **to receive ~ from sb** otrzymywać środki finansowe od kogoś; **self-~** samofinansowanie; **under-~** niedofinansowanie [2] (of debt) konsolidacja *f*

funding agency *n* Fin organizacja *f* dostarczająca środków finansowych

funding body *n* = **funding agency**

fund manager *n* Fin zarządca *m* funduszu inwestycyjnego

fund-raiser /ˈfʌndˌreɪzə(r)/ *n* Comm (person) (in the street) kwestarz *m*; (looking for sponsors) *osoba zajmująca się pozyskiwaniem sponsorów*; (event) zbiórka *f* pieniędzy

fund-raising /ˈfʌndreɪzɪŋ/ **I** *n* (in the street) kwestowanie *n*; (looking for sponsors) gromadzenie *n* funduszy
II *modif* **~ event** impreza połączona ze zbiórką pieniędzy

funeral /ˈfjuːnərəl/ **I** *n* pogrzeb *m*
II *modif [march]* żałobny; *[service]* żałobny, pogrzebowy; *[oration]* pogrzebowy
IDIOMS: **that's your/her ~** infml to twój/jej problem

funeral director *n* przedsiębiorca *m* pogrzebowy

funeral home *n* US = **funeral parlour**

funeral parlour GB, **funeral parlor** US *n* zakład *m* pogrzebowy

funeral procession *n* kondukt *m* pogrzebowy

funeral pyre *n* stos *m* pogrzebowy

funeral service *n* nabożeństwo *n* żałobne

funereal /fjuːˈnɪərɪəl/ *adj [atmosphere, tone]* pogrzebowy fig

funfair /ˈfʌnfeə(r)/ *n* wesołe miasteczko *n*

fun fur *n* sztuczne futro *n*

fungal /ˈfʌŋgl/ *adj* **~ spores** zarodniki grzybów; **~ infection** grzybica

fungi /ˈfʌngaɪ, -dʒaɪ/ *npl* → **fungus**

fungible /ˈfʌndʒɪbl/ *adj* Jur *[goods]* zamienny

fungoid /ˈfʌŋgɔɪd/ *adj* (resembling fungus) grzybiasty; (caused by fungus) *[infection]* grzybicowy, grzybiczy; **~ disease** grzybica

fungous /ˈfʌŋgəs/ *adj* (resembling fungus) grzybiasty; (affected by fungal growth) zagrzybiony

fungus /ˈfʌŋgəs/ *n* (*pl* **-gi**) [1] (plant, mould) grzyb *m* [2] Med (infection) grzybica *f*

fun house *n* US ≈ beczka *f* śmiechu

funicular /fjuːˈnɪkjʊlə(r)/ **I** *n* kolej *f* linowa
II *adj [railway]* linowy

funk¹ /fʌŋk/ *n* Mus funk *m*

funk² /fʌŋk/ **I** *n* infml dat [1] (fear) **to be in a (blue) ~** mieć pietra infml [2] (coward) tchórz *m*
II *vt* **to ~ it** stchórzyć

funky /ˈfʌŋkɪ/ *adj* Mus infml *[music]* ostry infml

fun-loving /ˈfʌnlʌvɪŋ/ *adj [person]* lubiący się bawić

funnel /ˈfʌnl/ **I** *n* [1] (for liquids) lejek *m* [2] (on ship, engine) komin *m*
II *vt* [1] lać *[liquid]*; sypać *[powder]*; **to ~ sth into sth** wlać/wsypać coś do czegoś; **to ~ sth through sth** przepuścić coś przez coś; **to ~ sth out** wylać/wysypać coś [2] fig (channel) s|kierować *[funds, aids]* **(to sb** do kogoś); **to ~ funds into doing sth** przekazywać środki na robienie czegoś
III *vi* **to ~ into sth** *[crowd, liquid]* wlać się do czegoś; *[wind]* wlecieć do czegoś; **to ~ through sth** *[crowd, liquid]* przelać się przez coś; *[wind]* przelecieć przez coś

funnies /ˈfʌnɪz/ *npl* infml dowcipy *m pl* rysunkowe

funnily /ˈfʌnɪlɪ/ *adv* [1] (oddly) *[walk, talk]* dziwnie; **~ enough, ...** dziwnym trafem, ... [2] (amusingly) śmiesznie

funny /ˈfʌnɪ/ *adj* [1] (amusing) *[person, incident, film, joke]* zabawny, śmieszny; **are you trying to be ~?** infml to ma być zabawne or śmieszne? infml; **breaking your leg isn't ~** złamanie nogi to nie żarty; **very ~!** iron bardzo śmieszne! iron [2] (odd) *[hat, smell, noise, voice, man]* dziwny; **a ~ thing happened to me** przydarzyło mi się coś dziwnego; **it's ~ that she hasn't phoned** to dziwne, że nie zadzwoniła; **it's ~ how people change** zabawne, jak ludzie się zmieniają; **there's something ~ about him** jest w nim coś dziwacznego; **something ~'s going on** dzieje się coś dziwnego; **it's a ~ feeling but...** to śmieszne uczucie, ale...; **it's ~ you should mention it** zabawne, że wspomniałeś o tym; **don't try anything ~!** infml tylko bez żadnych numerów! infml [3] infml (unwell) **to feel ~** czuć się niedobrze; **cigarettes make her go (all) ~** po papierosach jest jej niedobrze; **she's a bit ~ (in the head)** infml pomieszało jej się w głowie infml
IDIOMS: **~ peculiar or ~ ha-ha?** dziwny czy po prostu śmieszny?

funny bone *n* infml czułe miejsce *n (w łokciu)*

funny business *n* infml machlojki *f pl* infml

funny farm *n* infml dom *m* wariatów infml

funny money *n* infml (counterfeit) fałszywki *f pl* infml

fun run /ˈfʌnrʌn/ *n* bieg *m* masowy

fur /fɜː(r)/ **I** *n* [1] (on big animal) futro *n*; (on small animal) futerko *n*; **she was dressed in ~s** miała na sobie futro [2] GB (in kettle, pipes) kamień *m* (kotłowy)
II *modif [collar, lining]* futrzany; **~ coat** futro
■ **fur up** GB *[kettle, pipes]* pokry|ć, -wać się kamieniem
IDIOMS: **that'll make the ~ fly!** będzie leciało pierze!

furbelow /ˈfɜːbɪləʊ/ *n* arch falbanka *f*

furbish /ˈfɜːbɪʃ/ *vt* (renovate) odn|owić, -awiać *[room, building]*

furious /ˈfjʊərɪəs/ *adj* [1] (angry) *[person]* wściekły **(at** or **with sb** na kogoś); **I was ~ with myself** byłem na siebie wściekły; **he's ~ about it** jest wściekły z tego powodu; **I was ~ with her for coming** or **that she had come** byłem na nią wściekły za to, że przyszła; **he was ~ at being cheated** or **that he'd been cheated** był wściekły, że go oszukano; **she was ~ about** or **over his remark** była wściekła z powodu jego uwagi; **I was ~ to learn that...** byłem wściekły, gdy się dowiedziałem, że...; **to get ~** infml wściec się; **he was absolutely ~** wpadł w furię [2] fig (violent) *[battle, debate]* zażarty; *[effort]* nadludzki; *[speed, energy]* szalony, szaleńczy; *[storm]* gwałtowny

F

IDIOMS: **the pace was fast and ~** tempo było szaleńcze; **the questions came fast and ~** pytania sypały się jedno po drugim

furiously /ˈfjʊərɪəslɪ/ *adv* [1] (angrily) *[answer, look]* z wściekłością; **he was waving his hands ~** z wściekłością or ze złością wymachiwał rękami; **he was ~ angry** szalał ze złości [2] fig *[fight]* z furią; *[run, work]* jak szalony

furl /fɜːl/ **I** *vt* zwi|nąć, -jać *[sail, flag, umbrella]*
II *vi* **to ~ out** *[smoke]* wylatywać; **to ~ upwards** *[smoke]* unosić się

furlong /ˈfɜːlɒŋ, US -lɔːŋ/ *n* furlong *m* (= *201 m*)

furlough /ˈfɜːləʊ/ *n* urlop *m*; Mil przepustka *f*

furnace /ˈfɜːnɪs/ *n* [1] (in foundry, at home) piec *m*; (to produce steam) palenisko *n* [2] fig **the room was a ~** w pokoju było gorąco jak w piecu

furnish /ˈfɜːnɪʃ/ **I** *vt* [1] (put furniture in) u|meblować *[room, apartment]* **(with sth** czymś) [2] (provide) dostarcz|yć, -ać *[document, facts, excuse]*; **to ~ sb with sth** wyposażyć kogoś w coś
II **furnished** *pp adj [apartment]* umeblowany

furnishing /ˈfɜːnɪʃɪŋ/ **I** *n* (action) meblowanie *n*, urządzanie *n* **(of sth** czegoś)
II **furnishings** *npl* (complete decor) wyposażenie *n*; (furniture) meble *m pl*; (way sth is furnished) umeblowanie *n*
III *modif [fabric]* dekoracyjny; **~ department** dział z wyposażeniem mieszkań

furniture /ˈfɜːnɪtʃə(r)/ **I** *n* meble *m pl*; (way sth is furnished) umeblowanie *n*; **bedroom ~** meble do sypialni; **door ~** okucia drzwiowe; **garden** or **lawn ~** meble ogrodowe; **office ~** meble biurowe; **mental ~** mentalność; **a piece of ~** mebel
II *modif [shop]* meblowy; *[business, industry]* meblarski; **~ factory** fabryka mebli; **~ maker** meblarz; **~ restorer** konserwator mebli
IDIOMS: **to be part of the ~** hum być elementem wyposażenia hum

furniture depot *n* magazyn *m* mebli

furniture polish *n* środek *m* do pielęgnacji mebli

furniture remover *n* GB człowiek *m* zajmujący się przeprowadzkami, człowiek *m* od przeprowadzek infml

furniture store *n* sklep *m* meblowy

furniture van *n* wóz *m* meblowy, meblowóz *m*

furore /fjʊˈrɔːrɪ/, **furor** US /ˈfjuːrɔːr/ *n* (acclaim) entuzjazm *m*; (reaction, excitement) poruszenie *n*; (outrage) skandal *m*; **to cause a ~** (acclaim) wywołać furorę; (reaction, excitement) wywołać wielkie poruszenie; (outrage) wywołać skandal; **there was a ~ over** or **about it** było o to or wokół tego mnóstwo krzyku

furred /fɜːd/ *adj* [1] GB *[kettle, pipe]* pokryty kamieniem [2] *[tongue]* obłożony

furrier /ˈfʌrɪə(r)/ *n* kuśnierz *m*

furrow /ˈfʌrəʊ/ **I** *n* (in earth, on brow) bruzda *f*
II *vt* z|marszczyć *[brow]*; **his brow was ~ed in concentration** zmarszczył brwi w skupieniu

IDIOMS: **to plough a lonely ~** (live alone) żyć samotnie; (be isolated) być osamotnionym w swoich wysiłkach

furry /ˈfɜːrɪ/ *adj* [1] *[toy, animal]* futerkowy; *[kitten]* puszysty [2] GB *[tongue]* obłożony

further /ˈfɜːðə(r)/ **I** *adv* (*comparative of* **far**) [1] (to or at a greater physical distance) (also **farther**) dalej; **I can't go any ~** nie mogę już iść dalej; **John walked ~ than me** John poszedł dalej niż ja; **how much ~ is it?** jak to jeszcze daleko?; **how much ~ have they got to go?** ile jeszcze muszą przejść/przejechać?; **to get ~ and ~ away** być coraz dalej, oddalać się; **~ north** dalej na północ; **to move sth ~ back/forward** przesunąć coś dalej do tyłu/do przodu; **to move ~ back** cofnąć się dalej; **~ away** or **off** dalej; **~ on** dalej [2] (at or to a more advanced point) (also **farther**) dalej; **the government went even ~** rząd poszedł jeszcze dalej; **she didn't get any ~ with him than I did** nie wskórała u niego więcej niż ja; **we're ~ forward than we thought** jesteśmy już dalej niż myśleliśmy; **all that work and we are no ~** tyle pracy, a my nie posunęliśmy się o krok; **nothing could be ~ from the truth** nic bardziej błędnego; **nothing could be ~ from my mind** jestem jak najdalszy od tego; **I haven't read ~ than page twenty** nie przeczytałem więcej niż dwadzieścia stron [3] (to or at a greater distance in time) (also **farther**) **~ back than 1964** przed 1964 rokiem; **a year ~ on** rok później; **we must look ~ ahead** musimy myśleć perspektywicznie [4] (to a greater extent, even more) **prices fell/increased (even) ~** ceny jeszcze spadły/wzrosły; **his refusal to co-operate angered them ~** jego odmowa współpracy jeszcze bardziej ich rozzłościła; **we will enquire ~ into the matter** zbadamy tę sprawę dokładniej; **I won't delay you any ~** nie będę cię już więcej zatrzymywał; **they didn't question him any ~** już go więcej nie wypytywali [5] (in addition, furthermore) ponadto; **the company ~ agrees to...** ponadto firma zgadza się...; **she ~ argued that...** ponadto przekonywała, że...; **~, I must say that...** ponadto muszę stwierdzić, że... [6] fml **~ to your letter of 2nd May** w odpowiedzi na pański list z 2 maja
II *adj* (*comparative of* **far**) [1] (additional) dalszy; (next in sequence) następny, kolejny; **a ~ 10%/500 people** kolejne 10%/500 osób; **~ reforms/changes/questions** dalsze reformy/zmiany/pytania; **~ research** dalsze badania; **~ details can be obtained by writing to the manager** dalsze szczegóły or więcej szczegółów można uzyskać pisząc bezpośrednio do dyrekcji; **to have no ~ use for sth** nie potrzebować czegoś już (więcej); **without ~ delay** bez dalszej zwłoki; **there is nothing ~ to discuss** nie ma już o czym (więcej) dyskutować; **is there anything ~?** czy jeszcze coś? [2] (more distant) (also **farther**) dalszy; **the ~ end/bank** dalszy koniec /brzeg
III *vt* zwiększ|yć, -ać *[chances]*; posu|nąć, -wać do przodu *[career, plan]*; promować *[cause]*; **to ~ one's own interests** zadbać o swoje własne interesy

furtherance /ˈfɜːðərəns/ *n* **the ~ of sth** dążenie do czegoś *[aim]*; **in (the) ~ of sth** dla zaspokojenia czegoś *[ambition, interest]*; dla dobra czegoś *[cause]*

further education *n* GB ≈ doskonalenie *n* zawodowe

furthermore /ˌfɜːðəˈmɔː(r)/ *adv* ponadto

furthermost /ˈfɜːðəməʊst/ *adj [chair, point]* najdalszy; **~ from sth** najbardziej oddalony od czegoś

furthest /ˈfɜːðɪst/ **I** *adj* (*superlative of* **far**) (the most distant) *[point, place, part, side, bank]* najdalszy; **the tree ~ (away) from the window** drzewo rosnące najdalej or najbardziej oddalone od okna; **the houses ~ (away) from the river** domy stojące najdalej or najbardziej oddalone of rzeki; **which of the trees is (the) ~?** które z tych drzew jest najdalej?
II *adv* (*superlative of* **far**) [1] (to or at the greatest distance in space) (also **the ~**) najdalej; **Adam can swim/run (the) ~** Adam dopłynie/dobiegnie najdalej; **the ~ north/west** najdalej na północ/na zachód; **this plan goes ~ towards solving the problem** fig ten plan najbardziej przybliża rozwiązanie problemu [2] (at or to greatest distance in time) **the ~ back I can remember is 1970** pamięć moja sięga tylko roku 1970; **the ~ ahead we can look is next week** nie możemy planować dalej niż na przyszły tydzień

furtive /ˈfɜːtɪv/ *adj [glance, movement]* ukradkowy; *[deal, meeting]* sekretny; *[behaviour]* podejrzany; **to be ~** *[person]* zachowywać się podejrzanie

furtively /ˈfɜːtɪvlɪ/ *adv [glance, act, eat, smoke]* ukradkiem

fury /ˈfjʊərɪ/ **I** *n* [1] (anger) wściekłość *f*, furia *f*; fig (of storm, wind) gwałtowność *f*; **to be in a ~** być wściekłym, mieć atak furii; **to clench one's fists in ~** zaciskać pięści z wściekłości or z furii; **he flew at her in a ~** rzucił się na nią w napadzie furii [2] fig (woman) furia *f*
II **Furies** *prn pl* **the Furies** Mythol Furie *f pl*
IDIOMS: **to do sth like ~** infml robić coś jak szalony

furze /fɜːz/ *n* Bot kolcolist *m*

fuse¹ /fjuːz/ **I** *n* Elec bezpiecznik *m*; korek *m* infml; **the ~ has blown** bezpiecznik się przepalił; **to blow a ~** zrobić krótkie spięcie; fig infml wpaść w szał
II *vt* [1] GB Elec **you'll ~ the lights** spowodujesz krótkie spięcie [2] (equip with fuse) zaopatrzyć w bezpiecznik *[plug]* [3] Tech (unite) sto|pić, -apiać *[wires, metals]* [4] fig po|łączyć *[ideas, images]*
III *vi* [1] GB Elec **the lights have ~d** nie ma światła, jest spięcie [2] Tech *[metals, chemicals]* st|opić, -apiać się [3] fig (also **~ together**) *[images, ideas]* zl|ać, -ewać się
IV **fused** *pp adj* Elec *[plug]* z bezpiecznikiem

fuse² /fjuːz/ **I** *n* [1] (cord) (for explosive device) lont *m* [2] (of bomb, warhead) zapalnik *m*
II *vt* uzbr|oić, -ajać *[bomb]*
IDIOMS: **to be on a short ~** być w gorącej wodzie kąpanym

fuse box *n* Elec skrzynka *f* bezpiecznikowa

fusel /ˈfjuːzl/ *n* (also **~ oil**) fuzel *m*, olej *m* fuzlowy
fuselage /ˈfjuːzəlɑːʒ, -lɪdʒ/ *n* Aviat kadłub *m*
fuse wire *n* drut *m* bezpiecznikowy, drut *m* topikowy
fusible /ˈfjuːzəbl/ *adj [metal, alloy]* topliwy; **~ interfacing** (for sewing) wprasowywana wkładka usztywniająca
fusilier /ˌfjuːzəˈlɪə(r)/ *n* fizylier *m*
fusillade /ˌfjuːzəˈleɪd, US -sə-/ *n* [1] Mil **a ~ of shots** kanonada; **a ~ of bullets** grad kul [2] fig (of questions) grad *m*; **to be met by a ~ of criticism** znaleźć się pod ostrzałem krytyki
fusion /ˈfjuːʒn/ *n* [1] Phys st|opienie, -apianie się *n*; Nucl fuzja *f*, synteza *f* [2] fig (of ideas, images) połączenie *n*; (of parties, companies) fuzja *f*
fuss /fʌs/ **I** *n* [1] (agitation) zamieszanie *n*; **to make a ~ (about sth)** (create excitement) robić or wprowadzać zamieszanie (wokół czegoś); (talk a lot about sth) robić mnóstwo hałasu (wokół czegoś); (exaggerate importance of sth) robić wielką sprawę (z czegoś); (exaggerate importance of mistake, offence) robić aferę (z czegoś or w związku z czymś); **there's no need to make such a ~** nie ma potrzeby robić takiego zamieszania; **to make a lot of ~ (over** or **doing sth)** (agree unwillingly) robić łaskę (robiąc coś); **to make a big ~ about nothing** robić dużo hałasu o nic, robić z igły widły; **with a minimum of ~** bez zbędnego zamieszania; **to do sth without any ~** zrobić coś bez gadania; **what's all the ~ about?** o co tyle gadania? [2] (display of annoyance) awantura *f*; **to make a ~ (about sth)** (show annoyance, complain) robić awanturę (o coś); **to kick up a ~** zrobić awanturę; **there was a big ~ when she found out** była wielka awantura, kiedy się dowiedziała [3] (attention) **to make a ~ of** or **over sb/sth** (spoil) rozpieszczać kogoś/coś *[person, animal]*; (be overprotective of) cackać się z kimś/czymś infml *[person, animal]*; (be at sb's service) skakać koło kogoś/czegoś infml fig *[person, animal]*; **there's no need to make a ~ of him** nie ma co się z nim cackać; **he likes to be made a ~ of** (of person) lubi, jak się koło niego skacze; (of animal) lubi, jak się go rozpieszcza or żeby go rozpieszczać; **she doesn't want any ~** (of dignitary, visitor) on nie chce żadnych ceregieli
II *vt* US (bother) zawracać głowę (komuś) infml
III *vi* [1] (worry) przejmować się **(about sth** czymś); **he's always ~ing over** or **about his appearance** ma obsesję na punkcie swojego wyglądu; **don't ~, I've got a key** nie panikuj, mam klucz [2] (be agitated) gorączkować się; **stop ~ing!** uspokój się! [3] (show irrational concern) wydziwiać **(about sth** z czymś); (criticize) grymasić **(about sth** przy czymś); **she's always ~ing about her food** zawsze wydziwia z jedzeniem; **she's always ~ing with her hair** ciągle poprawia włosy [4] (show attention) **to ~ over sb** infml cackać się z kimś infml
fussbudget /ˈfʌsbʌdʒɪt/ *n* US infml = **fusspot**
fussily /ˈfʌsɪlɪ/ *adv* [1] (anxiously) nerwowo [2] (choosily) grymaśnie; (pedantically) pedantycznie [3] (ornately) wymyślnie
fussiness /ˈfʌsɪnɪs/ *n* [1] (of decorations) nadmiar *m* ozdób [2] (choosiness) wybredność *f*
fussing /ˈfʌsɪŋ/ *n* **endless ~ about** or **over details** wieczne robienie problemu z drobiazgów; **endless ~ about nothing** wieczne przejmowanie się głupstwami
fusspot /ˈfʌspɒt/ *n* infml grymaśni|k *m*, -ca *f* infml
fussy /ˈfʌsɪ/ *adj* [1] (difficult to please) (in matters of personal taste) wybredny, grymaśny; (about details) pedantyczny; **he's ~ about his employees being smartly dressed** bardzo zwraca uwagę na ubiór swoich pracowników; **'when do you want to leave?' – 'I'm not ~'** „kiedy chcesz wyjechać?" – „wszystko mi jedno" [2] (over-elaborate) *[furniture, decoration, pattern, curtains, prose, style]* wymyślny; **this dress is too ~** ta sukienka jest zbyt strojna
fustian /ˈfʌstɪən, US -tʃən/ *n* (cloth) barchan *m*
fusty /ˈfʌstɪ/ *adj* [1] *[smell]* stęchły; *[room]* zatęchły; **to smell ~** śmierdzieć stęchlizną [2] *[person, attitude]* staroświecki
futile /ˈfjuːtaɪl, US -tl/ *adj* [1] (vain) *[attempt, effort]* daremny; **it is ~ to speculate** or **speculating** nie ma sensu spekulować [2] (inane) *[remark]* błahy; *[conversation]* jałowy
futility /fjuːˈtɪlətɪ/ *n* [1] (ineffectiveness) (of efforts, measure) daremność *f* [2] (pointlessness) (of war, life) bezsens *m*
futon /ˈfuːtɒn/ *n* futon *m*
future /ˈfjuːtʃə(r)/ **I** *n* [1] (on time scale) przyszłość *f*; **in the ~** w przyszłości; **in the near** or **not too distant ~** w bliskiej or niezbyt odległej przyszłości; **the train /shopping centre of the ~** pociąg /centrum handlowe przyszłości; **who knows what the ~ holds** or **might bring** kto wie, co przyniesie przyszłość; **to see into the ~** odgadywać przyszłość [2] (prospects) przyszłość *f*; **she/the company has a ~** ona/ta firma ma (przed sobą) przyszłość; **to have a bright ~** mieć przed sobą świetlaną przyszłość; **there is no ~ in this kind of work** w tym zawodzie nie ma przyszłości, ten zawód jest bez przyszłości [3] Ling (also **~ tense)** czas *m* przyszły; **in the ~** w czasie przyszłym
II futures *npl* Fin (in Stock Exchange) transakcje *m pl* terminowe; **currency ~s** walutowe transakcje terminowe; **to deal in ~s** prowadzić transakcje terminowe
III *adj [generation, developments, investment, earnings, prospects]* przyszły; **at some ~ date** kiedyś w przyszłości; **I'll keep it for ~ reference** zatrzymam to na przyszłość; **that would be useful for ~ reference** przyda się na przyszłość
future perfect *n* Ling czas *m* przyszły względny or uprzedni
future-proof /ˈfjuːtʃəpruːf/ **I** *adj* **this machine/technology is ~** ta maszyna /technologia jeszcze długo nie wyjdzie z użycia
II *vt* za|gwarantować, że (coś) długo nie wyjdzie z użycia *[product, design]*
futures contract *n* Fin kontrakt *m* giełdowy na przyszłą dostawę
futures exchange *n* Fin giełda *f* terminowa
futures market *n* Fin rynek *m* transakcji terminowych
futures options *n* Fin opcje *f pl* terminowe
futures trader *n* Fin osoba *f* prowadząca transakcje terminowe
futurism /ˈfjuːtʃərɪzəm/ *n* (also **Futurism)** futuryzm *m*
futurist /ˈfjuːtʃərɪst/ **I** *n* (also **Futurist)** futuryst|a *m*, -ka *f*
II *adj* futurystyczny
futuristic /ˌfjuːtʃəˈrɪstɪk/ *adj* futurystyczny
futurity /fjuːˈtjʊərətɪ, US -tʊər-/ *n* fml przyszłość *f*
futurologist /ˌfjuːtʃəˈrɒlədʒɪst/ *n* futurolog *m*
futurology /ˌfjuːtʃəˈrɒlədʒɪ/ *n* futurologia *f*
fuze *n* US = **fuse**
fuzz[1] /fʌz/ **I** *n* (mop of hair) czupryna *f*; (beard) infml broda *f*; (downy hair) meszek *m*
II *vt* infml zamaz|ać, -ywać *[image]*
III *vi* infml (also **~ over)** *[image]* zamaz|ać, -ywać się
fuzz[2] /fʌz/ *n* infml (police) **the ~** (+ *v pl*) gliny *m pl* infml
fuzziness /ˈfʌzɪnɪs/ *n* [1] (of image, photograph) nieostrość *f* [2] (of idea) niejasność *f*
fuzzy /ˈfʌzɪ/ *adj* [1] *[hair]* kędzierzawy; *[fabric]* puszysty [2] (blurry) *[picture, photo]* zamazany [3] (vague) *[distinction, difference]* niewyraźny, rozmyty; *[mind, thoughts, thinking, idea]* mętny; **~ logic** Comput logika zbiorów rozmytych
fwd = **forward**
FWD *n* → **four-wheel drive**

F

g, G /dʒiː/ *n* [1] (letter) g, G *n* [2] **G** Mus g [3] **g = gram(s)** g [4] **g** Phys g
G7 *n* grupa *f* G7
GA US Post = **Georgia**
gab /gæb/ infml **I** *n* gadanie *n*; **shut** or **stop your ~** przestań gadać
II *vi* (*prp, pt, pp* **-bb-**) gadać, nawijać infml; **what's he ~bing on about?** o czym on tak gada or nawija?
IDIOMS: **to have the gift of the ~** infml być wygadanym infml
gabardine /ˈgæbədiːn, -ˈdiːn/ *n* (fabric) gabardyna *f*; (coat) płaszcz *m* gabardynowy
gabbing /ˈgæbɪŋ/ *n* infml gadanina *f* infml; **stop your ~** przestań gadać
gabble /ˈgæbl/ **I** *n* (of person) trajkot *m*, trajkotanie *n*; (incomprehensible, meaningless) bełkot *m*; **she speaks at a terrible ~** (fast) gada jak nakręcona infml; (incomprehensibly) strasznie bełkocze; **~ of conversation** gwar rozmowy
II *vt* wy|bełkotać *[words, excuse, apology]*; wyrzuc|ić, -ać z siebie *[message]*
III *vi [person]* (very fast) za|trajkotać; (incomprehensibly) za|bełkotać
■ **gabble away, gabble on** (fast) trajkotać; (incomprehensibly) bełkotać
■ **gabble out**: **~ out [sth]** wybełkotać *[words, apology]*
gabbro /ˈgæbrəʊ/ *n* Geol gabro *n inv*
gabby /ˈgæbɪ/ *adj* infml gadatliwy
gable /ˈgeɪbl/ **I** *n* Constr szczyt *m*
II gabled *pp adj* **~d house** dom z dwuspadowym dachem
gable end *n* ściana *f* szczytowa
gable roof *n* dach *m* dwuspadowy
Gabon /gəˈbɒn/ *prn* Gabon *m*
Gabonese /ˌgæbəˈniːz/ **I** *n* Gabo|ńczyk *m*, -nka *f*
II *adj* gaboński
gad¹ /gæd/ *vi*
■ **gad about, gad around** infml (*prp, pt, pp* **-dd-**) szwendać się, włóczyć się infml
gad² /gæd/ *excl* (also **by ~!**) dat do diaska! dat
gadabout /ˈgædəbaʊt/ *n* infml **she's such a ~!** jej tylko zabawa w głowie! infml pej
gadfly /ˈgædflaɪ/ *n* Zool giez *m*; fig osa *f* fig
gadget /ˈgædʒɪt/ *n* [1] (small device) przyrząd *m*, gadżet *m* **(to do** or **for doing sth** do robienia czegoś) [2] (knick-knack) gadżet *m*
gadgetry /ˈgædʒɪtrɪ/ *n* gadżety *m pl*
gadolinium /ˌgædəˈlɪnɪəm/ *n* Chem gadolin *m*
Gaelic /ˈgeɪlɪk, ˈgæ-/ **I** *n* (language) (język *m*) gaelicki *m*
II *adj* gaelicki
Gaelic coffee *n* kawa *f* ze śmietanką i whisky

gaff¹ /gæf/ **I** *n* [1] Fishg osęka *f* [2] Naut gafel *m*
II *vt* wyciąg|nąć, -ać osęką *[fish]*
gaff² /gæf/ *n* GB infml (home) chałupa *f* infml
gaff³ /gæf/ *n* infml (foolish talk) brednie *plt*
IDIOMS: **he couldn't stand the ~** US infml nie był w stanie tego znieść; **to blow the ~** GB infml zdradzić tajemnicę; wygadać się infml **(of sth** na temat czegoś)
gaffe /gæf/ *n* gafa *f*, nietakt *m*; **to make a ~** popełnić gafę or nietakt
gaffer /ˈgæfə(r)/ *n* [1] GB infml (foreman) brygadzista *m* [2] GB (boss) szef *m* [3] Cin, TV (chief electrician) główny oświetleniowiec *m* [4] infml (old man) (stary) dziadek *m*, staruszek *m*
gaffer tape *n* nieprzemakalna płócienna taśma *f* samoprzylepna
gag¹ /gæg/ **I** *n* [1] (piece of cloth) knebel *m*; **to put a ~ over sb's mouth** zakneblować komuś usta [2] (in dentistry) rozwieracz *m* (szczęk) [3] fig (censorship) knebel *m* fig; **to act as a ~ on press freedom** ograniczać wolność prasy; **to put a ~ of free speech** ograniczyć swobodę wypowiedzi
II *vt* (*prp, pt, pp* **-gg-**) [1] *[kidnapper, burglar]* za|kneblować **(with sth** czymś) [2] fig *[law, dictator]* ogranicz|yć, -ać wolność (czegoś) *[press, media]*; zam|knąć, -ykać usta (komuś) fig *[journalist]*
III *vi* (*prp, pt, pp* **-gg-**) (choke) za|krztusić się **(on sth** czymś)
gag² /gæg/ *n* Theat (comical scene) gag *m*; (humorous story, practical joke) dowcip *m*, kawał *m*; **is this meant to be a ~?** czy to ma być śmieszne?; **to do sth for a ~** zrobić coś dla kawału
gaga /ˈgɑːgɑː/ *adj* infml [1] (senile) zdziecinniały; zramolały infml; **to go ~** zdziecinnieć; zramoleć infml [2] (mad) **to go ~ over sb/sth** dostać bzika na punkcie kogoś /czegoś infml
gage /geɪdʒ/ *n, vt* US = **gauge**
gaggle /ˈgægl/ *n* stado *n* also fig
gag law *n* US Pol prawo *n* ograniczające swobodę wypowiedzi
gag rule *n* = **gag law**
gaiety /ˈgeɪətɪ/ *n* wesołość *f*; **to be full of ~** tryskać wesołością
gaiety girl *n* tancerka *f* kabaretowa
gaily /ˈgeɪlɪ/ *adv [wave, laugh, chatter]* (from joy) radośnie; (with joy) wesoło; *[decorated, painted]* barwnie; **~ coloured** w żywych kolorach; **ladies ~ dressed** panie w kolorowych sukniach
gain /geɪn/ **I** *n* [1] (increase) przyrost *m*; **~ in value** przyrost wartości; **~ in weight** przyrost wagi [2] (profit) korzyść *f*, zysk *m*; **material/financial ~** korzyść materialna /finansowa; **~ in time** oszczędność czasu; **to do sth for material ~** robić coś dla zysku [3] (advantage, improvement) korzyść *f*; **electoral/diplomatic ~s** korzyści wyborcze/dyplomatyczne; **the ~s of women's liberation** zdobycze ruchu wyzwolenia kobiet; **to make ~s** *[political party]* zwiększyć stan posiadania; **it's her loss but our ~** to jej strata, a nasz zysk
II gains *npl* Comm, Fin (profits) zyski *m pl*; (winnings) wygrana *f*; **losses and ~s** straty i zyski; **to make ~s** *[currency, shares]* zyskiwać na wartości, iść w górę
III *vt* [1] (acquire) zysk|ać, -iwać, zdoby|ć, -wać *[experience]* **(from sb/sth** dzięki komuś/czemuś); zysk|ać, -iwać, zdoby|ć, -wać *[respect, support, popularity, credibility]* **(from sb** u kogoś); uzysk|ać, -iwać, zdoby|ć, -wać *[information]*; uzysk|ać, -iwać, zysk|ać, -iwać *[approval, freedom]*; **to ~ time** zyskać na czasie; **governments ~ popularity by cutting taxes** rządy zyskują na popularności, obniżając podatki; **the advantages to be ~ed from adopting this strategy** korzyści płynące z przyjęcia tej strategii; **we have nothing to ~ from this investment** nic nie zyskamy na tej inwestycji; **to ~ the impression that...** odnieść wrażenie, że...; **to ~ control of sth** przejąć kontrolę nad czymś; **to ~ possession of sth** wejść w posiadanie czegoś; **to ~ ground** *[attitudes, ideas]* zyskać popularność; **to ~ ground on sb/sth** odrobić straty do kogoś/czegoś [2] (increase) (in speed, height) nab|rać, -ierać (czegoś) *[speed, momentum]*; **to ~ weight** przybierać na wadze; **to ~ 4 kilos** przytyć 4 kilo; **to ~ 3 minutes** *[competitor]* uzyskać trzyminutową przewagę; **to ~ 3 minutes a week** *[watch, clock]* spieszyć się 3 minuty na tydzień; **my watch has started to ~ time** mój zegarek zaczął się spieszyć [3] (win) zdoby|ć, -wać *[points, seats]*; **they ~ed four seats from the Democrats** odebrali demokratom cztery mandaty; **to ~ a comfortable victory** osiągnąć wyraźne zwycięstwo; **to ~ the upper hand** zdobyć przewagę; **we have everything to ~ and nothing to lose** nie mamy nic do stracenia, a mnóstwo do zyskania [4] (reach) do|trzeć, -cierać do (czegoś) *[place]*
IV *vi* [1] (improve) **to ~ in prestige /popularity/confidence** zyskać na prestiżu/popularności/pewności siebie [2] (profit) **she's not ~ed by it** nie zyskała na tym; **do you think we'll ~ by adopting this strategy?** czy sądzisz, że ta strategia przyniesie nam korzyści?

■ **gain on**: ~ **on [sb/sth]** dog|onić, -aniać *[person, vehicle]*; **the opposition are ~ing on the government** opozycja dogania w sondażach partię/koalicję rządzącą; **the sea is ~ing on the land** morze zalewa ląd
gainer /ˈgeɪnə(r)/ *n* [1] (person, group) **he's the ~** on na tym zyskuje [2] Fin (share) akcja *f* przynosząca zysk
gainful /ˈgeɪnfl/ *adj* ~ **employment** zatrudnienie przynoszące dochód
gainfully /ˈgeɪnfəlɪ/ *adv* **to be ~ employed** pracować zarobkowo
gainsay /ˌgeɪnˈseɪ/ *vt* (*pt, pp* **gainsaid**) liter za|kwestionować *[argument, evidence]*; zaprzecz|yć, -ać (komuś) *[person]*; **there's no ~ing it** nie sposób temu zaprzeczyć
gait /geɪt/ *n* (of person, animal) chód *m*, krok *m*; **with an unsteady ~** niepewnym krokiem
gaitered /ˈgeɪtəd/ *adj* **a ~ hiker** turysta w getrach
gaiters /ˈgeɪtəz/ *n* getry *plt*
gal[1] /gæl/ *n* dat = **girl** I [1]
gal[2] *n* = **gallon**
gala /ˈgɑːlə/ I *n* gala *f*; **swimming ~** gala pływacka
II *modif* galowy
galactic /gəˈlæktɪk/ *adj* galaktyczny
galantine /ˈgæləntiːn/ *n* Culin galantyna *f*
Galapagos /gəˈlæpəgəs/ *prn pl* (also ~ **Islands) the ~** Galapagos *inv*, Wyspy *f pl* Żółwie
Galapagos tortoise *n* żółw *m* olbrzymi
Galatians /gəˈleɪʃnz/ *prn pl* Bible (+ *v sg*) List *m* do Galatów
galaxy /ˈgæləksɪ/ *n* Astron galaktyka *f*; **the Galaxy** Galaktyka; fig (of film stars, celebrities) plejada *f*
gale /geɪl/ *n* (strong wind) wicher *m*, wichura *f*; **a force 9 ~** wiatr o sile 9 stopni w skali Beauforta; **~-force winds** wichury; **a ~ was blowing, it was blowing a ~** szalała wichura; **~s of laughter** fig huragan śmiechu fig
galena /gəˈliːnə/ *n* Chem galena *f*, galenit *m*, błyszcz *m* ołowiu
gale warning *n* ostrzeżenie *n* przed wichurą
Galicia /gəˈlɪsjə/ *prn* (in Central Europe) Galicja *f*; (in Spain) Galicia *f*
Galilean[1] /ˌgælɪˈliːən/ I *n* Bible, Geog Galilej|czyk *m*, -ka *f*
II *adj* galilejski
Galilean[2] /ˌgælɪˈliːən/ *adj* (typical of Galileo) galileuszowski; (Galileo's) Galileuszowski
Galilee /ˈgælɪliː/ *prn* Galilea *f*; **the Sea of ~** Jezioro *n* Genezaret, Jezioro *n* Tyberiadzkie or Galilejskie
Galileo /ˌgælɪˈleɪəʊ/ *prn* Galileusz *m*
gall[1] /gɔːl/ *n* [1] Med żółć *f* also fig; **to vent one's ~ on sb** wylać na kogoś całą swoją żółć [2] (cheek) czelność *f*, tupet *m*; **to have the ~ to do sth** mieć czelność coś zrobić
gall[2] /gɔːl/ *n* Bot galas *m*
gall[3] /gɔːl/ I *n* Vet (sore) otarcie *n* (*skóry konia*)
II *vt* z|irytować; **it ~s me to see/hear that...** irytuje mnie, gdy widzę/słyszę, że...; **that's what ~s me** to mnie właśnie irytuje; **it ~s me to say so** mówię to z przykrością
gallant /ˈgælənt/ I *n* arch or hum galant *m* dat
II *adj* [1] (courageous) *[soldier]* waleczny; *[fight, attempt]* mężny; *[deed]* chwalebny [2] dat (courteous) *[man, conduct, bow]* pełen galanterii [3] arch (imposing) *[horse, steed]* pyszny; *[ship]* wspaniały
gallantly /ˈgæləntlɪ/ *adv* [1] (bravely) *[fight, resist]* mężnie [2] dat (courteously) *[behave]* z galanterią
gallantry /ˈgæləntrɪ/ *n* [1] (of soldier, warrior) waleczność *f*, męstwo *n*; **a medal for ~** medal za odwagę [2] dat (courtesy) galanteria *f*
gall bladder *n* Anat pęcherzyk *m* or woreczek *m* żółciowy
galleon /ˈgælɪən/ *n* Hist galeon *m*
gallery /ˈgælərɪ/ *n* [1] (also **art ~**) (public) muzeum *n*, galeria *f*; (private) galeria *f* [2] Archit galeria *f*, krużganek *m*, arkady *f pl*; (at Parliament, court, for press) galeria *f* [3] Theat galeria *f*; jaskółka *f* dat [4] (in church) chór *m* [5] (in cave) korytarz *m* podziemny, galeria *f*; **a mine ~** chodnik w kopalni [6] US (auction room) sala *f* licytacyjna
IDIOMS: **to play to the ~** grać pod publiczkę infml pej
galley /ˈgælɪ/ *n* [1] Hist (ship) galera *f* [2] (ship's kitchen) kambuz *m*; (aircraft's kitchen) część *f* kuchenna w samolocie [3] Print (also **~ proof)** korekta *f* szpaltowa, szpalta *f*
galley slave *n* galernik *m* also fig
gallic /ˈgælɪk/ *adj* galasowy; **~ acid** kwas galusowy
Gallic /ˈgælɪk/ *adj* (typowo) francuski; Hist galijski; **the ~ wars** wojna galijska; **the ~ nation** Francja
gallicism /ˈgælɪsɪzəm/ *n* galicyzm *m*
gallimaufry /ˌgælɪˈmɔːfrɪ/ *n* arch mieszanina *f* fig
galling /ˈgɔːlɪŋ/ *adj [experience, remark]* irytujący; **the affair was very ~ to me** bardzo mnie ta sprawa zirytowała; **I find it ~ that...** irytuje mnie to, że...
gallium /ˈgælɪəm/ *n* Chem gal *m*
gallivant /ˈgælɪvænt/ *vi*
■ **gallivant around, gallivant about**: ¶ **~ around** hulać, balować infml; **he's off ~ing around somewhere** gdzieś hula po świecie fig ¶ **~ around [sth]** rozbijać się po (czymś) infml *[Europe, region, countryside]*
gallon /ˈgælən/ *n* galon *m* (GB = *4,546 l*; US = *3,785 l*); **a 5 ~ drum** pięciogalonowa beczka
gallop /ˈgæləp/ I *n* Equest galop *m* also fig; (very fast) cwał *m* also fig; **at a ~** galopem; (very fast) cwałem; **the horses were at full ~** konie pędziły cwałem; **to break into a ~** przejść w galop; (very fast) przejść w cwał; **a ~ through European history** fig szybki przegląd historii Europy
II *vt* pu|ścić, -szczać w galop or cwał *[horse]*
III *vi* Equest *[horse, rider]* po|galopować; (very fast) po|cwałować; *[person]* po|pędzić galopem fig hum; **to ~ away/back** pogalopować/przygalopować; (very fast) pocwałować /przycwałować; **he came ~ing down the stairs** galopem zbiegł po schodach; **Japan is ~ing ahead in this field** Japonia w tej dziedzinie wyprzedza wszystkich; **to ~ through one's work** gonić z robotą infml
galloping /ˈgæləpɪŋ/ *adj* galopujący also fig; **~ inflation** galopująca inflacja
gallows /ˈgæləʊz/ *n* szubienica *f*; **to die on the ~** zginąć na szubienicy; **to end up on the ~** skończyć na szubienicy or na stryczku
gallows bird *n* dat szubienicznik *m* dat
gallows humour GB, **gallows humor** US *n* wisielczy humor *m*
gallstone /ˈgɔːlstəʊn/ *n* Med kamień *m* żółciowy
Gallup poll /ˈgæləppəʊl/ *n* sondaż *m* Instytutu Gallupa
galoot /gəˈluːt/ *n* US infml niedojda *m/f*, niezdara *m/f*
galop /ˈgæləp/ *n* (dance) galop *m*
galore /gəˈlɔː(r)/ *adv* w bród; **there are flowers ~ in my garden** w moim ogrodzie jest mnóstwo kwiatów
galosh /gəˈlɒʃ/ *n* kalosz *m* (*wkładany na obuwie*)
galumph /gəˈlʌmf/ *vi* (also **~ about)** hum *[person]* toczyć się fig
galvanic /gælˈvænɪk/ *adj* [1] Electr galwaniczny [2] fig **to have a ~ effect on sb** podziałać na kogoś elektryzująco fig
galvanism /ˈgælvənɪzəm/ *n* Med galwanoterapia *f*
galvanization /ˌgælvənaɪˈzeɪʃn, US -nɪˈz-/ *n* Ind galwanizacja *f*
galvanize /ˈgælvənaɪz/ *vt* [1] Ind galwanizować, o|cynkować *[iron, steel]* [2] fig z|elektryzować fig *[person, group, nation]*; ożywi|ć, -ać *[discussion, debate]*; **to ~ sb into action** poderwać or pobudzić kogoś do działania
galvanometer /ˌgælvəˈnɒmɪtə(r)/ *n* galwanometr *m*
galvanoscope /ˈgælvənəskəʊp/ *n* galwanoskop *m*
Gambia /ˈgæmbɪə/ *prn* **the ~** Gambia *f*
Gambian /ˈgæmbɪən/ I *n* Gambij|czyk *m*, -ka *f*
II *adj* gambijski
gambit /ˈgæmbɪt/ *n* [1] (in chess) gambit *m* [2] fig manewr *m*, ruch *m*, posunięcie *n*; **an opening ~** pierwszy ruch
gamble /ˈgæmbl/ I *n* [1] (wager) zakład *m*; **to have a ~ on the horses/dogs** zagrać na wyścigach (konnych)/wyścigach psów; **to have a ~ on the election result** obstawić wyniki wyborów [2] (risky venture) ryzykowne przedsięwzięcie *n*; **it's a bit of a ~** to jest nieco ryzykowne; **to take a ~** podjąć ryzyko, zaryzykować; **the ~ paid off** ryzyko się opłaciło; **a safe ~** pewny sukces
II *vt* (bet) postawić, stawiać *[money, sum, everything]* **(on sth** na coś); **he ~d everything on the success of the project** wszystko postawił na ten projekt
III *vi* [1] grać na pieniądze, uprawiać hazard; **we ~d all night** graliśmy (na pieniądze) całą noc; **to ~ at cards** grać w karty na pieniądze; **to ~ on the horses** grać na wyścigach; **to ~ on the Stock Exchange** grać na giełdzie; **to ~ for high stakes** grać o wysokie stawki [2] (risk) za|ryzykować; **to ~ with sb's life** ryzykować życie kogoś, igrać z życiem kogoś; **he ~d that the shares would rise** liczył na to, że ceny akcji pójdą w górę; **she hadn't ~d on his being there** nie spodziewała się, że on tam będzie
■ **gamble away**: **~ away [sth], ~ [sth] away** przegr|ać, -ywać, przepu|ścić, -szczać *[money, fortune]*

G

gambler /ˈgæmblə(r)/ *n* hazardzist|a *m*, -ka *f*, gracz *m*; **a compulsive** or **habitual ~** nałogowy hazardzista or gracz
Gamblers Anonymous *n* Anonimowi Hazardziści *m pl*
gambling /ˈgæmblɪŋ/ **I** *n* hazard *m*; **Adam's compulsive ~** nieopanowana skłonność Adama do hazardu
II *modif [game]* hazardowy; **~ hall/table** sala/stół do gry; **~ house** dom gry; **~ debts** (from cards) długi karciane; (from other games) długi hazardowe; **~ losses** przegrane pieniądze, przegrana
gambling casino *n* kasyno *n*
gambling den *n* = **gambling joint**
gambling joint *n* infml dom *m* gry; jaskinia *f* hazardu pej or hum; (for playing cards) szulernia *f* pej
gambling man *n* gracz *m*
gamboge /gæmˈbəʊʒ, -ˈbuːʒ/ *n* gumiguta *f*
gambol /ˈgæmbl/ *vi* (*prp, pt, pp* **-ll-** GB; **-l-** US) brykać, hasać
game[1] /geɪm/ **I** *n* [1] (activity) (competitive) gra *f*; (not competitive) zabawa *f*; **what ~ shall we play?** w co zagramy?; **a ~ for two players** gra dla dwóch osób; **the kittens' favourite ~ is catching butterflies** ulubioną zabawą kotków jest łapanie motyli; **a ~ of skill** gra zręcznościowa; **a ~ of chance** gra losowa; **it's only a ~!** to tylko zabawa!; **it isn't a ~!** to nie zabawa!; **to play the ~** fig grać fair fig [2] (session, match) (of chess, poker, darts, snooker) partia *f* **(of sth** czegoś**)**; (of football, cricket, hockey) mecz *m* **(of sth** czegoś**)**; **to have** or **play a ~ of hide-and-seek** zagrać or pobawić się w chowanego; **to have** or **play a ~ of chess** zagrać partię or partyjkę szachów; **let's have a ~ of football/tennis** zagrajmy w piłkę nożną /w tenisa; **let's have a ~ of cowboys** pobawmy się w kowbojów [3] US (professional sporting event) mecz *m* [4] (section of tournament) (in tennis) gem *m*; (in bridge) partia *f*; **four ~s to one** cztery do jednego w gemach; **we were two ~s all** było dwa do dwóch w gemach; **~ to Edwards** gem dla Edwardsa [5] (skill at playing) gra *f*; **to improve one's ~** poprawić swoją grę; **grass suits my ~** dobrze mi się gra na trawie; **she plays a reasonable ~ of chess** ona nieźle gra w szachy; **to be off one's ~** grać poniżej swoich możliwości; **to put sb off his/her ~** wybić kogoś z rytmu [6] infml (trick, scheme) gra *f*; **little ~** gierka; **I saw through her little ~** przejrzałem jej gierki; **what's your ~?** co tam kombinujesz? infml; **don't play ~s with me** (tell the truth) tylko nie kręć infml; (don't try to be smart) nie kombinuj; **I have no choice but to play his ~** nie mam wyboru, muszę grać według jego reguł; **you'll only be playing her ~ if you lose your temper** ona tylko czeka, żebyś stracił panowanie nad sobą; **I decided to play the same ~** postanowiłem postępować podobnie [7] infml pej or hum (activity, occupation) **the publishing /insurance ~** działalność wydawnicza /ubezpieczeniowa; **the politics ~** gra polityczna; **I've been in this ~ for ten years** siedzę w tym od dziesięciu lat infml; **he's new to this ~** to dla niego coś nowego [8] Hunt zwierzyna *f*; **big ~** gruby zwierz; **small ~** drobna zwierzyna [9] Culin dziczyzna *f*
II games *npl* GB [1] Sch zajęcia *plt* sportowe; **to be good at ~s** być wysportowanym [2] (also **Games**) (sporting event) igrzyska *plt*
III *modif* [1] **~ stew/soup** potrawka/zupa z dziczyzny [2] GB Sch **~ teacher/lesson** nauczyciel/lekcja wychowania fizycznego
IV *adj* [1] (willing) skory; **he's ~ for anything** jest chętny do wszystkiego; **he's always ~ for an adventure/a laugh** jest zawsze skory do przygód/śmiechu; **OK, I'm ~** dobra, jestem gotów infml [2] (plucky) *[person]* dzielny
IDIOMS: **that's the name of the ~** tylko to się liczy; **the ~ is up** gra skończona, koniec zabawy fig; **to be/go on the ~** infml (be prostitute) być/zostać prostytutką; **to beat sb at his own ~** pobić kogoś jego własną bronią; **to give the ~ away** wszystko zdradzić; **two can play at that ~** każdy kij ma dwa końce
game[2] /geɪm/ *adj [leg, arm]* chory; **to have a ~ leg** być kulawym
game bag *n* torba *f* myśliwska
game bird *n* ptak *m* łowny
game chips *npl* smażone ziemniaki *m pl (pokrojone w talarki)*
game cock *n* kogut *m* do walk
game fish *n* Zool ryba *f* łososiowata
gamekeeper /ˈgeɪmkiːpə(r)/ *n* leśniczy *m*
game laws *npl* prawo *n* łowieckie
game licence *n* karta *f* łowiecka
gamely /ˈgeɪmlɪ/ *adv [fight, struggle]* dzielnie; *[try]* usilnie
game park *n* = **game reserve**
game pie *n* Culin dziczyzna *f* zapiekana w cieście
game plan *n* (in sport) strategia *f* gry; (in politics) strategia *f* działania
game point *n* (in tennis) piłka *f* gemowa
gamer /ˈgeɪmə(r)/ *n* gracz *m*; **online ~** gracz komputerowy
game reserve *n* rezerwat *m* dzikich zwierząt
games console *n* konsola *f* gier
game show *n* teleturniej *m*
gamesmanship /ˈgeɪmzmənʃɪp/ *n* infml pej wybieg *m*; **that's just ~** to ma tylko na celu zmylenie przeciwnika
games room *n* salon *m* gier; Comput salon *m* gier komputerowych
gamester /ˈgeɪmstə(r)/ *n* hazardzist|a *m*, -ka *f*, gracz *m*
game(s) theory *n* teoria *f* gier
gamete /ˈgæmiːt/ *n* Biol gameta *f*
game warden *n* strażnik *m* łowiecki
gamin /ˈgæmɪn/ *n* liter łobuziak *m*, ulicznik *m*
gamine /gæˈmiːn/ **I** *n* chłopczyca *f*
II *modif [hairstyle]* na chłopaka; *[charm]* chłopięcy
gaming /ˈgeɪmɪŋ/ *n* [1] (gambling) hazard *m*, gra *f* hazardowa [2] Comput gry *f pl* komputerowe
gaming debt *n* dług *m* karciany
gaming house *n* dat dom *m* gry
gaming laws *npl przepisy prawne dotyczące gier hazardowych*
gaming machine *n* automat *m* do gry
gamma /ˈgæmə/ *n* gamma *inv*
gamma radiation *n* promieniowanie *n* gamma
gamma ray I *n* promień *m* gamma
II *modif* **~ emission** emisja promieni gamma
gammon /ˈgæmən/ **I** *n* (ham) szynka *f* wędzona
II *modif* **~ steak** stek wieprzowy; **~ joint** szynka
gammy /ˈgæmɪ/ *adj* GB infml *[leg, shoulder]* (through injury) przetrącony infml; (through pain) bolący, obolały, chory; **to have a ~ leg** mieć chorą nogę
gamp /gæmp/ *n* GB infml parasol *m*
gamut /ˈgæmət/ *n* [1] fig gama *f* fig; **the whole ~ of sth** pełna gama or pełny wachlarz czegoś; **to run the ~ of sth** obejmować całą gamę czegoś [2] Mus (full range) (of voice, instrument) skala *f*
gamy /ˈgeɪmɪ/ *adj [meat]* skruszały; **that meat smells a bit ~** to mięso ma już lekki zapaszek
gander /ˈgændə(r)/ *n* [1] Zool gąsior *m* [2] GB infml (glance) **to take** or **have a ~ at sth** rzucić okiem na coś
ganef /ˈgænef/ *n* US infml złodziej *m*
gang /gæŋ/ *n* [1] (of criminals) banda *f*; (well organized) gang *m*; (of thieves) szajka *f*; (of youths) banda *f*; (of criminal youths) gang *m* (młodzieżowy); (clique) klika *f*, sitwa *f*; **they roamed around in ~s** wałęsali się całymi bandami; **to join a ~** przyłączyć się do bandy; **the Gang of Four** Hist banda czworga [2] infml (of friends) paczka *f* infml; **to be one of the ~** należeć do paczki [3] (of workmen, prisoners) brygada *f*, ekipa *f* [4] Tech (of tools) zestaw *m*, komplet *m*
■ **gang together** z|ebrać, -bierać się; skrzyk|nąć, -iwać się infml **(to do sth** żeby coś zrobić**)**
■ **gang up** zm|ówić, -awiać się **(on** or **against sb** przeciwko komuś**)** **(to do sth** żeby coś zrobić**)**
gang-bang /ˈgænbæŋ/ *n* vulg (rape) gwałt *m* zbiorowy
ganger /ˈgæŋə(r)/ *n* GB brygadzist|a *m*, -ka *f*
Ganges /ˈgændʒiːz/ *prn* **the ~** Ganges *m*
gang fight *n* walka *f* gangów
gangland /ˈgæŋlænd/ **I** *n* gangi *m pl* przestępcze
II *modif [crime, killing]* gangsterski
gang leader *n* szef *m* gangu
ganglia /ˈgæŋglɪə/ *npl* → **ganglion**
gangling /ˈgæŋglɪŋ/ *adj [teenager, youth]* tykowaty, tyczkowaty
ganglion /ˈgæŋglɪən/ *n* (*pl* **-lia**) [1] (of nerves) zwój *m* nerwowy, ganglion *m* [2] (swelling) ganglion *m*
gangplank /ˈgæŋplæŋk/ *n* Naut trap *m*
gang-rape /ˈgæŋreɪp/ *n* gwałt *m* zbiorowy
gangrene /ˈgæŋgriːn/ *n* zgorzel *f*, gangrena *f* also fig
gangrenous /ˈgæŋgrɪnəs/ *adj [wound]* zgorzelinowy; *[finger, foot]* gangrenowaty; **the toe went ~** w palec u nogi wdała się gangrena
gangster /ˈgæŋstə(r)/ **I** *n* gangster *m*, bandyta *m*
II *modif [film, story, tactics]* gangsterski; **~ boss** szef gangu
gang war *n* wojna *f* gangów
gangway /ˈgæŋweɪ/ *n* [1] (passage) przejście *n*; **~!** z drogi! [2] Naut trap *m*, schodnia *f*
ganja /ˈgændʒə/ *n* marihuana *f*, gandzia *f* infml

gannet /ˈgænɪt/ *n* [1] Zool głuptak *m* [2] fig hum obżartuch *m* infml; **he's a real ~** to prawdziwy żarłok, jest nienażarty infml
gantry /ˈgæntrɪ/ *n* [1] Constr (for crane) brama *f*; Rail (for signals) portal *m* [2] Aerosp (also **~ scaffold**) wieża *f* wyrzutni
gaol /dʒeɪl/ *n, vt* GB = **jail**
gaoler /ˈdʒeɪlə(r)/ *n* GB = **jailer**
gap /gæp/ *n* [1] (interval) (between planks, curtains) szpara *f*, przerwa *f*, odstęp *m*; (between buildings) prześwit *m*, przestrzeń *f*; (between cars) odstęp *m*; (between hills) przełęcz *f*; (in fence, wall) dziura *f* **(in sth** w czymś); (in clouds) prześwit *m*; (in text, diagram) puste miejsce *n*, luka *f* **(in sth** w czymś); **to have ~s between one's teeth** mieć szpary między zębami; **he filled (in)/left the ~s in the diagram** uzupełnił/zostawił puste miejsca or luki w diagramie; **to leave/fill a ~ in sb's life** pozostawić/wypełnić pustkę w życiu kogoś [2] (break in continuity) (in conversation, performance, event) przerwa *f*; (in records, accounts, reports) luka *f*; **after a ~ of six years** po sześcioletniej przerwie [3] (discrepancy) (in age, of levels, status) różnica *f*; (very big) przepaść *f*; (between opinions) rozbieżność *f*; (very big) przepaść *f*; (between generations) przepaść *f*; **a 15-year age ~** piętnaście lat różnicy; **a wide ~** głęboka przepaść; **the ~ between the rich and the poor** przepaść dzieląca bogatych i biednych; **the ~ between myth and reality** rozziew między mitem a rzeczywistością; **there's a communication ~ between them** nie potrafią się porozumieć; **to close the ~** zniwelować różnice [4] (deficiency) (in knowledge, memory) luka *f* **(in sth** w czymś); (in education) braki *m pl* **(in sth** w czymś); **training ~** braki w wyszkoleniu; **technology ~** przepaść techniczna [5] Advertg, Comm luka *f*; **to look for a ~ in the market** poszukiwać luki na rynku; **to fill in a ~ in the market** wypełnić lukę na rynku [6] Fin deficyt *m*; **trade/dollar ~** deficyt handlowy/dolarowy
gape /geɪp/ *vi* [1] (stare) wpatrywać się **(at sb/sth** w kogoś/coś); gapić się (z otwartymi ustami) infml **(at sb/sth** na kogoś/coś) [2] (open wide) *[mouth]* rozdziawi|ć, -ać się infml; *[chasm, hole]* roz|ewrzeć, -wierać się; *[wound]* ziać; *[garment]* rozchyl|ić, -ać się; **his shirt ~d open** miał rozchełstaną (na piersiach) koszulę
gap financing *n* finansowanie *n* deficytu
gaping /ˈgeɪpɪŋ/ *adj* [1] (staring) wpatrujący się; **he was greeted by a ~ crowd** przywitał go tłum gapiów; **~ onlookers** gapie [2] (open) *[beak, mouth]* rozdziawiony; *[shirt]* rozchełstany; *[wound, hole]* ziejący
gappy /ˈgæpɪ/ *adj* infml **to have ~ teeth** mieć szerokie szpary między zębami
gap-toothed /ˈgæptuːθt/ *adj* [1] (with teeth missing) *[person, smile]* szczerbaty [2] (with teeth widely apart) **to be ~** mieć rzadkie zęby
gap year *n* rok *m* przerwy przed pójściem na studia
garage /ˈgærɑːʒ, ˈgærɪdʒ, US gəˈrɑːʒ/ **I** *n* [1] (to house motor vehicle) garaż *m* [2] (for repair and servicing) warsztat *m* samochodowy; (petrol station) stacja *f* benzynowa; (for selling and buying cars) autokomis *m*
II *modif* **~ door** drzwi garażowe
III *vt* (drive into garage) wprowadz|ić, -ać do garażu *[car, vehicle]*; (have repaired) wstawi|ć, -ać or odstawi|ć, -ać do warsztatu *[car, vehicle]*
garage mechanic *n* mechanik *m* samochodowy
garage owner *n* właściciel *m* warsztatu
garage sale *n* wyprzedaż *f* rzeczy używanych *(zwykle w garażu)*
garaging /ˈgærədʒɪŋ/ *n* **with/without ~** z garażem/bez garażu
garb /gɑːb/ *n* strój *m*; **in clerical/peasant ~** w stroju duchownym/chłopskim
garbage /ˈgɑːbɪdʒ/ *n* [1] US (rubbish) śmieci *m pl*, śmiecie *m pl*; **to dispose of ~** *[person]* wyrzucać śmieci; *[local authorities]* pozbywać się odpadków; **to put the ~ out** wystawiać worki/pojemniki ze śmieciami (przed dom); **to collect** or **pick up ~** wywozić śmieci [2] (nonsense) bzdury *f pl*, głupoty *f pl* infml pej; **to talk ~** pleść bzdury or głupoty [3] Comput śmieci *m pl*
IDIOMS: **~ in, ~ out** Comput wprowadzisz błędne dane, uzyskasz błędne wyniki
garbage can *n* US pojemnik *m* na śmieci
garbage chute *n* US zsyp *m*
garbage collection *n* [1] US (by local authority) wywóz *m* śmieci [2] Comput czyszczenie *n* pamięci
garbage collector *n* [1] US = **garbage man** [2] Comput program *m* czyszczący pamięć
garbage disposal *n* US pozbywanie się *n* odpadków
garbage disposal unit *n* US (in sink) młynek *m* do rozdrabniania odpadków (w zlewozmywaku)
garbage man *n* US śmieciarz *m*
garbage truck *n* US śmieciarka *f*
garble /ˈgɑːbl/ *vt* przekręc|ić, -ać *[words, facts, story, instruction, message, quotation, version]*
garbled /ˈgɑːbld/ *adj* *[account, message]* przekręcony
garbology /gɑːˈbɒlədʒɪ/ *n* *badania socjologiczne oparte na analizie domowych odpadków*
Garda[1] /ˈgɑːdə/ *prn* Geog **Lake ~** Jezioro *n* Garda
Garda[2] /ˈgɑːdə/ *n* (*pl* **-dai**) (police) policja *f* *(w Irlandii)*; (officer) policjant *m* *(w Irlandii)*
garden /ˈgɑːdn/ **I** *n* [1] ogród *m* also fig; (not big) ogródek *m*; **front/back ~** ogród przed/za domem; **we don't have much ~** nie mamy zbyt dużego ogrodu [2] (in restaurant, pub) ogródek *m*
II gardens *n pl* (municipal) park *m* → **botanic**
III *modif* *[plant, furniture, shed, hose]* ogrodowy; *[tools, centre]* ogrodniczy
IV *vi* (cultivate garden) uprawiać ogród or ogródek; (work as gardener) pracować jako ogrodnik
IDIOMS: **everything in the ~'s rosy** infml iron wszystko w (najlepszym) porządku iron; **to lead sb up** or **down** US **the ~ path** infml wyprowadzić kogoś w pole
garden apartment *n* = **garden flat**
garden centre GB, **garden center** US *n* centrum *n* ogrodnicze
garden city *n* GB miasto ogród *n*
gardener /ˈgɑːdnə(r)/ *n* ogrodni|k *m*, -czka *f*; **she's a keen ~** (amateur) lubi pracować w ogrodzie
garden flat *n* GB mieszkanie *n* z wyjściem do ogrodu
garden-fresh /ˌgɑːdnˈfreʃ/ *adj* prosto z ogrodu
gardenia /gɑːˈdiːnɪə/ *n* Bot gardenia *f*
gardening /ˈgɑːdnɪŋ/ **I** *n* ogrodnictwo *n*; **the pleasures of ~** przyjemności płynące z pracy w ogrodzie
II *modif* *[gloves, tool]* ogrodniczy; **a ~ expert** specjalista w dziedzinie ogrodnictwa
Garden of Eden *n* Eden *m*, rajski ogród *m* also fig
garden of remembrance *n* (in cemetery) miejsce *n* pamięci
garden party *n* przyjęcie *n* w ogrodzie, garden party *n inv*
garden produce *n* plony *m pl* z ogrodu
garden shears *npl* nożyce *plt* ogrodnicze, sekator *m*
garden snail *n* ślimak *m* *(z gatunku Helix aspersa)*
garden suburb *n* GB *pełna zieleni dzielnica podmiejska*
garden-variety /ˌgɑːdnvəˈraɪətɪ/ *adj* US *[writer, book]* mało znaczący
garden waste *n* odpady *m pl* z ogrodu
garfish /ˈgɑːfɪʃ/ *n* Zool belona *f*
gargantuan /gɑːˈgæntjʊən/ *adj* liter *[meal]* gargantuiczny; *[appetite]* nienasycony
gargle /ˈgɑːgl/ **I** *n* (liquid) płyn *m* do płukania gardła; (act) płukanie *n* gardła; **to have a ~** wypłukać gardło
II *vi* wy|płukać gardło **(with sth** czymś)
gargoyle /ˈgɑːgɔɪl/ *n* gargulec *m*, rzygacz *m*
garish /ˈgeərɪʃ/ *adj* *[light, colour]* jaskrawy; *[clothes]* krzykliwy
garishly /ˈgeərɪʃlɪ/ *adv* *[illuminated, coloured]* jaskrawo; *[dressed, decorated]* krzykliwie
garishness /ˈgeərɪʃnɪs/ *n* (of illumination, colours) jaskrawość *f*; (of decor, clothes) krzykliwość *f*
garland /ˈgɑːlənd/ **I** *n* (in windows, around neck) girlanda *f*; (on head) wianek *m*
II *vt* u|dekorować girlandą *[window, gateway]*; zawie|sić, -szać na szyi girlandę (komuś) *[person]*; (on head) u|wieńczyć skronie (kogoś) **(with sth** czymś)
garlic /ˈgɑːlɪk/ **I** *n* Bot, Culin czosnek *m*
II *modif* *[butter, sauce, sausage, salt]* czosnkowy
garlic bread *n* pieczywo *n* czosnkowe
garlic butter *n* masło *n* czosnkowe
garlicky /ˈgɑːlɪkɪ/ *adj* infml *[sauce, flavour]* czosnkowy; *[food]* z czosnkiem; **he had ~ breath** czuć było or zionęło od niego czosnkiem
garlic press *n* wyciskacz *m* or praska *f* do czosnku
garment /ˈgɑːmənt/ *n* część *f* garderoby
garner /ˈgɑːnə(r)/ **I** *n* liter or dat spichlerz *m*
II *vt* fml z|gromadzić *[knowledge, information, facts]*; zgarn|ąć, -iać fig *[awards, medals]*
garnet /ˈgɑːnɪt/ **I** *n* Geol granat *m*
II *modif* **~ ring** pierścionek z granatem; **~ brooch** broszka wysadzana granatami
garnish /ˈgɑːnɪʃ/ **I** *n* Culin garnirunek *m*, przybranie *n*

G

II *vt* [1] Culin u|garnirować, przyb|rać, -ierać *[fish, meat]* **(with sth** czymś) [2] (in jewellery) wysadz|ić, -ać **(with sth** czymś)
garnishee /ˌgɑːnɪˈʃiː/ *n* Jur *osoba, u której dokonano zajęcia wierzytelności stanowiącej własność dłużnika*
garnishing /ˈgɑːnɪʃɪŋ/ *n* Culin garnirunek *m*, przybranie *n*
garnishment /ˈgɑːnɪʃmənt/ *n* Jur *nakaz zajęcia wierzytelności dłużnika, znajdującej się u osoby trzeciej*
garret /ˈgærət/ *n* mansarda *f*, poddasze *n*
garrison /ˈgærɪsn/ **I** *n* Mil garnizon *m*
II *modif [duty, town, life]* garnizonowy
III *vt [troops]* stacjonować w (czymś) *[town]*; *[officer]* rozmie|ścić, -szczać *[troops, regiment]*; **the town was ~ed with a regiment** w mieście stacjonował pułk; **British troops are ~ed in the area** na tym terenie stacjonują oddziały brytyjskie
garrotte GB, **garrote** US /gəˈrɒt/ **I** *n* (device, execution) garota *f*
II *vt* (strangle) u|dusić; (officially) wykonać na (kimś) wyrok śmierci przez uduszenie
garrulity /gəˈruːlətɪ/ *n* = **garrulousness**
garrulous /ˈgærʊləs/ *adj* gadatliwy
garrulously /ˈgærʊləslɪ/ *adv* gadatliwie
garrulousness /ˈgærʊləsnɪs/ *n* gadatliwość *f*
garter /ˈgɑːtə(r)/ *n* [1] (for sock, stocking) podwiązka *f* [2] GB (title) **the Garter** Order Podwiązki; **Knight of the Garter** kawaler Orderu Podwiązki; **Order of the Garter** kawalerowie Orderu Podwiązki
garter belt *n* US pas *m* do pończoch
garter snake *n* Zool pończosznik *m*
garter stitch *n* Tex ścieg *m* francuski
gas /gæs/ **I** *n* [1] (fuel) gaz *m*; **to cook with ~** gotować na gazie; **to cook on a low /medium/high ~** gotować na małym /średnim/dużym ogniu; **to heat a house with ~** ogrzewać dom gazem; **to use bottled ~** używać gazu w butlach; **to turn up/down the ~** zwiększyć/zmniejszyć ogień [2] Chem gaz *m* [3] Dent (anaesthetic) znieczulenie *n*; **did you have ~?** dali ci znieczulenie? [4] (also **poison ~)** Mil gaz *m* bojowy [5] US Aut (petrol) benzyna *f* [6] (also **~ pedal)** infml (accelerator) pedał *m* gazu; gaz *m* infml; **to step on the ~** nacisnąć na gaz; fig pośpieszyć się [7] GB infml dat (empty talk) mowa-trawa *f*, paplanina *f* infml pej; **to have a ~** (chat) pogadać sobie infml [8] infml (fun) ubaw *m* po pachy infml; jaja *plt* vinfml; **the party was a real ~** mieliśmy niezły ubaw na tej imprezie; **he just did it for a ~** zrobił to dla śmiechu; **we had such a ~!** mieliśmy niezły ubaw; ale były jaja! vinfml; **his latest girlfriend is a ~** jego najnowsza dziewczyna jest super infml
II *modif [cooker, heater, engine, turbine]* gazowy; *[company, industry]* gazowniczy; **~ leak/explosion** wyciek/wybuch gazu; **~ supply** zaopatrzenie w gaz
III *vt* (*prp, pt, pp* **-ss-)** (injure) zatru|ć, -wać gazem; (make unconscious) u|śpić, -sypiać; (kill) o|truć gazem; (in gas chamber) za|gazować
IV *vi* [1] (give off gas) wydziel|ić, -ać gaz [2] GB infml dat (chatter) po|gadać infml; (go on at length) rozwodzić się **(about sth** na temat czegoś)
V *vr* **to ~ oneself** (injure) zatruć się gazem; (kill) otruć się gazem
■ **gas up** US Aut za|tankować
gasbag /ˈgæsbæg/ *n* infml (talker) gaduła *m/f*
gas black *n* sadza *f* gazowa
gas board *n* gazownia *f*
gas bracket *n* kinkiet *m* gazowy
gas burner *n* palnik *m* gazowy
gas carrier *n* Transp gazowiec *m*
gas chamber *n* komora *f* gazowa
Gascon /ˈgæskən/ **I** *n* [1] (native) Gasko|ńczyk *m*, -nka *f* [2] (dialect) dialekt *m* gaskoński
II *adj* gaskoński
Gascony /ˈgæskənɪ/ *prn* Gaskonia *f*
gas cooker *n* kuchenka *f* gazowa
gas-cooled /ˌgæsˈkuːld/ *adj [engine, reactor]* chłodzony gazem
gas cylinder *n* butla *f* gazowa
gaseous /ˈgæsɪəs, ˈgeɪsɪəs/ *adj [mixture, substance]* gazowy
gas fire *n* GB piecyk *m* gazowy
gas-fired /ˌgæsˈfaɪəd/ *adj [central heating, boiler, power station]* gazowy
gas fitter *n* gazownik *m*
gas fittings *npl* instalacja *f* gazowa
gas gangrene *n* Med zgorzel *f* gazowa
gas guzzler *n* US infml (car) pożeracz *m* paliwa infml
gash[1] /gæʃ/ **I** *n* (on body, fabric) rozcięcie *n*; Med rana *f* cięta; (on wood) nacięcie *n*; (in ship's hull, boiler) pęknięcie *n*
II *vt* rozci|ąć, -nać; **to ~ one's finger /knee** rozciąć sobie palec/kolano; **his leg was badly ~ed** miał paskudnie rozciętą nogę
gash[2] /gæʃ/ *adj* GB infml zbędny
gas heater *n* (for room) piecyk *m* gazowy; (for water) bojler *m* gazowy, terma *f* gazowa
gasholder /ˈgæshəʊldə(r)/ *n* zbiornik *m* gazu
gas jet *n* [1] (stream of gas) strumień *m* gazu [2] (burner) palnik *m* gazowy
gasket /ˈgæskɪt/ *n* [1] Tech uszczelka *f*; **the engine has blown a ~** w kotle lokomotywy puściła uszczelka; **he blew a ~** infml fig hum puściły mu nerwy infml [2] Naut krawat *m*
gas lamp *n* (in house) lampa *f* gazowa; (in street) latarnia *f* gazowa
gaslight /ˈgæslaɪt/ *n* [1] (illumination) oświetlenie *n* gazowe; (of lamp, streetlamp) światło *n* gazowe [2] (lamp) lampa *f* gazowa; (streetlamp) latarnia *f* gazowa
gas lighter *n* [1] (for fire, cooker) zapalarka *f* [2] (for cigarettes) zapalniczka *f* (gazowa)
gas lighting *n* oświetlenie *n* gazowe
gas line *n* US kolejka *f* po paliwo
gas-lit /ˌgæsˈlɪt/ *adj [street, hall]* oświetlony lampą gazową
gas main *n* przewód *m* gazowy
gas man *n* (reading gas meter) inkasent *m*, -ka *f* z gazowni; (gas fitter) gazownik *m*
gas mantle *n* koszulka *f* żarowa
gas mask *n* maska *f* przeciwgazowa
gas meter *n* licznik *m* gazu, gazomierz *m*
gas mileage *n* US Aut zużycie *n* paliwa
gasohol /ˈgæsəhɒl/ *n* Tech gazohol *m*, paliwo *n* alkoholowe
gas oil *n* olej *m* napędowy
gasoline /ˈgæsəliːn/ *n* US benzyna *f*; **~-powered** benzynowy
gasometer /gæˈsɒmɪtə(r)/ *n* zbiornik *m* pomiarowy gazu, gazometr *m*
gas oven *n* [1] (in kitchen) piekarnik *m* gazowy; **to put one's head in the ~** (commit suicide) otruć się gazem [2] = **gas chamber**
gasp /gɑːsp, US gæsp/ **I** *n* (breathing) gwałtowny wdech *m*; **she gave a ~ of fear /surprise** wydała stłumiony okrzyk strachu/zdumienia; **there were ~s of amazement from the crowd** z tłumu dochodziły stłumione okrzyki zdziwienia; **at the last ~** (last moment) w ostatniej chwili; **to be at one's last ~** umierać; fig ledwie dyszeć or zipać infml; **to the last ~** fig do ostatniego tchu, do ostatka
II *vt* wy|sapać, wy|dyszeć; **'help!' he ~ed** „ratunku!" wydyszał; **she ~ed (out) a few words** z trudem wykrztusiła kilka słów
III *vi* [1] (for breath) łapać powietrze, dyszeć; **the effort left her ~ing** dyszała or sapała z wysiłku; **to ~ for air/breath** z trudem łapać powietrze/oddech; **to ~ in** or **with amazement** wydać stłumiony okrzyk zdziwienia [2] infml (crave for) **he was ~ing for a cigarette/drink** marzył o papierosie/o czymś do picia
gas pedal *n* US Aut pedał *m* gazu
gasper /ˈgɑːspə(r)/ *n* GB vinfml dat (cigarette) fajka *f* infml
gas-permeable /ˌgæsˈpɜːmɪəbl/ *adj* gazoprzepuszczalny
gas pipe *n* rura *f* gazowa, przewód *m* gazowy
gas pipeline *n* gazociąg *m*
gas poker *n* zapalarka *f* gazowa *(do kominka)*
gas-powered /ˌgæsˈpaʊəd/ *adj* napędzany gazem, na gaz
gas range *n* kuchnia *f* gazowa
gas ring *n* GB palnik *m* gazowy
gassed /gæst/ *adj* US infml (drunk) **to be ~** być na (dobrym) gazie infml
gas station *n* US stacja *f* benzynowa
gas stove *n* (for cooking) kuchenka *f* gazowa
gassy /ˈgæsɪ/ *adj [liquid, drink]* gazowany
gas tank *n* US Aut zbiornik *m* paliwa, bak *m*
gas tap *n* kurek *m* gazu
gastrectomy /gæˈstrektəmɪ/ *n* Med gastrektomia *f*
gastric /ˈgæstrɪk/ *adj [juices, contents]* żołądkowy; *[problems]* żołądkowy, gastryczny; **~ pains/ulcer** bóle/wrzód żołądka; **~ flu** grypa żołądkowa infml
gastritis /gæˈstraɪtɪs/ *n* zapalenie *n* żołądka i jelit
gastro-enteritis /ˌgæstrəʊˌentəˈraɪtɪs/ *n* nieżyt *m* żołądka i jelit
gastroenterologist /ˌgæstrəʊˌentəˈrɒlədʒɪst/ *n* gastroenterolog *m*
gastroenterology /ˌgæstrəʊˌentəˈrɒlədʒɪ/ *n* gastroenterologia *f*
gastrointestinal /ˌgæstrəʊɪnˈtestɪnl, -ɪntesˈtaɪnl/ *adj* Med żołądkowo-jelitowy
gastronome /ˈgæstrənəʊm/ *n* fml smakosz *m*, -ka *f*
gastronomic /ˌgæstrəˈnɒmɪk/ *adj* fml kulinarny
gastronomist /gæˈstrɒnəmɪst/ *n* fml smakosz *m*, -ka *f*
gastronomy /gæˈstrɒnəmɪ/ *n* fml sztuka *f* kulinarna, gastronomia *f*

gastropod /ˈgæstrəpɒd/ *n* Zool brzuchonóg *m*, ślimak *m*
gas turbine *n* turbina *f* gazowa
gas worker *n* pracowni|k *m*, -ca *f* gazowni
gasworks /ˈgæswɜːks/ *n* gazownia *f*
gat /gæt/ *n* US vinfml dat (gun) gnat *m*, spluwa *f* infml
gate /geɪt/ **I** *n* [1] (of town, prison, courtyard, palace, estate, field) brama *f*; (for walkers) furtka *f*; (of level crossing) barierka *f*, szlaban *m*; (in underground, railway) bramka *f*; (at airport) wyjście *n*; (in monastery, convent) furta *f*; (of lock) wrota *plt*; (of sluice) zasuwa *f*; **please, proceed to ~ 12** (pasażerów) prosimy o przechodzenie do wyjścia numer 12; **at the ~** przy wyjściu [2] Sport **there was a good ~ at the match** (money) mecz przyniósł znaczny dochód; **there was a ~ of 29,000** (spectators) przyszło 29 000 widzów [3] (in skiing) bramka *f* [4] Comput bramka *f*
II *vt* GB infml **to be ~d** otrzymać zakaz opuszczania terenu szkoły
IDIOMS: **to get the ~** infml wylecieć (z pracy) infml; **to give sb the ~** infml wywalić kogoś infml
gâteau /ˈgætəʊ, US gæˈtəʊ/ *n* (*pl* **~x, ~s**) tort *m*
gatecrash /ˈgeɪtkræʃ/ infml **I** *vt* (without invitation) **to ~ a party** wkręcić się na przyjęcie infml; (without ticket) **to ~ a concert** wejść na koncert bez biletu
II *vi* (without invitation) w|ejść, -chodzić bez zaproszenia; (without ticket) w|ejść, -chodzić bez biletu
gatecrasher /ˈgeɪtkræʃə(r)/ *n* infml **even the ~s left the stadium** nawet ci, którzy wcisnęli się bez biletu, opuścili stadion
gatefold /ˈgeɪtfəʊld/ *n* Publg wkładka *f*
gatehouse /ˈgeɪthaʊs/ *n* (at park, estate) stróżówka *f*; (at factory, university grounds) portiernia *f*; (at lock) maszynownia *f* śluzy
gatekeeper /ˈgeɪtkiːpə(r)/ *n* portier *m*
gate-leg table /ˌgeɪtlegˈteɪbl/ *n* stół *m* rozkładany *(z wysuwanymi dodatkowymi nogami)*
gate lodge *n* domek *m* stróża *(przy wjeździe do posiadłości)*
gate money *n* Sport wpływy *m pl* z biletów
gatepost /ˈgeɪtpəʊst/ *n* słupek *m (bramy lub furtki)*
IDIOMS: **between you, me and the ~** między nami (mówiąc)
gateway /ˈgeɪtweɪ/ *n* [1] (for walkers) wejście *n*; (for vehicles) wjazd *m*; fig **Dover is England's ~ to Europe** Dover to dla Anglii brama do Europy; **the town stands at the ~ to the valley** miasto leży u wylotu doliny; **~ to success/fame** droga do sukcesu/sławy [2] Comput brama *f*, przejście *n*
gather /ˈgæðə(r)/ **I** *n* Sewing marszczenie *n*
II *vt* [1] (collect) z|ebrać, -bierać *[fruit, data, information, strength, thoughts, followers, taxes]*; **to ~ one's strength** zbierać siły; **the movement is ~ing strength** ruch rośnie w siłę; **to ~ one's courage** zebrać się na odwagę; **to ~ crowds** przyciągnąć tłumy; **to ~ dust** *[object, piece of furniture]* okrywać się kurzem; fig popadać w zapomnienie; **to ~ momentum/speed** nabierać tempa/prędkości; **to ~ way** Naut nabierać prędkości; **the noise was ~ing volume** hałas się nasilał; **we are ~ed here today to discuss this problem** zebraliśmy się tu dzisiaj, żeby przedyskutować ten problem [2] (embrace) **to ~ sb to oneself/one's bosom** przytulić kogoś do siebie/do serca [3] (deduce, conclude) wy|wnioskować; **you are leaving, I ~** rozumiem, że wychodzisz; **I ~ (that) he was here** jeżeli dobrze zrozumiałem, on tu był; **I ~ from her (that) he was here** z tego, co ona mówi, wnioskuję, że tu był; **to ~ an impression** odnieść wrażenie; **I ~ed from this (that) the decision was irrevocable** wywnioskowałem z tego, że decyzja jest nieodwołalna; **what do you ~ from that?** jak to rozumiesz?; **as you will have ~ed...** jak zdążyłeś się przekonać, ...; **as far as I can ~** z tego, co wiem [4] Sewing z|marszczyć; **a skirt ~ed at the waist** spódnica marszczona w pasie [5] Print z|ebrać, -bierać *[sections of book]*
III *vi* [1] *[people, crowd, family, clouds, dust]* z|ebrać, -bierać się, z|gromadzić się; *[darkness]* zapa|ść, -dać; **the clouds were ~ing all over Europe** fig nad Europą zbierały się czarne chmury fig [2] Med *[boil, abscess]* z|ebrać, -bierać się
IV *vr* **to ~ oneself** (in preparation) z|ebrać, -bierać się w sobie; (after shock) pozbierać się
■ **gather around** = **gather round**
■ **gather in**: **~ in [sth], to ~ [sth] in** z|ebrać, -bierać *[essays, papers, harvest, crops, contributions]*; ściąg|nąć, -ać *[taxes]*
■ **gather round**: ¶ **~ round** *[family, students]* z|gromadzić się; **~ round!** podejdźcie bliżej! ¶ **~ round [sb/sth]** z|gromadzić się wokół (kogoś/czegoś) *[object, teacher]* ¶ **~ [sth] round oneself** owi|nąć, -jać się (czymś), otul|ić, -ać się (czymś) *[shawl]*
■ **gather together**: ¶ **~ together** *[family, members]* z|ebrać, -bierać się ¶ **~ together [sth], ~ [sth] together** z|ebrać, -bierać, z|gromadzić *[belongings, notes, followers, data, information]* ¶ **~ oneself together** (in preparation) z|ebrać, -bierać się w sobie; (after shock) pozbierać się
■ **gather up**: **~ up [sth], ~ [sth] up** po|zbierać *[papers, toys, debris, remains]*; z|ebrać, -bierać *[strength, energy, hair]*; **to ~ one's hair up into a bun** upiąć włosy w kok
gathering /ˈgæðərɪŋ/ **I** *n* [1] (social meeting) spotkanie *n*; **family ~** zjazd rodzinny, rodzinne spotkanie [2] (public or business meeting) (small) zebranie *n*; (big) zgromadzenie *n*; (of people from different towns) zjazd *m* [3] (of objects) zbiór *m* [4] (action of collecting) (of fruit, mushrooms, wood, information) zbieranie *n* [5] Sewing marszczenie *n* [6] Print (of book) zbieranie *n*
II *adj* (growing) *[dusk, gloom]* zapadający; *[speed]* wzrastający; *[storm]* nadchodzący, nadciągający; **the ~ clouds of war** widmo zbliżającej się wojny
gator /ˈgeɪtər/ *n* US infml aligator *m*
GATT /gæt/ *n* = **General Agreement on Tariffs and Trade** Układ *m* Ogólny w sprawie Ceł i Handlu, GATT *m*
gauche /gəʊʃ/ *adj [person]* nieobyty; *[manner, behaviour]* nieokrzesany; *[remark]* niezręczny; *[style, technique, writing]* nieporadny
gaucheness /ˈgəʊʃnɪs/ *n* (of person) brak *m* obycia; (of remark) niezręczność *f*; (of style, painting) nieporadność *f*
gaucho /ˈgaʊtʃəʊ/ *n* (*pl* **~s**) gauczo *m*
gaucho pants *n* spódnica-spodnie *f*
gaudily /ˈgɔːdɪlɪ/ *adv [decorated, painted, dressed]* krzykliwie
gaudy /ˈgɔːdɪ/ *adj [decoration, clothes, colours, jewellery]* jarmarczny
gauge /geɪdʒ/ **I** *n* [1] (standard measure) (of metal sheet, wool, needle) grubość *f*; (of wire) przekrój *m*, grubość *f*; (of gun, bullet, screw) kaliber *m*; **a thin-~ steel lid** pokrywa z cienkiej stali [2] Rail rozstaw *m* torów; **a narrow/broad ~** wąski/szeroki rozstaw torów [3] (measuring instrument) wskaźnik *m*, miernik *m*; **fuel/oil ~** wskaźnik paliwa/oleju; **speed ~** prędkościomierz [4] fig (way of judging) miernik *m*; **it's a good ~ of character** to dobry sprawdzian charakteru [5] Cin format *m* taśmy
II *vt* [1] (measure accurately) z|mierzyć *[diameter, temperature, speed]*; po|liczyć *[number]*; z|mierzyć poziom czegoś *[oil, petrol]* [2] (estimate) oceni|ć, -ać *[strength, distance, mood, reaction]*; (make judgement) ustal|ić, -ać; **the strength of the wind is not easy to ~** trudno jest ocenić siłę wiatru; **to ~ what's going on** ustalić, co się dzieje [3] Tech wy|kalibrować *[tool, screw, gun]*
Gaul /gɔːl/ *n* (country) Galia *f*; (inhabitant) Gal *m*, -ijka *f*
Gaullist /gɔːlɪst/ **I** *n* gaullist|a *m*, -ka *f*
II *adj* gaullistowski
gaunt /gɔːnt/ *adj* [1] *[face, person, figure]* (emaciated) wychudły, wyniszczony; (haggard) mizerny, wymizerowany [2] *[landscape, building]* surowy
gauntlet[1] /ˈgɔːntlɪt/ *n* [1] (glove) rękawica *f* [2] (on shirt sleeve) szeroki wywijany mankiet *m*
IDIOMS: **to pick up** or **take up the ~** podnieść (rzuconą) rękawicę fig; podjąć wyzwanie; **to throw down the ~** rzucić (komuś) rękawicę fig; rzucić (komuś) wyzwanie
gauntlet[2] /ˈgɔːntlɪt/ *n* **to run the ~** przebiec między dwoma szeregami chłoszczących
IDIOMS: **to run the ~ of criticism /danger** znosić ciągłe ataki krytyki/być wystawionym na ciągłe niebezpieczeństwo
gauss /gaʊs/ *n* (*pl* **~**) Phys gaus *m*
gauze /gɔːz/ **I** *n* [1] (fabric) gaza *f* [2] US (bandage) bandaż *m* [3] (wire mesh) siatka *f*
II *modif* **~ curtain/scarf** firanka/szal z gazy
gauzy /ˈgɔːzɪ/ *adj [dress]* zwiewny
gave /geɪv/ *pt* → **give**
gavel /ˈgævl/ *n* (used by auctioneer) młotek *m* aukcyjny; (used by judge) US młotek *m (sędziego)*
gavotte /gəˈvɒt/ *n* Mus gawot *m*
Gawd /gɔːd/ *excl* GB infml dat o Boże!
gawk /gɔːk/ *vi* infml gapić się **(at sb/sth** na kogoś/coś)
gawker /ˈgɔːkə(r)/ *n* infml gap *m*
gawky /ˈgɔːkɪ/ *adj [teenager]* niezdarny
gawp /gɔːp/ *vi* infml = **gawk**
gay /geɪ/ **I** *n* (man) homoseksualista *m*; gej *m* infml; (woman) lesbijka *f*
II *adj* [1] (homosexual) *[community, culture, magazine]* gejowski; *[bar, club]* dla gejów; **~**

G

couple (relationship) związek homoseksualny; (two men) para gejów; (two women) para lesbijek; **she is ~** jest lesbijką; **he is ~** jest gejem; **~ rights** prawa homoseksualistów [2] (lively) *[person, atmosphere, laughter, street, cafe]* wesoły; *[colour, music]* żywy; **to have a ~ time** wesoło się bawić [3] (carefree) *[bachelor, life]* beztroski; **to do sth with ~ abandon** robić coś w radosnym uniesieniu

gay lib *n* infml = **gay liberation**

gay liberation *n* (movement) ruch *m* gejowski

gayness /ˈgeɪnɪs/ *n* homoseksualizm *m*

Gaza strip /ˌgɑːzəˈstrɪp/ *prn* strefa *f* Gazy

gaze /geɪz/ **I** *n* spojrzenie *n*; **to hold sb's ~** wytrzymać spojrzenie kogoś

II *vi* (fixedly) wpatrywać się **(at sb/sth** w kogoś/coś); **to ~ out of a window/into the distance** patrzeć przez okno/w dal

■ **gaze about, gaze around** roz|ejrzeć, -glądać się; **stop gazing about!** przestań się rozglądać!

gazebo /gəˈziːbəʊ/ *n* **(*pl* ~s)** (garden pavilion) altana *f*; (belvedere) belweder *m*

gazelle /gəˈzel/ *n* (*pl* **~, ~s**) Zool gazela *f*

gazette /gəˈzet/ **I** *n* [1] GB (official journal) monitor *m*; **the official/government ~** monitor urzędowy/rządowy [2] Journ (newspaper title) **Gazette** „Gazeta", „Dziennik"

II *vt* fml ogł|osić, -aszać w monitorze *[appointment, promotion]*

gazetteer /ˌgæzəˈtɪə(r)/ *n* indeks *m* nazw geograficznych

gazpacho /gəzˈpætʃəʊ/ *n* Culin gazpacho *n*

gazump /gəˈzʌmp/ *vt* GB infml pej *[another buyer]* przebić ofertę kogoś; **we've lost the house we wanted – we've been ~ed** nie kupiliśmy tego domu, który chcieliśmy, właściciel w ostatniej chwili podbił cenę

gazumping /gəˈzʌmpɪŋ/ *n* GB infml pej (by seller) podniesienie *n* raz uzgodnionej ceny; (by another buyer) przebicie *n* oferty

GB *n* = **Great Britain** Wielka Brytania *f*

GBH *n* → **grievous bodily harm**

Gbyte *n* Comput = **gigabyte** gigabajt *m*

GC *n* GB → **George Cross**

GCE *n* (*pl* **~s**) GB Hist, Educ = **General Certificate of Education** świadectwo *n* ukończenia szkoły średniej

GCHQ *n* GB = **Government Communications Headquarters** *komórka wywiadu zajmująca się nasłuchem radiowym*

GCSE *n* (*pl* **~s**) GB Educ = **General Certificate of Secondary Education** *świadectwo ukończenia szkoły średniej nieuprawniające do podjęcia studiów*

gdn = garden

Gdns = Gardens

GDP *n* = **gross domestic product** PKB *m inv*

GDR *n* Hist = **German Democratic Republic** NRD *inv*

gear /gɪə(r)/ **I** *n* [1] (equipment) sprzęt *m*; **climbing/fishing/gardening ~** sprzęt wspinaczkowy/wędkarski/ogrodniczy; **sewing ~** przybory do szycia [2] infml (personal possessions, stuff) rzeczy *f pl*; **don't leave your ~ all over the place** nie rozrzucaj swoich rzeczy [3] (clothes) **tennis/football ~** strój do tenisa/piłkarski; **she's got some great ~** infml ona ma świetne ciuchy infml [4] Aut bieg *m*; **bottom** or **first ~** pierwszy bieg; **to be in second/third ~** być na drugim/trzecim biegu; **to change** or **shift ~** zmienić bieg; **to put a car in ~** włączyć or wrzucić bieg; **you're not in ~** nie wrzuciłeś biegu; **you're in the wrong ~** jesteś na złym biegu; **it's out of ~** (disengaged) jest na luzie; fig (out of order) (to) nie działa; **'keep in low ~'** (on sign) „jedź na niskim biegu"; **to get (oneself) into ~ for sth** fig szykować się do czegoś [5] (in bicycle) przełożenie *n*; **to change ~** zmienić przełożenie [6] Tech (toothed wheel) koło *n* zębate; (set of gearwheels) przekładnia *f* [7] infml (drugs) prochy *m pl* infml

II gears *npl* Tech przekładnia *f* zębata

III *vt* [1] (tailor) **to be ~ed to** or **towards sth** *[place, institution]* być przystosowanym do czegoś *[needs]*; *[production, policy, system, tax, course]* być nastawionym na coś; **to be ~ed to** or **towards sb** *[policy, programme]* być adresowanym do kogoś; **to be ~ed to** or **towards doing sth** *[programme, policy]* mieć na celu zrealizowanie czegoś; **we are ~ing output to meet increased demand** przestawiamy produkcję, żeby sprostać zwiększonemu popytowi; **she ~ed her timetable to fit in with Adam's** dostosowała swój rozkład dnia do Adama [2] Aut, Tech (provide with gearing) wyposaż|yć, -ać w skrzynię biegów *[car]*; wyposaż|yć, -ać w przekładnię *[machine]*; wyposaż|yć, -ać w przerzutkę *[bicycle]*

■ **gear down**: ¶ **~ down** Tech z|redukować bieg ¶ **~ down [sth], ~ [sth] down** *[management]* ogranicz|yć, -ać *[output, production, operations]*

■ **gear up**: ¶ **~ up** [1] Tech zmieni|ć, -ać bieg na wyższy [2] *[person, company, staff]* przy|szykować się **(for sth** do czegoś or na coś) ¶ **~ [sb] up** przygotow|ać, -ywać *[person, company]*; **to be ~ed up to do sth** być gotowym do zrobienia czegoś; **to be ~ed up for sth** być przygotowanym do czegoś *[party, interview, trip]*; **to ~ oneself up to do sth** szykować się do zrobienia czegoś

gearbox /ˈgɪəbɒks/ *n* skrzynia *f* biegów

gear cable *n* linka *f* przerzutki

gear change *n* zmiana *f* biegów; **to make a ~** zmienić bieg

gearing /ˈgɪərɪŋ/ *n* [1] Fin dźwignia *f* finansowa, wskaźnik *m* dźwigni [2] Tech przekładnia *f*

gear lever *n* (in car) dźwignia *f* zmiany biegów; (in bicycle) manetka *f* przerzutki

gear ratio *n* przełożenie *n*

gearshift /ˈgɪəʃɪft/ *n* US [1] (lever) (in car) dźwignia *f* zmiany biegów; (in bicycle) manetka *f* przerzutki [2] (process) zmiana *f* biegów

gear stick *n* GB Aut dźwignia *f* zmiany biegów

gear wheel *n* (on bicycle) koło *n* zębate przerzutki

gecko /ˈgekəʊ/ *n* (*pl* **~s, ~es**) Zool gekon *m*

gee[1] /dʒiː/ *excl* US infml o rany! o rety!; **~, it's nice to see you!** jak miło cię widzieć!

gee[2] /dʒiː/ *excl* (to horse) (also **~ up!**) wio!

■ **gee up** infml: **~ up [sb/sth], ~ [sb/sth] up** pog|onić, -aniać *[person, animal]*

gee[3] /dʒiː/ *n* infml (thousand) tysiączek *m* infml

gee-gee /ˈdʒiːdʒiː/ *n* (in baby talk) konik *m*

geek /giːk/ *n* US vinfml [1] (misfit) palant *m* infml [2] (computer buff) maniak *m* komputerowy, maniaczka *f* komputerowa

geek speak *n* infml żargon *m* informatyczny

geese /giːs/ *pl* → **goose**

gee-whiz /ˌdʒiːˈwɪz/ *excl* US infml rany julek! infml

geezer /ˈgiːzə(r)/ *n* GB infml (man) staruch *m*, dziad *m* infml

gefilte fish /ˌgəfɪltə ˈfɪʃ/ *n* ryba *f* faszerowana po żydowsku

Geiger counter /ˈgaɪgəˈkaʊntə(r)/ *n* Phys licznik *m* Geigera-Müllera

geisha /ˈgeɪʃə/ *n* (also **~ girl**) gejsza *f*

gel /dʒel/ **I** *n* żel *m*; **a hair ~** żel do włosów

II *vi* (*prp, pt, pp* **-ll-**) [1] Culin s|tężeć, sta|nąć, -wać [2] fig (take shape) *[ideas, plan]* s|krystalizować się, nab|rać, -ierać realnych kształtów

gelatin(e) /ˈdʒelətiːn, -tɪn/ *n* żelatyna *f*

gelatinous /dʒəˈlætɪnəs/ *adj [substance, mass]* galaretowaty

geld /geld/ *vt* (*pt, pp* **~ed, gelt**) wy|kastrować, wy|trzebić *[horse, pig]*

gelding /ˈgeldɪŋ/ *n* [1] (horse) wałach *m* [2] (castration) kastracja *f*, wytrzebienie *n*

gelignite /ˈdʒelɪgnaɪt/ *n* Mil (explosive) dynamit *m*

gelt /gelt/ *n* US infml szmal *m* infml

gem /dʒem/ *n* [1] (stone) kamień *m* szlachetny; (bearing an engraved design) gemma *f* [2] fig (person) skarb *m* fig; (object) klejnot *m*, perła *f* fig; **it was a ~ of a cottage** ten domek to było prawdziwe cacko [3] fig (amusing feature in newspaper) perełka *f* fig

Gemini /ˈdʒemɪnaɪ, -niː/ *npl* Astrol Bliźnięta *plt*

gemmology /ˌdʒeˈmɒlədʒɪ/ *n* gemmologia *f*

gemstone /ˈdʒemstəʊn/ *n* kamień *m* jubilerski

gen[1] /dʒen/ *n* GB infml informacje *f pl*, dane *plt* **(on sb/sth** dotyczące kogoś/czegoś, na temat kogoś/czegoś); **what's the ~ on this?** co o tym trzeba wiedzieć?

■ **gen up**: GB infml (*prp, pt, pp* **-nn-**) ¶ **~ up** zorientować się **(on sth** w czymś) ¶ **~ [sb] up** dostarcz|yć, -ać komuś informacji or danych **(on sth** na temat czegoś); **to be ~ned up about** or **on sth** być dobrze zorientowanym w czymś

gen[2] /dʒen/ *adj, adv* = **general, generally**

Gen. = **General** gen.

gender /ˈdʒendə(r)/ *n* [1] Ling rodzaj *m*; **common ~** rodzaj wspólny; **to agree in ~** zgadzać się pod względem rodzaju; **the word is feminine in ~** ten wyraz jest rodzaju żeńskiego [2] (of person, animal) płeć *f*; **the male and female ~** płeć męska i żeńska; **a person of uncertain ~** osoba nieokreślonej płci

gender-bender /ˌdʒendəˈbendə(r)/ *n* infml hum transwestyt|a *m*, -ka *f*

gender bias *n* nierówne traktowanie *n* ze względu na płeć; **to show a ~ in favour of man/woman** faworyzować mężczyzn/kobiety

gender dysphoria *n* Psych dysforia *f* na tle tożsamości płciowej

gender gap *n* różnice *f pl* dzielące płcie

gender reassignment *n* zmiana *f* płci

gene /dʒiːn/ *n* Biol gen *m*; **to have sth in one's ~s** mieć coś w genach also fig
genealogical /ˌdʒiːnɪə'lɒdʒɪkl/ *adj* genealogiczny
genealogist /ˌdʒiːnɪ'ælədʒɪst/ *n* genealog *m*
genealogy /ˌdʒiːnɪ'ælədʒɪ/ *n* genealogia *f*
gene bank *n* bank *m* genów
gene cluster *n* grupa *f* genów
gene library *n* = **gene bank**
gene mapping *n* → **genetic mapping**
gene pool *n* pula *f* genów
genera /'dʒenərə/ *npl* → **genus**
general /'dʒenrəl/ **I** *n* [1] Mil generał *m*; **~ of the army** US ≈ marszałek *m*; **~ of the air force** US *najwyższy stopień w lotnictwie*; **to make sb a ~** mianować kogoś generałem; **General Franco** generał Franco; **yes, General** tak jest, panie generale [2] the ~ and particular sprawy ogólne i szczegółowe
II *adj* [1] (widespread) *[interest, consensus, approval, opinion, reaction, response, impression, ban, paralysis]* powszechny, ogólny; **to be (fairly) ~** *[interest, reaction, satisfaction]* być (dość) powszechnym; **apple pie is a ~ favourite** wszyscy najbardziej lubią szarlotkę; **in ~ use** powszechnie używany; **there was a ~ movement towards the door** wszyscy ruszyli do drzwi [2] (overall) *[condition, appearance, standard, rise, fall, decline, impression, attitude, behaviour]* ogólny; **to improve one's ~ fitness** poprawić swoją ogólną kondycję or sprawność fizyczną; **do you get the ~ idea?** czy ogólnie rozumiesz, o co chodzi?; **that's the ~ idea** w sumie o to chodzi; **the ~ plan is to...** ogólnie chodzi o to, żeby... [3] (rough, usually applying) *[rule, principle, axiom]* ogólny, generalny; **as a ~ rule** z reguły; **the ~ rule** ogólna zasada [4] (not detailed or specific) *[description, statement, promise, direction, information, assurance]* ogólny; **to talk in ~ terms** operować ogólnikami; **to give sb a ~ idea of sth** przedstawić coś komuś ogólnie; **a ~ discussion about sth** ogólna dyskusja na temat czegoś; **to keep the conversation ~** ograniczyć rozmowę do spraw ogólnych; **to head in the ~ direction of sth** zmierzać w kierunku czegoś [5] (not specialized) *[magazine, programme]* (przeznaczony) dla szerokiego kręgu odbiorców; *[viewer, user]* przeciętny; *[medicine, linguistics]* ogólny; *[store, shop]* wielobranżowy; **~ office duties** praca biurowa; **~ assistant** pomoc biurowa [6] (miscellaneous) *[category, index, expenses]* ogólny; **we sell ~ antiques** sprzedajemy antyki wszelkiego rodzaju [7] (usual, normal) *[practice, routine, method]* normalny; **in the ~ way of things** zazwyczaj; **the ~ run of people** zwyczajni ludzie [8] (chief) *[manager, secretary]* generalny
III in general *adv phr* [1] (usually) na ogół; **in ~ I like the theatre, but...** w ogóle lubię teatr, ale... [2] (mostly, overall) ogólnie rzecz biorąc; **in ~ it seems quite simple** ogólnie rzecz biorąc, to wydaje się całkiem proste [3] (non-specifically, as a whole) ogólnie, w ogóle; **adults in ~ and parents in particular** dorośli w ogóle, a w szczególności rodzice; **he's fed up with life in ~** ma dosyć życia w ogóle

general anaesthetic GB, **general anesthetic** US *n* środek *m* znieczulenia ogólnego
general assembly, General Assembly *n* zgromadzenie *n* ogólne
general confession *n* spowiedź *f* powszechna
general degree *n* GB Educ *dyplom ukończenia studiów uniwersyteckich (bez specjalizacji)*
general delivery *n* US poste restante *inv*; **to send sth ~** wysłać coś na poste restante
general election *n* wybory *plt* powszechne
general headquarters *n* Mil *(+ v sg/pl)* kwatera *f* główna
general hospital *n* szpital *m* ogólny
generalissimo /ˌdʒenrə'lɪsɪməʊ/ *n* generalissimus *m*
generalist /'dʒenrəlɪst/ *n* **to be a ~** znać się ogólnie na wszystkim
generality /ˌdʒenə'rælətɪ/ *n* [1] (general remark) ogólnik *m*; **to talk in generalities** mówić ogólnikami; **to confine oneself to generalities** ograniczać się do ogólników [2] (state of being general) (of rule, description) ogólność *f* **(of sth** czegoś) [3] (majority) *(+ v sg/pl)* większość *f*; **the ~ of people /shareholders** większość ludzi/akcjonariuszy; **the ~** (people at large) ogół (ludzi)
generalization /ˌdʒenrəlaɪ'zeɪʃn, US -lɪ'z-/ *n* uogólnienie *n* **(about sth** dotyczące czegoś); (process) generalizowanie *n* **(about sth** czegoś); **to make a ~** uogólnić; **to make ~s** uogólniać, generalizować
generalize /'dʒenrəlaɪz/ **I** *vt* [1] (make more general) u|czynić bardziej ogólnym *[education, curriculum, syllabus]* [2] (draw) **to ~ a conclusion/principle** sformułować ogólny wniosek/ogólną zasadę
II *vi* generalizować, uogólni|ć, -ać; **to ~ about sth** dokonywać uogólnień na temat czegoś
generalized /'dʒenrəlaɪzd/ *adj* [1] (widespread) *[use]* rozpowszechniony; *[anxiety, discontent, hostility]* powszechny; Med *[disease]* uogólniony [2] (vague) *[statement, accusation, criticism]* ogólnikowy
general knowledge *n* wiedza *f* ogólna
generally /'dʒenrəlɪ/ *adv* [1] (widely) *[accepted, available, believed, recognized]* powszechnie, ogólnie [2] (usually) na ogół; **it's ~ best to wait** na ogół najlepiej jest poczekać; **~ (speaking)...** zasadniczo... [3] (for the most part) *[acceptable, accurate, popular]* w zasadzie [4] (overall) ogólnie (rzecz biorąc); **industry ~ will be affected** odbije się to na całym przemyśle; **he's ~ unwell at the moment** ogólnie (rzecz biorąc) nie najlepiej się czuje; **she was dancing, drinking and ~ enjoying herself** tańczyła, piła i w ogóle dobrze się bawiła; **~ speaking** ogólnie mówiąc [5] (vaguely) *[talk, refer, discuss]* ogólnie, ogólnikowo
general manager *n* dyrektor *m* naczelny or generalny
general meeting *n* zebranie *n* ogólne
general officer *n* Mil generał *m*
general partner *n* Comm wspólnik *m* w spółce jawnej

general partnership *n* Comm spółka *f* jawna
general practice *n* [1] (field of doctor's work) medycyna *f* ogólna; **to go into ~** zostać lekarzem ogólnym [2] (health centre) przychodnia *f* ogólna
general practitioner, GP *n* lekarz *m* pierwszego kontaktu
general public *n* ogół *m* społeczeństwa
general-purpose /ˌdʒenrəl'pɜːpəs/ *adj* *[tool, knife, detergent]* uniwersalny; *[vehicle]* terenowy
general science *n* Sch ≈ przedmioty *m pl* ścisłe
general secretary *n* sekretarz *m* generalny
generalship /'dʒenrəlʃɪp/ *n* (rank, duties) generalstwo *n*; **his skilful ~** jego umiejętność dowodzenia
general staff *n* Mil sztab *m* generalny
general store *n* sklep *m* wielobranżowy
general strike *n* strajk *m* generalny
general studies *npl* GB Sch, Educ *zajęcia rozwijające wiedzę ogólną*
generate /'dʒenəreɪt/ *vt* [1] wytw|orzyć, -arzać *[income, revenue]*; s|powodować *[noise]*; tworzyć *[documents, graphics]*; generować *[data, signal]*; zwiększ|yć, -ać *[sales, traffic]*; stw|orzyć, -arzać *[jobs]*; przyn|ieść, -osić *[loss, profit, publicity]*; do|prowadzić do (czegoś) *[unemployment]*; wywoł|ać, -ywać *[enthusiasm, debate, interest, tension, conflict]*; o|budzić *[feeling]* [2] Elec wytw|orzyć, -arzać *[electricity, power, heat]* [3] Ling wy|generować [4] Math u|tworzyć *[curve, surface]*
generating set *n* zespół *m* prądotwórczy
generating station *n* elektrownia *f*
generation /ˌdʒenə'reɪʃn/ *n* [1] (in family, society) pokolenie *n*; **from ~ to ~** z pokolenia na pokolenie; **the younger /older ~** młodsze/starsze pokolenie; **people of my ~** ludzie z mojego pokolenia; **the postwar ~** pokolenie powojenne; **first ~ Australian** Australijczyk w pierwszym pokoleniu [2] (period of time) pokolenie *n*; **it's been like this for ~s** tak się dzieje od pokoleń; **within one ~** w jednym pokoleniu; (in product development) generacja *f*; **a new/next ~ of sth** nowa/następna generacja czegoś; **second ~ robots** roboty drugiej generacji [3] (of electricity, income) wytwarzanie *n*; (of employment, document) tworzenie *n*; (of data, sound) generowanie *n*; **traffic generation** zwiększenie natężenia ruchu
generation gap *n* różnica *f* or konflikt *m* pokoleń; **to bridge the ~** pokonać różnicę pokoleń
generative /'dʒenərətɪv/ *adj* [1] (productive) *[force]* wytwórczy; *[act, powers of mind]* twórczy [2] Ling generatywny; **~ grammar** gramatyka generatywna [3] Biol *[organs, capacity]* rozrodczy; **~ cell** komórka rozrodcza, komórka generatywna
generator /'dʒenəreɪtə(r)/ *n* [1] Elec generator *m*; (in hospital, on farm) agregat *m* prądotwórczy; **electric ~** generator elektryczny [2] (person) (of ideas) twór|ca *m*, -czyni *f*, autor *m*, -ka *f*; (of expansion) inicjator *m*, -ka *f*
generatrix /'dʒenəreɪtrɪks/ *n* (*pl* **-trices**) Math tworząca *f*

G

generic /dʒɪˈnerɪk/ *adj* [1] (general) *[term]* ogólny; *[fault]* pospolity [2] Biol rodzajowy [3] Ling gatunkowy
generically /dʒɪˈnerɪklɪ/ *adv* Biol *[differ, related, distinct]* rodzajowo, pod względem rodzaju
generic drugs *npl* leki *m pl* niezastrzeżone, leki *m pl* generyczne
generosity /ˌdʒenəˈrɒsətɪ/ *n* [1] hojność *f*, szczodrość *f* **(to** or **towards sb** wobec or w stosunku do kogoś); **his ~ in paying my expenses** szczodrość, z jaką pokrywał moje wydatki; **her ~ with her time was incredible** ilość czasu, który poświęcała, była niewiarygodna [2] (also **~ of mind)** wspaniałomyślność *f*; **~ of spirit** wielkoduszność; **such ~!** iron cóż za wielkoduszność! iron
generous /ˈdʒenərəs/ *adj* [1] (lavish) *[person, gesture, donation]* hojny, szczodry; *[offer]* szlachetny; **to be ~ with sth** nie szczędzić czegoś *[time, money, praise]*; **that's very ~ of you** to bardzo szlachetnie z twojej strony [2] (magnanimous) wspaniałomyślny, wielkoduszny; **a person truly ~ in spirit** osoba prawdziwie wielkoduszna; **the most ~ interpretation is that...** najłagodniej rzecz ujmując..., przy najprzychylniejszej interpretacji... [3] (plentiful) *[harvest, meal, helping]* obfity; *[pay, award]* sowity; *[size, hem]* duży; *[soil]* żyzny; *[wine]* mocny
generously /ˈdʒenərəslɪ/ *adv [give, offer, endowed]* hojnie, szczodrze; *[illustrated]* bogato; *[forgive, agree, pardon]* wspaniałomyślnie, wielkodusznie; *[sprinkle, grease, salted]* obficie, suto
genesis /ˈdʒenəsɪs/ **I** *n* **(***pl* **-ses)** geneza *f*
II Genesis *prn* Bible Księga *f* Rodzaju, Genesis *n inv*
gene tagging *n* Med oznaczanie *n* genów
gene therapy *n* terapia *f* genowa
genetic /dʒɪˈnetɪk/ *adj* genetyczny
genetically /dʒɪˈnetɪklɪ/ *adv* genetycznie; **~ engineered, ~ manipulated** otrzymany w wyniku manipulacji genetycznej; **~ modified** transgeniczny
genetic code *n* kod *m* genetyczny
genetic counselling *n* poradnictwo *n* genetyczne
genetic engineering *n* inżynieria *f* genetyczna
genetic fingerprinting *n* analiza *f* linii papilarnych DNA
genetic ID card *n* osobista karta *f* genetyczna
geneticist /dʒɪˈnetɪsɪst/ *n* genetyk *m*
genetic manipulation *n* manipulacja *f* genetyczna
genetic map *n* mapa *f* genów
genetic mapping *n* mapowanie *n* genów
genetics /dʒɪˈnetɪks/ *n* genetyka *f*
genetic testing *n* badania *n pl* genetyczne
Geneva /dʒɪˈniːvə/ *prn* Genewa *f*; **Lake ~** Jezioro *n* Genewskie; **the canton of ~** kanton genewski
Geneva Convention *n* konwencja *f* genewska
genial /ˈdʒiːnɪəl/ *adj* [1] (cheerful) *[person, manner, smile]* sympatyczny, miły [2] liter *[sunshine, air, climate]* łagodny
geniality /dʒiːnɪˈælətɪ/ *n* [1] (of person) **the ~ of his disposition** jego miłe usposobienie [2] (of climate) łagodność *f*
genially /ˈdʒiːnɪəlɪ/ *adv [smile]* miło, sympatycznie
genie /ˈdʒiːnɪ/ *n* **(***pl* **genii, genies)** dżin *m*, dżinn *m*
genital /ˈdʒenɪtl/ *adj [organ]* płciowy; **~ area/stimulation** okolica/pobudzanie narządów płciowych
genital herpes *n* Med opryszczka *f* narządów płciowych
genitalia /ˌdʒenɪˈteɪlɪə/ *npl* = **genitals**
genitals /ˈdʒenɪtlz/ *npl* genitalia *plt*
genitive /ˈdʒenətɪv/ Ling **I** *n* dopełniacz *m*; **in the ~ (case)** w dopełniaczu
II *adj [form]* dopełniaczowy; **~ ending** końcówka dopełniacza; **~ noun** rzeczownik w dopełniaczu
genito-urinary /ˌdʒenɪtəʊˈjʊərɪnərɪ, US -nerɪ/ *adj* moczowo-płciowy
genius /ˈdʒiːnɪəs/ *n* [1] **(***pl* **~es)** (person) geniusz *m*; **a mathematical/musical ~** geniusz matematyczny/muzyczny; **a mechanical/inventive ~** genialny mechanik/wynalazca; **a man of ~** człowiek genialny, geniusz; **you're a ~!** infml jesteś genialny! [2] **(***pl* **~es)** (talent) geniusz *m*; **to have a ~ for sth/doing sth** mieć niebywały talent do czegoś/robienia czegoś; **he has a ~ for saying the wrong thing** iron on ma talent do mówienia niewłaściwych rzeczy [3] **(***pl* **genii)** liter (spirit) duch *m*; Mythol geniusz *m*
Genoa /ˈdʒenəʊə/ *prn* Genua *f*
genocidal /ˌdʒenəˈsaɪdl/ *adj* ludobójczy
genocide /ˈdʒenəsaɪd/ *n* ludobójstwo *n*; **~ against sb** eksterminacja kogoś
Genoese /ˈdʒenəʊiːz/ **I** *n* **(***pl* **~)** Genue|ńczyk *m*, -nka *f*
II *adj* genueński
genome /ˈdʒiːnəʊm/ *n* genom *m*
genotype /ˈdʒenətaɪp/ *n* genotyp *m*
genre /ˈʒɑːnrə/ *n* [1] Literat, Art, Cin gatunek *m* [2] (also **~ painting)** malarstwo *n* rodzajowe
gent /dʒent/ **I** *n* infml (gentleman) dżentelmen *m*; **he's a (real) ~** on jest (prawdziwym) dżentelmenem; **this way please, ~s!** proszę tędy, panowie!; **~s' hairdresser's/clothing** fryzjer męski/konfekcja męska
II gents *npl* **the ~s** (toilets) męska toaleta *f*
genteel /dʒenˈtiːl/ *adj* [1] dat (refined) *[family]* nobliwy; *[school]* szacowny liter; *[manners, person]* dystyngowany, wytworny; **to live in ~ poverty** żyć w biedzie, zachowując pozory wielkopaństwa [2] pej (affected) *[person, behaviour]* z pretensjami
gentian /ˈdʒenʃn/ *n* goryczka *f*, gencjana *f*
gentian violet *n* (colour) fiolet *m* gencjanowy, gencjana *f*
Gentile /ˈdʒentaɪl/ **I** *n* (not Jew) goj *m*, -ka *f*; (not of one's own church) innowierca *m*
II *adj* (not Jewish) nieżydowski
gentility /dʒenˈtɪlətɪ/ *n* [1] dat (refinement) (of person, family) dystynkcja *f* [2] pej (affectation) pretensjonalność *f*
gentle /ˈdʒentl/ *adj* [1] (not harsh) *[person, animal, character, reprimand, shampoo, scenery]* łagodny; *[nurse, dentist]* delikatny; *[teasing, parody, persuasion]* łagodny; **a ~ hint** iron delikatna aluzja; **to be ~ with sth** obchodzić się z czymś delikatnie; **to be ~ with sb** być łagodnym w stosunku do kogoś; **the ~ sex** liter or hum słaba płeć [2] (calm) *[voice, expression, smile, eyes]* łagodny; *[noise]* cichy [3] (gradual) *[transition, curve, slope]* łagodny; **to come to a ~ stop** łagodnie zahamować [4] (light) *[touch, movement, breeze]* delikatny, łagodny; *[tap, push, pressure, massage]* lekki, delikatny; **the doctor recommended ~ exercise /strolls** lekarz zalecił nieforsowne ćwiczenia/spacerki [5] dat (well-born) *[knight]* szlachetny; **of ~ birth** szlachetnie urodzony; **'~ reader'** also hum „szanowny czytelniku"
gentlefolk /ˈdʒentlfəʊk/ *n* dat szlachetnie urodzeni *m pl*
gentleman /ˈdʒentlmən/ **I** *n* **(***pl* **-men)** [1] (man) pan *m*; **there is a ~ at the door** przyszedł jakiś pan; **'gentlemen of the jury'** „panowie przysięgli" [2] (well-bred) dżentelmen *m*; **every inch a ~** dżentelmen w każdym calu; **one of nature's gentlemen** urodzony dżentelmen; **he behaved like a perfect ~** postąpił jak prawdziwy dżentelmen; **he's no ~** GB to nie dżentelmen [3] (well-born) ≈ szlachcic *m*; pan *m* dat [4] (at court) członek *m* świty królewskiej [5] US Pol (congressman) kongresman *m*
II Gentlemen *npl* (on sign) dla Panów
IDIOMS: **to give sb a ~'s C** US nie mieć o kimś zbyt wysokiego mniemania
gentleman-at-arms /ˌdʒentlmənətˈɑːmz/ *n* **(***pl* **gentlemen-at-arms)** GB członek *m* królewskiej gwardii przybocznej
gentleman-farmer /ˌdʒentlmənˈfɑːmə(r)/ *n* **(***pl* **gentlemen-farmers)** ≈ ziemianin *m*
gentlemanlike /ˈdʒentlmənlaɪk/ *adj, adv* → **gentlemanly**
gentlemanly /ˈdʒentlmənlɪ/ **I** *adj [behaviour, manner]* dżentelmeński; *[appearance]* nobliwy; *[person]* dobrze wychowany
II *adv [behave]* po dżentelmeńsku
gentleman of fortune *n* **(***pl* **gentlemen of fortune)** poszukiwacz *m* przygód; awanturnik *m* dat
gentleman of leisure *n* **(***pl* **gentlemen of leisure)** rentier *m*
gentleman's agreement *n* dżentelmeńska umowa *f*
gentleman's gentleman *n* dat **(***pl* **gentleman's gentlemen)** służący *m*
gentlemen /ˈdʒentlmən/ *npl* → **gentleman**
gentleness /ˈdʒentlnɪs/ *n* (of person, climate, smile, touch, slope) łagodność *f*; (of pressure, movement, remark) delikatność *f*
gentlewoman /ˈdʒentlwʊmən/ *n* dat **(***pl* **-women)** [1] (well-born) wysoko or szlachetnie urodzona *f* [2] Hist (in attendance on lady) dama *f* do towarzystwa
gently /ˈdʒentlɪ/ *adv* [1] (not harshly) *[rock, cleanse, treat]* łagodnie; *[comb, stir]* delikatnie; *[cook]* na małym ogniu [2] (kindly) *[speak, look, treat, admonish]* łagodnie; *[hint]* delikatnie; **to break the news ~** w delikatny sposób przekazać (złą) wiadomość; **to go ~ with** or **on sth** infml obchodzić się z czymś delikatnie; **to deal ~ with sb, to handle sb ~** obchodzić się z kimś or traktować kogoś łagodnie [3] (lightly) *[blow]* lekko; *[kiss]* delikatnie; **squeeze ~** (washing instruction) delikatnie wycisnąć; **to exercise ~** wykonywać nieforsowne ćwiczenia [4] (gradually) *[slope, fall, stop]* łagodnie; **~**

does it! ostrożnie! [5] dat ~ **born** szlachetnie urodzony

gentrification /ˌdʒentrɪfɪˈkeɪʃn/ *n* pej (of neighbourhood, street, town) podniesienie *n* statusu

gentrify /ˈdʒentrɪfaɪ/ *vt* infml pej podn|ieść, -osić status (czegoś) *[street, area, house]*

gentry /ˈdʒentrɪ/ *n* szlachta *f*; **landed ~** ziemiaństwo; **a family of landed ~** rodzina ziemiańska

genuflect /ˈdʒenjuːflekt/ *vi* fml przyklęk|nąć, -ać

genuflexion GB, **genuflection** US /ˌdʒenjuːˈflekʃn/ *n* fml [1] uklęknięcie *n*; **she bent her knees in ~** uklękła [2] fig ukłon *m* fig; **to make ~s to sb** zrobić ukłon w stronę kogoś

genuine /ˈdʒenjʊɪn/ *adj* [1] (authentic) *[bargain, reason, motive]* prawdziwy, autentyczny; *[emotion, effort, interest, fear, honesty, simplicity, inability, person]* autentyczny; *[tears]* szczery; *[buyer]* poważny; **many poor families are in ~ difficulty** wiele ubogich rodzin jest naprawdę w ciężkiej sytuacji; **in case of ~ emergency** w razie prawdziwego niebezpieczeństwa; **he seems ~** chyba można mu wierzyć; **it was a ~ mistake** to była autentyczna pomyłka [2] (not fake) *[work of art, antique, goods]* oryginalny, autentyczny; *[gem, jewel]* prawdziwy, autentyczny; **it's the ~ article!** infml to autentyk!; **lots of people call themselves folk artists but Robert's the ~ article** infml niejeden uważa się za artystę ludowego, ale Robert jest nim naprawdę

genuinely /ˈdʒenjʊɪnlɪ/ *adv [feel, want]* autentycznie, rzeczywiście; *[independent, free]* autentycznie, rzeczywiście; *[worried, sorry]* szczerze, naprawdę

genuineness /ˈdʒenjʊɪnnɪs/ *n* (of antique, painting) oryginalność *f*, autentyczność *f*; (of emotion, person) autentyczność *f*

genus /ˈdʒiːnəs/ *n* (*pl* **-nera, ~es**) rodzaj *m*

geobiology /ˌdʒiːəʊbaɪˈɒlədʒɪ/ *n* geobiologia *f*

geocentric /ˌdʒiːəʊˈsentrɪk/ *adj* geocentryczny

geochemical /ˌdʒiːəʊˈkemɪkl/ *adj* geochemiczny

geochemist /ˌdʒiːəʊˈkemɪst/ *n* geochemik *m*

geochemistry /ˌdʒiːəʊˈkemɪstrɪ/ *n* geochemia *f*

geode /ˈdʒiːəʊd/ *n* Geol geoda *f*

geodesic /ˌdʒiːəʊˈdesɪk/ *adj* geodezyjny; **~ dome** kopuła geodezyjna; **~ line** linia geodezyjna, geodetyka

geographer /dʒɪˈɒgrəfə(r)/ *n* geograf *m*

geographic(al) /ˌdʒɪəˈgræfɪkl/ *adj* geograficzny

geographically /ˌdʒɪəˈgræfɪklɪ/ *adv [separated, distinct]* geograficznie; **~ speaking** z geograficznego punktu widzenia

geographical mile *n* Naut mila *f* morska

geographic information system, GIS *n* system *m* informacji geograficznej

geography /dʒɪˈɒgrəfɪ/ **I** *n* [1] (study) geografia *f* [2] (lay-out) topografia *f*; **to have a sense of ~** mieć dobrą orientację w terenie

II *modif* **~ student/teacher/lesson** student/nauczyciel/lekcja geografii; **~ book** książka do geografii

geological /dʒɪəˈlɒdʒɪkl/ *adj* geologiczny

geologist /dʒɪˈɒlədʒɪst/ *n* geolog *m*

geology /dʒɪˈɒlədʒɪ/ **I** *n* geologia *f*

II *modif* **~ course/department** kurs /wydział geologii

geomagnetic /ˌdʒiːəʊmægˈnetɪk/ *adj* geomagnetyczny

geomagnetism /ˌdʒiːəʊˈmægnɪtɪzəm/ *n* magnetyzm *m* ziemski, geomagnetyzm *m*

geomarketing /ˌdʒiːəʊˈmɑːkɪtɪŋ/ *n* geomarketing *m*

geometric(al) /ˌdʒɪəʊˈmetrɪk(l)/ *adj* geometryczny

geometrically /ˌdʒɪəˈmetrɪklɪ/ *adv* geometrycznie

geometrician /ˌdʒɪəməˈtrɪʃn/ *n* [1] (expert in geometry) specjalist|a *m*, -ka *f* w zakresie geometrii [2] dat (surveyor) geometra *m* dat

geometry /dʒɪˈɒmətrɪ/ **I** *n* geometria *f*

II *modif* **~ lesson/book** lekcja/podręcznik geometrii; **~ set** przyrządy kreślarskie

geomorphology /ˌdʒiːəʊmɔːˈfɒlədʒɪ/ *n* geomorfologia *f*

geonomics /ˌdʒiːəʊˈnɒmɪks/ *n (+ v sg)* geografia *f* gospodarcza

geophysical /ˌdʒiːəʊˈfɪzɪkl/ *adj* geofizyczny

geophysicist /ˌdʒiːəʊˈfɪzɪsɪst/ *n* geofizyk *m*

geophysics /ˌdʒiːəʊˈfɪzɪks/ *n (+ v sg)* geofizyka *f*

geopolitical /ˌdʒiːəʊpəˈlɪtɪkl/ *adj [feature]* geopolityczny

geopolitics /ˌdʒiːəʊˈpɒlətɪks/ *n (+ v sg)* geopolityka *f*

Geordie /ˈdʒɔːdɪ/ GB infml **I** *n* [1] (person) osoba *f* (pochodząca) z okolic Newcastle [2] (dialect) dialekt *m* z okolic Newcastle

II *adj [accent, joke]* z okolic Newcastle

George /dʒɔːdʒ/ *prn* Jerzy *m*; **by ~!** GB infml dat na Boga!; **by ~ he's done it!** hum a to ci dopiero! udało mu się! infml

George Cross, GC *n* GB Krzyż *m* Jerzego

georgette /dʒɔːˈdʒet/ **I** *n* Tex żorżeta *f*

II *modif* **~ blouse** bluzka z żorżety

Georgia /ˈdʒɔːdʒjə/ *prn* [1] (in USA) Georgia *f* [2] (in Caucasus) Gruzja *f*

Georgian /ˈdʒɔːdʒjən/ **I** *n* [1] (from USA) mieszkan|iec *m*, -ka *f* Georgii [2] (from Caucasus) Gruzin *m*, -ka *f* [3] (language) (język *m*) gruziński *m* [4] GB Literat *pisarz tworzący za panowania Jerzego V, szczególnie w latach 1910–20*

II *adj* [1] Geog (of American state) **~ countryside** krajobraz Georgii [2] (of Caucasian state) gruziński [3] GB Literat **~ poet** *poeta tworzący za panowania Jerzego V, szczególnie w latach 1910–20* [4] GB Hist, Archit georgiański

geoscience /ˌdʒiːəʊˈsaɪəns/ *n* nauka *f* o Ziemi

geoscientist /ˌdʒiːəʊˈsaɪəntɪst/ *n* specjalist|a *m*, -ka *f* w dziedzinie nauk o Ziemi

geostationary /ˌdʒiːəʊˈsteɪʃənrɪ, US -nerɪ/ *adj* geostacjonarny

geothermal /ˌdʒiːəʊˈθɜːml/ *adj* geotermiczny

geranium /dʒəˈreɪnɪəm/ *n* [1] (cranesbill) bodziszek *m*, geranium *n* [2] (pelargonium) pelargonia *f*

gerbil /ˈdʒɜːbɪl/ *n* Zool myszoskoczek *m*

geriatric /ˌdʒerɪˈætrɪk/ **I** *n* [1] Med pacjent *m* geriatryczny, pacjentka *f* geriatryczna [2] infml pej or hum (old person) stare próchno *n* infml pej or hum

II *adj* [1] Med *[hospital, ward]* geriatryczny [2] infml pej or hum stetryczały infml; **he is ~** to zupełne próchno infml pej or hum; **a ~ old fool** stary sklerotyczny głupiec

geriatrician /ˌdʒerɪəˈtrɪʃn/ *n* geriatra *m*

geriatrics /ˌdʒerɪˈætrɪks/ *n (+ v sg)* Med geriatria *f*

germ /dʒɜːm/ *n* [1] (microbe) drobnoustrój *m*; (carrying disease) zarazek *m*; **to carry ~s** roznosić zarazki [2] Bot, Zool zarodek *m* [3] (seed) zarodek *m*, zalążek *m* also fig; **a ~ of truth** ziarno prawdy; **the ~ of an idea** zalążek pomysłu

German /ˈdʒɜːmən/ **I** *n* [1] (person) Niem|iec *m*, -ka *f* [2] Ling (język *m*) niemiecki *m*; **Low/Middle/High ~** (język) dolnoniemiecki/środkowoniemiecki/górnoniemiecki

II *adj [town, custom, food, economy, emperor]* niemiecki; **~ ambassador** ambasador Niemiec; **~ embassy** ambasada Niemiec, ambasada niemiecka; **~ teacher/course** nauczyciel/kurs niemieckiego; **~ exam** egzamin z niemieckiego; **East ~** Hist wschodnioniemiecki, enerdowski; **West ~** Hist zachodnioniemiecki, erefenowski

German Democratic Republic, GDR *n* Hist Niemiecka Republika *f* Demokratyczna, NRD *inv*

germane /dʒɜːˈmeɪn/ *adj [point, remark]* istotny **(to sth** dla czegoś**)**

Germanic /dʒɜːˈmænɪk/ *adj* germański

germanium /dʒɜːˈmeɪnɪəm/ *n* Chem german *m*

German measles *n* Med różyczka *f*

Germanophile /dʒɜːˈmænəfaɪl/ **I** *n* germanofil *m*, -ka *f*

II *adj* germanofilski

Germanophobe /dʒɜːˈmænəfəʊb/ **I** *n* germanofob *m*

II *adj* niechętny Niemcom

German sheepdog *n* owczarek *m* niemiecki

German shepherd *n* = **German sheepdog**

German-speaking /ˈdʒɜːmənspiːkɪŋ/ *adj* niemieckojęzyczny

Germany /ˈdʒɜːmənɪ/ *prn* Niemcy *plt*; **in ~** w Niemczech; **to ~** do Niemiec; **East /West ~** Hist Niemcy Wschodnie/Zachodnie

germ carrier *n* nosiciel *m* zarazków

germ cell *n* Biol komórka *f* zarodkowa

germ-free /ˌdʒɜːmˈfriː/ *adj [environment, theatre]* jałowy, sterylny

germicidal /ˌdʒɜːmɪˈsaɪdl/ *adj* bakteriobójczy

germicide /ˈdʒɜːmɪsaɪd/ *n* środek *m* bakteriobójczy

germinal /ˈdʒɜːmɪnəl/ *adj* Biol zarodkowy

germinate /ˈdʒɜːmɪneɪt/ **I** *vt* [1] doprowadz|ić, -ać do kiełkowania *[seeds, plants]* [2] fig da|ć, -wać początek (czemuś) *[idea, emotion]*; **this idea was ~d by an odd incident** ten pomysł zrodził się z dziwnego przypadku fig

II *vi [seed, plant]* wy|kiełkować, w|zejść, -schodzić; fig *[idea, thought]* wy|kiełkować

germination /ˌdʒɜːmɪˈneɪʃn/ *n* Bot kiełkowanie *n*, wschodzenie *n*

germ-killer /ˈdʒɜːmkɪlə(r)/ *n* środek *m* dezynfekujący

G

germproof /ˈdʒɜːmpruːf/ *adj* odporny na zarazki
germ warfare *n* wojna *f* bakteriologiczna or biologiczna
gerontocracy /ˌdʒerɒnˈtɒkrəsɪ/ *n* gerontokracja *f*, rządy *m pl* starców
gerontologist /ˌdʒerɒnˈtɒlədʒɪst/ *n* gerontolog *m*
gerontology /ˌdʒerɒnˈtɒlədʒɪ/ *n* gerontologia *f*
gerrymander /ˌdʒerɪˈmændə(r)/ Pol pej **I** *n* manipulacja *f* granicami okręgów wyborczych
II *vt* manipulować (czymś) *[boundaries, constituency]*
III *vi* manipulować granicami okręgów wyborczych
gerrymandering /ˌdʒerɪˈmændərɪŋ/ *n* manipulowanie *n* granicami okręgów wyborczych
gerund /ˈdʒerənd/ *n* Ling rzeczownik *m* odczasownikowy, gerundium *n*
gerundive /dʒeˈrʌndɪv/ **I** *n* [1] = **gerund** [2] gerundivum *n*
II *adj [form, use]* gerundialny
gesso /ˈdʒesəʊ/ *n* gips *m* sztukatorski
gestalt /gəˈstɑːlt/ *n* Psych postać *f*
gestalt psychology *n* gestaltyzm *m*, psychologia *f* postaci
Gestapo /geˈstɑːpəʊ/ **I** *n* gestapo *n inv*
II *modif* **a ~ agent/prison/headquarters** agent/więzienie/siedziba gestapo
gestate /dʒeˈsteɪt/ **I** *vt* [1] Biol **cats ~ their young for about 63 days** ciąża u kotów trwa około 63 dni [2] fig nosić się z (czymś) *[plan, idea]*; **he'd been gestating this idea for months** ten pomysł dojrzewał w jego głowie miesiącami
II *vi* [1] Biol *[embryo, young]* przebywać w łonie matki [2] fig *[idea, plan]* dojrze|ć, -wać
gestation /dʒeˈsteɪʃn/ *n* [1] Biol ciąża *f* [2] fig (of project, idea) dojrzewanie *n*
gesticulate /dʒeˈstɪkjʊleɪt/ *vi* gestykulować
gesticulation /dʒeˌstɪkjʊˈleɪʃn/ *n* [1] gestykulacja *f* [2] (gesture) gest *m*; **he was making wild ~s** gwałtownie gestykulował
gestural /ˈdʒestʃərəl/ *adj* **~ vocabulary** język gestów; **~ communication** porozumiewanie się za pomocą gestów
gesture /ˈdʒestʃə(r)/ **I** *n* gest *m* also fig; **to make ~s** gestykulować; **a ~ of despair /support** gest rozpaczy/poparcia; **an empty/a nice ~** pusty/miły gest; **a political ~** gest polityczny; **a ~ of goodwill /solidarity** gest dobrej woli/solidarności
II *vt* wyra|zić, -żać gestem *[assent, approval]*
III *vi* [1] (gesticulate) gestykulować [2] (make gesture) skinąć, z|robić gest; **~ at sb/sth** skinąć w stronę kogoś/czegoś or na kogoś /coś; **to ~ with one's head** dać znak ruchem głowy; **he ~d to me to leave** dał mi znak, żebym wyszedł
gesture politics *n (+ v sg)* gesty *m pl* polityczne
get /get/ (*prp* **-tt-;** *pt* **got;** *pp* **got, gotten** US) **I** *vt* [1] (receive) dosta|ć, -wać *[letter, school report, grant, salary, pension]*; TV, Radio odbierać *[channel, programme]*; **did you ~ much for it?** dużo za to dostałeś?; **what did you ~ for your car?** ile dostałeś za swój samochód?; **we ~ a lot of rain** u nas często pada (deszcz); **our garden ~s a lot of sun** mamy dużo słońca w ogrodzie; **we ~ a lot of tourists** przyjeżdża do nas wielu turystów; **you ~ what you pay for** płacisz za jakość; **he's getting help with his science** ma korepetycje z przedmiotów ścisłych [2] (inherit) o|dziedziczyć, dosta|ć, -wać w spadku *[article, money]*; o|dziedziczyć *[trait, feature]*; **to ~ sth from sb** odziedziczyć coś po kimś; **to ~ a watch from one's father** odziedziczyć zegarek po ojcu, dostać zegarek w spadku po ojcu [3] (obtain) (by applying) dosta|ć, -wać *[permission, divorce, custody, licence, job]*; (with effort, difficulty) zdoby|ć, -wać *[permission, licence, job]*; (by contacting) zna|leźć, -jdować *[plumber, accountant]*; w|ezwać, -zywać *[taxi]*; (by buying) kup|ić, -ować *[food item, clothing]*; **to ~ sth at a discount** dostać coś po niższej cenie; **to ~ sth for nothing** dostać coś za darmo; **to ~ sb sth, to ~ sth for sb** kupić coś komuś; **I'll ~ sth to eat at the airport** zjem coś na lotnisku [4] (subscribe to) dostawać *[newspaper]* [5] (achieve) dosta|ć, -wać, otrzym|ać, -ywać *[grade, mark, answer]*; **he got it right** (of calculation) dobrze mu wyszło; (of answer) dobrze odpowiedział; **how many do I need to ~?** (when scoring) ile muszę mieć?; **he's got four more points to ~** musi zdobyć jeszcze cztery punkty [6] (earn) zysk|ać, -iwać, zdoby|ć, -wać *[reputation]*; zar|obić, -abiać *[money]*; **he got his money in oil** dorobił się (pieniędzy) na ropie [7] (fetch) przy|nieść, -nosić *[object]*; sprowadz|ić, -ać *[person]*; (by vehicle) przyw|ieźć, -ozić *[object, person]*; **go and ~ a chair** idź i przynieś krzesło; **go and ~ Mr Brown** idź i sprowadź or przyprowadź pana Browna; **to ~ sb sth, to ~ sth for sb** przynieść komuś coś; **~ her a chair** przynieś jej krzesło; **can I ~ you your coat, sir?** czy przynieść pański płaszcz? [8] (transport) **to ~ sth somewhere** (carry) zanieść coś gdzieś; (by vehicle) zawieźć coś gdzieś; **to ~ sb somewhere** (on foot) zaprowadzić kogoś gdzieś; (by vehicle) zawieźć kogoś gdzieś; **to ~ sth from place to place** (carry) przenieść coś z miejsca na miejsce; (by vehicle) przewieźć coś z miejsca na miejsce; **to ~ sb from place to place** (on foot) przeprowadzić kogoś z miejsca na miejsce; (by vehicle) przewieźć kogoś z miejsca na miejsce [9] (help progress) **is this discussion ~ting us anywhere?** czy ta dyskusja ma w ogóle jakiś sens?; **this is ~ting us nowhere** to nam nic nie daje; **I listened to him and where has it got me?** słuchałem go i co mi to dało?; **where will that ~ you?** co ci to da? [10] (contact by telephone) dodzw|onić, -aniać się do (kogoś); **did you manage to ~ Robert on the phone?** udało ci się dodzwonić do Roberta? [11] (deal with) **I'll ~ it** (of phone) ja odbiorę; (of doorbell) ja otworzę [12] (prepare) z|robić *[breakfast, lunch]* [13] (take hold of) złapać *[person]* **(by sth** za coś); **I've got you, don't worry** nie bój się, trzymam cię [14] (take) **to ~ sth from** or **off sth** wziąć or zdjąć coś z czegoś *[shelf, table]*; **to ~ sth from** or **out of sth** wyjąć coś z czegoś *[cupboard, drawer]* [15] infml (oblige to give) **to ~ sth from** or **out of sb** wyciągnąć coś od kogoś infml *[money]*; wyciągnąć coś z kogoś infml *[truth]* [16] infml (catch) dopa|ść, -dać, złapać *[escapee]*; **got you!** mam cię!; **a shark got him** dorwał go rekin infml; **when I ~ you, you won't find it so funny** jak cię dorwę, nie będzie ci tak wesoło or do śmiechu [17] Med zara|zić, -żać się (czymś) *[disease]*; **he got the measles from his sister** zaraził się odrą od siostry [18] (travel by) pojechać (czymś) *[bus, train, taxi]*; **I always ~ a bus to work** jeżdżę do pracy autobusem; **I got a bus from outside the office** pod biurem wsiadłem w autobus [19] (have) **to have got sth** mieć coś *[object, money, friend, idea]*; **I've got a headache/bad back** boli mnie głowa /kręgosłup [20] (start to have) **to ~ (hold of) the idea** or **impression that...** zacząć pojmować, że... [21] (suffer) **I got a surprise** spotkała mnie niespodzianka; **I got a shock** doznałem szoku; **to ~ a bang on the head** dostać w głowę [22] (be given as punishment) dosta|ć, -wać *[five years, fine]*; **he got a detention** musiał za karę zostać po lekcjach [23] (hit) **to ~ sb with an arrow /a ball/a stone** trafić kogoś strzałą/piłką /kamieniem; **to ~ sth with an arrow /a ball/a stone** trafić w coś strzałą/piłką /kamieniem; **got it!** (of target) jest!; **the arrow got him in the heel** strzała trafiła go w piętę [24] (understand, hear) z|rozumieć; **I didn't ~ what you said** (didn't understand) nie zrozumiałem, co powiedziałeś; (didn't hear) nie zrozumiałem or nie usłyszałem or nie dosłyszałem, co powiedziałeś; **I didn't ~ his last name** nie usłyszałem or nie dosłyszałem jego nazwiska; **did you ~ it?** zrozumiałeś?; **now let me ~ this right** zaraz, zaraz, niech dobrze zrozumiem; **'where did you hear that?' – 'I got it from Adam'** „skąd o tym wiesz?" – „od Adama"; **~ this! he was arrested this morning** zrozum, rano go aresztowali! [25] infml (annoy, affect) ze|złościć infml; **what ~s me is that...** złości mnie, że... [26] (start) **to ~ to do sth** infml w końcu zacząć coś robić; **when do we ~ to eat the cake?** kiedy w końcu or wreszcie zaczniemy jeść to ciasto?; **to ~ to know** or **hear of sth** dowiedzieć się or usłyszeć o czymś; **to ~ to know sb** poznać kogoś; **to ~ to like sb** polubić kogoś; **he's ~ting to be proficient** or **an expert** staje się or robi się specjalistą; **he's got to be quite unpleasant** stał się or zrobił się niemiły; **he's ~ting to be a big boy now** robi się z niego duży chłopak; **to ~ to doing sth** infml zacząć coś robić; **we got to talking /dreaming about the holidays** zaczęliśmy rozmawiać/marzyć o wakacjach; **then I got to thinking if...** potem zacząłem się zastanawiać, czy...; **we'll have to ~ going** będziemy musieli ruszać [27] (have opportunity) **do you ~ to use the computer?** czy czasem używasz tego komputera?; **it's not fair, I never ~ to drive this tractor** to niesprawiedliwe, nigdy nie mogę poprowadzić traktora; **if you ~ to see him...** gdybyś go przypadkiem spotkał... [28] (must) **to have got to do sth** musieć coś zrobić; **it's got to be done** to musi być zrobione, to trzeba zrobić; **if I've got to go, I will**

jeśli będę musiał pójść, pójdę; **there's got to be a reason** musi być jakiś powód [29] (persuade) nam|ówić, -awiać, skł|onić, -aniać; (force) zmu|sić, -szać; (order) kazać; (ask) po|prosić; **I got her to talk about her problems** nakłoniłem ją, żeby opowiedziała o swoich problemach [30] (have sb do) **to ~ sth done** zlecić zrobienie czegoś; **I have to ~ my car repaired** muszę oddać samochód do naprawy; **I have to ~ my car valeted** muszę zawieźć samochód do myjni or muszę umyć samochód; **I got my car valeted** umyłem samochód; **to ~ one's hair cut** ostrzyc się; **how do you ever ~ anything done?** jak ci się w ogóle udaje cokolwiek zrobić? [31] (cause) **to ~ the car going** uruchomić samochód; **to ~ the dishes washed** umyć naczynia; **this won't ~ the dishes washed!** naczynia same się nie umyją!; **to ~ sb pregnant** infml zrobić komuś dziecko infml; **as hot /cold as you can ~ it** tak gorące/zimne, jak to tylko możliwe; **to ~ one's socks wet** zmoczyć or zamoczyć sobie skarpetki; **I got my fingers trapped** przyciąłem sobie palce

III *vi* [1] (become) sta|ć, -wać się, z|robić się; **to ~ suspicious** stać się podejrzliwym; **to ~ rich** wzbogacić się; **to ~ old** postarzeć się; **to ~ cold** *[food]* ostygnąć; **to ~ killed** zginąć, zostać zabitym; **to ~ hurt** odnieść obrażenia; **it ~s dark** robi się ciemno, ściemnia się; **it's ~ting late** robi się późno; **how lucky can you ~!** niektórzy to mają szczęście!; **how stupid can you ~!** głupota nie ma granic!; **how did he ~ like that?** co się z nim stało? [2] (arrive) **to ~ somewhere** dotrzeć gdzieś; (on foot) przyjść gdzieś; (reach) dojść gdzieś; (by vehicle) dojechać gdzieś; **to ~ (up) to the top** dotrzeć na szczyt; (on foot) wejść na szczyt; **how did your coat ~ here?** skąd tu się wziął twój płaszcz?; **where did you ~ to?** (on foot) dokąd doszedłeś?; (by vehicle) dokąd dojechałeś?; (by boat or swimming) dokąd dopłynąłeś? [3] (find way of entering, climbing) dosta|ć, -wać się; **to ~ inside** *[person, sand, water]* dostać się do środka; **to ~ to the top** dostać się na szczyt; **to ~ to the airport** dostać się na lotnisko; **how did you ~ here?** (by what miracle) skąd się tu wziąłeś?; (by what means) jak się tu dostałeś? [4] (progress) **it got to 7 o'clock** była już siódma; **we've got to page 5** doszliśmy do strony piątej; **I'd got as far as underlining the title** udało mi się tylko podkreślić temat; **I'm ~ting nowhere with this essay** nie idzie mi to wypracowanie; **are you ~ting anywhere with this investigation?** czy posuwasz się naprzód z tym śledztwem?; **now we are ~ting somewhere** wreszcie coś się ruszyło; **it's a slow process but we are ~ting there** to długotrwały proces, ale posuwamy się do przodu

■ **get about** [1] (manage to move) poruszać się; **to ~ about in the city** poruszać się po mieście; **she doesn't ~ about very well now** ma teraz trudności z poruszaniem się [2] (travel) podróżować; **do you ~ about much in your job?** czy dużo podróżujesz służbowo?; **he ~s about a bit** (travels) trochę podróżuje; (knows people) trochę się obraca po świecie [3] (be spread) *[news, rumour]* krążyć; **it got about that...** rozeszła się wiadomość or plotka, że...

■ **get across**: ¶ **~ across** [1] (pass to the other side) (prze)dosta|ć, -wać się (na drugą stronę); (on foot) prze|jść, -chodzić (na drugą stronę); (by vehicle) przeje|chać, -żdżać (na drugą stronę); (by boat or swimming) przepły|nąć, -wać (na drugą stronę) [2] (be understood) **to ~ across to sb** dotrzeć do kogoś ¶ **~ across [sth]** (manage to reach the other side) (prze)dosta|ć, -wać się przez (coś) or na drugą stronę (czegoś) *[river, road]*; (on foot) prze|jść, -chodzić przez (coś) or na drugą stronę (czegoś); (by vehicle) przeje|chać, -żdżać przez (coś) or na drugą stronę (czegoś); (by boat or swimming) przepły|nąć, -wać ¶ **~ [sth] across** [1] (transport over stream, gap) prze|transportować (na drugą stronę); (carry) prze|nieść, -nosić (na drugą stronę); (by vehicle, boat) przew|ieźć, -ozić (na drugą stronę) [2] (send) przes|łać, -yłać; **I'll ~ a copy across to you** prześlę ci jeden egzemplarz [3] (communicate) wy|tłumaczyć *[meaning]* **(to sb** komuś); przekaz|ać, -ywać *[ideas]*; **I think I got the message across to them** myślę, że zrozumieli, o co chodzi ¶ **~ across [sb]** infml (annoy) wyprowadz|ić, -ać z równowagi

■ **get ahead** [1] (make progress) *[person]* posu|nąć, -wać się do przodu; **to ~ ahead of sb** wyprzedzić kogoś *[competitor]* [2] (go too fast) **let's not ~ ahead of ourselves** nie śpieszmy się zbytnio

■ **get along** [1] (progress) **how's the project ~ting along?** jak idzie praca?; **how are you ~ting along?** (in job, school, subject) jak ci idzie?; (to sick or old person) jak tam zdrowie? [2] (cope) po|radzić sobie, da|ć, -wać sobie radę; **we can't ~ along without a computer/him** nie poradzimy sobie or nie damy sobie rady bez komputera/bez niego [3] (have friendly relationship) **to ~ along with sb** być z kimś w dobrych stosunkach [4] (go) **I must be ~ting along** muszę się zbierać

■ **get around**: ¶ **~ around** [1] (move, spread) = **get about** [2] (start) **to ~ around to doing sth** zabrać się or wziąć się do robienia czegoś; **I must ~ around to reading this article** muszę wreszcie przeczytać ten artykuł; **I haven't got around to it yet** jeszcze się do tego nie zabrałem; **she'll ~ around to visiting us eventually** kiedyś w końcu nas odwiedzi ¶ **~ around [sth]** (circumvent) ob|ejść, -chodzić *[problem, law]*; **there's no ~ting around it** nic się nie da zrobić

■ **get at** infml: **~ at [sb/sth]** [1] (reach) dob|rać, -ierać się do kogoś/czegoś; **let me ~ at her** (in anger) już ja się za nią wezmę [2] (criticize) nask|oczyć, -akiwać na (kogoś) infml fig [3] (influence) (intimidate) zastrasz|yć, -ać *[witness]*; (bribe) przekup|ić, -ywać *[guards, police]* [4] (insinuate) **what are you ~ting at?** do czego zmierzasz?, co chcesz przez to powiedzieć?

■ **get away**: ¶ **~ away** [1] (leave) wyrwać się infml [2] (escape) ucie|c, -kać [3] fig (go unpunished) **you'll never ~ away with it** nie ujdzie ci to na sucho; **he mustn't be allowed to ~ away with it** nie można pozwolić, żeby mu to uszło na sucho; **to ~ away with a crime** uniknąć kary za przestępstwo; **she can ~ away with bright colours** ona sobie może pozwolić na noszenie jaskrawych kolorów ¶ **~ [sb /sth] away** (separate from) **to ~ sb away from a bad influence** wyrwać kogoś spod złego wpływu; **to ~ sth away from sb** odebrać coś komuś *[weapon, dangerous object]*

■ **get away from**: ¶ **~ away from [sth]** [1] (leave) wyrwać się z (czegoś) infml *[town]*; **I must ~ away from here** or **this place** muszę się stąd wyrwać or wyrwać się z tego miejsca; **'~ away from it all'** (in advert) „oderwij się od szarej rzeczywistości" [2] fig (deny) ucie|c, -kać od czegoś *[truth, facts]*; **there's no ~ting away from it** nie uciekniesz od tego [3] (leave behind) od|ejść, -chodzić od (czegoś), zarzuc|ić, -ać *[practice, method]* ¶ **~ away from [sb]** ucie|c, -kać komuś or przed kimś *[pursuer]*; ucie|c, -kać od kogoś *[wife, husband]*

■ **get back**: ¶ **~ back** [1] (return) (po)wr|ócić, -acać [2] (move backwards) cof|nąć, -ać się [3] (take revenge) **to ~ back at sb** odpłacić komuś ¶ **~ back to [sth]** [1] (return to) (po)wr|ócić, -acać do czegoś *[house, city, office]*; **we got back to Belgium** wróciliśmy do Belgii [2] (return to former condition, earlier stage) (po)wr|ócić, -acać do (czegoś) *[teaching, publishing, main topic, former point]*; **to ~ back to sleep** ponownie zasnąć; **to ~ back to normal** powrócić do normalności; **to ~ back to your problem, ...** wracając do twojego problemu, ... ¶ **~ back to [sb]** [1] (return) (po)wr|ócić, -acać do kogoś *[person, group]* [2] (on telephone) **I'll ~ right back to you** zaraz do ciebie oddzwonię ¶ **~ [sb/sth] back** [1] (return) (on foot) od|nieść, -nosić *[object]*; odprowadz|ić, -ać *[person]*; (by vehicle) odw|ieźć, -ozić *[person, object]*; (send) od|esłać, -syłać *[person, object]*; Sport (in tennis etc) odbi|ć, -jać *[ball]* [2] (regain) dosta|ć, -wać z powrotem *[money, job]*; odzysk|ać, -iwać *[lost object, loaned item, strength, money, job, girlfriend]*

■ **get behind**: ¶ **~ behind** (be delayed) *[person, payment]* spóźni|ć, -ać się ¶ **~ behind [sth]** *[person]* s|chować się za coś *[sofa, hedge]*

■ **get by** [1] (pass) (on foot) prze|jść, -chodzić; (by vehicle) *[person, vehicle]* przeje|chać, -żdżać [2] (survive) przeżyć; (cope) po|radzić sobie, da|ć, -wać sobie radę; **to ~ by on sth** wyżyć z czegoś; **we'll never ~ by without him** nie poradzimy sobie or nie damy (sobie) rady bez niego

■ **get down**: ¶ **~ down** [1] (descend) zejść, schodzić; z|leźć, -łazić infml **(from** or **out of sth** z czegoś); **to ~ down to the ground** zejść or zleźć na ziemię [2] (leave table) wsta|ć, -wać od stołu [3] (lower oneself) (to avoid bullet) schyl|ić, -ać się; (to floor) położyć się, kłaść się; (crouch) kuc|nąć, -ać; **to ~ down to one's knees** uklęknąć; **to ~ down to sb** dotrzeć do kogoś *[trapped person]*; **to ~ down to the pupils' level** fig zniżyć się do poziomu uczniów [4] (apply oneself to) zab|rać, -ierać się do (czegoś), wziąć się do (czegoś),

G

brać się do (czegoś); **to ~ down to work /business** zabrać się or wziąć się do pracy or do roboty; **when you ~ right down to it** kiedy się temu lepiej przyjrzeć; **to ~ down to doing sth** zabrać się or wziąć się do robienia czegoś ¶ **~ down [sth]** (on foot) zejść z (czegoś), schodzić z (czegoś), z|leźć, -łazić z (czegoś) infml *[slope]*; (by vehicle) *[person, vehicle]* zje|chać, -żdżać z (czegoś) *[slope]*; **if we ~ down the mountain in one piece** jeżeli uda nam się zejść z tej góry cało ¶ **~ down [sth], ~ [sth] down** [1] (from shelf) zd|jąć, -ejmować; (from attic) z|nieść, -nosić [2] (swallow) poł|knąć, -ykać, łykać *[medicine, pill]* [3] (record) zapis|ać, -ywać *[speech]*; na|pisać *[dictation]* ¶ **~ [sb] down** [1] (from tree) zd|jąć, -ejmować; (from mountain) (carry) z|nieść, -nosić; (help walk) sprowadz|ić, -ać (na dół); (by vehicle) zw|ieźć, -ozić [2] infml (depress) zasmuc|ić, -ać

■ **get in**: ¶ **~ in** [1] (to building) w|ejść, -chodzić; (to vehicle) wsi|ąść, -adać [2] fig (participate) **to ~ in on sth** wkręcić się do czegoś infml *[project, scheme]*; **to ~ in on the deal** infml przyłączyć się do interesu [3] (return home) w|ejść, -chodzić [4] (arrive at destination) *[train, coach]* przyje|chać, -żdżać; *[plane]* przyl|ecieć, -atywać [5] (penetrate) *[water, sunlight]* dosta|ć, -wać się do środka [6] Pol *[candidate, Labour, Tories]* prze|jść, -chodzić, zosta|ć, -wać wybranym [7] Sch, Univ *[applicant]* dosta|ć, -wać się, zosta|ć, -wać przyjętym [8] (associate) **to ~ in with sb** zadać się z kimś infml *[influential people]*; **he's got in with a bad crowd** wpadł w złe towarzystwo, zaczął się zadawać z nieodpowiednimi ludźmi ¶ **~ in [sth], ~ [sth] in** [1] (bring indoors) w|nieść, -nosić (do środka) [2] (buy in) kup|ić, -ować *[supplies]* [3] (fit into space) wsadz|ić, -ać; **I can't ~ the drawer in** nie mogę zamknąć tej szuflady [4] Agric (harvest) z|ebrać, -bierać *[crops]* [5] Hort (plant) za|sadzić *[bulbs]* [6] (deliver, hand in) odda|ć, -wać *[paper, essay]*; złożyć, składać *[competition entry]* [7] (include) (in article, book) wstawi|ć, -ać *[section]*; wtrąc|ić, -ać *[remark, anecdote]*; **may I ~ a word in?** czy mogę wtrącić słówko?; **he got in a few punches before the attacker ran away** zdążył kilka razy zdzielić napastnika, zanim temu udało się uciec [8] (fit into schedule) zna|leźć, -jdować czas na (coś) *[tennis, golf, further reading]*; **I'll try to ~ in a bit of tennis** infml spróbuję znaleźć czas na trochę tenisa ¶ **~ [sb] in** [1] (enable to enter) wprowadz|ić, -ać; **he didn't have a ticket but I got him in as I know the doorman** nie miał biletu, ale go wprowadziłem, bo znałem bramkarza; (carry) w|nieść, -nosić [2] (call) sprowadz|ić, -ać *[doctor]*; za|wołać *[children]*

■ **get into**: ¶ **~ into [sth]** [1] (enter) w|ejść, -chodzić do (czegoś) *[building]*; wsi|ąść, -adać do (czegoś) *[vehicle]* [2] (find way inside) *[person, water, sand]* dosta|ć, -wać się do (czegoś) *[room, building, container, eye]* [3] (be admitted) dosta|ć, -wać się do (czegoś) *[club, school, university]*; **I didn't know what I was ~ting into** fig nie wiedziałem, w co się wdaję or pakuję [4] (put on) w|łożyć, -kładać *[garment]* [5] (squeeze into) w|ejść, -chodzić w (coś), wcis|nąć, -kać się w (coś) *[garment]* [6] (become involved) **he got into astrology** wciągnęła go astrologia; **to ~ into teaching/publishing** zająć się nauczaniem/działalnością wydawniczą; **to ~ into a fight** wdać się w bójkę → **debt, habit, trouble** ¶ **~ [sb/sth] into** [1] (find enough space) z|mieścić *[object]*; po|mieścić *[people]*; **to ~ sth into a box** zmieścić coś w pudełku; **I can't ~ my hand into this glove** ta rękawiczka nie wchodzi mi na rękę [2] wprowadz|ić, -ać do (czegoś) *[good school, building]*; **the ticket got me into the museum** z tym biletem wszedłem do muzeum

■ **get off**: ¶ **~ off** [1] (from bus etc) wysi|ąść, -adać; (from bike, horse) zsi|ąść, -adać; z|leźć, -łazić infml [2] (start on journey) wyrusz|yć, -ać; **to ~ off to school** wyjść do szkoły [3] (make headway) **to ~ off to a good/poor start** dobrze/kiepsko zacząć; **to ~ off to sleep** zasnąć [4] (leave work) s|kończyć (pracę), wy|jść, -chodzić (z pracy) [5] infml (escape punishment) wywi|nąć, -jać się infml; **he got off with a warning** skończyło się na ostrzeżeniu; **they got off lightly** łatwo się wywinęli [6] infml (be excited) (by drug) odl|ecieć, -atywać infml; **he ~s off on doing it** robienie tego rajcuje go infml [7] (attract sexually) **to ~ off with sb** poderwać kogoś infml ¶ **~ off [sth]** [1] (climb down from) zejść z (czegoś), schodzić z (czegoś) *[wall, ledge, branch]*; z|leźć, -łazić z (czegoś) infml *[wall, ledge, branch]*; wysi|ąść, -adać z (czegoś) *[bus, plane]*; zsi|ąść, -adać z (czegoś) *[bike, horse]*; z|leźć, -łazić z (czegoś) infml *[bike, horse]* [2] (remove oneself from) zejść z (czegoś), schodzić z (czegoś) *[grass, carpet, floor]* [3] fig (depart from) zejść z (czegoś), schodzić z (czegoś), od|ejść, -chodzić od (czegoś) *[subject]* ¶ **~ off [sb]** infml (leave hold) **~ off me!** odczep się (ode mnie)! infml ¶ **get [sb /sth] off** [1] (lift down) zd|jąć, -ejmować *[object, person]* [2] (dispatch) wys|łać, -yłać *[parcel, letter, person]*; **I've got the children off to school** wysłałem dzieci do szkoły [3] (remove) usu|nąć, -wać *[stain]* [4] infml (send to sleep) położyć, kłaść spać *[baby]* [5] infml (help to escape punishment) wyciąg|nąć, -ać *[person]* infml; **he'll need a good lawyer to ~ him off** będzie potrzebował dobrego adwokata, żeby go wyciągnął

■ **get on**: ¶ **~ on** [1] (climb aboard) wsi|ąść, -adać [2] (work) **how is your work ~ting on?** jak ci idzie?; **to ~ on a bit faster /more sensibly** pracować trochę szybciej /w sposób bardziej przemyślany [3] (continue) **~ on with your work!** pracuj dalej! [4] (succeed) **how did you ~ on?** jak ci poszło? [5] GB (like each other) być ze sobą w dobrych stosunkach [6] GB (become late, grow old) **time's ~ting on** robi się późno; **he's ~ting on a bit** zaczyna się starzeć [7] (approach) **he's ~ting on for 40** zbliża się do or dobiega czterdziestki; **it's ~ting on for midnight** zbliża się północ; **there are ~ting on for 80 people** infml jest około 80 osób; będzie z 80 osób infml ¶ **~ on [sth]** (board) wsi|ąść, -adać do (czegoś) *[bus, plane]*; wsi|ąść, -adać na (coś) *[bike, horse]* ¶ **~ on [sth], ~ [sth] on** (put on) w|łożyć, -kładać *[boots, clothes]*; za|łożyć, -kładać *[tyre, tap washer]*; **to ~ a lid on** przykryć coś pokrywką

■ **get on with**: ¶ **~ on with [sth]** (continue to do) **to ~ on with one's work/preparing the meal** dalej pracować/przygotowywać posiłek; **let's ~ on with the job** wracajmy do roboty ¶ **~ on with [sb]** GB być w dobrych stosunkach z (kimś)

■ **get onto**: **~ onto [sth]** [1] (board) wsi|ąść, -adać do (czegoś) *[bus, plane]*; wsi|ąść, -adać na (coś) *[bike, horse]* [2] (be appointed) w|ejść, -chodzić do (czegoś) *[board]* [3] (start to discuss) **to ~ onto a topic** or **subject** poruszyć jakiś temat [4] GB (contact) **I'll ~ onto the ministry** skontaktuję się z ministerstwem

■ **get out**: ¶ **~ out** [1] (exit) wy|jść, -chodzić **(through** or **by sth** czymś or przez coś); (with difficulty) wydosta|ć, -wać się **(through** or **by sth** przez coś); (escape) ucie|c, -kać **(through** or **by sth** przez coś); **~ out and don't come back!** wynoś się i więcej nie wracaj! infml; **they'll never ~ out alive** nie wydostaną się żywi [2] (make social outing) wy|jść, -chodzić; **you should ~ out more** powinieneś częściej gdzieś wychodzić [3] (resign) wycof|ać, -ywać się [4] (leave vehicle) wysi|ąść, -adać [5] (be let out) *[prisoner]* wy|jść, -chodzić; **he ~s out on the 8th** wychodzi ósmego [6] (leak) *[news, information]* wycie|c, -kać na zewnątrz fig ¶ **~ out [sth], ~ [sth] out** [1] (bring out) wyj|ąć, -mować, wyciąg|nąć, -ać *[handkerchief, ID card]* [2] (extract) wyciąg|nąć, -ać *[cork, nail, stuck object]*; wyr|wać, -ywać *[tooth]* [3] (erase) wywabi|ć, -ać *[stain]* [4] (take from library) wypożycz|yć, -ać *[book]* [5] (produce) przygotow|ać, -ywać *[plan, speech]* [6] (utter) **I couldn't ~ the words out** nie mogłem wydusić słowa [7] (solve) rozwiąz|ać, -ywać *[puzzle, problem]* ¶ **~ [sb] out** (release) wyciąg|nąć, -ać *[prisoner]*; **to ~ sb out of prison** (free from detention) wyciągnąć kogoś z więzienia; **to ~ sth out of sth** (bring out) wyjąć or wyciągnąć coś z czegoś; (find and remove) usunąć coś z czegoś; **I can't ~ it out of my mind** nie mogę przestać o tym myśleć

■ **get out of**: **~ out of [sth]** [1] (exit from) wy|jść, -chodzić z (czegoś) *[building, room]*; wyje|chać, -żdżać z (czegoś) *[town, country]*; (with difficulty) wydosta|ć, -wać się z (czegoś) *[burning building, trap, country at war]*; **to ~ out of bed** wstać z łóżka; **~ out of my house!** wynoś się z mojego domu! infml [2] (alight from) wysi|ąść, -adać z (czegoś) *[vehicle]* [3] (leave at end) wy|jść, -chodzić z (czegoś) *[meeting]* [4] (be freed from) wy|jść, -chodzić z (czegoś) *[prison]* [5] (withdraw from) wyst|ąpić, -ępować z (czegoś) *[organization]*; **he's got out of oil** infml (as investment) wycofał się z ropy infml [6] (avoid doing) wymig|ać, -iwać się od (czegoś) infml *[responsibilities, meeting, appointment]*; **I'll try to ~ out of it** spróbuję się od tego wymigać; **to ~ out of doing sth** wymigać się od robienia czegoś [7] (no longer do) pozby|ć, -wać się (czegoś) *[addiction, habit]* [8] (gain from) **what will you ~ out of it** co ci to da?; **what do you ~ out of your job?** co ci daje twoja praca?

■ **get over**: ¶ **~ over** (cross) (on foot) prze|jść, -chodzić; (by vehicle) *[person, vehicle]* przeje|chać, -żdżać ¶ **~ over [sth/sb]** [1] (cross) (on foot) prze|jść, -chodzić przez (coś) *[stream, bridge]*; prze|leźć, -łazić przez (coś) infml *[wall, fence]*; (by vehicle) *[person, vehicle]* przeje|chać, -żdżać przez (coś) *[stream, bridge]* 2 (recover from) do|jść, -chodzić do siebie po (czymś) *[illness, shock]*; **to ~ over the fact that...** przeboleć fakt, że...; **I can't ~ over it** (in amazement) nie mogę się nadziwić; **I couldn't ~ over how she looked** nie mogłem się nadziwić jej wyglądowi; **I can't ~ over how you've grown** nie do wiary, jak urosłeś 3 (deal with) przezwycię-ż|yć, -ać *[difficulty, fear]*; rozwiąz|ać, -ywać *[problem]* 4 (stop loving) **she never got over him** nigdy nie doszła do siebie po rozstaniu z nim ¶ **~ [sb/sth] over** 1 (cause to cross) **to ~ sb/sth over (sth)** (help walk, show way) przeprowadz|ić, -ać (kogoś/coś) przez coś; (carry) prze|nieść, -nosić (kogoś/coś) przez coś; (by vehicle) *[person, vehicle]* prze-w|ieźć, -ozić (kogoś/coś) przez coś 2 (cause to arrive) sprowadz|ić, -ać *[plumber, doctor]* 3 (communicate) **he got his message over** to, co mówił, dotarło do słuchaczy

■ **get round** GB: ¶ **~ round = get around** ¶ **~ round [sth] = get around [sth]** ¶ **~ round [sb]** infml ur|obić, -abiać (kogoś); **can't you ~ round him?** może spróbuj go urobić; **she easily ~s round her father** owija sobie ojca wokół (małego) palca

■ **get through**: ¶ **~ through** 1 (squeeze through) przedosta|ć, -wać się, przecis|nąć, -kać się 2 Telecom **to ~ through to sb** dodzwonić się do kogoś; **I couldn't ~ through** nie mogłem się dodzwonić 3 (communicate with) do|trzeć, -cierać do (kogoś) fig *[students, listeners]* 4 (arrive) *[supplies, news]* do|trzeć, -cierać 5 (survive) przetrwać **(by doing sth** robiąc coś**)** 6 Sch, Univ *[examinee]* zdać; **to ~ through to next year** zdać na następny rok ¶ **~ through [sth]** 1 (make way through) (on foot) *[person]* prze|jść, -chodzić przez (coś) *[checkpoint, door]*; (by vehicle) *[person, vehicle]* przeje|chać, -żdżać przez (coś) *[checkpoint, gate]*; (with difficulty) przedosta|ć, -wać się przez (coś), prze|drzeć -dzierać się przez (coś) *[crowd, mud, snow]*; przecis|nąć, -kać się przez (coś) *[small opening]* 2 (reach end of) s|kończyć *[book, revision, meal, task, performance]* 3 (survive) przetrwać *[week, winter]*; **I thought I'd never ~ through the week** fig myślałem, że nie dożyję końca tego tygodnia 4 (complete successfully) *[candidate, competitor]* prze|jść, -chodzić przez (coś) *[exam, qualifying round, interview]* 5 (consume, use) zj|eść, -jadać *[supply of food]*; wypi|ć, -jać *[supply of drink]*; wyda|ć, -wać *[money]*; zuży|ć, -wać *[notebooks, pencils]* ¶ **~ [sb/sth] through** 1 (pass through) **to ~ sth /sb through (sth)** (carry) prze|nieść, -nosić przez (coś) *[object, person]*; (lead, drive) przeprowadz|ić, -ać przez (coś) *[vehicle, person]*; (by vehicle) przew|ieźć, -ozić przez (coś) *[person, object]*; (with difficulty) prze-p|chnąć, -ychać przez (coś) *[object, person, vehicle]* 2 (help to endure) *[pills, encouragement, strength of character]* pom|óc, -agać przetrwać; **her advice/these pills got me through the day** jakoś przeżyłem ten dzień dzięki jej radom/tym proszkom 3 Sch, Univ **I got all my students through** wszyscy moi studenci zdali 4 Pol prze-p|chnąć, -ychać *[bill]*

■ **get together**: ¶ **~ together** (assemble) z|ebrać, -bierać się, z|gromadzić się **(about** or **over sth** w związku z czymś**)** ¶ **~ together [sb/sth], ~ [sb/sth] together** 1 (assemble) z|ebrać, -bierać, z|gromadzić *[different people, groups]* 2 (accumulate) z|ebrać, -bierać *[money, food parcels, thoughts]* 3 (form) s|tworzyć *[action group, company]* ¶ **~ [oneself] together** pozbierać się

■ **get under**: ¶ **~ under** przedosta|ć, -wać się pod spodem ¶ **~ under [sth]** (on foot) prze|jść, -chodzić pod (czymś); prze|leźć, -łazić pod (czymś) infml; (by vehicle) przeje|chać, -żdżać pod (czymś); (by boat or swimming) przepły|nąć, -wać pod (czymś) ¶ **~ [sb/sth] under** opanow|ać, -ywać *[fire]*; zmu|sić, -szać do posłuszeństwa *[rebels]*

■ **get up**: ¶ **~ up** 1 (from bed) wsta|ć, -wać **(from sth** z czegoś**)**; (from chair) wsta|ć, -wać, podn|ieść, -osić się **(from sth** z czegoś**)** 2 (on horse) wsi|ąść, -adać; (on ledge) w|ejść, -chodzić; w|leźć, -łazić infml; **how did you ~ up there?** jak tam wszedłeś?, jak się tam dostałeś? 3 Meteorol *[storm, wind]* wzm|óc, -agać się 4 **to ~ up to sth** (reach) dosięg|nąć, -ać do czegoś *[branch, shelf]*; (go as far as) do|jść, -chodzić do czegoś *[page, upper floor]*; **what did you ~ up to?** fig (sth enjoyable) co tam zwojowałeś? infml; (sth mischievous) co tam zmalowałeś? infml ¶ **~ up [sth]** 1 w|ejść, -chodzić na (coś); w|leźć, -łazić na (coś) infml *[hill, ladder]* 2 (increase) zwiększ|yć, -ać *[speed]* 3 (start, muster) u|two-rzyć *[group]*; wzbudz|ić, -ać w sobie *[pity, sympathy]*; wystosow|ać, -ywać *[petition]* ¶ **~ [sth] up** z|organizować *[play, sale, party]* ¶ **~ [oneself] up** infml **to ~ oneself up in sth** ubrać się w coś *[dress]*

IDIOMS: **get!** infml zjeżdżaj! infml; **~ along with you!** infml coś ty! infml; **~ away with you!** infml nie wygłupiaj się! infml; **~ her!** infml spójrz tylko na nią!; **~ him in that hat!** infml ale ma kapelusz!; **he's got his** infml (was killed) sprzątnęli go infml; **I'll ~ you for that** infml jeszcze mi za to zapłacisz infml; **it ~s me right here** mam to gdzieś infml; **he's got it bad** infml (fallen in love) zakochał się po uszy infml; **I've got it!** (I have an idea) mam!; **he got above himself** woda sodowa uderzyła mu do głowy pej; **to ~ it together** infml pozbierać się infml; **he got it up** vulg stanął mu vinfml; **to ~ one's in** infml US zemścić się; **to tell sb where to ~ off** obsztorcować kogoś infml; **to ~ with it** infml wziąć się w garść; **what's got into her?** co w nią wstąpiło?; **where does he ~ off?** infml co on sobie myśli?; **you've got me there** tu mnie zażyłeś infml

get-a-table /ˌgetˈætəbl/ *adj* infml **to be/not to be ~** *[object]* być do/nie do dostania

getaway /ˈgetəweɪ/ **I** *n* **to make a quick ~** szybko się zmyć infml
II *modif* **the robbers had a ~ car outside the bank** przed bankiem na złodziei czekał samochód

get-out /ˈgetaʊt/ *n* wymówka *f*

get-rich-quick scheme /ˌgetrɪtʃˈkwɪkski:m/ *n* infml recepta *f* na szybkie wzbogacenie się

get-together /ˈgettəgeðə(r)/ *n* spotkanie *n*; **we had a bit of a ~** mieliśmy małe spotkanie

getup /ˈgetʌp/ *n* infml pej dziwaczny strój *m*

get-up-and-go /ˌgetʌpənˈgəʊ/ *n* energia *f*; **we need sb with a bit of ~** potrzebujemy kogoś z energią or życiem

get-well /ˈgetwel/ *adj* **~ wishes** życzenia szybkiego powrotu do zdrowia; **~ card** kartka z życzeniami szybkiego powrotu do zdrowia

geum /ˈdʒi:əm/ *n* Bot kuklik *m*

gewgaw /ˈgju:gɔ:/ *n* pej błyskotka *f*, świecidełko *n*

geyser /ˈgi:zə(r)/ *n* 1 Geol gejzer *m* 2 GB (water heater) terma *f*, piec *m* gazowy

G-force /ˈdʒi:ˌfɔ:s/ *n* Phys siła *f* grawitacji

Ghana /ˈgɑ:nə/ *prn* Ghana *f*

Ghanaian /gɑ:ˈneɪən/ **I** *n* Gha|ńczyk *m*, -nka *f*, Ghani|n *m*, -jka *f*
II *adj* ghański

ghastly /ˈgɑ:stlɪ, US ˈgæstlɪ/ *adj* 1 (dreadful) *[accident, experience, scene]* koszmarny, potworny 2 infml (sickly) *[person, family, light]* okropny; *[decor, taste]* koszmarny 3 liter (like ghost) *[pallor, light]* upiorny; **to be ~ pale, to have a ~ pallor** być trupio bladym

ghee /gi:/ *n* Culin ghi *n inv (sklarowane masło używane w kuchni indyjskiej)*

Ghent /gent/ *prn* Gandawa *f*

gherkin /ˈgɜ:kɪn/ *n* Culin korniszon *m*

ghetto /ˈgetəʊ/ **I** *n* (*pl* **~s, ~es**) getto *n*
II *modif* **~ child** dziecko z getta; **~ life /upbringing** życie/wychowanie w getcie

ghetto blaster *n* infml (duży) przenośny radiomagnetofon *m*

ghettoization /ˌgetəʊaɪˈzeɪʃn, US -əʊɪˈz-/ *n* (of people) spychanie *n* do gett; fig (of issue, problem, subject) odsuwanie *n* na dalszy plan **(of sth** czegoś**)**

ghettoize /ˈgetəʊaɪz/ *vt* zam|knąć, -ykać w getcie *[people]*; fig odsu|nąć, -wać na dalszy plan *[subject, issue]*

ghost /gəʊst/ **I** *n* 1 (spectre) duch *m*, widmo *n*; **the ~ of the dead king** duch zmarłego króla; **to believe in ~s** wierzyć w duchy; **she looks as if she's seen a ~** wygląda, jakby zobaczyła ducha 2 (haunting memory) upiór *m* fig; **the ~ of the past** upiory przeszłości; **to lay the ~s of the past** pozbywać się upiorów przeszłości 3 (faint trace) cień *m* fig; **the ~ of a smile** cień uśmiechu; **we haven't the ~ of a chance of winning** nie mamy nawet cienia szansy na wygraną 4 TV (secondary image) podwójny obraz *m*, odbicia *n pl*
II *vt* **to ~ sb's books/speeches** pisać za kogoś książki/przemówienia
III *vi* **to ~ for sb** pisać za kogoś

IDIOMS: **to give up the ~** (die) wyzionąć ducha

ghostbuster /ˈgəʊstbʌstə(r)/ *n* łowca *m* duchów

ghost image *n* TV podwójny obraz *m*, odbicia *n pl*

ghostly /ˈgəʊstlɪ/ *adj* (spectral) *[shape, laugh, sound, face]* upiorny

ghost ship *n* statek widmo *m*

G

ghost site *n* Comput *witryna internetowa, która nie jest już uaktualniana, ale wciąż jest dostępna w sieci*
ghost story *n* historia *f* o duchach
ghost town *n* wymarłe miasto *n*
ghost train *n* pociąg widmo *m*
ghostwrite /ˈgəʊstraɪt/ *vt, vi* (*pt* **-wrote;** *pp* **-written) = ghost**
ghostwriter /ˈgəʊstraɪtə(r)/ *n* autor *m* piszący za kogoś; murzyn *m* fig
ghoul /guːl/ *n* [1] (in Arabic myths) ghul *m*, gul *m* [2] (demon) upiór *m* [3] pej (person) **to be a ~** gustować w makabrze
ghoulish /ˈguːlɪʃ/ *adj [laughter, smile]* upiorny; *[story, behaviour]* makabryczny
GHQ *n* = **General Headquarters** kwatera *f* główna
GI *n* (*pl* **GIs)** żołnierz *m (armii amerykańskiej)*
giant /ˈdʒaɪənt/ **I** *n* [1] (in fairy tales) olbrzym *m*, wielkolud *m*; Mythol gigant *m* [2] (big man) olbrzym *m*; wielkolud *m* hum [3] (big organization) gigant *m*; **an industrial ~** gigant przemysłowy [4] (genius) **he's an intellectual ~** to wielki umysł
II *adj [sale, object, company, amount]* olbrzymi, gigantyczny
giant anteater *n* Zool mrówkojad *m* wielki
giantess /ˈdʒaɪəntes/ *n* olbrzymka *f*
giant-killer /ˈdʒaɪəntkɪlə(r)/ *n* Sport pogromca *m* faworyta, niespodziewany zwycięzca *m*
giant panda *n* Zool panda *f* wielka
giant-size(d) /ˈdʒaɪəntsaɪz(d)/ *adj* olbrzymi
giant slalom *n* Sport (slalom *m*) gigant *m*
giant star *n* Astron olbrzym *m*
gibber /ˈdʒɪbə(r)/ *vi* [1] (make meaningless sounds) *[person]* bełkotać; *[monkey]* jazgotać; **to ~ with terror/rage** bełkotać ze strachu/z wściekłości; **a ~ing idiot** infml fig kretyn pej [2] infml (prattle) ględzić infml pej; **what's he ~ing (on) about?** co on bredzi?
gibberish /ˈdʒɪbərɪʃ/ *n* (of monkeys) jazgotanie *n*, jazgot *m*; pej (nonsense) bzdura *f*; **it's perfect ~** to czyste brednie
gibbet /ˈdʒɪbɪt/ *n* dat szubienica *f*
gibbon /ˈgɪbən/ *n* Zool gibon *m*
gibbous moon /ˌgɪbəsˈmuːn/ *n* niepełna tarcza *f* Księżyca *(między pierwszą kwadrą a pełnią lub pełnią a ostatnią kwadrą)*
gibe = jibe
GI Bill *n* US *ustawa z 1944 r. o darmowej edukacji dla zdemobilizowanych żołnierzy*
giblets /ˈdʒɪblɪts/ *npl* Culin podroby *plt*
Gibraltar /dʒɪˈbrɔːltə(r)/ *prn* Gibraltar *m*
GI bride *n* US *żona żołnierza pochodząca z kraju, w którym stacjonowała jego jednostka*
giddily /ˈgɪdɪlɪ/ *adv* [1] *[whirl, rush]* w zawrotnym tempie; *[sway]* chwiejnie [2] (frivolously) niefrasobliwie, beztrosko
giddiness /ˈgɪdɪnɪs/ *n* [1] (vertigo) zawroty *m pl* głowy; **I had a sudden feeling of ~** nagle zakręciło mi się w głowie [2] (lightheartedness) roztrzepanie *n*
giddy /ˈgɪdɪ/ *adj* [1] (dizzy) **I feel ~** kręci mi się w głowie; **she went ~ at the prospect** fig już sama perspektywa przyprawiła ją o zawrót głowy fig [2] (causing vertigo) *[speed, rush, success]* zawrotny; *[height, precipice]* przyprawiający o zawrót głowy [3] (frivolous) *[person, behaviour]* roztrzepany
giddy spell *n* nagły zawrót *m* głowy
giddy up *excl* wio!
Gideon Bible /ˌgɪdɪənˈbaɪbl/ *prn* Biblia *f (umieszczana w pokoju hotelowym, szpitalu przez chrześcijańską organizację Gideons)*
gift /gɪft/ *n* [1] (present) prezent *m*, upominek *m*, dar *m* **(from sb** od kogoś**) (to sb** dla kogoś); **a farewell/wedding/Christmas ~** prezent pożegnalny/ślubny/gwiazdkowy; **to give a ~ to sb, to give sb a ~** dać komuś prezent; **to give sb a ~ of chocolates/flowers** dać komuś czekoladki/kwiaty w prezencie; **they gave it to us as a ~** dali nam to w prezencie; **it's for a ~** (said to a shop assistant) to ma być na prezent; **a ~ from the gods** dar niebios; **the ~ of life** dar życia; **it was a ~ of a goal** infml dali nam tę bramkę w prezencie fig; **at that price, it's a ~** za taką cenę to jak za darmo [2] (for charity) dar *m* **(from sb** od kogoś**) (to sb** dla kogoś); **a ~ of £1,000** dar w wysokości 1 000 funtów; **a ~ of an incubator** dar w postaci inkubatora; **to make a ~ of sth to sb** podarować komuś coś [3] (talent) dar *m*, zdolności *f pl* **(for sth /for doing sth** do czegoś/do robienia czegoś) [4] Jur darowizna *f*; **to make sb a ~ of sth** przekazać coś komuś w darze; **by way of a ~** w drodze darowizny; **the posts directly in the ~ of the Prime Minister** fml stanowiska, których obsadzanie pozostaje w gestii premiera
IDIOMS: **don't look a ~ horse in the mouth** Prov darowanemu koniowi nie zagląda się w zęby Prov
GIFT /gɪft/ *n* Med = **gamete intrafallopian transfer** transfer *m* gamety do jajowodu
gift certificate *n* US = **gift token**
gifted /ˈgɪftɪd/ *adj [artist, athlete, child]* utalentowany, uzdolniony; **to be ~ at singing/acting** być uzdolnionym wokalnie/aktorsko; **he is ~ at languages** ma zdolności językowe or talent do języków; **linguistically/musically ~** językowo /muzycznie uzdolniony; **to be naturally ~** mieć wrodzone zdolności; **a ~ amateur** uzdolniony or utalentowany amator; **to be ~ with patience/tact** być obdarzonym cierpliwością/delikatnością or taktem
gift shop *n* sklep *m* z upominkami
gift token *n* bon *m* towarowy *(jako prezent)*
gift voucher *n* = **gift token**
gift wrap **I** /ˈgɪftræp/ *n* (also **~ping)** ozdobny papier *m* do pakowania
II **gift-wrap** *vt* (*prp, pt, pp* **-pp-)** za|pakować na prezent; **would you like it ~ped, sir?** czy życzy pan sobie, żeby to zapakować na prezent?; **the opportunity came ~ped** okazja sama się nadarzyła
gig[1] /gɪg/ *n* infml (performance) występ *m*; **to do** or **play a ~** dać występ
gig[2] /gɪg/ *n* [1] Hist (carriage) gig *m* [2] Naut (boat) gig *m*
gigabit /ˈgɪgəbɪt/ *n* Comput gigabit *m*
gigabyte /ˈgaɪgəbaɪt/ *n* Comput gigabajt *m*
gigaflop /ˈgɪgəflɒp/ *n* Comput gigaflop *m*
gigantic /dʒaɪˈgæntɪk/ *adj* gigantyczny
gigantically /dʒaɪˈgæntɪkəlɪ/ *adv* gigantycznie; **~ tall** gigantyczny; **to be ~ successful** infml odnieść gigantyczny sukces infml
gigantism /ˈdʒaɪgəntɪzəm/ *n* Med gigantyzm *m*
gigawatt /ˈgaɪgəwɒt/ *n* gigawat *m*
giggle /ˈgɪgl/ **I** *n* [1] (chuckle) chichot *m*; **give a ~** zachichotać; **to have a fit of the ~s** dostać ataku śmiechu; **to get the ~s** zaśmiewać się [2] GB infml (fun, joke) zgrywa *f* infml; **to do sth for a ~** zrobić coś dla śmiechu; **we had a good ~** nieźle się uśmialiśmy
II *vt* **'I don't know,' she ~d** „nie wiem", zachichotała
III *vi* za|chichotać; **he was giggling helplessly** nie mógł opanować chichotu
giggly /ˈgɪglɪ/ *adj* pej *[person]* rozchichotany, chichoczący; *[laughter]* chichotliwy; **to be in a ~ mood** śmiać się z byle czego; **a ~ girl** chichotka infml
GIGO = **garbage in garbage out** → **garbage**
gigolo /ˈʒɪgələʊ/ *n* (*pl* **~s)** [1] pej (lover) żigolo *m*, żigolak *m* infml pej [2] (dancing partner) żigolo *m* infml pej
Gila monster /ˌhiːləˈmɒnstə(r)/ *n* Zool heloderma *f* meksykańska
gild /gɪld/ **I** *vt* (*pt, pp* **gilded** or **gilt)** [1] poz|łocić, -acać, po|złocić *[frame, ornament]* [2] liter (light up) *[sun, light]* o|złocić fig
II **gilded** *pp adj [ring]* pozłacany
IDIOMS: **~ed youth** *n* złota młodzież *f*; **to be a bird in a ~ cage** mieć wszystko oprócz wolności
gilding /ˈgɪldɪŋ/ *n* [1] (action) pozłacanie *n*, złocenie *n* [2] (material) pozłota *f*, złocenie *n*
gill[1] /gɪl/ **I** *n* [1] Zool (of fish) skrzele *n* [2] Bot (of mushroom) blaszka *f*
II **gills** *npl* (wattle) (of turkey) korale *m pl*
IDIOMS: **green about the ~s** infml (sickly-looking) chorobliwie blady; **rosy about the ~s** infml rumiany
gill[2] /dʒɪl/ *n* Meas ćwierć *f* pinty *(0,142 litra)*
gillie, gilly /ˈgɪlɪ/ *n* Scot pomocnik *m (myśliwego lub wędkarza)*
gillyflower /ˈdʒɪlɪflaʊə(r)/ *n* Bot (stock) lewkonia *f*
gilt /gɪlt/ **I** *pt, pp* → **gild**
II *n* pozłota *f*, złocenie *n*
III *pp adj [frame]* złocony, pozłacany
gilt-edged /ˌgɪltˈedʒd/ *adj* [1] **~ page** kartka ze złoconymi brzegami [2] fig *[investment, proposition]* nadzwyczajny; *[opportunity]* złoty
gilt-edged securities *npl* Fin obligacje *f pl* państwowe
gilt-edged stock(s) *npl* = **gilt-edged securities**
gilts /gɪlts/ Fin **I** *npl* obligacje *f pl* państwowe
II *modif* **~ market** rynek obligacji państwowych; **~ profit** zyski z obligacji państwowych
gimbals /ˈdʒɪmblz/ *npl* Aut, Naut zawieszenie *n* kardanowe, kardan *m*
gimcrack /ˈdʒɪmkræk/ pej **I** *n* tandeta *f*, chłam *m* infml pej
II *adj [furniture, architecture, jewellery]* tandetny
gimlet /ˈgɪmlɪt/ *n* świder *m* ręczny
IDIOMS: **to have eyes like ~s, to be ~-eyed** mieć świdrujące spojrzenie

gimmick /ˈɡɪmɪk/ *n* [1] (trick) chwyt *m*; **sales/publicity ~** (trick) chwyt reklamowy; **cheap ~s to attract customers** tanie chwyty w celu przyciągnięcia klientów [2] US **what's his ~?** o co mu tak naprawdę chodzi?

gimmickry /ˈɡɪmɪkrɪ/ *n* pej tanie chwyty *m pl* pej

gimmicky /ˈɡɪmɪkɪ/ *adj* pej *[clothes, jewellery, style]* wymyślny; *[theatrical production]* efekciarski pej; *[theory, idea]* wymyślny; **~ advertising** reklamiarstwo

gimp[1] /ɡɪmp/ **I** *n* Fashn usztywnienie *n* **II** *modif [braid, lace]* usztywniony

gimp[2] /ɡɪmp/ US infml **I** *n* **to have a ~** utykać **II** *vi* utykać

gin[1] /dʒɪn/ *n* (drink) gin *m*, dżin *m*

gin[2] /dʒɪn/ *n* [1] (engine driven by horses) kierat *m* [2] (also **cotton ~**) odziarniarka *f* bawełny [3] (also **~ trap**) Hunt sidło *n*, wnyk *m*; **to set** or **lay a ~** zastawić wnyki or sidła

gin and it *n* GB gin *m* z wermutem

gin and tonic *n* gin *m* z tonikiem

gin and tonic belt *n* zamożna dzielnica *f* podmiejska

ginger /ˈdʒɪndʒə(r)/ **I** *n* [1] Bot, Culin imbir *m*; **root** or **fresh ~** świeży imbir [2] (colour of hair) (kolor *m*) rudy *m* [3] infml offensive (nickname) ryż|y *m*, -a *f*, rudzielec *m/f* infml **II** *modif* [1] Culin *[cake, pudding, sauce]* imbirowy [2] (reddish) *[hair, beard, cat]* rudawy

■ **ginger up**: **~ up [sth]** ożywi|ć, -ać *[evening]*; pobudz|ić, -ać *[metabolism]*

ginger ale *n* gazowany napój *m* imbirowy

ginger beer *n* piwo *n* imbirowe

gingerbread /ˈdʒɪndʒəbred/ *n* [1] (cake) piernik *m*; (cookie) pierniczek *m* [2] (ornamentation) ozdobniki *m pl*

IDIOMS: **to take the gilt off the ~** popsuć całe wrażenie

gingerbread man *n* ludzik *m* z piernika

ginger group *n* GB grupa *f* nacisku *(wewnątrz organizacji)*

ginger-haired /ˌdʒɪndʒəˈheəd/ *adj* rudy, rudowłosy

gingerly /ˈdʒɪndʒəlɪ/ *adv [step, touch, close, proceed]* ostrożnie

gingernut /ˈdʒɪndʒənʌt/ *n* Culin ciasteczko *n* imbirowe

ginger snap *n* → **gingernut**

gingery /ˈdʒɪndʒərɪ/ *adj* [1] (reddish) *[hair, beard, colour]* rudy [2] Culin *[taste, smell, flavour]* imbirowy

gingham /ˈɡɪŋəm/ **I** *n* Tex kraciasta bawełna *f* **II** *modif* **~ dress/tablecloth** sukienka /obrus z kraciastej bawełny

gingivitis /ˌdʒɪndʒɪˈvaɪtɪs/ *n* Med zapalenie *n* dziąseł

gink /ɡɪŋk/ *n* infml pej typek *m* infml

gin mill *n* US infml spelunka *f* infml

ginseng /ˈdʒɪnseŋ/ *n* żeń-szeń *m*

gin sling *n* gin *m* z wodą i sokiem cytrynowym

Gioconda /dʒɪəˈkɒndə/ *prn* **La ~** Gioconda *f*, Mona Lisa *f*

gippo /ˈdʒɪpəʊ/ *n* GB infml dat offensive Cygan *m*, -ka *f*

gippy /ˈdʒɪpɪ/ *adj* GB infml dat egipski

gippy tummy *n* biegunka *f*

gipsy *n* = **gypsy**

giraffe /dʒɪˈrɑːf, US dʒəˈræf/ *n* Zool żyrafa *f*; **a baby ~** żyrafiątko

gird /ɡɜːd/ **I** *vt* (*pt, pp* **girded, girt**) liter opas|ać, -ywać *[city]*; przepas|ać, -ywać *[robe]*; **to ~ sth around one's waist** przepasać się czymś; **to ~ on one's sword** przypasać miecz **II** *vr* **to ~ oneself for sth** przygotować się do czegoś

IDIOMS: **to ~ (up) one's loins** fig hum zebrać się w sobie

girder /ˈɡɜːdə(r)/ *n* Constr dźwigar *m*

girdle[1] /ˈɡɜːdl/ **I** *n* [1] (belt) pas *m* [2] (corset) pas *m* wyszczuplający **II** *vt* liter dat opas|ać, -ywać *[waist, body, island, lake]*

girdle[2] /ˈɡɜːdl/ *n* Culin = **griddle**

girl /ɡɜːl/ **I** *n* [1] (child) dziewczynka *f*; (teenager) dziewczyna *f*; panienka *f* dat or hum; (young woman) dziewczyna *f*; **~s** (children) dziewczynki; (teenagers, young women) dziewczęta, dziewczyny; **a ~'s bicycle** (rower) damka; **~'s coat** dziewczęcy płaszczyk; **~s' school** szkoła żeńska, szkoła dla dziewcząt; **the ~s' changing room/toilet** przebieralnia/toaleta dla dziewcząt; **a baby ~** dziewczynka; **little ~** dziewczynka; **teenage ~** nastolatka; panienka dat; **when I was a ~** (referring to childhood) kiedy byłam mała; (referring to adolescence) kiedy byłam młodą dziewczyną; **good morning, ~s and boys** dzień dobry, dziewczęta i chłopcy; **a Polish ~** młoda Polka; **come on, ~s!** (to children) chodźcie, dziewczynki!; (to teenagers) chodźcie, dziewczęta or dziewczyny!; **good ~!** zuch dziewczyna!; **be a good ~!** bądź grzeczna!; **the new ~** Sch nowa [2] (daughter) córka *f*; **my ~s** moje córeczki or dziewczynki; (older) moje córki or dziewczyny; **the Brown ~** córka Brownów, mała Brownówna [3] (employee) (servant) **a ~ who looks after the children** opiekunka do dzieci; **factory ~** robotnica w fabryce; **office ~** pracownica biurowa; **sales** or **shop ~** ekspedientka [4] (sweetheart) dziewczyna *f* **II** *modif* **a ~ reporter** młoda reporterka; **~ talk** infml babskie gadanie; **Adam's having ~ trouble** Adam ma kłopoty sercowe fig

IDIOMS: **~ next door** porządna dziewczyna *f*

girl band *n* girlsband *m*

girl Friday *n* asystentka *f* (w biurze)

girlfriend /ˈɡɜːlfrend/ *n* (sweetheart) dziewczyna *f*, sympatia *f*; (friend) koleżanka *f*; (close) przyjaciółka *f*

girl guide *n* GB skautka *f*

girlhood /ˈɡɜːlhʊd/ *n* (childhood) dzieciństwo *n*; (adolescence) młodość *f*

girlie /ˈɡɜːlɪ/ *n* infml dziewczynka *f*

girlie mag(azine) *n* infml pismo *n* z gołymi panienkami infml

girlie show *n* infml kabaret *m* z gołymi dziewczynami or panienkami infml

girlish /ˈɡɜːlɪʃ/ *adj* [1] (of girl) *[style, modesty]* dziewczęcy; *[laughter, behaviour]* dziewczyński infml [2] (childish) *[woman, behaviour]* dziecinny

girlishly /ˈɡɜːlɪʃlɪ/ *adv* dziewczęco; po dziewczyńsku infml; (childishly) dziecinnie

girl power *n „siła kobiet", slogan wylansowany w latach 90. przez zespół muzyczny „Spice Girls"*

girl scout *n* US = **girl guide**

girls' wear department *n* (in shop) dział *m* odzieży dla dziewcząt

giro /ˈdʒaɪrəʊ/ **I** *n* GB Fin [1] (system) system *m* przelewowy; **to fill in a ~** wypełnić polecenie przelewu; **to pay by ~** zapłacić przelewem [2] infml (cheque) *przekaz pocztowy z zasiłkiem*; **my ~ hasn't come yet** moje pieniądze jeszcze nie przyszły, mój zasiłek jeszcze nie przyszedł **II** *modif* **~ payment, ~ transfer** (through bank) przelew (bankowy); (through post office) przekaz (pocztowy)

girth /ɡɜːθ/ *n* [1] (of tree, pillar) obwód *m*; **the ~ of sb's waist** (of man) obwód w pasie; (of woman) obwód w talii or w pasie [2] Equit popręg *m*

GIS *n* = **geographic information system**

gismo *n* infml = **gizmo**

gist /dʒɪst/ *n* istota *f*, sedno *n*; **can you give me the ~ of the book?** powiedz mi z grubsza, o co chodzi w tej książce

git /ɡɪt/ *n* GB vinfml pej dupek *m* vinfml

give /ɡɪv/ **I** *n* **rubber has a lot of ~** guma jest bardzo elastyczna **II** *vt* (*pt* **gave**; *pp* **given**) [1] (hand over) da|ć, -wać *[hand, arm, object, drink, sandwich, money, present]* **(to sb** komuś); (with feeling) po|darować, ofiarow|ać, -ywać; **to ~ sth to sb, to ~ sb sth** dać or podać coś komuś; **to be given sth** dostać coś; **~ it to me!** daj mi to; **~ him a drink** daj or podaj mu coś do picia; **she gave him her bag to hold /look after** dała mu swoją torbę do potrzymania/popilnowania; **to ~ sb sth for Christmas/birthday** dać or podarować or ofiarować coś komuś pod choinkę/na urodziny; **to ~ sb sth as a keepsake /leaving present** dać or podarować or ofiarować komuś coś na pamiątkę/na pożegnanie; **how much/what will you ~ me for it?** ile/co mi za to dasz?; **I'll ~ you 50 cents for it** dam ci za to 50 centów; **I'd ~ anything for a drink, what wouldn't I ~ for a drink** wszystko bym oddał za coś do picia; **I'd ~ anything to go to Paris** wiele bym dał, żeby pojechać do Paryża [2] (cause to have) **to ~ sb sth, to ~ sth to sb** sprawić komuś coś *[satisfaction, pleasure, pain, trouble]*; dać komuś coś *[hope]*; **it ~s me headache** boli mnie od tego głowa; **it ~s me indigestion** dostaję od tego niestrawności; **it ~s me nightmares** śnią mi się po tym koszmary; **he's given me his cough** zaraził mnie kaszlem [3] (provide, produce) da|ć, -wać *[milk, heat]*; nada|ć, -wać *[flavour]*; wyda|ć, -wać (z siebie) *[cry, groan, sigh, titter]*; wyda|ć, -wać *[party, ball, banquet]*; udziel|ić, -ać (czegoś) *[interview, audience]*; da|ć, -wać *[performance]*; wygł|osić, -aszać *[speech, lecture]*; *[watch, meter]* wskazywać *[time, speed]*; **cows ~ milk** krowy dają mleko; **this ~s a total of 5680** to daje w sumie 5680; **735 divided by 15 ~s 49** 735 podzielone przez 15 daje 49; **the number was given to three decimal places/in metric units** liczba była podana do trzech miejsc po przecinku/w jednostkach metrycznych; **blue and yel-**

G

low ~s (you) green niebieski i żółty dają zielony; **the plant that ~s us cotton** roślina, z której otrzymujemy bawełnę; **calcium ~s you strong bones and healthy teeth** wapń zapewnia mocne kości i zdrowe zęby; **a single glass ~s you half the daily requirement of Vitamin C** jedna szklanka pokrywa połowę dziennego zapotrzebowania na witaminę C; **add some herbs to ~ the soup extra flavour** dodaj ziół, żeby zupa miała lepszy smak; **~ the plants some water** podlej rośliny; [4] (accord, allow) poświęc|ić, -ać *[person, life, time, energy, attention]*; udziel|ić, -ać (czegoś) *[hospitality, shelter, help]*; zapewni|ć, -ać *[protection]*; przyzna|ć, -wać *[custody, grant, bursary, medal, prize, right]*; nada|ć, -wać *[title, degree, name]*; wymierz|yć, -ać *[punishment, fine]*; postawić, stawiać *[grade, mark]*; da|ć, -wać *[opportunity, permission]*; *[bank]* za|płacić *[interest]*; udziel|ić, -ać (czegoś) *[discount]*; da|ć, -wać *[rise]*; **she gave all her life to the service of God** całe swe życie poświęciła służbie Bogu; **I'll ~ it some thought** pomyślę o tym; **please, ~ serious consideration to our offer** proszę poważnie rozważyć naszą propozycję; **to ~ sb a lift/ride** podwieźć kogoś; **to ~ sb sth to do** dać komuś coś do roboty; **~ me strength!** Panie, dodaj mi sił!; **can you ~ me a bed for the night?** czy możesz mnie przenocować?; **they didn't ~ you much space to write your address** nie zostawili zbyt dużo miejsca na adres; **to ~ sb an appointment** wyznaczyć komuś termin spotkania; **we were given a room at the back of the hotel** dali nam pokój w tylnej części hotelu; **to ~ sb one's seat** ustąpić komuś miejsca; **to ~ sb some time to do sth** dać komuś trochę czasu na zrobienie czegoś; **~ me a minute** poczekaj chwilę; **she gave me a week to decide** dała mi tydzień do namysłu; **he was given six months to live** dawano mu pół roku życia; **I'd ~ their marriage a year at the most** nie sądzę, żeby ich małżeństwo przetrwało dłużej niż rok; **she can sing, I'll ~ her that** umie śpiewać, muszę jej to przyznać; **she could ~ her opponent five years** jest jakieś pięć lat młodsza od swej przeciwniczki; **the polls ~ Labour the lead** Partia Pracy prowadzi w sondażach; **the referee gave us a corner** sędzia przyznał nam rzut rożny; **she is known for giving bad marks** jest znana z tego, że stawia złe stopnie; **I don't ~ a damn!** infml mam to gdzieś! infml; **to ~ sb a kiss** pocałować kogoś; dać komuś całusa or buziaka infml; **~ sb a hug** przytulić kogoś; **to ~ sb a kick** kopnąć kogoś; **to ~ sth a glance** spojrzeć na coś, rzucić okiem na coś; **to ~ a grin** wyszczerzyć zęby w uśmiechu; **to ~ sb a wave** pomachać komuś; **~ us a song!** zaśpiewaj nam coś! [5] Med **to ~ sb sth, to ~ sth to sb** podać komuś coś, dać komuś coś *[medicine]*; poddać kogoś czemuś *[treatment, radiotherapy]*; przeszczepić komuś coś *[organ]*; wszczepić komuś coś *[pacemaker]*; założyć komuś coś *[artificial limb]*; zrobić komuś coś *[injection, face-lift, massage, X-ray]*; **to ~ sb an examination** zbadać kogoś; **can you ~ me sth for the pain?** czy mogę prosić o coś przeciwbólowego? [6] (communicate, reveal) da|ć, -wać *[advice, answer, sign, signal, information]*; przedstawi|ć, -ać *[evidence]*; przekaz|ać, -ywać *[thanks, apologies, message]*; wyda|ć, -wać *[verdict, opinion, judgment, ruling]*; **to ~ sb sth** podać komuś coś *[address, telephone number, extension]*; **~ me extension 111/the sales manager, please** (on telephone) poproszę wewnętrzny 111/z szefem działu sprzedaży; **to ~ a detailed description of sth** opisać coś szczegółowo; **the answers are given on page 23** odpowiedzi podane są na stronie 23; **she gave me her word** dała mi słowo; **I was given to understand** or **believe that...** dano mi do zrozumienia, że...; **~ my regards to your mother** pozdrów ode mnie swoją matkę [7] (give birth to) **she gave him two daughters** dała mu dwie córki [8] (in marriage) wyda|ć, -wać za mąż *[daughter]*

III *vi* (*pt* **gave;** *pp* **given)** [1] (contribute) *[person]* da|ć, -wać; **please, ~ generously** prosimy o hojne datki; **to ~ to charity** dawać na cele dobroczynne [2] (bend, flex) *[mattress, sofa, shelf, bridge, branch]* ugi|ąć, -nać się **(under sth/sb** pod czymś/kimś); *[leather, fabric]* rozciąg|nąć, -ać się [3] (yield, break) = **give way** [4] (concede) *[person, side]* ust|ąpić, -ępować; **somebody will have to ~** ktoś będzie musiał ustąpić; **something has to ~** to się źle skończy

IV *vr* (*pt* **gave;** *pp* **given) to ~ oneself to sth** (devote oneself) poświęcić się czemuś; **to ~ oneself to sb** euph (sexually) odda|ć, -wać się komuś

■ **give away**: ¶ **~ away [sth], ~ [sth] away** [1] (part with) odda|ć, -wać *[possessions, belongings, clothes, books, money]* **(to sb** komuś); **if you don't like it, you can ~ it away** jeśli ci się to nie podoba, oddaj komuś [2] (distribute) rozda|ć, -wać *[items, tickets, samples]* **(to sb** komuś); **we're practically giving them away** fig sprzedajemy je za półdarmo; **we've got 100 copies to ~ away** mamy do rozdania sto egzemplarzy [3] (ceremonially) wręczy|ć, -ać, rozda|ć, -wać *[prizes, medals, certificates, diplomas]* **(to sb** komuś) [4] (reveal) zdradz|ić, -ać *[secret, ending]* **(to sb** komuś); ujawni|ć, -ać *[answer, story]* **(to sb** komuś); **the flavour ~s it away** można to wyczuć w smaku; **to ~ the game away** wygadać się [5] (waste, lose carelessly) odda|ć, -wać (za darmo) *[point, game]* **(to sb** komuś); z|marnować *[chance, opportunity, advantage]*; **to ~ a contract away to competitors** stracić kontrakt na rzecz konkurentów ¶ **~ away [sb], ~ [sb] away** [1] (betray) *[person]* wyda|ć, -wać *[person]* **(to sb** komuś); *[look, expression, voice, response, reaction]* zdradz|ić, -ać; **to ~ oneself away** zdradzić się **(by doing sth** robiąc coś) [2] (in marriage) prowadzić do ołtarza *[bride, daughter]*

■ **give back**: **~ back [sth], ~ [sth] back** [1] (return) odda|ć, -wać, zwr|ócić, -acać *[object, money]* **(to sb** komuś); **~ it back!** oddaj to!; **...or we'll ~ you your money back** ..., albo zwrócimy pieniądze [2] (restore) *[person, event, remedy]* przywr|ócić, -acać *[health, faith, sight]*; zwr|ócić, -acać *[freedom]* [3] (reflect) *[walls, sides, mirror]* odbi|ć, -jać *[sound, light]*

■ **give forth** liter or hum: **~ forth [sth]** wyda|ć, -wać *[sound]*; wydziel|ić, -ać, roz-t|oczyć, -aczać *[smell]*

■ **give in**: ¶ **~ in** [1] (to temptation, threat) ule|c, -gać **(to sth/sb** czemuś/komuś) [2] (surrender) podda|ć, -wać się; **I ~ in – tell me** poddaję się, powiedz mi; **to ~ in to the superior strength of the enemy** poddać się w obliczu przeważającej siły wroga ¶ **~ in [sth], ~ [sth] in** odda|ć, -wać *[homework, exam paper, report]*; doręcz|yć, -ać *[parcel, letter]*; poda|ć, -wać *[name]*; złożyć, składać *[notice, petition]*; **he gave in his key and left** zostawił klucz i wyszedł

■ **give off**: **~ off [sth]** [1] (emit) wydziel|ić, -ać *[smell, smoke, gas, radiation, heat]*; wys|łać, -yłać *[signal, light]* [2] *[plant, stem]* wypu|ścić, -szczać *[shoot, branch, bud, sprout]*

■ **give onto**: **~ onto [sth]** *[door, window]* wychodzić na (coś) *[street, yard]*

■ **give out**: ¶ **~ out** *[strength, battery, ink, fuel, supplies]* wyczerp|ać, -ywać się; *[engine]* po|psuć się ¶ **~ out [sth], ~ [sth] out** [1] (distribute) rozda|ć, -wać *[books, leaflets, blankets]* **(to sb** komuś) [2] (from storage, deposit) wyda|ć, -wać *[food, clothes, blanket]* **(to sb** komuś) [3] (emit) = **give off** [4] (announce) poda|ć, -wać (do publicznej wiadomości) *[news, information, numbers, figures, details, results]*

■ **give over**: ¶ **~ over** infml przesta|ć, -wać; **~ over!** przestań!; **to ~ over doing sth** przestać robić coś ¶ **~ over [sth], ~ [sth] over** [1] przeznacz|yć, -ać *[place, area, day]* **(to sth** na coś) [2] poświęc|ić, -ać *[time, life]* **(to sb/sth** komuś/czemuś) [3] (hand over) przekaz|ać, -ywać *[place, object]* **(to sb** komuś) ¶ **~ oneself over to [sth]** [1] (devote oneself) poświęc|ić, -ać się (czemuś), odda|ć, -wać się (czemuś) *[good works, writing]* [2] (let oneself go) pogrąż|yć, -ać się w (czymś) *[despair]*; **she gave herself over to joy** ogarnęła ją radość [3] (hand oneself to) odda|ć, -wać się w ręce (kogoś/czegoś) *[police]*

■ **give up**: ¶ **~ up** *[person]* podda|ć, -wać się; **don't ~ up** nie dawaj za wygraną; **I ~ up** poddaję się; **to ~ up on sb/sth** machnąć ręką na kogoś/coś, dać sobie spokój z kimś/czymś *[diet, crossword, pupil, patient]*; przestać liczyć na kogoś *[partner, friend, associate]* ¶ **~ up [sth], ~ [sth] up** [1] (renounce, sacrifice) z|rezygnować z (czegoś) *[social life, throne, pleasure, school subject]*; poświęc|ić, -ać *[free time, Saturday]*; **to ~ up smoking** rzucić palenie, przestać palić; **to ~ up drinking** przestać pić; **to ~ up gambling/bad habit/drugs** zerwać z hazardem/nałogiem/narkotykami; **to ~ up a job** (po)rzucić pracę, zrezygnować z pracy; **to ~ everything up for sb** wszystko poświęcić dla kogoś; **to ~ up one's free time for sth** poświęcić swój wolny czas na coś [2] (abandon) z|rezygnować z (czegoś) *[search, chase, investigation]*; porzuc|ić, -ać *[hope, struggle, idea, thought]*; zarzuc|ić, -ać *[hobby, writing, knitting]*; **to ~ up trying** zrezygnować z dalszych prób; **I gave up**

writing to him przestałem do niego pisać [3] (surrender) odda|ć, -wać *[ticket, passport, key, territory, child]* **(to sb** komuś); ust|ąpić, -ępować *[seat, place]* **(to sb** komuś); wyjawi|ć, -ać *[secret]* **(to sb** komuś) ¶ **~ up [sb], ~ [sb] up** [1] (hand over) wyda|ć, -wać *[person]* **(to sb** komuś); **to ~ oneself up** poddać się; **to ~ oneself up to sb** oddać się w ręce kogoś [2] GB (stop expecting to arrive) **I'd given you up** już myślałem, że nie przyjdziesz; **they won't come now: we might as well ~ them up** teraz już nie przyjdą, możemy na nich nie czekać [3] (stop expecting to recover) s|tracić nadzieję na powrót do zdrowia (kogoś) *[patient]* [4] (discontinue relations with) z|erwać, -rywać z (kimś) *[boyfriend, girlfriend, lover]*

■ **give way**: **~ way** [1] (collapse) *[bridge, roof, ice, table, chair, legs]* załam|ać, -ywać się **(under sb/sth** pod kimś/czymś); *[wall, fence]* zawal|ić, -ać się; *[rope, cable]* z|erwać, -rywać się; *[catch, hinge, fastening]* wyłam|ać, -ywać się; **the roof gave way under the weight of the snow** dach zawalił się pod ciężarem śniegu; **her legs gave way beneath her** nogi się pod nią ugięły [2] GB (when driving) ust|ąpić, -ępować pierwszeństwa **(to sb** komuś) [3] (concede, yeld) ust|ąpić, -ępować; **to ~ way to pressure** ustąpić pod presją; **to ~ way to sb's demands** ulec żądaniom kogoś; **to ~ way to temptation** ulec pokusie; **to ~ way to despair** pogrążyć się w rozpaczy; **to ~ way to sth** (be replaced by) *[sadness, methods, habits]* ustąpić miejsca czemuś

IDIOMS: **don't ~ me that!** infml nie wciskaj mi kitu! infml;**~ or take an inch or two** mniej więcej; **~ me a nice cup of tea any day** or **every time** infml nie ma to jak filiżanka dobrej herbaty; **if this is the big city, ~ me a village every time** infml jeśli tak wygląda duże miasto, to ja wolę wieś; **I ~ you the bride and groom** zdrowie państwa młodych; **I'll ~ you something to cry about!** infml już ja ci dam powód do płaczu!; **I'll ~ you something to complain about** już ja ci dam powód do narzekań; **more money? I'll ~ you more money!** infml (już) ja ci dam więcej pieniędzy! infml; **to ~ and take** iść na ustępstwa; **to ~ as good as one gets** nie pozostawać dłużnym; **to ~ it all one's got** infml dać z siebie wszystko; **to ~ sb what for** infml dać komuś popalić infml; **what ~s?** infml co jest? infml

give-and-take /ˌgɪvnˈteɪk/ **I** *n* wzajemne ustępstwa *n pl*; **there has to be ~ in a situation like this** w takiej sytuacji trzeba pójść na ustępstwa

II *modif [relationship]* oparty na wzajemnych ustępstwach; *[situation]* wymagający wzajemnych ustępstw; **a ~ attitude** gotowość do ustępstw

giveaway /ˈgɪvəweɪ/ **I** *n* [1] (revealing thing) **the name is a ~** sama nazwa wiele mówi; **the expression on her face/the smell of whisky on her breath was a (dead) ~** zdradził ją wyraz twarzy/zapach whisky; **oops, what a ~!** infml oj! ale mi się wypsnęło! infml [2] (free gift, sample) prezent *m* reklamowy; **at £20 it's a ~** infml 20 funtów to jak za darmo

II *modif* [1] (free) *[glass, pen, shampoo, torch, magazine]* darmowy [2] (very cheap) *[price]* śmiesznie niski

given /ˈgɪvn/ **I** *pp* → **give**

II *adj* [1] (the one concerned) *[moment, level, group, size]* dany; **all the plants in a ~ area** wszystkie rośliny na danym obszarze; **under the ~ conditions, normal growth is expected** w tych warunkach należy oczekiwać normalnego wzrostu [2] (certain, specified) *[moment, date, place, point, level]* określony; **if the work is not completed by the ~ date, ...** jeżeli praca nie zostanie ukończona przed podanym terminem, ...; **at any ~ point** w dowolnie wybranym punkcie; **at any ~ moment** w dowolnym momencie [3] (prone) **to be ~ to sth/doing sth** mieć skłonność do czegoś /robienia czegoś; **I'm not ~ to losing my temper** na ogół trudno wyprowadzić mnie z równowagi; **she's ~ to bouts of depression** ma skłonność do popadania w depresję

III *prep* [1] (in view of) **~ his interest in machines** biorąc pod uwagę or ze względu na jego zainteresowanie maszynami; **~ the weather, perhaps we should stay at home** przy takiej pogodzie powinniśmy chyba zostać w domu; **~ that...** biorąc pod uwagę fakt, że... [2] (assuming that) **~ that...** przyjmując, że... [3] Math **~ a triangle ABC...** mając trójkąt ABC...; **~ that x = 2...** wiedząc, że x = 2, ... [4] (with) **~ the right training** przy odpowiednim treningu; **~ the right conditions the plant will grow** w odpowiednich warunkach roślina będzie rosnąć; **she could have been a writer, ~ a chance** mogła zostać pisarką, gdyby dano jej szansę; **~ an opportunity I'll tell her this evening** jeżeli nadarzy się okazja, powiem jej dzisiaj wieczorem

given name *n* imię *n*

giver /ˈgɪvə(r)/ *n* (donor to charity) darczyńca *m*; **the ~ of life** dawca życia

give way sign *n* GB Auto znak *m* „uwaga na drogę z pierwszeństwem przejazdu"

gizmo /ˈgɪzməʊ/ *n* (pl **~s**) infml ustrojstwo *n* infml

gizzard /ˈgɪzəd/ *n* mielec *m*, żołądek *m* mięśniowy

glacé /ˈglæseɪ, US glæˈseɪ/ *adj* [1] *[cherries, apricots]* kandyzowany; **~ icing** lśniący lukier [2] (with icing) lukrowany [3] (glossy) *[silk]* błyszczący; *[leather]* glacé

glacial /ˈgleɪsɪəl, US ˈgleɪʃl/ *adj* [1] Geol *[deposit, erosion]* lodowcowy, glacjalny; *[valley, gravel]* polodowcowy; **~ action/movement** działalność/ruch lodowca; **a ~ period** okres lodowcowy, glacjał [2] (icy) *[wind, current, stare, atmosphere]* lodowaty [3] Chem skrystalizowany

glaciated /ˈgleɪsɪeɪtɪd/ *pp adj* Geol *[area, valley]* pokryty lodowcem

glaciation /ˌgleɪsɪˈeɪʃn/ *n* zlodowacenie *n*

glacier /ˈglæsɪə(r)/ *n* lodowiec *m*

glaciological /ˌgleɪsɪəˈlɒdʒɪkl/ *adj [study]* glacjologiczny; *[effect, change]* lodowcowy

glaciologist /ˌgleɪsɪˈɒlədʒɪst/ *n* glacjolog *m*

glaciology /ˌgleɪsɪˈɒlədʒɪ/ *n* glacjologia *f*

glad /glæd/ *adj* [1] (pleased) zadowolony; **to be ~ about** or **of sth** cieszyć się z czegoś or czymś; **I am ~ (that) you are able to come** cieszę się, że możesz przyjść; **I'll be ~ to help you** z radością or przyjemnością ci pomogę; **he was only too ~ to help** bardzo chętnie pomógł; **I'm ~ to hear it** miło mi to słyszeć; **~ to meet you** infml bardzo mi miło; **I am so ~!** tak się cieszę! [2] (cheering) *[news]* dobry; **I bring you ~ tidings** liter przynoszę ci dobre wieści

IDIOMS: **I'll be ~ to see the back** or **last of them** infml nie mogę się doczekać, żeby się ich pozbyć; **to be dressed up in one's ~ rags** infml wystroić się w swoje najlepsze ubranie; **to give sb the ~ eye** robić do kogoś słodkie oczy; **to give sb the ~ hand** infml (greet) przywitać kogoś wylewnie

gladden /ˈglædn/ *vt* u|cieszyć, u|radować; **a sight to ~ the eyes** widok, który cieszy oczy

glade /gleɪd/ *n* polana *f*

gladiator /ˈglædɪeɪtə(r)/ *n* Hist gladiator *m*

gladiatorial /ˌglædɪəˈtɔːrɪəl/ *adj* Hist *[sword, armour]* gladiatorski; **~ combat** walka gladiatorów; **~ politics** fig polityka siły

gladiola /ˌglædɪˈəʊlə/ *n* = **gladiolus**

gladiolus *n* /ˌglædɪˈəʊləs/ Bot (*pl* **gladioli)** mieczyk *m*, gladiolus *m*

gladly /ˈglædlɪ/ *adv* (willingly) chętnie, z ochotą; (with pleasure) z przyjemnością

IDIOMS: **she doesn't suffer fools ~** ona nie trawi głupców

gladness /ˈglædnɪs/ *n* radość *f*

glam /glæm/ *adj* infml = **glamorous**

glamorize /ˈglæməraɪz/ *vt* upiększ|yć, -ać *[person, face]*; doda|ć, -wać splendoru (czemuś) *[place]*; gloryfikować *[event]*

glamorous /ˈglæmərəs/ *adj [woman, dress, look, career]* efektowny; *[job]* prestiżowy; *[car]* reprezentacyjny; *[older person]* wytworny; *[occasion]* uroczysty

glamour GB, **glamor** US /ˈglæmə(r)/ *n* (of woman) atrakcyjność *f*, (travel) urok *m*; (of job) splendor *m*, prestiż *m*; (of celebration, occasion) przepych *m*, splendor *m*; **to lend (an air of) ~ to sth** dodawać czemuś splendoru

glamour boy *n* infml pej dat przystojniaczek *m* infml

glamour girl *n* infml dat ślicznotka *f* infml

glamour model *n* fotomodelka *f*

glamour photography *n* fotografowanie *n* pięknych dziewczyn

glamour puss *n* infml = **glamour boy, glamour girl**

glamour stock *n* Fin atrakcyjne papiery *m pl* wartościowe

glance /glɑːns, US glæns/ **I** *n* (brief look) rzut *m* oka, zerknięcie *n* **(at sb/sth** na kogoś /coś); **to have a ~ at sth** rzucić okiem or zerknąć na coś; **to exchange ~s** wymienić szybkie spojrzenia; **furtive ~s** ukradkowe spojrzenia; **he could tell at a ~ that...** na pierwszy rzut oka wiedział, że...; **we disliked each other at first ~** z miejsca poczuliśmy do siebie antypatię; **at first ~, it seemed she was dead** w pierwszej chwili wydawało się, że nie żyje; **love at first ~** miłość od pierwszego wejrzenia; **it's not worth a second ~** fig nie warto do tego wracać; **without a backward ~** also fig bez oglądania się za siebie

II *vi* rzuc|ić, -ać okiem, zerk|nąć, -ać **(at sb/sth** na kogoś/coś); **to ~ around a**

G

room rozejrzeć się po pokoju; **we ~d out of the window** wyjrzeliśmy przez okno; **to ~ over a list** przebiec wzrokiem listę; **to ~ through a newspaper** przejrzeć gazetę
■ **glance off**: **~ off [sth]** *[bullet, stone, ball, beam, sunlight]* odbi|ć, -jać się od (czegoś)

glancing /ˈglɑːnsɪŋ, US ˈglænsɪŋ/ *adj* (oblique) Sport *[shot, pass]* po przekątnej; **a ~ blow** cios częściowo chybiony; **a ~ reference** aluzja

gland[1] /glænd/ *n* Med gruczoł *m*; (lymph node) węzeł *m* chłonny; **swollen ~s** powiększone węzły chłonne

gland[2] /glænd/ *n* Tech dławik *m*

glanders /ˈglændəz/ *n* Vet nosacizna *f*

glandular /ˈglændjʊlə(r), US -dʒʊ-/ *adj* Med gruczołowy

glandular fever *n* Med mononukleoza *f* zakaźna, gorączka *f* gruczołowa

glans /glænz/ *n* (*pl* **glandes**) Anat żołądź *f*

glare /gleə(r)/ **I** *n* [1] (angry look) gniewne spojrzenie *n*; **he gave her an angry ~** rzucił jej gniewne spojrzenie [2] (from headlights, of sun) oślepiające światło *n*; **in the (full) ~ of publicity** fig w świetle jupiterów fig

II *vi* [1] *[person]* s|piorunować wzrokiem **(at sb** kogoś) [2] *[light, sun]* świecić oślepiającym blaskiem; *[colour, mistakes]* razić, bić w oczy; **the sun is glaring straight into my eyes** słońce razi mnie w oczy

glaring /ˈgleərɪŋ/ *adj* [1] (obvious) *[error, injustice, contradiction]* rażący; *[omission, example]* oczywisty [2] (blinding) *[light, sun]* oślepiający [3] (angry) *[look, expression, eyes]* gniewny

glaringly /ˈgleərɪŋlɪ/ *adv* **it's ~ obvious** to jest zupełnie oczywiste

glasnost /ˈglæznɒst/ *n* Hist głasnost *f*

glass /glɑːs, US glæs/ **I** *n* [1] (substance) szkło *n*; **pieces of broken ~** kawałki *or* odłamki szkła; **a piece of coloured ~** kolorowe szkiełko; **a pane of ~** szyba; **to cultivate sth under ~** hodować coś pod szkłem; **behind ~** *[books, ornaments]* za szkłem [2] (drinking vessel) (for wine, sherry, champagne) kieliszek *m*; (for beer, water, milk) szklanka *f*; **a ~ of wine** kieliszek wina; **he has had a ~ too much** wypił o jeden kieliszek za dużo [3] (also **~ware**) szkło *n* [4] dat (mirror) lustro *n* [5] (telescope) luneta *f* [6] (barometer) barometr *m*; **the ~ is falling/rising** barometr spada/idzie do góry

II *modif* *[bottle, ornament, shelf, vase]* szklany, ze szkła

III **glasses** *npl* [1] (spectacles) okulary *plt*; **a new pair of ~es** nowe okulary; **two pairs of ~es** dwie pary okularów; **he wears reading ~es** nosi okulary do czytania [2] (binoculars) lornetka *f*
■ **glass in**: **~ in [sth], ~ [sth] in** o|szklić *[shelf, corridor, courtyard]*
■ **glass over** = **glass in**
IDIOMS: **people in ~ houses shouldn't throw stones** Prov ≈ przyjrzyj się sobie, zanim zaczniesz krytykować innych

glass blower *n* dmuchacz *m* szkła

glass blowing *n* dmuchanie *n* szkła

glass case *n* (box) gablotka *f*; (dome) szklany klosz *m*

glass cloth *n* ściereczka *f* do wycierania szkła

glass cutter *n* (worker) szklarz *m*; (tool) diament *m*

glass door *n* szklane drzwi *plt*

glass eye *n* szklane oko *n*

glass factory *n* huta *f* szkła

glass fibre GB, **glass fiber** US *n* włókno *n* szklane

glassful /ˈglɑːsfʊl, US ˈglæs-/ *n* (of wine) kieliszek *m*; (of beer, water) szklanka *f*; **half a ~ of water** pół szklanki wody

glasshouse /ˈglɑːshaʊs, US ˈglæs-/ *n* [1] GB (greenhouse) szklarnia *f* [2] GB infml (military prison) paka *f* infml [3] US (glassworks) huta *f* szkła

glassmaking /ˈglɑsmeɪkɪŋ, US ˈglæs-/ *n* szklarstwo *n*

glass paper *n* szklany papier *m* ścierny

glass wool *n* wata *f* szklana

glassworks /ˈglɑswɜːks, US ˈglæs-/ *n* huta *f* szkła

glassy /ˈglɑːsɪ, US ˈglæsɪ/ *adj* [1] (resembling glass) *[substance]* jak szkło; *[object]* jak ze szkła [2] (slippery) *[surface, road, rock]* (from rain) śliski; (from ice) oblodzony, szklisty [3] (smooth) *[water, sea, surface]* gładki (jak tafla) [4] (transparent) *[water, depth, river]* przejrzysty [5] (cold) *[air, chill]* lodowaty; (hostile) *[stare, gaze]* lodowaty; *[eyes]* zimny jak stal [6] (ill, intoxicated) *[eyes]* szklisty

glassy-eyed /ˌglɑːsɪˈaɪd, US ˌglæs-/ *adj* *[person]* (with hostility) o lodowatym spojrzeniu; (from illness, drink) o szklistym spojrzeniu

Glaswegian /glæzˈwiːdʒən/ **I** *n* (inhabitant) mieszkan|iec *m*, -ka *f* Glasgow; (native) **to be a ~** pochodzić z Glasgow

II *adj* *[accent, humour]* typowy dla mieszkańców Glasgow

glaucoma /glɔːˈkəʊmə/ *n* Med jaskra *f*, glaukoma *f*

glaucous /ˈglɔːkəs/ *adj* [1] (of colour) *[plumage, eyes]* zielonkawoniebieski [2] (covered with bloom) pokryty meszkiem

glaze /gleɪz/ **I** *n* [1] (surface) (on pottery, tiles) glazura *f*, szkliwo *n*; (on fabric, leather, photograph) połysk *m*; (in oil painting) laserunek *m*; Culin polewa *f* [2] US (on road) gołoledź *f*; szklanka *f* infml

II *vt* [1] GB o|szklić *[door, window]*; oprawi|ć, -ać w szkło *[picture]* [2] (cover with coating) glazurować *[pottery, tiles]*; Art laserować *[painting]*; Culin pol|ać, -ewać polewą *[pastry]*; nabłyszcz|yć, -ać *[leather, fabric]*; satynować *[paper]* [3] US *[ice]* pokry|ć, -wać *[road]*

III *vi* (also **~ over**) *[eyes]* za|szklić się

glazed /gleɪzd/ *adj* [1] GB (with glass) *[window, door]* oszklony [2] (covered with coating) *[pottery, tiles]* glazurowany; *[pastry]* w polewie [3] (shiny) *[leather, fabric]* błyszczący; *[paper]* satynowany [4] *[eyes, look]* szklisty, szklany; **to have a ~ look in one's eyes** patrzeć szklistym *or* szklanym wzrokiem [5] US (ice-covered) *[road]* oblodzony [6] US infml (drunk) zalany infml

glazier /ˈgleɪzɪə(r), US -ʒər/ *n* szklarz *m*; **the ~'s** zakład szklarski, szklarz

glazing /ˈgleɪzɪŋ/ *n* [1] (panes) szyby *f pl* [2] (installing panes of glass) szklenie *n* [3] = **glaze I** [1]

glazing bar *n* słupek *m* okienny

GLC *n* = **Greater London Council** GB Hist Rada *f* Wielkiego Londynu

gleam /gliːm/ **I** *n* [1] (of moon, stars, streetlamp, fire) poświata *f*; (of water, metal, polished surface) poblask *m*; (of candle, lamp, sunshine) blask *m*; **the ~ of moonlight** księżycowa poświata [2] fig (of intelligence) (prze)błysk *m*; (of hope) promyk *m*; (in eye) błysk *m*; **there was a wicked ~ in his eye** miał w oczach złośliwe chochliki

II *vi* *[moon, stars]* świecić; *[lamp]* świecić się; *[candle]* płonąć; *[teeth, leather, polished surface, water]* lśnić; *[eyes, metal, jewel]* błyszczeć; fig (with cleanliness) *[kitchen, bathroom]* lśnić (czystością) liter **(with sth** czymś); **his face ~ed with delight** jego twarz jaśniała radością

gleaming /ˈgliːmɪŋ/ *adj* [1] (shiny) *[lamp, star, moon]* świecący; *[teeth, water]* lśniący; *[eyes, brass, jewel]* błyszczący; *[candle]* płonący [2] fig (happy) *[smile]* promienny [3] (clean) *[room]* lśniący (czystością)

glean /gliːn/ **I** *vt* fig z|ebrać, -bierać *[facts, information, news]*; **from what I was able to ~...** z tego, co ustaliłem, ...

II *vi* Agric z|ebrać, -bierać pokłosie

gleaner /ˈgliːnə(r)/ *n* Agric arch pokłośnica *f*

gleanings /ˈgliːnɪŋz/ *npl* [1] Agric arch pokłosie *n* arch [2] fig (gathered information) (zebrane) strzępy *m pl* informacji

glebe /gliːb/ *n* [1] GB Relig ziemia *f* należąca do plebanii [2] liter (earth) rola *f*

glee /gliː/ *n* [1] (joy) wesołość *f*; (spiteful pleasure) złośliwa satysfakcja *f*; **to shout in** *or* **with ~** krzyczeć z radości [2] Mus pieśń *f* (śpiewana) na głosy

glee club *n* US towarzystwo *n* śpiewacze

gleeful /ˈgliːfl/ *adj* *[laughter, grin, singing]* radosny; **to be ~** (spitefully) triumfować

gleefully /ˈgliːfəlɪ/ *adv* radośnie; **to rub one's hands ~** (spitefully) zacierać ręce z satysfakcją

glen /glen/ *n* wąwóz *m*

glib /glɪb/ *adj* pej *[excuse, answer, style]* gładki; *[person]* wygadany

glibly /ˈglɪblɪ/ *adv* pej *[speak, reply, explain]* gładko

glibness /ˈglɪbnɪs/ *n* (of person, excuse, style) gładkość *f*, swoboda *f*

glide /glaɪd/ **I** *n* [1] (in skating) ślizg *m*; (in dancing) posuwisty krok *m* [2] Aviat (of glider) szybowanie *n*; (descent) lot *m* ślizgowy, ślizg *m* [3] Mus (in trombone) suwak *m* [4] Mus (portamento) portamento *n* [5] Ling (semivowel) półsamogłoska *f*

II *vi* [1] (move smoothly) *[skater, car, boat]* sunąć **(on/over sth** po czymś); **the waiters ~d among the tables** kelnerzy przemykali się między stolikami [2] (in air) *[bird, glider, aeroplane]* po|szybować **(for sth** w kierunku czegoś)

glide path *n* Aviat droga *f* lądowania

glider /ˈglaɪdə(r)/ *n* [1] Aviat szybowiec *m* [2] US (swing) huśtawka *f*

glider pilot *n* pilot *m* szybowcowy, pilotka *f* szybowcowa, szybowni|k *m*, -czka *f*

gliding /ˈglaɪdɪŋ/ *n* Sport szybownictwo *n*

glimmer /ˈglɪmə(r)/ **I** *n* [1] (unsteady light) migotanie *n* **(of sth** czegoś); **to emit a ~** migotać [2] fig (faint indication) iskra *f*, iskierka *f* fig; **a ~ of hope** iskierka nadziei; **a ~ of light at the end of the tunnel** światełko w tunelu; **without a ~ of interest** bez cienia zainteresowania

II *vi* *[candle, lake, star]* za|migotać

glimmering /ˈɡlɪmərɪŋ/ **I** *n* (of lights, stars) migotanie *n*; (of hope) iskierka *f*; **the first ~s of a crisis** pierwsze oznaki kryzysu
II *adj [sea, stars]* migocący

glimpse /ɡlɪmps/ **I** *n* [1] (sighting) mignięcie *n*; **I caught a ~ of him** mignął mi (przed oczami); **I had a faint ~ of the river far below** daleko w dole niewyraźnie mignęła mi rzeka [2] fig (insight) **to offer** or **provide a ~ into sth** pozwalać zrozumieć coś, dawać pojęcie o czymś; **I'm beginning to get a ~ of what he was trying to say** zaczynam rozumieć, co chciał powiedzieć
II *vt* (see briefly) **he ~d her face among the crowd** w tłumie mignęła mu jej twarz

glint /ɡlɪnt/ **I** *n* (gleam) błysk *m* **(of sth** czegoś); **to have an angry ~ in one's eyes** fig mieć w oczach gniewne błyski
II *vi [gold, blade, light]* błys|nąć, -kać

glissade /ɡlɪˈseɪd, US -ˈsɑːd/ **I** *n* [1] (mountaineering) zsuwanie się *m*, ześlizgiwanie się *n*; **to make a ~** zsunąć się, ześliznąć się [2] Dance glisada *f*
II *vi* zje|chać, -żdżać na nogach po śniegu

glissando /ɡlɪˈsændəʊ/ *n* **(pl -di)** Mus glissando *n*

glisten /ˈɡlɪsn/ *vi [sweat, fur, eyes]* za|lśnić; **to ~ with sweat/tears** lśnić od potu/łez

glistening /ˈɡlɪsnɪŋ/ *adj* lśniący **(with sth** od czegoś)

glister /ˈɡlɪstə(r)/ *vi* liter arch = **glitter**

glitch /ɡlɪtʃ/ *n* infml [1] (minor problem) usterka *f* [2] infml Comput krótkotrwałe zakłócenie *n*

glitter /ˈɡlɪtə(r)/ **I** *n* [1] (decorative powder) brokat *m* [2] (brilliance) (of diamonds, gold) blask *m*; (of frost) skrzenie się *n*; (of star) migotanie *n*; **a ~ of hatred in his eyes** fig błysk nienawiści w jego oczach [3] fig (glamour) splendor *m* fml
II *vi [star, ice, frost, eyes]* skrzyć się, mienić się; *[gold, diamond]* bły|snąć, -szczeć; **a crown ~ing with jewels** korona skrząca się klejnotami
IDIOMS: **all that ~s is not gold** Prov nie wszystko złoto, co się świeci Prov

glitterati /ˌɡlɪtəˈrɑːtɪ/ *npl* (celebrities) śmietanka *f* fig

glittering /ˈɡlɪtərɪŋ/ *adj [frost, eyes, ice]* skrzący się, mieniący się; *[career, social life]* błyskotliwy; *[future prospects]* świetlany; **a sky full of ~ stars** niebo roziskrzone gwiazdami

glitz /ɡlɪts/ *n* infml blichtr *m* fml pej

glitzy /ˈɡlɪtsɪ/ *adj* infml efekciarski infml pej

gloaming /ˈɡləʊmɪŋ/ *n* zmierzch *m*; **in the ~** o zmierzchu

gloat /ɡləʊt/ *vi* (smugly) chełpić się **(at** or **over sth** czymś); (triumphantly) triumfować **(at** or **over sth** z powodu czegoś); **there's no need to ~** nie ma co triumfować; **to ~ over sb's failure/bad luck** cieszyć się z niepowodzenia/nieszczęścia kogoś

gloating /ˈɡləʊtɪŋ/ *adj [smile, remark, letter]* (smug) chełpliwy; (triumphant) triumfalny, triumfujący

glob /ɡlɒb/ *n* infml (of fluid, grease) kapka *f*; (of chewing gum) kulka *f*

global /ˈɡləʊbl/ *adj* [1] (worldwide) *[politics, solution]* globalny; *[problem]* ogólnoświatowy, globalny; *[conflict]* światowy, globalny; *[market]* światowy; *[environment]* ziemski; **~ pollution** zanieczyszczenie środowiska (ziemskiego); **~ issue** kwestia dotycząca całego świata [2] (comprehensive) *[discussion, analysis, view, solution]* całościowy [3] (spherical) kulisty

globalization /ˌɡləʊbəlaɪˈzeɪʃn/ *n* globalizacja *f*

globalize /ˈɡləʊbəlaɪz/ *vt* globalizować

globally /ˈɡləʊbəlɪ/ *adv [think, look at sth]* całościowo, globalnie; **~ famous** sławny na całym świecie; **~ influential** mający wpływy na całym świecie; **~ sold/produced** sprzedawany/produkowany na całym świecie; **to compete ~** rywalizować na całym świecie

global village *n* globalna wioska *f*

global warming *n* ocieplenie *n* światowego klimatu, globalne ocieplenie *n*

globe /ɡləʊb/ *n* [1] (Earth) **the ~** kula *f* ziemska, (nasz) glob *m*; **all around** or **across the ~** na całym świecie; **from all corners of the ~** ze wszystkich zakątków naszego globu [2] (model) globus *m* [3] (spherical object) kula *f*

globe artichoke *n* karczoch *m*

globefish /ˈɡləʊbfɪʃ/ *n* Zool **(pl ~, -fishes)** (puffer) kolcobrzuch *m*; (porcupine fish) najeżka *f*, jeżówka *f*

globe lightning *n* piorun *m* kulisty

globetrotter /ˈɡləʊbtrɒtə(r)/ *n* globtroter *m*, obieżyświat *m*

globetrotting /ˈɡləʊbtrɒtɪŋ/ **I** *n* (hobby) globtroterstwo *n*; (travels) podróże *f pl* (po świecie)
II *adj* globtroterski

globular /ˈɡlɒbjʊlə(r)/ *adj* [1] (globule shaped) kulisty, globularny; **~ substance** substancja o strukturze ziarnistej [2] (globe-shaped) *[drop, bowl, bead]* kulisty, okrągły

globule /ˈɡlɒbjuːl/ *n* [1] kulka *f*; **a ~ of fat** kuleczka tłuszczu [2] Astron globula *f* [3] Pharm globulka *f*

glockenspiel /ˈɡlɒkənʃpiːl/ *n* Mus dzwonki *plt*

gloom /ɡluːm/ *n* [1] (darkness) mrok *m*; **deepening ~** gęstniejący mrok [2] (dejection) przygnębienie *n* **(about** or **over sth** z powodu czegoś); **to cast a ~ over sb** przygnębić kogoś, wprawić kogoś w przygnębienie; **to cast a ~ over sth** rzucać cień na coś; **doom and ~** czarna rozpacz fig; **the film is full of ~ and doom** film pełen jest ponurych wizji; **to spread ~ and despondency** wywoływać uczucie przygnębienia i zniechęcenia; **economic ~** kryzys gospodarczy

gloomily /ˈɡluːmɪlɪ/ *adv [reply, stare, say]* ponuro, posępnie

gloomy /ˈɡluːmɪ/ *adj* [1] (dark) *[room, street]* ciemny, mroczny [2] (sad) *[person, face, voice, film]* ponury, posępny; *[news, prospects]* ponury; *[weather]* posępny liter; **to be ~ about sth** gryźć się czymś; **to paint a ~ picture of sth** przedstawiać coś w ciemnych barwach

glorification /ˌɡlɔːrɪfɪˈkeɪʃn/ *n* wysławianie *n*, gloryfikacja *f*; **~ of violence** gloryfikacja przemocy

glorify /ˈɡlɔːrɪfaɪ/ **I** *vt* [1] wysławiać, sławić, wychwalać, chwalić *[God]*; gloryfikować, wysławiać (pod niebiosa) *[person]*; wysławiać, sławić *[native land, tradition, event]* [2] (wrongly) gloryfikować *[violence, deed, regime, war]*
II **glorified** *pp adj* **the 'villa' was a glorified bungalow** „willa" okazała się zwykłym bungalowem

gloriole /ˈɡlɔːrɪəʊl/ *n* Meteorol halo *n*

glorious /ˈɡlɔːrɪəs/ *adj* [1] (marvellous) *[sight, view, weather, colour, holiday, outing]* cudowny; **we had a ~ day!** to był cudowny dzień! [2] (illustrious) *[exploit, victory, achievement]* wielki, wspaniały; *[soldier, leader]* wielki; *[reign]* pełen chwały; *[deed]* wspaniały, chwalebny [3] iron (dreadful) *[mess, muddle]* nieopisany

gloriously /ˈɡlɔːrɪəslɪ/ *adv* wspaniale; **a ~ sunny day** cudownie słoneczny dzień

glory /ˈɡlɔːrɪ/ **I** *n* [1] (honour, distinction) chwała *f* also Relig; **to cover oneself in ~** okryć się chwałą; **to the greater ~ of God** na większą chwałę Bożą; **in a blaze of ~** w blasku chwały; **my hour of ~** moja godzina chwały [2] (beauty, splendour) (of place, architecture) wspaniałość *f*, świetność *f*; **in all its/her ~** w pełnej krasie; **to restore sth to its former ~** przywrócić czemuś dawną świetność [3] (cause of pride) duma *f*, chluba *f*; **the bell tower is the ~ of the city** dzwonnica jest chlubą or dumą tego miasta
II **glories** *npl* **the glories of nature** cuda natury; **past glories** miniona świetność
III *vi* **to ~ in sth** chlubić się or szczycić się czymś; **he glories in his fame** hum upaja się swoją sławą hum
IDIOMS: **~ be!** chwała Bogu!; **to go to ~** euph przenieść się na łono Abrahama euph

glory days *npl* okres *m* świetności

glory hole *n* [1] (storage place) graciarnia *f* [2] Naut (lazaretto) bakista *f*

Glos *n* GB Post = **Gloucestershire**

gloss[1] /ɡlɒs/ **I** *n* [1] (lustre) (of metal, paintwork, leather, hair) połysk; **this paper has more of a ~** ten papier jest bardziej błyszczący; **a high ~** wysoki połysk; **to put the ~ on a car** wypolerować samochód; **to lose its ~** stracić blask; **to take the ~ off sth** zmatowić *[wood, metal]* [2] fig (superficial glamour) blask *m*, blichtr *m*; **to take some ~ away from sth** odrzeć z blasku coś *[ceremony, proceedings]*; **to lose one's ~** fig stracić blask fig [3] fig (outer appearance, veneer) **a ~ of respectability** pozory przyzwoitości; **to put a favourable/different ~ on sth** fig przedstawić coś w korzystnym/innym świetle [4] (paint) emalia *f*; **walls painted in blue ~** ściany pomalowane niebieską emalią [5] Cosmet **lip ~** błyszczyk *m*
II *vt* (polish) nada|ć, -wać połysk (czemuś); (paint) po|lakierować
■ **gloss over**: fig **~ over [sth]** (deal with quickly) prześliz(g)|nąć, -giwać się po (czymś) *[problem, issue]*; (conceal) zatuszow|ać, -ywać *[defect, fact]*

gloss[2] /ɡlɒs/ **I** *n* [1] (in text) przypis *m*, wyjaśnienie *n*; (in manuscript, legal document) glosa *f* [2] US pej (sophistical explanation) świadome dowodzenie *n* nieprawdy; (misrepresentation) przeinaczenie *n*
II *vt* wyjaśni|ć, -ać *[word]*; objaśni|ć, -ać *[text]*

glossary /ˈɡlɒsərɪ/ *n* słowniczek *m*, glosariusz *m*

gloss coat *n* warstwa *f* emalii

G

glossematics /ˌglɒsɪˈmætɪks/ *n (+ v sg)* glosematyka *f*
glosseme /ˈglɒsiːm/ *n* Ling glosem *m*
gloss finish *n* (on furniture, metal, wood, leather, photos) połysk *m*
glossolalia /ˌglɒsəˈleɪlɪə/ *n* Relig, Psych glosolalia *f*
gloss paint *n* Tech emalia *f*
gloss paper *n* Phot błyszczący papier *m*
glossy /ˈglɒsɪ/ **I** *n* infml = **glossy magazine**
II *adj* [1] (shining) *[wood, leaf, paper, material, photo]* błyszczący; *[fur, hair]* lśniący; **~ brochure/catalogue** luksusowo wydany prospekt/katalog [2] fig pej (glamorous) *[production, film, interior]* pretensjonalny
glossy magazine *n* ilustrowany magazyn *m (z górnej półki)*
glottal /ˈglɒtl/ *adj* Anat, Ling krtaniowy, głośniowy; **~ lesion** uszkodzenie głośni
glottal stop *n* Ling zwarcie *n* krtaniowe
glottis /ˈglɒtɪs/ *n* Anat głośnia *f*
Gloucestershire /ˈglɒstəʃə(r)/ *prn* (hrabstwo *n*) Gloucestershire
glove /glʌv/ **I** *n* (covering for hand) rękawiczka *f*; (in sports or very big) rękawica *f*; **to put on one's ~s** włożyć rękawiczki; **to take** or **peel off ~s** zdjąć or ściągnąć rękawiczki
II *vt* włożyć rękawiczkę na (coś) *[hand]*; **a black ~d hand** dłoń w czarnej rękawiczce
IDIOMS: **the ~s are off** zaczyna się prawdziwa walka; **with the ~s off** infml *[argue, quarrel]* zajadle; **it fits like a ~** pasuje jak ulał; **they are hand in ~** oni są prawie nierozłączni; **to be hand in ~ with sb** mieć z kimś konszachty; **to rule with an iron fist in a velvet ~** rządzić żelazną ręką w aksamitnej rękawiczce; **to handle sb with kid ~** obchodzić się z kimś jak z jajkiem
glove box *n* Aut schowek *m* (w samochodzie)
glove compartment *n* = **glove box**
glove factory *n* zakład *m* rękawiczniczy
glove maker *n* rękawicznik *m*
glove puppet *n* pacynka *f*
glover /ˈglʌvə(r)/ *n* rękawicznik *m*
glove shop *n* sklep *m* z rękawiczkami
glow /gləʊ/ **I** *n* [1] (light) (of coal, cigarette, embers) blask *m*; (of moon) poświata *f*; **the ~ of evening sky** wieczorna zorza [2] (on face) rumieńce *m pl*; **there was a ~ on her cheeks** twarz jej się zaróżowiła [3] fig (positive feeling) ciepło *n* fig; **a contented ~** uczucie zadowolenia; **to feel a ~ of health** tryskać zdrowiem; **to feel a ~ of pride** pałać dumą; **she felt a warm ~ of satisfaction** ogarnęło ją przyjemne uczucie zadowolenia
II *vi* [1] (emit light) *[coal, ember, cigarette, metal]* jarzyć się, żarzyć się; *[lamp]* świecić (się); *[radioactive substance]* świecić; **the furnace ~ed a deep red** od pieca biła czerwona poświata; **paint that ~s in the dark** farba świecąca w ciemności; **the room ~ed in the firelight** światło kominka rozjaśniało pokój [2] (look vibrant) *[cheeks, face]* pałać, płonąć; *[colour]* bić w oczy; **his skin ~ed** (with fever) był cały rozpalony; **to ~ with health** tryskać zdrowiem; **to ~ with pride** pałać dumą; **to ~ with happiness** promieniować szczęściem; **his eyes ~ed with anger** jego oczy pałały gniewem [3] (feel warm) rozgrzać się; **she was beginning to ~** zaczynało jej się robić ciepło
glower /ˈglaʊə(r)/ **I** *n* gniewne spojrzenie *n*
II *vi* po|patrzeć spode łba **(at sb/sth** na kogoś/coś**)**
glowering /ˈglaʊərɪŋ/ *adj [person, eyes, expression]* gniewny; fig *[sky, clouds]* złowrogi
glowing /ˈgləʊɪŋ/ *adj* [1] (bright) *[cigarette, coal, ember]* jarzący się, żarzący się; *[lava, metal]* rozżarzony; *[colour]* ciepły; *[cheeks, face]* (from exercise) zaczerwieniony, zaróżowiony; (from pleasure) zarumieniony [2] fig (complimentary) *[account, description]* entuzjastyczny; **to paint sb/sth in ~ colours, to paint a ~ picture of sb/sth** fig przedstawiać kogoś/coś w (bardzo) korzystnym świetle
glowworm /ˈgləʊwɜːm/ *n* Zool świetlik *m*, robaczek *m* świętojański
gloxinia /glɒkˈsɪnɪə/ *n* Bot gloksynia *f*
glucose /ˈgluːkəʊs/ **I** *n* Chem glukoza *f*; Culin cukier *m* gronowy, glukoza *f*
II *modif [sugar, syrup]* gronowy; **~ tablets** glukoza w tabletkach
glue /gluː/ **I** *n* klej *m*; **to sniff ~** wąchać klej
II *vt* **to ~ sth down** zakleić coś *[envelope]*; przykleić coś *[lining]*; **to ~ sth (back) on** przykleić coś (z powrotem) *[broken fragment]*; **to ~ two parts together** skleić ze sobą dwie części; **to ~ a stamp/poster /picture (on) to sth** nakleić or przykleić znaczek/plakat/zdjęcie na coś; **to ~ a broken piece (on) to sth** przykleić or przylepić odłamany kawałek do czegoś; **to ~ sth into sth** wkleić coś do czegoś
III glued *pp adj* **to have one's eyes ~d to sb/sth** mieć wzrok wlepiony w kogoś /coś, wlepiać w kogoś/coś wzrok; **she is ~d to the TV** siedzi przyklejona do telewizora; **keep your eyes ~d to him** nie spuszczaj z niego wzroku or oczu; **a face/nose ~d to a window** twarz przyklejona/nos przyklejony do szyby; **to be ~d to sb's side** nie odstępować kogoś (ani) na krok; **~d to the spot** przykuty do miejsca fig
IDIOMS: **to stick like ~ to sb** (in annoying way) przyczepić się do kogoś jak rzep (do) psiego ogona; (spy) nie spuszczać kogoś z oczu
glue ear *n* Med wysiękowe zapalenie *n* ucha
glue pen *n pojemnik w kształcie długopisu napełniony klejem*
glue-sniffer /ˈgluːsnɪfə(r)/ *n* wąchacz *m* kleju
glue-sniffing /ˈgluːsnɪfɪŋ/ *n* wąchanie *n* kleju
glue stick *n* klej *m* w sztyfcie
gluey /ˈgluːɪ/ *adj* (like glue) kleisty; (covered with glue) lepki
glum /glʌm/ *adj* (gloomy) ponury, posępny; (depressed) przygnębiony, załamany
glumly /ˈglʌmlɪ/ *adv* ponuro, posępnie
glumness /ˈglʌmnɪs/ *n* ponurość *f*, posępność *f*
glut /glʌt/ **I** *n* nadmiar *m*, zalew *m* **(of sth** czegoś**)**; **a ~ of cheap imported coal** nadmiar taniego węgla z importu
II *vt* (*prp, pt, pp* **-tt-**) zal|ać, -ewać fig *[market]* **(with sth** czymś**)**
III *vr* **to ~ oneself** obżerać się **(with** or **on sth** czymś**)**
IV glutted *pp adj [appetite, desire]* zaspokojony; **~ted with food** obżarty
glutamic acid /gluːˈtæmɪk/ *n* kwas *m* glutaminowy
gluteal /ˈgluːtɪəl/ *adj [muscle]* pośladkowy
gluten /ˈgluːtn/ *n* gluten *m*
gluten bread *n* chleb *m* z glutenem
gluten flour *n* mąka *f* z glutenem
gluten-free /ˈgluːtnfriː/ *adj* bezglutenowy
glutenous /ˈgluːtənəs/ *adj* glutenowy
gluteus /ˈgluːtɪəs/ *n* (*pl* **-ei**) **the ~ maximus/minimus** mięsień pośladkowy wielki/mały
glutinous /ˈgluːtənəs/ *adj* (glue like) kleisty; (sticky) lepki
glutton /ˈglʌtn/ *n* [1] (eating excessively) żarłok *m*; obżartuch *m* infml [2] fig hum **a ~ for punishment** cierpiętnik; **a ~ for work** pracuś infml iron
gluttonous /ˈglʌtənəs/ *adj* żarłoczny
gluttony /ˈglʌtənɪ/ *n* obżarstwo *n*
glycerin(e) /ˈglɪsəriːn, US -rɪn/ *n* gliceryna *f*
glycerol /ˈglɪsərɒl/ *n* glicerol *m*
glycin(e) /ˈglaɪsiːn/ *n* glicyna *f*
glycogen /ˈglaɪkədʒən/ *n* glikogen *m*
glycol /ˈglaɪkɒl/ *n* glikol *m*; **ethylene ~** glikol etylenowy
glycosuria /ˌglaɪkəʊˈsjʊərɪə/ *n* Med cukromocz *m*
glyph /glɪf/ *n* [1] (sign) hieroglif *m* [2] Archit glif *m*
gm *n* = **gram** g
GM *adj* = **genetically modified** *[crops, seed, ingredients]* transgeniczny, modyfikowany genetycznie
G-man /ˈdʒiːmæn/ *n* US vinfml agent *m* federalny
GMO *n* = **genetically modified organism** organizm *m* transgeniczny, organizm *m* modyfikowany genetycznie
GMT *n* = **Greenwich Mean Time** czas *m* uniwersalny, czas *m* Greenwich
gnarled /nɑːld/ *adj [tree, hand, finger]* sękaty
gnash /næʃ/ *vt* **to ~ one's teeth** zgrzytać zębami also fig
gnashing /ˈnæʃɪŋ/ *n* **~ of teeth** zgrzytanie *n* zębami also fig
gnat /næt/ *n* komar *m*
gnat bite *n* ukąszenie *n* komara
gnat catcher *n* Zool siwuszka *f*
gnat's piss *n* vinfml (weak drink) siki *plt* vinfml
gnaw /nɔː/ **I** *vt* [1] (chew) obgry|źć, -zać, ob|gryźć *[bone, wood, pencil]*; wygry|źć, -zać *[hole]*; (break by biting) przegry|źć, -zać *[wiring]* [2] fig (torment) *[hunger]* dręczyć; *[pain]* nękać; *[remorse]* gryźć, dręczyć
II *vi* [1] **to ~ at** or **on sth** obgry|źć, -zać coś; **to ~ (away) at the profit** zżerać zyski [2] **to ~ at sb** *[feeling]* gryźć kogoś
gnawing /ˈnɔːɪŋ/ **I** *n* [1] (chewing) gryzienie *n* [2] (pain) nękający ból *m*
II *adj [pain]* nękający; *[guilt, remorse]* gryzący, dręczący
gneiss /naɪs/ *n* Geol gnejs *m*
gnome /nəʊm/ *n* [1] (goblin) krasnal *m*, gnom *m*; **garden ~** krasnal ogrodowy [2] infml pej (financier) bankier *m* [3] infml (anonymous expert) magik *m* fig

gnomic /ˈnəʊmɪk/ *adj* gnomiczny
gnostic /ˈnɒstɪk/ **I** *n* gnostyk *m* **II** *adj* gnostyczny
gnosticism /ˈnɒstɪsɪzəm/ *n* gnostycyzm *m*
GNP *n* = **gross national product** PNB *m*
gnu /nuː/ *n* (*pl* **~, ~s**) Zool gnu *n/f inv*
GNVQ *n* GB Educ = **General National Vocational Qualification** *dyplom ukończenia zawodowych kursów kwalifikacyjnych*
go¹ /gəʊ/ **I** *vi* (*3rd person sg* **goes;** *pt* **went;** *pp* **gone)** [1] (move, travel) (on foot) *[person, animal]* pójść, iść; (regularly, habitually) chodzić; (from time to time) chadzać; (by vehicle) *[person, vehicle]* po|jechać; (habitually, regularly) jeździć; **he goes to school** chodzi do szkoły; **they went home** poszli do domu; **to go into a room** wchodzić do pokoju; **to go up** (on foot) iść pod górę, wchodzić; (by vehicle) jechać pod górę, wjeżdżać; **to go down** (on foot) iść w dół, schodzić; (by vehicle) jechać w dół, zjeżdżać; **to go by** or **past** (on foot) przejść obok; (by vehicle) przejechać obok; **he's going to London** jedzie do Londynu; **he often goes to London** często jeździ do Londynu; **to go to Wales /California** pojechać do Walii/Kalifornii; **to go to town/to the country** pojechać do miasta/na wieś; **she's gone to Paris** pojechała do Paryża; **there he goes again!** (that's him again) to znowu on!; (he's starting again) on znowu swoje!; **who goes there?** Mil kto idzie?; **where do we go from here?** fig i co teraz? [2] (on specific errand, activity) pójść, iść; (regularly, habitually) chodzić; (when stressing use of vehicle) po|jechać; (habitually, regularly) jeździć; **to go shopping** pójść na zakupy; **to go swimming** (in sea, river) pójść popływać; (in pool) pójść na basen; **to go for a walk** pójść na spacer; **to go skiing** (close to home) pójść na narty; (on holiday) pojechać na narty; **to go to the doctor's/dentist's** pójść do lekarza/dentysty; **to go on a journey/on holiday** pojechać w podróż/na wakacje; **to go for a drink** pójść się napić, pójść na drinka; **he's gone to get some wine** poszedł po wino; **go and answer the phone** (idź) odbierz telefon; **go and tell them that...** powiedz im, że..., idź im powiedz, że...; **go after him!** (catch him) goń go! [3] (attend) chodzić; **to go to school/church/work** chodzić do szkoły/kościoła/pracy [4] (used as auxiliary with present participle) **he went running up the stairs** wbiegł po schodach; **she went complaining to the principal** poszła na skargę do dyrektora; **don't go telling everyone** nie rozpowiadaj wszystkim naokoło [5] (depart) (on foot) *[person, animal]* pójść, iść; (by vehicle) *[person]* po|jechać; **I must go** or **be going** muszę iść; **the train goes at six o'clock** pociąg odchodzi or odjeżdża o szóstej; **a train goes every hour** pociągi odjeżdżają co godzinę; **to go on holiday** wyjechać na wakacje; **to go to Paris** wyjechać do Paryża; **be gone!** już cię nie ma! [6] euph (die) od|ejść, -chodzić; **when I'm gone** kiedy mnie już nie będzie; **the doctors say she could go at any time** lekarze mówią, że może umrzeć w każdej chwili [7] (disappear) *[money, food]* pójść, iść; **half the money goes on school fees** połowa pieniędzy idzie na czesne; **the money has all gone** poszły już wszystkie pieniądze; **I don't know where all my money goes (to)** sam nie wiem, na co idą wszystkie moje pieniądze; **the cake has all gone** poszło całe ciasto infml; **I left my bike outside and now it's gone** zostawiłem rower na zewnątrz i zniknął; **there goes my chance of winning** tak się kończą moje marzenia o zwycięstwie [8] (be sent, transmitted) pójść, iść infml; **it can't go by post** to nie może iść pocztą; **it will go before parliament** to trafi pod obrady parlamentu [9] (become) **to go red** poczerwienieć; **to go white** *[person, face]* zblednąć; **he/his hair is going grey** siwieje /włosy mu siwieją; **to go mad** oszaleć; **to go bankrupt** zbankrutować; **to go bad** zepsuć się; **to go sour** skwaśnieć; **to go deaf** ogłuchnąć [10] (change over to new system) **the country/constituency went Labour/Conservative** Pol w całym kraju/w okręgu zwyciężyli laburzyści/konserwatyści; **to go metric** przejść na system metryczny → **private, public** [11] (be, remain) **the people went hungry** ludzie chodzili głodni; **we went for two days without food** przez dwa dni nic nie jedliśmy; **to go unnoticed** przejść niezauważonym; **to go unpunished** pozostawać bezkarnym; **the question went unanswered** pytanie pozostało bez odpowiedzi; **to go naked** chodzić nago; **he was allowed to go free** puszczono go wolno [12] (weaken, become impaired) **his memory /hearing/voice is going** traci pamięć /słuch/głos; **the car battery is going** akumulator wysiada; **the engine is going** psuje się silnik [13] (of time) (elapse) mi|nąć, -jać; **three hours went by before...** minęły trzy godziny, zanim...; **there are only three days to go before Christmas** do świąt pozostały jeszcze tylko trzy dni; **how's the time going?** jak z czasem?; **it's just gone seven o'clock** właśnie minęła siódma [14] (be got rid of) **he's totally inefficient, he'll have to go!** zupełnie się nie nadaje, będzie musiał odejść!; **that new lampshade is hideous, it'll have to go** ten nowy abażur jest ohydny, trzeba się go pozbyć; **the car will have to go** trzeba będzie sprzedać ten samochód; **either she goes or I do!** albo ona, albo ja! [15] (operate, function) *[vehicle, machine, clock]* chodzić; **to set sth going** uruchomić coś; **to get going** *[engine, machine]* ruszyć; fig *[business]* rozkręcić się; **to get the fire going** rozpalić ogień; **to keep going** *[business]* iść; *[machine]* pracować; *[person]* trzymać się; **keep going!** tak trzymać!; **we have several projects going at the moment** pracujemy obecnie nad kilkoma projektami, bierzemy udział w kilku projektach → **keep** [16] (start) **let's get going!** zaczynajmy!; **we'll have to get going on that translation** musimy się zabrać do tego tłumaczenia; **to get things going** nadać sprawom bieg; **ready, steady, go!** do biegu, gotowy, start!; **here goes! here we go!** no to ruszamy!; **once he gets going, he never stops** jak już raz zacznie, to nie może przestać [17] (lead) wieść, iść; **that corridor goes to the kitchen** ten korytarz wiedzie or prowadzi do kuchni; **the road goes down to the sea/goes up the mountain** ta droga schodzi do morza /idzie pod górę; **this road goes past the cemetery** ta droga przechodzi koło cmentarza [18] (extend in depth or scope) **the roots of the plant go very deep** korzenie tej rośliny sięgają bardzo głęboko; **the historical reasons for this conflict go very deep** historyczne przyczyny tego konfliktu sięgają bardzo głęboko; **these habits go very deep** te przyzwyczajenia są głęboko zakorzenione; **as far as that goes** jeśli o to chodzi; **it's true as far as it goes** to jest w pewnym sensie prawda; **she'll go far** ona daleko zajdzie; **this time he's gone too far** tym razem posunął się za daleko; **a hundred pounds doesn't go far these days** teraz niedaleko zajedziesz ze stu funtami; **one leg of lamb doesn't go very far among twelve people** jeden udziec jagnięcy to niezbyt wiele dla dwunastu osób; **this goes a long way towards explaining his attitude** to w dużym stopniu tłumaczy jego nastawienie; **you can make £5 go a long way** mając pięć funtów, możesz wiele zdziałać [19] (belong, be placed) pójść, iść infml; **where do these plates go?** co zrobić z tymi talerzami?; **that table goes beside the bed** ten stół ma stać obok łóżka; **the suitcases will have to go in the back** walizki muszą pójść do tyłu [20] (fit) w|ejść, -chodzić; **it won't go into the box** to nie wejdzie do pudełka; **five into four won't go** cztery nie dzieli się przez pięć; **three into six goes twice** sześć podzielone przez trzy daje dwa [21] (be expressed, sung in particular way) iść infml; **how does the song go?** jak idzie ta piosenka? infml; **the song goes something like this** ta piosenka idzie jakoś tak; **I can't remember how the poem goes** nie mogę sobie przypomnieć tego wiersza; **as the saying goes...** jak to się mówi...; **the story goes that...** plotka głosi, że...; **her theory goes something like this...** jej teoria przedstawia się mniej więcej tak... [22] (be accepted) **what he says goes** on ma ostatnie słowo; **it goes without saying that...** rozumie się samo przez się, że...; **anything goes** wszystkie chwyty dozwolone [23] (be about to) **to be going to do sth** zamierzać coś zrobić; **I'm going to phone him right now** już do niego dzwonię; **I'm not going to be treated like that!** nie zamierzam znosić takiego traktowania!; **I was just going to phone you** właśnie miałem do ciebie dzwonić; **it's going to rain** będzie padać; **she's going to have a baby** będzie miała dziecko [24] (happen) pójść, iść infml; **so far the campaign is going well** jak na razie kampania idzie nieźle; **what if something goes wrong?** a jeśli coś pójdzie nie tak?; **the way things are going I don't think we'll ever get finished** jeśli tak dalej pójdzie, nigdy nie skończymy; **the party went very well** przyjęcie było bardzo udane; **how did the evening go?** jak się udał wieczór?; **how are things going?; how's it going?** infml (as greeting) co

słychać?; jak leci? infml; (to check progress) jak ci idzie?; **how goes it?** hum no jak tam? infml [25] (be on average) **it's old, as Australian towns go** jest stare jak na australijskie miasto; **it wasn't a bad party, as parties go** w porównaniu z innymi to nie było złe przyjęcie [26] (be sold) **the house went for over £100,000** dom poszedł za ponad 100 000 funtów; **we won't let the house go for less than £100,000** nie sprzedamy domu za mniej niż 100 000 funtów; **those rugs are going cheap** te dywaniki są tanie; **the house will go to the highest bidder** dom zostanie sprzedany temu, kto zaoferuje najwięcej; **going, going, gone** (at auction) po raz pierwszy, po raz drugi, po raz trzeci, sprzedane [27] (be on offer) **I'll have some coffee if there is any going** napiłbym się kawy, jeśli można; **are there any drinks going?** czy jest coś do picia?; **I'll have whatever's going** dla mnie cokolwiek; **it's the best machine going** to najlepsza maszyna na rynku; **there's a job going at their London office** jest posada do wzięcia w ich londyńskim biurze [28] (contribute) **the money will go towards a new roof** te pieniądze pójdą na nowy dach; **the elements that go to make a great film** elementy, które składają się na wspaniały film; **everything that goes to make a good teacher** wszystkie cechy dobrego nauczyciela [29] (be given) **to go to sb** *[award, prize, inheritance, title]* przypaść komuś; **most of the credit should go to the author** największe uznanie należy się autorowi; **the job went to a local man** pracę dostał jakiś miejscowy; **the money will go to charity** te pieniądze pójdą na cele dobroczynne [30] (emphatic use) wziąć; **she's gone and told everybody** wzięła i wszystkim rozgadała infml; **why did he go and spoil it?** dlaczego musiał zaraz wszystko popsuć?; **you've gone and ruined everything** wszystko zepsułeś; **he went and won the competition** wziął i wygrał konkurs infml; **you've really gone and done it now!** możesz być z siebie dumny! iron; **then he had to go and lose his wallet** na domiar złego zgubił portfel [31] (make sound, perform action or movement) zrobić; *[bell, alarm]* za|dzwonić; **the cat went 'miaow'** kot miauknął „miau" or zamiauczał; **wait until the bell goes** poczekaj, aż zadzwoni dzwonek; **she went like this with her fingers** zrobiła tak palcami; **so he goes 'what about my money?'** infml a on: „co z moimi pieniędzmi?" infml [32] (resort to, have recourse to) **to go to war** *[country]* rozpocząć wojnę; *[soldier]* iść na wojnę; **to go to law** GB or **to the law** US pójść do sądu [33] (break, collapse) *[roof]* załam|ać, -ywać się; *[cable, rope, fuse, light bulb]* pójść infml [34] (bid, bet) **I'll go as high as £100** mogę postawić 100 funtów; **I went up to £100** podniosłem do 100 funtów [35] (take one's turn) **you go next** potem ty; **you go first** najpierw ty [36] (be in harmony) **to go together** *[colours, foods]* pasować do siebie; **to go with sth** pasować do czegoś; **the curtains don't go with the carpet** zasłony nie pasują do dywanu [37] infml euph (relieve oneself) pójść na stronę euph [38] US (in take-away) **to go** na wynos; **two hamburgers to go** dwa hamburgery na wynos

II *vt* (*3rd pers sg pres* **goes;** *pt* **went;** *pp* **gone)** [1] (travel) przeby|ć, -wać; **to go 10 miles** przebyć 10 mil; **are you going my way?** (on foot) idziesz w moją stronę?; (by car) jedziesz w moją stronę?; **to go one's own way** fig zrobić po swojemu [2] infml (bet, bid) **he went two diamonds** (in cards) powiedział dwa karo; **he went £20** postawił 20 funtów

III *n* (*pl* **goes)** [1] GB (person's turn) kolej *f*; (try) próba *f*; **it's your go** teraz twoja kolej; **whose go is it?** czyja (teraz) kolej?; **you've had two goes** (in game) miałeś już dwa podejścia; (attempts at mending) już dwa razy próbowałeś; **to have a go at sth** spróbować zrobić coś; **have another go!** spróbuj jeszcze raz!; **she had several goes at the exam** kilka razy podchodziła do tego egzaminu; **I had to have several goes before passing** musiałem kilka razy podchodzić do egzaminu, zanim go zdałem [2] infml (energy) ikra *f* infml; **to be full of go, to be all go** mieć mnóstwo energii; **he has no go in him** jest zupełnie bez życia or ikry infml [3] GB infml (bout) (of illness) atak *m*

IV *adj* **all systems are go** Aerosp wszystkie systemy gotowe do startu

■ **go about**: ¶ **go about** [1] = **go around** [2] Naut wykon|ać, -ywać zwrot; **prepare to go about!** przygotować się do zwrotu! ¶ **go about [sth]** [1] (undertake) zab|rać, -ierać się do (czegoś) *[task]*; **how do you go about writing a novel?** jak pan się zabiera do pisania powieści? [2] (be busy with) zaj|ąć, -mować się czymś; **to go about one's business** zajmować się swoimi sprawami; **she went about her work mechanically** wykonywała swoją pracę mechanicznie

■ **go across**: ¶ **go across** (on foot) prze|jść, -chodzić; (by vehicle) *[person, vehicle]* przeje|chać, -żdżać; **he's gone across to the shop/neighbour's** poszedł do sklepu/sąsiada naprzeciwko ¶ **go across [sth]** (on foot) prze|jść, -chodzić przez (coś) *[street, river, bridge]*; (by vehicle) *[person, vehicle]* przeje|chać, -żdżać przez (coś) *[street, river, bridge]*

■ **go after**: **go after [sb/sth]** [1] (chase) ruszyć w pogoń za (kimś/czymś), gonić; (try to arrest) ruszyć w pościg za (kimś/czymś), ścigać [2] fig (try hard to get) szukać (czegoś) *[job]*; uganiać się za (kimś) *[girl]* infml; **he really went after that job** robił, co mógł, żeby dostać tę pracę

■ **go against**: **go against [sb/sth]** [1] (prove unfavourable to) *[vote, verdict, decision]* być niekorzystnym dla (kogoś/czegoś); **the war is going against them** wojna przybiera niekorzystny dla nich obrót [2] (conflict with) być sprzecznym z (czymś) *[principles, rules, trend, party line]* [3] (resist, oppose) sprzeciwi|ć, -ać się (komuś/czemuś) *[person, sb's wishes]*

■ **go ahead** [1] (go in front) (on foot) pójść przodem, iść przodem; (by vehicle) *[person, vehicle]* po|jechać przodem; **go ahead, I'll follow you on** idź przodem, ja pójdę za tobą [2] fig (begin) **go ahead!** proszę bardzo, słuchamy!; **'do you mind if I open the window?' – 'go ahead!'** „czy mogę otworzyć okno?" – „bardzo proszę!"; **go ahead and shoot!** no dalej, strzelaj!; **they are going ahead with the project** będą realizować ten projekt; **we can go ahead without them** możemy zacząć bez nich; **next week's strike is to go ahead** zapowiadany na przyszły tydzień strajk (jednak) się odbędzie

■ **go along** [1] (move along) (on foot) iść; (by vehicle) jechać; **to make sth up as one goes along** fig wymyślić coś na poczekaniu; **I usually make corrections as I go along** na ogół robię poprawki z marszu infml [2] (attend) pójść, iść; (regularly, habitually) chodzić; **she went along as a witch** poszła przebrana za wiedźmę; **I went along as a witness** poszedłem jako świadek

■ **go along with**: ¶ **go along with [sb]** zg|odzić, -adzać się z (kimś); **I'll go along with you there** tu się z tobą zgodzę ¶ **go along with [sth]** przysta|ć, -wać na (coś) *[suggestion, plan]*; **I can't go along with that** nie mogę na to pójść or przystać

■ **go around**: ¶ **go around** [1] (move, travel about) (on foot) chodzić; (by vehicle) jeździć; **to go around barefoot** chodzić boso; chodzić na bosaka infml; **to go around naked** chodzić nago; chodzić na golasa infml; **she goes around on a bicycle** porusza się na rowerze; **they go around everywhere together** (on foot) wszędzie razem chodzą; (by vehicle) wszędzie razem jeżdżą [2] (circulate) krążyć; **there's a rumour going around that...** krążą plotki, że...; **there's a virus going around** krąży jakiś wirus; **there isn't enough money to go around** pieniędzy nie starczy dla wszystkich ¶ **go around [sth]** (on foot) chodzić po (czymś) *[house, shops, area]*; (by vehicle) jeździć po (czymś) *[shops, area]*; **they went around the country looking for him** szukali go, jeżdżąc po całym kraju; **to go around the world** objechać świat dookoła; (make a trip) odbyć wycieczkę dookoła świata

■ **go at**: ¶ **go at [sb]** (attack) (physically) rzuc|ić, -ać się na (kogoś), za|atakować (kogoś); (verbally) za|atakować (kogoś) ¶ **go at [sth]** przy|łożyć, -kładać się do (czegoś) *[task, activity]*

■ **go away** [1] (leave town) wyje|chać, -żdżać; **to go away on holiday** GB or **vacation** US wyjechać na wakacje [2] (walk away) od|ejść, -chodzić; (drive off) odje|chać, -żdżać; **go away and leave me alone!** idź sobie i zostaw mnie w spokoju!; **go away and think about it** idź i zastanów się nad tym; **don't go away thinking that...** nie chcę, żebyś myślał, że... [3] (cease) *[cold, pain, headache]* ust|ąpić, -ępować; **the problems aren't just going to go away** problemy same się nie rozwiążą

■ **go back** [1] (return) wr|ócić, -acać; (turn back) zawr|ócić, -acać; **as it was raining, they decided to go back** ponieważ padało, postanowili wrócić or zawrócić; **they went back home** wrócili do domu; **let's go back to France** jedźmy z powrotem or wracajmy do Francji; **to go back to the beginning** zacząć jeszcze raz or od początku; **to go back to sleep** zasnąć ponownie; **to go back to work/writing** zabrać się z powrotem or wrócić do pracy /pisania; **go back! the path isn't safe** wracaj! ta ścieżka nie jest bezpieczna; **once you've committed yourself there's no going back** jak już się (do czegoś) zobowiążesz, nie ma odwrotu [2] (in time) **to go back in time** cofnąć się w czasie; **to understand the problem we need to go back 20 years** żeby zrozumieć ten problem, musimy cofnąć się o 20 lat; **this tradition goes back a century** ta tradycja ma już sto lat; **this family goes back to 16th century** początki tego rodu sięgają XVI wieku; **we go back a long way** znamy się już bardzo długo [3] (revert) wr|ócić, -acać **(to sth** do czegoś); **to go back to teaching** wrócić do nauczania; **to go back to being a student** wrócić na studia; **let's go back to what we were discussing yesterday** wróćmy do tego, o czym mówiliśmy wczoraj

■ **go back on**: **go back on [sth]** cof|nąć, -ać *[promise, decision]*

■ **go before**: ¶ **go before** (go in front) pójść przodem, iść przodem; fig (in time) **all that had gone before** fig wszyscy, którzy odeszli przed nami ¶ **go before [sb/sth]: to go before a court/judge** stanąć przed sądem; **the bill went before parliament** projekt ustawy trafił do parlamentu

■ **go below** Naut zejść, schodzić pod pokład

■ **go by**: ¶ **go by** (on foot) *[person, animal]* prze|jść, -chodzić; (by vehicle) *[person, vehicle]* przeje|chać, -żdżać; *[time, days, hours]* mi|nąć, -jać, upły|nąć, -wać; **as time goes by** w miarę upływu czasu; **please check it as you go by** proszę, sprawdź to po drodze; **don't let such opportunity go by** nie pozwól, żeby taka okazja cię ominęła ¶ **go by [sb/sth]** mi|nąć, -jać (kogoś/coś) ¶ **go by [sth]** [1] (judge by) osądz|ić, -ać po (czymś), sądzić po (czymś); **to go by appearances** sądzić po pozorach; **going by her looks, I'd say she was about 30** sądząc po wyglądzie or z wyglądu, miała koło trzydziestki; **you mustn't go by what you read in the papers** nie możesz kierować się tym, co piszą w gazetach; **if the trailer is anything to go by, it should be a good film** sądząc po zwiastunie, to powinien być dobry film; **if the father is anything to go by, I wouldn't like to meet the son** sądząc po tym, jaki jest ojciec, lepiej nie mieć do czynienia z synem [2] (proceed by) **to go by the rules** przestrzegać zasad; **promotion goes by seniority** awans zależy od stażu

■ **go down**: ¶ **go down** [1] (descend) (on foot) *[person, animal]* zejść, schodzić; (by vehicle) *[person]* zje|chać, -żdżać; (in water) *[diver]* zejść, schodzić; **to go down to the cellar** zejść do piwnicy; **to go down to the beach/the pub** pojechać na plażę/do pubu; **they've gone down to Brighton for a few days** pojechali na kilka dni do Brighton; **going down!** (in lift) na dół!; **to go down on one's knees** paść na kolana [2] (fall) *[person, aircraft]* spa|ść, -dać; (sink) *[ship, person]* pójść, iść na dno; **most of the passengers went down with the ship** większość pasażerów poszła na dno razem ze statkiem; **the plane went down in flames** samolot płonąc spadł or runął na ziemię; **to go down for the third time** *[drowning person]* pójść pod wodę [3] *[sun]* za|jść, -chodzić [4] (be received) **to go down well/badly** zostać dobrze/źle przyjętym; **his jokes went down well/didn't go down well with the audience** publiczności spodobały/nie spodobały się jego dowcipy; **this remark didn't go down at all well** ta uwaga zupełnie się nie spodobała; **another cup of coffee would go down nicely!** chętnie napiłbym się jeszcze kawy! [5] (become lower) *[water level]* obniż|yć, -ać się; *[flood, water]* opa|ść, -dać; *[temperature, price]* spa|ść, -dać; *[standard]* obniż|yć, -ać się; **the tide is going down** jest odpływ; **the river has gone down** poziom wody w rzece się obniżył, woda w rzece opadła; **foodstuffs are going down (in price)** ceny żywności spadają [6] (abate) *[storm, wind]* u|cichnąć, o|słabnąć; *[fire]* z|gasnąć [7] (become deflated) *[swelling]* ust|ąpić, -ępować; **the tyre/balloon went down** z opony/balonu uszło powietrze [8] GB Univ (leave for holiday) *[students]* wyje|chać, -żdżać; (leave university permanently) rzuc|ić, -ać studia [9] Sport (fail, be defeated) przegr|ać, -ywać; (be downgraded) spa|ść, -dać; **Corby went down 6-1 to Oxford** Corby przegrało 6:1 z Oksfordem; **to go down to the second division** spaść do drugiej ligi [10] (be remembered) prze|jść, -chodzić do historii; **he will go down as a great statesman** przejdzie do historii jako wielki mąż stanu [11] (be recorded) zostać zapisanym, być zapisywanym; **it all goes down in her diary** wszystko to notuje w swoim dzienniku [12] (continue) **the history book goes down to 1939** ten podręcznik historii kończy się na 1939 roku; **if you go down to the second last line you will see that...** kiedy dojdziesz or doczytasz do przedostatniej linijki, zobaczysz, że... [13] (become ill) **to go down with flu /malaria** zachorować na grypę/malarię [14] GB infml (be sent to prison) pójść, iść siedzieć infml [15] Comput *[computer, system]* pa|ść, -dać infml ¶ **go down [sth]** [1] (on foot) *[person, animal]* zejść, schodzić z (czegoś) *[hill]*; (by vehicle) *[person, vehicle]* zje|chać, -żdżać z (czegoś); **to go down a slope** *[climber, hiker]* schodzić po stoku; *[skier]* zjeżdżać po stoku; **to go down a mine** zjeżdżać do kopalni [2] (be downgraded) **to go down a class** Sch zostać cofniętym do niższej klasy

■ **go down on**: ¶ **go down on [sth]** (set) *[sun]* za|jść, -chodzić nad (czymś); **when the sun went down on the Roman Empire** fig gdy nastąpił zmierzch cesarstwa rzymskiego ¶ **go down on [sb]** vulg (have oral sex with sb) obciąg|nąć, -ać druta (komuś) vulg *[man]*; z|robić minetę (komuś) vulg *[woman]*

■ **go for**: ¶ **go for [sb/sth]** [1] infml (favour, have liking for) lubić *[person, physical type, style of music, literature]*; **he really goes for blondes** gustuje w blondynkach; **I don't go much for modern art** nie przepadam za sztuką nowoczesną [2] (apply to) dotyczyć kogoś/czegoś; **that goes for all of you** to dotyczy was wszystkich; **the same goes for him** to samo dotyczy jego osoby or odnosi się do niego ¶ **go for [sb]** [1] (attack) (physically) rzuc|ić, -ać się na (kogoś); (verbally) nask|oczyć, -akiwać na (kogoś) infml; **the two youths went for him** dwóch wyrostków rzuciło się na niego; **to go for sb's throat** *[animal]* rzucić się komuś do gardła; **she really went for him** (in argument, row) rzuciła się na niego z pazurami fig [2] **he has a lot going for him** ma mnóstwo zalet, wiele za nim przemawia ¶ **go for [sth]** [1] (attempt to achieve) s|próbować dostać *[job]*; s|próbować zdobyć *[honour]*; **to go for victory** spróbować zwyciężyć; **she's going for the gold medal** chce zdobyć złoty medal; **she's going for the world record** (wants to break it) chce pobić rekord świata; (has chance of breaking it) *[runner]* biegnie po rekord świata; *[swimmer]* płynie po rekord świata; *[cyclist, driver]* jedzie po rekord świata; **go for it!** infml dawaj, dawaj! infml; **the company is going for a new image** firma próbuje zmienić wizerunek; **we are going for a win against Italy** chcemy pokonać Włochów [2] (choose) z|decydować się na coś; **I'll go for the blue one** wezmę niebieski

■ **go forth** fml *[person]* pójść naprzód, iść naprzód; **go forth and multiply** idźcie i rozmnażajcie się

■ **go forward(s)** (on foot) *[person, animal]* pójść, iść do przodu; (by vehicle) *[person, vehicle]* po|jechać do przodu

■ **go in** [1] (enter) w|ejść, -chodzić [2] Mil *[army, troops]* wkr|oczyć, -aczać [3] (disappear) *[sun, moon]* s|chować się

■ **go in for**: **go in for [sth]** [1] (be keen on) lubić *[sport, hobby]*; **I don't go in for sports much** nie przepadam za sportem; **he goes in for opera in a big way** przepada za operą; **we don't go in for that sort of thing** nie przepadamy za czymś takim; **they don't go in much for foreign languages at Robert's school** w szkole Roberta nie przykładają zbytniej wagi do języków [2] (take up) zająć się (czymś) *[teaching, politics]* [3] (take part in) przyst|ąpić, -ępować do (czegoś) *[exam]*; wy|startować w (czymś) *[competition]*

■ **go in with**: **go in with [sb]** przyłącz|yć, -ać się do (kogoś) *[person, ally, organization]*; **he went in with us to buy the present** dołożył się do prezentu

■ **go into**: **go into [sth]** [1] (enter) w|ejść, -chodzić do (czegoś); **to go into hospital** pójść do szpitala; **to go into parliament** wejść do parlamentu [2] (take up) zająć się (czymś), wziąć się do (czegoś) *[politics, business]* [3] (examine, investigate) z|badać; **we need to go into the question of funding** musimy zbadać kwestię finansowania [4] (explain, describe) wchodzić w (coś) *[details]*; **I won't go into why I did it** nie będę już wchodzić w to, dlaczego to zrobiłem; **let's not go into that now** zostawmy to na razie [5] (launch) wda|ć, -wać się w (coś); **she went into a long explanation of what had happened** zaczęła długo tłumaczyć, co się stało [6] (be expended) pójść na (coś), iść na (coś); **a lot of work/money went into this project** mnóstwo pracy/pieniędzy poszło na ten projekt; **a lot of effort went into organizing the party** zorganizowanie przyjęcia kosztowało mnóstwo wysiłku [7] (hit) *[car, driver]* wje|chać, -żdżać w or na (coś); **the car went into a lamp post** samochód wjechał w or na latarnię

■ **go off**: ¶ **go off** [1] (explode, fire) *[bomb]* wybuch|nąć, -ać; *[gun]* wypal|ić, -ać [2] *[alarm clock]* za|dzwonić; *[fire alarm]* włącz|yć, -ać się [3] (walk away) od|ejść, -chodzić; (drive off) odje|chać, -żdżać; (leave for somewhere) (on foot) wyjść, pójść; (by vehicle) pojechać; **he went off to work** wyszedł or poszedł do pracy; **she went off to find a spade** poszła po łopatę; **they went off together** (left room, building) wyszli or poszli razem; (drove off) odjechali razem [4] GB (go bad) *[milk, cream, meat, butter]* ze|psuć się; (deteriorate) *[performer, athlete]* wy|jść, -chodzić z formy; *[work]* pog|orszyć, -arszać się; (lose one's attractiveness) *[person]* z|brzydnąć; **he used to be very handsome, but he's gone off a bit** już nie jest taki przystojny (jak kiedyś); **the first part of the film was good, but after that it went off** pierwsza część filmu była dobra, ale potem było już gorzej [5] infml (fall asleep) zas|nąć -ypiać [6] (cease to operate) *[lights]* z|gasnąć; *[heating]* wyłącz|yć, -ać się [7] (happen, take place) **to go off very well** *[evening, organized event]* bardzo się udać [8] Theat zejść, schodzić ze sceny ¶ **go off [sb/sth]** GB **I used to like him but I've gone off him** kiedyś go lubiłem, ale teraz przestałem; **I've gone off opera/whisky** zbrzydła mi opera/whisky, przestałem lubić operę /whisky; **I think she's gone off the idea** wydaje mi się, że już zarzuciła ten pomysł

■ **go off with**: **go off with [sb/sth]** ucie|c, -kać z (kimś/czymś) *[person, money]*; **she went off with all his money** zabrała mu wszystkie pieniądze i odeszła; **who's gone off with my pen?** kto wziął mój długopis?

■ **go on**: ¶ **go on** [1] (happen, take place) **what's going on?** co się dzieje?; **how long has this been going on?** jak długo to już trwa?; **a lot of stealing goes on** jest mnóstwo kradzieży; **there's a party going on upstairs** na górze jest przyjęcie; **a lot of drinking goes on at Christmas** w czasie świąt sporo się pije [2] (continue on one's way) (on foot) *[person, animal]* pójść, iść dalej; (by vehicle) *[person, vehicle]* po|jechać dalej [3] (continue) kontynuować; **go on with your work** pracuj dalej; **go on looking** szukaj dalej; **she went on speaking** mówiła dalej; **go on, we are listening!** mów dalej, słuchamy!; **'and another thing,' she went on, 'you're always late'** „a oprócz tego" – ciągnęła – „wiecznie się spóźniasz"; **if he goes on like this, he'll get into trouble** jeśli tak dalej pójdzie, będzie miał kłopoty; **we can't go on like this!** tak dalej być nie może!; **life must go on** życie musi toczyć się dalej; **the meeting went on into the afternoon** zebranie przeciągnęło się do popołudnia; **you can't go on being a pen-pusher all your life!** nie możesz przez całe życie być gryzipiórkiem!; **the list goes on and on** lista ciągnie się w nieskończoność; **that's enough to be going on with** na razie wystarczy; **have you got enough work to be going on with?** czy masz na razie co robić?; **here is £20 to be going on with** masz tu na razie 20 funtów; **go on (with you)!** infml co ty powiesz! [4] (of time) (elapse) **as time went on, ...** w miarę upływu czasu, ...; **as the evening went on, he became more animated** w miarę jak upływał wieczór, (on) stawał się coraz bardziej ożywiony [5] (keep talking) **to go on about sth** ciągle o czymś mówić; **he was going on about the war** w kółko gadał o wojnie infml; **don't go on about it!** przestań już o tym mówić!; **she went on and on about it** bez końca o tym opowiadała; **he does tend to go on a bit!** rzeczywiście często przynudza! infml; **the way she goes on, you'd think she was an expert on the subject** tak się ciągle mądrzy or wymądrza, że wydawałoby się, że jest ekspertem w tej dziedzinie [6] (proceed) **to go on to sth** przejść do czegoś; **let's go on to the next item** przejdźmy do następnego punktu; **he went on to say that.../describe how...** następnie powiedział, że.../opisał, jak... [7] (go into operation) *[lights]* zapal|ić, -ać się; *[heating]* włącz|yć, -ać się [8] Theat w|ejść, -chodzić (na scenę); **at what time do you go on?** o której wchodzisz? [9] (approach) **it's going on three o'clock** dochodzi trzecia; **she's four going on five** ma prawie pięć lat; **he's thirty going on three** hum ma trzydzieści lat, a zachowuje się jak dziecko [10] (fit) w|ejść, -chodzić; **these gloves won't go on** te rękawiczki nie wejdą or są za małe; **the lid won't go on properly** ta przykrywka nie pasuje ¶ **go on [sth]** op|rzeć, -ierać się na (czymś) *[piece of evidence, information]*; **that's all we've got to go on** wiemy tylko tyle; **we've got nothing else to go on** nic więcej nie wiemy; **the police haven't got much evidence to go on** policja nie ma zbyt wielu dowodów, na których mogłaby się oprzeć

■ **go on at**: **go on at [sb]** krytykować w kółko (kogoś) infml; **he's always going on at me for writing badly** ciągle się mnie czepia, że brzydko piszę; **they are always going on at us about deadlines** ciągle mają do nas pretensje z powodu terminów

■ **go out** [1] (leave, depart) wy|jść, -chodzić; **she went out of the room** wyszła z pokoju; **to go out walking** wyjść na spacer; **to go out for a drink** pójść się napić or na drinka; **they go out a lot** często gdzieś wychodzą; **she likes going out** lubi wychodzić z domu, nie lubi siedzieć w domu; **she had to go out to work at 14** musiała iść do pracy w wieku 14 lat [2] (travel long distance) wyje|chać, -żdżać; **she's gone out to Australia/Africa** wybrała się do Australii/Afryki [3] (have a relationship) **to go out with sb** chodzić z kimś; **they've been going out together for six weeks** chodzą ze sobą od sześciu tygodni [4] (of tide) **the tide is going out** jest odpływ [5] Ind (go on strike) za|strajkować [6] (become unfashionable) wy|jść, -chodzić z mody; (stop being used) wy|jść, -chodzić z użycia; **mini-skirts went out in the 1970s** spódniczki mini wyszły z mody w latach siedemdziesiątych; **gas went out and electricity came in** gaz wyszedł z użycia i zastąpiła go elektryczność [7] (be extinguished) *[light, fire]* z|gasnąć [8] (be sent) *[invitation, summons]* zostać wysłanym, być wysyłanym; (be published) *[journal, magazine]* wy|jść, -chodzić; Radio, TV (be broadcast) zostać nadanym, być nadawanym [9] (be announced) **word went out that he was coming back** pojawiły się pogłoski, że on wraca; **the news went out from Washington that...** Waszyngton ogłosił, że... [10] (be eliminated) Sport odpa|ść, -dać; **she went out in the early stages of the competition** odpadła w eliminacjach [11] (expressing compassion, sympathy) **my heart goes out to them** współczuję im; **our thoughts go out to absent friends** myślami jesteśmy z nieobecnymi przyjaciółmi [12] (disappear) **all the spirit seemed to have gone out of her** wyglądała, jakby uszedł z niej cały zapał; **the romance seemed to have gone out of their relationship** wydawało się, że cały romantyzm uleciał z ich związku [13] (end) *[month, year]* s|kończyć się [14] (in cards) odpa|ść, -dać, s|kończyć

■ **go over**: ¶ **go over** [1] (come up) **to go over to sb/sth** (on foot) *[person, animal]* podejść do kogoś/czegoś; (by vehicle) *[person, vehicle]* podjechać do kogoś/czegoś [2] (cross over) **to go over to Ireland/America** pojechać do Irlandii/Ameryki; (by sea) popłynąć do Irlandii/Ameryki; (by air) polecieć do Irlandii/Ameryki; **we are now going over to Washington for more news** Radio, TV łączymy się teraz z Waszyngtonem, skąd uzyskamy więcej informacji [3] (be received) **how did his speech go over?** jak przyjęto jego przemówienie?; **his speech went over well** jego przemówienie zostało dobrze przyjęte; **to go over big** infml zrobić furorę [4] (switch over) prze|jść, -chodzić; **he went over to Labour from the Conservatives** przeszedł z Partii Konserwatywnej do Partii Pracy; **to go over to the other side** przejść na drugą stronę also fig; **we've gone over to gas** przeszliśmy na gaz; **to go over to Islam** przejść na islam ¶ **go over [sth]** [1] (repeat, revise) powt|órzyć, -arzać; (remember) przypom|nieć, -inać sobie; **she went over the events of the day in her mind** przebiegła myślą wydarzenia całego dnia; **we've gone over the details again and again** zajmowaliśmy się tymi szczegółami setki razy; **to go over one's lines** *[actor]* powtarzać rolę; **there's no point in going over old ground** nie ma sensu już do tego wracać [2] (check, inspect) prze|jrzeć, -glądać *[accounts, figures, piece of work]*; sprawdz|ić, -dzać *[facts]*; **I want to go over this article once more before I hand it in** chcę jeszcze raz przejrzeć ten artykuł, zanim go oddam; **to go over a house** obejść dom [3] (clean) **he went over the room with a duster** powycierał kurze w pokoju; **after cleaning, go over the surface with a dry cloth** po wyczyszczeniu przetrzyj powierzchnię suchą szmatką [4] **to go over a sketch in ink** pociągnąć szkic tuszem [5] (exceed) przekr|oczyć, -aczać; **don't go over £100** musisz się zmieścić w 100 funtach

■ **go round** GB: ¶ **go round** [1] (turn) *[wheel, propeller]* obr|ócić, -acać się, kręcić się; **the wheels went round and round** koła wciąż się kręciły; **my head's going round** kręci mi się w głowie [2] (visit) wpa|ść, -dać; **to go round to see sb** wpaść do kogoś; **he's decided to go round to Anna's** postanowił wpaść or zajść do Anny [3] (suffice) **there isn't enough food /money to go round** jedzenia/pieniędzy nie wystarczy dla wszystkich; **there was barely enough to go round** ledwie starczyło dla wszystkich [4] (circulate) **there's a rumour going round that...** krążą pogłoski, że... [5] (make detour) (on foot) prze|jść, -chodzić naokoło; (by vehicle) przeje|chać, -żdżać naokoło; **we had to go round the long way** or **the long way round** musieliśmy nadłożyć kawał drogi; **I had to go round by the bridge** musiałem zrobić objazd przez most ¶ **go round [sth]** (visit) (on foot) ob|ejść, -chodzić *[shops, museum, house]*; (by vehicle) obje|chać, -żdżać *[shops, museums]*

■ **go through**: ¶ **go through** [1] (come in) w|ejść, -chodzić [2] (be approved) *[law, agreement]* prze|jść, -chodzić; **the law failed to go through** ta ustawa nie przeszła; **the divorce hasn't gone through yet** jeszcze nie orzeczono rozwodu [3] (be successfully completed) *[business deal]* zostać zawartym ¶ **go through [sth]** [1] (undergo, pass through) prze|jść, -chodzić przez (coś) *[stage, phase]*; przeży|ć, -wać *[war]*; prze|jść, -chodzić przez (coś), przeży|ć, -wać *[ordeal, experience, crisis]*; **in spite of all he's gone through** mimo tego wszystkiego, co przeszedł; **we've all gone through it** wszyscy przez to przechodziliśmy; **she's gone through a lot** wiele przeszła; **he went through the day in a kind of daze** przez cały dzień był półprzytomny; **the country has gone through two civil wars** przez ten kraj przetoczyły się dwie wojny domowe; **as you go through life** w miarę jak się starzejesz; **you have to go through the switchboard** musisz dzwonić przez centralę; **you have to go through the right authorities** musisz to załatwić drogą administracyjną; **it went through my mind that...** przeszło mi przez myśl, że... [2] (check, inspect) prze|jrzeć, -glądać *[documents, files, list]*; **to go through one's mail** przejrzeć korespondencję; **let's go through the points one by one** przejrzyjmy te punkty po kolei [3] (search) przeszuk|ać, -iwać *[person's belongings, baggage]*; **at customs they went through all my things** celnicy przeszukali wszystkie moje rzeczy [4] (perform, rehearse) powt|órzyć, -arzać *[scene]*; **let's go through the whole scene once more** powtórzmy jeszcze raz całą scenę; **there are still a certain number of formalities to be gone through** jeszcze trzeba załatwić kilka formalności [5] (consume, use up) zuży|ć, -wać; **we went through three bottles of wine** opróżniliśmy trzy butelki wina; **I've gone through the elbows of my jacket** marynarka wytarła mi się na łokciach

■ **go through with**: **go through with [sth]** z|realizować, wykon|ać, -ywać *[plan]*; **in the end they decided to go through with the wedding** w końcu zdecydowali się wziąć ślub; **I can't go through with it** nie mogę tego zrobić; **you'll have to go through with it now** teraz będziesz musiał to zrobić

■ **go together** [1] (harmonize) *[colours, pieces of furniture]* pasować do siebie [2] (entail each other) iść z(e) sobą w parze; **poverty and crime often go together** bieda i przestępczość często idą (ze sobą) w parze [3] infml dat (have relationship) *[couple]* chodzić ze sobą

■ **go under** [1] *[boat, ship, person]* pójść, iść na dno [2] fig (succumb) *[person]* ugi|ąć, -nać się; (go bankrupt) *[business, company]* upa|ść, -dać

■ **go up**: ¶ **go up** [1] (ascend) (on foot) *[person, animal]* w|ejść, -chodzić; *[hiker, climber]* pod|ejść, -chodzić; (by vehicle) *[person]* wje|chać, -żdżać; **to go up to bed** pójść się położyć; **to go up to London/Scotland** pojechać do Londynu/Szkocji; **going up** (in lift) do góry, na górę [2] (rise) *[price, temperature]* wz|rosnąć, pod|nieść, -nosić się; *[curtain]* pod|nieść, -nosić się; **petrol has gone up (in price)** benzyna podrożała; **unemployment is going up** wzrasta bezrobocie; **a cry went up from the crowd** w tłumie podniósł się krzyk [3] (be erected) *[building]* wyr|osnąć, -astać fig; *[poster]* pojawi|ć, -ać się; **new office blocks are going up all over the place** wszędzie wokoło wyrastają nowe biurowce [4] (be destroyed, blown up) *[building]* wyl|ecieć, -atywać w powietrze; **to go up in flames** stanąć w płomieniach [5] GB Univ (start university) pójść, iść na studia; (start term) rozpocz|ąć, -ynać nowy semestr [6] (be upgraded) **the team has gone up to the first division** zespół awansował do pierwszej ligi [7] (continue) **the book/series goes up to 1990** akcja książki/serialu kończy się w 1990 roku ¶ **go up [sth]** [1] (mount) (on foot) *[person, animal]* w|ejść, -chodzić na (coś) *[hill, mountain]*; (by vehicle) *[person, vehicle]* wje|chać, -żdżać na (coś) *[hill, mountain]*; **to go up a slope** *[climber, hiker]* wspinać się po stoku; *[vehicle, driver]* wjeżdżać na stok [2] **to go up a class** Sch przejść do wyższej klasy

■ **go with**: ¶ **go with [sth]** [1] (match, suit) pasować do (czegoś); **your shirt goes with your blue eyes** ta koszula pasuje do twoich niebieskich oczu [2] (accompany) iść w parze z (czymś); **happiness doesn't always go with wealth** szczęście nie zawsze idzie w parze z bogactwem; **responsibilities that go with parenthood** obowiązki rodziców ¶ **go with [sb]** (date) chodzić z (kimś); (have sex) sypiać z (kimś)

■ **go without**: **go without** (suffer lack) **you'll just have to go without** będziesz się musiał bez tego obejść ¶ **go without [sth]** oby|ć, -wać się bez (czegoś) *[food, luxuries]*

IDIOMS: **to have a go at sb** GB infml (criticize) objechać kogoś infml; **to make a go of sth** rozkręcić interes; **she's always on the go** jest bez przerwy w ruchu; **it's all the go** infml to jest ostatni krzyk mody; **we have several different projects on the go at the moment** pracujemy obecnie nad kilkoma projektami; **(it's) no go** nie da rady; **from the word go** od (samego) początku; **that was a near go!** infml niewiele brakowało!; **in one go** za jednym zamachem; **to go one better than sb** (outbid, outdo) przebić kogoś; **that's how it goes, that's the way it goes** tak to już jest; **there you go!** infml (that's what you want) tu cię mam!; (confirmation) właśnie!; (triumph) tak jest!

go² /gəʊ/ *n* (board game) go *n inv*

goad /gəʊd/ **I** *n* [1] (stick) ostry kij *m (do poganiania bydła)*; oścień *m* arch [2] fig bodziec *m*

II *vt* [1] zag|onić, -aniać *[animal]* [2] fig (provoke) s|prowokować *[person]*; **to ~ sb into sth** doprowadzić kogoś do czegoś *[madness, fury]*; pobudzić kogoś do czegoś *[resistance, effort]*; **to ~ sb into violence** sprowokować kogoś do użycia siły

■ **goad on**: **~ on [sb], ~ [sb] on** *[person]* podpu|ścić, -szczać infml

go-ahead /ˈgəʊəhed/ *n* infml **to give sb the ~ to do sth** dać komuś zgodę na zrobienie czegoś; **to get the ~ from sb** uzyskać zgodę kogoś

goal /gəʊl/ *n* [1] Sport (enclosed space) bramka *f*; (act of scoring or score) bramka *f*, gol *m*; **to keep** or **play in ~** stać or grać na bramce; **to miss the ~** nie trafić do bramki, spudłować infml; **he scored 3 good ~s** strzelił 3 piękne bramki; **to score an own ~** strzelić bramkę samobójczą; **they beat us by three ~s to two** pokonali nas trzy do dwóch [2] (aim) cel *m*; **her ~ was to run the company** jej celem było prowadzenie firmy

goal area *n* pole *n* bramkowe

goalie /ˈgəʊlɪ/ *n* Sport infml bramka|rz *m*, -rka *f*

goalkeeper /ˈgəʊlˌkiːpə(r)/ *n* bramka|rz *m*, -rka *f*

goal kick *n* wybicie *n* od bramki

goalless /ˈgəʊllɪs/ *adj [match, draw]* bezbramkowy

goal line *n* linia *f* bramkowa

goal mouth *n* przedpole *n*

goalpost /ˈgəʊlpəʊst/ *n* słupek *m* (bramki)

IDIOMS: **to move** or **shift the ~s** zmieniać reguły gry

goalscorer /ˈgəʊlskɔːrə(r)/ *n* strzelec *m*; (of particular goal) strzelec *m* bramki

goat /gəʊt/ **I** *n* [1] Zool koza *f*; (male) kozioł *m*, cap *m* [2] Culin koźle mięso *n*, koźlina *f* [3] GB infml (fool) baran *m* fig; **to act the ~** wygłupiać się [4] infml (lecherous man) satyr *m*; cap *m* infml

II *modif* Culin *[cheese, milk]* kozi; *[meat]* koźli; *[stew, chop]* z koźlego mięsa

IDIOMS: **he really gets my ~** infml on mnie naprawdę wkurza infml; **that will separate the sheep from the ~s** to pozwoli oddzielić ziarno od plew

Goat /gəʊt/ *n* Astrol Koziorożec *m*

goatee /gəʊˈtiː/ *n* kozia bródka *f*

goatherd /ˈgəʊthɜːd/ *n* pasterz *m* kóz

goatsbeard /ˈgəʊtsbɪəd/ *n*, (also **goat's-beard**) Bot (Eurasian) kozibród *m* łąkowy; (American) parzydło *n* leśne

goatskin /ˈgəʊtskɪn/ **I** *n* [1] (leather) (hide) kozia or koźla skóra *f*; (material) koźla skóra *f* [2] (leather bottle) bukłak *m*

II *modif [rug, jacket]* z koźlej skóry

G

goatsucker /ˈgəʊtsʌkə(r)/ *n* Zool lelek *m* kozodój

gob¹ /gɒb/ *n* vinfml (mouth) morda *f*, pysk *m* infml

gob² /gɒb/ infml **I** *n* [1] (lump) grudka *f* [2] (spittle) plwocina *f* [3] US (large quantity) kupa *f* infml; **~s of charm** mnóstwo wdzięku; **~s of kids** chmara dzieciaków

II *vt* (*prp, pt, pp* **-bb-**) (spit) chark|nąć, -ać

gob³ /gɒb/ *n* US infml (sailor) marynarz *m*

gobbet /ˈgɒbɪt/ *n* kawałek *m*

gobble¹ /ˈgɒbl/ **I** *n* (cry of turkey) gulgot *m*

II *vi [turkey]* za|gulgotać

gobble² /ˈgɒbl/ **I** *vt* (also **~ down**) poż|reć, -erać *[food]*

II *vi* (eat) *[person]* obżerać się infml; **eat properly, don't ~** nie jedz tak łapczywie ■ **gobble up**: **~ up [sth], ~ [sth] up** poż|reć, -erać, pochł|onąć, -aniać *[food, money]*; poł|knąć, -ykać, wchł|onąć, -aniać *[small firm]*

gobbledygook /ˈgɒbldɪguːk/ *n* infml bełkot *m* infml

gobbler /ˈgɒblə(r)/ *n* infml indyk *m*

go-between /ˈgəʊbɪtwiːn/ *n* pośredni|k *m*, -czka *f*

Gobi /ˈgəʊbɪ/ *prn* **the ~ desert** Pustynia *f* Gobi

goblet /ˈgɒblɪt/ *n* kielich *m*

goblin /ˈgɒblɪn/ *n* skrzat *m*, chochlik *m*

gobsmacked /ˈgɒbsmækt/ *adj* GB infml **he was ~** zatkało go infml

goby /ˈgəʊbɪ/ *n* (*pl* **~, -bies**) Zool (fish) babka *f*

go-by /ˈgəʊbaɪ/ *n* GB infml **to give sb the ~** (snub) potraktować kogoś lekceważąco; (end relationship) rzucić kogoś *[lover]*

go-cart /ˈgəʊkɑːt/ *n* [1] US (toy cart) wózek *m (zabawka)* [2] GB (pushchair) wózek *m*, spacerówka *f*; (baby walker) chodzik *m* [3] (handcart) (ręczny) wózek *m* [4] = **go-kart**

god /gɒd/ **I** *n* [1] Relig bóg *m*, bóstwo *n*; (deified creature or object, less important god) bożek *m*; **ye ~s!** dat wielkie nieba! [2] fig (person, object) bóg *m*, bożyszcze *n* fig

II God *prn* [1] Relig Bóg *m*; **so help me God** tak mi dopomóż Bóg; **(I) would to God that he didn't come today** dałby Bóg, żeby dzisiaj nie przyszedł; **a man of God** duchowny; **God Save the Queen /King** Boże, chroń Królową/Króla *(angielski hymn narodowy)* [2] infml (in exclamations) (of anger, surprise) Boże!; **my God!** mój Boże!; **by God, I'll...** przysięgam na Boga, że...; **God forbid!** infml broń Boże!; **God forbid he should find out!** żeby tylko się, broń Boże, o tym nie dowiedział!; **God knows!** infml Bóg jeden wie!, Bóg raczy wiedzieć!; **she lives God knows where** mieszka Bóg wie gdzie; **God knows I've tried!** Bóg mi świadkiem, że próbowałem!

III gods *npl* Theat infml galeria *f*, jaskółka *f* dat

IDIOMS: **God helps those who help themselves** Bóg pomaga tym, co sobie sami pomagają; **he thinks he's God's gift to women** uważa, że żadna kobieta mu się nie oprze; **she thinks she's God's gift to acting** wydaje jej się, że jest największą aktorką na świecie; **to put the fear of God into sb** przerazić kogoś nie na żarty

God Almighty **I** *n* Relig Bóg *m* Wszechmogący

II *excl* Boże Wszechmogący!

IDIOMS: **he thinks he's ~** uważa się za wyrocznię

god-awful /ˌgɒdˈɔːfl/ *adj* infml okropny

godchild /ˈgɒdtʃaɪld/ *n* chrześnia|k *m*, -czka *f*

goddammit /ˈgɒddæmɪt/ *excl* US vinfml niech to szlag trafi! infml

goddamn /ˈgɒddæm/ infml **I** *n* **I don't give a ~ about it** mam to gdzieś infml

II *adj* przeklęty infml

III *adv* cholernie infml

IV *excl* **~ (it)!** szlag by to trafił! infml

goddaughter /ˈgɒddɔːtə(r)/ *n* chrześniaczka *f*, córka *f* chrzestna

goddess /ˈgɒdɪs/ *n* (divinity) bogini *f* also fig

godfather /ˈgɒdfɑːðə(r)/ *n* chrzestny *m*, ojciec *m* chrzestny

God-fearing /ˈgɒdfɪərɪŋ/ *adj* bogobojny

godforsaken /ˈgɒdfəseɪkn/ *adj [town, hole]* zapadły; zapomniany przez Boga i ludzi liter

godhead /ˈgɒdhed/ *n* bóstwo *n*

godless /ˈgɒdlɪs/ *adj* bezbożny

godlike /ˈgɒdlaɪk/ *adj* boski

godly /ˈgɒdlɪ/ *adj* pobożny

godmother /ˈgɒdmʌðə(r)/ *n* matka *f* chrzestna, chrzestna *f*

godparent /ˈgɒdpeərənt/ *n* chrzestn|y *m*, -a *f*; **the ~s** (rodzice) chrzestni

godsend /ˈgɒdsend/ *n* dar *m* niebios fig

god-slot /ˈgɒdslɒt/ *n* infml pej Radio, TV audycja *f* religijna

godson /ˈgɒdsʌn / *n* chrześniak *m*, syn *m* chrzestny

Godspeed /ˌgɒdˈspiːd/ *excl* z Bogiem!

godsquad /ˈgɒdskwɒd/ *m* infml pej banda *f* dewotów infml pej

goer /ˈgəʊə(r)/ **I** *n* infml [1] (energetic person) **to be a ~** być energicznym [2] pej (woman) **she's a real ~** puszcza się na prawo i lewo infml pej

II -goer *in combinations* **theatre-~** widz teatralny; (regular) teatroman; **cinema-~** widz kinowy; (regular) kinoman → **churchgoer, partygoer**

goes /gəʊz/ → **go**

gofer /ˈgəʊfə(r)/ *n* US infml goniec *m*, chłopiec *m* na posyłki fig

go-getter /ˌgəʊˈgetə(r)/ *n* infml **he is a ~** on jest przebojowy

go-getting /ˌgəʊˈgetɪŋ/ *adj* infml przebojowy

goggle /ˈgɒgl/ *vi* infml *[person]* wybałusz|yć, -ać oczy infml; *[eyes]* wy|leźć, -łazić na wierzch infml; **to ~ at sb/sth** gapić się na kogoś/coś z wybałuszonymi oczami

goggle box *n* GB infml telewizor *m*

goggle-eyed /ˌgɒglˈaɪd/ *adj* infml **to stare at sb ~** wybałuszać or wytrzeszczać oczy na kogoś

goggles /ˈgɒglz/ *npl* [1] (cyclist's, skier's) gogle *plt*; (for swimming) okulary *plt* pływackie; (for work) okulary *plt* ochronne [2] infml hum (glasses) patrzałki *plt*, bryle *plt* infml

go-go /ˈgəʊgəʊ/ *adj* [1] US Econ, Fin *[economics, funds, market]* spekulacyjny [2] infml (dynamic) żywiołowy [3] infml **~ dancer/dancing** tancerka *f* erotyczna/taniec *m* erotyczny

going /ˈgəʊɪŋ/ **I** *n* [1] (departure) (leaving room, building) wyjście *n*; (walking away) odejście *n*; (driving off) odjazd *m*; (leaving for long time or distant place) wyjazd *m*; (of bus, train) odjazd *m* → **coming** [2] (progress) **that's not bad ~!, that's good ~!** niezłe tempo!; **it was slow ~, the ~ was slow** strasznie się dłużyło; (at work) szło opornie; **the conversation was heavy ~** to była ciężka rozmowa; **the book is heavy ~** tę książkę ciężko się czyta [3] (condition of ground) Turf **the ~ was hard** or **rough, it was hard** or **rough ~** tor był bardzo ciężki [4] fig (conditions, circumstances) **when the ~ gets tough** kiedy zaczynają się kłopoty; **she finds her new job hard ~** ciężko jej idzie w nowej pracy; **they got out while the ~ was good** wycofali się w dobrym momencie

II *adj* [1] (current) *[price, rate]* aktualny; **the ~ rate for babysitters** aktualna stawka dla opiekunek do dziecka; **they pay me twice the ~ rate** płacą mi dwa razy więcej niż wynosi aktualna stawka; **the ~ rate of interest** aktualne oprocentowanie [2] (operating) **~ concern** Comm prosperująca firma [3] (existing) **it's the best model ~** to najlepszy model na rynku; **he's the best film-maker ~** to największy żyjący twórca filmowy

III -going *in combinations* **theatre-/cinema-~** chodzenie do teatru/do kina; **the theatre-~ public** publiczność teatralna

going-over /ˌgəʊɪŋˈəʊvə(r)/ *n* (*pl* **goings-over**) infml [1] (examination) (of car, machine) przegląd *m*; (of document) przejrzenie *n*; **the doctor gave me a thorough ~** lekarz zbadał mnie dokładnie infml [2] (cleaning) (of room, house) sprzątanie *n*; **this room needs a good ~** w tym pokoju przydałoby się porządne sprzątanie [3] **to give sb a ~** (scold) objechać kogoś infml; (beat up) spuścić komuś lanie infml

goings-on /ˌgəʊɪŋzˈɒn/ *npl* infml (events) sprawy *f pl*; (behaviour) postępowanie *n*; **there are some strange ~ in that house** w tamtym domu dzieją się jakieś dziwne rzeczy; **shady ~ in the business world** podejrzane sprawy w świecie biznesu

goitre, goiter US /ˈgɔɪtə(r)/ *n* Med wole *n*

go-kart /ˈgəʊkɑːt/ *n* (go)kart *m*

go-karting /ˈgəʊkɑːtɪŋ/ *n* karting *m*; **to go ~** pójść pojeździć gokartem

Golan /ˈgəʊlæn/ *prn* **the ~ Heights** Wzgórza *n pl* Golan

gold /gəʊld/ **I** *n* [1] (metal) złoto *n*; **£1,000 in ~** 1 000 funtów w złocie; **to pay sb in ~** zapłacić komuś w złocie; **to strike ~** Miner trafić na żyłę złota also fig; **she is pure ~** fig to skarb nie kobieta, to złota kobieta; **the age of ~** fig złoty wiek [2] Sport złoty medal *m*; złoto *n* infml; **she won two ~s** zdobyła dwa złote medale [3] (colour) (kolor *m*) złoty *m* or złocisty *m*; **a room painted in ~** pokój pomalowany na złoto

II *modif [jewellery, coin, tooth, medal]* złoty; **~ ore/deposit/ingot/prospector** ruda /złoże/sztabka/poszukiwacz złota

III *adv* **his album went ~** Mus jego album stał się złotą płytą

IDIOMS: **he is as good as ~** (of child) to złote dziecko; (of adult) to złoty człowiek; **to be worth one's weight in ~** być nieocenio-

nym; **to have a heart of ~** mieć złote serce
gold basis *n* Fin, Econ parytet *m* złota
gold-bearing /ˈgəʊldbeərɪŋ/ *adj* złotonośny
goldbrick /ˈgəʊldbrɪk/ **I** *n* [1] pej (worthless item) lipa *f* infml [2] US infml (shirker) dekownik *m*, obibok *m* infml
II *vi* US (shirk) dekować się infml
gold certificate *n* Fin certyfikat *m* złota
Gold Coast *n* [1] Hist (Ghana) Złote Wybrzeże *n* [2] (in Australia) Złote Wybrzeże *n* [3] US bogate przedmieście *n*
gold-coloured GB, **gold-colored** US /ˈgəʊldkʌləd/ *adj* w kolorze złota, złoty
goldcrest /ˈgəʊldkrest/ *n* Zool mysikrólik *m*
gold digger *n* [1] (prospector) poszukiwacz *m* złota [2] fig pej (woman) naciągaczka *f* pej *(wykorzystująca finansowo mężczyzn)*
gold disc *n* Mus złota płyta *f*
gold dust *n* złoty pył *m*; **to be like ~** fig rzadko się trafiać, być rzadkością
golden /ˈgəʊldən/ *adj* [1] (gold-coloured) *[hair, field, corn]* złoty, złocisty; **~ beaches** złote plaże [2] (made of gold) złoty [3] fig *[hours, years, dream, melody]* złoty; *[voice]* piękny; **a ~ summer** przepiękne lato; **the ~ days of Hollywood** złote lata Hollywood; **a ~ opportunity** wielka szansa; **a ~ remedy** cudowne lekarstwo; **the ~ world of advertising** iron wspaniały świat reklamy iron
IDIOMS: **silence is ~** Prov milczenie jest złotem Prov
golden age *n* złoty wiek *m*
golden anniversary *n* = **golden jubilee**
golden boy *n* infml (promising person) złoty chłopak *m* fig
golden-brown /ˌgəʊldənˈbraʊn/ **I** *n* (kolor *m*) złocistobrązowy *m*
II *adj* złocistobrązowy
golden calf *n* Bible złoty cielec *m* also fig
golden cocker (spaniel) *n* złoty cocker-spaniel *m*
Golden Delicious *n* *jabłka odmiany Golden Delicious*
golden eagle *n* Zool orzeł *m* przedni
goldeneye /ˈgəʊldənaɪ/ *n* Zool gągoł *m*
Golden Fleece *n* Mythol złote runo *n* also fig
Golden Gate *prn* Geog Golden Gate *m inv*
golden girl *n* złota dziewczyna *f* fig
golden goose *n* fig kura *f* znosząca złote jaja fig
golden handshake *n* GB hojna odprawa *f*
golden hello *n* GB spora suma *f* na dzień dobry infml *(mająca przyciągnąć nowego pracownika)*
Golden Horde *prn* Hist Złota Orda *f*
Golden Horn *prn* Złoty Róg *m*
golden jubilee *n* jubileusz *m* pięćdziesięciolecia, pięćdziesięciolecie *n*; (of wedding) złote wesele *n*, złote gody *plt*
golden mean *n* [1] (middle course) złoty środek *m* [2] Art = **golden section**
golden-mouthed /ˌgəʊldənˈmaʊθt/ *adj* złotousty
golden number *n* Astron złota liczba *f*
golden oldie /ˌgəʊldənˈəʊldɪ/ *n* (of song) stary przebój *m*; (of film) szlagier *m* sprzed lat
golden oriole *n* Zool wilga *f*
golden parachute *n* US = **golden handshake**
golden pheasant *n* Zool bażant *m* złocisty
golden plover *n* Zool (Eurasian) siewka *f* złota; (North American) siewka *f* złotawa
golden remedy *n* cudowny lek *m*
golden retriever *n* Zool golden retriever *m*
goldenrod /ˈgəʊldənrɒd/ *n* Bot nawłoć *f*
golden rule *n* złota zasada *f*
golden section *n* Art złoty podział *m*
golden syrup *n* GB syrop *m* cukrowy
Golden Triangle *prn* Geog Złoty Trójkąt *m*
golden wedding *n* złote wesele *n*, złote gody *plt*
golden-yellow /ˌgəʊldənˈjeləʊ/ **I** *n* (kolor *m*) złocistożółty *m*
II *adj* złocistożółty
gold exchange standard *n* Fin, Econ system *m* walutowy złoto-dewizowy
gold fever *n* gorączka *f* złota
goldfield /ˈgəʊldfiːld/ *n* pole *n* złotonośne
gold-filled /ˌgəʊldˈfɪld/ *adj* Dent **~ tooth** ząb ze złotą plombą or złotym wypełnieniem
gold filling *n* Dent złote wypełnienie *n*, złota plomba *f*
goldfinch /ˈgəʊldfɪntʃ/ *n* Zool szczygieł *m*
goldfish /ˈgəʊldfɪʃ/ *n* (*pl* **~**, **~es**) Zool (freshwater fish) karaś *m* złocisty; (ornamental fish) złota rybka *f*
goldfish bowl *n* kuliste akwarium *n* (ze złotymi rybkami); **it's like living in a ~** fig wszyscy o nas wszystko wiedzą
gold foil *n* złota folia *f*
Goldilocks /ˈgəʊldɪlɒks/ *prn* Złotowłosa *f*
gold leaf *n* listek *m* złota
gold medal *n* złoty medal *m*
gold medal winner *n* złoty medalista *m*, złota medalistka *f*
gold mine *n* kopalnia *f* złota; fig żyła *f* złota fig; **to be sitting on a ~** fig siedzieć na żyle złota fig
gold mining *n* wydobywanie *n* złota
gold note *n* US = **gold certificate**
gold paint *n* złota farba *f*
gold plate *n* [1] (coating) pozłota *f* [2] (dishes) złota zastawa *f*; **to eat** or **dine off ~** fig żyć w luksusie
gold-plated /ˌgəʊldˈpleɪtɪd/ *adj* pozłacany
gold point *n* Fin punkt *m* złota
gold pool *n* Fin pula *f* złota
gold record *n* Mus złota płyta *f*
gold reserve *n* Fin rezerwa *f* złota
gold rush *n* gorączka *f* złota
goldsmith /ˈgəʊldsmɪθ/ *n* złotnik *m*
gold standard *n* Fin system *m* waluty złotej
goldstar /ˈgəʊldstɑː(r)/ *n* US (emblem) złota gwiazda *f (upamiętniająca poległego żołnierza)*; **a ~ mother** matka, która straciła syna na wojnie
goldstone /ˈgəʊldstəʊn/ *n* Geol awanturyn *m*
gold thread *n* Tex złota nić *f*
golf /gɒlf/ **I** *n* Sport golf *m*
II *modif [shoes, tournament, equipment]* golfowy
golf ball *n* piłka *f* golfowa
golf ball typewriter *n* głowicowa maszyna *f* do pisania
golf club *n* [1] (place) klub *m* golfowy [2] (stick) kij *m* golfowy
golf course *n* pole *n* golfowe
golfer /ˈgɒlfə(r)/ *n* (person) golfist|a *m*, -ka *f*
golfing /ˈgɒlfɪŋ/ *n* gra *f* w golfa; **to go ~** grać w golfa
golf links *n* = **golf course**
Goliath /gəˈlaɪəθ/ *prn* Bible Goliat *m*; fig goliat *m*, olbrzym *m*
golliwog /ˈgɒlɪwɒg/ *n* szmaciana lalka *f* „murzynek"
golly /ˈgɒlɪ/ infml **I** *n* GB = **golliwog**
II *excl* o kurczę!
Gomorrah /gəˈmɒrə/ *prn* Gomora *f*
gonad /ˈgəʊnæd/ *n* gonada *f*
gonadotrophin /ˌgəʊnədəʊˈtrəʊfɪn/ *n* gonadotropina *f*
gonadotropic /ˌgəʊnədəʊˈtrɒpɪk/ *adj* gonadotropowy
gonadotropin *n* = **gonadotrophin**
gondola /ˈgɒndələ/ *n* [1] (boat) gondola *f* [2] (under airship, balloon, cable car) gondola *f* [3] (in shop) (shelf unit) regał *m* [4] (also **~ car**) US Rail wagon-platforma *m* [5] US (barge) barka *f*
gondolier /ˌgɒndəˈlɪə(r)/ *n* gondolier *m*
gone /gɒn/ **I** *pp* → **go**
II *adj* [1] **he is ~** (departed) wyjechał; euph (dead) odszedł euph; **be ~!** dat or hum zejdź mi z oczu!; **to be long ~** *[person]* (dead) od dawna nie żyć; **the machine is long ~** ta maszyna już swoje wysłużyła infml; **the era is long ~** ta era dawno już minęła; **the theatre is long ~** tego teatru dawno już nie ma; **~ are the days when** or **the days are ~ when people had servants** dawno już minęły czasy, kiedy miało się służbę [2] GB (pregnant) **she is seven months ~** jest w siódmym miesiącu (ciąży); **how far ~ is she?** w którym ona jest miesiącu (ciąży)? [3] infml **she's really ~ on him** (infatuated) zadurzyła się w nim na całego [4] GB (past) **it's ~ six o'clock** jest po szóstej; **it's just ~ six o'clock** właśnie minęła szósta; **she's ~ eighty** jest po osiemdziesiątce
goner /ˈgɒnə(r)/ *n* infml **if you move, you're a ~** jeśli się ruszysz, to już po tobie; **the car's a ~** ten samochód jest już do niczego
gong /gɒŋ/ *n* [1] (instrument, signal) gong *m*; **the dinner ~** (signal) gong na obiad [2] GB infml (medal) medal *m* [3] US infml (opium pipe) fajka *f* z opium
gonna /ˈgɒnə/ infml = **going to**
gonorrhoea /ˌgɒnəˈrɪə/ *n* Med rzeżączka *f*
gonzo /ˈgɒnzəʊ/ *adj* US infml *[style]* wymyślny; *[person]* zwariowany
goo /guː/ *n* infml [1] (sticky substance) breja *f* [2] fig pej **sentimental ~** ckliwa szmira
good /gʊd/ **I** *n* [1] (virtue) dobro *n*; **~ and evil** dobro i zło; **to do ~** czynić dobro; **the organization has done a lot of ~** organizacja uczyniła wiele dobrego; **to pursue the Good** dążyć ku dobru; **to be up to no ~** kombinować infml [2] (benefit) dobro *n*; **for her/his own ~** dla jej/jego własnego dobra; **for the ~ of the company** dla dobra firmy; **for the ~ of our children** dla dobra naszych dzieci; **he's got too much money for his own ~** on ma stanowczo za dużo pieniędzy; **for the ~ of one's health** dla zdrowia; iron dla przyjemności iron; **I'm not standing here for the ~ of my health** iron nie sterczę tutaj dla przyjemności iron; **the holiday**

G

seems to have done her ~ urlop chyba dobrze jej zrobił; **the rain will do the plants ~** deszcz dobrze zrobi roślinom; **it will do you ~ to sleep** sen dobrze ci zrobi; **it didn't do my migraine any ~** to mi nie pomogło na migrenę; **a strike won't do the company any ~** strajk nie wyjdzie firmie na dobre; **it does my heart ~ to hear you say that** liter jakże się cieszę, że to mówisz; **no ~ can** or **will come of it** nic dobrego z tego nie wyniknie; **no ~ will come of waiting** czekanie nic nie da; **would using a different oil do any ~?** czy dałoby coś użycie innego oleju?; **it's unlikely to do us much ~** to nam raczej niewiele da; **much ~ may it do you!** iron dużo ci z tego przyjdzie!; **are these scissors any ~?** czy te nożyczki nadają się do czegoś?; **the stain-remover is no ~** odplamiacz jest do niczego; **is this book any ~ to you?** czy przyda ci się ta książka?; **what ~ will that do?, what's the ~?** co to da?; **it can only be to the ~** to może tylko wyjść na dobre [3] (use) **it's no ~ crying** nie ma co płakać; **what's the ~ of worrying?** po co się martwić?; **what ~ is it selling your car?** co ci da sprzedaż samochodu?; **it's no ~!** (expressing despair) to nie ma sensu!, to na nic!; **these books are no ~ to me now** teraz już nie potrzebuję tych książek [4] GB (profit) **to be £100 to the ~** zarobić 100 funtów; **after paying for the car she was still £300 to the ~** po zapłaceniu za samochód zostało jej jeszcze 300 funtów [5] (virtuous people) **the ~** *(+ v pl)* sprawiedliwi *m pl*

III goods *npl* [1] (for sale) towary *m pl*; **~s and services** towary i usługi; **stolen ~s** skradzione towary; **leather/electrical ~s** artykuły skórzane/elektryczne [2] GB Rail towary *m pl* [3] (property) dobytek *m*; **~s and chattels** Jur majątek ruchomy [4] infml (what is wanted) **he delivers** or **comes up with the ~s** robi, co do niego należy; **that's the ~s!** o to chodzi!

III goods *modif* GB Rail *[station, train, wagon]* towarowy

IV *adj* (*comp* **better;** *superl* **best)** [1] (enjoyable) *[book, news, joke]* dobry; *[day, holiday, party]* udany; *[weather]* dobry, ładny; **to have a ~ time** (enjoy oneself) dobrze się bawić; **a ~ time was had by all** wszyscy dobrze się bawili; **have a ~ time!** baw się dobrze!; **the company has had ~ times and bad times** firma przeżywała dobre i złe chwile; **have a ~ day!** miłego dnia!; **the ~ things in life** przyjemności życia; **the ~ life** przyjemne życie; **it's ~ to be home** dobrze (jest) być w domu; **in the ~ old days** w dawnych dobrych czasach [2] (happy) **to feel ~ about sth/doing sth** cieszyć się z czegoś/robienia czegoś; **helping others makes you feel ~** miło jest pomagać innym; **I didn't feel very ~ about lying to him** (feeling ashamed) źle się czułem, okłamując go [3] (healthy) *[ear, eye, leg]* zdrowy; *[eyesight, hearing, memory]* dobry; **you don't look too ~** nie najlepiej wyglądasz; **I don't feel too ~** nie czuję się najlepiej [4] (of high quality, standard) *[literature, condition, make, hotel, photo, soil, score]* dobry; **I'm not ~ enough for her** nie jestem jej wart; **you've done a ~ day's work** miałeś pracowity dzień; **nothing is too ~ for her son** nic nie jest dla jej syna wystarczająco dobre [5] (for special occasions) *[shoes, dress, suit, tablecloth, china]* odświętny; *[pen, notepaper]* specjalny [6] (prestigious) *[address, neighbourhood, family]* dobry; **to make a ~ marriage** *[man]* dobrze się ożenić; *[woman]* dobrze wyjść za mąż [7] (obedient) *[child, dog]* dobry, grzeczny; *[manners, behaviour]* dobry; **be ~!** (to child) bądź grzeczny!; (to adult) hum zachowuj się przyzwoicie!; **there's a ~ boy/girl!** (to child) bardzo ładnie! [8] (favourable) *[review, opinion, impression, sign]* dobry; **the ~ thing is that...** dobrze, że...; **New York is ~ for shopping** Nowy Jork to dobre miejsce na zakupy [9] (attractive) *[figure]* dobry; *[handwriting, legs, teeth]* ładny; **to look ~ with sth** *[garment, accessory]* pasować do czegoś *[garment]*; **she looks ~ in blue/that dress** dobrze jej w niebieskim/w tej sukience [10] (tasty) *[meal]* dobry; **it tastes ~** to jest dobre; **to smell ~** smakowicie pachnieć; **to look ~** smakowicie wyglądać; **that pie looks ~** ten placek wygląda smakowicie [11] (virtuous) *[man, Christian, family]* dobry; *[life]* cnotliwy; **the ~ guys** (in films) bohaterowie pozytywni [12] (kind) *[person, nature]* dobry; *[temper]* łagodny; **a ~ deed** dobry uczynek; **to do sb a ~ turn** oddać komuś przysługę; **to be ~ to sb** być dla kogoś dobrym; **would you be ~ enough to wait outside?** czy zechciałby pan (łaskawie) poczekać na zewnątrz; **will you be so** or **as ~ as to call a taxi?** czy byłby pan tak uprzejmy i wezwał taksówkę; **be a ~ chap and lend me a fiver** infml bądź człowiekiem i pożycz mi piątaka infml; **close the door, there's a ~ fellow** zamknij, z łaski swojej, drzwi; **to be ~ about sth** być wyrozumiałym, jeśli idzie o coś *[mistake, misunderstanding]*; **my ~ man** dat drogi przyjacielu dat; **how is your ~ lady?** dat jak się miewa szanowna małżonka? dat or hum; **to be in a ~ mood** or **temper** być w dobrym nastroju; **to be in a ~ humour** być w dobrym humorze [13] (reliable) **~ old Robert!** poczciwy Robert!; **there's nothing like ~ old beeswax** nie ma to jak stary poczciwy wosk [14] (competent) *[surgeon, mechanic, president, violinist, swimmer]* dobry; **she's a ~ singer** (nice to listen to) ona ma dobry głos; (as professional) ona jest dobrą śpiewaczką; **you're not a very ~ liar** nie bardzo umiesz kłamać; **to be ~ at sth** być dobrym z czegoś *[Latin, physics]*; dobrze grać w coś *[chess, badminton]*; **to be ~ at dancing/singing** dobrze tańczyć/śpiewać; **to be no ~ at sth** być kiepskim z czegoś *[maths, physics]*; być kiepskim w czymś *[chess, tennis]*; **I'm no ~ at knitting** nie bardzo umiem robić na drutach; **to be ~ with sb** dobrze sobie radzić z kimś *[old people, children, animals]*; **to be ~ with words** mieć dar słowa; **to be ~ with one's hands** mieć zręczne ręce; **you're really ~ at irritating people** potrafisz człowieka wyprowadzić z równowagi; **he was ~ as Hamlet** był dobry jako Hamlet [15] (beneficial) **to be ~ for sth** *[rain, sunshine]* być dobrym dla czegoś, korzystnie wpływać na coś *[skin, plant, business, morale]*; *[milk, spinach]* być zdrowym; **exercise is ~ for you** gimnastyka dobrze robi; **eat your spinach: it's ~ for you** jedz szpinak, jest zdrowy; **she eats more than is ~ for her** za bardzo się objada; **say nothing if you know what's ~ for you** dla własnego dobra nie mów nic więcej [16] (effective) *[example, knife, shampoo, method]* dobry **(for doing sth** do robienia czegoś); **to look ~** *[design, wallpaper]* dobrze się prezentować; **this will look ~ on your CV** to będzie dobrze wyglądać w twoim życiorysie [17] (suitable) *[book, name]* dobry, odpowiedni **(for sb** dla kogoś); *[day, moment]* dobry **(for sth** na coś); **all in ~ time** wszystko w swoim czasie [18] (fluent) **he speaks ~ Spanish** dobrze mówi po hiszpańsku; **her English is quite ~** nieźle zna angielski [19] (fortunate) **it's a ~ job** or **thing (that)...** dobrze, że...; **what a ~ thing!** całe szczęście!; **(and) a ~ thing** or **job too!** (no) i bardzo dobrze!; **it's ~ that...** dobrze, że...; **we've never had it so ~** infml jeszcze nigdy nie układało nam się tak dobrze; **British industry has never had it so ~** przemysł brytyjski nigdy nie był w lepszej sytuacji; **it's too ~ to be true** to zbyt piękne, żeby było prawdziwe [20] (sensible) *[choice, idea, investment]* dobry; **that's a ~ question** dobre pytanie; **that's a ~ point** dobra uwaga [21] (close) *[friend, relationship]* bliski [22] (serviceable) *[ticket, cheque, money, note, machine, coat, shoes, tyre]* dobry; **my season ticket is ~ for two months** mój bilet okresowy jest ważny (na) dwa miesiące; **the car is ~ for another 10,000 km** tym samochodem można przejechać jeszcze następne 10 000 km; **too old? she's ~ for another 20 years** za stara? pociągnie jeszcze następne 20 lat infml [23] (accurate) *[description, account]* dobry, dokładny; *[likeness, picture]* wierny; *[spelling]* poprawny; **the photo isn't a very ~ likeness of him** nie jest zbyt podobny na tym zdjęciu; **to keep ~ time** *[clock, watch]* dobrze chodzić [24] (fit to eat) *[eggs, milk, meat]* dobry [25] (substantial) *[beating, scolding, kick]* porządny; (more than) *[kilo, hour, mile]* dobry; **to give a bottle a ~ shake** dobrze potrząsnąć butelką; **to give a table a ~ polish** porządnie wypolerować stół; **we had a ~ laugh** serdecznie się uśmialiśmy; **I took a ~ look round the house** rozejrzałem się dokładnie po domu; **to be a ~ size** być całkiem sporym; **a ~ distance away** dosyć daleko; **a ~ thick mattress** dobrze wypchany materac; **a ~ long walk/talk** bardzo długi spacer/bardzo długa rozmowa; **I'll do it when I'm ~ and ready** infml zrobię to, kiedy będę całkiem gotów; **we got up ~ and early** infml wstaliśmy bardzo wcześnie; **it must be worth a ~ £50** to musi być warte dobre 50 funtów; **the airport is a ~ 20 miles from here** lotnisko jest dobre 20 mil stąd [26] Naut arch **we sailed on the ~ ship Neptune** płynęliśmy na Neptunie → **better, best**

V as good as *adv phr* [1] (virtually) w zasadzie; **the match was as ~ as lost** mecz był w zasadzie przegrany; **to be as ~ as new** być jak nowy [2] (tantamount to) **it's as ~ as saying yes/giving him a blank cheque** to tak, jakbyś się zgodził/mu dał czek in blanco [3] (by implication) właściwie; **she as ~ as called me a thief** właściwie nazwała mnie złodziejem

VI for good *adv phr* na dobre, na zawsze

VII *excl* dobrze!; (with relief) jak dobrze!

IDIOMS: **~ for you!** (approvingly) bardzo dobrze!; (sarcastically) no to świetnie!; **that's a ~ one!** (of joke, excuse) dobre!; **~ on you!** GB infml brawo!; **~ thinking** dobrze pomyślane!; **everything came ~ in the end** wszystko dobrze się skończyło; **to be caught with the ~s** infml zostać złapanym na gorącym uczynku; **to be onto a ~ thing, to have a ~ thing going** infml być dobrze ustawionym; **too much of a ~ thing** co za dużo, to niezdrowo

good afternoon *excl* (in greeting) dzień dobry; (in farewell) do widzenia

Good Book *n* Relig Pismo *n* Święte

goodbye /ˌgʊdˈbaɪ/ **I** *n* pożegnanie *n*; **they said a tearful ~** pożegnali się ze łzami w oczach; **they said their ~s** pożegnali się; **to wave ~** pomachać na do widzenia; **to say** or **kiss ~ to sth** fig zapomnieć o czymś fig; **to say ~ to one's dreams** pożegnać się z marzeniami

II *excl* do widzenia!

good day *excl* dat (as greeting) dzień dobry; (as farewell) do widzenia

good evening *excl* (on meeting) dobry wieczór; (on parting) dobranoc

goodfella /ˈgʊdfelə/ *n* US infml gangster *m*; (Mafia member) mafioso *m*

good-for-nothing /ˈgʊdfənʌθɪŋ/ **I** *n* nicdobrego *m/f inv*

II *modif [idler, layabout, scraps, bits, car]* bezużyteczny; **her ~ husband** ten łobuz jej mąż

Good Friday *prn* Relig Wielki Piątek *m*

good-hearted /ˌgʊdˈhɑːtɪd/ *adj [person]* o dobrym sercu; **to be ~** mieć dobre serce

good-humoured GB, **good-humored** US /ˌgʊdˈhjuːməd/ *adj [crowd, audience]* rozbawiony; *[smile, joke, discussion, meeting]* wesoły; *[criticism]* przyjazny; *[remark, wink]* żartobliwy; *[rivalry, competition]* przyjacielski; **to be ~** (of mood) być w dobrym humorze; (of character) być pogodnym

good-humouredly GB, **good-humoredly** US /ˌgʊdˈhjuːmədlɪ/ *adv [smile, wink, say]* wesoło; *[tease]* dla żartu, żartobliwie

goodies /ˈgʊdɪz/ *npl* infml [1] (treats) (edible) smakołyki *m pl*; (gifts) prezenciki *m pl* [2] (heroes) bohaterowie *m pl* pozytywni

goodish /ˈgʊdɪʃ/ *adj* infml *[actor, party, film, mood]* nie najgorszy; **'were the children good?' – '~'** „czy dzieci były grzeczne?" – „znośne"

good-looker /ˌgʊdˈlʊkə(r)/ *n* infml (man) przystojniak *m* infml; (woman) atrakcyjna babka *f* infml

good-looking /ˌgʊdˈlʊkɪŋ/ *adj [man]* przystojny; *[woman]* atrakcyjny; *[horse, dog]* ładny

good looks *npl* uroda *f*

goodly /ˈgʊdlɪ/ *adj [amount, sum, number, part]* spory

good morning /ˌgʊdˈmɔːnɪŋ/ *excl* (in greeting) dzień dobry; (in farewell) do widzenia

good-natured /ˌgʊdˈneɪtʃəd/ *adj [smile, remark, person, criticism, banter, laughter]* dobroduszny; *[child]* pogodny; *[animal]* łagodny; *[meeting, discussion]* przyjacielski

good-naturedly /ˌgʊdˈneɪtʃədlɪ/ *adv [smile]* pogodnie, dobrodusznie; *[say, laugh]* przyjaźnie

goodness /ˈgʊdnɪs/ **I** *n* [1] (virtue, kindness) dobroć *f*; **to do sth out of the ~ of one's heart** uczynić coś z dobrego serca; **would you have the ~ to wait a few minutes?** fml czy zechciałby pan łaskawie zaczekać kilka minut? fml [2] (nutritive value) (of food, drink) zalety *f pl*; (of soil) żyzność *f*; **milk is full of ~** mleko jest bardzo zdrowe; **all the ~ of the potato is in the skin** to, co najcenniejsze w ziemniaku, znajduje się w łupinie; **don't overcook the carrots, they lose all their ~** nie gotuj marchewki zbyt długo, bo straci całą swoją wartość odżywczą; **the soil has lost its ~** gleba wyjałowiała

II *excl* (also **my ~!, ~ me!**) o mój Boże!; **~ gracious (me)!** Boże drogi!

IDIOMS: **~ only knows!** Bóg jeden wie; **for ~' sake** na miłość Boską!; **I hope to ~ that...** modlę się, żeby...; **I wish to ~ that he would write** żeby tak do mnie napisał!

goodnight /ˌgʊdˈnaɪt/ **I** *n* **to say ~ to sb** powiedzieć komuś dobranoc; **to give sb a ~ kiss** pocałować kogoś na dobranoc

II *excl* dobranoc!

Good Samaritan *n* Bible miłosierny Samarytanin *m*; fig samarytan|in *m*, -ka *f*

Good Shepherd *n* Relig Dobry Pasterz *m*

good-sized /ˌgʊdˈsaɪzd/ *adj [kitchen, room, box, pocket]* spory

good-tempered /ˌgʊdˈtempəd/ *adj [person, child, animal, smile, look]* łagodny; *[debate, remark, behaviour]* spokojny; **to be ~** *[person, child]* mieć łagodny charakter

good-time girl /ˌgʊdtaɪmˈgɜːl/ *n* pej (fun-loving) latawica *f* infml pej; euph (prostitute) panienka *f* lekkich obyczajów infml

goodwill /ˌgʊdˈwɪl/ **I** *n* [1] (helpful attitude) dobra wola *f*; (kindness) życzliwość *f*; **with ~ we shall succeed** przy (odrobinie) dobrej woli powinno nam się udać; **a man /gesture of ~** człowiek/gest dobrej woli; **to show ~ to** or **towards sb** wykazywać dobrą wolę w stosunku do kogoś; **in a spirit of ~** w atmosferze (wzajemnej) życzliwości; **to do sth with ~** robić coś z życzliwości; **he spoke with ~** przemawiała przez niego życzliwość; **the season of ~** święta Bożego Narodzenia [2] Comm (non-paper value) renoma *f* firmy

II *modif* **~ gesture/mission** gest/misja dobrej woli; **~ visit** przyjacielska wizyta

goody /ˈgʊdɪ/ infml **I** *n* (*pl* **goodies**) [1] (hero) pozytywny bohater *m* [2] (candy) smakołyk *m*; **a bag of goodies** paczka słodyczy

II *excl* baby talk pycha!

goody-goody /ˈgʊdɪgʊdɪ/ infml pej **I** *n* świętosz|ek *m*, -ka *f* iron

II *adj* świętoszkowaty **a ~ child** aniołek iron

goody two shoes /ˌgʊdɪˈtuːʃuːz/ *n* infml pej wzór *m* wszelkich cnót

gooey /ˈguːɪ/ *adj* infml [1] (sticky) brejowaty, maziowaty; **~ cake** ciastko zaklejające usta [2] fig (sentimental) ckliwy

goof /guːf/ **I** *n* infml [1] (idiot) bęcwał *m* [2] (blunder) głupi błąd *m*

II *vt* = **goof up**

III *vi* = **goof up**

■ **goof around** infml (fool around) wygłupiać się; (laze about) obijać się

■ **goof off** US infml = **goof around**

■ **goof on** US: **~ on [sb]** nabijać się z kogoś

■ **goof up** infml: ¶ **~ up** dać plamę infml ¶ **~ up [sth], ~ [sth] up** s|paprać infml

goofball /ˈguːfbɔːl/ *n* US infml [1] (fool) przygłup *m* [2] (drug) proch *m* infml

goof-off /ˈguːfɒf/ *n* US infml dekownik *m* infml

goof-up /ˈguːfʌp/ *n* US infml głupia wpadka *f* infml

goofy /ˈguːfɪ/ *adj* durny

goo-goo eyes /ˈguːguːaɪz/ *n* US infml cielęcy wzrok *m*; **to make ~ to sb** robić do kogoś słodkie oczy

gook /guːk, gʊk/ *n* vinfml (sticky substance) paskudztwo *n* infml

goolies /ˈguːliːz/ *npl* vinfml jaja *n pl* vulg

goon /guːn/ *n* infml [1] (stupid person) matoł *m* infml; **he's a bit of a ~** on jest trochę przymulony; **he's a real ~** to kompletny matoł [2] pej (thug) zbir *m*; **~ squad** banda zbirów

gooney bird /ˈguːnɪbɜːd/ *n* US Zool albatros *m*

goop /guːp/ *n* vinfml [1] (sticky substance) paskudztwo *n* infml [2] fig pej **sentimental ~** ckliwa szmira

goosander /guːˈsændə(r)/ *n* Zool nurogęś *f*

goose /guːs/ **I** *n* (*pl* **geese**) [1] Zool gęś *f*; **you silly ~!** infml ty głuptasie! [2] Culin gęś *f*, gęsina *f*

II *vt* infml uszczypnąć w tyłek, podszczypywać w tyłek infml

IDIOMS: **all his geese are swans** dla niego wszyscy są wspaniali; **to cook sb's ~** infml urządzić kogoś infml; **to kill the ~ that lays the golden eggs** zarżnąć kurę znoszącą złote jajka

gooseberry /ˈgʊzbərɪ, US ˈguːsberɪ/ *n* agrest *m*

IDIOMS: **I feel like a ~** czuję, że nic tu po mnie; **to be a** or **play ~** odgrywać przyzwoitkę

gooseberry bush *n* krzak *m* agrestu; **he was found under a ~** hum przyniósł go bocian hum

gooseberry fool *n* mus *m* agrestowy

goosebumps /ˈgʊsbʌmps/ *npl* = **goose pimples**

gooseflesh /ˈgʊsfleʃ/ *n* = **goose pimples**

goosegog /ˈgʊzgɒg/ *n* GB infml = **gooseberry**

goosegrass /ˈguːsgrɑːs, US -græs/ *n* Bot (cleavers) przytulia *f* czepna; (silverweed) pięciornik *m* gęsi

goose pimples /ˈguːspɪmplz/ *npl* gęsia skórka *f*; **to come out in ~** dostać gęsiej skórki

goose-step /ˈguːstep/ **I** *n* Mil krok *m* defiladowy; **to do the ~** maszerować krokiem defiladowym

II *vi* po|maszerować krokiem defiladowym

GOP *n* US Pol = **Grand Old Party** Partia *f* Republikańska
gopher /ˈgəʊfə(r)/ *n* Zool goffer *m*
gorblimey /ˌgɔːˈblaɪmɪ/ GB infml **I** *adj* ~ **accent** plebejski akcent
II *excl* psia kość! infml
Gordian knot /ˌgɔːdɪənˈnɒt/ *n* Mythol węzeł *m* gordyjski; **to cut the ~** fig przeciąć węzeł gordyjski
gore[1] /gɔː(r)/ *n* (blood) (zakrzepła) krew *f*; **a scene of bloodshed and ~** krwawa jatka fig
gore[2] /gɔː(r)/ *n* (in fabric) klin *m*, bryt *m*
gore[3] /gɔː(r)/ *vt [bull, rhino]* u|bóść; **to ~ sb to death** zabóść kogoś na śmierć
gored /gɔːd/ *adj* ~ **skirt** spódnica z klinów
gorge /gɔːdʒ/ **I** *n* [1] (valley) wąwóz *m*, parów *m*; (of river) przełom *m*; **the Rhine ~** przełom Renu [2] Anat gardło *n*
II *vi [person, animal]* ob|eżreć, -żerać się infml **(on sth** czymś**)**
III *vr* **to ~ oneself** ob|eżreć, -żerać się infml **(on** or **with sth** czymś**)**
IDIOMS: **to make sb's ~ rise** przyprawić kogoś o mdłości fig
gorgeous /ˈgɔːdʒəs/ *adj* [1] infml (lovely) *[meal]* wyborny; *[weather, holiday]* cudowny; *[woman, blonde]* zachwycający; **you look ~** wyglądasz fantastycznie; **hello ~!** (to man) cześć, przystojniaczku!; (to woman) cześć, ślicznotko! [2] liter (magnificent) *[sunset, dress]* olśniewający liter; *[colour]* cudowny
gorgeously /ˈgɔːdʒəslɪ/ *adv [dressed, decorated, coloured]* olśniewająco
gorgon /ˈgɔːgən/ **I** *n* fig (fearsome woman) megiera *f* infml
II Gorgon *prn* Mythol gorgona *f*
gorilla /gəˈrɪlə/ *n* [1] Zool goryl *m* [2] fig (large man) osiłek *m* infml; (bodyguard) goryl *m* infml
gormandize /ˈgɔːməndaɪz/ *vi* fml folgować sobie w jedzeniu liter
gormless /ˈgɔːmlɪs/ *adj* GB infml tępy, przygłupi
gorp /gɔːp/ *n* US mieszanka *f* suszonych owoców i orzechów
gorse /gɔːs/ *n* Bot kolcolist *m* (zachodni)
gorse bush *n* Bot = **gorse**
gory /ˈgɔːrɪ/ *adj [battle, fight]* krwawy; *[film]* pełen przemocy; **all the ~ details** fig wszystkie drastyczne szczegóły
gosh /gɒʃ/ *excl* infml o rety!
goshawk /ˈgɒshɔːk/ *n* Zool gołębiarz *m*
gosling /ˈgɒzlɪŋ/ *n* gąska *f*, gąsię *n*
go-slow /ˌgəʊˈsləʊ/ **I** *n* GB strajk *m* włoski
II *modif* ~ **tactics** strajk włoski
gospel /ˈgɒspl/ **I** *n* [1] Relig (teaching) ewangelia *f*, dobra nowina *f*; (book) Ewangelia *f*; **the ~ according to St John** Ewangelia według św. Jana; **to spread the ~** głosić ewangelię or dobrą nowinę; **to spread the ~ of sth** fig propagować coś; **to take sth as ~** or **~ truth** święcie wierzyć w coś; **to tell ~** or **~ truth** fig mówić świętą prawdę; **physical fitness is her ~** fig sprawność fizyczna to dla niej sprawa numer jeden [2] Mus (also **~ music**) gospels *inv*
II *modif* [1] Mus **a ~ singer** wykonawca muzyki gospel; **a ~ song** pieśń ewangeliczna [2] Rel **a ~ oath** przysięga na Ewangelię
gossamer /ˈgɒsəmə(r)/ **I** *n* [1] liter (cobweb) babie lato *n* [2] (fabric) jedwabna siateczka *f*
II *adj [wings, fabric]* cienki jak pajęczyna
gossip /ˈgɒsɪp/ **I** *n* [1] (news) plotki *f pl* **(about sb/sth** o kimś/czymś, na temat kogoś/czegoś**)**; **a piece of ~** plotka [2] (chat) plotki *f pl*; **do come for coffee and a ~!** przyjdź koniecznie na kawę i ploteczki; **to have a ~ with sb** poplotkować (sobie) z kimś [3] (person) plotka|rz *m*, -rka *f*
II *vi* po|plotkować **(with sb** z kimś**)** **(about sb/sth** o kimś/czymś, na temat kogoś/czegoś**)**
gossip column *n* rubryka *f* towarzyska
gossip columnist *n* redaktor *m*, -ka *f* rubryki towarzyskiej
gossiping /ˈgɒsɪpɪŋ/ **I** *n* plotkowanie *n*
II *adj* plotkarski
gossipmonger /ˈgɒsɪpmʌŋgə(r)/ *n* plotka|rz *m*, -rka *f*
gossipy /ˈgɒsɪpɪ/ *adj [person]* pej rozplotkowany; *[letter, style, note]* plotkarski
got /gɒt/ *pt, pp* → **get**
gotcha /ˈgɒtʃə/ *excl* infml mam cię!
goth, Goth /gɒθ/ *n* [1] Hist Got *m* [2] GB Mus rock *m* gotycki; (fan) fan *m*, -ka *f* rocka gotyckiego; (performer) wykonaw|ca *m*, -czyni *f* rocka gotyckiego
gothic, Gothic /ˈgɒθɪk/ **I** *n* [1] Archit, Print gotyk *m* [2] (language) (język *m*) gocki *m*
II *adj* [1] Archit, Print gotycki [2] Literat gotycki; **~ romance** powieść gotycka
gotta /ˈgɒtə/ infml [1] = **got to** [2] = **got a**
gotten /ˈgɒtn/ *pp* US → **get**
gouache /gʊˈɑːʃ/ *n* Art gwasz *m*
gouge /gaʊdʒ/ **I** *n* [1] (tool) dłuto *n* [2] (scratch) wyżłobienie *n*, żłobek *m*
II *vt* [1] (dig) wyżł|obić, -abiać *[pattern]*; wydłub|ać, -ywać *[hole]* **(in sth** w czymś**)** [2] US infml (overcharge) o|kantować infml *[person]*
■ **gouge out**: **~ out [sth], ~ [sth] out** wyżł|obić, -abiać *[pattern]*; wydłub|ać, -ywać *[hole]*; wykr|oić, -awać *[bad bit]*; **to ~ sb's eyes out** wyłupić komuś oczy
goulash /ˈguːlæʃ/ *n* Culin gulasz *m*
gourd /gʊəd/ *n* (fruit, container) tykwa *f*
IDIOMS: **to be out of one's ~** US infml mieć nie po kolei w głowie infml
gourmand /ˈgʊəmənd/ *n* łakomczuch *m*, łasuch *m*
gourmet /ˈgʊəmeɪ/ **I** *n* smakosz *m*
II *modif [restaurant, food, meal]* wyśmienity
gout /gaʊt/ *n* Med podagra *f*, dna *f*, skaza *f* moczanowa
gouty /ˈgaʊtɪ/ *adj* Med **to have ~ joints** mieć dnawe zapalenie stawów; **to have a ~ knee** mieć dnawe zapalenie stawu kolanowego
gov *n* = **guv**
Gov *n* = **Governor**
govern /ˈgʌvn/ **I** *vt* [1] Admin, Pol rządzić (czymś) *[country, state, city]*; zarządzać (czymś) *[province, colony]* [2] (control) *[law, principle]* rządzić (czymś) *[behaviour, life, manufacture, sale, relationship]*; **the laws that ~ the movements of planets** prawa rządzące ruchem planet [3] (determine) kierować (czymś) *[actions]*; wpły|nąć, -wać na (coś) *[decision]*; *[genes]* określ|ić, -ać *[personality, character]*; **self-interest ~s all his actions** we wszystkim kieruje się własnym interesem; **the basic salary is ~ed by three factors** wysokość zasadniczej pensji zależy od trzech czynników [4] fml (restrain) za|panować nad (czymś) *[temper, feelings]*; **this child can't be ~ed** trudno zapanować nad tym dzieciakiem [5] Ling rządzić (czymś) [6] Elec, Tech regulować *[flow, input, speed]*
II *vi [parliament, president]* rządzić, sprawować władzę; *[administrator, governor]* zarządzać
governance /ˈgʌvənəns/ *n* fml rządy *plt*
governess /ˈgʌvənɪs/ *n* (*pl* **~es**) guwernantka *f*
governing /ˈgʌvənɪŋ/ *adj [party, class]* rządzący; *[factor]* decydujący; **the ~ principle** or **concept behind socialism** podstawowa zasada, na której opiera się socjalizm
governing body *n* ciało *n* zarządzające
government /ˈgʌvənmənt/ **I** *n* [1] (exercise of authority) rządzenie *n*, sprawowanie *n* władzy; **he has no experience of ~** brak mu doświadczenia w rządzeniu [2] (political system) rządy *plt*; **democratic ~** rządy demokratyczne; **parliamentary ~** rządy parlamentarne [3] (ruling body) (+ *v sg/pl*) rząd *m*; (the state) państwo *n*; **to form a ~** utworzyć rząd; **the ~ of France** rząd Francji or francuski; **the Churchill ~** rząd Churchilla; **a minority/coalition ~** rząd mniejszościowy/koalicyjny; **to work for the ~** być urzędnikiem państwowym; **our party is in ~** nasza partia jest u władzy; **our party is in the ~** nasza partia jest w rządzie [4] Ling rekcja *f*, związek *m* rządu
II *modif [minister, plan, department, agency, grant, majority, publication]* rządowy; *[loan, funds, borrowing]* państwowy; **~ intervention/policy** interwencja/polityka rządu; **~ expenditure** wydatki państwa
Government Accounting Office *prn* US izba *f* obrachunkowa
governmental /ˌgʌvənˈmentl/ *adj* rządowy
government bond *n* Fin obligacja *f* państwowa
government contractor *n* kontrahent *m* rządowy
government corporation *n* US agencja *f* rządowa
government employee *n* urzędnik *m* państwowy
government-funded /ˌgʌvənməntˈfʌndɪd/ *adj* finansowany z budżetu państwa
Government House *n* GB Pol rezydencja *f* gubernatora
government issue *adj [equipment]* zapewniany przez państwo; *[bonds]* emitowany przez państwo
government office *n* urząd *m* państwowy
government official *n* urzędnik *m* państwowy
Government Printing Office *n* US drukarnia *f* rządowa
government securities *npl* Fin państwowe papiery *m pl* wartościowe
government stock *n* = **government securities**
governor /ˈgʌvənə(r)/ *n* [1] (of province, state, colony) gubernator *m*; (of national bank) ≈

prezes *m*; (of prison) naczelnik *m*; (of fee-paying school, hospital) członek *m* zarządu; (of university) członek *m* władz uniwersytetu [2] GB infml (employer, father) stary *m* infml [3] Tech regulator *m* [4] Ling wyraz *m* nadrzędny

Governor-General /ˌɡʌvənəˈdʒenrəl/ *n* GB Pol gubernator *m* generalny

governorship /ˈɡʌvənəʃɪp/ *n* [1] (office) urząd *m* gubernatora [2] (governing) **during his ~** w czasie sprawowania przez niego urzędu gubernatora

govt *n* = **government**

gown /ɡaʊn/ *n* (for evening wear) suknia *f*; (for indoor wear) szlafrok *m*, podomka *f*; (of judge, academic) toga *f*; (of surgeon) fartuch *m*, kitel *m*; (of patient) koszula *f* szpitalna

gowned /ɡaʊnd/ *adj [scholar, judge]* ubrany w togę; **~ woman** US kobieta w eleganckiej sukni

goy /ɡɔɪ/ *n* (*pl* **~im, ~s**) goj *m*, -ka *f*

GP *n* = **general practitioner**

GPO [1] GB = **General Post Office** Poczta *f* Główna [2] US = **Government Printing Office** drukarnia *f* rządowa

GPS *n* = **global positioning system** globalny system *m* określania położenia (statków i samolotów), GPS *m inv*

gr [1] = **gram** [2] = **gross**

grab /ɡræb/ **I** *n* [1] (snatch) **to make a ~ at** or **for sth** próbować chwycić coś; **a ~ for power** próba przejęcia władzy; fig **he made a ~ for power** zorganizował przewrót; **to be up for ~s** infml *[job, prize]* infml; być do wzięcia [2] Tech chwytak *m*

II *vt* (*prp, pt, pp* **-bb-**) [1] (take hold of) (also **~ hold of**) z|łapać, chwy|cić, -tać *[money, toy]*; **to ~ sb's arm** or **sb by the arm** złapać or chwycić kogoś za rękę; **to ~ a chance/an opportunity** fig skorzystać z szansy/okazji; **to ~ sth from sb** wyrwać coś komuś; **to ~ all the attention** skupiać całą uwagę [2] (illegally, unfairly) zagarn|ąć, -iać *[land, resources, power]* [3] infml (snatch) **to ~ a snack** przekąsić coś; **I ~bed some sleep** udało mi się chwilę przespać [4] infml (impress) **this idea doesn't ~ me** ten pomysł nie trafia mi do przekonania; **this music doesn't ~ me** ta muzyka mnie nie bierze infml

III *vi* (*prp, pt, pp* **-bb-**) **to ~ at sth** rzucić się na coś

grab bag *n* US [1] (lucky dip) kosz *m* szczęścia [2] (miscellany) (of styles) mieszanka *f*

grace /ɡreɪs/ **I** *n* [1] (physical charm) (of person's movement, body, animal) gracja *f*, wdzięk *m*; (of person's behaviour) wdzięk *m*; (of architecture) lekkość *f*; **to do sth with ~** zrobić coś z gracją or wdziękiem; **to have ~** mieć wdzięk; **to have no ~** nie mieć or być bez wdzięku [2] (dignity, graciousness) **he didn't even have the ~ to say goodbye** nawet nie miał na tyle przyzwoitości, żeby się pożegnać; **to do sth with good ~** chętnie coś zrobić; **to do sth with bad ~** zrobić coś z łaski [3] (favour) (spiritual) łaska *f*; względy *plt*; **in a state of ~** w stanie łaski; **to fall from ~** Relig utracić stan łaski (uświęcającej); fig popaść w niełaskę, utracić względy; **by the ~ of God** z Bożej łaski; **an act of ~** akt łaski [4] (time allowance) **to give sb two days' ~** dać komuś jeszcze dwa dni; **you have one week's ~ to do it** daję ci jeszcze tydzień na zrobienie tego [5] (prayer) **to say ~** odmówić modlitwę *(przed lub po posiłku)* [6] (quality) **sb's saving ~** pozytywna cecha kogoś; **the film's saving ~ is...** ten film ratuje to, że...; **he is abrupt and insensitive but he does have a few saving ~s** on jest obcesowy i gruboskórny, ale ma kilka pozytywnych cech [7] (manners) **to have all the social ~s** być wyrobionym towarzysko

II *vt* [1] (decorate) *[statue, flowers, tapestries]* ozd|obić, -abiać, zdobić; **to be ~d with sth** być czymś ozdobionym [2] (honour) *[eminent person]* zaszczyc|ić, -ać *[person, organization]*; uświetni|ć, -ać *[event, ceremony]*; **to ~ sb with one's presence** also iron zaszczycić kogoś swoją obecnością also iron [3] (bless) **to be ~d with sth** być obdarzonym czymś *[beauty, intelligence]*

IDIOMS: **there but for the ~ of God go I** nigdy nie wiadomo, co nam się może przydarzyć; **to be in sb's good ~s** cieszyć się względami kogoś; **to put on airs and ~s** pej pysznić się, puszyć się

Grace /ɡreɪs/ **I** *n* [1] (title of archbishop) **His ~** Jego Eminencja; **Your ~** Wasza Eminencja; (addressing) Wasza Eminencjo [2] (title of duke, duchess) **His/Her/Your ~** Jego/Jej /Wasza Książęca Mość

II Graces *npl* Mythol **the ~** trzy gracje *f pl*

grace-and-favour /ˌɡreɪsənˈfeɪvə(r)/ *adj* GB **a ~ residence** *rezydencja zajmowana przez osobę mającą zasługi dla władcy lub rządu*

graceful /ˈɡreɪsfl/ *adj* [1] (of pleasing beauty) *[dancer, movement, appearance]* pełen gracji, pełen wdzięku; (elegant) *[style, writing, building]* elegancki; **to be ~ in one's movements** ruszać się z gracją [2] (considerate) *[apology, excuse, refusal]* elegancki; **to make a ~ exit** also fig zgrabnie się wycofać

gracefully /ˈɡreɪsfəlɪ/ *adv* [1] *[move, dance, slide, fly]* z gracją, z wdziękiem [2] (considerately) *[phrased, expressed]* elegancko; *[accept, handle, refuse, apologize]* taktownie; **to admit defeat ~** z godnością przyznać się do porażki

IDIOMS: **to grow old ~** ładnie się starzeć

gracefulness /ˈɡreɪsflnɪs/ *n* gracja *f*, wdzięk *m*

graceless /ˈɡreɪslɪs/ *adj* [1] (plain) *[room, city, person]* pozbawiony wdzięku, bez wdzięku [2] (rude) *[remark, refusal, behaviour]* nieelegancki

grace note *n* Mus ozdobnik *m*

grace period *n* prolongata *f* terminu płatności, karencja *f*

gracious /ˈɡreɪʃəs/ **I** *adj* [1] (polite, generous) *[person, manner, smile, invitation]* uprzejmy; (to inferiors) łaskawy also iron; **to be ~ (to sb) about their mistake/failure** pobłażliwie odnieść się do błędu/niepowodzenia kogoś; **it's ~ of you** to bardzo uprzejme z pańskiej strony; (humbly) bardzo pan łaskaw; iron to bardzo łaskawe z twojej strony iron; **to be ~ in defeat** umieć przyznać się do porażki [2] (aristocratic) *[lady, smile, wave]* łaskawy; (pleasant) przyjemny; **~ living** wystawne życie [3] Relig *[God]* miłosierny, łaskawy [4] (in royal title) łaskawy; **Her Gracious Majesty** Jej Królewska Mość; **by ~ permission of His Majesty** z łaski Jego Królewskiej Mości

II *excl* dat **good(ness) ~!, ~ me!** Boże jedyny!; **~, no!** nigdy w życiu!

graciously /ˈɡreɪʃəslɪ/ *adv* (politely) *[behave, worded]* uprzejmie; (like monarch) *[accept, concede]* łaskawie also iron; **he ~ agreed to come** iron łaskawie zgodził się przyjść iron; **His Majesty is ~ pleased to accept** Jego Królewska Mość łaskawie wyraża zgodę

graciousness /ˈɡreɪʃəsnɪs/ *n* (politeness) uprzejmość *f*; (of way of life, residence) wytworność *f*; (of God) miłosierdzie *n*, łaskawość *f*; (of royalty) łaskawość *f*; **~ in defeat** umiejętność przyznania się do porażki

gradable /ˈɡreɪdəbl/ *adj* Ling *[adjective]* stopniowalny

gradate /ɡrəˈdeɪt/ **I** *vt* **to ~ sth according to size** posortować or ułożyć coś według wielkości

II *vi* **to ~ from light to dark green** stopniowo przechodzić od jasnej do ciemnej zieleni or od jasno- do ciemnozielonego

gradation /ɡrəˈdeɪʃn/ *n* [1] (series of stages) stopniowanie *n*, gradacja *f* **(of** or **in sth** czegoś); **colour ~s** Art gradacja barw [2] (degree) stopień *m*; **~s of feeling** stopnie natężenia uczucia [3] (in power structure) szczebel *m*; **all ~s of the bureaucracy** wszystkie szczeble biurokracji [4] Meas (on scale) podziałka *f*

grade /ɡreɪd/ **I** *n* [1] (quality) (of equipment, paper, wool, steel) klasa *f*; (of meat, paper, wool, steel) gatunek *m*; (of fruit) gatunek *m*, sort *m*; (of egg) wielkość *f*; **high-/low-~ meat** wysokogatunkowe/niskogatunkowe mięso; **high-/low-~ paper** papier wysokiej/niskiej klasy; **high-/low-~ fruit** owoce pierwszego/gorszego gatunku; **low-~ imitation** słaba imitacja; **low-~ literature** podrzędna literatura; **small-/large-~ eggs** małe/duże jajka [2] Sch, Univ (mark) stopień *m*, ocena *f* **(in sth** z czegoś); **to get good ~s** dostać dobre stopnie; **to get ~ A** or **an A ~** ≈ dostać piątkę; **what are the ~s required to study medicine?** jakie trzeba mieć stopnie, żeby studiować medycynę?; **what is my ~ in geography?** co mam z geografii? [3] (in power structure) Admin szczebel *m*; Mil stopień *m*; **senior-/low-~ employee** pracownik wysokiego /niskiego szczebla; **a top-~ civil servant** urzędnik państwowy najwyższego szczebla; **top salary ~** najwyższy przedział płacowy [4] US Sch (class) klasa *f*; **he entered the tenth ~** poszedł do dziesiątej klasy [5] (also **Grade**) (level of difficulty) poziom *m* [6] US (gradient) nachylenie *n*; (slope) pochyłość *f*; **to climb a steep ~** pokonać stromą pochyłość; **to stop on a steep ~** *[car]* zatrzymać się na stromym podjeździe [7] Agric (in breeding) (horse) koń *m* półkrwi; (cow) krowa *f* rasy mieszanej; (sheep) owca *f* rasy mieszanej

II *vt* [1] (categorize) (by quality) po|dzielić na klasy *[butter, meat]* **(according to sth** według czegoś); po|sortować *[fruit, eggs, potatoes, clothes]* **(according to sth** według czegoś); **to be ~d higher** *[hotel, accommodation]* otrzymać, mieć wyższą kategorię [2] (vary) z|różnicować *[work, exercises, questions]*; **to ~ sth according to difficulty** zróżnicować coś ze względu na stopień

G

trudności [3] US Sch (mark) oceni|ć, -ać *[pupil, work, paper]*; **to be ~ed A** *[student]* ≈ dostać piątkę; *[paper]* ≈ zostać ocenionym na piątkę; **to ~ (from) 1 to 6** ocenić w skali od jednego do sześciu [4] Art (blend) stosować gradację (czegoś) *[colours, tones]* [5] Agric (in breeding) s|krzyżować *[animal, stock]* **(with sth** z czymś) [6] (make level) s|plantować *[ground, land]*
III graded *pp adj [test, questions]* o zróżnicowanym stopniu trudności; *[hotel]* o potwierdzonym standardzie
■ **grade down**: GB Sch **~ [sth] down** obniż|yć, -ać *[mark]*
■ **grade up**: GB Sch **~ [sth] up** podwyż-sz|yć, -ać *[mark]*
IDIOMS: **to be on the up/down ~** *[business]* iść coraz lepiej/gorzej; **to make the ~** (reach standard) stanąć na wysokości zadania

grade book *n* US Sch dzienniczek *m* (ucznia)

grade crossing *n* US Rail przejazd *m* kolejowy

grade inflation *n* US Sch inflacja *f* ocen

grade point average *n* US Sch, Univ średnia *f* (ocen)

grader /ˈgreɪdə(r)/ **I** *n* [1] (of produce) (machine) sortownik *m*; (person) sortowacz *m*, -ka *f* [2] Civ Eng równiarka *f*
II -grader *in combinations* US **sixth-~** szóstoklasista

grade school *n* US Educ szkoła *f* podstawowa

grade school teacher *n* US nauczyciel *m*, -ka *f* w szkole podstawowej

gradient /ˈgreɪdɪənt/ *n* [1] (slope) pochyłość *f*; **to be on a ~** znajdować się na pochyłości [2] Meas (degree of slope) stopień *m* nachylenia; **a ~ of 8%** ośmioprocentowe nachylenie terenu [3] Math, Phys gradient *m*

grading /ˈgreɪdɪŋ/ *n* [1] (classification) klasyfikacja *f*; (of personnel) hierarchia *f* [2] Sch (marking) ocena *f*

grading system *n* system *m* ocen

gradual /ˈgrædʒʊəl/ **I** *n* Relig graduał *m*
II *adj* [1] (progressing by degrees) *[increase, decline, progress]* stopniowy [2] (gentle) *[slope, incline]* łagodny

gradualism /ˈgrædʒʊəlɪzəm/ *n* Econ, Biol, Philos gradualizm *m*

gradualist /ˈgrædʒʊəlɪst/ *n* Econ, Biol, Philos zwolenni|k *m*, -czka *f* gradualizmu

gradually /ˈgrædʒʊlɪ/ *adv* stopniowo

graduate I /ˈgrædʒʊət/ *n* Univ absolwent *m*, -ka *f*; **a ~ of** or **from Oxford, an Oxford ~** absolwent Oksfordu; **a ~ in maths** absolwent matematyki; **a high school ~** US absolwent szkoły średniej
II /ˈgrædʒʊət/ *modif [course, studies]* (for master's degree) magisterski; (for people with master's degree) podyplomowy *[accommodation, centre]* dla słuchaczy studiów magisterskich; **a ~ student** słuchacz studiów magisterskich; **in England teaching is a ~ profession** w Anglii wykonywanie zawodu nauczyciela wymaga wyższego wykształcenia
III /ˈgrædjʊeɪt/ *vt* [1] Tech wy|skalować *[container, scale]* [2] US (give degree to) przyzna|ć, -wać dyplom or stopień komuś *[student]* [3] US infml s|kończyć *[school, university]*
IV /ˈgrædjʊeɪt/ *vi* [1] u|kończyć studia wyższe, otrzym|ać, -ywać dyplom; **he ~d in Maths** skończył matematykę or studia na wydziale matematycznym; **she ~d from** or **at Oxford** zrobiła dyplom w Oksfordzie, skończyła Oksford [2] US Sch ≈ ukończyć szkołę średnią [3] (progress) **to ~ (from sth) to sth** przejść (od or z czegoś) do czegoś; **our son has just ~d from a tricycle to a proper bicycle** nasz synek właśnie przesiadł się z rowerka na trzech kółkach na normalny rower
V graduated /ˈgrædjʊeɪtɪd/ *pp adj* Soc, Admin *[tax, system, scale]* progresywny; *[contribution]* proporcjonalny do zarobków; **~d pension scheme** GB *system emerytalny o charakterze progresywnym*

graduate assistant *n* US Univ asystent *m*

graduate profession *n* zawód *m* wymagający wyższego wykształcenia

graduate recruit *n* kandydat *m* z wyższym wykształceniem

graduate school *n* US Educ (for master's degree) uzupełniające studia *plt* magisterskie; (for doctorate) studia *plt* doktoranckie

graduate teacher *n* Educ dyplomowany nauczyciel *m*, dyplomowana nauczycielka *f*

graduate training scheme *n* GB Educ kształcenie *n* podyplomowe

graduation /ˌgrædʒʊˈeɪʃn/ *n* [1] Univ (end of course) ukończenie *n* studiów; (ceremony) uroczystość *f* wręczenia dyplomów; promocja *f* ra [2] US = **graduation ceremony** [3] (mark on instrument) stopień *m* podziałki; **~s** podziałka *f*

graduation ceremony *n* US Sch ≈ rozdanie *n* świadectw ukończenia szkoły średniej

Graeco+, Greco+ US /griːkəʊ-/ *in combinations* grecko-; **~-Latin** grecko-łaciński

graffiti /grəˈfiːtɪ/ *n (+ v pl/sg)* graffiti *n inv*

graffiti artist *n* grafficiarz *m*

graft[1] /grɑːft, US græft/ **I** *n* [1] Hort szczep *m* [2] Med przeszczep *m*; **skin/vein ~** przeszczep skóry/żyły
II *vt* Hort fig za|szczepić *[plant, variety]* **(onto sth** na czymś); przeszczepi|ć, -ać *[plant, variety]* **(sth onto sth** coś na coś); Med przeszczepi|ć, -ać *[skin, organs]*; **to ~ apples** zaszczepić jabłonie; **new veins have been ~ed onto the heart** do serca wszczepiono nowe żyły; **to ~ sth in** wszczepić coś; **to ~ sth on to sth** fig zaszczepić coś w czymś *[method]*

graft[2] /grɑːft, US græft/ **I** *n* infml [1] (corruption) łapownictwo *n*; (bribe) łapówka *f* [2] GB (work) harówka *f* infml; **hard ~** ciężka harówka
II *vi* infml [1] (bribe) dawać w łapę infml; (be bribed) brać w łapę infml [2] GB (work) harować infml

grafter /ˈgrɑːftə(r), US ˈgræftə(r)/ *n* infml [1] (corrupt person) łapownik *m*; **to be a ~** brać w łapę infml [2] (hard worker) wół roboczy *m* infml

graft hybrid *n* Hort hybryda *f (powstała w wyniku szczepienia)*

graham bread /ˌgreɪəmˈbred/ *n* graham *m*

graham cracker /ˌgreɪəmˈkrækə(r)/ *n* krakers *m* z razowej mąki pszennej

graham flour /ˌgreɪəmˈflaʊə(r)/ *n* razowa mąka *f* pszenna

Grail /greɪl/ *n* → **Holy Grail**

grain /greɪn/ **I** *n* [1] (commodity) zboże *n*; (different kinds) zboża *n pl*; **~ prices** ceny zboża [2] (seed) ziarno *n*; **long ~ rice** ryż długoziarnisty [3] (small piece) (of sand) ziarnko *n*; (of salt) kryształek *m* [4] fig (of hope, comfort) odrobina *f*; (of common sense, humour) szczypta *f*; (of truth) ziarno *n* [5] (pattern) (in wood) słoje *m pl*; (in paper, fabric, flesh) włókna *n pl*; (in stone) żyłkowanie *n*; (in leather) lico *n*; **to cut sth along/across the ~** przeciąć coś wzdłuż/w poprzek włókien [6] (roughness) Phot ziarno *n* [7] Meas (weight) gran *m* (*= 0,0648 g*)
II *vt* (stain) słojować, mazerować *[wood]*; po|żyłkować, marmoryzować *[stone]*; groszkować *[leather]*
III grained *pp adj [worktop, table]* (in imitation of wood) słojowany, mazerowany; (in imitation of marble) żyłkowany; *[leather]* groszkowany; *[paper, skin]* ziarnisty
IDIOMS: **it goes against the ~ (for sb)** to wbrew naturze kogoś

grain alcohol *n* spirytus *m* zbożowy

grain elevator *n* elewator *m* zbożowy

graininess /ˈgreɪnɪnɪs/ *n* Phot ziarnistość *f*

grainy /ˈgreɪnɪ/ *adj* [1] *[wood]* słojowaty [2] (granular) *[substance]* ziarnisty [3] Phot *[picture]* ziarnisty

gram /græm/ *n* gram *m*

grammar /ˈgræmə(r)/ **I** *n* [1] gramatyka *f*; **to use bad ~** robić błędy gramatyczne; **that's bad ~** to błąd gramatyczny [2] (also **~ book)** gramatyka *f*, podręcznik *m* gramatyki
II *modif [exercise]* gramatyczny; **~ book /lesson** podręcznik/lekcja gramatyki

grammarian /grəˈmeərɪən/ *n* gramaty|k *m*, -czka *f*

grammar school *n* [1] GB Educ *szkoła średnia dla dzieci od 11 roku życia przygotowująca do egzaminów na studia* [2] US dat ≈ szkoła *f* podstawowa

grammatical /grəˈmætɪkl/ *adj* [1] Ling *[error, gender]* gramatyczny [2] (correct) *[sentence]* gramatyczny, poprawny

grammaticality /grəˌmætɪˈkælətɪ/ *n* poprawność *f* gramatyczna, gramatyczność *f*

grammatically /grəˈmætɪklɪ/ *adv [correct, incorrect]* gramatycznie; *[agree, accord]* pod względem gramatycznym; **to speak/write ~** mówić/pisać gramatycznie or poprawnie

grammaticalness /grəˈmætɪklnɪs/ *n* poprawność *f* gramatyczna

grammatology /ˌgræməˈtɒlədʒɪ/ *n* gramatologia *f*

gramme *n* = **gram**

Grammy /ˈgræmɪ/ *n* (*pl* **~s, -mmies**) US Mus nagroda *f* Grammy

gramophone /ˈgræməfəʊn/ **I** *n* dat gramofon *m*; (driven by clockwork) patefon *m*
II *modif [needle, record]* gramofonowy

Grampian /ˈgræmpɪən/ *prn pl* **the ~s, the ~ Mountains** Grampiany *plt*, góry *f pl* Grampian

gramps /græmps/ *n* baby talk dziadzio *m* infml

grampus /ˈgræmpəs/ *n* Zool (*pl* **~es**) (dolphin) risso *m inv*; (orca) orka *f*

gran /græn/ *n* infml babcia *f*

Granada /grəˈnɑːdə/ *prn* (in Spain) Granada *f*, Grenada *f*; (in Nicaragua) Granada *f*

granary /ˈgrænərɪ/ **I** *n* (grain store) spichlerz *m*; **Europe's ~** fig spichlerz Europy fig

II *modif* GB *[bread, loaf]* razowy pełnoziarnisty

grand /grænd/ **I** *n* [1] infml (sum of money) tysiączek *m*, patyk *m* infml [2] infml Mus (piano) fortepian *m*

II *adj* [1] (impressive) *[building, staircase, park]* okazały; *[people, clothes]* wytworny; *[moment, occasion]* doniosły; *[wedding]* huczny; **in ~ style** z wielką pompą; **on a ~ scale** na wielką skalę; **they live in the ~ manner** prowadzą wystawne życie; **to make a ~ entry** mieć efektowne wejście; **to live to a ~ old age** dożyć sędziwego wieku; **the ~ old man of English theatre/letters** nestor angielskiego teatru/angielskiej literatury [2] (self-important) wielkopański; **she's very ~** zgrywa wielką damę infml pej; **to put on a ~ air/manner** przybierać wielkopańskie pozy; **they think they're very ~** mają o sobie wysokie mniemanie [3] infml (fine, excellent) świetny; **to have a ~ time** świetnie się bawić; **he did a ~ job** świetnie się spisał; **'is everything all right?' – 'it's ~, thanks'** „wszystko w porządku?" – „tak, doskonale"; **that's ~!** (to) świetnie! [4] (in titles, names) wielki

Grand Canyon *prn* Wielki Kanion *m*

grandchild /ˈgræntʃaɪld/ *n* wnu|k *m*, -czka *f*; **his grandchildren** jego wnuki

granddad /ˈgrændæd/ *n* infml dziadek *m*

granddaddy /ˈgrændædɪ/ *n* [1] infml (grandfather) dziadzio *m*, dziadziuś *m* infml [2] fig (precursor) **Charlie Chaplin, the ~ of comic film actors** Charlie Chaplin – pierwszy komediowy aktor filmowy

granddaughter /ˈgrændɔːtə(r)/ *n* wnuczka *f*

grand duchess *n* wielka księżna *f*

grand duchy *n* wielkie księstwo *n*

grand duke *n* wielki książę *m*

grandee /grænˈdiː/ *n* [1] (Spanish, Portuguese) grand *m* [2] fig (eminent person) ważna figura *f*, ważna osobistość *f*

grandeur /ˈgrændʒə(r)/ *n* (of scenery, structure, building) wspaniałość *f*, majestatyczność *f*; (of person) dostojeństwo *n*; (of character) szlachetność *f*; (of style) wzniosłość *f*; **an air of ~** aura dostojeństwa

grandfather /ˈgrænfɑːðə(r)/ *n* dziadek *m*

grandfather clause *n* US Jur *klauzula dopuszczająca wyjątki od obowiązującego przepisu wynikające z warunków istniejących przed jego wprowadzeniem*

grandfather clock *n* zegar *m* szafkowy

grand finale *n* wielki finał *m*

grandiloquence /ˌgrænˈdɪləkwəns/ *n* fml górnolotność *f*, grandilokwencja *f* liter

grandiloquent /ˌgrænˈdɪləkwənt/ *adj* fml górnolotny, grandilokwentny liter

grandiose /ˈgrændɪəʊs/ *adj [building]* okazały; *[plan]* wielce ambitny; *[style]* górnolotny; *[ambition]* wygórowany

grand jury *n* US Jur wielka ława *f* przysięgłych *(rozpoznająca zasadność oskarżenia przed właściwym procesem)*

grand larceny *n* US Jur kradzież *f* mienia o dużej wartości

grandma /ˈgrænmɑː/ *n* babcia *f*, babunia *f* infml

grand mal /ˌgrɑːnˈmæl/ *n* Med grand mal *m inv*, duży napad *m* padaczkowy

grandmamma /ˈgrænməmɑː/ *n* dat = grandma

grand master *n* (in chess) arcymistrz *m*

Grand Master *n* (of Masons, Templars) Wielki Mistrz *m*

grandmother /ˈgrænmʌðə(r)/ *n* babka *f*, babcia *f*

IDIOMS: **to teach one's ~ to suck eggs** uczyć ojca dzieci robić

grandmother clock *n* mały zegar *m* szafkowy

Grand National *n* GB Turf Grand National *inv (doroczna gonitwa w Liverpoolu)*

Grand Old Party, GOP *n* US Pol Partia *f* Republikańska

grand opera *n* wielka opera *f*

grandpa /ˈgrænpɑː/ *n* infml dziadziuś *m* infml

grandparent /ˈgrænpeərənt/ *n* (man) dziadek *m*; (woman) babka *f*, babcia *f*; **my ~s** moi dziadkowie

grand piano *n* Mus fortepian *m*

grand prix /grɑːˈpriː/ *n* (*pl* **~**) grand prix *n inv*

grand slam *m* (in bridge) szlem *m*; (in tennis) Wielki Szlem *m*; **a ~ in spades** szlem w pikach or w piki; **a ~ tournament** turniej wielkoszlemowy

grandson /ˈgrænsʌn/ *n* wnuk *m*

grand staircase *n* główne schody *plt*

grandstand /ˈgrænstænd/ *n* [1] (at stadium) trybuna *f* główna; **to have a ~ view** or **seat** mieć bardzo dobre miejsce; fig mieć doskonały widok [2] (audience) publiczność *f*

IDIOMS: **to play to the ~** grać pod publiczkę

grand total *n* całkowita suma *f*; **the ~ for the repairs came to £3000** całkowite koszty naprawy wyniosły 3000 funtów

grand tour *n* [1] (also **Grand Tour**) Hist Wielki Objazd *m* (po Europie), Grand Tour *m* [2] fig **he took me on a ~ of the house** oprowadził mnie po całym domu

grange /greɪndʒ/ *n* [1] GB (country house) posiadłość *f* wiejska [2] US (farm) farma *f*

granite /ˈgrænɪt/ **I** *n* granit *m*; **heart of ~** fig serce z kamienia

II *modif [hill, rock, building, monument]* granitowy

granitic /grəˈnɪtɪk/ *adj* Geol granitowy

granny /ˈgrænɪ/ *n* infml [1] (grandmother) babcia *f*, babunia *f* [2] pej (fusspot, gossip) **you're an old ~** jesteś or zachowujesz się jak stara baba

granny bond *n* GB Fin infml indeksowany bon *m* skarbowy dla emerytów

granny flat *n* GB wydzielone mieszkanko *n* dla starszego członka rodziny

granny glasses *npl* okrągłe okulary *plt* w drucianej oprawce

granny knot *n* węzeł *m* babski

Granny Smith *n* jabłko *n* odmiany Granny Smith

granny specs *npl* infml = **granny glasses**

granola /grəˈnəʊlə/ *n* US muesli *n inv*

grant /grɑːnt, US grænt/ **I** *n* [1] (of money) (for study) stypendium *n*; (for research project) subwencja *f*, grant *m*; (for institution, organization, person) dotacja *f*; (to help the poor) pomoc *f* finansowa; **~s to the voluntary sector** dotacje dla organizacji ochotniczych; **a ~ to set up a new company/to improve a property** dotacja na założenie nowej firmy/na odnowienie nieruchomości; **to apply for/award a ~** (for study) wystąpić o /przyznać stypendium; (for research project) wystąpić o/przyznać grant; (for business activity) wystąpić o/przyznać dotację [2] Jur (of property) cesja *f*

II *vt* [1] fml (give) wyra|zić, -żać zgodę na (coś) *[extension of time, overdraft]*; przyzna|ć, -wać *[right, privilege, pension, access, visa]*; udziel|ić, -ać (czegoś) *[permission, loan, asylum, audience, interview, leave]*; ofiarow|ać, -ywać, po|darować *[land, money]*; wyświadcz|yć, -ać *[favour]*; spełni|ć, -ać *[request, wish]*; **he was ~ed permission to leave early** otrzymał zgodę na wcześniejszy wyjazd; **to refuse to ~ access to one's home** odmówić komuś wstępu do domu; **permission ~ed!** zgoda!; **God ~ that...** spraw, Boże, żeby... [2] (concede) uzna|ć, -wać *[truth, validity, veracity]*; **I ~ you that he's gifted** przyznaję, że jest utalentowany; **~ed that, ~ing that...** przyjmując, że...

IDIOMS: **to take sth for ~ed** (assume) za|łożyć, -kładać coś; (not be surprised) uważać coś za rzecz oczywistą; **he takes his mother for ~ed** uważa, że ma matkę na każde zawołanie; **he takes too much for ~ed** uważa, że wszystko mu się należy

grant aid *n* (within a country) subwencja *f*, dotacja *f* (**for sb** dla kogoś); (abroad, to Third World) pomoc *f* ekonomiczna

grant-aided /ˌgrɑːntˈeɪdɪd, US ˌgrænt-/ *adj* GB *[industry]* dotowany; **a ~ project** projekt subsydiowany or subwencjonowany

granted /ˈgrɑːntɪd, US ˈgrænt-/ *adv* **~, it's magnificent, but very expensive** zgoda, to jest wspaniałe, ale bardzo drogie

grantee /ˌgrɑːnˈtiː/ *n* Jur cesjonariusz *m*

granting /ˈgrɑːntɪŋ, US ˈgrænt-/ *n* (of promise, wish) spełni|enie, -anie *n*; (of privilege, citizenship, asylum) przyznanie *n*; (of permission, audience) udzielenie *n*; **the ~ of access** dopuszczenie

grant-maintained /ˌgræntmeɪnˈteɪnd/ *adj [school]* utrzymywany z dotacji państwowych

grant of probate *n* Jur poświadczenie *n* ważności testamentu

grantor /ˈgrɑːntə(r)/ *n* Jur cedent *m*

granular /ˈgrænjʊlə(r)/ *adj [substance, surface]* ziarnisty; *[fertilizer]* granulowany; **does it come in ~ form or in powder form?** czy to jest w granulkach, czy w proszku?

granulate /ˈgrænjʊleɪt/ **I** *vt* granulować, ziarnować

II granulated *pp adj [paper]* ziarnisty; **~d sugar** cukier kryształ; **~d salt** sól gruboziarnista

granulation /ˌgrænjʊˈleɪʃn/ *n* (of chemical substance, metal, powder) granulacja *f*, ziarnowanie *n*; (of honey, sugar, salt) krystalizacja *f*

granule /ˈgrænjuːl/ *n* [1] (of powder, instant coffee) granulka *f*; (of salt, sugar) kryształek *m* [2] Astron granula *f*

granuloma /ˌgrænjʊˈləʊmə/ *n* Med ziarniniak *m*

grape /greɪp/ **I** *n* winogrono *n*; **a bunch of ~s** kiść winogron

II *modif [juice, jelly]* winogronowy

IDIOMS: **sour ~s!** kwaśne winogrona!

G

grapefruit /ˈɡreɪpfruːt/ **I** *n* grejpfrut *m*
II *modif [juice, marmalade]* grejpfrutowy
grape harvest *n* winobranie *n*
grape hyacinth *n* Bot szafirek *m*
grape ivy *n* Bot cissus *m* rombolistny
grapeseed oil /ˈɡreɪpsiːdɔɪl/ *n* Culin olej *m* z pestek winogron(owych)
grapeshot /ˈɡreɪpʃɒt/ *n* Mil kartacz *m*
grapevine /ˈɡreɪpvaɪn/ *n* Bot winorośl *f*
IDIOMS: **to hear sth on the ~** dowiedzieć się czegoś pocztą pantoflową
graph /ɡrɑːf, US ɡræf/ **I** *n* [1] Math graf *m* [2] (graphic representation) wykres *m* **(of sth** czegoś); **a rising/falling ~** krzywa wznosząca się/opadająca; **a temperature ~** wykres temperatury [3] Ling znak *m* pisma
II *vt* przedstawi|ć, -ać na wykresie
grapheme /ˈɡræfiːm/ *n* Ling grafem *m*
graphic /ˈɡræfɪk/ **I graphics** *npl* [1] Comput grafika *f*; **computer ~s** grafika komputerowa [2] (in book) ilustracje *f pl*; (in film, TV) grafika *f*; **~s by John Brown** grafika: John Brown
II *adj* [1] Art, Comput *[display, design, symbol]* graficzny [2] fig *[account, description]* obrazowy; (of sth unpleasant) drastyczny
graphical /ˈɡræfɪkl/ *adj* graficzny
graphic(al) display Comput *n* wyświetlanie *n* graficzne
graphically /ˈɡræfɪklɪ/ *adv* [1] (using diagram) *[show, express]* graficznie [2] fig *[describe, narrate, worded]* obrazowo
graphical user interface, GUI *n* Comput graficzny interfejs *m* użytkownika
graphic artist *n* (artysta) grafik *m*
graphic arts *npl* grafika *f*
graphic data processing *n* przetwarzanie *n* danych graficznych
graphic design *n* Art grafika *f*
graphic designer *n* grafik *m*
graphic equalizer *n* Audio korektor *m* graficzny
graphics accelerator *n* Comput akcelerator *m* graficzny
graphics tablet *n* Comput tablet *m* graficzny
graphite /ˈɡræfaɪt/ **I** *n* grafit *m*
II *modif [tennis racket, fishing rod]* grafitowy
graphologist /ɡrəˈfɒlədʒɪst/ *n* grafolog *m*
graphology /ɡrəˈfɒlədʒɪ/ *n* grafologia *f*
graph paper *n* papier *m* milimetrowy
graph plotter *n* Comput ploter *m*
grapnel /ˈɡræpnəl/ *n* Naut (anchor) drapacz *m*; (grappling iron) bosak *m*
grapple /ˈɡræpl/ **I** *vt* zaczepi|ć, -ać hakiem
II *vi* mocować się, siłować się **(with sb/sth** z kimś/czymś); fig zmagać się, borykać się **(with sth** z czymś) *[problem, dilemma, difficulty]*
grappling hook *n* = **grappling iron**
grappling iron *n* bosak *m*
grasp /ɡrɑːsp, US ɡræsp/ **I** *n* [1] (hold, grip) chwyt *m*; (stronger) uścisk *m*; **to hold sth in one's ~** mieć coś w ręku; fig mieć coś pod kontrolą; **to hold sb in one's ~** mocno kogoś trzymać; **he was in the ~ of his enemies** był w rękach nieprzyjaciół; **she was in the ~ of her emotions** fig owładnęły nią emocje; **to take a firm** or **strong ~ of sth** chwycić coś/chwycić się czegoś mocno; **she managed to slip from his ~** zdołała uwolnić się z jego uścisku; **the pen slipped from his ~** pióro wyśliznęło mu się z ręki; **to slip out of sb's ~** fig wymknąć się komuś; **success is within their ~** są o krok od sukcesu; **to be beyond the ~ of sb** być poza zasięgiem kogoś [2] (understanding) **to have a good ~ of sth** dobrze coś rozumieć; **he has a poor ~ of maths** niewiele rozumie z matematyki; **to have a sound ~ of economics** dobrze znać się na ekonomii; **to lose one's ~ of reality** stracić poczucie rzeczywistości; **it's within my ~** jestem w stanie to pojąć; **it's beyond my ~** nie jestem w stanie tego pojąć; **it's beyond the ~ of the imagination** to przechodzi wszelkie wyobrażenie
II *vt* [1] (seize) chwy|cić, -tać *[rope, hand]*; **he ~ed my arm, he ~ed me by the arm** złapał or chwycił mnie za rękę; **to ~ hold of sb/sth** chwycić kogoś/coś [2] fig (take advantage of) s|korzystać z (czegoś) *[chance, opportunity]*; **to ~ an opportunity with both hands** skwapliwie skorzystać z okazji [3] (understand) poj|ąć, -mować *[concept, subject, situation]*; zda|ć, -wać sobie sprawę z (czegoś) *[seriousness, significance]*; **he soon ~ed what was happening** wkrótce pojął, co się dzieje; **I don't quite ~ your meaning** niezupełnie rozumiem, o co ci chodzi
III *vi* **to ~ at sth** złapać coś, chwycić za coś *[hand, rope]*; fig skorzystać z czegoś *[good fortune, luck]*; **he'll ~ at any excuse** dla niego każda wymówka jest dobra
grasping /ˈɡrɑːspɪŋ, US ˈɡræspɪŋ/ *adj* [1] pej (greedy) pazerny pej [2] *[fingers, paws]* rozczapierzony
grass /ɡrɑːs, US ɡræs/ **I** *n* [1] (wild) trawa *f*; **a blade of ~** źdźbło trawy; **a tuft of ~** kępka trawy; **to put cattle out to ~** wypędzać bydło na pastwisko; **to put sb out to ~** fig hum (make redundant) wysłać kogoś na zieloną trawkę fig infml [2] (lawn) trawa *f*; **to mow the ~** kosić trawę; **to lie on the ~** leżeć na trawie; **keep off the ~!, don't walk on the ~!** (sign) Nie deptać trawników! [3] (in tennis) korty *m pl* trawiaste; **to play/beat sb on ~** grać/pokonać kogoś na trawie [4] Bot trawa *f*; **a study of different ~es** opracowanie na temat różnych gatunków traw [5] infml (marijuana) trawka *f* [6] GB infml (informer) kapuś *m* infml
II *modif [field, slope]* trawiasty
III *vt* [1] obsi|ać, -ewać trawą *[garden, land]* [2] US Agric paść trawą *[cattle]*
IV *vi* GB infml (inform) syp|nąć, -ać infml; **to ~ on sb** sypnąć kogoś, kapować na kogoś infml
■ **grass over**: **~ over [sth], ~ [sth] over** obsi|ać, -ewać trawą *[land, area]*
IDIOMS: **he doesn't let the ~ grow under his feet** on nie zasypia gruszek w popiele; **it was so quiet you could hear the ~ growing** było cicho jak makiem zasiał; **the ~ is greener (on the other side of the fence)** wszędzie dobrze, gdzie nas nie ma
grass box GB *n* pojemnik *m* na ściętą trawę *(przy kosiarce)*
grass catcher *n* US = **grass box**
grass court *n* kort *m* trawiasty
grass cuttings *npl* skoszona trawa *f*
grass green **I** *n* (kolor *m*) trawiastozielony *m*
II *adj* trawiastozielony
grasshopper /ˈɡrɑːshɒpə(r), US ˈɡræs-/ *n* [1] Zool konik *m* polny [2] Mil infml samolot *m* zwiadowczy
IDIOMS: **to be kneehigh to a ~** *[person]* ledwo odrastać od ziemi
grassland /ˈɡrɑːslənd, US ˈɡræs-/ *n* trawiasty obszar *m*
grassroots /ˌɡrɑːsˈruːts, US ˌɡræs-/ **I** *npl* Pol **the ~** szeregowi członkowie (partii/organizacji)
II *modif [movement]* obywatelski; *[opposition, opinion, support]* oddolny; **~ candidate** kandydat wywodzący się z szeregowych członków (partii/organizacji)
grass seed *n* (*pl* **~**) nasienie *n* trawy
grass skiing *n* jazda *f* na nartorolkach
grass skirt *n* spódniczka *f* z trawy
grass snake *n* Zool zaskroniec *m*
grass widow *n* hum słomiana wdowa *f* hum
grass widower *n* hum słomiany wdowiec *m* hum
grassy /ˈɡrɑːsɪ, US ˈɡræsɪ/ *adj* trawiasty
grate[1] /ɡreɪt/ **I** *vt* Culin ze|trzeć, u|trzeć, -cierać *[cheese, carrot, nutmeg]*; **to ~ cheese over the pizza** posypać pizzę tartym serem
II *vi* [1] *[hinges]* za|skrzypieć, skrzyp|nąć, -ieć; *[stones]* za|zgrzytać, zgrzyt|nąć, -ać; **the car's bumper ~d against the wall** zderzak otarł się ze zgrzytem o ścianę [2] (annoy) drażnić **(on sb/sth** kogoś/coś); **an attitude that ~s** drażniąca postawa; **her shrill voice ~s on my ears** drażni mnie jej głos; **to ~ on sb's nerves** działać komuś na nerwy
III grated *pp adj [cheese, nutmeg, carrot]* tarty
grate[2] /ɡreɪt/ *n* (firebasket) ruszt *m*; (hearth) palenisko *n* (w kominku)
grateful /ˈɡreɪtfl/ *adj* [1] (thankful) *[person]* wdzięczny **(to sb for sth** komuś za coś); **a ~ letter** list z podziękowaniami; **let's be ~ that it's only two hours late** cieszmy się, że jest spóźniony tylko dwie godziny; **I would be ~ if you could reply** byłbym wdzięczny, gdyby zechciał pan odpowiedzieć; **with ~ thanks** z wdzięcznością; **I was ~ that they didn't ask me to make a speech** dziękowałem Bogu, że nie poprosili mnie o wygłoszenie przemówienia [2] dat liter (agreeable) *[shade, coolness, warmth]* błogi liter
gratefully /ˈɡreɪtfəlɪ/ *adv* **to say/smile /accept ~** powiedzieć/uśmiechnąć się /przyjąć z wdzięcznością; **all donations ~ received** każdy datek mile widziany
grater /ˈɡreɪtə(r)/ *n* tarka *f*; **a cheese ~** tarka do sera
gratification /ˌɡrætɪfɪˈkeɪʃn/ *n* [1] (pleasure) satysfakcja *f*, zadowolenie *n*; **he discovered, much to his ~, that...** odkrył, ku swemu wielkiemu zadowoleniu, że... [2] (of desire, appetite) zaspokojenie *n*
gratify /ˈɡrætɪfaɪ/ **I** *vt* [1] (give pleasure) u|cieszyć, u|radować; **it gratified me to hear of your success** ucieszyłem się na wieść o twoim sukcesie [2] (fulfil) spełni|ć, -ać *[wish, whim]*; zaspok|oić, -ajać *[desire, curiosity, need]*

II gratified *pp adj [person]* zadowolony; **a gratified sigh** westchnienie ulgi; **a gratified murmur** pomruk aprobaty; **to be gratified that...** być zadowolonym, że..., cieszyć się, że...
III gratifying *prp adj [work]* dający satysfakcję; *[attention, praise]* sprawiający przyjemność; *[words]* przyjemny; **it is gratifying to know that...** przyjemnie jest wiedzieć, że...; **to make a gratifying change** stanowić przyjemną or miłą odmianę
grating¹ /ˈgreɪtɪŋ/ *n* (bars) krata *f*, okratowanie *n*
grating² /ˈgreɪtɪŋ/ **I** *n* (noise) (of metal, glass, stone) zgrzytanie *n*
II *adj [sound]* zgrzytliwy; *[voice]* skrzypiący
gratis /ˈgreɪtɪs, ˈgræ-, ˈgrɑː-/ **I** *adj* gratisowy, darmowy
II *adv* gratis, gratisowo
gratitude /ˈgrætɪtjuːd, US -tuːd/ *n* wdzięczność *f* (**to** or **towards sb for sth** dla kogoś or wobec kogoś za coś); **to show/express one's ~** okazywać/wyrażać (swą) wdzięczność; **to owe sb a debt of ~** mieć wobec kogoś dług wdzięczności
gratuitous /grəˈtjuːɪtəs, US -ˈtuː-/ *adj* [1] (free) bezpłatny, nieodpłatny [2] pej (unjustified) *[insult, lie, vandalism, cruelty]* nieuzasadniony, niepotrzebny
gratuitously /grəˈtjuːɪtəslɪ, US -ˈtuː-/ *adv* [1] (free of charge) nieodpłatnie [2] (unnecessarily) *[offend, hurt, violent]* niepotrzebnie
gratuity /grəˈtjuːətɪ, US -ˈtuː-/ *n* [1] (tip) napiwek *m*; (bonus, reward) nagroda *f*, bonus *m* [2] GB (on retirement) odprawa *f* (emerytalna)
grave¹ /greɪv/ *n* (burial place) grób *m*; mogiła *f* liter; **life beyond the ~** życie pozagrobowe; **from beyond the ~** zza grobu; **to go to one's ~ believing that...** aż do śmierci być przekonanym, że...; **to go to an early ~** umrzeć młodo or przedwcześnie; **to drive sb to an early ~** wpędzić kogoś do grobu
IDIOMS: **to turn in one's ~** przewracać się w grobie; **to dance on sb's ~** zatańczyć na grobie kogoś; **to dig one's own ~** kopać sobie grób; **to have one foot in the ~** być jedną nogą w grobie, stać nad grobem; **somebody is walking over my ~** przeszedł mnie dreszcz
grave² /greɪv/ *adj* [1] (serious) *[danger, consequences, error, risk, illness, injury]* poważny [2] (solemn) *[manner]* poważny; **to look ~** mieć poważną minę
grave³ /grɑːv/ *n* (also **~ accent**) Ling gravis *m inv*; **e ~** „e" z akcentem gravis
gravedigger /ˈgreɪvdɪgə(r)/ *n* grabarz *m*
gravel /ˈgrævl/ **I** *n* [1] Constr żwir *m* [2] Med piasek *m* nerkowy
II *adj* (also **gravelled, graveled** US) *[path, road]* żwirowy
III *vt* (*prp, pt, pp* **-ll-** GB, **-l-** US) żwirować, wysyp|ać, -ywać żwirem
gravelly /ˈgrævəlɪ/ *adj [path]* żwirowy; *[soil]* żwirowaty; *[voice]* chropawy
gravel pit *n* żwirownia *f*
gravely /ˈgreɪvlɪ/ *adv* [1] (extremely) *[concerned, ill]* poważnie; *[displeased, disruptive]* ogromnie; **to be ~ mistaken** grubo się mylić [2] (solemnly) *[say, nod]* poważnie
graven /ˈgreɪvn/ *adj* dat or liter *[inscription, words]* wyryty also fig; **words ~ in stone** słowa wyryte w kamieniu; **a ~ image** Bible idol, bałwan; **an awful scene is (deeply) ~ in my mind** fig pewna straszna scena wryła mi się (głęboko) w pamięć
graveness /ˈgreɪvnɪs/ *n* (of demeanour, situation) powaga *f*; **it depends on the ~ of the illness** to zależy, jak poważna jest choroba
graverobber /ˈgreɪvrɒbə(r)/ *n* dat hiena *f* cmentarna
graveside /ˈgreɪvsaɪd/ *n* **at the ~** przy grobie; **the mourners were gathered at the ~** uczestnicy pogrzebu zgromadzili się wokół grobu or przy grobie
gravestone /ˈgreɪvstəʊn/ *n* nagrobek *m*, płyta *f* nagrobkowa
graveyard /ˈgreɪvjɑːd/ *n* cmentarz *m*; **the ~ of one's hopes** fig koniec nadziei (kogoś); pogrzebane nadzieje fig
graveyard cough *n* suchotniczy kaszel *m*
graveyard shift *n* nocna zmiana *f*
gravid /ˈgrævɪd/ *adj* Med ciężarna
gravimetric /grævɪˈmetrɪk/ *adj* grawimetryczny
gravitas /ˈgrævɪtæs, -tɑːs/ *n* powaga *f*; **he lacks ~** to człowiek małego formatu
gravitate /ˈgrævɪteɪt/ *vi* [1] Phys grawitować, ciążyć (**towards** or **to sth** ku czemuś) [2] fig skłaniać się (**towards** or **to sth** ku czemuś) [3] (sink) opa|ść, -dać; **to ~ to the bottom** opadać na dno
gravitation /ˌgrævɪˈteɪʃn/ *n* Phys grawitacja *f*, ciążenie *n* powszechne
gravitational /ˌgrævɪˈteɪʃənl/ *adj* Phys *[acceleration, constant, field]* grawitacyjny; **~ force, ~ pull** siła grawitacji or przyciągania ziemskiego
gravity /ˈgrævətɪ/ **I** *n* [1] Phys ciężkość *f*, ciążenie *n*; **law of ~** prawo ciążenia; **centre of ~** środek ciężkości; **the pull of the earth's ~** przyciąganie ziemskie [2] (importance) (of situation, crisis, offence) powaga *f*, waga *f* [3] (solemnity) powaga *f*; **to behave with due ~** zachowywać należną powagę
II *modif* **~ feed** zasilanie grawitacyjne or opadowe; **~ lubrication** smarowanie opadowe
gravity brake *n* spadochron *m* hamujący
gravy /ˈgreɪvɪ/ *n* [1] Culin (zagęszczony) sos *m* pieczeniowy [2] US infml (extra money) dodatkowa forsa *f* infml
IDIOMS: **he is on the ~ train** infml zarabiać kokosy infml
gravy boat *n* sosjerka *f*
gravy browning *n proszek używany do zagęszczania sosu*
gray *adj n* US = **grey**
grayling /ˈgreɪlɪŋ/ *n* (*pl* **~**) Zool lipień *m*
Gray's Inn /ˌgreɪzˈɪn/ *prn* GB Jur *jedna z czterech londyńskich korporacji adwokackich*
graze¹ /greɪz/ **I** *n* (abrasion) obtarcie *n*, zadrapanie *n*
II *vt* [1] (scratch, scrape) ob|etrzeć, -cierać *[knee, shin]* (**on sth/against sth** na czymś /o coś; **to ~ one's knee** obetrzeć sobie kolano [2] (skim, touch lightly) *[lips, fingers]* mus|nąć, -kać *[surface]*; *[bullet]* za|drasnąć *[skin]*; **the two ships almost ~d each other** dwa statki prawie się o siebie otarły
graze² /greɪz/ **I** *vt* Agric *[person]* paść, wypasać *[cattle, sheep]*; wypa|ść, -sać, spa|ść, -sać *[grass, meadow]*; *[cattle, sheep]* paść się na (czymś) *[grass, meadow]*; wykorzyst|ać, -ywać do wypasu *[land]*
II *vi* [1] *[cattle, sheep]* paść się; **he put his sheep out to ~** wygnał owce na pastwisko [2] infml pojadać
grazing /ˈgreɪzɪŋ/ *n* Agric [1] (action) wypas *m* [2] (land) pastwisko *n*
grazing land *n* pastwiska *n pl*
grazing rights *n* prawo *n* wypasu
grease /griːs/ **I** *n* [1] (lubricant) smar *m* [2] Culin (animal, vegetable) tłuszcz *m* [3] (dirt) tłuszcz *m*; **covered in ~** cały w tłuszczu [4] (for hair) brylantyna *f* [5] (from skin, hair) łój *m*
II *vt* na|smarować *[car, bearings, motor]*; po|smarować tłuszczem *[tin]*
grease gun *n* smarownica *f*
grease monkey *n* infml mechanik *m*
grease nipple *n* smarowniczka *f*
grease paint *n* szminka *f* aktorska
greaseproof paper /ˌgriːspruːfˈpeɪpə(r)/ *n* papier *m* pergaminowy, pergamin *m*
greaser /ˈgriːsə(r)/ *n* infml [1] GB mechanik *m* [2] (motorcyclist) motocyklista *m* [3] (flatterer) wazeliniarz *m* infml
grease stain *n* tłusta plama *f*
greasiness /ˈgriːsɪnɪs/ *n* [1] (of hair, skin, food) tłustość *f*; (of clothes, hands) zabrudzenie *n* tłuszczem [2] Tech (of machinery) smarowność *f* [3] (unctuousness) wazeliniarstwo *n*
greasing /ˈgriːsɪŋ/ *n* Tech smarowanie *n*
greasy /ˈgriːsɪ/ *adj* [1] *[hair, skin]* tłusty, przetłuszczający się; *[food]* tłusty; *[paper, cloth]* zatłuszczony; **shampoo for ~ hair** szampon do włosów przetłuszczających się; **a ~ diet** dieta wysokotłuszczowa [2] (slippery) *[road, rail]* śliski
IDIOMS: **to climb the ~ pole** piąć się z trudem po szczeblach kariery
greasy spoon *n* infml (café) garkuchnia *f* infml
great /greɪt/ **I** *n* [1] (in title) **Peter the Great** Piotr Wielki [2] (powerful people) **the ~** (+ *v sg*) wielcy tego świata
II greats *npl* (remarkable people or things) znakomitości *f pl*
III Greats *prn pl* GB Univ *wydział filologii klasycznej na uniwersytecie w Oksfordzie*
IV *adj* [1] (large) *[object, depth, weight, size, distance, strength, danger, change]* wielki; *[force]* potężny; *[number, amount, percentage, improvement, difference]* znaczny; *[height, speed, majority]* ogromny; *[temperature]* bardzo wysoki; **at a temperature no ~er than 10 degrees** w temperaturze nie wyższej niż dziesięć stopni; **at ~ speed** z dużą prędkością; **at the ~est possible speed** z maksymalną prędkością; **to live to a ~ age** dożyć sędziwego wieku; **four-fifths is ~er than two-thirds** cztery piąte to więcej niż dwie trzecie; **a monthly repayment is £10 or 5% of the balance, whichever is the ~er** miesięczna spłata wynosi 10 funtów lub 5% salda, jeżeli suma ta przekracza 10 funtów [2] (as intensifier) *[excitement, surprise, relief, success, tragedy, advantage, love, determination]* wielki; *[pain, hunger]* silny; *[hit, punch, kick]* potężny; *[thump]* wielki; *[sigh]* głęboki; **a ~ deal of sth** mnóstwo czegoś; **a ~ many people/houses** mnóstwo ludzi/domów; **to have ~ difficulty doing sth** robić coś z

G

wielkim trudem; **in ~ detail** bardzo szczegółowo; **with ~ care** bardzo ostrożnie; **the map was a ~ help** mapa bardzo się przydała [3] (remarkable) *[person, writer, artist, inventor, mathematician, explorer, soldier, painting, discovery]* wielki, wybitny [4] infml (excellent) *[book, film, meal, wine, party, holiday, news, opportunity]* świetny; *[future]* wspaniały; **it's ~ to be back!** tak się cieszę, że już wróciłem!; **to feel ~** czuć się świetnie; **to look ~** świetnie wyglądać; **you don't look so ~** nie wyglądasz najlepiej; **that dress looks ~ on you** świetnie ci w tej sukience; **to have a ~ time** świetnie się bawić; **his parents are ~** ma wspaniałych rodziców [5] infml (talented) *[teacher, singer, team]* znakomity, świetny; **X is the ~est!** X jest fantastyczny!; **to be ~ at tennis** świetnie grać w tenisa; **to be ~ at French** świetnie or doskonale znać francuski; **he's ~ at fixing cars** świetnie naprawia samochody; **to be ~ on history /architecture** znać się świetnie na historii/architekturze; **her brother is ~ with horses/children** jej brat świetnie radzi sobie z końmi/dziećmi [6] infml (enthusiastic) *[organizer, swimmer, reader, angler, knitter]* zapalony; *[flirt, fan, admirer]* wielki; **he's a ~ theatregoer** uwielbia chodzić do teatru; **I've never been a ~ reader** czytanie nigdy nie było moim ulubionym zajęciem

V *adv* infml świetnie, doskonale; **the machine's working ~ now** maszyna teraz świetnie działa; **he did ~ in his exams** świetnie mu poszło na egzaminach

great ape *n* małpa *f* człekokształtna

great-aunt /ˈgreɪtɑːnt/ *n* (grandfather's sister) stryjeczna babka *f*; (grandmother's sister) cioteczna babka *f*

Great Australian Bight *prn* Wielka Zatoka *f* Australijska

Great Barrier Reef *prn* Wielka Rafa *f* Koralowa

Great Bear *prn* Wielka Niedźwiedzica *f*

great big *adj* infml wielgachny infml

Great Britain *prn* Wielka Brytania *f*

great circle *n* Math koło *n* wielkie

greatcoat /ˈgreɪtkəʊt/ *n* szynel *m*

Great Dane *n* dog *m* niemiecki

Great Dividing Range *prn* Wielkie Góry *f pl* Wododziałowe

Greater London *prn* Wielki Londyn *m*

Greater Manchester *prn* obszar *m* metropolitalny Wielki Manchester

greatest common divisor *n* Math największy wspólny podzielnik *m*

greatest common factor *n* = **greatest common divisor**

great-grandchild /ˌgreɪtˈgræntʃaɪld/ *n* prawnu|k *m*, -czka *f*

great-granddaughter /ˌgreɪtˈgrændɔːtə(r)/ *n* prawnuczka *f*

great-grandfather /ˌgreɪtˈgrænfɑːðə(r)/ *n* pradziadek *m*, pradziad *m* liter

great-grandmother /ˌgreɪtˈgrænmʌðə(r)/ *n* prababka *f*, prababcia *f*

great-grandson /ˌgreɪtˈgrænsʌn/ *n* prawnuk *m*

great-great-grandchild /ˌgreɪtgreɪtˈgræntʃaɪld/ *n* praprawnu|k *m*, -czka *f*

great-great-grandfather /ˌgreɪtgreɪtˈgrænfɑːðə(r)/ *n* prapradziadek *m*

great-great-grandmother /ˌgreɪtgreɪtˈgrænmʌðə(r) / *n* praprababka *f*

great-hearted /ˌgreɪtˈhɑːtɪd/ *adj [person]* wielkiego serca

Great Lakes *prn pl* Wielkie Jeziora *n pl*

greatly /ˈgreɪtlɪ/ *adv [admire, regret]* niezwykle; wielce liter; *[influence]* silnie; *[prefer, different, superior, inferior]* zdecydowanie; *[fear, need, resemble, love]* bardzo; *[improve, change, increase, reduce]* znacznie; *[surprised, moved, interested]* niezwykle; wielce liter; **it's to be ~ regretted that...** wielka szkoda, że...

great-nephew /ˌgreɪtˈnefjuː/ *n* (brother's grandson) wnuk *m* brata; (sister's grandson) wnuk *m* siostry

greatness /ˈgreɪtnɪs/ *n* (of achievement, novel, person, country, mind, object) wielkość *f*

great-niece /ˈgreɪtniːs/ *n* (brother's granddaughter) wnuczka *f* brata; (sister's granddaughter) wnuczka *f* siostry

Great Plains *prn pl* Wielkie Równiny *f pl*

Great Power *n* Pol wielkie mocarstwo *n*

Great Schism *n* Hist, Relig (wielka) schizma *f* zachodnia

great tit *n* Zool (sikora) bogatka *f*

great-uncle /ˈgreɪtˌʌŋkl/ *n* (grandfather's brother) stryjeczny dziadek *m*; (grandmother's brother) cioteczny dziadek *m*

Great Vowel Shift *n* Ling wielka przesuwka *f* samogłoskowa

Great Wall of China *prn* (Wielki) Mur *m* Chiński

Great War *n* pierwsza wojna *f* światowa

greave /griːv/ *n* (in armour) nagolenica *f*

grebe /griːb/ *n* Zool perkoz *m*; **great crested ~** perkoz dwuczuby

Grecian /ˈgriːʃn/ **I** *n* [1] dat (Greek) Gre|k *m*, -czynka *f* [2] (expert) grecysta *m*

II *adj [profile, urn, architecture]* grecki

Greece /griːs/ *prn* Grecja *f*

greed /griːd/ *n* [1] (for money, power) chciwość *f*, zachłanność *f*; **~ for wealth/power** żądza bogactwa/władzy [2] (also **greediness**) (for food) łakomstwo *n*; **~ for sweet things** nieodparta ochota na słodycze

greedily /ˈgriːdɪlɪ/ *adv [eat]* łakomie; **to look ~ at sth** (at food) patrzeć na coś łakomie; (at wealth) patrzeć na coś chciwie or pożądliwie fig

greediness /ˈgriːdɪnɪs/ *n* = **greed** [2]

greedy /ˈgriːdɪ/ *adj* [1] (for money) *[person, eyes, look]* zachłanny, chciwy; **~ for wealth /power/information** żądny bogactwa/władzy/informacji [2] (for food) *[person, look]* łakomy; **a ~ guts** or **pig** infml żarłok, obżartuch; **he's not hungry, he's just ~** on nie jest głodny, jest po prostu łakomy

Greek /griːk/ **I** *n* [1] (person) Gre|k *m*, -czynka *f* [2] (language) (ancient) greka *f*; (modern) (język *m*) grecki *m*

II *adj [people, language, customs]* grecki; **he/she is ~** jest Grekiem/Greczynką

IDIOMS: **beware of ~s bearing gifts** ≈ to może być wilk w owczej skórze; **it's all ~ to me** to dla mnie chińszczyzna; **~ meets ~** trafiła kosa na kamień

Greek alphabet *n* alfabet *m* grecki

Greek cross *n* krzyż *m* grecki

Greek fire *n* grecki ogień *m*

Greek key *n* Art meander *m*

Greek Orthodox Church *n* grecki kościół *m* prawosławny

green /griːn/ **I** *n* [1] (colour) (kolor *m*) zielony *m*, zieleń *f*; **I've seen this dress in ~** widziałem taką samą sukienkę, tyle że zieloną; **dressed in ~** ubrana na zielono; **a shade of ~** odcień zieleni; **several different ~s** różne odcienie zieleni [2] (in snooker) **the ~** bila zielona [3] (grassy area) (in town) zieleniec *m*, skwer *m*; (vegetation) zieleń *f*; **a strip of ~** pas zieleni [4] (in bowling) murawa *f (do gry w kule)* [5] (part of golf course) pole *n* golfowe; (putting green) green *m* [6] Ecol ekolog *m*; **the Greens** Pol Zieloni [7] US infml (money) forsa *f*, kasa *f* infml

II greens *npl* GB [1] (vegetables) zielone warzywa *n pl*, zielenina *f* [2] US (greenery) zieleń *f*; **Christmas ~s** bożonarodzeniowe przybranie *(jedliną i ostrokrzewem)*

III *adj* [1] (in colour) zielony; **a light/dark ~ dress** jasnozielona/ciemnozielona sukienka; **to go** or **turn ~** zielenieć, pozielenieć; **the (traffic) lights went** or **turned ~** zapaliło się zielone światło; **to paint /colour/dye sth ~** pomalować/zabarwić /ufarbować coś na zielono [2] (with vegetation) *[fields, hills, meadows, valley, countryside]* zielony [3] (not ready) *[fruit, tobacco]* zielony; *[timber]* mokry [4] (of meat, bacon) surowy [5] (naive) naiwny; **I am not as ~ as you think I am** nie jestem tak naiwny, jak myślisz [6] (inexperienced) zielony [7] Pol, Ecol *[politics]* proekologiczny; *[politician, candidate]* zielony; *[issue]* ekologiczny, dotyczący środowiska (naturalnego); (ecologically sound) *[marketing, washing powder]* ekologiczny; **the Green Party** Partia Zielonych [8] Econ **~ currency** *kurs waluty stosowany przy obliczaniu cen produktów rolniczych w Unii Europejskiej* [9] infml (off-colour) *[person]* zielony

IDIOMS: **to give sb/sth the ~ light** dać komuś/czemuś zielone światło; **to have ~ fingers** GB, **to have a ~ thumb** US mieć dobrą rękę do roślin

greenback /ˈgriːnbæk/ *n* US infml (dollar) zielony *m* infml

green bean *n* fasolka *f* szparagowa

green belt *n* pas *m* zieleni

Green Berets *npl* US Mil zielone berety *m pl*

green card *n* [1] (driving insurance) zielona karta *f* [2] US Admin zielona karta *f*

Green Cross Code *n* GB zasady *f pl* ruchu drogowego *(jako element edukacji dzieci)*

greenery /ˈgriːnərɪ/ *n* zieleń *f*

green-eyed /ˌgriːnˈaɪd/ *adj* zielonooki; fig zazdrosny

green-eyed monster *n* **the ~** zazdrość *f*

greenfield site /ˈgriːnfiːldsaɪt/ *n* teren *m* niezagospodarowany

greenfinch /ˈgriːnfɪntʃ/ *n* Zool dzwoniec *m*

greenfly /ˈgriːnflaɪ/ *n* Zool mszyca *f*

greengage /ˈgriːngeɪdʒ/ **I** *n* renkloda *f*

II *modif [jam]* renklodowy

greengrocer /ˈgriːngrəʊsə(r)/ *n* GB (person) zielenia|rz *m*, -rka *f*; **~'s (shop)** sklep owocowo-warzywny; warzywniak infml

greenhorn /ˈgriːnhɔːn/ *n* infml żółtodziób *m* infml

greenhouse /ˈgriːnhaʊs/ *n* szklarnia *f*, cieplarnia *f*

greenhouse effect *n* efekt *m* cieplarniany

greenhouse gases *npl* gazy *m pl* cieplarniane
greening /ˈgriːnɪŋ/ *n* Pol **the ~ of the Socialist Party** wzrost zainteresowania Partii Socjalistycznej sprawami ekologii
greenish /ˈgriːnɪʃ/ *adj* zielonkawy; **~-brown eyes** zielonkawobrązowe oczy; **~-grey stones** zielonkawoszare kamienie
Greenland /ˈgriːnlənd/ *prn* Grenlandia *f*; **the ~ Sea** Morze *n* Grenlandzkie
Greenlander /ˈgriːnləndə(r)/ *n* Grenland|czyk *m*, -ka *f*
Greenlandic /ˌgriːnˈlændɪk/ **I** *n* (language) (język *m*) grenlandzki *m*
II *adj* grenlandzki
green monkey disease *n* choroba *f* marburska
greenness /ˈgriːnnɪs/ *n* 1 (of dye, pigment, countryside) zieloność *f*, zieleń *f* 2 (unripeness) (of fruit) niedojrzałość *f*; (of wood) wilgotność *f* 3 Ecol (trend) ekologiczność *f*; (awareness) świadomość *f* ekologiczna 4 (inexperience) zieloność *f* infml
green onion *n* US dymka *f*
green paper *n* GB Pol projekt *m* rządowy
Greenpeace /ˈgriːnpiːs/ *prn* Greenpeace *m*
green pepper *n* zielona papryka *f*
greenroom /ˈgriːnruːm/ *n* Theat pokój *m* dla aktorów
green salad *n* sałata *f (z ogórkiem)*
greenshank /ˈgriːnʃæŋk/ *n* Zool kwokacz *m*
greenstick fracture /ˌgriːnstɪkˈfræktʃə(r)/ *n* Med złamanie *n* „typu zielonej gałązki"
greenstuff /ˈgriːnstʌf/ *n* zielenina *f*
greensward /ˈgriːnswɔːd/ *n* dat or liter murawa *f*
green tea *n* zielona herbata *f*
green-welly brigade /ˌgriːnˈwelɪbrɪgeɪd/ *n ludzie z wyższych sfer lubiący polowania, konną jazdę itd.*
Greenwich Mean Time, GMT /ˌgrenɪtʃˈmiːntaɪm/ *n* czas *m* uniwersalny
greenwood /ˈgriːnwʊd/ *n* dat las *m*
green woodpecker *n* dzięcioł *m* zielony
greet /griːt/ *vt* 1 (welcome) przy|witać się z (kimś); (officially) przy|witać, po|witać *[important guest]*; **to ~ sb with a smile** przywitać kogoś uśmiechem; **to ~ sb at the door** przywitać kogoś w drzwiach 2 (salute, acknowledge) pozdr|owić, -awiać; **to ~ sb with a wave** pomachać do kogoś na powitanie; **to ~ sb in the street** pozdrowić kogoś na ulicy 3 (receive, react to) przy|witać, po|witać; **the crowd ~ed the news with applause** tłum przywitał wiadomość oklaskami; **the announcement was ~ed with booing** komunikat powitano okrzykami dezaprobaty 4 (confront) *[sound, smell, sight]* przy|witać, po|witać; **cries of welcome ~ed our ears** dobiegły nas okrzyki powitania; **a vast panorama ~ed our eyes** naszym oczom ukazała się rozległa panorama; **a lovely smell of coffee ~ed me** powitał mnie rozkoszny zapach kawy
greeter /ˈgriːtə(r)/ *n* (in restaurant) osoba *f* witająca gości
greeting /ˈgriːtɪŋ/ **I** *n* (welcome) powitanie *n*, przywitanie *n*; (salutation) pozdrowienie *n*; **~s!** pozdrowienia!; **give him my ~s** pozdrów go ode mnie; **to exchange ~s** (as preliminary) przywitać się; (in passing) pozdrowić się; **he waved at me in ~** pomachał mi na powitanie
II greetings *npl* **Christmas ~s** życzenia z okazji Bożego Narodzenia; **Season's ~s** życzenia świąteczne
greetings card GB, **greeting card** US *n* kartka *f* z życzeniami
gregarious /grɪˈgeərɪəs/ *adj [person]* towarzyski; *[animal, instinct]* stadny; **penguins are ~** pingwiny są zwierzętami stadnymi
gregariousness /grɪˈgeərɪəsnɪs/ *n* (of humans) towarzyskość *f*; (of animals) instynkt *m* stadny
Gregorian /grɪˈgɔːrɪən/ *adj* gregoriański; **~ chant** Mus chorał gregoriański
Gregory /ˈgregərɪ/ *prn* Grzegorz *m*
gremlin /ˈgremlɪn/ *n* hum chochlik *m*
Grenada /grəˈneɪdə/ *prn* (in the Caribbean) Grenada *f*
grenade /grəˈneɪd/ *n* Mil granat *m*
Grenadian /grəˈneɪdɪən/ **I** *n* Grenadyj|czyk *m*, -ka *f*
II *adj* grenadyjski
grenadier /ˌgrenəˈdɪə(r)/ *n* Mil grenadier *m*
grenadine[1] /ˈgrenədiːn/ *n* Tex grenadyna *f*
grenadine[2] /ˈgrenədiːn/ *n* Culin grenadyna *f*
grew /gruː/ *pt* → **grow**
grey GB, **gray** US /greɪ/ **I** *n* 1 (colour) (kolor *m*) szary *m*; **a shade of ~** odcień szarości 2 (horse) siwy koń *m*, siwek *m*
II *adj* 1 (colour) szary; **light ~** jasnoszary, popielaty; **dark ~** ciemnoszary; **to turn** or **go ~** poszarzeć 2 (of hair, person, horse) siwy; **to turn** or **go ~** posiwieć, osiwieć 3 (dull, gloomy) *[day, dawn, life, town, prospect]* szary 4 (inconspicuous) *[character, town]* bezbarwny
III *vt* **age/worry has ~ed his hair** włosy posiwiały mu z wiekiem/od trosk
IV *vi* po|siwieć; **to be ~ing at the temples** siwieć na skroniach; **the population is ~ing** społeczeństwo się starzeje
IDIOMS: **all cats are ~ in the night** w nocy wszystkie koty są czarne
grey area *n* 1 (undefined area) **it's a ~** to niezbadany teren fig 2 (in-between area) **~ between sth and sth** obszar pomiędzy czymś a czymś
greybeard /ˈgreɪbɪəd/ *n* starzec *m (z siwą brodą)*
grey economy *n* szara strefa *f* gospodarcza
greyed command *n* Comput polecenie *n* niedostępne
grey eminence *n* szara eminencja *f*
Grey Friar *n* franciszkanin *m*
grey-haired /ˌgreɪˈheəd/ *adj* siwowłosy
grey-headed /ˌgreɪˈhedɪd/ *adj* → **grey-haired**
greyhound /ˈgreɪhaʊnd/ *n* chart *m*
greyhound bitch *n* charcica *f*
Greyhound bus *n dalekobieżny autobus w Stanach Zjednoczonych*
greyhound racing *n* wyścigi *m pl* chartów
greyhound track *n* tor *m* wyścigów chartów
greyish GB, **grayish** US /ˈgreɪɪʃ/ *adj* szarawy
greylag goose /ˈgreɪlæggu:s/ *n* Zool gęgawa *f*
grey market *n* Comm, Fin rynek *m* spekulacyjny
grey matter *n* (brain) substancja *f* szara
grey mullet *n* Zool cefal *m*
grey seal *n* Zool foka *f* szara
grey squirrel *n* Zool wiewiórka *f* szara
grey wagtail *n* Zool pliszka *f* siwa
grey wolf *n* Zool wilk *m*
grid /grɪd/ *n* 1 (grating) krata *f* 2 Culin (grill) ruszt *m* 3 (pattern) siatka *f* also Geog; **the city is laid out on a ~ (pattern)** ulice miasta tworzą siatkę prostopadłych linii 4 GB (network) sieć *f*; **the national ~** krajowa sieć energetyczna; **the rail ~** sieć kolejowa 5 (in motor racing) pole *n* startowe 6 Electron (electrode) siatka *f* 7 US infml (gridiron) boisko *n* do futbolu amerykańskiego
griddle /ˈgrɪdl/ **I** *n* blacha *f* do pieczenia na wolnym ogniu
II *vt* u|smażyć na płycie
griddle cake *n* ≈ naleśnik *m*
gridiron /ˈgrɪdaɪən/ *n* 1 Culin ruszt *m* 2 US boisko *n* do futbolu amerykańskiego
gridlock /ˈgrɪdlɒk/ *n* 1 (traffic jam) zator *m*; korek *m* infml; **traffic is in complete ~** ulice są zupełnie zakorkowane 2 fig (deadlock) impas *m*
grid map *n* mapa *f* z siatką współrzędnych
grid reference *n* współrzędne *f pl*
grief /griːf/ **I** *n* 1 (sorrow) żal *m*; **his ~ at** or **over her death** jego żal z powodu jej śmierci 2 infml (trouble, hassle) zmartwienie *n*; **to give sb ~** denerwować kogoś
II *excl* **good ~!** dobry Boże!
IDIOMS: **he nearly came to ~ in the final exam** o mało nie oblał końcowego egzaminu; **to come to ~** (fall) przewrócić się; (fail) *[athlete]* przegrać; *[firm, business]* wpaść w tarapaty; *[plan]* lec w gruzach; *[expedition]* zakończyć się niepowodzeniem
grief-stricken /ˈgriːfstrɪkn/ *adj* pogrążony w żalu
grievance /ˈgriːvns/ *n* (feeling) żal *m* **(against sb** do kogoś); (complaint) skarga **(against sb/sth** na kogoś/coś); **to have a genuine ~** mieć uzasadniony żal; **to air one's ~s** wylać swoje żale; (formally complain) złożyć skargę
grievance committee *n* komisja *f* rozjemcza
grievance procedure *n* Mgmt procedura *f* rozpoznawania skarg
grieve /griːv/ **I** *vi* (mourn) rozpaczać; **to ~ over** or **for sb/over sth** opłakiwać kogoś /coś *[person, death]*
II *vi* liter **it ~s me to have to say it, but...** przykro mi to mówić, ale...; **it ~s me that...** to przykre, że...
grievous /ˈgriːvəs/ *adj* fml *[loss, mistake, damage, wound]* poważny; *[disappointment]* głęboki; **to do sb a ~ wrong** wyrządzić komuś wielką krzywdę
grievous bodily harm, GBH *n* Jur ciężkie uszkodzenie *n* ciała
grievously /ˈgriːvəslɪ/ *adv [hurt]* poważnie; *[offended]* ciężko; *[disappointed]* głęboko
griffin /ˈgrɪfɪn/ *n* Mythol gryf *m*
griffon /ˈgrɪfən/ *n* = **griffin**
grifter /ˈgrɪftə(r)/ *n* US vinfml kancia|rz *m*, -ra *f* infml
grill /grɪl/ **I** *n* 1 GB (on cooker) opiekacz *m*; **to cook sth in** or **under the ~** piec coś w opiekaczu 2 US (barbecue) grill *m* 3 (food) potrawa *f* z rusztu or grilla 4 (restaurant) bar *m* z grillem

G

II *vt* [1] Culin u|piec na grillu, grillować *[meat, fish]* [2] infml (interrogate) maglować infml **(about sth** w sprawie czegoś)
III *vi [steak, fish]* piec się na grillu
grille /ɡrɪl/ *n* (on car) kratownica *f* wlotu powietrza; (on loudspeaker) maskownica *f*; (on window) krata *f*
grilled /ɡrɪld/ *adj* Culin z grilla; **charcoal-~ prawns** krewetki grillowane na węglu drzewnym
grilling /ˈɡrɪlɪŋ/ *n* infml ostre przesłuchanie *n*; **to give sb a ~** maglować kogoś **(about sth** w sprawie czegoś)
grill pan *n* naczynie *n* do opiekania
grilse /ɡrɪls/ *n* Zool młody łosoś *m*
grim /ɡrɪm/ *adj* [1] (unsmiling) *[look, face, expression]* ponury; **to be ~-faced** mieć ponurą minę [2] (depressing) *[news, town, prison, sight, truth, prospect, reality]* ponury; **her future looks ~** jej przyszłość przedstawia się or wygląda ponuro [3] (unrelenting) *[struggle, battle, contest]* zacięty; *[resolve]* twardy; **to hold onto sth like ~ death** uczepić się czegoś ze wszystkich sił; **to stick to a task like ~ death** wykonywać swoje zadanie na przekór wszystkiemu; **in ~ earnest** z niezmordowaną wytrwałością [4] infml (poor) *[accommodation, food]* nędzny; **you look ~** nędznie wyglądasz infml; **I'm feeling pretty ~** (ill) nędznie się czuję infml; (depressed) jestem przygnębiony [5] (black) *[joke, humour]* wisielczy
grimace /ɡrɪˈmeɪs, US ˈɡrɪməs/ **I** *n* grymas *m* **(of sth** czegoś); **to make** or **give a ~** skrzywić się; **to make** or **give a ~ of pain** skrzywić się z bólu
II *vi [person]* s|krzywić się; **to ~ at the very thought of sth** skrzywić się na samą myśl o czymś; **to ~ with** or **in disgust** krzywić się z odrazą
grime /ɡraɪm/ *n* brud *m*; **thick with ~** pokryty grubą warstwą brudu, zarośnięty brudem
grimly /ˈɡrɪmlɪ/ *adv* [1] (sadly) *[speak, reply, say, laugh]* ponuro [2] (relentlessly) *[persist, continue, cling]* z determinacją; **a ~ determined expression** wyraz zaciętej determinacji
grimness /ˈɡrɪmnɪs/ *n* (of expression, story, landscape, town) ponurość *f*; **the ~ of his future** jego ponuro rysująca się przyszłość
Grim Reaper /ˌɡrɪmˈriːpə(r)/ *n* **the ~** śmierć *f*; kostucha *f* infml
grimy /ˈɡraɪmɪ/ *adj [building, city]* brudny; *[face]* usmolony
grin /ɡrɪn/ **I** *n* uśmiech *m*; **her face broke into a ~** na jej twarzy pojawił się uśmiech
II *vi* (*prp, pt, pp* **-nn-**) uśmiech|nąć, -ać się, wy|szczerzyć zęby w uśmiechu **(at sb** do kogoś); **to ~ broadly** uśmiechać się szeroko
IDIOMS: **to ~ and bear it** robić dobrą minę do złej gry; **to ~ from ear to ear** uśmiechać się od ucha do ucha
grind /ɡraɪnd/ **I** *n* [1] infml (hard work) harówka *f* infml; (monotonous effort) mordęga *f* infml; (daily routine) kierat *m* fig; **the daily ~** codzienny młyn; **back to the ~!** do roboty! infml; **marking exam papers is an awful ~** sprawdzanie prac egzaminacyjnych to straszna mordęga; **it was a long hard ~ cycling up the hill** namordowaliśmy się, wjeżdżając pod tę górę na rowerach; **it'll be a long hard ~** to będzie prawdziwa mordęga [2] (grating sound) (of teeth, brakes) zgrzyt *m*; (of stones) chrzęst *m* [3] US infml pej (hard-working student) kujon *m* infml pej
II *vt* (*pt, pp* **ground**) [1] (crush) ze|mleć *[coffee beans, flour, grain, meat]*; rozkrusz|yć, -ać, kruszyć *[stone, rock]*; (in mortar) u|tłuc *[seeds, pepper, cinnamon]*; (with teeth) rozdr|obnić, -abniać, mleć *[food]*; **freshly ground coffee beans** świeżo zmielona kawa; **to ~ sth to dust/a powder** zemleć coś na proszek; **to ~ corn into flour** zemleć zboże na mąkę; **to ~ one's teeth** zgrzytać zębami; **to ~ sth into the ground** rozgnieść coś na ziemi; **to ~ facts/information into sb** wtłaczać komuś fakty/informację do głowy [2] (sharpen) na|ostrzyć *[knife, axe]*; (polish) wy|szlifować *[blade, gemstone, lens]* [3] (turn) po|kręcić (czymś) *[handle]*; za|kręcić korb(k)ą (czegoś) *[pepper-mill, barrel organ]*; **a man ~ing a barrel organ** człowiek grający na katarynce
III *vi* (*pt, pp* **ground**) [1] (be crushed) *[corn, pepper, flour]* mleć się [2] (make grating sound) *[gears, vehicle, engine]* zgrzyt|nąć, -ać; *[stones]* za|chrzęścić [3] US infml (swot) wkuwać, zakuwać, kuć infml [4] US infml (dance) za|tańczyć, kręcąc biodrami
■ **grind away** wkuwać, zakuwać, kuć infml; **to ~ away at sth** ślęczeć nad czymś *[translation, essay]*; wkuwać coś *[maths, English]*
■ **grind down**: ¶ **~ down [sth], ~ [sth] down** (crush) ze|mleć *[corn, beans, seeds]*; rozkrusz|yć, -ać *[stone, rock]*; (with teeth) rozdr|obnić, -abniać *[food]*; (pulverize) sproszkować *[substance]* ¶ **~ [sb] down** uciskać, gnębić; **to be ground down by poverty** być przygniecionym biedą
■ **grind on** *[negotiations, project]* wlec się
■ **grind out**: **~ out [sth], ~ [sth] out** [1] (extinguish) rozgni|eść, -atać *[cigarette]* [2] (play) **to ~ out a tune on a barrel organ** grać melodię na katarynce [3] (produce) **she ~s out novels at the rate of one a month** infml produkuje jedną powieść na miesiąc infml [4] (say) **'mind your own business,' she ground out** „nie twój interes", wycedziła przez zęby
■ **grind up** (pulverize) sproszkow|ać, -ywać
grinder /ˈɡraɪndə(r)/ *n* [1] (crushing device) (domestic) młynek *m*; (for meat) maszynka *f* do mięsa; (industrial) młyn *m*; (in paper mill) ścierak *m*; **a coffee ~** młynek do kawy [2] (sharpening device) (domestic) ostrzałka *f*; (industrial) ostrzarka *f* [3] (person) szlifierz *m*; **he is a knife ~** on ostrzy noże [4] (tooth) ząb *m* trzonowy, trzonowiec *m* [5] US (sandwich) duża kanapka *f (z różnymi dodatkami)*
grinding /ˈɡraɪndɪŋ/ **I** *n* (sound) zgrzytanie *n*
II *adj* [1] *[noise]* zgrzytliwy; **to make a ~ noise** zazgrzytać [2] *[boredom]* beznadziejny; **~ poverty** skrajna nędza
grinding wheel *n* tarcza *f* szlifierska
grindstone /ˈɡraɪndstəʊn/ *n* (machine) szlifierka *f*; (stone) kamień *m* szlifierski
IDIOMS: **to keep** or **have one's nose to the ~** tyrać jak wół infml; **to keep sb's nose to the ~** orać kimś or w kogoś infml
gringo /ˈɡrɪŋɡəʊ/ *n* (*pl* **~s**) US offensive gringo *m inv*
grip /ɡrɪp/ **I** *n* [1] (hold) chwyt *m*; (tighter) uścisk *m*; **to take a ~ on sb/sth** chwycić kogoś/coś; (for support) chwycić się kogoś/czegoś; **to tighten one's ~ on sth** ścisnąć coś mocniej; **to relax one's ~** rozluźnić uścisk; **to relax one's ~ on sth** przestać coś ściskać; **she's lost her ~ on the rope** lina wyśliznęła jej się z dłoni; **to have a firm ~ on sth** mocno trzymać coś [2] fig (control) **to take a firm ~ on the company/party** wprowadzić w firmie/partii rządy twardej ręki; **to tighten one's ~ on sth** dokręcić śrubę w czymś fig; **to lose one's ~ on reality** stracić poczucie rzeczywistości; **to come** or **get to ~s with sb/sth** (try to fight) zmierzyć się z kimś/czymś; (succeed) uporać się z kimś/czymś; **get** or **take a ~ on yourself!** weź się w garść!; **I think he's beginning to lose his ~** wydaje mi się, że zaczyna tracić grunt pod nogami [3] (ability to hold) przyczepność *f*; **these shoes have no ~** te buty są bardzo śliskie; **the shoes have lost their ~** podeszwy już się zupełnie wyślizgały; **the new tyres have** or **give a good ~ on wet roads** nowe opony dobrze trzymają się mokrej drogi [4] fig (clutches) **in the ~ of winter** w okowach zimy; **in the ~ of an obsession** ogarnięty obsesją; **in the ~ of a disease** złożony chorobą [5] (handle) uchwyt *m*; (on bicycle) rączka *f* [6] (also **hair-~**) szpilka *f* (do włosów) [7] (bag) torba *f* sportowa [8] Cin pracownik *m* obsługi planu; Theat pracownik *m* obsługi sceny
II *vt* (*prp, pt, pp* **-pp-**) [1] (grab) chwy|cić, -tać, z|łapać; (for support) chwy|cić, -tać się (czegoś), z|łapać się (czegoś); (hold) trzymać; (firmly) ścis|nąć, -kać; **to ~ sth between one's teeth** trzymać coś w zębach; **to ~ a rail firmly/with both hands** chwycić się mocno/oburącz poręczy; **the piece of wood was ~ped between the jaws of the vice** kawałek drewna tkwił w szczękach imadła [2] (adhere to) *[tyres]* trzymać się (czegoś) *[road, surface]*; *[shoes, soles]* nie ślizgać się na (czymś) *[surface, floor, pavement]* [3] (captivate) *[speaker, film, storyteller]* por|wać, -ywać *[audience]*; **the soldiers were ~ped with fear** żołnierzy ogarnął strach
III *vi* (*prp, pt, pp* **-pp-**) **the tyres failed to ~ on the ice** samochód stracił przyczepność na oblodzonej nawierzchni; **my shoes didn't ~ on the rock** moje buty nie trzymały się skały
gripe /ɡraɪp/ **I** *n* [1] (complaint) powód *m* do narzekań; **her biggest ~ is that...** najbardziej narzeka na to, że... [2] Med **the ~s** kolka
II *vt* US infml (annoy) wnerwi|ć, -ać infml; **it ~s his ass** vinfml to go wkurza jak cholera infml
III *vi* (complain) biadolić infml **(about sth** na coś); **he keeps griping that he has no money** ciągle biadoli, że nie ma pieniędzy
gripe water *n* Med środek *m* przeciw kolce
griping /ˈɡraɪpɪŋ/ **I** *n* infml (complaining) biadolenie *n* infml
II *adj* **to have ~ pains** mieć bóle kolkowe

gripper rail /ˈgrɪpə(r)reɪl/ *n* listwa *f* progowa *(przytrzymująca wykładzinę)*
gripping /ˈgrɪpɪŋ/ *adj [speaker, book, tale]* porywający
grip tape *n* taśma *f* antypoślizgowa
grisly /ˈgrɪzlɪ/ *adj [sight, experiment, tale, remains]* makabryczny
grist /grɪst/ *n* arch mlewo *n* arch
IDIOMS: **it's all ~ to the mill** wszystko się może przydać; **scandals are ~ to the mill of the press** skandale są wodą na młyn prasy, prasa karmi się skandalami
gristle /ˈgrɪsl/ *n* (cartilage) chrząstki *f pl*; **a piece of ~** chrząstka
gristly /ˈgrɪslɪ/ *adj [meat]* żylasty, żyłowaty
grit /grɪt/ **I** *n* 1 (sand) piasek *m*; (for road, path) żwir *m*, grys *m*; (dirt) brud *m*, pył *m*; **there's a piece of ~ in my eye** jakiś pyłek wpadł mi do oka 2 (courage) charakter *m*; **she has ~ and determination** odznacza się charakterem i zdecydowaniem; **he showed true ~** pokazał, że ma charakter 3 (also **gritstone**) Geol gruboziarnisty piaskowiec *m*
II *vt* (*prp, pt, pp* **-tt-**) (with sand) posyp|ać, -ywać piaskiem *[pavement, road]*; (with fine gravel) wy|żwirować *[path]*
IDIOMS: **to ~ one's teeth** zacisnąć zęby
grits /grɪts/ *npl* GB Culin (oats) płatki *m pl* owsiane; US (corn) kasza *f* kukurydziana
gritter /ˈgrɪtə(r)/ *n* GB Aut piaskarka *f*
gritty /ˈgrɪtɪ/ *adj* 1 (sandy) *[vegetables]* zapiaszczony; **~ particles** (in engine, carpet) drobinki piachu 2 (realistic) *[novel, description]* naturalistyczny; **to have a ~ personality** twardo stąpać po ziemi 3 fig (courageous) *[person, fighter]* twardy, z charakterem; **the team gave a ~ performance** drużyna dzielnie się sprawiła
grizzle /ˈgrɪzl/ *vi* GB (cry) mazać się (**about sth** z powodu czegoś); (complain) marudzić
grizzled /ˈgrɪzld/ *pp adj* (grey) *[hair, beard]* siwy; *[person]* siwowłosy
grizzly /ˈgrɪzlɪ/ **I** *n* (also **~ bear**) Zool grizzly *m inv*
II *adj [beard, hair]* szpakowaty
groan /grəʊn/ **I** *n* 1 (of pain, despair) jęk *m*; (of disgust, protest) pomruk *m*; **to give a ~ of pain** jęknąć z bólu; **he let out a ~ of disappointment** wydał jęk zawodu 2 (of wood, tree) skrzyp *m*, skrzypnięcie *n*; **the chair gave a ~ as he sat on it** krzesło skrzypnęło, kiedy na nim usiadł
II *vt* ję|knąć, -czeć; **'I've been hit,' he ~ed** „dostałem", wyjęczał
III *vi* 1 (in pain, disgust, protest) ję|knąć, -czeć, za|jęczeć; **to ~ in** or **with pain** jęczeć z bólu; **he always ~s at my jokes** zawsze jęczy, że opowiadam kiepskie dowcipy; **to ~ inwardly** jęknąć w duchu 2 (creak) *[furniture, floor, tree]* skrzyp|nąć, -ieć, za|skrzypieć 3 liter (suffer) jęczeć fig; **a nation ~ing beneath tyranny** naród jęczący pod jarzmem tyranii
groats /grəʊts/ *npl* Culin kasza *f* owsiana
grocer /ˈgrəʊsə(r)/ *n* właściciel *m*, -ka *f* sklepu spożywczego, sklepika|rz *m*, -rka *f*; **the ~'s (shop)** sklep spożywczy
groceries /ˈgrəʊsərɪz/ *npl* 1 (shopping) zakupy *plt* spożywcze 2 (foodstuffs) artykuły *m pl* spożywcze
grocery /ˈgrəʊsərɪ/ *n* (also **~ shop** GB, **~ store** US) sklep *m* spożywczy; **the corner ~** pobliski sklep spożywczy
grog /grɒg/ *n* grog *m*
groggy /ˈgrɒgɪ/ *adj* infml półprzytomny; przymulony infml; **to feel ~** mieć nogi jak z waty
groin /grɔɪn/ *n* 1 Anat pachwina *f*; **in the ~** w pachwinę; euph w krocze 2 Archit szew *m* w sklepieniu krzyżowym; **~ vault** sklepienie krzyżowe 3 US = **groyne**
grommet /ˈgrɒmɪt/ *n* 1 (eyelet) pierścień *m* wzmacniający; (in sail) grumot *m* 2 Med dren *m* śródbębenkowy
groom /gruːm/ **I** *n* 1 Equest stajenny *m* 2 (also **bridegroom**) pan młody *m*
II *vt* 1 (clean) *[person]* oporządz|ić, -ać *[horse, pony]*; wy|szczotkować *[cat, dog]*; **to ~ a cat for a show** przygotowywać kota do wystawy; **to ~ oneself carefully** szykować się (do wyjścia) 2 (prepare) przygotow|ać, -ywać; **to ~ sb for an examination** przygotowywać kogoś do egzaminu; **he was being ~ed for a diplomatic career** sposobiono go do kariery dyplomatycznej
III groomed *pp adj [person]* zadbany; *[horse, pet]* wypielęgnowany; **an immaculately ~ young lady** nieskazitelnie ubrana i uczesana młoda dama
grooming /ˈgruːmɪŋ/ *n* 1 (cleaning) (of horse) oporządzanie *n*; (of dog, cat) szczotkowanie *n* 2 (appearance) wygląd *m*; (training) przygotowanie *n*
groove /gruːv/ **I** *n* 1 (in wooden object) wyżłobienie *n*; (in frame, screw, record) rowek *m* 2 fig (routine) rutyna *f*; **to settle into a ~** wpaść w rutynę; **a comfortable ~** wygodna rutyna; **I've stuck in a ~ for too long** zbyt długo w tym tkwiłem 3 Mus (rhythm) rytm *m*
II *vt* 1 (cut) wy|żłobić 2 **~ it, baby!** US infml dat baw się, mała! infml
groovy /ˈgruːvɪ/ *adj* infml dat *[party, clothes]* morowy infml; **I'm feeling really ~** czuję się kapitalnie infml; **she is ~** (fashionable) ona wygląda kapitalnie infml
grope /grəʊp/ **I** *n* infml **to give sb a ~** obmacywać kogoś infml
II *vt* 1 (feel) **he ~d his way down the dark staircase** zszedł po omacku po schodach; **he ~d his way past the furniture** po omacku przesuwał się wśród mebli 2 infml (sexually) obmacywać infml
III *vi* (also **~ about**) szukać po omacku (**for sth** czegoś); **he tried to ~ towards the door** próbował po omacku dojść do drzwi; **to ~ for an answer/a solution** fig po omacku szukać odpowiedzi/rozwiązania; **to ~ for words** szukać słów
groping /ˈgrəʊpɪŋ/ *n* 1 fig **~(s)** poszukiwania *n pl* 2 infml (sexual) obmacywanie *n* infml
grosgrain /ˈgrəʊsgreɪn/ *n* Tex ≈ ryps *m*; **~ ribbon** taśma z rypsu
gross /grəʊs/ **I** *n* (pl **~**, **~es**) (twelve dozen) gros *m* dat; **by the ~** na grosy, grosami; **the pencils cost £10 per ~** ołówki kosztują 10 funtów za gros
II *adj* 1 Comm, Fin (total) *[income, price, profit, amount, weight]* brutto; **her ~ income** jej dochód brutto; **a ~ margin** marża handlowa; **a ~ loss** strata ogółem; **~ value** wartość brutto 2 (serious) *[neglect, error, injustice, ignorance]* rażący; **~ dereliction of duty** rażące zaniedbanie obowiązków; **~ negligence** rażące zaniedbanie 3 (coarse) *[person, behaviour, language, manners, joke]* ordynarny, grubiański dat liter 4 infml (obese) *[person, dog]* spasiony infml 5 infml (revolting) obrzydliwy
III *adv* brutto; **to earn £1,000 ~** zarabiać 1 000 funtów brutto; **to weigh 25 pounds ~** ważyć 25 funtów brutto
IV *vt* **to ~ one thousand dollars** przynieść tysiąc dolarów dochodu brutto
■ **gross out** US infml: **~ [sb] out** przyprawi|ć, -ać kogoś o mdłości; **~ me out!** to obrzydliwe!
■ **gross up**: **~ up [sth]** Fin ubrutt|owić, -awiać *[interest, profits]*
gross domestic product, GDP *n* Econ produkt *m* krajowy brutto, PKB *m*
gross indecency *n* Jur obraza *f* moralności
grossly /ˈgrəʊslɪ/ *adv* 1 (extremely) *[exaggerate, overrate, exaggerated]* grubo; *[unfair, irresponsible]* rażąco; *[misleading, overcrowded]* całkowicie; **~ underpaid** bardzo źle opłacany; **a ~ overweight person** osoba z dużą nadwagą 2 (crudely) *[speak, behave]* ordynarnie, grubiańsko dat liter
gross national product, GNP *n* Econ produkt *m* narodowy brutto, PNB *m*
grossness /ˈgrəʊsnɪs/ *n* 1 (obesity) otyłość *f* 2 (vulgarity) (of language, conduct) grubiaństwo *n* 3 (seriousness) (of crime) ogrom *m*
gross ton *n* tona *f* rejestrowa angielska
gross tonnage *n* Naut tonaż *m* brutto
grot /grɒt/ *n* infml brud *m*
grotesque /grəʊˈtesk/ **I** *n* Art groteska *f*
II *adj* groteskowy
grotesquely /grəʊˈtesklɪ/ *adv [distorted, dressed]* groteskowo
grotto /ˈgrɒtəʊ/ *n* grota *f*, pieczara *f*
grotty /ˈgrɒtɪ/ *adj* infml 1 (squalid) *[surroundings, place, food]* paskudny 2 (ill) **to feel /look ~** czuć się/wyglądać okropnie
grouch /graʊtʃ/ infml **I** *n* 1 (fit of complaining) zrzędzenie *n* infml; **to have a ~ about sb /sth** zrzędzić na kogoś/coś 2 (cause for complaint) powód *m* do narzekań (**against sb/sth** na kogoś/coś); **my pet ~** mój ulubiony powód do narzekań 3 (person) zrzęda *m/f* infml
II *vi* zrzędzić (**about sb/sth** na kogoś /coś)
grouchy /ˈgraʊtʃɪ/ *adj* infml zrzędliwy infml; **to look ~** mieć skwaszoną minę; **to feel ~** być w podłym nastroju infml
ground[1] /graʊnd/ **I** *n* 1 (surface underfoot) ziemia *f*; **to put sth on the ~** postawić coś na ziemi; **to sit/lie (down) on the ~** usiąść/położyć się na ziemi; **to fall to the ~** spaść na ziemię; **to pick sth up off the ~** podnieść coś z ziemi; **get up off the ~** podnieś się or wstań z ziemi; **to get off the ~** *[plane]* wystartować; fig *[negotiations]* ruszyć z miejsca fig; **to get sth off the ~** ruszyć coś z miejsca *[undertaking, campaign]*; **to burn to the ~** doszczętnie spalić; **above (the) ~** na powierzchni ziemi; **below (the) ~** pod ziemią; **to prepare the ~** przygotować teren; fig przygotować grunt (**for sth** pod coś); **to**

G

clear the ~ oczyścić teren also fig; **on the ~** w terenie; **to be on sure** or **firm ~** stać na pewnym gruncie; **to be on shaky ~** fig tracić grunt pod nogami; **to be sure of one's ~** być pewnym swego [2] (area, territory) ziemia *f*, teren *m*; **a piece of ~** kawałek ziemi; **built on high ~** zbudowany na wzniesieniu; **built on rocky ~** zbudowany na skalistym podłożu; **holy ~** święta ziemia; **neutral ~** teren neutralny; **on neutral ~** na neutralnym gruncie; **to cover a lot of ~** przebyć kawał drogi; fig *[speaker, teacher]* omówić wiele spraw; *[lecture, article]* obejmować szeroki wachlarz spraw; **to cover the same ~** *[teachers, speakers]* mówić na ten sam temat; *[articles, lectures]* dotyczyć tego samego tematu; **to go over the same ~** poruszyć ten sam problem; **to break fresh** or **new ~** fig otworzyć nowe horyzonty or możliwości **(by** or **in doing sth** robiąc coś); **to break new political/legal ~** doprowadzić do poważnych zmian w polityce/w systemie prawnym; **it breaks no new ~** to nic nowego nie wnosi; **on my/his own ~** na własnym terenie; **to be on dangerous ~** poruszać się po niebezpiecznym or śliskim gruncie; **on safe ~** na bezpiecznym gruncie; **forbidden ~** teren zakazany; fig (of conversation, writing) zakazany temat [3] (area for specific purpose) teren *m*; Sport boisko *n*; **a recreation ~** tereny rekreacyjne [4] (reason) podstawa *f* also Jur **(for sth** do czegoś) [5] fig (in contest, discussion) **to gain ~ on** or **over sb** zyskać przewagę nad kimś; **the idea is gaining ~** ta idea zyskuje na popularności; **to lose ~ to sb** tracić dystans do kogoś; **to give** or **yield ~ to sb** ustąpić komuś **(on sth** w sprawie czegoś); **to make up** or **regain lost ~** odzyskać utraconą pozycję; **to hold** or **stand (one's) ~** nie dawać się fig; **to change** or **shift one's ~ on sth** fig zmienić front w sprawie czegoś [6] US Elec uziemienie *n* [7] Art (prepared surface) grunt *m*; (background) tło *n* [8] Naut (bottom) dno *n*; **to touch ~** osiąść na mieliźnie [9] (also **~ coat)** Constr podkład *m*, grunt *m*

II grounds *npl* [1] (of house, institution) teren *m*; **private ~s** teren prywatny [2] (reasons) podstawy *f pl* **(for sth** do czegoś); **on ethical ~s** z przyczyn etycznych; **leave on compassionate ~s** urlop okolicznościowy; **to have ~s for complaint/suspicion** mieć podstawy do narzekań/podejrzeń; **to give sb ~s for anxiety** móc niepokoić kogoś; **there are reasonable /there are no good ~s for supposing that...** są podstawy/nie ma podstaw do przypuszczeń, że...; **to have ~s to do sth** mieć powody, żeby coś zrobić; **on (the) ~s of sth** z powodu czegoś *[costs, negligence, insufficient evidence]*; **on (the) ~s of poor health** z przyczyn zdrowotnych; **to lodge an appeal on the ~s of insanity** wnieść apelację ze względu na niepoczytalność oskarżonego; **on the ~s that...** z powodu tego, że...

III *vt* [1] Aviat *[person, organization]* nie zezw|olić, -alać na lot (czegoś) *[aircraft]*; zabr|onić, -aniać wykonywania lotów (komuś) *[pilot]*; zabr|onić, -aniać wejścia na pokład (komuś) *[passenger]*; *[weather, fog, high winds]* uniemożliwi|ć, -ać lot (czegoś) *[aircraft]*; **we were ~ed by fog** mgła uniemożliwiła nam lot [2] Naut osadz|ić, -ać na mieliźnie *[ship, boat]*; **to be ~ed** osiąść na mieliźnie [3] (base) op|rzeć, -ierać *[argument, rumour, policy, opinion, assumption]* **(on sth** na czymś); **to be ~ed on sth** opierać się na czymś *[principle, fact, experience]*; **to be ~ed in sth** opierać się na czymś *[right, truth, understanding]*; **her suspicions were well ~ed** jej podejrzenia były w pełni uzasadnione; **a well-~ed theory** dobrze uzasadniona teoria [4] infml (punish) **to be ~ed** mieć szlaban infml [5] (cover with paint) zagruntow|ać, -ywać *[canvas, wall]* [6] US Elect uziemi|ć, -ać [7] Mil **~ arms!** do nogi broń!

IV *vi* Naut *[ship, boat]* osi|ąść, -adać na mieliźnie

IDIOMS: **that suits me down to the ~** to mi w pełni odpowiada; **to go to ~** *[person]* zapaść się pod ziemię infml; **to run a car into the ~** zajeździć samochód; **to run** or **drive oneself into the ~** zapracowywać się na śmierć; **to run sb/sth to ~** wytropić kogoś/coś; **to run sth into the ~** doprowadzić do ruiny coś *[business]*; **these books are thick/thin on the ~** tych książek jest mnóstwo/bardzo niewiele

ground² /graʊnd/ **I** *pt, pp* → **grind**

II *pp adj [coffee, pepper]* mielony

ground almonds *npl* mielone migdały *m pl*

ground attack *n* atak *m* lądowy

groundbait /ˈgraʊndbeɪt/ *n* Fishg zanęta *f*

ground-based /ˈgraʊndbeɪst/ *adj* Mil naziemny

ground-bass /ˈgraʊndbeɪs/ *n* Mus basso ostinato *n inv*

ground beef *n* wołowina *f* mielona

ground clearance *n* Aut prześwit *m* pojazdu

ground cloth *n* US = **groundsheet**

ground control *n* kontrola *f* naziemna

ground cover *n* okrywa *f* roślinna

ground-cover plant /ˌgraʊndkʌvəˈplɑːnt, US -plænt/ *n* Bot, Hort roślina *f* okrywowa

ground crew *n* obsługa *f* naziemna

ground effect *n* Tech poduszka *f* powietrzna

ground floor GB **I** *n* parter *m*; **on the ~** na parterze; **to come in on the ~** infml fig przyłączyć się na samym początku

II ground-floor *modif [apartment, room, window]* na parterze; **at ground-floor level** na parterze

ground forces *npl* siły *plt* lądowe

ground frost *n* przygruntowy przymrozek *m*

ground glass *n* (opaque) szkło *n* matowe; (powdered) szkło *n* sproszkowane

groundhog /ˈgraʊndhɒg/ *n* US Zool świstak *m* amerykański

Groundhog Day *n* US 2 lutego *(dzień, w którym przepowiada się długość zimy)*

ground hostess *n* naziemna pracownica *f* lotniska

grounding /ˈgraʊndɪŋ/ *n* [1] Aviat (of aircraft, crew, passengers) zatrzymanie *n* na ziemi; (of pilot) zakaz *m* lotów [2] Naut (of boat) osadzenie *n* na mieliźnie [3] (basic knowledge, training) podstawy *f pl* **(in sth** w zakresie czegoś); **to have a good** or **thorough ~ in ancient history** mieć solidne podstawy w dziedzinie historii starożytnej [4] US Elec uziemienie *n*

ground ivy *n* Bot (bluszczyk *m*) kurdybanek *m*

groundkeeper /ˈgraʊndkiːpə(r)/ *n* US gospodarz *m* terenu sportowego

groundless /ˈgraʊndlɪs/ *adj [fear, suspicion, allegation, hope]* bezpodstawny, nieuzasadniony; **the rumour proved (to be) ~** plotka okazała się bezpodstawna

ground level *n* Constr parter *m*; (of land) poziom *m* Ziemi

groundnut /ˈgraʊndnʌt/ *n* GB orzech *m* ziemny, arachid *m*

groundnut oil *n* GB olej *m* arachidowy

ground plan *n* [1] Archit plan *m* parteru [2] fig ogólny plan *m*

ground rent *n* opłata *f* za dzierżawę gruntu

ground rice *n* Culin mąka *f* ryżowa

ground rules *n* ogólne zasady *f pl*; **to change the ~** zmieniać reguły gry

groundsel /ˈgraʊnsl/ *n* Bot starzec *m*

groundsheet /ˈgraʊndʃiːt/ *n* wodoodporna mata *f* wewnątrz namiotu

groundsman /ˈgraʊndzmən/ *n* **(*pl* ~men)** (of sports grounds) GB gospodarz *m* terenu sportowego; (of park, gardens) gospodarz *m* terenu parkowego

groundspeed /ˈgraʊndspiːd/ *n* Aviat prędkość *f* względem Ziemi

groundstaff /ˈgraʊndstɑːf, US -stæf/ *n* [1] Sport (for maintenance) personel *m* odpowiedzialny za stan terenu sportowego [2] Aviat personel *m* naziemny

groundswell /ˈgraʊndswel/ *n* [1] Naut fala *f* głębinowa [2] fig narastająca fala *f* fig; **a ~ of discontent/support** fala niezadowolenia /poparcia; **a ~ of public opinion against the new legislation** fala powszechnego sprzeciwu wobec nowego ustawodawstwa

ground-to-air missile /ˌgraʊndtəeəˈmɪsaɪl/ *n* Mil pocisk *m* ziemia-powietrze

ground troops *npl* wojska *n pl* lądowe

groundwater /ˈgraʊndwɔːtə(r)/ *n* Geol woda *f* gruntowa

ground wire *n* US przewód *m* uziemiający, uziemienie *n*

groundwork /ˈgraʊndwɜːk/ *n* (preliminary work) prace *f pl* przygotowawcze **(for sth** do czegoś); **to do the ~** wykonać prace przygotowawcze

ground zero *n* Mil punkt *m* zerowy wybuchu

group /gruːp/ **I** *n* grupa *f*; **to stand in ~s** stać w grupach or grupami

II *modif [photograph, booking]* grupowy; **~ behaviour/mentality** zachowanie/mentalność grupy; **~ discussion/activities** dyskusja/zajęcia w grupach

III *vt* (also **~ together)** (gather) z|grupować *[people, objects]*; (classify) po|grupować *[people, objects]* **(according to** or **by sth** według czegoś or ze względu na coś)

IV *vi* (also **~ together)** z|grupować się, z|ebrać, -bierać się **(round sb/sth** wokół kogoś/czegoś)

V *vr* **to ~ oneself** *[people]* (get into groups) po|dzielić się na grupy, po|grupować się; **to ~ oneself according to age** pogrupować

się według wieku, podzielić się na grupy wiekowe; (get into a group) z|grupować się, z|ebrać, -bierać się **(round sb** wokół kogoś)
group booking *n* rezerwacja *f* grupowa
group captain *n* GB Mil, Aviat pułkownik *m* lotnictwa
grouper /ˈgruːpə(r)/ *n* Zool granik *m*
groupie /ˈgruːpɪ/ *n* infml (girl) fanka *f* infml *(jeżdżąca za zespołem)*
grouping /ˈgruːpɪŋ/ *n* (group, alliance) ugrupowanie *n*
group insurance *n* ubezpieczenie *n* grupowe
Group of Seven *prn* grupa *f* siedmiu najbogatszych państw świata, grupa *f* G7
group practice *n* ≈ spółdzielnia *f* lekarska
group sex *n* seks *m* grupowy
group therapy *n* terapia *f* grupowa
groupware /ˈgruːpweə(r)/ *n* Comput oprogramowanie *n* do pracy grupowej
group work *n* praca *f* w grupach
grouse[1] /graʊs/ *n* (*pl* **~**) Zool szkocka kuropatwa *f*
grouse[2] /graʊs/ infml **I** *n* (complaint) powód *m* do narzekań; **to have a good old ~** pogderać
II *vi* psioczyć infml **(about sb/sth** na kogoś/coś)
grouse moor *n* teren *m* polowań na kuraki *(głuszce, bażanty, kuropatwy)*
grouse shooting *n* polowanie *n* na kuraki
grout /graʊt/ **I** *n* Constr fuga *f*
II *vt* fugować, spoinować *[tiles]*
grouting /ˈgraʊtɪŋ/ *n* Constr fuga *f*, masa *f* spoinowa; (action) spoinowanie *n*
grove /grəʊv/ *n* (small wood) (of oak, spruce) zagajnik *m*; (of lemon, orange, olive trees) gaj *m*; (group of trees) kępa *f* drzew
grovel /ˈgrɒvl/ *vi* (*prp, pt, pp* **-ll-**; **-l-** US) [1] fig płaszczyć się fig **(before** or **to sb** przed kimś); **to ~ at sb's feet** płaszczyć się przed kimś fig [2] (also **~ about, ~ around)** czołgać się, pełzać
grovelling, groveling US /ˈgrɒvlɪŋ/ *adj [person, apology]* uniżony
grow /grəʊ/ (*pt* **grew**; *pp* **grown**) **I** *vt* [1] (cultivate) wy|hodować *[fruit, flowers, vegetables]*; uprawiać *[crops]* [2] (increase, allow to increase) *[person]* zapu|ścić, -szczać *[hair, beard, nails]*; **to ~ 5 cm** *[person, plant]* urosnąć 5 cm; **the economy has grown 2%** wzrost gospodarczy wyniósł 2%
II *vi* [1] (increase physically) *[plant, hair, nails, person, tumour]* u|rosnąć; *[queue]* wydłuż|yć, -ać się; *[cancer]* rozwi|nąć, -jać się; **to ~ by 10%** urosnąć o 10%; **haven't you grown!** aleś urósł!; **to let one's hair ~** zapuszczać włosy; **to let one's nails ~** hodować długie paznokcie; **to ~ from sth** *[plant]* wyrosnąć z czegoś *[seed, bulb]*; **to ~ to a height of 4 metres** *[plant]* osiągnąć wysokość czterech metrów [2] (of sth abstract) *[deficit, spending, population, crime, chances, support, poverty, pressure, influence, list]* rosnąć, wzr|osnąć, -astać; *[tension, anger, crisis, problem]* nar|osnąć, -astać; *[company, economy]* rozwi|nąć, -jać się; *[opposition, movement]* u|rosnąć w siłę; **fears are ~ing that...** narastają obawy, że...; **to ~ from 10 to 20** *[profit, membership]* wzrosnąć z dziesięciu do dwudziestu; **to ~ to sth** *[inflation, deficit]* osiągnąć coś *[figure, level]*; **to ~ to civil war proportions** urosnąć do rozmiarów wojny domowej; **to ~ in strength** urosnąć w siłę; **to ~ in popularity** zyskać na popularności; **to ~ in authority/confidence** zyskać większy autorytet/większą pewność siebie; **to ~ in wisdom** zmądrzeć; **to ~ in beauty** wypięknieć [3] (become) sta|ć, -wać się *[hotter, colder, friendlier, stronger]*; **to ~ weak** osłabnąć; **to ~ old** zestarzeć się; **to ~ dark** pociemnieć; **it was ~ing dark** ściemniało się; **to ~ light** rozjaśnić się; **it was ~ing light** rozwidniało się; **to ~ cold(er)** ochłodzić się; **to ~ warm(er)** ocieplić się; **to ~ used to sth** przyzwyczaić się do czegoś; **to ~ more and more impatient** coraz bardziej się niecierpliwić [4] **to ~ to do sth** zacząć coś robić; **I soon grew to like him** szybko go polubiłem; **I was ~ing to like him** zaczynałem coraz bardziej nabierać do niego przekonania; **I have grown to dislike it** w końcu mi to zbrzydło
■ **grow apart**: **~ apart** *[people]* oddal|ić, -ać się od siebie fig; **to ~ apart from sb** oddalić się od kogoś fig
■ **grow away** *[person]* oddal|ić, -ać się fig **(from sb** od kogoś)
■ **grow in**: **~ in** *[nail]* wr|osnąć, -astać
■ **grow into**: **~ into [sth]** [1] (become) *[person]* wyr|osnąć, -astać na (coś/kogoś); **she grew into a beautiful woman** wyrosła na piękną kobietę; **tadpoles ~ into frogs** z kijanek wyrastają żaby [2] (fit into) *[person]* przyzwycza|ić, -jać się do (czegoś) *[position, role]*; dor|osnąć, -astać do (czegoś) *[garment]*; **to ~ into a habit of doing sth** nabrać zwyczaju robienia czegoś [3] *[skin, bone]* wr|osnąć, -astać w (coś) *[tissue]*
■ **grow on**: **~ on [sb]** [1] (become established) *[characteristic]* zakorzeni|ć, -ać się w (kimś); **a habit that ~s on you if you are not careful** przyzwyczajenie, które staje się zgubne, jeśli się nie pilnujesz [2] (win liking) *[music]* podobać się (komuś) coraz bardziej
■ **grow out**: **~ out [sth], ~ [sth] out** (of hair) **to ~ out a dye** poczekać, aż włosy odrosną i odzyskają naturalny kolor
■ **grow out of**: **~ out of [sth]** [1] (become too old) wyr|osnąć, -astać z (czegoś) *[suit, habit, game]*; **to ~ out of going to discos** wyrosnąć z chodzenia na dyskoteki [2] (come from) *[interest, custom, habit, institution]* wziąć się z (czegoś), brać się z (czegoś), wywodzić się z (czegoś)
■ **grow together** [1] (become close) *[people]* zbliż|yć, -ać się do siebie fig [2] (join together) *[bones, roots, plants]* zr|osnąć, -astać się (ze sobą)
■ **grow up** [1] (get bigger) *[person]* u|rosnąć [2] (become adult) *[person]* dor|osnąć, -astać; *[movement]* dojrze|ć, -wać; **to ~ up in London** dorastać w Londynie; **to ~ up believing that...** dorastać w przeświadczeniu, że...; **when I ~ up** kiedy dorosnę; **to ~ up into a scientist/beauty** wyrosnąć na naukowca/piękność; **~ up!** skończ z tą dziecinadą! [3] (come into existence) *[town]* wyr|osnąć, -astać; *[idea, movement]* rozwi|nąć, -jać się
grow bag *n* Hort *wypełniony torfem rękaw foliowy, w którym uprawia się rośliny*
grower /ˈgrəʊə(r)/ *n* [1] (person) (of flowers, fruit, vegetables) hodowca *m* [2] (plant) **to be a fast /slow ~** szybko/wolno rosnąć
growing /ˈgrəʊɪŋ/ **I** *n* Agric, Hort hodowla *f*; **rose ~** hodowla róż; **a fruit-~ area** region sadowniczy
II *adj* [1] (physically) *[tree, crops, animal, investment, membership]* rosnący; *[business]* rozwijający się; **a ~ child** dziecko w okresie rozwoju [2] (increasing) *[number, amount, authority, demand, awareness, opposition, optimism, criticism, pressure]* rosnący; *[crisis, desire, feeling, opposition]* narastający; **to have a ~ need to do sth** mieć coraz większą potrzebę zrobienia czegoś; **there is ~ concern about this problem** temu problemowi poświęca się coraz więcej uwagi; **to have a ~ following** mieć coraz więcej zwolenników
growing pains *npl* [1] bóle *m pl* wzrostowe [2] fig (problems of growing up) problemy *m pl* okresu dojrzewania [3] fig (of firm, project) początkowe trudności *f pl*
growing season *n* okres *m* wegetacji or wzrostu
growl /graʊl/ **I** *n* (of dog) warknięcie *n*; (of lion, thunder, angry person) pomruk *m*; (angry answer) warknięcie *n*; (of engine) warkot *m*; **to give a ~** *[lion]* wydać groźny pomruk; *[dog, person]* warknąć
II *vt* rzuc|ić, -ać *[insult, curse]*; **to ~ an answer** warknąć w odpowiedzi; **'no,' he ~ed** „nie", odwarknął
III *vi [dog]* war|knąć, -czeć; *[lion]* wyda|ć, -wać pomruki; *[thunder]* rozle|c, -gać się; *[person]* (in anger) war|knąć, -czeć infml **(at sb** na kogoś); *[engine, machine]* zawarczeć
grown /grəʊn/ **I** *pp* → **grow**
II *adj [man, woman]* dorosły; **~ men were reduced to tears** nawet mężczyźni płakali
III -grown *in combinations* (covered) **ivy-/moss-~** porośnięty or porosły bluszczem /mchem → **full-grown, home-grown**
grown over *adj* = **overgrown** [1]
grown-up I /ˈgrəʊnʌp/ *n* dorosły *m*
II /ˌgrəʊnˈʌp/ *adj [person, son, children]* dorosły; **what would you like to be when you are ~?** kim chciałbyś zostać, gdy będziesz dorosły?; **to behave in a ~ way** zachowywać się dorośle or jak dorosły; **to be ~ for one's age** być dojrzałym jak na swój wiek; **to look ~** wyglądać dorośle; **to sound ~** mówić jak dorosły
growth /grəʊθ/ *n* [1] (growing physically) (of person, plant) wzrost *m*; (of hair) porost *m* [2] (increase) (of population, amount, productivity, earnings, expenditure, crime) wzrost *m* **(of** or **in sth** czegoś); (of feeling) narastanie *n* **(of sth** czegoś); (of movement) rozwój *m* **(of sth** czegoś); **~ in** or **of the economy** wzrost gospodarczy [3] Med (on surface) narośl *f*; (inside) guz *m* [4] (thing growing) Bot odrost *m*; **a new ~ on a plant** nowy odrost na roślinie; **a thick ~ of weed** gąszcz chwastów; **a week's ~ of beard** tygodniowy zarost
growth area *n* dynamicznie rozwijająca się dziedzina *f*
growth factor *n* Med czynnik *m* wzrostowy

G

growth hormone *n* hormon *m* wzrostu
growth industry *n* dynamicznie rozwijająca się gałąź *f* przemysłu
growth rate *n* tempo *n* wzrostu; **the population ~** przyrost *m* ludności
growth ring *n* Bot (on tree) słój *m*
growth share *n* walor *m* rosnący
groyne /grɔɪn/ *n* GB ostroga *f*, tama *f* poprzeczna
grub /grʌb/ **I** *n* [1] Zool larwa *f*; (of beetle) pędrak *m*; (in fruit) robak *m* infml [2] infml (food) żarcie *n* infml; **~'s up!** żarcie na stole! infml
II *vt* (*prp, pt, pp* **-bb-**) US **to ~ sth from sb** wyłudzić coś od kogoś; **to ~ for sth** infml *[animal]* grzebać w ziemi w poszukiwaniu czegoś
■ **grub about, grub around**: **to ~ about** or **around for sth** *[dog]* kopać w poszukiwaniu czegoś; **to ~ about** or **around among old books** przekopać się przez stare książki w poszukiwaniu czegoś
■ **grub up**: **~ up [sth], ~ [sth] up** wyr|wać, -ywać *[weed, roots]*; wykop|ać, -ywać *[tree]*
grubbiness /grʌbɪnɪs/ *n* brud *m*
grubby /ˈgrʌbɪ/ *adj* brudny; fig haniebny
grub screw *n* wkręt *m* bez łba
grubstake /ˈgrʌbsteɪk/ **I** *n* US infml zaliczka *f*
II *vt* za|płacić zaliczkę (komuś) *[person]*; za|płacić zaliczkę na (coś) *[project]*
Grub Street *n* fig *środowisko niedocenionych i biednych literatów*
grudge /grʌdʒ/ **I** *n* uraza *f*; **to bear** GB or **hold** US **a ~ against sb** mieć coś komuś za złe; **to bear sb a ~** mieć coś komuś za złe; **to harbour** or **nurse a ~ against sb** chować do kogoś urazę
II *vt* **to ~ sb sth** (be reluctant to give) żałować komuś czegoś; **to ~ doing sth** wzdragać się przed zrobieniem czegoś; **to ~ the time spent on sth** żałować czasu poświęconego na coś; **to ~ sb their success /good looks** zazdrościć komuś sukcesu /urody
grudging /ˈgrʌdʒɪŋ/ *adj [acceptance]* niechętny; **to give sb ~ support** poprzeć kogoś bez większego przekonania; **to treat sb with ~ respect** chcąc nie chcąc okazywać komuś szacunek; **to be ~ in one's praise** być powściągliwym w pochwałach; **to be ~ in one's thanks** dziękować bez przekonania
grudgingly /ˈgrʌdʒɪŋlɪ/ *adv [admit, tolerate]* niechętnie; **the man whom they ~ respected** człowiek, którego, chcąc nie chcąc, musieli szanować
gruel /ˈgruːəl/ *n* kleik *m*
gruelling, grueling US /ˈgruːəlɪŋ/ *adj [race, effort]* wyczerpujący
gruesome /ˈgruːsəm/ *adj* (gory) *[account, detail]* makabryczny; (horrifying) *[sight]* straszliwy, przerażający
gruff /grʌf/ *adj [person, reply, voice]* szorstki; **he spoke to me in a ~ voice** odezwał się do mnie szorstko
gruffly /ˈgrʌflɪ/ *adv [say, reply]* szorstko
gruffness /ˈgrʌfnɪs/ *n* (of person, manner) szorstkość *f*; **the ~ of his voice** jego szorstki głos
grumble /ˈgrʌmbl/ **I** *n* [1] (complaint) narzekanie *n*; gderanie *n* infml; **to have a ~ about sb/sth** narzekać na kogoś/coś; gderać na kogoś/coś infml; **my only ~ is...** jedyne, co mi się nie podoba, to... [2] (person) zrzęda *m/f* infml [3] (of thunder) pomruk *m*; (of stomach) burczenie *n*
II *vt* **'if you insist,' he ~d** „skoro nalegasz", zgodził się niechętnie
III *vi* [1] (complain) *[person]* narzekać; zrzędzić infml; **to ~ at sb** mieć pretensje do kogoś; **to ~ to sb** skarżyć się komuś; **to ~ about sb/sth** narzekać na kogoś/coś, zrzędzić na kogoś/coś; **'how are you?' – 'oh, mustn't ~'** „jak leci?" – „nie mogę narzekać" [2] (also **~ away**) *[thunder]* pobrzmiewać; **my stomach is grumbling** burczy mi w brzuchu
grumbler /ˈgrʌmblə(r)/ *n* infml zrzęda *m/f* infml
grumbling /ˈgrʌmblɪŋ/ **I** *n* [1] (complaining) narzekanie *n*; zrzędzenie *n* infml [2] (of thunder) pomruk *m*; (of stomach) burczenie *n*
II *adj* (complaining) *[person]* zrzędliwy infml; **~ appendix** bolesny wyrostek
grump /grʌmp/ *n* infml (person) zrzęda *m/f* infml; **he has the ~s** coś go ugryzło infml fig
grumpily /ˈgrʌmpɪlɪ/ *adv [say, ask, reply]* (when bad-tempered) gderliwie, zrzędliwie; (in surly manner) gburowato
grumpiness /ˈgrʌmpɪnɪs/ *n* (bad-temperedness) zrzędliwość *f*, gderliwość *f*; (surliness) gburowatość *f*
grumpy /ˈgrʌmpɪ/ *adj* (bad-tempered) zrzędliwy, gderliwy; (surly) gburowaty; **he was ~ the whole day** zrzędził or gderał przez cały dzień
grunge /grʌndʒ/ *n* infml [1] (dirt) brud *m* infml [2] Fashn, Mus grunge *inv*
grungy /ˈgrʌndʒɪ/ *adj* infml niechlujny
grunt /grʌnt/ **I** *n* [1] (sound) chrząknięcie *n*; (repeated) chrząkanie *n*; (of pain, effort) stęknięcie *n*; **he gave a ~ of satisfaction** chrząknął z zadowoleniem; **he lifted the sack with a ~ (of effort)** stęknął (z wysiłku), podnosząc wór [2] US vinfml (soldier) trep *m* infml
II *vt [person]* burknąć; **'go away,' he ~ed** „odejdź", burknął; **to ~ a brief reply** odburknąć krótko
III *vi* [1] *[pig]* chrząk|nąć, -ać [2] *[person]* (with effort, pain) stęk|nąć, -ać; (with satisfaction, pleasure) chrząk|nąć, -ać, mru|knąć, -czeć; (with irritation) chrząk|nąć, -ać, bur|knąć, -czeć
gryphon /ˈgrɪfn/ *n* = **griffin**
GSM *n* = **Global Systems for Mobile Communications** Globalny System *m* Komunikacji Ruchomej, GSM *m inv*
G spot *n* (erogenous zone) czułe miejsce *n*
G-string /ˈdʒiːstrɪŋ/ *n* [1] Mus struna *f* g [2] Fashn figi *plt* typu string
G-suit /ˈdʒiːsuːt/ *n* Aviat kombinezon *m* przeciwprzeciążeniowy
Gt = **Great**
guacamole /ˌgwɑːkəˈməʊleɪ, -lɪ/ *n* Culin guacamole *n*
Guadeloupe /ˌgwɑːdəˈluːp/ *prn* Gwadelupa *f*
guano /ˈgwɑːnəʊ/ *n* guano *n*
guarantee /ˌgærənˈtiː/ **I** *n* [1] Comm (warranty, document) gwarancja *f* **(against sth** na wypadek czegoś); **~ against rusting** gwarancja odporności na rdzewienie; **to be under ~** GB być na gwarancji; **there is a ~ on the dish-washer** na zmywarkę jest gwarancja; **the radio comes with** or **carries a one-year ~** to radio ma roczną gwarancję; **to be covered by the manufacturer's ~** być objętym gwarancją producenta [2] (assurance) gwarancja *f*, zapewnienie *n*; **to give a ~ to sb that...** zaręczyć komuś, że..; **you have my ~!** gwarantuję ci to!; **beauty is not a ~ of happiness** uroda nie gwarantuje or nie zapewnia szczęścia; **there's no ~ that she'll come** nie ma gwarancji or pewności, że przyjdzie; **the opposition are demanding a ~ that...** opozycja domaga się gwarancji or zapewnienia, że... [3] Jur (of financial liability, sb's debts) poręczenie *n*, poręka *f*, gwarancja *f*; **to give a ~ of repayment of the loan** dać poręczenie spłaty pożyczki; **to give a ~ of sb's solvency** poręczyć (za) wypłacalność kogoś; **he gave the court a ~ of the accused person's good behaviour** Jur złożył przed sądem poręczenie za dobre sprawowanie oskarżonego [4] (security in cash or object) zabezpieczenie *n*; (cash) kaucja *f*; **to give sth as a ~** złożyć coś jako zabezpieczenie; (money) zapłacić kaucję; **what sort of ~ can you offer?** jakiego rodzaju zabezpieczenie pan proponuje? [5] (person) = **guarantor**
II *modif [fund, card, form]* gwarancyjny
III *vt* [1] Comm udziel|ić, -ać gwarancji na (coś) *[product, goods]* **(against sth** na wypadek czegoś); za|gwarantować *[delivery, quality, attendance]*; **it's ~d for 5 years** to ma pięcioletnią gwarancję; **it's ~d waterproof** ma gwarancję wodoszczelności; **to be ~d against defective workmanship** mieć gwarancję na wypadek wystąpienia wad produkcyjnych [2] (assure) za|gwarantować, zapewni|ć, -ać *[success, safety, independence]*; **I can ~ that they'll come** gwarantuję or ręczę, że przyjdą; **to ~ sb's safety** zagwarantować or zapewnić komuś bezpieczeństwo; **I can't ~ that it's true** nie mogę zagwarantować or nie ręczę, że to prawda; **you won't regret it, I can ~ you that!** gwarantuję (ci) or zapewniam cię or ręczę, że nie pożałujesz; **her new novel is a ~d bestseller** jej nowa powieść to pewny bestseller; **the plan is ~d to succeed** sukces tego planu jest murowany; **it's ~d to rain** na pewno będzie padało [3] Jur **to ~ a loan** poręczyć pożyczkę; **to ~ sb for a loan** poręczyć za kogoś przy zaciąganiu pożyczki; **he ~s to repay the debt within 6 months** gwarantuje, że spłaci dług w ciągu 6 miesięcy; **to ~ a bill** poręczyć weksel; **to ~ sb's good behaviour** poręczyć za dobre sprawowanie kogoś; **to ~ a cheque** potwierdzić czek
guaranteed interest *n* oprocentowanie *n* gwarantowane
guaranteed loan *n* pożyczka *f* z poręczeniem
guaranteed price *n* cena *f* gwarantowana
guarantor /ˌgærənˈtɔː(r)/ *n* (of contract) gwarant *m*, -ka *f* **(of sth** czegoś); (of loan) żyrant *m*; (for person, person's action, mortgage) poręczyciel *m*, -ka *f* **(for sb/sth** kogoś/czegoś); **to stand ~ for sb** poręczyć za kogoś
guaranty /ˈgærəntɪ/ *n* Jur [1] (pledge of responsibility) poręczenie *n*, poręka *f* [2] (security) zabezpieczenie *n*

guard /gɑːd/ **I** *n* 1 (minder) (for person, place, object, at prison) strażni|k, *m* -czka *f*; Mil wartowni|k *m*, -czka *f*; (lifeguard) ratowni|k *m*, -czka *f* 2 (duty, group of soldiers, policemen) straż *f*, warta *f*; **to be on ~** stać na straży or warcie; **to be on ~ at the gate** stać na straży or warcie przy bramie; **to be under ~** *[person]* być pod strażą; *[place, object]* być strzeżonym; **to transport sb under an armed ~** przewieźć kogoś pod strażą; **to go on ~** objąć straż or wartę; **to double the ~** podwoić straże or warty; **to come off ~** schodzić z warty; **to keep** or **stand ~ over sth** trzymać or pełnić straż nad czymś, pełnić wartę przy czymś; **to keep** or **stand ~ over sb** strzec kogoś; **to stand ~ over the coffin** pełnić wartę przy trumnie; **to mount (a) guard over sb/sth** objąć straż nad kimś/czymś; **the changing of the ~** GB zmiana warty 3 (watchfulness) czujność *f*; **to keep up one's ~** mieć się na baczności, zachowywać czujność; **to drop** or **relax** or **lower one's ~** zmniejszyć czujność; **don't drop your ~** miej się stale na baczności; **to get through** or **under sb's ~** zmylić or uśpić czujność kogoś; **to catch sb off (his/her) ~** zaskoczyć kogoś; **to be on one's ~** mieć się na baczności; **to be on one's ~ against sth** uważać na coś, mieć się na baczności przed czymś; **to put sb on his ~** obudzić czujność kogoś, ostrzec kogoś 4 Sport (defensive posture) (in boxing) garda *f*; (in fencing) zasłona *f* 5 GB Rail kierownik *m* pociągu 6 (protective device) (in machine) osłona *f*; (in sports equipment) ochraniacz *m* 7 GB (in names of regiments) gwardia *f*; **The Royal Horse Guards** Królewska Gwardia Konna 8 (in Ireland) policjant *m (w Irlandii)*

II *vt* 1 (protect) *[person, fence, tower, wall]* strzec kogoś/czegoś *[person, place, object, secret, reputation]* **(from** or **against sb/sth** przed kimś/czymś); *[soldiers, bodyguards]* chronić, ochraniać *[president, official]* **(from** or **against sb/sth** przed kimś/czymś); *[dog]* pilnować (czegoś) *[house, property]* **(from** or **against sb/sth** przed kimś/czymś); **the property/border is heavily ~ed** posiadłość/granica jest silnie strzeżona; **a closely ~ed secret** pilnie strzeżona tajemnica; **to ~ sth with one's life** strzec czegoś z narażeniem życia 2 (prevent from escaping) pilnować, strzec *[prisoner, captive]*; **to be closely ~ed** być dobrze pilnowanym or strzeżonym

■ **guard against**: **~ against [sth]** wystrzegać się (czegoś) *[ideas, over-confidence]*; chronić się przed (czymś) *[disease]*; zabezpieczać się przed (czymś) *[abuses, cheating, failure]*; **to ~ against doing sth** uważać or pilnować się, żeby czegoś nie zrobić; **to ~ against sth happening** uważać, żeby coś się nie stało

IDIOMS: **the old ~** stara gwardia; **to ~ one's tongue** uważać, co się mówi

guard dog *n* pies *m* stróżujący

guard duty *n* warta *f*; **to be on ~** stać na warcie

guarded /ˈgɑːdɪd/ *adj* 1 (protected) *[entrance, prisoner]* strzeżony 2 (non-committal) *[statement, reply, remark]* powściągliwy; (smile) pełen rezerwy

guardedly /ˈgɑːdɪdlɪ/ *adv [smile, reply, worded]* powściągliwie, z rezerwą

guardedness /ˈgɑːdɪdnɪs/ *n* powściągliwość *f*, rezerwa *f*

guardhouse /ˈgɑːdhaʊs/ *n* strażnica *f*, wartownia *f*

guardian /ˈgɑːdɪən/ *n* 1 (defender) strażni|k *m*, -czka *f* **(of sth** czegoś) 2 Jur opiekun *m*, -ka *f*; **a legal ~** opiekun prawny

guardian angel *n* anioł *m* stróż also fig

guard of honour *n* gwardia *f* honorowa; (in Polish army) kompania *f* reprezentacyjna

guard rail *n* (on bridge, road) bariera *f*, barierka *f*; (on stairs) poręcz *f*, balustrada *f*

guardroom /ˈgɑːdruːm/ *n* (for guards) wartownia *f*; (for prisoners) areszt *m*

guardsman /ˈgɑːdzmən/ *n* GB gwardzista *m (Gwardii Królewskiej)*; US Mil żołnierz *m (Gwardii Narodowej)*

guard's van *n* GB Rail wagon *m* służbowy

Guatemala /ˌgwɑːtəˈmɑːlə/ *prn* Gwatemala *f*

Guatemalan /ˌgwɑːtəˈmɑːlən/ **I** *n* Gwatemal|czyk *m*, -ka *f*

II *adj* gwatemalski

guava /ˈgwɑːvə, US ˈgwɔːvə/ *n* Bot guajawa *f*

gubbins /ˈgʌbɪnz/ *n* GB infml 1 (gadget) ustrojstwo *n* infml; (rubbish) chłam *m* infml; **I've got to clear all this ~ off my desk** muszę sprzątnąć z biurka cały ten śmietnik 2 (idiot) głupek *m*

gubernatorial /ˌguːbənəˈtɔːrɪəl/ *adj* fml gubernatorski

gudgeon[1] /ˈgʌdʒən/ *n* Tech czop *m* zawiasowy

gudgeon[2] /ˈgʌdʒən/ *n* Zool kiełb *m*

gudgeon pin *n* sworzeń *m* tłokowy

guelder rose /ˌgeldəˈrəʊz/ *n* Bot kalina *f* koralowa

Guelf /gwelf/ *n* = **Guelph**

Guelph /gwelf/ *n* Hist gwelf *m*

guernsey /ˈgɜːnzɪ/ *n* Fashn sweter *m* marynarski

Guernsey /ˈgɜːnzɪ/ *prn* 1 Geog Guernsey *m* 2 (also **~ cow**) bydło *n* rasy Guernsey

guerrilla /gəˈrɪlə/ **I** *n* partyzant *m*, -ka *f*; **urban ~s** miejska partyzantka

II *modif [attack, organization]* partyzancki

guerrilla war *n* wojna *f* partyzancka

guerrilla warfare *n* = **guerrilla war**

guess /ges/ **I** *n* przypuszczenie *n*, domysł *m*; **have a ~!** zgadnij!; **to make** or **take a ~** próbować zgadnąć; **to make a wild ~** zgadywać na chybił trafił; **to have** or **make** or **take a ~ at sth** próbować zgadnąć coś; **my ~ is that they will lose** myślę or przypuszczam, że przegrają; **at a (rough) ~ I would say that he is about 30** tak na oko sądząc, ma około trzydziestki infml; **there are, at a ~, ten families living in that building** tak na oko w tym budynku mieszka jakieś dziesięć rodzin; **I'll give you three ~es** zgaduj! do trzech razy sztuka; **'how did you know?' – 'just a lucky ~'** „skąd wiedziałeś?" – „po prostu zgadłem"; **your ~ is as good as mine** wiesz tyle, co i ja; **it's anybody's ~** nikt nie może (tego) wiedzieć

II *vt* 1 (intuit) odgad|nąć, -ywać *[answer, name]*; przewi|dzieć, -dywać *[result, outcome]*; **to ~ the reason** odgadnąć przyczynę; **to ~ sb's identity** odgadnąć, kim ktoś jest; **to ~ the time** zgadnąć, która godzina; **to ~ that...** zgadnąć or domyślić się że...; **can you ~ her age?** jak sądzisz, ile ona ma lat?; **I should ~ him to be about 30** przypuszczam, że musi mieć koło trzydziestki; **I ~ed the time to be about one o'clock** pomyślałem, że musi być koło pierwszej; **you'll never ~ what's happened** nigdy nie zgadniesz, co się stało; **I ~ed as much** tak też myślałem; **~ what! I've won a prize** nie zgadniesz! zdobyłem nagrodę; **we've got a visitor! ~ who!** mamy gościa! zgadnij, kto to! 2 US (suppose, believe) sądzić, myśleć; **I ~ (that) what he says is true** sądzę or myślę, że on mówi prawdę; **I ~ (that) I must be going now** chyba muszę już iść; **I ~ so/not** chyba tak/nie

III *vi* zgad|nąć, -ywać, domyśl|ić, -ać się; **to ~ at** or **as to sth** próbować odgadnąć coś *[plans]*; próbować ocenić coś *[number]*; próbować przewidzieć coś *[outcome]*; **I can't ~ as to the number of people** nie potrafię ocenić, ilu tu jest ludzi; **to ~ right** or **correctly** zgadnąć, domyślić się; **to ~ wrong** nie zgadnąć; **you are just ~ing!** zgadujesz!; **try and ~!** zgadnij!; **one can only ~** można się tylko domyślać; **I can't begin to ~!** nie mam pojęcia!; **how did you ~?** jak na to wpadłeś?; **to keep sb ~ing** trzymać kogoś w niepewności

guesstimate /ˈgestɪmət/ **I** *n* infml (expectations) przewidywania *n pl*; (estimates) szacunkowa ocena *f*; **a ~ as to the likely outcome of the election** przewidywany wynik wyborów; **current ~s are that...** obecnie przypuszcza się, że...; **these figures are based on a ~** te liczby opierają się na przybliżonych szacunkach; **to make a ~ of** or **as to sth** ocenić coś w przybliżeniu

II *vt* s|próbować przewidzieć *[result, outcome]*; oceni|ć, -ać w przybliżeniu *[cost, number]*

guesswork /ˈgeswɜːk/ *n* przypuszczenia *n pl*, domysły *m pl*; **it's pure ~** to czyste domysły or przypuszczenia or spekulacje; **to be a matter for ~** pozostawać w sferze domysłów

guest /gest/ **I** *n* 1 (person) gość *m*; **~ of honour** gość honorowy; **an uninvited ~** nieproszony gość; **'may I borrow your pen?' – 'be my ~!'** „mogę pożyczyć pański długopis?" – „bardzo proszę!" 2 Biol komensal *m*

II *modif [room, appearance]* gościnny; *[singer, conductor]* występujący gościnnie; **~ book** księga gości; **~ list** lista gości; **~ night** (at club) wieczór otwarty; **~ star** (at conference, on show) specjalny gość; **~ star: Jane X** (in film credits) występująca gościnnie Jane X; **making a ~ appearance on tonight's show is John Brown** w dzisiejszym przedstawieniu gościnnie występuje (pan) John Brown; **our ~ speaker tonight is John Brown** specjalnie zaproszony, przemówi do nas dzisiaj John Brown

III *vi* **to ~ on a show** być gościem programu

guesthouse /ˈgesthaʊs/ *n* pensjonat *m*

G

guestroom /ˈgestruːm/ *n* pokój *m* gościnny *or* dla gości

guestworker /ˈgestwɜːkə(r)/ *n* gastarbeiter *m*

guff /gʌf/ *n* infml bzdury *f pl*; **a lot** *or* **load of ~** stek bzdur

guffaw /gəˈfɔː/ **I** *n* (laugh) rechot *m* infml **II** *vi* (laugh) za|rechotać infml

GUI *n* = **graphical user interface**

Guiana /gaɪˈænə/ *prn* Gujana *f*; **the ~ Highlands** Wyżyna *f* Gujańska

guidance /ˈgaɪdns/ *n* [1] (advice) wskazówki *f pl*; (counselling) poradnictwo *n*; (help) pomoc *f*; **clear ~** jasne wskazówki; **to give sb ~** udzielić komuś porady; **~ on legal procedures** porady prawne; **~ on how to do sth** wskazówki, jak coś zrobić; **~ as to the resolution of conflict** wskazówki, jak zażegnać konflikt; **~ from experts** wskazówki ekspertów; **basic ~ in areas such as finance** podstawowa pomoc *or* podstawowe doradztwo w dziedzinach takich jak finanse; **to seek ~ on a matter of great importance** prosić o pomoc w ważnej sprawie; **to seek ~ of one's superiors** zasięgnąć opinii przełożonych; **this leaflet is for your ~** w tej ulotce znajdziesz potrzebne informacje [2] (leadership) **under the ~ of sb** pod przewodnictwem kogoś [3] Aerosp (of missile, rocket) sterowanie *n*

guide /gaɪd/ **I** *n* [1] (person) przewodni|k *m*, -czka *f*; **tour ~** przewodni|k, -czka; **a spiritual ~** duchowy przewodnik; **to engage a ~** wziąć przewodnika; **to act as a ~** służyć za przewodnika; **let reason be your ~** kieruj się rozumem [2] (hint) wskazówka *f*; **this figure is only meant to be a ~** ta cyfra służy jedynie jako wskazówka; **a ~ as to the cost** wskazówka co do kosztów; **a ~ as to his whereabouts** wskazówka co do jego miejsca pobytu; **a ~ as to how to do sth** wskazówka, jak coś zrobić; **to give sb a good ~** *[answers, figures]* posłużyć komuś za wskazówkę; **as a rough ~** jako ogólna wskazówka [3] (*also* **~ book**) przewodnik *m* **(to sth** po czymś); **a ~ to Greece** przewodnik po Grecji; **TV ~** program telewizyjny; **user's ~** podręcznik użytkownika; **good food ~** przewodnik po restauracjach [4] (*also* **Girl Guide**) skautka *f* [5] Tech (directing device) prowadnica *f*
II *vt* [1] (show way) po|prowadzić *[person]*; (round gallery, city) oprowadz|ić, -ać **(round sth** po czymś); **to ~ sb to sth** zaprowadzić kogoś do czegoś; **to ~ sb through sth** przeprowadzić kogoś przez coś [2] (influence) *[person]* po|kierować (kimś) *[person]*; **he allowed himself to be ~d by his elders** pozwalał starszym kierować sobą; **my actions were ~d by reason** to, co zrobiłem, było podyktowane rozsądkiem; **to be ~d by sb's advice** kierować się radami kogoś [3] Aerosp, Mil naprowadz|ić, -ać *[rocket, missile]* **(to sth** na coś)

guide book *m* przewodnik *m*

guided missile *n* (rakietowy) pocisk *m* kierowany

guide dog *n* pies przewodnik *m*

guided tour *n* zwiedzanie *n* z przewodnikiem; **to have a ~ of sth** zwiedzać coś z przewodnikiem

guideline /ˈgaɪdlaɪn/ *n* [1] (rough guide) wskazówka *f* **(for sb** dla kogoś**) (on sth** co do czegoś); **can you give me some ~s on how to look after the dog?** czy mógłbyś mi powiedzieć, jak mam się opiekować psem?; **to follow the ~s** trzymać się wskazówek, postępować zgodnie ze wskazówkami [2] Admin, Pol wytyczne *plt* **(on sth** co do czegoś); **~s for reduction of inflation** wytyczne dotyczące obniżania inflacji; **to draw up ~s** nakreślić wytyczne; **safety/health/pay ~s** wytyczne dotyczące bezpieczeństwa/profilaktyki zdrowotnej/wysokości wynagrodzeń

guide post *n* drogowskaz *m*

guide rail *n* szyna *f* prowadząca

guide rope *n* (on crane) *lina przywiązana do ładunku dźwigu ułatwiająca sterowanie*; (on balloon) wleczka *f*

guiding /ˈgaɪdɪŋ/ **I** *n* GB skauting *m* żeński **II** *adj* **~ principle** zasada przewodnia; **~ force** siła napędowa; **~ light** fig (person) wzór (do naśladowania); **he needs a ~ hand** potrzebuje kogoś, kto by nim pokierował; trzeba nim pokierować

guild /gɪld/ *n* [1] (medieval) gildia *f* [2] (modern) stowarzyszenie *n*; (of craftsmen) cech *m*

guilder /ˈgɪldə(r)/ *n* gulden *m*

guildhall /ˈgɪldhɔːl/ *n* (medieval) siedziba *f* gildii; (town hall) ratusz *m*; **the Guildhall** sala bankietowa w londyńskim City

guile /gaɪl/ *n* przebiegłość *f*; **to do sth by ~** zrobić coś podstępem; **full of ~** przebiegły jak lis; **without ~** prostolinijny

guileful /ˈgaɪlfl/ *adj [person, expression]* przebiegły

guileless /ˈgaɪllɪs/ *adj [person]* prostolinijny

guillemot /ˈgɪlɪmɒt/ *n* Zool nurzyk *m*

guillotine /ˈgɪlətiːn/ **I** *n* [1] (for execution) gilotyna *f* [2] (for paper) gilotyna *f*, krajarka *f* [3] GB Pol *formalne ograniczenie czasu obrad*
II *vt* [1] z|gilotynować *[person]* [2] GB Pol ogranicz|yć, -ać czas debaty nad (czymś) *[bill, motion]*

guilt /gɪlt/ *n* [1] (blame) wina *f also* Jur; **to prove sb's ~** dowieść winy kogoś; **to admit one's ~** przyznać się do winy; **to apportion ~** ustalić stopień winy; **to find out where the ~ lies** ustalić, kto zawinił *or* po stronie kogo leży wina [2] (feeling) poczucie *n* winy **(about sb/sth** z powodu kogoś/czegoś); **to feel no ~** nie poczuwać się do winy; **sense of ~** poczucie winy

guiltily /ˈgɪltɪlɪ/ *adv [say]* z miną winowajcy; *[react, do]* poczuwając się do winy; **he smiled ~** uśmiechnął się zawstydzony

guiltless /ˈgɪltlɪs/ *adj* fml bez winy, niewinny; **he was ~ of the offence** nie był winny wykroczenia; **the government was not entirely ~ in the matter** rząd nie był w tej sprawie bez winy

guilty /ˈgɪltɪ/ *adj* [1] winny **(of sth** czegoś); **he's ~ of murder** jest winny *or* winien morderstwa; **to be found ~/not ~** być uznanym za winnego/za niewinnego; **to plead ~/not ~** przyznać się/nie przyznać się do winy; **he pleaded ~ to a charge of blackmail** przyznał się do zarzucanego mu szantażu; **the ~ party** strona winna [2] *[look, expression]* pełen skruchy; *[conscience]* nieczysty; **to feel ~ about sb/sth** czuć się winnym wobec kogoś/z powodu czegoś; **to have a ~ feeling** czuć się winnym *or* mieć poczucie winy

guinea /ˈgɪnɪ/ *n* GB Hist gwinea *f*

Guinea /ˈgɪnɪ/ *prn* Gwinea *f*

Guinea-Bissau /ˌgɪnɪbɪˈsaʊ/ *prn* Gwinea *f* Bissau

guinea-fowl /ˈgɪnɪfaʊl/ *n* perlica *f*, perliczka *f*

guinea-hen /ˈgɪnɪhen/ *n* = **guinea-fowl**

guinea-pig /ˈgɪnɪpɪg/ *n* [1] Zool świnka *f* morska [2] fig królik *m* doświadczalny fig; **to use sb as a ~** zrobić z kogoś królika doświadczalnego

Guinness® /ˈgɪnɪs/ *prn* Guinness *m*

guise /gaɪz/ *n* liter **under the ~ of friendship** pod pozorem przyjaźni; **in the ~ of doing sth** pod pretekstem robienia czegoś; **in various/new ~s** pod różnymi/nowymi postaciami, w różnych /nowych wcieleniach; **in the ~ of sb** przebrany za kogoś

guitar /gɪˈtɑː(r)/ **I** *n* Mus gitara *f*; **to play the ~** grać na gitarze; **to accompany sb on the ~** akompaniować komuś na gitarze
II *modif [concert, concerto, string]* gitarowy; **~ lesson/teacher** lekcja/nauczyciel gry na gitarze; **a ~ case** futerał na gitarę; **a ~ player** gitarzysta; (woman) gitarzystka

guitarfish /gɪˈtɑːfɪʃ/ *n* (*pl* **~, ~es**) Zool rocha *f*

guitarist /gɪˈtɑːrɪst/ *n* gitarzyst|a *m*, -ka *f*

Gujarat /ˌguːdʒəˈrɑːt/ *prn* Gudżarat *m*

Gujarati /ˌguːdʒəˈrɑːtɪ/ **I** *n* [1] (person) mieszkan|iec *m*, -ka *f* Gudżaratu [2] (language) (język *m*) gudżarati *m inv*
II *adj* gudżaracki

Gulag /ˈguːlæg/ *n* gułag *m*

gulch /gʌltʃ/ *n* US Geol wąwóz *m*, jar *m*

gulf /gʌlf/ *n* [1] Geog zatoka *f* [2] fig (difference) (between persons, groups) przepaść *f* fig; (within group) rozłam *m*; **a widening ~ between the two groups** pogłębiająca się przepaść między obiema grupami; **a ~ has opened in the party** w partii nastąpił rozłam [3] liter (chasm) czeluść *f* liter

Gulf /gʌlf/ *prn* **the ~** rejon *m* Zatoki Perskiej

Gulf States *prn pl* **the ~** GB państwa *n pl* nad Zatoką Perską; US stany *m pl* nad Zatoką Meksykańską

Gulf Stream *prn* **the ~** Prąd *m* Zatokowy, Golfstrom *m*, Golfsztrom *m*

Gulf War *prn* wojna *f* w Zatoce (Perskiej)

Gulf War syndrome *n* Med, Mil syndrom *m* chorobowy Zatoki Perskiej

gull[1] /gʌl/ *n* Zool mewa *f*

gull[2] /gʌl/ **I** *n* dat (dupe) frajer *m*
II *vt* dat wystrychnąć kogoś na dudka

gullet /ˈgʌlɪt/ *n* (throat) gardło *n*; (food passage) przełyk *m*; **he has a fish bone stuck in his ~** ość utkwiła mu w gardle; **the words stuck in my ~** fig słowa uwięzły mi w gardle

gullibility /ˌgʌləˈbɪlətɪ/ *n* naiwność *f*, łatwowierność *f*

gullible /ˈgʌləbl/ *adj [person]* naiwny, łatwowierny

gull-wing /ˈgʌlwɪŋ/ *n* Aviat skrzydło *n* w układzie M

gull-wing door *n* Aut drzwi *plt* otwierane do góry
gully /ˈgʌlɪ/ *n* [1] Geol żleb *m*; (small) rynna *f* [2] (drain) rów *m* [3] (in cricket) (player) *zawodnik stojący za łapaczem*
gulp /gʌlp/ **I** *n* [1] (mouthful) (of liquid, air) łyk *m*; (big) haust *m*; (of food) kęs *m*; **to have** or **take a ~ of sth** wypić łyk czegoś; **to take a deep ~ from a bottle** pociągnąć spory łyk z butelki; **to breathe in a ~ of fresh air** wciągnąć w płuca haust świeżego powietrza; **to breathe in ~s of fresh air** wdychać świeże powietrze haustami; **at a ~** jednym haustem [2] (noise) (while swallowing) łyknięcie *n*; **to drink sth with a ~** wypić coś, głośno przełykając; **to say sth with a ~** (nervously) powiedzieć coś, głośno przełykając ślinę; (tearfully) powiedzieć coś, tłumiąc (w sobie) szloch
II *vt* [1] (swallow) połknąć, łykać *[food, drink]*; wciąg|nąć, -ać w płuca *[air]*; **stop ~ing your food like that!** nie łykaj jedzenia tak łapczywie!; **there they were, ~ing brandy** siedzieli sobie w najlepsze i popijali brandy [2] (in emotion) **'I'm terribly sorry,' he ~ed** „bardzo przepraszam", wykrztusił urywanym głosem
III *vi [person]* przeł|knąć, -ykać ślinę
■ **gulp back**: **~ back [sth], ~ [sth] back** powstrzym|ać, -ywać *[sobs]*; (po)łykać *[tears]*
■ **gulp down**: **~ down [sth], ~ [sth] down** wy|pić szybko *[liquid]*; połknąć łapczywie, łykać łapczywie *[food]*; **she ~ed down her cup of tea and left** wypiła duszkiem filiżankę herbaty i wyszła
■ **gulp in**: **~ in [sth]** wciąg|nąć, -ać w płuca *[air]*
gum[1] /gʌm/ *n* Anat dziąsło *n*
gum[2] /gʌm/ **I** *n* [1] (also **chewing ~**) guma *f* (do żucia); **a piece** or **stick of ~** guma do żucia [2] (for gluing) klej *m* [3] (from tree) guma *f*
II *vt* (*prp, pt, pp* **-mm-**) (spread with glue) po|smarować klejem *[paper, cardboard, edge]*; (join) przykle|ić, -jać *[stamp, piece of paper]* **(to sth** do czegoś); **to ~ sth and sth together** skleić coś z czymś; **~med envelope** koperta z klejem
■ **gum down**: **~ down [sth], ~ [sth] down** przykle|ić, -jać coś
■ **gum up**: **~ up [sth]** zakle|ić, -jać
IDIOMS: **to ~ up the works** infml narobić bigosu infml
gum arabic *n* guma *f* arabska
gumbo /ˈgʌmbəʊ/ *n* (*pl* **~s**) Bot ketmia *f* jadalna; Culin zupa *f* z ketmii
gumboil /ˈgʌmbɔɪl/ *n* ropień *m* na dziąśle
gumboot /ˈgʌmbuːt/ *n* gumowiec *m*; gumiak *m* infml
gum disease *n* zapalenie *n* dziąseł
gumdrop /ˈgʌmdrɒp/ *n* (sweet) żelek *m*
gummy[1] /ˈgʌmɪ/ *adj [smile, grin]* bezzębny
gummy[2] /ˈgʌmɪ/ *adj [substance, liquid]* lepki
gumption /ˈgʌmpʃn/ *n* infml [1] (common sense) **to have a lot of ~** mieć łeb na karku infml; **use your ~!** rusz głową! infml [2] (courage) **to have the ~ to do sth** mieć dość odwagi, żeby coś zrobić
gum shield *n* (in boxing) ochraniacz *m* na zęby
gumshoe /ˈgʌmʃuː/ infml **I** *n* (private detective) prywatny detektyw *m*; (police detective) tajniak *m* infml
II *vt* US (move stealthily) skradać się
gum tree *n* Bot (eucalyptus) eukaliptus *m*
IDIOMS: **to be up a ~** być w tarapatach
gun /gʌn/ **I** *n* [1] (firearm) broń *f* palna; (pistol) pistolet *m*; (hunting rifle) strzelba *f*; (military rifle) karabin *m*; (cannon) armata *f*; **to carry a ~** nosić broń; **to fire a ~** wystrzelić; **to draw a ~** wyciągnąć broń; **to load a ~** załadować broń; **watch out! he's got a ~!** uważaj! on ma broń! [2] (firing) wystrzał *m*; Sport strzał *m* startera [3] Tech pistolet *m*; **spray-~** pistolet natryskowy; **a glue/paint ~** pistolet do kleju/do farby [4] US infml (gunman) uzbrojony bandyta *m*; **a hired ~** wynajęty morderca; **the fastest ~ in the West** najszybszy strzelec na Dzikim Zachodzie
II *vt* (*prp, pt, pp* **-nn-**) **to ~ an engine** dodać gazu
III *vi* (*prp, pt, pp* **-nn-**) **to ~ at sb** wymierzyć do kogoś
■ **gun down**: **~ down [sb], ~ [sb] down** zastrzelić *[person]*
■ **gun for**: **~ for [sb/sth]** (try to acquire) ubiegać się o (coś) *[position]*; (support) kibicować (komuś/czemuś)
IDIOMS: **to go great ~s** infml *[business]* rozwijać się jak szalony; **he's going great ~s** (doing well) doskonale mu idzie; (running fast) pędzi jak strzała; **to hold a ~ to sb's head** przystawić komuś pistolet do skroni; **to jump the ~** (in race) zrobić falstart; **to stick to one's ~s** infml upierać się przy swoim → **big gun**
gun barrel *n* lufa *f*
gunboat /ˈgʌnbəʊt/ *n* kanonierka *f*
gunboat diplomacy *n* polityka *f* zastraszania
gun carriage *n* Mil laweta *f*
gundog /ˈgʌndɒg/ *n* pies *m* myśliwski
gunfight /ˈgʌnfaɪt/ *n* strzelanina *f*
gunfire /ˈgʌnfaɪə(r)/ *n* (from hand-held gun) strzelanina *f*; (from artillery) ogień *m* artyleryjski, kanonada *f*; **the sound of ~** (from artillery) kanonada; **under ~** pod ostrzałem
gunge /gʌndʒ/ **I** *n* GB infml (substance) paćka *f* infml
II *vt* **to be all ~d up** infml być całym upaćkanym infml
gung ho /ˌgʌŋˈhəʊ/ *adj* infml hum or pej (eager for war) bojowy; (overzealous) napalony infml
gunk /gʌŋk/ *n* infml maź *f*
gun laws *n* ustawa *f* o broni palnej
gun licence *n* pozwolenie *n* na broń
gunman /ˈgʌnmən/ *n* uzbrojony bandyta *m*
gunmetal /ˈgʌnmetl/ **I** *n* spiż *m*; Hist brąz *m* (armatni)
II *adj* spiżowy
gunmetal grey **I** *n* (kolor *m*) stalowoszary *m*
II *adj* stalowoszary
gunner /ˈgʌnə(r)/ *n* GB Mil (in army) (artilleryman) artylerzysta *m*; (private) kanonier *m*; (in navy) bosman *m* artylerzysta
gunnery /ˈgʌnərɪ/ **I** *n* Mil artyleria *f*
II *modif [practice]* artyleryjski; **a ~ officer** oficer artylerii
gunny /ˈgʌnɪ/ *n* US (fabric) juta *f*
gunnysack /ˈgʌnɪsæk/ *n* US worek *m* jutowy
gunplay /ˈgʌnpleɪ/ *n* US wymiana *f* ognia
gunpoint /ˈgʌnpɔɪnt/ *n* celownik *m*; **to hold sb at ~** trzymać kogoś na celowniku
gunpowder /ˈgʌnpaʊdə(r)/ *n* proch *m* (strzelniczy)
Gunpowder Plot *prn* Hist spisek *m* prochowy
gunroom /ˈgʌnruːm/ *n* pomieszczenie *n* na broń
gunrunner /ˈgʌnrʌnə(r)/ *n* przemytnik *m* broni
gunrunning /ˈgʌnrʌnɪŋ/ *n* przemyt *m* broni
gunsel /ˈgʌnsl/ *n* US infml [1] (boy) *młody chłopak wykorzystywany seksualnie przez starszego mężczyznę* [2] (gunman) uzbrojony bandyta *m*
gunship /ˈgʌnʃɪp/ *n* Aviat, Mil śmigłowiec *m* bojowy
gunshot /ˈgʌnʃɒt/ *n* [1] (shot fired) wystrzał *m* [2] (range) zasięg *m* strzału; **to be within ~** znajdować się w zasięgu strzału; **to be out of ~** znajdować się poza zasięgiem strzału
gunshot wound *n* rana *f* postrzałowa
gun-shy /ˈgʌnʃaɪ/ *adj* **~ dog** pies *m* bojący się odgłosu wystrzału
gun-slinger /ˈgʌnslɪŋə(r)/ *n* US infml uzbrojony bandyta *m*
gunsmith /ˈgʌnsmɪθ/ *n* rusznikarz *m*
gunturret /ˈgʌntʌrɪt/ *n* Mil wieżyczka *f* strzelnicza
gunwale /ˈgʌnl/ *n* Naut górna część *f* nadburcia; **full to the ~s** wyładowany po brzegi
guppy /ˈgʌpɪ/ *n* Zool gupik *m*, pawie oczko *n*
gurgle /ˈgɜːgl/ **I** *n* (of liquid) bulgotanie *n*, bulgot *m*; (of baby) gaworzenie *n*; **to give ~s of pleasure** radośnie gaworzyć
II *vi [water]* za|bulgotać; *[baby]* gaworzyć
Gurkha /ˈgɜːkə/ *n* Gurkh|a *m inv*, -ijka *f*
gurnard /ˈgɜːnəd/ *n* Zool kurek *m*
gurnet *n* = **gurnard**
guru /ˈgʊruː, US gəˈruː/ *n* guru *m inv* also fig
gush /gʌʃ/ **I** *n* [1] (of water, oil, tears) wy|tryśnięcie *n*; (of blood) tryśnięcie *n*; **the oil came out in a ~** ropa wytrysnęła strumieniem [2] (of enthusiasm) wybuch *m*; (of words) potok *m*; **a ~ of praise** deszcz pochwał
II *vt* **'darling,' he ~ed** „najdroższa", wyrzucił z siebie
III *vi* [1] *[water, blood, oil]* wytrys|nąć, -kiwać, trys|nąć, -kać; **tears ~ed down her cheeks** łzy spłynęły jej po policzkach [2] fig *[person]* rozpływać się fig **(over sb/sth** nad kimś/czymś)
■ **gush in** *[water, oil]* w|edrzeć, -dzierać się do środka
■ **gush out** *[water, oil]* wytrys|nąć, -kiwać, trys|nąć, -kać
gusher /ˈgʌʃə(r)/ *n* infml (oil-well) odwiert *m*, samoczynny wytrysk *m* nafty
gushing /ˈgʌʃɪŋ/ *adj [person, letter, style]* egzaltowany
gushy *adj* = **gushing**
gusset /ˈgʌsɪt/ *n* (in garment) klin *m*, wstawka *f*
gussy /ˈgʌsɪ/ *vt* US infml (also **~ up**) ub|rać, -ierać *[person]*; **to be all gussied up** być odstawionym infml

G

gust /gʌst/ **I** *n* [1] (of wind, air) podmuch *m*; (of wind, blizzard) poryw *m*; **a ~ of rain/snow** gwałtowna ulewa/śnieżyca; **a ~ of hot air** podmuch gorącego powietrza; **the wind is blowing in ~s** wieje porywisty wiatr [2] fig (of laughter) wybuch *m*; (of happiness) fala *f*; (of anger) poryw *m*

II *vi* **the wind is ~ing** wieje porywisty wiatr; **the rain/snow was ~ing** zacinał deszcz/śnieg; **winds ~ing up to 60 mph** wiatry w porywach osiągające 60 mil na godzinę

gusto /ˈgʌstəʊ/ *n* **with ~** z entuzjazmem; **to sing with ~** śpiewać na całe gardło; **to eat with ~** jeść z apetytem

gusty /ˈgʌstɪ/ *adj [wind]* porywisty; *[day, weather]* wietrzny

gut /gʌt/ **I** *n* [1] infml (belly) bebech *m*, bandzioch *m* infml; **he was shot in the ~** dostał w brzuch; **beer ~** bandzioch piwosza [2] Anat (intestine) jelito *n* [3] (for racket, violin) naciąg *m*

II guts *npl* infml [1] (insides) (of human, animal) flaki *m pl*, bebechy *m pl* infml; (of machine) mechanizm *m*; (of building) wnętrze *n*; **to take the ~s out of sth** wybebeszyć coś *[clock, animal]* infml; **the ~s of his speech was simply 'save energy'** całe jego przemówienie sprowadzało się do tego, że trzeba oszczędzać energię; **he had a pain in his ~s** bolał go brzuch [2] (courage) odwaga *f*; **to have the ~s to do sth** mieć odwagę zrobić coś; **he's a president with ~s** to prezydent z ikrą infml; **people with plenty of ~s** odważni ludzie

III *modif* [1] (instinctive, basic) *[feeling, reaction]* instynktowny; *[instinct]* pierwotny; **to have a ~ feeling that...** instynktownie czuć, że...; **it's a ~ issue** to zasadnicza sprawa [2] US Sch, Univ infml **~ course** łatwe zajęcia

IV *vt* (*prp, pt, pp* **-tt-**) [1] Culin wy|patroszyć *[fish, animal]* [2] (destroy) *[fire]* wypal|ić, -ać *[building]*; *[looter]* wywr|ócić, -acać do góry nogami *[shop, room]* [3] (strip) **we ~ted the house** wszystko wynieśliśmy z domu

V gutted *pp adj* GB infml zniesmaczony infml; **he is ~ted** wszystko się w nim przewraca

IDIOMS: **to hate sb's ~s** vinfml szczerze kogoś nienawidzić; **to work one's ~s out** infml wypruwać sobie flaki infml; **to scream one's ~s out** infml wydzierać się na całe gardło

gutless /ˈgʌtlɪs/ *adj* infml *[person]* tchórzliwy; **a ~ coward** cykor infml

gutsy /ˈgʌtsɪ/ *adj* infml [1] (spirited) *[fighter, player, sportsman]* waleczny [2] (brave) odważny

gutta-percha /ˌgʌtəˈpɜːtʃə/ *n* [1] (substance) gutaperka *f* [2] Bot gutaperkowiec *m*, drzewo *n* gutaperkowe

gutter /ˈgʌtə(r)/ **I** *n* [1] (on roof) rynna *f*; (in street) rynsztok *m*, ściek *m* [2] fig **the language of the ~** rynsztokowy język; **to come up from the ~** pochodzić z dołów (społecznych); **to drag sb (down) into the ~** ściągnąć kogoś na samo dno

II *vi [candle, flame]* za|migotać; **the candle ~ed out** świeca zamigotała i zgasła

guttering /ˈgʌtərɪŋ/ *n* orynnowanie *n*

gutter press *n* prasa *f* brukowa

guttersnipe /ˈgʌtəsnaɪp/ *n* pej (urchin) ulicznik *m*

guttural /ˈgʌtərəl/ **I** *n* Ling (consonant) spółgłoska *f* gardłowa or guturalna

II *adj* gardłowy; Ling guturalny

guv /gʌv/ *n* GB infml = **governor** (when addressing a man) szef *m* infml

guvnor /ˈgʌvnə(r)/ *n* GB infml → **guv**

guy[1] /gaɪ/ **I** *n* infml [1] (man) facet *m*, gość *m* infml; **a good/bad ~** (in film) bohater pozytywny/czarny charakter; **her ~** (boyfriend) jej facet; **hey, you ~s!** hej, wy tam!; **are you ~s coming to lunch?** (to men or women) idziecie na lunch? [2] GB *kukła przedstawiająca Guya Fawkesa, przywódcę spisku prochowego*

II *vt* za|żartować z (kogoś) *[person]*; ob|r|ócić, -acać w żart *[part, problem]*

guy[2] /gaɪ/ *n* (rope) = **guyrope**

Guyana /gaɪˈænə/ *prn* Gujana *f*

Guyanese /ˌgaɪəˈniːz/ **I** *n* Guja|ńczyk *m*, -nka *f*

II *adj* gujański

Guy Fawkes' Night /ˈgaɪfɔːksnaɪt/ *n* GB 5 listopada *(rocznica spisku prochowego)*

guyrope /ˈgaɪrəʊp/ *n* (on tent) linka *f* namiotowa

guzzle /ˈgʌzl/ **I** *vt* infml (eat) ze|żreć infml; (drink) wy|żłopać infml; **to ~ petrol** *[car]* pożerać benzynę

II *vi* infml (eat) żreć infml; (drink) żłopać infml

guzzler /ˈgʌzlə(r)/ *n* infml żarłok *m* infml

Gwent /gwent/ *prn* (hrabstwo *n*) Gwent

Gwynedd /ˈgwɪnəð/ *prn* Gwynedd *inv*

gybe /dʒaɪb/ **I** *n* Naut zwrot *m* przez rufę

II *vi* Naut wykon|ać, -ywać zwrot przez rufę

gym /dʒɪm/ **I** *n* [1] = **gymnasium** sala *f* gimnastyczna; (for bodybuilders) siłownia *f* [2] = **gymnastics** (exercises) gimnastyka *f*

II *modif [shoe, shorts, suit]* gimnastyczny; **a ~ master/mistress** nauczyciel/nauczycielka gimnastyki or WF-u

gymkhana /dʒɪmˈkɑːnə/ *n* Equit (event) zawody *plt* hippiczne *(dla dzieci)*

gymnasium /dʒɪmˈneɪzɪəm/ *n* (*pl* **~s, -sia**) sala *f* gimnastyczna; (for bodybuilders) siłownia *f*

gymnast /ˈdʒɪmnæst/ *n* gimnasty|k *m*, -czka *f*

gymnastic /dʒɪmˈnæstɪk/ *adj [exercises, display, skills]* gimnastyczny

gymnastics /dʒɪmˈnæstɪks/ *npl* [1] Sport (exercising) *(+ v sg)* gimnastyka *f*; **to do ~** Sport uprawiać gimnastykę; (at school) mieć gimnastykę or WF [2] (exercises) *(+ v pl)* gimnastyka *f*; **mental ~** fig gimnastyka umysłowa

gym shoe *n* tenisówka *f*

gymslip /ˈdʒɪmslɪp/ *n* GB (for schoolgirls) tunika *f* do ćwiczeń gimnastycznych

gynae /gaɪnɪ/ *n* infml (doctor) ginekolog *m*

gynaecological GB, **gynecological** US /ˌgaɪnəkəˈlɒdʒɪkl/ *adj* ginekologiczny

gynaecologist GB, **gynecologist** US /ˌgaɪnəˈkɒlədʒɪst/ *n* ginekolog *m*

gynaecology GB, **gynecology** US /ˌgaɪnəˈkɒlədʒɪ/ *n* ginekologia *f*

gyp[1] /dʒɪp/ *n* GB infml [1] (pain, trouble) **to give sb ~** *[illness, person]* dać się komuś we znaki; **my back is giving me ~** łupie mnie w krzyżu infml [2] (scolding) **to give sb ~** objechać kogoś infml

gyp[2] /dʒɪp/ US infml **I** *n* [1] (swindle) kant *m* infml [2] (swindler) kanciarz *m* infml

II *vt* o|kantować infml; **to ~ sb out of $10** okantować kogoś na 10 dolarów infml

gyp[3] /dʒɪp/ *n* GB Univ służący *m (obsługujący studentów w Cambridge i Durham)*

gyp joint *n* US infml (shop) złodziejski sklep *m*

gyppo /ˈdʒɪpəʊ/ *n* (*pl* **-os**) infml offensive (gypsy) Cygan *m*, -ka *f*; (Egyptian) Egipcjan|in *m*, -ka *f*

gypsophila /dʒɪpˈsɒfɪlə/ *n* Bot łyszczec *m*

gypster /ˈdʒɪpstə(r)/ *n* US infml (swindler) kanciarz *m*

gypsum /ˈdʒɪpsəm/ **I** *n* Miner, Geol gips *m*

II *modif* **~ deposits** złoża gipsu

gypsy /ˈdʒɪpsɪ/ **I** *n* Cygan *m*, -ka *f*

II *modif [camp, caravan, music]* cygański

gypsy cab *n* US infml taksówka *f* biorąca pasażerów na lewo infml

gypsy moth *n* Zool brudnica nieparka *f*

gyrate /ˌdʒaɪˈreɪt, US ˈdʒaɪreɪt/ *vi [dancer, kite]* wirować

gyration /ˌdʒaɪˈreɪʃn/ *n* (of dancer, kite) wirowanie *n*; (single movement) (of dancer) obrót *m*

gyratory /ˈdʒaɪrətrɪ, ˌdʒaɪˈreɪtrɪ/ *adj* obrotowy, wirowy; **a ~ movement** ruch obrotowy or wirowy

gyrfalcon /ˈdʒɜːfɔːlkən/ *n* Zool białozór *m*

gyro /ˈdʒaɪərəʊ/ *n* infml [1] = **gyroscope** [2] = **gyrocompass**

gyrocompass /ˈdʒaɪrəʊkʌmpəs/ *n* Naut żyrokompas *m*

gyromagnetic /ˌdʒaɪrəʊmægˈnetɪk/ *adj* Phys żyromagnetyczny

gyroscope /ˈdʒaɪrəskəʊp/ *n* Naut żyroskop *m*

gyroscopic /ˌdʒaɪrəˈskɒpɪk/ *adj* żyroskopowy; **a ~ compass** żyrokompas, busola żyroskopowa

gyrostabilizer /ˌdʒaɪrəʊˈsteɪbəlaɪzə(r)/ *n* Naut stabilizator *m* żyroskopowy

gyrostat /ˈdʒaɪrəstæt/ *n* Naut żyrostat *m*

h, H /eɪtʃ/ *n* h, H *n*; **aspirate h** h wymawiane z przydechem; **mute h** h nieme; **to drop one's h's** GB nie wymawiać „h"

ha[1] /hɑː/ *excl* 1 (to express triumph, scorn) ha! 2 ha! ha! (laughter) ha! ha! ha! bardzo śmieszne! iron

ha[2] *n* = **hectare** hektar *m*, ha

habeas corpus /ˌheɪbɪəsˈkɔːpəs/ *n* Jur *nakaz doprowadzenia zatrzymanego do sądu w celu stwierdzenia legalności aresztu*

haberdasher /ˈhæbədæʃə(r)/ *n* 1 GB właściciel *m*, -ka *f* sklepu pasmanteryjnego; pasamonik *m* dat 2 US właściciel *m*, -ka *f* sklepu z odzieżą męską

haberdashery /ˈhæbədæʃərɪ/ *n* 1 GB (in department store) stoisko *n* pasmanteryjne; (shop) pasmanteria *f* 2 GB (goods) pasmanteria *f* 3 US sklep *m* z odzieżą męską

habit /ˈhæbɪt/ *n* 1 (custom) zwyczaj *m*, nawyk *m*, przyzwyczajenie *n*; **a nervous ~** odruch nerwowy; **a ~ of mind** sposób myślenia; **to get into bad ~s** nabrać złych nawyków; **to have the ~ of doing sth, to be in the ~ of doing sth** mieć zwyczaj coś robić; **history has a ~ of repeating itself** historia lubi się powtarzać; **I'm not in the ~ of borrowing money** nie mam zwyczaju pożyczać pieniędzy; **don't make a ~ of it!** niech to nie wejdzie ci w nałóg!; **to get into/out of the ~ of doing sth** przyzwyczaić się do robienia czegoś/odzwyczaić się od robienia czegoś; **to do sth out of** or **from ~** robić coś z przyzwyczajenia; **to be a creature of ~** mieć swoje przyzwyczajenia 2 (addiction) nałóg *m*; **drug ~** uzależnienie od narkotyków; **smoking ~** nałóg palenia (tytoniu); **to kick the ~** infml zerwać z nałogiem; (of smoking) rzucić palenie 3 Relig habit *m* 4 Equest strój *m* do konnej jazdy

habitable /ˈhæbɪtəbl/ *adj* nadający się do zamieszkania

habitat /ˈhæbɪtæt/ *n* Biol siedlisko *n*

habitation /ˌhæbɪˈteɪʃn/ *n* fml 1 (house) domostwo *n* 2 (being inhabited) zamieszkiwanie *n*; **the building shows signs of ~** ten budynek wygląda na zamieszkany; **unfit for (human) ~** Soc Admin nienadający się do zamieszkania

habit-forming /ˈhæbɪtfɔːmɪŋ/ *adj [drug]* uzależniający, powodujący uzależnienie; *[activity]* wchodzący w nałóg; **to be ~** *[drug]* uzależniać

habitual /həˈbɪtʃʊəl/ *adj* 1 *[behaviour, reaction]* charakterystyczny 2 *[drinker, smoker]* nałogowy; *[liar]* notoryczny; **~ offender, ~ criminal** notoryczny przestępca

habitually /həˈbɪtʃʊəlɪ/ *adv [late, rude]* jak zwykle; *[lie, offend]* notorycznie; *[smoke]* nałogowo

habituate /həˈbɪtʃʊeɪt/ *vt* fml wdr|ożyć, -ażać **(to sth/to doing sth** do czegoś/do robienia czegoś); **to be** or **become ~d to doing sth** przywyknąć do robienia czegoś

hacienda /ˌhæsɪˈendə/ *n* hacjenda *f*

hack[1] /hæk/ **I** *n* 1 infml pej (writer) pismak *m* pej 2 Equest (horse for riding) koń *m* pod siodło; (old horse) szkapa *f*, chabeta *f* 3 GB (ride) przejażdżka *f* konna 4 US infml (taxi) taksówka *f*; taryfa *f*, gablota *f* infml 5 US infml (taxi driver) taksiarz *m* infml 6 Pol infml (also **party ~**) funkcjonariusz *m* partyjny

II *vi* 1 GB Equest pojechać na konną przejażdżkę 2 US infml (drive taxi) jeździć na gablocie or taryfie infml

hack[2] /hæk/ **I** *n* 1 (blow) cięcie *n*; (notch) nacięcie *n* 2 Sport (kick) kopnięcie *n*; kop *m* infml 3 (cough) suchy kaszel *m* 4 Comput = **hacker**

II *vt* 1 (strike, chop) po|rąbać *[branch, object]* **(with sth** czymś); **to ~ sb (to death)** zarąbać kogoś; **to ~ sb/sth to pieces** porąbać kogoś/coś na kawałki 2 (clear, cut) wyci|ąć, -nać, wyrąb|ać, -ywać *[undergrowth, bushes]* **(with sth** czymś); **to ~ a path through the bushes** wyrąbać ścieżkę przez zarośla; **to ~ one's way through /out of sth** utorować sobie drogę przez coś 3 Sport (kick) **to ~ sb/sb's shin** kopnąć kogoś/kogoś w goleń; **to ~ sb's arm** (in baseball) sfaulować w rękę; dać komuś haka infml 4 Comput włam|ać, -ywać się do (czegoś) *[system, database]* 5 infml (cope with) **I can't ~ it** nie daję sobie z tym rady; **how long do you think he will ~ it?** jak sądzisz, kiedy się z tym upora?

III *vi* 1 (chop) rąbać **(with sth** czymś); **to ~ at sth/sb with sth** zamierzyć się na coś/kogoś czymś; **to ~ through sth** przerąbać coś *[branch, object]* 2 Comput (break into systems) włamywać się do systemów komputerowych; **to ~ into sth** włamać się do czegoś *[database]* 3 (cough) (sucho) kaszlnąć, zakasłać

■ **hack across**: **we had to ~ across the fields** musieliśmy iść polami

■ **hack around** US infml bumelować infml

■ **hack away**: ¶ **~ away** rąbać, ciąć **(with sth** czymś); **to ~ away at sth** rąbać coś ¶ **~ away [sth], ~ [sth] away** odrąb|ać, -ywać, odci|ąć, -nać *[branch]*; wyrąb|ać, -ywać, wyci|ąć, -nać *[undergrowth]*

■ **hack down**: **~ down [sb/sth], ~ [sb /sth] down** wyci|ąć, -nać *[bush, grass]*; (in football) s|faulować *[opponent]*; **to ~ down the enemy** wyciąć wroga w pień

■ **hack off**: **~ off [sth], ~ [sth] off** odrąb|ać, -ywać *[branch, hand, head]*

■ **hack out**: **~ out [sth], ~ [sth] out** wyci|ąć, -nać *[clearing, foothold]*

■ **hack up**: **~ up [sth], ~ [sth] up** po|rąbać na kawałki *[carcass, tree]*

hack-and-slash /ˌhækənˈslæʃ/ *adj [game, film]* pełen przemocy

hacker /ˈhækə(r)/ *n* Comput 1 (illegal) haker *m* 2 (legal) zapalony komputerowiec *m* infml

hacker-proof /ˈhækəpruːf/ *adj [system]* zabezpieczający przed piratami komputerowymi

hackette /ˌhækˈet/ *n* infml pej żurnalistka *f* pej

hacking[1] /ˈhækɪŋ/ *n* (riding) jazda *f* konna

hacking[2] /ˈhækɪŋ/ *n* Comput piractwo *n* komputerowe

hacking cough *n* suchy kaszel *m*

hacking jacket *n* kurtka *f* do konnej jazdy

hackle /ˈhækl/ **I** *n* 1 Zool pióra *n pl* na grzbiecie 2 Fishg sztuczna mucha *f*

II hackles *npl* (on animal) sierść *f* (na grzbiecie); **the dog's ~s began to rise** psu zjeżyła się sierść; **to get one's ~s up** fig zjeżyć się, najeżyć się fig; **to make sb's ~s rise** fig doprowadzić kogoś do szału infml

hackman /ˈhækmæn/ *n* (*pl* **-men**) US infml taksiarz *m* infml

hackney /ˈhæknɪ/ *n* koń *m* dorożkarski

hackney cab *n* dorożka *f*; fiakier *m* dat

hackneyed /ˈhæknɪd/ *adj [phrase, joke]* wyświechtany infml; *[subject]* oklepany infml

hack reporter *n* dziennikarzyna *m*, pismak *m* infml

hacksaw /ˈhæksɔː/ *n* piła *f* do metalu

hackwork /ˈhækwɜːk/ *n* chałtura *f* infml pej

hack writer *n* pej pisarzyna *m* infml pej

hack writing *n* pej chałturnictwo *n* infml pej

had /hæd, həd/ *pt, pp* → **have**

haddock /ˈhædək/ *n* (*pl* **~, ~s**) plamiak *m*, łupacz *m*

Hades /ˈheɪdiːz/ *prn* Hades *m*; **in ~** w Hadesie

hadj /hædʒ/ *n* = **hajj**

hadji /ˈhædʒɪ/ *n* = **hajji**

hadn't /ˈhædnt/ = **had not**

Hadrian /ˈheɪdrɪən/ *prn* Hadrian *m*; **~'s Wall** mur Hadriana

haematinic GB, **hematinic** US /hiːməˈtɪnɪk/ **I** *n* Med czynnik *m* poprawiający stan krwi

II *adj* poprawiający stan krwi

haematite GB, **hematite** US /ˈhiːmətaɪt/ *n* hematyt *m*

haematological GB, **hematological** US /ˌhiːmətəˈlɒdʒɪkl/ *adj* hematologiczny
haematologist GB, **hematologist** US /ˌhiːməˈtɒlədʒɪst/ *n* hematolog *m*
haematology GB, **hematology** US /ˌhiːməˈtɒlədʒɪ/ *n* hematologia *f*
haematoma GB, **hematoma** US /ˌhiːməˈtəʊmə/ *n* (*pl* **~s, -mata**) krwiak *m*
haemocompatible GB, **hemocompatible** US /ˌhiːməʊkəmˈpætəbl/ *adj* krwiopodobny
haemodialyser GB, **hemodialyser** US /ˌhiːməˈdaɪəlaɪzə(r)/ *n* sztuczna nerka *f*
haemodialysis GB, **hemodialysis** US /ˌhiːmədaɪˈæləsɪs/ *n* hemodializa *f*
haemoglobin GB, **hemoglobin** US /ˌhiːməˈgləʊbɪn/ *n* hemoglobina *f*
haemolysis GB, **hemolysis** US /hiːˈmɒləsɪs/ *n* hemoliza *f*
haemophilia GB, **hemophilia** US /ˌhiːməˈfɪlɪə/ **I** *n* hemofilia *f*, krwawiączka *f* **II** *adj [patient]* cierpiący na hemofilię
haemophiliac GB, **hemophiliac** US /ˌhiːməˈfɪlɪæk/ *n* hemofilik *m*
haemorrhage GB, **hemorrhage** US /ˈhemərɪdʒ/ **I** *n* [1] Med krwotok *m*; **brain ~** wylew krwi do mózgu; **internal ~** krwotok wewnętrzny; **to have a ~** mieć krwotok [2] fig (of people, resources) odpływ *m* fig **II** *vi [person]* krwawić, mieć krwotok; **to ~ badly** silnie krwawić
haemorrhoids GB, **hemorrhoids** US /ˈhemərɔɪdz/ *n* hemoroidy *plt*; **to suffer from ~** mieć hemoroidy
haft /hɑːft/ *n* (of tool, knife) trzonek *m*, rączka *f*; (of dagger) rękojeść *f*
hag /hæg/ *n* (witch) wiedźma *f*, czarownica *f*; pej (ugly woman) **old ~** starucha pej
haggard /ˈhægəd/ *adj [face, look, person]* wymizerowany, wynędzniały; **to look ~ (and drawn)** wyglądać marnie or mizernie
haggis /ˈhægɪs/ *n* (*pl* **~, ~es**) Scot Culin *potrawa z podróbek baranich*
haggish /ˈhægɪʃ/ *adj* jędzowaty
haggle /ˈhægl/ *vi* targować się; **to ~ over** or **about sth** targować się o coś; **after a lot of haggling** po długich targach
hagiographer /ˌhægɪˈɒgrəfə(r)/ *n* hagiograf *m*
hagiography /ˌhægɪˈɒgrəfɪ/ *n* hagiografia *f*
hagridden /ˈhægrɪdn/ *adj* liter udręczony
Hague /heɪg/ **I** *prn* **the ~** Haga *f* **II** *modif* haski
ha-ha /ˈhɑːhɑː/ *n* niskie ogrodzenie *n*
haiku /ˈhaɪkuː/ *n* Literat haiku *n inv*
hail[1] /heɪl/ **I** *n* grad *m*; **~ of bullets /abuse** grad kul/wyzwisk **II** *v impers* **it is ~ing** pada grad
■ **hail down**: ¶ **~ down** *[bullets, curses, insults]* padać gęsto ¶ **~ down [sth], ~ [sth] down** obsyp|ać, -ywać (czymś) *[curses, insults]*
hail[2] /heɪl/ **I** *vt* [1] (call) za|wołać do (kogoś), krzy|knąć, -czeć do (kogoś) *[person]*; (signal to) przywoł|ać, -ywać *[taxi, porter]*; **within ~ing distance** w zasięgu głosu [2] (praise) **to ~ sb as (being) sth** obwołać or okrzyknąć kogoś czymś; **the book was ~ed as a masterpiece** książkę uznano za arcydzieło **II** *excl* **Hail!** witaj(cie)!; **~ the conquering hero!** hum witaj bohaterze!
■ **hail from** fml **to ~ from Scotland** pochodzić ze Szkocji
hail-fellow-well-met /ˌheɪlfeləʊwelˈmet/ *adj* **to be ~** być bardzo wylewnym; **he is a bit too ~** chyba trochę za bardzo się spoufala
Hail Mary *n* (modlitwa *f*) Zdrowaś Mario
hailstone /ˈheɪlstəʊn/ *n* ziarnko *n* gradu
hailstorm /ˈheɪlstɔːm/ *n* burza *f* gradowa
hair /heə(r)/ **I** *n* [1] (collectively) (human) (on head) włosy *m pl*; (on body) włoski *m pl*; (of animal) sierść *f*; **to have long/short ~** *[person]* mieć długie/krótkie włosy; *[cat, dog]* mieć długą/krótką sierść; **light/dark ~** jasne/ciemne włosy; **a fine head of ~** gęste włosy; **to wash one's/sb's ~** umyć sobie/komuś włosy; **to brush one's/sb's ~** szczotkować sobie/komuś włosy; **to have** or **get one's ~ cut** ostrzyc się; **I'm going to have my ~ done** wybieram się do fryzjera [2] (individually) (human) (on head) włos *m*; (on body) włosek *m*; (of animal) włos *m*; **two blond ~s** dwa jasne włosy [3] Bot włoski *m pl*; **root ~** włośniki **II -haired** *in combinations* **long/short-~ed** długowłosy/krótkowłosy; **dark-~ed** ciemnowłosy; **curly-~ed** kędzierzawy
IDIOMS: **by a ~, by a ~'s breadth** o (mały) włos; **he didn't turn a ~** nawet nie mrugnął infml; **he was perfect, not a ~ out of place** wyglądał jak z or spod igły; **the thought made his ~ curl** na samą myśl włosy zjeżyły mu się na głowie; **I won't let them touch** or **harm a ~ of your head** nie pozwolę, żeby ci włos spadł z głowy; **keep your ~ on!** GB infml nie gorączkuj się! infml; **to get in sb's ~** infml denerwować kogoś; **to have sb by the short ~s** US vinfml trzymać kogoś za pysk vinfml; **to let one's ~ down** infml pójść w tango infml; **to split ~s** dzielić włos na czworo; **to tear one's ~ out** rwać sobie włosy z głowy; **you need a ~ of the dog (that bit you)** musisz wypić klina infml
hairball /ˈheəbɔːl/ *n* Vet kamień *m* włosowy, bezoar *m* włosowy
hairband /ˈheəbænd/ *n* opaska *f* na włosy
hairbrush /ˈheəbrʌʃ/ *n* szczotka *f* do włosów
hairclip /ˈheəklɪp/ *n* GB spinka *f* do włosów
haircloth /ˈheəklɒθ, US -klɔːθ/ *n* włosianka *f*
hair conditioner *n* odżywka *f* do włosów
hair cream *n* brylantyna *f*
hair curler *n* lokówka *f*
haircut /ˈheəkʌt/ *n* (act of cutting) strzyżenie *n*; **to have** or **get a ~** (o)strzyc się; **she had a good ~** miała dobrze ostrzyżone włosy, była dobrze ostrzyżona
hairdo /ˈheəduː/ *n* infml fryzura *f*, uczesanie *n*
hairdresser /ˈheədresə(r)/ *n* fryzjer *m*, -ka *f*; **a ~'s salon** salon fryzjerski; **to go to the ~'s** iść do fryzjera
hairdressing /ˈheədresɪŋ/ *n* fryzjerstwo *n*
hairdrier /ˈheədraɪə(r)/ *n* (hand-held) suszarka *f* do włosów; (hood) aparat *m* do suszenia włosów
hair dye *n* farba *f* do włosów
hair follicle *n* mieszek *m* włosowy
hair gel *n* żel *m* do włosów
hairgrip /ˈheəgrɪp/ *n* GB wsuwka *f*
hairless /ˈheəlɪs/ *adj* [1] (bald) *[person, head]* łysy; *[animal]* bez sierści, pozbawiony sierści; *[chin]* bez zarostu; *[chest]* nieowłosiony; **to go ~** wyłysieć [2] infml (very angry) **to be ~** być wściekłym; **to go ~** wściec się
hairline /ˈheəlaɪn/ *n* linia *f* włosów; **his ~ is receding** robią mu się zakola
hairline crack *n* (cienka) rysa *f*
hairline fracture *n* Med pęknięcie *n* włoskowate
hairnet /ˈheənet/ *n* siatka *f* na włosy
hair oil *n* olejek *m* do włosów
hairpiece /ˈheəpiːs/ *n* (woman's) tresa *f*, treska *f*; (man's) tupet *m*, tupecik *m*
hairpin /ˈheəpɪn/ *n* szpilka *f* do włosów
hairpin bend *n* zakręt *m* o 180°
hair-raising /ˈheəreɪzɪŋ/ *adj [adventure, sight, story]* jeżący włosy na głowie
hair-remover /ˈheərɪmuːvə(r)/ *n* Cosmet krem *m* do depilacji
hair restorer *n* środek *m* na porost włosów
hair shirt *n* włosiennica *f*
hair-slide /ˈheəslaɪd/ *n* GB wsuwka *f*
hair splitting *n* dzielenie *n* włosa na czworo
hairspray /ˈheəspreɪ/ *n* lakier *m* do włosów
hairspring /ˈheəsprɪŋ/ *n* włos *m* (w zegarku)
hairstyle /ˈheəstaɪl/ *n* fryzura *f*, uczesanie *n*
hair stylist *n* fryzjer *m*, -ka *f*
hair transplant *n* przeszczep *m* włosów
hair trigger I *n* przyspiesznik *m* **II** *modif [temper]* wybuchowy; *[reaction]* gwałtowny
hairy /ˈheərɪ/ *adj* [1] (covered with hair) *[chest, legs, person]* owłosiony; *[animal]* włochaty, kosmaty; *[blanket, coat]* z materiału z włosem; Bot *[roots]* włośnikowy; *[stem]* pokryty meszkiem [2] infml (frightening) *[adventure, experience]* jeżący włosy na głowie; *[climb, descent, crossing]* trudny; **things got really ~** zrobiło się naprawdę niebezpiecznie
Haiti /ˈheɪtɪ/ *prn* Haiti *n inv*
Haitian /ˈheɪʃn/ **I** *n* [1] (person) Haita|ńczyk *m*, -nka *f* [2] Ling (język *m*) haitański *m* **II** *adj* haitański
hajj /hædʒ/ *n* hadżdż *m inv*; **to perform the ~, to make a ~** odbyć pielgrzymkę do Mekki
hajji /ˈhædʒɪ/ *n* (pilgrim) hadżi *m*
hake /heɪk/ *n* (*pl* **~, ~s**) Zool, Culin morszczuk *m*
halal /hɑːˈlɑːl/ *adj [meat]* ze zwierząt ubitych zgodnie z prawem muzułmańskim
halation /hæˈleɪʃn/ *n* Phot halacja *f*
halcyon /ˈhælsɪən/ **I** *n* Mythol zimorodek *m* **II** *adj [time, period]* cudowny
hale /heɪl/ *adj [old person]* czerstwy, krzepki; **to be ~ and hearty** być w świetnej formie
half /hɑːf, US hæf/ **I** *n* (*pl* **halves**) [1] (one of two parts) połowa *f*, połówka *f*; **~ (of) the money/wine/people** połowa pieniędzy /wina/ludzi; **~ (of) 38 is 19** połową 38 jest 19; **he arrives late ~ (of) the time** spóźnia się bardzo często; **to cut/break sth in ~** przeciąć/złamać coś na pół [2] Math (fraction) **one and a ~** półtora; **four/two and a ~** cztery/dwa i pół [3] Sport (time period) połowa *f*; (pitch area) połowa *f*; **the first/second ~** pierwsza/druga połowa [4] Sport = **halfback** [5] GB infml (half fare) bilet *m* ze zniżką 50% [6] GB infml (half pint) ≈ małe piwo *n* infml

II *adj* **a ~ apple** połówka jabłka; **a ~ circle** półkole; **a ~-cup, ~ a cup** pół filiżanki; **a ~-litre, ~ a litre** pół litra; **a ~-litre jug** półlitrowy dzbanek; **a ~-page advertisement** reklama na pół strony; **twelve and a ~ per cent** dwanaście i pół procent; **two and a ~ cups** dwie i pół filiżanki

III *pron* [1] (50%) połowa *f*; **only ~ passed** zdała tylko połowa; **you can eat ~ now and save the rest till later** możesz zjeść połowę teraz, a resztę zostaw sobie na potem; **to cut/increase sth by ~** zredukować/zwiększyć coś o połowę; **that was a meal and a ~!** infml to była wspaniała uczta! [2] (in time) **an hour and a ~** półtorej godziny; **~ past four/six** GB, **~ four/six** infml (w)pół do piątej/siódmej, czwarta /szósta trzydzieści; **it starts at ~ past (seven)** zaczyna się o wpół do ósmej; **the buses run at ~ past the hour** autobusy jeżdżą 30 minut po pełnej godzinie [3] (in age) **she's ten and a ~** ma dziesięć i pół roku

IV *adv [full, empty]* do połowy; *[drunk, cooked, eaten]* na (w)pół; *[remembered, understood]* nie całkiem; **to ~ close one's eyes/the window** przymknąć oczy/okno; **it's ~ the price/the size** to jest dwa razy or o połowę tańsze/mniejsze; **~ as big /heavy** o połowę mniejszy/lżejszy; **~ as tall as sb** o połowę niższy od kogoś; **~ as much/many again** o połowę więcej; **he's ~ my age** jest ode mnie dwa razy młodszy; **he's ~ British and ~ Dutch** jest pół Brytyjczykiem, a pół Holendrem; **the word is ~ Latin and ~ Greek** to słowo w połowie pochodzi z łaciny, a w połowie z greckiego; **~ woman ~ fish** pół kobieta, pół ryba; **I was ~ pleased and ~ annoyed about it** na równi mnie to ucieszyło i rozzłościło; **he was only ~ serious** mówił to na pół poważnie; **he was ~ disappointed, ~ relieved** był wprawdzie trochę rozczarowany, ale i trochę mu ulżyło; **to be only ~ right** mieć rację tylko w połowie; **he was only ~ listening** słuchał jednym uchem; **if it was ~ as easy as they say** gdyby to było w połowie tak proste, jak się uważa; **I was ~ hoping that...** miałem trochę nadzieję, że...; **I ~ expected it** poniekąd spodziewałem się tego; **it wasn't ~ good/big** to było bardzo dobre/duże; **he wasn't ~ angry/surprised** infml był bardzo zły/zdziwiony; **it doesn't ~ stink!** infml to strasznie śmierdzi!; **not ~!** infml jeszcze jak! infml; **not ~ bad** infml całkiem niezły; wcale niezły infml

IDIOMS: **a ~ minute** or **second** or **tick** GB infml or **mo** infml moment; momencik infml; **how the other ~ lives** jak żyją bogaci; **if given ~ a chance** przy pierwszej (nadarzającej się) okazji; **to have a ~ mind to do sth** mieć ochotę coś zrobić; **his better** or **other ~** infml jego lepsza or druga połowa; **that's not the ~ of it!** to jeszcze nie wszystko!, to jeszcze nie koniec!; **she doesn't know the ~ of it!** nie ma o tym zielonego pojęcia! infml; **to go halves with sb** (share sth) podzielić się z kimś po połowie; **let's go halves on the pizza** weźmy pizzę na spółkę; **not to do things by halves** robić wszystko (do końca) jak należy; **too clever by ~** infml ciut za sprytny infml

half-and-half /ˌhɑːfənˈhɑːf, US ˌhæfənˈhæf/ **I** *adj* [1] (equal) pół na pół; **he likes his coffee ~** lubi kawę pół na pół z mlekiem [2] (partial) *[enthusiasm]* połowiczny
II *adv [share, divide]* pół na pół

half-assed /ˌhɑːfˈɑːst, US ˌhæfˈæst/ *adj* US vinfml (deficient) *[job]* do chrzanu infml; do dupy vinfml; (stupid) *[person]* zidiociały infml

halfback /ˈhɑːfbæk, US ˈhæf-/ *n* Sport pomocnik *m*

half-baked /ˌhɑːfˈbeɪkt, US ˌhæf-/ *adj* [1] Culin *[cake, loaf]* na wpół upieczony, niedopieczony [2] infml fig *[person]* niewydarzony infml; *[plan, idea]* nieprzemyślany

half-binding /ˈhɑːfbaɪndɪŋ, US ˈhæf-/ *n* (book binding) półskórek *m*

half-blood /ˈhɑːfblʌd, US ˈhæf-/ *n* [1] (brother) brat *m* przyrodni; (sister) siostra *f* przyrodnia [2] US = **half-breed** [3] US (animal) mieszaniec *m*

half-board /ˌhɑːfˈbɔːd, US ˌhæf-/ *n* Tourism nocleg *m* z niepełnym wyżywieniem

half boot *n* but *m* z krótką cholewką

half-bound /ˌhɑːfˈbaʊnd, US ˌhæf-/ *adj [book]* oprawny w półskórek

half-breed /ˈhɑːfbriːd, US ˈhæf-/ offensive **I** *n* mieszaniec *m*
II *adj* półkrwi

half brother *n* brat *m* przyrodni

half-caste /ˈhɑːfkɑːst, US ˈhæfkæst/ offensive **I** *n* mieszaniec *m*
II *adj* półkrwi

halfcentury /ˌhɑːfˈsentʃərɪ, US ˌhæf-/ *n* półwiecze *n*

half cock *n* półnapięty kurek *m*; **at ~** z półnapiętym kurkiem

IDIOMS: **to go off at ~, to go off half-cocked** (flop) nie wypalić, spalić na panewce; (be hasty) być pochopnym

half conscious *adj* półprzytomny

half crown, half-a-crown *n* GB Hist (coin) półkoronówka *f*, pół *n inv* korony

half-cup /ˈhɑːfkʌp, US ˈhæf-/ *modif* **~ bra** ≈ bardotka infml

half-cut /ˌhɑːfˈkʌt, US ˌhæf-/ *adj* infml podchmielony, podcięty infml

half day *n* połowa *f* dniówki; **Friday is my ~** w piątki pracuję tylko pół dnia

half-dead /ˌhɑːfˈded, US ˌhæf-/ *adj* półżywy; fig ledwie żywy

half-dollar /ˌhɑːfˈdɒlə(r), US ˌhæf-/ *n* (coin) półdolarówka *f*, pół *n inv* dolara

half-dozen /ˌhɑːfˈdʌzn, US ˌhæf-/ *n, pron, adj* pół *n inv* tuzina; **to be sold by the ~** być sprzedawanym po sześć sztuk; **a ~ eggs** pół tuzina jaj

half fare *n* (of ticket) 50% zniżka *f*, bilet *m* ulgowy 50%; **to travel (at** or **for) ~** podróżować ze zniżką 50%

half-hearted /ˌhɑːfˈhɑːtɪd, US ˌhæf-/ *adj [attempt]* mało entuzjastyczny; **a ~ smile** wymuszony uśmiech

half-heartedly /ˌhɑːfˈhɑːtɪdlɪ, US ˌhæf-/ *adv* bez przekonania, bez entuzjazmu

half-hitch /ˌhɑːfˈhɪtʃ, US ˌhæf-/ *n* Naut półsztyk *m*

half holiday *n* GB wolny ranek *m*, wolne popołudnie *n*

half hour **I** *n* pół *n inv* godziny; **every ~** co pół godziny; **on the ~** co pół godziny
II *modif [delay, journey, lesson, session]* półgodzinny

half-hourly /ˌhɑːfˈaʊəlɪ, US ˌhæf-/ **I** *adj* półgodzinny
II *adv* co pół godziny

half-jokingly /ˌhɑːfˈdʒəʊkɪŋlɪ, US ˌhæf-/ *adv* pół żartem

half-length /ˌhɑːfˈleŋθ, US ˌhæf-/ **I** *n* [1] Art półpostać *f* [2] Turf pół *n inv* długości
II *adj [coat]* do pół uda; **~ picture /portrait** obraz/portret półpostaci

half-life /ˈhɑːflaɪf, US ˈhæf-/ *n* [1] Nucl okres *m* połowicznego rozpadu, półokres *m* [2] Physiol okres *m* połowicznego zaniku

half-light /ˈhɑːflaɪt, US ˈhæf-/ *n* liter półmrok *m*

half marathon *n* półmaraton *m*

half-mast /ˌhɑːfˈmɑːst, US ˌhæfˈmæst/ *n* **at ~** (of flag) opuszczony do połowy masztu; (of trousers) przykrótki; kusy liter

half measure *n* półśrodek *m*

half-moon /ˌhɑːfˈmuːn, US ˌhæf-/ **I** *n* [1] (moon) półksiężyc *m* [2] (of fingernail) półksiężyc *m*
II *modif* **~ shape** kształt półksiężyca; **~ spectacles** okulary połówki

half-naked /ˌhɑːfˈneɪkɪd, US ˌhæf-/ *adj* półnagi

half nelson *n* (in wrestling) nelson *m*

halfnote /ˈhɑːfnəʊt, US ˌhæf-/ *n* półnuta *f*

half-open /ˌhɑːfˈəʊpən, US ˌhæf-/ *adj* półotwarty

half pay *n* połowa *f* stawki *(wynagrodzenia)*; **to be on ~** otrzymywać połowę wynagrodzenia or pół pensji

halfpenny /ˈheɪpnɪ/ **I** *n* [1] GB Hist (coin) moneta *f* półpensowa; półpensówka *f* infml; (value) pół *n inv* pensa [2] fig (small amount) grosz *m*, grosik *m*
II *modif [coin, piece]* półpensowy; **~ sweets** słodycze za pół pensa

halfpennyworth /ˈheɪpnɪwɜːθ/ *n* **'a ~ of sweets, please'** „poproszę cukierków za pół pensa"; fig **not a ~ of common sense** za grosz zdrowego rozsądku

half-pint /ˌhɑːfˈpaɪnt, US ˌhæf-/ **I** *n* [1] Meas pół *n inv* pinty *(GB = 0,28l, US = 0,24l)*; **a ~ of milk** ≈ ćwiartka mleka [2] GB **a ~ of beer** ≈ małe piwo infml
II *modif [glass, bottle]* ≈ ćwierćlitrowy

half price **I** *n* **at** or **for ~** za połowę ceny
II *adj [ticket, book, bed]* za pół ceny
III *adv [buy, sell]* za pół ceny

half rest *n* US pauza *f* półnutowa

half seas over *adj* GB infml dat pod dobrą datą infml dat

half sister *n* siostra *f* przyrodnia

half size **I** *n* (of shoe) połówka *f*; **we don't do ~s** nie mamy połówek (rozmiarów)
II *adj* (also **half sized**) *[replica, model]* w skali 1:2; *[copy]* pomniejszony dwa razy

half size violin *n* skrzypce *plt* połówki *(do nauki gry dla dzieci)*

half slip *n* półhalka *f*

half smile *n* połuśmiech *m*

half-staff /ˈhɑːfstɑːf, US ˈhæf-/ *n* US = **half-mast**

half-starved /ˌhɑːfˈstɑːvd, US ˌhæf-/ *adj* półżywy z głodu, przymierający głodem

half step *n* US Mus półton *m*

H

half term GB Sch **I** *n* [1] (holiday) przerwa *f* semestralna [2] (period) połowa *f* semestru
II *modif [holiday, break]* w połowie semestru; **~ activities/trip** zajęcia/wycieczka podczas ferii

half-timbered /ˌhɑːfˈtɪmbəd, US ˌhæf-/ *adj [structure]* ryglowy; *[house, cottage]* ≈ z muru pruskiego

half-time /ˌhɑːfˈtaɪm, US ˌhæf-/ **I** *n* Sport przerwa *f (po pierwszej połowie meczu)*; **at ~** po przerwie
II *modif* [1] Sport **~ whistle** gwizdek na przerwę; **~ score** wynik do przerwy; **~ break** przerwa [2] Fin, Comm *[figures, profits]* po pierwszej połowie okresu obrachunkowego [3] (part time) *[worker]* na pół etatu; *[work]* ≈ półetatowy

halftone /ˌhɑːfˈtəʊn, US ˌhæf-/ *n* [1] Phot (technique) technika *f* półtonowa; (photograph) odbitka *f* wykonana techniką półtonową [2] Art Mus półton *m*

half-track /ˈhɑːftræk, US ˈhæf-/ *n* [1] (drive system) napęd *m* półgąsienicowy [2] (vehicle) pojazd *m* półgąsienicowy

half-truth /ˈhɑːftruːθ, US ˈhæf-/ *n* półprawda *f*, część *f* prawdy

half-volley /ˌhɑːfˈvɒlɪ, US ˌhæf-/ *n* półwolej *m*

halfway /ˌhɑːfˈweɪ, US ˌhæf-/ **I** *adj* **the ~ stage** półmetek; **to reach the ~ mark** or **point** osiągnąć półmetek **(of sth** czegoś)
II *adv* [1] (at the midpoint) (of distance, journey) w połowie drogi **(between sth and sth** pomiędzy czymś i czymś); **to be ~ there** być w połowie drogi; **to stop ~** zatrzymać się w połowie or w pół drogi; **I went ~** doszedłem do połowy drogi; **~ up/down** w połowie czegoś *[stairs, tree]*; **~ down the page** w połowie strony or kartki; **~ across sth** na środku czegoś *[room, sea]*; **you could hear it ~ across town** słychać to było przez pół miasta; **to travel ~ across** or **round the world for sth** przebyć pół świata w poszukiwaniu czegoś; **~ through** w połowie; **I left ~ through the film** wyszedłem w połowie filmu; **~ through the week/month** w połowie tygodnia/miesiąca; **to be ~ through doing sth** być w połowie robienia czegoś infml [2] fig **to go ~ to** or **towards** GB **solving the problem** rozwiązać problem połowicznie; **the statement only goes ~** to oświadczenie tylko w połowie wyjaśnia sprawę; **we're ~ there** jesteśmy w połowie drogi fig; **to meet sb ~** wyjść komuś naprzeciw fig; **to meet trouble ~** przewidywać w porę kłopoty [3] infml (in the least) *[decent, competent, respectable]* w miarę

halfway house *n* [1] (compromise) kompromis *m* [2] (rehabilitation centre) ośrodek *m* resocjalizacji [3] Hist zajazd *m*

halfway line *n* Sport linia *f* środkowa

halfwit /ˈhɑːfwɪt, US ˈhæf-/ *n* infml pej półgłówek *m* pej

halfwitted /ˌhɑːfˈwɪtɪd, US ˌhæf-/ *adj* infml pej durny, głupkowaty infml

half-year /ˌhɑːfˈjɪə(r), US ˌhæf-/ Fin, Comm **I** *n* pół *n inv* roku obrachunkowego
II *modif [profit, results, figures]* za jedno półrocze

half-yearly /ˌhɑːfˈjɪəlɪ, US ˌhæf-/ **I** *adj* półroczny
II *adv [meet, pay]* co pół roku

halibut /ˈhælɪbət/ *n* (*pl* **~, ~s**) halibut *m*

halitosis /ˌhælɪˈtəʊsɪs/ *n* cuchnący oddech *m*; **to have** or **suffer from ~** mieć cuchnący oddech

hall /hɔːl/ *n* [1] (in house) przedpokój *m*; (corridor) korytarz *m*; (in hotel) hol *m*; (in airport, station) Aviat hala *f*; **arrivals/departures ~** hala przylotów/odlotów [2] (for public events) sala *f*; (in church) sala *f* parafialna; (in school) **(assembly) ~** aula *f*; **the local ~** sala *(przeznaczona na imprezy i bale)*; → **concert hall** [3] Admin (offices) → **city hall, town hall** [4] Univ (residence) ≈ akademik *m*; **to live in ~** mieszkać w akademiku [5] Univ (refectory) sala *f* jadalna; **to dine in ~** GB jadać posiłki w sali jadalnej [6] (country house) dwór *m*

hallal = **halal**

hallelujah /ˌhælɪˈluːjə/ *excl* [1] Relig alleluja! [2] fig cudownie!, bosko!

hallmark /ˈhɔːlmɑːk/ **I** *n* [1] (typical feature) cecha *f* charakterystyczna; **to bear the ~** or **~s of sb/sth** mieć cechy or znamiona kogoś/czegoś [2] GB (on metal) cecha *f*, stempel *m* probierczy
II *vt* cechować *[silver, gold]*; **to be ~ed** mieć stempel probierczy

hallo /həˈləʊ/ *excl* [1] GB = **hello** [2] Hunt = **halloo**

Hall of Fame *n* (building) ≈ galeria *f* sław; (outstanding figures) panteon *m*

hall of residence *n* ≈ akademik *m*

halloo /həˈluː/ **I** *excl* Hunt huzia!
II *vi* (*3rd person sg pres* **~s**; *pt, pp* **~ed)** po|szczuć psy

hallow /ˈhæləʊ/ **I** *vt* liter święcić; **~ed be Thy name** Bible święć się imię Twoje
II hallowed *pp adj* [1] (venerated) *[tradition]* święty, otaczany czcią; **a ~ed memory** drogie sercu wspomnienie [2] (sanctified) *[ground]* poświęcony; **in these ~ed precincts** w tym miejscu świętym also fig

Halloween /ˌhæləʊˈiːn/ *n* wigilia *f* Wszystkich Świętych; **on** or **at ~** w wigilię Wszystkich Świętych

hallstand /ˈhɔːlstænd/ *n* wieszak *m*

hallucinate /həˈluːsɪneɪt/ *vi* mie|ć, -wać halucynacje; **I must have been hallucinating** fig musiało mi się coś przywidzieć

hallucination /həˌluːsɪˈneɪʃn/ *n* halucynacja *f*; **to suffer from ~s** mieć halucynacje

hallucinatory /həˈluːsɪnətrɪ, US -tɔːrɪ/ *adj* [1] *[drug, substance]* halucynogenny [2] *[film, painting, image]* fantasmagoryczny, oniryczny liter; *[figure]* widmowy; *[effect]* halucynacyjny; **it was a ~ experience** to było oniryczne przeżycie

hallucinogen /həˈluːsɪnədʒn/ *n* halucynogen *m*

hallucinogenic /həˌluːsɪnəˈdʒenɪk/ *adj* halucynogenny

hallway /ˈhɔːlweɪ/ *n* (entrance) przedpokój *m*; (corridor) korytarz *m*

halo /ˈheɪləʊ/ *n* (*pl* **~s, ~es)** [1] (around head) aureola *f*, nimb *m* also liter [2] fig hum aureola *f*; nimb *m* liter; **can't you see my ~?** hum; nie widzisz tej aureoli? hum fig; **his ~ has become a bit tarnished** fig hum jego sława nieco przybladła or przyblakła [3] Astron halo *n inv*

halogen /ˈhælədʒn/ *n* halogen *m*

halogen lamp *n* [1] Aut światło *n* halogenowe [2] (desk lamp) lampa *f* halogenowa

halon /ˈheɪlɒn/ *n* halon *m*; **~ gas** gaz halonowy

halt /hɔːlt/ **I** *n* [1] (stop) zatrzymanie się *n*; **to come to a ~** *[group, vehicle]* zatrzymać się; *[fighting, negotiations]* zostać przerwanym; **to call a ~ to sth** zakończyć *[fighting, dispute]*; **shall we call a ~?** (in work) kończymy? [2] (temporary) (in activity, proceedings) zawieszenie *n*, wstrzymanie *n* **(in sth** czegoś); **a ~ in the trial** przerwa w procesie; **a ~ in arms sales** wstrzymanie handlu bronią [3] Mil (rest) postój *m*; **to call a ~** zarządzić postój [4] GB Rail (train stop) przystanek *m* kolejowy
II *excl* [1] stop! [2] (on road signs) **'Halt Customs!'** „Stój, kontrola celna!"
III *vt* [1] (stop temporarily) zatrzym|ać, -ywać *[car, train]*; przer|wać, -ywać *[proceedings, game]* [2] (block) położyć, kłaść kres (czemuś) *[arms sales]*; za|hamować *[progress, inflation]*; powstrzym|ać, -ywać *[offensive]*
IV *vi [vehicle]* zatrzym|ać, -ywać się; *[army]* zatrzym|ać, -ywać się na postój
IDIOMS: **the ~ and the lame** chromi i kulawi; fig skrzywdzeni przez los

halter /ˈhɔːltə(r)/ *n* [1] (for horse) kantar *m*, ogłowie *n* [2] (for hanging) stryczek *m* [3] Fashn = **halterneck**

halterneck /ˈhɔːltənek/ **I** *n bluzka trykotowa z odkrytymi plecami, zazwyczaj zawiązywana na szyi*
II *adj* **~ dress/swimsuit** sukienka/kostium kąpielowy bez pleców

halting /ˈhɔːltɪŋ/ *adj [attempts, steps]* niepewny, niezdecydowany; *[style, verse]* kulawy fig; **to speak in ~ Polish** mówić łamaną polszczyzną

haltingly /ˈhɔːltɪŋlɪ/ *adv [speak]* niepewnie, z wahaniem; *[advance]* niezdecydowanie

halve /hɑːv, US hæv/ **I** *vt* [1] (reduce by half) zmniejsz|yć, -ać o połowę *[number, production, rate]* [2] (divide in two) po|dzielić na pół, przepoł|owić, -awiać *[apple, loaf, cake]* [3] (in golf) z|remisować w (czymś) *[round, match]*
II *vi [number, rate]* zmniejsz|yć, -ać się o połowę; *[time]* skr|ócić, -acać się o połowę
IDIOMS: **a trouble shared is a trouble ~d** ≈ miło duszy, gdy się nad nią druga wzruszy

halves /hɑːvz, US hævz/ *npl* → **half**

halyard /ˈhæljəd/ *n* fał *m*

ham /hæm/ **I** *n* [1] Culin szynka *f*; **smoked /boiled ~** szynka wędzona/gotowana [2] Anat (of animal) zad *m* [3] infml hum (of person) pośladek *m* [4] infml (poor actor) kabotyn *m*, -ka *f*; **he's a terrible ~!** to straszny kabotyn! [5] (also **~ radio)** radioamator *m*, -ka *f*
II *modif [omelette, sandwich]* z szynką
III *adj* infml *[acting]* przesadny, afektowany
IV *vi* (*prp, pt, pp* **-mm-)** za|grać z przesadą, za|grać w afektowany sposób
■ **ham up**: **~ up [sth], ~ [sth] up** za|grać z afektacją or przesadą *[part, role]*; wygł|osić, -aszać z afektacją or przesadą *[speech]*; **to ~ it up** infml grać efekciarsko

ham and eggs *npl* US Culin jajka *n pl* na szynce

Hamburg /ˈhæmbɜːg/ *prn* Hamburg *m*

hamburger /ˈhæmbɜːɡə(r)/ *n* [1] (shaped minced beef) hamburger *m* [2] US (ground meat) mielona wołowina *f*

IDIOMS: **to make a ~ out of sb/sth** US zetrzeć kogoś/coś na miazgę

ham-fisted /ˌhæmˈfɪstɪd/ *adj* GB infml pej niezdarny, niezręczny

ham-handed /ˌhæmˈhændɪd/ *n* US infml pej = **ham-fisted**

Hamitic /həˈmɪtɪk/ *adj* Ling chamicki

hamlet /ˈhæmlɪt/ *n* wioska *f*, osada *f*

hammer /ˈhæmə(r)/ **I** *n* [1] (tool) młotek *m*; (big) młot *m* [2] (machine) młot *m* [3] (of piano) młoteczek *m* [4] (gavel) młotek *m*; **to come** or **go under the ~** pójść pod młotek [5] Sport (ball) młot *m*; (discipline) rzut *m* młotem; **to throw the ~** rzucać młotem [6] (on firearm) kurek *m* [7] Anat (in ear) młoteczek *m* → **tongs**

II *vt* [1] (beat) walić w (coś), uderzać w (coś) *[metal sheet, door, table, piano keys]*; **to ~ sth into** (drive) wbijać coś w (coś) *[wall, fence, rock]*; **to ~ sth into shape** nadawać czemuś kształt kuciem; **they ~ the copper into pots** kują z miedzi naczynia; **to ~ sth flat** rozklepać coś; **to ~ one's fists against the door** walić pięściami w drzwi [2] fig (insist forcefully) **to ~ sth into sb** wbijać coś do głowy (komuś) *[pupils, recruits]*; **they had grammar/Latin ~ed into them** wbijano im do głów gramatykę /łacinę; **to ~ home a message/warning** uparcie przypominać o przesłaniu/ostrzeżeniu [3] (criticize) nie zostawi|ć, -ać suchej nitki na (kimś/czymś) *[government, policy, book, film]* [4] Sport infml (defeat) spu|ścić, -szczać lanie or manto infml (komuś) fig [5] (attack) *[artillery]* walić w (coś) *[enemy positions, target]*; *[recession, unemployment]* ciężko doświadcz|yć, -ać, dot|knąć, -ykać *[region, district]*

III *vi* [1] (use hammer) uderz|yć, -ać młotkiem; (forcefully) wal|nąć, -ić młotkiem [2] (pound) **to ~ on** or **at sth** *[person]* walić w coś *[door, window]*; *[hailstones]* bębnić w coś *[window, roof]*; **the rain ~ed against the window** deszcz bębnił w szyby [3] (thump) *[heart]* walić młotem

■ **hammer away** stukać młotkiem; fig **to ~ away at sth** *[lobbyist, campaigners]* atakować *[proposal, issue]*; *[artillery]* walić w coś *[enemy position]*; *[caller]* walić do czegoś *[door]*; *[pupil]* bębnić na czymś *[piano]*; **he is ~ing away at his essay** mozoli się nad wypracowaniem

■ **hammer in**: **~ in [sth], ~ [sth] in** wbi|ć, -jać

■ **hammer out**: **~ out [sth], ~ [sth] out** (negotiate) wypracow|ać, -ywać *[solution, formula, agreement]*

hammer and sickle *n* **the ~** sierp *m* i młot *m*

hammer beam *n* Constr belka *f* wspornikowa

hammer blow *n* [1] uderzenie *n* młotem or młotkiem [2] fig ciężki cios *m* fig **(to sb** dla kogoś)

hammer drill *n* [1] (with hammer action) wiertarka *f* udarowa [2] (rock drill) młot *m* pneumatyczny

hammerhead /ˈhæməhed/ *n* ryba młot *f*

hammer-headed shark /ˌhæməhedɪdˈʃɑːk/ *n* = **hammerhead**

hammering /ˈhæmərɪŋ/ *n* [1] (noise) walenie *n* **(at sth** w coś); **sounds of ~** odgłosy walenia [2] infml (defeat) lanie *n*; manto *n* infml; **to take** or **get a ~** dostać lanie or manto [3] infml (tough treatment) **to give sth a ~** nie zostawić na czymś suchej nitki *[measure, proposal, film, book]*

hammer toe *n* młotowaty palec *m* u nogi

hammock /ˈhæmək/ *n* hamak *m*

hamper[1] /ˈhæmpə(r)/ *n* [1] (for picnic) kosz *m* (z przykrywką) [2] GB (from shop) kosz *m* delikatesowy [3] (for laundry) kosz *m* na brudną bieliznę

hamper[2] /ˈhæmpə(r)/ *vt* przeszk|odzić, -adzać (komuś) *[person]*; utrudni|ć, -ać, hamować *[progress, movement]*; **the project was ~ed by lack of funds** brak funduszy przeszkodził w realizacji projektu

Hampshire /ˈhæmpʃɪə(r)/ *prn* Hampshire *n inv*

hamster /ˈhæmstə(r)/ *n* Zool chomik *m*

hamstring /ˈhæmstrɪŋ/ **I** *n* Anat (of human) ścięgno *n* podkolanowe; (of horse) ścięgno *n* stawu skokowego

II *vt* (*pt, pp* **-strung)** paraliżować *[activity, economy, initiative]*; utrudni|ć, -ać życie (komuś) *[person]*

hand /hænd/ **I** *n* [1] Anat (of adult) ręka *f*; (of baby, child) rączka *f*; **he had a pencil /umbrella in his ~** miał w ręku or trzymał ołówek/parasol; **he stood there, gun/suitcase in ~** stał tam ze strzelbą /z walizką w ręce; stał tam, trzymając strzelbę/walizkę; **to get** or **lay one's ~s on sth** położyć rękę or łapę infml na czymś *[money, information, key]*; **to get** or **lay one's ~s on sb** dostać kogoś w swoje ręce infml *[person]*; **he eats/steals everything he can get** or **lay his ~s on** zjada/kradnie wszystko, co mu wpadnie w ręce; **to keep one's ~s off sth** nie dotykać czegoś, trzymać ręce z daleka od czegoś *[computer, money]*; **to keep one's ~s off sb** trzymać się od kogoś z daleka, zostawić kogoś w spokoju; **they could hardly keep their ~s off each other** trudno im było się od siebie oderwać; **to take sb's ~** chwycić kogoś za rękę; **to take sb by the ~** wziąć kogoś za rękę; **they were holding ~s** trzymali się za ręce; **to hold sb's ~** trzymać kogoś za rękę; fig (give support) *[person]* dodawać otuchy komuś; *[government]* prowadzić kogoś za rękę; **to do** or **make sth by ~** robić coś ręcznie; **the letter was delivered by ~** list został doręczony osobiście; **'by ~'** (on envelope) „przez grzeczność"; **they gave me 50 dollars in my ~** dali mi 50 dolarów do ręki; **from ~ to ~** z ręki do ręki; **look! no ~s!** (riding a bike) spójrz! jadę bez trzymania! or bez trzymanki! infml; **to have one's ~s full** mieć zajęte ręce; fig mieć pełne ręce roboty infml; **to seize an opportunity with both ~s** skwapliwie wykorzystać okazję; **~s up, or I shoot!** ręce do góry, bo strzelam!; **to be on one's ~s and knees** być na czworakach; **we can always use another pair of ~s** zawsze przyda się nam jeszcze jedna para rąk; **~s off!** infml precz z łapami! infml; **'~s off our schools!'** (slogan at rally) „ręce precz od naszych szkół!"; **please put your ~s together for Robert!** prosimy o brawa dla Roberta! [2] Zool (of ape, monkey) ręka *f*; (of kangaroo) przednia łapa *f*; (of squirrel, hamster) przednia łapka *f* [3] (handwriting) pismo *n*; **she writes in a neat ~** ma staranne pismo; **the letter was in her own ~** list był własnoręcznie przez nią napisany [4] (influence, involvement) **to have a ~ in sth** mieć w czymś swój udział *[decision, project]*; uczestniczyć w czymś *[demonstration]*; maczać w czymś palce *[robbery, conspiracy]*; **to have a ~ in planning** or **organizing sth** mieć swój udział w zaplanowaniu or zorganizowaniu czegoś; **to stay** or **hold one's ~** powstrzymać się; **I thought I recognized your ~** wydawało mi się, że poznaję w tym twoją rękę [5] (assistance) pomoc *f*; **to give** or **lend sb a (helping) ~** pomóc komuś, podać komuś pomocną dłoń, przyjść komuś z pomocą; **I need a ~ with my suitcases** ktoś musi mi pomóc nieść walizki [6] (round of applause) **to give sb a big ~** nagrodzić kogoś gromkimi oklaskami; **let's have a big ~ for the winner!** duże brawa dla zwycięzcy! [7] (consent to marriage) **to ask for /win sb's ~ (in marriage)** poprosić kogoś o rękę/zdobyć rękę kogoś [8] (possession) **to be in sb's ~s** *[money, painting, document, power, affair]* być w rękach kogoś; **the painting is in private ~s** obraz jest w prywatnych rękach; **to change ~s** zmienić właściciela; (repeatedly) przechodzić z rąk do rąk; **to fall** or **get into sb's ~s** *[documents, weapons]* dostać się or wpaść w ręce kogoś; **to fall** or **get into the wrong ~s** dostać się or wpaść w niepowołane ręce; **in the right ~s this information could be useful** w odpowiednich rękach ta informacja może okazać się użyteczna; **to be in good** or **safe ~s** *[child, money]* znaleźć się w dobrych rękach; **to put one's life in sb's ~s** powierzyć komuś swoje życie; **to place** or **put sth in sb's ~s** powierzyć komuś coś *[department, office]*; oddać coś w ręce kogoś *[matter, affair]*; **to play into sb's ~s** przysłużyć się komuś; **the matter is out of my ~s** tą sprawą już się nie zajmuję [9] (control) **to get out of ~** *[demonstration, inflation, party, situation, children, fans]* wymknąć się spod kontroli; **things are getting out of ~** sprawy wymykają się spod kontroli; **to take sth in ~** opanować coś, zapanować nad czymś *[situation]*; zająć się czymś *[problem]*; **to take sb in ~** wziąć kogoś w karby or w ryzy *[child, troublemaker]* [10] Games (cards dealt) karty *f pl*; (game) partia *f*; **to show one's ~** pokazać, co się ma na ręku; fig odkryć karty fig; **to throw in one's ~** rzucić karty (na stół); fig dać za wygraną [11] Agric robotnik *m* rolny; parobek *m* dat; Ind robotnik *m*; Naut członek *m* załogi; **the ship sank with all ~s** statek zatonął wraz z całą załogą [12] (responsibility) **to have sth on one's ~s** uwolnić się od odpowiedzialności za coś *[unsold stock, surplus, house]*; **to take sb/sth off sb's ~s** uwolnić kogoś od odpowiedzialności za kogoś/coś; **to have sth off one's ~s** mieć coś or kłopot z głowy infml; **they'll have a strike on their**

~s if they're not careful jeżeli nie będą ostrożni, grozi im strajk [13] (available) **to keep** or **have sth to ~** mieć coś pod ręką *[pen, passport, telephone number]*; **to be on ~** być w zasięgu ręki, być pod ręką; **the fire extinguisher was near** or **close at ~** gaśnica była pod ręką; **help was close at ~** pomoc była blisko; **to grab the first coat that comes to ~** chwycić pierwszy z brzegu płaszcz [14] (skill) **to try one's ~ at sth** spróbować swoich sił w czymś *[photography, marketing]*; **to try one's ~ at driving/painting** spróbować swych sił w prowadzeniu samochodu/w malowaniu; **to turn** or **set one's ~ to sth/doing sth** wziąć się do czegoś/do robienia czegoś; **she can turn her ~ to almost anything** wychodzi jej or udaje się jej wszystko, do czego się weźmie; **to get one's ~ in** nabrać wprawy; **to keep one's ~ in** nie wyjść z wprawy [15] (pointer) (on dial, clock) wskazówka *f*; **the hour/minute ~** wskazówka godzinowa/minutowa; **the second ~** sekundnik [16] Equest, Meas ≈ dłoń *f (miara wysokości konia = 10,16 cm)* [17] Culin (of bananas) kiść *f*; **a ~ of pork** golonka [18] dat (signature) **to set one's ~ to sth** złożyć pod or na czymś swój podpis *[document]* [19] (source) **I got the information first/second ~** mam te informacje z pierwszej/z drugiej ręki [20] (aspect, side) **on the one ~..., on the other ~...** z jednej strony..., a z drugiej...; **on the other ~** (conversely) z drugiej strony; **on every ~** ze wszystkich stron, z lewa i z prawa

II in hand *adj phr* [1] (current) *[arrangements]* bieżący; **the job in ~** praca do wykonania; **the matter in ~** sprawa do załatwienia [2] (underway) *[negotiations, preparations]* w toku; **work on the road is already in ~** trwają już prace budowlane na tej drodze; **the preparations are well in ~** przygotowania są już zaawansowane; (current) (to spare) **I've got 50 dollars in ~** mam 50 dolarów; **she finished the exam with 20 minutes in ~** skończyła egzamin 20 minut przed czasem; **I'll do it when I have some time in ~** zrobię to, kiedy będę miał chwilę czasu; **stock in ~** Comm towar na składzie

III out of hand *adv phr [reject, condemn, dismiss]* z miejsca, od razu

IV at the hands of sb *prep phr* **his torture at the ~s of the rebels** tortury, jakich doznał z rąk buntowników; **our defeat at the ~s of the English team** porażka, jakiej doznaliśmy w spotkaniu z drużyną angielską

V *vt* [1] (give) **to ~ sth to sb, to ~ sb sth** poda|ć, -wać komuś coś *[letter, ticket, screwdriver, knife, book]*; (formally, officially) wręcz|yć, -ać komuś coś *[trophy, letter, diploma]* [2] dat (help) **to ~ sb into/out of a carriage** podać komuś rękę przy wsiadaniu do/przy wysiadaniu z powozu; **to ~ sb up/down the steps** pomóc komuś wejść/zejść po schodach

■ **hand back**: **~ back [sth], ~ [sth] back** zwr|ócić, -acać *[object, essay, colony]* **(to sb** komuś)

■ **hand down**: ¶ **~ down [sth], ~ [sth] down** (transmit) przekaz|ać, -ywać *[heirloom, property, tradition, skill, story]* **(to sb** komuś); **the custom was ~ed down from generation to generation** zwyczaj był przekazywany z pokolenia na pokolenie ¶ **~ down [sth] to sb, ~ [sth] down to sb** [1] (pass) poda|ć, -wać komuś *[boxes, books]* [2] (pass after use) przekaz|ać, -ywać komuś, odda|ć, -wać komuś *[old clothes]*

■ **hand in**: **~ in [sth], ~ [sth] in** [1] (submit) złożyć, składać *[essay, report, petition]* **(to sb** komuś); odda|ć, -wać *[homework]*; **to ~ in one's notice** or **resignation** złożyć rezygnację [2] (return) odda|ć, -awać *[equipment, keys, ticket]*

■ **hand on**: **~ on [sth], ~ [sth] on** przekaz|ać, -ywać, poda|ć, -wać dalej *[collection plate, baton]*

■ **hand out**: **~ out [sth], ~ [sth] out** rozda|ć, -wać *[leaflets, books, food, gifts]*; wymierz|yć, -ać *[punishment, fine]* **(to sb** komuś); okaz|ać, -ywać *[sympathy]* **(to sb** komuś); **to ~ out advice** pej dawać dobre rady iron

■ **hand over**: ¶ **~ over to sb** [1] TV, Radio *[presenter]* odda|ć, -wać głos komuś *[reporter, presenter]* [2] (transfer power) przekaz|ać, -ywać władzę w ręce kogoś *[deputy, successor]* [3] (on telephone) **I'll ~ you over to Anna** daję ci Annę, oddaję słuchawkę Annie ¶ **~ over [sth], ~ [sth] over** złożyć, składać *[weapon]*; odda|ć, -wać *[camera, book, microphone, controls]*; przekaz|ać, -ywać *[collection, controls]*; **the mugger forced him to ~ over his money** bandyta zmusił go do oddania pieniędzy; **that pen's mine, ~ it over!** to moje pióro, oddawaj! infml ¶ **~ over [sb], ~ [sb] over** przekaz|ać, -ywać *[prisoner, terrorist]* **(to sb** komuś); **to ~ a baby/patient over to sb** oddać dziecko/pacjenta pod opiekę (komuś)

■ **hand round**: **~ round [sth], ~ [sth] round** [1] rozda|ć, -wać *[books, leaflets]*; częstować (czymś) *[cakes, drinks]*; puścić między wiernych *[collection plate]* [2] (pass from person to person) poda|ć, -wać sobie *[book, pen, card]*

■ **hand up**: **~ [sth] up to sb** poda|ć, -wać komuś *[book, hammer]*

IDIOMS: **the left ~ doesn't know what the right ~ is doing** nie wie lewica, co czyni prawica; **to know sth like the back of one's ~** znać coś jak (swoje) pięć palców; **many ~s make light work** Prov w towarzystwie pracuje się przyjemniej; **I could do that with one ~ tied behind my back!** to dla mnie pestka or bułka z masłem! infml; **you've got to ~ it to her /them that...** trzeba jej/im przyznać, że...; **he never does a ~'s turn** nic nie robi całymi dniami; **to win ~s down** wygrać z łatwością

handbag /ˈhændbæg/ *n* torebka *f*

hand baggage *n* bagaż *m* (pod)ręczny

handball /ˈhændbɔːl/ *n* Sport [1] (ballgame) piłka *f* ręczna [2] (fault in football) zagranie *n* ręką; ręka *f* infml

handbasin /ˈhændbeɪsn/ *n* umywalka *f*

handbell /ˈhændbel/ *n* dzwonek *m (z rączką)*

handbill /ˈhændbɪl/ *n* ulotka *f* reklamowa

handbook /ˈhændbʊk/ *n* (textbook) podręcznik *m*; (guide) przewodnik *m*, informator *m*; (technical manual) poradnik *m*; **members' ~** informator dla członków; **staff ~** informator dla personelu; **teacher's ~** podręcznik (dla) nauczyciela; **owner's** or **user's ~** podręcznik eksploatacji

handbrake /ˈhændbreɪk/ *n* Aut hamulec *m* ręczny; **to put the ~ on** zaciągnąć hamulec ręczny

handcart /ˈhændkɑːt/ *n* wózek *m* ręczny

handclap /ˈhændklæp/ *n* klaśnięcie *n*

handclasp /ˈhændklɑːsp, US -klæsp/ *n* US uścisk *m* dłoni

hand cream *n* krem *m* do rąk

handcuff /ˈhændkʌf/ **I handcuffs** *npl* kajdany *plt*; **to put the ~s on sb** założyć komuś kajdany, zakuć kogoś w kajdany

II *vt* zaku|ć, -wać w kajdany *[person]*; **to ~ sb to sth** przykuć kogoś do czegoś; **the prisoners were ~ed** więźniowie byli skuci

hand-dryer, hand-drier /ˈhændraɪə(r)/ *n* suszarka *f* do rąk

Handel /ˈhændl/ *prn* Haendel *m*

handful /ˈhændfʊl/ *n* [1] (fistful) garść *f*; **by the ~** or **in ~s** garściami [2] (small number) (of people) garstka *f*; (of buildings) niewielkie skupisko *n*; (of events, objects, works) kilka [3] infml (troublesome person, animal) **to be a ~** *[child]* być urwisem; *[horse]* być narowistym; *[dog]* być niesfornym

hand grenade *n* granat *m* ręczny

handgrip /ˈhændgrɪp/ *n* [1] (for racket, golf club) uchwyt *m* [2] (handle) rączka *f*; (of revolver) chwyt *m*; (of sword) rękojeść *f* [3] (handclasp) uścisk *m* dłoni [4] (bag) podręczna torba *f* podróżna

handgun /ˈhændgʌn/ *n* krótka broń *f* palna

hand-held /ˌhændˈheld/ *adj [camera]* reportażowy; *[tool]* ręczny; *[device]* podręczny; *[computer]* kieszonkowy; **~ shower** ręczny prysznic

handhold /ˈhændhəʊld/ *n* uchwyt *m* dla dłoni

handicap /ˈhændɪkæp/ **I** *n* [1] (disability) upośledzenie *n*; **a child with severe** or **profound physical and mental ~** dziecko poważnie upośledzone fizycznie i umysłowo [2] (disadvantage) przeszkoda *f*, utrudnienie *n*; **it's a ~ not to speak** or **not speaking the language** nieznajomość tego języka jest utrudnieniem [3] Sport (race) gonitwa *f* z handicapem [4] (points) handicap *m*, wyrównanie *n*; **to have a ~ of six** (in golf) mieć handicap sześciu uderzeń

II *vt* (*prp, pt, pp* **-pp-**) [1] fig utrudni|ć, -ać życie (komuś) *[person]*; hamować, utrudniać *[development]*; **he was ~ped by not being able to read** przeszkadzał mu brak umiejętności czytania [2] Sport handikapować *[race]*

handicapped /ˈhændɪkæpt/ **I** *n* **the ~** (+ *v pl*) upośledzeni *m pl*; **mentally ~** upośledzeni umysłowo; **physically ~** niepełnosprawni; **the visually ~** niedowidzący

II *adj* [1] *[person]* upośledzony [2] Sport *[horse, runner]* z handicapem

handicraft /ˈhændɪkrɑːft, US ˈhændkræft/ **I** *n* [1] (object) rękodzieło *n*, wyrób *m* rękodzielniczy; **'~s'** (sign on shop) „rzemios-

ło artystyczne" [2] (skill) rękodzieło *n*, rękodzielnictwo *n*
II **handicrafts** *npl* Sch prace *plt* ręczne
III *modif* **~ exhibition/collection** wystawa/kolekcja rzemiosła artystycznego; **~ shop** sklep z rękodziełem; **~ class** Sch prace ręczne

handily /ˈhændɪlɪ/ *adv* [1] (conveniently) *[positioned, located, placed]* w dogodnym miejscu; *[arranged]* wygodnie [2] US (easily) *[win]* z łatwością

hand in hand *adv [run, walk]* trzymając się za ręce; **to go ~ in ~ (with sth)** fig iść w parze (z czymś)

handiwork /ˈhændɪwɜːk/ *n* rękodzieło *n*, własne dzieło *n*; **is this graffiti your ~?** iron czy to graffiti to twoje dzieło?

handjob /ˈhænddʒɒb/ *n* vinfml **to give oneself a ~** brandzlować się vulg

handkerchief /ˈhæŋkətʃɪf, -tʃiːf/ *n* chustka *f*, chusteczka *f* (do nosa); **paper ~** chusteczka higieniczna; **pocket ~** (for man's jacket) chusteczka do kieszonki marynarki

hand-knitted /ˌhændˈnɪtɪd/ *adj* zrobiony na drutach

handle /ˈhændl/ **I** *n* [1] (on door, window) klamka *f*; (on bucket, basket) pałąk *m*, kabłąk *m*; (on cup) uszko *n*; (on suitcase, bag, frying pan, saucepan) rączka *f*; (on broom, spade, hammer, piece of cutlery) trzonek *m*; (on water pump, drawer) uchwyt *m*; **a knife with an ivory ~** nóż z trzonkiem z kości słoniowej; **to pick sth up by the ~** podnieść coś za rączkę /uchwyt/trzonek; **to hold sth by the ~** trzymać coś za rączkę/uchwyt/trzonek [2] fig (hold) **to get a ~ on sb/sth** rozgryźć kogoś/coś; **to use sth as a ~ against sb** wykorzystać coś jako argument or broń przeciwko komuś [3] infml (title) tytuł *m*; **to have a ~ to one's name** mieć tytuł; **the people with ~s** ludzie utytułowani [4] infml (on CB radio) hasło *n* wywoławcze
II *vt* [1] (touch) dot|knąć, -ykać (czegoś), rusz|yć, -ać *[food, samples]*; manipulować przy (czymś) *[explosives]*; **to ~ sb gently /roughly** obejść się z kimś łagodnie/bezpardonowo; **to ~ sth gently/roughly** obchodzić się z czymś ostrożnie/nieostrożnie; **to ~ stolen goods** obracać skradzionymi towarami; **to ~ drugs** zajmować się handlem narkotykami; **to ~ a gun** posługiwać się pistoletem; **'~ with care'** „ostrożnie"; **'please, do not ~ (the goods)'** „proszę nie dotykać towaru"; **to ~ the ball** (in football) zagrać ręką [2] (manage) u|łożyć, -kładać *[horse]*; prowadzić *[car]*; **to know how to ~ children/clients** umieć radzić sobie z dziećmi/klientami; **he's hard to ~** trudno sobie z nim poradzić; **this car ~s bends well** ten samochód dobrze trzyma się drogi na zakrętach [3] (deal with) prowadzić *[negotiations]*; zaj|ąć, -mować się (czymś) *[case, grievances, emergency]*; po|radzić sobie z (czymś) *[crisis]*; zn|ieść, -osić *[stress]*; **he couldn't ~ the pace/pressure** nie potrafił znieść tempa /napięcia; **she ~d the situation very well** bardzo dobrze wybrnęła z tej sytuacji; **I can't ~ any more problems at the moment!** mam i tak teraz dość spraw na głowie!; **can you ~ another sausage /drink?** infml hum dasz radę zjeść jeszcze jedną kiełbaskę/wypić jeszcze jednego drinka?; **leave it to me, I can ~ it** zostaw to mnie, zajmę się tym [4] (process) *[organization]* zaj|ąć, -mować się (czymś) *[order, money]*; obsłu|żyć, -giwać *[clients]*; *[airport, port]* przyj|ąć, -mować *[traffic, passengers, cargo]*; *[factory]* wykorzyst|ać, -ywać *[waste, pesticides]*; *[person]* obr|ócić, -acać (czymś) *[money]*; prowadzić *[accounts]*; rozpat|rzyć, -rywać *[job applications]*; *[computer]* przetw|orzyć, -arzać *[graphics, information]*; *[department, official]* załatwi|ć, -ać *[complaints, immigration, enquiries]*; *[agent]* przeprowadz|ić, -ać *[sale]*; *[lawyer]* po|prowadzić *[case]* [5] (artistically) radzić sobie z (czymś) *[theme, narrative, rhythms]*
III *vi* Aut **the car ~s well/badly** samochód dobrze/źle się sprawuje; **it ~s well on bends/wet surfaces** dobrze bierze zakręty/dobrze sprawuje się na mokrej nawierzchni
IDIOMS: **to fly off the ~** infml wyjść z siebie infml; **to be too hot to ~** (of situation) być zbyt ryzykownym

handlebar moustache *n* wąsy *m pl* podkręcone do góry

handlebars /ˈhændlbɑːz/ *npl* kierownica *f* roweru

handler /ˈhændlə(r)/ *n* [1] (of police dog) przewodni|k *m*, -czka *f*; (of other animals) treser *m*, -ka *f* [2] (advisor) (of star) agent *m*; (of politician) doradca *m* [3] (worker) **food ~** osoba zawodowo zajmująca się żywnością; żywieniowiec infml [4] cargo ~ (dealer) transportowiec; **~ of stolen goods** paser

handling /ˈhændlɪŋ/ *n* [1] (holding, touching) (of substance) obchodzenie się *n*; (of tool, weapon) posługiwanie się *n*; **rough/gentle ~** nieostrożne/ostrożne obchodzenie się; **the ~ of foodstuffs/of radioactive materials** obchodzenie się z jedzeniem/materiałami radioaktywnymi; **old books require careful ~** ze starymi książkami należy się ostrożnie obchodzić; **the package had been subjected to some very rough ~** z tą paczką obchodzono się bardzo nieostrożnie [2] (way of dealing) potraktowanie *n*, podejście *n*; **her ~ of the theme/the story** jej sposób zaprezentowania tematu /opowiedzenia historii; **the bank's ~ of the affair** sposób załatwienia tej sprawy przez bank; **their ~ of the negotiations** ich sposób przeprowadzenia negocjacji; **the president's ~ of the crisis** podejście prezydenta do kryzysu; **the ~ of the case** Jur poprowadzenie sprawy; **their ~ of the economy** ich sposób zarządzania gospodarką [3] Comm (shipping) przeładunek *m*; (storage) magazynowanie *n*; **~ facilities** urządzenia przeładunkowe/magazynowe; **a grain ~ firm** firma zajmująca się przeładunkiem zbóż [4] (processing) (of data, document) obróbka *f*; (of process, business) pokierowanie *n* **(of sth** czymś**)**; **speedier ~ of air traffic** szybsze kierowanie ruchem samolotów; **cash ~** obracanie dużymi sumami pieniędzy [5] (training) **dog ~** tresowanie *n* or układanie *n* psów

handling charge *n* [1] Comm opłata *f* przeładunkowa [2] Admin, Fin opłata *f* manipulacyjna

hand lotion *n* balsam *m* do rąk

hand luggage *n* bagaż *m* (pod)ręczny

handmade /ˌhændˈmeɪd/ *adj* wykonany ręcznie; **it's ~** to ręczna robota

handmaid /ˈhændmeɪd/ *n* (servant) służąca *f*; służebnica *f* arch

handmaiden /ˈhændmeɪdn/ *n* arch = handmaid

hand-me-down /ˈhændmiːdaʊn/ **I** *n* infml używane ubranie *n*; **she was wearing her sister's ~s** nosiła ubrania po starszej siostrze
II *modif [clothing, coat]* używany

handout /ˈhændaʊt/ *n* [1] (payment) pej (welfare payment) zasiłek *m*; (to industry) subwencja *f*; (charitable) datek *m*, jałmużna *f*; **to live off /on ~s** żyć z zasiłku/z datków [2] (document) (for advertising) prospekt *m*, ulotka *f*; (for press) materiały *m pl* dla prasy; (for lecture) materiały *m pl* dla słuchaczy

handover /ˈhændəʊvə(r)/ *n* przekazanie *n* **(to sb** komuś**)**

hand-painted /ˌhændˈpeɪntɪd/ *adj* ręcznie malowany

handpick /ˌhændˈpɪk/ *vt* (pick by hand) z|ebrać, -bierać ręcznie *[cotton, insects]*; (at shop) własnoręcznie wyb|rać, -ierać *[fruit, vegetables]*; starannie wy|selekcjonować *[staff]*

handportable /ˌhændˈpɔːtəbəl/ **I** *n* Comput komputer *m* przenośny; Telecom aparat *m* telefoniczny przenośny
II *adj* Comput, Telecom przenośny

handrail /ˈhændreɪl/ *n* (on stairs) poręcz *f*; (on balcony, bridge) balustrada *f*

hand-reared /ˌhændˈrɪəd/ *adj [animal]* wykarmiony butelką

handsaw /ˈhændsɔː/ *n* piła *f* ręczna

handset /ˈhændset/ *n* Telecom słuchawka *f* *(z mikrofonem)*

hands-free headset /ˌhændzfriːˈhedset/ *n* Telecom (for mobile phone) zestaw *m* słuchawkowy

hands-free kit /ˌhændzfriːˈkɪt/ *n* Aut, Telecom samochodowy zestaw *m* słuchawkowy

handshake /ˈhændʃeɪk/ *n* (friendly gesture) uścisk *m* dłoni; Comput wymiana *f* potwierdzeń

hand signal *n* sygnał *m* ręką

hands-off /ˌhændzˈɒf, US -ɔːf/ *adj* [1] *[operation, machine]* automatyczny [2] *[manager, approach]* dający wolną rękę; **~ policy** polityka nieingerencji

handsome /ˈhænsəm/ *adj* [1] (fine) *[man, woman]* przystojny; *[town, bag]* ładny; *[building]* okazały [2] (appreciable) *[gift, donation, reward]* hojny, szczodry; *[dividend, profit, sum]* pokaźny; **to receive ~ remuneration** otrzymać sowite wynagrodzenie
IDIOMS: **~ is as ~ does** Prov nie suknia or szata zdobi człowieka

handsomely /ˈhænsəmlɪ/ *adv* [1] (elegantly) elegancko; **a ~ proportioned building** budynek o eleganckich proporcjach; **a ~ written book** doskonale napisana książka [2] (amply) **to pay off ~** *[investment]* przynieść spory zysk; **to be ~ rewarded** zostać sowicie wynagrodzonym [3] (decisively) **to win ~** odnieść zdecydowane zwycięstwo

hands-on /ˌhændzˈɒn/ *adj [approach, experience, training]* praktyczny; *[control, management]* bezpośredni; *[museum]* interaktywny

H

handspring /ˈhændsprɪŋ/ *n* Sport przerzut *m*
handstand /ˈhændstænd/ *n* Sport stójka *f* na rękach; **to do a ~** zrobić stójkę
hand-to-hand /ˌhændtəˈhænd/ **I** *adj* *[combat, fighting]* wręcz; **a ~ fight** walka wręcz
II *adv [fight]* wręcz
hand-to-mouth /ˌhændtəˈmaʊθ/ **I** *adj* *[existence, life]* z dnia na dzień; *[job]* marny, nędznie płatny
II hand to mouth *adv [live]* z dnia na dzień
hand towel *n* ręcznik *m* do rąk
hand woven *adj* ręcznie tkany, samodziałowy
handwriting /ˈhændraɪtɪŋ/ *n* charakter *m* pisma, pismo *n*; **the message was in Adam's ~** wiadomość była napisana ręką Adama
handwritten /ˌhændˈrɪtn/ *adj* odręcznie napisany
handy /ˈhændɪ/ *adj* [1] (useful) *[gadget, tool]* przydatny, praktyczny; *[book, index, skill]* użyteczny, przydatny; **to be ~ for doing sth** przydawać się do robienia czegoś; **a ~ tip** or **hint** cenna rada or wskazówka; **to come in ~ for sb/sth** przydać się komuś /czemuś; **to come in ~ for doing sth** przydać się do robienia czegoś; **don't throw the box away, it might come in ~** nie wyrzucaj tego pudełka, może się jeszcze przydać; **an ability to speak Spanish could come in ~** znajomość hiszpańskiego może się przydać; **that's ~ to know** to warto wiedzieć [2] (convenient) *[tool, object, size, format, shape]* poręczny; (easily reached) *[school, hotel]* dogodnie położony; *[location]* **our house is very ~ for the shops** z naszego domu jest bardzo blisko do sklepów; **to have/keep sth ~** mieć/trzymać coś pod ręką *[keys, passport]*; **have you got a pencil ~?** masz pod ręką ołówek? [3] infml (skilful) *[person]* zręczny; **to be ~ at (doing) sth** mieć dryg do (robienia) czegoś infml; **to be ~ with sth** umieć się czymś posługiwać; **to be ~ with one's fists** umieć użyć pięści; **to be ~ about the house** umieć robić różne rzeczy w domu, być złotą rączką infml
handyman /ˈhændɪmæn/ *n* (*pl* **-men**) złota rączka *f* infml
hang /hæŋ/ **I** *n* [1] Sewing (of curtain, garment) **the ~** linia *f* [2] infml (knack) **to get the ~ of sth/doing sth** infml chwytać coś/chwytać, jak się coś robi infml; **you'll soon get the ~ of the computer/of using the new system** w mig złapiesz, jak obsługiwać komputer/jak stosować nowy system infml; **you're getting the ~ of it now** już chwytasz, o co tutaj chodzi infml
II *vt* (*pt, pp* **hung**) [1] (suspend) (from projection, hook, coat-hanger, rope) zawie|sić, -szać, powiesić, wieszać **(from sth** na czymś) *[bell, decorations, lamp, painting, picture, washing]*; **the cat had a bell hung round its neck** kot miał dzwonek na szyi; **I'll ~ the washing on the line** powieszę pranie na sznurze; **she hung the towel over the radiator** powiesiła ręcznik na kaloryferze [2] (also **~ down**) (let dangle) wywie|sić, -szać *[line, rope]*; zwie|sić, -szać *[head]*; przewie|sić, -szać *[arm, leg]*; **she hung her arm over the side of the boat** przewiesiła ramię przez burtę łodzi; **we hung our heads in shame** zwiesiliśmy głowy ze wstydu [3] Art powiesić *[painting, picture]*; wystawi|ć, -iać *[exhibits]*; zaaranżować *[exhibition]* [4] (decorate with) **to be hung with sth** być obwieszonym czymś *[flags, garlands]*; **the walls were hung with paintings** ściany były obwieszone obrazami [5] (interior decorating) nakle|ić, -jać *[wallpaper]* [6] Constr, Tech osadz|ić, -ać na zawiasach, zawie|sić, -szać *[door, gate]* [7] Culin powiesić, wieszać do skruszenia *[game]* [8] (*pt, pp* **hanged)** powiesić, wieszać *[criminal, victim]* **(for sth/doing sth** za coś/zrobienie czegoś); **he was ~ed for treason** został powieszony za zdradę
III *vi* (*pt, pp* **hung)** [1] (be suspended) (on hook, washing line) wisieć; (from height) zwisać; *[hair]* opa|ść, -dać; **a chandelier hung from the ceiling** z sufitu zwisał żyrandol; **his photo ~s over the piano** jego fotografia wisi nad fortepianem; **she hung from the branch, then dropped to the ground** zawisła na gałęzi, a potem spadła na ziemię; **her arm hung limply on the arm of the chair** jej ramię zwisało bezwładnie przez poręcz krzesła; **the bed is too short: my feet ~ over the edge** łóżko jest za krótkie, wystają mi nogi; **the children were ~ing out of the window** dzieci wychylały się z okna [2] Sewing (drape) *[curtain]* opadać, zwisać; **the dress doesn't ~ properly** ta sukienka źle leży [3] (float) *[fog, cloud, smoke, smell]* unosić się [4] Art wisieć; **his paintings ~ in the Louvre** jego obrazy wiszą w Luwrze [5] Culin *[game]* wisieć do skruszenia [6] (die) zawisnąć, zostać powieszonym **(for sth** za coś)
IV *vr* (*pt, pp* **hanged) to ~ oneself** powiesić się **(from sth** na czymś)
■ **hang about, hang around** infml (aimlessly) pałętać się, pętać się infml; **to keep sb ~ing around for three hours** kazać komuś czekać trzy godziny
■ **hang around** infml: ¶ **~ around** [1] = **hang about** [2] (associate with) **to ~ around with sb** trzymać się z kimś ¶ **~ around [sb]** (inflict oneself on) kręcić się koło (kogoś); **she's always ~ing around me** wiecznie się koło mnie kręci
■ **hang back** (in fear) trzymać się na uboczu; (reluctant) ociągać się; **she hung back from answering their questions** ociągała się z odpowiedzią na ich pytania
■ **hang down** zwisać; **the hem of the curtain is ~ing down** zakład zasłony odpruł się
■ **hang off** zwis|ać, -nąć
■ **hang on**: ¶ [1] infml (wait) po|czekać; **~ on, I've a better idea** czekaj no, mam lepszy pomysł infml; **can you ~ on a minute?** (on phone) chwileczkę! [2] infml (survive) wytrzym|ać, -ywać, wytrwać; **he hung on for another five years** przeżył jeszcze 5 lat; **~ on in there!** infml wytrzymaj jeszcze trochę!; **~ on tight!** infml trzymaj się mocno! ¶ **~ on [sth]** [1] (depend on) zależeć od (czegoś) [2] (listen attentively) **to ~ on sb's words** or **every word** chłonąć każde słowo kogoś
■ **hang on to**: **~ on to [sb/sth]** [1] (hold tight) kurczowo trzymać się (kogoś/czegoś) *[person, rail, object]*; **~ on to the branch** trzymaj się gałęzi; **~ on to the child** trzymaj mocno dziecko; **~ on to your hat!** trzymaj kapelusz!; fig (expect a surprise) lepiej sobie usiądź! fig [2] infml fig (retain) trzymać się pazurami (czegoś) fig *[possession, power, title]*; pielęgnować *[tradition, values]*
■ **hang out**: ¶ [1] (protrude) *[handkerchief, shirt]* wystawać [2] infml (live) mieszkać [3] infml (frequent) spędzać czas; **to ~ out on the corner of a street** wystawać na rogu ulicy ¶ **~ out [sth], ~ [sth] out** wywie|sić, -szać *[washing, flags, sign]*
■ **hang over**: **~ over [sb/sth]** *[threat, danger, unpleasant prospect]* zawisnąć, wisieć nad (kimś/czymś) fig; *[suspicion]* ciążyć na (kimś/czymś)
■ **hang together**: [1] (be consistent) *[parts, elements]* pasować do siebie [2] (cooperate) trzymać się razem
■ **hang up**: ¶ (on phone) od|łożyć, -kładać słuchawkę; Comput zawiesić się; **to ~ up on sb** rzucić słuchawkę podczas rozmowy z kimś ¶ **~ up [sth], ~ [sth] up** [1] (on hook, hanger, string, washing line) powiesić, wieszać; **she hung the towel up to dry** rozwiesiła ręcznik, żeby wysechł [2] Telecom **to ~ up the receiver** or **phone** odłożyć słuchawkę [3] fig, hum **to ~ up one's skis/one's gloves/one's spade** zawiesić narty/rękawice/łopatę na kołku fig
IDIOMS: **~ it all!** infml pal to sześć! infml; **~ Robert!** infml pal sześć Roberta! infml; **~ the expense!** infml koszt nie gra roli!; **I'll be ~ed if...** infml tu mi kaktus wyrośnie, jeśli... infml; **~ed if I know!** infml żebyś mnie zabił, nie wiem! infml; **he can go ~, let him go ~** GB infml niech idzie do diabła or do stu diabłów infml; **to let it all ~ out** infml wyluzować się infml; **well I'll be ~ed!** infml dat a niech mnie kule biją! infml dat → **sheep**
hangar /ˈhæŋə(r)/ *n* hangar *m*
hangdog /ˈhæŋdɒg/ *adj* **~ look/expression** wygląd/mina winowajcy
hanger /ˈhæŋə(r)/ *n* wieszak *m*
hanger-on /ˌhæŋərˈɒn/ *n* infml pieczeniarz *m* pej
hang-glider /ˈhæŋglaɪdə(r)/ *n* (craft) lotnia *f*; (pilot) lotniarz *m*
hang-gliding /ˈhæŋglaɪdɪŋ/ *n* lotniarstwo *n*; **to go ~** latać na lotni
hanging /ˈhæŋɪŋ/ **I** *n* [1] (strangulation) egzekucja *f* przez powieszenie; **death by ~** śmierć przez powieszenie; **~ is too good for him** powiesić go to za mało [2] (curtain) zasłona *f*, kotara *f*; (on wall, for decoration) tkanina *f* dekoracyjna [3] (act of suspending) (of door, picture, decoration) zawieszanie *n*; (of wallpaper) naklejanie *n*; Culin (of game) powieszenie *n* do skruszenia
II *adj* Jur *[offence]* karany śmiercią przez powieszenie; *[judge]* stosujący najwyższy wymiar kary, bardzo surowy; fig **a ~ matter** sprawa gardłowa also fig
hanging basket *n* Hort wiszący kosz *m* kwiatów
hanging committee *n* Art ≈ komisja *f* kwalifikacyjna dzieł sztuki

Hanging Gardens of Babylon *npl* wiszące ogrody *m pl* Babilonu
hanging staircase *n* Constr nadwieszone schody *plt*
hanging valley *n* wisząca dolina *f*
hangman /ˈhæŋmən/ *n* (*pl* **~men**) [1] (at gallows) kat *m* [2] (game) gra *f* w szubienicę infml
hangnail /ˈhæŋneɪl/ *n* skórka *f* (przy paznokciu)
hang-out /ˈhæŋaʊt/ *n* infml **their favourite ~** ich ulubione miejsce spotkań
hangover /ˈhæŋəʊvə(r)/ **I** *n* [1] (from drink) kacenjamer *m*, katzenjamer *m*; kac *m* infml; **to have a ~** mieć kaca [2] fig (legacy) pozostałość *f*; **~ from the old system** pozostałość po dawnym systemie
II *modif [remedy]* na kaca infml
hang-up /ˈhæŋʌp/ *n* infml (deep-rooted) zahamowanie *n*; (specific worry) problem *m*; **to have a ~ about sth** mieć kompleks na punkcie czegoś *[appearance]*; panicznie bać się czegoś *[spiders, flying]*; **to have a ~ about doing sth** odczuwać lęk przed zrobieniem czegoś
hank /hæŋk/ *n* (of wool) motek *m*
hanker /ˈhæŋkə(r)/ *vi* **to ~ after** or **for sth** (with desire) marzyć o czymś *[job, house, delight]*; łaknąć czegoś *[water, food]*; (with nostalgia) tęsknić za czymś; **to ~ for sb** wzdychać do kogoś fig
hankering /ˈhæŋkərɪŋ/ *n* **a ~ for sth /doing sth** pragnienie czegoś/żeby coś zrobić
hankie /ˈhæŋkɪ/ *n* = **hanky**
hanky /ˈhæŋkɪ/ *n* infml chusteczka *f* do nosa
hanky-panky /ˌhæŋkɪˈpæŋkɪ/ *n* infml hum [1] (sexual) figle-migle *plt* infml; **was there any ~ between them?** czy coś między nimi było? [2] (dishonest activity) machlojki *f pl* infml
Hannibal /ˈhænɪbl/ *prn* Hannibal *m*
Hanoi /ˌhæˈnɔɪ/ *prn* Hanoi *n inv*
Hanover /ˈhænəʊvə(r)/ *prn* Hanower *m*
Hanoverian /ˌhænəˈvɪərɪən/ *adj* hanowerski
Hansard /ˈhænsɑːd/ *n* GB *oficjalne sprawozdanie z obrad parlamentu*
Hanseatic /ˌhænsɪˈætɪk/ *adj* hanzeatycki; **the ~ League** Hanza
hansom /ˈhænsəm/ *n* (also **~ cab**) kabriolet *m* (jednokonka)
Hants GB Post = **Hampshire**
Hanukkah /ˈhænʊkə/ *n* Chanuka *f*
ha'penny /ˈheɪpnɪ/ *n* GB → **halfpenny**
haphazard /hæpˈhæzəd/ *adj* (unorganized) chaotyczny; (random) przypadkowy; **a ~ world** świat pełen chaosu; **in a ~ way** na chybił trafił
haphazardly /hæpˈhæzədlɪ/ *adv* na chybił trafił
hapless /ˈhæplɪs/ *adj* liter or hum nieszczęsny liter
happen /ˈhæpən/ *vi* [1] (occur) zdarz|yć, -ać się, wydarzyć się, dziać się, stać się; **when /where/how did it ~?** kiedy/gdzie/jak to się stało?; **the accident ~ed yesterday** wypadek zdarzył się wczoraj; **what's ~ing?** co się dzieje?; **I wonder what will ~ next** ciekawe, co się jeszcze wydarzy or stanie; **we must make sure this never ~s again** musimy zrobić wszystko, żeby to się więcej nie wydarzyło; **you can't expect the changes to ~ overnight** nie możesz oczekiwać zmian z dnia na dzień; **so much has ~ed since our last meeting** tyle się wydarzyło od naszego ostatniego spotkania; **as if nothing had ~ed** jakby nic się nie stało; **whatever ~s, don't get out of the car** cokolwiek się stanie, nie wysiadaj z samochodu; **it had to ~, it was bound to ~** GB to się musiało wydarzyć or stać; **miracles ~** cuda się zdarzają; **it may ~ that..., it can ~ that...** może się zdarzyć, że...; **how does it** or **how can it ~ that such problems are ignored?** jak to się dzieje, że pomija się takie sprawy?; **success doesn't just ~!** sukces sam nie przychodzi!; **anything might ~!** wszystko się może zdarzyć!; **she's the sort of person who makes things ~** wokół niej ciągle coś się dzieje [2] (befall) **to ~ to sb** przytrafić się komuś; **the worst thing that can ~ to a man like him** najgorsze, co może przytrafić się takiemu człowiekowi; **old age/death is something that ~s to us all** wszyscy się starzejemy/wszyscy umieramy [3] (occur by chance) **there ~s/~ed to be a free parking space** jest/znalazło się wolne miejsce do zaparkowania; **I ~ed to witness the accident** przypadkowo byłem świadkiem tego wypadku; tak się złożyło, że byłem świadkiem tego wypadku; **it so ~s that I have an example right here** tak się składa, że mogę służyć przykładem; **as it ~ed, the weather that day was bad** tak się złożyło, że pogoda tego dnia była fatalna; **if you ~ to see her say hello** jeśli się z nią zobaczysz, pozdrów ją ode mnie; **do you ~ to know her phone number?** czy nie znasz przypadkiem jej numeru telefonu? [4] (materialize) nast|ąpić, -ępować; **the promised reforms never ~ed** obiecane reformy nigdy nie zostały wprowadzone [5] (go wrong, cause harm) przytrafi|ć, -ać się, sta|ć, -wać się; **if anything ~s to him, I shall never forgive myself** jeżeli coś mu się stanie or przytrafi, nigdy sobie nie wybaczę; **do you think anything will ~?** czy myślisz, że coś się stanie? [6] (become of) sta|ć, -wać się; **what will ~ to the children?** co się stanie or co będzie z dziećmi?; **what ~ed to all those fine promises?** co zostało z tych wszystkich wspaniałych obietnic? [7] (used indignantly, assertively) **he just ~s to be the best actor in Britain!** tak się składa, że jest najlepszym aktorem w całej Anglii!; **sorry, but I ~ to disagree** przykro mi, ale tak się składa, że mam inne zdanie
■ **happen on**: ¶ **~ on [sth]** natrafi|ć, -ać na (coś) ¶ **~ on [sb]** nat|knąć, -ykać się na (kogoś)
happening /ˈhæpənɪŋ/ **I** *n* [1] (occurrence) wydarzenie *n*, zdarzenie *n*; **there have been some strange ~s recently** ostatnio miały miejsce dziwne wydarzenia [2] Art, Theat happening *m*
II *adj* infml (exciting, fashionable) *[place]* uczęszczany; *[group, band]* modny, popularny
happenstance /ˈhæpənstəns/ *n* US szczęśliwy zbieg *m* okoliczności, traf *m*; **by ~** szczęśliwym trafem; **it was just ~** to był czysty zbieg okoliczności
happily /ˈhæpɪlɪ/ *adv* [1] (cheerfully) *[speak, look, move, work]* radośnie; *[live]* szczęśliwie; **to be ~ married** być szczęśliwym w małżeństwie; **a ~ married man/woman** szczęśliwy małżonek/małżonka; **they lived ~ ever after** żyli długo i szczęśliwie [2] (fortunately) szczęśliwie, na szczęście [3] (willingly) *[accept, admit, agree, submit]* ochoczo; *[give up, take, leave]* chętnie [4] (successfully) *[chosen]* trafnie; *[blend, fuse, mix]* odpowiednio; **not ~ chosen/worded** niefortunnie dobrany/sformułowany
happiness /ˈhæpɪnɪs/ *n* szczęście *n*
happy /ˈhæpɪ/ *adj* [1] (cheerful) *[person, marriage, home, life]* szczęśliwy; *[atmosphere, nature]* pogodny; *[memory, laughter]* radosny; **the ~ event** (birth) narodziny dziecka; **to be ~ about sth** cieszyć się z powodu czegoś; **to be ~ for sb** cieszyć się z sukcesu kogoś; **to be ~ doing sth** robić coś z radością; **I'm ~ (that) I've won /(that) they're back** cieszę się, że wygrałem/że wrócili [2] (pleased) zadowolony; **to be ~ with sth** być z czegoś zadowolonym; **he's not ~ about it** nie jest z tego zadowolony; **to keep sb ~** zadowolić kogoś; **to give the children sth to keep them ~ for a while** dać dzieciom coś, żeby przez chwilę się czymś zajęły [3] (willing) **to be ~ to do sth** zrobić coś chętnie or z przyjemnością; **he's quite ~ to leave on Monday** nie ma nic przeciwko temu, żeby wyjechać w poniedziałek; **are you ~ to go tomorrow?** zgadzasz się wyjechać jutro?; **we're ~ for them to do it** chętnie się zgadzamy, żeby oni to zrobili [4] (in greetings) **Happy birthday/anniversary!** wszystkiego najlepszego z okazji urodzin/rocznicy ślubu!; **Happy Christmas!** Wesołych Świąt!; **Happy New Year!** Szczęśliwego Nowego Roku! [5] (lucky) szczęśliwy; **by a ~ coincidence** szczęśliwym zbiegiem okoliczności; **he's in the ~ position of having no debts** jest w tej szczęśliwej sytuacji, że nie ma żadnych długów; **the ~ few** nieliczni uprzywilejowani [6] (successful) *[blend, balance]* udany; *[choice, phrase]* trafny [7] infml (slightly drunk) wstawiony infml; w dobrym humorku euph
IDIOMS: **to be as ~ as Larry** or **as a sandboy** GB cieszyć się jak dziecko
happy couple *n* **the ~** para *f* młoda, nowożeńcy *m pl*
happy dust *n* infml koka *f* infml
happy ending *n* szczęśliwe zakończenie *n*, happy end *m*
happy event *n* **the ~** narodziny *plt* dziecka
Happy Families *n* (+ *v sg*) Games ≈ gra *f* w Piotrusia
happy-go-lucky /ˌhæpɪgəʊˈlʌkɪ/ *adj* niefrasobliwy, beztroski
happy hour *n pora, kiedy w pubach alkohol sprzedawany jest po niższych cenach*
happy hunting ground *n* [1] (Amerindian) kraina *f* wiecznych łowów [2] fig raj *m* fig; **a ~ for antique collectors** raj dla kolekcjonerów antyków
happy medium *n* złoty środek *m*
Hapsburg /ˈhæpsbɜːg/ *prn* Habsburg *m*; **the ~s** Habsburgowie, dynastia Habsburgów

hara-kiri /ˌhærəˈkɪrɪ/ *n* harakiri *n inv*; **to commit ~** popełnić harakiri

harangue /həˈræŋ/ **I** *n* (political) przemowa *f*; (moral) kazanie *n*

II *vt* (*prp* **haranguing)** (politically) ciskać gromy na (kogoś); (morally) prawić kazania (komuś)

harass /ˈhærəs, US həˈræs/ **I** *vt* [1] nękać *[enemy, demonstrators]*; zakłócać przebieg (czegoś) *[demonstration, march]*; (sexually) napastować [2] fig *[poverty, worry, problem]* dręczyć

II harassed *pp adj* udręczony

harassment /ˈhærəsmənt, US həˈræsmənt/ *n* nękanie *n*; **police ~** nękanie przez policję; **sexual ~** napastowanie seksualne; **racial ~** prześladowania rasowe

harbinger /ˈhɑːbɪndʒə(r)/ **I** *n* liter (sign, omen) zwiastun *m*, zapowiedź *f*; **~ of doom** (thing) zły omen; (person) zwiastun złych wieści

II *vt* zwiastować, zapowi|edzieć, -adać

harbor *n* US = **harbour**

harbour GB, **harbor** US /ˈhɑːbə(r)/ **I** *n* [1] port *m*; (for yachts, boats) przystań *f*; **deep-water/natural ~** port pełnomorski/naturalny [2] fig (haven) schronienie *n*; cicha przystań *f* fig liter

II *vt* [1] (nurse) *[person]* żywić *[feeling, emotion, suspicion]*; **to ~ an illusion** łudzić się; **to ~ a grudge** chować urazę [2] (shelter illegally) ukry|ć, -wać *[criminal, deserter]* [3] (contain) być siedliskiem (czegoś) *[parasite, germ, dirt]*

harbour dues *npl* opłaty *f pl* portowe

harbour fees *npl* = **harbour dues**

harbour master *n* kapitan *m* portu

harbour master's office *n* kapitanat *m* portu

harbour seal *n* US foka *f* pospolita

harbourside /ˈhɑːbəsaɪd/ **I** *n* port *m*

II *modif [café, bar]* portowy

harbour station *n* dworzec *m* morski

hard /hɑːd/ **I** *adj* [1] *[object, surface, skin, ground, pencil lead, consonant]* twardy; *[mud, wax, paint, glue]* stwardniały; **to go** or **become** or **grow ~** stwardnieć; *[jelly]* stężeć; **to set ~** *[concrete, plaster]* stwardnieć; **a ~ frost** ostry or tęgi mróz; **frozen ~** zmarznięty na kość → **hard lens** [2] (difficult, complex) *[problem, puzzle, choice, task, negotiations]* trudny; (ardous, demanding) *[work, life]* ciężki; **I've had a ~ day** miałem dzisiaj ciężki dzień; **a ~ day's filming** ciężki dzień na planie filmowym; **a ~ day's work** dzień ciężkiej pracy; **it is ~ to open/cut/find/read** trudno to otworzyć/przeciąć/znaleźć/odczytać; **it's a ~ poem to translate** to wiersz trudny do przetłumaczenia; **he's ~ to please** trudno go zadowolić; **it's ~ to do sth** trudno (jest) coś zrobić; **it was ~ not to laugh** trudno było się nie śmiać; **his decision was ~ for us to understand** trudno nam było zrozumieć jego decyzję; **it is ~ for sb to do sth** trudno jest komuś coś zrobić; **it was ~ for us to adapt** było nam trudno przystosować się; **it's ~ for old people to change their ways** starszym ludziom trudno jest zmienić przyzwyczajenia; **I find it ~ to accept it** trudno mi się z tym pogodzić; **it's ~ to believe** trudno w to uwierzyć; **I'm not afraid of ~ work** nie boję się ciężkiej pracy; **it was ~ work** or **going** to było trudne; **it was ~ work persuading him to sell** nie było łatwo namówić go do sprzedaży; **I found the article rather ~ going** z trudem przebrnąłem przez ten artykuł; **he made ~ work of moving the desk** z wysiłkiem przesunął biurko; **~ work never hurt** or **killed anybody!** ciężka praca jeszcze nikomu nie zaszkodziła!; **it's too much like ~ work** to zbyt wiele zachodu; **to be a ~ worker** *[student, pupil, employee]* być pracowitym; *[manual worker]* ciężko pracować; **to do things the ~ way** utrudniać or komplikować sobie życie; **he got the job the ~ way** dostał tę pracę po ciężkich trudach, trudno mu było dostać tę pracę; **to learn sth** or **find out sth the ~ way** przekonać się o czymś na własnej skórze [3] (harsh, unpleasant) *[childhood, year]* trudny; *[blow, knock]* fig ciężki, bolesny; *[winter, climate]* surowy; **he has to learn to take the ~ knocks** musi się nauczyć brać cięgi; **this is a ~ world** żyjemy w okrutnym świecie; **to be ~ on sb** *[person, court]* być dla kogoś surowym; **don't be so ~ on yourself!** zbyt wiele od siebie wymagasz!; **the new tax is very ~ on the unemployed** nowy podatek mocno uderza po kieszeni bezrobotnych infml; **this print is ~ on the eyes** ten druk jest bardzo męczący dla oczu; **~ luck** or **lines!** GB infml (sympathetic) a to pech!; **~ luck** or **lines** or **cheese!** GB infml (unsympathetic) dobrze ci tak!; **to take a ~ line** zająć twarde stanowisko **(on sth/with sb** wobec czegoś/kogoś); **it's a ~ life** also hum, iron życie nie jest łatwe; **it's a ~ life being a millionaire** iron milioner to ma ciężkie życie iron; **no ~ feelings!** bez urazy!; **I bear her no ~ feelings** nie chowam do niej urazy; **these are ~ times** nastały ciężkie czasy; **to fall on ~ times** znaleźć się w trudnej sytuacji finansowej; **to have a ~ time (of it) doing sth** natrudzić się nad robieniem czegoś; **she'll have a ~ time** będzie jej ciężko; **to give sb a ~ time** infml (make things difficult) dawać się komuś we znaki; (tell off) zbesztać or złajać kogoś infml [4] (stern, cold) *[person, voice, look, words]* twardy, surowy; **there were ~ words between us** powiedzieliśmy sobie kilka przykrych słów; **their hearts are ~** mają twarde serca [5] (forceful) *[blow, push]* silny, mocny; **I gave the door a ~ push** mocno pchnąłem drzwi [6] (concrete) *[evidence, proof]* niezbity, niepodważalny; *[news]* sprawdzony, wiarygodny; **the ~ facts about sth** cała prawda o czymś [7] (stark) *[outline, colour]* wyraźny; *[light]* ostry, rażący [8] (strong) *[drink, liquor]* mocny; *[drugs]* silny; *[pornography]* twardy; **to be a ~ drinker** dużo pić; **a drop of the ~ stuff** infml kropelka czegoś mocniejszego [9] Pol **the ~ left/right** skrajna lewica /prawica [10] infml (tough) *[person]* twardy; fig **you think you're really ~, do you?** uważasz się za twardziela, co? infml [11] Chem *[water]* twardy [12] Phon *[consonant]* twardy

II *adv* [1] (strongly, energetically) *[push, pull, punch, rain, snow]* mocno; *[laugh, cry]* z całych sił; *[study, think, work]* ciężko; *[look, listen]* uważnie; **to hit sb/sth ~** mocno kogoś uderzyć/mocno (się) o coś uderzyć; fig dotykać or doświadczyć ciężko kogoś /coś; **to be ~ hit** fig mocno ucierpieć **(by sth** z powodu czegoś); **think ~!** dobrze się zastanów!; **to try ~** (intellectually) bardzo się starać; (physically) wysilać się; **no matter how ~ I tried** mimo że bardzo się starałem/wysilałem; mimo całego wysiłku; **as ~ as one can** *[push, pull]* z całych or ze wszystkich sił; *[run]* ile sił (w nogach); **to be ~ at it** infml or **at work** pracować pełną parą or na pełnych obrotach infml; **she works** or **drives her students very ~** zmusza studentów do wytężonej or ciężkiej pracy; **to take sth (very) ~** bardzo się czymś przejąć [2] (with directions) **turn ~ left at the traffic light** na światłach skręć od razu w lewo; **go ~ astern!** Naut cała wstecz!; **~ a-port/a-starboard** Naut lewo /prawo na burtę! [3] (indicating proximity) **~ behind** tuż za; **~ by sth** dat w pobliżu czegoś; **~ up(on) sth** zaraz or wkrótce po czymś → **heel**

IDIOMS: **to play ~ to get** zgrywać się infml; **to be ~ put to do sth you'll be ~ put to find a better compromise** trudno ci będzie znaleźć lepsze rozwiązanie; **to be /feel ~ done by** dać się oszukać/czuć się oszukanym

hard and fast *adj [rule]* żelazny; *[category, distinction]* niezmienny, ściśle określony

hard-ass /ˈhɑːdæs/ *n* US vinfml twardziel *m* infml

hardback /ˈhɑːdbæk/ **I** *n* US książka *f* w twardej or sztywnej oprawie; **in ~** w twardej oprawie

II *modif [book]* w twardej oprawie; **~ sales** sprzedaż wydania w twardej oprawie; *[publisher]* wydający książki w twardej or sztywnej oprawie

hardbacked /ˌhɑːdˈbækt/ *adj [chair]* z twardym oparciem

hardball /ˈhɑːdbɔːl/ *n* US Sport baseball *m*; **to play ~** grać w baseballa; fig iść po trupach infml

hardbitten /ˌhɑːdˈbɪtn/ *adj* twardy, cyniczny

hardboard /ˈhɑːdbɔːd/ **I** *n* płyta *f* pilśniowa twarda

II *modif [box, wall]* z płyty pilśniowej twardej

hard-boiled /ˌhɑːdˈbɔɪld/ *adj* [1] *[egg]* na twardo [2] fig *[person]* twardy, cyniczny

hardcase /ˈhɑːdkeɪs/ *n* infml ciężki przypadek *m* fig infml

hard cash *n* żywa gotówka *f*; **in ~** w gotówce, gotówką

hard copy *n* Comput wydruk *m*

hard core **I** *n* [1] (of group, demonstrators, strikers, resistance) trzon *m* [2] Constr podsypka *f* gruzowa [3] **hardcore** Mus hardcore rock *m*

II hard-core *adj* [1] (established) *[opponent, protester, supporter]* zagorzały; *[Marxist]* twardogłowy [2] (extreme) *[pornography]* twardy [3] **hardcore** Mus *[music, band, record]* hardcorowy

hard court *n* Sport twardy or utwardzony kort *m*

hardcover /ˈhɑːdkʌvə(r)/ *n* = **hardback**

hard currency **I** *n* twarda waluta *f*
II *modif [earnings, investments]* w twardej walucie; *[exports]* przynoszący zyski w twardej walucie
hard disk *n* Comput twardy dysk *m*
hard-drinking /ˌhɑːdˈdrɪŋkɪŋ/ *adj [person]* dużo pijący
hard-earned /ˌhɑːdˈɜːnd/ *adj [cash, money]* ciężko zarobiony; *[position]* z trudem zdobyty
harden /ˈhɑːdn/ **I** *vt* [1] utwardz|ić, -ać *[paint, wax]*; za|hartować, uodporni|ć, -ać *[skin]*; za|hartować *[steel]*; ubi|ć, -jać *[snow]* [2] fig *[time, experience]* za|hartować; uodporni|ć, -ać *[person]* **(to sth** na coś); um|ocnić, -acniać *[opposition, resolve, stance]*; ugruntow|ać, -ywać *[attitude]*; **to ~ one's heart** stać się twardym or nieczułym **(to sb** dla kogoś)
II *vi* [1] *[paint, varnish, glue, wax, clay, skin, muscle]* s|twardnieć [2] fig *[face, features]* s|tężeć, s|twardnieć; *[voice]* s|twardnieć, s|poważnieć; *[attitude, opposition, resolve]* umocni|ć, -ać się; **his eyes ~ed** spojrzał zimnym wzrokiem; **to ~ into sth** *[suspicions, dislike, guidelines]* zmienić się w coś *[certainty, hatred, strict rules]* [3] Fin *[prices]* u|stabilizować się; *[shares, market, economy]* um|ocnić, -acniać się
III *vr* **to ~ oneself to sth** uodporni|ć, -ać się na coś *[pain, criticism]*
■ **harden off**: ¶ **~ off** Hort *[plant]* zahartować się ¶ **~ off [sth], ~ [sth] off** za|hartować *[plant]*
hardened /ˈhɑːdnd/ *adj* [1] *[paint, wax, glue, clay, skin]* stwardniały, utwardzony; Ind *[steel]* hartowany [2] fig *[criminal, terrrorist, miser]* zatwardziały; *[addict, drinker]* nałogowy; **to become ~ to sth** uodpornić się na coś *[climate]*; stać się nieczułym na coś *[pain, insult]*
hardening /ˈhɑːdnɪŋ/ **I** *n* [1] stwardnienie *n*; fig (of attitude) usztywnienie *n*; (of resolve) umocnienie *n* [2] Ind (of steel) hartowanie *n* [3] Med **~ of the arteries** stwardnienie tętnic
II *adj [resolve, conviction]* umacniający się; (attitude) usztywniający się
hard error *n* Comput błąd *m* stały
hard-faced /ˌhɑːdˈfeɪst/ *adj [person]* o surowych rysach twarzy; fig oziębły, oschły
hard-fought /ˌhɑːdˈfɔːt/ *adj [battle]* zawzięty, zaciekły; *[election, competition]* z trudem wygrany; *[victory]* drogo okupiony
hard hat *n* [1] (helmet) kask *m*; Equest toczek *m* [2] US (construction worker) robotnik *m* budowlany
hardhead /ˈhɑːdhed/ *n* US (shrewd, tough person) realist|a *m*, -ka *f*
hard-headed /ˌhɑːdˈhedɪd/ *adj [approach]* realistyczny; **~ person** realista
hard-hearted /ˌhɑːdˈhɑːtɪd/ *adj [person]* nieczuły, bezlitosny, bezwzględny; **to be ~ towards sb** być dla kogoś bezlitosnym or bezwzględnym
hard-hitting /ˌhɑːdˈhɪtɪŋ/ *adj [report, speech, criticism, film]* demaskatorski
hardiness /ˈhɑːdɪnɪs/ *n* [1] (strength, toughness) wytrzymałość *f*, odporność *f*; Hort (of plant) odporność *f* [2] (boldness) odwaga *f*, śmiałość *f*
hard labour GB, **hard labor** US *n* ciężkie roboty *plt*
hard lens *n* twarda soczewka *f* kontaktowa
hardline /ˌhɑːdˈlaɪn/ *adj [measure, tactic, policy, system]* bezkompromisowy; *[communist, conservative]* twardogłowy; **~ approach** bezkompromisowość, nieustępliwość
hard-liner /ˌhɑːdˈlaɪnə(r)/ *n* twardogłowy *m*
hard-luck story /ˌhɑːdˈlʌkstɔːrɪ/ *n* **to tell** or **give sb a ~** użalać się przed kimś na swój los
hardly /ˈhɑːdlɪ/ *adv* [1] (only just, barely) ledwie, ledwo; **I ~ know him** ledwo go znam, prawie go nie znam; **they had ~ gone out when it started to rain** ledwie wyszli, zaczęło padać; **~ had he opened the newspaper when the telephone rang** ledwie rozłożył gazetę, zadzwonił telefon [2] (not really) **you can ~ expect me to believe you!** chyba nie sądzisz, że ci uwierzę?!; **it's ~ a secret!** to żadna tajemnica!; **it's ~ likely** to mało prawdopodobne; **it's ~ worth it** to się w ogóle nie opłaca; **it's ~ surprising** nie ma się czemu dziwić; **~!** nie sądzę!; **I need ~ tell/remind you that...** nie muszę ci chyba mówić/przypominać, że...; **I can ~ wait!** nie mogę się doczekać!; **I can ~ believe it!** aż mi się wierzyć nie chce! [3] (almost not) **~ anything/anyone** prawie nic/nikt, mało co/kto; **~ anywhere/ever** prawie nigdzie/nigdy; **there were ~ any cookies left** prawie nic nie zostało z herbatników; **he ~ ever writes** prawie w ogóle nie pisze; **~ a day goes by without my thinking about you** nie ma dnia, żebym o tobie nie myślał
hardness /ˈhɑːdnɪs/ *n* [1] (firmness) (of substance, object, voice) twardość *f* [2] (difficulty) (of problem, life, work, task) trudność *f*; (of climate) surowość *f*
hard-nosed /ˌhɑːdˈnəʊzd/ *adj* (unsentimental) *[person]* praktyczny, pragmatyczny; pej *[businessman, attitude, government]* bezwzględny; *[person]* bez serca
hard of hearing **I** *n* **the ~** (+ *v pl*) osoby *f pl* z zaburzeniami słuchu
II *adj* **to be ~** źle słyszeć
hard-on /ˈhɑːdɒn/ *n* vulg erekcja *f*, wzwód *m*; **he got a ~** stanął mu vulg
hard palate *n* podniebienie *n* twarde
hard porn *n* infml twarde porno *n inv* infml
hard-pressed /ˌhɑːdˈprest/ *adj* przyciśnięty (do muru) fig; **to be ~ for time** mieć bardzo mało czasu; **to be ~ to do sth** mieć trudności ze zrobieniem czegoś; **the staff were ~ to give even basic care** personel miał trudności z zapewnieniem nawet podstawowej opieki
hard-pushed /ˌhɑːdˈpʊʃt/ *adj* = **hard-pressed**
hard rock *n* Mus hard rock *m*
hard sauce *n* US Culin *krem z masła, cukru z dodatkiem wanilii i brandy*
hardscrabble /ˈhɑːdskræbl/ *adj* US *[farmland]* nieurodzajny, jałowy; *[farmer]* biedny
hard sell **I** *n* agresywna sprzedaż *f*; **to give sb the ~, to do a ~ on sb** agresywnie komuś coś sprzedawać
II **hard-sell** *modif [approach, tactic, technique]* agresywny
hardshell /ˈhɑːdʃel/ *adj [conservative, socialist]* zatwardziały
hardship /ˈhɑːdʃɪp/ *n* [1] (difficulty) trudności *plt*; (poverty) ubóstwo *n*, bieda *f* [2] (ordeal) ciężkie doświadczenie *n* (życiowe), ciężka próba *f*; **they suffered many ~s** los ich ciężko doświadczył, dużo w życiu przecierpieli; **it's no great ~ for you to get up half an hour earlier** nic ci nie będzie, jeśli wstaniesz pół godziny wcześniej
hardship fund *n* ≈ fundusz *m* pomocy
hard shoulder *n* GB utwardzone pobocze *n*
hard standing *n* miejsce *n* parkingowe
hardtack /ˈhɑːdtæk/ *n* Naut suchar *m*
hardtop /ˈhɑːdtɒp/ *n* [1] (car) samochód *m* ze sztywnym dachem [2] (roof) sztywny dach *m*
hard up *adj* infml spłukany infml; **to be ~ for sth** nie mieć czegoś, potrzebować czegoś
hardware /ˈhɑːdweə(r)/ **I** *n* [1] Comput sprzęt *m* komputerowy, hardware *m* [2] Mil broń *f* i wyposażenie *n* wojskowe [3] Comm (household goods) artykuły *m pl* żelazne
II *modif* Comput *[company, efficiency, requirements, design]* sprzętowy
hardware dealer *n* handlarz *m* artykułami żelaznymi
hardware shop *n* sklep *m* żelazny
hardware store *n* = **hardware shop**
hard-wearing /ˌhɑːdˈweərɪŋ/ *adj* mocny, nie do zdarcia
hard-won /ˌhɑːdˈwʌn/ *adj* z trudem wywalczony
hardwood /ˈhɑːdwʊd/ **I** *n* twarde drewno *n*
II *modif [furniture, object]* z twardego drewna
hard-working /ˌhɑːdˈwɜːkɪŋ/ *adj [pupil, employee]* pracowity; *[animal]* ciężko pracujący
hardy /ˈhɑːdɪ/ *adj* [1] (strong) *[animal, constitution, person]* odporny, wytrzymały; Hort *[plant]* wytrzymały [2] (bold) *[adventurer, explorer]* śmiały, odważny
hardy annual *n* roślina *f* jednoroczna mrozoodporna
hardy perennial *n* roślina *f* wieloletnia, bylina *f*
hare /heə(r)/ **I** *n* Zool, Culin zając *m*
II *modif* Culin *[casserole, pie, pâté]* z zająca
■ **hare off** GB infml po|pędzić
IDIOMS: **to be as mad as a March ~** być kompletnie zbzikowanym infml; **to run with the ~ and hunt with the hounds** stosować zasadę: Panu Bogu świeczkę i diabłu ogarek; **to start a ~** poruszyć nowy temat
hare and hounds *n* (game) podchody *plt*
harebell /ˈheəbel/ *n* Bot dzwonek *m*
harebrained /ˈheəbreɪnd/ *adj [person]* o ptasim móżdżku; *[plan, scheme]* idiotyczny
hare coursing *n* pogoń *f* za zającem
harelip /ˌheəˈlɪp/ *n* zajęcza warga *f*
harem /ˈhɑːriːm/ *n* harem *m*
harem pants *npl* szarawary *plt*
haricot /ˈhærɪkəʊ/ *n* GB (also **~ bean)** (dried) fasola *f*; (fresh) fasolka *f* szparagowa
hark[1] /hɑːk/ *excl* arch słuchaj(cie)!; **~ at him/her!** infml hum posłuchaj(cie) go/jej tylko!
hark[2] /hɑːk/ *vi* **to ~ back to sth** (recall) *[person]* powr|ócić, -acać do czegoś; (evoke) *[style, song]* nawiąz|ać, -ywać do czegoś
harken /ˈhɑːkən/ *vi* = **hearken**
harlequin /ˈhɑːlɪkwɪn/ **I** *n* (also **Harlequin)** arlekin *m*
II *adj* (variegated) różnokolorowy

H

Harley Street /ˈhɑːlɪstriːt/ *prn* GB *ulica w Londynie, słynąca z prywatnych gabinetów lekarskich*

harlot /ˈhɑːlət/ *n* liter, pej nierządnica *f*, ladacznica *f* dat

harm /hɑːm/ **I** *n* (physical injury) uszkodzenie *n* ciała; (damage to person) krzywda *f*; (damage to thing) szkoda *f*; **to do ~ to sb, to do sb ~** wyrządzić komuś krzywdę; **to do ~ to sth** uszkodzić or zniszczyć coś; **I didn't mean him any ~** nie chciałem wyrządzić mu krzywdy, nie chciałem mu zrobić nic złego; **I meant no ~ by** or **in doing it** robiąc to, nie miałem złych zamiarów; **it would do no ~ to do sth** (you have nothing to lose) nic się nie stanie, jeśli się zrobi coś; niczym się nie ryzykuje, robiąc coś; (you ought to) nie zaszkodzi coś zrobić; **some hard work wouldn't do him any ~** trochę ciężkiej pracy mu nie zaszkodzi; **to do more ~ than good** wyrządzić więcej złego niż dobrego; **you'll come to no ~** nic ci się nie stanie, krzywda ci się nie stanie; **no ~ done!** nic (złego) się nie stało!; **where is the ~ in it?** co w tym złego?; **out of ~'s way** w bezpiecznym miejscu

II *vt* [1] (damage) s|krzywdzić *[baby, person]*; z|niszczyć *[crops]*; uszk|odzić, -adzać *[lungs, object]*; **a little sugar won't ~ you** odrobina cukru ci nie zaszkodzi; **he hasn't ~ed anybody** nikogo nie skrzywdził, nikomu nie zrobił nic złego; **he wouldn't ~ a fly!** muchy by nawet nie skrzywdził! [2] (affect adversely) za|szkodzić (komuś/czemuś) *[population, economy]*; ze|szpecić *[landscape, village]*

harmful /ˈhɑːmfl/ *adj* [1] (physically) *[bacteria, chemical, ray]* szkodliwy [2] (damaging) *[behaviour, gossip, allegation]* krzywdzący **(to sb** kogoś**)**

harmless /ˈhɑːmlɪs/ *adj* [1] (not dangerous) *[bite, chemical, rash, virus]* niegroźny; *[growth, cyst]* łagodny [2] (inoffensive) *[eccentricity, person]* nieszkodliwy; *[joke, fun]* niewinny; **he's ~!** hum on jest nieszkodliwy! infml

harmonic /hɑːˈmɒnɪk/ **I** *n* Phys, Mus (składowa) harmoniczna *f*; **second/third ~** druga/trzecia harmoniczna

II *adj* Math, Mus harmoniczny

harmonica /hɑːˈmɒnɪkə/ *n* harmonijka *f* ustna, organki *plt*

harmonics /hɑːˈmɒnɪks/ *n (+ v sg)* harmonika *f*

harmonious /hɑːˈməʊnɪəs/ *adj* [1] (harmonizing) harmonijny [2] (pleasant) *[voice, laughter, song]* melodyjny

harmoniously /hɑːˈməʊnɪəslɪ/ *adv* [1] (harmonizingly) harmonijnie [2] (pleasantly) melodyjnie

harmonium /hɑːˈməʊnɪəm/ *n* fisharmonia *f*, harmonium *n*

harmonize /ˈhɑːmənaɪz/ **I** *vt* z|harmonizować; **to ~ sth with sth** zharmonizować coś z czymś

II *vi* [1] (be in accord) *[law, practice, plan, arrangement]* być dostosowanym **(with sth** do czegoś**)** [2] (blend pleasantly) *[colours, personality, feature]* harmonizować **(with sth** z czymś**)** [3] Mus *[player, instrument]* współgrać **(with sth** z czymś**)**; *[singer, sound, note]* współbrzmieć **(with sth** z czymś**)**

harmony /ˈhɑːmənɪ/ *n* harmonia *f* also fig; **in ~** *[live, work]* zgodnie; *[sing]* na głosy; **in ~ with nature** w harmonii or w zgodzie z naturą; **to be in ~ with sth** *[statement, decision]* być w zgodzie z czymś *[policy, law]*; **perfect ~** idealna harmonia; **domestic ~** rodzinna harmonia

harness /ˈhɑːnɪs/ **I** *n* [1] (for draught animal, climber) uprząż *f*; (for child) szelki *plt*; **safety ~** pasy bezpieczeństwa [2] fig **to work in ~** działać wspólnie **(with sb** z kimś**)**; **to die in ~** umrzeć na posterunku fig; **I'm back in ~** powróciłem do codziennego kieratu fig

II *vt* [1] (channel, use) wykorzyst|ać, -ywać *[resources, power]*; okiełzn|ać, -ywać *[energy]* [2] (put harness on) przypi|ąć, -nać *[person, baby]* **(to sth** do czegoś**)** [3] (attach) zaprz|ąc, -ęgać *[horse, dog, ox]* **(to sth** do czegoś**)**

harness race *n* wyścig *m* zaprzęgów

harp[1] /hɑːp/ *n* Mus harfa *f*

harp[2] /hɑːp/ *v* → **harp on**

■ **harp on**: infml **~ on [sth], ~ on about [sth]** mówić ciągle o (czymś); nudzić o (czymś)

harpist /ˈhɑːpɪst/ *n* harfia|rz *m*, -rka *f*, harfist|a *m*, -ka *f*

harpoon /hɑːˈpuːn/ **I** *n* harpun *m*

II *vt* trafi|ć, -ać harpunem

harp seal *n* foka *f* grenlandzka

harpsichord /ˈhɑːpsɪkɔːd/ *n* klawesyn *m*

harpsichordist /ˈhɑːpsɪkɔːdɪst/ *n* klawesynist|a *m*, -ka *f*

harpy /ˈhɑːpɪ/ *n* [1] Mythol harpia *f* [2] pej (woman) jędza *f*, megiera *f* pej

harpy eagle *n* Zool harpia *f*

harridan /ˈhærɪdən/ *n* pej wiedźma *f*, megiera *f* pej

harrier /ˈhærɪə(r)/ *n* [1] (bird) błotniak *m* [2] (dog) legawiec *m* [3] Sport (runner) przełajowiec *m*

Harrier /ˈhærɪə(r)/ *n* (also **~ jump jet**) Mil myśliwiec *m* pionowego startu i lądowania

Harris tweed® /ˌhærɪsˈtwiːd/ *n tweed produkowany na wyspie Lewisa i Harrisa*

harrow /ˈhærəʊ/ **I** *n* Agric brona *f*

II *vt* [1] Agric za|bronować [2] (inflict distress on) u|dręczyć, u|męczyć

III harrowed *pp adj* udręczony, znękany

harrowing /ˈhærəʊɪŋ/ *adj [experience, film, story, image]* wstrząsający; *[ordeal]* okropny, straszny

harry /ˈhærɪ/ *vt* [1] (pursue, harass) nękać, dręczyć, zadręczać [2] Mil (destroy) s|pustoszyć *[city, country, land]*

harsh /hɑːʃ/ *adj* [1] (severe, cruel) *[person, look, judgment, punishment]* surowy, srogi; *[regime]* twardy; *[criticism]* ostry; *[fate]* okrutny; **perhaps I was too ~ in my criticism of him** możliwe, że zbyt ostro go skrytykowałem; **to have ~ words for sb/sth** skrytykować kogoś/coś w ostrych słowach [2] *[climate, winter]* surowy; *[conditions, life]* ciężki, trudny [3] *[cloth, linen]* szorstki [4] *[voice, sound]* ostry [5] *[colour, light]* ostry, jaskrawy [6] *[taste, wine]* cierpki [7] *[chemical, cleaner]* żrący; *[shampoo]* silnie działający

harshly /ˈhɑːʃlɪ/ *adv [condemn, punish, judge, treat]* surowo; *[contrast]* jaskrawo; *[speak]* szorstko

harshness /ˈhɑːʃnɪs/ *n* (of law, punishment, rule, conditions, criticism, regime) surowość *f*; (of climate, winter) surowość *f*, ostrość *f*; (of light, colour) jaskrawość *f*; (of sound, voice) ostrość *f*; (of taste, wine) cierpkość *f*

hart /hɑːt/ *n* (*pl* **~, ~s**) jeleń *m*

harum-scarum /ˌheərəmˈskeərəm/ infml **I** *adj [person]* roztrzepany; *[behaviour]* lekkomyślny

II *adv [run]* jak szalony, na łeb na szyję infml

harvest /ˈhɑːvɪst/ **I** *n* [1] (of wheat) żniwa *plt*, zbiór *m*; (of fruit) zbiór *m*; (of grapes) winobranie *n*; **to get in the ~** zebrać plony or żniwo [2] (crop) (of wheat) plon *m*; (of fruit, grapes) zbiór *m*; **poor ~** ubogie zbiory or plony [3] fig (of investment, policy) plon *m*, owoce *m pl*, żniwo *n* fig; **to reap the ~ of work/peace** zbierać owoce pracy/pokoju; **to reap a rich/bitter ~** zbierać obfite/gorzkie żniwo

II *vt* z|ebrać, -bierać also fig *[corn, fruit, information, facts]*

III *vi* (of wheat) zbierać plony; (of fruit) zbierać owoce

harvester /ˈhɑːvɪstə(r)/ *n* [1] (person) żniwia|rz *m*, -rka *f* [2] (machine) żniwiarka *f*, kombajn *m* żniwny

harvest festival *n* dożynki *plt*

harvest home *n* [1] (festival) dożynki *plt* [2] (song) pieśń *f* dożynkowa

harvestman /ˈhɑːvɪstmən/ *n* US Zool kosarz *m*

harvest mite *n* Zool lądzień *m*

harvest moon *n* pełnia *f* księżyca *(najbliższa równonocy jesiennej)*

harvest mouse *n* Zool badylarka *f*

has /hæz/ → **have**

has-been /ˈhæzbiːn/ *n* infml pej człowiek *m* skończony; **a political ~** człowiek skończony jako polityk

hash /hæʃ/ **I** *n* [1] Culin zapiekanka *f* z siekanego mięsa i ziemniaków [2] infml (mess) galimatias *m*, zamęt *m* infml; **to make a ~ of sth** spaprać or sknocić coś infml; **he'll make a ~ of things** on wszystko sknoci [3] infml = **hashish** hasz *m* infml

II *vt* Culin po|siekać *[meat, potatoes]*

■ **hash out** infml: **~ out [sth], ~ [sth] out** rozstrzyg|nąć, -ać, rozwiąz|ać, -ywać *[question]*

IDIOMS: **to settle sb's ~** infml dać komuś nauczkę infml; **to sling ~** US infml kelnerować infml

hash browns *npl* US Culin starte ziemniaki *m pl* smażone z cebulą

hash house *n* US infml pej garkuchnia *f* infml pej

hashish /ˈhæʃiːʃ/ *n* haszysz *m*

hasn't /ˈhæznt/ = **has not**

hasp /hɑːsp/ *n* (for door, lid) skobel *m*; (for case, book) zamek *m*, zameczek *m*; (clasp) klamerka *f*

hassle /ˈhæsl/ infml **I** *n* [1] (inconvenience, effort) kłopot *m*; **it caused me a lot of ~** miałem z tym mnóstwo kłopotu; **it's too much ~** to zbyt wiele zawracania głowy infml; **the ~ of (doing) sth** kłopoty z czymś/ze zrobieniem czegoś [2] (harassment, pestering) **to give sb ~** zawracać komuś głowę **(about sth** czymś**)**; **to get a lot of ~ from sb** mieć przez kogoś kłopoty; **she's having ~ with her children** ma z dziećmi prawdziwe urwanie głowy [3] US (squabble) utarczka *f*, bójka *f*

II *vt* [1] (harass, pester) dokuczać (komuś), zamęczać *[person]* **(with** or **about sth** czymś); **to ~ sb to do sth** zamęczać kogoś, żeby coś zrobił [2] (worry) ze|stresować *[person]*

III *vi* (quarrel) chandryczyć się infml **(with sb** z kimś)

IV hassled *pp adj* udręczony infml **(with** or **about sth** czymś)

hassock /ˈhæsək/ *n* [1] (cushion) twarda poduszeczka *f*; (footstool) *(do klęczenia)*; podnóżek *m* [2] US (seat) puf *m*

haste /heɪst/ *n* pośpiech *m*; **to act in ~** działać w pośpiechu; **in her ~ to get out she forgot her keys** wychodząc w pośpiechu, zapomniała kluczy; **to make ~ to do sth** śpieszyć się, żeby coś zrobić; **why the ~?** po co ten pośpiech?; **with undue** or **unseemly ~** w nadmiernym pośpiechu

IDIOMS: **more ~, less speed** Prov śpiesz się powoli → **repent**

hasten /ˈheɪsn/ **I** *vt* przyśpiesz|yć, -ać *[pace, arrival, ageing, destruction]*; ponagl|ić, -ać *[person]*

II *vi* pośpieszyć (się); **to ~ to do sth** śpiesznie coś zrobić; **they ~ed away** wyjechali or wyszli w pośpiechu; **she ~ed back to the house** pośpiesznie or w pośpiechu wróciła do domu; **I ~ to add...** śpieszę dodać... liter

hastily /ˈheɪstɪlɪ/ *adv* (hurriedly) pośpiesznie, w pośpiechu; (inconsiderately) pochopnie; **too ~** zbyt pochopnie

hasty /ˈheɪstɪ/ *adj* [1] (hurried) *[departure, flight, trip]* pośpieszny; *[note, plan]* wykonany w pośpiechu, pośpieszny; **to beat a ~ retreat** hum wziąć nogi za pas [2] (rash) *[decision, judgment, conclusion]* pochopny; **to be too ~ in doing sth** zrobić coś zbyt pochopnie; **perhaps I was a little ~** może się nieco pośpieszyłem, może postąpiłem zbyt pochopnie

hat /hæt/ *n* kapelusz *m*; (cotton, woolly) czapka *f*; **to put on/take off one's ~** założyć /zdjąć kapelusz; **we'll draw the winners out of a ~** karteczki z nazwiskami zwycięzców wyciągniemy z kapelusza; **to pass the ~ around** urządzić zbiórkę or składkę (pieniędzy); zrobić zrzutkę infml

IDIOMS: **at the drop of a ~** z najbłahszego powodu; (quickly) natychmiast, bez wahania; (for little or no reason) z byle powodu; **~s off!** czapki z głów!, chapeaux bas!; **I'll eat my ~ (if he wins)!** kaktus mi tu wyrośnie (jak on wygra)! infml; **to put** or **throw one's ~ into the ring** podjąć wyzwanie, zgłosić swoją kandydaturę; **to take one's ~ off to sb** fig chylić przed kimś czoło; **to talk through one's ~** pleść głupstwa; **to wear two ~s** sprawować dwie funkcje; **I'm wearing my legal ~ now** występuję teraz jako prawnik

hatband /ˈhætbænd/ *n* wstążka *f* do kapelusza

hatbox /ˈhætbɒks/ *n* pudło *n* na kapelusze

hatch /hætʃ/ **I** *n* [1] Aviat, Aerosp właz *m*; Naut luk *m*; Aut drzwi *plt*, drzwiczki *plt*; **a cargo ~** luk ładunkowy; **a safety** or **escape ~** luk bezpieczeństwa; **under ~es** Naut pod pokładem [2] (in dining room) okienko *n* *(między kuchnią a jadalnią)* [3] (floodgate) śluza *f* [4] (brood of chickens) ląg *m*, lęg *m*

II *vt* [1] (incubate) *[hen]* wysi|edzieć, -adywać *[eggs]* [2] (plan secretly) u|knuć *[plot, scheme]*; przygotow|ać, -ywać *[surprise]* [3] Art szrafować *[surface]*

III *vi [chicks]* wyklu|ć, -wać się, wylęg|nąć, -ać się; **the eggs take five days to ~** po pięciu dniach z jaj wykluwają się pisklęta /wylęgają się ryby

IDIOMS: **down the ~!** do dna! → **chicken**

hatchback /ˈhætʃbæk/ *n* (car) samochód *m* typu hatchback; hatchback *m* infml; (car door) drzwi *plt* tylne *(w samochodzie typu hatchback)*

hatcheck girl /ˈhættʃekgɜːl/ *n* US szatniarka *f*

hatcheck man /ˈhættʃekmæn/ *n* US szatniarz *m*

hatchery /ˈhætʃərɪ/ *n* wylęgarnia *f*; (for fish) stacja *f* wylęgowa

hatchet /ˈhætʃɪt/ *n* topór *m*, siekiera *f*

IDIOMS: **to bury the ~** zakopać topór wojenny

hatchet face *n* infml szczupła twarz *f* o ostrych rysach

hatchet job *n* infml miażdżąca krytyka *f*; **to do a ~ on sth** schlastać coś infml fig

hatchet man *n* infml facet *m* od brudnej roboty infml

hatching /ˈhætʃɪŋ/ *n* [1] (incubation) inkubacja *f*; (emergence) wykluwanie *n*, wylęganie *n* [2] Art szrafowanie *n*

hatchway /ˈhætʃweɪ/ *n* Naut luk *m*

hate /heɪt/ **I** *n* nienawiść *f* → **pet hate**

II *vt* [1] (feel antagonism towards) nie cierpieć, nie znosić; (violently) nienawidzić; **they ~ each other** nie znoszą or nie cierpią się; **to ~ sb for sth/doing sth** nienawidzić kogoś za coś/zrobienie czegoś; **he's someone you love to ~** to człowiek, którego z przyjemnością się nienawidzi [2] (not enjoy) nie znosić, nie cierpieć *[activity, food, sport]*; **to ~ doing** or **to do sth** nie znosić or nie cierpieć (robienia) czegoś, robić coś bardzo niechętnie; **he ~s to see me cry** nie znosi, kiedy płaczę; **he ~s being corrected** nie cierpi, żeby go poprawiano; **I ~ it when...** nie znoszę or nie cierpię, kiedy...; **I'd ~ it if he felt excluded, I'd ~ for him to feel excluded** byłoby mi bardzo przykro, gdyby poczuł się pominięty [3] (regret) (in apology) **I ~ to do it** przykro mi, że muszę to zrobić; **I ~ to interrupt you but...** przepraszam, że ci przerywam, ale...; **I ~ (having) to say it but...** przykro mi, że muszę to powiedzieć, ale...

III *vr* **to ~ oneself** czuć do siebie odrazę

hate campaign *n* nagonka *f*

hated /heɪtɪd/ *adj* znienawidzony

hateful /ˈheɪtfl/ *adj* [1] *[person]* pełny nienawiści; *[regime, action]* nienawistny **(to sb** komuś) [2] liter *[glance, tone]* nienawistny

hate mail *n* obraźliwe listy *m pl*, listy *m pl* z inwektywami

hatemonger /ˈheɪtmʌŋə(r)/ *n* US podżegający *m* do nienawiści

hatless /ˈhætlɪs/ *adj* z odkrytą głową

hatpin /ˈhætpɪn/ *n* szpilka *f* do kapelusza

hatrack /ˈhætræk/ *n* (shelf) półka *f* na kapelusze; (pegs) wieszak *m* na kapelusze

hatred /ˈheɪtrɪd/ *n* (of person, group, system, war) nienawiść *f* **(of** or **for sb/sth** do kogoś /czegoś); (less violent) niechęć *f* **(of sth** do czegoś); **racial ~** nienawiść na tle rasowym; **out of ~** *[act]* z nienawiści; **ancient ~s** zadawnione animozje or urazy

hatshop /ˈhætʃɒp/ *n* sklep *m* z kapeluszami

hat stand *n* GB stojący wieszak *m* na kapelusze

hatter /ˈhætə(r)/ *n* (for ladies) modystka *f*; (for men) kapelusznik *m*

IDIOMS: **to be as mad as a ~** mieć bzika infml

hat tree *n* US = **hat stand**

hat trick *n* Sport hat trick *m* *(trzy punkty zdobyte przez jednego zawodnika)*

haughtily /ˈhɔːtɪlɪ/ *adv* wyniośle

haughtiness /ˈhɔːtɪnɪs/ *n* wyniosłość *f*

haughty /ˈhɔːtɪ/ *adj* wyniosły

haul /hɔːl/ **I** *n* [1] (taken by criminals) łup *m*, zdobycz *f*; **a £2m ~** łup wartości dwóch milionów funtów; **art/jewellery ~** skradzione dzieła sztuki/skradziona biżuteria [2] (found by police, customs) **arms/heroin ~** skonfiskowana broń/heroina [3] Sport (of medals) **she got a good ~ of medals** zdobyła wiele medali [4] (journey) **it will be a long ~** to będzie długa droga; **it's a long ~ to Christmas** do Bożego Narodzenia jeszcze daleko; do Bożego Narodzenia jeszcze kawał czasu infml; **the long ~ from Dublin to London** długa droga or podróż z Dublina do Londynu; **the long ~ to recovery** Med długa droga do wyzdrowienia; Econ długa droga do uzdrowienia gospodarki [5] Transp **long/medium/short ~ flight** przewóz drogą powietrzną na długim/średnim/krótkim dystansie; **long ~ transport** transport or przewóz na długim dystansie [6] (of fish) połów *m*

II *vt* [1] (drag) ciągnąć *[load, wagon]*; **he ~ed himself on the roof** podciągnął się na dach [2] Transp przew|ieźć, -ozić, prze|transportować [3] Naut (alter course of vessel) **to ~ a boat** gwałtownie zmieni|ć, -ać kurs łodzi; (hoist vessel out of water) wyciąg|nąć, -ać na brzeg łódź

III *vi* Naut *[wind]* wiać or dąć od dzioba; *[ship]* płynąć z wiatrem przeciwnym

■ **haul down**: **~ down [sth], ~ [sth] down** opu|ścić, -szczać *[flag]*; spu|ścić, -szczać *[rope, sail]*

■ **haul in**: **~ in [sth], ~ [sth] in** wciąg|nąć, -ać *[net, fish, catch]*; wyciąg|nąć, -ać *[person]*

■ **haul off** [1] Naut płynąć z wiatrem [2] US infml **to ~ off and hit sb** zamachnąć się i uderzyć kogoś

■ **haul out**: **~ out [sb/sth], ~ [sb/sth] out** wyciąg|nąć, -ać (z wody) *[net, body]*; **to ~ sb out of bed** wyciągnąć kogoś z łóżka

■ **haul up**: **~ up [sth], ~ [sth] up** wciąg|nąć, -ać *[flag, person]*; **they ~ed the boat up onto the beach** wyciągnęli łódź na brzeg; **to be ~ed up before sb /sth** infml zostać postawionym przed kimś /czymś (dla udzielenia wyjaśnień) *[judge, court]*

IDIOMS: **to ~ ass** US vinfml zapierniczać, zapierprzać vinfml; **to ~ sb over the coals** zmieszać kogoś z błotem infml

H

haulage /ˈhɔːlɪdʒ/ **I** *n* [1] (transport) fracht *m*, przewóz *m* [2] (cost) fracht *m*, koszt *m* przewozu
II *modif [company, contractor]* frachtowy, przewozowy

hauler /ˈhɔːlə(r)/ *n* US = **haulier**

haulier /ˈhɔːlɪə(r)/ *n* GB (owner of firm, firm) przewoźnik *m*; (truck driver) kierowca *m* zatrudniony przez przewoźnika

haunch /hɔːntʃ/ *n* (of human, horse) pośladek *m*; (of animal) zad *m*; **a ~ of venison** Culin udziec sarni; **to squat on one's ~es** przykucnąć, ukucnąć

haunt /hɔːnt/ **I** *n* (of people, animals, birds) ulubione miejsce *n* (spotkań); **favourite /regular ~** ulubione miejsce/miejsce regularnych spotkań; **artists' ~** miejsce spotkań artystów
II *vt* [1] *[old crimes, remorse]* dręczyć, prześladować; *[ghost, spirit]* straszyć *[person]*; nawiedz|ić, -ać *[house]*; **her crimes have returned to ~ her** zbrodnie ciążyły jej na sumieniu; **he is ~ed by the fear of death** dręczy go strach przed śmiercią [2] (frequent) być bywalcem (czegoś), często bywać w (czymś) *[place]*

haunted /ˈhɔːntɪd/ *adj [castle, house]* nawiedzony; *[face, expression]* udręczony, znękany

haunting /ˈhɔːntɪŋ/ **I** *n* **to investigate a ~** badać zjawisko nadprzyrodzone; **the stories of the ~** opowieści niesamowite /o duchach
II *adj [film, book, image, beauty]* zapadający w pamięć; *[doubt, memory]* niedający spokoju, dręczący

hauntingly /ˈhɔːntɪŋlɪ/ *adv [beautiful]* zniewalająco; *[similar]* niesamowicie

Havana /həˈvænə/ **I** *prn* Hawana *f*
II *n* (cigar) cygaro *n* hawańskie

have /hæv, həv/ **I** *vt* (*3rd person sg pres* **has;** *pt, pp* **had**) [1] (possess) mieć; posiadać liter; **she has a dog** ona ma psa; **I ~ (got) a car** mam samochód [2] **she has a good memory** ma dobrą pamięć; **they ~ (got) problems** mają problemy or kłopoty [3] (consume) z|jeść, zjadać *[food]*; wypi|ć, -jać *[drink]*; wy|palić *[cigarette, cigar, pipe]*; **to ~ a sandwich** zjeść kanapkę; **to ~ a whisky** napić się whisky; **to ~ a cigarette** zapalić papierosa; **to ~ breakfast/dinner /lunch** zjeść śniadanie/obiad/lunch; **he had a sandwich for lunch** na lunch zjadł kanapkę; **I had some more cake** zjadłem jeszcze kawałek ciasta [4] (want) przyj|ąć, -mować; **I'll ~ tea please** poproszę o herbatę; **what will you ~?** (drink) czego się napijesz?; (food) na co masz ochotę?, co byś zjadł?; **she won't ~ him back** nie przyjmie go z powrotem; **I offered her £5, but she wouldn't ~ it** zaproponowałem jej 5 funtów, ale ich nie przyjęła; **I wouldn't ~ him/her any other way** taki/taka mi się właśnie podoba [5] (receive, get) dosta|ć, -wać, otrzym|ać, -ywać *[letter, parcel, information]*; **I've had no news from him** nie mam od niego żadnych wiadomości; **I must ~ the information/some money soon** muszę szybko otrzymać te informacje/te pieniądze; **I must ~ the document by 4 o'clock** do czwartej muszę dostać ten dokument; **to let sb ~ sth** dać komuś coś [6] (hold) wyda|ć, -wać *[party]*; urządz|ić, -ać *[celebration]*; mieć, odby|ć, -wać *[meeting, conversation, interview]*; z|organizować *[ballot, competition, exhibition]*; odprawi|ć, -ać *[church service]*; przeprowadz|ić, -ać *[enquiry]* [7] (exert, exhibit) wyw|rzeć, -ierać *[effect, influence]*; mieć *[nerve, impudence, courage]*; **to ~ the courtesy to do sth** mieć or okazać na tyle uprzejmości, żeby coś zrobić [8] (spend) spędz|ić, -ać; **to ~ a nice day /evening** przyjemnie spędzić dzień/wieczór, mieć przyjemny dzień/wieczór; **to ~ a good time** dobrze się bawić; **to ~ a hard** or **bad time** mieć or przeżywać trudne chwile; **to ~ a good vacation** mieć dobre or udane wakacje; **to ~ a day at the beach** spędzić dzień na plaży [9] (be provided with) (also **~ got) to ~ sth to do** mieć or musieć coś zrobić, mieć coś do zrobienia; **I ~** or **I've got some clothes to wash** muszę uprać parę rzeczy, mam parę rzeczy do uprania; **I ~** or **I've got letters to write** muszę napisać listy; **I ~** or **I've got a lot of work to do** mam mnóstwo pracy [10] (undergo, suffer) mieć; **to ~ (the) flu/measles** mieć grypę/odrę; **she has (a) toothache/a headache** boli ją ząb/głowa; **to ~ an accident** mieć wypadek; **to ~ a heart attack** mieć atak serca, dostać ataku serca; **to ~ a shock** doznać szoku; **he had his car stolen** ukradziono mu samochód; **she has had her windows broken** ktoś wybił jej szyby w oknach; **they like having stories read to them** lubią, jak im się czyta; **I ~** or **I've got a student coming in five minutes** za pięć minut przychodzi do mnie uczeń [11] (cause to be done) **to ~ sth done** mieć coś zrobione; **to ~ the house painted /washing-machine installed** mieć pomalowany dom/zainstalowaną pralkę; **to ~ one's hair cut** obciąć włosy (u fryzjera); **to ~ an injection** mieć zastrzyk; **to ~ a dental check-up** pójść na kontrolę do dentysty; **to ~ sb do sth** powiedzieć komuś, żeby coś zrobił; sprawić, żeby ktoś coś zrobił; **she had him close the door /wait in the corridor** powiedziała mu, żeby zamknął drzwi/poczekał w korytarzu; **they would ~ us believe that...** chcieli, żebyśmy uwierzyli, że...; **I would ~ you know/say that...** chciałbym, żebyś wiedział, że.../powiedział, że...; **to ~ sb doing sth** kazać komuś coś zrobić, zmusić kogoś do zrobienia czegoś; **he had them laughing/crying** doprowadził ich do śmiechu /do płaczu; **she had them digging the garden/writing poetry** kazała im kopać w ogródku/pisać wiersze [12] (cause to become) **he had his revolver/camera ready** trzymał rewolwer/kamerę w pogotowiu; **we'll soon ~ everything ready /clean** zaraz wszystko będzie gotowe/czyste; **if you're not careful you'll ~ that table/that glass over** jeśli nie będziesz ostrożny, stół/szklanka się przewróci; **she had them completely baffled** wprawiła ich w stan całkowitego osłupienia; **I had it finished by 5 o'clock** skończyłem przed piątą [13] (allow) (in negative) tolerować, pozwalać na (coś); **I won't ~ this kind of behaviour!** nie będę tolerować takiego zachowania!; **I won't ~ it!** nie zgadzam się na to!, nie pozwalam!; **I won't ~ this any more!** nie będę tego więcej tolerować!, więcej na to nie pozwolę!; **I won't ~ them exploit me** nie pozwolę, żeby mnie wykorzystywali; **I won't ~ him hurt** nie pozwolę, żeby mu się działa krzywda; nie pozwolę, żeby mu się stało coś złego; **we can't ~ them staying in a hotel** nie możemy pozwolić na to, żeby zatrzymali się w hotelu [14] (physically hold) mieć, trzymać; **she had the glass in her hand** w ręku miała or trzymała szklankę; **she had him by the throat/by the arm** trzymała go za gardło/za rękę; **he had his hands over his eyes** zakrywał oczy rękoma; **to ~ one's back to sb** być odwróconym do kogoś plecami [15] (give birth to) mieć, urodzić *[child, young]*; **has she had it yet?** czy już urodziła?; **she's having a baby in May** będzie rodziła w maju, będzie miała dziecko w maju [16] (as impersonal verb) **over here, we ~ a painting by Picasso** tutaj znajduje się obraz Picassa, a tutaj mamy obraz Picassa; **what we ~ here is a small group of extremists** mamy tu do czynienia z małą grupką ekstremistów; **on the one hand you ~ the victims of crime, and on the other...** z jednej strony mamy ofiary przestępstw, a z drugiej... [17] (puzzle) (also **~ got) you ~** or **you've got me here!** zabiłeś mi ćwieka! infml [18] (have at one's mercy) (also **~ got) I've got you/him now!** mam cię/go!; **I'll ~ you!** jeszcze się z tobą policzę! infml [19] infml (have sex with) mieć infml *[person]*
II *modal aux* [1] (must) **I ~ to leave now** muszę już iść [2] (need to) **you don't ~ to** or **you haven't got to leave so early** nie musisz tak wcześnie wychodzić; **why did this ~ to happen?** dlaczego to się musiało stać or wydarzyć?; **did you ~ to spend so much money?** czy musiałeś wydawać tyle pieniędzy?; **something had to be done** coś trzeba było zrobić [3] (for emphasis) **this has to be the most difficult decision I've ever made** to najtrudniejsza decyzja w moim życiu
III *aux* [1] (used to form perfect tenses) **she has lost her bag** zgubiła torebkę; **she has already left/arrived** już wyszła/przybyła; **she has hurt herself** skaleczyła się; **she has washed her hands** umyła ręce; **~ you seen her?** widziałeś się z nią?; **we haven't lost them** nie zgubiliśmy ich; **she'd already gone when we arrived** kiedy przyjechaliśmy, nie było jej już [2] (in tag questions and responses) **you've seen that film, haven't you?** widziałeś ten film, prawda?; **you haven't seen that film, ~ you?** nie widziałeś tego filmu, prawda?; **you haven't seen my bag, ~ you?** nie widziałeś gdzieś mojej torby?; **'he's already left' – 'has he indeed?'** „już wyszedł" – „naprawdę?"; **'you've never met him' – 'yes I ~!'** „nie poznałaś go" – „właśnie, że tak" or „ależ tak" [3] (replacing if) **had I taken the train, this would never have happened** gdybym tylko pojechał tym pociągiem, to by się nigdy nie zdarzyło

or stało; **had there been a fire, we would all have been killed** gdyby wybuchł pożar, wszyscy byśmy zginęli; **had I known, I would have helped** gdybym tylko wiedział, pomógłbym

IV having *aux* [1] (in time clauses) **having finished his breakfast, he went out** po zjedzeniu śniadania wyszedł; **having said he'd be there early, he arrived late** spóźnił się, chociaż powiedział, że przyjdzie wcześnie [2] (because, since) **having already won twice, he is a great favourite** ponieważ już dwa razy odniósł zwycięstwo, uważa się go za wielkiego faworyta; **having lost money before, he was reluctant to invest in a new project** ponieważ zdarzyło mu się stracić pieniądze, nie chciał inwestować w nowe przedsięwzięcie

■ **have around** US = **have over, have round**

■ **have back**: **~ back [sth], ~ [sth] back** (have returned) **you can ~ it back tomorrow** możesz to sobie jutro odebrać, dostaniesz to jutro z powrotem; **when can I ~ my car/my money back?** kiedy dostanę mój samochód/moje pieniadze z powrotem?

■ **have down**: **~ [sb] down** (invite) zapr|osić, -aszać; **to ~ sb down for the weekend** zaprosić kogoś na weekend

■ **have in**: **~ in [sb]** (also **~ got**) przyj|ąć, -mować *[doctor, priest]*; mieć w domu *[neighbour, employee]*; **we've got decorators in at the moment** mamy teraz w domu malarzy

■ **have on**: ¶ **~ on [sth], ~ [sth] on** (also **~ got**) (be wearing) mieć na sobie, być ubranym w (coś) *[coat, skirt]*; **to ~ nothing on** nie mieć nic na sobie; być nago ¶ **~ [sth] on** (be busy doing) mieć w planie or do zrobienia; **~ you got anything on this evening?** masz jakieś plany na dzisiejszy wieczór?, jesteś zajęty dzisiaj wieczorem?; **I've got a lot on next week** w przyszłym tygodniu będę bardzo zajęty ¶ **~ [sb] on** infml (tease) dokucz|yć, -ać (komuś), drażnić się z (kimś) ¶ **~ sth on sb** (have evidence about) mieć coś na kogoś infml; **the police ~ got nothing on me** policja nic na mnie nie ma

■ **have out**: **to ~ one's tooth out** mieć wyrwany or usunięty ząb; **to ~ one's appendix out** mieć usunięty wyrostek robaczkowy; **to ~ it out with sb** rozmówić się z kimś szczerze

■ **have over, have round**: **~ [sb] over** zapr|osić, -aszać, gościć *[friend, relative]*; **to ~ sb over for the evening** zaprosić kogoś na wieczór

■ **have up** infml: **to be had up** stanąć przed sądem **(for sth** za coś)

IDIOMS: **to ~ done with sth** skończyć z czymś; **this car/TV has had it** infml ten samochód/telewizor jest już do niczego infml; **when your father finds out, you've had it** infml (in trouble) jak ojciec się dowie, będziesz miał za swoje infml; **I can't do any more, I've had it!** infml (tired) nic więcej nie zrobię, mam dość!; **I've had it (up to here)** infml mam tego po dziurki w nosie infml; **I've had it (up to here) with him/my job** infml mam go/pracy po dziurki w nosie infml; **to ~ it in for sb** infml uwziąć się na kogoś; mieć z kimś na pieńku infml; **she has/doesn't ~ it in her to do it** (have skill) potrafi to zrobić/nie potrafi tego zrobić; (have courage) jest zdolna to zrobić/nie jest zdolna do zrobienia tego; **he will ~ it that...** nie dociera do niego, że...; **he won't ~ it that...** utrzymuje or upiera się, że nie...; **I've got it!** już wiem!; **let's be having you!** hum pośpiesz się!; **and the ayes/noes ~ it** jest więcej głosów za/przeciw; **to ~ it off** or **away with sb** GB vinfml mieć z kimś romans; sypiać z kimś infml; **the ~s and the ~-nots** bogaci i biedni; **...and what ~ you** i tak dalej; **there's no milk/there are no houses to be had** nie ma mleka/domów; **are there any more to be had?** czy coś jeszcze zostało?

have-a-go /ˌhævəˈɡəʊ/ *adj* GB infml *[person, pensioner]* odważny, przebojowy

haven /ˈheɪvn/ *n* [1] (safe place) schronienie *n* **(for sb** dla kogoś) [2] fig przystań *f* fig; **a ~ of peace** oaza spokoju [3] (harbour) przystań *f*, port *m*

haven't /ˈhævnt/ = **have not**

haver /ˈheɪvə(r)/ *vi* [1] (dither) za|wahać się [2] Scot (talk nonsense) mówić bzdury or głupstwa

haversack /ˈhævəsæk/ *n* chlebak *m*

havoc /ˈhævək/ *n* [1] (devastation) spustoszenie *n*, dewastacja *f*; **to wreak ~ on sth** zdewastować coś *[building]*; spustoszyć coś *[landscape]* [2] (confusion) zamęt *m*, zamieszanie *n*; **to cause ~** spowodować zamęt; **to play ~ with sth** wprowadzić zamęt or zamieszanie w czymś *[plans]*

haw[1] /hɔː/ *n* Bot głóg *m*

haw[2] /hɔː/ *n* Zool migotka *f* trzecia powieka *(trzecia powieka)*

haw[3] /hɔː/ *excl* dat **~! ~!** ha! ha!

IDIOMS: **to hum** GB or **hem** US **and ~** jąkać się (przed daniem odpowiedzi)

Hawaii /həˈwaɪɪ/ *prn* Hawaje *plt*

Hawaiian /həˈwaɪən/ **I** *n* [1] (person) Hawaj|czyk *m*, -ka *f* [2] Ling (język *m*) hawajski *m*

II *adj [culture, landscape]* hawajski; **the ~ Islands** Hawaje

hawfinch /ˈhɔːfɪntʃ/ *n* grubodziób *m*

hawk[1] /hɔːk/ **I** *n* jastrząb *m* also Pol

II *vi* (hunt) polować z sokołem

IDIOMS: **he has eyes like a ~** nic nie umknie jego uwagi

hawk[2] /hɔːk/ *vt* pej (sell) (in the street) sprzedawać or handlować na ulicy; (door-to-door) prowadzić sprzedaż domokrążną infml

hawk[3] /hɔːk/ *vi* infml (clear throat) odchrząk|nąć, -iwać; (spit) splu|nąć, -wać

hawker /ˈhɔːkə(r)/ *n* (seller) domokrążca *m* infml

Hawkeye /ˈhɔːkaɪ/ *n* US infml mieszkan|iec *m*, -ka *f* stanu Iowa

hawk-eyed /ˈhɔːkaɪd/ *adj* wszystkowidzący

hawkish /ˈhɔːkɪʃ/ *adj* Pol jastrzębi

hawk moth *n* Zool zawisak *m*, zmrocznik *m*

hawser /ˈhɔːzə(r)/ *n* cuma *f*, lina *f* okrętowa

hawthorn /ˈhɔːθɔːn/ **I** *n* (tree, flower) głóg *m*

II *modif* **~ blossom** kwiat głogu; **~ hedge** żywopłot z głogu

hay /heɪ/ *n* siano *n*; **to make ~** pracować przy sianokosach

IDIOMS: **to make ~ while the sun shines** kuć żelazo póki gorące; **to hit the ~** infml uderzyć w kimono infml; **to have a roll in the ~** infml dat pofolgować sobie, pofiglować sobie infml

haycock /ˈheɪkɒk/ *n* kopa *f* siana

hay fever *n* katar *m* sienny

hay fork *n* widły *plt*

hay loft *n* strych *m* na siano

haymaker /ˈheɪmeɪkə(r)/ *m* kosiarz *m*

haymaking /ˈheɪmeɪkɪŋ/ *n* sianokosy *m pl*

hayride /ˈheɪraɪd/ *n* jazda *f* na wozie z sianem

hayseed /ˈheɪsiːd/ *n* US infml pej prosta|k *m*, -czka *f* infml pej

haystack /ˈheɪstæk/ *n* stóg *m* siana

IDIOMS: **it's like looking for a needle in a ~** to jak szukanie igły w stogu siana

haywire /ˈheɪwaɪə(r)/ *adj* infml [1] (faulty) *[plan]* zagmatwany, pogmatwany; *[machine]* wadliwy; **to go ~** *[plan]* wziąć w łeb; *[machinery, system]* sfiksować infml [2] US (crazy) sfiksowany infml

hazard /ˈhæzəd/ **I** *n* [1] (danger) niebezpieczeństwo *n*, ryzyko *n*; (source of danger) zagrożenie *n*; **the ~s of sth/doing sth** niebezpieczeństwo or ryzyko związane z czymś/robieniem czegoś; **to be a health /an environmental ~** stanowić zagrożenie dla zdrowia/dla środowiska; **occupational ~** ryzyko zawodowe niebezpieczeństwo pożaru; **fire ~** zagrożenie pożarowe [2] (chance) zrządzenie *n* losu, przypadek *m*, traf *m*; **a game of ~** gra losowa [3] (in golf) przeszkoda *f*

II *vt* [1] (risk) nara|zić, -żać na szwank *[health, reputation]*; za|ryzykować *[life, money, property]* [2] (venture) za|ryzykować *[opinion, explanation]*; **to ~ a guess** próbować zgadnąć; **to ~ a guess that...** zaryzykować stwierdzenie, że...

hazard lights *npl* Aut światła *n pl* awaryjne

hazardous /ˈhæzədəs/ *adj [job, weather, conditions, substance]* niebezpieczny; *[journey, enterprise, venture]* ryzykowny; **it is ~ to look directly at the sun** niebezpiecznie jest patrzeć prosto w słońce

haze[1] /heɪz/ *n* [1] (mist) opar *m*; (light) mgiełka *f*; (of fumes, smoke) opary *m pl* [2] fig (mental obscurity) otumanienie *n*; **to be in an alcoholic ~** być zamroczonym alkoholem; **she lives in a ~** żyje jak we śnie

■ **haze over** Meteorol zamglić się

haze[2] /heɪz/ *vt* US student sl podda|ć, -wać próbom, robić kawały (komuś) *[freshman]*

hazel /ˈheɪzl/ **I** *n* (tree, wood) leszczyna *f*

II *modif [grove]* leszczynowy; **~ leaf/twig** liść/gałązka leszczyny

III *adj [eyes]* orzechowy

hazelnut /ˈheɪzlnʌt/ **I** *n* orzech *m* laskowy

II *modif [yoghurt, meringue]* z orzechami laskowymi

haziness /ˈheɪzɪnɪs/ *n* [1] (of weather, atmosphere) mglistość *f* [2] fig (of idea) nieprzejrzystość *f*; (of memory) mglistość *f*

H

hazing /ˈheɪzɪŋ/ *n* US student sl ≈ otrzęsiny *plt*

hazy /ˈheɪzɪ/ *adj* [1] *[weather, cloud, outline, sunshine, morning]* mglisty; *[photograph, sun, view]* zamglony; **it is very ~ today** dziś jest bardzo mglisto [2] fig *[idea, recollection]* mglisty; *[history]* zagmatwany; **to be ~ about sth** mieć mgliste pojęcie o czymś

H-beam /ˈeɪtʃbiːm/ *n* Constr belka *f* dwuteowa szerokostopowa

H-block /ˈeɪtʃblɒk/ *n* GB blok *m* więzienny w kształcie litery „H"

H bomb *n* = **hydrogen bomb** bomba *f* wodorowa

HC = **hot and cold water**

HDTV *n* = **high definition television** telewizyjny system *m* wysokiej rozdzielczości

he /hiː, hɪ/ *pron* on; **he's seen us** zobaczył nas; **here he is** oto (i) on; **there he is** jest tam; **he's not here** nie ma go tutaj, jego tu nie ma; **he didn't do it** nie zrobił tego; **HE didn't do it** on tego nie zrobił; **he's a genius** to geniusz, on jest genialny; **it's a he** infml (of baby) to chłopiec; (of dog) to piesek; **he who..., he that...** ten, kto..; ten, który...; **he and I went to the cinema** poszedłem z nim do kina

HE [1] → **high explosive** [2] = **His/Her Excellency**

head /hed/ **I** *n* [1] Anat (of person) głowa *f*; (of animal) łeb *m*, głowa *f*; **the top of one's ~** czubek głowy; **he had a woollen cap on his ~** na głowie miał wełnianą czapkę; **she put her ~ round the door** zajrzała przez drzwi; **my ~ aches** boli mnie głowa; **to nod one's ~** kiwnąć głową; **to have a fine ~ of hair** mieć gęste włosy; **to get** or **keep** or **have one's ~ down** spuścić or mieć spuszczoną głowę; fig (be inconspicuous) nie wychylać się infml fig; (work hard) przyłożyć się do pracy; **with one's ~ in one's hands** z twarzą (ukrytą) w dłoniach; **from ~ to foot** or **toe** od stóp do głów; **he pulled his sweater over his ~** wciągnął sweter przez głowę; **the decision was made over the ~s of the members** decyzja została podjęta za plecami członków; **she was promoted over the ~s of her colleagues** awansowano ją z pominięciem kolegów; **to stand on one's ~** stanąć na głowie, zrobić stójkę; **to stand sth on its ~** fig *[person, evidence, fact]* stawiać coś na głowie infml fig; **~s turned at the sight of him** wszystkie spojrzenia kierowały się na niego; **to hold a gun** or **pistol to sb's ~** przystawić komuś pistolet do głowy also fig [2] (mind) głowa *f*; **her ~ was full of grand ideas** głowę miała pełną wspaniałych pomysłów; **I can't get it into her ~ that...** nie mogę jej wbić do głowy, że...; **he has got it into his ~ that I love him** wbił sobie do głowy, że go kocham; **he has taken it into his ~ to resign** uparł się, że złoży rezygnację; **what(ever) put that idea into your ~?** skąd ci przyszedł taki pomysł do głowy?; **I can't get the faces of those starving children out of my ~** nie mogę zapomnieć twarzy tych głodujących dzieci; **I can't get that tune out of my ~** nie mogę uwolnić się od tej melodii; **you can put that idea out of your ~!** zapomnij o tym pomyśle!; **he put the idea of danger out of his ~** starał się nie myśleć o niebezpieczeństwie; **all these interruptions have put it out of my ~** w tym całym zamieszaniu wypadło mi to z głowy; **her name has gone right out of my ~** jej imię całkiem wyleciało mi z głowy; **I can't add these figures up in my ~** nie potrafię dodać tych liczb w pamięci or w głowie; **I wonder what's going on in her ~** ciekawe, o czym ona myśli?; ciekawe, co jej się roi w głowie infml; **to be** or **go above** or **over sb's ~** (too difficult) przerastać poziom umysłowy kogoś, być dla kogoś niezrozumiałym; **don't worry** or **bother your (pretty little) ~ about that!** infml nie zaprzątaj sobie tym głowy!, niech cię o to głowa nie boli!; **use your ~!** infml rusz głową! infml; **to turn sb's ~** przewrócić komuś w głowie; **her success has turned her ~** sukces przewrócił jej w głowie; **to have a (good) ~ for figures /business** mieć głowę do rachunków/interesów; **I have a good ~ for heights** nie mam lęku wysokości; **to have no ~ for heights** mieć lęk wysokości [3] Meas, Turf głowa *f*; **to be a ~/half a ~ taller than sb, to be taller than sb by a ~/half a ~** być o głowę/pół głowy wyższym od kogoś; **to win by a (short) ~** Turf wygrać o głowę; also fig [4] infml (headache) ból *m* głowy; **I've got a bad ~ today** boli mnie dzisiaj głowa; (hangover) mam dzisiaj kaca infml [5] (leader, director) (of family, church) głowa *f*; (of agency, company, school, section, social service) dyrektor *m*, -ka *f*; szef *m*, -owa *f* infml; (of country, organization) przywód|ca *m*, -czyni *f*; **at the ~ of sth** na czele czegoś; **a team of experts with Brown at its ~** zespół ekspertów z Brownem na czele; **~ of government** szef rządu; **~ of State** głowa państwa; **~ of department** Admin dyrektor działu or departamentu; Sch kierownik pracowni; **~ of maths/German** Sch osoba odpowiedzialna za pracownię matematyki /języka niemieckiego; **~ of personnel /marketing** Comm kierownik or szef działu kadr/marketingu [6] Admin, Comm ((individual person)) osoba *f*, głowa *f*; (animal) sztuka *f*, głowa *f*; **we paid £10 a ~** or **per ~** zapłaciliśmy 10 funtów od głowy or od osoby; **to count ~s** (people) liczyć osoby; (animals) liczyć sztuki; **50 ~ of cattle /sheep** 50 sztuk bydła/owiec [7] Sport, Tech (of pin, nail, screw) łeb(ek) *m*; (of golf club, hammer, hockey club, needle) główka *f*; (of arrow, spear) grot *m*; (of axe, tennis racket) głowa *f*; (of walking stick) gałka *f* [8] (front or top end) (of bed) wezgłowie *n*; (of table) szczyt *m*; (of procession) czoło *n*; (of river) górnym biegiem; **at the ~ of the stairs/page** na górze schodów /u góry strony; **at the ~ of the list** na początku listy; **a letter with his address at the ~** list z jego adresem umieszczonym u góry strony; **at the ~ of the queue** na czele or na początku kolejki [9] Bot, Hort (of lettuce, cabbage) głowa *f*, główka *f*; (of celery) bulwa *f*; (of garlic) główka *f*; **to cut the dead ~s of the roses** ściąć uschnięte or zwiędnięte główki róż [10] Comput, Elec (of computer, video, tape recorder) głowica *f*; **reading ~, playback ~** głowica odczytująca; **writing ~, recording ~** głowica zapisująca [11] (on beer) piana *f* [12] Med (on boil, spot) czop *m*; **to come to a ~** Med (on boil) dojrzeć (do pęknięcia); fig *[crisis, trouble, unrest]* osiągnąć punkt krytyczny; **to bring sth to a ~** Med doprowadzić coś do pęknięcia; fig przyspieszyć coś *[crisis, trouble, unrest]*; doprowadzić coś do punktu krytycznego *[situation]* [13] (in plumbing) (height of water) wysokość *f* słupa wody; **~ of water** (water pressure) ciśnienie słupa wody [14] Phys (of steam) ciśnienie *n* (pary) [15] Geog przylądek *m* [16] Tech (on lathe) głowica *f*

II heads *npl* [1] (tossing coin) orzeł *m*; **~s or tails?** orzeł czy reszka?; **~s I win** jeśli orzeł, to ja wygrywam [2] Naut (lavatory) kingston *m*

III *modif* [1] Anat **~ movement** ruch głową; **~ injury** uraz głowy; **~ covering** nakrycie głowy; **~ bandage** bandaż na głowę; Zool **~ feathers/markings** upierzenie/umaszczenie głowy [2] (chief) *[cashier]* główny; *[cook, gardener]* główny, pierwszy

IV *vt* [1] (be at the top of sth) być na czele (czegoś) *[column]*; być na początku (czegoś) *[procession, list, queue]* [2] (be in charge of) stać or być na czele (czegoś) *[committee, delegation, firm, team]*; po|prowadzić *[business]*; sta|ć, -nąć na czele (czegoś), po|prowadzić *[expedition, enquiry, revolt]*; **the inquiry ~ed by Inspector Forester** śledztwo prowadzone przez inspektora Forestera [3] (entitle) da|ć, -wać nagłówek (czemuś), za|tytułować *[article, chapter, essay]*; **this paragraph is ~ed by a quotation** ten akapit rozpoczyna się cytatem; **to ~ a letter with one's address** umieścić swój adres w nagłówku listu; **~ed writing paper, ~ed stationery** papier listowy z nagłówkiem [4] (steer) s|kierować, po|prowadzić *[vehicle]* **(towards sth** w kierunku czegoś); nada|ć, -wać kurs (czemuś) *[boat]* **(towards sth** w kierunku czegoś); **I ~ed the car for the sea** pojechałem samochodem w stronę morza; **he ~ed the sheep away from the cliff** gnał owce z dala od urwiska [5] Sport **to ~ the ball** zagrać główką; **he ~ed the ball into the net** strzelił gola główką

V *vi* **where was the train ~ed** or **~ing?** dokąd jechał ten pociąg?; **to ~ south /north** Naut brać kurs na południe/północ; **he ~ed straight into the room** skierował się prosto do pokoju; **it's time to ~ home** or **for home** pora wracać do domu; **she ~ed across the dunes** poszła przez wydmy; **look out! he's ~ing this way!** uważaj! idzie tu or w tę stronę!; **there is good luck ~ing your way** (in horoscope) szczęście będzie ci sprzyjać

VI -headed *in combinations* **black-~ed bird** ptak z czarnym łebkiem; **red-~ed boy** rudowłosy chłopiec; **two-~ed monster** dwugłowy potwór

■ **head for: ~ for [sth]** [1] zmierzać or kierować się do (czegoś), zmierzać or kierować się ku (czemuś); Naut (set sail) ob|rać, -ierać kurs na (coś); **the car was ~ing** or **~ed for London** samochód jechał w kierunku Londynu; **the ship was ~ing** or **~ed for New York** statek obrał kurs na Nowy Jork; **where were they ~ing** or **~ed for** dokąd zmierzali?; **we were ~ing** or **~ed for the coast when we broke down** jechaliśmy w stronę wybrzeża, kiedy zepsuł nam się samochód; **to ~ for home** być w drodze do domu; **to ~ for the bar** skierować się prosto do baru [2] fig zmierzać ku (czemuś) *[defeat, victory]*; pakować się w (coś) infml *[trouble]*; **to be ~ing for a fall** zmierzać do upadku or do klęski

■ **head off** ¶ wyjechać **(for sth** or **in the direction of sth** or **towards sth** w kierunku czegoś or do czegoś); **he ~ed off across the fields** odszedł przez pola ¶ **~ off [sb/sth], ~ [sb/sth] off** [1] (intercept) stanąć (komuś) na drodze, przeciąć (komuś) drogę *[person]* [2] fig (forestall) (zręcznie) pomi|nąć, -jać *[question]*; zażegn|ać, -ywać *[quarrel, rebellion]*; **he ~ed her off onto a more interesting topic of conversation** naprowadził rozmowę z nią na bardziej interesujące tematy

■ **head up: ~ up [sth]** po|kierować (czymś), zarządzać (czymś) *[department]*; po|prowadzić *[team]*

IDIOMS: **on your own ~ be it!** na twoją odpowiedzialność!, odpowiedzialność spadnie na twoją głowę!; **to go to sb's ~** *[alcohol, praise, success]* uderzyć komuś do głowy; **you've won, but don't let it go to your ~** wygrałeś, ale niech ci się od tego w głowie nie przewróci; **to go off one's ~** infml stracić rozum infml; **are you off your ~?** zwariowałeś? infml; **to keep/lose one's ~** nie tracić głowy/tracić głowę; **to be soft** or **weak in the ~** infml być nierozgarniętym infml; **he is not right in the ~** infml ma źle w głowie, ma źle pod sufitem infml; **to laugh one's ~ off** infml ryczeć ze śmiechu, śmiać się do rozpuku infml; **to shout one's ~ off** infml drzeć się or wydzierać się na całe gardło infml; **to talk one's ~ off** infml gadać bez końca infml; **she talked my ~ off all the way** przez całą drogę bez przerwy zabawiała mnie rozmową; **off the top of one's ~** *[say, answer]* bez zastanowienia; **I can't think of anything off the top of my ~** nic mi teraz nie przychodzi do głowy; **to give a horse its ~** popuszczać cugli koniowi; **to give sb their ~** dać komuś swobodę działania; **to give sb ~** US vulg (of oral sex) zrobić komuś loda vulg; **I can do it standing on my ~** dla mnie to pestka or małe piwo infml; **I can't make ~ (n)or tail of it** nic z tego nie rozumiem; nie mogę się w tym zupełnie połapać infml; **I couldn't make ~ (n)or tail of what she was saying** nic nie zrozumiałem z tego, co powiedziała; **if we all put our ~s together** jeśli się wspólnie zastanowimy; **so Anna and I put our ~s together and decided that...** no więc razem z Anną doszłyśmy do wniosku, że...; **two ~s are better than one** Prov co dwie głowy, to nie jedna

headache /ˈhedeɪk/ *n* [1] ból *m* głowy; **I have a ~** boli mnie głowa; **to give sb a ~** przyprawić kogoś o ból głowy; **to suffer from sick ~s** or **a sick ~** cierpieć na bóle głowy z nudnościami [2] fig **to be a ~ to sb** być utrapieniem dla kogoś; **that's your ~!** infml to twój ból głowy! infml

headachy /ˈhedeɪkɪ/ *adj* **I feel ~** ćmi mnie w głowie

headband /ˈhedbænd/ *n* opaska *f* (na głowę)

headbanger /ˈhedbæŋgə(r)/ *n* Pol infml radykał *m*; Mus metalowiec *m*

headboard /ˈhedbɔːd/ *n* wezgłowie *n*

head boy *n* GB Sch uczeń *m* reprezentujący szkołę

headbutt /ˈhedbʌt/ *vt* (hit) uderzyć (kogoś) głową or bykiem

head case *n* infml **to be a ~** mieć nie po kolei w głowie infml

head cheese *n* US salceson *m*

head cold *n* katar *m*

headcount /ˈhedkaʊnt/ *n* [1] (counting) liczenie *n* (obecnych); **to do a ~** policzyć obecnych [2] (total staff) załoga *f*, obsada *f*

headdress /ˈheddres/ *n* [1] (of feathers) pióropusz *m*; (of lace) stroik *m* [2] (hairset) uczesanie *n*

header /ˈhedə(r)/ *n* [1] infml (dive) **to take a ~** skoczyć (do wody) na głowę; **I took a ~ into the lake** skoczyłem do jeziora na głowę; **I took a ~ into the bushes** dałem nura w krzaki; **he took a ~ downstairs** zleciał ze schodów na głowę [2] Sport główka *f* [3] Comput nagłówek *m* [4] Constr (brick) cegła *f* wiążąca, główka *f* [5] (also **~ tank**) Tech zbiornik *m* opadowy

header block *n* Comput blok *m* nagłówka

header label *n* Comput etykieta *f* nagłówkowa

headfirst /ˌhedˈfɜːst/ *adv* *[fall, plunge]* na głowę; fig (rush into sth) bez zastanowienia

headgear /ˈhedgɪə(r)/ *n* nakrycie *n* głowy

head girl *n* GB Sch uczennica *f* reprezentująca szkołę

head height at **~** *adv phr* na wysokości głowy

head-hunt /ˈhedhʌnt/ **I** *vt* (seek to recruit) wyszuk|ać, -iwać *[experts]*; (recruit successfully) rekrutować *[employees]*; **she has been ~ed several times** miała kilka propozycji pracy; **she was ~ed** zatrudniono ją

II *vi* łowić głowy infml

head-hunter /ˈhedhʌntə(r)/ *n* Comm „łowca *m* głów" infml fig

head-hunting /ˈhedhʌntɪŋ/ *n* Comm rekrutacja *f* menedżerów; „łowienie *n* głów" infml

headiness /ˈhedɪnɪs/ *n* (of perfume) upajający zapach *m*; (of wine) moc *f*; (of experience, success) upajające działanie *n*

heading /ˈhedɪŋ/ *n* [1] (of article, essay, column) tytuł *m*, nagłówek *m*; (of subject, area, topic) dział *m*; (inscription on notepaper, letter) nagłówek *m*; **chapter ~** (quotation, résumé) nagłówek rozdziału; (title) tytuł rozdziału; **philosophy comes under the ~ of Humanities** filozofia jest w dziale nauki humanistyczne [2] Aviat, Naut kurs *m*

head lad *n* główny stajenny *m*

headlamp /ˈhedlæmp/ *n* [1] (of car, train) reflektor *m* [2] (for climbers, miners) (latarka) czołówka *f*

headland /ˈhedlənd/ *n* cypel *m*, przylądek *m*

headless /ˈhedlɪs/ *adj* bezgłowy; Zool bezgłowy

IDIOMS: **to run around like ~ chickens** latać jak kot z pęcherzem infml

headlight /ˈhedlaɪt/ *n* (of car, train) reflektor *m*

headline /ˈhedlaɪn/ **I** *n* [1] Journ nagłówek *m*; **to hit the ~s** trafić na pierwsze strony gazet; **the ~s were full of the crash, the crash was in all the ~s** o wypadku or katastrofie informowały nagłówki wszystkich gazet; **the front-page ~** nagłówek z pierwszej strony gazety; **he'll never make the ~s** nigdy nie stanie się sławny [2] Radio, TV skrót *m* (najważniejszych) wiadomości; **here are the (news) ~s again** oto skrót najważniejszych wiadomości

II *vt* [1] za|tytułować *[newspaper, article]* [2] Mus *[band, singer]* być gwoździem programu (czegoś) *[festival]*

headline-grabber /ˈhedlaɪngræbə(r)/ *n* infml wiadomość *f* z pierwszych stron gazet

headline-grabbing /ˈhedlaɪngræbɪŋ/ *adj* infml często goszczący na pierwszych stronach gazet

headlong /ˈhedlɒŋ/ **I** *adj* *[fall]* głowa naprzód; **a ~ dash** or **rush** szalony pęd; **a ~ drive** or **ride** jazda na oślep; **a ~ flight** ucieczka na oślep

II *adv* *[fall]* głową do przodu; *[run, rush]* na łeb, na szyję; na oślep; **to rush ~ into sth** fig wpakować się w coś bez zastanowienia infml

headlouse /ˈhedlaʊs/ *n* (*pl* **-lice)** wesz *f* głowowa

headman /ˈhedmən/ *n* (*pl* **-men)** wódz *m* plemienia

headmaster /ˌhedˈmɑːstə(r), US -ˈmæstər/ *n* dyrektor *m* szkoły

headmistress /ˌhedˈmɪstrəs/ *n* dyrektorka *f* szkoły

head nurse *n* US siostra *f* przełożona

head office *n* centrala *f*, siedziba *f* główna

head-on /ˌhedˈɒn/ **I** *adj* *[crash, collision]* czołowy; fig *[confrontation, approach]* bezpośredni

II *adv* *[collide, crash, hit, attack]* czołowo; **we collided ~ in the corridor** zderzyliśmy się w korytarzu; **to tackle a problem ~** fig stawić czoło problemowi

headphones /ˈhedfəʊnz/ *npl* słuchawki *f pl*; **a pair of ~** słuchawki

headquarters /ˌhedˈkwɔːtəz/ *npl* (+ *v sg/pl*) [1] Comm, Admin centrala *f*, siedziba *f* główna; **he works at ~** pracuje w centrali [2] Mil kwatera *f* główna; **to set up one's ~** założyć kwaterę główną

head rest *n* podgłówek *m*; Aut zagłówek *m*

head restraint *n* Aut zagłówek *m*

headroom /ˈhedrʊm/ *n* (overhead space) prześwit *m*; **I haven't got enough ~** sufit jest dla mnie za nisko; **'max ~ 4 metres'** Transp „dopuszczalna wysokość pojazdu do 4 metrów"

headsail /ˈhedsaɪl/ *n* żagiel *m* przedni

headscarf /ˈhedskɑːf/ *n* (*pl* **-scarves)** chustka *f* (na głowę)

headset /ˈhedset/ *n* słuchawki *f pl*

headship /ˈhedʃɪp/ *n* Sch (post) stanowisko *n* dyrektora; **under her ~** za jej dyrekcji

headshrinker /ˈhedʃrɪŋkə(r)/ *n* infml pej psychoanalityk *m*

H

headspace /ˈhedspeɪs/ *n* (in container) pusta przestrzeń *f* między zawartością a pokrywką

headsquare /ˈhedskweə(r)/ *n* chustka *f* *(na szyję lub głowę)*

headstand /ˈhedstænd/ *n* stanie *n* na głowie, stójka *f*; **to do a ~** stanąć na głowie, zrobić stójkę

head start *n* **to give sb a ~** (in race) dawać komuś fory; **to give sb a ~ on** or **over sb** dawać komuś przewagę nad kimś; **to have a ~** mieć przewagę

headstone /ˈhedstəʊn/ *n* (grave) kamień *m* nagrobny, nagrobek *m*

headstrong /ˈhedstrɒŋ/ *adj [person]* uparty; *[child]* krnąbrny; *[attitude]* nieustępliwy, nieprzejednany; *[decision]* niezłomny

head tax *n* pogłówne *n*

head teacher *n* dyrektor *m*, -ka *f* szkoły

head to head **I** *n, modif* (confrontation) **they came together in a ~** or **in a head-to-head battle** doszło między nimi do bezpośredniej konfrontacji infml
II *adv* [1] (in confrontation) **two small boys went at it ~** dwaj mali chłopcy chwycili się za łby infml [2] (running close) **the horses were running ~** konie biegły łeb w łeb

head-up display /ˌhedʌpdɪˈspleɪ/ *n* Aut, Aviat kolimator *m*

head waiter *n* kierownik *m inv* sali, maître d'hôtel *m inv*

headwaters /ˈhedwɔːtəz/ *npl* górny bieg *m* rzeki

headway /ˈhedweɪ/ *n* postęp *m*; **to make ~** posuwać się do przodu; fig robić postępy

headwind /ˈhedwɪnd/ *n* Naut wiatr *m* przeciwny

headword /ˈhedwɜːd/ *n* (entry) hasło *n*

heady /ˈhedɪ/ *adj [mixture, wine]* idący or uderzający do głowy; *[perfume]* mocny; fig *[success]* uderzający do głowy; *[experience]* podniecający

heal /hiːl/ **I** *vt* [1] wy|leczyć *[person, wound, injury]* [2] fig uśmierz|yć, -ać *[pain]*; u|koić *[sorrow, suffering]*; **I hope we can ~ the breach** or **rift between them** mam nadzieję, że uda nam się ich pogodzić
II *vi [wound, cut]* za|goić się; *[fracture]* zr|osnąć, -astać się; *[spot, rash]* znik|nąć, -ać
■ **heal over, heal up** *[wound, cut]* za|goić się

IDIOMS: **time ~s all wounds** czas leczy rany

healer /ˈhiːlə(r)/ *n* uzdrowiciel *m*, -ka *f*; uzdrawiacz *m*, -ka *f* iron; **time is a great ~** czas (najlepiej) leczy rany

healing /ˈhiːlɪŋ/ **I** *n* (of person) wy|leczenie (się) *n*; (of cut, wound) za|gojenie (się) *n*
II *adj [property, power, substance]* leczniczy; *[ointment, lotion]* (for wounds) gojący; **to have a ~ effect** mieć lecznicze działanie; fig mieć zbawienne działanie

health /helθ/ **I** *n* [1] Med zdrowie *n*; fig (of economy) kondycja *f*; (of environment) stan *m*; **mental ~** zdrowie psychiczne; **to enjoy good ~** cieszyć się dobrym zdrowiem; **in good ~** w dobrym zdrowiu; **in bad ~** w złym stanie (zdrowia) [2] (in toasts) zdrowie *n*; **to drink (to) sb's ~** wypić (za) zdrowie kogoś; **here's (to your) ~!, good ~!** (twoje) zdrowie!, na zdrowie! [3] US = **health education**
II *modif [problems, issues, needs]* zdrowotny; **~ reforms** reforma służby zdrowia

Health and Safety Executive *n* GB ≈ inspektorat *m* zdrowia i bezpieczeństwa pracy

Health and Safety Inspector *n* GB ≈ inspektor *m* bezpieczeństwa i higieny pracy

Health Authority *n* GB ≈ regionalny wydział *m* opieki zdrowotnej

health benefits *npl* świadczenia *n pl* zdrowotne

health care *n* [1] (prevention of illness) ochrona *f* zdrowia [2] Admin opieka *f* medyczna

health centre *n* GB ośrodek *m* zdrowia

health check *n* badanie *n* lekarskie

health clinic *n* = **health centre**

health club *n* klub *m* fitness

health education *n* oświata *f* zdrowotna

health farm *n* ośrodek *m* odnowy biologicznej

health food *n* zdrowa żywność *f*

health foods freak *n* infml pej zbzikowa|ny *m*, -a *f* na punkcie zdrowej żywności

health food shop *n* sklep *m* ze zdrową żywnością

healthful /ˈhelθfl/ *adj [environment, exercise, food]* zdrowy; *[effect, property]* leczniczy

healthgiving /ˈhelθgɪvɪŋ/ *adj* = **healthful**

health hazard *n* zagrożenie *n* dla zdrowia

healthily /ˈhelθɪlɪ/ *adv [eat, live]* zdrowo; **to be ~ sceptical of sb/sth** przejawiać zdrowy sceptycyzm wobec kogoś/czegoś

health inspector *n* ≈ inspektor *m* sanitarny

health insurance *n* ubezpieczenie *n* zdrowotne

health maintenance organization, HMO *n* US ≈ prywatna organizacja *f* ochrony zdrowia

health officer *n* = **health inspector**

health resort *n* uzdrowisko *n*

Health Secretary *n* GB minister *m* zdrowia

Health Service *n* [1] GB służba *f* zdrowia [2] US Univ ≈ szpital *m* studencki

health spa *n* uzdrowisko *n*

health visitor *n* GB ≈ pielęgniarz *m* środowiskowy, pielęgniarka *f* środowiskowa

health warning *n* ostrzeżenie *n* ministra zdrowia i opieki społecznej

healthy /ˈhelθɪ/ *adj [person, animal, plant, lifestyle, economy, competition]* zdrowy; *[appetite]* zdrowy, dobry; *[exercise]* dla zdrowia; *[profit, crop]* znaczny; **it's not a very ~ occupation** to nie jest zbyt zdrowe zajęcie; **she's much healthier than she was** jest teraz o wiele zdrowsza; **to have a ~ respect for sb** (admire) żywić do kogoś zrozumiały szacunek; (be afraid) czuć przed kimś zrozumiały respekt; **I would have a ~ respect for those waves if I were you!** na twoim miejscu nie lekceważyłbym tych fal!; **(a) ~ scepticism** zdrowy sceptycyzm; **his finances are none too ~** jego sytuacja finansowa jest nie najlepsza; **your car doesn't sound very ~** hum sądząc po odgłosach, twój samochód nie jest w najlepszym stanie; **to have a ~ lead** Sport mieć sporą przewagę

IDIOMS: **a ~ mind in a ~ body** w zdrowym ciele zdrowy duch

heap /hiːp/ **I** *n* [1] (of clothes, rubble, leaves, objects) sterta *f*; **to pile sth up in a ~** or **in ~s** ułożyć stertę czegoś; **to lie in a ~** *[person]* leżeć bezwładnie; *[objects, bodies]* leżeć na kupie infml; **to fall** or **collapse in a ~** *[person]* zwalić się or paść jak kłoda infml; **to collapse in an exhausted ~** paść ze zmęczenia [2] infml (lot) **~s of sth** kupa czegoś infml *[food, money, work, problems]*; **we've got ~s of work to do** mamy kupę roboty infml; **we've got ~s of time** mamy mnóstwo czasu; **to be in a ~ of trouble** mieć furę or kupę kłopotów infml [3] infml pej (car) kupa *f* złomu, grat *m*, gruchot *m* infml
II **heaps** *adv* infml o wiele; **to feel ~s better** czuć się o wiele lepiej; **~s more room** o wiele więcej miejsca
III *vt* [1] (pile) = **heap up** [2] fig (shower) **to ~ sth on sb** obsypać kogoś czymś *[presents, praise]*; zwalić na kogoś coś infml *[work]*; obrzucić kogoś czymś *[insults]*; **to ~ scorn on sb** okazać komuś wielką pogardę
■ **heap up: ~ up [sth], ~ [sth] up** zgarn|ąć, -iać na stertę *[leaves]*; u|łożyć, -kładać jeden na drugim *[bodies]*; u|łożyć, -kładać kupki (czegoś) *[money]*; u|łożyć, -kładać górę or furę czegoś infml *[food]*; zawal|ić, -ać *[table]* **(with sth** czymś)

heaped /hiːpt/ *adj* **a ~ spoonful** Culin czubata łyżka; **a dish ~ with cakes** talerz z górą ciastek

hear /hɪə(r)/ **I** *vt* (*pt, pp* **heard**) [1] (perceive with ears) u|słyszeć *[sound, voice, radio, car]*; **a loud explosion was heard** słychać było głośną eksplozję; **can you ~ me?** czy mnie słyszysz?; **he heard a dog barking** usłyszał szczekanie psa; **I heard the bell ring** usłyszałem dźwięk dzwonka; **she heard him opening the door** usłyszała, jak otwierał drzwi; **we heard one of the prisoners being tortured** słyszeliśmy, jak torturowano jednego z więźniów; **to ~ her talk, you'd think (that)...** słuchając jej, można pomyśleć, że...; **we haven't heard the end** or **the last of it** na tym to się nie skończy; **if we don't give her what she wants, we'll never ~ the end of it** jeżeli nie damy jej tego co chce, nigdy nie zostawi nas w spokoju; **he couldn't make his voice heard** nie było go słychać; fig nikt go nie słuchał; **I can't ~ myself think** nie słyszę własnych myśli [2] (learn, find out about) u|słyszeć *[story, joke, news, rumour]*; **I've heard (it said) that...** słyszałem, że...; **to ~ (tell) of sth** usłyszeć o czymś; **I've heard good things about this computer** słyszałem wiele dobrego o tym komputerze; **I've heard so much about you** wiele o tobie słyszałem; **I've heard it all before!** też to nieraz słyszałem; **that's the best news I've heard for a long time** od dawna nie miałem tak dobrych wiadomości; **have you heard the one about...** *[joke]* słyszałeś ten (dowcip) o...; **have you heard?** słyszałeś?; **what have you heard?** czego się dowiedziałeś?; **I'm sorry to ~ (that) you can't come** szkoda, że nie możesz przyjść; **I ~, so I've heard** podobno; **I ~ you want to be a doctor** podobno chcesz być lekarzem; **to**

~ what/whether/why dowiedzieć się, co /czy/dlaczego [3] (listen to) (in full) po|słuchać (kogoś/czegoś); wy|słuchać (kogoś/czegoś) *[programme, concert, sermon, person]*; **we went to the meeting to ~ him speak** poszliśmy na to zebranie, żeby wysłuchać jego przemówienia; **I've never heard them perform live** nigdy nie słyszałem ich na żywo; **to ~ a child read** posłuchać, jak dziecko czyta; **I want to ~ what it sounds like with the piano accompaniment** chcę posłuchać, jak to brzmi przy akompaniamencie fortepianu; **do you ~ (me)?** słyszysz (mnie)? [4] Jur wysłuchać (kogoś/czegoś) *[evidence, testimony, witness]*; rozpozna|ć, -awać *[case]*; **the court heard that...** sąd usłyszał, że... [5] *[God, person]* wysłuchać (czegoś) *[prayer, plea]* [6] Relig fml **to ~ Mass** uczestniczyć w mszy świętej, wysłuchać mszy świętej

II *vi* słyszeć; **to ~ about sth/sb** usłyszeć o czymś/kimś; **have you heard about Mark and Anna?** słyszałeś o Marku i Annie?

■ **hear from**: **~ from [sb]** [1] (get news from) dostać or mieć wiadomość od (kogoś); **it's nice to ~ from you again** miło znowu mieć wieści od ciebie; **I'm still waiting to ~ from the hospital** ciągle czekam na wiadomość ze szpitala; **don't do anything until you ~ from me** nic nie rób, dopóki cię nie zawiadomię; **you'll be ~ing from our solicitor** skontaktuje się z tobą nasz adwokat; **you'll be ~ing from me!** (threat) jeszcze o mnie usłyszysz! [2] (hear interviewed on TV) wy|słuchać (kogoś) *[representative, politician]*; wy|słuchać relacji (kogoś) *[survivor, eyewitness]*

■ **hear of**: **~ of [sb/sth]** [1] (be or become aware of) słyszeć o (kimś/czymś); **I've never heard of anything so stupid** nigdy nie słyszałem czegoś równie głupiego; **the first she heard of the accident was on the radio** po raz pierwszy usłyszała o wypadku przez radio; **that's the first I've heard of it!** pierwsze słyszę! infml; **she was never heard of again** wszelki słuch po niej zaginął [2] (countenance, consider) **I won't ~ of it!** nie chcę nawet o tym słyszeć!; **he refused to ~ of her ironing his shirts** nie chciał nawet słyszeć o tym, żeby prasowała jego koszule

■ **hear out**: **~ out [sb/sth], ~ [sb/sth] out** wysłuch|ać, -iwać (kogoś/czegoś) *[person, story, explanation]*

IDIOMS: **~! ~!** racja!; **let's ~ it for Jo** infml oklaski dla Jo

heard /hɜːd/ *pt, pp* → **hear**

hearer /ˈhɪərə(r)/ *n* (listener) słuchacz *m*, -ka *f*; **his ~s were enthralled** (jego) słuchacze byli oczarowani

hearing /ˈhɪərɪŋ/ **I** *n* [1] (sense, faculty) słuch *m*; **his ~ is not very good** on niezbyt dobrze słyszy; **to damage sb's ~** uszkodzić słuch komuś [2] (earshot) **there was no-one within ~** nikogo nie było w zasięgu głosu; **in** or **within sb's ~** w obecności kogoś; **within ~ (distance)** w zasięgu głosu; **she was out of my ~** była zbyt daleko, żebym mógł ją usłyszeć [3] (chance to be heard) **to get a ~** zostać wysłuchanym; **to give sb/sth a ~, to give a ~ to sb/sth** wysłuchać kogoś/czegoś; **I want a fair ~** chcę, żeby mnie wysłuchano [4] Jur (of witness) przesłuchanie *n*; (court case) rozprawa *f* sądowa; **~ of an appeal/an application** rozpatrzenie apelacji/prośby; **closed** or **private ~** rozprawa zamknięta [5] (of committee) posiedzenie *n*

II *modif* **~ test/loss** badanie/utrata słuchu

III *adj [person]* słyszący

hearing aid *n* aparat *m* słuchowy

hearing dog for the deaf *n* pies przewodnik *m* dla osoby niedosłyszącej

hearing-impaired /ˌhɪərɪŋɪmˈpeəd/ *adj* upośledzony słuchowo

hearken /ˈhɑːkən/ *vi* arch słuchać **(to sb** kogoś**)**

hearsay /ˈhɪəseɪ/ *n* pogłoska *f*; **based on ~** oparty na pogłoskach

hearsay evidence *n* Jur dowód *m* ze słyszenia

hearse /hɜːs/ *n* karawan *m*

heart /hɑːt/ **I** *n* [1] Anat (of human, animal) serce *n*; **his ~ stopped beating** jego serce przestało bić; fig serce mu zamarło fig; **my ~ missed** or **skipped a beat** serce mi na chwilę zamarło; **to clasp sb/sth to one's ~** przytulić kogoś/coś do serca; **to say sth hand on ~** or **with one's hand on one's ~** powiedzieć coś z ręką na sercu; **in the shape of a ~** w kształcie serca [2] (site of emotion) serce *n*; **to capture/win sb's ~** podbić/zdobyć serce kogoś; **to steal sb's ~** skraść komuś serce; **to give sb one's ~, to give one's ~ to sb** oddać komuś serce; **to lose one's ~ to sb** stracić głowę dla kogoś; **to break sb's ~** złamać komuś serce; **to break one's ~** rozpaczać **(over sb/sth** z powodu kogoś/czegoś**)**; **to cry fit to break one's ~** płakać rozpaczliwie; **to sob one's ~ out** wypłakiwać sobie oczy; **to sing/play one's ~ out** zaśpiewać /zagrać, wkładając w to całe serce; **they took him to their ~s** przypadł im do serca; **it does my ~ good to see the children playing** serce mi się raduje, gdy widzę bawiące się dzieci; **with a heavy /light ~** z ciężkim/lekkim sercem; **the way to his/her ~** droga do jego/jej serca; **my ~ goes out to him** współczuję mu z całego serca; **from the bottom of one's ~** z całego serca, z głębi serca [3] (innermost feelings, nature) serce *n*; **to open one's ~ to sb** otworzyć przed kimś serce; **to take sth to ~** brać coś sobie do serca; **to follow one's ~** iść za głosem serca; **from the ~** od serca; **to love sb with all one's ~** kochać kogoś całym sercem; **to put all one's ~ into sth** włożyć w coś całe swoje serce; **to wish with all one's ~ that...** pragnąć z całego serca, żeby...; **to get everything the ~ could desire** dostać wszystko, czego dusza zapragnie; **in my ~ (of ~s)** w głębi serca; **my ~ is not in it** nie mam do tego serca; **to be close** or **near** or **dear to sb's ~** być bliskim or drogim sercu kogoś; **he's just a boy at ~** w głębi duszy wciąż jest małym chłopcem; **he has the welfare of the children at ~** leży mu na sercu dobro dzieci [4] (capacity for pity, kindness) serce *n*; **to have no ~** być bez serca; **to have no ~ to do sth** nie mieć serca coś zrobić; **we didn't have the ~ to refuse** nie mieliśmy serca odmówić; **to be all ~** mieć gołębie serce; **to have a soft /kind ~** mieć miękkie/dobre serce; **to have a cold ~** mieć serce jak z lodu; **I couldn't find it in my ~ to forgive them** nie mogłem się zdobyć na wybaczenie im; **have a ~!** zlituj się!; **to have a change of ~** rozmyślić się [5] (courage) **to lose ~** stracić ducha or otuchę; **take ~!** głowa do góry! fig; **she took ~ from the knowledge that the war was ending** świadomość, że wojna się kończy, dodawała jej otuchy; **to be in good ~** mieć nadzieję [6] (middle, centre) (of town, district, jungle) serce *n*; **right in the ~ of London** w samym sercu Londynu; **in the ~ of winter** w samym środku zimy; **the ~ of the matter** sedno sprawy; **to get to the ~ of the matter** dojść do sedna sprawy; **issues that lie at the ~ of the dispute** kwestie, które legły u podstaw tego konfliktu [7] (in cards) kier *m*; serce *n* dat; **two of ~s** dwójka kier; **to play a ~** wyjść w kiera, zagrać kierem; **do you have any ~s?** masz kiery? [8] (of artichoke) serce *n*; (of cabbage) głąb *m*; (of lettuce) środek *m*

II *modif* [1] Anat sercowy; **~ wall** ścianka serca [2] **~ operation** operacja serca; **~ specialist** kardiolog; **~ patient** chory na serce; **to have a ~ condition** or **a ~ complaint** być chorym na serce

III by heart *adv phr* na pamięć; **to know /learn sth off by ~** znać coś/nauczyć się czegoś na pamięć; **to know sth by ~** znać coś na pamięć

IV -hearted *in combinations* **hard-/pure-~ed** o twardym/czystym sercu

IDIOMS: **he's a man/she's a woman after my own ~** takich mężczyzn/takie kobiety lubię *(o podobnych upodobaniach, poglądach)*; **cross my ~ (and hope to die)** słowo daję; **his/her ~ is in the right place** ma dobre serce; **to have set one's ~ on sth /on doing sth, to have one's ~ set on sth/on doing sth** bardzo chcieć czegoś /coś zrobić; **home is where the ~ is** Prov tam dom twój, gdzie serce twoje; **the way to a man's ~ is through his stomach** Prov droga do serca mężczyzny wiedzie przez żołądek

heartache /ˈhɑːteɪk/ *n* fig smutek *m*, cierpienie *n*

heart attack *n* Med atak *m* serca, zawał *m* serca; **to have a ~** mieć atak serca; **she'll have a ~ when she sees the bill** fig dostanie zawału, kiedy zobaczy ten rachunek

heartbeat /ˈhɑːtbiːt/ *n* [1] (single pulse) uderzenie *n* serca [2] (rhythm of heart) bicie *n* serca

heartbreak /ˈhɑːtbreɪk/ *n* bolesne przeżycie *n*; (romantic) zawód *m* miłosny

heartbreaker /ˈhɑːtbreɪkə(r)/ *n* uwodziciel *m*, -ka *f*, pożeracz *m* serc liter

heartbreaking /ˈhɑːtbreɪkɪŋ/ *adj* rozdzierający serce; **it's ~ to see it** serce się kraje, gdy się na to patrzy

heartbroken /ˈhɑːtbrəʊkn/ *adj [person]* zrozpaczony, załamany

heartburn /ˈhɑːtbɜːn/ *n* Med zgaga *f*

heart disease *n* choroba *f* serca

H

hearten /ˈhɑːtn/ *vt* doda|ć, -wać otuchy (komuś); **he was ~ed by the news** ta wiadomość dodała mu otuchy
heartening /ˈhɑːtnɪŋ/ *adj* pokrzepiający, dodający otuchy
heart failure *n* [1] (inefficiency) niewydolność *f* serca [2] (cessation) ustanie *n* akcji serca
heartfelt /ˈhɑːtfelt/ *adj [sympathy, gratitude]* szczery; *[words]* serdeczny; *[passion, desire, prayer, appeal]* gorący, płynący prosto z serca
hearth /hɑːθ/ *n* [1] (floor of fireplace) palenisko *n*; **to sit by the ~** siedzieć przy kominku [2] liter (home) ognisko *n* domowe
IDIOMS: **far from ~ and home** z dala od rodzinnego domu
hearth rug *n* dywanik *m* przed kominkiem
heartily /ˈhɑːtɪlɪ/ *adv* [1] (warmly) *[welcome, greet]* serdecznie [2] (enthusiastically) *[support, approve]* całym sercem; *[disapprove]* zdecydowanie; *[agree]* całkowicie, z całego serca [3] (vigorously) *[sing]* na cały głos; *[laugh]* serdecznie; *[slap, say]* rubasznie; *[work, play]* z zapałem; *[eat]* z apetytem [4] (thoroughly) *[glad, pleased, relieved]* naprawdę, z całego serca; *[dislike]* szczerze, serdecznie; **I'm ~ sick of it!** infml mam tego serdecznie dosyć!
heartiness /ˈhɑːtɪnɪs/ *n* serdeczność *f*; **the ~ of his appetite** jego wilczy apetyt
heartland /ˈhɑːtlænd/ *n* (also **~s**) [1] (industrial, rural centre) centrum *n* [2] Pol bastion *m* fig; **the Republican ~** bastion republikanów [3] (centre of region, country) centrum *n*; **Brazilian ~(s)** centrum Brazylii
heartless /ˈhɑːtlɪs/ *adj [person]* bez serca, nieczuły; *[attitude, behaviour, treatment, act]* bezduszny; **he is ~** on jest bez serca; **how could you be so ~!** jak mogłeś być taki okrutny or bez serca?
heartlessly /ˈhɑːtlɪslɪ/ *adv [treat, behave, act]* bezdusznie; **he ~ ignored their pleas** nie wzruszyły go ich błagania
heartlessness /ˈhɑːtlɪsnɪs/ *n* bezduszność *f*
heart-lung machine /ˌhɑːtˈlʌŋməʃiːn/ *n* Med płuco-serce *n*
heart monitor *n* kardiomonitor *m*
heart murmur *n* szmer *m* serca
heart rate *n* tętno *n*
heart rate monitor *n* = **heart monitor**
heartrending /ˈhɑːtrendɪŋ/ *adj* rozdzierający serce
heart-searching /ˈhɑːtsɜːtʃɪŋ/ *n* głębokie zastanowienie się *n*, przemyślenie *n*; **after much ~** po głębokim namyśle
heartsease /ˈhɑːtsiːz/ *n* Bot fiołek *m* trójbarwny
heart-shaped /ˈhɑːtʃeɪpt/ *adj* w kształcie serca
heartsick /ˈhɑːtsɪk/ *adj* przybity, zniechęcony; **to be ~** mieć chandrę infml
heartsink /ˈhɑːtsɪŋk/ *adj* infml **~ patient** namolny pacjent infml
heart-stopping /ˈhɑːtstɒpɪŋ/ *adj* **for one ~ moment** na jedną pełną napięcia chwilę
heartstrings /ˈhɑːtstrɪŋz/ *npl* **to tug** or **pluck at sb's ~** poruszyć w kimś czułą strunę; **to play (up)on sb's ~** grać na uczuciach kogoś; **to touch sb's ~** chwytać kogoś za serce
heart surgeon *n* kardiochirurg *m*
heart surgery *n* [1] (branch of medicine) kardiochirurgia *f*, chirurgia *f* serca [2] (operation) operacja *f* serca
heart-throb /ˈhɑːtθrɒb/ *n* infml obiekt *m* (kobiecych) westchnień
heart-to-heart /ˌhɑːttəˈhɑːt/ **I** *n* szczera rozmowa *f*, rozmowa *f* od serca; **to have a ~** porozmawiać szczerze or od serca **(with sb** z kimś)
II *adj [talk, chat]* szczery, od serca
III *adv [talk, discuss]* szczerze, od serca
heart transplant *n* przeszczep *m* or transplantacja *f* serca
heart transplant patient *n* pacjent *m* z przeszczepionym sercem
heart trouble *n* problemy *m pl* z sercem; **to have ~** być chorym na serce
heart-warming /ˈhɑːtwɔːmɪŋ/ *adj* radujący serce, podnoszący na duchu
heartwood /ˈhɑːtwʊd/ *n* Bot twardziel *m*
hearty /ˈhɑːtɪ/ **I** *n* GB infml pej osiłek *m* infml
II *adj* [1] (warm) *[welcome, reception, greeting]* serdeczny [2] (whole-hearted) *[admiration, congratulations]* szczery; *[approval, support]* całkowity; **to have a ~ dislike of sth** serdecznie czegoś nie znosić [3] (vigorous, jolly) *[person, slap]* rubaszny; *[manner]* bezceremonialny; *[laugh, voice]* donośny [4] *[meal, breakfast]* solidny; *[appetite]* wilczy; **he's a ~ eater** on ma wilczy apetyt [5] (robust) *[old man]* krzepki
IDIOMS: **heave-ho, my hearties!** razem, chłopcy!
heat /hiːt/ **I** *n* [1] (warmth) gorąco *n*; Phys ciepło *n*; Meteorol upał *m*, skwar *m*; **the plants wilted in the ~** kwiaty zwiędły w upale; **he was sweating in** or **with the ~** pocił się z gorąca; **she was exhausted by the ~** była wykończona upałem; **the summer/afternoon ~** letni/popołudniowy skwar; **in the ~ of the summer** w letnim upale or skwarze; **in the ~ of the day** w czasie największego upału; **we were stifling in the 30° ~** dusiliśmy się w trzydziestostopniowym skwarze or upale; **in this ~ nobody feels hungry** nikt nie jest głodny w taki upał; **a cream to take the ~ out of sunburnt skin** krem, który działa łagodząco na poparzoną przez słońce skórę [2] Culin (of hotplate, oven) temperatura *f*; (of gas ring) płomień *m*; **cook at a low /moderate ~** gotuj na małym/średnim ogniu; **turn up/down the ~** (in oven) zwiększ/zmniejsz ogień; (of gas ring) zwiększ/zmniejsz płomień [3] (heating) ogrzewanie *n*, grzanie *n*; **to turn the ~ on/off** włączyć/wyłączyć ogrzewanie; **to turn the ~ up/down** podkręcić/przykręcić ogrzewanie [4] Sport (also **qualifying ~**) wyścig *m* eliminacyjny; (in athletics) zawody *plt* eliminacyjne [5] Zool **to be on** or **in ~** być w okresie rui [6] fig (of argument, discussion) ferwor *m*; **in the ~ of sth** w ferworze czegoś; **carried away by the ~ of the discussion she said that...** w ferworze dyskusji powiedziała, że...; **in the ~ of the moment** pod wpływem chwili; **to take the ~ off sb** pozwolić komuś na chwilę oddechu; **to put** or **turn the ~ on sb to do sth** naciskać na kogoś, żeby coś zrobił → **kitchen**
II *vt* ogrz|ać, -ewać *[room, house, pool]*; Culin podgrz|ać, -ewać *[dish, food]*; zagrz|ać, -ewać *[water]*; rozgrz|ać, -ewać *[oven]*; Med rozgrz|ać, -ewać *[blood]*; **~ the oven to 180°** rozgrzej piekarnik do temperatury 180°
III *vi [oven]* rozgrz|ać, -ewać się; *[food]* podgrz|ać, -ewać się; *[house]* ogrz|ać, -ewać się
■ **heat through**: ¶ *[drink, food, soup]* zagrz|ać, -ewać się; *[house]* ogrz|ać, -ewać się; **has the soup ~ed through?** czy zupa już się zagrzała? ¶ **~ [sth] through** zagrzać *[food]*
■ **heat up**: ¶ *[food, drink]* podgrz|ać, -ewać się, zagrz|ać, -ewać się; *[air, room]* ogrz|ać, -ewać się; **wait until the engine ~s up** poczekaj, aż silnik się zagrzeje; **has the iron ~ed up yet?** czy żelazko jest już wystarczająco gorące? ¶ **~ up [sth], ~ [sth] up** (for the first time) zagrz|ać, -ewać, podgrz|ać, -ewać *[food, oven]*; (reheat) odgrz|ać, -ewać *[food]*
heat barrier *n* bariera *f* cieplna
heat capacity *n* pojemność *f* cieplna
heat constant *n* stała *f* cieplna
heated /ˈhiːtɪd/ *adj* [1] *[pool, water]* podgrzewany; *[room, windscreen]* ogrzewany [2] fig *[debate]* gorący; *[defence, argument]* zaciekły, zajadły; *[denial]* gwałtowny; **to grow** or **get ~** *[argument, debate]* rozgorzeć na dobre; *[person]* dać się ponieść emocjom
heatedly /ˈhiːtɪdlɪ/ *adv* gorąco, z ożywieniem
heat efficiency *n* wydajność *f* cieplna
heater /ˈhiːtə(r)/ *n* grzejnik *m*
heat exchanger *n* wymiennik *m* ciepła
heat exhaustion *n* Med znużenie *n* cieplne
heath /hiːθ/ *n* (moor) wrzosowisko *n*; (heather) wrzosiec *m*; **on the ~** na wrzosowisku
heat haze *n* rozedrgane powietrze *n*
heathen /ˈhiːðn/ **I** *n* (unbeliever) pogan|in *m*, -ka *f*; (uncivilized) barbarzyńca *m* infml pej
II *adj* (irreligious) pogański; (uncivilized) barbarzyński
heathenism /ˈhiðənɪzəm/ *n* pogaństwo *n*
heather /ˈheðə(r)/ *n* wrzos *m*
Heath Robinson /hiːθˈrɒbɪnsən/ *adj* GB *[contraption]* wymyślny
heating /ˈhiːtɪŋ/ **I** *n* ogrzewanie *n*; **to turn the ~ on/off** włączyć/wyłączyć ogrzewanie; **to turn the ~ up/down** podkręcić /przykręcić ogrzewanie; **the ~ is on/off** ogrzewanie jest włączone/wyłączone
II *modif [apparatus]* grzewczy; **~ bill** rachunek za ogrzewanie; **~ costs** koszty ogrzewania
heating engineer *n* termotechnik *m*
heating plant *n* ciepłownia *f*; (boiler room) kotłownia *f*
heating system *n* system *m* ogrzewania
heat lightning *n* błyskawica *f* bez grzmotu
heat loss *n* utrata *f* ciepła
heat-proof /ˈhiːtpruːf/ *adj [dish, mat, tile]* żaroodporny
heat pump *n* pompa *f* cieplna
heat rash *n* Med potówki *f pl*
heat-resistant /ˈhiːtrɪzɪstənt/ *adj [dish, mat, tile]* żaroodporny; *[clothing]* termoodporny

heat seal **I** *n* zgrzewanie *n* na gorąco
II **heat-seal** *vt* zgrz|ać, -ewać *[plastic packages]*
heat-seeking missile /ˌhiːtsiːkɪŋˈmɪsaɪl/ *n* pocisk *m* kierowany za pomocą termolokacji
heat-sensitive /ˌhiːtˈsensɪtɪv/ *adj* wrażliwy na ciepło, reagujący na ciepło
heat setting *n* (of heater, thermostat, washing machine) ustawienie *n* temperatury
heat shield *n* Aerosp osłona *f* ciepłochronna
heat stroke *n* udar *m* cieplny
heat-treated /ˈhiːttriːtɪd/ *adj* Ind poddany obróbce cieplnej
heat treatment *n* Med termoterapia *f*; Ind obróbka *f* cieplna
heatwave /ˈhiːtweɪv/ *n* fala *f* upałów
heave /hiːv/ **I** *n* [1] (effort to move) (pull) przeciągnięcie *n*; (push) pchnięcie *n*; (lift) dźwignięcie *n*; **to give a ~** (pull) przeciągnąć; (push) pchnąć; (lift) dźwignąć [2] (swell) (of sea) kołysanie *n* pionowe; **his stomach gave a ~** żołądek podszedł mu do gardła [3] Geol rozstęp *m* poziomy
II *vt* (*pt, pp* **heaved, hove**) Naut [1] (lift) po|dźwignąć; (pull) przeciąg|nąć, -ać [2] **to ~ a sigh** westchnąć głęboko [3] (throw) cis|nąć, -kać (czymś) **(at sth** w coś**)** [4] Naut **to ~ a boat ahead/astern** zrobić zwrot przez sztag/rufę
III *vi* (*pt, pp* **heaved,** Naut **hove)** [1] *[sea, ground]* podn|ieść, -osić się i opa|ść, -dać; *[chest]* falować liter [2] (pull) po|ciągnąć z całych sił [3] (retch) mieć nudności; (vomit) z|wymiotować, mieć torsje; **it made my stomach ~** żołądek podszedł mi do gardła [4] Naut **to ~ into sight** pojawić się na horyzoncie also fig
IV **heaving** *prp adj [breast, chest]* falujący
■ **heave to** (*pt, pp* **hove)** Naut: ¶ **~ to** staw|ać, -nąć; **to be hove to** *[boat, ship]* stać ¶ **~ [sth] to** zatrzym|ać, -ywać *[ship]*
■ **heave up**: ¶ **~ up** infml pu|ścić, -szczać pawia infml ¶ **to ~ oneself up** podnieść się; **to ~ oneself up onto sth** wspiąć się na coś
heave-ho /ˌhiːvˈhəʊ/ *excl* Naut hej-ho!; **to give sb the (old) ~** infml, hum (break off with sb) zerwać z kimś; (dismiss) wylać or wywalić kogoś infml
heaven /ˈhevn/ *n* [1] Relig **(**also **Heaven)** niebo *n*; niebiosa *plt* liter; **to go to ~** iść do nieba; **to be in ~** być w niebie; **~ and earth** niebo i ziemia; **~ and hell** niebo i piekło; **the kingdom of ~** królestwo niebieskie; **our Father which art in ~** Ojcze nasz, któryś jest w niebie; **the will of ~** wola nieba [2] (in exclamations) **~s (above)!** wielkie nieba!; **~ forbid; ~ forfend!** fml Boże broń!; **~ forbid she should realize!** Boże broń, żeby się zorientowała!; **~ only knows!** Bóg (tylko) raczy wiedzieć!; **~ help us!** niech Bóg ma nas w swojej opiece!; **~ help him when I catch him!** infml niech Bóg ma go w swojej opiece, kiedy go dopadnę infml; **good ~s!** or **great ~s!** dat wielkie nieba, dobry Boże!; **God in ~!** mój Boże!; **thank ~(s)!** dzięki Bogu!; **in ~'s name stop!** dat przestań, na litość boską!; **what in ~'s name are you up to?** co ty na litość boską wyprawiasz? [3] (bliss) (state, place) raj *m*; **this beach is ~ on earth** ta plaża to raj na ziemi; **the dinner was ~** obiad był boski [4] (sky) niebo *n* [5] Astrol, liter, hum liter **the ~s** niebo *n*; niebiosa *plt*; **the ~s opened** lunęło jak z cebra
IDIOMS: **to be in seventh ~** być w siódmym niebie; **to move ~ and earth** poruszyć niebo i ziemię **(to do sth** żeby coś zrobić**)**; **to stink** or **smell to high ~** strasznie cuchnąć or śmierdzieć
heavenly /ˈhevənlɪ/ *adj* [1] (of heaven) *[choir, vision]* niebiański; (of God) *[peace, justice]* boski [2] infml (wonderful) boski
heavenly body *n* ciało *n* niebieskie
Heavenly Father *n* Ojciec *m* niebieski
heaven-sent /ˈhevnsent/ *adj [opportunity, rescue]* zesłany przez niebo; **the money from the Government is ~** te pieniądze od rządu to dar niebios
heavenward(s) /ˈhəvnwəd(z)/ *adv* liter *[gaze]* w niebo
heavily /ˈhevɪlɪ/ *adv* [1] (with weight) *[breathe, lean, move, fall, sigh, walk]* ciężko; *[load, weigh]* bardzo dużo; *[sleep]* twardo; **~ built** zwalisty infml; **~ underlined** podkreślony grubą kreską; **to come down ~ on sth** zdecydowanie na coś zareagować; **to come down on sb ~** potraktować kogoś z całą surowością [2] (considerably, abundantly) *[borrow, drink, invest, smoke, spend]* dużo; *[criticize]* ostro; *[bleed]* silnie; *[taxed]* wysoko; *[involved]* poważnie; *[armed]* silnie; **it rained ~** padał ulewny deszcz; **it snowed ~** sypał gęsty śnieg; **~ in debt** w długach; zadłużony po uszy infml; **to be too ~ dependant on sb** być od kogoś zbyt mocno uzależnionym; **to be ~ subsidized** być wysoko subsydiowanym or dotowanym; **to be ~ sedated** być or znajdować się pod wpływem silnego środka odurzającego; **to be ~ fined** zostać ukaranym wysoką grzywną; **to lose ~** (in business) dużo stracić, ponieść duże straty; (in match) sromotnie przegrać, doznać sromotnej porażki; **she is ~ made up** jest mocno umalowana, ma mocny makijaż; **to be ~ into sth** infml być entuzjastą or miłośnikiem czegoś *[sport, music]*; brać nałogowo coś *[drugs]*
heaviness /ˈhevɪnɪs/ *n* [1] (weight) (of animal, object, person, substance) ciężar *m* [2] (thickness) (of fabric, feature, garment, line, type) grubość *f* [3] (considerable nature) (of losses) ogrom *m*; (of casualties) znaczna ilość *f*; (of crop, rain, snow) obfitość *f*; (of traffic) duże natężenie *n* [4] (of meal, food) ciężkostrawność *f*
heavy /ˈhevɪ/ **I** *n* infml [1] (person) osiłek *m* infml; (bodyguard) goryl *m*, ochroniarz *m* infml [2] GB (newspaper) poważna gazeta *f*, poważny dziennik *m*
II *adj* [1] (having weight) *[weight, person, load, luggage]* ciężki; **it's too ~ to lift** to jest za ciężkie, żeby podnieść; nie da się tego podnieść; **this sack is too ~ for me to lift** nie udźwignę tego worka, ten worek jest dla mnie za ciężki; **to make sth heavier** obciążyć coś; **he is 5 kilograms heavier than me** waży o pięć kilo więcej ode mnie; **how ~ are you?** ile ważysz?; **to be ~ with young** *[animal]* być ciężarną [2] (thick) *[fabric, coat, frame, face, features]* gruby; *[soil, earth]* ciężki; *[line, type]* gruby, pogrubiony; *[shoe]* ciężki, solidny; **in ~ type** pogrubioną czcionką; **to wear ~ make-up** mieć mocny makijaż; **he is of ~ build** jest silnej budowy [3] Mil, Ind *[artillery, machinery]* ciężki; **'~ plant crossing'** „uwaga na ciężkie maszyny" [4] fig (weighty, ponderous) *[step, movement]* ciężki, ociężały, niezgrabny; *[humour, sigh]* ciężki; *[irony]* jadowity; *[responsibility]* poważny; **my legs feel ~** mam nogi jak z ołowiu; **her eyelids began to get ~** powieki zaczęły jej ciążyć; **with a ~ heart** z ciężkim sercem; **to be a ~ sleeper** mieć mocny sen; **a ~ thud** głuche uderzenie; **a ~ blow** mocne uderzenie; **'you told me,' he said with ~ emphasis** „przecież to ty mi powiedziałeś", powiedział z naciskiem; **the going is ~** ciężko się idzie; **the interview was ~ going** rozmowa szła jak po grudzie [5] (abundant) *[expenses, cuts, loss, traffic, responsibility]* duży; *[charge, payment, fine]* wysoki; *[demands]* wygórowany; *[crop, bleeding]* obfity; **to be a ~ drinker /smoker** dużo pić/palić; **security was ~** podjęto nadzwyczajne środki ostrożności; **~ trading on the stock market** duże obroty na giełdzie; **to have a ~ workload** być bardzo obciążonym pracą; **to be ~ on sth** (use a lot of) *[person]* używać dużo czegoś *[perfume, ingredient]*; *[machine]* zużywać dużo czegoś *[fuel]*; (contain a lot of) zawierać dużo czegoś *[humour, ingredient]* [6] (severe) *[attack, bombing, defeat, loss, penalty, prison sentence]* ciężki; *[debt]* wysoki; *[cuts]* poważny; *[criticism]* ostry, surowy; *[cold]* silny; **~ casualties** dużo ofiar w ludziach; **~ fighting** ciężkie walki [7] (strong) *[perfume, scent]* mocny; *[concentration]* silny; *[accent]* silny, wyraźny [8] Meteorol *[rain]* ulewny; *[fog, mist, snow]* gęsty; *[dew]* obfity; *[cloud, air]* ciężki; *[sky]* zachmurzony; *[sea]* wzburzony; **it's ~ today** duszno or parno dzisiaj; **to capsize in ~ seas** wywrócić się na wzburzonym morzu [9] Culin (indigestible) *[meal, food, cake]* ciężki, ciężkostrawny; *[wine]* ciężki [10] (busy, packed) *[day, week, month]* ciężki; *[programme, schedule, timetable]* przeciążony [11] (difficult) *[book, paper, film, lecture]* ciężki, trudny; **this article is** or **makes ~ reading** trudno przebrnąć przez ten artykuł [12] (loaded) **to be ~ with sth** *[air, branch, atmosphere]* być ciężkim od czegoś *[perfume, fruit]*; **a remark ~ with meaning** głębokie spostrzeżenie
III *adv [weight]* dużo; **time hung ~ on her hands** czas jej się dłużył
IDIOMS: **things started to get ~** infml (threatening) zrobiło się nieprzyjemnie; (serious, intellectual) zrobiło się bardzo poważnie
heavy breathing *n* [1] ciężki oddech *m* [2] (on phone) lubieżne dyszenie *n*
heavy crude (oil) *n* olej *m* ciężki
heavy duty *adj* (very strong) *[plastic, rubber, fabric]* trwały, wytrzymały; (for industrial use) *[machine, equipment, tool]* przemysłowy
heavy goods vehicle, HGV *n* ciężarówka *f*
heavy-handed /ˌhevɪˈhændɪd/ *adj* [1] (clumsy) *[person]* nieokrzesany pej; *[remark, compliment, behaviour]* niezręczny [2] (authoritarian) *[person, treatment]* surowy; *[regime, policy]* autorytarny

H

heavy-hearted /ˌhevɪˈhɑːtɪd/ *adj* **we were ~** ciężko nam było na sercu
heavy industry *n* przemysł *m* ciężki
heavy-laden /ˌhevɪˈleɪdn/ *adj [person]* obładowany; *[vehicle]* załadowany
heavy metal **I** *n* Mus heavy metal *m*
II *modif* heavymetalowy
heavy petting *n* infml petting *m*
heavy water *n* ciężka woda *f*
heavyweight /ˈhevɪweɪt/ **I** *n* [1] Sport (weight) waga *f* ciężka; (boxer) bokser *m* wagi ciężkiej; (wrestler) zapaśnik *m* wagi ciężkiej [2] infml fig (in industry, commerce) gruba ryba *f* infml; (intellectual) tęga głowa *f* [3] (big person) byczysko *n*, nieułomek *m* infml
II *modif* [1] Sport; **~ boxer/wrestler /champion/championship** bokser/zapaśnik/mistrz/mistrzostwa wagi ciężkiej; **~ contest/title/match** zawody/tytuł/mecz w wadze ciężkiej [2] (serious) *[paper, issue, politician]* poważny [3] *[fabric]* gruby
hebe[1] /ˈhiːbɪ/ *n* US offensive (Jew) żydek *m* offensive
hebe[2] /ˈhiːbɪ/ *n* Bot przetacznik *m*
Hebraic /hiːˈbreɪɪk/ *adj* hebrajski
Hebrew /ˈhiːbruː/ **I** *n* [1] (person) Hebraj|czyk *m*, -ka *f*; **the ~s** Hebrajczycy; Bible List do Hebrajczyków [2] Ling (język *m*) hebrajski *m*
II *adj [alphabet, calendar, civilization, person]* hebrajski
Hebrides /ˈhebrɪdiːz/ *prn pl* **the ~** Hebrydy *plt*
heck /hek/ *n* infml **what the ~ is going on?** co tu się do diabła dzieje? infml; **what the ~ are you doing?** co ty do diabła robisz? infml; **what the ~!** a co tam! infml; **so it costs $25! what the ~!** to kosztuje 25 dolarów, no i co z tego!; **he earns a ~ of a lot** diabelnie dużo zarabia infml; **it's a ~ of a long way** to diabelnie daleko infml; **he's one ~ of a nice guy** diabelnie fajny z niego facet or gość infml
heckle /ˈhekl/ **I** *vt* (interrupt) przeszk|odzić, -adzać (komuś), zakrzyczeć (kogoś) *[member of Parliament, speaker]*
II *vi* wywoł|ać, -ywać zamieszanie, przeszkadzać pej
heckler /ˈheklə(r)/ *n* krzykacz *m*
heckling /ˈheklɪŋ/ *n* przeszkadzanie *n* mówcy
hectare /ˈhekteə(r)/ *n* hektar *m*
hectic /ˈhektɪk/ *adj* [1] (busy) *[activity, period]* gorączkowy; *[day, week]* nerwowy; *[schedule]* napięty; **the ~ pace of change** gorączkowe or szalone tempo zmian; **at a ~ pace** w szalonym tempie; **to have a ~ life(style)** żyć w szalonym tempie; być bardzo zabieganym infml; **life in the city is very ~** życie w mieście jest bardzo nerwowe [2] Med *[fever]* trawiący, hektyczny; *[flush]* gorączkowy
hectogram(me) /ˈhektəgræm/ *n* hektogram *m*
hectolitre GB, **hectoliter** US /ˈhektəliːtə(r)/ *n* hektolitr *m*
hector /ˈhektə(r)/ **I** *vt* napa|ść, -dać na (kogoś)
II *vi* przemawiać władczym tonem
III hectoring *prp adj [behaviour, manner]* napastliwy
he'd /hiːd/ = **he had, he would**

hedge /hedʒ/ **I** *n* [1] Bot żywopłot *m* [2] Fin zabezpieczenie *n* **(against sth** przed czymś)
II *vt* [1] obsadz|ić, -ać żywopłotem, ot|oczyć, -aczać żywopłotem *[area]* [2] fig (evade) odpowi|edzieć, -adać wymijająco na (coś) *[question]* [3] Fin zabezpiecz|yć, -ać się przed (czymś) *[loss, risk]*
III *vi* (equivocate) wykręc|ić, -ać się, kluczyć
IV hedged *pp adj* [1] *[field, paddock]* obsadzony or otoczony żywopłotem **(with sth** z czegoś) [2] fig **~d about with sth** najeżony czymś *[obstacles, restrictions]*
■ **hedge against**: **~ against [sth]** zabezpiecz|yć, -ać się przed (czymś) *[inflation, loss]*
IDIOMS: **to ~ one's bets** asekurować się; **to look as if one has been dragged through a ~ backwards** wyglądać jak strach na wróble
hedge-clippers /ˈhedʒklɪpəz/ *n* nożyce *plt* do żywopłotu
hedgehog /ˈhedʒhɒg/ *n* Zool jeż *m*
hedgehop /ˈhedʒhɒp/ *vi* (*prp, pt, pp* **-pp-**) *[aeroplane]* l|ecieć, -atać na bardzo małych wysokościach
hedgerow /ˈhedʒrəʊ/ *n* żywopłot *m*
hedge sparrow *n* Zool płochacz *m* pokrzywnica
hedge trimmer *n* strzygarka *f* do żywopłotu
hedonism /ˈhiːdənɪzəm/ *n* hedonizm *m*
hedonist /ˈhiːdənɪst/ *n* hedonista *m*
hedonistic /ˌhiːdəˈnɪstɪk/ *adj* hedonistyczny
heebie-jeebies /ˌhiːbɪˈdʒiːbɪz/ *npl* infml **to have the ~** mieć stracha infml; **to give sb ~** napędzić komuś stracha infml
heed /hiːd/ **I** *n* (attention) uwaga *f*, zastanowienie (się) *n*; **to pay ~ to sb, to take ~ of sb** zważać na kogoś; **to pay ~ to sth, to take ~ of sth** brać coś pod rozwagę
II *vt* zważ|yć, -ać na (coś), rozważ|yć, -ać *[advice, warning]*; **without ~ing sb/sth** nie zważając na kogoś/coś
heedless /ˈhiːdlɪs/ *adj* **~ of sth** nie zważający na coś; nie bacząc na coś fml
heedlessly /ˈhiːdlɪslɪ/ *adv* w sposób nieprzemyślany
heehaw /ˈhiːhɔː/ **I** *n* ryk *m* osła
II *excl* ichi!
III *vi [donkey]* za|ryczeć
heel /hiːl/ **I** *n* [1] Anat (of foot) pięta *f*; **to turn on one's ~** obrócić się na pięcie; **a puppy at his ~s** ze szczeniakiem przy nodze; **to bring a dog to ~** przywołać psa do nogi; **'~ boy!'** „do nogi!", „noga!"; **to bring sb to ~** fig zmusić kogoś do posłuszeństwa *[dissident, rebel]*; przywołać kogoś do porządku *[child, employee]*; **to come to ~** *[dog]* przyjść do nogi; *[person]* fig podporządkować się [2] (of shoe) obcas *m*; (of sock) pięta *f*; **to click one's ~s** stuknąć obcasami [3] (of hand) nasada *f* dłoni; (of plant cutting) piętka *f*; (of loaf) piętka *f*, przylepka *f* [4] Tech (of saw, golfclub, ski) krawędź *f* [5] fig (power) jarzmo *n* fig; **under the ~ of the enemy** pod jarzmem wroga [6] GB infml dat (person) drań *m* infml pej
II heels *npl* (also **high ~s**) pantofle *m pl* na (wysokich) obcasach
III *vt* [1] (repair) zreperować obcas (czegoś) *[shoe]* [2] Sport kop|nąć, -ać piętą *[ball]*

■ **heel in**: **~ in [sth], ~ [sth] in** Hort dołować sadzonki (czegoś) *[plant, cutting]*
■ **heel over** *[boat]* przechyl|ić, -ać się; *[object]* pochyl|ić, -ać się, przechyl|ić, -ać się
IDIOMS: **to cool** or **kick one's ~s** czekać bez końca; **we left him to cool his ~s for an hour** kazaliśmy mu godzinę czekać; **to dig in one's ~s, to dig one's ~s in** (mulishly) uprzeć się, zaprzeć się; **I'm prepared to dig my ~s in on** or **over this** w tej sprawie nie popuszczę infml; **to fall** or **go head over ~s** (tumble) wywinąć orła infml; **to fall/be head over ~s in love with sb** zakochać się/być zakochanym po uszy; **to be hard** or **close** or **hot on sb's ~s** deptać komuś po piętach; **to come** or **follow hard on the ~s of sth** nastąpić tuż po czymś; **to kick up one's ~s** dobrze się bawić infml; **to show a clean pair of ~s, to take to one's ~s** hum wziąć nogi za pas; dać nogę infml
heel bar *n* zakład *m* szewski
heeling /ˈhiːlɪŋ/ *n* (in rugby) wykop *m* piłki
heelpiece /ˈhiːlpiːs/ *n* [1] (of stocking) pięta *f* [2] (of ski) tylna część *f* wiązania
heft /heft/ *vt* US infml (lift up) podn|ieść, -osić, dźwignąć; (estimate weight) oceni|ć, -ać ciężar (czegoś)
hefty /ˈheftɪ/ *adj [person]* masywny, zwalisty; *[object]* ciężki; *[portion, bill, profit, sum]* ogromny; *[blow]* silny; **she earns a ~ salary** doskonale zarabia
Hegelian /heɪˈgiːlɪən/ **I** *n* heglista *m*
II *adj* heglowski; (Hegel's) Heglowski
hegemony /hɪˈdʒemənɪ, US ˈhedʒeməʊnɪ/ *n* hegemonia *f*
Hegira /ˈhedʒɪrə, hɪˈdʒaɪərə/ *n* **the ~** hidżra *f*, hedżra *f*; **the ~ calendar** kalendarz muzułmański
heifer /ˈhefə(r)/ *n* jałówka *f*
heigh-ho /ˌheɪˈhəʊ/ *excl* (resignedly) trudno się mówi!; (jolly) dobra nasza!
height /haɪt/ **I** *n* [1] (tallness) (of person) wzrost *m*; (of table, tower, tree) wysokość *f*; **a woman of average** or **medium ~** kobieta średniego wzrostu; **what is your ~?** ile masz wzrostu?; **to be 1 metre 60 cm in ~** *[person]* mieć 1 m 60 cm wzrostu; *[object, pile]* mieć wysokość 1 m 60 cm; **to draw oneself up to one's full ~** wyprostować się [2] (distance from the ground) (of mountain, person, plane, shelf) wysokość *f*; **to gain/lose ~** nabierać wysokości/tracić wysokość; **at a ~ of 200 metres** na wysokości 200 metrów; **to fall from a ~ of 20 metres** spaść z wysokości 20 metrów; **at shoulder ~** na wysokości ramienia [3] fig (peak) szczyt *m*, pełnia *f*; **at the ~ of the season** w pełni sezonu; **at the ~ of the rush-hour** w porze największego ruchu; **at the ~ of the crisis** w kulminacyjnym momencie or w środku kryzysu; **to be at the ~ of one's success/popularity** być u szczytu powodzenia/popularności; **to be at the ~ of one's career** być u szczytu kariery; **a writer at the ~ of her powers** pisarz u szczytu swych możliwości twórczych; **the violence in the street was at its ~** rozruchy uliczne osiągnęły punkt kulminacyjny; **at its ~ the club had 200 members** w momencie największego rozkwitu klub miał 200 członków [4] (utmost)

the ~ of sth szczyt czegoś *[cheek, luxury, stupidity]*; **to be the ~ of fashion** być szczytem mody
III heights *npl* (high place) wzniesienia *n pl*; **the wooded/snowy ~s** wzniesienie zalesione/pokryte śniegiem; **to be scared of ~s** mieć lęk wysokości; **to rise to** or **reach great ~s** fig osiągnąć wysoki poziom or wysoką pozycję; **to reach new ~s of sth** wznieść się na wyżyny czegoś *[perfection, skill]*

heighten /ˈhaɪtn/ **I** *vt* wzm|óc, -agać *[anxiety, emotions, curiosity, suspense, tension]*; zwiększ|yć, -ać *[desire, effect]*; s|potęgować *[sensation]*; **to ~ sb's awareness of sth** uczynić kogoś bardziej świadomym czegoś
II *vi [fear, tension]* s|potęgować się, wzm|óc, -agać się; **his colour ~ed** poczerwieniał, zarumienił się
III heightened *pp adj [sensitivity]* spotęgowany, wzmożony; **a ~ed awareness of sth** spotęgowana or wzmożona świadomość czegoś; **to have a ~ed sensitivity to sth** być szczególnie na coś wyczulonym or wrażliwym

heinie /ˈhaɪnɪ/ *n* US vinfml tyłek *m* infml

heinous /ˈheɪnəs/ *adj* fml ohydny, haniebny; **a ~ crime** ohydna zbrodnia

heir /eə(r)/ *n* 1 (to fortune) spadkobier|ca *m*, -czyni *f* **(to sth** czegoś**)**; **his son and ~** jego syn i następca; (to the throne) następca tronu; **~ apparent** prawowity następca or spadkobierca; **~ presumptive** domniemany spadkobierca; **rightful ~, ~-at-law** legalny spadkobierca; **to make sb one's ~** uczynić kogoś swoim następcą or spadkobiercą 2 fig **to be ~ to sth** odziedziczyć or dostać w spadku fig *[problems, projects]*

heiress /ˈeərɪs/ *n* (to fortune) spadkobierczyni *f*; (to the throne) następczyni *f*

heirloom /ˈeəluːm/ *n* 1 Jur ruchomości *f pl* stanowiące przynależność nieruchomości 2 pamiątka *f*; **a family ~** pamiątka rodzinna

heist /haɪst/ US infml **I** *n* (robbery) skok *m* infml; (armed) napad *m* z bronią w ręku
II *vt* z|robić skok na (coś), napa|ść, -dać na (coś) *[place]*; z|rabować *[money, goods]*

held /held/ *pt, pp* → **hold**

Helen /ˈhelən/ *prn* Helena *f*; **~ of Troy** Helena trojańska

helical /ˈhelɪkl, ˈhiːlɪkl/ *adj* 1 Tech śrubowy 2 Math spiralny

helices /ˈhelɪsiːz, ˈhiː-/ *n pl* → **helix**

helicopter /ˈhelɪkɒptə(r)/ **I** *n* helikopter *m*, śmigłowiec *m*; **~ transfer/transport** przewóz/transport helikopterem or śmigłowcem; **by ~** helikopterem, śmigłowcem
II *vt* transportować helikopterem or śmigłowcem, przew|ieźć, -ozić helikopterem or śmigłowcem *[goods, passengers]*
■ **helicopter in**: **~ in [sb/sth], ~ [sb/sth] in** sprowadz|ić, -ać helikopterem or śmigłowcem
■ **helicopter out**: **~ out [sb/sth], ~ [sb/sth] out** wyw|ieźć, -ozić helikopterem or śmigłowcem

helicopter base *n* baza *f* helikopterów or śmigłowców

helicopter patrol *n* patrol *m* helikopterem or śmigłowcem

helicopter pilot *n* pilot *m* helikoptera or śmigłowca

helicopter rescue *n* akcja *f* ratownicza z użyciem helikopterów or śmigłowców

helicopter station *n* lotnisko *n* dla helikopterów or śmigłowców

helideck /ˈhelɪdek/ *n* Naut pokład *m* dla helikopterów or śmigłowców

heliograph /ˈhiːlɪəgrɑːf, US -græf/ *n* heliograf *m*

heliostat /ˈhiːlɪəstæt/ *n* heliostat *m*

heliotherapy /ˌhiːlɪəʊˈθerəpɪ/ *n* helioterapia *f*, światłolecznictwo *n*

heliotrope /ˈhiːlɪətrəʊp/ **I** *n* Bot, Miner heliotrop *m*
II *adj* heliotropowy

helipad /ˈhelɪpæd/ *n* lądowisko *n* dla helikopterów or śmigłowców

heliport /ˈhelɪpɔːt/ *n* heliport *m*

helium /ˈhiːlɪəm/ *n* hel *m*

helix /ˈhiːlɪks/ *n* (*pl* **-lices, -lixes**) helisa *f*, linia *f* śrubowa; **double ~** podwójna spirala or helisa

hell /hel/ **I** *n* 1 (also **Hell**) Relig piekło *n*; **to go to/be in ~** iść do piekła/być w piekle; **may you rot in ~!** dat obyś sczezł w piekle! dat; **I'll see him in ~ first!** dat prędzej sczeznę! dat 2 infml (unpleasant experience) piekło *n*, koszmar *m*; **life was ~ (on earth)** życie było piekłem; **Mondays are sheer ~** poniedziałki są koszmarem or koszmarne; **Oxford is ~ on a Saturday** w sobotę w Oksfordzie jest istne piekło; **to make sb's life ~ (for him/her)** zamienić komuś życie w piekło; **it was ~ getting the work finished** ukończenie tego to była piekielna robota; **to go through ~** fig przejść piekło fig; **neighbour from ~** infml sąsiad z piekła rodem infml 3 infml (as intensifier) **a ~ of a waste/shock** potworna strata/potworny szok; **it's a ~ of a lot worse/easier** to jest o wiele gorsze /łatwiejsze; **he is one ~ of a smart guy** US to piekielnie sprytny facet infml; **we had a ~ of a time** (bad) było okropnie or koszmarnie; (good) było fantastycznie or wspaniale; **you've got a ~ of a nerve!** ty to masz tupet!; **as jealous as ~** piekielnie zazdrosny; **as guilty as ~** winny bez dwóch zdań; winny jak cholera infml; **it sure as ~ wasn't me** przysięgam, że to nie ja; **to run like ~** biec na złamanie karku; **let's get the ~ out of here!** wynośmy się stąd! infml; **get the ~ out of here!** wynoś się stąd! infml; **like ~ I will/you are!** akurat! infml; **'it's a good film' – 'like ~ it is!** „to dobry film" – „chyba żartujesz!" infml; **why/who the ~?** dlaczego/kto do diabła? infml; **what the ~ are you doing?** co do diabła robisz? infml; **how the ~ should I know?** skąd do diabła mam wiedzieć? infml; **what the ~?** a niech tam! infml; **oh, to ~** or **the ~ with it!** mam to gdzieś!, mam to w nosie! infml
II *excl* vinfml cholera!, psiakrew! infml; **~'s bells!, ~'s teeth!** infml a niech to! infml; **go to ~!** idź do diabła! infml; **to ~ with all of you!** niech was wszystkich diabli! infml
■ **hell around** US infml łajdaczyć się infml pej
IDIOMS: **all ~ broke** or **was let loose** infml rozpętało się piekło; **come ~ or high water** infml choćby się waliło i paliło; **he has been to ~ and back** przeszedł piekło; **there was/will be ~ to pay** była/będzie wielka draka infml; **to be ~ on sth** US infml źle na coś działać; **to beat** or **knock ~ out of sb/sth** dać komuś wycisk infml; **to catch ~** US infml oberwać infml; **you'll catch ~ when he finds out** dostanie ci się, jak on się dowie infml; **to do sth for the ~ of it** infml zrobić coś dla draki infml; **to give sb ~** vinfml (cause to suffer) dać się we znaki komuś; (scold) dać komuś popalić infml; **go on, give 'em ~** vinfml no, daj im popalić infml; **not to have a cat in ~'s chance, not to have a snowball's chance in ~** vinfml nie mieć żadnej or najmniejszej szansy; **not to have a hope in ~ of doing** vinfml nie mieć najmniejszej nadziei, że coś się uda zrobić; **to play (merry) ~ with sth** infml popsuć coś *[gadgets, appliances]*; pokrzyżować coś *[plans]*; **to raise (merry) ~** infml zrobić piekło infml **(with sb** komuś**)**

he'll /hiːəl/ = **he will**

hellacious /həˈleɪʃəs/ *adj* US infml okropny; pieruński infml

hell-bent /ˌhelˈbent/ *adj* **~ on doing sth** zdecydowany coś zrobić

hellcat /ˈhelkæt/ *n* jędza *f*, wiedźma *f*

hellebore /ˈhelɪbɔː(r)/ *n* ciemiernik *m*

Hellene /ˈheliːn/ *n* Helle|ńczyk *m*, -nka *f*

Hellenic /heˈliːnɪk, US heˈlenɪk/ *adj [civilization, language]* helleński; **~ people** hellenowie; **a ~ cruise** rejs wokół Grecji

heller /ˈhelə(r)/ *n* US vinfml diabeł *m* wcielony infml

hellfire /ˌhelˈfaɪə(r)/ **I** *n* ogień *m* piekielny
II *modif [sermon]* apokaliptyczny; **~ preacher** kaznodzieja straszący ogniem piekielnym

hell-for-leather /ˌhelfəˈleðə(r)/ infml **I** *adj [ride, run]* szaleńczy
II *adv [run, ride]* na złamanie karku infml; *[drive]* piekielnie szybko

hellhole /ˈhelhəʊl/ *n* (prison, trenches, war zone) piekło *n* fig; (hovel) nora *f*, rudera *f*

hellion /ˈhelɪən/ *n* US vinfml = **heller**

hellish /ˈhelɪʃ/ **I** *adj* 1 (hell-like) *[sight, vision, day at work, experience]* potworny 2 infml (awful) *[motorway, racket, traffic]* piekielny, okropny
II *adv* infml dat *[dark, difficult]* piekielnie

hellishly /ˈhelɪʃlɪ/ *adv* infml *[cold, lonely, painful]* piekielnie

hello /həˈləʊ/ *excl* 1 (greeting) cześć!; (on phone) (receiving a call) halo!; (making a call) halo, dzień dobry! 2 (in surprise) coś takiego!, no, no!

Hell's angel *n* Anioł *m* piekła *(członek gangu motocyklowego)*

helluva /ˈheləvə/ vinfml = **hell of a** → **hell**

hell week *n* US Univ ≈ otrzęsiny *plt*

helm /helm/ *n* ster *m* also fig; **to take the ~** przejąć ster; **to be at the ~** być przy sterze or u steru

helmet /ˈhelmɪt/ *n* kask *m*; Mil hełm *m*

helmeted /ˈhelmɪtɪd/ *adj* **~ person** w kasku/hełmie

helmsman /ˈhelmzmən/ *n* (*pl* **-men**) sternik *m*

help /help/ **I** *n* 1 (assistance) pomoc *f*; (in an emergency) pomoc *f*, ratunek *m*; sukurs *m* dat; **to need some ~ with the cooking**

H

/**gardening** potrzebować pomocy w or przy gotowaniu/pracy w ogrodzie; **with the ~ of sth** za pomocą czegoś *[knife, stick]*; **with the ~ of sb** z pomocą kogoś *[person]*; **can I be of ~ (to you)?** czy mogę ci pomóc?; **to be of ~ to sb** *[person]* pomóc komuś; *[information, map]* być komuś pomocnym, przydać się komuś; **the information was of little ~ to us** te informacje nie na wiele nam się przydały or zdały; **she was a great ~ to us** była dla nas wielką pomocą; **you are a great ~!** za taką pomoc bardzo dziękujemy! iron; **to come to sb's ~** przyjść komuś z pomocą; **to go to sb's ~** pośpieszyć komuś z pomocą fml; **to shout** or **cry for ~** wołać o pomoc; **he is beyond ~, he is past (all) ~** nie można mu już pomóc, nie ma dla niego ratunku; **it's a ~ if you can speak the language** znajomość języka przydaje się; **a degree would be a ~** przydałby się stopień naukowy; **the tablets were no ~** te tabletki nie pomogły; **there is no ~ for it** nie ma na to rady; **she needs (professional) ~** ona potrzebuje pomocy (specjalisty); (from psychiatrist) ona potrzebuje pomocy psychiatry [2] (also **daily ~**) (cleaning woman) pomoc *f* domowa [3] (staff) służba *f*; (on farm) robotnicy *m pl* rolni; **they need extra ~ in the bar** potrzebują dodatkowej obsługi w barze

II *excl* pomocy!, ratunku!; **~! I've got nothing to wear for tonight!** hum o rany! nie mam co na siebie włożyć dzisiaj wieczorem!

III *vt* [1] (assist) pom|óc, -agać (komuś) **(to do sth** coś zrobić); (more urgently) po|ratować (kogoś); **we got children to ~ us** mamy dzieci, które nam pomogą; **we must ~ each other** musimy sobie wzajemnie pomagać; **she ~ed them with the decorations** pomogła im przy robieniu ozdób; **can you ~ me with this sack, please?** możesz mi pomóc podnieść ten worek?; **can I ~ you?** (in shop) czym mogę pani/panu służyć?; (on phone) tak, słucham?; (at reception desk) czy or jak mogę pani/panu pomóc?; **to ~ sb across/down/out** pomóc komuś przejść przez jezdnię/zejść (ze schodów)/wysiąść (*z samochodu, windy*); **I ~ed him to his feet** pomogłem mu wstać; **to ~ sb on/off with sth** pomóc komuś założyć/zdjąć coś *[garment, boot]*; **she ~ed him through some difficult times** pomogła mu w trudnych chwilach [2] (improve) za|radzić (czemuś), rozwiąz|ać, -ywać *[situation, problem]*; **he didn't ~ matters by writing that letter** pisząc ten list, w niczym nie pomógł; **getting drenched didn't ~ my cold** przemoknięcie nie wpłynęło najlepiej na przeziębienie [3] (contribute) **to ~ to do sth** przyczyni|ć, -ać się do (zrobienia czegoś); **her article ~ed (to) increase public awareness of the problem** jej artykuł uzmysłowił ludziom istnienie tego problemu; **the injection should ~ to ease the pain** zastrzyk powinien pomóc na ból; **these flowers will ~ (to) brighten the room** kwiaty rozjaśnią ten pokój; **this policy ~s (to) keep prices down** taka polityka zapobiega wzrostowi cen [4] (serve) **to ~ sb to sth** poczęstować kogoś czymś *[food, wine]* [5] (prevent) **it can't be ~ed!** nic się na to nie poradzi!; **she can't ~ the way she was brought up** to nie jej wina, że tak została wychowana; **I can't ~ the way I feel** tak uważam i nic na to nie poradzę; **I can't ~ thinking that...** coś mi się zdaje, że...; **I can't ~ it if the car breaks down!** nic na to nie poradzę, jeśli samochód się zepsuje!; **I'm sorry I slammed the door – I couldn't ~ it** przepraszam, że trzasnąłem drzwiami – to było niechcący; **not if I can ~ it!** jeśli ode mnie będzie zależało, na pewno nie; **he won't win if I can ~ it** zrobię wszystko, żeby nie wygrał; **don't tell her any more than you can ~** powiedz jej tylko tyle, ile musisz or tyle, ile jest konieczne; **try not to change gear more often than you can ~** spróbuj zmieniać biegi jak najrzadziej; **she never works harder than she can ~** pracuje tylko tyle, ile musi; **I can't ~ that...** nic na to nie poradzę, że...; **you can't ~ but pity him** można mu tylko współczuć

IV *vi* [1] (assist) pom|óc, -agać; **I was only trying to ~!** próbowałem tylko pomóc!; **he never ~s with the cooking/housework** nigdy nie pomaga w kuchni /w sprzątaniu; **they offered to ~ with the expenses** obiecali, że wezmą na siebie część wydatków; **this map doesn't ~ much** ta mapa nie na wiele się przydaje; **will it ~ if I give you the clue?** może przydałaby ci się jakaś wskazówka?; **every little ~s** (when donating money) przyda się każdy grosz; (when saving) ziarnko do ziarnka a zbierze się miarka [2] (be an improvement) **would it ~ if I turned the light off?** może będzie lepiej, jak zgaszę światło?; **it might ~ if we knew where they lived** dobrze byłoby wiedzieć, gdzie mieszkają; **she tried going to bed earlier, but it didn't ~ much** próbowała wcześnie chodzić spać, ale niewiele to pomogło

V *vr* [1] (serve) **to ~ oneself** po|częstować się; **I ~ed myself from the fruit bowl** poczęstowałem się owocami; **~ yourselves!** częstujcie się!; **~ yourselves to coffee/cigarettes** częstujcie się kawą/papierosami; **~ yourselves to some more cake** weźcie sobie jeszcze trochę ciasta [2] **to ~ oneself to sth** (pinch) podkraść coś; **he has been ~ing himself to the till** podkradał pieniądze z kasy [3] (prevent) **to ~ oneself** powstrzym|ać, -ywać się; **I couldn't ~ myself laughing** nie mogłem powstrzymać się od śmiechu

■ **help along**: ¶ **~ [sb] along** pom|óc, -agać iść (komuś) *[infirm person]* ¶ **~ [sth] along** pom|óc, -agać w (czymś) *[negotiations, process, project]*

■ **help out**: ¶ **~ out** pom|óc, -agać, służyć pomocą ¶ **~ [sb] out** pom|óc, -agać (komuś); **his parents ~ out with the rent** rodzice pomagają mu w płaceniu komornego

helpdesk /ˈhelpdesk/ *n* Comput helpdesk *m*

helper /ˈhelpə(r)/ *n* pomocni|k *m*, -ca *f*; (for handicapped person) pracownik *m* socjalny, pracownica *f* socjalna; (for blind person) przewodnik *m*

helpful /ˈhelpfl/ *adj [gadget, machine, tool]* użyteczny, przydatny; *[person]* pomocny, uczynny; *[remedy]* pomagający; *[advice, book, guide, information, suggestion]* przydatny; **I was only trying to be ~!** chciałem tylko pomóc!; **the staff were very ~** personel był bardzo pomocny or uczynny; **thank you, you've been most ~** dziękuję, bardzo mi pomogłeś; **it would be ~ if we knew how much it was going to cost** dobrze byłoby wiedzieć, ile to ma kosztować

helpfully /ˈhelpfəlɪ/ *adv [explain, suggest, indicate]* uprzejmie, grzecznie; **this road is not very ~ signposted** ta droga nie jest zbyt dobrze oznakowana

helpfulness /ˈhelpflnɪs/ *n* (of person) uczynność *f*; (of advice, guide, information, tool) przydatność *f*, użyteczność *f*

helping /ˈhelpɪŋ/ *n* porcja *f*; **I took a small ~ of cream** wziąłem sobie małą porcję kremu; **would you like another ~ of meat?** może jeszcze mięsa?; **he took a second ~ of potatoes** wziął sobie dokładkę ziemniaków; **there'll be no second ~s** nie będzie dokładek; **this is my third ~** jem już trzecią porcję

helping hand *n* pomocna dłoń *f*; **to give** or **lend a ~ to sb** podać komuś pomocną dłoń

help key *n* Comput klawisz *m* „pomoc"

helpless /ˈhelplɪs/ *adj* [1] *[person]* (powerless) bezsilny; (incapable) bezradny; **to feel ~** czuć się bezsilnym or bezradnym; **the government is quite ~ in this matter** rząd jest w tej sprawie zupełnie bezsilny; **she was ~ to do anything about it** nie mogła w tej sprawie nic zrobić; **I was ~ to stop him** nie potrafiłem go powstrzymać; **I'm not totally ~!** jeszcze potrafię zadbać o siebie!; **they were ~ with laughter** skręcali się ze śmiechu infml [2] (defenceless) *[person, victim]* bezbronny [3] (destitute) *[family, orphan]* bez oparcia

helplessly /ˈhelplɪslɪ/ *adv [watch, observe]* bezradnie; *[struggle, try]* bezsilnie; **he looked at me ~** spojrzał na mnie bezradnie; **he shrugged ~** bezradnie wzruszył ramionami; **they were laughing ~** skręcali się or pokładali się ze śmiechu infml

helplessness /ˈhelplɪsnɪs/ *n* [1] (powerlessness) bezsilność *f*; (because of disability, infirmity) bezradność *f* [2] (defencelessness) bezbronność *f*

help line *n* telefon *m* zaufania

helpmate /ˈhelpmeɪt/ *n* dat (spouse) małżon|ek *m*, -ka *f*, towarzysz *m*, -ka *f* życia fml; (companion) przyjaci|el *m*, -ółka *f*

helpmeet /ˈhelpmiːt/ *n* dat = **helpmate**

Helsinki /helˈsɪŋkɪ/ *prn* Helsinki *plt*

helter-skelter /ˌheltəˈskeltə(r)/ **I** *n* GB (in fairground) zjeżdżalnia *f*

II *adj [account, rush]* bezładny

III *adv* **to run ~** biec na łeb, na szyję; biec na złamanie karku infml

hem /hem/ **I** *n* (of dress, skirt) rąbek *m*, brzeg *m*; **to take up/let down the ~ on sth** skrócić/podłużyć coś *[garment]*

II *vt* (*prp, pt, pp* **-mm-**) obszy|ć, -wać *[garment]*; obrębi|ć, -ać *[linen]*

■ **hem in**: **~ in [sb/sth], ~ [sb/sth] in** ot|oczyć, -aczać, okrąż|yć, -ać *[enemy,* *troops]*; **to be ~med in** zostać or być otoczonym; **to feel ~med in** fig czuć się osaczonym

hema+ *n* US = **haema+**

hemiplegia /ˌhemɪˈpliːdʒɪə/ *n* Med porażenie *n* połowicze, hemiplegia *f*

hemiplegic /ˌhemɪˈpliːdʒɪk/ *adj* **~ patient** pacjent z porażeniem połowiczym

hemisphere /ˈhemɪsfɪə(r)/ *n* Med, Geog półkula *f*; **the western ~** półkula zachodnia; journ zachód

hemistich /ˈhemɪstɪk/ *n* półwiersz *m*

hemline /ˈhemlaɪn/ *n* obrąbek *m*, rąbek *m*; **~s are going up/coming down** modne są krótsze/dłuższe sukienki

hemlock /ˈhemlɒk/ *n* cykuta *f*

hemo+ *n* US = **haemo+**

hemp /hemp/ **I** *n* [1] (plant, fibre) konopie *plt* [2] (drug) haszysz *m*
II *modif [rope, cloth]* konopny

hemstitch /ˈhemstɪtʃ/ **I** *n* mereżka *f*
II *vt* mereżkować, ozd|obić, -abiać mereżką *[handkerchief, napkin]*

hen /hen/ **I** *n* kura *f*
II *adj* kurzy

hence /hens/ *adv* fml [1] (from now) odtąd; **three days ~** od dzisiaj za trzy dni [2] (for this reason) stąd, (a) więc; **there is a strike, ~ the delay** jest strajk, stąd opóźnienie; **she was slimmer and ~ more active** była szczuplejsza, więc bardziej ruchliwa [3] arch (from this place) stąd

henceforth /ˌhensˈfɔːθ/ *adv* liter (from now on) odtąd; (from then on) odtąd, od tamtego czasu

henceforward /ˌhensˈfɔːwəd/ liter = **henceforth**

henchman /ˈhentʃmən/ *n* (*pl* **-men**) [1] (supporter) poplecznik *m*; (accomplice) prawa ręka *f*; fig pej pachołek *m* infml pej [2] arch (squire) giermek *m*

hen coop *n* kojec *m*

hen harrier *n* błotniak *m* zbożowy

henhouse /ˈhenhaʊs/ *n* kurnik *m*

henna /ˈhenə/ **I** *n* henna *f*
II *modif* **~ treatment** pielęgnacja włosów henną; **~ rinse** płukanka do włosów z henną; **~ shampoo** szampon z henną
III *vt* (*3rd person sg pres* **-s;** *pt, pp* **-ed)** na|łożyć, -kładać hennę na (coś) *[hair]*

hen party *n* babski wieczór *m* infml

hen-pecked /ˈhenpekt/ *adj* **he is ~, he is a ~ husband** jest pantoflarzem infml

hen run *n* wybieg *m* dla kur

Henry /ˈhenrɪ/ *prn* Henryk *m*

hep /hep/ *adj* US infml (knowledgeable) oblatany infml; **to be ~ to sth** być w czymś oblatanym

heparin /ˈhepərɪn/ *n* heparyna *f*

hepatitis /ˌhepəˈtaɪtɪs/ *n* zapalenie *n* wątroby

hepatocyte /ˈhepətəʊsaɪt, heˈpætəʊ-/ *n* Biol hepatocyt *m*

heptagon /ˈheptəgən, US -gɒn/ *n* siedmiokąt *m*

heptathlon /hepˈtæθlən, -lɒn/ *n* siedmiobój *m* lekkoatletyczny

her /hɜː(r), hə(r)/ **I** *pron* [1] **I like ~** lubię ją; **I don't like ~** nie lubię jej; **give it to ~** daj to jej; **we bought ~ flowers** kupiliśmy jej kwiaty; **for ~** dla niej; **with ~** z nią; **without ~** bez niej; **he's older than ~** jest od niej starszy [2] (emphatic) **it's ~** to ona; **it was ~ who did it** to ona to zrobiła; **I don't think that hat is quite ~** niezbyt dobrze jej w tym kapeluszu [3] US infml (for herself) sobie; **she'd better get ~ a new job** lepiej niech sobie poszuka nowej pracy
II *det* jej; **~ son/daughter** jej syn/córka; **she broke ~ arm** złamała (sobie) rękę; **she put ~ hat on** założyła kapelusz; **she packed ~ things and left** spakowała swoje rzeczy i wyszła

Heraclitus /ˌherəˈklaɪtəs/ *prn* Heraklit *m*

herald /ˈherəld/ **I** *n* [1] herold *m*; **~-at-arms** członek kolegium heraldycznego [2] fig zwiastun *m*, -ka *f*; **the Sixties, ~ of a new era** lata sześćdziesiąte, zwiastun or zapowiedź nowej ery
II *vt* (also **~ in**) zwiastować, zapowiadać; **much ~ed** szumnie zapowiadany

heraldic /heˈrældɪk/ *adj* heraldyczny; **~ device** herb

heraldry /ˈherəldrɪ/ *n* (study, history) heraldyka *f*; (pomp) wielka gala *f*, ceremonia *f*; **book of ~** herbarz

herb /hɜːb/ *n* (plant) ziele *n*, zioło *n*; (for cooking) przyprawa *f* ziołowa; Pharm (with medicinal properties) roślina *f* lecznicza; **mixed ~s** zioła prowansalskie; **fresh ~s** świeże zioła or przyprawy

herbaceous /hɜːˈbeɪʃəs/ *adj* zielny; **~ border** rabata obsadzona roślinami wieloletnimi

herbage /ˈhɜːbɪdʒ/ *n* Agric trawy *f pl*

herbal /ˈhɜːbl/ **I** *n* zielnik *m*
II *adj [remedy]* ziołowy, zielny; **~ pillow** poduszka wypełniona pachnącymi ziołami

herbalism /ˈhɜːbəlɪzəm/ *n* ziołolecznictwo *n*

herbalist /ˈhɜːbəlɪst/ *n* ziela|rz *m*, -rka *f*; **~'s shop** sklep zielarski

herb garden *n* ogród *m* ziołowy or ziół

herbivore /ˈhɜːbɪvɔː(r)/ *n* zwierzę *n* roślinożerne

herbivorous /hɜːˈbɪvərəs/ *adj* roślinożerny

herb tea, herbal tea *n* herbata *f* ziołowa

Herculean /ˌhɜːkjʊˈliːən/ *adj* herkulesowy

Hercules /ˈhɜːkjʊliːz/ *prn* Herkules *m*, Herakles *m*

herd /hɜːd/ **I** *n* (of cattle, horses, reindeer) stado *n*; fig, pej (of people) tłum *m*
II *vt* (drive) zag|onić, -aniać *[animals]*; z|gromadzić, stłoczyć *[people]*; **the prisoners were all ~ed into one room** wszystkich więźniów stłoczono w jednym pomieszczeniu
III *vi* **to ~ into sth** zgromadzić or stłoczyć się w czymś
■ **herd together** *[people, animals]* z|gromadzić się; (closely) zbić się ciasno; (keep together) *[animals]* żyć w stadzie
IDIOMS: **to follow the ~** fig ulegać owczemu pędowi

herd instinct *n* instynkt *m* stadny

herdsman /ˈhɜːdzmən/ *n* (*pl* **-men)** pasterz *m*, pastuch *m*

here /hɪə(r)/ **I** *adv* [1] (indicating place) tu, tutaj; **let's stop ~** zatrzymajmy się tutaj; **sign ~, please** proszę tutaj podpisać; **stand ~** stań tutaj; **far from/near ~** daleko/blisko stąd; **two kilometres from ~** dwa kilometry stąd; **come over ~** chodź or podejdź tu; **up to ~, down to ~** dotąd; **put it in ~** włóż to tutaj; **I'm up ~** jestem tutaj, na górze; **~ below** (in text) poniżej; **those persons ~ present** Jur osoby tutaj obecne; **~ lies...** (on tombstone) tutaj spoczywa...; **since you were last ~** od twojej ostatniej tu wizyty; **~ and there** (in places) tu i tam, gdzieniegdzie [2] (to draw attention) **I have ~...** mam tutaj...; **~ they are/she comes!** a oto oni/ona!; **~ comes the bus** nadjeżdża autobus; **~ you are** (offering sth) proszę; **~'s a screwdriver** proszę, śrubokręt; **this paragraph/sales assistant ~** ten akapit/sprzedawca; **my colleague ~ will show you** kolega oprowadzi państwa; **which one? this one ~ or that one?** który? ten, czy tamten?; **it says ~ that...** tutaj jest napisane, że...; **~'s what you do...** oto co masz zrobić...; **~'s why** a to dlatego [3] (indicating presence, arrival) **she's not ~ right now** w tej chwili nie ma jej tutaj; **'Adam?' – '~ sir'** (revealing whereabouts) „Adam?" – „(jestem) tutaj, proszę pana"; (during roll call) „obecny, proszę pana"; **~ we are, at last** nareszcie jesteśmy na miejscu; **when will he be getting ~?** kiedy tu będzie?; **the train will be ~ any moment** pociąg nadjedzie lada chwila; **we get off ~** tutaj wysiadamy [4] (indicating juncture) **now that summer's ~** teraz, kiedy nadeszło lato; **~'s our chance** mamy szansę or okazję; **I may be wrong ~** mogę się tutaj mylić → **here and now** [5] infml (emphatic) **this ~ contraption** to urządzenie; **look** or **see ~!** posłuchaj tylko!
II *excl* infml **~, stop that!** uspokój się!, przestań!; **~, hang on a minute!** poczekaj chwilę!
IDIOMS: **~ goes!** uwaga! infml; **~'s hoping** miejmy nadzieję; **~'s to our success/to you!** (toast) za nasz sukces/twoje zdrowie; **~ there and everywhere** wszędzie; **he's ~ there and everywhere** wszędzie go pełno infml fig; **it's neither ~ nor there** to nie ma nic do rzeczy; **~ we go again!** infml (sneeringly) no i znowu to samo!

hereabout US, **hereabouts** GB /ˈhɪərəbaʊt(s)/ *adv* gdzieś tutaj, w okolicy, w pobliżu

hereafter /hɪərˈɑːftə(r)/ **I** *n* **the ~** życie *n* przyszłe
II *adv* (in text) dalej, w dalszym ciągu; (from this time) od tej chwili, odtąd

here and now I *n* **the ~** (present) chwila *f* obecna, teraźniejszość *f*; (life before death) życie *n* doczesne; **a poet of the ~** współczesny poeta
II *adv* natychmiast; **tell me ~ where you've been!** powiedz mi natychmiast, gdzie byłeś!

hereby /hɪəˈbaɪ/ *adv* Admin, Jur niniejszym; **I ~ promise/declare that...** (in document) niniejszym zobowiązuję się/stwierdzam, że...; **I ~ declare him elected** niniejszym stwierdzam, że został wybrany

hereditary /hɪˈredɪtrɪ, US -terɪ/ *adj* dziedziczny

heredity /hɪˈredətɪ/ *n* dziedziczność *f*

Hereford and Worcester /ˌherɪfədəndˈwʊstə(r)/ *prn* Hereford *n* i Worcester *n*

herein /ˈhɪərɪn/ *adv* Jur (at beginning of document) w niniejszym piśmie; (at end) w

H

powyższym piśmie; **~ lies a problem** w tym tkwi problem

hereinafter /ˌhɪərɪnˈɑːftə(r)/ *adv* Jur → **hereafter** **II**

heresy /ˈherəsɪ/ *n* herezja *f*

heretic /ˈherətɪk/ *n* herety|k *m*, -czka *f*

heretical /hɪˈretɪkl/ *adj* heretycki

hereto /hɪəˈtuː/ *adv* [1] (of this fact) **as witness ~** jako świadek niniejszego wydarzenia [2] (to this) **attached ~** dołączony (do tego); **the parties ~** strony zainteresowane

heretofore /ˌhɪətuːˈfɔː(r)/ *adv* Jur dotychczas, do tej pory

hereupon /ˌhɪərəˈpɒn/ *adv* fml **~, they began shouting** po czym zaczęli krzyczeć

herewith /ˌhɪəˈwɪð/ *adv* fml w załączeniu; **I enclose ~...** załączam...

heritable /ˈherɪtəbl/ *adj* Scot Jur dziedziczny

heritage /ˈherɪtɪdʒ/ *n* [1] dat fml (inheritance) spadek *m*; spuścizna *f*, scheda *f* dat [2] (cultural) dziedzictwo *n*

herky-jerky /ˌhɜːkɪˈdʒɜːkɪ/ *adj [images]* US infml migający, gwałtownie się zmieniający; *[movement]* spazmatyczny

hermaphrodite /hɜːˈmæfrədaɪt/ **I** *n* hermafrodyta *m*
II *adj* hermafrodytyczny

hermaphroditic /hɜːˌmæfrəˈdɪtɪk/ *adj* hermafrodytyczny

hermeneutic /ˌhɜːmɪˈnjuːtɪk/ **I hermeneutics** *n (+ v sg)* hermeneutyka *f*
II *adj* hermeneutyczny

Hermes /ˈhɜːmiːz/ *prn* Hermes *m*

hermetic /hɜːˈmetɪk/ *adj* hermetyczny

hermetically /ˌhɜːˈmetɪklɪ/ *adv* hermetycznie; **~ sealed** zamknięty hermetycznie

hermit /ˈhɜːmɪt/ *n* pustelni|k *m*, -ca *f*

hermitage /ˈhɜːmɪtɪdʒ/ *n* pustelnia *f*; erem *m* liter

hermit crab *m* Zool krab pustelnik *m*

hernia /ˈhɜːnɪə/ *n* (*pl* **~s, ~e**) przepuklina *f*

hero /ˈhɪərəʊ/ *n* (*pl* **~es**) bohater *m*; Mythol heros *m* also liter; (idol) idol *m*, bożyszcze *n*; **to give sb a ~'s welcome** zgotować komuś powitanie godne bohatera; **the ~ of an hour** bohater chwili

Herod /ˈherəd/ *prn* Herod *m*

heroic /hɪˈrəʊɪk/ *adj [person, deed]* bohaterski; heroiczny liter; **~ attempts** bohaterskie or heroiczne próby

heroically /hɪˈrəʊɪklɪ/ *adv* bohatersko; heroicznie liter

heroic couplet *n* Literat kuplet *m* bohaterski *(pentametr jambiczny)*

heroics /hɪˈrəʊɪks/ *npl* (behaviour) brawurowe popisy *m pl*; (language) tromtadracja *f* liter; **no ~ please** bez brawurowych popisów, proszę

heroic treatment *n* podtrzymywanie *n* życia za wszelką cenę

heroin /ˈherəʊɪn/ *n* heroina *f*; **to come off ~** przestać zażywać heroinę; **to be on ~** zażywać heroinę

heroin addict *n* heroinist|a *m*, -ka *f*

heroin addiction *n* uzależnienie *n* od heroiny

heroine /ˈherəʊɪn/ *n* bohaterka *f*; heroina *f* liter; idol *m*, bożyszcze *n* liter

heroism /ˈherəʊɪzəm/ *n* bohaterstwo *n*, heroizm *m*

heron /ˈherən/ *n* czapla *f*

hero sandwich *n* US gigantyczna kanapka *f*

hero-worship /ˈhɪərəʊwɜːʃɪp/ **I** *n* kult *m* bohatera, uwielbienie *n*
II *vt* (*prp, pt, pp* **-pp-**, US **-p-**) uwielbiać, ubóstwiać

herpes /ˈhɜːpiːz/ *n* opryszczka *f*

herring /ˈherɪŋ/ *n* śledź *m*

herring boat *n* statek *m* do połowu śledzi

herringbone /ˈherɪŋbəʊn/ **I** *n* [1] (fabric) materiał *m* w jodełkę [2] (design) wzór *m* w jodełkę, jodełka *f* [3] (ski climb) podchodzenie *n* jodełką
II *modif* **in a ~ pattern** w jodełkę

herringbone stitch *n* ścieg *m* w jodełkę

herring gull *n* mewa *f* srebrzysta

hers /hɜːz/ *pron* jej; **my car is green but ~ is red** mój samochód jest zielony, a jej czerwony; **the blue pen is ~** niebieskie pióro jest jej; **which house is ~?** który z domów jest jej?; **I'm a friend of ~** jestem jej znajomym; **it's not ~** to nie jej; **the book wasn't ~ to lend** to nie była jej książka, więc nie powinna jej pożyczać; **~ was not an easy task** nie miała łatwego zadania; **I saw her with that dog of ~** widziałem ją z tym jej psem

herself /həˈself/ *pron* [1] (reflexive) **she hurt ~** uderzyła się; **she bought ~ a new car** kupiła sobie nowy samochód [2] (emphatic) sama; **she ~ said that...** sama powiedziała, że...; **she saw it ~** sama to widziała, widziała to na własne oczy [3] (after preposition) **(all) by ~** (całkiem or zupełnie) sama; **for ~** dla siebie; **that's wrong, she thought to ~** to niedobrze, pomyślała sobie (w duchu); **she doesn't get much time to ~** nie ma zbyt wiele czasu dla siebie; **she can be proud of ~** może być z siebie dumna

Hertfordshire /ˈhɑːtfədʃɪə(r)/ *prn* Hertfordshire *n inv*

Herts *n* GB Post → **Hertfordshire**

hertz /hɜːts/ *n* herc *m*, Hz

Hertzian wave /ˌhɜːtsiənˈweɪv/ *n* fala *f* herca

he's /hiːz/ = **he is, he has**

hesitancy /ˈhezɪtənsɪ/ *n* niezdecydowanie *n*, wahanie *n*; **~ about doing sth** brak zdecydowania or wahanie, czy coś zrobić

hesitant /ˈhezɪtənt/ *adj* [1] (nervous) *[expression, person, reply]* niepewny; *[policy, step]* niezdecydowany; **to be ~ about sth** nie móc się na coś zdecydować; **to be/look ~** być niezdecydowanym/wyglądać na niezdecydowanego; **his reading/singing was ~** czytał/śpiewał niepewnym głosem [2] (wavering) **to be ~ about sth** wahać się co do czegoś *[plan, scheme, system]*

hesitantly /ˈhezɪtəntlɪ/ *adv* [1] (nervously) *[act, do]* niepewnie, niezdecydowanie; *[speak, walk]* niepewnie [2] (waveringly) z wahaniem

hesitate /ˈhezɪteɪt/ *vi* za|wahać się **(over sth** co do czegoś); **to ~ to do sth** zawahać się, czy coś zrobić; **I ~ to recommend this product/make a judgment** waham się, czy polecić ten produkt/wydać opinię; **she was hesitating over a new hat** wahała się, czy kupić nowy kapelusz; **to ~ at nothing** nie zawahać się przed niczym
IDIOMS: **he who ~s is lost** do odważnych świat należy

hesitation /ˌhezɪˈteɪʃn/ *n* wahanie *n*, niezdecydowanie *n*, niepewność *f*; **to have no ~ in doing sth** nie wahać się coś zrobić; **there is no room for ~** nie pora się zastanawiać; **without the slightest** or **a moment's ~** bez najmniejszego wahania, bez chwili wahania

Hesperides /heˈsperɪdiːz/ *prn pl* **the ~** (nymphs) Hesperydy *f pl*; (garden) *(+ v sg)* ogród *m* Hesperyd; (islands) Hesperydy *f pl*

hessian /ˈhesɪən, US ˈheʃn/ *n* Tex juta *f*

hetero /ˈhetərəʊ/ infml **I** *n* osoba *f* heteroseksualna
II *adj* heteroseksualny

heterodox /ˈhetərədɒks/ *adj* heterodoksyjny

heterodoxy /ˈhetərədɒksɪ/ *n* heterodoksja *f*

heterogeneous /ˌhetərəˈdʒiːnɪəs/ *adj* heterogeniczny

heterograft /ˈhetərəʊgrɑːft, US -græft/ *n* Med heteroprzeszczep *m*

heterosexual /ˌhetərəˈsekʃʊəl/ **I** *n* osoba *f* heteroseksualna
II *adj* heteroseksualny

heterosexuality /ˌhetərəˌsekʃʊˈælətɪ/ *n* heteroseksualność *f*

heterotransplant /ˌhetərəˈtrænsplɑːnt, US -plænt/ *n* Med heterotransplantacja *f*

het up /ˌhetˈʌp/ *adj* infml zdenerwowany; **to get ~ about** or **over sth** zdenerwować się czymś; **why are you so ~?** co cię tak zdenerwowało?

heuristics /hjʊˈrɪstɪks/ **I** *n (+ v sg)* heurystyka *f*
II *adj* heurystyczny

hew /hjuː/ **I** *vt* (*pp* **hewn**) rąbać *[coal, wood]*; ocios|ać, -ywać *[stone, branch]*; **to ~ sth out of sth** wyciosać coś z czegoś; **to be hewn in sth** *[letters, pattern]* być wyrytym w czymś; **to ~ a path through sth** wyciąć ścieżkę wśród czegoś
II *vi* (*pp* **hewn**) US **to ~ to sth** ściśle czegoś przestrzegać

hex /heks/ US infml **I** *n* (evil spell) przekleństwo *n*, (zły) urok *m*; **to have a ~ on** być przeklętym; **to put a ~ on sb/sth** rzucić zły urok na kogoś/coś
II *vt* przekl|ąć, -inać, zauroczyć

hexadecimal /ˌheksəˈdesɪml/ **I** *n* system *m* szesnastkowy
II *adj* szesnastkowy

hexadecimal notation *n* Comput notacja *f* szesnastkowa

hexagon /ˈheksəgən, US -gɒn/ *n* sześciokąt *m*, sześciobok *m*

hexagonal /hekˈsægənl/ *adj* sześciokątny; Miner heksagonalny

hexagonal key *n* klucz *m* sześciokątny

hexagram /ˈheksəgræm/ *n* heksagram *m*

hexameter /hekˈsæmɪtə(r)/ *n* heksametr *m*; **written in ~s** napisany heksametrem

hey /heɪ/ *excl* infml (call for attention) hej!; (in protest) ejże!; **~ Mum, what's for lunch?** mamo, co na obiad?

heyday /ˈheɪdeɪ/ *n* (of movement) okres *m* rozkwitu, złoty okres *m*; (of fame) szczyt *m*; (of youth, vigour) pełnia *f*; **to be in one's ~** (at one's best) przeżywać najlepszy okres or najlepsze lata; (at peak of fame) być u szczytu sławy

hey presto /ˌheɪˈprestəʊ/ *excl* (when performing magic trick) hokus-pokus!

hg *n* = **hectogram** hektogram *m*, hg
H-girder /ˈeɪtʃgɜːdə(r)/ *n* = **H-beam**
HGV GB **I** *n* = **heavy goods vehicle** samochód *m* ciężarowy
II *modif* ~ **licence** pozwolenie na prowadzenie samochodów ciężarowych
HHS *n* US = **Health and Human Services** Ministerstwo *n* Zdrowia i Opieki Społecznej
hi /haɪ/ *excl* infml cześć! infml
HI US Post = **Hawaii**
hiatus /haɪˈeɪtəs/ *n* (*pl* **~es, ~**) [1] (pause) przerwa *f* [2] (gap) luka *f* [3] Ling, Literat hiatus *m*, rozziew *m* [4] Geol hiatus *m*
hibernate /ˈhaɪbəneɪt/ *vi* zapa|ść, -dać w sen zimowy
hibernation /ˌhaɪbəˈneɪʃn/ *n* sen *m* zimowy, hibernacja *f*; **to go into ~** zapaść w sen zimowy; **to emerge from** or **come out of ~** obudzić się ze snu zimowego
hibiscus /hɪˈbɪskəs, US haɪ-/ *n* (*pl* **~es**) hibiskus *m*, ketmia *f*
hiccough *n* = **hiccup**
hiccup /ˈhɪkʌp/ **I** *n* [1] czkawka *f*; **to have (the) ~s** mieć czkawkę [2] fig (setback) drobny problem *m*, drobna przeszkoda *f*
II *vi* (*prp, pt, pp* **-p-, -pp-**) (suffer) mieć czkawkę; (make the sound) czk|nąć, -ać
hick /hɪk/ US infml pej **I** *n* kmiot *m*, prosta|k *m*, -czka *f* infml
II *adj* prostacki; **~ town** prowincjonalne miasto
hickey /ˈhɪkɪ/ US *n* [1] infml (spot) plama *f*, plamka *f* [2] vinfml (love-bite) malinka *f* infml fig [3] infml (gadget) gadżet *m*
hickory /ˈhɪkərɪ/ *n* Bot hikora *f*, orzesznik *m*
hid /hɪd/ *pt* → **hide**[1]
hidden /ˈhɪdn/ **I** *pp* → **hide**[1]
II *adj* [*cause, danger, talent, treasure*] ukryty; **to be ~ from view** być niewidocznym; **to lie ~** ukryć się, schować się; **to keep sth ~ (away)** trzymać coś w ukryciu; **what have you got ~ away in that drawer?** co schowałeś or ukryłeś w tej szufladzie?
hide[1] /haɪd/ **I** *n* (for hunter, photographer) kryjówka *f*; (raised) ambona *f*
II *vt* (*pt* **hid;** *pp* **hidden)** [1] (conceal) ukry|ć, -wać [*person, object*] **(from sb** przed kimś); s|chować [*object*]; skry|ć, -wać [*emotions, fact, truth*] **(from sb** przed kimś); **to ~ from sb the fact that...** ukryć przed kimś fakt, że...; **I've nothing to ~** nie mam nic do ukrycia; **to ~ one's blushes** ukrywać zażenowanie [2] (cover) zakry|ć, -wać [*moon, face*]
III *vi* (*pt* **hid;** *pp* **hidden)** [*person, animal*] ukry|ć, -wać się, s|chować się; [*thing*] hum s|chować się hum; **a place to ~** schronienie, kryjówka; **he hid behind a false identity** ukrył się pod fałszywym nazwiskiem
IV *vr* (*pt* **hid;** *pp* **hidden) to ~ oneself** ukry|ć, -wać się, s|chować się
■ **hide away**: ¶ **~ away** ukry|ć, -wać się ¶ **~ away [sth], ~ [sth] away** ukry|ć, -wać
■ **hide out** GB, **hide up** US ukry|ć, -wać się, s|chować się
hide[2] /haɪd/ **I** *n* (skin, leather) skóra *f*
II *modif* [*suitcase, furniture*] skórzany; [*gloves, binding*] skórkowy
IDIOMS: **I haven't seen ~ or hair of him** nie widziałem go na oczy

hide-and-go-seek /ˌhaɪdəngəʊˈsiːk/ *n* US = **hide and seek**
hide and seek *n* GB zabawa *f* w chowanego; **let's play ~!** zabawmy się w chowanego!
hideaway /ˈhaɪdəweɪ/ *n* kryjówka *f*
hidebound /ˈhaɪdbaʊnd/ *adj* skostniały, konserwatywny
hideous /ˈhɪdɪəs/ *adj* [1] (ugly) [*colour, creature, object, clothing*] szkaradny, ohydny; [*sound, noise*] okropny [2] (terrible) [*mistake, conditions*] okropny, fatalny; [*crime, violence*] ohydny, odrażający
hideously /ˈhɪdɪəslɪ/ *adv* [1] (repulsively) [*ugly, deformed*] odrażająco, koszmarnie [2] (terribly) [*act, behave*] ohydnie; [*disappointed, embarrassed*] okropnie; [*rich, expensive*] obrzydliwie hum
hideout /ˈhaɪdaʊt/ *n* kryjówka *f*
hiding[1] /ˈhaɪdɪŋ/ *n* (concealment) **to go into ~** ukryć się; **to be in ~** ukrywać się; **to emerge from** or **come out of ~** wyjść z ukrycia
hiding[2] /ˈhaɪdɪŋ/ *n* (beating) lanie *n*; **to give sb a ~** dać komuś w skórę infml; **to get a ~** dostać w skórę infml
IDIOMS: **to be on a ~ to nothing** być na straconej pozycji
hiding place *n* kryjówka *f*; (for money) schowek *m*
hie /haɪ/ *vi* arch pośpieszyć się; **~ thee hence!** ruszaj!
hierarchic(al) /ˌhaɪəˈrɑːkɪk(l)/ *adj* hierarchiczny
hierarchy /ˈhaɪərɑːkɪ/ *n* hierarchia *f*
hieroglyph /ˈhaɪərəglɪf/ *n* hieroglif *m* also fig
hieroglyphic /ˌhaɪərəˈglɪfɪk/ **I** *n* hieroglif *m* also fig
II hieroglyphics *npl* pismo *n* hieroglificzne
III *adj* hieroglificzny
hifalutin /ˌhaɪfəˈluːtɪn/ *adj* infml = **high-faluting**
hi-fi /ˈhaɪfaɪ/ **I** *n* [1] = **high fidelity** hi-fi *n inv* [2] (set of equipment) zestaw *m* hi-fi
II *modif* [*record, tape, sound*] hi-fi
higgledy-piggledy /ˌhɪgldɪˈpɪgldɪ/ **I** *adj* bezładny, w nieładzie
II *adv* bezładnie, w nieładzie; jak popadnie infml
high /haɪ/ **I** *n* [1] (high level) wysoki poziom *m*; **an all-time** or **a record ~** rekordowy poziom; **to rise to** or **hit** or **reach a new ~** osiągnąć nienotowany dotąd poziom; **a ~ of 35°** maksymalna temperatura 35°; **a ten-year ~ of 10 million** rekordowy w tej dekadzie poziom dziesięciu milionów [2] infml (euphoric feeling) euforia *f*, silne podniecenie *n*; **to give sb a ~** [*drug*] wprowadzić kogoś w stan upojenia narkotycznego; [*success, compliment*] wprowadzić kogoś w stan euforii; **to be on a ~** (with excitement) być w euforii; (with drug) być na haju infml [3] Meteorol obszar *m* wysokiego ciśnienia [4] US Sch infml → **high school**
II *adj* [1] (tall) [*building, hill, pile, table, forehead, collar, heel*] wysoki; **~ cheekbones** wydatne kości policzkowe; **how ~ is the cliff?** jaka jest wysokość tego klifu?; **it is 50 cm ~** to ma 50 cm wysokości; **a five-metre ~ wall** pięciometrowy mur, mur pięciometrowej wysokości; **chest-~** sięgający po piersi; **waist-~** po pas, do pasa; **I've known him since he was that** or **so ~** znam go od takiego małego [2] (far from the ground) [*shelf, window, plateau, cloud, tier, level, floor*] wysoki; [*river*] wezbrany; **at ~ altitude** na dużej wysokości; **at ~ tide** podczas przypływu; **with a ~ ceiling** (room) wysoki; (church, palace) o wysokim sklepieniu; **a dress with a ~ neck(line)** suknia zapinana wysoko pod szyję; **how ~ (up) are we?** (on top of building) ile stąd jest metrów do ziemi?; (on plane, mountain) na jakiej wysokości się znajdujemy?; **how ~ do you want the shelf?** na jakiej wysokości chcesz mieć tę półkę? [3] (numerically large) [*number, ratio, price, frequency*] wysoki; [*wind*] silny; [*playing card*] mocny; **this will lead to ~er taxes** to doprowadzi do wzrostu podatków, to spowoduje wzrost podatków; **at ~ speed** z dużą prędkością; **to have a ~ temperature** mieć gorączkę or podwyższoną temperaturę; **~ in sth** bogaty w coś [*iron*]; zawierający duże ilości czegoś [*fat*] [4] (great, intense) [*degree, intensity, risk*] wysoki; [*fever*] wysoki, duży; [*anxiety, tension, excitement, hope, expectation*] wielki; **cook on a ~ heat** gotuj na dużym ogniu; **turn the grill to ~** nastaw grill na maksimum; **to have a ~ colour** mieć rumieńce or kolory infml; **that is ~ praise!** to wielki komplement!; **a moment of ~ drama** bardzo dramatyczny moment; **the building is ~ Victorian/Gothic** ten budynek pochodzi z okresu największej świetności stylu wiktoriańskiego/gotyku; **in ~ summer** w środku lata; **feelings are running ~** atmosfera robi się gorąca [5] (important) [*quality, standard, rank, class, authority, status, place on list*] wysoki; **a ~er court** sąd wyższej instancji; **I have it on the ~est authority** wiem to z najpewniejszego źródła; **to have friends in ~ places** mieć wpływowych przyjaciół; **corruption in ~ places** korupcja na najwyższych szczeblach władzy; **to be ~ up** mieć wysoką pozycję; **to go on to ~er things** robić karierę [6] (noble) [*ideal, principle, character*] szlachetny; **those are ~ words (indeed)!** iron to wielkie słowa! [7] (acute) [*pitch, sound, voice, note*] wysoki; **to reach the ~ notes** wyciągać wysokie tony [8] (mature) [*game, meat, fish, cheese*] z zapaszkiem; [*butter*] zjełczały; **I like my cheese really ~** lubię ser z zapaszkiem [9] infml (euphoric) (on drug) na haju infml; (happy) upojony, w stanie euforii; **to be ~ on sth** być pod wpływem czegoś [*drug*]; **she was ~ on success** była upojona sukcesem; **to get ~** (deliberately) naćpać się infml; (accidentally) odurzyć się [10] Ling [*vowel*] wysoki
III *adv* [1] (to a great height) [*build, climb, jump, rise, raise*] wysoko; **the plane flew too ~** samolot leciał za wysoko; **the desk was piled ~ with papers** na biurku piętrzyły się stosy papierów; **write it ~er up** napisz to wyżej; **to live ~ up on the 16th floor** mieszkać wysoko na szesnastym piętrze; **to climb ~er and ~er** [*person, animal*] wspinać się coraz wyżej; fig [*figures, rate, unemployment*] stale wzrastać or rosnąć; **interest rates may go as ~ as 15%**

H

stopy procentowe mogą wzrosnąć aż do 15%; **don't go any ~er than £15,000** nie proponuj więcej niż 15 000 funtów [2] (at a high level) *[set, turn on]* (of heater, oven) mocno; (of radio, TV) głośno; **to turn sth up ~** podkręcić coś infml; **don't turn it up too ~** (of radio, TV) nie nastawiaj za głośno; (of oven, gas cooker) nie nastawiaj na zbyt wysoką temperaturę [3] *[sing, play]* wysoko

IV on high *adv phr* w górze; Relig w niebie; **from on ~** z góry; Relig z nieba

IDIOMS: **it's ~ time that he did it** najwyższy czas, żeby to zrobił; **to have a ~ (old) time** doskonale się bawić; **to hold one's head (up) ~** fig chodzić z podniesioną głową, nosić głowę wysoko; **to search** or **hunt ~ and low for sth** wszędzie czegoś szukać

high altar *n* ołtarz *m* główny

high and dry *adj* (in shallow water) na mieliźnie; (out of water) wyjęty z wody; **to leave sb ~** fig zostawić kogoś na lodzie infml

high-angle shot /haɪˈæŋɡlʃɒt/ *n* Cin, Phot ujęcie *n* z góry

highball /ˈhaɪbɔːl/ *n* koktajl *m*; (with whisky) whisky *f* z wodą sodową

highball glass *n* kieliszek *m* do koktajlu

high beam *n* US długie światła *n pl*

high-born /ˈhaɪbɔːn/ *adj* szlachetnie or wysoko urodzony dat

highboy /ˈhaɪbɔɪ/ *n* US wysoka komoda *f*

highbrow /ˈhaɪbraʊ/ **I** *n* intelektualist|a *m*, -ka *f*

II *adj [taste, interest]* intelektualny; *[music, literature, art]* trudny w odbiorze; przeintelektualizowany pej

high chair *n* wysokie krzesełko *n* (dziecięce)

High Church *n eklezjalny nurt w obrębie kościoła anglikańskiego*

high-class /ˌhaɪˈklɑːs, US -ˈklæs/ *adj [hotel, restaurant, shop, car]* luksusowy; *[food, clothes]* wytworny; *[goods, product]* pierwszorzędnej jakości, wysokiej klasy; *[performance]* pierwszorzędny; *[area, neighbourhood]* elegancki; *[prostitute]* luksusowy

high comedy *n* Theat *komedia salonowa na wysokim poziomie artystycznym*; **there are moments of ~ in the film** w tym filmie są niezwykle komiczne momenty

high command *n* naczelne dowództwo *n*

high commission *n* urząd *m* wysokiego komisarza

high commissioner *n* wysoki komisarz *m*

high court *n* Sąd *m* Najwyższy

high court judge *n* sędzia *m* Sądu Najwyższego

High Court (of Justice) *n* Izba *f* Cywilna Sądu Najwyższego Anglii i Walii

High Court of Justiciary *n* Izba *f* Karna Sądu Najwyższego Szkocji

high definition I *n* duża rozdzielczość *f*

II high-definition *adj* **~ television picture** obraz telewizyjny o dużej rozdzielczości

high density *adj [metal]* ciężki; **~ disk /tape** płyta/taśma o dużej gęstości zapisu

high-density housing /ˌhaɪdensətɪˈhaʊzɪŋ/ *n* gęsta zabudowa *f*

high-dependency /ˌhaɪdɪˈpendənsɪ/ *adj* Med *[patient]* specjalnej troski

high diver *n* skoczek *m* z trampoliny

high diving *n* skoki *m pl* z trampoliny

high-energy particle /ˌhaɪˌenədʒɪˈpɑːtɪkl/ *n* cząstka *f* wysokoenergetyczna

high-energy physics /ˌhaɪˌenədʒɪˈfɪzɪks/ *n* fizyka *f* wysokich energii

Higher /ˈhaɪə(r)/ *n* Scot Sch świadectwo *n* ukończenia szkoły średniej

higher education *n* wyższe wykształcenie *n*, wyższe studia *plt*

higher mathematics *n (+ v sg)* matematyka *f* wyższa

Higher National Certificate *n* GB ≈ dyplom *m* technika

Higher National Diploma *n* GB ≈ dyplom *m* ukończenia studiów technicznych

higher-up /ˌhaɪərˈʌp/ *n* infml (decisive body) zwierzchność *f*; góra *f* infml fig

highest common factor *n* największy wspólny podzielnik *m*

high explosive, HE *n* materiał *m* wybuchowy kruszący

highfalutin(g) /ˌhaɪfəˈluːtɪŋ/ *adj* infml napuszony, pretensjonalny

high fashion *n* wykwintne krawiectwo *n*, haute couture *n inv*

high-fibre /ˌhaɪˈfaɪbə(r)/ *adj* bogaty w błonnik

high-fidelity /ˌhaɪfɪˈdelətɪ/ **I** *n* wysoka wierność *f* odtwarzania, hi-fi *n inv*

II *adj* **~ recording/reproduction** nagranie/odtwarzanie wysokiej jakości; **~ equipment** sprzęt hi-fi

high finance *n* wielka finansjera *f*

high five *n* gest *m* zwycięstwa *(uderzenie dłonią w uniesioną dłoń drugiej osoby)*; **to give sb a ~** infml przybić piątkę z kimś infml

high-flier /ˌhaɪˈflaɪə(r)/ *n* młody ambitny *m*, młoda ambitna *f*; młody wilk *m* fig; **to be a ~** mierzyć wysoko

high-flown /ˌhaɪˈfləʊn/ *adj* górnolotny

high-flyer /ˌhaɪˈflaɪə(r)/ *n* = **high-flier**

high-flying /ˌhaɪˈflaɪɪŋ/ *adj* [1] *[aircraft]* osiągający wysoki pułap lotu; *[bird]* wysoko fruwający [2] fig *[person]* ambitny, mierzący wysoko; *[ambition, ideal]* wielki; *[career]* zawrotny

high frequency *n* wysoka częstotliwość *f*

High German *n* Ling (język *m*) wysokoniemiecki *m*

high-grade /ˌhaɪˈɡreɪd/ *adj* [1] Miner *[mineral, ore]* wysokoprocentowy [2] *[merchandise, paper]* wysokogatunkowy

high ground *n* tereny *m pl* wyżej położone; **there will be snow on ~** w górach będzie leżał śnieg; **to seize** or **claim** or **take the (moral) ~** fig uderzyć w moralizatorski ton

high-handed /ˌhaɪˈhændɪd/ *adj [decision]* arbitralny; *[person]* arogancki

high-handedly /ˌhaɪˈhændɪdlɪ/ *adv* arbitralnie

high-handedness /ˌhaɪˈhændɪdnɪs/ *n* arbitralność *f*

high hat *n* [1] (top hat) cylinder *m* [2] Mus break-maszyna *f*, charlstonka *f* [3] infml dat ważnia|k *m*, -czka *f* infml

high-heeled /ˌhaɪˈhiːld/ *adj [shoe]* na wysokim obcasie

high heels *npl* (heels) wysokie obcasy *m pl*; (shoes) buty *m pl* na wysokich obcasach

high impact *adj [exercise]* forsowny

high-income /ˌhaɪˈɪnkʌm/ *adj* wysokodochodowy; **~ families** rodziny o wysokich dochodach; **~ share/job** udział dający /praca dająca wysoki dochód

high-intensity /ˌhaɪˈɪntensɪtɪ/ *adj [lights]* o wysokim natężeniu

high-interest /ˌhaɪˈɪntrɪst/ *adj* wysoko oprocentowany

high jinks /ˌhaɪˈdʒɪŋks/ *npl* infml szalona zabawa *f*, szaleństwo *n*; **to get up to ~** szaleć

high jump *n* Sport skok *m* wzwyż

IDIOMS: **you'll be for the ~** GB infml dostaniesz za swoje, oberwie ci się infml

high kick *n* wyrzucenie *n* nogi wysoko w górę

highland /ˈhaɪlənd/ **I** *n* (also **~s**) obszar *m* górski

II *adj [animal, vegetation]* górski

Highland /ˈhaɪlənd/ **I Highlands** *prn pl* (also **Highland Region**) region *m* górski i wyżynny w pn. Szkocji

II *modif [customs, dress, cattle]* z regionu Highlands; *[holiday]* w górach Szkocji

highlander /ˈhaɪləndə(r)/ *n* góral *m*, -ka *f*

Highlander /ˈhaɪləndə(r)/ *n* ≈ góral *m* szkocki, góralka *f* szkocka

Highland fling *n* taniec *m* szkocki

Highland games *npl* konkurs *m* tradycyjnych szkockich tańców i gier sprawnościowych

high-level /ˌhaɪˈlevl/ *adj* [1] *[contacts, meeting, talks]* na wysokim szczeblu; *[diplomat, executive, official]* wysoki, wysokiego szczebla [2] Comput **~ programming language** język programowania wysokiego poziomu [3] Nucl *[nuclear waste]* wysokoaktywny

high life *n* światowe życie *n*, high life *m*

highlight /ˈhaɪlaɪt/ **I** *n* [1] Art plama *f* światła [2] (in hair) jasne pasemko *n* [3] (best part) (of exhibition) główna atrakcja *f*; (of match, show, event) punkt *m* kulminacyjny; (of week, evening, year) najważniejsze wydarzenie *n*

II highlights *npl* Sport, Radio, TV przegląd *m* najważniejszych wydarzeń

III *vt* (*pt, pp* **-lighted**) [1] (accentuate) *[artist, photographer]* uwydatni|ć, -ać, podkreśl|ić, -ać; *[sun, light]* oświetl|ić, -ać, rozjaśni|ć, -ać [2] (emphasize) uwydatni|ć, -ać, zwr|ócić, -acać uwagę na (coś) [3] (with fluorescent pen) zakreśl|ić, -ać, zaznacz|yć, -ać [4] Comput podświetl|ić, -ać [5] (bleach) rozjaśni|ć, -ać; **to have one's hair ~ed** zrobić sobie pasemka

highlighter /ˈhaɪlaɪtə(r)/ *n* [1] (pen) marker *m*, mazak *m* fluorescencyjny [2] (make-up) rozjaśniający

high living *n* światowe życie *n*

highly /ˈhaɪlɪ/ *adv* [1] (very, to a large extent) *[appropriate, complex, interesting, sensitive, intelligent, respected, contagious]* bardzo, wysoce; *[unlikely]* wysoce, wielce; *[flammable]* łatwo; *[confidential, classified]* ściśle; *[developed, toxic]* wysoko; *[commended, recommend]* gorąco, bardzo; *[seasoned]* mocno; **~ important** najwyższej wagi, bardzo ważny; **to be ~ critical of sth/sb** bardzo krytycznie odnosić się do czegoś/kogoś; **to be ~ motivated** mieć silną motywację [2] (enthusiastically) *[rate]* wysoko; **to speak ~ of sb** wyrażać się o kimś pochlebnie; **to**

think ~ of sb mieć o kimś wysokie mniemanie; **she is very ~ thought of** jest bardzo ceniona or wysoko oceniana; **to praise sb ~** bardzo kogoś chwalić; **to be ~ regarded** być wysoko cenionym; **to be ~ acclaimed** spotkać się z wielkim uznaniem [3] (with a large amount) *[remunerated, rewarded]* wysoko, bardzo dobrze; **~ priced** drogi; **~ populated** gęsto zaludniony

highly-charged /ˌhaɪlɪˈtʃɑːdʒd/ *adj [atmosphere]* napięty; *[meeting]* odbywający się w napiętej atmosferze; *[narrative]* trzymający w napięciu

highly-coloured GB, **highly-colored** US /ˌhaɪlɪˈkʌləd/ *adj* [1] kolorowy, w jaskrawych kolorach [2] fig (embellished) *[story, version, description]* bardzo ubarwiony

highly-paid /ˌhaɪlɪˈpeɪd/ *adj [job]* wysokopłatny; *[employee]* wysoko opłacany

highly placed *adj* wpływowy, wysoko postawiony

highly-polished /ˌhaɪlɪˈpɒlɪʃt/ *adj* wypolerowany

highly-sexed /ˌhaɪlɪˈsekst/ *adj* mający mocne libido, mający duże potrzeby seksualne

highly-strung /ˌhaɪlɪˈstrʌŋ/ *adj* bardzo nerwowy

highly-trained /ˌhaɪlɪˈtreɪnd/ *adj* doskonale wyszkolony

High Mass *n* Relig suma *f*

high-minded /ˌhaɪˈmaɪndɪd/ *adj* szlachetny, wspaniałomyślny

high-necked /ˌhaɪˈnekt/ *adj [dress, blouse]* (wysoko) pod szyję; *[sweater]* z golfem

highness /ˈhaɪnɪs/ *n* (of building, voice, sound) wysokość *f*; (of wind) siła *f*

Highness /ˈhaɪnɪs/ *n* **His/Her (Royal) ~** Jego/Jej Wysokość *f*

high noon *n* [1] południe *n*; **at ~** w samo południe [2] fig szczytowy okres *m*

high-octane /ˌhaɪˈɒkteɪn/ *adj* wysokooktanowy

high-performance /ˌhaɪpəˈfɔːməns/ *adj [car]* o wysokich parametrach silnika

high-pitched /ˌhaɪˈpɪtʃt/ *adj* [1] *[sound, note]* wysoki; *[voice]* cienki, piskliwy; *[whistle, scream, shriek]* przenikliwy [2] *[roof]* spadzisty

high point *n* fig apogeum *n inv*

high-powered /ˌhaɪˈpaʊəd/ *adj* [1] (powerful) *[transmitter, rifle]* o dużym zasięgu; *[engine, car]* o dużej mocy; *[microscope, lens, telescope]* mocny [2] (dynamic) *[person, executive, solicitor]* dynamiczny, energiczny; *[sector, field, business]* dynamicznie się rozwijający; *[job]* odpowiedzialny [3] (difficult) *[book, course]* trudny, dla zaawansowanych

high pressure **I** *n* Meteorol wysokie ciśnienie *n*
II *modif* [1] Meteorol **~ area** obszar wysokiego ciśnienia [2] (aggressive) *[salesperson]* nachalny infml; *[selling, tactics]* agresywny [3] (stressful) *[job]* nerwowy [4] Tech *[gas, steam]* pod wysokim ciśnieniem; *[pump, cylinder]* wysokociśnieniowy

high priest *n* Relig arcykapłan *m*; fig guru *m* **(of sth** czegoś)

high priestess *n* Relig (arcy)kapłanka *f*; fig guru *m* **(of sth** czegoś)

high-principled /ˌhaɪˈprɪnsəpld/ *adj [person]* kierujący się (szczytnymi) zasadami; *[stand]* pryncypialny; **~ motivation** szlachetne motywy

high-profile /ˌhaɪˈprəʊfaɪl/ *adj [entrepreneur, firm, politician, pressure group]* szeroko znany; *[campaign, lobbying]* głośny; *[visit, meeting]* na wysokim szczeblu

high-ranking /ˌhaɪˈræŋkɪŋ/ *adj [position, post]* wysoki, ważny; **~ officer** Admin wysoki (rangą) urzędnik; Mil oficer wysokiej rangi

high-resolution /ˌhaɪˌrezəˈluːʃn/ *adj* **~ spectrometer** spektrometr o dużej zdolności rozdzielczej; **~ radar** radar o dużej rozróżnialności

high rise **I** *n* wieżowiec *m*, wysokościowiec *m*
II *adj* **~ flat** or **apartment** mieszkanie w wieżowcu; **~ building, ~ block** wieżowiec, wysokościowiec

high-risk /ˌhaɪˈrɪsk/ *adj* [1] (dangerous) *[occupation, sport]* niebezpieczny; *[prisoner]* groźny, niebezpieczny [2] (in danger) *[person]* znajdujący się w grupie podwyższonego ryzyka; **~ group** grupa podwyższonego ryzyka

high road *n* główna droga *f*; **on the ~ to sth** fig na najlepszej drodze do czegoś

high roller *n* US infml [1] (big spender) rozrzutni|k *m*, -ca *f*; utracjusz *m*, -ka *f* dat [2] (gambler) hazardzist|a *m*, -ka *f*

high school *n* US liceum *n*; GB ≈ szkoła *f* ogólnokształcąca

high-scoring /ˌhaɪˈskɔːrɪŋ/ *adj* **~ player** (in soccer, baseball) dobry strzelec

high sea *n* pełne or otwarte morze *n*; **on the ~s** na pełnym morzu

high season *n* pełnia *f* sezonu; **in (the) ~** w sezonie

high-sided vehicle /ˌhaɪsaɪdɪdˈvɪəkl/ *n* wysoki pojazd *m*

high society *n* (wytworne) towarzystwo *n*; socjeta *f* liter

high-sounding /ˌhaɪˈsaʊndɪŋ/ *adj* szumnie brzmiący

high-speed /ˌhaɪˈspiːd/ *adj [train, coach]* szybkobieżny; *[machine, drill]* wysokoobrotowy; *[fax, printer, sorting machine]* szybki; *[film]* wysokoczuły; **~ camera** aparat fotograficzny or kamera filmowa do robienia szybkich zdjęć

high-spending /ˌhaɪˈspendɪŋ/ *adj* rozrzutny

high-spirited /ˌhaɪˈspɪrɪtɪd/ *adj [person]* pełen życia or temperamentu; *[tune]* skoczny; *[horse]* rączy liter

high spirits *npl* świetny or doskonały nastrój *m*; **in ~** w świetnym or doskonałym nastroju

high spot *n* (culmination) punkt *m* kulminacyjny; (main feature) główna atrakcja *f*

high street GB (also **High Street**) **I** *n* główna ulica *f*; **you won't find these clothes in the ~** takich ubrań nie znajdziesz w (byle) domu towarowym
II *modif [retailer]* należący do sieci sklepów

high-street bank /ˌhaɪstriːtˈbæŋk/ *n* popularny bank *m (posiadający wiele oddziałów i filii)*

high-street shop /ˌhaɪstriːtˈʃɒp/ *n* sklep *m* należący do sieci

high-street spending /ˌhaɪstriːtˈspendɪŋ/ *n* wydatki *m pl* konsumpcyjne, codzienne wydatki *m pl*

high-strung /ˌhaɪˈstrʌŋ/ *adj* = **highly strung**

high table *n* (at function) stół *m* główny; GB Univ stół *m* profesorski

hightail /ˈhaɪteɪl/ *vi* US infml prys|nąć, -kać infml; **to ~ (it) home** pryskać do domu infml

high tea *n* GB podwieczorek *m*

high tech /ˌhaɪˈtek/ **I** *n* (interior design) nowoczesny styl *m*, nowoczesne wzornictwo *n*
II high-tech *adj* infml *[industry, company, sector]* najnowocześniejszy, najnowszy; *[method, system]* stosujący najnowocześniejsze techniki; *[style, decor, furniture]* nowoczesny; *[room, house]* nowocześnie urządzony

high technology **I** *n* najnowsza or najnowocześniejsza technika *f*
II *modif [company, industry, sector]* stosujący najnowsze techniki; *[product]* nowoczesny; **~ research** badania w dziedzinie nowoczesnych technologii; **~ development** rozwój nowoczesnych technologii; **~ equipment** najnowszy sprzęt

high-tension /ˌhaɪˈtenʃn/ *adj* **~ cable /wire** kabel/drut wysokiego napięcia

high tide *n* przypływ *m*; fig moment *m* szczytowy

high treason *n* zdrada *f* stanu

high-up /ˈhaɪʌp/ *n* infml gruba ryba *f*, szycha *f* infml

high-velocity /ˌhaɪveˈlɒsətɪ/ *adj* **~ bullet/missile/wind** kula/pocisk/wiatr o dużej prędkości

high voltage **I** *n* wysokie napięcie *n*
II high-voltage *adj* **~ generator** generator wysokiego napięcia

high-waisted /ˌhaɪˈweɪstɪd/ *adj* **~ dress** sukienka z podwyższoną talią

high water *n* (high tide) przypływ *m*; (of tidal river, in harbour) wysoka woda *f*

high-water mark /ˌhaɪˈwɔːtəmɑːk/ *n* znak *m* wysokiej wody; fig moment *m* szczytowy, apogeum *n*

highway /ˈhaɪweɪ/ *n* GB (main road) szosa *f*; US (motorway) autostrada *f*; **public** or **king's** or **queen's ~** GB droga publiczna; **~s and byways** drogi i bezdroża

Highway Code *n* GB kodeks *m* drogowy

highway maintenance *n* utrzymanie *n* i konserwacja *f* dróg

highwayman /ˈhaɪweɪmən/ *n* (*pl* **-men**) rozbójnik *m*

highway patrol *n* US policja *f* drogowa; drogówka *f* infml

highway robbery *n* bandytyzm *m*; fig rozbój *m* na równej or gładkiej drodze infml

Highways Department *n* ≈ wydział *m* dróg i mostów

highway(s) engineer *n* budowniczy *m* dróg i mostów

high wire *n* lina *f (rozpięta wysoko, do balansowania)*

high yellow *n* US vinfml offensive mulat *m*, -ka *f*

hijack /ˈhaɪdʒæk/ **I** *n* porwanie *n*, uprowadzenie *n*
II *vt* [1] (capture) por|wać, -ywać, uprowa|dz|ić, -ać *[plane, car]* [2] (steal) z|rabować

H

[load, consignment]; (rob) obrabow|ać, -ywać *[vehicle]* 3 fig (take over) przywłaszcz|yć, -ać (sobie) *[theory, subject]*; przej|ąć, -mować kontrolę nad (czymś) *[demonstration, event]*

hijacker /ˈhaɪdʒækə(r)/ *n* (of plane) porywacz *m*, -ka *f*; (of goods, car) rabuś *m*

hijacking /ˈhaɪdʒækɪŋ/ *n* (of plane) uprowadzenie *n*; (of goods) rabunek *m*

hike /haɪk/ **I** *n* 1 (walk) piesza wycieczka *f*, wędrówka *f*; **to go on** or **for a ~** iść na wycieczkę 2 Fin (rise) wzrost *m*, podwyżka *f* **(in sth** czegoś)
II *vt* (also **~ up**) podciąg|nąć, -ać *[trousers]*; Fin podn|ieść, -osić *[rate, price]*
III *vi* wędrować; **they ~d all round Italy** przewędrowali całe Włochy
IDIOMS: **take a ~!** infml spływaj! infml

hiker /ˈhaɪkə(r)/ *n* turyst|a *m*, -ka *f*

hiking /ˈhaɪkɪŋ/ *n* piesze wycieczki *f pl*, piesze wędrówki *f pl*; **a week's ~ holiday** tygodniowa wędrówka

hiking boot *n* but *m* turystyczny; **a pair of ~s** pionierki

hilarious /hɪˈleərɪəs/ *adj [story, film, person]* komiczny; *[party]* wesoły; **we had a ~ time** było przezabawnie

hilariously /hɪˈleərɪəslɪ/ *adv* przezabawnie, komicznie; **~ funny** prześmieszny, przekomiczny

hilarity /hɪˈlærətɪ/ *n* wesołość *f*; **her hat caused much ~** jej kapelusz wzbudził powszechną wesołość

hill /hɪl/ *n* 1 (elevation) wzgórze *n*; (mound) wzgórek *m*, pagórek *m*; (incline) wzniesienie *n*; **up/down the ~** pod górę/z góry; **over ~ and dale** liter przez góry i doliny, górami i dolinami 2 US **the Hill** Kapitol *m (Kongres Stanów Zjednoczonych)*
IDIOMS: **over the ~s and far away** za górami, za lasami; **he went over the ~s and far away** odszedł w siną dal hum; **to be as old as the ~s** być starym jak świat; **to be over the ~** przeżyć połowę (życia); mieć z górki infml

hillbilly /ˈhɪlbɪlɪ/ *n* US infml pej prosta|k *m*, -czka *f* infml pej

hill climb *n* (motor sport) rajd *m* górski

hill farming *n* GB chów *m* (zwierząt) na terenach podgórskich

hilliness /ˈhɪlɪnɪs/ *n* pagórkowatość *f*

hillock /ˈhɪlək/ *n* pagórek *m*, górka *f*

hillside /ˈhɪlsaɪd/ *n* zbocze *n* (wzgórza), stok *m*; **on the ~** na zboczu

hill station *n* (in South Asia) miejscowość *f* letniskowa w górach *(gdzie panuje niższa temperatura)*

hilltop /ˈhɪltɒp/ **I** *n* szczyt *m* wzgórza
II *modif [farm, settlement]* na wzgórzu

hill walking *n* turystyka *f* górska

hilly /ˈhɪlɪ/ *adj* 1 *[countryside, region]* pagórkowaty 2 (steep) *[road, path]* stromy

hilt /hɪlt/ *n* (handle) (of sword, dagger, sabre) rękojeść *f*; **(up) to the ~** aż po rękojeść; **to be in debt to the ~** fig być zadłużonym po uszy; **to back sb (up) to the ~** fig udzielić komuś pełnego poparcia

him /hɪm/ *pron* 1 **I like ~** lubię go; **I know ~ but not her** jego znam, a jej nie; **give it to ~** daj to jemu, daj to mu; **we bought ~ flowers** kupiliśmy mu kwiaty; **for ~** dla niego; **with ~** z nim; **without ~** bez niego; **she's older than ~** jest od niego starsza 2 (emphatic) **it's ~** to on; **it was ~ who did it** to on to zrobił; **I don't think that suit is quite ~** niezbyt dobrze mu w tym garniturze 3 US infml (for himself) sobie; **he'd better get ~ a new job** lepiej niech sobie poszuka nowej pracy

Himalayas /ˌhɪməˈleɪəz/ *prn pl* **the ~** Himalaje *plt*

himbo /ˈhɪmbəʊ/ *n* infml przystojniak *m*; samiec *m* infml pej

himself /hɪmˈself/ *pron* 1 (reflexive) **he hurt ~** skaleczył się; **he bought ~ a new gadget** kupił sobie nową zabawkę 2 (emphatic) sam; **he ~ said that...** sam powiedział, że...; **he saw it ~** sam to widział, widział to na własne oczy 3 (after preposition) **(all) by ~** (całkiem or zupełnie) sam; **for ~** dla siebie; **that's dangerous, he thought to ~** to niebezpieczne, pomyślał sobie (w duchu); **he doesn't get much time to ~** nie ma zbyt wiele czasu dla siebie; **he can be proud of ~** może być z siebie dumny

hind[1] /haɪnd/ *n* **(***pl* **~, ~s)** Zool łania *f*

hind[2] /haɪnd/ *adj* zadni; **~ legs** tylnie or zadnie nogi; **Bill got up on his ~ legs and said...** Bill podniósł się i powiedział...

hinder /ˈhɪndə(r)/ *vt* 1 (hamper) przeszk|odzić, -adzać (czemuś) *[development, efforts, career, process]*; utrudni|ć, -ać realizację (czegoś) *[proposals, reform]*; (delay) opóźni|ć, -ać *[progress, plan]*; **expansion is being ~ed by lack of funds** brak funduszy utrudnia rozwój 2 (prevent) wstrzym|ać, -ywać *[action]*; powstrzym|ać, -ywać *[person]*

Hindi /ˈhɪndɪ/ *n* Ling (język *m*) hindi *n inv*

hindmost /ˈhaɪndməʊst/ *adj* ostatni
IDIOMS: **run, boys, and the devil take the ~!** biegiem, chłopcy, kto pierwszy, ten lepszy!

hindquarters /ˌhaɪndˈkwɔːtəz/ *npl* (of horse, elephant) zad *m*; (of person) siedzenie *n*; **a half-turn on the ~** Equest półobrót na tylnych nogach

hindrance /ˈhɪndrəns/ *n* zawada *f*, przeszkoda *f*; **to be a ~ to sb/sth** być przeszkodą or zawadą dla kogoś/czegoś; **he's more of a ~ than a help** bardziej przeszkadza niż pomaga
IDIOMS: **without let or ~** bez żadnych przeszkód

hindsight /ˈhaɪndsaɪt/ *n* **with (the benefit of) ~** z perspektywy czasu

Hindu /ˌhɪnˈduː, US ˈhɪnduː/ **I** *n* Hindus *m*, -ka *f*; Relig hinduist|a *m*, -ka *f*
II *adj* hinduski; Relig hinduistyczny

Hinduism /ˈhɪnduːɪzəm/ *n* hinduizm *m*

Hindustan /ˌhɪnduˈstɑːn/ *prn* Hindustan *m*

Hindustani /ˌhɪnduˈstɑːnɪ/ **I** *n* (język *m*) hindustani *m inv*
II *adj* hindustański

hinge /hɪndʒ/ **I** *n* zawias *m*; **we took the door off its ~s** zdjęliśmy drzwi z zawiasów
II *vt* **(***prp* **hingeing, hinging)** zawie|sić, -szać na zawiasach
III *vi* **(***prp* **hingeing, hinging) to ~ on sth** Tech obracać się na czymś; **to ~ on sb /sth** fig *[result, future outcome, event]* zależeć (całkowicie) od kogoś/czegoś
IV hinged *pp adj [seat, lid, handle]* na zawiasach; *[girder]* przegubowy

hinge joint *n* Anat staw *m* zawiasowy

hint /hɪnt/ **I** *n* 1 (insinuation) aluzja *f* **(about sth** do czegoś, na temat czegoś); **a broad /gentle ~** wyraźna/delikatna aluzja; **to give a ~** zrobić aluzję; **he gave no ~ of knowing** niczym nie zdradził się, że coś wie; **to drop a ~ that...** napomknąć, że...; **to drop a ~ about sth** napomknąć o czymś; **to drop ~s** robić aluzje; **to take a** or **the ~** zrozumieć aluzję 2 (clue, tip) wskazówka *f*, rada *f* **(on sth** na temat czegoś); **I've no idea, give me a ~** nie mam pojęcia, podpowiedz mi or daj mi jakąś wskazówkę; **acting on a ~** postępując zgodnie ze wskazówką 3 (little bit) (of spices, flavouring, vinegar, brandy) odrobina *f*; (of emotion, colour, accent, disgust) krztyna *f*; (of smile, embarrassment) cień *m*; (of trouble) oznaka *f*; **with a ~ of impatience in his voice** z nutką zniecierpliwienia w głosie; **there's a ~ of spring in the air** czuje się wiosnę w powietrzu; **white silk with a ~ of pink in it** biały jedwab z lekkim odcieniem różu
II *vt* **to ~ (to sb) that...** dać (komuś) do zrozumienia, że...; **'it's someone you know,' he ~ed** „to ktoś, kogo znasz", podpowiadał
III *vi* robić aluzje
■ **hint at: ~ at [sth]** napom|knąć, -ykać o (czymś); **the possibility has been ~ed at** wspomniano or dano do zrozumienia, że istnieje taka możliwość

hinterland /ˈhɪntəlænd/ *n* 1 (inland territory) głąb *m* lądu 2 (region that provides supplies) zaplecze *n* 3 (of port, city) strefa *f* przyległa **(of sth** do czegoś)

hip[1] /hɪp/ **I** *n* 1 Anat biodro *n*, staw *m* biodrowy; **to break one's ~** złamać staw biodrowy 2 Archit naroże *n* dachu; **~(ped) roof** dach czterospadowy
II -hipped *in combinations* **broad-/narrow-~ped** o szerokich/wąskich biodrach
IDIOMS: **to shoot from the ~** wyskoczyć jak Filip z konopi, palnąć bez zastanowienia infml

hip[2] /hɪp/ *n* Bot owoc *m* dzikiej róży

hip[3] /hɪp/ *excl* **~ ~ hurrah!** hip, hip, hura!

hip[4] /hɪp/ *adj [person, style]* najmodniejszy infml; **she's really ~** jest na bieżąco z modą

hip bath *n* krótka, głęboka wanna *f*

hipbone /ˈhɪpbəʊn/ *n* Anat kość *f* biodrowa

hip flask *n* piersiówka *f*

hip hop /ˌhɪpˈhɒp/ *n* hip hop *m*

hip-huggers /ˈhɪphʌgəz/ *npl* = **hipsters**

hip measurement *n* obwód *m* bioder

hippie, hippy /ˈhɪpɪ/ **I** *n* hip(p)is *m*, -ka *f*
II *adj* hip(p)isowski

hippo /ˈhɪpəʊ/ *n* hipopotam *m*

hip pocket *n* tylna kieszeń *f* spodni

Hippocrates /hɪˈpɒkrətiːz/ *prn* Hipokrates *m*

Hippocratic /ˌhɪpəˈkrætɪk/ *adj* hipokratyczny; **~ oath** przysięga Hipokratesa

hippodrome /ˈhɪpədrəʊm/ *n* hipodrom *m*

Hippolytus /hɪˈpɒlɪtəs/ *prn* Hipolit *m*

hippopotamus /ˌhɪpəˈpɒtəməs/ *n* **(***pl* **-muses, -mi)** hipopotam *m*

hippy[1] /ˈhɪpɪ/ *adj [woman]* biodrzasty

hippy[2] /ˈhɪpɪ/ *n, adj* = **hippie**

hip replacement *n* proteza *f* stawu biodrowego; **to have a ~** mieć wszczepioną protezę stawu biodrowego

hip size *n* = **hip measurement**
hipsters /ˈhɪpstəz/ *npl* (spodnie *plt*) biodrówki *plt*
hire /ˈhaɪə(r)/ **I** *n* [1] (act of hiring) (of flat, car) wynajem *m*; (of clothes, equipment) wypożyczanie *n*; **to let sth out on ~** wynajmować coś *[flat, car]*; wypożyczać coś *[clothes, equipment]*; **I've got this room on ~** wynajmuję ten pokój; **I've got this suit on ~** to wypożyczony garnitur; **for ~** *[flat, car]* do wynajęcia; *[clothes, equipment]* do wypożyczenia; *[taxi]* wolny [2] (business) (of clothes, equipment) wypożyczalnia *f*; **car ~ business** firma zajmująca się wynajmem samochodów
II *vt* [1] (rent) wynaj|ąć, -mować *[flat, car]*; wypożycz|yć, -ać *[clothes, equipment]*; **to ~ sth from sb** wynająć/wypożyczyć coś od kogoś; **to ~ sth to sb** wynająć/wypożyczyć coś komuś [2] (employ) (for particular purpose) wynaj|ąć, -mować; (for long period) zatrudni|ć, -ać *[person]*; **to ~ a guide/private investigator** wynająć przewodnika/prywatnego detektywa; **a ~d killer** płatny morderca
■ **hire out**: ¶ **~ out [sth], ~ [sth] out** wypożycz|yć, -ać *[clothes, equipment]*; wynaj|ąć, -mować *[flat, car]* ¶ **to ~ oneself out as a driver** nająć się jako kierowca
hire car *n* (rented) wynajęty samochód *m*; (rentable) samochód *m* do wynajęcia
hire charge *n* opłata *f* za wypożyczenie /wynajem
hire company *n* (of wedding dresses) wypożyczalnia *f*; (of cars) firma *f* zajmująca się wynajmem samochodów
hired man *n* US Agric robotnik *m* najemny; parobek *m* dat
hire firm *n* = **hire company**
hireling /ˈhaɪəlɪŋ/ *n* najemnik *m* fig
hire purchase *n* (selling) sprzedaż *f* ratalna; (buying) kupno *n* ratalne; **on ~** na raty
hire purchase agreement *n* GB umowa *f* kupna/sprzedaży na raty
hire purchase arrangement *n* GB = **hire purchase agreement**
Hiroshima /hɪˈrɒʃɪmə/ *prn* Hiroszima *f*
hirsute /ˈhɜːsjuːt, US -suːt/ *adj* [1] *[person]* (hairy) włochaty; (unshaven) zarośnięty [2] Bot *[leaf, stalk]* włochaty
his /hɪz/ **I** *det* jego; **~ son/daughter** jego syn/córka; **he broke ~ leg** złamał (sobie) nogę; **he put ~ coat on** założył płaszcz; **he took ~ things and left** zabrał swoje rzeczy i wyszedł
II *pron* jego; **my car is green but ~ is red** mój samochód jest zielony, a jego czerwony; **the car is ~** samochód jest jego; **a friend of ~** jego znajomy; **it's not ~** to nie jego; **the decision wasn't ~** to nie była jego decyzja; **~ was not an easy life** nie miał łatwego życia; **that dog of ~** ten jego pies
Hispanic /hɪˈspænɪk/ **I** *n* Latynos *m*, -ka *f*
II *adj* [1] (Spanish) *[art, culture, races]* iberyjski [2] (Latin American) latynoski
hiss /hɪs/ **I** *n* (of gas, snake, person) (single) syk *m*, syknięcie *n*; (continuous) syczenie *n*; (of tape) szum *m*
II *vt* [1] (say) wy|syczeć *[warning, word]* [2] (show disapproval) przyj|ąć, -mować sykami *[performance, performer]*; **'I hate you,' she ~ed** „nienawidzę cię", syknęła; **he was ~ed off the stage** zszedł ze sceny żegnany sykami
III *vi [gas, snake, goose, person]* syknąć, za|syczeć; *[wind]* za|świstać; *[angry audience]* sykać; *[hot fat]* za|skwierczeć; *[tape, kettle]* za|szumieć; *[cat]* prych|nąć, -ać; **to ~ at sb** *[angry person]* syczeć na kogoś
hissy fit /ˈhɪsɪfɪt/ *n* US infml napad *m* złości or złego humoru
histogram /ˈhɪstəgræm/ *n* Stat histogram *m*
histologist /hɪˈstɒlədʒɪst/ *n* histolog *m*
histology /hɪˈstɒlədʒɪ/ *n* histologia *f*
historian /hɪˈstɔːrɪən/ *n* historyk *m*; **ancient ~** specjalista od historii starożytnej; **art ~** historyk sztuki; **military/social ~** historyk wojskowości/zagadnień społecznych
historic /hɪˈstɒrɪk, US -ˈstɔːr-/ *adj* [1] *[event, site, moment]* historyczny; **of ~ importance** o znaczeniu historycznym; **on this ~ occasion** w tej historycznej chwili [2] Ling **past ~** czas przeszły; **~ present** (in narration) praesens historicum
historical /hɪˈstɒrɪkl, US -ˈstɔːr-/ *adj [research, novel, film]* historyczny
historically /hɪˈstɒrɪklɪ, US -ˈstɔːr-/ *adv* (where history is concerned) historycznie; (from an historical point of view) z historycznego punktu widzenia; **~ based** w oparciu o fakty historyczne; **~ speaking** z historycznego punktu widzenia
historiography /hɪˌstɔːrɪˈɒgrəfɪ/ *n* historiografia *f*
history /ˈhɪstrɪ/ **I** *n* [1] (past) historia *f*; **ancient/modern ~** historia starożytna /nowożytna; **English ~** historia Anglii; **18th century Polish ~** historia Polski XVIII wieku; **military/social ~** historia wojska/społeczna; **~ of art** historia sztuki; **in the firm's 50-year ~** w pięćdziesięcioletniej historii firmy; **a place in ~** miejsce w historii; **~ proved him wrong** historia udowodniła, że się mylił; **to make ~** wejść do historii; **go down in ~ as...** przejść do historii jako...; **~ repeats itself** historia się powtarza; **to rewrite ~** pisać na nowo historię; **that's ancient** or **past ~** to już historia, to należy do zamierzchłej przeszłości [2] Jur, Med historia *f*; **family ~** historia rodziny; **medical ~** historia choroby; **to have a ~ of heart trouble** od dawna być chorym na serce; **to have a ~ of violence** być uprzednio karanym za akty przemocy [3] (account) historia *f* [4] (tradition) tradycja *f*; **the company has a ~ of success/strikes** firma ma na swoim koncie wiele sukcesów/znana jest z tradycji strajkowych
II *modif* **~ course/lesson/student /teacher** kurs/lekcja/student/nauczyciel historii; **~ book** książka do (nauki) historii; **~ degree** stopień (naukowy) z historii
IDIOMS: **the rest is ~** a dalej to już wiadomo, co i jak było
histrionic /ˌhɪstrɪˈɒnɪk/ **I histrionics** *npl* komedianctwo *n*; komedia *f* fig; **cut out the ~s!** skończ już to przedstawienie!
II *adj* pej *[sigh, talent, behaviour]* teatralny
hit /hɪt/ **I** *n* [1] (blow, stroke in sport) cios *m*, uderzenie *n*; (in fencing) trafienie *n*; **to give the ball a tremendous ~** odbić piłkę z całej siły; **to score a ~** Sport zdobyć punkt also fig → **direct hit** [2] (success) (play, film) sukces *m*; (song, record) przebój *m*, hit *m*, szlagier *m*; **to be a big** or **smash ~** (show, film) odnieść olbrzymi or niebywały sukces; **to be a ~ with the public** cieszyć się olbrzymim powodzeniem u publiczności; **to make a ~ with sb** *[person]* zawojować kogoś; **she's a big ~ with my son** mój syn ją uwielbia [3] infml drug addicts' sl (dose) działka *f* infml; (drag) sztach *m* infml; (injection) szpryca *f* infml [4] infml (murder) mokra or brudna robota *f* infml [5] Comput trafienie *n*
II *modif [song, record, play]* przebojowy
III *vt* (*prp* **-tt-**; *pt, pp* **hit**) [1] uderz|yć, -ać *[person, ball]*; uderz|yć, -ać się (czymś) *[arm, head]* **(on sth** o coś); **to ~ one's head /knee on sth** uderzyć głową/kolanem o coś; **his father used to ~ him** ojciec go bił; **to ~ a good shot** (in tennis, cricket) dobrze or celnie odbić; **to ~ a nail with a hammer** wbić gwóźdź młotkiem; **to ~ the brakes** (gwałtownie) wcisnąć hamulec [2] (strike as target) *[bullet, assassin, torpedo]* trafi|ć, -ać *[victim, target, ship, enemy]* [3] (collide violently with) wpa|ść, -dać na (coś), uderz|yć, -ać w (coś) *[vehicle, wall, tree]*; *[vehicle]* potrącić (kogoś) *[pedestrian]* [4] (affect adversely) uderz|yć, -ać w (coś) *[group, incomes, industry]*; **the industry is hit by strikes** tę gałąź przemysłu ogarnęła fala strajków; **England is hit by bad weather** w Anglii pogoda teraz jest fatalna; **hardest** or **worst hit will be small businesses** najbardziej ucierpią małe firmy; **unskilled workers will be hit even harder by the rise** podwyżka uderzy jeszcze mocniej w robotników niewykwalifikowanych; **his father's death hit him badly** bardzo przeżył śmierć ojca [5] (become apparent to sb) **it suddenly hit me that...** nagle zdałem sobie sprawę (z tego), że...; nagle dotarło do mnie, że... infml; **then it hit me!** wtedy do mnie dotarło! infml [6] (reach) doje|chać, -żdżać do (czegoś) *[motorway, main road]*; fig *[figures, weight]* osiąg|nąć, -ać *[level]*; **to ~ the headlines** *[piece of news]* trafić na pierwsze strony gazet [7] (come upon) trafi|ć, -ać na (coś) *[traffic jam, bad weather]*; napot|kać, -ykać *[problems]*; **you'll ~ the worst of the rush hour** trafisz na największe korki [8] infml (go to) **to ~ the town** ruszyć w miasto infml; **let's ~ the pub/club** chodźmy do pubu /klubu [9] infml (attack) *[robbers]* z|robić skok na (coś) *[bank]* [10] infml (kill) sprzątnąć, załatwić infml *[person]* [11] infml (scrounge) **to ~ sb for sth** naciągnąć kogoś na coś [12] infml (in cards) **'~ me'** „daj mi kartę"
■ **hit back**: ¶ **~ back** odda|ć, -wać cios, odpowi|edzieć, -adać ciosem na cios; (verbally) odpowi|edzieć, -adać atakiem na atak; **to ~ back at sb (by doing sth)** odegrać się na kimś (robiąc coś) ¶ **~ [sb] back** odda|ć, -wać (komuś) infml; **if he ~s you, ~ him back!** jeśli cię uderzy, oddaj mu! ¶ **~ [sth] back** odbi|ć, -jać *[ball]*
■ **hit out**: **~ out** wal|nąć, -ić na oślep; fig **to ~ out at sb** zaatakować kogoś *[opponents]*; **to ~ out at sth** ostro coś skrytykować *[neglect, complacency]*
■ **hit upon, hit on**: ¶ **~ (up)on [sth]** wpa|ść, -dać na (coś) *[idea, solution]*; od-

H

kry|ć, -wać *[evidence]*; trafi|ć, -ać na (coś); *[person]* napot|kać, -ykać *[problem]*; **you've hit on a bad time** trafiłeś na zły moment ¶ **~ on [sb]** US vinfml dowalać się do (kogoś) infml

IDIOMS: **to ~ sb in the eye** rzucić się komuś w oczy; **a colour which ~s you between the eyes** kolor, który bije po oczach infml; **to ~ the big time** infml odnieść sukces; **to ~ the ceiling** or **the roof** infml wściec się; **to ~ the jackpot** wygrać główną nagrodę; fig wygrać los na loterii fig; **to ~ it off with sb** zaprzyjaźnić się z kimś; **not to know what has ~ one** infml być or zostać kompletnie zaskoczonym; **a beer would just ~ the spot!** infml piwo! to by było to!

hit-and-miss /ˌhɪtənˈmɪs/ *adj* (lacking care) *[approach, attitude, method]* bezplanowy; „albo się uda, albo nie" infml; (unpredictable) *[affair, undertaking]* ryzykowny

hit-and-run /ˌhɪtənˈrʌn/ *adj [driver]* zbiegły z miejsca wypadku; *[raid, attack]* błyskawiczny; **~ accident** wypadek, z miejsca którego sprawca zbiegł

hitch /hɪtʃ/ **I** *n* 1 (problem) szkopuł *m* infml; **there has been a slight ~** jest drobny szkopuł; **the ~ is that...** szkopuł w tym, że...; **a technical ~** drobny problem techniczny; **it all went off without a ~** wszystko poszło gładko 2 (tug) szarpnięcie *n*; **to give sth a ~** szarpnąć coś; **he gave his trousers a ~** podciągnął spodnie; **give me a ~ up on to the wall** podsadź mnie na murek 3 (knot) węzeł *m*, supeł *m* 4 US (in prison) odsiadka *f* infml; **to do a ~ in the army** odsłużyć swoje w woju infml

II *vt* 1 uwiąz|ać, -ywać *[horse, reins]* **(to sth** do czegoś); przy|cumować *[boat]* **(to sth** do czegoś); doczepi|ć, -ać *[wagon, carriage, trailer]* **(to sth** do czegoś); zaprz|ąc, -ęgać, zaprzęg|nąć, -ać *[horse]* **(to sth** do czegoś) 2 infml (thumb) **to ~ a ride** or **a lift** złapać okazję infml; **she ~ed a lift home** złapała okazję do domu; **can I ~ a ride to school?** podrzucisz mnie do szkoły?

III *vi* 1 infml (hitchhike) *[person]* je|chać, -ździć stopem infml; **they ~ed to Rome in two days** w dwa dni dojechali stopem do Rzymu 2 US (limp) utykać

■ **hitch up**: **~ up [sth], ~ [sth] up** 1 (pull up) podciąg|nąć, -ać *[trousers, person]*; podkas|ać, -ywać *[skirt]*; **I ~ed the rucksack up on my back** zarzuciłem plecak na plecy 2 (attach) zaprz|ąc, -ęgać, zaprzęg|nąć, -ać *[horse]*; doczepi|ć, -ać *[wagon, trailer]*

IDIOMS: **to get ~ed** infml ochajtnąć się infml

hitchhike /ˈhɪtʃhaɪk/ *vi* je|chać, -ździć autostopem; **we're hitchhiking to Madrid** jedziemy autostopem do Madrytu

hitchhiker /ˈhɪtʃhaɪkə(r)/ *n* autostopowicz *m*, -ka *f*

hitchhiking /ˈhɪtʃhaɪkɪŋ/ *n* autostop *m*

hi-tech = **high tech**

hither /ˈhɪðə(r)/ *adv* arch tutaj; **come ~** podejdź tutaj; **~ and thither** tam i z powrotem

hitherto /ˌhɪðəˈtuː/ *adv* (up till now) dotychczas, do tej pory; (up till then) do tamtego momentu, do tamtej pory

Hitler /ˈhɪtlə(r)/ *prn* Hitler *m*

Hitlerian /hɪtˈlɪərɪən/ *adj* hitlerowski

Hitlerism /ˈhɪtlərɪzəm/ *n* hitleryzm *m*

Hitler Youth Movement *n* Hist Hitlerjugend *m inv*

hit list *n* czarna lista *f*

hit man *n* płatny zabójca *m*

hit parade *n* lista *f* przebojów

hit single *n* przebój *m*, hit *m*, szlagier *m*

hit squad *n* oddział *m* specjalny

Hittite /ˈhɪtaɪt/ **I** *n* 1 (person) Hetyt|a *m*, -ka *f* 2 Ling (język *m*) hetycki *m*

II *adj* hetycki

HIV *n* = **human immunodeficiency virus** wirus *m* HIV

hive /haɪv/ **I** *n* 1 (beehive) ul *m*; (swarm) rój *m* 2 (busy place) **the workshop was a ~ of activity** w warsztacie wrzała gorączkowa praca

II *vt* osadz|ić, -ać w ulu *[bees]*

III *vi [bees]* w|ejść, -chodzić do ula

■ **hive off**: **~ off** infml *[section]* odłącz|yć, -ać się ¶ **~ off [sth], ~ [sth] off** Comm, Admin 1 (subcontract) zlec|ić, -ać, powierz|yć, -ać 2 (separate) oddziel|ić, -ać, odłącz|yć, -ać *[part of company]* 3 (sell off) odsprzeda|ć, -wać

hives /haɪvz/ *npl* Med pokrzywka *f*

HIV-infected /ˌeɪtʃaɪˈviːɪnfektɪd/ *adj* zarażony wirusem HIV

HIV-positive /ˌeɪtʃaɪviːˈpɒzətɪv/ *adj* seropozytywny

hiya /ˈhaɪjə/ *excl* infml siemasz!, siema! infml

hl = **hectolitre** hektolitr *m*, hl

HM *n* = **His Majesty, Her Majesty** JKW

HMG *n* GB = **His/Her Majesty's Government** Rząd Jego/Jej Królewskiej Mości

HMI *n* = **His/Her Majesty's Inspector** rządowy wizytator *m* szkolny

HMS *n* = **His/Her Majesty's Ship** okręt *m* Jego/Jej Królewskiej Mości; **~ Victoria** (HMS) „Wiktoria"

HMSO *n* = **His/Her Majesty's Stationery Office** rządowa oficyna *f* wydawnicza

HNC *n* GB → **Higher National Certificate**

HND *n* GB → **Higher National Diploma**

hoard /hɔːd/ **I** *n* (of treasure) skarb *m*; (of provisions) zapasy *m pl*; **a miser's ~** (money) uciułane pieniądze

II *vt* z|gromadzić, z|robić zapasy (czegoś) *[food]*; **to ~ money** pej ciułać pieniądze

hoarder /ˈhɔːdə(r)/ *n* chomik *m* fig; (of money) ciułacz *m*; **to be a ~ of sth** gromadzić coś; **I'm a terrible ~** niczego nie wyrzucam

hoarding /ˈhɔːdɪŋ/ *n* GB 1 (for advertisements) billboard *m* 2 (fence) parkan *m*, płot *m* 3 (of things) gromadzenie *n*; (of money) ciułanie *n*

hoarfrost /ˈhɔːfrɒst, US -frɔːst/ *n* szron *m*

hoarse /hɔːs/ *adj [voice]* zachrypnięty, schrypnięty; *[cry]* ochrypły; **to be ~** mieć chrypę, mieć zachrypnięty głos; **to shout /laugh oneself ~** zachrypnąć od wrzasków/ze śmiechu

hoarsely /ˈhɔːslɪ/ *adv* ochryple, ochrypłym or schrypniętym głosem

hoarseness /ˈhɔːsnɪs/ *n* chrypa *f*, chrypka *f*

hoary /ˈhɔːrɪ/ *adj* wiekowy 1 *[hair, person]* siwy; *[plant]* pokryty białym meszkiem; **~-headed, ~-haired** siwy, posiwiały 2 fig (problem) odwieczny; **a ~ old joke** stary dowcip, dowcip z długą brodą

hoax /həʊks/ **I** *n* (practical joke) (głupi) kawał *m*; (deception) mistyfikacja *f*

II *modif [claim, warning]* fałszywy; **bomb ~** fałszywy alarm o podłożeniu bomby; **~ call** dowcip telefoniczny

III *vt* nab|rać, -ierać; z|robić w konia infml; **we've been ~ed** daliśmy się nabrać!

hob /hɒb/ *n* 1 (on cooker, stove) płyta *f* grzejna 2 (on open fire) płytka *f* do utrzymywania potraw w cieple

hobble /ˈhɒbl/ **I** *n* 1 (limp) kuśtykanie *n* 2 (strap for horse) pęto *n*

II *vt* (fetter) s|pętać *[animal]*

III *vi* (limp) kuśtykać, utykać; **to ~ in/out /along** wejść/wyjść/iść kuśtykając or utykając

hobbledehoy /ˌhɒbəldɪˈhɔɪ/ *n* arch lelum polelum *n inv*

hobble skirt *n* obcisła, zwężona do dołu spódnica *f (krępująca ruchy)*

hobby /ˈhɒbɪ/ *n* konik *m*, hobby *n inv*; **hobbies and interests** (on cv) zainteresowania

hobby horse *n* 1 (toy) *drewniany patyk zakończony głową konia* 2 (obsession) konik *m*, obsesja *f*; **she's (off) on her ~ again** znowu wsiadła na swojego konika

hobbyist /ˈhɒbɪɪst/ *n* hobbyst|a *m*, -ka *f*

hobgoblin /ˈhɒbgɒblɪn/ *n* 1 (in folklore) chochlik *m*, gnom *m* 2 fig (obsession) postrach

hobnail /ˈhɒbneɪl/ *n* ćwiek *m*; **~(ed) boots** buty nabijane ćwiekami

hobnob /ˈhɒbnɒb/ *vi* (*prp, pt, pp* **-bb-**) infml **to ~ with sb** kręcić się koło kogoś infml

hobo /ˈhəʊbəʊ/ *n* (*pl* **-s, -es**) 1 (urban vagrant) włóczęga *m*, kloszard *m* 2 (migratory worker) robotnik *m* sezonowy, robotnica *f* sezonowa

Hobson /ˈhɒbsn/ *prn*

IDIOMS: **it's ~'s choice** nie ma żadnego wyboru

hock[1] /hɒk/ *n* 1 (of horse) pęcina *f* 2 Culin golonka *f*

hock[2] /hɒk/ *n* (wine) wino *n* reńskie

hock[3] /hɒk/ infml **I** *n* (pawn) zastaw *m*; **to be in ~** (pawned) być zastawionym; (in debt) być zadłużonym; **to be in ~ to sb** być u kogoś zadłużonym; **to get sth out of ~** wykupić coś z zastawu

II *vt* zastawi|ć, -ać

hockey /ˈhɒkɪ/ *n* 1 GB (*also* **field ~**) hokej *m* na trawie 2 US (*also* **ice ~**) hokej *m*

hockey player *n* hokeist|a *m*, -ka *f*; (in field hockey) laskarz *m* infml

hockey stick *n* kij *m* hokejowy; *f*; **she's rather jolly ~s** fig z niej to trochę taka harcerka infml

hocus-pocus /ˌhəʊkəsˈpəʊkəs/ **I** *n* 1 (conjuror's skill) sztuczka *f* magiczna, hokus-pokus *m inv* 2 pej (trickery) sztuczki *f pl*, podstęp *m* 3 (jargon) bełkot *m*

II *excl* czary-mary!

hod /hɒd/ *n* (for coal) kubeł *m*; (for bricks) kozioł *m* (do noszenia cegieł)

hod carrier *n* ≈ pomocnik *m* murarza

hodgepodge /ˈhɒdʒpɒdʒ/ *n* US = **hotchpotch**

hoe /həʊ/ **I** *n* motyka *f*

II *vt* spulchni|ć, ać *[ground]*; okop|ać, -ywać *[plants]*; op|leć, -ielać *[flowerbeds]*; usu|nąć, -wać motyką *[weeds]*

IDIOMS: **to have a hard row to ~** mieć trudne zadanie

hoedown /ˈhəʊdaʊn/ *n* US [1] (folk dance) *skoczny taniec ludowy* [2] (social evening) zabawa *f* ludowa z tańcami
hog /hɒg/ **I** *n* [1] GB (castrated pig) wieprz *m* [2] US (pig) świnia *f*, tucznik *m* [3] infml (person) żarłok *m* [4] US infml (car) krążownik *m* szos
II *vt* (*prp, pt, pp* **-gg-**) infml (monopolize) okupować; fig hum *[bathroom]*; **to ~ the telephone** wisieć bez przerwy na telefonie infml; **to ~ the road** jechać środkiem jezdni
IDIOMS: **to go the whole ~** infml iść na całego
Hogarth /ˈhəʊgɑːθ/ *prn* Hogarth *m*
Hogarthian /həˈgɑːθɪən/ *adj* (Hogarth's) Hogarthowski; fig groteskowy, karykaturalny
Hogmanay /ˈhɒgmənеɪ/ *n* GB dial sylwester *m*
hogshead /ˈhɒgzhed/ *n* beczka *f*
hogtie /ˈhɒgtaɪ/ *vt* s|pętać *[cow, pig]*; fig (hamper) z|wiązać (komuś) ręce *[person]*
hogwash /ˈhɒgwɒʃ/ *n* pomyje *plt*; fig bzdury *f pl*, bzdety *m pl* infml
hoick /hɔɪk/ *vt* GB infml (also **~ up**) pod|erwać, -rywać do góry *[aeroplane]*; podn|ieść, -osić z wysiłkiem *[object]*; **she ~ed her bag onto the table** z wysiłkiem dźwignęła torbę na stół
hoi polloi /ˌhɔɪpəˈlɔɪ/ *npl* pej **the ~** plebs *m*, pospólstwo *n* pej
hoist /hɔɪst/ **I** *n* dźwig *m*, winda *f*; **to give sb a ~ (up)** podsadzić kogoś
II *vt* podn|ieść, -osić, wciąg|nąć, -ać *[flag, sail]*; dźwig|nąć, -ać, podn|ieść, -osić *[heavy object]*
IDIOMS: **to be ~ with one's own petard** złapać się we własne sidła
hoity-toity /ˌhɔɪtɪˈtɔɪtɪ/ *adj* infml pej *[person]* zadzierający nosa; *[voice]* afektowany
hoke /həʊk/ *vt* US infml **she ~s (up) her performance too much** gra zbyt melodramatycznie
hokey /ˈhəʊkɪ/ *adj* US infml fałszywy
hokey-cokey /ˌhəʊkɪˈkəʊkɪ/ *n* taniec *m* w kole z przyśpiewkami
hokum /ˈhəʊkəm/ *n* US infml (nonsense) bzdura *f*, nonsens *m*; (sentimentality) czułostkowość *f*, ckliwość *f*
hold /həʊld/ **I** *n* [1] (grasp, grip) uścisk *m*; **to get ~ of sth** chwycić or złapać coś, chwycić or złapać się czegoś *[rope, handle]*; **to keep (a) ~ of sth** or **on sth** trzymać *[ball]*; trzymać się czegoś *[hand, rail]* → **catch, grab, grasp, seize, take** [2] (possession) **to get ~ of sth** zdoby|ć, -wać infml *[book, ticket, document]*; *[press]* pej do|trzeć, -cierać do (czegoś) *[details, information]* [3] (contact) **to get ~ of sb** s|kontaktować się z kimś; złapać kogoś infml [4] (control) kontrola *f* (**on** or **over sb/sth** nad kimś /czymś); **to have a ~ on** or **over sb** trzymać kogoś w garści or w szachu infml; **to get (a) ~ of oneself** wziąć się w garść infml [5] Aviat, Naut (storage area) luk *m* towarowy, ładownia *f* [6] Sport (in wrestling) chwyt *m*; **to have sb in a ~** przytrzymać kogoś [7] (of hair spray, gel) **normal/extra ~** działanie normalne/mocno utrwalające
II *vt* (*pt, pp* **held**) [1] (clasp) trzymać *[object, person]* (**above** or **over sb/sth** ponad kimś /czymś); przycis|nąć, -kać *[object]* (**against sb/sth** do kogoś/czegoś); **to ~ sth in one'e hand** trzymać coś w ręce *[brush, pencil, stick]*; (enclosed) trzymać or ściskać coś w dłoni *[button, coin, sweet]*; **to ~ sth/sb by sth** trzymać coś/kogoś za coś *[handle, stem, sleeve, leg]*; **to ~ one's stomach/head (in pain)** trzymać się (z bólu) za brzuch/za głowę; **to ~ sb (in one's arms)** trzymać kogoś w ramionach; **to ~ each other** obejmować się; **can you ~ my bag for me?** czy możesz mi potrzymać torebkę? [2] (maintain) **to ~ one's head still/upright** trzymać głowę nieruchomo/podniesioną do góry; **to ~ a pose** zastygnąć w tej samej pozie; **to ~ a smile** uśmiechać się; **to ~ sth in place** or **position** przytrzymać coś w miejscu; **to ~ one's speed** utrzymywać stałą prędkość [3] (arrange) odby|ć, -wać, przeprowadz|ić, -ać *[meeting, talks]*; odprawi|ć, -ać *[church service]*; przeprowadz|ić, -ać *[election, ballot, interview, enquiry]*; wyda|ć, -wać *[party, reception]*; z|organizować *[show, exhibition, competition, demonstration]*; **to ~ a conversation** rozmawiać, odby|ć, -wać rozmowę; **to be held** odbywać się [4] (have capacity for) *[box, tank, room, theatre]* po|mieścić *[objects, people]*; **the bus ~s 36 (people)** ten autobus ma 36 miejsc; **to (be able to) ~ one's drink** or **liquor** mieć mocną głowę [5] (contain) *[drawer, cupboard, box, case]* zawierać *[objects, possessions]* [6] (support) *[shelf, branch, roof]* utrzym|ać, -ywać *[weight, load, crate]*; **the branch won't ~ you** ta gałąź cię nie utrzyma [7] (restrain) *[dam, wall]* powstrzym|ać, -ywać, *[water, flood waters]*; *[person]* obezwładni|ć, -ać *[thief]*; przytrzym|ać, -ywać *[dog]*; **there's/there'll be no ~ing him** fig nic go nie powstrzyma [8] (keep against will) *[police, kidnappers]* przetrzym|ać, -ywać *[person]*; **to ~ sb prisoner/hostage** przetrzymywać kogoś jako więźnia/zakładnika [9] (possess) mieć; posiadać liter *[shares, power, playing card, ticket, passport, licence]*; mieć *[job, position, cup, degree, sporting title]*; *[bank, computer, police, solicitor]* przechow|ać, -ywać *[document, information, money]* [10] (keep back) zatrzym|ać, -ywać *[ticket]*; zaj|ąć, -mować *[place, seat]*; wstrzym|ać, -ywać odjazd (czegoś) *[train]*; wstrzym|ać, -ywać odlot (czegoś) *[plane]*; **to ~ an order** wstrzymać realizację zamówienia; **~ it!** infml chwileczkę!; **~ everything!** zaczekaj!, wstrzymaj się!; **two burgers, but ~ the mustard!** dwa hamburgery, ale bez musztardy! [11] (believe) wyzna|ć, -wać *[opinion, belief]*; **to ~ sb/sth to be sth** uważać kogoś/coś za coś; **to ~ that...** *[person]* utrzymywać, że...; *[law, theory]* mówić, że...; stwierdzać, że...; **to ~ sb liable** or **responsible** obarczyć kogoś odpowiedzialnością [12] (defend successfully) Mil utrzym|ać, -ywać *[territory, city, bridge]*; Pol, Sport utrzym|ać, -ywać *[title, seat, lead, position]*; **to ~ one's serve** or **service** (in tennis) obronić serw; **to ~ one's own** *[person, army]* nie poddawać się **(against sb/sth** komuś /czemuś) [13] (captivate) podbi|ć, -jać, urze|c, -kać *[person, audience, class]*; **to ~ sb's interest/attention** zainteresować kogoś /przykuć uwagę kogoś [14] Telecom **to ~ the line** nie odkładać słuchawki, czekać; **can you ~ the line please?** proszę czekać, proszę nie odkładać słuchawki [15] Mus trzymać *[note]* [16] Aut **to ~ the road** trzymać się drogi infml
III *vi* (*pt, pp* **held**) [1] (remain intact) *[rope, shelf, bridge, dam]* wytrzym|ać, -ywać; *[glue, anchor]* trzymać; fig (also **~ good**) *[objection, law]* obowiązywać; *[theory]* pozosta|ć, -wać w mocy, sprawdz|ić, -ać się; *[offer]* być or pozostawać aktualnym [2] (continue) *[weather]* utrzym|ać, -ywać się; *[luck]* dopis|ać, -ywać [3] Telecom czekać [4] (remain steady) **~ still!** nie ruszaj się!
IV *vr* (*pt, pp* **held**) **to ~ oneself upright /well** trzymać się prosto/mieć dobrą postawę
V on ~ *adv phr* [1] Telecom **to put sb on ~** kazać komuś czekać/poprosić kogoś, żeby czekał; **to put a call on ~** zawiesić połączenie (do czasu zakończenia poprzedniej rozmowy) [2] **to put one's plan /project on ~** odłożyć plan/projekty na później
■ **hold against**: **to ~ sth against sb** mieć coś komuś za złe; **to ~ it against sb that...** mieć komuś za złe, że...; **I don't ~ it against him/them** nie mam mu/im tego za złe; **your age could be held against you** wiek może przemawiać na twoją niekorzyść
■ **hold back**: ¶ **~ back** powstrzym|ać, -ywać się; **to ~ back from doing sth** powstrzymać się od zrobienia czegoś ¶ **~ back [sb/sth], ~ [sb/sth] back** [1] (restrain) *[barrier, fence, wall, dam]* zatrzym|ać, -ywać *[water, tide, crowd, animals]*; powstrzym|ać, -ywać *[person, tears]*; po|hamować *[anger]*; skry|ć, -wać, ukry|ć, -wać *[feelings, emotions]*; związ|ać, -ywać (z tyłu) *[hair]*; **to ~ back one's laughter** powstrzymać się od śmiechu [2] (prevent progress of) zatrzym|ać, -ywać *[person, group]*; za|hamować *[production, progress, development]*; **I was held back in my career by family commitments** obowiązki rodzinne przeszkodziły mi w karierze; **you can't ~ back the tide of reform** nie można zahamować procesu reform [3] (withhold) wstrzym|ać, -ywać *[payment]*; zata|ić, -jać *[information, result]*; (to protect privacy) u|trzymać w tajemnicy, nie ujawni|ć, -ać (czegoś) *[name, information, identity]*
■ **hold down**: **~ down [sb/sth], ~ [sb /sth] down** [1] (prevent from moving) przymocow|ać, -ywać *[tent, carpet, piece of paper]*; przytrzym|ać, -ywać *[person, piece of paper]* [2] (repress) *[regime]* uciskać, u|ciemiężyć *[people]*; *[rule, law, legislation]* służyć represjonowaniu (kogoś) *[person]* [3] (press down) nacis|nąć, -kać *[key, pedal]* [4] (keep at certain level) ogranicz|yć, -ać *[number, rate, expenditure, cost]*; ogranicz|yć, -ać wzrost (czegoś) *[inflation, wages, taxes, prices]* [5] (not lose) nie s|tracić (czegoś) *[job]*
■ **hold forth** pej perorować, rozwodzić się pej (**about** or **on sth** o czymś, na temat czegoś)
■ **hold in**: **~ in [sth], ~ [sth] in** [1] (restrain) ukry|ć -wać, skry|ć, -wać *[feelings, anger, disappointment]* [2] (pull in) wciąg|nąć, -ać *[stomach]*; napi|ąć, -nać *[buttocks]*
■ **hold off**: ¶ **~ off** *[enemy]* powstrzym|ać, -ywać atak; *[creditors]* odr|oczyć, -aczać

H

spłatę; **I hope the rain ~s off** mam nadzieję, że się nie rozpada; **the rain held off until after the match** rozpadało się dopiero po zakończeniu meczu; **to ~ off buying sth/making a decision** wstrzymać się z kupnem czegoś/z podjęciem decyzji, odłożyć kupno czegoś/podjęcie decyzji na później; **he held off leaving until the weekend** odłożył wyjazd do weekendu ¶ **~ off [sb/sth], ~ [sb/sth] off** powstrzym|ać, -ywać, od|eprzeć, -pierać *[enemy, attack]*; og|onić, -aniać się od (kogoś) infml *[journalists]*; zwodzić *[creditors, client]*

■ **hold on**: ¶ **~ on** [1] (wait) za|czekać, poczekać; Telecom nie odkładać słuchawki, czekać; **'~ on, I'll just get him'** (on telephone) „chwileczkę, zaraz go poproszę" [2] (grip) trzymać się; **~ on (tight)!** trzymaj się (mocno)!; **~ on with both hands** trzymaj się obiema rękami [3] (endure) *[person, company]* wy|trwać, wytrzym|ać, -ywać; **~ on, help is on the way** wytrzymaj, pomoc jest już w drodze; **she may not be able to ~ on until the ambulance arrives** może nie przeżyć do przyjazdu pogotowia ¶ **~ [sth] on** *[screw]* mocować *[wheel, handle, knob]*; **to be held on with sth** być przymocowanym or przytwierdzonym czymś

■ **hold on to**: ¶ **~ on to [sb/sth]** [1] (grip) złapać się (kogoś/czegoś), trzymać się (kogoś/czegoś) *[branch, person, railing, rope]*; (to prevent from falling) podtrzym|ać, -ywać *[person]*; przytrzym|ać, -ywać *[object, purse]*; mocno trzymać *[dog]* [2] (retain) utrzym|ać, -ywać *[power, title, lead]*; zachow|ać, -ywać *[shares]*; nie odda|ć, -wać (czegoś) *[car]*; **to ~ on to one's dreams/principles** być wiernym swym marzeniom/zasadom; **to ~ on to one's** or **the belief that...** trwać w przekonaniu, że...; wierzyć, że... [3] (look after) potrzym|ać, -ywać *[object, tray, book]* **(for sb** komuś); przechow|ać, -ywać *[keys, money]* **(for sb** komuś)

■ **hold out**: ¶ **~ out** [1] (endure) wytrzym|ać, -ywać; **to ~ out against sb/sth** oprzeć się komuś/czemuś *[enemy, changes, threat]* [2] (remain available) *[supplies, food, stocks]* wystarcz|yć, -ać; **our stocks may not ~ out until the next delivery** nasze zapasy mogą nie wystarczyć do następnej dostawy ¶ **~ out [sth], ~ [sth] out** poda|ć, -wać *[glass, money, ticket]* **(to sb** komuś); **to ~ out one's hand/leg** wyciągnąć rękę/nogę ¶ **~ out [sth]** mieć *[hope]*; **they don't ~ out much hope of finding him** nie robią sobie zbyt dużej nadziei, że go znajdą; **to ~ out for sth** domagać się or żądać czegoś *[pay rise, increase]*; **to ~ out on sb** infml mieć przed kimś tajemnice; **they know something, but they're ~ing out on us** wiedzą coś, ale ukrywają to przed nami

■ **hold over**: ¶ **~ over [sth], ~ [sth] over** [1] (postpone) prze|łożyć, -kładać *[programme, meeting]*; odwle|c, -kać *[decision]* [2] (continue to show) nie zdejmować z afisza (czegoś) *[film, show, play]*; przedłuż|yć, -ać *[exhibition]*

■ **hold to**: ¶ **~ to [sth]** wyznawać *[belief, opinion]*; obstawać przy (czymś) *[belief, opinion]*; **to ~ to the view that...** być zdania, że... ¶ **~ sb to [sth]** domagać się od kogoś dotrzymania (czegoś) *[promise]*; domagać się od kogoś uhonorowania (czegoś) *[contract, offer]*; **I'll ~ you to that!** trzymam cię za słowo!

■ **hold together**: ¶ **~ together** [1] (not break) *[car, chair, shoes]* trzymać się dobrze [2] (remain united) *[family, party]* trzymać się razem; *[alliance]* prze|trwać ¶ **~ [sth] together** [1] (keep intact) *[staple, pin]* spi|ąć, -nać; *[glue]* sklejać; **to be held together by** or **with sth** trzymać się dzięki czemuś or na czymś [2] (unite) z|jednoczyć *[party, nation, government]*; **my mother held the family together** dzięki matce trzymaliśmy się razem jako rodzina

■ **hold up**: ¶ **~ up** [1] (remain intact) wytrzym|ać, -ywać; **to ~ up well** *[currency]* utrzymywać wysoki kurs [2] (remain valid) *[theory, argument]* być nadal aktualnym; *[excuse]* być wiarygodnym ¶ **~ up [sb/sth], ~ [sb/sth] up** [1] (support) podtrzym|ać, -ywać *[shelf, stockings, trousers]*; pod|eprzeć, -pierać *[wall]*; **to ~ up a picture for sb** potrzymać komuś obraz; **to be held up by** or **with sth** trzymać się na czymś [2] (raise) un|ieść, -osić, podn|ieść, -osić *[head, hand, leg, object, paw]* [3] (display) **to ~ sb/sth up as an example/model of sth** stawiać kogoś/coś za wzór czegoś; **to ~ sb up to ridicule** wystawić kogoś na pośmiewisko [4] (delay) zatrzym|ać, -ywać *[person, procession, traffic, production]*; opóźni|ć, -ać *[flight]*; powstrzym|ać, -ywać *[strike]* [5] (rob) napa|ść, -dać na (coś) *[train, bank, person]*

■ **hold with**: **not to ~ with sth** nie zgadzać się z czymś, nie popierać czegoś *[idea, system]*; być przeciwnikiem czegoś *[imitations, television]*; **he doesn't ~ with teaching children Dutch** jest przeciwny nauczaniu dzieci języka holenderskiego

holdall /ˈhəʊldɔːl/ *n* torba *f* podręczna

holder /ˈhəʊldə(r)/ *n* [1] (person who possesses something) (of ticket, licence, permit, degree, diploma) posiadacz *m*, -ka *f*; **~ of a post/an office** osoba zajmująca (jakieś) stanowisko/(jakiś) urząd; **account/passport ~** posiadacz konta/paszportu; **credit card ~** właściciel karty kredytowej; **record ~** rekordzista; **cup ~** mistrz [2] (container) pojemnik *m*; (stand) stojak *m*

holding /ˈhəʊldɪŋ/ *n* [1] Fin portfel *m* akcji [2] Agric dzierżawa *f*

holding company *n* holding *m*

holding paddock *n* prowizoryczna zagroda *f* dla owiec; koszara *f* dial

holding pattern *n* Aviat lot *m* w strefie oczekiwania

hold-up /ˈhəʊldʌp/ *n* [1] (delay) opóźnienie *n*; (on road) zator *m*; korek *m* infml; **a ~ in production** przestój w produkcji [2] (robbery) napad *m* z bronią w ręku; **a ~ at the bank** napad na bank

hole /həʊl/ **I** *n* [1] (in clothing, hedge, pocket) dziura *f*; (in ground) dziura *f*, dół *m* **(in sth** w czymś); **to dig a ~** wykopać dół; **the explosion blew a ~ in the plane** eksplozja wyrwała dziurę w samolocie; **this sweater is full of ~s** ten sweter jest cały w dziurach, ten sweter ma pełno dziur [2] (in wall) wyłom *m*, wyrwa *f*, dziura *f* [3] GB (in tooth) dziura *f* [4] Aut (in road) (pothole) dziura *f* infml; (man-made) wykop *m* [5] fig (flaw) słaby punkt *m*; **to pick ~s in an argument** szukać słabych punktów w rozumowaniu [6] (of mouse) dziura *f*, norka *f*; (of fox, rabbit) nora *f*, jama *f* [7] Ecol dziura *f*; **a ~ in the ozone layer** dziura w warstwie ozonowej [8] (financial) niedobór *m*; **a big ~ in profits** znacznie mniejsze zyski; **that holiday made a ~ in my pocket** ten urlop uderzył mnie po kieszeni [9] infml pej (place) (village, town) dziura *f* infml; (room, flat) nora *f* infml [10] Sport (golf) dołek *m*; **an eighteen-~ golf course** pole golfowe z osiemnastoma dołkami; **to get a ~ in one** trafić do dołka jednym uderzeniem [11] US (solitary confinement) karcer *m*

II *vt* [1] **to ~ the building** *[shell]* podziurawić budynek, zrobić dziurę or wyrwę w ścianie budynku; **to ~ the ship** *[iceberg, reef]* zrobić dziurę or wyrwę w burcie statku [2] Sport (golf) **to ~ the ball** or **shot** or **putt** umieścić piłkę w dołku, trafić do dołka

III *vi* Sport (in golf) umie|ścić, -szczać piłkę w dołku, trafi|ć, -ać do dołka

■ **hole out** (in golf) za|kończyć rundę

■ **hole up** *[animal]* zaszy|ć, -wać się; fig *[person]* schować się, ukryć się

IDIOMS: **to be 10 dollars in the ~** US być winnym 10 dolarów; **to get oneself into a ~** infml wpakować się w tarapaty or kłopoty; **to get sb out of a ~** infml wyciągnąć kogoś z tarapatów or kłopotów; **I needed that like I need a ~ in the head** infml potrzebne mi to było jak dziura w moście

→ **money**

hole-and-corner /ˌhəʊlənˈkɔːnə(r)/ *adj* pokątny

hole-in-the-heart /ˌhəʊlɪnðəˈhɑːt/ *n* (ventricular) przeciek *m* międzykomorowy; (auricular) przeciek *m* międzyprzedsionkowy

hole-in-the-wall /ˌhəʊlɪnðəˈwɔːl/ *n* infml bankomat *m*

holey /ˈhəʊlɪ/ *adj* infml *[garment]* dziurawy

holiday /ˈhɒlədeɪ/ **I** *n* [1] GB (vacation) wakacje *plt*; **the school ~s** wakacje szkolne; **the summer ~s** letnie wakacje; **half-term ~** przerwa semestralna; **family ~s** rodzinne wakacje; **to go/be on ~** wyjechać na wakacje/być na wakacjach [2] GB (time off work) urlop *m*; **to take ten days' ~** wziąć dziesięć dni urlopu; **four weeks' ~ with pay** cztery tygodnie płatnego urlopu [3] (public, bank) dzień *m* wolny (od pracy) [4] US **the ~s** święta *plt*; **happy ~s!** wesołych świąt!

II *modif* *[brochure]* turystyczny; *[region]* urlopowy, letniskowy

III *vi* spędz|ić, -ać wakacje

holiday atmosphere *n* świąteczny nastrój *m*

holiday camp *n* GB obóz *m* wakacyjny

holiday home *n* letni dom *m*

holiday job *n* GB (in summer) praca *f* wakacyjna

holidaymaker /ˈhɒlədeɪmeɪkə(r)/ *n* GB wczasowicz *m*, -ka *f*; (summer visitor) letni|k *m*, -czka *f* dat

holiday resort *n* miejscowość *f* wypoczynkowa

holiday season *n* GB okres *m* wakacyjny

holiday traffic *n* GB wzmożony ruch *m* na drogach *(w okresie świąt i wakacji)*
holier-than-thou /ˌhəʊlɪəðən'ðaʊ/ *adj* **to be ~** być świętszym od papieża; **this ~ attitude** to świętoszkowate podejście
holiness /'həʊlɪnɪs/ *n* świętość *f*
Holiness /'həʊlɪnɪs/ *n* **His/Your ~** Jego /Wasza Świątobliwość
holism /'hɒlɪzəm, 'həʊ-/ *n* holizm *m*
holistic /hɒ'lɪstɪk, həʊ-/ *adj* holistyczny
holland /'hɒlənd/ dat **I** *n* (cloth) *rodzaj płótna na rolety i na pokrowce na meble*
II *modif [blind, cover]* płócienny, z płótna
Holland /'hɒlənd/ *prn* Holandia *f*
holler /'hɒlə(r)/ infml **I** *n* wrzask *m*, krzyk *m*
II *vt* wykrzyk|nąć, -iwać *[command, warning]*
III *vi* wrz|asnąć, -eszczeć, krzy|knąć, -czeć **(at sb** na kogoś)
hollow /'hɒləʊ/ **I** *n* [1] (depression) (in hillside) wgłębienie *n*, wklęsłość *f*; (in tree) dziupla *f*, wydrążenie *n*; (in hand) wgłębienie *n*; (in ground) zagłębienie *n*; **to hold sth in the ~ of one's hand** trzymać coś w dłoni [2] Geog (small valley) kotlina *f*
II *adj* [1] (not solid) *[space, container, tube]* pusty; *[tree, log]* wydrążony; *[tooth]* spróchniały; **the wall sounds ~** sądząc po dźwięku, ściana jest pusta w środku [2] (sunken) *[cheeks, eyes]* zapadnięty [3] (booming) *[voice, cough, clang]* głuchy [4] (insincere) *[words, promise]* czczy, pusty; **to give a ~ laugh** zaśmiać się nieszczerze; **to sound ~** *[promise, explanation, advice]* brzmieć nieszczerze [5] (empty) *[victory]* niewiele warty; *[joy, pleasure]* czczy; *[opinion]* płytki
■ **hollow out: ~ out [sth], ~ [sth] out** wydrąż|yć, -ać *[hole, object]*
IDIOMS: **to beat sb ~** infml spuścić komuś baty or lanie infml; **she holds them in the ~ of her hand** jedzą jej z ręki
hollow-cheeked /ˌhɒləʊ'tʃi:kt/ *adj* **to be ~** mieć zapadnięte policzki
hollow-eyed /ˌhɒləʊ'aɪd/ *adj* **to be ~** mieć głęboko osadzone oczy
hollow fibre *adj [pillow, duvet]* z włókna syntetycznego
hollow fill *adj* = **hollow fibre**
hollowly /'hɒləʊlɪ/ *adv [echo, sound]* głucho
holly /'hɒlɪ/ **I** *n* Bot (tree, wood) ostrokrzew *m*
II *modif* **~ berry/branch** jagoda/gałąź ostrokrzewu
hollyhock /'hɒlɪhɒk/ *n* malwa *f*
holm oak /ˌhəʊm'əʊk/ *n* dąb *m* wiecznie zielony
holocaust /'hɒləkɔ:st/ *n* [1] Relig całopalenie *n* [2] Hist **the Holocaust** Holocaust *m*
Holocene /'hɒləsi:n/ **I** *n* **the ~** holocen *m*
II *adj* holoceński
hologram /'hɒləgræm/ *n* hologram *m*
holograph /'hɒləgrɑ:f, US -græf/ *n* (also **~ document**) holograf *m*
holographic /hɒlə'græfɪk/ *adj* holograficzny
holography /hə'lɒgrəfɪ/ *n* holografia *f*
holophrastic /ˌhɒlə'fræstɪk/ *adj* Ling polisyntetyczny
hols /hɒlz/ *n* GB infml = **holidays** wakacje *plt*
holster /'həʊlstə(r)/ *n* kabura *f*; (on saddle) olstro *n*

holy /'həʊlɪ/ *adj [community, person, place, writing]* święty; *[water]* święcony; **~ well** święte źródło; **~ picture** święty obraz; **to lead a ~ life** prowadzić świątobliwe życie; **on ~ ground** na poświęconej ziemi; **~ cow!** infml, **~ smoke!** infml, **~ mackerel!** infml, **~ shit!** vinfml (jasna) cholera! infml
Holy Bible *n* **the ~** Biblia *f*, Pismo *n* Święte
holy city *n* święte miasto *n*
Holy Communion *n* komunia *f* święta
holy day *n* święto *n* (religijne)
Holy Father *n* **the ~** Ojciec *m* Święty
Holy Ghost *n* = **Holy Spirit**
Holy Grail *n* święty Graal *m*
Holy Innocents' Day *n* dzień *m* św. Młodzianków
Holy Joe *n* infml człowiek *m* świątobliwy; świętoszek *m* hum
Holy Land *n* **the ~** Ziemia *f* Święta
holy of holies *n* Relig miejsce *n* najświętsze; fig (place) sanktuarium *n*; (object) największa świętość *f*
Holy Roman Empire *n* Święte Cesarstwo *n* Rzymskie
Holy Sacrament *n* Przenajświętszy Sakrament *m*
Holy Saturday *n* Wielka Sobota *f*
Holy See *n* **the ~** Stolica *f* Apostolska
Holy Sepulchre *n* **the ~** Grób *m* Pański or Święty
Holy Spirit *n* **the ~** Duch *m* Święty
Holy Trinity *n* **the ~** Trójca *f* Święta
holy war *m* święta wojna *f*
Holy Week *n* Wielki Tydzień *m*
Holy Writ *n* Pismo *n* Święte, Biblia *f*
homage /'hɒmɪdʒ/ *n* hołd *m*; **to pay ~ to sb** złożyć komuś hołd; **in ~ to sb/sth** w hołdzie komuś/czemuś
homburg /'hɒmbɜ:g/ *n* kapelusz *m* męski
home /həʊm/ **I** *n* [1] (dwelling) mieszkanie *n*; (house) dom *m*; **new ~s for sale** nowe domy mieszkalne na sprzedaż; **he doesn't have a ~ to live in** nie ma gdzie mieszkać; **you have a beautiful ~** masz piękny dom/piękne mieszkanie; **to be far from/near ~** być daleko od domu/blisko domu; **a ~ of one's own** własny dom; **to work from ~** pracować (zarobkowo) w domu; **to set up ~ in England /in Madrid** osiąść w Londynie/w Madrycie; **I've made my ~ in England now** mieszkam teraz w Anglii; **birds make their ~ in the trees** ptaki zakładają sobie gniazdka na drzewach; **his ~ has been a tent for the last two weeks** przez ostatnie dwa tygodnie mieszkał w namiocie; **the island is ~ to 3,000 people** tę wyspę zamieszkuje 3000 ludzi [2] (for residential care) dom *m*; **retirement/nursing ~** dom spokojnej starości/dom opieki; **to put sb in a ~** umieścić kogoś w domu opieki [3] (family base) dom *m*, ognisko *n* domowe; **broken ~** rozbity dom, rozbita rodzina; **to make a ~ for sb** stworzyć komuś dom; **to leave ~** opuścić (rodzinny) dom; **'good ~ wanted'** „oddam w dobre ręce" [4] (country) ojczyzna *f*; kraj *m*; **to consider England (as) ~** uważać Anglię za swoją ojczyznę [5] (source) **~ of sth** *[country]* ojczyzna czegoś *[golf, speciality, tennis]*; *[jungle, region]* siedlisko czegoś *[species]* [6] infml fig (place) miejsce *n*; **to find a ~ for sth** znaleźć miejsce dla czegoś *[book, object]*
II *modif* [1] (family) *[surroundings]* znajomy; *[comforts]* domowy [2] (national) *[market, news]* krajowy; *[affairs]* wewnętrzny [3] Sport (local) *[team]* miejscowy; **~ match/win** mecz /wygrana na własnym boisku
III *adv* [1] *[come, go, arrive]* (to house) do domu, do siebie; (to country) do kraju, do ojczyzny; **on the journey ~** (to house, apartment, room) w drodze do domu, w drodze do siebie; (by boat, plane) w drodze powrotnej; **to see sb ~** odprowadzić kogoś do domu; **to take sb ~** (accompany) towarzyszyć komuś w drodze do domu; (to meet family) przyprowadzić kogoś do domu; **is she ~?** czy ona jest w domu?, czy ona jest u siebie?; **is she ~ yet?** czy już wróciła do domu or do siebie? [2] (to required position, effect) **to hammer** or **drive sth ~** wbić coś (do oporu) *[nail]*; fig podkreślić dobitnie *[message]*; **to press** or **push sth ~** wcisnąć coś; **to press** or **push one's point ~** forsować własny punkt widzenia; **to bring sth ~ to sb** fig uświadomić komuś coś; **to strike ~** fig celnie trafić
IV at home *adv phr* [1] (in house) *[be, stay, work]* w domu; **to live at ~** mieszkać w domu (rodzinnym), mieszkać z rodzicami; **at ~ and abroad** w kraju i za granicą; **Madam is not at ~** dat pani nie ma w domu [2] Sport (on own ground) *[play]* na własnym boisku, u siebie; **they're at ~ on Saturday** w sobotę grają na własnym boisku or u siebie; **X are playing Y at ~** X grają przeciwko Y na własnym boisku [3] fig (comfortable) *[be, feel]* jak (u siebie) or w domu; **make yourself at ~** czuj się jak u siebie w domu; **he's more at ~ with an electric drill than a sewing machine** lepiej jest obeznany z elektryczną wiertarką niż z maszyną do szycia
V *vi [animal, pigeon]* wr|ócić, -acać *(na własne terytorium, na miejsce wylotu)*
■ **home in** *[missile]* lecieć w stronę celu; **to ~ in on sth** celować w coś, namierzyć coś *[target]*
IDIOMS: **it's/he's nothing to write ~ about** (to) nic nadzwyczajnego; nie ma się czym zachwycać; **it's ~ from ~** GB, **it's ~ away from ~** US to drugi dom; **~ sweet ~, there's no place like ~** Prov wszędzie dobrze, ale w domu najlepiej; **to be a bit too close to ~** *[remark]* być przykrym; **he found her remark a bit close to ~** poczuł się trochę dotknięty jej uwagą; **let's talk about something nearer ~** porozmawiajmy o naszych sprawach or o tym, co nas dotyczy; **we're ~ and dry** udało się (nam)
home address *n* (on form) adres *m* stałego zamieszkania; (not business) adres *m* prywatny
home baked *adj* **~ bread/cake** chleb /ciasto domowego wypieku
home birth *n* poród *m* domowy
homebody /'həʊmbɒdɪ/ *n* infml domator *m*, -ka *f*
homebound /'həʊmbaʊnd/ *adj* US [1] (housebound) uwiązany w domu fig [2] (heading home) *[car, traveller]* powracający (do domu); *[train]* powrotny

H

homeboy /ˈhəʊmbɔɪ/ *n* US infml kumpel *m* z sąsiedztwa infml
home brew *n* (beer) piwo *n* domowej roboty, podpiwek *m*
home buying *n* kupno *n* domu/mieszkania
home centre GB, **home center** US *n* centrum *n* handlowe „wszystko dla domu"
home comforts *npl* wygody *f pl* domowe
homecoming /ˈhəʊmkʌmɪŋ/ *n* [1] (return home) powrót *m* do domu [2] US Sch, Univ zjazd *m* absolwentów
home computer *n* komputer *m* osobisty, PC *m*
home cooking *n* kuchnia *f* domowa
Home Counties *npl* GB hrabstwa *n pl* wokół Londynu
home country *n* ojczyzna *f*
home economics *n (+ v sg)* Sch (school subject) zajęcia *plt* z gospodarstwa domowego
home front *n* (during war) **the ~** tyły *plt*; **on the ~** (in politics) w sprawach wewnętrznych (kraju)
home girl *n* US infml koleżanka *f* z sąsiedztwa infml
home ground *n* fig znajomy grunt *m*; **on ~** na znajomym gruncie; **to win on one's ~** Sport wygrać na własnym boisku
homegrown /ˌhəʊmˈgrəʊn/ *adj* [1] *[vegetables]* z własnego ogrodu; fig *[goods]* krajowy [2] *[idea]* własny
Home Guard *n* GB Hist obrona *f* terytorialna *(w latach 1940-1957)*
home heating *n* system *m* ogrzewania domu
home help *n* GB opiekun *m* domowy, opiekunka *f* domowa
homeland /ˈhəʊmlænd/ *n* kraj *m* rodzinny, ojczyzna *f*; (in South Africa) bantustan *m*
home leave *n* Mil przepustka *f*
homeless /ˈhəʊmlɪs/ **I** *n* **the ~** *(+ v pl)* bezdomni *m pl*
II *adj [person, family]* bezdomny; (after earthquake, flood) pozbawiony dachu nad głową; **I found myself ~** znalazłem się bez dachu nad głową
homelessness /ˈhəʊmlɪsnɪs/ *n* bezdomność *f*; **~ is on the increase** wzrasta liczba bezdomnych
home life *n* życie *n* domowe or rodzinne
homeliness /ˈhəʊmlɪnɪs/ *n* [1] (unpretentious nature) (of room, hotel, atmosphere) przytulność *f*, bezpretensjonalność *f*; (of cooking) prostota *f*; (of person) GB prostota *f* [2] US pej (plainness) nieatrakcyjność; (ugliness) brzydota *f*
home loan *n* ≈ kredyt *m* mieszkaniowy
home loving *adj* domatorski; **to be ~** być domatorem
homely /ˈhəʊmlɪ/ *adj* [1] GB (cosy, welcoming) *[room, hotel, pub]* przytulny [2] GB (unpretentious) *[room, hotel, furniture]* bezpretensjonalny; *[cooking]* niewyszukany, prosty; *[person]* odznaczający się prostotą [3] US pej (plain) nieatrakcyjny; (ugly) brzydki
home made *adj [jam]* domowy, domowej roboty; *[clothes]* własnej produkcji; *[bomb]* wykonany domowym sposobem
homemaker /ˈhəʊmmeɪkə(r)/ *n* (woman) gospodyni *f* domowa; (man or woman) osoba *f* prowadząca dom
home movie *n* film *m* amatorski
Home Office *n* GB Pol Ministerstwo *n* Spraw Wewnętrznych
homeopath /ˌhəʊmɪəˈpæθ/ *n* homeopata *m*
homeopathic /ˌhəʊmɪəˈpæθɪk/ *adj [clinic, medicine]* homeopatyczny; **~ doctor** lekarz homeopata
homeopathy /ˌhəʊmɪˈɒpəθɪ/ *n* homeopatia *f*
home owner *n* właściciel *m*, -ka *f* domu /mieszkania
home ownership *n* posiadanie *n* domu /mieszkania; **~ is on the increase** zwiększa się liczba posiadaczy domów/mieszkań
home plate *n* Sport baza-meta *f*
home port *n* port *m* macierzysty
home posting *n* Mil przydział *m* do jednostki (w kraju)
Homer /ˈhəʊmə(r)/ *prn* Homer *m*
Homeric /həʊˈmerɪk/ *adj* [1] *[comparison, style]* homerycki [2] *[laugh]* homeryczny
home room *n* US Sch ≈ aula *f*
home rule *n* Pol autonomia *f*
home run *n* Sport (in baseball) *uderzenie, które pozwala biegaczowi zaliczyć wszystkie mety i zdobyć punkt*
home sales *npl* Econ sprzedaż *f* na rynek wewnętrzny
Home Secretary *n* GB Pol minister *m* spraw wewnętrznych
homesick /ˈhəʊmsɪk/ *adj* **to be/feel ~** *[child]* tęsknić za domem or rodzicami; *[adult]* (for country) tęsknić za krajem; **I'm ~ for my dog** tęsknię za moim psem
homesickness /ˈhəʊmsɪknɪs/ *n* nostalgia *f*, tęsknota *f* za domem
home side *n* = **home team**
homespun /ˈhəʊmspʌn/ *adj* [1] *[cloth]* ręcznie tkany; **~ cloth** samodział [2] fig prosty, przaśny
homestead /ˈhəʊmsted/ *n* [1] (house and land) gospodarstwo *n* rolne [2] (farm) farma *f*, zagroda *f* [3] US Admin ziemia *f (przyznana osadnikom przez państwo)*
Homestead Act *n* US *ustawa o osadnictwie rolnym z 1862 roku*
homesteader /ˈhəʊmstedə(r)/ *n* [1] (farmer) rolni|k *m*, -czka *f* [2] Hist osadni|k *m*, -czka *f*
home teacher *n* US nauczyciel *m* domowy, nauczycielka *f* domowa
home team *n* drużyna *f* gospodarzy
hometime /ˈhəʊmtaɪm/ *n* Sch pora *f* powrotu do domu
home town *n* miasto *n* rodzinne
home video *n* amatorski film *m* wideo
home visit *n* Med wizyta *f* domowa
homeward /ˈhəʊmwəd/ **I** *adj [journey, voyage, trip, passage]* powrotny (do domu)
II *adv* **to go** or **head** or **travel ~(s)** wracać (do domu); **to be ~ bound** kierować się z powrotem (do domu), zdążać z powrotem (do domu); **~-bound commuters** osoby wracające po pracy do domu
home waters *npl* Naut, Pol wody *f pl* terytorialne
homework /ˈhəʊmwɜːk/ **I** *n* [1] Sch praca *f* domowa, zadanie *n* domowe [2] (research) **to do some ~ on sth** zebrać informacje na temat czegoś; **you haven't done your ~!** nie przygotowałeś się!
II *modif [book]* do prac domowych
homeworker /ˈhəʊmwɜːkə(r)/ *n* pracujący *m* w domu
homeworking /ˈhəʊmwɜːkɪŋ/ *n* praca *f* w domu
homey /ˈhəʊmɪ/ *adj* [1] (cosy) *[room, hotel]* przytulny; *[atmosphere]* domowy [2] (unpretentious) *[room, hotel]* bezpretensjonalny; *[cooking]* niewyszukany, prosty
homicidal /ˌhɒmɪˈsaɪdl/ *adj [instinct]* morderczy; *[maniac]* niebezpieczny (dla otoczenia)
homicide /ˈhɒmɪsaɪd/ *n* [1] (murder) zabójstwo *n*; **culpable ~** Jur zawinione zabójstwo; **justifiable ~** Jur usprawiedliwione zabójstwo [2] (person) morder|ca *m*, -czyni *f* [3] US → **homicide bureau**
homicide bureau *n* US wydział *m* zabójstw
homily /ˈhɒmɪlɪ/ *n* homilia *f*
homing /ˈhəʊmɪŋ/ *adj* Tech, Mil *[missile, weapon, rocket]* samosterujący; *[system, device]* samonaprowadzający
homing instinct *n* Zool zmysł *m* orientacji
homing pigeon *n* gołąb *m* pocztowy
hominy grits /ˌhɒmɪnɪˈgrɪts/ *n* US (maize) kasza *f* kukurydziana; (dish) mamałyga *f*
homo /ˈhəʊməʊ/ *n* US vinfml offensive pedał *m inv*, homo *m inv* infml offensive
homoerotic /ˌhəʊməʊɪˈrɒtɪk/ *adj* homoerotyczny
homogeneity /ˌhɒmədʒɪˈniːɪtɪ/ *n* jednorodność *f*, homogeniczność *f*
homogeneous /ˌhɒməˈdʒiːnɪəs, ˌhɒməʊ-/ *adj* jednorodny, homogeniczny
homogenize /həˈmɒdʒɪnaɪz/ *vt* Culin homogenizować
homogenous /həˈmɒdʒɪnəs/ *adj* Biol = **homologous**
homograph /ˈhɒməgrɑːf, US -græf/ *n* homograf *m*
homographic /ˌhɒməˈgræfɪk/ *adj* homograficzny
homography /hɒˈmɒgrəfɪ/ *n* homografia *f*
homologous /həˈmɒləgəs/ *adj* homologiczny, zgodny
homologue GB, **homolog** US /ˈhɒmәlɒg/ *n* Chem homolog *m*
homonym /ˈhɒmənɪm/ *n* Ling homonim *m*
homonymic /ˌhɒməˈnɪmɪk/ *adj* Ling homonimiczny
homonymy /hɒˈmɒnəmɪ/ *n* Ling homonimia *f*
homophobe /ˈhɒməfəʊb/ homofob *m*
homophobia /ˌhɒməˈfəʊbɪə/ *n* homofobia *f*
homophobic /ˌhɒməˈfəʊbɪk/ *adj* homofobiczny
homophone /ˈhɒməfəʊn/ *n* Ling homofon *m*
homophonic /ˌhɒməˈfɒnɪk/ *adj* Ling homofoniczny
homophony /həˈmɒfənɪ/ *n* Ling homofonia *f*
Homo sapiens /ˌhəʊməʊˈsæpɪenz/ *n* homo sapiens *m inv*
homosexual /ˌhɒməˈsekʃʊəl/ **I** *n* homoseksualista *m*
II *adj* homoseksualny
homosexuality /ˌhɒməˌsekʃʊˈælətɪ/ *n* homoseksualizm *m*, homoseksualność *f*
homy /ˈhəʊmɪ/ *adj* infml → **homely** [1]
Hon [1] → **Honourable** [4] → **Honorary** honorowy

honcho /ˈhɒntʃəʊ/ *n* (*pl* **~s**) US infml (important person) szycha *f* infml; (hotshot) ważniak *m* infml; **he's the head ~** on tu rządzi infml

Honduran /hɒnˈdjʊərən/ **I** *n* Honduran|in *m*, -ka *f*, Honduras|czyk *m*, -ka *f*
II *adj* honduraski

Honduras /hɒnˈdjʊərəs/ *prn* Honduras *m*

hone /həʊn/ **I** *n* osełka *f*
II *vt* [1] (perfect) udoskonal|ić, -ać *[skill, strategy, technique]*; doprowadz|ić, -ać do perfekcji *[argument, style]*; wyostrzyć *[wit]* [2] (sharpen) na|ostrzyć *[axe, blade, knife]*

honest /ˈɒnɪst/ **I** *adj* [1] (truthful) *[answer, person]* uczciwy; *[account]* rzetelny; **to be ~ about sth** szczerze o czymś mówić; **the ~ truth** szczera prawda [2] (trustworthy) godny zaufania [3] (sincere) *[face, attempt]* szczery; **to be ~ with sb** być z kimś szczerym; **to be ~ with oneself** być szczerym wobec samego siebie; **to be less than ~ with sb** nie być z kimś szczerym; **be ~!** mów szczerze! infml; **to be ~, ...** mówiąc szczerze, ...; **to be quite ~ with you...** jeśli mam być (z tobą) szczery... [4] (legal) *[money]* uczciwie zarobiony; *[price]* uczciwy, przyzwoity; **by ~ means** uczciwie, w sposób legalny; **to make an ~ living** uczciwie zarabiać na życie; **he's never done an ~ day's work** nie zhańbił się jeszcze uczciwą pracą iron
II *excl* **it wasn't me, ~** infml or **~ to God!** to nie ja, słowo daję! infml; **~ to goodness** or **~ to God, have you any sense!** na litość boską, czyś ty postradał zmysły! infml
IDIOMS: **to make an ~ woman of sb** hum ożenić się z kimś; poprowadzić kogoś do ołtarza dat or hum

honest broker *n* Pol bezstronny rozjemca *m*

honestly /ˈɒnɪstlɪ/ *adv* [1] (truthfully) *[answer]* szczerze [2] (legally) *[earn]* uczciwie, legalnie [3] (sincerely) *[believe, say]* szczerze; **I ~ don't know** naprawdę nie wiem; **do you ~ think you're going to win?** czy naprawdę sądzisz, że wygrasz?; **quite ~...** szczerze (mówiąc)... [4] (as sentence adverb) naprawdę, serio; **~, I mean it!** naprawdę or serio!; **~? surely not!** naprawdę or serio? na pewno nie!; **~, there's no problem** to żaden problem infml [5] infml (in exasperation) no nie!

honest-to-goodness /ˌɒnɪsttəˈgʊdnəs/ *adj* [1] (simple) *[meal]* zwykły, prosty; **~ family holiday** zwykłe rodzinne wakacje [2] US (authentic) prawdziwy

honesty /ˈɒnɪstɪ/ *n* [1] (truthfulness, integrity) uczciwość *f*; **to have the ~ to admit sth** być na tyle uczciwym, żeby się do czegoś przyznać [2] (sincerity) (of person, statement) szczerość *f* [3] Bot miesięcznica *f*
IDIOMS: **~ is the best policy, ~ pays** uczciwość popłaca

honey /ˈhʌnɪ/ **I** *n* [1] Culin miód *m*; **acacia ~** miód akacjowy; **clear ~** miód płynny [2] US infml (endearment) kochanie *n*; **she is a ~** dat ona jest kochana
II *modif* **~ pot/jar** garnek/słoik miodu; **~ sandwich** chleb z miodem; **~ cake** miodownik

honey bee *n* pszczoła *f* miodna

honey bun *n* US infml kochanie *n*

honey bunch *n* US infml = **honey bun**

honey-coloured GB, **honey-colored** US /ˈhʌnɪkʌləd/ *adj* miodowy, w kolorze miodu

honeycomb /ˈhʌnɪkəʊm/ **I** *n* [1] (in hive) plaster *m* woskowy [2] (for sale) plaster *m* miodu
II *modif* [1] **~ design** wzór plastra miodu [2] Aviat **~ structure** struktura ulowa

honeycombed /ˈhʌnɪkəʊmd/ *adj* **~ with sth** pełny czegoś *[holes, spies]*; poprzecinany czymś *[passages, tunnels]*

honeydew /ˈhʌnɪdjuː/ *n* spadź *f*

honeydew melon *n* melon *m* kasaba

honeyed /ˈhʌnɪd/ *adj* Liter *[words]* miodopłynny, słodki jak miód

honeymoon /ˈhʌnɪmuːn/ **I** *n* [1] (wedding trip) miesiąc *m* miodowy, podróż *f* poślubna; **they spent their ~ in London** miesiąc miodowy spędzili w Londynie; **to be on one's ~** mieć miodowy miesiąc, być w podróży poślubnej [2] fig (also **~ period**) (calm spell) miodowy miesiąc *m* fig
II *vi* **we ~ed in Paris** miesiąc miodowy spędziliśmy w Paryżu, w podróż poślubną pojechaliśmy do Paryża

honeymoon couple *n* nowożeńcy *plt*

honeymooners /ˈhʌnɪmuːnəz/ *npl* nowożeńcy *plt*

honeymoon suite *n* apartament *m* dla nowożeńców

honeypot /ˈhʌnɪpɒt/ *n* [1] garnek *m* na miód [2] US vinfml (vagina) cipa *f* vulg
IDIOMS: **like bees around the ~** jak pszczoły do miodu

honeysuckle /ˈhʌnɪsʌkl/ *n* Bot kapryfolium *n*, przewiercień wiciokrzew *m*

Hong Kong /ˌhɒŋˈkɒŋ/ **I** *prn* Hongkong *m*
II *adj [tradition, speciality, food]* hongkoński; **the ~ Chinese** Chińczycy z Hongkongu

honk /hɒŋk/ **I** *n* (of car horn) dźwięk *m* klaksonu; (of geese) klangor *m* liter
II *vt* **to ~ one's horn** za|trąbić
III *vi [geese]* krzyczeć; *[car horn]* od|ezwać, -zywać się; *[driver]* za|trąbić; **drivers were ~ing at them** trąbili na nich kierowcy

honkie /ˈhɒŋkɪ/ *n* US vinfml offensive biały *m*

honky *n* US infml offensive = **honkie**

honky-tonk /ˈhɒŋkɪtɒŋk/ **I** *n* [1] (music) ragtime *m* na fortepianie [2] US infml (club) knajpa *f* infml
II *adj [piano]* rozstrojony; *[music]* jazgotliwy

honor *n*, *vt* US → **honour**

honorable *adj* US → **honourable**

honorably *adv* US → **honourably**

honorarium /ˌɒnəˈreərɪəm/ *n* (*pl* **~ria**) honorarium *n*

honorary /ˈɒnərərɪ, US ˈɒnərerɪ/ *adj* [1] *[doctorate, degree]* honoris causa; *[fellowship, member, membership]* honorowy; **they treat her as an ~ man** traktują ją jak mężczyznę [2] (voluntary) *[post, position]* honorowy

honor guard *n* US członek *m* gwardii honorowej

honorific /ˌɒnəˈrɪfɪk/ *adj* zaszczytny

honor roll *n* US [1] Sch, Sport tablica *f* z nazwiskami wyróżniających się uczniów [2] Mil lista *f* poległych na polu chwały

honor society *n* US Sch stowarzyszenie *n* najlepszych absolwentów

honor system *n* US Sch ≈ system *m* samowychowania

honour GB, **honor** US /ˈɒnə(r)/ **I** *n* [1] (privilege) honor *m*, zaszczyt *m*; **to consider sth a great ~** uważać coś za wielki honor or zaszczyt; **place of ~** honorowe miejsce; **it is an ~ (for sb) to do sth** to (dla kogoś) honor or zaszczyt zrobić coś; **to have the ~ to do sth** or **of doing sth** mieć honor or zaszczyt coś zrobić; **he gave us** or **did us the ~ of opening the ceremony** uczynił nam zaszczyt otwarcia ceremonii; **to be an ~ to sb/sth** przynosić zaszczyt komuś /czemuś; **in ~ of sb/sth** na cześć kogoś /czegoś, dla uhonorowania kogoś/czegoś; **to what do I owe such ~?** fml or iron czemu zawdzięczam ten honor or zaszczyt?; **buried with full military ~s** pochowany z honorami wojskowymi [2] (high principle) honor *m*; **a man of ~** człowiek honoru; **to impugn sb's ~** fml podać w wątpliwość honor kogoś; **a point/an affair of ~** punkt/sprawa honoru; **~ is satisfied** honor został uratowany; **to give one's word of ~** dać słowo honoru; **to be on one's ~ to do sth** przyrzec solennie coś zrobić; **I swear it (up)on my ~** or **~ bright!** dat klnę się na mój honor! [3] (in titles) **Your Honour** Jur Wysoki Sądzie
II **honours** *npl* [1] Univ **to graduate with ~s** ukończyć studia z wyróżnieniem; **first /second class ~s** wyróżnienie pierwszego /drugiego stopnia [2] (in cards) honory *m pl* *(plus dziesiątka)*
III *vt* [1] (show respect for) u|honorować *[artist, dead, hero, guest, leader, parents, spouse]*; oddaj|ć, -wać honory (czemuś) *[flag]*; **to feel/be ~ed** czuć się/być zaszczyconym **(by sth** czymś); **we would be ~ed** bylibyśmy zaszczyceni, byłby to dla nas wielki zaszczyt or honor; **I am** or **feel ~ed that she trusts me** czuję się zaszczycony, że ona mi ufa; **to ~ sb by doing sth** uhonorować kogoś, robiąc coś; **welcome to our ~ed guests** witamy naszych szanownych or szacownych gości [2] (be bound by, fulfil) honorować *[cheque, contract, debt, obligation, signature, terms]*; spełni|ć, -ać *[promise, commitment]*; dotrzym|ać, -ywać *[agreement, arrangement]*
IDIOMS: **there is ~ among thieves** nawet złodziej ma swój honor; **to do the ~s** czynić or pełnić honory domu

honourable GB, **honorable** US /ˈɒnərəbl/ *adj* [1] (principled) *[man, woman, intention]* honorowy, z honorem; **to do the ~ thing** zrobić, co nakazuje honor; **it is ~ to pay one's debts** honor nakazuje spłacić długi; **it is not ~ to take bribes** to nieuczciwe brać łapówki [2] (worthy) *[calling, profession, tradition]* zaszczytny [3] (consistent with self-respect) *[defeat, peace, settlement, victory]* honorowy [4] (in titles) *tytuł należny deputowanym, sędziom, niektórym przedstawicielom arystokracji*; **the Honourable Mr Justice Jones** Sędzia Jones; **the Honourable Gentleman/Lady** Pol pan poseł/pani posłanka; **my Honourable friend** GB Pol mój szanowny kolega/moja szanowna koleżanka

H

honourable discharge *n* honorowe zwolnienie *n* (z wojska)
honourable mention *n* wyróżnienie *n*
honourably GB, **honorably** US /ˈɒnərəblɪ/ *adv [acquit oneself, fight, withdraw]* z honorem; *[behave]* honorowo; *[marry]* z nakazu honoru; **to be ~ defeated** przegrać z honorem
honour-bound /ˌɒnəˈbaʊnd/ *adj* **to be ~ to do sth** czuć się moralnie zobowiązanym do zrobienia czegoś
honours course *n* GB kurs *m* na uniwersytecie; US kurs *m* dla wyróżniających się studentów
honours degree *n* GB dyplom *m* ukończenia studiów; US dyplom *m* ukończenia studiów z wyróżnieniem
Honours List *n* GB lista *f* wyróżnionych honorowymi tytułami *(ogłaszana dwa razy do roku)*
hooch[1] /huːtʃ/ *n* US infml (alcohol) gorzała *f* infml
hooch[2] /huːtʃ/ *n* US infml (in military jargon) (shack) barak *m*; (thatched hut) chata *f*
hood[1] /hʊd/ *n* [1] (headgear) kaptur *m*, kapiszon *m*; (balaclava) kominiarka *f* [2] (for falcon, on cobra) kaptur *m* [3] (cover) (above stove, cooker) okap *m*; (on printer) pokrowiec *m* [4] (on car) buda *f*; (on pram, pushchair) budka *f*; **to put the ~ up/down** podnieść/opuścić budę [5] Aviat (cockpit) osłona *f (kabiny pilota)* [6] US Aut (bonnet) maska *f* [7] Univ (ceremonial) narzutka *f* na togę
hood[2] /hʊd/ *n* US infml (gangster) bandzior *m* infml; (juvenile delinquent) żul *m* infml
hooded /ˈhʊdɪd/ *adj* [1] *[sweatshirt, jacket]* z kapturem [2] *[attacker, rioter]* z zakrytą twarzą; *[monk, falcon]* zakapturzony [3] **to have ~ eyes** or **eyelids** mieć opadnięte or opadające powieki
hooded crow *n* wrona *f* siwa
hooded seal *n* Zool kapturnik *m*, kapturzak *m*
hoodlum /ˈhuːdləm/ *n* infml [1] (hooligan) chuligan *m*; (juvenile delinquent) żul *m* infml [2] US (crook) oszust *m*
hoodoo /ˈhuːduː/ *n* (*pl* **~s**) infml (bad luck) zła passa *f*; (cause of bad luck) zły znak *m*
hoodwink /ˈhʊdwɪŋk/ *vt* o|mamić, oszuk|ać, -iwać; **he ~ed us into agreeing** tak nas omamił, że się zgodziliśmy
hooey /ˈhuːɪ/ *n* US vinfml bzdury *f pl*; bzdety *m pl* infml; **oh ~!** co za bzdury or bzdety!
hoof /huːf/ *n* (*pl* **~s, hooves**) (of horse) kopyto *n*; (of cow, deer) racica *f*; **cattle on the ~** żywiec
IDIOMS: **to do sth on the ~** zrobić coś z marszu infml; **to ~ it** infml zasuwać na piechotę infml
hoof-and-mouth disease /huːfənˈmaʊθdɪziːz/ *n* US pryszczyca *f*
hoofed /ˈhuːft/ *adj [animal]* kopytny; **four-~** czterokopytny; **cloven-~** parzystokopytny
hoofer /ˈhuːfə(r)/ *n* US infml tance|rz *m*, -rka *f*
hoof pick *n* Equest hak *m* do usuwania kamieni z kopyt
hoo-ha /ˈhuːhɑː/ *n* infml (bustle, excitement) zamieszanie *n*; szum *m* infml; **they made a real ~ about it** narobili w związku z tym masę zamieszania or szumu
hook /hʊk/ **I** *n* [1] (for clothing) haczyk *m*; (for picture) hak *m* [2] Fishg haczyk *m* [3] Sewing haczyk *m*, konik *m*; **~ and eye** haftka [4] Agric, Hort sierp *m* [5] (stick) kij *m* z zakrzywionym końcem; (bishop's) pastorał *m* [6] Telecom **to leave the phone off the ~** zostawić odłożoną słuchawkę; **to take the phone off the ~** zdjąć słuchawkę z widełek [7] (boxing) sierpowy *m*; **left/right ~** lewy/prawy sierpowy [8] (golf) hook *m* [9] US (bend) zakręt *m* [10] Comm slogan *m* reklamowy
II *vt* [1] (hang) powiesić, wieszać (**on** or **onto sth** na czymś) [2] (pull through) zahacz|yć, -ać o (coś); przeciąg|nąć, -ać *[string, loop]* **(through sth** przez coś); prze|łożyć, -kładać *[limb, finger, stick]* **(through sth** przez coś) [3] Fishg z|łowić, z|łapać *[fish]*; infml fig hum z|łapać *[spouse]* [4] (golf) z|robić hooka infml; (rugby) wybić or wykopać piłkę do tyłu
III *vi* zahacz|yć, -ać się, zaczepi|ć, -ać się
■ **hook on**: ¶ **~ on** przyczepi|ć, -ać się **(to sth** do czegoś) ¶ **~ on [sth], ~ [sth] on** przyczepi|ć, -ać **(to sth** do czegoś)
■ **hook together**: ¶ **~ together** po|łączyć się ¶ **~ [sth] together** po|łączyć
■ **hook up**: ¶ **~ up** *[garment]* zapi|ąć, -nać się na haftki ¶ **~ up [sth], ~ [sth] up** [1] (attach) zapi|ąć, -nać *[garment]*; doczepi|ć, -ać *[trailer]*; zawiesić, wieszać *[picture]* [2] Radio, TV po|łączyć ze sobą *[stations]* [3] Elec, Tech (in trailer park) podłącz|yć, -ać *[appliance]*
IDIOMS: **to be off the ~** mieć (wreszcie) święty spokój; **to get sb off the ~** wybawić kogoś z opresji, wyciągnąć kogoś z tarapatów; **to let sb off the ~** infml odpuścić komuś infml; **to get one's ~s into sb** złapać kogoś w swoje szpony; **to take the ~** połknąć haczyk; **~, line and sinker** bez (żadnych) zastrzeżeń
hookah /ˈhʊkə/ *n* nargile *plt*, fajka *f* wodna
hooked /hʊkt/ *adj* [1] *[nose, beak, claw]* haczykowaty; *[stick]* zakrzywiony; *[seed]* zaopatrzony w haczyki [2] (addicted) uzależniony; **to be ~ on sth** być uzależnionym od czegoś *[crack, heroin]*; mieć bzika na punkcie czegoś infml *[computer games, game shows]* [3] US infml (married) zaobrączkowany infml hum
hooker /ˈhʊkə(r)/ *n* [1] (in rugby) środkowy napastnik *m* [2] US vinfml (prostitute) prostytutka *f*; dziwka *f* vinfml
hookey *n* US infml = **hooky**
hook nose *n* haczykowaty nos *m*
hook-nosed /ˌhʊkˈnəʊzd/ *adj* z haczykowatym nosem
hook-up /ˈhʊkʌp/ *n* [1] Radio, TV połączenie *n* [2] US (in trailer park) podłączenie *n (do sieci, kanalizacji)*
hookworm /ˈhʊkwɜːm/ *n* Zool tęgoryjec *m*
hooky /ˈhʊkɪ/ *n* US infml **to play ~** chodzić na wagary, wagarować
hooligan /ˈhuːlɪgən/ *n* chuligan *m*; **soccer ~s** pseudokibice piłkarscy
hooliganism /ˈhuːlɪgənɪzəm/ *n* chuligaństwo *n*
hoop /huːp/ *n* [1] obręcz *f*; pierścień *m* [2] (in croquet) bramka *f*
IDIOMS: **to jump through ~s** pokonywać przeszkody fig; **to put sb through the ~s** fig wycisnąć z kogoś siódme poty infml
hoopla /ˈhuːplɑː/ *n* [1] GB (at fair) rzucanie *n* obręczami do celu [2] US infml (showy publicity) szum *m* infml [3] US infml (fuss) szum *m*; (noise) hałas *m*; (bustle) zamieszanie *n*
hoopoe /ˈhuːpuː/ *n* Zool dudek *m*
hooray /hʊˈreɪ/ *excl* hura!
Hooray Henry *n* GB pej paniczyk *m* iron
hoosegow /ˈhuːsgaʊ/ *n* US infml (jail) pudło *n*, ciupa *f* infml
hoosier /ˈhuːʒə(r)/ *n* pej prosta|k *m*, -czka *f* infml pej
hoot /huːt/ **I** *n* [1] (noise) (of owl) pohukiwanie *n*; (of train) gwizd *m*; (of siren) wycie *n*, ryk *m*; (of car horn) trąbienie *n*; **~s of laughter** salwy śmiechu [2] infml (person) **she's/it's a ~** boki można (z niej/z tego) zrywać infml
II *vt* wygwizd|ać, -ywać *[actor, speaker]*; **to be ~ed off the stage** zostać wygwizdanym, zejść ze sceny przy wtórze gwizdów; **to ~ one's horn** dać sygnał klaksonem, zatrąbić **(at sb/sth** na kogoś/coś)
III *vi [owl]* pohukiwać, hukać; *[train]* za|gwizdać; *[car]* za|trąbić; *[horn]* od|ezwać, -zywać się; *[siren]* za|wyć; *[people, crowd]* (derisively) szyderczo gwizdać; **to ~ with laughter** ryczeć ze śmiechu infml
■ **hoot down** ¶ **~ down [sb/sth], ~ [sb/sth] down** wyśmi|ać, -ewać *[person, plan, proposal]*
IDIOMS: **I don't give a ~/two ~s!** infml mam to w nosie! infml
hootenanny /ˌhuːtəˈnænɪ/ *n* US koncert *m* muzyki folkowej *(w którym współuczestniczy publiczność)*
hooter /ˈhuːtə(r)/ **I** *n* [1] (siren) syrena *f*; GB Aut dat klakson *m* [2] GB infml (nose) nochal *m*, kinol *m* infml
II hooters *npl* US infml cycki *m pl* vinfml
hoover /ˈhuːvə(r)/ *vt* GB odkurz|yć, -ać; **to ~ a carpet/room** odkurzyć dywan/pokój
Hoover® /ˈhuːvə(r)/ *n* GB odkurzacz *m*
hooves /huːvz/ *npl* → **hoof**
hop[1] /hɒp/ **I** *n* [1] (movement) (of bird, frog, rabbit) skok *m*; (of child) podskok *m*; **with a ~** jednym susem or skokiem; **in a series of little ~s** podskakując [2] infml (short journey) **a short ~** kawałek *m* infml [3] infml (dance) tańce *m pl*, zabawa *f*; **the village ~** wiejska zabawa
II *vt* (*prp, pt, pp* **-pp-**) [1] (jump over) przesk|oczyć, -akiwać przez (coś) *[fence]* [2] US infml (board) wsi|ąść, -adać do (czegoś) *[train, bus]*
III *vi* (*prp, pt, pp* **-pp-**) [1] (jump) *[person]* sk|oczyć, -akać; **to ~ off a wall** zeskoczyć z muru; **to ~ over the puddle/ditch** przeskoczyć przez kałużę/rów; **to ~ up and down with rage** tupać nogami z wściekłości; **to ~ up and down with delight** skakać or podskakiwać z radości or zachwytu [2] (on one leg) podsk|oczyć, -akiwać, skakać (na jednej nodze); **to ~ (over) to the door** skakać do drzwi na jednej nodze; **to ~ up/down the path** skakać na ścieżce na jednej nodze [3] *[animal]* sk|oczyć, -akać; *[bird]* podsk|oczyć, -akiwać; *[rabbit, small animal]* kic|nąć, -ać; **a rabbit ~ped across the road** królik kicając, przebiegł przez jezdnię [4] (move speedily) sk|oczyć, -akać infml; **to ~ into bed** wskoczyć do łóżka; **to ~ on a plane/off a bus** wsiąść do samolotu /wysiąść z autobusu; **I'll give you a lift, ~ in!** podrzucę or podwiozę cię, wskakuj!

infml [5] infml (travel) **to ~ over** or **across to Paris** wyskoczyć do Paryża infml
■ **hop about, hop around** *[children, birds]* podskakiwać
■ **hop off** infml *[thieves, rent dodgers]* zwi|ać, -ewać, prys|nąć, -kać infml
IDIOMS: **to be ~ping mad** infml być wściekłym jak wszyscy diabli infml; **to catch sb on the ~** GB infml zupełnie kogoś zaskoczyć; **to ~ into bed with sb** pójść z kimś do łóżka infml; **to ~ it** GB infml zmywać się infml; **go on, ~ it!** infml no dalej!, spadaj or spływaj! infml; **to keep sb on the ~** GB infml nie dać komuś się lenić; **to be (kept) on the ~** GB infml być ciągle zajętym infml

hop² /hɒp/ **I** *n* Bot chmiel *m*
II hops *npl* Agric chmiel *m*, szyszki *f pl* chmielu; **to grow ~s** uprawiać chmiel
III *modif [flower, plant, leaf, bud]* chmielowy

hope /həʊp/ **I** *n* [1] (desire, expectation, cause for optimism) nadzieja *f* **(of sth** na coś); **in the ~ of sth/doing sth** w nadziei na coś /zrobienie czegoś; **she cherishes the ~ that he is still alive** żywi nadzieję, że on jeszcze żyje; **my (only) ~ is that he will be happy** mam (jedynie) nadzieję, że będzie szczęśliwy; **to have high ~s of sb/sth** pokładać w kimś wielkie nadzieje /wiązać z czymś wielką nadzieję; **to have (great** or **high) ~s of doing sth** mieć or żywić (wielkie) nadzieje na zrobienie czegoś; **there is little/no ~ left for them** dla nich nie ma już prawie nadziei; **to pin** or **set one's ~s on sth** wiązać nadzieje z czymś; **to be beyond (all) ~, to be without ~** nie rokować żadnych nadziei; **to live in ~** żyć nadzieją; **to keep one's ~s high** nie tracić nadziei; **there are grounds for ~** można mieć or żywić nadzieję; **to give sb new ~** na nowo wzbudzić w kimś nadzieję; **all ~ is lost** nie ma żadnej nadziei; **to raise sb's ~s** obudzić or wzbudzić w kimś nadzieję; **don't raise their ~s too much** nie rób im zbyt wielkich nadziei; **to dash sb's ~s** rozwiać nadzieje kogoś; **to lose** or **give up ~** stracić nadzieję; **a glimmer** or **ray of ~** błysk or promyk nadziei; **'~s rise for a peace settlement in the Middle East'** Journ „coraz większe nadzieje na pokojowe rozwiązanie konfliktu na Bliskim Wschodzie" [2] (chance) szansa *f*, nadzieja *f*; **to have no ~ of sth/of doing sth** nie mieć szans na coś/zrobienie czegoś; **there's little/no ~ that he will come** jest niewielka szansa/nie ma szans, że przyjdzie; **there is no ~ of an improvement** nie ma szans na poprawę; **if the champion loses, what ~ is there for me?** jeśli mistrz przegra, to jakie ja mam szanse?; **our only ~ is to fight on** naszą jedyną nadzieją jest walczyć dalej; **his best ~ is that the champion may be tired** jedyne, na co może liczyć, to to, że mistrz będzie zmęczony; **what a ~!, some ~!** infml wolne żarty! infml; **he hasn't got a ~ in hell!** infml nie ma najmniejszej szansy!; **it's/she's my last ~** to/w niej moja ostatnia nadzieja [3] (promising person) nadzieja *f* fig
II *vt* mieć nadzieję **(that** że); **it is to be ~d that...** należy mieć nadzieję, że...; **I ~ (that) he'll come** mam nadzieję, że przyjdzie; **we cannot ~ to compete with big firms** nie możemy konkurować z wielkimi firmami; **I only** or **just ~ he remembers** mam tylko nadzieję, że będzie pamiętał; **we had ~d to make a profit this year, but...** mieliśmy nadzieję na zysk w tym roku, ale...; **I (do) ~ so/not** mam nadzieję!/mam nadzieję, że nie!; **'I won't forget' – 'I should ~ not!'** „nie zapomnę" – „mam nadzieję!"; **'I'm sure he'll recover' – 'I ~ so'** „na pewno wyzdrowieje" – „mam nadzieję"; **hoping to hear from you soon** (in letter) czekam na rychłą odpowiedź liter
III *vi* **to ~ for sth** mieć nadzieję or liczyć na coś; **I ~d for a letter/success** liczyłem na list/sukces; **to ~ for the best** być dobrej myśli; **don't ~ for too much** nie licz na zbyt wiele; **all we can do is ~** jedyne, co nam pozostaje, to nie tracić nadziei
IDIOMS: **abandon ~, all ye who enter here** porzućcie wszelką nadzieję, wy, którzy tu wchodzicie; **to ~ against all ~** mieć pomimo wszystko nadzieję; **~ springs eternal (in the human breast)** człowiek żyje nadzieją; nadzieja jest matką głupich iron

hope chest *n* US (chest) skrzynia *f* or kufer *m* na wyprawę; (trousseau) wyprawa *f*

hopeful /ˈhəʊpfl/ **I** *n* (person) (showing promise) osoba *f* rokująca nadzieje; nadzieja *f* fig; (ambitious) osoba *f* pełna nadziei; **young ~s** młodzi, pełni nadziei
II *adj* [1] (filled with hope) *[person, expression]* pełen nadziei; *[attitude, mood, period]* optymistyczny; **to be ~ about sth** być dobrej myśli, jeśli chodzi o coś; mieć nadzieję na coś; **to be ~ of doing sth** mieć nadzieję na zrobienie czegoś; **he is ~ that he will win** ma nadzieję, że wygra; **we remain ~ that...** nie tracimy nadziei na to, że...; **I am not ~ of success** nie spodziewam się sukcesu [2] (encouraging) *[letter, news, result, sign, situation]* budzący nadzieję, zachęcający; *[development]* budzący nadzieję, obiecujący; *[period]* optymistyczny

hopefully /ˈhəʊpfəlɪ/ *adv* [1] (with luck) przy odrobinie szczęścia; **~, he'll pay** miejmy nadzieję, że zapłaci; **'will he pay?' – '~'** „zapłaci?" – „miejmy nadzieję" [2] (with hope) *[say]* z nadzieją; **she smiled at him ~** uśmiechnęła się do niego z nadzieją

hopeless /ˈhəʊplɪs/ *adj* [1] (desperate) *[attempt, case, situation, struggle, expression]* beznadziejny; *[grief]* nieutulony; *[mess, muddle, extravagance]* straszny, beznadziejny; **it was ~ trying to convince her** przekonywanie jej nie miało sensu; **it's ~!, I give up!** to beznadziejne!, poddaję się! infml [2] infml (incompetent) *[person, work]* beznadziejny; do niczego infml; **to be ~ with figures/children** być beznadziejnym w rachunkach/zupełnie nie mieć podejścia do dzieci; **to be ~ at doing sth** być beznadziejnym w czymś/w robieniu czegoś; **he's a ~ case!** to beznadziejny przypadek! also hum

hopelessly /ˈhəʊplɪslɪ/ *adv* [1] (irretrievably) *[drunk, inadequate, lost, out of date, confused]* kompletnie; *[in love]* beznadziejnie; **~ in debt** po uszy w długach infml; **to be ~ extravagant** trwonić pieniądze, szastać gotówką fig [2] (despairingly) *[weep]* rozpaczliwie; *[speak, look at]* z rozpaczą

hopelessness /ˈhəʊplɪsnɪs/ *n* [1] (despair) rozpacz *f* [2] (futility) bezsensowność *f*, beznadziejność *f* **(of doing sth** robienia czegoś)

hop field *n* plantacja *f* chmielu, chmielnik *m*

hop-flavoured /ˈhɒpfleɪvəd/ *adj* GB *[beer]* chmielowy

Hop-o'-My-Thumb /ˌhɒpəmaɪˈθʌm/ *prn* Tomcio Paluch *m*

hopper /ˈhɒpə(r)/ *n* [1] (for grain, sand, coal) lej *m* samowyładowczy [2] (also **~ car**) wagon *m* samozsypny [3] Comput (device) pojemnik *m* *(na karty perforowane)*

hop-picker /ˈhɒppɪkə(r)/ *n* (person) zbieracz *m* chmielu; (machine) maszyna *f* or kombajn *m* do zbioru chmielu

hop-picking /ˈhɒppɪkɪŋ/ *n* zbiór *m* chmielu

hop pole *n* tyka *f* chmielowa

hopsack /ˈhɒpsæk/ *n* US worek *m* jutowy

hop sacking *n* US juta *f*

hopscotch /ˈhɒpskɒtʃ/ *n* (children's game) gra *f* w klasy

hop, step, and jump *n* Sport infml trójskok *m*

Horace /ˈhɒrəs/ *prn* Horacy *m*

Horae /ˈhɔːriː/ *prn pl* **the ~** Hory *f pl*

horde /hɔːd/ *n* (mass) (of people) horda *f* **(of sb** kogoś); (of insects, children) chmara *f* **(of sth** czegoś); (of animals) stado *n* **(of sth** czegoś); (of horses) tabun *m* **(of sth** czegoś)

horehound /ˈhɔːhaʊnd/ *n* Bot szanta *f* zwyczajna

horizon /həˈraɪzn/ *n* [1] (skyline) horyzont *m*; **on the ~** na horyzoncie also fig [2] (of ideas, interests) horyzonty *m pl*; **to open up new ~s** otwierać nowe horyzonty; **to widen** or **broaden one's ~s** poszerzać swoje horyzonty; **a person of narrow ~s** osoba o wąskich horyzontach [3] (period) **within a 10 year ~** or **a ~ of 10 years** w ciągu 10 lat, na przestrzeni 10 lat
IDIOMS: **the only cloud on the ~** jedyna chmura na błękitnym niebie fig

horizontal /ˌhɒrɪˈzɒntl, US ˌhɔːr-/ **I** *n* (line) pozioma *f*; (plane) płaszczyzna *f* pozioma
II *adj* poziomy

horizontal bar *n* (in gymnastics, balancing) drążek *m*; (in vaulting, high jump) poprzeczka *f*

horizontal integration *n* porozumienie *n* poziome

horizontally /ˌhɒrɪˈzɒntəlɪ, US ˌhɔːr-/ *adv* poziomo

hormonal /hɔːˈməʊnl/ *adj* hormonalny

hormone /ˈhɔːməʊn/ *n* hormon *m*

hormone replacement therapy, HRT *n* hormonalna terapia *f* zastępcza, HTZ

hormone therapy *n* = **hormone treatment**

hormone treatment *n* leczenie *n* hormonalne, kuracja *f* hormonalna

horn /hɔːn/ **I** *n* [1] Zool (of animal, snail, devil) róg *m*; fig (on anvil, moon) róg *m*; (on saddle) kula *f* [2] Mus (instrument) róg *m*; **French ~** waltornia; **to play the ~** grać na rogu /waltorni; **to learn the ~** uczyć się gry na rogu/waltorni; **for ~** (utwór) na róg

H

/waltornię; **the ~s** rogi *m pl* [3] (of car) klakson *m*; (of ship) syrena *f*; **to blow** or **sound one's ~** (car) zatrąbić; (ship) zawyć [4] (substance) róg *m*; **made of ~** zrobiony z rogu, rogowy [5] (for drinking) róg *m*
II *modif* [1] Mus **~ teacher/solo** nauczyciel gry na rogu/solo na rogu; **~ concerto /piece** koncert/utwór na róg [2] *[spoon, ornament]* rogowy, z rogu
■ **horn in** US infml wtrąc|ić, -ać się; **who asked you to ~ in (on our conversation)?** kto cię prosił, żebyś się wtrącał (do naszej rozmowy)?; **stop ~ing in!** przestań przerywać!
IDIOMS: **to blow one's own ~** US przechwalać się; **to draw** or **pull in one's ~s** (less assertive) spuścić z tonu; (financially) zacisnąć pasa; **to lock ~s with sb** fig zetrzeć się z kimś; **to take the bull by the ~s** chwycić byka za rogi

hornbeam /ˈhɔːnbiːm/ **I** *n* Bot grab *m* **II** *modif [forest, hedge]* grabowy; **~ leaf /fruit/branch** liść/owoc/gałąź grabu; **~ furniture** meble z grabu

hornbill /ˈhɔːnbɪl/ *n* Zool dzioborożec *m*

horned /hɔːnd/ *adj [animals]* rogaty; **long- /short-~ sheep** owce długorogie/krótkorogie

horned owl *n* Zool puchacz *m*

horned toad *n* Zool frynosoma *f* rogata

hornet /ˈhɔːnɪt/ *n* Zool szerszeń *m*
IDIOMS: **to stir up a ~s' nest** wsadzić kij w mrowisko; **it's a real ~s' nest** trudny orzech do zgryzienia

hornless /ˈhɔːnlɪs/ *adj [cattle, species]* bezrogi

horn of plenty *n* róg *m* obfitości

hornpipe /ˈhɔːnpaɪp/ *n* matelot *m*

horn-rimmed /ˌhɔːnˈrɪmd/ *adj [spectacles, glasses]* w rogowej oprawie; *[frames]* rogowy

horn rims *npl* okulary *plt* w rogowej oprawce

hornswoggle /ˈhɔːnswɒgl/ *vt* infml (cheat) wyprowadz|ić, -ać w pole; wykiwać infml; **I've been ~d!** dałem się nabrać! infml

horny /ˈhɔːnɪ/ *adj* [1] (hornlike) *[claws, growth]* zrogowaciały; *[protuberance]* rogowaty [2] (calloused) *[skin]* zrogowaciały; *[hands]* stwardniały [3] infml (sexually aroused) napalony infml; **to feel ~** być napalonym infml

horology /həˈrɒlədʒɪ/ *n* [1] (science) chronometria *f* [2] (skill) zegarmistrzostwo *n*

horoscope /ˈhɒrəskəʊp, US ˈhɔːr-/ *n* horoskop *m*

horrendous /hɒˈrendəs/ *adj [prices, cost]* horrendalny liter; *[crime, conditions, accident, noise]* potworny, straszny; *[damage]* ogromny; *[taste]* okropny, obrzydliwy

horrendously /hɒˈrendəslɪ/ *adv* potwornie, strasznie; horrendalnie liter

horrible /ˈhɒrɪbl, US ˈhɔːr-/ *adj* [1] (unpleasant) *[place, clothes, smell, weather]* okropny; *[food]* obrzydliwy, potworny; **to be ~ to sb** okropnie kogoś traktować [2] (shocking) *[crime, death]* straszny, potworny; *[scene]* makabryczny

horribly /ˈhɒrɪblɪ, US ˈhɔːr-/ *adv* [1] *[embarrassed, rude, tempted]* strasznie; **the plan went ~ wrong** plan wziął w łeb infml [2] *[scream]* przeraźliwie, okropnie; *[murdered, tortured]* okrutnie; *[disfigured]* potwornie; **to die ~** umrzeć straszną śmiercią

horrid /ˈhɒrɪd, US ˈhɔːrɪd/ *adj* [1] *[place, smell, thought, experience]* obrzydliwy, wstrętny [2] *[person]* okropny, wstrętny **(to sb** dla kogoś) [3] dat *[crime, sight]* straszny, potworny

horrific /həˈrɪfɪk/ *adj* przerażający

horrified /ˈhɒrɪfaɪd, US ˈhɔːr-/ *adj* przerażony **(at** or **by sth** czymś); **to be ~ to do sth** być przerażonym na myśl o zrobieniu czegoś; **a ~ silence** pełna grozy cisza

horrify /ˈhɒrɪfaɪ, US ˈhɔːr-/ *vt [tragedy]* wstrząs|nąć, -ać (kimś); *[crime, ignorance]* przera|zić, -żać; *[behaviour, suggestion]* z|gorszyć

horrifying /ˈhɒrɪfaɪɪŋ, US ˈhɔːr-/ *adj [event, sight, experience]* przerażający, wstrząsający; *[ignorance, rudeness]* przeraźliwy; *[behaviour]* okropny

horror /ˈhɒrə(r), US ˈhɔːr-/ **I** *n* [1] (feeling) przerażenie *n* **(at sth** na widok czegoś); **to his ~** ku jego przerażeniu; **to have a ~ of sth/of doing sth** panicznie bać się czegoś/robienia czegoś; **the full ~** cała okropność; **~ of ~s!** o zgrozo! also hum [2] infml (person) **he's a little ~** to diabeł wcielony [3] (ugly thing) okropieństwo *n*, obrzydlistwo *n*
II *modif* **~ movie** or **film** film grozy, horror; **~ stories** opowiadania z dreszczykiem
IDIOMS: **he gives me the ~s** na jego widok ciarki mnie przechodzą

horror-stricken /ˈhɒrəstrɪkən/ *adj* struchlały z przerażenia, zdjęty grozą

horror-struck /ˈhɒrəstrʌk/ *adj* = **horror-stricken**

hors-d'oeuvre /ˌɔːˈdɜːv/ *n* przystawka *f*

horse /hɔːs/ *n* [1] (animal) koń *m*; (stallion) ogier *m*; **the ~s** infml fig wyścigi konne; **to play the ~s** grać na wyścigach [2] Mil kawaleria *f*; jazda *f*, konnica *f* dat [3] (in gym) kozioł *m*; (pommel) koń *m* z łękami [4] infml (heroin) hera *f* infml [5] US infml (condom) guma *f* infml
■ **horse about, horse around** infml dokazywać, harcować, wygłupiać się infml
IDIOMS: **I could eat a ~** mógłbym zjeść konia z kopytami; **to back the wrong ~** postawić na złego konia; **to eat like a ~** jeść za trzech or za dziesięciu; **to change** or **swap ~s in midstream** zatrzymać się w pół drogi; **to flog** GB or **beat** US **a dead ~** infml niepotrzebnie tracić czas i energię (na straconą sprawę); **(straight) from the ~'s mouth** z pierwszej ręki; **to get on one's high ~** infml zacząć się mądrzyć; **hold your ~s!** infml chwileczkę! infml; **it's ~s for courses** właściwy człowiek na właściwym miejscu; **you can take** or **lead a ~ to water but you can't make it drink** Prov ≈ nie można nikogo uszczęśliwiać na siłę; **that's a ~ of a different colour** to inna para kaloszy infml; **to work like a ~** pracować jak wół, harować jak koń; **wild ~s wouldn't drag it out of me** za nic w świecie nikomu nie powiem; **wild ~s wouldn't drag me there** nie pójdę tam za żadne skarby

horse-and-buggy /ˌhɔːsənˈbʌgɪ/ *adj* US infml pej *[ways, methods]* staroświecki; przedpotopowy infml; *[times]* dawny

horse artillery *n* artyleria *f* konna

horseback /ˈhɔːsbæk/ **I** *n* **on ~** *[policeman, police]* na koniu, na koniach **II** *adv* US **to ride ~** jeździć konno or wierzchem

horseback riding *n* US jazda *f* konna, jeździectwo *n*

horse-box /ˈhɔːsbɒks/ *n* przyczepa *f* do przewozu koni

horse brass *n mosiężna ozdoba końskiej uprzęży*

horsebreaker /ˈhɔːsbreɪkə(r)/ *n* ujeżdżacz *m*

horsebreeder /ˈhɔːsbriːdə(r)/ *n* hodowca *m* koni

horse chestnut *n* Bot [1] (also **~ tree**) kasztanowiec *m* [2] (fruit) kasztan *m*

horse collar *n* chomąto *n*

horse dealer *n* handlarz *m* końmi

horse doctor *n* infml pej konował *m* infml pej

horse-drawn /ˈhɔːsdrɔːn/ *adj [carriage, coach]* konny

horseflesh /ˈhɔːsfleʃ/ *n* [1] (horses collectively) konie *m pl* [2] Culin konina *f*

horsefly /ˈhɔːsflaɪ/ *n* giez *m*, mucha *f* końska

Horse Guards *n* GB Mil gwardia *f* konna

horsehair /ˈhɔːsheə(r)/ **I** *n* końskie włosie *n* **II** *modif* (mattress, sofa) z końskiego włosia

horsehide /ˈhɔːshaɪd/ *n* końska skóra *f*

horse latitudes *npl* Naut końskie szerokości *f pl*

horselaugh /ˈhɔːslɑːf, US -læf/ *n* pej rechot *m* pej

horseman /ˈhɔːsmən/ *n* (*pl* **-men**) jeździec *m*

horsemanship /ˈhɔːsmənʃɪp/ *n* (activity) jeździectwo *n*; (art, skill) umiejętności *f pl* jeździeckie

horse manure *n* łajno *n* końskie, nawóz *m* koński

horsemeat /ˈhɔːsmiːt/ *n* konina *f*

horse opera *n* US infml western *m*

horseplay /ˈhɔːspleɪ/ *n* dzikie harce *plt*

horsepower /ˈhɔːspaʊə(r)/ *n* (unit of power) koń *m* mechaniczny; **a 90 ~ engine** silnik o mocy 90 koni mechanicznych

horse race *n* gonitwa *f*

horseracing /ˈhɔːsreɪsɪŋ/ *n* wyścigi *m pl* konne

horseradish /ˈhɔːsrædɪʃ/ *n* chrzan *m*

horseradish sauce *n* sos *m* chrzanowy

horseriding /ˈhɔːsraɪdɪŋ/ *n* jazda *f* konna, jeździectwo *n*

horse sense *n* infml zdrowy rozsądek *m*, chłopski rozum *m*

horseshit /ˈhɔːsʃɪt/ *n* vulg gówno *n* vinfml; fig bzdury *f pl*; brednie *f pl* infml

horseshoe /ˈhɔːsʃuː/ **I** *n* podkowa *f* **II** *modif [shape, bend]* podkowiasty, w kształcie podkowy

horseshoe crab *n* Zool skrzypłocz *m*

horseshow /ˈhɔːsʃəʊ/ *n* konkurs *m* jeździecki

horsetail /ˈhɔːsteɪl/ *n* Bot skrzyp *m*

horse trader *n* handlarz *m* końmi; fig negocjator *m*

horse-trading /ˈhɔːstreɪdɪŋ/ *n* handel *m* końmi; fig przetargi *m pl*

horse trials *npl* wszechstronny konkurs *m* konia wierzchowego

horse vaulting *n* woltyżerka *f*

horsewhip /ˈhɔːswɪp/ **I** *n* bat *m*; batog *m* liter

II *vt* (*prp, pt, pp* **-pp-**) wy|chłostać, wy|batożyć

horsewoman /ˈhɔːswʊmən/ *n* (*pl* **-women**) amazonka *f*

hors(e)y /ˈhɔːsɪ/ *adj* [1] *[face, appearance]* koński [2] (interested in horses) mający zamiłowanie do koni; **~ period** okres szaleństwa na punkcie koni; **the ~ set** koniarze

horticultural /ˌhɔːtɪˈkʌltʃərəl/ *adj* ogrodniczy

horticulture /ˈhɔːtɪkʌltʃə(r)/ *n* ogrodnictwo *n*

horticulturist /ˌhɔːtɪˈkʌltʃərɪst/ *n* ogrodnik *m*; (specialist) specjalist|a *m*, -ka *f* w dziedzinie ogrodnictwa

hose /həʊz/ **I** *n* [1] (also **~pipe** GB) (for garden, cleaning) wąż *m*; szlauch *m* infml [2] (also **fire~**) wąż *m* strażacki; sikawka *f* [3] Aut (in engine) wężyk *m* [4] (tubing) giętka rura *f*; **a length of ~** kawałek rury [5] GB (hosiery) wyroby *m pl* pończosznicze [6] Hist (garment) rajtuzy *plt*; pończochy *plt* [7] US, GB dat (stockings) pończochy *plt*

II *vt* podl|ać, -ewać *[garden]*

■ **hose down**: **~ down [sth], ~ [sth] down** pol|ać, -ewać wężem *[driveway]*; u|myć wężem *[car]*

■ **hose out**: **~ out [sth], ~ [sth] out** obl|ać, -ewać dużym strumieniem wody

Hosea /həʊˈzɪə/ *prn* Ozeasz *m*

hosepipe /ˈhəʊzpaɪp/ *n* GB [1] (garden) wąż *m* ogrodowy; szlauch *m* infml [2] (fire) sikawka *f*; wąż *m* strażacki

hosepipe ban *n* GB zakaz *m* podlewania ogródków *(z powodu suszy)*

hosier /ˈhəʊzɪə(r), US ˈhəʊʒə(r)/ *n* dat kupiec *m* handlujący wyrobami pończoszniczymi dat

hosiery /ˈhəʊzɪərɪ, US ˈhəʊʒərɪ/ *n* arch wyroby *m pl* pończosznicze

hospice /ˈhɒspɪs/ *n* [1] (for terminally ill) hospicjum *n* [2] (for travellers) schronisko *n*

hospitable /hɒˈspɪtəbl/ *adj [person, family, country]* gościnny **(to sb** dla kogoś); *[gesture, invitation]* serdeczny; *[climate, conditions, terrain]* przyjazny

hospitably /ˈhɒspɪtəblɪ, ˌhɒˈspɪt-/ *adv* gościnnie, serdecznie

hospital /ˈhɒspɪtl/ **I** *n* szpital *m*; **to/from ~** GB or **to/from the ~** US do/ze szpitala; **to be taken** or **admitted to ~ with gunshot wounds** zostać przyjętym do szpitala z ranami postrzałowymi; **I've never been to ~** nigdy nie leżałem w szpitalu; **he died in ~** umarł w szpitalu

II *modif [facilities, food, treatment, ward]* szpitalny; **~ waiting list** lista oczekujących na przyjęcie do szpitala; **~ beds** liczba łóżek szpitalnych; **~ patient** pacjent szpitala

hospital administrator *n* dyrektor *m* szpitala

hospital authorities *npl* dyrekcja *f* szpitala

hospital corner *n* **to do ~s** starannie zasłać łóżko

hospital doctor *n* lekarz *m* szpitalny

hospitality /ˌhɒspɪˈtælətɪ/ *n* gościnność *f*

hospitalize /ˈhɒspɪtəlaɪz/ *vt* hospitalizować

hospital nurse *n* pielęgniarka *f* szpitalna

hospital porter *n* GB sanitariusz *m*

hospital ship *n* okręt *m* szpitalny

host¹ /həʊst/ **I** *n* [1] (to guests, visitors) gospodarz *m*; **to play ~ to sb** gościć kogoś [2] Bot, Zool żywiciel *m* [3] dat or hum (innkeeper) karczmarz *m*; pan *m* domu; **mine ~** hum nasz gospodarz [4] Radio, TV gospod|arz *m*, -yni *f* programu [5] Comput host *m*; komputer *m* główny

II *modif* [1] *[animal, plant, cell]* żywiący; **~ country** kraj pełniący rolę gospodarza [2] Radio, TV występujący w roli gospodarza

III *vt* [1] *[city, country, institution]* gościć [2] Radio, TV po|prowadzić, być gospodarzem (czegoś) *[programme]* [3] Comput być hostem czegoś *[website]*

host² /həʊst/ *n* [1] (multitude) chmara *f*, mnóstwo *n* **(of sb/sth** kogoś/czegoś) [2] arch (army) zastępy *m pl*

host³ /həʊst/ *n* Relig hostia *f*

hostage /ˈhɒstɪdʒ/ *n* zakładni|k *m*, -czka *f*; **to take/hold sb ~** wziąć/przetrzymywać kogoś jako zakładnika

IDIOMS: **to give a ~ to fortune** postawić wszystko na jedną kartę

hostage-taker /ˈhɒstɪdʒteɪkə(r)/ *n* porywacz *m*, -ka *f*

hostel /ˈhɒstl/ **I** *n* [1] (residence) (for students) dom *m* akademicki or studencki; akademik *m* infml; **(youth) ~** schronisko *n* młodzieżowe; (for homeless, refugees) schronisko *n*; (for migrant workers) hotel *m* robotniczy [2] arch → **hostelry**

II *vi* **to go (youth-)~ling** wędrować, zatrzymując się w schroniskach młodzieżowych

hosteller /ˈhɒstələ(r)/ *n* turysta *m* zatrzymujący się w schroniskach młodzieżowych

hostelry /ˈhɒstəlrɪ/ *n* arch gospoda *f*, karczma *f*, oberża *f* dat

hostess /ˈhəʊstɪs/ *n* [1] (to guests, visitors) gospodyni *f*, pani *f* domu [2] (on plane, train, coach) stewardesa *f*; (in administration) hostessa *f* [3] Radio, TV gospodyni *f* programu [4] (escort) hostessa *f*; euph panienka *f* do towarzystwa infml dat; (entertainer) fordanserka *f* dat

hostile /ˈhɒstaɪl, US -tl/ *adj [look, attitude, mood]* nieprzyjazny, wrogi **(to sb/sth** wobec kogoś/czegoś); *[crowd, person]* nieprzyjaźnie or wrogo nastawiony **(to sb/sth** do kogoś/czegoś); **~ takeover** (bid) Comm wrogie przejęcie

hostility /hɒˈstɪlətɪ/ **I** *n* niechęć *f*, wrogość *f*; **to show ~ to** or **towards sb** okazywać wrogość komuś; **to show ~ to** or **towards sth/sb** być wrogo nastawionym do czegoś /okazywać wrogość komuś

II hostilities *npl* działania *plt* wojenne

hostler /ˈɒslə(r)/ *n* arch stajenny *m*

host name *n* Comput nazwa *f* hosta

hot /hɒt/ *adj* [1] (very warm) *[climate, bath, plate, soup]* gorący; *[day, season]* upalny, gorący; *[fire, sun]* palący, piekący; *[hands, feet]* gorący, rozgrzany; *[forehead]* gorący, rozpalony; **it's ~ here** gorąco tu; **it's terribly ~!** ale upał!; **it's going to be even ~ter tomorrow** jutro będzie jeszcze większy upał; **the weather is ~ in July** w lipcu jest gorąco; **it's a ~ day** gorąco dziś; **I am** or **feel ~** gorąco mi, jest mi gorąco; **to serve sth ~** podawać coś na gorąco *[pie, dish]*; **to get ~** *[engine, radiator, iron]* rozgrzać się; *[parked car]* nagrzać się; **I'm getting ~** zaczyna mi być gorąco, robi mi się gorąco; **the weather gets ~** robi się gorąco; **it gets ~ in this office** w biurze robi się gorąco; **the room feels ~** w pokoju jest gorąco; **the sun felt ~ on his back** na plecach czuł gorące promienie słońca; **your forehead feels ~** masz rozpalone czoło; **digging is ~ work** od kopania robi się gorąco; **she's had a ~ walk from the station** szła ze stacji w upał; **the sun is at its ~test at this time of day** o tej porze dnia słońce najmocniej praży; **how ~ should I have the iron /oven?** do jakiej temperatury mam rozgrzać żelazko/piekarnik?; **to be ~ from the oven** *[bread, cake]* być prosto z pieca; **to go ~ and cold** (with fever) dostać dreszczy; (with fear) spocić się ze strachu [2] Culin *[mustard, spice, sauce, dish]* ostry [3] (new, fresh) *[scent, trail]* świeży; *[news, gossip]* najnowszy [4] (newly arrived) **Dr Mayer, ~ from the New York conference** dr Mayer, prosto z konferencji w Nowym Jorku; **~ from** or **off the press** *[newspaper]* prosto z drukarni; *[news]* z ostatniej chwili [5] (fierce, keen) *[debate, dispute]* gorący; *[argument, fight, competition]* zaciekły; *[pace]* szybki; **the pace is getting ~ter** tempo robi się coraz szybsze; **the ~test part of the election campaign** najgorętszy okres kampanii wyborczej [6] (violent) *[rage, lust, passion, desire]* gwałtowny; **to have a ~ temper** łatwo wpadać w złość [7] infml (in demand) **to be ~** US *[entertainer, show, film]* cieszyć się ogromnym powodzeniem; **to be a ~ property** mieć ogromne wzięcie [8] infml (good) **a ~ tip** pewny cynk infml; **the team is ~** US drużyna jest w doskonałej formie; **to be the ~ favourite** być stuprocentowym faworytem; **a ~ streak** US dobra passa; **if you think you are so ~, try it yourself!** jeżeli jesteś taki mądry, to sam spróbuj!; **to be ~ on sth** (knowledgeable) mieć coś w jednym palcu infml; (keen, insistent) mieć bzika na punkcie czegoś infml *[environment protection, punctuality]*; **not so ~** nie najlepszy [9] infml (difficult, unpleasant) **things are getting rather ~** (dangerous) robi się gorąco; **to make it** or **things ~ for sb** dać komuś popalić infml [10] infml (stolen) *[car, jewellery, painting]* trefny infml [11] (bright) *[colour]* jaskrawy; **~ pink** jaskraworóżowy [12] Mus **~ jazz** hot jazz [13] Nucl (radioactive) napromieniowany [14] (close) **to be ~ on sb's trail** (in pursuit) deptać komuś po piętach fig; **to be ~ on the trail of sth** być na tropie czegoś; **to set off in ~ pursuit of sb** ruszyć w pogoń za kimś; **a truck with two police cars in ~ pursuit** ciężarówka ścigana przez dwa wozy policyjne; **you are getting ~** (in guessing games) ciepło, ciepło [15] US infml (erotic) *[movie, scene]* erotyczny

■ **hot up**: ¶ **~ up** [1] (become exciting) *[match, election campaign]* rozkręc|ić, -ać się infml; **things are ~ting up** (more dangerous) robi się gorąco [2] (get faster) *[pace]* zwiększ|yć, -ać się [3] (intensify) *[raids, war]* nasil|ić, -ać się ¶ **~ [sth] up** [1] (make more intense) zwiększ|yć, -ać *[pace]*; ożywi|ć, -ać *[party, contest, campaign, speech]* [2] (make more powerful) pod-

H

rasow|ać, -ywać infml *[engine, car, motorbike]*

IDIOMS: **she is all ~ and bothered** jest cała roztrzęsiona; **to blow ~ and cold** być jak chorągiewka na wietrze; **to be in ~ water** infml mieć kłopoty; **to get into ~ water** infml wpakować się w kłopoty infml; **to have the ~s for sb** vinfml być na kogoś napalonym infml; **when you're ~ you're ~, and when you're not you're not** US raz jest lepiej, raz gorzej; raz (się jest) na wozie, raz pod wozem

hot air *n* infml pustosłowie *n*; **it's just so much ~!** to tylko czcza gadanina!

hot air balloon *n* balon *m* napełniony ciepłym powietrzem

hotbed /ˈhɒtbed/ *n* 1 Hort inspekt *m* 2 fig (of evil) siedlisko *n* **(of sth** czegoś); (of criminals) gniazdo *n* fig

hot-blooded /ˌhɒtˈblʌdɪd/ *adj [response, reaction]* porywczy; *[person, race]* gorącokrwisty

hot button *n* gorący temat *m*

hot cake *n* US ≈ naleśnik *m*

IDIOMS: **to sell like ~s** sprzedawać się jak gorące or świeże bułeczki

hotchpotch /ˈhɒtʃpɒtʃ/ *n* GB mieszanina *f*; miszmasz *m* infml

hot cross bun *n drożdżowa bułeczka ze znakiem krzyża, jedzona w Wielki Piątek*

hot desking *n* gorące biurka *n pl* infml

hot dog **I** *n* hot dog *m*

II *excl* US infml dat klawo! dat

III *vi* (*prp, pt, pp* **-gg-**) 1 infml (show off) popisywać się 2 (in skiing) wykonywać ewolucje

hot dogging *n* ewolucje *f pl* na nartach

hotel /həʊˈtel/ **I** *n* hotel *m*

II *modif [room, lobby, restaurant, guest]* hotelowy; *[industry, service]* hotelarski; **~ manager** kierownik hotelu

hotelier /həʊˈtelɪə(r)/ *n* hotela|rz *m*, -rka *f*

hotel industry *n* hotelarstwo *n*

hotelkeeper /ˌhəʊˈtelkiːpə(r)/ *n* GB hotela|rz *m*, -rka *f*

hotel work *n* praca *f* w hotelu

hot flash *n* US = **hot flush**

hot flush *n* GB uderzenie *n* krwi do głowy

hotfoot /ˈhɒtfʊt/ **I** *adv* hum ochoczo, żwawo infml

II *vt* infml **to ~ it down to the beach /over to a friend's house** ochoczo ruszyć na plażę/do domu przyjaciela

hot gospeller *n* GB pej, hum żarliwy kaznodzieja *m*

hot hatch(back) *n* GB Aut infml hatchback *m* o dużej mocy

hothead /ˈhɒthed/ *n* pej gorąca głowa *f* fig; **he is a ~** jest w gorącej wodzie kąpany

hot-headed /ˌhɒtˈhedɪd/ *adj [person]* w gorącej wodzie kąpany; *[behaviour, response]* porywczy; *[decision]* pochopny

hot-headedly /ˌhɒtˈhedɪdlɪ/ *adv [agree, accuse]* pochopnie; *[rush, accept, refuse]* bez zastanowienia, pod wpływem impulsu

hot-headedness /ˌhɒtˈhedɪdnɪs/ *n* porywczość *f*

hothouse /ˈhɒthaʊs/ **I** *n* 1 Hort cieplarnia *f*, szklarnia *f* 2 fig (overprotectiveness) warunki *m pl* cieplarniane fig

II *modif [atmosphere]* cieplarniany fig; **~ child** dziecko wybitnie uzdolnione; **~ school** szkoła dla wybitnie uzdolnionych dzieci

III *vt* przyśpiesz|yć, -ać rozwój (kogoś /czegoś) *[plant, child]*

hothouse plant *n* 1 roślina *f* cieplarniana 2 fig (person) mimoza *f* fig

hothousing /ˈhɒthaʊzɪŋ/ *n* Sch *specjalny tok nauczania dla wybitnie uzdolnionych uczniów*

hot key *n* Comput gorący klawisz *m*

hotline /ˈhɒtlaɪn/ *n* 1 Pol gorąca linia *f* 2 (for public) linia *f* specjalna; **AIDS ~** telefon zaufania dla chorych na AIDS

hotlink /ˈhɒtlɪŋk/ *n* Comput łącze *n* z uaktualnianiem automatycznym

hotlist /ˈhɒtlɪst/ *n* Comput lista *f* preferowanych miejsc

hotly /ˈhɒtlɪ/ *adv [deny]* gorąco; *[debate, argue]* zawzięcie; *[exclaim, retort]* z żarem; **the match/race was ~ contested** mecz /wyścig był bardzo zacięty

hot money *n* Fin krótkoterminowy kapitał *m* spekulacyjny

hot pants *npl* krótkie damskie szorty *plt*

hot pepper *n* ostra papryka *f*

hotplate /ˈhɒtpleɪt/ *n* płytka *f* do podgrzewania potraw

hotpot /ˈhɒtpɒt/ *n* GB Culin mięso *n* duszone z cebulą i ziemniakami

hot potato *n* infml śliska sprawa *f*

IDIOMS: **to drop sb like a ~** pozbyć się kogoś natychmiast; **to drop sth like a ~** zarzucić coś natychmiast *[plan, project]*

hot rod *n* samochód *m* z podrasowanym silnikiem

hot seat *n* US infml (electric chair) krzesło *n* elektryczne

IDIOMS: **to be in the ~** fig być w trudnym położeniu

hot shit US vinfml **I** *n* **he thinks he's ~** uważa się za Bóg wie co infml

II *excl* cholera jasna! infml

hot shoe *n* Phot gniazdo *n* lampy błyskowej

hotshot /ˈhɒtʃɒt/ **I** *n* infml (expert) mądrala *m* infml iron; (important person) ważniak *m* infml pej

II *adj [executive]* nadęty infml pej

hot spot *n* infml 1 Pol, Journ punkt *m* zapalny 2 Tourism ciepły kraj *m* 3 (nightclub) nocny lokal *m* 4 Comput miejsce *n* aktywne

hot spring *n* gorące źródło *n*

hot stuff *n* infml **to be ~** (talented) *[person]* być świetnym; *[pop group]* być super infml; **she's ~** (attractive) jest seksowna infml; (titillating) *[film, book]* robić furorę; **he thinks he's ~** uważa się za Bóg wie co infml

hot swap *n* Comput dodanie *n* części urządzenia bez przerywania pracy

hot-tempered /ˌhɒtˈtempəd/ *adj [person]* wybuchowy

Hottentot /ˈhɒtntɒt/ **I** *n* 1 (person) Hotentot *m*, -ka *f* 2 Ling (język *m*) hotentocki *m*

II *adj* hotentocki

hotter /ˈhɒtə(r)/ *n* GB infml młody kierowca-ryzykant *m*

hot ticket *n* infml 1 (person) ulubieniec *m*, faworyt *m* 2 (show) przebój *m* sezonu, hit *m*

hotting /ˈhɒtɪŋ/ *n* GB infml niebezpieczna jazda *f* skradzionym samochodem

hot tub *n* US gorąca kąpiel *f*

hot war *n* otwarta wojna *f*

hot-water bottle /ˌhɒtˈwɔːtəbɒtl/ *n* termofor *m*

hot-wire /ˌhɒtˈwaɪə(r)/ *vt* infml **to ~ a car** uruchomić samochód, zwierając kable na krótko

houm(o)us *n* = **hummus**

hound /haʊnd/ **I** *n* 1 Hunt pies *m* gończy, ogar *m*; **a pack of ~s** sfora psów; **to ride to** or **follow the ~s** polować z psami 2 hum (dog) kundel *m* infml 3 infml (enthusiast) **autograph ~** łowca autografów; **publicity ~** osoba szukająca rozgłosu

II *vt* (harass) nękać, prześladować *[person]*

■ **hound down**: **~ down [sb], ~ [sb] down** wytropić *[burglar, fugitive]*

■ **hound out**: **~ out [sb], ~ [sb] out** 1 wyg|nać, -aniać, wypędz|ić, -ać; **to be ~ed out of town** zostać wygnanym or wypędzonym z miasta 2 (out of job) zmu|sić, -szać kogoś do rezygnacji or odejścia; **he was ~ed out of his job by the constant attacks of the newspapers** zaszczuty przez prasę, odszedł z pracy; **he was ~ed out of politics** doprowadzono go do rezygnacji z udziału w życiu politycznym

IDIOMS: **to be like a ~ out of hell** być wściekłym, wściekać się

hound-dog /ˈhaʊnddɒg/ *n* US infml 1 pies przewodnik *m* 2 (scoundrel) łotr *m*

houndstooth (check) /ˈhaʊndztuːθ/ **I** *n* Fashn, Tex kurza stopka *f*

II *modif [fabric, jacket]* w kurzą stopkę

hour /aʊə(r)/ **I** *n* 1 (60 minutes) godzina *f*; **an ~ ago** godzinę temu; **after an ~** po godzinie; **a solid** or **full ~** pełna godzina; **for ~s** całymi godzinami; **he'll be here within** or **inside an ~** będzie tutaj w ciągu godziny; **it's an ~ (away) from London** to o godzinę drogi od Londynu; **at 14.00 ~s** o godzinie czternastej; **twice an ~** dwa razy na godzinę; **£10 per ~** 10 funtów za godzinę; **to be paid by the ~** otrzymywać wynagrodzenie od godziny 2 (time of day) godzina *f*; **the clock struck the ~** zegar wybił godzinę; **the train leaves on the ~** pociąg odjeżdża o równej godzinie; **she got home in the early** or **small ~s** dotarła do domu nad ranem; **at an early ~** wcześnie (rano), o wczesnej godzinie; **to stay up until all ~s** nie kłaść się spać do późnych godzin nocnych or do późna w nocy; **at this ~?** o tej porze?; **nothing can be done at this late ~** fig jest już za późno, żeby cokolwiek zrobić 3 (point in time) godzina *f*; **the ~ of his execution has come** nadeszła godzina jego egzekucji; **her ~ had come** przyszła jej godzina; **his finest/darkest ~** najwspanialsza/najgorsza godzina or chwila w jego życiu; **in my/his ~ of need** w potrzebie

II hours *npl* 1 (times) **business** or **opening ~s** (of office) godziny urzędowania; **our business ~s are from 9 am to 2 pm** (office) urzędujemy od (godziny) 9 do 14; (shop) otwarte od (godziny) 9 do 14; **I can't serve drinks after ~s** nie podaję alkoholu po godzinach; **out of ~s** poza godzinami pracy; **to keep early/late ~s** kłaść się spać wcześnie/późno; **to keep regular ~s** kłaść się spać i wstawać o tej samej godzinie 2 Relig godzinki *plt*, brewiarz *m*

hourglass /ˈaʊəglɑːs, US -glæs/ *n* klepsydra *f*
hourglass figure *n* sylwetka *f* w kształcie klepsydry
hour hand *n* wskazówka *f* godzinowa
hourly /ˈaʊəlɪ/ **I** *adj* [1] (every hour) *[bulletins]* cogodzinny; **the buses are ~** autobusy odjeżdżają co godzinę [2] (per hour) *[earnings, wages]* za godzinę, od godziny; *[rate]* godzinowy; **they are paid on an ~ basis** otrzymują wynagrodzenie od godziny or od ilości przepracowanych godzin [3] (continual) *[expectation, fear]* nieustanny
II *adv* [1] (every hour) *[arrive, chime, depart, phone]* co godzinę [2] (per hour) **to pay sb ~** płacić komuś za godzinę [3] (at any time) *[expect]* w każdej chwili
house /haʊs/ **I** *n* (*pl* **~s** /ˈhaʊzɪz/) [1] (home) dom *m*; **at my/his ~** u mnie/u niego; **to go/come to sb's ~** pójść/przyjść do kogoś; **to be good around the ~** pomagać w domu; **to keep ~ (for sb)** prowadzić (komuś) dom; **you'll wake the whole ~** obudzisz cały dom; **the children were playing ~** dzieci bawiły się w dom; **to set up ~** założyć (własny) dom; **to move ~** przeprowadzić się [2] (also **House)** Pol izba *f* (parlamentu); **the bill before the ~** projekt ustawy poddany pod obrady izby; **this ~ deplores the invasion** fml Wysoka Izba potępia inwazję [3] Comm firma *f*; **publishing ~** wydawnictwo, oficyna wydawnicza; **fashion ~** dom mody; **on the ~** na koszt firmy; **the drinks are on the ~** alkohol jest na koszt firmy [4] Theat (audience) widownia *f*; (auditorium) sala *f*, widownia *f*; (performance) spektakl *m*; **'~ full'** (on notice) „wszystkie bilety wyprzedane"; **is there a doctor in the ~?** czy na sali or widowni jest lekarz?; **there wasn't a dry eye in the ~** cała widownia płakała, wszyscy widzowie płakali; **to bring the ~ down** rozbawić or rozśmieszyć widownię [5] (also **House)** (family line) rodzina *f* panująca, dynastia *f*; **the ~ of Windsor** dynastia Windsorów [6] Relig klasztor *m* [7] GB Sch (team) drużyna *f* [8] Astrol gwiazdozbiór *m* zodiakalny [9] (also **House)** (in discotheque) muzyka *f* house
II /haʊz/ *vt* [1] (give lodging to) (temporarily) zakwaterow|ać, -ywać *[homeless, refugees]*; (permanently) da|ć, -wać dom (komuś) *[young couple]*; **to be badly** or **poorly ~d** mieć złe warunki mieszkaniowe [2] (contain) *[building, room, library]* po|mieścić *[books, collection, exhibition]*
IDIOMS: **to get on like a ~ on fire** infml przypaść sobie do serca; **to put** or **set one's ~ in order** doprowadzić własne sprawy do porządku or ładu; **set your own ~ in order before you criticize me!** zanim będziesz mnie krytykował, doprowadź własne sprawy do porządku!
house agent *n* GB pośrednik *m* handlu nieruchomościami
House Appropriations Committee *n* US ≈ komisja *f* budżetowa Kongresu
house arrest *n* areszt *m* domowy; **to be (kept) under ~** znaleźć się w areszcie domowym
houseboat /ˈhaʊsbəʊt/ *n* barka *f* mieszkalna
housebound /ˈhaʊsbaʊnd/ **I** *n* **the ~** (+ *v pl*) osoby *f pl* nieopuszczające domu
II *adj [old people, invalids]* nieopuszczający domu; *[young mothers]* uwiązany w domu or przy dzieciach infml
housebreak /ˈhaʊsbreɪk/ *vt* US **to ~ a dog/cat** nauczyć psa/kota czystości
housebreaker /ˈhaʊsbreɪkə(r)/ *n* włamywacz *m*, -ka *f*
housebreaking /ˈhaʊsbreɪkɪŋ/ *n* [1] Jur włamanie *n* [2] US (of pet) uczenie *n* porządku or czystości
housebroken /ˈhaʊsbrəʊkn/ *adj* US *[pet]* nauczony porządku or czystości
house call *n* wizyta *f* domowa
houseclean /ˈhaʊskliːn/ *vi* US sprząt|nąć, -ać, posprzątać w domu
housecleaning /ˈhaʊskliːnɪŋ/ *n* US sprzątanie *n* w domu
house clearance sale *n* wyprzedaż *f* przed likwidacją sklepu
housecoat /ˈhaʊskəʊt/ *n* podomka *f*
housefather /ˈhaʊsfɑːðə(r)/ *n* (in orphanage) opiekun *m*
housefly /ˈhaʊsflaɪ/ *n* mucha *f* domowa
houseful /ˈhaʊsfʊl/ *n* pełny dom *m*; **a ~ of people** dom pełen ludzi
houseguest /ˈhaʊsgest/ *n* gość *m*
household /ˈhaʊshəʊld/ **I** *n* (family members) rodzina *f*, domownicy *m pl*; Admin (in census, survey) gospodarstwo *n* domowe; **the head of the ~** głowa rodziny; **a large ~** duże gospodarstwo domowe, duża rodzina
II *modif [accounts, expenses, tasks, equipment]* domowy; **~ management** prowadzenie domu; **~ waste** odpady z gospodarstwa domowego
household ammonia *n* amoniak *m* do użytku domowego
household appliance *n* elektryczne urządzenie *n* domowe; **~s** elektryczny sprzęt gospodarstwa domowego
Household Cavalry *n* GB kawaleria *f* przyboczna
householder /ˈhaʊshəʊldə(r)/ *n* (owner) właściciel *m*, -ka *f*; (tenant) najem|ca *m*, -czyni *f*, lokator *m*, -ka *f*; (head of household) głowa *f* rodziny
household gods *npl* bóstwa *n pl* domowe
household insurance *n* ubezpieczenie *n* domu/mieszkania
household linen *n* bielizna *f* pościelowa i stołowa
household name *n* (person) powszechnie znane nazwisko *n*; (product) powszechnie znana nazwa *f*; **he's a ~** wszyscy go znają; wszyscy wiedzą, kim jest
household policy *n* Insur polisa *f* ubezpieczeniowa domu/mieszkania
household soap *n* szare mydło *n*
household troops *n* gwardia *f* królewska
house-hunt /ˈhaʊshʌnt/ *vi* szukać domu or mieszkania
house-hunting /ˈhaʊshʌntɪŋ/ *n* **to go ~** szukać domu/mieszkania
house-husband /ˈhaʊshʌzbənd/ *n* mąż *m* zajmujący się domem
house journal *n* = **house magazine**
housekeeper /ˈhaʊskiːpə(r)/ *n* (in house) gosposia *f*, gospodyni *f*; (in institution) administrator *m*, -ka *f*
housekeeping /ˈhaʊskiːpɪŋ/ **I** *n* [1] (domestic) (work) prowadzenie *n* domu; (money) pieniądze *m pl* na życie infml [2] Pol, Fin, Comm administracja *f*
II *modif [money, allowance]* na życie; **~ gene** Biol gen odpowiedzialny za utrzymanie prawidłowego stanu komórki
house lights *n pl* Theat światła *n pl* na widowni
house magazine *n* biuletyn *m* wewnętrzny
housemaid /ˈhaʊsmeɪd/ *n* pokojówka *f*
housemaid's knee *n* Med kolano *n* klęczących or służącej or pastora
houseman /ˈhaʊsmən / *n* (*pl* **-men)** [1] GB Med lekarz *m* stażysta [2] US (in hotel) konserwator *m*
house martin *n* Bot jaskółka *f* oknówka
housemaster /ˈhaʊsmɑːstə(r), US -mæs-/ *n* GB Sch ≈ wychowawca *m* w internacie
housemistress /ˈhaʊsmɪstrɪs/ *n* GB Sch ≈ wychowawczyni *f* w internacie
housemother /ˈhaʊsmʌðə(r)/ *n* (in orphanage) opiekunka *f*
house mouse *n* mysz *f* domowa
house music *n* muzyka *f* house
house of cards *n* domek *m* z kart also fig
House of Commons *n* Izba *f* Gmin
house officer *n* GB Med ≈ asystent *m*
House of God *n* Dom *m* Boży liter
House of Keys *n niższa izba parlamentu wyspy Man*
House of Lords *n* GB Izba *f* Lordów
House of Representatives *n* US Izba *f* Reprezentantów
house organ *n* = **house magazine**
houseowner /ˈhaʊsəʊnə(r)/ *n* właściciel *m*, -ka *f* domu
house painter *n* malarz *m* pokojowy
houseparent /ˈhaʊspeərənt/ *n* (in orphanage) opiekun *m*, -ka *f*
house party *n* (event) spotkanie *n* towarzyskie *(w wiejskiej rezydencji)*; (group) zaproszone towarzystwo *n*
house physician *n* GB Med ≈ asystent *m*
houseplant /ˈhaʊsplɑːnt, US -plænt/ *n* roślina *f* domowa
house prices *npl* ceny *f pl* nieruchomości
house-proud /ˈhaʊspraʊd/ *adj* **to be ~** pedantycznie dbać o porządek
house red *n* czerwone wino *n* stołowe *(podawane w restauracji w karafce)*
houseroom /ˈhaʊsruːm/ *n* miejsce *n* w domu, przestrzeń *f* domowa; **I wouldn't give it ~** fig (of object) nie wziąłbym tego nawet za darmo; (of idea) nie chciałbym mieć z tym nic do czynienia
house sales *npl* sprzedaż *f* nieruchomości
house-sit /ˈhaʊssɪt/ *vi* po|pilnować domu **(for sb** komuś)
house-sitter /ˈhaʊssɪtə(r)/ *n* pilnujący *m* domu *(pod nieobecność gospodarzy)*
Houses of Congress *npl* US Kongres *m* Stanów Zjednoczonych *(Senat i Izba Reprezentantów Kongresu Stanów Zjednoczonych)*
Houses of Parliament *npl* GB Parlament *m* Brytyjski
house sparrow *n* wróbel *m* domowy
house style *n* Publg, Journ forma *f* prezentacji
house surgeon *n* GB chirurg stażysta *m*
house-to-house /ˌhaʊstəˈhaʊs/ *adj [search, enquiries]* po domach, od domu do domu; *[salesperson]* domokrążny; *[selling]*

H

obwoźny; **to carry out a ~ collection** robić zbiórkę po domach

housetop /ˈhaʊstɒp/ *n* = **rooftop**

house-trained /ˈhaʊstreɪnd/ *adj* GB *[pet]* nauczony porządku or czystości

housewares /ˈhaʊsweəz/ *npl* Comm artykuły *m pl* gospodarstwa domowego

house-warming /ˈhaʊswɔːmɪŋ/ *n* (party) oblewanie *n* mieszkania; parapetówka *f* infml; **to have** or **give a ~** urządzić parapetówkę infml

house white *n* (wine) białe wino *n* stołowe *(podawane w restauracji w karafce)*

housewife /ˈhaʊswaɪf/ *n* (not employed outside home) kobieta *f* niepracująca zawodowo; (with emphasis on domestic labour) gospodyni *f* domowa

housewifely /ˈhaʊswaɪflɪ/ *adj* **~ virtues** zalety dobrej gospodyni; **~ thrift** oszczędne gospodarowanie

housewifery /ˈhaʊswɪfərɪ/ *n* gospodarność *f*

house wine *n* wino *n* stołowe *(podawane w restauracji w karafce)*

housewives /ˈhaʊswaɪvz/ *npl* → **housewife**

housework /ˈhaʊswɜːk/ *n* (cleaning only) sprzątanie *n*; (including ironing, washing) prace *f pl* domowe; **to do the ~** zajmować się domem; (clean) sprzątać

housey-housey /ˌhaʊsɪˈhaʊsɪ/ *n* GB bingo *n*

housing /ˈhaʊzɪŋ/ **I** *n* [1] (houses) domy *m pl* mieszkalne; (flats) mieszkania *n pl*; (conditions) warunki *plt* mieszkaniowe; (provision of houses) gospodarka *f* mieszkaniowa [2] Tech (casing) osłona *f*, obudowa *f*; **engine ~** osłona or obudowa silnika [3] Archit, Constr połączenie *n* na zasuw

II *modif [conditions, crisis, department, problem]* mieszkaniowy; **~ shortage** brak mieszkań; **~ density** gęstość zabudowy mieszkalnej

housing association *n* GB ≈ spółdzielnia *f* mieszkaniowa, towarzystwo *n* budownictwa społecznego, TBS *m/n*

housing benefit *n* GB zasiłek *m* na mieszkanie, dopłata *f* na mieszkanie

housing development *n* GB (large) dzielnica *f* mieszkaniowa; (small) osiedle *n* mieszkaniowe

housing estate *n* osiedle *n* mieszkaniowe

housing project *n* US = **housing development**

housing stock *n* zasoby *m pl* mieszkaniowe

hove /həʊv/ *pt, pp* Naut → **heave**

hovel /ˈhɒvl/ *n* (house) rudera *f*; (flat) nora *f* pej

hover /ˈhɒvə(r)/ *vi* [1] (remain in air) *[small bird, insect, helicopter]* wisieć or unosić się w powietrzu **(over** or **above sth** nad czymś) [2] fig *[danger, threat, suspicion]* wisieć **(over** or **above sb** nad kimś); **a smile ~ed on her lips** uśmiech błąkał się na jej ustach; **a question ~ed on her lips** na usta cisnęło jej się pytanie [3] (vacillate) *[person, price, costs]* wahać się **(between sth and sth** między czymś a czymś); **profits are ~ing around 15%** zyski wahają się w granicach 15%; **a country ~ing on the brink of war** państwo znajdujące się na krawędzi wojny; **to ~ between life and death** balansować na krawędzi życia i śmierci [4] (linger) **(**also **~ about)** *[person]* wyczekiwać, kręcić się

hovercraft /ˈhɒvəkrɑːft, US -kræft/ *n* (*pl* **~**) poduszkowiec *m*

hoverfly /ˈhɒvəflaɪ / *n* Zool bzyg *m*

hoverport /ˈhɒvəpɔːt/ *n* port *m* (dla poduszkowców)

hovertrain /ˈhɒvətreɪn/ *n* pociąg *m* poruszający się na poduszce powietrznej

HOV lane *n* US = **high occupancy vehicle lane** pas *m* dla pojazdów wiozących co najmniej jednego pasażera

how /haʊ/ **I** *adv, conj* [1] (in what way, by what means) jak; **~ did you make it?** jak to zrobiłeś?; **I wonder ~ it works** ciekawe, jak to działa; **I don't know ~ he does it!** nie wiem, jak on to robi!; **to know ~ to do sth** wiedzieć jak coś zrobić, umieć coś zrobić; **~ do you know?** skąd wiesz?; **I learned ~ to do it** nauczyłem się to robić; **~ do you feel about it?** co o tym myślisz?; **~ does the tune go?** jak idzie ta melodia? infml [2] (enquiring about success) jak; **~ are you?** (as greeting) jak się masz?; (enquiring about health) **~ are you?** jak się czujesz?; **~'s your foot/head?** jak tam twoja stopa/głowa?; **~'s your brother?** co u twojego brata?; **tell me ~ she/your family is?** powiedz, co u niej/u twojej rodziny?; **~ did the exam/interview go?** jak ci poszedł egzamin/poszła rozmowa?; **~ was the film/book?** jak ci się podobał film/podobała książka?; **~ did you like the party/house?** jak się bawiłeś na przyjęciu?/jak ci się podobał ten dom?; **~'s everything?, ~ are things?** co słychać?; jak leci? infml; **~ do you do!** (greeting) miło mi! [3] (in number, quantity questions) **~ much does it cost?, ~ much is it?** ile to kosztuje?; **~ much do you /does it weigh?** ile ważysz?/ile to waży?; **~ many times have you been to England?** ile razy byłeś w Anglii?; **~ many years have you lived here?** ile lat tu mieszkasz?, od ilu lat tu mieszkasz?; **I don't know ~ many people will come** nie wiem, ile osób przyjdzie; **~ much time/money is there left?** ile jeszcze zostało czasu/pieniędzy?; **~ long is the rope?** ile mierzy ta lina?; **~ long do you want it?** jakie to ma być długie?; **~ long will it take?** ile czasu to zajmie?; **~ old is she?** ile ona ma lat?; **~ tall is the tree?** jak wysokie jest to drzewo?; **~ tall is your father?** jakiego wzrostu jest twój ojciec?; **~ big is the garden?** jaka jest powierzchnia tego ogrodu?; **~ far is the station?** jak daleko jest na dworzec?; **tell me ~ old she is** powiedz mi, ile ona ma lat; **~ often do you go there?** jak często tam chodzisz?; **~ soon can they get here?** kiedy tu dotrą? [4] (in exclamation) **~ wonderful /horrible!** to wspaniale!/okropne!; **~ nice you look!** jak ładnie wyglądasz!; **~ clever of you/him!** bardzo sprytnie (z twojej/jego strony)!; **~ wrong I was!** bardzo się pomyliłem!; **~ it rained!** ale padało!; **~ you've grown!** ale urosłeś!; **~ they shouted!** ale się wydzierali! infml [5] infml (in whichever way) jak; **you can decorate it ~ you like** możesz to ozdobić, jak chcesz or jak ci się podoba [6] (why) **~ could you?** jak mogłeś?; **~ can you say that?** jak możesz tak mówić? [7] (that) że; **he told me ~ he had found it on the bus** powiedział mi, że znalazł to w autobusie; **you know ~ he always arrives late** wiesz, że on zawsze się spóźnia

II **how come** *adv phr* infml dlaczego; **~ come you always get the best place /arrive first?** jak to jest or jak to się dzieje, że zawsze dostajesz najlepsze miejsce /przyjeżdżasz pierwszy?; **~ come you don't like him?** dlaczego go nie lubisz?

III **how so** *adv phr* dlaczego

IV **how's that** *adv phr* [1] (what do you think?) **I'll take you home, ~'s that?** odprowadzę cię do domu, co ty na to?; **~'s that for an honest answer/an interesting job?** i to ma być odpowiedź/interesująca praca? [2] (pardon?) **'he's called Robert' – '~'s that?'** „nazywa się Robert" – „słucham, powtórz, nie dosłyszałem" or „co?" infml

IDIOMS: **the ~ and the why of sth** metody i przyczyny czegoś; **and ~!** i to (jeszcze) jak!; **'did your mother tell you off?' – 'and ~!'** „czy mama cię skrzyczała?" – „jeszcze jak!"

howdy /ˈhaʊdɪ/ *excl* US infml cześć!, siemasz! infml

how-d'ye-do /ˌhaʊdjəˈduː/ *n* infml **this is a real** or **fine ~!** ładna historia!

however /haʊˈevə(r)/ **I** *conj* (nevertheless) jednak(że); **~, he did say that he would look into the matter** powiedział jednak, że zajmie się tą sprawą; **~, the recession is not over yet** jednak recesja jeszcze trwa; **they can, ~, explain why** mogą jednak wyjaśnić, dlaczego; **if, ~, you prefer not to accept the offer...** jeżeli jednak woli pan/pani nie przyjmować tej propozycji...

II *adv* [1] (no matter how) choćby, żeby; **~ hard I try, I can't** nie mogę, choćbym nie wiem jak się starał; **~ difficult the task is** or **may be, we can't give up** bez względu na to, jak trudne to zadanie, nie możemy zrezygnować; **~ profitable the company is** or **may be** choćby firma była nie wiadomo jak dochodowa; **everyone, ~ poor/inexperienced** każdy, choćby najbiedniejszy/najmniej doświadczony; **~ often you tell me, I still won't believe you** choćbyś mi to nie wiem jak często powtarzał i tak ci nie uwierzę; **~ much it costs** bez względu na to, ile to kosztuje; **~ long it takes, I'm not leaving** obojętnie jak długo to potrwa, nie wychodzę [2] (in whatever way) jakkolwiek, w jakikolwiek sposób; **~ you like** jak tylko chcesz; **~ she does it, he won't like it** żeby nie wiem jak to robiła, jemu i tak się nie spodoba [3] (how on earth) **~ did you guess?** jak zgadłeś?; jakim cudem zgadłeś? infml

howitzer /ˈhaʊɪtsə(r)/ *n* haubica *f*

howl /haʊl/ **I** *n* [1] (wail) (of wolf, dog, person, machine, wind) wycie *n*; **a ~ of pain** (of animal) skowyt bólu; (of person) okrzyk bólu; **to give a ~ of pain/rage** *[animal, person]* zawyć z bólu/wściekłości [2] (shout) ryk *m*; **a ~ of laughter** salwa śmiechu; **~s of protest** głośne protesty [3] infml **it is a ~** (funny) można skonać ze śmiechu infml

II *vt* wykrzykiwać *[slogans]*; **to ~ abuse at sb** obrzucić kogoś wyzwiskami; **'come back!' she ~ed** „wracaj!", ryknęła
III *vi* (wail) *[animal, wind, person]* za|wyć; (cry) *[baby]* ryczeć, wyć infml; **to ~ with rage/pain** zawyć z wściekłości/z bólu; **to ~ with laughter** ryczeć ze śmiechu
■ **howl down**: **~ [sb] down** *[audience]* zakrzy|czeć, -kiwać *[speaker]*

howler /ˈhaʊlə(r)/ *n* infml (in writing) byk *m* infml; (in behaviour) gafa *f*

howling /ˈhaʊlɪŋ/ **I** *n* [1] (of animal, wind) wycie *n* [2] (of crowd, baby) wrzask *m*, ryk *m*
II *adj* [1] *[animal, wind]* wyjący; *[baby]* ryczący, wrzeszczący [2] infml fig *[mistake]* gruby; *[success]* ogromny

hoy /hɔɪ/ *excl* hej!

hoyden /ˈhɔɪdn/ *n* pej chłopczyca *f*

hoydenish /ˈhɔɪdənɪʃ/ *adj* pej *[behaviour, shout]* łobuzerski; **~ girl** chłopczyca

hp *n* = **horse power** koń *m* mechaniczny, KM *inv*

HP *n* GB → **hire purchase**

HQ *n* Mil → **headquarters**

hr *n* = **hour** godz.

HRH *n* = **Her** or **His Royal Highness** Jej /Jego Królewska Wysokość *f*

HRT *n* = **hormone replacement therapy** HTZ

HS *n* → **high school**

HT *n, adj* → **high tension**

HTML *n* Comput = **HyperText Mark-up Language** język *m* znaczników hipertekstowych

HUAC *n* = **House Un-American Activities Committee** komisja *f* śledcza do badania działalności antyamerykańskiej

hub /hʌb/ *n* [1] Tech (of wheel) piasta *f* [2] fig centrum *n*; **the ~ of the universe** pępek świata fig; **communications ~** węzeł komunikacyjny

hubbub /ˈhʌbʌb/ *n* (noise) gwar *m*, wrzawa *f*; (turmoil) niepokój *m*

hubby /ˈhʌbɪ/ *n* infml hum mężuś *m*, mężulek *m* infml

hubcap /ˈhʌbkæp/ *n* Aut dekiel *m*, kołpak *m*

hubris /ˈhjuːbrɪs/ *n* fml nieposkromiona pycha *f*

huckleberry /ˈhʌklbərɪ, US -berɪ/ *n* [1] US (blueberry) czernica *f* amerykańska [2] GB czarna jagoda *f*

huckster /ˈhʌkstə(r)/ *n* [1] US (pedlar) przekup|ień *m*, -ka *f*, handlarz *m* uliczny, handlarka *f* uliczna [2] pej (salesman) natrętny akwizytor *m* [3] pej (swindler) cwania|k *m*, -ra *f* infml

HUD *n* US = **Department of Housing and Urban Development** urząd *m* do spraw rozwoju budownictwa miejskiego i gospodarki przestrzennej

huddle /ˈhʌdl/ **I** *n* [1] (cluster) (of people) grupka *f*, gromadka *f*; (of buildings) skupisko *n*; (of objects) kupa *f* infml; **they were in a ~ around the radio** stłoczyli się or zbili się w grupkę wokół radia; **to go into a ~** odbywać naradę wojenną fig [2] US Sport (of footballers) narada *f*
II *vi* **they ~d at the bus-stop** stali zbici w grupkę na przystanku; **he was huddling over a fire/in a corner** przycupnął przy ogniu/w kącie; **the village ~s between the mountains and the sea** wieś przycupnęła między górami a morzem liter; **to ~ around sb/sth** skupić się or ścieśnić się wokół kogoś/czegoś *[fire, radio, speaker]*
III huddled *pp adj [figure]* skulony; *[group]* ściśnięty, stłoczony; **they lay ~d together in a tent** leżeli w namiocie przytuleni do siebie; **houses ~d around the square** domy wokół placu
■ **huddle together** przytul|ić, -ać się do siebie

Hudson Bay /ˌhʌdsənˈbeɪ/ *prn* Zatoka *f* Hudsona

hue /hjuː/ **I** *n* [1] liter (colour) barwa *f*; (of horse) maść *f*; (shade) odcień *m* [2] fig (kind) rodzaj *m*; maść *f* fig; **false prophets of every ~** fałszywi prorocy różnej maści; **political opinions of every ~** najrozmaitsze poglądy polityczne
II -hued *in combinations* liter **orange-/rose-~d** pomarańczowawy/różowawy; **many-~d** wielobarwny

hue and cry *n* wrzawa *f*; **to raise a ~ against** or **about sth** podnieść wrzawę przeciw czemuś or w związku z czymś

huff /hʌf/ infml **I** *n* **to be in a ~** być nabzdyczonym or naburmuszonym infml; **to go** or **get into a ~** nabzdyczyć się, naburmuszyć się infml
II *vi* (puff) *[person]* chuch|nąć, -ać; **to ~ and puff** sapać i dyszeć; fig (show annoyance) żołądkować się, psioczyć infml **(about sth** na coś)

huffily /ˈhʌfɪlɪ/ *adv* infml *[say, snap]* z obrazą w głosie

huffiness /ˈhʌfɪnɪs/ *n* zły humor *m*, rozdrażnienie *n*

huffish /ˈhʌfɪʃ/ *adj* infml (annoyed, sulky) nabzdyczony, naburmuszony infml; *[irritable]* drażliwy

huffy /ˈhʌfɪ/ *adj* infml = **huffish**

hug /hʌg/ **I** *n* uścisk *m*; **to give sb a ~** (affectionate) przytulić kogoś; (friendly) uściskać kogoś
II *vt* (*prp, pt, pp* **-gg-**) [1] (embrace) (affectionately) *[person]* przytul|ić, -ać, tulić *[lover, child, toy]*; (in a friendly way) *[person]* uścis|nąć, -kać *[friend, guest]*; (to kill) *[bear, gorilla]* zgni|eść, -atać w uścisku *[victim]*; (to protect) *[person]* trzymać kurczowo *[object]*; **to ~ one's knees** obejmować rękami kolana [2] (keep close to) *[car, boat, person]* trzymać się blisko (czegoś) *[coast, kerb]*; *[path, road]* biec przy (czymś) *[wall]*; **to ~ the coast** Naut płynąć blisko brzegu; **to ~ the walls** *[person]* iść wzdłuż muru or przy samym murze; **the car ~s the road well** samochód dobrze trzyma się drogi [3] (fit tightly) *[dress]* opi|ąć, -nać *[body]*; **figure-~ging dress** obcisła sukienka, sukienka opinająca ciało [4] fig (cherish) **she ~ged the idea** cieszyła się na myśl o tym

huge /hjuːdʒ/ *adj [country, city, room, building, profits, success, debts]* olbrzymi, ogromny; *[person]* potężny, wielki; *[smile]* szeroki

hugely /ˈhjuːdʒlɪ/ *adv* [1] (emphatic) *[enjoyable, expensive]* niezwykle; **to be ~ successful** *[project]* zakończyć się olbrzymim or ogromnym sukcesem; **to enjoy oneself ~** doskonale or wspaniale się bawić [2] *[increase]* ogromnie liter; *[vary]* znacznie

hugeness /ˈhjuːdʒnɪs/ *n* ogrom *m*; **the ~ of his grin** jego szeroki uśmiech

hugger-mugger /ˈhʌgəmʌgə(r)/ **I** *n* [1] (confusion, disorder) zamęt *m*, bałagan *m* [2] (secrecy) konspiracja *f*
II *adj* [1] (confused) bez ładu i składu infml [2] (secret) sekretny, potajemny

Huguenot /ˈhjuːgənəʊ/ **I** *n* hugenot *m*, -ka *f*
II *adj* hugenocki

huh /hə/ *excl* infml (as enquiry) hę?, że jak? infml; (in surprise) co?, jak? infml; (in scorn) phi!

hulk /hʌlk/ *n* [1] (of abandoned ship) hulk *m*; (of machine, tank) kadłub *m* [2] pej (ship) duży, ciężki statek *m*; Hist (prison ship) statek--więzienie *m* [3] fig (of building, mountain) duża, ciężka masa *f*; **a great ~ of a man** zwalisty mężczyzna

hulking /ˈhʌlkɪŋ/ *adj* ciężki, niezdarny; **a great ~ brute** (man) wielki brutal; (dog) wielka bestia

hull¹ /hʌl/ **I** *n* (of ship, plane) kadłub *m*
II *vt* przebi|ć, -jać kadłub (czegoś) *[ship, plane]*

hull² /hʌl/ **I** *n* (of peas, beans) strąk *m*; (of nuts) łupina *f*; (of grain) łuska *f*; (of strawberry) szypułka *f*
II *vt* łuskać *[peas, beans, nuts, grains, rice]*; ob|rać, -ierać, ob|erwać, -rywać szypułkę z (czegoś) *[strawberries]*

hullabaloo /ˌhʌləbəˈluː/ *n* infml (fuss, outcry) rwetes *m*; rejwach *m* infml; (noise) zgiełk *m*; harmider *m* infml dat

hullo /hʌˈləʊ/ *excl* = **hallo!**

hum /hʌm/ **I** *n* [1] (sound) (of insect) brzęczenie *n*, bzyk *m*; (of aircraft, engine) buczenie *n*; (of traffic) szum *m*; (of voices) szmer *m* [2] GB infml (bad smell) fetor *m*
II *excl* (in hesitation) hm!
III *vt* (*prp, pt, pp* **-mm-**) *[person]* za|nucić *[tune]* **(to** or **for sb** komuś)
IV *vi* (*prp, pt, pp* **-mm-**) [1] (make a low sound) *[person]* nucić; (insect) brzęczeć, bzyczeć; *[aircraft, machine]* buczeć; **to ~ along to a tune** zanucić melodię do wtóru; **to ~ to oneself** nucić sobie → **haw** [2] (bustle) *[factory, floor, office]* rozbrzmiewać gwarem; **to ~ with activity/life** być pełnym ruchu/życia [3] GB infml (smell) śmierdzieć

human /ˈhjuːmən/ **I** *n* człowiek *m*; **fellow ~** bliźni
II *adj* [1] (not animal) *[body, voice, existence, behaviour, weakness, decency]* ludzki; **he's only ~** jest tylko człowiekiem [2] (sympathetic) ludzki; **his speeches lack the ~ touch** jego przemówieniom brakuje ludzkiego ciepła

human being *n* człowiek *m*, istota *f* ludzka

humane /hjuːˈmeɪn/ *adj* [1] *[person, regime, act]* ludzki [2] *[slaughter, culling]* humanitarny [3] dat *[studies, education]* humanistyczny

human ecology *n* ekologia *f* człowieka

humane killer *n* urządzenie *n* do humanitarnego uboju zwierząt

humanely /hjuːˈmeɪnlɪ/ *adv [treat]* humanitarnie; *[kill]* w sposób humanitarny

humaneness /hjuːˈmeɪnnɪs/ *n* humanitarność *f*, uczucia *n pl* ludzkie

human engineering *n* [1] (ergonomics) ergonomia *f* [2] (in industry) zarządzanie *n* zasobami ludzkimi

humane society *n* US ≈ liga *f* ochrony przyrody
humane trap *n* (for animals) pułapka *f (w której zwierzę natychmiast ginie)*
human interest **I** *n* Journ aspekt *m* ludzki; **to lack ~** *[report, article]* mieć niewiele wspólnego z życiem
II *modif* **a ~ story** historia z życia wzięta
humanism /ˈhjuːmənɪzəm/ *n* humanizm *m*; **secular/liberal ~** humanizm świecki /liberalny
humanist /ˈhjuːmənɪst/ **I** *n* humanist|a *m*, -ka *f*
II *adj* humanistyczny
humanistic /ˌhjuːməˈnɪstɪk/ *adj* humanistyczny
humanitarian /hjuːˌmænɪˈteərɪən/ **I** *n* filantrop *m*
II *adj [deed, concern, aid]* humanitarny
humanity /hjuːˈmænətɪ/ **I** *n* [1] (the human race) ludzkość *f* [2] (kindness) ludzkie uczucia *n pl*; **to treat sb with ~** traktować kogoś po ludzku [3] (human condition) człowieczeństwo *n*
II **humanities** *npl* Univ nauki *f pl* humanistyczne
humanize /ˈhjuːmənaɪz/ **I** *vt* [1] zhumanizować *[environment, system]*; uczłowiecz|yć, -ać *[person]* [2] Art, Cin uczłowiecz|yć, -ać *[animal, object]*; **a ~d mouse** mysz, której nadano cechy ludzkie
II **humanizing** *prp adj [influence]* uszlachetniający
humankind /ˌhjuːmənˈkaɪnd/ *n* ludzkość *f*, rodzaj *m* ludzki
humanly /ˈhjuːmənlɪ/ *adv* **to do everything ~ possible** robić wszystko, co w ludzkiej mocy; **it is just not ~ possible** to przekracza ludzkie możliwości
human nature *n* ludzka natura *f*; **to be against ~** być sprzecznym z ludzką naturą; **it is only ~ to want what you cannot have** to ludzka rzecz pragnąć tego, czego nie można mieć
humanoid /ˈhjuːmənɔɪd/ **I** *n* (robot) android *m*, humanoid *m*
II *adj* człekopodobny; **to look ~** wyglądem przypominać człowieka
human race *n* **the ~** rasa *f* ludzka
human relations *npl* stosunki *m pl* międzyludzkie
human resource manager *n* kierowni|k *m*, -czka *f* działu personalnego; kadrow|iec *m*, -a *f* infml
human resources *npl* zasoby *plt* ludzkie
human rights *npl* prawa *n pl* człowieka
human rights activist *n* działacz *m*, -ka *f* na rzecz obrony praw człowieka
human rights campaign *n* kampania *f* na rzecz obrony praw człowieka
human rights campaigner *n* = **human rights activist**
human rights group *n* grupa *f* obrony praw człowieka
human rights movement *n* ruch *m* obrony praw człowieka
human rights record *n* (of country) stan *m* w dziedzinie ochrony praw człowieka
human shield *n* żywa tarcza *f*
Humberside /ˈhʌmbəsaɪd/ *prn* Humberside *n inv*
humble /ˈhʌmbl/ **I** *adj* [1] (modest) *[dwelling, gift]* skromny [2] (deferential) *[person]* pokorny, uniżony; *[reply, remark]* pełny pokory; **please accept my ~ apologies** fml pokornie proszę o wybaczenie fml dat; **in my ~ opinion** iron moim skromnym zdaniem; **your ~ servant** hum sługa uniżony hum or dat [3] (lowly) *[family]* prosty; *[birth, origin, status]* niski; *[occupation]* skromny; **to be of ~ birth/origins** pochodzić z prostej rodziny
II *vt* [1] (make modest) *[experience]* na|uczyć pokory (kogoś) [2] (humiliate) upok|orzyć, -arzać, poniż|yć, -ać *[enemy, opponent]*
III **humbled** *pp adj* spokorniały
IV *vr* **to ~ oneself** upok|orzyć, -arzać się, poniż|yć, -ać się **(before sb** przed kimś**)**
IDIOMS: **to eat ~ pie** uderzać się w piersi, pójść do Canossy
humble-bee /ˈhʌmblbiː/ *n* dat trzmiel *m*
humbleness /ˈhʌmblnɪs/ *n* (of apology) pokora *f*; **despite the ~ of his birth** mimo, że pochodził z prostej rodziny, mimo niskiego urodzenia dat
humbling /ˈhʌmblɪŋ/ *adj* upokarzający, poniżający
humbly /ˈhʌmblɪ/ *adv* [1] (modestly) *[live]* skromnie; **to be ~ born** pochodzić z prostej rodziny [2] (meekly) *[say, reply, bow]* pokornie, uniżenie
humbug /ˈhʌmbʌg/ *n* [1] infml (dishonesty) blaga *f*, humbug *m* liter [2] infml (nonsense) bzdura *f* infml; **to talk ~** opowiadać or pleść bzdury [3] (person) szarlatan *m* [4] GB (sweet) miętówka *f*
humdinger /ˌhʌmˈdɪŋə(r)/ *n* infml **it's a real ~!** to kapitalne! infml; **a ~ of a match** kapitalny mecz infml; **we had a ~ of an argument** strasznie pokłócili się infml
humdrum /ˈhʌmdrʌm/ *adj* monotonny
humerus /ˈhjuːmərəs/ *n* (*pl* **-ri**) kość *f* ramienna
humid /ˈhjuːmɪd/ *adj [climate, air]* wilgotny
humidifier /hjuːˈmɪdɪfaɪə(r)/ *n* nawilżacz *m* powietrza
humidify /hjʊˈmɪdɪfaɪ/ *vt* nawilż|yć, -ać
humidity /hjuːˈmɪdətɪ/ *n* (dampness) wilgoć *f*; (amount of dampness) wilgotność *f*; **relative ~** wilgotność względna
humidor /ˈhjuːmɪdɔː(r)/ *n* (room) pomieszczenie *n* do przechowywania cygar; (box) pojemnik *m* na cygara
humiliate /hjuːˈmɪlɪeɪt/ *vt* upok|orzyć, -arzać, poniż|yć, -ać
humiliated /hjuːˈmɪlɪeɪtɪd/ *adj* upokorzony, poniżony
humiliating /hjuːˈmɪlɪeɪtɪŋ/ *adj* upokarzający, poniżający
humiliatingly /hjuːˈmɪlɪeɪtɪŋlɪ/ *adv* w upokarzający sposób
humiliation /hjuːˌmɪlɪˈeɪʃn/ *n* (feeling, act) upokorzenie *n*, poniżenie *n*
humility /hjuːˈmɪlətɪ/ *n* pokora *f*
humming /ˈhʌmɪŋ/ *n* (of insects) brzęczenie *n*, bzyk *m*; (of machine) buczenie *n*; (of person) nucenie *n*
humming bird *n* koliber *m*
humming top *n* (toy) buczący bąk *m*
hummock /ˈhʌmək/ *n* [1] (of earth) wzgórek *m*, pagórek *m* [2] (of ice) spiętrzenie *n* lodu
hummus /ˈhʊməs/ *n* hummus *m (arabski sos z grochu, ziaren sezamowych, czosnku i soku z cytryny)*
humor *n* US = **humour**
humorist /ˈhjuːmərɪst/ *n* (writer) humoryst|a *m*, -ka *f*; (actor) komi|k *m*, -czka *f*
humorless *adj* US = **humourless**
humorlessly *adv* US = **humourlessly**
humorous /ˈhjuːmərəs/ *adj* [1] (amusing) *[book, incident]* humorystyczny; *[anecdote, remark]* dowcipny [2] (amused) *[look, person]* rozbawiony; *[smile, tone]* żartobliwy
humorously /ˈhjuːmərəslɪ/ *adv* żartobliwie, humorystycznie
humour GB, **humor** US /ˈhjuːmə(r)/ **I** *n* [1] (wit) humor *m*; **to have a/no sense of ~** mieć poczucie/nie mieć poczucia humoru; **a good sense of ~** poczucie humoru; **the ~ of the situation** komizm sytuacji [2] (mood) humor *m*, nastrój *m*; **to be in good/bad ~** być w dobrym/złym humorze; **to be in no ~ for jokes/arguing** nie być w nastroju do żartów/kłótni; **to be out of ~** być nie w humorze; **to be out of ~ with sb** fml być z kimś w chłodnych stosunkach; **when the ~ takes me** kiedy mi się zechce [3] Med arch ciecz *f* pozakomórkowa; humor *m* arch
II *vt* ust|ąpić, -ępować (komuś), dogadzać *[person]*; spełni|ć, -ać *[request, whim, wish]*
III **-humoured** *in combinations* **good-~ed** *[person, smile]* pogodny, miły; **bad-~ed** *[person]* ponury, niemiły
humourless GB, **humorless** US /ˈhjuːməlɪs/ *adj [person]* bez humoru; *[description, laugh, voice]* pozbawiony humoru
humourlessly GB, **humorlessly** US /ˈhjuːməlɪslɪ/ *adv* bez humoru, niewesoło
hump /hʌmp/ **I** *n* garb *m*; **road ~, speed ~** próg zwalniający
II *vt* [1] GB infml (lift, carry) dźwig|nąć, -ać na plecach [2] (bend) z|garbić *[back]* [3] vulg pierdolić, wy|jebać vulg
III *vi* [1] vulg (have sex) pierdolić się, jebać się vulg [2] US vinfml (exert oneself) wysil|ić, -ać się [3] US vinfml (hurry) zapieprzać vinfml
IDIOMS: **to have (got) the ~** GB infml mieć muchy w nosie infml; **to get** or **be over the ~** mieć najgorsze za sobą; mieć już z górki infml
humpback /ˈhʌmpbæk/ *n* [1] (also **~ whale**) wieloryb *m* fałdowiec [2] = **hunchback**
humpback(ed) bridge *n* mostek *m* w kształcie łuku
humph /hʌmf/ *excl* hm!?
humpy /ˈhʌmpɪ/ *adj* [1] *[ground, field]* nierówny [2] GB infml (grumpy) nie w humorze, rozdrażniony
humus /ˈhjuːməs/ *n* próchnica *f*, humus *m*
Hun /hʌn/ *n* [1] (of Asiatic people) Hun *m* [2] dat offensive (German) szkop *m* offensive
hunch /hʌntʃ/ **I** *n* [1] (intuition) przeczucie *n*; **to work on a ~** kierować się przeczuciem; **to have a ~ that...** mieć przeczucie, że...; **to play a ~** zaufać intuicji; **it's just a ~** to tylko przeczucie [2] (hump) garb *m*
II *vt* **to ~ one's shoulders** or **back** zgarbić się
III *vi* **to ~ over one's work** siedzieć pochylonym nad robotą
■ **hunch down** przy|garbić się, s|kulić się
hunchback /ˈhʌntʃbæk/ *n* [1] (back) garb *m* [2] offensive (person) garbus *m*, -ka *f* infml offensive
hunchbacked /ˈhʌntʃbækt/ *adj* garbaty

hunched /hʌntʃt/ *adj* zgarbiony

hundred /ˈhʌndrəd/ **I** *n* sto; (symbol) setka *f*; **two/three ~** dwieście/trzysta; **two ~ and one** dwieście jeden; **a ~ to one** bardzo prawdopodobne; **it was a ~ to one chance** istniało bardzo duże prawdopodobieństwo; **sold in ~s** or **by the ~** sprzedawane setkami or po sto; **in the ~s** w setkach, setkami; **in nineteen ~** w (roku) tysiąc dziewięćsetnym; **in nineteen ~ and three** w tysiąc dziewięćset trzecim; **~s of times/of girlfriends** setki razy/dziewczyn

II *adj* sto; **two ~ pounds** dwieście funtów; **four ~ and five pounds** czterysta pięć funtów; **about a ~ people /metres** około stu osób/metrów; **to be a ~ (years old)** mieć sto lat; **to be a ~ per cent right** mieć stuprocentową rację; **I'm still not feeling a ~ per cent** jeszcze niezupełnie doszedłem do siebie; **the Hundred Days** Hist Sto Dni

IDIOMS: **not if I live to be a ~** po moim trupie

hundred-and-one /ˌhʌndrədənˈwʌn/ **I** *n* sto jeden *n*

II *adj* fig, hum **~ hats** niezliczone kapelusze; kapelusze na pęczki infml hum

hundredfold /ˈhʌndrədfəʊld/ **I** *adj* stokrotny

II *adv* **a ~** stokrotnie; **to increase a ~** zwiększyć się or wzrosnąć stokrotnie

hundreds and thousands *npl* Culin posypka *f*

hundredth /ˈhʌndrətθ/ **I** *n* [1] (in order) setn|y *m*, -a *f*, -e *n* [2] (fraction) setna *f* (część); **a ~ of sth** jedna setna czegoś

II *adj* setny

hundredweight /ˈhʌndrədweɪt/ *n* cetnar *m*, centnar *m* *(GB=50,80 kg; US=45,36 kg)*

hundred-year-old /ˈhʌndrədjɪərəʊld/

I *n* (person) stulat|ek *m*, -ka *f*

II *adj* stuletni

Hundred Years' War *n* Wojna *f* Stuletnia

hung /hʌŋ/ **I** *pt, pp* → **hang**

II *adj* Pol **~ jury** ława przysięgłych niezdolna do podjęcia decyzji; **~ parliament** parlament, w którym żadna partia nie ma większości

Hungarian /hʌŋˈgeərɪən/ **I** *n* [1] (person) Węgier *m*, -ka *f* [2] Ling (język *m*) węgierski *m*

II *adj* węgierski

Hungary /ˈhʌŋgərɪ/ *prn* Węgry

hunger /ˈhʌŋgə(r)/ **I** *n* głód *m*; fig pragnienie *n* **(for sth** czegoś); tęsknota *f* **(for sb** za kimś)

II *vi* **to ~ for** or **after sb** fig (long) usychać z tęsknoty za kimś; (have desire for) pragnąć kogoś; **to ~ for** or **after sth** fig być spragnionym czegoś *[knowledge]*; **to ~ to do sth** pragnąć coś zrobić

hunger march *n* GB Hist **the ~es** marsze *m pl* głodowe

hunger strike *n* strajk *m* głodowy, głodówka *f* (protestacyjna); **to go on ~** rozpocząć strajk głodowy; **to be on ~** prowadzić strajk głodowy

hunger striker *n* głodujący|y *m*, -a *f*

hung-over /ˌhʌŋˈəʊvə(r)/ *adj* infml *[person]* skacowany infml; **to be** or **feel ~** być skacowanym, mieć kaca

hungrily /ˈhʌŋgrɪlɪ/ *adv [eat, devour]* łapczywie; *[look, stare]* wygłodniałym wzrokiem; fig *[look, regard]* pożądliwie

hungry /ˈhʌŋgrɪ/ **I** *adj* [1] głodny; **to be** or **feel ~** być głodnym, odczuwać głód; **to make sb ~** *[smell]* pobudzić apetyt (kogoś); **to become ~** zgłodnieć; **I'm ~ for dinner** chętnie zjem obiad; **to go ~** (from necessity) nie mieć co jeść, cierpieć głód; (by choice) nie jeść, głodzić się; **I'd rather go ~ than eat that!** już wolę być głodny, niż zjeść coś takiego!; **this is ~ work!** po takiej robocie człowiek robi się głodny! [2] *[look, eyes]* wygłodniały; fig pożądliwy; **to be ~ for sth** fig być spragnionym czegoś fig *[power, news, knowledge]*; **to be ~ for sb** fig pragnąć or pożądać kogoś

II -hungry *in combinations* **power-~** spragniony władzy; **sex-~** wyposzczony

hung-up /hʌŋˈʌp/ *adj* infml [1] (tense) *[person]* spięty infml [2] (obsessed with) **to be ~ on** or **about sb/sth** mieć bzika na punkcie kogoś/czegoś infml [3] (anxious about) **to be ~ on** or **about sth** obawiać się czegoś, zamartwiać się czymś

hunk /hʌŋk/ *n* [1] (of bread, cheese) kawał *m*, kawałek *m* [2] infml (man) byczek *m* fig infml

hunker /ˈhʌŋkə(r)/ **I hunkers** *npl* infml **to sit on one's ~s** usiąść w kucki; **to be on one's ~s** siedzieć w kucki

II *vi* (also **~ down)** przykuc|nąć, -ać

hunky /ˈhʌŋkɪ/ *adj* infml **a ~ man** kawał chłopa infml

hunky-dory /ˌhʌŋkɪˈdɔːrɪ/ *adj* klawy, fajny infml

hunt /hʌnt/ **I** *n* [1] (search) poszukiwania *n pl* **(for sb/sth** kogoś/czegoś); **to be on the ~ for sth** poszukiwać czegoś; **the ~ is on for the terrorists** trwają poszukiwania terrorystów; **the ~ is on for new candidates** trwa nabór kandydatów; **to have a ~ around for sth** infml szukać czegoś [2] Hunt (activity) polowanie *n*; łowy *m pl* liter; **lion ~** polowanie na lwy [3] Hunt (fox-hunting) polowanie *n*, pogoń *f* za lisem; **to be a member of the ~** być członkiem koła łowieckiego [4] Hunt (area) teren *m* polowania

II *vt* [1] (seek) poszukiwać *[murderer, prisoner, suspect, witness]*; (pursue) tropić *[murderer, escapee]*; **to ~ sb out of** or **off sth** zmusić kogoś do opuszczenia czegoś [2] Hunt (pursue) polować na (coś), tropić *[game, fox, bear]*; (pursue over) polować na (czymś) *[area, estate]* [3] Hunt (use for hunting) dosiadać na polowaniu (czegoś) *[horse]*; **to ~ (a pack of) hounds** polować z gończymi or z psami

III *vi* [1] (for prey) *[animal]* polować, łowić [2] (search) **to ~ for sb/sth** poszukiwać or szukać kogoś/czegoś *[object, person, address, cure, truth]*; ścigać kogoś *[escaped prisoner]*; **to ~ for sth in the cupboard/among the papers** szukać czegoś w szafce/wśród papierów; **to ~ around** or **about for sth** rozglądać się za czymś; **to ~ high and low for sth** wszędzie czegoś szukać [3] (oscillate) *[gauge, indicator]* wahać się, oscylować **(around** sth w pobliżu czegoś); *[device, aircraft]* być niestatecznym

■ **hunt down**: **~ down [sb/sth], ~ [sb/sth] down** [1] Hunt wytropić, osaczyć *[animal]* [2] (find) odnaleźć, odszukać *[lost object, address]*; wytropić *[war criminal, terrorist]*; prześladować *[victim, minority]*

■ **hunt out**: **~ out [sth], ~ [sth] out** odszukać, odnaleźć *[address]*

■ **hunt up**: **~ up [sb/sth], ~ [sb/sth] up** odszuk|ać, -iwać *[old friend]*; odna|leźć, -jdować *[address]*

hunted /ˈhʌntɪd/ *adj* [1] *[animal, killer]* tropiony [2] (harassed) *[person, expression, look]* zaszczuty

hunter /ˈhʌntə(r)/ *n* [1] (person who hunts) myśliwy *m*; łow|ca *m*, -czyni *f* dat; (animal that hunts) drapieżnik *m* [2] (horse) koń *m* do polowania [3] (dog) gończy *m*, gończak *m* [4] (watch) zegarek *m* kopertowy [5] (collector) **fossil/souvenir ~** zbieracz *m*, -ka *f* skamienielin/pamiątek

hunter-killer /ˌhʌntəˈkɪlə(r)/ *n* eskortowiec *m*, dozorowiec *m*

hunter's moon *n* pierwsza pełnia *f* po równonocy

hunting /ˈhʌntɪŋ/ *n* polowanie *n* **(of sth** na coś); (skill) myślistwo *n*; **to go ~** iść na polowanie; **to live by ~** żyć z polowania

IDIOMS: **happy ~!** udanych łowów!

hunting boot *n* but *m* myśliwski

hunting crop *n* szpicruta *f*

hunting ground *n* łowisko *n*, teren *m* łowów → **happy hunting ground**

hunting horn *n* róg *m* myśliwski

hunting knife *n* nóż *m* myśliwski

hunting lodge *n* pawilon *m* myśliwski

hunting pink *n* czerwony rajtrok *m*

hunting season *n* sezon *m* łowiecki

huntress /ˈhʌntrɪs/ *n* liter łowczyni *f* dat

hunt sab *n* infml = **hunt saboteur**

hunt saboteur *n* GB infml przeciwni|k *m*, -czka *f* polowania na lisy

huntsman /ˈhʌntsmən/ *n* (*pl* **-men)** [1] (hunter) myśliwy *m*; łowca *m* dat [2] (trainer of hounds) psiarczyk *m*

hunt the thimble *n* zabawa *f* w ciepło-zimno

hurdle /ˈhɜːdl/ **I** *n* [1] Sport płotek *m*; Equest płot *m*; fig przeszkoda *f*; **the 100 m ~s** 100 metrów przez płotki; **to clear a ~** przeskoczyć płotek; fig pokonać przeszkodę [2] Agric przegroda *f*, barierka *f*

II *vt* [1] przesk|oczyć, -akiwać *[log]*; pokon|ać, -ywać *[obstacle]* [2] ot|oczyć, -aczać płotkami *[area, field]*

III *vi* Sport bie|c, -gać przez płotki; Turf startować w wyścigach z przeszkodami

hurdler /ˈhɜːdlə(r)/ *n* Sport płotka|rz *m*, -rka *f*

hurdle race *n* Sport bieg *m* przez płotki

hurdling /ˈhɜːdlɪŋ/ *n* Sport bieg *m* przez płotki

hurdy-gurdy /ˌhɜːdɪˈgɜːdɪ/ *n* (instrument) lira *f* korbowa; (barrel organ) katarynka *f*

hurl /hɜːl/ **I** *vt* [1] rzuc|ić, -ać, cis|nąć, -kać **(at sb/sth** w kogoś/coś) [2] fig **to ~ insults at sb** obrzucić kogoś obelgami; **to ~ accusations at sb** rzucać oskarżenia pod adresem kogoś

II *vr* **to ~ oneself** rzuc|ić, -ać się **(at sb /sth** na kogoś/coś); **to ~ oneself into one's work** rzucić się w wir pracy

hurler /ˈhɜːlə(r)/ *n* zawodnik *m* irlandzkiego hokeja na trawie

hurley /ˈhɜːlɪ/ *n* irlandzki hokej *m* na trawie

hurling /ˈhɜːlɪŋ/ *n* = **hurley**

H

hurly-burly /ˌhɜːlɪˈbɜːlɪ/ *n* wrzawa *f*, harmider *m*
hurrah, hurray /hʊˈrɑː/ *n, excl* hur(r)a!; **~ for Paul!** niech żyje Paul!; **last ~** US ostatni wzlot, łabędzi śpiew
hurricane /ˈhʌrɪkən, US -keɪn/ *n* huragan *m*; **~ force wind** wiatr o sile huraganu
hurricane lamp *n* lampa *f* sztormowa
hurried /ˈhʌrɪd/ *adj [footsteps, decision, departure]* pośpieszny; *[call, note, visit]* krótki; *[meal]* szybki; *[job, work]* wykonywany w pośpiechu
hurriedly /ˈhʌrɪdlɪ/ *adv [dress, pack, wash, finish, write]* szybko, prędko, w pośpiechu; *[leave]* pośpiesznie; **a decision taken too ~** decyzja podjęta nazbyt pośpiesznie
hurry /ˈhʌrɪ/ **I** *n* pośpiech *m*; **to be in a ~** śpieszyć się **(to do sth** żeby coś zrobić**)**; **in my ~, I forgot my umbrella** w pośpiechu zapomniałem zabrać parasol; **there is no ~** nie ma pośpiechu; **what's (all) the ~?** po co ten (cały) pośpiech?; **to do sth in a ~** zrobić coś w pośpiechu; **I'm not in any ~ to have children** na razie nie planuję mieć dzieci; **I won't forget that in a ~!** zapamiętam to sobie (na długo)!; **she won't do that again in a ~!** drugi raz nieprędko to zrobi!
II *vt* [1] (do hastily) szybko uwinąć się z (czymś) *[meal, task]* [2] (rush, bustle) pośpiesz|yć, -ać; pog|onić, -aniać infml *[person]*; **to ~ sb in/out** pośpiesznie wprowadzić /wyprowadzić kogoś; poganiać kogoś do wejścia/wyjścia infml; **he was hurried from the courtroom/to a waiting car** szybko wyprowadzono go z sali sądowej/do oczekującego samochodu; **he was hurried to hospital** został szybko odwieziony do szpitala; **I was hurried into that decision** musiałem w pośpiechu podjąć tę decyzję
III *vi [person]* po|śpieszyć się; **to ~ over doing sth** szybko or prędko coś zrobić; **to ~ over one's homework** pośpieszyć się z lekcjami or z odrabianiem lekcji; **to ~ over one's meal** pośpiesznie or szybko zjeść posiłek; **to ~ in/out** wejść/wyjść pośpiesznie; **to ~ home** pośpieszyć do domu
■ **hurry along**: ¶ **~ along** po|śpieszyć się; **~ along there please!** proszę się pośpieszyć! ¶ **~ along [sth], ~ [sth] along** przyśpiesz|yć, -ać *[process]*
■ **hurry away** od|ejść, -chodzić pośpiesznie or w pośpiechu
■ **hurry back** śpieszyć się z powrotem; **to ~ back home/to work** śpieszyć się z powrotem do domu/do pracy; **~ back!** wracaj szybko!
■ **hurry off** od|ejść, -chodzić pośpiesznie or w pośpiechu
■ **hurry up**: ¶ **~ up** po|śpieszyć się; **~ up!** pośpiesz się! ¶ **~ up [sb], ~ [sb] up** popędz|ić, -ać *[person]* ¶ **~ up [sth]** przyśpiesz|yć, -ać *[process]*
hurt /hɜːt/ **I** *n* [1] (emotional) przykrość *f*, krzywda *f*; **his sense of ~ and betrayal** (jego) poczucie krzywdy i zdrady; **there is a lot of ~ on both sides** obydwie strony czują się skrzywdzone [2] (physical) **where is the ~?** gdzie cię boli?
II *adj [feelings]* zraniony; **~ look** pełne urazy spojrzenie; **I was more angry than ~** byłem raczej zły niż urażony; **she was ~ not to have been invited** przykro jej było, że nie została zaproszona; **he felt ~ about the way he had been treated** przykro mu było, że tak go potraktowano; **she sounds** or **looks ~** wygląda na urażoną; **to feel ~** poczuć się urażonym
III *vt (pt, pp* **hurt)** [1] (injure) **to ~ one's hand** (wound) zranić or skaleczyć się w rękę; **to ~ one's back** (make painful) zrobić sobie coś w kręgosłup, uszkodzić sobie kręgosłup; **the dog hurt its paw** pies skaleczył sobie łapę; **she hurt her knee when she fell** rozbiła or stłukła sobie kolano przy upadku; **was anybody hurt?** czy komuś coś się stało?; **they were seriously /slightly hurt** doznali ciężkich/lekkich obrażeń; **be careful** or **you'll ~ the baby** uważaj, bo zrobisz dziecku krzywdę; **somebody's going to get hurt** coś się komuś może stać; **hard work never hurt anybody** ciężka praca jeszcze nikomu nie zaszkodziła; **it wouldn't ~ her to apologize** korona nie spadłaby jej z głowy, gdyby przeprosiła infml [2] (cause pain to) sprawi|ć, -ać ból (komuś) *[person]*; (deliberately) zada|ć, -wać ból (komuś); **stop it! you're ~ing me/my arm!** przestań! to boli!; **these shoes ~ my feet** te buty mnie obcierają; **it ~s him to bend his knee** boli go, kiedy zgina nogę w kolanie [3] (emotionally) sprawi|ć, -ać (komuś) przykrość; (offend) z|ranić, urazić *[person, feelings]*; **he hurt them by leaving early** uraził ich, wychodząc wcześniej; **to ~ sb's feelings/pride** zranić or urazić uczucia /dumę kogoś; **she is afraid of getting hurt** boi się, że spotka ją przykrość; **when a marriage breaks up, it's often the children who get hurt** kiedy małżeństwo się rozpada, często cierpią dzieci [4] (affect adversely) za|szkodzić (komuś/czemuś); **this scandal is bound to ~ her reputation** ten skandal na pewno zaszkodzi jej reputacji
IV *vi (pt, pp* **hurt)** [1] (be painful, cause pain) boleć; **my foot ~s** boli mnie noga; **this small print makes my eyes ~** od czytania tego małego druku bolą mnie oczy; **where does it ~?** w którym miejscu boli?; **my shoes ~** buty mnie obcierają; **it ~s when I turn my head** boli mnie, kiedy poruszam głową [2] (take effect) *[sanctions, taxes]* dawać się we znaki [3] (emotionally) **what really hurt was knowing that she had lied** najbardziej bolało to, że skłamała; **her indifference really ~s** jej obojętność jest naprawdę przykra or bolesna; **the truth often ~s** prawda często boli or bywa bolesna
hurtful /ˈhɜːtfl/ *adj* [1] *[attitude, rumour, remark, words]* krzywdzący, przykry [2] *[rejection, truth]* bolesny
hurtfully /ˈhɜːtfəlɪ/ *adv [say, remark]* w krzywdzący sposób
hurtfulness /ˈhɜːtfəlnɪs/ *n* (of remark, criticism, behaviour) złośliwość *f*
hurtle /ˈhɜːtl/ *vi* **to ~ along a road** pognać or popędzić drogą; **to ~ down a hill** *[person]* pędzić w dół zbocza; *[stone]* staczać się ze zbocza; **to ~ through the air** mknąć w powietrzu; **a stone ~d through the window/past me** kamień wleciał przez okno/przeleciał tuż koło mnie
husband /ˈhʌzbənd/ **I** *n* mąż *m*; małżonek *m* fml; **to live as ~ and wife** żyć jak mąż i żona; **to work as a ~ and wife team** pracować razem; **to take a ~** dat wziąć sobie męża dat
II *vt* (manage prudently) umiejętnie zarządz|ić, -ać (czymś); (economize) oszczędnie gospodarować (czymś)
husbandry /ˈhʌzbəndrɪ/ *n* [1] Agric gospodarka *f* rolna, rolnictwo *n*; **animal ~** hodowla zwierząt [2] (of resources) gospodarka *f*, gospodarowanie *n*
hush /hʌʃ/ **I** *n* cisza *f*; **a ~ fell over the crowd** w tłumie zapanowała cisza
II *excl* cicho!, sza!
III *vt* [1] (silence) ucisz|yć, -ać *[person]*; wycisz|yć, -ać *[rumour]* [2] (pacify) uspok|oić, -ajać *[baby]*
IV *vi* ucisz|yć, -ać się
■ **hush up**: ¶ **~ up** ucisz|yć, -ać się ¶ **~ up [sth]** wycisz|yć, -ać *[affair, scandal]* ¶ **~ up [sb], ~ [sb] up** ucisz|yć, -ać *[person]*
hushed /hʌʃt/ *adj* [1] *[conversation, whisper]* ściszony, przyciszony; **in a ~ room** w pokoju, w którym zapanowała cisza; **to speak in ~ tones** or **a ~ voice** mówić przyciszonym głosem [2] *[audience, person]* oniemiały; **they watched in ~ admiration** patrzyli z niemym podziwem
hush-hush /ˌhʌʃˈhʌʃ/ *adj* infml poufny; **to keep sth ~** trzymać coś w największej tajemnicy
hush money *n* infml zapłata *f* za milczenie; **to pay sb ~** zapłacić komuś za milczenie
Hush Puppies® *npl* miękkie zamszowe buty *m pl*
hush puppy *n* US kukurydziane ciasteczko *n*
husk /hʌsk/ **I** *n* (of grain) łuska *f*; (of nut) łupina *f*
II **husks** *npl* plewy *f pl* also fig
III *vt* łuskać
huskily /ˈhʌskɪlɪ/ *adv* chropawym głosem
huskiness /ˈhʌskɪnɪs/ *n* chropawość *f* (głosu)
husky[1] /ˈhʌskɪ/ *n* (dog) husky *m*
husky[2] /ˈhʌskɪ/ *adj* [1] (hoarse) *[voice]* chropowaty, chropawy; *[cough]* suchy [2] (burly) silny, krzepki
hussar /hʊˈzɑː(r)/ *n* huzar *m*; **the 2nd ~s** drugi pułk huzarów
hussy /ˈhʌsɪ/ *n* infml dat pej latawica *f* dat
hustings /ˈhʌstɪŋz/ *n (+ v sg/pl)* trybuna *f (na zebraniu przedwyborczym)*; fig kampania *f* wyborcza; **to be at** or **on the ~** prowadzić kampanię wyborczą
hustle /ˈhʌsl/ **I** *n* [1] (lively activity) krzątanina *f*, bieganina *f* → **bustle** [2] US infml (illegal activity) szwindel *m* infml
II *vt* [1] (push) pop|chnąć, -ychać; **to ~ sb into/out of a building** wepchnąć kogoś do (środka)/wypchnąć kogoś z budynku; **she was ~d into the car** wepchnięto ją do samochodu [2] (hurry) przynagl|ić, -ać *[person]*; przyśpiesz|yć, -ać *[negotiations]*; **to ~ sb into doing sth** przynaglać kogoś do zrobienia czegoś [3] US infml (sell illegally) sprzeda|ć, -wać na lewo infml [4] US infml

(obtain by dubious means) skombinować infml *[money]*; na|motać infml *[contact, job]*
III *vi* 1 (hurry) *[person]* śpieszyć się 2 US infml (make an effort) wysil|ić, -ać się infml 3 US infml (be a prostitute) uprawiać nierząd
hustler /ˈhʌslə(r)/ *n* US infml 1 (swindler) kancia|rz *m* -ra *f* infml 2 US infml (prostitute) dziwka *f* infml
hut /hʌt/ *n* (in garden) szopa *f*; (on building site) barak *m*; (in shanty town) buda *f*; (of mud) (for climbers, shepherds) szałas *m*; (native type) chata *f*; (on beach) kabina *f*
hutch /hʌtʃ/ *n* 1 (for animals) klatka *f* 2 fig pej (house) klitka *f* 3 US (furniture) kredens *m*
hyacinth /ˈhaɪəsɪnθ/ *n* 1 Bot hiacynt *m*; **wild ~** endymion 2 (gemstone) hiacynt *m*
hyaena *n* = **hyena**
hybrid /ˈhaɪbrɪd/ **I** *n* 1 (of animal, plant) mieszaniec *m*, hybryda *f*; (in genetics) hybryd *m* 2 fig hybryda *f* fig
II *adj* 1 Biol, Hort, Ling hybrydowy; *[gene, DNA]* mieszańcowy 2 *[department, course]* łączony; *[method]* mieszany; *[literary, artistic style]* synkretyczny; *[computer]* hybrydowy
hybrid bike *n* rower *m* hybrydowy
hybrid bill *n* GB Pol ustawa *f* hybrydowa
hybrid car *n* samochód *m* hybrydowy (z silnikami: elektrycznym i benzynowym)
hybridism /ˈhaɪbrɪdɪzəm/ *n* 1 Biol krzyżowanie *n*, hybrydyzacja *f* 2 Ling hybryda *f*
hybridization /ˌhaɪbrɪdaɪˈzeɪʃn, US -dɪˈz-/ *n* 1 Biol krzyżowanie *n*, hybrydyzacja *f* 2 fig krzyżowanie się *n*
hybridize /ˈhaɪbrɪdaɪz/ *vt* s|krzyżować, hybrydyzować
hybrid system *n* Comput system *m* hybrydowy
hydra /ˈhaɪdrə/ **I** *n* (*pl* **~e, ~s**) 1 Zool stułbia *f*, hydra *f* 2 fig hydra *f* fig
II *prn* **the Hydra** Hydra *f*
hydrangea /haɪˈdreɪndʒə/ *n* Bot hortensja *f*
hydrant /ˈhaɪdrənt/ *n* (also **fire ~**) hydrant *m*
hydrate /ˈhaɪdreɪt/ **I** *n* wodzian *m*, hydrat *m*
II *vt* uw|odnić, -adniać
hydraulic /haɪˈdrɔːlɪk/ *adj* hydrauliczny
hydraulic ramp *n* Aut podnośnik *m* hydrauliczny
hydraulics /haɪˈdrɔːlɪks/ *n (+ v sg)* hydraulika *f*
hydraulics engineer *n* inżynier hydromechanik *m*
hydro /ˈhaɪdrəʊ/ *n* GB zakład *m* wodoleczniczy
hydrobiologist /ˌhaɪdrəʊbaɪˈɒlədʒɪst/ *n* hydrobiolog *m*
hydrobiology /ˌhaɪdrəʊbaɪˈɒlədʒɪ/ *n* hydrobiologia *f*
hydrocarbon /ˌhaɪdrəˈkɑːbən/ **I** *n* węglowodór *m*
II *modif* węglowodorowy
hydrocephalus /ˌhaɪdrəʊˈsefələs/ *n* Med wodogłowie *n*, hydrocefalia *f*
hydrochloric acid /ˌhaɪdrəˈklɒrɪk, US -ˈklɔːrɪk/ *n* kwas *m* chlorowodorowy or solny
hydrocyanic /ˌhaɪdrəsaɪˈænɪk/ *n* cyjanowodór *m*
hydrocyanic acid *n* kwas *m* cyjanowodorowy or pruski
hydrodynamics /ˌhaɪdrədaɪˈnæmɪks/ *n (+ v sg)* hydrodynamika *f*
hydroelectric /ˌhaɪdrəʊɪˈlektrɪk/ *adj* hydroelektryczny; **~ power station** or **plant** elektrownia wodna, hydroelektrownia; **~ dam** zapora wodna (hydroelektrowni)
hydroelectricity /ˌhaɪdrəʊɪlekˈtrɪsətɪ/ *n* energia *f* elektryczna z hydroelektrowni
hydrofoil /ˈhaɪdrəfɔɪl/ *n* 1 (craft) wodolot *m* 2 (foil) płat *m* wodny, hydropłat *m*
hydrogen /ˈhaɪdrədʒən/ *n* wodór *m*
hydrogen bomb *n* bomba *f* wodorowa
hydrogen peroxide *n* Chem nadtlenek *m* wodoru; woda *f* utleniona infml
hydrography /haɪˈdrɒgrəfɪ/ *n* hydrografia *f*
hydrological /haɪdrəˈlɒdʒɪkl/ *adj* hydrologiczny
hydrology /haɪˈdrɒlədʒɪ/ *n* hydrologia *f*
hydrolysis /haɪˈdrɒləsɪs/ *n* hydroliza *f*
hydrometer /haɪˈdrɒmɪtə(r)/ *n* areometr *m*, gęstościomierz *m*
hydropathic /ˌhaɪdrəˈpæθɪk/ *adj* hydropatyczny
hydrophilic /ˌhaɪdrəˈfɪlɪk/ *adj* hydrofilowy
hydrophobia /ˌhaɪdrəˈfəʊbɪə/ *n* 1 Psych (fear of water) wodowstręt *m* 2 Med dat (rabies) wścieklizna *f*
hydrophobic /ˌhaɪdrəˈfəʊbɪk/ *adj* 1 *[animal, person]* (from aversion to water) dotknięty wodowstrętem; (from rabies) chory na wściekliznę 2 Chem hydrofobowy
hydroplane /ˈhaɪdrəpleɪn/ *n* 1 (boat) ślizgacz *m*, statek *m* ślizgowy 2 (submarine rudder) ster *m* głębokościowy 3 US (seaplane) samolot *m* wodny, hydroplan *m*
hydroplaning /ˈhaɪdrəpleɪnɪŋ/ *n* ślizganie się *n* po wodzie
hydroponics /ˌhaɪdrəˈpɒnɪks/ *n (+ v sg)* kultura *f* wodna, hydroponika *f*
hydrotherapy /ˌhaɪdrəʊˈθerəpɪ/ *n* wodolecznictwo *n*, hydroterapia *f*
hydroxide /haɪˈdrɒksaɪd/ *n* wodorotlenek *m*
hyena /haɪˈiːnə/ *n* Zool hiena *f* also fig
hygiene /ˈhaɪdʒiːn/ **I** *n* higiena *f*; **in the interests of ~** dla dobra higieny; **food ~** higiena przygotowywania pokarmów
II *modif* **~ standards** normy higieny
hygienic /haɪˈdʒiːnɪk/ *adj* higieniczny
hygienist /ˈhaɪdʒiːnɪst/ *n* higienist|a *m*, -ka *f*
hymen /ˈhaɪmen/ *n* Anat błona *f* dziewicza
hymn /hɪm/ *n* (song) hymn *m*; fig (expression of praise) pean *m* **(to sb** na cześć kogoś)
hymnal /ˈhɪmnəl/ *n* zbiór *m* hymnów
hymnbook /ˈhɪmbʊk/ *n* śpiewnik *m* kościelny, zbiór *m* hymnów
hype /haɪp/ infml **I** *n* 1 (publicity) krzykliwa reklama *f*; szum *m* infml; **media ~** szum w mediach 2 US = **hypodermic I** 1 3 US narkoman *m*, -ka *f*
II *vt* 1 (promote) rozreklamować; z|robić dużo szumu wokół (kogoś/czegoś) infml *[book, film, star]* 2 (blow up) rozdmuch|ać, -iwać infml *[case, issue, news, story]* 3 (force up price of) podbi|ć, -jać cenę (czegoś) *[record, share]* 4 (stimulate) pobudz|ić, -ać *[demand, economy, market, sales]*
■ **hype up**: **~ up [sth], ~ [sth] up** (stimulate) pobudz|ić, -ać *[economy, sales]*; z|robić szum wokół (kogoś/czegoś) infml *[book, film, star]*; (blow up) rozdmuch|ać, -iwać infml *[issue, story]*
hyped up /ˌhaɪptˈʌp/ *adj* infml 1 *[film, performance, product, star]* rozreklamowany 2 (overstimulated) *[behaviour, person]* nadmiernie podekscytowany; *[economy]* bardzo ożywiony
hyper /ˈhaɪpə(r)/ *adj* infml podekscytowany
hyper+ /ˈhaɪpə(r)/ *in combinations* nad-, hiper-
hyperacidity /ˌhaɪpərəˈsɪdətɪ/ *n* nadkwaśność *f*, nadkwasota *f*
hyperactive /ˌhaɪpərˈæktɪv/ *adj* 1 Med nadczynny 2 Psych nadpobudliwy
hyperactivity /ˌhaɪpərækˈtɪvətɪ/ *n* 1 Med nadczynność *f* 2 Psych nadpobudliwość *f*
hyperbola /haɪˈpɜːbələ/ *n* (*pl* **-las, -lae**) Math hiperbola *f*
hyperbole /haɪˈpɜːbəlɪ/ *n* Ling hiperbola *f*
hyperbolic /ˌhaɪpəˈbɒlɪk/ *adj* hiperboliczny
hypercorrection /ˌhaɪpəkəˈrekʃn/ *n* hiperpoprawność *f*
hypercritical /ˌhaɪpəˈkrɪtɪkl/ *adj* hiperkrytyczny
hyperdocument /ˌhaɪpəˈdɒkjʊmənt/ *n* Comput hiperdokument *m*, hipertekst *m*
hyperglycaemia /ˌhaɪpəglaɪˈsiːmɪə/ *n* przecukrzenie *n*, hiperglikemia *f*
hyperinflation /ˌhaɪpərɪnˈfleɪʃn/ *n* hiperinflacja *f*
hyperkinesis /ˌhaɪpəkɪˈniːsɪs/ *n* hiperkineza *f*
hyperkinetic /ˌhaɪpəkɪˈnetɪk/ *adj* hiperkinetyczny
hyperlink /ˈhaɪpəlɪŋk/ *n* Comput hiperpołączenie *n*
hypermarket /ˈhaɪpəmɑːkɪt/ *n* GB hipermarket *m*
hypermedia /haɪpəˈmiːdɪə/ *n* Comput hipermedia *plt*
hypermetropia /ˌhaɪpəmɪˈtrəʊpɪə/ *n* nadwzroczność *f*, hipermetropia *f*
hypernym /ˈhaɪpənɪm/ *n* Ling hiperonim *m*
hyperrealism /ˌhaɪpəˈriːəlɪzəm/ *n* hiperrealizm *m*, realizm *m* fotograficzny
hypersensitive /ˌhaɪpəˈsensətɪv/ *adj* nadwrażliwy; przewrażliwiony **(to sth** na punkcie czegoś)
hypersonic /ˌhaɪpəˈsɒnɪk/ *adj* Aviat, Tech hipersoniczny
hypertension /ˌhaɪpəˈtenʃn/ *n* nadciśnienie *n*
hypertext /ˈhaɪpətekst/ Comput **I** *n* hipertekst *m*
II *modif* hipertekstowy
hypertrophy /haɪˈpɜːtrəfɪ/ *n* przerost *m*, hipertropia *f*
hyperventilate /ˌhaɪpəˈventɪleɪt/ *vi* nadmiernie przewietrzyć się
hyperventilation /ˌhaɪpəventɪˈleɪʃn/ *n* hiperwentylacja *f*
hyphen /ˈhaɪfn/ *n* łącznik *m*, dywiz *m*
hyphenate /ˈhaɪfəneɪt/ *vt* napisać z łącznikiem or dywizem *[word]*; **to be ~d** być pisanym z łącznikiem or dywizem
hyphenated American *n* US infml *Amerykanin, którego przodkowie pochodzą z innej części świata*
hyphenation /ˌhaɪfəˈneɪʃn/ *n* 1 (use of hyphen) użycie *n* łącznika or dywizu 2 Comput przenoszenie *n* or dzielenie *n* słów
hypnagogic /ˌhɪpnəˈgɒdʒɪk/ *adj* hipnagogiczny

H

hypnosis /hɪp'nəʊsɪs/ *n* hipnoza *f*; **under ~** w stanie hipnozy, w hipnozie
hypnotherapy /ˌhɪpnə'θerəpɪ/ *n* hipnoterapia *f*
hypnotic /hɪp'nɒtɪk/ **I** *n* [1] (drug) środek *m* nasenny [2] (person) medium *n*
II *adj [trance, sound, scent, effect]* hipnotyczny; **a ~ drug** środek nasenny
hypnotism /'hɪpnətɪzəm/ *n* hipnoza *f*, hipnotyzm *m*
hypnotist /'hɪpnətɪst/ *n* hipnotyzer *m*, -ka *f*
hypnotize /'hɪpnətaɪz/ *vt* za|hipnotyzować
hypo /'haɪpəʊ/ *n* [1] Chem, Phot tiosiarczan *m* sodowy [2] infml = **hypodermic syringe** strzykawka *f*
hypoallergenic /ˌhaɪpəʊælə'dʒenɪk/ *adj* hipoalergiczny
hypocentre GB, **hypocenter** US /'haɪpəsentə(r)/ *n* [1] Geol hipocentrum *n* [2] Nucl (ground zero) punkt *m* zerowy
hypochondria /ˌhaɪpə'kɒndrɪə/ *n* hipochondria *f*
hypochondriac /ˌhaɪpə'kɒndrɪæk/ **I** *n* hipochondry|k *m*, -czka *f*
II *adj* hipochondryczny
hypocrisy /hɪ'pɒkrəsɪ/ *n* hipokryzja *f*
hypocrite /'hɪpəkrɪt/ *n* hipokryt|a *m*, -ka *f*
hypocritical /ˌhɪpə'krɪtɪkl/ *adj* hipokrytyczny
hypocritically /ˌhɪpə'krɪtɪklɪ/ *adv* hipokrytycznie
hypodermic /ˌhaɪpə'dɜːmɪk/ **I** *n* [1] (syringe) strzykawka *f* (do zastrzyków podskórnych) [2] (injection) zastrzyk *m* podskórny
II *adj* [1] *[injection]* podskórny; *[needle]* do zastrzyków podskórnych [2] **~ infection** infekcja or zapalenie tkanki podskórnej
hypoglycaemia /ˌhaɪpəʊglaɪ'siːmɪə/ *n* niedocukrzenie *n*, hipoglikemia *f*
hyponym /'haɪpənɪm/ *n* Ling hiponim *m*
hyponymy /haɪ'pɒnəmɪ/ *n* Ling hiponymia *f*
hypostasis /haɪ'pɒstəsɪs/ *n* (*pl* **-tases**) Med, Phil hipostaza *f*
hypostatic(al) /ˌhaɪpə'stætɪk(l)/ *adj* hipostatyczny
hypostatize /haɪ'pɒstətaɪz/ *vt* hipostazować
hypotaxis /ˌhaɪpə'tæksɪs/ *n* Ling hipotaksa *f*
hypotension /ˌhaɪpəʊ'tenʃən/ *n* podciśnienie *n*, niedociśnienie *n*
hypotenuse /haɪ'pɒtənjuːz, US -tnuːs/ *n* przeciwprostokątna *f*
hypothalamus /ˌhaɪpə'θæləməs/ *n* (*pl* **-mi**) Anat podwzgórze *n*
hypothermia /ˌhaɪpəʊ'θɜːmɪə/ *n* hipotermia *f*
hypothesis /haɪ'pɒθəsɪs/ *n* (*pl* **-theses**) hipoteza *f*; **working ~** hipoteza robocza
hypothesize /haɪ'pɒθəsaɪz/ *vi* postawić, stawiać hipotezę; **to ~ that...** postawić hipotezę, że...
hypothetic(al) /ˌhaɪpə'θetɪk(l)/ *adj* hipotetyczny
hypothetically /ˌhaɪpə'θetɪklɪ/ *adv* hipotetycznie
hyssop /'hɪsəp/ *n* Bot hizop *m*
hysterectomy /ˌhɪstə'rektəmɪ/ *n* wycięcie *n* macicy, histerektomia *f*
hysteria /hɪ'stɪərɪə/ *n* histeria *f*; **mass ~** zbiorowa histeria
hysterical /hɪ'sterɪkl/ *adj* [1] *[behaviour, laughter, sob, speech]* histeryczny; *[person, crowd]* rozhisteryzowany; **to be ~** histeryzować; **to get ~ (about sth)** wpaść w histerię (z powodu czegoś) [2] Med *[patient]* cierpiący na histerię [3] infml (funny) przekomiczny, przezabawny
hysterically /hɪ'sterɪklɪ/ *adv* [1] *[sob, laugh, shout]* histerycznie [2] **~ funny** niesamowicie śmieszny
hysterics /hɪ'sterɪks/ *n* [1] Psych (fit) atak *m* histerii; **to have** or **go into ~** dostać ataku histerii [2] (laughter) **to be in ~** śmiać się do rozpuku, pękać ze śmiechu; **he had us in ~** rozśmieszył nas do łez

I

i, I /aɪ/ *n* 1 (letter) i, I *n* 2 = **Island** wyspa *f*
IDIOMS: **to dot the i's and cross the t's** (particularize) wdawać się w szczegóły; (make explicit statement) stawiać kropkę nad i

I /aɪ/ *pron* ja; **I live in London** mieszkam w Londynie; **here I am** oto jestem; **there I am** oto i ja; **I didn't take it** nie wziąłem tego, ja tego nie wziąłem; **you know as well as I do that...** wiesz równie dobrze jak ja, że...; **it is I** fml to ja

IA *n* US Post = **Iowa**

IAAF *n* = **International Amateur Athletic Federation** Międzynarodowa Amatorska Federacja *f* Lekkiej Atletyki, IAAF *inv*

IAEA *n* = **International Atomic Energy Agency** Międzynarodowa Agencja *f* Energii Atomowej, MAEA *inv*

iambic /aɪˈæmbɪk/ **I** *n* Literat (also **iamb** /ˈaɪæm(b)/) jamb *m*
II *adj* jambiczny; **~ metre** stopa jambiczna

ib /ɪb/ *adv* = **ibidem** ib.

IBA *n* GB → **Independent Broadcasting Authority**

Iberia /aɪˈbɪərɪə/ *prn* Iberia *f*

Iberian /aɪˈbɪərɪən/ **I** *n* 1 (inhabitant of Spain or Portugal) mieszkan|iec *m*, -ka *f* Półwyspu Iberyjskiego 2 Hist Iber *m*, -yjka *f*
II *adj* iberyjski

Iberian Peninsula *prn* Półwysep *m* Pirenejski or Iberyjski

ibex /ˈaɪbeks/ *n* Zool koziorożec *m* alpejski, kozioł *m* skalny

ibid /ˈɪbɪd/ *adv* = **ibidem** ibid.

ibidem /ˈɪbɪdem/ *adv* ibidem

ibis /ˈaɪbɪs/ *n* Zool ibis *m*

IBRD *n* = **International Bank for Reconstruction and Development** Międzynarodowy Bank *m* Odbudowy i Rozwoju, MBOiR *m inv*

ibuprofen /ˌaɪbjuːˈprəʊfn/ *n* ibuprofen *m*

Icarus /ˈɪkərəs/ *prn* Ikar *m*

ice /aɪs/ **I** *n* 1 (frozen water) lód *m*; **there's ~ on the roads** drogi są oblodzone; **the car skidded on the ~** samochód wpadł w poślizg na oblodzonej nawierzchni; **a show on ~** rewia na lodzie; **a whisky with ~** whisky z lodem; **to put sth on ~** schłodzić coś *[champagne]*; fig odłożyć (na potem) coś *[plans, project]*; **that score put the game on ~ for Chicago** US ten wynik zapewnił zwycięstwo drużynie Chicago; **your feet are like ~!** masz lodowate stopy, masz stopy zimne jak lód! 2 GB (ice cream) lody *plt*; (a portion) porcja *f* lodów; **vanilla ~** lody waniliowe 3 US infml (diamonds) diamenty *m pl* 4 infml (amphetamine) amfa *f*, prochy *m pl* infml
II *vt* 1 (chill) z|mrozić; (by adding ice cubes) schł|odzić, -adzać *[drink]* 2 (with a sugar coating) po|lukrować *[cake, buns]* 3 US infml (kill) sprzątnąć infml; (defeat) dać wycisk (komuś/czemuś) infml *[team]*
III *vi [liquid]* zamarz|nąć, -ać
IV iced *pp adj [water]* z lodem; *[tea, coffee]* mrożony; *[cake]* lukrowany
■ **ice over** *[roads, runway, windscreen]* obl|odzić, -adzać się; *[lake, river, pond]* pokry|ć, -wać się lodem, zamarz|nąć, -ać
■ **ice up** *[lock, water pipes]* zamarz|nąć, -ać; *[aeroplane, wipers, windscreen]* obl|odzić, -adzać się
IDIOMS: **to break the ~** przełamywać pierwsze lody; **to cut no ~ with sb** *[argument, excuse]* nie trafiać komuś do przekonania; *[attitude]* nie robić na kimś wrażenia; **to be treading** or **skating on thin ~** stąpać po cienkim lodzie

ice age **I** *n* epoka *f* lodowcowa
II ice-age *modif [man, artefact, phenomenon]* z epoki lodowcowej

ice axe *n* czekan *m*

ice beer *n mocne piwo, którego fermentacja odbywa się w temperaturach minusowych*

iceberg /ˈaɪsbɜːg/ *n* 1 góra *f* lodowa 2 fig pej (cold person) człowiek *m* zimny jak lód
IDIOMS: **the tip of the ~** wierzchołek or czubek góry lodowej

iceberg lettuce *n* sałata *f* lodowa

ice blue *adj* bladoniebieski

iceboat /ˈaɪsbəʊt/ *n* Sport bojer *m*, ślizg *m* lodowy

icebound /ˈaɪsbaʊnd/ *adj [ship]* uwięziony przez lody; *[port, coast]* skuty lodem; **the ~ roads in the North are impassable** oblodzone drogi na północy są nieprzejezdne

icebox /ˈaɪsbɒks/ *n* 1 GB (freezer compartment) zamrażalnik *m* 2 US (fridge) lodówka *f* 3 (cool box) lodówka *f* turystyczna

icebreaker /ˈaɪsbreɪkə(r)/ *n* 1 Naut lodołamacz *m* 2 US (on bridge) lodołam *m*, izbica *f* 3 fig (at party, gathering) **that was the ~** to pozwoliło przełamać pierwsze lody

ice bucket *n* wiaderko *n* or kubełek *m* na lód

icecap /ˈaɪskæp/ *n* pokrywa *f* or czapa *f* lodowa

ice-cold /ˌaɪsˈkəʊld/ *adj [hand, water, wind, room]* lodowaty; *[beer]* dobrze schłodzony; fig *[reception]* lodowaty; *[person]* zimny jak lód

ice cream /ˌaɪsˈkriːm/ *n* Culin lody *plt*; **I like ~** lubię lody; **two vanilla ~s** dwa lody waniliowe; **if you are good I'll buy you an ~** jeśli będziesz grzeczny, kupię ci loda infml

ice-cream bar *n* US ≈ lody *plt* na patyku

ice-cream cone *n* lody *plt* w rożku z wafla

ice-cream cornet *n* = **ice-cream cone**

ice-cream maker *n* maszynka *f* do lodów

ice-cream parlour GB, **ice-cream parlor** US *n* lodziarnia *f*

ice-cream seller *n* lodzia|rz *m*, -rka *f*, sprzedaw|ca *m*, -czyni *f* lodów

ice-cream soda *n* US *porcja lodów z syropem owocowym i wodą sodową*

ice-cream sundae *n* deser *m* lodowy

ice-cream truck *n* US = **ice-cream van**

ice-cream van *n* GB furgonetka *f* lodziarza or sprzedawcy lodów

ice-cube /ˈaɪskjuːb/ *n* kostka *f* lodu

ice dancer *n* Sport tance|rz *m*, -rka *f* na lodzie

ice dancing *n* Sport tańce *m pl* na lodzie

icefall /ˈaɪsfɔːl/ *n* lodospad *m*

ice field *n* pole *n* lodowe

ice floe *n* kra *f*

ice hockey *n* hokej *m* (na lodzie)

icehouse /ˈaɪshaʊs/ *n* chłodnia *f*, lodownia *f*

Iceland /ˈaɪslənd/ *prn* Islandia *f*

Icelander /ˈaɪsləndə(r)/ *n* Island|czyk *m*, -ka *f*

Icelandic /aɪsˈlændɪk/ **I** *n* Ling (język *m*) islandzki *m*
II *adj* islandzki

ice lolly *n* GB lody *plt* na patyku *(z zamrożonego soku)*

ice machine *n* generator *m* lodu, lodownik *m*

iceman /ˈaɪsmən/ *n* (*pl* **-men**) US dostawca *m* lodu

ice pack *n* Med worek *m* z lodem

ice pick *n* 1 Sport czekanomłotek *m* 2 Culin szpikulec *m* do lodu

ice piton *n* hak *m* lodowy; (tubular) śruba *f* lodowa

ice rink *n* lodowisko *n*, ślizgawka *f*

ice show *n* rewia *f* na lodzie

ice skate **I** *n* łyżwa *f*
II ice-skate *vi* Sport uprawiać łyżwiarstwo; (as a hobby) jeździć na łyżwach

ice skater *n* łyżwia|rz *m*, -rka *f*

ice skating **I** *n* łyżwiarstwo *n*, jazda *f* na łyżwach
II *adj [competition, championship]* łyżwiarski

ice storm *n* US burza *f* powodująca gołoledź

ice-tray /ˈaɪstreɪ/ *n* Culin tacka *f* na kostki lodu

ice water *n* US (drink) woda *f* z lodem

ice yacht *n* bojer *m*, ślizg *m* lodowy

ichthyologist /ˌɪkθɪˈɒlədʒɪst/ *n* ichtiolog *m*

ichthyology /ˌɪkθɪˈɒlədʒɪ/ *n* ichtiologia *f*

ichthyosaurus /ˌɪkθɪəˈsɔːrəs/ *n* ichtiozaur *m*
icicle /ˈaɪsɪkl/ *n* sopel *m* (lodu)
icily /ˈaɪsɪlɪ/ *adv [stare]* lodowato; *[say, reply]* lodowatym tonem
icing /ˈaɪsɪŋ/ *n* [1] Culin lukier *m*; **chocolate ~** polewa czekoladowa [2] (on aeroplane) oblodzenie *n* [3] Sport (in ice hockey) uwolnienie *n*
IDIOMS: **to be the ~ on the cake** (approving) dopełnić szczęścia; (disapproving) być zbędnym dodatkiem
icing sugar *n* GB cukier puder *m*
icky /ˈɪkɪ/ *adj* infml [1] (unpleasant, dirty) obskurny, ohydny; **to feel ~** czuć się paskudnie infml [2] (sticky) lepki, kleisty; **I have ~ fingers** ręce mi się kleją [3] (sentimental, sickly sweet) mdły, ckliwy
icon /ˈaɪkɒn/ *n* [1] Art, Relig ikona *f* [2] fig (idol) idol *m*; (object) symbol *m*; **she is a feminist ~** jest symbolem feminizmu [3] Comput ikona *f*
iconify /aɪˈkɒnɪfaɪ/ *vt* Comput zmniejszać okno do ikony
iconoclasm /aɪˈkɒnəklæzəm/ *n* obrazoburstwo *n*; Relig ikonoklazm *m*
iconoclast /aɪˈkɒnəklæst/ *n* obrazoburca *m*; Relig ikonoklasta *m*
iconoclastic /aɪˌkɒnəˈklæstɪk/ *adj* obrazoburczy
iconographer /ˌaɪkəˈnɒɡrəfə(r)/ *n* specjalist|a *m*, -ka *f* w zakresie ikonografii
iconography /ˌaɪkəˈnɒɡrəfɪ/ *n* ikonografia *f*
ICPO *n* = **International Criminal Police Organization** Międzynarodowa Organizacja *f* Policji Kryminalnej, Interpol *m*
ictus /ˈɪktəs/ *n* [1] Literat akcent *m* metryczny or rytmiczny [2] Med udar *m*
icy /ˈaɪsɪ/ *adj* [1] (cold) *[wind, blast, water, hands]* lodowaty [2] (iced up) *[road, runway]* oblodzony; **there are ~ patches on the roads** drogi są miejscami oblodzone [3] fig *[look, tone, reception]* lodowaty
icy-cold /ˌaɪsɪˈkəʊld/ *adj [wind, water, night, hand]* lodowato zimny; **the cellar was ~** w piwnicy była istna lodownia infml
id /ɪd/ *n* **the ~** id *n inv*
I'd /aɪd/ = **I had, I should, I would**
ID **I** *n* [1] = **identification, identity** dowód *m* tożsamości; **to establish** or **prove one's ID** udokumentować swoją tożsamość [2] US Post = **Idaho**
II *modif* = **identification, identity** *[card, disc, bracelet, code]* identyfikacyjny; **ID papers** dokumenty stwierdzające tożsamość
Idaho /ˈaɪdəhəʊ/ *prn* Idaho *n inv*
IDD *n* GB = **International Direct Dialling** automatyczne połączenie *n* międzynarodowe
idea /aɪˈdɪə/ *n* [1] (suggestion) pomysł *m*; **a good ~** dobry pomysł; **it was Maria's ~ to sell the car** to był Marii pomysł, żeby sprzedać samochód; **he came up with** or **hit on the ~ of buying a farm** wpadł na pomysł kupienia farmy; **to be full of ~s** mieć mnóstwo pomysłów; **what a funny ~!** co za pomysł! [2] (plan) pomysł *m*; **to have the ~ of doing sth** planować zrobienie czegoś; **it's a good ~ to take a raincoat** to dobry pomysł, żeby zabrać płaszcz przeciwdeszczowy; **an ~ for a new type of shoe** pomysł na nowy model butów; **to put an ~ into sb's head** podsunąć komuś pomysł; **to put ~s into sb's head** napychać komuś głowę mrzonkami; **don't start getting ~s!** nie wyobrażaj sobie zbyt dużo!; **you can get** or **put that ~ out of your head!** możesz to sobie wybić z głowy! [3] (thought) myśl *f* **(about** or **on sth** o czymś, na temat czegoś); **what are your ~s on this portrayal?** co sądzisz o tej interpretacji? [4] (concept, notion) wyobrażenie *n*, pogląd *m*; **he's got strange ~s about women/education** ma dziwne wyobrażenie o kobietach/poglądy na edukację; **you've got a funny ~ of loyalty** dziwnie pojmujesz lojalność; **if that's your ~ of good work/of a joke...** jeżeli twoim zdaniem tak ma wyglądać dobra praca/to ma być śmieszne...; **a hamburger isn't my ~ of a good meal** dla mnie hamburger to żaden posiłek [5] (impression) wrażenie *n*; **to give sb the ~ that...** podsunąć komuś, żeby...; **he's got the ~ that everybody is lying to him** jemu się wydaje, że wszyscy go oszukują; **whatever gave you that ~?** skąd ci to przyszło do głowy? [6] (knowledge) wyobrażenie *n*, pojęcie *n*; **do you have any ~ how/when...** czy wiesz może, jak/kiedy...; **I have no ~** nie mam pojęcia; **to have no ~ why/how...** nie mieć pojęcia, dlaczego/jak...; **to have an ~ of how long it takes to do sth** wiedzieć mniej więcej, ile czasu zajmie zrobienie czegoś; **he hadn't the slightest ~ who I was** nie miał zielonego pojęcia, kim jestem; **he's 55? I had no ~!** on ma 55 lat? nie wiedziałem!; **to have a vague ~ of** or **about sth** mieć mgliste pojęcie o czymś; **to have no ~ of** or **about sth** nie mieć pojęcia o czymś; **you've no ~ how pleased I was!** nie wyobrażasz sobie nawet, jaki byłem zadowolony!; **have you any ~ of what you're asking me?** czy zdajesz sobie sprawę, o co mnie prosisz?; **I have a vague ~ what you mean** mniej więcej wiem, co masz na myśli or o co ci chodzi [7] (theory) pogląd *m*; **I've an ~ that he might be lying** mam wrażenie, że on nie mówi prawdy; **he's got funny ~s on management** on ma dziwaczne poglądy na temat zarządzania; **I've got a pretty good ~ who stole the money** chyba domyślam się, kto ukradł te pieniądze [8] (aim) cel *m*; **the ~ of a diet is to lose weight** w stosowaniu diety chodzi o to, żeby stracić na wadze; **the ~ of the game is to...** gra polega na tym, żeby...; **the ~ behind the lottery is to raise the money** celem loterii jest zbiórka pieniędzy; **that's the whole ~!** o to właśnie chodzi! [9] (gist) **now I get the ~** teraz pojmuję; **now you're getting the ~** teraz zaczynasz rozumieć, w czym rzecz; **that's the ~!** właśnie tak!; **do you get the ~?** rozumiesz, w czym rzecz? [10] (estimate) **to give sb an ~ of sth** dać komuś wyobrażenie o czymś *[cost, price]* [11] Philos idea *f*
IDIOMS: **the very ~!** co za pomysł!; **what's the big ~?** infml co to niby ma znaczyć?
ideal /aɪˈdiːəl/ **I** *n* [1] (principle) ideał *m*; **to live up to one's ~s** żyć zgodnie z własnymi ideałami [2] (model) ideał *m* **(of sth** czegoś); **the feminine/Christian ~** ideał kobiecości/chrześcijański [3] Philos ideał *m*
II *adj* idealny, doskonały; Philos idealny; **the day is ~ for going to the mountains** idealny dzień, żeby wybrać się w góry; **this tool is ~ to do the job** to idealne narzędzie do tej pracy; **~ for the post** idealny na to stanowisko
Ideal Home Exhibition *n* wystawa *f* wyposażenia wnętrz *(odbywająca się co roku w Londynie)*
idealism /aɪˈdɪəlɪzəm/ *n* idealizm *m*; **out of ~** *[act]* z pobudek idealistycznych
idealist /aɪˈdɪəlɪst/ *n* idealist|a *m*, -ka *f*
idealistic /ˌaɪdɪəˈlɪstɪk/ *adj* idealistyczny; **an ~ person** idealista
idealize /aɪˈdɪəlaɪz/ *vt* wy|idealizować
ideally /aɪˈdɪəlɪ/ *adv* [1] (preferably) **~, the tests should be free, tests should ~ be free** najlepiej byłoby, gdyby testy były bezpłatne; **~, we'd like a house** dla nas najlepszy byłby dom; **~, we'd like to stay** najchętniej zostalibyśmy; **what would you like, ~?** co by ci najbardziej odpowiadało? [2] (perfectly) *[located, suited]* idealnie; **to be ~ suited** *[couple]* być idealnie dobranym; **to be ~ suited for sth** idealnie nadawać się do czegoś *[job, role]*
ideas man *n* infml człowiek *m* pomysłowy; kopalnia *f* pomysłów fig
idée fixe /ˌiːdeɪˈfiːks/ *n* (*pl* **idées fixes**) idée fixe *f inv*
identical /aɪˈdentɪkl/ *adj* identyczny; **~ to** or **with sth** (dokładnie) taki sam jak coś; **they look ~** wyglądają identycznie
identically /aɪˈdentɪklɪ/ *adv [dress, perform]* identycznie, tak samo; *[copy, reproduce]* w sposób identyczny; **~ alike** *[people]* podobni jak dwie krople wody; *[objects]* identyczne, jednakowe
identical proposition *n* tautologia *f*
identical twin *n* jedno *n* z bliźniąt jednojajowych; **~ twins** bliźnięta jednojajowe
identifiable /aɪˌdentɪˈfaɪəbl/ *adj* [1] (recognizable) *[handwriting, shape, traces]* rozpoznawalny; *[source, group]* określony; **he was easily ~ (by his red beard)** łatwo było go rozpoznać (po rudej brodzie); **he was scarcely ~ as the former general** z trudem można w nim było rozpoznać dawnego generała [2] (visible) *[error, mark]* zauważalny
identifiably /aɪˌdentɪˈfaɪəblɪ/ *adv* [1] (recognizably) wyraźnie; **the handwriting is not ~ Maria's** nie można jednoznacznie stwierdzić, że to pismo Marii [2] (discernibly) *[better, different]* w sposób zauważalny
identification /aɪˌdentɪfɪˈkeɪʃn/ *n* [1] (of body, species, person) identyfikacja *f* **(from sth** na podstawie czegoś); (of requirements, needs) określenie *n*; **to make an ~ of a criminal** dokonać identyfikacji przestępcy, zidentyfikować przestępcę [2] (empathy) identyfikowanie się *n* **(with sth/sb** z czymś/kimś) [3] (proof of identity) dowód *m* tożsamości; **have you got any ~?** czy ma pan jakiś dowód tożsamości?
identification bracelet *n* = **identity bracelet**
identification card *n* = **identity card**

identification parade *n* GB = **identity parade**

identification tag *n* znaczek *m* identyfikacyjny, plakietka *f*

identifier /aɪˈdentɪfaɪə(r)/ *n* Comput identyfikator *m*

identify /aɪˈdentɪfaɪ/ **I** *vt* [1] (establish identity of) z|identyfikować *[person, body, culprit]* **(as sb** jako kogoś); **he was identified by his fingerprints/bloodgroup** zidentyfikowano go na podstawie odcisków palców/grupy krwi [2] (recognize) rozpozna|ć, -wać *[person, object, place, quotation]*; określ|ić, -ać, ustal|ić, -ać *[needs, cause, facts]*; **she identified him as her assailant** rozpoznała w nim napastnika; **the mechanic identified the cause of the breakdown** mechanik ustalił przyczynę awarii [3] (consider as equivalent) **to ~ sb/sth with sb/sth** identyfikować or utożsamiać kogoś/coś z kimś/czymś
II *vi* (empathize) **to ~ with sb/sth** identyfikować się z kimś/czymś
III *vr* **to ~ oneself** (establish identity) przedstawi|ć, -ać się **(as sb** jako ktoś); (accessing computer system) poda|ć, -wać nazwę użytkownika; **to ~ oneself with sb/sth** identyfikować or utożsamiać się z kimś/czymś

identikit /aɪˈdentɪkɪt/ **I** *n* (also **Identikit®**, **~ picture**) portret *m* pamięciowy
II *modif* pej *[novel, house]* szablonowy

identity /aɪˈdentətɪ/ *n* [1] (personality) tożsamość *f*; **to change one's ~** zmienić (swoją) tożsamość; **to protect/reveal one's ~** ukryć/ujawnić (swoją) tożsamość; **she could not reveal the ~ of her source** nie mogła ujawnić tożsamości informatora; **to establish the ~ of sb** ustalić tożsamość kogoś; **the ~ of the chemical has not yet been established** nie ustalono jeszcze, co to za substancja chemiczna; **proof of ~** potwierdzenie tożsamości; **national ~** tożsamość narodowa; **religious ~** przynależność religijna; **mistaken ~** pomyłka co do osoby [2] (individuality) indywidualność *f*, odrębność *f*; **to have a sense of ~** mieć poczucie swojej odrębności or własnej tożsamości [3] (sameness) identyczność *f*, tożsamość *f*; **to feel an ~ with sb** utożsamiać się z kimś

identity bracelet *n* bransoletka *f* z blaszką identyfikacyjną

identity card *n* dowód *m* tożsamości; (plastic card for visitors, spectators) identyfikator *m*, plakietka *f*

identity crisis *n* kryzys *m* tożsamości

identity number *n* numer *m* identyfikacyjny

identity papers *npl* dokumenty *m pl* *(stwierdzające tożsamość)*

identity parade *n* GB Jur okazanie *n*

ideogram /ˈɪdɪəgræm/ *n* ideogram *m*

ideograph /ˈɪdɪəgrɑːf, US -græf/ *n* = **ideogram**

ideographic /ˌɪdɪəʊˈgræfɪk/ *adj* ideograficzny

ideological /ˌaɪdɪəˈlɒdʒɪkl/ *adj* ideologiczny; *[person]* ideowy

ideologically /ˌaɪdɪəˈlɒdʒɪklɪ/ *adv* ideologicznie

ideologist /ˌaɪdɪˈɒlədʒɪst/ *n* (exponent) ideolog *m*; (follower) ideowiec *m*

ideologue /ˈaɪdɪəlɒg/ *n* = **ideologist**

ideology /ˌaɪdɪˈɒlədʒɪ/ *n* ideologia *f*

ides /aɪdz/ *npl* idy *plt*; **the ~ of March** idy marcowe

idiocy /ˈɪdɪəsɪ/ *n* [1] (stupidity) (of person) głupota *f*; idiotyzm *m* infml; (of plan, action) idiotyczność *f* [2] (stupid remark, action) idiotyzm *m* infml; **must I go on listening to your idiocies?** czy muszę wysłuchiwać twoich idiotyzmów?

idiolect /ˈɪdɪəlekt/ *n* Ling idiolekt *m*

idiom /ˈɪdɪəm/ *n* [1] Ling (phrase) idiom *m*, idiomatyzm *m*, frazeologizm *m* [2] (language) (of speaker) sposób *m* mówienia, mowa *f*; (of theatre, sport) język *m*; (regional speech) gwara *f* [3] (of music, art, architecture) styl *m*

idiomatic /ˌɪdɪəˈmætɪk/ *adj* idiomatyczny; **an ~ expression** wyrażenie idiomatyczne

idiomatically /ˌɪdɪəˈmætɪklɪ/ *adv [speak, write]* w sposób idiomatyczny

idiopathic /ˌɪdɪəʊˈpæθɪk/ *adj* Med idiopatyczny

idiosyncrasy /ˌɪdɪəˈsɪŋkrəsɪ/ *n* [1] (peculiarity) (of person) specyficzna cecha *f*; (of system, language, machine, behaviour) osobliwość *f* [2] hum (foible) dziwactwo *n*

idiosyncratic /ˌɪdɪəsɪŋˈkrætɪk/ *adj* [1] (peculiar to the individual) *[response, gesture, reaction]* charakterystyczny; *[quality, attitude, character, need]* szczególny, specyficzny; *[choice]* indywidualny [2] (eccentric) *[manner, pattern of thought]* dziwaczny

idiot /ˈɪdɪət/ *n* [1] (fool) idiot|a *m*, -ka *f* infml; **to talk like an ~** pleść idiotyzmy or głupstwa; **to act/feel like an ~** zachowywać się/czuć się idiotycznie; **that ~ Adam** ten idiota Adam; **you bloody ~!** vinfml ty skończony idioto! infml [2] Med offensive dat idiota *m*

idiot board *n* infml teleprompter *m*

idiot box *n* US infml dat telewizor *m*

idiotic /ˌɪdɪˈɒtɪk/ *adj* idiotyczny; **don't be (so) ~!** nie wygłupiaj się! infml; **it was simply ~ of you** zachowałeś się po prostu idiotycznie; **how ~ of him to say no** to głupota z jego strony, że się nie zgodził

idiotically /ˌɪdɪˈɒtɪklɪ/ *adv [grin, behave]* idiotycznie; *[stupid]* beznadziejnie

idiot tape *n* Comput taśma *f* z niesformatowanym tekstem

idle /ˈaɪdl/ **I** *adj* [1] pej (lazy) *[person, worker]* leniwy [2] (vain, pointless) *[speculation, theorizing, promise, conversation]* jałowy; *[boast, threat]* czczy; *[question]* bezsensowny, zbędny; *[curiosity, chatter]* pusty; *[hope, fear]* płonny; **it would be ~ to argue further** nie ma sensu dalej dyskutować [3] (unoccupied) *[person]* (inactive) bezczynny; (unemployed) bezrobotny; *[spectators, bystanders]* bierny; *[day, hour, moment]* wolny; **in an ~ moment** w wolnej chwili; **the ~ rich** bogaci próżniacy; **to lead an ~ life** wieść próżniacze życie; **100 men made ~** 100 ludzi zwolnionych z pracy; **he's never ~** ciągle coś robi [4] (not functioning) *[port, dock, mine, machine]* nieczynny; *[land]* leżący odłogiem; **to lie** or **stand ~** *[machine, factory]* nie pracować; stać infml; *[land]* leżeć odłogiem [5] Fin *[capital]* martwy
II *vi* [1] *[person]* próżnować; **to ~ about the streets** wałęsać się or włóczyć się po ulicach [2] *[engine]* pracować na biegu jałowym
■ **idle away**: **~ away [sth], ~ [sth] away** przepróżnować *[day, hours, one's life]*; trwonić *[time]*
IDIOMS: **the devil makes work for ~ hands** Prov bezczynność prowadzi do złego

idle character *n* Comput znak *m* wypełniający or pusty

idleness /ˈaɪdlnɪs/ *n* [1] (inaction) bezczynność *f*; **enforced ~** przymusowa bezczynność; **they are threatened with ~ if the factory closes** grozi im bezrobocie, jeśli zamkną fabrykę [2] (laziness) próżniactwo *n*

idler /ˈaɪdlə(r)/ *n* [1] (person) próżniak *m* [2] Tech (wheel, gear) koło *n* pośrednie; (pulley) krążek *m* naprężający

idle state *n* Comput stan *m* oczekiwania

idly /ˈaɪdlɪ/ *adv* [1] (not doing anything) *[sit around]* bezczynnie; *[gaze]* bezmyślnie; **to stand ~ by** *[person]* stać z założonymi rękoma; *[police]* nie reagować; *[country]* nie angażować się [2] (vainly, aimlessly) *[wonder]* leniwie; *[chatter, talk]* dla zabicia czasu

idol /ˈaɪdl/ *n* [1] (pagan) idol *m*, bożek *m* [2] (hero) idol *m*, bożyszcze *n*; **cinema ~** bożyszcze kina; **teen ~** idol nastolatków

idolater /aɪˈdɒlətə(r)/ *n* bałwochwalca *m*

idolatress /aɪˈdɒlətrɪs/ *n* bałwochwalczyni *f*

idolatrous /aɪˈdɒlətrəs/ *adj* bałwochwalczy

idolatry /aɪˈdɒlətrɪ/ *n* idolatria *f*, bałwochwalstwo *n* also fig

idolize /ˈaɪdəlaɪz/ *vt* wielbić, ubóstwiać; **teenage audiences used to ~ the Beatles** młodzieżowa publiczność wielbiła Beatlesów

idyll /ˈɪdɪl, US ˈaɪdl/ *n* Liter idylla *f*, sielanka *f* also fig; Mus idylla *f*

idyllic /ɪˈdɪlɪk, US aɪˈd-/ *adj* idylliczny, sielankowy; *[cottage, scene]* sielski

ie = **that is** to jest, tj.

if /ɪf/ **I** *conj* [1] (in the event that) jeżeli, jeśli; **I'll help you, if you pay me** pomogę ci, jeżeli mi zapłacisz; **I'm not coming if you invite her** nie przyjdę, jeżeli ją zaprosisz; **if he dies** or **if he should die, it will have been your fault** to będzie twoja wina, jeżeli on umrze; **if she is to be believed** jeżeli (można) jej wierzyć; **if possible** jeżeli to możliwe; **tomorrow, if convenient** jutro, jeżeli można; **I'll come with you if you like** pójdę z tobą, jeżeli chcesz; **he answers in monosyllables, if he answers at all** odpowiada co najwyżej monosylabami; **if I were you...** ja na twoim miejscu...; **if so** skoro tak, jeśli tak, w takim razie; **if not** jeśli nie, w przeciwnym razie; **if necessary** w razie konieczności; **tomorrow, if not sooner** jutro, a może nawet wcześniej; **if I'm not mistaken** jeśli się nie mylę [2] (supposing that) gdyby; **if it were to snow...** gdyby padał śnieg...; **even if they paid me a million dollars** nawet gdyby zapłacili mi milion dolarów; **if asked, I would say that...** gdyby mnie zapytano, powiedziałbym, że...; **if it were not for the baby, we could go camping** gdyby nie dziecko, moglibyśmy pojechać pod namiot [3] (whenever) gdy tylko; **if you mention his name, she cries** gdy tylko ktoś wspomni jego imię, ona zaraz zaczyna płakać; **if they**

need any advice they always come to me gdy tylko potrzebują rady, zawsze przychodzą do mnie; **if in doubt, consult the manual** w razie wątpliwości należy sprawdzić w instrukcji [4] (whether) czy; **I wonder if they will come** ciekaw jestem, czy przyjdą; **do you know if he recovered or not?** wiesz może, czy wyzdrowiał, czy nie?; **can you remember if he told you?** pamiętasz może, czy ci powiedział? [5] (functioning as 'that') **I'm sorry if she doesn't like it but...** przykro mi, że jej się to nie podoba, ale...; **do you mind if I smoke?** czy będzie panu/pani przeszkadzać, jeżeli zapalę?; **I don't care if he is married!** nie obchodzi mnie, że jest żonaty! [6] (although, accepting that) chociaż; **we'll go even if it's dangerous** pójdziemy, choćby miało to być niebezpieczne; **(even) if they are old, at least they are not alone** może są starzy, ale przynajmniej nie są samotni; **it's a good shop, if a little expensive** to dobry sklep, chociaż dość drogi; **it was interesting, if nothing else** przynajmniej było interesujące [7] (as polite formula) **if you would sign here, please** proszę tu podpisać; **if you follow me, please** pozwoli pan/pani za mną, proszę za mną [8] (expressing surprise, dismay) **if it isn't our old friend Mr Jones!** toż to or to przecież nasz stary przyjaciel, pan Jones!; **well, if she didn't try and hit him!** a jakże, próbowała go uderzyć! [9] (used with 'what') **what if I say no?** a jeżeli powiem nie?; **(so) what if he/I did?** no i co z tego?

II if only *conj phr* **if only because (of)...** choćby dlatego, że...; **if only for a moment** choćby przez chwilę/na chwilę; **if only for one reason** choćby tylko z jednego powodu; **if only I had known!** gdybym to ja wiedział!; **if only I could get my hands on them!** gdybym tylko mógł dostać ich w swoje ręce!

IDIOMS: **there are lots of ifs and buts about it** ta sprawa budzi wiele wątpliwości i zastrzeżeń; **if, and it's a very big if, he agrees, then...** jeżeli on się zgodzi, co stoi pod dużym znakiem zapytania, wtedy...; **it's a very big if** to wielki znak zapytania

iffy /ˈɪfɪ/ *adj* infml [1] (undecided) *[situation, future, outcome, weather]* niepewny; *[person]* pełen wątpliwości, niezdecydowany; **he's still ~ about it** wciąż ma co do tego wątpliwości [2] (dubious) podejrzany; **it sounds a bit ~ to me** wydaje mi się to trochę podejrzane

igloo /ˈɪgluː/ *n* (*pl* **~s**) igloo *n inv*

igneous /ˈɪgnɪəs/ *adj* Geol magmowy; **~ rock** skała magmowa

ignite /ɪgˈnaɪt/ **I** *vt* [1] zapal|ić, -ać *[material, motor]*; odpal|ić, -ać *[charge]*; s|powodować zapłon (czegoś) *[fuel]* [2] fig rozpal|ić, -ać *[interest, passion, hatred]*; za|inicjować *[explosion of rioting]*

II *vi* [1] *[engine]* zapal|ić, -ać; *[material, methane]* zapal|ić, -ać się; *[rubbish, timber, hay]* zająć się, zapal|ić, -ać się [2] fig *[situation]* zaogni|ć, -ać się

ignition /ɪgˈnɪʃn/ *n* [1] Aut (system) zapłon *m*; **electronic ~** zapłon elektroniczny; **to adjust the ~** regulować zapłon [2] Aut (starting mechanism) przełącznik *m* zapłonu, stacyjka *f*; **to switch on/off the ~** włączyć/wyłączyć zapłon [3] Aut, Tech (igniting) zapłon *m*

ignition coil *n* cewka *f* zapłonowa

ignition key *n* kluczyk *m* do stacyjki

ignition point *n* temperatura *f* zapłonu

ignition switch *n* przełącznik *m* zapłonu, stacyjka *f*

ignoble /ɪgˈnəʊbl/ *adj* fml [1] (dishonourable) *[act, proposition]* haniebny; *[thought]* niecny liter; *[person, behaviour]* nikczemny liter; *[character]* podły [2] liter (of low birth) *[origins, birth]* gminny liter [3] (worthless) *[dwelling, animal]* nędzny

ignominious /ˌɪgnəˈmɪnɪəs/ *adj* fml [1] (dishonourable) *[defeat, failure, retreat, death]* sromotny liter; *[fate]* nędzny; *[end]* żałosny [2] (humiliating, degrading) *[terms, concession, labour]* upokarzający [3] (contemptible) *[conduct, act]* oburzający

ignominiously /ˌɪgnəˈmɪnɪəslɪ/ *adv* fml *[retreat]* sromotnie; **to be defeated ~** ponieść sromotną klęskę, zostać sromotnie pobitym

ignominy /ˈɪgnəmɪnɪ/ *n* fml (dishonour) hańba *f*; sromota *f* dat; (humiliation) upokorzenie *n*

ignoramus /ˌɪgnəˈreɪməs/ *n* (*pl* **~es**) ignorant *m*, -ka *f*; (lacking education) nieuk *m*

ignorance /ˈɪgnərəns/ *n* (of person) (lack of knowledge) niewiedza *f*; (lack of awareness) nieświadomość *f*; **through ~** przez niewiedzę or ignorancję; **his ~ of things scientific** jego ignorancja w zakresie nauki; **to be in ~ of sth** być nieświadomym czegoś; **to keep sb in ~ of sth** utrzymywać kogoś w nieświadomości czegoś; **I have been kept in ~ of the true facts** ukrywano przede mną prawdę

IDIOMS: **~ of the law is no excuse** nieznajomość prawa nie zwalnia od odpowiedzialności; **~ is bliss** czasami lepiej jest nie wiedzieć

ignorant /ˈɪgnərənt/ *adj [person]* (of a subject) nieświadomy; (uneducated) niedouczony; ciemny infml; (boorish) prymitywny, nieokrzesany; *[remark, idea]* prymitywny, prostacki; **to be ~ about sth** nie znać się na czymś *[subject]*; **to be ~ of sth** nie wiedzieć o czymś *[possibilities, events, troubles]*; **(just) pig ~** ciemny jak tabaka w rogu

ignorantly /ˈɪgnərəntlɪ/ *adv* (through ignorance) *[say, affirm]* nieświadomie; (boorishly) *[behave, talk]* po prostacku, prostacko

ignore /ɪgˈnɔː(r)/ *vt* z|ignorować *[person, request, fact, feelings, advice, traffic light]*; z|ignorować, nie za|reagować na (coś) *[insult, provocation, criticism]*; z|ignorować, nie przestrzegać (czegoś) *[instructions, rule]*; z|lekceważyć, z|ignorować *[mistake, behaviour]*; **she ~s my very existence!** ona traktuje mnie jak powietrze!

iguana /ɪgˈwɑːnə/ *n* Zool iguana *f*, legwan *m*

IKBS *n* Comput → **intelligent knowledge-based system**

ikon *n* = **icon**

IL US Post = **Illinois**

ILEA /ˈɪlɪə/ *n* GB = **Inner London Education Authority** *kuratorium oświaty dla śródmieścia Londynu*

ileum /ˈɪlɪəm/ *n* (*pl* **ilea**) Anat jelito *n* kręte

ilex /ˈaɪləks/ *n* Bot ostrokrzew *m*

Iliad /ˈɪlɪəd/ *n* **the ~** Iliada *f*

ilium /ˈɪlɪəm/ *n* (*pl* **ilia**) Anat kość *f* biodrowa

ilk /ɪlk/ *n* rodzaj *m*; **of that ~** tego rodzaju; **of his/their ~** jemu/im podobni; **Mcpherson of that ~** Scot Mcpherson z tych Mcphersonów

ill /ɪl/ **I** *n* [1] (evil) zło *n*; **to wish sb ~** źle życzyć komuś; **for good or ~** na dobre i na złe; **whether the outcome would be for good or ~** czy wyjdzie na dobre, czy na złe [2] (ailment) dolegliwość *f*; **economic ~s** niedomagania gospodarki

II *adj* [1] (having particular illness) chory; **to be ~ with sth** chorować na coś, być chorym na coś *[disease]*; **to be ~ with a fever** mieć gorączkę; **to be taken ~, to fall ~** rozchorować się, zachorować [2] (nauseous) **to feel ~** mieć mdłości; **the smell made him feel ~** zrobiło mu się niedobrze od tego zapachu

III *adv* fml [1] (badly) **to serve sb/sth ~** źle się przysłużyć komuś/czemuś; **he is ~ suited to the post** jest nieodpowiednią osobą na to stanowisko, nie nadaje się na to stanowisko; **to speak ~ of sb** źle mówić o kimś; **to bode** or **augur ~ for sth** liter źle wróżyć czemuś [2] (scarcely) **he ~ deserves your praise** nie zasługuje na twoje pochwały; **it ~ becomes you to criticize** tobie nie wypada krytykować

IDIOMS: **it's an ~ wind (that blows nobody any good)** Prov nie ma tego złego, co by na dobre nie wyszło

I'll /aɪl/ = **I shall, I will**

ill-acquainted /ˌɪləˈkweɪntɪd/ *adj* słabo zaznajomiony **(with sth** z czymś**)**

ill-advised /ˌɪlədˈvaɪzd/ *adj* nierozważny, nierozsądny; **you would be ~ to announce this decision at this stage** byłoby nierozważnie ogłaszać tę decyzję na tym etapie

ill-assorted /ˌɪləˈsɔːtɪd/ *adj* niedobrany

ill at ease *adj* skrępowany, zakłopotany

ill-bred /ˌɪlˈbred/ *adj [person]* źle wychowany, niewychowany; *[behaviour, remark]* niestosowny, niewłaściwy

ill-concealed /ˌɪlkənˈsiːld/ *adj* nieskrywany

ill-conceived /ˌɪlkənˈsiːvd/ *adj* nieprzemyślany

ill-considered /ˌɪlkənˈsɪdəd/ *adj [remark, policy, decision]* nierozważny, nieprzemyślany; *[measure]* pochopny

ill-defined /ˌɪldɪˈfaɪnd/ *adj* (not described clearly) niejasno sformułowany, niewyraźny; (indistinct) niewyraźny, nieostry

ill-disposed /ˌɪldɪˈspəʊzd/ *adj* źle or nieprzychylnie nastawiony **(towards sb/sth** do kogoś/czegoś**)**

ill effect *n* ujemny skutek *m*

illegal /ɪˈliːgl/ **I** *n* US nielegalny imigrant *m*, nielegalna imigrantka *f*

II *adj* [1] (unlawful) *[entry, strike, immigrant, organization]* nielegalny; *[contract, trial]* niezgodny z prawem; *[act]* bezprawny; *[parking]* niedozwolony [2] Games, Sport *[pass, move, tackle]* nieprzepisowy, niezgodny z przepisami [3] Comput *[character, operation]* niedozwolony

illegality /ˌɪlɪˈgælətɪ/ *n* [1] (unlawfulness) (of publication, organization, immigration) nielegalność *f*; (of act, procedure) bezprawność *f*; **tinged with ~** niezupełnie legalny, na granicy prawa [2] Sport (of pass, move, tackle) niezgodność *f* z przepisami [3] (unlawful act) bezprawie *n*

illegally /ɪˈliːgəlɪ/ *adv [sell, publish, import, work]* nielegalnie; *[park]* nieprzepisowo; Sport nieprzepisowo

illegible /ɪˈledʒəbl/ *adj* nieczytelny; **written in an ~ hand** napisany nieczytelnie

illegibly /ɪˈledʒəblɪ/ *adv* nieczytelnie

illegitimacy /ˌɪlɪˈdʒɪtɪməsɪ/ *n* [1] (of gain, activity, association, contacts, relationship) nielegalność *f* **(of sth** czegoś) [2] (of person, descent) nieślubne pochodzenie *n*; **the rate of ~** wskaźnik urodzeń w związkach nieformalnych [3] (of argument, conclusion, claim) bezpodstawność *f*, bezzasadność *f*

illegitimate /ˌɪlɪˈdʒɪtɪmət/ *adj* [1] (illegal) *[activity, association, gain]* nielegalny; *[action]* bezprawny; *[claim, evidence]* nieprawny [2] (born out of wedlock) *[child, descent]* nieślubny; nieprawy liter; **he's ~** jest dzieckiem nieślubnym [3] (illogical) *[claim]* bezzasadny; *[argument]* bezpodstawny; *[conclusion]* nieuzasadniony

illegitimately /ˌɪlɪˈdʒɪtɪmətlɪ/ *adv* [1] (illegally) *[act, benefit, insist]* bezprawnie, nieprawnie [2] (illogically) *[maintain, accuse]* bezpodstawnie, bezzasadnie [3] **to be ~ descended** pochodzić z nieślubnego związku

ill-equipped /ˌɪlɪˈkwɪpt/ *adj* (not equipped) nieodpowiednio wyposażony; (not qualified) nieprzygotowany **(to sth** do czegoś)

ill-fated /ˌɪlˈfeɪtɪd/ *adj [expedition, enterprise, person]* niefortunny; *[day]* feralny

ill-favoured GB, **ill-favored** US /ˌɪlˈfeɪvəd/ *adj* niezbyt urodziwy

ill feeling *n* niechęć *f*, uraza *f*

ill-fitting /ˌɪlˈfɪtɪŋ/ *adj [shoe, garment]* źle dopasowany

ill-founded /ˌɪlˈfaʊndɪd/ *adj* bezpodstawny, bezzasadny

ill-gotten /ˌɪlˈgɒtn/ *adj* nieuczciwie zdobyty

ill health *n* zły stan *m* zdrowia

illiberal /ɪˈlɪbərəl/ *adj* [1] pej (narrow-minded) *[society, state, person]* nietolerancyjny; *[views]* ciasny; *[prejudice]* stronniczy [2] (not generous) *[rations, helping]* skąpy

illicit /ɪˈlɪsɪt/ *adj* [1] (illegal) *[substance, publication, activity, method]* niedozwolony, zakazany [2] (secret) *[encounter, correspondence, deal, relationship]* potajemny

illicitly /ɪˈlɪsɪtlɪ/ *adv* [1] (illegally) nielegalnie, bezprawnie [2] (secretly) *[meet, leave]* potajemnie

illimitable /ɪˈlɪmɪtəbl/ *adj [ocean, desert, sky]* bezkresny

ill-informed /ˌɪlɪnˈfɔːmd/ *adj* niedoinformowany

Illinois /ˌɪlɪˈnɔɪ/ *prn* Illinois *n inv*

illiquid /ɪˈlɪkwɪd/ *adj* Fin *[company, bank]* niemający płynności finansowej; *[assets, bonds]* trudny do upłynnienia

illiquidity /ɪlɪˈkwɪdətɪ/ *n* Fin (of bank, company) brak *m* płynności finansowej; (of assets, bonds) trudności *f pl* z upłynnieniem **(of sth** czegoś)

illiteracy /ɪˈlɪtərəsɪ/ *n* analfabetyzm *m*; **a region with 60% ~** region, w którym analfabetyzm sięga 60%

illiterate /ɪˈlɪtərət/ **I** *n* [1] *[person]* analfabet|a *m*, -ka *f* [2] **the ~** *(+ v pl)* analfabeci *m pl*

II *adj* [1] *[person]* niepiśmienny; **the country population is 40% ~** 40% ludności kraju to analfabeci [2] (uncultured) *[workforce, population, person]* niedouczony; *[handwriting]* koślawy; *[style]* nieudolny; koślawy infml; *[letter, note]* napisany niewprawną ręką

ill-judged /ˌɪlˈdʒʌdʒd/ *adj* nierozsądny

ill luck *n* pech *m*

ill-mannered /ˌɪlˈmænəd/ *adj* niekulturalny, prostacki

ill-natured /ˌɪlˈneɪtʃəd/ *adj* nieprzyjemny; (spiteful) złośliwy

illness /ˈɪlnɪs/ *n* choroba *f*; **minor/fatal /serious ~** lekka/śmiertelna/poważna choroba

illocutionary /ˌɪləˈkjuːʃənərɪ, US -nerɪ/ *adj* Philos illokucyjny

illogical /ɪˈlɒdʒɪkl/ *adj* [1] (senseless, unreasonable) *[reaction, fear, behaviour]* niedorzeczny, bezsensowny; **don't be so ~!** pomyśl logicznie! [2] (contrary to logic) *[argument, conclusion]* nielogiczny

illogicality /ˌɪlɒdʒɪˈkælətɪ/ *n* nielogiczność *f*

illogically /ɪˈlɒdʒɪklɪ/ *adv* [1] (unreasonably) *[feel, react]* niedorzecznie, bezsensownie; **he became ~ angry** wpadł w bezsensowną złość [2] (contrary to logic) *[reason, argue]* nielogicznie

ill-prepared /ˌɪlprɪˈpeəd/ *adj* źle przygotowany

ill-starred /ˌɪlˈstɑːd/ *adj* liter niefortunny; *[person]* urodzony pod złą gwiazdą

ill temper *n* zły humor *m*

ill-tempered /ˌɪlˈtempəd/ *adj [person]* łatwo wpadający w gniew; *[reply, gesture]* zniecierpliwiony

ill-timed /ˌɪlˈtaɪmd/ *adj [remark, arrival, visit]* nie w porę; **~ campaign** kampania przeprowadzona w nieodpowiednim momencie

ill-treat /ɪlˈtriːt/ *vt* źle traktować; (cruelly) znęcać się nad (kimś/czymś) *[person, animal]*; nie szanować (czegoś) *[clothes, book]*

ill-treatment /ɪlˈtriːtmənt/ *n* złe traktowanie *n*; (maltreatment) znęcanie się *n*

illuminate /ɪˈluːmɪneɪt/ *vt* [1] (light) *[person]* oświetl|ić, -ać **(by sth** czymś); *[candles]* rozświetl|ić, -ać; (for effect) iluminować, rzęsiście oświetl|ić, -ać; **a smile ~d her face** fig uśmiech rozświetlił jej twarz fig; **he ~d the meeting by** or **with his presence** uświetnił zebranie swoją obecnością [2] (clarify) wyjaśni|ć, -ać, objaśni|ć, -ać *[theory]*; (throw light on) rzuci|ć, -ać światło na (coś) *[subject]* [3] (enlighten) oświec|ić, -ać *[person]* [4] Art iluminować *[manuscript]*

illuminated /ɪˈluːmɪneɪtɪd/ *adj* [1] (lit up) *[sign, notice, panel]* podświetlony, oświetlony; (for effect) jasno oświetlony [2] Art *[manuscript, edition]* iluminowany [3] (enlightened) *[person]* oświecony

illuminating /ɪˈluːmɪneɪtɪŋ/ *adj* fig *[comment, lecture, speech]* pouczający, kształcący

illumination /ɪˌluːmɪˈneɪʃn/ **I** *n* [1] (lighting) oświetlenie *n*; (light) światło *n*; (for effect) iluminacja *f*; **the ~ came from the adjoining room** światło wpadało z pokoju obok [2] (enlightenment) oświecenie *n*; (spiritual, divine) iluminacja *f* [3] Art (of manuscript) iluminacja *f*

II illuminations *npl* GB (lights) dekoracje *f pl* świetlne; **the street ~s** iluminacja ulicy

illuminator /ɪˈluːmɪneɪtə(r)/ *n* Art iluminator *m*

illumine /ɪˈluːmɪn/ *vt* = **illuminate**

ill-usage /ˌɪlˈjuːsɪdʒ/ *n* fml (bad treatment) złe traktowanie *n*; (cruel treatment) znęcanie się *n*

ill-use /ˌɪlˈjuːz/ *vt* fml (treat badly) źle traktować; (treat cruelly) znęcać się nad (kimś /czymś)

illusion /ɪˈluːʒn/ *n* złudzenie *n*, iluzja *f*; (produced by illusionist) sztuczka *f*; **to have ~s about sth/sb** mieć złudzenia co do czegoś /kogoś; **she has no ~s left about the future** nie ma już żadnych złudzeń co do przyszłości; **to be** or **labour under the ~ that...** łudzić się, że...; **to entertain** or **harbour ~s as to sth** żywić złudzenia co do czegoś; **it's an ~ to think that...** nie ma co się łudzić, że...; **to create an ~ of space** stworzyć wrażenie przestrzeni

illusionism /ɪˈluːʒənɪzəm/ *n* Philos, Art iluzjonizm *m*

illusionist /ɪˈluːʒənɪst/ *n* iluzjonist|a *m*, -ka *f*

illusive /ɪˈluːsɪv/ *adj* [1] (misleading) *[hopes, beliefs, faith]* złudny, zwodniczy [2] (apparent) *[advantage, victory, impression, world]* iluzoryczny; **~ stage effect** sztuczka iluzjonistyczna

illusory /ɪˈluːsərɪ/ *adj* = **illusive**

illustrate /ˈɪləstreɪt/ **I** *vt* z|ilustrować *[book, point, principle]* **(with sth** czymś); odzwierciedl|ić, -ać *[situation, attitude]*; **that just ~s his duplicity!** to tylko dowodzi jego dwulicowości!; **to ~ how/that...** pokazać, jak/że...

II illustrated *pp adj [magazine, book]* ilustrowany; **an ~d talk** wykład ilustrowany środkami wizualnymi

illustration /ˌɪləˈstreɪʃn/ *n* [1] (picture) ilustracja *f*; **in-text ~s** ilustracje w tekście [2] (example) przykład *m*, ilustracja *f*; **by way of ~** dla zilustrowania [3] (action) ilustrowanie *n* **(of sth** czegoś)

illustrative /ˈɪləstrətɪv, US ɪˈlʌs-/ *adj [example, quotation]* ilustrujący **(of sth** coś); **~ material** materiał ilustracyjny; **to be ~ of sth** (dobrze) ilustrować coś; **'may be reproduced for ~ purposes'** Publg „może być wykorzystywany dla celów popularyzatorskich"

illustrator /ˈɪləstreɪtə(r)/ *n* ilustrator *m*, -ka *f*

illustrious /ɪˈlʌstrɪəs/ *adj* [1] (famous) *[actor, name, family]* znamienity, znakomity; *[career, past]* wspaniały [2] fml (glorious) *[emperor, gathering, victory]* prześwietny, wspaniały

illustriously /ɪˈlʌstrɪəslɪ/ *adv [welcome, dressed, decorated]* wspaniale

ill will *n* uraza *f*; **I bear them no ~** nie żywię do nich żadnej urazy

ILO *n* [1] = **International Labour Organization** MOP *m* [2] = **International Labour Office** Międzynarodowe Biuro *n* Pracy

I'm /aɪm/ = **I am**

I

image /ˈɪmɪdʒ/ *n* [1] (concept) (mental picture) obraz *m*; (notion) wyobrażenie *n*; **the popular ~ of life in the north** typowy obraz życia na północy [2] (epitome) wzór *m*; **the ~ of the successful working mother** wzór kobiety łączącej pracę zawodową z macierzyństwem [3] (public impression) (of company, personality) wizerunek *m*, image *m inv* [4] TV, Phot, Cin (picture) obraz *m*; **visual ~** obraz; **the moving ~** ruchomy obraz [5] (reflection) odbicie *n* [6] (likeness) podobizna *f*, wizerunek *m*; **God created man in his own ~** Bóg stworzył człowieka na swój obraz i podobieństwo; **she's the (spitting) ~ of you!** jest podobna do ciebie jak dwie krople wody! [7] Literat obraz *m* [8] Math obraz *m*

image builder *n* specjalist|a *m*, -ka *f* od kreowania wizerunku publicznego

image-conscious /ˌɪmɪdʒˈkɒnʃəs/ *adj* **to be ~** dbać o swój wizerunek publiczny

image maker *n* = **image builder**

image processing *n* Comput przetwarzanie *n* obrazów

imagery /ˈɪmɪdʒərɪ/ *n* [1] Literat (use of figurative language) metaforyka *f*; **style full of ~** obrazowy styl [2] (mental pictures) obrazy *m pl* **(of sth** czegoś**)** [3] (images) wizerunki *m pl*

imagesetter /ˈɪmɪdʒsetə(r)/ *n* Print, Publg naświetlarka *f*

imaginable /ɪˈmædʒɪnəbl/ *adj [situation, solution, danger, threat]* wyobrażalny; **the funniest/most horrible thing ~** najzabawniejsza/najokropniejsza rzecz, jaką można sobie wyobrazić; **the best/worst thing ~** najlepsze/najgorsze, co można sobie wyobrazić; **you're the best Mum ~!** jesteś najlepszą mamą na świecie!

imaginary /ɪˈmædʒɪnərɪ, US -ənerɪ/ *adj* [1] (invented) *[plot]* zmyślony; *[character, creature, world]* wymyślony [2] (untrue) *[fears, illness]* wyimaginowany, urojony [3] (hypothetical) *[line, situation]* teoretyczny, umowny

imaginary number *n* Math liczba *f* urojona

imagination /ɪˌmædʒɪˈneɪʃn/ *n* [1] (ability to imagine) wyobraźnia *f*; imaginacja *f* liter; **to show ~** dowieść wyobraźni; **to have a fertile ~** mieć bujną wyobraźnię; **in his ~ he has a friend called Robert** wymyślił sobie, że ma przyjaciela o imieniu Robert; **I'll leave the rest to your ~** resztę pozostawiam twojej wyobraźni; **it leaves nothing to the ~** to nie pozostawia miejsca dla wyobraźni; **to give free rein to the ~** puszczać wodze wyobraźni; **is it my ~, or...?** czy mi się tylko wydaje, czy...?; **it's all in your ~!** to ci się tylko wydaje!; **use your ~!** spróbuj sobie wyobrazić!; rusz głową! infml; **not by any stretch of the ~ could you say (that)...** choćbyś nie wiem jak wysilał swoją wyobraźnię, nie powiesz, że... [2] (what is imagined, not real) wytwór *m* wyobraźni, urojenie *n*; **it was only** or **nothing but ~** tak się tylko zdawało, to był tylko wytwór wyobraźni

imaginative /ɪˈmædʒɪnətɪv, US -əneɪtɪv/ *adj* [1] (having imagination) *[artist, writer]* obdarzony wyobraźnią, pełen polotu; *[child]* z bujną wyobraźnią, o bujnej wyobraźni; (showing imagination) *[film, design, writing]* świadczący o wyobraźni autora; *[book]* napisany z polotem; *[interpretation]* pełen inwencji twórczej [2] (inventive) *[inventor, device, solution, approach]* pomysłowy

imaginatively /ɪˈmædʒɪnətɪvlɪ, US -əneɪtɪvlɪ/ *adv* [1] (with imagination) *[decorated, performed]* z fantazją; *[written]* z polotem [2] (inventively) *[devised, solved]* pomysłowo

imaginativeness /ɪˈmædʒɪnətɪvnɪs, US -əneɪtɪvnɪs/ *n* [1] (vivid imagination) (of child) bujna wyobraźnia *f*; (of artist) polot *m* [2] (inventiveness) (of device, solution) pomysłowość *f*; (of person, mind) inwencja *f*, pomysłowość *f*

imagine /ɪˈmædʒɪn/ *vt* [1] (picture, visualize) wyobra|zić, -żać sobie *[object, situation, scenario]*; **to ~ that...** wyobrażać sobie, że...; **to ~ sb doing sth** wyobrażać sobie, jak ktoś robi coś; **I can't ~ her travelling alone** nie wyobrażam sobie, żeby mogła podróżować samotnie; **I can't ~ her liking that, I can't ~ (that) she liked that** nie wyobrażam sobie, żeby mogło to się jej podobać; **I ~ myself flying** wyobrażam sobie, że latam; **it's difficult to ~ being king/rich** trudno sobie wyobrazić, że się jest królem/bogatym; **I can't ~ (myself) saying that** nie wyobrażam sobie, żebym mógł coś takiego powiedzieć; **to ~ how/what/why** wyobrażać sobie jak/co/dlaczego; **you can well /you can't ~ the trouble I've had** łatwo możesz sobie wyobrazić/nie wyobrażasz sobie, jakie miałem kłopoty; **I can ~ only too well** doskonale (to) sobie wyobrażam; **just ~!, just ~ that!** pomyśl tylko!; **just ~ my surprise when...** wyobraź sobie moje zaskoczenie, kiedy...; **you can just ~ how I felt** możesz sobie wyobrazić, jak się czułem [2] (fancy, believe wrongly) wyobrażać sobie **(that...** że...**)**; **don't ~ you'll get away with it!** nie wyobrażaj sobie, że ci to ujdzie na sucho!; **surely you don't ~ that...?** chyba nie myślisz or nie wydaje ci się, że...; **you must have ~d it** chyba ci się przywidziało; **you're imagining it!** wydaje ci się! [3] (suppose, think) przypuszczać **(that...** że...**)**; **I ~ he's still alive** przypuszczam, że on jeszcze żyje; **he's dead, I ~** zdaje się, że on nie żyje; **I ~ so** tak mi się zdaje; **I always ~d (that) they were married** zawsze mi się zdawało, że są małżeństwem; **you would ~ he'd be more cautious** można by się spodziewać, że będzie bardziej ostrożny; **who would ~?** któż by przypuszczał?

imaging /ˈɪmɪdʒɪŋ/ *n* Comput, Med obrazowanie *n*

imaginings /ɪˈmædʒɪnɪŋz/ *npl* wytwory *m pl* wyobraźni, wyobrażenia *n pl*; **never in my worst ~** nawet w najgorszych snach

imam /ɪˈmɑːm/ *n* Relig imam *m*

imbalance /ˌɪmˈbæləns/ *n* brak *m* równowagi **(between sth and sth** pomiędzy czymś a czymś**)**; **to correct an ~** przywrócić równowagę; **trade ~** Econ ujemny bilans handlowy; **hormonal ~** Med zaburzenie równowagi hormonalnej

imbecile /ˈɪmbəsiːl, US -sl/ **I** *n* [1] Med arch imbecyl *m* [2] infml debil *m*, -ka *f*, imbecyl *m*, kretyn *m*, -ka *f* infml

II *adj* [1] Med arch *[child, person]* imbecylny; *[smile, grimace, behaviour]* imbecylowaty [2] infml *[action, laugh, grin, remark, behaviour]* idiotyczny, debilny

imbecility /ˌɪmbəˈsɪlətɪ/ *n* [1] Med arch imbecylizm *m* [2] infml debilizm *m*, kretynizm *m* infml

imbibe /ɪmˈbaɪb/ **I** *vt* fml [1] (drink) pić; **we were imbibing the local wine** raczyliśmy się tutejszym winem [2] (delight in) upajać się (czymś) *[fresh air, sunshine]* [3] (take in) chłonąć *[knowledge, propaganda]*

II *vi* infml hum (tipple) popijać, lubić wypić infml

imbroglio /ɪmˈbrəʊlɪəʊ/ *n* (*pl* **~s**) (state of confusion) powikłanie *n*; (situation) zagmatwana sytuacja *f*

imbue /ɪmˈbjuː/ **I** *vt* wp|oić, -ajać (komuś) *[person]* **(with sth** coś); przep|oić, -ajać *[words, constitution]* **(with sth** czymś**)**

II imbued *pp adj* **~d with sth** *[person]* przepełniony czymś; *[letter, words]* przepojony czymś

IMF *n* = **International Monetary Fund** MFW *m inv*

imitable /ˈɪmɪtəbl/ *adj* [1] (capable of being followed) *[achievement, mannerism]* możliwy do naśladowania; (worth following) *[person, behaviour]* godny naśladowania [2] (capable of being imitated) *[product, signature]* łatwy do podrobienia

imitate /ˈɪmɪteɪt/ *vt* naśladować *[person]*; imitować, naśladować *[sound]*; imitować *[product]*; (maliciously) przedrzeźniać *[person]*; (in order to deceive) podr|obić, -abiać *[handwriting, painting]*; **to ~ sb to the life** znakomicie naśladować or imitować kogoś; **to ~ a cock crowing** naśladować pianie koguta; **art ~s life** sztuka naśladuje rzeczywistość

imitation /ˌɪmɪˈteɪʃn/ **I** *n* [1] (practice) naśladownictwo *n*; Art imitatorstwo *n*; (act, instance) naśladowanie *n*; **to learn by ~** uczyć się przez naśladowanie; **in ~ of sb /sth** *[do sth]* naśladując kogoś/coś; *[designed]* na wzór kogoś/czegoś; **to do an ~ of sb/sth** imitować or naśladować kogoś /coś [2] (copy, counterfeit) imitacja *f* **(of sth** czegoś**)**

II *adj [plant, snow, jewellery, pearl, marble]* sztuczny; **~ fur/leather** imitacja futra /skóry; **~ fur coat** sztuczne futro; **~ gold** imitacja złota

IDIOMS: **~ is the sincerest form of flattery** naśladownictwo jest wyrazem najwyższego uznania

imitative /ˈɪmɪtətɪv, US -teɪtɪv/ *adj [person, style]* nieoryginalny; *[idea]* wtórny; *[sound, art]* imitatorski; *[talent, powers]* naśladowczy; *[word]* (onomatopoeic) dźwiękonaśladowczy; **~ of sb/sth** naśladujący kogoś/coś; **the ~ arts** sztuki plastyczne *(malarstwo i rzeźba)*

imitator /ˈɪmɪteɪtə(r)/ *n* naśladow|ca *m*, -czyni *f*, imitator *m*, -ka *f*

immaculate /ɪˈmækjʊlət/ *adj* [1] (clean, tidy) *[clothes, room]* nieskazitelnie czysty; **she looked ~** wyglądała jak z igły; **to keep sth ~** utrzymywać coś w nieskazitelnej czystości [2] (flawless) *[manners]* nieskazitelny *[conduct]* nienaganny; *[performance, technique, typing]* znakomity, bezbłędny; **~ condition** (in advertisement) stan idealny [3] (pure, unblemished) *[purity]* nieskalany; **the Immaculate Conception** Relig Niepokalane Poczęcie

immaculately /ɪˈmækjʊlətlɪ/ *adv [dressed, behave]* nienagannie; *[presented]* perfekcyjnie; **the house was ~ furnished** dom był urządzony bez zarzutu

immanent /ˈɪmənənt/ *adj* immanentny

immaterial /ˌɪməˈtɪərɪəl/ *adj* [1] (unimportant) *[fact, error]* nieistotny, bez znaczenia; **it's ~ (to me) whether you like it or not** nie obchodzi mnie or nie ma dla mnie znaczenia, czy ci się to podoba czy nie; **it's ~ to the present situation** dla obecnej sytuacji nie ma to większego znaczenia [2] (intangible) *[soul, apparition, being]* niematerialny

immature /ˌɪməˈtjʊə(r), US -tʊər/ *adj* [1] (not fully grown) *[animal, fruit, person, organism]* niedojrzały [2] pej (childish) *[person]* dziecinny pej; **~ for one's age** niedojrzały jak na swój wiek

immaturity /ˌɪməˈtjʊərətɪ, US -tʊər-/ *n* [1] (of fruit, animal, plant) niedojrzałość *f* [2] (of person) niedojrzałość *f*, brak *m* dojrzałości; pej (childishness) dziecinność *f*

immeasurable /ɪˈmeʒərəbl/ *adj [height, depth, space]* niezmierzony; *[pleasure, damage]* niezmierny; *[quantity]* ogromny; *[difference]* diametralny

immeasurably /ɪˈmeʒərəblɪ/ *adv* niezmiernie

immediacy /ɪˈmiːdɪəsɪ/ *n* (of danger, events) bezpośredniość *f*; (of reaction) natychmiastowość *f*; (of news) bezpośredniość *f* przekazu; **sense of ~** (in TV programme) wrażenie naoczności

immediate /ɪˈmiːdɪət/ *adj* [1] (instant) *[effect, reaction, delivery, resignation]* natychmiastowy; *[thought, idea]* pierwszy [2] (urgent, current) *[task, problem, concern]* najpilniejszy; *[responsibility]* bezpośredni; *[goal]* najbliższy; *[information]* najnowszy; **~ steps must be taken** należy podjąć natychmiastowe kroki; **the patient is not in ~ danger** życiu pacjenta nie zagraża bezpośrednie niebezpieczeństwo; **there's no ~ danger of this happening** w najbliższej przyszłości to nie grozi [3] (near) *[future, family, neighbourhood, prospects]* najbliższy; **in the ~ vicinity** w najbliższej okolicy [4] (with no intermediary) *[cause, effect, influence, successor, boss]* bezpośredni; **he stood on my ~ right** stał tuż obok mnie z prawej strony

immediate annuity *n* renta *f* natychmiastowa *(wypłacana w pierwszym roku)*

immediate constituent *n* składnik *m* bezpośredni

immediately /ɪˈmiːdɪətlɪ/ **I** *adv* [1] (at once) *[depart, react, reply]* natychmiast; **not ~** nie od razu; **stop that ~!** przestań natychmiast!; **serve ~** Culin podawać natychmiast po przyrządzeniu [2] (directly) *[affect, concern, threaten, related]* bezpośrednio; **I'm not ~ concerned** to mnie bezpośrednio nie dotyczy; **~ at risk** bezpośrednio zagrożony [3] (straight) **~ before/after sth** tuż przed/po czymś *[event, activity]*; tuż przed/za czymś *[building, bank]* [4] (near) **in the ~ preceding paragraph** w poprzednim akapicie; **they live ~ next door** mieszkają zaraz obok; **~ under the window** tuż pod samym oknem; **~ at** or **to hand** pod ręką

II *conj* GB jak tylko; **~ I'm back, I'll let you know** jak tylko wrócę, dam ci znać; **he left ~ he received the call** wyszedł, jak tylko zadzwonili

immemorial /ˌɪməˈmɔːrɪəl/ *adj* (timeless) odwieczny; **from** or **since time ~** od niepamiętnych czasów

immense /ɪˈmens/ *adj* [1] (large) *[space, distance, effort, relief, difficulty]* ogromny [2] (excellent) *[project, features, person]* świetny; kapitalny infml

immensely /ɪˈmenslɪ/ *adv* ogromnie

immensity /ɪˈmensətɪ/ *n* (of work, building, responsibility, area) ogrom *m*; (of space, ocean, heaven) bezmiar *m*; bezkres *m* liter; (of details) mnogość *f*; **he owned an ~ of land /wealth** posiadał ogromne majątki ziemskie/ogromny majątek

immerse /ɪˈmɜːs/ **I** *vt* (in liquid) zanurz|yć, -ać *[object, material, hand]* **(in sth** w czymś); Relig (baptize) o|chrzcić przez zanurzenie *[person]*

II *vr* **to ~ oneself** pogrąż|yć, -ać się **(in sth** w czymś)

immersed /ɪˈmɜːst/ *adj* [1] (in liquid) zanurzony [2] fig **~ in sth** zaabsorbowany or pochłonięty czymś *[book, task]*; zatopiony w czymś *[thoughts]*

immersion /ɪˈmɜːʃn, US -ʒn/ *n* [1] (in liquid) zanurzenie *n* **(in sth** w czymś); fig pogrążenie się *n* **(in sth** w czymś); **baptism by total ~** chrzest przez całkowite zanurzenie [2] Astron immersja *f*

immersion course *n* GB intensywny kurs *m* języka obcego *(prowadzony wyłącznie w tym języku)*

immersion heater *n* grzałka *f*

immigrant /ˈɪmɪgrənt/ **I** *n* imigrant *m*, -ka *f*

II *adj [community, population]* imigracyjny, napływowy; *[worker]* przyjezdny; *[bird]* wędrowny; *[affairs]* imigracyjny

immigrate /ˈɪmɪgreɪt/ **I** *vt* sprowadz|ić, -ać *[person, labour]*

II *vi [person, refugee]* imigrować; *[animal, bird]* migrować

immigration /ˌɪmɪˈgreɪʃn/ **I** *n* [1] imigracja *f* [2] (also **~ control)** (at border, airport) kontrola *f* paszportowa (urzędu imigracyjnego); **to go through ~** przechodzić kontrolę paszportową

II *modif [procedures, restrictions]* imigracyjny

immigration authorities *npl* urząd *m* imigracyjny

immigration laws *npl* przepisy *m pl* imigracyjne

immigration officer *n* przedstawiciel *m* urzędu imigracyjnego

immigration official *n* = **immigration officer**

Immigration Service *n* GB urząd *m* imigracyjny

imminence /ˈɪmɪnəns/ *n* (of war, revolution) nieuchronność *f*; (of exam, departure) bliskość *f*

imminent /ˈɪmɪnənt/ *adj [danger, attack, storm]* nadciągający; *[arrival, departure, release]* bliski; rychły liter; **to be ~** *[danger, war]* wisieć w powietrzu fig; **a storm is ~** zanosi się na burzę

immobile /ɪˈməʊbaɪl, US -bl/ *adj* [1] (motionless) nieruchomy; **to sit/stand ~** siedzieć/stać nieruchomo [2] (unable to move) *[person, vehicle, ship]* unieruchomiony

immobility /ˌɪməˈbɪlətɪ/ *n* [1] (inability to move) (of person) niemożność *f* poruszania się; **~ of labour** brak mobilności siły roboczej [2] (state of being immobile) nieruchomość *f*, bezruch *m* **(of sth** czegoś); **~ of traffic** całkowity paraliż ruchu [3] (lack of change) bezruch *m*; immobilizm *m* fml; **to freeze into ~** zastygnąć w bezruchu

immobilize /ɪˈməʊbɪlaɪz/ **I** *vt* [1] (stop operating) s|paraliżować *[traffic, market]*; unieruch|omić, -amiać *[vehicle, engine]* [2] (keep still) unieruch|omić, -amiać *[limb, patient]* [3] Fin zamr|ozić, -ażać, za|blokować *[resources, capital]*

II **immobilized** *pp adj [car, person]* unieruchomiony; *[market, traffic]* sparaliżowany

immobilizer /ɪˈməʊbɪlaɪzə(r)/ *n* Aut immobilizer *m*

immoderate /ɪˈmɒdərət/ *adj* fml *[appetite, use, demand]* nieumiarkowany; *[desire, language]* niepohamowany; *[pride]* nadmierny

immoderately /ɪˈmɒdərətlɪ/ *adv* infml *[drink, eat, boast, use]* bez umiaru; *[talk, laugh]* bez opamiętania

immodest /ɪˈmɒdɪst/ *adj* [1] (improper) *[look, dress, behaviour, person]* nieskromny [2] (boastful) *[person]* zarozumiały; *[statement]* nieskromny; *[ambition, claims, expenditure]* wygórowany

immodestly /ɪˈmɒdɪstlɪ/ *adv* [1] *[behave, dress]* nieprzyzwoicie; *[expose, pose]* bezwstydnie [2] *[boast, claim]* nieskromnie; **she claims, not ~, that...** (ona) twierdzi nie bez powodu, że...

immodesty /ɪˈmɒdɪstɪ/ *n* [1] (of claim, boast) nieskromność *f*; **without ~** bez zarozumialstwa [2] (of behaviour, dress) nieskromność *f*; (of language) nieprzyzwoitość *f*

immolate /ˈɪməleɪt/ **I** *vt* złożyć, składać w ofierze

II *vr* **to ~ oneself** poświęc|ić, -ać się

immoral /ɪˈmɒrəl, US ɪˈmɔːrəl/ *adj* (contrary to moral principles) niemoralny, amoralny; **to live off ~ earnings** Jur czerpać zyski z nierządu

immorality /ˌɪməˈrælətɪ/ *n* [1] (quality) (of behaviour, art) niemoralność *f*, amoralność *f*; (of terrorism, system) nikczemność *f* liter [2] (act) czyn *m* niemoralny or amoralny; (practice) postępowanie *n* niemoralne or amoralne

immortal /ɪˈmɔːtl/ **I** *n* [1] (god) (also **Immortal)** bóg *m* nieśmiertelny; **Jupiter was an ~** Jowisz był nieśmiertelny [2] (writer) niezapomniany pisarz *m*; (star) niezapomniana gwiazda *f*; **one of the ~s** jeden z tych, którzy okryli się wiekopomną sławą liter

II *adj [being, soul]* nieśmiertelny; *[fame, memory, words]* wiekopomny; **the ~ Elvis Presley** wiecznie żywy Elvis Presley

immortality /ˌɪmɔːˈtælətɪ/ *n* nieśmiertelność *f*; **to achieve ~** zyskać sobie nieśmiertelność

immortalize /ɪˈmɔːtəlaɪz/ **I** *vt* [1] (perpetuate in fame) *[person, writer, sculptor]* uwieczni|ć, -ać, unieśmiertelni|ć, -ać [2] (to exempt from death) *[God]* u|czynić nieśmiertelnym

II **immortalized** *pp adj* **~d in verse**

I

uwieczniony w poezji; **~d in a book/a portrait** uwieczniony na kartach książki /na portrecie; **she was ~d for millions of people** uwieczniła się w pamięci milionów ludzi

immovable /ɪ'mu:vəbl/ **I immovables** *npl* nieruchomości *f pl*
II *adj* [1] (immobile) *[object, obstacle, barrier]* nieruchomy, nie do ruszenia; *[sun]* nieruchomy [2] (unchanging) *[decision, courage]* niezłomny; *[position, opinion]* niezachwiany, niezmienny [3] (impassive) *[features]* niewzruszony; *[person, government]* nieporuszony [4] Jur *[goods, property]* nieruchomy

immovably /ɪ'mu:vəblɪ/ *adv [opposed, resolved]* niezachwianie, niezłomnie

immune /ɪ'mju:n/ *adj* [1] Med *[person, organism]* odporny; (by antibodies) uodporniony **(to** or **against sth** na coś); *[system]* immunologiczny, odpornościowy; *[substance]* (producing immunity) uodporniający; **~ deficiency** obniżona odporność; **to become ~ to sth** uodpornić się na coś [2] (oblivious) **~ to sth** nieczuły na coś *[flattery, criticism]*; odporny na coś *[temptation]*; **to be ~ to sb's pleas** być głuchym na błagania kogoś [3] (exempt) **~ from sth** zabezpieczony przed czymś *[attack]*; chroniony przed czymś *[arrest]*; zwolniony z czegoś *[tax]*; **to be ~ from prosecution** nie podlegać ściganiu

immunity /ɪ'mju:nətɪ/ *n* [1] Med odporność *f* **(to** or **against sth** na coś) [2] Admin (exemption) zwolnienie *n* **(from sth** z czegoś); **tax ~** zwolnienie od podatku [3] Jur (privilege) nietykalność *f*; (parliamentary, diplomatic) immunitet *m*; **to be granted ~** *[MP, diplomat]* otrzymać immunitet [4] (indifference) nieczułość *f*, obojętność *f* **(to sth** na coś)

immunization /ˌɪmjʊnaɪ'zeɪʃn, US -nɪ'z-/ *n* immunizacja *f*, uodpornienie *n* **(against sth** przeciw czemuś); (inoculation) szczepienie *n* ochronne **(against sth** przeciw czemuś); **mass ~** powszechne szczepienia ochronne

immunize /'ɪmju:naɪz/ *vt* uodporni|ć, -ać **(against sth** na coś); (by inoculation) za|szczepić **(against sth** przeciw czemuś)

immunocompromised /ˌɪmjʊnəʊ'kɒmprəmaɪzd, ɪˌmju:nəʊ-/ *adj* Med mający obniżoną odporność

immunodeficiency /ˌɪmjʊnəʊdɪ'fɪʃənsɪ/ *n* niedobór *m* odpornościowy

immunodeficient /ˌɪmjʊnəʊdɪ'fɪʃnt/ *adj* wykazujący obniżoną odporność

immunofluorescence /ˌɪmjʊnəʊˌflɔ:'resəns, ɪˌmju:nəʊ-, US -flʊə'r-/ *n* Med immunofluorescencja *f*

immunogenetics /ˌɪmjʊnəʊdʒɪ'netɪks, ɪˌmju:nəʊ-/ *n (+ v sg)* immunogenetyka *f*

immunogenic /ˌɪmjʊnəʊ'dʒenɪk/ *adj* wywołujący reakcję immunologiczną, immunogenny

immunoglobulin /ˌɪmjʊnəʊ'glɒbjʊlɪn/ *n* immunoglobulina *f*

immunological /ˌɪmjʊnə'lɒdʒɪkl/ *adj* immunologiczny

immunologist /ˌɪmjʊ'nɒlədʒɪst/ *n* immunolog *m*

immunology /ˌɪmjʊ'nɒlədʒɪ/ *n* immunologia *f*

immunostimulant /ˌɪmjʊnəʊ'stɪmjʊlənt, ɪˌmju:nəʊ-/ **I** *n* środek *m* immunostymulujący
II *adj* immunostymulujący

immunosuppressant /ˌɪmjʊnəʊsə'presənt/ *n* = **immunosuppressive I**

immunosuppression /ˌɪmjʊnəʊsə'preʃn, ɪˌmju:nəʊ-/ *n* immunosupresja *f*

immunosuppressive /ˌɪmjʊnəʊsə'presɪv/ **I** *n* środek *m* immunosupresyjny
II *adj* immunosupresyjny

immunotherapy /ˌɪmjʊnəʊ'θerəpɪ/ *n* immunoterapia *f*

immure /ɪ'mjʊə(r)/ **I** *vt* liter [1] (imprison) zam|knąć, -ykać, u|więzić *[person]* [2] (wall in) zamurow|ać, -ywać
II *vr* **to ~ oneself** fig zam|knąć, -ykać się w czterech ścianach, odgr|odzić, -adzać się od świata

immutability /ɪˌmju:tə'bɪlətɪ/ *n* (of decision) nieodwołalność *f*; (of situation) nieodwracalność *f*; (of law, species) niezmienność *f*

immutable /ɪ'mju:təbl/ *adj [decision, decree]* nieodwołalny; *[attitude, laws]* niezmienny; *[markings]* trwały

immutably /ɪ'mju:təblɪ/ *adv* nieodwołalnie, nieodwracalnie

imp /ɪmp/ *n* [1] (demon) chochlik *m* [2] (child) półdiablę *n*, urwis *m*

impact I /'ɪmpækt/ *n* [1] (violent contact) (of fist, club, bomb) uderzenie *n* **(against sth/sb** w coś/kogoś); (of two bodies, objects) zderzenie *n*; **the bomb exploded on ~** bomba wybuchła przy uderzeniu [2] (impetus of collision) siła *f* uderzenia; **the ~ of the blast** siła wybuchu [3] (effect) wpływ *m*; **to make** or **have an ~ on sth/sb** wywrzeć wpływ na coś/kogoś; **to soften the ~ of sth** złagodzić wstrząs wywołany czymś
II /ɪm'pækt/ *vt* [1] (hit) wbi|ć, -jać *[object]* **(into sth** w coś); ubi|ć, -jać *[earth]* [2] (affect) wpły|nąć, -wać na (coś)
III /ɪm'pækt/ *vi [event, situation, factor]* mieć wpływ, wpły|nąć, -wać **(on sth/sb** na coś/kogoś)

impacted /ɪm'pæktɪd/ *adj* [1] Med *[tooth]* zatrzymany; **~ fracture** złamanie z wklinowanym odłamem [2] Aut **two ~ cars** dwa samochody po zderzeniu [3] US Econ *[area]* wyeksploatowany do maksimum [4] US (entrenched) *[attitude]* niewzruszony, twardy

impair /ɪm'peə(r)/ *vt* za|szkodzić (czemuś), niekorzystnie wpły|nąć, -wać na (coś) *[career, negotiations, digestion, reputation, performance]*; osłabi|ć, -ać *[mobility, efficiency, chances, progress, concentration, ability]*; nadweręż|yć, -ać *[health, strength, sight]*; sta|nąć, -wać na przeszkodzie (czemuś) *[attempt, investigation]*; zamąc|ić, -ać *[relationship]*

impaired /ɪm'peəd/ *adj [vision, hearing]* słaby, osłabiony; *[mobility]* ograniczony; *[health]* nadwątlony; *[relationship]* popsuty; **~ in mind and body** upośledzony na ciele i umyśle; **his speech is ~** ma zaburzenia mowy → **visually impaired, hearing-impaired**

impairment /ɪm'peəmənt/ *n* upośledzenie *n*; **mental/physical/visual ~** upośledzenie umysłowe/fizyczne/wzroku; **~ of vision/hearing** upośledzenie wzroku/słuchu

impala /ɪm'pɑ:lə/ *n (pl* **~s, ~)** Zool impala *f*

impale /ɪm'peɪl/ **I** *vt* [1] (pierce) nadzi|ać, -ewać, nabi|ć, -jać *[fish, animal, object]* **(on sth** na coś); **to ~ sth/sb against sth** przygwoździć coś/kogoś do czegoś [2] Hist (kill, torture) wbi|ć, -jać na pal
II *vr* **to ~ oneself** nadzi|ać, -ewać się **(on sth** na coś)

impalpable /ɪm'pælpəbl/ *adj* [1] (hard to perceive) *[pulse]* niewyczuwalny; *[shadows, darkness]* niewyraźny [2] (hard to describe) *[aura]* nieuchwytny; *[fear]* nieokreślony

impanel *vt* Jur = **empanel**

imparity /ɪm'pærətɪ/ *n* nierówność *f*

impart /ɪm'pɑ:t/ *vt* [1] (communicate) przeka|zać, -zywać *[information, message, news, wisdom, knowledge, skill]* **(to sb** komuś); rozbudz|ić, -ać, wywoł|ać, -ywać *[enthusiasm]* **(to sb** w kimś) [2] (add) nada|ć, -wać, doda|ć, -wać *[atmosphere, flavour, glow]* **(to sb/sth** komuś/czemuś); przyda|ć, -wać (czegoś) *[elegance, tone, glamour]* **(to sb/sth** komuś/czemuś)

impartial /ɪm'pɑ:ʃl/ *adj* bezstronny

impartiality /ˌɪmpɑ:ʃɪ'ælətɪ/ *n* bezstronność *f*

impartially /ɪm'pɑ:ʃəlɪ/ *adv [act, choose]* bezstronnie; *[report, write]* obiektywnie; *[divide, judge, share out]* sprawiedliwie

impassable /ɪm'pɑ:səbl, US -'pæs-/ *adj [road]* nieprzejezdny; *[river]* (to be travelled) nieżeglowny; (to be crossed) nieprzejezdny; **(to be) ~** *[marshes, pass]* (być) nie do przebycia; *[barrier]* (być) nie do pokonania

impasse /'æmpɑ:s, US 'ɪmpæs/ *n* impas *m*; **to reach an ~** znaleźć się w impasie

impassioned /ɪm'pæʃnd/ *adj [plea, appeal]* żarliwy; *[speech]* płomienny; *[appeal]* gorący; *[debate]* namiętny

impassive /ɪm'pæsɪv/ *adj* [1] (expressionless) *[person, expression, features]* beznamiętny, obojętny [2] (unruffled) *[person, attitude, reply]* niewzruszony, spokojny

impassively /ɪm'pæsɪvlɪ/ *adv* [1] (without visible emotion) *[watch, reply]* beznamiętnie; *[confront]* z niezmąconym spokojem [2] (calmly) *[wait]* spokojnie, niewzruszenie

impatience /ɪm'peɪʃns/ *n* [1] (irritation) zniecierpliwienie *n* **(at/with sth** czymś); **my worst fault is ~** brak cierpliwości to moja największa wada [2] (eagerness) niecierpliwość *f*; **~ for sth** niecierpliwość w oczekiwaniu na coś; **his ~ to see the match/to be alone** niecierpliwość, z jaką wyglądał meczu/wyczekiwał chwili, kiedy będzie sam

impatiens /ɪm'peɪʃɪenz/ *n* Bot niecierpek *m*, balsamina *f*

impatient /ɪm'peɪʃnt/ *adj* [1] (annoyed, intolerant) *[person, gesture, tone]* zniecierpliwiony, zirytowany **(at sth** czymś); **he is ~ with children** brakuje mu cierpliwości do dzieci; **he was always ~ of fools** głupcy zawsze go irytowali; **with an ~ gesture** zniecierpliwionym gestem [2] (eager, in hurry) *[person, movement, glance]* niecierpliwy; **he was ~ to see her** nie mógł się doczekać, kiedy ją zobaczy; **to be ~ for sth** z niecierpliwością czekać na coś; **the children were ~ for the film to start** dzieci nie mogły doczekać się rozpoczęcia filmu; **to grow ~ (at sth)** zaczynać się niecierpliwić (czymś)

impatiently /ɪmˈpeɪʃntlɪ/ *adv [wait, fidget, pace]* niecierpliwie; *[retort, reply]* ze zniecierpliwieniem

impeach /ɪmˈpiːtʃ/ *vt* [1] (try to discredit) za|kwestionować *[honesty, motives]* [2] Jur, Pol postawić, stawiać w stan oskarżenia *[president, minister, MP]* **(for sth** za coś)

impeachment /ɪmˈpiːtʃmənt/ *n* [1] (of honour) kwestionowanie *n* **(of sth** czegoś) [2] Jur, Pol postawienie *n* w stan oskarżenia **(of sb** kogoś)

impeccable /ɪmˈpekəbl/ *adj [manners, behaviour, language, appearance]* nienaganny; *[house, performance]* wzorowy; *[reference, record]* znakomity

impeccably /ɪmˈpekəblɪ/ *adv [dressed, behave]* nienagannie, bez zarzutu; *[speak]* w sposób nienaganny; *[clear, clean]* nieskazitelnie

impecunious /ˌɪmpɪˈkjuːnɪəs/ *adj* fml ubogi

impedance /ɪmˈpiːdəns/ *n* Elec impedancja *f*

impede /ɪmˈpiːd/ *vt* zakłóc|ić, -ać *[progress, enjoyment]*; przeszk|odzić, -adzać w (czymś) *[career]*; utrudni|ć, -ać *[action, rescue attempt, traffic]*

impediment /ɪmˈpedɪmənt/ *n* [1] (hindrance) utrudnienie *n*, przeszkoda *f*; **~ to sth** przeszkoda w czymś *[efforts]*; przeszkoda na drodze do czegoś *[career, reform]* [2] Jur **~ to marriage** przeszkoda do zawarcia małżeństwa [3] (also **speech ~**) wada *f* or defekt *m* wymowy

impedimenta /ɪmˌpedɪˈmentə/ *npl* hum majdan *m* infml

impel /ɪmˈpel/ *vt* (*prp, pt, pp* **-ll-**) [1] (urge) *[person]* zmu|sić, -szać, nakł|onić, -aniać **(to sth/to do sth** do czegoś/do zrobienia czegoś) [2] (drive) *[emotion, idea]* pch|nąć, -ać fig **(to do sth** do zrobienia czegoś); **~led by fear** powodowany strachem

impending /ɪmˈpendɪŋ/ *adj* nieuchronnie zbliżający się

impenetrability /ɪmˌpenɪtrəˈbɪlətɪ/ *n* (of fog, mystery, expression, look) nieprzenikniońość *f*; (of jungle, mountain range) niedostępność *f*; (of jargon, style) hermetyczność *f*; (of mind) ograniczoność *f*; (of heart) nieczułość *f*

impenetrable /ɪmˈpenɪtrəbl/ *adj* [1] (impervious) *[fog, mystery, expression, look]* nieprzenikniony; *[layer]* nieprzepuszczalny, nieprzenikalny; *[forest, undergrowth]* nieprzebyty; **(to be) ~** *[mountain range, forest]* (być) nie do przebycia; *[barrier]* (być) nie do pokonania [2] (incomprehensible) *[jargon, style]* niezrozumiały, hermetyczny; *[text]* nieprzystępny [3] (unimpressible) *[expression]* nieprzenikniony; *[heart]* nieczuły [4] (incorrigible) zatwardziały

impenitence /ɪmˈpenɪtəns/ *n* brak *m* skruchy

impenitent /ɪmˈpenɪtənt/ *adj* niewykazujący skruchy, zatwardziały

impenitently /ɪmˈpenɪtəntlɪ/ *adv [grin, chuckle, laugh]* bez (śladu) skruchy

imperative /ɪmˈperətɪv/ **I** *n* [1] (obligation, duty) konieczność *f*; **moral/social ~** imperatyw moralny/społeczny; **the first ~ is to complete the work by Friday** sprawą nadrzędną jest zakończenie pracy do piątku [2] (command, order) nakaz *m* [3] Ling tryb *m* rozkazujący; **in the ~ (mood)** w trybie rozkazującym

II *adj* [1] (urgent, pressing) *[need]* pilny, palący; *[desire]* gorący; *[action, sleep]* konieczny, niezbędny; **it is ~ that she take the medicine regularly** koniecznie musi regularnie przyjmować to lekarstwo [2] (authoritative) *[manner, gesture]* władczy; *[tone]* rozkazujący; *[command]* bezwzględny [3] Ling *[mood]* rozkazujący; **~ form** forma trybu rozkazującego

imperatively /ɪmˈperətɪvlɪ/ *adv* [1] (urgently) *[need]* koniecznie; **it's ~ urgent for me to get to Paris this evening** muszę koniecznie dotrzeć do Paryża dziś wieczorem [2] (imperiously) *[desire, require]* bezwzględnie

imperceptible /ˌɪmpəˈseptəbl/ *adj [difference, movement, change]* niezauważalny, niedostrzegalny; *[sensation, smile]* nieuchwytny

imperceptibly /ˌɪmpəˈseptəblɪ/ *adv [merge, change, worsen]* niepostrzeżenie; *[breathe]* niewyczuwalnie

imperceptive /ˌɪmpəˈseptɪv/ *adj [person]* mało pojętny

imperfect /ɪmˈpɜːfɪkt/ **I** *n* Ling (tense) czas *m* przeszły niedokonany; **in the ~** w czasie przeszłym niedokonanym

II *adj* [1] (defective) *[article, car, machine]* uszkodzony; *[goods, products]* wybrakowany, wadliwy; *[reasoning, logic]* błędny; *[condition]* nieodpowiedni; *[world]* niedoskonały [2] (incomplete) *[knowledge, understanding]* niedoskonały, niepełny [3] Ling *[verb form]* niedokonany; **the ~ tense** czas przeszły niedokonany [4] Comm *[competition]* niedoskonały

imperfection /ˌɪmpəˈfekʃn/ *n* [1] (state) (of person) niedoskonałość *f*; (of workmanship) wadliwość *f*; **human ~** ludzka niedoskonałość [2] (defect) (of object) usterka *f*; (of person) wada *f*

imperfectly /ɪmˈpɜːfɪktlɪ/ *adv [function, operate]* wadliwie; *[understand, integrated]* niedostatecznie, niewystarczająco

imperial /ɪmˈpɪərɪəl/ **I** *n* (beard) bródka *f* hiszpańska; napoleonka *f* arch

II *adj* [1] (of empire) *[power, expansion]* imperialny; (of emperor) *[guard, palace, court, dignity]* cesarski, imperatorski; **~ Russia** Rosja carska [2] fig *[gesture, disdain, unconcern]* monarszy; **with ~ generosity** iście po królewsku [3] (also **Imperial**) GB Hist **Imperial history/expansion** historia /ekspansja Imperium Brytyjskiego [4] GB Meas *[yard, gallon, ton]* angielski; **~ system** angielski układ or system miar i wag

imperialism /ɪmˈpɪərɪəlɪzəm/ *n* imperializm *m*

imperialist /ɪmˈpɪərɪəlɪst/ **I** *n* imperialis|ta *m*, -ka *f*

II *adj* imperialistyczny

imperil /ɪmˈperəl/ *vt* (*prp, pt, pp* **-ll-** GB, **-l-** US) *[person]* nara|zić, -żać na niebezpieczeństwo; *[circumstance, action]* zagr|ozić, -ażać (czemuś)

imperious /ɪmˈpɪərɪəs/ *adj* [1] (commanding) *[gesture, look, manner]* władczy [2] (urgent) *[desire]* usilny; *[need]* naglący

imperiously /ɪmˈpɪərɪəslɪ/ *adv [gesture, regard, stride]* władczo; *[shout]* władczym tonem; **the request was ~ declined** prośba spotkała się z kategoryczną odmową

imperishable /ɪmˈperɪʃəbl/ *adj* [1] (indestructible) *[material]* niezniszczalny; **~ food** żywność niepsująca się [2] (everlasting) *[glory, fame, beauty]* nieprzemijający; *[memory]* niezniszczalny, niezatarty

impermanent /ɪmˈpɜːmənənt/ *adj [arrangement, truce]* chwilowy, tymczasowy; *[situation]* przejściowy; *[building]* nietrwały, prowizoryczny

impermeable /ɪmˈpɜːmɪəbl/ *adj [rock, substance, membrane]* nieprzepuszczalny

impermissible /ˌɪmpəˈmɪsəbl/ *adj* fml niedopuszczalny; (legally) niedozwolony

impersonal /ɪmˈpɜːsənl/ *adj* [1] (objective) *[criticism, remark]* bezosobowy [2] (cold) *[style]* bezduszny, beznamiętny; *[manner, stare, atmosphere]* chłodny; *[crowd]* anonimowy; **I feel quite ~ about it** osobiście jest mi to obojętne [3] Ling *[verb]* nieosobowy; *[form]* bezosobowy; (non-finite) nieosobowy

impersonality /ɪmˌpɜːsəˈnælətɪ/ *n* (of person, manner) chłód *m*, oziębłość *f*; (of style) beznamiętność *f*; (of crowd) anonimowość *f*

impersonally /ɪmˈpɜːsənəlɪ/ *adv* [1] *[assess, judge]* bezstronnie, bezosobowo [2] *[stare, behave]* chłodno, obojętnie [3] Ling bezosobowo

impersonate /ɪmˈpɜːsəneɪt/ *vt* [1] (imitate) wciel|ić, -ać się w postać (kogoś); (to make people laugh) s|parodiować [2] (pretend to be) poda|ć, -wać się za (kogoś) *[police officer]*

impersonation /ɪmˌpɜːsəˈneɪʃn/ *n* [1] (act) naśladowanie *n*; **~ of sb** wcielenie się w postać kogoś; (to make people laugh) parodiowanie kogoś; **to do ~s** być parodystą [2] Jur **~ of sb** podawanie się *n* za kogoś

impersonator /ɪmˈpɜːsəneɪtə(r)/ *n* (actor) aktor *m* imitacyjny, aktorka *f* imitacyjna; (entertainer) parodyst|a *m*, -ka *f*; **animal ~** naśladowca głosów zwierząt; **female ~** aktor grający postać kobiecą

impertinence /ɪmˈpɜːtɪnəns/ *n* impertynencja *f*, zuchwałość *f*; **to have the ~ to do sth** mieć czelność zrobić coś

impertinent /ɪmˈpɜːtɪnənt/ *adj* [1] (arrogant) *[grin, answer, remark]* impertynencki; *[person]* bezczelny; **to be ~** zachowywać się impertynencko; **to be ~ to sb** zachowywać się bezczelnie w stosunku do kogoś [2] (irrelevant) *[remark]* niemający związku **(to sth** z czymś)

impertinently /ɪmˈpɜːtɪnəntlɪ/ *adv [reply, look]* impertynencko, bezczelnie

imperturbable /ˌɪmpəˈtɜːbəbl/ *adj [manner, expression, person]* niewzruszony

imperturbably /ˌɪmpəˈtɜːbəblɪ/ *adv [continue, speak]* niewzruszenie; *[serene]* niezmąceniefml; *[polite]* niezmiennie; **to be ~ calm** zachowywać kamienny spokój; **'of course,' she said ~** „oczywiście", powiedziała z niezmąconym spokojem

impervious /ɪmˈpɜːvɪəs/ *adj* [1] (to water, gas) nieprzepuszczalny; **~ to sth** nieprzepuszczający czegoś [2] fig (to sarcasm, events, suffering, threats) obojętny **(to sth** na coś); (to charm, demands) nieczuły **(to sth** na coś); **~ to argument** głuchy na wszelkie argumenty

impetigo /ˌɪmpɪˈtaɪgəʊ/ *n* Med liszajec *m*

I

impetuosity /ɪmˌpetʃʊˈɒsətɪ/ *n* (of person) impulsywność *f*, porywczość *f*; (of action, behaviour) gwałtowność *f*, raptowność *f*

impetuous /ɪmˈpetʃʊəs/ *adj [person]* porywczy, impulsywny; *[behaviour, action]* gwałtowny; *[promise]* pochopny

impetuously /ɪmˈpetʃʊəslɪ/ *adv [act, react, respond]* bez namysłu, pod wpływem impulsu; *[rush]* z impetem; **to be ~ generous** miewać przypływy hojności

impetuousness /ɪmˈpetʃʊəsnɪs/ *n* = **impetuosity**

impetus /ˈɪmpɪtəs/ *n* [1] (momentum) impet *m*; **to gain/lose ~** nabrać impetu/stracić impet [2] (trigger) (of development, expansion) bodziec *m*, impuls *m*; **to give an ~ to sth** być or stać się bodźcem do czegoś; **with renewed ~** z nową siłą; **to provide fresh ~ for sth** dodać nowego bodźca do czegoś; **the ~ for the project came from X** projekt powstał z inicjatywy X, projekt został zainicjowany przez X [3] Phys pęd *m*; **to give ~ to sth** rozpędzić coś

impiety /ɪmˈpaɪətɪ/ *n* [1] Relig bezbożność *f* [2] (disrespect) brak *m* poszanowania; **an act of ~** wyraz braku szacunku

impinge /ɪmˈpɪndʒ/ *vi* [1] **to ~ on sth** narusz|yć, -ać coś *[rights]*; odbi|ć, -jać się na czymś, rzutować na coś *[life, situation, budget]*; **to ~ on sb** przeszkodzić komuś *[person]*; **to ~ on sb's consciousness** docierać do świadomości kogoś [2] (strike) *[object, rain]* uderzać **(on sth** w coś**)**; *[ray of light]* padać **(on sth** na coś**)**

impious /ˈɪmpɪəs, ˌɪmˈpaɪəs/ *adj* [1] Relig bezbożny; *[oath]* bluźnierczy [2] (disrespectful) *[act, conduct]* niecny, niegodziwy fml; *[son]* wyrodny

impiously /ˈɪmpɪəslɪ/ *adv* [1] Relig bezbożnie; *[swear]* bluźnierczo [2] (disrespectfully) bez należnego szacunku, lekceważąco

impish /ˈɪmpɪʃ/ *adj [child]* psotny; *[charm, smile, wink]* szelmowski

implacable /ɪmˈplækəbl/ *adj [enemy, rival, hostility, hatred]* nieprzejednany **(towards sb/sth** wobec kogoś/czegoś**)**; *[demands]* nieustępliwy **(towards sb/sth** wobec kogoś/czegoś**)**; **she was ~ about not seeing him** za żadne skarby nie chciała go widzieć

implacably /ɪmˈplækəblɪ/ *adv* nieustępliwie, nieugięcie

implant **I** /ˈɪmplɑːnt, US -plænt/ *n* Med wszczep *m*, implant *m*; **oestrogen ~** implant hormonalny

II /ɪmˈplɑːnt, US -ˈplænt/ *vt* [1] wsadz|ić, -ać *[plants, bulbs]*; osadz|ić, -ać *[posts]* [2] fig wszczepi|ć, -ać, zaszczepi|ć, -ać *[idea, desire, discipline]* **(in sb** komuś**)** [3] Med wszczepi|ć, -ać

implantation /ˌɪmplɑːnˈteɪʃn, US -plænt-/ *n* Biol, Med implantacja *f*

implausible /ɪmˈplɔːzəbl/ *adj [excuse, explanation, liar, tale, theory]* nieprzekonujący

implausibly /ɪmˈplɔːzəblɪ/ *adv [explain, claim]* nieprzekonująco; **~, he denied everything** trudno uwierzyć, ale wszystkiemu zaprzeczył

implement **I** /ˈɪmplɪmənt/ *n* narzędzie *n*; **farm/garden ~s** narzędzia rolnicze /ogrodnicze; **writing ~s** przybory do pisania; **set of ~s** Culin zestaw utensyliów kuchennych; **an ~ for sth/for doing sth** narzędzie służące do czegoś/do robienia czegoś; **~s of war/destruction** fig narzędzia wojny/zniszczenia

II /ˈɪmplɪment/ *vt* [1] wprowadz|ić, -ać w życie *[law, decision, reform]*; z|realizować *[project, contract, aim]*; spełni|ć, -ać *[promise, obligation]*; wdr|ożyć, -ażać *[process, scheme]* [2] Comput implementować *[software, system]*

implementation /ˌɪmplɪmenˈteɪʃn/ *n* (of law, decision) wprowadzenie *n* (w życie); (of plan, agreement, contract) realizacja *f*; (of process, scheme, methods) wdrożenie *n*; Comput implementacja *f*

implicate /ˈɪmplɪkeɪt/ *vt* za|mieszać, wplą|tać, -ywać **(in sth** w coś**)**; **to be ~d in sth** być zamieszanym w coś *[robbery, espionage]*; **he is in no way ~d** nie ma wobec niego żadnych zarzutów

implication /ˌɪmplɪˈkeɪʃn/ *n* [1] (possible consequence) konsekwencja *f*; implikacja *f* fml; **what are the ~s for the future/for the disabled?** co z tego wynika na przyszłość/dla niepełnosprawnych? [2] (suggestion) sugestia *f*; (connotation) konotacja *f*; **the ~ is that...** z tego wynika or należy się domyślać, że...; **they said there were younger applicants, the ~ being that he was too old** powiedzieli, że są młodsi kandydaci, dając do zrozumienia, że jest za stary; **by ~, the government is also responsible** tym samym rząd jest również odpowiedzialny [3] (entanglement) **~ in sth** związek z czymś

implicit /ɪmˈplɪsɪt/ *adj* [1] (tacit) *[meaning, contempt, criticism, threat]* ukryty; implicytny fml **(in sth** w czymś**)**; *[guilt, rights, obligation]* Jur domniemany, dorozumiany; **contempt was ~ in every word he uttered** w jego słowach pobrzmiewał ton pogardy [2] (absolute) *[faith, trust, confidence]* bezgraniczny, bezwarunkowy

implicitly /ɪmˈplɪsɪtlɪ/ *adv* [1] (tacitly) *[threaten, admit]* skrycie, nie wprost; *[recognize, approve]* dyskretnie, niezauważalnie; **I realized he had been ~ threatening me** zdałem sobie sprawę, że była to ukryta pogróżka z jego strony [2] (absolutely) *[believe, trust]* bezgranicznie; *[obey]* bezwarunkowo

implied /ɪmˈplaɪd/ *adj* [1] *[criticism]* ukryty, pośredni, nie wprost; *[approval]* milczący [2] Jur dorozumiany

impliedly /ɪmˈplaɪdlɪ/ *adv* Jur w sposób dorozumiany; **expressly or ~** w sposób wyraźny lub dorozumiany

implode /ɪmˈpləʊd/ **I** *vt* [1] s|powodować implozję (czegoś) *[flask, vessel]* [2] Phon **to ~ a consonant** wymawiać spółgłoskę zwartą ingresywną

II *vi [TV picture tube, flask, vessel]* implodować; fig *[economy]* załam|ać, -ywać się

implore /ɪmˈplɔː(r)/ *vt* błagać *[person]*; **to ~ sb's forgiveness** liter błagać kogoś o wybaczenie; **he ~d her to stay** błagał ją, żeby została

imploring /ɪmˈplɔːrɪŋ/ *adj [look, voice, eyes]* błagalny; *[person]* błagający; **~ hands** ręce wyciągnięte w błagalnym geście

imploringly /ɪmˈplɔːrɪŋlɪ/ *adv [look]* błagalnie; *[say]* błagalnym głosem; **to ask ~** błagać

implosion /ɪmˈpləʊʒn/ *n* (of flask, vessel, consonant) implozja *f*

implosive /ɪmˈpləʊsɪv/ *adj* Phon zwarty ingresywny

imply /ɪmˈplaɪ/ *vt* [1] *[person]* za|sugerować, da|ć, -wać do zrozumienia **(that...** że...**)**; **he didn't mean to ~ anything** nie chciał niczego sugerować; **what are you ~ing by that?** co chcesz przez to powiedzieć?; **he implied that they were guilty** dał do zrozumienia, że są winni [2] (mean) *[decision, condition, proposition, document]* implikować; *[term, word, silence]* oznaczać; **to ~ that...** oznaczać, że...; **silence does not necessarily ~ approval** milczenie niekoniecznie musi oznaczać zgodę; **the very fact implies that...** z samego faktu wynika, że...; **as her name implies...** sądząc z jej nazwiska... [3] (by logical implication) implikować

impolite /ˌɪmpəˈlaɪt/ *adj [person]* nieuprzejmy **(to sb** wobec kogoś**)**; *[remark, behaviour, child]* niegrzeczny **(to sb** w stosunku do kogoś**)**

impolitely /ˌɪmpəˈlaɪtlɪ/ *adv [stare, shout, behave]* niegrzecznie; *[treat]* nieuprzejmie

impoliteness /ˌɪmpəˈlaɪtnɪs/ *n* niegrzeczność *f*; **she intended no ~ towards his family** nie miała zamiaru zachowywać się nieuprzejmie wobec jego rodziny

impolitic /ɪmˈpɒlɪtɪk/ *adj [behaviour, act, move]* niezręczny, niedyplomatyczny; *[approach]* nieroztropny; **it would be ~ to refuse now** niewskazane byłoby teraz odmawiać

imponderabilia /ɪmˌpɒndərəˈbɪlɪə/ *npl* = **imponderable II**

imponderable /ɪmˈpɒndərəbl/ **I** *n* niewiadoma *f*, zagadka *f*

II imponderables *npl* imponderabilia *plt*

III *adj [factor]* niewymierny; *[force]* niezmierzony; *[consequences, implications]* trudny do przewidzenia

import **I** /ˈɪmpɔːt/ *n* [1] Comm, Econ (item of merchandise) towar *m* importowany, import *m*; (act of importing) import *m* **(of sth** czegoś**)**; **an ~ from Japan** towar importowany z Japonii; **the rise in ~s** wzrost importu [2] fml (meaning, significance) znaczenie *n*, waga *f*; **of no (great) ~** bez (większego) znaczenia; **of political ~** o znaczeniu politycznym; **she does not realize the full ~ of her decision** nie zdaje sobie sprawy z całej wagi podjętej decyzji [3] (cultural borrowing) naleciałość *f*; (custom) przejęty zwyczaj *m*; (word) zapożyczenie *n* **(from sth** z czegoś**)**; **it's a Broadway ~** to pochodzi z Broadwayu; **the only ~s she brought back from Greece were her memories** z Grecji przywiozła jedynie wspomnienia

II /ˈɪmpɔːt/ *modif [price, surplus, quota, surcharge]* importowy; **~ ban/cost/increase** zakaz/koszt/wzrost importu

III /ɪmˈpɔːt/ *vt* [1] Comm, Econ importować, sprowadz|ić, -ać [2] *[language]* zapożycz|yć, -ać, przej|ąć, -mować *[word, expression]*; *[society]* przej|ąć, -mować *[ideas, custom]*; *[employer]* ściąg|nąć, -ać, sprowadz|ić, -ać *[labour]*; **it's the latest craze ~ed from Paris** to ostatni krzyk mody, prosto z Paryża

IV imported *pp adj [goods]* importowany

importance /ɪmˈpɔːtns/ *n* znaczenie *n*; **her career is of great ~ to her** kariera ma dla niej ogromne znaczenie; **a healthy diet is of great ~ to children** zdrowe odżywianie jest bardzo ważne u dzieci; **it is of great ~ that...** jest ogromnie ważne, żeby...; **a company/an event of national ~** przedsiębiorstwo/wydarzenie o znaczeniu ogólnokrajowym; **it is of strategic ~ to us** ma to dla nas znaczenie strategiczne; **an event of great political ~** wydarzenie o dużym znaczeniu politycznym; **it is a matter of the utmost ~** to sprawa najwyższej wagi; **to attach ~ to sth** przywiązywać znaczenie do czegoś; **to assume growing ~** nabierać coraz większego znaczenia; **the ~ of Great Britain as a world power** znaczenie Wielkiej Brytanii jako światowej potęgi; **list the items in order of ~** sporządź listę według hierarchii ważności; **a person/position of ~** ważna osoba/ważne stanowisko; **a person of no ~** mało ważna osoba; **it's of no ~** to nie ma znaczenia, to jest bez znaczenia; **nobody of any ~** nikt ważny

important /ɪmˈpɔːtnt/ *adj [statement, factor, role, figure, writer]* ważny; **it is ~ that...** ważne jest, żeby...; **it's ~ to remember that...** należy pamiętać (o tym), że...; **this is ~ for our success/health** to ważne dla naszego sukcesu/zdrowia; **it is ~ for us to succeed** ważne (jest), żebyśmy odnieśli sukces; **his children are very ~ to him** dzieci znaczą dla niego bardzo wiele; **it is ~ to me that you attend the meeting** twoja obecność na zebraniu ma dla mnie duże znaczenie; **not to be at all/in the least ~** nie mieć żadnego/najmniejszego znaczenia; **it's not ~** to nieważne, to nie ma znaczenia

importantly /ɪmˈpɔːtntlɪ/ *adv* [1] (significantly) *[differ]* w sposób istotny; **more ~, he succeeded** co ważniejsze, odniósł sukces; **and, more ~, ...** a, co ważniejsze, ...; **most ~, it means...** przede wszystkim oznacza to...; **these changes have taken place most ~ in the agricultural sector** zmiany te nastąpiły głównie w rolnictwie; **but, ~ in this case...** ale, co ważne w tym przypadku, ... [2] (pompously) *[behave]* z namaszczeniem liter; *[announce]* z wielką powagą; *[strut]* dostojnie

importation /ˌɪmpɔːˈteɪʃn/ *n* (act, object) import *m*

import duty *n* cło *n* przywozowe

importer /ɪmˈpɔːtə(r)/ *n* importer *m*; **car /oil ~** importer samochodów/ropy naftowej

import-export /ˌɪmpɔːtˈekspɔːt/ **I** *n* import *m* i eksport *m*
II *modif* **~ growth** wzrost w obrocie międzynarodowym; **~ merchant** importer i eksporter; **~ trade** import i eksport

importing /ɪmˈpɔːtɪŋ/ **I** *n* import *m* **(of sth** czegoś)
II *adj [agent, firm]* importowy; **~ country** importer; **oil-~ country** kraj importujący ropę naftową

import licence GB, **import license** US *n* licencja *f* importowa

importunate /ɪmˈpɔːtʃʊnət/ *adj [visitor, beggar]* natrętny, nachalny; *[demand, request]* natarczywy, nachalny; *[affair, letter]* naglący, pilny

importune /ˌɪmpɔːˈtjuːn/ *vt* [1] (pester) naprzykrzać się (komuś), nagabywać *[person]*; **to ~ sb for sth** nagabywać kogoś o coś; **to ~ sb with sth** narzucać się komuś z czymś [2] Jur *[prostitute]* zaczepi|ć, -ać

importuning /ˌɪmpɔːˈtjuːnɪŋ/ *n* Jur nagabywanie *n* w celach nierządnych

importunity /ˌɪmpɔːˈtjuːnətɪ/ *n* fml [1] (quality) natręctwo *n*, natarczywość *f* [2] (instance) nagabywanie *n* [3] (request) natarczywa prośba *f*

impose /ɪmˈpəʊz/ **I** *vt* [1] na|łożyć, -kładać *[restrictions, sanctions, tax, fine]* **(on sb/sth** na kogoś/coś); narzuc|ić, -ać *[discipline, opinion, religion, culture]* **(on sb/sth** komuś/czemuś); wymu|sić, -szać *[obedience, conformity]* **(on sb** na kimś); wyw|rzeć, -ierać *[pressure]* **(on sb** na kogoś); **to ~ a ban on alcohol** wprowadzić zakaz sprzedaży alkoholu; **to ~ a tax on tobacco** wprowadzić podatek na wyroby tytoniowe [2] **to ~ one's presence on sb** narzucać się komuś, narzucać komuś swoje towarzystwo [3] Print narządz|ić, -ać
II *vi* **to ~ on sb** narzucać się komuś; **to ~ on sb's kindness/generosity** nadużywać uprzejmości/hojności kogoś
III *vr* **to ~ oneself on sb** narzuc|ić, -ać się komuś

imposing /ɪmˈpəʊzɪŋ/ *adj [person, appearance, collection, landscape, array]* imponujący; *[sight, ceremony]* olśniewający

imposition /ˌɪmpəˈzɪʃn/ *n* [1] (of ban, tax, martial law, death penalty) wprowadzenie *n*; (of duty, embargo, fine, sanctions) nałożenie *n* [2] (exploitation) **I hope it's not too much of an ~** mam nadzieję, że się za bardzo nie narzucam; **I think it's rather an ~** uważam to za pewną przesadę [3] Print rozstawienie *n* kolumn

impossibility /ɪmˌpɒsəˈbɪlətɪ/ *n* niemożliwość *f* **(of sth** czegoś); niemożność *f* **(of doing sth** zrobienia czegoś); **a physical ~** fizyczna niemożliwość; **it's an ~/a near ~!** to jest niemożliwe/prawie niemożliwe!; **that's a logical ~** to przeczy *or* jest wbrew logice

impossible /ɪmˈpɒsəbl/ **I** *n* **the ~** rzecz *f* niemożliwa; **to ask the ~** prosić o coś niemożliwego do spełnienia
II *adj* [1] (extremely difficult) *[task, plan]* niewykonalny; *[request]* niemożliwy do spełnienia; *[situation]* beznadziejny; **it's ~ to do** to jest niemożliwe do wykonania, tego nie da się zrobić; **it's ~ to remember it all** nie da się tego wszystkiego zapamiętać; **it's ~ for me to come** nie jestem w stanie przyjść; **it's becoming ~ to work in this office any more** dalsza praca w tym biurze staje się niemożliwa; **difficult, if not ~** trudne, a może nawet niewykonalne; **to make it ~ for sb to do sth** uniemożliwiać komuś zrobienie czegoś [2] (improbable) *[situation, story]* niemożliwy, nieprawdopodobny; **it is ~ that he should have missed the train** niemożliwe, żeby spóźnił się na pociąg [3] (unacceptable) *[idea, candidate, conditions]* nie do przyjęcia; **it's ~, I won't stand for it!** to nie do przyjęcia, ja się na to nie zgadzam! [4] (unbearable) *[person, child]* nieznośny; niemożliwy infml

impossibly /ɪmˈpɒsəblɪ/ *adv* (appallingly) niemożliwie; (amazingly) niesamowicie; **it's ~ difficult/expensive** to jest niesamowicie trudne/drogie

impost /ˈɪmpəʊst/ *n* (tax) podatek *m*; (customs duty) cło *n* importowe

impostor, imposter /ɪmˈpɒstə(r)/ *n* oszust *m*, -ka *f (podający się za kogoś)*; impostor *m* dat

imposture /ɪmˈpɒstʃə(r)/ *n* oszustwo *n*, mistyfikacja *f*

impotence /ˈɪmpətəns/ *n* [1] (powerlessness) bezsilność *f* [2] (sexual) impotencja *f*, niemoc *f* płciowa; **fear of ~** strach przed impotencją

impotent /ˈɪmpətənt/ *adj* [1] (powerless) bezsilny; **to be ~ to do sth** nie być w stanie zrobić czegoś; **he was ~ with fear** był sparaliżowany strachem [2] (sexually) *[person]* cierpiący na impotencję; **~ male** impotent

impound /ɪmˈpaʊnd/ *vt* Jur s|konfiskować *[goods]*; wziąć, brać, zatrzym|ać, -ywać (do depozytu sądowego) *[passport, papers]*; nie dopu|ścić, -szczać do rozpowszechniania (czegoś); od|łożyć, -kładać na półkę fig *[film]*; **his car was ~ed** jego samochód został odstawiony na parking policyjny

impoundment /ɪmˈpaʊndmənt/ *n* (of goods) konfiskata *f*; (of papers) zatrzymanie *n*

impoverish /ɪmˈpɒvərɪʃ/ *vt* (make poor) zub|ożyć, -ażać, doprowadz|ić, -ać do ubóstwa *[people, society]*

impoverished /ɪmˈpɒvərɪʃt/ *adj* (poor) *[person, society, region]* zubożały; **spiritually ~** zubożały duchowo

impoverishment /ɪmˈpɒvərɪʃmənt/ *n* zubożenie *n*

impracticability /ɪmˌpræktɪkəˈbɪlətɪ/ *n* (of scheme) niewykonalność *f*; (of policy, idea) nierealność *f*

impracticable /ɪmˈpræktɪkəbl/ *adj [scheme, suggestion]* niewykonalny; *[idea, policy, theory]* nierealny

impractical /ɪmˈpræktɪkl/ *adj* [1] (unworkable) *[plan, solution]* niepraktyczny [2] (unrealistic) *[suggestion, idea]* nierealny [3] *[person]* niepraktyczny; **to be ~** być pozbawionym zmysłu praktycznego

impracticality /ɪmˌpræktɪˈkælətɪ/ *n* [1] (unworkable nature) (of plan, scheme) niepraktyczność *f*; (of project, idea) nierealność *f* [2] (of person) niepraktyczność *f*, niezaradność *f*

imprecation /ˌɪmprɪˈkeɪʃn/ *n* fml przekleństwo *n*

imprecise /ˌɪmprɪˈsaɪs/ *adj [measurements, estimate]* niedokładny; *[terms, statement]* nieprecyzyjny; *[idea, thought, notion]* niesprecyzowany

imprecision /ˌɪmprɪˈsɪʒn/ *n* (of language, expression) nieprecyzyjność *f*

impregnable /ɪmˈpregnəbl/ *adj [fortress, mountain]* nie do zdobycia; *[leader, party]* niezwyciężony; *[position]* niezagrożony; *[argument]* nie do odparcia, niepodważalny

impregnate /ˈɪmpregneɪt, US ɪmˈpreg-/ *vt* [1] (soak, pervade) (with liquid) nasączy|ć, -ać **(with sth** czymś); (with salt) nasyc|ić, -ać **(with sth** czymś); (to make waterproof) za|impregnować *[wood, shoes, clothes]* **(with sth** czymś); **the whole house was ~d with**

I

smoke cały dom przesiąkł dymem [2] (fertilize) zapł|odnić, -adniać *[woman, animal, egg]*

impregnation /ˌɪmpreg'neɪʃn/ *n* (of female, egg) zapłodnienie *n*

impresario /ˌɪmprɪ'sɑːrɪəʊ/ *n* (*pl* **~s**) impresario *m*

impress¹ **I** /'ɪmpres/ *n* fml (of seal, wheel) odcisk *m*; fig piętno *n*, ślad *m*

II /ɪm'pres/ *vt* [1] (arouse respect in) z|robić or wyw|rzeć, -ierać wrażenie na (kimś), wzbudz|ić, -ać podziw (kogoś), za|imponować (komuś) *[person, audience, public]* **(with sth/with doing sth** czymś/robiąc coś); **to be ~ed (by** or **with sb/sth)** być pod wrażeniem (kogoś/czegoś); **he's easily ~ed** łatwo mu zaimponować; **to be favourably ~ed** odnieść korzystne wrażenie; **they weren't too ~ed by his attitude/with the results** nie byli specjalnie zachwyceni jego postawą/wynikami; **she does it just to ~ people** ona to robi tylko po to, żeby zaimponować innym [2] (emphasize) **to ~ sth (up)on sb** wp|oić, -ajać komuś coś *[need, respect]*; uświad|omić, -amiać komuś coś *[importance, danger]*; **to ~ upon sb that...** uświadomić komuś, że... [3] (imprint) **to ~ sth on sth** odcis|nąć, -kać coś na czymś *[surface, material]*; **to ~ sth in sth** z|robić wycisk czegoś w czymś *[wax, plaster]*

III /ɪm'pres/ *vi [person, quality, feature]* z|robić dobre wrażenie; **the new theatre fails to ~** nowy teatr nie robi specjalnego wrażenia

impress² /ɪm'pres/ *vt* Hist (recruit) siłą wciel|ić, -ać do wojska *[men]*; (confiscate) za|rekwirować *[goods, property]*

impression /ɪm'preʃn/ *n* [1] (idea, perception) wrażenie *n*, impresja *f*; **he gives the ~ of being a loving father** sprawia wrażenie kochającego ojca; **she had the ~ that she knew him/he knew her** miała wrażenie, że go zna/że on ją zna; **to get/have an ~ that...** odnieść/mieć wrażenie, że...; **to be under** or **of the ~ that...** sądzić, że...; **to be under the mistaken ~ that...** mylnie sądzić, że...; **~s of Rome** wrażenia or impresje z Rzymu; **an artist's ~ of the building** rekonstrukcja artystyczna budowli; **what's your ~ of the new boss?** jakie wrażenie zrobił na tobie nowy szef?; **first ~s count** liczy się pierwsze wrażenie [2] (impact, effect) wrażenie *n*; **to make a good/bad ~** robić dobre/złe wrażenie **(on sb** na kimś); **to make quite an ~** wywrzeć spore wrażenie; **it left a deep ~ on him** pozostawiło to na nim niezatarte wrażenie; **what kind of ~ did they make?** jakie sprawili wrażenie? [3] (humorous imitation) parodiowanie *n*; **to do ~s** robić parodie; **to do ~s of sb** parodiować kogoś [4] (imprint) (of weight, file) ślad *m*; (of hoof, hand) odcisk *m*; (from teeth) wycisk *m*; **to leave an ~** pozostawić ślad **(on sth** na czymś) *[surface, sand]*; **to take an ~ of sth** zrobić odcisk czegoś *[key, fossil]* **(in sth** w czymś) [5] Print, Publg (reprint) przedruk *m*; (all the copies) nakład *m* [6] Print (process) odbijanie *n*, powielanie *n*

impressionable /ɪm'preʃənəbl/ *adj* podatny na wpływy; (suggestible) łatwowierny; **she is at that ~ age** w jej wieku jest się podatnym na wpływy

Impressionism /ɪm'preʃənɪzəm/ *n* (also **impressionism**) impresjonizm *m*

impressionist /ɪm'preʃənɪst/ *n* [1] Art, Mus impresjonist|a *m*, -ka *f* [2] (mimic) parodyst|a *m*, -ka *f*

Impressionist /ɪm'preʃənɪst/ **I** *n* Art, Mus impresjonist|a *m*, -ka *f*

II *adj* impresjonistyczny

impressionistic /ɪmˌpreʃə'nɪstɪk/ *adj* [1] (subjective) *[account, view, portrayal]* impresyjny [2] (Impressionist) impresjonistyczny

impressive /ɪm'presɪv/ *adj [amount, achievement]* robiący wrażenie, imponujący; *[building, collection, monument, sight]* imponujący; *[speech]* sugestywny; *[evidence]* przekonujący; **she's very ~** jest naprawdę godna podziwu

impressively /ɪm'presɪvlɪ/ *adv [behave]* imponująco; *[perform, argue, demonstrate]* w sposób robiący wrażenie; *[large]* imponująco; **he was ~ assured/competent** jego pewność siebie/kompetencja robiła wrażenie or była imponująca

impressment /ɪm'presmənt/ *n* Hist (of goods, property) zajęcie *n*, rekwizycja *f*; (of men into army, navy) przymusowy nabór *m* **(into sth** do czegoś); branka *f* arch

imprimatur /ˌɪmprɪ'meɪtə(r), -'mɑːtə(r)/ *n* imprimatur *n inv*

imprint **I** /'ɪmprɪnt/ *n* [1] (impression) (of footstep, heel, seal) odcisk *m* **(of sth** czegoś) [2] fig (of suffering, intellect) piętno *n*, znamię *n* **(of sth** czegoś); **to leave an ~ on sb** odcisnąć piętno na kimś; **to bear the ~ of sth** być naznaczonym czymś [3] Publg (on title page) znak *m* wydawcy; (on the back of title page) metryczka *f* druku, stopka *f*; **published under the OUP ~** wydany przez OUP

II /ɪm'prɪnt/ *vt* [1] (stamp) odcis|nąć, -kać *[seal, stamp]* **(in/on sth** w/na czymś); **pottery ~ed with the maker's stamp** ceramika ze znakiem (wy)twórcy; **to ~ numbers on metal merchandise** wybijać numery na artykułach metalowych [2] (fix) wyryć *[idea, image, belief]* **(on sth** w czymś); **the day ~ed itself forever in his memory** ten dzień na zawsze wrył się mu w pamięć [3] Psych, Zool (affect by imprinting) wp|oić, -ajać

imprinter /ɪm'prɪntə(r)/ *n* drukarka *f* odciskowa

imprinting /ɪm'prɪntɪŋ/ *n* Psych, Zool wpajanie *n*, wdrukowywanie *n*, imprinting *m*

imprison /ɪm'prɪzn/ *vt* [1] (put in prison) zam|knąć, -ykać w więzieniu, u|więzić; **to be ~ed for sth/for doing sth** pójść do więzienia za coś/zrobienie czegoś; **to be ~ed for ten years** (be sentenced) zostać skazanym na dziesięć lat więzienia [2] fig (trap) *[machinery]* chwy|cić, -tać *[finger, limb]* **(in sth** w coś); u|więzić fig *[person]* **(in sth** w czymś) *[hotel, house]*

imprisonment /ɪm'prɪznmənt/ *n* (act) uwięzienie *n*; (penalty) kara *f* więzienia, więzienie *n*; **to be sentenced to ten years' ~/to ~ for life** zostać skazanym na karę dziesięciu lat więzienia/na dożywotnie więzienie or na dożywocie; **to threaten sb with ~** grozić komuś więzieniem

impro /'ɪmprəʊ/ *n* infml improwizacja *f*

improbability /ɪmˌprɒbə'bɪlətɪ/ *n* [1] (quality, state) małe prawdopodobieństwo *n* **(of sth** czegoś); **~ of sth happening** małe prawdopodobieństwo, że coś się zdarzy [2] (unlikely story, event) nieprawdopodobieństwo *n*

improbable /ɪm'prɒbəbl/ *adj* [1] (unlikely to happen) *[idea, result, event, occurrence, story]* mało prawdopodobny; **it seems highly ~ that he will ever visit us** wydaje się bardzo mało prawdopodobne, że nas kiedykolwiek odwiedzi [2] (unlikely to be true) *[excuse, story]* nieprawdopodobny, mało wiarygodny; **it is ~ that he was ill at that time** to niemożliwe or mało prawdopodobne, żeby był wtedy chory

improbably /ɪm'prɒbəblɪ/ *adv [claim, state]* mało wiarygodnie; *[large]* nieprawdopodobnie; **her hair was ~ red** miała nieprawdopodobnie rude włosy

impromptu /ɪm'prɒmptjuː, US -tuː/ **I** *n* Mus impromptu *n inv*

II *adj [speech, party, news conference]* improwizowany, zorganizowany na poczekaniu; **we held an ~ party** urządziliśmy nieplanowane przyjęcie

III *adv [speak, perform]* bez przygotowania

improper /ɪm'prɒpə(r)/ *adj* [1] (unseemly, not fitting) *[behaviour, remarks, laughter, place]* niestosowny; **it was ~ to do that** to było nie na miejscu [2] (indecent) *[conduct, remark]* nieprzyzwoity; *[language]* niecenzuralny [3] (irregular) *[practices, transactions, dealing]* niedozwolony; *[use]* niewłaściwy [4] (incorrect) *[diagnosis, interpretation]* błędny, mylny; *[term, treatment, tactics]* niewłaściwy, nieodpowiedni

improper fraction *n* Math ułamek *m* niewłaściwy

improper integral *n* Math całka *f* niewłaściwa

improperly /ɪm'prɒpəlɪ/ *adv* [1] (unsuitably) *[behave]* niestosownie; **to be ~ dressed** być nieodpowiednio ubranym [2] (indecently) *[behave, suggest]* nieprzyzwoicie [3] (irregularly, dishonestly) *[act, obtain, deal]* w sposób niedozwolony or nieuczciwy [4] (incorrectly) *[diagnose, interpret]* błędnie; *[use, handle]* niewłaściwie

impropriety /ˌɪmprə'praɪətɪ/ *n* [1] (irregularity) nieprawidłowość *f*; **to accuse sb of financial ~** oskarżyć kogoś o nadużycia finansowe [2] (indecency) nieprzyzwoitość *f* [3] (unseemliness) (of language) niecenzuralność *f*; (of behaviour) niestosowność *f*; **to commit an ~** zachować się niestosownie

improve /ɪm'pruːv/ **I** *vt* [1] (qualitatively) popraw|ić, -ać *[conditions, hygiene, efficiency, appearance, quality, relations]*; ulepsz|yć, -ać *[product, system, model]*; **to ~ one's English** poprawić swoją znajomość angielskiego; **~ your memory** ćwicz pamięć; **it did not ~ matters** to nie poprawiło sytuacji; **to ~ one's mind** rozwijać się; **to ~ one's lot** poprawić swój los; **to ~ the lot of the disabled/of pensioners** poprawić sytuację niepełnosprawnych/rencistów [2] (quantitatively) podn|ieść, -osić *[wages, profits, efficiency, productivity]*; zwiększ|yć, -ać *[chances, lead]* [3] Archit, Constr podn|ieść, -osić standard (czegoś), z|modernizować *[building, site]*

III *vi* [1] *[relations, health, handwriting, weather]* poprawi|ć, -ać się; **to ~ with age** *[cake, wine]* robić się z czasem coraz lepszym; *[person]* z wiekiem wyglądać coraz lepiej; **the cake/wine will ~ in flavour** smak ciasta/wina poprawi się; **your English is improving** twój angielski jest coraz lepszy; **things are improving** sytuacja poprawia się; **he/his health is improving** jego stan or stan jego zdrowia poprawia się [2] **to ~ on sth** (better) poprawi|ć, -ać *[score]*; przebi|ć, -jać *[offer]*; **she has ~d on last year's result** poprawiła swój zeszłoroczny wynik; **don't try to ~ upon nature** nie staraj się poprawiać natury; **to be ~d on** *[design, technique]* zostać ulepszonym [3] (increase) *[value, chances, productivity]* wzr|osnąć, -astać [4] Agric *[yield]* wzr|osnąć, -astać

IIII improved *pp adj* [1] (better) *[diet, efficiency, conditions]* poprawiony; **~d access** ułatwiony dostęp; **new ~d formula** Comm nowa, ulepszona formuła [2] (increased) *[offer]* wyższy

improvement /ɪmˈpruːvmənt/ *n* [1] (change for the better) poprawa *f* **(in sth/of sth** w czymś/czegoś); **an ~ on last year's performance** Sport postęp or poprawa w stosunku do zeszłorocznych wyników; **an ~ on his previous offer** Fin oferta lepsza od poprzednio (przez niego) złożonej; **the new edition is an ~ on the old one** nowe wydanie jest lepsze od starego; **there have been a lot of safety ~s** or **~s in safety** znacznie poprawiono stan bezpieczeństwa; **a 2% ~** or **an ~ of 2% on last year's profits** dwuprocentowy wzrost zysków w stosunku do zeszłego roku; **her time is an ~ on the world record** swoim czasem poprawiła rekord świata [2] (progress) postęp *m*; **he has made a big ~** (in schoolwork, behaviour) bardzo się poprawił; Med jego stan bardzo się poprawił; **she has made some ~ in maths** zrobiła pewne postępy w matematyce; **there is (still) room for ~** dużo można (jeszcze) poprawić [3] (alteration) ulepszenie *n*; **to make ~s to sth** wprowadzać ulepszenia w czymś *[house, road network]*; **home ~s** ulepszenia w domu; **a road ~ scheme** plan modernizacji dróg

improvement grant *n* GB ≈ dotacja *f* na remont

improver /ɪmˈpruːvə(r)/ *n* GB [1] (student) ≈ praktykant *m* [2] Ind (in flour) dodatek *m*

improvidence /ɪmˈprɒvɪdəns/ *n* brak *m* przezorności; nieprzezorność *f* ra

improvident /ɪmˈprɒvɪdənt/ *adj* [1] (heedless of the future) nieprzezorny [2] (extravagant) rozrzutny; **they have lived ~ lives** żyli rozrzutnie

improvidently /ɪmˈprɒvɪdəntlɪ/ *adv [live, spend]* rozrzutnie

improving /ɪmˈpruːvɪŋ/ *adj* [1] (enhanced) *[position, performance, situation]* poprawiający się; *[inflation rate, trade deficit]* malejący [2] dat (edifying) *[literature, reading]* budujący

improvisation /ˌɪmprəvaɪˈzeɪʃn, US also ɪmˌprɒvəˈzeɪʃn/ *n* improwizacja *f*

improvise /ˈɪmprəvaɪz/ **I** *vt* za|improwizować *[tune, scene, poem]*; z|robić na poczekaniu *[shelter, container]*; s|kombinować na poczekaniu infml *[clothes, hat, meal]*; s|korygować na bieżąco *[policy]*; **an ~d screen/table** prowizoryczny ekran/stół

II *vi* za|improwizować

imprudence /ɪmˈpruːdns/ *n* (of person) brak *m* rozwagi, nieostrożność *f*; **it is sheer ~ to go abroad without travel insurance** wyjazd za granicę bez ubezpieczenia to brak rozwagi

imprudent /ɪmˈpruːdnt/ *adj [actions, behaviour]* nierozważny, nierozsądny

imprudently /ɪmˈpruːdntlɪ/ *adv [act, behave]* nierozważnie; *[suggest, remark]* nieopatrznie

impudence /ˈɪmpjʊdəns/ *n [behaviour]* zuchwalstwo *n*, bezczelność *f*; **such ~!** co za bezczelność!; **to have the ~ to do sth** mieć czelność zrobić coś

impudent /ˈɪmpjʊdənt/ *adj* zuchwały, bezczelny

impudently /ˈɪmpjʊdəntlɪ/ *adv [say, answer]* zuchwale, bezczelnie

impugn /ɪmˈpjuːn/ *vt* fml za|kwestionować *[contract, testimony, rights]*; pod|ać, -awać w wątpliwość *[motives, honesty]*

impulse /ˈɪmpʌls/ *n* [1] (urge) nagła chęć *f*, impuls *m*; **to have a sudden ~ to do sth** poczuć nagłą chęć zrobienia czegoś; **her immediate ~ was to say no** w pierwszym odruchu chciała odmówić; **to act on (an) ~** działać pod wpływem impulsu; **acting on a sudden ~, he phoned his old friend** powodowany nagłym impulsem, zadzwonił do starego przyjaciela; **the ~ to communicate** (by speech) chęć rozmowy; (by letter, telephone) chęć skontaktowania się; **a generous ~** przypływ hojności; **a person of ~** osoba impulsywna [2] (stimulus) impuls *m*, bodziec *m*; **to give an ~ to economic recovery** stać się bodźcem do uzdrowienia gospodarki; **what's the main ~ behind her writing?** co ją skłania do pisania? [3] Elec, Phys, Physiol impuls *m*

impulse buy *n* zakup *m* dokonany pod wpływem impulsu

impulse buying *n* zakupy *m pl* dokonywane pod wpływem impulsu

impulse purchase *n* = **impulse buy**

impulsion /ɪmˈpʌlʃn/ *n* fml przemożna chęć *f* fml **(to do sth** zrobienia czegoś)

impulsive /ɪmˈpʌlsɪv/ *adj* [1] (rash) *[person, character]* impulsywny, porywczy; *[reaction]* impulsywny; *[decision, words, remark]* pochopny [2] (spontaneous) *[gesture, reaction]* spontaniczny, odruchowy [3] Phys impulsowy

impulsively /ɪmˈpʌlsɪvlɪ/ *adv* [1] (rashly) *[act, behave]* pochopnie; *[remark]* nieopatrznie [2] (on impulse) *[say, promise, decide, depart]* pod wpływem impulsu

impulsiveness /ɪmˈpʌlsɪvnɪs/ *n* impulsywność *f*

impunity /ɪmˈpjuːnətɪ/ *n* bezkarność *f*; **with ~** bezkarnie

impure /ɪmˈpjʊə(r)/ *adj* [1] (polluted) *[water]* zanieczyszczony; *[thoughts, drug]* nieczysty [2] Archit, Art *[style]* niejednorodny

impurity /ɪmˈpjʊərətɪ/ *n* [1] (of design, style) niejednorodność *f* **(of sth** czegoś); (of motive, thought) nieczystość *f* [2] (in liquids, drugs, chemicals) (undesirable) zanieczyszczenie *n* **(in sth** czegoś, w czymś); (serving a purpose) domieszka *f* **(in sth** w czymś); **tested for impurities** zbadany na zawartość zanieczyszczeń

imputation /ˌɪmpjuːˈteɪʃn/ *n* [1] (accusation) zarzucenie *n* **(of sth to sb** czegoś komuś); (insinuation) imputowanie *n* **(of sth to sb** czegoś komuś); (attribution) przypisywanie *n* **(of sth to sb** czegoś komuś) [2] (charge, accusation) zarzut *m* **(of sth** czegoś)

impute /ɪmˈpjuːt/ *vt* [1] (accuse, charge) zarzuc|ić, -ać *[fault, crime]* **(to sb** komuś); **no blame can be ~d to him** nie można mu nic zarzucić [2] (attribute) (to circumstances, situation) przypis|ać, -ywać **(to sth** czemuś); (to person) (to the discredit) imputować **(to sb** komuś); (to the credit) przypis|ać, -ywać **(to sb** komuś)

in /ɪn/ **I** *prep* [1] (indicating place, location) w (czymś); **in London/Germany** w Londynie/Niemczech; **in the country** na wsi; **in the drawer/garden** w szufladzie/ogrodzie; **in the photo** na fotografii; **he's in the meeting** on jest na spotkaniu; **in here /there** tu/tam; **in the shade/moonlight** w cieniu/świetle księżyca; **there's something in it** coś w tym jest [2] (indicating movement) do (czegoś); **he went in the shop** wszedł do sklepu; **he jumped in the pool** wskoczył do basenu; **come in here** wejdź; **go in there** wejdź tam [3] (included, involved in) w (czymś); **to be in the team/group /collection** znajdować się w drużynie /grupie/kolekcji, należeć do drużyny/grupy/kolekcji; **to be in the army** być w wojsku; **to be in politics** zajmować się polityką; **he's in publishing/marketing** zajmuje się działalnością wydawniczą/marketingiem; **to be in on sth** infml być dopuszczonym do czegoś *[secret]*; **to be in on the research project** infml pracować nad projektem badawczym; **I wasn't in on it** infml nie dopuszczono mnie do tego → **course, degree, expert** [4] (in expressions of time) w (czymś); **in May/the twenties** w maju/latach dwudziestych; **in 1990** w 1990 roku; **in spring** wiosną, na wiosnę; **in summer** latem, w lecie; **at four in the morning/afternoon** o czwartej rano/po południu; **day in day out** dzień po dniu, każdego dnia [5] (within the space of) **to do sth in 10 minutes** zrobić coś w ciągu 10 minut; **in a matter of seconds** w kilka sekund [6] (expressing the future) za; **I'll be back in half an hour/two weeks** wrócę za pół godziny/dwa tygodnie [7] (for) od; **it hasn't rained in weeks** nie padało od tygodni [8] (during, because of) w; **in the confusion, he escaped** uciekł w zamieszaniu; **in his hurry he forgot his keys** w pośpiechu zapomniał kluczy [9] (with reflexive pronouns) **it's no bad thing in itself** to samo w sobie nie jest złą rzeczą; **how do you feel in yourself?** jak ty to sam odczuwasz? → **itself** [10] (present in, inherent in) **you see it in children** widać to u dzieci; **it's not in his nature/character** to nie leży w jego naturze/charakterze; **that's rare in a man of his age** to rzadkość u mężczyzny w jego wieku; **it's not in her to be deceitful** zakłamanie nie leży w jej naturze; **I never thought she had it in her to get that far** nie sądziłem, że (ona) zajdzie tak daleko; **there's something in what he says** jest coś w tym, co on mówi [11] (expressing colour, composition) **it comes in green** to jest w kolorze zielonym; **available in several colours** dostępny w kilku kolorach; **bags in leather** torby ze skóry [12] (dressed in) **in jeans/sandals/a skirt** w dżinsach/sandałach/spódnicy; **dressed in black** ubrany na czarno [13] (expressing manner or medium) **in German** po niemiecku; **in one-dollar bills** w banknotach jednodolarowych; **sonata in A minor** sonata a-moll; **'no,' he said in a whisper** „nie", powiedział szeptem; **in a savoury sauce** w pikantnym sosie; **in pencil/ink** ołówkiem/atramentem [14] (as regards) **rich/poor in minerals** bogaty/ubogi w minerały; **deaf in one ear** głuchy na jedno ucho; **it's 10 cm in length** to ma 10 cm długości; **equal in weight** tej samej wagi; **low in calories** niskokaloryczny [15] (by) **in refusing to work abroad...** odrzucając propozycję pracy za granicą...; **in doing so** tak robiąc, czyniąc tak [16] (in superlatives) **the tallest tower in the world** najwyższa wieża na świecie; **the best restaurant in Poland /town** najlepsza restauracja w Polsce /mieście [17] (in measurements) **there are 100 centimetres in a metre** metr ma 100 centymetrów; **what's that in centimetres?** ile to jest w centymetrach?; **have you got it in a larger size?** czy jest większy rozmiar?; **there's only 1 cm in it** to się różni o 1 cm; **the temperature was in the thirties** temperatura przekraczała trzydzieści stopni [18] (in ratios) **a gradient of 1 in 4** nachylenie 25%; **one in ten men** jeden mężczyzna na dziesięciu; **a tax of 20 pence in the pound** podatek 20 pensów od funta; **to have a one in five chance** mieć jedną szansę na pięć [19] (in approximate amounts) **in their hundreds/thousands** setkami/tysiącami; **to cut/break sth in three** przeciąć/złamać coś na trzy części [20] (expressing arrangement) **they sat in a circle** zasiedli kołem; **in rows of 12** rzędami po 12; **in pairs** parami [21] (expressing age) **she's in her twenties** ona ma dwadzieścia kilka lat; **people in their forties** ludzie po czterdziestce; **in old age** w podeszłym wieku

II in and out *prep phr* **to come in and out** wchodzić i wychodzić; **he's always in and out of the house** or **room** ciągle wchodzi i wychodzi; **to be in and out of prison all one's life** większość życia spędzić w więzieniu; **to be in and out of hospital a lot** często przebywać w szpitalu

III in that *conj phr* ponieważ, w związku z tym, że...; **the case is interesting in that...** sprawa jest interesująca o tyle, że...

IV *adv* [1] (indoors) **to come/run in** wejść /wbiec; **to ask** or **invite sb in** zaprosić kogoś do środka; **in with you!** no wchodź! [2] (at home, at work) **is Robert in?** czy jest Robert?; **there was nobody in** nikogo nie było; **you're never in** nigdy cię nie ma; **I'm usually in by 9 am** o 9 rano na ogół już jestem, przychodzę zazwyczaj o 9 rano; **to be in by midnight** wrócić do północy; **to spend the evening in, to have an evening in** spędzić wieczór w domu → **keep, stay** [3] (in prison, in hospital) **he's in for murder** siedzi za morderstwo infml; **she's in for some tests** jest w szpitalu na jakichś badaniach [4] (arrived) **the train is in** pociąg stoi na stacji; **the train isn't in yet** pociąg jeszcze nie przyjechał; **the sea** or **tide is in** jest przypływ → **come, get** [5] Sport (within the boundary) **the ball** or **shot is in** dobra piłka; (batting) **England is in** odbija drużyna Anglii [6] (gathered) **the harvest is in** plony są zebrane [7] (in supply) **we don't have any in** nie mamy na składzie; **I should get some in tomorrow** jutro powinienem coś dostać; **we've got some new titles in** otrzymaliśmy kilka nowych tytułów; **to get some beer/a video in** przynieść piwo/kasetę wideo [8] (submitted) **applications must be in by May 23rd** podania muszą zostać złożone do 23 maja; **the homework has to be in tomorrow** praca domowa musi być oddana do jutra → **get, power, vote**

V *adj* infml (fashionable) **to be in, to be the in thing** być w modzie; **it's the in place to eat** to jest obecnie najmodniejsza restauracja

IDIOMS: **to be in with sb** być z kimś w dobrych stosunkach; **to know the ins and outs of an affair** znać sprawę na wylot; **to have an in with sb** US mieć z kimś na pieńku infml; **to have it in for sb** infml mieć coś do kogoś infml; **you're in for it** infml będziesz miał za swoje; oberwie ci się infml; **he's in for a shock/surprise** czeka go wstrząs/niespodzianka

in. *n* = **inch**

IN *n* US Post = **Indiana**

inability /ˌɪnəˈbɪlətɪ/ *n* niezdolność *f*; ~ **to understand/decide** niezdolność zrozumienia/podjęcia decyzji; ~ **to drive** brak umiejętności kierowania pojazdem; ~ **to help** niemożność udzielenia pomocy

in absentia /ˌɪnæbˈsentɪə/ *adv* zaocznie; in absentia fml

inaccessibility /ˌɪnæksesəˈbɪlətɪ/ *n* (of place, person) niedostępność *f*; (of writing, art form) hermetyczność *f*

inaccessible /ˌɪnækˈsesəbl/ *adj* [1] (out of reach) *[place, person]* niedostępny [2] (hard to grasp) *[play, text]* niełatwy w odbiorze

inaccuracy /ɪnˈækjərəsɪ/ *n* [1] (of quotation, calculation, person) niedokładność *f*; (of report, account, information) nieścisłość *f*; (of term, statement) nieprecyzyjność *f* [2] (in account, estimate) nieścisłość *f*; **this report is full of inaccuracies** w tym sprawozdaniu jest pełno nieścisłości

inaccurate /ɪnˈækjərət/ *adj [data, translation, quotation, description, instrument, person]* niedokładny; *[term, statement]* nieprecyzyjny; *[account, report, information, calculation]* nieścisły; **it would be ~ to say so** to nie jest dokładnie tak; **it is ~ to say that she was dismissed** trudno or raczej nie można powiedzieć, że została zwolniona; **he tends to be ~** często bywa niedokładny

inaccurately /ɪnˈækjərətlɪ/ *adv [quote, translate, answer]* niedokładnie; *[answer]* nieprecyzyjnie; *[calculate]* źle; **a disease known ~ as...** choroba znana pod niepoprawną nazwą...; ~ **described as...** (mistakenly) błędnie określany jako...

inaction /ɪnˈækʃn/ *n* (failure to act) bierność *f*; (not being active) bezczynność *f*

inactive /ɪnˈæktɪv/ *adj* [1] (not active) *[person, life, mind]* bezczynny; **to be physically ~ is bad for your health** brak ruchu źle wpływa na zdrowie [2] (not working) *[machine, machinery]* nieczynny, wyłączony; *[market]* martwy, ospały [3] Chem (inert) obojętny

inactivity /ˌɪnækˈtɪvətɪ/ *n* bezczynność *f*, brak *m* aktywności; **market ~** zastój na rynku

inadequacy /ɪnˈædɪkwəsɪ/ *n* [1] (insufficiency) (of resources, preparation) niedostatek *m* **(of sth** czegoś**)** [2] (defect) (of system, service, script) niedoskonałość *f* **(of sth** czegoś**)**; **to have** or **suffer from feelings of ~** mieć poczucie niższości

inadequate /ɪnˈædɪkwət/ *adj [size, amount, resources, heating, knowledge, preparation, budget]* niedostateczny, niewystarczający **(for sth/to do sth** do czegoś/do zrobienia czegoś**)**; *[person, tool, facilities, services, word, expression]* nieodpowiedni **(for sth/to do sth** do czegoś/do zrobienia czegoś**)**; *[excuses, apologies, lunch]* marny; *[legal system]* niedoskonały; **the law is hopelessly ~ on this subject** niestety tej kwestii prawo nie reguluje w sposób zadowalający; **to feel ~** *[person]* mieć poczucie niższości; **he feels ~ to the occasion** czuje, że sytuacja go przerasta

inadequately /ɪnˈædɪkwətlɪ/ *adv [heated, lit, ventilated, paid, planned, prepared]* niewystarczająco (dobrze); *[dressed]* nieodpowiednio; ~ **funded** niedofinansowany; **it's ~ staffed** brak tu odpowiedniego personelu; **they are ~ trained** brak im odpowiedniego wyszkolenia; **she was ~ dressed for the cold conditions** była nieodpowiednio ubrana jak na tę niską temperaturę

inadmissible /ˌɪnədˈmɪsəbl/ *adj* [1] Jur *[evidence]* niedopuszczalny [2] (unacceptable) *[attitude, behaviour, activities]* niedopuszczalny; *[proposal, opinion]* nie do przyjęcia

inadvertence /ˌɪnədˈvɜːtəns/ *n* nieuwaga *f*

inadvertent /ˌɪnədˈvɜːtənt/ *adj* [1] (accidental) *[action, insult, error]* niezamierzony, nieumyślny [2] (inattentive) nieuważny

inadvertently /ˌɪnədˈvɜːtəntlɪ/ *adv* [1] (unintentionally) nieumyślnie [2] (unthinkingly) przez nieuwagę

inadvisable /ˌɪnədˈvaɪzəbl/ *adj [haste, delay, action, journey]* niewskazany; **it is ~ for you to wait any longer** nie powinieneś dłużej czekać

inalienable /ɪnˈeɪlɪənəbl/ *adj* Jur *[rights]* niezbywalny

inamorata /ˌɪnæməˈrɑːtə/ *n* liter or hum ukochana *f*

inane /ɪˈneɪn/ *adj [question, programme]* bezsensowny, niedorzeczny; *[face, person]* bezmyślny; *[conversation, chatter]* pusty

inanely /ɪˈneɪnlɪ/ *adv [grin, laugh]* idiotycznie

inanimate /ɪnˈænɪmət/ *adj* [1] *[object]* martwy; *[nature, world]* nieożywiony [2] fig *[person]* nieruchawy; *[conversation, movement]* niemrawy

inanition /ˌɪnəˈnɪʃn/ *n* [1] fml (exhaustion) wycieńczenie *n (spowodowane niedożywieniem)* [2] fig marazm *m* fig

inanity /ɪˈnænətɪ/ *n* [1] (of person, comment) bezmyślność *f*; (of situation) niedorzeczność *f* [2] (foolish remark) brednia *f* infml pej

inapplicable /ɪnˈæplɪkəbl, ˌɪnəˈplɪk-/ *adj [description, remark]* nieodpowiedni, nieadekwatny; *[rules, regulations]* niemający zastosowania; **to be ~ to sth/sb** nie dotyczyć czegoś/kogoś

inappropriate /ˌɪnəˈprəʊprɪət/ *adj* [1] (improper, unsuitable) *[remark, action, behaviour, clothes]* niestosowny; **your remarks are ~** twoje uwagi są nie na miejscu; **shorts are ~ for work** szorty nie są odpowiednim strojem do pracy; **this is quite ~ for children** to jest zupełnie nieodpowiednie dla dzieci [2] (not what is needed, incorrect) *[moment, equipment, name, site, building]* nieodpowiedni; *[word, advice, treatment]* niewłaściwy; **he was an ~ choice for leader** był nieodpowiednim kandydatem na przywódcę

inappropriately /ˌɪnəˈprəʊprɪətlɪ/ *adv [behave, laugh, reply]* niestosownie, w niestosowny sposób; *[dressed]* (unsuitably) niestosownie **(for sth** na coś); (impractically) nieodpowiednio **(for doing sth** do robienia czegoś)

inappropriateness /ˌɪnəˈprəʊprɪətnɪs/ *n* (of remark, behaviour, dress) niestosowność *f*; (of choice, site, word) nieodpowiedniość *f*

inapt /ɪnˈæpt/ *adj [remark, question, behaviour]* niestosowny; *[term, quotation]* niewłaściwy

inarticulate /ˌɪnɑːˈtɪkjʊlət/ *adj* [1] (unable to express oneself) **to be ~** nie móc się wysłowić; **she was ~ with rage** nie mogła słowa z siebie wydusić ze złości [2] (indistinct) *[mumble, cry, grunt]* nieartykułowany; *[speech]* niewyraźny [3] (defying expression) *[rage, despair, grief, longing]* niewypowiedziany [4] Zool nierozczłonkowany

inartistic /ˌɪnɑːˈtɪstɪk/ *adj [person]* pozbawiony zmysłu artystycznego; *[work]* pozbawiony walorów artystycznych

inasmuch /ˌɪnəzˈmʌtʃ/, **inasmuch as** /ˌɪnəzˈmʌtʃəz/ *conj phr* [1] (insofar as) o tyle, o ile; **Robert is also responsible, ~ as he knew what the others were planning** Robert też ponosi odpowiedzialność, ponieważ wiedział, co tamci planują [2] (seeing as, since) jako że

inattention /ˌɪnəˈtenʃn/ *n* (lack of attention) nieuwaga *f*; (neglect) niedbałość *f*; (to needs, health) brak *m* dbałości **(to sth** o coś); **~ to detail** niezwracanie uwagi na szczegóły

inattentive /ˌɪnəˈtentɪv/ *adj [student, listener]* nieuważny; *[lover]* niedbały, mało troskliwy; **to be ~ to sb/sth** nie dbać o kogoś /coś *[person, needs]*; **to be ~ to sth** nieuważnie słuchać czegoś *[speech]*; **~ to his mother** (neglectful) zaniedbujący swoją matkę

inattentively /ˌɪnəˈtentɪvlɪ/ *adv [listen, watch]* nieuważnie

inaudible /ɪnˈɔːdəbl/ *adj [sound]* niesłyszalny; **~ to the human ear** niesłyszalny dla ludzkiego ucha; **he was almost ~** prawie go nie było słychać; **his reply was mostly ~** prawie w ogóle nie było słychać jego odpowiedzi

inaudibly /ɪnˈɔːdəblɪ/ *adv [reply, mumble]* niesłyszalnie, ledwie słyszalnie

inaugural /ɪˈnɔːgjʊrəl/ **I** *n* US (speech) przemówienie *n* inauguracyjne

II *adj [meeting, address, lecture]* inauguracyjny

inaugurate /ɪˈnɔːgjʊreɪt/ *vt* [1] (begin, open) za|inaugurować, rozpocz|ąć, -ynać *[course of action, series of lectures, era, tradition]*; otw|orzyć, -ierać *[exhibition, conference]*; za|inaugurować działalność (czegoś) *[organization]*; wprowadz|ić, -ać *[system]* [2] (induct) wprowadz|ić, -ać na urząd *[president, official]*; konsekrować *[bishop]*; inaugurować dat

inauguration /ɪˌnɔːgjʊˈreɪʃn/ *n* [1] (into office) (of president) wprowadzenie *n* na urząd; (of bishop) intronizacja *f*; inauguracja *f* dat [2] (beginning) *[of course of action, era, tradition]* inauguracja *f*; (of exhibition, building) otwarcie *n*

Inauguration Day *n* US Pol dzień *m* zaprzysiężenia prezydenta *(20 stycznia)*

inauspicious /ˌɪnɔːˈspɪʃəs/ *adj* [1] (unpromising) *[beginning, circumstances]* niepomyślny; *[omen, event]* złowieszczy [2] (unfortunate) *[debut, occasion, moment]* niefortunny

inauspiciously /ˌɪnɔːˈspɪʃəslɪ/ *adv [begin, start]* niefortunnie

in-between /ˌɪnbɪˈtwiːn/ *adj [stage, status]* przejściowy

inboard /ˈɪnbɔːd/ *adj* Naut, Aviat wewnętrzny

inborn /ˌɪnˈbɔːn/ *adj* [1] (innate) *[talent, tendency, ability]* wrodzony [2] (inherited) *[deficiency]* wrodzony

in-box /ˈɪnbɒks/ *n* (for email) skrzynka *f* odbiorcza

inbred /ˌɪnˈbred/ *adj* [1] (innate) *[talent, tendency]* wrodzony, przyrodzony [2] (produced by inbreeding) *[family, tribe]* endogamiczny; *[animal]* chowu wsobnego; *[characteristic]* wsobny

inbuilt /ˌɪnˈbɪlt/ *adj* [1] (ingrained) *[trait, belief]* wrodzony [2] (built in) *[bias, limitation]* naturalny

Inc US = **incorporated** ≈ SA, S.A.; **Macron ~** Macron S.A.

incalculable /ɪnˈkælkjʊləbl/ *adj* [1] *[harm, loss, effect]* nieobliczalny; *[value]* nieoceniony, wyjątkowy [2] (unpredictable) *[people, moods]* nieobliczalny; *[behaviour]* nieprzewidywalny

incandescence /ˌɪnkænˈdesns/ *n* żarzenie się *n*

incandescent /ˌɪnkænˈdesnt/ *adj* [1] (with heat) *[coals, logs]* żarzący się, płonący; *[glow]* jarzący się, jaśniejący [2] fig (radiant) *[beauty]* olśniewający; *[affection]* żarliwy; **to be ~ with joy** nie posiadać się z radości; **to be ~ with rage** pienić się z wściekłości fig

incandescent lamp *n* Elec żarówka *f*

incantation /ˌɪnkænˈteɪʃn/ *n* [1] (formula) zaklęcie *n* [2] (practice) zaklinanie *n*

incapability /ɪnˌkeɪpəˈbɪlətɪ/ *n* also Jur niezdolność *f* **(to do sth** do czegoś)

incapable /ɪnˈkeɪpəbl/ *adj [person, organization]* nieporadny, nieudolny; **to be ~ of doing sth** nie potrafić robić czegoś, być niezdolnym or nie być zdolnym do zrobienia czegoś; **he's ~ of action** nie jest zdolny do działania; **~ of any emotion** wyzbyty wszelkich uczuć; **to be ~ of killing/crime** nie być zdolnym do popełnienia morderstwa/przestępstwa; **actions ~ of justification** czyny, których nie można usprawiedliwić; **~ of proof/solution** nie do udowodnienia/rozwiązania; **drunk and ~** Jur w stanie upojenia alkoholowego

incapacitate /ˌɪnkəˈpæsɪteɪt/ *vt* [1] (immobilize) *[accident, disability, illness]* czynić niesprawnym; (temporarily) *[pain, headache]* obezwładni|ć, -ać; **to ~ sb for sth** uczynić kogoś niezdolnym do czegoś; **severely ~d** niedołężny [2] (disarm) obezwładni|ć, -ać *[person]*; unieszkodliwi|ć, -ać *[military object]* [3] Jur pozbawi|ć, -ać zdolności prawnej

incapacity /ˌɪnkəˈpæsətɪ/ *n* [1] (inadequate ability) nieumiejętność *f* **(to do sth** robienia czegoś) [2] (disability) niesprawność *f* [3] Jur brak *m* zdolności prawnej **(to do sth** do robienia czegoś)

incapacity benefit *n* GB Soc Admin zasiłek *m* chorobowy *(wypłacany w przypadku niezdolności do pracy trwającej ponad 28 tygodni)*

in-car /ˌɪnˈkɑː(r)/ *adj* **~ stereo** or **entertainment system** system samochodowy audio

incarcerate /ɪnˈkɑːsəreɪt/ *vt* u|więzić

incarceration /ɪnˌkɑːsəˈreɪʃn/ *n* u|więzienie *n*

incarnate **I** /ɪnˈkɑːnət/ *adj* wcielony; **the devil ~** diabeł wcielony

II /ˈɪnkɑːneɪt/ *vt* [1] (give bodily form to) nada|ć, -wać postać cielesną (czemuś); **to be ~d in** or **as sth** *[god]* pojawić się pod postacią czegoś [2] (typify) uos|obić, -abiać, być ucieleśnieniem (czegoś) *[modesty, liberty]*; **virtue was ~d in her** była ucieleśnieniem or stanowiła ucieleśnienie cnoty

incarnation /ˌɪnkɑːˈneɪʃn/ *n* [1] Relig (embodiment) inkarnacja *f* [2] (bodily manifestation) wcielenie *n* [3] fig (of quality, idea, evil) ucieleśnienie *n*, uosobienie *n* **(of sth** czegoś)

incautious /ɪnˈkɔːʃəs/ *adj* (unreasonable) *[action, talk, person]* nieostrożny, nierozważny; (rash) *[remark, promise, words]* niebaczny, nieopatrzny

incautiously /ɪnˈkɔːʃəslɪ/ *adv [say]* niebacznie, nieopatrznie; *[act]* nierozważnie

incendiary /ɪnˈsendɪərɪ, US -dɪerɪ/ **I** *n* [1] (also **~ bomb)** bomba *f* zapalająca [2] (arsonist) podpalacz *m*, -ka *f* [3] (agitator) podżegacz *m*, -ka *f*

II *adj* [1] *[bomb]* zapalający [2] fig *[speech]* wichrzycielski; *[article]* prowokacyjny

incendiary attack *n* atak *m* bombami zapalającymi

incendiary device *n* ładunek *m* wybuchowy

incense[1] /ˈɪnsens/ **I** *n* kadzidło *n*

II *vt* (perfume with incense) okadz|ić, -ać

incense[2] /ɪnˈsens/ *vt* (enrage) rozsierdz|ić, -ać, doprowadz|ić, -ać do pasji

incense bearer *n* osoba *f* niosąca kadzielnicę

incense burner *n* kadzielnica *f*

incensed /ɪnˈsenst/ *adj* rozsierdzony **(by sth** czymś); **to be ~ at sth** być rozsierdzonym na coś or z powodu czegoś

incentive /ɪnˈsentɪv/ *n* [1] (motivation) bodziec *m*, motywacja *f*; **to be an ~ to do sth** stanowić bodziec do zrobienia czegoś; **to give sb the ~ to do sth** zachęcić kogoś do zrobienia czegoś; **there is no ~ for people to save** ludziom brak motywacji do oszczędzania; **they've no ~ to work**

I

brak im motywacji do pracy; **there are strong ~s to join a union** z zapisaniem się do związku wiążą się konkretne korzyści [2] Fin, Comm bodziec *m*; (payment) premia *f*; **export ~** premia eksportowa

incentive bonus *n* premia *f* motywacyjna

incentive payment *n* = **incentive bonus**

incentive scheme *n* motywacyjny system *m* płac

incentivize /ɪn'sentɪvaɪz/ *vt* stanowić zachętę dla (kogoś), motywować **(to do sth** do zrobienia czegoś)

inception /ɪn'sepʃn/ *n* (of institution) powstanie *n*; (of activity, work) rozpoczęcie *n*; **from** or **since its ~ in 1962** od chwili (swego) powstania w roku 1962; **at the ~ of his career** u progu (swojej) kariery

incertitude /ɪn'sɜːtɪtjuːd, US -tuːd/ *n* niepewność *f*

incessant /ɪn'sesnt/ *adj* nieustanny, bezustanny

incessantly /ɪn'sesntlɪ/ *adv* bez ustanku

incest /'ɪnsest/ *n* kazirodztwo *n*; **to commit ~** popełnić kazirodztwo, dopuścić się kazirodztwa

incestuous /ɪn'sestjʊəs, US -tʃʊəs/ *adj* [1] *[relationship, love]* kazirodczy; *[couple]* żyjący w związku kazirodczym [2] fig *[relationship, backslapping]* kumoterski; **it's a very ~ world** wszędzie pleni się kumoterstwo

inch /ɪntʃ/ **I** *n* (*pl* **~es**) [1] Meas cal *m* (= *2,54 cm)* [2] fig (small amount) **~ by ~** cal po calu; **you couldn't see an ~ in front of you in the fog** mgła była taka, że na krok nic nie było widać; **to miss being run over by ~es** o włos uniknąć wypadku; **to come within an ~ of death** otrzeć się o śmierć; **to be within an ~ of victory /death** być o krok od zwycięstwa/śmierci; **she won't give** or **budge an ~** ona nie ustąpi ani na krok or ani na cal

II *vt* **to ~ sth in/out** pomalutku wsuwać /wysuwać coś *[object]*; **to ~ the car into the garage** pomalutku wprowadzić samochód do garażu; **to ~ one's way forward** posuwać się z wolna

III *vi* **to ~ across sth** pomalutku przejść po czymś *[floor]*; **to ~ along sth** posuwać się cal po calu or pomalutku po czymś *[plank, ledge]*; **to ~ towards sth** posuwać się pomalutku w kierunku czegoś *[door]*; fig zbliżać się małymi kroczkami do czegoś fig *[solution, completion]*

■ **inch up** *[inflation, interest rate, price]* rosnąć stopniowo

IDIOMS: **give him/her an ~ and he/she'll take a mile** or **yard** ≈ daj diabłu palec, a on całą rękę chwyta; **I don't trust him an ~** za grosz mu nie ufam; **to fight for every ~ of one's land** bronić każdej piędzi ziemi; **to know every ~ of sth** znać coś jak własną kieszeń; **to search every ~ of the car/house** przeszukać cały samochód/dom; **to be every ~ an aristocrat/a soldier** być arystokratą/żołnierzem w każdym calu

inchoate /ɪn'kəʊeɪt, 'ɪn-/ *adj [desire, longing, doubts]* nieokreślony; *[plan, idea]* niesprecyzowany; *[awareness]* niejasny

inchoative /ɪn'kəʊətɪv/ *adj* Ling inchoatywny

inch worm *n* Zool gąsienica *f* miernikowca

incidence /'ɪnsɪdəns/ *n* [1] (frequency of occurrence) częstość *f* (występowania); (extent of occurrence) zasięg *m* (występowania); **a high ~ of crime in slums** wysoka przestępczość w slumsach; **the low ~ of road accidents** niewielka liczba wypadków drogowych [2] Phys (of ray) padanie *n*; **angle of ~** kąt padania [3] Fin **~ of taxes** obciążenie podatkami

incident /'ɪnsɪdənt/ **I** *n* [1] (event) (in life) wydarzenie *n*; (in narrative) epizod *m* [2] (disturbance) incydent *m*; **border/diplomatic ~** incydent graniczny/dyplomatyczny; **a stabbing ~** przypadek pchnięcia nożem; **without ~** bez żadnych incydentów

II *adj* [1] fml (related) **~ to sth/sb** towarzyszący czemuś/komuś *[profession, change]*; wynikający z czegoś *[ownership, membership, rank]* [2] Phys *[ray]* padający

incidental /ˌɪnsɪ'dentl/ **I** *n* drobiazg *m*

II incidentals *npl* nieprzewidziane wydatki *m pl*

III *adj* [1] (minor) *[remark, detail, fact, by-product]* marginalny, mało ważny; *[event]* incydentalny; *[flaw, defect]* nieistotny [2] (occurring as minor consequence) *[advantages, benefit]* uboczny; *[occupation]* dorywczy; **to be ~ to sth** towarzyszyć czemuś *[activity, job, undertaking]* [3] (accidental) przypadkowy

incidental damages *npl* Jur szkody *f pl* incydentalne

incidental expenses *npl* nieprzewidziane wydatki *m pl*

incidentally /ˌɪnsɪ'dentlɪ/ *adv* [1] (introducing a remark) nawiasem mówiąc; **~, did you see...?** à propos, czy widziałeś...?; **...who, ~, owes me £10** ...który, nawiasem mówiąc, jest mi winien 10 funtów [2] (as a by-product) przypadkowo, przy okazji

incidental music *n* Cin, Theat podkład *m* muzyczny

incident room *n* GB centrum *n* koordynacyjne *(na miejscu zdarzenia, zajścia)*

incident tape *n* Transp taśma *f* sygnalizacyjna

incinerable /ɪn'sɪnərəbl/ *adj* nadający się do spalenia, poddający się spopieleniu

incinerate /ɪn'sɪnəreɪt/ *vt* spal|ić, -ać *[waste, rubbish]*

incineration /ɪnˌsɪnə'reɪʃn/ *n* (of waste, refuse) spalanie *n*; (of corpse) kremacja *f*

incinerator /ɪn'sɪnəreɪtə(r)/ *n* (domestic) piec *m* do spalania; (industrial, in crematorium) spalarnia *f*

incipient /ɪn'sɪpɪənt/ *adj [stage]* początkowy; *[disease]* (będący) w stadium początkowym; *[conflict, enmity, frustration]* rodzący się fig; **~ crisis/baldness** początki kryzysu/łysiny

incise /ɪn'saɪz/ *vt* [1] (cut) naci|ąć, -nać [2] (engrave) wy|ryć; **the memorial was ~d with the names of the dead** na pomniku wyryto nazwiska zmarłych

incised /ɪn'saɪzd/ *adj* [1] *[surface, pattern]* grawerowany [2] Med *[wound, skin]* nacięty [3] Bot *[leaf]* wcinany

incision /ɪn'sɪʒn/ *n* [1] Med *[of skin, wound]* nacięcie *n* [2] Bot *[of leaf]* wcięcie *n*

incisive /ɪn'saɪsɪv/ *adj* [1] (decisive, keen) *[remark]* cięty, celny; *[criticism]* wnikliwy; *[mind]* przenikliwy; *[tone]* kategoryczny, ostry; *[presentation, style]* wyrazisty [2] *[tool]* tnący

incisively /ɪn'saɪsɪvlɪ/ *adv [speak, present]* wyraziście; *[argue]* rzeczowo

incisiveness /ɪn'saɪsɪvnɪs/ *n* (of remark) trafność *f*, celność *f*; (of mind) przenikliwość *f*; (of criticism) wnikliwość *f*; (of style) wyrazistość *f*

incisor /ɪn'saɪzə(r)/ *n* (also **~ tooth)** siekacz *m*

incite /ɪn'saɪt/ *vt* [1] (urge on) podburz|yć, -ać *[people, society]* **(to sth** do czegoś) *[strike, violence, racial hatred]* [2] (bring into being) wzniec|ić, -ać *[war, mutiny]*

incitement /ɪn'saɪtmənt/ *n* (rousing) podburzanie *n* **(to sth** do czegoś)

incivility /ˌɪnsɪ'vɪlətɪ/ *n* nieuprzejmość *f*

incl I *prep* = **including** w tym; **£20,000 ~ bonuses** 20 000 funtów łącznie z premiami

II *adj* = **inclusive** łączny; **rent: £110 p.w. ~** łącznie czynsz: 110 funtów tygodniowo; **May 12th-16th ~** od 12 do 16 maja włącznie

inclemency /ɪn'klemənsɪ/ *n* (of climate) surowość *f*; (of winter) srogość *f*; **~ of the weather** niepogoda

inclement /ɪn'klemənt/ *adj* [1] *[climate]* surowy; *[winter]* srogi; **~ weather** niepogoda *f* [2] *[person]* surowy

inclination /ˌɪŋklɪ'neɪʃn/ *n* [1] (tendency) skłonność *f*, inklinacja *f* **(to** or **towards sth** do czegoś); **to have/show an ~ for** or **towards sth** mieć/przejawiać skłonność do czegoś; **he's lazy by ~** jest z natury leniwy; **to follow one's own ~(s)** kierować się własnymi upodobaniami [2] (desire) chęć *f*, ochota *f* **(for sth** na coś); (liking) upodobanie *n* **(for sth** do czegoś); **to have an ~ to do sth** mieć ochotę robić coś; **to have no ~ to do sth** nie mieć (najmniejszej) ochoty robić czegoś; **I have no ~ for reading/such dull work** zupełnie nie pociąga mnie czytanie/taka nudna praca; **my own ~ is to ignore them totally** najchętniej zupełnie bym ich zignorował; **I have neither the time nor the ~** nie mam ani czasu, ani ochoty [3] (of head, body) schylenie *n*, pochylenie *n* [4] (degree of slope) nachylenie *n*; (inclined surface) pochyłość *f*

incline I /'ɪŋklaɪn/ *n* (slope) pochyłość *f*

II /ɪn'klaɪn/ *vt* [1] (bend) pochyl|ić, -ać, skł|onić, -aniać *[head, body]* [2] (tilt) przechyl|ić, -ać, odchyl|ić, -ać *[mirror, seat]* [3] (dispose) skł|onić, -aniać *[person]* **(to sth** ku czemuś); **his love of books ~d him towards a literary career** umiłowanie książek skłaniało go ku pisarstwu

III /ɪn'klaɪn/ *vi* [1] (tend) **to ~ to** or **towards sth** skłaniać się ku czemuś *[extremism, socialism, opinion, view]*; mieć skłonność do czegoś *[greed, severity]*; **dark brown, inclining to black** ciemny brąz wpadający w czerń; **I ~ to disagree with you** raczej się z tobą nie zgadzam [2] (lean) *[person]* pochyl|ić, -ać się; (in a bow) skłonić się; *[tower, tree]* pochyl|ić, -ać się, przechyl|ić, -ać się; *[line, ray]* odchyl|ić, -ać się

IV inclined *pp adj* **to be ~d to do sth** (have tendency) mieć skłonność do robienia czegoś; (have desire) mieć ochotę zrobić coś; **he was not ~d to help/listen** nie był skłonny pomóc/słuchać; **come along, if you feel so ~d** chodź, jeżeli masz ochotę; **they were ~d to agree** byli skłonni zgodzić się; **the wool is ~d to shrink** wełna może się kurczyć; **to be artistically ~d** mieć zamiłowania artystyczne; **to be mathematically ~d** mieć zamiłowanie do matematyki; **I didn't know he was that way ~d** euph pej nie wiedziałem, że on woli chłopców euph; **to be well-~d towards sb** być życzliwie nastawionym do kogoś

inclined plane *n* równia *f* pochyła

inclose *vt* = **enclose**

inclosure *n* = **enclosure**

include /ɪn'klu:d/ *vt* [1] (contain as a part) obejmować, zawierać; **does that ~ me?** czy to dotyczy również mnie?; **your duties ~ making the tea** do twoich obowiązków należy robienie herbaty; **meals are ~d in the price** koszt posiłków jest wliczony w cenę; **the guests ~d Henry Benson** wśród gości był Henry Benson [2] (put in, take in) włącz|yć, -ać; (with letter) załącz|yć, -ać; **we're all ~d in the invitation** wszyscy jesteśmy zaproszeni, zaproszenie obejmuje nas wszystkich; **she ~s dancing among her favourite pastimes** taniec zalicza do swych ulubionych rozrywek; **all of us, dog ~d** my wszyscy, łącznie z psem; **they all, his wife ~d, began to laugh** wszyscy, nie wyłączając jego żony, zaczęli się śmiać; **there were six, if you ~ children** było ich sześcioro, jeżeli liczyć dzieci

including /ɪn'klu:dɪŋ/ *prep* w tym, wliczając w to; **~ July** łącznie z lipcem; **not ~ July** nie licząc lipca; **I paid £5, ~ coffee** zapłaciłem 5 funtów, łącznie z kawą; **up to and ~ Friday/page 25** (aż) do piątku/25 strony włącznie; **~ service** łącznie z obsługą; **~ Maria/not ~ Maria we'll be six** razem z Marią/nie licząc Marii będzie nas sześcioro

inclusion /ɪn'klu:ʒn/ *n* [1] włączenie *n* **(of sb/sth** kogoś/czegoś); **her ~ in the committee** włączenie jej osoby do komitetu; **her ~ in the list** wpisanie jej na listę; **advertisements for ~ in next week's issue** ogłoszenia, które mają być włączone do przyszłotygodniowego numeru [2] Math inkluzja *f*

inclusive /ɪn'klu:sɪv/ *adj [charge, price, rate]* łączny, globalny; **at an all-~ rate of...** za łączną opłatą wynoszącą...; **he booked an ~ trip with them** GB zarezerwował u nich wycieczkę z wszystkimi świadczeniami; **from the 15th to the 21st ~** od 15. do 21. włącznie; **those aged 17-24 ~** osoby w wieku od lat 17 do 24 włącznie; **prices are all-~** ceny zawierają wszystkie opłaty dodatkowe; **the price, ~ of delivery, is...** cena, łącznie z dostawą, wynosi...; **the price is not ~ of delivery** cena nie obejmuje kosztów dostawy; **all prices are ~ of VAT** wszystkie ceny zawierają podatek VAT

inclusively /ɪn'klu:sɪvlɪ/ *adv [pay, charge]* łącznie

inclusivism /ɪn'klu:sɪvɪzəm/ *n* inkluzywizm *m*

incognito /ˌɪŋkɒg'ni:təʊ, US ɪŋ'kɒgnətəʊ/ **I** *n* (*pl* **~s**) (condition) incognito *n inv*; (person) dat osoba *f* występująca incognito **II** *adj* **to be/remain ~** występować /pozostać incognito; **~ travellers** osoby podróżujące incognito **III** *adv [travel, go]* incognito

incoherence /ˌɪŋkəʊ'hɪərəns/ *n* niespójność *f*; inkoherencja *f* ra

incoherent /ˌɪŋkəʊ'hɪərənt/ *adj* (not coherent) *[account, story, message, thoughts]* chaotyczny, nieskładny; *[policy]* niespójny; *[remarks]* bez związku; **he was ~** mówił bez ładu i składu

incoherently /ˌɪŋkəʊ'hɪərəntlɪ/ *adv [speak, explain]* nieskładnie

incombustible /ˌɪŋkəm'bʌstəbl/ *adj [material, chemical]* niepalny

income /'ɪŋkʌm/ *n* dochód *m*, dochody *m pl*; **an ~ of £1,000 per month** miesięczny dochód w wysokości 1000 funtów; **to be on an ~ of £20,000 per year** uzyskiwać roczne dochody w wysokości 20 000 funtów; **he lives within his ~** nie wydaje więcej, niż zarabia; **to live beyond one's ~** żyć ponad stan; **low-~ households** gospodarstwa domowe o niskich dochodach; **loss of ~** utrata dochodów; **disposable/taxable ~** dochód netto/podlegający opodatkowaniu; **gross ~** dochód brutto; **sources of ~** źródła dochodu; **earned ~** dochód wypracowany; **unearned ~** dochód niewypracowany

income bracket *n* grupa *f* dochodu; **low-/high-~** grupa o niskich/wysokich dochodach

income group *n* = **income bracket**

incomer /'ɪnkʌmə(r)/ *n* GB (immigrant) przybysz *m*

incomes policy *n* polityka *f* kształtowania dochodów

income support *n* GB Soc Admin zasiłek *m (dla osób o niskich dochodach)*

income tax *n* podatek *m* dochodowy

income tax form *n* druk *m* or formularz *m* zeznania podatkowego

income tax inspector *n* inspektor *m* podatkowy

income tax return *n* zeznanie *n* podatkowe

incoming /'ɪnkʌmɪŋ/ **I incomings** *npl* Accts przychody *m pl*, wpływy *m pl* **II** *adj* [1] (coming in) *[aircraft, passenger]* przybywający; *[mail, order]* napływający; *[wave, year]* nadchodzący; *[missile]* nadlatujący; **~ flights have been diverted** przylatujące samoloty skierowano na inne lotniska; **this phone only takes ~ calls** przez ten telefon można jedynie odbierać rozmowy; **the number from which the ~ call was made** numer, z którego telefonowano [2] (succeeding) *[tenant, members, government]* nowy; *[president, official]* obejmujący urząd [3] (accruing) *[interest, dividends]* otrzymywany

incommensurable /ˌɪŋkə'menʃərəbl/ *adj [effect, forces]* niewspółmierny **(with sth** do czegoś); **they are ~ (with each other)** *[people]* nie można ich porównywać

incommensurate /ˌɪŋkə'menʃərət/ *adj* [1] (out of proportion) nieproporcjonalny; (inadequate) niedostateczny; **to be ~ with sth** być niewspółmiernym do czegoś [2] = **incommensurable**

incommode /ˌɪŋkə'məʊd/ *vt* fml przeszkadzać (komuś); wadzić (komuś) dat

incommodious /ˌɪŋkə'məʊdɪəs/ *adj* fml dat niewygodny; *[room]* ciasnawy

incommunicable /ˌɪŋkə'mju:nɪkəbl/ *adj [anxiety, desires, fears]* niewyrażalny; *[knowledge]* niemożliwy do przekazania

incommunicado /ˌɪŋkəˌmju:nɪ'kɑ:dəʊ/ **I** *adj* incommunicado; **to be ~** (involuntarily) być trzymanym w odosobnieniu; (by choice) izolować się, odgrodzić się od świata **II** *adv [held, detained]* w odosobnieniu

in-company /ɪn'kʌmpənɪ/ *adj* **~ training** szkolenie wewnątrzzakładowe

incomparable /ɪn'kɒmprəbl/ *adj* [1] (matchless) *[talent, beauty]* niezrównany [2] (not admitting comparison) **~ to** or **with sth** nieporównywalny z czymś

incomparably /ɪn'kɒmprəblɪ/ *adv [better]* nieporównanie, nieporównywalnie; **~ the best** bez porównania najlepszy; **~ beautiful** niezrównanej urody

incompatibility /ˌɪŋkəmˌpætə'bɪlətɪ/ *n* (of attitudes, natures, blood groups, drugs) niezgodność *f*; (of aims, wishes) rozbieżność *f*; (of colours, styles) niedopasowanie *n*; **divorce on the grounds of ~** orzeczenie rozwodu z powodu niezgodności charakterów

incompatible /ˌɪŋkəm'pætəbl/ *adj* [1] *[natures, outlooks, aims]* niezgodny, rozbieżny; *[couple, personalities]* niedobrany; **to be ~ with sth** *[wishes, aims, intentions]* być nie do pogodzenia z czymś [2] Med *[blood groups]* niezgodny; **~ drugs** leki, których nie można przyjmować łącznie [3] Comput niekompatybilny **(with sth** z czymś**)**

incompetence /ɪn'kɒmpɪtəns/ *n* [1] (of person, child) nieudolność *f*; (of professional) niekompetencja *f*, brak *m* kompetencji [2] Jur (of court) niekompetencja *f*; (of person) niemożność *f* występowania w charakterze świadka [3] Med (of valve, sphincter) niewydolność *f*

incompetency /ɪn'kɒmpɪtənsɪ/ *n* = **incompetence**

incompetent /ɪn'kɒmpɪtənt/ **I** *n* osoba *f* niekompetentna **II** *adj* [1] *[doctor, management, government]* niekompetentny, nieudolny; *[work, performance, attempt]* nieudolny; **he's ~ to play the violin in public** nie gra na skrzypcach na tyle dobrze, żeby występować publicznie; **I'm ~ to judge a beauty contest** nie nadaję się na jurora w konkursie piękności [2] Jur (in law) *[court]* niekompetentny; *[evidence]* niedopuszczalny; **~ witness** osoba niemogąca być świadkiem (w sądzie)

incompetently /ɪn'kɒmpɪtəntlɪ/ *adv [teach, manage]* nieudolnie, nieumiejętnie

incomplete /ˌɪŋkəm'pli:t/ *adj* [1] (unfinished) *[work, building, novel]* niedokończony [2] (lacking parts) *[collection, series, set, kit]* niekompletny [3] (imperfect) *[success, victory]* niepełny, niezupełny

incompletely /ˌɪŋkɒm'pli:tlɪ/ *adv [assembled, understood, grown]* nie w pełni, niezupełnie

incompleteness /ˌɪŋkəm'pli:tnɪs/ *n* (of work) niedokończenie *n*; (of set) niekompletność *f*; (of victory) niepełność *f*, połowiczność *f*

incomprehensible /ɪnˌkɒmprɪˈhensəbl/ *adj* niezrozumiały **(to sb** dla kogoś**)**

incomprehensibly /ɪnˌkɒmprɪˈhensəblɪ/ *adv [act, react]* niezrozumiale; *[worded]* niejasno, w sposób niezrozumiały; pej *[slow, stupid, dull]* niesłychanie; **~, she didn't react** nie wiadomo dlaczego, nie zareagowała

incomprehension /ɪnˌkɒmprɪˈhenʃn/ *n* niezrozumienie *n*, brak *m* zrozumienia; **to look at sb in ~** patrzeć na kogoś nic nierozumiejącym wzrokiem

inconceivable /ˌɪŋkənˈsiːvəbl/ *adj* niewyobrażalny; **it's ~ that...** to nie do pomyślenia, że...; **it's not ~ that...** niewykluczone, że...

inconceivably /ˌɪŋkənˈsiːvəblɪ/ *adv* niewyobrażalnie

inconclusive /ˌɪŋkənˈkluːsɪv/ *adj [discussion, meeting]* bezproduktywny, bezowocny; *[action]* bezskuteczny; *[fighting, battle]* nierozstrzygnięty; *[argument, evidence]* nieprzekonujący; **an ~ vote** głosowanie nieprzynoszące rozstrzygnięcia; **the medical tests were ~** badania nie przyniosły jednoznacznego wyniku

inconclusively /ˌɪŋkənˈkluːsɪvlɪ/ *adv [argue]* nieprzekonująco; *[attempt]* bezskutecznie; **the talks ended ~** rozmowy nie przyniosły rozstrzygnięcia

incongruity /ˌɪŋkɒŋˈgruːətɪ/ *n* [1] (lack of harmony) (in appearance, behaviour) niedopasowanie *n*, nieodpowiedniość *f*; (of situation) niedorzeczność *f* [2] (discrepancy, disagreement) sprzeczność *f* [3] (act, event) niestosowność *f*

incongruous /ɪnˈkɒŋgrʊəs/ *adj [sight, building, appearance, figure]* dziwny, osobliwy; *[situation]* absurdalny; *[behaviour, remark]* nie na miejscu, niestosowny; **he was an ~ figure among the tourists** nie pasował do reszty turystów; **it seems ~ that...** wydaje się dziwne, że...

incongruously /ɪnˈkɒŋgrʊəslɪ/ *adv [dress, behave]* dziwacznie, osobliwie; **~ modern** rażący nowoczesnością

inconsequent /ɪnˈkɒnsɪkwənt/ *adj [reasoning, argument]* niespójny, nielogiczny

inconsequential /ɪnˌkɒnsɪˈkwenʃl/ *adj* [1] (unimportant) *[detail, event, conversation]* nieistotny, błahy [2] (illogical) *[question, idea]* niespójny, nielogiczny

inconsiderable /ˌɪŋkənˈsɪdrəbl/ *adj [sum, amount, reward, army, force]* nieznaczny, niewielki; **not ~** niemały; **it's not ~** to niemało

inconsiderate /ˌɪŋkənˈsɪdərət/ *adj* [1] (thoughtless of others) *[person]* nieliczący się z innymi; *[behaviour, remark]* niedelikatny, nietaktowny; **to be ~ towards sb** nie liczyć się z kimś; **it was most ~ of her to leave like that** to było bardzo niegrzecznie z jej strony, że tak po prostu wyszła; **that was a very ~ thing to say!** jak można było powiedzieć coś równie nietaktownego! [2] (ill-advised) *[action]* nieprzemyślany

inconsiderately /ˌɪŋkənˈsɪdərətlɪ/ *adv [speak, act]* nieuprzejmie, niedelikatnie

inconsistency /ˌɪŋkənˈsɪstənsɪ/ *n* (of argument, statement) niespójność *f*, nielogiczność *f*; (of attitudes, actions) niekonsekwencja *f*, brak *m* konsekwencji; **the ~ of his work** nierówny poziom jego pracy; **the ~ of your behaviour** brak konsekwencji w twoim zachowaniu

inconsistent /ˌɪŋkənˈsɪstənt/ *adj* [1] (changeable, erratic) *[work, performance, player]* nierówny; *[beliefs, attitude]* nietrwały, niestały; *[argument, reasoning]* nielogiczny, niespójny; *[action, person]* niekonsekwentny [2] (incompatible) **to be ~ with sth** być niezgodnym z czymś, przeczyć czemuś

inconsolable /ˌɪŋkənˈsəʊləbl/ *adj [person]* niepocieszony; nieukojony liter; *[loss]* nieodżałowany

inconsolably /ˌɪŋkənˈsəʊləblɪ/ *adv [weep, moan]* żałośnie; **~ grief-stricken** nieukojony w żalu; **~ sad** pogrążony w nieukojonym smutku

inconspicuous /ˌɪŋkənˈspɪkjʊəs/ *adj [person, object]* niepozorny, nierzucający się w oczy; *[clothing]* nierzucający się w oczy; *[gesture]* dyskretny; **(to try) to make oneself ~** starać się nie zwracać na siebie uwagi

inconspicuously /ˌɪŋkənˈspɪkjʊəslɪ/ *adv [act, leave]* dyskretnie; *[dressed]* w sposób nierzucający się w oczy

inconstancy /ɪnˈkɒnstənsɪ/ *n* [1] (unfaithfulness) niestałość *f*; **his infrequent inconstancies** jego sporadyczna niewierność [2] (variability) (of temperature, conditions) niestałość *f*, zmienność *f*; (irregularity) (of visits) nieregularność *f*

inconstant /ɪnˈkɒnstənt/ *adj* fml *[lover, friend, feelings]* niestały; *[temperature, conditions, temper]* zmienny

incontestable /ˌɪŋkənˈtestəbl/ *adj [fact]* niezaprzeczalny, bezsporny; *[evidence, cleverness]* bezsprzeczny

incontinence /ɪnˈkɒntɪnəns/ *n* [1] Med niekontrolowanie *n* czynności fizjologicznych [2] fig niepowściągliwość *f*

incontinence pad *n* Med pieluchomajtki *plt* dla dorosłych

incontinent /ɪnˈkɒntɪnənt/ *adj* [1] Med **~ person** osoba niekontrolująca czynności fizjologicznych; **to be ~** nie kontrolować czynności fizjologicznych [2] fig niepowściągliwy

incontrovertible /ˌɪŋkɒntrəˈvɜːtəbl/ *adj [evidence, proof]* niewątpliwy, niepodważalny; *[fact, argument]* niezaprzeczalny; *[explanation]* niebudzący wątpliwości; **it is ~ that...** nie ulega wątpliwości, że...

incontrovertibly /ˌɪŋkɒntrəˈvɜːtəblɪ/ *adv [prove, true, wrong]* ponad wszelką wątpliwość; *[demonstrate]* w sposób niebudzący wątpliwości

inconvenience /ˌɪŋkənˈviːnɪəns/ **I** *n* [1] (trouble) niedogodność *f*, niewygoda *f*, kłopot *m*; **to put sb to great ~** sprawić komuś wielki kłopot; **we don't want to cause you any ~** nie chcielibyśmy sprawiać kłopotu; **they went to a lot of ~ to have it ready** zadali sobie wiele trudu, żeby to przygotować; **'the management apologizes for any ~ caused to customers during renovations'** „dyrekcja przeprasza klientów za niedogodności związane z pracami remontowymi" [2] (disadvantage) niedogodność *f*; **the ~s of having no car** niedogodności wynikające z braku samochodu; **there are ~s in working part-time** praca na pół etatu wiąże się z pewnymi niedogodnościami

II *vt* przysp|orzyć, -arzać kłopotu (komuś)

inconvenient /ˌɪŋkənˈviːnɪənt/ *adj* [1] *[location, time, arrangement, setting]* niedogodny; *[device]* niewygodny w użyciu; **living so far from the station is rather ~** to niewygoda mieszkać tak daleko od stacji; **if it is not ~ to you** jeżeli nie sprawi ci to kłopotu; **it's rather an ~ time to call** to chyba nieodpowiednia pora na wizyty [2] euph (embarrassing) *[fact, incident, visitor]* kłopotliwy

inconveniently /ˌɪŋkənˈviːnɪəntlɪ/ *adv [located]* niedogodnie; *[arranged]* niepraktycznie, niedogodnie

inconvertibility /ˌɪŋkənˌvɜːtəˈbɪlətɪ/ *n* Fin niewymienialność *f*

inconvertible /ˌɪŋkənˈvɜːtəbl/ *adj* Fin *[currency]* niewymienialny

incorporate /ɪnˈkɔːpəreɪt/ **I** *vt* [1] (make part of sth) włącz|yć, -ać *[group, idea, plan]* **(into sth** do czegoś**)**; przyłącz|ać, -yć *[territory]* **(into sth** do czegoś**)**; inkorporować fml [2] (have as part of itself) *[plan, group, system]* zawierać (w sobie); *[computer, aircraft]* być wyposażonym w (coś) *[facilities, features]*; **the new design ~s many new features** w nowym modelu wprowadzono wiele nowości [3] Comm, Jur nada|ć, -wać osobowość prawną (czemuś) *[company]*

II *vi* Comm, Jur utworzyć spółkę

III incorporated *pp adj* Comm, Jur *[company]* posiadający osobowość prawną; **a company ~d in the State of New Jersey** spółka zarejestrowana w stanie New Jersey

incorporation /ɪnˌkɔːpəˈreɪʃn/ *n* [1] (inclusion) (of territory) przyłączenie *n* **(into sth** do czegoś**)**; inkorporacja *f* fml; (of ideas, information, written material) włączenie *n* **(into sth** do czegoś**)**; **to collect information for ~ into sth** gromadzić informacje do czegoś *[book, essay]* [2] Jur, Comm zarejestrowanie *n* spółki

incorporator /ɪnˈkɔːpəreɪtə(r)/ *n* Fin, Jur członek założyciel *m* (spółki)

incorporeal /ˌɪŋkɔːˈpɔːrɪəl/ *adj* fml niematerialny also Jur; **~ chattels, ~ property** dobra niematerialne

incorrect /ˌɪŋkəˈrekt/ *adj* [1] (wrong, false) *[answer, calculation, spelling]* niepoprawny; *[conclusion, address]* niewłaściwy; *[information, diagnosis]* błędny; **it is ~ to think that...** błędem jest sądzić, że...; **I was ~ in thinking that...** myliłem się, sądząc, że... [2] (unsuitable) niestosowny, nieodpowiedni

incorrectly /ˌɪŋkəˈrektlɪ/ *adv [answer, spell, translate, calculate]* niepoprawnie; *[predict, assume]* błędnie; *[dress, behave]* niestosownie, nieodpowiednio; *[informed]* mylnie, źle

incorrigible /ɪnˈkɒrɪdʒəbl, US -ˈkɔːr-/ *adj [person, habit]* niepoprawny

incorrigibly /ɪnˈkɒrɪdʒəblɪ, US -ˈkɔːr-/ *adv* US *[idle]* niepoprawnie; *[naughty, untidy]* stale, wiecznie; *[stupid]* nieuleczalnie; **she is ~ romantic/optimistic** jest niepoprawną romantyczką/optymistką

incorruptibility /ˌɪŋkəˌrʌptəˈbɪlətɪ/ *n* [1] (of person) nieprzekupność *f* [2] (of material) trwałość *f*

incorruptible /ˌɪŋkəˈrʌptəbl/ *adj* [1] (honest) *[person]* nieprzekupny [2] (not capable of decay) *[material]* nieniszczejący, niezniszczalny

increase **I** /ˈɪŋkriːs/ *n* wzrost *m* **(in sth** czegoś); **price/pay ~** wzrost cen/podwyżka płac; **an ~ in support/unemployment** wzrost poparcia/bezrobocia; **an ~ of 5%, a 5% ~** pięcioprocentowy wzrost; **an ~ of 20% in the cost of sth** dwudziestoprocentowy wzrost kosztów czegoś; **an ~ in the journey time from four hours to five hours** wydłużenie czasu podróży z czterech do pięciu godzin; **to be on the ~** *[activity, crime, illiteracy, population]* wzrastać, rosnąć; *[wind]* wzmagać się

II /ɪnˈkriːs/ *vt* [1] zwiększ|yć, -ać *[chances, number, speed, sales, risk, value]*; podn|ieść, -osić, podwyższ|yć, -ać *[tax, wage, price, temperature]*; wzm|óc, -agać *[efforts, anxiety]*; **to ~ sth by sth** powiększyć coś o coś *[amount, percentage]*; **to ~ life expectancy by five years** zwiększyć przewidywaną długość życia o pięć lat; **the physician ~d the dosage from one to four** lekarz zwiększył dawkę z jednej do czterech; **I ~d my offer to £100** podniosłem ofertę do 100 funtów; **the guards were ~d in numbers** zwiększono liczbę strażników [2] (in knitting) dob|rać, -ierać *[stitch]*

III /ɪnˈkriːs/ *vi* [1] *[number, price, popularity, appetite, speed, rate]* wzr|osnąć, -astać, rosnąć; *[size, knowledge]* zwiększ|yć, -ać się; *[pain, wind, rain]* wzm|óc, -agać się; **to ~ by sth** wzrosnąć o coś *[amount, percentage]*; **to ~ in size/length** powiększyć się /wydłużyć się; **to ~ in value/importance/popularity** zyskać na wartości/znaczeniu/popularności; **property has ~d in price** cena nieruchomości wzrosła; **to ~ in volume** *[dough]* rosnąć; *[noise]* nasilić się; *[sales]* zwiększyć się [2] (in knitting) dob|rać, -ierać oczka

IV **increasing** *prp adj [prices, number, frequency]* rosnący; *[pain]* nasilający się; **with increasing frequency** z coraz większą częstotliwością, coraz częściej

V **increased** *pp adj [choice, demand, probability, risk]* zwiększony; *[attacks]* wzmożony; **~d inequality** coraz wyraźniejsza nierówność

increasingly /ɪnˈkriːsɪŋlɪ/ *adv* [1] (of degree) *[popular, probable, effective, upset]* coraz bardziej; **~ difficult/easy** coraz trudniejszy/łatwiejszy; **it is becoming ~ clear that...** coraz wyraźniej widać, że... [2] (of frequency) *[find, ask, make, send]* coraz częściej

incredible /ɪnˈkredəbl/ *adj* [1] (unbelievable) *[amounts, scenes, tales, excuse]* niewiarygodny [2] infml (wonderful) *[evening, flowers, sight]* niesamowity, cudowny

incredibly /ɪnˈkredəblɪ/ *adv* [1] (astonishingly) *[beautiful, easy, hot]* niewiarygodnie; **~, she didn't hear a word** to nie do wiary, ale nie usłyszała ani słowa [2] infml (extremely) *[weird, brave, heavy]* niesamowicie, niezwykle

incredulity /ˌɪŋkrɪˈdjuːlətɪ, US -duː-/ *n* niedowierzanie *n*; **a look** or **expression of ~** wyraz niedowierzania

incredulous /ɪnˈkredjʊləs, US -dʒə-/ *adj [expression]* pełen niedowierzania; **she gave him an ~ look** popatrzyła na niego z niedowierzaniem; **they were ~ (at sth)** nie mogli uwierzyć (w coś); **he was ~ at your success/the news** nie mógł uwierzyć, że ci się udało/w to, co usłyszał; **I was ~ that...** nie mogłem uwierzyć, że...

incredulously /ɪnˈkredjʊləslɪ, US -dʒə-/ *adv [ask, look, stare]* niedowierzająco, z niedowierzaniem; *[listen, repeat]* z niedowierzaniem

increment /ˈɪŋkrəmənt/ **I** *n* [1] (increase) przyrost *m* **(in sth** czegoś) [2] Fin (on salary) podwyżka *f* automatyczna [3] Math przyrost *m* [4] Comput (number added) inkrement *m*; (addition) inkrementacja *f*

II *vt* [1] Fin podwyższ|yć, -ać (automatycznie) *[salary]* [2] Math zwiększ|yć, -ać; Comput inkrementować; **to ~ a value by one** zwiększyć wartość o jeden

incremental /ˌɪŋkrəˈmentl/ *adj* [1] Comput, Math *[backup, computer, display]* przyrostowy [2] (increasing) *[benefit, increases in salary]* przyrostowy; *[measures, steps]* stopniowy; *[effect]* narastający

incremental cost *n* Fin koszt *m* krańcowy

incremental scale *n* Fin ≈ siatka *f* wzrostu płac

incriminate /ɪnˈkrɪmɪneɪt/ **I** *vt [evidence, documents]* obciąż|yć, -ać; **to ~ sb in sth** obciążyć kogoś winą za coś *[crime, activity]*

II *vr* **to ~ oneself** obciąż|yć, -ać się

incriminating /ɪnˈkrɪmɪneɪtɪŋ/ *adj [evidence, testimony, circumstances]* obciążający

incrimination /ɪnˌkrɪmɪˈneɪʃn/ *n* (act) (accusation) oskarżenie *n*, obwinienie *n*; (state) stan *m* oskarżenia

incriminatory /ɪnˈkrɪmɪneɪtərɪ, -nətrɪ, US -tɔːrɪ/ *adj* Jur *[testimony, statement, evidence]* obciążający

in-crowd /ˈɪnkraʊd/ *n* infml **to be in with the ~** obracać się w lepszym towarzystwie

incrust *vt* = **encrust**

incrustation /ˌɪŋkrʌˈsteɪʃn/ *n* [1] (layer) (of gems) inkrustacja *f*; (of lime, salt) skorupa *f*, powłoka *f* osadowa [2] (process) tworzenie się *n* skorupy; fig (of habits, customs) skostnienie *n*

incubate /ˈɪŋkjʊbeɪt/ **I** *vt* [1] Agric *[hen]* wysi|edzieć, -adywać; *[breeder]* umie|ścić, -szczać w inkubatorze *[eggs]* [2] (grow) wy|hodować w warunkach laboratoryjnych *[bacteria, culture]*; umie|ścić, -szczać w inkubatorze *[embryo]* [3] fig obmyśl|ić, -ać, szykować *[scheme, idea]*

II *vi* [1] *[embryo]* rozwijać się w inkubatorze; *[disease]* rozwi|nąć, -jać się; *[bacteria, culture]* przechodzić inkubację; **these eggs have been incubating for five days** (naturally) te jajka były wysiadywane przez pięć dni; (artificially) te jajka były w inkubatorze przez pięć dni; **the disease takes four weeks to ~** okres inkubacji choroby wynosi cztery tygodnie [2] fig *[plans, decision]* dojrze|ć, -wać

incubation /ˌɪŋkjʊˈbeɪʃn/ *n* [1] (of eggs, bacteria, disease) inkubacja *f* [2] fig (of plot, scheme) dojrzewanie *n*

incubation period *n* okres *m* inkubacji

incubator /ˈɪŋkjʊbeɪtə(r)/ *n* inkubator *m*; (for eggs) inkubator *m*, wylęgarka *f*

incubus /ˈɪŋkjʊbəs/ *n* (*pl* **incubi, ~es**) [1] (devil) inkub *m* [2] fig (fear) koszmar *m*

incudes /ɪŋˈkjuːdiːz/ *npl* → **incus**

inculcate /ˈɪnkʌlkeɪt, US ɪnˈkʌl-/ *vt* **to ~ sth in sb, to ~ sb with sth** wp|oić, -ajać or wszczepi|ć, -ać komuś coś *[idea, principle]*

inculcation /ˌɪnkʌlˈkeɪʃn/ *n* (of ideas) wpojenie *n*; **she believed in the ~ of punctuality at an early age** uważała, że punktualność należy ludziom wpajać już w dzieciństwie

incumbency /ɪnˈkʌmbənsɪ/ *n* fml urzędowanie *n*; **during his ~ at the ministry** kiedy urzędował w ministerstwie

incumbent /ɪnˈkʌmbənt/ **I** *n* [1] Admin, Polit osoba *f* piastująca urząd; (president) obecny prezydent *m*; (minister) obecny minister *m* [2] Relig administrator *m (parafii, diecezji w kościele anglikańskim)*

II *adj* [1] (morally) **it is ~ on doctors to respect their patients' privacy** na lekarzach spoczywa obowiązek poszanowania prywatności pacjentów [2] (in office) *[minister, administrator]* urzędujący; **the ~ president** obecny prezydent

incunabulum /ˌɪnkjuːˈnæbjʊləm/ *n* (*pl* **-bula**) Hist inkunabuł *m*

incur /ɪnˈkɜː(r)/ *vt* (*prp, pt, pp* **-rr-**) zaciąg|nąć, -ać *[debt, obligations]*; pon|ieść, -osić *[risk, loss, expenses, penalty]*; wywoł|ać, -ywać, ściąg|nąć, -ać na siebie *[anger]*

incurable /ɪnˈkjʊərəbl/ **I** *n* nieuleczalnie chor|y *m*, -a *f*

II *adj* [1] Med *[disease]* nieuleczalny; *[patient]* nieuleczalnie chory [2] fig *[romanticism, optimist]* niepoprawny, nieuleczalny; *[attitudes, habits]* niezmienny

incurably /ɪnˈkjʊərəblɪ/ *adv* [1] Med *[ill]* nieuleczalnie [2] fig *[optimistic, inquisitive]* niepoprawnie; **she is ~ romantic** jest niepoprawną romantyczką

incurious /ɪnˈkjʊərɪəs/ *adj* obojętny; **to be ~ about sth** nie być ciekawym czegoś

incursion /ɪnˈkɜːʃn, US -ʒn/ *n* [1] (into territory) wtargnięcie *n*; **to make an ~ into enemy territory** wtargnąć na terytorium wroga [2] (into privacy) ingerencja *f* **(into sth** w coś); naruszenie *n* **(into sth** czegoś)

incus /ˈɪŋkəs/ *n* (*pl* **incudes**) Anat kowadełko *n*

indebted /ɪnˈdetɪd/ *adj* [1] (grateful) zobowiązany, wdzięczny; **to be ~ to sb for sth** być komuś zobowiązanym za coś; **to be ~ to sb for doing sth** być komuś wdzięcznym or zobowiązanym za zrobienie czegoś [2] Econ, Fin *[person, company, country, economy]* zadłużony; **to be ~ to sb** być dłużnikiem kogoś

indebtedness /ɪnˈdetɪdnɪs/ *n* [1] Econ, Fin zadłużenie *n* [2] (gratitude) wdzięczność *f* **(to sb** dla kogoś); **~ for sth** wdzięczność za coś

indecency /ɪnˈdiːsnsɪ/ *n* [1] (lack of decency) nieprzyzwoitość *f*, brak *m* przyzwoitości [2] Jur (offence) obraza *f* moralności

indecent /ɪnˈdiːsnt/ *adj* [1] (sexually) *[behaviour, gesture]* nieprzyzwoity [2] (unseemly) *[haste]* skandaliczny, nadmierny; **an ~ amount of money** nieprzyzwoicie wielka suma; **an ~ amount of work** prawdziwy nawał pracy

indecent assault *n* czyn *m* lubieżny

I

indecent exposure *n* obnażenie się *n* w miejscu publicznym
indecently /ɪnˈdiːsntlɪ/ *adv* 1 (offensively) *[behave, act, dress]* nieprzyzwoicie 2 (inappropriately) *[greedy]* nieprzyzwoicie; **they got married ~ soon** pobrali się w budzącym zgorszenie pośpiechu; **she arrived ~ early** przybyła o nieprzyzwoicie wczesnej porze
indecipherable /ˌɪndɪˈsaɪfrəbl/ *adj [writing, signature]* nie do odcyfrowania; *[code]* nie do rozszyfrowania
indecision /ˌɪndɪˈsɪʒn/ *n* niezdecydowanie *n*; **~ about** or **over how to tackle the problem** brak zdecydowania co do sposobu rozwiązania problemu; **after a minute of ~** po minucie wahania
indecisive /ˌɪndɪˈsaɪsɪv/ *adj* 1 (hesitant) niezdecydowany **(about sth** co do czegoś) 2 (inconclusive) *[result, outcome, victory]* nierozstrzygający; *[battle]* nierozstrzygnięty; *[debate, discussion]* nieprzynoszący rozstrzygnięć; **the result of the poll was ~** głosowanie nie przyniosło rozstrzygnięcia
indecisively /ˌɪndɪˈsaɪsɪvlɪ/ *adv [answer, speak]* niezdecydowanie; *[behave]* w sposób niezdecydowany
indeclinable /ˌɪndɪˈklaɪnəbl/ *adj* Ling nieodmienny
indecorous /ɪnˈdekərəs/ *adj* fml *[manner, behaviour]* niestosowny, niewłaściwy; nienależyty ra
indecorously /ɪnˈdekərəslɪ/ *adv* fml *[short, transparent]* niestosownie, nieodpowiednio; *[behave, guffaw]* niekulturalnie, nieelegancko
indecorum /ˌɪndɪˈkɔːrəm/ *n* fml 1 (action) niestosowne zachowanie *n* 2 (quality) brak *m* dobrych manier
indeed /ɪnˈdiːd/ *adv* 1 (certainly) rzeczywiście; w samej rzeczy fml or hum; **it is ~ likely that...** rzeczywiście prawdopodobne jest, że...; **there had ~ been a plot** istotnie miał miejsce spisek; **'it's unfair' – '~!'** „to niesprawiedliwe" – „zgadza się!"; **'are you interested?' – '~ I am!'** or **'yes ~!'** „czy to cię interesuje?" – „tak, oczywiście!"; **'can you see it from there?' – '~ you can'** or **'you can ~'** „czy widać to stamtąd?" – „oczywiście, że tak!"; **'he's not coming, is he?' – '~ he is!'** „on nie przyjdzie, prawda?" – „właśnie, że przyjdzie!"; **'did she really leave him?' – 'she did ~!'** „czy ona naprawdę go opuściła?" – „ależ tak!" 2 (in fact) istotnie; (when adding) a nawet, a co więcej; **if ~ that is what consumers want** jeżeli istotnie takie są życzenia klientów; **it won't harm them – ~ it might be to their advantage** to im nie zaszkodzi, a nawet może wyjść im na dobre; **she's polite, ~ charming** jest miła, a nawet or wręcz czarująca; **I feel, ~ I am convinced that...** sądzę, a nawet jestem przekonany, że... 3 (for emphasis) naprawdę; **very angry/clever ~** naprawdę bardzo zły/bystry; **it was very hot ~** było naprawdę bardzo gorąco; **I was very sad ~ to hear that...** naprawdę zasmuciła mnie wiadomość, że...; **that's very good news ~** to naprawdę bardzo dobre wiadomości; **that was praise ~ coming from him!** w jego ustach to prawdziwa pochwała!; **we are very grateful ~ for...** jesteśmy naprawdę ogromnie wdzięczni za...; **thank you very much ~** dziękuję z całego serca, stokrotne dzięki 4 iron (expressing surprise, disbelief) **'he knows you' – 'does he, ~?'** „on cię zna" – „czyżby?"; **'why did she do it?' – 'why ~?'** „czemu ona to zrobiła?" – „dobre pytanie!" or „sam chciałbym wiedzieć"; **a bargain ~! it's a rip-off** infml też mi okazja! to zdzierstwo infml
indefatigable /ˌɪndɪˈfætɪgəbl/ *adj [person, effort]* niezmordowany; *[patience]* bezbrzeżny liter
indefatigably /ˌɪndɪˈfætɪgəblɪ/ *adv* niestrudzenie
indefensible /ˌɪndɪˈfensəbl/ *adj* 1 (morally) *[crime, cruelty, behaviour, attitude]* niewybaczalny; *[severity, penalty]* nieuzasadniony 2 (logically) *[reasoning, theory, opinion, case]* nie do utrzymania, nieuzasadniony 3 Mil *[position, territory]* nie do obrony
indefensibly /ˌɪndɪˈfensəblɪ/ *adv [act, behave]* w sposób niewybaczalny; **he's ~ cruel** jego okrucieństwo jest niewybaczalne
indefinable /ˌɪndɪˈfaɪnəbl/ *adj [air, fear]* niedający się określić, nieokreślony; *[quality]* nieuchwytny
indefinably /ˌɪndɪˈfaɪnəblɪ/ *adv* nieokreślenie; **there was something ~ sad about her** był w niej jakiś nieokreślony smutek
indefinite /ɪnˈdefɪnət/ *adj* 1 (vague) *[idea, plan, intention]* niejasny; *[duties, responsibilities]* niesprecyzowany 2 (without limits) *[period, amount, number]* nieokreślony; *[strike, curfew]* nieograniczony; **~ ban** Sport zakaz startów na czas nieokreślony 3 Ling **the ~ article** przedimek nieokreślony
indefinitely /ɪnˈdefɪnətlɪ/ *adv [adjourn, cancel, postpone, ban]* na czas nieokreślony; *[wait, continue, last]* bez końca
indelible /ɪnˈdeləbl/ *adj* 1 *[ink, mark, paint]* nieścieralny; *[pencil]* kopiowy; **~ stain** plama nie do usunięcia 2 fig *[impression, memory]* niezatarty; **an ~ part of sth** nieodłączna część czegoś *[background, culture]*
indelibly /ɪnˈdeləblɪ/ *adv* 1 *[marked, printed]* w sposób trwały 2 fig *[impressed, imprinted]* w niezatarty sposób
indelicacy /ɪnˈdelɪkəsɪ/ *n* fml 1 (tactlessness) niedelikatność *f* 2 euph (coarseness) prostactwo *n*, grubiaństwo *n* 3 euph (remark) niedelikatność *f*
indelicate /ɪnˈdelɪkət/ *adj* fml 1 (tactless) *[remark, action, allusion]* niedelikatny; **it was ~ of her to mention it** było nietaktem z jej strony, że o tym wspomniała 2 euph (coarse) *[behaviour, remark, anecdote]* prostacki, grubiański
indemnification /ɪnˌdemnɪfɪˈkeɪʃn/ *n* 1 (protection) ubezpieczenie *n* **(against /from sth** od czegoś) 2 (compensation) odszkodowanie *n*, rekompensata *f* **(for sth** za coś)
indemnify /ɪnˈdemnɪfaɪ/ *vt* 1 (protect) ubezpiecz|yć, -ać, zabezpiecz|yć, -ać; **to ~ sb from** or **against sth** ubezpieczyć kogoś od czegoś *[theft, flood]*; ubezpieczyć kogoś na wypadek czegoś *[damage, injury]* 2 (compensate) *[insurance company]* wypłac|ić, -ać odszkodowanie (komuś) **(for sth** za coś); *[people]* wynagr|odzić, -adzać stratę (komuś)
indemnity /ɪnˈdemnətɪ/ *n* 1 (protection) ubezpieczenie *n*; **~ against sth** ubezpieczenie od czegoś *[loss, theft, flood]*; ubezpieczenie na wypadek czegoś *[damage, injury]*; **letter of ~** list gwarancyjny 2 (payment) odszkodowanie *n*, rekompensata *f*; indemnizacja *f* ra 3 Jur (exemption) zwolnienie *n* od odpowiedzialności
indemnity fund *n* fundusz *m* gwarancyjny
indene /ˈɪndiːn/ *n* Chem inden *m*
indent **I** /ˈɪndent/ *n* 1 GB Comm zamówienie *n*; **to place an ~ for sth** złożyć zamówienie na coś 2 Print (of first line) wcięcie *n* (akapitowe) 3 (incision) karb *m*, nacięcie *n*
II /ɪnˈdent/ *vt* 1 Print wci|ąć, -nać *[line, paragraph]*; **the new paragraph should be ~ed** nowy akapit powinien mieć wcięcie 2 naci|ąć, -nać, z|robić nacięcia w (czymś) *[edge]*
III /ɪnˈdent/ *vi* GB Comm złożyć, składać zamówienie **(for sth** na coś); **to ~ on a supplier for new goods** zamówić nowy towar u dostawcy
IV **indented** *pp adj* 1 Print *[line]* wcięty 2 *[coastline]* nieregularny, poszarpany; *[edge]* karbowany, ząbkowany
indentation /ˌɪndenˈteɪʃn/ *n* 1 (in coastline) (process) wcinanie się *n (morza w ląd)*; (inlet) zatoka *f* wcinająca się w ląd 2 (depression) (in sand, carpet) wgłębienie *n*; (in metal) wgniecenie *n* 3 Print (also **indent)** wcięcie *n* (akapitowe)
indent house *n* US Comm firma *f* importowa
indenture /ɪnˈdentʃə(r)/ **I** *n* Jur umowa *f*, kontrakt *m*; **to draw up an ~** spisać umowę
II **indentures** *npl* Hist (of apprentice) umowa *f* terminatorska; **to take up one's ~s** skończyć termin (u mistrza)
III *vt* 1 Jur z|wiązać umową 2 Hist *[craftsman]* wziąć, brać do terminu; *[landowner]* przywiąz|ać, -ywać do ziemi *[peasant]*; **to ~ sb to a blacksmith/baker** oddać kogoś do terminu do kowala/piekarza
independence /ˌɪndɪˈpendəns/ *n* (of person) niezależność *f*; (of country) niepodległość *f*; **~from sb/sth** niezależność od kogoś /czegoś
Independence Day *n* Święto *n* Niepodległości; US Święto *n* Niepodległości Stanów Zjednoczonych
independent /ˌɪndɪˈpendənt/ **I** *n* 1 Pol kandydat *m* niezależny 2 (film or record company) wytwórnia *f* niezależna
II *adj* 1 (free from the influence) *[person, thinker, manner, outlook, style]* niezależny **(of sb/sth** od kogoś/czegoś); (not relying on others) *[person, child, worker]* samodzielny; **~ means, ~ income** środki własne 2 Pol *[country]* niepodległy; **~ of sth** niezależny od czegoś *[country]* 3 (impartial) *[body, verdict, research, inquiry, expert, opinion]* niezależny; *[evidence]* obiektywny; *[observer, witness]* bezstronny 4 (separate, unconnected) *[sources, complaints, conclusions]* niezależny; *[units]* osobny, oddzielny; **two ~ polls gave the**

same result w dwóch niezależnie przeprowadzonych sondażach uzyskano ten sam wynik [5] (not part of an organization) *[candidate, company, newspaper, trade union]* niezależny [6] (not state-run) *[school, hospital]* niepubliczny; *[radio, television]* prywatny [7] Ling, Math niezależny

Independent Broadcasting Authority, IBA *n* GB *organ kontroli działalności prywatnych stacji radiowych i telewizyjnych*

independent clause *n* Ling zdanie *n* niezależne

independently /ˌɪndɪˈpendəntlɪ/ *adv* [1] (without help) *[act, live, think, work]* samodzielnie [2] (separately) *[administer, research]* oddzielnie, osobno; *[function, operate]* niezależnie; **~ of sth/sb** niezależnie od czegoś/kogoś; **~ of what...** niezależnie od tego, co...; **~ of each other** niezależnie od siebie [3] (impartially) *[investigated, monitored, assessed]* bezstronnie, obiektywnie

independent suspension *n* Aut zawieszenie *n* niezależne

Independent Television Commission, ITC *n* GB *organ kontroli działalności prywatnych stacji telewizyjnych*

independent variable *n* Math zmienna *f* niezależna

in-depth /ˌɪnˈdepθ/ **I** *adj [analysis, study, knowledge]* dogłębny; *[guide]* szczegółowy; *[interview]* obszerny, wyczerpujący

II in depth *adv phr [examine, study]* dogłębnie

indescribable /ˌɪndɪˈskraɪbəbl/ *adj* nieopisany; **the pain was ~** ból był nieopisany or wprost nie do opisania

indescribably /ˌɪndɪˈskraɪbəblɪ/ *adv* nieopisanie; **the kitchen was ~ dirty** w kuchni panował brud nie do opisania; **an ~ boring film** nieprawdopodobnie nudny film; **she felt ~ happy** była niezmiernie szczęśliwa

indestructibility /ˌɪndɪstrʌktəˈbɪlətɪ/ *n* niezniszczalność *f*

indestructible /ˌɪndɪˈstrʌktəbl/ *adj* niezniszczalny, trwały

indeterminable /ˌɪndɪˈtɜːmɪnəbl/ *adj [amount, number, relationship]* nieokreślony, trudny do określenia; *[dispute, problem]* nierozstrzygalny; **it must now be an ~ question** to musi pozostać kwestią otwartą

indeterminacy /ˌɪndɪˈtɜːmɪnəsɪ/ *n* nieokreśloność *f*

indeterminate /ˌɪndɪˈtɜːmɪnət/ *adj* [1] (imprecise) *[shape, sound, amount, group]* nieokreślony; **a person of ~ age** osoba w bliżej nieokreślonym wieku [2] Math *[equation]* nieoznaczony [3] Ling nieokreślony

indeterminately /ˌɪndɪˈtɜːmɪnətlɪ/ *adv [assessed, measured, ascertained]* nieprecyzyjnie, nieściśle

index /ˈɪndeks/ **I** *n* (*pl* **~es, indices**) [1] (list in a book) indeks *m*; **thumb ~** *indeks w postaci wcięć na marginesie książki* [2] (card catalogue) katalog *m*; **author/subject ~** katalog autorów/rzeczowy; **card ~** kartoteka [3] Math indeks *m* [4] Econ, Fin wskaźnik *m*; (on Stock Exchange) indeks *m*; **cost-of-living ~** GB, **consumer price ~** US wskaźnik cen artykułów konsumpcyjnych; **share ~, stock ~** indeks giełdowy [5] Phys **~ of refraction, refractive ~** współczynnik załamania or refrakcji [6] (indication) wskaźnik *m*, oznaka *f* **(of sth** czegoś**)** [7] (pointer) wskazówka *f* [8] Comput indeks *m* [9] Aut (registration number) numer *m* rejestracyjny [10] Print (fist, hand) odsyłacz *m*, odnośnik *m*

II *modif* Comput *[file, register, word]* indeksowy

III *vt* [1] Print opracow|ać, -ywać indeks do (czegoś) *[book]*; włącz|yć, -ać do indeksu *[word]*; **the book is badly ~ed** książka ma źle opracowany indeks [2] (catalogue) włącz|yć, -ać do katalogu, s|katalogować *[article, data, information, subject]*; **'yacht' and 'trawler' are ~ed under 'boat'** „jacht" i „trawler" znajdują się pod hasłem „łódź" [3] Econ, Fin indeksować; **to ~ sth to sth** indeksować coś w zależności od czegoś; **~ed to inflation** indeksowany w zależności od inflacji [4] Comput indeksować

IV *vi* opracow|ać, -ywać indeks

V indexed *pp adj* Comput *[address, addressing, file]* indeksowany

indexation /ˌɪndekˈseɪʃn/ *n* Econ, Fin indeksacja *f* **(to sth** w zależności od czegoś**)**

index card *n* karta *f* katalogowa

index figure *n* = **index number**

index finger *n* palec *m* wskazujący

indexing /ˈɪndeksɪŋ/ *n* Comput indeksowanie *n*

index-linked /ˌɪndeksˈlɪŋkt/ *adj* Econ, Fin indeksowany

index number *n* Econ wskaźnik *m*; Stat indeks *m*

index print *n* Phot wglądówki *f pl*

India /ˈɪndɪə/ *prn* Indie *plt*; **in ~** w Indiach

India ink *n* US tusz *m* chiński

Indian /ˈɪndɪən/ **I** *n* [1] (from India) Hindus *m*, -ka *f* [2] (American) Indian|in *m*, -ka *f* [3] (language) (język *m*) indiański *m*

II *adj* [1] (of India) *[people, culture, politics]* indyjski [2] (American) *[tribe, village, culture]* indiański; **~ reservation** rezerwat Indian

Indiana /ˌɪndɪˈænə/ *prn* Indiana *f*

Indian club *n* Sport maczuga *f*

Indian corn *n* US kukurydza *f*

Indian elephant *n* słoń *m* indyjski

Indian file *n* **in ~** gęsiego, rzędem

Indian giver *n* US pej ten, kto daje i odbiera

Indian hemp *n* konopie *plt* indyjskie

Indian ink *n* GB tusz *m* chiński

Indian Ocean *prn* **the ~** Ocean *m* Indyjski

Indian red *n rodzaj czerwonego pigmentu zawierającego tlenek żelaza*

Indian summer *n* [1] (in autumn) babie lato *n* [2] fig (in life) pogodna jesień *f* życia

Indian wrestling *n* US siłowanie się *n* na rękę

India paper *n* Print papier *m* biblijny

india rubber **I** *n* dat [1] (material) kauczuk *m* [2] (eraser) gumka *f*

II *modif [ball]* gumowy

indicate /ˈɪndɪkeɪt/ **I** *vt* [1] (point out) wskaz|ać, -ywać *[direction, location, object, door]* [2] (signify, imply) wskazywać na (coś) *[presence, existence]*; świadczyć o (czymś) *[happiness, anger, illness]*; zapowiadać *[cold weather, changes]*; **to ~ that...** *[silence]* oznaczać, że...; *[study]* wskazywać na to, że... [3] (show) *[instrument]* wskaz|ać, -ywać, pokaz|ać, -ywać *[time, value]* [4] (recommend) **to be ~d** *[action, surgery, measures]* być wskazanym; *[drug]* być zalecanym; **surgery is usually ~d in such cases** zwykle w takich wypadkach wskazana jest operacja [5] (make known) za|sygnalizować *[intentions, feelings]* **(to sb** komuś**)**; **to ~ that...** (give indication) dać do zrozumienia, że...; (state) napomknąć, że... [6] Aut sygnalizować

II *vi* **to ~ left/right** *[driver, cyclist]* sygnalizować zamiar skrętu w lewo/prawo; **I'm sorry, I forgot to ~** *[driver]* przepraszam, zapomniałem włączyć kierunkowskaz

indication /ˌɪndɪˈkeɪʃn/ *n* [1] (sign, hint) oznaka *f*; **clear ~ of economic recovery** wyraźne oznaki ożywienia gospodarczego; **to be an ~ of sth** być oznaką czegoś, wskazywać na coś; **it is an ~ that...** to oznacza, że...; **to give no ~ that...** *[person]* nie dać po sobie poznać, że...; *[situation, condition]* nie wskazywać na to, że...; **the test gave no ~ that he had cancer** badanie nie wykazało u niego raka; **to give no ~ of who/how...** *[person]* słowem nie wspomnieć o tym, kto/jak...; *[situation, condition]* nie wskazywać kto/jak...; **the letter gave no ~ of who he was** z listu nie można było wywnioskować, kim on jest; **can you give us some ~ of the sum involved?** czy możesz w przybliżeniu określić, jaka suma wchodzi w grę?; **there is every ~ that..., all the ~s are that...** wszystko wskazuje na to, że... [2] Med zalecenie *n*

indicative /ɪnˈdɪkətɪv/ **I** *n* Ling tryb *m* oznajmujący or orzekający; **in the ~** w trybie oznajmującym

II *adj* [1] **to be ~ of sth** wskazywać na coś, świadczyć o czymś [2] Ling *[mood]* oznajmujący, orzekający; **~ form** forma trybu oznajmującego

indicator /ˈɪndɪkeɪtə(r)/ *n* [1] (pointer) wskazówka *f*; (device) wskaźnik *m*; **pressure ~** wskaźnik ciśnienia [2] fig (of health, nature) oznaka *f*; (of popularity, inflation) wskaźnik *m*; **growth ~** wskaźnik wzrostu [3] Aut kierunkowskaz *m* [4] Rail, Aviat (also **~ board**) tablica *f* informacyjna; **arrivals/departures ~** Rail tablica przyjazdów/odjazdów; Aviat tablica przylotów/odlotów [5] Chem indykator *m*, wskaźnik *m*

indicator lamp *n* lampka *f* kontrolna

indices /ˈɪndɪsiːz/ *npl* → **index**

indict /ɪnˈdaɪt/ *vt* [1] Jur postawić, stawiać w stan oskarżenia *[person]* **(on a charge of sth** pod zarzutem czegoś**)** [2] (accuse) oskarż|yć, -ać **(for sth** o coś**)**

indictable /ɪnˈdaɪtəbl/ *adj* Jur *[act, offence]* podlegający oskarżeniu; *[person, organization]* odpowiedzialny **(for sth** za coś**)** *[rioting, pollution]*; **he is too young to be ~** Jur jest zbyt młody, żeby można było postawić go w stan oskarżenia

indictment /ɪnˈdaɪtmənt/ *n* [1] Jur (written) akt *m* oskarżenia **(against sb** przeciw komuś**)**; (spoken) oskarżenie *n* **(against sb** kogoś**)**; **~ for sth** oskarżenie o coś, akt oskarżenia w sprawie czegoś; **to bring an ~** wnieść oskarżenie **(against sb** przeciw komuś**)**; **to be under ~ for murder** zostać oskarżonym o morderstwo; **bill of ~** GB Hist akt oskarżenia [2] (condemnation, censure) potępienie *n* **(of sb/sth** kogoś/czegoś**)**

I

indie /ˈɪndɪ/ Cin, Mus infml **I** *n* (company) wytwórnia *f* niezależna; (producer) producent *m* niezależny
II *adj* niezależny
indifference /ɪnˈdɪfrəns/ *n* obojętność *f* **(to** or **towards sb/sth** wobec kogoś/czegoś); **it is a matter of (complete) ~ to me** jest mi to (zupełnie) obojętne; **seeming ~** pozorna obojętność
indifferent /ɪnˈdɪfrənt/ *adj* [1] (uninterested) obojętny **(to sth** na coś); **to be ~ as to sth** być obojętnym wobec czegoś; **it's ~ to me** dat jest mi to obojętne [2] (mediocre) przeciętny
indifferently /ɪnˈdɪfrəntlɪ/ *adv* [1] (without caring) *[look on, watch]* obojętnie [2] (equally) *[admire, support]* bezstronnie [3] (not well) niespecjalnie, miernie
indigence /ˈɪndɪdʒəns/ *n* fml ubóstwo *n*
indigenous /ɪnˈdɪdʒɪnəs/ *adj [tribe, population]* autochtoniczny, tubylczy; *[flora, fauna]* autochtoniczny, lokalny; *[custom, religion, language]* miejscowy, lokalny; **kangaroos are ~ to Australia** kangury żyją w Australii or pochodzą z Australii
indigent /ˈɪndɪdʒənt/ *adj* fml ubogi
indigestible /ˌɪndɪˈdʒestəbl/ *adj* niestrawny also fig
indigestion /ˌɪndɪˈdʒestʃn/ **I** *n* niestrawność *f*; **to suffer from ~** cierpieć na niestrawność
II *modif* **~ remedy** lekarstwo na niestrawność; **~ sufferer** osoba cierpiąca na niestrawność
indignant /ɪnˈdɪgnənt/ *adj* oburzony **(over** or **about sth** z powodu czegoś); **to be ~ with sb/at sth** być oburzonym na kogoś/coś; **to become ~ at/over sth** oburzać się na coś/z powodu czegoś
indignantly /ɪnˈdɪgnəntlɪ/ *adv [say, look, ask]* z oburzeniem; **he left ~** wyszedł oburzony
indignation /ˌɪndɪgˈneɪʃn/ *n* oburzenie *n* **(at sth/with sb** na coś/na kogoś); **~ over** or **about sth** oburzenie wywołane czymś; **(much) to his ~** ku jego (wielkiemu) oburzeniu; **righteous ~** święte oburzenie
indignity /ɪnˈdɪgnətɪ/ *n* [1] (condition) poniżenie *n*; **the ~ of the conditions** niegodne warunki; **the ~ of being dependent on others** poniżające uzależnienie od innych [2] (act, affront) zniewaga *f*, upokorzenie *n*
indigo /ˈɪndɪgəʊ/ **I** *n* [1] Bot, Tex indygo *n* [2] (colour) (kolor *m*) indygo *n inv*
II *adj* indygowy, w kolorze indygo; **~ blue** błękit indygowy
indigo plant *n* Bot indygowiec *m*
indirect /ˌɪndɪˈrekt, -daɪˈr-/ *adj* [1] (roundabout) *[route]* okrężny [2] (not proceeding straight) *[criticism, insult]* zawoalowany; *[answer, reply]* wymijający; **~ question** pytanie nie wprost; Ling pytanie zależne; **to make an ~ remark about sth** zrobić aluzję do czegoś [3] (secondary) *[cause, result, benefit]* pośredni
indirect advertising *n* reklama *f* ukryta
indirect costs *n* Comm koszty *m pl* pośrednie
indirect labour costs *n* pośrednie koszty *m pl* robocizny
indirect lighting *n* oświetlenie *n* rozproszone
indirectly /ˌɪndɪˈrektlɪ, -daɪˈr-/ *adv* [1] (circuitously) okrężną drogą [2] (obliquely) *[insult, refer, criticize]* pośrednio, nie wprost; *[answer]* wymijająco; **remarks ~ aimed at you** aluzje kierowane pod twoim adresem [3] (as side effect) pośrednio
indirectness /ˌɪndɪˈrektnɪs, -daɪˈr-/ *n* (of person) brak *m* otwartości; (of action, approach) niejasność *f*, niejednoznaczność *f*; **the ~ of our route was due to our having no map** z powodu braku mapy szliśmy okrężną drogą
indirect object *n* Ling dopełnienie *n* dalsze
indirect proof *n* dowód *m* nie wprost
indirect speech *n* Ling mowa *f* zależna
indirect tax *n* podatek *m* pośredni
indirect taxation *n* podatki *m pl* pośrednie
indiscernible /ˌɪndɪˈsɜːnəbl/ *adj [object, change]* niedostrzegalny; *[reason]* niejasny; **good was ~ from evil** nie można było odróżnić dobra od zła
indiscipline /ɪnˈdɪsɪplɪn/ *n* (lack of order) brak *m* dyscypliny; (of people, team) niezdyscyplinowanie *n*
indiscreet /ˌɪndɪˈskriːt/ *adj* [1] (injudicious) nieostrożny, nierozważny [2] (about other people's secrets) niedyskretny
indiscretion /ˌɪndɪˈskreʃn/ *n* [1] (incautiousness) brak *m* rozwagi, nieostrożność *f* [2] (about other people's secrets) niedyskrecja *f* [3] (act) uchybienie *n*; **youthful ~s** grzechy młodości
indiscriminate /ˌɪndɪˈskrɪmɪnət/ *adj* [1] (not fussy) *[admiration, admirer]* bezkrytyczny; *[reader]* niewybredny, mało wymagający; **to be ~ in sth** nie przywiązywać specjalnej wagi do czegoś [2] (generalized, without distinction) *[slaughter, felling of trees]* masowy; **~ blows** ciosy zadawane na oślep
indiscriminately /ˌɪndɪˈskrɪmɪnətlɪ/ *adv* [1] (uncritically) *[admire, praise]* bezkrytycznie [2] (without distinction) *[read, watch]* nie przebierając; co popadnie infml; *[fire]* na oślep; **the innocent and the guilty were imprisoned ~** uwięziono wszystkich jak popadło – winnych i niewinnych
indispensable /ˌɪndɪˈspensəbl/ *adj [aid, condition, knowledge]* niezbędny **(for doing sth** do zrobienia czegoś); *[worker, member of team]* niezastąpiony **(for doing sth** w robieniu czegoś); **to be ~ to sb/sth** być niezbędnym komuś/do czegoś
indispose /ɪndɪˈspəʊz/ *vt* **to ~ sb to do sth** uniemożliwić komuś robienie czegoś
indisposed /ˌɪndɪˈspəʊzd/ *adj* fml [1] (ill) niedysponowany also hum [2] (unwilling) niechętny; **he was ~ to help us** nie był skłonny pomóc nam
indisposition /ˌɪndɪspəˈzɪʃn/ *n* fml [1] (illness) niedyspozycja *f* [2] fml (unwillingness) niechęć *f*, brak *m* chęci **(to do sth** do zrobienia czegoś)
indisputable /ˌɪndɪˈspjuːtəbl/ *adj [leader, champion, argument]* niekwestionowany; *[fact]* bezsporny, bezdyskusyjny; *[logic]* niepodważalny; **it is ~ that...** nie ulega kwestii, że...
indisputably /ˌɪndɪˈspjuːtəblɪ/ *adv [best, faster]* bezspornie, bezdyskusyjnie
indissoluble /ˌɪndɪˈsɒljʊbl/ *adj [bond, tie]* nierozerwalny; *[friendship]* niezachwiany
indissolubly /ˌɪndɪˈsɒljʊblɪ/ *adv [binding, united]* nierozerwalnie
indistinct /ˌɪndɪˈstɪŋkt/ *adj [speech, sound, shape]* niewyraźny; *[photograph]* nieostry; *[memory]* mglisty; **you're very ~** (on the phone) bardzo źle cię słychać
indistinctly /ˌɪndɪˈstɪŋktlɪ/ *adv [see, hear, speak]* niewyraźnie; *[remember]* jak przez mgłę
indistinguishable /ˌɪndɪˈstɪŋgwɪʃəbl/ *adj* [1] (identical) nie do odróżnienia **(from sth** od czegoś) [2] (indiscernible) nieuchwytny, niedostrzegalny
indistinguishably /ˌɪndɪˈstɪŋgwɪʃəblɪ/ *adv [resemble]* do złudzenia; **they are ~ similar** or **alike** są nie do odróżnienia
indium /ˈɪndɪəm/ *n* Chem ind *m*
individual /ˌɪndɪˈvɪdʒʊəl/ **I** *n* [1] (as opposed to society) jednostka *f*; (a particular person) osoba *f*; (animal) osobnik *m*; **each ~** każdy człowiek; **the rights of the ~** prawa jednostki [2] pej indywiduum *n*, osobnik *m* [3] (eccentric) oryginał *m*
II *adj* [1] (for or from one person) *[education, tuition, competition]* indywidualny; *[comfort, opinion, attitude]* osobisty; *[effort, experience]* jednostkowy; *[portion, mould]* oddzielny; **~ liberty** wolność jednostki; **to give ~ attention to the pupils** poświęcać uwagę każdemu uczniowi z osobna [2] (single, taken separately) *[person, copy, island]* pojedynczy; **~ pages are numbered at the top** poszczególne strony mają numery na górze; **each ~ student/copy** każdy student/egzemplarz z osobna [3] (distinctive, particular) *[style, need]* indywidualny; *[charm, attraction]* specyficzny, swoisty; **to wear ~ clothes** ubierać się oryginalnie
individualism /ˌɪndɪˈvɪdʒʊəlɪzəm/ *n* indywidualizm *m*
individualist /ˌɪndɪˈvɪdʒʊəlɪst/ *n* indywidualist|a *m*, -ka *f*; **she's an ~, she doesn't belong to any school of painting** jest indywidualistką, nie należy do żadnej szkoły malarstwa
individualistic /ˌɪndɪˌvɪdʒʊəˈlɪstɪk/ *adj [artist, performance, hobby]* oryginalny, swoisty; *[attitude]* indywidualistyczny; **she is ~** ona jest indywidualistką
individuality /ˌɪndɪˌvɪdʒʊˈælətɪ/ *n* (of person) indywidualność *f*; (of music, writing) indywidualny styl *m*, oryginalność *f*
individualize /ˌɪndɪˈvɪdʒʊəlaɪz/ *vt* z|indywidualizować *[personality, teaching, style]*; nada|ć, -wać indywidualny charakter (czemuś) *[gift, clothing]*
Individual Learning Account *n* GB Sch rachunek *m* kredytowy dla dokształcającej się młodzieży *(w wieku powyżej 18 lat)*
individually /ˌɪndɪˈvɪdʒʊəlɪ/ *adv* [1] (one at a time) *[consider, assess, train]* indywidualnie, pojedynczo; *[packed, wrapped]* oddzielnie; **each item is ~ priced** na każdym produkcie jest (podana) cena; **~ designed house** dom zbudowany według odrębnego projektu [2] (in person, personally) *[affect, examine, attend]* osobiście; **to me ~ it would be...** dla mnie osobiście byłoby to...
individuation /ˌɪndɪˌvɪdʒʊˈeɪʃn/ *n* indywidualizacja *f*

indivisibility /ˌɪndɪˌvɪzɪˈbɪlətɪ/ *n* Math, Phys niepodzielność *f*

indivisible /ˌɪndɪˈvɪzəbl/ *adj* [1] (not separable into parts) *[entity, unit]* niepodzielny also Math, Phys [2] (inseparable) **to be ~ from sth** być nierozerwalnie związanym z czymś

indivisibly /ˌɪndɪˈvɪzəblɪ/ *adv [joined, linked]* niepodzielnie, nierozerwalnie

Indo-China /ˌɪndəʊˈtʃaɪnə/ *prn* Indochiny *plt*

Indo-Chinese /ˌɪndəʊtʃaɪˈniːz/ **I** *n* (*pl* ~) mieszkan|iec *m*, -ka *f* Indochin
II *adj* indochiński

indoctrinate /ɪnˈdɒktrɪneɪt/ *vt* z|indoktrynować; **to ~ sb with** or **in sth** wpajać komuś coś; **to ~ sb against sb/sth** nastawić kogoś przeciw komuś/czemuś

indoctrination /ɪnˌdɒktrɪˈneɪʃn/ *n* indoktrynacja *f* **(of sb** kogoś); **~ of sb with hatred** wpajanie *n* komuś nienawiści

Indo-European /ˌɪndəʊˌjʊərəˈpɪən/ **I** *n* rodzina *f* języków indoeuropejskich, języki *m pl* indoeuropejskie
II *adj* indoeuropejski

indole /ˈɪndəʊl/ *n* indol *m*

indolence /ˈɪndələns/ *n* gnuśność *f*

indolent /ˈɪndələnt/ *adj* [1] (lazy, lethargic) *[person, animal]* niemrawy, leniwy; *[life]* gnuśny; *[expression, smile]* rozleniwiony; *[gesture, wave]* leniwy [2] (painless) niebolesny [3] (slow to heal) źle się gojący; (slow to develop) rozwijający się powoli

indolently /ˈɪndələntlɪ/ *adv* leniwie, niemrawo, gnuśnie

indomitable /ɪnˈdɒmɪtəbl/ *adj [spirit, will, character]* niezłomny; *[courage]* nieustraszony; *[pride]* niepohamowany

indomitably /ɪnˈdɒmɪtəblɪ/ *adv* nieugięcie, niezłomnie

Indonesia /ˌɪndəʊˈniːzjə/ *prn* Indonezja *f*

Indonesian /ˌɪndəʊˈniːzjən/ **I** *n* [1] (person) Indonezyj|czyk *m*, -ka *f* [2] (language) (język *m*) indonezyjski *m*
II *adj* indonezyjski

indoor /ˌɪnˈdɔː(r)/ *adj [sports, games]* halowy; *[shoes, clothes]* domowy; *[plant, TV aerial]* pokojowy; *[scene, photography]* we wnętrzach; *[swimming pool, racetrack]* kryty; **~ toilet** toaleta wewnątrz budynku

indoors /ˌɪnˈdɔːz/ *adv* (within) wewnątrz; (into) do środka; **to go ~** wejść do środka; **he stayed/worked ~ all day** przez cały dzień nie wychodził z domu/pracował w domu; **shall we have the party ~ or outdoors?** przyjęcie zorganizujemy w domu czy na dworze?

indorse *vt* = **endorse**

indubitable /ɪnˈdjuːbɪtəbl, US -ˈduː-/ *adj [evidence, signs]* niewątpliwy; *[winner, courage, ability]* niekwestionowany

indubitably /ɪnˈdjuːbɪtəblɪ, US -ˈduː-/ *adv [best, nicest]* niewątpliwie, bez wątpienia; *[alive, dead]* z całą pewnością

induce /ɪnˈdjuːs, US -ˈduːs/ **I** *vt* [1] (persuade) *[situation]* skł|onić, -aniać **(to do sth** do zrobienia czegoś); *[people]* nakł|onić, -aniać **(to do sth** do zrobienia czegoś); **nothing would ~ me to fly again** nic mnie nie zmusi, żeby ponownie polecieć samolotem [2] (bring about) wywoł|ać, -ywać *[emotion, response]*; **this drug ~s sleep** ten lek powoduje senność [3] Med **to ~ labour** prowokować or indukować poród; **~d labour** poród prowokowany; **she was ~d** sztucznie wywołano u niej skurcze porodowe [4] Elec, Philos indukować
II -induced *in combinations* **work-/stress-~d** wywołany przez pracę/stres → **self-induced**

inducement /ɪnˈdjuːsmənt, US -ˈduː-/ *n* [1] (promised reward) zachęta *f* **(to sth** do czegoś); euph (bribe) łapówka *f*; **have they offered you any financial ~?** czy proponowali ci jakieś pieniądze?; **as an ~ to first-time buyers** Comm jako zachętę dla naszych nowych klientów [2] (incentive) motywacja *f* **(to do sth** do zrobienia czegoś); **to be an ~ to sth** stanowić bodziec do czegoś; **there is no ~ for him to learn Hungarian** (on) nie ma po co uczyć się węgierskiego

induct /ɪnˈdʌkt/ *vt* [1] (install) wprowadz|ić, -ać na urząd *[bishop, president]*; **to be ~ed as president** zostać wprowadzonym na urząd prezydenta [2] (admit, introduce) wprowadz|ić, -ać *[novices, candidates]* **(into sth** w coś) [3] US Mil powoł|ać, -ywać, wciel|ić, -ać; **he was ~ed into the army in June** powołano go do wojska w czerwcu

inductance /ɪnˈdʌktəns/ *n* (property) indukcyjność *f*

induction /ɪnˈdʌkʃn/ *n* [1] (inauguration) (of priest, president) wprowadzenie *n* na urząd; inauguracja *f* dat [2] Med prowokowanie *n*, indukowanie *n*; **the ~ of labour** wywołanie akcji porodowej; **the ~ of sleep** wprowadzenie w stan snu [3] (introduction) wprowadzenie *n*; **the ~ of sb into sth** wprowadzenie kogoś w coś [4] US Mil powołanie *n*, wcielenie *n* [5] Elec, Phys, Math, Philos indukcja *f* [6] Tech zasysanie *n* [7] (in embryology) indukcja *f* embriologiczna

induction ceremony *n* ceremonia *f* objęcia urzędu

induction coil *n* cewka *f* indukcyjna

induction course *n* GB kurs *m* wprowadzający

induction heating *n* nagrzewanie *n* indukcyjne

inductive /ɪnˈdʌktɪv/ *adj* indukcyjny

indulge /ɪnˈdʌldʒ/ **I** *vt* [1] (humour) dog|odzić, -adzać (komuś) *[person, child]* **(in sth** w czymś); **don't ~ him!** nie rozpieszczaj go! [2] (satisfy) zaspok|oić, -ajać *[interest, desire, fantasy, passion]*; **they ~ his every whim** spełniają wszystkie jego zachcianki
II *vi* pozw|olić, -alać sobie **(in sth** na coś) *[food, drink, cigar]*; odda|ć, -wać się **(in sth** czemuś) *[nostalgia, hobby]*
III *vr* **to ~ oneself** dogadzać sobie, folgować sobie; **to ~ oneself in** or **with sth** pozwolić sobie na coś; **she decided to ~ herself by buying a book** postanowiła sprawić sobie przyjemność, kupując książkę

indulgence /ɪnˈdʌldʒəns/ *n* [1] (tolerance) pobłażliwość *f* **(towards sth/sb** wobec czegoś/kogoś); **to treat sb with too much ~** zbytnio komuś pobłażać; **if I may crave your ~** fml za łaskawym pozwoleniem szanownych Państwa fml [2] (act of indulging) **~ in food/wine** oddawanie się przyjemności jedzenia/picia wina; **~ in nostalgia** oddawanie się nostalgii [3] (enjoyment) przyjemność *f*; **to live a life of ~** nie odmawiać sobie przyjemności w życiu [4] (luxury) słabość *f*; **an occasional cigar is my only ~** cygaro od czasu do czasu to moja jedyna słabość [5] Relig odpust *m*

indulgent /ɪnˈdʌldʒənt/ *adj* pobłażliwy **(to** or **towards sb/sth** dla kogoś/wobec czegoś)

indulgently /ɪnˈdʌldʒəntlɪ/ *adv [smile, nod, view]* z pobłażaniem; *[say]* z pobłażaniem w głosie

industrial /ɪnˈdʌstrɪəl/ *adj* [1] (relating to industry) *[architecture, espionage, landscape, policy]* przemysłowy; **~ medicine/safety** medycyna/bezpieczeństwo pracy; **~ accident** wypadek w (miejscu) pracy; **~ development** rozwój przemysłu [2] (active in industry) *[city, spy]* przemysłowy; *[country]* uprzemysłowiony; **~ chemist** chemik pracujący w przemyśle [3] (for use in industry) *[robot, tool, cleaner]* przemysłowy

industrial action *n* GB akcja *f* protestacyjna; (strike) strajk *m*; **to take ~** przystąpić do akcji protestacyjnej/strajku

industrial archeology *n* badania *n pl* archeologiczne historii przemysłu

industrial arts *npl* US Sch wychowanie *n* techniczne

industrial base *n* baza *f* przemysłowa

industrial democracy *n* współudział *m* pracowników w zarządzaniu przedsiębiorstwem

industrial design *n* wzornictwo *n* przemysłowe

industrial designer *n* projektant *m*, -ka *f* wzornictwa przemysłowego

industrial diamond *n* diament *m* przemysłowy

industrial disablement benefit *n* ≈ renta *f* inwalidzka *(z tytułu wypadku w pracy lub choroby zawodowej)*

industrial disease *n* choroba *f* zawodowa

industrial dispute *n* spór *m* pracowniczy

industrial engineering *n* organizacja *f* produkcji

industrial estate *n* GB strefa *f* przemysłowa

industrialism /ɪnˈdʌstrɪəlɪzəm/ *n* industrializm *m*

industrialist /ɪnˈdʌstrɪəlɪst/ *n* przemysłowiec *m*

industrialization /ɪnˌdʌstrɪəlaɪˈzeɪʃn, US -lɪˈz-/ *n* uprzemysłowienie *n*, industrializacja *f*

industrialize /ɪnˈdʌstrɪəlaɪz/ *vt* uprzemysł|owić, -awiać, z|industrializować

industrial park *n* strefa *f* przemysłowa

industrial psychologist *n* specjalista *m* w zakresie psychologii pracy

industrial psychology *n* psychologia *f* pracy

industrial rehabilitation *n* odbudowa *f* przemysłu

industrial relations *npl* stosunki *plt* pomiędzy pracodawcami i pracownikami

Industrial Revolution *n* rewolucja *f* przemysłowa

industrial-strength /ɪnˌdʌstrɪəlˈstreŋθ/ *adj [cleaner]* silnie działający

industrial tribunal *n* sąd *m* pracy

industrial union *n* branżowy związek *m* zawodowy

industrial unrest *n* niepokoje *plt* wśród załogi
industrial waste *n* odpady *m pl* przemysłowe
industrious /ɪnˈdʌstrɪəs/ *adj [worker, bee]* pracowity; *[student]* pilny
industriously /ɪnˈdʌstrɪəslɪ/ *adv [work]* pracowicie; *[study]* pilnie
industriousness /ɪnˈdʌstrɪəsnɪs/ *n* (of workers, ants) pracowitość *f*; (of students) pilność *f*
industry /ˈɪndəstrɪ/ *n* [1] przemysł *m*; **heavy/light ~** przemysł ciężki/lekki; **the coal/oil ~** przemysł węglowy/naftowy; **the tourist/agricultural ~** przemysł turystyczny/rolny; **the Shakespeare/Mozart ~** fig przemysł szekspirowski/mozartowski [2] fml (diligence) pracowitość *f*
inebriate **I** /ɪˈniːbrɪət/ *n* fml pija|k *m*, -czka *f*
II /ɪˈniːbrɪət/ *adj* **~ person** osoba nadużywająca alkoholu
III /ɪˈniːbrɪeɪt/ *vt* up|oić, -ajać also fig; **poetry ~s him as much as wine** poezja upaja go równie mocno jak wino
IV **inebriated** *pp adj* (intoxicated) nietrzeźwy; **~d by/with sth** upojony czymś *[wine, thrill]*; **in an ~d state** w stanie upojenia (alkoholowego)
inebriation /ɪˌniːbrɪˈeɪʃn/ *n* fml upojenie *n*; (intoxication) upojenie *n* alkoholowe; **in a state of ~** w stanie upojenia (alkoholowego)
inebriety /ˌɪniːˈbraɪətɪ/ *n* = **inebriation**
inedible /ɪnˈedɪbl/ *adj* niejadalny
ineducable /ɪnˈedʒʊkəbl/ *adj* **~ children/young people** dzieci niekwalifikujące się/młodzież niekwalifikująca się do edukacji *(szczególnie z powodu opóźnienia w rozwoju umysłowym)*
ineffable /ɪnˈefəbl/ *adj* [1] *[beauty]* nieopisany; *[wisdom]* niesłychany; *[sorrow]* niewysłowiony, niewymowny [2] Relig **Him Whose name is ~** Ten, którego imienia się nie wymawia
ineffaceable /ˌɪnɪˈfeɪsəbl/ *adj [trace, mark]* nieusuwalny; fig *[memory, vision]* niezatarty
ineffective /ˌɪnɪˈfektɪv/ *adj [method, law, plan]* nieskuteczny; *[teacher, salesperson]* nieudolny; **to make an ~ attempt (to do sth)** podjąć bezskuteczną próbę (zrobienia czegoś); **he's quite ~ as a teacher** zupełnie nie sprawdza się jako nauczyciel
ineffectively /ˌɪnɪˈfektɪvlɪ/ *adv [demand, try]* bezskutecznie; *[teach]* bez efektów
ineffectiveness /ˌɪnɪˈfektɪvnɪs/ *n* (of method, law, plan, remedy) nieskuteczność *f*; (of person, design) nieudolność *f*
ineffectual /ˌɪnɪˈfektʃʊəl/ *adj* [1] (inadequate) *[person, movement, attempt]* nieudolny; **to be ~ at doing sth** nie radzić sobie z robieniem czegoś [2] (fruitless) *[plan, policy]* nieskuteczny, bezowocny; *[attempts]* bezskuteczny
ineffectually /ˌɪnɪˈfektʃʊəlɪ/ *adv [claim, demand]* bezskutecznie, daremnie; *[hit, stab]* nieudolnie
inefficacious /ˌɪnefɪˈkeɪʃəs/ *adj* nieskuteczny
inefficacy /ˌɪnˈefɪkəsɪ/ *n* nieskuteczność *f*
inefficiency /ˌɪnɪˈfɪʃnsɪ/ *n* (of person, organization) nieudolność *f*; (incompetence) niekompetencja *f*; (of machine, system) niewydolność *f*; (of method) nieskuteczność *f*
inefficient /ˌɪnɪˈfɪʃnt/ *adj [management, administration, clerk]* nieudolny; *[machine, system, worker]* niewydajny; *[method]* nieskuteczny
inefficiently /ˌɪnɪˈfɪʃntlɪ/ *adv [written, prepared, organized]* nieudolnie; *[organize, perform]* w sposób nieudolny; *[work]* niewydajnie
inelastic /ˌɪnɪˈlæstɪk/ *adj* [1] *[material]* nieelastyczny [2] fig *[policy, approach, rules, system]* mało elastyczny, sztywny [3] Econ *[demand, supply]* nieelastyczny; *[schedule, price structure]* mało elastyczny, sztywny [4] Phys *[collision]* niesprężysty
inelegant /ˌɪnˈelɪgənt/ *adj* nieelegancki; *[thing]* niegustowny
inelegantly /ˌɪnˈelɪgəntlɪ/ *adv [phrased, expressed]* nieelegancko; *[seated, slumped]* mało wytwornie
ineligibility /ɪnˌelɪdʒəˈbɪlətɪ/ *n* (for job, post) brak *m* wymaganych kwalifikacji **(for sth** do czegoś); (for grant, benefit) brak *m* uprawnień **(for sth** do otrzymywania czegoś); (for election) Pol brak *m* biernego prawa wyborczego
ineligible /ɪnˈelɪdʒəbl/ *adj* **to be ~** (for job, competition) nie spełniać wymaganych warunków **(for sth** do czegoś); (for election) nie mieć prawa kandydować **(for sth** w czymś); **she is ~ to vote/receive benefit** nie przysługuje jej prawo do głosowania/otrzymywania zasiłku
ineluctable /ˌɪnɪˈlʌktəbl/ *adj* nieunikniony, nieuchronny
inept /ɪˈnept/ *adj* [1] (incompetent) *[manager]* nieudolny; *[diplomat]* niezręczny; (clumsy) *[person]* niezaradny, nieporadny; *[behaviour]* niezdarny; **she was ~ at mathematics/in handling the situation** nie radziła sobie z matematyką/z tą sytuacją [2] (tactless) *[remark, refusal]* niestosowny, niezręczny
ineptitude /ɪˈneptɪtjuːd, US -tuːd/ *n* [1] (incompetence) (of diplomat, manager) nieudolność *f*, niekompetencja *f* **(at sth** w czymś) **(in doing sth** w robieniu czegoś); (clumsiness) (at fishing, of behaviour) nieporadność *f*; **his ~ in handling the crisis** jego nieporadność w sytuacji kryzysowej [2] (tactlessness) niestosowność *f*
ineptly /ɪˈneptlɪ/ *adv* [1] (inefficiently) nieudolnie, nieporadnie [2] (tactlessly) niestosownie, niezręcznie
ineptness /ɪˈneptnɪs/ *n* = **ineptitude**
inequality /ˌɪnɪˈkwɒlətɪ/ *n* nierówność *f* also Math; **inequalities of temperament /wealth** różnice temperamentu/w zamożności
inequitable /ɪnˈekwɪtəbl/ *adj* niesprawiedliwy
inequity /ɪnˈekwətɪ/ *n* niesprawiedliwość *f* **(of sth** czegoś); **social ~** nierówność społeczna
ineradicable /ˌɪnɪˈrædɪkəbl/ *adj [prejudices, tendency]* niemożliwy do wykorzenienia; *[disease]* niemożliwy do zwalczenia, niedający się zwalczyć; *[impression, feeling]* niezatarty
inert /ɪˈnɜːt/ *adj* [1] *[matter, body, lump]* bezwładny also Phys [2] (inactive, lazy) *[person, management]* bierny, bezczynny [3] Chem **~ gas** (nonoxidizing) gaz obojętny; (noble) gaz szlachetny
inertia /ɪˈnɜːʃə/ *n* [1] Phys bezwładność *f*, inercja *f* [2] (of person) bezwład *m*; (of institution, system) inercja *f*
inertial /ɪˈnɜːʃl/ *adj [frame of reference, system]* inercjalny; *[motion, mass]* bezwładnościowy; *[navigation]* inercyjny; *[observer]* bezsilny; **~ force** siła bezwładności
inertia reel seatbelt *n* Aut pas *m* bezwładnościowy
inertia selling *n* GB sprzedaż *f* wysyłkowa niezamówionych towarów *(z zamiarem zażądania zapłaty w wypadku niezwrócenia ich przez klienta)*
inertly /ɪˈnɜːtlɪ/ *adv* (without movement) nieruchomo; (lifelessly) bezwładnie
inescapable /ˌɪnɪˈskeɪpəbl/ *adj [truth, conclusion]* nieunikniony; *[impression, fact]* nieodparty
inessential /ˌɪnɪˈsenʃl/ *adj [equipment, clothing, journey]* zbędny; *[detail]* nieistotny
inestimable /ˌɪnˈestɪməbl/ *adj* [1] (invaluable) *[help, loyalty, value]* nieoceniony [2] (impossible to estimate) *[damage, fortune]* nieobliczalny; **the number of people waiting for homes is ~** liczba osób oczekujących na mieszkania jest trudna do oszacowania
inevitability /ɪnˌevɪtəˈbɪlətɪ/ *n* nieuchronność *f* **(of sth** czegoś)
inevitable /ɪnˈevɪtəbl/ **I** *n* **the ~** to, co nieuniknione; **the ~ happened** stało się to, co musiało się stać
II *adj* [1] *[consequence, disaster, event]* nieunikniony, nieuchronny; **it is/was ~ that he should do it** jest/było do przewidzenia, że on to zrobi; **it is ~ that she will do it** ona z całą pewnością or niechybnie zrobi to; **dreading the ~ day** bojąc się (tego) dnia, który zbliża się nieuchronnie [2] infml hum *[hat]* nieodłączny; *[tears]* nieuniknione
inevitably /ɪnˈevɪtəblɪ/ *adv* nieuchronnie; **~, it poured with the rain on the day of the fete** jak było do przewidzenia, w dniu święta lał deszcz
inexact /ˌɪnɪgˈzækt/ *adj* niedokładny
inexactitude /ˌɪnɪgˈzæktɪtjuːd, US -tɪtuːd/ *n* [1] (quality) nieścisłości *f pl* [2] (instance) nieścisłość *f*
inexactly /ˌɪnɪgˈzæktlɪ/ *adv [describe, relate]* nieściśle; *[translated, measured]* niedokładnie
inexcusable /ˌɪnɪkˈskjuːzəbl/ *adj* niewybaczalny; **it is ~ that...** to niewybaczalne, że...; **it is ~ of your brother not to be there to meet us** to niewybaczalne ze strony twego brata, że nie wyszedł nam na spotkanie
inexcusably /ˌɪnɪkˈskjuːzəblɪ/ *adv [rude, slow]* niewybaczalnie; *[overlook, neglect]* w sposób niewybaczalny; **it is ~ wasteful to leave the tap running** to niewybaczalne marnotrawstwo, żeby zostawiać odkręcony kran
inexhaustible /ˌɪnɪgˈzɔːstəbl/ *adj [supply, reserve]* niewyczerpany; **~ energy** niewyczerpane zasoby energii; **my patience is not ~** moja cierpliwość ma swoje granice
inexorable /ɪnˈeksərəbl/ *adj [person, fate, march of time, logic]* nieubłagany; *[trend, rise, fall]* niepowstrzymany; *[will, person]* nieugięty; *[demands]* nieustępliwy
inexorably /ɪnˈeksərəblɪ/ *adv [continue]* nieubłaganie; *[rise]* niepowstrzymanie

inexpedient /ˌɪnɪkˈspiːdɪənt/ *adj* niepożądany, niewskazany; **it is ~ to take a decision at this stage** podejmowanie decyzji na tym etapie jest niewskazane
inexpensive /ˌɪnɪkˈspensɪv/ *adj* niedrogi; **a good but ~ wine** dobre, a przy tym niedrogie wino
inexpensively /ˌɪnɪkˈspensɪvlɪ/ *adv* niedrogo
inexperience /ˌɪnɪkˈspɪərɪəns/ *n* brak *m* doświadczenia (**in sth** w czymś); **forgive my ~ in these matters** proszę mi wybaczyć moje niedoświadczenie w tych sprawach
inexperienced /ˌɪnɪkˈspɪərɪənst/ *adj* niedoświadczony (**in sth** w czymś)
inexpert /ɪnˈekspɜːt/ *adj [sailor, gardener, translation, eye]* niewprawny; *[advice, guidance, repair]* niefachowy; **although ~ at fishing...** pomimo braku wprawy w łowieniu ryb...
inexpertly /ɪnˈekspɜːtlɪ/ *adv* niewprawnie
inexpiable /ɪnˈekspɪəbl/ *adj [offence, crime]* nie do odpokutowania
inexplicable /ˌɪnɪkˈsplɪkəbl/ *adj* niewytłumaczalny; **it is ~ that...** jest rzeczą niewytłumaczalną, że...; **for some ~ reason** z jakichś niewyjaśnionych powodów
inexplicably /ˌɪnɪkˈsplɪkəblɪ/ *adv [behave, vanish]* w sposób niewytłumaczalny; **~, he left before we got here** z niewiadomych powodów wyszedł, zanim tu dotarliśmy
inexpressible /ˌɪnɪkˈspresəbl/ *adj* niewysłowiony; **~ in words** niemożliwy do wyrażenia, niedający się opisać
inexpressibly /ˌɪnɪkˈspresəblɪ/ *adv* niewymownie
inexpressive /ˌɪnɪkˈspresɪv/ *adj [face, mouth, eyes]* pozbawiony wyrazu
inextinguishable /ˌɪnɪkˈstɪŋgwɪʃəbl/ *adj [fire]* niemożliwy do ugaszenia; *[passion, longing]* niewygasły; *[memory]* niezatarty
in extremis /ɪnɪkˈstriːmɪs/ *adv* fml w ostateczności; (at the point of death) w chwili śmierci; in extremis fml
inextricable /ɪnˈekstrɪkəbl, ˌɪnɪkˈstrɪk-/ *adj [knot, problem]* nie do rozwiązania; *[difficulties]* nie do pokonania; *[union]* nierozerwalny; **~ from sth** *[history, facts, knowledge]* nierozerwalnie związany z czymś
inextricably /ɪnˈekstrɪkəblɪ, ˌɪnɪkˈstrɪk-/ *adv* nierozerwalnie
infallibility /ɪnˌfæləˈbɪlətɪ/ *n* [1] (of instinct, person) nieomylność *f* [2] (of remedy, method, memory) niezawodność *f*
infallible /ɪnˈfæləbl/ *adj* [1] *[person, intuition]* nieomylny [2] *[method, cure, memory]* niezawodny; *[evidence]* niepodważalny
infallibly /ɪnˈfæləblɪ/ *adv* [1] (faultlessly) *[act, pronounce]* bezbłędnie; *[start, explode, correct]* niezawodnie [2] (always) nieodmiennie
infamous /ˈɪnfəməs/ *adj [person, city]* osławiony; *[act, deeds, reputation]* niesławny; *[act, deed]* niechlubny; *[conduct, behaviour, event, treatment]* haniebny
infamy /ˈɪnfəmɪ/ *n* [1] (evil fame) (of person) niesława *f*; (of place) zła sława *f*; (of action, deed) hańba *f*; infamia *f* dat [2] (act, event) niegodziwość *f*
infancy /ˈɪnfənsɪ/ *n* [1] (young childhood) wczesne dzieciństwo *n*; (of newborn) niemowlęctwo *n*; **in (one's) ~** we wczesnym dzieciństwie; **from (one's) ~** od wczesnego dzieciństwa [2] fig stadium *n* początkowe; **in its ~** *[company, project]* w powijakach fig; **in the ~ of sth** w początkowym okresie czegoś *[career, movement]* [3] Jur niepełnoletność *f*
infant /ˈɪnfənt/ **I** *n* [1] (baby) niemowlę *n*; (young child) małe dziecko *n*; (of animal) młode *n*; **a newborn ~** noworodek [2] GB Sch uczeń *m*, -nnica *f* najmłodszych klas *(w wieku 5-7 lat)* [3] Jur nieletni *m*, -a *f*
II Infants *npl* GB Sch ≈ najmłodsze klasy *f pl (dzieci w wieku 5-7 lat)*
III *modif* [1] *[seat, clothes, game, voice, disease]* dziecięcy; **~ brother** braciszek; **~ daughter** córeczka; **~ sister** siostrzyczka; **~ son** synek [2] fig *[organization, movement]* raczkujący fig
infanta /ɪnˈfæntə/ *n* infantka *f*
infante /ɪnˈfæntɪ/ *n* infant *m*
infanticide /ɪnˈfæntɪsaɪd/ *n* [1] (crime) dzieciobójstwo *n* [2] (killer) dzieciobój|ca *m*, -czyni *f*
infantile /ˈɪnfəntaɪl/ *adj* [1] pej infantylny [2] Med dziecięcy; **~ paralysis** porażenie dziecięce
infantilize /ɪnˈfæntəlaɪz/ *vt* z|infantylizować
infant mortality *n* umieralność *f* noworodków
infant prodigy *n* cudowne dziecko *n*
infantry /ˈɪnfəntrɪ/ *n (+ v sg/pl)* Mil piechota *f*
infantryman /ˈɪnfəntrɪmən/ *n* (*pl* **-men**) żołnierz *m* piechoty, piechur *m*
infant school *n* ≈ zerówka *f (szkoła dla dzieci w wieku 5-7 lat)*
infant teacher *n* ≈ nauczyciel *m* nauczania początkowego
infatuate /ɪnˈfætʃʊeɪt/ *vt* **~d with sb** zauroczony kimś; zadurzony w kimś infml; **~d with sth** zauroczony czymś; **to become ~d with sb** zadurzyć się w kimś infml; **to become ~d with sth** być zauroczonym czymś
infatuation /ɪnˌfætʃʊˈeɪʃn/ *n* zauroczenie *n* (**with sth/sb** czymś/kimś); **to develop an ~ for sb** zadurzyć się w kimś infml; **a passing ~** chwilowe zauroczenie; **an object of ~** przedmiot fascynacji or obiekt uwielbienia
infeasible /ɪnˈfiːzəbl/ *adj* niewykonalny, nierealny
infect /ɪnˈfekt/ *vt* [1] Med zaka|zić, -żać *[blood, wound]*; ska|zić, -żać *[place, food]*; zara|zić, -żać *[person, animal]* (**with sth** czymś); **the wound became ~ed** rana uległa zakażeniu; **he was ~ed with typhoid** zaraził się durem brzusznym [2] fig (influence) **his cheerfulness ~ed everyone** wszystkim udzieliła się jego wesołość; **a mind ~ed with racial prejudice** umysł zatruty uprzedzeniami rasowymi; **to ~ sb with one's enthusiasm** zarazić kogoś (swoim) entuzjazmem
infection /ɪnˈfekʃn/ **I** *n* [1] (contagion) zakażenie *n*, infekcja *f*; **~ with sth** zakażenie czymś; **risk of ~** ryzyko zakażenia; **resistance to ~** odporność na infekcje; **to be exposed to ~** *[person]* być narażonym na infekcję [2] Med (specific disease) infekcja *f*; **a slight ~** drobna infekcja; **to spread** or **pass on an ~** roznosić infekcję; **an airborne/a waterborne ~** infekcja przenoszona przez powietrze/wodę [3] fig pej zarażenie się *n* (**with sth** czymś) *[ideas]*
II *modif* **~ rate** zachorowalność (na infekcje)
infectious /ɪnˈfekʃəs/ *adj* [1] Med *[disease]* zakaźny; *[agent]* infekcyjny; *[person, animal]* roznoszący infekcję; zarażający infml; **is he still ~?** czy ciągle jeszcze można się od niego zarazić?; **~ hepatitis** wirusowe zapalenie wątroby, żółtaczka zakaźna [2] fig *[laugh, enthusiasm]* zaraźliwy; *[rhythm]* wciągający; **she has an ~ gaiety about her** jej wesołość jest zaraźliwa
infectiousness /ɪnˈfekʃəsnɪs/ *n* Med zaraźliwość *f* also fig
infective /ɪnˈfektɪv/ *adj* chorobotwórczy
infecund /ɪnˈfekənd, ɪnˈfiːk-/ *adj* fml bezpłodny
infelicitous /ˌɪnfɪˈlɪsɪtəs/ *adj* fml *[speech, remark, translation]* niefortunny
infelicity /ˌɪnfɪˈlɪsətɪ/ *n* fml [1] (tactless act, expression) niezręczność *f*; **verbal ~** niefortunna uwaga [2] (misfortune) (of time, fate) niepomyślność *f* [3] (instance of misfortune) niepowodzenie *n*
infer /ɪnˈfɜː(r)/ *vt* (*prp, pt, pp* **-rr-**) (deduce) wy|wnioskować (**from sth** z czegoś); **to ~ a conclusion** wyciągnąć or wysnuć wniosek
inference /ˈɪnfərəns/ *n* [1] (act, process) wnioskowanie *n*; (in logic) inferencja *f*; **by ~ we can conclude that...** możemy zatem wyciągnąć wniosek, że... [2] (conclusion) wniosek *m*; **the ~ is that...** nasuwa się wniosek, że...; **to draw an ~ from sth** wyciągnąć wniosek z czegoś [3] (hint, implication) sugestia *f*
inferior /ɪnˈfɪərɪə(r)/ **I** *n* [1] (in social standing) osoba *f* o niższej pozycji; (subordinate) podwładn|y *m*, -a *f* [2] Mil młodszy *m* rangą
II *adj* [1] (poor quality) *[goods, workmanship]* niskiej jakości, gorszy; *[quality]* gorszy, niski; **of very ~ quality** bardzo niskiej jakości [2] (position, caste) niższy; **to feel ~ to sb** czuć się gorszym od kogoś; **to make sb feel ~** dać komuś odczuć swoją wyższość [3] Bot dolny [4] Print *[character, letter]* obniżony
inferior court *n* sąd *m* niższej instancji
inferiority /ɪnˌfɪərɪˈɒrətɪ, US -ˈɔːr-/ *n* (in quality) pośledniość *f*; (social, moral, in rank) niższość *f* (**to sb** w stosunku do kogoś)
inferiority complex *n* kompleks *m* niższości
infernal /ɪnˈfɜːnl/ *adj* [1] (of hell) piekielny; **the ~ regions** czeluści piekieł [2] fig (devilish) *[cruelty, wickedness]* diabelski [3] infml (infuriating) *[noise, temper, weather]* piekielny infml; *[cat, child, phone]* piekielny, cholerny infml
infernally /ɪnˈfɜːnəlɪ/ *adv [difficult, noisy]* piekielnie infml
inferno /ɪnˈfɜːnəʊ/ *n* (*pl* **~s**) [1] (hell) piekło *n* also fig (**of sth** czegoś) [2] (conflagration) morze *n* ognia fig
infertile /ɪnˈfɜːtaɪl, US -tl/ *adj* [1] *[land, soil]* nieurodzajny, jałowy [2] *[person, couple]* bezpłodny, niepłodny
infertility /ˌɪnfəˈtɪlətɪ/ *n* [1] (of land, soil) nieurodzajność *f*, jałowość *f* [2] (of person) bezpłodność *f*, niepłodność *f*

I

infertility clinic *n* klinika *f* leczenia bezpłodności or niepłodności
infertility treatment *n* leczenie *n* bezpłodności or niepłodności
infest /ɪnˈfest/ *vt* za|atakować; **~ed with sth** rojący się od czegoś *[vermin, insects, sharks]*; **clothing ~ed with lice** zawszona odzież; **a garden ~ed with weeds** zachwaszczony ogród
infestation /ˌɪnfesˈteɪʃn/ *n* plaga *f* **(of sth** czegoś)
infidel /ˈɪnfɪdəl/ *n, adj* Hist, Relig niewierny *m*
infidelity /ˌɪnfɪˈdelətɪ/ *n* niewierność *f*
infighting /ˈɪnfaɪtɪŋ/ *n* [1] (internal conflict) konflikt *m* wewnętrzny [2] (in boxing) walka *f* w zwarciu
infill /ˈɪnfɪl/ *n* (substance) wypełnienie *n*; (in town planning) plomba *f*
infiltrate /ˈɪnfɪltreɪt/ **I** *vt* [1] przesącz|yć, -ać *[gas, liquid]* **(through sth** przez coś); **to ~ sth with sth** nasączać coś czymś; **they had ~d poison into the water-supply** zatruli wodę w wodociągu [2] Mil, Pol z|infiltrować *[territory, group, organization]*; umie|ścić, -szczać *[spy, informer]* **(into sth** w czymś) *[country, group]*
II *vi* [1] *[liquid, gas]* infiltrować, przesącz|yć, -ać się, przenik|nąć, -ać [2] fig *[ideas, light, troops]* przenik|nąć, -ać; **to ~ through sth** przenikać przez coś *[enemy lines]*; **to ~ into an occupied area/organization** *[troops, agents]* przenikać na teren okupowany/do organizacji
infiltration /ˌɪnfɪlˈtreɪʃn/ *n* [1] (of gas, liquid) przenikanie *n* **(into sth** do czegoś) [2] Mil, Pol infiltracja *f*
infinite /ˈɪnfɪnət/ **I** *n* **the ~** nieskończoność *f*
II *adj* [1] (boundless) *[space, time]* nieskończony [2] (very great) *[pleasure, wealth]* niezmierny; *[variety]* niezliczony; *[care]* ogromny; **~ number of sth** niezliczona liczba czegoś; **~ patience** bezgraniczna cierpliwość; **in his ~ wisdom** Relig w swej nieskończonej mądrości also iron; **to give ~ pleasure to sb** sprawić komuś niezmierną przyjemność; **with ~ care** z niesłychanym oddaniem [3] Math *[series, decimal]* nieskończony
infinitely /ˈɪnfɪnətlɪ/ *adv* [1] *[large, small]* nieskończenie [2] (very much) *[better, worse, taller, wiser]* o wiele; *[grateful]* nieskończenie
infinitesimal /ˌɪnfɪnɪˈtesɪml/ *adj* [1] *[increase, amount, chance]* znikomy, nikły [2] Math nieskończenie mały
infinitive /ɪnˈfɪnətɪv/ *n* Ling bezokolicznik *m*; **in the ~** w bezokoliczniku
infinitive marker *n* Ling wykładnik *m* bezokolicznika
infinitude /ɪnˈfɪnɪtjuːd, US -tuːd/ *n* fml bezmiar *m*
infinity /ɪnˈfɪnətɪ/ *n* [1] (unbounded space, quantity) nieskończoność *f* also Math, Phot **(of sth** czegoś); **to ~** w nieskończoność; **to gaze into ~** patrzeć w dal [2] (incalculable number) nieskończona liczba *f* **(of sth** czegoś)
infirm /ɪnˈfɜːm/ **I** *n* **the ~** *(+ v pl)* chorzy *m pl*
II *adj* [1] (weak) *[person, mind]* niedołężny, zniedołężniały; *[step]* niedołężny [2] arch **~ of purpose** chwiejny w postanowieniach
infirmary /ɪnˈfɜːmərɪ/ *n* [1] (hospital) szpital *m* [2] (in school, prison) izba *f* chorych; infirmeria *f* arch
infirmity /ɪnˈfɜːmətɪ/ *n* (illness) niemoc *f*; **the ~ of old age** starcze zniedołężnienie
infix /ˈɪnfɪks/ *n* Ling infiks *m*, wrostek *m*
in flagrante delicto /ˌɪnflæˌgrænteɪdeɪˈlɪktəʊ/ *adv phr* na gorącym uczynku, in flagranti
inflame /ɪnˈfleɪm/ *vt* [1] (stir up, fire up) rozpal|ić, -ać *[imagination, audience]*; rozjusz|yć, -ać *[mob, crowd]*; zaogni|ć, -ać *[situation, conflict]*; **to be ~d with desire** płonąć z pożądania [2] Med wywoł|ać, -ywać stan zapalny (czegoś) *[eye, throat]*
inflamed /ɪnˈfleɪmd/ *adj* [1] *[mob, crowd]* rozjuszony; *[imagination, audience]* rozpalony [2] Med *[eye, tissue, throat]* w stanie zapalnym
inflammable /ɪnˈflæməbl/ *adj* [1] *[material, gas]* palny, łatwopalny; **highly ~** łatwopalny [2] fig *[temper, situation]* wybuchowy
inflammation /ˌɪnfləˈmeɪʃn/ *n* Med zapalenie *n*
inflammatory /ɪnˈflæmətrɪ, US -tɔːrɪ/ *adj* [1] *[words, speech, remarks]* podburzający, podżegający [2] Med zapalny
inflatable /ɪnˈfleɪtəbl/ **I** *n* nadmuchiwany przedmiot *m*; (boat) ponton *m*; (toy) zabawka *f* nadmuchiwana
II *adj* nadmuchiwany; (with compressed air) pneumatyczny
inflate /ɪnˈfleɪt/ **I** *vt* [1] na|pompować *[tyre, dinghy]*; nadmuch|ać, -iwać *[toy, balloon]*; rozd|ąć, -ymać *[lung]*; **to ~ sth with sth** napełnić coś czymś *[gas, air]* [2] fig zawyż|yć, -ać *[bill, price, number]*; rozdmuch|ać, -iwać *[expectations]* [3] Econ **to ~ the economy** or **currency** wywoł|ać, -ywać inflację
II *vi* *[balloon, tyre, dinghy]* napełni|ć, -ać się
inflated /ɪnˈfleɪtɪd/ *adj* [1] (excessive) *[language, style]* nadęty; *[opinion, claim, fee]* wygórowany; *[importance, reputation]* nadmierny; **an ~ ego** przerośnięte ego [2] (with air) *[balloon, toy]* nadmuchany; *[tyre, inner tube]* napompowany; *[lung]* rozdęty [3] Econ *[prices, bill]* zawyżony; *[economy, currency]* podlegający inflacji
inflation /ɪnˈfleɪʃn/ *n* [1] Econ inflacja *f*; **galloping/creeping ~** galopująca/pełzająca inflacja; **the rate of ~** stopa inflacji; **with ~ (running) at 10%** przy inflacji wynoszącej 10% [2] (of tyre, dinghy) pompowanie *n*; (of toy, rubber ring) nadmuchiwanie *n* [3] Med (of lung) rozdęcie *n*
inflation-adjusted /ɪnˌfleɪʃnəˈdʒʌstɪd/ *adj* dostosowany do poziomu inflacji
inflationary /ɪnˈfleɪʃnrɪ, US -nerɪ/ *adj* Econ (of inflation) *[gap, process, spiral]* inflacyjny; (leading to inflation) *[pressure, wage claim]* inflacjogenny
inflation rate *n* stopa *f* inflacji
inflect /ɪnˈflekt/ **I** *vt* [1] Ling odmieni|ć, -ać *[verb, noun, adjective]*; **to be ~ed with '-ed'** przybierać końcówkę „-ed" [2] (modulate) modulować *[voice]*; Mus alterować *[note]* [3] (curve) odchyl|ić, -ać *[ray]*
II *vi* Ling *[word]* odmieniać się; *[language]* mieć fleksję; **a language which ~s** język fleksyjny or z fleksją
inflected /ɪnˈflektɪd/ *adj* Ling *[language, form]* fleksyjny; *[word]* odmienny
inflection /ɪnˈflekʃn/ *n* [1] Ling (alternation) odmiana *f*, fleksja *f*; (affix) końcówka *f* fleksyjna, morfem *m* fleksyjny [2] (modulation) (of voice, tone) modulacja *f*; Mus alteracja *f* [3] Math (of curvature) przegięcie *n*; **point of ~** punkt przegięcia [4] Phys (of beam) odchylenie *n* [5] (bend) (of body) zgięcie *n*
inflectional /ɪnˈflekʃənl/ *adj [ending, form, language]* fleksyjny
inflexibility /ɪnˌfleksəˈbɪlətɪ/ *n* [1] (of material) nieelastyczność *f*, sztywność *f* [2] fig (of will, attitude) nieugiętość *f* **(in sth** w czymś); (of system, method) brak *m* elastyczności; (of rule) sztywność *f*; **the ~ of the working day** sztywność godzin pracy
inflexible /ɪnˈfleksəbl/ *adj* [1] *[material, structure]* nieelastyczny [2] fig (unalterable) *[person]* nieugięty, nieustępliwy; *[computer, system]* mało elastyczny, nieelastyczny; *[rules, hours]* sztywny [3] fig (unyielding) *[will, attitude, person]* nieugięty; **to be ~ against sth** pozostawać nieugiętym wobec czegoś
inflexion *n* GB = **inflection**
inflict /ɪnˈflɪkt/ *vt* wymierz|yć, -ać *[punishment, fine]* **(on sb** komuś); zada|ć, -wać *[pain, torture, punishment, defeat, wound]* **(on sb** komuś); wyrządz|ić, -ać *[damage]* **(on sb** komuś); **to ~ one's presence /one's view on sb** narzucać komuś swoje towarzystwo/swoje poglądy
infliction /ɪnˈflɪkʃn/ *n* (of pain) zadawanie *n*; (of punishment) wymierzanie *n*; (of system) narzucanie *n*
in-flight /ˌɪnˈflaɪt/ *adj* **~ entertainment /meals** rozrywka/posiłki podczas lotu; **~ refuelling** uzupełnianie paliwa w powietrzu
inflow /ˈɪnfləʊ/ *n* napływ *m* **(of sth** czegoś) *[water, cash, goods]*
inflow pipe *n* rura *f* doprowadzająca
influence /ˈɪnflʊəns/ **I** *n* [1] (force, factor affecting sth) wpływ *m* **(on sth/sb** na coś /kogoś); **to be** or **have an important/a good ~** mieć poważny/dobry wpływ; **an evil ~** szkodliwy wpływ; **to escape sb's ~** uwolnić się spod wpływu kogoś; **an ~ for good** korzystny wpływ; **his ~s are Lou Reed and Bob Dylan** wpływ na niego wywarli Lou Reed i Bob Dylan; **to be under sb's ~** być pod wpływem kogoś; **to be under the ~ of sth** być pod wpływem czegoś; **to be under the ~** euph hum znajdować się w stanie wskazującym (na spożycie) euph hum; **to drive while under the ~ of alcohol** Jur prowadzić (samochód) będąc pod wpływem alkoholu [2] (power) wpływy *m pl* **(with sb** u kogoś); (capacity to affect sth) wpływ *m* **(over sb/sth** na kogoś/coś); **to have a lot of ~** mieć rozległe wpływy; **to use one's ~** użyć swoich wpływów **(to do sth** żeby coś zrobić); **to bring one's ~ to bear on sb** wywierać wpływ na kogoś; **to bring every ~ to bear** użyć wszelkich wpływów
II *vt* wpły|nąć, -wać na (kogoś/coś) *[child, jury, decision, events]*; **don't let him ~ you!** nie ustępuj mu!; **I don't want to ~ you one way or the other** w żaden sposób nie

chcę na ciebie wpływać; **to ~ sb in his /her choice/decision** wpływać na wybór kogoś/decyzję kogoś; **to ~ sb to do sth** skłonić kogoś do zrobienia czegoś; **to be (heavily** or **strongly) ~d by sb/sth** pozostawać pod (silnym) wpływem kogoś /czegoś; **his painting has been ~d by Picasso** na jego malarstwo wpływ wywarł Picasso

influence peddling *n* kupczenie *n* wpływami

influential /ˌɪnflʊˈenʃl/ **I** *n* **the ~** *(+ v pl)* osoby *f pl* wpływowe

II *adj* [1] (important, respected) *[theory, movement, study]* istotny; *[newspaper]* poważny, wpływowy; *[commentator]* poważny; *[artist, factor, event]* znaczący; **to be ~ in sth /doing sth** mieć istotny wpływ na coś /zrobienie czegoś [2] (powerful) *[person, businessman, friends]* wpływowy; **to be very ~** być bardzo wpływowym, mieć wpływy [3] (persuasive) *[speech, speaker]* sugestywny

influenza /ˌɪnflʊˈenzə/ *n* grypa *f*; influenca *f* arch

influx /ˈɪnflʌks/ *n* [1] (of wealth, visitors, liquid) napływ *m* **(of sth/sb** czegoś/kogoś**)** [2] (of river, stream) ujście *n*

info /ˈɪnfəʊ/ *n* infml informacje *f pl*

infoglut /ˈɪnfəʊglʌt/ *n* infml natłok *m* informacji

infomediary /ˌɪnfəʊˈmiːdɪərɪ, US -dɪerɪ/ *n* infopośrednik *m*

infomercial /ˌɪnfəʊˈmɜːʃl/ *n* TV film *m* informacyjno-reklamowy

inform /ɪnˈfɔːm/ **I** *vt* [1] (notify, tell) powiad|omić, -amiać, po|informować *[person, authorities, public, consumer]* **(of/about sth** o czymś**)**; **I was ~ed that he was coming tomorrow** powiadomiono mnie or dowiedziałem się, że przybywa jutro; **I would like to be ~ed** chciałbym być informowany; **why wasn't I ~ed?** dlaczego mnie nie powiadomiono?; **to keep sb ~ed** powiadamiać or informować kogoś na bieżąco **(as to/of sth** o czymś**)**; **have you ~ed the police of** or **about the accident?** czy powiadomiłeś policję o wypadku?; **I am pleased to ~ you that...** miło mi powiadomić Pana/Panią, że...; **I regret/I am sorry to ~ you that...** z żalem/z przykrością zawiadamiam Pana /Panią, że...; **to ~ sb if/when...** powiadomić kogoś, czy/kiedy... [2] fml (pervade, give essential features to) *[idea, premise]* przenik|nąć, -ać *[writing, law, policy]*

II *vi* [1] (denounce) **to ~ on** or **against sb** donosić na kogoś [2] (give information) informować

III *vr* **to ~ oneself** zaznaj|omić, -amiać się **(about sth** z czymś**)**

informal /ɪnˈfɔːml/ *adj* [1] (unaffected) *[person, manner]* bezpośredni; *[style, tone]* swobodny; **to greet sb in an ~ manner** or **way** powitać kogoś w sposób poufały [2] (casual) *[language]* potoczny; *[clothes]* swobodny; **dress ~** (on invitation) strój dowolny [3] (unofficial, natural) *[atmosphere, mood, discussion]* swobodny; *[arrangement, group, club]* nieformalny; *[announcement, request]* nieoficjalny; *[statesman's visit]* nieoficjalny, prywatny; *[meal]* improwizowany, naprędce przygotowany; **on an ~ basis** w sposób nieformalny

informality /ˌɪnfɔːˈmælətɪ/ *n* [1] (of person, manner) bezpośredniość *f*; (of gathering, event, agreement) nieoficjalny charakter *m*; (of workplace) swobodna atmosfera *f*; (of dress) swobodny styl *m*; **an atmosphere of ~** swobodny nastrój [2] Ling (of language) potoczność *f*

informally /ɪnˈfɔːməlɪ/ *adv* [1] (without ceremony) *[dress, speak, behave, talk]* swobodnie; *[meet]* na gruncie towarzyskim; *[greet]* poufale [2] (unofficially) *[act, agree, arrange]* nieformalnie; *[suggest, discuss, visit]* nieoficjalnie; **to invite sb ~** *[statesman]* zaprosić kogoś prywatnie do złożenia wizyty

informant /ɪnˈfɔːmənt/ *n* [1] (for police, journalist) informator *m*, -ka *f* [2] Ling informator *m*, -ka *f (osoba dostarczająca informacji o badanym języku)*

informatics /ˌɪnfəˈmætɪks/ *n* informatyka *f*

information /ˌɪnfəˈmeɪʃn/ *n* [1] (facts, details) informacje *f pl* **(on/about sb/sth** o kimś /czymś**)**; **a piece** or **bit** or **item of ~** informacja; **to give/receive ~** udzielić informacji/otrzymać informacje; **to pass on ~** przekazać informacje; **I need more ~** potrzebuję więcej informacji; **I have no ~ about that** nie mam na ten temat żadnych informacji; **we have very little ~** dysponujemy niewielką ilością informacji; **my ~ is that...** z moich informacji wynika, że...; **a vital piece of ~** informacja o kluczowym znaczeniu; **freedom of ~** wolny dostęp do informacji; **for further** or **additional** or **more ~** celem uzyskania dodatkowych informacji; **to enclose sth for ~** załączać coś tytułem informacji; **'for ~'** „do wiadomości"; **for your ~, I've never even met him** jeśli chcesz wiedzieć, nawet go nie poznałem [2] US Telecom informacja *f*, biuro *n* numerów; **to call ~** zadzwonić do informacji [3] Comput informacja *f*

information bureau *n* biuro *n* informacyjne

information centre *n* centrum *n* informacyjne

information content *n* treść *f* informacji

information desk *n* informacja *f*, punkt *m* informacyjny

information exchange *n* wymiana *f* informacji

information office *n* = **information bureau**

information officer *n* [1] (PR person, press officer) pracowni|k, *m* -czka *f* biura informacyjnego [2] (responsible for IT) informatyk *m*

information pack *n* komplet *m* informacji

information processing *n* przetwarzanie *n* informacji

information retrieval *n* wyszukiwanie *n* informacji

information retrieval system *n* system *m* wyszukiwania informacji

information revolution *n* rewolucja *f* informacyjna

information room *n* (in police station) sekcja *f* informacyjna

information science *n* informatyka *f*

information scientist *n* informatyk *m*

information service *n* informacja *f*

information superhighway *n* Comput infostrada *f*

information system *n* system *m* informatyczny or przetwarzania informacji

information technology, IT *n* technika *f* informacyjna

information theory *n* teoria *f* informacji

information transfer *n* przesyłanie *n* informacji

informative /ɪnˈfɔːmətɪv/ *adj [book, leaflet]* bogaty w informacje; *[trip, day, lecture]* pouczający; **an ~ lecturer/guide** wykładowca/przewodnik podający wiele informacji; **not to be ~** *[person]* nie być skłonnym do udzielania informacji

informed /ɪnˈfɔːmd/ *adj* [1] *[person, public, consumer]* zorientowany; *[source]* (dobrze) poinformowany; *[critic]* kompetentny; **to be well-~** być dobrze zorientowanym **(on sth** w czymś**)**; **to be ill-~** nie być zorientowanym, mieć złe informacje [2] *[opinion, judgement, decision]* dojrzały, przemyślany; **to make an ~ guess** zgadywać na podstawie posiadanych informacji; **to make an ~ choice** dokonywać świadomego wyboru

informer /ɪnˈfɔːmə(r)/ *n* [1] (to police, authorities) informator *m*, -ka *f*; donosiciel *m*, -ka *f* pej; **to turn ~** zostać informatorem [2] (advisor) doradca *m*

infotainment /ˌɪnfəʊˈteɪnmənt/ *n* audycja *f* informacyjno-rozrywkowa; infozrywka *f* infml

infotech /ˈɪnfəʊtek/ *n* Comput infml technika *f* informacyjna

infraction /ɪnˈfrækʃn/ *n* naruszenie *n* **(of sth** czegoś**)**

infra dig /ˌɪnfrəˈdɪg/ *adj* hum uwłaczający, poniżej godności

infrared /ˌɪnfrəˈred/ *adj* podczerwony

infrared photography *n* fotografia *f* w podczerwieni, termografia *f*

infrared sensor *n* czujnik *m* podczerwieni

infrasonic /ˌɪnfrəˈsɒnɪk/ *adj* infradźwiękowy

infrastructure /ˈɪnfrəstrʌktʃə(r)/ *n* infrastruktura *f*

infrequency /ɪnˈfriːkwənsɪ/ *n* sporadyczność *f*

infrequent /ɪnˈfriːkwənt/ *adj [visit, visitor, performance]* rzadki, nieczęsty; *[bus, train]* rzadko kursujący; **it is not ~ for him to completely forget an appointment** nierzadko zdarza mu się całkiem zapomnieć o umówionym spotkaniu

infrequently /ɪnˈfriːkwəntlɪ/ *adv* rzadko; **not ~** nierzadko

infringe /ɪnˈfrɪndʒ/ **I** *vt* narusz|yć, -ać *[rule, rights, regulation, patent, copyright]*

II *vi* **to ~ on** or **upon rights/sovereignty** naruszyć prawa/suwerenność

infringement /ɪnˈfrɪndʒmənt/ *n* pogwałcenie *n*, naruszenie *n* **(of/on sth** czegoś**)**; **to be in ~ of sth** *[person]* naruszać coś

infuriate /ɪnˈfjʊərɪeɪt/ *vt* doprowadz|ić, -ać do szału, rozwściecz|yć, -ać *[person]*; **I was ~d by** or **with their constant criticism** ich nieustanna krytyka doprowadzała mnie do szału

infuriated /ɪnˈfjʊərɪeɪtɪd/ *adj* rozwścieczony, rozjuszony

I

infuriating /ɪnˈfjʊərɪeɪtɪŋ/ *adj* ogromnie irytujący, doprowadzający do szału
infuriatingly /ɪnˈfjʊərɪeɪtɪŋlɪ/ *adv [laugh, reply]* w irytujący sposób; *[slow, complacent]* irytująco
infuse /ɪnˈfjuːz/ **I** *vt* [1] (inject, imbue) **to ~ sb with sth** natchnąć kogoś czymś *[optimism]*; **to ~ sth with enthusiasm** tchnąć entuzjazm w coś; **to ~ sth into sb/sth** tchnąć coś w kogoś/coś *[society, work, person]*; **to ~ sth with new life, to ~ new life into sth** tchnąć w coś życie or nowego ducha [2] Culin zaparz|yć, -ać *[tea, herb]*; **wine ~d with cinnamon** wino aromatyzowane cynamonem
II *vi [tea leaves]* naciąg|nąć, -ać
infusion /ɪnˈfjuːʒn/ *n* [1] (of aid, cash) zastrzyk *m*; **an ~ of new life** zastrzyk świeżej krwi [2] Culin (process) zaparzanie *n*; (liquid) napar *m*
ingénue /ˈænʒeɪnjuː, US ˈændʒənuː/ *n* Cin, Theat pierwsza naiwna *f*
ingenious /ɪnˈdʒiːnɪəs/ *adj* pomysłowy; **to be ~ at sth** wykazywać się pomysłowością w czymś; **how ~!** ale pomysł!, ale sprytnie!
ingeniously /ɪnˈdʒiːnɪəslɪ/ *adv [planned, designed, made]* pomysłowo; *[thought out, conceived]* inteligentnie; *[cynical, cruel]* wyrafinowanie
ingenuity /ˌɪndʒɪˈnjuːətɪ, US -ˈnuː-/ *n* pomysłowość *f*; **to use one's ~** wykorzystać własną pomysłowość
ingenuous /ɪnˈdʒenjʊəs/ *adj* prostoduszny; (foolish) naiwny
ingenuously /ɪnˈdʒenjʊəslɪ/ *adv [ask, remark]* prostodusznie
ingenuousness /ɪnˈdʒenjʊəsnɪs/ *n* prostoduszność *f*
ingest /ɪnˈdʒest/ *vt* [1] przyj|ąć, -mować, połk|nąć, -ykać *[food, liquid]* [2] fig przysw|oić, -ajać *[fact, information, idea]*
ingestion /ɪnˈdʒestʃn/ *n* [1] (of food) przyjmowanie *n* [2] (of facts) przyswajanie *n*
inglenook /ˈɪŋglnʊk/ *n* GB nisza *f* kominkowa
inglorious /ɪnˈglɔːrɪəs/ *adj* [1] liter (disgraceful) *[defeat, fate]* niesławny [2] arch (obscure) *[name, figure]* nieznany
ingoing /ˈɪngəʊɪŋ/ *adj [crowd]* napływający; **~ tenant** nowy lokator
ingot /ˈɪŋgət/ *n* (gold, silver) sztaba *f*, sztabka *f*; (pig-iron, cast-iron) wlewek *m*; **the gold ~s were stocked in the strong room** sztaby złota trzymano w skarbcu
ingrained /ɪnˈgreɪnd/ *adj* [1] (deep-rooted) *[habit, hatred, tendency]* zakorzeniony **(in sb/sth** w kimś/czymś) *[society, heart, person]*; **deeply ~** głęboko zakorzeniony [2] *[dirt, grease]* **the surface of the table was ~ with grease and dust** powierzchnia stołu była (dosłownie) zarośnięta brudem; **the jeans were ~ with dirt** dżinsy były czarne od brudu; **oil had become ~ in his skin** olej wżarł mu się w skórę
ingrate /ˈɪngreɪt/ *n* niewdzięczni|k *m*, -ca *f*
ingratiate /ɪnˈgreɪʃɪeɪt/ *vr* pej **to ~ oneself** przypochlebi|ć, -ać się **(with sb** komuś)
ingratiating /ɪnˈgreɪʃɪeɪtɪŋ/ *adj* pej przymilny; przypochlebny ra
ingratitude /ɪnˈgrætɪtjuːd, US -tuːd/ *n* niewdzięczność *f*
ingredient /ɪnˈgriːdɪənt/ *n* [1] Culin składnik *m* [2] fig element *m* **(of sth** czegoś)
ingress /ˈɪŋgres/ *n* Jur wstęp *m*; **right of ~** prawo wstępu
ingressive /ˌɪŋˈgresɪv/ **I** *n* Ling (sound) dźwięk *m* ingresywny
II *adj* Ling *[sound, click]* ingresywny
in-group /ˈɪngruːp/ *n* pej koteria *f*; klika *f* pej
ingrowing toenail /ˌɪŋgrəʊɪŋˈtəʊneɪl/ *adj* wrastający paznokieć *m* (u nogi)
ingrown toenail /ˌɪŋgrəʊnˈtəʊneɪl/ *n* = **ingrowing toenail**
inguinal /ˈɪŋgwɪnl/ *adj* pachwinowy
Ingush Republic /ˌɪŋgʊʃrɪˈpʌblɪk/ *prn* Inguszetia *f*, Republika *f* Inguska
inhabit /ɪnˈhæbɪt/ **I** *vt* zamieszkiwać also fig
II inhabited *pp adj [land, cave, planet]* zamieszkany
inhabitable /ɪnˈhæbɪtəbl/ *adj* nadający się do zamieszkania
inhabitant /ɪnˈhæbɪtənt/ *n* mieszkan|iec *m*, -ka *f*
inhalant /ɪnˈheɪlənt/ **I** *n* (device) inhalator *m*; (preparation) środek *m* do inhalacji
II *modif [medicine, decongestant]* inhalacyjny
inhalation /ˌɪnhəˈleɪʃn/ *n* (breathing in) wdychanie *n*; (of inhalant) inhalacja *f*
inhalator /ˈɪnhəleɪtə(r)/ *n* (respirator) respirator *m*; (inhaler) inhalator *m*
inhale /ɪnˈheɪl/ **I** *vt* wdychać, zaciąg|nąć, -ać się (czymś) *[smoke]*
II *vi* (breathe in) zrobić wdech, wciąg|nąć, -ać powietrze; (take in smoke) zaciąg|nąć, -ać się
inhaler /ɪnˈheɪlə(r)/ *n* inhalator *m*
inharmonious /ˌɪnhɑːˈməʊnɪəs/ *adj [surroundings]* pozbawiony harmonii; *[sound]* nieharmoniczny; **~ colours** kłócące się ze sobą kolory
inhere /ɪnˈhɪə(r)/ *vi* **to ~ in sth** tkwić w istocie czegoś; **to ~ in sb** *[virtue]* tkwić w naturze kogoś; *[right]* przysługiwać komuś
inherent /ɪnˈhɪərənt, ɪnˈherənt/ *adj [human attributes]* przyrodzony **(in sb** komuś); *[problem, risks, difficulty]* nieodłączny; inherentny liter; **~ in sth** tkwiący w istocie czegoś; **to be ~ in sth** być właściwym dla czegoś
inherently /ɪnˈhɪərəntlɪ, ɪnˈher-/ *adv* z natury
inherit /ɪnˈherɪt/ **I** *vt* o|dziedziczyć *[property, title, beauty, tradition]* **(from sb** po kimś); przej|ąć, -mować w spadku fig *[problem, poor economy]* **(from sb** po kimś); **she has ~ed her mother's intelligence** odziedziczyła inteligencję po matce; **I've ~ed my mother's cat** dostałem w spadku kota mamy
II *vi* dziedziczyć, otrzym|ać, -ywać spadek
inheritance /ɪnˈherɪtəns/ *n* [1] (thing inherited) (money, property) spadek *m*; fig dziedzictwo *n*, spuścizna *f*; **to come into an ~** otrzymać spadek [2] (succession) dziedziczenie *n*; **to pass by** or **through ~** przechodzić dziedzicznie **(to sb** na kogoś) [3] Biol zespół *m* cech dziedzicznych
inheritance tax *n* podatek *m* spadkowy
inherited /ɪnˈherɪtɪd/ *adj [characteristic, disease]* dziedziczny; *[wealth, debt, tradition]* odziedziczony
inheritor /ɪnˈherɪtə(r)/ *n* spadkobier|ca *m*, -czyni *f* also fig
inhibit /ɪnˈhɪbɪt/ *vt* [1] (restrain) po|hamować, powstrzym|ać, -ywać *[person, activity, attempt]*; za|hamować *[development, process]*; utrudni|ć, -ać *[choice]*; **to ~ sb from doing sth** powstrzymywać kogoś przed zrobieniem czegoś [2] Psych hamować odruchy u (kogoś) *[person]*; po|hamować *[impulse, desire]* [3] Sci za|blokować *[function]*; spow|olnić, -alniać *[reaction]* [4] Jur (prohibit) zakaz|ać, -ywać (komuś), zabr|onić, -aniać (komuś) **(from doing sth** robienia czegoś)
inhibited /ɪnˈhɪbɪtɪd/ *adj [person]* skrępowany, pełen zahamowań; *[development, action]* zahamowany; *[behaviour]* powściągliwy; **they were ~ by the prevailing taboos/his presence** krępowały ich obowiązujące zakazy/krępowała ich jego obecność; **she was ~ by (her) lack of confidence** przeszkadzał jej brak pewności siebie; **to feel ~** czuć się skrępowanym; **to be ~ from doing sth** mieć opory wewnętrzne przed zrobieniem czegoś
inhibiting /ɪnˈhɪbɪtɪŋ/ *adj [factor]* hamujący; *[discipline, situation, position]* krępujący; rodzący zahamowania also Psych
inhibition /ˌɪnhɪˈbɪʃn, ˌɪnɪˈb-/ *n* zahamowanie *n*; Sci, Psych inhibicja *f*; **to get rid of one's ~s** pozbyć się zahamowań
inhibitor /ɪnˈhɪbɪtə(r)/ *n* czynnik *m* hamujący; Sci inhibitor *m*
inhibitory /ɪnˈhɪbɪtərɪ, US -tɔːrɪ/ *adj* [1] (causing inhibition) *[factor]* hamujący; Sci inhibicyjny [2] (prohibitory) zakazujący
in-home /ˌɪnˈhəʊm/ *adj* w domu, domowy; **~ haircuts for children** strzyżenie dzieci w domu
inhospitable /ˌɪnhɒˈspɪtəbl/ *adj [person, behaviour, place]* niegościnny; *[climate, weather]* surowy
inhospitably /ˌɪnhɒˈspɪtəblɪ/ *adv [act]* niegościnnie
inhospitality /ɪnˌhɒspɪˈtælətɪ/ *n* niegościnność *f*
in-house /ˈɪnhaʊs, -ˈhaʊs/ *adj [training]* wewnątrzzakładowy; *[publication, service]* wewnętrzny; **he is ~** (not travelling) jest na miejscu; (trustworthy) (on) jest swój
inhuman /ɪnˈhjuːmən/ *adj* nieludzki
inhumane /ˌɪnhjuːˈmeɪn/ *adj [treatment, law, decision]* niehumanitarny, nieludzki; *[weapon, person]* okrutny
inhumanity /ˌɪnhjuːˈmænətɪ/ *n* bestialstwo *n*; nieludzkość *f*; **man's ~ to man** bestialstwo człowieka wobec człowieka
inhumation /ˌɪnhjuːˈmeɪʃn/ *n* fml pochówek *m*; inhumacja *f*
inhume /ɪnˈhjuːm/ *vt* fml po|grzebać, po|chować
inimical /ɪˈnɪmɪkl/ *adj [action, species, area, climate]* nieprzyjazny **(to sb** dla kogoś); *[member of board, critic]* nieprzychylny **(to sb** komuś); **to be ~ to sth** nie sprzyjać czemuś *[interest, progress, unity]*
inimitable /ɪˈnɪmɪtəbl/ *adj* (defying imitation) nie do podrobienia; (matchless) niezrównany
iniquitous /ɪˈnɪkwɪtəs/ *adj* [1] fml *[system, regime, practice]* rażąco niesprawiedliwy [2] *[price, charge]* niewspółmiernie wysoki, zawyżony
iniquity /ɪˈnɪkwətɪ/ *n* (wickedness) niegodziwość *f*; (injustice) nieprawość *f*
initial /ɪˈnɪʃl/ **I** *n* pierwsza litera *f*; (at the beginning of a chapter, verse) inicjał *m*

II initials *npl* inicjały *m pl*; **to sign one's ~s** podpisać się inicjałami
III *adj* początkowy; **~ letter** pierwsza litera, inicjał; **in the ~ stages (of sth)** w początkowym stadium (czegoś)
IV *vt* (*prp, pt, pp* GB **-ll-**, US **-l-**) parafować *[document]*; (authorize) sygnować inicjałami *[document]*
initial expenses *n* Comm koszty *m pl* wstępne or początkowe
initialization /ˌɪnɪʃəlaɪˈzeɪʃn, US -lɪˈz-/ *n* Comput inicjacja *f*
initialize /ɪˈnɪʃəlaɪz/ *vt* Comput inicjować
initially /ɪˈnɪʃəlɪ/ *adv* (at first) początkowo; (originally) pierwotnie
Initial Teaching Alphabet, ITA *n* Sch *fonetyczny alfabet do nauczania początkowego*
initiate I /ɪˈnɪʃɪət/ *n* (into group) nowo przyjęt|y *m*, -a *f* **(into sth** do czegoś); fig nowicjusz *m*, -ka *f*; **an ~ into the world of politics** nowicjusz na scenie politycznej
II initiated /ɪˈnɪʃɪeɪtɪd/ *npl* **the ~d** *(+ v pl)* wtajemniczeni *m pl*
III /ɪˈnɪʃɪeɪt/ *vt* [1] (set going) zapoczątkow|ać, -ywać *[talks, improvement, reorganization]*; (originate) za|inicjować *[talks, project, reform]*; **to ~ proceedings against sb** Jur wszcząć postępowanie przeciw komuś [2] (admit) **to ~ sb into sth** (into membership) wprowadz|ić, -ać kogoś do czegoś *[sect, club]*; (into knowledge) wprowadz|ić, -ać kogoś w tajniki czegoś *[astrology, art of love]* [3] Comput inicjować *[programme, communication]*
initiation /ɪˌnɪʃɪˈeɪʃn/ **I** *n* [1] (of process, scheme) (action) inicjowanie *n*; (instance) inicjacja *f*; (of investigation, negotiations) wszczęcie *n* [2] (admission) (of novice, applicant) inicjacja *f*; **the ~ into sth** wtajemniczenie w coś *[secret, knowledge]*; wprowadzenie do czegoś *[society, sect]* [3] (ceremony) inicjacja *f*
II *modif* **~ ceremony/rite** ceremonia /obrzęd inicjacyjny or inicjacji
initiative /ɪˈnɪʃətɪv/ *n* [1] (quality) inicjatywa *f*; **to show ~** wykazywać inicjatywę; **to have ~** być pełnym inicjatywy; **use your ~!** wykaż się inicjatywą!; **on one's own ~** z własnej inicjatywy [2] (opening move) inicjatywa *f*; **to take/lose the ~** podjąć /utracić inicjatywę; **to seize the ~** przejąć inicjatywę; **to have the ~** mieć inicjatywę; **to take the ~ in doing sth** wystąpić z inicjatywą zrobienia czegoś; **peace ~** inicjatywa pokojowa [3] Pol, Jur inicjatywa *f* ustawodawcza
initiative test *n* Psych test *m* inicjatywy
initiator /ɪˈnɪʃɪeɪtə(r)/ *n* inicjator *m*, -ka *f*
inject /ɪnˈdʒekt/ **I** *vt* [1] Med wstrzyk|nąć, -iwać *[drug, liquid]*; **to ~ sb with sth** wstrzykiwać komuś coś; **to ~ sb against sth** zaszczepić kogoś przeciw czemuś; **'to be ~ed intravenously'** „do wstrzyknięć dożylnych" [2] Tech wtrys|nąć, -kiwać *[foam, petrol]* [3] fig zaszczepi|ć, -ać *[new ideas, enthusiasm]* **(into sb/sth** w kimś/czymś); wprowadz|ić, -ać *[cash, capital]* **(into sth** do czegoś)
II *vr* **to ~ oneself with sth** zrobić sobie zastrzyk czegoś *[insulin]*; wstrzyknąć sobie coś *[heroin]*
injection /ɪnˈdʒekʃn/ *n* [1] (of drug, liquid, cash, capital) zastrzyk *m* **(of sth** czegoś); **to give sb an ~** zrobić komuś zastrzyk; **the morphine was administered by ~** morfina była podawana w zastrzyku [2] (of fuel, foam) wtrysk *m*
injection moulding GB, **injection molding** US *n* formowanie *n* wtryskowe
injector /ɪnˈdʒektə(r)/ *n* Aut wtryskiwacz *m*
in-joke /ˈɪndʒəʊk/ *n* **it's an ~** to taki prywatny dowcip; **it's a BBC ~** to dowcip zrozumiały tylko dla ludzi z BBC
injudicious /ˌɪndʒuːˈdɪʃəs/ *adj* fml *[words, act, statement]* nieroztropny, nierozsądny
injudiciously /ˌɪndʒuːˈdɪʃəslɪ/ *adv [remark, act]* nieroztropnie, nierozsądnie
injunction /ɪnˈdʒʌŋkʃn/ *n* [1] Jur (to do sth) nakaz *m* sądowy **(to do sth** zrobienia czegoś); (prohibiting) zakaz *m* sądowy **(against sth** czegoś); **she is seeking an ~ banning the newspaper from publishing the photographs** stara się uzyskać sądowy zakaz publikacji tych zdjęć w gazecie [2] (admonition) napomnienie *n*
injure /ˈɪndʒə(r)/ **I** *vt* [1] Med z|ranić *[person, limb]*; **to ~ one's leg** zranić się w nogę; **nobody was ~d** nikt nie odniósł obrażeń, nie było poszkodowanych [2] (damage) z|ranić *[feelings, self-esteem, pride]*; za|szkodzić (czemuś) *[reputation, interests, health, prospects]*
II *vr* **to ~ oneself** zranić się
injured /ˈɪndʒəd/ **I** *n* **the ~** *(+ v pl)* ranni *m pl*; (in accident) ofiary *f pl* wypadku
II *adj* [1] Med *[person]* ranny, zraniony; *[limb]* zraniony; **his leg is slightly ~** jest lekko ranny w nogę; **seriously/fatally ~** poważnie/śmiertelnie ranny [2] fig *[pride, self-esteem, feelings]* zraniony; *[look, tone, person]* urażony [3] (wronged) *[wife, husband]* skrzywdzony; **~ party** Jur strona poszkodowana
III *modif* **~ list** lista rannych
injurious /ɪnˈdʒʊərɪəs/ *adj* fml [1] (harmful) *[habit, practice, effect]* szkodliwy **(to sb/sth** dla kogoś/czegoś) [2] (abusive) *[treatment, remark]* krzywdzący
injury /ˈɪndʒərɪ/ *n* [1] (particular form of harm) (to limb, brain) uraz *m* **(to sth** czegoś); (to organ, liver) uszkodzenie *n* **(to sth** czegoś); **prone to ~** podatny na urazy [2] (damage, harm suffered) obrażenie *n* **(to sth** czegoś); **head /internal injuries** obrażenia głowy/wewnętrzne; **to do sb an ~** skrzywdzić kogoś; **to do oneself an ~** hum zrobił sobie krzywdę [3] fig (to reputation) nadszarpnięcie *n* **(to sth** czegoś); **to suffer from injuries to one's pride/reputation** cierpieć z powodu zranionej dumy/nadszarpniętej reputacji [4] Jur szkoda *f*, krzywda *f*
injury benefit *n* GB odszkodowanie *n* za wypadek przy pracy
injury time *n* Sport czas *m* doliczony za przerwy w grze
injustice /ɪnˈdʒʌstɪs/ *n* niesprawiedliwość *f*; **to do sb an ~** być niesprawiedliwym wobec kogoś
ink /ɪŋk/ **I** *n* [1] (for writing) atrament *m*; (for drawing, printing) tusz *m*; **(to write) in ~** (pisać) piórem [2] Zool wydzielina *f* gruczołu czernidłowego mątwy
II *modif [stain, rubber]* atramentowy; **~ bottle** butelka atramentu/tuszu
III *vt* pokry|ć, -wać tuszem *[type, roller]*
■ **ink in**: **~ in [sth], ~ [sth] in** pociąg|nąć, -ać tuszem *[drawing]*; wypełni|ć, -ać piórem *[form]*
IDIOMS: **as black as ~** czarny jak atrament
inkblot /ˈɪŋkblɒt/ *n* kleks *m*
inkblot test *n* Psych test *m* Rorschacha
ink drawing *n* rysunek *m* tuszem
inkjet printer /ˌɪŋkdʒetˈprɪntə(r)/ *n* drukarka *f* atramentowa
inkling /ˈɪŋklɪŋ/ *n* **to have an ~ that...** mieć pewne podejrzenia, że...; **to have no ~ of sth/that...** nie mieć pojęcia o czymś /nie mieć pojęcia, że...; **not to have the slightest ~ of** or **as to sth** nie mieć najmniejszego or zielonego pojęcia o czymś infml; **her expression gave no ~ of how she felt** wyraz jej twarzy nie zdradzał, co czuła; **that was the first ~ I had that all was not well** wtedy po raz pierwszy nabrałem podejrzeń or poczułem, że nie wszystko jest w porządku
inkpad /ˈɪŋkpæd/ *n* poduszeczka *f* do tuszu
inkpot /ˈɪŋkpɒt/ *n* kałamarz *m*
ink sac *n* Zool gruczoł *m* czernidłowy
inkstand /ˈɪŋkstænd/ *n* podstawka *f* na kałamarz i pióra
inkwell /ˈɪŋkwel/ *n* kałamarz *m (umieszczony w pulpicie)*
inky /ˈɪŋkɪ/ *adj* [1] *[fingers, paper]* ubrudzony atramentem [2] fig *[sky, blackness]* atramentowy
inlaid /ˌɪnˈleɪd/ **I** *pt, pp* → **inlay**
II *adj* (with gold, ivory) inkrustowany; (with wood) intarsjowany; **~ floor** mozaika podłogowa; **~ work** (with gold, ivory) inkrustacja; (with wood) intarsja; (on sword) damaskinaż
inland I /ˈɪnlənd/ *adj* [1] (not coastal) *[harbour]* śródlądowy; *[town, area]* leżący w głębi lądu; **~ navigation** żegluga śródlądowa; **~ waterways** śródlądowe szlaki or drogi wodne [2] GB (domestic) *[transport, communication, mail]* krajowy; *[trade]* wewnętrzny; **~ postage rate** krajowa opłata pocztowa
II /ˌɪnˈlænd/ *adv [go, retreat]* w głąb lądu; *[settle, be situated]* w głębi lądu
inland bill *n* Fin weksel *m* krajowy
Inland Revenue *n* GB urząd *m* skarbowy
Inland Revenue Stamp *n* pieczęć *f* urzędu skarbowego
in-laws /ˈɪnlɔːz/ *npl* (parents) teściowie *plt*; (other relatives) powinowaci *m pl*
inlay I /ˈɪnleɪ/ *n* [1] (on jewellery) inkrustacja *f*; (on wood) intarsja *f*; (on metal) damaskinaż *m*; (of floor) mozaika *f*; **brooch with gold ~(s)** broszka inkrustowana złotem [2] Dent wkład *m*
II /ˌɪnˈleɪ/ *vt* inkrustować *[jewellery, sword]* **(with sth** czymś); intarsjować *[wood]* **(with sth** czymś)
inlet /ˈɪnlet/ **I** *n* [1] (of sea, river) odnoga *f*, (wąska) zatoczka *f*; (between islands) przesmyk *m* [2] Tech (for air, fuel) wlot *m*
II *modif [pipe, valve]* wlotowy
in-line skate /ˌɪnlaɪnˈskeɪt/ *n* łyżworolka *f*
in-line skating /ˌɪnlaɪnˈskeɪtɪŋ/ *n* jazda *f* na łyżworolkach
in loco parentis /ɪnˌləʊkəʊpəˈrentɪs/ *adj phr, adv phr* Jur in loco parentis, w miejsce rodzica; **to act ~** pełnić obowiązki rodziców
inmate /ˈɪnmeɪt/ *n* [1] (of prison) więźień *m*, -źniarka *f*; (of hospital, mental home) pacjent *m*,

I

-ka *f*; (of asylum) pensjonariusz *m*, -ka *f* [2] arch (of house) lokator *m*, -ka *f*; (who lives with another) współlokator *m*, -ka *f*

inmost /ˈɪnməʊst/ *adj* = **innermost**

inn /ɪn/ *n* [1] (country) gospoda *f*; (wayside) zajazd *m*; oberża *f* dat [2] (pub) pub *m*

innards /ˈɪnədz/ *npl* infml also fig wnętrzności *plt*; bebechy *plt* infml

innate /ɪˈneɪt/ *adj [quality, attribute, tendency]* wrodzony

innately /ɪˈneɪtlɪ/ *adv [honest, good, evil]* z natury

inner /ˈɪnə(r)/ **I** *n* centralne koło *n* tarczy **II** *adj* wewnętrzny; **on the ~ side** po wewnętrznej stronie; **the ~ circle** (of people) wąskie grono; **the ~ man** (spirit) wnętrze człowieka; hum żołądek

inner child *n* Psych dziecko *n* wewnętrzne

inner city **I** *n* **the ~** *podupadła część śródmieścia* **II** **inner-city** *modif [problems, regeneration]* dotyczący podupadłej części śródmieścia; **~ school/housing** szkoła/domy mieszkalne w podupadłej części śródmieścia

inner-directed /ˌɪnədaɪˈrektɪd/ *adj* Psych indywidualistyczny, wewnątrzsterowny

inner ear *n* ucho *n* wewnętrzne

innermost /ˈɪnəməʊst/ *adj* [1] (most intimate) *[feelings, thought]* najskrytszy; **his ~ self** or **being** (najskrytsze) zakamarki jego duszy; **the ~ circle of presidential advisers** grono najbliższych doradców prezydenta [2] (farthest within) *[depths, corner, recess]* najgłębszy; **the ~ part of sth** sam środek czegoś *[country, island, continent]*

inner sanctum *n* kryjówka *f*, azyl *m* fig

innerspring /ˈɪnəsprɪŋ/ *adj* US *[mattress]* sprężynowy

Inner Temple *n* GB *jedna z czterech londyńskich korporacji adwokackich*

inner tube *n* dętka *f*

inning /ˈɪnɪŋ/ *n* US (in baseball) runda *f (okres gry w ataku)*

innings /ˈɪnɪŋz/ *n* GB [1] (in cricket) *(+ v sg)* runda *f (seria serwów)* [2] **to have had a good ~** (when dead) dobrze przeżyć swoje życie; (when leaving) dobrze wykorzystać swój czas

innkeeper /ˈɪnkiːpə(r)/ *n* właściciel *m*, -ka *f* gospody; oberżyst|a *m*, -ka *f* dat; (of pub) właściciel *m*, -ka *f* pubu

innocence /ˈɪnəsns/ *n* [1] (guilelessness) niewinność *f*; **I took the book in all ~** w naiwności ducha wziąłem tę książkę; **an air of ~** wygląd niewiniątka [2] (naivety) naiwność *f*; **in my ~, I thought that...** w swej naiwności sądziłem, że... [3] Jur (of accused) niewinność *f*; **to prove one's ~** dowieść swojej niewinności

innocent /ˈɪnəsnt/ **I** *n* (free of evil, child) niewiniątko *n*; (naive) naiwnia|k *m*, -czka *f* infml pej; **they're no ~s!** nie takie z nich niewiniątka! **II** *adj* [1] Jur (not guilty) niewinny **(of sth** czegoś); **to find sb ~ of sth** uznać kogoś za niewinnego czegoś [2] (blameless) *[victim, civilian, bystander]* niewinny [3] (innocuous, harmless) *[enjoyment, fun, question, mistake, meeting]* niewinny; *[substance]* nieszkodliwy [4] (naive) naiwny; **she was ~ about such things** nic nie wiedziała o takich rzeczach [5] liter (devoid) **~ of sth** wolny od czegoś, pozbawiony czegoś *[decoration, desire]* [6] (unaware) nieświadomy **(of sth** czegoś) *[reaction, effect]*

innocent infringement of patent *n* nieumyślne naruszenie *n* praw patentowych

innocently /ˈɪnəsntlɪ/ *adv [ask, say, behave, act]* niewinnie

innocent misrepresentation *n* Jur niezawinione wprowadzenie *n* w błąd

innocuous /ɪˈnɒkjʊəs/ *adj* [1] (harmless) *[drug, substance]* nieszkodliwy; *[snake]* niejadowity [2] (inoffensive) *[remark, statement, words]* niewinny

innovate /ˈɪnəveɪt/ *vi* wprowadz|ić, -ać innowacje

innovation /ˌɪnəˈveɪʃn/ *n* innowacja *f* **(in sth** w czymś); **to make ~s in sth** wprowadzać innowacje w czymś

innovative /ˈɪnəvətɪv/ *adj [idea, solution]* nowatorski, innowacyjny; *[company, manager]* nowatorski

innovator /ˈɪnəveɪtə(r)/ *n* innowator *m*

innovatory /ˈɪnəveɪtərɪ/ *adj* = **innovative**

Inns of Court /ˌɪnzəvˈkɔːt/ *npl* GB Jur *budynki zajmowane przez cztery londyńskie korporacje adwokackie*

innuendo /ˌɪnjuːˈendəʊ/ *n* (*pl* **~s, ~es**) [1] (veiled slights) insynuacja *f*; wycieczka *f* osobista infml; **a campaign of ~** kampania oparta na insynuacjach [2] (sexual references) podtekst *m* seksualny

innumerable /ɪˈnjuːmərəbl, US ɪˈnuː-/ *adj* niezliczony; **I've told you ~ times...** mówiłem ci niezliczoną ilość razy...

innumeracy /ɪˈnjuːmərəsɪ, US ɪˈnuː-/ *n* GB nieumiejętność *f* liczenia

innumerate /ɪˈnjuːmərət, US ɪˈnuː-/ *adj* GB **to be ~** nie potrafić liczyć

inoculate /ɪˈnɒkjʊleɪt/ *vt* Med za|szczepić *[person, animal]* **(against sth** przeciw czemuś); **to ~ sb with sth** zaszczepić komuś coś

inoculation /ɪˌnɒkjʊˈleɪʃn/ *n* Med szczepienie *n* **(against sth** przeciw czemuś); **to have anti-tetanus ~s** poddać się szczepieniom przeciwtężcowym

inoffensive /ˌɪnəˈfensɪv/ *adj [remark, person]* nieszkodliwy; **the house/appearance was ~ enough** dom/wygląd nie raził specjalnie

inoperable /ɪnˈɒpərəbl/ *adj* [1] *[growth, cancer]* nieoperacyjny [2] *[plan, device, system]* bezużyteczny

inoperative /ɪnˈɒpərətɪv/ *adj [law, rule]* nieobowiązujący; *[machine, system]* niedziałający; **to be ~** *[law, rule]* nie obowiązywać; **to become ~** *[law]* przestać obowiązywać

inopportune /ɪnˈɒpətjuːn, US -tuːn/ *adj [time, moment]* nieodpowiedni; **that was the most ~ remark to make** trudno o bardziej niefortunną uwagę

inopportunely /ɪnˈɒpətjuːnlɪ, US -tuːn-/ *adv [arrive, speak, interrupt]* nie w porę

inordinate /ɪnˈɔːdɪnət/ *adj [amount, size, appetite]* nadmierny; *[pleasure, passion]* niezmierny; *[demand]* wygórowany; **we had to wait an ~ amount of time for the train** musieliśmy w nieskończoność czekać na pociąg

inordinately /ɪnˈɔːdɪnətlɪ/ *adv [heavy, large]* nadmiernie; *[pleased, angry, rich]* niezmiernie; **to be ~ fond of sb/sth** kochać kogoś/coś nad życie; **he's ~ fond of good living** nade wszystko wielbi dobre życie

inorganic /ˌɪnɔːˈgænɪk/ *adj* nieorganiczny

inorganic chemistry *n* chemia *f* nieorganiczna

in-patient /ˈɪnpeɪʃnt/ *n* pacjent *m* hospitalizowany

input /ˈɪnpʊt/ **I** *n* [1] (of money, resources) wkład *m* **(of sth** czegoś); (of energy, steam) dopływ *m* **(of sth** czegoś); **~ current** prąd wejściowy [2] (contribution) wkład *m*; **her ~ was minimal** jej wkład był minimalny [3] Ind, Econ (component of production) czynnik *m* produkcji; (total resources) nakłady *m pl* [4] Comput (action) wprowadzanie *n* danych; (data) dane *plt* wejściowe [5] Comput, Electron (terminal) wejście *n* **II** *modif [voltage, impedance, signal]* wejściowy; **~ device/protection** urządzenie/zabezpieczenie wejścia **III** *vt* (*prp* **-tt-**; *pt, pp* **-put, -putted**) Comput wprowadz|ić, -ać *[data]* **(into sth** do czegoś)

input data *n* Comput dane *plt* wejściowe

input-output /ˌɪnpʊtˈaʊtpʊt/ **I** *n* [1] Comput wejście-wyjście *n* [2] Econ przepływy *m pl* międzygałęziowe **II** *modif* [1] Comput **~ device/processor** urządzenie/procesor wejścia-wyjścia [2] Econ **~ table/analysis** tabela/analiza przepływów międzygałęziowych

inquest /ˈɪŋkwest/ *n* Jur dochodzenie *n* **(on/into sth** w sprawie czegoś); (coroner's) dochodzenie *n* przyczyny zgonu; **to hold an ~** prowadzić dochodzenie

inquietude /ɪnˈkwaɪətjuːd/ *n* fml niepokój *m*

inquire /ɪnˈkwaɪə(r)/ **I** *vt* za|pytać o (coś) *[name, time, way]*; **to ~ sth of** or **from sb** zapytać kogoś o coś; **he ~d how he could get to London** zapytał, jak mógłby dostać się do Londynu; **I ~d what age he was /whether he was ill** zapytałem, ile ma lat/czy jest chory **II** *vi* za|pytać (się), spytać (się) **(about sth** o coś); **to ~ after sb** pytać o kogoś; **to ~ into sth** (ask for information) wypytywać o coś; (research) badać coś *[situation, matter, problem]*; Admin, Jur prowadzić dochodzenie w sprawie czegoś; **to ~ into the truth of sth** dochodzić prawdy o czymś; **to ~ into the truth of an allegation** badać zasadność zarzutu; **I'll go and ~** pójdę i zapytam; **'~ within'** „wiadomość na miejscu"; **'~ at the information desk'** „wszelkie zapytania prosimy kierować do informacji"

inquiring /ɪnˈkwaɪərɪŋ/ *adj [mind, attitude]* dociekliwy; *[look, voice]* pytający

inquiringly /ɪnˈkwaɪərɪŋlɪ/ *adv [look]* pytająco

inquiry /ɪnˈkwaɪərɪ, US ˈɪŋkwərɪ/ **I** *n* [1] fml (request for information) zapytanie *n*; (letter) list *m* z zapytaniem; **to make an ~ about** or **into sth** zapytać (się) o coś; zwrócić się z zapytaniem w sprawie czegoś fml; **to make inquiries** dowiadywać się; **I have been making inquiries about the matter /about prices** dowiadywałem się w tej sprawie/o ceny; **on ~, it was discovered that...** po sprawdzeniu okazało się, że...; **'all inquiries to the booking office'**

„wszelkich informacji udziela się w kasie"; **in answer to** or **with reference to your ~** w odpowiedzi na Pańskie zapytanie; **a look of ~** pytające spojrzenie 2 Admin, Jur dochodzenie *n*, śledztwo *n* **(into sth** w sprawie czegoś); **police/judicial ~** dochodzenie policyjne/sądowe; **murder ~** dochodzenie or śledztwo w sprawie morderstwa; **to hold** or **conduct an ~** prowadzić dochodzenie; **to set up** or **open** or **launch an ~** wszcząć dochodzenie; **to help the police with their inquiries** pomagać policji w śledztwie; **to follow a new line of ~** prowadzić śledztwo w nowym kierunku; pójść nowym tropem fig

II *modif* **~ report** sprawozdanie z dochodzenia; **~ findings** wyniki dochodzenia

III inquiries *npl* (in shop, public place) informacja *f*

inquiry agent *n* GB prywatny detektyw *m*

inquiry response system *n* Comput system *m* żądania informacji z natychmiastowym uzyskaniem odpowiedzi

inquiry terminal *n* Comput terminal *m* konwersacyjny *(pozwalający na natychmiastowe uzyskanie informacji z komputera)*

inquisition /ˌɪnkwɪˈzɪʃn/ *n* (enquiry) dochodzenie *n*; (questioning) przesłuchanie *n*; **why the~?** hum po co to całe przesłuchanie? hum

Inquisition /ˌɪnkwɪˈzɪʃn/ *prn* Hist **the ~** Inkwizycja *f*

inquisitional /ˌɪnkwɪˈzɪʃənəl/ *adj* inkwizycyjny

inquisitive /ɪnˈkwɪzətɪv/ *adj* 1 (eager for knowledge) *[person, mind]* dociekliwy 2 pej (prying) wścibski

inquisitively /ɪnˈkwɪzətɪvlɪ/ *adv [look, peer]* z zaciekawieniem; *[ask]* dociekliwie

inquisitiveness /ɪnˈkwɪzətɪvnɪs/ *n* dociekliwość *f*; pej wścibstwo *n*

inquisitor /ɪnˈkwɪzɪtə(r)/ *n* 1 (curious enquirer) dociekliwy rozmówca *m*, dociekliwa rozmówczyni *f*; (sheriff, coroner) urzędnik *m* dochodzeniowy 2 Hist inkwizytor *m*

Inquisitor General *n* Hist, Relig Wielki Inkwizytor *m*

inquisitorial /ɪnˌkwɪzɪˈtɔːrɪəl/ *adj [manner, tone, voice]* inkwizytorski; **~ system** Jur zasada inkwizycyjna or śledcza

inquorate /ɪnˈkwɔːreɪt/ *adj* fml **the meeting is ~** na zebraniu nie ma quorum

inroad /ˈɪnrəʊd/ *n* 1 **to make ~s into** or **on sth** wkraczać na coś *[market]*; nadszarpnąć coś *[savings]*; pomniejszyć coś *[lead]*; naruszyć coś *[rights, freedom]* 2 Mil wtargnięcie *n*; **an ~ into enemy territory** wtargnięcie na teren nieprzyjaciela

inrush /ˈɪnrʌʃ/ *n* (of air, water) wtargnięcie *n*; (of people) najazd *m* fig

insalubrious /ˌɪnsəˈluːbrɪəs/ *adj* 1 (insanitary) *[climate, housing]* niezdrowy 2 (sleazy) *[bar, district]* obskurny

insane /ɪnˈseɪn/ **I** *npl* **the ~** chorzy *m pl* umysłowo, szaleńcy *m pl*

II *adj* 1 (mad) *[person]* obłąkany; **to go** or **become ~** dostać obłędu; **to drive sb ~** doprowadzać kogoś do obłędu 2 (foolish) *[plan, idea, desire, person]* szalony; **are you ~?** zwariowałeś? 3 Jur *[person]* niepoczytalny; **to be declared ~** zostać uznanym za niepoczytalnego

insane asylum *n* dat zakład *m* dla obłąkanych

insanely /ɪnˈseɪnlɪ/ *adv [jealous]* chorobliwie, szaleńczo; *[talk, act]* jak obłąkany; *[laugh]* jak szalony

insanitary /ɪnˈsænɪtərɪ, US -terɪ/ *adj [conditions]* niehigieniczny; *[surroundings]* niezdrowy

insanity /ɪnˈsænətɪ/ *n* 1 (madness) obłęd *m* 2 (foolishness) szaleństwo *n* 3 Jur niepoczytalność *f*; **to enter a plea of ~** złożyć wniosek o uznanie oskarżonego za niepoczytalnego

insatiable /ɪnˈseɪʃəbl/ *adj* nienasycony; **to be ~ for sth** być niesytym czegoś liter

insatiably /ɪnˈseɪʃəblɪ/ *adv [hunger for, thirst for]* chciwie; **he has always been ~ curious** zawsze cechowała go nienasycona ciekawość

inscribe /ɪnˈskraɪb/ *vt* 1 (write) (in book) wpis|ać, -ywać **(in sth** do czegoś); (on wall) na|pisać **(on sth** na czymś); (engrave) (on stone, metal) wy|ryć **(on sth** na czymś); (on ring, watch) wy|grawerować **(on sth** na czymś); **a verse had been ~d on the tombstone** na płycie grobowej wyryto werset; **the watch was ~d with his initials** na zegarku miał wygrawerowane swoje inicjały; **a ring ~d 'To my wife'** pierścionek z wygrawerowanym napisem „Mojej żonie"; **the book was ~d 'To Maria'** w książce była dedykacja „dla Marii" 2 (sign) umie|ścić, -szczać dedykację na (czymś) *[photograph]*; umie|ścić, -szczać dedykację w (czymś) *[book]*; **~d copy** egzemplarz z dedykacją 3 Math wpis|ać, -ywać

inscription /ɪnˈskrɪpʃn/ *n* napis *m*; (on coin, monument) inskrypcja *f*; (in book) (dedication) dedykacja *f*

inscrutability /ɪnˌskruːtəˈbɪlətɪ/ *n* nieprzenikniotość *f*

inscrutable /ɪnˈskruːtəbl/ *adj [expression, smile]* nieprzenikniony; *[remark]* enigmatyczny, zagadkowy

inseam /ˈɪnsiːm/ *n* US wewnętrzna długość *f* nogawki

insect /ˈɪnsekt/ *n* owad *m*

insect bite *n* ukąszenie *n* owada

insect eater *n* owadożerca *m*

insecticide /ɪnˈsektɪsaɪd/ **I** *n* środek *m* owadobójczy

II *adj* owadobójczy

insectivore /ɪnˈsektɪvɔː(r)/ *n* owadożerca *m*

insectivorous /ˌɪnsekˈtɪvərəs/ *adj* owadożerny

insect powder *n* proszek *m* owadobójczy

insect repellent *n* środek *m* odstraszający owady

insect spray *n* spray *m* na insekty

insecure /ˌɪnsɪˈkjʊə(r)/ *adj* 1 (unsafe, loose) *[rope, grip, hold]* niepewny; *[door, window]* słabo zabezpieczony; *[structure]* niestabilny, niepewny; *[screw]* niedokręcony, niepewny; **he had an ~ grip on the rope** nie trzymał się liny zbyt pewnie; **the ladder felt most ~** czułem, że drabina nie stoi pewnie 2 fig (not reliable) *[career, future, job, investment, plan]* niepewny 3 *[person]* (lacking confidence) niepewny, bez wiary w siebie; (anxious) niespokojny; **to feel ~ about the future** niepokoić się o przyszłość; **he is (very) ~** (bardzo) brakuje mu pewności siebie 4 (inadequately protected) *[outpost, fortress]* słabo broniony

insecurity /ˌɪnsɪˈkjʊərətɪ/ *n* 1 (psychological) brak *m* pewności siebie; (stronger) poczucie *n* zagubienia; **to suffer from feelings of ~** odczuwać brak pewności siebie 2 (of position, situation, atmosphere) niepewność *f*; **financial ~** brak zabezpieczenia finansowego; **job ~** ryzyko utraty pracy

inseminate /ɪnˈsemɪneɪt/ *vt* zapł|odnić, -adniać *[woman, cow]*; (artificially) dokon|ać, -ywać sztucznego zapłodnienia (kogoś) *[woman]*; inseminować *[cow]*

insemination /ɪnˌsemɪˈneɪʃn/ *n* zapłodnienie *n*; (artificial of cow) inseminacja *f*

insensate /ɪnˈsenseɪt/ *adj* 1 (inanimate) *[rock, material]* nieożywiony, nieczuły; **unresponsive as the ~ stone** liter nieczuły jak głaz 2 (unfeeling) *[rage, cruelty, ignorance]* bezduszny, ślepy 3 (lacking sensitivity) *[person]* niewrażliwy, nieczuły **(to sth** na coś) *[beauty]*

insensibility /ɪnˌsensəˈbɪlətɪ/ *n* 1 (unconsciousness) (alcoholic, drugged) zamroczenie *n*; **to drink oneself into ~** upić się do nieprzytomności 2 (to stimuli) niewrażliwość *f* **(to sth** na coś) 3 pej (indifference) niewrażliwość *f*, obojętność *f* **(to sth** na coś)

insensible /ɪnˈsensəbl/ *adj* 1 (unconscious) nieprzytomny; **to be knocked ~** stracić przytomność; paść bez zmysłów liter; **to drink oneself ~** spić się do nieprzytomności or na umór 2 (indifferent) niewrażliwy **(to sth** na coś) 3 (unaware) nieświadomy **(of** or **to sth** czegoś) 4 (imperceptible) *[change]* niewyczuwalny

insensitive /ɪnˈsensətɪv/ *adj* 1 *[person]* (tactless) nietaktowny, gruboskórny; (unfeeling) niewrażliwy **(to sth** na coś) *[pain, cold]* 2 *[remark]* niedelikatny, niestosowny; *[policy]* bezduszny; *[attitude]* mało wyrozumiały

insensitivity /ɪnˌsensəˈtɪvətɪ/ *n* (emotional) brak *m* wrażliwości **(to sth** na coś); (physical) niewrażliwość *f* **(to sth** na coś)

inseparable /ɪnˈseprəbl/ *adj [people, couple]* nierozłączny **(from sb** z kimś); *[notion, part]* nieodłączny **(from sth** od czegoś)

inseparably /ɪnˈseprəblɪ/ *adv [linked, joined]* nierozerwalnie; **they were ~ close** byli nierozłączni

insert I /ˈɪnsɜːt/ *n* 1 Journ (leaflet) wkładka *f* 2 Fashn (in dress) wstawka *f*; (in shoe) wkładka *f* 3 (in machine) wkładka *f*

II /ɪnˈsɜːt/ *vt* wstawi|ć, -ać *[word, clause]* **(in sth** do czegoś); w|łożyć, -kładać, w|etknąć, -tykać *[plug, key, finger, leaflet]* **(in sth** w coś/do czegoś); zamie|ścić, -szczać *[advertisement]* **(in sth** w czymś); **to ~ a comma between two words** wstawić przecinek między dwa słowa; **he ~ed an additional paragraph in a letter** wstawił dodatkowy akapit do listu

insertion /ɪnˈsɜːʃn/ *n* 1 (action) (of key, finger) wkładanie *n*; (of coin) wrzucenie *n*; (of part, clause) wstawienie *n*; (of advertisement) zamieszczenie *n* 2 Journ (leaflet, enclosed page) wkładka *f*; (advertisement, amendment) anons *m* 3 Fashn wstawka *f* 4 Anat przyczep *m*

in-service training /ˌɪnsɜːvɪsˈtreɪnɪŋ/ *n* szkolenie *n* pracowników

inset /ˈɪnset/ **I** *n* [1] (boxed picture) okienko *n*, ramka *f*; '**~ : the writer**' „w ramce: zdjęcie pisarza" [2] (page, leaflet) wkładka *f* [3] (in sewing) wstawka *f*

II *vt* (*prp* **-tt-**; *pt*, *pp* **inset**) wstawi|ć, -ać *[line, page, map]*; załącz|yć, -ać *[leaflet, foldout]*; **gold which had been ~ with gems** złoto wysadzane kamieniami szlachetnymi

inshore /ˌɪnˈʃɔː(r)/ **I** *adj* przybrzeżny; **~ lifeboat** łódź ratownictwa przybrzeżnego

II *adv [swim, drift, blow]* w stronę brzegu; *[fish, anchor]* przy brzegu

inside **I** /ˈɪnsaɪd/ *n* [1] (inner area) wnętrze *n* **(of sth** czegoś) *[house]*; **to lock a room on** or **from the ~** zamknąć pokój od wewnątrz or środka; **the ~ of my mouth was dry** miałem sucho w ustach; **the ~ of an affair** or **matter** fig kulisy sprawy fig [2] (inner surface) strona *f* wewnętrzna **(of sth** czegoś) *[leg, arm, window]*; **fur on the ~ and cloth on the outside** futro pod spodem, a na wierzchu materiał [3] Sport, Transp **to be on the ~** *[runner, horse]* biec po torze wewnętrznym; biec po wewnętrznej infml; *[car]* być na prawym pasie; (in GB, Australia) być na lewym pasie; **to overtake on the ~** (in Europe) wyprzedzać z prawej; (in GB, Australia) wyprzedzać z lewej [4] (area furthest from the road) **to walk on the ~** iść chodnikiem z dala od krawężnika [5] (position of trust) **we've got a man on the ~** mamy tam swojego człowieka; **who do we know on the ~?** kogo tam znamy? [6] infml (prison) ciupa *f* infml; **life on the ~** życie za kratami; życie w ciupie or mamrze infml

II **insides** /ɪnˈsaɪdz/ *npl* infml (intestines) wnętrzności *plt*; **it upsets his ~s** bebechy or flaki mu się od tego przewracają infml; **my ~s hurt** boli mnie brzuch

III /ˈɪnsaɪd/ *adj* [1] (interior) *[pocket, door, angle, surface]* wewnętrzny; *[seat, pages]* środkowy; *[toilet]* wewnątrz budynku [2] (first-hand) *[information, news]* (pochodzący) z pierwszej ręki; (known to selected group) poufny; *[story]* zakulisowy; **I got the ~ story from Anna** o kulisach całej sprawy dowiedziałem się od Anny [3] (within an organization) **~ man** wtyczka infml fig; **an ~ source of information** bezpośrednie źródło informacji; **the robbery was an ~ job** włamania nie dokonał nikt obcy [4] Sport, Transp **the ~ lane** (of road) (in Europe, US) prawy pas *m*; (in UK, Australia) lewy pas *m*; (of athletic track) tor *m* wewnętrzny

IV /ɪnˈsaɪd/ *adv* [1] (indoors) *[be, stay, wait]* wewnątrz; *[go, come, step, look]* do środka; **to dash** or **hurry ~** wbiec do środka; **children played ~ because it rained** dzieci bawiły się w domu, bo padało; **put the books ~** włóż książki do środka; **to bring sth ~** wnieść coś do środka *[pram, shopping, chairs]*; **the lining ~ is silk** podszewka jest z jedwabiu; **with the fur ~ or outside** futrem do środka lub na wierzch [2] infml GB (in prison) **to be ~** siedzieć w ciupie or mamrze infml; **to put sb ~** wsadzić kogoś do ciupy or mamra infml

V /ɪnˈsaɪd/ *prep* (also US **~ of)** [1] (in the interior of) wewnątrz, w środku; **~ sth** wewnątrz or w środku czegoś *[box, car]*; **to be ~ (the house)** być w domu; **to put sth ~ sth** włożyć coś do środka czegoś; **put it ~ the envelope** włóż to do koperty; **get some food ~ you!** zjedz coś!; **you'll feel better with some food/drink ~ you** poczujesz się lepiej, jak tylko coś zjesz /czegoś się napijesz; **feelings of hate rose ~ me** narastała we mnie nienawiść; **who can tell what goes on ~ his head?** kto może wiedzieć, co mu chodzi po głowie?; **I knew deep down ~ me that she was right** w głębi duszy wiedziałem, że ona ma rację [2] (within area, organization) w (czymś); **conditions ~ the refugee camp** warunki (panujące) w obozie dla uchodźców; **my contacts ~ the company** moje kontakty w przedsiębiorstwie [3] (under) **~ (of) an hour/a year** w ciągu godziny/roku; **completed ~ (of) three minutes** ukończony w niespełna trzy minuty; **she's (2 seconds) ~ the world record** pobiła rekord świata (o 2 sekundy); **to be ~ the speed limit** nie przekraczać dozwolonej prędkości; **to finish ~ the permitted time** zmieścić się w wyznaczonym czasie fig

VI **inside out** /ˈɪnsaɪd/ *adv phr* (of clothes) na lewą stronę; **your sweater is ~ out** masz sweter (założony) na lewą stronę; **the wind blew his umbrella ~ out** wiatr wygiął mu parasol w drugą stronę; **to turn sth ~ out** (reverse) wywrócić coś na drugą stronę *[bag, coat]*; przewrócić coś do góry nogami *[room, house]*; **to know sth ~ out** znać coś na wylot

inside forward *n* Sport środkowy *m* ataku

inside left *n* Sport lewy środkowy *m* ataku

inside leg measurement *n* wewnętrzna długość *f* nogawki

insider /ɪnˈsaɪdə(r)/ **I** *n* osoba *f* dobrze poinformowana *(dysponująca poufnymi informacjami)*

II *modif [knowledge, information]* poufny

insider dealer *n* Fin osoba *f* wykorzystująca poufne informacje *(w transakcjach)*

insider dealing *n* Fin wykorzystywanie *n* poufnych informacji *(w transakcjach)*

inside right *n* Sport prawy środkowy *m* ataku

insider trader *n* = **insider dealer**

insider trading *n* = **insider dealing**

inside track *n* [1] Sport tor *m* wewnętrzny [2] US fig **to have an ~ into sth** mieć dojście w czymś infml *[organization]*

insidious /ɪnˈsɪdɪəs/ *adj [enemy, argument]* podstępny; *[illness]* pozornie niewinny, podstępny

insidiously /ɪnˈsɪdɪəslɪ/ *adv [behave, act]* podstępnie; *[spread]* cichcem

insight /ˈɪnsaɪt/ *n* [1] (penetration, perceptiveness) przenikliwość *f*, zrozumienie *n*; **to have ~ into sth** rozumieć coś dogłębnie; **her remarkable ~ into male psychology** jej gruntowna znajomość męskiej psychiki; **to show ~ into sth** okazywać głębokie zrozumienie czegoś; **a person of ~** osoba wnikliwa; **a flash of ~** nagłe olśnienie [2] (enlightening fact, revealing glimpse) spostrzeżenie *n*; **a fascinating ~** fascynujące spostrzeżenie **(into sth** dotyczące czegoś); **a book full of remarkable ~s** książka pełna niezwykle trafnych spostrzeżeń; **to give an ~ into sth** dać wyobrażenie o czymś; **to gain an ~ into sth** zgłębić coś; **we didn't gain much ~** or **many ~s into the subject** niewiele się dowiedzieliśmy na ten temat [3] Psych (in psychoanalysis) wgląd *m*

insightful /ˈɪnsaɪtfʊl/ *adj [person, analysis]* wnikliwy

insignia /ɪnˈsɪgnɪə/ *npl* [1] (royal, ceremonial) insygnia *n pl* [2] Mil (of regiment, squadron) emblemat *m*

insignificance /ˌɪnsɪgˈnɪfɪkəns/ *n* brak *m* większego znaczenia; **to pale** or **fade into ~** (zupełnie) stracić znaczenie

insignificant /ˌɪnsɪgˈnɪfɪkənt/ *adj* [1] (negligible) *[cost, difference]* nieznaczny, niewielki [2] (unimportant) *[person, detail]* mało znaczący

insincere /ˌɪnsɪnˈsɪə(r)/ *adj* nieszczery, obłudny; **he is ~ in saying that...** nie jest szczery mówiąc, że...

insincerity /ˌɪnsɪnˈserətɪ/ *n* (of person, smile, remark) nieszczerość *f*; (of diplomacy) hipokryzja *f*

insinuate /ɪnˈsɪnjʊeɪt/ **I** *vt* [1] (hint) insynuować, dawać do zrozumienia **(that** że) [2] (introduce) za|siać *[hatred, suspicion, doubt]*

II *vr* **to ~ oneself into sth** *[person]* wkręcić się na coś infml *[position, office]*; wcisnąć się do czegoś *[family]*; wkraść się w coś *[sb's favour]*; *[virus, idea]* zakraść się do czegoś

insinuating /ɪnˈsɪnjʊeɪtɪŋ/ *adj [lyrics]* pełen podtekstów; *[smile]* znaczący; **an ~ remark** insynuacja

insinuation /ɪnˌsɪnjʊˈeɪʃn/ *n* insynuacja *f*; **to make ~s about sb/sth** czynić insynuacje na temat kogoś/czegoś; **to make an ~ that...** insynuować, że...

insipid /ɪnˈsɪpɪd/ *adj [food, taste, colour]* mdły; *[performance, person]* bezbarwny, pozbawiony wyrazu

insipidity /ˌɪnsɪˈpɪdətɪ/ *n* (of food, drink) brak *m* smaku; (of performance, person) bezbarwność *f*, nijakość *f*

insipidness /ɪnˈsɪpɪdnɪs/ *n* = **insipidity**

insist /ɪnˈsɪst/ **I** *vt* [1] (demand) **to ~ that...** nalegać, żeby...; (authoritatively) domagać się, żeby...; **I ~ you tell me!** żądam, żebyś mi powiedział! [2] (maintain) **to ~ that...** uparcie twierdzić or upierać się, że...; **they ~ed that it was true** uparcie twierdzili, że to prawda; **she ~ed that she was innocent** uparcie obstawała przy swojej niewinności

II *vi* nalegać; **to ~ on sth** (make demand) domagać się czegoś *[silence, punctuality, money]*; (maintain) upierać się przy czymś *[accuracy of account]*; **I won't ~** nie będę się upierał; **all right, if you ~** w porządku, skoro nalegasz; **to ~ on doing sth** upierać się (przy tym), żeby zrobić coś; **to ~ on sb doing sth** nalegać or upierać się, żeby ktoś zrobił coś; **I really must ~** jestem zmuszony nalegać

insistence /ɪnˈsɪstəns/ *n* nacisk *m*; **to do sth on** or **at sb's ~** zrobić coś wskutek nalegań kogoś; **'I must see you,' she said with ~** „muszę się z tobą zobaczyć", powiedziała z naciskiem; **her ~ on helping me with the work...** uporczywość, z jaką oferowała mi pomoc...; **his ~ on his innocence/that he was innocent was not convincing** zapewnienia, że jest niewinny, nie brzmiały przekonująco

insistent /ɪnˈsɪstənt/ *adj [person]* uparty; *[demand]* uporczywy; *[tone, rhythm, phrase]* natarczywy; **to be ~ about sth** nalegać na coś; **she was most ~ that you should visit her** bardzo naciskała, żebyś ją odwiedził; **she was most ~ that she hadn't done it** uparcie twierdziła, że tego nie zrobiła

insistently /ɪnˈsɪstəntlɪ/ *adv* uporczywie, uparcie; **he repeated his plea ~** uparcie ponawiał swą prośbę

in situ /ɪnˈsɪtjuː/ *adv* w miejscu; in situ fml also Med

insofar /ˌɪnsəˈfɑː(r)/ *adv* **~ as** o tyle, o ile; **~ as (it is) possible** na tyle, na ile jest to możliwe; **~ as I can** na tyle, na ile potrafię; **~ as Robert is concerned** o ile dotyczy to Roberta

insole /ˈɪnsəʊl/ *n* wkładka *f (do butów)*

insolence /ˈɪnsələns/ *n* bezczelność *f* **(towards/to sb** w stosunku do kogoś)

insolent /ˈɪnsələnt/ *adj* bezczelny

insolently /ˈɪnsələntlɪ/ *adv* bezczelnie

insolubility /ɪnˌsɒljʊˈbɪlətɪ/ *n* [1] Chem nierozpuszczalność *f* [2] (of problem, puzzle) nierozwiązalność *f*

insoluble /ɪnˈsɒljʊbl/ *adj* [1] *[problem]* nierozwiązalny, niedający się rozwiązać; *[conflict]* nierozwiązalny, niemożliwy do rozstrzygnięcia [2] Chem, Med nierozpuszczalny **(in sth** w czymś)

insolvable /ɪnˈsɒlvəbl/ *adj* US *[problem]* nierozwiązalny, niedający się rozwiązać

insolvency /ɪnˈsɒlvənsɪ/ *n* niewypłacalność *f*; **to be in a state of ~** być niewypłacalnym; **~ expert** specjalista do spraw upadłościowych

insolvent /ɪnˈsɒlvənt/ *adj* niewypłacalny; **to declare oneself ~** ogłosić niewypłacalność

insomnia /ɪnˈsɒmnɪə/ *n* bezsenność *f*; insomnia *f* fml; **to suffer from ~** cierpieć na bezsenność

insomniac /ɪnˈsɒmnɪæk/ *n* osoba *f* cierpiąca na bezsenność; **to be an ~** cierpieć na bezsenność

insomuch /ˌɪnsəʊˈmʌtʃ/ *adv* **~ as** (to the extent that) w takim stopniu, że; (seeing that) o tyle, że...; **it was important, ~ as...** to było ważne o tyle, że...

insouciance /ɪnˈsuːsɪəns/ *n* fml niefrasobliwość *f*

insouciant /ɪnˈsuːsɪənt/ *adj* fml niefrasobliwy

inspect /ɪnˈspekt/ *vt* [1] (examine) z|badać *[object, picture]*; sprawdz|ić, -ać, s|kontrolować *[document, passport, luggage, ticket, accounts]*; **he ~ed the vase for cracks** sprawdził, czy waza nie jest popękana; **I ~ed the document for typing errors** sprawdziłem, czy w dokumencie nie ma literówek; **right to ~ sth** Jur prawo wglądu do czegoś *[books, applications]*; prawo do zbadania czegoś *[weapon]* [2] (visit) przeprowadz|ić, -ać inspekcję (czegoś) *[factory, machinery, public building]*; s|kontrolować *[staff, work]*; wizytować *[school]* [3] Mil (routinely) dokon|ać, -ywać inspekcji (czegoś); (at ceremony) dokon|ać, -ywać przeglądu (czegoś)

inspection /ɪnˈspekʃn/ *n* [1] (of document, passport) kontrola *f*; (of school, teacher) wizytacja *f*; (of object, picture) zbadanie *n*; (of premises, wiring, weapons-site) inspekcja *f*; (medical) badanie *n*; **to make** or **carry out an ~** przeprowadzać inspekcję/kontrolę/wizytację; **a minute ~** drobiazgowa inspekcja /kontrola; **customs ~** kontrola celna; **on closer ~** po bliższym zbadaniu [2] GB Transp kontrola *f* [3] Mil (routine) inspekcja *f*; (at ceremony) przegląd *m*

inspection certificate *n* świadectwo *n* kontroli

inspection chamber *n* studzienka *f* rewizyjna

inspection copy *n* Publg egzemplarz *m* sygnalny

inspection pit *n* Aut kanał *m*

inspector /ɪnˈspektə(r)/ *n* [1] inspektor *m*, -ka *f*; **~ general** główny inspektor; **~ of weights and measures** kontroler miar i wag [2] GB (in police) inspektor *m* [3] GB (also **~ of schools, school ~**) inspektor oświaty [4] GB (on bus) kontroler *m*, -ka *f*; (on train) rewizor *m*, -ka *f*, kontroler *m*, -ka *f*

inspectorate /ɪnˈspektərət/ *n* [1] (office) inspektorat *m* [2] (inspectors collectively) inspektorzy *m pl* [3] GB Sch inspektorat *m* oświaty

inspiration /ˌɪnspəˈreɪʃn/ *n* [1] (state) natchnienie *n* [2] (stimulus) inspiracja *f*, natchnienie *n* **(for sth/to do sth** do czegoś /do zrobienia czegoś); **to draw one's ~ from sth** czerpać natchnienie or inspirację z czegoś; **to search for ~** szukać natchnienia [3] (thing, person that inspires) źródło *n* inspiracji; **she is an ~ to us all!** ona jest dla nas przykładem! [4] (sudden idea) świetny pomysł *m*, natchnienie *n*, olśnienie *n*; **he had an ~** wpadł na świetny pomysł, doznał olśnienia [5] Physiol wdech *m*

inspirational /ˌɪnspəˈreɪʃənl/ *adj* [1] (inspiring) inspirujący [2] (inspired) natchniony

inspire /ɪnˈspaɪə(r)/ *vt* [1] (give rise to) za|inspirować *[person, work of art, fashion, idea]*; wpły|nąć, -wać na coś *[decision, gesture]*; **the revolution was ~d by these ideals** te ideały były inspiracją do rewolucji [2] (arouse) wzbudz|ić, -ać *[love, respect, hope, enthusiasm]* **(in sb** w kimś); **to ~ sb with sth** natchnąć kogoś czymś; **he doesn't ~ much confidence** on nie budzi specjalnego zaufania [3] (incite) pobudz|ić, -ać **(to do sth** do zrobienia czegoś); **what ~d you to suggest that?** skąd ci przyszło do głowy, żeby coś takiego zaproponować?

inspired /ɪnˈspaɪəd/ **I** *adj [person, work of art, performance]* natchniony; *[idea]* szczęśliwy; **I don't feel very ~ today** nie mam dziś natchnienia; **he played like a man ~** grał jak w natchnieniu; **he made an ~ guess and took the right road** coś go olśniło i wybrał właściwą drogę

II -inspired *in combinations* **English /surrealist-~** pod wpływem angielskim /surrealistów

inspiring /ɪnˈspaɪərɪŋ/ *adj [teacher, leader, talk]* porywający; *[thought, book]* inspirujący; **not particularly ~ example** niezbyt budujący przykład; **the new students are not a very ~ bunch** nowi studenci to niezbyt rozgarnięte towarzystwo

inst. = **instant** Comm dat bieżącego miesiąca, bm.; **your letter of the 3rd ~** Pański list z 3 bm.

instability /ˌɪnstəˈbɪlətɪ/ *n* (political, emotional, economic) chwiejność *f*, niestabilność *f*; (chemical) nietrwałość *f*; (aerodynamic, physical) niestabilność *f*

instal(l) /ɪnˈstɔːl/ **I** *vt* [1] za|instalować *[heating, lighting, computer system]* **(in sth** w czymś); za|montować *[windows]*; **we are having a new kitchen ~ed** urządzamy kuchnię na nowo; **they are ~ing the carpets** US, Austr kładą wykładzinę [2] (establish, place) za|instalować *[person]* **(in sth** w czymś) *[new home]* [3] (in official post) wprowadz|ić, -ać na urząd *[priest, chancellor]*; **to ~ sb in office** wprowadzić kogoś na urząd; **to ~ sb as an advisor** powierzyć komuś funkcję doradcy

II *vr* **to ~ oneself** zainstalować się **(in sth** w czymś)

installation /ˌɪnstəˈleɪʃn/ **I** *n* [1] (of machinery, equipment) instalacja *f* **(of sth** czegoś) [2] (of person) wprowadzenie *n* na urząd **(of sb** kogoś) [3] (apparatus, system) (domestic) instalacja *f*; (military, industrial) obiekt *m*; **missile ~** stanowisko ogniowe [4] Art instalacja *f*

II *modif* **~ costs/instructions** koszty /instrukcja instalacji

installment plan *n* US system *m* sprzedaży ratalnej; **to buy sth on the ~** kupować coś na raty

instalment, installment US /ɪnˈstɔːlmənt/ *n* [1] (partial payment) rata *f*; **by monthly/annual ~s** w miesięcznych /rocznych ratach; **to pay an ~** płacić ratę; **to pay for/repay sth in ~s** spłacać coś w ratach; **the ~s paid on a life policy** raty ubezpieczenia na życie [2] (of story, serial, book) odcinek *m*; (of TV news) wydanie *n*; **in ~s** w odcinkach

instalment credit *n* kredyt *m* ratalny

instance /ˈɪnstəns/ **I** *n* [1] (case) przypadek *m*; (example) przykład *m*; **in the first ~** po pierwsze; **in most ~s** w większości przypadków; **in this ~** w tym przypadku; **(as) an ~ of sth** (jako) przykład czegoś; **for ~** na przykład [2] (request) **at the ~ of sb** na wniosek kogoś [3] Jur **of first/second ~** pierwszej/drugiej instancji

II *vt* [1] (cite) przyt|oczyć, -aczać przykład (kogoś/czegoś) *[people, case]*; **to ~ a few examples** podać kilka przykładów [2] (illustrate) stanowić przykład (czegoś) *[radicalism]*

instant /ˈɪnstənt/ **I** *n* [1] (moment) chwila *f*; **at that (very) ~** w tej samej chwili; **for an ~** przez chwilę; **in an ~** w jednej chwili; **an ~ later** chwilę później; **this (very) ~** w tej chwili, natychmiast; **the ~ we saw him** jak tylko go zobaczyliśmy; **not an ~ too soon** w samą porę; **on the ~ of eight o'clock** dokładnie or punktualnie o ósmej [2] infml (coffee) kawa *f* rozpuszczalna; neska *f* infml; **do you mind ~?** może być neska?

II *adj* [1] (immediate) *[relief, response, action, access]* natychmiastowy; *[hot water]* bieżący; **~ camera** polaroid [2] Culin *[soup, sauce-mix, rice, mashed potato]* błyskawiczny; *[coffee]* rozpuszczalny; *[dish, meal]* gotowy (do spożycia); *[milk]* w proszku [3] dat **your letter of the 12th ~** Pański list z 12 bieżącego miesiąca or bm. [4] fml (urgent) pilny; **to be in ~ need of help** pilnie potrzebować pomocy; **to attend to sb's ~**

I

needs służyć komuś pomocą w nagłej potrzebie

instantaneous /ˌɪnstənˈteɪnɪəs/ *adj* [1] (occurring without delay) *[death, event, response]* natychmiastowy; **to take an ~ dislike to sb** z miejsca poczuć niechęć do kogoś [2] (occurring at a specific instant) *[velocity, axis, voltage]* chwilowy

instantaneously /ˌɪnstənˈteɪnɪəslɪ/ *adv* natychmiast; **the driver was killed ~** kierowca zginął na miejscu

instantly /ˈɪnstəntlɪ/ **I** *adv* natychmiast, od razu

II *conj* jak *or* gdy tylko; **tell me ~ he arrives** powiedz mi, jak tylko się pojawi

instant replay *n* Sport powtórka *f* (akcji) infml; **an ~ of the goal** powtórka akcji, z której padła bramka; powtórka bramki infml

instead /ɪnˈsted/ **I** *adv* natomiast, za to; **we didn't go home – we went to the park ~** nie poszliśmy do domu, za to wybraliśmy się do parku; **we've no coffee – would you like some tea ~?** nie mamy kawy, czy może być herbata?; **next time try skiing ~** następnym razem raczej wybierz się na narty; **I don't feel like walking – let's take a taxi ~** nie chce mi się iść na piechotę – weźmy raczej taksówkę; **his brother came ~** za to przyszedł jego brat; **we've chosen ~ to go to the cinema** postanowiliśmy wobec tego pójść do kina

II instead of *prep phr* **~ of sth/sb** zamiast czegoś/kogoś; **~ of doing sth** zamiast robić coś; **you should be helping us ~ of moaning!** zamiast jęczeć powinieneś nam pomóc!; **let's play cards ~ of watching television** zagrajmy w karty zamiast oglądać telewizję; **you can go ~ of me** możesz iść zamiast mnie; **why not visit several castles ~ of just one?** a może, zamiast jednego, zwiedzić kilka zamków?

instep /ˈɪnstep/ *n* (of foot) podbicie *n*; (of shoe) przyszwa *f*; **to have a high ~** mieć wysokie podbicie

instigate /ˈɪnstɪgeɪt/ *vt* [1] (initiate, bring about) wszcz|ąć, -ynać *[proceedings, inquiry]*; przyst|ąpić, -ępować do (czegoś) *[attack, strike]* [2] (urge, goad) nam|ówić, -awiać *[person]* **(to do sth** do zrobienia czegoś); podżegać do (czegoś) *[revolt]*

instigation /ˌɪnstɪˈgeɪʃn/ *n* nakłanianie *n*; **at the ~ of sb, at sb's ~** (of theft, work) za namową kogoś; (of inquiry, court case) na wniosek kogoś; **the ~ of the new programme** zainicjowanie nowego programu

instigator /ˈɪnstɪgeɪtə(r)/ *n* (of revolt, violence) podżegacz *m*, -ka *f* **(of sth** do czegoś); (of plan) pomysłodaw|ca *m*, -czyni *f* **(of sth** czegoś); (of plot) przywód|ca *m*, -czyni *f* **(of sth** czegoś)

instil GB, **instill** US *vt* /ɪnˈstɪl/ (*prp, pt, pp* **-ll-**) wp|oić, -ajać *[respect, courage]* **(in/into sb** komuś); **to ~ confidence (in sb)** wzbudzać zaufanie (w kimś); napawać (czymś) *[pride, awe, fear]* **(in/into sb** kogoś)

instinct /ˈɪnstɪŋkt/ *n* [1] (inborn pattern of behaviour) instynkt *m*; (innate capability) wrodzona zdolność *f* **(for sth** do czegoś); **the ~ to do sth** wrodzone zdolności do robienia czegoś; **the ~ for survival, the ~ to survive** instynkt samozachowawczy also fig; **death/life ~** Psych instynktowne dążenie do śmierci/instynkt życia; **a business ~** talent *or* smykałka infml do interesów; **to act on ~** działać instynktownie; **one's worst ~s** najniższe instynkty; **to have an ~ for doing sth** mieć talent do robienia czegoś; **by ~** instynktownie; **her ~ is to fight back** broni się instynktownie; **to trust** *or* **follow one's ~s** kierować się instynktem [2] (impulse) odruch *m*; **my first ~ was to refuse** moim pierwszym odruchem było odmówić

instinctive /ɪnˈstɪŋktɪv/ *adj* instynktowny

instinctively /ɪnˈstɪŋktɪvlɪ/ *adv* instynktownie

institute /ˈɪnstɪtjuːt, US -tuːt/ **I** *n* [1] (organization) instytut *m*; **research ~** instytut badawczy; **an ~ for the blind** instytut ociemniałych [2] US (course) szkolenie *n*

II *vt* [1] (initiate) ustan|owić, -awiać *[custom, rule, prize]*; wszcz|ąć, -ynać *[inquiry, proceedings]*; wprowadz|ić, -ać *[scheme]*; **to ~ inquiries into sth** wszcząć dochodzenie w sprawie czegoś; **to ~ (legal) proceedings** wszcząć postępowanie sądowe **(against sb** przeciw komuś) [2] (found) zał|ożyć, -kładać *[society]*; Univ u|tworzyć *[chair]*; **newly ~d** *[post]* nowo utworzony; *[organization]* nowo powstały [3] Relig powoł|ać, -ywać; **to be ~d to sth** zostać ustanowionym zwierzchnikiem (czegoś) *[benefice]*

institution /ˌɪnstɪˈtjuːʃn, US -ˈtuːʃn/ *n* [1] Admin, Pol instytucja *f* also fig; **charitable/financial ~** instytucja charytatywna /finansowa; **she has become a national ~** hum stała się niemalże instytucją narodową hum; **this old man was an ~ along the waterfront** tego staruszka zawsze można było spotkać na wybrzeżu [2] Soc Admin (for helping people) zakład *m* (opieki); **a mental ~** zakład dla umysłowo chorych; **to commit sb to an ~** umieścić kogoś w zakładzie; **she has spent most of her life in ~s** większość życia spędziła w zakładach opieki [3] (establishment) (of rule, custom, prize) ustanowienie *n* **(of sth** czegoś); (of dignitary) powołanie *n* **(as sb** na kogoś); **~ of legal proceedings** Jur wszczęcie postępowania sądowego [4] (custom, system) (of family, marriage) instytucja *f*; (of holiday, coffee break) tradycja *f* [5] Relig inwestytura *f* [6] US = **institute I**[1]

institutional /ˌɪnstɪˈtjuːʃənl, US -ˈtuː-/ *adj* [1] *[structure, reform]* instytucjonalny; *[meals]* zbiorowy; **~ food** żywienie zbiorowe; **~ life** życie w zakładzie opieki; **to be put in ~ care** zostać umieszczonym w zakładzie [2] Comm *[investor]* instytucjonalny; **~ economics** instytucjonalizm

institutionalize /ˌɪnstɪˈtjuːʃənəlaɪz, US -ˈtuː-/ **I** *vt* [1] (place in special care) umie|ścić, -szczać w zakładzie *[elderly, insane]*; **he became ~d** umieszczono go w domu opieki *or* w zakładzie [2] (establish officially) z|instytucjonalizować *[event, practice, system]*

II institutionalized *pp adj [violence, racism]* zinstytucjonalizowany; **to become ~d** *[custom, practice]* nabrać charakteru formalnego; *[event, system]* zinstytucjonalizować się

in-store /ˌɪnˈstɔː(r)/ *adj [adviser, beauty consultant]* sklepowy; **~ promotion** reklama prowadzona w miejscu sprzedaży; **~ bakery** dział pieczywa *or* stoisko z pieczywem

instruct /ɪnˈstrʌkt/ *vt* [1] (direct) po|instruować; **to ~ sb to do sth** *[superior, boss]* zlecić *or* kazać komuś zrobić coś; *[tribunal, commission]* zalecić komuś zrobienie czegoś; **to be ~ed to do sth** otrzymać polecenie zrobienia czegoś; **to ~ sb when/how to do sth** poinstruować kogoś, kiedy/jak ma zrobić coś [2] (teach) uczyć; **to ~ sb in sth** uczyć kogoś czegoś; **he ~ed them how to play the backhand** uczył ich odbijać piłkę z bekhendu [3] GB Jur (engage) **to ~ a solicitor** wziąć adwokata

instruction /ɪnˈstrʌkʃn/ **I** *n* [1] (teaching) nauczanie *n* **(in sth** czegoś); **to give (sb) ~ in sth** nauczać (kogoś) czegoś; **to receive ~ in sth** otrzymać wykształcenie w zakresie czegoś; **the course gives basic ~ in sth** ten kurs zapewnia zdobycie podstawowej wiedzy z zakresu czegoś; **flying ~** nauka pilotażu; **the language of ~** język wykładowy [2] (order) polecenie *n* **(to do sth** zrobienia czegoś); **to issue** *or* **give ~s to sb to do sth** polecić komuś zrobić coś; **to receive/carry out ~s** otrzymać/wypełnić polecenia; **I have ~s to do/not to do sth** polecono mi zrobić coś/nie robić czegoś; **to be under ~s to do sth** mieć obowiązek zrobić coś; **failing ~s to the contrary** chyba, że zostaną wydane inne polecenia *or* o ile nie będzie innych poleceń; **~s to admit nobody** polecenie, żeby nikogo nie wpuszczać [3] Comput polecenie *n*

II instructions *npl* (for product use) instrukcja *f*; (cooking) przepis *m*; **to follow the ~s (to the letter)** postępować (ściśle) według instrukcji; **~s for use** sposób użycia, instrukcja użytkowania

instructional /ɪnˈstrʌkʃənl/ *adj [video, booklet]* instruktażowy

instruction book *n* instrukcja *f*

instruction manual *n* instrukcja *f* obsługi

instruction sheet *n* instrukcja *f*, ulotka *f* instrukcyjna

instructive /ɪnˈstrʌktɪv/ *adj* pouczający; **highly ~** bardzo pouczający; **it is ~ to compare...** warto porównać...

instructor /ɪnˈstrʌktə(r)/ *n* [1] (trainer) (sports, driving, military) instruktor *m*, -ka *f* **(in sth** czegoś); (in prison) wychowawca *m*; **a driving ~** instruktor nauki jazdy [2] US (at university) wykładowca *m*; (any teacher) nauczyciel *m*

instructress /ɪnˈstrʌktrɪs/ *n* (trainer) instruktorka *f*; US (at university) ≈ kobieta *f* wykładowca

instrument /ˈɪnstrʊmənt/ **I** *n* [1] (implement, tool) (optical, telegraph) przyrząd *m*; (delicate) (surgical, scientific) instrument *m*; **an ~ of torture** narzędzie tortur; **navigational ~s** instrumenty *or* przyrządy nawigacyjne; **precision ~s** instrumenty precyzyjne [2] Mus instrument *m*; **to play an ~** grać na instrumencie [3] (measuring device) instrument *m* or przyrząd *m* pomiarowy; **to fly by ~s** lecieć według wskazań przyrządów [4] fig (person) narzędzie *n* fig **(of sb/sth** w rękach kogoś/czegoś) [5] (a means by which sth is done) instrument *m*, środek *m*; **the ~ of change** instrument zmian; **the ~ for doing sth** środek do zrobienia czegoś; **to be an ~ of good/evil** krzewić dobro/zło liter; **the ~ of sb's downfall** przyczyna upadku kogoś [6] Jur (document) akt *m* urzędowy; instrument *m* dat

II *modif* Aviat **~ landing/flying** lądowanie /latanie według wskazań przyrządów

III *vt* [1] Mus z|instrumentować [2] Ind wyposaż|yć, -ać w oprzyrządowanie

instrumental /ˌɪnstrʊˈmentl/ **I** *n* Mus utwór *m* instrumentalny

II instrumentals *npl* partie *f pl* instrumentalne

III *adj* [1] (serving as a means) **to be ~ in (doing) sth** walnie przyczynić się do (zrobienia) czegoś; **to play an ~ part** or **role in doing sth** odegrać zasadniczą rolę w zrobieniu czegoś; **his mediation was ~ in bringing the two sides together** prowadzone przez niego mediacje doprowadziły do zbliżenia obu stron; **to be ~ in sb's downfall** doprowadzić do upadku kogoś [2] Mus instrumentalny

instrumentalist /ˌɪnstrʊˈmentəlɪst/ *n* instrumentalist|a *m*, -ka *f*

instrumentation /ˌɪnstrʊmenˈteɪʃn/ *n* [1] Mus instrumentacja *f* [2] Tech instrumentarium *n* [3] Aviat oprzyrządowanie *n*

instrument panel *n* tablica *f* przyrządów *(pomiarowo-kontrolnych)*

insubordinate /ˌɪnsəˈbɔːdɪnət/ *adj [person]* niezdyscyplinowany, niesubordynowany; **~ behaviour** niesubordynacja

insubordination /ˌɪnsəˌbɔːdɪˈneɪʃn/ *n* niesubordynacja *f* **(to sb** wobec or w stosunku do kogoś)

insubstantial /ˌɪnsəbˈstænʃl/ *adj* [1] (unreal) *[figure, vision]* niematerialny [2] (not solid) *[structure, plant, wrist]* wiotki; *[accusation, claim]* bezpodstawny; *[evidence]* słaby; **an ~ difference** nieistotna różnica; **an ~ meal** mizerny posiłek

insufferable /ɪnˈsʌfrəbl/ *adj [heat, conditions]* nieznośny; *[rudeness, insolence]* przekraczający wszelkie granice; **he is quite ~!** on jest nie do wytrzymania or nie do zniesienia!

insufferably /ɪnˈsʌfrəblɪ/ *adv [hot]* nieznośnie; *[rude, conceited]* wprost niemożliwie, niesłychanie

insufficiency /ˌɪnsəˈfɪʃnsɪ/ *n* [1] (of provision) niedostatek *m* **(of sth** czegoś); (of measures) niewystarczalność *f*; **a sense of one's own ~** świadomość własnych niedostatków [2] Med niewydolność *f*; **cardiac/renal ~** niewydolność krążenia/nerek

insufficient /ˌɪnsəˈfɪʃnt/ *adj [resources, evidence]* niewystarczający; **there are ~ copies/workers** jest zbyt mało egzemplarzy/pracowników; **our resources are ~ for local demand** nasze zapasy nie wystarczą do zaspokojenia lokalnych potrzeb; **to have ~ time** mieć zbyt mało czasu

insufficiently /ˌɪnsəˈfɪʃntlɪ/ *adv* niewystarczająco

insular /ˈɪnsjʊlə(r), US -sələr/ *adj* [1] fig pej *[attitude, lifestyle]* zaściankowy; **to be ~** mieć ograniczone horyzonty [2] Geog *[climate]* wyspowy

insularity /ˌɪnsjʊˈlærətɪ, US -səˈl-/ *n* pej ciasność *f* horyzontów, zaściankowość *f*

insulate /ˈɪnsjʊleɪt, US -səˈl-/ **I** *vt* [1] Constr, Elec za|izolować *[pipe, cable, wall]* **(from sth** przed czymś) **(with sth** czymś); **to ~ sth against cold** ocieplać coś *[roof, room]* **(with sth** czymś); **to ~ sth against sound** wytłumić coś *[room]* **(with sth** czymś) [2] fig (segregate) od|izolować *[persons, things]* **(from/against sth** od czegoś) *[world, life]*; (protect) **to ~ sb/sth from /against sth** chronić kogoś/coś przed czymś *[harmful experience, inflation, recession]*

II insulated *pp adj [pipe, wall]* zaizolowany; *[cable, handle]* izolowany, w izolacji; (against cold) ocieplony; (against sound) wytłumiony; **a cable ~d with a rubber coating** kabel w gumowej izolacji; **a well-~d house** dom z dobrą izolacją cieplną

insulating /ˈɪnsjʊleɪtɪŋ, US ˌɪnsəˈl-/ *adj [material, tape, board]* izolacyjny

insulation /ˌɪnsjʊˈleɪʃn, US -səˈl-/ *n* (of building, electrical equipment) izolacja *f* **(of sth** czegoś); **~ against cold** izolacja cieplna; **~ against sound** izolacja akustyczna; **fibreglass ~** izolacja z włókna szklanego; **rubber ~** gumowa izolacja; **a roll of ~** bela materiału izolacyjnego

insulator /ˈɪnsjʊleɪtə(r), US -səl-/ *n* [1] (substance) materiał *m* izolacyjny, izolator *m* [2] Elec izolator *m*

insulin /ˈɪnsjʊlɪn, US -səl-/ *n* insulina *f*; **an ~ injection** zastrzyk insuliny

insulin-dependency /ˌɪnsjʊlɪndɪˈpendənsɪ, US ˌɪnsəlɪn-/ *n* insulinozależność *f*

insulin-dependent /ˌɪnsjʊlɪndɪˈpendənt, US ˌɪnsəlɪn-/ *adj* insulinozależny

insulin level *n* poziom *m* insuliny

insulin shock *n* wstrząs *m* insulinowy

insulin treatment *n* terapia *f* insulinowa

insult I /ˈɪnsʌlt/ *n* zniewaga *f*, obelga *f*; **an ~ to sb** obraza kogoś; **an ~ to sb's memory** obraza pamięci kogoś; **to be an ~ to sb/sth** obrażać kogoś/coś; **it is an ~ to his intelligence** to obraża jego inteligencję; **to hurl ~s at sb** obrzucić kogoś obelgami; **to take sth as an ~** odebrać coś jako afront or zniewagę; **and to add ~ to injury...** i jakby tego było mało...

II /ɪnˈsʌlt/ *vt* obra|zić, -żać, znieważ|yć, -ać; **to feel (deeply) ~ed** czuć się (głęboko) urażonym

insulting /ɪnˈsʌltɪŋ/ *adj [behaviour]* obraźliwy; *[language, remark]* obelżywy

insultingly /ɪnˈsʌltɪŋlɪ/ *adv [behave, act]* obraźliwie; *[say]* obelżywie; **his summary of our work was ~ brief** podsumował naszą pracę tak zdawkowo, że poczuliśmy się urażeni

insuperable /ɪnˈsuːpərəbl, ɪnˈsjuː-/ *adj* fml *[difficulty, barrier]* nie do pokonania, nie do przezwyciężenia; **to be faced with an ~ obstacle** stanąć przed przeszkodą nie do pokonania

insuperably /ɪnˈsuːpərəblɪ, ɪnˈsjuː-/ *adv [difficult, arduous]* zbyt; nader fml; **our task was ~ difficult** mieliśmy nader trudne zadanie

insupportable /ˌɪnsəˈpɔːtəbl/ *adj* fml (unbearable) *[person]* nieznośny; *[behaviour, rudeness]* rażący

insupportably /ˌɪnsəˈpɔːtəblɪ/ *adv* fml rażąco

insuppressible /ˌɪnsəˈpresɪbl/ *adj [laughter, sorrow]* niepohamowany; *[optimist]* niepoprawny

insuppressibly /ˌɪnsəˈpresɪblɪ/ *adv [cry, laugh]* niepowstrzymanie; *[cheerful]* niepohamowanie; **she is ~ optimistic** jest niepoprawną optymistką

insurable /ɪnˈʃɔːrəbl, US -ˈʃʊər-/ *adj [property, risk, event]* podlegający ubezpieczeniu; **~ value** wartość ubezpieczenia

insurance /ɪnˈʃɔːrəns, US -ˈʃʊər-/ **I** *n* [1] (contract) ubezpieczenie *n* **(on sth** czegoś) **(against sth** od czegoś); **~ for the house /car** ubezpieczenie domu/samochodu; **to take out (an) ~ against sth** ubezpieczyć się od czegoś; **to pay the ~ on sth** opłacać ubezpieczenie czegoś; **the ~ runs out soon** ubezpieczenie wkrótce wygasa; **to cover sth with** or **by ~** objąć coś ubezpieczeniem; **was damage to carpets covered by the ~?** czy dywany były ubezpieczone?; **fire/accident ~** ubezpieczenie od ognia/od nieszczęśliwych wypadków; **travel ~** ubezpieczenie na czas podróży [2] (policy) polisa *f* ubezpieczeniowa [3] (profession) **he works in ~** on pracuje w ubezpieczeniach [4] (amount paid to company) ubezpieczenie *n*; **I pay £250 per year in ~ on the car** płacę 250 funtów rocznie na ubezpieczenie samochodu [5] (amount paid by company) odszkodowanie *n*; **the company paid out £3 million in ~** towarzystwo wypłaciło 3 miliony funtów tytułem odszkodowania [6] fig (precaution) zabezpieczenie *n* **(against sth** przed czymś); **I always take more food than I really need as an ~** na wszelki wypadek zawsze zabieram więcej jedzenia, niż potrzebuję

II *modif [charge, office]* ubezpieczeniowy

insurance agent *n* agent *m* ubezpieczeniowy

insurance assessor *n* ekspert *m* ubezpieczeniowy

insurance broker *n* makler *m* ubezpieczeniowy

insurance broking *n* maklerstwo *n* ubezpieczeniowe

insurance certificate *n* certyfikat *m* ubezpieczeniowy

insurance claim *n* roszczenie *n* ubezpieczeniowe

insurance company *n* towarzystwo *n* ubezpieczeniowe

insurance plan *n* US system *m* ubezpieczeń

insurance policy *n* polisa *f* ubezpieczeniowa; fig zabezpieczenie *n*

insurance premium *n* składka *f* ubezpieczeniowa

insurance scheme *n* GB system *m* ubezpieczeń

insure /ɪnˈʃɔː(r), US -ˈʃʊər/ **I** *vt* [1] (cover with insurance) ubezpiecz|yć, -ać *[baggage, person, property]*; **to ~ sb/sth against sth** ubezpieczyć kogoś/coś od czegoś; **to ~ one's life** ubezpieczyć się na życie; **to ~**

I

oneself ubezpieczyć się [2] US = **ensure**
II *vi* (take precautions) **to ~ against delay /shortages** zabezpieczyć się na wypadek opóźnienia/braków; **to ~ against disappointment, please book early** dla uniknięcia przykrych niespodzianek prosimy o dokonywanie wcześniejszej rezerwacji
insured /ɪn'ʃɔːd, US -'ʃʊərd/ **I** *n* ubezpieczon|y *m*, -a *f*
II *pp adj [person, risk, house]* ubezpieczony **(against sth** od czegoś); *[parcel, letter]* wartościowy; **the ~d value** wartość ubezpieczenia; **a parcel ~d for £5** paczka o deklarowanej wartości 5 funtów
insured party *n* ubezpieczony *m*
insurer /ɪn'ʃɔːrə(r), US -'ʃʊər-/ *n* ubezpieczyciel *m*
insurgent /ɪn'sɜːdʒənt/ **I** *n* (rebel) buntownik *m*; (in uprising) powstaniec *m*
II *adj [population, troops]* zbuntowany
insurmountable /ˌɪnsə'maʊntəbl/ *adj [difficulty, barrier]* nie do pokonania
insurrection /ˌɪnsə'rekʃn/ *n* powstanie *n*; insurekcja *f* arch; **an armed ~** zbrojne powstanie; **the whole province is in a state of ~** powstanie ogarnęło całą prowincję
insurrectionary /ˌɪnsə'rekʃənərɪ, US -nerɪ/ *adj* powstańczy
insurrectionist /ˌɪnsə'rekʃənɪst/ **I** *n* powstaniec *m*
II *adj* powstańczy
int. *adj* [1] = **international** [2] = **internal**
intact /ɪn'tækt/ *adj* nietknięty, nienaruszony; **to survive ~** ujść cało, wyjść (z czegoś) bez szwanku
intaglio /ɪn'tɑːlɪəʊ/ **I** *n* (gem, seal) intaglio *n*
II *modif [engraving]* wklęsły
intake /'ɪnteɪk/ *n* [1] (taking in) (of liquid, gas) pobór *m*; **an ~ of breath** wdech; **there was an ~ of breath as he entered the room** kiedy wszedł do pokoju, wszyscy wstrzymali oddech [2] Tech (opening, inlet) wlot *m*; **air/fuel ~** wlot powietrza/paliwa [3] Sch, Univ, Admin *(+ v sg/pl)* (admission) nabór *m* **(into sth** do czegoś); **the new ~** (in school, job) nowo przyjęci; (into army) nowi rekruci; (into parliament) nowo wybrani posłowie; **the 1989 university ~** przyjęci na uniwersytet w roku 1989 [4] (consumption) (of food, protein) spożycie *n*; (of oxygen) zużycie *n*; **a high sugar ~** wysokie spożycie cukru; **the daily calorie ~ of a baby** dzienne zapotrzebowanie energetyczne niemowlęcia
intake stroke *n* suw *m* ssania
intake valve *n* zawór *m* wlotowy
intangible /ɪn'tændʒəbl/ **I** *n* rzecz *f* nieuchwytna; **the ~** imponderabilia; **~s** (assets) aktywa niematerialne
II *adj* [1] (undefinable) *[atmosphere, nuance]* nieuchwytny [2] Comm, Jur *[property, benefit, assets]* niematerialny
integer /'ɪntɪdʒə(r)/ *n* liczba *f* całkowita
integral /'ɪntɪgrəl/ **I** *n* całka *f*
II *adj* [1] (intrinsic) *[part, feature, element]* integralny; **to be an ~ part of sth** być integralną częścią czegoś; **to be ~ to sth** być integralnie or nierozerwalnie związanym z czymś [2] Tech (built-in) **to have an ~ power supply/lighting** *[machine, caravan]* mieć (swoje) własne zasilanie/oświetlenie [3] Math *[number]* całkowity [4] (whole) całościowy
integrate /'ɪntɪgreɪt/ **I** *vt* [1] (incorporate) wciel|ić, -ać, włącz|yć, -ać *[region, company, system, design]*; **to ~ sth into sth** wcielić coś w coś or włączyć coś do czegoś; **to be well ~d with its surroundings** *[building]* dobrze harmonizować z otoczeniem [2] (blend, combine) po|łączyć (w jedną całość), z|integrować *[systems, companies]*; **to ~ two systems** połączyć or zintegrować dwa systemy [3] Sociol (absorb) z|integrować *[minority]* **(into sth** z czymś); wprowadz|ić, -ać *[immigrant]* **(into sth** w coś) [4] Pol (desegregate as policy) udostępni|ć, -ać ogółowi *[school, sport, beach, facility]* [5] Math s|całkować *[number, function]*
II *vi* [1] (mix) *[minority, ethnic group, person]* z|integrować się **(into/with sth** z czymś) [2] (desegregate) *[school, sport, facility]* sta|ć, -wać się ogólnie dostępnym
integrated /'ɪntɪgreɪtɪd/ *adj* [1] (planned as a whole) *[system, service, scheme]* zintegrowany [2] (ethnically or religiously) *[school, centre]* integracyjny
integrated accounting package *n* Comput zintegrowany pakiet *m* księgowania
integrated circuit *n* układ *m* scalony
integrated course *n* GB szkolenie *n* kompleksowe
integrated data network *n* zintegrowana sieć *f* przesyłania danych
integrated day *n* GB Sch dzień *m* zajęć zintegrowanych
integration /ˌɪntɪ'greɪʃn/ *n* integracja *f*, integrowanie *n* **(with sth** z czymś) **(between sth and sth** pomiędzy czymś i czymś); **the ~ of the ethnic minorities into the community** integracja mniejszości etnicznych z miejscową społecznością
integrity /ɪn'tegrətɪ/ *n* [1] (of person) prawość *f*; **a man of ~** człowiek prawy; **professional ~** uczciwość zawodowa; **commercial ~** uczciwość w interesach; **a man of intellectual ~** człowiek wierny swoim przekonaniom [2] (of nation, culture, territory) integralność *f*; **territorial ~** integralność terytorialna
integument /ɪn'tegjʊmənt/ *n* (natural) osłona *f*; (of ovule) osłonka *f*; (of book) oprawa *f*
intellect /'ɪntəlekt/ *n* [1] (intelligence) intelekt *m* [2] (person) wielki umysł *m* fig
intellectual /ˌɪntə'lektʃʊəl/ **I** *n* intelektualist|a *m*, -ka *f*
II *adj [faculties, stimulation, interest, contest]* intelektualny; *[people, family]* odznaczający się wysoką kulturą umysłową; **~ powers** potencjał intelektualny; **chess is an ~ game** szachy to rozrywka umysłowa
intellectualism /ˌɪntə'lektʃʊəlɪzəm/ *n* intelektualizm *m*
intellectualize /ˌɪntə'lektʃʊəlaɪz/ **I** *vt* rozważ|yć, -ać *[problem]*
II *vi* **to ~ about sth** teoretyzować na temat czegoś
intellectually /ˌɪntə'lektʃʊəlɪ/ *adv [discuss, write]* uczenie; *[develop, mature, demanding]* intelektualnie
intellectual property *n* własność *f* intelektualna
intelligence /ɪn'telɪdʒəns/ **I** *n* [1] (powers of mind) inteligencja *f*; **of high ~** o wysokiej inteligencji; **to show ~** *[person]* odznaczać się inteligencją; *[essay]* świadczyć o inteligencji; **use your ~!** pomyśl!; rusz głową! infml; **that's an insult to my ~!** to obraza dla mojej inteligencji!; **when the pipe burst, he had the ~ to turn the water off at the mains** kiedy pękła rura, wykazał przytomność umysłu i zakręcił główny zawór [2] (information) informacje *f pl* (wywiadu); **an ~-gathering satellite** satelita wywiadowczy [3] (secret service) *(+ v sg/pl)* wywiad *m*; **military/naval ~** wywiad wojskowy/marynarki wojennej [4] fml (intelligent being) inteligencja *f*
II *modif [agency]* wywiadowczy; **~ officer** oficer wywiadu
intelligence agent *n* agent *m*, -ka *f* wywiadu
Intelligence Corps *n* GB wywiad *m* wojskowy
intelligence quotient, IQ *n* iloraz *m* inteligencji, IQ *n inv*
Intelligence Service *n* służby *f pl* wywiadowcze
intelligence test *n* test *m* na inteligencję
intelligent /ɪn'telɪdʒənt/ *adj* inteligentny; **to take an ~ interest in sth** zająć się czymś w sposób sensowny; **to make an ~ guess** trafnie przewidzieć
intelligent agent *n* Comput inteligentny sterownik *m*
intelligent card *n* karta *f* inteligentna *(z mikroprocesorem)*
intelligent knowledge-based system, IKBS *n* system *m* ekspercki
intelligently /ɪn'telɪdʒəntlɪ/ *adv* inteligentnie
intelligentsia /ɪnˌtelɪ'dʒentsɪə/ *n* Sociol **the ~** inteligencja *f*
intelligent terminal *n* terminal *m* inteligentny
intelligibility /ɪnˌtelɪdʒə'bɪlətɪ/ *n* zrozumiałość *f*; **a reply of ~ exceptional** wyjątkowo zrozumiała odpowiedź
intelligible /ɪn'telɪdʒəbl/ *adj* zrozumiały **(to sb** dla kogoś)
intelligibly /ɪn'telɪdʒəblɪ/ *adv* zrozumiale, w sposób zrozumiały
Intelsat /'ɪntelsæt/ *n* Telecom (organization) Intelsat *m*; (satellite) satelita *m* Intelsat
intemperance /ɪn'tempərəns/ *n* [1] (of remarks, passion) niepowściągliwość *f* **(of sth** czegoś); (of drinking, eating) nieumiarkowanie *n* **(of sth** w czymś) [2] (addiction to alcohol) pijaństwo *n*
intemperate /ɪn'tempərət/ *adj* [1] (unrestrained) *[zeal, haste]* przesadny; *[language]* niepowściągliwy; *[person]* nieopanowany; *[action, attack]* gwałtowny; **an outburst of ~ rage** wybuch niepohamowanej wściekłości [2] (immoderate) *[appetite]* nieumiarkowany; **an ~ drinker** człowiek nadużywający alkoholu [3] *[climate]* surowy; *[weather]* dokuczliwy
intend /ɪn'tend/ **I** *vt* [1] (have in mind) planować *[result, outcome]*; myśleć o (czymś) *[marriage, advancement, advantage]*; **to ~ to do sth, to ~ doing sth** zamierzać coś zrobić, mieć zamiar coś zrobić; **as I ~ed** tak jak zamierzałem; **I ~ed no harm!** nie chciałem zrobić nic złego!; **just where I ~ed** dokładnie tam, gdzie zamierzałem; **just what I ~ed** właśnie o to mi chodziło; **sooner/more than I had**

~ed wcześniej/więcej niż zamierzałem; **to ~ sb to do sth** chcieć, żeby ktoś zrobił coś; **I ~ that you take over the business** chciałbym, żebyś przejął interesy [2] (mean) **it was ~ed as a joke/surprise** to miał być dowcip/to miała być niespodzianka; **no insult ~ed** bez obrazy; **it was clearly ~ed as a reference to...** to wyraźnie miało odnosić się do...; **what was ~ed by that remark?** co miała oznaczać ta uwaga?; **to be ~ed for sb** *[bomb, flowers]* być przeznaczonym dla kogoś; *[remark]* być skierowanym do kogoś; **to be ~ed for sth** być przeznaczonym na (coś); **it was not ~ed to be used like that** to nie miało być używane w ten sposób; **we ~ our son for the Bar** chcemy, żeby nasz syn został adwokatem; **we were ~ed to meet** było nam pisane spotkanie; **you were not ~ed to hear that!** te słowa nie były przeznaczone dla twoich uszu!; **to ~ sth to be done** chcieć, żeby coś było zrobione; **she ~ed it to be affectionate/cruel** chciała, żeby zabrzmiało to czule/okrutnie; **the law is ~ed to prevent...** prawo jest po to, żeby zapobiegać...

II intending *prp adj [applicant, visitor]* potencjalny; **~ing travellers** osoby planujące podróż

intendant /ɪnˈtendənt/ *n* Hist (administrator) zarządca *m*, namiestnik *m*; (governor) gubernator *m*

intended /ɪnˈtendɪd/ **I** *n* arch, hum **her ~** jej wybranek *m* dat; **his ~** jego wybranka *f* dat

II *adj* [1] (desired, meant) *[insult, result, meaning, effect]* zamierzony [2] (planned) *[visit, purchase]* planowany; *[output, conditions of use]* zakładany; **~ for sb/sth** przeznaczony dla kogoś/do czegoś; **the ~ victim** cel ataku

intense /ɪnˈtens/ *adj* [1] (extreme, strong) *[anger, rage, jealousy, heat]* wielki; *[satisfaction, happiness, grief]* głęboki; *[light, pain, colour]* intensywny; *[cold]* dotkliwy; **~ darkness** gęsta ciemność [2] (emotional) *[person]* reagujący emocjonalnie; **to be ~ about sth** głęboko przeżywać coś [3] (serious, concentrated) *[person]* zasadniczy; *[activity, effort]* intensywny; *[interest]* poważny; **to have** or **wear an ~ expression** mieć skupiony wyraz twarzy; **to listen with ~ attention** słuchać w wielkim skupieniu or z ogromną uwagą

intensely /ɪnˈtenslɪ/ *adv [hate, grieve]* głęboko; *[hot, unpleasant]* ogromnie; **to dislike sb/sth ~** nie znosić kogoś/czegoś; **~ moving** niezwykle wzruszający

intensification /ɪnˌtensɪfɪˈkeɪʃn/ *n* (of activity) wzmożenie *n*; (of crisis) zaostrzenie *n*; (of process, emotions) intensyfikacja *f*; (of temperature) wzrost *m*; (of photograph) wzmocnienie *n*

intensifier /ɪnˈtensɪfaɪə(r)/ *n* Ling partykuła *f* wzmacniająca

intensify /ɪnˈtensɪfaɪ/ **I** *vt* nasil|ić, -ać *[campaign]*; zdw|oić, -ajać *[efforts]*; z|intensyfikować *[farming, traffic]*; wzm|ocnić, -acniać *[colours]*

II *vi [efforts, emotions]* nasil|ić, -ać się; *[process]* z|intensyfikować się, nasil|ić, -ać się

intensity /ɪnˈtensətɪ/ *n* (of light, sound, emotion, effort) intensywność *f*; (of activity) nasilenie *n*; (of solution) stężenie *n*; **she spoke with great ~** mówiła z wielkim przejęciem

intensive /ɪnˈtensɪv/ **I** *adj* [1] intensywny; **an ~ course in English** intensywny kurs języka angielskiego [2] Ling wzmacniający

II -intensive *in combinations* **energy-~** energochłonny; **technology-~** wymagający zaawansowanej technologii → **capital-intensive, labour-intensive**

intensive care *n* (care) intensywna opieka *f* medyczna; (part of a hospital) oddział *m* intensywnej opieki medycznej; **to be in need of ~** wymagać intensywnej opieki medycznej

intensive care unit *n* oddział *m* intensywnej opieki medycznej

intensively /ɪnˈtensɪvlɪ/ *adv* intensywnie

intent /ɪnˈtent/ **I** *n* [1] (intention) (of person) zamiary *m pl*, intencje *f pl*; (of plan) cel *m*; **it was his ~ to do it** dat miał zamiar to zrobić; **with ~** *[act, say]* celowo; **it is political in ~** to ma podłoże polityczne; **a letter of ~** list intencyjny [2] Jur zamiar *m*; **with criminal ~** z zamiarem popełnienia przestępstwa; **with ~ to do sth** z zamiarem zrobienia czegoś

II *adj* [1] (absorbed) *[gaze, expression, person]* skupiony; *[silence]* głęboki; **to be ~ on doing sth** być skupionym or skoncentrowanym na robieniu czegoś, być pochłoniętym robieniem czegoś [2] (determined) **to be ~ on doing sth** postanowić zrobić coś; **~ on victory** zdecydowany zwyciężyć; **to be ~ on revenge** pałać żądzą zemsty; **she's ~ on it** jest zdecydowana

IDIOMS: **to all ~s and purposes** na dobrą sprawę, praktycznie rzecz biorąc

intention /ɪnˈtenʃn/ *n* zamiar *m* **(of doing /to do sth** zrobienia czegoś); **to come with the ~ of doing sth** przyjść z zamiarem zrobienia czegoś; **it is our ~ to do sth, our ~ is to do sth** mamy zamiar zrobić coś; **the ~ is to leave it unchanged** chodzi o to, żeby nic nie zmieniać; **it was his ~ that everybody should contribute to the gift** chciał, żeby wszyscy złożyli się na prezent; **to keep one's ~s to oneself** nie zdradzać się ze swymi zamiarami; **without the least** or **slightest ~** nie mając najmniejszego zamiaru; **with good/the best of ~s** w dobrych/najlepszych intencjach; **to be full of good ~s** być pełnym dobrych chęci; **honourable ~s** dat szlachetne intencje

IDIOMS: **the road to hell is paved with good ~s** dobrymi chęciami piekło jest wybrukowane Prov

intentional /ɪnˈtenʃənl/ *adj [effect, insult]* zamierzony; *[action]* celowy; *[foul]* umyślny

intentionally /ɪnˈtenʃənəlɪ/ *adv [act, mislead, injure]* celowo; **to make oneself ~ homeless** GB Jur dobrowolnie opuścić miejsce zamieszkania

intently /ɪnˈtentlɪ/ *adv [listen, look]* uważnie, bacznie

inter /ɪnˈtɜː(r)/ *vt* **(***prp, pt, pp* **-rr-)** fml po|chować *[body]*

interact /ˌɪntərˈækt/ *vi* [1] (substances, phenomena) oddziaływać na siebie (wzajemnie); **chemicals that ~ with each other** substancje, które wchodzą ze sobą w reakcję [2] (people) nawiązywać wzajemne kontakty; **to ~ with sb** nawiązywać kontakty z kimś; (cooperate) współdziałać z kimś [3] Comput (computers, users) komunikować się

interaction /ˌɪntərˈækʃn/ *n* (between substances, ideas) interakcja *f* **(between sth and sth** czegoś z czymś); (between people) wzajemne relacje *f pl* **(between sb and sb** pomiędzy kimś a kimś); Psych interakcja *f*; (between computers) komunikowanie się *n*; **social ~** interakcja społeczna

interactive /ˌɪntərˈæktɪv/ *adj* [1] *[substances]* wchodzący w reakcję **(with sth** z czymś); *[people]* współdziałający **(with sb** z kimś); *[ideas]* oddziałujący na siebie [2] Comput interaktywny

interactive computing *n* interaktywna technika *f* komputerowa

interactive learning *n* uczenie się *n* w sposób interaktywny

interactively /ˌɪntərˈæktɪvlɪ/ *adv* Comput w sposób interaktywny, interaktywnie

interactive mode *n* tryb *m* konwersacyjny or interakcyjny

interactive terminal *n* terminal *m* interakcyjny

interactive video *n* wideo *n* interaktywne

interactivity /ɪntəræk'tɪvətɪ/ *n* interaktywność *f*

interagency /ɪntərˈeɪdʒənsɪ/ *adj* międzyagencyjny

inter alia /ˌɪntərˈeɪlɪə/ *adv* między innymi

interbreed /ˌɪntəˈbriːd/ **I** *vt* **(***pt, pp* **-bred)** s|krzyżować *[cattle, stock, plants]* **(with sth** z czymś)

II *vi* **(***pt, pp* **-bred)** s|krzyżować się **(with sb/sth** z kimś/czymś); **to ~ with each other** krzyżować się między sobą

interbreeding /ˌɪntəˈbriːdɪŋ/ *n* (state) krzyżówka *f*; (action) krzyżowanie *n*

intercalate /ɪnˈtɜːkəleɪt/ *vt* doda|ć, -wać do kalendarza *[day]*; wstawi|ć, -ać *[story, lines]* **(into sth** do czegoś)

intercalation /ɪnˌtɜːkəˈleɪʃn/ *n* [1] (of day) dodanie *n* do kalendarza; (additional day) dodatkowy dzień *m* [2] (of passage) inkluzja *f*

intercede /ˌɪntəˈsiːd/ *vi* [1] (plead) interweniować **(with sb** u kogoś); **to ~ (with sb) for** or **on behalf of sb** wstawić się za kimś (u kogoś) [2] (mediate) pośredniczyć **(between sb and sb** między kimś i kimś)

intercellular /ˌɪntəˈseljʊlə(r)/ *adj* międzykomórkowy

intercept **I** /ˈɪntəsept/ *n* [1] Math punkt *m* przecięcia prostej z osią współrzędnych [2] Sport przejęcie *n* or przechwycenie *n* (piłki) [3] (information) przechwycona informacja *f*

II /ˌɪntəˈsept/ *vt* przechwy|cić, -tywać *[letters, aircraft, missiles, message]*; przej|ąć, -mować *[ball, pass]*; zatrzym|ać, -ywać *[person, light rays, heat]*

interception /ˌɪntəˈsepʃn/ *n* (of message) przechwycenie *n*; (of ball) przejęcie *n* or przechwycenie *n*

interceptor /ˌɪntəˈseptə(r)/ *n* Aviat myśliwiec *m* przechwytujący

intercession /ˌɪntəˈseʃn/ *n* [1] (intervention) interwencja *f*, wstawiennictwo *n*; **the ~ of sb with sb** interwencja kogoś u kogoś; **the ~ for** or **on behalf of sb** wstawiennictwo za kimś [2] (mediation) mediacje *f pl*; **the ~ of the Minister between the two sides** mediacje ministra między dwiema stronami

interchange **I** /ˈɪntətʃeɪndʒ/ *n* [1] (exchange) wymiana *f* **(of sth** czegoś) [2] (road junction) rozjazd *m*

II /ˌɪntəˈtʃeɪndʒ/ *vt* [1] (exchange) wymieni|ć, -ać *[blows, ideas, goods, gifts]* [2] (change places of) zamieni|ć, -ać (miejscami) *[files, posts]* **(with sth** z czymś)

III /ˌɪntəˈtʃeɪndʒ/ *vi* [1] (change places) zamieni|ć, -ać się miejscami [2] (alternate) przeplatać się

interchangeable /ˌɪntəˈtʃeɪndʒəbl/ *adj* wymienny

interchangeably /ˌɪntəˈtʃeɪndʒəblɪ/ *adv* wymiennie

inter-city /ˌɪntəˈsɪtɪ/ **I** *n* GB Rail pociąg *m* InterCity

II *adj [communications, network]* międzymiastowy; **~ train** pociąg InterCity; **the ~ air-shuttle** wahadłowe połączenie lotnicze

intercollegiate /ˌɪntəkəˈliːdʒət/ *adj* (between colleges) międzykolegialny; (between universities) międzyuczelniany

intercom /ˈɪntəkɒm/ *n* interkom *m*; (in block of flats) domofon *m*; **over the ~** przez interkom/domofon; **the voice on the ~** głos w interkomie/domofonie

intercommunicate /ˌɪntəkəˈmjuːnɪkeɪt/ *vi* [1] *[people]* porozumie|ć, -wać się **(with sb** z kimś) [2] *[rooms, compartments]* być połączonym

intercommunication /ˌɪntəkəˌmuːnɪˈkeɪʃn/ *n* (wzajemne) porozumiewanie się *n* **(between sb and sb** między kimś i kimś); **a means of ~** środek komunikowania się

intercommunion /ˌɪntəkəˈmjuːnɪən/ *n* Relig interkomunia *f*

interconnect /ˌɪntəkəˈnekt/ **I** *vt* po|łączyć *[parts]*

II *vi [components, rooms]* łączyć się (ze sobą); *[computers, systems]* być połączonym; **to ~ with sth** łączyć się z czymś

III interconnected *pp adj* połączony

interconnecting /ˌɪntəkəˈnektɪŋ/ *adj [rooms, apartments]* połączony; *[cable]* połączeniowy, łączący

interconnection /ˌɪntəkəˈnekʃn/ *n* Comput wzajemne połączenie *n*

intercontinental /ˌɪntəˌkɒntɪˈnentl/ *adj* międzykontynentalny

intercontinental ballistic missile *n* międzykontynentalna rakieta *f* balistyczna

intercostal /ˌɪntəˈkɒstl/ *adj* Anat międzyżebrowy

intercourse /ˈɪntəkɔːs/ *n* [1] (social) kontakty *m pl*, stosunki *m pl*; **human ~** stosunki międzyludzkie [2] (sexual) (act) stosunek *m* (płciowy); (activity) współżycie *n* seksualne

interdenominational /ˌɪntədɪˌnɒmɪˈneɪʃənl/ *adj* międzywyznaniowy

interdepartmental /ˌɪntəˌdiːpɑːtˈmentl/ *adj* [1] Univ międzywydziałowy [2] Admin, Pol międzyresortowy [3] Comm **~ problems /cooperation** problemy istniejące/współpraca między działami

interdependence /ˌɪntədɪˈpendəns/ *n* współzależność *f* **(of sth** czegoś) **(between sth and sth** pomiędzy czymś a czymś)

interdependent /ˌɪntədɪˈpendənt/ *adj* współzależny

interdict **I** /ˈɪntədɪkt/ *n* fml [1] Jur zakaz *m* [2] Relig interdykt *m*

II /ˌɪntəˈdɪkt/ *vt* [1] Jur zakaz|ać, -ywać (czegoś) [2] Relig nałożyć interdykt na (kogoś) *[bishop, person]*

interdiction /ˌɪntəˈdɪkʃn/ *n* [1] Jur zakaz *m* [2] Relig nałożenie *n* interdyktu

interdisciplinarity /ˌɪntəˌdɪsɪplɪˈnærətɪ/ *n* interdyscyplinarność *f*

interdisciplinary /ˌɪntəˌdɪsɪˈplɪnərɪ, US -nerɪ/ *adj* interdyscyplinarny

interest /ˈɪntrəst/ **I** *n* [1] (curiosity, enthusiasm) zainteresowanie *n* **(in sb/sth** kimś/czymś); **to have (an) ~ in sb/sth** interesować się kimś/czymś; **he felt an ~ in her** wzbudziła jego zainteresowanie; **to take (an) ~ in sb/sth** zainteresować się kimś/czymś; **he takes an active ~ in the world of politics** żywo interesuje się światem polityki; **we've had a lot of ~ from Europe** spotkaliśmy się z dużym zainteresowaniem w Europie; **full of ~** bardzo interesujący; **of little ~ (to sb)** mało interesujący (dla kogoś); **of no ~** nieciekawy; **he has not the slightest ~ in sport** w ogóle nie interesuje się sportem; **to hold no ~ (for sb)** nie interesować (kogoś); **to hold sb's ~** zajmować uwagę kogoś; **I collect stamps just for ~** zbieram znaczki po prostu dla przyjemności; **just out of ~, how old is your wife?** infml tak z ciekawości, ile lat ma twoja żona? [2] (hobby, passion) zainteresowanie *n*; **my leisure-time ~s are bridge and tennis** w wolnych chwilach gram w brydża i tenisa; **a consuming ~** pasja; **my main ~ is traditional jazz** głównie interesuję się jazzem tradycyjnym; **she has wide ~s** ma wszechstronne or rozległe zainteresowania; **he has limited ~s** niewiele rzeczy go interesuje [3] (benefit) interes *m*, korzyść *f*; **to look after one's own ~s** dbać o własne interesy; **in one's own ~(s)** we własnym interesie; **it is in your (own) ~(s) to write to them** w twoim (własnym) interesie leży napisanie do nich; **in sb's ~(s)** dla dobra kogoś; **to act in sb's ~s** działać w interesie kogoś; **in the ~(s) of sth** (to promote) na rzecz czegoś *[peace, freedom]*; (out of concern for) ze względu na coś *[hygiene]*; dla dobra czegoś or w interesie czegoś *[justice]*; **to have a vested ~ in sth** być czymś żywotnie zainteresowanym; **to have sb's ~s at heart** mieć na względzie or sercu dobro kogoś [4] Fin, Comm (share) udział *m* **(in sth** w czymś) *[company, business, affair]*; (right, claim) interes *m*; **his ~s in Europe** jego interesy w Europie; **business ~s** interesy handlowe; **a majority/minority ~** udział większościowy /mniejszościowy [5] (concern, connection) interes *m* **(in sth** w czymś); **a matter of public ~** sprawa będąca przedmiotem zainteresowania opinii publicznej; **it is against the public ~** to jest sprzeczne z interesem społecznym; **to declare an** or **one's ~** wyrazić (swoje) zainteresowanie; (group of persons) **business ~s** sfera wielkiego kapitału; **landed ~s** właściciele ziemscy; **coal ~s** lobby węglowe [6] Fin (charge for a loan) odsetki **(on sth** od czegoś); **~ at 5%, 5% ~** odsetki w wysokości 5%; **to lend at 10% ~** pożyczać na 10%; **simple ~** odsetki proste; **compound ~** procent składany; **to earn ~** *[investment]* przynosić procenty; **money earning no ~** pieniądze, które nie procentują; **to return the blow/sb's kindness with ~** fig oddać cios/odwdzięczyć się komuś z nawiązką

II *vt* [1] (provoke curiosity, enthusiasm) zainteresować **(in sth** czymś); **to ~ oneself in sth** zainteresować się czymś; **it may ~ you to know** or **learn that...** może cię zainteresuje, że...; **can I ~ you in buying some insurance/playing for us** czy byłby pan zainteresowany ubezpieczeniem/grą dla nas; **can I ~ you in a drink?** czy mogę zaproponować drinka? [2] fml (concern) *[problem, plight, policy]* dotyczyć (czegoś)

interest-bearing /ˈɪntrəstbeərɪŋ/ *adj* Fin *[investment]* procentujący; *[account]* oprocentowany

interested /ˈɪntrəstɪd/ *adj [look, expression, onlooker]* zaciekawiony; *[listener, reader]* zainteresowany; **to be ~ in sb/sth** interesować się kimś/czymś *[subject, activity, person]*; być (osobiście) zainteresowanym w czymś *[company]*; **I am getting ~ in gardening** zaczynam interesować się ogrodnictwem; **to get sb ~ in sth** zainteresować kogoś czymś; **we are just not ~** nas to po prostu nie interesuje; **~ party** strona zainteresowana; **~ witness** świadek zainteresowany w sprawie

interest-free loan /ˌɪntrəstfriːˈləʊn/ *n* Fin pożyczka *f* nieoprocentowana

interest group *n* grupa *f* interesu

interesting /ˈɪntrəstɪŋ/ *adj* interesujący; **~ looking** ciekawy; hum (strange) oryginalny; **how very ~!** coś podobnego!

IDIOMS: **in an ~ condition** dat euph w odmiennym stanie liter

interestingly /ˈɪntrəstɪŋlɪ/ *adv* [1] (also **~ enough)** (worthy of note) co ciekawe; **~, his wife isn't with him** co ciekawe, nie ma z nim (jego) żony; **~, there is no equivalent** interesujące jest, że nie ma żadnego odpowiednika [2] (inspiring interest) *[talk, write, arranged, orchestrated]* interesująco; *[complex]* frapująco

interest rate *n* Fin stopa *f* procentowa

interface /ˈɪntəfeɪs/ **I** *n* [1] (of phases) powierzchnia *f* międzyfazowa; (of objects) powierzchnia *f* przylegania **(between sth and sth** czegoś i czegoś) [2] fig (common ground) wspólna płaszczyzna *f*; **an ~ between management and the workforce** płaszczyzna porozumienia między zarządem a robotnikami; **at the ~ of art and science** na styku sztuki i nauki [3] Comput interfejs *m*, sprzęg *m*

II *vt* [1] Comput sprzęg|nąć, -ać **(with sth** z czymś) [2] (in sewing) wszy|ć, -wać klejonkę do (czegoś)

III *vi [surfaces, objects]* stykać się **(with sth** z czymś); *[people]* kontaktować się **(with sb** z kimś)

interface board *n* Comput karta *f* interfejsu

interface routine *n* Comput procedura *f* interfejsu

interface software *n* Comput oprogramowanie *n* interfejsu
interfacing /ˈɪntəfeɪsɪŋ/ *n* (in sewing) klejonka *f*
interfere /ˌɪntəˈfɪə(r)/ *vi* [1] (involve oneself, meddle) *[person, government, police]* w|mieszać się, wtrąc|ić, -ać się, ingerować; **to ~ in sth** mieszać się or wtrącać się do czegoś *[quarrel, matters]*; mieszać się or ingerować w coś *[internal affairs, private life]*; **don't ~!** nie wtrącaj się!; **to ~ between husband and wife** wtrącać się do spraw małżeńskich; **she never ~s** ona nigdy nie wtrąca się [2] (touch, mess with) **to ~ with sth** majstrować przy czymś *[machine, bird's nest]*; ruszać coś *[papers]*; **to ~ with a child** GB euph molestować seksualnie dziecko [3] (hinder) *[activity]* **to ~ with sth** przeszkadzać w czymś *[career, work, family life]*; zakłócać coś *[sleep]*; kolidować z czymś *[plans]*; ograniczać coś *[freedom, right]* [4] Phys interferować
interference /ˌɪntəˈfɪərəns/ *n* [1] (interfering) (by government, editor, boss) ingerencja *f* **(in sth** w coś); (by family) wtrącanie się *n* **(in sth** do czegoś); **I don't want any ~!** nie chcę, żeby ktokolwiek się wtrącał!; **the noise caused considerable ~** hałas bardzo przeszkadzał [2] (of sound waves, light waves) interferencja *f*; (on radio) zakłócenia *n pl* [3] Ling interferencja *f*
interfering /ˌɪntəˈfɪərɪŋ/ *adj* pej *[person, family]* wścibski
interferon /ˌɪntəˈfɪərən/ *n* Biol interferon *m*
intergalactic /ˌɪntəgəˈlæktɪk/ *adj* międzygalaktyczny
intergovernmental /ˌɪntəˌgʌvnˈmentl/ *adj* międzyrządowy
interim /ˈɪntərɪm/ **I** *n* okres *m* przejściowy; **in the ~** w tym czasie, tymczasem
II *adj [government, report, post, profits]* tymczasowy; *[arrangement, measures]* doraźny; **~ dividend** dywidenda tymczasowa; **the ~ period** okres przejściowy; **~ financing** finansowanie przejściowe; **~ profit report** tymczasowe oświadczenie w sprawie zysku
interior /ɪnˈtɪərɪə(r)/ **I** *n* [1] (inside) (of the earth, house, bag, fridge) wnętrze *n*; **a Vermeer ~** Art wnętrze (charakterystyczne dla) Vermeera [2] (of country, continent) interior *m*; **into/from the ~** (of country) w głąb/z głębi kraju; (of continent) w głąb/z głębi kontynentu; **Secretary/Department of the Interior** US Pol sekretarz stanu do spraw wewnętrznych/departament spraw wewnętrznych
II *adj* [1] (inside) *[space, room, window]* wewnętrzny [2] Cin, TV **~ shot/scene** ujęcie/scena we wnętrzach [3] (inner) *[impulse, development, monologue]* wewnętrzny
interior angle *n* kąt *m* wewnętrzny
interior decoration *n* wystrój *m* wnętrz
interior decorator *n* dekorator *m* wnętrz
interior design *n* (colours, fabrics) wystrój *m* wnętrz; (walls, space) architektura *f* wnętrz
interior designer *n* architekt *m* wnętrz
interior sprung *adj [mattress]* sprężynowy
interject /ˌɪntəˈdʒekt/ *vt* wtrąc|ić, -ać *[remark, comment]*; **if I may ~ a warning note...** chciałbym tylko ostrzec...
interjection /ˌɪntəˈdʒekʃn/ *n* [1] Ling wykrzyknik *m* [2] (interruption) wtrącenie *n*; (exclamation) okrzyk *m*
interlace /ˌɪntəˈleɪs/ **I** *vt* spl|eść, -atać *[patterns, fingers, nest]*; przeplatać *[talk, menu]* **(with sth** czymś)
II *vi* spl|eść, -atać się
interlard /ˌɪntəˈlɑːd/ *vt [writer, speaker]* na|szpikować *[writing, talk]* **(with sth** czymś); **French phrases ~ed her talk** jej mowa była naszpikowana francuskimi wyrażeniami
interleave /ˌɪntəˈliːv/ *vt* wkle|ić, -jać pomiędzy kartki *[blank pages]*; **the notebook has blank pages ~d between lined** or **has lined pages ~d with blank** w notesie kartki w linie są umieszczone na przemian z czystymi
interlibrary loan /ˌɪntəˌlaɪbrərɪˈləʊn/ *n* wypożyczanie *n* międzybiblioteczne
interline /ˌɪntəˈlaɪn/ *vt* [1] Print wpis|ać, -ywać między wierszami *[text]* [2] (in sewing) podszy|ć, -wać fizeliną
interlinear /ˌɪntəˈlɪnɪə(r)/ *adj* interlinearny
interlining /ˈɪntəlaɪnɪŋ/ *n* (in sewing) fizelina *f*
interlink /ˌɪntəˈlɪŋk/ **I** *vt* spl|eść, -atać *[arms]*; **to be ~ed** *[factors, relationships]* być powiązanym **(with sth** z czymś)
II *vi [aspects, problems]* wiązać się (ze sobą)
interlock **I** /ˈɪntəlɒk/ *n* [1] Comput układ *m* arbitrażowy [2] Tex materiał *m* o gęstym splocie
II /ˌɪntəˈlɒk/ *vt* po|łączyć *[mechanism, pipes]*; zazębi|ć, -ać *[gears]*; spl|eść, -atać *[fingers, bodies]*; powiązać *[systems, factors]*
III /ˌɪntəˈlɒk/ *vi [pipes, mechanisms]* po|łączyć się; *[fingers, objectives]* spl|eść, -atać się; *[systems, factors]* zazębi|ć, -ać się
interlocutor /ˌɪntəˈlɒkjʊtə(r)/ *n* fml interlokutor *m*, -ka *f* fml
interloper /ˈɪntələʊpə(r)/ *n* (meddler) intruz *m*
interlude /ˈɪntəluːd/ *n* [1] (pause, interval) Theat antrakt *m*; Cin przerwa *f* [2] (brief entertainment) Mus interludium *n*; Theat intermedium *n*, interludium *n* [3] (pause in events) przerwa *f*; **for a brief ~** przez krótki okres [4] (entertaining episode) (romantic, comic, happy) przerywnik *m*; interludium *n inv* fml
intermarriage /ˌɪntəˈmærɪdʒ/ *n* [1] (within a family) małżeństwo *n* w obrębie rodziny; (within a tribe) małżeństwo *n* w obrębie plemienia [2] (between groups) małżeństwo *n* mieszane
intermarry /ˌɪntəˈmærɪ/ *vi* [1] (within a family) zaw|rzeć, -ierać małżeństwo w obrębie rodziny [2] (between groups) zaw|rzeć, -ierać małżeństwo mieszane
intermediary /ˌɪntəˈmiːdɪərɪ, US -dɪerɪ/ **I** *n* (in negotiations) mediator *m*, -ka *f*, rozjem|ca *m*, -czyni *f*; (broker) pośredni|k *m*, -czka *f*
II *adj [agent]* pośredniczący; *[group]* (in negotiations) mediacyjny; **~ function/role** funkcja/rola mediatora/pośrednika
intermediate /ˌɪntəˈmiːdɪət/ **I** *n* (mediator) [1] mediator *m*, -ka *f* [2] US Aut samochód *m* średniej klasy [3] Chem produkt *m* pośredni
II *adj* [1] *[form, stage, step]* pośredni; **these points are ~ between A and B** te punkty leżą pomiędzy punktami A i B [2] Sch **~ course/book/exam** kurs/podręcznik/egzamin dla średnio zaawansowanych; *[level, student]* średnio zaawansowany [3] Fin *[credit]* średnioterminowy
intermediate host *n* Zool żywiciel *m* pośredni
intermediate range *adj* **~ missile /weapon** pocisk/broń średniego zasięgu
intermediate technology *n* technologia *f* średnio zaawansowana
interment /ɪnˈtɜːmənt/ *n* pochówek *m*
intermezzo /ˌɪntəˈmetsəʊ/ *n* Mus intermezzo *n*, intermedium *n*; Theat intermedium *n*
interminable /ɪnˈtɜːmɪnəbl/ *adj [debate, list, flight]* niekończący się; **the argument was ~** spór ciągnął się bez końca
interminably /ɪnˈtɜːmɪnəblɪ/ *adv [argue, wait]* bez końca; **~ long** niekończący się
intermingle /ˌɪntəˈmɪŋgl/ **I** *vt* wy|mieszać *[substances, colours]* **(with sth** z czymś); prze|mieszać *[facts, fiction]* **(with sth** z czymś)
II *vi [people, ideas]* wy|mieszać się **(with sb/sth** z kimś/czymś); *[colours, patterns]* zl|ać, -ewać się **(with sth** z czymś)
intermission /ˌɪntəˈmɪʃn/ *n* [1] Cin przerwa *f*; Theat antrakt *m* [2] (pause) przerwa *f*; (in fighting) rozejm *m*; **without ~** bez przerwy [3] Med intermisja *f*
intermittent /ˌɪntəˈmɪtənt/ *adj* (at intervals) *[flash, burst, use]* sporadyczny; (not continuous) *[sleep]* przerywany
intermittently /ˌɪntəˈmɪtəntlɪ/ *adv [appear]* sporadycznie; *[publish]* nieregularnie; **he heard voices ~** od czasu do czasu słyszał głosy
intern **I** /ˈɪntɜːn/ *n* US stażyst|a *m*, -ka *f* also Med
II /ɪnˈtɜːn/ *vt* Mil, Pol internować
III /ɪnˈtɜːn/ *vi* US odby|ć, -wać staż
internal /ɪnˈtɜːnl/ *adj* [1] (inner) *[workings, mechanism]* wewnętrzny; **the theory has ~ consistency** teoria ta jest wewnętrznie spójna [2] Med *[organ, bleeding, examination]* wewnętrzny; **~ injuries** obrażenia wewnętrzne [3] (within organization) *[problem, dispute, phone, mail]* wewnętrzny; **~ candidate** własny kandydat; **~ memorandum** notatka służbowa; **~ financing** samofinansowanie [4] (within country) *[debt, fighting, security, trade]* wewnętrzny; *[flight]* krajowy; *[currency]* miejscowy; **~ revenue** US krajowe wpływy budżetowe; **~ affairs** Pol sprawy wewnętrzne; **~ fighting** walki wewnętrzne
internal combustion engine *n* silnik *m* spalinowy *(wewnętrznego spalania)*
internal examiner *n* GB Sch, Univ egzaminator *m*, -ka *f (egzaminujący na uczelni, w której jest zatrudniony)*
internalization /ˌɪntɜːnəlaɪˈzeɪʃn/ *n* Psych internalizacja *f*
internalize /ɪnˈtɜːnəlaɪz/ *vt* przysw|oić, -ajać
internally /ɪnˈtɜːnəlɪ/ *adv* [1] Med wewnętrznie; **to be bleeding ~** mieć krwotok wewnętrzny; **has he been injured ~?** czy odniósł obrażenia wewnętrzne?; **'not to be taken ~'** „tylko do użytku zewnętrznego" [2] (on the inside) wewnątrz [3] (within organization, country) wewnętrznie; **to recruit candidates ~** wybierać kandydatów z własnego grona; **how is the company structured ~?** jaka jest struktura wew-

nętrzna przedsiębiorstwa? [4] (mentally) **to visualize sth ~** wyobrażać sobie coś

internal market *n* Econ rynek *m* Unii Europejskiej; GB Med *system zdecentralizowanego finansowania kas chorych, w którym szpitale zawierają między sobą kontrakty na usługi medyczne*

Internal Revenue Service *n* US urząd *m* skarbowy

international /ˌɪntəˈnæʃnəl/ **I** *n* Sport (fixture) mecz *m* międzypaństwowy; (player) zawodni|k *m*, -czka *f* kadry narodowej
II *adj* międzynarodowy; **~ waters** wody międzynarodowe

International /ˌɪntəˈnæʃnəl/ *n* Pol Międzynarodówka *f*

International Court of Justice *n* Międzynarodowy Trybunał *m* Sprawiedliwości

Internationale /ˌɪntənæʃəˈnɑːl/ *n* Mus, Pol Międzynarodówka *f*

internationalism /ˌɪntəˈnæʃnəlɪzəm/ *n* internacjonalizm *m*

internationalist /ˌɪntəˈnæʃnəlɪst/ *n* internacjonalista *m*

internationalization /ˌɪntəˌnæʃnəlaɪˈzeɪʃn, US -lɪˈz-/ *n* internacjonalizacja *f*

internationalize /ˌɪntəˈnæʃnəlaɪz/ *vt* umiędzynarod|owić, -awiać

International Labour Organization, ILO *n* Międzynarodowa Organizacja *f* Pracy, MOP *m*

internationally /ˌɪntəˈnæʃnəlɪ/ *adv [famous, known, respected]* na całym świecie; **~, the situation is even worse** na arenie międzynarodowej sytuacja jest jeszcze gorsza; **available both nationally and ~** dostępny zarówno w kraju, jak i za granicą

International Monetary Fund, IMF *n* Międzynarodowy Fundusz *m* Walutowy, MFW *m inv*

international money order *n* zagraniczny przekaz *m* pieniężny

International Olympic Committee, IOC *n* Międzynarodowy Komitet *m* Olimpijski, MKOl *m*

International Phonetic Alphabet, IPA *n* międzynarodowy alfabet *m* fonetyczny

international relations *npl (+ v sg)* Univ stosunki *m pl* międzynarodowe

international reply coupon *n* kupon *m* na odpowiedź dla zainteresowanych z zagranicy

internecine /ˌɪntəˈniːsaɪn/ *adj* [1] (mutually destructive) *[conflict, war]* wyniszczający obie strony; (fratricidal) bratobójczy [2] (within a group) *[feud, rivalry]* wewnętrzny

internee /ˌɪntɜːˈniː/ *n* Mil, Pol internowan|y *m*, -a *f*

Internet /ˈɪntənet/ **I** *n* Internet *m*; **to be on** or **connected to the ~** być podłączonym do Internetu; **to buy sth on the ~** kupić coś przez Internet; **to find sth on the ~** znaleźć coś w Internecie; **accessible via the ~** dostępny w Internecie
II *modif [access, account, address, auction, banking, connection, shopping]* internetowy; *[search]* w Internecie; **~ user** użytkownik Internetu

Internet phone *n* telefon *m* internetowy

Internet presence provider *n* dostawca *m* kompleksowych usług internetowych

Internet service provider, ISP *n* dostawca *m* usług internetowych

internist /ɪnˈtɜːnɪst/ *n* US Med internist|a *m*, -ka *f*

internment /ɪnˈtɜːnmənt/ *n* Mil, Pol internowanie *n*

internship /ɪnˈtɜːnʃɪp/ *n* US staż *m*; **to serve one's ~** odbyć staż

interpersonal /ˌɪntəˈpɜːsənl/ *adj* międzyludzki; interpersonalny fml; **~ skills** umiejętność współżycia z ludźmi

interplanetary /ˌɪntəˈplænɪtrɪ, US -terɪ/ *adj* międzyplanetarny

interplay /ˈɪntəpleɪ/ *n* wzajemna zależność *f* **(between sth and sth** między czymś i czymś) **(of sth** czegoś)

Interpol /ˈɪntəpɒl/ *n* Interpol *m*

interpolate /ɪnˈtɜːpəleɪt/ *vt* [1] wtrąc|ić, -ać, doda|ć, -wać *[remark]* **(into sth** do czegoś); włącz|yć, -ać *[joke, anecdote]* **(into sth** do czegoś) [2] interpolować *[text]*; wstawi|ć, -ać (do tekstu) *[word, line]* [3] Math z|interpolować

interpolation /ɪnˌtɜːpəˈleɪʃn/ *n* [1] (act) (in text) wstawianie *n* **(of sth** czegoś); (in speech) wtrącenie *n* **(of sth** czegoś) [2] (sth added) wstawka *f*; (in text) wstawka *f*; interpolacja *f* ra [3] Math interpolacja *f*

interpose /ˌɪntəˈpəʊz/ **I** *vt* [1] (insert) wstawi|ć, -ać *[object]*; wprowadz|ić, -ać *[forces]*; **to ~ sth between sth and sth** umieścić coś pomiędzy czymś i czymś; **dense forests ~ an impassable barrier** gęste lasy stanowią zaporę nie do przebycia [2] (introduce) rzuc|ić, -ać, wtrąc|ić, -ać *[remark, observation]*; **to ~ a veto** użyć prawa weta
II *vi* wtrąc|ić, -ać się **(in sth** w coś) *[dispute]*; **to ~ between sb and sb** wtrącić się do kogoś i kogoś
III *vr* **to ~ oneself** ulokować się

interpret /ɪnˈtɜːprɪt/ **I** *vt* [1] (explain) z|interpretować *[text, meaning]*; **to ~ sth to sb** objaśnić komuś coś [2] z|interpretować *[behaviour, question, law]* **(as sth** jako coś) [3] z|interpretować *[part, song, play]* [4] (translate) prze|tłumaczyć (ustnie)
II *vi* służyć za tłumacza **(for sb** komuś)

interpretation /ɪnˌtɜːprɪˈteɪʃn/ *n* interpretacja *f* **(of sth** czegoś); **open to ~** dający się różnie rozumieć; **what ~ would you put on...** jak byś zinterpretował or wyjaśnił or skomentował...

interpretative /ɪnˈtɜːprɪtətɪv/ *adj [book, article]* objaśniający; *[difficulties, distortions, skills]* interpretacyjny

interpreter /ɪnˈtɜːprɪtə(r)/ *n* [1] (of foreign language) tłumacz *m*, -ka *f (żywego słowa)*; **to serve as an ~** służyć za tłumacza; **to speak through an ~** rozmawiać przez tłumacza [2] (scholar, historian, musician, actor) interpretator *m*, -ka *f*; (journalist) komentator *m*, -ka *f* [3] Comp interpreter *m*

interpreting /ɪnˈtɜːprɪtɪŋ/ *n* (subject, profession) tłumaczenie *n (żywego słowa)*

interracial /ˌɪntəˈreɪʃl/ *adj [marriage]* mieszany; **~ adoption** adopcja dziecka innej rasy

interregnum /ˌɪntəˈregnəm/ *n (pl* **-regna, -regnums)** (between sovereigns) bezkrólewie *n*; interregnum *n* fml; (in organization) bezkrólewie *n* fig

interrelate /ˌɪntərɪˈleɪt/ **I** *vt* powiązać *[facts, ideas, events]*
II *vi [events, facts, ideas]* być powiązanym; *[people]* nawiąz|ać, -ywać kontakty; **how the diet and health ~** w jaki sposób odżywianie wpływa na zdrowie
III interrelated *pp adj [events, ideas]* powiązany; *[components, parts]* współzależny

interrelation /ˌɪntərɪˈleɪʃn/ *n* [1] (of facts, events) związek *m*; **~ between sth and sth** związek pomiędzy czymś i czymś; **~ of sth** związek czegoś; **~ with sth** związek z czymś; **complex ~** złożone powiązania [2] (of people, group) wzajemne relacje *f pl*, wzajemne powiązania *n pl* **(between sb and sb** między kimś a kimś) **(of sb/with sb** kogoś/z kimś)

interrelationship /ˌɪntərɪˈleɪʃnʃɪp/ *n* = **interrelation**

interrogate /ɪnˈterəgeɪt/ *vt* [1] (examine) przesłuch|ać, -iwać [2] Comput zapyt|ać, -ywać

interrogation /ɪnˌterəˈgeɪʃn/ **I** *n* przesłuchanie *n* **(of sb** kogoś) **(by sb** przez kogoś); **he confessed under ~** przyznał się podczas przesłuchania
II *modif* **~ room** pokój przesłuchań; **~ procedure** procedura prowadzenia przesłuchania

interrogation mark *n* Ling pytajnik *m*, znak *m* zapytania

interrogative /ˌɪntəˈrɒgətɪv/ **I** *n* Ling forma *f* pytająca or pytajna; **in the ~** w formie pytającej or pytajnej
II *adj* [1] Ling pytający or pytajny [2] *[look, tone]* pytający

interrogatively /ˌɪntəˈrɒgətɪvlɪ/ *adv* [1] *[glance, stare]* badawczo, dociekliwie; *[speak]* inkwizytorskim tonem [2] Ling *[function]* w formie pytania

interrogator /ɪnˈterəgeɪtə(r)/ *n* przesłuchując|y *m*, -a *f*; **his ~ was a KGB man** przesłuchiwał go funkcjonariusz KGB

interrogatory /ˌɪntəˈrɒgətrɪ, US -tɔːrɪ/ *adj [tone, voice]* dociekliwy, inkwizytorski

interrupt /ˌɪntəˈrʌpt/ **I** *n* Comput przerwanie *n*
II *vt* [1] (break, disturb) przer|wać, -ywać *[programme, work, speech]*; przer|wać, -ywać (komuś) *[person]*; **I was rudely ~ed** brutalnie mi przerwano [2] (block) zasł|onić, -aniać *[view, skyline]*; **the view of the lake was ~ed by the factory** fabryka zasłaniała widok na jezioro [3] (stop) wstrzym|ać, -ywać, przer|wać, -ywać *[supply, traffic]*
III *vi* przer|wać, -ywać; **stop ~ing!** nie przerywaj!

interruption /ˌɪntəˈrʌpʃn/ *n* [1] (break) przerwa *f* **(to sth** w czymś); **without ~** bez przerwy [2] (action) przerywanie *n* **(to sth** czegoś); **he spoke for an hour with no ~s** or **without ~** mówił przez godzinę bez przerwy

intersect /ˌɪntəˈsekt/ **I** *vt* przeci|ąć, -nać also Math; **a field ~ed by ditches** pole poprzecinane rowami
II *vi* [1] *[roads, wires]* przeci|ąć, -nać się, krzyżować się **(with sth** z czymś); **two**

~**ing paths** dwie krzyżujące się ścieżki [2] Math przeci|ąć, -nać się
intersection /ˌɪntəˈsekʃn/ *n* [1] (of roads) skrzyżowanie *n* **(of sth** czegoś**) (with sth** z czymś); **at an ~** na skrzyżowaniu [2] (of lines) punkt *m* przecięcia, przecięcie *n* **(of sth** czegoś**) (with sth** z czymś)
interservice /ˌɪntəˈsɜːvɪs/ *adj* Mil **~ operation/rivalry** współpraca/współzawodnictwo między różnymi formacjami
intersperse /ˌɪntəˈspɜːs/ *vt* [1] (scatter) rozrzuc|ić, -ać *[cottages, pictures, implements]* **(among sth** wśród czegoś); **laughter ~d between sarcastic comments** sarkastyczne komentarze przerywane wybuchami śmiechu; **she ~d anecdotes throughout the speech** całe jej przemówienie było usiane anegdotami; **information being ~d throughout the text** informacje porozrzucane po całym tekście [2] (diversify) **to ~ sth with sth** urozmaicać coś czymś *[flowers, colours]*; przeplatać coś czymś *[quotations, pictures, music]*; **sunshine ~d with showers** słońce na przemian z deszczem
interstate /ˌɪntəˈsteɪt/ US **I** *n* (also **~ highway)** autostrada *f* międzystanowa
II *adj [commerce, links, highway]* międzystanowy
interstellar /ˌɪntəˈstelə(r)/ *adj* międzygwiezdny
interstice /ɪnˈtɜːstɪs/ *n* szczelina *f*
intertwine /ˌɪntəˈtwaɪn/ **I** *vt* spl|eść, -atać *[ropes, fingers]*; **inextricably ~d with sth** fig nierozerwalnie związany z czymś
II *vi [fingers, fates, themes]* spl|eść, -atać się; **intertwining branches** splątane gałęzie
III intertwined *pp adj* spleciony **(with sth** z czymś); fig związany **(with sth** z czymś)
interurban /ˌɪntərˈɜːbən/ *adj* międzymiastowy; **an ~ network** sieć połączeń międzymiastowych or między miastami
interval /ˈɪntəvl/ *n* [1] (in time) odstęp *m*; (pause) przerwa *f*; **an ~ of several hours** kilkugodzinna przerwa; **an ~ for reflection** przerwa na zastanowienie się; **at ~s of five minutes** w odstępach pięciominutowych; **at regular ~s** regularnie, w regularnych odstępach; **at weekly ~s** w odstępach tygodniowych; **~s of inactivity** okresy bezczynności; **there was a long ~ between the two visits** te dwie wizyty dzieliła długa przerwa; **bright ~s** Meteorol przejaśnienia; **showery ~s** Meteorol przelotne deszcze; **to have lucid ~s** Med mieć przebłyski świadomości [2] (in space) odstęp *m*; **at ~s of 100-metres** or **at 100-metre ~s** w stumetrowych odstępach; **at regular ~s** w regularnych odstępach; **to maintain an ~ between vehicles** zachować odstęp między pojazdami [3] GB Theat antrakt *m*, przerwa *f*; Sport (during match) przerwa *f* [4] Mus interwał *m*; **an ~ of a third/a fifth** tercja /kwinta
intervene /ˌɪntəˈviːn/ *vi* [1] (take action) interweniować; **to ~ on sb's behalf** interweniować w sprawie kogoś; **to ~ with the authorities** interweniować u władz; **to ~ in a dispute** interweniować w sporze [2] (happen) *[events, circumstances]* stanąć na przeszkodzie; **if nothing ~s** jeżeli nic nie stanie na przeszkodzie; **the weather ~d to wreck all their plans** pogoda całkowicie pokrzyżowała im plany [3] (come between) *[years, period]* upły|nąć, -wać; **fifteen years had ~d since their last meeting** od ich ostatniego spotkania upłynęło piętnaście lat; **ten years ~d between these events** te wydarzenia dzieli dziesięć lat
intervening /ˌɪntəˈviːnɪŋ/ *adj* **in the ~ years** or **period** w tym czasie; **in the ~ 10 years** w ciągu minionych 10 lat; **during the ~ period she had got married** w tym czasie wyszła za mąż; **he could see across the ~ fields to the hills** za rozpościerającymi się przed nim polami widział wzgórza; **the ~ war** wojna, która tymczasem wybuchła
intervention /ˌɪntəˈvenʃn/ **I** *n* interwencja *f*; **an ~ on my behalf** poparcie dla mojej sprawy
II *modif [price, stocks]* interwencyjny; **~ beef/butter** wołowina skupowana/masło skupowane po cenach interwencyjnych
interventionist /ˌɪntəˈvenʃənɪst/ **I** *n* interwencjonista *m*
II *adj* interwencjonistyczny
interview /ˈɪntəvjuː/ **I** *n* [1] (also **job ~)** rozmowa *f* kwalifikacyjna **(with sb** z kimś); **to be called/invited for (an) ~** zostać wezwanym/zaproszonym na rozmowę; **who is on the ~ panel?** kto będzie w komisji kwalifikacyjnej? [2] Journ wywiad *m*; **a TV/radio ~** wywiad telewizyjny/radiowy; **to give an ~** udzielić wywiadu; **to conduct an ~** przeprowadzić wywiad; **in an ~ with the Guardian** w wywiadzie dla „Guardiana"; **in an ~ with sb** w wywiadzie udzielonym komuś *[journalist]*; w wywiadzie przeprowadzonym z kimś *[actor, star]* [3] (formal talks) rozmowy *f pl* **(between sb and sb** kogoś z kimś)
II *vt* [1] (for job, post) przeprowadz|ić, -ać rozmowę kwalifikacyjną z (kimś) *[candidate]*; **she's being ~ed next week** (ona) ma iść na rozmowę w przyszłym tygodniu [2] Journ przeprowadz|ić, -ać wywiad z (kimś) *[celebrity]* [3] (question) *[police]* przesłuch|ać, -iwać *[suspect]*
III *vi [candidate]* odby|ć, -wać rozmowę kwalifikacyjną; *[manager, company]* przeprowadz|ić, -ać rozmowę kwalifikacyjną; **to ~ well** dobrze wypadać w rozmowach kwalifikacyjnych
interviewee /ˌɪntəvjuːˈiː/ *n* [1] (for job, place) kandydat *m*, -ka *f* [2] (on TV, radio) osoba *f* udzielająca wywiadu [3] (in survey) ankietowan|y *m*, -a *f*
interviewer /ˈɪntəvjuːə(r)/ *n* [1] (for job, course) przeprowadzając|y *m*, -a *f* rozmowę kwalifikacyjną [2] Journ dziennikarz *m* przeprowadzający wywiad, dziennikarka *f* przeprowadzająca wywiad; **a TV ~** dziennikarz telewizyjny przeprowadzający wywiady [3] (for survey) ankieter *m*, -ka *f*
intervocalic /ˌɪntəvəˈkælɪk/ *adj* Ling interwokaliczny
interwar /ˌɪntəˈwɔː(r)/ *adj* międzywojenny
interweave /ˌɪntəˈwiːv/ **I** *vt* (*pt* **-wove** /-ˈwəʊv/; *pp* **-woven** /-ˈwəʊvn/) spl|eść, -atać *[fingers, threads, lines]* **(with sth** z czymś); po|łączyć *[themes, rhythms]*
II *vi [threads]* spl|eść, -atać się; *[themes, melodies]* przepl|eść, -atać się
III interwoven *pp adj* spleciony **(with sth** z czymś); fig połączony **(with sth** z czymś)
interwork /ɪntəˈwɜːk/ *vi [computers]* komunikować się
intestate /ɪnˈtesteɪt/ Jur **I** *n* intestat *m*
II *adj* **to die ~** umrzeć nie pozostawiwszy testamentu
intestate estate *n* majątek *m* niezapisany (testamentem)
intestinal /ɪnˈtestɪnl, ˌɪntesˈtaɪnl/ *adj* jelitowy; **~ blockage** niedrożność jelit; **to have ~ fortitude** US infml mieć siłę przebicia infml
intestine /ɪnˈtestɪn/ *n* jelito *n*
intifada /ɪntɪˈfɑːdə/ *n* intifada *f*
intimacy /ˈɪntɪməsɪ/ **I** *n* [1] (closeness) zażyłość *f*; **to be on terms of ~ with sb** być z kimś w zażyłych stosunkach [2] euph (sexual relations) życie *n* intymne; **there had been no ~ between them** nie doszło między nimi do zbliżenia [3] (closed environment) intymność *f*
II intimacies *npl* poufałości *f pl*
intimate I /ˈɪntɪmət/ *n* serdeczny przyjaciel *m*, serdeczna przyjaciółka *f*
II /ˈɪntɪmət/ *adj* [1] (close, familiar) *[friend, friendship]* serdeczny, bliski; *[bond, connection]* bliski; **to be on ~ terms with sb** być z kimś w zażyłych stosunkach; **to have an ~ relationship with sb** być z kimś blisko [2] (innermost, personal) *[thing, style, biography]* osobisty; *[detail, life, secret, conversation]* intymny; **~ body search** szczegółowa rewizja osobista; **~ apparel** US bielizna osobista [3] (sexual) *[relationship]* intymny; **to be ~ with sb** mieć z kimś intymne kontakty [4] (cosy) *[atmosphere]* intymny; *[restaurant]* kameralny [5] (essential) *[knowledge, acquaintance, analysis]* gruntowny
III /ˈɪntɪmeɪt/ *vt* [1] (hint) wyra|zić, -żać *[wishes, opinion]*; **to ~ that...** dać do zrozumienia, że... [2] (announce) podać do wiadomości *[assent, refusal, content]*
intimately /ˈɪntɪmətlɪ/ *adv* [1] (in a personal way) *[know]* dobrze; *[write, talk]* w sposób osobisty; **to converse ~** odbywać intymną rozmowę [2] (sexually) *[caress, touch]* zmysłowo; **to be ~ involved with sb** mieć z kimś romans, romansować z kimś [3] (deeply) **to be ~ acquainted** or **familiar with sth** znać coś gruntownie; **to know sth ~** znać coś dokładnie; **to be ~ aware of sth** być w pełni świadomym czegoś [4] (closely) *[connected, related]* blisko; *[bound up]* silnie; **to be ~ involved in** or **with sth** być mocno or w pełni zaangażowanym w coś
intimation /ˌɪntɪˈmeɪʃn/ *n* [1] (hint) oznaka *f*; **to feel** or **have an ~ of sth** przeczuwać coś *[danger, disaster]*; **to give (sb) an ~ that...** dać (komuś) do zrozumienia, że...; **she gave no ~ that she was leaving** nic w jej zachowaniu nie wskazywało na to, że odchodzi [2] (announcement) (of a birth, wedding) ogłoszenie *n*, zawiadomienie *n*
intimidate /ɪnˈtɪmɪdeɪt/ *vt* (terrify) *[night, atmosphere]* budzić grozę w (kimś) *[person]*; *[person]* zastrasz|yć, -ać; (overawe) onieśmiel|ić, -ać **(by sth** czymś); **to ~ sb into (doing) sth** zmusić kogoś do (zrobienia) czegoś or wymusić coś na kimś; **his family**

I

~d him into staying silent rodzina zmusiła go do milczenia

intimidating /ɪnˈtɪmɪdeɪtɪŋ/ *adj [person, obstacle, sight, prospect]* przerażający; *[size, show of force, manner]* zastraszający; **~ atmosphere** atmosfera zastraszenia; **she can be very ~ when she's angry** kiedy wpadnie w gniew, może budzić postrach

intimidatingly /ɪnˈtɪmɪdeɪtɪŋlɪ/ *adv [glare, look]* groźnie; *[large, long]* przerażająco

intimidation /ɪnˌtɪmɪˈdeɪʃn/ *n* zastraszanie *n* **(of sb** kogoś); **by ~** metodą zastraszania

into /ˈɪntuː, ˈɪntə/ *prep* [1] (indicating change of position, location) do (czegoś); **to put sth ~ sth** włożyć coś do czegoś *[container, envelope, drainer, room]*; **to come/go ~ sth** wejść do czegoś *[room, building, zone]*; **to disappear ~ sth** zniknąć w czymś *[forest, mist]*; **pour the mixture ~ it** wlej do tego mieszankę; **to move sth ~ the shade** przesunąć coś w cień or do cienia; **to go ~ town/the office** iść do miasta/biura; **to get ~ a car/train** wsiąść do samochodu /pociągu; **to get ~ bed** położyć się do łóżka; **they helped him ~ the bed** pomogli mu położyć się [2] (indicating change of shape, form, value) **to cut sth ~ triangles** pociąć coś na trójkąty; **to roll sth ~ a ball** zwinąć coś w kłębek; **to curl up ~ a ball** zwinąć się w kłębek; **we split ~ two groups** rozdzieliliśmy się na dwie grupy; **divided ~ apartments** podzielony na mieszkania; **to turn ~ a butterfly** przeobrazić się w motyla; **to translate sth ~ Polish** przetłumaczyć coś na polski; **to change dollars ~ pounds** wymienić dolary na funty; **to turn ~ a young woman** stać się młodą kobietą [3] (indicating duration) **to last/continue ~ the 18th century** trwać/ciągnąć się (aż) do XVIII wieku; **to go on ~ the afternoon** przeciągnąć się do godzin popołudniowych; **long** or **far ~ the night** do późna w nocy [4] (indicating a point in a process) **we were well ~ 1988 when...** rok 1988 trwał już w najlepsze, kiedy...; **ten minutes ~ the game** dziesięć minut po rozpoczęciu gry; **well ~ the second half** dobrze po rozpoczęciu drugiej połowy; **she was well ~ the fourth month of her pregnancy** była w ciąży od ponad trzech miesięcy; **to be well ~ one's thirties** być dobrze po trzydziestce infml [5] (indicating direction) **to speak ~ the microphone** mówić do mikrofonu; **to stare ~ space** wpatrywać się w przestrzeń; **to stare ~ the distance** patrzeć w dal [6] (keen on) **to be ~ sth** interesować się czymś *[jazz, athletics, architecture]*; **she's ~ art in a big way, she's heavily ~ art** jest wielką entuzjastką sztuki; **to be ~ drugs** narkotyzować się; **at two, children are ~ everything** w wieku dwóch lat dzieci interesują się wszystkim dookoła [7] (indicating impact) w, na; **he bumped/ran ~ me** wpadł na mnie; **to bang ~ sb/sth** walnąć w kogoś/coś [8] Math **8 ~ 24 goes 3 times** or **is 3** 24 dzielone przez 8 równa się 3 → **get into, go into**

intolerable /ɪnˈtɒlərəbl/ *adj* [1] (unbearable) *[noise, heat, behaviour]* nieznośny; *[quality, methods, situation]* niedopuszczalny, nie do przyjęcia; **her life became ~** jej życie stało się nie do zniesienia; **it is ~ that...** niedopuszczalne jest, żeby... [2] (excessive) *[level, multitude, degree]* nadmierny

intolerably /ɪnˈtɒlərəblɪ/ *adv* [1] *[hot, cold, noisy]* nieznośnie; *[act, behave]* w sposób nie do wytrzymania [2] (excessively) *[high]* nadmiernie; **she suffered ~** cierpiała ponad miarę

intolerance /ɪnˈtɒlərəns/ *n* [1] nietolerancja *f*; brak *m* tolerancji **(of sb/sth** dla kogoś/czegoś) [2] Med nietolerancja *f* **(of sth, towards sth** na coś) *[drug]*; **~ of sth** nietolerowanie czegoś *[lactose, gluten]*

intolerant /ɪnˈtɒlərənt/ *adj* nietolerancyjny; **to be ~ of sb/sth** być nietolerancyjnym wobec kogoś/czegoś *[opinion, feelings]*; nie tolerować czegoś *[sunshine, opposition, alcohol]*

intolerantly /ɪnˈtɒlərəntlɪ/ *adv [behave]* nietolerancyjnie; *[treat, react]* w sposób nietolerancyjny

intonation /ˌɪntəˈneɪʃn/ *n* Mus, Ling intonacja *f*

intone /ɪnˈtəʊn/ *vt* [1] (utter, recite, sing) recytować monotonnie *[prayer]*; śpiewać monotonnym głosem *[psalm]*; wygł|osić, -aszać monotonnym głosem *[lecture, speech]* [2] (sing the opening phrase of) za|intonować *[prayer, chant]* [3] (speak) **properly ~d pronunciation** wymowa z odpowiednią intonacją

intoxicant /ɪnˈtɒksɪkənt/ **I** *n* [1] (alcohol) napój *m* alkoholowy [2] (poison) substancja *f* toksyczna [3] fig (stimulant) środek *m* odurzający

II *adj [beverage]* alkoholowy

intoxicate /ɪnˈtɒksɪkeɪt/ *vt* [1] (inebriate) odurz|yć, -ać; **to be ~d with sth** być odurzonym czymś *[wine, gas, drug]*; **the wine had totally ~d her** wino całkiem ją odurzyło [2] (poison) zatru|ć, -wać **(with sth** czymś) *[barbiturate, lead]* [3] fig *[success, flattery, countryside]* odurz|yć, -ać

intoxicated /ɪnˈtɒksɪkeɪtɪd/ *adj* [1] (by chemical substance) odurzony; **to drive while ~** prowadzić pod wpływem alkoholu [2] fig upojony, odurzony **(by/with sth** czymś); **~ by** or **with success, he became arrogant** upojony sukcesem, stał się arogancki; **so much flattery left her ~** te wszystkie pochlebstwa uderzyły jej do głowy

intoxicating /ɪnˈtɒksɪkeɪtɪŋ/ *adj* [1] *[beverage, drink]* wyskokowy, alkoholowy; *[effect]* odurzający [2] fig *[feeling, effect, experience, power]* upajający; *[perfume, smell]* odurzający

intoxication /ɪnˌtɒksɪˈkeɪʃn/ *n* [1] (being drunk) upojenie *n* (alkoholowe), odurzenie *n* (alkoholowe); **a state of ~** stan upojenia alkoholowego [2] fig upojenie *n*, odurzenie *n*

intoximeter® /ɪnˈtɒksɪmiːtə(r)/ *n* alkomat *m*

intracellular /ˌɪntrəˈseljʊlə(r)/ *adj* wewnątrzkomórkowy

intra-Community /ˌɪntrəkəˈmjuːnətɪ/ *adj* (in the EC) wewnątrzunijny

intractability /ɪnˌtræktəˈbɪlətɪ/ *n* [1] (of person) nieustępliwość *f*; (of opinion) nieugiętość *f* [2] (of substance) trudność *f* obróbki [3] (of problem) trudność *f*; (of illness) niepodatność *f* na leczenie

intractable /ɪnˈtræktəbl/ *adj [person, personality]* nieustępliwy; *[child]* krnąbrny; *[problem, situation]* trudny do rozwiązania; *[illness]* trudny w leczeniu; *[machine]* trudny w obsłudze; *[substance]* trudny w obróbce

intramural /ˌɪntrəˈmjʊərl/ **I intramurals** *npl* US zawody *plt* wewnętrzne *(między drużynami tej samej instytucji)*

II *adj* (within company) wewnątrzzakładowy; (within school) wewnątrzszkolny; Univ *[course, studies]* stacjonarny; *[staff, athletics, game]* uczelniany

intramuscular /ˌɪntrəˈmʌskjʊlə(r)/ *adj [injection]* domięśniowy

intranet /ˈɪntrənet/ *n* Comput wewnętrzna sieć *f* komputerowa

intransigence /ɪnˈtrænsɪdʒəns/ *n* nieprzejednanie *n* **(about** or **over** or **towards sth** co do czegoś); nieustępliwość *f* **(about** or **over** or **towards sth** w czymś)

intransigent /ɪnˈtrænsɪdʒənt/ *adj [attitude, behaviour, person]* nieprzejednany **(about** or **over** or **towards sth** co do czegoś); nieustępliwy **(about** or **over** or **towards sth** w czymś)

intransitive /ɪnˈtrænsətɪv/ Ling **I** *n* czasownik *m* nieprzechodni

II *adj* nieprzechodni

intrauterine /ˌɪntrəˈjuːtəraɪn/ *adj* wewnątrzmaciczny

intrauterine device, IUD *n* Med wkładka *f* domaciczna

intravenous /ˌɪntrəˈviːnəs/ *adj* dożylny

intravenous drip *n* kroplówka *f* dożylna

intravenous drug use *n* przyjmowanie *n* narkotyków drogą dożylną

intravenous drug user *n* przyjmując|y *m*, -a *f* narkotyki drogą dożylną

intravenous injection *n* zastrzyk *m* dożylny

intravenously /ˌɪntrəˈviːnəslɪ/ *adv* dożylnie

in-tray /ˈɪntreɪ/ *n* tacka *f* na korespondencję przychodzącą

intrepid /ɪnˈtrepɪd/ *adj* nieustraszony, dzielny

intrepidity /ˌɪntrɪˈpɪdətɪ/ *n* dzielność *f*

intrepidly /ɪnˈtrepɪdlɪ/ *adv* dzielnie

intricacy /ˈɪntrɪkəsɪ/ **I** *n* (of problem, notions) zawiłość *f*; (of mechanism, workmanship, relationship) złożoność *f*; (of design) misterność *f*

II intricacies *npl* (of story) niuanse *m pl*, subtelności *f pl*, zawiłości *f pl*; (of law) meandry *m pl*

intricate /ˈɪntrɪkət/ *adj [problem, plot]* zawiły, złożony; *[mechanism, details, task]* skomplikowany; *[design, necklace]* misterny; *[situation, relationship]* skomplikowany, powikłany

intricately /ˈɪntrɪkətlɪ/ *adv [designed, carved]* misternie

intrigue **I** /ˈɪntriːg, ɪnˈtriːg/ *n* [1] (plotting) intryga *f*, knowanie *n*, podstęp *m*; **political ~** intrygi polityczne [2] (scheme) intryga *f*; **to carry on/engage in an ~ (against sb)** snuć intrygi/knuć intrygę (przeciw komuś) [3] (love affair) romans *m*

II /ɪnˈtriːg/ *vt* (fascinate) za|intrygować; **he was ~d by her mysterious smile** zaintrygował go jej tajemniczy uśmiech; **I'm ~d to know how you got here** ciekaw jestem, jak się tu dostałeś

III /ɪnˈtriːg/ *vi* [1] (plot) snuć intrygi **(with**

sb z kimś); to ~ against sb intrygować przeciw komuś [2] (have secret love affair) romansować (with sb z kimś)

intriguer /ɪn'tri:gə(r)/ *n* intrygant *m*, -ka *f*

intriguing /ɪn'tri:gɪŋ/ **I** *n* intrygowanie *n* **II** *adj* intrygujący

intriguingly /ɪn'tri:gɪŋlɪ/ *adv [different]* intrygująco; **the question was ~ worded/phrased** pytanie było sformułowane w sposób dający do myślenia; **~, she said nothing** co ciekawe, nic nie powiedziała

intrinsic /ɪn'trɪnzɪk, -sɪk/ *adj [aspect, element, part]* nieodłączny; *[superiority]* wrodzony; *[feelings]* wewnętrzny; *[value]* rzeczywisty; **this problem is ~ to the situation** ten problem jest nierozerwalnie związany z tą sytuacją; **~ value of the coin** wartość metalu w monecie; **objects of great ~ value** przedmioty same w sobie wiele warte; **an issue of ~ importance/significance** kwestia ważna/znacząca sama w sobie

intrinsically /ɪn'trɪnzɪklɪ, -sɪk-/ *adv [superior, different]* ze swej istoty, z (samej) natury rzeczy; *[flawed]* wewnętrznie; *[valuable, important]* sam w sobie; **this incident is ~ a part of the plot** ten wypadek stanowi zasadniczą część fabuły

intro /'ɪntrəʊ/ *n* infml (of tune, book) wstęp *m* → **introduction**

introduce /ˌɪntrə'dju:s, US -'du:s/ **I** *vt* [1] (make known) przedstawi|ć, -ać *[person, performer]* **(as sb** jako kogoś); **to ~ sb to sb** przedstawić kogoś komuś *[guest, friend]*; **he ~d Adam to her** przedstawił jej Adama; **he ~d her to Adam** przedstawił ją Adamowi; **have you been ~d?** czy zostali Państwo sobie przedstawieni?; **have we been ~d?** hum czy my się znamy? hum; **introducing Abigail Bond** Cin po raz pierwszy na ekranie Abigail Bond [2] (initiate) **to ~ sb to sth** zapoznać or zaznajomić kogoś z czymś *[tradition, changes, basics]*; wprowadzić kogoś w coś *[subject]*; **she ~d me to Mozart/French cooking** dzięki niej poznałem Mozarta/kuchnię francuską; **he ~d me to smoking/decaffeinated coffee** on nauczył mnie palić/pić kawę bezkofeinową [3] (cause to enter) wprowadz|ić, -ać *[liquid, tube, needle]* **(into sth** do czegoś); sprowadz|ić, -ać *[species, plant, disease]* **(into sth** do czegoś) *[country]*; wn|ieść, -osić *[camera, bomb]* **(into sth** do czegoś); wprowadz|ić, -ać *[character, theme]* **(into sth** do czegoś); **to ~ sth underneath/into sth** (of object) włożyć coś pod coś/do czegoś; **she tried to ~ the subject into the conversation** starała się poruszyć ten temat w trakcie rozmowy [4] (establish) wprowadz|ić, -ać *[law, system, reform, change]*; **to ~ a new model** wprowadzić (na rynek) nowy model; **to ~ a new coin** wprowadzić do obiegu nową monetę [5] (preface) poprzedz|ić, -ać *[talk, article, chapter]* **(with sth** czymś); (open, begin) rozpocz|ąć, -ynać *[act, movement, programme]* **(with sth** czymś) [6] (present for debate) zgł|osić, -aszać, przedstawi|ć, -ać *[bill, proposal]* [7] TV, Radio *[presenter]* poprzedz|ić, -ać słowem wstępnym, przedstawi|ć, -ać *[programme]*

II *vr* **to ~ oneself** przedstawi|ć, -ać się **(to sb** komuś)

introduction /ˌɪntrə'dʌkʃn/ *n* [1] (making known) prezentacja *f*; **to make** or **do the ~s** dokonać prezentacji; **our next guest needs no ~** nie trzeba przedstawiać naszego następnego gościa; **a letter of ~** list polecający [2] (insertion) (of liquid, tube, needle, character, theme) wprowadzenie *n* **(into sth** do czegoś); **after his ~ in Act I, he does not reappear until the end** pojawia się w pierwszym akcie, a potem dopiero na końcu [3] (establishing) (of law, system, examination, reform) wprowadzenie *n*; **~ of sth into sth** wprowadzenie czegoś do czegoś *[schools]*; wprowadzenie czegoś w czymś *[country]*; **this system is a recent ~** ten system to zupełna nowość [4] (initiation) (to art, music, alcohol, drugs) pierwszy kontakt *m*, pierwsze zetknięcie się *n* **(to sth** z czymś); **my ~ to smoking came at an age...** pierwszego papierosa zapaliłem w wieku... [5] (preface) (to book, article, speech) wprowadzenie *n*, wstęp *m* [6] Mus introdukcja *f* [7] (beginner's guide) wprowadzenie *n*; **'An Introduction to Astronomy'** „Wprowadzenie do astronomii" [8] Pol, Admin (presentation for debate) (of bill, proposal) zgłoszenie *n*, przedstawienie *n*

introduction agency *n* ≈ klub *m* samotnych

introductory /ˌɪntrə'dʌktərɪ/ *adj* [1] (prefatory) *[remarks, explanation, notes]* wstępny; *[sentence, lecture, chapter]* wprowadzający [2] Comm *[offer]* promocyjny

introit /'ɪntrɔɪt/ *n* Relig introit *m*

introspection /ˌɪntrə'spekʃn/ *n* introspekcja *f*

introspective /ˌɪntrə'spektɪv/ *adj* introspekcyjny, introspektywny

introspectiveness /ˌɪntrə'spektɪvnɪs/ *n* introspekcjonizm *m*, introspektywizm *m*

introversion /ˌɪntrə'vɜ:ʃn, US -'vɜ:rʒn/ *n* introwersja *f*

introvert /'ɪntrəvɜ:t/ **I** *n* introwerty|k *m*, -czka *f* **II** *adj* = **introverted**

introverted /'ɪntrəvɜ:tɪd/ *adj [person]* zamknięty w sobie, introwertyczny; **to become ~** zamknąć się w sobie

intrude /ɪn'tru:d/ **I** *vt* narzuc|ić, -ać *[opinion, view]* **(on sb** komuś)

II *vi* [1] (disturb) przeszkadzać **(on sb** komuś); **I hope I'm not intruding** mam nadzieję, że nie przeszkadzam; **to ~ on sth** zakłócać coś *[relationship, privacy]*; naruszać coś *[finances, prerogatives]*; przeszkadzać w czymś *[meeting, gathering]*; **I don't wish to ~ (up)on his grief** nie chcę go niepokoić w smutnych dla niego chwilach; **to ~ on sb's time** zajmować komuś czas; **to ~ in(to) sb's affairs** wtrącać się w sprawy kogoś [2] (affect adversely) **to ~ on sth** zakłócać coś *[gaiety]*; **he did not allow any melancholy to ~** nie dał się ogarnąć melancholii

III *vr* **to ~ oneself** *[person]* narzucać się **(on sb** komuś); **to ~ oneself on sth** wtrącać się do czegoś *[conversation]*; **the thought ~d itself into my mind** ta myśl przyszła mi do głowy

intruder /ɪn'tru:də(r)/ *n* intruz *m*; **we were made to feel like ~s** tak nas potraktowano, że poczuliśmy się jak nieproszeni goście; **the trawler is an ~ in our coastal waters** trawler nielegalnie znalazł się na naszych wodach terytorialnych

intruder alarm *n* sygnał *m* alarmowy

intrusion /ɪn'tru:ʒn/ *n* [1] (interference) wtrącanie się *n*; **an ~ on sb's time** zabieranie komuś czasu; **an ~ on sb's privacy** wtrącanie się w życie prywatne kogoś; **an ~ into sb's affairs/conversation** wtrącanie się w sprawy kogoś/w rozmowę kogoś [2] (unwelcome arrival) (of visitors) najście *n*; (of thoughts, values, influences) napływ *m*, napór *m*; (trespassing) wtargnięcie *n*; **an ~ into the airspace/territorial waters of a country** naruszenie przestrzeni powietrznej/wód terytorialnych [3] Geol intruzja *f* [4] Ling (epenthesis) wstawka *f*, epenteza *f*

intrusive /ɪn'tru:sɪv/ *adj* [1] (indiscreet) *[camera, person, question]* wścibski; (persistent) *[person]* natrętny; nachalny infml; *[questioning]* natarczywy [2] (disturbing) *[phone call, visitor, presence]* niepożądany [3] Geol *[rock]* intruzyjny [4] Ling *[consonant, vowel]* epentetyczny, wtrącony

intuit /ɪn'tju:ɪt, US -'tu:-/ *vt* wyczu|ć, -wać; **to ~ that...** wyczuć, że...

intuition /ˌɪntju:'ɪʃn, US -tu:-/ *n* [1] (ability) intuicja *f*; **to know sth by ~** wiedzieć coś intuicyjnie, wyczuwać coś intuicją; **my own ~ is that...** intuicja podpowiada mi, że... [2] (knowledge) przeczucie *n* **(about sth** czegoś); **to have an ~ that...** mieć przeczucie, że...

intuitive /ɪn'tju:ətɪv, US -'tu:-/ *adj [approach, knowledge]* intuicyjny; **to have an ~ sense** or **feeling of sth** czuć coś intuicyjnie; **men are less ~ than women** mężczyźni wykazują się mniejszą intuicją niż kobiety

intuitively /ɪn'tju:ətɪvlɪ, US -'tu:-/ *adv* intuicyjnie

Inuit /'ɪnju:ɪt, 'ɪnʊɪt/ **I** *n* (*pl* **~, ~s**) Eskimos *m*, -ka *f*; Inuit *m* ra **II** *adj* eskimoski

inundate /'ɪnʌndeɪt/ *vt* [1] *[water, floods]* zal|ać, -ewać [2] fig zasyp|ać, -ywać *[person, organization, market]* **(with sth** czymś); **to be ~d with sth** być zasypanym czymś *[invitations, inquiries]*; być zawalonym czymś infml *[work]*

inundation /ˌɪnʌn'deɪʃn/ *n* fml zalew *m*; **~ by the sea** morski zalew; **~ of sth** fig zalew czegoś *[telegrams, tourists]*

inure /ɪ'njʊə(r)/ **I** *vt* **to ~ sb to sth** (accustom) przyzwyczaj|ić, -jać kogoś do czegoś *[criticism, smell, sight, hardship]*; (harden) uodp|ornić, -arniać kogoś na coś *[cold, suffering, attack]*

II *vr* **to ~ oneself to sth** przyzwyczaić się do czegoś; (harden) uodpornić się na coś

III inured *pp adj* uodporniony **(to sth** na coś)

invade /ɪn'veɪd/ **I** *vt* [1] (enter by force) *[army, troops, enemy]* naje|chać, -żdżać; *[pests, bacteria]* za|atakować; **enemy forces ~d Poland** siły nieprzyjaciela dokonały inwazji na Polskę; **she wants to ~ the music scene** fig ona chce podbić scenę muzyczną [2] (occupy) *[tourists, rats, worries]* opanow|ać, -ywać; **anxieties ~d his mind** or **thoughts** ogarnął go niepokój [3] (disturb,

I

interfere) zakłóc|ić, -ać *[peace, privacy]*; **to ~ sb's rights** naruszać prawa kogoś
II *vi* dokon|ać, -ywać inwazji

invader /ɪnˈveɪdə(r)/ *n* najeźdźca *m*

invading /ɪnˈveɪdɪŋ/ *adj [forces, troops, bacteria]* inwazyjny; *[tourists, fans]* tłumnie napływający; **the ~ Germans** niemieccy najeźdźcy

invalid¹ /ˈɪnvəliːd, ˈɪnvəlɪd/ **I** *n* inwalid|a *m*, -ka *f*, niepełnosprawn|y *m*, -a *f*
II *modif [parent, relative]* (ill) schorowany; (injured) niepełnosprawny
III *vt* GB zw|olnić, -alniać z przyczyn zdrowotnych *[serviceman, officer]*; **~ed out of the army** zwolniony ze służby z przyczyn zdrowotnych

invalid² /ɪnˈvælɪd/ *adj* [1] *[argument, claim, conclusion]* nieuzasadniony, bezpodstawny [2] Admin, Jur *[contract, ticket, passport]* nieważny; *[judgment]* nieprawomocny; **legally ~** nieważny w świetle prawa; **to become ~** stracić ważność

invalidate /ɪnˈvælɪdeɪt/ *vt* [1] obal|ić, -ać *[argument, thesis]*; unieważni|ć, -ać *[claim]* [2] Adm, Jur unieważni|ć, -ać *[contract, marriage]*

invalid car *n* samochód *m* dla niepełnosprawnych

invalid chair *n* wózek *m* inwalidzki

invalidity /ˌɪnvəˈlɪdətɪ/ *n* [1] (of contract, claim) nieważność *f* [2] (of person) inwalidztwo *n*, kalectwo *n*

invalidity addition *n* GB Soc Admin dodatek *m* inwalidzki

invalidity benefit *n* GB Soc Admin renta *f* inwalidzka

invaluable /ɪnˈvæljʊəbl/ *adj* [1] (useful) *[assistance, assistant, service, machine]* nieoceniony [2] (priceless) *[jewel, painting]* bezcenny

invariable /ɪnˈveərɪəbl/ *adj* niezmienny

invariably /ɪnˈveərɪəblɪ/ *adv* niezmiennie; **he ~ comes late** on zawsze się spóźnia; **~, I was wrong** jak zawsze nie miałem racji

invasion /ɪnˈveɪʒn/ *n* [1] (of army, tourists) najazd *m*, inwazja *f*; (of rats) inwazja *f* [2] (of privacy, rights) naruszenie *n* **(of sth** czegoś**)**

invasive /ɪnˈveɪsɪv/ *adj [cancer]* inwazyjny; *[plant]* rozprzestrzeniający się; *[treatment]* chirurgiczny

invective /ɪnˈvektɪv/ *n* inwektywa *f*, obelga *f*; **she screamed ~ at him** obrzuciła go obelgami

inveigh /ɪnˈveɪ/ *vi* **to ~ against sb/sth** *[person]* złorzeczyć komuś/czemuś; *[article]* atakować kogoś/coś

inveigle /ɪnˈveɪgl/ *vt* pej **to ~ sb into (doing) sth** podstępnie nakłonić kogoś do (zrobienia) czegoś

invent /ɪnˈvent/ *vt* [1] (create, produce) wynaleźć *[machine, system]* [2] (make up) wymyśl|ić, -ać *[game, catchphrase, character, name]* [3] (fabricate) zmyśl|ić, -ać *[excuse, story]*

invention /ɪnˈvenʃn/ *n* [1] (new device, method) wynalazek *m* [2] (act of inventing) wynalezienie *n* **(of sth** czegoś**)** [3] (lie) zmyślenie *n*, wymysł *m*; **the story is pure** or **complete ~** ta historia jest całkowicie zmyślona [4] (ability to do new things) pomysłowość *f* [5] (productive imagination) inwencja *f*

inventive /ɪnˈventɪv/ *adj* [1] *[capacity, powers, genius]* wynalazczy [2] *[person, design, play]* pomysłowy

inventiveness /ɪnˈventɪvnɪs/ *n* (of person) inwencja *f*; (of design) pomysłowość *f*

inventor /ɪnˈventə(r)/ *n* wynalaz|ca *m*, -czyni *f*; **the ~ of modern ballet** twórca współczesnego baletu

inventory /ˈɪnvəntrɪ, US -tɔːrɪ/ **I** *n* [1] (of house, goods, property) inwentarz *m*; (of contents, stock, materials, fixtures) spis *m*; **'closed for ~'** (on shop) „inwentaryzacja", „remanent" [2] US (stock) zapas *m*, magazyn *m*
II *vt* [1] (make a list of) sporządz|ić, -ać inwentarz (czegoś) *[stock, contents]* [2] (include in an inventory) z|inwentaryzować

inventory control *n* US Comm nadzór *m* nad stanem zapasów

inverse I /ˈɪnvɜːs/ *n* odwrotność *f* also Math **(of sth** czegoś**)**; **they complain of the ~** narzekają na coś zupełnie przeciwnego
II /ɪnˈvɜːs/ *adj* odwrotny; **in ~ proportion to sth** odwrotnie proporcjonalny do czegoś; **in ~ order** w odwrotnej kolejności or w odwrotnym porządku

inversely /ˌɪnˈvɜːslɪ/ *adv [vary]* w sposób odwrotnie proporcjonalny; *[proportionate]* odwrotnie

inversion /ɪnˈvɜːʃn, US ɪnˈvɜːʒn/ *n* [1] Ling, Med, Mus inwersja *f* [2] (homosexuality) homoseksualizm *m*; inwersja *f* seksualna

invert I /ˈɪnvɜːt/ *n* Psych (homosexual) homoseksualista *m*, lesbijka *f*
II /ɪnˈvɜːt/ *vt* [1] (turn upside down) odwr|ócić, -acać *[object]*; (turn inside out) wywr|ócić, -acać (na drugą stronę) *[bag]* [2] (reverse) odwr|ócić, -acać *[word order, process]*; fig odwr|ócić, -acać hierarchię (czegoś) *[values]*
III inverted *pp adj* [1] (reversed, upended) *[word order, image, object]* odwrócony; **~ed chord** Mus akord przewrócony; **it's ~ed snobbery** to snobowanie się na brak snobizmu [2] Psych homoseksualny

invertebrate /ɪnˈvɜːtɪbreɪt/ **I** *n* bezkręgowiec *m*
II *adj* bezkręgowy

inverted commas /ˌɪnvɜːtɪdˈkɒməz/ *npl* GB cudzysłów *m*; **in ~** w cudzysłowie

inverter /ɪnˈvɜːtə(r)/ *n* Elec inwertor *m*

invertor *n* = **inverter**

invert sugar *n* cukier *m* inwertowany

invest /ɪnˈvest/ **I** *vt* [1] (commit) za|inwestować *[money, capital]* **(in sth** w coś**)**; w|łożyć, -kładać *[time, effort, resources]* **(in sth** w coś**)** [2] (clothe, adorn) **to ~ sb with sth** odziać kogoś w coś *[robe]*; wręczyć komuś coś *[insignia]* [3] (install) wprowadz|ić, -ać na urząd *[person, president]*; **to ~ sb with sth** obdarzyć kogoś czymś *[power, authority]*; nadać komuś coś *[right]*; **Prince Charles was ~ed as Prince of Wales** księciu Karolowi został nadany tytuł księcia Walii [4] (endow with quality, character) przydać czemuś czegoś *[importance, significance, irony]*; **to be ~ed with mystery** być owianym or okrytym tajemnicą [5] Mil okrąż|yć, -ać
II *vi* za|inwestować **(in sth** w coś**)** *[car, shares, industry]*

investigate /ɪnˈvestɪgeɪt/ **I** *vt* [1] (inquire into) przeprowadz|ić, -ać, prowadzić dochodzenie w sprawie (czegoś) *[crime, accident, cause]*; sprawdz|ić, -ać *[person, allegation, story]*; z|badać *[motives, reasons]*; **they are being ~d** są właśnie sprawdzani [2] (study) z|badać *[problem, possibilities, market, product]*; rozpat|rzyć, -rywać *[proposal]* [3] (try out) sprawdz|ić, -ać *[restaurant, club]*; **it's worth investigating whether...** warto by sprawdzić, czy...
II *vi [police]* przeprowadz|ić, -ać, prowadzić dochodzenie; **I went to ~** poszedłem sprawdzić

investigation /ɪnˌvestɪˈgeɪʃn/ **I** *n* [1] (inquiry) (in police) śledztwo *n*, dochodzenie *n* **(of** or **into sth** w sprawie czegoś**)**; **the crime is still under ~** wciąż toczy się śledztwo or trwa dochodzenie w sprawie tej zbrodni [2] Comm, Med, Sci (study) badanie *n* **(of sth** czegoś**)**; **the matter under ~** kwestia będąca przedmiotem badań; **on (further) ~** po (dokładniejszym) zbadaniu [3] Accts, Jur kontrola *f* **(of sth** czegoś**)**
II *modif [committee]* dochodzeniowy; **~ report** sprawozdanie ze śledztwa

investigative /ɪnˈvestɪgətɪv, US -geɪtɪv/ *adj* [1] *[technique, powers]* śledczy; *[committee, mission]* dochodzeniowy; **~ journalism** or **reporting** dziennikarstwo śledcze; **~ journalist** or **reporter** dziennikarz śledczy [2] *[scientist, approach]* dociekliwy

investigator /ɪnˈvestɪgeɪtə(r)/ *n* [1] (in police) oficer *m* śledczy, śledczy *m*; **private ~** US prywatny detektyw [2] (researcher) badacz *m*, -ka *f*

investigatory /ɪnˌvestɪˈgeɪtərɪ/ *adj [group, procedures, methods]* dochodzeniowy

investiture /ɪnˈvestɪtʃə(r), US -tʃʊər/ *n* (of prince, knight) inwestytura *f*; (of president) wprowadzenie *n* na urząd

investment /ɪnˈvestmənt/ **I** *n* [1] (act of investing) inwestycje *f pl*, inwestowanie *n* **(in sth** w coś**)**; **government ~** inwestycje rządowe; **by careful ~** rozważnie inwestując [2] (amount invested, possession acquired) inwestycja *f* **(in sth** w coś**)**; **we should get a return on the ~** ta inwestycja powinna nam się zwrócić; **to make ~s** poczynić inwestycje [3] (of time, energy, effort) nakłady *m pl* **(of sth** czegoś**)**; **a better ~ of one's time** lepsze wykorzystanie własnego czasu; **the ~ of time and energy in sth** zainwestowanie czasu i energii w coś; **a huge emotional ~** wielkie osobiste zaangażowanie [4] Mil oblężenie *n*
II *modif* Fin *[trust, company, opportunities]* inwestycyjny

investment analyst *n* analityk *m* inwestycji na rynku pieniężnym

investment bank *n* US bank *m* inwestycyjny

investment income *n* dochód *m* z inwestycji kapitałowych

investment management *n* Fin zarządzanie *n* papierami wartościowymi *(na zlecenie klienta)*

investment manager *n* zarządca *m* papierów wartościowych

investor /ɪnˈvestə(r)/ *n* inwestor *m*; **small /private ~** drobny/prywatny inwestor

inveterate /ɪnˈvetərət/ *adj [hatred, prejudice, distrust]* zadawniony, zakorzeniony; *[gambler, drinker, liar, drunkenness]* notoryczny; *[individualist, enemy]* zatwardziały

invidious /ɪnˈvɪdɪəs/ *adj* [1] (arousing ill will) *[task, position]* niewdzięczny [2] (unjust) *[comparison, choice, remark, decision]* krzywdzący

invigilate /ɪnˈvɪdʒɪleɪt/ **I** *vt* nadzorować *[examination]*
II *vi* nadzorować egzamin; **to ~ at an exam** nadzorować przebieg egzaminu

invigilator /ɪnˈvɪdʒɪleɪtə(r)/ *n* osoba *f* nadzorująca egzamin

invigorate /ɪnˈvɪgəreɪt/ *vt* [1] *[drink, fresh air]* orzeźwi|ć, -ać; *[exercise]* pobudz|ić, -ać energię [2] fig ożywi|ć, -ać *[economy, industry]*; pobudz|ić, -ać *[imagination]*

invigorating /ɪnˈvɪgəreɪtɪŋ/ *adj [air, climate]* orzeźwiający; *[walk, swim]* ożywczy; *[speech, writing, scepticism]* inspirujący

invincibility /ɪnˌvɪnsəˈbɪlətɪ/ *adj* [1] (of person, army) niezwyciężoność *f* [2] (of will, belief) stałość *f*, niezmienność *f*

invincible /ɪnˈvɪnsəbl/ *adj* [1] *[army, team, power]* niezwyciężony; **the company looked ~** pozycja przedsiębiorstwa wydawała się niezachwiana [2] *[belief, conviction]* niezachwiany; *[contempt, prejudice]* stały, niezmienny

inviolability /ɪnˌvaɪələˈbɪlətɪ/ *n* (of law, treaty, borders) nienaruszalność *f*; (of oath) świętość *f*

inviolable /ɪnˈvaɪələbl/ *adj [right, treaty]* nienaruszalny; *[person]* nietykalny; *[oath]* święty

inviolably /ɪnˈvaɪələblɪ/ *adv* niewzruszenie

inviolate /ɪnˈvaɪələt/ *adj* fml *[tomb, ground, culture]* nietknięty; *[law]* nienaruszalny; *[oath]* święty; *[treaty]* nienaruszony; *[attachment]* niezmienny; *[person]* (uninjured) nietknięty; (inviolable) nietykalny

invisibility /ɪnˌvɪzəˈbɪlətɪ/ *n* (of micro-organisms, particles) niewidoczność *f*; (of fairies) niewidzialność *f*

invisible /ɪnˈvɪzəbl/ *adj* (not accessible to view, hidden) *[micro-organisms, mark, web]* niewidoczny; (impossible to see) *[fairy, magician]* niewidzialny

invisible exports *n* niewidzialny eksport *m*

invisible ink *n* atrament *m* sympatyczny

invisible mending *n* cerowanie *n* artystyczne

invisibly /ɪnˈvɪzəblɪ/ *adv* niewidzialnie, niewidocznie; **the tower was ~ shrouded in mist** spowita mgłą wieża była niewidoczna; **my coat's been ~ mended** mój płaszcz został artystycznie zacerowany

invitation /ˌɪnvɪˈteɪʃn/ *n* [1] (request, card) zaproszenie *n*; **an ~ to lunch/a party** zaproszenie na lunch/na przyjęcie; **to send/accept an ~** wysłać/przyjąć zaproszenie; **to decline an ~** nie przyjąć zaproszenia; **an ~ to attend sth** zaproszenie do udziału w czymś; **thank you for your kind ~** uprzejmie dziękuję za zaproszenie; **we regret we are unable to accept your kind ~** z żalem informujemy, że nie będziemy mogli skorzystać z zaproszenia [2] (act of inviting) zaproszenie *n*; **'by ~ only'** „wstęp tylko za zaproszeniami"; **at sb's ~** na zaproszenie kogoś [3] Ind (summons, bidding) wezwanie *n*; **the rail union issued an urgent ~ to talks** związek zawodowy kolejarzy wezwał do szybkiego rozpoczęcia negocjacji [4] Fin **an ~ to bid** zaproszenie do zgłaszania ofert; **an ~ to tender** zawiadomienie o przetargu [5] fig (encouragement) zachęta *f*; **that broken window is an ~ to burglars** tamto wybite okno to zaproszenie dla włamywaczy; **the laws were an ~ to smuggling** przepisy (wprost) zachęcały do przemytu

invitation card *n* zaproszenie *n*

invite **I** /ˈɪnvaɪt/ *n* infml zaproszenie *n*
II /ɪnˈvaɪt/ *vt* [1] zapr|osić, -aszać *[person]*; **to ~ sb to a party/to lunch/for a drink** zaprosić kogoś na przyjęcie/na lunch/na drinka; **to ~ sb in** zaprosić kogoś do środka; **why don't we ~ Anna along?** może zaproponujemy Annie, żeby poszła z nami?; **to ~ sb to participate** zaprosić kogoś do (wzięcia) udziału; **to be ~d back** (a second time) zostać ponownie zaproszonym; **they ~d us back a couple of weeks later** (repaying hospitality) oni z kolei zaprosili nas parę tygodni później; **he ~d her out** zaproponował jej wspólne wyjście; **they ~d us out for dinner** zaprosili nas na kolację do restauracji; **to ~ sb over** or **round (to one's house)** zaprosić kogoś do siebie; **to ~ sb over to one's table** zaprosić kogoś do swojego stolika; **to ~ sb for (an) interview** wezwać kogoś na rozmowę kwalifikacyjną [2] (encourage) po|prosić o (coś) *[comments, suggestions, opinions]*; zachęc|ić, -ać do (czegoś) *[comparison, criticism, ridicule]*; **he ~d questions from the audience** poprosił o pytania z sali [3] (provoke) sprowadz|ić, -ać *[disaster, trouble]*; **why ~ trouble?** po co narażać się na kłopoty?; po co szukać guza? infml; **you're just inviting trouble** napytasz sobie biedy infml [4] Fin **to ~ a bid** zaprosić do zgłoszenia oferty *(podczas aukcji)*; **to ~ tenders** wezwać do uczestnictwa w przetargu

inviting /ɪnˈvaɪtɪŋ/ *adj [smile, prospect, idea]* kuszący; *[meal, place]* zachęcający

invitingly /ɪnˈvaɪtɪŋlɪ/ *adv [lie open, stay open]* zachęcająco; *[smile]* kusząco

in vitro /ˌɪnˈviːtrəʊ/ *adj, adv* in vitro

in vitro fertilization, IVF *n* zapłodnienie *n* in vitro

invocation /ˌɪnvəˈkeɪʃn/ *n* [1] (appeal) błaganie *n*; Relig inwokacja *f*, wezwanie *n* do modlitwy; (by incantation) zaklinanie *n*; **~ of rules** powoływanie się na przepisy; **prayers and ~s** modły i błagania [2] (in a poem) inwokacja *f*

invoice /ˈɪnvɔɪs/ **I** *n* faktura *f* (**for** sth na coś); **to make out an ~** wystawić fakturę
II *vt* wystawi|ć, -ać fakturę (komuś/czemuś) *[person, company]*; za|fakturować *[goods]*; **to ~ sb for sth** wystawić komuś fakturę na coś; **to be ~d** otrzymać fakturę **(for sth** na coś)

invoicing /ˈɪnvɔɪsɪŋ/ *n* fakturowanie *n*

invoke /ɪnˈvəʊk/ *vt* odwoł|ać, -ywać się do (czegoś) *[principle, morality]*; powoł|ać, -ywać się na (coś) *[act, law]*; wywoł|ać, -ywać *[enthusiasm, ghosts, memories]*; w|ezwać, -zywać *[God, help]*

involuntarily /ɪnˈvɒləntrəlɪ, US -terɪlɪ/ *adv* odruchowo, mimowolnie

involuntary /ɪnˈvɒləntrɪ, US -terɪ/ *adj* mimowolny; **~ repatriation** przymusowa repatriacja

involuntary manslaughter *n* Jur nieumyślne spowodowanie *n* śmierci

involuntary muscle *n* mięsień *m* gładki

involve /ɪnˈvɒlv/ **I** *vt* [1] (entail) wymagać (czegoś), pociąg|nąć, -ać za sobą *[effort, travel]*; wiązać się z (czymś) *[danger, problems]*; **to ~ doing sth** *[job, sport, policy, plan]* wymagać robienia czegoś; **it ~s getting up early** to wymaga wczesnego wstawania; **there is a lot of work/effort ~d** wymaga to dużej pracy/dużego wysiłku; **there is some travelling/lifting ~d** trzeba podróżować/nosić ciężary; **it ~s computers** tu wymagana jest praca z komputerem; **is it worth the trouble ~d?** czy to jest warte zachodu?; **what is ~d in setting up your own business?** co trzeba zrobić, żeby założyć własną firmę? [2] (cause to participate) włącz|yć, -ać *[person, group]* **(in sth** do czegoś); (implicate) wciąg|nąć, -ać *[person, group]* **(in sth** w coś); **to be ~d in sth** (positive) brać udział w czymś, zajmować się czymś *[business, project]*; (negative) być zamieszanym w coś *[scandal, robbery, fight]*; **to be ~d in doing sth** uczestniczyć w robieniu czegoś; **(not) to get ~d in** or **with sth** (nie) angażować się w coś; (in sth dubious) (nie) mieszać się do czegoś; **it will ~ them in heavy expenditure/extra work** to przysporzy im poważnych wydatków /dodatkowej pracy; **I gave him some work to do, to make him feel ~d** dałem mu jakieś zajęcie, żeby czuł się potrzebny; **there's no need to ~ the police** nie ma potrzeby wzywania policji [3] (affect) *[strike, reform]* obj|ąć, -ejmować; *[matter]* dotyczyć (kogoś/czegoś); **this doesn't ~ you** to ciebie nie dotyczy; **three people/cars were ~d in the accident** trzy osoby /samochody uczestniczyły w wypadku; **our future/their safety is ~d** w grę wchodzi nasza przyszłość/ich bezpieczeństwo [4] (engross) *[film, play, book]* wciąg|nąć, -ać *[person, audience]*; **to be ~d in sth** być pochłoniętym or zaabsorbowanym czymś *[film, book, work]*; **to get ~d in sth** wciągnąć się w coś *[film, book, play]*; zaabsorbować się czymś *[work]* [5] (get emotionally attached) **to be/get ~d with sb** być z kimś blisko/zbliżać się do kogoś fig *[patient, client]*; (romantically) związać się z kimś *[person]*; **to be (too) ~d in** or **with sth** (zbytnio) angażować się emocjonalnie w coś *[problem, situation]*; **you're too ~d to make a judgment** jesteś zbyt osobiście zaangażowany, żeby się wypowiadać [6] (make a commitment) **to get ~d** angażować się; **I don't want to get ~d** nie chcę angażować się
II *vr* **to ~ oneself in** or **with sth** (participate) za|angażować się w coś *[project, task]*

involved /ɪnˈvɒlvd/ *adj* [1] (complicated) *[discussion, explanation, story, problem]* zawiły [2] (affected) *[person, group]* zainteresowany [3] (implicated) *[person, group]* zamieszany, wmieszany [4] (necessary) *[expense, effort, problems]* nieodłączny, towarzyszący

involvement /ɪnˈvɒlvmənt/ *n* [1] (participation) (in activity, campaign, task) uczestnictwo *n*,

I

udział *m* **(in sth** w czymś); (commitment) (in enterprise, politics, work) zaangażowanie *n* **(in sth** w coś); **she tried to avoid ~ in her colleagues' arguments** starała się nie wdawać w spory swoich kolegów [2] (connections) (with group, organization) powiązania *n pl* **(with sth** z czymś); (with person) związki *m pl* **(with sb** z kimś) [3] (relationship) związki *m pl* **(with sb** z kimś); (sexual or romantic) związek *m* **(with sb** z kimś) [4] (engrossment) (in book, film) wciągnięcie się *n* **(in sth** w coś)

invulnerability /ɪnˌvʌlnərəˈbɪlətɪ/ *n* (of fortress) niezniszczalność *f*; (of position) nienaruszalność *f*; (of person) (physical) niepodatność *f*; (emotional) niewrażliwość *f*

invulnerable /ɪnˈvʌlnərəbl/ *adj [fortress, rampart]* niezniszczalny; *[position, dignity]* nienaruszalny; *[person]* (physically) niepodatny **(to sth** na coś); (emotionally) niewrażliwy **(to sth** na coś)

inward /ˈɪnwəd/ **I** *adj* [1] (inner) *[feelings, desire, thoughts]* skryty; *[conviction, satisfaction, fight, relief]* wewnętrzny; **to give an ~ sigh/shudder** jęknąć/zadrżeć w duchu [2] (towards the inside) *[curve, movement]* (skierowany) do wewnątrz; **the line has an ~ curve** linia zakrzywia się do wewnątrz

II *adv* = **inwards**

inward bill of lading *n* Comm konosament *m* na podróż powrotną

inward-bound /ˈɪnwədbaʊnd/ *adj [journey, flight]* powrotny; *[ship]* powracający (do kraju)

inward investment *n* Fin inwestycja *f* zagraniczna

inward-looking /ˈɪnwədlʊkɪŋ/ *adj [person, society]* zamknięty w sobie; pej zapatrzony w siebie; *[policy]* partykularny

inwardly /ˈɪnwədlɪ/ *adv [dirty, clean]* wewnątrz; *[grateful, relieved, happy, calm]* w duchu, wewnętrznie; *[feel, know, sigh, curse]* w duchu

inwards /ˈɪnwədz/ *adv [move, turn, open]* do wewnątrz; *[freight, invoice]* na podróż powrotną; **to face ~** *[room]* wychodzić na podwórze; **to look ~** *[person]* zamknąć się w sobie

IOC *n* = **International Olympic Committee** MKOl *m*

iodine /ˈaɪədiːn, US -daɪn/ *n* [1] (element) jod *m* [2] (antiseptic) jodyna *f*

iodize /ˈaɪədaɪz/ *vt* jodować

iodoform /aɪˈɒdəfɔːm/ *n* jodoform *m*

ion /ˈaɪən/ *n* jon *m*

Iona /aɪˈəʊnə/ *prn* (wyspa *f*) Iona *f*

Ionian /aɪˈəʊnɪən/ *adj* joński; **the ~ islands** Wyspy Jońskie; **the ~ sea** Morze Jońskie

ionic /aɪˈɒnɪk/ *adj* Phys jonowy

Ionic /aɪˈɒnɪk/ *adj* Archit joński

ionize /ˈaɪənaɪz/ *vt* z|jonizować

ionizer /ˈaɪənaɪzə(r)/ *n* jonizator *m*

ionosphere /aɪˈɒnəsfɪə(r)/ *n* jonosfera *f*

iota /aɪˈəʊtə/ *n* [1] (letter) jota *f* [2] fig **not an** or **one ~ of truth/common sense** ani krzty prawdy/zdrowego rozsądku; **she hasn't changed/improved an ~** nie zmieniła /poprawiła się ani na jotę

IOU *n* = **I owe you** skrypt *m* dłużny, rewers *m*; **an ~ for £500** skrypt dłużny na 500 funtów

Iowa /ˈaɪəʊə/ *prn* Iowa *f*

IP *n* = **Internet protocol** protokół *m* komunikacyjny sieci Internet

IPA *n* → **International Phonetic Alphabet**

ipecac(uanha) /ˈɪpɪkæk(wɑːnə)/ *n* Bot ipekakuana *f*, wymiotnica *f*

IQ *n* = **intelligence quotient** IQ *n inv*

IRA *n* [1] = **Irish Republican Army** IRA *f inv* [2] US = **Individual Retirement Account** indywidualne konto *n* emerytalne

Irak *prn* = **Iraq**

Iraki *n, adj* dat = **Iraqi**

Iran /ɪˈrɑːn/ *prn* Iran *m*

Iranian /ɪˈreɪnɪən/ **I** *n* (person) Ira|ńczyk *m*, -nka *f*

II *adj* irański

Iraq /ɪˈrɑːk/ *prn* Irak *m*

Iraqi /ɪˈrɑːkɪ/ **I** *n* Irakij|czyk *m*, -ka *f*

II *adj* iracki

irascibility /ɪˌræsəˈbɪlətɪ/ *n* wybuchowość *f*

irascible /ɪˈræsəbl/ *adj [person]* gniewliwy, wybuchowy

irascibly /ɪˈræsəblɪ/ *adv [react, behave]* gniewliwie

irate /aɪˈreɪt/ *adj [customer]* zagniewany, wzburzony

IRBM *n* = **Intermediate Range Ballistic Missile** pocisk *m* balistyczny średniego zasięgu

ire /ˈaɪə(r)/ *n* liter gniew *m*

Ireland /ˈaɪələnd/ *prn* Irlandia *f*; **the Republic of ~** Republika Irlandii

irides /ˈaɪərɪdiːz/ *npl* → **iris** [1]

iridescence /ˌɪrɪˈdesns/ *n* opalizacja *f*

iridescent /ˌɪrɪˈdesnt/ *adj [colours, sheen]* opalizujący

iridium /aɪˈrɪdɪəm/ *n* iryd *m*

iridology /ˌɪrɪˈdɒlədʒɪ/ *n* irydologia *f*

iris /ˈaɪərɪs/ *n* [1] Anat (*pl* **irides**) tęczówka *f* [2] Bot (*pl* **~es**) irys *m*

Irish /ˈaɪərɪʃ/ **I** *n* [1] Ling (język *m*) irlandzki *m* [2] (people) **the ~** Irlandczycy *m pl*; naród *m* irlandzki fml

II *adj* irlandzki

Irish coffee *n* kawa *f* po irlandzku

Irish Free State *n* Wolne Państwo *n* Irlandzkie

Irishman /ˈaɪərɪʃmən/ *n* Irlandczyk *m*

Irish Republic *n* Republika *f* Irlandii

Irish Republican Army, IRA *n* Irlandzka Armia *f* Republikańska, IRA *f inv*

Irish Sea *prn* Morze *n* Irlandzkie

Irish setter *n* seter *m* irlandzki

Irish stew *n* baranina *f* duszona z ziemniakami i cebulą

Irish terrier *n* terier *m* irlandzki

Irish wolfhound *n* wilczarz *m* irlandzki

Irishwoman /ˈaɪərɪʃwʊmən/ *n* Irlandka *f*

irk /ɜːk/ *vt* drażnić, irytować; **it ~ed my nerves** to działało mi na nerwy

irksome /ˈɜːksəm/ *adj* denerwujący, męczący

iron /ˈaɪən, US ˈaɪərn/ **I** *n* [1] (metal) żelazo *n*; **old** or **scrap ~** złom żelazny; **~ and steel works/industry** huta/hutnictwo żelaza i stali; **a man of ~** człowiek z żelaza; **a will of ~** żelazna wola [2] (for clothes) żelazko *n*; **electric ~** żelazko elektryczne; **to run the ~ over sth, to give sth an ~** przejechać coś żelazkiem, przeprasować coś; **with a hot/cool ~** gorącym/letnim żelazkiem [3] (golf) metalowy kij *m* golfowy; **a six-~** kij (metalowy) nr 6 [4] (splint) szyna *f* [5] Med, Pharm, Chem żelazo *n*

II *modif [bar, gate, railing, sheet]* żelazny; (of steel) **~ sheet** cienka blacha stalowa

III irons *npl* Hist kajdany *plt*, żelaza *plt*; **to put sb in ~s** zakuć kogoś w kajdany or żelaza

IV *adj* fig *[constitution, will, determination, rule, mask]* żelazny

V *vt* wy|prasować *[clothes]*; **do not ~** (on label) nie prasować; **to ~ sth under a damp cloth** prasować coś przez wilgotną szmatkę

VI *vi [person]* prasować; **this material ~s easily/rather badly** ten materiał dobrze /niezbyt dobrze się prasuje

■ **iron out**: **~ out [sth], ~ [sth] out** [1] rozprasow|ać, -ywać *[creases]* [2] fig rozwiąz|ać, -ywać *[problems]*; pokon|ać, -ywać *[difficulties]*; **we've managed to ~ out the problems/difficulties** udało nam się uporać z problemami/trudnościami; **to ~ the wrinkles out of sth** fig dopracować coś

IDIOMS: **to have a lot of ~s in the fire** łapać kilka srok za ogon, zajmować się wieloma rzeczami na raz; **the ~ had entered his soul** liter było mu bardzo ciężko na duszy; **to strike while the ~ is hot** kuć żelazo póki gorące

Iron Age *n* epoka *f* żelaza

ironclad /ˌaɪənˈklæd, US ˌaɪərn-/ **I** *n* Hist (ship) pancernik *m*

II *adj* [1] (naval vessel) opancerzony [2] fig *[guarantee]* pewny; murowany infml; *[argument]* żelazny, niezbity; *[defence]* niewzruszony; **~ rule** żelazna zasada

Iron Cross *n* Mil Krzyż *m* Żelazny

Iron Curtain *n* Pol, Hist żelazna kurtyna *f*; **behind the ~** za żelazną kurtyną; **an ~ country** kraj za żelaznej kurtyny

iron filings *npl* opiłki *m pl* żelaza

iron fist *n* fig żelazna ręka *f*

iron foundry *n* odlewnia *f* żeliwa

iron grey *adj [colouring]* stalowoszary; *[hair]* szpakowaty

iron hand *n* = **iron fist**

iron horse *n* US Hist parowóz *m*

ironic(al) /aɪˈrɒnɪk(l)/ *adj [remark, style, smile]* ironiczny; *[situation]* paradoksalny; **it's ~ that...** paradoksalne jest to, że...

ironically /aɪˈrɒnɪklɪ/ *adv [say, ask]* ironicznie; **~, she never replied** jak na ironię, nigdy nie odpowiedziała

ironing /ˈaɪənɪŋ, US ˈaɪərn-/ *n* prasowanie *n*; **to do the ~** prasować; **a pile of ~** stos rzeczy do prasowania

ironing board *n* deska *f* do prasowania

Iron Lady *n* GB Pol Żelazna Dama *f* *(Margaret Thatcher)*

iron lung *n* Med żelazne płuca *n pl*

ironmonger /ˈaɪənmʌŋgə(r), US ˈaɪərn-/ *n* właściciel *m*, -ka *f* sklepu z artykułami metalowymi; kupiec *m* żelazny dat; **~'s (shop)** sklep z wyrobami żelaznymi; sklep żelazny dat; **at the ~'s** w sklepie z wyrobami żelaznymi

ironmongery /ˈaɪənmʌŋgərɪ, US ˈaɪərn-/ *n* (goods) wyroby *m pl* żelazne

iron-on /ˌaɪənˈɒn, US ˌaɪərn-/ *adj [label, patch]* do przyprasowania

iron ore *n* ruda *f* żelaza

iron oxide *n* tlenek *m* żelaza

iron pyrites *n* piryt *m*

iron rations *npl* żelazne porcje *f pl* or racje *f pl*; **to be on ~** przejść na żelazne racje

ironstone /ˈaɪənstəʊn, US ˈaɪərn-/ *n* skała *f* żelazista; (siderite) syderyt *m*

ironstone china *n* kamionka *f* delikatna

ironwork /ˈaɪənwɜːk, US ˈaɪərn-/ *n* wyroby *m pl* kowalstwa artystycznego

ironworks /ˈaɪənwɜːks, US ˈaɪərn-/ *n (+ v sg/pl)* huta *f* żelaza

irony /ˈaɪərənɪ/ *n* ironia *f*; **the ~ is that...** to ironia losu, że...; **one of life's little ironies** ironia losu

Iroquois /ˈɪrəkwɔɪ/ **I** *n* (*pl* **~**) [1] (person) Irokez *m*, -ka *f* [2] (language) język *m* Irokezów

II *adj* irokeski

irradiate /ɪˈreɪdɪeɪt/ *vt* [1] Med, Nucl napromieniow|ać, -ywać *[person]* [2] (with light) opromieni|ć, -ać *[room, water]* [3] Culin naświetl|ić, -ać *[fruit, vegetables]*

irradiation /ɪˌreɪdɪˈeɪʃn/ *n* [1] Med, Nucl napromieniowanie *n* [2] Culin (of fruit, vegetables) naświetlenie *n*

irrational /ɪˈræʃənl/ *adj* [1] *[behaviour, fear]* irracjonalny; *[hostility]* nieuzasadniony; **he's rather ~** jest trochę nierozsądny; **to be ~ about sth** podchodzić do czegoś w sposób irracjonalny [2] *[animal]* bezrozumny [3] Math *[number]* niewymierny

irrationally /ɪˈræʃənəlɪ/ *adv* irracjonalnie; **she felt ~ calm** czuła irracjonalny spokój

irreconcilable /ɪˈrekənsaɪləbl, ɪˌrekənˈsaɪləbl/ *adj [opponent]* nieprzejednany; *[opinions, ideas]* nie do pogodzenia **(with sth** z czymś); *[conflict]* nierozwiązywalny; **he's totally ~ with her** on nigdy się z nią nie pogodzi

irrecoverable /ˌɪrɪˈkʌvərəbl/ *adj [object]* bezpowrotnie utracony; *[debt]* nie do odzyskania; *[loss]* niepowetowany

irredeemable /ˌɪrɪˈdiːməbl/ *adj* [1] Relig *[sinner]* zatwardziały [2] (impossible to reform) *[criminal]* zatwardziały, niereformowalny; *[selfishness]* nieuleczalny [3] (irrecoverable) *[loss, damage, error]* nieodwracalny [4] Fin *[loan]* niepodlegający zwrotowi (przed terminem); *[paper money]* niewymienialny; **~ bond** obligacja wieczysta (bez daty wykupu)

irredeemably /ˌɪrɪˈdiːməblɪ/ *adv* nieodwracalnie

irreducible /ˌɪrɪˈdjuːsəbl, US -ˈduːs-/ *adj* fml *[expenditure, costs]* ograniczony do minimum; *[form]* podstawowy

irrefutable /ɪˈrefjʊtəbl, ˌɪrɪˈfjuː-/ *adj [proof, evidence]* niezbity; **~ testimony** zeznanie nie do obalenia

irregular /ɪˈregjʊlə(r)/ **I** *n* Mil żołnierz *m* armii nieregularnej

II irregulars *npl* US Comm towary *m pl* wybrakowane

III *modif [army, force]* nieregularny

IV *adj* [1] (uneven) *[coastline, pattern, pulse, features]* nieregularny; *[surface]* nierówny; **at ~ intervals** (of distance) w nierównych odstępach; (of time) nieregularnie [2] (contrary to rules) *[document, proceedings]* nieprzepisowy; *[conduct, behaviour]* nieodpowiedni; **this is ~** to odbiega od przyjętych norm; (against rules) to jest wbrew przepisom; **to keep ~ hours** prowadzić nieuregulowany tryb życia [3] Ling nieregularny [4] US Comm *[merchandise]* wybrakowany, niepełnowartościowy

irregularity /ɪˌregjʊˈlærətɪ/ *n* (of pulse, shape, coastline, verb) nieregularność *f*; (of surface, floor) nierówność *f*; (in report, dealings, elections) nieprawidłowość *f*

irregularly /ɪˈregjʊləlɪ/ *adv [issue, meet]* nieregularnie; **~-shaped** w nieregularnym kształcie

irrelevance /ɪˈreləvəns/ *n* [1] (lack of importance) (of fact, remark, question) brak *m* związku (z tematem); **~ to sth** brak związku z czymś; **to fade into ~** *[problem]* stać się nieistotnym [2] (unimportant thing) rzecz *f* nieistotna; **to be an ~** być czymś nieistotnym; **a document full of ~s** dokument pełen nieistotnych spraw

irrelevancy /ɪˈreləvənsɪ/ *n* = **irrelevance**

irrelevant /ɪˈreləvnt/ *adj* [1] (unconnected) *[remark, question, facts]* niezwiązany z tematem; **to be ~ to sth** nie mieć związku z czymś [2] (unimportant) nieistotny; **the money is ~** pieniądze nie grają roli

irrelevantly /ɪˈreləvəntlɪ/ *adv [say, ask]* bez związku

irreligious /ˌɪrɪˈlɪdʒəs/ *adj* niereligijny

irremediable /ˌɪrɪˈmiːdɪəbl/ *adj* fml *[loss, damage]* nieodwracalny; *[fault]* niedający się naprawić, nie do naprawienia

irremediably /ˌɪrɪˈmiːdɪəblɪ/ *adv* fml *[damaged, lost]* nieodwracalnie; *[lost]* bezpowrotnie; *[vain, stupid]* nieuleczalnie, skończenie

irremovable /ˌɪrɪˈmuːvəbl/ *adj [object, difficulty]* niedający się usunąć, nie do usunięcia

irreparable /ɪˈrepərəbl/ *adj [damage, harm]* nie do naprawienia, nieodwracalny

irreparably /ɪˈrepərəblɪ/ *adv [damage, harm]* nieodwracalnie; **the machine was damaged ~** maszyna została nieodwracalnie uszkodzona

irreplaceable /ˌɪrɪˈpleɪsəbl/ *adj* niezastąpiony

irrepressible /ˌɪrɪˈpresəbl/ *adj [person]* żywotny, pełen energii; *[desire, laughter, chatterbox]* niepohamowany; *[enthusiasm]* żywiołowy; *[high spirits]* żywiołowy, niespożyty

irrepressibly /ˌɪrɪˈpresəblɪ/ *adv* **~ cheerful/enthusiastic** pełen niepohamowanej radości/niepohamowanego entuzjazmu

irreproachable /ˌɪrɪˈprəʊtʃəbl/ *adj [character]* nieskazitelny; *[conduct]* nienaganny, bez zarzutu

irreproachably /ˌɪrɪˈprəʊtʃəblɪ/ *adv* nienagannie

irresistible /ˌɪrɪˈzɪstəbl/ *adj [temptation, charm, desire]* nieodparty; *[force]* przemożny; **he/she is ~** nie można or nie sposób mu/jej się oprzeć

irresistibly /ˌɪrɪˈzɪstəblɪ/ *adv* przemożnie, nieprzeparcie; **~ beautiful/charming** niezwykle piękny/uroczy

irresolute /ɪˈrezəluːt/ *adj* niezdecydowany

irresolutely /ɪˈrezəluːtlɪ/ *adv* niezdecydowanie, w sposób niezdecydowany

irresoluteness /ɪˈrezəluːtnɪs/ *n* niezdecydowanie *n*, brak *m* zdecydowania

irresolution /ɪˌrezəˈluːʃn/ *n* = **irresoluteness**

irrespective /ˌɪrɪˈspektɪv/ **I** *adv* GB infml **she went/did it ~** i tak poszła/to zrobiła

II irrespective of *prep phr* bez względu na (coś) *[age, class, ability, race]*; **~ of whether it rains** bez względu na to, czy będzie padać, czy nie

irresponsibility /ˌɪrɪˌspɒnsəˈbɪlətɪ/ *n* nieodpowiedzialność *f*, brak *m* odpowiedzialności

irresponsible /ˌɪrɪˈspɒnsəbl/ *adj [behaviour, person, remark]* nieodpowiedzialny; **it was ~ of him to speak to reporters** zachował się nieodpowiedzialnie, rozmawiając z reporterami

irresponsibly /ˌɪrɪˈspɒnsəblɪ/ *adv* nieodpowiedzialnie

irretrievable /ˌɪrɪˈtriːvəbl/ *adj [harm, damage, loss]* niepowetowany; *[object, substance]* bezpowrotnie stracony, nie do odzyskania

irretrievably /ˌɪrɪˈtriːvəblɪ/ *adv [lost]* bezpowrotnie; *[spoiled, damaged]* nieodwracalnie

irreverence /ɪˈrevərəns/ *n* brak *m* (należytego) szacunku; **the ~ of these remarks caused offence** lekceważący ton tych uwag spowodował obrazę

irreverent /ɪˈrevərənt/ *adj [remark]* zuchwały; prześmiewczy fml; *[attitude, gesture]* lekceważący; **he is known for his ~ humour** znany jest jako prześmiewca

irreverently /ɪˈrevərəntlɪ/ *adv [talk]* prześmiewczo; *[laugh]* lekceważąco

irreversible /ˌɪrɪˈvɜːsəbl/ *adj [process, damage, decline]* nieodwracalny; *[disease]* nieuleczalny; *[decision]* nieodwołalny

irreversibly /ˌɪrɪˈvɜːsəblɪ/ *adv* nieodwracalnie; *[decide]* nieodwołalnie

irrevocable /ɪˈrevəkəbl/ *adj* nieodwołalny

irrevocably /ɪˈrevəkəblɪ/ *adv* nieodwołalnie

irrigable /ˈɪrɪgəbl/ *adj [land]* możliwy do nawodnienia, nadający się do nawodnień

irrigate /ˈɪrɪgeɪt/ *vt* [1] Agric naw|odnić, -adniać, irygować *[fields]* [2] Med przepłuk|ać, -iwać *[wound]*

irrigation /ˌɪrɪˈgeɪʃn/ **I** *n* [1] Agric irygacja *f*, nawadnianie *n*; **to be under ~** być nawadnianym [2] Med irygacja *f*

II *modif [canal, system]* irygacyjny

irritability /ˌɪrɪtəˈbɪlətɪ/ *n* drażliwość *f*, skłonność *f* do irytacji

irritable /ˈɪrɪtəbl/ *adj [person]* drażliwy, łatwo wpadający w irytację; *[nature, temperament]* pobudliwy; *[look]* rozdrażniony

irritable bowel syndrome *n* zespół *m* nadwrażliwości jelita grubego

irritably /ˈɪrɪtəblɪ/ *adv* z rozdrażnieniem; *[say, ask]* z irytacją (w głosie); *[look, shrug]* z irytacją

irritant /ˈɪrɪtənt/ **I** *n* [1] (noise, situation) źródło *n* irytacji [2] (substance) środek *m* drażniący

II *adj* drażniący

irritate /ˈɪrɪteɪt/ *vt* [1] (make angry) roz|drażnić, z|irytować [2] Med podrażni|ć, -ać

irritating /ˈɪrɪteɪtɪŋ/ *adj* drażniący, irytujący; Med drażniący

irritatingly /ˈɪrɪteɪtɪŋlɪ/ *adv* irytująco, drażniąco

irritation /ˌɪrɪˈteɪʃn/ *n* [1] (annoyance) rozdrażnienie *n*, irytacja *f* [2] (cause of irritation) utrapienie *n* [3] Med podrażnienie *n*

irruption /ɪˈrʌpʃn/ *n* (gwałtowne) wtargnięcie *n*, wdarcie się *n*

is /ɪz/ *3rd person sg pres* → **be**

ISA /ˈaɪsə/ *n* GB Fin = **Individual Savings Account** indywidualny plan *m* oszczędnościowy
Isaiah /aɪˈzaɪə/ *prn* Izajasz *m*; **the Book of ~** Księga Izajasza
ISBN *n* = **International Standard Book Number** międzynarodowy znormalizowany numer *m* książki, ISBN *m*
ischia /ˈɪskɪə/ *npl* → **ischium**
ischium /ˈɪskɪəm/ *n* (*pl* **ischia**) kość *f* kulszowa
ISDN *n* = **Integrated Services Digital Network** sieć *f* cyfrowa usług zintegrowanych, ISDN *m inv*
-ish /ɪʃ/ *suffix* [1] (to a degree) (with adjective) -awy; (with adverbs) -awo; **greenish** zielonkawy; **darkish** ciemnawy; **leftish** lewicujący [2] (with figures, numbers) **he is thirtyish** ma około trzydziestki; **they came at fourish** przyszli koło czwartej
isinglass /ˈaɪzɪŋglɑːs, US -glæs/ *n* [1] Agric (adhesive) klej *m* rybi, karuk *m* [2] Culin (gelatine) żelatyna *f* [3] (mica) mika *f*
Isis /ˈaɪsɪs/ *prn* Izis *f*
Islam /ˈɪzlɑːm, -læm, -ˈlɑːm/ *n* [1] (religion) islam *m* [2] (Muslims collectively) mahometanie *m pl*, muzułmanie *m pl*
Islamabad /ɪzˈlæməbæd/ *prn* Islamabad *m*
Islamic /ɪzˈlæmɪk/ *adj* islamski
Islamism /ˈɪzlæmɪzəm/ *n* mahometanizm *m*, islamizm *m*
island /ˈaɪlənd/ **I** *n* [1] Geog wyspa *f*; (small) wysepka *f* [2] fig (of woodland) wyspa *f*; (of calm, hope) oaza *f*, enklawa *f* **(of sth** czegoś) [3] (also **traffic ~**) Transp wysepka *f*
II *modif [character, race]* wyspiarski; **an ~ community** społeczność wyspiarska; **the ~ community** mieszkańcy wyspy
IDIOMS: **no man is an ~** nikt nie żyje samotnie; nikt nie jest wyspą liter
islander /ˈaɪləndə(r)/ *n* wyspia|rz *m*, -rka *f*, mieszkan|iec *m*, -ka *f* wyspy
island hopping *n* przemieszczanie się *n* z wyspy na wyspę; (military) zdobywanie *n* wyspy po wyspie; **to go ~** przemieszczać się z wyspy na wyspę
Islands Council *n* GB *rada okręgowa zarządzająca grupą wysp*
isle /aɪl/ *n* [1] Geog (in place names) wyspa *f*; **Isle of Man** wyspa Man; **Isle of Wight** wyspa Wight [2] liter wyspa *f*
islet /ˈaɪlɪt/ *n* liter wysepka *f*
ism /ˈɪzəm/ *n* pej ideologia *f*; izm *m* infml; **Marxism and other ~s** Marksizm i inne izmy
isn't /ˈɪznt/ = **is not**
ISO *n* = **International Standards Organization** Międzynarodowa Organizacja *f* Normalizacyjna, ISO *n inv*
isobar /ˈaɪsəbɑː(r)/ *n* izobara *f*
isolate /ˈaɪsəleɪt/ **I** *vt* [1] (keep apart) odizolow|ać, -ywać, izolować, odseparow|ać, -ywać *[patient, opponent]* **(from sb/sth** od kogoś/czegoś) [2] (pick out) wyodrębni|ć, -ać *[idea, character, word]* **(from sth** z czegoś) [3] Chem wy|izolować *[substance]* **(from sth** z czegoś) [4] Electr izolować *[circuit]* **(from sth** od czegoś)
II *vr* **to ~ oneself** odseparow|ać, -ywać się
isolated /ˈaɪsəleɪtɪd/ *adj* [1] (cut off, remote) *[house, life]* samotny; *[village]* zapadły; **to feel ~** czuć się samotnie; **he felt ~ in his grief** czuł się osamotniony w swym żalu [2] (infrequent) *[incident, occurrence]* odosobniony; *[word, phrase, episode]* pojedynczy
isolation /ˌaɪsəˈleɪʃn/ *n* [1] (of people, patients) (state) izolacja *f*; (action) izolowanie *n*; **cultural/political ~** izolacja kulturalna /polityczna; **in ~** w odosobnieniu; **in ~ from sth** *[tackle sth]* w oderwaniu od czegoś [2] (of words, ideas) wyodrębnienie *n* [3] (of substances) wyizolowanie *n*
isolation hospital *n* GB szpital *m* chorób zakaźnych
isolationism /ˌaɪsəˈleɪʃənɪzəm/ *n* izolacjonizm *m*
isolationist /ˌaɪsəˈleɪʃənɪst/ **I** *n* izolacjonista *m*
II *adj* izolacjonistyczny
isolation ward *n* GB izolatka *f*
Isolde /ɪˈzɒldə/ *prn* Izolda *f*
isomer /ˈaɪsəmə(r)/ *n* izomer *m*
isometric /ˌaɪsəʊˈmetrɪk/ **I isometrics** *npl* ćwiczenia *n pl* izometryczne
II *adj* izometryczny
isomorphic /ˌaɪsəˈmɔːfɪk/ *adj* izomorficzny
isomorphism /ˌaɪsəˈmɔːfɪzəm/ *n* Chem, Ling, Math izomorfizm *m*
isosceles /aɪˈsɒsəliːz/ *adj* równoramienny
isotherm /ˈaɪsəθɜːm/ *n* izoterma *f*
isotonic /aɪsəˈtɒnɪk/ *adj* izotoniczny
isotope /ˈaɪsətəʊp/ *n* izotop *m*
ISP *n* → **Internet service provider**
Israel /ˈɪzreɪl/ *prn* Izrael *m*
Israeli /ɪzˈreɪlɪ/ **I** *n* Izrael|czyk *m*, -ka *f*
II *adj* izraelski
Israelite /ˈɪzrɪəlaɪt, -rəlaɪt/ *n* Izraelit|a *m*, -ka *f*
issue /ˈɪʃuː, ˈɪsjuː/ **I** *n* [1] (topic for discussion) kwestia *f* **(of sth** czegoś); **a political ~** kwestia polityczna; **I'd like to know where you stand on this ~** chciałby poznać twoją opinię w tej kwestii; **that's not the ~** nie w tym problem or rzecz; **to force the ~** wymusić decyzję; **to make an ~ (out) of sth** robić z czegoś problem; **the point at ~** rozważana kwestia; **her religious beliefs are not at ~** tu nie chodzi o jej poglądy religijne; **our future is at ~ here** to jest kwestia naszej przyszłości, tu chodzi o naszą przyszłość; **to be at ~** (in disagreement) nie móc dojść do porozumienia **(over/about sth** w sprawie czegoś); **to take ~ with sb/sth** nie zgodzić się z kimś/czymś; **I must take ~ with you on that** w tej sprawie nie mogę się z tobą zgodzić [2] (allocation) (of blankets, food, arms, passport, licence) wydawanie *n*; (of summons, writ) wystawienie *n* [3] (official release) (of stamps, coins, shares) emisja *f*; (of book) wydanie *n* [4] Publg (copy) (of newspaper, magazine, journal) numer *m*; **back ~** numer archiwalny [5] (flowing out) (of liquid) wypływ *m* [6] (outcome) wynik *m*, rezultat *m* [7] (offspring) (one) potomek *m*; (more) potomstwo *n*; **to die without ~** umrzeć bezpotomnie
II *vt* [1] (allocate) wyda|ć, -wać *[book, food, arms, uniforms]* **(to sb** komuś); **to ~ sb with sth, to ~ sth to sb** wydać komuś coś; **we were ~d with maps** wydano nam mapy [2] (make public) wyda|ć, -wać *[declaration, order]*; postawić, stawiać *[ultimatum]*; udziel|ić, -ać (czegoś) *[warning]* [3] (release officially) wy|emitować *[stamps, coins, shares]* [4] (publish) wyda|ć, -wać *[book, magazine]*
III *vi* [1] (flow out) **to ~ from sth** *[water, liquid]* wypływać z czegoś; *[gas, smoke]* wydobywać się z czegoś; *[shouts, laughter, insults]* dochodzić or dobiegać z czegoś [2] (result) **to ~ from sth** wynikać z czegoś
issuer /ˈɪʃʊə(r)/ *n* Fin emitent *m*
Istanbul /ˌɪstænˈbʊl/ *prn* Stambuł *m*
isthmus /ˈɪsməs/ *n* [1] Geog przesmyk *m* [2] Anat (of thyroid gland) węzina *f*; (of fauces) cieśń *f* (gardzieli)
Istria /ˈɪstrɪə/ *prn* (półwysep *m*) Istria *f*
it /ɪt/ *pron* [1] (when pointing) to; (previously mentioned) on; **there's nothing behind/on top of it** nic za/nic na tym nie ma; **don't sign it** nie podpisuj tego; **sign it** podpisz to; **stop it!** przestań!; **I don't understand it** nie rozumiem tego; **it's all lies** to wszystko kłamstwa; **from/without/to it** z/bez/do tego; **he, she, it** on, ona, ono; **'where's my pen? it was on the desk a minute ago' – 'you left it by the phone'** „gdzie jest moje pióro? jeszcze przed chwilą było tutaj" – „zostawiłeś je koło telefonu"; **it's my book – give it to me** to moja książka – daj mi ją; **heat the milk until it is lukewarm** podgrzewaj mleko, aż będzie letnie; **about/with/in it** o/z/w tym [2] (introducing person, thing, event) to; **who is it?** (knocking) kto tam?; **it's me** to ja; **it's Bill/the postman** to Bill/listonosz; **it was you, wasn't it?** to byłeś ty, prawda?; **where is it?** gdzie to jest?; **what is it?** (of object, noise) co to (jest)?; (what's happening?) co się dzieje?; (what is the matter?) o co chodzi?; **while you're at it** jak or skoro już przy tym jesteś; **I'll see to it** zajmę się tym; **what is it you want me to do?** co chcesz, żebym zrobił?; **how was it?** jak było? [3] (in impersonal constructions) **it's good to see you** miło cię widzieć; **it's raining/snowing** pada deszcz/śnieg; **it says here that...** tu jest powiedziane, że...; **it is known/said /believed that...** wiadomo/mówi się/uważa się, że...; **it's difficult to understand how...** trudno jest zrozumieć, jak... [4] (in children's games) **you're it!** berek! → **that**
IDIOMS: **I didn't have it in me to refuse** nie potrafiłem odmówić; **he's just not got it in him to do any better** on po prostu nie potrafi lepiej; **the best/worst of it is that...** najlepsze/najgorsze w tym jest to, że...; **we've had it now!** infml (have no chance) koniec z nami! infml; (exhausted) mamy już dość; **the cooker's had it** infml już po kuchence, kuchenka wysiadła infml; **I've had it (with this job)** mam dość (tej roboty); **to be with it** infml (fashionable) być na bieżąco z modą; (understand) kapować infml
IT *n* → **information technology**
ITA *n* → **Initial Teaching Alphabet**
Italian /ɪˈtæljən/ **I** *n* [1] (person) Wło|ch *m*, -szka *f* [2] Ling (język *m*) włoski *m*
II *adj [custom, landscape, literature, writer]* włoski; **~ ambassador/prime minister** włoski ambasador/premier, ambasador /premier Włoch; **~ lesson/teacher** lekcja/nauczyciel (języka) włoskiego; **he/she is ~** jest Włochem/Włoszką
Italianate /ɪˈtæljəneɪt/ *adj* **~ architecture** architektura w stylu włoskim; **built in an ~ style** zbudowany w stylu charakterystycznym dla architektury włoskiej

italic /ɪ'tælɪk/ **I** **italics** *npl* kursywa *f*, italiki *plt*; **in ~s** kursywą
II *adj [printing]* drukowany kursywą; **~ type** kursywa
italicize /ɪ'tælɪsaɪz/ *vt* Print wy|drukować kursywą; (by hand) (underscore) podkreśl|ić, -ać falistą linią; (pronounce) mówić, powiedzieć z naciskiem
Italy /'ɪtəlɪ/ *prn* Włochy *plt*; Italia *f* liter; **to go to ~** jechać do Włoch; **in ~** we Włoszech
ITC *n* GB → **Independent Television Commission**
itch /ɪtʃ/ **I** *n* [1] (skin sensation) swędzenie *n*; **to scratch an ~** podrapać swędzące miejsce; **I've got an ~ on the back of my neck** swędzi mnie kark [2] (skin disorder) świąd *m*; (scabies) świerzb *m* [3] infml (hankering) chętka *f* **(for sth** na coś); **I have an ~ to do sth** korci mnie, żeby zrobić coś
II *vt* US (scratch) po|drapać
III *vi* [1] (physically) *[part of the body]* swędzi(e)ć; **I was ~ing all over** swędziało mnie całe ciało; **my back is ~ing** swędzą mnie plecy; **these socks make me** or **my feet ~** te skarpetki drapią mnie [2] infml **to be ~ing for sth/to do sth** palić się do czegoś/zrobienia czegoś; **to ~ for sth to happen** nie móc się doczekać czegoś; **he's ~ing for a fight** (on) rwie się do walki; **my hand is ~ing to give them a good hiding** swędzi mnie ręka, żeby im wygarbować skórę
itching /'ɪtʃɪŋ/ **I** *n* swędzenie *n*
II *adj* = **itchy**
itching powder *n* zasypka *f (przeciw swędzeniu)*
itchy /'ɪtʃɪ/ *adj* infml *[part of the body]* swędzący; *[sweater]* drapiący; **I've got an ~ back** swędzą mnie plecy; **I feel ~ all over** wszystko mnie swędzi
IDIOMS: **to have ~ feet** infml nie móc usiedzieć w miejscu; **to have ~ fingers** infml mieć lepkie ręce infml
it'd /'ɪtəd/ = **it had, it would**
item /'aɪtəm/ **I** *n* [1] (object) rzecz *f*; (on sale) artykuł *m*; **household ~s** artykuły gospodarstwa domowego; **luxury ~s** artykuły luksusowe; **an ~ of furniture** mebel; **an ~ of clothing** sztuka odzieży; **~s of clothing** ubrania, odzież; **a few ~s of warm clothing** kilka ciepłych rzeczy; **the first ~ she bought was a box of matches** pierwszą rzeczą, którą kupiła, było pudełko zapałek [2] (entry) (in bill, account, list) pozycja *f*; (on agenda, programme) punkt *m*; **~ nine** punkt dziewiąty/pozycja dziewiąta; **an ~ on the agenda** punkt porządku dziennego; **he dealt with the objections ~ by ~** odpierał zarzuty jeden po drugim [3] Journ artykuł *m* **(about sb/sth** o kimś /czymś); **news ~** Radio, TV, Journ wiadomość; **the main ~** główna wiadomość [4] (film or stage presentation) produkcja *f*; (piece of music) utwór *m*; (part of show) numer *m* [5] Ling element *m* [6] Comput element *m*
II *adv* Comm (when listing) również, także, ponadto
itemize /'aɪtəmaɪz/ *vt* wyszczególni|ć, -ać *[expenses, contents]*; rozpis|ać, -ywać na pozycje *[bill, invoice]*; **~d bill** rachunek szczegółowy
item veto *n* US Pol weto *n* wobec niektórych punktów projektu ustawy
iterative /'ɪtərətɪv/ *adj* Ling iteratywny, wielokrotny
itinerant /aɪ'tɪnərənt, ɪ-/ **I** *n* wędrowiec *m*; (actor) wędrowny aktor *m*; (preacher) wędrowny kaznodzieja *m*
II *adj [life, preacher, tribe]* wędrowny; **~ teacher** US nauczyciel pracujący w kilku miejscach
itinerary /aɪ'tɪnərərɪ, ɪ-, US -rerɪ/ *n* [1] (travel plan) plan *m* podróży, marszruta *f* [2] (guidebook) przewodnik *m*
it'll /'ɪtl/ = **it will**
ITN *n* GB = **Independent Television News** *niezależna informacyjna stacja telewizyjna*
its /ɪts/ *det* (replacing feminine nouns) jej; (replacing masculine and neuter nouns) jego; (referring to subject) swój; **a child showing the teacher ~ drawings** dziecko pokazujące nauczycielowi swoje rysunki; **the team was having ~ day** drużyna miała swój dzień; **this proposal and ~ advantages** ta propozycja i jej zalety; **the dog wagged ~ tail/hurt ~ paw** pies zamerdał ogonem/zranił się w łapę
it's /ɪts/ = **it is, it has**
itself /ɪt'self/ *pron* [1] (reflexive) się; **the cat hurt ~** kot skaleczył się; **the government has got ~ into trouble** rząd wpakował się w kłopoty [2] (emphatic) sam; **the town ~ is small** samo miasto jest niewielkie; **the library is not in the university ~** biblioteka nie mieści się w samym uniwersytecie; **the document does not of ~ constitute a contract** ten dokument sam w sobie nie stanowi kontraktu; **he was kindness ~** był uosobieniem dobroci [3] (after prepositions) **the heating comes on by ~** ogrzewanie włącza się samo; **the house stands by ~ in the middle of the field** dom stoi samotnie pośrodku pola; **the library is a fine building in ~** biblioteka sama w sobie jest pięknym budynkiem; **learning English is not difficult in ~** sama nauka angielskiego nie jest trudna
itsy-bitsy /'ɪtsɪ'bɪtsɪ/ *adj* infml tyci
itty-bitty /'ɪtɪ'bɪtɪ/ *adj* infml = **itsy-bitsy**
ITV *n* GB = **Independent Television** *niezależna stacja telewizyjna*
IUD *n* → **intrauterine device**
IV *n* → **intravenous drip**
I've /aɪv/ = **I have**
IVF *n* = **in vitro fertilization** zapłodnienie *n* in vitro; **to have ~ (treatment)** poddać się zapłodnieniu in vitro
ivory /'aɪvərɪ/ **I** *n* [1] (substance) kość *f* słoniowa [2] (ornament) przedmiot *m* z kości słoniowej [3] (colour) kolor *m* kości słoniowej
II *modif* (object) z kości słoniowej
III *adj* **~ skin/complexion** skóra/karnacja w kolorze kości słoniowej
IDIOMS: **to tickle the ivories** infml dat brzdąkać na pianinie infml
Ivory Coast *prn* Wybrzeże *n* Kości Słoniowej
ivory tower *n* fig wieża *f* z kości słoniowej; **to live in an ~** nie mieć kontaktu ze światem
ivy /'aɪvɪ/ *n* bluszcz *m*
ivy-leaf geranium /ˌɪvɪliːfdʒə'reɪnɪəm/ *n* pelargonia *f* bluszczolistna
Ivy League **I** *n* US (also **the ~ colleges)** *osiem prestiżowych uniwersytetów we wschodniej części Stanów Zjednoczonych*
II *adj* **~ person** osoba z wyższych sfer

I

J

j, J /dʒeɪ/ *n* j, J *n*

jab /dʒæb/ **I** *n* [1] GB Med (vaccination) szczepionka *f*; (injection) zastrzyk *m* podskórny [2] (poke) dźgnięcie *n* [3] (in boxing) (cios *m*) prosty *m*
II *vt* (*prp, pt, pp* **-bb-**) **to ~ sth into sth** dźgnąć coś czymś; **he ~bed his finger into my arm, he ~bed my arm (with his finger)** dźgnął mnie palcem w ramię; **to ~ sth at sb** wymachiwać komuś przed nosem czymś
III *vi* (*prp, pt, pp* **-bb-**) [1] **she ~bed at the page with her finger** stukała palcem w kartkę [2] (in boxing) uderz|yć, -ać prostym **(at sb** kogoś)

jabber /ˈdʒæbə(r)/ **I** *vt* pleść pej
II *vi* (chatter) trajkotać, paplać infml; **they were ~ing away in German** szwargotali po niemiecku infml

jabbering /ˈdʒæbərɪŋ/ *n* (chattering) paplanie *n* infml; (incomprehensive talk) bełkotanie *n*

jabot /ˈʒæbəʊ/ *n* Fashn żabot *m*

jacaranda /ˌdʒækəˈrændə/ *n* (tree) jakaranda *f*; (wood) palisander *m*

jack /dʒæk/ **I** *n* [1] (crank for car) podnośnik *m*, lewarek *m* [2] (in cards) walet *m*; **a ~ of spades** walet pik *or* pikowy [3] (in bowls) biała kula *f* [4] Elec, Telecom gniazdko *n* [5] Naut bandera *f*
II jacks *npl* Games gra *f* w kości
■ **jack around** US infml: ¶ **~ around** [1] (idle around) obijać się infml [2] **to ~ around with sth** wtrącać się w coś, mieszać się do czegoś ¶ **~ around [sb], ~ [sb] around** (tease) drażnić się z (kimś)
■ **jack in** GB infml: ¶ **~ in [sth], ~ [sth] in** mach|nąć, -ać ręką na (coś), rzuc|ić, -ać *[job, task]*; **~ it in!** rzuć to w diabły! infml
■ **jack off** US vulg brandzlować się vulg
■ **jack up**: **~ up [sth], ~ [sth] up** [1] Aut podn|ieść, -osić lewarkiem *[vehicle]* [2] infml fig windować *[charge, price]* [3] US infml (encourage) rozrusz|yć, -ać, rozochocić *[crowd]*
IDIOMS: **before you can say Jack Robinson** ani się obejrzysz, w okamgnieniu, migiem; **every man ~** każdy bez wyjątku; **every man ~ of them** wszyscy, co do jednego *or* ostatniego; **a ~ of all trades (and master of none)** majster do wszystkiego infml; **to have an I'm all right Jack attitude** być bardzo z siebie zadowolonym

jackal /ˈdʒækl, -kɔːl/ *n* szakal *m*

jackanapes /ˈdʒækəneɪps/ *n* dat (child) urwis *m*, łobuziak *m* infml

jackass /ˈdʒækæs/ *n* osioł *m* also fig

jackboot /ˈdʒækbuːt/ *n* wojskowy but *m* z wysoką cholewą; fig jarzmo *n*; **under the ~ of colonialism** w jarzmie kolonializmu

jack-booted /ˌdʒækˈbuːtɪd/ *adj [regime]* bezwzględny; *[repression]* surowy; **~ soldier** żołnierz w butach z cholewami

jackdaw /ˈdʒækdɔː/ *n* Zool kawka *f*

jacket /ˈdʒækɪt/ **I** *n* [1] (garment) (man's) marynarka *f*; (woman's) żakiet *m*; (coat) kurtka *f*; **potatoes (baked) in their ~s** Culin (pieczone) ziemniaki w mundurkach [2] (of book) (*also* **dust ~**) obwoluta *f*; US (of record) koperta *f*, koszulka *f* [3] Tech (insulating) osłona *f*, otulina *f*
II *modif* [1] **~ sleeve/pocket** rękaw /kieszeń marynarki *or* żakietu; **~ potatoes** Culin ziemniaki w mundurkach [2] **~ illustration/pattern** ilustracja/wzór na obwolucie

Jack Frost *prn personifikacja mrozu*

jackhammer /ˈdʒækhæmə(r)/ *n* wiertarka *f* udarowa

jack-in-the-box /ˈdʒækɪnðəbɒks/ *n* diabeł(ek) *m* z pudełka

jackknife /ˈdʒæknaɪf/ **I** *n* [1] (knife) (duży) składany nóż *m* [2] = **jacknife dive**
II *vi* złożyć się, składać się jak scyzoryk; **the lorry jackknifed** zarzuciło przyczepą ciężarówki

jackknife dive *n* skok *m* (do wody) w pozycji łamanej

jack-o'-lantern /ˌdʒækəˈlæntən/ *n* [1] US latarnia *f* z wydrążonej dyni *(przypominająca ludzką twarz)* [2] GB błędny ognik *m*

jack plug *n* wtyczka *f* typu „jack"

jackpot /ˈdʒækpɒt/ *n* najwyższa stawka *f*, pula *f* skumulowana
IDIOMS: **to hit the ~** zgarnąć pulę; fig wygrać los na loterii fig

jackrabbit /ˈdʒækræbɪt/ *n* zając *m* (północnoamerykański)

jack shit *n* US vinfml gówno *n* vinfml fig

jackstraws /ˈdʒækstrɔːz/ *npl (+ v sg)* bierki *plt*

jack tar, Jack Tar *n* GB infml dat marynarz *m*

Jack-the-lad /ˌdʒækðəˈlæd/ *n* GB infml młody cwaniak *m* infml

Jacobean /ˌdʒækəˈbɪən/ *adj* jakobicki

Jacobite /ˈdʒækəbaɪt/ *n* jakobita *m*

jacuzzi® /dʒəˈkuːzɪ/ *n* jacuzzi *n inv*

jade[1] /dʒeɪd/ **I** *n* [1] (stone) (jadeite) jadeit *m*; (nephrite) nefryt *m* [2] (colour) (kolor *m*) zielonkawy *m*
II *modif [ring]* z jadeitem/nefrytem; **~ statue** figurka z jadeitu/nefrytu
III *adj [colour]* zielonkawy

jade[2] /dʒeɪd/ *n* arch pej [1] (woman) baba *f* pej [2] (horse) szkapa *f*

jaded /ˈdʒeɪdɪd/ *adj* [1] (exhausted) znużony [2] (bored) *[person]* zblazowany; **~ palate** wybredne podniebienie

jade green I *n* (kolor *m*) zielonkawy *m*
II *adj* zielonkawy

Jag /dʒæg/ *n* infml (car) jaguar *m*

jagged /ˈdʒægɪd/ *adj [edge]* postrzępiony; *[cliff, rock]* poszarpany; *[knife, saw]* wyszczerbiony; fig *[nerves]* stargany, zszarpany liter; **a ~ tear** rozdarcie z wystrzępionymi brzegami

jaguar /ˈdʒægjʊə(r)/ *n* Zool jaguar *m*

jail /dʒeɪl/ **I** *n* więzienie *n*, areszt *m*; **to be in ~** siedzieć w więzieniu; **to go to ~** pójść do więzienia **(for sth** za coś); **to go to ~ for 10 years** pójść do więzienia na 10 lat; **sentenced to 14 days in ~** skazany na 14 dni pozbawienia wolności
II *modif* **~ sentence** kara więzienia
III *vt* u|więzić; Admin, Jur osadz|ić, -ać w więzieniu **(for sth** za coś); **~ed for life** skazany na dożywocie

jailbait /ˈdʒeɪlbeɪt/ *n* US vinfml nieletnia *f*

jailbird /ˈdʒeɪlbɜːd/ *n* infml kryminalist|a *m*, -ka *f*; (habitual) recydywist|a *m*, -ka *f*

jailbreak /ˈdʒeɪlbreɪk/ *n* ucieczka *f* z więzienia

jailer /ˈdʒeɪlə(r)/ *n* dat strażnik *m* więzienny

jakes /dʒeɪks/ *npl* infml dat **the ~** wychodek *m* infml

jalopy /dʒəˈlɒpɪ/ *n* infml (old car) gruchot *m* infml

jalousie /ˈʒæluziː/ *n* żaluzja *f*

jam[1] /dʒæm/ **I** *n* [1] (congestion) (of people) tłum *m*; ciżba *f* dat; (of vehicles) zator *m*; korek *m* infml → **log jam** [2] (failure, blockage) (of machine) zablokowanie się *n*, zacięcie się *n* [3] infml (difficult situation) opały *plt*; **this is a real ~** a to ci dopiero niezły pasztet infml fig; **to be in a ~** być w kropce infml; **to get into a ~** wpaść w tarapaty *or* opały; **to find oneself in a ~** znaleźć się w tarapatach *or* w opałach; **to get out of a ~** wybrnąć z kłopotów; **to help sb out of a ~** wybawić *or* wydobyć kogoś z kłopotów [4] Mus (*also* **~ session**) jam session *n inv*
II *vt* (*prp, pt, pp* **-mm-**) [1] (stuff, pile) **to ~ things into sth** upchać rzeczy na czymś *[small space]*; upchać rzeczy w czymś *[suitcase, box]*; **she ~med her clothes into the drawer** wepchnęła swoje ubrania do szuflady; **reporters were ~ming microphones into our faces** reporterzy podtykali nam mikrofony pod nos; **to ~ one's hat on** wcisnąć kapelusz na głowę; **to ~ one's foot on the brake, to ~ the brake on** wcisnąć hamulec [2] (fix firmly, wedge) wcis|nąć, -kać; **I was ~med between the wall and the door** zaklinowałem się między ścianą a drzwiami; **I got my finger ~med in the door** przytrzasnąłem *or* przyciąłem sobie palec drzwiami;

the key is ~med in the lock klucz utkwił w zamku [3] (also **~ up)** (crowd, fill up) zapełni|ć, -ać, zap|chać, -ychać; **cars ~med (up) the road** samochody zablokowały or zakorkowały ulicę infml; **to be ~med (solid) with sb/sth, to be ~med full of sb/sth** *[room, entrance]* być wypełnionym po brzegi kimś/czymś [4] (also **~ up)** (cause to stop functioning, block) *[dirt, malfunction, person]* unieruchomić *[mechanism]*; zablokować *[lock, door, window, system]*; **sand had ~med up the mechanism** piasek unieruchomił mechanizm; **to be ~med** or **~med up** *[mechanism]* zostać unieruchomionym **(by sth** przez coś); *[lock, door, window, system]* zablokować się **(by sth** czymś) [5] Radio, Telecom zagłusz|yć, -ać *[frequency, transmission]*
III *vi* (*prp, pt, pp* **-mm-)** [1] (become stuck) *[mechanism, switch, lever, lock, door, window]* zaci|ąć, -nać się [2] Mus improwizować
■ **jam in:** ¶ **~ in** *[people]* s|tłoczyć się ¶ **~ in [sb/sth], ~ [sb/sth] in** [1] (trap, wedge) za|klinować; **to be ~med in** zaklinować się [2] (pack in) stłoczyć; **there were 30 people ~med into the room** w pokoju tłoczyło się 30 osób

jam² /dʒæm/ **I** *n* dżem *m*; **to spread ~ on sth** posmarować coś dżemem
II *modif* Culin *[tart, doughnut]* z dżemem → **money, bread**
IDIOMS: **it's real ~ !** infml (job, task) to pestka, to bułka z masłem infml; **you want ~ on it!** GB infml jeszcze ci mało?; **(it's a case of) ~ tomorrow** obiecanki cacanki (a głupiemu radość) infml

Jamaica /dʒəˈmeɪkə/ *prn* Jamajka *f*; **in ~** na Jamajce
Jamaican /dʒəˈmeɪkən/ **I** *n* Jamaj|czyk *m*, -ka *f*
II *adj* jamajski
jamb /dʒæm/ *n* ościeże *n*; (frame) ościeżnica *f*
jamboree /ˌdʒæmbəˈriː/ *n* [1] (for scouts) zlot *m*, jamboree *n inv* [2] (party) zjazd *m*
James /dʒeɪmz/ *prn* Jakub *m*
jam-full /ˌdʒæmˈfʊl/ *adj* = **jam-packed**
jamjar /ˈdʒæmdʒɑː(r)/ *n* słoik *m* po dżemie
jamming /ˈdʒæmɪŋ/ *n* [1] Radio, Telecom zagłuszanie *n* [2] Mus improwizowanie *n* [3] (in mountaineering) zapieraczka *f* infml
jammy /ˈdʒæmɪ/ *adj* [1] GB infml (lucky) *[person]* fartowny infml; *[job]* (desirable) fajny infml [2] (sticky) lepki
jam-packed /ˌdʒæmˈpækt/ *adj* nabity, zapchany; **to be ~ with sth** być zapchanym czymś
jam pot *n* = **jamjar**
jam session Mus infml jam session *n inv*
Jan = **January**
jangle /ˈdʒæŋgl/ **I** *n* (of bells) brzęczenie *n*; (of alarm clock) terkot *m*, dzwonek *m*; (of keys, pots) pobrzękiwanie *n*
II *vt* za|dzwonić (czymś) *[bell]*; pobrzękiwać (czymś) *[keys]*
III *vi* [1] (make noise) *[bells]* za|brzęczeć, za|dzwonić, za|dźwięczeć; *[pots and pans]* za|brzęczeć; *[keys, bracelets, chains]* pobrzękiwać, brzęczeć; *[alarm clock]* za|dzwonić, za|terkotać [2] *[nerves]* **my nerves are jangling** mam zszarpane or stargane nerwy

jangling /ˈdʒæŋglɪŋ/ **I** *n* = **jangle I**
II *adj [noise, sound]* metaliczny; *[alarm]* przenikliwy; *[bell]* brzęczący
janitor /ˈdʒænɪtə(r)/ *n* US, Scot dozor|ca *m*, -czyni *f*, woźn|y *m*, -a *f*
Jansenism /ˈdʒænsənɪzəm/ *n* jansenizm *m*
Jansenist /ˈdʒænsənɪst/ **I** *n* jansenista *m*
II *adj* jansenistyczny; **~ influence** wpływ jansenizmu
January /ˈdʒænjʊərɪ, US -jʊerɪ/ **I** *n* styczeń *m*; **in ~** w styczniu
II *modif* styczniowy
Jap /dʒæp/ infml offensive **I** *n* Japoniec *m* infml offensive
II *adj* japoński
japan /dʒəˈpæn/ **I** *n* laka *f*
II *vt* (*prp, pt, pp* **-nn-)** pokry|ć, -wać laką
Japan /dʒəˈpæn/ *prn* Japonia *f*
Japanese /ˌdʒæpəˈniːz/ **I** *n* [1] Japo|ńczyk *m*, -nka *f* [2] Ling (język *m*) japoński *m*
II *adj [culture, industry]* japoński
jape /dʒeɪp/ *n* dat figiel *m*, psota *f*
japonica /dʒəˈpɒnɪkə/ *n* pigwowiec *m* japoński
jar¹ /dʒɑː(r)/ *n* [1] słoik *m*; (large) (for sweets, pickles, preserves) słój *m*; (earthenware) dzban *m* [2] GB infml (a glass of beer) kufel(ek) *m*; **to go for a ~** infml pójść na piwo
jar² /dʒɑː(r)/ **I** *n* [1] (jolt) wstrząs *m* [2] (noise) zgrzyt *m*
II *vt* (*prp, pt, pp* **-rr-)** [1] (give shock to) wstrząs|nąć, -ać (kimś/czymś) *[person, structure, building]*; doznać urazu (czegoś) *[neck, shoulder]* [2] US (spur) **to ~ sb into action** popchnąć kogoś do działania
III *vi* (*prp, pt, pp* **-rr-)** [1] (make discordant noise) *[instrument, music, voice]* za|fałszować [2] (rattle) *[windows]* za|stukać **(against sth** o coś); *[machinery]* za|zgrzytać [3] (clash) *[ideas, opinions, views]* kłócić się; *[colours]* gryźć się; *[notes]* nie współbrzmieć
■ **jar on** z|irytować, z|denerwować *[person]*; **her laugh ~s on my nerves** jej śmiech działa mi na nerwy
jargon /ˈdʒɑːgən/ *n* żargon *m*
jargon-ridden /ˈdʒɑːgnridn/ *adj* naszpikowany wyrażeniami żargonowymi
jarring /ˈdʒɑːrɪŋ/ *adj [sound, vibration, effect]* irytujący, działający na nerwy; *[colours]* gryzący się, kłócący się; **a ~ note** fałszywa nuta also fig
jasmine /ˈdʒæzmɪn, ˈdʒæs-/ *n* jaśmin *m*
jasper /ˈdʒæspə(r)/ *n* jaspis *m*
jaundice /ˈdʒɔːndɪs/ *n* Med żółtaczka *f*
jaundiced /ˈdʒɔːndɪst/ *adj* [1] (bitter, cynical) *[person]* pełen żółci; *[view, attitude]* zaprawiony żółcią; **to look on sb/sth with a ~ eye** patrzeć na kogoś/coś złym okiem; **to take a ~ view of sb/sth** uprzedzić się do kogoś/czegoś [2] (affected with jaundice) chory na żółtaczkę; **you look ~** wyglądasz, jakbyś miał żółtaczkę
jaunt /dʒɔːnt/ *n* infml wypad *m*, wyprawa *f*; **a ~ into town/to the seaside** wypad do miasta/nad morze; **to go for a ~** przejechać się, wybrać się na przejażdżkę
jauntily /ˈdʒɔːntɪlɪ/ *adv [swagger, stride]* żwawo, raźnie; *[greet, whistle]* wesoło
jaunty /ˈdʒɔːntɪ/ *adj [person]* żwawy, raźny; *[appearance]* zawadiacki; **to wear one's hat at a ~ angle** nosić kapelusz wsadzony zawadiacko na bakier
java /ˈdʒɑːvə/ *n* US infml dat kawiarnia *f*

Java¹ /ˈdʒɑːvə/ *prn* Jawa *f*; **in ~** na Jawie
Java² ® *n* Comput (język *m* programowania) Java *f*
Javanese /ˌdʒɑːvəˈniːz/ **I** *n* [1] (native) Jawaj|czyk *m*, -ka *f* [2] Ling (język *m*) jawajski *m*
II *adj* jawajski
javelin /ˈdʒævlɪn/ *n* [1] (object) oszczep *m* [2] (event) **the ~** rzut *m* oszczepem
javelin thrower *n* oszczepni|k *m*, -czka *f*
javelin throwing *n* rzut *m* oszczepem, oszczep *m*
jaw /dʒɔː/ **I** *n* [1] (bone) szczęka *f*; **the lower /upper ~** szczęka dolna/górna; **to set one's ~** wysunąć szczękę na znak zdecydowania [2] infml (chat) **to have a ~** pogadać sobie infml; **we had a ~ about old times** powspominaliśmy dawne czasy
II jaws *npl* (of animal, tool) szczęki *f pl*; **the ~s of death** liter szpony śmierci; **to snatch victory from the ~s of defeat** z trudem or cudem wywalczyć zwycięstwo
III *vi* infml (chat) gadać, ględzić, mleć językiem or ozorem infml
■ **jaw on** infml (lecture) prawić kazania **(at sb** komuś)
IDIOMS: **his ~ dropped** infml szczęka mu opadła infml hum
jawbone /ˈdʒɔːbəʊn/ **I** *n* kość *f* szczękowa (dolna), żuchwa *f*
II *vt* US nacis|nąć, -kać na (kogoś), wyw|rzeć, -ierać nacisk na (kogoś); **they tried to ~ me into doing it** naciskali na mnie, żebym to zrobił
jawbreaker /ˈdʒɔːbreɪkə(r)/ infml *n* [1] (word) **this word's a real ~** na tym słowie można sobie język połamać [2] US (candy) ciągutka *f*
jawline /ˈdʒɔːlaɪn/ *n* podbródek *m*
jay /dʒeɪ/ *n* sójka *f*
jaywalk /ˈdʒeɪwɔːk/ *vi* (without regard for traffic) nieuważnie przechodzić przez jezdnię; (unlawfully) nieprawidłowo przechodzić przez jezdnię
jaywalker /ˈdʒeɪwɔːkə(r)/ *n* nieuważny pieszy *m*
jazz /dʒæz/ **I** *n* Mus jazz *m*; **to play ~** grać jazz
II *modif [musician, concert]* jazzowy; **~ fan** miłośnik jazzu
■ **jazz up** infml: **~ up [sth], ~ [sth] up** [1] (liven up) ożywi|ć, -ać *[party, atmosphere, dress, room, decor]*; ubarwi|ć, -ać [2] (play like jazz) dokon|ać, -ywać aranżacji jazzowej (czegoś) *[tune]*; **a ~ed up version** wersja jazzowa
IDIOMS: **and all that ~** infml itd., itp. infml
jazz band *n* orkiestra *f* jazzowa, jazz band *m*
jazz dance *n* jazz dance *m*
jazzman /ˈdʒæzmæn/ *n* (*pl* **-men)** muzyk *m* jazzowy, jazzman *m*
jazzy /ˈdʒæzɪ/ *adj* [1] infml (bright) *[colour, design]* krzykliwy; *[look, tastes]* ekscentryczny [2] (music) jazzowy
JCB® *n* koparka *f* JCB
JCS *n* US → **Joint Chiefs of Staff**
JD *n* US = **Jurum Doctor** doktor *m* praw
jealous /ˈdʒeləs/ *adj* zazdrosny **(of sb/sth** o kogoś/coś); **to feel ~** odczuwać zazdrość, być zazdrosnym; **to make sb ~** wzbudzić zazdrość kogoś; **to keep a ~ eye on sth**

zazdrośnie strzec czegoś; **in a ~ rage** w szale zazdrości
jealously /ˈdʒeləslɪ/ *adv [behave, look, watch]* zazdrośnie; **~ guarded** zazdrośnie strzeżony
jealousy /ˈdʒeləsɪ/ *n* zazdrość *f*; **his petty jealousies** jego małostkowa zazdrość
jean /dʒiːn/ **I** *modif* (denim) *[jacket, skirt]* dżinsowy, jeansowy
II **jeans** *npl* dżinsy *plt*, jeansy *plt*; **a pair of ~** para dżinsów or jeansów
Jean /dʒiːn/ *prn* Jean *f*
jeep® /dʒiːp/ *n* jeep *m*, dżip *m*, łazik *m*
jeer /dʒɪə(r)/ **I** *n* (from crowd) gwizdy *m pl*; (from person) drwiny *f pl*, szyderstwo *n*
II *vt* wyszydz|ić, -ać, wyśmi|ać, -ewać *[efforts, attempts]*
III *vi* szydzić, drwić, wyśmi|ać, -ewać się **(at sb/sth** z kogoś/z czegoś); *[crowd]* wygwizd|ać, -ywać **(at sb/sth** kogoś/coś)
jeering /ˈdʒɪərɪŋ/ **I** *n* szydzenie *n*, wyśmiewanie się *n*
II *adj [mob, crowd]* naśmiewający się, szydzący; *[mockery, remark]* szyderczy
Jehovah /dʒɪˈhəʊvə/ *prn* Jehowa *m*; Jahwe *m inv*; **~'s Witness** świadek Jehowy
jejune /dʒɪˈdʒuːn/ *adj* liter [1] (naive) *[criticism, views]* naiwny [2] (dull) *[style, essay]* nieciekawy, nużący
Jekyll and Hyde /ˌdʒekɪlənˈhaɪd/ *n* **to lead a ~ existence** prowadzić podwójne życie
jell /dʒel/ *vi* = **gel III**
jellied /ˈdʒelɪd/ *adj* **~ eels** węgorz w galarecie
Jell-o® /ˈdʒeləʊ/ *n* US galaretka *f* owocowa
jelly /ˈdʒelɪ/ *n* [1] Culin (savoury) galareta *f*; (sweet) galaretka *f* owocowa [2] US (jam) dżem *m*; **to set into a ~** ściąć się, stężeć [3] (gelatinous substance) galareta *f* [4] infml = **gelignite**
IDIOMS: **to shake like a ~** trząść się jak galareta; **my legs turned to ~** nogi miałem jak z waty
jelly baby *n* żelek *m* *(w kształcie dziecka)*
jelly bean *n* żelek *m* *(w kształcie fasolki)*
jellyfish /ˈdʒelɪfɪʃ/ *n* (*pl* **~, ~es)** meduza *f*
jelly mould GB, **jelly mold** US *n* salaterka *f* or forma *f* na galaretkę
jelly roll *n* US rolada *f* biszkoptowa
jelly shoe *n* plastikowy sandałek *m*
jemmy /ˈdʒemɪ/ **I** *n* GB krótki łom *m*
II *vt* **to ~ sth open** otworzyć coś przy użyciu łomu
je ne sais quoi /ˌʒənəseɪˈkwɑː/ *n* coś trudnego do określenia
jeopardize /ˈdʒepədaɪz/ *vt* zagr|ozić, -ażać (komuś/czemuś) *[person, life, career, plans]*; nara|zić, -żać na szwank *[reputation]*
jeopardy /ˈdʒepədɪ/ *n* **to be in ~** być zagrożonym, być w niebezpieczeństwie; **to put sb/sth in ~** narazić kogoś/coś na niebezpieczeństwo → **double jeopardy**
jerboa /dʒɜːˈbəʊə/ *n* Zool skoczek *m* pustynny or egipski
jeremiad /ˌdʒerɪˈmaɪæd/ *n* biadanie *n* **(about sth** nad czymś); jeremiada *f* liter
Jeremiah /ˌdʒerɪˈmaɪə/ *prn* Jeremiasz *m*
Jericho /ˈdʒerɪkəʊ/ *prn* Jerycho *n inv*
jerk /dʒɜːk/ **I** *n* [1] (jolt) szarpnięcie *n*; (twitch) (of muscle, limb) drganie *n*, drgnięcie *n*; **with a ~ of his hand/head** gwałtownym ruchem dłoni/głowy; **to pull the knife/drawer out with a ~** wyszarpnąć nóż/szufladę; **to start off with a ~** *[vehicle]* ruszyć ostro [2] US infml pej (obnoxious man) drań *m* infml pej; (stupid man) cymbał *m* infml pej
II *modif* US infml **my ~ cousins** moi stuknięci kuzyni infml pej
III *vt* szarp|nąć, -ać *[object, person]*; **he ~ed his hand away** wyszarpnął rękę; **he ~ed his head back** gwałtownym ruchem odrzucił głowę do tyłu; **he ~ed the purse out of her hand** wyrwał jej torebkę z ręki
IV *vi* [1] (jolt) (vehicle) **to ~ to a halt** gwałtownie zahamować; **to ~ around/bolt upright** nagle się odwrócić/wyprostować [2] (twitch) *[person, limb, muscle]* drg|nąć, -ać
■ **jerk around** US infml: ¶ **~ around** (idle about) obijać się infml ¶ **~ [sb] around** (harass) pastwić się nad (kimś)
■ **jerk away** *[person]* wyr|wać, -ywać się **(from sb/sth** komuś/czemuś)
■ **jerk off** [1] vulg (masturbate) walić konia vulg; **~ off!** odpierdol się! vulg [2] vinfml US (idle about) obijać się infml
■ **jerk out**: ¶ **~ out [sth]** [1] (stammer) wystękać, wyjąkać *[reply, excuse, apology]* [2] (pull out) wyszarp|nąć, -ywać *[gun, knife]*
jerkily /ˈdʒɜːkɪlɪ/ *adv [move]* nierówno, nerwowo; *[speak]* zacinając się; *[cry]* spazmatycznie
jerkin /ˈdʒɜːkɪn/ *n* kamizelka *f*, bezrękawnik *m*
jerkwater town *n* US pej dziura *f*, grajdoł *m* infml pej
jerky[1] /ˈdʒɜːkɪ/ *n* US Culin suszone mięso *n*
jerky[2] /ˈdʒɜːkɪ/ *adj [movement]* nerwowy; *[phrase, style]* rwący się
jeroboam /ˌdʒerəˈbəʊəm/ *n* butla *f*
jerry /ˈdʒerɪ/ *n* GB infml dat nocnik *m*
Jerry /ˈdʒerɪ/ GB infml dat **I** *n* [1] (soldier) szkop *m* infml pej [2] (German) fryc *m*, szwab *m* infml pej
II *modif [bomber, tank]* szkopski infml pej
jerry-building /ˈdʒerɪbɪldɪŋ/ *n* pej tandetne or byle jakie budownictwo *n*
jerry-built /ˈdʒerɪbɪlt/ *adj* pej *[house]* tandetne or byle jak zbudowany; fig pej *[plan, agreement]* naprędce sklecony
jerrycan /ˈdʒerɪkæn/ *n* kanister *m*
jersey /ˈdʒɜːzɪ/ **I** *n* [1] (sweater) sweter *m*; **football ~** koszula piłkarska [2] (fabric) dzianina *f*, dżersej *m*, jersey *m*
II *modif [garment]* dżersejowy, z dżerseju
Jersey /ˈdʒɜːzɪ/ *prn* [1] GB (island) Wyspa *f* Jersey [2] US infml (also **New Jersey)** New Jersey *m* [3] (also **~ cow)** krowa *f* rasy Jersey
Jerusalem /dʒəˈruːsələm/ *prn* Jerozolima *f*
Jerusalem artichoke *n* Bot słonecznik *m* bulwiasty
jest /dʒest/ **I** *n* żart *m*; **in ~** żartem
II *vi* za|żartować
IDIOMS: **many a true word is spoken in ~** Prov żartem mówi się wiele prawdziwych słów
jester /ˈdʒestə(r)/ *n* błazen *m*
Jesuit /ˈdʒezjʊɪt, US ˈdʒeʒəwət/ **I** *n* jezuita *m*
II *adj* jezuicki; **~ order** zakon jezuitów
Jesuitical /ˌdʒezjʊˈɪtɪkl, US ˌdʒeʒʊ-/ *adj [practice, approach]* jezuicki fig
Jesus /ˈdʒiːzəs/ *prn* [1] Jezus *m*; **~ Christ** Jezus Chrystus [2] vinfml **~ (Christ)!** (as exclamation, interjection) Jezu (Chryste)! infml
Jesus freak *n* infml fanatyczny chrześcijanin *m* *(żyjący w komunie)*
Jesus sandals GB *npl* rzemienne sandały *m pl*
Jesus shoes *npl* US = **Jesus sandals**
jet[1] /dʒet/ **I** *n* [1] (plane) odrzutowiec *m*, samolot *m* odrzutowy [2] (of water, flame) (silny) strumień *m* **(of sth** czegoś) [3] (on gas ring) palnik *m*; (of engine) dysza *f*
II *modif [aircraft]* odrzutowy; **~ travel** podróż odrzutowcem
III *vt* (*prp, pt, pp* **-tt-)** [1] przew|ieźć, -ozić *[people, goods]* [2] pu|ścić, -szczać strumień (czegoś) *[water]*
IV *vi* (*prp, pt, pp* **-tt-)** [1] podróżować odrzutowcem; **we ~ted off to the Caribbean** polecieliśmy na Karaiby; **to ~ round the world** latać po całym świecie [2] *[water, gas]* trys|nąć, -kać; *[flame]* wy|strzelić
jet[2] /dʒet/ **I** *n* Miner gagat *m*
II *modif [necklace, brooch]* z gagatem
jet aircraft *n* samolot *m* odrzutowy, odrzutowiec *m*
jet-black /ˌdʒetˈblæk/ *adj [hair]* kruczoczarny; *[eyes]* czarny jak węgiel or jak smoła
jet engine *n* silnik *m* odrzutowy
jet fighter *n* myśliwiec *m* odrzutowy
jetfoil /ˈdʒetfɔɪl/ *n* wodolot *m*
jet fuel *n* paliwo *n* do silnika odrzutowego
jetlag /ˈdʒetlæg/ *n* zmęczenie *n* po długiej podróży samolotem *(spowodowane zmianą stref czasowych)*
jetlagged /ˈdʒetlægd/ *adj* **to be ~** być zmęczonym po długiej podróży samolotem
jetliner /ˈdʒetlaɪnə(r)/ *n* pasażerski samolot *m* odrzutowy
jet-powered /ˌdʒetˈpaʊə(r)d/ *adj* odrzutowy, o napędzie odrzutowym
jet-propelled *adj* = **jet-powered**
jet propulsion *n* napęd *m* odrzutowy
jetsam /ˈdʒetsəm/ *n* → **flotsam**
jet set *n* **the ~** (+ *v sg/pl*) znani *m pl* i bogaci *m pl* *(często podróżujący po świecie)*
jet setter *n* osoba *f* znana i bogata *(często podróżująca po świecie)*
jet-ski /ˈdʒetskiː/ **I** *n* skuter *m* wodny
II *vi* pływać skuterem wodnym
jet-skiing /ˌdʒetˈskiːɪŋ/ *n* pływanie *n* skuterem wodnym
jet stream *n* prąd *m* strumieniowy
jettison /ˈdʒetɪsn/ *vt* [1] (dump) (from ship) wyrzuc|ić, -ać za burtę *[cargo, fuel]*; (from plane, spacecraft) wyrzuc|ić, -ać [2] (discard) wyrzuc|ić, -ać, pozby|ć, -wać się (czegoś) *[old clothes, jumble]* [3] fig (reject) odrzuc|ić, -ać *[idea, theory]*
jetty /ˈdʒetɪ/ *n* molo *n*
Jew /dʒuː/ *n* Żyd *m*; Relig żyd *m*
Jew-baiting /ˈdʒuːbeɪtɪŋ/ *n* prześladowanie *n* Żydów
jewel /ˈdʒuːəl/ *n* [1] (gem, piece of jewellery) klejnot *m* [2] Tech (in watch) kamień *m* [3] fig (person) skarb *m*; (building, object) perła *f*, klejnot *m*; **to be the ~ in the crown of sth** być ozdobą czegoś *[collection]*; być dumą czegoś *[company, empire]*
jewel case *n* szkatuła *f*, szkatułka *f*
jewelled GB, **jeweled** US /ˈdʒuːəld/ *adj* [1] wysadzany klejnotami *[crown, sword]* [2] Tech *[watch]* z kamieniami

jeweller GB, **jeweler** US /ˈdʒuːələ(r)/ *n* (person) jubiler *m*; **~'s (shop)** sklep jubilerski, jubiler

jewellery GB, **jewelry** US /ˈdʒuːəlrɪ/ *n* klejnoty *m pl*; kosztowności *plt*; (in shop, workshop) biżuteria *f*; **a piece of ~** klejnot; **she has a few pieces of ~** ma trochę biżuterii or kosztowności

jewellery box *n* GB szkatułka *f*

jewellery case *n* GB szkatuła *f*

jewellery store *n* US sklep *m* jubilerski, jubiler *m*

Jewess /ˈdʒuːes/ *n* offensive dat Żydówka *f*; Relig żydówka *f*

Jewish /ˈdʒuːɪʃ/ *adj* żydowski

Jewish calendar *n* kalendarz *m* żydowski

Jewishness /ˈdʒuːɪʃnɪs/ *n* żydowskość *f*

Jewry /ˈdʒʊərɪ/ *n* Żydzi *m pl*, żydostwo *n*

Jew's harp *n* Mus drumla *f*

Jezebel /ˈdʒezəbl, -bel/ *n* [1] (hussy) bezwstydnica *f*, rozpustnica *f* [2] (schemer) intrygantka *f*

jib¹ /dʒɪb/ *n* Naut kliwer *m*

IDIOMS: **I don't like the cut of his ~** arch nie przypadł mi do gustu

jib² /dʒɪb/ *n* (of crane) ramię *n*, wysięgnik *m*

jib³ /dʒɪb/ *vi* (*prp, pt, pp* **-bb-**) *[person]* **to ~ at sth/doing sth** (show distaste) wzdragać or wzbraniać się przed czymś/zrobieniem czegoś; *[horse]* zaprzeć się przed czymś *[fence]*

jib boom *n* Naut stenga *f* bukszprytu

jib crane *n* Constr żuraw *m* bramowy

jibe¹ /dʒaɪb/ **I** *n* kpina *f*, drwina *f*

II *vi* (mock) za|kpić (sobie), za|drwić (sobie) **(at sb/sth** z kogoś/czegoś**)**

jibe² /dʒaɪb/ *vi* US infml (match) pasować **(with sth** do czegoś**)**

jibe³ /dʒaɪb/ *vi* Naut z|robić zwrot przez rufę

jiff(y) /ˈdʒɪfɪ/ *n* infml sekundka *f*, momencik *m*; **in a ~** za sekundkę; **it won't take a ~** to potrwa tylko (jedną) chwilkę

Jiffy bag® *n* koperta *f* z warstwą folii bąbelkowej

jig /dʒɪg/ **I** *n* [1] Mus giga *f*; **to dance** or **do a ~** tańczyć gigę [2] Tech (guide) zacisk *m*; (template) szablon *m*

II *vt* (*prp, pt, pp* **-gg-**) (move) rytmicznie poruszać (czymś) *[feet]*; **to ~ a baby (up and down) on one's knee** huśtać dziecko na kolanie

III *vi* (*prp, pt, pp* **-gg-**) (also **~ about** or **around**) *[person]* kiwać się; (impatiently) wiercić się

IDIOMS: **the ~ is up** US infml wydało się

jigger¹ /ˈdʒɪgə(r)/ *n* [1] (measure) mała (metalowa) miarka *f* alkoholu [2] US infml (tool, gadget) dinks *m* infml

jigger² /ˈdʒɪgə(r)/ *n* Zool pchła *f* piaskowa

jiggered /ˈdʒɪgəd/ *adj* infml [1] (astonished) **I'll be ~!** niech mnie kule biją! infml [2] (exhausted) skonany infml

jiggery-pokery /ˌdʒɪgərɪˈpəʊkərɪ/ *n* GB infml dat szwindel *m* infml

jiggle /ˈdʒɪgl/ **I** *vt* potrząsać (czymś) *[key]*; szarpać *[handle]*

II *vi* (also **~ about, ~ around**) (to music) podrygiwać; (impatiently) wiercić się

jigsaw /ˈdʒɪgsɔː/ *n* [1] wyrzynarka *f*, laubzega *f* [2] (also **~ puzzle**) układanka *f*; fig łamigłówka *f*

jihad /dʒɪˈhɑːd/ *n* [1] Relig dżihad *m* [2] fig święta wojna *f*

jilt /dʒɪlt/ *vt* porzuc|ić, -ać *[lover, sweetheart]*

Jim Crow /ˌdʒɪmˈkrəʊ/ *n* US infml [1] segregacja *f* rasowa; **~ policies** polityka segregacji rasowej [2] US offensive (black person) czarnuch *m* offensive

jim dandy /ˌdʒɪmˈdændɪ/ *adj* US infml dat wyborny

jimjams /ˈdʒɪmdʒæmz/ *npl* infml [1] (fear) trzęsionka *f* infml [2] (from alcohol) biała gorączka *f* [3] GB baby talk (pyjamas) piżamka *f*

jimmy /ˈdʒɪmɪ/ US **I** *n* (crowbar) łom *m*

II *vt* wyważ|yć, -ać łomem *[door, window]*

jingle /ˈdʒɪŋgl/ **I** *n* [1] (noise) (of bells) dzwonienie *n* **(of sth** czegoś**)**; (of keys, coins, bracelet) brzęk *m* **(of sth** czegoś**)** [2] Advertg (verse) slogan *m* (reklamowy); (musical) melodyjka *f* reklamowa; dżingiel *m* infml

II *vt [person]* brzęknąć (czymś), pobrzękiwać (czymś) *[keys, coins]*; za|dzwonić (czymś) *[bells]*

III *vi [bells]* za|dzwonić; *[keys, coins]* brzęknąć, pobrzękiwać

jingo /ˈdʒɪŋgəʊ/ *excl* dat **by ~!** psiakość! infml

jingoism /ˈdʒɪŋgəʊɪzəm/ *n* pej szowinizm *m*; dżingoizm *m* ra

jingoist /ˈdʒɪŋgəʊɪst/ **I** *n* pej szowinist|a *m*, -ka *f*

II *adj* szowinistyczny

jingoistic /ˌdʒɪŋgəʊˈɪstɪk/ *adj* pej szowinistyczny

jink /dʒɪŋk/ Sport **I** *n* (in football) zwód *m*; kiwanie *n* infml

II *vi* wykonać zwód; kiwać infml → **high jinks**

jinx /dʒɪŋks/ **I** *n* [1] (curse) przekleństwo *n*, fatum *n*; **there's a ~ on him** ciąży na nim jakieś fatum or przekleństwo; **to put a ~ on sb/sth** rzucić na kogoś/coś zły czar or urok; **there's a ~ on this car** ten samochód jest jakiś pechowy [2] (unlucky person) pechowiec *m*; (unlucky thing) przedmiot *m* przynoszący pecha or nieszczęście

II *vt* przyn|ieść, -osić pecha (komuś /czemuś); **I must be ~ed** ja to mam pecha

JIT *n* = **just-in-time**

jitterbug /ˈdʒɪtəbʌg/ *n* [1] (dance) jitterbug *m* [2] infml (nervous person) nerwus *m*, kłębek *m* nerwów infml

jitters /ˈdʒɪtəz/ *npl* infml nerwówka *f*, drżączka *f*, trzęsionka *f* infml; (before performance) trema *f*; Econ, Pol nerwowa atmosfera *f*; **to have the ~** *[person]* mieć tremę; **stock market had the ~** giełda zareagowała nerwowo; **you're giving me the ~** mam przez ciebie palpitacje

jittery /ˈdʒɪtərɪ/ *adj* infml *[examinees, interviewees]* stremowany, roztrzęsiony

jive /dʒaɪv/ **I** *n* [1] Mus jive *m* [2] US infml (glib talk) pusta gadanina *f*, gadka *f* infml [3] US infml (jargon) żargon *m* muzyków jazzowych

II *vt* US infml [1] (mislead) nab|rać, -ierać infml *[person]* [2] (tease) nabijać się z (kogoś) infml

III *vi* (dance) za|tańczyć jive'a

Jnr *adj* = **junior**

Joan of Arc /ˌdʒəʊnəvˈɑːk/ *prn* Joanna d'Arc *f*

job /dʒɒb/ **I** *n* [1] (employment) praca *f*; (post, office) posada *f*, stanowisko *n*; **to look for a ~** szukać pracy; **to get a ~** dostać pracę; **to give sb a ~** dać komuś pracę, zatrudnić kogoś; **to give up/keep one's ~** rzucić /zachować posadę; **a ~ in a bookshop /office** praca w księgarni/biurze; **a teaching/civil service ~** posada nauczyciela /urzędnika państwowego; **to have a good ~** mieć dobrą pracę; **what's her ~?** co ona robi?; **to have a ~ as a secretary/in local government** pracować jako sekretarka/w samorządzie lokalnym; **to be out of a ~** być bez pracy, być bezrobotnym; **we'll all be out of a ~** wszyscy stracimy pracę or zostaniemy bez pracy [2] (role) rola *f*, zadanie *n*; **the ~ of the curator is to...** praca kuratora polega na...; **the ~ of the heart/liver is to...** funkcją serca/wątroby jest...; **to have the ~ of organizing the catering** mieć za zadanie zorganizowanie poczęstunku; **it's the jury's/my ~ to do it** zrobienie tego należy do sądu/do mnie [3] (duty) obowiązek *m*; **her main ~ is to...** jej głównym obowiązkiem jest...; **she's only doing her ~** ona tylko wypełnia swoje obowiązki [4] (task) zajęcie *n*; robota *f* infml; **to find a ~ for sb** znaleźć komuś zajęcie or robotę; **to do odd ~s around the house** wykonywać w domu różne drobne prace [5] (assignment) (of company) zlecenie *n*; (of person) zadanie *n*; **to do a ~ for the advertising agency** wykonywać pracę zleconą dla firmy reklamowej; **the next ~ is to convince him** następnym krokiem jest przekonanie go; **to have the ~ of doing sth** mieć za zadanie zrobienie czegoś; **the ~ of building the theatre went to X** budowa teatru została zlecona X [6] (result of work to do) **a good/lovely/poor ~** dobrze/pięknie/źle wykonana robota; **to make a good ~ of doing sth** dobrze coś zrobić; **you've made a splendid ~ of the chair** pięknie ci wyszło to krzesło; **you haven't made a very good ~ of it!** niezbyt dobrze się spisałeś! [7] infml (difficult task) **it's quite a** or **some ~ cooking for 50 people** gotowanie dla pięćdziesięciu osób to nie lada zadanie; **we had a ~ to hear** musieliśmy bardzo wytężać słuch; **we had a real ~ on there!** nie było łatwo! [8] infml (crime, theft) skok *m*; **to do** or **pull off a ~** zrobić skok infml; **bank ~** napad na bank; **to do a bank ~** obrobić bank infml [9] Comput praca *f*, zadanie *n* [10] infml (thing) dinks *m* infml; **one of those electric chrome ~s** jedno z tych elektrycznych chromowanych cacek [11] infml (plastic surgery) **to have a nose ~** zrobić sobie operację plastyczną nosa, poprawić sobie nos

II *modif* **~ offer/opportunities** oferta pracy/możliwości zatrudnienia; **~ pages /supplement** strony/dodatek z ogłoszeniami o pracy; **~ cuts** zmniejszanie zatrudnienia

III *vi* (*prp, pt, pp* **-bb-**) [1] (do casual work) popracować [2] (do piece-work) pracować na zlecenie

IDIOMS: **(and a) good ~ too!** GB i bardzo dobrze!; **it's a good ~ that...** GB (to) dobrze, że...; **~s for the boys** zatrudnianie kolesiów infml; **just the ~!** o to właśnie chodziło!; **to do a big/little ~** infml zrobić kupę/siusiu infml; **on the ~** (working) w pracy; **to learn on the ~** poduczyć się, pracując; **to lie down** or **fall asleep on**

J

the ~ infml obijać się w pracy infml; **to be on the ~** GB infml hum gzić się vinfml; **to do the ~** fig załatwić sprawę; **to give sb/sth up as a bad ~** GB machnąć na kogoś/coś ręką infml; **to make the best of a bad ~** GB robić dobrą minę do złej gry → **on-the-job**

Job /dʒəub/ *prn* Hiob *m*

IDIOMS: **to be a ~'s comforter** być marnym pocieszycielem; **to have the patience of ~** mieć anielską cierpliwość

job action *n* US strajk *m*

job analysis *n* analiza *f* stanowiska

jobber /ˈdʒɒbə(r)/ *n* [1] (casual worker) robotnik *m* wykonujący dorywczą pracę [2] US (wholesale dealer) hurtownik *m*

jobbery /ˈdʒɒbərɪ/ *n* pej wykorzystywanie *n* stanowiska do celów osobistych

jobbing /ˈdʒɒbɪŋ/ *adj [gardener, builder, printer]* pracujący dorywczo; *[work]* dorywczy

Job Centre *n* GB biuro *n* pośrednictwa pracy

job control *n* Comput sterowanie *n* pracami

job control language *n* Comput język *m* sterowania pracami

job creation *n* tworzenie *n* nowych miejsc pracy

job creation scheme *n* plan *m* tworzenia miejsc pracy

job description *n* zakres *m* obowiązków

job evaluation *n* ocena *f* stanowisk

jobholder /ˈdʒɒbhəuldə(r)/ *n* pracowni|k *m*, -ca *f*

job-hunt /ˈdʒɒbhʌnt/ *vi* poszukiwać pracy

job-hunter /ˈdʒɒbhʌntə(r)/ *n* poszukując|y *m*, -a *f* pracy

job-hunting /ˈdzɒbhʌntɪŋ/ *n* poszukiwanie *n* pracy

jobless /ˈdʒɒblɪs/ **I** *n* **the ~** *(+ v pl)* bezrobotni *m pl*

II *modif* **~ total** liczba bezrobotnych; **~ rate** wskaźnik bezrobocia; **~ figures** dane liczbowe o bezrobotnych

III *adj* bezrobotny

joblessness /ˈdʒɒblɪsnɪs/ *n* bezrobocie *n*

job lot /ˌdʒɒbˈlɒt/ *n* [1] (at auction) partia *f* towarów *(sprzedawana jako całość)* [2] fig (collection) zbieranina *f* infml pej

job queue *n* Comput kolejka *f* prac

job satisfaction *n* zadowolenie *n* z pracy; **I get a lot of ~** praca daje mi dużo satysfakcji

job security *n* pewność *f* stałego zatrudnienia

job-share /ˈdʒɒbʃeə(r)/ **I** *n* podział *m* etatu

II *modif* **~ scheme/system** plan/system dzielenia etatów; **~ position** praca cząstkowa

job sharing *n* dzielenie *n* etatu

jobsheet /ˈdʒɒbʃiːt/ *n* karta *f* pracy

jobsworth /ˈdʒɒbzwɜːθ/ *n* GB infml pej formalist|a *m*, -ka *f*, służbist|a *m*, -ka *f*

job title *n* tytuł *m* służbowy, stanowisko *n*

Jock /dʒɒk/ *n* GB infml Szkot *m*

jock /dʒɒk/ *n* US zapalony sportowiec *m* infml

jockey /ˈdʒɒkɪ/ **I** *n* dżokej *m*, -ka *f*

II *vt* **to ~ sb into (doing) sth** doprowadzić kogoś do (zrobienia) czegoś infml

III *vi* **to ~ for position** *[runners, riders]* zaciekle walczyć o pierwsze miejsce; fig walczyć o pierwszeństwo wszelkimi sposobami or nie przebierając w środkach fig; **to ~ for power/advantage** bezpardonowo walczyć o władzę/o zdobycie przewagi

Jockey Club *n* GB *(+ v sg/pl)* związek *m* jeździecki

jockey shorts *npl* US bokserki *plt*

jockstrap /ˈdʒɒkstræp/ *n* infml (for sportsmen); ochraniacz *m* na genitalia; suspensorium *n* also Med

jocose /dʒəuˈkəus/ *adj* liter *[person]* skory do żartów; *[remark, observation]* żartobliwy

jocular /ˈdʒɒkjulə(r)/ *adj [person]* pełen humoru; *[remark, manner]* żartobliwy

jocularity /ˌdʒɒkjuˈlærətɪ/ *n* (of person) figlarność *f*; (of speech, remark) żartobliwość *f*

jocularly /ˈdʒɒkjuləlɪ/ *adv [say, announce]* żartobliwie

jocund /ˈdʒɒkənd/ *adj* liter radosny, wesoły

jodhpurs /ˈdʒɒdpəz/ *npl* Sport, Fashn bryczesy *plt*; **a pair of ~** bryczesy

joe /dʒəu/ US infml *n* [1] (coffee) kawa *f* [2] (ordinary man) przeciętny zjadacz *m* chleba infml

Joe Bloggs *n* GB ≈ Jan Kowalski *m*

Joe Blow *n* US = **Joe Bloggs**

Joe Public *n* GB przeciętny zjadacz *m* chleba; (general public) ludzie *plt*

jog /dʒɒg/ **I** *n* [1] (knock) trącenie *n*, potrącenie *n*; (with elbow) szturchnięcie *n* [2] (trot) trucht *m*; **to set off at a ~** ruszyć truchtem [3] Sport **to go for a ~** iść pobiegać [4] US (in road) zakręt *m*

II *vt (prp, pt, pp* **-gg-***)* potrąc|ić, -ać, trąc|ić, -ać w (coś) *[elbow]*; potrąc|ić, -ać, trąc|ić, -ać *[table]*; **to ~ sb with one's elbow** trącić kogoś łokciem; **to ~ sb's memory** odświeżyć pamięć komuś

III *vi (prp, pt, pp* **-gg-***)* [1] Sport uprawiać jogging [2] US infml *[road]* zakręc|ić, -ać

■ **jog along, jog on** *[vehicle]* jechać or toczyć się powoli; fig *[person]* posuwać się do przodu fig; *[business]* rozwijać się powoli

jog dial *n* Telecom szybkie wybieranie *n* numeru

jogger /ˈdʒɒgə(r)/ *n* osoba *f* uprawiająca jogging

jogging /ˈdʒɒgɪŋ/ **I** *n* jogging *m*

II *modif* **~ clothes/shoes** ubranie/buty do biegania or do joggingu; **~ practice** uprawianie joggingu

joggle /ˈdʒɒgl/ infml **I** *n* [1] (jolt) potrząśnięcie *n*, wstrząśnięcie *n*; **to give sb/sth a ~** potrząsnąć or wstrząsnąć kimś/czymś [2] Constr wpust *m*, czop *m*

II *vt* po|kołysać *[baby]*; potrząs|nąć, -ać (czymś) *[box]*

III *vi [wagon]* podskakiwać, trząść się

jog trot *n* trucht *m*

Johannesburg /dʒəuˈhænɪsbɜːg/ *prn* Johannesburg *m*

john /dʒɒn/ *n* US infml [1] **the ~** (lavatory) kibel *m*, wychodek *m* infml [2] vinfml (prostitute's client, dupe) frajer *m* infml

John /dʒɒn/ *prn* Jan *m*; **(Saint) ~ the Baptist** św. Jan Chrzciciel; **(Saint) ~ of the Cross** św. Jan od Krzyża

John Bull *n* (Englishman) przeciętny Anglik *m*; (xenophobic) angielski ksenofob *m*

John Doe *n* US infml przeciętny zjadacz *m* chleba

John Dory *n* Zool (fish) (European) piotrosz *m*; (South Seas) piotrosz *m* amerykański

John Hancock *n* US infml podpis *m*

johnny /ˈdʒɒnɪ/ *n* [1] US Med koszula *f* szpitalna [2] GB infml (condom) prezerwatywa *f*; guma *f* infml [3] GB infml dat (fellow) facet *m*, gość *m* infml

Johnny /ˈdʒɒnɪ/ *prn* Jaś *m*

johnny-cake /ˈdʒɒnɪkeɪk/ *n* US ≈ chleb *m* z mąki kukurydzianej

Johnny-come-lately /ˌdʒɒnɪkʌmˈleɪtlɪ/ *n* *(pl* **Johnny-come-latelies, Johnnies-come-lately***)* (newcomer) nowicjusz *m*; (upstart) nowobogacki *m*

John Q Public *n* US infml ≈ Jan Kowalski *m*

joie de vivre /ˌʒwɑːdəˈviːvrə/ *n* radość *f* życia

join /dʒɔɪn/ **I** *n* złącze *n*

II *vt* [1] (meet up with) dołącz|yć, -ać do (kogoś), spot|kać, -ykać się z (kimś) *[colleague, family]*; **I'll ~ you in Paris** dołączę do ciebie/do was w Paryżu, spotkamy się w Paryżu; **come and ~ us for dinner /drinks** chodź do nas na obiad/na drinka; **may I ~ you?** czy mogę się do ciebie/do was przyłączyć?; **we're going to the opera, will you ~ us?** wybieramy się do opery, pójdziesz z nami? [2] (to go to the end of sth) dołącz|yć, -ać do (czegoś) *[line, queue, row]*; dopis|ać, -ywać się do (czegoś) *[list]* [3] (become a member of) wst|ąpić, -ępować do (czegoś) *[army, EC, organization]*; zapis|ać, -ywać się do (czegoś) *[class, club, library, party]*; **to ~ a union** zapisać się do związku; **~ the club!** hum witamy w klubie! hum or iron [4] (become a part of) przyłącz|yć, -ać się do (czegoś) *[crowd, exodus, rush]*; **to ~ battle** stanąć do walki; **the province voted to ~ the federation** ta prowincja głosowała za przyłączeniem się do federacji [5] (become an employee) zatrudni|ć, -ać się w (czymś) *[company, firm]*; **to ~ Ford** zatrudnić się w fabryce Forda [6] (participate in) → **join in** [7] (associate with) *[person]* przyłącz|yć, -ać się do (kogoś) **(to do** or **in doing sth** żeby coś zrobić); (professionally) *[actor, businesswoman]* współpracować z (kimś), pracować razem z (kimś) *[colleague, partner]*; **to ~ forces** połączyć siły; **to ~ forces with sb/sth** (merge) połączyć się z kimś/czymś; (cooperate) współpracować z kimś/czymś, pracować razem or wspólnie z kimś/czymś; **to ~ sb in the struggle** połączyć się z kimś we wspólnej walce; **Adam ~s me in sending his congratulations** Adam dołącza swoje gratulacje [8] (board) wsi|ąść, -adać do (czegoś) *[train]*; wsi|ąść, -adać na (coś) *[ship]* [9] (attach) z|łączyć *[ends]*; po|łączyć, sp|oić, -ajać *[parts, pieces]*; **to ~ one end to another** or **the other** złączyć jeden koniec z drugim, połączyć obydwa końce; **to ~ pieces together** połączyć poszczególne części razem [10] (link) po|łączyć *[dots, points, towns]*; **to ~ hands** wziąć się za ręce; fig współpracować [11] (merge with) *[road]* łączyć się z (czymś) *[motorway]*; *[river]* wpadać do (czegoś) *[sea]* [12] Relig *[priest]* po|łączyć *[bride and groom]*; **to ~ two people in marriage** połączyć dwoje ludzi węzłem małżeńskim

III *vi* [1] (become a member) (of class, club) zapis|ać, -ywać się; (of party) wst|ąpić, -ępować; (of group) przyłącz|yć, -ać się

[2] (meet, connect) *[edges, pieces, pipes, roads]* po|łączyć się; *[rivers, roads]* spot|kać, -ykać się, łączyć się

■ **join in**: ¶ **~ in** przyłącz|yć, -ać się ¶ **~ in [sth]** włącz|yć, -ać się do (czegoś) *[activity, argument, campaign, discussion]*; przyłącz|yć, -ać się do (czegoś); wziąć, brać udział w (czymś) *[game, demonstration, strike, protests]*; **to ~ in the bidding** stanąć or przystąpić do licytacji; **to ~ in the fun** przyłączyć się do zabawy; **to ~ in the dancing/singing** przyłączyć się do śpiewających/tańczących

■ **join on**: ¶ **to ~ on** doczepi|ć, -ać się, przyczepi|ć, -ać się ¶ **~ on [sth], ~ [sth] on** (fasten) przyczepi|ć, -ać do (czegoś); (add) dołącz|yć, -ać do (czegoś)

■ **join up**: ¶ **~ up** [1] Mil (enlist) wst|ąpić, -ępować or pójść do wojska [2] (meet up) *[people]* z|bierać, -ebrać się [3] (merge) *[roads, tracks]* łączyć się, spot|kać, -ykać się ¶ **~ up [sth], ~ [sth] up** po|łączyć *[dots, pieces]*; z|łączyć *[characters]*; **~ed-up writing** kursywa

joinder /ˈdʒɔɪndə(r)/ *n* Jur wspólne wystąpienie *n* w procesie

joined-up government /ˌdʒɔɪndʌpˈɡʌvənmənt/ *n* GB Pol ścisła współpraca *f* poszczególnych agend rządowych

joiner /ˈdʒɔɪnə(r)/ *n* Constr stolarz *m (zajmujący się stolarką drzwiową i okienną)*

joinery /ˈdʒɔɪnərɪ/ *n* stolarka *f*

joint /dʒɔɪnt/ **I** *n* [1] Anat staw *m*; **elbow /knee/ankle ~** staw łokciowy/kolanowy /skokowy; **to dislocate a ~** zwichnąć staw; **to put one's shoulder out of ~** zwichnąć or wywichnąć sobie bark; **to be out of ~** *[elbow, knee]* być zwichniętym or wywichniętym; **her knee is out of ~** ma zwichnięte kolano; **to have aching** or **stiff ~s** mieć bóle w stawach, cierpieć na bóle stawowe [2] Tech, Constr (in carpentry) złącze *n*, połączenie *n*; (in metalwork) złącze *n*; (of tube, pipe) kolanko *n*; (allowing movement) przegub *m* [3] Culin (of beef, pork) mięso *n* na pieczeń; (cooked) pieczeń *f* [4] infml pej (place) dziura *f* infml pej; (night club) spelun(k)a *f* infml pej; **burger ~** lokalik fast food; **pizza ~** pizzeria [5] infml (cannabis cigarette) skręt *m*, joint *m* infml

II *modif* Med *[pains]* stawowy; **~ replacement** wymiana stawu

III *adj [action, programme, effort, session]* wspólny; *[working party, company, effort]* połączony; *[measures, procedures]* łączny; *[winner, third]* ex aequo; *[negotiations, talks]* wielostronny; **he is ~ favourite** jest jednym z dwóch faworytów

IV *vt* [1] Culin roz|ebrać, -bierać, po|dzielić *[poultry]* [2] Tech po|łączyć *[pipes]*

IDIOMS: **to put sb's nose out of ~** utrzeć or przytrzeć komuś nosa

joint account *n* wspólny rachunek *m* bankowy, wspólne konto *n* bankowe

joint agent *n* GB **the house is in the hands of ~s** ten dom znajduje się w ofercie dwóch agencji (handlu nieruchomościami)

joint agreement *n* układ *m* zbiorowy

joint and several *adj* Fin, Jur *[liability, obligation]* solidarny, łączny; **~ creditors** wierzyciele solidarni, współwierzyciele; **~ debtors** dłużnicy solidarni, współdłużnicy

joint author *n* współautor *m*, -ka *f*

joint beneficiary *n* współspadkobier|ca *m*, -czyni *f*

Joint Chiefs of Staff, JCS *npl* US Mil Połączone Kolegium *n* Szefów Sztabów

joint committee *n* komisja *f* mieszana

joint creditor *n* współwierzyciel *m*, -ka *f*

joint custody *n* wspólne sprawowanie *n* opieki nad dzieckiem

joint debtor *n* współdłużni|k *m*, -czka *f*

jointed /ˈdʒɔɪntɪd/ *adj* [1] Culin *[chicken]* pokrojony, rozebrany [2] *[doll, puppet]* z ruchomymi rączkami, nóżkami i główką [3] *[fishing rod, pole]* składany

joint effort *n* wspólny wysiłek *m*

joint heir *n* współspadkobier|ca *m*, -czyni *f*

joint honours *npl* GB Univ *dyplom z więcej niż jednej dziedzin naukowych*

jointly /ˈdʒɔɪntlɪ/ *adv [manage, publish, own, organize]* wspólnie; **it is ~ owned by X and Y** współwłaścicielami są X i Y; **to be ~ liable for damages** być współodpowiedzialnym za szkody, wspólnie ponosić odpowiedzialność za szkody; **they are ~ responsible** są współodpowiedzialni, wspólnie ponoszą odpowiedzialność

jointly and severally *adv* Jur solidarnie

joint management *n* wspólne zarządzanie *n*

joint meeting *n* wspólne spotkanie *n* or zebranie *n*; **a ~ of the two committees** wspólne zebranie or spotkanie dwóch komisji

joint owner *n* współwłaściciel *m*, -ka *f*

joint ownership *n* współwłasność *f*

joint partnership *n* współudział *m*

joint resolution *n* wspólna uchwała *f* or rezolucja *f*

joint signatory *n* współsygnatariusz *m*, -ka *f*

joint-stock company *n* spółka *f* akcyjna

jointure /ˈdʒɔɪntʃə(r)/ *n* Jur dożywocie *n* wdowy

joint venture *n* [1] Econ, Fin spółka *f* typu joint venture [2] wspólne przedsięwzięcie *n*

joist /dʒɔɪst/ *n* Constr (in ceiling) belka *f* stropowa; (in floor) legar *m* podłogowy

jojoba /həʊˈhəʊbə/ *n* jojoba *f*

joke /dʒəʊk/ **I** *n* [1] (amusing story) dowcip *m*; kawał *m* infml **(about sb/sth** o kimś /czymś); **to tell a ~** opowiedzieć dowcip; **to get the ~** zrozumieć kawał; **bad ~** kiepski dowcip; **it's our private ~** to taki nasz prywatny dowcip; **to have a ~ with sb about sb/sth** żartować z kimś z kogoś /czegoś; **can't you see the ~?** nie masz poczucia humoru? [2] (laughing matter) żart *m*, kawał *m*; **to do sth as a ~** zrobić coś dla żartu or dla kawału; **to turn sth into a ~** obrócić coś w żart; **to carry** or **take a ~ too far** przeholować w żartach, posunąć się za daleko w żartach; **the ~ is on you** to tobie powinno być głupio; **this is getting beyond a ~** to przestaje być śmieszne; **he can't take a ~** on nie zna się na żartach; **can't you take a ~?** nie masz poczucia humoru?; **it's no ~ getting up at six in the morning every day** to żadna przyjemność wstawać codziennie o szóstej rano; **it's no ~ trying to find a job** to nie bagatela znaleźć pracę, nie tak łatwo jest znaleźć pracę; **to make a ~ of** or **about sb/sth** robić sobie żarty z kogoś/czegoś [3] (prank) kawał *m*; **to play a ~ on sb** zrobić komuś kawał [4] (object of ridicule) (person) przedmiot *m* kpin, pośmiewisko *n*; (event, situation) farsa *f*; **the exam was a ~** to była farsa nie egzamin

II *vi* za|żartować, dowcipkować; **to ~ about sth** żartować z czegoś; (maliciously) kpić or drwić z czegoś; **you must be joking!** chyba żartujesz!; **I was only joking** tak sobie tylko żartowałem; **I'm not joking!** ja nie żartuję!; **it's no joking matter** to poważna sprawa

joker /ˈdʒəʊkə(r)/ *n* [1] (who tells jokes) żartowni|ś *m*, -sia *f*, dowcipni|ś *m*, -sia *f*; (who plays tricks) kawala|rz *m*, -rka *f*, figla|rz *m*, -rka *f* [2] infml pej (bloke) typ(ek) *m* infml pej [3] (in cards) dżoker *m* [4] US Jur ukryta klauzula *f*

IDIOMS: **the ~ in the pack** wielka niewiadoma

jokester /ˈdʒəʊkstə(r)/ *n* dat trefniś *m* dat

jokey /ˈdʒəʊkɪ/ *adj* infml żartobliwy

joking /ˈdʒəʊkɪŋ/ **I** *n* żartowanie *n*, dowcipkowanie *n*, żarty *m pl*; **~ apart** or **aside** żarty na bok

II *adj [tone, manner, remarks]* żartobliwy; **to speak in a ~ tone** mówić żartobliwym tonem; **I'm not in a ~ mood** nie jestem w nastroju do żartów

jokingly /ˈdʒəʊkɪŋlɪ/ *adv [say]* żartem; *[referred to, known as]* żartobliwie; **Miss Brown, ~ known as 'the Beak' because of her long nose** panna Brown, żartobliwie zwana „Dziobem" ze względu na swój długi nos

jollification /ˌdʒɒlɪfɪˈkeɪʃn/ *n* (also **jollifications)** zabawa *f*; uciecha *f* dat

jollily /ˈdʒɒlɪlɪ/ *adv* wesoło, radośnie

jollity /ˈdʒɒlətɪ/ *n* wesołość *f*; (of person) dobry humor *m*

jolly /ˈdʒɒlɪ/ **I** *adj* [1] (cheerful) *[person, tune]* radosny, wesoły; *[party hats]* śmieszny [2] infml dat (enjoyable) *[time, trip, holiday]* udany; **what a ~ time we had!** świetnie się bawiliśmy! [3] infml (drunk) na bani infml

II *adv* GB infml (emphatic) strasznie infml; **he was ~ lucky** miał strasznie dużo szczęścia; **that's ~ kind of you!** to strasznie miłe z twojej strony!; **~ good!** świetnie!; **'I'm not going' – 'you ~ well are'** „nigdzie nie idę" – „a właśnie, że idziesz"

III *vt* **to ~ sb along** zachęcać kogoś

■ **jolly up**: **~ up [sb/sth], ~ [sb/sth] up** GB rozwese|lić, -lać

IDIOMS: **to get one's jollies doing sth** US infml dobrze się bawić or mieć dobrą zabawę, robiąc coś

jolly boat *n* szalupa *f*

Jolly Roger *n* piracka bandera *f*

jolt /dʒəʊlt, dʒɒlt/ **I** *n* [1] (jerk) szarpnięcie *n* [2] fig (shock) wstrząs *m*, szok *m*; **to give sb a ~** wstrząsnąć kimś (do głębi), zszokować kogoś [3] US infml (drink) jeden *m* głębszy infml

II *vt* [1] rzucać (kimś/czymś) *[passengers, coach]*; **I was ~ed out of my seat** wyrzuciło mnie z siedzenia [2] fig (shock) wstrząs|nąć, -ać (kimś) *[person]*

J

III *vi [vehicle]* trząść się, podskakiwać; telepać się infml; **to ~ to a halt** or **a standstill** gwałtownie zahamować

jolting /ˈdʒəʊltɪŋ, ˈdʒɒltɪŋ/ **I** *n* (of vehicle) trzęsienie *n*, wstrząsy *m pl*

II *adj [vehicle]* telepiący się infml

Jonah /ˈdʒəʊnə/ *prn* Bible Jonasz *m*

Jonathan /ˈdʒɒnəθən/ *prn* Jonatan *m*

jonquil /ˈdʒɒŋkwɪl/ *n* (white) narcyz *m*; (yellow) żonkil *m*

Jordan /ˈdʒɔːdn/ *prn* [1] (country) Jordania *f* [2] **the (River) ~** Jordan *m*

Jordanian /dʒɔːˈdeɪnɪən/ **I** *n* Jorda|ńczyk *m*, -nka *f*

II *adj* jordański

josh /dʒɒʃ/ US infml **I** *n* żart *m*

II *vt* za|żartować z (kogoś/czegoś), podśmiewać się z (kogoś/czegoś) *[person, thing]*; **they were ~ing him about his new shoes** żartowali sobie z jego nowych butów

III *vi* za|żartować, podśmiewać się

joss stick /ˈdʒɒstɪk/ *n* kadzidełko *n*

jostle /ˈdʒɒsl/ **I** *vt* (push) pop|chnąć, -ychać, potrąc|ić, -ać *[person, people]*

II *vi* [1] *[supporters, shoppers]* (push) rozpychać się, przepychać się **(for sth/to do sth** do czegoś/żeby coś zrobić**)** [2] fig (fight, compete) przepychać się łokciami; **to ~ with sb to do sth/for sth** walczyć or rywalizować z kimś o coś

jot /dʒɒt/ **I** *n* **he hasn't a ~ of sense** nie ma za grosz rozumu; **he doesn't care a ~** w ogóle or nic go to nie obchodzi; ma to w nosie infml; **it doesn't matter a ~** to nie ma żadnego znaczenia; **it makes not a ~ of difference** nie robi to najmniejszej or żadnej różnicy → **tittle**

II *vt* (*prp, pt, pp* **-tt-**) → **jot down**

■ **jot down**: **~ down [sth], ~ [sth] down** za|notować *[ideas, names]*; **he ~ted down some notes** zrobił sobie parę notatek, zanotował sobie parę rzeczy

jotter /ˈdʒɒtə(r)/ *n* GB (pad) notatnik *m*

jottings /ˈdʒɒtɪŋz/ *npl* notatki *f pl*, zapiski *m pl*

joule /dʒuːl/ *n* Phys dżul *m*

journal /ˈdʒɜːnl/ *n* [1] (periodical) czasopismo *n*; (newspaper) gazeta *f* [2] (daily record) dziennik *m*; Accts księgi *f pl* rachunkowe [3] Tech (part of axle) czop *m* [4] Tech (also **~ bearing)** łożysko *n* poprzeczne

journalese /ˌdʒɜːnəˈliːz/ *n* pej żargon *m* dziennikarski

journalism /ˈdʒɜːnəlɪzəm/ *n* dziennikarstwo *n*

journalist /ˈdʒɜːnəlɪst/ *n* dziennika|rz *m* -rka *f*; **a newspaper/television ~** dziennikarz prasowy/telewizyjny

journalistic /ˌdʒɜːnəˈlɪstɪk/ *adj [experience, career, ethics, style]* dziennikarski; **~ assignment** zadanie dla dziennikarza

journey /ˈdʒɜːnɪ/ **I** *n* [1] (trip) (long) podróż *f*; (short or habitual) jazda *f*, przejazd *m*; **metro /bus ~** przejazd metrem/autobusem; **to go on a ~** wybrać się w podróż; **did you have a pleasant ~?** dobrą miałeś podróż?; **(have a) safe ~!** szczęśliwej podróży!; **they had never made the ~ to Glasgow** nigdy nie byli w Glasgow; **we broke our ~ in Paris** w Paryżu zrobiliśmy sobie przerwę w podróży [2] (time taken) droga *f*; **it's a three days' ~ by car** to trzy dni drogi samochodem [3] (spiritual) droga *f*

II *modif* **~ time** (in car, bus) czas przejazdu; (in plane) czas przelotu

III *vi* podróżować; **to ~ from Warsaw to London** podróżować z Warszawy do Londynu; **to ~ on** kontynuować podróż, jechać dalej

journeyman /ˈdʒɜːnɪmən/ *n* (*pl* **-men)** Hist (qualified worker) czeladnik *m*

journo /ˈdʒɜːnəʊ/ *n* infml dziennika|rz *m*, -rka *f*

joust /dʒaʊst/ *vi* Hist zetrzeć się, ścierać się konno *(w turnieju)*

jousting /ˈdʒaʊstɪŋ/ *n* Hist walka *f* konna na kopie

Jove /dʒəʊv/ *prn* Mythol Jowisz *m*; **by ~!** infml dat na Boga!

jovial /ˈdʒəʊvɪəl/ *adj [person, remark]* jowialny; *[company, mood]* wesoły

joviality /ˌdʒəʊvɪˈælətɪ/ *n* jowialność *f*

jowl /dʒaʊl/ *n* (jaw) żuchwa *f*; (fleshy fold) obwisły policzek *m*; **heavy/square ~ed** o mocnej/kwadratowej szczęce

IDIOMS: **to work cheek by ~ with sb** pracować z kimś głowa przy głowie

joy /dʒɔɪ/ *n* [1] (delight) radość *f* **(at sth** z powodu czegoś**)**; **to my great ~, he recovered** ku mojej wielkiej radości wyzdrowiał; **to jump/shout for ~** skakać /krzyczeć z radości [2] (pleasure) przyjemność *f*; **the ~ of doing sth** przyjemność robienia czegoś; **to do sth for the sheer ~ of it** robić coś dla czystej przyjemności; **her dancing is a ~ to behold** przyjemnie (jest) patrzeć, jak ona tańczy [3] GB infml (success) **I got no ~ out of the bank manager** nie powiodło mi się na spotkaniu z dyrektorem banku; **I wish you ~ (of it)** iron powodzenia!

IDIOMS: **to be full of the ~s of spring** być całym w skowronkach, być wesołym jak szczygieł(ek) infml

joyful /ˈdʒɔɪfl/ *adj [person]* uradowany, szczęśliwy; *[mood, smile]* radosny; **we were ~ at** or **about the news of her release** uradowała nas wiadomość o jej uwolnieniu

joyfully /ˈdʒɔɪfəlɪ/ *adv [laugh]* radośnie; *[receive]* z radością; **the news was ~ received** wiadomość przyjęto z radością

joyfulness /ˈdʒɔɪflnɪs/ *n* radość *f*, wesołość *f*

joyless /ˈdʒɔɪlɪs/ *adj [marriage]* nieszczęśliwy; *[occasion]* smutny; *[workers]* ponury; *[existence]* szary, smutny

joyous /ˈdʒɔɪəs/ *adj* liter *[heart, song]* pełen radości; *[occasion, person, shout]* radosny

joyously /ˈdʒɔɪəslɪ/ *adv [shout]* radośnie; *[welcome]* z radością

joyrider /ˈdʒɔɪraɪdə(r)/ *n* amator *m* przejażdżki kradzionym samochodem

joyriding /ˈdʒɔɪraɪdɪŋ/ *n* jazda *f* kradzionym samochodem

joystick /ˈdʒɔɪstɪk/ *n* Aviat drążek *m* sterowy; (in video games) dżojstik *m*, joystick *m*

JP *n* GB → **Justice of the Peace**

Jr *adj* = **junior**

jubilant /ˈdʒuːbɪlənt/ *adj [person]* rozradowany; *[crowd]* rozentuzjazmowany; *[expression, mood]* radosny; **to be ~ about** or **at** or **over sth** nie posiadać się z radości z powodu czegoś, cieszyć się z powodu czegoś

jubilation /ˌdʒuːbɪˈleɪʃn/ *n* (joy, rejoicing) rozradowanie *n* **(at** or **over** or **about sth** z czegoś, z powodu czegoś**)**

jubilee /ˈdʒuːbɪliː/ **I** *n* jubileusz *m*

II *modif [festivity, year]* jubileuszowy

Judaea /dʒuːˈdɪə/ *prn* Judea *f*

Judah /ˈdʒuːdə/ *prn* Bible Juda *m*

Judaic /dʒuːˈdeɪɪk/ *adj* judaistyczny

Judaism /ˈdʒuːdeɪɪzəm, US -dɪɪzəm/ *n* judaizm *m*

judas /ˈdʒuːdəs/ *n* (peephole) judasz *m*, wizjer *m*

Judas /ˈdzuːdəs/ *prn* Judasz *m* also fig

Judas tree *n* judaszowiec *m*

judder /ˈdʒʌdə(r)/ GB **I** *n* wstrząs *m*

II *vi* za|trząść się; **to ~ to a halt** gwałtownie zahamować

judge /dʒʌdʒ/ **I** *n* [1] Jur sędzia *m* [2] (adjudicator) (at competition) juror *m*, -ka *f*; Sport sędzia *m*; **the ~s' decision is final** (at show) werdykt jury jest nieodwołalny [3] fig znaw|ca *m*, -czyni *f* **(of sth** czegoś**)**; **to be a good ~ of character** dobrze znać się na ludziach; **to be no ~ of sth** nie znać się na czymś *[art, wine]*; **I think it's lovely – not that I'm any ~, of course** uważam, że to jest śliczne – nie żebym był wielkim znawcą; **let me be the ~ of that** pozwól, że sam to ocenię

II Judges *prn pl* Bible *(+ v sg)* Księga *f* Sędziów

III *vt* [1] Jur osądz|ić, -ać *[person]*; **to ~ a prisoner guilty** uznać więźnia za winnego; **who are you to ~ others?** a kim ty jesteś, żebyś sądził innych? [2] (adjudicate) sędziować w (czymś) *[show, competition]* [3] (estimate) (currently) oceni|ć, -ać, o|szacować *[time, distance, age]*; (in future) określ|ić, -ać *[outcome, reaction]*; **it is hard to ~ who will win the election** trudno ocenić, kto wygra wybory [4] (consider) uzna|ć, -wać; **we ~d it (to be) right to tell you that...** uznaliśmy za właściwe powiedzieć ci, że...; **the operation was ~d a great success** operację uznano za wielki sukces; **~d by their usual standards, their concert was disappointing** w porównaniu z tym, co zwykle prezentują, ten koncert rozczarował

IV *vi* (at competition) sędziować; (in a lawcourt) sądzić; **I'm in no position to ~** nie do mnie należy ocena, nie mnie sądzić; **you will have to ~ between us** będziesz musiał rozsądzić, który z nas ma rację; **as far as one can ~** na tyle, na ile można sądzić; **judging by** or **from sth** sądząc z czegoś or po czymś; **to ~ for oneself** samemu ocenić

IDIOMS: **to be as sober as a ~** być absolutnie trzeźwym; być trzeźwym jak świnia infml

judge advocate *n* GB asesor *m* sądu wojskowego; US prokurator *m* wojskowy

judgement *n* = **judgment**

judgemental *adj* = **judgmental**

judgeship /ˈdʒʌdʒʃɪp/ *n* US urząd *m* sędziowski

judgment /ˈdʒʌdʒmənt/ *n* [1] Jur (sentence) orzeczenie *n*, wyrok *m*; (decision) werdykt *m*; **to pass** or **give ~** wydać wyrok **(on sb** w sprawie kogoś); **to make ~s about sth** wyrokować o czymś; **to sit in ~ on** or **over sb/sth** osądzać kogoś/coś *[person, situation]* [2] (opinion) pogląd *m*, opinia *f* **(of sth** na temat czegoś); **in my ~** w moim mniemaniu; **to reserve ~** wstrzymywać się z opinią; **to do sth against one's better ~** zrobić coś wbrew rozsądkowi [3] (discernment) ocena *f* sytuacji; **an error of ~** błąd w ocenie sytuacji; **they lack ~** brakuje im umiejętności oceny sytuacji; **use your own ~** (in assessing) sam oceń sytuację; (in acting) rób to, co uznasz za słuszne [4] (punishment) kara *f*

judgmental /dʒʌdʒˈmentl/ *adj [attitude, assessment]* krytyczny; **to be (too) ~** zbyt łatwo wygłaszać krytyczne sądy; **don't be so ~** nie potępiaj tak łatwo

Judgment Day *n* Dzień *m* Sądu Ostatecznego

judicature /ˈdʒuːdɪkətʃə(r)/ *n* Jur [1] (administration of justice) judykatura *f*, orzecznictwo *n* sądowe [2] (court system) sądownictwo *n*

judicial /dʒuːˈdɪʃl/ *adj* [1] Jur *[inquiry, process]* sądowy; **~ decision** decyzja sądu; **to bring** or **take ~ proceedings against sb** wszcząć postępowanie sądowe przeciwko komuś [2] (wise) *[mind]* rozsądny, rozumny [3] (impartial) *[silence]* pełen refleksji

judicially /dʒuːˈdɪʃəlɪ/ *adv [observe, remark]* rozsądnie, rozważnie

judicial review *n* [1] GB Jur rewizja *f*, ponowne rozpatrzenie *n* sprawy [2] US Jur *kontrola sądowa zgodności ustaw z konstytucją*

judicial separation *n* GB Jur separacja *f* sądowa

judiciary /dʒuːˈdɪʃərɪ, US -ʃɪerɪ/ **I** *n* Jur [1] (system of courts) sądownictwo *n* [2] (judges) sędziowie *m pl* [3] (power, authority) władza *f* sądownicza

II *modif [system, reforms]* sądowniczy

judicious /dʒuːˈdɪʃəs/ *adj* rozsądny, roztropny; **it would be ~ to do it** rozsądnie byłoby to zrobić

judiciously /dʒuːˈdɪʃəslɪ/ *adv* rozsądnie, roztropnie

judo /ˈdʒuːdəʊ/ **I** *n* judo *n inv*, dżudo *n inv*

II *modif* **~ class** zajęcia z judo; **~ club** klub judo; **~ expert** judoka

judy /ˈdʒuːdɪ/ *n* GB infml dat kobieta *f*

jug /dʒʌg/ **I** *n* [1] GB (large) dzban *m*; (for milk, cream) dzbanek *m*; **water ~** dzbanek na wodę [2] infml (prison) paka *f* infml; **in ~** GB, **in the ~** US w pace infml

II jugs *npl* US infml (breasts) cycki *m pl* vinfml

III *vt* (*prp, pt, pp* **-gg-)** [1] Culin u|dusić; **~ged hare** potrawka z zająca [2] infml (put in prison) za|puszkować infml

jug band *n* US Mus jug band *m inv*

jugful /ˈdʒʌgfʊl/ *n* dzbanek *m* **(of sth** czegoś); **three ~s of water** trzy dzbanki wody

juggernaut /ˈdʒʌgənɔːt/ *n* [1] GB (truck) wielka ciężarówka *f* [2] fig (irresistible force) niszczycielska siła *f*

juggle /ˈdʒʌgl/ **I** *vt* żonglować (czymś) also fig *[hoops, figures, facts]*

II *vi* żonglować **(with sth** czymś) also fig

juggler /ˈdʒʌglə(r)/ *n* żongler *m*, -ka *f*

jugglery /ˈdʒʌglərɪ/ *n* żonglerka *f* also fig

jughead /ˈdʒʌghed/ *n* US infml tuman *m*, kretyn *m*, -ka *f* infml

jugular /ˈdʒʌgjʊlə(r)/ **I** *n* (also **~ vein)** żyła *f* szyjna

II *adj* szyjny

IDIOMS: **to go (straight) for the ~** uderzyć w najczulsze miejsca, walczyć bezpardonowo

juice /dʒuːs/ **I** *n* [1] Culin sok *m*; (of meat) sos *m* własny [2] Bot, Physiol sok *m* [3] infml (car petrol) benzyna *f* [4] infml (electricity) prąd *m* elektryczny [5] US infml (alcohol) gorzała *f* infml

II *vt* (extract juice from) wycis|nąć, -kać sok z (czegoś)

III juiced *pp adj* US infml (drunk) zaprawiony infml

juice box *n* karton(ik) *m* soku

juice extractor *n* GB = **juicer**

juicehead /ˈdʒuːshed/ *n* US infml pija|k *m*, -czka *f*; pijaczyna *m* infml

juicer /ˈdʒuːsə(r)/ *n* sokowirówka *f*

juiciness /ˈdʒuːsɪnɪs/ *n* soczystość *f*

juicy /ˈdʒuːsɪ/ *adj* [1] Culin soczysty [2] infml (racy) *[story, scene]* pikantny fig; **~ blonde** seksowna blondynka infml [3] infml (profitable) korzystny [4] infml (interesting) *[problem, role]* ciekawy

jujitsu /dʒuːˈdʒɪtsuː/ *n* jujitsu *n inv*, dżiu-dżitsu *n inv*

juju /ˈdʒuːdʒuː/ *n* [1] (talisman) fetysz *m* [2] (power) magiczna moc *f*

jujube /ˈdʒuːdʒuːb/ *n* Bot głożyna *f*, szydlica *f*, jujuba *f*

jukebox /ˈdʒuːkbɒks/ *n* szafa *f* grająca

Jul = **July**

julep /ˈdʒuːlep/ *n* (also **mint ~)** napój *m* miętowy *(czasami z dodatkiem alkoholu)*

Julian /ˈdʒuːlɪən/ **I** *prn* Julian *m*

II *adj [calendar]* juliański

Julius /ˈdʒuːlɪəs/ *prn* Juliusz *m*; **~ Caesar** Juliusz Cezar

July /dʒuˈlaɪ/ **I** *n* lipiec *m*; **in ~** w lipcu

II *modif* lipcowy

jumble /ˈdʒʌmbl/ **I** *n* [1] (of objects) (bezładna) mieszanina *f*; (of papers) (bezładny) stos *m*; (of ideas, words) pomieszanie *n* **(of sth** czegoś); **her clothes lay in a ~ on the floor** jej ubrania poniewierały się or walały się na podłodze; **there was a ~ of ideas in my head** miałem kompletny zamęt w głowie [2] GB (items for sale) rzeczy *f pl* używane *(przeznaczone do wyprzedaży)*; **have you any ~?** masz jakieś zbędne rzeczy?

II *vt* [1] po|mieszać *[books, toys]* [2] fig po|plątać, po|gmatwać *[ideas]*; po|mylić *[words, letters]*; **to be ~d together** *[objects]* pomieszać się

■ **jumble up**: **~ up [sth], ~ [sth] up** po|mieszać *[letters, shapes, images]*

jumble sale *n* GB wyprzedaż *f* rzeczy używanych *(na cele dobroczynne)*

jumbo /ˈdʒʌmbəʊ/ **I** *n* [1] baby talk słonik *m* [2] = **jumbo jet**

II *modif* (also **~-sized)** *[packet]* (bardzo) duży; *[size]* olbrzymi

jumbo jet *n* Aviat jumbo jet *m*, wielki odrzutowiec *m* pasażerski

jump /dʒʌmp/ **I** *n* [1] (leap) skok *m*; **in a single ~** jednym skokiem or susem; **parachute ~** skok ze spadochronem or na spadochronie [2] Equest przeszkoda *f*; **water ~** rów z wodą [3] fig (step) **to be one ~ ahead of sb** wyprzedzać kogoś o krok, być o krok przed kimś [4] (sudden increase) skok *m*, skokowy wzrost *m* **(in sth** czegoś); **prices start at £50 then there's a big ~ to £200** ceny zaczynają się od 50 funtów, po czym następuje wielki skok do 200 funtów; **she's made the ~ from deputy to director** z zastępcy awansowała na dyrektora; **it's a big ~ from school to university** przejście ze szkoły na uniwersytet to ogromna zmiana [5] Comput skok *m*, instrukcja *f* skoku, rozkaz *m* skoku

II *vt* [1] (leap over) przesk|oczyć, -akiwać *[obstacle, ditch]*; **he ~ed three metres** skoczył trzy metry; **she can ~ the horse over the fence** potrafi zmusić konia do przeskoczenia przez przeszkodę [2] (anticipate) **to ~ the gun** *[athlete]* zrobić falstart; fig zbytnio się z czymś pośpieszyć; **to ~ the lights** *[motorist]* ruszyć na czerwonym świetle; **to ~ the queue** wepchnąć się poza kolejką or kolejnością [3] (escape) **to ~ the ship** *[crewman]* uciec ze statku; **to ~ bail** nie stawić się na rozprawie sądowej po zapłaceniu kaucji [4] (miss) *[stylus]* przesk|oczyć, -akiwać *[groove]*; *[disease]* omi|nąć, -jać *[generation]*; **to ~ the rails** *[train]* wyskoczyć z szyn; **to ~ a stage** (in argument) opuścić punkt (w dyskusji); (in promotion, hierarchy) przeskoczyć jeden szczebel [5] infml (attack) *[mugger]* rzuc|ić, -ać się na (kogoś), sk|oczyć, -akać na (kogoś) *[victim]* [6] infml (board) **to ~ a train** jechać na gapę (pociągiem towarowym)

III *vi* [1] (leap) sk|oczyć, -akać; **to ~ for joy** skakać z radości or ze szczęścia; **to ~ across** or **over sth** przeskoczyć przez coś *[ditch, hole]*; **to ~ clear of sth** uskoczyć przed czymś; **to ~ to one's feet** zerwać się or skoczyć na równe nogi; **to ~ to sb's defence** rzucić się na pomoc komuś; **to ~ to conclusions** wyciągać pochopne wnioski; **to ~ up and down** *[gymnast]* wykonywać podskoki; *[child]* podskakiwać; fig (in anger) trząść się ze złości [2] (start) *[person]* pod|skoczyć; **you made me ~** przestraszyłeś mnie; **he ~ed out of his skin** infml bardzo się przestraszył, doznał szoku [3] (rise) *[birthrate, prices, profits]* wzr|osnąć, -astać gwałtownie [4] (move) **I ~ed to the last page** zajrzałem na ostatnią stronę; **the film ~s from 1800 to 1920** film przeskakuje od wydarzeń roku 1800 do roku 1920 [5] (welcome) **to ~ at sth** skwapliwie skorzystać z czegoś *[opportunity]*; entuzjastycznie przyjąć coś *[offer, suggestion]* [6] Comput **to ~ to (sth)** prze|skoczyć do (czegoś) *[address]*

■ **jump about, jump around** podskakiwać

■ **jump back** *[person]* odskoczyć do tyłu; *[lever, spring]* wr|ócić, -acać do pozycji wyjściowej

■ **jump down** zesk|oczyć, -akiwać **(from sth** z czegoś)

■ **jump in** *[person]* wsk|oczyć, -akiwać

■ **jump on**: ¶ **~ on sth** (mount) wsk|oczyć, -akiwać do (czegoś) *[bus, train]*; wsk|oczyć, -akiwać na (coś) *[bicycle, horse]*; **~ on!** wskakuj! infml ¶ **~ on [sb]** (attack verbally) nask|oczyć, -akiwać na (kogoś); **she ~ed**

J

on me for no reason at all naskoczyła na mnie bez żadnego or bez najmniejszego powodu

■ **jump out** *[person]* wysk|oczyć, -akiwać; **to ~ out of sth** wyskakiwać przez (coś) *[window]*; wyskakiwać z (czegoś) *[bed, train]*; **to ~ out in front of sb** nagle stanąć przed kimś; wyskoczyć komuś przed nosem infml

■ **jump up** *[person]* podsk|oczyć, -akiwać; **to ~ up on sth** wskoczyć na (coś) *[table]*

IDIOMS: **~ to it!** infml (na co czekasz) zrób to!; **go and ~ in the lake!** infml idź się powieś! infml

jumpcut /ˈdʒʌmpkʌt/ *n* Cin skok *m* montażowy

jumped-up /ˌdʒʌmptˈʌp/ *adj* pej nadęty, napuszony; **he's nothing but a ~ clerk** jest zwykłym urzędasem, a zgrywa ważniaka infml

jumper /ˈdʒʌmpə(r)/ *n* [1] GB (sweater) pulower *m* [2] US (pinafore) fartuszek *m* [3] Tech wybijak *m*

jumper cables *npl* US Aut przewody *m pl* rozruchowe

jumping bean *n ziarno fasoli z larwą ćmy*

jumping gene *n* transpozon *m*

jumping jack *n* [1] Games podskok *m* do rozkroku; pajac *m* infml [2] (toy) pajac *m* na sznurku (z ruchomymi kończynami) [3] (firework) petarda żabka *f*

jumping-off place *n* fig punkt *m* wyjścia

jump-jet /ˈdʒʌmpdʒet/ *n* samolot *m* odrzutowy pionowego startu i lądowania

jump jockey *n* Equest dżokej *m (w długodystansowym wyścigu z przeszkodami)*

jump leads *npl* Aut przewody *m pl* rozruchowe

jump-off /ˈdʒʌmpɒf/ *n* Equest finał *m* konkursu skoków

jump rope *n* US skakanka *f*

jump seat *n* Aut odchylane siedzenie *n*

jump-start I /ˈdʒʌmpstɑːt/ *n* **to give sb a ~** (with jump leads) pomóc komuś uruchomić samochód z innego akumulatora; (by pushing) pomóc komuś uruchomić samochód na pych infml

II /ˌdʒʌmpˈstɑːt/ *vt* (with jump leads) uruch|omić, -amiać samochód przez zwarcie przewodów; (by pushing) uruch|omić, -amiać samochód na pych infml

jump suit *n* Fashn kombinezon *m* jednoczęściowy

jumpy /ˈdʒʌmpɪ/ *adj [person]* nerwowy; *[market]* niestabilny

Jun = **June**

junction /ˈdʒʌŋkʃn/ *n* [1] (of roads) skrzyżowanie *n* [2] Rail (of railway lines) węzeł *m* kolejowy; (station) stacja *f* węzłowa [3] Tech połączenie *n*, złącze *n*; **thermocouple ~** spoina termoelementu [4] fig fml połączenie *n*

junction box *n* skrzynka *f* przyłączowa, puszka *f* połączeniowa

juncture /ˈdʒʌŋktʃə(r)/ *n* [1] punkt *m*; **at this ~** w tym momencie or punkcie, wtedy, wówczas [2] Ling junktura *f*, złącze *n*

June /dʒuːn/ I *n* czerwiec *m*; **in ~** w czerwcu

II *modif* czerwcowy

June bug *n* ogrodnica *f* niszczylistka

Jungian /ˈjʊŋɪən/ *adj* **~ theory** teoria Junga

jungle /ˈdʒʌŋgl/ I *n* dżungla *f* also fig; **the law of the ~** prawo dżungli

II *modif* **~ flora/fauna/life** flora/fauna /życie dżungli; **~ path** ścieżka w dżungli

jungle fowl *n* kur *m* bankiwa

jungle gym *n* (climbing frame) drabinki *f pl*

jungle juice *n* infml bimber *m*

jungle music *n* muzyka *f* jungle

jungle warfare *n* działania *n pl* wojenne w dżungli

junior /ˈdʒuːnɪə(r)/ I *n* [1] (younger person) **to be (10 years) sb's ~** być (o dziesięć lat) młodszym od kogoś [2] (low-ranking worker) pracownik *m* niższy rangą [3] GB Sch ucze|ń *m*, -nnica *f* szkoły podstawowej [4] US Univ student *m*, -ka *f* przedostatniego roku; (in high school) ucze|ń *m*, -nnica *f* przedostatniej klasy [5] Sport (young player) junior *m*, -ka *f* [6] GB = **junior doctor** [7] GB = **junior minister**

II *adj* [1] (low-ranking, not senior) *[colleague, worker]* (inferior) niższy rangą; (trainee) początkujący; *[post, rank, position]* niższy rangą; **to be ~** mieć małe doświadczenie; **more ~** z mniejszym doświadczeniem; **he is very ~** ma bardzo mało doświadczenia; **he is ~ to me in the firm** zajmuje niższe niż ja stanowisko w firmie [2] (young) *[person, citizen]* młody; *[fashion, activity, wing of organization]* młodzieżowy, dla młodych; **to be ~ to sb** być młodszym od kogoś; **she is ~ to him by twelve years** jest od niego o dwanaście lat młodsza [3] Sport **~ champion/race/league** mistrz/wyścig/liga juniorów; *[player, high-jumper]* junior [4] (the younger) (also **Junior**) **Bob Mortimer ~** Bob Mortimer junior

junior clerk *n* młodszy urzędnik *m*

junior college *n* US *dwuletnia uczelnia wyższa*

Junior Common Room *n* GB Univ (room) pokój *m* studentów; (student body) *(+ v sg/pl)* studenci *m pl*, ogół *m* studentów

junior doctor *n* ≈ lekarz *m* stażysta

junior executive *n* menedżer *m* niższego stopnia

junior high school *n* US szkoła *f* średnia *(dla uczniów w wieku 13-15 lat)*

junior lightweight *n* waga *f* lekka w kategorii juniorów

junior management *n* kierownictwo *n* niższego szczebla

junior manager *n* kierownik *m* niższego szczebla

junior middleweight *n* waga *f* półśrednia w kategorii juniorów

junior minister *n* ≈ podsekretarz *m* stanu; **she is the junior health minister** jest podsekretarzem stanu w Ministerstwie Zdrowia

junior miss *n* US nastolatka *f (od 11 do 14 lat)*

junior partner *n* młodszy wspólnik *m*

junior rating *n* GB Naut marynarz *m*

junior school *n* GB szkoła *m* podstawowa *(dla uczniów w wieku 7-11 lat)*

junior seaman *n* GB Navy marynarz *m*

junior technician *n* GB ≈ starszy szeregowiec *m (w RAF-ie)*

junior welterweight *n* waga *f* lekkopółśrednia w kategorii juniorów

juniper /ˈdʒuːnɪpə(r)/ I *n* jałowiec *m*

II *modif* **~ berries** jagody jałowca

junk[1] /dʒʌŋk/ I *n* [1] infml pej (poor quality) (possessions) rupiecie *m pl*; graty *m pl* infml; (merchandise) tandeta *f*; dziadostwo *n* infml; **clear your ~ off my desk!** zabieraj swoje graty z mojego biurka! infml; **how can you read this ~?** jak możesz czytać takie bzdury or taki chłam? infml [2] (second-hand) starzyzna *f* [3] vinfml (heroin) hera *f* infml

II *vt* infml wyrzuc|ić, -ać na śmietnik *[appliance]*; odda|ć, -wać na złom *[car]*; porzucić, rzuc|ić, -ać *[ideas, friends]*

junk[2] /dʒʌŋk/ *n* (boat) dżonka *f*

junk bond *n* obligacja *f* śmieciowa

junk email *n* nachalna reklama *f* rozsyłana pocztą elektroniczną; spam *m* infml

junket /ˈdʒʌŋkɪt/ I *n* [1] Culin legumina *f* ze słodkiego twarożku [2] infml (spree) feta *f* infml [3] infml (paid trip) **to go on a ~** przejechać się za pieniądze podatnika

II *vi* infml imprezować infml

junket(t)ing /ˈdʒʌŋkɪtɪŋ/ *n* [1] infml (celebrating) biesiadowanie *n* [2] (paid trip) wyjazdy *m pl* na koszt podatnika

junk food *n* niezdrowe, tanie jedzenie *n*

junkie /ˈdʒʌŋkɪ/ *n* infml ćpun *m* infml

junk jewellery *n* tandetna sztuczna biżuteria *f*

junk mail *n* niezamówione przesyłki *f pl* reklamowe

junkman /ˈdʒʌŋkmən/ *n* US *(pl* **-men)** handlarz *m* starzyzną

junk shop *n* sklep *m* ze starzyzną

junkyard /ˈdʒʌŋkjɑːd/ *n* (for scrap) złomowisko *n*; (for old cars) cmentarzysko *n* samochodów, szrot *m*

Juno /ˈdʒuːnəʊ/ *prn* Junona *f*

Junoesque /ˌdʒuːnəʊˈesk/ *adj [beauty, figure]* posągowy

junta /ˈdʒʌntə/ *n* pej junta *f*

Jupiter /ˈdʒuːpɪtə(r)/ *prn* [1] Mythol Jupiter *m*, Jowisz *m* [2] Astron Jowisz *m*

Jura /ˈdʒʊərə/ *prn* **the ~** Jura *f*

Jurassic /dʒʊəˈræsɪk/ Geol I *n* **the ~** jura *f*

II *adj* jurajski

juridical /dʒʊəˈrɪdɪkl/ *adj* prawny, prawniczy, sądowy

jurisdiction /ˌdʒʊərɪsˈdɪkʃn/ *n* Admin, Jur jurysdykcja *f*; **to come within** or **under sb's ~** podlegać kompetencji kogoś; **to be outside sb's ~** nie podlegać kompetencji kogoś

jurisdictional /ˌdʒʊərɪsˈdɪkʃənl/ *adj* jurysdykcyjny, sądowniczy

jurisprudence /ˌdʒʊərɪsˈpruːdns/ *n* [1] jurysprudencja *f*, prawoznawstwo *n* [2] (precedents) praktyka *f* sądowa

jurist /ˈdʒʊərɪst/ *n* fml prawni|k *m*, -czka *f*; juryst|a *m*, -ka *f* dat

juror /ˈdʒʊərə(r)/ *n* sędzia *m* przysięgły; (at competition) juror *m*, -ka *f*

jury[1] /ˈdʒʊərɪ/ *n* [1] Jur sąd *m* przysięgłych, ława *f* przysięgłych; **to be** or **serve on a ~** być sędzią przysięgłym; **to be a member of the ~** być członkiem ławy przysięgłych; **to instruct the ~** pouczyć or poinstruować przysięgłych or ławę przysięgłych; **'members of the ~!'** „sędziowie przysięgli!"; **the ~ is** or **are still out** Jur ława przysięgłych jeszcze obraduje [2] (at competition) jury *n inv*

jury² /ˈdʒʊərɪ/ *adj* Naut *[mast]* zastępczy, awaryjny

jury box *n* ława *f* przysięgłych

jury duty *n* US = **jury service**

juryman /ˈdʒʊərɪmən/ *n* (*pl* **-men**) Jur członek *m* ławy przysięgłych; (in a competition) juror *m*

jury service *n* GB **to do ~** wziąć udział w procesie jako sędzia przysięgły

jury shopping *n* US wybór *m* członków ławy przysięgłych

jury system *n* system *m* sądowniczy z udziałem ławy przysięgłych

jurywoman *n* (*pl* **-women**) Jur członkini *f* ławy przysięgłych; (in a competition) jurorka *f*

just¹ /dʒʌst/ **I** *adv* [1] (very recently) właśnie, dopiero co; **to have ~ done sth** właśnie zrobić coś; **she's ~ arrived** właśnie przyjechała; **I'm ~ back** właśnie wróciłem, dopiero co wróciłem; **it's ~ been varnished** (to) ma świeżo położony lakier, (to) zostało dopiero co polakierowane [2] (immediately) zaraz; **~ after your birthday** zaraz po twoich urodzinach; **~ after you left/arrived** zaraz po twoim wyjściu /przyjściu; **~ before** tuż przed; **it's ~ after midnight** chwilę temu wybiła północ [3] (slightly) (with quantities, indicating position or location) trochę; **~ over 20 kg** trochę ponad 20 kg; **~ under 15 cm** trochę mniej niż 15 cm; **~ beyond** or **past** or **after the station** zaraz za stacją; **~ below the knee** trochę poniżej kolana; **~ on the left** zaraz na lewo [4] (only, merely) tylko, zaledwie; **~ a cup of tea, please** poproszę tylko o filiżankę herbaty; **~ for fun** (tylko) dla zabawy or rozrywki; **there will be ~ the three of us** będzie nas tylko trzy osoby; **not cross, ~ disappointed** nie zły, po prostu rozczarowany; **~ two days ago** zaledwie dwa dni temu; **~ last week** zaledwie w zeszłym tygodniu; **he is ~ a child** jest tylko dzieckiem; **not ~ men** nie tylko mężczyźni [5] (purposely) (tylko) po to, żeby; **he did it ~ to annoy us** zrobił to (tylko) po to, żeby nas zdenerwować; **I came ~ to see you** przyszedłem tylko po to, żeby się z tobą zobaczyć [6] (barely) ledwo, ledwie; **~ on time** ledwo na czas; **he is ~ 20** on ma zaledwie 20 lat; **I've got ~ enough money** ledwie starczy mi pieniędzy; **I (only) ~ caught the train** ledwo zdążyłem na pociąg; **he (only) ~ passed the exam** ledwo zdał egzamin [7] (simply) po prostu; **~ tell the truth** po prostu powiedz prawdę; **she ~ won't listen** ona po prostu nie słucha; **I was ~ wondering if...** po prostu się zastanawiałem, czy...; **that's ~ the way it is** tak to jest, takie jest życie; **~ a moment** or **a minute** or **a second!** (when interrupting, disagreeing) chwileczkę; zaraz, zaraz; (please wait) chwileczkę! zaraz wracam! [8] (exactly, precisely) właśnie, dokładnie; **that's ~ what I suggested** właśnie to proponowałem or sugerowałem; **it's ~ what she wants** ona właśnie tego chce, właśnie o to jej chodzi; **it's ~ what you were expecting** i tego właśnie się spodziewałeś; **~ as I thought, we're too late** tak jak myślałem, jesteśmy spóźnieni; **~ how do you hope to persuade him?** no a jak or w jaki sposób masz zamiar go przekonać?; **~ how many there are isn't known** ile ich jest dokładnie – nie wiadomo; **it's ~ right** właśnie tak, dokładnie tak; **~ at that moment, Adam arrived** właśnie w tym momencie zjawił się Adam; **it's ~ on 8 am** GB jest punkt ósma; **she looks ~ like her father** wygląda zupełnie jak ojciec; **it's ~ like you to be late** to do ciebie podobne, żeby się spóźnić; **~ so!** właśnie!, dokładnie!; **that's ~ it** or **the trouble** i w tym rzecz or cały problem; **that's ~ the point!** i o to właśnie chodzi!, no właśnie! [9] (possibly, conceivably) **it ~ might** or **could be true** całkiem niewykluczone, że to prawda; **he may ~ make it in time** zupełnie możliwe, że zdąży na czas [10] (at this or that very moment) właśnie; **to be ~ doing sth** właśnie coś robić; **to be ~ about to do sth** właśnie mieć coś zrobić; **I'm ~ finishing the letter** właśnie kończę ten list; **I'm ~ coming** już idę; **he was ~ leaving** właśnie wychodził; **I'm ~ off!** już mnie nie ma! [11] (positively, totally) **that was ~ wonderful/delicious/ridiculous /wrong** to było po prostu cudowne/pyszne /idiotyczne/nie w porządku; **that's ~ typical!** jakież to typowe!; **that's ~ great!** (enthusiastically) wspaniale!; (ironically) no pięknie! [12] (easily) **I can ~ imagine him as president** widzę go jako prezydenta; **can you ~ picture the scene!** tylko wyobraź sobie tę scenę!; **I can ~ smell the pine forests** już czuję zapach sosen [13] (with imperatives) tylko; **~ keep quiet!** więc bądź cicho!; **~ look at the time!** spójrz tylko, która jest godzina!; **~ you dare!** tylko spróbuj!; **~ imagine!** tylko sobie wyobraź!; **~ think, you could have been hurt!** pomyśl tylko, mogłeś się skaleczyć! [14] (in requests) **if I could ~ interrupt you** jeśli mógłbym panu/pani przerwać; **if you could ~ hold this box** czy mógłbyś potrzymać to pudełko?; **could you ~ wait five minutes?** czy mógłbyś zaczekać pięć minut? [15] (for emphasis in responses) **'he is adorable' – 'isn't he ~'** „czyż on nie jest rozkoszny" – „rzeczywiście rozkoszny"; **'that film was dreadful' – 'wasn't it ~!'** „ten film był okropny" – „no właśnie!"; **'she is really full of herself' – 'isn't she ~'** „strasznie jest zarozumiała" – „święta prawda"; **'I bet you are furious' – 'aren't I ~'** „na pewno jesteś wściekły" – „a żebyś wiedział", „jeszcze jak!" [16] (equally) **~ as big/funny as...** równie duży/śmieszny jak...; **I can ~ as easily walk** równie dobrze mogę się przejść

II just about *adv phr* prawie; **~ about cooked/finished** prawie ugotowany/skończony; **'are you ready?' – '~ about'** „jesteś gotowa?" – „prawie"; **it's ~ about 10 o'clock** jest prawie dziesiąta; **~ about anything/everything** cokolwiek/prawie wszystko; **I can ~ about see it/reach it** już niemal to widzę/tego dosięgam; **~ about enough for two** wystarczająco dla dwojga; **I've had ~ about enough!** mam już tego dość!; **~ about here** gdzieś tu; **it's ~ about the most boring film I've seen** to chyba najnudniejszy film, jaki widziałem; **it's ~ about the best holiday we've had** to były chyba nasze najlepsze wakacje

III just now *adv phr* (a short time ago) **I saw him ~ now** dopiero co go widziałem; (at the moment) w tym momencie, w tej chwili

IV just as *conj phr* właśnie kiedy; **he arrived ~ as I was leaving** zjawił się akurat w chwili, kiedy wychodziłem

IDIOMS: **it's ~ as well!** no i dobrze się składa!, no i bardzo dobrze!; **it's ~ as well it's waterproof** na szczęście to jest nieprzemakalne; **it would be ~ as well if you asked him** równie dobrze mógłbyś go zapytać or poprosić; **I'd ~ as soon you didn't mention it** wolałabym, żebyś o tym nie wspominał; **I always check ~ in case** zawsze sprawdzam, (tak) na wszelki wypadek; **take your raincoat ~ in case it rains** weź płaszcz przeciwdeszczowy, bo może padać or bo a nuż będzie padać

just² /dʒʌst/ **I** *n* **the ~** (*+ v pl*) sprawiedliwi *m pl*

II *adj* [1] (fair) *[person, society, decision, comment]* sprawiedliwy; *[action, complaint, demand, anger, claim, criticism]* słuszny, usprawiedliwiony; *[war]* w słusznej sprawie; *[punishment, reward, compensation]* zasłużony; **they were forced to pay compensation, as is only ~** musieli zapłacić odszkodowanie, jak należało; **it is only ~ to note that he did his best** należy zauważyć, że zrobił wszystko, co było w jego mocy; **to be ~ in one's dealings with sb** uczciwie postępować wobec kogoś; **without ~ cause** bezpodstawnie [2] (exact) *[account, balance, calculation]* dokładny [3] Jur *[claim, request]* uzasadniony; *[inheritance, title]* należny

justice /ˈdʒʌstɪs/ *n* [1] (fairness) sprawiedliwość *f*; (of cause) słuszność *f*; (of complaint) zasadność *f*; **is there any ~ in her accusations?** czy jej zarzuty są uzasadnione?; **it can be said with some ~, that...** istnieją podstawy do twierdzenia, że...; **to do sb ~, to do ~ to sb** oddać komuś sprawiedliwość; **the portrait doesn't do her ~** na tym portrecie nie wygląda korzystnie; **I couldn't do ~ to it** (refusing food) nie potrafiłbym docenić smaku [2] (the law) sprawiedliwość *f*; **a court of ~** sąd; **to bring sb to ~** postawić kogoś przed sądem, oddać kogoś w ręce sprawiedliwości; **she is a fugitive from ~** umknęła wymiarowi sprawiedliwości [3] (judge) GB sędzia *m*; US sędzia *m* Sądu Najwyższego; **Mr Justice Murphy** GB sędzia Murphy

Justice Department *n* US departament *m* sprawiedliwości

Justice Minister *n* minister *m* sprawiedliwości

Justice of the Peace, JP *n* sędzia *m* pokoju

justifiable /ˈdʒʌstɪfaɪəbl/ *adj* (that is justified) słuszny, uzasadniony; (that can be justified) dający się uzasadnić

justifiable homicide *n* zabójstwo *n* usprawiedliwione

justifiably /ˈdʒʌstɪfaɪəblɪ/ *adv* słusznie, nie bez powodu; **he is ~ angry** jego gniew jest w pełni uzasadniony; **she is ~ proud** ma powody do dumy

justification /ˌdʒʌstɪfɪˈkeɪʃn/ *n* [1] (reason) uzasadnienie *n*, usprawiedliwienie *n*; **to have some ~ for doing sth** mieć (jakieś) powody, żeby coś zrobić; **you have no ~ for being so rude** nic nie usprawiedliwia twojego niegrzecznego zachowania; **in ~ of sth** w uzasadnieniu czegoś; **what can they say in ~ of their behaviour?** czym mogą usprawiedliwić swoje zachowanie?; **with some ~** niebezpodstawnie; **without any ~** bez żadnego uzasadnienia, bezpodstawnie [2] Comput, Print (moving of margin) wyjustowanie *n*, wyrównanie *n*; (moving of data) przesuwanie *n* danych; **right/left ~** wyrównywanie do prawego/lewego marginesu [3] Relig usprawiedliwienie *n*

justified /ˈdʒʌstɪfaɪd/ *adj* [1] *[anger, criticism, suspicion]* uzasadniony; *[action]* usprawiedliwiony; **to be ~ in doing sth** mieć słuszne powody, żeby zrobić coś; **to feel ~ in doing sth** czuć się uprawnionym do zrobienia czegoś; **you're quite ~ in refusing** masz pełne prawo odmówić [2] Comput, Print *[margin]* wyrównany [3] Comput *[text, data]* wyjustowany

justify /ˈdʒʌstɪfaɪ/ *vt* [1] usprawiedliwi|ć, -ać *[people, actions]*; wy|tłumaczyć, uzasadni|ć, -ać *[actions, decisions]*; **how can you ~ such cruelty?** czym możesz usprawiedliwić takie okrucieństwo?; **what justifies its inclusion in the collection?** na jakiej zasadzie znalazło się to w kolekcji? [2] Comput wy|justować *[text, data]* [3] Comput, Print wyrówn|ać, -ywać *[margins]*

IDIOMS: **the end justifies the means** cel uświęca środki

just-in-time, JIT /ˌdʒʌstɪnˈtaɪm/ *adj* Comm *[manufacture, production]* dokładnie na czas

justly /ˈdʒʌstlɪ/ *adv* [1] (equitably) *[act, rule, sentence, treated]* sprawiedliwie; *[called, named, criticised, angry, claimed]* słusznie [2] (justifiably) *[punished, rewarded, praised]* słusznie

justness /ˈdʒʌstnɪs/ *n* [1] (aptness) słuszność *f* [2] (reasonableness) (of claim, request) zasadność *f*

jut /dʒʌt/ **I** *vi* (*prp, pt, pp* **-tt-**) (also **~ out**) [1] (horizontally) *[cape, promontory]* wcinać się **(into sth** w coś); *[balcony]* wystawać **(over sth** nad czymś) [2] (vertically) *[mountain]* wznosić się

II **jutting** *prp adj* (**~ out**) wystający, sterczący

jute /dʒuːt/ *n* juta *f*

juvenile /ˈdʒuːvənaɪl/ **I** *n* [1] fml (young person) młodzieniec *m*; Jur nieletni *m*, -a *f*, młodocian|y *m*, -a *f*, małoletn|i *m*, -a *f* [2] Bot, Zool osobnik *m* młodociany

II *adj* [1] (young) *[person]* młody; **~ group** grupa młodzieży; **~ gang** gang młodocianych or nieletnich (przestępców) [2] (childish) *[behaviour, jokes]* dziecinny; szczeniacki infml pej; *[books, reading, library]* dla młodzieży [3] Bot, Zool młodociany

juvenile court *n* sąd *m* dla nieletnich

juvenile crime *n* przestępczość *f* nieletnich

juvenile delinquency *n* przestępczość *f* nieletnich

juvenile delinquent *n* młodociany przestępca *m*

juvenile lead *n* Theat młody or młodociany bohater *m*, młoda or młodociana bohaterka *f*

juvenile offender *n* Jur młodociany przestępca *m*

juxtapose /ˌdʒʌkstəˈpəʊz/ *vt* zestawi|ć, -ać *[photographs, styles, colours]* **(with sth** z czymś)

juxtaposition /ˌdʒʌkstəpəˈzɪʃn/ *n* zestawienie *n* **(with sth** z czymś); **in ~ with sth** w zestawieniu z czymś

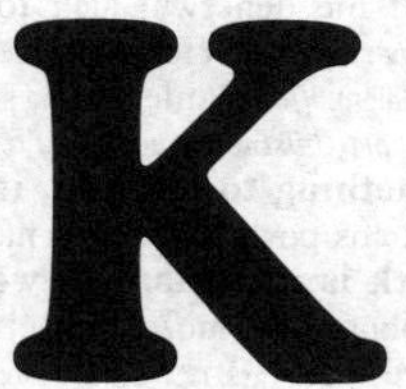

k, K /keɪ/ *n* [1] (letter) k, K *n* [2] **K = kilo** [3] **K** Comput = **kilobyte** Kb [4] infml **K = thousand** tysiąc *m*; **he earns £50 K** zarabia pięćdziesiąt tysięcy funtów szterlingów

Kabul /ˈkɑːbl/ *prn* Kabul *m*

kaffeeklatsch /ˈkæfeɪklætʃ/ *n* spotkanie *n* przy kawie; kawa *f* infml

kaffir /ˈkæfə(r)/ *n* SAfr offensive czarnuch *m* offensive

Kafkaesque /ˌkæfkəˈesk/ *adj* kafkowski

kaftan /ˈkæftæn/ *n* kaftan *m*

kagoule *n* = **cagoule**

kail /keɪl/ *n* = **kale**

kainite /ˈkaɪnaɪt/ *n* Miner kainit *m*

Kaiser /ˈkaɪzə(r)/ *n* kajzer *m* infml

kalaemia GB, **kalemia** US /kəˈliːmɪə/ *n* stężenie *n* potasu we krwi

Kalahari /ˌkæləˈhɑːrɪ/ *prn* **the ~** Kalahari *n inv*; **the ~ Desert** pustynia Kalahari

kale /keɪl/ *n* [1] Agric (also **curly ~**) jarmuż *m* [2] US infml (money) forsa *f*, kapusta *f* infml

kaleidoscope /kəˈlaɪdəskəʊp/ *n* kalejdoskop *m*; **a ~ of colours** kalejdoskop kolorów

kaleidoscopic /kəˌlaɪdəˈskɒpɪk/ *adj* kalejdoskopowy, jak w kalejdoskopie

kalemia *n* US = **kalaemia**

kamikaze /ˌkæmɪˈkɑːzɪ/ **I** *n* kamikadze *m inv*

II *modif* *[attack, mission]* samobójczy; *[tactics, approach]* straceńczy, desperacki

Kampuchea /ˌkæmpʊˈtʃɪə/ *prn* Hist Kampucza *f*; **People's Republic of ~** Kampuczańska Republika Ludowa

Kampuchean /ˌkæmpʊˈtʃɪən/ **I** *n* Kampuczan|in *m*, -ka *f*

II *adj* kampuczański

kangaroo /ˌkæŋgəˈruː/ *n* kangu|r *m*, -rzyca *f*

kangaroo court *n* pej sąd *m* kapturowy

kanji /ˈkændʒɪ/ *n* kandzi *n*

Kansas /ˈkænzəs/ *prn* Kansas *inv*

Kantian /ˈkæntɪən/ *adj* (of Kant) kantowski; (Kant's) Kantowski

kaolin /ˈkeɪəlɪn/ *n* Miner kaolin *m*

kapok /ˈkeɪpɒk/ **I** *n* kapok *m*

II *modif* *[mattress, cushion]* kapokowy

kapok tree *n* Bot puchowiec *m* pięciopręcikowy

Kaposi's sarcoma /kəˌpəʊsɪzsɑːˈkəʊmə/ *n* Med mięsak *m* Kaposiego

kaput /kæˈpʊt/ *adj* infml kaput infml

karabiner /ˌkærəˈbiːnə(r)/ *n* karabinek *m*, karabińczyk *m*

karaoke /ˌkærɪˈəʊkeɪ, -kɪ/ *n* karaoke *n inv*

karat /ˈkærət/ *n* US → **carat**

karate /kəˈrɑːtɪ/ **I** *n* karate *n inv*

II *modif* *[class, chop]* karate; **~ expert** karateka

karma /ˈkɑːmə/ *n* Relig karma *f*

karst /kɑːst/ *n* Geol kras *m*

kart /kɑːt/ *n* gokart *m*

karting /ˈkɑːtɪŋ/ *n* karting *m*; **to go ~** jeździć na gokartach

Kashmir /kæʃˈmɪə(r)/ *prn* Kaszmir *m*

Kashmiri /kæʃˈmɪərɪ/ *n* [1] (person) Kaszmir|czyk *m*, -ka *f* [2] Ling (język *m*) kaszmirski *m*, kaszmiri *m inv*

Kat(h)mandu /ˌkætmænˈduː/ *prn* Katmandu *n inv*

katydid /ˈkeɪtɪdɪd/ *n* Zool amerykański konik *m* polny

katzenjammer /ˈkætsənjæmə(r)/ *n* US infml [1] (uproar) harmider *m* [2] (hangover) katzenjammer *m*; kac *m* infml

kayak /ˈkaɪæk/ *n* kajak *m*

Kazakhstan /ˌkɑːzɑːkˈstɑːn, ˌkæz-/ *prn* Kazachstan *m*

kazoo /kəˈzuː/ *n* Mus fujarka *f*, piszczałka *f*

KB *n* Comput = **kilobyte** kilobajt *m*, kB

KC *n* [1] GB Jur → **King's Counsel** [2] US Post = **Kansas City**

KD *adj* US = **knocked down**

kebab /kɪˈbæb/ *n* (also **shish ~**) kebab *m*

kedge /kedʒ/ **I** *n* (also **~ anchor**) Naut mała kotwica *f* pomocnicza

II *vt* przeciąg|nąć, -ać na kotwicy pomocniczej *[boat]*

III *vi* zakotwicz|yć, -ać się

kedgeree /ˈkedʒəriː, ˌkedʒəˈriː/ *n* GB Culin potrawka *f* z ryżu, ryby i jaj

keel /kiːl/ *n* Naut kil *m*, stępka *f*; Aviat kil *m*; **to be on an even ~** Naut płynąć na równej stępce; **he is on a more even ~ now** fig jest teraz spokojniejszy or bardziej zrównoważony; **my finances are back on an even ~** fig moja sytuacja finansowa unormowała się; jeśli chodzi o moją sytuację finansową, to wyszedłem na prostą

■ **keel over** *[boat]* wywr|ócić, -acać się (do góry dnem); *[person]* zasłabnąć; *[tree]* zwal|ić, -ać się

keelhaul /ˈkiːlhɔːl/ *vt* Naut Hist u|karać poprzez przeciągnięcie pod kilem *[offender, mutineer]*; fig (rebuke) zmyć głowę (komuś) infml fig **(for sth** za coś)

keen¹ /kiːn/ **I** *n* irlandzka pieśń *f* żałobna

II *vi* lamentować **(over sb/sth** nad kimś /czymś)

keen² /kiːn/ *adj* [1] (eager) *[applicant, candidate]* chętny, skory; *[worker]* zapalony; *[admirer]* gorący; **to be ~ on sth** być zapalonym do czegoś *[plan, project, idea]*; **I'm not too ~** or **over-~ on the idea** niezbyt mi się ten pomysł podoba; **to be ~ on doing sth** or **to do sth** palić się do zrobienia czegoś; **to be ~ for sb to do sth** or **on sb's doing sth** bardzo chcieć, żeby ktoś coś zrobił; **to be ~ that sb should do sth** stanowczo uważać, że ktoś powinien zrobić coś; **to grow** or **become ~** nabrać ochoty, zapalić się; **to look ~** być wyraźnie zapalonym; **my wife wants to go but I'm not too ~** or **less than ~** moja żona chce jechać, ale ja nie mam ochoty or ale ja się nie palę [2] (enthusiastic) *[dancer, sportsplayer, supporter, swimmer]* zapalony; *[admirer, campaigner, environmentalist]* zagorzały; *[student]* pilny; **to be ~ on doing sth** infml uwielbiać coś robić; **he's ~ on my sister, but my father's not too ~ on him** infml podkochuje się w mojej siostrze, ale mój ojciec za nim nie przepada; **John is mad ~ on me** GB infml John szaleje za mną [3] (intense) *[admiration, grief, sorrow]* głęboki; *[desire, wish]* gorący; *[delight, pleasure]* wielki; *[interest]* żywy [4] (acute) *[hearing, sight, sense of smell, taste]* wyostrzony; *[appetite]* wielki, wilczy; *[ear]* czujny, wyczulony; *[eye]* bystry; **she has a ~ eye for errors** nie przegapi żadnej pomyłki [5] (sharp) *[blade, edge, point]* ostry; fig *[mind]* bystry; *[intelligence]* błyskotliwy; *[awareness]* głęboki; *[wit, satire]* ostry, cięty; *[air, frost]* ostry; *[cold, wind]* przenikliwy [6] GB (competitive) *[prices, terms]* konkurencyjny; Comm *[demand]* wielki; *[debate]* ożywiony

keenly /ˈkiːnlɪ/ *adv* *[interested]* żywo; *[feel, hurt]* dotkliwie; *[wish, desire]* gorąco; *[contest, debate]* ostro, zaciekle; **~ awaited** niecierpliwie oczekiwany; **she was ~ aware that...** w pełni zdawała sobie sprawę (z tego), że...

keenness /ˈkiːnnɪs/ *n* [1] (enthusiasm) zapał *m* [2] (sharpness) *[of feelings]* intensywność *f*; *[of senses]* wyostrzenie *n*; *[of wind, air]* przenikliwość *f*; *[of blade]* ostrość *f*

keep /kiːp/ **I** *n* [1] (maintenance) utrzymanie *n*; **to pay for one's ~** płacić za or na swoje utrzymanie; **to work for one's ~** pracować na swoje or na własne utrzymanie; **to earn one's ~** *[branch, factory, person]* zarabiać na siebie also fig [2] Archit stołp *m*, donżon *m*

II *vt* (*pt, pp* **kept**) [1] (cause to remain) **to ~ sb in hospital/indoors** *[person]* zatrzymać kogoś w szpitalu/w domu; **to ~ sb/sth clean** utrzymywać kogoś/coś w czystości; **to ~ sth warm/cool** trzymać coś w cieple/trzymać coś w chłodnym miejscu; **to be kept clean/warm/locked** pozostać czystym/ciepłym/zamkniętym (na klucz); **to ~ sb talking** sprawić, żeby ktoś mówił dalej; **to ~ sb waiting** kazać komuś czekać; **I won't ~ you to your promise** nie będę trzymał cię za słowo; **to ~ an**

engine/machine running trzymać silnik/maszynę na chodzie; **bronchitis kept him in bed** miał zapalenie oskrzeli i musiał leżeć w łóżku [2] (detain) zatrzym|ać, -ywać; **there's nothing to ~ me here** nic mnie tutaj nie trzyma; **don't let me ~ you!** nie chciałbym cię zatrzymywać!; **what kept you?** czemu tak późno?; **I won't ~ you a minute** to zajmie tylko chwilę; **the police are ~ing him for questioning** został doprowadzony przez policję celem przesłuchania [3] (retain) zatrzym|ać, -ywać *[money]*; zachow|ać, -ywać *[letter, receipt]*; u|trzymać *[job]*; przypilnować *[seat, place]* **(for sb** komuś or dla kogoś); trzymać *[ticket, bread]* **(for sb** dla kogoś); **we ~ these glasses for special occasions** te kieliszki są na specjalne okazje; **this pullover kept its colour /shape** ten sweter nie stracił koloru/fasonu [4] (have and look after) prowadzić *[shop, restaurant]*; mieć, trzymać *[dog, cat]*; hodować *[sheep, chickens]* [5] (sustain) **to ~ sth going** podtrzymywać coś *[conversation, tradition]*; podsycać, podtrzymywać *[fire]*; **I'll make you a sandwich to ~ you going** zrobię ci kanapkę, żebyś nie osłabł; **have you got enough work to ~ you going?** czy masz dość pracy, żeby się nie nudzić?; **it was only his work that kept him going** trzymał się tylko dzięki pracy [6] (store) trzymać, przechow|ać, -ywać; **I ~ my money in the safe** trzymam pieniądze w sejfie; **where do you ~ your cups?** gdzie trzymasz filiżanki?; **I ~ a spare key in the cupboard** zapasowy klucz trzymam w szafie [7] (have in stock) *[shop, shopkeeper]* mieć w sprzedaży, prowadzić sprzedaż (czegoś) *[brand, product]* [8] (support financially) utrzym|ać, -ywać *[family, lover, child]*; mieć, trzymać *[servant]*; **to ~ sb in beer** zaopatrywać kogoś w piwo [9] (maintain by writing in) prowadzić *[record, accounts, books, diary]* [10] (conceal) **to ~ sth from sb** trzymać coś w tajemnicy or ukrywać coś przed kimś [11] (prevent) **to ~ sb from doing sth** powstrzymywać kogoś przed zrobieniem czegoś [12] (observe) przestrzegać (czegoś) *[law, treaty, rules, Lent, sabbath, commandments]*; dotrzym|ać, -ywać (czegoś) *[appointment, promise, contract, secret]*; (celebrate) obchodzić *[birthday, anniversary, Christmas]* [13] Mus **to ~ time** or **the beat** podawać tempo [14] dat (protect) *[God]* u|strzec, ochr|onić, -aniać *[person]* **(from sb/sth** przed kimś/czymś); *[person]* o|bronić *[gate, bridge]* [15] (maintain) utrzym|ać, -ywać *[car, house]*; **well/badly kept** dobrze/źle utrzymany

III *vi* (*pt, pp* **kept**) [1] (continue) **to ~ doing sth** robić coś dalej, nie przerywać robienia czegoś; (repeatedly) stale or wciąż coś robić; **to ~ going/talking** iść/mówić dalej; **I don't know how she ~s going** nie wiem, skąd ona czerpie siły; **~ at it!** nie rezygnuj!; tak trzymaj! infml; **~ left/right** trzymać się lewej/prawej strony; **to ~ west/straight on** kierować się na zachód/iść prosto przed siebie [2] (remain) **to ~ indoors** siedzieć w domu; **to ~ out of the rain** chronić się przed deszczem; **to ~ warm/cool** unikać zimna/gorąca; **to ~ fit** utrzymywać dobrą kondycję; **to ~ calm** zachowywać spokój; **~ calm!** nie denerwuj się!; **to ~ quiet /silent** *[person]* być cicho/milczeć [3] (stay in good condition) *[food]* nie psuć się [4] (wait) *[news, report, business, work]* za|czekać; **I've got something to tell you, it won't ~** muszę ci coś powiedzieć, i to natychmiast; **this work is important, it won't ~!** to ważna robota i nie może czekać! [5] (in health) **'how are you ~ing?'** „jak się pani/pan miewa?"; **her father is ~ing well** jej ojciec trzyma się dobrze

IV *vr* **to ~ oneself** utrzym|ać, -ywać się samemu; **to ~ oneself from doing sth** powstrzymywać się od zrobienia czegoś; **to ~ oneself warm** nosić się ciepło, ubierać się ciepło; **to ~ oneself healthy** dbać o zdrowie; **to ~ oneself to oneself** trzymać się na uboczu or z dala od innych

V **for ~s** *adv phr* na zawsze

■ **keep after**: **~ after [sb]** [1] (pursue) deptać po piętach (komuś) infml [2] (chivvy) nagabywać (kogoś)

■ **keep at**: ¶ **~ at [sb]** US dręczyć, nękać *[person]* ¶ **~ at it!** nie szczędź wysiłków!

■ **keep away**: ¶ **~ away** trzymać się z daleka or z dala **(from sb/sth** od kogoś /czegoś); cof|nąć, -ać się, odsu|nąć, -wać się **(from sth** od czegoś) *[edge]* ¶ **~ [sb/sth] away** trzymać na odległość; **to ~ sb away from sb/sth** (prevent from getting close) trzymać kogoś z dala od kogoś/czegoś, nie dać się komuś zbliżyć do kogoś/czegoś *[person, fire]*; (cause to be absent from) trzymać kogoś z dala od kogoś *[family]*; **am I ~ing you away from your work?** czy odrywam cię od pracy?

■ **keep back**: ¶ **~ back** nie zbliż|yć, -ać się, trzymać się z daleka; **~ back!** nie zbliżać się!; **to ~ back from sth** nie zbliżać się do czegoś, nie podchodzić do czegoś ¶ **~ back [sb/sth], ~ [sb/sth] back** [1] (prevent from advancing) nie pozw|olić, -alać komuś/czemuś się zbliżyć, nie dopu|ścić, -szczać kogoś/czegoś *[person, crowd]* **(from sb/sth** do kogoś/czegoś); powstrzym|ać, -ywać *[student, pupil]*; *[barrier, dam]* zatrzym|ać, -ywać *[water]*; **he kept his hair back with an elastic band** związywał włosy z tyłu gumką [2] (retain) zatrzym|ać, -ywać *[money]*; zachow|ać, -ywać *[food, objects]* [3] (conceal) zata|ić, -jać *[information, detail, fact]* **(from sb** przed kimś) [4] (prevent from doing) powstrzym|ać, -ywać *[person]*

■ **keep down**: ¶ **~ down** nie podnosić się; **~ down!** leż, nie wstawaj! ¶ **~ down [sth], ~ [sth] down** [1] (cause to remain at a low level) przytrzym|ać, -ywać *[balloon, tent, blanket, animal]*; ogranicz|yć, -ać *[number, speed, cost, inflation]*; utrzym|ać, -ywać na niskim poziomie *[price, costs, wages, unemployment, temperature]*; wy|tępić *[weeds, pest]*; **to ~ one's weight down** dbać o linię; **~ your voice down!** mów ciszej!, nie podnoś głosu!; **~ the noise down!** nie rób tyle hałasu! [2] (retain in stomach) nie zwymiotować *[food]* ¶ **~ [sb] down** [1] GB Sch (cause to repeat year) kazać komuś powtarzać klasę or rok, zostawić kogoś na drugi rok (w tej samej klasie) [2] (repress) uciskać *[people]*; zdusić *[revolt, strike]*

■ **keep in**: ¶ **~ in** *[car, driver, cyclist]* GB trzymać się lewej strony drogi; (elsewhere) trzymać się prawej strony drogi ¶ **~ [sb /sth] in** [1] (cause to remain inside) za|trzymać w domu *[child, pet]*; nie wyjmować *[dentures, contact lenses]*; **they're ~ing him in** (in hospital) zatrzymali go w szpitalu [2] (restrain) nie okaz|ać, -ywać (czegoś), powstrzym|ać, -ywać *[emotion, impatience, excitement]*; trzymać przy sobie *[elbows]*; wciąg|nąć, -ać *[stomach]* [3] Sch (cause to stay at school) zatrzym|ać, -ywać (po lekcjach) *[pupil]*

■ **keep off**: ¶ **~ off** [1] (stay at distance) **~ off!** nie zbliżać się!, nie podchodzić! [2] (not start) **I hope the rain/storm ~s off** mam nadzieję, że się nie rozpada/że nie zacznie się burza ¶ **~ off [sth]** [1] (stay away from) wchodzić na (coś) *[flowerbed]*; nie zbliż|yć, -ać się do (czegoś), nie podchodzić do (czegoś) *[dangerous rocks, unsafe structure, private property, fell]*; **'please ~ off the grass'** „nie deptać trawników"; **to ~ off the streets** nie włóczyć się po ulicach infml [2] (refrain from) unikać *[fatty food, alcohol, drugs]*; nie porusz|yć, -ać (czegoś) *[subject, question]*; **to ~ off cigarettes** powstrzymywać się od palenia papierosów ¶ **~ off [sth], ~ [sth] off** [1] (prevent from touching) osł|onić, -aniać od (czegoś) or przed (czymś) *[sun, dust]*; ochr|onić, -aniać przed (czymś) *[insects]*; **a bamboo shelter to ~ the rain off** bambusowa wiata jako osłona przed deszczem or od deszczu [2] (continue not to wear) przestać nosić *[hat, shoes, glasses]* ¶ **~ sb off [sth]** (cause to refrain from) nie dawać komuś (czegoś) *[food, alcohol]*; powstrzymywać kogoś od poruszania (czegoś) *[subject]*

■ **keep on**: ¶ **~ on doing sth** nie przestawać robić czegoś; **to ~ on with sth** kontynuować coś, nie przerywać czegoś; **to ~ on about sth** nudzić o czymś; **to ~ on at sb** molestować kogoś **(to do sth** żeby coś zrobił) ¶ **~ [sb/sth] on** nie zw|olnić, -alniać (kogoś) *[employee]*; nie zdejmować (czegoś) *[hat, shoes]*

■ **keep out**: ¶ **~ out of [sth]** [1] (not enter) nie w|ejść, -chodzić do (czegoś) *[house, garden, kitchen, zone]*; **to ~ out of the area** nie wchodzić na teren; **'~ out!'** (on notice) „zakaz wstępu!" [2] (avoid being exposed to) unikać (czegoś) *[sunshine, rain, danger]* [3] (avoid getting involved in) nie nara|zić, -żać się na (coś) *[danger, trouble]*; nie mieszać się w (coś) *[argument, quarrel]*; nie za|angażować się w (coś) *[sb else's problem]*; **~ out of this!** nie mieszaj się do tego!; **to ~ out of sb's way, to ~ out of the way of sb** (not hinder) nie stawać komuś na drodze, schodzić komuś z drogi; (avoid seeing) unikać, omijać; **try to ~ out of trouble!** staraj się unikać kłopotów! ¶ **~ out [sb/sth], ~ [sb/sth] out** (not allow to enter) nie wpu|ścić, -szczać (kogoś/czegoś) *[animal, person]*; **I shut the window to ~ the rain out** zamknęłam okno, żeby nie napadało do środka; **I wore an extra pullover to ~ out the cold** założyłem jeszcze jeden sweter, żeby nie zmarznąć; **to ~ sb out of sth** (not allow to get involved) nie narażać kogoś **(of sth** na coś); (not allow to enter) trzymać kogoś za progiem; **to ~ sb out of trouble** pilnować, by ktoś nie zrobił głupstwa; **to ~ sb/sth out of sb's way** trzymać kogoś/coś z dala od kogoś

■ **keep to**: ¶ **~ to [sth]** (stick to) trzymać się (czegoś) *[road, path]*; fig przestrzegać (czegoś) *[law, rules]*; dotrzym|ać, -ywać (czegoś) *[promise, agreement, deadline]*; **to ~ to the right/left** trzymać się prawej /lewej strony; **to ~ to one's bed** leżeć w łóżku, nie wstawać z łóżka; **to ~ to one's home** pozostawać w domu, nie wychodzić z domu ¶ **~ sb to [sth]** (cause to remain on) utrzymywać kogoś na (czymś) *[route]*; zmusić kogoś do dotrzymania (czegoś) *[promise]* ¶ **~ [sth] to sth** (restrict) ogranicz|yć, -ać do (czegoś) *[size, number, amount]*; **to ~ sth to oneself** zachować coś przy sobie, zatrzymać coś dla siebie *[information, opinion, fact]*; **he can't ~ his hands to himself** infml on nie umie trzymać rąk przy sobie; **~ your hands to yourself!** łapy przy sobie! infml

■ **keep under**: ¶ **~ [sb] under** [1] (dominate) zmu|sić, -szać do posłuszeństwa, trzymać w ryzach *[servants, slaves, children]* [2] (cause to remain unconscious) utrzymywać w stanie nieprzytomnym

■ **keep up**: ¶ **~ up** [1] (progress at same speed) *[car, runner, competitors, animal]* nadąż|yć, -ać **(with sb/sth** za kimś/czymś) [2] (continue) *[prices]* utrzymywać się na tym samym poziomie; *[rain, weather]* utrzym|ać, -ywać się; **if the rain ~s up I'm not going** jak nie przestanie padać, zostaję ¶ **~ [sth] up, ~ up [sth]** [1] (cause to remain in position) przytrzym|ać, -ywać *[stockings, trousers]*; **~ your hands up!** (by gunman) ręce do góry! [2] (continue) kontynuować *[attack, bombardment, studies]*; utrzym|ać, -ywać *[correspondence, pace]*; podtrzym|ać, -ywać *[friendship, conversation, tradition, custom]*; **to ~ up the pressure** dalej domagać się **(for sth** czegoś); dalej wywierać presję **(on sb** na kogoś); **he kept up his German by attending evening classes** chodził na wieczorowe kursy niemieckiego, żeby nie wyjść z wprawy; **to ~ up one's strength /spirit** zachowywać siły/nie załamywać się; **~ up the good work!, ~ it up!** tak trzymać!, oby tak dalej! infml ¶ **~ [sb] up** (maintain awake) *[illness, noise]* nie da|ć, -wać komuś zasnąć; **I hope I'm not ~ing you up** (politely) mam nadzieję, że nie idziesz jeszcze spać; (ironically) chyba jeszcze nie idziesz spać

■ **keep up with**: ¶ **~ up with [sb/sth]** [1] (progress at the same speed as) (physically, mentally) dotrzym|ać, -ywać kroku (komuś) *[competitors, person, group]*; nadąż|yć, -ać za (kimś/czymś) *[class, lecture, lecturer, work]*; Econ *[wages, pensions]* nadąż|yć, -ać za (czymś), dog|onić, -aniać *[cost of living, inflation, prices]* [2] (be informed about) śledzić *[developments, fashion, news]* [3] (remain in contact with) utrzym|ać, -ywać kontakt z (kimś) *[colleagues, schoolfriends]* → **end, pecker**

IDIOMS: **to ~ in with sb** być or pozostawać z kimś w dobrych stosunkach; **(to try) to ~ up with the Joneses** (próbować) dorównać sąsiadom or innym; **you can't ~ a good man down** fachowiec zawsze sobie poradzi → **clear**

keeper /ˈkiːpə(r)/ *n* [1] (in zoo) dozorca *m* [2] Sport (in football, cricket) bramka|rz *m*, -rka *f* [3] (curator) (in museum, gallery) kustosz *m* [4] (guard) (in jail) strażni|k *m*, -czka *f*; **the ~ of the gate** stróż infml [5] (person in charge of someone else) **to be sb's ~** być (aniołem) stróżem kogoś; **'am I my brother's ~?'** Bible „czyż jestem stróżem brata mego?" Bible [6] (of shop, hotel, restaurant) właściciel *m*, -ka *f* → **finder**

keep fit /ˌkiːpˈfɪt/ **I** *n* zajęcia *plt* gimnastyczne; **to do ~** uprawiać gimnastykę

II keep-fit *modif [exercise, class]* gimnastyczny; **~ instructor/enthusiast** instruktor/zwolennik gimnastyki

keep fit exercises *npl* ćwiczenia *n pl* gimnastyczne *(dla podtrzymania dobrej formy fizycznej)*

keeping /ˈkiːpɪŋ/ **I** *n* (custody) opieka *f*, nadzór *m*; **in sb's ~, in the ~ of sb** pod opieką kogoś; pod pieczą kogoś, w pieczy kogoś liter; **to put sb/sth in sb's ~** pozostawić kogoś/coś pod opieką kogoś; powierzyć kogoś/coś pieczy kogoś liter

II in ~ with *prep phr* **to be in ~ with sth** pasować do czegoś, harmonizować z czymś *[surroundings, area, village, image]*; być zgodnym z czymś *[character, policy, rules, status, tradition]*

III out of ~ with *prep phr* **to be out of ~ with sth** nie pasować do czegoś *[character, image, style, occasion]*

keepsake /ˈkiːpseɪk/ *n* pamiątka *f*

keg /keg/ **I** *n* (for beer, brandy) antałek *m*, baryłka *f*; (for herrings, gunpowder) beczułka *f*; **a powder ~** fig beczka prochu or z prochem fig

II *modif* **~ beer** piwo beczkowe

keister /ˈkiːstə(r), ˈkaɪstə(r)/ *n* US infml (buttocks) siedzenie *n*, tyłek *m* infml

kelp /kelp/ *n* Bot krasnorosty *m pl* morskie

kelvin /ˈkelvɪn/ *n* kelwin *m*, stopień *m* Kelvina; **~ scale** skala Kelvina

ken /ken/ **I** *n* **it's beyond my ~** to jest dla mnie niezrozumiałe or nie do pojęcia; **to be beyond sb's ~** być dla kogoś niezrozumiałym or niepojętym

II *vt* **(***prp, pt, pp* **-nn-)** Scot dial = **know**

kennel /ˈkenl/ **I** *n* [1] GB (for dog) buda *f*; (for several dogs, hounds) psiarnia *f*; fig (ramshackle dwelling) nora *f* fig [2] US → **kennels**

II kennels *npl (+ v sg)* GB (for boarding dogs) hotel *m* dla psów; (for breeding, training dogs) hodowla *f* psów; **to be in ~s** GB or **a ~** US być w schronisku

Kent /kent/ *prn* Kent *m*

Kentucky /kenˈtʌkɪ/ *prn* Kentucky *n inv*

Kenya /ˈkenjə/ **I** *prn* Kenia *f*

II *modif [coffee]* kenijski

Kenyan /ˈkenjən/ **I** *n* Kenij|czyk *m*, -ka *f*

II *adj* kenijski

kepi /ˈkeɪpɪ/ *n* kepi *n inv*

kept /kept/ **I** *pt, pp* → **keep**

II *adj* **~ woman** utrzymanka; **~ man** utrzymanek

keratin /ˈkerətɪn/ *n* keratyna *f*

keratoplasty /ˈkerətəʊplæstɪ/ *n* Med keratoplastyka *f*, przeszczepienie *n* rogówki

keratotomy /ˌkerəˈtɒtəmɪ/ *n* Med keratotomia *f*, nacięcie *n* rogówki

kerb /kɜːb/ *n* GB [1] (edge of pavement) krawężnik *m*; **stop at the ~** zatrzymaj się przy krawężniku; **to draw up at** or **to the ~** zatrzymać się przy krawężniku; **to pull away from/pull into the ~** zjechać z krawężnika/wjechać na krawężnik [2] Fin (also **~ market)** nieoficjalny rynek *m*; **to do business on the ~** robić interesy na rynku nieoficjalnym

kerb broker *n* Fin makler *m* rynku nieoficjalnego

kerb crawler *n* GB mężczyzna *m* zaczepiający prostytutki z samochodu

kerb crawling *n* GB zaczepianie *n* prostytutek z samochodu

kerb drill *n* GB nauka *f* przechodzenia przez ulicę *(w szkole)*

kerb market *n* Fin rynek *m* nieoficjalny

kerbstone /ˈkɜːbstəʊn/ *n* GB krawężnik *m*

kerchief /ˈkɜːtʃɪf/ *n* dat chusta *f*, chustka *f*

kerfuffle /kəˈfʌfl/ *n* GB infml zamieszanie *n*, zamęt *m*

kernel /ˈkɜːnl/ *n* [1] (of nut, fruitstone) jądro *n*; (whole seed) ziarno *n*; **walnut ~** jądro orzecha [2] fig sedno *n*, istota *f*; **a ~ of truth** ziarno prawdy [3] Comput, Ling jądro *n*

kernel sentence *n* Ling zdanie *n* jądrowe

kernite /ˈkɜːnaɪt/ *n* Miner kernit *m*

kerosene, kerosine /ˈkerəsiːn/ **I** *n* [1] US, Austral (paraffin) nafta *f* [2] (aircraft fuel) paliwo *n* lotnicze

II *modif [lamp]* naftowy

kestrel /ˈkestrəl/ *n* Zool pustułka *f*

ketch /ketʃ/ *n* Naut kecz *m*

ketchup /ˈketʃəp/ *n* GB keczup *m*, ketchup *m*

ketonaemia GB, **ketonemia** US /ˌkiːtəʊˈniːmɪə/ *n* ketonemia *f*, ciała *n pl* ketonowe we krwi

ketone /ˈkiːtəʊn/ *n* Biol keton *m*

ketonemia *n* US = **ketonaemia**

ketonuria /ˌkiːtəʊˈnjʊərɪə/ *n* ketonuria *f*, obecność *f* ciał ketonowych w moczu

ketosis /kɪˈtəʊsɪs/ *n* kwasica *f* ketonowa

kettle /ˈketl/ *n* czajnik *m*; **did you put the ~ on?** wstawiłeś wodę?, nastawiłeś czajnik?; **the ~'s boiling** woda się gotuje

IDIOMS: **it is a different ~ of fish** to zupełnie inna sprawa; to inna para kaloszy infml fig; **it's the pot calling the ~ black** przyganiał kocioł garnkowi

kettledrum /ˈketldrʌm/ *n* Mus kocioł *m*

key /kiː/ **I** *n* [1] (locking device) klucz *m*; (small) kluczyk *m*; **front-door ~** klucz do drzwi wejściowych; **car ~** kluczyk do samochodu; **a bunch** or **set of ~s** pęk kluczy; **to leave the ~ in the door** zostawić klucz w drzwiach; **under lock and ~** pod kluczem [2] (winding device) klucz *m* imbusowy or fajkowy **(for sth** do czegoś); (for clock) klucz *m* naciągowy [3] Tech klucz *m*; **radiator ~** przełącznik grzejnika [4] (control) (in musical instruments, on phone, on typewriter) klawisz *m* [5] fig (vital clue) (to happiness, success, understanding) klucz *m* fig **(to sth** do czegoś); **the ~ to the mystery** klucz do tajemnicy; **exercise is the ~ to health** ćwiczenia fizyczne to sposób na zdrowie; **the ~ to being a good teacher is to listen** żeby być dobrym nauczycielem, trzeba umieć słuchać [6] (explanatory list) (on maps, diagrams) legenda *f*; (for code, cryptogram) klucz *m*; **pronunciation ~** lista znaków fonetycznych, klucz do wymowy; **a ~ to the abbreviations** objaśnienie skrótów [7] (answers) (to riddles, tests) odpowiedzi *f pl*; Sch klucz *m* [8] Mus tonacja *f*; **major ~** tonacja majorowa or durowa; **minor ~** tonacja minorowa or molowa; **to sing/play off ~** fałszować; **to sing/play in ~** czysto śpiewać/grać [9] Geog podwodna skała *f* koralowa

II *modif [man, woman, figure]* bardzo ważny, najważniejszy; *[industry, jobs, problem]* kluczowy; *[factor, difference]* zasadniczy; **this is a ~ position in our company** to jest kluczowe stanowisko w naszej firmie; **~ workers** pracownicy zajmujący kluczowe stanowiska

III *vt* [1] (type) wprowadz|ić, -ać, wpis|ać, -ywać; wstuk|ać, -iwać infml *[data, information]* [2] (adapt) dostosow|ać, -ywać *[production, remarks, speech]*; dopasow|ać, -ywać *[colours, mood]* **(to sth** do czegoś)

■ **key in: to ~ in [sth], to ~ [sth] in** wprowadz|ić, -ać, wpis|ać, -ywać; wstuk|ać, -iwać infml *[data, information]*

keyboard /ˈkiːbɔːd/ **I** *n* Comput, Print, Mus klawiatura *f*

II keyboards *npl* Mus syntetyzator *m*

III *vt* Comput wprowadz|ić, -ać; wstuk|ać, -iwać infml; (type) na|pisać na maszynie; wystuk|ać, -iwać infml

keyboarder /ˈkiːbɔːdə(r)/ *n* Comput osoba *f* wprowadzająca dane za pomocą klawiatury

keyboarding /ˈkiːbɔːdɪŋ/ **I** *n* Comput, Publg wprowadzanie *n* danych za pomocą klawiatury; wklepywanie *n* danych infml

II *modif* **~ error** błąd spowodowany przez złe posłużenie się klawiaturą; **~ problem** problem z klawiaturą

keyboard instrument *n* instrument *m* klawiszowy

keyboard operator *n* = **keyboarder**

keyboard shortcut *n* skrót *m* z klawiatury

keyboard skills *npl* (typing skills) ≈ umiejętność *f* posługiwania się komputerem

keyboards player *n* osoba *f* grająca na instrumencie klawiszowym or syntetyzatorze

key card *n* karta *f* magnetyczna *(do otwierania drzwi)*

key combination *n* Comput kombinacja *f* klawiszy, klawisze *m pl* skrótu

keyed-up /ˌkiːdˈʌp/ *adj [person, team]* (excited) podekscytowany, podniecony; (tense) podenerwowany; spięty infml; **to get ~** (excited) zdenerwować się; **she was all ~ about the exams** denerwowała się egzaminami

key holder *n* osoba *m* odpowiedzialna za klucze; kluczni|k *m*, -ca *f* dat

keyhole /ˈkiːhəʊl/ *n* dziurka *f* od klucza; **to look through the ~** patrzeć przez dziurkę od klucza; **she peeped through the ~** podglądała przez dziurkę od klucza

keyhole journalism *n* dziennikarstwo *n* goniące za tanią sensacją

keyhole saw *n* Tech (piła) otwornica *f*, lisica *f*

keyhole surgery *n* Med chirurgia *f* endoskopowa

keying /ˈkiːɪŋ/ *n* Comput, Publg wprowadzanie *n* tekstu; wstukiwanie *n* tekstu infml

key money *n* (for business premises, apartment) depozyt *m* przy wynajmowaniu mieszkania lub biura

keynote /ˈkiːnəʊt/ *n* [1] Mus tonika *f* [2] fig (main theme) (of policy, report) myśl *f* przewodnia; (of speech) główny wątek *m*

keynote lecture *n* wykład *m* inauguracyjny

keynote speaker *n* główny mówca *m*

keynote speech *n* Pol przemówienie *n* programowe

key-pad /ˈkiːpæd/ *n* Comput, Telecom blok *m* klawiszy, klawiatura *f* pomocnicza

key punch *n* Comput dziurkarka *f* klawiaturowa

key-ring /ˈkiːrɪŋ/ *n* kółko *n* na klucze

key signature *n* Mus oznaczenie *n* tonacji

keystone /ˈkiːstəʊn/ *n* Arch zwornik *m*, klucz *m*; fig filar *m*, podstawa *f*

keystroke /ˈkiːstrəʊk/ *n* Comput przyciśnięcie *n* klawisza

keyword /ˈkiːwɜːd/ *n* (to code) słowo *n* kluczowe; (in index) wyraz *m* hasłowy

kg *n* = **kilogram** kilogram *m*, kg

KGB *n* KGB *n inv*

khaki /ˈkɑːkɪ/ **I** *n* Tex (colour, cloth) khaki *inv*; **troops in ~** oddziały w mundurach khaki

II *adj* khaki

Khmer /kmeə(r)/ **I** *prn* [1] (person) Khmer *m*, -ka *f* [2] Ling (język *m*) khmerski *m*

II *adj* khmerski; **the ~ Republic** Republika *f* Khmerów

Khmer Rouge /ˌkmeəˈruːʒ/ *n* Czerwoni Khmerzy *m pl*

Khyber Pass /ˌkaɪbəˈpɑːs, US -ˈpæs/ *prn* przełęcz *f* Chajber

kHz *n* = **kiloherz** kiloherc *m*, kHz

kibbutz /kɪˈbʊts/ *n* (*pl* **~es, ~im**) kibuc *m*

kibitz /ˈkɪbɪts/ *vt* US infml [1] (at card game) kibicować (komuś/czemuś) [2] (chat) gadać infml

kibitzer /ˈkɪbɪtsə(r), kɪˈbɪtsə(r)/ *n* US infml [1] (at cards) kibic *m* [2] (busybody) wścibsk|i *m*, -a *f* infml

kibosh /ˈkaɪbɒʃ/ *n* infml **to put the ~ on sth** położyć kres czemuś *[plans, hopes, chance]*

kick /kɪk/ **I** *n* [1] (of person) kopniak *m*, kopnięcie *n*; kop *m* infml; (of donkey, horse, goat) wierzgnięcie *n*, kopnięcie *n*; **to give sb a ~** dać komuś kopniaka, kopnąć kogoś; **to give the door a ~** kopnąć (w) drzwi; **to aim** or **take a ~ at sb/sth** *[person]* wymierzyć or dać kopniaka komuś/czemuś; **to get a ~ on the leg/in the stomach** dostać kopniaka w nogę/w brzuch; zostać kopniętym w nogę/w brzuch; **to give sb a ~ up the backside** or **in the pants** infml dać komuś kopa w siedzenie or w tyłek infml; fig dokopać komuś infml → **free kick, penalty kick** [2] (thrill) **it gives her a ~ to do it** robienie tego sprawia jej frajdę infml; **to get a ~ from doing sth** mieć frajdę z robienia czegoś infml [3] (of firearm) odrzut *m*; infml (strength, zest) (of people) werwa *f*, animusz *m*; (of organizations) prężność *f*; **this punch has quite a ~ (to it)** ten poncz jest całkiem mocny, ten poncz uderza do głowy [4] infml (craze) chwilowa pasja *f*, przelotne szaleństwo *n*; **to be on a health-food ~** zwariować or dostać bzika na punkcie zdrowej żywności infml

II *vt [person, animal]* kop|nąć, -ać **(sb** kogoś) **(sth** coś, w coś); **to ~ sb on the leg/in the face/in the stomach** *[person, horse]* kopnąć kogoś w nogę/w twarz/w brzuch; **to ~ sth over the wall/under the bed/through the window** kopnąć coś na drugą stronę muru/pod łóżko/przez okno; **to ~ sth away** odsunąć or odtrącić coś kopnięciem; **he ~ed dust into my face** kopnął tak, że tuman kurzu poleciał mi prosto w twarz; **to ~ a hole/a dent** zrobić nogą dziurę/wgłębienie; **to ~ one's legs (in the air)** *[baby]* machać or wierzgać nóżkami; **to ~ a goal** strzelić gola; **to ~ the ball into** or **for touch** (in rugby) wybić piłkę na aut

III *vi* [1] *[baby]* machać or wierzgać nóżkami; *[swimmer]* pracować nogami; *[horse, mule]* wierzgać; **to ~ at sb/sth** *[person]* zamierzyć się na kogoś/na coś; *[horse]* wierzgnąć w stronę kogoś/czegoś; **to ~ for touch** (in rugby) podać [2] (recoil) *[gun, rifle]* odsk|oczyć, -akiwać, szarp|nąć, -ać

■ **kick about, kick around**: ¶ **~ around** infml *[objects, clothes]* poniewierać się; walać się infml; **that idea's been ~ing around for years** ten pomysł przewija się od lat; **he's been ~ing about Europe for a year** infml od roku włóczy się po Europie infml ¶ **~ [sth] about** or **around** [1] kopać coś (dla zabawy) *[ball, object]* [2] infml obgad|ać, -ywać infml *[idea]* ¶ **~ [sb/sth] around** or **about** (treat badly) poniewierać (kimś); pomiatać (kimś) infml *[people]*; rozrzuc|ić, -ać *[toys, objects]*; **I won't be ~ed around by anyone** nie dam sobą pomiatać infml

■ **kick against**: **~ against [sth]** (resist) ostro się sprzeciwi|ć, -ać (czemuś), przeciwstawi|ć, -ać się (czemuś) *[idea, suggestion]*; (fight against) z|buntować się przeciwko (czemuś) *[rules, system]*

■ **kick back**: ¶ **~ back** *[firearm]* odsk|oczyć, -akiwać; kop|nąć, -ać infml ¶ **~ back [sth], ~ [sth] back** [1] kopnąć z powrotem; odkopać infml *[ball, object]* [2] US Fin odpalić (komuś) infml *[money]*

■ **kick down**: **~ down [sth], ~ [sth] down** wyważ|yć, -ać coś (kopniakami) *[door, gate]*; *[horse]* rozwal|ić, -ać (kopytami) *[fence]*

■ **kick in**: ¶ **~ in** US infml (contribute) do|łożyć, -kładać się do (czegoś); dorzuc|ić, -ać się do (czegoś) infml ¶ **~ in [sth], ~ [sth] in** rozstrzask|ać, -iwać, rozwal|ić, -ać (kopniakiem) *[door, window, box]*; **~ sb's teeth** or **face in** vinfml wybić komuś zęby or rozkwasić komuś twarz infml

■ **kick off**: ¶ **~ off** [1] Sport rozpocz|ąć, -ynać mecz or grę [2] infml *[concert, meeting, tour]* zacz|ąć, -ynać się, rozpocz|ąć, -ynać się; *[person]* wy|startować ¶ **~ off [sth], ~ [sth] off** [1] zrzuc|ić, -ać *[shoes]* [2] infml zacz|ąć, -ynać, rozpocz|ąć, -ynać *[concert, meeting, tour]* ¶ **~ [sb] off** infml wywal|ić, -ać kogoś z (czegoś) infml *[board of directors, committee]*

■ **kick out**: ¶ **~ out** *[animal]* wierzg|nąć, -ać kopytami; *[person]* wierzg|nąć, -ać nogami; **to ~ out at (sb)** *[person]* zamachnąć się na kogoś nogą; **to ~ out against sth** wystąpić przeciwko czemuś, zbuntować się przeciw czemuś *[idea, injustice, system]* ¶ **~ out [sb], ~ [sb] out** infml wykopać infml *[intruder, troublemaker]*; usu|nąć, -wać *[team member]*; wyrzuc|ić, -ać *[employee]*

■ **kick over**: **~ [sth] over, ~ over [sth]** przewr|ócić, -acać kopnięciem *[bucket, chair]*

■ **kick up**: **~ up [sth], ~ [sth] up** wzbi|ć, -jać *[dust, sand]*; **to ~ up a fuss** or **stink** infml wszcząć awanturę **(about sth** o coś)

IDIOMS: **a (real) ~ in the teeth** infml or **ass** US vinfml prawdziwy cios *m*; **to give sb a ~ in the teeth** dowalić komuś infml; **it's better than a ~ in the teeth** infml lepszy rydz niż nic; **to ~ sb when they're down** kopać leżącego; **to ~ the habit** infml (of smoking, taking drugs) rzucić nałóg; **I (could have) ~ed myself** pluję sobie w brodę infml **(for doing sth** z powodu czegoś); **to be alive and kicking** (jeszcze) być w niezłej formie; **to ~ over the traces** zbuntować się; zacząć wierzgać infml

kickback /ˈkɪkbæk/ *n* infml łapówka *f*

kickboxer /ˈkɪkbɒksə(r)/ *n* kick bokser *m*

kickboxing /ˈkɪkbɒksɪŋ/ *n* kick boxing *m*

kick chart *n* Med wykres *m* ruchów płodu ludzkiego

kicker /ˈkɪkə(r)/ *n* Sport (in rugby) gracz *m* dobrze or często kopiący piłkę; **that horse is a real ~** ten koń jest narowisty

kicking /ˈkɪkɪŋ/ **I** *n* infml **to give sb a ~** skopać kogoś infml

II *adj* (lively) ożywiony, pełen energii

kick-off /ˈkɪkɒf/ *n* [1] Sport rozpoczęcie *n* meczu [2] infml fig (of meeting, ceremony) rozpoczęcie *n*, otwarcie *n*; **what time's the ~?** o której godzinie zaczynamy?

kick pleat *n* kontrafałda *f*

kick-stand /ˈkɪkstænd/ *n* Transp nóżka *f*, podpórka *f*

kick-start /ˈkɪkstɑːt/ **I** *n* [1] (also **~-starter**) (on motorbike) rozrusznik *m* nożny [2] (boost) **to give sth a ~** ożywić coś

II *vt* [1] uruch|omić, -amiać rozrusznikiem nożnym *[motorbike]* [2] fig ożywi|ć, -ać *[economy]*

kick turn *n* (in skiing) obrót *m*

kid¹ /kɪd/ **I** *n* [1] infml (child) dziecko *n*; dzieciak *m* infml; **their ~s are grown up** ich dzieci są już dorosłe, mają dorosłe dzieci [2] (young goat) koźlę *n* [3] (of antelope) cielę *n* [4] (goatskin) giemza *f*, skóra *f* koźlęca

II *modif* **~ bag** giemzowa torebka, torebka z koźlęcej skóry; **~ shoes** giemzowe pantofle, pantofle z koźlęcej skóry

kid² /kɪd/ **I** *vt* (*prp, pt, pp* **-dd-**) infml [1] (tease) stroić sobie żarty z (kogoś); **to ~ sb about sth** stroić sobie żarty z kogoś z powodu czegoś; **I ~ you not** wcale nie kpię z ciebie [2] (deceive, fool) nab|rać, -ierać; bujać infml *[person]*; **to ~ sb into believing that...** wmówić komuś, że... ; **you can't ~ me!** nie nabierzesz mnie!, nie dam się nabrać!

II *vi* (*prp, pt, pp* **-dd-**) infml (tease) żartować; (pretend) wygłupiać się; **you're ~ding!** żartujesz!; wygłupiasz się infml; **no ~ding!** słowo daję!, nie żartuję!

III *vr* infml **to ~ oneself** łudzić się

IDIOMS: **it's ~'s stuff** infml to dobre dla małych dzieci

kid brother *n* infml młodszy brat *m*, braciszek *m*

kiddy /ˈkɪdɪ/ *n* infml dziecko *n*; dzieciak *m* infml; (affectionately) szkrab *m*

kid glove *n* giemzowa rękawiczka *f*, rękawiczka *f* z koźlęcej skórki

IDIOMS: **to treat sb with ~s** traktować kogoś w rękawiczkach, obchodzić się z kimś delikatnie

kidnap /ˈkɪdnæp/ **I** *n* porwanie *n*

II *modif* **~ attempt/victim** próba/ofiara porwania

III *vt* (*prp, pt, pp* **-pp**) por|wać, -ywać

kidnapper /ˈkɪdnæpə(r)/ *n* porywacz *m*, -ka *f*

kidnapping /ˈkɪdnæpɪŋ/ *n* porwanie *n*

kidney /ˈkɪdnɪ/ **I** *n* [1] (of person) nerka *f*; **artificial ~** sztuczna nerka; **floating ~** nerka wędrująca or ruchoma [2] (of animal) Anat nerka *f*; Culin cynadra *f*, cynaderka *f*; **lamb/beef ~s** nerki or cynaderki jagnięce/wołowe

II *modif* **~ disease/operation** choroba /operacja nerki or nerek; **to have ~ trouble** chorować na nerki

IDIOMS: **a man of a different ~** liter człowiek innego pokroju

kidney bean *n* fasola *f* czerwona kidney

kidney dialysis *n* Med dializa *f* nerkowa or nerek

kidney dish *n* Med (receptacle) nerka *f*

kidney donor *n* Med daw|ca *m*, -czyni *f* nerki

kidney failure *n* Med niewydolność *f* nerek

kidney machine *n* Med sztuczna nerka *f*; **to be on a ~** być podłączonym do sztucznej nerki

kidney-shaped /ˈkɪdnɪʃeɪpt/ *adj [dish, swimming pool, table]* nerkowaty, w kształcie nerki

kidney specialist *n* nefrolog *m*

kidney stone *n* Med kamień *m* nerkowy

kidney transplant *n* Med przeszczep *m* nerki

kid sister *n* infml młodsza siostra *f*, siostrzyczka *f*

Kiel /kiːl/ *prn* Kilonia *f*; **the ~ Canal** Kanał Kiloński

kif /kɪf/ *n* narkotyk *m (zwłaszcza marihuana)*

kike /kaɪk/ *n* infml offensive żyd|ek *m*, -ówa *f* offensive

kilim /kɪˈliːm, ˈkiːlɪm/ *n* kilim *m*

Kilimanjaro /ˌkɪlɪmənˈdʒɑːrəʊ/ *prn* (also **Mount ~**) Kilimandżaro *n inv*

kill /kɪl/ **I** *n* [1] (in bullfighting, hunting) zabicie *n*; **I wanted to be in at the ~** fig chciałem być obecny w decydującym or rozstrzygającym momencie [2] (prey) zdobycz *f*

II *vt* [1] (cause to die) zabi|ć, -jać *[person, animal]*; **he ~ed her with a knife** zabił ją nożem; **he was ~ed by the disease** zabiła go choroba; **he was ~ed by a drunken driver** zabił go pijany kierowca; **they ~ed each other** or **one another** pozabijali się; **~ed outright** zabity na miejscu; **drink is slowly ~ing him** picie or alkohol go powoli wykańcza; **~ed in action** or **battle** polegli na polu chwały fml; **I'll do it (even) if it ~s me!** infml zrobię to, choćby nie wiem co!; zrobię to bez względu na konsekwencje!; **I could have ~ed him!** (najchętniej) bym go zabił!; chętnie bym go ukatrupił! infml; **she didn't say anything, but if looks could ~...** nic nie powiedziała, ale gdyby wzrok mógł zabijać... [2] infml **it won't ~ you to get your own supper for once** nic ci się nie stanie, jak raz sam zrobisz sobie kolację infml [3] infml (hurt) **her legs are ~ing her** strasznie bolą ją nogi; **it's the uncertainty that's ~ing me** ta niepewność mnie dobija [4] (end, stop) odrzuc|ić, -ać *[project, proposal, bill, idea]*; Journ wyci|ąć, -nać *[line, paragraph]*; wycof|ać, -ywać *[story]*; zaprzecz|yć, -ać (czemuś) *[rumour]*; **it ~ed her chances of getting a job** to przekreśliło jej szanse na znalezienie pracy; **that remark ~ed the conversation dead** po tej uwadze zapadła martwa cisza [5] (deaden) zabi|ć, -jać *[taste, smell]*; przyćmi|ć, -ewać *[colour]*; s|tłumić *[sound]*; uśmierz|yć, -ać *[pain]*; **smoking ~s the appetite** palenie odbiera apetyt [6] infml (turn off) z|gasić *[television, radio, engine]* [7] (spend) **to ~ time** zabijać czas **(by doing sth** robiąc coś); **I've got two hours to ~** mam dwie godziny, z którymi nie mam co zrobić [8] infml (amuse) ubawić; **what ~s me is that he knew all along** co najzabawniejsze, wiedział od początku or przez cały czas

III *vi [cancer, drinking]* zabi|ć, -jać

IV *vr* **to ~ oneself** zabi|ć, -jać się; **to ~ oneself doing sth** fig zamęczyć się, robiąc coś; **don't ~ yourself** iron nie przemęczaj się; **to ~ oneself laughing** konać ze śmiechu, skręcać się ze śmiechu infml; **they were all ~ing themselves laughing** wszyscy konali or skręcali się ze śmiechu

■ **kill off**: **~ off [sb/sth], ~ [sb/sth] off** *[tyrant, gangster]* wymordować, uśmierc|ić, -ać *[opponents, enemies]*; *[gardener]* wyplenić *[weeds]*; wytępić *[pests]*; *[hunter]* wybi|ć, -jać *[animals, species]*; *[frost, cold, heat, drought]* z|niszczyć *[crop]*; **he ~s off his heroine in the third act** uśmierca swoją bohaterkę w trzecim akcie

killer /ˈkɪlə(r)/ **I** *n* [1] (illness, poison) **cold /heroin/cancer is a ~** zimno jest zabójcze/heroina jest zabójcza/rak jest śmiertelny; **cancer is a major ~** rak jest jedną z głównych przyczyn zgonów [2] (person) zabój|ca *m*, -czyni *f*; (animal) zabójca *m*, drapieżnik *m*; **the hunt for the ~** poszukiwanie zabójcy, polowanie na zabójcę

II *modif [drug, fog]* zabójczy; *[disease]* śmiertelny

IDIOMS: **it's a ~!** infml (hill) to jest mordercze podejście; (joke) można skonać ze śmiechu infml

killer application *n* Comput niezwykle udany program *m* użytkowy

killer instinct instynkt *m* zabijania; **if she lacks the ~, she won't get far in this job** jeśli brakuje jej woli walki, nie osiągnie niczego w tym zawodzie

killer satellite *n* satelita zabójca *m*

killer whale *n* orka *f*

killing /ˈkɪlɪŋ/ **I** *n* (of individual) (person) zabójstwo *n*, zabicie *n* **(of sb** kogoś); (of animal) ubój *m*, zabijanie *n* **(of sth** czegoś); **the ~ of civilians** masakra ludności cywilnej; **the ~ of elephants** zabijanie słoni; **the ~ must stop** dość już zabijania

K

II *adj* infml *[work]* morderczy; *[pace]* zabójczy
IDIOMS: **to make a ~** infml łatwo i szybko zarobić duży szmal infml

killing field *n* pole *n* śmierci

killingly /ˈkɪlɪŋlɪ/ *adv* infml dat **a ~ funny film** bardzo śmieszny film; **it was ~ funny!** to było prześmieszne!

killjoy /ˈkɪldʒɔɪ/ *n* **to be a ~** psuć każdą zabawę

kill or cure *adj [method, approach]* radykalny

kiln /kɪln/ *n* piec *m (do wypalania, prażenia, suszenia)*

Kilner jar® /ˌkɪlnəˈdʒɑː(r)/ *n* GB słój *m* hermetycznie zamykany

kilo /ˈkiːləʊ/ *n* kilo *n inv* infml

kiloampere /ˈkiːləʊæmpeə(r)/ *n* kiloamper *m*

kilobase /ˈkɪləbeɪs/ *n* kilobaza *f*

kilobit /ˈkɪləbɪt/ *n* kilobit *m*

kilobyte /ˈkɪləbaɪt/ *n* kilobajt *m*

kilocalorie /ˈkɪləkælərɪ/ *n* kilokaloria *f*

kilocycle /ˈkiːləʊsaɪkl/ *n* kilocykl *m*, kiloherc *m*

kilogram(me) /ˈkɪləgræm/ *n* kilogram *m*

kilohertz /ˈkɪləhɜːts/ *n* kiloherc *m*

kilojoule /ˈkɪlədʒuːl/ *n* kilodżul *m*

kilolitre GB, **kiloliter** US /ˈkiːləʊliːtə(r)/ *n* kilolitr *m*

kilometre GB, **kilometer** US /ˈkɪləmiːtə(r), kɪˈlɒmɪtə(r)/ *n* kilometr *m*

kilometric /ˌkɪləˈmetrɪk/ *adj* **the ~ measurement of distance** odległość mierzona w kilometrach

kiloton /ˈkɪlətən/ *n* kilotona *f*

kilovolt /ˈkɪləvəʊlt/ *n* kilowolt *m*

kilowatt /ˈkɪləwɒt/ *n* kilowat *m*

kilowatt-hour /ˌkɪləʊwɒtˈaʊə(r)/ *n* kilowatogodzina *f*

kilt /kɪlt/ *n* kilt *m*

kilted /ˈkɪltɪd/ *adj [skirt]* plisowany; **~ person** ubrany w kilt

kilter /ˈkɪltə(r)/ *n* infml **to be out of ~** (out of line) być nie w porządku; (not working properly) *[engine, machine]* szwankować, być zepsutym; **to be out of ~ with sth** *[policy, ideas]* nie pasować do czegoś, nie odpowiadać czemuś

kimono /kɪˈməʊnəʊ, US -nə/ *n* (*pl* **~s**) kimono *n*

kin /kɪn/ *n* rodzina *f*, krewni *m pl*; **he's my ~** on jest moim krewnym; **immediate ~** najbliższa rodzina; **we are near ~** łączy nas bliskie pokrewieństwo, jesteśmy bliską rodziną; **next of ~** najbliższy krewny, najbliższa rodzina

kind[1] /kaɪnd/ **I** *n* [1] (sort, type) rodzaj *m*, typ *m*; **this ~ of book/film** ten rodzaj książek/filmów; **this ~ of dog** ta rasa psów; **all ~s of people/cars, people/cars of all ~s** ludzie wszelkiego pokroju /wszelkiego rodzaju samochody; **all ~s of music, music of all ~s** każdy rodzaj muzyki; **all ~s of activities, activities of all ~s** wszelka działalność; **various ~s of cheese/car, cheese/cars of various ~s** różne gatunki serów/typy samochodów; sery różnych gatunków/samochody różnych typów; **what ~ of car is it?** jaki to typ samochodu?, jaki to samochód?; **what ~ of dog is it?** jakiej rasy jest ten pies?; **what ~ of person is she?** jakim ona jest człowiekiem?; **what ~ of person does he think I am?** co on sobie wyobraża, że kim ja jestem?, za kogo on mnie uważa?; **what ~ of (a) person would do a thing like that?** kto mógłby zrobić coś takiego?; **what ~ of question/answer is that?** co to za pytanie/odpowiedź?; **what ~ of talk is that?** jak się do mnie odzywasz?; **I won't do anything of the ~** nie zrobię nic takiego; **I don't believe anything of the ~** nie wierzę w takie rzeczy; **ideas of a dangerous/subversive ~** niebezpieczne/wywrotowe idee; **decisions of a difficult/momentous ~** trudne/doniosłe decyzje; **a criminal/racist of the worst ~** kryminalista/rasista najgorszego or najpodlejszego gatunku; **they could find no information/food of any ~, they could not find any ~ of information/food** nie mogli znaleźć żadnych informacji/nic do jedzenia; **the sculpture is the oldest (example) of its ~** ta rzeźba jest najstarszym okazem tego rodzaju; **this is the only one of its ~, this is one of a ~** to jedyny okaz z tego gatunku or rodzaju; **he must be some ~ of an idiot/a sadist** z niego to jest chyba jakiś idiota/sadysta infml; **they needed some ~ of success /progress** potrzebowali jakiegoś sukcesu /postępu, potrzebny im był jakiś sukces /postęp; **I think it's some ~ of detective story** sądzę, że to jakiś kryminał; **I think it's some ~ of cleaning device** sądzę, że to coś do czyszczenia; **'what do you need?' – 'books, toys, that ~ of thing'** „czego potrzebujesz or czego ci potrzeba?" – „książek, zabawek i temu podobnych"; **I like tennis, squash, that ~ of thing** lubię tenisa, squasha i temu podobne sporty; **what ~ of thing(s) does he like/do?** co on lubi?/czym się zajmuje or co robi?; **that's my ~ of man/film** takich ludzi/takie filmy lubię; **that's the ~ of person I am/she is** taki jestem/ona takim właśnie jest człowiekiem; **I'm not/he's not that ~ of person** nie jestem takim człowiekiem or nie jestem taki/on nie jest takim człowiekiem or on nie jest taki; **she's not the ~ of person who tells lies** or **to tell lies** ona nie należy do osób, które kłamią; **they found a solution of a ~** znaleźli jakieś tam rozwiązanie, znaleźli pewne rozwiązanie; **it's wine/butter of a ~** to jest coś w rodzaju wina/masła [2] (expressing vague classification) **a ~ of handbag/toy/soup** jakaś (tam) torebka/zabawka/zupa; **to be a ~ of anarchist/genius /servant** być czymś w rodzaju anarchisty /geniusza/służącego; **a ~ of depression /intuition** jakaś depresja/jakieś przeczucie; **I heard a ~ of rattling noise** usłyszałem jakiś grzechot or klekot; **I felt a ~ of apprehension** odczułem pewną obawę [3] (classified type) typ *m*; **I know your /his ~** znam takie typy or takich jak ty/on; **they stick with their own ~** tacy jak oni trzymają się razem

II in kind *adv phr* [1] (in goods) w naturze; **to pay in ~** zapłacić w naturze [2] (in same way) **to repay sb in ~** (good deed) odwdzięczyć się komuś (czymś); (bad deed) odpłacić komuś (czymś); odpłacić pięknym za nadobne [3] (in essence) **they are/are not different in ~** w gruncie rzeczy są tacy sami/nie różnią się

III kind of *adv phr* infml **he's ~ of clever /forgetful/cute** jest niegłupi/nieco zapominalski/całkiem miły; **they were ~ of frightened/happy** byli jacyś przerażeni /raczej zadowoleni; **I ~ of like him** ja go nawet lubię; **we ~ of thought that...** tak jakoś pomyśleliśmy sobie, że...; **'is it interesting/dangerous?' – '~ of'** „czy to jest ciekawe/niebezpieczne" – „trochę or tak jakby"; **'did you have a good time?' – '~ of'** „dobrze się bawiłeś?" – „nieźle or tak jakby"

kind[2] /kaɪnd/ *adj* [1] (caring, helpful) *[person]* dobry, życzliwy; *[act, gesture]* pełen dobroci, życzliwości; *[remark, words]* miły, uprzejmy; **to be ~ to sb** być życzliwym dla kogoś; **'the washing-up liquid that's ~ to your hands/skin'** „płyn do prania łagodny dla twoich rąk/dla twojej skóry"; **to be ~ to animals** być dobrym dla zwierząt, dobrze traktować zwierzęta; **the critics were not ~ to the play** krytycy nie oszczędzili tej sztuki; **life has been ~ to me** życie obeszło się ze mną łaskawie; **life has not been ~ to him** nie ma łatwego życia; **that's very ~ of you** to bardzo miło z twojej strony; **time has been ~ to him** czas łaskawie się z nim obszedł; **it's very ~ of you to give us a lift** jak to miło z twojej strony, że nas podwiozłeś [2] (in polite phrases) **would you be ~ enough** or **so ~ as to pass me the salt** bądź tak uprzejmy i podaj mi sól; **he was ~ enough to give me a lift home /offer me a drink** był tak miły, że podwiózł mnie do domu/że zaproponował drinka or coś do picia; **you're too kind!** to bardzo miłe z twojej strony; zbytek łaski! iron

kinda /ˈkaɪndə/ infml = **kind of**

kindergarten /ˈkɪndəgɑːtn/ **I** *n* US Sch (first year of primary school) klasa *f* zerowa; zerówka *f* infml; GB, Austral (for children of 2 to 3) żłobek *m*; (for children of 3 to 5) przedszkole *n*

II *modif* **~ age** wiek *m* przedszkolny

kind-hearted /ˌkaɪndˈhɑːtɪd/ *adj [person]* życzliwy, dobry; **she is very ~** jest bardzo dobra, ma bardzo dobre serce

kind-heartedly /ˌkaɪndˈhɑːtɪdlɪ/ *adv* życzliwie, z życzliwości, z dobroci serca

kind-heartedness /ˌkaɪndˈhɑːtɪdnɪs/ *n* dobroć *f*, życzliwość *f*

kindle /ˈkɪndl/ **I** *vt* [1] (set light to) zapal|ić, -ać *[wood]*; rozpal|ić, -ać *[fire]* [2] fig wzniec|ić, -ać *[desire, war]*; rozpal|ić, -ać *[desire, imagination]*; rozbudz|ić, -ać *[hope]*; roznieci|ć, -ać liter *[anger, interest]*; wzbudz|ić, -ać *[interest, anger, enthusiasm]*

II *vi [wood, grass]* zapal|ić, -ać się; *[fire]* rozpal|ić, -ać się

kindliness /ˈkaɪndlɪnɪs/ *n* dobroć *f*, życzliwość *f*

kindling /ˈkɪndlɪŋ/ *n* podpałka *f*

kindly /ˈkaɪndlɪ/ **I** *adj* [1] (warm-hearted) *[person, act, smile]* życzliwy; *[voice]* pełen życzliwości; *[manner, words]* uprzejmy [2] (genial) *[climate]* przyjemny, łaskawy [3] dat (native-born) rodowity

II *adv* [1] (in a kind, nice way) *[speak, look, treat]* życzliwie, z życzliwością; **to speak ~ of sb**

wyrażać się o kimś życzliwie or z życzliwością, dobrze się o kimś wyrażać; **'thank you ~'** dat „dziękuję uprzejmie" [2] (obligingly) łaskawie; **she ~ agreed to do it** łaskawie zgodziła się to zrobić; **would you ~ do sth/refrain from smoking** czy byłby pan łaskaw zrobić coś/powstrzymać się od palenia; **visitors are ~ requested not to smoke** uprasza się odwiedzających o niepalenie [3] (favourably) **to look ~ on sb/sth** patrzeć na kogoś/coś łaskawym okiem, patrzeć na kogoś/coś z sympatią; **to think ~ of sb** mieć o kimś dobre zdanie; **to take ~ to sth/sb** polubić coś/kogoś *[idea, suggestion, person]*; **he won't take ~ to being kept waiting** nie spodoba mu się, że będzie musiał czekać

kindness /ˈkaɪndnɪs/ *n* [1] (quality) dobroć *f*, życzliwość *f* **(to** or **towards sb** dla kogoś, w stosunku do kogoś); **to show sb ~, to show ~ to** or **towards sb** okazać komuś dobroć or życzliwość; **I never showed you anything but ~** zawsze okazywałem ci życzliwość; **an act of ~** akt dobroci; **out of ~** z dobroci [2] (instance) uprzejmość *f*, dobry uczynek *m*, przysługa *f*; **your little ~es towards me** twoje gesty przyjaźni w stosunku do mnie; **to do sb a ~** wyświadczyć or oddać komuś przysługę; **it's no ~ to him to do it** robiąc to, nie oddaje mu się żadnej przysługi

IDIOMS: **out of the ~ of one's heart** z dobroci serca; **to kill sb with ~** zagłaskać kota na śmierć infml; **to be full of the milk of human ~** być pełnym ludzkich uczuć, być pełnym współczucia

kindred /ˈkɪndrɪd/ **I** *n* [1] (family) *(+ v sg/pl)* krewni *m pl*, rodzina *f* [2] (blood relationship) pokrewieństwo *n*

II *adj [tribe, language]* bratni; *[activity]* pokrewny

kindred spirit *n* bratnia dusza *f*

kinetic /kɪˈnetɪk/ *adj* kinetyczny

kinetic art *n* Art sztuka *f* kinetyczna

kinetic energy *n* energia *f* kinetyczna

kinetics /kɪˈnetɪks/ *n (+ v sg)* kinetyka *f*

king /kɪŋ/ *n* [1] (monarch) król *m*; **King Charles** król Karol; **the ~ of England** król Anglii; **the ~ of ~s** król królów; **the ~ of the jungle** or **beasts** władca dżungli or król zwierząt [2] fig (of cinema, jazz) król *m* fig; (of comedy) mistrz *m* [3] Games (in chess, cards) król *m*; (in draughts, checkers) damka *f*

IDIOMS: **to live like a ~** żyć jak król or jak panisko infml; **to be the ~ of the castle** być panem we własnym domu or u siebie; **a cat may look at a ~** nawet osoba bez znaczenia ma swoje prawa

kingbird /ˈkɪŋbɜːd/ *n* Zool [1] rajski ptak *m* [2] US tyran *m* królewski

kingbolt /ˈkɪŋbəʊlt/ *n* Tech wieszak *m* stalowy *(w wieszarze jednowieszakowym)*

king cobra *n* Zool kobra *f* królewska

kingcup /ˈkɪŋkʌp/ *n* Bot (buttercup) jaskier *m* ostry; (marsh marigold) kaczeniec *m*, knieć *f* błotna

kingdom /ˈkɪŋdəm/ *n* [1] (monarchy) królestwo *n*; **the ~ of God** or **heaven** królestwo niebieskie [2] Bot, Zool królestwo *n*; **the plant/animal ~** królestwo roślin/zwierząt; **the ~ of the imagination** fig świat wyobraźni

IDIOMS: **to send** or **knock sb to ~ come** wysłać kogoś na tamten świat; **until ~ come** do końca świata, na zawsze

kingfisher /ˈkɪŋfɪʃə(r)/ *n* Zool zimorodek *m*

King James Version *n* Bible Biblia *f* króla Jakuba

kingliness /ˈkɪŋlɪnəs/ *n* królewskość *f* also fig

kingly /ˈkɪŋlɪ/ *adj [figure, pose]* królewski also fig

kingmaker /ˈkɪŋmeɪkə(r)/ *n* Pol osoba *f* bardzo wpływowa

king penguin *n* Zool pingwin *m* królewski

kingpin /ˈkɪŋpɪn/ *n* Tech czop *m*; fig trzon *m* fig

king post *n* Constr słupek *m*

king prawn *n* Zool, Culin krewetka *f* królewska

King's Bench *n* → **Queen's bench**

King's Counsel, KC *n* → **Queen's Counsel**

King's English *n* → **Queen's English**

King's evidence *n* → **Queen's evidence**

King's highway *n* → **Queen's highway**

kingship /ˈkɪŋʃɪp/ *n* królewskość *f*, godność *f* królewska; **the duties of ~** obowiązki panującego

king-size(d) /ˈkɪŋsaɪz(d)/ *adj [cigarettes]* długi, king size; *[packet]* wielki; *[portion, packet, garden]* ogromny; **a ~ bed** wielkie łoże

King's Regulations *n* → **Queen's Regulations**

King's shilling *n* → **Queen's shilling**

King's speech *n* → **Queen's speech**

kink /kɪŋk/ **I** *n* [1] (in wire) skręt *m*; (in rope) supeł *m*; (in pipe, tube) zgięcie *n*; **the hosepipe has a ~ in it** wąż jest zagięty or zagiął się; **his hair has a ~ in it** włosy mu się lekko kręcą, on ma lekko kręcone włosy [2] fig (in personality) dziwactwo *n*; (sexual) perwersja *f*

II *vi [wire, rope, cable]* skrę|cić, -cać się; *[hair]* po|skręcać się

kinky /ˈkɪŋkɪ/ *adj* [1] infml *[person, behaviour, sex]* perwersyjny; *[dress, fashion]* udziwniony, dziwaczny [2] *[hair]* kręcony; *[rope, string]* skręcony

kinsfolk /ˈkɪnzfəʊk/ *n (+ v pl)* krewni *m pl*, rodzina *f*

kinship /ˈkɪnʃɪp/ *n* [1] (blood relationship) pokrewieństwo *n* [2] fig (empathy) więź *f* **(with sb** z kimś)

kinsman /ˈkɪnzmən/ *n* **(pl -men)** dat krewny *m*; krewniak *m* infml

kinswoman /ˈkɪnzwʊmən/ *n* **(pl -women)** dat krewna *f*; krewniaczka *f* infml

kiosk /ˈkiːɒsk/ *n* [1] (stand) kiosk *m*, budka *f*; **at the ~ on the street corner** w kiosku or budce na rogu [2] GB Telecom budka *f* telefoniczna

kip /kɪp/ **I** *n* GB infml (nap) kimono *n*, kima *f* infml; **to have a ~, to get some ~** uciąć sobie drzemkę; uderzyć or pójść w kimono infml

II *vi* **(prp, pt, pp -pp-)** (also **~ down**) zdrzemnąć się; kimnąć się, przekimać się infml

kipper /ˈkɪpə(r)/ GB **I** *n* solony, wędzony śledź *m*

II *vt* wędzić i solić *[herring]*

Kirbigrip® /ˈkɜːbɪgrɪp/ *n* szpilka *f* do włosów

Kirghiz /ˈkɜːgɪz/ **I** *n* [1] Kirgiz *m*, -ka *f* [2] Ling (język *m*) kirgiski *m*

II *adj* kirgiski

Kirghizia /ˌkɜːˈgiːzɪə/ *prn* → **Kirghizstan**

Kirghizstan /ˈkɜːgɪstæn/ *prn* Kirgistan *m*, Kirgizja *f*

kirk /kɜːk/ *n* Scot kościół *m*; **the Kirk** szkocki kościół prezbiteriański

kiss /kɪs/ **I** *n* pocałunek *m*; całus *m* infml; **to give sb a ~** pocałować kogoś; **give me a ~!** pocałuj mnie!; daj buzi! infml; **to have a ~ and a cuddle** popieścić się; **love and ~es** (at end of letter) ucałowania

II *vt* po|całować *[person]*; (in friendly or conventional manner) u|całować *[person]*; **to ~ sb on the lips/cheek** pocałować kogoś w usta/w policzek; **to ~ hands** (ceremoniously) ucałować ręce; **to ~ (each other)** całować się; **she ~ed him back** oddała mu pocałunek; **to ~ sb goodnight/goodbye** całować kogoś na dobranoc/na do widzenia; **let me ~ it better** pocałuję, żeby nie bolało; **to ~ sb's tears away** całować kogoś i pocieszać; **you can ~ your money goodbye!** fig możesz się pożegnać ze swoją forsą! infml

III *vi* [1] po|całować się; **to ~ and make up** (reconcile) pogodzić się [2] (in billiards) mus|nąć, -kać

IDIOMS: **to ~ and tell** ujawnić romans ze znaną osobistością; **to ~ ass** US vinfml przypochlebiać się, podlizywać się; włazić w dupę vinfml; **~ my ass** vinfml pocałuj mnie w dupę! vinfml

kissagram *n* → **kissogram**

kiss ass *n* US vinfml wazeliniarz *m*, podlizuch *m* infml

kiss curl *n* (baby's) loczek *m*; (adult's) kosmyk *m*, wicherek *m*

kisser /ˈkɪsə(r)/ *n* infml pysk *m*, ryj *m*, ryło *n* infml

kiss of death *n* fig śmiertelny cios *m*; **to be the ~ for** or **to sb/sth** być śmiertelnym ciosem dla kogoś/czegoś

kiss-off /ˈkɪsɒf/ *n* US infml **to give sb the ~** *[lover]* porzucić kogoś; *[employer]* wywal|ić, -ać kogoś infml

kiss of life *n* sztuczne oddychanie *n* metodą usta-usta; **to give sb the ~** zrobić komuś sztuczne oddychanie metodą usta-usta; **to give sth the ~** fig ożywić coś

kissogram /ˈkɪsəgræm/ *n życzenia, zwykle urodzinowe, składane przez posłańca, który ma obowiązek ucałować solenizanta*

kit /kɪt/ *n* [1] (set of tools or implements) komplet *m*, zestaw *m*; **repair ~** komplet narzędzi [2] GB Sport (gear, clothes) sprzęt *m*; **football ~** strój do gry w piłkę nożną; **tennis ~** sprzęt do tenisa; **riding ~** strój do jazdy konnej [3] (set of parts for assembly) zestaw *m* części or elementów; **to buy sth in a ~** kupić coś w częściach; **to come in ~ form** być sprzedawanym w formie zestawu do składania; **model aircraft ~** (toy) model samolotu do składania [4] Mil ekwipunek *m*; rynsztunek *m* dat; **to pack (up) one's ~** spakować ekwipunek; **in full ~** w pełnym ekwipunku or rynsztunku

■ **kit out** GB: **~ out [sb/sth], ~ [sb/sth] out** zaopat|rzyć, -rywać w sprzęt *[person,*

K

expedition]; wyposaż|yć, -ać *[person, interior]* **(in sth** w coś); wyekwipow|ać, -ywać *[soldier]*; **all ~ted out to go skiing** w pełni wyposażony do wyjazdu na narty; **to get ~ted out for an expedition** zaopatrzyć się w sprzęt na wyprawę
kitbag /ˈkɪtbæg/ *n* GB [1] (for travel, sport) torba *f* [2] Mil (sailor's) worek *m* żeglarski; (soldier's) tornister *m*
kitcar /ˈkɪtkɑː(r)/ *n* samochód *m* do samodzielnego złożenia
kitchen /ˈkɪtʃɪn/ **I** *n* kuchnia *f*
II *modif [table, knife, scales, furniture, door]* kuchenny
IDIOMS: **if you can't stand the heat, get out of the ~** jeśli sytuacja cię przerosła, wycofaj się i pozwól działać innym
kitchen area *n* (in flat, room) część *f* kuchenna
kitchen cabinet *n* [1] kredens *m* kuchenny [2] fig Pol nieoficjalni doradcy *m pl (premiera, przywódcy partii)*
kitchen-diner /ˌkɪtʃɪnˈdaɪnə(r)/ *n* kuchnia *f* z aneksem jadalnym
kitchenette /ˌkɪtʃɪˈnet/ *n* (small kitchen) mała kuchenka *f*; (part of a bedsitter) wnęka *f* kuchenna, aneks *m* kuchenny
kitchen foil *n* folia *f* aluminiowa
kitchen garden *n* ogród *m* warzywny, warzywnik *m*, warzywniak *m*
kitchenmaid /ˈkɪtʃənmeɪd/ *n* podkuchenna *f*, pomoc *f* kuchenna
kitchen paper *n* jednorazowy ręcznik *m*
kitchen police, KP *n* US Mil pododdział *m* kuchenny
kitchen porter *n* pomoc *f* kuchenna
kitchen range *n* kuchnia *f* węglowa, piec *m* kuchenny
kitchen roll *n* ręcznik *m* jednorazowy
kitchen scales *npl* waga *f* kuchenna
kitchen sink *n* zlewozmywak *m*, zlew *m* (kuchenny)
IDIOMS: **to take everything but the ~** (on holiday) wziąć ze sobą wszystko, co wpadnie w ręce; **to steal everything but the ~** (ukraść wszystko i) zostawić gołe ściany, ograbić doszczętnie
kitchen sink drama *n* GB dramat *m* obyczajowy
kitchen soap *n* szare mydło *n*
kitchen unit *n* szafka *f* kuchenna
kitchenware /ˈkɪtʃənweə(r)/ *n* (implements) przybory *m pl* kuchenne; (crockery) naczynia *n pl* kuchenne; (collectively) sprzęt *m* kuchenny
kitchen waste *n* odpadki *m pl* z kuchni
kite /kaɪt/ *n* [1] (toy) latawiec *m*; **to fly a ~** puszczać latawca; fig wypisywać czeki bez pokrycia [2] Zool kania *f*
IDIOMS: **as high as a ~** infml (drunk) pijany jak bela, zalany w trupa or w pestkę, pijany w sztok infml; (on drugs) kompletnie zaćpany infml; **go (and) fly a ~!** infml sprawdź, czy nie ma cię z drugiej strony drzwi!, spływaj, działasz mi na nerwy!
kitemark /ˈkaɪtmɑːk/ *n* GB znak *m* jakości *(wydawany przez British Standards Institution)*
kit furniture *n* meble *m pl* do samodzielnego montażu
kith /kɪθ/ *npl* **~ and kin** przyjaciele *m pl* i krewni *m pl*
kitsch /kɪtʃ/ **I** *n* kicz *m*
II *adj* kiczowaty
kitten /ˈkɪtn/ *n* Zool kocię *n*, kociak *m*; **a litter of ~s** miot kociąt
IDIOMS: **to have ~s** infml być zdenerwowanym; być (całym) w nerwach infml
kittenish /ˈkɪtənɪʃ/ *adj [person]* figlarny, zalotny
kittiwake /ˈkɪtɪweɪk/ *n* Zool mewa *f* trójpalczasta
kitty[1] /ˈkɪtɪ/ *n* infml (cat) kicia *f*, kiciuś *m*; **here ~, ~!** kici, kici, kici!
kitty[2] /ˈkɪtɪ/ *n* [1] (in card games) bank *m*, pula *f* [2] infml (money for joint use) wspólna kasa *f*
kiwi /ˈkiːwiː/ *n* Zool kiwi *m*
Kiwi /ˈkiːwiː/ *n* infml Nowozeland|czyk *m*, -ka *f*
kiwi fruit *n* (owoc *m*) kiwi *n*
KKK *n* → **Ku Klux Klan**
Klansman /ˈklænzmən/ *n* (*pl* **-men**) członek *m* Ku Klux Klanu
Klaxon® /ˈklæksn/ *n* Aut Hist klakson *m*
Kleenex® /ˈkliːneks/ *n* chusteczka *f* higieniczna
kleptomania /ˌkleptəˈmeɪnɪə/ *n* kleptomania *f*
kleptomaniac /ˌkleptəˈmeɪnɪæk/ **I** *n* kleptoman *m*, -ka *f*
II *adj* kleptomański
klutz /klʌts/ *n* US vinfml ciemięga *m/f*, fujara *m/f* infml pej
klystron /ˈklaɪstrɒn/ *n* Electr klistron *m*
km = **kilometre** kilometr *m*, km
kmh = **kilometres per hour** kilometry na godzinę, km/godz.
knack /næk/ *n* [1] (physical dexterity) wprawa *f* **(of doing sth** w robieniu czegoś); **to get the ~** nabrać wprawy; **to lose the ~** wyjść z wprawy [2] (talent) talent *m*; dryg *m* infml; **to have the ~ of** or **for doing sth** mieć dryg do czegoś or robienia czegoś infml
knacker /ˈnækə(r)/ **I** *n* [1] GB infml (horse butcher) rzeźnik *m* zajmujący się ubojem koni; **to send a horse to the ~'s yard** oddać konia do końskiej rzeźni or jatki dat [2] GB (salvage man) przedsiębiorca *m* trudniący się rozbiórką domów [3] vinfml (testicle) jajo *n* vinfml
II *vt* vinfml [1] (exhaust) *[activity, journey]* wyk|ończyć, -ańczać, ści|ąć, -nać z nóg infml *[person]* [2] (ruin, break) za|rżnąć, -rzynać infml *[car, machinery, gadget]*
III **knackering** *prp adj [day, heat, journey]* wykańczający infml
IV **knackered** *pp adj* vinfml *[person]* wykończony infml; *[car, machinery]* zarżnięty infml
IDIOMS: **to end up in the ~'s yard** wylądować or skończyć na śmietniku, trafić na śmietnik fig; **to send sth to the ~'s yard** wyrzucić coś na śmietnik fig
knapsack /ˈnæpsæk/ *n* plecak *m*
knave /neɪv/ *n* [1] (in cards) walet *m* [2] arch (rogue) niegodziwiec *m* liter
knavery /ˈneɪvərɪ/ *n* arch niegodziwość *f*
knavish /ˈneɪvɪʃ/ *adj* arch niegodziwy
knavishly /ˈneɪvɪʃlɪ/ *adv* arch niegodziwie
knead /niːd/ *vt* [1] *[baker, cook]* zagni|eść, -atać *[dough]*; gnieść *[clay]* [2] (massage) wy|masować
knee /niː/ **I** *n* kolano *n*; **to be on one's ~s** klęczeć; **to be up to one's ~s in water** stać w wodzie po kolana; **to sit on sb's ~** siedzieć komuś na kolanach; **come and sit on my ~** usiądź mi na kolanach; **to have the paper open on one's ~s** trzymać rozłożoną gazetę na kolanach; **to eat on one's ~** trzymać jedzenie na kolanach; **on (one's) hands and ~s** na czworakach; **to go down on bended ~ (to sb)** uklęknąć (przed kimś); (implore) paść (przed kimś) na kolana
II *vt* kop|nąć, -ać kolanem *[person]*
IDIOMS: **to bring** or **force sb to their ~s** zmusić kogoś do uległości fig; **I go weak at the ~s (at the thought of...)** uginają się pode mną nogi (na myśl o...)
knee-breeches /ˈniːbrɪtʃɪz/ *npl* pumpy *plt*
kneecap /ˈniːkæp/ **I** *n* rzepka *f*
II *vt* (*prp, pt, pp* **-pp-**) *[terrorists, gang]* przestrzelić kolana (komuś) *[person]*
kneecapping /ˈniːkæpɪŋ/ *n* przestrzelenie *n* kolan
knee-deep /ˌniːˈdiːp/ **I** *adj* **the snow was ~** śnieg był po kolana, śnieg sięgał (do) kolan; **to be ~ in paperwork** fig być zawalonym papierkową robotą, tkwić po uszy w papierzyskach infml; **he's ~ in problems** ma masę kłopotów
II *adv* **he went ~ into the mud** zapadł się w błoto po kolana
knee-high /ˌniːˈhaɪ/ *adj [grass, corn]* wysoki po kolana, sięgający do kolan; **she is ~ (to a grasshopper)** fig hum ledwie od ziemi odrosła hum
knee jerk **I** *n* Med odruch *m* kolanowy
II **knee-jerk** *modif [reaction, response]* odruchowy, automatyczny
kneel /niːl/ **I** *vi* (also **~ down**) (*pt, pp* **kneeled, knelt**) u|klęknąć, klęczeć
II **kneeling** *prp adj [figure, person]* klęczący; **in a ~ position** na klęczkach
knee-length /ˈniːleŋθ/ *adj [skirt, dress]* do kolan
knee-pad /ˈniːpæd/ *n* nakolannik *m*
knees-up /ˈniːzʌp/ *n* GB infml potańcówka *f* infml dat
knell /nel/ *n* liter fig (sound of bell) podzwonne *n* liter
IDIOMS: **to sound the death ~ for sth** oznaczać koniec czegoś
knelt /nelt/ *pt, pp* → **kneel**
knew /njuː/ *pt* → **know**
knickerbocker glory *n* deser *m* lodowy z owocami i śmietaną
knickerbockers /ˈnɪkəbɒkəz/ *npl* pumpy *plt*
knickers /ˈnɪkəz/ **I** *npl* [1] GB (underwear) majtki *plt*; **a pair of ~** para majtek [2] US (knickerbockers) pumpy *plt*
II *excl* infml spadaj! infml
IDIOMS: **to get one's ~ in a twist** GB infml zdenerwować się infml hum
knick-knack /ˈnɪknæk/ *n* bibelot *m*
knife /naɪf/ **I** *n* (*pl* **knives**) [1] nóż *m* [2] Ind (blade) ostrze *n*
II *vt* za|sztyletować, pch|nąć, -ać nożem *[person]*; **he had been ~d in the back** dostał nożem w plecy
IDIOMS: **an accent you could cut with a ~** silny akcent; **before you could say ~** infml zanim się zorientujesz, w okamgnieniu; **to be under the ~** infml poddać się operacji; pójść pod nóż infml; **to have** or **get one's ~ into sb** infml być zawziętym na kogoś; **to put the ~ in** wbić komuś nóż w serce fig; **to twist the ~ (in the wound)**

sypać sól na rany; **the knives are out!** idzie na noże!; jak wojna, to wojna! infml

knife block *n* stojak *m* na noże

knife box *n* (wooden container) pojemnik *m* na noże

knife-edge /ˈnaɪfedʒ/ *n* fig **to be on a ~** *[result, success]* być niepewnym; **to be (living) on a ~** *[person]* balansować nad przepaścią fig

knife grinder *n* szlifierz *m (wędrowny)*

knife pleated *adj* **a ~ skirt** solejka

knife-point /ˈnaɪfpɔɪnt/ *n* czubek *m* noża; **at ~** z nożem na gardle or fig

knife-rest /ˈnaɪfrest/ *n* podpórka *f*, koziołek *m*

knife sharpener *n* ostrzałka or ostrzarka *f* do noży

knife switch *n* Electr łącznik *m* nożowy

knifing /ˈnaɪfɪŋ/ *n* pchnięcie *n* nożem, zasztyletowanie *n*

knight /naɪt/ **I** *n* [1] Hist rycerz *m*; **to be made a ~** zostać pasowanym na rycerza [2] Games (in chess) koń *m*, skoczek *m*

II *vt* GB pasować na rycerza *[person]*

IDIOMS: **you're my ~ in shining armour** jesteś moim księciem z bajki

knight errant *n* błędny rycerz *m*

knighthood /ˈnaɪthʊd/ *n* [1] GB (title) tytuł *m* szlachecki; **to receive a ~** otrzymać tytuł szlachecki [2] (chivalry) (vocation, knights collectively) rycerstwo *n*; (character, qualities) rycerskość *f*

knightly /ˈnaɪtlɪ/ *adj* rycerski

Knight Templar *n* → **Templar**

knit /nɪt/ **I** *n* (garment) trykot *m*, dzianina *f*; **cotton/silk ~** dzianina bawełniana/jedwabna

II *vt* (*prp* **-tt-**; *pt, pp* **knitted, knit**) z|robić na drutach *[socks, gloves, jumper]* **(for sb** dla kogoś); **to ~ sb sth** robić na drutach coś komuś or coś dla kogoś; **~ one, purl one** jedno oczko prawe, jedno oczko lewe

III *vi* (*prp* **-tt-**; *pp* **knitted, knit**) [1] (with wool) *[person]* robić na drutach [2] (join together) *[broken bones]* zr|osnąć, -astać się

IV knitted *pp adj [garment]* (by machine) dziany; (by person) zrobiony na drutach

■ **knit together**: ¶ **~ together** [1] (join) *[broken bones]* zr|osnąć, -astać się [2] (unite) *[community]* z|jednoczyć się ¶ **~ together [sth], ~ [sth] together** [1] przerobić razem *[colours, strands]* [2] fig (bring together) spl|eść, -atać ze sobą fig *[themes, ideas]* [3] fig (unite) z|jednoczyć *[community, groups]*

■ **knit up**: ¶ **~ up:** (be good for knitting) **this wool ~s up fine** dobrze się robi z tej wełny ¶ **~ up [sth]** zużyć *[wool]*; zrobić na drutach *[garment]*

IDIOMS: **to ~ one's brows** ściągnąć brwi

knitter /ˈnɪtə(r)/ *n* dziewia|rz *m*, -rka *f*

knitting /ˈnɪtɪŋ/ **I** *n* robótka *f*; (activity) robienie *n* na drutach

II *modif* **~ bag** woreczek na robótkę (na drutach); **~ machine** maszyna dziewiarska; **~ needles** druty; **~ wool** włóczka or wełna do robienia na drutach

knitwear /ˈnɪtweə(r)/ *n* wyrób *m* dziewiarski or trykotowy, dzianina *f*

knives /naɪvz/ *npl* → **knife**

knob /nɒb/ *n* [1] (handle) (of door, drawer, cane) gałka *f* [2] (control button) gałka *f*, pokrętło *n* [3] (decorative) (on furniture, banister) gałka *f*, guz *m* [4] (of cheese) kawałek *m*; (of butter, coal) grudka *f* [5] GB vinfml (penis) kutas *m* vulg [6] vinfml (idiot) idiot|a *m*, -ka *f* hum

IDIOMS: **...and the same to you with (brass) ~s on!** infml i vice versa! hum

knobbly /ˈnɒblɪ/ *adj* GB guzowaty, gruzłowaty

knobby /ˈnɒbɪ/ *adj* US = **knobbly**

knock /nɒk/ **I** *n* [1] (blow) uderzenie *n*; (on door) pukanie *n*, stukanie *n*; **a ~ on the head** uderzenie w głowę; **to take a ~** zostać uderzonym; **a ~ with a hammer** uderzenie młotkiem; **a ~ at the door** pukanie do drzwi; **I'll give you a ~ at 7.30** zapukam or zastukam do ciebie o 7.30; **I thought I heard a ~** wydawało mi się, że słyszałem pukanie [2] onomat **~! ~!** puk, puk! [3] fig (setback) uderzenie *n*, cios *m*; **to take a ~** oberwać, dostać cięgi infml; **it gave his confidence a ~** to zachwiało jego pewnością siebie; **I've had worse ~s** gorzej już obrywałem infml; **you must learn to take the ~s** musisz się nauczyć zbierać cięgi

II *vt* [1] (strike) stuk|nąć, -ać *[object]*; **to ~ one's head/arm on sth** stuknąć or uderzyć głową/ręką o coś; **to ~ sb on the head/arm with sth** uderzyć kogoś czymś w głowę/w rękę; **to ~ sth into sth/across sth** rzucić czymś w coś/przez coś; **to ~ sb into sth/across sth** rzucić kogoś na coś /przez coś; **to ~ sb/sth against sth** rzucić kimś/czymś o coś; **to ~ sb unconscious** or **senseless** or **silly** infml *[person, object]* ogłuszyć kogoś; **to ~ a hole in sth** wybić w czymś dziurę; **to ~ sth straight** or **flat** rozbić coś na placek infml; **to ~ two rooms into one** zrobić z dwóch pokoi jeden, połączyć dwa pokoje w jeden [2] (cause to move) **to ~ sth off** or **out of sth** strącić coś z czegoś; **to ~ sb/sth over sth** przerzucić kogoś/coś przez coś; **to ~ sb/sth to the ground** powalić kogoś/coś na ziemię; **she ~ed the ball into the pond** wrzuciła piłkę do stawu; **to ~ a nail/peg into sth** wbić gwóźdź/kołek w coś; **to ~ the handle off the jug** odtłuc ucho od dzbanka; **to ~ sb off his feet** *[blast, wave]* przewrócić kogoś; **to ~ sb/sth out of the way** odepchnąć kogoś/coś; **to ~ sb flat** położyć or powalić kogoś na (obie) łopatki [3] (beat) **to ~ the enthusiasm out of sb** ostudzić entuzjazm kogoś; **I'll ~ that stupid smile off his face** zetrę mu z twarzy ten kretyński uśmiech or uśmieszek; **that will ~ some sense into him** to go trochę nauczy rozumu [4] infml (criticize) s|krytykować *[achievement, method, opposition]*; oczerni|ć, -ać *[person]*; **don't ~ it!** hum nie krytykuj!

III *vi* [1] (make sound) (involuntarily) *[branch, object]* stuk|nąć, -ać **(on** or **against sth** o coś); (deliberately) *[person]* za|pukać, za|stukać **(at** or **on sth** w coś, do czegoś); *[engine]* stuk|nąć, -ać [2] (collide) **to ~ into** or **against sth** wpaść na coś, uderzyć w coś; **to ~ into each other** wpaść na siebie

■ **knock about, knock around** infml: ¶ **~ about** włóczyć się ¶ **~ about [sth]** *[object]* poniewierać się po (czymś), walać się po (czymś) infml *[area, house]*; **to ~ about with sb** zadawać się z kimś infml; **to ~ about together** infml *[adults]* bywać razem ¶ **~ [sb] about** maltretować *[wife]* ¶ **~ [sth] about** [1] (buffet) *[storm]* ciskać (czymś) *[boat]* [2] Sport **let's ~ the ball about** chodźcie pogramy sobie w piłkę, chodźcie poodbijamy sobie piłkę

■ **knock back**: ¶ **~ back [sth], ~ [sth] back** [1] (return) *[player]* odbi|ć, -jać *[ball]* [2] infml (swallow) wychyl|ić, -ać infml *[drink]* [3] infml (reject) odrzuc|ić, -ać *[offer]*; nie przyj|ąć, -mować (czegoś) *[invitation]* ¶ **~ [sb] back** [1] (surprise) *[news]* zask|oczyć, -akiwać *[person]* [2] infml (cost) **that dress must have ~ed her back a few quid** infml ta sukienka musiała ją nieźle kosztować infml [3] (refuse) odm|ówić, -awiać (komuś) *[person]*

■ **knock down**: **~ down [sb/sth], ~ [sb/sth] down** [1] (cause to fall) (deliberately) *[aggressor]* powal|ić, -ać, przewr|ócić, -acać *[victim, opponent]*; *[police]* wyważ|yć, -ać *[door]*; *[builder]* roz|ebrać, -bierać; rozwal|ić, -ać infml *[building]*; (accidentally) *[person, vehicle, animal]* przewr|ócić, -acać *[person, object]*; *[lightning, wind]* zwal|ić, -ać *[fence, tree]*; fig *[person]* pokon|ać, -ywać *[obstacle, barrier]* [2] (reduce) *[buyer]* wy|targować *[price]*; *[seller]* obniż|yć, -ać, opu|ścić, -szczać *[price]*; **I managed to ~ him down by a few pounds** udało mi się utargować parę funtów [3] (allocate) *[auctioneer]* sprzeda|ć, -wać na aukcji or licytacji *[lot]*

■ **knock in**: **~ in [sth], ~ [sth] in** (deliberately) *[person]* wbi|ć, -jać *[nail, peg]*; *[golfer]* wbi|ć, -jać (do dołka) *[ball]*; (accidentally) *[blow]* rozwal|ić, -ać *[side, top]*

■ **knock into**: **~ into [sb/sth]** wpa|ść, -dać na kogoś/coś

■ **knock off**: ¶ **~ off** infml *[worker]* s|kończyć pracę ¶ **~ off [sb/sth], ~ [sb/sth] off** [1] (cause to fall) *[person, blow, force]* strąc|ić, -ać *[object]*; przewr|ócić, -acać *[person]*; *[movement, blow]* zrzuc|ić, -ać *[horserider]*; *[person]* odg|onić, -aniać *[insects]*; ści|ąć, -nać *[flower heads]*; *[person, blow]* utrąc|ić, -ać *[handle, end]*; odłam|ać, -ywać *[car mirror]* [2] (reduce) obniż|yć, -ać, opu|ścić, -szczać *[price]*; **she wouldn't ~ off anything** ona nie chce nic opuścić; **he ~ed 20% off the bill** spuścił 20% z rachunku [3] infml (steal) podprowadz|ić, -ać *[car, object]* [4] infml (stop) **~ it off!** przestań! [5] vinfml (have sex with) bzykać, dymać vinfml *[person]*

■ **knock out**: ¶ **~ out [sb/sth], ~ [sb/sth] out** [1] (dislodge) *[person, blow]* wybi|ć, -jać *[nail, peg, tooth]*; *[blast]* zbić *[window]*; *[person, blow]* wyrzuc|ić, -ać *[contents]*; wytrząs|nąć, -ać *[pipe ash]* [2] (make unconscious) *[person, blow]* ogłusz|yć, -ać *[person, animal]*; *[drug]* zwal|ić, -ać z nóg infml *[person, animal]*; *[boxer]* z|nokautować *[opponent]*; **don't drink the punch, it will ~ you out** nie pij tego ponczu, bo zwali cię z nóg; **all that walking has ~ed him out** infml ten spacer ściął go z nóg infml [3] (destroy) *[enemy, shell]* rozwal|ić, -ać, z|niszczyć *[tank, factory]*; *[strike action, breakdown]* zatrzym|ać, -ywać *[production, service]* [4] Sport (eliminate) *[competitor]* wy|eliminować *[opponent, team]* [5] Aut (straighten) *[mechanic]* wyklep|ać, -ywać *[dent, metal]* [6] infml (produce) *[machine]* dostarcz|yć, -ać *[quantity]*; *[person]* za|brzdąkać *[tune]* 7 infml (overwhelm) *[appearance, good news, performance]* oszoł|omić, -amiać; *[bad news]* zwal|ić, -ać z nóg infml

¶ **~ oneself out** 1 (become unconscious) stracić przytomność **she hit her head and ~ed herself out** uderzyła się w głowę i straciła przytomność 2 infml (become exhausted) wyk|ończyć, -ańczać się

■ **knock over**: ¶ **~ over [sb/sth], ~ [sb /sth] over** *[person, animal, force]* przewr|ócić, -acać *[animal, object, person]*; *[vehicle]* potrąc|ić, -ać *[animal, pedestrian]*

■ **knock through** Constr **you could ~ through into the dining room** możecie przebić się do jadalni

■ **knock together**: ¶ **~ together** *[knees, objects]* uderzać o siebie ¶ **~ together [sth], ~ [sth] together** 1 (create) sklecić infml *[furniture, shelter]*; u|pichcić infml *[meal]*; za|improwizować *[show]*; przygotow|ać, -ywać *[reception]* 2 (bang together) zbi|ć, -jać; **they need their heads ~ing together** fig należy ich przywołać do porządku, należy im dać nauczkę

■ **knock up**: ¶ **~ up** (in tennis) po|odbijać **(with sb** z kimś**)** ¶ **~ up [sth], ~ [sth] up** 1 (infml) (make) s|klecić infml *[furniture, shelter]*; przy|szykować; u|pichcić infml *[dish, sth to eat]* 2 Sport infml *[competitor, player]* zdoby|ć, -wać *[points]*; osiąg|nąć, -ać *[score]* ¶ **~ up [sb], ~ [sb] up** 1 (awaken) o|budzić *[person]* 2 infml (exhaust) wyk|ończyć, -ańczać *[person]* 3 vinfml (make pregnant) z|robić dziecko (komuś) infml

IDIOMS: **his knees were ~ing** ze strachu nogi się pod nim uginały; **to ~ sth on the head** infml ukręcić łeb czemuś infml; **to be ~ing on a bit** infml zacząć się starzeć; posunąć się (w latach) ; **it must be ~ing on 30 years since...** stuknęło już 30 lat od... infml; **I'll ~ your heads together!** zaraz się z wami rozprawię! infml

knockabout /ˈnɒkəbaʊt/ **I** *n* 1 Sport wymiana *f* piłek 2 US Naut jolka *f*, mały jacht *m*

II *adj [comedy, comedian]* slapstickowy

knockdown /ˈnɒkdaʊn/ *adj [price]* bardzo niski

knocker /ˈnɒkə(r)/ **I** *n* (on door) kołatka *f*

II knockers *npl* 1 infml (critics) krytyka *f* pej 2 vinfml (breasts) cycki *m pl*, bufory *m pl* infml

knock-for-knock /ˌnɒkfəˈnɒk/ *adj* Insur *wypłata ubezpieczenia właścicielowi polisy bez względu na orzeczoną winę*

knocking /ˈnɒkɪŋ/ **I** *n* pukanie *n*, stukanie; **to hear a ~ at the door** usłyszeć pukanie or stukanie do drzwi

II *adj* **a ~ sound** odgłos pukania; (in engine) odgłos stukania

knocking copy *n* Advertg reklama *f* krytykująca konkurencję

knocking-off time /ˌnɒkɪŋˈɒftaɪm/ *n* infml fajrant *m* infml

knocking shop *n* vinfml burdel *m* infml

knock-kneed /ˌnɒkˈniːd/ *adj [legs]* iksowaty, koślawy

knock knees *npl* iksowate or koślawe nogi *f pl*

knock-on /ˌnɒkˈɒn/ *n* (in rugby) wybijanie *n* piłki ręką

knock-on effect *n* efekt *m* domina

knock-out /ˈnɒkaʊt/ **I** *n* 1 (in boxing) nokaut *m*; **to win by a ~** wygrać przez nokaut 2 infml (show) szlagier *m* infml; **to be a ~** *[person]* być fantastyczną osobą, rzucać na kolana; **he is a ~ on the drums** fantastycznie gra na perkusji; gra na perkusji jak szatan infml; **to look a ~** wyglądać niezwykle atrakcyjnie; wyglądać szałowo infml

II *adj* 1 Sport *[competition]* rozgrywany w eliminacjach 2 infml (incapacitating) *[pills, injections]* nokautujący; zwalający z nóg infml; **~ drops** krople nasenne 3 infml (brilliant) *[idea]* świetny, kapitalny

knock-up /ˈnɒkʌp/ *n* Sport infml rozgrzewka *f*; **to have a ~** zrobić (sobie) rozgrzewkę

knoll /nəʊl/ *n* pagórek *m*, wzgórek *m*

knot /nɒt/ **I** *n* 1 (on rope) (tied part) węzeł *m*; (on string) supeł *m*; (on thread) supeł *m*, supełek *m*; **to tie sth in a ~** związać coś w węzeł or na supeł 2 (tangle) (in rope) supeł *m*; **to comb the ~s out of one's hair** rozczesać splątane włosy 3 (in wood) sęk *m* 4 fig (group) gromadka *f*, grupka *f* 5 fig (tense feeling) **I have a tight ~ in my stomach** ściska mnie w żołądku 6 Naut, Aviat węzeł *m*; **to do 15 ~s** płynąć z prędkością 15 węzłów

II *vt* (*prp, pt, pp* **-tt-**) związ|ać, -ywać *[strings, ends]* **(together** ze sobą**)**; zawiąz|ać, -ywać *[necktie, scarf]*; **to ~ one's tie** zawiązać krawat

III *vi* (*prp, pt, pp* **-tt-**) *[stomach]* ścis|nąć, -kać się; *[muscles]* napręż|yć, -ać się, napi|ąć, -nać się

IDIOMS: **to do sth at a rate of ~s** robić coś z zawrotną szybkością; **to get tied up in ~s** znaleźć się w kłopotliwym położeniu; **to tie the ~** połączyć się węzłem małżeńskim

knothole /ˈnɒthəʊl/ *n* dziura *f* po sęku

knotty /ˈnɒtɪ/ *adj* 1 (gnarled) *[fingers, joints, wood]* sękaty 2 fig *[problem, question]* zawiły

knout /naʊt/ *n* knut *m*

know /nəʊ/ **I** *vt* (*pt* **knew** /njuː/; *pp* **known** /nəʊn/) 1 (have knowledge of) znać *[person, place, results, value, rules, reason, way, language, truth, answer, situation, taste]*; wiedzieć *[everything, nothing, something]*; **to ~ sb by name/sight** znać kogoś z nazwiska/z widzenia; **you ~ Adam, he's always late** znasz Adama, zawsze się spóźnia; **to ~ sth by heart** znać coś na pamięć; **to ~ how to do sth** umieć coś zrobić; (stressing method) wiedzieć, jak coś zrobić; **I ~ how to swim** umiem pływać; **she ~s how to improve it/use it** ona wie, jak to ulepszyć or poprawić/jak używać tego; **he certainly ~s how to upset people/make a mess** iron on to potrafi sprawić ludziom przykrość/narobić bałaganu; **to ~ that...** wiedzieć, że...; **to ~ for certain** or **for sure that...** wiedzieć na pewno, że...; **I wasn't to ~ that...** miałam nie wiedzieć, że...; **to ~ who/when...** wiedzieć, kto/kiedy...; **to ~ why/whether...** wiedzieć, dlaczego/czy...; **to ~ what love is** wiedzieć, czym jest miłość; **you ~ what children are/she is** wiesz, jakie są dzieci /jaka ona jest; **to ~ sb/sth as sb/sth** znać kogoś/coś jako kogoś/coś; **Robert, better known as Bob** Robert, lepiej znany jako Bob; **Anna, known as Annie to her friends** Anna, dla przyjaciół Ania; **I ~ him for** or **to be a liar** wiem, że kłamie or że jest kłamcą; **to let it be known** or **to make it known that...** podać do wiadomości, że...; **to have known sb to do sth** wiedzieć, że ktoś zrobił coś; **I've never known him to lose his temper** nigdy przedtem nie widziałem, żeby stracił panowanie nad sobą; **it has been known to snow here** zdarzało się, że padał tutaj śnieg; **if I ~ you/him** o ile cię/go znam; **he is known to the police** jest znany policji; **just how well did you ~ the accused?** jak dobrze znała pani/znał pan oskarżonego?; **I ~ all about redundancy!** dobrze wiem, co znaczy zwolnienie z pracy!; **as you well ~** jak się przecież orientujesz; **as well she ~s** jak dobrze wie; **(do) you ~ something?, do you ~ what?** wiesz co?; **there is no ~ing how /whether...** nie wiadomo, jak/czy...; **to ~ one's way home** znać drogę do domu; **to ~ one's way around** fig orientować się w sytuacji; **to ~ one's way around a town** orientować się w mieście, umieć się poruszać w mieście; **to ~ one's way around a computer/an engine** znać się na komputerach/silnikach; **I ~ that for a fact** wiem to na pewno; **I ~ what! you could...** już wiem! mógłbyś...; **he ~s all about it** wie wszystko na ten temat, wie o tym wszystko; **he ~s nothing about it** nie wie nic na ten temat, nic o tym nie wie; **maybe you ~ something I don't** może wiesz coś, czego ja nie wiem; może wiesz coś, o czym ja powinienem wiedzieć 2 (feel certain) być pewnym (czegoś); **he's dead, I ~ it** jestem pewien, że on nie żyje; **I knew it!** wiedziałem!; **to ~ that...** wiedzieć, że...; być pewnym, że...; **I ~ my key is here somewhere** jestem pewien, że mój klucz jest gdzieś tutaj; **I don't ~ that we can...** nie jestem pewien, czy możemy or czy potrafimy...; **I don't ~ that I want to go there really** nie jestem pewna, czy mam ochotę tam pójść; **I don't ~ that opening the window/taking medicine will make much difference** nie jestem pewien, czy otwarcie okna/zażycie tego lekarstwa cokolwiek zmieni 3 (realize) zda|ć, -wać sobie sprawę (z czegoś); **to ~ to do sth** wiedzieć, że należy or powinno się or trzeba coś zrobić; **does he ~ to go straight to the station?** czy on wie, że ma iść prosto na dworzec?; **do you ~ how expensive that is?** czy zdajesz sobie sprawę or wiesz, ile to kosztuje?; **he doesn't ~ just how lucky he's been** on nie zdaje sobie sprawy or nie wie, jakie miał szczęście; **you don't ~ how pleased I am** nawet nie wiesz or nie zdajesz sobie sprawy, jaki jestem zadowolony; **she's attractive and doesn't she ~ it!** jest atrakcyjna i doskonale o tym wie!; **don't I ~ it!** tak jakbym o tym nie wiedział! 4 (recognize) odróżni|ć, -ać *[objects, faces, twins]* **(from sb/sth** od kogoś/czegoś**)**; pozna|ć, -wać, rozpozna|ć, -wać *[person, place]* **(by sth** po czymś**)**; **I hardly knew him** z trudnością go poznałem; **I knew her by her walk** poznałam ją po chodzie or po sposobie chodzenia; **she doesn't ~ a peach from a plum!** nie potrafi odróżnić brzoskwini od śliwki!, nie odróżnia brzoskwini od śliwki!; **only their parents ~ one from the other** tylko rodzice potrafią ich odróżnić; tylko rodzice wiedzą, który jest który; **she ~s a bargain if she sees one** ona to potrafi wypatrzyć dobrą okazję [5] (acknowledge) **to be known for sth** być znanym z czegoś; **to be known for doing sth** być znanym z tego, że się coś robi; **he's known for providing a good service** znany jest z tego, że dobrze wykonuje usługi [6] (experience) zazna|ć, -wać *[poverty, love]*; dozna|ć, -wać *[failure, joy]*; **you have to ~ sorrow to ~ what happiness is** trzeba zaznać smutku, żeby wiedzieć, czym jest szczęście or żeby umieć docenić szczęście [7] arch Bible po|znać

II *vi* (*pt* **knew** /nju:/; *pp* **known** /nəʊn/) [1] (have knowledge) wiedzieć; **as you ~** jak wiesz; **you'll ~ next time** następnym razem już będziesz wiedział; **I wouldn't ~** bo or czy ja wiem? infml; **to ~ about sth** (have information, experience) wiedzieć o czymś; (have skill) znać się na czymś; **he ~s about such things** on to wie, on się na tym zna; **to ~ of sth** (from experience) znać coś; (from information) wiedzieć o czymś, słyszeć o czymś; **do you ~ of a short cut?** czy znasz drogę na skróty?; **I ~ of somebody who...** słyszałem o kimś, kto...; **not that I ~ of** o ile wiem nie; nie sądzę; **to let sb ~ about** or **of sth** zawiadomić kogoś o czymś, dać komuś znać o czymś; **we'll let you ~** zawiadomimy pana/panią; **how should I ~!** infml skąd mam wiedzieć!; **if you must ~...** jeżeli koniecznie musisz wiedzieć...; **wouldn't you like** or **love to ~** (pewnie) chciałbyś wiedzieć, co? infml; **if you drop it on your foot, you'll ~ about it** infml jak upuścisz to sobie na nogę, to dopiero poczujesz; **if the brakes fail, you'll ~ about it** na pewno się zorientujesz, jak ci się popsują hamulce; **if I were angry with you, you'd ~ about it** dałbym ci odczuć, gdybym był zły na ciebie; **I'd** or **I'll have you ~** dam ci znać; **you ~ better than to argue with him** wiesz przecież, że nie należy się z nim sprzeczać; **you left her alone? you ought to have known better** zostawiłeś ją samą? nie powinieneś był tego robić; **he says he came home early but I ~ better** mówi, że wrócił wcześnie do domu, ale ja wiem swoje; **they don't ~ any better** oni też nie wiedzą; **they don't ~ any better, you do!** że oni tego nie wiedzą, ale ty! [2] (feel certain) **'he won't win' – 'oh, I don't ~'** „on nie wygra" – „nie jestem taki pewien"; **'I'll take the morning off' – 'I don't ~ about that!'** zwolnię się na rano" – „nie wydaje mi się!"; **'is it useful?' – 'I don't ~ about useful, but it was cheap'** „czy to się przyda?" – „nie wiem, czy się przyda, ale za to jest tanie"; **I don't ~ about you but...** nie wiem jak ty, ale...; **I don't ~! look at this mess** no niech to! spójrz, jaki bałagan!

IDIOMS: **it takes one to ~ one** Prov pozna swój swego; **not to ~ what to do with oneself** nie wiedzieć, co ze sobą począć; **not to ~ where** or **which way to turn** fig nie wiedzieć, gdzie się udać or do kogo się zwrócić; **not to ~ where to put oneself** nie wiedzieć, gdzie się podziać; **not to ~ whether one is coming or going** nie wiedzieć, za co się najpierw zabrać; nie wiedzieć, w co włożyć ręce infml; **not to ~ where** or **which way to look** nie wiedzieć, gdzie podziać or schować oczy; **it's not what you ~ but who you ~** nieważne, co umiesz, ale kogo znasz; **to be in the ~** infml wiedzieć, co w trawie piszczy; **to be in the ~ about sth** infml orientować się w czymś; **to ~ one's place** also hum znać swoje miejsce (w szyku) also hum; **well, what do you ~!** iron no myślałby kto!

knowable /ˈnəʊəbl/ *adj [information, facts, details]* dostępny; *[answer, number]* znany

know-all /ˈnəʊɔ:l/ *n* GB infml mędrek *m*, mądrala *m/f* infml hum or iron

know-how /ˈnəʊhaʊ/ *n* infml specjalistyczna wiedza *f*, know-how *n*

knowing /ˈnəʊɪŋ/ *adj [glance, smile, gesture]* znaczący; **she nodded in a ~ way** kiwała głową znacząco

knowingly /ˈnəʊɪŋlɪ/ *adv* [1] (intentionally) *[mislead, deceive, risk, insult]* świadomie, rozmyślnie [2] (with understanding) *[glance, wink, sigh]* porozumiewawczo

know-it-all *n* US infml = **know-all**

knowledge /ˈnɒlɪdʒ/ *n* [1] (awareness) wiedza *f* **(of sth** o czymś, na temat czegoś); świadomość *f* **(of sth** czegoś); **to bring sth to sb's ~** zwrócić na coś uwagę kogoś; **it has come to our ~ that...** dowiedzieliśmy się or doszło do nas, że...; **to my/our ~** o ile wiem/wiemy; **with the full ~ of sb** za wiedzą kogoś; **to have ~ of sth** fml wiedzieć o czymś; posiadać wiedzę na temat czegoś fml; **I have no ~ of what happened** fml nic mi nie wiadomo na ten temat; **to my certain ~ he...** wiem na pewno, że on...; **without sb's ~, without the ~ of sb** bez wiedzy kogoś [2] (factual wisdom) wiedza *f*; (of specific field) znajomość *f*; **human/technical ~** wiedza humanistyczna/techniczna; **a thirst for ~** głód wiedzy; **~ of classical history /computing** wiedza z zakresu historii starożytnej/z dziedziny informatyki; **all branches of ~** wszystkie gałęzie wiedzy

knowledgeable /ˈnɒlɪdʒəbl/ *adj [person]* mądry, znający się na rzeczy; *[article, remark]* wnikliwy **(about sth** o czymś or na temat czegoś); **to be ~ about sth** dobrze znać się na czymś, dużo wiedzieć o czymś

knowledgeably /ˈnɒlɪdʒəblɪ/ *adv [speak, describe, write]* ze znajomością tematu

knowledge-based system /ˌnɒlɪdʒbeɪstˈsɪstəm/ *n* Comput system *m* z bazą wiedzy

knowledge engineer *n* ≈ inżynier *m* wiedzy

knowledge engineering *n* inżynieria *f* wiedzy

knowledge worker *n* ≈ pracownik *m* wykorzystujący wiedzę

known /nəʊn/ **I** *pp* → **know**

II *pp adj* [1] (recognized) *[authority, danger, source]* poznany [2] (from acquaintance, experience) *[celebrity, cure]* znany; **the most dangerous substance ~ to man** najgroźniejsza substancja znana człowiekowi [3] (measured) *[weight, quantity]* określony

knuckle /ˈnʌkl/ *n* [1] (of person) knykieć *m* kłykieć *m*; **to crack one's ~s** wyłamywać sobie palce; **to rap sb on** or **over the ~s** trzepnąć kogoś po łapach infml; **to get a rap over the ~s** dostać po łapach infml [2] (on animal) staw *m* skokowy [3] Culin (of lamb, mutton) udziec *m*; (of pork) golonka *f*; **pig's ~s** golonka wieprzowa

■ **knuckle down** infml przysiąść fałdów; **to ~ down to sth** zabrać się na serio or poważnie do czegoś *[task, work]*

■ **knuckle under** infml ust|ąpić, -ępować, podda|ć, -wać się

IDIOMS: **to be near the ~** infml graniczyć z nieprzyzwoitością; **to give sb a ~ sandwich** vinfml walnąć kogoś or dać komuś w pysk vinfml

knucklebone /ˈnʌklbəʊn/ *n* kostka *f* (u ręki)

knucklebones /ˈnʌklbəʊnz/ *npl* Games kości *f pl*

knuckle-duster /ˈnʌkldʌstə(r)/ *n* kastet *m*

knucklehead /ˈnʌklhed/ *n* infml tępak *m*

knuckle joint *n* Anat staw *m* śródręczno-paliczkowy; Tech przegub *m* zawiasowy

knurl /nɜ:l/ **I** *n* (in wood) radełko *n*; (in metal) moleta *f*

II *vt* (in wood) radełkować; (in metal) Tech moletować

KO infml **I** *n* = **knock-out** nokaut *m*; k.o. infml

II *vt* = **knock out** zostać znokautowanym

koala (bear) /kəʊˈɑ:lə/ *n* Zool (niedźwiadek) koala *m*

kohl /kəʊl/ *n* Cosmet proszek *m* antymonowy

kohlrabi /ˌkəʊlˈrɑ:bɪ/ *n* kalarepa *f*

kook /ku:k/ *n* US infml czub *m*, świr *m* infml

kookaburra /ˈkʊkəbʌrə/ *n* Zool kukabura *f*

kookie, kooky /ˈku:kɪ/ *adj* US infml stuknięty, szurnięty infml

kopeck /ˈkəʊpek/ *n* kopiejka *f*

Koran /kəˈrɑ:n/ *prn* **(the ~)** Koran *m*

Koranic /kəˈrænɪk/ *adj* koraniczny

Korea /kəˈrɪə/ *prn* Korea *f*

Korean /kəˈrɪən/ **I** *n* [1] (person) Korea|ńczyk *m*, -nka *f* [2] Ling (język *m*) koreański *m*

II *adj* koreański; **the ~ War** wojna koreańska

korfball /ˈkɔ:fbɔ:l/ *n* Sport korfball *m*

kosher /ˈkəʊʃə(r)/ *adj* [1] Relig *[food, restaurant, shop]* koszerny [2] infml fig (legitimate) **it's ~** to jest w porządku; **there is something not quite ~ about it** coś jest tutaj nie całkiem w porządku; coś mi tutaj nieładnie pachnie infml

Kosovan /ˈkɒsəvn/ *adj* kosowski

Kosovar /ˈkɒsəvɑ:(r)/ *n* mieszkan|iec *m*, -ka *f* Kosowa

Kosovo /ˈkɒsəvəʊ/ *prn* Kosowo *n*

Kowloon /ˌkaʊˈlu:n/ *prn* Koulun *m inv*; **the ~ Peninsula** półwysep Koulun

kowtow /ˌkaʊˈtaʊ/ *vi* pej kłaniać się (w pas), kłaniać się uniżenie pej **(to sb** komuś); płaszczyć się **(to sb** przed kimś); **to ~ to sth** traktować coś z przesadnym szacunkiem

KP *n* US → **kitchen police**

kph = **kilometres per hour** km/godz.

Kraut /kraʊt/ infml offensive **I** *n* szwab *m*, -ka *f*, szkop *m*, -ka *f* infml

II *adj* szwabski, szkopski infml

Kremlin /ˈkremlɪn/ *prn* Kreml *m*

krill /krɪl/ *n* Zool kryl *m*

Krishna /ˈkrɪʃnə/ *prn* Kriszna *m*, Kryszna *m*

Krugerrand /ˈkruːgərænd/ *n* krugerrand *m*

krypton /ˈkrɪptɒn/ *n* Chem krypton *m*

KS US Post = **Kansas**

Kt *n* = **knight**

kudos /ˈkjuːdɒs/ *n* infml prestiż *m*; **to have ~** cieszyć się prestiżem; **to gain (the) ~ for sth** osiągnąć prestiż dzięki czemuś

Ku Klux Klan /ˌkuːklʌksˈklæn/ *prn* Ku-Klux-Klan *m*

kumquat /ˈkʌmkwɒt/ *n* kumkwat *m*

kung fu /ˌkʊŋˈfuː/ *n* kung-fu *inv*

Kurd /kɜːd/ *n* Kurd *m*, -yjka *f*

Kurdish /ˈkɜːdɪʃ/ **I** *n* Ling (język *m*) kurdyjski *m*

II *adj* kurdyjski

Kurdistan /ˌkɜːdɪˈstæn/ *prn* Kurdystan *m*

Kuwait /kʊˈweɪt/ *prn* Kuwejt *m*

Kuwaiti /kʊˈweɪtɪ/ **I** *n* Kuwejt|czyk *m*, -ka *f*

II *adj* kuwejcki

kvass /kvɑːs/ *n* kwas *m* (chlebowy)

kvetch /kvetʃ/ *vi* US infml (complain) narzekać; biadolić infml

kW = **kilowatt** kilowat *m*, kW

kwashiorkor /ˌkwæʃɪˈɔːkɔː(r)/ *n* Med niedożywienie *n* białkowo-kaloryczne

kWh *n* = **kilowatt-hour** kilowatogodzina *f*, kWh

KY US Post → **Kentucky**

L

l, L /el/ *n* [1] (letter) l, L *n* [2] = **litre(s)** GB, **liter(s)** US litr *m*, l [3] **L** GB Aut = **Learner** L *(nauka jazdy, początkujący kierowca)* [4] **the L** US Rail = **elevated railroad** miejska kolej *f* nadziemna [5] **L** = **Lake** jezioro *n*, jez. [6] **L** = **left** l *(lewa, po lewej)* [7] **l** = **line** wiersz *m*, w. [8] **L** = **large** rozmiar *m* duży, rozmiar *m* L

la *n* → **lah**

LA US [1] = **Los Angeles** LA [2] Post = **Louisiana**

lab /læb/ *n* laboratorium *n* → **laboratory**

Lab. GB Pol = **Labour (Party)** Partia *f* Pracy; **H. Moore ~** H. Moore, Partia Pracy

lab coat *n* biały fartuch *m*, kitel *m*

label /ˈleɪbl/ **I** *n* [1] (on clothing) metka *f*; (on bottle) nalepka *f*, etykieta *f*; (on file, suitcase) nalepka *f*, naklejka *f*; (tie-on) etykiet(k)a *f*, przywieszka *f*; **address/price ~** nalepka or przywieszka z adresem/ceną; **(self-)adhesive ~** naklejka or nalepka samoprzylepna; **to put a ~ on sth** umieścić etykietę na czymś [2] fig (epithet) etykiet(k)a *f* fig; **to hang** or **slap** or **stick a ~ on sb/sth** przylepić or przypiąć komuś/czemuś etykietę; **someone once called him a liar and the ~ has stuck** ktoś kiedyś nazwał go łgarzem i ta etykieta przylgnęła do niego [3] Comm (brand name) znak *m* firmowy, marka *f*; **own ~** znak firmowy sklepu; **the shop selling own-~ products** sklep firmowy [4] (record company) wytwórnia *f* płytowa; **a jazz classic on the Bluenote ~** standard jazzowy na płycie wytwórni Bluenote [5] Comput etykieta *f* [6] Ling kwalifikator *m*

II *vt* (*prp, pt, pp* GB **-ll-**, US **-l-**) [1] (put label on) opat|rzyć, -rywać etykietą or nalepką *[bottle, file, luggage]*; etykietować, oznakow|ać, -ywać *[goods]*; **a jar ~led 'rice'** słój z nalepką „ryż"; **to be ~led 'confidential'** być opatrzonym napisem „poufne"; **every box must be clearly ~led** każda skrzynka musi być wyraźnie oznakowana [2] fig (pigeonhole) za|szufladkować, określ|ić, -ać mianem; **his work is difficult to ~** jego twórczość trudno zaszufladkować; **he is usually ~led (as) an Impressionist** zwykle zalicza się go do impresjonistów [3] Ling opat|rzyć, -rywać kwalifikatorem [4] Comput etykietować, oznacz|yć, -ać etykietą

labelling /ˈleɪblɪŋ/ **I** *n* (in factory, shop) etykietowanie *n*, metkowanie *n*; Biol, Chem znakowanie *n*

II *modif* **~ scheme** or **system** system znakowania; **~ machine** etykieciarka

labia /ˈleɪbɪə/ *npl* wargi *f pl* sromowe

labial /ˈleɪbɪəl/ **I** *n* Ling głoska *f* wargowa or labialna

II *adj* Ling, Med wargowy

labiodental /ˌleɪbɪəʊˈdentl/ Ling **I** *n* głoska *f* wargowo-zębowa

II *adj* wargowo-zębowy

labiovelar /ˌleɪbɪəʊˈviːlə(r)/ Ling **I** *n* głoska *f* labiowelarna

II *adj* labiowelarny

labor *n* US = **labour**

laboratory /ləˈbɒrətrɪ, US ˈlæbrətɔːrɪ/ **I** *n* (for research) laboratorium *n*; (for teaching) pracownia *f*; **in the ~** w laboratorium, w pracowni; **language ~** laboratorium językowe

II *modif [animal, equipment, research, staff]* laboratoryjny

laboratory assistant *n* laborant *m*, -ka *f*

laboratory technician *n* technik laborant *m*

Labor Day *n* US święto *n* pracy *(pierwszy poniedziałek września)*

Labor Department *n* US ministerstwo *n* pracy

labored *adj* US = **laboured**

laborer *n* US = **labourer**

laborious /ləˈbɔːrɪəs/ *adj [process, task]* żmudny, mozolny; *[style, prose]* ciężki; **in ~ detail** nazbyt szczegółowo, ze wszystkimi szczegółami

laboriously /ləˈbɔːrɪəslɪ/ *adv [assemble, sew]* mozolnie, z mozołem, pracowicie; *[write]* skrzętnie; **he struggled ~ up the slope** mozolnie or z mozołem wspinał się po zboczu

labor union *n* US związek *m* zawodowy

labour GB, **labor** US /ˈleɪbə(r)/ **I** *n* [1] (work) praca *f*; (exertion) robota *f*; harówka *f* infml; (task) trud *m*, wysiłek *m*; **manual ~** praca fizyczna; **hard ~** ciężkie roboty; **the fruit of one's ~** owoce (własnej) pracy; **to rest from one's ~s** odpocząć po trudach; **the division of ~** podział pracy; **to withdraw one's ~** zastrajkować, przerwać pracę; **a withdrawal of ~** strajk; przerwa w pracy euph [2] (workforce) siła *f* robocza; **skilled/unskilled/cheap ~** wykwalifikowana/niewykwalifikowana/tania siła robocza [3] (required work) robocizna *f*; **the cost of ~** koszt robocizny; **material and ~** materiał i robocizna [4] Med poród *m*; **an easy/difficult ~** łatwy/ciężki poród; **her ~ lasted 16 hours** poród trwał 16 godzin; **to begin** or **go into ~** zacząć rodzić; **to be in ~** rodzić; **~ pains** bóle porodowe

II *modif [dispute]* pracowniczy; *[leader]* związkowy; **~ costs** koszty robocizny; **~ market** rynek pracy; **~ shortage** brak siły roboczej

III *vi* [1] (work) pracować **(on** or **at sth** nad czymś); (toil) mozolić się **(on** or **at sth** nad czymś) [2] (have difficulties) wysilać się, mozolić się **(to do sth** żeby coś zrobić); **he was ~ing to breathe** z trudem łapał oddech; **he ~ed up the hill** z mozołem or trudem wspinał się na wzgórze; **the ship ~ed through the rough seas** statek z trudem pokonywał wzburzone fale [3] Aut *[engine]* ciężko pracować [4] fig **to ~ under a delusion/misapprehension that...** łudzić się/błędnie mniemać, że... liter

IDIOMS: **a ~ of love** praca wykonywana z zamiłowaniem or z upodobaniem; **a ~ of Hercules** praca herkulesowa; **to ~ the point** rozwodzić się nad zagadnieniem or problemem; wałkować zagadnienie or problem infml

Labour GB /ˈleɪbə(r)/ **I** *n (+ v pl)* Partia *f* Pracy

II *adj [view, manifesto, MP]* laburzystowski; **the ~ vote** elektorat Partii Pracy; **to vote ~** głosować na Partię Pracy

labour camp *n* obóz *m* pracy

laboured GB, **labored** US /ˈleɪbəd/ *adj* [1] (difficult) *[breathing]* ciężki; *[movement]* mozolny, ociężały [2] (showing effort) *[style, joke]* ciężki

labourer GB, **laborer** US /ˈleɪbərə(r)/ *n* pracownik *m* fizyczny, pracownica *f* fizyczna, robotni|k *m*, -ca *f*; **a farm ~** robotnik rolny

labour exchange *n* GB dat biuro *n* pośrednictwa pracy; pośredniak *m* infml

labour force *n* siła *f* robocza

labouring GB, **laboring** US /ˈleɪbərɪŋ/ *adj* pracujący; **the ~ classes** klasa pracująca

labour-intensive /ˌleɪbərɪnˈtensɪv/ *adj* (needing a large workforce) *[industry]* zatrudniający dużą siłę roboczą; *[method, farming]* wymagający dużego nakładu siły roboczej; (toilsome) *[method]* pracochłonny; **to be ~** *[industry]* zatrudniać dużą siłę roboczą

labourite /ˈleɪbəraɪt/ *n* GB laburzyst|a *m*, -ka *f*

labour law *n* GB prawo *n* pracy

labour movement *n* ruch *m* robotniczy

Labour Party *n* Partia *f* Pracy

labour relations *npl* stosunki *m pl* pracy *(między pracodawcą a pracownikami)*

labour-saving /ˈleɪbəseɪvɪŋ/ *adj [equipment, system]* usprawniający pracę

labour ward *n* (room) sala *f* porodowa; (ward) oddział *m* położniczy; porodówka *f* infml

labrador /ˈlæbrədɔː(r)/ *n* (also **~ retriever**) labrador *m*

laburnum /lə'bɜːnəm/ *n* Bot złotokap *m*
labyrinth /'læbərɪnθ/ *n* labirynt *m*; fig (of streets, canals) labirynt *m*, plątanina *f*; (of directives, interpretations) gąszcz *m* fig
labyrinthine /ˌlæbə'rɪnθaɪn, US -θɪn/ *adj* *[paths, streets]* labiryntowy; *[plot, situation]* zawiły, pogmatwany
lace /leɪs/ **I** *n* [1] (fabric) koronka *f*, koronki *f pl*; **made of ~** z koronki; **trimmed with ~** ozdobiony koronką or koronkami [2] (on shoe, boot) sznurowadło *n*, sznurówka *f*; (on dress) sznurówka *f*; **shoe ~s** sznurowadła, sznurówki; **your ~s are undone** masz rozwiązane sznurowadła or sznurówki; **to tie one's ~s** zawiązać sznurowadła or sznurówki [3] (on uniform) galon *m*
II *modif [curtain, dress, handkerchief]* koronkowy; *[industry]* koronkarski
III *vt* [1] (fasten, tie) zasznurow|ać, -ywać, sznurować *[shoes, corset, tent flap]*; **to ~ sb into a corset** zasznurować na kimś gorset; **to ~ one's fingers** spleść palce [2] (thread) przewle|c, -kać *[cord]*; **~ the string through the holes** przewlecz sznurek przez dziurki [3] (add substance to) **to ~ sth with sth** zaprawić coś czymś; **to ~ coffee with alcohol/poison** zaprawić kawę alkoholem/dodać trucizny do kawy; **a story ~d with wit and irony** opowieść zaprawiona dowcipem i ironią; **a red sky ~d with gold** czerwone niebo ze złotymi refleksami
IV *vi* [1] = **lace up** [2] infml (attack) **to ~ into sb** rzucić się na kogoś, naskoczyć na kogoś
■ **lace up**: ¶ **~ up** (be fastened) **these shoes ~ up** to są sznurowane buty; **the dress ~s up at the back** sukienka ma sznurówki z tyłu ¶ **~ up [sth], ~ [sth] up** zasznurow|ać, -ywać, sznurować *[shoes, corset, dress, tent flaps]*
lace-maker /'leɪsmeɪkə(r)/ *n* koronka|rz *m*, -rka *f*
lace-making /'leɪsmeɪkɪŋ/ *n* koronkarstwo *n*
lace punching *n* Comput koronka *f* *(na karcie perforowanej)*
lacerate /'læsəreɪt/ *vt* po|ranić *[feet, flesh]*; fig boleśnie z|ranić *[feelings]*
laceration /ˌlæsə'reɪʃn/ *n* rana *f* szarpana
lace-up (shoe) /ˌleɪsʌp'ʃuː/ *n* but *m* sznurowany
lacewing /'leɪswɪŋ/ *n* sieciarka *f*
lachrymal /'lækrɪml/ *adj* łzowy
lachrymose /'lækrɪməʊs/ *adj* fml *[person, disposition]* płaczliwy; *[song, story, tone]* łzawy
lacing /'leɪsɪŋ/ *n* Comput = **lace punching**
lack /læk/ **I** *n* **~ of sb/sth** brak *m* or niedostatek *m* kogoś/czegoś; **~ of resources** brak or niedostatek środków; **~ of sleep** brak snu; **there's no ~ of interest/volunteers** nie brak zainteresowania/ochotników; **for** or **through ~ of sth** z powodu braku or niedostatku czegoś; **for ~ of anything better to do** z braku lepszego zajęcia, z braku czegoś lepszego do roboty; **if we fail, it won't be for ~ of trying** może nam się nie udać, ale przynajmniej staraliśmy się
II *vt* nie mieć (czegoś), cierpieć na brak (czegoś) *[confidence, humour, funds]*; **she ~s confidence** brak jej pewności siebie; **he doesn't ~ enthusiasm** nie brak mu entuzjazmu; **what she ~s in intelligence she makes up for in enthusiasm** brak inteligencji nadrabia entuzjazmem
III *vi* **they are ~ing for nothing** niczego im nie brak(uje) → **lacking**
lackadaisical /ˌlækə'deɪzɪkl/ *adj* (dreamy) *[person]* bujający w obłokach; (casual) *[attitude]* niefrasobliwy; **to be ~ about sth** mieć niefrasobliwe podejście do czegoś
lackey /'lækɪ/ *n* lokaj *m*; fig pej pachołek *m*, sługus *m* pej
lacking /'lækɪŋ/ *adj* [1] **the necessary resources are ~** brak jest niezbędnych środków; **enthusiasm is sadly ~ among the staff** personelowi brak jest, niestety, entuzjazmu; **what I found ~ in her article was...** w jej artykule zabrakło mi...; **he's completely ~ in tact** wykazuje kompletny brak taktu, nie ma za grosz taktu; **she's never ~ in suggestions** jest zawsze pełna pomysłów [2] **to be ~** dat euph być nierozgarniętym
lacklustre GB, **lackluster** US /'læklʌstə(r)/ *adj [person]* nijaki; *[performance]* bez wyrazu, bez życia; *[eyes]* przygasły, bez blasku; *[hair]* bezbarwny
laconic /lə'kɒnɪk/ *adj* lakoniczny
laconically /lə'kɒnɪklɪ/ *adv* lakonicznie
lacquer /'lækə(r)/ **I** *n* [1] (varnish) lakier *m*; **hair ~** lakier do włosów [2] Art (ware) wyroby *m pl* z laki
II *vt* po|lakierować *[surface, nails]*; pryskać, -iwać lakierem *[hair]*
lacquerware /'lækəweə(r)/ *n* wyroby *m pl* z laki
lacrimal *adj* = **lachrymal**
lacrosse /lə'krɒs, US -'krɔːs/ *n* lacrosse *n inv* *(gra kanadyjska podobna do hokeja na trawie)*
lacrosse stick *n* rakieta *f* do gry w lacrosse
lactase /'lækteɪz, -teɪs/ *n* laktaza *f*
lactate **I** /'lækteɪt/ *n* mleczan *m*
II /læk'teɪt/ *vi* wytwarzać mleko
lactation /læk'teɪʃn/ *n* laktacja *f*
lacteal /'læktɪəl/ **I** *n* naczynie *n* mleczowe
II *adj* [1] (lymphatic) *[vessel]* mleczowy [2] *[fever, secretion]* mleczny, mlekowy
lactic /'læktɪk/ *adj* mlekowy
lactic acid *n* kwas *m* mlekowy
lactiferous /læk'tɪfərəs/ *adj [ducts, gland]* mleczny
lactogenic /ˌlæktə'dʒenɪk/ *adj* mlekopędny, pobudzający laktację
lactose /'læktəʊs/ *n* laktoza *f*
lacuna /lə'kjuːnə/ *n* (*pl* **-nae, -as**) fml luka *f*
lacustrine /lə'kʌstraɪn/ *adj* fml jeziorny
lacy /'leɪsɪ/ *adj* koronkowy
lad /læd/ infml **I** *n* [1] (boy) chłopak *m* infml; **when I was a ~** gdy byłem chłopcem; **now look here, my ~** słuchaj, młody człowieku [2] GB (lively man) chłop *m* z ikrą infml; **he's a bit of a ~** niezły z niego numer! infml [3] (in stable) chłopiec *m* stajenny
II **lads** *npl* chłopaki *m pl*, kumple *m pl* infml; **the ~s at the office** chłopaki or kumple w biurze; **to go out for a drink with the ~s** pójść się napić z chłopakami or kumplami; **he's one of the ~s** równy z niego chłop infml
ladder /'lædə(r)/ **I** *n* [1] (for climbing) (metal, wood) drabina *f*; (of rope) drabinka *f* (sznurowa); **to climb up/down a ~** wejść/zejść po drabinie, wejść na drabinę/zejść z drabiny [2] fig **social ~** drabina społeczna; **career ~** szczeble kariery; **to be at the top of the ~** być u szczytu kariery; **to work one's way up the ~** piąć się po szczeblach kariery [3] GB (in stockings) oczko *n*
II *vt* **I've ~ed my tights** poleciało or poszło mi oczko w rajstopach
III *vi* **her stocking has ~ed** poszło or poleciało jej oczko w pończosze
ladderproof /'lædəpruːf/ *adj* GB *[stocking]* o nielecących oczkach
ladder tournament *n* Sport turniej *m* z rozstawieniem zawodników
laddie /'lædɪ/ *n* Scot infml chłopak *m* infml; **look here, ~!** słuchaj no, chłopcze!
laddish /'lædɪʃ/ *adj* chłopięcy; infml pej *[behaviour]* samczy fig pej
lade /leɪd/ *vt* (*pt* **laded**; *pp* **laden**) załadow|ać, -ywać *[ship, lorry]*
laden /'leɪdn/ **I** *pp* → **lade**
II *pp adj [lorry, ship]* załadowany, wyładowany **(with sth** czymś**)**; *[person]* obładowany **(with sth** czymś**)**; *[animal]* objuczony **(with sth** czymś**)**; **trees ~ with fruit** drzewa uginające się pod ciężarem owoców; **the table was ~ with food** stół uginał się od jedzenia; **she was ~ with doubt/remorse** liter dręczyły ją wątpliwości/wyrzuty sumienia; **he was ~ with grief** liter był pogrążony w smutku
ladette /læ'det/ *n* GB infml *młoda, niezależna kobieta, zwykle o „męskich" zainteresowaniach*
la-di-da /ˌlɑːdɪ'dɑː/ *adj* infml pej *[behaviour, manners]* pretensjonalny; *[pronunciation]* afektowany
ladies' gallery *n* GB galeria *f* dla kobiet *(w Izbie Gmin)*
ladies' man *n* bawidamek *m*
ladies' night *n* wieczór *m* otwarty dla pań
ladies' room *n* toaleta *f* damska
lading /'leɪdɪŋ/ *n* (cargo) ładunek *m*; (act) załadunek *m*
ladle /'leɪdl/ **I** *n* [1] Culin (in kitchen) chochla *f*, warząchew *f*; (piece of cutlery) łyżka *f* wazowa [2] Ind (spoon) czerpak *m*; (for transporting) kadź *f*
II *vt* nal|ać, -ewać, rozl|ać, -ewać *[soup]*
■ **ladle out**: **~ out [sth], ~ [sth] out** [1] Culin nal|ać, -ewać, rozl|ać, -ewać *[soup]*; na|łożyć, -kładać *[stew]* [2] fig nie szczędzić (czegoś), nie żałować (czegoś) *[advice, criticism, money]*; sypać (czymś) *[compliments, money]*
ladle crane *n* Tech suwnica *f* odlewnicza
lady /'leɪdɪ/ **I** *n* [1] (woman) pani *f*; **a ~'s watch** zegarek damski; **ladies' hairdresser** fryzjer damski; **ladies first!** panie mają pierwszeństwo!; **ladies and gentlemen!** Panie i Panowie!, Szanowni Państwo!; **a ~ at the tourist office** pani z biura podróży; **the ~ of the house** pani domu; **the old ~** starsza pani; **a little old ~** staruszka, starowinka; **behave yourself, young ~!** (to child) zachowuj się grzecznie, moja panno!; **my old ~** infml (wife) moja ślubna infml hum; **your good ~** dat twoja or pańska małżonka fml or hum; **he took his young ~ to a ball** dat zabrał

swoją pannę na bal dat or hum; **my dear ~** droga pani; **hey, ~!** infml proszę pani! [2] (dignified woman) dama *f*; **she's a real ~** prawdziwa z niej dama; **she is a ~ by birth** jest dobrze urodzona [3] GB (in titles) lady *f inv*; **Lady Churchill** Lady Churchill [4] (appreciative use) osóbka *f* infml; **she's a very dynamic ~** bardzo przedsiębiorcza z niej osóbka [5] US infml (form of address) pani *f* infml [6] Relig **Our Lady** Matka Boska

I **Ladies** *npl* toaleta *f* damska or dla pań; (on door) „dla pań"; **where is the Ladies?** gdzie jest toaleta?

III *modif* **a ~ doctor** lekarka; **a ~ novelist** powieściopisarka

ladybird /ˈleɪdɪbɜːd/ *n* biedronka *f*, boża krówka *f*

Lady Bountiful *n* dobrodziejka *f* hum; **she likes to play ~** lubi zgrywać się na dobrodziejkę infml

ladybug /ˈleɪdɪbʌg/ *n* US = **ladybird**

Lady Chapel *n* kaplica *f* mariacka or Matki Boskiej

Lady Day *n* Rel święto *n* Zwiastowania

lady fern *n* Bot wietlica *f* samicza

ladyfinger /ˈleɪdɪfɪŋgə(r)/ *n* Culin biszkopt *m*, biszkopcik *m*

lady friend *n* przyjaciółka *f*

lady-in-waiting /ˌleɪdɪnˈweɪtɪŋ/ *n* dama *f* dworu

lady-killer /ˈleɪdɪkɪlə(r)/ *n* infml pożeracz *m* serc niewieścich hum

ladylike /ˈleɪdɪlaɪk/ *adj* [1] (befitting a lady) *[manner, behaviour]* wytworny; **it's not ~ to smoke in the street** kobiecie nie wypada palić na ulicy [2] (effeminate) *[man]* zniewieściały

ladylove /ˈleɪdɪlʌv/ *n* dat bogdanka *f*, dama *f* serca dat

lady mayoress *n* [1] (mayor's wife) (pani *f*) burmistrzowa *f* [2] **Lady Mayoress** (form of address) Pani *f* Burmistrz

Lady Muck *n* infml pej wielka dama *f* infml iron; **she thinks she's ~** wydaje się jej, że jest wielką damą

lady orchid *n* storczyk *m* purpurowy

lady's finger *n* Bot (kidney-vetch) przelot *m* pospolity; (okra) ketmia *f* piżmowa

Ladyship /ˈleɪdɪʃɪp/ *n* **Your/Her ~** Jaśnie Pani *(hrabina, baronowa)*; **her ~ is in a bit of a bad mood today** hum jaśnie pani trochę dzisiaj nie w humorze hum

lady's maid *n* pokojówka *f*

lady's mantle *n* Bot przywrotnik *m*

lady's slipper *n* Bot obuwik *m*

lady's smock *n* Bot rzeżucha *f* łąkowa

lag¹ /læg/ **I** *n* [1] (interval) odstęp *m* czasu; **a ~ of several seconds between the lightning and the clap of thunder** kilka sekund pomiędzy błyskawicą a grzmotem [2] (delay) opóźnienie *n*; **a ~ of 6 months, a 6-month ~** sześciomiesięczne or półroczne opóźnienie; **(a) severe time ~** poważne opóźnienie

II *vi* (*prp, pt, pp* **-gg-**) *[person, prices, wages]* (po)zostawać w tyle; **he became tired and started to ~** zmęczył się i zaczął zostawać w tyle; **the sales are ~ging** sprzedaż kuleje fig

■ **lag behind**: ¶ **~ behind** *[person, wages]* (po)zostawać w tyle ¶ **we still ~ behind in car production** wciąż pozostajemy w tyle w produkcji samochodów **~ behind [sb/sth]** (po)zostawać w tyle za kimś /czymś; **wages are ~ging behind inflation** wzrost zarobków nie nadąża za inflacją

lag² /læg/ *vt* (*prp, pt, pp* **-gg-**) (insulate) o|błożyć, -kładać warstwą izolującą *[pipe, boiler, roof]*

lag³ /læg/ *n* infml (criminal) **old ~** recydywa *m* infml

lager /ˈlɑːgə(r)/ *n* piwo *n* pełne jasne

lager lout *n* GB pej chuligan *m*

laggard /ˈlægəd/ *n* dat guzdrała *m/f* infml

lagging /ˈlægɪŋ/ *n* (material) izolacja *f*

lagging jacket *n* izolacja *f*, otulina *f*

lagniappe /ˈlænjæp, lɑːnˈjæp/ *n* US (gift) upominek *m*; (bonus) nagroda *f*

lagoon /ləˈguːn/ *n* [1] Geog laguna *f* [2] (for sewage) staw *m* osadowy

Lagos /ˈleɪgɒs/ *prn* Lagos *n inv*

lah /lɑː/ *n* Mus la *n inv*

lah-di-dah *adj* = **la-di-da**

laicize /ˈleɪɪsaɪz/ *vt* z|laicyzować, zeświecczy|ć, -ać

laid /leɪd/ *pt, pp* → **lay**

laidback /ˌleɪdˈbæk/ *adj* infml *[approach, attitude]* niefrasobliwy; *[music]* relaksowy; *[atmosphere]* swobodny; **she's very ~ in her approach to work** ma niefrasobliwy stosunek do pracy

lain /leɪn/ *pp* → **lie²**

lair /leə(r)/ *n* [1] (of animal) legowisko *n*, matecznik *m*; (of bear) gawra *f*; (of wolf) gniazdo *n* [2] (of person) kryjówka *f*

laird /ˈleəd/ *n* Scot właściciel *m* ziemski

laissez-faire, laisser-faire /ˌleseɪˈfeə(r)/ **I** *n* leseferyzm *m*, liberalizm *m* gospodarczy

II *modif [economics, attitude]* liberalistyczny

laity /ˈleɪətɪ/ *n* **the ~** (+ *v pl*) laikat *m*

lake /leɪk/ **I** *n* jezioro *n*; **on the ~** (on shore) nad jeziorem; (on water) na jeziorze; **a wine /milk ~** pej morze wina/mleka fig *(wskutek nadprodukcji)*

II *modif [fauna, flora]* jeziorowy; *[water]* jeziorny

IDIOMS: **go and jump in the ~!** spływaj!, spadaj! infml

Lake District *n* **the ~** Kraina *f* Jezior

lake dweller *n* Hist mieszkan|iec *m*, -ka *f* osady na jeziorze

lake dwelling *n* Hist chata *f* na jeziorze *(zbudowana na palach)*

Lake Poets *npl* Poeci *m pl* Jezior, lakiści *m pl (wcześni romantycy związani z Krainą Jezior)*

lakeside /ˈleɪksaɪd/ **I** *n* brzeg *m* jeziora; **by the ~** na brzegu jeziora, nad jeziorem

II *modif [cafe, cottage, scenery]* nad jeziorem

La-la land /ˈlɑːlɑːlænd/ *n* infml [1] (unreal world) **to be living in ~** bujać w obłokach infml [2] (US film industry) amerykański przemysł *m* filmowy

lallygag /ˈlælɪgæg/ *vi* US infml = **lollygag**

lam /læm/ *vt* (*prp, pt, pp* **-mm-**) infml [1] (hit) wal|nąć, -ić, huknąć, palnąć infml *[person]*; walnąć w (coś) infml *[ball]* [2] (criticize) → **lam into**

■ **lam into**: **~ into [sb/sth]** zjechać, schlastać infml *[person, production]*

lama /ˈlɑːmə/ *n* Relig lama *m*

Lamaism /ˈlɑːməɪzəm/ *n* lamaizm *m*

Lamaist /ˈlɑːməɪst/ **I** *n* lamait|a *m*, -ka *f*

II *adj* lamaicki, lamaistyczny

lamb /læm/ **I** *n* [1] (young sheep) jagnię *n*, jagniątko *n*, owieczka *f*; Relig baranek *m* also fig; **he just stood there like a ~** fig stał potulnie jak baranek; **the Lamb of God** Relig Baranek Boży → **slaughter** [2] Culin mięso *n* z jagnięcia, jagnięcina *f*; **leg of ~** udziec jagnięcy; **spring ~** mięso z półrocznego jagnięcia [3] (term of endearment) anioł(ek) *m*; **be a ~ and do it for me** bądź aniołem i zrób to dla mnie; **the poor ~'s exhausted** biedactwo jest bardzo zmęczone

II *modif* Culin *[chops, stew]* jagnięcy

III *vi [ewe]* o|kocić się, jagnić się; *[farmer]* doglądać kocących się owiec

■ **lamb down** o|kocić się, jagnić się

lambada /læmˈbɑːdə/ *n* (dance) lambada *f*

lambast(e) /læmˈbeɪst/ *vt* fml [1] (beat) sprawić (komuś) lanie [2] (reprimand) ostro s|krytykować *[person, organization]*

lambent /ˈlæmbənt/ *adj* liter *[flame]* pełgający; *[sky, eyes]* rozjaśniony; *[wit]* ścichapęk

lambing /ˈlæmɪŋ/ **I** *n* jagnienie się *n*, kocenie się *n* (owiec)

II *modif* **~ time** pora jagnienia się; **~ pen** koszara

lambkin /ˈlæmkɪn/ *n* jagniątko *n*; (as term of endearment) aniołeczek *m*

lambrequin /ˈlæmbəkɪn/ **I** *n* lambrekin *m*

II *modif* **~ pattern** wzór lambrekinowy

lambskin /ˈlæmskɪn/ **I** *n* jagnięca skórka *f*

II *modif [coat, rug]* z jagnięcej skóry

lamb's lettuce *n* Bot roszpunka *f* jadalna

lamb's tails *npl* Bot kotki *m pl* leszczyny

lamb's wool **I** *n* miękka wełna *f* owcza

II *modif [jumper, gloves]* z miękkiej owczej wełny

lame **I** *n* **the ~** (+ *v pl*) chromi *m pl* liter

II *adj* [1] (unable to walk) *[person]* kulejący, utykający, chromy; *[animal]* kulawy; **to be ~ in the left/right leg** kuleć na lewą /prawą nogę; **to be slightly ~** lekko kuleć or utykać; **to go ~** okuleć [2] fig *[excuse, argument]* słaby, kiepski

III *vt* przyprawi|ć, -ać o kalectwo *[person]*; okulawić *[animal]*; **he was ~d in an accident** okulał wskutek wypadku

lamé /ˈlɑːmeɪ/ *n* (fabric) lama *f*

lamebrain /ˈleɪmbreɪn/ *n* infml ptasi móżdżek *m* infml

lame duck **I** *n* (person) nieudacznik *m*, ofiara *f* losu; (on stock exchange) osoba *f* niewypłacalna; (business) bankrut *m*

II *modif* [1] **~ company** firma, której przyszłość jest zagrożona; **~ official** nieudolny urzędnik [2] US **~ president** *odchodzący prezydent pełniący obowiązki do czasu objęcia stanowiska przez następcę*

lamely /ˈleɪmlɪ/ *adv [argue, excuse]* nieprzekonująco, nieprzekonywająco

lameness /ˈleɪmnɪs/ *n* (of person, animal) kalectwo *n*; (of argument, excuse) słabość *n*

lament /ləˈment/ **I** *n* [1] (complaint) lamenty *m pl* **(for sb/sth** nad kimś/za czymś); (mourning) opłakiwanie *n* **(for sb/sth** kogoś/czegoś) [2] Literat, Mus lament *m*, lamentacja *f*, pieśń *f* żałobna

II *vt* [1] (mourn) opłakiwać *[person, death, loss]*; **our late ~ed friend** nasz nieodżałowanej pamięci przyjaciel [2] (deplore) biadać nad (czymś), lamentować nad (czymś) *[misfortune, failure]*; **it is to be ~ed that...**

należy ubolewać, że...; **'no one told me,' she ~ed** „nikt mi nie powiedział", lamentowała

III *vi* lamentować; **to ~ over sb** opłakiwać kogoś; **to ~ over sth** biadać nad czymś

lamentable /ˈlæməntəbl/ *adj [state, condition, situation]* opłakany; *[results, performance, incident, behaviour]* godny pożałowania; *[loss]* nieodżałowany

lamentably /ˈlæməntəblɪ/ *adv* żenująco, w sposób godny pożałowania

lamentation /ˌlæmənˈteɪʃn/ *n* lament *m*

Lamentations /ˌlæmənˈteɪʃnz/ *npl* Bible Lamentacje *f pl*

laminate **I** /ˈlæmɪnət/ *n* (plastic, wood) laminat *m*, tworzywo *n* wielowarstwowe; Metalurg (metal) tworzywo *n* o strukturze płytkowej

II /ˈlæmɪneɪt/ *vt* [1] (bind layers together) po|łączyć warstwowo, laminować *[plastic, wood, glass]*; laminować *[paper]* [2] (flatten) rozwalcow|ać, -ywać *[metal]*

laminated /ˈlæmɪneɪtɪd/ *adj [plastic, wood, glass]* (wielo)warstwowy, laminowany; *[paper, cover]* laminowany; Metalurg *[metal]* o strukturze płytkowej

lamp /læmp/ *n* lampa *f*; (in street) latarnia *f*; (on bicycle, car) światło *n*; **bedside ~** lampka nocna; **miner's ~** lampa górnicza; **fog ~** światło przeciwmgielne

lampblack /ˈlæmpblæk/ *n* barwnik *m* sadzowy

lamp bracket *n* kinkiet *m*

lampern /ˈlæmpən/ *n* Zool minóg *m* rzeczny

lamplight /ˈlæmplaɪt/ *n* (of table lamp) światło *n* lampy; (of street lamp) światło *n* latarni; **by ~** przy świetle lampy/latarni

lamplighter /ˈlæmplaɪtə(r)/ *n* latarnik *m* (uliczny)

lampoon /læmˈpuːn/ **I** *n* satyra *f*

II *vt* ośmiesz|yć, -ać, wykpi|ć, -wać

lampoonist /læmˈpuːnɪst/ *n* prześmiewca *m*, szyderca *m*

lamppost /ˈlæmppəʊst/ *n* słup *m* latarni; **on the ~** na latarni

IDIOMS: **between you, me and the ~** między nami mówiąc

lamprey /ˈlæmprɪ/ *n* Zool minóg *m* morski

lampshade /ˈlæmpʃeɪd/ *n* (of cloth, paper) abażur *m*; (of glass) klosz *m*

LAN *n* → **local area network**

Lancashire /ˈlæŋkəʃə(r)/ *prn* hrabstwo *n* Lancashire

Lancaster /ˈlæŋkəstə(r)/ *prn* Hist (house) dynastia *f* Lancaster or Lancasterów

lance /lɑːns, US læns/ **I** *n* [1] (weapon) (of armoured knight) kopia *f*; (of light cavalry) lanca *f* [2] Med lancet *m*

II *vt* Med przeci|ąć, -nać, naci|ąć, -nać *[boil, swelling]*

lance corporal *n* GB ≈ starszy szeregowy *m*

Lancelot /ˈlɑːnsəlɒt/ *prn* Lancelot *m*

lancer /ˈlɑːnsə(r), US ˈlænsə(r)/ *n* Mil lansjer *m*, ułan *m*

lancers /ˈlɑːnsəz, US ˈlænsəz/ *n (+ v sg)* (dance) lansjer *m*

lancet /ˈlɑːnsɪt, US ˈlæn-/ *n* Med lancet *m*

lancet arch *n* Archit łuk *m* lancetowy

lancet window *n* Archit okno *n* lancetowe

Lancs *n* GB Post = **Lancashire**

land /lænd/ **I** *n* [1] (ground, property) teren *m*, ziemia *f*; **building ~** teren pod zabudowę; **private/public ~** teren prywatny/publiczny, własność prywatna/publiczna; **a plot of ~** działka *f*, parcela *f*; **get off my ~!** proszę opuścić mój teren!; **the lie of the ~** GB, **the lay of the ~** US ukształtowanie *n* terenu; fig położenie *n*, sytuacja *f*; **to know the lie of the ~** fig wiedzieć, jak sprawy stoją or jak przedstawia się sytuacja [2] (farmland) ziemia *f*, rola *f*, grunt *m*; **barren/fertile ~** jałowa/żyzna ziemia; **to live off the ~** żyć z pracy na roli; **to work the ~** pracować na roli [3] (countryside) **the ~** wieś *f*; **to live on the ~** żyć or mieszkać na wsi; **to leave/return to the ~** opuścić wieś/powrócić na wieś [4] (country, realm) Pol kraj *m*; Geog kraina *f*; Hist ziemia *f*; **from many ~s** z wielu krajów; **throughout the ~** w całym kraju; **the ~ of a thousand lakes** kraina tysiąca jezior; **the ~ of dreams/opportunity** kraj marzeń/szans; **the ~ of milk and honey** kraina mlekiem i miodem płynąca [5] (not sea) ląd *m*, ziemia *f*; **dry ~** stały ląd; **I can see ~** widzę ląd or ziemię; **to reach** or **make ~** dotrzeć do lądu, dopłynąć do lądu or brzegu; **by ~** lądem, drogą lądową; **on ~ the bird is clumsy** na lądzie ptak ten porusza się niezdarnie; **~ was sighted** ujrzano ziemię or ląd; **the war on (the) ~** działania wojenne na lądzie; **~ ahoy** or **ho!** Naut ziemia (na horyzoncie)!

II lands *npl* posiadłości *f pl*

III *modif* [1] *[transport, animal, forces]* lądowy; *[battle]* na lądzie [2] Agric, Constr *[worker]* rolny; **~ clearance** or **development** zagospodarowanie terenu; **~ drainage** osuszanie gruntu [3] Jur *[law, tribunal]* ziemski; *[tax]* gruntowy; **~ purchase/sale** zakup/sprzedaż gruntu; **~ prices** ceny gruntu or ziemi

IV *vt* [1] Aviat, Aerosp sprowadz|ić, -ać na ziemię *[aircraft]*; posadzić infml; przeprowadz|ić, -ać lądowanie (czegoś) *[spacecraft, capsule]*; wysadz|ić, -ać *[passengers]*; wyładow|ać, -ywać *[cargo, luggage]*; (from air) zrzuc|ić, -ać *[soldiers, troops]*; **they ~ed us at Gatwick instead of Heathrow** nasz samolot wylądował na Gatwick zamiast na Heathrow; **NASA wants to ~ a space capsule on Mars** NASA chce wysłać kapsułę na Marsa [2] Naut wysadz|ić, -ać (na ląd) *[passengers]*; wyładow|ać, -ywać *[cargo, luggage]* [3] Fishg z|łowić, wyciąg|nąć, -ać *[fish]* [4] infml fig (secure) załap|ać, -ywać infml *[job, contract, prize]*; z|łapać infml *[husband]*; **I ~ed myself a job at the palace** załapałem robotę w pałacu [5] infml (saddle with problem) **to ~ sb with sth** zwalić na kogoś coś infml *[task]*; **to ~ sb with sb** zwalić komuś kogoś na kark infml; **to ~ sb in sth** wpakować kogoś w coś infml *[trouble, debt]*; **to be ~ed with sb/sth** mieć kogoś /coś na karku; **he ~ed us in court** przez niego wylądowaliśmy w sądzie infml; **I was ~ed with the children/with cleaning the equipment** spadło na mnie zajęcie się dziećmi/czyszczenie sprzętu; **now you've really ~ed her in it** or **in a fine mess!** wpakowałeś ją w niezłe kłopoty!, ładnie ją urządziłeś! infml [6] infml (deliver) **to ~ a blow /punch** walnąć infml; **she ~ed him one (in the eye)** walnęła go (w oko)

V *vi* [1] Aviat, Aerosp *[aircraft, spacecraft, passenger]* wy|lądować; (on water surface) wodować; (disembark) *[passenger]* wysi|ąść, -adać; **as the plane came in to ~** kiedy samolot podchodził do lądowania [2] Naut *[ship]* przybi|ć, -jać do brzegu; *[passenger]* zejść, schodzić na ląd, wy|lądować [3] (alight) *[sportsman, gymnast]* wy|lądować **(on sth** na czymś); *[object]* upa|ść, -dać **(on sth** na coś); wy|lądować hum; *[bird, insect]* usiąść, siadać, wy|lądować **(on sth** na czymś); *[soot, snowflakes]* osi|ąść, -adać **(on sth** na czymś); *[bomb, punch, dart]* trafi|ć, -ać **(on sth** w coś); **to ~ on one's face/back** upaść na twarz/plecy; **to ~ in the pond** wpaść do stawu; **he fell and ~ed at the bottom of the stairs** upadł i wylądował na samym dole; **most of the paint ~ed on me** prawie cała farba wylądowała na mnie; **the petition ~ed on my desk/in the bin** fig petycja wylądowała na moim biurku/w śmietniku; **the punch ~ed on his chin** dostał w podbródek

VI *vr* infml **to ~ oneself in sth** wpakować się w coś infml *[difficult situation]*; **to ~ oneself with sth** wziąć sobie coś na kark infml *[task, problem]*; **if she carries on like this she'll ~ herself in jail** jeśli będzie nadal tak postępować, wyląduje za kratkami infml

■ **land up** infml: ¶ **~ up** (end up) *[person, lost property, object, vehicle]* wy|lądować infml; **the stolen watch/car ~ed up in the river** skradziony zegarek/samochód wylądował w rzece; **he ~ed up in Berlin** wylądował or znalazł się w Berlinie; **he ~ed up with the bill** zapłacenie rachunku spadło na niego ¶ **~ up doing sth** w końcu zrobić coś; **she ~ed up doing everything herself** skończyło się na tym, że wszystko musiała robić sama; **they ~ed up having to apologize** w końcu musieli przepraszać

land agent *n* (on estate) (za)rządca *m* majątku; (broker) ≈ pośrednik *m* w handlu nieruchomościami

land army *n* GB Hist *kobieca służba rolna w czasie wojny*

landau /ˈlændɔː/ *n* lando *n*

land-based /ˈlændbeɪst/ *adj [aircraft, troops]* stacjonujący na lądzie; *[missile]* zainstalowany na lądzie

land breeze *n* bryza *f* lądowa

land bridge *n* droga *f* lądowa; Geol pomost *m* lądowy

land crab *n* krab *m* lądowy

landed /ˈlændɪd/ *adj* [1] *[estates, property, proprietor]* ziemski; **the ~ class** klasa posiadaczy ziemskich; **the ~ gentry** ziemiaństwo [2] Comm **~ cost** cena z wyładunkiem

landfall /ˈlændfɔːl/ *n* Naut (land sighted) ląd *m* *(dostrzeżony ze statku, samolotu)*; (land reached) miejsce *n* lądowania; **to make ~** *[boat, aircraft, person]* wylądować; *[hurricane]* dotrzeć do wybrzeża

landfill /ˈlændfɪl/ *n* składowanie *n* odpadów

landfill site *n* wysypisko *n* or składowisko *n* odpadów

landform /ˈlændfɔːm/ *n* Geol formacja *f* terenu

land girl *n* GB Hist *młoda kobieta zatrudniona przy pracach rolnych w czasie wojny*

land grant college *n* US Univ *szkoła wyższa o profilu rolniczym dotowana przez władze federalne*

landholder /ˈlændhəʊldə(r)/ *n* (owner) właściciel *m* gruntu; (occupier) użytkownik *m* gruntu

landing /ˈlændɪŋ/ *n* [1] (at turn of stairs) podest *m* (schodów); Constr spocznik *m*; **his room is on the next ~** jego pokój jest piętro wyżej [2] Mil (of troops) desant *m*, lądowanie *n*; (of supplies from aircraft) zrzut *m*; **a paratroop ~** desant spadochronowy [3] Aerosp, Aviat lądowanie *n*; (on water) wodowanie *n*; **night ~** nocne lądowanie; **moon ~** lądowanie na księżycu [4] Naut (of boat) przybicie *n* do brzegu; (of people) zejście *n* na ląd; (of cargo) wyładunek *m* [5] (of animal, athlete, hang-glider, bird) lądowanie *n*

landing beacon *n* Aviat radiolatarnia *f* *(naprowadzająca do lądowania)*; Naut lądowa stawa *f* kablowa

landing beam *n* Aviat wiązka *f* naprowadzająca *(do lądowania)*

landing card *n* Aviat, Naut karta *f* zejścia na ląd

landing craft *n* Mil (ship) okręt *m* desantowy, desantowiec *m*; (boat) barka *f* desantowa; Aerosp lądownik *m*

landing field *n* lądowisko *n*

landing gear *n* Aviat podwozie *n* (samolotu)

landing lights *npl* Aviat (on plane) reflektory *m pl* lądowania; (on airfield) światła *n pl* podejścia

landing net *n* Fishg podbierak *m*, kasarek *m*

landing party *n* Mil oddział *m* desantowy

landing platform *n* lądowisko *n* helikopterów

landing speed *n* prędkość *f* lądowania

landing stage *n* pomost *m* (wyładunkowy)

landing strip *n* prowizoryczny pas *m* do lądowania

landlady /ˈlændleɪdɪ/ *n* (owner of property) właścicielka *f*; (living-in) gospodyni *f*; (pub keeper) kierowniczka *f*

landless /ˈlændlɪs/ *adj [peasant]* bezrolny

land line *n* Telecom linia *f* naziemna

landlocked /ˈlændlɒkt/ *adj [sea]* zamknięty; *[harbour]* śródlądowy; *[country]* bez dostępu do morza

landlord /ˈlændlɔːd/ *n* (owner) właściciel *m*; (living-in) gospodarz *m*; (pub keeper) kierownik *m*

landlubber /ˈlændlʌbə(r)/ *n* hum or pej szczur *m* lądowy fig

landmark /ˈlændmɑːk/ **I** *n* [1] (serving as a guide) punkt *m* orientacyjny; (prominent object) charakterystyczny obiekt *m* [2] fig (marking a stage) kamień *m* milowy fig **(in sth** w czymś); (marking a turning point) punkt *m* zwrotny **(in sth** w czymś)

II *modif [battle, victory, discovery, event]* przełomowy; *[reform, speech]* doniosły

landmass /ˈlændmæs/ *n* ląd *m*, kontynent *m*

land mine *n* Mil mina *f* lądowa

land of Nod *n* fig **in the ~** w objęciach Morfeusza

landowner /ˈlændəʊnə(r)/ *n* właściciel *m* ziemski

land ownership *n* własność *f* ziemi or gruntu

landowning /ˈlændəʊnɪŋ/ *adj [class, gentry]* ziemiański

land reform *n* reforma *f* rolna or agrarna

land registry *n* wydział *m* ksiąg wieczystych, hipoteka *f*

Land Rover® *n* landrower *m*

landscape /ˈlændskeɪp/ **I** *n* [1] (scenery) krajobraz *m*, pejzaż *m* [2] Art pejzaż *m*, krajobraz *m* [3] fig scena *f* fig; **his victory has changed the political ~** jego zwycięstwo odmieniło scenę polityczną

II *modif* [1] Art, Phot *[art, photography]* pejzażowy; **a ~ painter** or **artist** pejzażysta; **a ~ picture/photo/painting** pejzaż; **~ painting** malarstwo pejzażowe [2] Archit, Hort **~ architecture** architektura krajobrazu or zieleni; **~ garden/park** ogród/park angielski

III *vt* urządz|ić, -ać *[garden]*; u|kształtować *[grounds]*

landscape architect *n* architekt *m* krajobrazu or zieleni

landscape format *n* format *m* poziomy also Comput

landscape gardener *n* projektant *m*, -ka *f* ogrodów

landscape gardening *n* projektowanie *n* ogrodów

landscaper /ˈlændskeɪpə(r)/ *n* Archit architekt *m* krajobrazu or zieleni; Hort projektant *m*, -ka *f* ogrodów

landscaping /ˈlændskeɪpɪŋ/ *n* (art) architektura *f* zieleni; (process) kształtowanie *n* krajobrazu; (end result) założenie *n (ogrodowe, parkowe)*

landscapist /ˈlændskeɪpɪst/ *n* Art pejzażyst|a *m*, -ka *f*

Land's End *prn najdalej na południowy zachód wysunięty przylądek Wielkiej Brytanii*

landslide /ˈlændslaɪd/ **I** *n* [1] Geol osuwisko *n*, obryw *m* [2] fig Pol walne zwycięstwo *n*, zwycięstwo *n* przytłaczającą większością głosów; **to win by a ~** odnieść walne zwycięstwo, zwyciężyć przytłaczającą większością głosów

II *modif* Pol *[victory]* walny; *[majority]* przytłaczający

landslip /ˈlænslɪp/ *n* osuwisko *n*, obryw *m*

land surveyor *n* mierniczy *m*, geometra *m*

land tax *n* podatek *m* gruntowy

land use *n* Agric gospodarka *f* gruntami; (in town planning) zagospodarowanie *n* terenów

landward /ˈlændwəd/ **I** *adj [progress, journey]* w stronę lądu; *[island]* leżący bliżej lądu; *[view, breeze]* od (strony) morza; **in a ~ direction** w stronę lądu; **on the ~ side of the dunes** na wydmach od strony lądu

II *adv* (also **~s**) *[move, sail]* ku lądowi, w kierunku lądu; *[face, gaze]* w stronę lądu

land yacht *n* żaglowóz *m*

lane /leɪn/ *n* [1] (narrow road) (in town) uliczka *f*; (in country) wąska droga *f*; (path) dróżka *f*, ścieżka *f*; **Church Lane** ulica Kościelna [2] (of road) pas *m* (ruchu), pasmo *n* (ruchu); **a three-~ road** droga trójpasmowa; **to keep in ~** GB nie zmieniać pasa; **to change ~s** zmieniać pas; **to get in ~** GB zająć właściwy pas; **to be in the wrong ~** jechać niewłaściwym pasem, być na niewłaściwym pasie [3] Naut tor *m* wodny [4] Aviat korytarz *m* powietrzny [5] Sport tor *m*

lane closure *n* Transp zamknięcie *n* pasa ruchu

lane discipline *n* Transp trzymanie się *n* wyznaczonych pasów

lane markings *n* Aut linie *f pl (wyznaczające pasy ruchu)*

langlauf /ˈlæŋlaʊf/ *n* (ski) (narta *f*) biegówka *f*; (event) bieg *m* or kros *m* narciarski

language /ˈlæŋgwɪdʒ/ *n* język *m*; **the development of ~** rozwój języka; **the English ~** język angielski; **legal/technical ~** język prawniczy/techniczny; **programming ~** Comput język programowania; **spoken ~** język mówiony; **bad** or **strong** or **foul ~** ordynarne or rynsztokowe słownictwo; **mind your ~!** uważaj, co mówisz!; **don't use that ~ with me!** nie waż się do mnie tak odzywać!; **I've never heard him use such ~ before!** nigdy przedtem nie słyszałem, żeby używał takich słów!

IDIOMS: **to speak the same ~** znajdować wspólny język

language barrier *n* bariera *f* językowa

language course *n* kurs *m* językowy

language engineering *n* inżynieria *f* językowa

language laboratory *n* laboratorium *n* językowe

language school *n* szkoła *f* języków obcych

Languedoc /ˌlɒŋg(ə)ˈdɒk/ *prn* Langwedocja *f*

languid /ˈlæŋgwɪd/ *adj [movement, voice, gesture]* omdlewający; *[person]* powolny, ospały; *[style, language]* rozwlekły

languidly /ˈlæŋgwɪdlɪ/ *adv [move]* leniwie, ospale; *[speak]* z wolna, wolno

languish /ˈlæŋgwɪʃ/ *vi* [1] (lose vitality) *[person]* s|tracić animusz or werwę liter; *[industry, organization]* podupa|ść, -dać; **to ~ in the heat** omdlewać w upale [2] (remain neglected) *[person]* marnieć; **to ~ in prison** gnić w więzieniu; **to ~ in obscurity** popaść w zapomnienie; **to ~ in poverty** klepać biedę infml; **to ~ in a box/garage** *[object]* poniewierać się w pudle/garażu [3] (pine) tęsknić; **to ~ for sb** usychać z tęsknoty za kimś

languishing /ˈlæŋgwɪʃɪŋ/ *adj* [1] (pathetic) *[look]* tęskny; *[sigh]* smutny; **she gave a ~ sigh** westchnęła żałośnie; **the ~ tones of the flute** tęskne dźwięki fletu [2] (failing) *[discussion]* jałowy; *[project, programme]* bezowocny, bezproduktywny

languor /ˈlæŋgə(r)/ *n* [1] (listlessness) rozleniwienie *n* [2] (longing) rozmarzenie *n*, tęsknota *f*

languorous /ˈlæŋgərəs/ *adj* senny, leniwy

languorously /ˈlæŋgərəslɪ/ *adv* sennie, leniwie

lank /læŋk/ *adj [hair]* prosty; *[person]* chudy, tyczkowaty

lanky /ˈlæŋkɪ/ *adj* chudy, tyczkowaty

lanolin /ˈlænəlɪn/ *n* lanolina *f*

lantern /ˈlæntən/ *n* [1] (light) latarnia *f*; **a paper ~** lampion [2] Archit latarnia *f*

lantern fish *n* ryba *f* z rodziny świetlikowatych

lantern fly *n* Zool latarnik *m*

L

lantern-jawed /ˈlæntəndʒɔːd/ *adj [person]* z zapadniętymi policzkami

lantern slide *n* slajd *m*, przezrocze *n*

lanthanum /ˈlænθənəm/ *n* lantan *m*

lanyard /ˈlænjəd/ *n* [1] (cord round neck) sznur *m* [2] Naut ściągacz *m* linowy, talrep *m*

Lao /ˈlɑːɒ, laʊ/ **I** *n* [1] (person) Laota|ńczyk *m*, -nka *f* [2] Ling (język *m*) laotański *m*, lao *m inv*

II *adj* laotański

Laos /ˈlɑːɒs, laʊs/ *prn* Laos *m*

Laotian /ˈlaʊʃɪən/ *n, adj* = **Lao**

lap¹ /læp/ *n* kolana *n pl*; podołek *m* dat; (of garment) podołek *m* dat; **to sit on sb's ~** siedzieć komuś na kolanach; **to fold one's hands in one's ~** złożyć ręce na podołku or na kolanach; **to carry sth in one's ~** nieść coś w podołku

IDIOMS: **(to be) in the ~ of the gods** (być) w ręku Opatrzności; **to live in the ~ of luxury** opływać w dostatki; **to drop** or **dump sth in sb's ~** zwalić coś na barki kogoś; **to fall into sb's ~** infml wpaść komuś w ręce

lap² /læp/ **I** *n* [1] Sport okrążenie *n*; **to run a ~** przebiec jedno okrążenie; **a 10-~ race** wyścig na dziesięć okrążeń; **on the 10th ~** na dziesiątym okrążeniu; **to do a ~ of honour** zrobić rundę honorową; **to be on the last ~** robić ostatnie okrążenie; fig być na ostatniej prostej fig [2] etap *m*; **the first ~ of the journey** pierwszy etap podróży

II *vt* (*prp, pt, pp* **-pp-**) [1] Sport z|dublować *[competitor, car]* [2] (wrap) owi|nąć, -jać *[wrist, ankle, knee]* [3] (overlap) **to ~ sth** zachodzić na coś

III *vi* (*prp, pt, pp* **-pp-**) [1] Sport z|robić okrążenie [2] (overlap) **to ~ over sth** zachodzić na coś

lap³ /læp/ **I** *n* (of wave) plusk *m*, chlupot *m*

II *vt* (*prp, pt, pp* **-pp-**) (drink) wy|chłeptać *[water, milk]*

III *vi* (*prp, pt, pp* **-pp-**) (splash) *[water, liquid]* za|chlupotać, pluskać (**against sth** o coś)

■ **lap up**: **~ up [sth], ~ [sth] up** [1] wy|chłeptać *[milk, water]* [2] fig wziąć, brać coś za dobrą monetę *[flattery, lies]*; kupić infml fig

lap and shoulder belt *n* Aut, Aviat trzypunktowy pas *m* bezpieczeństwa

laparoscope /ˈlæpərəskəʊp/ *n* Med laparoskop *m*

laparoscopy /ˌlæpəˈrɒskəpɪ/ *n* Med laparoskopia *f*

laparotomy /ˌlæpəˈrɒtəmɪ/ *n* Med laparotomia *f*

lap belt *n* Aut, Aviat biodrowy pas *m* bezpieczeństwa

lap dancer *n* striptizerka *f (tańcząca wśród gości lokalu)*

lap dancing *n* taniec *m* erotyczny *(wykonywany wśród gości lokalu)*

lapdog /ˈlæpdɒg/ *n* [1] pies(ek) *m* pokojowy or salonowy [2] fig pej fagas *m* infml pej

lapel /ləˈpel/ *n* klapa *f (marynarki, żakietu)*; **to grab sb by his ~(s)** chwycić kogoś za klapy

lapel microphone *n* mikrofon *m* butonierkowy, mikroport *m*

lapidary /ˈlæpɪdərɪ, US -derɪ/ **I** *n* szlifierz *m* drogich kamieni

II *adj* [1] (precise, terse) lapidarny [2] *[art, skills]* szlifierski

lapis lazuli /ˌlæpɪsˈlæzjʊlɪ, US -ˈlæzəlɪ/ *n* (stone) lazuryt *m*, lapis lazuli *m inv*; (colour) (kolor *m*) lazurowy *m*

lap joint *n* Tech połączenie *n* zakładkowe

Lapland /ˈlæplænd/ *prn* Laponia *f*

Laplander /ˈlæplændə(r)/ *n* Lapo|ńczyk *m*, -nka *f*

Lapp /læp/ **I** *n* [1] (person) Lapo|ńczyk *m*, -nka *f* [2] Ling (język *m*) lapoński *m*

II *adj* lapoński

lapping /ˈlæpɪŋ/ *n* (of waves) pluskanie *n*, plusk *m*; (of dog, cat) chłeptanie *n*

lap riveting *n* Tech nitowanie *n* zakładkowe or na zakładkę

lap robe *n* US pled *m*

lapse /læps/ **I** *n* [1] (error, fault) błąd *m*, pomyłka *f*, potknięcie *n*; **a ~ of memory** chwilowa luka w pamięci; **a ~ in concentration** chwila nieuwagi; **a serious security ~** poważne uchybienie or niedopatrzenie w zachowaniu środków ostrożności

[2] (slip, decline) odstępstwo *n*; (moral error) chwila słabości or zapomnienia; **it was her one ~ from the straight and narrow** to był ten jedyny raz, kiedy zeszła z prostej drogi fig; **a ~ from grace** utrata łaski; **a ~ into silence** zamilknięcie; **a ~ into sentimentality** popadnięcie w sentymentalizm [3] (interval) okres *m*, przeciąg *m* (czasu), upływ *m* (czasu); (of inactivity) przerwa *f*; **a ~ of 6 months** okres sześciu miesięcy; **a 6-month ~** sześciomiesięczny okres; **a brief ~** krótka chwila; **after a ~ of several years** po upływie kilku lat [4] (expiry) (of right, patent, policy) wygaśnięcie *n*

II *vi* [1] (fall, slip) *[standard]* obniż|yć, -ać się; *[customs]* ule|c, -gać zapomnieniu, pójść w zapomnienie; **to ~ from sth** uchybić czemuś *[courteousness, principle]*; **to ~ from one's former standards** obniżyć loty fig; **to ~ from virtue** zejść z drogi cnoty; **the kingdom has ~d from its former glory** królestwo utraciło dawną świetność; **to ~ into silence** zamilknąć; **to ~ into unconsciousness** utracić przytomność; **to ~ into bad habits** nabrać złych nawyków; **to ~ into English** przejść na angielski [2] (cease) *[project, plan]* zawal|ić, -ać się fig; *[custom, practice]* zanik|nąć, -ać; *[friendship]* s|kończyć się [3] (expire) *[right, law, policy, contract]* wygas|nąć, -ać [4] (pass) **several hours had ~d** minęło kilka godzin

III lapsed *pp adj* [1] (expired) *[patent, contract]* nieważny [2] Relig *[Catholic]* niepraktykujący

lapsus linguae /ˌlæpsəsˈlɪŋgwaɪ/ *n* (*pl* **~**) lapsus *m*

laptop /ˈlæptɒp/ Comput **I** *n* laptop *m*

II *modif [computer, PC]* przenośny, podręczny

lapware /ˈlæpweə(r)/ *n* Comput oprogramowanie *n* do gier edukacyjnych dla najmłodszych

lap welding *n* Tech spawanie *n* or zgrzewanie *n* na zakładkę

lapwing /ˈlæpwɪŋ/ *n* Zool czajka *f*

larcenist /ˈlɑːsənɪst/ *n* US złodziej *m*, -ka *f*

larcenous /ˈlɑːsənəs/ *adj* US złodziejski, oszukańczy

larceny /ˈlɑːsənɪ/ *n* US kradzież *f*; **petty ~** drobne kradzieże

larch /lɑːtʃ/ **I** *n* modrzew *m*

II *modif* modrzewiowy

lard /lɑːd/ **I** *n* smalec *m*

II *vt* [1] Culin na|szpikować słoniną *[meat]* [2] fig **to ~ sth with sth** na|szpikować coś czymś fig *[quotations, allusions]*

larder /ˈlɑːdə(r)/ *n* spiżarnia *f*, spiżarka *f*

lardon /ˈlɑːdn/ *n* Culin kawałek *m* słoniny do szpikowania

large /lɑːdʒ/ **I** *adj* [1] (big) *[animal, area, city, town, house, room, piece, feet, eyes, fruit]* duży; (bigger) wielki; **~ of limb** o silnych kończynach; **to have a ~ appetite** mieć ogromny apetyt; **to take a/the ~ size** nosić ubrania dużego rozmiaru [2] (fat) *[person]* tęgi, zażywny; *[animal]* zapasiony; **to get** or **grow ~** *[person]* utyć, roztyć się; *[animal]* utuczyć się [3] (substantial) *[fortune, number, part, percentage, proportion, quantity, sum]* duży, znaczny; *[crowd]* wielki; *[meal]* obfity; *[family, group, organization]* liczny, duży; *[company, employer]* duży; **people were out in ~ numbers** ludzie wylegli tłumnie [4] (extensive) *[powers, range, selection]* szeroki, znaczny; *[changes]* znaczny; *[view]* szeroki; **a ~ brief** duży zakres uprawnień, rozległe kompetencje; **in ~ measure, to a ~ extent** w dużej or znacznej mierze, w dużym or znacznym stopniu; **in ~ part** w większej części, przeważnie; **(to do sth) on a ~ scale** (robić coś) na dużą or wielką skalę; **to take a/the ~ view (of sth)** spojrzeć (na coś) szerzej fig

II at large *adj phr* [1] (free) na wolności, na swobodzie; **to let sb/sth go at ~** wypuścić kogoś/coś na wolność or swobodę [2] (thoroughly) *[discuss, speak]* szczegółowo, wnikliwie [3] (in general) *[society, population]* jako całość; **the public at ~** ogół (społeczeństwa); **in the country at ~** w całym kraju [4] (at random) **to scatter accusations at ~** rzucać oskarżenia na ślepo or na prawo i lewo

IDIOMS: **(as) ~ as life** *[portrait, statue]* naturalnej wielkości; hum we własnej osobie, osobiście; **he turned up two days later as ~ as life** zjawił się we własnej osobie dwa dni później; **by and ~** w zasadzie, w sumie; **in ~** na dużą or wielką skalę; **~r than life** *[portrayal, character]* przerysowany, przejaskrawiony; *[personality]* ekspansywny

large black *n* świnia *f* kornwalijska

large-handed /ˌlɑːdʒˈhændɪd/ *adj* hojny

large-hearted /ˌlɑːdʒˈhɑːtɪd/ *adj* wielkoduszny, o wielkim sercu

large intestine *n* jelito *n* grube

largely /ˈlɑːdʒlɪ/ *adv* [1] (for the most part) w dużej mierze, w znacznym or w przeważającym stopniu; **his success is ~ due to my efforts** swój sukces zawdzięcza w dużej mierze mnie; **a ~ middle-class audience** odbiorcy głównie z klasy średniej [2] (prominently) wyraźnie; **this tendency figures ~ in his works** tendencja ta jest wyraźnie dostrzegalna w jego dziełach

large-minded /ˌlɑːdʒˈmaɪndɪd/ *adj* o szerokich poglądach, tolerancyjny

largemouth bass /ˌlɑːdʒmaʊθˈbæs/ *n* Zool bass *m* wielkogębowy

largeness /ˈlɑːdʒnɪs/ *n* (of body, object) duże rozmiary *m pl*; (of quantity, sum) wielkość *f*

large print **I** *n* duży druk *m*
II **large-print** *modif* **~ edition** wydanie *n* drukowane dużą czcionką
large-scale /ˌlɑːdʒˈskeɪl/ *adj [map, model]* w dużej skali; *[search, inquiry]* (zakrojony) na szeroką or wielką skalę
large-sized /ˈlɑːdʒsaɪzd/ *adj* duży
largesse /lɑːˈdʒes/ *n* [1] (generosity) hojność *f*, szczodrość *f* [2] (gifts) hojne dary *m pl*
large white *n* Zool [1] (butterfly) bielinek *m* kapustnik *m* [2] (pig) jorkszyr *m*
largish /ˈlɑːdʒɪʃ/ *adj* spory, dość duży
largo /ˈlɑːgəʊ/ **I** *n* largo *n*
II *adv* largo
lariat /ˈlærɪət/ *n* (for catching) lasso *n*, arkan *m*; (for tethering) lina *f*, lonża *f*
lark¹ /lɑːk/ *n* Zool skowronek *m*
IDIOMS: **as happy as a ~** wesoły jak szczygieł; **to be** or **get up with the ~** wstać z pierwszym kurem; **to sing like a ~** śpiewać jak słowik
lark² /lɑːk/ infml *n* [1] (fun) heca *f* infml; **to do sth for a ~** zrobić coś dla hecy; **to have a ~** wygłupiać się infml; **what a ~!** ale heca!, a to ci heca!; **to treat sth as a ~** traktować coś jako żart; **a bit of a ~, a real ~** niezła zabawa *f* infml [2] (unpleasant business) cyrk *m* infml; **I don't think much of this dieting ~** niezbyt mi się podoba ten cyrk z odchudzaniem
■ **lark about, lark around** GB infml wyprawiać hece infml
larkspur /ˈlɑːkspɜː(r)/ *n* Bot ostróżka *f*
larva /ˈlɑːvə/ *n* (*pl* **-vae**) larwa *f*
larval /ˈlɑːvəl/ *adj* larwalny; **a ~ state of development** stadium *n* larwalne rozwoju
laryngitis /ˌlærɪnˈdʒaɪtɪs/ *n* zapalenie *n* krtani
larynx /ˈlærɪŋks/ *n* (*pl* **~es, larynges**) krtań *f*
lasagne, lasagna /ləˈzænjə/ *n* lasagne *f inv*
lascivious /ləˈsɪvɪəs/ *adj* lubieżny, pożądliwy
lasciviously /ləˈsɪvɪəslɪ/ *adv* lubieżnie, pożądliwie
lasciviousness /ləˈsɪvɪəsnɪs/ *n* lubieżność *f*, pożądliwość *f*
laser /ˈleɪzə(r)/ **I** *n* laser *m*
II *modif* laserowy
laser beam *n* wiązka *f* laserowa
laser card *n* karta *f* laserowa
laser disc *n* dysk *m* laserowy or optyczny or kompaktowy
laser-guided /ˈleɪzəgaɪdɪd/ *adj* sterowany laserowo
laser gun *n* pistolet *m* laserowy
laser pointer *n* wskaźnik *m* laserowy
laser printer *n* drukarka *f* laserowa
laser show *n* pokaz *m* świateł laserowych
laser surgery *n* chirurgia *f* laserowa
laser treatment *n* laseroterapia *f*
lash /læʃ/ **I** *n* [1] (eyelash) rzęsa *f* [2] (whip) bicz *m*, bat *m*; (part of whip) rzemień *m* [3] (stroke of whip) smagnięcie *n*, uderzenie *n*, raz *m*; (of tail, rain, wind) smagnięcie *n*; **40 ~es** czterdzieści razów or batów; **to feel the ~ of his/her tongue** fig doświadczyć na własnej skórze jego/jej ostrego języka [4] (flogging) chłosta *f*; **to be sentenced to the ~** zostać skazanym na chłostę
II *vt* [1] (whip) wy|chłostać, wy|smagać batem *[person, animal]*; zaci|ąć, -nać batem *[horse]* [2] (batter) *[rain, wind]* wy|smagać *[windows, trees, face]*; *[waves]* bić o (coś), uderz|yć, -ać o (coś) *[shore]*; **the storm which ~ed the Bahamas yesterday** sztorm, który szalał wczoraj na wyspach Bahama [3] (swish) **to ~ one's tail** *[animal]* chlastać ogonem [4] fig (criticize) na|piętnować, ostro za|atakować *[person]*; **to ~ sb with one's tongue** przygadać komuś infml [5] fig (incite) **to ~ sb into fury** doprowadzić kogoś do szału or wściekłości [6] (secure) mocować, umocow|ać, -ywać; przymocow|ać, -ywać, przywiąz|ać, -ywać, przytwierdz|ić, -ać **(to sth** do czegoś**)**; **they ~ed him to a post** przywiązali go do słupa; **to ~ two parts together** związać razem dwie części
III *vi* [1] (with whip) **to ~ at sb/sth** uderz|yć, -ać or bić kogoś/coś batem, wy|chłostać kogoś/coś [2] (thrash) **to ~ against sth** *[rain, wind]* smagać coś; *[waves]* bić or uderzać o coś
■ **lash about** miotać się
■ **lash down**: ¶ **~ down** *[rain]* zacinać, lać ¶ **~ down [sth], ~ [sth] down** (secure) przywiąz|ać, -ywać, uwiąz|ać, -ywać
■ **lash out**: [1] (physically) *[person, tiger, cat]* za|atakować **(at sb/sth** kogoś/coś**)**; rzuc|ić, -ać się **(at sb/sth** na kogoś/coś**)**; *[horse]* wierzgnąć [2] (verbally) ostro za|atakować **(at sb/sth** kogoś/coś**)**; wyst|ąpić, -ępować ostro **(against sb/sth** przeciwko komuś/czemuś**)**; nask|oczyć, -akiwać infml **(at** or **against sb** na kogoś**)** [3] (spend freely) za|szaleć; **let's ~ out and go to a really good restaurant** zaszalejmy i chodźmy do dobrej restauracji; **to ~ out on sb/sth** nie pożałować grosza na kogoś/coś
lashing /ˈlæʃɪŋ/ **I** *n* [1] (flogging) **to get a ~** dostać baty; **to give sb a ~** dać komuś baty; **the headmaster gave him a ~ with his tongue** dyrektor zbeształ or zrugał go [2] Naut (rope) przewiąz *m*
II **lashings** *npl* GB infml (plenty) **~s of sth** masa czegoś
III *adj [rain]* zacinający, ulewny; *[wind]* gwałtowny
lash-up /ˈlæʃʌp/ *n* infml (makeshift) prowizorka *f* infml
lass /læs/ *n* GB dial dziewczyna *f*
lassie /ˈlæsɪ/ *n* GB dial dziewczyna *f*
lassitude /ˈlæsɪtjuːd, US -tuːd/ *n* fml (tiredness) znużenie *n*, zmęczenie *n*; (laziness) ospałość *f*
lasso /læˈsuː/ **I** *n* (*pl* **-oes**) lasso *n*, arkan *m*
II *vt* s|chwytać na lasso
last¹ /lɑːst, US læst/ **I** *n, pron* [1] (final one, in series) **the ~** ostatni; **the ~ in the class** ostatni w klasie; **the ~ of the Romanovs** ostatni z Romanowów; **it's not the first time and it won't be the ~** to nie pierwszy raz, i nie ostatni; **she was the ~ to leave** wyszła (jako) ostatnia; **I'd be the ~ to refuse such an offer** nigdy bym nie odrzucił takiej propozycji; **the ~ I remember** ostatnie, co pamiętam; **the ~ I heard he was living in Alaska** z tego, co wiem, mieszka na Alasce; **I thought we'd seen the ~ of him!** myślałem, że się go pozbyliśmy na dobre!; **he took the money and that was the ~ anybody saw of him** zabrał pieniądze i tyle go widzieli; **I hope we've seen the ~ of the cold weather** mam nadzieję, że to już koniec zimna; **you haven't heard the ~ of me!** jeszcze o mnie usłyszycie!, jeszcze się policzymy!; **you haven't heard the ~ of this!** to jeszcze nie koniec!, na tym nie koniec!; **I'll never see the ~ of it!** to się nigdy nie skończy!; **the ~ but one** przedostatni; **the ~ but two** trzeci od końca; **the night before ~** (evening) przedwczoraj wieczorem; (night) przedwczoraj w nocy; **the week before ~** dwa tygodnie temu; **the winter before ~** zima dwa lata temu; **the Prime Minister before ~** przedostatni premier; **a string of jokes, each funnier than the ~** seria dowcipów, jeden zabawniejszy od drugiego [2] (only remaining) **the ~** (of guests, books, copies) ostatni; (of milk, meat) reszta *f*; **'are there any more apples?' – 'no, this is the ~'** „czy są jeszcze jabłka?" – „nie, to ostatnie"; **the ~ of the Hollywood greats** ostatni z wielkich Hollywoodu; **I've used up the ~ of my leave** wykorzystałem resztę urlopu [3] fml (end) koniec *m*, ostatek *m*; **to** or **until the ~** do końca, do ostatka; **to leave sth till ~** pozostawić coś na koniec; **I was with him at the ~** liter byłem przy nim w jego ostatniej godzinie liter; **to breathe one's ~** liter wydać ostatnie tchnienie liter
II *adj* [1] (in series) ostatni; **the ~ house on the right** ostatni dom po prawej; **the next to ~** przedostatni; **the ~ line but one** przedostatni wiersz; **his name is ~ but two on the list** jego nazwisko jest na trzecim miejscu od końca na liście; **the ~ Thursday of every month** w ostatni czwartek każdego miesiąca; **this is the ~ time I'm going to tell you!** powtarzam po raz ostatni!; **for the ~ time, will you be quiet!** mówię po raz ostatni, ma być cisza!; **I do it ~ thing at night/before leaving** robię to tuż przed położeniem się spać/przed wyjściem; **why am I always the ~ person to be told?** dlaczego ja zawsze o wszystkim dowiaduję się ostatni?; **I was the ~ one to leave** wyszedłem ostatni [2] (final) *[novel, time, train]* ostatni; *[bus stop, station]* końcowy, ostatni; **the ~ date for applications** ostateczny termin składania podań; **don't leave everything to the ~ minute** nie zostawiaj wszystkiego na ostatnią chwilę; **at the very ~ minute** or **moment** w ostatniej chwili; **the ~ thing in evening wear** ostatni krzyk mody wieczorowej; **his ~ days** ostatnie dni jego życia [3] (only remaining) ostatni; **she's our ~ hope** ona jest naszą ostatnią nadzieją; **identical, down to the ~ detail** identyczne co do joty or w najmniejszym szczególe; **he drank his beer (down) to the ~ drop** wypił piwo do ostatniej kropli; **he ate every ~ bit of the bread** zjadł chleb co do okruszka; **I'm down to my ~ few dollars** zostało mi tylko kilka dolarów; **every ~ one of them** każdy z nich co do jednego; **every ~ penny counts** każdy grosz się liczy; **every ~ one of them surrendered** poddali się co do jednego [4] (previous, most recent) *[year, season, month, week]* zeszły, miniony, ubiegły; *[chapter, novel, station]* poprzedni, wcześniejszy; **~ week** w ze-

L

szłym tygodniu; **~ Tuesday** w zeszły wtorek; **~ summer** latem zeszłego roku; **~ April** (of this year) w kwietniu (tego roku); (of last year) w kwietniu zeszłego roku; **~ night** (evening) wczoraj wieczorem, wczoraj wieczór; (night-time) (dziś) w nocy, minionej or ostatniej nocy; **I was in Rome ~ Christmas** ostatnie Boże Narodzenie spędziłem w Rzymie; **~ time I flew, I was sick** gdy ostatni raz leciałem samolotem, wymiotowałem; **she has been in London for the ~ four months** od czterech miesięcy jest w Londynie; **in** or **over** or **during the ~ five years** w ciągu minionych or ostatnich pięciu lat; **this time ~ year** dokładnie rok temu; **she died a year ago ~ Sunday** w ubiegłą niedzielę minął rok od jej śmierci; **~ week's figures** dane z zeszłego or ubiegłego tygodnia; **~ month's issue** wydanie z zeszłego miesiąca; **~ year's festival** ubiegłoroczny festiwal [5] (least likely) ostatni; **that's the ~ place he'll think of looking** tam na pewno nie będzie zaglądał; **he's the ~ person I'd ask!** jest ostatnią osobą, którą poprosiłbym!; **that was the ~ thing I expected him to do** tego bym się po nim nigdy nie spodziewał; **I'd be the ~ person to suggest that** jestem ostatnią osobą, która sugerowałaby coś takiego; **the ~ thing they need is publicity** rozgłos to ostatnia rzecz, jakiej im potrzeba; **'it's raining' – 'oh no! that's the ~ thing we need!'** „pada" – „o, nie! tylko tego nam brakowało!"; **the ~ thing I need is guests for dinner!** brakowało mi tylko gości na kolację!

III *adv* [1] (at the end) *[arrive, leave, do]* na końcu, (jako) ostatni; (in competition) na ostatnim miejscu; **I went in/arrived ~** wszedłem/przybyłem ostatni or na końcu; **to rank ~** *[runner, racing car]* zająć ostatnie miejsce; **to put sb/sth ~** stawiać kogoś/coś na ostatnim miejscu; **his family comes ~** dla niego rodzina jest najmniej ważna; **~ of all** (ultimately) na koniec, wreszcie; **~ of all, I'd like to welcome...** na koniec pragnę powitać... [2] (most recently) ostatni raz, po raz ostatni; **she was ~ in Canada in 1976** ostatni raz or po raz ostatni była w Kanadzie w 1976 roku; **when did you ~ see him?, when did you see him ~?** kiedy go widziałeś ostatni raz or po raz ostatni?; **I washed up ~: it must be your turn** ostatnim razem zmywałam ja, teraz twoja kolej; **(the principle of) ~ in, first out** Mgmt *zasada zwalniania w pierwszej kolejności osób z najkrótszym stażem pracy*

IV at (long) last *adv phr* wreszcie, nareszcie, w końcu; **you're here at ~!** wreszcie or nareszcie jesteś!; **alone at ~!** nareszcie sami!; **at long ~ she managed to find a job** wreszcie or po wielu zabiegach udało się jej znaleźć pracę

IDIOMS: **~ but not least** ostatni, ale nie mniej ważny; **~ but not least, let me introduce our new chairman** na koniec pragnę przedstawić naszego nowego przewodniczącego

last² /lɑːst, US læst/ **I** *vt* starcz|yć, -ać (komuś); **a loaf ~s me two days** bochenek chleba starcza mi na dwa dni; **we have enough fuel to ~ us until March/for months** mamy tyle opału, że starczy nam do marca/na wiele miesięcy; **there's enough to ~ me a lifetime** starczy mi na całe życie

II *vi* [1] (continue) *[event, storm, marriage]* trwać; *[good weather]* utrzym|ać, -ywać się; **the film ~ed (for) three hours** film trwał trzy godziny; **I hope our luck ~s** mam nadzieję, że szczęście będzie nam nadal sprzyjać; **it was fun while it ~ed** było miło, ale się skończyło; **it won't ~!** to się kiedyś musi skończyć!; **it's too good to ~!** to zbyt dobre, żeby miało trwać wiecznie!; **he won't ~ long in this place** nie utrzyma się tu zbyt długo; **the cake won't ~ long with him around** przy nim ciasto długo nie postoi; **I'm afraid the poor dog won't ~ long** obawiam się, że biedna psina długo już nie pociągnie or nie pożyje [2] (be sufficient) starcz|yć, -ać, wystarcz|yć, -ać; **there's enough food to ~ until Friday** jedzenia (jest tyle, że) starczy do piątku; **to make sth ~** oszczędzać coś, oszczędnie gospodarować czymś [3] (remain usable) *[fabric]* być trwałym, wytrzym|ać, -ywać; *[perishables]* zachow|ać, -ywać świeżość; **these shoes will ~ and ~** to buty na lata; **it's built to ~** to jest solidnie zbudowane; **plastic ones ~ longer** plastikowe są trwalsze

■ **last out**: ¶ **~ out** [1] (be sufficient) *[money, supplies]* wystarcz|yć, -ać, starcz|yć, -ać [2] (endure, persist) wytrzym|ać, -ywać; **can they ~ out till help arrives?** czy wytrzymają do nadejścia pomocy?; **she's given up smoking, but she'll never ~ out!** przestała palić, ale na pewno nie wytrzyma! ¶ **~ out [sth]** (endure) wytrzym|ać, -ywać, przetrzym|ać, -ywać *[siege]*; **he won't ~ out the night** nie przeżyje nocy

last³ /lɑːst, US læst/ *n* (shoemaker's) kopyto *n* szewskie

last call *n* US = **last orders**

last-ditch /ˈlɑːstdɪtʃ, US ˈlæst-/ *adj [attempt, stand]* ostatni, ostateczny, rozpaczliwy

last-gasp /ˈlɑːstgɑːsp, US ˈlæstgæsp/ *adj* infml *[attempt]* rozpaczliwy

lasting /ˈlɑːstɪŋ, US ˈlæstɪŋ/ *adj [contribution, damage, effect, peace, relationship]* trwały; **to leave a ~ impression (on sb)** wywrzeć (na kimś) niezatarte wrażenie; **to make a contribution of ~ value** wnieść trwały wkład

Last Judgment *n* **the ~** Sąd *m* Ostateczny

lastly /ˈlɑːstlɪ, US ˈlæstlɪ/ *adv* na koniec, wreszcie; **~, I'd like to...** na koniec chciałbym...

last-mentioned /ˌlɑːstˈmenʃnd, US ˌlæst-/ *pron, adj* ostatni *m (z wymienionych)*

last-minute /ˌlɑːstˈmɪnɪt, US ˌlæst-/ *adj* (made very late) z ostatniej chwili; (left till very late) ostatni

last name *n* nazwisko *n*

last number redial *n* Telecom powtarzanie *n* ostatniego wybranego numeru

last orders *npl* GB ostatnie zamówienia *n pl (składane przed zamknięciem pubu)*

last post *n* **the ~** Mil capstrzyk *m*

last rites *npl* **the ~** namaszczenie *n* or sakrament *m* chorych; ostatnie namaszczenie *n* dat

Last Supper *n* **the ~** Ostatnia Wieczerza *f*

latch /lætʃ/ **I** *n* [1] (fastening) zasuw(k)a *f*; **to drop/lift a ~** opuścić/podnieść zasuw(k)ę [2] (spring lock) zatrzask *m*; **he put the door on the ~** zatrzasnął tylko drzwi

II *vt* zam|knąć, -ykać na zatrzask; **the door wasn't properly ~ed** drzwi były niedokładnie zamknięte

■ **latch on** infml: ¶ **~ on** (understand) załap|ać, -ywać, po|kapować się infml ¶ **~ on to [sth]** [1] (seize on) uczepić się (czegoś) *[handle, object, idea]*; wykorzyst|ać, -ywać *[mistake, weakness, trend]* [2] (gain possession of) dor|wać, -ywać się do (czegoś) infml *[ball]* [3] (realize) poj|ąć, -mować *[secret, truth]* ¶ **~ on to [sb]** przyczepi|ć, -ać się do (kogoś), uczepić się (kogoś)

latchkey /ˈlætʃkiː/ *n* klucz *m* (od drzwi wejściowych)

latchkey child *n* GB dziecko *n* „z kluczem na szyi" *(pozostawione po szkole bez opieki)*

latchkey kid *n* infml = **latchkey child**

latchlock /ˈlætʃlɒk/ *n* zatrzask *m*

late /leɪt/ **I** *adj* [1] (after expected time) *[arrival, publication, train]* spóźniony, opóźniony; *[person]* spóźniony; (after usual time) *[meal, season, plant variety]* późny; **the ~ arrival /departure of the train** opóźniony przyjazd/odjazd pociągu; **~ essays will not be marked** prace oddane po terminie nie będą oceniane; **in case of ~ delivery** w przypadku opóźnienia dostawy; **to make a ~ start** (getting up) wstać późno; (setting out) późno wyjść or wyruszyć; **to get off to a ~ start** *[meeting, event]* późno się rozpocząć; **to be ~** spóźniać się, być spóźnionym; **I'm sorry I'm ~** przepraszam za spóźnienie; **I was ~ (in) getting there** spóźniłem się, dotarłem tam za późno; **you're half an hour ~** spóźniłeś się pół godziny; **the baby was two weeks ~** dziecko urodziło się dwa tygodnie po terminie; **the train was/will be one hour ~** pociąg miał /będzie miał godzinne opóźnienie; **the train was already one hour ~** pociąg miał już godzinne opóźnienie; **you'll be ~ for work/the train** spóźnisz się do pracy /na pociąg; **I was ~ with my rent** spóźniłem się z zapłaceniem czynszu; **she made me ~ for my class** przez nią spóźniłem się na zajęcia; **the accident made the train ~** z powodu wypadku pociąg spóźnił się; **~ arrivals/applicants** (with delay) osoby, które przybyły/złożyły podania później; (after deadline) osoby, które przybyły/złożyły podania za późno; **I had a ~ breakfast** późno jadłem śniadanie, zjadłem późne śniadanie; **Easter is ~ this year** Wielkanoc wypada w tym roku późno; **Spring is ~ this year** wiosna się w tym roku spóźnia; **the tomatoes are ~ this year** pomidory są or dojrzewają w tym roku później or późno; **'~ opening Thursday till 8 pm'** „w czwartki otwarte (dłużej niż zwykle) do godziny 20" [2] (towards end of time period) *[hour, evening, pregnancy]* późny; *[show, film, shift]* nocny; (last before another day) *[bus, train]* ostatni; (just before deadline) *[booking, change, amendment]* (dokonany) w ostatniej chwili; **to have a ~ lecture on Tuesdays** mieć we wtorki wykład późno (po południu); **to take a ~ holiday** GB **to take a ~ vacation** US wziąć urlop pod koniec sezonu; **to give sb a ~r deadline** wyznaczyć komuś późniejszy termin; **to watch the ~ film on television** oglądać nocny film w telewizji; **it will be ~ afternoon when I arrive** będę na miejscu późnym popołudniem; **the ~st appointment is for 4 pm** (at doctor's) ostatniego pacjenta przyjmujemy o 16; **the ~st date you can apply is...** termin zgłoszeń upływa...; **to keep ~ hours** późno chodzić spać; **to have a ~ night** późno położyć się spać; **you've had too many ~ nights this week** zarwałeś zbyt wiele nocy w tym tygodniu infml; **in ~r life** w późniejszych latach (życia); **at a comparatively ~ age** w stosunkowo późnym wieku; **in ~ pregnancy** w zaawansowanej ciąży; **to be in one's ~ fifties** zbliżać się do sześćdziesiątki; **a man in his ~ thirties** mężczyzna pod czterdziestkę; **to be a ~ starter** późno zaczynać; **in ~ January** pod koniec stycznia; **in the ~ 50's/the Middle Ages** pod koniec lat 50./średniowiecza; **~ Renaissance architecture** architektura późnorenesansowa or późnego renesansu; **~ Victorian art** sztuka końca epoki wiktoriańskiej [3] (towards end of series) **in ~r chapters/scenes** w dalszych or następnych rozdziałach/scenach; **Shakespeare's ~r plays** późniejsze sztuki Szekspira; **~r models are fully automatic** późniejsze modele są w pełni automatyczne; **at a ~r meeting** na następnym zebraniu [4] (deceased) zmarły; **her ~ husband** jej zmarły mąż; **the ~ President** zmarły prezydent [5] (former) *[president, manager, employer, partner]* były → **later, latest**

II *adv* [1] (after expected time) *[arrive, leave, start, finish]* z opóźnieniem; (far on in time) *[get up, end, mature, marry]* późno; **hurry up, it's ~** pośpiesz się, jest już późno; **it's ~, let's go to bed** jest późno, chodźmy spać; **it's getting ~** robi się późno; **I'll be home ~ today** wrócę dziś do domu późno; **the show doesn't start till ~** przedstawienie zaczyna się późno; **the shops close ~ on Thursdays** w czwartki sklepy są dłużej otwarte; **he married ~** późno się ożenił; **to be running ~** *[person]* być spóźnionym; *[bus, train]* być opóźnionym, mieć opóźnienie; **to start three months ~** rozpocząć się z trzymiesięcznym opóźnieniem; **don't leave it too ~** nie odkładaj tego zbyt długo; **to work ~** pracować do późna [2] (towards end of time period) **~ next year/last week** pod koniec przyszłego roku/ubiegłego tygodnia; **~ in the afternoon** późnym popołudniem, późno po południu; **~ in 1941** pod koniec 1941 roku; **~ in a match/film** pod koniec meczu/filmu; **~ at night** późno w nocy; **~ into the night** do późna w nocy; **it's a little ~ in the day to change your mind** fig trochę za późno, żeby zmieniać zdanie; **to learn Italian ~ in life** nauczyć się włoskiego w późnym wieku; **is it as ~ as that?** czy jest już aż tak późno?; **as ~ as possible** jak najpóźniej; **as ~ as the 13th century/the 1950's** (still, until) jeszcze w XIII wieku/w latach pięćdziesiątych; (not before) dopiero w XIII wieku/w latach pięćdziesiątych; **too ~** zbyt or za późno [3] fml (formerly) do niedawna; **David Green, ~ of 54 Cole Close** David Green, do niedawna zamieszkały przy Cole Close 54; **Suzanne Evans, ~ of the Foreign Office** Suzanne Evans, do niedawna zatrudniona w ministerstwie spraw zagranicznych → **later, latest**

III of late *adv phr* ostatnio; **she hasn't been feeling well of ~** ostatnio nie czuje się zbyt dobrze

IDIOMS: **better ~ than never** lepiej późno niż wcale

late-breaking /ˈleɪtbreɪkɪŋ/ *adj [news]* z ostatniej chwili

latecomer /ˈleɪtkʌmə(r)/ *n* (to lecture, event) spóźnion|y *m*, -a *f*; spóźnialsk|i *m*, -a *f* hum; **to be a ~** spóźniać się; **~s will have to sit at the back** spóźnieni będą siedzieć z tyłu; **he was a ~ to classical music** późno zainteresował się muzyką klasyczną

late developer *n* **to be a ~** *[child]* (in academic, technical abilities) wolniej się rozwijać; (physically) wolniej or później dojrzewać; *[adult]* hum późno wystartować fig

lateen (sail) /ləˌtiːnˈseɪl/ *n* Naut żagiel *m* łaciński

Late Greek *n* greka *f* okresu średniogreckiego

Late Latin *n* łacina *f* wczesnośredniowieczna

lately /ˈleɪtlɪ/ *adv* ostatnio; **have you seen Adam ~?** czy widziałeś ostatnio Adama?; **we haven't had much rain ~** nie mieliśmy ostatnio dużo deszczu; **until** or **till ~** do niedawna

latency /ˈleɪtnsɪ/ *n* Med utajenie *n*

lateness /ˈleɪtnɪs/ *n* [1] (of person, train) spóźnienie *n*; (of train, arrival, flight, departure) opóźnienie *n*; **~ will not be tolerated** spóźnienia nie będą tolerowane [2] (of time) późna pora *f*; **I rang him despite the ~ of the hour** zadzwoniłem do niego mimo późnej pory; **owing to the ~ of the hour** ze względu na późną porę

late-night /ˈleɪtnaɪt/ *adj [show, film, session]* nocny; **it's ~ shopping on Thursdays** w czwartki sklepy są otwarte do późna

latent /ˈleɪtnt/ *adj [qualities, potential]* ukryty; **~ defect** wada ukryta; **~ heat** Phys ciepło utajone; **~ image** Phot obraz utajony; **~ period** Med okres inkubacyjny

later /ˈleɪtə(r)/ (*comp of* **late**) **I** *adj [train, bus]* późniejszy; *[edition, meeting, model]* późniejszy; **in a ~ chapter** w jednym z następnych rozdziałów; **we caught a ~ train** pojechaliśmy późniejszym pociągiem; **keep it for ~ use** zachowaj to do późniejszego wykorzystania; **we'll discuss it at a ~ date** omówimy to kiedy indziej

II *adv* później; **two years/three weeks ~** dwa lata/trzy tygodnie później; **I got up ~ than usual** wstałem później niż zwykle; **~ that day** później tego samego dnia; **several glasses of brandy ~** po kilku (następnych) kieliszkach brandy; **applications must be in not** or **no ~ than May 14** podania należy złożyć nie później niż 14 maja; **bring it not** or **no ~ than Friday** przynieś to najpóźniej w piątek; **~ on** później; **his partner, ~ to become his brother-in-law** jego partner, który miał później zostać jego szwagrem; **see you ~!** na razie! infml

lateral /ˈlætərəl/ *adj [vein, artery, buds, branches]* boczny; *[development, growth]* lateralny; **~ thinking** myślenie lateralne

laterally /ˈlætərəlɪ/ *adv [grow, develop]* na boki

late riser *n* śpioch *m* infml; **to be a ~** późno wstawać

latest /ˈleɪtɪst/ **I** *pron, n* [1] (most recent news) najnowsza or najświeższa wiadomość *f*; **have you heard the ~?** słyszałeś najnowszą wiadomość?; **what's the ~ on her condition?** jakie są ostatnie wiadomości o jej stanie? [2] (most recent thing) nowość *f*; **the ~ in modern technology** ostatnie osiągnięcie nowoczesnej techniki; **the ~ in children's fashion** ostatni krzyk mody (w odzieży) dziecięcej; **the ~ in printers** najnowszy model drukarki; **this is the ~ in a series of similar incidents** to ostatni z serii podobnych incydentów [3] (furthest in time) **when is the ~ I can let you know?** kiedy najpóźniej mogę cię powiadomić? [4] infml (sth done, said) ostatni numer *m* infml; **did you hear Robert's ~?** słyszałeś o ostatnim numerze Roberta? [5] infml hum **his/her ~** jego/jej ostatnia zdobycz *f* fig infml

II *adj* (*superl of* **late**) (last) *[train]* ostatni; (most up to date) *[figures, news]* najnowszy, najświeższy; **the ~ fashion** najnowsza moda

III at the latest *adv phr* najpóźniej; **by the fifteenth at the (very) ~** najpóźniej do piętnastego; **the vase is 17th century at the ~** wazon pochodzi najpóźniej z XVII wieku

latex /ˈleɪteks/ *n* lateks *m*

lath /lɑːθ, US læθ/ *n* (of lattice-work, blind) listwa *f*, deszczułka *f*; (on roof) łata *f*; **~ and plaster wall** ściana z listew pokrytych tynkiem

lathe /leɪð/ *n* tokarka *f*

lather /ˈlɑːðə(r), ˈlæðə(r), US ˈlæð-/ **I** *n* (of soap) piana *f*; **work the shampoo into a ~** wcieraj szampon, aż wytworzy się piana; **the horse was in a ~** koń pokryty był pianą, koń się spienił; **to be in a real ~ (about sth)** fig być rozgorączkowanym (z powodu czegoś), gorączkować się (czymś); **to get into a ~ (about sth)** fig wpaść w histerię (z powodu czegoś) fig

II *vt* [1] (cover with soap) namydl|ić, -ać, mydlić *[face, chin]* [2] infml (thrash) z|łoić (komuś) skórę infml

III *vi [soap, powder]* pienić się

latifundia /ˌlætɪˈfʊndɪə/ *npl* latyfundia *n pl*

Latin /ˈlætɪn, US ˈlætn/ **I** *n* [1] Ling łacina *f*, (język *m*) łaciński *m*; **classical/vulgar ~** łacina klasyczna/ludowa; **dog ~** łacina kuchenna fig [2] (person) (of Romance country, language) członek *m* społeczności romańskiej; (of America) Latynos *m*, -ka *f*

II *adj* [1] Ling *[author, grammar]* łaciński; **~ lesson/teacher** lekcja/nauczyciel łaciny

[2] (relating to Romance culture) *[culture, country, people]* romański; **~ lover** hum or pej namiętny południowiec; **~ temperament** południowy temperament [3] (Latin American) latynoski

Latin America *prn* Ameryka *f* Łacińska

Latin American **I** *n* Latynos *m*, -ka *f* **II** *adj* latynoamerykański, latynoski

Latin Church *n* **the ~** Kościół *m* rzymskokatolicki or rzymski

Latinist /ˈlætɪnɪst/ *n* latynista *m*

Latinization /ˌlætɪnaɪˈzeɪʃn, US -nɪˈz-/ *n* latynizacja *f*

Latinize /ˈlætɪnaɪz/ *vt* z|latynizować

Latino /læˈtiːnəʊ/ *n* US Latynos *m*, -ka *f* *(mieszkający w Stanach Zjednoczonych)*

Latin Quarter *n* **the ~** Dzielnica *f* Łacińska *(w Paryżu)*

Latin rite *n* **the ~** obrządek *m* or ryt *m* łaciński, obrządek *m* or ryt *m* zachodni

Latin school *n* US gimnazjum *n* klasyczne dat

latish /ˈleɪtɪʃ/ **I** *adj* infml późnawy infml **II** *adv* późnawo infml

latitude /ˈlætɪtjuːd, US -tuːd/ *n* [1] Geog szerokość *f* geograficzna; **(to be) at a ~ of 45 degrees north** (leżeć) na 45 stopniu szerokości geograficznej północnej; **in these ~s** na tych szerokościach, pod tymi szerokościami [2] (liberty) swoboda *f*; **to allow sb ~ in sth** pozostawiać komuś swobodę w czymś

latitudinal /ˌlætɪˈtjuːdɪnl, US -tuːdənl/ *adj* *[mountain, ridge]* położony or ciągnący się równoleżnikowo; **~ position** or **measurements** szerokość geograficzna

latrine /ləˈtriːn/ *n* latryna *f*

latte /ˈlɑːteɪ, ˈlæteɪ/ *n* kawa *f* ze skondensowanym mlekiem

latter /ˈlætə(r)/ fml **I** *n* **the ~** (ten) drugi *m*, (ten) ostatni *m* *(z wymienionych)*; **he loves dogs and cats, especially the ~** lubi psy i koty, szczególnie te drugie or te ostatnie **II** *adj* [1] (second) drugi; **do you prefer the former or the ~ explanation?** wolisz pierwsze czy drugie wyjaśnienie? [2] (later) *[part, half]* drugi; **in the ~ half of the century** w drugiej połowie wieku; **in the ~ half of the film/talk** w drugiej połowie filmu/wykładu; **in his/her ~ years, in the ~ years of his/her life** na starość

latterday /ˈlætədeɪ/ *adj* fml [1] (modern equivalent of) *[crusader, pilgrim]* współczesny [2] (recent) *[invention]* ostatni

Latterday Saint *n* mormon *m*, -ka *f*; **the Church of Jesus Christ of the ~s** Kościół Jezusa Chrystusa Świętych Dnia Ostatniego

latterly /ˈlætəlɪ/ *adv* fml [1] (recently) ostatnio; ostatnimi czasy fml [2] (in later times) później [3] (in last years) przez ostatnie lata

lattice /ˈlætɪs/ *n* (also **latticework)** (screen) kratownica *f*; (plant support) kratka *f*, treliaż *m*; Nucl siatka *f*

latticed /ˈlætɪst/ *adj* (in the form of a lattice) *[screen, shelves]* o konstrukcji przypominającej kratownicę; (decorated with lattice) *[door]* okratowany

lattice(d) window *n* okno *n* z szybkami oprawionymi w ołowiane ramki

lattice girder *n* dźwigar *m* kratowy

Latvia /ˈlætvɪə/ *prn* Łotwa *f*

Latvian /ˈlætvɪən/ **I** *n* [1] (person) Łotysz *m*, -ka *f*, Łotyszka *f* [2] Ling (język *m*) łotewski *m* **II** *adj* łotewski

laud /lɔːd/ *vt* fml wychwalać, chwalić; **to ~ sb to the skies** wychwalać kogoś pod niebiosa

laudable /ˈlɔːdəbl/ *adj* chwalebny, godny pochwały

laudably /ˈlɔːdəblɪ/ *adv [behave]* w sposób chwalebny

laudanum /ˈlɔːdənəm/ *n* laudanum *n*

laudatory /ˈlɔːdətərɪ, US -tɔːrɪ/ *adj* pochwalny

laugh /lɑːf, US læf/ **I** *n* [1] (amused noise) śmiech *m*; **to give a ~** zaśmiać się; **to give a nervous/scornful ~** zaśmiać się nerwowo/pogardliwie; **to give a loud ~** zaśmiać się głośno, wybuchnąć gromkim śmiechem; **with a ~** ze śmiechem, śmiejąc się; **'don't worry,' she said with a ~** „nie przejmuj się", powiedziała, śmiejąc się; **to like a good ~** lubić się pośmiać; **to have a ~ (about** or **at sth)** uśmiać się (z czegoś), pośmiać się (z czegoś); **to get** or **raise a ~** wywoływać or wzbudzać śmiech or wesołość; **read this, it'll give you a ~** przeczytaj to, a uśmiejesz się [2] (source of amusement) **to do sth for a ~** infml zrobić coś dla hecy or dla kawału infml; **just for a ~** or **for ~s, they hid her keys** infml dla hecy or dla kawału schowali jej klucze infml; **the film was a good ~** film był bardzo śmieszny or zabawny; **he is a real ~** on jest bardzo zabawny or wesoły; **he's always good for a ~** infml z nim zawsze można się pośmiać; **let's go to the party, it will be a ~** infml chodźmy na tę imprezę, będzie zabawnie or wesoło infml; **they had a ~ rehearsing the scene** uśmiali się or ubawili się, próbując tę scenę; **the script isn't exactly full of ~s** scenariusz nie jest wcale śmieszny; **those meetings are a ~ a minute** infml te spotkania to kupa śmiechu infml also iron; **she told you she was too busy? that's a ~!** iron powiedziała ci, że jest zbyt zajęta? dobre sobie or a to dobre!; **what a ~!** iron bardzo śmieszne! iron

II *vt* **he ~ed a sinister/triumphant laugh** zaśmiał się złowieszczo/triumfalnie; **'of course not!' she ~ed** „oczywiście, że nie!" zaśmiała się; **he ~ed his assent** ze śmiechem wyraził zgodę; **they were ~ed off the stage** zeszli ze sceny wśród szyderczych śmiechów

III *vi* [1] (be, feel amused) śmiać się **(about** or **over sth** z czegoś); **to ~ out loud** zaśmiać się głośno, parsknąć śmiechem; **to ~ nervously** śmiać się nerwowo; **to ~ at sb/sth** (be amused) śmiać się z kogoś/czegoś; (jeer) wyśmiewać się z kogoś/czegoś; **he never ~s at my jokes** nigdy się nie śmieje z moich dowcipów; **we're ~ing with you not at you** nie śmiejemy się z ciebie (ale dlatego że ty się śmiejesz); **he hasn't got much to ~ at** or **about these days** ostatnio wcale mu nie do śmiechu; **to ~ at oneself** śmiać się z samego siebie; **to ~ to oneself** śmiać się w duchu; **I ~ed until the tears ran down my cheeks** uśmiałem or zaśmiewałem się do łez; **I couldn't stop ~ing** nie mogłem pohamować or powstrzymać śmiechu; **she soon had the audience ~ing** w krótkim czasie udało się jej rozbawić publiczność; **to make sb ~** rozśmieszyć kogoś; **don't make me ~!** iron nie rozśmieszaj mnie! iron; **it makes me ~ when I hear him boasting!** śmiech mnie bierze, gdy słyszę jego przechwałki!; **I don't know whether to ~ or to cry!** nie wiem, czy mam się śmiać, czy płakać!; **it's all very well for you to ~** łatwo ci się śmiać or żartować; **there's nothing to ~ about** nie ma się z czego śmiać [2] infml **to be ~ing** (be in a good situation) mieć spokojną głowę infml; **if they accept the changes we'll be ~ing** jeśli zaakceptują zmiany, będziemy mieli problem z głowy infml

■ **laugh off: ~ off [sth], ~ [sth] off** zby|ć, -wać śmiechem *[accusation, insult, mistake]*; nic sobie nie robić z (czegoś), pogodnie zn|ieść, -osić *[pain, suffering]*; **she ~ed the matter off** obróciła wszystko w żart; **they won't be able to ~ this one off!** tego nie będą mogli zbagatelizować!

IDIOMS: **he who ~s last ~s longest** Prov ten się śmieje, kto się śmieje ostatni; **~ and the world ~s with you** Prov ≈ kiedy się śmiejesz, cały świat śmieje się z tobą; **you'll be ~ing on the other side of your face** odechce ci się śmiać, nie będzie ci do śmiechu; **this news will make him ~ on the other side of his face** nie będzie mu do śmiechu or zrzednie mu mina, gdy się o tym dowie; **to be ~ing all the way to the bank** infml obłowić się, nachapać się infml; **to have the last ~ (over sb)** triumfować (nad kimś); **to ~ in sb's face** śmiać się komuś w nos or w żywe oczy; **to ~ oneself sick** or **silly** śmiać się do rozpuku or jak wariat; **to ~ one's head off** infml zrywać boki ze śmiechu

laughable /ˈlɑːfəbl, US ˈlæf-/ *adj [plan, proposal]* śmieszny, śmiechu wart; *[amount, pay rise]* śmiesznie niski

laughably /ˈlɑːfəblɪ, US ˈlæf-/ *adv [small, easy]* śmiesznie

laughing /ˈlɑːfɪŋ, US ˈlæfɪŋ/ *prp adj [person, animal, eyes]* śmiejący się; *[face]* roześmiany; **it's no ~ matter** to poważna sprawa, to nie przelewki; **he's in no ~ mood** (angry) nie jest w nastroju do żartów; (sad, desperate) wcale mu nie do śmiechu

laughing gas *n* gaz *m* rozweselający

laughing hyena *n* Zool hiena *f* cętkowana

laughing jackass *n* Zool kukabura *m*

laughingly /ˈlɑːfɪŋlɪ, US ˈlæf-/ *adv* [1] *[say, offer, explain]* śmiejąc się, ze śmiechem [2] *[called, defined]* (as a joke) żartobliwie; (unsuitably) szumnie; **a shack ~ referred to as a hotel** rudera szumnie zwana hotelem

laughing stock *n* pośmiewisko *n*; **he'll be the ~ of the town** będzie pośmiewiskiem całego miasta; **to make a ~ of oneself** zrobić z siebie pośmiewisko; **to make a ~ of sb** wystawić kogoś na pośmiewisko

laugh line *n* US = **laughter line**

laughter /ˈlɑːftə(r), US ˈlæf-/ *n* śmiech *m*; **there was ~ at his remark** jego uwaga wzbudziła śmiech; **the house was full of ~** dom rozbrzmiewał śmiechem; **amid ~ he announced the result of the draw**

pośród śmiechów oznajmił wyniki losowania; **to roar** or **howl with ~** ryczeć ze śmiechu; **to give a roar of ~** wybuchnąć gromkim śmiechem

laughter line *n* GB bruzda *f* mimiczna *(po obu stronach ust)*

laughtrack /ˈlɑːftræk, US ˈlæf-/ *n* Radio, TV ścieżka *f* z nagraniem śmiechu

launch¹ /lɔːntʃ/ *n* (also **motor ~**) łódź *f* motorowa; (carried by ship) szalupa *f*; **police /customs' ~** łódź motorowa policyjna /służb celnych

launch² /lɔːntʃ/ **I** *n* [1] Naut (of new boat) wodowanie *n*; (of lifeboat) spuszczenie *n* na wodę [2] (of rocket, satellite) wystrzelenie *n*; (of campaign, offensive) rozpoczęcie *n*; (of product) wprowadzenie *n* na rynek; (of publication) promocja *f*

II *vt* [1] Naut spu|ścić, -szczać na wodę *[lifeboat, dinghy]*; z|wodować *[new vessel]* [2] (fire) wystrzeli|ć, -wać *[missile, torpedo]* **(against** or **at sth** w kierunku czegoś); fig wymierz|yć, -ać *[blow]*; **to ~ a satellite into orbit** wynieść satelitę na orbitę; **air ~ed missile** pocisk startujący w powietrzu [3] (initiate) rozpocz|ąć, -ynać, zapocząt-kow|ać, -ywać *[offensive, campaign, attack]*; wprowadz|ić, -ać *[scheme]*; wszcz|ąć, -ynać *[investigation]*; rozpocz|ąć, -ynać realizację (czegoś) *[plan, project]*; **to ~ an attack at sb/sth** przypuścić atak na kogoś/coś also fig [4] Comm (introduce) wprowadz|ić, -ać na rynek *[product, model]*; rozpocz|ąć, -ynać wydawanie (czegoś) *[newspaper]* [5] Advertg (bring to public attention) przeprowadz|ić, -ać promocję (czegoś), promować *[book]*; wy|lansować *[actor, singer]*; **he ~ed her on her film career** otworzył jej drogę do kariery filmowej

III *vi* **to ~ (forth) into sth** rozpocz|ąć, -ynać, zacz|ąć, -ynać coś *[description, story]*; za|intonować *[song]*; pod|jąć, -ejmować *[chorus]*; **to ~ into a tirade against sth** zacząć wygłaszać tyradę przeciwko czemuś

IV *vr* **to ~ oneself at sb/sth** rzucić się na kogoś/coś; **to ~ oneself into one's work** zabrać się na serio do pracy

■ **launch out** *[company, designer]* rozszerz|yć, -ać działalność; **to ~ out into sth** zająć się czymś *[choreography, cosmetics, design]*; **she decided to ~ out on her own** postanowiła usamodzielnić się

launch complex *n* Aerosp zespół *m* urządzeń wyrzutni rakietowej

launcher /ˈlɔːntʃə(r)/ *n* (for rockets, missiles) wyrzutnia *f*; **grenade ~** granatnik

launching /ˈlɔːntʃɪŋ/ *n* [1] Naut (of lifeboat) spuszczenie *n* na wodę; (of new vessel) wodowanie *n*; **~ ceremony** uroczystość wodowania [2] (of missile) wystrzelenie *n*; **~ into orbit** wyniesienie na orbitę [3] (starting) (of campaign) rozpoczęcie *n*; (of scheme) wprowadzenie *n*; (of product) wprowadzenie *n* na rynek [4] Advertg (of book, product) promocja *f*

launching pad *n* = **launch pad**

launching platform *n* = **launch platform**

launching site *n* = **launch site**

launch pad *n* Aerosp płyta *f* wyrzutni rakietowej; fig odskocznia *f* **(for sth** do czegoś)

launch party *n* przyjęcie *n* promocyjne, promocja *f*

launch platform *n* Aerosp platforma *f* wyrzutni

launch site *n* Aerosp baza *f* kosmiczna

launch vehicle *n* Aerosp rakieta *f* nośna

launder /ˈlɔːndə(r)/ **I** *vt* wy|prać, u|prać *[linen, clothes]*; fig **to ~ money** fig prać brudne pieniądze fig

II *vi* **it won't ~** *[linen, material]* tego nie da się wyprać; **it ~s beautifully** to się doskonale pierze

launderette /lɔːnˈdret, ˌlɔːndəˈrət/ *n* GB pralnia *f* samoobsługowa

laundering /ˈlɔːndərɪŋ/ *n* pranie *n*

laundress /ˈlɔːndrɪs/ *n* praczka *f*

laundrette *n* GB = **launderette**

laundromat /ˈlɔːndrəmæt/ *n* US pralnia *f* samoobsługowa

laundry /ˈlɔːndrɪ/ *n* [1] (place) pralnia *f* [2] (linen) pranie *n*; **dirty ~** rzeczy do prania, brudy; **to do the (dirty) ~** zrobić pranie; **I've put it in the (dirty) ~** włożyłem to do brudów; **the (clean) ~ is in the drawer** uprane rzeczy są w szufladzie

laundry basket *n* kosz *m* na brudną bieliznę

laundry list *n* lista *f* rzeczy do prania; fig długa lista *f*; litania *f* fig

laundry van *n* furgonetka *f* z pralni

laundry worker *n* pracowni|k *m*, -ca *f* pralni

laureate /ˈlɒrɪət, US ˈlɔː-/ *n* laureat *m*, -ka *f*; **a Nobel ~** laureat Nagrody Nobla → **poet laureate**

laurel /ˈlɒrəl, US ˈlɔːrəl/ **I** *n* [1] Bot wawrzyn *m*, drzewo *n* laurowe, laur *m* [2] (also **laurels)** (honours) wieniec *m* laurowy, wawrzyn *m*; **to crown sb with ~(s)** uwieńczyć kogoś wawrzynem; **to win one's ~(s)** zdobyć laury

II *modif [crown, wreath]* laurowy, wawrzynowy

IDIOMS: **to look to one's ~s** sięgać po nowe laury, nie spoczywać na laurach; **to rest on one's ~s** spocząć na laurach

Laurence /ˈlɒrəns/ *prn* Wawrzyniec *m*

lav /læv/ *n* GB infml = **lavatory** wucet *m* infml

lava /ˈlɑːvə/ **I** *n* lawa *f*

II *modif [bed]* lawowy; **~ flow** strumień lawy

lavalier /lɑːˈvɑːlɪə/ *n* US wisior *m*

lavatorial /ˌlævəˈtɔːrɪəl/ *n [humour, jokes]* ordynarny, niewybredny

lavatory /ˈlævətrɪ, US -tɔːrɪ/ **I** *n* [1] (room, building) toaleta *f*, ubikacja *f*; **gents'/ladies' ~** toaleta męska/damska [2] (receptacle) sedes *m*, klozet *m*

II *modif [bowl, seat]* klozetowy, sedesowy; *[humour]* niewybredny

lavatory attendant *n* obsługując|y *m*, -a *f* toaletę publiczną; (female) babka *f* klozetowa infml

lavatory paper *n* papier *m* toaletowy

lavender /ˈlævəndə(r)/ **I** *n* lawenda *f*; **the scent of ~** zapach lawendy

II *modif [flower, seed, water]* lawendowy

III *adj [colour]* lawendowy

lavender blue **I** *n* (kolor *m*) niebieskofioletowy *m*, lawendowy *m*

II *adj* niebieskofioletowy, lawendowy

laverbread /ˈlɑːvəbred/ *n potrawa walijska ze szkarłatnicy*

lavish /ˈlævɪʃ/ **I** *adj* [1] (generous) *[person, gift]* hojny, szczodry; *[helping, meal]* obfity, suty; *[hospitality, abundance]* ogromny, niezwykły; **~ spending** rozrzutność; **to be ~ with sth** nie żałować czegoś; **to be ~ in one's praise for sb** nie szczędzić komuś pochwał [2] (sumptuous) *[meal, party, lifestyle]* wystawny; *[costumes, display, production]* przepyszny, pełen przepychu; **the ~ splendour of the banqueting hall** niezwykły przepych sali bankietowej

II *vt* **to ~ sth on sb/sth** nie szczędzić komuś/czemuś czegoś; **to ~ praise on sb** nie szczędzić komuś pochwał; **to ~ affection on sb** dawać komuś dowody wielkiego uczucia; **to ~ care on sb** otoczyć kogoś troskliwą opieką; **to ~ attention on sb** poświęcić komuś mnóstwo uwagi

lavishly /ˈlævɪʃlɪ/ *adv [decorated, ornamented, furnished]* bogato, przepysznie; *[generous]* niezwykle; *[give, pay]* hojnie, szczodrze; **to spend ~** szastać pieniędzmi; **he praised her ~** obsypał ją pochwałami; **he's ~ endowed with talent** jest niezwykle utalentowany

lavishness /ˈlævɪʃnɪs/ *n* [1] (of decor) przepych *m*; (of banquet) wystawność *f* [2] (generosity) (of meal) obfitość *f*, sutość *f*; **~ of sb's hospitality/generosity** ogromna gościnność/hojność kogoś

law /lɔː/ *n* [1] (body of rules) prawo *n*; **to obey the ~** przestrzegać prawa; **to break the ~** złamać prawo; **to be against the ~** być wbrew prawu, być niezgodnym z prawem; **it's against the ~ to employ children** zatrudnianie dzieci jest niezgodne z prawem; **to enforce the ~** egzekwować przestrzeganie prawa; **to stay within the ~** postępować zgodnie z prawem, być w zgodzie z prawem; **to operate within the ~** działać w granicach prawa; **to operate outside the ~** działać niezgodnie z prawem; **no one is above the ~** nikt nie stoi ponad prawem; **in accordance with the ~** zgodnie z prawem; **permitted by ~** prawnie dozwolony; **required by ~** wymagany przez prawo; **it is required by ~ that dogs should be kept on a leash** zgodnie z przepisami psy należy wyprowadzać na smyczy; **under Polish ~** zgodnie z polskim prawem or z prawem obowiązującym w Polsce; **the bill became ~ yesterday** ustawa weszła w życie wczoraj; **his word is ~ here** tutaj jego słowo jest najwyższym prawem; **the ~ of the land** prawo obowiązujące w (danym) kraju; **the ~ as it stands** obowiązujące prawo [2] (rule, regulation) prawo *n*, przepis *m*; (act of parliament) ustawa *f*; **to pass a ~** Pol przyjąć ustawę; **a ~ against vagrancy** przepis zabraniający włóczęgostwa; **there ought to be a ~ against it!** to powinno być prawnie zabronione!; **the ~ on gambling** przepisy dotyczące hazardu; **the ~s governing the possession of firearms** przepisy regulujące kwestię posiadania broni; **there has been a change in the ~** nastąpiła zmiana przepisów, przepisy zmieniły się [3] (justice) wymiar *m* sprawiedliwości; **court of ~** sąd; **to go to ~** pójść do sądu; **to go**

L

to ~ about or **over sth** zaskarżyć coś, procesować się o coś; **in the eyes of the ~** w świetle prawa [4] infml (police) **the ~** policja *f*; władza *f* infml; **watch out! it's the ~!** uwaga! idzie władza!; **she's been in trouble with the ~ before** miała już kiedyś kłopoty z policją; **I'll have the ~ on you!** naślę na ciebie policję! [5] (academic discipline, profession) prawo *n*; **to study ~** studiować prawo; **a career in ~** kariera prawnicza; **to practice ~** być adwokatem [6] (principle) prawo *n*, zasada *f*; **the ~s of nature** prawa natury; **the second ~ of thermodynamics** druga zasada termodynamiki [7] (code of conduct) zasada *f*, prawidło *n*; **the ~s of rugby** zasady or prawidła rugby; **~ of etiquette** wymogi etykiety; **Mosaic/Koranic ~** Relig prawo mojżeszowe/koraniczne

[IDIOMS:] **to be a ~ unto oneself** *[person]* robić, co się komuś podoba; **my car's a ~ unto itself** mój samochód ma swoje humory infml hum; **to lay down the ~** dyktować warunki, narzucać własną wolę; **to take the ~ into one's own hands** wziąć prawo we własne ręce

law-abiding /ˈlɔːəbaɪdɪŋ/ *adj* przestrzegający prawa, praworządny; **to be ~** przestrzegać prawa

law and order *n* ład *m* i porządek *m* publiczny

law-breaker /ˈlɔːbreɪkə(r)/ *n* osoba *f* łamiąca prawo; **to be a ~** łamać prawo

law-breaking /ˈlɔːbreɪkɪŋ/ *n* łamanie *n* prawa

law court *n* sąd *m*

law enforcement agency *n* US organ *m* ochrony porządku publicznego

law enforcement officer *n* US funkcjonariusz *m*, -ka *f* organu ochrony porządku publicznego

law faculty *n* Univ wydział *m* prawa

law firm *n* kancelaria *f* adwokacka

lawful /ˈlɔːfl/ *adj [custody, owner, strike, excuse, contract]* legalny; *[conduct]* zgodny z prawem; *[spouse, heir]* prawowity; **it is not ~ to employ children** zatrudnianie dzieci jest nielegalne or niezgodne z prawem; **to do sth without ~ authority** robić coś bezprawnie; **to go about one's ~ business** zajmować się swoimi sprawami

lawfully /ˈlɔːfəlɪ/ *adv [act, proceed]* zgodnie z prawem, legalnie

lawfulness /ˈlɔːflnɪs/ *n* legalność *f*, zgodność *f* z prawem

lawgiver /ˈlɔːgɪvə(r)/ *n* prawodawca *m*

lawless /ˈlɔːlɪs/ *adj* [1] (disregarding laws) *[activity, behaviour]* bezprawny; *[person]* nieprzestrzegający prawa; **~ city/district** miasto/dzielnica bezprawia [2] (uncontrolled) *[society]* zanarchizowany; *[person]* samowolny; *[behaviour]* awanturniczy; **~ period** okres anarchii

lawlessness /ˈlɔːlɪsnɪs/ *n* (of period, streets) anarchia *f*, bezprawie *n*; (of person) warcholstwo *n*, samowola *f*

Law Lord *n* GB sędzia *m* sądu najwyższego *(członek Izby Lordów)*

lawmaker /ˈlɔːmeɪkə(r)/ *n* ustawodawca *m*, prawodawca *m*

lawman /ˈlɔːmæn/ *n* (*pl* **-men**) US przedstawiciel *m* prawa

lawn[1] /lɔːn/ *n* (grass) trawnik *m*

lawn[2] /lɔːn/ *n* (fabric) batyst *m*

lawn edger *n* Hort podkaszarka *f*

lawnmower /ˈlɔːnməʊə(r)/ *n* kosiarka *f* do trawy

lawn tennis *n* tenis *m* na trawie

lawrencium /lɒˈrensɪəm/ *n* Chem lorens *m*

law school *n* wydział *m* prawa; **to go to ~** pójść na prawo; **to be at ~** studiować prawo

Law Society *n* GB **the ~** ≈ Izba *f* Adwokacka

law student *n* student *m*, -ka *f* prawa

lawsuit /ˈlɔːsuːt/ *n* Jur proces *m* (sądowy), sprawa *f* (sądowa); **to bring a ~ against sb** wytoczyć komuś sprawę or proces, wnieść powództwo przeciwko komuś

lawyer /ˈlɔːjə(r)/ *n* [1] (solicitor, barrister) adwokat *m*, -ka *f*; **the matter is in the hands of my ~s** sprawą zajmują się moi adwokaci [2] (expert in law) prawni|k *m*, -czka *f*

lax /læks/ *adj* [1] (not strict) *[discipline, morals]* rozluźniony; *[person, law, rule]* zbyt pobłażliwy; *[security]* niedostateczny [2] (negligent) niedbały; **to be ~ about sth** nie przykładać się do czegoś, nie przejmować się czymś [3] Ling *[vowel, sound]* nienapięty [4] Med *[bowels]* rozluźniony

laxative /ˈlæksətɪv/ **I** *n* środek *m* przeczyszczający

II *adj [property, drug]* przeczyszczający

laxity /ˈlæksətɪ/ *n* (of moral standards) rozwiązłość *f*

laxness /ˈlæksnɪs/ *n* = **laxity**

lay[1] /leɪ/ **I** *n* [1] US **the ~ of the land** ukształtowanie *n* terenu [2] vinfml offensive (sexual partner) **he/she is a good ~** jest dobry/dobra w łóżku infml; **she's an easy ~** ona chętnie daje vinfml offensive

II *vt* (*pt, pp* **laid**) [1] (place) położyć, kłaść *[baby, paper, book]*; złożyć, składać *[wreath, offering]*; (spread out) roz|łożyć, -kładać *[rug, blanket, dustsheet]*; (arrange) u|łożyć, -kładać *[photos]*; **~ the cards face down** połóż or rozłóż or ułóż karty zakryte; **~ the blanket on the ground** rozłóż koc na ziemi; **~ him on his back** połóż go na plecach; **~ the slices of apple on top** na wierzchu ułóż pokrojone w plastry jabłko; **she laid the baby in the cot** ułożyła or położyła dziecko w łóżeczku; **he laid his hand on my forehead** położył mi rękę na czole; **to ~ hands on sth** fig (find) znaleźć coś, natrafić na coś; **she reads anything she can ~ her hands on** czyta wszystko, co wpadnie jej w ręce; **to ~ hands on sb** (bless) błogosławić kogoś; wkładać na kogoś ręce dat; (heal by touching) dotykać kogoś; **she laid a whip on his back** przyłożyła mu batem przez plecy; **I laid the table with newspapers** (as protection) rozłożyłem gazety na stole, przykryłem stół gazetami; **the floor had been laid with sawdust** podłoga była posypana trocinami; **to ~ one on sb** infml (hit) przyłożyć or przylać komuś infml [2] (arrange, put down) położyć, kłaść *[carpet, tiles, foundation, bricks, cable, pipes]*; u|łożyć, -kładać *[railway track, pavement]*; z|budować *[motorway, road]*; pod|łożyć, -kładać *[bomb, mine]*; na|łożyć, -kładać, położyć, kłaść *[paint, plaster]*; **they laid the floor with tiles/carpet** położyli na podłodze terakotę/wykładzinę [3] (set for meal) u|łożyć, -kładać *[cutlery]*; ustawi|ć, -ać, poustawiać *[crockery]*; **to ~ the table** nakrywać do stołu; **to ~ the table for breakfast** nakryć (stół) do śniadania; **to ~ the table for four** nakryć dla czterech osób; **to ~ an extra place** przygotować dodatkowe nakrycie; **to ~ the table with the best china** dać na stół najlepszą porcelanę; **have you laid the salt and pepper?** czy podałeś (na stół) sól i pieprz? [4] (prepare) u|łożyć, -kładać *[plan]*; zaznacz|yć, -ać, znaczyć *[trail]*; zastawi|ć, -ać *[trap, ambush]*; **to ~ a fire** ułożyć rozpałkę; **to ~ the foundation(s)** or **basis for sth** fig przygotować grunt dla czegoś or pod coś fig [5] Zool **to ~ eggs** *[bird, hen]* zn|ieść, -osić jaja; *[insect, reptile]* złożyć, składać jaja [6] fig (attribute, present) złożyć, składać *[blame, complaint]* **(on sb** na kogoś); na|łożyć, -kładać *[duty, responsibility, burden, tax]* **(on sb** na kogoś); wn|ieść, -osić *[charge, accusation]* **(against sb** przeciw komuś); rzuc|ić, -ać *[curse, spell]* **(on sb** na kogoś); położyć, kłaść *[stress, emphasis]* **(on sth** na coś); **the burden of responsibility laid upon us** ciężar odpowiedzialności, jaka na nas spoczywa; **several proposals have been laid before the committee** komisji przedstawiono kilka propozycji; **one of the charges that were laid against her** jeden z postawionych jej zarzutów; **to ~ claim to sth** zgłaszać roszczenia do czegoś; **to ~ the blame for sth on sb** obarczać kogoś winą za coś [7] (cause to be) **one punch laid him low/flat on his back** jeden cios powalił go na ziemię /rozłożył go na łopatki; **the blow laid his head open** cios rozwalił mu głowę infml; **he was laid low by the flu** zachorował or rozchorował się na grypę; **to ~ a town waste** spustoszyć miasto, obrócić miasto w perzynę [8] fig (suppress) rozwi|ać, -ewać *[fears, doubts, suspicion]*; ucisz|yć, -ać, wycisz|yć, -ać *[rumours]* [9] (bet) postawić, stawiać *[money]* **(on sth** na coś); **I'll ~ you $10 on it** założę się z tobą o 10 dolarów; **I'll ~ (that) he doesn't come back** założę się, że nie wróci [10] fml (locate) umiejsc|owić, -awiać *[scene]*; **the scene is laid in London** miejscem akcji jest Londyn, scena rozgrywa się w Londynie [11] vinfml (have sex with) przel|ecieć, -atywać vinfml; **to get laid** dać się przelecieć vinfml

III *vi* (*pt, pp* **laid**) [1] Zool *[bird, hen]* zn|ieść, -osić jaja, nieść się; *[insect, reptile]* złożyć, składać jaja [2] Naut stać na kotwicy

■ **lay about**: **~ about [sb]** okładać; **to ~ about sb with a stick** okładać kogoś laską; **he laid about him with his stick** wywijał or wymachiwał laską; **he laid about him with his fists** młócił pięściami

■ **lay aside**: **~ aside [sth], ~ [sth] aside** [1] (put down) od|łożyć, -kładać *[book, knitting]* [2] fig (give up) porzuc|ić, -ać *[studies, thoughts, plans]*; wyzby|ć, -wać się (czegoś) *[scruples, doubts, prejudice, feeling]*; pozby|ć, -wać się (czegoś) *[responsibility]*; zapom|nieć, -inać o (czymś) *[differences]* [3] (save) od|łożyć, -kładać *[money, food, supplies]*; **they had** some money laid aside mieli trochę odłożonych pieniędzy

■ **lay back**: **~ back [sth], ~ [sth] back** położyć, kłaść *[ears, patient]*; odchyl|ić, -ać *[head]*

■ **lay before**: **~ [sth] before sb** przedstawi|ć, -ać komuś *[case, facts, proof, evidence]*; **the bill had been laid before Parliament** projekt ustawy wniesiono pod obrady parlamentu

■ **lay by**: **~ by [sth], ~ [sth] by** od|łożyć, -kładać *[money, provisions]*

■ **lay down**: **~ down [sth], ~ [sth] down** [1] (put horizontal) położyć, kłaść *[object, baby, patient, cards]*; roz|łożyć, -kładać *[blanket, rug, garment]*; **she laid herself down on the sand** rozłożyła się na piasku [2] (put down) od|łożyć, -kładać *[book, implement]*; postawić, stawiać *[suitcase, bag]*; złożyć, składać *[weapon, arms]*; wy|łożyć, -kładać *[ace, one's cards]* [3] fig (relinquish) wyrze|c, -kać się (czegoś) *[title, beliefs, ideals]*; **to ~ down one's life for sb/sth** oddać życie za kogoś/coś [4] (establish) ustal|ić, -ać *[plan, course of action, procedure]*; określ|ić, -ać *[policy, guidelines, price]*; opracow|ać, -ywać *[instruction]*; wyda|ć, -wać *[command, order]*; **their religion ~s down a strict code of conduct** w ich religii obowiązują surowe zasady; **it is laid down in the constitution that...** zgodnie z konstytucją... [5] Constr położyć, kłaść *[foundations, cable, pipes]*; z|budować *[road, tanker]*; **to ~ down a keel** kłaść stępkę [6] od|łożyć, -kładać do leżakowania *[wine, bottles]* [7] (record) nagr|ać, -ywać *[track]*

■ **lay in**: **~ in [sth]** z|gromadzić *[stores, fuel, wood]*; zaopat|rzyć, -rywać się w (coś) *[beer, coal]*; **to ~ in supplies of sth** zgromadzić zapas czegoś

■ **lay into**: **~ into [sb]** infml [1] (attack) przyłożyć (komuś) infml **(with sth** czymś); **go on! ~ into him!** dalej! przyłóż mu! [2] fig (abuse) zmy|ć, -wać głowę (komuś), objechać infml; **the teacher laid into us for being late** nauczyciel objechał nas or zmył nam głowę za spóźnienie

■ **lay off**: ¶ **~ off** (stop) infml przestać; **~ off! it hurts!** przestań! to boli! ¶ **~ off [sb], ~ [sb] off** (sack) (permanently) zw|olnić, -alniać (z pracy); (temporarily) wys|łać, -yłać na urlop bezpłatny, zw|olnić, -alniać czasowo ¶ **~ off [sth]** infml (give up) rzuc|ić, -ać *[gambling, drink]*; **to ~ off doing sth** zaprzestać robienia czegoś ¶ **~ off [sb/sth]** infml (leave alone) zostawić w spokoju; **~ off me/her!** daj mi/jej spokój!

■ **lay on**: **~ on [sth], ~ [sth] on** [1] (apply) na|łożyć, -kładać, położyć, kłaść *[paint, plaster, make-up, glue]* [2] GB (install) doprowadz|ić, -ać *[gas, electricity, water]* [3] (supply) zapewni|ć, -ać *[food, meal, transport]*; z|organizować; *[excursion, display, party]* za|dbać o (coś), za|troszczyć się o (coś) *[entertainment]*; **food and drink was laid on by the company** o jedzenie i picie zadbała firma [4] infml fig (exaggerate) przesadz|ić, -ać z (czymś) or w (czymś) *[praise, sarcasm, gratitude, complaint]*; **you laid it on a bit (thick)** trochę przesadziłeś

■ **lay open**: **~ open [sth], ~ [sth] open** odsł|onić, -aniać; **to ~ oneself open to blame/criticism/ridicule** narazić się na oskarżenia/krytykę/śmieszność

■ **lay out**: ¶ **~ out [sth], ~ [sth] out** [1] (spread out, display) wy|łożyć, -kładać *[goods, food]*; (unfold) roz|łożyć, -kładać *[map, sheet]*; (put ready) przygotow|ać, -ywać *[clothes, dress]* [2] (design) rozplanow|ać, -ywać *[building, room, garden]*; za|projektować *[advertisement, shop-window, town]*; ustawi|ć, -ać *[furniture]*; z|robić projekt graficzny (czegoś) *[magazine, page, book, newspaper]*; rozmie|ścić, -szczać *[illustrations, component parts]*; u|łożyć, -kładać *[pattern pieces]*; Print makietować, z|robić makietę (czegoś) *[page, book, newspaper]*; **to be well laid out** *[document, letter, page]* mieć dobry or przejrzysty układ; *[flat, house, shop]* mieć dobry rozkład [3] (explain) przedstawi|ć, -ać *[ideas, information, demands]*; wyłuszcz|yć, -ać *[reasons]* [4] infml (spend) wywal|ić, -ać infml *[money, fortune]* **(on sth** na coś) ¶ **~ out [sb], ~ [sb] out** [1] (prepare for burial) ub|rać, -ierać *[body, corpse]* [2] infml (knock unconscious) ogłusz|yć, -ać *[person]* **(with sth** czymś)

■ **lay over** US (for one night) przenocować, zatrzym|ać, -ywać się na noc; **we laid over a couple of days in Paris** zatrzymaliśmy się kilka dni w Paryżu

■ **lay to** Naut sta|nąć, -wać na kotwicy

■ **lay up**: ¶ **~ up [sth], ~ [sth] up** [1] (store away) z|gromadzić *[supplies, fuel, food, wealth]*; **to ~ up trouble for oneself** fig narobić sobie kłopotów, narazić się na kłopoty [2] (render inactive) odstawi|ć, -ać (na jakiś czas) *[boat, ship]* ¶ **~ [sb] up** (confine to bed) *[illness, injury, accident]* przykuć (kogoś) do łóżka fig; **to be laid up with flu** chorować na grypę

IDIOMS: **to ~ a finger** or **hand on sb** tknąć kogoś fig; **I never laid a hand on her!** nawet jej (palcem) nie tknąłem!; **to ~ the ghost of sth** raz na zawsze położyć kres czemuś *[matter, argument]*; raz na zawsze wyrzucić coś z pamięci *[painful memory]*; **to ~ it on the line** mówić bez ogródek, nie owijać w bawełnę; **to ~ sth on the line** ryzykować, narażać *[life, job, career]*

lay[2] /leɪ/ *pt* → **lie**[2]

lay[3] /leɪ/ *adj* [1] Relig (secular) *[education]* laicki; *[organization, preacher, member, brother, sister]* świecki; **~ brother** konwersa [2] (not expert) niewtajemniczony; **~ person** laik; **~ opinion** opinie niespecjalistów

lay[4] /leɪ/ *n* Literat pieśń *f*, ballada *f*

layabout /ˈleɪəbaʊt/ *n* pej nierób *m*, obibok *m*, wałkoń *m* infml pej

layaway /ˈleɪəweɪ/ *n* US Comm przedpłata *f*, depozyt *m*; **to have sth put on ~** wpłacić depozyt na coś, wnieść przedpłatę na coś

lay-by /ˈleɪbaɪ/ *n* GB Transp zato(cz)ka *f*; **to pull into a ~** zjechać do zatoki

lay days *npl* Naut czas *m* postoju

layer /ˈleɪə(r)/ **I** *n* [1] warstwa *f* **(of sth** czegoś); **he pulled off ~ upon ~ of clothing** zdejmował z siebie kolejne warstwy odzieży; **the novel has several ~s of meaning** powieść ma kilka warstw znaczeniowych [2] (hen) nioska *f* [3] Hort odkład *m*

II *vt* [1] Hort od|łożyć, -kładać *[plant]* [2] (in hairdressing) wy|cieniować *[hair]* [3] (arrange in layers) u|łożyć, -kładać warstwami; **to ~ sth with sth** przełożyć coś czymś

layer cake *n* tort *m*

layering /ˈleɪərɪŋ/ *n* Hort odkłady *m pl*

layette /leɪˈet/ *n* wyprawka *f* (dla noworodka)

lay figure *n* Art manekin *m*

laying /ˈleɪɪŋ/ *n* [1] (of floor-covering, foundation stone, pipes, bricks, turf) położenie *n*, kładzenie *n*; (of paint, plaster) nałożenie *n*, nakładanie *n*; (of bomb, mine) podłożenie *n*; **a wreath-~ ceremony** uroczystość złożenia wieńców [2] (of railway, road) budowa *f* [3] (of egg) złożenie *n*, składanie *n* jaj; (by bird) znoszenie *n* jaj [4] Relig **the ~ on of hands** błogosławienie *n*; wkładanie *n* rąk dat; (by faith healer) leczenie *n* przez dotyk

layman /ˈleɪmən/ *n* (*pl* **-men**) [1] (non-expert) laik *m* [2] Relig świecki *m*

lay-off /ˈleɪɒf/ *n* (permanent) zwolnienie *n* z pracy; (temporary) przymusowy urlop *m* bezpłatny

layout /ˈleɪaʊt/ *n* [1] (arrangement) (of text, book, newspaper) układ *m*, opracowanie *n* graficzne; Print (of page, book, magazine) makieta *f*; (of building, flat, day) rozkład *m*; (of garden, room, town) plan *m*; (of advertisement, shop-window, sketch) kompozycja *f*; (of component parts) rozmieszczenie *n*; **page ~** układ graficzny strony; **new road ~ ahead** GB uwaga! zmiana organizacji ruchu [2] (diagram) plan *m* techniczny

layout artist *n* autor *m*, -ka *f* opracowania graficznego

layover /ˈleɪəʊvə(r)/ *n* US Transp przerwa *f* w podróży

layperson /ˈleɪpɜːsn/ *n* (non-professional) laik *m*; (non-ordained) osoba *f* świecka

Lazarus /ˈlæzərəs/ *prn* Łazarz *m*

laze /leɪz/ *vi* (also **~ about, ~ around**) leniuchować; **to ~ in bed** wylegiwać się w łóżku

■ **laze away**: **to ~ away an afternoon** oddawać się lenistwu przez całe popołudnie; **she's lazing her life away** życie przecieka jej przez palce

lazily /ˈleɪzɪlɪ/ *adv [move, flow, sway]* leniwie; *[lie, sit]* bezczynnie

laziness /ˈleɪzɪnɪs/ *n* lenistwo *n*

lazy /ˈleɪzɪ/ *adj [person, current, river]* leniwy; *[movement, pace]* (po)wolny; *[day, weekend]* spokojny, senny; *[assumption, excuse]* zbyt prosty; **~ thinking** lenistwo intelektualne; **I'm in a ~ mood** nie chce mi się nic robić; **we spent a ~ weekend on the beach** przeleniuchowaliśmy cały weekend na plaży

lazybones /ˈleɪzɪbəʊnz/ *n* infml leniuch *m*, wałkoń *m* infml

lazy eye *n* Med leniwe oko *n*

lazy Susan *n* obrotowa taca *f*

lb *n* = **pound** funt *m (jednostka masy)*

LBO *n* → **leveraged buyout**

lbw (in cricket) = **leg before wicket** *faul polegający na zatrzymaniu piłki częścią ciała inną niż ręka*

lc → **lower case**

LCD *n* [1] → **liquid crystal display** [2] → **lowest common denominator**

LCM *n* = **lowest common multiple** najmniejsza wspólna wielokrotność *f*, NWW

LCP *n* → **link control procedure**

L-dopa /el'dəʊpə/ *n* L-dopa *f*

L-driver /'eldraɪvə(r)/ *n* początkujący kierowca *m*

LDS *n* = **Licentiate of Dental Surgery** dyplom *m* w dziedzinie stomatologii

lea /liː/ *n* liter łąka *f*; (in forest) polana *f*

LEA *n* → **local education authority**

leach /liːtʃ/ **I** *vtr* wypłuk|ać, -iwać, wył|ugować *[minerals]* **(from sth** z czegoś)
II *vi* (be removed) zosta|ć, -wać wypłukanym or wyługowanym, być wypłukanym or wyługowanym

lead¹ /liːd/ **I** *n* [1] (winning position in race, game, poll, quiz) **to be in the ~, to have the ~** prowadzić; **to go into the ~, to take the ~** objąć prowadzenie, wyjść na prowadzenie; **to lose the ~** stracić prowadzenie; **to move into an early ~** szybko wyjść na prowadzenie; **to share the ~ (with sb)** prowadzić wspólnie (z kimś); **this gave him the ~** dzięki temu wyszedł na prowadzenie; **Elliott has taken the ~ from Johnson** Elliott wysunął się przed Johnsona [2] (winning amount) przewaga *f* **(over sb** nad kimś); **what's his ~?** jaką ma przewagę?; **to have a ~ of three points** prowadzić trzema punktami, mieć trzypunktową przewagę; **to have a six-second/three-goal ~** mieć sześć sekund przewagi/prowadzić trzema bramkami; **she has a ~ of half a lap over her nearest rival** ma pół okrążenia przewagi nad najgroźniejszą rywalką; **to increase one's ~** zwiększyć przewagę; **he increased his ~ by ten metres/points** zwiększył przewagę o dziesięć metrów/punktów; **to increase one's ~ in the polls to 20%** zwiększyć swoją przewagę w sondażach do 20% [3] (leadership) przykład *m*; **to take the ~** przejąć inicjatywę; **they took the ~ in banning nuclear tests** jako pierwsi wprowadzili zakaz prób jądrowych; **to follow** or **take sb's ~** pójść za przykładem kogoś, pójść w ślady kogoś; **if you don't know what to do, just follow my ~** jeśli nie wiesz, co zrobić, rób to, co ja; **to give (sb) a** or **the ~** dać (komuś) przykład [4] (clue) trop *m*; (information) wskazówka *f*; **this was our first ~** to był nasz pierwszy trop, to była dla nas pierwsza wskazówka; **to investigate** or **follow up a ~** zbadać trop; **the police have several ~s to pursue** policja bada kilka tropów; **to give sb a ~ as to sb/sth** naprowadzić kogoś na trop kogoś/czegoś, dać komuś wskazówkę co do kogoś/czegoś; **can you give me a ~?** czy możesz dać mi jakąś wskazówkę? [5] Theat, Cin (role) główna rola *f*; (person) odtwór|ca *m*, -czyni *f* głównej roli; **to play the ~** grać główną rolę; **to sing the ~** śpiewać główną partię; **who was the male/female ~?** kto grał główną rolę męską/kobiecą? [6] Journ (also **~ story**) temat *m* dnia, najważniejsza informacja *f*; **to be the ~ (in all the papers)** być tematem dnia (we wszystkich gazetach) [7] Elec (wire) kabel *m* [8] GB (for dog) smycz *f*; **(to keep a dog) on the ~** (trzymać psa) na smyczy; **to put a dog on its ~** założyć psu smycz; **to let the dog off the ~** spuścić psa ze smyczy; **his wife's away, so he's (let) off the ~** hum fig żona wyjechała, może więc cieszyć się wolnością [9] (in cards) wyjście *n*; (in a round) wist *m*; **it's Anna's ~** Anna wistuje; **her ~ was the three of hearts** wyszła w trójkę kier
II *modif [guitarist, guitar, singer]* wiodący, prowadzący; *[part, soprano]* główny
III *vt* (*pt, pp* **led**) [1] (guide, escort) za|prowadzić **(to sb/sth** do kogoś/czegoś); **to ~ sb into the kitchen** wprowadzić kogoś do kuchni; **to ~ sb out of the room** wyprowadzić kogoś z pokoju; **to ~ sb through the forest** poprowadzić kogoś przez las; **to ~ sb across the street** przeprowadzić kogoś przez ulicę or jezdnię; **to ~ sb aside** or **to one side** wziąć kogoś na bok or na stronę; **to ~ sb back** przyprowadzić kogoś z powrotem; **he was led away by the police** zabrała go policja; **he led her onto the dance floor** poprowadził ją na parkiet; **he led me round the factory** oprowadził mnie po fabryce; **to ~ sb by the hand** prowadzić kogoś za rękę; **he led the horse by the bridle** prowadził konia za uzdę [2] (bring) *[road, route, sign, clue, sound]* za|prowadzić, doprowadzić, za|wieść **(to sth** do czegoś); **the path led them to a clearing** ścieżka zaprowadziła or doprowadziła ich do polany; **the path led her across the field** ścieżka prowadziła or wiodła ją przez pole; **the gate led them into a garden** przez furtkę weszli do ogrodu; **where is this discussion ~ing us?** do czego prowadzi (nas) ta dyskusja?; **this led me to the conclusion that...** w związku z tym doszedłem do wniosku, że..., stąd wysnułem wniosek, że...; **to ~ sb into temptation** wodzić kogoś na pokuszenie; **to ~ the conversation onto another topic** sprowadzić rozmowę na inne tory; **this ~s me to my main point** tak więc przechodzę do najważniejszej sprawy; **this ~s us to the question...** tu nasuwa się następujące pytanie... [3] (be leader of) po|prowadzić *[army, attack, discussion, investigation, orchestra]*; po|kierować (czymś) *[company, department, expedition]*; sta|ć, -wać na czele (czegoś), przewodzić (czemuś) *[government, revolt, strike]*; iść na czele (czegoś) *[procession, parade]*; kierować (czymś) *[research]*; **she led the party to victory** poprowadziła partię do zwycięstwa; **to ~ the debate** poprowadzić dyskusję; **to ~ a congregation in prayer** zaintonować wspólną modlitwę; **to ~ the dancing** rozpocząć tańce [4] Sport, Comm (be ahead of) prowadzić *[race]*; wyprzedz|ić, -ać *[rival, team, competitor]*; **to be ~ing sb by 10 metres/by 10 points** wyprzedzać kogoś o 10 metrów/o 10 punktów; **Everton were ~ing Liverpool by 3-2** Everton prowadził z Liverpoolem 3:2; **to ~ the world** przodować na świecie; **to ~ the field** (in commerce, research) przodować **(in sth** w czymś); (in race) prowadzić; **to ~ the market** przodować or zajmować czołową pozycję na rynku [5] (cause, influence) **to ~ sb to sth** doprowadz|ić, -ać kogoś do czegoś *[despair]*; skł|onić, -aniać kogoś do czegoś *[conclusion]*; po|p|chnąć, -ychać kogoś do czegoś *[suicide]*; **what led you to this decision?** co cię skłoniło do podjęcia tej decyzji?; **to ~ sb to do sth** skłonić kogoś do zrobienia czegoś; **these lies led me to distrust him** te kłamstwa sprawiły, że przestałem mu ufać; **to ~ sb to think/hope/expect that...** zasugerować komuś or pozwolić komuś sądzić, że...; **everything ~s me to conclude that...** wszystko na to wskazuje, że...; **to be easily led** łatwo poddawać się wpływom [6] (conduct, have) prowadzić, wieść *[existence, active life, lazy life]*; **to ~ a life of luxury** żyć w luksusie [7] Jur **to ~ a witness** naprowadzać świadka, zadawać świadkowi pytania sugerujące odpowiedź [8] (in cards) wy|jść, -chodzić w (coś), zagr|ać, -ywać w (coś) *[card]*; (in a round) wistować (czymś)
IV *vi* (*pt pp* **led**) [1] (go) *[street, exit, tunnel, signs]* prowadzić **(to** or **into sth** do czegoś); *[wire, rope, pipe]* iść, biec **(to sth** do czegoś, w kierunku czegoś); (give access) *[door, gate, exit, room]* wychodzić **(into sth** na coś); **the alley led to a little courtyard** uliczka prowadziła or wychodziła na niewielkie podwórko; **six streets ~ off the square** od placu odchodzi sześć ulic; **the door that ~s off the hall** drzwi, które prowadzą z holu; **footprints led away from the scene of the crime** od miejsca zbrodni prowadziły ślady stóp [2] (result in) **to ~ to sth** doprowadz|ić, -ać do czegoś, prowadzić do czegoś *[complication, discovery, accident]*; s|powodować coś, wywoł|ać, -ywać coś *[response]*; **that led to her handing in her resignation** to doprowadziło do tego, że złożyła rezygnację; **to ~ nowhere** prowadzić donikąd; **it was bound to ~ to trouble** to musiało skończyć się kłopotami; **one thing led to another, and they landed in bed together** koniec końców, wylądowali razem w łóżku; **one thing led to another, and we quarrelled** od słowa do słowa i pokłóciliśmy się [3] (be ahead) *[runner, car, company, team]* prowadzić; **to ~ 2-0** prowadzić 2:0; **to ~ by 3 lengths/9 seconds** prowadzić o 3 długości/9 sekund; **to ~ by 3 games to 2** prowadzić w gemach 3 do 2; **to be ~ing in the arms race** prowadzić w wyścigu zbrojeń [4] (go first) (in walk, procession) prowadzić, iść na przedzie; (in action, organization) przewodzić, stać na czele; (in discussion) zaga|ić, -jać [5] (in dancing) prowadzić [6] Jur **to ~ for the defence /prosecution** być głównym rzecznikiem obrony/oskarżenia [7] Journ **to ~ with sth** zamie|ścić, -szczać coś na pierwszej stronie *[story, picture, headline]* [8] (in boxing) **to ~ with one's left/right** atakować lewą /prawą [9] (in bridge) wy|jść, -chodzić; (in a round) za|wistować; **to ~ with an ace** wyjść w asa

■ **lead in** (start meeting or discussion) zaga|ić, -jać; **to ~ in (with sth)** zacz|ąć, -ynać (od czegoś)

■ **lead off**: ¶ **~ off** (begin) zacz|ąć, -ynać **(with sth** od czegoś) ¶ **~ off [sth], ~ [sth] off** rozpocz|ąć, -ynać, zacz|ąć, -ynać *[speech, discussion, meeting]* **(with sth** czymś, od czegoś)

■ **lead on**: ¶ **~ on!** prowadź! ¶ **~ [sb] on** [1] (give false hope) o|mamić, zw|ieść, -odzić *[client, investor]* **(with sth** czymś) [2] (sexually) s|prowokować, zachow|ać, -ywać się prowokująco wobec (kogoś) [3] (influence) manipulować (kimś), sterować (kimś); podpu|ścić, -szczać infml

■ **lead up to**: **~ up to [sth]** [1] (precede) poprzedz|ić, -ać; **the weeks/events ~ing up to the crisis** tygodnie/wydarzenia poprzedzające kryzys [2] (culminate in) do|prowadzić do (czegoś) *[argument, outburst]* [3] (introduce) zmierzać do (czegoś), nakierow|ać, -ywać rozmowę na (coś); **what are you ~ing up to?** do czego zmierzasz?

IDIOMS: **to ~ the way** (go first) prowadzić; (guide others) wskazywać drogę; fig (be ahead, winning) przodować, wieść prym **(in sth** w czymś**)**

lead² /led/ **I** *n* [1] (metal) ołów *m*; **white ~** biel ołowiana; **red ~** minia (ołowiana); **my feet felt as heavy as ~** fig miałem nogi jak z ołowiu [2] (also **black ~**) (in pencil) grafit *m* [3] (on fishing line) ciężarek *m* [4] (in gun cartridge) ołów *m*; (pellets) śrut *m* [5] Naut (for sounding) ołowianka *f*, sonda *f* ręczna [6] Print interlinia *f* [7] Constr (for roofing) blacha *f* ołowiana; **~s** (of window) ramki *m pl* ołowiane

II *modif* (containing lead) ołowiowy; (made of lead) ołowiany

IDIOMS: **to fill** or **pump sb full of ~** naszpikować kogoś ołowiem; **to get the ~ out** US infml (stop loafing) przestać się obijać infml; (speed) ruszyć z kopyta infml; **to go down** GB or **over** US **like a ~ balloon** infml *[joke, suggestion]* nie spotkać się z uznaniem or z dobrym przyjęciem; **to swing the ~** GB infml dat leserować, bumelować infml

lead acetate *n* octan *m* ołowiawy

leaded gasoline *n* US = **leaded petrol**

leaded lights *npl* szybki *f pl* oprawione w ołów

leaded petrol *n* GB benzyna *f* ołowiowa

leaded window *n* okno *n* z szybkami w ołowianych ramkach

leaden /ˈledn/ *adj* [1] (made of lead) *[pipe, strip]* ołowiany [2] fig (lead coloured) *[clouds, sky]* ołowiany; *[complexion]* ziemisty [3] fig *[footstep, heart]* ciężki; *[pace, movement]* powolny; *[atmosphere, silence, spirit]* grobowy

leader /ˈliːdə(r)/ *n* [1] (chief, head) (of nation, organization, gang) przywód|ca *m*, -czyni *f*; (of group, government, company, organization) szef *m*, -owa *f*; (of party, trade union) lider *m*, leader *m*; (of army, troops) komendant *m*, -ka *f*, dowódca *m*; (of tribe) wódz *m*; **he is a born** or **natural ~** on jest urodzonym przywódcą; **~ of the pack** (person) przywódca *m*; (animal) przewodnik *m* stada; **~ for the defence** GB Jur główny obrońca [2] (organizer, instigator) (of expedition) szef *m*, -owa *f*, kierownik *m*; (of strike, rebellion, movement) przywód|ca *m*, -czyni *f*; prowodyr *m*, -ka *f* pej; (of operation, attack) dowódca *m* [3] (one in front) (in race, competition) prowadząc|y *m*, -a *f*, lider *m*, -ka *f*; (of procession, line of walkers) przewodni|k *m*, -czka *f*; (climber) pierwsz|y *m*, -a *f* na linie; **to be among the ~s** być w czołówce; **the ~s at the end of the first round are...** po pierwszej turze w czołówce są... [4] (in market, field) lider *m*; **a world ~ in car manufacturing** światowy lider w produkcji samochodów; **a ~ of fashion** arbiter mody [5] Mus (violinist) koncertmistrz *m*, pierwszy skrzypek *m*; (of band) lider *m*; US (conductor) dyrygent *m*, -ka *f* [6] Journ (editorial) artykuł *m* wstępny; wstępniak *m* infml [7] Hort stożek *m* wzrostu [8] Audio, Video (on tape) rozbiegówka *f* [9] Print linia *f* odniesienia

leader board *n* Sport tablica *f* wyników

Leader of the House of Commons *n* GB Pol przewodniczący *m* Izby Gmin

Leader of the House of Lords *n* GB Pol przewodniczący *m* Izby Lordów

Leader of the Opposition *n* GB Pol lider *m* opozycji

leadership /ˈliːdəʃɪp/ **I** *n* [1] (control) **the ~** (of party, company) kierownictwo *n*, przywództwo *n*, szefostwo *n*; (of state) władze *plt*; Mil dowództwo *n*; **the ~ of the Labour Party** kierownictwo Partii Pracy; **to be elected to the ~** zostać wybranym na szefa or przywódcę; **to surrender the ~** zrzec się przywództwa or kierownictwa; **this country needs strong ~** kraj potrzebuje silnej władzy [2] (fact of being leader) **during his ~** za jego kierownictwa; za jego rządów fig; **a research team under the ~ of Professor Sharp** ekipa badawcza pod kierownictwem profesora Sharpa [3] (quality) (in party, army) zdolności *f pl* przywódcze; **she has potential for ~** ma zdolności przywódcze [4] (methods) (of team, department) kierowanie *n*; (of nation, party) przewodzenie *n*, przywództwo *n*

II *modif* **~ struggle** or **battle** walka o władzę; **~ qualities** cechy przywódcze

leadership contest *n* Pol wybory *plt* do władz partyjnych

leadership election *n* Pol = **leadership contest**

lead-free /ˈledfriː/ *adj* bezołowiowy

lead-in /ˈliːdɪn/ *n* wprowadzenie *n* **(to sth** do czegoś**)**; (to meeting, discussion) zagajenie *n* **(to sth** czegoś**)**

leading /ˈliːdɪŋ/ *adj* [1] (top) *[lawyer, politician, academic, artist]* czołowy, wybitny; *[brand, product]* popularny; *[company, position]* przodujący; **a ~ figure in theatrical circles** wybitna postać w kręgach teatralnych [2] (main) *[role, position, topic]* pierwszoplanowy; *[idea, theme]* naczelny; *[cause, influence]* główny; **to play the ~ role (in sth)** *[actor]* zagrać główną rolę (w czymś); **to play a ~ role (in sth)** fig odegrać ważną rolę (w czymś) [3] Sport (in race, league) *[car, runner]* prowadzący [4] (at the front) *[division, aircraft, car]* (znajdujący się) na czele

leading aircraftman *n* GB Mil ≈ starszy szeregowy *m* lotnictwa

leading article *n* Journ artykuł *m* wstępny

leading case *n* Jur sprawa *f* precedensowa, precedens *m*

leading counsel *n* Jur główny obrońca *m*

leading edge **I** *n* [1] Aviat krawędź *f* natarcia [2] fig prymat *m*; **to be at the ~ of technological development** wieść prym w dziedzinie techniki

II **leading-edge** *modif [technology, organization]* przodujący, najnowszy

leading lady *n* Theat, Cin odtwórczyni *f* głównej roli

leading light *n* fig czołowa postać *f* **(in sth** czegoś, w czymś**)**

leading man *n* Theat, Cin odtwórca *m* głównej roli

leading note *n* Mus subtonika *f*

leading question *n* podchwytliwe pytanie *n*

leading rein *n* lonża *f*

leading seaman *n* GB Mil rank ≈ starszy mat *m*

lead oxide *n* tlenek *m* ołowiowy

lead pencil *n* ołówek *m* (grafitowy)

lead poisoning *n* ołowica *f*

lead shot *n* śrut *m* ołowiany

lead story /liːd/ *n* Journ temat *m* dnia, najważniejsza informacja *f*; **to be the ~** trafić na pierwsze strony

lead time /liːd/ *n* (in production) okres *m* projektowania i wdrażania; (in commerce) okres *m* realizacji zamówienia

leadworks /ˈledwɜːks/ *n* huta *f* ołowiu

leaf /liːvz/ **I** *n* *(pl* **leaves)** [1] (of plant) liść *m*; **oak/maple ~** liść dębu/klonu, liść dębowy/klonowy; **lettuce/cabbage ~** liść sałaty/kapusty; **autumn leaves** jesienne liście; **the trees are not in ~ yet** drzewa nie mają jeszcze liści; **the oak is coming into ~** dąb zaczyna wypuszczać liście [2] (of paper, book) kartka *f* [3] (of gold, silver) listek *m* [4] (of table) blat *m (wysuwany, opuszczany, dostawiany)* [5] (of door, window) skrzydło *n*

II **-leafed, -leaved** *in combinations* **broad-~ed** szerokolistny; **red-~ed** czerwonolistny

■ **leaf through**: **~ through [sth]** przekartkow|ać, -ywać, kartkować *[book, magazine, introduction]*

IDIOMS: **to shake like a ~** trząść się jak osika or jak liść osiki; **to take a ~ out of sb's book** brać wzór z kogoś, pójść w ślady kogoś; **to turn over a new ~** rozpocząć nowy rozdział (w życiu) fig

leaf bud *n* pąk *m* liściowy

leafless /ˈliːflɪs/ *adj* bezlistny

leaflet /ˈliːflɪt/ **I** *n* [1] (printed) ulotka *f* **(about** or **on sth** dotycząca czegoś); **information/promotional ~** ulotka informacyjna/reklamowa [2] Bot listek *m*

II *vt* **to ~ an area/houses** rozprowadz|ić, -ać ulotki po okolicy/po domach; **they ~ed every home** zostawili ulotki we wszystkich domach

III *vi [person, organization]* rozprowa|dzić, -dzać ulotki; **to advertise sth with a ~ing campaign** reklamować coś w ulotkach

leaf mould *n* GB, **leaf mold** US [1] Hort próchnica *f* or humus *m* z liści [2] (on leaf) pleśń *f* atakująca liście

leaf spinach *n* szpinak *m* warzywny

leaf tobacco *n* tytoń *m* w liściach

leaf vegetable *n* warzywo *n* liściowe

leafy /ˈliːfɪ/ *adj [tree, wood]* bujny; *[branch]* ulistniony; *[glade, suburb]* zielony, pełen zieleni

league¹ /liːg/ **I** *n* [1] (alliance) liga *f*; **to be in ~ (with sb)** fig mieć (z kimś) konszachty; zwąchać się (z kimś) infml [2] Sport liga *f* [3] fig (class) poziom *m*, klasa *f*; **they are not in the same ~** nie ma między nimi żadnego porównania; **his new film is not in the same ~ as the previous one** jego nowy film nie może się równać z poprzednim; **she's out of her ~** ona nie ma szans; **this car is out of my ~** to nie dla mnie samochód *(bo zbyt drogi lub szybki)*; **to be in the big ~** być w czołówce; **to be at the top of the exports/unemployment ~** plasować się w czołówce pod względem eksportu/bezrobocia

II *vi* fml **to ~ together** sprzymierz|yć, -ać się **(against sb/sth** przeciwko komuś /czemuś)

league² /liːg/ *n* Meas arch *jednostka długości równa ok. 5 km*; **seven-~ boots** buty siedmiomilowe

IDIOMS: **to be ~s ahead of sb/sth** być o niebo lepszym od kogoś/czegoś

league champion *n* zwycięzca *m* ligi

league championship *n* mistrzostwo *n* ligi

league division *n* liga *f*; **~ division one** pierwsza liga

League of Nations *n* Hist **the ~** Liga *f* Narodów

league standings *npl* US = **league table**

league table *n* GB Sport tabela *f* ligi; fig ranking *m*

leak /liːk/ **I** *n* [1] (crack) pęknięcie *n*, szczelina *f*, dziura *f*; **to plug** or **stop a ~** zatkać pęknięcie or szczelinę; **the boat /pipe sprang a ~** w łodzi/rurze powstała szczelina or dziura [2] (escape) (of liquid, gas) wyciek *m*; (of gas) ulatnianie się *n*, przeciek *m*; (of charge) upływ *m*; (of radiation) ucieczka *f* [3] Journ (disclosure) przeciek *m* **(about sb/sth** na temat kogoś/czegoś); **a press** or **newspaper ~** przeciek prasowy; **a budget /security ~** przeciek dotyczący budżetu /spraw bezpieczeństwa [4] vinfml (urination) **to have** or **take a ~** odlać się vinfml

II *vt* [1] (disclose) ujawni|ć, -ać *[information, plan]*; **the report was ~ed to the press** raport przedostał się do prasy [2] (let in or out) **the tank/car ~s oil** z baku/samochodu wycieka olej

III *vi* [1] (have crack) *[container, boat, roof]* przeciekać; *[pipe, tap]* być nieszczelnym; *[shoes, tent]* przemakać [2] (seep) *[liquid]* wyciec, wyciek|nąć, -ać, przecie|c, -kać **(from** or **out of sth** z czegoś); *[gas]* ul|otnić, -atniać się **(from** or **out of sth** z czegoś); **to ~ into the sea/soil** wyciekać do morza /gleby; **water had ~ed through the ceiling** woda przeciekła przez sufit

IV leaked *pp adj [document, information, report]* ujawniony

V leaking *prp adj [window, roof, tank, pipe]* nieszczelny; **~ gas** ulatniający się gaz

■ **leak away** *[liquid]* wyciec, wyciek|nąć, -ać; *[gas]* ul|otnić, -atniać się

■ **leak in** *[water]* wciec, wciek|nąć, -ać, przedosta|ć, -wać się do środka

■ **leak out** *[information, news]* zosta|ć, -wać ujawnionym; *[details]* wy|jść, -chodzić na jaw; *[liquid]* wyciec, wyciek|nąć, -ać; *[gas]* ul|otnić, -atniać się

leakage /ˈliːkɪdʒ/ *n* [1] (act of leaking) (of liquid) wyciekanie *n*; (of gas) ulatnianie się *n* [2] (amount leaked) wyciek *m* [3] (of secrets) przecieki *m pl* [4] Comm, Meas (natural loss) ubytek *m*

leaker /ˈliːkə(r)/ *n* US infml kapuś *m*, wtyczka *f* infml

leaky /ˈliːkɪ/ *adj [roof, boat]* cieknący, przeciekający; *[container, pipe, tap]* nieszczelny; *[tent]* przemakający; *[shoe]* przemiękający, przemakający; **to be ~** *[roof, container]* przeciekać; *[shoes]* przemakać, przemiękać

lean¹ /liːn/ **I** *n* (slope) nachylenie *n*

II *vt* (*pt, pp* **leant, leaned) to ~ sth against sth** op|rzeć, -ierać coś o coś; **to ~ a bike/ladder against a wall** oprzeć rower/drabinę o ścianę; **to ~ one's back against the wall** oprzeć się or wesprzeć się plecami o ścianę; **to ~ one's head on sb's shoulder** oprzeć or wesprzeć głowę na ramieniu kogoś; **to ~ one's elbows on a table** oprzeć się or wesprzeć się łokciami o stół; **to ~ one's head out of the window** wychylić głowę przez okno

III *vi* (*pt, pp* **leant, leaned)** [1] *[wall, building]* chylić się, przechyl|ić, -ać się; **the tower ~s to the left** wieża przechyla się w lewo [2] (support oneself) *[person]* op|rzeć, -ierać się, wesprzeć się; *[ladder, bicycle]* być opartym; **to ~ against sth** opierać się o coś; **he ~ed on his stick** wsparł się na lasce

■ **lean across**: ¶ **~ across** *[person]* nachyl|ić, -ać, pochyl|ić, -ać się **(to do sth** żeby coś zrobić) ¶ **~ across [sth]** nachyl|ić, -ać się nad (czymś), pochyl|ić, -ać się nad (czymś) *[table, desk]*; **he ~ed across the table for an ashtray** sięgnął przez stół po popielniczkę

■ **lean back**: ¶ **~ back** *[person]* odchyl|ić, -ać się, przechyl|ić, -ać się do tyłu; **to ~ back against sth** oprzeć się plecami o coś; **to ~ back in one's armchair** rozsiąść się wygodnie w fotelu ¶ **~ back [sth], ~ [sth] back** odchyl|ić, -ać do tyłu; **don't ~ your chair back, you'll break it** nie huśtaj się na krześle, bo je złamiesz

■ **lean down** pochyl|ić, -ać się **(to do sth** żeby coś zrobić); **to ~ down from the cab of a lorry** wychylić się z szoferki ciężarówki

■ **lean forward**: ¶ **~ forward** pochyl|ić, -ać się do przodu **(to do sth** żeby coś zrobić) ¶ **~ forward [sth], ~ [sth] forward** pochyl|ić, -ać do przodu, skł|onić, -aniać do przodu *[body, head]*

■ **lean on**: ¶ **~ on [sb/sth]** (physically) op|rzeć, -ierać się or w|esprzeć, -spierać się na (kimś/czymś) *[stick, window-sill]*; **~ on my arm** oprzyj się o moje ramię, wesprzyj się na moim ramieniu ¶ **~ on [sb]** [1] fig (depend on) liczyć na (kogoś); **she has no friends to ~ on** nie ma przyjaciół, na których mogłaby liczyć; **to ~ on sb for help/advice** liczyć na pomoc/radę kogoś, polegać na pomocy/radzie kogoś [2] fig infml (put pressure on) naciskać na (kogoś) *[person]*; (przy)pilić infml; **to ~ on sb for payment** pilić kogoś o zapłatę; **they ~ed on him to withdraw the statement** naciskali na niego, żeby wycofał oświadczenie

■ **lean out**: ¶ **~ out** wychyl|ić, -ać się ¶ **to ~ out of the window** wychylić się przez okno; **to ~ out of the car** wychylić się z samochodu; **'do not ~ out'** (in railway carriage) „nie wychylać się"

■ **lean over**: ¶ **~ over** *[person]* pochyl|ić, -ać się **(to do sth** żeby coś zrobić); *[tower, tree]* przechyl|ić, -ać się, chylić się ¶ **~ over [sth]** przechyl|ić, -ać się przez (coś) *[wall, shoulder]*

■ **lean towards**: **~ towards [sb/sth]** pochyl|ić, -ać się w kierunku (kogoś /czegoś); fig skł|onić, -aniać się ku (komuś/czemuś) *[view, person, party]*

IDIOMS: **to ~ over backwards (to do sth)** stawać na głowie (żeby coś zrobić)

lean² /liːn/ **I** *n* (meat) mięso *n* bez tłuszczu, chude mięso *n*

II *adj* [1] *[person, face, body]* szczupły; *[animal]* smukły; *[meat]* chudy; **a ~er, more efficient company** fig odchudzone, sprawniej działające przedsiębiorstwo fig; **a ~ prose style** fig zwięzła proza; **to have a ~ and hungry look** fig patrzeć pożądliwie [2] fig (poor) *[harvest, supplies]* mizerny; *[period, time]* trudny; *[year]* chudy; **to have a ~ time of it** klepać biedę; cienko prząść infml

leaning /ˈliːnɪŋ/ **I** *n* (gift, predisposition) skłonność *f* **(for** or **towards sth** do czegoś); (partiality) sympatia *f*, inklinacja *f*; (tendency) tendencja *f*; **the political ~s of the new members** sympatie polityczne nowych członków

II *adj [tower, wall]* pochyły; **the ~ tower of Pisa** krzywa wieża w Pizie

lean mixture *n* mieszanka *f* uboga

leanness /ˈliːnnɪs/ *n* [1] (of person) szczupłość *f*; (of animal) smukłość *f*; (of meat) chudość *f* [2] (of harvest, supplies) mizerność *f*

leant /lent/ *pt, pp* → **lean**

lean-to /ˈliːntuː/ **I** *n* przybudówka *f*

II *modif [garage, shed]* przyległy, przylegający

leap **I** /liːp/ *n* [1] skok *m*, sus *m*; **to take a ~** skoczyć, dać susa; **in** or **at one ~** jednym susem [2] fig (progress) krok *m*; **a great ~ forward in sth** ogromny krok naprzód w czymś; **she made the ~ from journalist to novelist** z dziennikarki stała się pisarką, z dziennikarstwa przerzuciła się na powieściopisarstwo; **it takes a great ~ of imagination to believe this** trzeba dużej wyobraźni, żeby w to uwierzyć [3] fig (in price) skok *m* **(in sth** czegoś); (in demand, production) gwałtowny wzrost *m* **(in sth** czegoś)

II *vt* (*pt, pp* **leapt, leaped)** [1] (jump over) przesk|oczyć, -akiwać *[gate, puddle, hedge]*; **to ~ three metres** skoczyć trzy metry [2] **she ~ed the horse over a fence** zmusiła or poderwała konia do skoku przez płot

III *vi* (*pt, pp* **leapt, leaped)** [1] *[person, animal]* sk|oczyć, -akać; **to ~ across** or **over sth** przeskoczyć (przez) coś; **to ~ aside** odskoczyć; **to ~ into the river /water** wskoczyć do rzeki/wody; **to ~ out of bed/the bath** wyskoczyć z łóżka/z kąpieli; **the cat ~ed off the chair** kot zeskoczył z krzesła; **I saw him ~ off the bus** widziałam, jak wyskakuje z autobusu; **to ~ up** podskoczyć; **to ~ up and down with joy** skakać z radości; **she ~ed up /down the stairs two at a time** wbiegła na schody/zbiegła ze schodów przeskakując po dwa stopnie; **to ~ to one's feet** zerwać się na równe nogi; **to ~ to sb's assistance/defence** rzucić się komuś na pomoc/stanąć w obronie kogoś; **to ~ on sb/sth** rzucić się na kogoś/coś; **his critics ~ed on his mistake** krytycy z satysfakcją wytknęli mu błąd [2] fig (change, skip) przesk|oczyć, -akiwać; **the author ~s from one topic to another** autor przeskakuje z tematu na temat; **her mind ~ed back to her childhood** przeniosła się myślami do lat dzieciństwa; **the narrative ~s forward to 1950** opowieść przenosi się (naprzód) do roku 1950; **his heart ~ed with fear/excitement** serce zabiło mu mocniej ze strachu/z podniecenia [3] (increase) *[price, profit, charge]* sk|oczyć, -akać; **inflation ~ed from 2% to 9%** inflacja skoczyła z 2% do 9%; **to ~ by 20%** skoczyć o 20%; **they ~ed to third place in the league** Sport skoczyli na trzecie miejsce w lidze

■ **leap about, leap around** *[person, animal]* podskakiwać, skakać

■ **leap at**: fig **~ at [sth]** s|korzystać skwapliwie z (czegoś) *[chance, offer]*

■ **leap in** fig (with answer, retort) wyr|wać, -ywać się, palnąć infml

■ **leap out**: ¶ **~ out** *[person, animal]* wysk|oczyć, -akiwać **(from behind sth** zza czegoś**)** ¶ **~ out at [sb]** [1] rzuc|ić, -ać się na (kogoś), dosk|oczyć, -akiwać do (kogoś) [2] fig (be obvious) rzuc|ić, -ać się komuś w oczy; **you can't miss it, it ~s out at you** nie możesz tego nie zauważyć, to się po prostu rzuca w oczy; **the headline ~ed out at me** nagłówek przyciągnął moją uwagę

■ **leap up**: [1] (stand up) *[person]* skoczyć na równe nogi; (jump off ground) *[person, animal]* podsk|oczyć, -akiwać, skakać; **to ~ up at sb** skoczyć na kogoś [2] fig (rise) *[price, rate]* sk|oczyć, -akać

IDIOMS: **look before you ~** Prov pomyśl dwa razy zanim coś zrobisz; **by** or **in ~s and bounds** bardzo szybko; **to progress by ~ and bounds** *[process]* postępować milowymi krokami

leapfrog /ˈliːpfrɒg/ **I** *n zabawa, której uczestnicy kolejno przeskakują przez siebie jak przez kozioł*

II *vt* (*prp, pt, pp* **-gg-**) [1] (jump over) przesk|oczyć, -akiwać przez (coś) *[fence, wall]*; przesk|oczyć, -akiwać nad (kimś) *[person]* [2] fig (move ahead of) przesk|oczyć, -akiwać infml *[opponent, rival]*; **he ~ged two ranks and became a colonel** przeskoczył o dwa stopnie i został pułkownikiem; **she ~ged her less ambitious colleagues** przeskoczyła swych mniej ambitnych kolegów

III *vi* (*prp, pt, pp* **-gg-**) fig **to ~ over sb** przesk|oczyć, -akiwać infml *[opponent, rival]*; **she ~ged into second place** skoczyła na drugie miejsce infml

leapt /lept/ *pt, pp* → **leap**

leap year *n* rok *m* przestępny

learn /lɜːn/ **I** *vt* (*pt, pp* **learned, learnt**) [1] (through study, practice) na|uczyć się (czegoś) *[language, manners]*; wyuczy|ć, -ać się (czegoś) *[facts, poem, trade]*; zdoby|ć, -wać *[skills]*; **to ~ English/the guitar** uczyć się angielskiego/gry na gitarze; **what did you ~ at school today?** czego się dziś nauczyłeś w szkole?; **to ~ (how) to do sth** nauczyć się coś robić; **I've ~ed to keep my mouth shut** nauczyłem się trzymać język za zębami; **you'll have to ~ to live with it** będziesz musiał nauczyć się z tym żyć; **he soon ~ed what was what** infml szybko odkrył, w czym rzecz; **I've ~ed a lot from her** wiele się od niej nauczyłem; **you can ~ a lot from watching him** możesz się wiele nauczyć, obserwując go; **I've ~ed that from experience** doświadczenie mnie tego nauczyło; **there is a lesson to be ~ed from this** z tego można wyciągnąć naukę; **we ~ed all about computers** nauczyliśmy się wszystkiego o komputerach; **you've got a lot to ~ (about life)** musisz się jeszcze wiele (w życiu) nauczyć; **to ~ sth by heart** nauczyć się czegoś na pamięć [2] (find out) pozna|ć, -wać *[details, facts]*; **to ~ sb's name** dowiedzieć się, jak ktoś ma na imię; **to ~ that...** dowiedzieć się, że...; **they finally ~ed where/how he died** wreszcie dowiedzieli się, gdzie/jak zmarł [3] GB infml (teach) **I'll soon ~ you!** ja ci pokażę!, jeszcze cię nauczę!; **that'll ~ you!** to cię powinno nauczyć!, to będzie dla ciebie nauczka!

II *vi* (*pt, pp* **learned, learnt**) [1] (acquire knowledge) uczyć się **(about sth** o czymś**)**; **to ~ by** or **from experience** uczyć się poprzez praktykę; **to ~ by** or **from one's mistakes** uczyć się na własnych błędach; **it's never too late to ~** na naukę nigdy nie jest za późno; **you'll ~!** przekonasz się! [2] (become informed) **to ~ about** or **of sth** dowi|edzieć, -adywać się o czymś; **I ~ed about her promotion from a friend** dowiedziałem się o jej awansie od znajomego

■ **learn off**: **~ off [sth], ~ [sth] off** wyucz|yć, -ać się (czegoś) *[verses, lines, answers]*

IDIOMS: **one lives and ~s** człowiek uczy się całe życie; **I've ~ed my lesson** dostałem lekcję or nauczkę

learned /lɜːnɪd/ *adj* [1] *[person, book, article]* uczony; *[remark]* mądry; *[journal]* specjalistyczny; *[society]* naukowy [2] /lɜːnd/ Psych *[behaviour]* wyuczony; *[response]* nabyty

learnedly /ˈlɜːnɪdlɪ/ *adv [speak]* uczenie

learner /ˈlɜːnə(r)/ *n* ucząc|y się *m*, -a się *f*; **foreign language ~s** uczący się języków obcych; **she's only a ~** ona się dopiero uczy; **to be a fast ~** szybko się uczyć, mieć łatwość uczenia się; **to be a slow ~** mieć trudności z nauką; **~'s permit** US tymczasowe zezwolenie na prowadzenie pojazdu drogowego

learner driver *n* GB ucząc|y *m*, -a *f* się prowadzić (samochód)

learning /ˈlɜːnɪŋ/ *n* [1] (knowledge) wiedza *f*; **the amount of ~ in this book is phenomenal** zasób wiedzy zawarty w tej książce jest ogromny; **she wears her ~ lightly** nie obnosi się ze swoją wiedzą or erudycją; **a man of ~** erudyta, człowiek wielkiej wiedzy [2] (gaining knowledge) uczenie się *n*, nauka *f*

IDIOMS: **a little ~ is a dangerous thing** Prov ≈ niedostatek wiedzy to rzecz niebezpieczna

learning curve *n* krzywa *f* uczenia się

learning difficulties *npl* trudności *f pl* w nauce or z uczeniem się; **children with ~** dzieci mające trudności w nauce

learning disability *n* US Sch problemy *m pl* z przyswajaniem wiedzy

learning disabled child *n* US Sch dziecko *n* mające problemy z nauką

learning process *n* proces *m* uczenia się

learning resources centre *n* ośrodek *m* metodyczny udostępniający materiały do nauki

learning support teacher *n* nauczyciel *m* prowadzący dodatkowe zajęcia

learnt /lɜːnt/ **I** *pt, pp* → **learn**

II *pp adj [behaviour]* wyuczony; *[response]* nabyty

lease /liːs/ **I** *n* [1] Jur najem *m*, dzierżawa *f*; (contract) umowa *f* najmu or dzierżawy; (period of time) okres *m* najmu or dzierżawy; **to take out a ~ on sth** wynająć or wydzierżawić coś; **a one-year ~** roczna dzierżawa; **he has a flat on a long ~** wynajął mieszkanie na długi okres; **the ~ expires** or **runs out in two years' time** umowa najmu or dzierżawy wygasa za dwa lata; **on ~** wynajęty, wydzierżawiony [2] fig **to give sb a new ~ of** GB or **on** US **life** *[operation, new drug]* przywrócić komuś życie; *[experience, news]* przywrócić komuś chęć do życia; **to give a new ~ of life to sth** wskrzesić coś, postawić coś na nogi *[company, movement, party]*; **the city has been given a new ~ of** or **on life** miasto odżyło

II *vt* [1] (grant use of) wynaj|ąć, -mować, wy|dzierżawić *[house, premises]* **(to sb** komuś**)**; wynaj|ąć, -mować *[car]* **(to sb** komuś**)**; **to ~ sb sth** wynająć or wydzierżawić coś komuś [2] (hold under lease) = **lease out**

■ **lease out**: **~ out [sth], ~ [sth] out** wynaj|ąć, -mować, najmować, wy|dzierżawić *[property]*; **to ~ out sth from sb** wynająć or wydzierżawić coś od kogoś

leaseback /ˈliːsbæk/ *n* sprzedaż *m* z zachowaniem prawa użytkowania

leasehold /ˈliːshəʊld/ **I** *n* dzierżawa *f*

II *modif [property]* (wy)dzierżawiony

leaseholder /ˈliːshəʊldə(r)/ *n* dzierżawca *m*, najemca *m*

leasehold reform *n* reforma *f* systemu dzierżawnego

leash /liːʃ/ *n* (for dog) smycz *f*; **to have one's dog on a ~** trzymać psa na smyczy; **to keep sb on a short** or **tight ~** fig trzymać kogoś krótko; **to be straining at the ~** *[dog]* ciągnąć; fig *[person]* niecierpliwić się; gryźć wędzidło fig; **to keep one's feelings on a ~** fig trzymać emocje na wodzy

leasing /ˈliːsɪŋ/ **I** *n* leasing *m*

II *modif [agreement, company]* leasingowy

least /liːst/ (*superl of* **little**) **I** *quantif* **(the) ~** najmniej; **she has the ~ money** ona ma najmniej pieniędzy; **they have the ~ chance of winning** mają najmniejszą szansę na zwycięstwo; **they haven't the ~ chance of winning** nie mają najmniejszej szansy na zwycięstwo; **I haven't the ~ idea** nie mam najmniejszego pojęcia; **without the ~ difficulty** bez najmniejszego trudu; **the ~ little thing would upset him** nawet najmniejsza rzecz wyprowadzała go z równowagi; **I'm not the ~ bit interested** wcale mnie to nie interesuje; **he wasn't the ~ bit jealous**

L

/worried wcale nie był zazdrosny/zdenerwowany, nie był ani trochę zazdrosny /zdenerwowany; **'were you frightened?' – 'not the ~ bit'** „bałeś się?" – „ani trochę"
II *pron* najmniej; **nobody has very much but we have the ~** nikt nie ma wiele, ale my mamy najmniej; **buy the one that costs the ~** kup ten, który najmniej kosztuje; **it was the ~ I could do** przynajmniej tyle mogłem zrobić; **the ~ he could have done was phone the police** mógł przynajmniej zadzwonić na policję; **that's the ~ of our worries** to nasze najmniejsze zmartwienie; **that's the ~ of it** (to) mało powiedziane; **she was surprised, to say the ~ (of it)** była co najmniej or delikatnie mówiąc zdziwiona
III *adv* **(the) ~** najmniej; **she was the ~ satisfied of all** była najmniej zadowolona ze wszystkich; **the ~ wealthy families** najmniej zamożne rodziny; **the ~ expensive of the three** najtańszy z trzech; **I like that one (the) ~** ten mi się podoba najmniej; **they are the ones who need it (the) ~** oni tego najmniej potrzebują; **just when we ~ expected it** właśnie wtedy, gdy się tego najmniej spodziewaliśmy; **~ of all** najmniej (ze wszystkich); **nobody was enthusiastic about it, the boss ~ of all** or **~ of all the boss** nikt nie był tym zachwycony, a najmniej szef; **not ~** fml zwłaszcza; **it's a dangerous thing, not ~ to children** to jest niebezpieczne, zwłaszcza dla dzieci; **dieting is bad for you, not ~ because it is a cause of chronic stress** odchudzanie się nie jest zdrowe, zwłaszcza dlatego, że powoduje chroniczny stres
IV **at least** *adv phr* (not less than) co najmniej; (possibly more) przynajmniej; (qualifying statement) przynajmniej; **there were at ~ 50 people in the room** w pokoju było co najmniej 50 osób; **she's at ~ 40** ona ma co najmniej 40 lat; **he's at ~ as qualified as she is** on ma co najmniej takie kwalifikacje jak ona; **they could at ~ have phoned!** mogli przynajmniej zadzwonić!; **at ~ she didn't suffer** przynajmniej nie cierpiała; **he's gone to bed – at ~ I think so** poszedł spać, przynajmniej tak mi się zdaje; **such people are at the very ~ guilty of negligence** tacy ludzie są winni co najmniej zaniedbania; **candidates should, at the very ~, be proficient in two foreign languages** kandydaci muszą co najmniej władać biegle dwoma obcymi językami
V **in the least** *adv phr* wcale; **I'm not worried in the ~, I'm not in the ~ (bit) worried** wcale or zupełnie się nie denerwuję; **I'm not hungry in the ~, I'm not in the ~ (bit) hungry** wcale nie jestem głodny; **it doesn't bother me in the ~** wcale or zupełnie się tym nie przejmuję or martwię; **it doesn't matter in the ~** to nie ma najmniejszego znaczenia; **not in the ~!** bynajmniej!, nic a nic!; **'am I disturbing you?' – 'not in the ~!'** „czy ci przeszkadzam?" – „nic a nic!" or „ależ skąd!"
IDIOMS: **last but not ~, last but by no means ~** ostatni, ale nie mniej ważny; **last but not ~, let me introduce our new chairman** na koniec pragnę przedstawić naszego nowego przewodniczącego

leastways /ˈliːstweɪz/ *adv* US infml w każdym razie, a przynajmniej; **we haven't got any time, ~ not at the moment** nie mamy zupełnie czasu, w każdym razie or a przynajmniej nie w tej chwili

leastwise /ˈliːstwaɪz/ *adv* US infml = **leastways**

leather /ˈleðə(r)/ **I** *n* [1] (material) skóra *f* [2] (also **wash ~**) ściereczka *f* z irchy [3] Equest (also **stirrup ~**) puślisko *n*
II **leathers** *npl* (clothing) skóra *f* infml
III *modif [object, garment, goods]* skórzany, ze skóry; *[gloves, belt]* skórkowy
IV *vt* infml z|łoić (komuś) skórę, wy|garbować (komuś) skórę infml
IDIOMS: **to go hell for ~** infml *[person, vehicle]* zasuwać, zaiwaniać infml

leather bar *n* infml bar *m* dla sadomasochistów

leather-bound /ˈleðəbaʊnd/ *adj [book]* oprawny or oprawiony w skórę

leatherette /ˌleðəˈret/ *n* sztuczna skóra *f*, derma *f*

leather goods *npl* wyroby *m pl* skórzane or ze skóry

leathering /ˈleðərɪŋ/ *n* infml manto *n* infml; **to give sb a ~** spuścić komuś manto

leatherjacket /ˈleðərdʒækɪt/ *n* GB Zool larwa *f* komarnicy

leatherneck /ˈleðənek/ *n* US Mil infml żołnierz *m* amerykańskiej piechoty morskiej

leatherwear /ˈleðəweə(r)/ *n* odzież *f* ze skóry

leathery /ˈleðərɪ/ *adj [meat]* łykowaty, twardy jak podeszwa; *[skin, hands]* chropawy, szorstki

leave[1] /liːv/ (*pt, pp* **left**) **I** *vt* [1] (go away from) *[person]* wy|jść, -chodzić z (czegoś) *[house, room]*; *[train]* odje|chać, -żdżać z (czegoś) *[station]*; *[plane]* odl|ecieć, -atywać z (czegoś) *[Rome, airport]*; *[ship]* wypły|nąć, -wać z (czegoś) *[Copenhagen, port]*; (more permanently) *[person]* opu|ścić, -szczać *[country, city]*; **she ~s home/the office at 6** ona wychodzi z domu/z biura o szóstej; **the plane/train ~s Warsaw for Berlin at 9.00** samolot odlatuje/pociąg odjeżdża z Warszawy do Berlina o 9.00; **to ~ Poland to live in Canada** wyjechać na stałe z Polski do Kanady; **she left home at the age of 17** opuściła dom, kiedy miała 17 lat; **she's left that address** ona tam już nie mieszka; **to ~ school** (having completed it) skończyć szkołę; (without completing it) przerwać naukę; **to ~ one's seat** wstać z miejsca; **to ~ the table** wstać od stołu; **to ~ the road** *[car]* zjechać z drogi; **to ~ the track** *[train]* wykoleić się; **to ~ the ground** *[plane]* wystartować; **what time did you ~ them?** o której (godzinie) rozstałeś się z nimi?; **I left her reading a book** kiedy wychodziłem, czytała książkę; **the smile left her face** uśmiech zniknął z jej twarzy; **as soon as the words left her lips...** gdy tylko wypowiedziała te słowa... [2] (abandon) porzuc|ić, -ać, rzuc|ić, -ać, opu|ścić, -szczać, zostawi|ć, -ać *[wife, family]*; rzuc|ić, -ać, z|rezygnować z (czegoś) *[profession, politics]*; **she left her husband for another man** rzuciła or zostawiła męża dla innego mężczyzny; **he left politics for a career in industry** zrezygnował z polityki i podjął pracę w przemyśle; **he left the subject of finance and went on to...** pozostawił temat finansów i przeszedł do...; **I left the car and continued on foot** zostawiłem samochód i poszedłem pieszo; **they left him to die in the desert** zostawili go na pustyni na pewną śmierć [3] (deposit) zostawi|ć, -ać *[object, instructions]* **(for sb** dla kogoś); **~ your key at the reception** klucz proszę zostawić w recepcji; **would you like to ~ a message?** czy chciałby pan zostawić wiadomość?; **I left a note for him** zostawiłem dla niego wiadomość; **I left my card with his secretary** zostawiłem wizytówkę u jego sekretarki; **she left the child with her mother** zostawiła dziecko pod opieką swojej matki; **to ~ sb sth** zostawić coś komuś; **I've left him some instructions/the key** zostawiłem mu instrukcje/klucz; **to ~ sb/sth in sb's care** powierzyć kogoś/coś opiece kogoś, zostawić kogoś/coś pod opieką kogoś [4] (let remain) zostawi|ć, -ać *[food, drink, gap, choice]*; pozostawi|ć, -ać *[stain, scar]*; **he left his vegetables/wine** zostawił jarzyny/wino, nie zjadł jarzyn/nie wypił wina; **~ it in the oven a little longer** zostaw to w piekarniku trochę dłużej; **she ~s her things all over the place** wszędzie rozrzuca swoje rzeczy; **the operation will ~ a scar** po operacji (po)zostanie blizna; **the hurricane left a trail of destruction** huragan pozostawił po sobie zniszczenia; **she stared at what was left of the house** patrzyła na to, co zostało z domu; **you ~ me no choice/alternative but to...** nie (po)zostawiasz mi wyboru/alternatywy jak tylko...; **he left us in no doubt about** or **as to his intentions** nie pozostawił nam żadnych wątpliwości co do swoich zamiarów; **she left a bad impression on him** zrobiła na nim złe wrażenie; **she left me waiting there for an hour** musiałem tam czekać godzinę; **please ~ the window open/closed** zostaw okno otwarte/zamknięte, nie zamykaj/nie otwieraj okna; **she left her meal untouched** nawet nie tknęła jedzenia; **they left the work half finished** wykonali pracę tylko w połowie; **some things are better left unsaid** o niektórych sprawach lepiej nie wspominać; **to ~ sb homeless** pozbawić kogoś dachu nad głową; **to be left homeless** zostać bez dachu nad głową; **the accident left him a cripple** w wyniku wypadku został kaleką; **the accident left him an orphan** stracił rodziców w wypadku; **the fight left her with a scar** po bójce została jej blizna; **there are** or **we have five minutes left** mamy or zostało nam jeszcze pięć minut; **I was left with only $200** zostało mi jedynie 200 dolarów; **ten minus seven ~s three** Math dziesięć odjąć or minus siedem równa się trzy; **to ~ much** or **a lot to be desired** pozostawiać wiele do życzenia; **there is nothing left for it but to give in** nie pozostaje nic innego, jak tylko się poddać; **where does that ~ me?** co mam teraz zrobić?, co mi pozostaje? [5] (allow to do) **to ~ sth to sb** pozostawić komuś wykonanie czegoś *[job, task]*; **to ~ it (up) to sb to do sth** pozostawić komuś zrobienie czegoś; **I'll ~ it up to you to choose the colour** tobie pozostawiam wybór koloru; **~ it to** or **with me!** pozostaw to mnie!, pozwól, że ja się tym zajmę!; **now it is left to them to take the lead** teraz oni muszą przejąć inicjatywę; **it left me** or **I was left with nothing to do but...** nie pozostało mi nic do zrobienia, jak tylko...; **to ~ the decision/choice (up) to sb** pozostawić komuś decyzję /wybór; **to ~ it up to sb where/how to do sth** pozostawić komuś decyzję, gdzie /jak coś zrobić; **we must ~ nothing to chance** nie wolno nam niczego pozostawiać przypadkowi; **to ~ sb to do sth** pozwolić komuś coś zrobić; **~ him to sleep** pozwól mu spać; **to ~ sb to it** (let alone) zostawić kogoś w spokoju; **'I was about to start cooking' – 'I'll ~ you to it, then'** „zabierałem się właśnie do gotowania" – „nie będę ci więc przeszkadzać"; **I'll ~ you to your book** czytaj sobie dalej, nie będę ci przeszkadzać; **~ her to finish on her own** pozwól jej samej dokończyć; **to ~ sb to himself** zostawić kogoś samemu sobie; **to ~ sb be** infml zostawić kogoś w spokoju; **~ him/me alone** zostaw go/mnie w spokoju [6] (postpone) zostawi|ć, -ać, od|łożyć, -kładać *[task, housework]*; **~ it till tomorrow/Friday /the end** zostaw or odłóż to do jutra/do piątku/na koniec; **~ the dishes for later** zostaw zmywanie na potem [7] (stop) **we left it at that** na tym stanęło; **let's ~ it at that for now** na razie zostawmy to; **where did we ~ things last time we talked?** o czym to ostatnio mówiliśmy?, na czym ostatnio skończyliśmy? [8] Jur (bequeath) zostawi|ć, -ać, pozostawi|ć, -ać (w spadku) *[money, property]*; **to ~ sth to sb, to ~ sb sth** (po)zostawić coś komuś (w spadku) [9] (be survived by) pozostawi|ć, -ać liter *[wife, children]*; **he ~s a wife and two children** (in obituary) pozostawił żonę i dwoje dzieci [10] (pass) **to ~ sth on one's left/right** minąć coś po lewej/prawej stronie

II *vi* [1] (depart) *[person]* wyrusz|yć, -ać; (on foot) wy|jść, -chodzić; (by car, air, sea) wyje|chać, -żdżać, odje|chać, -żdżać; *[train, bus]* odje|chać, -żdżać; *[boat]* odpły|nąć, -wać; *[plane]* odl|ecieć, -atywać; **the plane/train ~s at 5** samolot odlatuje /pociąg odchodzi o piątej; **to ~ for work** wyjść do pracy; **to ~ for the airport/for France** *[person]* wyjechać na lotnisko/do Francji [2] (resign) od|ejść, -chodzić; **to ~ for another company** odejść do innej firmy; **he left for a career in advertising** odszedł, żeby podjąć pracę w reklamie

III *vr* **to ~ oneself (with) sth** zostawić sobie coś *[time, money]*; **to ~ oneself short of money/time** zostawić sobie za mało pieniędzy/czasu

■ **leave about, leave around**: **~ [sth] around** (carelessly) porozrzucać, rozrzuc|ić, -ać *[books, papers, toys]*; (not hidden) zostawi|ć, -ać na wierzchu *[documents, medicines]*; (deliberately) porozkładać, roz|łożyć, -kładać *[books, magazines]*

■ **leave aside**: **~ aside [sth], ~ [sth] aside** pomi|nąć, -jać *[issue, fact]*; **leaving aside the question of cost** pomijając kwestię kosztów

■ **leave behind**: ¶ **~ [sb/sth] behind** [1] (go faster than) zostawi|ć, -ać (kogoś/coś) w tyle also fig; **to be/get left behind** fig *[country, company]* być/zostać w tyle; **I was soon left far behind** wkrótce zostałem daleko w tyle [2] (move away from) *[vehicle, plane, traveller]* (po)zostawi|ć, -ać za sobą *[town, country, coast]*; *[person]* zostawi|ć, -ać, porzuc|ić, -ać *[family, husband]*; fig zostawi|ć, -ać coś za sobą *[past, problems, relationship]*; **I've left all that behind (me)** wszystko to jest już za mną [3] (fail to bring) (accidentally) zapom|nieć, -inać (czegoś), nie wziąć (czegoś) *[object]*; zostawi|ć, -ać *[child, animal]*; **one of my suitcases got left behind** jedna z moich walizek została ¶ **~ [sth] behind** (cause to remain) *[person, earthquake, storm, flood]* pozostawi|ć, -ać za sobą or po sobie *[problems, bitterness, damage]*; **to ~ chaos behind** pozostawić zamęt; **the tornado left a trail of destruction behind (it)** tornado zostawiło po sobie zniszczenia

■ **leave go** GB controversial pu|ścić, -szczać; **to ~ go** or **hold of sb/sth** puścić kogoś/coś

■ **leave hold** GB infml = **leave go**

■ **leave in**: **~ [sth] in** (po)zostawi|ć, -ać *[paragraph, quote]*

■ **leave off**: ¶ **~ off** *[person]* przer|wać, -ywać; *[rain, snow]* przesta|ć, -wać padać; **I carried on where she left off** kontynuowałem od miejsca, w którym przerwała; **where did we ~ off last time?** na czym ostatnio skończyliśmy?; **~ off!** infml przestań!; **we left off work at four** zakończyliśmy pracę o czwartej ¶ **~ off doing [sth]** (stop) przesta|ć, -wać robić (coś); **he never left off nagging all day** przez cały dzień bez przerwy gderał ¶ **~ off [sth], ~ [sth] off** [1] (not put on) nie za|łożyć, -kładać *[coat, tie, hat]*; nie położyć, nie kłaść *[lid, blanket]* [2] (not switch on) nie włącz|yć, -ać *[light, TV, iron, kettle]* [3] (omit) pomi|nąć, -jać *[name, item, letter]*; **to ~ sth off a list** pominąć coś na liście, nie wpisać czegoś na listę

■ **leave on**: **~ [sth] on** [1] (not remove) nie zd|jąć, -ejmować (czegoś), zosta|ć, -wać w (czymś) *[coat, tie, hat]*; zostawi|ć, -ać *[blanket, bandage, label]*; nie odstawi|ć, -ać (z ognia) *[pan]*; **I left my coat on** zostałem w płaszczu, nie zdejmowałem płaszcza; **she left her make-up on** nie zmyła makijażu; **~ the lid on** (when cooking) gotuj pod przykryciem [2] (not switch off) zostawi|ć, -ać (coś) włączone *[light, TV, central heating, iron]*; zostawi|ć, -ać (coś) odkręcone *[tap, gas]*

■ **leave out**: **~ out [sb/sth], ~ [sb/sth] out** [1] (omit) pomi|nąć, -jać, opu|ścić, -szczać *[word, line, name, fact]*; **she left out all reference to her mother** w ogóle nie wspomniała o matce; **it won't taste right if you ~ out the garlic** nie będzie smaczne, jeśli nie dodasz czosnku; **to ~ sth out of one's calculations** nie wziąć czegoś pod uwagę; **~ it out!** infml daj spokój!, przestań! [2] (exclude) wyłącz|yć, -ać, pomi|nąć, -jać *[person]*; **he was left out of her will** nic mu nie zapisała w testamencie; **to ~ sb out of sth** wyłączyć kogoś z czegoś *[group, activity]*; **she feels left out** czuje się jak outsider; **~ me out of it!** mnie do tego nie mieszaj! [3] (let remain outdoors) zostawi|ć, -ać na zewnątrz *[bicycle, washing, milk]*; (not put away) zostawi|ć, -ać na wierzchu *[clothes]* [4] (not put in) nie za|łożyć, -kładać *[contact lenses]*; nie włącz|yć, -ać *[plug]*

■ **leave over**: **~ [sth] over** [1] (cause to remain) zostawi|ć, -ać *[food, drink]*; **there is** or **we have some money left over** zostało nam trochę pieniędzy; **tomorrow we can eat what's left over** jutro możemy zjeść resztki; **~ a bit of cloth over for the pocket** zostaw trochę materiału na kieszenie; **we have some fireworks left over from last year** mamy jeszcze trochę fajerwerków z zeszłego roku; **she's like something left over from the sixties** ona jest jak relikt lat sześćdziesiątych [2] (postpone) prze|łożyć, -kładać, od|łożyć, -kładać *[discussion, meeting]*; **let's ~ this over till tomorrow** zostawmy or odłóżmy to do jutra

leave² /liːv/ *n* [1] (authorized absence) (for holiday) urlop *m*; (for illness) zwolnienie *n*; Mil przepustka *f*; **to ask for (a) ~ of absence** poprosić o urlop; **to take ~** wziąć urlop; **to take three days' ~** wziąć trzy dni urlopu; **I've taken all my ~ for this year** wykorzystałem już cały urlop za ten rok; **to be granted 24 hours' ~** Mil dostać przepustkę na 24 godziny; **to be on ~** być na urlopie, mieć urlop; Mil być na przepustce, mieć przepustkę; **to come home on ~** Mil przyjechać do domu na przepustkę [2] (permission) zgoda *f*, pozwolenie *n*, przyzwolenie *n*; **to give sb ~ to do sth** pozwolić komuś coś zrobić; **to have sb's ~ to do sth** mieć pozwolenie or zgodę kogoś na zrobienie czegoś; **to ask sb's ~ (to do sth), to ask ~ of sb (to do sth)** fml poprosić kogoś o pozwolenie or o zgodę (na zrobienie czegoś); **I take ~ to doubt it** śmiem w to wątpić; **by** or **with your ~** za pozwoleniem; **without so much as a by your ~** nie pytając, bez ceregieli [3] (departure) **to take ~ of sb** pożegnać się z kimś; **to take one's ~** pożegnać się; **have you taken ~ of your senses?** (czyżby) rozum ci odjęło?

leaven /ˈlevn/ **I** *n* Culin dat zaczyn *m*, rozczyn *m*; fig **a ~ of wit** nuta humoru

II *vt* [1] Culin doda|ć, -wać zaczyn do (czegoś), zaczyni|ć, -ać [2] fig ubarwi|ć, -ać, ożywi|ć, -ać *[speech, story]* **(with sth** czymś)

leavening /ˈlevnɪŋ/ *n* [1] Culin zaczyn *m*, rozczyn *m*, zakwas *m* [2] fig **a ~ of humour** iskierka *f* humoru

leaves /liːvz/ *npl* → **leaf**

leave-taking /ˈliːvteɪkɪŋ/ *n* pożegnanie *n*

leaving /ˈliːvɪŋ/ **I** *n* (of person) (on foot) wyjście *n*; (by car, train) wyjazd *m*; (by plane) wylot *m*; (of train) odjazd *m*; (of plane) odlot *m*; (of ship) odpłynięcie *n*; (from job, wife, family) odejście *n*

L

II *modif [party, present]* pożegnalny
III **leavings** *npl* resztki *f pl*
Lebanese /ˌlebəˈniːz/ **I** *n* Liba|ńczyk *m*, -nka *f*
II *adj* libański
Lebanon /ˈlebənən/ *prn* (also **the ~**) Liban *m*
lech /letʃ/ infml **I** *n* → **lecher**
II *vi* **to ~ after sb** napalać się na kogoś, lecieć na kogoś infml
lecher /ˈletʃə(r)/ *n* pej zbereźnik *m*, rozpustnik *m*
lecherous /ˈletʃərəs/ *adj [person, look, grin]* lubieżny
lecherously /ˈletʃərəslɪ/ *adv [grin, stare]* lubieżnie
lechery /ˈletʃərɪ/ *n* lubieżność *f*
lectern /ˈlektɜːn/ *n* (in church) pulpit *m*; (speaker's) mównica *f*; (lecturer's) katedra *f*
lector /ˈlektɔː(r)/ *n* lektor *m*, -ka *f*
lecture /ˈlektʃə(r)/ **I** *n* [1] (public talk) prelekcja *f* **(on** or **about sth** na temat czegoś, o czymś); (more informal) pogadanka *f*; GB Univ wykład *m* **(on** or **about sth** na temat czegoś, o czymś); **chemistry ~** wykład z chemii; **to give a ~ (to sb)** wygłosić prelekcję/wykład (dla kogoś) [2] (reprimand) wykład *m*, kazanie *n* infml; **to give sb a ~** zrobić komuś wykład/kazanie
II *vt* [1] GB Univ prowadzić wykład(y) dla (kogoś) *[students]*; **he ~s new students on computing** ma wykłady z informatyki dla nowych studentów [2] (scold) palnąć (komuś) kazanie infml *[child, pupil]*; **don't ~ me!** nie pouczaj mnie!
III *vi* [1] GB Univ wykładać; **to ~ in mathematics** wykładać matematykę; **next term I'm lecturing on Sartre** w przyszłym semestrze prowadzę wykłady o Sartrze; **he's lecturing now** ma teraz wykład [2] (give public talk) wygł|osić, -aszać prelekcję **(on sth** na temat czegoś, o czymś)
lecture course *n* cykl *m* wykładów
lecture hall *n* US sala *f* wykładowa, aula *f*
lecture notes *npl* GB Univ (student's) notatki *n pl* z wykładu; (lecturer's) konspekt *m* wykładu
lecturer /ˈlektʃərə(r)/ *n* [1] (speaker) prelegent *m*, -ka *f* [2] GB Univ wykładowca *m*; **junior /senior ~** młodszy/starszy wykładowca; **she's a maths ~** or **a ~ in maths** jest wykładowcą matematyki, wykłada matematykę
lecture room *n* GB Univ sala *f* wykładowa
lectureship /ˈlektʃəʃɪp/ *n* GB Univ etat *m* or stanowisko *n* wykładowcy; **a ~ in linguistics** etat or stanowisko wykładowcy językoznawstwa
lecture theatre *n* GB Univ aula *f*
led /led/ *pt, pp* → **lead**[1]
LED *n* = **light-emitting diode** dioda *f* elektroluminescencyjna, DEL, LED
ledge /ledʒ/ *n* [1] (in house) występ *m*; (small shelf) półka *f*; **window ~** parapet (okienny) [2] (on mountain, cliff) półka *f* skalna, występ *m* skalny; (overhang) nawis *m* [3] (reef) rafa *f*
ledger /ˈledʒə(r)/ *n* [1] (Accts) księga *f* główna [2] Constr podłużnica *f* drągowa w rusztowaniu [3] Fishg paternoster *m*
ledger line *n* [1] Mus linia *f* dodana *(pod lub nad pięciolinią)* [2] Fishg paternoster *m*
lee /liː/ **I** *n* [1] miejsce *n* osłonięte od wiatru; **to hide in the ~ of a rock** schować się (przed wiatrem) za skałą [2] Naut zawietrzna *f*
II *adj [side, shore]* Naut zawietrzny
leech[1] /liːtʃ/ **I** *n* Zool pijawka *f* also fig pej; **to cling** or **stick to sb like a ~** infml przyczepić się do kogoś jak rzep do psiego ogona, przyssać się do kogoś infml
II *vt* przystawi|ć, -ać pijawki (komuś)
III *vi* (exploit) **to ~ on** or **upon sb** infml doić kogoś infml
leech[2] /liːtʃ/ *n* Naut lik *m*
leech-rope /ˈliːtʃrəʊp/ *n* Naut liklina *f*
leek /liːk/ *n* por *m*
leer /lɪə(r)/ pej **I** *n* (look) (cunning) chytre spojrzenie *n*; (malevolent) złe spojrzenie *n*; (lustful) pożądliwe spojrzenie *n*
II *vi [person]* łyp|nąć, -ać okiem **(at sb/sth** na kogoś/coś)
leery /ˈlɪərɪ/ *adj* infml **to be ~ of sb/sth** nieufnie odnosić się do kogoś/czegoś, nie ufać komuś/czemuś
lees /liːz/ *npl* męty *m pl* infml
leeward /ˈliːwəd, ˈluːəd/ Naut **I** *n* zawietrzna *f*; **steer to ~!** sternik, odpadać!
II *adj [side, quarter]* zawietrzny
Leeward Islands *npl* **the ~** Wyspy *f pl* Podwietrzne
leeway /ˈliːweɪ/ *n* [1] Naut dryf *m*, znos *m*; Aviat znoszenie *n*, derywacja *f* [2] fig (margin of freedom) pole *n* manewru, swoboda *f* ruchu fig; **I'm allowed a lot of ~** mam dużą swobodę działania or szerokie pole manewru; **we only had five minutes' ~ to change trains** mieliśmy tylko pięć minut na przesiadkę; **there is some ~ in the budget** budżet daje nam pewną swobodę [3] (lost time) **to have ~ to make up** mieć zaległości do odrobienia
left[1] /left/ *pt, pp* → **leave**
left[2] /left/ **I** *n* [1] (side or direction) lewa strona *f*; **on the ~** po lewej; **on my ~** po mojej lewej stronie; **it's over there, to the ~** jest tam, z lewej; **to turn the key to the ~** przekręcić klucz w lewo; **to stand/be to sb's ~** stać/być po lewej stronie kogoś; **to look/go to one's ~** popatrzyć/pójść w lewo; **keep to the ~** Aut trzymaj się lewej (strony); **take the next ~** (left turn) skręć w następną przecznicę w lewo; **from ~ to right** od lewej (strony) do prawej [2] Pol **the ~** lewica *f*; **on the ~** na lewicy; **to be to the ~ of sb** być na lewo od kogoś [3] Sport (punch) lewy *m*
II *adj [hand, side, eye, bank]* lewy
III *adv [go, look, turn]* w lewo, na lewo
IDIOMS: **~, right and centre** (everywhere) *[look]* wszędzie; (indiscriminately) *[spend, criticize]* na prawo i lewo; **the ~ hand doesn't know what the right hand is doing** nie wie lewica, co czyni prawica
left back *n* Sport lewy obrońca *m*
Left Bank *n* (in Paris) **the ~** lewobrzeżny Paryż *m*
left-click /leftˈklɪk/ *vi* Comput klik|nąć, -ać lewym przyciskiem myszy **(on sth** coś)
left field *n* US (in baseball) lewe pole *n*
IDIOMS: **to be (out) in ~** US infml być nie z tej planety infml
left-hand /ˌleftˈhænd/ *adj [side, page]* lewy; *[entrance]* na lewo; *[turn]* w lewo
left-hand drive, lhd **I** *n* samochód *m* z lewostronnym układem kierowniczym
II *adj [vehicle]* z lewostronnym układem kierowniczym
left-handed /ˌleftˈhændɪd/ **I** *adj [person]* leworęczny; *[scissors, pen]* (przystosowany) dla leworęcznych; *[blow]* lewą ręką, z lewej ręki; *[screw]* lewoskrętny; **a ~ compliment** wątpliwy or dwuznaczny komplement
II *adv [play, write]* lewą ręką
left-handedness /ˌleftˈhændɪdnɪs/ *n* leworęczność *f*
left-hander /ˌleftˈhændə(r)/ *n* [1] (person) mańkut *m*, leworęczn|y *m*, -a *f* [2] infml (blow) cios *m* lewą ręką
leftie /ˈleftɪ/ *n* infml [1] (left-handed) mańkut *m*; szmaja *m/f* infml [2] Pol hum or pej lewicowiec *m*; lewus *m* infml
leftism /ˈleftɪzəm/ *n* Pol lewicowość *f*
leftist /ˈleftɪst/ Pol **I** *n* lewicowiec *m*
II *adj [views, propaganda, arguments]* lewicowy
left luggage *n* GB bagaż *m* oddany na przechowanie
left-luggage (office) /ˌleftˈlʌgɪdʒɒfɪs, US -ɔːfɪs/ *n* GB przechowalnia *f* bagażu
left-of-centre GB, **left-of-center** US /ˌleftəvˈsentə(r)/ *adj [MP, government]* centrolewicowy, lewicujący, na lewo od centrum
left-over /ˈleftəʊvə(r)/ **I** *n* (throwback) pozostałość *f*
II **leftovers** *npl* (of food) resztki *f pl*
III *adj* pozostały
leftward /ˈleftwəd/ **I** *adj [bend]* w lewo, na lewo
II *adv* (also **leftwards)** *[move]* w lewo, na lewo
left wing **I** *n* [1] Pol lewica *f*, lewe skrzydło *n* [2] Sport (side of field) lewe skrzydło *n*; (player) lewoskrzydłowy *m*
II **left-wing** *adj* Pol *[group, idea, view]* lewicowy
left-winger /ˌleftˈwɪŋgə(r)/ *n* [1] Pol lewicowiec *m* [2] Sport lewoskrzydłowy *m*
lefty /ˈleftɪ/ *n* infml [1] Pol → **leftie** [2] US (left-handed person) mańkut *m*
leg /leg/ **I** *n* [1] Anat (of person, horse, cow, bird) noga *f*; (of non-hoofed animal) łapa *f*; **to stand on one ~** stać na jednej nodze; **to stretch one's ~s** rozprostować nogi; **my ~s can't go any further** nogi odmawiają mi posłuszeństwa [2] (of furniture) noga *f*; **table ~** noga stołu or stołowa [3] Culin (of lamb, game, venison) udziec *m*; (of pork) szynka *f*; (of poultry) nóżka *f*; (of chicken, frog) udko *n* [4] Sewing (of trousers) nogawka *f*; **these trousers are too long in the ~** te spodnie mają za długie nogawki [5] (of journey, race, competition) etap *m*; **I ran the second ~ of the relay** biegłem na drugiej zmianie sztafety [6] Sport (in football) runda *f*
II *modif* **~ exercises/muscles** ćwiczenia /mięśnie nóg; **~ pain** ból nogi
III *vt* (*pp, pt, pp* **-gg-**) infml **to ~ it** (walk) pójść na piechotę; (walk fast) zasuwać, dralować infml; (escape) dać nogę infml
IV **-legged** *in combinations* **a three-~ged table** stół na trzech nogach; **a six-~ged animal** zwierzę sześcionożne; **a four-~ged animal** zwierzę czworonożne, czwo-

ronóg; **long-~ged** *[person, animal]* o długich nogach or kończynach; **bare-~ged** z gołymi nogami

IDIOMS: **to have ~s** US infml *[allegations, piece of news]* krążyć; **to have a ~ up on sb** US mieć nad kimś przewagę; **to walk one's ~s off** infml schodzić or uchodzić sobie nogi, schodzić się infml; **break a ~!** infml złamania karku! infml; US (get lost) spadaj! infml; **shake a ~!** ruszaj się!; **show a ~!** infml wstawaj z wyra! infml; **not to have a ~ to stand on** nie mieć argumentów; nie mieć nic, na czym można się oprzeć; **to be all ~s** mieć nogi aż po samą szyję infml; **to be on its last ~s** *[machine, car]* mieć swoje lata; *[company, regime]* robić bokami infml; **he's on his last ~s** on jest na ostatnich nogach, on goni resztkami sił; **to cost an arm and a ~** kosztować kupę forsy infml; **to get one's ~ over** vinfml zaliczyć panienkę/faceta infml; **to pull sb's ~** nabierać kogoś infml → **leg-up**

legacy /ˈlegəsɪ/ *n* [1] Jur spadek *m*; scheda *f* liter; **the cupboard is a ~ from the previous tenant** kredens to spadek po poprzednim lokatorze [2] fig spuścizna *f*, dziedzictwo *n* **(of sb** po kimś**)**; **the ~ of sth** dziedzictwo czegoś *[hatred, era, movement, industrialism]*; **~ of literature** dziedzictwo literackie; **a custom that is a ~ from Victorian days** zwyczaj, który jest spuścizną po epoce wiktoriańskiej; **their ~ to posterity** dziedzictwo przekazane przez nich potomności

legal /ˈliːgl/ *adj* [1] (relating to the law) *[assistance, department, document, system, representative, status, successor]* prawny; *[costs, fees, mistake, medicine]* sądowy; *[career, mind]* prawniczy; **that's a ~ matter** to jest kwestia prawna; **it's a ~ offence** to jest wykroczenie w świetle prawa; **to take** or **get ~ advice** zasięgnąć porady prawnej [2] (recognized by the law) *[requirement, obligation, claim, precedent, force]* prawny; *[owner]* prawowity; *[abortion, import]* legalny; *[limit]* dozwolony przez prawo; *[heir]* ustawowy, prawny; **the contract is ~ and binding** umowa jest zgodna z prawem i wiążąca; **she was below the ~ age** była niepełnoletnia; **the ~ age for voting/driving** wiek uprawniający do głosowania/prowadzenia pojazdów; **~ right** przysługujące prawo; **~ separation** separacja (sądowa); **it is ~ to refuse** odmowa jest zgodna z prawem; **it is your ~ duty to inform the police** prawo wymaga, żebyś zawiadomił policję; **they decided to make their relationship ~** postanowili zalegalizować swój związek

IDIOMS: **to make ~ history** wejść do annałów sądownictwa

legal action *n* wystąpienie *n* na drogę sądową; **to bring a** or **take ~ (against sb)** wystąpić na drogę sądową (przeciwko komuś)

legal aid *n* Jur pomoc *f* prawna

legal capacity *n* zdolność *f* prawna

legal eagle *n* infml gwiazda *f* palestry infml

legal entity *n* (organization) osoba *f* prawna; (condition) osobowość *f* prawna

legalese /ˌliːgəˈliːz/ *n* pej żargon *m* prawniczy

legal fiction *n* fikcja *f* prawna

legal holiday *n* US dzień *m* ustawowo wolny od pracy

legalism /ˈliːgəlɪzəm/ *n* [1] (legal term) termin *m* prawniczy [2] (rigour) legalizm *m*

legalistic /ˌliːgəˈlɪstɪk/ *adj [person, attitude, mind, approach]* legalistyczny; *[terminology]* prawniczy

legality /lɪˈgælətɪ/ **I** *n* legalność *f*, zgodność *f* z prawem

II legalities *npl* wymogi *m pl* prawa

legalization /ˌliːgəlaɪˈzeɪʃn, US -lɪˈz-/ *n* legalizacja *f*

legalize /ˈliːgəlaɪz/ *vt* za|legalizować

legally /ˈliːgəlɪ/ *adv* [1] (in the eyes of the law) *[valid, liable, responsible, binding]* prawnie; **to be ~ represented** mieć rzecznika; **to be ~ qualified** być prawnikiem; **to be ~ entitled to do sth** mieć prawo do robienia czegoś; **~, the situation is very complicated** pod względem prawnym sytuacja jest bardzo skomplikowana; **this contract is ~ binding** ten kontrakt jest prawnie obowiązujący [2] (in accordance with the law) *[act, administer, marry]* zgodnie z prawem; *[buy, sell, import, work]* legalnie

legal practice *n* (office) kancelaria *f* adwokacka or prawnicza; (exercise of law) praktyka *f* adwokacka or prawnicza

legal practitioner *n* prawni|k *m*, -czka *f*, adwokat *m*

legal proceedings *npl* postępowanie *n* sądowe

legal profession *n* **the ~** prawnicy *m pl*; **to enter the ~** zostać prawnikiem

legal tender *n* prawny środek *m* płatniczy

legate /ˈlegɪt/ *n* legat *m*

legatee /ˌlegəˈtiː/ *n* fml legatariusz *m*, zapisobiorca *m*

legation /lɪˈgeɪʃn/ *n* poselstwo *n*; legacja *f* arch

legato /lɪˈgɑːtəʊ/ *adj, adv* Mus legato

legator /lɪˈgeɪtə(r)/ *n* fml legator *m*, zapisodawca *m*

legend /ˈledʒənd/ *n* [1] legenda *f* also fig **(of sb/sth** o kimś/czymś**)**; **~ has it that...** legenda głosi, że...; **a character in Irish ~** postać z legend irlandzkich; **he is a living ~** on jest żywą legendą; **to become a ~ in one's own lifetime** stać się legendą za życia [2] (of coin or map) legenda *f*

legendary /ˈledʒəndrɪ, US -derɪ/ *adj* legendarny

legerdemain /ˌledʒədəˈmeɪn/ *n* (of conjuror) sztuczki *f pl*; **legal ~** fig kruczki prawne

leggings /ˈlegɪŋz/ *npl* (for walker, sportsman) getry *plt*; (for woman) legginsy *plt*; (for baby) śpioszki *plt*; (for child) rajtuzy *plt*

leggo /ˈlegəʊ/ infml → **let go**

leggy /ˈlegɪ/ *adj* (attractive) *[person]* długonogi; (clumsy) *[youth, plant]* tyczkowaty

Leghorn /legˈhɔːn/ *prn* Livorno *n inv*

legibility /ˌledʒəˈbɪlətɪ/ *n* czytelność *f*

legible /ˈledʒəbl/ *adj* czytelny

legibly /ˈledʒəblɪ/ *adv* czytelnie

legion /ˈliːdʒən/ **I** *n* [1] Mil legion *m*, legia *f*; **Roman ~s** legiony rzymskie; **foreign ~** legia cudzoziemska; **the death-or-glory ~** oddział straceńców [2] fig legion *m*, rzesza *f* [3] **the Legion of Honour** Legia *f* Honorowa

II *adj* **the problems were ~** było mnóstwo problemów; **her admirers are ~** ma tłumy wielbicieli

legionary /ˈliːdʒənərɪ, US -nerɪ/ **I** *n* [1] Mil legionista *m* [2] (of Legion of Honour) odznaczon|y, *m* -a *f* Legią Honorową

II *adj* legionowy

legionnaire /ˌliːdʒəˈneə(r)/ *n* żołnierz *m* legii

legionnaires' disease *n* choroba *f* legionistów

leg iron *n* (for convict) łańcuchy *m pl*, okowy *plt*; (for disabled person) aparat *m* ortopedyczny

legislate /ˈledʒɪsleɪt/ *vi* [1] Pol ustan|owić, -awiać prawa **(on sth** dotyczące czegoś**)**; **to ~ against sth** uchwalić ustawę przeciwdziałającą czemuś *[discrimination, pornography]* [2] (predict) **to ~ for sth** przewidzieć coś *[circumstance, event]*

legislation /ˌledʒɪsˈleɪʃn/ *n* [1] (body of laws) ustawodawstwo *n*; **~ on** or **relating to health problems** ustawodawstwo dotyczące ochrony zdrowia; **~ against discrimination/pornography** ustawodawstwo przeciwdziałające dyskryminacji/pornografii; **financial/social ~** ustawodawstwo finansowe/socjalne; **employment ~** ustawodawstwo pracy; **a piece of ~** ustawa; **to adopt /present ~** przyjąć/przedstawić projekt ustawy; **under existing ~** zgodnie z obowiązującym ustawodawstwem [2] (process) legislacja *f*

legislative /ˈledʒɪslətɪv, US -leɪtɪv/ *adj [matters, procedures, power, assembly]* ustawodawczy; **~ drafting** US opracowywanie projektu ustawy

legislator /ˈledʒɪsleɪtə(r)/ *n* Jur, Pol ustawodawca *m*

legislature /ˈledʒɪsleɪtʃə(r)/ *n* Jur, Pol zgromadzenie *n* ustawodawcze

legist /ˈliːdʒɪst/ *n* Jur jurysta *m*, legista *m*

legit /lɪˈdʒɪt/ *adj* infml [1] (legal) *[dealings, organization, operation]* czysty fig infml [2] (genuine) *[information]* sprawdzony; *[organization, offer]* poważny

legitimacy /lɪˈdʒɪtɪməsɪ/ *n* [1] (legality) (of regime, law) legalność *f*; (of birth) prawowitość *f* [2] (justifiability) zasadność *f*; **to give ~ to sth** uzasadnić coś

legitimate **I** /lɪˈdʒɪtɪmət/ *adj* [1] (justifiable) *[action, reason, argument]* uzasadniony; *[refusal, reasoning]* zasadny; **sometimes it is ~ to withhold the truth** czasami nieujawnienie prawdy jest uzasadnione; **it is ~ for me to ask this question** mam prawo zadać to pytanie [2] (in accordance with law) *[business, transaction, act, government]* legalny; *[heir, owner, spouse, child]* prawowity; **for a ~ purpose** w legalnym celu; **to make sth ~** zalegalizować coś [3] Theat *[drama, theatre]* prawdziwy *(w odróżnieniu od pantomimy, teatru kukiełkowego)*

II /lɪˈdʒɪtɪmeɪt/ *vt* → **legitimize**

legitimately /lɪˈdʒɪtɪmətlɪ/ *adv* [1] (with justification) *[act, claim, argue]* słusznie; **you cannot ~ blame her** nie masz prawa jej winić; **one might ~ wonder whether...** można by się zastanawiać, czy...; **he says, ~ in my opinion, that...** powiada, i według mnie słusznie, że... [2] (legally) *[authorize, operate, own]* zgodnie z prawem, legalnie

L

legitimation /lɪˌdʒɪtɪˈmeɪʃn/ *n* (of party, group) legalizacja *f*; (of child) uznanie *n* dziecka (przez ojca)

legitimize /lɪˈdʒɪtɪmaɪz/ *vt* [1] (make legal) za|legalizować *[organization]*; zatwierdz|ić, -ać *[bill, plan, government]*; u|sankcjonować *[action, practice]*; uzna|ć, -wać *[child]* [2] (justify) usprawiedliwi|ć, -ać *[action, policy, crime]*; potwierdz|ić, -ać *[reputation]*; uzasadni|ć, -ać *[existence]*

legless /ˈleglɪs/ *adj* [1] (without legs) bez nóg [2] GB infml (drunk) pijany jak bela infml

legman /ˈlegmæn/ *n* (*pl* **-men**) US [1] (reporter) reporter *m* [2] chłopak *m* na posyłki infml

leg-of-mutton /ˌlegəvˈmʌtn/ *adj* Fashn **~ sleeve** szeroki rękaw zebrany w mankiet

leg-pull /ˈlegpʊl/ *n* kawał *m* infml

leg-pulling /ˈlegpʊlɪŋ/ *n* nabieranie *n*

legroom /ˈlegruːm/ *n* miejsce *n* na nogi *(w samochodzie, samolocie)*

leg shield *n* (protection) nagolennik *m*

legume /ˈlegjuːm/ *n* [1] (plant) roślina *f* strączkowa [2] (pod) strąk *m*

leguminous /lɪˈgjuːmɪnəs/ *adj [plant]* strączkowy

leg-up /ˈlegʌp/ *n* infml **to give sb a ~** (into saddle, over wall) podsadzić kogoś; (in career, problem) wesprzeć kogoś; **an economic ~** bodziec ekonomiczny

leg warmers *npl* getry *plt*

legwork /ˈlegwɜːk/ *n* rutynowe prace *f pl (nużące i wymagające sporo zachodu)*; **to do the ~** wykonać czarną robotę infml; **it took a lot of ~ before I found anything** trzeba było wiele zachodu, zanim cokolwiek znalazłem

Leicestershire /ˈlestəʃə(r)/ *prn* Leicestershire *n*

Leics GB Post → **Leicestershire**

leisure /ˈleʒə(r), US ˈliːʒə(r)/ **I** *n* (free time) czas *m* wolny; (relaxation) wypoczynek *m*, odpoczynek *m*; **I don't have the ~ (in which) to study the report** nie mam czasu na zapoznanie się z raportem; **to do sth at (one's) ~** (unhurriedly) zrobić coś bez pośpiechu; (with time for thought) zrobić coś w stosownej chwili; **to think about something at (one's) ~** zastanowić się nad czymś na spokojnie; **to lead a life of ~** pej or hum prowadzić próżniacze życie; **man /woman of ~** rentier; pej or hum prowadzący|y, -a próżniacze życie; **the department for sports and ~** wydział sportu i rekreacji

II *modif [centre, facilities, pursuits]* rekreacyjny; *[moment]* wolny; **~ industry** dział gospodarki zajmujący się organizacją wypoczynku; **~ society** społeczeństwo dobrobytu; **what are your main ~ activities?** co robisz zwykle w wolnym czasie?

III *adv [eat, work]* bez pośpiechu, spokojnie; *[stroll]* wolnym krokiem

leisured /ˈleʒəd, US ˈliːʒəd/ *adj* [1] pej or hum *[minority]* uprzywilejowany, majętny; *[existence, lifestyle]* beztroski, próżniaczy [2] = **leisurely**

leisured class *n* klasy *f pl* uprzywilejowane; Sociol klasa *f* próżniacza

leisurely /ˈleʒəlɪ, US ˈliː-/ **I** *adj [pace, movement, service]* niespieszny; *[way of life, game]* spokojny; *[person]* powolny; **we had a ~ breakfast** spokojnie or bez pośpiechu zjedliśmy śniadanie; **in a ~ way, at a ~ pace** bez pośpiechu, spokojnie

leisure services committee *n* Admin komisja *f* do spraw rekreacji

leisure suit *n* US garnitur *m* sportowy

leisure time *n* czas *m* wolny

leisure wear *n* strój *m* sportowy

leitmotif, leitmotiv /ˈlaɪtməʊtiːf/ *n* motyw *m* przewodni, lejtmotyw *m*

LEM *n* = **lunar excursion module** lądownik *m* księżycowy

lemma /ˈlemə/ *n* [1] Math lemat *m* [2] Ling, Comput wyraz *m* hasłowy, hasło *n*

lemmatization /ˌlemətaɪˈzeɪʃn/ *n* Ling, Comput lematyzacja *f*, hasłowanie *n*

lemmatize /ˈlemətaɪz/ *vt* Ling, Comput hasłować

lemme /ˈlemɪ/ infml = **let me**

lemming /ˈlemɪŋ/ *n* Zool leming *m*; **a ~-like rush** fig owczy pęd; **they walked right into the trap like ~s** fig wpadli w pułapkę jak stado baranów infml

lemon /ˈlemən/ **I** *n* [1] (fruit) cytryna *f* [2] (colour) (kolor *m*) cytrynowy *m* [3] infml (idiot) głupek *m*; **to look/feel like a ~** wyglądać/poczuć się jak głupek [4] US infml (dud) (film, record) knot *m*; (car) grat *m*

II *modif [peel, drink, marmalade, grove]* cytrynowy; **~ pip/blossom** pestka/kwiat cytryny

III *adj [dress, colour]* cytrynowy

lemonade /ˌleməˈneɪd/ *n* (fizzy) lemoniada *f*; (with fresh fruit) napój *m* cytrynowy

lemon balm *n* Bot melisa *f*

lemon cheese *n* GB Culin (also **lemon curd**) pasta *f* cytrynowa (do chleba)

lemon drop *n* landrynek *m* cytrynowy, landrynka *f* cytrynowa

lemon-flavoured GB, **lemon-flavored** US /ˈlemənfleɪvəd/ *adj [sweet, ice-cream]* o smaku cytrynowym

lemon grass *n* Bot palczatka *f* cytrynowa

lemon juice *n* sok *m* z cytryny; GB (drink) sok *m* cytrynowy

lemon law *n* US infml prawo *n* zwrotu towaru w ramach gwarancji

lemon sole *n* GB sola *f*

lemon squash *n* GB ≈ koncentrat *m* cytrynowy

lemon squeezer *n* wyciskacz *m* do cytryn

lemon tea *n* (lemon-flavoured) herbata *f* cytrynowa; (with a slice of lemon) herbata *f* z cytryną

lemon tree *n* drzewo *n* cytrynowe

lemon verbena *n* Bot lippia *f* trójlistna, cukrownica *f* trójlistna, miłowonka *f* właściwa

lemon yellow **I** *n* (kolor *m*) cytrynowy *m* **II** *adj* cytrynowy

lemur /ˈliːmə(r)/ *n* Zool lemur *m*

lend /lend/ (*pt, pp* **lent**) **I** *vt* [1] (loan) pożycz|yć, -ać *[money, object]*; **to ~ sb sth, to ~ sth to sb** pożyczyć coś komuś; **I lent Robert my bike, I lent my bike to Robert** pożyczyłem rower Robertowi; **I've been lent a bicycle by Adam** Adam pożyczył mi rower; **I've been lent a bicycle** pożyczono mi rower; **to ~ money at 15 per cent** pożyczać pieniądze na 15 procent [2] (add, provide), przyda|ć, -wać (czegoś), dod|ać, -wać (czegoś), nada|ć, -wać *[importance, quality, character, weight]* **(to sb/sth** komuś/czemuś); **this ~s an air of mystery to the scene** to przydaje or dodaje tej scenie tajemniczości; **to ~ support to sb** udzielić komuś poparcia; **the fact ~s support to her opinion** ten fakt potwierdza jej opinię; **to ~ an ear to sb/sth** wysłuchać kogoś/czegoś; **to ~ sb a hand (with sth)** pomóc komuś (w czymś); **to ~ one's name to a project** firmować projekt swoim nazwiskiem; **to ~ weight to sth** przydać czemuś wagi

II *vi* Fin udziel|ić, -ać kredytu **(to sb** komuś); **to ~ at 15 per cent** udzielić kredytu na 15 procent; **to ~ against sth** udzielić kredytu pod zastaw czegoś

III *vr* **to ~ itself** *[book, situation]* nadawać się **(to sth** do czegoś); **her novels do not ~ themselves to being filmed** jej powieści nie nadają się do ekranizacji; **the problem does not ~ itself to a simple solution** tego problemu nie da się rozwiązać w prosty sposób; **the novel ~s itself to such an interpretation** tę powieść można interpretować w taki sposób

■ **lend out**: **~ out [sth], ~ [sth] out** wypożycz|yć, -ać *[books, videos, tools]* **(to sb** komuś)

lender /ˈlendə(r)/ *n* Fin pożyczkodawca *m*, kredytodawca *m*; **mortgage ~** instytucja udzielająca kredytów hipotecznych

lending /ˈlendɪŋ/ **I** *n* (of books, videos, bicycles) wypożyczanie *n*; Fin udzielanie *n* pożyczek or kredytów

II *modif* Fin *[agreement, bank, scheme, society]* kredytowy; **~ figures** ilość udzielanych kredytów; **~ limit** pułap kredytu; **~ rate** stopa oprocentowania kredytów

lending library *n* wypożyczalnia *f* (książek)

lend-lease /ˈlendliːs/ *n* Hist lend-lease *m inv (akt zezwalający prezydentowi USA na dostarczanie broni państwom alianckim)*

length /leŋθ/ **I** *n* [1] (linear measurement) długość *f*; **what is the ~ of the plank?, what length is the ~?** jaka jest długość tej deski?, jakiej długości jest ta deska?; **cut the fabric to a ~ of two metres** odetnij 2 metry materiału; **what ~ of rope/material do you need?** ile sznura /materiału potrzebujesz?; **to be 15 cm/50 km in ~** mieć 15 cm/50 km długości; **X is twice the ~ of Y** X jest dwa razy dłuższy niż Y; **the whole ~ of the street was planted with trees** wzdłuż całej ulicy posadzono drzewa; **she ran the (whole) ~ of the beach** przebiegła wzdłuż całej plaży; **he travelled the ~ and breadth of the country** zjeździł kraj wzdłuż i wszerz [2] (duration) (of book, film, waiting list, prison sentence) długość *f*; (of event, activity, situation) czas *m* trwania; Ling (of vowel, syllable) długość *f*; **~ of service** (of employee) staż pracy; **for the whole ~ of the ceremony** przez cały czas trwania uroczystości; **he slept throughout the ~ of the sermon** przespał całe kazanie; **what is the ~ of the film/the article?** jak długi jest ten film/artykuł?; **a film one hour in ~** film trwający godzinę; **a book 100 pages in ~** stustronicowa książka; **a speech of great ~** długa przemowa; **despite its three-hour ~, the play was enjoyable**

sztuka podobała mi się, chociaż trwała aż trzy godziny; **the thesis wasn't of sufficient ~** praca nie była wystarczająco długa; **a significant ~ of time** długi czas; **he spends a ridiculous ~ of time in the bathroom** przesiaduje w łazience nieprawdopodobnie długo; **he can't concentrate for any ~ of time** nie jest w stanie się skoncentrować dłużej; **I like visiting New York, but I wouldn't want to live there for any ~ of time** lubię odwiedzać Nowy Jork, ale nie chciałbym tam mieszkać nawet na krótko; **the ~ of time between two events** odstęp czasu pomiędzy dwoma wydarzeniami [3] (piece, section) (of string, cable, carpet, wood, fabric) kawałek *m*; (of river, road) odcinek *m*; (of piping, track) fragment *m*; **to cut sth into equal/short ~s** pociąć coś na równe/krótkie kawałki; **a six-metre ~ of rope** sznur długości sześciu metrów, sześć metrów sznura; **sold in ~s of five metres** *[wood, carpet]* sprzedawany w pięciometrowych kawałkach, sprzedawany po pięć metrów; **a ~ of cloth** kupon materiału; **a dress/skirt ~** kupon na sukienkę/spódnicę [4] Sport długość *f*; **to swim** or **do 20 ~s** przepłynąć 20 długości (basenu); **to win by six ~s /half a ~** wygrać o sześć długości/pół długości; **X's two-~ victory over Y** zwycięstwo X nad Y o dwie długości; **to have a four-~ advantage** or **lead over sb** prowadzić przed kimś or wyprzedzać kogoś o cztery długości; **the Italian horse is two ~s ahead/behind** włoski koń jest o dwie długości z przodu/w tyle

II lengths *npl* **to go to great ~s to do sth** zadać sobie wiele trudu, żeby coś zrobić; **she went to enormous ~s to help us** zadała sobie wiele trudu, żeby nam pomóc; **he'd go to any ~s to get what he wants** zrobi wszystko, żeby dostać to, czego chce; **I was shocked by the ~s he was prepared to go to** byłem wstrząśnięty tym, jak daleko gotów był się posunąć; **she went to the ~s of writing to the president** posunęła się nawet do tego, że napisała do prezydenta

III at length *adv phr* [1] (for a long time) **at some/great/excessive ~** *[discuss, explain]* dość/bardzo/zbyt obszernie; *[speak]* dość /bardzo/zbyt długo [2] (in detail) *[discuss, examine]* szczegółowo; **the problem has been examined at (great) ~** problem został (bardzo) szczegółowo zbadany [3] (finally) wreszcie, nareszcie; **at ~, he left** wreszcie wyszedł

IV -length *in combinations* **shoulder-~ hair** włosy do ramion; **a knee-~ skirt** spódnica do kolan; **calf-~ boots** buty do połowy łydki; **a medium-~ article** średniej długości artykuł; **floor-~ curtains** zasłony do samej podłogi → **full-length**

lengthen /ˈleŋθən/ **I** *vt* [1] podłuż|yć, -ać *[garment]*; przedłuż|yć, -ać *[wall, shelf, track]*; **to ~ sth by 10 centimetres** przedłużyć or podłużyć coś o 10 centymetrów; **to ~ sth from 15 to 20 metres** przedłużyć coś z 15 do 20 metrów [2] przedłuż|yć, -ać *[stay, visit]*; wydłuż|yć, -ać *[waiting period, queue, list]*; **to ~ the waiting period from three years to four years** wydłużyć okres oczekiwania z trzech do czterech lat [3] Ling wzdłuż|yć, -ać *[vowel, syllable]*

II *vi* [1] *[queue, list, bone, shadow]* wydłuż|yć, -ać się; **skirts have ~ed over the past few years** od kilku lat nosi się dłuższe spódnice; **to ~ from 12 to 15 centimetres** wydłużyć się z 12 do 15 centymetrów [2] *[days, nights]* wydłuż|yć, -ać się; *[visit, silence]* przedłuż|yć, -ać się, przeciąg|nąć, -ać się; **the minutes ~ed into hours** minuty zamieniały się w godziny; **the intervals between her visits/migraines are ~ing** odstępy między jej wizytami/atakami migreny są coraz dłuższe

lengthily /ˈleŋθɪlɪ/ *adv [speak, explain]* rozwlekle

lengthways /ˈleŋθweɪz/ *adv* GB = **lengthwise**

lengthwise /ˈleŋθwaɪz/ *adv* GB *[cut, fold, place]* wzdłuż

lengthy /ˈleŋθɪ/ *adj* [1] (too long) *[visit, journey, process]* przydługi; (quite long) *[visit, journey, process]* dość długi; **the treatment can be quite ~** leczenie może trochę potrwać [2] (tedious) *[book, speech]* rozwlekły; **the novel is quite ~ in places** ta powieść jest miejscami rozwlekła

lenience /ˈliːnɪəns/ *n* (of person, institution) pobłażliwość *f*, wyrozumiałość *f* **(with** or **towards sb** dla or wobec kogoś); (of punishment, sentence) łagodność *f*; **to show sb ~** okazać komuś pobłażliwość or wyrozumiałość

leniency /ˈliːnɪənsɪ/ *n* = **lenience**

lenient /ˈliːnɪənt/ *adj [person, attitude]* pobłażliwy, wyrozumiały **(with** or **towards sb** dla or wobec kogoś); *[punishment, treatment]* łagodny

leniently /ˈliːnɪəntlɪ/ *adj* łagodnie, pobłażliwie

Lenin /ˈlenɪn/ *prn* Lenin *m*

Leninism /ˈlenɪnɪzəm/ *n* leninizm *m*

Leninist /ˈlenɪnɪst/ **I** *n* leninowiec *m*

II *adj* leninowski

lens /lenz/ *n* (*pl* **~es**) [1] (in optical instruments) soczewka *f*; (in glasses) szkło *n*; (in telescope, camera) obiektyw *m*; **contact ~es** szkła kontaktowe; **long ~** Phot, TV teleobiektyw, obiektyw o długiej ogniskowej; **hard/soft ~es** twarde/miękkie szkła or soczewki [2] Anat soczewka *f*

lens cap *n* osłona *f* obiektywu

lens field *n* pole *n* obiektywu

lens hood *n* osłona *f* przeciwsłoneczna obiektywu

lent /lent/ *pt, pp* → **lend**

Lent /lent/ *n* Wielki Post *m*; **to observe ~** zachować post; **to give up sth for ~** zrezygnować z czegoś przez okres Wielkiego Postu

Lenten /ˈlentən/ *adj* liter (pertaining to Lent) wielkopostny; (meagre) *[food]* postny; (mournful) *[expression, mood]* smutny

lentil /ˈlentl/ **I** *n* soczewica *f*; **red/green /brown ~s** soczewica czerwona/zielona /brązowa

II *modif* **~ soup** zupa z soczewicy

lentivirus /ˈlentɪvaɪərəs/ *n* Med lentiwirus *m*

Lent term *n* GB Univ drugi trymestr *m*

Leo /ˈliːəʊ/ *prn* [1] Astrol, Astron Lew *m* [2] (name) Leon *m*

Leonardo (da Vinci) /liːəˌnɑːdəʊdəˈvɪntʃɪ/ *prn* Leonardo *m* da Vinci

leonine /ˈliːənaɪn/ *adj* lwi

leopard /ˈlepəd/ **I** *n* pantera *f*, lampart *m*, leopard *m*

II *modif* **~ cub** młode pantery or lamparta

IDIOMS: **a ~ cannot change his spots** Prov natura ciągnie wilka do lasu

leopardess /ˈlepədɪs/ *n* samica *f* pantery or leoparda, lamparcica *f*

leopardskin /ˈlepədskɪn/ **I** *n* (pelt) lamparcia skóra *f*; (fur) lamparcie futro *n*

II *modif [garment, rug]* z lamparciej skóry, z lamparciego futra; **~ pattern** deseń w cętki

leotard /ˈliːətɑːd/ *n* trykot *m*

leper /ˈlepə(r)/ *n* trędowat|y *m*, -a *f* also fig

leper colony *n* kolonia *f* trędowatych, leprozorium *n*

lepidoptera /ˌlepɪˈdɒptərə/ *npl* Zool łuskoskrzydłe *m pl*

leprechaun /ˈleprəkɔːn/ *n* krasnal *m (w folklorze irlandzkim)*

leprosy /ˈleprəsɪ/ *n* trąd *m*, lepra *f*

leprous /ˈleprəs/ *adj [person]* trędowaty; *[body]* zaatakowany przez trąd; *[sore, scab]* trądowy

lepton /ˈleptɒn/ *n* Phys lepton *m*

lesbian /ˈlezbɪən/ **I** *n* lesbijka *f*

II *adj* lesbijski; **~ feminist** feministka lesbijka

lesbianism /ˈlezbɪənɪzəm/ *n* homoseksualizm *m* kobiecy; safizm *m* ra

lèse-majesté /ˌleɪzˈmæʒəstɪ/ *n* = **lese-majesty**

lese-majesty /ˌliːzˈmædʒəstɪ/ *n* Jur (insult) obraza *f* majestatu also hum; fig dezynwoltura *f*; (treason) zdrada *f* stanu

lesion /ˈliːʒn/ *n* [1] (wound) rana *f* [2] (in disease) zmiana *f*

Lesotho /lɪˈsuːtʊ, ləˈsəʊtʊ/ *prn* Lesot(h)o *n inv*

less /les/ (*comp of* **little**) **I** *quantif* mniej (czegoś); **~ beer/information/money** mniej piwa/informacji/pieniędzy; **I have ~ money than you** mam mniej pieniędzy niż ty; **it took ~ time than we expected** zabrało to mniej czasu, niż się spodziewaliśmy; **I have ~ time for reading than I used to** mam mniej czasu na czytanie niż kiedyś; **of ~ value/importance** o mniejszej wartości/wadze; **to grow ~** zmniejszać się

II *pron* mniej; **I have ~ than you** mam mniej niż ty or od ciebie; **~ than half** mniej niż połowa; **in ~ than three hours** za mniej niż trzy godziny; **in ~ than no time** w mig, migiem; **13 is ~ than 18** 13 to mniej niż 18; **a sum not ~ than £1,000** suma nie mniejsza niż 1 000 funtów; **he was ~ than honest/helpful** nie był ani trochę uczciwy/pomocny; **it's an improvement, but ~ than I had hoped for** to postęp, ale nie taki, jakiego się spodziewałem; **he's nothing ~ than a common criminal** jest po prostu pospolitym przestępcą; **nothing ~ than a written proof will satisfy them** zadowolić ich może tylko dowód na piśmie; **it's nothing ~**

L

than a scandal! to po prostu skandal!, to zakrawa na skandal!; **they want nothing ~ than the best** chcą tylko tego, co najlepsze; **I offered £800 for the car but they let me have it for ~** zaproponowałem 800 funtów za samochód, ale sprzedali mi za mniej; **he's ~ of a fool than you think** nie jest takim głupcem, za jakiego go uważasz; **I think no ~ of her for that** wcale przez to nie myślę o niej gorzej; **the ~ she knows about it the better** im mniej na ten temat wie, tym lepiej; **the ~ said about it the better** im mniej się o tym mówi, tym lepiej; **I want £100 and not a penny ~!** chcę 100 funtów i ani grosza mniej!; **people have been shot for ~!** fig za coś takiego niejednego powiesili! fig; **~ of your impudence!** mam dość twojej bezczelności!; **~ of that!** (to child misbehaving) dość (już) tego!

III *adv* mniej; **I read ~ these days** ostatnio mniej czytam; **I liked it ~ than you did** podobało mi się mniej niż tobie; **I dislike him no ~ than you do** nie lubię go tak samo jak ty; **that's ~ urgent /serious** to nie jest tak or takie pilne /poważne; **much ~ important** dużo mniej ważne; **it matters ~ than it did before** to ma teraz mniejsze znaczenie niż dawniej; **it's ~ complicated than you think** to mniej skomplikowane, niż ci się wydaje; **she's no ~ qualified than you** ma nie gorsze kwalifikacje niż ty; **it's ~ a village than a town** to raczej miasto niż wioska; **the more I see him, the ~ I like him** im częściej go widuję, tym mniej go lubię; **no ~ than 30 people/85%** nie mniej niż or co najmniej 30 osób/85%; **they live in Kensington, no ~!** mieszkają ni mniej, ni więcej tylko w Kensington; **no ~ a person than the emperor** sam cesarz; **he was ~ offended than shocked** był nie tyle obrażony, ile zaszokowany; **she wasn't any the ~ happy** wcale się nie zmartwiła; **much/still/even ~** dużo/jeszcze/nawet mniej; **he can't afford to rent a house, much ~ buy one** nie stać go na wynajęcie domu, a tym bardziej na kupno

IV *prep* **~ 15% discount** minus 15% rabatu; **a salary of £20,000, ~ tax** roczny dochód w wysokości 20 000 funtów minus podatek

V less and less *adj phr, adv phr* coraz mniej (i mniej); **~ and ~ money/time** coraz mniej pieniędzy/czasu; **~ and ~ busy** coraz mniej zajęty; **~ and ~ often** coraz rzadziej; **we earn ~ and ~** zarabiamy coraz mniej

lessee /le'siː/ *n* Jur najemca *m*

lessen /'lesn/ **I** *vt* zmniejsz|yć, -ać *[risk]*; zmniejsz|yć, -ać, osłabi|ć, -ać *[affection, love, effect, impact, influence, pressure]*; z|łagodzić *[damage, punishment]*; z|łagodzić, uśmierz|yć, -ać *[pain]*; obniż|yć, -ać *[cost, production]*; **to ~ the need for sth** zmniejszyć zapotrzebowanie na coś

II *vi [noise]* przycich|nąć, -ać, cichnąć; *[pain]* zmniejsz|yć, -ać się; *[interest, excitement, tension]* o|słabnąć, z|maleć

lessening /'lesnɪŋ/ *n* osłabnięcie *n*, zmniejszenie się *n*; **the ~ of tension** Pol zmniejszenie napięcia, odprężenie

lesser /'lesə(r)/ *adj* (in amount, size) *[amount, talent]* mniejszy; (in importance) *[artist]* pomniejszy; *[life form]* niższy; **to a ~ degree** or **extent** w mniejszym stopniu; **a ~ being/mortal** istota niższa; **we ~ mortals** hum my, zwykli śmiertelnicy; **a ~ offence/crime** mniej poważne wykroczenie/przestępstwo; **a ~ man than you would have given up the struggle** ktoś inny poddałby się, człowiek mniejszego kalibru poddałby się; **the ~ works of an artist** mniej ważne dzieła artysty

lesson /'lesn/ *n* [1] (class, period) lekcja *f*; **~s start at nine o'clock** lekcje zaczynają się o dziewiątej; **a French/piano ~** lekcja francuskiego/fortepianu; **to give ~s in sth** uczyć czegoś, udzielać lekcji czegoś; **to take ~s in sth** uczyć się czegoś, brać lekcje czegoś; **~ three covers the past tense** (in textbook) lekcja trzecia dotyczy czasu przeszłego [2] Relig lekcja *f*; **to read the ~** czytać lekcję [3] fig lekcja *f*, nauczka *f*; **let that be a ~ to you!** niech to będzie dla ciebie lekcją or nauczką!; **there is a ~ to be drawn from this** z tego płynie nauka; **I've learned my ~!** dostałem nauczkę!; **she needs to be taught a ~!** trzeba jej dać nauczkę!; **that'll teach you a ~!** będziesz miał nauczkę!; **it was a ~ to us all** to była dla nas wszystkich nauczka or lekcja

lesson plan *n* plan *m* lekcji

lessor /le'sɔː(r)/ *n* Jur wynajmujący *m* *(komuś)*

lest /lest/ *conj* fml [1] (to prevent) żeby nie; **I did not tell them the truth ~ I should offend them** nie powiedziałem im prawdy, żeby ich nie obrazić; **~ there should be any misunderstanding** żeby nie było nieporozumień [2] (in case) w razie gdyby, na wypadek gdyby; **~ he be a spy** na wypadek, gdyby okazał się szpiegiem; **~ anyone should ask you** w razie, gdyby ktoś cię pytał

let[1] /let/ **I** *n* GB (lease) (period) okres *m* wynajmu; (room) pokój *m* do wynajęcia; (house) dom *m* do wynajęcia; **to take a three-year ~ on a house** wynająć dom na trzy lata; **they specialize in holiday ~s** specjalizują się w wynajmie kwater i domów na wakacje

II *vt* (*prp* **-tt-;** *pt, pp* **let**) [1] (when making suggestion) **~'s go** chodźmy; **~'s give it a try** spróbujmy; **~'s go for a swim** chodźmy popływać; **'~'s play dominoes!' – 'yes, ~'s'** „zagrajmy w domino" – „doskonale"; **~'s ask Adam** zapytajmy Adama; **~'s not talk about that!, don't ~'s talk about that!** GB nie mówmy o tym!; **~ us pray** módlmy się; **~'s face it, you were wrong** spójrzmy prawdzie w oczy, myliłeś się; **~'s see if...** zobaczmy, czy...; **~'s assume that...** załóżmy, że... [2] (hedging) **~ me see, ~'s see...** (let me think) niech pomyślę...; **it was – ~ me think – about 8 pm** to było, niech pomyślę, około 8 wieczorem; **~ me think about it** muszę się nad tym zastanowić; **~'s say (that)...** powiedzmy, że...; **it's more complex than, ~'s say, a computer** to jest bardziej skomplikowane niż, powiedzmy, komputer; **~'s say she wasn't amused** powiedzmy, że nie była zachwycona [3] (expressing defiance or a command) **~ everyone make up his own mind** niech każdy sam zadecyduje; **~ that be a lesson to you!** niech to będzie dla ciebie nauczką!; **~ there be no doubt about it!** niech to będzie jasne!; **~ them think what they want!** niech sobie myślą, co chcą!; **'people will talk' – '~ them (talk)'** „ludzie będą gadać" – „a niech sobie gadają"; **~ there be light** Bible niech się stanie światło; **just ~ him try it!** niech tylko spróbuje!; **if he wants tea, ~ him make it himself!** jeśli chce herbaty, niech sobie sam zrobi!; **never ~ it be said that...** oby nikt nigdy nie powiedział, że...; **~ me tell you...** posłuchaj...; **~ y = 25** Math niech y = 25; **~ the line AB intersect CD** Math niech linia AB przecina linię CD [4] (allow) **to ~ sb do sth** pozwolić komuś coś robić or na zrobienie czegoś, dać komuś coś zrobić; **she ~s them do what they like** pozwala im robić, co się im podoba, pozwala im na wszystko; **she wanted to leave but they didn't ~ her** chciała wyjść, ale jej nie pozwolili or dali; **her pride won't ~ her admit she made a mistake** duma nie pozwala jej przyznać się do błędu; **you shouldn't ~ her talk to you like that** nie powinieneś pozwalać, żeby się do ciebie tak odzywała; **~ me go first** pozwól, że pójdę przodem or pierwszy; **~ me pay (for dinner)** pozwól, że zapłacę (za kolację); **~ me explain** pozwól, że wyjaśnię, daj mi wyjaśnić; **she let herself be intimidated** dała się zastraszyć; **don't ~ them see you crying** niech nie widzą, że płaczesz; **don't ~ them think that...** niech nie myślą, że...; **don't ~ it get you down** nie pozwól, żeby to cię załamało; **don't ~ me forget to send the letter** przypomnij mi, żeby wysłać list; **don't ~ me catch you here again!** żebym cię tu nigdy więcej nie widział!; **~ me see, ~ me have a look** pozwól, że spojrzę; **~ me ask you...** pozwól, że zapytam...; **~ me introduce you to Anna** pozwól, że przedstawię ci Annę; **can you ~ me have it in writing?** czy możesz mi to dać na piśmie?; **~ me have your answer tomorrow!** daj mi odpowiedź jutro!; **~ me know if there are any problems** daj mi znać, jeśli będą jakieś problemy; **he let it be known that...** dawał do zrozumienia, że...; **don't ~ it be known that...** nie pozwól, żeby się dowiedziano, że...; **~ them have it!** (od)daj im to!; fig infml (shoot) rąbnij ich! infml; (attack verbally) dołóż im!, dowal im! infml; **to ~ sth fall** upuścić coś; **don't ~ the milk boil over!** pilnuj, żeby mleko nie wykipiało!; **to ~ one's hair/beard grow** zapuścić włosy/brodę [5] (allow free movement or passage to) **to ~ sb through** przepuścić kogoś; **please ~ me pass** proszę pozwolić mi przejść, proszę mnie przepuścić; **to ~ sb on/off the bus** wpuścić kogoś do /wysadzić kogoś z autobusu; **can you ~ me off here?** czy możesz wysadzić mnie tutaj?; **she won't ~ him in/out of the**

house nie wpuszcza go do domu/nie wypuszcza go z domu; **I ~ myself in** otworzyłem sobie drzwi; **to ~ air into a room** przewietrzyć pokój; **draw the curtains and ~ some light in** odsłoń zasłony i wpuść trochę światła; **to ~ the air out of a tyre/balloon** wypuścić or spuścić powietrze z opony/balonu; **to ~ blood** Med dat puszczać krew [6] (lease) (also GB **~ out**) wynaj|ąć, -mować; **to ~ sth to sb** wynająć coś komuś; **'room to ~'** „pokój do wynajęcia"; **'to ~'** „do wynajęcia" [7] (insert, inlay) **to ~ a door/window into a wall** wmontować drzwi/okno w ścianę

III let alone *conj phr* a tym bardziej, a co dopiero; **she is too ill to stand ~ alone walk** jest zbyt chora, żeby stanąć, a co dopiero chodzić; **he couldn't look after the cat ~ alone a child** nie potrafił zająć się kotem, a co dopiero dzieckiem

■ **let down**: ¶ **~ [sb] down** [1] (disappoint) zaw|ieść, -odzić, z|robić (komuś) zawód; **it has never let me down** to mnie jeszcze nigdy nie zawiodło; **don't ~ me down!** nie zawiedź mnie!, nie spraw mi zawodu!; **the refugees feel they've been let down** uchodźcy czują się opuszczeni; **to ~ sb down gently** fig potraktować kogoś łagodnie → **side** [2] (embarrass) przyn|ieść, -osić (komuś) wstyd; **her spelling ~s her down** nieznajomość ortografii przynosi jej wstyd ¶ **~ down [sth], ~ [sth] down** [1] GB (deflate) spu|ścić, -szczać or wypu|ścić, -szczać powietrze z (czegoś) *[tyre]* [2] (lower) spu|ścić, -szczać *[bucket, rope]*; opu|ścić, -szczać *[window]* [3] (lengthen) podłuż|yć, -ać *[dress]*; rozpu|ścić, -szczać, odpruć *[hem]* [4] (leave loose) rozpu|ścić, -szczać *[hair]* → **hair**

■ **let go**: ¶ **~ go** pu|ścić, -szczać, wypu|ścić, -szczać; **to ~ go of sb/sth** puścić kogoś/coś; **he just can't ~ go** fig on nie potrafi zapomnieć ¶ **~ go [sb], ~ [sb] go** [1] (free) wypu|ścić, -szczać *[hostage, suspect, prisoner]* [2] (release hold on) pu|ścić, -szczać *[person, sleeve, arm]*; **~ me go!, ~ go of me!** puść or puszczaj mnie! [3] euph (make redundant) zw|olnić, -alniać *[employee]*; **to be ~ go** zostać zwolnionym [4] **to ~ oneself go** (show one's feelings) nie skrywać swoich uczuć; (relax) rozluźni|ć, -ać się; (neglect oneself) zaniedb|ać, -ywać się ¶ **~ go [sth], ~ [sth] go** [1] (release hold on) pu|ścić, -szczać *[rope, bar]* [2] infml (sell) sprzeda|ć, -wać; **to ~ sth go for £2** sprzedać coś za dwa funty [3] fig **to ~ it go** odpuścić (sobie) infml; **we'll ~ it go at that** na tym poprzestańmy

■ **let in**: ¶ **~ in [sth], ~ [sth] in** [1] (allow to enter) *[roof, window]* przepu|ścić, -szczać *[water, light]* [2] Sport odda|ć, -wać *[goal]* [3] GB Aut **to ~ in the clutch** wcisnąć sprzęgło ¶ **~ in [sb], ~ [sb] in** [1] (allow to enter) wpu|ścić, -szczać; (open the door for) otw|orzyć, -ierać (komuś); **here's the key, ~ yourself in** oto klucz, sam sobie otwórz; **don't ~ the cat in!** nie wpuszczaj kota! [2] **to ~ oneself in for sth** (expose oneself to) narażać się na coś *[trouble, problems, disappointment]*; **she doesn't know what she's ~ting herself in for** nie wie, na co się naraża; nie wie, w co się pakuje infml [3] **to ~ sb in on sth, to ~ sb into sth** wtajemniczyć kogoś w coś *[plan, deal, joke]*; **I'll ~ you in on a secret** powiem ci coś w sekrecie or w tajemnicy

■ **let off**: ¶ **~ off [sth]** pu|ścić, -szczać *[fireworks]*; odpal|ić, -ać, z|detonować *[device, bomb]*; wy|strzelić z (czegoś) *[rifle, gun]* → **hook, steam** ¶ **~ off [sth], ~ [sth] off** (lease) wynaj|ąć, -mować *[house, room]* **(to sb** komuś**)** ¶ **~ [sb] off** [1] GB Sch (send home) zw|olnić, -alniać *[pupils]* [2] (excuse) **to ~ sb off sth/doing sth** zwolnić kogoś z (robienia) czegoś *[lessons, homework, chores]*; **I'll ~ you off the 80 pence** daruję ci te 80 pensów [3] (leave unpunished) darow|ać, -ywać (komuś) *[culprit]*; **to ~ sb off with a reprimand/a fine** ukarać kogoś jedynie naganą/grzywną; **to ~ sb off lightly** potraktować kogoś łagodnie

■ **let on** [1] (reveal) wygadać się **(to sb** komuś**)**; zdradz|ić, -ać się **(to sb** przed kimś**)**; **to ~ on about sth** wygadać się or zdradzić się z czymś; **don't ~ on that you speak German** nie zdradź się, że mówisz po niemiecku; **she misses them more than she ~s on** nie okazuje, jak bardzo za nimi tęskni [2] GB (pretend) uda|ć, -wać; **he ~ on that he didn't care** udawał, że nic go nie obchodzi

■ **let out**: ¶ **~ out** US *[movie, school]* s|kończyć się; **the play ~s out at 10 pm** sztuka kończy się o 22.00 ¶ **~ out [sth]** [1] (emit) wyda|ć, -wać *[cry, scream, sigh]*; **to ~ out a roar** ryknąć [2] GB (reveal) wygadać, zdradz|ić, -ać *[secret]*; **to ~ out that...** wygadać (się) or zdradzić, że... ¶ **~ out [sth], ~ [sth] out** [1] (release) wypu|ścić, -szczać *[animal, heat]*; **~ your breath out slowly** wolno wypuszczaj powietrze; **someone ~ the air out of my tyres** ktoś spuścił mi powietrze z kół → **cat** [2] (show) da|ć, -wać wyraz (czemuś) *[grief, anger]* [3] Aut **to ~ out the clutch** zwolnić sprzęgło [4] Sewing poszerz|yć, -ać *[jacket, skirt]*; wypu|ścić, -szczać *[waistband]*; **to ~ a seam out** popuścić w szwie [5] GB (lease) wynaj|ąć, -mować *[room, building]* ¶ **~ [sb] out** [1] (release) wypu|ścić, -szczać *[prisoner]*; zw|olnić, -alniać *[pupils, employees]*; **he'll be soon ~ out of prison** wkrótce wyjdzie z więzienia; **would you ~ me out by the library?** czy wysadzisz mnie przed biblioteką? [2] (show out) odprowadz|ić, -ać do drzwi, wypu|ścić, -szczać; **don't trouble to see me to the door, I'll ~ myself out** nie odprowadzaj mnie do drzwi, sam znajdę drogę

■ **let through**: ¶ **~ through [sb], ~ [sb] through** [1] (in crowd) przepu|ścić, -szczać [2] Sch, Univ przepu|ścić, -szczać *[student]*; **to ~ sb through an examination** zaliczyć komuś egzamin ¶ **~ through [sth], ~ [sth] through** przepu|ścić, -szczać, nie zauważ|yć, -ać (czegoś) *[error, defective item]*

■ **let up** [1] (ease off) *[rain]* usta|ć, -wać; *[heat, wind]* o|słabnąć; *[pressure]* zelżeć [2] (stop) *[conversation]* u|milknąć; **the dog barked all night without ~ting up** pies szczekał przez całą noc bez przerwy; **he never ~s up** (works hard, exerts pressure) nigdy nie popuszcza infml; (talks constantly) usta mu się nie zamykają; **she won't ~ up until she gets what she wants** nie popuści, aż dostanie to, czego chce [3] **to ~ up on sb** infml (be less severe) odpu|ścić, -szczać komuś infml

let² /let/ *n* [1] Sport net *m*; **to serve a ~** trafić w siatkę [2] Jur → **hindrance**

letdown /ˈletdaʊn/ *n* [1] (disappointment) rozczarowanie *n*, zawód *m*; **the ending of the film is a bit of a ~** zakończenie filmu trochę rozczarowuje [2] Aviat schodzenie *n*, wytracanie *n* wysokości

lethal /ˈliːθl/ *adj* [1] (fatal) *[poison, dose, effect, wound, disease, blow]* śmiertelny; *[weapon, gas, bacteria]* śmiercionośny [2] (dangerous) *[toy, implement, stretch of road]* bardzo niebezpieczny; *[assassin, scorer, opponent]* niezwykle groźny; **to deal a ~ blow to sb's hopes** zniweczyć nadzieje kogoś, odebrać komuś ostatnią nadzieję; **a ~ cocktail** or **mixture** (drink) zabójcza mieszanka; (of people) fig mieszanka wybuchowa fig; **when it comes to getting what she wants, she's ~** gdy chce czegoś, idzie do celu po trupach; **your driving is ~** prowadzisz bardzo niebezpiecznie

lethargic /lɪˈθɑːdʒɪk/ *adj* [1] *[person, animal]* w śnie letargicznym [2] fig (lazy) *[person, movement]* ospały, apatyczny; *[feeling]* gnuśny; **to feel ~** nie mieć energii; **to become ~** stać się ospałym or ociężałym

lethargically /lɪˈθɑːdʒɪklɪ/ *adv* *[move, work]* niemrawo; *[look, sit, reply]* apatycznie

lethargy /ˈleθədʒɪ/ *n* letarg *m* also fig; bezwład *m* fig

let-out /ˈletaʊt/ *n* infml wykręt *m*, wymówka *f*

let-out clause *n* Jur klauzula *f* derogacyjna

let's /lets/ = **let us**

Lett /let/ *n* Łotysz *m*, -ka *f*

letter /ˈletə(r)/ **I** *n* [1] (item of correspondence) list *m*; **a ~ to sb/from sb** list do kogoś/od kogoś; **a ~ of introduction** or **recommendation** list polecający; **a ~ of apology/resignation** przeprosiny/rezygnacja na piśmie; **to write/send sb a ~** napisać/wysłać do kogoś list; **to inform sb by ~** poinformować kogoś listownie; **~s to the editor** Journ listy do redakcji; **the ~s of Virginia Woolf** listy or korespondencja Virginii Woolf [2] (of alphabet) litera *f*; **the ~ A** litera A; **to write sth in big ~s** napisać coś dużymi literami; **to have a lot of ~s after one's name** infml mieć mnóstwo tytułów; **the ~ of the law** litera prawa [3] US Sport *odznaka sportowa w formie pierwszej litery nazwy szkoły*

II letters *npl* (literature) literatura *f* (piękna); **academy of ~s** akademia literatury; **a man/woman of ~s** (writer) literat/literatka; człowiek pióra liter; (critic) znawca/znawczyni literatury

III *vt* [1] (classify) oznacz|yć, -ać literą *[files, photograph, diagram]*; **the rows are ~ed from A to P** rzędy są oznaczone literami od A do P [2] (write) wypis|ać, -ywać *[invitation, card]*; ozd|obić, -abiać inskrypcją *[trophy, silverware]*; (print) wy|drukować *[title]*; (impress) wytł|oczyć, -aczać; **to be ~ed in gold/ink** być opatrzonym inskrypcją w złocie/wypisaną atramentem

IV *vi* US Univ **to ~ in basketball** zdobyć odznakę szkoły w koszykówce

IDIOMS: **to respect the ~, if not the spirit, of the law** przestrzegać litery, jeśli nie ducha, prawa; **to follow instructions to the ~** przestrzegać instrukcji co do joty

letter bomb *n* przesyłka *f* pocztowa z materiałem wybuchowym

letter box *n* (for posting) skrzynka *f* pocztowa; (for delivery) skrzynka *f* na listy

lettered /ˈletəd/ *adj* 1 dat *[person]* (well educated) wykształcony; (well read) oczytany 2 **badly/carefully ~** niestarannie/starannie napisany; **a brightly ~ poster** plakat z jaskrawymi literami

letterhead /ˈletəhed/ *n* (heading) nagłówek *m (na papierze firmowym)*; (paper) papier *m* firmowy

lettering /ˈletərɪŋ/ *n* (words) litery *f pl*; (technique) liternictwo *n*

letterman /ˈletəmæn/ *n* US Univ zdobywca *m* odznaki sportowej

letter of credit *n* Fin akredytywa *f*

letter of intent *n* list *m* intencyjny

letter opener *n* nóż *m* do papieru

letter-perfect /ˌletəˈpɜːfɪkt/ *adj* US *[piece of work, essay]* perfekcyjny, bezbłędny; **to be ~** Theat mieć rolę wykutą na blachę infml

letter post *n* Post opłata *f* pocztowa, porto *n inv*; **to send sth by ~** wysłać coś jako list

letterpress /ˈletəpres/ *n* Print 1 (method) druk *m*, wypukły, typografia *f* 2 (text) tekst *m* drukowany

letter-quality printer /ˌletəkwɒlətɪˈprɪntə(r)/ *n* Comput drukarka *f* o wysokiej jakości druku

letter rack *n* stojaczek *m* na korespondencję

letters of credence *npl* listy *m pl* uwierzytelniające

letters page *n* Journ dział *m* listów do redakcji

letters patent *n* Jur dokument *m* nadania praw

letter-writer /ˈletərraɪtə(r)/ *n* autor *m* listów; **I'm not much of a ~** niezbyt lubię pisać listy

letting /ˈletɪŋ/ *n* GB 1 (property for lease) (house) dom *m* do wynajęcia; (flat) mieszkanie *n* do wynajęcia; **furnished ~s** domy/mieszkania umeblowane do wynajęcia; **holiday ~s** pokoje i domy do wynajęcia 2 (leasing) wynajem *m* **(of sth** czegoś)

lettuce /ˈletɪs/ **I** *n* Bot, Culin sałata *f*; **a head of ~** główka sałaty

II *modif* **~ leaf** liść sałaty; **~ soup** zupa z liści sałaty

letup /ˈletʌp/ *n* 1 (reduction in intensity) (in demand) spadek *m* **(in sth** czegoś); (in fighting) ustawanie *n* **(in sth** czegoś) 2 (pause) **with no ~** bez przerwy, bez ustanku

leucocyte /ˈluːkəsaɪt/ *n* krwinka *f* biała, leukocyt *m*

leucotomy /luːˈkɒtəmɪ/ *n* leukotomia *f*

leuk(a)emia /luːˈkiːmɪə/ *n* białaczka *f*, leukemia *f*; **to have ~** chorować na białaczkę

leukocyte *n* = **leucocyte**

leukotomy *n* = **leucotomy**

Levant /lɪˈvænt/ *prn* **the ~** Lewant *m*

Levantine /lɪˈvæntaɪn/ *adj* lewantyński

levee[1] /ˈlevɪ/ *n* Hist (reception) (on rising) lever *m inv (przyjęcie podczas rannej toalety)*; (in afternoon) *popołudniowe przyjęcie tylko dla mężczyzn u członka rodziny królewskiej*

levee[2] /ˈlevɪ/ *n* US (embankment) grobla *f*; (along river) wał *m* przeciwpowodziowy; (quay) na(d)brzeże *n*

levée en masse /ˌlevɪɒnˈmæs/ *n* (*pl* **levées en masse**) = **levy in mass**

level /ˈlevl/ **I** *n* 1 (height) poziom *m*, wysokość *f*; **above/below the ~ of the window** powyżej/poniżej wysokości okna; **water ~** poziom wody; **at eye/shoulder ~** na wysokości oczu/ramion; **on a ~ with the first floor** na wysokości pierwszego piętra; **his window is on a ~ with ours** jego okno jest na tej samej wysokości co nasze; **at waist-/knee-~** na wysokości pasa/kolan; **at street ~** na poziomie or wysokości ulicy 2 (degree, amount) poziom *m*, stopień *m*; **glucose/cholesterol ~** poziom cukru/cholesterolu; **pollution has reached alarming ~s** zanieczyszczenie osiągnęło niepokojący poziom or stopień; **a high ~ of illiteracy** wysoki wskaźnik analfabetyzmu; **an intermediate ~ textbook** podręcznik dla średnio zaawansowanych; **that course is above/below your ~** to kurs na zbyt wysokim/niskim poziomie dla ciebie 3 fig (standard) poziom *m*; **the ~ of training/of service** poziom wyszkolenia/usług; **to be on the same ~ with sb/sth** być na tym samym poziomie co ktoś/coś; **to get** or **come down to sb's ~** zniżyć się do poziomu kogoś; **to talk to sb on their ~** rozmawiać z kimś jego językiem; **this is on a ~ with arson** to jest równoznaczne z podpaleniem; **how could you sink to such a ~?** jak mogłeś upaść tak nisko? → **A level, O level** 4 (rank) szczebel *m*; **at ministerial /cabinet ~** na szczeblu ministerialnym /rządowym; **at national/local ~** na szczeblu krajowym/lokalnym; **a top-~ meeting** spotkanie na najwyższym szczeblu 5 fig (plane) płaszczyzna *f*; **on a purely practical ~** na płaszczyźnie czysto praktycznej; **on a literary/musical ~** na płaszczyźnie literackiej/muzycznej 6 (of building, mine) poziom *m* 7 (tool) Constr, Tech poziomnica *f*, libella *f*; (for surveying) niwelator *m*

II levels *npl* Geog **the Somerset ~s** równina Somerset

III *adj* 1 (not at an angle) *[floor, surface]* poziomy; (not bumpy) *[ground]* równy; *[plain]* płaski; **a ~ teaspoon of flour** płaska łyżeczka mąki; **check that the worktop /shelf is ~** sprawdź, czy blat/półka jest poziomo or równo; **the picture is not ~** ten obrazek krzywo wisi; **hold the compass ~** trzymaj kompas poziomo 2 (equally high) równy; **is the hem ~?** czy dół jest równy?; **to be ~ (with sth)** być równo (z czymś); **the top of the tree was ~ with the roof** czubek drzewa był równo z dachem 3 fig (abreast, equal) *[race, score]* wyrównany; **the two teams were ~ at half-time** po pierwszej połowie obie drużyny miały tyle samo punktów; **as far as ability goes they're ~** pod względem zdolności są na tym samym poziomie; **to be ~ in popularity** cieszyć się taką samą popularnością 4 (stable) *[growth]* równomierny; **to remain ~** *[growth, figures]* utrzymywać się na tym samym poziomie 5 fig (even) *[look, tone, voice]* spokojny

IV *adv* (abreast) **to draw ~ (with sb)** *[competitors]* zrównać się (z kimś); **to be drawing ~ with sb** doganiać kogoś; **the pound is keeping ~ with the deutschmark** wartość funta utrzymuje się na tym samym poziomie co wartość marki niemieckiej

V *vt* (*prp, pt, pp* **-ll-** GB, **-l-** US) 1 (make flat, even) wyrówn|ać, -ywać *[ground, surface, score]* 2 (raze to ground) zrówn|ać, -ywać z ziemią *[building, village]*; s|pustoszyć *[area]* 3 (aim) **to ~ sth at sb** wycelować do kogoś z czegoś *[gun, weapon]*; skierować pod adresem kogoś *[accusation, criticism]*; wysunąć przeciwko komuś *[charges]*; **the criticism was ~led mainly at the board of directors** krytyka była skierowana głównie pod adresem zarządu 4 infml (knock down) powal|ić, -ać na ziemię *[opponent]*

■ **level down**: **~ down [sth], ~ [sth] down** wyrówn|ać, -ywać (w dół) *[incomes]*; **to ~ down sth to sth** zrównać coś z czymś

■ **level off**: ¶ **~ off** 1 *[prices, rate of growth]* u|stabilizować się; *[curve]* wyrówn|ać, -ywać się 2 *[plane, pilot]* wyrówn|ać, -ywać lot 3 *[path]* biec dalej po równym ¶ **~ off [sth], ~ [sth] off** wyrówn|ać, -ywać *[ground, floor, mortar]*

■ **level out** = **level off**

■ **level up**: **~ up [sth], ~ [sth] up** wyrówn|ać, -ywać (w górę) *[incomes]*

IDIOMS: **to be on the ~** (on level ground) stać na równym; (trustworthy) być uczciwym; **to ~ with sb** infml być uczciwym or szczerym wobec kogoś; **to keep a ~ head** myśleć trzeźwo, nie tracić głowy; **to try one's ~ best to do sth** dokładać wszelkich starań, żeby coś zrobić

level crossing *n* przejazd *m* kolejowy

level-headed /ˌlevlˈhedɪd/ *adj [person]* trzeźwo myślący; *[temperament]* zrównoważony; *[decision, answer]* rozsądny

level-headedness /ˌlevlˈhedɪdnɪs/ *n* zdrowy rozsądek *m*; (in crisis) opanowanie *n*, zimna krew *f*

leveller GB, **leveler** US /ˈlevələ(r)/ *n* liter **death is a great ~** śmierć wszystko równa

levelling /ˈlevəlɪŋ/ **I** *n* 1 (making flat) wyrównanie *n* 2 (razing to ground) zrównanie *n* z ziemią

II *modif* **~ effect/process** efekt/proces zrównywania

levelling-down /ˌlevəlɪŋˈdaʊn/ *n* równanie *n* w dół

levelling-off /ˌlevəlɪŋˈɒf, US -ˈɔːf/ *n* Econ ustabilizowanie się *n*

levelling rod *n* łata *f* or tyczka *f* niwelacyjna or miernicza

levelling screw *n* śruba *f* poziomująca

levelling staff *n* = **levelling rod**

levelling-up /ˌlevəlɪŋˈʌp/ *n* równanie *n* w górę

levelly /ˈlevəlɪ/ *adv [look]* spokojnie, obojętnie

level-peg /ˌlevlˈpeg/ *vi* (*prp, pt, pp* **-gg-**) GB **to be ~ging** *[competitors]* iść łeb w łeb
level playing field *n* Econ wyrównane szanse *f pl*; **to compete on a ~** konkurować jak równy z równym, mieć równe szanse
lever /ˈliːvə(r), US ˈlevər/ **I** *n* [1] Aut, Tech, Mech dźwignia *f*; (small) dźwigienka *f*; (for prising, lifting) lewar(ek) *m*; **gear ~** GB dźwignia (zmiany) biegów; **to pull a ~** pociągnąć za dźwignię [2] fig (also **bargaining ~**) środek *m* nacisku; **to use strike action as a ~** używać strajków jako środka nacisku
II *vt* [1] **to ~ sth off sth** usunąć coś z czegoś za pomocą dźwigni; **to ~ sth into position** przesunąć coś na miejsce za pomocą dźwigni; **to ~ sth open** otworzyć coś za pomocą dźwigni [2] fig **to ~ sb into a position of power** wywindować kogoś na stanowisko infml; **to ~ sb out of his position** wysadzić kogoś ze stanowiska or stołka infml
■ **lever up**: ¶ **~ up [sth], ~ [sth] up** podważ|yć, -ać *[lid, rock]* ¶ **~ up [sb], ~ [sb] up** un|ieść, -osić *[person]*
leverage /ˈliːvərɪdʒ, US ˈlev-/ **I** *n* [1] Phys przełożenie *n* dźwigni; **hold the bar at the end for better ~** trzymaj łom za koniec, żeby zwiększyć siłę nacisku [2] Econ, Pol wpływ *m*, zdolność *f* skutecznego wywierania nacisku **(on** or **over sb/sth** na kogoś /coś); **to use one's ~ with sb** wykorzystać możliwość nacisku na kogoś [3] Fin dźwignia *f* finansowa
II *vt* wyw|rzeć, -ierać nacisk na (kogoś/coś) *[person, organization]*
III leveraged *pp adj* Econ, Fin *[company]* zadłużony
leveraged buyout, LBO /ˌliːvərɪdʒdˈbaɪaʊt/ *n* Fin wykup *m* kredytowany
leveraged management buyout, LMBO *n* Fin wykup *m* kredytowany przedsiębiorstwa przez zarząd
leveret /ˈlevərɪt/ *n* młody zając *m*; kot *m* infml
leviathan /lɪˈvaɪəθn/ *n* Bible lewiatan *m*; fig (large organization) moloch *m*
Levi's® /ˈliːvaɪz/ *npl* lewisy *plt* infml
levitate /ˈlevɪteɪt/ **I** *vt* un|ieść, -osić siłą woli
II *vi* lewitować, unosić się w powietrzu
levitation /ˌlevɪˈteɪʃn/ *n* lewitacja *f*
Levite /ˈliːvaɪt/ *n* lewita *m*
Leviticus /lɪˈvɪtɪkəs/ *prn* Bible Księga *f* Kapłańska
levity /ˈlevətɪ/ *n* fml brak *m* powagi, beztroska *f*; **this is no occasion for ~** to nie jest odpowiedni moment do żartów
levy /ˈlevɪ/ **I** *n* [1] (tax) podatek *m* **(on sth** od czegoś); (contribution) składka *f*; (act of collecting) ściąganie *n* podatków or opłat; (act of imposing) opodatkowanie *n*; **to impose a ~ on sb/sth** opodatkować kogoś/coś, nałożyć podatek na kogoś/coś; **the strike was funded by a ~ on all members** strajk był wspomagany finansowo ze składek wszystkich członków; **import ~** opłata importowa; **agricultural/production ~** podatek od działalności rolniczej/produkcyjnej; **political ~** GB *składka płacona przez związkowców na rzecz Partii Pracy* [2] Mil Hist (conscription) zaciąg *m*; (troops) zaciąg *m*, wojsko *n* zaciężne
II *vt* [1] (impose) na|łożyć, -kładać *[tax, duty, payment]*; wymierz|yć, -ać *[fine]*; ustal|ić, -ać *[amount]*; (collect) ściąg|nąć, -ać, pob|rać, -ierać *[tax, payment]*; **to ~ a tax on sb /sth** nałożyć podatek na kogoś/coś, opodatkować kogoś/coś; **to ~ a fine on sb /sth** wymierzyć grzywnę komuś/za coś; **to ~ a subscription/fine/tax from sb** ściągnąć od kogoś składkę/grzywnę/podatek [2] Mil Hist (enlist) przeprowadz|ić, -ać zaciąg (kogoś/czegoś) *[men, troops]*; z|werbować *[army]* [3] arch **to ~ war on** or **against sb** wydać wojnę komuś
■ **levy on**: **~ on [sth]** Jur za|rekwirować, przeprowadz|ić, -ać rekwizycję (czegoś) *[property, estate]*
levy in mass *n* Hist pospolite ruszenie *n*
lewd /ljuːd, US luːd/ *adj [joke, gesture, pose, person]* wulgarny, sprośny; *[stare, grin]* lubieżny, obleśny
lewdly /ˈljuːdlɪ, US ˈluːdlɪ/ *adv* lubieżnie, obleśnie
lewdness /ˈljuːdnɪs, US ˈluːd-/ *n* (of behaviour, joke) wulgarność *f*, sprośność *f*; (of grin) lubieżność *f*, obleśność *f*
lexeme /ˈleksiːm/ *n* leksem *m*
lexical /ˈleksɪkl/ *adj* leksykalny
lexicalization /ˌleksɪkəlaɪˈzeɪʃn/ *n* leksykalizacja *f*
lexicalize /ˈleksɪkəlaɪz/ *vt [foreign word, expression]* z|leksykalizować się
lexicographer /ˌleksɪˈkɒgrəfə(r)/ *n* leksykograf *m*
lexicographical /ˌleksɪkəˈgræfɪkl/ *adj* leksykograficzny
lexicography /ˌleksɪˈkɒgrəfɪ/ *n* leksykografia *f*, słownikarstwo *n*
lexicological /ˌleksɪkəˈlɒdʒɪkl/ *adj* leksykologiczny
lexicologist /ˌleksɪˈkɒlədʒɪst/ *n* leksykolog *m*
lexicology /ˌleksɪˈkɒlədʒɪ/ *n* leksykologia *f*
lexicon /ˈleksɪkən, US -kɒn/ *n* [1] (dictionary) słownik *m* encyklopedyczny, leksykon *m*; (glossary) słowniczek *m*; **a ~ of architectural terms** słownik or leksykon terminów architektonicznych [2] Ling (vocabulary) leksykon *m*, słownictwo *n*
lexis /ˈleksɪs/ *n* leksyka *f*, słownictwo *n*
ley-line /ˈleɪlaɪn/ *n hipotetyczna linia łącząca miejsca prehistoryczne, rzekomo obdarzone właściwościami magicznymi*
lez /lez/ *n* vinfml offensive lesba *f* infml offensive
lhd = **left-hand drive**
LI US Post = **Long Island**
liability /ˌlaɪəˈbɪlətɪ/ **I** *n* [1] Jur (responsibility) odpowiedzialność *m*; **to admit ~ for sth** wziąć na siebie odpowiedzialność za coś; **to deny ~ for sth** nie wziąć na siebie odpowiedzialności za coś; **~ insurance** ubezpieczenie od odpowiedzialności cywilnej [2] (obligation, eligibility) obowiązek *m*; **~ for military service** obowiązek służby wojskowej; **~ for tax** or **for paying tax** obowiązek płacenia podatku [3] (proneness) **~ to sth** skłonność *m* do czegoś [4] (drawback) ciężar *m* fig; (person) kula *f* u nogi; (financial) ciężar *m* (finansowy); **the house has become a ~ to them** dom stał się dla nich ciężarem; **he's become a ~ to his team** stał się dla drużyny ciężarem or kulą u nogi
II liabilities *npl* (of company) należności *f pl*, pasywa *plt*; (of person) długi *m pl*, zobowiązania *n pl*; **assets and liabilities** aktywa i pasywa; **to meet one's liabilities** uregulować płatności, spłacić długi
liable /ˈlaɪəbl/ *adj* [1] (responsible) odpowiedzialny; **to be ~ for sth** ponosić odpowiedzialność za coś, odpowiadać za coś; **I'm not ~ for my wife's debts** nie odpowiadam za długi żony; **to hold sb ~ for sth** czynić kogoś odpowiedzialnym za coś, obciążać kogoś odpowiedzialnością za coś [2] (subject to) **to be ~ to sth** podlegać czemuś *[fine, prosecution]*; **to be ~ for military service** podlegać obowiązkowi służby wojskowej; **goods ~ for** or **to duty** towary podlegające ocleniu; **the contract is ~ to changes** warunki umowy mogą ulec zmianie; **the meeting is ~ to postponement at short notice** zebranie może zostać w ostatniej chwili przesunięte na inny termin [3] **to be ~ to sth** (prone) być podatnym na coś *[illness, damage]*; (exposed to) być narażonym na coś *[injury, damage]* [4] (likely) **to be ~ to do sth** prawie na pewno coś zrobić; **he's ~ to win/to get arrested** pewnie zwycięży/zostanie aresztowany; **it's ~ to rain** pewnie będzie padać; **we are all ~ to make mistakes** wszyscy popełniamy błędy; **small items are ~ to get lost** drobiazgi łatwo się gubią
liaise /lɪˈeɪz/ *vi* współpracować, działać w porozumieniu **(with sb/sth** z kimś/czymś)
liaison /lɪˈeɪzn, US ˈlɪəzɒn/ *n* [1] Mil łączność *f*; Admin, Comm kontakt *m*; (cooperation) współdziałanie *n*, współpraca *f* **(with sb/sth** z kimś/czymś); **~ between management and unions** kontakty między kierownictwem a związkami [2] fml dat (love affair) romans *m*; **a brief ~** przelotny romans, miłostka [3] Ling *wymawianie niemej spółgłoski końcowej przed wyrazem zaczynającym się samogłoską*
liaison committee *n* komisja *f* porozumiewawcza
liaison officer *n* Mil oficer *m* łącznikowy; Admin rzeczni|k *m*, -czka *f*
liana /lɪˈɑːnə/ *n* liana *f*
liar /ˈlaɪə(r)/ *n* kłamca *m*, łgarz *m*; kłamczuch *m*, -a *f* infml
lib /lɪb/ *n* infml **women's ~** ruch wyzwolenia kobiet; **gay ~** ruch na rzecz równych praw dla homoseksualistów
Lib /lɪb/ *n* GB Pol = **Liberal** liberał *m*; **the ~-Lab pact** koalicja Partii Liberalnej i Partii Pracy *(w latach 1977-1978)*
libation /laɪˈbeɪʃn/ *n* [1] Antiq libacja *f* **(to sb** na cześć kogoś) [2] hum kielich *m* infml
libber /ˈlɪbə(r)/ *n* infml **women's/gay ~** działacz *m*, -ka *f* na rzecz równouprawnienia kobiet/homoseksualistów
Lib Dem *n, adj* GB Pol infml = **Liberal Democrat**
libel /ˈlaɪbl/ **I** *n* [1] Jur (crime) zniesławienie *n*; **to bring an action for ~ against sb, to sue sb for ~** pozwać kogoś do sądu o zniesławienie, wytoczyć komuś proces o zniesławienie [2] (slander, insult) oszczerstwo *n*, potwarz *m*; **to publish a ~** opublikować oszczercze informacje

II modif *[case, suit, action]* o zniesławienie; **~ damages** odszkodowanie za zniesławienie

III vt (*prp, pt, pp* **-ll-,** US **-l-**) [1] Jur zniesław|ić, -ać [2] (damage reputation) oczerni|ć, -ać, spotwarz|yć, -ać

libellous GB, **libelous** US /ˈlaɪbələs/ *adj [statement, article, allegation]* oszczerczy

liberal /ˈlɪbərəl/ **I** *n* liberał *m*, osoba *f* o liberalnych poglądach

II *adj* [1] (open-minded) *[person, attitude, views]* liberalny; (lenient) *[person]* pobłażliwy, tolerancyjny; **~ intellectual** lewicujący intelektualista [2] (generous) *[sponsor, donor, donation]* hojny, szczodry; *[dose]* spory; *[helping]* suty; *[coating, layer]* gruby; **to be ~ with sth** nie żałować czegoś; **the cook has been ~ with the garlic** kucharz nie pożałował czosnku; **he's very ~ with promises** on szafuje obietnicami; **to make ~ use of sth** korzystać do woli z czegoś [3] *[interpretation]* swobodny, luźny; *[translation]* wolny

Liberal /ˈlɪbərəl/ Pol **I** *n* liberał *m*

II *adj* liberalny

liberal arts *npl* [1] Univ ≈ humanistyka *f pl* [2] Hist sztuki *f pl* wyzwolone

liberal democracy *n* liberalna demokracja *f*

Liberal Democrat *n* GB Pol liberalny demokrata *m*, człon|ek *m*, -kini *f* brytyjskiej Partii Liberalnych Demokratów

liberal education *n* ≈ wykształcenie *n* humanistyczne

liberalism /ˈlɪbərəlɪzəm/ *n* [1] Pol, Econ liberalizm *m* [2] = **liberality**

liberality /ˌlɪbəˈrælətɪ/ *n* [1] (generosity) hojność *f*, szczodrość *f*; **~ with sth** szafowanie czymś [2] (open-mindedness) liberalność *f*, tolerancyjność *f*

liberalization /ˌlɪbərəlaɪˈzeɪʃn, US -lɪˈz-/ *n* liberalizacja *f*

liberalize /ˈlɪbərəlaɪz/ *vt* z|liberalizować; **to become ~d** zostać zliberalizowanym, ulec liberalizacji

liberally /ˈlɪbərəlɪ/ *adv* [1] (generously) *[offer, reward]* hojnie, szczodrze; *[eat, drink, sprinkle]* obficie; *[apply, spread]* grubo; **the guests were ~ supplied with food and drink** gościom nie żałowano jedzenia i picia [2] (tolerantly) liberalnie, tolerancyjnie; (leniently) pobłażliwie [3] (not literally) *[interpret, translate]* dowolnie, swobodnie

liberal-minded /ˌlɪbərəlˈmaɪndɪd/ *adj [person]* o liberalnym nastawieniu or poglądach; *[attitude, views]* liberalny; **I'm fairly ~** mam dość liberalne poglądy

Liberal Party *n* GB Pol **the ~** Partia *f* Liberalna

liberal studies *npl* GB Sch, Univ ≈ podstawy *f pl* humanistyki, wiedza *f* humanistyczna

liberate /ˈlɪbəreɪt/ **I** *vt* [1] wyzw|olić, -alać, oswob|odzić, -adzać *[country, town]*; uw|olnić, -alniać, oswob|odzić, -adzać *[prisoner, hostage]*; wyzw|olić, -alać *[slave]*; **to ~ serfs** znieść poddaństwo; **to ~ sb from prison** uwolnić kogoś z więzienia; **to ~ a country from foreign rule** wyzwolić kraj spod obcego panowania; **to ~ a country from the enemy** oswobodzić kraj od wroga [2] Fin uruch|omić, -amiać *[capital]* [3] Chem wyzw|olić, -alać [4] infml (steal) buchnąć, ściągnąć, gwizdnąć infml; **to ~ sth from sb/from a shop** buchnąć or ściągnąć or gwizdnąć coś komuś/ze sklepu

II liberated *pp adj [attitude, lifestyle]* niczym nieskrępowany; *[woman]* wyzwolona, wyemancypowana

III liberating *prp adj [activity, experience]* dający poczucie swobody

liberation /ˌlɪbəˈreɪʃn/ *n* [1] (of prisoner) uwolnienie *n*, oswobodzenie *n*; (of nation) oswobodzenie *n*, wyzwolenie *n*; (of serf) wyzwolenie *n*; **women's ~** wyzwolenie kobiet; **gay ~** równouprawnienie homoseksualistów [2] Fin (of funds) uruchomienie *n* [3] Chem uwolnienie *n*

liberation army *n* armia *f* wyzwoleńcza, wojska *n pl* wyzwoleńcze

liberation front *n* front *m* wyzwolenia

liberationist /ˌlɪbəˈreɪʃənɪst/ *n* człon|ek *m*, -kini *f* ruchu na rzecz wyzwolenia or równouprawnienia

liberation movement *n* Pol ruch *m* wyzwoleńczy

liberation theology *n* teologia *f* wyzwolenia

liberation war *n* wojna *f* wyzwoleńcza

liberator /ˈlɪbəreɪtə(r)/ *n* wyzwoliciel *m*, -ka *f*, oswobodziciel *m*, -ka *f*

Liberia /laɪˈbɪərɪə/ *prn* Liberia *f*

Liberian /laɪˈbɪərɪən/ **I** *n* Liberyj|czyk *m*, -ka *f*

II *adj* liberyjski

libertarian /ˌlɪbəˈteərɪən/ **I** *n* Pol [1] (Right wing) zwolenni|k *m*, -czka *f* libertarianizmu [2] (Left wing) liberalny lewicowiec *m*

II *adj [attitude, ideas, thinker]* skrajnie liberalny

libertarianism /ˌlɪbəˈteərɪənɪzəm/ *n* Pol libertalizm *m*, libertarianizm *m*

libertinage /ˈlɪbətiːnɪdʒ/ *n* liter libertyństwo *n*

libertine /ˈlɪbətiːn/ *n* liter libertyn *m* liter

liberty /ˈlɪbətɪ/ *n* [1] (freedom) wolność *f*, swoboda *f*; **individual/political ~** wolność jednostki/polityczna; **civil liberties** swobody obywatelskie; **to be at ~** być na wolności; **to set sb at ~** wypuścić kogoś na wolność; **to be at ~ to do sth** móc coś zrobić, mieć prawo coś zrobić; **I'm not at ~ to discuss these matters** fml nie wolno mi rozmawiać o tych sprawach, nie jestem upoważniony do dyskusji na te tematy; **you are not at ~ to alter the text** nie wolno ci or nie masz prawa zmieniać tekstu [2] (presumption) tupet *m*, bezczelność *f*; **what a ~!** co za tupet or bezczelność!; **to take the ~ of doing sth** pozwolić sobie coś zrobić; **I took the ~ of reading your letter** pozwoliłem sobie przeczytać twój list; **to take liberties with sb** za dużo sobie pozwalać w stosunku do kogoś; (by making sexual advances) pozwalać sobie na poufałość wobec kogoś; **to take liberties with sth** potraktować coś bez należnego szacunku; **you're taking a ~ using his name** za wiele sobie pozwalasz, posługując się jego nazwiskiem [3] US Mil Naut przepustka *f*

IDIOMS: **it's ~ hall here!** tu każdy robi, co mu się żywnie podoba!

liberty bodice *n* dat ciepła bawełniana koszulka

liberty cap *n* frygijka *f*, czapka *f* frygijska

libidinal /lɪˈbɪdɪnl/ *adj* libidinalny

libidinous /lɪˈbɪdɪnəs/ *adj* fml or hum zmysłowy, lubieżny

libido /lɪˈbiːdəʊ, ˈlɪbɪdəʊ/ *n* (*pl* **-os**) libido *n inv*, popęd *m* płciowy

Libra /ˈliːbrə/ *n* Astrol, Astron Waga *f*

Libran /ˈliːbrən/ **I** *n* Astrol (person) Waga *f*, osoba urodzona pod znakiem Wagi

II *adj [person]* spod znaku Wagi; *[character, temperament]* charakterystyczny dla Wagi

librarian /laɪˈbreərɪən/ *n* biblioteka|rz *m*, -rka *f*

librarianship /laɪˈbreərɪənʃɪp/ *n* (job) bibliotekarstwo *n*; (science) bibliotekoznawstwo *n*; **to study ~** studiować bibliotekoznawstwo

library /ˈlaɪbrərɪ, US -brerɪ/ **I** *n* [1] (institution, room) biblioteka *f*; (book collection) księgozbiór *m*; (of recordings) fonoteka *f*; **public/school ~** biblioteka publiczna/szkolna; **newspaper ~** (reading room) czytelnia czasopism; **photo(graphic) ~** archiwum zdjęć; **toy ~** kolekcja zabawek [2] Publg biblioteczka *f*, seria *f* [3] Comput biblioteka *f*

II *modif [catalogue, card, program, software]* biblioteczny; **~ book** książka z biblioteki

library edition *n* wydanie *n* w twardej oprawie *(przeznaczone dla bibliotek)*

library pictures *npl* TV materiał *m* archiwalny; (notice on TV screen) archiwum *n*

library science *n* bibliotekoznawstwo *n*

librettist /lɪˈbretɪst/ *n* librecist|a *m*, -ka *f*; **who was the ~?** kto napisał libretto?

libretto /lɪˈbretəʊ/ *n* (*pl* **-ttos, -tti**) libretto *n* **(for sth** czegoś)

Librium® /ˈlɪbrɪəm/ *n* librium *n inv*

Libya /ˈlɪbɪə/ *prn* Libia *f*

Libyan /ˈlɪbɪən/ **I** *n* Libij|czyk *m*, -ka *f*

II *adj* libijski

Libyan Desert *n* **the ~** Pustynia *f* Libijska

lice /laɪs/ *npl* → **louse**

licence GB, **license** US /ˈlaɪsns/ *n* [1] (permit) (to produce) pozwolenie *n*, zezwolenie *n* **(for sth** na coś); (to use brand name) licencja *f* **(for sth** na coś); (to sell) koncesja *f* **(for sth** na coś); **the restaurant doesn't have a ~** restauracja nie ma koncesji na sprzedaż alkoholu; **export/import ~** licencja wywozowa/przywozowa or eksportowa/importowa; **driving ~** prawo jazdy; **vehicle ~** dowód rejestracyjny wozu; **pilot's ~** licencja pilota; **fishing/hunting ~** karta wędkarska/łowiecka; **TV/radio ~** abonament telewizyjny/radiowy; **a ~ to manufacture drugs** zezwolenie na produkcję leków; **to be manufactured under ~ (from the parent company)** być produkowanym na licencji (firmy macierzystej); **to be married by special ~** zawrzeć związek małżeński na podstawie specjalnego zezwolenia [2] (freedom) swoboda *f*; **artistic ~** swoboda twórcza; **poetic ~** licencja poetycka; licentia poetica liter [3] pej (disregard for law) anarchia *f*, samowola *f*; (immorality) rozwiązłość *f* [4] fig (permission) przyzwolenie *n*; **this law is a ~ to arrest innocent people** ta ustawa to przyzwolenie na aresztowanie niewinnych ludzi; **your success doesn't**

give you a ~ to criticize others sukces nie uprawnia cię do krytykowania innych
IDIOMS: it's a ~ to print money (costly scheme) to worek bez dna, to wyrzucanie pieniędzy w błoto; (opportunity to make money) to złota żyła
licence agreement GB, **license agreement** US *n* umowa *f* licencyjna
licence fee *n* GB abonament *m* radiowo-telewizyjny
licence number *n* (of car) numer *m* rejestracyjny; (of driver) numer *m* prawa jazdy
licence payer *n* GB TV abonent *m*, -ka *f*
license plate *n* US tablica *f* rejestracyjna
license /ˈlaɪsns/ **I** *n* US = **licence**
II *vt* [1] (allow) *[authority]* udziel|ić, -ać zezwolenia (komuś), przyzna|ć, -wać koncesję (komuś) **(to do sth** na robienie czegoś); *[document]* uprawni|ć, -ać **(to do sth** do robienia czegoś); **radio stations must be ~d by the appropriate authority** rozgłośnie radiowe muszą mieć zezwolenie odpowiednich władz; **this taxi is ~d to carry up to four passengers** tą taksówką nie wolno przewozić więcej niż czterech pasażerów; **your success doesn't ~ you to criticize others** fig sukces nie uprawnia cię do krytykowania innych [2] (obtain licence for) uzysk|ać, -iwać pozwolenie na (coś) *[gun]*; (register) za|rejestrować *[car]* [3] (use under licence) **the software is ~d (to us) from Y** mamy licencję na używanie oprogramowania Y
licensed /ˈlaɪsnst/ *adj* [1] *[pilot, security firm]* licencjonowany; *[dealer, taxi]* koncesjonowany; *[restaurant, club]* z wyszynkiem, mający prawo sprzedaży alkoholu; **to be ~ to carry a gun** mieć pozwolenie na broń; **to be ~ for the sale of tobacco** mieć zezwolenie na sprzedaż artykułów tytoniowych [2] (registered) *[TV, gun, vehicle]* zarejestrowany
licensed practical nurse *n* US *pielęgniarka bez dyplomu, z prawem wykonywania zawodu*
licensed premises *npl* GB lokal *m* z wyszynkiem
licensed victualler *n* GB posiadacz *m*, -ka *f* koncesji na sprzedaż alkoholu
licensee /ˌlaɪsənˈsiː/ *n* [1] (manufacturer, alcohol seller) posiadacz *m*, -ka *f* koncesji; koncesjonariusz *m* fml [2] (holder of gun) posiadacz *m*, -ka *f* pozwolenia na broń; (holder of driving licence) posiadacz *m*, -ka *f* prawa jazdy
licenser *n* = **licensor**
license tag *n* US = **licence plate**
licensing authority *n* organ *m* wydający zezwolenia; (for drivers) organ *m* wydający prawa jazdy
licensing hours *npl* GB godziny *f pl* sprzedaży alkoholu
licensing laws *npl* GB przepisy *m pl* dotyczące sprzedaży napojów alkoholowych
licensing magistrate *n* GB urzędnik *m* wydający zezwolenia na sprzedaż napojów alkoholowych
licensor /ˈlaɪsnsə(r)/ *n* (for alcohol sale, manufacture) organ *m* wydający koncesje; (for gun) organ *m* wydający pozwolenia na broń; (for driving licence) organ *m* wydający prawa jazdy
licentiate /laɪˈsenʃɪət/ *n* (diploma) licencjat *m*; **to be a ~ in dental surgery** mieć dyplom ukończenia licencjackich studiów stomatologicznych
licentious /laɪˈsenʃəs/ *adj [person, behaviour]* rozwiązły; *[smile, deed]* lubieżny
lichee *n* = **lychee**
lichen /ˈlaɪkən/ *n* porost *m*, porosty *m pl*
lich-gate *n* = **lychgate**
licit /ˈlɪsɪt/ *adj* fml legalny
lick /lɪk/ **I** *n* [1] (with tongue) liźnięcie *n*; **to give sth a ~** polizać coś; **give me a ~ of your ice cream** daj mi polizać lody [2] fig (of paint, colour) **to give sth a ~ of paint /varnish** maznąć coś farbą/lakierem [3] Mus infml (in jazz) krótka solówka *f* infml [4] (blow) cios *m*, raz *m* [5] US infml (scrap) odrobina *f*; **he hasn't got a ~ of common sense** nie ma za grosz zdrowego rozsądku
II *vt* [1] *[person, animal]* liz|nąć, -ać, polizać; *[flame, wave]* liznąć; **the cat was ~ing its paw** kot lizał or wylizywał (sobie) łapę; **he ~ed his fingers** oblizał or polizał palce; **she ~ed the cream off the spoon** zlizała krem z łyżki; **the dog ~ed the dish clean** pies wylizał miskę do czysta; **to ~ one's lips, to ~ one's chops** infml oblizywać wargi; fig (at prospect) oblizywać się fig **(at sth** na myśl o czymś) [2] infml (beat physically, in game) da|ć, -wać (komuś) łomot, sprawi|ć, -ać (komuś) manto infml *[person, opponent, team]*; (overcome) po|radzić sobie z (czymś) *[difficulty]*; **to get ~ed** (in game) dostać łomot or manto infml; **there were problems, but we've got them ~ed now** były problemy, ale już sobie z nimi poradziliśmy; **question three got me ~ed** nie mogłem sobie poradzić z trzecim pytaniem; rozłożyłem się na trzecim pytaniu infml
III *vi* **to ~ at sth** *[flames, waves]* lizać coś liter
■ **lick up**: **~ up [sth], ~ [sth] up** *[cat, dog]* wy|chłeptać *[milk]*
IDIOMS: **at a fair** or **good ~** na złamanie karku infml; **to give sth a ~ and a promise** infml GB (clean quickly) ogarnąć coś *[room]*; US (do carelessly) zrobić coś po łebkach infml *[job]*; **to give oneself a ~ and a promise** GB infml dat ogarnąć się; **to ~ one's wounds** lizać rany; **to ~ sb's boots** infml lizać komuś buty or stopy infml; **to ~ sb's arse** vinfml włazić komuś w dupę vulg
lickety-split /ˌlɪkətɪˈsplɪt/ *adv* US infml *[go, run]* na złamanie karku
licking /ˈlɪkɪŋ/ *n* infml (beating) manto *n* infml; **to take** or **get a ~** dostać manto; **to give sb a ~** sprawić komuś manto
lickspittle /ˈlɪkspɪtl/ *n* dat wazeliniarz *m* infml
licorice *n* US = **liquorice**
lictor /ˈlɪktɔː(r)/ *n* Hist liktor *m*
lid /lɪd/ *n* [1] (of case, large box) wieko *n*; (of large container) pokrywa *f*; (of jar, small box) wieczko *n*; (of pot) pokrywka *f*; **dustbin ~** wieko or pokrywa pojemnika na śmieci; **pan ~** pokrywka garnka; **to put on/take off the ~** (of pan) przykryć pokrywką/zdjąć pokrywkę [2] (eyelid) powieka *f*
IDIOMS: **to blow** or **take the ~ off sth** infml wydobyć or wyciągnąć coś na światło dzienne; **to flip one's ~** infml wściec się infml; **to keep the ~ on sth** infml kontrolować coś, panować nad czymś; **to put a ~ on sth** infml (restrict) utrzymać coś w ryzach *[process]*; **put a ~ on it, will you!** infml uspokój się!; **to put the ~ on sth** infml (finish) przesądzić o czymś, przypieczętować coś; **that really puts the (tin) ~ on it!** infml to ostatnia kropla!, miara się dopełniła!
lido /ˈliːdəʊ/ *n* (*pl* **-os**) kąpielisko *n*
lie[1] /laɪ/ **I** *n* (untruth) kłamstwo *n*; **it's all ~s** to same kłamstwa, to wszystko kłamstwo; **to tell ~s** kłamać; **to tell a ~** skłamać; **no, I tell a ~** nieprawda, nie to chciałem powiedzieć; **a pack of ~s** stek kłamstw; **to give the ~ to sb/sth** zadawać kłam komuś/czemuś
II *vt* (*prp* **lying**; *pt, pp* **lied**) **'that dress really suits you,' I lied** „w tej sukience naprawdę ci do twarzy", skłamałem; **he lied his way into the job** nakłamał i dostał tę pracę; **she'll ~ her way out of the trouble** kłamstwem wywinie się z kłopotów; wyłga się od kłopotów infml; **we lied our way past the doorman** zagadaliśmy portiera i weszliśmy do środka
III *vi* (*prp* **lying**; *pt, pp* **lied**) (tell falsehood) s|kłamać **(about sb/sth** w sprawie kogoś /czegoś, na temat kogoś/czegoś); **to ~ to sb** okłam|ać, -ywać kogoś; **the camera never ~s** kamera nigdy nie kłamie; **appearances sometimes ~** pozory czasami mylą
IDIOMS: **to live a ~** żyć w zakłamaniu; **to ~ through one's teeth** infml kłamać w żywe oczy
lie[2] /laɪ/ **I** *n* [1] **the ~ of the land** GB ukształtowanie *n* terenu; fig położenie *n*, sytuacja *f*; **to know the ~ of the land** fig wiedzieć, jak sprawy stoją or jak przedstawia się sytuacja [2] Sport (in golf) **a good /bad ~** dobre/złe położenie *n* (piłki)
II *vi* (*prp* **lying**; *pt* **lay**; *pp* **lain**) [1] (be in horizontal position) *[person, animal, object]* leżeć; **~ still!** leż spokojnie!; **to ~ on one's back/front** leżeć na plecach/brzuchu; **to ~ in bed all morning** wylegiwać się w łóżku przez cały ranek; **to ~ awake for hours** leżeć godzinami, nie mogąc usnąć; **to ~ in hospital** być or leżeć w szpitalu; **she lay in a coma for three days** przez trzy dni była nieprzytomna, trzy dni przeleżała w śpiączce; **he lay dead** leżał martwy; **the soldier lay dying** żołnierz umierał; **the body lay in the coffin** ciało leżało w trumnie; **she will ~ in state** trumna z jej ciałem zostanie wystawiona na widok publiczny; **here ~s John Brown** tu leży or spoczywa John Brown [2] (get into horizontal position) (also **~ down**) położyć się, kłaść się; **to ~ with sb** arch zlegnąć or zlec z kimś arch [3] (be situated, remain) leżeć, być; **the village ~s 18 km west of the city** ta miejscowość leży 18 km na zachód od miasta; **a group of islands lying off the east coast** grupa wysp leżących u wschodniego wybrzeża; **the papers lay where he had left them** papiery leżały tam, gdzie je zostawił; **everything that ~s in my way** wszystko, co leży na mojej drodze; **the snow lay two**

L

feet deep śnieg pokrywał wszystko warstwą grubą na dwie stopy; **to ~ fifth** or **in fifth place** być or plasować się na piątym miejscu, zająć piąte miejsce; **the book lay open at page 304** książka była otwarta na stronie 304; **to ~ in pieces** być w kawałkach; **to ~ empty** być pustym; **to ~ heavy (on sb)** ciążyć (komuś); **to ~ heavy on sb's conscience** ciążyć or leżeć komuś na sumieniu; **to ~ heavy on sb's stomach** *[food]* leżeć komuś w żołądku; **to ~ idle** *[machine, factory]* stać, nie pracować; *[money]* marnować się, nie procentować, nie przynosić zysków; **his meal lay untouched** nie tknął jedzenia [4] (stretch) *[landscape, view]* rozpościerać się, rozciągać się; *[road]* biec, ciągnąć się; **the vast ocean lay before them** przed nimi rozpościerał się ocean; **their unhappy experiences lay behind them** smutne przeżycia były za nimi; **a new life lay before them** przed nimi otwierało się nowe życie; **that's where our future ~s** w tym jest nasza przyszłość; **what ~s ahead?** co przyniesie przyszłość?; **an aura of despair lay over the gathering** wśród zebranych panowało przygnębienie [5] (can be found) tkwić, znajdować się; **the truth ~s somewhere in between** prawda leży gdzieś pośrodku; **where do your sympathies ~?** z kim/czym sympatyzujesz?, po czyjej stronie jesteś?; **it's hard to see where the problem ~s** trudno stwierdzić, na czym polega problem; **to ~ at the heart of sth** stanowić sedno czegoś; **to ~ at the roots of sth** leżeć u źródła czegoś; **the decision ~s with him** decyzja należy do niego; **the responsibility ~s with them** na nich spoczywa odpowiedzialność; **my support ~s with you** masz moje poparcie; **to ~ behind sth** leżeć za czymś; fig kryć się za czymś fig; **what ~s behind her cool exterior?** co skrywa pod maską chłodu?; **to ~ upon sb** *[burden, guilt]* spoczywać na kimś [6] Jur **an appeal that will not ~** odwołanie bez podstaw prawnych; **no appeal ~s against the action** w sprawie nie przysługuje odwołanie [7] Naut **to be lying at anchor** stać na kotwicy

■ **lie about** = **lie around**

■ **lie around**: ¶ **~ around** *[person]* wylegiwać się; *[book, toys, papers]* poniewierać się; **to leave sth lying around** zostawić coś porozrzucane *[toys, books]*; zostawić coś na wierzchu *[document, purse]* ¶ **~ around [sth]** (be left) **to ~ around a room/house** walać się po całym pokoju/domu infml

■ **lie back** (horizontally) położyć, kłaść się na plecach, wyciąg|nąć, -ać się **(on sth** na czymś**)**; (in backward-sloping position) op|rzeć, -ierać się, usiąść, siadać wygodnie; **~ back and enjoy life** fig rozluźnij się i ciesz się życiem

■ **lie down** *[person, animal]* położyć, kłaść się; **~ down!** (to dog) leżeć!; **to take sth lying down** fig przyjąć coś potulnie; **to ~ down on the job** US obijać się → **dead**

■ **lie in** [1] (sleep late) wylegiwać się, poleżeć sobie dłużej [2] arch *[pregnant woman]* zlegnąć dat

■ **lie off** Naut *[ship, crew]* stać na redzie

■ **lie over** *[issue, business]* po|czekać (na rozpatrzenie); **non-urgent matters can ~ over** mniej pilne sprawy mogą poczekać; **there are several matters lying over from the last meeting** jest kilka spraw, które czekają na załatwienie od poprzedniego zebrania

■ **lie to** Naut (be hove to) sta|nąć, -wać w dryf; (be at anchor) stać na kotwicy

■ **lie up** [1] (stay in bed) po|leżeć w łóżku, zosta|ć, -wać w łóżku [2] (hide) ukry|ć, -wać się

[IDIOMS:] **to let things** or **the matter** or **it ~** dać spokój całej sprawie; **to ~ in the hands of sb** być w rękach kogoś; **to ~ low** przyczaić się; **don't just ~ down and die** nie poddawaj się

Liechtenstein /ˈlɪktənstaɪn/ *prn* Liechtenstein *m*

lied /liːd/ *n* (*pl* **lieder**) (song) pieśń *f*

lieder /ˈliːdə(r)/ *npl* → **lied**

lie detector **I** *n* wykrywacz *m* kłamstw, wariograf *m*
II *modif* **~ evidence/printout** dowody /wydruk z wariografu

lie-down /ˈlaɪdaʊn/ *n* **to have a ~** przyłożyć się na chwilę

lief /liːf/ *adv* arch **I'd as ~ go as stay** równie dobrze mogę pójść, jak zostać

liege /liːdʒ/ *n* [1] (also **~ lord**) senior *m*, feudał *m*, pan *m* lenny [2] = **liegeman**

liegeman /ˈliːdʒmæn/ *n* (*pl* **-men**) wasal *m*

lie-in /ˈlaɪɪn/ *n* **to have a ~** poleżeć sobie (dłużej)

lien /ˈlɪən/ *n* Jur prawo *n* zatrzymania or retencji **(on sth** czegoś**)**; **to put a ~ on sth** objąć coś prawem zatrzymania or retencji

lieu /ljuː/ **I** **in lieu** *adv phr* **one week's holiday in ~** tydzień wakacji tytułem rekompensaty; **you don't get paid overtime, you get time off in ~** nie dostajesz za nadgodziny, zamiast tego otrzymujesz dodatkowe dni wolne
II **in lieu of** *prep phr* zamiast (czegoś), w miejsce (czegoś)

Lieut *n* = **lieutenant** por.

lieutenancy /lefˈtenənsɪ, US luːˈt-/ *n* (GB army) stopień *m* porucznika; (navy) stopień *m* kapitana

lieutenant, Lt /lefˈtenənt, US luːˈt-/ *n* [1] (GB army) porucznik *m*; (GB, US navy) kapitan *m* [2] (US police) porucznik *m* [3] (assistant) asystent *m*, pomocnik *m*

lieutenant colonel *n* podpułkownik *m*

lieutenant commander *n* komandor porucznik *m*

lieutenant general *n* generał *m* broni

Lieutenant Governor *n* [1] US wicegubernator *m* [2] (representative) namiestnik *m*

life /laɪf/ (*pl* **lives**) **I** *n* [1] (as opposed to death) życie *n*; **~ and death** życie i śmierć; **it's a matter of ~ and death** to sprawa życia i śmierci; **to cling on to ~** kurczowo trzymać się życia; **to have a love of ~** kochać życie; **to bring sb back to ~** przywrócić komuś życie; Med odratować kogoś; **to come back to ~** ożyć; **to save sb's ~** ocalić komuś życie; **to put one's ~ at risk** ryzykować życie; **to lay down** or **give one's ~ for sb** oddać za kogoś życie; **to take one's own ~** odebrać sobie życie; **to take sb's ~** pozbawić kogoś życia, uśmiercić kogoś; **to run for one's ~** biec, ile sił or co tchu; **run for your ~!** ratuj się, kto może! [2] (period from birth to death) życie *n*; żywot *m* liter; **long/short ~** długie/krótkie życie; **throughout one's ~** przez całe życie; **in this ~ and the next** w życiu i po śmierci; **the first time in my ~** pierwszy raz w życiu; **a day/year in the ~ of sb** dzień/rok w życiu kogoś; **the race/romance of his ~** wyścig/romans jego życia; **I got the fright of my ~** byłem przerażony jak nigdy w życiu; **a job/friend for ~** praca/przyjaciel na całe życie; **to be maimed for ~** zostać okaleczonym na całe życie; **a post held for ~** dożywotnie stanowisko, funkcja pełniona dożywotnio; **in later ~** później, w późniejszym wieku; **in her early ~** w młodości; **early in ~** bardzo wcześnie; **in his adult ~** jako dorosły; **in the prime of ~** w kwiecie wieku; **at my time of ~** w moim wieku; **for the rest of one's ~** przez resztę życia, do końca życia; **have you lived here all your ~?** mieszkasz tu (przez) całe życie?; **to spend** or **go through one's ~ doing sth** spędzić całe życie, robiąc coś or na robieniu czegoś; **to make ~ worth living** nadawać życiu sens; **to depart this ~** liter zejść z tego świata liter [3] (vigour) życie *n*, werwa *f*, energia *f*; **to be full of ~** być pełnym życia or werwy or energii; **there was no ~ in her voice** w jej głosie nie było życia; **there's not much ~ in the town in winter** w zimie niewiele się w mieście dzieje; **to come to ~** *[person]* odzyskać przytomność; fig *[person, party]* ożywić się; **to bring sth to ~** ożywić coś *[party, play]*; **the actor brought the character to ~** aktor tchnął życie w tę postać; **to roar/splutter into ~** *[engine]* zapalić z rykiem/z charkotem; **put a bit of ~ into it!** infml włóż w to trochę więcej życia!; **the drink will put new ~ into you** ten napój doda ci sił; **to be the ~ and soul of the party** być duszą towarzystwa [4] (lifestyle) życie *n*, tryb *m* życia; żywot *m* liter; **private/public ~** prywatne/publiczne życie; **family** or **home ~** życie rodzinne; **social/working ~** życie towarzyskie/zawodowe; **a ~ of luxury** życie w luksusie; **a way of ~** tryb życia; **to lead a busy ~** prowadzić aktywne życie or aktywny tryb życia; **to change one's ~** zmienić tryb życia; **to live a good** or **high ~** żyć na wysokiej stopie; **to see ~** poznawać życie; **it's no ~ for a child** to nie są odpowiednie warunki dla dziecka; **to have a ~ of one's own** mieć własne życie; **to make a new ~ for oneself** rozpocząć nowe życie; **what a ~!** co za życie! [5] (human experience) życie *n*; **~'s been kind to me** życie ułożyło mi się pomyślnie, życie uśmiechnęło się do mnie; **isn't ~ wonderful?** czyż życie nie jest piękne?; **how is ~ treating you?** jak ci się żyje?, jak ci się wiedzie?; **to make ~ easier/difficult for sb** ułatwiać /utrudniać komuś życie; **don't make ~ so difficult for yourself** nie komplikuj sobie życia; **to take ~ as it comes** brać życie takim, jakie jest; **~ has to go on** życie musi toczyć się dalej; **that's ~** takie jest życie; **~'s a bitch!** infml pieskie życie!

[6] (living things) życie *n*; **animal/plant ~** świat zwierząt/roślin; **marine ~** fauna morska; **~ in the forest** fauna leśna; **origins of ~** początki or powstanie życia; **is there ~ on Mars?** czy na Marsie jest życie?; **there's an abundance of bird ~ on the island** na wyspie jest mnóstwo ptaków [7] (human beings) **no lives were lost** nie było ofiar śmiertelnych, nikt nie zginął; **without loss of ~** bez ofiar śmiertelnych; **there was appalling loss of ~** było bardzo wiele ofiar śmiertelnych [8] (useful duration) (of machine) żywotność *f*, trwałość *f*, okres *m* trwałości; (of licence) okres *m* ważności; **the average ~ of a washing-machine** średni okres użytkowania pralki; **there's plenty of ~ left in these boots** te buty są jeszcze w zupełnie dobrym stanie; **this carpet is coming to the end of its ~** ten dywan właściwie nadaje się już do wyrzucenia [9] Jur kara *f* dożywotniego więzienia; dożywocie *n* infml; **to sentence sb to ~** skazać kogoś na karę dożywotniego więzienia; **to serve ~** odbywać karę dożywotniego więzienia; **to do ~** infml odsiadywać dożywocie infml; **to get ~** infml dostać dożywocie infml [10] (biography) historia *f* życia, życie *n* **(of sb** kogoś); żywot *m* liter; **the ~ and times of Michelangelo** życie i czasy Michała Anioła; **Lives of the Saints** Żywoty Świętych [11] (in games) szansa *f*; (in computer games) życie *n* infml; **to lose a ~** stracić szansę; stracić życie infml [12] Art **to paint /draw from ~** malować/rysować z natury
II *modif [member, president, membership, ban, annuity]* dożywotni
IDIOMS: **anything for a quiet ~** dałbym wszystko za odrobinę spokoju; **for dear ~** ze wszystkich sił, ile tchu; **not for the ~ of me** za nic; **he couldn't for the ~ of him see why** zupełnie or za nic nie mógł pojąć, dlaczego; **not on your ~!** za nic w świecie!; **~ begins at 40** życie zaczyna się po czterdziestce; **that's ~!** takie jest życie!; **this is the ~!** to jest (dopiero) życie!; **to frighten the ~ out of sb** śmiertelnie kogoś wystraszyć; **to have the time of one's ~** ubawić się, jak nigdy w życiu; **to lead the ~ of Riley** żyć po pańsku; **get a ~!** infml nie nudź!, litości!; **to take one's ~ in one's hands** (risk) infml ryzykować życie; (be in control) wziąć sprawy we własne ręce; **you get out of ~ what you put into it** Prov jak sobie pościelesz, tak się wyśpisz

life-and-death /ˌlaɪfənˈdeθ/ *adj* **a ~ matter** sprawa or kwestia życia i śmierci; **a ~ decision** decyzja, od której wszystko zależy; **a ~ struggle** walka na śmierć i życie

life assurance *n* = **life insurance**

lifebelt /ˈlaɪfbelt/ *n* pas *m* ratunkowy; fig koło *n* ratunkowe fig

lifeblood /ˈlaɪfblʌd/ *n* fig fundament *m*, siła *f* napędowa fig **(of sth** czegoś)

lifeboat /ˈlaɪfbəʊt/ *n* łódź *f* ratunkowa; (on ship) szalupa *f*

lifeboatman /ˈlaɪfbəʊtmæn/ *n* (*pl* **-men**) ratownik *m*

lifeboat station *n* stacja *f* ratownictwa brzegowego

lifebuoy /ˈlaɪfbɔɪ/ *n* koło *n* ratunkowe

life class *n* Art lekcja *f* rysunku z natury

life coach *n* osobisty trener *m*

life cycle *n* Biol cykl *m* życiowy

life drawing *n* Art (picture) rysunek *m* z natury; (action) rysowanie *n* z natury

life event *n* przełom *m*, przełomowe wydarzenie *n*

life expectancy *n* [1] Biol średnia długość *f* życia [2] (of car, machine, battery) przewidywana żywotność *f*; (of carpet, clothes) trwałość *f*

life force *n* liter siły *f pl* witalne

life form *n* organizm *m* żywy, forma *f* życia

lifegiving /ˈlaɪfgɪvɪŋ/ *adj* życiodajny

lifeguard /ˈlaɪfgɑːd/ *n* ratowni|k *m*, -czka *f*

Life Guards *npl* GB *regiment kawalerii w gwardii królewskiej*

life history *n* [1] Biol życie *n* [2] (biography) historia *f* życia

life imprisonment *n* dożywotnie więzienie *n*; dożywocie *n* infml

life insurance **I** *n* ubezpieczenie *n* na życie; **to take out ~** wykupić ubezpieczenie na życie, ubezpieczyć się na życie
II *modif* **~ company** towarzystwo ubezpieczeń na życie; **~ policy** polisa ubezpieczenia na życie; **~ salesman** agent ubezpieczeniowy

life interest *n* Jur prawo *n* dożywotniego użytkowania nieruchomości

life jacket *n* kamizelka *f* ratunkowa

lifeless /ˈlaɪflɪs/ *adj* [1] (dead) *[body, person, animal]* martwy; *[plant]* zwiędły [2] (appearing dead) *[person, animal]* bez życia; *[plant]* przywiędły [3] (inanimate) *[matter, substance]* nieożywiony; *[rocks, stones]* martwy; *[machine]* bezduszny [4] (without life) *[environment, land, garden]* pozbawiony życia; **the planet is ~** na tej planecie nie istnieje życie; **the pond is ~** w tym stawie nie ma życia [5] fig (listless) *[voice]* martwy; *[performance, plot, characters]* bez wyrazu; *[appearance, prose]* bez życia

lifelessly /ˈlaɪflɪslɪ/ *adv* [1] (as if dead) *[hang]* bezwładnie; *[lie]* jak martwy; **she lay ~ on the sofa** leżała jak martwa na kanapie [2] (without liveliness) *[perform, act, play, sing, dance]* bez wyrazu, bez życia; *[say, speak]* martwym głosem

lifelessness /ˈlaɪflɪsnɪs/ *n* (of performance, acting) brak *m* wyrazu

lifelike /ˈlaɪflaɪk/ *adj [painting, drawing]* realistyczny; **to be ~** *[sculpture, model of animal]* wyglądać jak żywy; *[model of vehicle, artificial plant]* wyglądać jak prawdziwy

lifeline /ˈlaɪflaɪn/ *n* [1] (rope) (thrown to person in water) lina *f* ratownicza; (in climbing) lina *f* ubezpieczająca; (in diving) lina *f* sygnałowa; (along deck of ship) lina *f* sztormowa [2] fig (means of survival) ostatnia deska *f* ratunku; (means of communication) (jedyny) kontakt *m*; **it was their ~ to civilization** to zapewniało im kontakt z cywilizacją; **good roads are ~s of industrial nations** dobre drogi to krwiobieg krajów uprzemysłowionych fig [3] (in palmistry) linia *f* życia

lifelong /ˈlaɪflɒŋ/ *adj [ambition]* życiowy; *[work, task, friend]* na całe życie; *[friend, friendship, love]* dozgonny; *[member]* dożywotni; **to have a ~ fear of sth** przez całe życie bać się czegoś; **to have a ~ ambition to do sth** przez całe życie pragnąć zrobić coś

life mask *n* Art maska *f* (twarzy)

life-or-death /ˌlaɪfəˈdeθ/ *adj* = **life-and-death**

life peer *n* GB dożywotni członek *m* Izby Lordów

life peerage *n* GB dożywotni tytuł *m* para

life peeress *n* GB dożywotnia członkini *f* Izby Lordów

life preserver *n* US = **life jacket, life buoy**

lifer /ˈlaɪfə(r)/ *n* infml skazan|y *m*, -a *f* na dożywocie; **to be a ~** odsiadywać dożywocie infml

life raft *n* tratwa *f* ratunkowa

lifesaver /ˈlaɪfseɪvə(r)/ *n* [1] (lifeguard) ratowni|k *m*, -czka *f* [2] fig **to be a ~** *[object]* być prawdziwym wybawieniem fig; *[person]* uratować komuś życie fig

lifesaving /ˈlaɪfseɪvɪŋ/ **I** *n* ratowanie *n* życia
II *modif [equipment]* ratowniczy; *[drugs, treatment]* ratujący życie; *[mission]* ratunkowy; **~ course** kurs dla ratowników; Med kurs pomocy w nagłych wypadkach

life sciences *npl* nauki *f pl* przyrodnicze

life sentence *n* Jur wyrok *m* dożywotniego więzienia; dożywocie *n* infml

life-size(d) /ˈlaɪfsaɪz(d)/ *adj [picture, model]* naturalnych rozmiarów, naturalnej wielkości

life span *n* [1] (of person, animal) długość *f* życia [2] (of engine) żywotność *f*; (of fabric) trwałość *f*

life story *n* historia *f* życia

lifestyle /ˈlaɪfstaɪl/ **I** *n* (image) styl *m* życia; (routine) tryb *m* życia; **the ~ of the rich and famous** styl życia bogatych i sławnych; **nomadic ~** koczowniczy tryb życia
II *modif [product, magazine]* luksusowy; **~ comedy** współczesna komedia obyczajowa

life-support machine /ˌlaɪfsəpɔːtməˈʃiːn/ *n* respirator *m*

life-support system /ˌlaɪfsəpɔːtˈsɪstəm/ *n* aparatura *f* podtrzymująca życie

life-threatening /ˌlaɪfˈθretnɪŋ/ *adj [disease]* zagrażający życiu, grożący śmiercią; *[situation]* krytyczny

lifetime /ˈlaɪftaɪm/ **I** *n* [1] (from birth to death) życie *n*; **once in a ~** raz w życiu; **in her /his ~** za jej/jego życia; **a ~'s work, the work of a ~** dzieło życia; **a ~'s accumulation of junk** graty gromadzone przez całe życie; **the chance of a ~** życiowa szansa; **the holiday of a ~** wakacje (czyjegoś) życia; **I have a ~'s experience of working with children** przez całe życie zajmowałem się dziećmi [2] (of object) okres *m* trwałości; (of government) kadencja *f*; **in the ~ of this parliament** za kadencji tego parlamentu; **it'll give you a ~'s service** będzie ci służyć przez całe życie; **~ guarantee** dożywotnia gwarancja [3] (long period) całe wieki *m pl* fig; **it felt like a ~ before...** wydawało się, że całe wieki minęły, zanim...; **we waited for what seemed a ~** wydawało nam się, że czekamy już całe wieki
II *modif [subscription, ban]* dożywotni

life vest *n* US = **lifejacket**

lifework /ˌlaɪfˈwɜːk/ *n* (also **life's work**) (achievement) dorobek *m* życia; **education was her ~** nauczanie stanowiło treść jej życia

lift /lɪft/ **I** *n* [1] GB (elevator) winda *f*; Tech dźwig *m*; **to take the ~ to the fourth floor** wjechać windą na czwarte piętro [2] (ride) **she asked me for a ~** poprosiła mnie o podwiezienie; **I get a ~ to work from Maria** Maria podwozi mnie do pracy; **to give sb a ~ (to the station)** podwieźć kogoś (na stację); podrzucić kogoś (na stację) infml; **can I give you a ~?** czy mogę cię dokądś podwieźć?; **to give ~s to hitchhikers** zabierać autostopowiczów; **to hitch a ~ as far as Cambridge** dojechać autostopem aż do Cambridge; **don't accept ~s from strangers** nie wsiadaj do samochodu z obcymi [3] infml (boost) **to give sb a ~** *[praise, good news]* dodać komuś otuchy, podnieść kogoś na duchu; **this salad needs something to give it a ~** sałatce przydałoby się coś, co zaostrzy jej smak; sałatkę przydałoby się doprawić [4] infml (help) **can you give me a ~ with this trunk?** czy możesz pomóc mi podnieść ten kufer?; **to give sb a ~ up** podsadzić kogoś [5] Sport (in high jump) próba *f*; (in weightlifting) podejście *n* [6] Sport (height) (of gymnast, diver) wybicie (się) *n*, wysokość *f* wybicia; (of ball) (in tennis) lift *m*; (in football) wysokość *f* piłki [7] Sport (also **ski ~**) wyciąg *m* (narciarski) [8] (special heel) podwyższony obcas *m*, flek *m* [9] Aviat siła *f* nośna

II *vt* [1] (pick up) podn|ieść, -osić *[object, person]*; (with more effort) dźwig|nąć, -ać; **to ~ sth off a ledge** zdjąć coś z półki; **to ~ sth onto the table** postawić coś na stole; **to ~ sth into/out of sth** włożyć coś do czegoś /wyjąć coś z czegoś; **to ~ sb into the ambulance** wnieść kogoś do karetki; **to ~ sth over the fence** przenieść coś przez ogrodzenie; **he ~ed his spoon/flute to his mouth** podniósł or uniósł łyżkę/flet do ust; **one, two, three, ~!** raz, dwa, trzy, do góry! [2] (raise) podn|ieść, -osić, un|ieść, -osić *[arm, leg, head, eyes]*; natęż|yć, -ać, podn|ieść, -osić *[voice]*; **she didn't even ~ her head from her book** nawet nie podniosła głowy znad książki; **she ~ed her veil** uniosła welon [3] Mil (transport) prze|transportować, przerzuc|ić, -ać *[refugees, supplies, troops]* → **lift in, lift out** [4] (remove) zn|ieść, -osić *[ban, sanctions]*; odst|ąpić, -ępować od (czegoś), zwi|nąć, -jać *[siege]*; zd|jąć, -ejmować *[burden, load]*; **I feel as if a great weight has been ~ed from my mind** or **shoulders** czuję, jakby spadł mi z głowy or serca wielki ciężar [5] (boost) zwiększ|yć, -ać *[exports]*; **to ~ sb's spirits** podnieść kogoś na duchu, dodać komuś otuchy; **to ~ sb out of her/his poverty** pomóc komuś wydobyć się z biedy [6] Sport (improve) poprawi|ć, -ać *[game, performance]* [7] infml (steal) podwędz|ić, -ać, ściąg|nąć, -ać, buchnąć infml *[documents, keys]*; ściąg|nąć, -ać infml *[idea, article]*; **my wallet's been ~ed!** ktoś buchnął mi portfel!; **he ~ed it from my briefcase** zwędził or buchnął mi to z teczki; **this passage was ~ed from Mozart/from another article** ten fragment został ściągnięty z Mozarta/z innego artykułu [8] (dig out) wykop|ać, -ywać *[carrots, bulbs]* [9] infml (win) zdoby|ć, -wać *[trophy]* [10] GB infml (arrest) przym|knąć, -ykać, zapuszkować infml *[criminal]* [11] Sport (in football, tennis) wybi|ć, -jać wysoko *[ball]*; **to ~ weights** podnosić ciężary [12] US (pay off) spłac|ić, -ać *[mortgage, debt]* [13] Cosmet **to have one's face ~ed** zrobić sobie lifting

III *vi* [1] (rise) *[curtain, drawbridge]* podn|ieść, -osić się; **the seat ~s (up)** siedzenie można podnieść (do góry); **to ~ into the air** *[aircraft, balloon, kite]* wznieść się or wzbić się w powietrze [2] (clear) *[fog, mist]* podn|ieść, -osić się; *[clouds]* roz|ejść, -chodzić się; *[bad mood, headache]* ust|ąpić, -ępować; **his spirit began to ~** nastrój zaczął mu się poprawiać

■ **lift down**: **~ down [sb/sth], ~ [sb /sth] down** opu|ścić, -szczać, zd|jąć, -ejmować *[object]*; **to ~ a child down from a wall** zdjąć or zsadzić dziecko z muru; **shall I ~ your suitcase down for you?** czy zdjąć ci walizkę?

■ **lift in**: **~ in [sb/sth], ~ [sb/sth] in** Mil przerzuc|ić, -ać, sprowadz|ić, -ać samolotem *[troops, supplies]*

■ **lift off**: ¶ **~ off** *[rocket, spaceship]* wy|startować, od|erwać, -rywać się od ziemi; *[lid, top]* podn|ieść, -osić się, un|ieść, -osić się ¶ **~ off [sth], ~ [sth] off** podn|ieść, -osić, un|ieść, -osić *[cover, lid]*

■ **lift out**: ¶ **~ out** *[shelf, filter]* da|ć, -wać się wyjąć ¶ **~ out [sb/sth], ~ [sb/sth] out** przerzuc|ić, -ać, ewakuować samolotem *[troops, supplies]*

■ **lift up**: ¶ **~ up** *[curtain, lid]* podn|ieść, -osić się; **the seat ~s up** siedzenie można podnieść ¶ **~ up [sb/sth], ~ [sb/sth] up** podn|ieść, -nosić *[person, book, lid, head, eyes]*; un|ieść, -osić *[veil, head, eyes, lid]*; **they ~ed up their voices in prayer /song** zaczęli się głośno modlić/głośno śpiewać; **to ~ a child up onto a wall** podsadzić dziecko na mur; **~ up your hearts** w górę serca

IDIOMS: **not to ~ a finger (to help sb)** nie kiwnąć palcem (żeby komuś pomóc)

lift attendant *n* GB windziа|rz *m*, -rka *f*

lift boy *n* GB chłopiec *m* obsługujący windę

liftcage /ˈlɪftkeɪdʒ/ *n* GB kabina *f* windy

lift chair *n* krzesełko *n (wyciągu)*

liftgate /ˈlɪftgeɪt/ *n* US Aut drzwi *plt* tylne *(otwierane do góry)*

lifting /ˈlɪftɪŋ/ **I** *n* [1] (ending) (of ban, restrictions) zniesienie *n*; (of siege) zakończenie *n* [2] Cosmet lifting *m*

II *modif* **~ equipment** or **gear** sprzęt do podnoszenia

lift man *n* GB windziarz *m*

lift-off /ˈlɪftɒf/ *n* Aerosp start *m*; **(we have) ~!** rakieta wystartowała!

lift-operator /ˈlɪftɒpəreɪtə(r)/ *n* GB windzia|rz *m*, -rka *f*

liftshaft /ˈlɪftʃɑːft, US -ʃæft/ *n* GB szyb *m* windy

lig /lɪg/ *vi* (*prp, pt, pp* **-gg-**) GB infml wpr|osić, -aszać się; **to ~ to a dinner** wprosić się na kolację

ligament /ˈlɪgəmənt/ *n* wiązadło *n*; **knee /ankle ~s** wiązadła kolanowe/stawu skokowego; **torn/strained ~s** zerwane/nadwyrężone wiązadła

ligature /ˈlɪgətʃə(r)/ *n* [1] Med (thread) podwiązka *f*; (act) podwiązanie *n* [2] Mus, Print ligatura *f*

ligger /ˈlɪgə(r)/ *n* infml pieczeniarz *m*

light[1] **I** /laɪt/ *n* [1] (brightness) światło *n*; (quality of illumination) oświetlenie *n*; Art światłocień *m*; **~ and shade** światło i cień; **a beam/ray of ~** snop/promień światła; **he painted the same view in different ~s** malował ten sam widok w różnym oświetleniu; **by the ~ of the moon/a candle** przy świetle księżyca/przy świecy; **in full ~** w pełnym świetle; **to read in a poor ~** czytać przy słabym świetle or oświetleniu; **in** or **by (the) ~ of day** liter za dnia; **in** or **by the cold ~ of day I didn't like the idea** fig kiedy rozważyłem to na chłodno, pomysł przestał mi się podobać; **I'd like to drive back in the ~** chciałbym wracać za dnia; **to cast** or **shed** or **throw ~ on sth** oświetlać coś; rzucać na coś światło also fig **hold it up to the ~** trzymaj or przysuń to bliżej światła; **you're standing in my ~** zasłaniasz mi światło; **while the ~ lasts** dopóki jest widno, zanim się ściemni; **at first ~** liter o brzasku, o świcie; **against the ~** pod światło; **the ~ was failing** zapadał zmrok, ściemniało się; **he first saw the ~ of day in April, 1769** przyszedł na świat w kwietniu 1769 roku; **those documents will never see the ~ of day** te dokumenty nigdy nie ujrzą światła dziennego; **let there be ~** Bible niech się stanie światłość [2] (gleam) światło *n*; (bright point) światełko *n*; (in eyes) błysk *m*; **the city ~s** światła miasta; **a ~ on the horizon** światło or światełko na horyzoncie [3] (source of light) światło *n*; (on indicator, dashboard) światełko *n*; **to put** or **switch** or **turn a ~ on** zapalić światło; **to put** or **switch** or **turn a ~ off** zgasić światło; **to leave a ~ on** zostawić światło zapalone; **are all the ~s off?** czy wszystkie światła są pogaszone?; **a ~ came on/went out** światło or światełko zapaliło się/zgasło; **to turn a ~ up/down** podkręcić/przygasić światło; **the ~s went up/down** Theat światła rozbłysły/zgasły [4] (of car, bicycle) światło *n*; **brake ~s** światła hamowania; **to put one's ~s on/off** włączyć/wyłączyć światła; **to have one's ~s on** mieć włączone światła; **to check one's ~s** sprawdzić światła; **to flash one's ~s at sb** mrugnąć światłami w kierunku kogoś [5] Transp (traffic control) światło *n*; **the ~s are red/green** jest czerwone/zielone światło; **to stop at the ~s** zatrzymać się na światłach; **cross at the ~s** przechodź przez jezdnię w miejscach z sygnalizacją świetlną; **to shoot** or **jump the ~s** infml przejechać przez czerwone światło or przy czerwonym świetle; **the ~s were against us** mieliśmy czerwone światło [6] (flame) **to put a ~ to sth** zapalić coś *[fire, gas]*; **to set ~ to sth** podpalić coś *[house]*; **to give sb a ~** podać komuś ogień; **have you got a ~?** czy masz ogień? fig [7] fig (aspect) światło *n*; **to see sth in a good/bad/new ~** widzieć or postrzegać coś w dobrym/złym/nowym świetle; **I hadn't thought of it in that ~** nigdy na to tak or w ten sposób nie patrzyłem; **looking at it in that ~** w świetle tego; **to appear in a bad ~** ukazać się or przedstawić się w złym świetle; **in the ~ of experience/evidence** w świetle doświadczeń/dowodów; **this puts matters in a new ~** to stawia sprawę w nowym świetle; **this sheds a new ~ on matters** to rzuca na sprawę nowe światło [8] fig (exposure) **to bring sth to ~** wydobyć or wyciągnąć or wywlec coś na światło dzienne *[fact, truth, crime]*; **to come to** or **be brought to ~** zostać wydobytym na światło dzienne, zostać ujawnionym [9] Constr (window) okno *n*, otwór *m* okienny; (in roof) świetlik *m*

II *modif* **~ socket** kontakt; **~ switch** włącznik światła

III *adj* [1] (bright) *[room, house]* widny, jasny; *[evening]* jasny; **it gets ~ early these days** teraz robi się jasno or widno wcześnie; **it was getting** or **growing ~er** robiło się coraz widniej or jaśniej; **white paint makes a room look ~er** biała farba rozjaśnia pokój [2] (pale) *[colour, fabric, wood, hair]* jasny; **~ green** jasnozielony, jasna zieleń

IV *vt* (*pt, pp* **lit, lighted**) [1] (set fire to) zapal|ić, -ać *[candle, cigarette, gas, match]*; podpal|ić, -ać *[wood, paper]*; odpal|ić, -ać *[fireworks]*; **to ~ a fire** rozpalić ognisko; **to ~ the fire** rozpalić w kominku; **a ~ed match** zapalona zapałka [2] (illuminate) oświetl|ić, -ać, rozświetl|ić, -ać *[room, scene]*; **a dimly/brightly lit street** słabo/jasno oświetlona ulica; **she lit the way for him with a flashlight** oświetlała mu drogę latarką

V *vi* (*pt, pp* **lit**) *[fire, candle, gas]* zapal|ić, -ać się, za|płonąć

■ **light up** infml: ¶ **~ up** [1] (light cigarette) zapal|ić, -ać papierosa; (light pipe) zapal|ić, -ać fajkę [2] *[lamp]* zapal|ić, -ać się [3] fig *[face, eyes]* rozjaśni|ć, -ać się; *[eyes]* rozbłysnąć ¶ **~ up [sth], ~ [sth] up** [1] zapal|ić, -ać *[cigarette, cigar, pipe]* [2] (illuminate) oświetl|ić, -ać, rozświetl|ić, -ać *[surroundings, sign]*

IDIOMS: **the ~ of his/her life** światło jego /jej życia liter; **to do sth according to one's ~s** fml robić coś, kierując się własnymi zasadami; **to go out like a ~** usnąć jak kamień; **to see the ~** zrozumieć, doznać olśnienia; Relig nawrócić się

light² /laɪt/ **I** *n* (cigarette) papieros *m* o niskiej zawartości nikotyny

II *adj* [1] (not heavy) *[load, fabric, substance, clothing, plane, sleep]* lekki; **to be a ~ drinker/eater** mało pić/jeść; **to be a ~ sleeper** mieć lekki sen; **she is 2 kg ~er** jest o dwa kilogramy lżejsza; **this sack of coal is 5 kg ~** w tym worku jest o pięć kilogramów węgla mniej or za mało; **the film was ~ on laughs** w filmie było niewiele do śmiechu; **with a ~ tone** lekkim tonem; **with a ~ heart** z lekkim sercem [2] Culin *[meal]* lekki; *[menu, product]* niskokaloryczny; *[pastry, cake]* lekki, puszysty [3] Mil *[cavalry, infantry, artillery]* lekki [4] Meteorol *[mist, breeze, wind]* lekki; *[rain, snow]* drobny; **a ~ covering of snow** cienka warstwa śniegu [5] (sparse) *[traffic, losses]* mały; **traffic is ~ at this time** o tej porze jest mały ruch; **trading** or **business was ~** (on stock exchange) zawarto niewiele transakcji [6] (not severe) *[damage]* lekki; *[sentence]* niski, łagodny; *[punishment]* lekki, łagodny [7] (delicate) *[knock, tap, footsteps]* lekki; *[kiss, movement]* delikatny; **to be ~ on one's feet** lekko się poruszać; **to have a ~ touch** *[pianist]* mieć lekkie uderzenie; *[writer]* mieć lekki styl; **a ~ soprano** delikatny sopran [8] (not tiring) *[work, exercises, training]* lekki; **~ duties** lżejsze obowiązki; **~ housework** lżejsze prace domowe; **to make ~ work of sth** szybko się z czymś uporać [9] (not intellectually demanding) *[music, comedy, reading]* lekki; **some ~ reading for the beach** coś lekkiego do czytania na plaży [10] (not important) *[affair]* mało ważny, błahy; **it's no ~ matter** to poważna sprawa, to nie przelewki; **to make ~ of sth** potraktować coś lekko, zlekceważyć coś [11] (cheerful) *[mood]* pogodny; *[laugh]* radosny, wesoły

III *adv* **to travel ~** podróżować z niewielkim bagażem

■ **light on: ~ on [sth]** *[person eyes]* trafi|ć, -ać na (coś), nat|knąć, -ykać się na (coś)

■ **light upon = light on**

light ale *n* jasne piwo *n*, ale *n inv*

light bulb *n* żarówka *f*

light-coloured GB, **light-colored** US /ˈlaɪtkʌləd/ *adj* jasny, w jasnym kolorze, jasnego koloru

light emitting diode, LED *n* dioda *f* elektroluminescencyjna or emisyjna or świecąca

lighten¹ /ˈlaɪtn/ **I** *vt* (make brighter) rozjaśni|ć, -ać *[sky, colour, hair]*

II *vi* (grow brighter) *[sky, colour, hair, skin]* pojaśnieć

■ **lighten up** infml *[person]* rozchmurz|yć, -ać się; *[face]* pojaśnieć, rozjaśnić się; **~ up!** wyluzuj się! infml

lighten² /ˈlaɪtn/ **I** *vt* [1] (make less heavy) zmniejsz|yć, -ać ciężar (czegoś) *[luggage, load, object]*; fig zmniejsz|yć, -ać *[burden, workload, pressure, debt]*; **new working arrangements should ~ their work** nowa organizacja pracy powinna ich odciążyć [2] (make less tense) rozładow|ać, -ywać *[atmosphere]*; popraw|ić, -ać *[mood]*

II *vi* [1] *[burden, workload, pressure]* zelżeć [2] *[atmosphere]* rozluźnić się; *[mood]* poprawić się; **his heart ~ed** zrobiło mu się lżej na sercu

lightener /ˈlaɪtnə(r)/ *n* (for hair) rozjaśniacz *m*

light entertainment *n* lekka rozrywka *f*

lighter¹ /ˈlaɪtə(r)/ *n* (for cigarettes) zapalniczka *f*; (for gas) zapalarka *f*

lighter² /ˈlaɪtə(r)/ *n* Naut lichtuga *f*

lighterage /ˈlaɪtərɪdʒ/ *n* Naut, Comm (process) lichtowanie *n*, przewóz *m* lichtugą; (charge) opłata *f* za lichtowanie

lighter fuel *n* (gas) gaz *m* do zapalniczki; (liquid) benzyna *f* do zapalniczki

lighter socket *n* Aut gniazdko *n* zapalniczki

light-fingered /ˌlaɪtˈfɪŋgəd/ *adj* (skilful) o zwinnych palcach; *[thief]* zręczny; **to be ~** (thieving) mieć lepkie ręce or palce

light fitting *adj* luźny

light-footed /ˌlaɪtˈfʊtɪd/ *adj* zwinny, żwawy

light-haired /ˌlaɪtˈheəd/ *adj [person]* jasnowłosy

light-headed /ˌlaɪtˈhedɪd/ *adj* [1] (dizzy) **she was** or **felt ~** kręciło się jej w głowie; **a ~ feeling** zawrót *m* głowy [2] (frivolous) beztroski

light-headedness /ˌlaɪtˈhedɪdnɪs/ *n* (dizziness) zamroczenie *n*

light-hearted /ˌlaɪtˈhɑːtɪd/ *adj* [1] (happy) *[person, mood]* radosny, beztroski [2] (not serious) *[approach, remark]* niefrasobliwy; *[account]* żartobliwy; **a ~ look at sth** żartobliwe spojrzenie na coś

light-heartedly /ˌlaɪtˈhɑːtɪdlɪ/ *adv* [1] (happily) radośnie, beztrosko [2] (jokingly) żartobliwie

light-heavyweight /ˌlaɪtˈhevɪweɪt/ *n* Sport waga *f* półciężka; (boxer) bokser *m* wagi półciężkiej; (wrestler) zapaśnik *m* wagi do 97 kg

lighthouse /ˈlaɪthaʊs/ *n* latarnia *f* morska

lighthouse keeper *n* latarnik *m*

light industry *n* przemysł *m* lekki

lighting /ˈlaɪtɪŋ/ *n* [1] (illumination) oświetlenie *n*, światło *n*; **indirect ~** oświetlenie or światło pośrednie; **electric ~** oświetlenie or światło elektryczne [2] (of cigarette) zapalenie *n*; (of fire) rozpalenie *n*

lighting director *n* Theat główny oświetleniowiec *m*

lighting effects *npl* efekty *m pl* świetlne

lighting engineer *n* Theat, Cin oświetleniowiec *m*

lighting-up time /ˌlaɪtɪŋˈʌptaɪm/ *n* GB *godzina włączania oświetlenia*

lightly /ˈlaɪtlɪ/ *adv* [1] (gently, delicately) *[touch, kiss, rustle, pat, toss, season]* lekko; *[snore]* cicho [2] (frivolously) *[treat]* lekko; *[accuse, decide, undertake]* pochopnie, niefrasobliwie; *[dismiss, ignore, say, answer]* beztrosko; **it is not a decision I have taken ~** niełatwo mi było podjąć taką decyzję [3] (not heavily) *[move, run, walk, dress]* lekko; **to sleep ~** mieć lekki sen; **to wear one's erudition ~** nie popisywać się wiedzą, nie obnosić się ze swą erudycją [4] (with little punishment) **to get off ~** wykręcić się sianem; **to let sb off ~** potraktować kogoś łagodnie; **they got off very ~ with a small fine** udało im się i zapłacili tylko niewysoką grzywnę

light meter *n* Phot światłomierz *m*

lightness¹ /ˈlaɪtnɪs/ *n* (brightness, paleness) jasność *f*

lightness² /ˈlaɪtnɪs/ *n* (of weight, food, movement) lekkość *f*; (of answer, attitude) niefrasobliwość *f*; (of task) łatwość *f*; (of food) lekkostrawność *f*

lightning /ˈlaɪtnɪŋ/ **I** *n* [1] (in sky) błyskawice *f pl*; **a flash** or **stroke of ~** błyskawica [2] (striking sth) pioruny *m pl*; **a stroke of ~** uderzenie pioruna, piorun; **he was struck by ~** trafił go piorun; **~ struck the tree** piorun trafił w to drzewo

II *adj [movement, response, raid, shot]* błyskawiczny; *[visit]* krótki; **at ~ speed** z szybkością błyskawicy, (szybko) jak błyskawica, z zawrotną szybkością

IDIOMS: **as fast** or **quick as ~** (szybki) jak błyskawica; **~ never strikes twice (in the same place)** taka rzecz może przytrafić się tylko raz w życiu; **like a flash** or

a streak of ~, like greased ~ jak błyskawica, błyskawicznie

lightning bug *n* US świetlik *m*, robaczek *m* świętojański

lightning conductor *n* GB piorunochron *m*, odgromnik *m*

lightning rod *n* = **lightning conductor**

lightning strike *n* strajk *m* bez ostrzeżenia

light opera *n* opera *f* komiczna

light pen *n* [1] (for computer screen) pióro *n* świetlne, pisak *m* świetlny, światłopis *m* [2] (to read barcode) czytnik *m* kodu paskowego

light railway *n* kolej *f* miejska

light-sensitive /ˈlaɪtsensətɪv/ *adj* światłoczuły

lightship /ˈlaɪtʃɪp/ *n* latarniowiec *m*

light show *n* pokaz *m* świateł

light-skinned /ˌlaɪtˈskɪnd/ *adj* o jasnej skórze *or* karnacji

lights-out /ˈlaɪtsaʊt/ *n* cisza *f* nocna

light switch *n* włącznik *m or* wyłącznik *m* światła

light wave *n* fala *f* świetlna

lightweight /ˈlaɪtweɪt/ **I** *n* [1] Sport waga *f* lekka; (boxer) bokser *m* wagi lekkiej; (wrestler) zapaśnik *m* wagi do 57 kg [2] fig pej przeciętniak *m*, miernota *m/f* infml pej; **a literary ~** pisarzyna infml pej

II *adj* [1] *[garment, product]* lekki [2] Sport **~ fight** walka w wadze lekkiej; **~ champion** mistrz wagi lekkiej [3] fig pej *[politician, intellectual]* mierny; *[article]* błahy; *[performance]* przeciętny

light year *n* [1] Astron rok *m* świetlny [2] fig infml **it was ~s ago** to było (całe) wieki temu; **to be ~s ahead of sb/sth** wyprzedzać kogoś/coś o całą epokę

ligneous /ˈlɪgnɪəs/ *adj [plant]* drzewiasty; *[substance]* drzewny

lignite /ˈlɪgnaɪt/ *n* węgiel *m* brunatny, lignit *m*

lignum vitae /ˌlɪgnəmˈvaɪtɪ, -ˈviːtaɪ/ *n* [1] (tree) gwajakowiec *m* [2] (wood) drewno *n* gwajakowe

Liguria /lɪˈgjʊərɪə/ *prn* Liguria *f*

likable *adj* = **likeable**

like[1] /laɪk/ **I** *prep* [1] (similar to) (taki) jak (ktoś/coś); **he was ~ a father to me** był dla mnie jak ojciec; **I want a hat ~ this one** chcę taki kapelusz jak ten; **I heard a noise ~ (that of) a woman crying** usłyszałem coś jak *or* jakby płacz kobiety; **there was a sound ~ a distant explosion** słychać było dźwięk jakby dalekiego wybuchu; **this is just ~ old times** jest zupełnie tak jak dawniej; **it's a second-hand car but it looks ~ new** to używany samochód, ale wygląda jak nowy; **what's she ~?** jaka (ona) jest?; **what's she ~ as a teacher?** jaką jest nauczycielką?; **what does he look ~?** jak on wygląda?; **what was Spain ~?** jak było w Hiszpanii?; **what's the soup ~?** czy zupa jest dobra?, czy zupa smakuje ci?; **what's it ~ outside?** jaka jest pogoda?, jak jest na dworze?; **he doesn't know what it's ~ to be a single parent** nie ma pojęcia, co znaczy samotnie wychowywać dziecko; **she's very ~ her mother** jest bardzo podobna do matki; **that photo is not ~ you at all!** na tym zdjęciu wcale nie jesteś do siebie podobny!; **she said she was 40, but 50's more ~ it** powiedziała, że ma 40 lat, ale chyba ma z 50; **try this dress – now that's more ~ it** przymierz tę sukienkę – teraz znacznie lepiej; **come on, stop crying! blow your nose! that's more ~ it!** przestań płakać! wytrzyj nos! teraz już lepiej!; **I've never seen anything ~ it!** nigdy czegoś podobnego nie widziałem!; **you know what's she ~!** wiesz, jaka ona jest!; **she's always ~ that** ona już taka jest, z nią tak zawsze; **there's nothing ~ a nice cup of tea!** nie ma jak filiżanka herbaty!; **London! there's nowhere ~ it!** nie ma to jak Londyn! [2] (in the same manner as) (tak) jak (ktoś/coś); **don't treat me ~ a child!** nie traktuj mnie jakbym był dzieckiem!; **stop behaving ~ an idiot!** przestań zachowywać się jak idiota!, nie zachowuj się jak idiota!; **eat up your breakfast ~ a good boy!** zjedz grzecznie śniadanie!; **don't talk ~ that!** nie mów tak!; **don't talk to me ~ that!** nie mów do mnie w ten sposób!; **~ me, he loves swimming** tak jak ja uwielbia pływać; **it happened ~ this** (a więc) było tak; **look, it wasn't ~ that at all** to wcale nie było tak; **when I see things ~ that** gdy widzę coś takiego; **hold it ~ that!** trzymaj to tak *or* w ten sposób!; **'how do I do it?' – '~ that'** „jak mam to zrobić" – „w ten sposób"; **fold the corners back, ~ so!** zawiń rogi tak *or* w ten sposób!; **it's ~ this: we are asking you to take a cut in salary** sytuacja przedstawia się następująco: czy zgadzasz się na niższą pensję?; **I'm sorry to disturb you ~ this** przepraszam, że ci przeszkadzam; **all right, be ~ that then!** w porządku, niech (więc) tak będzie!; **they've gone to Ibiza or somewhere ~ that** pojechali na Ibizę, czy coś w tym guście [3] (typical of) **that's not ~ her: she's normally so punctual** to do niej niepodobne, zwykle jest taka punktualna; **it's not ~ him to be late** on się na ogół nie spóźnia; **if that isn't just ~ him!** to dla niego typowe!; **it's just ~ him to be so spiteful!** zawsze jest taki złośliwy!; **just ~ a man!** (jak) typowy mężczyzna!; **he's not ~ himself these days** ostatnio nie jest sobą, ostatnio nie zachowuje się normalnie; **~ the gentleman he was, he opened the door for me** jak przystało na dżentelmena, otworzył drzwi i przepuścił mnie przodem; **~ the liar she is, she told me that...** jako znana kłamczucha powiedziała mi, że... [4] (expressing probability) **it looks ~ rain** wygląda na to, że będzie padać; **it looks ~ the war will be a long one** infml wygląda na to, że wojna potrwa; **you seem ~ an intelligent man** wyglądasz na inteligentnego człowieka; **he was acting ~ he was crazy** US infml zachowywał się jak wariat [5] (expressing wish) **to feel ~ sth/doing sth** mieć ochotę na coś/na zrobienie czegoś; **I feel ~ a drink** mam ochotę na drinka; **he felt ~ crying** chciało mu się płakać [6] (close to) mniej więcej, jakieś; (akin to) (coś) jak(by); **it cost something ~ £20** to kosztowało mniej więcej *or* jakieś 20 funtów; **something ~ half the population are affected** dotyczy to mniej więcej połowy ludności; **her name's something ~ Georgina or Edwina** nazywa się coś jak *or* tak jakoś Georgina czy Edwina; **with something ~ affection/enthusiasm** z pewną czułością /z pewnym entuzjazmem; **I don't earn anything ~ as much as she does** zarabiam daleko mniej niż ona [7] (as well as) tak jak, podobnie jak; **he, ~ all his brothers, became a sailor** tak jak *or* podobnie jak bracia, został marynarzem [8] (such as, for example) taki jak, na przykład; **sports ~ swimming and badminton** takie sporty jak (na przykład) pływanie i badminton; **don't do anything silly, ~ borrowing money** niech ci nie przyjdzie do głowy coś tak głupiego, jak na przykład zaciąganie pożyczki; **let's do it soon, ~ tomorrow** infml zróbmy to jak najprędzej, na przykład jutro

II *adj* fml temu podobny, tym podobne; **cups, bowls and ~ receptacles** kubki, talerze i temu podobne naczynia; **cooking, ironing and ~ chores** gotowanie, prasowanie i temu podobne zajęcia; **to be of ~ mind** mieć podobne poglądy, zgadzać się; **I'm glad we're of ~ mind on this issue** cieszę się, że mamy podobny pogląd w tej sprawie; cieszę się, że się zgadzamy w tej sprawie; **people of ~ minds** ludzie podobnie myślący

III *conj* [1] (in the same way as) tak jak; **you don't know him ~ I do** nie znasz go tak dobrze jak ja; **nobody can sing this song ~ he did** nikt nie potrafi zaśpiewać tej piosenki tak jak on; **it's not ~ I imagined it would be** nie jest tak, jak to sobie wyobrażałem *or* jak sądziłem, że będzie; **~ I said, I wasn't there** infml (tak) jak mówiłem – mnie tam nie było [2] infml (as if) (tak) jakby; **she acts ~ she knows everything** zachowuje się (tak) jakby wszystko wiedziała; **it sounds ~ they've already arrived** wygląda na to, że już są

IV *adv* [1] (likely) **(as) ~ as not, ~ enough, very ~** dat najprawdopodobniej; **as ~ as not, she won't come** prawdopodobnie nie przyjdzie [2] (nearly) **this film is nothing ~ as good as the first** ten film nie umywa się do pierwszego; **it's nothing ~ as nice as their previous house** ten dom nie umywa się do poprzedniego; **if it's anything ~ as cold today...** jeśli będzie tak zimno jak dziś...; **it's nothing ~ what happened two years ago** to nic w porównaniu z tym, co zdarzyło się dwa lata temu; **it's really not anything ~ as bad as it looks** to na prawdę nie jest tak straszne, jak wygląda; **'have you finished?' – 'nothing ~'** „skończyłeś?" – „bynajmniej"; **'the figures are 10% more than last year' – '20% more ~'** infml „liczby wzrosły o 10% w stosunku do zeszłego roku" – „chyba raczej o 20%"; **luxury hotel! boarding house, more ~!** infml luksusowy hotel! akurat! już prędzej noclegownia! infml [3] infml (used as interjection) **it was Christmas, ~, so we wanted to have some fun** było Boże Narodzenie, no nie, więc chcieliśmy się zabawić infml; **I felt embarrassed, ~** GB, **I felt, ~, embarrassed** US czułem się głupio, no nie infml

V *n* **dukes, barons and the ~** książęta, baronowie i temu podobni (dostojnicy); **earthquakes, floods and the ~** trzęsienia ziemi, powodzie i temu podobne (katastrofy); **I've never seen the ~ of it, I've never seen its ~** nigdy czegoś podobnego nie widziałem; **I doubt we shall ever see her ~ again** wątpię, żebyśmy mieli kiedykolwiek kogoś takiego poznać; **scenes of unrest the ~(s) of which had never been seen before in the city** rozruchy, jakich nigdy przedtem w mieście nie widziano; **the ~(s) of Al Capone** osobnicy pokroju Ala Capone; **she won't even speak to the ~s of us** infml nawet nie zechce rozmawiać z takimi jak my; **you shouldn't associate with the ~(s) of them** infml nie powinieneś się zadawać z takimi ludźmi or z ludźmi tego pokroju

VI -like *in combinations* **bird-~** ptasi, podobny do ptaka; **child-~** dziecinny; **king-~** królewski, niczym król; **prison-~** przypominający więzienie

IDIOMS: **~ father ~ son** Prov jaki ojciec, taki syn; niedaleko pada jabłko od jabłoni

like² /laɪk/ **I likes** *npl* **sb's ~s and dislikes** czyjeś upodobania i uprzedzenia; to, co ktoś lubi i czego nie lubi; **you know my ~s and dislikes** znasz moje upodobania; **he put his ~s in one column and his dislikes in another** wypisał to, co lubi w jednej kolumnie, a to, czego nie lubi w drugiej

II *vt* [1] (be fond of) lubić; **to get to ~ sb/sth** infml polubić kogoś/coś; **I ~ fish/wine** lubię ryby/wino; **she doesn't ~ cats** nie lubi kotów; **do you ~ classical music?** czy lubisz muzykę klasyczną?; **she ~s him, but she doesn't love him** lubi go, ale go nie kocha; **orchids ~ a damp climate** storczyki lubią wilgoć; **I'm not ~d here** nie lubią mnie tutaj; **he wants to be ~d** chce być lubiany; **to be well ~d** być bardzo lubianym; **I ~ Adam better than Robert** lubię Adama bardziej niż Roberta, wolę Adama od Roberta; **I ~ beer best** najbardziej lubię piwo; **to ~ one's coffee strong** lubić mocną kawę; **how do you ~ your tea?** jaką pijesz herbatę? *(mocną, słabą, z cukrem, z mlekiem)*; **how would you ~ your egg?** jakie chcesz jajko? *(mocno ścięte, czy nie)*; **I ~ my steak rare** lubię befsztyk krwisty; **if you ~ that sort of thing** jeśli lubisz takie rzeczy, jeśli coś takiego ci odpowiada; **to ~ to do sth** or **doing sth** lubić coś robić; **I ~ dancing** lubię tańczyć; **she ~s to get up early** lubi wcześnie wstawać; **I ~ to think I speak German quite well** uważam, może niesłusznie, że nieźle mówię po niemiecku; **she ~s to think of herself as sincere** nie wiedzieć czemu, uważa się za szczerą; **I ~ to keep fit** chcę zachować formę; **she ~s everybody running around after her** lubi, żeby wszyscy wokół niej skakali; **you'll go with us and ~ it!** pójdziesz z nami, i bez gadania!; **I ~ cheese, but cheese doesn't ~ me** infml lubię ser, ale mi nie służy [2] (find agreeable, to one's taste) **he doesn't ~ his new car/boss** nie podoba mu się nowy samochód/szef; **she ~s them tall** lubi wysokich (mężczyzn), podobają się jej wysocy (mężczyźni); **I ~ this soup** smakuje mi ta zupa; **how do you ~ my new car?** jak ci się podoba mój nowy samochód?; **how does she ~ her new job?** jak jej się podoba nowa praca?; **how do you ~ this cake?** jak ci smakuje to ciasto?; **I ~ that better/best** ten mi się podoba bardziej/najbardziej; (about food) to mi smakuje bardziej/najbardziej; **what I ~ about him is his sincerity** cenię go za szczerość; **I ~ the look of the new boss** podoba mi się nowy szef; **if the manager ~s the look of you** jeśli spodobasz się kierownikowi; **she didn't ~ the look of the hotel** nie spodobał się jej hotel; **I don't ~ the look of her, call the doctor** coś mi się ona nie podoba, wezwij lekarza; **I don't ~ the sound of that** to mi się wcale nie podoba; **she hasn't phoned for weeks, I don't ~ it** nie dzwoni od wielu tygodni – to mi się nie podoba; **that's what I ~ to see/hear!** to mi się podoba!; **I ~ it when you stroke my hair** lubię, kiedy mnie gładzisz po włosach; **I ~d it better when we worked from 9 till 5** wolałem, kiedy pracowaliśmy od 9 do 17; **I'd ~ it better if I knew what was expected of me** wolałbym wiedzieć, czego się ode mnie oczekuje; **how do you ~ living in London?** jak ci się mieszka w Londynie?; **how would you ~ it if someone did that to you?** ciekawe, czy podobałoby ci się, gdyby ktoś zrobił to tobie? [3] (approve of) **I don't ~ your attitude** nie podoba mi się twoje nastawienie; **we didn't ~ the way she treated him** nie podobał nam się sposób, w jaki go traktowała; **the boss won't ~ it if you're late** szef nie będzie zachwycony, jeśli się spóźnisz; **she doesn't ~ to be kept waiting** (now) nie podoba się jej, że musi czekać; (in general) nie lubi, kiedy każe się jej czekać; **I ~ his cheek** or **nerve!** iron podziwiam jego tupet! iron; **I ~ that!** iron dobre sobie!, a to dobre! iron; **I ~ it!** to mi się podoba!, to dobre!; **~ it or not we all pay tax** czy nam się to podoba, czy nie or chcemy, czy też nie, wszyscy płacimy podatki [4] (wish) chcieć; **she didn't ~ to ask her parents for money** nie chciała prosić rodziców o pieniądze; **I don't ~ to mention it, but...** niechętnie o tym wspominam, ale...; **I would** or **should ~ a ticket** chciałbym bilet; **she would have ~d to go to Ireland** chciała or miała ochotę pojechać do Irlandii; **would you ~ to come to dinner?** czy miałbyś ochotę przyjść na obiad?; **what would you ~ to drink?** czego masz ochotę się napić?, czego się napijesz?; **I'd ~ a gin and tonic, please** (to barman) poproszę gin z tonikiem; **we'd ~ your opinion** chcielibyśmy poznać twoje zdanie; **I'd ~ to speak to the manager, please** chciałbym rozmawiać z kierownikiem; **I wouldn't ~ to think I'd upset her** mam nadzieję, że jej nie zmartwiłem; **would you ~ me to help you?** czy chcesz, żebym ci pomógł?; **I'd ~ to see you/him try!** ciekawe, jak to zrobisz/jak on to zrobi!; **where did they get the money from? that's what I'd ~ to know** ciekaw jestem, skąd oni wzięli pieniądze; **I don't ~ to disturb her** nie chcę jej przeszkadzać

III *vi* **if you ~** (willingly agreeing) jeśli chcesz; (reluctantly agreeing) jeśli musisz; **you can say /do what you ~** możesz mówić/robić, co ci się podoba; **help yourself to as much as you ~** weź tyle, ile chcesz; **do as** or **what you ~** rób, co chcesz; **'where shall I sit?' – 'anywhere you ~'** „gdzie mam usiąść?" – „gdzie chcesz"; **just as you ~, sir** jak sobie pan życzy; **I can go with you if you ~** mogę z tobą pójść, jeśli chcesz

likeable /ˈlaɪkəbl/ *adj [person, animal]* sympatyczny, miły; *[music, novel, film, house]* przyjemny; *[food, drink]* smaczny

likelihood /ˈlaɪklɪhʊd/ *n* prawdopodobieństwo *n*; **in all ~** najprawdopodobniej; **in all ~ it will be finished by ten** najprawdopodobniej skończy się przed dziesiątą; **the ~ is that she missed the train** bardzo możliwe, że spóźniła się na pociąg; **there is no ~ of that happening** to jest niemożliwe, to się na pewno nie zdarzy; **there is little/every ~ that she'll agree** istnieje małe/wszelkie prawdopodobieństwo, że się zgodzi

likely /ˈlaɪklɪ/ **I** *adj* [1] (probable) *[explanation, cause, outcome, reason]* prawdopodobny, przypuszczalny; **rain is ~** prawdopodobnie będzie padać; **he is ~ to become president/pass the exam** ma duże szanse zostać prezydentem/zdać egzamin; **the bomb is ~ to explode** ta bomba może wybuchnąć; **are you ~ to be in tomorrow?** czy jest szansa, że będziesz jutro u siebie?; **they are not very ~ to agree** są małe szanse, że się zgodzą, jest mało prawdopodobne, żeby się zgodzili; **the man most ~ to win** prawdopodobny zwycięzca; ten, który zapewne zwycięży; **it seems ~ that prices will rise** ceny prawdopodobnie pójdą w górę; **it's more than ~ that she's out** jest więcej niż prawdopodobne, że wyszła; **a ~ story /excuse!** iron akurat!; uważaj, bo uwierzę! infml [2] (suitable) *[location, place]* odpowiedni; (promising) *[candidate]* obiecujący; **this is a ~ place to find a telephone** tu powinien być telefon [3] (potential) *[client, candidate]* potencjalny

II *adv* (probably) prawdopodobnie; **most ~ she'll forget** najprawdopodobniej zapomni; **'maybe she's gone out' – 'quite /more than ~'** „może wyszła?" – „całkiem możliwe/pewnie tak"; **not ~!** GB na pewno nie!, w żadnym razie!; **as ~ as not** pewnie; **as ~ as not it'll rain** pewnie będzie padać

like-minded /ˈlaɪkmaɪndɪd/ *adj* (sharing similar opinions) podobnie myślący, o podobnych zapatrywaniach; (sharing similar interests) o podobnych upodobaniach; **a group of ~ people** grupa ludzi podobnie myślących/o podobnych upodobaniach

liken /ˈlaɪkən/ *vt* **to ~ sb/sth to sb/sth** przyrówn|ać, -ywać kogoś/coś do kogoś /czegoś

likeness /ˈlaɪknɪs/ *n* [1] (resemblance) podobieństwo *n* **(to sb/sth** do kogoś/czegoś**)**; **a family ~** rodzinne podobieństwo; **there is a certain ~ between them** jest między nimi pewne podobieństwo; **to bear a ~ to sb** być podobnym do kogoś [2] (portrait) podobizna *f*, wizerunek *m*; **a good ~** wierna podobizna; **to catch the ~** uchwycić podobieństwo; **to draw/take sb's ~** liter narysować/zrobić podobiznę kogoś [3] liter (form) postać *f*; **to assume** or **take on the ~ of sth** przybrać postać czegoś; **he appeared to her in the ~ of a snake** ukazał się jej pod postacią węża

likewise /ˈlaɪkwaɪz/ *adv* [1] (similarly) *[act, speak, think]* podobnie; **to do ~** postąpić podobnie, zrobić to samo; **I'm leaving and I suggest you do ~** wychodzę i proponuję, żebyś zrobił to samo [2] (also) **I'm well and my parents ~** u mnie wszystko w porządku, podobnie jak u rodziców; **we moved out and our neighbours ~** wyprowadziliśmy się, podobnie jak nasi sąsiedzi; **'pleased to meet you' – '~'** „miło mi pana/panią poznać" – „mnie również"; **'I'll have a black coffee' – '~'** „dla mnie czarna kawa" – „dla mnie to samo"

liking /ˈlaɪkɪŋ/ *n* upodobanie *m* **(for sth** do czegoś); sympatia *f* **(for sb** do kogoś); **to have a ~ for sth** gustować w czymś *[food, drink]*; lubić coś *[activity]*; mieć sentyment do czegoś *[town, place]*; **to have a ~ for sb** darzyć kogoś sympatią; **to take a ~ to sb** polubić kogoś; **to take a ~ to sth** zasmakować w czymś *[food, drink, activity]*; **to be to sb's ~** odpowiadać komuś; **I'm sorry the meal wasn't to your ~** przykro mi, że ci nie smakowało; **the music is too loud for my ~** muzyka jest zbyt głośna jak na mój gust

lilac /ˈlaɪlək/ **I** *n* [1] Bot bez *n*; **a bunch of ~** bukiet bzu [2] (colour) (kolor *m*) liliowy *m*
II *adj [colour, fabric, paint]* lila, liliowy

lilliputian /ˌlɪlɪˈpjuːʃn/ **I** *n* liliput *m*, -ka *f*
II *adj* maleńki, liliputi

Lilo® /ˈlaɪləʊ/ *n* materac *m* nadmuchiwany

lilt /lɪlt/ *n* [1] (tune) melodyjka *f*; (cadence) rytm *m* [2] (accent) śpiewna intonacja *f*; **to have an Irish ~** mówić z irlandzkim zaśpiewem

lilting /ˈlɪltɪŋ/ *adj* (light) *[song, voice]* śpiewny, melodyjny; (buoyant) *[melody]* skoczny

lily /ˈlɪlɪ/ *n* lilia *f*
IDIOMS: **to gild** or **paint the ~** przedobrzyć infml

lily-livered /ˈlɪlɪlɪvəd/ *adj [person]* podszyty tchórzem, bojaźliwy; *[behaviour]* tchórzliwy

lily of the valley *n* (*pl* **lilies of the valley)** konwalia *f*

lily-pad /ˈlɪlɪpæd/ *n* liść *m* lilii wodnej

lily-pond /ˈlɪlɪpɒnd/ *n* staw *m* z liliami wodnymi

lily-white /ˌlɪlɪˈwaɪt/ *adj* [1] (colour) *[skin, cheeks]* liliowobiały, biały jak lilia [2] (pure) *[morals, standards, person]* kryształowy; *[ideals]* kryształowo czysty [3] US infml *[club, suburb]* tylko dla białych

lima bean /ˈliːmə, US ˈlaɪmə/ *n* fasola *f* półksiężycowata or limeńska

limb /lɪm/ *n* [1] Anat kończyna *f*; **to stretch one's ~s** rozprostować członki; **many passengers broke ~s in the crash** wielu pasażerów połamało ręce i nogi w katastrofie [2] (of tree) konar *m*
IDIOMS: **to be out on a ~** nie mieć w nikim or w niczym oparcia; **to go out on a ~** postawić wszystko na jedną kartę; **to leave sb out on a ~** zostawić kogoś na lodzie infml; **sound in wind and ~** zdrów jak ryba; **to risk life and ~** ryzykować życiem i zdrowiem; **to tear sb ~ from ~** rozerwać kogoś na strzępy

limbed /lɪmd/ *adj* **long-/strong-~** *[person, animal]* o długich/silnych kończynach; *[tree]* o długich/mocnych konarach

limber /ˈlɪmbə(r)/ *adj [fingers]* zwinny; *[wood]* giętki
■ **limber up** Sport rozgrz|ać, -ewać się; **to do ~ing up exercises** robić rozgrzewkę

limbless /ˈlɪmlɪs/ *adj [person]* bez kończyn or członków; (without leg) beznogi; (without arm) bezręki

limbo¹ /ˈlɪmbəʊ/ *n* Relig otchłań *f*; fig stan *m* zawieszenia; **to be in (a state of) ~** fig być or znajdować się w stanie zawieszenia

limbo² /ˈlɪmbəʊ/ *n* (dance) **the ~** limbo *n inv (taniec pochodzący z Karaibów)*

lime¹ /laɪm/ **I** *n* (calcium) wapno *n*
II *vt* wapnować *[branches, soil]*

lime² /laɪm/ *n* (citrus) lima *f*, limeta *f*

lime³ /laɪm/ **I** *n* (linden) lipa *f*
II *modif* lipowy

limeade /ˌlaɪmˈeɪd/ *n* napój *m* z sokiem z limy

lime green *adj* żółtozielony

lime juice *n* sok *m* z limy

limekiln /ˈlaɪmkɪln/ *n* wapiennik *m*

limelight /ˈlaɪmlaɪt/ *n* Theat światła *n pl* rampy; światło *n* wapienne dat; **to be in the ~** stanąć w blasku jupiterów; fig znajdować się or być w centrum zainteresowania; **to shun** or **keep out of the ~** fig trzymać się w cieniu, usuwać się w cień; **to steal the ~ from sb** usunąć kogoś w cień; **to hog the ~** infml fig skupić na sobie całą uwagę

limepit /ˈlaɪmpɪt/ *n* dół *m* z wapnem

limerick /ˈlɪmərɪk/ *n* limeryk *m*

limescale /ˈlaɪmskeɪl/ *n* kamień *m*, osad *m*

limestone /ˈlaɪmstəʊn/ *n* Geol wapień *m*

lime tree *n* lipa *f*

limewash /ˈlaɪmwɒʃ/ **I** *n* (for painting) wapno *n*
II *vtr* po|bielić

limey /ˈlaɪmɪ/ US infml **I** *n* (*pl* **~s, limies)** Angol *m* infml pej
II *adj* angielski

limit /ˈlɪmɪt/ **I** *n* [1] (boundary) granica *f*, granice *f pl* **(of sth** czegoś); **within the city ~s** w granicach or w obrębie miasta; **outside the 200-mile ~** poza dwustumilową strefą wód przybrzeżnych; **to be off ~s** Mil być zamkniętym dla osób nieupoważnionych, stanowić strefę zakazaną; **the garden was off ~s to us** nie mieliśmy wstępu na teren ogrodu; **my private life is off ~s** moje życie prywatne jest wyłącznie moją sprawą [2] (furthest extent) (of endurance, patience) granice *f pl*, kres *m* **(of sth** czegoś); (of influence, jurisdiction) zasięg *m*, zakres *m* **(of sth** czegoś); **to push oneself to the ~** (work too hard) przepracowywać się; **to push sb to the ~** zmuszać kogoś do wielkiego wysiłku; żyłować kogoś infml; **that would be stretching our resources to the ~** to oznaczałoby niemal całkowite wyczerpanie naszych środków; **he has pushed my patience to the ~** or **to its ~s** wystawił moją cierpliwość na ciężką próbę; **she was beyond the ~ of her endurance** była u kresu wytrzymałości; **it is beyond the ~(s) of my knowledge** to wykracza poza zakres mojej wiedzy, tak daleko moja wiedza nie sięga; **there's no ~ to the risks they are prepared to take** gotowi są podjąć każde ryzyko; **his greed knows no ~s** jego pazerność przechodzi wszelkie granice; **to know one's ~s** infml znać własne możliwości, być świadomym własnych możliwości; **that's the ~!** infml to szczyt wszystkiego! infml; **you're the ~!** infml jesteś nie do wytrzymania! [3] (legal restriction) ograniczenie *n* **(on sth** czegoś); (minimum, maximum amount) limit *m* **(on sth** czegoś); **an upper/lower ~ (for sth)** górna/dolna granica (czegoś), górny/dolny pułap (czegoś); **public spending ~s** ograniczenia wydatków publicznych; **speed ~** dopuszczalna prędkość; **a 55 mph speed ~** ograniczenie prędkości do 55 mil/godz.; **'more whisky?' – 'no thanks, two's my ~'** „jeszcze trochę whisky?" – „nie, dziękuję, dla mnie trzy to za dużo"; **within ~s** w pewnych granicach; **within the ~s of what we can do** w granicach naszych możliwości; **to put** or **set a ~ on sth** ustanowić or określić limit czegoś; **to be over/under the ~** (of alcohol) mieć alkoholu we krwi powyżej/poniżej dozwolonej normy; **don't drive if you're over the ~** piłeś – nie siadaj za kierownicą [4] Math granica *f*, wartość *f* graniczna
II *vt* (restrict) ogranicz|yć, -ać *[use, imports, spending]*; **spending is ~ed to two million** wydatki ograniczono do dwóch milionów; **places are ~ed to a hundred** jest tylko sto miejsc; **his experience is ~ed to...** jego doświadczenie ogranicza się do...; **they ~ed me to one drink a day** pozwolili mi tylko na jednego drinka dziennie
III *vr* **to ~ oneself** ogranicz|yć, -ać się **(to sth/doing sth** do czegoś/robienia czegoś)

limitation /ˌlɪmɪˈteɪʃn/ **I** *n* (restriction) ograniczenie *n* **(on sth** czegoś); **to impose** or **place ~s on sth** ograniczyć coś; **to be a ~ on sb's power** ograniczać władzę kogoś, stanowić ograniczenie władzy kogoś; **arms ~** ograniczenie zbrojeń
II limitations *npl* (shortcomings) niedoskonałość *f*, ułomność *f*; **to have its ~s** mieć swoje wady or ujemne strony; **to know one's (own) ~s** znać własne możliwości

limited /ˈlɪmɪtɪd/ *adj* [1] (small) *[space, market]* niewielki; *[ability, knowledge, number, scope]* ograniczony; *[vocabulary, menu]* ubogi; **to a ~ extent/degree** w ograniczonym zakresie/stopniu; **my time is ~, so I'll be brief** mam mało czasu, będę się więc streszczał; **poor thing, she's very ~** biedactwo, jest bardzo ograniczona; **he's a bit ~ as an actor** jako aktor jest mało wszechstronny; **this law is very ~ in its application** to prawo ma bardzo ograniczone zastosowanie [2] (restricted) *[supplies,* *resources]* limitowany; *[access, selection]* ograniczony; *[production]* krótkoseryjny [3] Comm **Nolan Computers Limited** Nolan Computers spółka z ograniczoną odpowiedzialnością

limited company *n* GB Comm = **limited liability company**

limited edition *n* ograniczony nakład *m*

limited liability company *n* spółka *f* z ograniczoną odpowiedzialnością

limiter /ˈlɪmɪtə(r)/ *n* Aut, Electron Tech ogranicznik *m*

limiting /ˈlɪmɪtɪŋ/ *adj [factor]* ograniczający, działający ograniczająco

limitless /ˈlɪmɪtlɪs/ *adj [ocean, horizon]* bezkresny; *[wealth]* niezmierzony; *[patience]* bezgraniczny; *[power, opportunities]* nieograniczony

limo /ˈlɪməʊ/ *n* infml (*pl* **~s**) limuzyna *f*

limousine /ˈlɪməziːn, ˌlɪməˈziːn/ *n* [1] limuzyna *f* [2] US hotelowy mikrobus *m*

limp¹ /lɪmp/ *adj [textile, plant, flesh, skin]* wiotki; *[flesh, skin]* zwiotczały; *[handshake, gesture]* słaby; *[body, hand]* bezwładny; *[lettuce, leaf, flower]* przywiędły; *[style]* kiepski; **my legs feel ~** mam nogi jak z waty; **she felt tired and ~** była zmęczona i słaba; **let yourself go ~** rozluźnij się; **her right arm had gone ~** jej prawa ręka opadła bezwładnie

limp² /lɪmp/ **I** *n* **to have a ~, to walk with a ~** kuleć, utykać; **to have a slight /bad ~ in one's left leg** lekko/mocno kuleć or utykać na lewą nogę

II *vi [person]* utykać, kuleć; **she ~ed along the path** szła ścieżką, utykając, (po)kuśtykała ścieżką; **he ~ed off the pitch** utykając, zszedł z boiska; **the trawler ~ed into the port** trawler z trudem dotarł do portu

limp binding *n* Publg miękka oprawa *f*; **a ~ edition** wydanie w miękkiej oprawie

limpet /ˈlɪmpɪt/ *n* Zool czareczka *f* *(mięczak)* [IDIOMS:] **to cling** or **stick like a ~ (to sb)** uczepić się (kogoś) jak rzep (psiego ogona)

limpet mine *n* mina *f* dywersyjna *(przyczepiana do podwodnej części kadłuba okrętu)*

limpid /ˈlɪmpɪd/ *adj [water, eyes]* przejrzysty; *[pool, stream]* przezroczysty; *[prose, style]* przejrzysty, klarowny

limply /ˈlɪmplɪ/ *adv [hang, dangle]* bezwładnie; *[move, say]* niemrawo; **I don't feel like doing much, she said ~** nie chce mi się nic robić, powiedziała omdlewającym głosem

limpness /ˈlɪmpnɪs/ *n* (of movement) niemrawość *f*; (of body) bezwład *m*

limp-wristed /ˌlɪmpˈrɪstɪd/ *adj* pej zniewieściały

limy /ˈlaɪmɪ/ *adj [soil, land]* wapnisty

linage /ˈlaɪnɪdʒ/ *n* Journ (number of lines) liczba *f* wierszy; **to pay by ~** płacić od wiersza

linchpin /ˈlɪntʃpɪn/ *n* [1] Tech zawleczka *f* [2] fig **the ~ of sth** filar *m* or podpora *f* czegoś fig; (idea, principle) podstawa *f* or fundament *m* czegoś

Lincolnshire /ˈlɪŋkənʃə(r)/ Lincolnshire *n inv*

Lincoln's Inn /ˌlɪŋkənzˈɪn/ *n* GB Jur *jedna z czterech londyńskich korporacji adwokackich*

Lincs GB Post = **Lincolnshire**

linctus /ˈlɪŋktəs/ *n* syrop *m* na kaszel

linden /ˈlɪndən/ **I** *n* (also **~ tree**) liter lipa *f* **II** *adj* dat lipowy, z lipowego drewna

line¹ /laɪn/ **I** *n* [1] (mark) linia *f*; (shorter) kreska *f*; Sport (on pitch, court) linia *f*; Aut (on road) linia *f*; Math linia *f*; Mus (of stave) linia *f*; Art kreska *f*; **a straight/curved ~** linia prosta/krzywa; **a solid/broken ~** linia ciągła/przerywana; **a single/double ~** linia pojedyncza/podwójna; **to draw** or **rule a ~ (down the middle of the page)** narysować linię (przez środek strony); **to put a ~ through sth** przekreślić coś; **to walk/drive in a straight ~** iść /jechać prosto; **the starting/finishing ~** Sport linia startowa/mety; **he crossed the ~ in third place** przekroczył linię mety jako trzeci; **if the ball crosses/lands on this ~...** jeśli piłka przekroczy/spadnie na tę linię...; **the ~ AB** (in geometry) prosta AB; **above/below the ~** (in bridge) nad/pod kreską; **~ and colour** Art linia or kreska i kolor; **boldness of ~** Art śmiała kreska; **the thin ~ of his mouth** cienka linia or kreska jego ust [2] (row) (of people, objects) rząd *m* **(of sb/sth** kogoś/czegoś); (shoulder to shoulder) szereg *m*; **in straight ~s** *[planted, arranged, sitting]* w równych rzędach; **to stand in a ~** stać w szeregu/w rzędzie; **get into (a) ~!** stań w szeregu!; **to form a ~** *[people]* utworzyć rząd/szereg; *[trees, plants]* rosnąć rzędem or w rzędzie; *[houses]* stać rzędem or w rzędzie; **please form a ~** proszę stanąć w szeregu or szeregiem; **she is fifth in ~** ona jest piąta w rzędzie /szeregu; **put the desks in ~** ustawcie biurka równo or w jednej linii; **to be in ~ with sth** *[shelving, cooker]* być w jednej or równej linii z czymś; *[mark, indicator]* być równo z czymś; **to be out of ~** wystawać z szeregu; **this picture is out of ~** ten obraz wisi krzywo; **a ~ of disasters** fig pasmo nieszczęść [3] US (queue) kolejka *f*; ogonek *m* infml; **to stand/wait in ~** stać /czekać w kolejce **(for sth** po coś); **to be first/second in ~** być pierwszym/drugim w kolejce; **to get in ~** stanąć or ustawić się w kolejce [4] fig **to be in ~ for promotion /a pay rise** mieć szanse na awans/podwyżkę; **he's in ~ for the presidency** ma szanse zostać prezydentem; **to be in ~ for redundancy/takeover** być zagrożonym zwolnieniem/przejęciem; **to be next in ~ for promotion** być następnym w kolejce do awansu [5] (wrinkle) (on skin) zmarszczka *f*; (deep) bruzda *f*; (in palmistry) linia *f* [6] (outer shape) (of house, car, ship) linia *f*; (of dress) krój *m*; **the classic ~ of a dress** klasyczny krój or klasyczna linia sukienki; **the classical ~s of the building** klasyczne linie budynku; **the slender ~s of a fashion model** smukła figura modelki [7] (boundary, edge) granica *f*, linia *f* (graniczna) also fig; **the road follows the ~ of the coast/river** droga biegnie wzdłuż wybrzeża/rzeki; **to cross the ~ from France into Germany** przekroczyć granicę Francji z Niemcami; **the dividing ~ between the classes** linia podziału między klasami; **a country divided along ethnic ~s** kraj podzielony etnicznie; **there's a fine ~ between good and bad taste** między dobrym a złym gustem istnieje cienka granica [8] (rope) lina *f*, sznur *m*; (of fishing rod) żyłka *f*; **to put the washing on the ~** powiesić pranie na sznurze; **a ~ of washing** pranie (suszące się) na sznurze; **to throw sb a ~** (as rescue) rzucić komuś linę; **to cast one's ~** Fishg zarzucić wędkę; **there was a fish at the end of the ~** na wędkę or na haczyk złapała się ryba [9] (cable) Elec linia *f* (elektryczna), przewód *m*; Telecom linia *f* (telefoniczna); **the ~ had been cut** Elec odcięto prąd; **to bring the ~s down** Elec, Telecom *[storm]* zerwać linie; **the ~s are down** Telecom linia jest zerwana; **the system is on ~ to the main computer** Comput system jest podłączony do głównego komputera [10] Telecom (connection) linia *f*, połączenie *n*; **all the ~s were engaged** wszystkie linie były zajęte; **it's a very bad ~** są duże zakłócenia na linii; **dial 9 to get an outside ~** wybierz 9, żeby wyjść na miasto infml; **to be on the ~ to sb** rozmawiać z kimś przez telefon; **to get on the ~ to sb** połączyć się z kimś, zadzwonić do kogoś; **to get off the ~** infml rozłączyć się; **to give sb a ~** połączyć kogoś; **hold the ~, please** proszę nie odkładać słuchawki, proszę się nie rozłączać; **at the other end of the ~** na drugim końcu (linii); **the ~s will be open from 8.30 onwards** telefony będą czynne od godziny 8.30; **the ~ was being tapped** telefon był na podsłuchu; **the ~ is dead** nie ma sygnału; telefon jest głuchy infml; **the ~ went dead** przerwało połączenie, połączenie zostało przerwane [11] Rail (connection, route) trasa *f*, linia *f* (kolejowa); (track) tory *m pl*, torowisko *n*; Aviat, Naut linia *f*; **to cross the ~ at the level crossing** przejechać/przejść przez tory na przejeździe; **the London-Edinburgh ~** linia (kolejowa) Londyn-Edynburg; **repairs on the ~** roboty torowe; **at every station along the ~** na każdej stacji na trasie or linii; **we reached the end of the ~** fig niczego więcej nie mogliśmy zrobić, to był kres naszych możliwości [12] (in genealogy) linia *f*, ród *m*; **the male/female ~** linia męska/żeńska; **the Tudor/Stuart ~** ród or dynastia Tudorów/Stuartów; **to found** or **establish a ~** założyć ród, być założycielem rodu; **the ~ died out in the 19th century** ta linia wygasła w XIX wieku; **to come from a long ~ of miners** wywodzić się z rodziny o tradycjach górniczych; **to be descended from sb in a direct ~** pochodzić w prostej linii od kogoś; **to trace one's ~ back to sb** wywodzić swoje pochodzenie od kogoś; **the title passes to the next in ~** tytuł przechodzi na następnego w linii; **she is second in ~ to the throne** ona jest druga w kolejności do tronu [13] (of text) (of prose) linijka *f*, wiersz *m*; (in poetry) wers *m*, wiersz *m*; **to start a new ~** zacząć w nowej linijce or od nowej linijki; **to miss a ~** opuścić linijkę or wiersz; **the famous opening ~s of his speech** słynny początek jego przemówienia; **a ~ from a poem/play** cytat z wiersza/sztuki; **a ~ of verse/poetry** wiersz, wers; **drop her a ~** napisz do niej kilka słów; **just a ~ to thank you** kilka słów podziękowania; **write a few ~s about your hobbies** napisz kilka zdań o swoich zainteresowaniach [14] (conformity) **to bring sb into ~** przywołać kogoś do porządku; **to bring supply into ~ with demand** dostosować podaż do popytu; **to bring working conditions into ~ with European standards** dostosować warunki pracy do norm europejskich; **to come** or **fall into ~ with sb** (conform) podporządkować się komuś; **to make sb fall into ~** zmusić kogoś do posłuszeństwa; **China fell into ~ with the other powers** Chiny podporządkowały się pozostałym mocarstwom; **to fall into ~ with sb/sth** (agree with) zgodzić się z kimś/czymś; **her statement is out of ~ with their account** jej zeznanie nie zgadza się z ich relacją; **their predictions were out of ~ with the actual results** ich przewidywania miały się nijak do rzeczywistych wyników; **our prices are out of ~ with those of our competitors** mamy niższe ceny od konkurencji; **we keep our prices in ~ with what our customers expect** utrzymujemy ceny na poziomie zgodnym z oczekiwaniami klientów; **to keep sb in ~** trzymać kogoś w karbach or ryzach; **you are (stepping) out of ~** zachowujesz się nieodpowiednio; **to be (way) out of ~** *[remark, objection, suggestion]* być (zupełnie) nie na miejscu [15] infml (piece of information) **to have a ~ on sb/sth** wiedzieć coś na temat kogoś/czegoś; **to give sb a ~ on sb/sth** napomknąć komuś o kimś/czymś; **to give** or **hand sb a ~ about sth** (false story, excuse) naopowiadać komuś niestworzonych historii o czymś infml; **don't give me that ~!** nie opowiadaj mi tu jakichś historyjek! infml [16] (stance) stanowisko *n* **(on sth** w sprawie czegoś, wobec czegoś); Pol linia *f*, kurs *m*; **the party ~** linia or kurs partii; **to take a similar/official ~** zająć podobne /oficjalne stanowisko; **she takes the ~ that...** ona uważa, że...; **to take a firm** or **strict ~ with sb** zająć wobec kogoś twarde stanowisko; **don't take that ~ with me!** nie próbuj ze mną zadzierać!; **she was thinking along the same ~s** rozumowała w ten sam sposób; **to be on the right ~s** iść w dobrym kierunku fig; **to run along familiar/the following ~s** *[argument, theory]* biec utartym/następującym torem fig [17] (type of trade) branża *f*; (field of study, interest) dziedzina *f*, specjalność *f*; **what ~ (of business) is she in?** w jakiej branży pracuje?, czym się zajmuje?; **her father was in the banking ~** jej ojciec pracował w bankowości; **cooking isn't really my ~** gotowanie nie jest moją specjalnością or mocną stroną; **the best shop for anything in the sports ~** najlepszy sklep w branży sportowej; **a rucksack or something in that ~** plecak lub coś w tym stylu infml [18] Comm (type of product) wzór *m*, model *m*; **one of our most popular ~s** jeden z naszych najpopularniejszych wzorów or modeli; **that ~ has been discontinued** tego modelu or wzoru już się nie produkuje; **a nice ~ in sportswear** ładne wzory odzieży sportowej [19] Mil (fortifications) linia *f*; (position held) pozycja *f*; Mil, Naut (formation) szyk *m*; **enemy ~s** linie or pozycje nieprzyjaciela; **he landed behind the enemy ~s** wylądował za liniami wroga or na tyłach wroga; **to hold the ~** utrzymać pozycje; **~ of battle, battle ~** szyk bojowy; **~ ahead /abreast** Naut szyk torowy/czołowy [20] **the ~, the Line** (equator) równik *m*; **to cross the ~** przekroczyć równik [21] TV linia *f* obrazu [22] infml (of cocaine) działka *f* infml *(przygotowana do wdychania)*

II lines *npl* [1] Sch (punishment) **take 100 ~s!** napisz tę linijkę 100 razy; **she gave me 200 ~s** kazała mi przepisać tę linijkę 200 razy [2] Theat rola *f*, tekst *m*, kwestia *f*; **to learn one's ~s** nauczyć się roli or tekstu; **to forget one's ~s** zapomnieć roli or kwestii; **he has all the best ~s** on ma wszystkie najlepsze kwestie [3] GB (marriage certificate) **marriage ~s** świadectwo *n* ślubu

III in line with *prep phr* (in agreement with) w zgodzie z (czymś); (in the same way as) równolegle z (czymś), proporcjonalnie do (czegoś); **to be in ~ with sth** być zgodnym z czymś, zgadzać się z czymś, odpowiadać czemuś *[expectations, approach, recommendation]*; być proporcjonalnym do czegoś *[inflation]*; **to increase/fall in ~ with sth** wzrastać or spadać proporcjonalnie do czegoś or równolegle z czymś

IV *vt* [1] (mark) (with lines) kreślić linie na (czymś), po|liniować *[paper]*; (with wrinkles) (permanently) pokry|ć, -wać zmarszczkami *[neck, skin]*; (temporarily) z|marszczyć *[forehead]*; **old age had ~d his face** starość naznaczyła jej twarz zmarszczkami; **her forehead was ~d with worry** troski pozostawiły bruzdy na jej czole [2] (stand along) *[spectators, trees, cars]* stać wzdłuż (czegoś) *[route, road, wall]*; **the road was ~d with trees** droga była wysadzana drzewami; **the lawn was ~d with flowers** trawnik był obsadzony kwiatami; **tulips ~d the lawns** trawnik okalały tulipany

■ **line up**: ¶ **~ up** [1] (form line, row) (side by side) ustawi|ć, -ać się w szeregu, sta|nąć, -wać w szeregu; (one behind the other) ustawi|ć, -ać się jeden za drugim, sta|nąć, -wać jeden za drugim; **~ up!** w szeregu zbiórka!; **the soldiers ~d up for inspection** żołnierze ustawili się w szeregu do przeglądu; **they ~d up in rows** ustawili się w rzędami [2] (take sides) **to ~ up with sb/sth** sta|nąć, -wać or opowi|edzieć, -adać się po stronie kogoś/czegoś; **to ~ up behind sb/sth** stanąć murem za kimś/czymś; **to ~ up against sb/sth** wystąpić wspólnie przeciwko komuś/czemuś ¶ **~ up [sb], ~ [sb] up** ustawi|ć, -ać rzędem or rzędami, kazać (komuś) stanąć rzędem or rzędami; **they ~d us up** (in columns) kazali nam ustawić się w rzędy; **to ~ people up against a wall** ustawić ludzi pod murem; **the children were ~d up outside the school** dzieci stanęły or ustawiły się przed szkołą ¶ **~ up [sth], ~ [sth] up** [1] (put in line) ustawi|ć, -ać w rzędzie, stawiać rzędem; (align) ustawi|ć, -ać równo **(with sth** z czymś) [2] (organize) z|montować infml *[team]*; **to have sth ~d up** mieć coś na oku *[job]*; z|organizować *[event, job, performer, escort]*; przygotow|ać, -ywać *[programme]*; **have you got anything ~d up for the weekend?** czy masz jakieś plany na weekend?; **I think they've got somebody ~d up for the post** chyba mają już kogoś upatrzonego na to stanowisko

IDIOMS: **all along the ~, right down the ~** na całej linii, pod każdym względem; **somewhere along the ~** gdzieś po drodze, w którymś momencie; **along the ~s of sth** w stylu czegoś; **something along these ~s** coś w tym guście or rodzaju; **on the right ~s** trafny, słuszny; **to be on the ~** *[life, job, reputation]* wisieć na włosku; **to do a ~ with sb** infml chodzić z kimś infml; **to read between the ~s** czytać między wierszami

line² /laɪn/ *vt* (add layer to) podszy|ć, -wać *[fabric, garment]* **(with sth** czymś); (with fur) podbi|ć, -jać **(with sth** czymś); wy|łożyć, -kładać *[container, shelf]* **(with sth** czymś); wy|słać, -ścielać *[nest]* **(with sth** czymś); (as strengthening) podkle|ić, -jać *[book cover]* **(with sth** czymś); **a wall ~d with books** ściana zastawiona półkami pełnymi książek; **~ the dish with pastry** wyłóż formę ciastem

IDIOMS: **to ~ one's pocket** or **wallet** wypchać sobie kieszenie; nabić sobie kabzę infml

lineage /ˈlɪnɪɪdʒ/ *n* rodowód *m*; **to be of noble ~** wywodzić się ze szlachetnego rodu; **he can trace his ~ to William I** jego rodowód sięga czasów Wilhelma Zdobywcy; **a family of ancient ~** stary or starożytny ród

lineal /ˈlɪnɪəl/ *adj* [1] *[descent, succession]* w prostej linii [2] = **linear**

lineament /ˈlɪnɪəmənt/ *n* fml rys *m*; **she remembered every ~ of his face** pamiętała każdy rys jego twarzy

linear /ˈlɪnɪə(r)/ *adj [programming, equation, measurement]* liniowy; *[design, pattern]* linearny

lined¹ /laɪnd/ *adj* [1] *[face, skin]* (permanently) pomarszczony, pokryty zmarszczkami; (temporarily) zmarszczony [2] *[paper]* w linie, (po)liniowany

lined² /laɪnd/ **I** *adj [garment, curtains]* na podszewce **(with sth** z czegoś); *[shoes]* wyściełany **(with sth** czymś); **~ with fur** podbity futrem

II -lined *in combinations* **fur-~** podbity futrem; **silk-~** podszyty jedwabiem, z jedwabną podszewką

line dancing *n rodzaj tańca country and western*

line drawing *n* Art rysunek *m* szrafowany *(piórem lub ołówkiem)*

line fault *n* Sport wyjście *n* za linię

line feed *n* Comput przesunięcie *n* o wiersz, przesuw *m*

line fishing *n* wędkarstwo *n*, łowienie *n* ryb na haczyk

line judge *n* Sport sędzia *m* liniowy

lineman /ˈlaɪnmən/ *n* (*pl* **-men**) Elec monter *m* linii elektrycznych; Telecom monter *m* linii telefonicznych

line manage *vt* być (dyrektorem) odpowiedzialnym za (coś)

line management *n* [1] (system) liniowa organizacja *f* zarządzania [2] (managers) ścisłe kierownictwo *n*

line manager *n* dyrektor *m* odpowiedzialny

linen /ˈlɪnɪn/ **I** *n* [1] (fabric) płótno *n* (lniane) [2] (items) (for bed) bielizna *f* pościelowa; (tablecloth) bielizna *f* stołowa; (underwear) bielizna *f* osobista

II *modif [sheet]* lniany; *[industry]* lniarski

IDIOMS: **to wash one's dirty ~ in public** publicznie prać brudy

linen basket *n* kosz *m* na brudną bieliznę

linen closet *n* US = **linen cupboard**

linen cupboard *n* GB bieliźniarka *f*

line of argument *n* argumentacja *f*

line of ascent *n* (in genealogy) linia *f* wstępująca or wstępna

line of attack *n* kierunek *m* ataku also fig

line of communication *n* linia *f* komunikacyjna; fig połączenie *n*, kontakt *m*

line of descent *n* (in genealogy) linia *f* zstępująca or zstępna

line of duty *n* **killed in the ~** *[soldier]* poległy na polu bitwy or chwały; **he was killed in the ~** (policeman) zginął podczas pełnienia obowiązków służbowych

line of enquiry *n* (in investigation) kierunek *m* śledztwa; (in research) kierunek *m* badań

line of fire *n* linia *f* ognia; **to get caught in the ~** znaleźć się na linii ognia also fig

line of flight *n* trajektoria *f*, tor *m*

line of latitude *n* równoleżnik *m*

line of longitude *n* południk *m*

line of sight *n* linia *f* wzroku

line of thought *n* (way of thinking) sposób *m* myślenia or rozumowania; (association of ideas) tok *m* rozumowania

line of vision *n* (when aiming) linia *f* wzroku; **to block sb's ~** zasłonić komuś widok

line of work *n* rzemiosło *n*, fach *m*; **to be in the same ~** pracować w tym samym fachu, zajmować się tym samym

line-out /ˈlaɪnaʊt/ *n* (in rugby) wybicie *n* piłki

line-printer /ˈlaɪnprɪntə(r)/ *n* drukarka *f* wierszowa

liner[1] /ˈlaɪnə(r)/ *n* [1] Naut liniowiec *m* [2] Aviat samolot *m* rejsowy

liner[2] /ˈlaɪnə(r)/ *n* [1] (of garment) podszewka *f* [2] (disposable) wkładka *f*; **bin ~** worek *m* na śmieci

linesman /ˈlaɪnzmən/ *n* (*pl* **-men**) GB [1] (in tennis, football, rugby, hockey) sędzia *m* liniowy [2] Telecom monter *m* linii telefonicznych; Elec monter *m* linii elektrycznych

line-spacing /ˈlaɪnspeɪsɪŋ/ *n* interlinia *f*

line squall *n* Meteorol szkwał *m* frontowy

line storm *n* US sztorm *m* równonocny

line-up /ˈlaɪnʌp/ *n* [1] (of sports team, pop group, government) skład *m*; (for concert, festival) lista *f* wykonawców; (of theatre show) obsada *f*; **a ~ of cabaret acts** wybór numerów kabaretowych [2] Pol układ *m* sił; **a new ~ in Polish politics** nowy układ sił politycznych w Polsce [3] (of suspects) konfrontacja *f*, okazanie *n* *(podejrzanego)*

ling[1] /lɪŋ/ *n* Bot wrzos *m* zwyczajny

ling[2] /lɪŋ/ *n* (*pl* **~, ~s**) Zool molwa *f*

linger /ˈlɪŋgə(r)/ *vi* [1] *[person]* (delay leaving) zosta|ć, -wać (dłużej) **(behind sb** w tyle za kimś); (tarry) zwlekać, ociągać się (z odejściem); **she ~ed beside the grave** została dłużej przy grobie; **he ~ed for another two weeks (before dying)** jeszcze przez dwa tygodnie tliło się w nim życie [2] (remain) *[taste, smell, doubt, suspicion]* pozosta|ć, -wać; *[sensation, tradition]* utrzym|ać, -ywać się; *[memory]* trwać; **the scent ~ed on the air** zapach utrzymywał się w powietrzu; **his eyes ~ed on her face** jego wzrok błądził po jej twarzy; **to ~ on the subject of sth** zatrzymać się dłużej na czymś

■ **linger on** *[pain]* nie ustępować; *[memory]* trwać

■ **linger over:** ¶ **~ over [sth]** nie śpieszyć się z czymś; **they ~ed over their coffee and missed the bus** marudzili z kawą i spóźnili się na autobus ¶ **to ~ over doing sth** nieśpiesznie coś robić

lingerie /ˈlænʒəriː, US ˌlɑːndʒəˈreɪ/ *n* bielizna *f* damska

lingering /ˈlɪŋgərɪŋ/ *adj* (persistent) *[taste]* pozostający w ustach; *[scent]* utrzymujący się; *[pleasure]* długotrwały; *[memory, feeling]* ciągle żywy, powracający; (unpleasant) *[pain, memory, feeling]* uporczywy; *[death]* powolny

lingo /ˈlɪŋgəʊ/ *n* infml (*pl* **~es**) język *m*

lingua franca /ˌlɪŋgwəˈfræŋkə/ *n* (*pl* **~s, linguae francae**) lingua *f inv* franca

lingual /ˈlɪŋgwəl/ *adj* językowy

linguist /ˈlɪŋgwɪst/ *n* [1] Ling językoznawca *m*, lingwista *m* [2] (polyglot) poliglot|a *m*, -ka *f*; **I'm no (great) ~** żaden ze mnie poliglota

linguistic /lɪŋˈgwɪstɪk/ *adj [geography, difference]* językowy; *[analysis, anthropology, stock]* lingwistyczny, językoznawczy

linguistic atlas *n* atlas *m* językowy

linguistician /ˌlɪŋgwəˈstɪʃən/ *n* językoznawca *m*, lingwista *m*

linguistics /lɪŋˈgwɪstɪks/ *n* (+ *v sg*) językoznawstwo *n*, lingwistyka *f*

liniment /ˈlɪnɪmənt/ *n* maść *f*

lining /ˈlaɪnɪŋ/ *n* [1] (of clothing, suitcase) podszewka *f*; (for warmth) podbicie *n*; (detachable) podpinka *f*; (of shoes) futrówka *f*, wyściółka *f* [2] Tech (of brakes) okładzina *f* cierna or hamulcowa [3] Physiol (of womb, stomach) nabłonek *m*

IDIOMS: **every cloud has a silver ~** ≈ nie ma tego złego, co by na dobre nie wyszło

lining paper *n* (for decorating) papier *m* do wyklejania ścian *(przed malowaniem)*; (for shelves) papier *m* do wyściełania półek

link /lɪŋk/ **I** *n* [1] (of chain) ogniwo *n*; **to be the weak ~ in sth** fig być słabym ogniwem czegoś or w czymś fig *[group, team, organization]*; być słabym punktem czegoś *[plan, argument]*; **the missing ~** Anthrop brakujące ogniwo also fig; hum infml (person) troglodyta fig offensive [2] (also **cuff ~**) spinka *f* do mankietu [3] Transp, Telecom połączenie *n*; **rail/air ~** połączenie kolejowe/lotnicze; **a direct ~ by satellite** bezpośrednie połączenie satelitarne; **a rail ~ from London to Oxford** or **between London and Oxford** połączenie kolejowe z Londynu do Oksfordu or pomiędzy Londynem a Oksfordem [4] (connection) (between facts, events) związek *m* **(between sth and sth** pomiędzy czymś a czymś); (between people) powiązanie *n* **(with sb/sth** z kimś/czymś); **to establish a ~ between two incidents** ustalić związek pomiędzy dwoma wydarzeniami; **to have ~s with terrorist groups** mieć powiązania z organizacjami terrorystycznymi [5] (tie, bond) (trading, political) stosunki *m pl* **(with sb** z kimś); (financial) powiązania *f pl*; (cultural, historical) związki *m pl*, więź *f* **(with sth** z czymś); **the cultural ~s between the two countries** związki or więzi kulturalne pomiędzy tymi dwoma krajami; **to have ~s with sb/sth** utrzymywać związki or stosunki z kimś/czymś; **to break off ~s** zrywać związki or stosunki [6] Telecom, Radio, Comput połączenie *n*, łączność *f* [7] (on a web page) link *m*, łącze *n*

II *vt* [1] (connect physically) po|łączyć *[places, objects]*; **to ~ hands** wziąć się za ręce; **to ~ arms with sb** wziąć kogoś pod rękę; **to walk with arms ~ed** iść pod rękę; **to ~ A to B, to ~ A with B, to ~ A and B** połączyć A z B, połączyć A i B; **the two parts of the town are ~ed by a bridge** te dwie części miasta łączy most; **the two towns are ~ed by a bus service** między miastami jest połączenie autobusowe [2] **to ~ sth to** or **with sth** (relate) po|wiązać or łączyć coś z czymś; (establish connection between) ustalić związek z czymś; **the gene has been ~ed to cancer** odkryto związek między tym genem a rakiem; **the police have ~ed the two murders** policja łączy (ze sobą) te dwa morderstwa; **to be ~ed to** or **with sth** być związanym z czymś; **to be ~ed with sb** być powiązanym z kimś; **they are ~ed by common interests** łączą ich wspólne interesy [3] Comput po|łączyć *[terminals, computers]*; **to ~ sth to sth** podłączyć coś do czego; **to ~ sth with sth** połączyć coś z czymś [4] Radio, TV s|tworzyć połączenie pomiędzy (czymś) *[places]*; **to be ~ed to Moscow by satellite** mieć połączenie satelitarne z Moskwą

III *vi* [1] = **link up** [2] **to ~ together** po|łączyć się; **these two pieces don't ~ together** te dwa elementy nie pasują do siebie; **the two episodes didn't ~ together** te dwa wydarzenia nie miały ze sobą związku [3] Comput, Telecom **to ~ into sth** mieć połączenie z czymś

IV linked *pp adj* [1] *[rings, circles]* połączony [2] fig *[issues, problems, crimes, projects]* powiązany (ze sobą); **they are romantically ~ed** kochają się, są w sobie zakochani

V -linked *in combinations* **the Israeli-~ed organization** organizacja powiązana z Izraelem; **radiation-~ed illnesses** choroby będące skutkiem napromieniowania

■ **link up** *[firms, colleges]* połączyć się **(with sb/sth** z kimś/czymś)

IDIOMS: **a chain is as strong as its weakest ~** Prov ≈ w łańcuchu zawsze pęka najsłabsze ogniwo

linkage /ˈlɪŋkɪdʒ/ *n* [1] (connection) (in ideas, phenomena) powiązanie *n*, związek *m* **(between sth and sth** pomiędzy czymś a czymś) [2] (of issues in international relations) powiązanie *n* zobowiązań *(na zasadzie wzajemności)* [3] (in genetics) sprzężenie *n* [4] Mech mechanizm *m* łączący

linkage editing *n* Comput konsolidowanie *n*, łączenie *n*

linkage editor *n* program *m* łączący, konsolidator *m*

link control procedure, LCP *n* Comput protokół *m* sterowania łączem

linked subroutine *n* Comput podprogram *m* zamknięty

linker /ˈlɪŋkə(r)/ *n* [1] Comput program *m* łączący, konsolidator *m* [2] Ling wyraz *m* łączący [3] Tech szczepiarka *f* łańcuszkowa

linking loader *n* Comput ładowacz *m* konsolidujący or dynamiczny

linkman /ˈlɪŋkmæn/ *n* (*pl* **-men**) TV prezenter *m*, spiker *m*

link road *n* GB droga *f* łącząca

links /lɪŋks/ *n* pole *n* golfowe, teren *m* golfowy

link-up /ˈlɪŋkʌp/ *n* [1] Radio, TV połączenie *n*; **satellite ~** połączenie satelitarne [2] Fin, Comm (relationship) powiązania *n pl*; (partnership) fuzja *f*

linkwoman /ˈlɪŋkwʊmən/ *n* (*pl* **-women**) TV prezenterka *f*, spikerka *f*

linnet /ˈlɪnɪt/ *n* Zool (European) makolągwa *f*; (North American) dziwonia *f* cynobrowa

lino /ˈlaɪnəʊ/ *n* linoleum *n*

linocut /ˈlaɪnəʊkʌt/ *n* linoryt *m*

linoleum /lɪˈnəʊlɪəm/ *n* linoleum *n*

lino print *n* = **linocut**

Linotype® /ˈlaɪnəʊtaɪp/ **I** *n* linotyp *m*
II *modif* **~ machine** linotyp; **~ operator** linotypista

linseed /ˈlɪnsiːd/ *n* siemię *n* lniane

linseed oil *n* olej *m* lniany

lint /lɪnt/ *n* [1] Med szarpie *plt* [2] (fluff) kłaczki *m pl*; **a piece of ~** kłaczek

lintel /ˈlɪntl/ *n* Constr nadproże *n*

lion /ˈlaɪən/ *n* [1] Zool lew *m*; **a pride of ~s** stado lwów [2] fig (prominent person) znakomitość *f*; (brave person) lew *m* fig
IDIOMS: **the ~'s den** jaskinia lwa; **to throw sb into the ~'s den** rzucić kogoś lwom na pożarcie; **the ~'s share** lwia część; **to get/take the ~'s share (of sth)** dostać/zabrać lwią część (czegoś); **to put one's head into the ~'s jaws** or **mouth** leźć lwu w paszczę infml; **to twist the ~'s tail** or **the ~ by its tail** drażnić bestię; **the ~ lies down with the lamb** Bible lwiątko między trzodami owiec

lion cub *n* lwię *n*, lwiątko *n*, lwie szczenię *n*

lioness /ˈlaɪənes/ *n* lwica *f*

lion-hearted /ˌlaɪənˈhɑːtɪd/ *adj* lwiego serca, o lwim sercu; **to be ~** mieć lwie serce, być nieustraszonym

lion-hunter /ˈlaɪənhʌntə(r)/ *n* łowca *m* lwów

lionize /ˈlaɪənaɪz/ *vtr* traktować jak znakomitość; **he was ~d by all the society hostesses** był rozrywany przez wszystkie panie z towarzystwa

lion tamer *n* pogrom|ca *m*, -czyni *f* lwów

lip /lɪp/ **I** *n* [1] Anat warga *f*; **to kiss sb on the ~s** pocałować kogoś w usta; **to lick one's ~s** (to wet them) oblizać wargi; **to lick one's ~s (at sth)** (in anticipation) oblizywać się (na myśl o czymś); **to bite one's ~(s)** zagryzać wargi; **to read sb's ~s** czytać z ruchu warg kogoś; **read my ~s!** infml słuchaj uważnie!; **my ~s are sealed** to tajemnica; **his name was on everyone's ~s** jego imię było na ustach wszystkich [2] (of wound, container) brzeg *m*; (of canyon, crater) krawędź *f*; (of jug for pouring) dziobek *m* [3] infml pej (cheek) **to give sb ~** pyskować komuś infml; **that's enough of your ~!** nie pyskuj!, przestań pyskować! infml; **watch your ~!** licz się ze słowami!
II *modif* *[brush, gloss, pencil]* do warg; **~ movement** ruch warg
III -lipped *in combinations* **thick-/thin-~ped** o grubych/wąskich wargach
IDIOMS: **to hang on sb's ~s** chłonąć każde słowo kogoś; **to keep a stiff upper ~** trzymać fason

lipase /ˈlaɪpeɪs, ˈlɪpeɪs/ *n* lipaza *f*

lip balm *n* pomadka *f* ochronna do ust, balsam *m* do ust

lip gloss *n* błyszczyk *m* do warg

lipid /ˈlɪpɪd/ *n* lipid *m*, tłuszczowiec *m*

lipoma /lɪˈpəʊmə/ *n* Med tłuszczak *m*, lipoma *f*

liposarcoma /ˌlaɪpəʊsɑːˈkəʊmə, lɪpəʊ-/ *n* Med tłuszczakomięsak *m*

liposoluble /laɪpəʊˈsɒljʊbl, lɪpəʊ-/ *adj* rozpuszczalny w tłuszczu

liposome /ˈlaɪpəʊsəʊm/ *n* liposom *m*

liposuction /ˈlaɪpəʊsʌkʃn, ˈlɪpəʊ-/ *n* odsysanie *n* tłuszczu

lippy /ˈlɪpɪ/ infml **I** *n* szminka *f*
II *adj* pyskaty, wyszczekany infml

lip-read /ˈlɪpriːd/ **I** *vi* (*pt, pp* **-read** /-red/) czytać z ruchu warg
II *vt* odczyt|ać, -ywać z ruchu warg *[words]*

lipreading /ˈlɪpriːdɪŋ/ *n* czytanie *n* z ruchu warg

lipsalve /ˈlɪpsælv/ *n* maść *f* do warg

lip service *n* pej **to pay ~ to sth** składać gołosłowne deklaracje poparcia czegoś

lipstick /ˈlɪpstɪk/ *n* szminka *f*, pomadka *f* (do ust); **she was wearing ~** miała umalowane or uszminkowane usta

lip-sync(h) /ˈlɪpsɪŋk/ *vi* za|śpiewać z playbacku

liquefaction /ˌlɪkwɪˈfækʃn/ *n* przechodzenie *n* w stan ciekły; (of gases) skraplanie *n*

liquefied petroleum gas, LPG *n* gaz *m* płynny

liquefy /ˈlɪkwɪfaɪ/ **I** *vt* przeprowadz|ić, -ać w stan ciekły *[solids]*; skr|oplić, -aplać *[gas]*; s|topić *[cheese, butter, wax]*
II *vi* *[solids]* prze|jść, -chodzić w stan ciekły; *[gases]* skr|oplić, -aplać się; *[cheese, butter, wax]* s|topić się

liqueur /lɪˈkjʊə(r), US -ˈkɜːr/ *n* likier *m*; **apricot ~** likier morelowy

liqueur brandy *n* słodka brandy *f inv*

liqueur chocolate *n* pomadka *f* likworowa, czekoladka *f* z likierem

liqueur glass *n* kieliszek *m* do likieru

liquid /ˈlɪkwɪd/ **I** *n* [1] (substance) płyn *m*, ciecz *f*; **washing-up ~** płyn do mycia naczyń; **drink plenty of ~s** proszę dużo pić, proszę pić dużo płynów [2] Ling spółgłoska *f* płynna
II *adj* [1] *[state, air, ammonia]* ciekły; *[mass, wax]* płynny; **to become ~** przechodzić w stan ciekły [2] *[eyes, gaze]* jasny; *[movement]* płynny; *[sound, air]* kryształowy, czysty

liquid assets *n* środki *n pl* płynne

liquidate /ˈlɪkwɪdeɪt/ *vt* [1] Fin z|likwidować, rozwiąz|ać, -ywać *[company]*; upłynni|ć, -ać *[assets, stock]*; spłac|ić, -ać, u|regulować *[debt]* [2] (murder) z|likwidować, sprzątnąć infml

liquidation /ˌlɪkwɪˈdeɪʃn/ *n* [1] Fin (of company) likwidacja *f*; (of assets, stock) upłynnienie *n*; (of debt) spłata *f*, uregulowanie *n*; **to go into ~** *[company]* przejść w stan likwidacji [2] (killing) zlikwidowanie *n*, sprzątnięcie *n* infml

liquidator /ˈlɪkwɪdeɪtə(r)/ *n* likwidator *m*

liquid crystal *n* ciekły kryształ *m*

liquid crystal display, LCD *n* wyświetlacz *m* ciekłokrystaliczny, wyświetlacz *m* LCD

liquid diet *n* dieta *f* płynna; **to be (put) on a ~** być na diecie płynnej

liquidity /lɪˈkwɪdətɪ/ *n* [1] Comm, Fin płynność *f* środków [2] Culin, Chem płynność *f*

liquidity preference *n* Econ preferencja *f* płynności

liquidity ratio *n* Fin współczynnik *m* płynności

liquidize /ˈlɪkwɪdaɪz/ *vt* GB Culin (crush) prze|trzeć, -cierać; (with blender) z|miksować

liquidizer /ˈlɪkwɪdaɪzə(r)/ *n* GB Culin mikser *m*

liquid lunch *n* hum drink *m* zamiast lunchu

liquid measure *n* (unit) miara *f* objętości płynów; (vessel) miarka *f (do cieczy)*

liquid paper *n* korektor *m* w płynie

liquid paraffin *n* Med parafina *f* ciekła, olej *m* parafinowy

liquid soap *n* mydło *n* w płynie

liquid tanker *n* cysterna *f*

liquor /ˈlɪkə(r)/ *n* [1] (alcohol) alkohol *m* wysokoprocentowy; **hard** or **strong ~** mocny trunek; **he can't hold his ~** on nie potrafi pić euph [2] Culin zalewa *f (do pieczeni)*
■ **liquor up** US infml: **to be ~ed up** być zalanym w pestkę infml

liquorice /ˈlɪkərɪs/ **I** *n* (plant, substance) lukrecja *f* (gładka)
II *modif* *[root, stick]* lukrecjowy; **~ all-sorts** mieszanka cukierków z lukrecją

liquor store *n* US sklep *m* monopolowy

lira /ˈlɪərə/ *n* (*pl* **lire**) lir *m*

L-iron /ˈelaɪən/ *n* metalowy kij *m* golfowy z główką pod kątem prostym

Lisbon /ˈlɪzbən/ *prn* Lizbona *f*

lisle /laɪl/ **I** *n* fildekos *m*
II *modif* fildekosowy

lisp /lɪsp/ **I** *n* seplenienie *n*; **to have a ~, to speak with a ~** seplenić
II *vt* wy|seplenić
III *vi* seplenić

LISP *n* Comput = **list processing (language)** (język *m* programowania) Lisp *m*

lissom(e) /ˈlɪsəm/ *adj* gibki

list[1] /lɪst/ **I** *n* [1] (of names, items) lista *f*, spis *m*, wykaz *m*; (of figures) zestawienie *n*; (in publishing) katalog *m* wydawniczy; (of historic buildings) rejestr *m* zabytków; **shopping /guest ~** lista zakupów/gości; **to be on a ~** być or znajdować się na liście/w spisie/w wykazie/w rejestrze; **to put sb/sth on a ~** umieścić kogoś/coś na liście; **to take sb /sth off a ~** wykreślić kogoś/coś z listy; **to be at the head** or **top of the ~** być or znaleźć się na czele listy; fig zajmować naczelne miejsce; **cleanliness is high /low on his ~ of priorities** przywiązuje małą/dużą wagę do czystości; **to draw up a ~** sporządz|ić, -ać listę/wykaz/rejestr /zestawienie → **checklist, price list,**

waiting list [2] Comput lista *f* danych [3] (price) = **list price**

II *vt* [1] (catalogue) spis|ać, -ywać, z|robić or sporządz|ić, -ać listę (kogoś/czegoś) *[names, items]*; (enter) wpis|ać, -ywać na listę/do rejestru/wykazu; (cite) wymieni|ć, -ać; **to be ~ed in a telephone directory** figurować w książce telefonicznej; **he ~s himself as a liberal** uważa się za liberała; **he is ~ed among the greatest painters of his age** zalicza się go do największych malarzy epoki; **to ~ sth under a heading** umieścić coś pod hasłem or nagłówkiem [2] Comput umie|ścić, -szczać w spisie [3] Fin notować; **to be ~ed on the Stock Exchange** być notowanym na giełdzie

III listed *pp adj* **a ~ed building** zabytek *m*, obiekt *m* pod ochroną; **it is a Grade II ~ed building** to zabytek drugiej klasy

list[2] /lɪst/ **I** *n* (leaning) Naut przechył *m*; (of building) pochylenie (się) *n*; **to have a slight/dangerous ~** przechylić się or pochylić się lekko/niebezpiecznie

II *vi [ship]* mieć przechył, przechyl|ić, -ać się; *[building]* pochyl|ić, -ać się

listen /ˈlɪsn/ **I** *n* **to have** or **give a ~ to sth** posłuchać czegoś; **have a good ~!** posłuchaj uważnie!; **it's well worth a ~** tego warto posłuchać; **after a couple of ~s** po dwukrotnym wysłuchaniu

II *vi* [1] (to words, music, sounds) słuchać; **if you ~ carefully, you'll hear** jeśli będziesz słuchać uważnie, to usłyszysz; **to ~ at the door** nasłuchiwać pod drzwiami; (eavesdrop) podsłuchiwać pod drzwiami; **to ~ to sb/sth** słuchać kogoś/czegoś; **to ~ to sth** (intently) wsłuchiwać się w coś *[rain, noises]*; (casually) przysłuchiwać się czemuś *[conversation]*; **I was ~ing to her singing /playing the piano** słuchałem jej śpiewu /gry na fortepianie; słuchałem, jak śpiewa /jak gra na fortepianie; **'you're ~ing to...'** Radio „słuchają państwo..." [2] (pay attention) po|słuchać; **~ carefully!** posłuchaj uważnie!; **sorry, I wasn't ~ing** przepraszam, nie słuchałem; **he doesn't ~ to a word I say!** on mnie zupełnie nie słucha!; **you tell her; she won't ~ to me** ty jej powiedz, mnie nie posłucha; **if only I'd ~ed to what she said!** gdybym tylko jej posłuchał!; **~, can I come tomorrow?** słuchaj, czy mogę przyjść jutro?; **to ~ to sb** posłuchać or usłuchać kogoś *[teacher, advisor]*; **to ~ to advice/reason** posłuchać rad/głosu rozsądku [3] (wait) **to ~ for sth** nasłuchiwać czegoś; **I ~ed for sounds of crying** nadsłuchiwałem, czy nie rozlegnie się płacz

■ **listen in**: [1] (eavesdrop) podsłuchiwać; **someone may be ~ing in** ktoś może podsłuchiwać; **to ~ in on** or **to sth** podsłuchać coś *[conversation, phone call]* [2] Radio **to ~ in to sth** słuchać czegoś *[programme, broadcast]*

■ **listen out**: **to ~ out for sth** nastawiać uszu, żeby nie przegapić czegoś *[programme, ideas, information]*

■ **listen up** US infml **hey, ~ up a minute!** hej, posłuchaj no! infml

listenable /ˈlɪsnəbl/ *adj* US infml *[music]* przyjemny dla ucha

listener /ˈlɪsnə(r)/ *n* słuchacz *m*, -ka *f* **(to sth** czegoś); **to be a good ~** umieć słuchać; **a radio ~** radiosłuchacz

listening /ˈlɪsnɪŋ/ *n* **it makes interesting/pleasant ~** z zainteresowaniem/z przyjemnością się tego słucha; **'easy ~'** Mus „muzyka lekka, łatwa i przyjemna"

listening device *n* urządzenie *n* podsłuchowe

listening post *n* stanowisko *n* nasłuchowe

listening skills *npl* [1] Sch (in language) umiejętność *f* rozumienia tekstu mówionego [2] Psych umiejętność *f* słuchania

listening station *n* stacja *f* nasłuchowa

listeria /lɪˈstɪərɪə/ *n* (bacteria) listerie *f pl*; (illness) listerioza *f*

listeriosis /lɪˌstɪərɪˈəʊsɪs/ *n* listerioza *f*

listing /ˈlɪstɪŋ/ **I** *n* [1] (entry) pozycja *f* **(in sth** w czymś); Fin notowanie *n* [2] (list) lista *f*, wykaz *m*; **Stock Exchange ~** lista firm dopuszczonych do obrotu giełdowego [3] Comput listing *m*

II listings *npl* strony *f pl* informacyjne *(zawierające dane o programie radiowym i telewizyjnym, repertuarze kin i teatrów)*; **TV ~s** program telewizyjny; **~s magazine** informator kulturalny

listless /ˈlɪstlɪs/ *adj [person, manner]* apatyczny; *[movement]* powolny, ospały; **the heat was making me ~** upał działał na mnie otępiająco

listlessly /ˈlɪstlɪslɪ/ *adv [move, walk]* ospale; *[behave]* apatycznie; *[speak]* bez entuzjazmu

listlessness /ˈlɪstlɪsnɪs/ *n* apatia *f*, brak *m* energii

list price *n* cena *f* katalogowa

list processing *n* Comput przetwarzanie *n* listowe

lists /lɪsts/ *npl* Hist szranki *plt* also fig; **to enter the ~s** wstąpić or stanąć w szranki **(against sb/sth** przeciwko komuś/czemuś)

lit[1] /lɪt/ *pt, pp* → **light**[1]

lit[2] /lɪt/ *n* infml = **literature**

litany /ˈlɪtənɪ/ *n* Relig litania *f* also fig; **a long ~ of complaints** fig cała litania skarg

litchi *n* = **lychee**

liter *n* US = **litre**

literacy /ˈlɪtərəsɪ/ **I** *n* (ability to read and write) umiejętność *f* czytania i pisania; **~ is good/poor** poziom umiejętności czytania i pisania jest wysoki/niski; **our aim is 100% adult ~** naszym celem jest likwidacja analfabetyzmu wśród dorosłych; **his level of ~ is very low** jest praktycznie analfabetą; **to teach ~** uczyć czytać i pisać; **computer ~** umiejętność obsługi komputera; **economic ~** znajomość zagadnień ekonomicznych

II *modif* **~ level** poziom umiejętności czytania i pisania; **~ programme** program walki z analfabetyzmem; **~ test** test na umiejętność czytania i pisania

literacy hour *n* lekcja *f* literatury

literal /ˈlɪtərəl/ *adj* [1] (accurate) *[translation, meaning]* dosłowny; literalny ra; *[adaptation, interpretation]* wierny; pej pozbawiony wyobraźni, bez polotu [2] (actual, real) *[ruin, extermination]* dosłowny; *[starvation, truth]* autentyczny [3] pej = **literal-minded**

literal (error) *n* Print błąd *m* literowy, literówka *f*

literally /ˈlɪtərəlɪ/ *adv* [1] *[translate]* słowo w słowo; *[mean, use]* dosłownie; **to take sb /sth ~** brać kogoś/coś dosłownie [2] (emphatic) dosłownie; formalnie infml; **he was quite ~ starving** dosłownie głodował; **he ~ exploded (with rage)** formalnie się wściekł infml

literal-minded /ˌlɪtərəlˈmaɪndɪd/ *adj* pej bez polotu, bez wyobraźni

literary /ˈlɪtərərɪ, US ˈlɪtərerɪ/ *adj [agent, ambitions, style, prize]* literacki; **a ~ man** (author) człowiek pióra; (well read) człowiek oczytany

literary agent *n* agent *m* literacki

literary critic *n* krytyk *m* literacki

literary criticism *n* krytyka *f* literacka

literary theory *n* teoria *f* literatury

literary work *n* (piece of writing) dzieło *n* literackie; (task) praca *f* literacka

literate /ˈlɪtərət/ *adj* [1] (able to read and write) piśmienny, umiejący czytać i pisać; **to be ~** umieć czytać i pisać [2] (cultured) *[person]* (well educated) wykształcony; (well read) oczytany; *[style, vocabulary]* literacki; *[work, film]* ambitny; **a visually ~ society** społeczeństwo rozumiejące język obrazu; **to be ~ in sth** być obeznanym z czymś; **computer/financially ~** znający się na komputerach/sprawach finansowych

literati /ˌlɪtəˈrɑːtɪ/ *npl* [1] (cultural elite) intelektualiści *m pl* [2] (men of letters) ludzie *plt* pióra

literature /ˈlɪtrətʃə(r), US -tʃʊər/ **I** *n* [1] (literary works) literatura *f*; **17th century Polish ~** literatura polska XVII wieku; **a work of ~** dzieło literackie [2] (pamphlets) materiały *m pl* informacyjne **(on sth** o czymś, na temat czegoś); **sales ~** materiały promocyjne; **campaign ~** ulotki; **the ~ of the subject** literatura przedmiotu; **described in the ~ as...** opisywany w literaturze jako...

II *modif* **~ student/course** student/kurs literatury

lithe /laɪð/ *adj* giętki, gibki, sprężysty

lithium /ˈlɪθɪəm/ *n* lit *m*

litho /ˈlaɪθəʊ/ *n* = **lithograph, lithography**

lithograph /ˈlɪθəgrɑːf, US -græf/ **I** *n* litografia *f*

II *vt* wykon|ać, -ywać litografię (czegoś)

lithographer /lɪˈθɒgrəfə(r)/ *n* litograf *m*

lithographic /ˌlɪθəˈgræfɪk/ *adj* litograficzny

lithography /lɪˈθɒgrəfɪ/ *n* litografia *f*

Lithuania /ˌlɪθjuːˈeɪnɪə/ *prn* Litwa *f*; **in ~** na Litwie

Lithuanian /ˌlɪθjuːˈeɪnɪən/ **I** *n* [1] (person) Litwin *m*, -ka *f* [2] Ling (język *m*) litewski *m*

II *adj* litewski

litigant /ˈlɪtɪgənt/ *n* Jur strona *f* (procesująca się)

litigate /ˈlɪtɪgeɪt/ **I** *vt* zaskarż|yć, -ać *[claim, will]*

II *vi* procesować się

litigation /ˌlɪtɪˈgeɪʃn/ *n* spór *m* sądowy; **has the case come to ~?** czy sprawa zakończyła się w sądzie?; **to be the subject of ~** być przedmiotem sporu

litigious /lɪˈtɪdʒəs/ *adj [matter, subject]* sporny; *[person]* skłonny do pieniactwa; **a ~ man** pieniacz

litmus /ˈlɪtməs/ *n* Chem lakmus *m*
litmus paper *n* papierek *m* lakmusowy
litmus test *n* [1] Chem próba *f* lakmusowa; **to do a ~** wykonać próbę lakmusową [2] fig papierek *m* lakmusowy fig; **the election will be a ~ of their popularity** wybory będą papierkiem lakmusowym ich popularności
litotes /ˈlaɪtəʊtiːz/ *n* (*pl* **~**) Literat litota *f*
litre, liter US /ˈliːtə(r)/ **I** *n* litr *m*; **a half ~ of milk** pół litra mleka
II *modif [jug, bottle]* litrowy
litter /ˈlɪtə(r)/ **I** *n* [1] (rubbish) śmieci(e) *m pl*; **the park is full of** or **covered in ~** cały park jest zaśmiecony; **to drop ~** śmiecić; **'fine for dropping ~ £200'** „kara za śmiecenie – 200 funtów" [2] (random collection) stos *m* fig; **you can hardly see the floor for the ~ of books** ledwo widać podłogę pod stosami książek [3] Zool miot *m*, pomiot *m*; **to drop a ~** urodzić młode [4] (bedding) (for farm stock, cat) ściółka *f*, podściółka *f*; (in forest) ściółka *f* [5] (stretcher) (for casualty) nosze *plt*; (for dignitary) lektyka *f*
II *vt [books, papers, leaves]* za|słać, -ściełać *[floor, ground]*; **books ~ed the whole room** książki leżały porozrzucane po całym pokoju; **to ~ clothes round a room** rozrzucić or porozrzucać ubrania po całym pokoju; **to ~ a house (up) with sth** zawalić cały dom czymś; **to ~ a table (up) with sth** zarzucić cały stół czymś; **to ~ the floor/ground (up) with sth** zasłać podłogę/ziemię czymś; **a text ~ed with allusions** fig tekst nafaszerowany aluzjami or pełen aluzji; **history is ~ed with crooks** w historii roi się od łotrów
III *vi* Zool u|rodzić młode; *[cat, rabbit]* o|kocić się; *[dog, fox]* o|szczenić się; *[horse, zebra]* o|źrebić się; *[cow]* o|cielić się; *[pig]* o|prosić się
litter bag *n* worek *m* na śmieci
litter basket *n* kosz *m* na śmieci
litter bin *n* pojemnik *m* na śmieci
litter box *n* US = **litter tray**
litterbug /ˈlɪtəbʌg/ *n osoba śmiecąca w miejscach publicznych*
litter lout *n* GB = **litterbug**
litter sack *n* = **litter bag**
litter tray *n* kuweta *f*, skrzynka *f* (dla kota, chomika)
little[1] /ˈlɪtl/ **I** *quantif* (*comp* **less;** *superl* **least)** mało; **~ hope/chance** mała nadzieja/szansa; **~ damage was done** szkody były niewielkie; **we've made ~ progress** niewiele posunęliśmy się do przodu; **there's so ~ time** zostało tak mało czasu; **~ is known about these things** niewiele wiadomo o tych sprawach; **he speaks ~ German** prawie wcale nie mówi po niemiecku; **it has ~ or no influence on the matter** to w zasadzie nie ma na sprawę żadnego wpływu; **with no ~ difficulty** z niemałym trudem; **I have ~ time/sympathy for fools** nie mam czasu dla/nie żal mi głupców; **I see ~ of Adam these days** ostatnio rzadko widuję Adama; **~ wonder that...** nic dziwnego, że...; trudno się dziwić, że... → **chance**
II *pron* (*comp* **less;** *superl* **least)** [1] (not much) mało, niewiele; **taste a ~** spróbuj trochę; **I only ate a ~** zjadłem niewiele; **the ~ I saw wasn't good** z tego co widziałem, nie było to dobre; **I did what ~ I could** zrobiłem, co mogłem (a mogłem niewiele); **she remembers very ~** niewiele pamięta; **~ of what he says is true** w tym, co mówi, jest mało prawdy; **there's ~ I can do** niewiele mogę zrobić; **she did ~ to help** niewiele zrobiła, żeby pomóc; **age has ~ to do with it** wiek ma z tym niewiele wspólnego; **to know ~ about mechanics** niewiele wiedzieć o mechanice; **there's ~ to worry about** nie ma w zasadzie czym się przejmować; **~ of note** w zasadzie nic szczególnego; **it says ~ for his honesty** to źle świadczy o jego uczciwości; **it says very ~ for her** to bardzo źle o niej świadczy; **~ or nothing** prawie nic [2] (some) **a ~** trochę, nieco; **save a ~ for me** zostaw mi trochę; **would you mind waiting a ~?** mógłbyś trochę poczekać?; **a ~ over 60 years ago** trochę ponad 60 lat temu; **she knows a ~ German** ona zna trochę niemiecki; **a ~ trust/kindness goes a long way** odrobiną zaufania/uprzejmości można wiele zdziałać → **help**
III *adv* (*comp* **less;** *superl* **least)** [1] (not much) mało, niedużo, niewiele; (not frequently) rzadko; **he goes out very ~** rzadko gdzieś wychodzi; **his music is ~ known in Austria** jego muzyka jest mało znana w Austrii; **it's a ~ known fact that...** mało kto wie, że... [2] (somewhat) **a ~ (bit)** trochę; **a ~ less/more** trochę mniej/więcej; **a ~ (bit) anxious/surprised** trochę zdenerwowany/zdziwiony; **this will hurt a ~** to będzie trochę bolało; **'I'm a genius,' he said, not a ~ proudly** „jestem genialny", powiedział nie bez dumy [3] (hardly, scarcely) **to be ~ changed** prawie się nie zmienić; **the next results were ~ better** następne wyniki były niewiele lepsze; **~ more than an hour ago** niewiele więcej niż godzinę temu, nie dalej jak godzinę temu; **it's ~ short of madness** to zakrawa na szaleństwo [4] (not at all) wcale nie; **~ did she realize that...** zupełnie sobie nie zdawała sprawy z tego, że...; **~ did he know what lay in store for him** wcale się nie spodziewał, co go czeka; **I ~ thought /supposed that he would do it** wcale nie sądziłem/przypuszczałem, że to zrobi; **~ do you know!** akurat!, wiesz tyle, co nic!
IV as little as *adv phr* **as ~ as possible** jak najmniej; **for as ~ as 10 dollars a day** za jedyne 10 dolarów dziennie; **from as ~ as £60** już od 60 funtów w górę; **I like Adam as ~ as you do** nie lubię Adama tak jak ty
little[2] /ˈlɪtl/ *adj* (*comp* **littler;** *superl* **littlest)** [1] (small in size) mały, nieduży, niewielki; **a ~ house** domek; **~ bits of paper** kawałeczki papieru; **a ~ something** (present) drobiazg; **can I tempt you to a ~ something?** (to eat) dasz się skusić na coś?; **I don't like ~ dogs** nie lubię małych psów; **what a lovely ~ dog!** jaki śliczny piesek!; **poor ~ thing** biedactwo; **a ~ old lady** staruszka, starowinka; **a nice ~ car** niezły samochodzik infml [2] (short) *[nap, while, holiday, break]* krótki; **I'll walk with you a ~ way** przejdę się z tobą kawałek (drogi); **the church is a ~ way along this street** kościół jest kawałek or troszkę dalej przy tej ulicy; **sit down (for) a ~ while** usiądź na chwilę; **a ~ while ago** niedawno; **a ~ while longer** trochę dłużej [3] (young) mały; **when I was ~** kiedy byłem mały; **~ sister** (younger) młodsza siostra; (baby sister) siostrzyczka; **Mrs Carter and all the ~ Carters** pani Carter i wszyscy mali Carterowie; **the baboon and its ~ ones** pawian i jego małe or młode [4] (feeble, weak) *[gesture]* słaby, nieznaczny; *[smile]* blady; *[cry]* słaby, zdławiony [5] (insignificant) *[farmer, business, matter]* drobny; *[problem]* mały; **to worry about ~ things** przejmować się drobiazgami; **the ~ man** szary człowiek [6] (expressing scorn, contempt) **he's a ~ despot** to prawdziwy mały tyran; **a poky ~ flat** nędzna klitka infml; **a nasty ~ boy** nieznośny bachor; **I can't stand the ~ man** nie mogę znieść tego typka
IDIOMS: **~ by ~** stopniowo, po trochu; **to make ~ of sth** (disparage) niewiele sobie robić z czegoś; (not understand) niewiele rozumieć z czegoś → **fancy, learning, too**
Little Bear GB US *n* Astron Mała Niedźwiedzica *f*, Mały Wóz *m*
Little Dipper US *n* = **Little Bear**
Little Dog *n* GB Astron Pies *m* Mały
little end *n* Aut główka *f* korbowodu
Little Englander *n* pej anglocentryk *m*
little finger *n* mały palec *m* (u ręki)
IDIOMS: **to wrap** or **twist sb around one's ~** owinąć sobie kogoś wokół (małego) palca
littleness /ˈlɪtlnɪs/ *n* [1] (size) (of person) niski wzrost *m*; (of objects) małe rozmiary *m pl* [2] (meanness) małość *f*
little owl *n* sóweczka *f*
little people *npl* [1] (fairies) skrzaty *m pl*, krasnoludki *m pl* [2] (ordinary people) maluczcy *m pl* liter
Little Red Riding Hood *n* Czerwony Kapturek *m*
little woman *n* pej **the ~** żonusia *f*, żoneczka *f* iron
littoral /ˈlɪtərəl/ **I** *n* przybrzeże *n* (morskie), litoral *m*
II *adj* przybrzeżny, przymorski, litoralny
lit up *adj* infml (drunk) na gazie infml; **to get ~** zaprawić się, ubzdryngolić się infml
liturgical /lɪˈtɜːdʒɪkl/ *adj* liturgiczny
liturgy /ˈlɪtədʒɪ/ *n* liturgia *f*
livable /ˈlɪvəbl/ *adj* [1] (habitable) *[flat, house]* nadający się do zamieszkania; **the house is not ~** w tym domu nie da się (za)mieszkać [2] (endurable) *[inconvenience, life]* znośny; **he is not ~ with** infml z nim się nie da żyć
live[1] /lɪv/ **I** *vt* [1] (exist in a specified way) prowadzić (jakieś życie); wieść, pędzić (jakieś życie) liter; **to ~ a normal/peaceful/active life** prowadzić normalne/spokojne/aktywne życie; **to ~ a happy life** żyć szczęśliwie; **to ~ a life of luxury/the life of a recluse** żyć w luksusie/jak pustelnik; **to ~ a life of crime** wieść przestępcze życie; **if I could ~ my life again** gdybym jeszcze raz mógł przeżyć swoje życie; **you can't ~ your children's lives for them** musisz pozwolić dzieciom

żyć własnym życiem; **to ~ one's faith /one's politics** żyć zgodnie z własną wiarą/własnymi poglądami politycznymi [2] (undergo) przeży|ć, -wać *[experience]*
II *vi* [1] (dwell) *[person]* mieszkać; *[animal]* żyć, zamieszkiwać; **where do you ~?** gdzie mieszkasz?; **he ~s next door/at number 7** on mieszka obok/pod siódemką; **to ~ in a house/apartment** mieszkać w domu/mieszkaniu; **animals that ~ underground** zwierzęta żyjące pod ziemią; **to ~ together/apart/alone** mieszkać razem/osobno/samotnie; **she ~s apart from her husband** nie mieszka z mężem; **to ~ with sb** mieszkać z kimś; **the house isn't fit to ~ in** dom nie nadaje się do zamieszkania, w tym domu nie da się mieszkać; **he's not very easy to ~ with** niełatwo jest z nim mieszkać pod jednym dachem; **Devon is a nice place to ~** w Devon przyjemnie się mieszka; **have you found anywhere to ~ yet?** czy masz już gdzie mieszkać?, czy znalazłeś już jakieś lokum?; **three sons still living at home** trzej synowie nadal mieszkający z rodzicami; **he ~s at the library/doctor's** iron cały czas przesiaduje w bibliotece/u lekarza; **she ~s in her jeans** nawet do spania nie zdejmuje dżinsów fig [2] (lead one's life) żyć; **to ~ happily/extravagantly** żyć szczęśliwie /rozrzutnie; **they ~d happily ever after** (in story) żyli długo i szczęśliwie; **to ~ in poverty/luxury** żyć w biedzie/luksusie; **to ~ in fear of sth** żyć w strachu przed czymś; **to ~ in hope of sth** żyć nadzieją na coś; **to ~ by certain moral standards** żyć or postępować według pewnych zasad moralnych; **to ~ for sb** żyć dla kogoś; **to ~ for sth** żyć czymś *[family, work]*; **after his wife died he had nothing to ~ for** po śmierci żony nie miał po co żyć; **I'm just living for the day when...** nie mogę się doczekać dnia, kiedy...; **to ~ through sth** przeżyć coś *[experience]*; **to ~ without sth** obywać or obchodzić się bez czegoś; **I can't ~ without her** nie mogę bez niej żyć [3] (be alive) żyć; (remain alive) doży|ć, -wać; (survive) przeży|ć, -wać; **his grandfather is still living** jego dziadek jeszcze żyje; **nothing can ~ in this environment** nic nie przetrwa or przeżyje w tym środowisku; **to ~ to be a hundred** dożyć stu lat; **he didn't ~ to see his dreams come true** nie doczekał or nie dożył realizacji swych marzeń; **you'll ~ to regret it** jeszcze kiedyś tego pożałujesz; **you'll regret this for as long as you ~** będziesz tego żałować do końca życia; **I don't think he'll ~** on chyba nie przeżyje, on chyba umrze; **she's only got two months to ~** zostało jej nie więcej niż dwa miesiące życia; **she hasn't got long to ~** niewiele już jej życia zostało; **she'll not ~ through the night** ona nie przeżyje nocy; **these plants ~ through the hardest of winters** te rośliny przetrwają najsurowszą zimę; **animals need oxygen to ~** zwierzętom potrzebny jest tlen do życia; **I'll ~!** hum nic mi nie będzie!, jakoś to przeżyję!; **long ~ democracy/the King!** niech żyje demokracja /król!; **the memory will ~ in my heart for ever** to wspomnienie na zawsze pozostanie żywe w mojej pamięci; **her words will ~ forever** jej słowa na zawsze pozostaną żywe; **the dramatist makes his characters ~** autor sztuki potrafił ożywić postacie bohaterów [4] (support oneself) prze|żyć, utrzym|ać, -ywać się przy życiu; **to ~ by hunting/begging** utrzymywać się z polowania/żebractwa; **she ~s by buying and selling antiques** ona żyje z handlu antykami; **to ~ by one's pen** zarabiać na życie piórem; **to ~ by one's wits** radzić sobie w życiu dzięki sprytowi; **to ~ from day to day** żyć z dnia na dzień; **I earn just enough to ~** zarabiam tylko tyle, żeby móc przeżyć; ledwo starcza mi na życie; **to ~ out of tins/the freezer** odżywiać się konserwami/mrożonkami → **live off, live on** [5] (put up with) **to ~ with sth** żyć z czymś *[disease, disability, memory]*; (po)godzić się z czymś *[situation, consequences, fact]*; znosić coś *[noise, suffering, arrangement]*; **how can you ~ with the knowledge that...** jak możesz żyć, wiedząc, że...; **to ~ with oneself** żyć w zgodzie ze sobą or z własnym sumieniem; **'Living with Aids'** journ „Jak żyć z AIDS" [6] (experience life) korzystać z życia, żyć, cieszyć się życiem; **this is what I call living!** to jest dopiero życie!; **come on! ~ a little!** rusz się! zacznij korzystać z życia!; **never eaten smoked salmon? you haven't ~d!** nigdy nie jadłeś wędzonego łososia? nie wiesz, co dobre! [7] (in sexual relationship) **to ~ together** mieszkać razem; **to ~ with sb** mieszkać or żyć z kimś; **to ~ in sin** dat or hum żyć w grzechu dat; żyć na kocią łapę infml [8] GB infml (belong) mieć swoje miejsce; **where does this pot ~?** gdzie jest miejsce tego garnka?

■ **live down**: **~ down [sth], ~ [sth] down** odr|obić, -abiać skutki (czegoś) *[scandal, mistake, fiasco]*; zmaz|ać, -ywać *[mistake]*; odkup|ić, -ywać *[one's past]*; **he'll never ~ it down** nigdy mu tego nie zapomną, nigdy mu to nie będzie zapomniane

■ **live in** *[servant, caretaker, manager]* mieszkać na miejscu; *[pupil]* mieszkać w internacie; **the nanny ~s in** niania jest na stałe; **the house hasn't been ~d in for years** w tym domu nikt nie mieszka od lat

■ **live off**: ¶ **~ off [sb]** być na utrzymaniu (kogoś), żyć na koszt (kogoś) *[family, friends]* ¶ **~ off [sth]** żyć z (czegoś), utrzymywać się z (czegoś) *[interest, profits]*; żywić się (czymś) *[fruit, chocolate]*

■ **live on**: ¶ **~ on** (continue in existence) *[person, animal, plant]* przeżyć, przetrwać; *[legend, tradition, memory]* być nadal żywym, trwać; **she ~d on for 30 years after her husband's death** przeżyła męża o 30 lat ¶ **~ on [sth]** (support oneself with) żyć z (czegoś) *[salary, interest]*; żywić się (czymś) *[fruit, junk]*; **his wages are not enough to ~ on** jego zarobki nie wystarczają na życie; **what will you ~ on?** z czego będziesz żyć?; **she ~s on £70 a week** ona żyje za 70 funtów tygodniowo; **these birds ~ mainly on insects** te ptaki żywią się głównie owadami; **I can't ~ on promises** nie mogę żyć samymi obietnicami, obietnice to dla mnie za mało

■ **live out**: ¶ **~ out** *[servant, nanny]* być na przychodne; *[staff, manager, caretaker]* mieszkać poza miejscem pracy; *[student]* mieszkać poza kampusem; *[pupil]* nie mieszkać w internacie ¶ **~ out [sth]** [1] (survive) *[person, animal]* przeżyć *[war, day]*; *[plant]* przetrwać *[winter]*; **I don't think he'll ~ out the week** chyba nie dożyje końca tygodnia [2] (spend) spędzić, przeżyć *[one's life]*; **she ~d out the rest of her days in Switzerland** dożyła reszty swych dni w Szwajcarii [3] (enact) zi|ścić, -szczać, urzeczywistni|ć, -ać *[ambitions, dreams]*; **we must ~ out our destiny** nie unikniemy przeznaczenia

■ **live up to**: **~ up to [sth]** *[person]* pozosta|ć, -wać wiernym (czemuś) *[ideals, principles, standards]*; spełni|ć, -ać *[expectations, promises]*; żyć stosownie do (czegoś) or jak przystało na (coś) *[social position]*; *[product]* być zgodnym z (czymś) *[advertising]*; **it didn't ~ up to its reputation** to okazało się niegodne swego imienia

IDIOMS: **~ and let ~** żyj i pozwól żyć innym; **it's a question of ~ and let ~** to kwestia tolerancji wobec innych; **you only ~ once!** żyje się raz!; **man doesn't ~ by bread alone** nie samym chlebem człowiek żyje; **to ~ it up** infml cieszyć się życiem, używać życia; **to ~ on fresh air** żyć (samym) powietrzem; **to ~ and breathe sth** żyć czymś *[music, football]*; **to ~ like a king** or **lord** żyć jak król

live² /laɪv/ **I** *adj* [1] (not dead) *[animal, person]* żywy; **the number of ~ births** liczba żywych urodzeń; **real ~** *[person]* z krwi i kości; **a real ~ princes** najprawdziwsza księżniczka; **~yoghurt** jogurt z żywymi kulturami bakterii [2] (of current interest) *[issue]* aktualny [3] Radio, TV (not recorded) *[performance, show]* na żywo; *[broadcast]* bezpośredni; *[recording, album]* koncertowy; *[band, orchestra]* nagrany na żywo; **recorded before a ~ audience** nagrywany na żywo z udziałem publiczności [4] Elec *[wire]* pod napięciem [5] (burning) *[coal, cigarette end]* żarzący się; *[match, coal]* zapalony, płonący; **~ coals** żar [6] Mil (capable of exploding) *[ammunition]* ostry; *[bullet]* zawierający ładunek wybuchowy; **~ bomb** (unexploded) niewybuch, niewypał

II *adv* [1] Radio, TV *[perform, appear, play]* na żywo; *[transmit, broadcast]* bezpośrednio; **to go ~ to sb/sth** łączyć się z kimś/czymś [2] (operational) **to go ~** *[system, service]* zacz|ąć, -ynać działać or funkcjonować

lived-in /ˈlɪvdɪn/ *adj* infml **the house doesn't look ~** dom nie wygląda na zamieszkany; **the picture makes the room feel ~** z tym obrazkiem pokój wygląda przytulniej

live-in /ˈlɪvɪn/ *adj [servant, cook, nanny, gardener]* stały, na stałe; **on a ~ basis** na stałe; **she has a ~ boyfriend** mieszka z przyjacielem

livelihood /ˈlaɪvlɪhʊd/ *n* środki *plt* do życia, utrzymanie *n*; **farming is their ~** żyją z pracy na roli; **to depend on sb for one's ~** być na utrzymaniu kogoś; **our ~ depends on it** od tego zależy nasz byt; **to earn** or **make one's** or **a ~ from sth** utrzymywać się z czegoś; **to lose one's ~**

stracić źródło utrzymania; **the shop affords them a bare ~** dochód ze sklepu ledwo wystarcza im na zaspokojenie podstawowych potrzeb

liveliness /ˈlaɪvlɪnɪs/ *n* (of person, discussion, style) żywość *f*; (of atmosphere) ożywienie *n*

livelong /ˈlɪvlɒŋ, US ˈlaɪvlɔːŋ/ *adj* liter **all the ~ day** cały boży dzień

lively /ˈlaɪvlɪ/ *adj [person]* żwawy, pełen życia; *[dance, mind, interest, style]* żywy; *[conversation]* ożywiony; *[pace]* dziarski, energiczny; *[evening, afternoon, party]* wesoły; *[town, street]* tętniący życiem; *[breeze]* rześki, rzeźwy; **to take a ~ interest in sth** żywo się czymś interesować; **things are getting a bit ~ around here** atmosfera zaczyna się ożywiać; **look ~!** infml z życiem!, żwawo!

liven /ˈlaɪvn/ *vt, vi*

■ **liven up**: ¶ **~ up** *[person, atmosphere, party]* ożywi|ć, -ać się ¶ **~ up [sth], ~ [sth] up** ożywi|ć, -ać *[place, atmosphere]*; **he started singing to ~ things up (a bit)** zaczął śpiewać, żeby (trochę) rozruszać towarzystwo ¶ **~ up [sb], ~ [sb] up** rozruszać infml *[person]*

liver[1] /ˈlɪvə(r)/ *n* Anat wątroba *f*; Culin wątróbka *f*; **lamb's/chicken ~** wątróbka z jagnięcia/kurza or drobiowa

liver[2] /ˈlɪvə(r)/ *n* (person) **a long ~** długowieczny *m*; **a clean ~** prowadzący zdrowy tryb życia; **a fast ~** lubiący korzystać z życia

live rail *n* Rail szyna *f* napięciowa

liver complaint *n* dolegliwości *f pl* wątrobowe

liver disease *n* schorzenie *n* wątroby

liver fluke *n* motylica *f* wątrobowa

liveried /ˈlɪvərɪd/ *adj* w liberii

liverish /ˈlɪvərɪʃ/ *adj* [1] (unwell) *[complexion]* niezdrowy; **to feel a little ~** źle się czuć *(zwłaszcza po przejedzeniu lub przepiciu)* [2] (peevish) *[temperament]* drażliwy; **he's feeling a bit ~** jest trochę poirytowany

liver paste *n* = **liver pâté**

liver pâté *n* pasztet *m* z wątróbek

Liverpudlian /ˌlɪvəˈpʌdlɪən/ **I** *n* (living there) mieszkan|iec *m*, -ka *f* Liverpoolu; (born there) pochodząc|y *m*, -a *f* z Liverpoolu **II** *adj* liverpoolski

liver salts *npl* sole *f pl* na niestrawność

liver sausage *n* GB kiszka *f* wątrobiana; wątrobianka *f* infml

liver spot *n* plama *f* wątrobowa

liver trouble *n* = **liver complaint**

liverwort /ˈlɪvəwɜːt/ *n* Bot wątrobowiec *m*

liverwurst /ˈlɪvəwɜːst/ *n* US kiszka *f* pasztetowa; pasztetówka *f* infml

livery /ˈlɪvərɪ/ *n* [1] (uniform) liberia *f*; fig (of vehicle) barwy *f pl* firmowe; liter (of trees, landscape) szata *f*; **servants in ~** służba w liberii [2] Equest (also **~ stable**) stajnie *f pl (wynajmowane właścicielom koni i/lub prowadzące szkółkę jeździecką)*

livery company *n* gildia *f* londyńska

liveryman /ˈlɪvərɪmən/ *n* (*pl* **-men**) członek *m* gildii londyńskiej

lives /laɪvz/ *npl* = **life**

livestock /ˈlaɪvstɒk/ *n* inwentarz *m* żywy

live wire *n* Elec przewód *m* pod napięciem; **to be a real ~** fig być jak żywe srebro

livid /ˈlɪvɪd/ *adj* [1] (blue) *[flesh, sky, scar]* siny; **~ with rage** siny ze wściekłości [2] liter (white) *[face]* blady; **~ pallor** bladość *f* [3] infml (furious) wściekły **(with sb** na kogoś**)**; **she is ~ at having to pay the bill** jest wściekła, że musi zapłacić rachunek

living /ˈlɪvɪŋ/ **I** *n* [1] (livelihood) życie *n*; **to make** or **earn a** or **one's living** zarabiać na życie; **to make** or **earn an honest/a meagre ~** uczciwie/z trudem zarabiać na życie; **to make a good ~** dobrze zarabiać; **to work for a ~** utrzymywać się z pracy; **what do you do for a ~?** czym się zajmujesz?; **it's not much of a ~** z tego trudno wyżyć; **they scrape** or **scratch a ~ selling trinkets** z trudem zarabiają na życie sprzedając świecidełka; **the cost of ~** koszty utrzymania [2] (lifestyle) życie *n*; **clean/loose ~** cnotliwe/rozwiązłe życie; **fast ~** wesołe życie; **high ~** światowe życie [3] Relig beneficjum *n* [4] **the ~** *(+ v pl)* żywi *m pl*

II *adj [person, animal, language, memory, organism, legend]* żywy; **to be ~ proof of sth** być żywym dowodem czegoś; **a ~ hell** piekło na ziemi; **~ things** żywe istoty; **within ~ memory** za ludzkiej pamięci; **there wasn't a ~ soul** nie było żywej duszy or żywego ducha; **she's the ~ image of Queen Victoria** ona wygląda wypisz wymaluj jak królowa Wiktoria

IDIOMS: **to be still in the land of the ~** być wciąż wśród żywych

living conditions *npl* warunki *m pl* życia

living dead *npl* żywe trupy *m pl*

living death *n* fig piekło *n* na ziemi, śmierć *f* za życia, katorga *f*

living expenses *n* koszty *m pl* utrzymania, wydatki *m pl* na życie

living fossil *n* żywa skamieniałość *f*

living-out allowance /ˌlɪvɪŋˈaʊtəlaʊəns/ *n* dodatek *m* na wynajęcie mieszkania

living quarters *n* (on ship) pomieszczenia *n pl* mieszkalne; (for soldiers, workers) kwatery *f pl*

living room *n* pokój *m* dzienny, salon *m*

living space *n* przestrzeń *f* (życiowa); **not much ~ in this room** w tym pokoju nie ma zbyt wiele miejsca, w tym pokoju nie ma gdzie się ruszyć; **the flat has generous ~** mieszkanie jest bardzo przestronne

living standards *npl* stopa *f* życiowa

living wage *n* pensja *f* wystarczająca na utrzymanie

living will *n* US testament *m* życia

Livonia /lɪˈvəʊnɪə/ *prn* Hist Inflanty *plt*

Livy /ˈlɪvɪ/ *prn* Liwiusz *m*

lizard /ˈlɪzəd/ *n* jaszczurka *f*; **monitor ~** waran

Lizard /ˈlɪzəd/ *n* **the ~** Astron Jaszczurka *f*

lizardskin /ˈlɪzədskɪn/ *n* jaszczurcza skóra *f*; **a ~ handbag** torebka z jaszczurczej skóry

Ljubljana /ljuːblˈjɑːnə/ *prn* Lublana *f*

llama /ˈlɑːmə/ *n* lama *f*; **a ~ coat** palto z wełny lamy

LL B *n* = **Bachelor of Laws** Univ licencjat *m* w dziedzinie prawa

LL D *n* = **Doctor of Laws** Univ (title) doktorat *m* w dziedzinie prawa; (holder) doktor *m* praw

LMBO *n* → **leveraged management buyout**

LMS *n* GB → **local management of schools**

lo /ləʊ/ *excl* liter (also **~ and behold**) i oto

loach /ləʊtʃ/ *n* (*pl* **~, ~es**) *ryba z rodziny piskorzowatych*; **spined ~** koza; **stone ~** śliz

load /ləʊd/ **I** *n* [1] (sth carried) (by vehicle, plane, ship) ładunek *m*; (by person, animal) ciężar *m*, brzemię *n*; **to carry a ~** *[lorry]* przewozić ładunek; **a van-~ of newspapers** cała furgonetka gazet; **a bus-~ of children** autobus pełen dzieci; **a whole plane-~ of passengers filled the departure lounge** sala odlotów wypełniła się pasażerami; **she has a heavy ~ to bear now** fig jest jej teraz bardzo ciężko; **to take a ~ off sb's mind** zdjąć komuś kamień z serca; **it's a ~ off my mind** kamień spadł mi z serca [2] Mech, Tech (weight) (of structure) obciążenie *n*; (of vehicle) udźwig *m*; Constr nośność *f*; **what's the maximum ~ the bridge can bear?** jakie jest dopuszczalne obciążenie tego mostu?; **do not exceed maximum ~!** nie przekraczać dopuszczalnego obciążenia!; **the beam has a ~ of 10 tons** belka ma nośność 10 ton [3] (shipment) ładunek *m*; (batch) porcja *f*; **I've done four ~s of washing this morning** uprałem dziś rano cztery porcje brudnej bielizny [4] Elec obciążenie *n* [5] fig (amount of work) obciążenie *n*, nakład *m* pracy; **I have a fairly heavy teaching ~ this term** w tym semestrze prowadzę dość dużo zajęć; **we have to lighten the ~ of young doctors** musimy odciążyć młodych lekarzy; **the project will create a heavy administrative ~** projekt będzie wymagał dużego nakładu pracy administracyjnej; **the airport has increased its annual passenger ~** lotnisko zwiększyło liczbę rocznie obsługiwanych pasażerów; **let's try and spread the ~** spróbujmy rozłożyć pracę bardziej równomiernie [6] infml (a lot) **a ~** or **a whole ~ of people/books** (cała) masa *f* ludzi /książek; **a ~ of rubbish** stek bzdur

II loads *npl* infml kupa *f*, mnóstwo *m*; **~s of people/money** kupa ludzi/pieniędzy infml; **to have ~s of work/money** mieć kupę roboty/pieniędzy; **I've done this ~s of times** robiłem to mnóstwo razy; **my room's ~s bigger than hers** mój pokój jest dużo większy niż jej; **I'm feeling ~s better now** czuję się teraz o niebo lepiej

III *vt* [1] Transp załadow|ać, -ywać *[cargo]*; załadow|ać, -ywać *[vehicle, ship]* **(with sth** czymś**)**; obładow|ać, -ywać *[animal, person]* **(with sth** czymś**)**; **he ~ed the crates into/onto the van** załadował skrzynie do samochodu/na samochód; **to ~ a ship with coal** załadować statek węglem, załadować węgiel na statek; **they ~ed too much work onto him** nazbyt obciążyli go pracą [2] (charge) na|ładować, za|ładować, nabi|ć, -jać *[gun]*; **the gun wasn't ~ed** broń nie była naładowana or nabita; **to ~ a camera, to ~ a film** włożyć film do aparatu; **to ~ a program (into a computer)** zainstalować program (w komputerze); **to ~ a washing machine** włożyć brudną bieliznę do pralki [3] Elec obciąż|yć, -ać, przeciąż|yć, -ać *[line, machine]* [4] (bias) Insur podwyższ|yć, -ać *[premium]*; **smokers' premiums are heavily ~ed** składki płacone przez palaczy są znacznie podwyższone; **the system was ~ed in favour of the motorist** system traktował kierowców w sposób uprzywilejowany; **the dice are ~ed** (tampered with) kości (do gry) są fałszywe; **the dice are ~ed against me** fig wszystko się przeciw mnie sprzysięgło [5] fig (give generously) **to ~ sb with sth** obsypywać kogoś czymś *[presents, honours]*

IV *vi* **lorries ~ here** ciężarówki są tutaj załadowywane; **the ship is ~ing now** trwa teraz załadunek statku

■ **load down**: **~ [sb] down** obładow|ać, -ywać *[person]* **(with sth** czymś); **to be ~ed down with shopping** być obładowanym zakupami; **to be ~ed down with worry/problems/work** mieć mnóstwo zmartwień/problemów/pracy ¶ **~ [sth] down** załadow|ać, -ywać *[vehicle]*; **a ship ~ed down with coal** statek wyładowany węglem

■ **load up**: ¶ **~ up** (take cargo) **lorries ~ up here** ciężarówki są tutaj załadowywane ¶**~ [sth] up** załadow|ać, -ywać, wyładow|ać, -ywać *[vehicle, ship]* **(with sth** czymś); **he ~ed me up with gifts** obsypał mnie prezentami

IDIOMS: **get a ~ of this!** infml (look) popatrz tylko!; (listen) posłuchaj tylko!; **a ~ of (old) rubbish** infml or **nonsense** or **crap** vinfml or **cobblers** vinfml stek bzdur infml

load-bearing /ˈləʊdbeərɪŋ/ *adj [wall, beam]* nośny

loaded /ˈləʊdɪd/ *adj* [1] (bearing burden) *[vehicle, ship, plane]* wyładowany **(with sth** czymś); *[animal, person]* obładowany; **~ with meaning** or **significance** fig pełen znaczenia, głęboki [2] (ready to use) *[gun]* naładowany, nabity; *[paintbrush]* zamoczony w farbie; **the camera is ~** w aparacie jest film [3] (biased) *[question, statement]* tendencyjny, z podtekstem [4] infml (rich) *[person]* nadziany infml [5] US infml (drunk) zalany infml [6] Ind *[substance]* wypełniony **(with sth** czymś)

loader /ˈləʊdə(r)/ *n* (machine) ładowarka *f*; (person) ładowacz *m*

load factor *n* [1] Elec współczynnik *m* or stopień *m* obciążenia [2] Aviat współczynnik *m* wykorzystania miejsc w samolocie

loading /ˈləʊdɪŋ/ *n* [1] Transp załadunek *m* [2] Insur (of policy) dodatkowe koszty *m pl*

loading bay GB, **loading dock** US *n* strefa *f* załadunku

load line *n* Naut linia *f* or wodnica *f* ładunkowa

load shedding *n* Elec zmniejszanie *n* obciążenia sieci

loadstar *n* = **lodestar**

loadstone *n* = **lodestone**

loaf[1] /ləʊf/ *n* (*pl* **loaves)** Culin bochenek *m*; **a ~ of bread** bochenek chleba; **a brown /white ~** chleb razowy/biały; **meat ~** klops

IDIOMS: **half a ~ is better than no bread** Prov lepszy rydz niż nic; **use your ~!** infml rusz głową or makówką infml hum

loaf[2] /ləʊf/ *vi*

■ **loaf about, loaf around** infml obijać się, wałkonić się infml

loafer /ˈləʊfə(r)/ *n* [1] (idler) próżniak *m*, wałkoń *m*, obibok *m* [2] (shoe) mokasyn *m*

loaf pan *n* US = **loaf tin**

loaf sugar *n* cukier *m* w głowach

loaf tin *n* GB forma *f* do chleba

loam /ləʊm/ *n* Geol piasek *m* gliniasty; Ind glina *f* formierska

loamy /ˈləʊmɪ/ *adj [soil]* piaszczysto-ilasty

loan /ləʊn/ **I** *n* [1] Fin (money) pożyczka *f*; **a high/low-interest ~** wysokooprocentowana/niskooprocentowana pożyczka; **a £20,000 ~, a ~ of £20,000** pożyczka w wysokości 20 000 funtów; **a 10% ~, a ~ at 10%** pożyczka na 10%; **to raise** or **take out a ~** zaciągnąć or wziąć pożyczkę; **to give a ~** udzielić pożyczki [2] (act of lending or borrowing) **may I have the ~ of your umbrella?** czy mogę pożyczyć twój parasol?; **to give sb a ~ of sth** pożyczyć komuś coś; **to be on ~ (to/from another museum)** *[museum object]* być wypożyczonym (innemu muzeum/z innego muzeum); **the book is already out on ~** książka jest już wypożyczona; **this book is not for ~** tej książki nie wypożycza się; **Mr. Smith is on ~ to our Bath office** pan Smith został oddelegowany do naszego biura w Bath

II *vt* (also **~ out)** pożycz|yć, -ać *[money, object]*; wypożycz|yć, -ać *[book, picture]*; **to ~ sb sth, to ~ sth to sb** pożyczyć or wypożyczyć komuś coś; **can you ~ me $20?** czy możesz pożyczyć mi 20 dolarów?; **they ~ed their collection to a museum** wypożyczyli swe zbiory muzeum

loan account *n* Fin rachunek *m* kredytowy, konto *n* pożyczkowe

loan agreement *n* Fin umowa *f* kredytowa

loan bank *n* bank *m* kredytowy

loan capital *n* kapitał *m* pożyczkowy

loan certificate *n* Fin świadectwo *n* kredytowe

loan facility *n* Fin kasa *f* pożyczkowa

loan portfolio *n* portfel *m* pożyczkowy

loan shark *n* infml pej lichwia|rz *m*, -rka *f*

loan stock *n* Fin papiery *plt* wartościowe o stałym oprocentowaniu

loan translation *n* Ling kalka *f* językowa

loan word *n* Ling zapożyczenie *n*, pożyczka *f*

loath /ləʊθ/ *adj* **to be ~ to do sth** wcale nie mieć ochoty czegoś zrobić; **I'm ~ to admit it, but...** z bólem serca przyznaję, że...; **to be never ~ to do sth** zawsze chętnie or ochoczo coś robić; **nothing ~** ochoczo, chętnie

loathe /ləʊð/ *vt* nie cierpieć, nie znosić, nienawidzić **(doing sth** robienia czegoś)

loathing /ˈləʊðɪŋ/ *n* wstręt *m*, odraza *f* **(for sb/sth** do kogoś/czegoś)

loathsome /ˈləʊðsəm/ *adj* wstrętny, obmierzły, nienawistny

loathsomeness /ˈləʊðsəmnɪs/ *n* **the ~ of his appearance** jego wstrętny or obmierzły wygląd

loaves /ləʊvz/ *npl* → **loaf**

lob /lɒb/ **I** *n* Sport lob *m*

II *vt* (*prp, pt, pp* **-bb-)** [1] (throw) rzuc|ić, -ać (wysokim łukiem) *[ball, stone]*; **to ~ sth into the room** wrzucić coś do pokoju [2] Sport przerzuc|ić, -ać piłkę nad (kimś) *[person]*

III *vi* (*prp, pt, pp* **-bb-)** lobować

lobby /ˈlɒbɪ/ **I** *n* [1] (hall) (of hotel, house) hol *m*; (of theatre) foyer *n inv* [2] (also **~ group)** lobby *n inv*; **the environmental/farming ~** lobby ekologiczne/rolnicze [3] Pol (to meet public) kuluary *plt (gdzie deputowani spotykają się z wyborcami)* [4] GB Pol (also **division ~)** (where MPs vote) *jeden z dwóch korytarzy, do których udają się członkowie Izby Gmin głosując za lub przeciw wnioskowi* [5] (campaign) akcja *f* nacisku; **to stage a mass ~ of parliament** zorganizować masową demonstrację pod parlamentem

II *vt* wyw|rzeć, -ierać nacisk na (kogoś) *[politicians, delegates]* **(about sth** w sprawie czegoś); **to ~ a bill through parliament** Pol starać się przeforsować ustawę w parlamencie; **they are ~ing the council for increased subsidies** or **to increase subsidies** wywierają nacisk na radę, żeby zwiększyła subsydia

III *vi* przeprowadz|ić, -ać, prowadzić kampanię **(for sth** na rzecz czegoś)

lobby correspondent *n* sprawozdawca *m* parlamentarny

lobbyer /ˈlɒbɪə(r)/ *n* członek *m* grupy nacisku, lobbysta *m*, lobbista *m*

lobby group *n* lobby *n inv*, grupa *f* nacisku

lobbying /ˈlɒbɪɪŋ/ *n* lobbying *m*, lobbing *m*; **~ of ministers** wywieranie nacisku na ministrów

lobbyist /ˈlɒbɪɪst/ *n* członek *m* grupy nacisku, lobbysta *m*, lobbista *m*; **to be a ~ for pensioners' rights** prowadzić kampanię na rzecz praw emerytów

lobe /ləʊb/ *n* Anat, Bot płat *m*; **ear ~** płatek ucha

lobelia /ləˈbiːljə/ *n* lobelia *f*, stroiczka *f*

lobotomize /ləʊˈbɒtəmaɪz/ *vt* przeprowadz|ić, -ać lobotomię u (kogoś); **he was ~d** został poddany lobotomii

lobotomy /ləʊˈbɒtəmɪ/ *n* lobotomia *f*, leukotomia *f*, defrontalizacja *f*

lobster /ˈlɒbstə(r)/ **I** *n* Zool, Culin homar *m*

II *modif* **~ salad/soup** sałatka/zupa z homara

lobster Newburg /ˌlɒbstəˈnjuːbɜːg/ *n* Culin homar *m* w śmietanie

lobster pot *n* więcierz *m* do połowu homarów

lobster Thermidor /ˌlɒbstəˈθɜːmɪdɔː(r)/ *n* Culin homar *m* faszerowany

local /ˈləʊkl/ **I** *n* infml [1] (resident) tutejsz|y *m*, -a *f*; **the ~s** miejscowi, tutejsi; **is he a ~?** czy on jest stąd?, czy on jest tutejszy? [2] (pub) pobliski pub *m*; (cinema) pobliskie kino *n* [3] Med znieczulenie *n* miejscowe [4] (newspaper) gazeta *f* lokalna [5] (train) pociąg *m* miejscowy

II *adj* [1] (neighbourhood) *[church, library, shop]* pobliski; *[doctor]* tutejszy, miejscowy [2] (of the town) *[newspaper, office]* lokalny; *[hospital, transport, telephone call]* miejscowy; **he is ~ to this area** on pochodzi stąd [3] (regional) *[newspaper, news, radio]* regionalny; *[tradition, business, shower]* lokalny; *[speciality]* miejscowy [4] (of a country) *[currency, language]* miejscowy [5] Med (pain, swelling) miejscowy

local anaesthetic *n* znieczulenie *n* miejscowe

local (area) call *n* Telecom połączenie *n* miejscowe

local area network, LAN *n* Comput lokalna sieć *f* komputerowa
local authority *n (+ v sg/pl)* GB Admin władze *f pl* lokalne
local colour GB, **local color** US *n* koloryt *m* lokalny
local council *n* GB samorząd *m* lokalny
local derby *n* Sport derby *plt* piłkarskie
locale /ləʊˈkɑːl, US -ˈkæl/ *n* miejsce *n* akcji; **the ~ is a small village** miejscem akcji jest mała wioska
local education authority, LEA *n (+ v sg/pl)* GB ≈ inspektorat *m* oświaty
local election *n* wybory *plt* lokalne or do władz lokalnych
local government *n* GB samorząd *m* lokalny
local government minister *n* GB ≈ minister *m* do spraw samorządu lokalnego
locality /ləʊˈkælətɪ/ *n* [1] (area) okolica *f* [2] (place) miejscowość *f*
localize /ˈləʊkəlaɪz/ **I** *vt* [1] (pinpoint) ustal|ić, -ać *[origin, problem]* [2] (restrict to one area) z|lokalizować *[effect, damage]* [3] Admin, Pol z|decentralizować *[government, control]*
II localized *pp adj* [1] *[damage, problem]* ograniczony **(to sth** do czegoś); *[pain]* miejscowy; *[storm, shower]* lokalny; **pain ~ed in the wrist** ból umiejscowiony w nadgarstku; **storms ~ed to the mountains** lokalne burze w górach [2] *[government, control]* zdecentralizowany
locally /ˈləʊkəlɪ/ *adv* [1] (near) *[live, work]* w okolicy; **do you shop ~?** czy robisz zakupy w pobliżu domu?; **these issues should be decided ~** te kwestie należy rozwiązywać na szczeblu lokalnym; **were you born ~?** czy urodziłeś się gdzieś tutaj?; **all our goods are produced ~** wszystkie wyroby produkowane są na miejscu; **he's quite famous ~** cieszy się tu sporą sławą [2] Meteorol lokalnie
local management of schools, LMS *n* GB ≈ samorządowy zarząd *m* szkół
local time *n* czas *m* miejscowy or lokalny; **8 pm ~** 20.00 czasu miejscowego or lokalnego
locate /ləʊˈkeɪt, US ˈləʊkeɪt/ **I** *vt* [1] (find) z|lokalizować *[problem, fault, object, person]* [2] (position) u|lokować *[office, branch, business]*; u|sytuować *[building]*; umieścić *[pin, screw, part]*; umiejsc|owić, -awiać *[film, play, story]*; **the switch is ~d under the seat** włącznik znajduje się pod siedzeniem; **the hotel is ~d in the centre** hotel znajduje się w centrum; **the action is ~d in Italy** akcja rozgrywa się we Włoszech
II *vi* [1] *[mechanical part]* w|ejść, -chodzić; **the wheels ~ in the groove** koła wchodzą w rowek [2] US (settle) *[company]* u|lokować się
location /ləʊˈkeɪʃn/ *n* [1] (exact site) lokalizacja *f* **(for sth** czegoś); (position) położenie *n*; **a convenient/ideal ~** wygodna/idealna lokalizacja; **central ~** centralne położenie; **to know the ~ of sb/sth** wiedzieć, gdzie ktoś/coś się znajduje [2] Cin plener *m*; **on ~** w plenerach
locative /ˈlɒkətɪv/ **I** *n* Ling (also **~ case**) miejscownik *m*; **in the ~** w miejscowniku
II *adj [form]* miejscownikowy; *[word, phrase]* w miejscowniku
loch /lɒk, lɒx/ *n* Scot (lake) jezioro *n*; (arm of sea) fiord *m*
loci /ˈlɒkiː/ *npl* → **locus**
lock¹ /lɒk/ **I** *n* [1] (with key) zamek *m*; (with bolt) zasuw(k)a *f*, rygiel *m*; **to undo the ~** otworzyć zamek or zasuwę; **to pick a ~** otworzyć zamek wytrychem; **under ~ and key** pod kluczem [2] (on canal) śluza *f* [3] (in wrestling) Sport klucz *m*; **arm/leg ~** klucz na rękę/nogę [4] (in rugby) zamek *m* [5] Aut wychylenie *n* kół; **the car has a good ~** samochód ma dobry promień skrętu; **full ~** maksymalne wychylenie kół; **keep it on full ~** skręć do oporu [6] (in firearms) zamek *m* [7] Comput blokada *f*
II *vt* [1] (with key) zam|knąć, -ykać na klucz; (with bolt) zam|knąć, -ykać na zasuwę, za|ryglować *[door]*; **to ~ sth into a drawer** zamknąć coś w szufladzie; **~ed and barred** or **bolted** zamknięty na cztery spusty [2] (immobilize) za|blokować *[wheel, steering wheel]*; Comput za|blokować or zabezpiecz|yć, -ać dostęp do (czegoś) *[file]*; **to ~ arms** wziąć się pod ręce; **to be ~ed in combat** *[wrestlers]* zewrzeć się; *[armies]* zmagać się; **two lovers ~ed in an embrace** dwoje kochanków splecionych w uścisku; **to ~ horns** fig *[people]* wziąć się za łby infml
III *vi* [1] (close securely) *[door, drawer]* zam|knąć, -ykać się na klucz [2] (become immobile) *[wheel, steering wheel]* za|blokować się
■ **lock away**: ¶ **~ away [sth], ~ [sth] away** zam|knąć, -ykać, trzymać pod kluczem *[treasure, jewels]* ¶ **~ away [sb], ~ [sb] away** wziąć, brać pod klucz *[person]*; przym|knąć, -ykać infml
■ **lock in**: **~ [sb] in** zam|knąć, -ykać *[person]*; **to ~ oneself in** zatrzasnąć się; **help me, I'm ~ed in!** pomocy, nie mogę otworzyć drzwi! or zatrzasnąłem się!
■ **lock on** *[capital key, shift key]* włącz|yć, -ać się; *[elements]* łączyć się, być sprzęgniętym
■ **lock onto** łączyć się z (czymś), być sprzęgniętym z (czymś) *[system, bolt]*; **to ~ onto a target** *[radar]* namierzyć cel; **to ~ onto sb** uczepić się kogoś infml; **he ~ed onto the question of finance** uczepił się spraw finansowych infml
■ **lock out**: **~ [sb] out** nie wpuścić do środka; **I've ~ed myself out of my car** zatrzasnąłem kluczyki w samochodzie; **I've ~ed myself out of my room** zatrzasnęły mi się drzwi do pokoju, nie mogę się dostać do mojego pokoju; **the workers were ~ed out** wobec robotników zastosowano lokaut
■ **lock together** *[components, pieces]* po|łączyć się ze sobą
■ **lock up**: ¶ **~ up [sth], ~ [sth] up** zam|knąć, -ykać, trzymać pod kluczem *[money, documents]*; zam|knąć, -ykać (na klucz) *[house, room]*; po|zamykać *[doors]*; unieruch|omić, -amiać *[capital]*; **it's time to ~ up** czas zamykać ¶ **~ up [sb], ~ [sb] up** u|więzić *[captive, hostage]*; zam|knąć, -ykać *[prisoner, killer]*; przym|knąć, -ykać infml; **he should be ~ed up!** infml (in mental hospital) należałoby go zamknąć w zakładzie! infml
IDIOMS: **~, stock and barrel** wszystko; cały majdan infml; **to ~ the stable door after the horse has fled** or **bolted** być mądrym po szkodzie
lock² /lɒk/ *n* (of hair) kosmyk *m*, lok *m*; **long/curly ~s** długie/kręcone włosy; **her golden ~s** liter jej złociste pukle liter
lockable /ˈlɒkəbl/ *adj [case, door]* zamykany na klucz
locker /ˈlɒkə(r)/ *n* szafka *f*; (at bus, railway station) schowek *m* na bagaż
locker room **I** *n* szatnia *f (przy sali gimnastycznej, basenie)*
II *modif [joke, humour]* niewybredny
locket /ˈlɒkɪt/ *n* medalion *m*
lock gate *n* wrota *f* śluzy
lock-in /ˈlɒkɪn/ *n* [1] Comm umowa *f* o wyłączności [2] (in a pub) *okres czasu od zamknięcia pubu do wyjścia ostatniego gościa*
locking /ˈlɒkɪŋ/ **I** *n* zamek *m* → **central locking**
II *adj [desk, door]* zamykany na klucz
lockjaw /ˈlɒkdʒɔː/ *n* szczękościsk *m*; trismus *m* ra
lock keeper *n* śluzowy *m*
locknut /ˈlɒknʌt/ *n* przeciwnakrętka *f*
lockout /ˈlɒkaʊt/ *n* lokaut *m*
locksmith /ˈlɒksmɪθ/ *m* ślusarz *m*
lock-up /ˈlɒkʌp/ *n* [1] GB (also **~ garage**) garaż *m (zwykle jeden z budowanych szeregowo)* [2] GB (also **~ shop**) sklepik *m* [3] US infml (jail) areszt *m*; paka *f* infml
loco¹ /ˈləʊkəʊ/ *adj* infml (mad) *[person]* sfiksowany; *[idea]* wariacki infml; **to go ~** sfiksować, zbzikować infml
loco² /ˈləʊkəʊ/ *n* GB Rail infml lokomotywa *f*
locomotion /ˌləʊkəˈməʊʃn/ *n* ruch *m*; **a means of ~** środek lokomocji
locomotive /ˌləʊkəˈməʊtɪv/ **I** *n* Rail lokomotywa *f*; **steam ~** lokomotywa parowa, parowóz
II *adj [power, muscle]* motoryczny
locomotive shed *n* parowozownia *f*, lokomotywownia *f*
locum /ˈləʊkəm/ *n* GB zastęp|ca *m*, -czyni *f*; **to work as a ~ for sb** zastępować kogoś, mieć zastępstwo za kogoś
locus /ˈləʊkəs/ *n (pl* **-ci)** [1] Math miejsce *n* geometryczne [2] Biol locus *m* genu
locust /ˈləʊkəst/ *n* [1] Zool szarańcza *f*; **a swarm/plague of ~s** chmara/plaga szarańczy [2] Bot (also **~ tree)** (carob) szarańczyn *m*, chleb *m* świętojański; (false acacia) robinia *f*, grochodrzew *m*; akacja *f* infml
locust bean *n* Bot, Culin chleb *m* świętojański
locution /ləˈkjuːʃn/ *n* lokucja *f*
lode /ləʊd/ *n* Geol żyła *f*
loden /ˈləʊdn/ *n* Tex loden *m*
lodestar /ˈləʊdstɑː(r)/ *n* Astron gwiazda *f* polarna; fig gwiazda *f* przewodnia
lodestone /ˈləʊdstəʊn/ *n* magnetyt *m*
lodge /lɒdʒ/ **I** *n* [1] (small house) (for summer) domek *m* letniskowy; (for gatekeeper, caretaker) stróżówka *f*; (in castle) wartownia *f*, kordegarda *f*; **hunting ~** domek myśliwski [2] (room for porter) portiernia *f* [3] US (hotel) hotel *m*; (Indian) wigwam *m* [4] (masonic) loża *f* (masońska) [5] (of beaver) żeremie *n*
II *vt* [1] (accommodate) da|ć, -wać (komuś) zakwaterowanie; (for night) prze|nocować; **they were ~d in an old school** zostali zakwaterowani w starej szkole; **this building used to ~ prisoners of war** w tym budynku kiedyś trzymano jeńców wojen-

nych [2] (deposit) z|deponować *[money, documents]* **(with sb** u kogoś); **to ~ valuables with the bank** zdeponować cenne przedmioty w banku [3] (make statement) w|nieść, -nosić *[appeal]*; złożyć, składać *[complaint, protest]*; zgł|osić, -aszać *[objection]* [4] (wedge) umie|ścić, -szczać *[stone, brick]*; **the bullet had ~d itself in his spine** kula utkwiła mu w kręgosłupie; **I have something ~d between my teeth** coś mi utkwiło między zębami

III *vi* [1] (reside) mieszkać **(with sb** u kogoś); **I ~ with my aunt** or **at my aunt's (house)** mieszkam u ciotki or w domu ciotki [2] (become stuck, implanted) *[bullet, bone]* utkwić **(in sth** w czymś); **it ~d in her memory** utkwiło jej to w pamięci; **the fishbone ~d in her throat** ość utkwiła jej w gardle

lodgement /ˈlɒdʒmənt/ *n* (also **lodgment)** [1] (deposit) depozyt *m* [2] Mil przyczółek *m*

lodger /ˈlɒdʒə(r)/ *n* lokator *m*, -ka *f*; **to take (in) ~s** wynajmować pokoje

lodging /ˈlɒdʒɪŋ/ **I** *n* kwatera *f*; **a night's ~** nocleg; **board and ~** zakwaterowanie z wyżywieniem

II lodgings *npl* wynajmowany pokój *m*; **to take ~s (with sb)** wynajmować pokój (u kogoś); **I'm looking for ~s** szukam pokoju (do wynajęcia)

lodging house *n* dat pensjonat *m*

loess /ˈləʊes/ *n* less *m*, gleba *f* lessowa

loft /lɒft, US lɔːft/ **I** *n* [1] (attic) (for storage) strych *m*; (for living) poddasze *n*; **hay ~** sąsiek [2] US (apartment) mieszkanie *n* w dawnych zaadaptowanych składach [3] Relig, Archit galeria *f*; **choir/organ ~** chór [4] (also **pigeon ~)** gołębnik *m*

II *vt* wybi|ć, -jać wysoko *[ball]*

loft bed *n* spanie *n* na antresoli

loft conversion *n* [1] (process) adaptacja *f* strychu [2] (result) zaadaptowany strych *m*

loft hatch *n* właz *m* na strych

loftily /ˈlɒftɪlɪ, US ˈlɔːftɪlɪ/ *adv* wyniośle

loftiness /ˈlɒftɪnɪs, US ˈlɔːftɪnɪs/ *n* [1] (of mountains, trees) wyniosłość *f* liter [2] (of manners) wyniosłość *f* [3] (of ideas, words) wzniosłość *f*

loft ladder *n* drabina *f* na strych

lofty /ˈlɒftɪ, US ˈlɔːftɪ/ *adj* [1] (high) *[building, peak, tree]* wyniosły, strzelisty liter [2] (disdainful) *[manner, words]* wyniosły [3] (high-minded) *[words, ideas, sentiments]* wzniosły

log¹ /lɒg, US lɔːg/ **I** *n* [1] (of wood) kłoda *f*; (for burning) polano *n*, bierwiono *n*; (as building material) bal *m* [2] (record) rejestr *m*; **to keep a ~ of people's comings and goings** zapisywać w książce godziny przyjścia i wyjścia (osób) [3] Transp (of plane, ship) dziennik *m* pokładowy; (of lorry driver) karta *f* drogowa [4] Comput dziennik *m* [5] Naut (for measuring speed) log *m*

II *vt* (*prp, pt, pp* **-gg-)** [1] (record) za|notować, zapis|ać, -ywać *[reading, fact]* [2] (clock up) (also **~ up)** *[car, train]* przejechać *[miles]*; *[plane]* przelecieć *[miles, flying hours]*; *[ship]* przepłynąć *[miles]*; **I've ~ged 5 hours' work on that job** spędziłem 5 godzin nad tą pracą [3] (achieve) *[car, plane, ship]* osiąg|nąć, -ać *[speed]*

III *vi* (*prp, pt, pp* **-gg-)** ścinać or rąbać drzewa, pracować przy wyrębie drzew

■ **log in = log on**

■ **log off** Comput wylogow|ać, -ywać się

■ **log on** Comput za|logować się

■ **log out = log off**

IDIOMS: **to sleep like a ~** spać jak kamień or kamieniem

log² /lɒg, US lɔːg/ *n* Math logarytm *m*

loganberry /ˈləʊgənbrɪ, US -berɪ/ *n skrzyżowanie jeżyny z maliną*

logarithm /ˈlɒgərɪðəm, US ˈlɔːg-/ *n* logarytm *m*

logarithmic /ˌlɒgəˈrɪðmɪk/ *adj* logarytmiczny; **~ spiral** spirala logarytmiczna

log book *n* [1] (of car) karta *f* drogowa [2] (of plane, ship) dziennik *m* pokładowy [3] (written record) rejestr *m*

log cabin *n* chata *f* z bali

log fire *n* płonące polana *n pl*

logger /ˈlɒgə(r)/ *n* US drwal *m*

loggerheads /ˈlɒgəhedz/ *npl* **to be at ~ (with sb)** drzeć koty (z kimś); **these theories are at ~ with traditional teaching** te teorie kłócą się z tradycyjnym nauczaniem

loggerhead turtle *n* Zool karetta *f*

loggia /ˈləʊdʒə, ˈlɒdʒɪə/ *n* loggia *f*, lodżia *f*

logging /ˈlɒgɪŋ/ *n* (of trees) wyrąb *m*

logic /ˈlɒdʒɪk/ *n* [1] logika *f*; **I can see the ~ in selling the house** widzę sens w sprzedaży domu; **not to be capable of ~** nie być zdolnym do logicznego myślenia; **you cannot fault his ~** trudno coś zarzucić jego rozumowaniu [2] Comput logika *f*, układ *m* logiczny

IDIOMS: **to chop ~** dzielić włos na czworo

logical /ˈlɒdʒɪkl/ *adj* logiczny; **it's ~ that he should replace me** to logiczne, że powinien mnie zastąpić; **~ positivism** pozytywizm *m* logiczny

logically /ˈlɒdʒɪklɪ/ *adv* logicznie; **~, one would expect that...** logicznie rzecz biorąc, należałoby się spodziewać, że...

logic bomb *n* Comput bomba *f* logiczna

logic chopping *n* fig dzielenie *n* włosa na czworo

logic circuit *n* układ *m* logiczny

logician /ləˈdʒɪʃn/ *n* logik *m*

login /ˈlɒgɪn/ *n* Comput logowanie (się) *n*

logistic(al) /ləˈdʒɪstɪk(əl)/ *adj* logistyczny

logistically /ləˈdʒɪstɪklɪ/ *adv* z punktu widzenia logistyki

logistics /ləˈdʒɪstɪks/ *n* (+ *v sg/pl*) logistyka *f*

log jam *n* (blockage) zator *m* also fig; fig (deadlock) impas *m*

logo /ˈləʊgəʊ/ *n* logo *n inv*, znak *m* graficzny

logon /ˈlɒgɒn/ *n* Comput logowanie (się) *n*

logopaedics GB, **logopedics** US /ˌlɒgəˈpiːdɪks/ *n* (+ *v sg*) logopedia *f*

log pile *n* stos *m* drewna

logroll /ˈlɒgrəʊl/ *vt* US Pol pop|rzeć, -ierać *[bill] (w zamian za przysługę)*

logrolling /ˈlɒgrəʊlɪŋ/ *n* US Pol stosunki *m pl* koteryjne

log saw *n* piła *f* do cięcia bierwion

log tables *npl* tablice *f pl* logarytmiczne

logy /ˈləʊgɪ/ *adj* US infml ociężały, ospały

loin /lɔɪn/ **I** *n* Culin (of veal) górka *f*; (of lamb) comber *m*; (of pork) schab *m*

II loins *npl* Anat dat lędźwie *plt*; **son of my ~s** liter syn z lędźwi moich dat

IDIOMS: **to gird (up) one's ~s** zebrać się w sobie, zebrać się na odwagę

loin chop *n* filet *m* z polędwicy

loin cloth *n* przepaska *f* na biodra

Loire /lwɑː(r)/ *prn* **the ~** Loara *f*

loiter /ˈlɔɪtə(r)/ *vi* (move slowly) (pleasurably) wałęsać się; (indolently) marudzić; (linger idly, suspiciously) pętać się, szwendać się, kręcić się

loiterer /ˈlɔɪtərə(r)/ *n* włóczęga *m*

loitering /ˈlɔɪtərɪŋ/ *n* Jur [1] **~ (with intent)** podejrzane zachowanie *n* [2] (soliciting) nagabywanie *n (przez prostytutkę)*

loll /lɒl/ **I** *vt* zwie|sić, -szać *[head]*; wywie|sić, -szać *[tongue]*

II *vi [head]* zwis|nąć, -ać; **to ~ back in the armchair** rozwalać się w fotelu infml; **the dog's tongue ~ed out** pies wywiesił język; **you can't just ~ around** or **about all day** nie możesz się cały dzień obijać

lollipop /ˈlɒlɪpɒp/ *n* (candy) lizak *m*

lollipop lady *n* infml *pani przeprowadzająca przez ulicę dzieci idące do/ze szkoły*

lollipop man *n* infml *pan przeprowadzający przez ulicę dzieci idące do/ze szkoły*

lollop /ˈlɒləp/ *vi* biec, podskakując

lolly /ˈlɒlɪ/ *n* [1] (candy) lizak *m*; **ice ~** lody na patyku *(z zamrożonego soku)* [2] GB infml (money) forsa *f* infml

lollygag /ˈlɒlɪgæg/ *vi* (*pp, pt, pp* **-gg-)** US infml (dawdle) marudzić; (loiter) pętać się

Lombard /ˈlɒmbəd/ **I** *n* Lombard|czyk *m*, -ka *f*

II *adj* lombardzki

Lombardy /ˈlɒmbədɪ/ *prn* Lombardia *f*

Lombardy poplar *n* topola *f* włoska

London /ˈlʌndən/ **I** *prn* Londyn *m*; **Greater ~** Wielki Londyn; **inner ~** śródmieście Londynu; **outer ~** aglomeracja londyńska

II *modif [accent, flight, train]* londyński; **~ resident** mieszkaniec Londynu

London broil *n* US Culin *kawałki polędwicy wołowej pieczone na ruszcie*

Londoner /ˈlʌndənə(r)/ *n* londy|ńczyk *m*, -nka *f*

London pride *n* GB Bot skalnica *f*

lone /ləʊn/ *adj* liter (lonely) *[person, tree, sailor]* samotny; (only one) *[competitor]* jedyny; *[voice]* pojedynczy; **a ~ friend came to his aid** tylko jeden przyjaciel przyszedł mu z pomocą

loneliness /ˈləʊnlɪnɪs/ *n* (of person) samotność *f*; (of place) ustronność *f*

lonely /ˈləʊnlɪ/ *adj* [1] (feeling, being alone) *[person, life, tree]* samotny; (feeling deserted) *[person]* osamotniony; **I'm ~ for my family** tęsknię za rodziną [2] (isolated) *[place, farm]* odludny

lonely hearts' club *n* klub *m* samotnych serc

lonely hearts' column *n* kącik *m* samotnych serc

lone parent *n* samotny ojciec *m*, samotna matka *f*

loner /ˈləʊnə(r)/ *n* samotni|k *m*, -ca *f*, samotniczka *f*

lonesome /ˈləʊnsəm/ *adj [person]* samotny; **to be ~ for sb** tęsknić za kimś

IDIOMS: **to be all on one's ~** być samotnym jak palec or jak kołek (w płocie)

lone wolf *n* samotnik *m*

long¹ /lɒŋ, US lɔːŋ/ **I** *n* [1] Ling (vowel) samogłoska *f* długa; (syllable) sylaba *f* długa [2] Radio (signal) kreska *f*

II *adj* [1] (lengthy, protracted) *[event, period, process, conversation, book, bath, sigh, vowel]* długi; *[delay]* duży; **his speech was 20 minutes ~** jego przemówienie trwało 20 minut; **the book is 300 pages ~** książka ma 300 stron; **is an hour ~ enough?** czy godzina wystarczy?; **it's been a ~ day** to był długi or ciężki dzień; **to be** or **get** or **grow ~er** *[days, intervals, speeches]* być or stawać się or robić się coraz dłuższym; **to take a ~ hard look at sth** przyjrzeć się czemuś uważnie or bacznie, spojrzeć na coś uważnie also fig; **I want to have a ~er look at the patient** chcę dokładniej zbadać pacjenta; **after ~ hours of discussion** po wielogodzinnej dyskusji; **I don't like the ~ hours in this job** w tej pracy nie podoba mi się siedzenie do późna; **for 5 ~ years** przez 5 długich lat; **to be ~ in coming** długo nie nadchodzić, spóźniać się; **a friend of ~ standing** stary przyjaciel [2] (in expressions of time) **she's been away a ~ time** wyjechała na długo, długo jej nie ma; **it's been a ~ time** or **while since I last saw you** dawno or od dawna cię nie widziałem; **it's a ~ time since he left the company** opuścił firmę dawno temu; **it'll be a ~ time before they're ready** dużo czasu minie, zanim będą gotowi; **it's a ~ ~ time since I last saw her** nie widziałem jej od bardzo, bardzo dawna; **they've been a ~ time making up their minds** podjęcie decyzji zajęło im sporo czasu; **you've been a ~ time getting here** długo ci zajęło dotarcie tutaj; **six hours, that's a ~ time** sześć godzin to bardzo długo; **three years seem such a ~ time** trzy lata – to wydaje się tak długo; **for a ~ time** od dłuższego czasu, od dawna; **I've been a teacher for a ~ time** jestem nauczycielem od dawna; **I hadn't played tennis for a ~ time** od dawna or od dłuższego czasu nie grałem w tenisa; **she hasn't been well for a ~ time** od dawna or od dłuższego czasu nie czuje się dobrze; **for a ~ time I didn't believe her** długo jej nie wierzyłem; **a ~ time ago** dawno temu; **a very ~ time ago, a ~ ~ time ago** bardzo dawno temu; **a ~, ~ time ago there lived a beautiful princess** dawno, dawno temu była sobie piękna księżniczka; **to take a ~ time** *[task]* zabrać or zająć wiele czasu; *[event]* trwać długo; **will it take a ~ time?** czy to będzie długo trwało?, czy to zabierze or zajmie wiele czasu?; **did it take you a ~ time to persuade them?** czy dużo czasu zajęło ci przekonanie ich?; **it takes a ~ time to plan a complex operation** zaplanowanie skomplikowanej operacji zabiera or zajmuje dużo czasu; **it can take a ~ time for children to settle down in a new school** może długo potrwać, zanim dzieci przyzwyczają się do nowej szkoły; **she took a ~ time (getting here)** długo trwało, zanim przyszła [3] (in measuring) *[arm, dress, hair, queue, rope, table]* długi; *[grass]* wysoki; *[detour, journey]* długi; **the rope is 40 metres ~** ten sznur ma 40 metrów (długości); **how ~ is the plank?** jak długa jest ta deska?, jaką długość ma ta deska?; **the ~ side of the table** dłuższy bok stołu; **to get** or **grow ~** *[grass, hair, nails]* urosnąć; *[list, queue]* wydłużyć się; **she's growing her hair ~** ona zapuszcza włosy; **to make sth ~er** podłużyć *[sleeves]*; przedłużyć *[shelf]*; **to be ~ in the leg** *[person, animal]* mieć długie nogi; **the jeans are too ~ in the leg** dżinsy mają za długie nogawki [4] (in expressions of distance) **it's a ~ way (from here)** to daleko (stąd); **is it a ~ way to the station?** czy daleko stąd do dworca?; **London is a ~ way from Edinburgh** Londyn jest daleko od Edynburga; **they're a ~ way from satisfying our requirements** daleko im do zaspokojenia naszych wymagań; **he lives a ~ way away** or **off** mieszka daleko (stąd); **we could hear the shooting a ~ way off** z daleka or z oddali słychać było strzały; **January is a ~ way off** do stycznia jeszcze daleko; **don't fall, it's a ~ way down** nie spadnij, tu jest bardzo wysoko; **a ~ way down the list** daleko na liście; **I saw a boat a ~ way out** zobaczyłem statek daleko od brzegu; **they were a ~ way out in their calculations** bardzo się pomylili w obliczeniach; **it's a ~ way up to the tenth floor** dziesiąte piętro to bardzo wysoko; **we've come a ~ way since the days of the first computers** przebyliśmy długą drogę od czasu pierwszych komputerów fig; **we've come a ~ way to be here tonight** przebyliśmy długą drogę, żeby się tu dziś spotkać; **information science has come a ~ way in the last 20 years** informatyka bardzo się rozwinęła w ostatnich 20 latach; **to go a ~ way** *[person]* (be successful) daleko zajść; *[provisions, packet, supply]* (last long) na długo wystarczać; **you can make a piece of meat go a ~ way** kawałek mięsa może ci na długo wystarczyć; **a little goes a ~ way** (of paint, chemical, spice) niewiele potrzeba, na długo wystarcza; **a little kindness goes a ~ way** uprzejmością można wiele zdziałać; **to go a ~ way towards doing sth** przyczynić się w znacznym stopniu do (zrobienia) czegoś; **the measures go a ~ way towards solving the problem** te środki w sposób istotny przyczyniają się do rozwiązania problemu; **to have a ~ way to go** *[traveller]* mieć przed sobą długą drogę; **he still has a ~ way to go before...** fig czeka go jeszcze dużo pracy, zanim...; **we go back a ~ way** znamy się od dawna; **it's the biggest/best by a ~ way** to zdecydowanie największy/najlepszy

III *adv* [1] (a long time) długo; **how ~ will you be?** (in a place) jak długo tam będziesz?; (doing sth) jak długo to ci zajmie?; **I shan't be ~** (doing sth) szybko to załatwię, to nie potrwa długo; (departing) niedługo wrócę; **how ~ will you be on the phone?** jak długo będziesz rozmawiać przez telefon?; **how ~ will you be in choosing?** jak długo jeszcze będziesz wybierać?; **not very ~** niezbyt długo; **don't be ~ (getting ready)** pośpiesz się; **they weren't ~ (in) making up their minds** szybko podjęli decyzję, szybko się zdecydowali; **how ~ will it be before he's back?** kiedy (wreszcie) będzie z powrotem?; **it won't be ~ before you're home again** wkrótce będziesz znów w domu, nie minie wiele czasu i znów będziesz w domu; **it wasn't ~ before people said that...** nie minęło wiele czasu i ludzie zaczęli mówić, że...; **I've been here ~er than anyone else** jestem tutaj dłużej niż inni; **it's been so ~ since we last met** tyle czasu się nie widzieliśmy; **it's not that ~ since the party** przyjęcie było nie tak dawno temu; **it's not that ~ since I was a student** jeszcze nie tak dawno byłem studentem; **I can't stand it a day /moment ~er** nie zniosę tego ani dnia /chwili dłużej; **I've worked here ~ enough to know that...** pracuję tu wystarczająco długo, żeby wiedzieć, że...; **has he been gone ~?** czy dawno poszedł?; **have you been waiting (for) ~?** czy długo czekasz?; **I haven't got ~** nie mam wiele czasu; **he hasn't got ~ to live** niewiele życia mu pozostało; **~ live the king!** niech żyje król!; **this won't take ~** to nie zajmie wiele czasu; **the meeting took much ~er than expected** spotkanie trwało znacznie dłużej, niż się spodziewano; **it took me ~er than I thought** zajęło mi to więcej czasu, niż sądziłem; **how ~ did it take him to find out?** jak szybko się dowiedział?; **three days at the ~est** najdłużej trzy dni, nie dłużej niż trzy dni; **before ~** wkrótce, niebawem; **I'll phone you before ~** wkrótce or niebawem zadzwonię do ciebie; **he'll be here before much ~er** już niedługo tu będzie; **how ~ are you in England (for)?** na jak długo przyjechałeś do Anglii?; **'will you be gone for ~?' – 'no, not ~'** „czy długo cię nie będzie?" – „nie, niedługo"; **he's happy now, but not for ~** teraz jest szczęśliwy, ale nie na długo; **~ after** znacznie później; **she only knew ~ after** dowiedziała się znacznie później; **he resigned not ~ after** niedługo po tym zrezygnował; **it's ~ after** or **past your bedtime** już dawno powinieneś być w łóżku; **it's ~ after the sell-by date** już dawno minęła data ważności; **~ ago** dawno temu; **he left not ~ ago** wyszedł niedawno; **~ before** dużo wcześniej; **~ before we were married** na długo przed naszym ślubem; **I should have thought of it ~ before** powinienem był o tym pomyśleć dużo wcześniej; **it wasn't ~ before he realized** nie minęło dużo czasu, zanim się zorientował; **he left not ~ before lunch** wyszedł tuż przed lunchem; **~ since** dawno temu; **they split up ~ since** zerwali ze sobą dawno temu; **they have ~ since gone home** poszli do domu już dawno temu; **he is no ~er head** nie jest już szefem; **I can't stand it any ~er** nie mogę dłużej tego znieść; **I can't wait any ~er** nie mogę dłużej czekać; **five minutes, no ~er!** pięć minut, i ani chwili dłużej! [2] (for a long time) od dawna; **I had ~ wished to meet you** od dawna chciałem cię poznać; **this method has ~ been out of date** ta metoda od dawna jest przestarzała; **those**

days are ~ gone te czasy dawno minęły [3] (throughout) **all night/day ~** przez całą noc/cały dzień; **her whole life ~** przez całe życie

IV as long as, so long as *conj phr* [1] (in time) tak długo jak, dopóki; **borrow it for as ~ as you like** weź to na tak długo, jak chcesz; **as ~ as possible/necessary** tak długo, jak to możliwe/konieczne; **as ~ as she was alive** jak długo żyła; **I'll remember this day as ~ as I live** będę pamiętał ten dzień do końca życia; **for as ~ as I can remember** jak daleko sięgam pamięcią [2] (provided that) jeśli tylko; o ile; pod warunkiem, że; **as ~ as you're safe, that's all that matters** jeśli tylko jesteś bezpieczny, wszystko inne nie jest ważne; **as ~ as you're back by 12** pod warunkiem, że wrócisz przed 12; **as ~ as you keep me informed** pod warunkiem, że będziesz mnie informować

IDIOMS: **~ time no see!** infml kopę lat! infml; **so ~!** do zobaczenia!; **not by a ~ chalk** or **shot** infml żadną miarą, wcale nie; **the ~ and the short of it is that...** krótko mówiąc; **that's the ~ and the short of it** tak się to przedstawia; **she's not ~ for this world** ona już długo nie pożyje; **to be ~ on sth** infml mieć czegoś dużo *[common sense, experience, brawn]*; **a speech ~ on rhetoric, but short on substance** przemówienie pełne efektownej retoryki, ale zawierające mało treści; **she's ~ on intelligence** nie brak jej inteligencji; **why all the ~ faces?** skąd te smutne miny?, dlaczego wszyscy tacy smutni?; **to pull a ~ face** zrobić smutną minę; **he pulled a ~ face** mina mu zrzedła; **to have a ~ memory** być pamiętliwym

long² /lɒŋ, US lɔːŋ/ *vi* **to ~ for sb/sth** (miss) tęsknić za kimś/czymś or do kogoś/czegoś; (want) marzyć o kimś/czymś, gorąco pragnąć kogoś/czegoś; (be impatient) nie móc się doczekać kogoś/czegoś, czekać z utęsknieniem na kogoś/coś; **to ~ to do sth** marzyć o zrobieniu czegoś; **she ~ed for Friday to arrive** nie mogła się doczekać piątku; **we're ~ing for him to come home** marzymy, żeby wrócił do domu

long-awaited /ˌlɒŋəˈweɪtəd, US ˌlɔːŋ-/ *adj* długo oczekiwany

longboat /ˈlɒŋbəʊt, US ˈlɔːŋ-/ *n* [1] barkas *m*, szalupa *f* [2] Hist = **longship**

longbow /ˈlɒŋbəʊ, US ˈlɔːŋ-/ *n* Hist łuk *m*

long-dated /ˌlɒŋˈdeɪtɪd, US ˌlɔːŋ-/ *adj* Fin *[security, bill, investment]* długoterminowy

long-delayed /ˌlɒŋdɪˈleɪd, US ˌlɔːŋ-/ *adj* znacznie opóźniony

long-distance /ˌlɒŋˈdɪstəns, US ˌlɔːŋ-/ **I** *adj [race]* długodystansowy; *[bus, train]* dalekobieżny; *[journey, flight]* daleki; *[telephone call]* (within the country) zamiejscowy, międzymiastowy; (abroad) międzynarodowy; **~ lorry driver** GB ≈ kierowca tira; **~ negotiations** negocjacje prowadzone na odległość; **~ runner** długodystansowiec *n*

II *adv* **he's phoning us ~** to rozmowa zamiejscowa; (from abroad) to rozmowa międzynarodowa

long division *n* Math dzielenie *n* liczb wielocyfrowych

long-drawn-out /ˌlɒŋdrɔːnˈaʊt, US ˌlɔːŋ-/ *adj [speech, explanation, reply]* rozwlekły; *[process, dispute]* przewlekły; **the trial is likely to be a ~ affair** ten proces może się długo ciągnąć

long drink *n* koktajl *m*

long-eared owl /ˌlɒŋɪədˈaʊl, US ˌlɔːŋ-/ *n* sowa *f* uszata

longed-for /ˈlɒŋdfɔː(r), US ˈlɔːŋ-/ *adj* upragniony

long-established /ˌlɒŋɪˈstæblɪʃt, US ˌlɔːŋ-/ *adj* z długą tradycją, o długiej tradycji

longevity /lɒnˈdʒevətɪ/ *n* (long life) (of person, animal) długowieczność *f*; (of phenomenon, idea, tradition) trwałość *f*; (length of life) długość *f* życia

long-fin tuna /ˌlɒŋfɪnˈtjuːnə, US ˌlɔːŋ-/ *n* tuńczyk *m* długopłetwy

long-fin tunny /ˌlɒŋfɪnˈtʌnɪ, US ˌlɔːŋ-/ *n* = **long-fin tuna**

long-haired /ˌlɒŋˈheəd, US ˌlɔːŋ-/ *adj* długowłosy

longhand /ˈlɒŋhænd, US ˈlɔːŋ-/ *n* pismo *n* odręczne; **written in ~** napisany odręcznie

long-handled /ˌlɒŋˈhændld, US ˌlɔːŋ-/ *adj* z długą rączką

long-haul /ˈlɒŋhɔːl, US ˈlɔːŋ-/ *adj* Aviat dalekiego zasięgu

longhorn /ˈlɒŋhɔːn, US ˈlɔːŋ-/ *n* rasa *f* bydła długorogiego

longing /ˈlɒŋɪŋ, US ˈlɔːŋɪŋ/ **I** *n* (nostalgia) tęsknota *f* **(for sb/sth** za kimś/czymś**)**; (desire, need) ochota *f* **(for sth** na coś**)**; (stronger) pragnienie *n* **(for sth** czegoś**)**; **he had a secret ~ for the gypsy life** w skrytości tęsknił do cygańskiego życia; **to have a ~ to do sth** mieć ochotę or pragnąć coś zrobić

II *adj [look, gaze, eyes]* (nostalgic) tęskny; (greedy, amorous) pożądliwy

longingly /ˈlɒŋɪŋlɪ, US ˈlɔːŋ-/ *adv* (nostalgically) tęsknie; (greedily, amorously) pożądliwie

longish /ˈlɒŋɪʃ, US ˈlɔːŋɪʃ/ *adj* długawy, przydługi; **a ~ time** dość długo

longitude /ˈlɒndʒɪtjuːd, US -tuːd/ *n* długość *f* geograficzna; **(to be) at a ~ of 52 degrees west** or **at ~ 52 degrees west** (leżeć) na 52 stopniu długości geograficznej zachodniej

longitudinal /ˌlɒndʒɪˈtjuːdɪnl, US -ˈtuːdnl/ *adj* [1] Geog południkowy [2] *[stripe, line]* pionowy; *[muscle]* podłużny [3] fml *[study]* obserwacyjny

longitudinally /ˌlɒndʒɪˈtjuːdɪnəlɪ, US -ˈtuːdnəlɪ/ *adv* [1] Geog południkowo [2] (lengthways) pionowo

long johns *npl* infml długie kalesony *plt*; długie gacie *plt* infml

long jump *n* GB skok *m* w dal

long jumper *n* skoczek *m* w dal

long-lasting /ˌlɒŋˈlɑːstɪŋ, US ˌlɔːŋˈlæstɪŋ/ *adj [beauty, popularity]* nieprzemijający; *[component, effect]* trwały; *[storm, effect]* długotrwały

long-legged /ˌlɒŋˈlegd, US ˌlɔːŋ-/ *adj* długonogi

long-life /ˌlɒŋˈlaɪf, US ˌlɔːŋ-/ *adj* o przedłużonej trwałości

long-limbed /ˌlɒŋˈlɪmd, US ˌlɔːŋ-/ *adj* o długich kończynach

long-line /ˌlɒŋˈlaɪn, US ˌlɔːŋ-/ *n* Fishg sznur *m* haczykowy, longlina *f*

long-lived /ˌlɒŋˈlɪvd, US ˌlɔːŋ-/ *adj [family, person, animal]* długowieczny; *[friendship]* długotrwały; *[tradition, phenomenon]* utrzymujący się

long-lost /ˌlɒŋˈlɒst, US ˌlɔːŋˈlɔːst/ *adj* (lost) (dawno) zaginiony; (not seen) dawno niewidziany; **he recovered his ~ faith** odzyskał dawno utraconą wiarę

long-overdue /ˌlɒŋəʊvəˈdjuː, US ˌlɔːŋəʊvəˈduː/ *adj* (unpaid) (od dawna) zaległy; (delayed) bardzo opóźniony

long-playing record GB /ˌlɒŋpleɪŋˈrekɔːd/ *n* płyta *f* długogrająca, longplay *m*

longplay record US /ˌlɒŋpleɪˈrekɔːd/ *n* = **long-playing record**

long-range /ˌlɒŋˈreɪndʒ, US ˌlɔːŋ-/ *adj* [1] *[missile, bomber]* dalekiego zasięgu; *[gun]* dalekonośny, dalekosiężny [2] *[plan, forecast, strategy]* długofalowy, dalekosiężny; *[implications]* daleko idący

long run *n* infml = **long term**

long-running /ˌlɒŋˈrʌnɪŋ, US ˌlɔːŋ-/ *adj [play, musical, serial]* długo grany; *[dispute, battle]* od dawna prowadzony, długotrwały; **Britain's longest-running radio quiz** najdłużej emitowany w Anglii quiz radiowy

long-serving /ˌlɒŋˈsɜːvɪŋ, US ˌlɔːŋ-/ *adj [employee]* z długim stażem

longship /ˈlɒŋʃɪp, US ˈlɔːŋ-/ *n* Hist łódź *f* wikingów, drakkar *m*

longshoreman /ˈlɒŋʃɔːmən, US ˈlɔːŋ-/ *n* (*pl* **-men**) US doker *m*, robotnik *m* portowy

longshoring /ˈlɒŋʃɔːrɪŋ, US ˈlɔːŋ-/ *n* US praca *f* przy załadunku i rozładunku statków

long shot **I** *n* [1] Cin plan *m* ogólny [2] Sport outsider *m* [3] (risky attempt) ryzykowna próba *f*; loteria *f* infml [4] (guess) strzał *m* w ciemno infml

II not by a long shot *adv phr* bynajmniej nie, wcale nie

long-sighted /ˌlɒŋˈsaɪtɪd, US ˌlɔːŋ-/ *adj* dalekowzroczny also fig; **he's ~** on jest dalekowidzem

long-sightedness /ˌlɒŋˈsaɪtɪdnɪs, US ˌlɔːŋ-/ *n* dalekowzroczność *f* also fig

long-sleeved /ˌlɒŋˈsliːvd, US ˌlɔːŋ-/ *adj* z długim rękawem

long-standing /ˌlɒŋˈstændɪŋ, US ˌlɔːŋ-/ *adj [friendship, rivalry, involvement]* długoletni, wieloletni; *[joke]* stary, stały

long-stay car park /ˌlɒŋsteɪˈkɑːpɑːk, US ˌlɔːŋ-/ *n* GB parking *m* długoterminowy

long-suffering /ˌlɒŋˈsʌfərɪŋ, US ˌlɔːŋ-/ *adj* cierpiący w milczeniu or bez skargi

long-tailed /ˌlɒŋˈteɪld, US ˌlɔːŋ-/ *adj* z długim ogonem

long-tailed tit *n* Zool raniuszek *m*

long term **I** *n* **in the ~** na dłuższą metę

II long-term *adj [loan]* długoterminowy; *[prospects, programme]* długofalowy; *[solution]* trwały; **~ memory** pamięć długotrwała

III long-term *adv* na dłuższą metę

long-time /ˌlɒŋˈtaɪm, US ˌlɔːŋ-/ *adj [friend, supporter]* stary; *[enemy]* odwieczny

long ton *n* GB tona *f* angielska *(= 1016 kg)*

longueur /lɒŋˈgɜː(r)/ *n* liter dłużyzna *f*

long vacation *n* GB infml wakacje *plt* letnie

long-wave /ˌlɒŋˈweɪv, US ˌlɔːŋ-/ **I** *n* fale *f pl* długie; **can you get ~?** czy odbierasz długie fale?; **on ~** na falach długich

II *modif [broadcast, signal]* na falach

L

długich; *[receiver, radio]* odbierający fale długie

longways /ˈlɒŋweɪz, US ˈlɔːŋ-/ *adv* wzdłuż

long weekend *n* długi weekend *m*

long-winded /ˌlɒŋˈwɪndɪd, US ˌlɔːŋ-/ *adj* *[speech, piece of writing, performance]* rozwlekły; *[person]* nużąco gadatliwy

long-windedness /ˌlɒŋˈwɪndɪdnɪs, US ˌlɔːŋ-/ *n* rozwlekłość *f*

longwise /ˈlɒŋwaɪz, US ˈlɔːŋ-/ *adv* US = **longways**

loo /luː/ *n* infml ubikacja *f*, klozet *m*

loofah, looffa /ˈluːfə/ *n* Bot trukwa *f*, gąbczak *m* walcowaty; (sponge) gąbka *f* roślinna

look /lʊk/ **I** *n* [1] (glance) spojrzenie *n*; **do you want a ~?** chcesz popatrzeć?; **to have** or **take a ~ (at sb/sth)** (briefly) spojrzeć (na kogoś/coś), popatrzeć (na kogoś/coś); (closely) przyjrzeć się (komuś /czemuś); **to have** or **take a good ~ at sb /sth** dobrze się przyjrzeć komuś/czemuś *[suspect, photo]*; obejrzeć kogoś/coś *[car, contract, patient]*; **I didn't get a good ~ at the thief** nie przyjrzałem się dobrze złodziejowi; **to have a ~ inside/behind sth** zajrzeć do (wnętrza) czegoś/za coś; **to have a ~ round** rozejrzeć się; **to have a ~ round the shops** rozejrzeć się po sklepach; **to have a ~ through sth** spojrzeć przez coś *[telescope, crack]*; wyjrzeć przez coś *[window]*; przejrzeć coś *[archives, files, essay, report]*; **she took one ~ at him and screamed** spojrzała na niego i krzyknęła; **let's have a ~ at your knee** pokaż mi to kolano; **to take a long hard ~ at sth** fig poważnie się nad czymś zastanowić, poważnie coś przemyśleć; **a ~ back over the week's events** spojrzenie na wydarzenia minionego tygodnia [2] (search) **to have a ~** poszukać **(for sb/sth** kogoś /czegoś); **we've had several ~s** szukaliśmy już kilka razy; **I had a good ~ (around) in the attic** dokładnie przeszukałem strych; **mind if I take a ~ around?** mogę się rozejrzeć? [3] (meaningful glance) spojrzenie *n*; (expression) mina *f*, wyraz *m* twarzy; **a ~ of fear/anger** przestraszone /rozgniewane spojrzenie, przestraszona/zagniewana mina; **a ~ of sadness** wzrok pełen smutku; **there was a ~ of absolute bewilderment on his face** na jego twarzy malowało się absolutne zdumienie; **to give sb a kind/pitying ~** spojrzeć na kogoś życzliwie/litościwie; **to give sb a dirty /evil ~** popatrzeć na kogoś krzywo/złym wzrokiem; **he gave me a ~ of pure hatred** spojrzał na mnie z nienawiścią or nienawistnym wzrokiem; **did you see the ~ he gave me?** widziałeś, jak na mnie spojrzał?; **she got some odd ~s** dziwnie na nią spoglądano; **I don't like the ~ on his face** or **in his eye** nie podoba mi się jego mina; **from the ~ on his face, ...** sądząc po jego minie, ...; **you could tell from the ~s on their faces that...** po ich minach widać było, że... [4] (appearance) wygląd *m*; **to have an odd/dated ~** wyglądać dziwnie/staroświecko; **the house had a familiar/strange ~ about it** dom wyglądał znajomo/dziwnie; **she had a ~ of weariness/sadness about her** wyglądała na znużoną/zasmuconą; **she has the ~ of her mother when she smiles** przypomina swą matkę or jest podobna do matki, kiedy się uśmiecha; **to have the ~ of a military man** mieć wygląd wojskowego, wyglądać jak wojskowy; **I like the ~ of it/him** to/on mi się podoba; **I don't like the ~ of his friend** nie podoba mi się jego przyjaciel; **I don't like the ~ of that rash** nie podoba mi się ta wysypka; **by the ~(s) of things...** wygląda na to, że...; **by the ~(s) of him he must be about 40** sądząc z wyglądu, musi mieć około czterdziestki; **by the ~(s) of the barometer** (jak) barometr pokazuje [5] (style) styl *m*; **the ~ for the 90's** styl lat 90.; **the sporty ~** styl sportowy

II looks *npl* (beauty) **good ~s** uroda *f*; **he's got the ~s, but can he act?** jest przystojny, ale czy umie grać?; **~s aren't everything** uroda to nie wszystko; **to keep one's ~s** wciąż dobrze wyglądać; **he's loosing his ~s** już nie jest taki przystojny jak kiedyś; **you can't go** or **judge by ~s alone** sam wygląd zewnętrzny o niczym nie świadczy

III *vt* [1] (gaze, stare) **to ~ sb in the eye** spojrzeć or popatrzyć komuś w oczy; **to ~ sb in the face** fig spojrzeć komuś w twarz fig; **to ~ sb up and down** zmierzyć kogoś wzrokiem; **to ~ one's last on sth** rzucić ostatnie spojrzenie na coś; **~ what he's done!** patrz, co on zrobił!; **now ~ what you've done!** patrz, co narobiłeś!; **~ where you're going!** (by car) patrz, gdzie jedziesz!; (on foot) patrz, gdzie idziesz!; **~ who's here!** kogóż to ja widzę?; **~ what arrived in the post this morning** zobacz, co przyszło w porannej poczcie [2] (appear) **to ~ one's age** wyglądać na swój wiek or na swoje lata; **she's 40, but she doesn't ~ it** ma 40 lat, ale nie wygląda na tyle; **you still ~ the same** nic się nie zmieniłeś; **to ~ one's best** wyglądać korzystnie; **to ~ the part** *[actor]* pasować do roli; **she's a teacher, but she doesn't ~ the part** jest nauczycielką, ale wcale na to nie wygląda; nikt nie domyśliłby się, że jest nauczycielką; **to ~ an idiot** wyjść na idiotę; **you made me ~ a fool** przez ciebie wyszedłem na durnia; **he doesn't ~ himself today** jest dziś nie w sosie, ma zły dzień; **it won't ~ good if you refuse** twoja odmowa zrobi złe wrażenie [3] **to be ~ing to do sth** infml (aim) stawiać sobie za cel zrobienie czegoś; (hope) mieć nadzieję na zrobienie czegoś; **we were ~ing to finish by Friday** postawiliśmy sobie za cel/mieliśmy nadzieję skończyć do piątku

IV *vi* [1] (gaze, glance) po|patrzeć, spo|jrzeć, -glądać **(at sb/sth** na kogoś/coś); (more carefully) przy|jrzeć, -glądać się **(at sb/sth** komuś/czemuś); **I waved at you, but you weren't ~ing** machałem do ciebie, ale nie patrzyłeś w moją stronę; **to ~ away** patrzeć w drugą stronę, odwrócić wzrok; **to ~ in at the window** zaglądać do środka przez okno; **to ~ out of the window** wyglądać przez okno; **to ~ over sb's shoulder** zaglądać komuś przez ramię; **to ~ up and down the street** rozejrzeć się po ulicy; **to ~ the other way** patrzeć w drugą stronę; fig przymykać oczy fig; **I didn't know where to ~** fig nie wiedziałem, gdzie oczy podziać [2] (as interjection) **~! a squirrel!** popatrz!, wiewiórka!; **~, we can't go on arguing like this!** słuchaj, nie możemy się tak dalej kłócić!; **~ here!** słuchaj! [3] (search) szukać, poszukać **(for sb/sth** kogoś/czegoś); (investigate) sprawdz|ić, -ać; **have you ~ed under the bed?** czy zajrzałeś pod łóżko?; **~ and see if there's any mail** sprawdź or zobacz, czy przyszła poczta?; **~ and see what's on TV** sprawdź or zobacz, co jest w telewizji; **to ~ down a list** przejrzeć listę [4] (appear, seem) wyglądać; **to ~ good /pretty/smart** wyglądać dobrze/ładnie /elegancko; **you don't ~ well** nie wyglądasz najlepiej; **to ~ happy/cold** wyglądać na szczęśliwego/zmarzniętego; **it's nice to see him ~ing happy** miło widzieć go szczęśliwym; **don't ~ so shocked** nie bądź taki zgorszony; **she was bustling around trying to ~ important** kręciła się udając ważną; **he doesn't ~ Polish** nie wygląda na Polaka; **the two sisters ~ very similar** obie siostry są do siebie bardzo podobne; **he ~s young for his age** wygląda młodo jak na swój wiek; **he ~s about 20** wygląda na jakieś 20 lat; **that dress makes you ~ younger/older/slimmer** ta sukienka odmładza cię/postarza cię/wyszczupla cię; **he ~s taller than he is in fact** wygląda na wyższego, niż jest w istocie; **how do I ~?** jak wyglądam?; **you ~ very good in blue /in this hat** bardzo ci dobrze w niebieskim/w tym kapeluszu; **the soup ~s good!** zupa wygląda apetycznie!; **the picture will ~ good in the study** obraz będzie się dobrze prezentował w gabinecie; **how does it ~ to you?** co o tym myślisz?; **it ~s OK to me** według mnie jest w porządku; **things are ~ing good** sytuacja wygląda dobrze; **things aren't ~ing too good** sprawy przedstawiają się niezbyt dobrze, sytuacja nie wygląda najlepiej; **this ~s to me like the right street** wydaje mi się, że to ta ulica; **she ~s as if** or **as though she were drunk** wygląda, jakby była pijana; wygląda na pijaną; **they ~ as if** or **as though they've had a successful trip** wygląda na to, że udał im się wyjazd; **it ~s as if** or **as though it will rain/snow** zanosi się na deszcz/śnieg; wygląda na to, że będzie padać deszcz /śnieg; **it ~s as if we made a wrong decision** wygląda na to, że podjęliśmy złą decyzję; **it ~s likely/certain that...** wydaje się prawdopodobne/pewne, że...; **Congress ~s certain to reject the motion** Kongres na pewno odrzuci ten wniosek; **he ~s to be the strongest candidate** wydaje się być najsilniejszym kandydatem; **it ~s to be a question of money/time** wygląda na to, że to kwestia pieniędzy /czasu [5] (resemble) **to ~ like sb/sth** wyglądać jak ktoś/coś, być podobnym do kogoś/czegoś, przypominać kogoś/coś; **what does he/it ~ like?** jak on/to wygląda?; **he ~s like his father** jest podobny do ojca; **it doesn't ~ anything like Picasso** to zupełnie nie przypomina Picassa; **the photograph doesn't ~ like**

you or **~s nothing like you** na tym zdjęciu wcale nie jesteś do siebie podobny; **it ~s to me like a forgery** to mi wygląda na fałszerstwo; **it ~s like being funny /interesting** wygląda na to, że będzie zabawne/ciekawe; **she ~s like being the first to finish** wygląda na to, że skończy pierwsza; **it ~s like rain/snow** zanosi się na deszcz/śnieg; **it certainly ~s it** wszystko na to wygląda; **'are you having trouble?' – 'what does it ~ like?'** iron „masz jakieś kłopoty?" – „a jak ci się wydaje?"; **you ~ like you could do with a drink/bath** chyba przydałby ci się drink/przydałaby ci się kąpiel [6] (be oriented) **to ~ north/south** *[building]* być zwróconym na północ/południe; *[window, room]* wychodzić na północ/południe

V **-looking** *in combinations* **serious/sinister-~ing** poważnie/groźnie wyglądający; **he's not bad-~ing** jest całkiem przystojny

■ **look about** = **look around**

■ **look after**: ¶ **~ after [sb/sth]** [1] (attend to) zaj|ąć, -mować się (kimś/czymś) *[person, animal, guests]*; doglądać (kogoś/czegoś) *[patient, sick animal, plant]*; (care for) za|dbać o (kogoś/coś), za|troszczyć się o (kogoś/coś) *[person, animal, toys, equipment]*; **he's being ~ed after by his grandparents** zajmują się nim dziadkowie; **this garden has been well ~ed after** ten ogród jest zadbany; **you haven't been ~ing after these plants very well** nie dbałeś o te rośliny or nie doglądałeś tych roślin (jak należy); **to ~ after sb's needs** troszczyć się o potrzeby kogoś [2] (keep watch on) po|pilnować (kogoś/czegoś) *[child, possessions]*; **~ after my things for me** popilnuj moich rzeczy [3] (be responsible for) zaj|ąć, -mować się (czymś) *[financial matters, legal business, shop]*; **to ~ after sb's interests** dbać o interesy kogoś ¶ **~ after oneself** [1] (cope) da|ć, -wać sobie radę samemu; **you're old enough to ~ after yourself** jesteś już dostatecznie dorosły, żeby sam sobie radzić; **you must ~ after yourself better** musisz bardziej o siebie dbać; **I can ~ after myself quite well** sam potrafię o siebie zadbać [2] (be careful) **~ after yourself!** uważaj na siebie!

■ **look ahead** po|patrzeć przed siebie; fig po|patrzeć w przyszłość; **we must ~ ahead to the future** musimy patrzeć w przyszłość; **she's ~ing ahead to the next Olympics** już teraz myśli o następnej olimpiadzie; **to ~ ahead five years** wybiegać pięć lat w przyszłość; **and now, ~ing ahead to tomorrow's programmes...** Radio, TV oto co dla państwa przygotowaliśmy na jutro...

■ **look around**: ¶ **~ around** [1] (turn around) o|bejrzeć, -glądać się [2] (glance around) roz|ejrzeć, -glądać się; **I'd just like to ~ around, please** (in shop, room, town) chciałem się tylko rozejrzeć; **to ~ around in the old quarter** pospacerować po starym mieście [3] (search) **to ~ around for sth /sb** roz|ejrzeć, -glądać się za czymś/kimś ¶ **~ around [sth]** roz|ejrzeć, -glądać się po (czymś) *[room, office, shop, shops]*; zwie|dzić, -dzać coś *[gallery, town]*

■ **look at**: ¶ **~ at [sb/sth]** [1] (stare at) po|patrzeć na (kogoś/coś), przy|jrzeć, -glądać się (komuś/czemuś); (briefly) popatrzeć na (kogoś/coś), spo|jrzeć, -glądać na (kogoś/coś); **she can't stop ~ing at him** nie może oderwać od niego oczu; **my husband has never ~ed at another woman** mój mąż nigdy nawet nie spojrzał na inną kobietę; **he's not much to ~ at** nie ma w nim nic szczególnego, nie ma czym się zachwycać; **just ~ at the state of this room!** popatrz tylko, w jakim stanie jest ten pokój!; **just ~ at you, you're a wreck!** spójrz tylko na siebie, jesteś wrakiem człowieka!; **to ~ at her, you'd never guess** patrząc na nią, nigdy byś się nie domyślił [2] (read quickly) rzuc|ić, -ać okiem na (coś) *[newspaper, report, essay]* [3] (examine) przy|jrzeć, -glądać się czemuś, rozważ|yć, -ać *[problem, implications, proposal]*; o|bejrzeć, -glądać *[equipment, patient, wound]*; **you should get this wound ~ed at** tę ranę powinien zobaczyć lekarz; **that roof needs ~ing at** ktoś powinien obejrzeć ten dach [4] (see, view) spojrzeć na (coś), patrzeć na (coś) *[life, situation, event, problem]*; **try to ~ at it from my point of view** spróbuj spojrzeć na to z mojego punktu widzenia; **it depends on how you ~ at it** zależy, jak na to spojrzeć or patrzeć; **his way of ~ing at things** jego spojrzenie na różne sprawy; **~ at it this way** spójrz na to w ten sposób; **that's how I ~ at it** tak ja to widzę; **the problem needs to be ~ed at from all angles** na ten problem należy spojrzeć z różnych stron; **you can't be too careful, ~ at Adam** ostrożności nigdy zbyt wiele – zobacz, co się przytrafiło Adamowi; **he said he'd never marry, and ~ at him now!** mówił, że się nigdy nie ożeni, a teraz popatrz tylko! [5] (face) **to be ~ing at sth** stanąć wobec groźby czegoś *[bankruptcy, collapse]*; **he is ~ing at a life sentence** grozi mu dożywocie; **you're ~ing at a bill for about £3,000** musisz się liczyć z wydatkiem około 3 000 funtów; **you're ~ing at major repairs here** należy się liczyć z poważnymi naprawami; **we could be ~ing at major problems here** możemy się tu spodziewać sporych kłopotów

■ **look back**: ¶ **~ back** [1] (turn around) o|bejrzeć, -glądać się (za siebie); **to ~ back at sb/sth** obejrzeć się na kogoś/coś [2] (reflect, reminisce) spo|jrzeć, -glądać wstecz, patrzeć wstecz fig; **let's ~ back to the year 1978** cofnijmy się do roku 1978; **to ~ back on sth** wracać myślami do czegoś *[past, experience]*; zrobić bilans czegoś fig *[career, marriage]*; **we can ~ back on ten years of successful partnership** mamy za sobą dziesięć lat pomyślnej współpracy; **~ing back on it, I think I made the right decision** (patrząc na to) z perspektywy czasu, uważam, że podjąłem właściwą decyzję; **the programme ~s back over the last 20 years** ten program jest przeglądem wydarzeń z ostatnich dwudziestu lat; **they married five weeks later and they've never ~ed back** pobrali się pięć tygodni później i nigdy tego nie żałowali

■ **look down**: ¶ **~ down** (with modesty, shame) spu|ścić, -szczać wzrok; (from height) spo|jrzeć, -glądać w dół, po|patrzeć w dół; **from the hilltop she ~ed down on the city** ze szczytu wzgórza spojrzała or popatrzyła na miasto ¶ **~ down on [sb/sth]** (despise) patrzyć z góry na (kogoś) fig *[person]*; gardzić (czymś), pogardzać (czymś) *[lifestyle]* ¶ **~ down on [sth]** (dominate) *[fortress, tower]* górować nad (czymś), wznosić się nad (czymś) *[town, valley]*

■ **look for**: ¶ **~ for [sb/sth]** (search) po|szukać, poszukiwać (kogoś/czegoś); **I've been ~ing for you everywhere** wszędzie cię szukam; **are you ~ing for trouble?** szukasz kłopotów?; **a group of youths ~ing for trouble** banda wyrostków szukających okazji do awantury; **are you ~ing for a smack in the mouth?** infml chcesz oberwać po pysku? infml ¶ **~ for [sth]** (expect) oczekiwać (czegoś) *[commitment, cooperation, reward]* **(from sb** od kogoś, ze strony kogoś); spodziewać się (czegoś) **(from sb** po kimś); liczyć na (coś) **(from sb** ze strony kogoś); **what we're ~ing for now is results** teraz oczekujemy or spodziewamy się wyników; **what do you ~ for in a friend?** czego oczekujesz od przyjaciela?, czego się spodziewasz po przyjacielu?

■ **look forward**: **~ forward to [sth]** cieszyć się na (coś), nie móc się doczekać (czegoś) *[event, outing, visit]*; z niecierpliwością oczekiwać (czegoś) *[letter, news]*; **I'm really ~ing forward to tomorrow** nie mogę się doczekać jutra, cieszę się na jutrzejszy dzień; **she's ~ing forward to going on holiday** nie może się doczekać wyjazdu na wakacje; **I'm not ~ing forward to seeing her again** wcale się nie palę do ponownego spotkania z nią; **I ~ forward to hearing from you soon** (writing to a friend) napisz, proszę, jak najszybciej; (in formal correspondence) będę wdzięczny za szybką odpowiedź, liczę na szybką odpowiedź

■ **look in** [1] (pay a visit) *[friend, doctor]* za|jrzeć, -glądać, wpa|ść, -dać **(on sb** do kogoś); **I just ~ed in to say hello** wpadłem tylko, żeby się przywitać; **I ~ed in at the library on the way** wpadłem or zajrzałem po drodze do biblioteki; **~ in on the baby and check she's still asleep** zajrzyj do dziecka i sprawdź, czy jeszcze śpi [2] (watch TV) **if there are any viewers ~ing in who want more details, please contact us** jeżeli ktoś z oglądających nas w tej chwili chciałby uzyskać więcej informacji, prosimy o kontakt

■ **look into**: **~ into [sth]** w|ejrzeć, -glądać w (coś), z|badać *[question, case, problem]*; rozpat|rzyć, -rywać *[complaint, option]*; prze|analizować *[report]*; z|badać sprawę (czegoś), zaj|ąć, -mować się (czymś) *[death, disappearance, theft]*

■ **look on**: ¶ **~ on** (watch passively) *[person, crowd, spectators]* przyglądać się, przypatrywać się; **we ~ed on admiringly as she danced** przyglądaliśmy się z podziwem, jak tańczy; **we ~ed on helplessly as the flames took hold** przyglądaliśmy się bezsilnie, jak ogień się rozprzestrzenia ¶ ~ on [sb/sth] (regard) po|patrzeć na (kogoś/coś), odn|ieść, -osić się do (kogoś /czegoś); **they ~ed on him with suspicion** patrzyli na niego podejrzliwie; **they ~ on us as cheap labour** traktują nas jak tanią siłę roboczą, uważają nas za tanią siłę roboczą

■ **look onto**: **~ onto [sth]** *[house]* być zwróconym w kierunku (czegoś) *[seafront]*; *[window, room]* wychodzić na (coś) *[garden, seafront, car park]*

■ **look out**: ¶ **~ out** (be careful) uważać **(for sb/sth** na kogoś/coś); **~ out!** uważaj!; **~ out for snakes/thieves!** uważaj na węże /złodziei!; **if she doesn't ~ out, she'll get fired** jeśli nie będzie się pilnować, wyrzucą ją ¶ **~ out for [sb/sth]** (search for) roz|ejrzeć, -glądać się za (kimś/czymś) *[person, talent, apartment, book, special offers]*; **~ out for her at the station** rozglądaj się za nią na stacji ¶ **~ out for [oneself]** dbać tylko o siebie, myśleć tylko o sobie ¶ **~ out over [sth]** (overlook) *[window, balcony]* wychodzić na (coś) *[sea, park]* ¶ **~ out [sth], ~ [sth] out** wyszuk|ać, -iwać

■ **look over**: ¶ **~ [sb/sth] over** (examine, check) przeprowadz|ić, -ać przegląd *[troops, recruits]*; o|bejrzeć, -glądać *[patient, equipment, building]*; prze|jrzeć, -glądać *[notes, documents]*; **get an expert to ~ the car over before you buy it** niech jakiś ekspert obejrzy ten samochód, zanim go kupisz; **I'll get Maria to ~ it over** poproszę Marię, żeby to przejrzała ¶ **~ over [sth]** (visit) o|bejrzeć, -glądać, zwiedz|ić, -ać *[house, garden]*

■ **look round** = **look around**

■ **look through**: ¶ **~ through [sth]** [1] (read) prze|jrzeć, -glądać *[files, essay, notes, magazines]* [2] (search) przeszuk|ać, -iwać *[drawer, briefcase, belongings]* ¶ **~ through [sb]** (not notice) nie zauważ|yć, -ać; (pretend not to notice) po|traktować jak powietrze

■ **look to**: ¶ **~ to [sb/sth]** [1] (rely on) liczyć na (kogoś/coś); **to ~ to sb for advice /support** liczyć na rady/poparcie kogoś; **they ~ to him for leadership** oczekują, że nimi pokieruje; widzą w nim przywódcę; **to ~ to sb to do sth** liczyć (na to), że ktoś coś zrobi; **it's no use ~ing to them to solve the dispute** nie ma sensu liczyć na to, że rozstrzygną spór [2] (turn to) zwr|ócić, -acać się do (kogoś/czegoś); **he ~ed to his friends for help** zwrócił się do przyjaciół o pomoc, szukał pomocy u przyjaciół; **to ~ to the future** patrzeć w przyszłość ¶ **~ to [sth]** (pay attention) zaj|ąć, -mować się (czymś) *[policy]*; za|dbać o (coś) *[defences, interests]*; **to ~ to it that...** przypilnować or zadbać, żeby... ¶ **to ~ to do sth** (expect) spodziewać się czegoś; **we're ~ing to break even/make a profit** spodziewamy się wyjść na swoje/osiągnąć zysk

■ **look up**: ¶ **~ up** [1] (raise one's eyes) po|patrzyć w górę, podn|ieść, -osić wzrok or oczy; **to ~ up at the clouds** popatrzeć w górę na chmury; **he ~ed up from his book** podniósł wzrok or oczy znad książki [2] (improve) *[things, business, figures]* wyglądać (coraz) lepiej; **business is ~ing up** interesy idą coraz lepiej; **things are ~ing up for us** nasze sprawy wyglądają coraz lepiej ¶ **~ up [sth]** za|jrzeć, -glądać (w górę) do (czegoś) *[chimney]*; **to ~ up sb's skirt** zajrzeć komuś pod spódnicę ¶ **~ up [sb], ~ [sb] up** (visit) odwiedz|ić, -ać *[friend]*; **~ me up if you're ever in Bristol** odwiedź mnie, gdybyś kiedyś był w Bristolu ¶ **~ up [sb/sth], ~ [sb/sth] up** (check in book) spraw|dzić, -dzać *[word, name, date]*; **to ~ up a word in the dictionary** sprawdzić słowo w słowniku; **I ~ed her up in Who is Who** przeczytałem o niej w Who is who; **~ his number up in the phone book** znajdź or sprawdź jego numer w książce telefonicznej ¶ **~ up to [sb]** podziwiać (kogoś) **(for sth** za coś)

IDIOMS: **if ~s could kill, I'd be dead by now** gdyby spojrzenie mogło zabijać, już bym nie żył

look-alike /ˈlʊkəlaɪk/ *n* (person) sobowtór *m*; (object) wierna kopia *f*

looked-for /ˈlʊktfɔː(r)/ *adj [result, benefit, profit]* oczekiwany

looker /ˈlʊkə(r)/ *n* infml (man) przystojniak *m* infml; (woman) ślicznotka *f* infml; **he's a good ~** on jest bardzo przystojny

looker-on /ˌlʊkərˈɒn/ *n* (*pl* **lookers-on**) obserwator *m*; (in street) gap *m*

look-in /ˈlʊkɪn/ *n* infml [1] (visit) krótka wizyta *f*; **to give sb a ~** wpaść do kogoś [2] (chance) szansa *f*; **to get/have a ~** mieć szansę; **to give sb a ~** dać komuś szansę; **they monopolized the discussion and wouldn't give anybody a ~** zmonopolizowali dyskusję i nie dopuścili nikogo do głosu; **the book hardly gives Italian poetry a ~** książka w zasadzie nie wspomina o poezji włoskiej

looking-glass /ˈlʊkɪŋglɑːs, US -glæs/ *n* liter zwierciadło *n* dat

look-out /ˈlʊkaʊt/ **I** *n* [1] (watch) **to be on the ~** mieć się na baczności; **to be on the ~ for sb/sth** poszukiwać kogoś/czegoś *[stolen vehicle, escaped prisoner]*; rozglądać się za kimś/czymś *[bargain, rare books, new recruits, promising actors]*; wyglądać kogoś, wypatrywać kogoś *[visitor]*; **to keep a ~ for sb/sth** poszukiwać kogoś/czegoś *[person, lost keys, first edition]* [2] (sentry) Mil czujka *f*; Naut oko *n*; **to be on ~** *[soldier]* pełnić straż; *[sailor]* stać na oku; **the gang needs him to act as ~** gang potrzebuje go jako czujki [3] (surveillance post) punkt *m* obserwacyjny [4] GB infml (prospects) perspektywy *f pl*; **a grim ~ for the unemployed** ponure perspektywy dla bezrobotnych [5] GB infml (private concern) (własny) problem *m*, zmartwienie *n*; **that's his ~** to jego problem or zmartwienie

II *modif [post, tower, platform]* obserwacyjny; **to be on ~ duty** (in army) stać na warcie; (on ship) stać na oku

look-over /ˈlʊkəʊvə(r)/ *n* **to give sth a ~** rzucić okiem na coś

look-see /ˌlʊkˈsiː/ *n* infml **to have** or **take a ~** zerknąć

look-up /ˈlʊkʌp/ *n* Comput wyszukiwanie *n*, przegląd *m*

loom[1] /luːm/ *n* Tex krosno *n*

loom[2] /luːm/ **I** *vi* [1] (also **~ up**) (appear) *[figure, shape, house]* wył|onić, -aniać się **(out of sth** z czegoś); **to ~ into view** wyłonić się, pojawić się; **a figure ~ed up through the mist** we mgle zamajaczyła jakaś postać [2] (be imminent) *[war, crisis]* wisieć w powietrzu fig; **to ~ over sb/sth** *[threat, prospect, exam]* wisieć nad kimś /czymś fig; **the spectre of war ~s over the country** widmo wojny wisi nad krajem; **to ~ large in sb's mind** *[exam, fear, thought, issue]* spędzać komuś sen z powiek; **the issue will ~ large at the conference** ta sprawa zdominuje konferencję

II looming *prp adj* [1] *[spire, cliff, tower]* wyniosły [2] fig *[crisis, threat, shortage]* niebezpieczny, grożący; *[deadline, exam]* zbliżający się wielkimi krokami fig

loon /luːn/ *n* [1] US Zool nur *m* [2] dat dial (idiot) głupek *m*

IDIOMS: **to be as crazy as a ~** US mieć bzika infml

loony /ˈluːnɪ/ **I** *n* infml [1] (eccentric) dziwa|k *m*, -czka *f*, cudak *m* [2] (crazy) pomyleniec *m*; offensive (mentally ill) wariat *m*, -ka *f* offensive

II *adj* zbzikowany infml

loony-bin /ˈluːnɪbɪn/ *n* infml dom *m* wariatów, wariatkowo *n* infml

loony left *n* GB infml lewicowe oszołomy *m pl* infml pej

loop /luːp/ **I** *n* [1] (in string, cable, road) pętla *f*; (in sewing) pętelka *f*; (in knitting) oczko *n*; (for belt) szlufka *f*; (in river) zakole *n* [2] Aviat pętla *f*; **to ~ the ~** zrobić pętlę [3] Cin, Video pętla *f* [4] Nucl obieg *m* [5] Comput pętla *f* [6] Rail (also **~-line**) mijanka *f* [7] Med pętla *f* [8] GB (contraceptive) spirala *f*

II *vt* z|robić pętlę or pętelkę na (czymś) *[string, thread]*; **I ~ed the dog's lead over the post** okręciłem smycz wokół słupa; **to ~ the curtains up** podwiązać zasłony; **to ~ one's l's** pisać literę l z zawijasem

III *vi* [1] *[road, path]* zakręcać; **the river ~s back on itself** rzeka zawraca o 180 stopni; **the road ~s through the valley** droga wije się doliną [2] Aviat *[plane]* z|robić pętlę

IDIOMS: **to knock** or **throw sb for a ~** US infml wytrącić kogoś z równowagi

loophole /ˈluːphəʊl/ *n* fig furtka *f*, luka *f* fig; **a legal ~, a ~ in the law** luka prawna, furtka w przepisach prawnych; **the regulations are riddled with ~s** w przepisach jest wiele luk; **to find/exploit a ~** znaleźć/wykorzystać lukę or furtkę; **to close** or **plug a ~** zlikwidować lukę w przepisach

loopy /ˈluːpɪ/ *adj* infml *[person]* zbzikowany infml; *[idea, plan]* wariacki infml; **to go ~** zbzikować infml

loose /luːs/ **I** *n* [1] **on the ~** *[prisoner, criminal, animal]* na wolności; **hooligans on the ~** rozrabiający chuligani infml; **there's a killer on the ~ in the area** w okolicy grasuje morderca [2] (in rugby) **the ~** młyn otwarty

II *adj* [1] (not tight) *[blouse, jacket, knot]* luźny; **these jeans are ~ around the waist** te dżinsy są luźne w pasie [2] (not secure) *[screw, nail]* obluzowany; *[brick, tile]* obruszony; *[tooth]* ruszający się; *[component, section]* słabo umocowany; *[thread, end]* nieumocowany; **to come** or **work ~** *[knot]* rozwiązać się; *[button]* urywać się, ledwo się trzymać; *[screw, brick]* obluzować się; *[brick, tile]* obruszyć się; *[tooth]* zacząć się ruszać; **to work sth ~** poluźnić or poluzować coś *[bonds, knot, joint]*; obruszyć coś *[brick, tile]*; **to hang ~** *[rope, thread]* luźno zwisać; *[hair]* opadać; **she wore her hair ~** nosiła rozpuszczone włosy; **~ connection** Elec obluzowany kabel; **hang ~, man!** US infml wyluzuj się, stary! infml [3] Comm (not packed) *[fruit, vegetables]* niepakowany; *[tea, lentils]* na wagę; *[cigarettes, envelopes]* na sztuki; **to sell sth ~** sprzedawać coś na wagę/na sztuki; **put the apples in the bag ~** włóż jabłka do torby luzem; **~ change** drobne (pieniądze) [4] (that has come apart) *[page, sheet of paper]* luźny; *[stones, fragments]* pojedynczy; **I wrote it on a ~ piece of paper** zapisałem to na luźnej kartce papieru; **these pages have come ~** te strony wypadają; **~ rust/paint** łuszcząca się rdza/farba; **'~ chippings'** GB, **'~ gravel'** US (roadsign) „sypki żwir" [5] (not compact) *[soil, earth]* sypki, nieubity; *[weave]* luźny; **a handful of ~ earth** garść sypkiej ziemi; **to have ~ bowels** mieć rozwolnienie or biegunkę; **a ~ scrum** (in rugby) młyn otwarty [6] (free) **the bull's ~** byk się zerwał z uwięzi; **a tiger is ~ in the town** tygrys grasuje po mieście; **to break ~** *[animal]* (from chain) zerwać się z uwięzi; (from cage, pen) wydostać się na wolność; **to cut sb ~** oswobodzić kogoś; **to let** or **set** or **turn sb ~** uwolnić kogoś; **to let** or **set** or **turn an animal ~** (from cage) wypuścić zwierzę na wolność; **to let** or **set a dog ~** (from leash) spuścić psa ze smyczy; **he let the dogs ~ on me** spuścił na mnie psy, poszczuł mnie psami; **I wouldn't let her ~ on a classroom** nie dałbym jej samej prowadzić lekcji; **I wouldn't let first year students ~ on Joyce!** studentom pierwszego roku nie dawałbym Joyce'a!; **to roam ~** być na swobodzie; **to let ~ with insults** ciskać obelgi [7] (not strict or exact) *[translation, rendering, style, wording]* luźny, swobodny, wolny; *[term, definition, thinking]* nieprecyzyjny; *[discipline]* rozluźniony; **a ~ interpretation of the rules** swobodna interpretacja przepisów; **~ talk** nieprzemyślane słowa [8] (flexible) *[organization, structure]* luźny [9] (immoral) *[woman, life]* rozwiązły; **~ morals** rozwiązłość [10] Med **to be ~** infml mieć rozwolnienie or biegunkę

III *vt* liter wypu|ścić, -szczać *[person, animal, arrow]*; rozpęt|ać, -ywać *[violence]*; **to ~ an angry tirade against sth** wygłosić gwałtowną tyradę przeciwko czemuś

■ **loose off**: ¶ **~ off** (shoot) strzel|ić, -ać, wystrzelić **(at** sth do czegoś**)** ¶ **~ off [sth], ~ [sth] off** wypu|ścić, -szczać *[arrow]*; oddać *[shot]*; wy|strzelić z (czegoś) *[gun]*; bluz|nąć, -gać (czymś) infml *[abuse, insults]*; **he ~d off a barrage of obscenities** bluznął stekiem przekleństw

IDIOMS: **to be at a ~ end** GB, **to be at ~ ends** US nie wiedzieć, co ze sobą począć; **to tie up the ~ ends** (complete work) pozapinać wszystko na ostatni guzik; (in a criminal case) wyjaśnić wszystkie szczegóły; (in a novel, film) doprowadzić do końca wszystkie wątki; **to have a ~ tongue** mieć długi język, nie potrafić trzymać języka za zębami

loosebox /ˈluːsbɒks/ *n* Equest boks *m*

loose cover *n* GB pokrowiec *m (na meble)*

loose-fitting /ˌluːsˈfɪtɪŋ/ *adj [jacket, blouse]* luźny, obszerny

loose-head prop /ˌluːshedˈprɒp/ *n* Games (in rugby) wspieracz *m.*

loose-leaf /ˌluːsˈliːf/ *adj [book]* z luźnymi kartkami

loose-leaf binder *n* skoroszyt *m*, segregator *m*

loose-leaf folder *n* = **loose-leaf binder**

loose-limbed /ˌluːsˈlɪmd/ *adj* giętki, gibki

loosely /ˈluːslɪ/ *adv* [1] (not tightly) *[attach, tie]* luźno; **the dress fits ~** sukienka jest luźna; **his clothes hung ~ on him** ubranie wisiało na nim; **a ~ woven fabric** materiał o luźnym splocie; **a jacket thrown ~ over sb's shoulders** kurtka narzucona na ramiona [2] fig *[combined, connected]* słabo; (vaguely) luźno; **~ structured** o luźnej strukturze [3] fig (imprecisely) *[associate]* luźno; *[interpret, translate, render]* dowolnie, swobodnie; *[describe]* nieprecyzyjnie; *[identify, refer]* niejednoznacznie; **the film is ~ based on the novel** film jest swobodną adaptacją powieści; **~ speaking** mówiąc ogólnie

loosely knit *adj [group, structure]* luźny, o luźnej strukturze

loosely tailored *adj [clothes]* obszerny, luźny

loosen /ˈluːsn/ **I** *vt* [1] (make less tight) poluźni|ć, -ać, poluzow|ać, -ywać *[knot, string, top, collar]*; popu|ścić, -szczać *[belt]*; obrusz|yć, -ać, poluzować *[screw, nail, post]*; rozpu|ścić, -szczać *[hair]*; fig z|łagodzić *[laws, restrictions]*; **~ all tight clothing** Med poluzuj uciskającą odzież; **to ~ one's grip** or **hold on sth** wypuścić coś z rąk; fig popuścić cugli czemuś fig; **the cold weather is gradually ~ing its grip on the country** chłody stopniowo ustępują w całym kraju; **to ~ sb's tongue** *[alcohol]* rozwiązać komuś język [2] (make less compact) wzrusz|yć, -ać *[soil, earth]*; **to ~ the bowels** Med *[medicine]* działać przeczyszczająco

II *vi* (become less tight) *[knot, rope, grip]* rozluźni|ć, -ać się; *[screw, fastening, joint]* obluzow|ać, -ywać się; fig *[ties]* rozluźni|ć, -ać się; **his grip on reality seems to be ~ing** zdaje się, że traci kontakt z rzeczywistością

■ **loosen up**: ¶ **~ up** [1] Sport rozgrz|ać, -ewać się [2] (fig) *[person]* rozluźni|ć, -ać się; wyluzow|ać, -ywać się infml ¶ **~ up [sth], ~ [sth] up** rozluźni|ć, -ać *[muscle, joint]*; z|łagodzić *[policy, system]*

looseness /ˈluːsnɪs/ *n* [1] (of clothing) luźność *f*, obszerność *f*; (of knot, fastening) rozluźnienie *n*; (of screw, joint) luz *m* [2] (of soil) sypkość *f*; **~ of the bowels** Med rozwolnienie, biegunka [3] (of translation) swoboda *f*; (of definition, use of term) brak *m* precyzji; **a certain ~ of thinking** pewien brak precyzji or logiki w rozumowaniu [4] (of organization) luźna struktura *f* [5] (moral) rozwiązłość *f*

loosestrife /ˈluːsstraɪf/ *n* Bot (purple) krwawnica *f*; (yellow) tojeść *f*

loose-tongued /ˌluːsˈtʌŋd/ *adj* niepotrafiący trzymać języka za zębami

loose-weave /ˌluːsˈwiːv/ *adj [fabric]* o luźnym splocie

loot /luːt/ **I** *n* [1] (stolen goods) łup *m*, łupy *m pl* [2] infml (money) forsa *f* infml

II *vt* s|plądrować, z|łupić *[shop, house]*; z|rabować *[goods, valuables]*

III *vi [rioters, mob]* szabrować

looter /ˈluːtə(r)/ *n* szabrownik *m*

looting /ˈluːtɪŋ/ *n* szaber *m*, szabrownictwo *n*

lop /lɒp/ *vt* (*prp, pt, pp* **-pp-**) przyci|ąć, -nać *[branch, twig]*

■ **lop off**: **~ off [sth], ~ [sth] off** uci|ąć, -nać *[branch, head]*; **to ~ 10% off the budget** obciąć budżet o 10%; **to ~ $20 off the price** obniżyć cenę o 20 dolarów

lope /ləʊp/ **I** *n* (of animal) susy *m pl*; (of person) sprężysty krok *m*

II *vi* sadzić susami infml; **he ~d across the field** sadził susami przez pole; **to ~ in** wpaść wielkimi susami; **to ~ off** oddalić się wielkimi susami

lop-eared /ˌlɒpˈɪəd/ *adj* kłapouchy

lopsided /ˌlɒpˈsaɪdɪd/ *adj* [1] *[hat, tie]* przekrzywiony; *[construction]* przechylony; *[drawing]* koślawy; *[face, shape]* asymetryczny; *[smile]* krzywy; **you've put the picture up ~** krzywo zawiesiłeś obraz [2] fig *[distribution]* nierówny; *[reporting, view]* jednostronny

lopsidedly /ˌlɒpˈsaɪdɪdlɪ/ *adv* krzywo

loquacious /ləˈkweɪʃəs/ *adj* fml gadatliwy, wielomówny

loquaciously /ləˈkweɪʃəslɪ/ *adv* fml **to talk ~ about sth** rozprawiać or rozwodzić się na temat czegoś

loquaciousness /ləˈkweɪʃəsnɪs/ *n* = **loquacity**

loquacity /ləˈkwæsətɪ/ *n* fml gadatliwość *f*, wielomówność *f*

lord /lɔːd/ *n* [1] (master) pan *m*, władca *m* **(of sth** czegoś**)**; (in medieval Europe) władca *m* feudalny, feudał *m*; **~ of the manor** dziedzic; **her ~ and master** jej pan i władca [2] GB (peer) lord *m*; **the (House of) Lords** Izba Lordów; **my Lord** (to noble) milordzie; (to bishop) księże biskupie; (to judge in court) Wysoki Sądzie

IDIOMS: **to ~ it over sb** infml tyranizować kogoś

Lord /lɔːd/ *n* [1] Relig **the ~, Our ~** (nasz) Pan *m*; **the ~ be with you** Pan z wami; **in the name of the ~** w imię Boże; **in the year of our ~ 1904** w roku Pańskim 1904 [2] infml (in exclamations) **oh ~!** o Boże!; **good ~!** dobry Boże!; **~ (only) knows where /why** Bóg raczy wiedzieć, gdzie/dlaczego; **~ preserve us from politicians!** hum Panie, chroń nas przed politykami or zachowaj nas od polityków! hum

Lord Advocate *n* ≈ prokurator *m* generalny Szkocji

Lord Chamberlain *n* GB Lord *m* Szambelan *(dworu królewskiego)*

Lord Chancellor *n* GB Lord *m* Kanclerz *(przewodniczący Izby Lordów i minister sprawiedliwości)*

Lord Chief Justice *n* GB ≈ przewodniczący *m* sądu najwyższego w Wielkiej Brytanii

Lord High Admiral *n* GB zwierzchnik *m* admiralicji *(tytuł przysługujący monarsze)*
Lord Lieutenant *n* GB *przedstawiciel korony w hrabstwie*
lordly /ˈlɔːdlɪ/ *adj* [1] (superior, arrogant) *[manner, bearing, tone]* wielkopański iron; pański dat; *[tone, contempt]* wyniosły [2] (magnificent) *[mansion]* wspaniały, okazały; *[feast]* królewski
Lord Mayor *n* GB burmistrz *m (w największych miastach brytyjskich)*
Lord of Appeal *n* GB członek *m* sądu apelacyjnego Izby Lordów
Lord President of the Council *n* GB przewodniczący *m* Tajnej Rady Królewskiej
Lord Privy Seal *n* GB Lord *m* Skarbnik Pieczęci
Lord Provost *n* burmistrz *m (w większych miastach Szkocji)*
lords and ladies *n* Bot obrazki *m pl* plamiste
Lord's Day *n Dzień m* Pański
lordship /ˈlɔːdʃɪp/ *n* GB [1] (also **Lordship**) (title) **your/his ~** (to noble) wasza/jego lordowska mość; (to judge in court) wysoki sądzie; (to bishop) księże biskupie; **their ~s will vote tomorrow** lordowie będą jutro głosować [2] (authority) władza *f* **(over sb/sth** nad kimś/czymś)
Lord's Prayer *n* Modlitwa *f* Pańska
Lords Spiritual *npl* GB lordowie *m pl* duchowni
Lord's Supper *n* Uczta *f* Pańska
Lords Temporal *npl* GB lordowie *m pl* świeccy
lore /lɔː(r)/ *n* tradycja *f* ludowa; **medical /plant ~** medycyna ludowa/zielarstwo
lorgnette /lɔːˈnjet/ *n* Hist (spectacles) lorgnon *m*, lornion *m*; (for opera, races) lornetka *f*
lorn /lɔːn/ *adj* liter (sad) smutny; (lonely) samotny, opuszczony
Lorraine /lɒˈreɪn/ *prn* Lotaryngia *f*
Lorraine cross *n* krzyż *m* lotaryński
lorry /ˈlɒrɪ, US ˈlɔːrɪ/ *n* GB ciężarówka *f*, samochód *m* ciężarowy; **heavy ~** samochód ciężarowy o dużej ładowności
IDIOMS: **it fell off the back of a ~** infml hum to spadło z nieba or z obłoków; euph (was stolen) to pochodzi z podejrzanego źródła
lorry driver *n* GB kierowca *m* ciężarówki
lorry load *n* GB pełna ciężarówka *f* **(of sth** czegoś); fig fura *f* **(of sth** czegoś)
lose /luːz/ **I** *vt* (*pt, pp* **lost**) [1] (mislay) z|gubić *[object, person]*; **to ~ one's way** zabłądzić, zgubić się; fig zejść na manowce; **the government is losing its way** rząd zaczyna schodzić z obranej drogi [2] (be deprived of) s|tracić *[arm, life, sight, voice]*; (fail to keep) u|tracić *[right, territory]*; u|tracić, s|tracić *[customers, popularity]*; wytrac|ić, -ać *[speed]*; **to ~ the use of one's legs/a lot of blood** stracić władzę w nogach/dużo krwi; **to have nothing/a lot to ~** nie mieć nic/mieć wiele do stracenia; **200 jobs will be lost** miejsce pracy straci 200 osób; **they lost both sons in the war** stracili obu synów na wojnie; **to ~ one's life** stracić życie; **many lives were lost** było wiele ofiar śmiertelnych; **to be lost at sea** zaginąć na morzu; **to ~ one's figure** stracić linię or dobrą figurę; **he's losing his looks** nie jest już tak przystojny jak dawniej; **to ~ interest** stracić zainteresowanie; **to ~ interest in sth** przestać się czymś interesować; **to ~ touch with sb** stracić kontakt z kimś; **to ~ touch with sth** nie orientować się w czymś, stracić orientację w czymś *[situation, reality]*; **the pot has lost its lid** pokrywka garnka gdzieś się zapodziała; **the novel lost a lot in translation** powieść wiele straciła w przekładzie; **I've lost a lot of my German** wiele już zapomniałem z niemieckiego; **we have lost many clients to our competitors** konkurencja odebrała nam wielu klientów [3] (waste) s|tracić *[time, chance]*; przegapi|ć, -ać *[opportunity]*; **there was no time/not a moment to ~** nie było czasu/ani chwili do stracenia; **he lost no time in replying** natychmiast odpowiedział [4] (miss) spóźni|ć, -ać się na (coś) *[train, flight, connection]* [5] (not hear) nie dosłyszeć (czegoś); (not understand) nie zrozumieć (czegoś); (not see) s|tracić z oczu *[moving object]*; **I lost that – what did he say?** nie dosłyszałem – co on powiedział?; **the rest of the speech was lost in the din** reszta przemówienia utonęła w ogólnym zgiełku; **I listened very carefully and didn't ~ a single word** słuchałem bardzo uważnie i nie uroniłem ani słowa; **this allusion was not lost on him** doskonale zrozumiał aluzję; **you've lost me there!** infml nie bardzo rozumiem, o co ci chodzi!, pogubiłem się! [6] (be defeated in) przegr|ać, -ywać *[fight, war, match, race, case, bet, election]*; zosta|ć, -wać pokonanym w (czymś) *[debate, argument, election]*; **the motion was lost** wniosek został odrzucony, wniosek nie przeszedł [7] (shake off, get rid of) pozby|ć, -wać się (kogoś/czegoś) *[unwanted object, person, weight]*; z|gubić *[pursuer]*; wyzby|ć, -wać się (czegoś) *[bitterness, inhibitions, bad habit]*; zw|olnić, -alniać *[worker]* [8] (cause to forfeit) **you've lost me £500** straciłem przez ciebie 500 funtów; **his speech lost the party a million votes** to przemówienie kosztowało partię milion głosów
II *vi* [1] (be defeated) *[team, player, competitor]* przegr|ać, -ywać **(to sb** z kimś); **they are losing 3-1** przegrywają 3:1; **we lost to the German team** przegraliśmy z drużyną niemiecką [2] (be worse off, deteriorate) s|tracić; **they lost on the sale of the house** stracili na sprzedaży domu; **the novel ~s in translation** ta powieść traci w przekładzie; **try it, you can't ~!** spróbuj, nie masz nic do stracenia!, spróbuj, niczym nie ryzykujesz! [3] *[clock, watch]* spóźniać się
III *vr* **to ~ oneself in sth** pogrążyć się w czymś; **to ~ oneself in a book/contemplation** pogrążyć się w lekturze (książki) /w rozmyślaniach
■ **lose out** dozna|ć, -wać niepowodzenia; **to ~ out on sth** stracić na czymś *[deal]*; nie wykorzyst|ać, -ywać *[opportunity, chance]*; **to ~ out to sb/sth** przegrać z kimś/czymś
IDIOMS: **to ~ it (totally)** infml gonić w piętkę, stracić rozum
loser /ˈluːzə(r)/ *n* [1] (in game, contest) przegrywając|y *m*, -a *f*; **the ~ of the bet would pay for the drinks** przegrywający stawia (drinki); **to be a good/bad ~** umieć/nie umieć przegrywać; **you won't be the ~ by it** na tym na pewno nie stracisz; **the biggest ~s will be farmers** najwięcej stracą rolnicy [2] infml (habitually) nieudacznik *m*, ofiara *f* losu; **a born ~** urodzona ofiara losu [3] infml (sth unsuccessful) niewypał *m*; **the project was a ~ from the start** przedsięwzięcie od samego początku było niewypałem; **that policy's a vote-~** ta polityka prowadzi do utraty głosów; **to be on a ~** stać na straconych pozycjach
losing /ˈluːzɪŋ/ *adj* [1] *[team, side, finalist]* przegrywający [2] Comm, Fin *[business, concern]* przynoszący straty, deficytowy
IDIOMS: **it's a ~ battle** to beznadziejna sprawa, to sprawa z góry skazana na niepowodzenie; **to fight a ~ battle against sb/sth** prowadzić z góry przegraną walkę z kimś/czymś; **to be on a ~ streak** or **wicket** mieć złą passę
loss /lɒs, US lɔːs/ *n* [1] (of possessions) strata *f*, utrata *f*; (of faculties) utrata *f*; **heat/energy ~** utrata ciepła/energii; **weight ~** spadek wagi; **~ of sound/vision** TV zanik dźwięku/obrazu; **~ of blood** utrata krwi; **the ~ of some 300 jobs** utrata około 300 miejsc pracy; **~ of earnings** or **income** utrata zarobków or dochodów; **there was great ~ of life** straty w ludziach były ogromne; **the ship sank with the ~ of 21 lives** w katastrofie morskiej zginęło 21 osób, katastrofa morska pochłonęła 21 ofiar; **the coup was carried out without ~ of life** zamachu dokonano bez strat w ludziach or bez ofiar śmiertelnych; **without ~ of time** nie tracąc czasu; **to suffer ~es** ponieść straty; **to suffer ~es in men and equipment** Mil ponieść straty w ludziach i sprzęcie; **the party suffered heavy ~es in the elections** w wyborach partia straciła wiele głosów; **report the ~ of your credit card** zgłoś zaginięcie karty kredytowej; **he'll be no great ~ when he leaves** nie będziemy płakać, gdy odejdzie; **it's their ~ not mine** to ich strata, a nie moja; **to be filled with a keen sense of ~ (after sb's death)** odczuwać wielką pustkę (po śmierci kogoś); **the car was a total ~** samochód był do niczego; **to write sth off as a total ~** spisać coś na straty; **to be a dead ~** być beznadziejnym [2] Fin, Comm strata *f*; **to make a ~** *[company]* ponieść straty; *[commodity]* przynosić straty; **I made a ~ of £100 on the deal** straciłem na tej transakcji 100 funtów; **to sell sth at a ~** sprzedać coś ze stratą; **to trade at a ~** *[shares]* sprzedawać się ze stratą [3] **to be at a ~** (puzzled) być w rozterce; (helpless) nie wiedzieć, co począć; **I'm at a ~ to explain it** nie potrafię tego wyjaśnić; **I'm at a ~ (as to) how to contact them** nie mam pojęcia, jak się z nimi skontaktować; **I was at a ~ for words** nie wiedziałem, co powiedzieć; **she's never at a ~ for words** ona jest zawsze bardzo wygadana
IDIOMS: **to cut one's ~es** wycofać się w porę; **their ~ is our gain** ich strata to nasz zysk
loss adjuster *n* Insur likwidator *m* szkód

loss leader *n* Comm towar *m* sprzedawany po promocyjnej cenie

loss-maker /ˈlɒsmeɪkə(r), US ˈlɔːs-/ *n* Comm (product) towar *m* sprzedawany ze stratą; (company) nierentowna firma *f*

loss-making /ˈlɒsmeɪkɪŋ, US ˈlɔːs-/ *adj* Comm *[product]* przynoszący straty; *[company]* nierentowny

loss ratio *n* Insur wskaźnik *m* szkodowości

lost /lɒst, US lɔːst/ **I** *pt, pp* → **lose**

II *adj* [1] (missing, mislaid) *[person, animal]* zaginiony; *[object]* zgubiony, zagubiony; **I think we're ~** chyba się zgubiliśmy; **to get ~** zgubić or zagubić się; **how can it have got ~?** gdzież mogło się to podziać?, co też się mogło z tym stać?; **get ~!** infml spadaj!, spływaj! infml [2] (wasted, vanished) *[opportunity, time]* stracony; *[happiness, innocence, youth]* utracony; *[civilization]* zaginiony; *[dreams]* nieziszczony; **to make up for ~ time** nadrobić stracony czas; **to give sb up for ~** uznać kogoś za zaginionego; **good advice is ~ on her** ona nie słucha dobrych rad; **these subtleties are ~ on him** on nie rozumie takich niuansów; **the joke was completely ~ on them** zupełnie nie zrozumieli dowcipu; **another promising player ~ to the sport** odszedł jeszcze jeden obiecujący zawodnik; **she was ~ to him for ever** utracił ją na zawsze [3] (mystified) zagubiony, zdezorientowany; (helpless) bezradny; **you're going too fast, I'm ~** mówisz zbyt szybko, straciłem wątek; **to be ~ without sb/sth** nie radzić sobie bez kogoś/czegoś; **I'd be ~ without you/a calculator** zginąłbym bez ciebie/bez kalkulatora; **I was ~ for words** brakowało mi słów; **he's never ~ for words** zawsze ma coś do powiedzenia, jest wygadany [4] (absorbed) **to be ~ in sth** być pochłoniętym czymś *[book]*; pogrążyć się w czymś *[thought]*; **~ in wonder** w niemym zachwycie; **~ in the beauty of the scenery** zachwycony widokiem; **to be ~ to the world** zapomnieć o całym bożym świecie [5] (not won) *[battle, election]* przegrany; **a ~ cause** stracona or beznadziejna sprawa; **all is not ~** nie wszystko stracone [6] liter (morally fallen) *[woman]* upadła; *[soul]* zbłąkany

lost and found *n* [1] (articles) rzeczy *f pl* znalezione, zguby *f pl* [2] (also **~ office**) biuro *n* rzeczy znalezionych [3] Journ **'lost-and-found (column)'** dział *m* „zgubiono – znaleziono"

lost property *n* GB = **lost and found** [1]

lot[1] /lɒt/ **I** *pron* [1] (great deal) **a ~** dużo, wiele; **we buy a ~ at the market** dużo kupujemy na targu; **he spends a ~ on holidays** dużo wydaje na wakacje; **to do a ~ to help sb** zrobić wiele, żeby komuś pomóc; **there's not a ~ to tell** nie ma wiele do opowiadania; **they didn't have a ~ left** nie zostało im wiele; **he knows a ~ about sport** dużo wie o sporcie; **I'd give a ~ to be able to do it** wiele bym dał, żeby móc to zrobić; **it says a ~ about her** to wiele o niej mówi; **an awful ~** bardzo dużo or wiele; **there's an awful ~ left to do** zostało jeszcze bardzo dużo do zrobienia; **quite a ~** dość dużo or wiele, całkiem dużo or wiele, sporo; **she knows quite a ~ about cinema** wie sporo o filmie; **such a ~** tak dużo, tak wiele; **we have such a ~ in common** mamy tak wiele wspólnego; **such a ~ depends on him** tak wiele zależy od niego; **she's been through such a ~** tak wiele przeszła; **it takes such a ~ out of me** to mnie tak wiele kosztuje [2] infml (entire amount or selection) **the ~** wszystko; **she ate the (whole) ~** zjadła wszystko; **you can take the ~** możesz zabrać wszystko; **the best speech of the ~** najlepsze przemówienie ze wszystkich; **£2 each or £18 the ~** dwa funty za sztukę albo osiemnaście za wszystko; **this will cure everything: heartburn, cramps, the ~!** to jest dobre na każdą dolegliwość: zgagę, skurcze, jednym słowem na wszystko! [3] infml (specific group of people) **she's the best/nicest of the ~** jest z nich najlepsza/najmilsza infml; **that ~** pej ta banda infml; **hurry up, you ~** pośpieszcie się; **they're not a bad ~** oni nie są tacy źli; **he's a bad ~** to paskudny typ; **the best of a bad ~** najlepszy z tej całej bandy infml

II *quantif* [1] (great deal) **a ~ of sb/sth** dużo or wiele kogoś/czegoś; **a ~ of money /energy** dużo or wiele pieniędzy/energii; **a ~ of people** wielu ludzi, wiele osób; **I don't have a ~ of time** nie mam wiele czasu; **not a ~ of people know that** niewielu ludzi or niewiele osób to wie; **I see a ~ of him** często go widuję; **to spend an awful ~ of time doing sth** infml spędzić bardzo dużo czasu na robieniu czegoś; **he has an awful ~ of responsibility** infml ma ogromne obowiązki; **there were quite a ~ of people** było sporo or całkiem dużo ludzi; **quite a ~ of support** spore or całkiem duże poparcie; **what a ~ of people/books!** ile ludzi/książek! → **fat** [2] infml (entire group) **get out, the (whole) ~ of you!** wynoście się wszyscy! infml; **I'd sack the ~ of them!** wywaliłbym ich wszystkich! infml

III lots *quantif, pron* infml **~s (and ~s) of sb/sth** (całe) mnóstwo kogoś/czegoś; **there are ~s of things to do** jest mnóstwo rzeczy do zrobienia; **we have ~s in common** mamy bardzo wiele wspólnego; **'has he got any records?' – 'yes, ~s'** „czy ma dużo płyt?" – „mnóstwo"; **...and ~s more...** i dużo więcej...

IV lots *adv* infml **~s better/more interesting** dużo or znacznie lepiej/ciekawiej; **I feel ~s better now** czuję się teraz dużo or znacznie lepiej

V a lot *adv phr* dużo; **a ~ better/easier /worse** dużo or znacznie lepiej/łatwiej /gorzej; **they talk a ~ about justice** dużo mówią o sprawiedliwości; **she works a ~ at home** dużo pracuje w domu; **we visit them a ~** często ich odwiedzamy; **this happens quite a ~** to się zdarza dość często; **an awful ~ cheaper** znacznie tańszy; **you're smoking an awful ~** infml strasznie dużo palisz infml; **it would help an awful ~** infml to by bardzo pomogło; **he travels abroad such a ~** bardzo często wyjeżdża za granicę; **thanks a ~!** bardzo dziękuję!

lot[2] /lɒt/ *n* [1] (fate) los *m*, dola *f*; **I can't complain about my ~, I'm happy with my ~** nie mogę skarżyć się na los; **to improve one's ~** poprawić swój los; **to improve the ~ of the elderly** poprawić warunki życia ludzi starszych; **the poverty and disease which are the ~ of many** nędza i choroby, które są udziałem wielu; **a policeman's ~ is not a happy one** niełatwa jest dola or niełatwe jest życie policjanta; **she had a miserable ~ in life** źle jej się w życiu wiodło, życie jej nie pieściło; **to throw in one's ~ with sb** związać się z kimś, powierzyć swój los komuś [2] (piece of land) parcela *f*, działka *f*; **vacant ~** niezabudowana parcela or działka; **used car ~** plac giełdy samochodów używanych → **parking lot** [3] (at auction) pozycja *f*; **~ no. 69, an oil painting by Gauguin** pozycja numer 69, obraz olejny Gauguina → **job lot** [4] (for random choice) los *m*; **to draw** or **cast ~s for sth** losować coś, ciągnąć losy o coś; **they drew ~s to see who would do it** losowali or ciągnęli losy, kto ma to zrobić; **to be chosen/decided by ~** zostać wybranym/postanowionym w drodze losowania; **the ~ fell to me to tell them the sad news, it fell to my ~ to tell them the sad news** los chciał or zrządził, że to ja musiałem im przekazać tę smutną wiadomość [5] Cin (studio) studio *n* [6] (set, batch) (of merchandise) partia *f*; (of people) grupa *f*; (of objects) zestaw *m*

loth /ləʊθ/ *adj* = **loath**

Lothian /ˈləʊðɪən/ *prn* (also **~ Region**) *region w południowowschodniej Szkocji ze stolicą w Edynburgu*

lotion /ˈləʊʃn/ *n* Cosmet, Med płyn *m*; **suntan ~** emulsja do opalania

lottery /ˈlɒtərɪ/ **I** *n* loteria *f* also fig; **to win sth in a ~** wygrać coś na loterii

II *modif* **~ ticket** los, kupon; **~ number** numer kuponu; **~ win** wygrana na loterii

lotto /ˈlɒtəʊ/ *n* lotto *n inv*

lotus /ˈləʊtəs/ *n* (*pl* **~es**) (plant) lotos *m*; (flower) kwiat *m* lotosu; (fruit) fasola *f* egipska or pitagorejska

lotus-eater /ˈləʊtəsiːtə(r)/ *n* Myth Lotofag *m*; fig sybaryta *m*

lotus position *n* (in yoga) pozycja *f* (kwiat) lotosu

loud /laʊd/ **I** *adj* [1] (easily heard) *[noise, voice, music, reply]* głośny; *[person]* hałaśliwy, krzykliwy; *[din, scream, crash]* ogłuszający; **is the television too ~?** czy telewizor nie gra za głośno?; **a ~ whisper** teatralny szept; **to say sth in a ~ voice** powiedzieć coś głośno; **the more he drank, the ~er he became** im więcej pił, tym głośniej or krzykliwiej się zachowywał; **to be ~ with laughter** *[auditorium]* rozbrzmiewać śmiechem [2] (emphatic) *[protest, objection]* głośny; **~ agreement** głośno wyrażane poparcie; **to be ~ in one's praise/condemnation of sth** głośno coś chwalić/potępiać [3] (vulgar) *[colour]* krzykliwy fig; *[behaviour, manner, person]* wyzywający

II *adv [speak, laugh, cry]* głośno; **can you speak a bit ~er?** możesz mówić trochę głośniej?; **to read sth out ~** przeczytać coś na głos; **to say sth out ~** powiedzieć coś głośno; **~ and clear** (jasno i) wyraźnie; **I'm receiving you ~ and clear** Telecom słyszę cię dobrze; hum doskonale cię rozumiem; **he always turns the TV up too ~** zawsze nastawia telewizor zbyt głośno

IDIOMS: **for crying out ~!** infml na litość boską!

loudhailer /ˌlaʊdˈheɪlə(r)/ *n* GB megafon *m*

loudly /ˈlaʊdlɪ/ *adv* 1 (noisily) *[talk, laugh, sing]* głośno; *[bang, crash]* z hukiem; *[scream]* na cały głos; *[play]* hałaśliwie 2 (emphatically) *[protest, condemn]* głośno 3 (vulgarly) *[dress]* krzykliwie; *[behave]* wyzywająco

loudmouth /ˈlaʊdmaʊθ/ *n* infml krzykacz *m*, -ka *f* infml

loud-mouthed /ˌlaʊdˈmaʊðd/ *adj* infml *[person]* pyskaty infml

loudness /ˈlaʊdnɪs/ *n* (of voice) donośność *f*; (of noise) głośność *f*, natężenie *n*

loudspeaker /ˌlaʊdˈspiːkə(r)/ *n* głośnik *m*

loudspeaker system *n* system *m* głośników

loudspeaker van *n* samochód *m* z megafonem

Louisiana /luːˌiːzɪˈænə/ *prn* Luizjana *f*

lounge /laʊndʒ/ **I** *n* 1 (in house) salon *m* 2 (in hotel) hol *m*; **TV ~** sala telewizyjna 3 (at airport, station) poczekalnia *f*; **arrivals /departure ~** sala przylotów/odlotów 4 US (also **cocktail ~**) bar *m*

II *modif* **~ furniture** meble wypoczynkowe

III *vi* 1 (recline) (sit) rozsiąść się; (lie) wylegiwać się; **to ~ in an armchair** siedzieć rozwalonym w fotelu; **to ~ against the wall** opierać się o ścianę, podpierać ścianę 2 (idle) leniuchować, oddawać się lenistwu

■ **lounge about, lounge around** leniuchować, oddawać się lenistwu; wałkonić się, obijać się infml; **to ~ about the house** siedzieć w domu i nic nie robić

lounge bar *n* GB (in hotel) bar *m*; (in pub) sala *f* barowa komfortowo wyposażona

lounge lizard *n* infml bawidamek *m*

lounger /ˈlaʊndʒə(r)/ *n* 1 (person) obibok *m*, wałkoń *m* infml pej 2 US (chair) fotel *m* ogrodowy

lounge suit *n* GB (man's) garnitur *m*; (on invitation) garnitur *m* wizytowy

lounge suite *n* GB komplet *m* mebli wypoczynkowych

loungewear /ˈlaʊndʒweə(r)/ *n* US strój *m* codzienny

lour /ˈlaʊə(r)/ *vt* = **lower²**

louse /laʊs/ *n* 1 (*pl* **lice**) (insect) wesz *f* 2 (*pl* **louses**) vinfml gnida *f* fig infml

■ **louse up** vinfml: **~ up [sth], ~ [sth] up** spieprzyć coś vinfml

lousy /ˈlaʊzɪ/ **I** *adj* 1 infml *[book, film, holiday]* chałowy infml; *[meal, working conditions]* kiepski; *[salary]* lichy, nędzny; *[weather]* podły; **to feel ~** czuć się podle; **to be ~ at sth** być kiepskim w czymś *[history]*; **he wouldn't lend me ten ~ quid!** nie chce mi pożyczyć marnych dziesięciu funtów; **a ~ trick** świństwo 2 (louse-infested) *[hair, child]* zawszony 3 infml **to be ~ with tourists** być pełnym turystów; **to be ~ with money** mieć kupę forsy infml; **the town centre was ~ with cops** w śródmieściu roiło się od policji

II *adv* US vinfml **to do ~ (on sb)** zrobić świństwo (komuś)

lout /laʊt/ *n* (bad-mannered) cham *m* offensive; (aggressive) żul *m* infml; (clumsy) gamoń *m* infml

loutish /ˈlaʊtɪʃ/ *adj* pej (bad-mannered) *[behaviour, manner]* chamski; *[person]* nieokrzesany; (aggressive) *[behaviour]* chuligański

louvre GB, **louver** US /ˈluːvə(r)/ **I** *n* (strip) listewka *f* żaluzji; (in window, door) żaluzja *f*; (on roof) szczelina *f* wentylacyjna

II *modif [door, window]* żaluzjowy

louvred GB, **louvered** US /ˈluːvəd/ *adj [door]* żaluzjowy; **a ~ blind** żaluzja

lovable /ˈlʌvəbl/ *adj [child, puppy, eccentric]* rozkoszny, uroczy

love /lʌv/ **I** *n* 1 (affection, devotion) miłość *f*; **~ is blind** miłość jest ślepa; **a mother's /father's ~** miłość matczyna/ojcowska; **~ for sb** miłość do kogoś; **their ~ for each other** ich wzajemna miłość; **he's got more ~ for the dog than for his children** bardziej kocha tego psa niż własne dzieci; **to be in ~ with sb** być zakochanym w kimś; **he's not in ~ with this idea** nie jest zachwycony tym pomysłem; **to fall in ~ with sb** zakochać się w kimś; **to fall out of ~** odkochać się infml; **to fall out of ~ with sb** przestać kogoś kochać; **to do sth for ~** or **out of ~** zrobić coś z miłości **(of sb** do or dla kogoś**)**; **to do sth for the ~ of it** zrobić coś dla przyjemności or bezinteresownie; **to make ~** (have sex) kochać się **(with** or **to sb** z kimś**)**; **to make ~ to sb** dat (court) zalecać się do kogoś, umizgać się do kogoś; **for the ~ of God** or **Mike!** infml dat na miłość boską! 2 (enjoyment, interest) zamiłowanie *n*, miłość *f* **(of sth** do czegoś**)**; rozmiłowanie *n* **(of sth** w czymś**)**; **her ~ of life** jej umiłowanie życia 3 (in polite formulas) **give my ~ to your parents** pozdrów rodziców; **Sarah sends her ~** Sara przesyła pozdrowienia; **~ to Maria and the kids** serdeczne pozdrowienia dla Marii i dzieci; **with ~ from Adam, ~ Adam** (in letter) pozdrowienia, Adam 4 (object of affection) miłość *f*; **he/jazz was her first ~** on/jazz był jej pierwszą miłością; **his one true ~ was the theatre** jego jedyną prawdziwą miłością był teatr; **the ~ of his life** miłość jego życia 5 GB (term of address) (to lover, spouse, child) kochanie; **hurry up, ~** pośpiesz się, kochanie; **don't cry, my ~** nie płacz, kochanie; **that's 25 pence please, ~** to będzie 25 pensów, skarbie infml 6 infml (lovable person, animal) **she's such a ~** ona jest taka kochana; **be a ~ and fetch my book** bądź tak miły i przynieś mi książkę; **the little ~s!** GB infml kochane maleństwa! 7 (in tennis) zero *n*; **15 ~** 15 zero; **two sets to ~** dwa do zera w setach

II *modif [letter, scene, story]* miłosny; **~ token** upominek na znak miłości

III *vt* 1 (feel affection for) kochać; miłować liter; **to ~ sb much/madly/tenderly** kochać kogoś bardzo/do szaleństwa/czule; **~ thy neighbour as thyself** Bible miłuj bliźniego swego jak siebie samego; **to ~ sb for sth** kochać kogoś za coś; **I ~ her for putting up with me** kocham ją za to, że ze mną wytrzymuje; **to ~ each other** kochać się; **I must ~ you and leave you, I'm afraid** hum chętnie bym został, ale muszę iść; **'he ~s me, he ~s me not'** „kocha, lubi, szanuje..." 2 (like) lubić; (stronger) uwielbiać, kochać; **I ~ music** kocham or uwielbiam muzykę; **I ~ your dress** bardzo mi się podoba ta sukienka; **the audience ~d it when...** publiczność szalała, kiedy...; **to ~ doing sth, to ~ to do sth** lubić or uwielbiać coś robić; **I'd ~ a cup of tea** chętnie napiłbym się herbaty; **I'd ~ to come** bardzo bym chciał przyjść; **I'd have ~d to have been there** bardzo żałuję, że mnie tam nie było; **I'd ~ to help him, but I can't** bardzo chciałbym mu pomóc, ale nie mogę; **'can you come?' – 'yes, I'd ~ to'** „możesz przyjść?" – „z przyjemnością"; **'can you come?' – 'I'd ~ to but...'** „możesz przyjść?" – „bardzo bym chciał, ale..."; **the boss is going to ~ this one** iron szef będzie tym zachwycony iron

IV *vi* (feel love) kochać

IDIOMS: **~ at first sight** miłość od pierwszego wejrzenia; **there's no ~ lost between them** oni serdecznie się nienawidzą; **you can't get one for ~ or** or **nor money** nie dostaniesz tego za żadne skarby świata

loveable *adj* = **lovable**

love affair *n* 1 (romance) romans *m* **(with sb** z kimś**)** 2 (enthusiasm) fascynacja *f*, zauroczenie *n* **(with sth** czymś**)**

lovebird /ˈlʌvbɜːd/ **I** *n* Zool papużka nierozłączka *f*

II lovebirds *npl* hum (lovers) gruchające gołąbki *m pl* hum

lovebite /ˈlʌvbaɪt/ *n* GB malinka *f* infml *(ślad po pocałunku)*

love child *n* euph dziecko *n* miłości euph

loved-up /lʌvdˈʌp/ *adj* infml drug addicts' sl naćpany infml

love game *n* (in tennis) gem *m* do zera

love-hate relationship /ˌlʌvˈheɪtrɪleɪʃnʃɪp/ *n* miłość *f* połączona z nienawiścią

love-in /ˈlʌvɪn/ *n* dat spotkanie *n* dzieci kwiatów

love-in-a-mist /ˈlʌvɪnəmɪst/ *n* Bot (European) czarnuszka *f*; (American) męczennica *f*

love interest *n* Cin wątek *m* miłosny

love-knot /ˈlʌvnɒt/ *n* podwójna kokardka *f (symbol wiecznej miłości)*

loveless /ˈlʌvlɪs/ *adj* 1 *[marriage, home]* wyzuty z miłości; *[childhood]* bez miłości 2 *[person]* (unloved) niekochany; (unloving) niezdolny do miłości

love-lies-bleeding /ˌlʌvlaɪzˈbliːdɪŋ/ *n* Bot szarłat *m*, amarant *m*

love life *n* życie *n* intymne or erotyczne

loveliness /ˈlʌvlɪnɪs/ *n* powab *m*, urok *m*

lovelorn /ˈlʌvlɔːn/ *adj* usychający z miłości

lovely /ˈlʌvlɪ/ **I** *n* infml ślicznotka *f* infml

II *adj* 1 (beautiful) *[woman, eyes, dress]* śliczny; *[hair]* piękny; *[church, garden, view, poem]* uroczy; *[baby, kitten]* rozkoszny; **you look ~** wyglądasz ślicznie; **she looks ~ in blue** ślicznie jej w niebieskim 2 (pleasant) *[person, character, family]* uroczy, czarujący; *[day, weather]* śliczny, cudowny; *[taste, meal, idea, holiday, party]* wspaniały; **that smells ~!** pachnie wspaniale!; **that tastes ~!** to jest doskonałe!; **it was ~ to see you** miło było cię widzieć; **we had a ~ time** doskonale bawiliśmy się 3 (emphatic) **it's ~ and warm here** tak tu cieplutko; **she looks ~ and brown** jest ślicznie opalona; **the**

coffee was ~ and strong kawa była cudownie mocna

lovemaking /ˈlʌvmeɪkɪŋ/ *n* [1] (sex) kochanie się *n*; **our ~** nasze współżycie; **her/his ~** jego/jej techniki erotyczne [2] dat (flirtation) amory *plt* dat

love match *n* małżeństwo *n* z miłości

love nest *n* gniazdko *n* (miłosne) fig

love potion *n* napój *m* miłosny

lover /ˈlʌvə(r)/ *n* [1] (sexual partner) kochan|ek *m*, -ka *f*; **to be/become ~s** być/zostać kochankami; **to take a ~** wziąć sobie kochanka/kochankę; **to be a good ~** być dobrym kochankiem [2] (person in love) zakochan|y *m*, -a *f*; **young ~s** młodzi zakochani [3] (enthusiast) miłośni|k *m*, -czka *f*, amator *m*, -ka *f* **(of sth** czegoś); **jazz /opera ~** miłośnik jazzu/opery; **I'm no great ~ of cricket** nie przepadam za krykietem

lover boy *n* infml kochaś *m* infml

love seat *n* dwuosobowa mała kanapka *f*

lovesick /ˈlʌvsɪk/ *adj* usychający z miłości, beznadziejnie zakochany

lovey /ˈlʌvɪ/ *n* GB infml kochanie *n*

lovey-dovey /ˌlʌvɪˈdʌvɪ/ *adj* GB infml **to get all ~** zrobić się tkliwym i czułym

loving /ˈlʌvɪŋ/ **I** *adj [father, wife, daughter]* kochający; *[couple, family]* kochający się; *[relationship, look, care, attention]* pełen miłości, czuły; **they exchanged ~ looks** wymienili czułe or pełne miłości spojrzenia; **from your ~ brother, Robert** (in letter) Twój kochający brat, Robert

II -loving *in combinations* **football-/music-~** kochający piłkę nożną/muzykę; **peace-/freedom-~** miłujący pokój/wolność

loving cup *n* puchar *m (dawniej przekazywany podczas uczty z rąk do rąk)*

loving-kindness /ˌlʌvɪŋˈkaɪndnɪs/ *n* arch łaskawość *f*

lovingly /ˈlʌvɪŋlɪ/ *adv* [1] *[greet, look]* z miłością, czule [2] *[restored, preserved]* pieczołowicie; *[looked after]* troskliwie

low[1] /ləʊ/ **I** *n* [1] Meteorol (depression) niż *m*; **the temperature will reach a ~ of two degrees** temperatura spadnie do dwóch stopni; **the overnight ~ will be eight degrees** w nocy temperatura spadnie do ośmiu stopni [2] fig **to fall to a new** or **all-time ~, to hit a new** or **all-time ~** *[prices, value, popularity]* spaść do rekordowo niskiego poziomu; **the economy has hit a ~** gospodarka przeżywa załamanie; **inflation is at a ten-year ~** inflacja jest najniższa od dziesięciu lat; **relations between the two countries are at an all-time ~** stosunki pomiędzy tymi krajami są gorsze niż kiedykolwiek przedtem; **the stock market closed at a record ~** dzień zakończono na giełdzie przy rekordowo niskich notowaniach; **the lyrics hit a new ~ in banality** tekst (piosenki) bije rekordy banalności

II *adj* [1] (in height) *[building, chair, wall, cloud]* niski; *[ground, point]* nisko położony; **to fly at ~ altitude** latać nisko or na niedużej wysokości; **there will be flooding on ~ ground** nisko położone tereny zostaną zalane przez powódź; **the river is ~ for this time of the year** poziom wody w rzece jest niski jak na tę porę roku; **he gave a ~ bow** nisko się ukłonił; **the dress had a very ~ back** sukienka była bardzo głęboko wycięta na plecach [2] (in volume) *[voice, sound, whisper]* cichy; (in pitch) *[key, note, pitch]* niski; **in a ~ voice** cicho, cichym głosem; **turn the TV down ~** przycisz telewizor; **the radio's on too ~** radio gra zbyt cicho; **keep your voice ~** mów cicho [3] (in intensity, amount, quality) *[wages, prices, pressure, quality, card]* niski; *[capacity, speed, number, risk]* niewielki; *[visibility]* słaby; *[light]* przygaszony, łagodny; **a ~ number of voters turned out** niewielu uprawnionych do głosowania wzięło udział w wyborach; **student numbers fell as ~ as twenty** liczba studentów spadła do dwudziestu; **inflation is at its ~est for ten years** inflacja jest na najniższym poziomie od dziesięciu lat; **the fire was getting ~** ogień przygasał; **cook on a ~ heat** or **flame** gotuj na niewielkim or wolnym ogniu; **the temperature was in the ~ twenties** temperatura była nieco powyżej dwudziestu stopni; **to be ~ in sugar/fat** mieć niską zawartość cukru/tłuszczu; **these products are ~ in calories** te produkty są niskokaloryczne; **I have a pretty ~ opinion of him** nie mam o nim najlepszej opinii or wysokiego mniemania; **I had ~ expectations of the team** nie spodziewałem się wiele po drużynie [4] (nearly depleted) *[level]* niski; *[battery]* na wyczerpaniu; **our stocks are ~** nasze zapasy są na wyczerpaniu or niewielkie; **we're getting** or **running ~ on milk/petrol** kończy się nam mleko/benzyna; **we're ~ on skilled staff** mamy mało wykwalifikowanego personelu; **he's rather ~ on initiative** brak mu inicjatywy, wykazuje mało inicjatywy; **the film was ~ on action** w filmie niewiele się działo [5] (in health, spirits) **to feel ~** (physically) źle się czuć; (emotionally) mieć chandrę; **to feel ~ about sth** być przybitym czymś; **to be in ~ spirits** być w kiepskim nastroju; **the patient is very ~** (physically) pacjent jest w bardzo złym stanie [6] (base) *[behaviour, action]* podły; **a ~ trick** świństwo *n*; **that was a really ~ thing to do** to było naprawdę podłe; **how ~ can you get?** jak nisko można upaść? [7] (vulgar) *[conversation, humour, behaviour]* prymitywny, chamski [8] dat (humble) niski; **of ~ birth** or **breeding** nisko urodzony, niskiego stanu dat [9] Biol (primitive) *[species]* prymitywny, niższy; **~er forms of life** niższe formy życia

III *adv* [1] (near the ground) *[aim, fly, shoot, bend, crouch]* nisko; **the plane flew ~ over the desert** samolot przeleciał nisko nad pustynią; **to bow ~** nisko się pokłonić; **I wouldn't sink** or **stoop so ~ as to ask him for money** fig nie zniżyłbym się do tego, żeby prosić go o pieniądze [2] (near the bottom) **it is very ~ (down) on the list** to jest przy końcu listy; fig to sprawa zupełnie drugorzędna; **look ~er down the page** spójrz niżej na stronie [3] (at a reduced level) *[buy]* tanio; *[speak]* cicho; **to play ~** (in cards) zagrać nisko; **to turn the radio down ~** ściszyć radio; **to turn the lights down ~** przygasić światła; **to turn the heating down ~** przykręcić ogrzewanie; **stocks are running ~** zapasy są na wyczerpaniu; **we're getting ~ on oil** kończy się nam olej; **I rate him ~, he rates ~ in my estimation** nie mam o nim wysokiego mniemania; **he rates his car ~ on comfort** pod względem wygody słabo ocenia swój samochód; **he values himself too ~** zbyt nisko się ceni [4] (at a deep pitch) *[sing]* nisko, niskim głosem

IDIOMS: **to be the ~est of the ~** być ostatnim z ostatnich; **to lay sb ~** *[illness]* zwalić kogoś z nóg; **he is laid ~ by flu** grypa ścięła go z nóg; **to lie ~** przyczaić się

low[2] /ləʊ/ *vi* liter *[cow]* za|muczeć, za|ryczeć

low-alcohol /ˌləʊˈælkəhɒl/ *adj* niskoalkoholowy

low-angle shot /ˌləʊˈæŋglʃɒt/ *n* Cin, Phot ujęcie *n* dolne or z dołu

lowborn /ˌləʊˈbɔːn/ *adj* dat nisko urodzony, niskiego stanu dat

lowboy /ˈləʊbɔɪ/ *n* US komódka *f*

lowbred /ˌləʊˈbred/ *adj* źle wychowany, ordynarny

lowbrow /ˈləʊbraʊ/ pej **I** *n* człowiek *m* o mało wybrednych gustach; prosta|k *m*, -czka *f* offensive

II *adj [person]* o niewybrednych gustach; *[entertainment]* niewyszukany; *[music, literature, newspaper]* na niskim poziomie, niskich or niewysokich lotów

low-budget /ˌləʊˈbʌdʒɪt/ *adj [movie, project]* niskobudżetowy; *[holidays]* tani; *[tourist, traveller]* dysponujący ograniczonymi środkami

low-cal /ˌləʊˈkæl/ *adj* infml = **low-calorie**

low-calorie /ˌləʊˈkælərɪ/ *adj* niskokaloryczny

Low Church *n ewangeliczny, nonkonformistyczny nurt w obrębie kościoła, zwłaszcza anglikańskiego*

low-class /ˌləʊˈklɑːs, US -ˈklæs/ *adj* [1] (not good quality) niskiej jakości [2] dat (working class) *[bar, clientele]* robotniczy

low-cost /ˌləʊˈkɒst, US -ˈkɔːst/ *adj* tani, niskonakładowy

Low Countries *prn pl* Hist **the ~** Niderlandy *plt*

low-cut /ˌləʊˈkʌt/ *adj [dress, blouse]* wydekoltowany

low-down /ˈləʊdaʊn/ infml **I** *n* **the ~ on sb/sth** najważniejsze informacje *f pl* na temat kogoś/czegoś or o kimś/czymś; **to get the ~ on sb/sth** zebrać informacje o kimś/czymś, wywiedzieć się na temat kogoś/czegoś; **to give sb the ~ on sth** zdać komuś sprawę z czegoś

II *adj [person, trick]* podły, nikczemny; **a ~ trick** świństwo *n*

lower[1] /ˈləʊə(r)/ **I** *comp adj [income, price, floor, rank, life forms]* niższy; *[jaw, lip, deck]* dolny; Sch *[class]* niższy, młodszy; **~ age limit** dolna grupa wiekowa; **~ arm** przedramię; **a pain in the ~ back** ból w krzyżu; **the ~ Danube** dolny Dunaj; **Lower Saxony** Dolna Saksonia

II *vt* [1] (bring down) spu|ścić, -szczać *[blind, curtain, sail]*; o-pu|ścić, -szczać *[barrier, flag, newspaper, rifle]*; Constr obniż|yć, -ać *[ceiling]*; **to ~ one's eyes/head** spuścić oczy/głowę; **to ~**

L

one's arms opuścić ramiona or ręce; **to ~ sb/sth onto the roof/boat** spuścić or opuścić kogoś/coś na dach/łódź [2] (reduce) obniż|yć, -ać *[pressure, temperature, prices, age limit, standards]*; ścisz|yć, -ać *[sound volume]*; przyga|sić, -szać *[light]*; **to ~ one's voice** zniżyć głos; **to ~ sb's morale** źle wpływać na morale kogoś; **to ~ sb's resistance** Med osłabić odporność kogoś; **to ~ one's guard** fig odsłonić się, wystawić się na ciosy fig; **this ~ed him in my estimation** przez to stracił w moich oczach [3] (abolish) zn|ieść, -osić *[trade barrier]* [4] Naut zrzuc|ić, -ać, opu|ścić, -szczać *[sail]*; spu|ścić, -szczać *[lifeboat]*; położyć, kłaść *[mast]*; **the lifeboats were ~ed into the sea** szalupy spuszczono na wodę

III *vi [prices, standards, temperature]* obniż|yć, -ać się

IV *vr* **to ~ oneself** [1] (demean oneself) poniż|yć, -ać się; **to ~ oneself to sth** zniżyć się do czegoś [2] (sit carefully) **to ~ oneself into a chair/the bath** usiąść w fotelu/w wannie

▪ **lower down**: **~ down [sth], ~ [sth] down** opu|ścić, -szczać (na ziemię) *[parcel, stretcher]*

lower[2] /ˈlaʊə(r)/ *vi* liter [1] (frown) *[person]* s|posępnieć, na|chmurzyć się; **to ~ at sb** patrzyć chmurnie na kogoś, patrzyć na kogoś wilkiem [2] *[sky, clouds]* po|ciemnieć

lower case **I** *n* Print małe litery *f pl*, minuskuły *f pl*; **use ~ for this heading** zrób ten nagłówek małymi literami or minuskułą

II **lower-case** *modif* **~ letter** mała litera, minuskuła; **~ script** pismo małymi literami or minuskułą

Lower Chamber *n* = **Lower House**

lower class **I** *n* **the ~, the ~es** klasy *f pl* niższe

II *adj [family, district]* robotniczy; *[accent, custom]* plebejski pej

lower court *n* Jur sąd *m* niższej instancji

lower deck *n* Mil, Naut [1] (of ship) dolny pokład *m* [2] GB (sailors) **the ~** marynarze *m pl*

lower house *n* Pol [1] izba *f* niższa [2] GB **Lower House** Izba *f* Gmin

lowering[1] /ˈləʊərɪŋ/ *n* [1] (reduction) (of prices, standards, temperature, age limit) obniżenie *n*; (of pressure, rate) zmniejszenie *n*; (of sound volume) przyciszenie *n*, ściszenie *n*; (of light) przygaszenie *n*; (of resistance) osłabienie *n* [2] (of flag) opuszczenie *n*; (of sail) zrzucenie *n*, spuszczenie *n*; (of mast) położenie *n* [3] (removal) (of trade barriers) zniesienie *n*

lowering[2] /ˈlaʊərɪŋ/ *adj* liter *[sky, look]* ponury, groźny

lower middle class **I** *n* Soc **the ~, the ~es** niezamożna klasa *f* średnia

II *adj [tastes, occupations]* charakterystyczny dla niezamożnej klasy średniej

lower orders *n* dat **the ~** niższe klasy *f pl*

lower-ranking /ˌləʊəˈræŋkɪŋ/ *adj* niższy rangą, niższego stopnia

lower school *n* klasy *f pl* młodsze *(w szkole średniej)*

lower sixth *n* GB Sch *niższa z dwóch klas przygotowujących uczniów do studiów*

lowest /ˈləʊɪst/ *superl adj* → **low**

lowest common denominator *n* Math najmniejszy wspólny mianownik *m*; **he reduces everything to the ~** pej on traktuje wszystko w sposób trywialny; **a series aimed at the ~** serial adresowany do najmniej wybrednej publiczności

low-fat /ˌləʊˈfæt/ *adj [diet]* niskotłuszczowy; *[cheese, food, milk]* o obniżonej zawartości tłuszczu

low-flying /ˌləʊˈflaɪɪŋ/ *adj* latający na niskiej wysokości

low-frequency /ˌləʊˈfriːkwənsɪ/ *adj* o małej częstotliwości

Low German *n* Ling (język *m*) dolnoniemiecki *m*

low-grade /ˌləʊˈgreɪd/ *adj* (poor quality) *[meat, steel]* niskogatunkowy; (minor) *[official]* niski rangą, niższego szczebla

low-heeled /ˌləʊˈhiːld/ *adj [shoe]* na niskim or płaskim obcasie

low-income /ˌləʊˈɪŋkʌm/ *adj [family]* o niskich dochodach; **in the ~ bracket** w grupie o niskich dochodach

lowing /ˈləʊɪŋ/ *n* (of cow) muczenie *n*, ryk *m*

low-key(ed) /ˌləʊˈkiː(d)/ *adj [approach, performance, mood, style, treatment]* powściągliwy; *[affair]* dyskretny; *[meeting, talks]* kameralny; *[ceremony, lifestyle]* skromny; *[person]* cichy, spokojny; **a ~ police presence** dyskretna obecność policji

lowland /ˈləʊlənd/ **I** *n* (also **~s**) nizina *f*, niziny *f pl*

II *modif [area, river]* nizinny; **~ farming** rolnictwo na terenach nizinnych

lowlander /ˈləʊləndə(r)/ *n* [1] mieszkan|iec *m*, -ka *f* terenów nizinnych [2] **Lowlander** Szkot *m*, -ka *f* z obszarów nizinnych

Lowlands /ˈləʊləndz/ *prn* **the ~s (of Scotland)** Nizina *f* Środkowoszkocka

Lowland Scots *n* Ling szkocki dialekt *m* języka angielskiego

Low Latin *n* Ling łacina *f* średniowieczna

low-level /ˌləʊˈlevl/ *adj* [1] Aviat *[flight]* na małej wysokości; *[bombing]* z małej wysokości [2] (informal) *[meeting, talks]* na niższym szczeblu [3] Comput **~ language** język *m* niskiego poziomu [4] Nucl *[radiation]* o niewielkim natężeniu; *[waste]* niskoaktywny

low-life /ˈləʊlaɪf/ **I** *n* [1] (underworld) (social) niziny *f pl* społeczne; (criminal) światek *m* przestępczy, środowisko *n* przestępcze [2] infml (*pl* **~s**) szumowina *f*

II *modif* (criminal) *[character]* z marginesu (społecznego); *[friend]* ze światka przestępczego; **~ bar** bar, gdzie zbierają się męty społeczne

lowlights /ˈləʊlaɪts/ *npl* ciemne pasemka *n pl*, balejaż *m*

lowliness /ˈləʊlɪnɪs/ *n* (of origins) pospolitość *f*; (of occupation) podrzędność *f*

low-loader /ˌləʊˈləʊdə(r)/ *n* Transp pojazd *m* niskopodwoziowy

lowly /ˈləʊlɪ/ *adj [rank, status]* niski; *[occupation]* pośledni, podrzędny; **in ~ tenth position** Sport na dalekim dziesiątym miejscu; **a person of ~ birth** dat osoba nisko urodzona or niskiego stanu dat

low-lying /ˌləʊˈlaɪɪŋ/ *adj [ground, site]* nisko położony; *[mist]* nisko zalegający

Low Mass *n* Relig cicha msza *f*

low-necked /ˌləʊˈnekt/ *adj* wydekoltowany

lowness /ˈləʊnɪs/ *n* niskość *f*

low-nicotine /ˌləʊˈnɪkətiːn/ *adj [cigarette]* o małej zawartości nikotyny

low-paid /ˌləʊˈpeɪd/ **I** *n* **the ~** *(+ v pl)* mało zarabiający *m pl*

II *adj [job]* źle płatny; *[worker]* nisko opłacany

low-pitched /ˌləʊˈpɪtʃt/ *adj* [1] Mus *[note, voice]* niski [2] Archit *[roof]* o łagodnej stromiźnie

low-pressure /ˌləʊˈpreʃə(r)/ *adj* [1] Tech *[gas, cylinder]* niskociśnieniowy; *[steam, turbine]* niskoprężny [2] Meteorol **~ area** obszar niskiego ciśnienia

low-priced /ˌləʊˈpraɪst/ *adj* Comm tani

low-profile /ˌləʊˈprəʊfaɪl/ *adj* [1] *[operation, mission]* cichy; *[approach, job]* dyskretny; **they kept the meeting ~** nie nadawali temu spotkaniu rozgłosu [2] US Auto *[tyre]* niskoprofilowy

low-quality /ˌləʊˈkwɒlətɪ/ *adj* niskiej jakości

low-ranking /ˌləʊˈræŋkɪŋ/ *n [officer, official]* niski rangą, niższego szczebla

low relief *n* płaskorzeźba *f*

lowrider /ˈləʊraɪdə(r)/ *n* US = **low-loader**

low-rise Archit /ˈləʊraɪz/ **I** *n* budynek *m* niski or kilkupiętrowy

II *adj [building]* kilkupiętrowy, niski; *[area]* o niskiej zabudowie

low-risk /ˌləʊˈrɪsk/ *adj* Fin *[investment]* o niewielkim stopniu ryzyka; *[borrower]* wiarygodny; Med, Insur *[individual, group]* nie należący do grup podwyższonego ryzyka

low-scoring /ˌləʊˈskɔːrɪŋ/ *adj* Sport *[match]* zakończony niskim wynikiem

low season *n* Tourism martwy sezon *m*; **during (the) ~** w martwym sezonie, poza sezonem

low-slung /ˌləʊˈslʌŋ/ *adj [chassis]* o niskim zawieszeniu; *[belly]* obwisły

low-spirited /ˌləʊˈspɪrɪtɪd/ *adj [person]* przybity, przygnębiony

low-start mortgage /ˌləʊstɑːtˈmɔːgɪdʒ/ *n* GB *kredyt hipoteczny o początkowej niskiej stopie oprocentowania*

Low Sunday *n* Relig niedziela *f* przewodnia

low-tar /ˌləʊˈtɑː(r)/ *adj* o małej zawartości substancji smolistych

low-tech /ˌləʊˈtek/ *adj* wykorzystujący tradycyjne rozwiązania techniczne

low-tension, LT /ˌləʊˈtenʃn/ *adj* Elec *[cable]* niskonapięciowy

low tide *n* odpływ *m*

low voltage **I** *n* niskie napięcie *n*

II **low-voltage** *adj* niskonapięciowy

low-water mark /ˌləʊˈwɔːtəmɑːk/ *n* poziom *m* wody niskiej; fig punkt *m* krytyczny

lox /lɒks/ *n* US łosoś *m* wędzony

loyal /ˈlɔɪəl/ *adj [friend, servant]* lojalny **(to sb/sth** wobec kogoś/czegoś); *[customer, supporter]* wierny; **to be ~ to one's ideals/principles** być wiernym własnym ideałom/zasadom

loyalist /ˈlɔɪəlɪst/ **I** *n* [1] lojalista *m* [2] **Loyalist** GB Pol unionista *m (popierający unię Irlandii Płn. z Wielką Brytanią)*

II *adj* lojalistyczny

loyally /ˈlɔɪəlɪ/ *adv* lojalnie

loyalty /ˈlɔɪəltɪ/ *n* (to state, friend) lojalność *f* **(to** or **towards sb/sth** wobec kogoś /czegoś); (to ideals, ruler) wierność *f* **(to** or

towards sb/sth komuś/czemuś); **my loyalties are with my family** rodzina jest dla mnie na pierwszym miejscu; **divided loyalties** rozdarcie wewnętrzne; **to have divided** or **conflicting loyalties** być rozdartym wewnętrznie
loyalty card *n* Comm karta *f* stałego klienta
lozenge /ˈlɒzɪndʒ/ *n* [1] Pharm pastylka *f* (do ssania) [2] Math romb *m*
LP *n* = **long-playing record** płyta *f* długogrająca, longplay *m*
LPG *n* → **liquefied petroleum gas**
L-plate /ˈelpleɪt/ *n* GB Aut tablica *f* nauki jazdy
LPN *n* US → **licensed practical nurse**
LRAM *n* GB Univ = **Licentiate of the Royal Academy of Music** dyplom *m* Królewskiej Akademii Muzycznej
LRCP *n* GB Univ = **Licentiate of the Royal College of Physicians** dyplom *m* Królewskiej Akademii Medycznej
LRCS *n* GB = **Licentiate of the Royal College of Surgeons** dyplom *m* Królewskiej Akademii Chirurgii
LSAT *n* US = **Law School Administration Test** test *m* kwalifikacyjny w dziedzinie prawa
LSD *n* = **lysergic acid diethylamide** LSD *n inv*
L.S.D. *n* GB = **librae, solidi, denarii = pounds, shillings, pence** *dawny system monetarny w Wielkiej Brytanii*
LSE *n* GB = **London School of Economics** Wydział *m* Nauk Ekonomicznych Uniwersytetu Londyńskiego
L-shaped /elʃeɪpt/ *adj* w kształcie litery L
Lt → **lieutenant**
Lt. Col → **Lieutenant Colonel**
Lt. Comdr → **Lieutenant Commander**
Ltd GB = **limited (liability)** z o.o. *(z ograniczoną odpowiedzialnością)*
Lt. Gen → **Lieutenant General**
lube /lu:b/ *n* US infml [1] (oil) smar *m* [2] (petroleum jelly) wazelina *f* [3] (also **~ job**) smarowanie *n*
lubricant /ˈlu:brɪkənt/ **I** *n* (for machine, hinge) smar *m*; (for body) środek *m* nawilżający
II *modif [properties]* smarujący
lubricate /ˈlu:brɪkeɪt/ *vt* po|smarować *[machine, hinge]*; nawilż|yć, -ać *[part of body]*; **a few drinks will ~ his tongue** fig kilka kieliszków rozwiąże mu język
lubricating oil *n* Tech olej *m* smarowy
lubrication /ˌlu:brɪˈkeɪʃn/ *n* (of machine) smarowanie *n*; (of body) nawilżanie *n*
lubricator /ˈlu:brɪkeɪtə(r)/ *n* smar *m*
lubricious /lu:ˈbrɪʃəs/ *adj* liter lubieżny
lubricity /lu:ˈbrɪsətɪ/ *n* [1] liter (lewdness) lubieżność *f* [2] (of oil) smarowność *f*
lucerne /lu:ˈsɜ:n/ *n* GB Bot lucerna *f* (siewna)
Lucerne /lu:ˈsɜ:n/ *prn* Lucerna *f*
lucid /ˈlu:sɪd/ *adj* [1] (clear, understandable) *[style, account]* przejrzysty, klarowny, jasny; **he's a ~ writer** pisze klarownie [2] (sane) przytomny; **~ moments** or **instants** przebłyski świadomości [3] liter (luminous) świetlisty
lucidity /lu:ˈsɪdətɪ/ *n* [1] (clarity) (of account, argument) przejrzystość *f*, klarowność *f* [2] (sanity) jasność *f*, przytomność *f* (umysłu) [3] liter (luminosity) świetlistość *f*, jasność *f*
lucidly /ˈlu:sɪdlɪ/ *adv* przejrzyście, klarownie, jasno
lucifer /ˈlu:sɪfə(r)/ *n* (also **~ match**) arch infml zapałka *f*
Lucifer /ˈlu:sɪfə(r)/ *prn* Lucyfer *m*
luck /lʌk/ *n* [1] (fortune) **good ~** szczęście *n*; **bad ~** pech *m*; **to bring (sb) good/bad ~** przynosić (komuś) szczęście/pecha; **I had the good/bad ~ to bump into him** miałem szczęście/pecha, że wpadłem na niego; **it's bad ~ to break a mirror** zbicie lustra przynosi pecha; **I've had nothing but bad ~ with this car** z tym samochodem mam same kłopoty; **you never know your ~** nigdy nic nie wiadomo; **to try one's ~** spróbować szczęścia; **~ was on his side** szczęście mu sprzyjało; **as ~ would have it...** ślepym trafem...; traf chciał, że...; **bad** or **hard ~!** co za pech!, a to fatalnie!; **just my ~!** takie to już moje szczęście!; **good ~!** powodzenia!; **better ~ next time!** następnym razem będzie lepiej!; **worse ~!** niestety!; **I wish you all the best of ~!** (życzę ci) powodzenia!; **to be down on one's ~** mieć złą passę [2] (good fortune) szczęście *n*; **with a bit of ~** przy odrobinie szczęścia; **with ~ we'll be there before dark** jak dobrze pójdzie, dotrzemy tam przed zmrokiem; **to wear sth for ~** nosić coś na szczęście; **a stroke of ~** szczęśliwy traf; **by a stroke of ~** szczęśliwym trafem; **any ~?** udało się?; **any ~ with the job hunting?** udało ci się znaleźć jakąś pracę?; **'have you found it?' – 'no ~ yet'** „znalazłeś?" – „jeszcze nie"; **to be in/out of ~** mieć szczęście/nie mieć szczęścia; **our ~ ran out, we ran out of ~** szczęście się od nas odwróciło; **if our ~ holds** jeśli szczęście będzie nam nadal sprzyjać
■ **~ out** US infml mieć dużo szczęścia
IDIOMS: **it's the ~ of the draw** to kwestia szczęścia; **my ~'s in!** dzisiaj mam szczęście!; **no such ~!** niestety, nie!; **one for ~** jeszcze jeden na wszelki wypadek; **to ring the doorbell once more for ~** zadzwonić jeszcze raz na wszelki wypadek; **to push one's ~** kusić los, przeciągać strunę; **to take pot ~** (at cinema, theatre) wybrać się na los szczęścia *(licząc, że film, sztuka okaże się dobra)*; (at meal) zadowolić się tym, co jest
luckily /ˈlʌkɪlɪ/ *adv* na szczęście, szczęśliwie; **~ for him** szczęśliwie dla niego, na jego szczęście
luckless /ˈlʌklɪs/ *adj* liter *[person]* nieszczęsny; *[attempt, occasion]* niefortunny
lucky /ˈlʌkɪ/ *adj* [1] (fortunate) szczęśliwy; **to be ~** mieć szczęście; **he's ~ to work here** ma szczęście, że tu pracuje; **you'll be ~ to get a taxi here** będziesz miał szczęście, jeśli złapiesz tu taksówkę; **those who are ~ enough to have a job** ci, którym się poszczęściło i mają pracę; **it was ~ for me that...** miałem szczęście, że...; **to be ~ at the races** mieć szczęście na wyścigach; **I'm not a ~ person** nie mam szczęścia; **~ you!** infml ty to masz szczęście!; **you ~ dog** or **devil!** infml ty szczęściarzu!; **I/you should be so ~!** GB iron to byłoby zbyt piękne!; **think** or **count yourself ~ that I didn't do it!** ciesz się or masz szczęście, że tego nie zrobiłem! [2] (bringing good luck) *[charm, colour, number]* szczęśliwy; **seven is my ~ number, seven is ~ for me** siódemka to moja szczęśliwa liczba; **it's my ~ day!** to mój szczęśliwy dzień!; **it's a ~ sign** to dobry znak; **~ break** uśmiech losu; **he got his ~ break** los się do niego uśmiechnął
IDIOMS: **he finally struck it ~** w końcu mu się poszczęściło; **they were hoping to strike it ~** mieli nadzieję, że im się poszczęści; **to thank one's ~ stars** dziękować swojej szczęśliwej gwieździe; **third time ~** do trzech razy sztuka
lucky dip *n* Games ≈ kosz *m* szczęścia
lucrative /ˈlu:krətɪv/ *adj [business, post, deal]* lukratywny; *[job, profession]* intratny
lucre /ˈlu:kə(r)/ *n* infml mamona *f* infml
Lucretia /lu:ˈkri:ʃə/ *prn* Lukrecja *f*
Lucretius /lu:ˈkri:ʃəs/ *prn* Lukrecjusz *m*
Luddism /ˈlʌdɪzm/ *n* Hist luddyzm *m*
Luddite /ˈlʌdaɪt/ **I** *n* Hist luddyta *m*, luddysta *m*; fig pej przeciwni|k *m*, -czka *f* postępu technicznego
II *adj* luddystowski
ludic /ˈlu:dɪk/ *adj* fml ludyczny
ludicrous /ˈlu:dɪkrəs/ *adj [idea, situation, demand]* niedorzeczny, absurdalny; *[appearance]* groteskowy; **he's making himself look ~** robi z siebie pośmiewisko
ludicrously /ˈlu:dɪkrəslɪ/ *adv [cheap]* śmiesznie; *[long, happy, expensive]* absurdalnie
ludo /ˈlu:dəʊ/ *n* GB Games ≈ chińczyk *m*
luff /lʌf/ Naut **I** *n* lik *m* przedni
II *vi* wyostrz|yć, -ać, ostrzyć (kurs)
lug /lʌg/ **I** *n* [1] (on pot) rączka *f*, ucho *n* [2] Tech wypust *m* [3] GB infml = **lughole**
II *vt* (*prp, pt, pp* **-gg-**) (drag, tug) taszczyć *[object, person]*; **to ~ sth up the stairs** wtaszczyć coś na górę; **to ~ sth down the stairs** staszczyć coś ze schodów; **they ~ged the children off to the zoo** hum zaciągnęli dzieci do zoo
luge /lu:ʒ/ *n* sanki *plt*
luggage /ˈlʌgɪdʒ/ *n* bagaż *m*
luggage handler *n* bagażowy *m*, tragarz *m*
luggage label *n* przywieszka *f* na bagaż
luggage rack *n* półka *f* bagażowa
luggage van *n* GB wagon *m* bagażowy
lugger /ˈlʌgə(r)/ *n* Naut lugier *m*
lughole /ˈlʌgəʊl/ *n* infml ucho *n*; **pin back your ~s** nadstawcie uszu
lugubrious /ləˈgu:brɪəs/ *adj* liter smętny
lugubriously /ləˈgu:brɪəslɪ/ *adv* liter smętnie
lugworm /ˈlʌgwɜ:m/ *n* robak *m* piaskowy
Luke /lu:k/ *prn* Łukasz *m*
lukewarm /ˌlu:kˈwɔ:m/ *adj* [1] (not hot enough) letni; (not cold enough) ciepławy [2] fig *[reception, response, review]* chłodny; *[support, interest]* niewielki, słaby; *[person]* oziębły; **she was a bit ~ about the idea** nie była specjalnie zapalona do tego pomysłu
lull /lʌl/ **I** *n* (in storm, wind) chwila *f* ciszy; (in conversation) przerwa *f*; (in fighting) przejściowy spokój *m*; (in trade, economic activity) (chwilowy) zastój *m*; **the ~ before the storm** cisza przed burzą
II *vt* [1] (cause to sleep) u|śpić, -sypiać; **to ~ sb to sleep** ukołysać kogoś do snu [2] fig uśpić *[suspicions, fears]*; **to be ~ed by sth** dać się zwieść czemuś; **to ~ sb into a**

L

false sense of security uśpić czujność kogoś; **he ~ed them into thinking that they were safe** wmówił im, że są bezpieczni

lullaby /ˈlʌləbaɪ/ *n* kołysanka *f*

lulu /ˈluːluː/ *n* US infml (sth exciting) pierwsza klasa *f* infml; (sth silly) idiotyzm *m*; **a ~ of a mistake** idiotyczny błąd

lumbago /lʌmˈbeɪgəʊ/ *n* lumbago *n inv*, postrzał *m*

lumbar /ˈlʌmbə(r)/ *adj* lędźwiowy; **~ puncture** nakłucie lędźwiowe

lumber[1] /ˈlʌmbə(r)/ **I** *n* [1] US (wood) tarcica *f* [2] GB (junk) rupiecie *m pl*, graty *m pl*
II *vt* [1] (burden) **to be ~ed with sth** *[person]* być or zostać czymś obarczonym *[job, task]*; **to be ~ed with sb** mieć kogoś na głowie [2] (fill) zagrac|ić, -ać *[room, shelf]*; **to be ~ed (up) with sth** być zagraconym or zawalonym czymś *[useless objects, furniture]*; **a mind ~ed (up) with useless bits of information** umysł zaśmiecony bezużytecznymi informacjami [3] US (chop down) **this valley was ~ed in 1970** w tej dolinie prowadzono wyrąb w 1970 roku
III *vi* US (cut trees) prowadzić wyrąb; (chop logs) rąbać drewno

lumber[2] /ˈlʌmbə(r)/ *vi* (move awkwardly) *[person, animal]* ciężko stąpać, człapać; *[vehicle]* toczyć się ciężko; **to ~ in/out** wtoczyć /wytoczyć się infml; **to ~ away** or **off** *[person]* poczłapać; **to ~ through sth** przedrzeć się przez coś

lumber company *n* US przedsiębiorstwo *n* handlujące tarcicą

lumbering /ˈlʌmbərɪŋ/ *adj [person, animal]* niemrawy, ospały, ociężały; *[vehicle]* ciężko poruszający się; *[steps]* ociężały, ciężki; fig *[system, bureaucracy]* ospale działający

lumberjack /ˈlʌmbədʒæk/ *n* drwal *m*

lumberjacket /ˈlʌmbədʒækɪt/ *n* krótka ciepła kurtka *f*

lumberjack shirt *n* koszula *f* flanelowa w kratę

lumberman /ˈlʌmbəmən/ *n* (*pl* **-men**) US [1] (dealer) handlarz *m* drewnem [2] (woodcutter) drwal *m*

lumber mill *n* tartak *m*

lumber room *n* GB dat rupieciarnia *f*, graciarnia *f*

lumberyard /ˈlʌmbəjɑːd/ *n* US skład *m* drzewny

luminary /ˈluːmɪnərɪ, US -nerɪ/ *n* [1] Astrol świecące ciało *n* niebieskie [2] fig luminarz *m*

luminescence /ˌluːmɪˈnesns/ *n* [1] Phys luminescencja *f* [2] liter (light) poświata *f*

luminosity /ˌluːmɪˈnɒsətɪ/ *n* (of colour, clothing) jaskrawość *f*; (of painting) świetlistość *f*; (of eyes) jasność *f*

luminous /ˈluːmɪnəs/ *adj* [1] *[eyes, stars]* świecący, błyszczący; *[sky]* jasny; *[dial, paint]* fosforyzujący, świecący [2] (bright) *[colour]* jaskrawy [3] *[screen]* luminescencyjny; *[flux, sensitivity]* świetlny; **~ intensity** światłość, natężenie światła [4] liter *[prose, style, speech]* jasny, klarowny; *[speaker]* jasno się wysławiający

lumme /ˈlʌmɪ/ *excl* GB infml dat a niech to!

lummox /ˈlʌməks/ *n* US infml pacan *m* infml offensive

lummy /ˈlʌmɪ/ *excl* GB infml = **lumme**

lump /lʌmp/ **I** *n* [1] (of rock, concrete, clay, coal) bryła *f*; (of soil, clay) gruda *f*; (in sauce) grudka *f*; (of cheese, meat) kawałek *m*; (of sugar) kostka *f*; **in one** or **a ~** w jednym kawałku [2] (from fall, knock) guz *m*, guzek *m* **(on sth** na czymś); (tumour) guz *m*, guzek *m* **(on** or **in sth** na czymś or czegoś) [3] infml (idle person) wałkoń *m* infml [4] GB infml (workers) *(+ v sg/pl)* **the ~** ≈ pracownicy *m pl* dorywczy
II *vt* (also **~ together)** (put together) z|grupować **(with sb/sth** z kimś/czymś); (treat alike) wrzuc|ić, -ać do jednego worka infml **(with sb/sth** razem z kimś/czymś); **you can ~ all those items together under one heading** możesz dać to wszystko razem pod jednym nagłówkiem; **they can't all be ~ed together as reactionaries** nie można ich wszystkich wrzucać do jednego worka jako reakcjonistów
III *vi* [1] US (become lumpy) *[sauce]* zbi|ć, -jać się w grudki [2] (also **~ along)** wlec się
IDIOMS: **to get** or **take one's ~s** US zebrać cięgi, dostać wycisk infml; **to give sb their ~s** US dać komuś wycisk infml; **a ~ in one's throat** ściśnięte gardło; **to bring a ~ to one's throat** chwytać za gardło fig; **I'll have to ~ it** infml będę musiał jakoś to przełknąć infml; **like it or ~ it** czy się podoba, czy też nie

lumpectomy /lʌmˈpektəmɪ/ *n* wycięcie *n* guzka piersi

lumpen /ˈlʌmpn/ *adj* dat gamoniowaty

lumpenproletariat /ˌlʌmpənˌprəʊlɪˈteərɪət/ *n* lumpenproletariat *m*

lumpfish /ˈlʌmpfɪʃ/ *n* (*pl* **~, ~es)** tasza *f*, zając *m* morski

lumpfish roe *n* ikra *f* taszy

lumpish /ˈlʌmpɪʃ/ *adj* [1] (stupid) głupawy, gamoniowaty [2] (heavy in appearance) *[person]* zwalisty; *[object]* masywny [3] (full of lumps) *[sauce]* grudkowaty

lumpsucker /ˈlʌmpsʌkə(r)/ *n* = **lumpfish**

lump sugar *n* cukier *m* w kostkach

lump sum *n* [1] Comm (complete payment) pełna kwota *f (wypłacona jednorazowo)*; (decided in advance) ryczałt *m*; **you will get $500 in a ~** otrzymasz jednorazowo or ryczałtem 500 dolarów [2] Insur ryczałt *m*

lump sum payment *n* Insur wypłata *f* jednorazowa

lump work *n* praca *f* dorywcza *(według stawki ryczałtowej)*

lumpy /ˈlʌmpɪ/ *adj [sauce]* grudkowaty; *[bed, ground]* nierówny; *[face]* pokryty guzami, guzowaty; **my sauce has gone ~** porobiły mi się grudki w sosie

lunacy /ˈluːnəsɪ/ *n* [1] Med, Jur dat obłęd *m*, obłąkanie *n* [2] fig szaleństwo *n* fig; **it would be sheer ~ to turn down this offer** odrzucenie tej propozycji byłoby czystym szaleństwem

lunar /ˈluːnə(r)/ *adj [rock, sea, orbit, landscape]* księżycowy; **~ eclipse** zaćmienie księżyca; **~ landing** lądowanie na księżycu; **~ module** lądownik księżycowy; **~ month** miesiąc gwiezdny or syderyczny

lunatic /ˈluːnətɪk/ **I** *n* [1] Med dat obłąkan|y *m*, -a *f* [2] fig szaleniec *m* fig
II *adj* Med, Jur obłąkany; fig *[person, behaviour]* szalony; *[idea, proposal]* wariacki

lunatic asylum *n* dat zakład *m* dla umysłowo chorych

lunatic fringe *n* **the ~** oszołomy *m pl* infml pej

lunch /lʌntʃ/ **I** *n* lunch *m*; **to have ~** zjeść lunch; **to eat sth for ~** zjeść coś na lunch; **I often go out for ~** często jadam lunch na mieście; **he took me out for** or **to ~** zabrał mnie na lunch do restauracji; **come round for ~** przyjdź na lunch; **she's gone to ~, she's at ~** wyszła na lunch; **to close for ~** zamykać w porze lunchu, mieć przerwę obiadową; **this restaurant does good/cheap ~es** w tej restauracji można zjeść dobry lunch/tanio zjeść lunch
II *vi* z|jeść lunch; **we ~ed on** or **off champagne and strawberries** na lunch mieliśmy szampana i truskawki
IDIOMS: **out to ~** infml szurnięty infml; **there's no such thing as a free ~** nie ma nic za darmo

lunch basket *n* pojemnik *m* na jedzenie

lunchbox /ˈlʌntʃbɒks/ *n* [1] (for food) pojemnik *m* na kanapki [2] GB vinfml (male genitals) przyrodzenie *n* infml; **a man with an impressive ~** mężczyzna szczodrze obdarzony przez naturę euph

lunchbreak /ˈlʌntʃbreɪk/ *n* przerwa *f* obiadowa

luncheon /ˈlʌntʃən/ *n* fml uroczysty lunch *m*

luncheon meat *n* mielonka *f*

luncheon voucher, LV *n* talon *m* na lunch

lunch hour *n* przerwa *f* na lunch

lunchtime /ˈlʌntʃtaɪm/ **I** *n* pora *f* lunchu
II *modif [news, edition, drink]* w porze lunchu; *[speech]* wygłoszony podczas lunchu

lung /lʌŋ/ **I** *n* płuco *n*; **he thought his ~s would burst** myślał, że płuca mu rozerwie; **to have a good pair of ~s** hum mieć silne gardło; **at the top of one's ~s** hum na całe gardło
II *modif [disease]* płucny; **~ transplant** przeszczep płuca

lung cancer *n* rak *m* płuc

lunge[1] /lʌndʒ/ **I** *n* [1] (movement) gwałtowny ruch *m* do przodu; **to make a ~ for sb /sth** rzucić się na kogoś/coś; **he made a ~ towards the door** rzucił się w stronę drzwi [2] (in fencing) pchnięcie *n* z wypadem
II *vi* [1] rzucić się **(at sb/sth** na kogoś/coś); **to ~ forward** rzucić się do przodu [2] (in fencing) wykon|ać, -ywać pchnięcie, z|robić wypad

lunge[2] /lʌndʒ/ **I** *n* Equest lonża *f*
II *vt* prowadzić na lonży *[horse]*

lungfish /ˈlʌŋfɪʃ/ *n* ryba *f* dwudyszna

lung-power /ˈlʌŋpaʊə(r)/ *n* siła *f* głosu

lung specialist *n* pulmonolog *m*

lunk /lʌŋk/ *n* US infml przygłup *m*

lunkhead /ˈlʌŋkhed/ *n* = **lunk**

lunula /ˈluːnjʊlə, US ˈluːnʊlə/ *n* (*pl* **lunulae)** [1] (crescent) półksiężyc *m* [2] Anat obłączek *m*

lupin GB, **lupine** US /ˈluːpɪn/ **I** *n* łubin *m*
II *modif* łubinowy

lupine[1] /ˈluːpən/ *n* US = **lupin**

lupine[2] /ˈluːpaɪn/ *adj* (wolfish) wilczy

lurch[1] /lɜːtʃ/ **I** *n* [1] (of vehicle) szarpnięcie *n*; **to give a ~** *[vehicle]* szarpnąć; *[boat]* zakołysać (się) [2] fig (sudden change) zwrot *m*; **the party's ~ to the left** gwałtowny zwrot partii na lewo
II *vi* [1] (move unsteadily) *[person]* iść chwiej-

nym krokiem or zataczając się; *[vehicle]* przechyl|ić, -ać się; *[boat]* zakołysać; **to ~ forward** *[person]* polecieć do przodu; *[car, train]* szarpnąć do przodu; **the car ~ed to a sudden halt** samochód zahamował gwałtownie; **he came ~ing towards me** podszedł do mnie, zataczając się; **to ~ to one's feet** zerwać się na równe nogi; **his heart** or **stomach ~ed at the thought** serce mu zamarło or ścisnęło go w żołądku na myśl o tym [2] fig **to ~ to the left/right** Pol zrobić zwrot w lewo/w prawo fig; **to ~ away from sth** nagle wycofać się z czegoś or odejść od czegoś; **to ~ from one topic to another** przeskakiwać z tematu na temat; **to ~ from one job to another** często zmieniać pracę; **to ~ from one disaster to the next** wpadać z jednego nieszczęścia w drugie; **to ~ from one extreme to the other** popadać z jednej skrajności w drugą

lurch² /lɜːtʃ/ *n* **to leave sb in the ~** zostawić kogoś na lodzie

lurcher /ˈlɜːtʃə(r)/ *n* GB (dog) mieszaniec *m* charta z owczarkiem szkockim

lure /lʊə(r)/ **I** *n* [1] (attraction) powab *m*, urok *m* **(of sth** czegoś) [2] Hunt wabik *m*; Fishg przynęta *f*
II *vt* z|wabić, z|nęcić **(with sth** czymś); **to ~ sb into a trap** zwabić kogoś w pułapkę; **to ~ sb into doing sth** podkusić kogoś do zrobienia czegoś; **he was ~d by the offer of a higher salary** skusiła go propozycja wyższych zarobków; **they ~d him out of his house** wywabili go z domu; **to ~ sb away from his/her studies** odciągać kogoś od nauki

lurex® /ˈlʊəreks/ **I** *n* lureks *m*
II *modif [dress]* z lureksu

lurgy /ˈlɜːgɪ/ *n* GB infml **the dreaded ~** okropne choróbsko *n* infml

lurid /ˈlʊərɪd/ *adj* [1] (sensational) *[details, description]* drastyczny; *[imagination]* chory; *[past]* ciemny [2] (garish) *[colour]* krzykliwy; *[garment]* jaskrawy [3] (glowing) *[sky, sunset]* krwawy [4] liter (pallid) trupio blady

lurk /lɜːk/ **I** *vi* [1] (be present) *[person, animal, danger]* czaić się; *[suspicion, prejudice, hatred]* tlić się [2] (in a chatroom) śledzić przebieg rozmowy internetowej
II lurking *pp adj [doubt, fear, suspicion]* dręczący

lurker /ˈlɜːkə(r)/ *n* (in a chatroom) bierny uczestnik *m* rozmowy internetowej

luscious /ˈlʌʃəs/ *adj* [1] *[taste, food, car, dress]* pyszny; *[woman, blonde]* ponętny; *[man]* pociągający [2] (juicy, sweet) *[fruit]* soczysty; (excessively sweet) *[colour, sound]* przesłodzony; *[style]* nazbyt kwiecisty

lush¹ /lʌʃ/ *adj* [1] *[vegetation, growth, grass]* bujny; *[valley]* porośnięty bujną roślinnością [2] *[hotel, restaurant]* luksusowy; *[carpet, upholstery]* puszysty; **a ~ Hollywood production** widowiskowa produkcja hollywoodzka

lush² /lʌʃ/ *n* vinfml opój *m*, moczymorda *m* infml

lust /lʌst/ **I** *n* żądza *f* liter **(for sth** czegoś); (sexual) pożądanie *n*; (deadly sin) nieczystość *f*; **the ~ for power** żądza władzy
II *vi* **to ~ after** or **for sb/sth** pożądać or pragnąć kogoś/czegoś

luster *n* US = **lustre**

lustful /ˈlʌstfl/ *adj* pożądliwy, lubieżny

lustfully /ˈlʌstfəlɪ/ *adv* pożądliwie, lubieżnie

lustfulness /ˈlʌstfəlnɪs/ *n* pożądliwość *f*, lubieżność *f*

lustily /ˈlʌstɪlɪ/ *adv [cheer, sing]* gromko, donośnie; *[pull, haul]* mocno, krzepko

lustre GB, **luster** US /ˈlʌstə(r)/ *n* [1] (of silver, hair) połysk *m*; (of eyes) blask *m* [2] fig blask *m* fig; **her singing added ~ to the whole production** jej śpiew przydał blasku całemu spektaklowi

lustreless GB, **lusterless** US /ˈlʌstəlɪs/ *adj [pearls]* matowy; *[hair, silver]* bez połysku; *[eyes]* pozbawiony blasku

lustreware GB, **lusterware** US /ˈlʌstəweə(r)/ *n* ceramika *f* powlekana szkliwem o metalicznym połysku

lustrous /ˈlʌstrəs/ *adj* liter lśniący

lusty /ˈlʌstɪ/ *adj [person]* krzepki, pełen wigoru; *[cheer, voice]* gromki, donośny; *[meal]* obfity; **he has a ~ appetite** on ma wilczy apetyt

lute /luːt/ *n* lutnia *f*

lutenist /ˈluːtənɪst/ *n* lutnist|a *m*, -ka *f*

lutetium /luːˈtiʃɪəm/ *n* lutet *m*

Lutheran /ˈluːθərən/ **I** *n* luteran|in *m*, -ka *f*
II *adj* luterański

Lutheranism /ˈluːθərənɪzəm/ *n* luteranizm *m*

luv /lʌv, lʊv/ *n* GB infml (form of address) kochaniutk|i *m*, -a *f*; **~, Sue** (at end of letter) całuję, Sue

luvvy /ˈlʌvɪ/ *n* GB infml hum ≈ czaruś *m* *(aktor lub aktorka zachowujący się w sposób nazbyt wylewny)*

Luxembourg /ˈlʌksəmbɜːg/ *prn* Luksemburg *m*; **the Grand Duchy of ~** Wielkie Księstwo Luksemburga

luxuriance /lʌgˈzjʊərɪəns/ *n* (of plants, hair) bujność *f*; (of valley, garden) bujna roślinność *f*

luxuriant /lʌgˈzjʊərɪənt/ *adj* [1] *[plants, greenery, hair]* bujny; *[garden, valley]* porosły bujną roślinnością [2] fig *[style, prose]* kwiecisty

luxuriate /lʌgˈzjʊərɪeɪt/ *vi* **to ~ in sth** *[person]* rozkoszować się czymś; **plants ~ in this climate** rośliny bujnie rozwijają się w tym klimacie

luxurious /lʌgˈzjʊərɪəs/ *adj [apartment, car, furnishing]* luksusowy, komfortowy; *[bath, warmth]* rozkoszny; **people with ~ tastes** ludzie gustujący w luksusach; **the cat had a long ~ stretch** kot przeciągnął się z lubością

luxuriously /lʌgˈzjʊərɪəslɪ/ *adv [furnish, decorate]* luksusowo, komfortowo; *[live]* w luksusie; *[stretch, yawn]* z lubością

luxuriousness /lʌgˈzjʊərɪəsnɪs/ *n* (of flat, hotel) komfort *m*; (of hot bath) rozkosz *f*

luxury /ˈlʌkʃərɪ/ **I** *n* luksus *m*, zbytek *m*; **to have** or **enjoy the ~ of doing sth** pozwolić sobie na luksus zrobienia czegoś; **a life of ~** życie w luksusie; **in (the lap of) ~** w (wielkim) luksusie, w zbytku
II *modif [accommodation, hotel]* luksusowy; *[room]* luksusowo urządzony; *[product]* luksusowy; **~ items** przedmioty zbytku

LV *n* GB → **luncheon voucher**

LW *n* Radio = **long wave** fale *f pl* długie

lycanthropy /laɪˈkænθrəpɪ/ *n* wilkołactwo *n*, urojenie *n* wilkołactwa

lyceum /laɪˈsiːəm/ *n* [1] (hall) audytorium *n* [2] US (organization) instytucja *f* kulturalna

lychee /ˈlaɪtʃiː, ˌlaɪˈtʃiː/ *n* śliwka *f* liczi

lychgate /ˈlɪtʃgeɪt/ *n* brama *f* cmentarna *(kryta dachem)*

Lycra® /ˈlaɪkrə/ *n* lycra *f*

lye /laɪ/ *n* Chem ług *m*

lying /ˈlaɪɪŋ/ **I** *prp* → **lie¹**
II *n* kłamstwo *n*, łganie *n*
III *adj* kłamliwy; **you ~ bastard!** infml ty kłamliwy draniu! infml

lying-in /ˌlaɪɪŋˈɪn/ *n* dat połóg *m*

lymph /lɪmf/ *n* limfa *f*, chłonka *f*

lymphangitis /ˌlɪmfænˈdʒaɪtɪs/ *n* Med zapalenie *n* naczyń chłonnych

lymphatic /lɪmˈfætɪk/ *adj* limfatyczny

lymphatic drainage (massage) *n* masaż *m* limfatyczny

lymph node *n* węzeł *m* chłonny or limfatyczny

lymphocyte /ˈlɪmfəsaɪt/ *n* limfocyt *m*, krwinka *f* biała

lymphocytosis /ˌlɪmfəʊsaɪˈtəʊsɪs/ *n* Med limfocytoza *f*

lymphography /lɪmˈfɒgrəfɪ/ *n* limfografia *f*

lymphoid /ˈlɪmfɔɪd/ *adj* limfoidalny, limfatyczny

lymphosarcoma /ˌlɪmfəʊsɑːˈkəʊmə/ *n* mięsak *m* limfatyczny

lynch /lɪntʃ/ *vt* z|linczować

lynching /ˈlɪntʃɪŋ/ *n* samosąd *m*, lincz *m*

lynch law *n* prawo *m* linczu

lynch mob *n* zgraja *f* dokonująca samosądu

lynx /lɪŋks/ *n* **(***pl* **~, -xes)** ryś *m*

lynx-eyed /ˈlɪŋksaɪd/ *adj [person]* o przenikliwym spojrzeniu

Lyons /ˈliːɔːŋ/ *prn* Lyon *m*

lyophilize /laɪˈɒfɪlaɪz/ *vt* liofilizować

lyre /ˈlaɪə(r)/ *n* lira *f*

lyrebird /ˈlaɪəbɜːd/ *n* lirogon *m*

lyric /ˈlɪrɪk/ **I** *n* liryk *m*, utwór *m* liryczny
II lyrics *npl* słowa *n pl*, tekst *m* (piosenki)
III *adj* Mus, Literat liryczny; **a ~ poet** liryk, poeta liryczny; **~ poetry** poezja liryczna, liryka

lyrical /ˈlɪrɪkl/ *adj* [1] *[writing, work of art]* liryczny [2] (enthusiastic) przejęty; **to become** or **wax ~** mówić z przejęciem; **to wax ~ on** or **about sb/sth** rozpływać się nad kimś/czymś

lyrically /ˈlɪrɪklɪ/ *adv* [1] Literat lirycznie [2] (with enthusiasm) z przejęciem

lyricism /ˈlɪrɪsɪzəm/ *n* [1] Literat liryzm *m*; liryka *f* ra [2] (eagerness) przejęcie *n*

lyricist /ˈlɪrɪsɪst/ *n* autor *m*, -ka *f* słów; tekściarz *m* infml

lyric-writer /ˈlɪrɪkraɪtə(r)/ *n* autor *m*, -ka *f* słów; tekściarz *m* infml

lysergic acid diethylamide, LSD /laɪˌsɜːdʒɪkˌæsɪddaɪˌeθɪˈleɪmaɪd/ *n* dietyloamid *m* kwasu d-lizergowego, LSD *n inv*

M

m, M /em/ *n* 1 (letter) m, M *n* 2 **m** = **metre(s)** GB, **meter(s)** US metr *m*; m 3 **M** = **motorway** autostrada *f*; **on the M3** na autostradzie M3 4 **m** = **mile(s)** mila *f*; m. 5 = **million** milion *m*, mln

ma /mɑː/ *n* infml mama *f* infml

MA *n* 1 = **Master of Arts** ≈ magister *m* nauk humanistycznych, mgr 2 US Post = **Massachusetts**

ma'am /mæm, mɑːm/ → **madam** 1

mac /mæk/ *n* GB infml = **mackintosh** płaszcz *m* od deszczu or przeciwdeszczowy

macabre /məˈkɑːbrə/ *adj* makabryczny

macadam /məˈkædəm/ *n* makadam *m*

macaroni /ˌmækəˈrəʊnɪ/ *n* makaron *m* rurki

macaronic /ˌmækəˈrɒnɪk/ *adj* makaroniczny

macaroni cheese *n* makaron *m* rurki zapiekany z serem

macaroon /ˌmækəˈruːn/ *n* (biscuit) makaronik *m*

macaw /məˈkɔː/ *n* ara *f*

mace¹ /meɪs/ *n* (spice) gałka *f* muszkatołowa

mace² /meɪs/ *n* 1 (ceremonial staff) buława *f* 2 (weapon) maczuga *f*

Mace® /meɪs/ **I** *n* gaz *m* łzawiący

II *vt* (also **mace**) uży|ć -wać gazu łzawiącego przeciwko (komuś) *[crowd]*

Macedonia /ˌmæsɪˈdəʊnɪə/ *prn* Macedonia *f*

Macedonian /ˌmæsɪˈdəʊnɪən/ **I** *n* 1 (person) Macedo|ńczyk *m*, -nka *f* 2 Ling (język *m*) macedoński *m*

II *adj* macedoński

macerate /ˈmæsəreɪt/ **I** *vt* z|macerować

II *vi* macerować się

Mach /mɑːk, mæk/ *n* Phys, Aviat mach *m*; **~ one/two** jeden mach/dwa machy

macher /ˈmɑːxə(r)/ *n* US vinfml ważniak *m* infml

machete /məˈtʃetɪ, US məˈʃetɪ/ *n* maczeta *f*

Machiavelli /ˌmækɪəˈvelɪ/ *prn* Machiavelli *m*

Machiavellian /ˌmækɪəˈvelɪən/ *adj* makiaweliczny

machination /ˌmækɪˈneɪʃn, ˌmæʃ-/ *n* machinacja *f*

machine /məˈʃiːn/ **I** *n* 1 (piece of equipment) maszyna *f* **(for doing sth** do robienia czegoś); **sewing ~** maszyna do szycia; **washing ~** pralka; **to operate a ~** obsługiwać maszynę; **by ~** maszynowo 2 fig (apparatus) aparat *m*, machina *f*; **electoral ~** machina wyborcza; **the Conservative Party ~** aparat partyjny konserwatystów

II *vt* Tech obr|obić, -abiać *[part]*; (in sewing) u|szyć na maszynie *[dress]*; podszy|ć, -wać na maszynie *[hem]*; obszy|ć, -wać na maszynie *[buttonholes]*

machine age *n* wiek *m* maszyn

machine-assisted translation, MAT /məˌʃiːnəsɪstɪdtrænzˌleɪʃn/ *n* tłumaczenie *n* wspomagane komputerowo

machine code *n* Comput kod *m* maszynowy

machine gun I *n* karabin *m* maszynowy

II machine-gun *vt* (*prp*, *pt*, *pp* **-nn-**) (fire at) ostrzel|ać, -iwać; (kill) zastrzelić

machine intelligence *n* sztuczna inteligencja *f*

machine language *n* Comput język *m* maszynowy

machine-made /məˌʃiːnˈmeɪd/ *adj [goods]* wykonany maszynowo; *[button-holes]* obszyty maszynowo

machine operator *n* Tech operator *m* *(obsługujący maszynę)*

machine-readable /məˌʃiːnˈriːdəbl/ *adj* Comput *[data, text]* odczytywalny maszynowo or komputerowo; *[passport]* z identyfikatorem cyfrowym; **in ~ form** w postaci umożliwiającej odczyt komputerowy

machinery /məˈʃiːnərɪ/ *n* 1 (equipment) maszyny *f pl*; **a piece of ~** urządzenie; **heavy ~** maszyny ciężkie 2 (working parts) mechanizm *m*; **the ~ of justice** fig machina sprawiedliwości fig 3 fig (system) aparat *m*; **the state ~** aparat państwowy; **the ~ of government** aparat władzy; **the ~ to deal with pollution** zespół środków do walki z zanieczyszczeniem środowiska; **the ~ to settle industrial disputes** mechanizm rozwiązywania sporów zbiorowych

machine shop *n* Tech warsztat *m* mechaniczny

machine stitch I *n* ścieg *m* maszynowy

II machine-stitch *vt* przeszy|ć, -wać na maszynie

machine tool *n* obrabiarka *f*

machine tool operator *n* operator *m* obrabiarki

machine translation, MT *n* tłumaczenie *n* komputerowe

machine-washable /məˌʃiːnˈwɒʃəbl, US -ˈwɔːʃ-/ *adj* (nadający się) do prania w pralce

machinist /məˈʃiːnɪst/ *n* operator *m*, -ka *f* maszyny

machismo /məˈtʃɪzməʊ, -ˈkɪzməʊ/ *n* męskość *f*; samcza siła *f* pej

Mach number *n* liczba *f* Macha

macho /ˈmætʃəʊ/ **I** *n* pej macho *m inv*

II *adj* 1 *[behaviour, attitudes, appearance]* macho; **a real ~ man** prawdziwy macho, stuprocentowy mężczyzna *m*

macintosh *n* = **mackintosh**

mackerel /ˈmækrəl/ *n* (*pl* **~, ~s**) makrela *f*

mackerel sky *n* baranki *m pl* na niebie

mackintosh /ˈmækɪntɒʃ/ *n* płaszcz *m* od deszczu, płaszcz *m* przeciwdeszczowy

macramé /məˈkrɑːmɪ/ **I** *n* makrama *f*

II *modif [belt, wall hanging]* wykonany techniką makramy; **~ work** makrama

macro /ˈmækrəʊ/ **I** *n* Comput makropolecenie *n*; makro *n* infml; **to set up a ~** utworzyć makro

II macro+ *in combinations* makro-

macrobiotic /ˌmækrəʊbaɪˈɒtɪk/ *adj* makrobiotyczny

macrobiotics /ˌmækrəʊbaɪˈɒtɪks/ *n* (+ *v sg*) makrobiotyka *f*

macrocephalic /ˌmækrəʊsɪˈfælɪk/ *adj* Med wielkogłowy, makrocefaliczny

macrocephaly /ˌmækrəʊˈsefəlɪ/ *n* Med wielkogłowie *n*, makrocefalia *f*

macrocosm /ˈmækrəʊkɒzəm/ *n* makrokosmos *m*

macroeconomic /ˌmækrəʊiːkəˈnɒmɪk, -ekə-/ *adj* makroekonomiczny

macroeconomics /ˌmækrəʊiːkəˈnɒmɪks, -ekə-/ *n* (+ *v sg*) makroekonomia *f*

macrolinguistics /ˌmækrəʊlɪŋˈgwɪstɪks/ *n* (+ *v sg*) makrolingwistyka *f*

macron /ˈmækrɒn/ *n* znak *m* długości samogłoski

macrophage /ˈmækrəʊfeɪdʒ/ *n* makrofag *m*

macrophotography /ˌmækrəʊfəˈtɒgrəfɪ/ *n* makrofotografia *f*

macroscopic /ˌmækrəʊˈskɒpɪk/ *adj* makroskopijny, makroskopowy

macula /ˈmækjʊlə/ *n* (*pl* **-lae, -las**) Anat plamka *f*, plama *f*

mad /mæd/ *adj* 1 (insane) *[person]* szalony, obłąkany; (enraged) *[bull]* rozjuszony; *[dog]* rozwścieczony; **to be ~ with grief/joy /pain** szaleć z rozpaczy/radości/bólu; **you must be ~!** infml chyba oszalałeś! infml; **are you/is he ~?** infml czyś ty/czy on oszalał? infml; **to go ~** (insane) oszaleć, zwariować; **it's bureaucracy gone ~** fig to biurokracja doprowadzona do absurdu; **don't go ~ with the salt** fig tylko nie przesadzaj z solą 2 (foolish) *[idea, scheme]* szalony; *[hope, feeling]* idiotyczny infml; **you'd be ~ to give up your job** byłbyś szalony, gdybyś rzucił pracę; **what a ~ thing to say!** co za głupoty! infml; **to go ~** infml (spend money) zaszaleć infml 3 (angry) *[person]* wściekły infml; **to be ~ at** or **with sb** być wściekłym na kogoś; **to get ~ at** or **with sb** wściec się na kogoś; **they are ~ at us for coming back**

late są wściekli na nas, że późno wróciliśmy; **to be ~ about sth** wściekać się o coś; **to be ~ (that)...** być wściekłym, że...; **she'd be ~ if she knew** wściekłaby się, gdyby wiedziała; **to go ~** infml wpaść w furię; **it makes me ~ to think of it!** sama myśl o tym doprowadza mnie do szału!; **he drives me ~** on doprowadza mnie do szału [4] infml (enthusiastic) **to be ~ about** or **on sb/sth** szaleć za kimś/czymś mieć bzika or fioła na punkcie kogoś /czegoś infml *[person, hobby, sport, music]*; **I'm not ~ on the idea** nie jestem zachwycony tym pomysłem; **he's ~ about this girl** szaleje za tą dziewczyną; **he's not ~ about the teacher/about fish** nie przepada za tym nauczycielem/za rybami; **to be horse-/football-/movie- ~** mieć bzika na punkcie koni/piłki nożnej/kina; **she's money-~!** ona kocha pieniądze! [5] (frantic) *[dash, panic, race, traffic]* obłędny, szalony; **to be ~ for sth** rzucić się na coś *[food, goods]*; **to be in a ~ rush** być w szalonym pośpiechu; **it was a ~ scramble to finish on time** to był szaleńczy wyścig z czasem; **we made a ~ dash for the bus** pędziliśmy jak szaleni, żeby zdążyć na autobus

IDIOMS: **to work/laugh/run like ~** pracować/śmiać się/pędzić jak szalony

MAD *n* = **mutual assured destruction** Pol wzajemne zagwarantowane zniszczenie *n*

Madagascar /ˌmædəˈgæskə/ *prn* Madagaskar *m*; **in ~** na Madagaskarze

madam /ˈmædəm/ *n* [1] (also **Madam)** (as title) Pani *f*; (form of address) proszę pani; **Madam Chairman** Pani Przewodnicząca; **Dear Madam, I am writing to inform you that...** Szanowna Pani! Pragnę poinformować Panią, że... [2] GB infml (young woman) (stuck-up) udzielna księżniczka *f* or księżna *f* fig iron; (cheeky) dziewuszysko *n* infml [3] (in brothel) burdelmama *f* infml

madcap /ˈmædkæp/ **I** *n* oryginał *m*, ekscentry|k *m*, -czka *f*, dziwa|k *m*, -czka *f*
II *adj [person, scheme, idea]* zwariowany infml

mad cow disease *n* choroba *f* szalonych krów

madden /ˈmædn/ *vt* doprowadz|ić, -ać do szału *[person]*; rozwściecz|yć, -ać *[dog, tiger]*; rozjusz|yć, -ać *[elephant, bull]*; **~ed with/by pain** oszalały z bólu; **it ~s me to read about it** wściekam się, kiedy o tym czytam

maddening /ˈmædnɪŋ/ *adj* nieznośny, nie do wytrzymania; **it was really ~ to have to wait so long** można się było wściec, czekając tyle czasu

maddeningly /ˈmædnɪŋlɪ/ *adv* nieznośnie, irytująco; **a ~ superior tone** irytujący ton wyższości; **he's always ~ late** on zawsze nieznośnie się spóźnia

made /meɪd/ **I** *pt, pp* → **make**
II *adj* **to be ~** być ustawionym infml; **he's a ~ man** jest dobrze ustawiony
III -made *in combinations* **foreign-~ goods** towary pochodzenia zagranicznego; **Italian-/French-~** produkcji włoskiej /francuskiej

IDIOMS: **he's got it ~** infml ma sukces w kieszeni

Madeira /məˈdɪərə/ *prn* [1] Geog Madera *f* **in ~** na Maderze [2] (wine) madera *f*

Madeira cake *n* GB Culin *rodzaj tortu biszkoptowego*

made-to-measure /ˌmeɪdtəˈmeʒə(r)/ *adj [garment]* szyty na miarę

made-to-order /ˌmeɪdtəˈɔːdə(r)/ *adj [garment, furniture]* zrobiony na zamówienie or obstalunek dat; *[dish]* przyrządzony na zamówienie

made-up /ˌmeɪdˈʌp/ *adj* [1] (wearing make-up) *[eyes, face]* umalowany; **heavily ~** mocno wymalowany [2] (invented) *[story]* zmyślony [3] *[road]* o twardej nawierzchni [4] *[garment]* gotowy [5] GB infml (delighted) uszczęśliwiony

madhouse /ˈmædhaʊs/ *n* infml [1] dat zakład *m* dla obłąkanych [2] (uproar) dom *m* wariatów infml fig; **this place is a ~!** to (istny) dom wariatów!

Madison Avenue /ˌmædɪsnˈævɪnjuː, US -nuː/ *prn ulica w Nowym Jorku, centrum amerykańskiego przemysłu reklamowego*

madly /ˈmædlɪ/ *adv* [1] (frantically) *[scribble, gesticulate, rush around]* jak szalony, nieprzytomnie [2] (extremely) *[amusing, exciting, extravagant, jealous, interested]* szalenie; **~ in love (with sb)** zakochany do szaleństwa (w kimś), szaleńczo zakochany (w kimś)

madman /ˈmædmən/ *n* (*pl* **-men)** infml wariat *m* also fig

madness /ˈmædnɪs/ *n* obłęd *m*, szaleństwo *n* also fig; **it is/it would be ~ to attempt to do it** to szaleństwo/byłoby szaleństwem porywać się na coś takiego; **it was ~ for him to ignore the warning** zlekceważenie tego ostrzeżenia było z jego strony szaleństwem

IDIOMS: **there's method in his ~** w tym szaleństwie jest metoda; **that way ~ lies** liter to prosta droga do szaleństwa

madonna /məˈdɒnə/ *n* [1] **the Madonna** (Virgin Mary) Madonna *f* [2] (picture, figure) Madonna *f*; (woman) madonna *f*

Madras /məˈdræs/ *prn* Madras *m*

madras /məˈdræs/ **I** *n* [1] (fabric) madras *m* [2] GB Culin ostre curry *n*
II *modif [shirt, scarf]* z madrasu

Madrid /məˈdrɪd/ *prn* Madryt *m*

madrigal /ˈmædrɪgl/ *n* madrygał *m*

madwoman /ˈmædwʊmən/ *n* (*pl* **-women)** infml wariatka *f* also fig

maelstrom /ˈmeɪlstrəm/ *n* wir *m* wodny; (of Norway) malstrom *m*; fig wir *m*; **the ~ of war** zawierucha wojenna

maestro /ˈmaɪstrəʊ/ *n* (*pl* **-tri, -tros)** maestro *m*

mae west, Mae West /ˌmeɪ ˈwest/ *n* dat nadmuchiwana kamizelka *f* ratunkowa

MAFF *n* GB = **Ministry of Agriculture, Fisheries and Food** Ministerstwo Rolnictwa, Rybołówstwa i Żywności

mafia, Mafia /ˈmæfɪə, US ˈmɑː-/ **I** *n* **the ~** mafia *f* also fig
II *modif [gangster, killing]* mafijny; **Mafia activity** działalność mafii; **mafia activity** działalność mafijna

mafioso /ˌmæfɪˈəʊsəʊ/ *n* (*pl* **-si, -sos)** mafioso *m*

mag /mæg/ *n* infml = **magazine** [1]

magazine /ˌmægəˈziːn/ *n* [1] Journ magazyn *m*, czasopismo *n*; **computer ~** czasopismo komputerowe; **fashion/photography ~** magazyn mody/fotograficzny; **women's ~** magazyn dla kobiet, czasopismo kobiece; **monthly ~** miesięcznik [2] (on radio, TV) magazyn *m* [3] (of gun, camera) magazynek *m* [4] (arms store) magazyn *m*, skład *m* broni /amunicji

magenta /məˈdʒentə/ **I** *n* kolor *m* fuksji
II *adj [blouse]* w kolorze fuksji

Maggiore /ˌmædʒɪˈɔːrɪ/ *prn* **Lake ~** jezioro *n* Maggiore

maggot /ˈmægət/ *n* czerw *m*; (in fruit, for fishing) robak *m*

maggoty /ˈmægətɪ/ *adj [cheese, meat]* z robakami; *[fruit]* robaczywy

Maghreb /ˈmʌgrəb/ *prn* **the ~** Maghreb *m*

Maghrebi /ˈmʌgrəbɪ/ **I** *n* (*pl* **~)** mieszka|niec *m*, -ka *f* Maghrebu
II *adj* maghrebski

Magi /ˈmeɪdʒaɪ/ *npl* **the ~** Trzej Królowie *m pl*, Trzej Mędrcy *m pl* ze Wschodu

magic /ˈmædʒɪk/ **I** *n* [1] (supernatural power) czary *m pl*, magia *f*; **to believe in ~** wierzyć w czary; **as if by ~** jak za dotknięciem czarodziejskiej różdżki; **to practise ~** uprawiać magię; **it works like ~!** działa cudownie!; **to work ~** czynić cuda; **black/white ~** czarna/biała magia; **to do sth by ~** zrobić coś za pomocą czarów [2] (illusory tricks) sztuczki *f pl* magiczne [3] (enchantment) (of theatre, circus, place) magia *f*; (of countryside, room) urok *m*; (of person) czar *m*; **the place has lost its ~ for me** to miejsce straciło dla mnie cały urok
II *adj* [1] magiczny; **she has a ~ touch with the children** ma znakomite podejście do dzieci; **the Magic Flute** „Czarodziejski flet" [2] infml (wonderful, exciting) cudowny, fantastyczny; **it was ~!** było cudownie!
III *vt* (*prp, pt, pp* **-ck-) to ~ sth up** wyczarować coś; **to ~ sth away** sprawić, że coś w cudowny sposób znika; **troubles /tears are magicked away** kłopoty/łzy znikają jak za dotknięciem czarodziejskiej różdżki

magical /ˈmædʒɪkl/ *adj* [1] (supernatural) *[ritual, object]* magiczny; *[hat, potion]* czarodziejski; *[properties, transformation]* cudowny; **~ powers** magiczna moc [2] (enchanting) *[moment, week, stay, place]* cudowny; **the landscape has a ~ quality** ten krajobraz ma magiczny urok

magically /ˈmædʒɪklɪ/ *adv [disappear, transform]* w magiczny sposób; *[recover]* w cudowny sposób

magical realism *n* = **magic realism**

magic bullet *n* infml cudowny lek *m* also fig

magic carpet *n* latający dywan *m*

magic circle *n* zaklęty krąg *m* fig; grono *n* wtajemniczonych

magic eye *n* oko *n* magiczne

magician /məˈdʒɪʃn/ *n* (wizard) czarnoksiężnik *m*, czarownik *m*, czarodziej *m*, -ka *f*; (conjurer) magik *m*, sztukmistrz *m*, iluzjonist|a *m*, -ka *f*

magic lantern *n* latarnia *f* magiczna

Magic Marker® *n* marker *m*

magic mushroom *n* grzyb *m* halucynogenny

magic potion *n* czarodziejski napój *m*; magiczny napój *m*

magic realism *n* Literat realizm *m* magiczny
magic spell *n* (czarodziejskie) zaklęcie *n*
magic square *n* Math kwadrat *m* magiczny
magic wand *n* czarodziejska różdżka *f*
magisterial /ˌmædʒɪˈstɪərɪəl/ *adj* [1] (authoritative) apodyktyczny [2] Jur *[office, duties]* sędziowski
magistracy /ˈmædʒɪstrəsɪ/ *n* Jur [1] (office) urząd *m* sędziego pokoju [2] **the ~** (+ *v sg/pl*) ogół *m* sędziów
magistrate /ˈmædʒɪstreɪt/ *n* Jur sędzia *m* pokoju; **to appear before (the) ~s** stanąć przed sądem pokoju
magistrates' court, Magistrates' Court *n sąd pokoju dla drobnych spraw i wstępnych przesłuchań*
magma /ˈmægmə/ *n* magma *f*
Magna Carta /ˌmægnəˈkɑːtə/ *n* **the ~** Wielka Karta *f* Swobód
magna cum laude /ˌmægnəkʊmˈlaʊdeɪ/ *adv* US Univ **to graduate ~** ukończyć studia z wyróżnieniem
magnanimity /ˌmægnəˈnɪmətɪ/ *n* wielkoduszność *f*, wspaniałomyślność *f*
magnanimous /mægˈnænɪməs/ *adj* wielkoduszny, wspaniałomyślny; **that's very ~ of you!** iron co za wielkoduszność (z twojej strony)! iron
magnanimously /mægˈnænɪməslɪ/ *adv* wielkodusznie, wspaniałomyślnie
magnate /ˈmægneɪt/ *n* magnat *m*, potentat *m*; **press ~** magnat prasowy; **oil ~** potentat naftowy; **property ~** wielki właściciel ziemski; obszarnik dat; **shipping ~** potężny armator
magnesia /mægˈniːʃə/ *n* magnezja *f*
magnesium /mægˈniːzɪəm/ *n* magnez *m*
magnet /ˈmægnɪt/ *n* magnes *m* also fig; **to act as** or **be a ~ for sb** działać na kogoś jak magnes; **this place is a ~ for travellers** to miejsce przyciąga turystów
magnetic /mægˈnetɪk/ *adj* [1] *[pole, needle, properties]* magnetyczny [2] *[personality, smile]* zniewalający; **~ appeal, ~ attraction** nieodparty or zniewalający urok
magnetically /mægˈnetɪklɪ/ *adv* [1] magnetycznie [2] fig nieodparcie
magnetic compass *n* kompas *m* magnetyczny, busola *f* magnetyczna
magnetic disk *n* dysk *m* magnetyczny
magnetic field *n* pole *n* magnetyczne
magnetic north *n* północ *f* magnetyczna
magnetic resonance *n* rezonans *m* magnetyczny
magnetic storm *n* burza *f* magnetyczna
magnetic tape *n* taśma *f* magnetyczna
magnetism /ˈmægnɪtɪzəm/ *n* magnetyzm *m* also fig; **personal ~** urok osobisty; **animal/sexual ~** zwierzęcy/cielesny pociąg
magnetize /ˈmægnɪtaɪz/ *vt* [1] na|magnesować [2] fig urze|c, -kać
magneto /mægˈniːtəʊ/ *n* (*pl* **-tos**) magneto *m*, iskrownik *m*
magnetron /ˈmægnɪtrɒn/ *n* magnetron *m*
magnet school *n* US szkoła *f* z rozszerzonym programem (w określonej dziedzinie)
Magnificat /mægˈnɪfɪkæt/ *n* **the ~** Magnificat *n*
magnification /ˌmægnɪfɪˈkeɪʃn/ *n* powiększenie *n*; **under ~** pod mikroskopem
magnificence /mægˈnɪfɪsns/ *n* (of parade, clothes, building) przepych *m*, świetność *f*, wspaniałość *f*; (of landscape, natural feature) majestat *m*
magnificent /mægˈnɪfɪsnt/ *adj* wspaniały
magnificently /mægˈnɪfɪsntlɪ/ *adv* [1] *[play, perform]* znakomicie [2] *[situated, dressed]* wspaniale
magnify /ˈmægnɪfaɪ/ *vt* [1] *[microscope, lens]* powiększ|yć, -ać [2] (exaggerate) wyolbrzymi|ć, -ać *[problems]*
magnifying glass *n* szkło *n* powiększające
magnitude /ˈmægnɪtjuːd, US -tuːd/ *n* [1] (of problem, decision) waga *f*, ranga *f*; (of epidemic) rozmiar *m*; (of explosion) siła *f*; **of the first ~** najwyższej wagi; **events of tragic ~** wydarzenia o tragicznym wymiarze; **an order of ~** rząd wielkości [2] Astron wielkość *f* (gwiazdowa)
magnolia /mægˈnəʊlɪə/ **I** *n* [1] Bot (also **~ tree**) magnolia *f* [2] (colour) (kolor *m*) kremowobiały *m*
II *adj* kremowobiały
magnum /ˈmægnəm/ *n* [1] (wine) butelka *f* o zawartości półtora litra [2] **magnum**® (gun) magnum *m*
magnum opus /ˌmægnəmˈəʊpəs/ *n* największe dzieło *n*, magnum opus *n inv*
magpie /ˈmægpaɪ/ *n* [1] Zool sroka *f* [2] fig (person) chomik *m* fig hum [3] US (chatterbox) gaduła *m/f*
mag tape /ˌmægˈteɪp/ *n* infml = **magnetic tape**
Magyar /ˈmægjɑː(r)/ **I** *n* [1] (person) Madziar *m*, -ka *f* [2] Ling (język *m*) węgierski *m*
II *adj* madziarski; *[language]* węgierski
maharajah /ˌmɑːhəˈrɑːdʒə/ *n* maharadża *m*
maharani /ˌmɑːhəˈrɑːniː/ *n* maharani *f inv*
maharishi /ˌmɑːhəˈrɪʃɪ/ *n* maharishi *m inv*
mahatma /məˈhætmə/ *n* mahatma *m*; **Mahatma Gandhi** Mahatma Gandhi
mah-jong(g) /ˌmɑːˈdʒɒŋ/ *n* Games madżong *m*
mahogany /məˈhɒgənɪ/ **I** *n* (wood, colour) mahoń *m*; (tree) drzewo *n* mahoniowe, mahoniowiec *m*
II *modif [chair, table, chest]* mahoniowy, z mahoniu
III *adj [hair, colour]* mahoniowy
Mahomet /məˈhɒmɪt/ *prn* = **Mohammed**
Mahometan /məˈhɒmɪtn/ dat **I** *n* mahometan|in *m*, -ka *f*
II *adj* mahometański
mahout /məˈhaʊt/ *n* kornak *m*, mahaut *m*
maid /meɪd/ *n* [1] (in house, hotel) pokojówka *f*; **~ of all work** służąca; **~ of honour** (to queen or princess) dama dworu; (to bride) druhna [2] arch (virgin) dziewica *f*
maiden /ˈmeɪdn/ **I** *n* [1] liter dziewczę *n* liter [2] Turf koń *m*, który nie wygrał żadnej gonitwy [3] (also **~ over**) Sport (in cricket) bezpunktowa seria *f* rzutów
II *adj* (inaugural) *[voyage, flight]* dziewiczy
maiden aunt *n* dat niezamężna ciotka *f*
maidenhair /ˈmeɪdnheə(r)/ *n* (also **~ fern**) Bot adiantum *n*
maidenhead /ˈmeɪdnhed/ *n* arch [1] (virginity) dziewictwo *n* [2] (hymen) błona *f* dziewicza
maidenhood /ˈmeɪdnhʊd/ *n* arch panieństwo *n*
maiden name *n* nazwisko *n* panieńskie
maiden speech *n* pierwsze wystąpienie *n* parlamentarzysty na forum izby
maidservant /ˈmeɪdsɜːvənt/ *n* służąca *f*
mail[1] /meɪl/ **I** *n* [1] (postal service) poczta *f*; **by ~** pocztą; **your cheque is in the ~** (pański) czek wysłaliśmy pocztą [2] (correspondence) korespondencja *f*, poczta *f* [3] (emails) **to check one's ~** sprawdzić pocztę (elektroniczną); **did you get any ~?** przyszła do ciebie jakaś poczta?
II *vt* wys|łać, -yłać *[letter, parcel]*; **to ~ a letter to sb, to ~ sb a letter** wysłać do kogoś list
mail[2] /meɪl/ *n* [1] Mil, Hist plecionka *f* kolcza; **a coat of ~** kolczuga, zbroja kolcza; **gloves of ~** rękawice kolcze [2] Zool pancerz *m*
mailbag /ˈmeɪlbæg/ *n* [1] (for transport) worek *m* pocztowy [2] (of postman) torba *f* na listy [3] (correspondence) poczta *f*, korespondencja *f*
mail bomb *n* US przesyłka *f* pocztowa z materiałem wybuchowym
mailbox /ˈmeɪlbɒks/ *n* US [1] (for posting) skrzynka *f* pocztowa [2] (for delivery) skrzynka *f* na listy [3] (for email) skrzynka *f* odbiorcza
mail car *n* US wagon *m* pocztowy
mail carrier *n* US listonosz *m*, -ka *f*
mail coach *n* [1] Rail wagon *m* pocztowy [2] Hist, Transp dyliżans *m* pocztowy
mail delivery *n* roznoszenie *n* or doręczanie *n* poczty
mailer /ˈmeɪlə(r)/ *n* (envelope) koperta *f*; (container) opakowanie *n* do przesyłki pocztowej
mailing /ˈmeɪlɪŋ/ *n* [1] (dispatch) wysyłka *f* [2] Advertg druki *m pl* reklamowe *(wysyłane pocztą)*
mailing address *n* adres *m* pocztowy
mailing house *n* (company) firma *f* zajmująca się kolportażem druków; (department of company) kancelaria *f (przyjmująca i rozsyłająca korespondencję)*
mailing list *n* Comm lista *f* adresowa; Theat lista *f* abonentów
mailman /ˈmeɪlmæn/ *n* US (*pl* **-men**) listonosz *m*
mail-merge /ˈmeɪlmɜːdʒ/ *n* Comput korespondencja *f* seryjna
mail order /ˈmeɪl ɔːdə(r)/ **I** *n* zamówienie *n* pocztowe; **to sell (by) ~** prowadzić sprzedaż wysyłkową; **to buy (by) ~** kupować w systemie sprzedaży wysyłkowej; **available by ~** dostępny w systemie sprzedaży wysyłkowej
II *modif [business, firm]* wysyłkowy; **~ goods** towary oferowane w systemie sprzedaży wysyłkowej; **~ catalogue** katalog firmy wysyłkowej
mail room *n* kancelaria *f (przyjmująca i rozsyłająca korespondencję)*
mail shot *n* Advertg (material) druki *m pl* reklamowe *(wysyłane pocztą)*; (dispatch) rozsyłanie *n* druków reklamowych; **to do a ~** rozesłać druki reklamowe
mail slot *n otwór w drzwiach wejściowych, przez który listonosz wrzuca listy*
mail train *n* pociąg *m* pocztowy
mail van *n* [1] Rail wagon *m* pocztowy [2] (delivery vehicle) furgonetka *f* pocztowa
maim /meɪm/ **I** *vt* okalecz|yć, -ać
II **maimed** *pp adj [child, soldier]* okaleczony; **~ed for life** okaleczony na całe życie, trwale okaleczony

main /meɪn/ **I** *n* [1] (pipe, conduit) (for water, gas, electricity) magistrala *f*; (for sewage) główny kanał *m* ściekowy; **water/gas/electricity ~** magistrala wodna/gazowa/wysokiego napięcia [2] (network) (also **mains**) (of water) sieć *f* wodociągowa; (of sewage) sieć *f* kanalizacyjna; (of gas, electricity) sieć *f*; **water from the ~s** woda z kranu infml; **first turn the electricity off at the ~s** najpierw zamknij główny wyłącznik prądu; **turn off the water at the ~s** zakręć główny zawór wody; **is the gas switched on at the ~(s)?** czy główny zawór gazu jest odkręcony?; **to work** or **run off the ~(s)** być zasilanym z sieci [3] dat liter (sea) **the ~** otwarte or pełne morze *n*; **on the ~** na otwartym or pełnym morzu [4] arch = **mainland**

II mains *modif [radio, appliance]* sieciowy; **~ gas/electricity** gaz/elektryczność z sieci; **~ plug/lead** wtyczka/kabel do sieci zasilającej; **~ voltage** napięcie w sieci

III *adj [feature, concern, aim, subject, entrance, building, meal, clause]* główny; **the ~ thing is...** najważniejsza rzecz to...; **the ~ thing to remember is not to panic** najważniejsze to nie wpadać w panikę; **that's the ~ thing!** to najważniejsze!

IDIOMS: **in the ~** na ogół, głównie

Main /maɪn/ *prn* **the ~** Men *m*

main bearing *n* Aut łożysko *n* główne

main brace *n* Naut bras *m* grota

main chance *n* wielka szansa *f*

IDIOMS: **to have an eye for** or **to the ~** czekać na wielką szansę

main course *n* danie *n* główne

main deck *n* Naut pokład *m* główny

main drag *n* US infml główny trakt *m*

Maine /meɪn/ *prn* US Maine *n inv*

mainframe /ˈmeɪnfreɪm/ **I** *n* (also **~ computer, ~ processor**) komputer *m* typu mainframe

II *modif [system, network]* scentralizowany

mainland /ˈmeɪnlənd/ **I** *n część terytorium kraju, która znajduje się na lądzie stałym, w odróżnieniu od przynależących wysp*; **on the ~** na lądzie stałym; **regular ferry service to the ~** regularne połączenia promowe z lądem stałym; **the Chinese ~, the ~ of China** Chiny kontynentalne

II *modif* **~ China/Europe** Chiny kontynentalne/Europa kontynentalna; **~ town** miasto położone na lądzie stałym

mainlander /ˈmeɪnləndə(r)/ *n mieszkaniec części kraju położonej na lądzie stałym*

main line I /ˌmeɪnˈlaɪn/ *n* Rail magistrala *f* kolejowa; **on the ~** przy magistrali

II /ˌmeɪnˈlaɪn/ *modif* Rail **~ station** stacja położona przy magistrali kolejowej; **~ train** pociąg jeżdżący magistralą

III mainline /ˈmeɪnlaɪn/ *vt* infml drug addicts' sl szprycować się (czymś) infml *[drug, heroin]*

IV mainline /ˈmeɪnlaɪn/ *vi* infml drug addicts' sl da|ć, -wać sobie w żyłę infml

mainliner /ˈmeɪnlaɪnə(r)/ *n* infml [1] (of drugs) drug addicts' sl narkoman *m*, -ka *f* [2] (person of high status) ważna figura *f* infml

mainly /ˈmeɪnlɪ/ *adv* głównie, przeważnie; **I read novels ~** czytam głównie powieści; **I read/work ~** przeważnie czytam/pracuję; **it's ~ tourists/locals who go there** chodzą tam głównie turyści/miejscowi

main man *n* US infml najlepszy kumpel *m* infml

mainmast /ˈmeɪnmɑːst, US -mæst/ *n* grotmaszt *m*

main memory *n* Comput pamięć *f* główna, pamięć *f* operacyjna

main office *n* (of company, organization) centrala *f*; (of newspaper) siedziba *f* redakcji

main road *n* (through country, region, estate) główna droga *f*; (in town) główna ulica *f*; **the ~ through sth** główna droga przelotowa przez coś; **the ~ out of sth** główna droga wyjazdowa or wylotowa z czegoś; **the ~ into sth** główna droga wjazdowa do czegoś; **off the ~** w bok od głównej drogi

mainsail /ˈmeɪnseɪl/ *n* Naut grotżagiel *m*, grot *m*

main sheet *n* Naut grotszot *m*

mainspring /ˈmeɪnsprɪŋ/ *n* [1] fig (pivotal element) (of movement, process, activity) motor *m*, sprężyna *f* **(of sth** czegoś**)** fig; (of plot, action) główny motyw *m*; (of life) racja *f* bytu [2] (of watch) sprężyna *f* napędowa

mainstay /ˈmeɪnsteɪ/ *n* [1] fig (major element) (person) filar *m* fig **(of sth** czegoś**)**; (thing) podstawa *f* **(of sth** czegoś**)** [2] Naut sztag *m* grotmasztu

mainstream /ˈmeɪnstriːm/ **I** *n* główny nurt *m*; **to be in the ~ of sth** należeć do głównego nurtu czegoś; **outside the ~ of sth** poza głównym nurtem czegoś

II *adj* [1] (main) główny, dominujący [2] (conventional) *[cinema, theatre, writer]* należący do głównego nurtu [3] Sch *[education, curriculum, school]* ≈ ogólnokształcący [4] Mus **~ jazz** mainstream *m*

III *vt* US Sch umie|ścić, -szczać w klasie /szkole integracyjnej

mainstreaming /ˈmeɪnstriːmɪŋ/ *n* US Sch ≈ tworzenie *n* klas integracyjnych

main street *n* ulica *f* główna

maintain /meɪnˈteɪn/ *vt* [1] (keep steady) utrzym|ać, -ywać *[temperature, confidence, control, services, prices, investment, value, speed, standards]*; zachow|ać, -ywać *[confidence, silence]*; (enable to continue) podtrzym|ać, -ywać *[friendship, good relations, links]* [2] (support) utrzym|ać, -ywać *[family, army]*; zachow|ać, -ywać *[lifestyle]*; **the farm can ~ a family of 6** farma może wyżywić sześcioosobową rodzinę [3] (look after) utrzym|ać, -ywać w dobrym stanie *[car, roads, waterways]*; konserwować *[equipment]* [4] (assert) twierdzić, utrzymywać; **to ~ one's innocence** zapewniać o swojej niewinności; **I ~ that...** twierdzę, że...

maintained school *n* GB Sch szkoła *f* publiczna

maintenance /ˈmeɪntənəns/ *n* [1] (upkeep) (of road) utrzymanie *n* **(of sth** czegoś**)**; (of car, machine, building) konserwacja *f* **(of sth** czegoś**)** [2] (of morale, standards) zachowanie *n* utrzymanie *n* [3] GB Jur (alimony) alimenty *plt*; **to pay ~ to sb, to pay sb ~** płacić komuś alimenty

maintenance contract *n* umowa *f* serwisowa

maintenance crew *n* personel *m* techniczny

maintenance fees *n* ≈ opłaty *f pl* na fundusz remontowy

maintenance grant *n* (for student) ≈ stypendium *n* socjalne

maintenance man *n* konserwator *m*

maintenance order *n* GB Jur nakaz *m* alimentacji

Mainz /maɪnts/ *prn* Moguncja *f*

maisonette /ˌmeɪzəˈnet/ *n* ≈ dwupoziomowe mieszkanie *n*

maître d'hôtel /ˌmetrədəʊˈtel/ *n* [1] (in hotel, restaurant) maître d'hôtel *m* [2] (in household) ≈ ochmistrz *m*, zarządca *m*

maize /meɪz/ *n* kukurydza *f*

Maj *n* = **Major** mjr

majestic /məˈdʒestɪk/ *adj* majestatyczny

majestically /məˈdʒestɪklɪ/ *adv* majestatycznie

majesty /ˈmædʒəstɪ/ **I** *n* [1] (of building, ceremony, scenery) majestatyczność *f* [2] (royal authority) majestat *m*

II Majesty *n* (in titles) **Her/His ~** Jego/Jej Królewska Mość; **yes, Your ~** tak, Wasza Królewska Mość; **Her/His ~'s government** rząd *m* Jej/Jego Królewskiej Mości

IDIOMS: **to be detained at Her/His ~'s pleasure** fml przebywać w więzieniu, zostać wtrąconym do więzienia

major /ˈmeɪdʒə(r)/ **I** *n* [1] Mil major *m*; **Major Andrews** Major Andrews [2] US Univ (subject) przedmiot *m* kierunkowy; (student) **I'm a physics ~** moim przedmiotem kierunkowym jest fizyka [3] Jur pełnoletni *m*, -a *f* [4] Mus tonacja *f* durowa, dur *m*; **prelude in G ~** preludium G-dur

II *adj* [1] (important) *[city, company, championship, event, role]* ważny; *[change, contribution]* znaczny; *[client, damage, decision, crisis, difference, difficulty, effect, work]* poważny; *[repair]* gruntowny; *[influence, significance, importance, disaster, success]* olbrzymi; **a ~ operation, ~ surgery** Med poważna operacja *f* [2] (main) *[problem, difficulty]* główny [3] Mus durowy; **in a ~ key** w tonacji durowej [4] GB Sch dat **Jones ~** starszy z braci Jones

III *vi* US Univ **to ~ in sth** specjalizować się w czymś

Majorca /məˈjɔːkə, məˈdʒɔːkə/ *prn* Majorka *f*; **in** or **on ~** na Majorce

Majorcan /məˈjɔːkən, məˈdʒɔːkən/ **I** *n* mieszkan|iec *m*, -ka *f* Majorki

II *adj* **the ~ climate** klimat Majorki; **a ~ resort** kurort na Majorce

majordomo /ˌmeɪdʒəˈdəʊməʊ/ *n* (*pl* **-os**) majordom *m*, majordomus *m*

majorette /ˌmeɪdʒəˈret/ *n* mażoretka *f*

major-general /ˌmeɪdʒəˈdʒenrəl/ *n* Mil GB ≈ generał *m* brygady; US ≈ generał *m* dywizji

majority /məˈdʒɒrətɪ, US -ˈdʒɔːr-/ **I** *n* [1] (greater part) (+ *v sg* or *pl* GB) większość *f*, większa część *f* **(of sth** czegoś**)**; **the vast ~** ogromna większość; **an overwhelming ~** przytłaczająca większość; **the silent ~** milcząca większość; **to be in a** or **the ~** być w większości, stanowić większość [2] Pol przewaga *f*; GB większość *f* względna; US większość *f* bezwzględna; **to increase one's ~** zwiększyć (swoją) przewagę; **by a ~ of two-thirds/fifty** przewagą dwóch trzecich/pięćdziesięciu głosów; **a working ~** wymagana większość [3] Jur pełnoletność *f*

II *modif [government, shareholder]* większoś-

M

ciowy; **~ rule/decision** rządy/decyzja większości

major league Sport **I** *n* US pierwsza liga *f* **II** *modif* **he plays ~** gra w pierwszej lidze baseballowej; **~ player** zawodnik pierwszoligowy or pierwszej ligi; **~ companies** fig czołowe firmy

major premise *n* Philos przesłanka *f* większa

majuscule /ˈmædʒəskjuːl/ *n* wielka litera *f*, wersalik *m*, majuskuła *f*

make /meɪk/ **I** *n* (brand) marka *f*; **what ~ is your car?** jakiej marki jest twój samochód?; **what ~ of computer is it?** jakiej marki jest ten komputer?

II *vt* (*pt, pp* **made**) [1] (create) z|robić *[sandwich, cake, stain, hole, film, mess, surprise]*; zaparz|yć, -ać *[tea, coffee]*; u|szyć *[dress, shoes]*; wy|produkować *[car, paper]*; wytw|orzyć, -arzać *[oil, substance]*; ustan|owić, -awiać, stanowić *[law]*; ustal|ić, -ać *[rule]*; zaw|rzeć, -ierać *[pact, treaty]*; sporządz|ić, -ać *[will, list]*; **to ~ the bed** pościelić or posłać łóżko; **to ~ a fire** rozpalić ogień; **~ him some coffee, ~ some coffee for him** zaparz or zrób mu kawy; **to be made for sb** być dla kogoś stworzonym; **they're made for each other** są dla siebie stworzeni; **I'm not made for housework** fig nie lubię prac domowych; **to ~ room for sth** zrobić miejsce dla czegoś; **to ~ the time for sth** znaleźć czas na coś; **she made a dress out of an old sheet** uszyła sukienkę ze starego prześcieradła; **wine is made from grapes** wino robi się z winogron; **it's made of wood/plastic** to jest z drewna/plastiku; **what is it made (out) of** z czego to jest?; **to see what sb is made of** przekonać się, ile ktoś jest wart; **show them what you're made of!** pokaż im na co cię stać!; **as clever/cunning as they ~ them** bystry/przebiegły jak mało kto; **to ~ fruit into jam** przerobić owoce na dżem; **made in England/by Macron** wyprodukowano w Anglii/przez Macron; **God made man** Bóg stworzył człowieka [2] (cause to be or become, render) **to ~ friends (with sb)** zaprzyjaźnić się (z kimś); **to ~ enemies** narobić sobie wrogów; **to ~ sb happy** uszczęśliwić kogoś; **this decision made him popular** dzięki tej decyzji zyskał popularność; **this ~s her jealous** to wzbudza jej zazdrość; **he/his constant talking made me late** przez niego/przez jego ciągłe gadanie się spóźniłem; **I've been running and it's made me thirsty /hungry** biegłem i teraz chce mi się pić /jeść; **the work made me hungry** zgłodniałem przy tej pracy; **to ~ oneself ill** wpędzić się w chorobę; **he tried to ~ himself heard/understood** starał się, żeby go słyszano/rozumiano; **to ~ sth bigger/smaller** powiększyć/zmniejszyć coś; **to ~ sb's cold better** pomóc komuś na przeziębienie; **to ~ exams easier** sprawić, że egzaminy będą łatwiejsze; **to ~ passing exams easier, to ~ it easier to pass exams** ułatwić zdawanie egzaminów; **to ~ it easy/possible to do sth** ułatwić/umożliwić zrobienie czegoś; **that made it easy for me to leave** to mi ułatwiło odejście [3] (cause to do) **to ~ sb laugh** rozśmieszyć kogoś; **to ~ sb cry** doprowadzić kogoś do płaczu or do łez; **to ~ sb think** dać komuś do myślenia; **to ~ sb jump** przestraszyć kogoś; **he made her forget her problems** sprawił, że zapomniała o swoich problemach; **he made her lose patience** przez niego straciła cierpliwość; **it ~s me look fat/old** to mnie pogrubia/postarza; **it ~s me look ill** wyglądam w tym, jakbym był chory; **to ~ sth happen** sprawić, że coś się stanie; **to ~ sth work** *[person]* uruchomić coś *[machine]*; **to ~ sth grow/burn** *[person]* spowodować, że coś rośnie/pali się; *[chemical, product]* pobudzić wzrost/przyśpieszyć palenie się czegoś; **that hairdo ~s your face look rounder** w tej fryzurze twoja twarz wydaje się pełniejsza; **it ~s her voice sound funny** przez to jej głos brzmi śmiesznie [4] (force, compel) **to ~ sb do sth** zmusić kogoś do czegoś/do zrobienia czegoś; **they made me (do it)** zmusili mnie (do tego); **to be made to do sth** być zmuszonym do zrobienia czegoś; **he must be made to cooperate** trzeba go zmusić do współpracy; **to ~ sb wait/talk** kazać komuś czekać/zmusić kogoś do mówienia; **I was made to tell the truth** zmuszono mnie do powiedzenia prawdy; **to ~ sb see reason** przemówić komuś do rozsądku [5] (turn into) **to ~ sb sth, to ~ sth of sb** zrobić z kogoś coś; **the book's been made into a film** ta powieść została sfilmowana or zekranizowana; **to ~ sb a star** zrobić z kogoś gwiazdę; **we made him treasurer** zrobiliśmy go skarbnikiem; **he was made president for life** wybrano go na dożywotniego prezesa; **to ~ sb one's assistant** zrobić kogoś swoim asystentem; **to ~ a soldier/a monster of sb** zrobić z kogoś żołnierza/potwora; **to ~ a man of sb, to ~ sb a man** zrobić z kogoś mężczyznę; **he'll never ~ a teacher** z niego nigdy nie będzie nauczyciel; **she'll ~ a good politician** będzie z niej dobry polityk, ma zadatki na dobrego polityka; **to ~ sb a good husband** być dla kogoś dobrym mężem; **that will ~ a table/a good tablecloth** z tego będzie stół/doskonały obrus; **the cave made a good shelter** jaskinia okazała się dobrym schronieniem; **his essays ~ pleasant reading** jego eseje przyjemnie się czyta, jego eseje stanowią ciekawą lekturę; **do you want to ~ sth of it?** (threatening) chcesz się o to kłócić?; **to ~ too much of sth** infml wyolbrzymiać coś [6] (add up to, amount to) **three and three ~ six** trzy dodać trzy równa się sześć; **how much does that ~?** ile to będzie?; **that ~s ten altogether** to w sumie będzie or daje dziesięć; **that ~s five times he's called** to już będzie piąty raz, jak dzwoni; **these books ~ a set** te książki tworzą komplet [7] (earn) zar|obić, -abiać; **to ~ £300 a week** zarabiać 300 funtów tygodniowo; **how much** or **what do you think she ~s?** ile według ciebie zarabia?; **to ~ a living** zarabiać na życie; **to ~ a profit** osiągnąć zysk; **to ~ a loss** *[deal]* przynieść stratę; *[person]* ponieść stratę [8] (reach, achieve) **to ~ the camp before dark** dotrzeć do obozu przed nocą; **to ~ the six o'clock train** zdążyć na pociąg o szóstej; **we'll never ~ it** za nic nie zdążymy; **to ~ the first team** dostać się do pierwszej drużyny; **to ~ the front page /headlines** trafić na pierwszą stronę/na czołówki gazet; **to ~ six spades** (in bridge) zrobić sześć pików; **to ~ 295** Sport (in cricket) zdobyć 295 punktów [9] (estimate, say) **I ~ it about 30 miles** według mnie to około 30 mil; **I ~ the profit about £50** oceniam zysk na jakieś 50 funtów; **I ~ it five o'clock** na moim zegarku jest piąta; **what time do you ~ it?** którą masz godzinę? infml; **let's ~ it six o'clock/five dollars** niech będzie o szóstej/pięć dolarów; **can we ~ it a bit later?** czy można by było trochę później?; **what do you ~ of it?** co sądzisz o tym?, co ty na to?; **what does she ~ of him?** co ona o nim sądzi?; **I don't know what to ~ of it** nie wiem, co o tym sądzić; **I can't ~ anything of it** nic z tego nie rozumiem [10] (cause success of) **a good wine can ~ a meal** dobre wino to podstawa (dobrego posiłku); **it was the weather that made the holiday** to dzięki pogodzie wakacje się udały; **it really ~s the room** *[feature, colour]* dzięki temu pokój nabiera wyglądu; **that interview made her career as a journalist** dzięki temu wywiadowi zrobiła karierę jako dziennikarka; **it really made my day** to mnie uszczęśliwiło na cały dzień; **'go ahead, ~ my day'** iron „no dalej, zrób mi przyjemność"; **to ~ or break sb/sth** przesądzić o przyszłości kogoś/czegoś [11] infml (have sex with) **did you ~ it with her?** przeleciałeś ją? infml [12] fml (eat) spoży|ć, -wać fml *[meal]* [13] Elec zam|knąć, -ykać *[circuit]* [14] Games (shuffle) po|tasować *[cards]* [15] Games (win) **to ~ a trick** wziąć lewę

III *vi* (*pt, pp* **made**) [1] (act) **she made as if to kiss him** zrobiła ruch, jakby chciała go pocałować; **he made like he was injured** infml udał, że jest ranny [2] (move) → **make after, make for, make towards** [3] (shuffle cards) tasować

■ **make after**: **~ after [sb]** rzuc|ić, -ać się w pogoń za (kimś)

■ **make at**: **~ at [sb]** rzuc|ić, -ać się na (kogoś) **(with sth** z czymś**)**

■ **make away** = **make off**

■ **make away with**: [1] = **make off with sth** [2] **to ~ away with** (kill) zamordować; **to ~ away with oneself** skończyć ze sobą

■ **make do**: ¶ **to ~ do with sth** zadowolić się czymś; **to ~ do without sth** radzić sobie or obywać się bez czegoś ¶ **to ~ [sth] do** postarać się, żeby czegoś wystarczyło

■ **make for**: ¶ **~ for [sth]** [1] (head for) s|kierować się ku (czemuś) or do (czegoś) *[town, door, home]* [2] (help create) sprzyjać (czemuś), służyć (czemuś) *[easy life, happy marriage]* ¶ **~ for [sb]** [1] (attack) rzuc|ić, -ać się na (kogoś) [2] (approach) rusz|yć, -ać w stronę (kogoś)

■ **make good**: ¶ **~ good** odnieść sukces; **a poor boy who made good** biedny chłopak, któremu się powiodło; **a college friend who made good in Hollywood** kolega z uczelni, który zrobił karierę w Hollywood ¶ **~ good [sth]** [1] (make up for)

z|rekompensować *[damage]*; wynagr|odzić, -adzać *[loss]*; nadr|obić, -abiać *[lost time]*; pokry|ć, -wać *[deficit, shortfall]*; (after damage) naprawi|ć, -ać *[wall, pavement, plaster]* [2] (keep) spełni|ć, -ać *[promise, threat]*

■ **make off** ¶ *[person]* um|knąć, -ykać, ucie|c, -kać; *[vehicle]* odje|chać, -żdżać; **the thieves made off in a stolen car** złodzieje uciekli skradzionym samochodem; **to ~ off with sth** zwinąć coś, ulotnić się z czymś infml

■ **make out**: ¶ **~ out** [1] (manage) po|radzić sobie, da|ć, -wać sobie radę; **how are you making out?** jak ci leci? infml [2] US (grope) *[lovers]* obściskiwać się infml [3] (claim) utrzymywać **(that... że...)**; **he's not as stupid as he ~s out** nie taki on głupi, jakiego udaje ¶ **~ out [sth], ~ [sth] out** [1] (see, distinguish) dojrzeć, dostrze|c, -gać *[shape]*; odcyfrow|ać, -ywać *[writing]*; (hear) dosłyszeć; (understand) z|rozumieć *[what sb says]* [2] (claim) **to ~ sth out to be sth** udawać, że coś jest czymś; **he ~s it out to be a big problem** robi z tego wielki problem [3] (understand, work out) rozszyfrow|ać, -ywać; rozgry|źć, -zać infml *[puzzle, mystery, character]*; **I can't ~ out whether** or **if...** nie mogę się połapać, czy... infml; **I can't ~ him out** nie mogę go rozgryźć or rozszyfrować [4] (write out) wypis|ać, -ywać *[cheque, prescription, receipt]*; sporządz|ić, -ać, spis|ać, -ywać *[will]*; z|robić *[list]*; **to ~ out a cheque** GB or **check** US **to sb** wystawić czek na kogoś; **who shall I ~ the cheque out to?** na kogo mam wystawić czek?; **to ~ sth out in duplicate/triplicate** sporządzić coś w dwóch/trzech kopiach [5] (expound) **to ~ out a case for sth** argumentować za czymś ¶ **~ oneself out to be sth** pozować na kogoś *[rich, brilliant, a poet]*; **he ~s himself out to be richer/cleverer than he really is** udaje bogatszego/mądrzejszego, niż jest

■ **make over**: **~ over [sth], ~ [sth] over** [1] (transform) przer|obić, -abiać *[building]* **(into sth** na coś); zmieni|ć, -ać *[appearance]* [2] (transfer) **to ~ sth over to sb** przekaz|ać, -ywać coś komuś, s|cedować coś na kogoś

■ **make towards**: **~ towards [sb/sth]** s|kierować się ku (komuś/czemuś)

■ **make up**: ¶ **~ up** [1] (put make-up on) **to ~ oneself up** u|malować się, z|robić sobie makijaż [2] (after quarrel) po|godzić się **(with sb** z kimś) [3] **to ~ up for sth** (compensate for) nadr|obić, -abiać coś *[lost time, missed meal, delay]*; pokry|ć, -wać coś *[deficit]*; z|rekompensować coś *[financial loss, personal loss, bereavement]* [4] **to ~ up to sb** infml podliz|ać, -ywać się komuś infml *[boss, person]* ¶ **~ up [sth], ~ [sth] up** [1] (invent) wymyśl|ić, -ać *[excuse, story]*; **you're making it up!** zmyślasz!; **to ~ sth up as one goes along** zmyślać na poczekaniu [2] (prepare) za|pakować *[parcel]*; z|robić *[bundle]*; posłać, pościelić *[bed]*; położyć, kłaść *[road surface]*; złożyć, składać *[type]*; **to ~ up a prescription** sporządzić lek według recepty; **she had the fabric made up into a jacket** z tego materiału uszyła sobie kurtkę [3] (constitute) składać się na (coś) *[whole, personality, society]*; **to be made up of sth** składać się z czegoś; **to ~ up 10% of sth** stanowić 10% czegoś [4] (compensate for) nadr|obić, -abiać *[loss, time]*; pokry|ć, -wać *[deficit, shortfall]*; **to ~ the total up to £1000** dołożyć brakującą sumę do 1000 funtów [5] (put make-up on) u|malować *[person, face, eyes]* [6] (stoke up) **to ~ the fire up** dołożyć do ognia [7] **to ~ it up** (make friends) pogodzić się **(with sb** z kimś); **I'll ~ it up to you somehow** jakoś ci to wynagrodzę

■ **make with** infml: ¶ **~ with [sth]** US (deliver or produce) **~ with the money, baby!** dawaj forsę, laluniu! infml ¶ **~ it with [sb]** (have sex) tentegować się infml

IDIOMS: **to be on the ~** infml (for profit) dorabiać się infml; (for power) robić karierę, piąć się w górę; (for sex) ruszyć na podryw infml; **to ~ it** infml (in career, life) osiągnąć coś w życiu, dojść do czegoś w życiu; (to party, meeting) dotrzeć; (be on time for train, plane) zdążyć; **I'm afraid I can't ~ it** chyba nie dam rady infml; **if they don't ~ it by 10 pm...** jeśli ich nie będzie or nie zjawią się do dziesiątej...

make-believe **I** *n* /ˈmeɪkbɪliːv/ fantazja *f*, iluzja *f*; **it's pure ~** to czysta fantazja; **it's only ~** to tylko zmyślona historia; **the land of ~** kraina fantazji; **to indulge in ~** fantazjować, puszczać wodze fantazji; **to play at ~** *[children]* bawić się w udawanie

II /ˈmeɪkbɪliːv/ *modif [friend]* wymyślony, stworzony w wyobraźni; *[world]* urojony

III **make believe** /ˌmeɪkbɪˈliːv/ *vt* uda|ć, -wać; **to ~ that...** wyobrazić sobie, że...; **to ~ (that) one is a pirate** bawić się w piratów

make-do-and-mend /meɪkˌduːənˈmend/ *vi* łatać dziury also fig

makefast /ˈmeɪkfɑːst, US -fæst/ *n* cumownica *f*

make-or-break /ˌmeɪkəˈbreɪk/ *adj* rozstrzygający

makeover /ˈmeɪkəʊvə(r)/ *n* całkowita odmiana *f*; **'free ~'** „pokaz makijażu"

maker /ˈmeɪkə(r)/ **I** *n* [1] (manufacturer) producent *m*, wytwórca *m*; **the ~'s label** znak fabryczny → **dressmaker, watchmaker** [2] (device) → **coffee maker**

II **Maker** *n* Relig Stwórca *m*

IDIOMS: **to (go to) meet one's Maker** przenieść się na łono Abrahama hum

makeshift /ˈmeɪkʃɪft/ *adj* prowizoryczny

make-up /ˈmeɪkʌp/ *n* [1] (cosmetics) kosmetyki *m pl* upiększające; **to put on ~** umalować się, zrobić sobie makijaż; **does she wear ~?** czy ona się maluje? [2] (character) charakter *m*, natura *f*; **it's not in his** or **part of his ~** to nie leży w jego naturze [3] (composition) (of whole, committee) skład *m* [4] TV, Theat, Cin charakteryzatornia *f* [5] Print opracowanie *n* techniczne, redakcja *f* techniczna

make-up artist *n* (in theatre, for TV) charakteryzator *m*, -ka *f*; (in fashion) wizażyst|a *m*, -ka *f*

make-up bag *n* kosmetyczka *f*

make-up base *n* podkład *m*

make-up girl *n* (in theatre, for TV) charakteryzatorka *f*; (in fashion) wizażystka *f*

make-up man *n* (in theatre, for TV) charakteryzator *m*; (in fashion) wizażysta *m*

make-up remover *n* preparat *m* do demakijażu

makeweight /ˈmeɪkweɪt/ *n* [1] fig (person) osoba *f* dokooptowana (dla uzupełnienia składu) [2] dokładka *f* dla uzupełnienia wagi

making /ˈmeɪkɪŋ/ *n* [1] (creation, manufacture) (of film, programme) realizacja *f*; (of industrial product) (by machines) produkcja *f*; (by hand) wyrób *m*, wytwarzanie *n*; (of clothes) szycie *n*; (of meal, dish) przyrządzanie *n*; **her problems are of her own ~** sama jest sobie winna; **to see a product in the ~** oglądać wyrób w stadium produkcji; **the film was two years in the ~** realizacja filmu trwała dwa lata; **a disaster in the ~** rozgrywająca się katastrofa; **history in the ~** wydarzenia, które przejdą do historii; **a writer/actor in the ~** początkujący pisarz/aktor [2] (of person, personality) **to be the ~ of sb** (past events) przyczynić się do sukcesu kogoś, zadecydować o losie kogoś; **this contract will be the ~ of her** ten kontrakt będzie początkiem jej kariery → **matchmaking, watchmaking**

IDIOMS: **to have all the ~s of sth** mieć wszelkie zadatki na coś

malachite /ˈmæləkaɪt/ *n* malachit *m*

maladjusted /ˌmæləˈdʒʌstɪd/ *adj* Psych nieprzystosowany

maladjustment /ˌmæləˈdʒʌstmənt/ *n* Psych nieprzystosowanie *n*

maladministration /ˌmælədˌmɪnɪˈstreɪʃn/ *n* [1] Admin nieudolna administracja *f*; Mgmt złe zarządzanie *n* [2] Jur nadużycia *n pl*, malwersacje *f pl*

maladroit /ˌmæləˈdrɔɪt/ *adj* fml niezręczny

maladroitly /ˌmæləˈdrɔɪtlɪ/ *adv* fml niezręcznie

maladroitness /ˌmæləˈdrɔɪtnɪs/ *n* fml niezręczność *f*

malady /ˈmælədɪ/ liter *n* [1] (illness) choroba *f*, dolegliwość *f* [2] fig bolączka *f*

Malagasy /ˌmæləˈgæsɪ/ **I** *n* [1] (*pl* **~, -ies**) (native of Madagascar) Malgasz *m*, -ka *f* [2] (language) (język *m*) malgaski *m*

II *adj* malgaski

malaise /mæˈleɪz/ *n* fml (ogólne) złe samopoczucie *n*; fig niemoc *f*, apatia *f*, marazm *m* liter; **a society afflicted by a deep cultural ~** społeczeństwo dotknięte głębokim zastojem w życiu kulturalnym

malapropism /ˈmæləprɒpɪzəm/ *n* malapropizm *m (zazwyczaj z mimowolnym efektem komicznym)*

malaria /məˈleərɪə/ *n* malaria *f*; **a ~ attack** atak malarii; **anti-~ tablet** tabletka przeciw malarii

malarial /məˈleərɪəl/ *adj [fever, region]* malaryczny; **~ symptoms** objawy malarii; **~ mosquito** widliszek

malark(e)y /məˈlɑːkɪ/ *n* infml brednie *f pl*

Malawi /məˈlɑːwɪ/ *prn* Malawi *n inv*

Malawian /məˈlɑːwɪən/ **I** *n* Malawij|czyk *m*, -ka *f*

II *adj* malawijski

Malay /məˈleɪ/ **I** *n* [1] (inhabitant) Malaj|czyk *m*, -ka *f* [2] (język *m*) malajski *m*

II *adj* malajski; **the ~ Archipelago /Peninsula** Archipelag/Półwysep Malajski

Malaya /məˈleɪə/ *prn* Malaje *plt*

Malayan /məˈleɪən/ *n, adj* = **Malay**

Malaysia /məˈleɪzɪə/ *prn* Malezja *f*

Malaysian /məˈleɪzɪən/ **I** *n* Malezyj|czyk *m*, -ka *f*
II *adj* malezyjski
malcontent /ˈmælkəntent/ fml **I** *n* malkontent *m*, -ka *f*
II *adj* niezadowolony
Maldives /ˈmɔːldɪvz/ *prn pl* (also **Maldive Islands) the ~** Malediwy *plt*
male /meɪl/ **I** *n* [1] Zool samiec *m*; Bot kwiat *m* męski; **the ~s** (of species) osobniki męskie; **in the ~** u samców [2] (man) mężczyzna *m*; hum samiec *m*
II *adj* [1] Biol, Zool *[gamete, organ, sex]* męski; *[instinct]* samczy [2] (relating to man) *[condition, population, role, sex, trait, voice]* męski; *[relative, child, foetus]* płci męskiej; **~ nurse** pielęgniarz; **~ student** student; **~ singer** śpiewak; **~ employee** pracownik; **~ prostitute** męska prostytutka [3] Elec *[plug]* z bolcem
male chauvinism *n* męski szowinizm *m*
male chauvinist I *n* męski szowinista *m*
II *adj [attitude, opinion]* szowinistycznie męski; **~ pig** pej męska szowinistyczna świnia
malediction /ˌmælɪˈdɪkʃn/ *n* fml przekleństwo *n*, zły urok *m*
male-dominated /ˌmeɪlˈdɒmɪneɪtɪd/ *adj* zdominowany przez mężczyzn
malefactor /ˈmælɪfæktə(r)/ *n* fml złoczyńca *m*
male fern *n* Bot narecznica *f* samcza
male menopause *n* andropauza *f*, męskie klimakterium *n*
male model *n* model *m*
male rhyme *n* rym *m* męski
male voice choir *n* chór *m* męski
malevolence /məˈlevələns/ *n* wrogość *f* **(towards sb** w stosunku do or wobec kogoś)
malevolent /məˈlevələnt/ *adj* zły, złowrogi
malevolently /məˈlevələntlɪ/ *adv* złowrogo
malformation /ˌmælfɔːˈmeɪʃn/ *n* [1] deformacja *f*, zniekształcenie *n* [2] Med wada *f* rozwojowa
malformed /ˌmælˈfɔːmd/ *adj [limb, nose]* zdeformowany, zniekształcony; *[heart, kidney, leaf, shoot]* wadliwie rozwinięty
malfunction /ˌmælˈfʌŋkʃn/ **I** *n* [1] (poor operation) wadliwe działanie *n* [2] (breakdown) awaria *f*; **an equipment/a computer ~** awaria techniczna/komputera [3] Med (of heart, kidneys) niewydolność *f*
II *vi* źle funkcjonować; **the machine is ~ing** ta maszyna źle działa
Mali /ˈmɑːlɪ/ *prn* Mali *n inv*
Malian /ˈmɑːlɪən/ **I** *n* Malij|czyk *m*, -ka *f*
II *adj* malijski
malice /ˈmælɪs/ *n* [1] (spite) złośliwość *f* **(towards sb** w stosunku do kogoś); **out of ~** złośliwie; **there's no ~ in him** nie jest złośliwy; **I bear him no ~** nie życzę mu źle [2] Jur zły zamiar *m*; **with ~ aforethought** z premedytacją
malicious /məˈlɪʃəs/ *adj* [1] (spiteful) *[comment, person, smile, act]* złośliwy; *[act, allegation]* nikczemny liter [2] Jur **with ~ intent** w złym zamiarze
malicious damage *n* Jur umyślna szkoda *f*
maliciously /məˈlɪʃəslɪ/ *adv* [1] (spitefully) *[speak, write, act, behave]* złośliwie [2] Jur w złym zamiarze
malicious prosecution *n* Jur ściganie *n* złośliwe
malicious wounding *n* Jur złośliwe okaleczenie *n*
malign /məˈlaɪn/ **I** *adj [influence]* szkodliwy, zły; *[intention]* wrogi; *[effect]* zgubny
II *vt* rzucać oszczerstwa na (kogoś/coś), szkalować *[person, organization, government]*; **much-~ed** spostponowany fml
malignancy /məˈlɪgnənsɪ/ *n* [1] złośliwość *f* [2] Med guz *m*
malignant /məˈlɪgnənt/ *adj* [1] (cruel) złośliwy, nienawistny [2] Med *[tumour, disease]* złośliwy
malinger /məˈlɪŋgə(r)/ *vi* pej symulować chorobę, uda|ć, -wać chorego
malingerer /məˈlɪŋgərə(r)/ *n* pej symulant *m*, -ka *f*
mall /mæl, mɔːl/ *n* [1] (shopping arcade) (in town) ≈ pasaż *m* handlowy; (in suburbs) US (also **shopping ~)** centrum *n* handlowe [2] US (street) ciąg *m* pieszy
mallard /ˈmælɑːd, US ˈmælərd/ *n* (*pl* **~, ~s)** Zool krzyżówka *f*
malleability /ˌmælɪəˈbɪlətɪ/ *n* [1] (of metal) kowalność *f* [2] fig (of person) uległość *f*
malleable /ˈmælɪəbl/ *adj* [1] *[substance]* plastyczny; *[metal]* kowalny, kujny [2] fig *[person]* uległy, dający sobą kierować
mallet /ˈmælɪt/ *n* [1] Tech drewniany młotek *m*, pobijak *m* [2] Sport (in polo) kij *m*; (in croquet) młotek *m*
malleus /ˈmælɪəs/ *n* (*pl* **-llei)** Anat młoteczek *m*
mallow /ˈmæləʊ/ *n* Bot ślaz *m*
mall people *npl* US pej (suburbanites) mieszkańcy *m pl* dzielnic peryferyjnych; (unsophisticated) drobnomieszczanie *m pl* pej
malnourished /ˌmælˈnʌrɪʃt/ *adj* niedożywiony
malnutrition /ˌmælnjuːˈtrɪʃn, US -nuː-/ *n* złe odżywianie *n*; Med niedożywienie *n*
malodorous /ˌmælˈəʊdərəs/ *adj* fml cuchnący
malpractice /ˌmælˈpræktɪs/ *n* [1] Admin, Jur, Mgmt nadużycia *n pl*; **administrative ~** malwersacje; **electoral ~** fałszowanie wyborów; **professional ~** postępowanie niezgodne z etyką zawodową [2] US Med błąd *m* w sztuce, pomyłka *f* lekarska; **~ insurance** ubezpieczenie od skutków pomyłki lekarskiej
malt /mɔːlt/ **I** *n* Culin [1] (grain) słód *m* [2] (whisky) whisky *f* słodowa [3] US = **malted milk** [2]
II *adj* słodowy
Malta /ˈmɔːltə/ *prn* Malta *f*; **in** or **on ~** na Malcie
Malta fever *n* gorączka *f* maltańska
maltase /ˈmɔːlteɪz/ *n* Biol maltaza *f*
malted /ˈmɔːltɪd/ *n* US infml = **malted milk** [2]
malted milk *n* [1] (hot drink) *gorący napój z mleka w proszku zaprawionego słodem* [2] US (milk shake) *koktajl z mleka w proszku i lodów*
Maltese /ˌmɔːlˈtiːz/ **I** *n* [1] (*pl* **~)** (inhabitant) Malta|ńczyk *m*, -nka *f* [2] (language) (język *m*) maltański *m*
II *adj* maltański
Maltese cross *n* krzyż *m* maltański
malt extract *n* Culin ekstrakt *m* słodowy
malthusianism /ˌmælˈθjuːzɪənɪzəm, US -ˈθuː-/ *n* maltuzjanizm *m*
malt liquor *n* US piwo *n* słodowe
maltreat /ˌmælˈtriːt/ *vt* maltretować, znęcać się nad (kimś/czymś)
maltreatment /ˌmælˈtriːtmənt/ *n* maltretowanie *n*
malt vinegar *n* ocet *m* słodowy
malt whisky *n* whisky *f* słodowa
mam /mæm/ *n* baby talk mama *f*, mamusia *f*
mama *n* /ˈmæmə/ [1] US baby talk mama *f*, mamusia *f* [2] /məˈmɑː/ GB arch matka *f*
mamma /ˈmɑːmə/ *n* [1] US baby talk (mummy) mamusia *f* [2] infml pej (buxom woman) cycasta or cycata kobieta *f* vinfml
mammal /ˈmæml/ *n* ssak *m*
mammalian /məˈmeɪlɪən/ *adj [animal]* należący do gromady ssaków; **~ anatomy** anatomia ssaków
mammary /ˈmæmərɪ/ *adj* sutkowy; **~ gland** sutek
mammograph /ˈmæməgrɑːf, US -græf/ *n* mammograf *m*
mammography /mæˈmɒgrəfɪ/ *n* mammografia *f*
Mammon /ˈmæmən/ *prn* [1] Relig Mam(m)on *m* [2] mamona *f* infml
IDIOMS: **to worship ~** służyć mamonie
mammoth /ˈmæməθ/ **I** *n* Zool mamut *m*
II *adj [project, task, organization]* gigantyczny
mammy /ˈmæmɪ/ *n* (*pl* **-mies)** [1] baby talk (mummy) mamusia *f* [2] US dat (nursemaid) (czarna) mamka *f*
man /mæn/ **I** *n* (*pl* **men)** [1] (adult male) mężczyzna *m*; **middle-aged/married ~** mężczyzna w średnim wieku/żonaty; **as one ~ to another** jak mężczyzna z mężczyzną; **he's not a ~ to lie** nie należy do tych, co kłamią; **a blind ~** niewidomy; **an old ~** starzec; **a single ~** kawaler, nieżonaty mężczyzna; **a ladies' ~** ulubieniec pań; **a man's ~** mężczyzna, który woli męskie towarzystwo; **I'm a beer /whisky ~ myself** sam lubię napić się piwa/whisky; **he's a leg/tit ~** infml dla niego u kobiety najważniejsze są nogi/najważniejszy jest biust; **a ~ of God** (saint) święty; (prophet) prorok; (clergyman) duchowny; **a ~ of the people** trybun ludowy; **a ~ of iron** or **steel** człowiek z żelaza or ze stali; **they've arrested the right/wrong ~** aresztowali or aresztowano właściwego /nie tego człowieka; **if you want a good joiner, Adam's your ~** or **the ~ for the job** jeśli szukasz dobrego cieśli, polecam Adama; **he's worked for the party, ~ and boy** GB całe życie pracował dla partii; **~ of the match** bohater meczu; **good ~!** (well done) dobra robota!, brawo!; **my good ~!** dobry człowieku!; **my little ~** infml (to or of one's son) mój mały [2] (husband) mąż *m*; chłop *m*, stary *m* infml; (partner) partner *m*; facet *m* infml; **he's her ~** (husband) jest jej mężem; (partner, boyfriend) jest jej facetem infml; **he's the right ~ for her** to mężczyzna dla niej; **her young ~** dat (boyfriend) jej sympatia; (fiancé) jej narzeczony; **~ and wife** mąż i żona; **to live as ~ and wife** żyć jak mąż z żoną [3] (person) człowiek *m*; **no ~ could have done more**

nikt nie zrobiłby więcej; **as good as the next ~** równie dobry jak każdy inny; **the common ~** zwykły człowiek; **primitive Man** człowiek pierwotny [4] (person of courage) mężczyzna *m*; **be a ~!** bądź mężczyzną!; **to make a ~ of sb** zrobić z kogoś mężczyznę [5] (mankind) (also **Man**) człowiek *m*; **one day ~ will reach the stars** pewnego dnia człowiek dosięgnie gwiazd [6] Sport (team member) zawodnik *m* [7] (piece) (in chess) figura *f*; (in draughts) pionek *m* [8] dat or hum (servant) służący *m*; człowiek *m* infml

II men *npl* podwładni *m pl*; (subordinates) ludzie *plt*; Mil żołnierze *m pl*, szeregowi *m pl*; **my men will fix it tomorrow** moi ludzie naprawią to jutro; **'now men...'** Mil „żołnierze..."; **officers and men** Mil oficerowie i żołnierze; Naut oficerowie i marynarze

III *excl* [1] infml (expressing surprise) o rany! infml [2] (addressing somebody) **hey ~!** człowieku! infml

IV *vt* (*prp, pt, pp* **-nn-**) [1] (operate) obsługiwać *[switchboard, telephone exchange, pumps]*; **to ~ the enquiry desk** dyżurować w informacji; **will the telephone be ~ned?** czy ktoś będzie odbierał telefony? [2] (be the crew of) stanowić załogę (czegoś) *[ship, spaceship, fortress]*; **to ~ the guns** Mil obsługiwać działa; **who's ~ning the barricade?** kto broni barykady?, kto stoi na barykadzie?

V manned *pp adj* Aerosp *[flight]* załogowy; *[spacecraft]* z załogą; **fully ~ned** *[ship]* z kompletem załogi

IDIOMS: **it's every ~ for himself** każdy dba o własną skórę; **Man proposes, God disposes** człowiek strzela, Pan Bóg kule nosi; **to a ~** co do jednego, wszyscy bez wyjątku; **that'll sort out the men from the boys** zaraz zobaczymy, co kto potrafi; **he took it like a ~** zniósł to jak mężczyzna or po męsku; **to be ~ enough to do sth** mieć dość (cywilnej) odwagi, żeby coś zrobić; **to be one's own ~** być panem (samego) siebie; **to be the ~ of the moment** być mężem opatrznościowym

manacle /ˈmænəkl/ arch **I** *n* [1] (shackle) kajdany *plt*; okowy *plt* liter [2] (handcuff) kajdanki *plt*

II *vt* zaku|ć, -wać w okowy or kajdany *[convict, slave]*; za|łożyć, -kładać kajdanki (komuś) *[criminal, suspect]*

manage /ˈmænɪdʒ/ **I** *vt* [1] (succeed) po|radzić sobie, da|ć, -wać sobie radę; **I ~d to find a job/finish the article** udało mi się znaleźć pracę/skończyć artykuł; **I ~d not to lose my temper** zdołałem się opanować; **he ~d to offend everybody** iron udało mu się wszystkich poobrażać iron; **I'll ~ it somehow** jakoś sobie z tym poradzę or się z tym uporam [2] (find possible) **she ~d a smile** zdobyła się na uśmiech; **I can ~ a few words in Italian** potrafię powiedzieć parę słów po włosku; **I couldn't ~ another thing!** nic już nie dam rady przełknąć!; **I'm sure you could ~ another glass of wine** na pewno dasz radę wypić jeszcze jedną lampkę wina; **can you ~ seven o'clock tomorrow?** czy jutro o siódmej ci odpowiada?; **can you ~ lunch on Friday?** czy w piątek znajdziesz czas na lunch?; **ten pounds is all I can ~** na więcej niż dziesięć funtów mnie nie stać [3] (administer) kierować (czymś) *[project, company, department]*; zarządzać (czymś) *[finances, estate]*; prowadzić *[business, pub, hotel, affairs]*; być dyrektorem (czegoś) *[bank, school]*; **~d economy** gospodarka zarządzana centralnie [4] (organize) gospodarować (czymś) *[time, money]* [5] (handle) po|kierować (czymś) *[boat]*; posłu|żyć, -giwać się (czymś) *[tool, oars]*; ob|ejść, -chodzić się z (czymś) *[animal]*; post|ąpić, -ępować z (kimś) *[children]*; **he knows how to ~ her** umie z nią postępować; **to ~ the situation** radzić sobie z sytuacją; **they were not able to ~ the situation** sytuacja ich przerosła

II *vi* (cope) da|ć, -wać sobie radę, po|radzić sobie; **how's she managing on her own?** jak sobie daje radę sama?; **can you ~?** dasz sobie radę?; **thank you, I can ~** dziękuję, dam sobie radę; **how will you ~ on this salary?** jak przy takiej pensji zwiążesz koniec z końcem?

manageable /ˈmænɪdʒəbl/ *adj [task]* wykonalny; *[problem]* możliwy do rozwiązania; *[size, quantity]* rozsądny; *[machine]* łatwy w obsłudze; *[vehicle, boat]* łatwy do prowadzenia; *[person, animal]* posłuszny; **~ hair** łatwo układające się włosy; **to keep sth at a ~ level** utrzymywać coś na rozsądnym poziomie

management /ˈmænɪdʒmənt/ **I** *n* [1] (of farm, estate, fund) zarządzanie *n*; (of department, project, staff, economy) kierowanie *n*; (of business, shop, restaurant, hotel) prowadzenie *n*; **the business failed due to bad ~** przedsiębiorstwo upadło wskutek złego zarządzania; **you have to admire her skilful ~ of the situation** należy podziwiać, jak umiejętnie poradziła sobie z sytuacją [2] (managers collectively) kierownictwo *n*, zarząd *m*; **top ~** kierownictwo najwyższego szczebla; **lower /middle ~** kierownictwo niższego/średniego szczebla; **~ and unions** dyrekcja i związki zawodowe; **~ and workers** (in industry) dyrekcja i robotnicy; (in business) dyrekcja i pracownicy; **'the ~ regrets that...'** „dyrekcja z przykrością informuje, że..."

II *modif* **~ career** posada w administracji; **~ costs** koszty administracyjne; **~ job** stanowisko kierownicze; **~ problem** problem związany z zarządzaniem; **~ staff** kadra kierownicza; **~ team** zespół zarządzający, kierownictwo; **a ~ spokesman** rzecznik prasowy zarządu

management accounting *n* rachunkowość *f* zarządcza

management buyout, MBO *n* wykup *m* przez zarząd

management committee *n* zarząd *m*

management company *n* spółka *f* zarządzająca

management consultancy *n* doradztwo *n* do spraw zarządzania

management consultant *n* konsultant *m* do spraw zarządzania

management fees *npl* opłaty *f pl* z tytułu zarządzania

management graduate *n* absolwent *m*, -ka *f* wydziału zarządzania

management information system, MIS *n* system *m* informowania kierownictwa, oprogramowanie *n* MIS

management studies *n* zarządzanie *n*

management style *n* styl *m* zarządzania

management techniques *npl* techniki *f pl* zarządzania

management trainee *n* uczestni|k *m*, -czka *f* kursu menedżerskiego

management training *n* szkolenie *n* menadżerów

manager /ˈmænɪdʒə(r)/ *n* (of business, company, bank, theatre, institute, school) dyrektor *m*; (of restaurant, shop, department, project) kierownik *m*; (of estate, farm) zarządca *m*; (in showbusiness, sport) menażer *m*, menedżer *m*; gospodarz *m*; **to be a good ~** być dobrym gospodarzem (czegoś) *[household]*; umieć gospodarować (czymś) *[money]*

manageress /ˌmænɪdʒəˈres/ *n* (of shop, restaurant, hotel) kierowniczka *f*; (of company) (pani) dyrektor *f*

managerial /ˌmænɪˈdʒɪərɪəl/ *adj [skills, job, post]* kierowniczy; **~ meeting** zebranie kierownictwa; **~ problem** problem związany z zarządzeniem; **~ staff** kadra kierownicza; **~ training** szkolenie w dziedzinie zarządzania; **at ~ level** na szczeblu kierowniczym

managing director *n* dyrektor *m* naczelny or generalny

managing editor *n* redaktor *m* naczelny

managing partner *n* wspólnik *m* zarządzający

man-at-arms /ˌmænətˈɑːmz/ *n* Hist zbrojny rycerz *m*

manatee /ˌmænəˈtiː/ *n* Zool manat *m*, brzegowiec *m*, lamantyna *f*

Manchester /ˈmæntʃɪstə(r)/ *prn* Manchester *m*

man child *n* dat dziecko *n* płci męskiej

Manchu /ˌmænˈtʃuː/ **I** *n* (*pl* **~, ~s**) Geog, Hist [1] (person) Mandżur *m*, -ka *f* [2] ling (język *m*) mandżurski *m*

II *adj* mandżurski

Manchuria /ˌmænˈtʃʊərɪə/ *prn* Mandżuria *f*

Manchurian /ˌmænˈtʃʊərɪən/ **I** *n* (person) Mandżur *m*, -ka *f*

II *adj* mandżurski

Mancunian /mæŋˈkjuːnɪən/ **I** *n* (born there) osoba *f* pochodząca z Manchesteru; (living there) mieszkan|iec *m*, -ka *f* Manchesteru

II *adj* manchesterski

mandala /ˈmændələ/ *n* mandala *f*

mandarin[1] /ˈmændərɪn/ *n* (Chinese official) mandaryn *m*; bonza *m* fig

mandarin[2] /ˈmændərɪn/ *n* (also **mandarine**) (tree, fruit) mandarynka *f*

Mandarin Chinese *n* Ling mandaryński dialekt *m* języka chińskiego

mandarin duck *n* Zool mandarynka *f*

mandate /ˈmændeɪt/ **I** *n* [1] (authority) pełnomocnictwo *n*, upoważnienie *n*; Pol mandat *m*; **to have a ~ to do sth** mieć pełnomocnictwo do robienia czegoś; Pol mieć mandat do robienia czegoś; **under British ~** pod zarządem brytyjskim; **under UN ~** pod nadzorem ONZ; **a ~ over sth** zarząd powierniczy nad czymś *[territory]* [2] Fin (document) upoważnienie *n* bankowe [3] Hist (territory) mandat *m*, terytorium *n* mandatowe

II *vt* [1] (authorize) upoważni|ć, -ać; **the**

President ~d him to form a new government prezydent powierzył mu misję utworzenia nowego rządu [2] (make compulsory) wprowadzić *[payment, procedure]* [3] Hist *[League of Nations]* ustan|owić, -awiać zarząd powierniczy *[territory, area]*; **~d territory** terytorium mandatowe

mandatory /ˈmændətərɪ, US -tɔːrɪ/ *adj* obowiązkowy; obligatoryjny fml

man-day /ˈmændeɪ/ *n* (in calculations) roboczodniówka *f*

mandible /ˈmændɪbl/ *n* (of vertebrate) żuchwa *f*; (of bird) szczęka *f*; (of insect) żuwaczka *f*

mandolin /ˌmændəˈlɪn/ *n* mandolina *f*

mandrake /ˈmændreɪk/ *n* mandragora *f*

mandrill /ˈmændrɪl/ *n* mandryl *m*

mane /meɪn/ *n* grzywa *f* also fig

man-eater /ˈmæniːtə(r)/ *n* [1] (animal) ludojad *m* [2] infml fig hum or pej (woman) modliszka *f* fig pej

man-eating /ˈmæniːtɪŋ/ *adj* **~ lion/tiger** lew/tygrys ludojad

maneuver US *n, vt, vi* = **manoeuvre**

man Friday /ˌmænˈfraɪdeɪ/ *n* [1] Literat Piętaszek *m* [2] (general assistant) pomagier *m* infml hum

manful /ˈmænfl/ *adj* mężny

manfully /ˈmænfəlɪ/ *adv* mężnie

manga /ˈmæŋgæ/ *n* manga *f (komiks japoński)*

manganese /ˈmæŋgəniːz/ **I** *n* mangan *m*
II *modif [bronze, steel]* manganowy

mange /meɪndʒ/ *n* świerzb *m*; parch *m* infml

mangel-wurzel /ˈmæŋglwɜːzl/ *n* burak *m* pastewny

manger /ˈmeɪndʒə(r)/ *n* żłób *m*

mangetout /ˌmɑːnʒˈtuː/ *n* groch *m* cukrowy

mangle[1] /ˈmæŋgl/ **I** *n* (for squeezing water) wyżymaczka *f*; (for pressing) US magiel *m*
II *vt* (squeeze water) wyż|ąć, -ymać; (press) wy|maglować

mangle[2] /ˈmæŋgl/ *vt* [1] z|miażdżyć, po|gruchotać *[body, vehicle]* [2] fig s|partaczyć, s|knocić infml *[piece of music, poem]*; kaleczyć *[language]*; przekłam|ać, -ywać *[message]*

mango /ˈmæŋgəʊ/ **I** *n* (*pl* **-goes, -gos**) (fruit) mango *n*; (tree) mango *n*, mangowiec *m*, drzewo *n* mangowe
II *modif* **~ juice** sok z mango

mangold /ˈmæŋgld/ *n* = **mangel-wurzel**

mangosteen /ˈmæŋgəstiːn/ *n* Bot mangostan *m*

mangrove /ˈmæŋgrəʊv/ *n* namorzyn *m*, mangrowe *n inv*

mangrove swamp *n* bagno *n* namorzynowe

mangy /ˈmeɪndʒɪ/ *adj [animal]* dotknięty parchem; parchaty, parszywy infml; fig *[carpet, curtains, coat]* wyliniały; *[room, hotel]* obskurny; zapyziały infml

manhandle /ˈmænhændl/ *vt* [1] (treat roughly) sponiewierać, poniewierać (kimś), maltretować [2] (move by manpower) przen|ieść, -osić; **to ~ sth up/down** wnieść/znieść coś

Manhattan /ˌmænˈhætn/ *prn* Manhattan *m*

manhattan /ˌmænˈhætn/ *n* (drink) manhattan *m*

manhole /ˈmænhəʊl/ *n* (in road) studzienka *f* włazowa; (of boiler, tank) właz *m*

manhole cover *n* pokrywa *f (studzienki, włazu)*

manhood /ˈmænhʊd/ *n* [1] (adult state) wiek *m* męski [2] (masculinity) męskość *f* [3] liter (men collectively) mężczyźni *m pl*

man-hour /ˈmænaʊə(r)/ *n* (in calculations) roboczogodzina *f*

manhunt /ˈmænhʌnt/ *n* obława *f*

mania /ˈmeɪnɪə/ *n* Psych mania *f*; fig (obsession) mania *f*; bzik *m* infml; **to have a ~ for doing sth** mieć manię robienia czegoś; **motorcycle ~** bzik na punkcie motocykli

maniac /ˈmeɪnɪæk/ **I** *n* [1] Psych szaleniec *m*, mania|k *m*, -czka *f*; **homicidal ~** maniakalny zabójca; **to drive like a ~** fig jechać jak wariat infml fig [2] (obsessive enthusiast) fanaty|k *m*, -czka *f*; **religious ~** fanatyk religijny; **he's a computer/sailing ~** on ma bzika na punkcie komputerów/żeglarstwa infml
II *adj* [1] Psych maniakalny [2] infml fig zbzikowany, zwariowany infml

maniacal /məˈnaɪəkl/ *adj* [1] Psych maniakalny [2] fig maniacki

manic /ˈmænɪk/ *adj* [1] Med, Psych (obsessive) maniakalny; (manic-depressive) maniakalno-depresyjny [2] fig *[activity, pace]* szaleńczy; *[behaviour]* rozgorączkowany

manic depression *n* psychoza *f* maniakalno-depresyjna

manic depressive **I** *n* chor|y *m*, -a *f* z zespołem maniakalno-depresyjnym
II *adj* maniakalno-depresyjny

Manich(a)ean /ˌmænɪˈkiːən/ **I** *n* manichejczyk *m*, wyznaw|ca *m*, -czyni *f* manicheizmu
II *adj* manichejski

Manich(a)eism /ˌmænɪˈkiːɪzəm/ *n* manicheizm *m*

manicure /ˈmænɪkjʊə(r)/ **I** *n* manikiur *m*, manicure *m*; **to give sb a ~** zrobić komuś manikiur
II *vt* z|robić manikiur (komuś); **to ~ one's nails** robić sobie manikiur; **her ~d nails** jej wymanikiurowane paznokcie; **a ~d lawn** hum wypielęgnowany trawnik

manicure scissors *n* nożyczki *plt* do manikiuru

manicure set *n* zestaw *m* przyborów do manikiuru

manicurist /ˈmænɪkjʊərɪst/ *n* manikiurzyst|a *m*, -ka *f*

manifest /ˈmænɪfest/ **I** *n* Naut, Aviat (for freight) manifest *m* ładunkowy; (for passengers) lista *f* pasażerów
II *adj* oczywisty, wyraźny
III *vt* okaz|ać, -ywać *[fear, fatigue, interest]*; za|manifestować *[feelings, dissatisfaction]*
IV *vr* **to ~ itself** objawi|ć, -ać się

manifestation /ˌmænɪfəˈsteɪʃn/ *n* [1] (sign) oznaka *f*, przejaw *m*, wyraz *m* **(of sth** czegoś); (of disease) objaw *m* [2] (of ghost) znak *m* obecności

Manifest Destiny *n* US Hist Objawione Przeznaczenie *n*

manifestly /ˈmænɪfestlɪ/ *adv* wyraźnie

manifesto /ˌmænɪˈfestəʊ/ *n* manifest *m*; **election ~** program wyborczy

manifold /ˈmænɪfəʊld/ **I** *n* Tech rura *f* rozgałęźna; **inlet** or **induction ~** Aut kolektor ssący; **exhaust ~** Aut kolektor wydechowy
II *adj* różnoraki, różnorodny; **~ wisdom** nieskończona mądrość

manikin *n* = **mannikin**

Manila[1] /məˈnɪlə/ *prn* Manila *f*

Manila[2] /məˈnɪlə/ *n* [1] (also **Manila paper)** (paper) papier *m* pakowy [2] (also **Manila hemp)** banan *m* manilski or włóknodajny; **~ envelope** szara koperta

man in the moon *n* księżyc *m* w pełni *(przypominający ludzką twarz)*

manioc /ˈmænɪɒk/ *n* maniok *m*

manipulate /məˈnɪpjʊleɪt/ *vt* [1] (handle, control) manewrować (czymś), manipulować (czymś) *[control, gears]* [2] pej manipulować (kimś/czymś) *[person, situation, opinion]*; oddział|ać, -ywać na (coś) *[market]*; **she ~d him into accepting the offer** tak go skołowała, że przyjął ofertę infml; **to ~ sb's emotions** grać na uczuciach kogoś [3] (falsify) pej zafałszow|ać, -ywać *[data, figures]*; przekręc|ić, -ać, manipulować (czymś) *[facts]* [4] Med (in physiotherapy) nastawi|ć, -ać *[shoulder, joint]*

manipulation /məˌnɪpjʊˈleɪʃn/ *n* [1] (of tool, machine) manewrowanie *n*, operowanie *n* [2] pej (of person, situation, public opinion) manipulacja *f*, manipulowanie *n* [3] pej (of statistics) zafałszowanie *n*; (of facts) manipulacja *f*, manipulowanie *n* [4] Med zabieg *m* (fizjoterapeutyczny)

manipulative /məˈnɪpjʊlətɪv/ *adj* [1] manipulacyjny; **~ skills** zdolności manualne [2] (interfering) **she was selfish and ~** była egoistką i manipulatorką

manipulator /məˈnɪpjʊleɪtə(r)/ *n* [1] (person) manipulant *m*, manipulator *m*, -ka *f* [2] Tech manipulator *m*

Manitoba /ˌmænɪˈtəʊbə/ *prn* Manitoba *f*

mankind /ˌmænˈkaɪnd/ *n* ludzkość *f*

manliness /ˈmænlɪnɪs/ *n* męskość *f*

man lock *n* Civ Eng śluza *f* powietrzna osobowa *(w kesonie)*

manly /ˈmænlɪ/ *adj* męski

man-made /ˌmænˈmeɪd/ *adj [fibre, fabric]* sztuczny, syntetyczny; *[dye, panel, snow]* sztuczny; *[object, tool]* wytworzony przez człowieka; *[environment]* stworzony przez człowieka; *[catastrophe]* spowodowany przez człowieka

manna /ˈmænə/ *n* Bible, fig manna *f*
IDIOMS: **like ~ from heaven** jak manna z nieba

mannequin /ˈmænɪkɪn/ *n* [1] (dummy) manekin *m* [2] dat (fashion model) model *m*, -ka *f*

manner /ˈmænə(r)/ **I** *n* [1] (way, method) sposób *m*; **in this ~** i tak, w ten sposób; **in like ~, in the same ~** tak samo, w taki sam sposób; **the ~ in which they were treated** sposób, w jaki ich potraktowano; **to do sth in such a ~ that...** zrobić coś w taki sposób, że...; **the ~ of his death** or **of his going** liter sposób, w jaki umarł or w jaki odszedł liter; **in a ~ of speaking** w pewnym sensie, poniekąd [2] (way of behaving) zachowanie *n*; **don't be put off by her ~** nie zrażaj się jej zachowaniem; **something in his ~ disturbed her** coś w jego zachowaniu ją zaniepokoiło; **she has a bad ~** jest niesympatyczna; **to have a good telephone ~** brzmieć przyjemnie przez telefon [3] liter (sort, kind) rodzaj *m*, typ *m*; **what ~ of man is he?** jakim jest człowiekiem?, jakiego typu człowiekiem on jest?; **all ~ of delights** wszelkiego rodzaju przyjemności; **by no ~ of means** w żadnym razie [4] Arch, Literat (style) styl *m*; **in** or **after the ~ of sb** w stylu kogoś

II manners *npl* [1] (social behaviour) maniery *f pl*; **to have good/bad ~s** być dobrze/źle wychowanym, potrafić/nie potrafić zachować się, mieć dobre/złe maniery; **I'll teach you some ~s!** już ja cię nauczę dobrych manier!; **it's bad ~s to talk with your mouth full** to niegrzecznie mówić z pełnymi ustami; **he has no ~s** brak mu ogłady; (child) jest źle wychowany; **to have the ~s to do sth** być na tyle uprzejmym, żeby coś zrobić; **aren't you forgetting your ~s?, where are your ~s?** gdzie twoje maniery?, ładnie to tak?; **road ~s** kultura jazdy [2] (social habits, customs) obyczaje *m pl*, zwyczaje *m pl*; **comedy of ~s** komedia obyczajowa

III -mannered *in combinations* **ill/well-~ed** źle/dobrze wychowany; **a mild-~ed man** łagodny człowiek

IDIOMS: **to speak in public as if to the ~ born** przemawiać, jakby się było do tego stworzonym or jakby się nic innego nie robiło przez całe życie

mannered /ˈmænəd/ *adj* pej zmanierowany pej

mannerism /ˈmænərɪzəm/ *n* [1] (personal habit) nawyk *m*, zwyczaj *m* [2] pej (quirk) dziwactwo *n*, maniera *f* pej

Mannerism /ˈmænərɪzəm/ *n* Art, Literat manieryzm *m*

Mannerist /ˈmænərɪst/ **I** *n* Art, Literat manieryst|a *m*, -ka *f*

II *adj* manierystyczny

mannerliness /ˈmænəlɪnɪs/ *n* dobre wychowanie *n*

mannerly /ˈmænəlɪ/ *adj* dobrze wychowany

mannikin /ˈmænɪkɪn/ *n* [1] Art., Fashn (Fashn) manekin *m*; Med fantom *m* [2] = **mannequin** [3] arch (dwarf) człowieczek *m*, ludzik *m*

manning /ˈmænɪŋ/ *n* Mil, Ind obsada *f* (stanowiska)

manning levels *n* poziom *m* zatrudnienia

mannish /ˈmænɪʃ/ *adj [clothing, voice]* męski; **to be ~** pej *[woman]* być w męskim typie

manoeuvrability GB, **maneuverability** US /məˌnuːvrəˈbɪlətɪ/ *n* (of aircraft) sterowność *f*; (of car, wheelchair) zwrotność *f*

manoeuvrable GB, **maneuverable** US /məˈnuːvrəbl/ *adj [aircraft]* sterowny; *[vehicle]* zwrotny

manoeuvre GB, **maneuver** US /məˈnuːvə(r)/ **I** *n* manewr *m* also fig; **political/military ~** manewr polityczny /wojskowy; **to have some room for ~** fig mieć pole manewru or swobodę ruchu; Mil **to be on ~s** być na manewrach

II *vt* [1] manewrować (czymś) *[vehicle, object]*; **to ~ the car into/out of a parking place** wprowadzić samochód na miejsce parkowania/wyprowadzić samochód z miejsca parkowania; **to ~ sth into position** ulokować coś na miejscu *[object]* [2] fig manewrować (kimś) *[person]*; po|kierować (czymś) *[discussion]*; **to ~ sb into doing sth** zręczną manipulacją doprowadzić kogoś do zrobienia czegoś; **the Minister ~d the bill through Parliament** minister zręcznie przeforsował ustawę w parlamencie; **he ~d the conversation round to the subject of...** zręcznie sprowadził rozmowę na temat...

III *vi* [1] (perform manoeuvre) manewrować [2] Mil (carry out manoeuvres) prowadzić manewry

manoeuvring GB, **maneuvering** US /məˈnuːvərɪŋ/ *n* [1] (action) manewrowanie *n*, kierowanie *n*, sterowanie *n*; pej manipulowanie *n* [2] (instance) manewr *m*

man-of-war /ˌmænəvˈwɔː(r)/ *n* (ship) okręt *m* wojenny

manometer /mæˈnɒmɪtə(r)/ *n* manometr *m*

manor /ˈmænə(r)/ *n* [1] (also **~ house**) rezydencja *f* ziemska; dwór *m* dat; Hist (estate) majątek *m* (ziemski), posiadłość *f* ziemska; **Lord/Lady of the ~** dziedzic /dziedziczka [2] GB police sl rewir *m*

manorial /məˈnɔːrɪəl/ *adj [records]* ziemski; *[life]* ziemiański; Hist *[system]* lenny

manpower /ˈmænpaʊə(r)/ *n* [1] siła *f* robocza; Mil stan *m* liczebny (armii) [2] (physical force) siła *f* ludzkich mięśni; **by sheer ~** jedynie siłą własnych mięśni

Manpower /ˈmænpaʊə(r)/ *n* GB ≈ biuro pośrednictwa pracy

manse /mæns/ *n* plebania *f*

manservant /ˈmænsɜːvənt/ *n* (*pl* **menservants, ~s**) służący *m*

mansion /ˈmænʃn/ *n* pałac *m*, rezydencja *f*

Mansion House *n* oficjalna rezydencja *f* burmistrza Londynu

man-sized /ˈmænsaɪzd/ *adj* [1] Comm *[tissues]* duży [2] hum *[meal, portion]* potężny hum

manslaughter /ˈmænslɔːtə(r)/ *n* Jur nieumyślne spowodowanie *n* śmierci

mansuetude /ˈmænswɪtjuːd, US -tuːd/ *n* arch łagodność *f*

mantel /ˈmæntl/ *n* = **mantelpiece**

mantelpiece /ˈmæntlpiːs/ *n* (shelf) gzyms *m* kominka; **on the ~** na kominku

mantelshelf /ˈmæntlʃelf/ *n* = **mantlepiece**

mantilla /mænˈtɪlə/ *n* mantyla *f*

mantis /ˈmæntɪs/ *n* Zool modliszka *f*

mantle /ˈmæntl/ **I** *n* [1] arch (cloak) opończa *f* arch [2] fig liter (of snow, darkness) całun *m* fig liter [3] (role) obowiązki *m pl*; **to assume the ~ of power** objąć władzę; **the ~ of office weighed heavily upon his shoulders** ciążyły mu obowiązki związane ze sprawowaniem urzędu [4] (of gas lamp) koszulka *f* żarowa [5] Geol płaszcz *m* Ziemi [6] Zool płaszcz *m*

II *vt* liter okry|ć, -wać

man-to-man /ˌmæntəˈmæn/ **I** *adj* otwarty, szczery

II man to man *adv* jak mężczyzna z mężczyzną

man trap *n* pułapka *m (np. na kłusownika)*

manual /ˈmænjʊəl/ **I** *n* [1] (book) podręcznik *m* [2] Mus manuał *m*

II *adj [work, worker]* fizyczny; *[controls, pump, gearbox]* ręczny; *[dexterity, skills]* manualny

manually /ˈmænjʊəlɪ/ *adv* ręcznie

manufacture /ˌmænjʊˈfæktʃə(r)/ **I** *n* produkcja *f*

II manufactures *npl* produkty *m pl*, wyroby *m pl*

III *vt* [1] wy|produkować, wytw|orzyć, -arzać *[goods]* [2] fig pej wymyśl|ić, -ać, zmyśl|ić, -ać *[story, reason, excuse]*; s|fabrykować *[evidence]*

IV manufactured *adj* **~d goods/products** wyroby or produkty fabryczne

manufacturer /ˌmænjʊˈfæktʃərə(r)/ *n* producent *m*, wytwórca *m* **(of sth** czegoś**)**

manufacturing /ˌmænjʊˈfæktʃərɪŋ/ **I** *n* [1] (sector of economy) wytwórczość *f*, produkcja *f* przemysłowa [2] (making) produkcja *f*

II *modif [town]* przemysłowy; **~ costs /techniques** koszty/technologia produkcji; **~ industry** przemysł wytwórczy; **~ plant** zakład produkcyjny

manufacturing base *n* baza *f* przemysłowa or produkcyjna

manure /məˈnjʊə(r)/ **I** *n* [1] (fertilizer) nawóz *m* naturalny; (stable and barnyard dung) obornik *m*, gnój *m*; **liquid ~** gnojownica; **horse ~** nawóz koński; **green ~** nawóz zielony [2] US infml fig bzdura *f* infml

II *vt* naw|ieźć, -ozić

manure heap *n* kupa *f* gnoju, gnojowisko *n*

manuscript /ˈmænjʊskrɪpt/ **I** *n* [1] rękopis *m*; **in ~** w rękopisie; **to submit a ~** złożyć rękopis [2] (old document) manuskrypt *m*

II *modif [letter]* odręczny

Manx /mæŋks/ **I** *n* [1] Ling (język *m*) mański *m* [2] **the ~** (+ *v pl*) mieszkańcy *m pl* wyspy Man

II *adj* z wyspy Man

Manx cat *n* kot *m* z wyspy Man

Manxman /ˈmæŋksmən/ *n* (*pl* **-men**) mieszkaniec *m* wyspy Man

Manxwoman /ˈmæŋkswʊmən/ *n* (*pl* **-women**) mieszkanka *f* wyspy Man

many /ˈmenɪ/ **I** *quantif* (*comp* **more,** *superl* **most)** dużo, wiele; **~ people/cars** dużo ludzi/samochodów; **~ times** dużo or wiele razy; **for ~ years** przez wiele lat; **in ~ ways** na wiele sposobów; **his ~ friends** jego liczni przyjaciele; **the ~ advantages of city life** liczne zalety życia w mieście; **how ~ people?** ile osób?; **how ~ times?** ile razy?; **too ~ people** za dużo or zbyt wiele osób; **too ~ times** za dużo or zbyt wiele razy; **a great ~ people** mnóstwo ludzi; **for a great ~ years** przez wiele, wiele lat; **a good ~ people/times** sporo ludzi/razy; **like so ~ other women, she...** podobnie do wielu kobiet, (ona)...; jak wiele kobiet, (ona)...; **I have as ~ books as you (do)** mam tyle książek co ty; **five exams in as ~ days** pięć egzaminów w ciągu pięciu dni; **~ a man would be glad of such an opportunity** niejednego ucieszyłaby taka szansa; **I spent ~ a night there** spędziłem tam niejedną noc; **I've been there ~ a time, ~'s the time I've been there** bywałem tam wielokrotnie

II *pron* wiele, wielu; **not ~** niewiele, niewielu; **how ~?** ile, ilu?; **as ~ as you like** (tyle) ile chcesz; **I didn't know there were so ~** nie wiedziałam, że jest aż tyle; **we don't need ~ more** nie potrzebujemy wiele więcej; **~ of them were killed** wielu z nich zabito; **there were too ~ of them** było ich zbyt wielu; **a good ~ of**

the houses were damaged sporo domów uległo zniszczeniu; **one/two too ~** o jeden/dwa za dużo; **you've set one place too ~** przygotowałeś o jedno nakrycie za dużo

III *n* **the ~** (the masses) masy *f pl*, tłumy *m pl*; **to sacrifice the interests of the few in favour of the ~** poświęcić interes jednostek dla dobra ogółu; **the ~ who loved her** tłumy, które ją uwielbiały

IDIOMS: **to have had one too ~** infml wypić o jeden kieliszek za dużo

many-coloured /ˌmenɪˈkʌləd/ *adj* wielobarwny, wielokolorowy

many-hued /ˌmenɪˈhjuːd/ *n* liter = **many-coloured**

many-sided /ˌmenɪˈsaɪdɪd/ *adj [personality, phenomenon]* wielowymiarowy; *[development, interests]* wielostronny

Maoism /ˈmaʊɪzəm/ *n* maoizm *m*

Maoist /ˈmaʊɪst/ *n* maoist|a *m*, -ka *f*

Maori /ˈmaʊrɪ/ **I** *n* [1] (*pl* **~, ~s**) (person) Maorys *m*, -ka *f*; **the ~s** Maorysi *m pl* [2] Ling (język *m*) maoryjski *m*

II *adj* maoryjski

map /mæp/ **I** *n* (of region, country) mapa *f*; (of city, underground, subway) plan *m*; **road/tourist ~** mapa samochodowa/turystyczna; **weather ~** mapa pogody; **street ~** plan miasta; **~ of the underground** plan metra; **I'll draw you a ~** narysuję ci plan or mapkę; **the political ~ of Europe** mapa polityczna Europy also fig

II *vt* (*prp, pt, pp* **-pp-**) [1] (make map of) sporządz|ić, -ać mapę (czegoś) *[region, planet, surface]*; sporządz|ić, -ać plan (czegoś) *[town]*; nan|ieść, -osić na mapę *[feature]* [2] (do survey of) dokon|ać, -ywać pomiarów kartograficznych (czegoś) *[crater, surface]* [3] Comput odwzorow|ać, -ywać, mapować

■ **map out**: **~ out [sth], ~ [sth] out** nakreśl|ić, -ać, opracow|ać, -ywać *[plan, strategy]*; za|planować *[career, holiday]*

IDIOMS: **to put sth on the ~** nadać rozgłos czemuś; **to be wiped off the ~** zostać zmiecionym z powierzchni ziemi

maple /ˈmeɪpl/ **I** *n* [1] (tree) klon *m* [2] (also **~ wood**) klon *m*, klonina *f*

II *modif [sugar, syrup]* klonowy; **~ leaf** liść klonu or klonowy; **~ furniture/floor** meble/podłoga z klonu or z kloniny

map maker *n* kartograf *m*

mapping /ˈmæpɪŋ/ *n* [1] Geog, Geol, Astron kartografia *f*; Biol mapowanie *n* [2] Comput odwzorowanie *n*, mapowanie *n* → **genetic mapping**

mapping pen *n* piórko *n* do rysowania map

map reader *n* **to be a good/bad ~** potrafić czytać mapę/nie potrafić czytać mapy

map reading *n* czytanie *n* mapy

mar /mɑː(r)/ *vt* (*prp, pt, pp* **-rr-**) po|psuć, zepsuć *[holiday, event, enjoyment]*; oszpec|ić, -ać, szpecić *[appearance, building]*

IDIOMS: **to make or ~ sth** przesądzić o sukcesie lub klęsce czegoś

Mar *n* = **March**

marabou /ˈmærəbuː/ *n* (bird) marabut *m*; (feathers) marabut *m*

maraschino /ˌmærəˈskiːnəʊ/ *n* maraskino *n*

maraschino cherry *n* wisienka *f* do koktajli

marathon /ˈmærəθən, US -θɒn/ **I** *n* [1] Sport maraton *m*, bieg *m* maratoński; **to run (in) a ~** biec w maratonie [2] fig maraton *m* fig

II *modif* [1] Sport **~ runner** maratończyk; **the ~ route** trasa maratonu [2] (massive) *[session, talks, hike]* długi i wyczerpujący

marauder /məˈrɔːdə(r)/ *n* rabuś *m*

marauding /məˈrɔːdɪŋ/ *adj* grasujący

marble /ˈmɑːbl/ **I** *n* [1] (stone) marmur *m*; **made of ~** wykonany z marmuru, marmurowy [2] Art rzeźba *f* z marmuru; marmur *m* infml [3] Games (glass) szklana kulka *f* [4] **marbles** (game) *(+ v sg)* gra *f* w kulki, kulki *f pl*; **to play** or **shoot ~s** US grać w kulki

II *modif [object]* marmurowy, z marmuru

IDIOMS: **he's lost his ~s** infml rozum mu odebrało infml; **she still has all her ~s** infml jeszcze ma wszystkie klepki (na swoim miejscu) infml

marble cake *n* ciasto *n* marmurkowe

marbled /ˈmɑːbld/ *adj* [1] marmurowy; *[surface, paper, design]* marmurkowy, żyłkowany [2] Culin *[meat]* lekko poprzerastany tłuszczem

marbling /ˈmɑːblɪŋ/ *n* marmurkowy wzór *m* or deseń *m*

march /mɑːtʃ/ **I** *n* [1] Mil (foot journey) marsz *m*; **a 40 km ~** czterdziestokilometrowy marsz; **on the ~** w marszu; **the village is a day's ~ from here** wieś jest o dzień marszu stąd; **to be on the ~** *[army]* być w marszu; fig *[prices]* iść w górę; **quick/slow ~** szybki/wolny marsz; **by forced ~** forsownym marszem [2] (demonstration) marsz *m*; **a peace/protest ~** marsz pokojowy /protestacyjny; **a ~ in protest at/in favour of sth** marsz w proteście przeciw czemuś /dla wyrażenia poparcia dla czegoś; **a ~ on the White House** marsz na Biały Dom; **a ~ through the city centre** przemarsz przez centrum miasta [3] Mus marsz *m* [4] fig **the ~ of time** upływ czasu

II *vt* za|prowadzić *[prisoner, children]*; **she ~ed him into the office** wprowadziła go do biura; **she ~ed him off to the bathroom** wyprowadziła go do łazienki

III *vi* [1] *[soldiers, band, prisoners]* maszerować; **to ~ on Berlin** maszerować na Berlin; **to ~ (for) 40 km** przemaszerować 40 km; **to ~ up and down the street** maszerować ulicą tam i z powrotem; **forward ~!** naprzód marsz!; **quick ~!** biegiem marsz! [2] (in protest) demonstrować **(against/for sth** przeciw czemuś/wyrażając poparcie dla czegoś**)**; **they ~ed through London/from the hospital to the town hall** przemaszerowali przez Londyn/od szpitala do ratusza; **they ~ed to Brussels in protest** w proteście przemaszerowali do Brukseli [3] (walk briskly) **to ~ in** wmaszerować; **to ~ out** wymaszerować; **she ~ed up to his desk** pewnym krokiem podeszła do jego biurka; **he ~ed up and down the room** przemierzał pokój tam i z powrotem

March /mɑːtʃ/ **I** *n* marzec *m*; **in ~** w marcu

II *modif* marcowy

IDIOMS: **to be as mad as a ~ hare** kompletnie oszaleć

marcher /ˈmɑːtʃə(r)/ *n* (in demonstration) demonstrant *m*, -ka *f*, manifestant *m*, -ka *f*; (in procession, band) maszerując|y *m*, -a *f*; **the civil rights/peace ~s** demonstrujący na rzecz praw obywatelskich/pokoju

marching /ˈmɑːtʃɪŋ/ **I** *n* (action) maszerowanie *n*; (instance) marsz *m*; **there was a sound of ~** słychać było odgłos kroków

II *adj [troops, demonstrators]* maszerujący; **the sound of ~ feet** odgłos kroków

marching band *n* orkiestra *f* dęta

marching orders *npl* rozkaz *m* wymarszu

IDIOMS: **to give sb their ~** odprawić kogoś

marching song *n* pieśń *f* marszowa

marchioness /ˌmɑːʃəˈnes/ *n* markiza *f*

march-past /ˈmɑːtʃpɑːst, US -pæst/ *n* defilada *f*

Mardi Gras /ˌmɑːdɪˈgrɑː/ *n* ≈ ostatki *plt*; zapusty *plt* dat

mare /meə(r)/ *n* (horse) klacz *f*, kobyła *f*; (donkey) oślica *f*

marg /mɑːdʒ/ *n* GB infml = **margarine**

margarine /ˌmɑːdʒəˈriːn/ *n* margaryna *f*

margarita /ˌmɑːgəˈriːtə/ *n* (cocktail) margarita *f*

marge[1] /mɑːdʒ/ *n* GB infml = **margarine**

marge[2] /mɑːdʒ/ *n* liter margines *m*, brzeg *m*

margin /ˈmɑːdʒɪn/ *n* [1] (on paper) margines *m*; **in the ~** na marginesie; **left/right ~** margines lewy/prawy; **to set a ~** (before printing or typing) ustawić margines [2] (of field, wood) skraj *m*, obrzeże *n*; (of river, lake) brzeg *m* [3] (also **winning ~**) różnica *f*, przewaga *f*; **to win by a wide/narrow/slim ~** wygrać znaczną/niewielką/znikomą przewagą; **they won by a convincing 17 point ~** uzyskali zdecydowaną przewagę 17 punktów; **to lose by a small ~** przegrać z niewielką stratą [4] fig (fringe) margines *m*; **on** or **at the ~(s) of society** na marginesie społeczeństwa [5] (allowance) poprawka *f*; **~ of** or **for error** margines błędu; **safety ~** margines bezpieczeństwa; **a ~ for delays/breakdowns** poprawka na opóźnienia/awarie [6] Comm (also **profit ~**) zysk *m*, marża *f* zysku; **a high/low ~ sector** Econ branża z wysoką/niską marżą zysku

marginal /ˈmɑːdʒɪnl/ **I** *n* GB Pol mandat *m* zdobyty minimalną większością głosów

II *adj* [1] (minor) *[importance]* marginalny; marginesowy fml; *[difference, effect]* znikomy [2] (peripheral) *[figure, role]* drugoplanowy [3] GB Pol *[seat, ward]* zdobyty minimalną większością głosów [4] Agric *[land]* gorszej klasy [5] *[note, remarks]* marginesowy, na marginesie

marginalia /ˌmɑːdʒɪˈneɪlɪə/ *npl* marginalia *plt* fml

marginalize /ˈmɑːdʒɪnəlaɪz/ *vt* usu|nąć, -wać na dalszy plan or na margines, z|bagatelizować

marginally /ˈmɑːdʒɪnəlɪ/ *adv* minimalnie, nieznacznie

marguerite /ˌmɑːgəˈriːt/ *n* margerytka *f*

marigold /ˈmærɪgəʊld/ *n* nagietek *m*

marihuana *n* = **marijuana**

marijuana /ˌmærjuːˈɑːnə/ *n* marihuana *f*

marina /məˈriːnə/ *n* (small) przystań *f*; (large) marina *f*

marinade /ˌmærɪˈneɪd/ **I** *n* marynata *f*
II *vt* za|marynować **(in sth** w czymś)
III *vi* marynować się

marinate /ˈmærɪneɪt/ **I** *vt* za|marynować **(in sth** w czymś)
II marinated *pp adj* marynowany

marine /məˈriːn/ **I** *n* [1] (soldier) żołnierz *m* piechoty morskiej; **the Marines** piechota morska [2] (navy) **the mercantile** or **merchant ~** marynarka handlowa
II *modif [creatures, plants, transport, law, insurance]* morski; **~ explorer** badacz morza; **~ life** życie w morzu; **~ painter** marynista
IDIOMS: **tell that to the ~s!** bujać to my, ale nie nas! infml

Marine Corps *n* korpus *m* amerykańskiej piechoty morskiej

marine engineer *n* mechanik *m* okrętowy

mariner /ˈmærɪnə(r)/ *n* dat żeglarz *m*

Mariolatry /ˌmeərɪˈɒlətrɪ/ *n* mariolatria *f*

Mariology /ˌmeərɪˈɒlədʒɪ/ *n* mariologia *f*

marionette /ˌmærɪəˈnet/ *n* marionetka *f*

marital /ˈmærɪtl/ *adj* małżeński; **~ status** Admin stan cywilny

maritime /ˈmærɪtaɪm/ *adj [law, museum, climate, power, trade]* morski; *[area, province]* nadmorski; **~ nation** naród żeglarzy

marjoram /ˈmɑːdʒərəm/ *n* Bot, Culin majeranek *m*

mark¹ /mɑːk/ **I** *n* [1] (visible patch) (stain) plama *f*; (spot on animal) łata *f*, łatka *f*, plamka *f*; (from injury) ślad *m*; (blemish on skin) znamię *n*; **dirty/greasy ~s** brudne/tłuste plamy; **burn ~** blizna po oparzeniu; **scratch ~** zadrapanie; **distinguishing ~s** znaki szczególne; **she escaped without a ~ on her body** wyszła z tego bez zadraśnięcia; **the ~s of age** oznaki starzenia się [2] (sign) znak *m*; (on cattle) cecha *f*; **to make one's ~** (on document) podpisać się krzyżykami, postawić krzyżyk; fig (make big impression) pokazać swoje możliwości, wyrobić sobie markę [3] fig (lasting impression) **to bear the ~ of sth** *[person]* nosić znamiona czegoś *[greatness, genius]*; *[face]* być naznaczonym czymś *[pain, grief]*; **to leave one's ~ on sth** *[person]* pozostawić swój ślad na czymś *[project]*; *[recession]* odcisnąć swoje piętno na czymś *[country]* [4] (symbol) **as a ~ of sth** na znak czegoś *[appreciation, esteem]* [5] (assessment of work or performance) Sch, Univ ocena *f*, stopień *m*; Sport ocena *f*, nota *f*; **what ~ has she given you?** jaką ocenę ci postawiła?; co ci postawiła? infml; **he gets no ~s for effort/originality** fig należy mu się zero punktów za wysiłek/oryginalność fig → **full, top** [6] (on scale) poziom *n*; **the runner has passed the 3-mile ~** biegacz pokonał dystans trzech mil; **unemployment has reached/passed the two million ~** bezrobocie osiągnęło/przekroczyło poziom dwóch milionów; **his earnings are above/below the £20,000 ~** zarabia powyżej/poniżej 20 000 funtów; **the timer had reached the one-minute ~** minutnik wskazuje, że upłynęła jedna minuta; **the high-tide ~** linia zasięgu fal pływowych; **cook in the oven at gas ~ 4 for two hours** piec w piekarniku na czwórce przez dwie godziny; **he/his work is not** or **doesn't come up to the ~** fig on/jego praca nie jest na odpowiednim poziomie [7] Sport (starting line) (in athletics) linia *f* startowa; **on your ~s, (get) set, go!** na miejsca, gotowi, start!; **to get off the ~** *[runners]* wystartować; **to get off the ~ early** *[traveller]* wcześnie wyruszyć; **we haven't even got off the ~ yet** fig nawet jeszcze nie zaczęliśmy; **he's a bit slow off the ~** fig ma trochę spóźniony refleks; **he's very quick off the ~** ma szybki refleks; **you were a bit quick off the ~ (in) blaming her** trochę się pośpieszyłeś z obwinianiem jej; **he's always very quick off the ~ when it comes to money** nie marnuje czasu, jeśli w grę wchodzą pieniądze; **you were quick off the ~!** (to do sth) nie traciłeś czasu!; **to overstep the ~** posunąć się za daleko, przeholować, zagalopować się [8] (target) cel *m*; **to find its ~** *[arrow]* trafić do celu; fig *[criticism, remark]* trafić w samo sedno; **to be (way) off the ~, to be wide of the ~** *[person]* spudłować; fig grubo się mylić; *[guess]* być dalekim od prawdy; *[calculation]* być błędnym; **on the ~** w dziesiątkę [9] Sport (in rugby) czysty chwyt *m* [10] (also **Mark)** (model in series) typ *m*, model *m*; **Jaguar Mark II** Jaguar Typ II
II *vt* [1] (make visible impression on) (stain) po|plamić *[clothes, material, paper]*; *[bruise, injury, scar]* być widocznym na (czymś) *[face, skin]*; (for identification) oznacz|yć, -ać *[map, belongings]* **(with sth** czymś); **to ~ sb for life** (physically) trwale kogoś oszpecić; (mentally) na całe życie odcisnąć na kimś swoje piętno [2] (indicate, label) *[person]* zaznacz|yć, -ać *[name, initials, price, directions]* **(on sth** na czymś); *[cross, arrow, sign, label]* wskaz|ać, -ywać *[position, place, road]*; fig *[death, event, announcement]* oznaczać *[end, change, turning point]*; **to be ~ed as sb** być uznawanym za (kogoś) *[future champion, criminal]*; **to ~ the occasion with a firework display** uświetnić uroczystość pokazem sztucznych ogni; **X ~s the spot** krzyżyk wskazuje to miejsce, miejsce jest oznaczone krzyżykiem; **he ~ed his place** (in a book) zaznaczył miejsce (w którym przerwał lekturę) [3] (characterize) charakteryzować *[style, remark, behaviour, era]*; **to be ~ed by sth** charakteryzować się czymś, odznaczać się czymś *[violence, envy, humour, generosity]* [4] Sch, Univ (tick) poprawi|ć, -ać *[essay, homework, examination paper]*; **to ~ sb absent/present** zaznaczyć komuś obecność/nieobecność; **to ~ sth right/wrong** uznać coś za poprawne/niepoprawne [5] (pay attention to) zapamiętać *[words, warning, person]*; **~ him well, he will be a great man** fml zapamiętaj go sobie dobrze, będzie z niego wielki człowiek [6] Sport pilnować, kryć *[player]*
III *vi* [1] *[teacher]* poprawi|ć, -ać prace uczniów [2] (stain) *[dress, material]* plamić się [3] Sport kryć
IV mark you *conj phr* zważ, zauważ, pamiętaj; **~ you, it won't be easy** uprzedzam, to nie będzie łatwe
■ **mark down**: ¶ **~ down [sth], ~ [sth] down** (reduce price of) przeceni|ć, -ać *[product]* ¶ **~ [sb/sth] down** (lower grade of) obniż|yć, -ać stopień or ocenę (komuś) *[person]*; obniż|yć, -ać stopień or ocenę za (coś) *[work, essay]*; **to ~ sb down as (being) sth** (consider to be) uznać kogoś za kogoś/coś *[troublemaker, asset]*
■ **mark off**: **~ off [sth], ~ [sth] off** [1] (separate off) wydzieli|ć, -ać *[area]*; **the police ~ed off the area with white tape** policja odgrodziła teren białą taśmą [2] (tick off) odhacz|yć, -ać infml *[items, names]*
■ **mark out**: ¶ **~ out [sb], ~ [sb] out** [1] (distinguish) wyróżni|ć, -ać **(from sb** spośród kogoś) [2] (select) wyznacz|yć, -ać **(for sth** do czegoś); **he has been ~ed out for special training** wytypowano go do specjalnego szkolenia ¶ **~ out [sth], ~ [sth] out** wytycz|yć, -ać or wyznacz|yć, -ać granice (czegoś) *[court, area, plot of land]*
■ **mark up**: ¶ **~ up [sth], ~ [sth] up** (add percentage to price) *[company]* podwyższ|yć, -ać cenę (czegoś) o marżę; (increase price) *[shopkeeper]* podn|ieść, -osić cenę (czegoś) ¶ **~ [sb/sth] up** Sch, Univ (increase grade of) podwyższ|yć, -ać oceny (komuś) *[person]*; podwyższ|yć, -ać ocenę za (coś) *[work, essay]*
IDIOMS: **~ my words** wspomnisz moje słowa; **he'll not live long, ~ my words!** on długo nie pożyje, wspomnisz moje słowa!; **to be an easy ~** łatwo dawać się nabrać; **to ~ time** Mil maszerować w miejscu; **I'm ~ing time working as a waitress until I can go to France** fig żeby czymś się zająć do czasu wyjazdu do Francji, pracuję jako kelnerka; **the company is ~ing time at the moment** fig w tej chwili firma drepcze w miejscu fig

mark² /mɑːk/ *n* (also **Deutschmark)** marka *f* niemiecka

mark-down /ˈmɑːkdaʊn/ *n* Comm (*pl* **mark-downs)** obniżka *f*

marked /mɑːkt/ *adj* [1] (noticeable) *[contrast, resemblance, decline, increase]* wyraźny [2] **he's a ~ man** (disturbed) to człowiek napiętnowany; (in danger) grozi mu niebezpieczeństwo [3] Ling *[form, phoneme, ending]* nacechowany

markedly /ˈmɑːkɪdlɪ/ *adv [better, different]* znacznie; *[increase, decline, differ, improve]* wyraźnie

marker /ˈmɑːkə(r)/ *n* [1] (also **~ pen)** marker *m* [2] (person who keeps score) markier *m* [3] Sch, Univ (examiner) egzaminator *m* zewnętrzny [4] (bookmark) zakładka *f* (do książki) [5] Sport (person) kryjący *m* [6] Ling wskaźnik *m* syntaktyczny

market /ˈmɑːkɪt/ **I** *n* [1] Econ (trading structure) rynek *m*; **the art/job/property ~** rynek dzieł sztuki/pracy/nieruchomości; **the ~ in tea/coffee, the tea/coffee ~** rynek herbaty/kawy; **at ~ (price)** po cenie rynkowej; **cars at the upper** or **top end of the ~** samochody mieszczące się w górnym przedziale cenowym; **to put sth on the ~** wypuścić coś na rynek, wprowadzić coś do sprzedaży; *[person]* wystawić coś na sprzedaż; **companies at the upper** or **top end of the ~** *[company]* firmy wiodące; **to be in the ~ for sth** interesować się kupnem czegoś, zamierzać kupić coś; **to come onto the ~** *[goods, product]* pojawić się na rynku, wejść na rynek [2] Comm (potential customers) rynek *m* zbytu, popyt *m* **(for sth** na coś); **domestic ~** rynek krajowy or wewnętrzny; **foreign ~**

rynek zagraniczny; **the Polish/Japanese ~** rynek polski/japoński; **a good/poor /steady ~ for sth** duży/mały/stały popyt na coś; **a ready ~** chłonny rynek; **a buyer's/seller's ~** rynek nabywcy/sprzedawcy; **it sells well to the teenage ~** nastolatki chętnie to kupują; **a gap in the ~** luka na rynku [3] (place where goods are sold) targowisko *n*, targ *m*, bazar *m*, rynek *m*; **fish/flower ~** targ rybny/kwiatowy; **covered ~** hala targowa; **open-air ~** plac targowy, targowisko; **to go to ~** pójść na targ or rynek [4] Fin (stock market) giełda *f*, rynek *m* papierów wartościowych; **to go to the ~** *[company]* wejść na giełdę; **to play the ~** grać or spekulować na giełdzie

II *modif* Comm, Econ *[rates, trends]* rynkowy; **~ share** udział w rynku

III *vt* [1] (sell) handlować (czymś), sprzedawać *[product]* [2] (promote) wprowadz|ić, -ać na rynek *[product]*

IV *vi* US **to go ~ing** pójść na zakupy

V *vr* **to ~ oneself** promować siebie samego

marketability /ˌmɑːkɪtəˈbɪlətɪ/ *n* (of product) pokupność *f*; chodliwość *f* infml

marketable /ˈmɑːkɪtəbl/ *adj [goods]* (in demand) atrakcyjny, poszukiwany; chodliwy infml; (fit for sale) zbywalny; *[skills, jobs]* poszukiwany; **~ value** wartość rynkowa

market analysis *n* analiza *f* or badanie *n* rynku

market analyst *n* analityk *m* rynku

market-based /ˌmɑːkɪtˈbeɪst/ *adj* = **market-led**

market capitalization *n* kapitalizacja *f* rynkowa

market cross *n* GB Hist krzyż *m* stojący na rynku

market day *n* dzień *m* targowy; Fin dzień *m* giełdowy

market economy *n* gospodarka *f* rynkowa

marketeer /ˌmɑːkɪˈtɪə(r)/ *n* (also **Marketeer, pro-~**) Pol Hist zwolenni|k *m*, -czka *f* Wspólnego Rynku; **anti-~** przeciwni|k *m*, -czka *f* Wspólnego Rynku → **black marketeer**

marketer /ˈmɑːkɪtə(r)/ *n* sprzedawca *m*

market forces *npl* tendencje *f pl* rynkowe

market garden *n* gospodarstwo *n* warzywne

market gardener *n* ogrodni|k *m*, -czka *f*, producent *m*, -ka *f* warzyw

market gardening *n* ogrodnictwo *n*, warzywnictwo *n*

marketing /ˈmɑːkɪtɪŋ/ **I** *n* [1] (process, theory) marketing *m*; **product/service ~** marketing produktu/usług; **to work in ~** zajmować się marketingiem [2] (department) dział *m* marketingu

II *modif [plan, method]* marketingowy; **~ department** dział marketingu; **~ director** or **manager** dyrektor or kierownik do spraw marketingu

marketing agreement *n* umowa *f* marketingowa

marketing campaign *n* kampania *f* promocyjna or marketingowa

marketing company *n* Comm firma *f* marketingowa

marketing exercise *n* Comm kampania *f* reklamowa, promocja *f*

marketing man *n* specjalista *m* od marketingu, handlowiec *m*

marketing mix *n* miks *m* marketingowy

marketing process *n* proces *m* dystrybucji

marketing research *n* badania *n pl* marketingowe or rynku

marketing strategy *n* strategia *f* marketingowa

market leader *n* (product) produkt *m* wiodący; (company) lider *m* na rynku

market-led /ˌmɑːkɪtˈled/ *adj* rynkowy, wolnorynkowy; *[economy]* rynkowy

market maker *n* Fin kreator *m* or twórca *m* rynku

market making *n* Fin sztuczne kształtowanie *n* tendencji rynkowych

market niche *n* nisza *f* rynkowa

market opportunity *n* możliwość *f* wejścia na rynek

market order *n* Fin zlecenie *n* zakupu /sprzedaży po kursie dnia

market penetration *n* penetracja *f* rynku

marketplace /ˈmɑːkɪtpleɪs/ *n* [1] (square) plac *m* targowy, targowisko *n*, rynek *m* [2] Econ, Fin rynek *m*; **in the ~** na rynku

market potential *n* potencjał *m* rynkowy

market price *n* cena *f* rynkowa

market rent *n* GB czynsz *m* na wolnym rynku

market report *n* biuletyn *m* or przegląd *m* rynkowy

market research *n* badania *n pl* rynku

market research agency *n* ośrodek *m* or instytut *m* badania rynku

market researcher *n* specjalist|a *m*, -ka *f* od badania rynku

market resistance *n* Econ opór *m* rynku, nieprzychylna reakcja *f* konsumentów

market segmentation *n* segmentacja *f* rynku

market share *n* udział *m* w rynku

market square *n* rynek *m*

market stall *n* stragan *m*, kram *m*

market town *n* miasto *n* targowe

market trader *n* stragania|rz *m*, -rka *f*; przekup|ień *m*, -ka *f*, krama|rz *m*, -rka *f* dat

market value *n* wartość *f* rynkowa

marking /ˈmɑːkɪŋ/ *n* [1] (visible impression) (of animal) ubarwienie *n*; (spot on animal) łata *f*; (smaller) plamka *f*, łatka *f*, cętka *f*; (on aircraft, vehicle) oznaczenie *n*; **road ~s** znaki drogowe poziome [2] GB Sch, Univ (process of correcting) poprawianie *n*; (marks given) (at school) oceny *f pl*; (at sporting competition) oceny *f pl*, noty *f pl* [3] Sport krycie *n*; **man-to-man ~** indywidualne krycie

marking ink *n* tusz *m* niezmywalny

marking pen *n* pisak *m* niezmywalny

marking scheme *n* GB Sch, Univ skala *f* ocen

marking system *n* GB Sch, Univ zasady *f pl* oceniania

mark reading *n* Comput odczyt *m* znaczników

mark scanning *n* = **mark reading**

marksman /ˈmɑːksmən/ *n* (*pl* **-men**) Mil strzelec *m* wyborowy, snajper *m*; Sport strzelec *m*

marksmanship /ˈmɑːksmənʃɪp/ *n* Mil, Sport umiejętności *f pl* strzeleckie

markswoman /ˈmɑːkswʊmən/ *n* (*pl* **-women**) Mil snajperka *f*; Sport strzelczyni *f*

mark-up /ˈmɑːkʌp/ *n* [1] (retailer's margin) marża *f* [2] (of text) adiustacja *f* [3] Comput znaczniki *m pl*

marl /mɑːl/ **I** *n* margiel *m*

II *vt* marglować, nawozić marglem

marlin /ˈmɑːlɪn/ *n* [1] Zool marlin *m* [2] Naut (also **marline**) dwulinka *f*, marlinka *f*

marly /ˈmɑːlɪ/ *adj* Geol marglisty, marglowy, marglowaty

marmalade /ˈmɑːməleɪd/ *n* dżem *m* z owoców cytrusowych; **grapefruit ~** dżem grejpfrutowy

marmalade cat *n* kot *m* rudy pręgowany

marmalade orange *n* pomarańcza *f* gorzka or kwaśna

Marmara /ˈmɑːmərə/ *prn* **the Sea of ~** morze *n* Marmara

Marmite® /ˈmɑːmaɪt/ *n* GB *ekstrakt z drożdży i warzyw*

Marmora /ˈmɑːmərə/ *prn* = **Marmara**

marmoreal /mɑːˈmɔːrɪəl/ *adj* liter marmurowy

marmoset /ˈmɑːməzet/ *n* marmozeta *f*

marmot /ˈmɑːmət/ *n* świstak *m*

Marne /mɑːn/ *prn* **the ~** Marna *f*

marocain /ˈmærəkeɪn/ *n* Tex krepa *f*

Maronite /ˈmærənaɪt/ **I** *n* Relig maronit|a *m*, -ka *f*

II *adj* maronicki

maroon¹ /məˈruːn/ **I** *n* [1] (colour) (kolor *m*) rdzawoczerwony *m* [2] GB (rocket) raca *f*

II *adj* rdzawoczerwony

maroon² /məˈruːn/ *vt* (strand) **to be ~ed on an island** zostać porzuconym na wyspie; **to be ~ed at home/in a traffic jam** tkwić w domu/w korku; **the ~ed sailors** or **castaways** rozbitkowie

marquee /mɑːˈkiː/ *n* [1] GB (tent) duży namiot *m*; (of circus) namiot *m* cyrkowy [2] US (canopy) markiza *f*

Marquesas Islands /mɑːˈkeɪsæsaɪləndz/ *prn pl* **the ~** Markizy *plt*

marquess /ˈmɑːkwɪs/ *n* GB markiz *m*

marquetry /ˈmɑːkɪtrɪ/ *n* intarsja *f*, markieteria *f*

marquis /ˈmɑːkwɪs/ *n* markiz *m*

Marrakech, Marrakesh /ˌmærəˈkeʃ/ *prn* Marrakesz *m*

marriage /ˈmærɪdʒ/ *n* [1] (wedlock) małżeństwo *n* (**to sb** z kimś); **happy/broken ~** szczęśliwe/rozbite małżeństwo; **her first /second ~** jej pierwsze/drugie małżeństwo; **proposal of ~** oświadczyny; **by ~** poprzez małżeństwo; **his/her uncle by ~** wujek jego żony/jej męża; **we're related by ~** jesteśmy spowinowaceni [2] (ceremony) ślub *m* [3] fig (alliance) mariaż *m*; **the ~ of art and science** mariaż sztuki z nauką [4] (in cards) mariasz *m*

marriageable /ˈmærɪdʒəbl/ *adj* dat *[daughter, girl]* na wydaniu dat; Jur zdolny do zawarcia małżeństwa; **she has two daughters of ~ age** ma dwie córki na wydaniu

marriage bed *n* łoże *n* małżeńskie

marriage bonds *npl* więzy *plt* małżeńskie

marriage bureau *n* biuro *n* matrymonialne

marriage ceremony *n* ceremonia *f* ślubna

marriage certificate *n* akt *m* or metryka *f* ślubu
marriage contract *n* umowa *f* małżeńska
marriage guidance *n* poradnictwo *n* małżeńskie
marriage guidance counsellor *n* *osoba zajmująca się poradnictwem małżeńskim*
marriage licence GB, **marriage license** US *n* zezwolenie *n* na zawarcie małżeństwa
marriage of convenience *n* małżeństwo *n* z rozsądku
marriage proposal *n* oświadczyny *plt*, propozycja *f* (zawarcia) małżeństwa
marriage rate *n* liczba *f* zawieranych małżeństw
marriage settlement *n* intercyza *f* małżeńska
marriage vows *n* przysięga *f* małżeńska
married /ˈmærɪd/ **I** *adj* 1 *[man]* żonaty **(to sb** z kimś); *[woman]* zamężna **(to sb** z kimś); **~ couple** małżeństwo, para małżeńska, małżonkowie 2 *[state, life, love]* małżeński
II marrieds *npl* **the young ~s** nowożeńcy
married name *n* nazwisko *n* po mężu
married quarters *npl* Mil kwatery *f pl* małżeńskie
marrow /ˈmærəʊ/ *n* 1 Anat (also **bone ~**) szpik *m* kostny; **to be chilled** or **frozen to the ~** przemarznąć do szpiku kości 2 GB Bot (green) cukinia *f*; (white) kabaczek *m*
marrowbone /ˈmærəʊbəʊn/ *n* Culin kość *f* szpikowa; **~ jelly** galareta z kości
marrowfat (pea) /ˌmærəʊfætˈpiː/ *n* groch *m* łuskany
marry[1] /ˈmærɪ/ **I** *vt* 1 (espouse) *[man, woman]* wziąć, brać ślub z (kimś), poślubić (kogoś); *[man]* o|żenić się z (kimś); *[woman]* wy|jść, -chodzić za mąż za (kogoś); **will you ~ me?** (to woman) wyjdziesz za mnie?; (to man) ożenisz się ze mną?; **to get married to sb** poślubić kogoś; *[woman]* wyjść za mąż za kogoś; *[man]* ożenić się z kimś; **they were married in 1989** pobrali się w 1989 roku; **to be married to one's job** hum nie interesować się niczym poza pracą 2 (perform ceremony) *[priest, registrar]* udziel|ić, -ać ślubu (komuś) 3 fig (join) po|łączyć; po|żenić infml fig *[ideas, styles, colours]*
II *vi* (take husband or wife) *[woman]* wy|jść, -chodzić za mąż; *[man]* o|żenić się; *[couple]* wziąć, brać ślub, pob|rać, -ierać się; **to ~ for love/for money** pobrać się z miłości /dla pieniędzy; **to ~ into a rich family /into money** *[man]* wżenić się w bogatą rodzinę; *[woman]* wyjść bogato za mąż; **he's not the ~ing kind** nie śpieszno mu do żeniaczki; **to ~ again** ponownie wyjść za mąż/ożenić się; **to ~ beneath oneself** popełnić mezalians
■ **marry off**: **~ off [sb], ~ [sb] off** o|żenić *[son]* **(to sb** z kimś); wyda|ć, -wać (za mąż) *[daughter]* **(to sb** za kogoś); po|żenić *[sons]*; po|wydawać za mąż *[daughters]*
marry[2] /ˈmærɪ/ *excl* arch o Matko!, o Matko Boska!
Mars /mɑːz/ *prn* 1 Mythol Mars *m* 2 Astron Mars *m*
Marseillaise /ˌmɑːseɪˈjeɪz/ *n* **the ~** Marsylianka *f*
Marseilles /mɑːˈseɪ/ *prn* Marsylia *f*
marsh /mɑːʃ/ *n* (terrain) bagno *n*, moczar *m*; (region) bagna *n pl*, moczary *m pl*
marshal /ˈmɑːʃl/ **I** *n* 1 Mil marszałek *m*; (as form of address) panie marszałku 2 GB Jur *prawnik pełniący obowiązki sekretarza sędziego na sesjach wyjazdowych* 3 (at public gathering) członek *m*, -kini *f* służb porządkowych 4 US Jur urzędnik *m* sądowy, komornik *m* 5 US Hist (sheriff) urzędnik *m* z władzą szeryfa 6 US (in fire service) komendant *m* straży pożarnej
II *vt* (*prp, pp, pt* **-ll-** GB, **-l-** US) 1 Mil ustawi|ć, -ać w szereg, u|szeregować *[troops, ships, vehicles]*; dyrygować (kimś), kierować (kimś) *[crowd]*; Rail przet|oczyć, -aczać, zestawi|ć, -ać *[wagons]* 2 fig u|porządkować *[facts, arguments]*; z|ebrać, -bierać *[thoughts]* 3 (guide, usher) wprowadz|ić, -ać *[person]*; **they were ~led into/out of the room** wprowadzono ich do sali/wyprowadzono ich z sali
marshalling yard *n* GB Rail stacja *f* rozrządowa
marsh fever *n* malaria *f*, zimnica *f*
marsh gas *n* gaz *m* błotny
marsh harrier *n* błotniak *m* stawowy
marshland /ˈmɑːʃlænd/ *n* bagna *n pl*, moczary *m pl*
marshmallow /ˌmɑːʃˈmæləʊ/ *n* 1 Bot prawoślaz *m* lekarski 2 Culin (sweet) cukierek *m* ślazowy; (jelly) pianka *f* żelowa
marsh marigold *n* knieć *f* błotna, kaczeniec *m*
marsh tit *n* sikora *f* uboga
marshy /ˈmɑːʃɪ/ *adj* 1 *[ground, land]* błotnisty, bagnisty 2 *[vegetation]* bagienny
marsupial /mɑːˈsuːpɪəl/ **I** *n* torbacz *m*, workowiec *m*
II *adj [animal]* należący do rzędu torbaczy
mart /mɑːt/ *n* 1 (shopping centre) hala *f* targowa 2 (market) targowisko *n*, targ *m*; **auction ~** sala aukcyjna
marten /ˈmɑːtɪn, US -tn/ *n* kuna *f*; **stone ~** kuna domowa, kamionka
martial /ˈmɑːʃl/ *adj* (military) *[music, bearing, training]* wojskowy; *[spirit]* wojowniczy; *[behaviour, bravery]* żołnierski
martial arts *npl* sztuki *f pl* walki
martial law *n* stan *m* wyjątkowy; Hist stan *m* wojenny *(w Polsce w latach 1981-83)*
Martian /ˈmɑːʃn/ **I** *n* Marsjan|in *m*, -ka *f*
II *adj* marsjański
martin /ˈmɑːtɪn/ *n* jaskółka *f*
martinet /ˌmɑːtɪˈnet, US -tnˈet/ *n* służbist|a *m*, -ka *f*
martini /mɑːˈtiːnɪ/ *n* 1 **Martini**® martini *n inv* 2 (cocktail) (also **dry ~**) dry martini *n inv*
Martiniquan /ˌmɑːtɪˈniːkən/ **I** *n* Martynikan|in *m*, -ka *f*
II *adj* martynikański
Martinique /ˌmɑːtɪˈniːk/ *prn* Martynika *f*; **in ~** na Martynice; **to ~** na Martynikę
Martinmas /ˈmɑːtɪnməs/ *n* dzień *m* świętego Marcina
martyr /ˈmɑːtə(r)/ **I** *n* Relig męczenni|k *m*, -ca *f* also fig; **a ~ to the cause** męczennik sprawy; **she's a ~ to her rheumatism** fig cierpi męczarnie z powodu reumatyzmu fig; **don't be such a ~!** nie rób z siebie męczennika!; **he likes playing the ~** lubi pozować na męczennika
II *vt* zada|ć, -wać śmierć męczeńską (komuś); fig zamęcz|yć, -ać, zadręcz|yć, -ać, dręczyć
III martyred *pp adj* męczeński; *[sigh, look]* cierpiętniczy
martyrdom /ˈmɑːtədəm/ *n* 1 śmierć *f* męczeńska, męczeństwo *n* 2 fig udręka *f*
martyrize /ˈmɑːtɪraɪz/ *vt* zada|ć, -wać śmierć męczeńską (komuś)
martyrology /ˌmɑːtəˈrɒlədʒɪ/ *n* Relig martyrologium *n*
marvel /ˈmɑːvl/ **I** *n* 1 (wonderful thing) cud *m* fig; **it was a ~ to behold** to był cudowny widok; **it's a ~ that he can still dance** to cud, że wciąż tańczy; **he's a ~ with children** cudownie umie postępować z dziećmi; **the ~s of nature/technology** cuda natury/techniki; **Charlie, you're a ~!** jesteś cudowny, Charlie!; **to work ~s** dokonywać cudów 2 (wonderful example) **she's a ~ of patience** jest uosobieniem anielskiej cierpliwości; **the building is a ~ of design** budynek jest cudem architektury
II *vt* (*prp, pt, pp* **-ll-** GB, **-l-** US) **to ~ that /how...** dziwić się, że/jak...; **I ~led that anyone could be so stupid** nie mogłem się nadziwić, że ktoś może być aż tak głupi
III *vi* (*prp, pt, pp* **-ll-** GB, **-l-** US) (in admiration) **to ~ at sb/sth** zachwyc|ać, -ić się kimś /czymś; (in astonishment) zdumie|ć, -wać się kimś/czymś
marvellous GB, **marvelous** US /ˈmɑːvələs/ *adj [weather, holiday, idea]* cudowny, wspaniały; **but that's ~!** ależ to cudownie or wspaniale!; **it's ~ that he was able to come** to cudownie, że mógł przyjść; **thank Adam for the ~ job he did** podziękuj Adamowi za wspaniałą robotę
marvellously GB, **marvelously** US /ˈmɑːvələslɪ/ *adv [get on, sing, work]* cudownie, wspaniale; *[talented]* wyjątkowo infml; **I slept ~ well** cudownie mi się spało
Marxism /ˈmɑːksɪzəm/ *n* marksizm *m*
Marxist /ˈmɑːksɪst/ **I** *n* marksist|a *m*, -ka *f*
II *adj* marksistowski
Mary /ˈmeərɪ/ *prn* Maria *f*; **~ Magdalene** Maria Magdalena; **~ Queen of Scots** Maria Stuart
Maryland /ˈmeərɪlænd/ *prn* Maryland *m*
marzipan /ˈmɑːzɪpæn, ˌmɑːzɪˈpæn/ **I** *n* marcepan *m*
II *modif* marcepanowy
mascara /mæˈskɑːrə, US -ˈskærə/ *n* tusz *m* do rzęs
mascaron /ˈmæskər(ə)n/ *n* maszkaron *m*
mascarpone /ˌmæskəˈpəʊneɪ, -ˈpəʊnɪ/ *n* Culin serek *m* mascarpone
mascon /ˈmæskɒn/ *n* maskon *m*
mascot /ˈmæskət, -skɒt/ *n* maskotka *f*; **lucky ~** maskotka na szczęście
masculine /ˈmæskjʊlɪn/ **I** *n* Ling rodzaj *m* męski; **in the ~** rodzaju męskiego, w formie męskiej
II *adj* 1 *[clothes, style, features, occupation]* męski; **the ~ side of her nature** męskie cechy jej charakteru 2 Ling męski
masculinity /ˌmæskjʊˈlɪnətɪ/ *n* (virility) męskość *f*; (gender) rodzaj *m* męski
maser /ˈmeɪzə(r)/ *n* maser *m*
mash /mæʃ/ **I** *n* 1 Agric mesz *m*; **bran ~** mesz z otrębów 2 (in brewing) zacier *n* 3 GB Culin infml purée *n* z ziemniaków; (pulpy mass) jednolita masa *f*, papka *f*; **pound the garlic to a ~** utłucz czosnek

II *vt* [1] u|tłuc *[potatoes, beans]*; rozgni|eść, -atać *[vegetable, fruit]*; **~ed potatoes** purée ziemniaczane; **to ~ potatoes** robić purée z ziemniaków [2] (in brewing) zacierać *[malt grains]*

▪ **mash up**: **~ up [sth], ~ [sth] up** u|tłuc *[potatoes]*; rozgni|eść, -atać *[fruit]*

MASH /mæʃ/ *n* US = **mobile army surgical hospital** (wojskowy) szpital *m* polowy

masher /ˈmæʃə(r)/ *n* tłuczek *m*

mask /mɑːsk, US mæsk/ **I** *n* [1] (for face) (for disguise, protection) maska *f*; **a ~ of indifference/politeness** fig maska obojętności /uprzejmości [2] (sculpture) maska *f*; **death ~** maska pośmiertna [3] Cosmet **face ~** maseczka *f* [4] Theat maska *f* [5] Mil maska *f* *(osłona stanowiska)* [6] Phot maska *f* [7] Electron, Comput maska *f*, matryca *f*

II *vt* [1] (cover) na|łożyć, -kładać maskę na (coś) *[face]*; **~ off doors and cupboards with sheets of plastic** osłoń or zabezpiecz drzwi i szafki plastikowymi płachtami [2] fig (conceal) maskować, ukry|ć, -wać *[truth, emotions]*; z|neutralizować, zabi|ć, -jać *[taste]* [3] Fin ukry|ć, -wać *[losses]* [4] Phot za|maskować, przesł|onić, -aniać [5] Med, Sport za|maskować *[drug]*

masked /mɑːskt, US mæ-/ *adj* (with a mask on) *[robber, terrorist]* zamaskowany; *[guest]* w masce

masked ball *n* bal *m* maskowy

masking tape *n* taśma *f* maskująca

masochism /ˈmæsəkɪzəm/ *n* masochizm *m*

masochist /ˈmæsəkɪst/ **I** *n* masochist|a *m*, -ka *f*

II *adj* masochistyczny

masochistic /ˌmæsəˈkɪstɪk/ *adj* masochistyczny

mason /ˈmeɪsn/ *n* [1] Constr kamieniarz *m* [2] **Mason** (also **Freemason**) mason *m*, -ka *f*, wolnomularz *m*

Mason-Dixon Line /ˌmeɪsnˈdɪksnlaɪn/ *n* US Hist linia *f* Masona-Dixona

masonic /məˈsɒnɪk/ *adj* [1] (of stonemason) kamieniarski [2] **Masonic** masoński, wolnomularski

Masonite, masonite® /ˈmeɪsənaɪt/ *n* US płyta *f* pilśniowa

masonry /ˈmeɪsənrɪ/ *n* [1] Constr (craft) kamieniarstwo *n*; (stonework) kamieniarka *f* [2] **Masonry** (also **Freemasonry**) masoneria *f*, wolnomularstwo *n*

masque /mɑːsk/ *n* [1] Theat maska *f* [2] = **masked ball**

masquerade /ˌmɑːskəˈreɪd, US ˌmæsk-/ **I** *n* maskarada *f* also fig

II *vi* **to ~ as sb** (pretend) udawać kogoś; (say one is sb) podawać się za kogoś; **to ~ under a false name** ukrywać się pod fałszywym nazwiskiem

mass[1] /mæs/ **I** *n* [1] (voluminous body) masa *f* **(of sth** czegoś); **a ~ of curly hair** burza kręconych włosów; **a ~ of trees** ściana drzew; **a ~ of particles** masa cząsteczek; **the tree was just a ~ of flowers** drzewo było obsypane kwiatami [2] (large amount) mnóstwo *n*, masa *f* **(of sth** czegoś) [3] Phys masa *f* [4] Art strefa *f* (waloru i barwy)

II masses *pl* [1] (the people) **the ~es** masy *f pl*; **the labouring ~es** masy pracujące [2] GB infml (lots) masa *f*, mnóstwo *n*; fura *f* infml; **to have ~es of work/friends** mieć masę pracy/przyjaciół; **to have ~es of time** mieć mnóstwo czasu; **there was ~es of food** była fura jedzenia infml; **there were ~es of people** były nieprzebrane tłumy

III *modif* [1] (large scale) *[exodus, protest, unemployment]* masowy; **~ meeting** wiec; masówka; **~ shooting** masakra [2] (of the people) *[communications, culture, movement, tourism]* masowy; *[consciousness, hysteria]* zbiorowy; **to have ~ appeal** trafiać do szerokich rzesz ludzi [3] (simultaneous) *[sackings, desertions]* masowy

IV *vi* *[troops]* s|koncentrować się; *[bees]* zl|ecieć, -atywać się; *[clouds]* z|gromadzić się

mass[2] /mæs/ *n* Relig, Mus msza *f*; **to attend** or **go to ~** iść na mszę; **to say ~** odprawić mszę; **to hear ~** wysłuchać mszy

Massachusetts /ˌmæsəˈtʃuːsɪts/ *prn* Massachusetts *n inv*

massacre /ˈmæsəkə(r)/ **I** *n* masakra *f*, rzeź *f*; fig pogrom *m* fig

II *vt* [1] dokon|ać, -ywać masakry (kogoś /czegoś) *[enemy, army]*; z|masakrować *[person]* [2] fig (defeat) rozgr|omić, -amiać *[team]* [3] fig (ruin) za|rżnąć, -rzynać infml *[tune]*; kaleczyć *[language]*

massage /ˈmæsɑːʒ, US məˈsɑːʒ/ **I** *n* masaż *m*; **to give sb a relaxing ~** zrobić komuś masaż relaksujący; **to have a ~** poddać się masażowi

II *vt* [1] wy|masować *[person]*; rozmasow|ać, -ywać *[stiffness]*; wmasow|ać, -ywać *[cream, oil]* [2] fig naciąg|nąć, -ać *[figures]*; po|łechtać *[ego]*; ur|obić, -abiać *[person, institution]*

massage oil *n* olejek *m* do masażu

massage parlour *n* salon *m* masażu

mass consumption *n* konsumpcja *f* masowa

mass cult *n* US infml kultura *m* masowa

mass-energy /ˌmæsˈenədʒɪ/ *n* Phys masa *f* związana z energią

mass-energy equation *n* Phys równoważność *f* masy i energii

masseur /mæˈsɜː(r)/ *n* masażysta *m*

masseuse /mæˈsɜːz/ *n* masażystka *f*

mass grave *n* zbiorowa mogiła *f*, zbiorowy grób *m*

massicot /ˈmæsɪkɒt/ *n* masykot *m*

massif /ˈmæsiːf, mæˈsiːf/ *n* masyw *m* (górski)

massive /ˈmæsɪv/ *adj* *[furniture, construction, style]* masywny; *[animal, explosion]* potężny; *[scandal, amount, error]* ogromny; *[victory, majority]* przytłaczający; *[heart attack, brain damage]* rozległy; *[haemorrhage]* intensywny; *[overdose]* wielokrotny

massively /ˈmæsɪvlɪ/ *adv* *[reduce, increase, overrate]* w znacznym stopniu; *[overloaded, stretched]* znacznie; *[expensive, intensive]* niezmiernie; **to be ~ successful** odnieść ogromny sukces

mass market **I** *n* rynek *m* masowego odbiorcy

II *modif* *[phone, TV set]* produkowany seryjnie; **~ potential** potencjał rynku masowego

mass-marketed /ˌmæsˈmɑːkɪtɪd/ *adj* *[goods]* przeznaczony dla masowego odbiorcy

mass-marketing /ˌmæsˈmɑːkɪtɪŋ/ *n* działania *n pl* marketingowe nastawione na masowego odbiorcę

mass media *n (+ vb sg/pl)* środki *m pl* masowego przekazu, mass media *plt*

mass murder *n* masowy mord *m*

mass murderer *n* zbrodniarz *m* winny ludobójstwa

mass noun *n* rzeczownik *n* zbiorowy

mass number *n* masowa liczba *f*

mass observation *n* masowe badania *n pl* socjologiczne

mass-produce /ˌmæsprəˈdjuːs, US -duːs/ **I** *vt* wy|produkować masowo

II mass-produced *pp adj* produkowany masowo

mass production *n* produkcja *f* masowa

mass screening *n* Med masowe badania *n pl* przesiewowe

mass spectrograph *n* spektrograf *m* masowy, spektrograf *m* mas

mass spectrometer *n* spektrometr *m* masowy, spektrometr *m* mas

mass spectroscope *n* spektroskop *m* masowy, spektroskop *m* mas

mass X-ray *n* masowe badania *n pl* rentgenologiczne

mast[1] /mɑːst, US mæst/ **I** *n* Naut maszt *m*

II *vt* omasztować

III -masted *in combinations* **two-/three-~ed** dwumasztowy/trójmasztowy

IDIOMS: **to nail one's colours to the ~** obnosić się ze swoimi poglądami; **to sail before the ~** pływać jako zwykły majtek

mast[2] /mɑːst, US mæst/ *n* Agric pasza *f* dla świń i zwierząt leśnych *(z owoców drzew liściastych)*; **beech ~** bukiew

mastectomy /mæsˈtektəmɪ/ *n* amputacja *f* piersi, mastektomia *f*

master /ˈmɑːstə(r), US ˈmæs-/ **I** *n* [1] (man in charge) pan *m*; **the ~ of the house** pan domu; **to be ~ in one's own house** być panem we własnym domu [2] (person in control) pan *m*, pani *f*; **to be one's own ~** być panem (samego) siebie, nie być od nikogo zależnym; **to be ~ of the situation** być panem sytuacji; **to be ~ of oneself** być panem samego siebie, być panem swego losu; **to be (the) ~ of one's fate** być panem swego losu; **a dog and its ~** pies i jego pan [3] (person who excels) mistrz *m*, -yni *f*; **a ~ of suspense** mistrz suspensu; **a ~ of the violin** wirtuoz skrzypiec; **to be a ~ at doing sth** być mistrzem w robieniu czegoś [4] Art (also **Master**) mistrz *m*; **the Dutch ~s** mistrzowie holenderscy [5] GB (teacher) (primary) nauczyciel *m*; (secondary) profesor *m*; (headmaster) dyrektor *m* [6] GB Univ (of college) ≈ dziekan *m* [7] (also **~ copy**) oryginał *m* [8] dat (also **Master**) (form of address) panie!; **yes, ~ !** tak, panie! [9] Univ (graduate) ≈ magister *m*; **~'s (degree)** stopień magistra; **to be working towards one's ~'s** przygotowywać się do magisterium [10] Naut kapitan *m* [11] (in bridge, chess) mistrz *m* [12] (title of young man) panicz *m* dat; **the young ~** dat młody panicz dat

II Masters *npl (+ v sg)* Sport **the Masters** mistrzostwa *plt*; (in tennis) turniej *m* Masters

III *modif* **~ carpenter/builder** mistrz stolarski/murarski; **~ spy** as wywiadu; **~ thief** złodziej zawodowy

IV *vt* [1] (learn, become proficient in) opanow|ać, -ywać *[language, theory, basics, complexities,* *technique, craft]*; posi|ąść, -adać *[art, skill]* [2] (control) za|panować nad (kimś/czymś) *[person, emotions, situation]*; pokon|ać, -ywać *[phobia]*

master-at-arms /ˌmɑːstərətˈɑːmz, US ˌmæs-/ *n* (*pl* **masters-at-arms**) GB podoficer *m* żandarmerii na okręcie wojennym

master bedroom *n* główna sypialnia *f*

master builder *n* mistrz *m* murarski

master class *n* klasa *f* mistrzowska

master copy *n* (film, tape) oryginał *m*, taśma-matka *f*

master cylinder *n* Techn pompa *f* główna (układu hydraulicznego)

master disk *n* Comput dysk *m* główny

master file *n* Comput plik *m* główny

masterful /ˈmɑːstəfl, US ˈmæs-/ *adj* [1] *[person]* (dominating) władczy; (assured, assertive) pewny siebie [2] (skilled, masterly) *[person]* wprawny; *[technique]* mistrzowski

masterfully /ˈmɑːstəfəlɪ, US ˈmæs-/ *adv* [1] (dominantly) *[behave, act]* wyniośle, władczo [2] (skilfully) mistrzowsko, po mistrzowsku

masterfulness /ˈmɑːstəflnɪs, US ˈmæs-/ *n* władczość *f*

master key *n* (also **pass key**) klucz *m* uniwersalny

masterly /ˈmɑːstəlɪ, US ˈmæs-/ *adj [technique, writing]* mistrzowski; **to have a ~ command of the English language** biegle władać językiem angielskim

master mariner *n* Naut kapitan *m (szczególnie statku handlowego)*

mastermind /ˈmɑːstəmaɪnd, US ˈmæs-/ **I** *n* mózg *m* fig; **the ~ of the expedition** mózg wyprawy; **to be the ~ behind sth** być mózgiem czegoś

II *vt* zaplanować *[crime, swindle, plot, conspiracy]*; zorganizować *[event, concert]*

Master of Arts *n* (degree) ≈ stopień *m* magistra nauk humanistycznych; (person) ≈ magister *m* nauk humanistycznych

master of ceremonies *n* (presenting entertainment) konferansjer *m*; (at formal occasion) mistrz *m* ceremonii

master of foxhounds *n* łowczy *m*

Master of Science *n* (degree) ≈ stopień *m* magistra (nauk ścisłych lub przyrodniczych); (person) ≈ magister *m* (nauk ścisłych lub przyrodniczych)

master of the hounds *n* = **master of foxhounds**

Master of the Rolls *n* GB *przewodniczący sądu apelacyjnego i zwierzchnik archiwum sądowego*

masterpiece /ˈmɑːstəpiːs, US ˈmæs-/ *n* arcydzieło *n*; majstersztyk *m* also fig

master plan *n* plan *m* generalny

master print *n* Cin kopia-matka *f*

master race *n* rasa *f* panów

master sergeant *n* US Mil ≈ starszy sierżant *m* sztabowy

master's ticket *n* Naut patent *m* kapitański

masterstroke /ˈmɑːstəstrəʊk, US ˈmæs-/ *n* (action) mistrzowskie posunięcie *n*; (idea) przebłysk *m* geniuszu

master tape *n* taśma-matka *f*

masterwork /ˈmɑːstəwɜːk, US ˈmæs-/ *n* = **masterpiece**

mastery /ˈmɑːstərɪ, US ˈmæs-/ *n* [1] (skill, knowledge) mistrzostwo *n*, biegłość *f*; maestria *f* liter; **~ of sth** biegłe opanowanie czegoś *[technique, language, grammar]*; biegłe opanowanie gry na czymś *[instrument]*; biegłość w posługiwaniu się czymś *[weapon]*; **to have complete ~ of one's subject** w pełni opanować swój przedmiot [2] (control, dominance) dominacja *f*; **to have ~ over sb/sth** dominować nad kimś/czymś

masthead /ˈmɑːsthed, US ˈmæst-/ **I** *n* [1] Naut top *m* (masztu) [2] (of newspaper) winieta *f*

II *vt* [1] Naut Hist (as penalty) wys|łać, -yłać na szczyt masztu *[sailor]* [2] Naut wciąg|nąć, -ać *[flag, sail]*

mastic /ˈmæstɪk/ *n* [1] (resin) mastyks *m* [2] (also **~ tree**) mastykowiec *m* [3] (putty-like substance) masa *f* uszczelniająca

masticate /ˈmæstɪkeɪt/ **I** *vt* przeżu|ć, -wać, żuć *[food]*; plastyfikować *[material, rubber]*

II *vi* żuć, przeżuwać; fig namyślać się, medytować

mastiff /ˈmæstɪf/ *n* mastyf *m*, mastiff *m*

mastitis /mæˈstaɪtɪs/ *n* zapalenie *n* sutka

mastodon /ˈmæstədɒn/ *n* mastodont *m*

mastoid /ˈmæstɔɪd/ **I** *n* Anat wyrostek *m* sutkowaty (w uchu)

II *adj* sutkowy, sutkowaty

mastoiditis /ˌmæstɔɪˈdaɪtɪs/ *n* zapalenie *n* wyrostka sutkowatego

masturbate /ˈmæstəbeɪt/ **I** *vt* masturbować

II *vi* masturbować się, onanizować się

masturbation /ˌmæstəˈbeɪʃn/ *n* masturbacja *f*, onanizm *m*, samogwałt *m*

masturbatory /ˌmæstəˈbeɪtərɪ, US -bəˈtɔːrɪ/ *adj [literature, fantasies]* podniecający erotycznie

mat[1] /mæt/ **I** *n* [1] (on floor) (straw) mata *f*; (for wiping feet) wycieraczka *f*; (for wrestling, gymnastics) mata *f*; (small rug) dywanik *m* [2] (on table) (heatproof) płytka *f*, podstawka *f*; (cork, card) podkładka *f* (pod nakrycie); (ornamental) serwetka *f* (pod nakrycie)

II *vi* (*prp, pt, pp* **-tt-**) *[hair]* z|mierzwić się; *[woollens]* s|filcować się

mat[2] *adj* = **matt**

MAT *n* = **machine-assisted translation**

matador /ˈmætədɔː(r)/ *n* matador *m*

match[1] /mætʃ/ **I** *n* [1] Sport mecz *m*; **a ~ against France** mecz z Francją; **the ~ between Everton and Leeds** mecz Evertonu z Leeds [2] (equal, challenger) **to be a ~ for sb** być dla kogoś godnym przeciwnikiem; **to be no ~ for sb** nie móc się równać z kimś; **a good/poor ~** godny /kiepski przeciwnik; **to meet one's ~** trafić na godnego siebie przeciwnika; **he's met his ~ in her** w jej osobie znalazł godnego siebie przeciwnika; **to be more than a ~ for sb** być znacznie lepszym od kogoś [3] (thing that harmonizes or corresponds) **to be a good ~ for sth** pasować do czegoś *[shoes, curtains, colour]*; **those two cushions are a good ~** te dwie poduszki świetnie do siebie pasują; **I couldn't find an exact ~ for the broken cup** nie udało mi się znaleźć takiej samej filiżanki, jak ta stłuczona; **the blood sample is a perfect ~ with that found at the scene of the crime** pobrana próbka krwi dokładnie odpowiada tej znalezionej na miejscu zbrodni [4] (marriage) partia *f*; **to be a good ~ for sb** być odpowiednią partią dla kogoś; **to make a good ~** *[woman]* dobrze wyjść za mąż; *[man]* dobrze się ożenić

II *vt* [1] (correspond to, harmonize with) *[coat, bag, socks]* pasować do (czegoś); *[blood sample, bone marrow]* być zgodnym z (czymś); *[product, outcome, supply]* odpowiadać (czemuś) *[demand, expectations]*; *[item, word]* pasować do (czegoś), odpowiadać (czemuś) *[definition, description]*; **her talent did not ~ her mother's ambitions** ambicje matki były niewspółmiernie duże w stosunku do talentu córki; **his job ideally ~es his interests** wykonuje pracę zgodną ze swymi zainteresowaniami; **his courage was ~ed by his perseverance** tyle w nim było odwagi, co wytrwałości [2] (compete with or equal) dorówn|ać, -ywać (czemuś) *[achievements]*; wyrówn|ać, -ywać *[record]*; **when it comes to cheating there's nobody to ~ him** w oszukiwaniu nikt mu nie dorówna; **we will ~ our competitors' prices** zaproponujemy ceny takie same jak konkurencja; **his sense of humour cannot be ~ed** ma niezrównane poczucie humoru; **she more than ~ed him in aggression** była jeszcze bardziej agresywna od niego; **he is to be ~ed against the world champion** ma się zmierzyć z mistrzem świata [3] (find a match for) dopasow|ać, -ywać; **to ~ trainees with companies** znaleźć odpowiednie firmy dla praktykantów; **to ~ a wire to the correct terminal** dopasować kabel do odpowiedniego wejścia; **to ~ (up) the names to the photos** dopasować nazwiska do zdjęć

III *vi [colours, clothes, curtains, components, pieces]* pasować do siebie; **that button doesn't ~** ten guzik nie pasuje do reszty or różni się od reszty; **the jacket and trousers do not ~** ta marynarka i te spodnie nie pasują do siebie; **a set of ~ing luggage** komplet walizek; **with gloves to ~, with ~ing gloves** z rękawiczkami dobranymi do całości

■ **match up**: ¶ **~ up** *[pieces, bits]* pasować do siebie ¶ **~ up [sth], ~ [sth] up** dopasow|ać, -ywać *[pieces, sides, bits]*; **to ~ up to sb's hopes** spełniać nadzieje kogoś; **to ~ up to sb's expectations** spełnić oczekiwania kogoś, sprostać oczekiwaniom kogoś; **to ~ up to sb's reputation** potwierdzić renomę kogoś

match[2] /mætʃ/ *n* [1] (for lighting fire) zapałka *f*; **a box of ~es** pudełko zapałek; **a book of ~es** kartonik zapałek; **to put** or **set a ~ to sth** zapalić coś *[candle]*; podpalić coś *[wood]* [2] (wick on explosive) lont *m*

matchbox /ˈmætʃbɒks/ *n* pudełko *n* zapałek; (when empty) pudełko *n* od zapałek or po zapałkach

match day **I** *n* dzień *m* meczu

II *modif* **~ alcohol ban/parking** zakaz sprzedaży alkoholu/parkowania w dniu meczu; **~ event** impreza towarzysząca meczowi

matched /mætʃt/ *adj* dobrany; **they are well/badly/perfectly ~** są dobrze/źle /idealnie dobrani

matching /ˈmætʃɪŋ/ *adj* pasujący; **they are a ~ pair** or **set** tworzą komplet

matchless /ˈmætʃlɪs/ *adj [beauty, taste]* niezrównany; *[complacency, indifference]* niebywały

matchmaker /ˈmætʃmeɪkə(r)/ *n* [1] (for couples) swat *m*, -ka *f* [2] (for boxer) menedżer *m*; (for business) pośrednik *m (wyszukujący partnera handlowego)*

matchmaking /ˈmætʃmeɪkɪŋ/ *n* swaty *plt*; **to enjoy ~** lubić swatać; **I'm sick of all this ~** mam dosyć tego swatania; **a ~ service for buyers and vendors** wyszukiwanie i kojarzenie ze sobą partnerów handlowych

match play *n* (in golf) match-play *m*

match point *n* meczbol *m*; **at ~** przy meczbolu

matchstick /ˈmætʃstɪk/ **I** *n* [1] zapałka *f* [2] cienki słupek *m*; **vegetables cut into ~s** warzywa pokrojone w cienkie słupki

II *modif* **~ man** ludzik rysowany pojedynczymi kreskami

matchwood /ˈmætʃwʊd/ *n* drzazgi *f pl*; **to reduce sth to ~** rozbić coś w drzazgi fig

mate[1] /meɪt/ **I** *n* [1] GB infml (friend) kumpel *m* infml; (at work, school) kolega *m*; **hello ~!** cześć, stary! infml [2] (sexual partner) Zool (male) samiec *m*; (female) samica *f*; (person) hum partner *m*, -ka *f* [3] (assistant) pomocnik *m*; **builder's ~** pomocnik murarza [4] GB Naut (in merchant navy) ≈ oficer *m* → **first mate, second mate**

II *vt* s|kojarzyć w parę *[animals]* **(with sth** z czymś**)**

III *vi [animal]* parzyć się, spółkować **(with sth** z czymś**)**

mate[2] /meɪt/ **I** *n* (in chess) mat *m*

II *vt* da|ć, -wać mata (komuś)

material /məˈtɪərɪəl/ **I** *n* [1] (information, data) materiały *m pl*, dokumentacja *f*; **to collect ~ on** or **about sth** zbierać materiały na temat czegoś; **I'm collecting ~ for a book** zbieram materiały do książki; **to draw on ~ from the archives** wykorzystywać materiały archiwalne; **course** or **teaching ~** materiały do nauki; **promotional ~, publicity ~** materiały reklamowe; **reference ~** materiały źródłowe; **some of the ~ in the report is inaccurate** pewne fragmenty raportu są nieścisłe [2] (subject matter) materiał *m*; **I'll use the ~ in my next article** wykorzystam ten materiał w następnym artykule; **the ~ in the magazine is controversial** artykuły w tym magazynie są kontrowersyjne; **some of the ~ in the show is unsuitable for children** pewne fragmenty tego spektaklu nie nadają się dla dzieci [3] Theat, TV (script) tekst *m*; (show) spektakl *m*; **she writes all her own ~** sama pisze wszystkie swoje teksty [4] Mus piosenka *f*; **he writes all his own ~** sam pisze i komponuje swoje piosenki [5] (substance) materiał *m*, substancja *f*, surowiec *m*; **explosive ~** materiały wybuchowe; **natural ~** materiały or substancje naturalne; **nuclear ~** materiały rozszczepialne; **packing ~** opakowania; **plastic ~** tworzywa; **waste ~** odpady [6] (fabric) materiał *m*, tkanina *f*; **cotton ~** tkanina bawełniana; **dress/curtain ~** materiał sukienkowy/zasłonowy; **natural/synthetic ~** tkanina z włókna naturalnego/syntetycznego, tkanina naturalna/syntetyczna [7] (personal potential) dobry materiał *m* fig; **she's star /manager ~** ma zadatki na gwiazdę /menedżera; **he is not really university ~** raczej nie nadaje się na wyższe studia

II materials *npl* [1] (equipment) materiały *m pl*; **art ~s, artist's ~s** materiały dla plastyków; **cleaning ~s** środki czystości [2] (natural substances) surowce *m pl*

III *adj* [1] (significant, relevant) *[assistance, benefit, change, fact, evidence]* istotny, ważny; *[damage, effect]* poważny; *[witness]* ważny; **to be ~ to sth** mieć istotne znaczenie dla czegoś [2] (physical, concrete) *[comfort, need, success, support]* materialny; **in ~ terms, we are better off** pod względem materialnym powodzi nam się lepiej; **to do sth for ~ gain** zrobić coś dla zysku

materialism /məˈtɪərɪəlɪzəm/ *n* materializm *m*

materialist /məˈtɪərɪəlɪst/ **I** *n* materialist|a *m*, -ka *f*

II *adj* materialistyczny

materialistic /məˌtɪərɪəˈlɪstɪk/ *adj* = **materialist**

materialize /məˈtɪərɪəlaɪz/ *vi* [1] (happen) *[plan, idea]* urzeczywistni|ć, -ać się; *[hopes]* zi|ścić, -szczać się; *[event]* doj|ść, -chodzić do skutku; *[situation]* zaistnieć; **to fail to ~** *[threat]* nie spełnić się; **the strike failed to ~** strajk nie doszedł do skutku [2] hum (appear) *[person, ghost, object]* pojawi|ć, -ać się; **I waited for an hour, but he failed to ~** czekałem godzinę, ale się nie zjawił

materially /məˈtɪərɪəlɪ/ *adv* [1] (considerably) *[damage]* w poważnym stopniu; *[alter]* zasadniczo; *[faster, lower, better]* znacznie; **~ different from sth** zasadniczo różny od czegoś [2] (physically) materialnie

maternal /məˈtɜːnl/ *adj [love, duties, influence]* matczyny; *[instinct]* macierzyński; **~ age** wiek rozrodczy; **she feels very ~ towards us** darzy nas matczynymi uczuciami; **my ~ grandfather** mój dziadek ze strony matki; **his ~ ancestor** jego przodek ze strony matki or po kądzieli dat

maternally /məˈtɜːnəlɪ/ *adv* po matczynemu; **she treats them very ~** traktuje ich bardzo po matczynemu

maternity /məˈtɜːnətɪ/ **I** *n* [1] (motherhood) macierzyństwo *n* [2] (motherliness) uczucia *n pl* macierzyńskie

II *modif [clothes]* ciążowy

maternity benefit *n* GB zasiłek *m* macierzyński

maternity department *n* (in store) dział *m* dla przyszłych matek

maternity hospital *n* szpital *m* położniczy

maternity leave *n* urlop *m* macierzyński

maternity unit *n* (in hospital) oddział *m* położniczy; (at GP's) izba *f* porodowa

maternity ward *n* oddział *m* położniczy

matey /ˈmeɪtɪ/ *adj* GB infml zakolegowany infml **(with sb** z kimś**)**; **they're very ~** oni się kumplują infml; **I don't like to get too ~ with my students** nie lubię zbytnio się bratać ze studentami; **just you watch it, ~ boy!** hum uważaj, koleś! infml

math /mæθ/ *n* US infml = **maths**

mathematical /ˌmæθəˈmætɪkl/ *adj* matematyczny; **to have a ~ mind** mieć umysł matematyczny; **it is a ~ impossibility** z prostego rachunku wynika, że to niemożliwe

mathematically /ˌmæθəˈmætɪklɪ/ *adv* matematycznie

mathematician /ˌmæθməˈtɪʃn/ *n* matematyk *m*

mathematics /ˌmæθəˈmætɪks/ *n* [1] (subject) *(+ v sg)* matematyka *f* [2] (mathematical operations) *(+ v sg/pl)* obliczenia *n pl* matematyczne; matematyka *f* infml

maths /mæθs/ **I** *n (+ v sg)* GB infml matematyka *f*; matma *f* infml

II *modif* **~ teacher** nauczyciel matematyki; matematy|k *m*, -czka *f* infml; **~ class** zajęcia z matematyki; **~ book** podręcznik or książka do matematyki

matinée /ˈmætɪneɪ, ˈmætneɪ, US ˌmætnˈeɪ/ **I** *n* Theat popołudniówka *f*; Cin seans *m* popołudniowy

II *modif [performance, show]* popołudniowy

matinée coat *n* GB ciepły kaftanik *m*

matinée idol *n* Cin infml dat bożyszcze *n* kobiet *(z lat 30. i 40.)*

matinée jacket *n* = **matinée coat**

mating /ˈmeɪtɪŋ/ *n* (act) łączenie *n* się w pary, parzenie się *n*; (period) gody *plt*

mating call *n* krzyk *m* godowy; godowe wołanie *n* samca; (of birds) pieśń *f* godowa

mating season *n* okres *m* godowy, pora *f* godowa, gody *plt*

matins /ˈmætɪnz/ *npl* (in Catholic church) jutrznia *f*; (in Church of England) nabożeństwo *n* poranne

matriarch /ˈmeɪtrɪɑːk/ *n* [1] (head of family) głowa *f* rodziny matriarchalnej, matka *f* rodu [2] (venerable woman) matrona *f*

matriarchal /ˌmeɪtrɪˈɑːkl/ *adj* matriarchalny

matriarchy /ˈmeɪtrɪɑːkɪ/ *n* matriarchat *m*

matrices /ˈmeɪtrɪsiːz/ *npl* → **matrix**

matricidal /ˌmeɪtrɪˈsaɪdl/ *adj* fml matkobójczy

matricide /ˈmeɪtrɪsaɪd/ *n* fml [1] (crime) matkobójstwo *n* [2] (perpetrator) matkobój|ca *m*, -czyni *f*

matriculate /məˈtrɪkjʊleɪt/ **I** *vt* zapis|ać, -ywać or przyj|ąć, -mować na studia; immatrykulować fml

II *vi* [1] (enrol) zapis|ać, -ywać się na studia; immatrykulować się fml [2] GB Sch dat zostać dopuszczonym do egzaminu wstępnego

matriculation /məˌtrɪkjʊˈleɪʃn/ **I** *n* [1] immatrykulacja *f* fml [2] GB Sch dat (examination) egzamin *m* wstępny

II *modif* **~ card** legitymacja studencka; **~ fee** wpisowe; **~ exam** egzamin wstępny; **~ requirements** warunki przyjęcia na studia wyższe

matrilineal /ˌmætrɪˈlɪnɪəl/ *adj* matrilinearny

matrimonial /ˌmætrɪˈməʊnɪəl/ *adj [problems, state, bond]* małżeński; **the ~ home** miejsce zamieszkania małżonków; **~ causes** Jur podstawy rozwodu/unieważnienia małżeństwa

matrimony /ˈmætrɪmənɪ, US -məʊnɪ/ *n* związek *m* małżeński; **to be united in holy ~** być połączonym świętym węzłem małżeńskim

matrix /ˈmeɪtrɪks/ *n (pl* **-trices, -trixes***)* [1] Tech, Comput, Print matryca *f* [2] Math macierz *f* [3] Ling struktura *f* matrycowa [4] Geol skała *f* macierzysta [5] Anat **fingernail ~** macierz paznokcia

matron /ˈmeɪtrən/ *n* [1] GB (nurse) (in hospital) przełożona *f* pielęgniarek; (in school) pielęgniarka *f* [2] (person in charge) (of orphanage, nursing home) dyrektorka *f*, kierowniczka *f* [3] US (warder) strażniczka *f* [4] (dignified woman) matrona *f* liter

matronly /ˈmeɪtrənlɪ/ *adj [figure]* korpulentny; *[manner]* dostojny, godny; **she already looks ~** już wygląda jak matrona; **~ duties** obowiązki pani domu

matron-of-honour GB, **matron-of-honor** US /ˌmeɪtrənəvˈɒnə(r)/ *n* (*pl* **matrons-of-honour**) (at wedding) ≈ starościna *f* wesela

matt /mæt/ *adj* matowy; **with a ~ finish** *[paint]* matowy; *[photograph]* na papierze matowym

matte /mæt/ *adj* US = **matt**

matted /ˈmætɪd/ *adj* [1] (tangled, twisted) *[hair]* potargany, zmierzwiony; *[wool, fibres, undergrowth]* zbity; *[cloth, woollens]* sfilcowany; *[roots, branches]* splątany; **to become ~** *[hair]* zmierzwić się; *[fibres]* zbić się; *[woollens]* sfilcować się [2] (covered with mats) *[floor]* wyłożony matami

matter /ˈmætə(r)/ **I** *n* [1] (of specified nature) sprawa *f*, kwestia *f*; (requiring solution) problem *m*; **business ~s** sprawy handlowe, interesy; **money ~s** sprawy finansowe; **the ~ in hand** sprawa bieżąca; **the ~ under discussion** przedmiot dyskusji; **it will be no easy ~** to nie będzie łatwa sprawa; **the ~ is closed** sprawa jest zamknięta; **I have important ~s to discuss** mam ważne sprawy do przedyskutowania; **~s have taken an unexpected turn** sprawy przybrały nieoczekiwany obrót; **report the ~ to the police** zgłoś tę sprawę policji; **the main ~ on the agenda** główny punkt porządku dnia; **~s arising** Admin sprawy nie ujęte w porządku dziennym, wolne wnioski; **private ~s** sprawy prywatne; **this is a ~ for the police** tą sprawą powinna się zainteresować or zająć policja, to sprawa dla policji; **there's the small ~ of the £1,000 you owe me** jest drobna kwestia owego tysiąca funtów, które jesteś mi winien; **Maria is dealing with the ~** sprawą zajmuje się Maria; **that's another ~** to zupełnie inna kwestia; **it's no small ~** to nie błahostka; **to let the ~ drop** zapomnieć o sprawie; **to take the ~ further/no further** pociągnąć sprawę dalej/nie ciągnąć sprawy dalej; **the fact** or **truth of the ~ is that...** sprawa wygląda tak, że...; **I know nothing of the ~** nic nie wiem na ten temat [2] (question) kwestia *f*; **a ~ of experience/principle/taste** kwestia doświadczenia/zasad/gustu; **it's a ~ of urgency** to kwestia paląca; **a ~ of life and death, a life or death ~** kwestia życia i śmierci; **it will just be a ~ of months** to będzie kwestia miesięcy; **a ~ of a few pounds/days** kwestia kilku funtów/dni; **'will he recover?' – 'it's a ~ of time'** „czy on wyzdrowieje?" – „to kwestia czasu"; **it's only a ~ of time before they separate** prędzej czy później się rozejdą [3] **the ~** (sth wrong, trouble) kłopot *m*, problem *m*, sprawa *f*; **is anything the ~?** czy coś się stało?; czy coś jest nie tak? infml; **there was something the ~** coś było nie tak; **there's nothing the ~** wszystko jest w porządku; **what's the ~?** o co chodzi?, w czym rzecz?; **there's nothing the ~ with me** nic mi nie jest; **what's the ~ with Anna?** czy Annie coś dolega?, co się stało Annie?; **there's something the ~ with his car** coś jest nie tak z jego samochodem; **there's something the ~ with his eye** ma jakieś kłopoty z okiem, coś mu się zrobiło w oko; **what's the ~ with doing a bit of work?** iron a może byś trochę popracował? [4] (substance) materia *f*, substancja *f*; **inorganic/organic ~** materia nieorganiczna /organiczna; **vegetable ~** substancja roślinna; **particle of ~** cząstka materii; **colouring ~** substancja barwiąca [5] (on paper) **advertising ~** materiały reklamowe; **printed ~** druki; **reading ~** lektura [6] (content of article, book, speech) treść *f*; **subject ~** temat; **~ and style** treść i styl [7] Med (pus) ropa *f*; materia *f* dat

II *vi* liczyć się, mieć znaczenie; **children /details ~** liczą się dzieci/szczegóły; **to ~ to sb** *[behaviour, action]* mieć dla kogoś znaczenie; *[person]* być dla kogoś kimś ważnym; **it ~s to me where you go and what you do** obchodzi mnie, gdzie chodzisz i co robisz; **it ~s to me!** to dla mnie ważne!; **it ~s how you speak /where you sit** nie jest obojętne, jak się wyrażasz/gdzie siadasz; **it really doesn't ~** to naprawdę nie ma żadnego znaczenia; **it doesn't ~ how/when...** obojętne gdzie /kiedy...; **it doesn't ~ whether...** obojętne, czy...; **'I'm late' – 'oh, it doesn't ~'** „spóźniłem się" – „nie szkodzi"; **'what about Rorbert' – 'oh, it doesn't ~ about him!'** „co z Robertem?" – „nie przejmuj się nim!"; **it ~s that she gets the job** ważne, żeby dostała tę pracę; **does it ~ that I can't be there?** czy nic się nie stanie, jeśli nie przyjdę?; **does it really ~?** (reprovingly) czy to naprawdę takie ważne?

IDIOMS: **as a ~ of course** automatycznie, w sposób oczywisty; **we'll get in touch with you as a ~ of course** ma się rozumieć, skontaktujemy się z tobą; **as a ~ of fact** właściwie, prawdę mówiąc; **for that ~** jeśli o to chodzi; **don't speak to me like that! or to anyone else, for that ~!** nie odzywaj się do mnie w ten sposób, ani w ogóle do nikogo, jeśli już o to chodzi!; **no ~!** nieważne!; **no ~ how late it is/what he did** obojętnie or bez względu na to, jak późno/co zrobił; **that's the end of the ~, there's an end to the ~** sprawa jest zamknięta, nie będziemy więcej na ten temat rozmawiać; **to make ~s worse** na domiar złego; **to take ~s into one's own hands** wziąć sprawy w swoje ręce

Matterhorn /ˈmætəhɔːn/ *prn* **the ~** Matterhorn *m*

matter-of-fact /ˌmætərəvˈfækt/ *adj [voice, tone, person]* (practical) rzeczowy; (unemotional) obojętny; **he explained it in a very ~ way** wyjaśnił to w bardzo rzeczowy sposób

matter-of-factly /ˌmætərəvˈfæktlɪ/ *adv* rzeczowo

Matthew /ˈmæθjuː/ *prn* Mateusz *m*

matting /ˈmætɪŋ/ *n* [1] (material) materiał *m* na maty; **rush/coconut ~** plecionka z sitowia/włókna kokosowego [2] (mats) maty *f pl*

mattock /ˈmætək/ *n* motyka *f*

mattress /ˈmætrɪs/ *n* materac *m*

mattress cover *n* pokrycie *n* materaca

maturation /ˌmætjʊˈreɪʃn/ *n* dojrzewanie *n*; (of wine, cheese) dojrzewanie *n*, maturacja *f*

mature /məˈtjʊə(r), US -ˈtʊər/ **I** *adj* [1] *[plant, animal]* dojrzały, dorosły; **~ garden** ogród w pełnym rozkwicie [2] (psychologically) *[person]* dojrzały, dorosły; *[attitude, reader]* dojrzały; **her most ~ novel** jej najdojrzalsza powieść; **after ~ consideration** po głębokim namyśle [3] Culin *[wine, cheese]* dojrzały [4] Fin *[bill, policy, loan]* płatny, do zapłaty

II *vt* podda|ć, -wać procesowi dojrzewania *[wine, whisky, cheese]*

III *vi* [1] (physically) *[person, animal, plant]* dojrze|ć, -wać [2] (psychologically) *[person, attitude]* dojrze|ć, -wać [3] fig *[idea, plan]* s|krystalizować się, dojrze|ć, -wać [4] *[wine, whisky]* leżakować; *[cheese]* dojrze|ć, -wać [5] Fin przypadać do zapłaty

maturely /məˈtjʊəlɪ, US -ˈtʊərlɪ/ *adv* dojrzale; **to behave ~** zachować się w sposób dojrzały

mature student *n* GB *student, który rozpoczyna studia po dwudziestym piątym roku życia*

maturity /məˈtjʊərətɪ, US -ˈtʊə-/ *n* [1] (full development) dojrzałość *f*; **to bring sth to ~** poddawać coś procesowi dojrzewania *[wine, cheese]*; **he lacks ~** brak mu dojrzałości; **to reach ~** osiągnąć dojrzałość or wiek dojrzały [2] Fin (of bill, note) płatność *f*; (date) termin *m* płatności

matzo /ˈmɑːtsəʊ/ *n* (*pl* **~s, ~hs, ~th**) maca *f*

maudlin /ˈmɔːdlɪn/ *adj [song, story, tone]* rzewny, ckliwy; *[person]* rozrzewniony; **to get ~** *[person]* rozklejać się fig

maul /mɔːl/ **I** *n* [1] (hammer) młot *m* drewniany, ubijak *m* drewniany [2] (in rugby) maul *m (walka o piłkę znajdującą się w powietrzu)*

II *vt* [1] (attack) *[animal]* poturbować; pokiereszować infml; (fatally) rozszarpać [2] (molest) obmacywać, obłapi|ć, -ać infml *[woman]* [3] (manhandle) **stop ~ing the cat** przestań męczyć kota [4] *[critics]* ostro skrytykować; zjechać infml

mauling /ˈmɔːlɪŋ/ *n* fig (by critics) druzgocąca krytyka *f*; **the film got a ~ from the critics** krytycy nie zostawili na filmie suchej nitki infml

maulstick /ˈmɔːlstɪk/ *n* Art laska *f* malarska, malstok *m*

maunder /ˈmɔːndə(r)/ *vi* [1] (speak) nudzić; **to ~ on about sth** pleść bzdury na temat czegoś infml [2] (wander) snuć się, wałęsać się

Maundy money /ˈmɔːndɪmʌnɪ/ *n* GB *jałmużna rozdawana przez panującego w Wielki Czwartek*

Maundy Thursday /ˌmɔːndɪˈθɜːzdeɪ, -dɪ/ *n* Wielki Czwartek *m*

Mauritania /ˌmɒrɪˈteɪnɪə/ *prn* Mauretania *f*

Mauritanian /ˌmɒrɪˈteɪnɪən/ **I** *n* Maureta|ńczyk *m*, -nka *f*

II *adj* mauretański

Mauritian /məˈrɪʃn/ **I** *n* Maurytyj|czyk *m*, -ka *f*
II *adj* maurytyjski

Mauritius /məˈrɪʃəs/ *prn* Mauritius *m*

mausoleum /ˌmɔːsəˈliːəm/ *n* (*pl* **-leums, -lea**) [1] (tomb) mauzoleum *n* [2] pej (big house) gmaszysko *n*

mauve /məʊv/ **I** *n* (kolor *m*) fioletoworóżowy *m*
II *adj* fioletoworóżowy

maven /ˈmeɪvn/ *n* US infml spec *m* infml; **he's an architecture ~** to spec od architektury

maverick /ˈmævərɪk/ **I** *n* [1] US (calf) nieoznakowana sztuka *f* bydła [2] (person) indywidualist|a *m*, -ka *f*
II *adj [image, behaviour]* niestereotypowy; *[person]* nieszablonowy; *[politician, writer]* niezależny

maw /mɔː/ *n* [1] (of cow) trawieniec *m* [2] (of bird) wole *n* [3] (of lion) paszcza *f* also fig hum; **to disappear into the ~ of sth** fig zostać pochłoniętym przez coś

mawkish /ˈmɔːkɪʃ/ *adj* pej [1] (sentimental) ckliwy [2] (insipid) mdły

mawkishness /ˈmɔːkɪʃnɪs/ *n* [1] (sentimentality) ckliwość *f* [2] (insipidity) mdłość *f*

max /mæks/ infml = **maximum**

maxi /ˈmæksɪ/ **I** *n* maksi *n inv (sukienka, spódnica)*
II *modif* **~ dress/skirt** sukienka/spódnica maksi

maxilla /mækˈsɪlə/ *n* (*pl* **-illae**) [1] (in vertebrates) szczęka *f* górna [2] (in insects) żuwaczka *f*

maxillary /mækˈsɪlərɪ/ *adj* Anat szczękowy

maxim /ˈmæksɪm/ *n* maksyma *f*

maxima /ˈmæksɪmə/ *npl* → **maximum**

maximal /ˈmæksɪml/ *adj* fml maksymalny

maximalist /ˈmæksɪməlɪst/ *n* maksymalist|a *m*, -ka *f*

maximization /ˌmæksɪmaɪˈzeɪʃn/ *n* maksymalizacja *f*

maximize /ˈmæksɪmaɪz/ *vt* [1] z|maksymalizować fml *[gains, output]*; maksymalnie zwiększ|yć, -ać *[results, score, chances]*; **to ~ one's potential** wykorzystać w sposób maksymalny swoje możliwości [2] Comput maksymalizować

maximum /ˈmæksɪməm/ **I** *n* (*pl* **-imums, -ima**) maksimum *n*; **at the ~** maksymalnie; **this hall holds a ~ of 300 people** ta sala może pomieścić maksimum 300 osób; **to exploit sth to the ~** wykorzystać coś maksymalnie
II *adj* maksymalny
III *adv* maksymalnie

maximum load *n* obciążenie *n* maksymalne, ładowność *f*

maximum minimum thermometer *n* termometr *m* minimalno-maksymalny

maximum security prison *n* więzienie *n* o najwyższym stopniu zabezpieczenia

may[1] /meɪ/ *modal aux* [1] (possibility) **it ~ rain** może padać; **'are you going to accept this offer?' – 'I ~'** „przyjmiesz tę ofertę?" – „może"; **this medicine ~ cause drowsiness** ten lek może wywoływać senność; **they're afraid she ~ die** obawiają się, że ona umrze; **even if I invite him he ~ not come** nawet jeśli go zaproszę, może nie przyjść; **he ~ be lazy but he's not stupid** może i jest leniwy, ale nie głupi; **you ~ think I'm crazy but...** pewnie pomyślisz, że zwariowałem, ale...; **that's as ~ be, but...** możliwe, ale...; **come what ~** niech się dzieje co chce; **be that as it ~** tak czy owak, tak czy inaczej, co będzie to będzie [2] (permission) **you ~ close the door** możesz zamknąć drzwi; **~ I make a suggestion?** czy mogę or czy wolno mi coś zaproponować?; **I'll sit down, if I ~** usiądę, jeśli można; **if I ~ say so** jeśli mi wolno tak powiedzieć; **and who are you, ~ I ask?** iron kim pani/pan jest, jeśli wolno spytać? [3] (request) **~ I have your opinion on this?** możesz powiedzieć, co o tym sądzisz?; **~ we see the menu, please?** możemy prosić o kartę?; **~ I have this dance?** fml czy mogę prosić (do tańca)?; **~ I have your name and address, please?** proszę podać nazwisko i adres [4] (indicating purpose) **we have left a space so that you ~ add your comments** zostawiliśmy miejsce, żebyś mógł dopisać swoje uwagi; **they work hard so that their children ~ have a better life** ciężko pracują, żeby zapewnić dzieciom lepszy byt [5] (expressing wishes, hope) **~ they be happy!** niech im szczęście sprzyja!; **~ that day never come** oby ten dzień nigdy nie nastał

may[2] /meɪ/ *n* Bot głóg *m*

May /meɪ/ **I** *n* maj *m*; **in ~** w maju
II *modif* majowy

Mayan /ˈmaɪən/ **I** *n* [1] (person) Maja *m*, -nka *f* [2] Ling (język *m*) maja *m inv*
II *adj* majski

maybe /ˈmeɪbiː/ **I** *adv* (być) może; **~ they'll arrive early** (być) może przyjadą wcześnie; **~ you're right** (być) może masz rację; **you could put it here, ~** ewentualnie postaw to tam; **I saw him ~ three weeks ago** widziałem go może trzy tygodnie temu
II *n* **'is that a yes?' – 'it's a ~'** „czy odpowiedź brzmi tak?" – „nie, być może"; **no ifs, buts or ~s** tylko bez żadnych ale
IDIOMS: **as soon as ~** tak szybko jak to jest możliwe

May beetle *n* chrabąszcz *m* (majowy)

May bug *n* = **May beetle**

May Day /ˈmeɪdeɪ/ *n* (day honouring workers) 1 Maja *m*, święto *n* pracy; (springtime festival) święto *n* wiosny; (in the UK) *pierwszy poniedziałek maja jako dzień wolny od pracy*

Mayfair /ˈmeɪfeə(r)/ *prn* Mayfair *n inv (elegancka dzielnica Londynu)*

mayhem /ˈmeɪhem/ *n* [1] (chaos) chaos *m*, zamęt *m*; (violence) awantura *f*, burda *f*; **to create ~** spowodować chaos [2] US Jur rozmyślne okaleczenie *n*; **to commit ~ on** or **against sb** rozmyślnie okaleczyć kogoś

mayn't /ˈmeɪənt/ = **may not**

mayo /ˈmeɪəʊ/ *n* infml = **mayonnaise**

mayonnaise /ˌmeɪəˈneɪz, US ˈmeɪəneɪz/ *n* majonez *m*

mayor /meə(r), US ˈmeɪər/ *n* burmistrz *m*; **Mr/Madam M~** Pan/Pani Burmistrz

mayoral /ˈmeərəl, US ˈmeɪərəl/ *adj* burmistrzowski

mayoralty /ˈmeərəltɪ, US ˈmeɪər-/ *n* [1] (office) burmistrzostwo *n*, urząd *m* burmistrza [2] (term of office) kadencja *f* burmistrza

mayoress /ˈmeərɪs, US ˈmeɪə-/ *n* [1] GB (wife of mayor) burmistrzowa *f*; **the mayor and ~** burmistrzostwo *n* [2] (lady mayor) pani *f* burmistrz

maypole /ˈmeɪpəʊl/ *n ozdobny słup, wokół którego odbywają się zabawy ludowe związane ze świętem wiosny*

May queen *n* królowa *f* święta wiosny

may've /ˈmeɪəv/ = **may have**

maze /meɪz/ *n* [1] (puzzle) labirynt *m* also fig [2] (network) (of streets) labirynt *m*; (of pipes) plątanina *f*, gąszcz *m*

mazurka /məˈzɜːkə/ *n* Mus mazurek *m*

mb *n* = **millibar** milibar *m*, mbar

Mb *n* Comput = **megabyte** megabajt *m*, MB

MB *n* [1] GB Univ = **Bachelor of Medicine** *stopień naukowy lekarza odpowiadający licencjatowi* [2] Comput = **megabyte** megabajt *m*, MB

MBA *n* Univ = **Master of Business Administration** ≈ magister *m* zarządzania

MBE *n* GB = **Member of the Order of the British Empire** kawaler *m* Orderu Imperium Brytyjskiego

MBO *n* → **management buyout**

m-business /ˈembɪznɪs/ *n* m-biznes *m*

Mbyte *n* = **megabyte** megabajt *m*

MC *n* [1] = **Master of Ceremonies** (at banquet) mistrz *m* ceremonii; (in cabaret) konferansjer *m* [2] Mus (rapper) (główny) raper *m*, rapman *m* [3] US Pol → **Member of Congress** [4] GB = **Military Cross** Wojskowy Krzyż *m* Zasługi [5] Aut = **Monaco**

MCAT *n* US Univ = **Medical College Admission Test** *wstępny egzamin testowy do uczelni medycznych*

MCC *n* GB = **Marylebone Cricket Club** *brytyjski związek krykieta*

McCarthyism /məˈkɑːθɪɪzəm/ *n* maccartyzm *m*

McCoy /məˈkɔɪ/ *n*
IDIOMS: **the real ~** infml (not an imitation) produkt oryginalny; **it isn't sparkling wine, it's the real ~** to nie jest zwykłe wino musujące, ale najprawdziwszy szampan; **it's the real ~!** to jest to! infml

MCN *n* → **Micro Cellular Network**

MD *n* [1] Med, Univ = **Doctor of Medicine** doktor *m* medycyny, dr med.; **John Jones, ~** John Jones, dr med. [2] US Post = **Maryland** [3] Mgmt = **Managing Director** dyrektor *m* naczelny, dyr. nacz.

MDF *n* = **medium-density fibreboard** płyta *f* pilśniowa

MDT *n* US → **Mountain Daylight Time**

me[1] /miː, mɪ/ *pron* [1] **can you hear me?** czy mnie słyszysz?; **give it to me** daj to mnie, daj mi to; **he bought me flowers** kupił mi kwiaty; **for me** dla mnie; **with me** ze mną; **without me** beze mnie; **she's older than me** jest ode mnie starsza [2] (emphatic) **it's me** to ja; **it was me who did it** to ja to zrobiłem; **I don't think that dress is quite ~** chyba niezbyt dobrze mi w tej sukience; **silly me!** głupiec ze mnie! [3] US infml (for myself) sobie; **I'm going to get me something to eat** wezmę sobie coś do jedzenia; **dear me!, deary me!** infml ojej!; **poor little me!** infml o, ja (biedny) nieszczęśliwy; **what would you do if you were me?** co zrobiłbyś na moim miejscu?

me² /miː/ *n* Mus mi *n inv*

ME *n* [1] Med → **myalgic encephalomyelitis** [2] US Post = **Maine** [3] Ling → **Middle English** [4] US Med → **medical examiner**

mea culpa /ˌmiːəˈkʊlpə, ˌmeɪəˈkʊlpə/ **I** *n* moja wina *f*
II *excl* mea culpa!

mead /miːd/ *n* miód *m* pitny

meadow /ˈmedəʊ/ *n* [1] (field) łąka *f* [2] (also **~land)** łąki *f pl* [3] (also **water ~**) łęg *m*

meadowlark /ˈmedəʊlɑːk/ *n* Zool wojak *m*

meadow rue *n* Bot rutewka *f*

meadowsweet /ˈmedəʊswiːt/ *n* Bot wiązówka *f* błotna

meager *adj* US = **meagre**

meagerly *adv* US = **meagrely**

meagre GB, **meager** US /ˈmiːgə(r)/ *adj* [1] *[income, sum, meal, fire, crop]* mizerny; *[living, existence]* skromny; **to live on a ~ diet of rice** odżywiać się samym ryżem [2] *[person, animal]* mizerny, wątły [3] *[ideas, writing]* miałki

meagrely GB, **meagerly** US /ˈmiːgəlɪ/ *n [eat, live]* skromnie; *[spread]* cienko

meal¹ /miːl/ *n* (food) posiłek *m*; **hot/cold /main ~** gorący/zimny/główny posiłek; **they had a ~ at the canteen** zjedli w stołówce; **I hope you enjoyed your ~** mam nadzieję, że ci smakowało; **to go out for a ~** pójść do restauracji
IDIOMS: **to make a ~ of sth** infml robić z czegoś (wielki) problem, wpadać w przesadę w czymś; **don't make a ~ of it!** nie rób z tego afery infml

meal² /miːl/ *n* (from grain, fish) mączka *f*

meal beetle *n* Zool mącznik *m*

meals on wheels *n* GB posiłki *m pl* rozwożone po domach *(dla ludzi starszych, niepełnosprawnych)*

meal ticket *n* [1] (voucher) talon *m* na posiłek [2] infml fig (source of income) źródło *n* utrzymania; **the violin was going to be my ~** skrzypce miały być teraz dla mnie źródłem utrzymania; (person) **his uncle was his ~** był u wuja na garnuszku infml; **I'm just a ~ for you!** tobie chodzi tylko o moje pieniądze!

mealtime /ˈmiːltaɪm/ *n* pora *f* posiłku

mealworm /ˈmiːlwɜːm/ *n* Zool larwa *m* mącznika

mealy /ˈmiːlɪ/ *adj* [1] (in texture) (powdery) mączysty; (containing meal) mączny [2] (pale) blady

mealybug /ˈmiːlɪbʌg/ *n* Zool mączlik *m*

mealy-mouthed /ˌmiːlɪˈmaʊðd/ *adj* pej *[person]* nieszczery; **let's not be ~ about it** nie owijajmy niczego w bawełnę; **~ excuses** wykręty

mean¹ /miːn/ *vt* (*pt, pp* **meant**) [1] (signify) *[word, symbol, phrase]* znaczyć (**that...** że...); *[sign]* oznaczać; **what does this word /symbol ~?** co to słowo znaczy/ten symbol oznacza?; **the name/word ~s nothing to me** ta nazwa/to słowo nic mi nie mówi; **does the term ~ anything to him?** czy ten termin coś mu mówi? [2] (intend) **to ~ to do sth** zamierzać or mieć zamiar coś zrobić; **I didn't ~ to be rude** nie chciałem być niegrzeczny; **he ~s to get on in life** zamierza dojść do czegoś w życiu or coś w życiu osiągnąć; **to ~ sb to do sth** GB**, to ~ for sb to do sth** US chcieć, żeby ktoś coś zrobił; **she meant him to tell you that** chciała, żeby ci to powiedział; **to be meant for sb** *[bomb]* być przeznaczonym dla kogoś; *[question, remark]* być skierowanym do kogoś; **to be meant for sth** *[thing]* być przeznaczonym do czegoś; **I meant it as a joke/compliment** to miał być żart/komplement; **he doesn't ~ you any harm, he ~s no harm to you** nie chce zrobić ci krzywdy; **what do you ~ by opening my letters?** jakim prawem otwierasz moje listy?; **to ~ well** chcieć dobrze **(by sb** dla kogoś); **he ~s trouble** or **mischief** fig ma złe zamiary, coś knuje; **she ~s business** ona nie żartuje; **he ~s what he says** (he is sincere) on mówi szczerze; (he is menacing) on nie żartuje; **she meant no offence (to you)** nie chciała cię obrazić; **don't laugh! I ~ it!** nie śmiej się! mówię poważnie!; **I didn't ~ to do it** tak jakoś wyszło; **I didn't ~ anything by it** ja tylko żartowałem; **without ~ing to** niechcący; **my remark offended you? it was meant to!** moja uwaga cię uraziła? o to mi chodziło! [3] (entail) *[strike, law, budget]* znaczyć, oznaczać *[shortages, changes, tax cuts]*; **this ~s I can't take a day off** to oznacza, że nie mogę wziąć wolnego dnia; **if we can't find it here, it ~s going into town** jeśli tutaj tego nie znajdziemy, będziemy musieli jechać do miasta; **that would ~ repainting the kitchen** to pociągnie za sobą konieczność odmalowania kuchni [4] (intend to say) **do you ~ Adam Rose?** chodzi ci o Adama Rose?; **what do you ~ by that remark** or **by saying that?** co chcesz przez to powiedzieć?; **do you ~ me?** mówisz o mnie?; **did you really ~ what you said?** powiedziałeś to poważnie?; **I ~ to say, who wants a car that won't start?** no bo po co komu samochód, który nie chce zapalić?; **I know what you ~** rozumiem, co masz na myśli; **stop it! and that ~s you, too!** przestańcie! i to się tyczy także ciebie! [5] (be of value) **a promise/designer label ~s nothing** obietnica/nazwisko projektanta na metce znaczy tyle, co nic; **she ~s everything /nothing to me** ona jest dla mnie wszystkim/ona nic dla mnie nie znaczy; **money ~s everything/nothing to them** dla nich liczą się tylko pieniądze/dla nich pieniądze się nie liczą; **your friendship ~s a lot to me** twoja przyjaźń bardzo wiele dla mnie znaczy; **what it ~s to live in a democracy!** jak dobrze żyć w demokratycznym kraju! [6] (be destined) **you weren't meant to get the job** ta praca nie była ci przeznaczona; **you weren't meant to hear that** to nie było przeznaczone dla twoich uszu; **she was meant to be /become a doctor** miała być/zostać lekarzem; **it was meant to be** or **happen** tak było pisane; **they were meant for each other** byli dla siebie stworzeni or sobie przeznaczeni; **I was meant for better things** zostałem stworzony do wyższych celów [7] (be supposed to be) **he's/you're meant to be impartial** ma/masz być bezstronny; **I'm/you're meant to be working, not talking** mam/macie pracować, a nie rozmawiać

mean² /miːn/ *adj* [1] (ungenerous) *[person]* skąpy; *[nature, attitude]* małostkowy; *[examiner]* surowy; **to be ~ with sth** żałować czegoś *[time, water]*; **he's ~ with his money** jest skąpy [2] infml (unkind) *[person, action, trick]* podły; **to be ~ to sb** być niedobrym dla kogoś; (stronger) postępować podle w stosunku do kogoś; **to be ~ about sth** robić przykre uwagi na temat czegoś *[appearance, performance]*; **it was really ~ of you/her** to było naprawdę podłe z twojej/jej strony; **I feel ~ for** or **about not inviting them** mam wyrzuty sumienia, że ich nie zaprosiłem [3] (vicious) *[animal, person, expression]* złośliwy; **he has got a ~ streak** on bywa złośliwy [4] (tough) **~ streets** niebezpieczne ulice; **he's a ~ character** to wredny typ infml [5] infml (skilful) *[exponent, shot]* doskonały, świetny; **she makes a ~ margarita** ona robi wyśmienitą margeritę; **he plays a ~ game of tennis/chess** świetnie gra w tenisa/w szachy; **you're no ~ artist /poker player!** nie byle jaki z ciebie artysta/pokerzysta! [6] infml (small) **to have no ~ opinion of oneself** mieć o sobie wysokie mniemanie; **that's no ~ feat!** to nie byle jaki wyczyn! [7] liter (lowly) *[dwelling]* nędzny; *[birth, origin]* niski liter [8] US infml (off colour) **to feel ~** czuć się podle

mean³ /miːn/ **I** *n* [1] Math średnia *f*; **arithmetic/geometric ~** średnia arytmetyczna/geometryczna; **above/below the ~** powyżej/poniżej średniej [2] fig (middle point) środek *m*
II *adj* (average) *[weight, temperature]* średni

meander /mɪˈændə(r)/ **I** *n* meander *m*, zakole *n*; Art meander *m*
II *vi* [1] (wind) *[river, path]* wić się [2] (wander) *[person, animal]* błąkać się, włóczyć się; *[thoughts]* błądzić [3] fig (lose direction) *[conversation, discussion]* po|toczyć się bezładnie
■ **meander on** *[speaker]* perorować

meandering /mɪˈændərɪŋ/ **I** *n* [1] (wandering) włóczęga *f* [2] pej (conversational) ględzenie *n* infml
II *adj* [1] (winding) *[river, road]* kręty, wijący się [2] pej (aimless) *[conversation, tale, thoughts]* bezładny, chaotyczny

meanie /ˈmiːnɪ/ *n* infml [1] (miser) skąpiradło *n* infml [2] baby talk (spoilsport) **he's a ~** on psuje zabawę

meaning /ˈmiːnɪŋ/ *n* [1] (sense) znaczenie *n*; **what is the ~ of this word?** co to słowo znaczy?; **a word with two ~s** słowo o dwu znaczeniach; **what is the ~ of this?** co to ma znaczyć?, co to (wszystko) znaczy?; **poverty? he doesn't know the ~ of the word** bieda? on nawet nie wie, co to słowo znaczy [2] (message) (of film) sens *m*, wymowa *f*; (of dream) znaczenie *n* [3] (purpose) sens *m*; **what is the ~ of life?** jaki życie ma sens?; **my work no longer has any ~** moja praca nie ma już żadnego sensu, moja praca straciła wszelki sens; **to give new ~ to sth** nadać nowy sens czemuś *[life, work]* [4] (eloquence) **a look/gesture full of ~** wymowne spojrzenie/wymowny gest [5] (drift) **yes, I get your ~** infml wiem or rozumiem, co chcesz powiedzieć; wiem or rozumiem, o co ci chodzi; **he likes a little drink, if you get my ~** infml lubi sobie wypić, rozumiesz, co mam na myśli [6] Jur **within the ~ of the act** w rozumieniu ustawy

meaningful /ˈmiːnɪŋfl/ *adj* [1] (significant) *[word, term, sign, symbol]* znaczący; *[statement, comment]* istotny; *[explanation]* sensowny; *[results]* konkretny; **explain it in a way that is ~ to children** wytłumacz to w sposób zrozumiały dla dzieci [2] (profound) *[relationship, experience]* ważny; *[comment, lyric]* poważny; *[insight]* wnikliwy; **my life is no longer ~** moje życie straciło sens [3] (eloquent) *[look, gesture, smile]* znaczący; *[pause]* wymowny [4] (constructive) *[discussion, talk, act, work, process]* konstruktywny; *[input]* znaczny, znaczący

meaningfully /ˈmiːnɪŋfəlɪ/ *adv [look]* znacząco; *[speak]* konkretnie

meaningless /ˈmiːnɪŋlɪs/ *adj* [1] (having no sense) *[claim, word, phrase]* nic nieznaczący, bez znaczenia; (incomprehensible) *[code, figure]* niezrozumiały; **the diagram/sentence is ~ to me** ten wykres/to zdanie nic mi nie mówi [2] (worthless) *[chatter]* pusty; *[role, title, action, contribution, remark]* nic nie znaczący; *[effort]* próżny, daremny, bezsensowny; **a ~ exercise** próżny trud, bezsensowny wysiłek [3] (pointless) *[act, sacrifice, violence]* bezsensowny; **my life has become quite ~** moje życie straciło sens

mean-looking /ˈmiːnlʊkɪŋ/ *adj* [1] (vicious) *[dog, man]* złośliwy; wredny infml [2] hum (impressive) *[drink]* olbrzymi [3] infml (trendy) *[jacket]* szałowy infml

meanly /ˈmiːnlɪ/ *adv* [1] (ungenerously) *[distribute, give]* skąpo; *[take]* chciwie, pazernie [2] (poorly) *[dressed, housed, fed]* nędznie, licho [3] (nastily) *[behave, say]* podle; wrednie infml

mean-minded /ˌmiːnˈmaɪndɪd/ *adj [person]* wredny infml

meanness /ˈmiːnnɪs/ *n* [1] (stinginess) skąpstwo *n* [2] (nastiness) podłość *f* **(to** or **towards sb** wobec or w stosunku do kogoś); **he did it out of ~** zrobił to, bo jest podły [3] (smallness) (of portion) mizerność *f*, szczupłość *f* [4] (viciousness) złośliwość *f* [5] liter (humbleness) (of, dwelling, surroundings) skromność *f*

means /miːnz/ **I** *n* (*pl* **~**) (way) sposób *m*, środek *m*; **by illegal ~** w nieuczciwy sposób, nielegalnie; **to use every** or **all ~** wykorzystać wszelkie środki; **a ~ of transport/communication** środek or środki transportu/łączności; **by ~ of sth** za pomocą czegoś *[tool, machine]*; **a ~ of doing sth** sposób zrobienia czegoś; **there was no ~ of knowing** nie było jak się dowiedzieć; **yes, by all ~** ależ tak, jak najbardziej; **if you wish to leave, then by all ~ do** jeśli chcesz wyjść, proszę bardzo; **by no ~, not by any ~** w żadnym wypadku, wcale nie; **it is by no ~ certain, it is not certain by any ~** to wcale nie jest pewne

II *npl* (resources) środki *m pl*; **of moderate /slender ~** *[person, family]* średnio zamożny/o skromnych dochodach; **a man of ~** człowiek zamożny or dobrze sytuowany; **to have the ~ to do sth** mieć środki na zrobienie czegoś; **to live within/beyond one's ~** liczyć się z groszem/żyć ponad stan

IDIOMS: **by fair ~ or foul** nie przebierając w środkach; **a ~ to an end** środek (prowadzący) do celu → **justify**

mean-spirited /ˌmiːnˈspɪrɪtɪd/ *adj* podły, niegodziwy liter

means test **I** *n* ankieta *f* dotycząca środków utrzymania

II **means-test** *vt* uzależni|ć, -ać od wysokości dochodów *[allowance, benefit, grant, fine]*

III **means-tested** *adj [benefit, fine]* zależny od wysokości dochodów

meant /ment/ *pt, pp* → **mean**

meantime /ˈmiːntaɪm/ **I** *adv* = **meanwhile I**

II **for the meantime** *adv phr* tymczasem, chwilowo

III **in the meantime** *adv phr* w tym czasie, tymczasem

meanwhile /ˈmiːnwaɪl/ **I** *adv* [1] (during this time) przez ten czas, tymczasem; w międzyczasie infml; **~, cook the pasta** (in recipe) przez ten czas ugotuj makaron; **Adam, ~, was cooking the dinner** Adam tymczasem gotował obiad [2] (until then) tymczasem; **~, if you have any questions...** w tym czasie, jeśli macie jakieś pytania... [3] (since or before then) przez ten czas; **a lot has changed ~** wiele się przez ten czas zmieniło [4] (by way of contrast) tymczasem; **~ in Paris...** (a) tymczasem w Paryżu...

II **in the meanwhile** *adv phr* = **meanwhile I**

measles /ˈmiːzlz/ *n (+ v sg)* [1] Med odra *f* [2] (in animals) wągrzyca *f*

measly /ˈmiːzlɪ/ *adj* infml *[gift, result, pay, quality]* marny; *[amount, sum]* mizerny, nędzny; **I was paid a ~ £2 an hour** dostawałem marne dwa funty za godzinę; **don't be so ~!** nie bądź takim skąpiradłem! infml

measurable /ˈmeʒərəbl/ *adj* [1] (perceptible) *[difference, progress, improvement]* wyraźny [2] (quantifiable) *[phenomenon, change, benefits]* wymierny

measurably /ˈmeʒərəblɪ/ *adv [improve]* znacząco; *[younger, smaller]* znacznie; *[change]* wyraźnie

measure /ˈmeʒə(r)/ **I** *n* [1] (standard or system of measurement) miara *f*; (unit) jednostka *f* miary; **weights and ~s** wagi i miary; **a ~ of length** miara długości; **dry ~** miara objętości ciał sypkich; **liquid ~** miara objętości ciał płynnych or cieczy [2] (standard amount, container) miara *f*, miarka *f*; **a ~ of grain/whisky** miarka zboża/whisky; **he gave me short ~** dał mi niepełną miarę [3] (device for measuring) urządzenie *n* pomiarowe, miarka *f* [4] fig (qualified extent, degree) miara *f*, doza *f*, stopień *m*; **wealth isn't a ~ of happiness/success** bogactwo nie jest miarą szczęścia/sukcesu; **there was a ~ of truth in what he said** w tym, co powiedział, była pewna doza prawdy; **some** or **a certain ~ of privacy/cooperation** odrobina prywatności/współpracy; **to receive only a small ~ of support** zyskać tylko niewielkie poparcie; **a good** or **wide ~ of autonomy** znaczna autonomia; **in large** or **great ~** w znacznej or wielkiej mierze; **in no small ~** w niemałym stopniu; **she despised them and envied them in equal ~** nienawidziła ich i zazdrościła im w równym stopniu; **to distribute praise and blame in equal ~** chwalić i ganić w równej mierze; **in full ~** *[feel, possess, fulfil, contribute]* całkowicie, w pełni; *[repay]* w całości; *[suffer]* do głębi [5] (size) **to make sth to ~** *[tailor, shoemaker]* zrobić or uszyć coś na miarę *[garment, shoes]*; **made to ~** (szyte) na miarę [6] (way of estimating, indication) (of price rises) wskaźnik *m*; (of success, anger, frustration) miara *f*, stopień *m*; (of efficiency, performance) kryterium *n*, miernik *m*; **to be the ~ of sth** stanowić miernik czegoś; **to give some ~ of talent/failure** dawać (pewne) wyobrażenie o skali talentu/niepowodzenia; **to use sth as a ~ of effects/success** stosować coś jako kryterium dla określenia skutków/rozmiaru sukcesu; **this is a ~ of how seriously they are taking the situation** to pokazuje, jak poważnie traktują sytuację; **that is a ~ of how well the company is run** to świadczy o poziomie zarządzania firmą [7] (assessment) **beyond ~** *[change, increase]* niezmiernie; *[beautiful, difficult]* niewyobrażalnie; **it has improved beyond ~** to się niezmiernie poprawiło; **to take sb's ~, to get the ~ of sb** wyrobić sobie opinię or zdanie o kimś; **I have the ~ of them** wiem, co o nich sądzić [8] (action, step) środek *m* **(against sth** przeciw czemuś); krok *m*; **to take ~s** podjąć kroki; **safety** or **security ~s** środki bezpieczeństwa; **~s aimed at doing sth** środki or kroki zmierzające do zrobienia czegoś; **as a precautionary /preventive ~ they banned the sale of alcohol** jako środek ostrożności/zapobiegawczy wprowadzono zakaz sprzedaży alkoholu; **as a temporary ~** prowizorycznie, tymczasowo; **legal ~s** Jur kroki sądowe, droga sądowa; **legislative ~s** Jur środki legislacyjne; **the ~ was defeated** Pol, Jur ustawa nie przeszła [9] Literat (rhythm) miara *f*, metrum *n* [10] Mus (bar) takt *m* [11] Math podzielnik *m*; **greatest common ~** największy wspólny podzielnik

II *vt* [1] (by standard system) *[person, instrument]* z|mierzyć *[length, rate, depth, object]*; **to ~ sth in metres/inches** mierzyć coś w metrach/calach; **to ~ sth into a container** odmierzyć coś do pojemnika; **to ~ sb for a dress/suit** wziąć z kogoś miarę na suknię/garnitur [2] (have measurement of) mierzyć; **to ~ four by five metres** mierzyć or mieć cztery metry na pięć (metrów); **a tremor measuring 5.2 on the Richter scale** wstrząs o sile 5,2 stopnia w skali Richtera [3] (assess) oceni|ć, -ać *[popularity, ability, performance]* **(by sth** na podstawie czegoś); **they ~ their progress by the number of pages printed** mierzą postęp prac liczbą wydrukowanych stron [4] (compare) **to ~ sb/sth against sth** przyrównywać kogoś/coś do czegoś

III *vi [person, instrument]* mierzyć

IV *vr* **to ~ oneself against sb** zmierzyć się z kimś

■ **measure off**: **~ off [sth]** odmierz|yć, -ać *[fabric, ribbon]*

■ **measure out**: ~ **out [sth]** odmierz|yć, -ać *[quantity, ingredients]*; wymierz|yć, -ać *[land]*

■ **measure up**: ¶ ~ **up** *[person, product]* spełni|ć, -ać oczekiwania **to ~ up against sb** dorównywać komuś; **to ~ up to sb's expectations** sprostać oczekiwaniom kogoś ¶ ~ **up [sth]** z|mierzyć *[room]*; oceni|ć, -ać *[situation, possibilities]*

IDIOMS: **for good ~** na dodatek, na dokładkę; **to do things by half-~s** stosować półśrodki; **there can be no half-~s** nie może być mowy o żadnych półśrodkach

measured /ˈmeʒəd/ *adj* [1] *[stride, step]* miarowy; *[response, words, tone]* wyważony [2] (exactly calculated) **over a ~ kilometre** Sport na dystansie jednego kilometra; **~ mile** Naut mila pomiarowa

measureless /ˈmeʒəlɪs/ *adj* liter *[ocean, depths, universe]* niezmierzony, bezkresny liter; *[pride, wrath]* bezmierny liter; *[power]* nieograniczony

measurement /ˈmeʒəmənt/ *n* [1] (act) pomiar *m* [2] (dimension) (of room, object) wymiar *m*; **to take the ~s of sth** wymierzyć coś; **width/height ~** szerokość/wysokość [3] Sewing miara *f*; **to take sb's ~s** wziąć miarę z kogoś; **waist/hips ~** obwód talii/bioder; **leg/arm ~** długość nogawki/rękawa

measuring jug *n* (also **measuring cup**) Culin miarka *f* kuchenna

measuring spoon *n* Culin łyżka *f* do odmierzania

measuring tape *n* taśma *f* miernicza; Sewing centymetr *m*

meat /miːt/ **I** *n* [1] Culin mięso *n*; **red/white ~** mięso czerwone/białe; **chicken/crab ~** mięso kurczaka/kraba; **cold ~s** wędliny [2] fig (substance) mięso *n* fig **(of sth** czegoś**)** [3] arch (food) pożywienie *n*; (meal) posiłek *m*

II *modif [dish, industry]* mięsny; *[extract]* mięsny, z mięsa; **~ products** wyroby mięsne

IDIOMS: **~ and two veg** infml mięso i dwie jarzyny; **he's a ~-and-two-veg man** GB, **he's a ~-and-potatoes man** US infml odżywia się wyłącznie stekiem z frytkami; **the ~ and potatoes** US infml najważniejsza or podstawowa kwestia; **to be ~ and drink to sb** być dla kogoś główną rozrywką; **political scandals are ~ and drink to them** uwielbiają polityczne skandale; **this is strong ~** to mocna rzecz; **one man's ~ is another man's poison** Prov są gusta i guściki

meat axe *n* = **meat cleaver**

meatball /ˈmiːtbɔːl/ *n* [1] Culin klopsik *m* [2] US infml (person) ciepłe kluchy *plt* infml

meat cleaver *n* tasak *m*

meat-eater /ˈmiːtiːtə(r)/ *n* [1] (animal) zwierzę *n* mięsożerne [2] (person) mięsożerca *m* hum; **they are not great ~s** nie przepadają za mięsem

meat-eating /ˈmiːtiːtɪŋ/ *adj* mięsożerny

meat-free /ˌmiːtˈfriː/ *adj [dish, diet]* bezmięsny; *[cookery]* wegetariański

meat hook *n* hak *m* rzeźnicki

meat loaf *n* Culin ≈ klops *m*

meat market *n* [1] (butcher's) sklep *m* mięsny or rzeźniczy [2] infml (place to look for sex) miejsce *n* łatwego podrywu

meatpacker /ˈmiːtpækə(r)/ *n* pracowni|k *m*, -ca *f* rzeźni

meatpacking /ˈmiːtpækɪŋ/ *n* porcjowanie *n* mięsa

meat pie *n* Culin ≈ pieróg *m* z mięsem

meat processing *n* przetwórstwo *n* mięsne

meat safe *n* GB Hist ≈ wentylowana szafka *f* do przechowywania mięsa

meat trade *n* handel *m* mięsem

meatus /mɪˈeɪtəs/ *n* (*pl* **~**, **~es**) Anat przewód *m*, ujście *n* przewodu; **urinary ~** ujście cewki moczowej

meaty /ˈmiːtɪ/ *adj* [1] (with meat) *[stew, sauce]* z dużą ilością mięsa; *[chop]* ładny infml; *[tomato]* mięsisty; **~ flavour/smell** smak /zapach mięsa [2] (brawny) *[cheeks, lips]* mięsisty; *[person]* umięśniony [3] fig (having substance) *[book, discussion]* treściwy

Mecca /ˈmekə/ *prn* [1] (shrine) Mekka *f* [2] fig (also **mecca) a ~ for tourists/gamblers** mekka turystów/hazardzistów

Meccano® /mɪˈkɑːnəʊ/ *prn* ≈ mały konstruktor *m*

mechanic /mɪˈkænɪk/ *n* mechanik *m*

mechanical /mɪˈkænɪkl/ *adj* [1] *[device, digger, saw, toy]* mechaniczny [2] *[difficulties, problems, aptitude]* techniczny; **~ genius** złota rączka hum [3] fig (automatic) *[gesture, reply]* machinalny, mechaniczny

mechanical drawing *n* US Tech rysunek *m* techniczny

mechanical engineer *n* inżynier mechanik *m*

mechanical engineering *n* budowa *f* maszyn

mechanically /mɪˈkænɪklɪ/ *adv* [1] Mech *[produce, perform, process, operate]* mechanicznie; **~-operated** obsługiwany mechanicznie [2] (automatically) *[respond]* machinalnie, mechanicznie

mechanics /mɪˈkænɪks/ *n* [1] (subject) (+ *v sg*) mechanika *f* [2] (workings) (+ *v pl*) mechanizm *m* also fig; **the ~ of sth** mechanizm czegoś *[engine, pump]*; **the ~ of the law/of management** mechanizm prawa/zarządzania; **the ~ of reading/ice-skating** technika czytania/jazdy na łyżwach

mechanism /ˈmekənɪzəm/ *n* [1] (of machine, device) mechanizm *m* [2] (procedure) mechanizm *m*; tryb *m* **(of sth** czegoś**)**; **legal ~s** mechanizmy or procedury prawne; **a ~ for regulating prices** mechanizm regulacji cen; **a ~ for selecting staff** procedura doboru pracowników [3] Biol, Psych mechanizm *m* [4] Philos (theory) mechanicyzm *m*

mechanistic /ˌmekəˈnɪstɪk/ *adj* [1] Philos mechanicystyczny [2] Math mechaniczny

mechanization /ˌmekənaɪˈzeɪʃn, US -nɪˈz-/ *n* mechanizacja *f*

mechanize /ˈmekənaɪz/ **I** *vt* z|mechanizować

II *vi* z|mechanizować się

III mechanized *pp adj* zmechanizowany

med /med/ *adj* infml **~ school** szkoła medyczna; **~ student** student medycyny

med. *adj* = **medium** średni, śr.

Med /med/ *n* GB infml = **Mediterranean**

MEd /ˌemˈed/ *n* Univ = **Master of Education** ≈ magister *m* pedagogiki

medal /ˈmedl/ *n* medal *m*; **gold/silver ~** złoty/srebrny medal

medalist *n* US = **medallist**

medallion /mɪˈdælɪən/ *n* medalion *m*

medallist GB, **medalist** US /ˈmedəlɪst/ *n* medalist|a *m*, -ka *f*; **gold/silver ~** złoty /srebrny medalista

Medal of Honor *n* US Mil *najwyższe odznaczenie wojskowe*

medal play *n* (in golf) gra *f* na liczbę uderzeń

meddle /ˈmedl/ *vi* pej wtrąc|ić, -ać się, mieszać się; **stop meddling!** przestań się wtrącać or mieszać!; **to ~ in sb's affairs** mieszać or wtrącać się w sprawy kogoś; **to ~ with sb's things** ruszać rzeczy kogoś

meddler /ˈmedlə(r)/ *n* pej (busybody) ciekawsk|i *m*, -a *f*, wścibsk|i *m*, -a *f*

meddlesome /ˈmedəlsəm/ *adj* pej wścibski

meddling /ˈmedlɪŋ/ **I** *n* wtrącanie się *n*, mieszanie się *n*

II *adj [person]* wścibski; **his ~ ways** jego zwyczaj wtrącania or mieszania się w nie swoje sprawy

medevac /ˈmedɪvæk/ *n* US Mil = **medical evacuation** ewakuacja *f* rannych

media[1] /ˈmiːdɪə/ **I** *npl* (+ *v sg/pl*) Journ, Radio, TV **the ~** (mass) media *plt*; **the mass ~** mass media, środki masowego komunikowania or przekazu; **news ~** prasa informacyjna; **in the ~** w mediach

II *modif [image, event]* medialny; **~ advertising/coverage** reklama/relacja w mediach; **~ attention** uwaga mediów; **~ personality** osobowość radiowa/telewizyjna; **~ page/magazine** strona/magazyn z programem radiowym i telewizyjnym; **~ analyst/consultant** specjalista/konsultant do spraw mediów; **~ people** pracownicy prasy, radia i telewizji

media[2] /ˈmiːdɪə/ *npl* Art, Biol → **medium** **I** [1] [2]

media blitz *n* kampania *f* w mediach

media circus *n* pej szopka *f* medialna fig infml

media-conscious /ˈmiːdɪəkɒnʃəs/ *adj [person]* dbający o swój wizerunek or image

mediaeval *adj* = **medieval**

media fatigue *n* spadek *m* zainteresowania ze strony mediów

medial /ˈmiːdɪəl/ *adj* [1] Ling *[consonant, position]* środkowy [2] Math *[number, amount]* średni

median /ˈmiːdɪən/ **I** *n* [1] Math Stat mediana *f* [2] US Aut (also **~ strip)** pas *m* rozdzielczy

II *adj* [1] Stat *[price, income, sum]* średni [2] Math *[point, line]* środkowy; *[value]* średni

mediant /ˈmiːdɪənt/ *n* Mus medianta *f*

media-shy /ˈmiːdɪəʃaɪ/ *adj [person]* unikający kontaktów z mediami

media star *n* ulubieni|ec *m*, -ca *f* mediów

media student *n* student *m*, -ka *f* dziennikarstwa

media studies *n* dziennikarstwo *n*

mediate /ˈmiːdɪeɪt/ **I** *vt* [1] (as negotiator) wy|negocjować *[agreement, settlement, cease-fire]* [2] (affect) wpły|nąć, -wać na (coś), wyw|rzeć, -ierać wpływ na (coś) [3] fml (transmit) przekaz|ać, -ywać *[information]*; świadczyć *[services]*; szerzyć, propagować *[idea, cult]* **(through sth** za pośrednictwem czegoś**)**

II *vi* pośredniczyć, wyst|ąpić, -ępować jako mediator or rozjemca; **to ~ in an industrial dispute** pośredniczyć w sporze pracowniczym; **to ~ between two warring parties** prowadzić mediacje pomiędzy dwiema walczącymi stronami

III mediating *prp adj [role]* mediatorski, mediacyjny; *[nation]* występujący jako mediator

mediation /ˌmiːdɪˈeɪʃn/ *n* mediacja *f*

mediator /ˈmiːdɪeɪtə(r)/ *n* mediator *m*, rozjemca *m*

medic /ˈmedɪk/ *n* infml [1] (doctor) leka|rz *m*, -rka *f* [2] (student) medy|k *m*, -czka *f* infml [3] Med, Mil sanitariusz *m*, -ka *f* w szpitalu wojskowym

Medicaid /ˈmedɪkeɪd/ *n* US Soc Admin *rządowy program opieki medycznej dla osób o niskich dochodach*

medical /ˈmedɪkl/ **I** *n* (in school, army, for job) badania *n pl*; **army ~** ≈ wojskowa komisja lekarska; **company ~** badania okresowe (zlecone przez pracodawcę)

II *adj* medyczny; **to retire on ~ grounds** zrezygnować z pracy z powodów zdrowotnych

medical advice *n* porada *f* lekarska; **to seek ~** poradzić się lekarza, skonsultować się z lekarzem; **against ~** wbrew opinii lekarza

medical appointment *n* wizyta *f* u lekarza

medical board *n* Mil komisja *f* lekarska

medical care *n* opieka *f* lekarska

medical certificate *n* świadectwo *n* or zaświadczenie *n* lekarskie

medical check-up *n* (okresowe) badanie *n* lekarskie

medical doctor *n* leka|rz *m*, -rka *f*

medical emergency *n* nagły przypadek *m*

medical ethics *npl* etyka *f* lekarska

medical examination *n* = **medical I**

medical examiner *n* US Jur lekarz *m* sądowy

medical expert *n* lekarz *m* specjalista

medical history *n* Med [1] (background) historia *f* choroby [2] (notes) karta *f* pacjenta

medical insurance *n* ubezpieczenie *n* zdrowotne

medical jurisprudence *n* Med, Jur [1] (branch of law) prawo *n* medycyny [2] (forensic medicine) medycyna *f* sądowa

medically /ˈmedɪklɪ/ *adv* **to examine sb ~** przebadać kogoś; **to test sb ~** zrobić komuś badania; **~ fit** or **sound** zdrowy; **~ unfit** w złym stanie zdrowia; **a ~ qualified person** osoba z wykształceniem medycznym; **there's nothing ~ wrong with him** nic mu nie dolega

medical man *n* infml lekarz *m*

medical missionary *n* misjonarz lekarz *m*, misjonarka lekarka *f*

medical officer, MO *n* Mil lekarz *m* wojskowy; Ind lekarz *m* zakładowy

medical opinion *n* [1] (views of the profession) opinia *f* środowiska lekarskiego; **~ is divided** środowisko lekarskie jest podzielone [2] (view of one doctor) opinia *f* lekarza or lekarska

medical orderly *n* (in hospital) salow|y *m*, -a *f*; (in army) sanitariusz *m*, -ka *f*

medical practitioner *n* leka|rz *m*, -rka *f*

medical profession *n* **the ~** (doctors collectively) środowisko *n* lekarskie; (occupation) medycyna *f*

Medical Research Council *n* GB *rada przyznająca fundusze na badania w zakresie medycyny*

medical school *n* (faculty) wydział *m* medyczny (wyższej uczelni); (university) uczelnia *f* medyczna

medical science *n* medycyna *f*

medical social worker *n* ≈ pielęgniarka *f* środowiskowa

medical student *n* student *m*, -ka *f* medycyny

medical studies *n* studia *plt* medyczne

medical unit *n* Med przychodnia *f* lekarska; (in hospital) oddział *m* ogólny

medical ward *n* oddział *m* szpitalny

medicament /mɪˈdɪkəmənt/ *n* dat medykament *m* dat

Medicare /ˈmedɪkeə(r)/ *n* US Soc Admin *rządowy program opieki medycznej dla osób w podeszłym wieku*

medicate /ˈmedɪkeɪt/ *vt* [1] poda|ć, -wać leki (komuś) *[patient]* [2] opat|rzyć, -rywać *[wound]* [3] doda|ć, -wać substancje lecznicze do (czegoś) *[shampoo]*; nasączyć substancją leczniczą *[dressing]*

medicated /ˈmedɪkeɪtɪd/ *adj [powder, shampoo]* leczniczy; *[dressing]* z substancją leczniczą

medication /ˌmedɪˈkeɪʃn/ *n* [1] (drug treatment) kuracja *f* (lekami); **to be on ~** przyjmować leki **(for sth** na coś); **to give sb ~** podawać komuś leki; **to put sb on ~** przepisać komuś leki; **to take sb off ~** zalecić komuś odstawienie leków [2] (medicine) lek *m*

medicinal /mɪˈdɪsɪnl/ *adj [property, quality, use, herb, plant]* leczniczy; **~ drugs** leki; **I drink brandy for ~ purposes** hum piję brandy w celach leczniczych

medicine /ˈmedsn, US ˈmedɪsn/ *n* [1] (discipline) medycyna *f*; **to study ~** studiować medycynę; **doctor of ~** lekarz medycyny [2] (drug) lek *m*, lekarstwo *n* **(for sth** na coś); **the best ~** najlepsze lekarstwo also fig

IDIOMS **to give sb a taste of their own ~** odpłacić komuś tą samą monetą, odpłacić komuś pięknym za nadobne; **to take one's ~ like a man** przełknąć gorzką pigułkę; **that's pretty strong ~!** drastyczny środek!

medicine ball *n* piłka *f* lekarska

medicine bottle *n* fiolka *f*

medicine box *n* przenośna apteczka *f*

medicine cabinet *n* apteczka *f*

medicine chest *n* = **medicine cabinet**

medicine cupboard *n* = **medicine cabinet**

medicine man *n* Anthrop szaman *m*

medicine show *n* US Hist pokaz *m* wędrownego sprzedawcy medykamentów

medico /ˈmedɪkəʊ/ **I** *n* infml = **medic**

II medico+ *in combinations* medyczno-

medieval /ˌmedɪˈiːvl, US ˌmiːd-, also mɪˈdiːvl/ *adj* [1] Hist *[city, art, knight, merchant]* średniowieczny; **~ times/period** czasy /okres średniowiecza [2] fig (primitive) średniowieczny pej

medievalism /ˌmedɪˈiːvəlɪzəm, US ˌmiːd-, also mɪˈd-/ *n* średniowiecczyzna *f*

medievalist /ˌmedɪˈiːvəlɪst, US ˌmiːd-, also mɪˈd-/ *n* mediewist|a *m*, -ka *f*

Medina /meˈdiːnə/ *prn* Medyna *f*

mediocre /ˌmiːdɪˈəʊkə(r)/ *adj* mierny; pośledni fml

mediocrity /ˌmiːdɪˈɒkrətɪ/ *n* [1] (state) mierność *f* [2] (person) miernota *m/f* pej

meditate /ˈmedɪteɪt/ **I** *vt* [1] (consider) **to ~ sth/doing sth** rozważać coś/zrobienie czegoś [2] (plan) obmyślać *[revenge, change]*

II *vi* medytować **(on** or **upon sth** o or nad czymś)

meditation /ˌmedɪˈteɪʃn/ *n* [1] rozmyślanie *n*; medytacja *f* also Relig [2] Literat refleksja *f* **(on sth** na temat czegoś)

meditative /ˈmedɪtətɪv, US -teɪt-/ *adj [person, nature]* refleksyjny; *[pose, character]* kontemplacyjny; **~ atmosphere** atmosfera skupienia

meditatively /ˈmedɪtətɪvlɪ/ *adv [walk, gaze]* w zamyśleniu

Mediterranean /ˌmedɪtəˈreɪnɪən/ **I** *prn* [1] (also **the ~ sea)** Morze *n* Śródziemne; **to go cruising in the ~** odbyć rejs po Morzu Śródziemnym [2] (region) rejon *m* Morza Śródziemnego [3] (native) mieszka|niec *m*, -ka *f* kraju śródziemnomorskiego

II *adj* śródziemnomorski

medium /ˈmiːdɪəm/ **I** *n* [1] *(pl* **-iums, -ia)** Cin, Radio, Theat, TV środek *m* przekazu; **advertising ~** nośnik reklamy; **through the ~ of radio/the press** za pośrednictwem radia/prasy [2] *(pl* **-ia)** Art środek *m* wyrazu; (material) materiał *m* [3] (midpoint) środek *m*; **to find** or **strike a happy ~** znaleźć złoty środek [4] *(pl* **-iums)** Biol, Bot, Hort pożywka *f*; **culture ~, growing ~** Biol podłoże; **planting ~** Hort ziemia ogrodnicza [5] *(pl* **-iums)** (spiritualist) medium *n*

II *adj* [1] *[size, temperature, weight]* średni; **small, ~ or large?** mały, średni czy duży?; **of ~ build/height** średniej budowy ciała/średniego wzrostu [2] Radio *[waves]* średni; **on ~ wave** na falach średnich; **~ wave radio** radio odbierające fale średnie

medium-dry /ˌmiːdɪəmˈdraɪ/ *adj [drink]* półwytrawny

medium-fine /ˌmiːdɪəmˈfaɪn/ *adj [pen]* ze stalówką średniej grubości; *[point, tip]* średniej grubości

medium-length /ˌmiːdɪəmˈlenθ/ *adj [book, film, article, hair]* średniej długości; *[jacket]* półdługi

medium-level /ˌmiːdɪəmˈlevl/ *adj* na średnim poziomie

medium-price(d) /ˌmiːdɪəmˈpraɪs(t)/ *adj* po umiarkowanej cenie, w średnim przedziale cenowym

medium-range /ˌmiːdɪəmˈreɪndʒ/ *adj [missile]* średniego zasięgu

medium-rare /ˌmiːdɪəmˈreə(r)/ *adj [meat]* średnio wysmażony

medium-sized /ˌmiːdɪəmˈsaɪzd/ *adj [bush, tree]* średniej wielkości/wysokości; *[object]* średniej wielkości; *[garment]* w średnim rozmiarze; *[person]* średniej postury

medium term I *n* **in the ~** w średniej perspektywie czasowej

II *adj* **medium-term** *[plan, strategy, forecast]* średnioterminowy

medlar /ˈmedlə(r)/ *n* Bot nieszpułka *f*

medley /ˈmedlɪ/ *n* [1] Mus składanka *f* **(of sth** czegoś) [2] (in swimming) styl *m* zmienny;

4x400m ~ sztafeta 4x400m stylem zmiennym [3] (mixture) (of people, groups) mieszanina *f*

medulla /me'dʌlə/ *n* (*pl* **-ae, -as**) [1] (marrow) szpik *m* [2] (also **~ oblongata**) rdzeń *m* przedłużony [3] Bot rdzeń *m*

medusa / mɪ'dju:zə/ *n* (*pl* **-sas, -sae**) Zool meduza *f*

Medusa /mɪ'dju:zə/ *prn* Mythol Meduza *f*

meek /mi:k/ *adj* potulny

IDIOMS: **as ~ as a lamb** łagodny jak baranek; **~ and mild** cichy i potulny

meekly /'mi:klɪ/ *adv* potulnie

meekness /'mi:knɪs/ *n* potulność *f*

meerschaum /'mɪəʃəm/ *n* (also **~ pipe**) fajka *f* z morskiej pianki

meet[1] /mi:t/ **I** *n* [1] Sport zawody *plt* (sportowe), mityng *m*; **athletics ~** GB, **track ~** US mityng lekkoatletyczny [2] GB Hunt zbiórka *f (przed polowaniem)*

II *vt* (*pt, pp* **met**) [1] (encounter) spot|kać, -ykać *[person]*; spot|kać, -ykać się z (kimś) *[team, opponent, enemy]*; **to ~ each other** spotykać się z kimś; **she met her death in a plane crash** zginęła w katastrofie lotniczej [2] (make acquaintance of) pozna|ć, -wać *[person]*; **'pleased to ~ you!'** (when being introduced) „miło mi (panią/pana) poznać"; **'nice to have met you'** (on parting) „miło mi było (panią/pana) poznać"; **'Adam, ~ my boss, Robert'** (as introduction) „Adamie, poznaj mojego szefa, Roberta"; **'have you met Ms Evans?'** (at gathering) „czy poznałeś już panią Evans?" [3] (welcome) przy|witać; (collect on arrival) wy|jść, -chodzić po (kogoś); **she met her guests at the door** witała gości w drzwiach; **he came out to ~ me** wyszedł mi na powitanie; **will you ~ me at the airport?** wyjdziesz po mnie na lotnisko?; **she went to the airport to ~ them** pojechała po nich na lotnisko; **to ~ sb off** GB or **at** US **the bus /plane** wyjść/wyjechać po kogoś na autobus/samolot [4] (come into contact with) *[hand, lips]* dot|knąć, -ykać (czegoś) *[hand, lips]*; *[line]* zetknąć, stykać się z (czymś) *[line]*; **where the lane ~s the main road** w miejscu, gdzie uliczka dochodzi do głównej drogi or łączy się z główną drogą; **to ~ sb's ears** dotrzeć do uszu kogoś, obić się komuś o uszy; **his eyes met hers** jego oczy napotkały jej wzrok, ich spojrzenia spotkały się; **he couldn't ~ her eye** nie śmiał spojrzeć jej w oczy; **a terrible sight met their eyes** ich oczom ukazał się straszliwy widok [5] (fulfil) spełni|ć, -ać *[condition, criteria]*; zaspok|oić, -ajać *[demand, needs]*; wypełni|ć, -ać *[commitments, order, obligations]*; osiąg|nąć, -ać *[target, goal]*; pokry|ć, -wać *[costs, loss]*; za|płacić, u|regulować *[bill]* [6] (rise to) odpowiadać (czemuś) *[standards, conditions]*; sprostać (czemuś) *[challenge, requirements]* [7] (respond to) odpowi|edzieć, -adać na (coś), przyj|ąć, -mować *[criticism, accusation, complaint, objection]*

III *vi* (*pt, pp* **met**) [1] (come together) *[people, teams, armies, committee, group]* spot|kać, -ykać się; **to ~ to discuss sth** spotkać się, żeby coś omówić; **'goodbye, till we ~ again!'** „do zobaczenia! do następnego spotkania!" [2] (make acquaintance) *[people]* pozna|ć, -wać się [3] (come into contact) *[hands, eyes, lips]* spot|kać, -ykać się; *[lines, roads]* po|łączyć się; *[vehicles]* (crash) zderz|yć, -ać się; **the two cars/trains met head-on** samochody/pociągi zderzyły się czołowo; **this skirt won't ~ (round the middle)** ta spódnica nie dopina się (w pasie)

■ **meet up** infml: *[people]* spot|kać, -ykać się; **to ~ up with sb** spotkać się z kimś; **they met up with each other at the theatre** spotkali się w teatrze

■ **meet with**: ¶ **~ with [sb]** spot|kać, -ykać się z (kimś) *[person, delegation]* ¶ **~ with [sth]** spot|kać, -ykać się z (czymś) *[approval, criticism, response]*; uzysk|ać, -iwać *[praise]* napot|kać, -ykać *[difficulties]*; ule|c, -gać (czemuś) *[accident]*; **to ~ with success** odnieść sukces; **to ~ with failure** ponieść klęskę; **he met with misfortune/an accident** spotkało go nieszczęście/wypadek; **his ideas/comments met with no response** jego pomysły/komentarze pozostały bez odzewu; **she was met with suspicion/cries of outrage** powitano ją podejrzliwie/okrzykami oburzenia

IDIOMS: **there's more to this than ~s the eye** w tym coś jest; w tym jest coś więcej, niż się wydaje; **there's more to him than ~s the eye** on zyskuje przy bliższym poznaniu; **to make ends ~** wiązać koniec z końcem

meet[2] /mi:t/ *adj* arch **it is not ~ that we should...** nie przystoi or nie uchodzi, żebyśmy... liter; **it is not ~ for us to do this** nie przystoi nam tego robić

meeting /'mi:tɪŋ/ *n* [1] (official assembly) zebranie *n*; **cabinet/committee ~** posiedzenie gabinetu/komisji; **staff ~** narada pracownicza, zebranie pracowników; **to call a ~** zwołać zebranie; **to be in a ~** być na zebraniu, uczestniczyć w zebraniu [2] (coming together) spotkanie *n*; **the ~ between the brothers was a joyful occasion** spotkanie braci było radosne; **a ~ of minds** fig pokrewieństwo duchowe [3] GB Sport zawody *plt* sportowe, mityng *m* [4] Relig (of Quakers) zgromadzenie *n* modlitewne; **to go to ~** iść na modlitwy

meeting hall *n* sala *f* konferencyjna

meetinghouse /'mi:tɪŋhaʊs/ *n* Relig (of Quakers) dom *m* modlitwy

meeting-place /'mi:tɪŋpleɪs/ *n* miejsce *n* spotkania

meeting point *n* punkt *m* zborny; (at airport, station) miejsce *n* spotkania podróżnych z osobami oczekującymi

mega /'megə/ **I** **mega+** *in combinations* mega-

II *excl* GB infml super! infml

megabit /'megəbɪt/ *n* Comput megabit *m*

megabucks /'megəbʌks/ *npl* infml gruby szmal *m* infml; **to be making** or **earning ~** zarabiać kupę szmalu

megabyte /'megəbaɪt/ *n* Comput megabajt *m*

mega-carrier /'megəkærɪə(r)/ *n* duże linie *f pl* lotnicze

megacycle /'megəsaɪkl/ *n* megacykl *m*

megadeath /'megədeθ/ *n* hekatomba *f* liter

megadose /'megədəʊs/ *n* infml końska dawka *f*

megahertz /'megəhɜ:ts/ *n* (*pl* **~**) megaherc *m*

megalith /'megəlɪθ/ *n* megalit *m*

megalithic /ˌmegə'lɪθɪk/ *adj* megalityczny

megalomania /ˌmegələ'meɪnɪə/ *n* megalomania *f*

megalomaniac /ˌmegələ'meɪnɪæk/ **I** *n* megaloman *m*, -ka *f*

II *adj* megalomański

megalopolis /ˌmegə'lɒpəlɪs/ *n* megalopolis *n inv*

megaphone /'megəfəʊn/ *n* megafon *m*

megastar /'megəstɑ:(r)/ *n* supergwiazda *f*

megastore /'megəstɔ:(r)/ *n* GB megasam *m* *(specjalizujący się w jednej branży)*; **a computer ~** salon komputerowy

megaton /'megətʌn/ *n* megatona *f*

megawatt /'megəwɒt/ *n* megawat *m*

megillah /mə'gɪlə/ *n* [1] **Megillah** Relig megilla *f* [2] US infml długa opowieść *f*

meiosis /maɪ'əʊsɪs/ *n* (*pl* **-ses**) [1] Biol mejoza *f* [2] Literat litota *f*

Mekong /ˌmi:'kɒŋ/ *prn* **the ~** Mekong *m*

melamine /'meləmi:n/ **I** *n* melamina *f*

II *modif* melaminowy

melancholia /ˌmelən'kəʊlɪə/ *n* melancholia *f*

melancholic /ˌmelən'kɒlɪk/ **I** *n* melancholi|k *m*, -czka *f*

II *adj* melancholijny

melancholy /'melənkəlɪ/ **I** *n* melancholia *f*

II *adj [person, face]* przygnębiony; *[news, occasion, truth]* przygnębiający; *[music, mood]* melancholijny

Melanesia /ˌmelə'ni:zɪə/ *prn* Melanezja *f*

Melanesian /ˌmelə'ni:zɪən/ **I** *n* [1] (native) Melanezyj|czyk *m*, -ka *f* [2] Ling (język *m*) melanezyjski *m*

II *adj* melanezyjski

mélange /'meɪlɑ:nʒ, US meɪ'lɑ:nʒ/ *n* mieszanina *f*, melanż *m*

melanin /'melənɪn/ *n* melanina *f*

melanoma /ˌmelə'nəʊmə/ *n* Med czerniak *m*

melatonin /ˌmelə'təʊnɪn/ *n* melatonina *f*

Melba sauce /ˌmelbə'sɔ:s/ *n* syrop *m* malinowy *(do deserów)*

Melba toast /ˌmelbə'təʊst/ *n* cienki tost *m*

meld /meld/ liter **I** *n* (blend) połączenie *n*

II *vt* po|łączyć **(with sth** z czymś**)**

III *vi* po|łączyć się

mêlée, melee /'meleɪ, US meɪ'leɪ/ *n* [1] (fighting) bijatyka *f*, bójka *f*; (confusion) zamieszanie *n* [2] (crowd) ścisk *m*

mellifluous /me'lɪfluəs/ *adj* liter melodyjny

mellow /'meləʊ/ **I** *adj* [1] (smooth) *[wine, taste, flavour]* łagodny; *[tone, sound]* miękki; *[voice]* aksamitny [2] (soft) *[colour, light]* stonowany; *[sound]* miękki, aksamitny [3] (juicy) *[fruit]* rozpływający się w ustach [4] (mature) *[wine]* dojrzały; dostały liter [5] (weathered) *[stone, building]* pokryty patyną czasu fig [6] (calm) *[person, character]* łagodny; **to get** or **grow ~ with age** łagodnieć z wiekiem [7] (relaxed) *[person]* odprężony; **to be in a ~ mood** być odprężonym [8] (slightly drunk) na rauszu

II *vt* [1] (calm) *[experience, time]* zmiękcz|yć, -ać *[person]*; *[person]* z|łagodzić *[view]* [2] (relax) *[music, wine]* odpręż|yć, -ać *[person]* [3] (ripen) sprawi|ć, -ać, że (coś) w pełni dojrzeje *[fruit, wine]* [4] nada|ć, -wać soczystości (czemuś) *[colours]*; nada|ć, -wać miękkości (czemuś) *[voice, sound]*

M

III *vi* [1] (calm down) *[person, behaviour]* złagodnieć [2] (tone down) *[voice, sound]* nab|rać, -ierać miękkości; *[colour, light]* złagodnieć [3] (ripen) *[wine, fruit]* dojrze|ć, -ewać

■ **mellow out** infml odprężyć się

mellowing /ˈmeləʊɪŋ/ **I** *n* [1] (of fruit, wine) dojrzewanie *n* [2] (of colours) tonowanie *n*; (of sound, light) łagodzenie *n* [3] (of person, behaviour) łagodzenie *n* [4] (of stone, building) starzenie (się) *n*

II *adj [effect, influence]* łagodzący; **to have a ~ effect** or **influence on sb** potrafić zmiękczyć kogoś

mellowness /ˈmeləʊnɪs/ *n* [1] (of fruit, wine) dojrzałość *f* [2] (of colour) soczystość *f*; (of sound, light) miękkość *f*; (of voice) aksamitność *f* [3] (of person, character) łagodność *f* [4] (of building, stone) patyna *f* wieku fig

melodeon, melodion /mɪˈləʊdɪən/ *n* Mus (accordion) harmonijka *f* ręczna

melodic /mɪˈlɒdɪk/ *adj* [1] Mus melodyczny [2] (pleasant-sounding) melodyjny

melodious /mɪˈləʊdɪəs/ *adj* melodyjny

melodrama /ˈmelədrɑːmə/ *n* melodramat *m* also fig

melodramatic /ˌmelədrəˈmætɪk/ *adj* melodramatyczny; **to sound ~** przybierać melodramatyczny ton; **you're being ~!** jesteś melodramatyczna!

melodramatically /ˌmelədrəˈmætɪklɪ/ *adv [gesture, pause, speak]* melodramatycznie

melodramatics /ˌmelədrəˈmætɪks/ *npl* pej **cut out the ~!** nie rób przedstawienia! infml

melody /ˈmelədɪ/ *n* melodia *f*

melon /ˈmelən/ **I** *n* melon *m*

II *modif* **~ seeds** pestki melona; **~ salad** sałatka z melona

melt /melt/ **I** *n* [1] (thaw) odwilż *f*, roztopy *plt* [2] US Culin (sandwich, dish) ≈ zapiekanka *f* z serem; **a tuna ~** zapiekanka z tuńczykiem

II *vt* [1] *[heat, sun, person]* rozt|opić, -apiać, topić *[snow, metal, plastic, butter, chocolate]* [2] fig *[pity, plea, person]* zmiękcz|yć, -ać fig *[heart, person]*

III *vi* [1] *[butter, ice cream]* rozt|opić, -apiać się, topić się; *[ice, snow]* s|topnieć; *[metal, plastic]* s|topić się; *[chocolate]* rozpły|nąć, -wać się; **to ~ in the sun** *[butter, chocolate]* roztopić się na słońcu; **to ~ in the mouth** *[pastry, steak]* rozpływać się w ustach; **I'm ~ing!** fig zaraz się ugotuję! fig [2] fig (soften) *[heart, person]* z|mięknąć [3] (merge) **to ~ into the crowd/background** wtopić się w tłum/w tło; **to ~ into the forest** zniknąć w lesie; **to ~ into sb's arms** osunąć się w ramiona kogoś

■ **melt away**: [1] *[snow, ice]* stopić się, stopnieć [2] fig (disappear) *[anger, distrust]* stopnieć fig; *[fear, confidence]* zniknąć; *[crowd, people]* rozejść się; *[money]* stopnieć fig

■ **melt down**: **~ down [sth], ~ [sth] down** s|topić *[metal, wax]*; przet|opić, -apiać *[object]*

meltdown /ˈmeltdaʊn/ *n* [1] Nucl topnienie *n* rdzenia reaktora nuklearnego; **in ~** w stanie topnienia [2] Fin infml (crash) krach *m*

melting /ˈmeltɪŋ/ *adj* [1] *[look, word, gaze]* rozbrajający [2] *[snow, ice]* topniejący

melting point *n* temperatura *f* topnienia

melting pot *n* tygiel *m* also fig

IDIOMS: **to be in the ~** *[plan, project]* znajdować się w stadium dyskusji; **to throw sth into the ~** poddać coś pod dyskusję

melt-in-the-mouth /ˌmeltɪnðəˈmaʊθ/ *adj* rozpływający się w ustach

meltwater /ˈmeltwɔːtə(r)/ *n* woda *f* z rozpuszczonego śniegu

member /ˈmembə(r)/ **I** *n* [1] (of group, committee, jury, family, organization) człon|ek *m*, -kini *f*; **to be a ~ of sth** należeć do czegoś *[family, party]*; być członkiem czegoś *[tribe, jury, society]*; **active ~** działacz; **~ of the opposite sex** osoba odmiennej płci; **~ of the armed forces** wojskowy; **~ of staff** pracownik; (in school) nauczyciel; **'~s only'** „tylko dla członków"; **~ of the audience** (listening) słuchacz; (watching) widz; **~ of the public** (in the street) przechodzień; (in theatre, cinema) widz; **~s of the public were warned** ostrzeżono ludność; **an ordinary ~ of the public** zwykły obywatel; **like any other ~ of the public** jak każdy (obywatel) [2] (also **Member**) Pol (of parliament) pos|eł, *m*, -łanka *f*, deputowan|y *m*, -a *f*; (of EC) członek *m*; **the Member for Oxford** poseł z okręgu oksfordzkiego [3] Tech człon *m*, element *m*; **connecting ~** łącznik, element łączący [4] Math element *m* zbioru [5] (limb) **~s** członki *m pl* [6] (penis) członek *m*; **male ~** członek męski

II *modif [nation, state]* członkowski

Member of Congress, MC *n* US Pol kongresman *m*, kongresmen *m*, człon|ek *m*, -kini *f* Kongresu

Member of Parliament, MP *n* GB Pol pos|eł *m*, -łanka *f*, deputowan|y *m*, -a *f*

Member of the European Parliament, MEP *n* deputowan|y *m*, -a *f* do Parlamentu Europejskiego

Member of the House of Representatives, MHR *n* US Pol człon|ek *m*, -kini *f* Izby Reprezentantów

Member of the Scottish Parliament, MSP *n* pos|eł *m*, -łanka *f* do parlamentu szkockiego

Member of the Welsh Assembly *n* człon|ek *m*, -kini *f* zgromadzenia walijskiego

membership /ˈmembəʃɪp/ **I** *n* [1] (state of belonging) członkostwo *n* **(of sth** w czymś); **EU ~** członkostwo w UE; **full/life/honorary ~** pełne/dożywotnie/honorowe członkostwo; **group ~** członkostwo grupowe; **to apply for ~** ubiegać się o członkostwo; **to renew one's ~** odnowić członkostwo; **to let one's ~ lapse** przestać płacić składki; **to resign one's ~** zrezygnować z członkostwa; **~ of** GB or **in** US **the club is open to all** każdy może zostać członkiem klubu; **to take out joint/family ~ of** GB or **in** US **the club** zapisać się wspólnie/całą rodziną do klubu [2] (fee) składka *f* członkowska [3] (people belonging) *(+ v sg/pl)* członkowie *m pl*; (number of members) liczba *f* członków, liczebność *f*; **the club has a ~ of 200** klub liczy 200 członków, do klubu należy 200 osób; **a society with a large/small ~** towarzystwo o dużej/niewielkiej liczbie członków; **~ is increasing/declining** liczba członków wzrasta/maleje

II *modif [card, fee]* członkowski; **~ committee** komisja kwalifikacyjna; **~ application** podanie o przyjęcie na członka; **~ qualifications** wymagania stawiane kandydatom na członka

Members' Lobby *n* GB Pol *pomieszczenie w Izbie Gmin przeznaczone na spotkania deputowanych z wyborcami*

membrane /ˈmembreɪn/ *n* [1] Biol, Bot (tissue) błona *f* [2] Constr przepona *f*, membrana *f*

membranous /ˈmembrənəs/ *adj* błoniasty

memento /mɪˈmentəʊ/ *n* (*pl* **~s, ~es**) pamiątka *f* **(of sth** czegoś); **as a ~** na pamiątkę

memento mori /mɪˌmentəʊˈmɔːrɪ/ *n* (*pl* **~**) memento mori *n inv*

memo /ˈmeməʊ/ *n* = **memorandum** notatka *f* **(about** or **on sth** na temat czegoś); Admin notatka *f* służbowa

memo board *n* tablica *f* „memo"

memoir /ˈmemwɑː(r)/ **I** *n* wspomnienie *n*

II memoirs *npl* wspomnienia *n pl*, pamiętniki *m pl*

memo pad *n* bloczek *m* do notatek

memorabilia /ˌmemərəˈbɪlɪə/ *npl* *(+ v sg/pl)* pamiątki *f pl*; **Beatles' ~** pamiątki związane z Beatlesami

memorable /ˈmemərəbl/ *adj [day, event, performance]* pamiętny; *[person, voice, book]* niezapomniany; *[tune]* wpadający w ucho

memorably /ˈmemərəblɪ/ *adv [say, describe]* w sposób zapadający w pamięć; **a ~ amusing/interesting character** postać wybitnie zabawna/interesująca

memorandum /ˌmeməˈrændəm/ *n* (*pl* **-dums, -da**) [1] Admin notatka *f* służbowa **(to sb** dla kogoś, do wiadomości kogoś) [2] Pol memorandum *n*

memorandum of agreement *n* umowa *f* przedwstępna

memorandum of association *n* Jur, Comm dokument *m* założycielski spółki akcyjnej

memorial /məˈmɔːrɪəl/ **I** *n* [1] (monument) pomnik *m* **(to sb/sth** upamiętniający kogoś/coś) [2] (reminder) **as a ~ to sb/sth** dla upamiętnienia kogoś/czegoś; **to be a ~ to sb/sth** upamiętniać kogoś/coś [3] (document) memoriał *m*

II *adj [plaque, stone]* pamiątkowy; **the John Kobal ~ prize** nagroda imienia Johna Kobala

Memorial Day *n* US dzień *m* pamięci poległych na polu chwały *(zazwyczaj ostatni poniedziałek maja)*

memorialize /məˈmɔːrɪəlaɪz/ *vt* upamiętni|ć, -ać

memorial service *n* nabożeństwo *n* żałobne

memorize /ˈmeməraɪz/ *vt* na|uczyć się na pamięć (czegoś) *[poem, part]*

memory /ˈmemərɪ/ *n* [1] (faculty) pamięć *f*; **to have a good/bad ~** mieć dobrą/słabą pamięć; **to have a good ~ memory for names/faces** mieć dobrą pamięć do nazwisk/twarzy; **to have a long ~** być pamiętliwym; **to lose one's ~** stracić pamięć; **to remain in the ~** pozostać w pamięci; **if my ~ serves me right** jeśli mnie pamięć nie myli or nie zawodzi; o ile dobrze pamiętam; **from ~** z pamięci; **long-term/short-term/visual ~** Med pamięć długotrwała/krótkotrwała/wzrokowa;

loss of ~ Med utrata pamięci [2] (recollection) wspomnienie *n*; **to have vivid memories of sth** mieć coś żywo w pamięci; **this tune brings back memories** ta melodia budzi wspomnienia; **a dim** or **distant ~** blade or odległe wspomnienie [3] (period of time) **in living** or **recent ~** za ludzkiej pamięci; **within sb's ~** za pamięci kogoś [4] (posthumous fame) pamięć *f*; **their ~ lives on** pamięć o nich wciąż żyje; **to keep sb's ~ alive** or **green** pielęgnować pamięć o kimś [5] (commemoration) **in (loving) ~ of sb** dla uczczenia pamięci kogoś; **in ~ of sth** dla upamiętnienia czegoś [6] Comput pamięć *f*

IDIOMS: **to take a trip down ~ lane** snuć wspomnienia

memory bank *n* bank *m* pamięci

memory card *n* karta *f* pamięciowa

memory chip *n* układ *m* pamięci; kostka *f* pamięci infml

memory loss *n* utrata *f* pamięci

memory span *n* Psych zakres *m* pamięci

memory typewriter *n* maszyna *f* do pisania z pamięcią

memsahib /ˈmemsɑːb/ *n* memsahib *f inv*

men /men/ *npl* → **man**

menace /ˈmenəs/ **I** *n* [1] (threat) groźba *f*; **to demand money with ~s** Jur wymuszać pieniądze groźbami; **there was ~ in his eyes** w jego oczach była groźba [2] (danger) zagrożenie *n*; **(to be) a ~ to sb/sth** (stanowić) zagrożenie dla kogoś/czegoś [3] infml (nuisance) zmora *f*; **he's a real ~** co za uprzykrzony człowiek

II *vt* zagr|ozić, -ażać (komuś), grozić (komuś) **(with sth** czymś)

menacing /ˈmenəsɪŋ/ *adj* groźny

menacingly /ˈmenəsɪŋlɪ/ *adv [glare, say]* groźnie; **~ dark** przeraźliwie ciemno

ménage /meɪˈnɑːʒ/ *n* domownicy *m pl*; **~ à trois** trójkąt małżeński

menagerie /mɪˈnædʒərɪ/ *n* menażeria *f* also fig

mend /mend/ **I** *n* (in garment, fabric) (stitched) zszycie *n*; (darned) cera *f*; (patched) łata *f*

II *vt* [1] naprawi|ć, -ać *[car, furniture, toy, road]*; z|reperować *[clothes, shoes]*; (stitch) zaszy|ć, -wać *[garment, fabric]*; (darn) za|cerować *[garment, fabric]*; (add patch) za|łatać *[garment, fabric]* [2] fig u|leczyć *[broken heart]*; **to ~ relations with sb** naprawić stosunki z kimś

III *vi* [1] (heal) *[injury]* za|goić się; *[person]* powr|ócić, -acać do zdrowia [2] fig *[broken heart]* za|goić się

IDIOMS: **to be on the ~** fig *[person]* (po)wracać do zdrowia; *[sales, economy, weather, situation]* poprawiać się; *[company]* stawać na nogi fig; **to ~ one's ways** poprawiać się, zmieniać się na lepsze → **fence**

mendacious /menˈdeɪʃəs/ *adj* fml *[report, statement]* kłamliwy; *[person]* zakłamany

mendacity /menˈdæsətɪ/ *n* fml (of statement, document) fałszywość *f*, kłamliwość *f*; (of person) skłonność *f* do mijania się z prawdą

mendelevium /ˌmendəˈliːvɪəm/ *n* Chem mendelew *m*

Mendelian /menˈdiːlɪən/ *adj* **~ genetics** genetyka Mendla

Mendel(ian)ism /ˌmenˈdiːlɪənɪzəm, ˈmendəlɪzəm/ *n* mendelizm *m*

mendicancy /ˈmendɪkənsɪ/ *n* fml żebractwo *n*, żebranina *f*

mendicant /ˈmendɪkənt/ fml **I** *n* żebra|k *m*, -czka *f*

II *adj [people, friars]* żebrzący; *[way of life, order]* żebraczy

mendicity /menˈdɪsɪtɪ/ *n* fml (condition) żebractwo *n*; (activity) żebranie *n*

mending /ˈmendɪŋ/ *n* (things to be repaired) (by sewing) szycie *n*; (by darning) cerowanie *n*; (by patching) rzeczy *f pl* do załatania; **I have a pile of ~ to do** mam stos rzeczy do szycia i cerowania

Menelaus /ˌmenɪˈleɪəs/ *prn* Menelaos *m*

menfolk /ˈmenfəʊk/ *n* mężczyźni *m pl*

menhir /ˈmenhɪə(r)/ *n* menhir *m*

menial /ˈmiːnɪəl/ **I** *n* (servant) służący *m*; pej sługus *m* infml pej; służalec *m* liter pej

II *adj [task, work]* niewdzięczny; *[attitude, nature]* służalczy

meningitis /ˌmenɪnˈdʒaɪtɪs/ *n* zapalenie *n* opon mózgowych

meninx /ˈmiːnɪŋks/ *n* Anat **(***pl* **meninges)** opona *f*

meniscus /məˈnɪskəs/ *n* **(***pl* **-scuses, -sci)** [1] menisk *m* [2] Anat łękotka *f*

menopausal /ˌmenəˈpɔːzl/ *adj [symptom, problem]* klimakteryczny; *[woman]* w okresie przekwitania

menopause /ˈmenəpɔːz/ *n* menopauza *f*, klimakterium *n*, przekwitanie *n*

Menorca /mɪˈnɔːkə/ *prn* Minorka *f*

menorrhagia /ˌmenəˈreɪdʒɪə/ *n* krwotok *m* miesiączkowy

mensch /menʃ/ *n* US infml **(***pl* **-en)** porządny gość *m* or chłop *m* infml

menses /ˈmensiːz/ *npl* Med miesiączka *f*, menstruacja *f*

men's room *n* US toaleta *f* męska

menstrual /ˈmenstrʊəl/ *adj* miesiączkowy, menstruacyjny

menstruate /ˈmenstrʊeɪt/ *vi* miesiączkować, mieć miesiączkę

menstruation /ˌmenstrʊˈeɪʃn/ *n* miesiączkowanie *n*, menstruacja *f*

mensuration /ˌmensjʊəˈreɪʃn/ *n* mierzenie *n*, pomiar *m*

menswear /ˈmenzweə(r)/ **I** *n* odzież *f* męska

II *modif* **~ department** dział z odzieżą męską

mental /ˈmentl/ *adj* [1] Med *[handicap, illness]* umysłowy; *[patient]* chory psychicznie; *[hospital, ward]* psychiatryczny; *[institution]* dla psychicznie chorych [2] (of the mind) *[process]* myślowy; *[effort, ability]* intelektualny; *[exhaustion]* psychiczny; **~ state** stan psychiczny; **~ strain** napięcie psychiczne [3] (in one's head) *[calculation, arithmetic]* pamięciowy; **I already have a ~ picture** or **image of the place** stworzyłem już sobie w wyobraźni obraz tego miejsca; **to make a ~ note to do sth** zanotować sobie w pamięci, żeby coś zrobić fig [4] infml (mad) stuknięty infml

mental age *n* Psych wiek *m* umysłowy; **he has a ~ of six** on ma umysł sześciolatka

mental block *n* blokada *f* psychiczna

mental cruelty *n* tortury *f pl* psychiczne

mental defective *n* offensive debil *m*, -ka *f* offensive

mental healing *n* leczenie *n* poprzez sugestię

mental health **I** *n* zdrowie *n* psychiczne

II *modif* **~ programme/strategy** program ochrony zdrowia psychicznego; **~ worker** psychoterapeuta; **~ services** poradnictwo w zakresie zdrowia psychicznego

mental home *n* szpital *m* psychiatryczny

mentality /menˈtælətɪ/ *n* mentalność *f*, umysłowość *f*

mentally /ˈmentəlɪ/ *adv* [1] Med psychicznie, umysłowo; **~ handicapped** or **disabled** upośledzony umysłowo; **~ retarded** opóźniony umysłowo; **the ~ ill** chorzy umysłowo; **she's ~ ill** ona jest umysłowo chora; **to be ~ deranged** być obłąkanym [2] (regarding the mind) umysłowo; **to be ~ exhausted/alert** mieć zmęczony/jasny umysł; **~ quick/slow** szybko/wolno myślący [3] (inwardly) *[decide, resolve]* w myśli; *[calculate, estimate]* w pamięci

mental powers *npl* intelekt *m*, zdolności *f pl* intelektualne

menthol /ˈmenθɒl/ *n* mentol *m*

mentholated /ˈmenθəleɪtɪd/ *adj* mentolowy

mention /ˈmenʃn/ **I** *n* [1] (reference) wzmianka *f* **(of sb/sth** o kimś/czymś); **to get a media** or **a promotional ~** Advertg być promowanym w mediach; **the mere ~ of my name** samo wspomnienie or wymienienie mojego nazwiska, sam dźwięk mojego nazwiska; **to make no ~ of sb/sth** *[report, person]* nie wspomnieć o kimś /czymś; **there was no ~ of hostages** nie było żadnej wzmianki o zakładnikach; **the book got a ~ on the radio** o książce mówiono w radiu [2] (acknowledgement) wyraz *m* uznania; **to receive a ~** zostać wyróżnionym; **honourable ~** wyróżnienie; Mil (in dispatches) wymienienie w rozkazie

II *vt* [1] (allude to) wspom|nieć, -inać o (kimś /czymś) *[person, name, topic, event, fact]*; **he didn't ~ money** nie wspomniał o pieniądzach; **please don't ~ my name** proszę, nie wymieniaj mojego nazwiska; **she never ~s her work** nigdy nie mówi o swojej pracy; **to ~ sb/sth to sb** wspomnieć komuś o kimś/o czymś; **to ~ (to sb) that...** wspomnieć (komuś), że...; **I hardly need to ~ that...** nie muszę chyba nadmieniać, że...; **nothing worth ~ing** nic, o czym warto mówić; **he has three cars, not to ~ a yacht** ma trzy samochody, nie wspominając o jachcie; **without ~ing any names** nie wymieniając nazwisk, bez nazwisk; **'as ~ed above'** „jak podano wyżej"; **the countries ~ed above** kraje wyżej wymienione; **too numerous to ~** zbyt liczni, aby ich wymienić; **to be ~ed in a will** być uwzględnionym w testamencie; **just ~ my name** powołaj się na mnie; **don't ~ it!** nie ma o czym mówić! [2] (acknowledge) wymieni|ć, -ać *[person, name]*; wspom|nieć, -inać o (czymś) *[quality, services]*

mentor /ˈmentɔː(r)/ *n* mentor *m*, -ka *f*

menu /ˈmenjuː/ *n* [1] Culin (food served) zestaw *m* potraw; (list) karta *f* (dań), jadłospis *m*, menu *n inv* [2] Comput menu *n inv*

M

menu bar *n* Comput pasek *m* menu
menu-driven /ˈmenju:drɪvn/ *adj* Comput sterowany przez menu
menu item *n* Comput pozycja *f* menu
meow *n, vi* US = **miaow**
MEP *n* → **Member of the European Parliament**
Mephistopheles /ˌmefɪˈstɒfɪli:z/ *prn* Mefistofeles *m*
mephistophelian /ˌmefɪstəˈfi:lɪən/ *adj* mefistofeliczny
mercantile /ˈmɜ:kəntaɪl, US -ti:l, -tɪl/ *adj [nation, tradition]* kupiecki; *[ship, law]* handlowy; ~ **system** merkantylizm
mercantile agency *n* przedstawicielstwo *n* handlowe
mercantile marine *n* flota *f* handlowa
mercantilism /ˈmɜ:kəntɪlɪzəm/ *n* [1] (system) merkantylizm *m* [2] (commercialism) kupiectwo *n*, handel *m*
mercenary /ˈmɜ:sɪnərɪ, US -nerɪ/ **I** *n* najemnik *m*
II *adj [action]* wyrachowany; *[person]* interesowny, wyrachowany; *[business interest]* merkantylny
mercer /ˈmɜ:sə(r)/ *n* GB arch kupiec *m* bławatny arch
mercerized /ˈmɜ:səraɪzd/ *adj* merceryzowany, uszlachetniony
merchandise /ˈmɜ:tʃəndaɪz/ **I** *n* towar *m*, towary *m pl*
II *vt* (also **merchandize**) [1] (buy and sell) handlować (czymś) *[products, goods]* [2] (promote) promować
merchandiser /ˈmɜ:tʃəndaɪzə(r)/ *n* (also **merchandizer**) (company) firma *f* organizująca zbyt towaru
merchandising /ˈmɜ:tʃəndaɪzɪŋ/ *n* (also **merchandizing**) [1] (promotion) organizacja *f* zbytu towarów [2] (products) artykuły *m pl* promocyjne *(sprzedawane z okazji koncertu, premiery filmu)*
merchant /ˈmɜ:tʃənt/ **I** *n* [1] Comm kupiec *m*; (selling in bulk) handlowiec *m*; (selling in small quantities) handlarz *m*; (retailer) detalista *m*; **wine/grain/silk ~** kupiec winny/zbożowy/jedwabny; **to be a builder's/coal ~** handlować materiałami budowlanymi/węglem [2] infml (person) **speed ~** pirat drogowy infml; **rip-off ~** zdzierca infml; **gossip ~** plotkarz
II *modif [ship, vessel, fleet, shipping]* handlowy; **~ seaman, ~ sailor** marynarz floty handlowej
merchantability /ˌmɜ:tʃəntəˈbɪlətɪ/ *n* rynkowość *f*
merchantable /ˈmɜ:tʃəntəbl/ *adj* [1] (which is selling well) *[goods]* pokupny [2] (which could sell well) sprzedażny [3] (saleable) nadający się do sprzedaży; **~ quality** odpowiednia jakość handlowa
merchant bank *n* GB Comm bank *m* kupiecki
merchant banker **I** *n* GB [1] (executive) wysoki urzędnik *m* w banku kupieckim [2] (owner) bankier *m*, właściciel *m* banku kupieckiego
II merchant bankers *npl* (company) bank *m* kupiecki
merchant banking *n* GB [1] (activity) działalność *f* banku kupieckiego [2] (profession) bankowość *f*
merchantman /ˈmɜ:tʃəntmən/ *n* (*pl* **-men**) Naut statek *m* handlowy
merchant marine *n* US = **merchant navy**
merchant navy GB *n* flota *f* handlowa
merciful /ˈmɜ:sɪfl/ *adj* [1] (showing kindness) *[person, opponent]* litościwy (**to** or **towards sb** dla kogoś, w stosunku do kogoś); *[God, act]* miłosierny; *[sentence]* łagodny [2] (fortunate) *[occurrence]* szczęśliwy; **death was a ~ release** śmierć była wybawieniem
mercifully /ˈmɜ:sɪfəlɪ/ *adv* [1] (compassionately) litościwie, miłosiernie [2] (fortunately) szczęśliwie, na szczęście; **the queue was ~ short** na szczęście kolejka była krótka
merciless /ˈmɜ:sɪlɪs/ *adj [person, attitude]* bezlitosny (**to** or **towards sb** dla kogoś, w stosunku do kogoś); *[rain, heat, cold]* niemiłosierny
mercilessly /ˈmɜ:sɪlɪslɪ/ *adv [act, speak, treat, tease]* bezlitośnie; *[rain, snow]* niemiłosiernie
mercurial /mɜ:ˈkjʊərɪəl/ *adj* [1] Chem rtęciowy; **~ compound** związek rtęci; **~ poisoning** zatrucie rtęcią [2] (lively) *[person]* żywy fig; (changeable) *[temperament]* zmienny
mercury /ˈmɜ:kjʊrɪ/ *n* rtęć *f*
Mercury /ˈmɜ:kjʊrɪ/ *prn* Mythol, Astron Merkury *m*
mercy /ˈmɜ:sɪ/ *n* [1] (clemency) litość *f*, miłosierdzie *n*, łaska *f*; **to show ~ to** or **towards sb** okazać komuś litość; **to have ~ on sb** ulitować się nad kimś; **to beg** or **plead for ~** błagać o litość; **in his ~ he let them go** łaskawie pozwolił im odejść; **an act of ~** miłosierny uczynek; **a recommendation to ~** Jur wniosek o ułaskawienie; **for ~'s sake!** na litość boską!; **without ~** bez litości [2] (power) łaska *f*; **to be at the ~ of sb/sth** być zdanym na łaskę kogoś/czegoś; **to throw oneself on his ~** zdać się na jego łaskę (i niełaskę); **I left him to her tender mercies** iron zostawiłem go na jej łasce i niełasce [3] (fortunate event) **it's a ~ that...** całe szczęście, że...
IDIOMS: **you should be grateful for small mercies** dziękuj Bogu choć i za to
mercy dash *n* akcja *f* niesienia pomocy, akcja *f* humanitarna
mercy flight *n* lot *m* z pomocą humanitarną
mercy killing *n* [1] (euthanasia) eutanazja *f* [2] (act) akt *m* eutanazji
mercy seat *n* Bible tron *m* boży
mere[1] /mɪə(r)/ *adj* [1] (common, simple) *[convention, formality, possibility, assistant, working man]* zwykły; *[coincidence, chance, nonsense]* czysty; **he's a ~ child** to tylko dziecko; **he's a ~ clerk** jest zwykłym or szeregowym urzędnikiem; **a ~ nothing** po prostu nic; **he's a ~ nobody** on jest po prostu nikim [2] (least, even) *[sight, thought, idea]* sam; **the ~ idea of speaking in public scares me** już sama myśl o przemawianiu publicznie przeraża mnie; **the ~ sight of her/mention of her name** sam jej widok/samo wymienienie jej imienia; **the merest noise** najmniejszy hałas [3] (bare) zaledwie; **the beach is a ~ 2 km from here** plaża jest zaledwie 2 km stąd; **the interview lasted a ~ 20 minutes** rozmowa trwała raptem 20 minut
mere[2] /mɪə(r)/ *n* arch jezioro *n*
merely /ˈmɪəlɪ/ *adv [say, imply]* jedynie, tylko; *[weigh, measure, take]* zaledwie; **I ~ asked him/told him** tylko go zapytałem /tylko mu powiedziałem; **the picture is ~ a reproduction** obraz jest jedynie reprodukcją; **his accusations ~ damaged his own reputation** oskarżeniami sam sobie tylko zaszkodził; **it is not enough ~ to stage a demonstration** nie wystarczy tylko zorganizować demonstrację; **~ thinking** or **to think about it scares me** przeraża mnie już sama myśl o tym
meretricious /ˌmerɪˈtrɪʃəs/ *adj [charm, glamour]* złudny; *[policy]* zwodniczy
merge /mɜ:dʒ/ **I** *vt* [1] (join) po|łączyć *[routes, companies]*; **to ~ sth with sth** połączyć coś z czymś, przyłączyć coś do czegoś; **to ~ sth into sth** połączyć coś w coś *[company, group]* [2] (blend) po|łączyć, z|mieszać *[colour, design]*
II *vi* [1] (also **~ together**) (join) *[companies, roads]* po|łączyć się; **to ~ with sth** połączyć się z czymś; **to ~ into sth** (unite) łączyć się w coś; (be absorbed) zostać wcielonym do czegoś *[company]* [2] (blend) *[colour, shapes, sound]* zl|ać, -ewać się (**with sth** z czymś); **to ~ into the sky/the foliage** zlewać się z niebem/listowiem; **to ~ into the background** wtapiać się w tło
merger /ˈmɜ:dʒə(r)/ **I** *n* [1] (of companies) połączenie *n*, fuzja *f* [2] (process of merging) łączenie *n*
II *modif* **~ plan/proposal** plan/propozycja fuzji; **~ talks** rozmowy w sprawie fuzji
meridian /məˈrɪdɪən/ **I** *n* [1] Geog, Math południk *m* [2] Astron południk *m* niebieski [3] fig (peak) szczyt *m*, apogeum *n* fig
II *modif [line, section]* południkowy
meridian circle *n* koło *n* południkowe
meridional /məˈrɪdɪənl/ **I** *n* (person) południowiec *m*
II *adj* [1] *[line]* południkowy [2] (southern) południowy
meringue /məˈræŋ/ *n* beza *f*
meringue shell *n* spód *m* bezowy
merino /məˈri:nəʊ/ **I** *n* [1] (sheep) merynos *m* [2] (wool) wełna *f* merynosowa
II *modif [wool, garment, sheep]* merynosowy
merit /ˈmerɪt/ **I** *n* [1] (worth) wartość *f*; **a man of ~** wartościowy człowiek; **to have artistic ~** mieć wartość artystyczną; **certificate of ~** dyplom honorowy; **there's some/little ~ in his work** jego praca ma pewną/niewielką wartość; **to give due ~ to sb (for doing sth)** wyrazić uznanie dla kogoś (za zrobienie czegoś) [2] (praiseworthy quality) zaleta *f*; (personal credit) zasługa *f*; **to have ~** *[plan, idea]* mieć (swoje) zalety; **each case is judged on its (own) ~s** każdy przypadek jest oceniany indywidualnie; **to judge sb on his/her own ~s** oceniać kogoś według zasług; **each option has its ~s and its demerits** każde rozwiązanie ma swoje zalety i wady; **there is no ~ in prolonging the dispute** przedłużanie dyskusji nie ma sensu [3] GB Sch ≈ wyróżnienie *n*; **to pass with ~** zdać z wyróżnieniem

II *vt* zasłu|żyć, -giwać na (coś) *[mention, prize, reply]*; **her bravery ~s a reward** jej odwaga zasługuje na nagrodę
merit award *n* nagroda *f* honorowa
merit list *n* lista *f* zasłużonych
merit mark *n* Sch ≈ stopień *m* celujący
meritocracy /ˌmerɪˈtɒkrəsɪ/ *n* merytokracja *f*
meritocratic /ˌmerɪtəˈkrætɪk/ *adj* merytokratyczny
meritorious /ˌmerɪˈtɔːrɪəs/ *adj [conduct, service]* chwalebny, zasługujący na wyróżnienie
merit point *n* Sch = **merit mark**
merit system *n* US system *m* awansowania według kryterium kompetencji
merlin /ˈmɜːlɪn/ *n* Zool drzemlik *m*
mermaid /ˈmɜːmeɪd/ *n* syrena *f*
merman /ˈmɜːmæn/ *n* (*pl* **-men**) tryton *m*, wodnik *m*
Merovingian /ˌmerəʊˈvɪndʒɪən/ **I** *n* przedstawiciel *m*, -ka *f* dynastii Merowingów
II *adj* merowiński
merrily /ˈmerɪlɪ/ *adv* [1] (joyfully) wesoło, radośnie [2] (unconcernedly) beztrosko
merriment /ˈmerɪmənt/ *n* (fun) zabawa *f*; (laughter) wesołość *f*; **his joke provoked an outburst of ~** jego dowcip wywołał powszechną wesołość; **to be a source of ~ for sb** sprawiać komuś uciechę
merry /ˈmerɪ/ *adj* [1] (happy) wesoły, radosny; **~ Christmas!** Wesołych Świąt! [2] infml (tipsy) podchmielony infml [3] arch (also **merrie)** (pleasant, delightful) **~ England** niegdysiejsza Anglia; **the ~ month of May** radosny miesiąc maj; **Robin Hood and his ~ men** Robin Hood i jego wesoła kompania
IDIOMS: **the more the merrier** Prov im więcej osób, tym weselej; **to make ~** weselić się; **to give sb ~ hell** infml zrobić komuś piekielną awanturę
merry-go-round /ˈmerɪgəʊraʊnd/ *n* karuzela *f*; fig wir *m* fig
merrymaker /ˈmerɪmeɪkə(r)/ *n* [1] (reveller) hulaka *m* infml dat [2] (participant in festivities) uczestni|k *m*, -czka *f* zabawy
merrymaking /ˈmerɪmeɪkɪŋ/ *n* wesołość *f*, zabawa *f*
Merseyside /ˈmɜːzɪsaɪd/ *prn* Merseyside *n inv*
mesa /ˈmeɪsə/ *n* Geog US mesa *f*
mescaline /ˈmeskəliːn/ *n* meskalina *f*
mesh /meʃ/ **I** *n* [1] (netting) siatka *f* [2] (space in net) oczko *f* (siatki); **5 cm ~** siatka o pięciocentymetrowych oczkach [3] (net) sieć *f* [4] Tech (cogs, teeth) zazębienie *n*; **in ~** zazębiony
II *vt* (also **~ together)** (coordinate) uzg|odnić, -adniać *[plans, ideas]*
III *vi* [1] (also **~ together)** (become entangled) *[leaves, branches]* s|plątać się [2] fig (also **~ together)** (be compatible) *[ideas, policies, tendencies]* zazębi|ć, -ać się **(with sth** z czymś); **to ~ (with each other)** *[people]* pasować do siebie [3] Tech *[cogs, teeth]* zazębi|ć, -ać się **(with sth** z czymś)
mesh bag *n* siatka *f* na zakupy
mesh connection *n* Elec połączenie *n* wielokątowe
mesh size *n* Fishg gęstość *f* sieci
mesmeric /mezˈmerɪk/ *adj* mesmeryczny
mesmerism /ˈmezmərɪzəm/ *n* dat mesmeryzm *m*
mesmerize /ˈmezməraɪz/ **I** *vt* za|hipnotyzować
II mesmerized *pp adj* fig zahipnotyzowany, zafascynowany
mesomorph /ˈmesəʊmɔːf/ *n* mezomorfik *m*, osobnik *m* dobrze umięśniony
meson /ˈmezɒn, ˈmiːzɒn/ *n* Phys mezon *m*
Mesopotamia /ˌmesəpəˈteɪmɪə/ *prn* Mezopotamia *f*
mesotherapy /ˌmesəʊˈθerəpɪ/ *n* Med mezoterapia *f*
Mesozoic /ˌmesəʊˈzəʊɪk/ **I** *n* mezozoik *m*
II *adj* mezozoiczny
mesquite /ˈmeskiːt/ *n* Bot jadłoszyn *m*
mess /mes/ **I** *n* [1] (untidy state) bałagan *m*, nieporządek *m*; **what a ~!** ale bałagan!; **to make a ~** *[children]* nabałaganić, naśmiecić; *[workers]* narobić bałaganu; **to leave one's room/one's clothes in a ~** zostawić bałagan w pokoju/zostawić porozrzucane ubrania; **the kitchen is (in) a ~** w kuchni jest bałagan; **to tidy** or **clear up the ~** uprzątnąć bałagan; **this report is a ~!** to sprawozdanie jest napisane bez ładu i składu!; **my hair is a ~** jestem nieuczesana; **you look a ~!** GB **you look like a ~!** US wyglądasz jak nieboskie stworzenie [2] fig (muddled state) **my life is a ~** nic mi się w życiu nie udaje; **the economy/country is in a terrible ~** gospodarka/kraj jest w opłakanym stanie; **to make a ~ of the job** spaprać robotę infml; **to let things get into a ~** zabałaganić całą sprawę infml; **to get into a ~** wpaść w tarapaty; **you got us into this ~** to przez ciebie mamy takie kłopoty; **this is a fine ~ you've got** GB or **gotten** US **us into!** w niezły pasztet nas wpakowałeś infml; **to get out of a ~** wyjść z tarapatów; **he'll get us out of this ~** wyciągnie nas z tarapatów [3] infml (pitiful state) **his face was a ~ after the accident** po wypadku miał strasznie pokiereszowaną twarz; **he's a ~** (psychologically) jest w strasznym stanie psychicznym; (incompetent) jest beznadziejny infml [4] (excrement) odchody *plt*, nieczystości *plt*; **the dog made a ~ on the carpet** pies nabrudził na dywan; **dog ~** infml psia kupa infml [5] (stain) brudne ślady *m pl*; **to make a ~ of** or **on the tablecloth/carpet** pobrudzić obrus/dywan; **to make a ~ of oneself** pobrudzić się; upaprać or utytłać się infml [6] Mil kantyna *f*; **officers' ~** (in the army) kasyno oficerskie; (in the navy) mesa oficerska [7] US infml (of food) porcja *f* **(of sth** czegoś); (for dog) miska *f* **(of sth** czegoś); **a ~ of greens** porcja zieleniny
II *vt* **to ~ one's pants** euph z|robić w majtki
III *vi* infml (meddle) **to ~ with sth** eksperymentować z czymś *[drugs]*; **I don't ~ with drugs** trzymam się z dala od narkotyków; **don't ~ with him, he's dangerous** nie zadzieraj z nim, jest niebezpieczny
■ **mess about, mess around** infml: ¶ **~ around** [1] (act the fool) wygłupiać się; **to ~ around with sth** bawić się czymś *[knife, matches]*; grzebać w czymś *[papers]*; **don't ~ around with drugs** nie eksperymentuj z narkotykami [2] (potter) **to ~ around in the garden/with friends** spędzać miło czas w ogrodzie/z przyjaciółmi [3] (sexually) **he ~es around** podrywacz z niego infml; **to ~ around with sb** romansować z kimś ¶ **~ [sb] around** infml mamić or zwodzić
■ **mess up** infml: ¶ **~ up** US na|mieszać infml ¶ **~ up [sth], ~ [sth] up** [1] (get untidy) narobić bałaganu w (czymś) *[kitchen, room]*; (muddle up) pomieszać *[papers, plans]*; (dirty) zabrudzić *[napkin, sheets]* [2] (do badly) zawalić infml *[exam]*; sknocić infml *[work]* [3] (ruin) spaprać infml *[plan, calculation]*; zmarnować *[life]*; poplątać *[knitting]*; **you've ~ed things up for everybody** wszystkim wszystko popsułeś; **you've ~ed up my chances of promotion** przez ciebie straciłem szanse na awans ¶ **~ [sb] up** *[drugs, alcohol]* niszczyć infml; *[experience]* załamać
IDIOMS: **no ~ing!** infml tylko bez wygłupów!; **to sell one's birthright for a ~ of pottage** Bible sprzedać pierworództwo za miskę soczewicy
message /ˈmesɪdʒ/ **I** *n* [1] (communication) wiadomość *f*; Comput komunikat *m*, wiadomość *f* **(about sth** na temat czegoś); **telephone/taped ~** wiadomość telefoniczna/nagrana; **to take a ~** (on telephone) przyjąć or odebrać wiadomość; **to give /leave sb a ~ that...** przekazać/zostawić komuś wiadomość, że... [2] (meaning) Art, Literat przesłanie *n*; Relig nauka *f*; Pol orędzie *n*, posłanie *n*; **a film with a ~** film z przesłaniem; **to get one's ~ across** (be understood) zostać zrozumianym; (convince people) trafić do przekonania; **to get the ~** infml zrozumieć; infml załapać; **he finally got the ~** nareszcie do niego dotarło [3] dat (errand) **to go on a ~ for sb** pójść coś komuś załatwić; **to go for the ~s** (shopping) iść po sprawunki dat
II *vt* (send a message) wys|łać, -yłać wiadomość (komuś) *[person]*; (send an email to) wys|łać, -yłać e-mail do (kogoś)
message box *n* Comput okno *n* komunikatu
message switching *n* Comput komutacja *f* komunikatów or wiadomości
messaging /ˈmesɪdʒɪŋ/ *n* Comput przesyłanie *n* komunikatów
mess dress *n* Mil mundur *m* wyjściowy
messenger /ˈmesɪndʒə(r)/ *n* [1] posłaniec *m*; (for hotel, company) goniec *m*; (official courier) kurier *m* [2] Naut (light line) rzutka *f*; (endless belt) lina *f* bez końca, lina *f* okrężna
messenger boy *n* goniec *m*
messenger RNA *n* Biol informacyjny or matrycowy RNA *m*, mRNA
mess hall *n* Mil (in the army) kantyna *f*; (in the navy) mesa *f*
messiah /mɪˈsaɪə/ *n* [1] **the Messiah** Mesjasz *m* [2] mesjasz *m*, zbawca *m*, wybawiciel *m* also fig
messianic /ˌmesɪˈænɪk/ *adj* mesjanistyczny, mesjański
mess jacket *n* Mil bluza *f* mundurowa
mess kit *n* GB Mil (uniform) mundur *m* wyjściowy; (eating utensils) menażka *f* i niezbędnik *m*
mess room *n* = **mess hall**
Messrs /ˈmesəz/ *n* = **Messieurs** Panowie *m pl*

mess tin *n* Mil menażka *f*
messy /ˈmesɪ/ *adj* [1] (untidy) *[appearance, handwriting, work]* niechlujny; *[hair]* w nieładzie, rozczochrany; *[house, room]* zaniedbany; **I hate a ~ kitchen** nie znoszę bałaganu w kuchni [2] (dirty) *[activity, work]* brudny; (making dirty) *[pen]* brudzący; **he is a ~ eater** brudzi się przy jedzeniu [3] (confused) *[affair]* nieprzyjemny; *[business]* brudny fig; **she's been through a ~ divorce** ma za sobą ciężki rozwód
mestizo /meˈstiːzəʊ/ *n* (*pl* **~zoes, ~zos**) Metys *m*, -ka *f*
met /met/ *pt, prp* → **meet**
Met /met/ *n* infml [1] GB = **Metropolitan Police** policja *f* londyńska [2] US **the Met** = **the Metropolitan Opera House** *teatr operowy w Nowym Jorku* [3] US **the Met** = **the Metropolitan Museum of Art** *muzeum sztuki w Nowym Jorku*
metabolic /ˌmetəˈbɒlɪk/ *adj* metaboliczny; **~ rate** podstawowa przemiana materii
metabolically /ˌmetəˈbɒlɪklɪ/ *adv [similar, different]* pod względem metabolicznym
metabolism /mɪˈtæbəlɪzəm/ *n* przemiana *f* materii, metabolizm *m*
metabolize /mɪˈtæbəlaɪz/ *vt* metabolizować
metacarpal /ˌmetəˈkɑːpl/ **I** *n* kość *f* śródręcza
II *adj* śródręczny; **~ bone/ligament** kość /wiązadła śródręcza
metacarpus /ˌmetəˈkɑːpəs/ *n* (*pl* **-carpi**) śródręcze *n*
metadata /ˈmetədeɪtə/ *npl* Comput metadane *plt*
metal /ˈmetl/ **I** *n* [1] Miner metal *m* [2] (also **heavy ~**) Mus (heavy) metal *m* [3] (in printing) (type) czcionka *f* [4] (in glassmaking) masa *f* szklana
II *modif* [1] (made of metal) *[container, tool, fitting, cable]* metalowy [2] Mus *[group, music]* (heavy)metalowy; *[album]* z muzyką metalową
metalanguage /ˈmetəlæŋgwɪdʒ/ *n* metajęzyk *m*
metal detector *n* wykrywacz *m* metali
metal fatigue *n* zmęczenie *n* metalu
metalinguistic /ˌmetəlɪŋˈgwɪstɪk/ *adj* metajęzykowy, metalingwistyczny
metalinguistics /ˌmetəlɪŋˈgwɪstɪks/ *n* (+ *v sg*) metalingwistyka *f*
metalled road *n* droga *f* tłuczniowa
metallic /mɪˈtælɪk/ *adj* [1] Chem *[substance, state]* metaliczny; **~ ore** ruda metalu [2] *[paint, finish]* o metalicznym połysku; **~ silver** srebrny metalik [3] (resembling metal) *[sound, taste, appearance]* metaliczny; *[eyes]* szaroniebieski
metallurgic(al) /ˌmetəˈlɜːdʒɪk(l)/ *adj* [1] (concerning production of metals) *[process]* metalurgiczny; *[expert]* w dziedzinie metalurgii [2] (concerning production of metals) *[problem, study, work]* metaloznawczy; *[expert]* w dziedzinie metaloznawstwa
metallurgist /mɪˈtælədʒɪst, US ˈmetəlɜːrdʒɪst/ *n* [1] (specialist in production of metals) metalurg *m* [2] (specialist in properties and structure of metals) metaloznawca *m*
metallurgy /mɪˈtælədʒɪ, US ˈmetəlɜːrdʒɪ/ *n* (fabrication of metals) metalurgia *f*; (study of metals) metaloznawstwo *n*
metal polish *n* środek *m* do czyszczenia metali
metalwork /ˈmetlwɜːk/ *n* [1] (craft) metaloplastyka *f* [2] (objects) wyroby *m pl* metalowe
metalworker /ˈmetlwɜːkə(r)/ *n* [1] Ind metalowiec *m* [2] Art metaloplastyk *m*
metamorphic /ˌmetəˈmɔːfɪk/ *adj* [1] **~ ability** (of model, actor) zdolność do metamorfozy [2] Geol metamorficzny
metamorphism /ˌmetəˈmɔːfɪzəm/ *n* [1] Geol metamorfizm *m* [2] = **metamorphosis**
metamorphose /ˌmetəˈmɔːfəʊz/ **I** *vt* [1] fig (transform) odmieni|ć, -ać *[person, house, tree]*; **to ~ sb/sth into sth** przemienić kogoś/coś w coś [2] Geol, Biol przeobra|zić, -żać
II *vi* [1] fig *[person, animal, society, nature]* odmieni|ć, -ać się, prze|jść, -chodzić metamorfozę; **to ~ into sth** przemienić się w coś [2] Geol, Biol prze|jść, -chodzić metamorfozę; **to ~ into sth** przeobrazić się w coś
metamorphosis /ˌmetəˈmɔːfəsɪs/ *n* (*pl* **-phoses**) metamorfoza *f*, przemiana *f* also fig **(into sth** w coś)
metamorphous /ˌmetəˈmɔːfəs/ *adj* = **metamorphic**
metaphor /ˈmetəfɔː(r)/ *n* przenośnia *f*, metafora *f*
metaphoric(al) /ˌmetəˈfɒrɪk(l)/ *adj [phrase, expression, use]* przenośny, metaforyczny; **I must put my ~ skates on and finish the job** muszę, jak to się mówi, zakasać rękawy i skończyć tę pracę
metaphorically /ˌmetəˈfɒrɪklɪ/ *adv [think, speak, describe]* metaforycznie; **literally and ~** dosłownie i w przenośni; **~ speaking** mówiąc obrazowo
metaphysical /ˌmetəˈfɪzɪkl/ *adj* metafizyczny
metaphysics /ˌmetəˈfɪzɪks/ *n* (+ *v sg*) metafizyka *f*
metastasis /meˈtæstəsɪs/ *n* (*pl* **-tases**) Med metastaza *f*, przerzut *m*
metatarsal /ˌmetəˈtɑːsl/ **I** *n* kość *f* śródstopia
II *adj* śródstopny, śródstopowy; **~ ache /ligament** ból/wiązadła śródstopia
metatarsus /ˌmetəˈtɑːsəs/ *n* (*pl* **-tarsi**) śródstopie *n*
metathesis /mɪˈtæθəsɪs/ *n* (*pl* **-theses**) Ling przestawka *f*, metateza *f*; Chem reakcja *f* podwójnej wymiany
metazoan /ˌmetəˈzəʊən/ **I** *n* (*pl* **-zoa**) wielokomórkowiec *m*
II *adj* wielokomórkowy
mete /miːt/ *vt*
■ **mete out**: **~ out [sth], ~ [sth] out** wymierz|yć, -ać *[punishment, penalty, justice]*; wyda|ć, -wać *[sentence]*; obdarz|yć, -ać (czymś) *[favour, praise]*
meteor /ˈmiːtɪə(r)/ **I** *n* [1] (fragment) meteor *m* [2] (streak of light) spadająca gwiazda *f*
II *modif* **~ crater** krater meteorowy; **~ shower/ swarm** deszcz meteorów
meteoric /ˌmiːtɪˈɒrɪk, US -ˈɔːr-/ *adj* [1] *[dust, impact]* meteorowy, meteoryczny [2] fig (rapid) *[rise, progress]* błyskawiczny
meteorite /ˈmiːtɪəraɪt/ **I** *n* meteoryt *m*
II *modif* meteoryczny, meteorytowy,
meteorological /ˌmiːtɪərəˈlɒdʒɪkl/ *adj* meteorologiczny; **~ balloon** balon meteorologiczny, balon sonda
meteorologically /ˌmiːtɪərəˈlɒdʒɪklɪ, US ˌmiːtɪɔːr-/ *adv* **it was caused ~** to było spowodowane warunkami meteorologicznymi
Meteorological Office *n* GB Instytut *m* Meteorologii
meteorologist /ˌmiːtɪəˈrɒlədʒɪst/ *n* meteorolog *m*
meteorology /ˌmiːtɪəˈrɒlədʒɪ/ **I** *n* meteorologia *f*
II *modif [study, records]* meteorologiczny
meter /ˈmiːtə(r)/ **I** *n* [1] (measuring instrument) licznik *m*; **gas/electricity ~** licznik gazowy/elektryczny; **taxi ~** taksometr; **water ~** licznik zużycia wody; **to read the ~** odczytać stan licznika [2] (also **parking ~**) parkometr *m*, parkomat *m* [3] US Meas = **metre**
II *vt* [1] (measure) z|mierzyć *[flow, pressure]*; z|mierzyć zużycie (czegoś) *[water, electricity]*; **to have one's water supply ~ed** mieć założony licznik zużycia wody [2] Post ofrankować maszynowo *[mail]*
meter maid *n* infml funkcjonariuszka *f* drogówki infml *(sprawdzająca prawidłowość parkowania)*
meter reader *n* dokonujący *m* odczytu stanu licznika
meter reading *n* odczyt *m* stanu licznika
methadone /ˈmeθədəʊn/ *n* metadon *m*
methane /ˈmiːθeɪn/ *n* metan *m*
methanol /ˈmeθənɒl/ *n* metanol *m*, alkohol *m* metylowy
method /ˈmeθəd/ *n* [1] (system, technique, manner) metoda *f*, sposób *m* **(for doing sth** robienia czegoś); **teaching ~s** metody nauczania; **~ of payment** forma zapłaty; **~ of transport** środek transportu [2] (orderliness) metoda *f*; **scientific/deductive ~** metoda naukowa/dedukcji; **a man of ~** człowiek metodyczny [3] **the Method** Theat metoda *f* Stanisławskiego → **madness**
method acting *n* system *f* Stanisławskiego *(rozwinięty przez nowojorskie „Actors' Studio")*
method actor *n* absolwent *m*, -ka *f* nowojorskiego „Actors' Studio"
methodical /mɪˈθɒdɪkl/ *adj* metodyczny
methodically /mɪˈθɒdɪklɪ/ *adv* metodycznie
Methodism /ˈmeθədɪzəm/ *n* metodyzm *m*
Methodist /ˈmeθədɪst/ **I** *n* Relig metodyst|a *m*, -ka *f*
II *adj* metodystyczny
methodological /ˌmeθədəˈlɒdʒɪkl/ *adj* metodologiczny
methodologically /ˌmeθədəˈlɒdʒɪklɪ/ *adv* metodologicznie
methodology /ˌmeθəˈdɒlədʒɪ/ *n* metodologia *f*; (in teaching) metodyka *f*
meths /meθs/ *n* (+ *v sg*) GB = **methylated spirit(s)** spirytus *m* skażony *(metanolem)*, denaturat *m*
Methuselah /mɪˈθjuːzələ/ **I** *prn* (patriarch) Matuzalem *m*; fig matuzal *m*, matuzalem *m* dat
II *n* (bottle) matuzalem *m (butelka wina o pojemności 8 litrów)*
IDIOMS: **to be as old as ~** być w wieku matuzalowym
methyl /ˈmeθɪl/ **I** *n* metyl *m*
II *modif* **~ bromide/chloride** bromek/chlo-

rek metylu, bromometan/chlorometan; ~ **acetate** octan metylu
methylated /ˈmeθəleɪtɪd/ *adj* metylowany
methylated spirit(s) *n (+ v sg)* spirytus *m* skażony, denaturat *m*
methylene /ˈmeθɪliːn/ **I** *n* metylen *m*
II *modif [chloride, blue]* metylenowy
meticulous /mɪˈtɪkjʊləs/ *adj [observation, arrangements, methods]* drobiazgowy; *[person]* skrupulatny; **to be ~ about one's work** być bardzo skrupulatnym w pracy; **she's very ~ about brushing her teeth every day** skrupulatnie przestrzega codziennego mycia zębów
meticulously /mɪˈtɪkjʊləslɪ/ *adv* drobiazgowo, skrupulatnie, pieczołowicie
meticulousness /mɪˈtɪkjʊləsnɪs/ *n* drobiazgowość *f*, skrupulatność *f*
métier /ˈmetɪeɪ/ *n* powołanie *n*
Met Office /ˈmetɒfɪs/ *n* GB → **Meteorological Office**
metonymy /mɪˈtɒnɪmɪ/ *n* metonimia *f*
metre[1] GB, **meter** US /ˈmiːtə(r)/ *n* Meas metr *m*
metre[2] GB, **meter** US /ˈmiːtə(r)/ *n* [1] Literat miara *f* wierszowa, metrum *n* [2] Mus metrum *n*
metric /ˈmetrɪk/ *adj* metryczny; **to go ~** infml przejść na system metryczny
metrical /ˈmetrɪkl/ *adj* metryczny; **~ psalm** Literat psalm metryczny
metricate /ˈmetrɪkeɪt/ *vt* zmieni|ć, -ać na system metryczny *[measuring system]*; przeskalować zgodnie z systemem metrycznym *[instrument]*
metrication /ˌmetrɪˈkeɪʃn/ *n* (adoption) przyjęcie *n* systemu metrycznego; (conversion) przechodzenie *n* na system metryczny
metrics /ˈmetrɪks/ *n* Literat *(+ v sg)* metryka *f*
metric system *n* system *m* metryczny
metric ton *n* tona *f* metryczna *(1000 kg)*
metritis /mɪˈtraɪtɪs/ *n* Med zapalenie *n* mięśniówki macicy
metro /ˈmetrəʊ/ *n* metro *n*
metrological /ˌmetrəˈlɒdʒɪkl/ *adj [evaluation, inspection]* metrologiczny; *[calculation, system]* pomiarowy; *[method]* mierniczy
metrology /mɪˈtrɒlədʒɪ/ *n* [1] (study) metrologia *f*, miernictwo *n* [2] (system of measurement) system *m* miar i wag
metronome /ˈmetrənəʊm/ *n* metronom *m*, taktomierz *m*
metropolis /məˈtrɒpəlɪs/ *n* **(***pl* **-polises)** metropolia *f*; **the ~** GB Londyn
metropolitan /ˌmetrəˈpɒlɪtən/ **I** *n* [1] (person) mieszkan|iec *m*, -ka *f* metropolii [2] Relig **(**also **~ bishop)** (of Catholic Church, of Eastern churches) metropolita *m*; (of Church of England) arcybiskup *m*
II *adj* [1] (of city) *[traffic, crowd, lifestyle, architecture]* wielkomiejski; (of capital) *[amenities, bustle]* stołeczny; **~ New York/Los Angeles** aglomeracja Nowego Jorku/Los Angeles [2] (urban) *[area, park, population, organization]* miejski [3] (home territory) **~ France** metropolia francuska *(Francja bez kolonii)* [4] metropolitalny; **~ bishop** biskup metropolita
metropolitan authority *n* GB Admin *władze jednej z sześciu największych brytyjskich aglomeracji*
metropolitan district *n* GB Admin okręg *m* administracyjny (aglomeracji)
Metropolitan police *n* GB policja *f* londyńska
metrorrhagia /ˌmiːtrəˈreɪdʒɪə/ *n* Med krwotok *m* maciczny
mettle /ˈmetl/ *n* siła *f* charakteru; (combativeness) duch *m* walki; **they showed their ~ in the second half** w drugiej połowie pokazali, na co ich stać; **to have the ~ to do sth** mieć dość siły charakteru, żeby coś zrobić; **to be on one's ~** dawać z siebie wszystko; **to put sb on their ~** poddać kogoś ciężkiej próbie
mettlesome /ˈmetlsəm/ *adj [horse]* ognisty
Meuse /mjuːz, mɜːz/ *prn* **the ~** Moza *f*
mew[1] /mjuː/ **I** *n* (of cat) miauknięcie *n*
II *vi* miau|knąć, -czeć, zamiauczeć
mew[2] /mjuː/ *n* Zool mewa *f*
mews /mjuːz/ *npl* GB [1] *(+ v sg)* (street) uliczka *f*; (yard) dziedziniec *m (między stajniami)* [2] *(+ v pl)* (stables) stajnie *f pl*; **we live in a ~ house** mieszkamy w budynku przerobionym z dawnych stajni
mews flat *n* mieszkanie *n* w budynku przerobionym z dawnych stajni
Mexican /ˈmeksɪkən/ **I** *n* Meksykan|in *m*, -ka *f*
II *adj* meksykański
Mexican jumping bean *n* skacząca fasolka *f (ziarno fasoli z larwą ćmy w środku, traktowane również jako zabawka)*
Mexican stand-off *n* US sytuacja *f* bez wyjścia, impas *m*
Mexican wave *n* Sport fala *f* meksykańska
Mexico /ˈmeksɪkəʊ/ *prn* Meksyk *m*
Mexico City *prn* Meksyk *m*
mezzanine /ˈmezəniːn/ *n* [1] (floor) półpiętro *n*; mezanin *m* ra; (in room, apartment) antresola *f* [2] Theat US (dress circle) pierwszy balkon *m*; (first rows) pierwsze rzędy *m pl* (na balkonie); GB pomieszczenie *n* pod sceną
mezzanine bed *n* sypialnia *f* na antresoli
mezzanine financing *n* Comm finansowanie *n* mezaninowe (po zakończeniu fazy rozruchu)
mezzo-soprano /ˌmetsəʊsəˈprɑːnəʊ/ **I** *n* **(***pl* **~s)** [1] (voice) mezzosopran *m* [2] (singer) mezzosopranistka *f* [3] (part) partia *f* mezzosopranowa or na mezzosopran
II *modif [part, voice]* mezzosopranowy
mezzotint /ˈmetsəʊtɪnt/ **I** *n* (technique, print) mezzotinta *f*
II *vt* grawerować techniką mezzotinty *[plate]*
MF /emˈef/ *n* = **medium frequency** średnia częstotliwość *f*
MFA *n* US = **Master of Fine Arts** ≈ magister *m* sztuk pięknych
mfrs *n* = **manufacturers**
mg *n* = **milligram** miligram *m*, mg
Mgr *n* = **Monseigneur, Monsignor** monsinior *m*, Mons., Msgr.; wielebny *m*
MHR *n* US = **Member of the House of Representatives** człon|ek *m*, -kini *f* Izby Reprezentantów
MHz *n* = **Megahertz**
mi /miː/ *n* Mus mi *n inv*
MI US = **Michigan**
MI5 *n* = **Military Intelligence Section Five** kontrwywiad *m* brytyjski
MI6 *n* = **Military Intelligence Section Six** wywiad *m* brytyjski
MIA *n* → **missing in action**
miaow /miːˈaʊ/ **I** *n* miauknięcie *n*; '**~**' „miau"
II *vi* miau|knąć, -czeć, zamiauczeć
miasma /mɪˈæzmə/ *n* fml miazmaty *m pl* liter
mica /ˈmaɪkə/ *n* mika *f*
mice /maɪs/ *npl* → **mouse**
Michael /ˈmaɪkl/ *prn* Michał *m*
Michaelmas /ˈmɪklməs/ *prn* dzień *m* św. Michała
Michaelmas daisy *n* GB michałek *m*, marcinek *m*
Michaelmas Term *n* GB Univ trymestr *m* jesienny
Michelangelo /ˌmaɪkəlˈændʒələʊ/ *prn* Michał *m* Anioł
Michigan /ˈmɪʃɪgən/ *prn* Michigan *m inv*; **Lake ~** jezioro Michigan
mick /mɪk/ *n* infml offensive Irlandczyk *m*
mickey /ˈmɪkɪ/ *n* GB
IDIOMS: **to take the ~ (out of sb)** infml nabijać się (z kogoś) infml; **are you taking the ~ out of me?** infml robisz mnie w konia? infml; **stop taking the ~** przestań stroić sobie żarty!
Mickey Finn /ˌmɪkɪˈfɪn/ *n* infml napój *m* ze środkiem odurzającym
Mickey Mouse /ˌmɪkɪˈmaʊs/ **I** *prn* Myszka *f* Miki
II *modif* infml pej *[job]* śmieszny, idiotyczny; *[qualifications]* bezużyteczny; **inflation has turned their currency into ~ money** wskutek inflacji ich waluta zmieniła się w bezwartościowe papierki
micro /ˈmaɪkrəʊ/ **I** *n* Comput mikrokomputer *m*
II micro+ *in combinations* mikro-
microanalysis /ˌmaɪkrəʊəˈnælɪsɪs/ *n* **(***pl* **-lyses)** mikroanaliza *f*
microbe /ˈmaɪkrəʊb/ *n* drobnoustrój *m*, zarazek *m*; mikrob *m* dat
microbial /maɪˈkrəʊbɪəl/ *adj* drobnoustrojowy; mikrobowy dat
microbiological /ˌmaɪkrəʊbaɪəʊˈlɒdʒɪkəl/ *adj* mikrobiologiczny
microbiologist /ˌmaɪkrəʊbaɪˈɒlədʒɪst/ *n* mikrobiolog *m*
microbiology /ˌmaɪkrəʊbaɪˈɒlədʒɪ/ *n* mikrobiologia *f*
microbrewery /ˈmaɪkrəʊbruːərɪ/ *n* minibrowar *m*
Micro Cellular Network, MCN *n* Telecom sieć *f* telefonii komórkowej o małym zasięgu
microcephalic /ˌmaɪkrəʊsɪˈfælɪk/ *adj* Med małogłowy, mikrocefaliczny
microcephaly /ˌmaɪkrəʊˈsefəlɪ/ *n* Med małogłowie *n*, mikrocefalia *f*
microchip /ˈmaɪkrəʊtʃɪp/ **I** *n* mikroukład *m*
II *modif* **~ factory** fabryka mikroukładów
microcircuit /ˈmaɪkrəʊsɜːkɪt/ *n* mikroobwód *m*, mikroukład *m*
microcircuitry /ˌmaɪkrəʊˈsɜːkɪtrɪ/ *n* technologia *f* mikroukładów
microclimate /ˈmaɪkrəʊklaɪmɪt/ *n* mikroklimat *m*
micrococcus /ˌmaɪkrəʊˈkɒkəs/ *n* **(***pl* **-cocci)** ziarenkowiec *m*, mikrokok *m*

microcomputer /ˌmaɪkrəʊkəmˈpjuːtə(r)/ **I** *n* mikrokomputer *m*
II *modif* ~ **software** oprogramowanie dla mikrokomputerów; ~ **company** firma produkująca mikrokomputery
microcomputing /ˌmaɪkrəʊkəmˈpjuːtɪŋ/ *n* technika *f* mikrokomputerowa
microcopy /ˈmaɪkrəʊkɒpɪ/ **I** *n* mikroobraz *m*
II *vt* zmniejsz|yć, -ać fotograficznie
microcorneal lens /ˌmaɪkrəʊˌkɔːnɪəlˈlenz/ *n* (*pl* **-es**) soczewka *f* kontaktowa rogówkowa
microcosm /ˈmaɪkrəkɒzəm/ *n* mikrokosmos *m*; **in** ~ w miniaturze
microcosmic /ˌmaɪkrəʊˈkɒzmɪk/ *adj* mikrokosmiczny
microcredit /ˈmaɪkrəʊkredɪt/ *n* mikrokredyt *m*
microcrystal /ˈmaɪkrəʊkrɪstl/ *n* mikrokryształ *m*
microcrystalline /ˌmaɪkrəʊˈkrɪstɪlaɪn/ *adj* mikrokrystaliczny
microculture /ˈmaɪkrəʊkʌltʃə(r)/ *n* Biol, Sociol mikrokultura *f*
microdissection /ˌmaɪkrəʊdaɪˈsekʃn/ *n* preparowanie *n* pod mikroskopem
microdot /ˈmaɪkrəʊdɒt/ *n* 1 Phot mikrofotografia *f* 2 (drug) tabletka *f* LSD
microeconomic /ˌmaɪkrəʊˌekəˈnɒmɪk, -ˌiːkəˈn-/ *adj* mikroekonomiczny; ~ **theory** teoria mikroekonomii
microeconomics /ˌmaɪkrəʊˌekəˈnɒmɪks, -ˌiːkəˈn-/ *n* (+ *v sg*) mikroekonomia *f*
microelectrode /ˌmaɪkrəʊɪˈlektrəʊd/ *n* mikroelektroda *f*
microelectronic /ˌmaɪkrəʊɪlekˈtrɒnɪk/ *adj* mikroelektroniczny; ~ **engineer** inżynier mikroelektronik
microelectronics /ˌmaɪkrəʊɪlekˈtrɒnɪks/ *n* (+ *v sg*) mikroelektronika *f*
microenvironment /ˌmaɪkrəʊɪnˈvaɪərənmənt/ *n* mikrośrodowisko *n*
microfauna /ˈmaɪkrəʊfɔːnə/ *n* mikrofauna *f*
microfibre GB, **microfiber** US /ˈmaɪkrəʊfaɪbə(r)/ *n* Tex mikrowłókno *n*
microfiche /ˈmaɪkrəʊfiːʃ/ *n* mikrofiszka *f*
microfiche reader *n* czytnik *m* mikrofiszek
microfilm /ˈmaɪkrəʊfɪlm/ **I** *n* mikrofilm *m*
II *vt* zapis|ać, -ywać na mikrofilmie
microfilm reader *n* czytnik *m* mikrofilmów
microflora /ˈmaɪkrəʊflɔːrə/ *n* mikroflora *f*
microform /ˈmaɪkrəʊfɔːm/ *n* mikroforma *f*
microgram US, **microgramme** GB /ˈmaɪkrəʊgræm/ *n* mikrogram *m*
micrograph /ˈmaɪkrəʊgrɑːf, US -græf/ *n* (photo, drawing) mikrografia *f*
micrographics /ˌmaɪkrəʊˈgræfɪks/ *n* (+ *v sg*) mikrografia *f*
micrography /maɪˈkrɒgrəfɪ/ *n* mikrografia *f*
microgravity /ˌmaɪkrəʊˈgrævətɪ/ *n* mikrograwitacja *f*
microgroove /ˈmaɪkrəʊgruːv/ **I** *n* (on long-playing record) rowek *m*
II *modif* ~ **record** płyta drobnorowkowa

microhabitat /ˌmaɪkrəʊˈhæbɪtæt/ *n* mikrosiedlisko *n*
microimage /ˈmaɪkrəʊɪmɪdʒ/ *n* mikroobraz *m*
microinjection /ˌmaɪkrəʊɪnˈdʒekʃn/ *n* mikroiniekcja *f*
microlight /ˈmaɪkrəʊlaɪt/ *n* lekki samolot *m* dwuosobowy
microlighting /ˈmaɪkrəʊlaɪtɪŋ/ *n* latanie *n* lekkimi samolotami dwuosobowymi
microlinguistics /ˌmaɪkrəʊlɪŋˈgwɪstɪks/ *n* (+ *v sg*) mikrolingwistyka *f*
microlitre GB, **microliter** US /ˈmaɪkrəʊliːtə(r)/ *n* mikrolitr *m*
micromesh /ˈmaɪkrəʊmeʃ/ *n* ~ **tights** GB, ~ **pantyhose** US rajstopy elastyczne
micrometeorite /ˌmaɪkrəʊˈmiːtɪəraɪt/ *n* mikrometeoryt *m*
micrometeorologist /ˌmaɪkrəʊmiːtɪəˈrɒlədʒɪst/ *n* meteorolog *m* (*badający zjawiska w małej skali*)
micrometeorology /ˌmaɪkrəʊmiːtɪəˈrɒlədʒɪ/ *n* mikrometeorologia *f*
micrometer US, **micrometre** GB /maɪˈkrɒmɪtə(r)/ *n* mikrometr *m*
micrometry /maɪˈkrɒmɪtrɪ/ *n* pomiary *m pl* mikrometryczne
microminiature /ˌmaɪkrəʊˈmɪnətʃə(r), US -tʃʊər/ *adj* [*circuit, parts*] mikrominiaturowy
microminiaturization /ˌmaɪkrəʊˌmɪnɪtʃəraɪˈzeɪʃn, US -tʃʊərɪˈz-/ *n* mikrominiaturyzacja *f*
microminiaturize /ˌmaɪkrəʊˈmɪnɪtʃəraɪz, US -tʃʊər-/ *vt* z|miniaturyzować
micron /ˈmaɪkrɒn/ *n* dat mikron *m* dat
Micronesia /ˌmaɪkrəʊˈniːzɪə/ *prn* Mikronezja *f*
microorganism /ˌmaɪkrəʊˈɔːgənɪzəm/ *n* mikroorganizm *m*
microphone /ˈmaɪkrəfəʊn/ *n* mikrofon *m*; **to sing/speak into the** ~ śpiewać/mówić do mikrofonu
microphotograph /ˌmaɪkrəʊˈfəʊtəgrɑːf, US -græf/ **I** *n* mikrofotografia *f*
II *vt* z|robić zdjęcie (czegoś) metodą mikrofotografii
microphotometer /ˌmaɪkrəʊfəʊˈtɒmɪtə(r)/ *n* mikrofotometr *m*
microphysical /ˌmaɪkrəʊˈfɪzɪkl/ *adj* mikrofizyczny
microphysics /ˈmaɪkrəʊfɪzɪks/ *n* (+ *v sg*) mikrofizyka *f*
microprobe /ˈmaɪkrəʊprəʊb/ *n* mikrosonda *f*
microprocessing /ˌmaɪkrəʊˈprəʊsesɪŋ/ *n* wykorzystanie *n* mikroprocesorów
microprocessor /ˌmaɪkrəʊˈprəʊsesə(r)/ *n* mikroprocesor *m*
microprogram /ˈmaɪkrəʊprəʊgræm/ *n* mikroprogram *m*
microprogram(m)ing /ˌmaɪkrəʊˈprəʊgræmɪŋ/ *n* mikroprogramowanie *n*
microreader /ˈmaɪkrəʊriːdə(r)/ *n* czytnik *m* mikrofilmów
micro-reproduction /ˌmaɪkrəʊriːprəˈdʌkʃn/ *n* mikroreprodukcja *f*
microscope /ˈmaɪkrəskəʊp/ *n* mikroskop *m*; **under the** ~ pod mikroskopem; fig pod lupą fig

microscopic /ˌmaɪkrəˈskɒpɪk/ *adj* 1 (minute) mikroskopijny 2 (using a microscope) mikroskopowy
microscopically /ˌmaɪkrəˈskɒpɪklɪ/ *adv* 1 [*examine, study*] mikroskopowo 2 ~ **small** mikroskopijnie mały
microscopic section *n* preparat *m* mikroskopowy
microscopy /maɪˈkrɒskəpɪ/ *n* mikroskopia *f*
microsecond /ˈmaɪkrəʊsekənd/ *n* mikrosekunda *f*
microstructural /ˌmaɪkrəʊˈstrʌktʃərəl/ *adj* ~ **type/abnormalities** typ/nieprawidłowości mikrostruktury
microstructure /ˈmaɪkrəʊstrʌktʃə(r)/ *n* mikrostruktura *f*
microsurgery /ˌmaɪkrəʊˈsɜːdʒərɪ/ *n* mikrochirurgia *f*
microsurgical /ˌmaɪkrəʊˈsɜːdʒɪkl/ *adj* [*operation, procedure*] mikrochirurgiczny; ~ **specialist** specjalista w dziedzinie mikrochirurgii
microtechnique /ˈmaɪkrəʊtekniːk/ *n* technika *f* mikroskopowa
microvolt /ˈmaɪkrəʊvəʊlt/ *n* mikrowolt *m*
microwatt /ˈmaɪkrəʊwɒt/ *n* mikrowat *m*
microwave /ˈmaɪkrəweɪv/ **I** *n* 1 (wave) mikrofala *f* 2 (oven) kuchenka *f* mikrofalowa; mikrofalówka *f* infml
II *modif* [*transmitter*] mikrofalowy; ~ **cookery** gotowanie w kuchence mikrofalowej
III *vt* podgrz|ać, -ewać w kuchence mikrofalowej
IV microwaved *pp adj* [*food*] podgrzany w mikrofalówce
microwaveable /ˈmaɪkrəweɪvəbl/ *adj* ~ **food** dania gotowe do podgrzania w mikrofalówce; ~ **container** pojemnik przystosowany do podgrzewania w mikrofalówce
micturate /ˈmɪktjʊəreɪt/ *vi* fml odda|ć, -wać mocz
micturition /ˌmɪktjʊəˈrɪʃn/ *n* fml oddawanie *n* moczu
mid+ /mɪd/ *in combinations* **in the ~-1990's/20th century** w połowie lat dziewięćdziesiątych (XX wieku)/w połowie XX wieku; **~-afternoon/-morning** popołudnie/późny ranek; **to stop in ~-sentence** przerwać w pół zdania; **in ~-May** w połowie maja; **in ~-career, she...** w połowie swojej kariery zawodowej, (ona)...; **he's in his ~-forties** (on) ma około 45 lat
midair /ˌmɪdˈeə(r)/ **I** *adj* [*collision, manoeuvre*] powietrzny
II in midair *adv phr* (in mid-flight) w powietrzu; **his fork stopped in** ~ ręka, w której trzymał widelec, zawisła w powietrzu; **to leave sth in** ~ fig zostawić coś w zawieszeniu or w stanie zawieszenia; **to refuel in** ~ tankować w powietrzu
Midas /ˈmaɪdəs/ *prn* Midas *m*
IDIOMS: **they have the ~ touch** wszystko, czego dotkną, zamienia się w pieniądze
mid-Atlantic /ˌmɪdətˈlæntɪk/ *adj* ~ **accent** akcent z cechami wymowy amerykańskiej i brytyjskiej
midbrain /ˈmɪdbreɪn/ *n* śródmózgowie *n*
midday /ˌmɪdˈdeɪ/ **I** *n* południe *n*; **at** ~ w południe
II *modif* [*sun, meal*] południowy

midden /ˈmɪdn/ *n* kupa *f* gnoju also fig

middle /ˈmɪdl/ **I** *n* [1] środek *m*; **in the ~ of the road** na środku or pośrodku drogi /jezdni; **in the ~ of the night** w środku nocy; **in the ~ of June** w połowie czerwca; **to be caught in the ~** znaleźć się w potrzasku fig; **in the ~ of sth/doing sth** w trakcie czegoś/robienia czegoś; **we're right in the ~ of dinner** właśnie jemy obiad; **I was in the ~ of an exciting book, when...** byłem w połowie pasjonującej książki, kiedy...; **to split (sth) down the ~** podzielić (coś) na pół or połowę *[bill, work]*; *[argument, issue]* podzielić *[group, opinion]* [2] infml (waist) pas *m*, talia *f*; **he tied the rope round his ~** obwiązał się sznurem w pasie; **the water came up to his ~** woda sięgała mu do pasa; **to grab sb round the ~** chwycić kogoś wpół

II *adj [door, shelf, house]* środkowy; *[size, height, period of life]* średni; *[price]* średni, niewygórowany; **in ~ life** w połowie życia, około pięćdziesiątki; **to be in one's ~ twenties** GB mieć dwadzieścia kilka lat; **the ~ child** (of three) drugie dziecko; (of five) trzecie dziecko; **to steer** or **take** or **follow a ~ course** obrać pośredni or umiarkowany kurs; **there must be a ~ way** fig musi istnieć jakaś droga pośrednia

IDIOMS: **in the ~ of nowhere** na odludziu or pustkowiu, w szczerym polu

middle age *n* wiek *m* średni; **the onset of ~** początek wieku średniego; **she took up a new career in late ~** będąc już dobrze po pięćdziesiątce zmieniła zawód

middle-aged /ˌmɪdlˈeɪdʒd/ *adj [person]* w średnim wieku; fig *[outlook, view]* typowy dla osoby w średnim wieku

Middle Ages *prn* **the ~** wieki *m pl* średnie, średniowiecze *n*; **the early/late ~** wczesne/późne średniowiecze

middle-age spread /ˌmɪdleɪdʒˈspred/ *n* hum tusza *f* związana z wiekiem średnim

Middle America **I** *n* (social group) klasa *f* średnia (o konserwatywnych poglądach)

II *prn* Geog Ameryka *f* Środkowa; (in USA) stany *m pl* środkowozachodnie

middlebrow /ˈmɪdlbraʊ/ pej **I** *n* (person) osoba *f* bez szczególnych pretensji intelektualnych

II *adj [writer, book, music]* nie najwyższego lotu; **~ tastes** niewyszukane gusty

middle C *n* Mus środkowe C *n*

middle class **I** *n* klasa *f* średnia

II *adj* **~ person** przedstawiciel klasy średniej; **~ attitude/view** nastawienie/pogląd właściwy klasie średniej

middle distance **I** *n* [1] Art, Phot, Cin drugi or dalszy plan *m* [2] dal *f*; **in the ~** na dalszym planie, w dali; **to gaze into the ~** patrzeć w dal

II *adj* Sport *[event]* średniodystansowy; **~ athlete** średniodystansowiec

middle ear *n* ucho *n* środkowe

Middle East **I** *prn* **the ~** Bliski Wschód *m*

II *modif* **~ affairs** bliskowschodni; *[talks]* dotyczący Bliskiego Wschodu

middle-eastern /ˌmɪdlˈiːstən/ *adj [nation, politics, war]* bliskowschodni

Middle England *n średniozamożna część społeczeństwa angielskiego reprezentująca umiarkowane poglądy polityczne*

Middle English *n* (język *m*) średnioangielski *m*

middle finger *n* palec *m* środkowy

Middle French *n* (język *m*) średniofrancuski *m*

middle ground *n* (in argument, disagreement) płaszczyzna *f* porozumienia, stanowisko *n* kompromisowe

Middle High German *n* (język *m*) średnio-wysoko-niemiecki *m*

middle-income /ˌmɪdlˈɪŋkʌm/ *adj* średniozamożny

Middle Kingdom *prn* Hist [1] (in Egypt) Środkowe Państwo *n* [2] (in China) Państwo *n* Środka

middleman /ˈmɪdlmæn/ *n* (*pl* **-men**) [1] Comm pośrednik *m* [2] (mediator) mediator *m*, rozjemca *m*

middle management **I** *n* kierownictwo *n* średniego szczebla

II *modif [committee]* średniego szczebla; **~ executive** kierownik średniego szczebla; **~ level** średni szczebel fig

middle manager *n* kierownik *m* średniego szczebla

middle name *n* drugie imię *n*

IDIOMS: **patience is my ~** cierpliwość to główna cecha mojego charakteru

middle-of-the-road /ˌmɪdləvðəˈrəʊd/ *adj [clothes]* dla przeciętnego klienta; *[artist]* konwencjonalny; *[opinions, policy]* umiarkowany; *[government]* centrowy; *[newspaper, politician]* reprezentujący umiarkowane poglądy; **~ music** muzyka środka

middle-ranking /ˌmɪdlˈræŋkɪŋ/ *adj [executive, official]* średniego szczebla

middle school *n* GB *szkoła dla dzieci w wieku 9-13 lat*; US *szkoła dla dzieci w wieku 12-14 lat*

middle-size(d) /ˌmɪdlˈsaɪz(d)/ *adj [person]* średniego wzrostu; *[nation, object]* średniej wielkości

Middle Temple *prn jedna z czterech londyńskich korporacji adwokackich*

middleware /ˈmɪdlweə(r)/ *n* oprogramowanie *n* specjalistyczne, pośrednia warstwa *f* oprogramowania

middleweight /ˈmɪdlweɪt/ **I** *n* Sport [1] waga *f* średnia [2] bokser *m* wagi średniej

II *adj* **~ boxer** bokser wagi średniej; **~ bout** walka w wadze średniej

Middle West *n* = **Midwest**

middling /ˈmɪdlɪŋ/ *adj* infml *[size, height]* średni, przeciętny; *[importance]* umiarkowany; *[ability, attainment]* taki sobie

IDIOMS: **fair to ~** jako taki, taki sobie

Middx *n* = **Middlesex**

midfield /ˌmɪdˈfiːld/ **I** *n* [1] (area) środek *m* boiska; **in ~** na środku boiska; **to play ~** grać na środku boiska [2] (position) pomocnik *m*

II *modif* **~ player** gracz środka pola; **~ defence** obrona na środku boiska

midfielder /ˌmɪdˈfiːldə(r)/ *n* zawodnik *m* środka pola, pomocnik *m*

mid-flight /ˌmɪdˈflaɪt/ **I** *adj [crash, collision, turbulence]* w powietrzu

II **in mid-flight** *adv phr* w trakcie lotu

midge /mɪdʒ/ *n* muszka *f*; **~ bite** ukąszenie muszki

midget /ˈmɪdʒɪt/ **I** *n* ka|rzeł *m*, -rlica *f*

II *adj* miniaturowy; **~ submarine** Mil miniaturowa łódź podwodna

Mid Glamorgan /ˌmɪdgləˈmɔːgən/ *prn* Mid Glamorgan *n inv*

Midi /ˈmɪdɪ/ *adj* = **musical instruments digital interface** *[guitar, instrument, hi-fi]* MIDI

midland /ˈmɪdlənd/ **I** *n* środkowa or centralna część *f* kraju

II *prn (+ v sg/pl)* **the Midlands** Anglia *f* środkowa

III *adj* **~ industry** przemysł środkowej Anglii; **~ accent** wymowa środkowoangielska

midlife /ˈmɪdlaɪf/ **I** *n* wiek *m* średni

II *modif* **~ crisis/problems** kryzys/problemy wieku średniego

midnight /ˈmɪdnaɪt/ **I** *n* [1] (in time) północ *f*; **after ~** po północy; **at ~** o północy; **it's just after ~** właśnie minęła północ; **past ~** po północy [2] fig (darkness, gloom) ciemność *f*; **the ~ of despair** czarna rozpacz

II *modif [party, feast]* nocny; **~ visit** wizyta o północy

IDIOMS: **to burn the ~ oil** ślęczeć po nocach

midnight blue **I** *n* ciemny granat *m*

II *adj* ciemnogranatowy

midnight madness sale *n* US nadzwyczajna wyprzedaż *f* nocna

midnight sun *n* słońce *n* polarne

midpoint /ˈmɪdpɔɪnt/ *n* środek *m*; **at the ~ of his Presidency** w połowie swojej prezydentury

mid-price /ˌmɪdˈpraɪs/ **I** *n* cena *f* umiarkowana; **to sell at ~** sprzedawać po cenach umiarkowanych

II *modif [product]* mieszczący się w średnim przedziale cenowym

mid-range /ˌmɪdˈreɪndʒ/ **I** *n* **to be in the ~** *[product, hotel]* znajdować się w średniej klasie

II *modif [car, hotel, product]* średniej klasy

midriff /ˈmɪdrɪf/ *n* [1] Anat dat przepona *f* [2] (of body) brzuch *m*; (of dress) talia *f*, stan *m*; **with a bare ~** z odsłoniętym brzuchem

mid-season /ˌmɪdˈsiːzn/ **I** *n* Sport, Comm środek *m* sezonu; **in ~** w środku sezonu

II *modif* **~ match/sale** mecz/wyprzedaż w połowie sezonu

midshipman /ˈmɪdʃɪpmən/ *n* (*pl* **-men**) [1] GB (officer) aspirant *m* marynarki wojennej; (rank) stopień *m* aspiranta [2] US (trainee) kadet *m* marynarki wojennej

midsize /ˌmɪdˈsaɪz/ **I** *n* US Aut samochód *m* średniej wielkości

II *adj* średniej wielkości

midst /mɪdst/ *n* **in the ~ of sth** pośrodku czegoś *[place]*; wśród or pośród czegoś *[crowd, group]*; w samym środku czegoś *[event]*; w trakcie czegoś *[change, action]*; **in our ~** wśród nas, w naszym gronie

midstream /ˌmɪdˈstriːm/ **I** *n* (of river) główny nurt *m*

II **in midstream** *adv phr* (in river) pośrodku rzeki; fig (in speech) *[stop, pause, interrupt]* w pół zdania; **to abandon sth in ~** fig zarzucić coś w pół drogi fig

M

midsummer /ˌmɪd'sʌmə(r)/ **I** *n* 1 (high summer) środek *m* or pełnia *f* lata 2 (solstice) przesilenie *n* letnie
II *modif [heat, days, solstice]* letni
Midsummer('s) Day *n* dzień *m* św. Jana
midterm /ˌmɪd'tɜːm/ **I** *n* **in ~** Pol (of government) w połowie kadencji; Sch w połowie semestru; (of pregnancy) w połowie ciąży
II *modif* Pol **~ crisis/election/reshuffle** kryzys/wybory/przetasowanie w połowie kadencji; Sch **~ results/report/test** wyniki /ocena/test w połowie semestru
mid-terrace /ˌmɪd'terəs/ *modif [house, property]* usytuowany w środkowej części rzędu szeregowca
midtown /'mɪdtaʊn/ **I** *n* US środek *m* miasta
II *adj* **~ hotel** hotel w środku miasta
mid-Victorian /ˌmɪdvɪk'tɔːrɪən/ *adj* GB *[style, fashion, attitudes]* (pochodzący) ze środkowego okresu epoki wiktoriańskiej; **in the ~ period** w środkowym okresie epoki wiktoriańskiej
midway /ˌmɪd'weɪ/ **I** *n* US sale *f pl* recepcyjne *(przy targach, wystawie)*
II *adj [stage, point]* środkowy; **~ position /post** pozycja/posterunek w połowie drogi
III *adv* (of distance) w połowie drogi **(between sth and sth** pomiędzy czymś i czymś**)**; (of time, process) w połowie **(through sth** czegoś**)**; **there is a shop ~ along the road** w połowie drogi jest sklep
midweek /ˌmɪd'wiːk/ **I** *n* środek *m* tygodnia; **in ~** w środku tygodnia; **by ~** do połowy tygodnia
II *modif* **~ performance** przedstawienie w środku tygodnia; **~ edition** wydanie ukazujące się w środku tygodnia; **~ return** GB Rail bilet powrotny w środku tygodnia
III *adv* w środku tygodnia
Midwest /ˌmɪd'west/ *prn* **the ~** Środkowy Zachód *m*; **in the ~** na Środkowym Zachodzie
Midwestern /ˌmɪd'westən/ *adj* **~ people /accent** ludność/akcent Środkowego Zachodu; **~ state** stan położony na Środkowym Zachodzie
Midwesterner /ˌmɪd'westənə(r)/ *n* Amerykan|in *m*, -ka *f* ze Środkowego Zachodu
midwife /'mɪdwaɪf/ *n* **(***pl* **-wives)** położna *f*; akuszerka dat; **male ~** akuszer; **to be a ~ to sth, to act as ~ for sth** fig przyczynić się do (powstania) czegoś
midwifery /'mɪdwɪfərɪ, US -'waɪf-/ **I** *n* położnictwo *n*; **to study ~** studiować położnictwo
II *modif [service]* położniczy
midwinter /ˌmɪd'wɪntə(r)/ **I** *n* 1 (season) środek *m* zimy; **in ~** w środku zimy 2 (solstice) przesilenie *n* zimowe
II *modif [day, weather, swim]* zimowy
mien /miːn/ *n* liter oblicze *n* liter; **of cheerful ~** z wesołym obliczem
miff /mɪf/ *vt* infml dotknąć, urazić
miffed /mɪft/ *adj* infml **to be ~** infml być złym or urażonym; **to get ~** poczuć się dotkniętym, obrazić się **(about** or **over sth** z powodu czegoś**)**
might[1] /maɪt/ *modal aux* **(***pt of* **may;** *neg* **might not, mightn't)** 1 (indicating possibility) **she ~ be right** (być) może ma rację; **the rumour ~ not be true** (być) może to tylko plotka; **they ~ not go** może nie pójdą; **'will you come?' – 'I ~'** „przyjdziesz?" – „może or możliwe"; **you ~ finish the painting before it rains** masz szansę skończyć malowanie przed deszczem; **they ~ have to go away** (być) może będą musieli odejść/wyjechać; **we ~ be misjudging her** może źle ją oceniamy; **you ~ have met her already** możliwe, że ją już kiedyś spotkałeś; **they ~ have got lost** może się zgubili, mogli się zgubić; **you ~ have guessed that** mogłeś się tego domyślić; **the plane ~ have landed by now** samolot mógł już wylądować; **it ~ be tiredness** może to z powodu zmęczenia; **I ~ (well) lose my job** mogę stracić pracę; **it ~ well improve the standard** to mogłoby podnieść poziom; **try as I ~, I can't do it** robię, co mogę, ale nie daję rady; **however unlikely that ~ be** jakkolwiek nieprawdopodobne może się to wydawać; **whatever they ~ think** (now) cokolwiek sobie myślą; (in future) cokolwiek sobie pomyślą; **they wouldn't do anything which ~ damage their reputation** nie zrobią niczego, co mogłoby zaszkodzić ich reputacji 2 (indicating unrealized possibility) **I ~ have been killed!** mogłem zginąć!; **I dread to think what ~ have happened** boję się pomyśleć, co mogłoby się stać; **more ~ have been done to prevent it** można było zrobić więcej, żeby temu zapobiec; **he was thinking about what ~ have been** rozmyślał o tym, co by było gdyby; **if I had been there, all this mightn't have happened** gdybym tam był, może by do tego nie doszło; **if they had acted quickly, he ~ well be alive today** gdyby się wtedy pośpieszyli, bardzo możliwe, że dziś by żył 3 (in sequence of tenses, in reported speech) **I said I ~ go into town** powiedziałem, że może pójdę do miasta; **we thought you ~ be there** sądziliśmy, że może tam będziesz; **they thought she ~ have been his lover** sądzili, że mogła być jego kochanką; **I thought it ~ rain** sądziłem, że może będzie padać; **she asked if she ~ open the window** spytała, czy może otworzyć okno 4 fml (when making requests) **~ I make a suggestion?** czy mógłbym coś zaproponować?; **~ I enquire if...?** czy mógłbym spytać, czy..?; **I should like to invite them, if I ~** chciałbym ich zaprosić, jeśli można; **I ~ add that...** mógłbym dodać, że...; **~ I ask who is calling?** czy mogę spytać, z kim rozmawiam?; **and who, ~ I ask, are you?, and who ~ you be?** (aggressive) a kim pan jest, jeśli wolno zapytać? 5 (when making suggestions) **it ~ be a good idea to go there** może warto byłoby tam pójść; **you ~ try making some more enquiries** może spróbowałbyś dowiedzieć się czegoś więcej; **they ~ do well to consult an expert** powinni chyba poradzić się specjalisty; **we ~ go out for a meal later** może pójdziemy później coś zjeść; **you ~ take time to visit the old town** może zechcesz zwiedzić stare miasto 6 (when making statement, argument) **one ~ argue** or **it ~ be argued that...** można zaryzykować stwierdzenie, że...; **as one** or **you ~ expect** jak można (by) przypuszczać; **what you ~ call a 'putsch'** coś, co można by nazwać puczem; **as you ~ imagine, he has conservative tastes** jak łatwo sobie wyobrazić, on ma tradycyjny gust 7 (expressing reproach, irritation) **I ~ have known** or **guessed!** mogłem się domyślić!; **you ~ try helping!** może pomógłbyś!; **he ~ at least apologize!** mógłby przynajmniej przeprosić!; **they ~ have consulted us first** mogli to z nami najpierw uzgodnić 8 (in concessives) **he ~ be very brilliant, but he's not a politician** może i jest inteligentny, ale polityk z niego żaden; **they ~ not be fast but they're reliable** może nie są szybcy, ale można na nich polegać
might[2] /maɪt/ *n* 1 (power) moc *f*, potęga *f* 2 (physical strength) siła *f*; **with all his ~** z całej siły
IDIOMS: **~ makes right** racja jest po stronie silniejszego; **with ~ and main** dat ze wszystkich sił, z całej mocy i siły
mightily /'maɪtɪlɪ/ *adv* 1 infml (emphatic) niezmiernie 2 arch (powerfully) *[push, hit]* z całej siły
mightiness /'maɪtɪnɪs/ *n* potęga *f*
mightn't /'maɪtnt/ = **might not**
might've /'maɪtəv/ = **might have**
mighty /'maɪtɪ/ **I** *n* **the ~** *(+ v pl)* możni *m pl* liter
II *adj* 1 *[nation, leader, force]* potężny 2 liter *[ocean, mountain]* ogromny, potężny 3 infml (huge, terrific) gigantyczny
III *adv* infml dat *[fast, intelligent]* niezwykle
IDIOMS: **how are the ~ fallen!** liter jakże nisko upadają wielcy!; **the pen is mightier than the sword** liter pióro jest potężniejszym orężem od miecza liter; **high and ~** napuszony
mignonette /ˌmɪnjə'net/ *n* Bot rezeda *f*
migraine /'miːgreɪn, US 'maɪ-/ *n* migrena *f*; **to give sb a ~** przyprawić kogoś o ból głowy; **an attack of ~** atak migreny; **to suffer from ~** cierpieć na migrenę
migrant /'maɪgrənt/ **I** *n* 1 Sociol (person) przesiedleniec *m*; migrant *m* fml 2 Zool (bird) ptak *m* wędrowny; (animal) wędrowny gatunek *m* zwierząt
II *adj* 1 Sociol *[labour]* napływowy; *[labourer]* sezonowy; *[people]* nietutejszy, przyjezdny; *[tribe]* koczowniczy; **~ worker** (seasonal) robotnik sezonowy; (foreign) gastarbeiter 2 Zool migrujący
migrate /maɪ'greɪt, US 'maɪgreɪt/ *vi* 1 *[people]* wy|emigrować, przen|ieść, -osić się 2 Biol *[bird, animal]* migrować; *[parasite]* przemie|ścić, -szczać się 3 *[ions, pigment]* migrować; *[humidity]* przenik|nąć, -ać
migration /maɪ'greɪʃn/ *n* 1 (act) migracja *f*; (migrating people) fala *f* migracyjna 2 Tech (of ions, pigment) przemieszczanie się *n*, migracja *f*; (of humidity) przenikanie *n*
migratory /'maɪgrətrɪ, maɪ'greɪtərɪ, US 'maɪgrətɔːrɪ/ *adj [bird, fish, animal]* wędrowny; *[movement, instinct]* migracyjny; *[tribes, people]* koczowniczy; *[lifestyle]* włóczęgowski; **~ journey** (of people) migracja; (of birds, animals) migracja, wędrówka

mike /maɪk/ *n* Audio, Radio, TV infml mikrofon *m*

Mike /maɪk/ *prn*

IDIOMS: **for the love of ~!** infml dat na miłość boską!

Milan /mɪˈlæn/ *prn* Mediolan *m*

Milanese /ˌmɪləˈniːz/ **I** *n* mediola|ńczyk *m*, -nka *f*

II *adj* mediolański

milch cow /ˈmɪltʃkaʊ/ *n* Agric arch mleczna krowa *f*; fig pej (source of income) żyła *f* złota fig; (person) dojna krowa *f* fig infml

mild /maɪld/ **I** *n* GB (also **~ ale)** *ciemne lekkie piwo*

II *adj* [1] (moderate) *[protest, effect]* łagodny; *[interest, disappointment, surprise, irritation]* umiarkowany, lekki [2] (not cold) *[weather]* przyjemny; *[winter]* łagodny; *[climate]* łagodny, umiarkowany; **it was a ~ day** był całkiem ciepły dzień; **a ~ spell** okres ładnej pogody [3] (in flavour) *[beer, taste, tobacco, cheese, curry]* łagodny [4] Cosmet *[soap, detergent, cream]* łagodny, niepodrażniający skóry [5] Med *[case, symptom, infection]* łagodny; **a ~ heart attack** niegroźny atak serca [6] (gentle) *[person, character]* łagodny, poczciwy; *[voice]* łagodny, miły

mildew /ˈmɪldjuː, US -duː/ **I** *n* pleśń *f*; **the smell of ~** zapach stęchlizny

II *vi* s|pleśnieć

mildewed /ˈmɪldjuːd, US -duːd/ *adj* (covered with mildew) pokryty pleśnią; (destroyed by mildew) spleśniały

mildly /ˈmaɪldlɪ/ *adv* [1] (moderately) łagodnie, umiarkowanie; **to put it ~** delikatnie mówiąc; **that's putting it ~** to mało powiedziane [2] (gently) *[speak, rebuke]* łagodnie

mild-mannered /ˌmaɪldˈmænəd/ *adj* dobroduszny, dobrotliwy, poczciwy

mildness /ˈmaɪldnɪs/ *n* (of character, weather, product, punishment, voice) łagodność *f*; (of interest, protest) umiarkowanie *n*

mile /maɪl/ **I** *n* [1] Meas mila *f (= 1609 m)*; **it's 50 ~s away** ≈ to około 80 kilometrów stąd; **she lives 10 ~s from me** ≈ mieszka ponad 15 kilometrów ode mnie; **half a ~** ≈ 800 metrów; **60 ~s per hour** ≈ sto kilometrów na godzinę; **to do over 50 ~s to the gallon** ≈ palić mniej niż sześć litrów na sto kilometrów [2] fig **for ~s and ~s** jak okiem sięgnąć; **to stretch for ~s** ciągnąć się kilometrami; **it's ~ away!** ależ to na końcu świata!; **~s from anywhere** gdzie diabeł mówi dobranoc; **not a million ~s from here** całkiem blisko stąd; **it's not a million ~s from the truth** to nie jest aż tak dalekie od prawdy; **to see /recognize sth a ~ off** dostrzec/rozpoznać coś na kilometr or z daleka; **you could smell whisky a ~ off** na kilometr czuć było whisky; **to stand out a ~, to stick out a ~** rzucać się w oczy; **to run a ~** dać nogę infml; **to be ~s away** (daydreaming) myślami przebywać daleko [3] Sport (race) **the ~** jedna mila *f*, bieg *m* na jedną milę; **to run the 4 minute ~** przebiec jedną milę w cztery minuty

II miles *npl* (as intensifier) **~s bigger/more important** znacznie większy/ważniejszy; **~s better** o niebo lepszy; **these figures are ~s out** te cyfry są zupełnie nieprawdziwe; **he's ~s out in his estimate** kompletnie się pomylił w szacunkach; **she's ~s ahead of me in geometry** w geometrii bije mnie na głowę

IDIOMS: **a miss is as good as a ~** Prov ≈ niewiele brakowało, ale nie udało się; **to go to the extra ~** dołożyć wszelkich starań; **to talk a ~ a minute** US terkotać jak karabin maszynowy

mileage /ˈmaɪlɪdʒ/ *n* [1] (distance in miles) odległość *f* w milach; (distance in kilometers) kilometraż *m*; **what's the ~ for the trip?** ≈ ile kilometrów przejedziemy podczas tej wycieczki? [2] (done by car) przebieg *m*; **to have a low/high ~** mieć mały/duży przebieg; **unlimited ~** nieograniczony przebieg [3] (miles per gallon) zużycie *n* paliwa (na milę) [4] fig (use) **he's had plenty of ~ out of that coat** ten płaszcz długo mu służył; **there is still some ~ left in my old washing machine** moja stara pralka jeszcze mi trochę posłuży; **to get political ~ from sth** czerpać z czegoś polityczne korzyści; **the press got maximum ~ out of the story** gazety wykorzystały tę historię do maksimum [5] = **mileage allowance**

mileage allowance *n* ≈ dodatek *m* na pokrycie kosztów podróży

mileage indicator *n* ≈ licznik *m* kilometrów

milepost /ˈmaɪlpəʊst/ *n* słupek *m* milowy

milestone /ˈmaɪlstəʊn/ *n* [1] słupek *m* milowy [2] fig kamień *m* milowy fig

milieu /ˈmiːljɜː, US ˌmiːˈljɜː/ *n* (*pl* **-lieux, -lieus)** fml otoczenie *n*, środowisko *n*

militant /ˈmɪlɪtənt/ **I** *n* bojowni|k *m*, -czka *f* also fig

II *adj* (favouring confrontational methods) *[pressure group]* wojujący; *[protest]* gwałtowny; *[mood, attitude]* bojowy; *[tribe]* wojowniczy; (engaged in warfare) walczący

Militant Tendency *n* GB Pol skrajna lewica *f*

militarism /ˈmɪlɪtərɪzəm/ *n* pej militaryzm *m*

militarist /ˈmɪlɪtərɪst/ **I** *n* militaryst|a *m*, -ka *f*

II *adj* militarystyczny

militaristic /ˌmɪlɪtəˈrɪstɪk/ *adj* pej militarystyczny

militarize /ˈmɪlɪtəraɪz/ *vt* z|militaryzować, uzbr|oić, -ajać; **~d zone** strefa zmilitaryzowana

military /ˈmɪlɪtrɪ, US -terɪ/ **I** *n* **the ~** (army) *(+ v sg)* wojsko *n*, armia *f*; (soldiers) *(+ v pl)* wojsko *n*, wojskowi *m pl*

II *adj [strength, action]* militarny; *[uniform, coup]* wojskowy; **of ~ age** w wieku poborowym

military academy *n* akademia *f* wojskowa

military attaché *n* attaché *m* wojskowy

military band *n* orkiestra *f* wojskowa

military honours *npl* honory *m pl* wojskowe

military-industrial complex /ˌmɪlɪtrɪɪnˌdʌstrɪəlˈkɒmpleks/ *n* US kompleks *m* wojskowo-przemysłowy

military junta *n* junta *f* wojskowa

military police *n* żandarmeria *f* wojskowa

military policeman, MP *n* żołnierz *m* żandarmerii wojskowej

military service *n* służba *f* wojskowa; **to do one's ~** odbywać służbę wojskową; **to be called up for ~** dostać wezwanie do wojska

militate /ˈmɪlɪteɪt/ *vi* **to ~ against sth** *[person, organization]* wystąpić przeciw czemuś, zwalczać coś *[attitudes]*; *[past, origin]* stanąć na przeszkodzie czemuś *[career]*; **to ~ for sth** *[person]* walczyć o coś *[reform, improvement]*; **to ~ for sb** or **in sb's favour** *[past, origin, deeds]* świadczyć na korzyść kogoś

militia /mɪˈlɪʃə/ *n* [1] (citizen army) milicja *f* [2] US **the ~** (liable for draft) rezerwa *f*

militiaman /mɪˈlɪʃəmən/ *n* (*pl* **-men)** (voluntary) członek *m* straży ochotniczej

milk /mɪlk/ **I** *n* [1] Culin mleko *n*; **baby ~** mleko dla niemowląt; **condensed ~** słodzone mleko skondensowane; **powdered/evaporated ~** mleko w proszku /skondensowane; **full-cream ~** mleko pełnotłuste; **long-life ~** mleko o przedłużonej trwałości; **skimmed/semi-skimmed ~** mleko odtłuszczone/półtłuste; **soya ~** mleko sojowe; **UHT ~** mleko UHT [2] Physiol, Vet mleko *n*; **breast ~** mleko matki; **to be in ~** Vet dawać mleko; **to produce ~** mieć pokarm; **to express ~** Med odciągać pokarm or mleko; **when the ~ comes in** Med kiedy pojawia się pokarm [3] Cosmet, Pharm mleczko *n*; **cleansing ~** mleczko kosmetyczne [4] Bot mleczko *n*

II *vt* [1] Agric, Vet wy|doić [2] fig (exploit) (for money) wy|eksploatować, wykorzyst|ać, -ywać *[company, state]*; wy|doić infml pej *[person]* **(from sth** z czegoś); **to ~ sb dry** oskubać kogoś z pieniędzy infml; **he ~ed the audience for applause** grał pod publikę infml; **he's trying to ~ the situation as far as he can** próbuje wycisnąć z tej sytuacji maksymalne korzyści dla siebie [3] (extract) odciąg|nąć, -ać *[sap, juice]*

III *vi* [1] (produce milk) *[cow, goat]* dawać mleko; **this cow ~s well** ta krowa daje dużo mleka [2] *[dairyman, farmer]* doić

IDIOMS: **to come home with the ~** przychodzić do domu bladym świtem; **it's no good crying over spilt ~** nie ma co płakać nad rozlanym mlekiem

milk-and-water /ˌmɪlkənˈwɔːtə(r)/ *adj [speech, writing]* mdły, pozbawiony wyrazu

milk bar *n* ≈ bar *m* mleczny

milk bottle *n* butelka *f* na mleko

milk can *n* bańka *f* na mleko

milk chocolate *n* czekolada *f* mleczna

milk churn *n* = **milk can**

milk diet *n* dieta *f* mleczna

milk duct *n* kanalik *m* mleczny

milker /ˈmɪlkə(r)/ *n* [1] (person) doja|rz *m*, -rka *f* [2] (cow) dojna krowa *f*

milk fever *n* gorączka *f* spowodowana zastojem mleka

milk float *n* GB ≈ pojazd *m* do rozwożenia mleka

milk gland *n* gruczoł *m* mleczny

milk-glass /ˈmɪlkglɑːs, US -glæs/ *n* szkło *n* mleczne

milking /ˈmɪlkɪŋ/ *n* dojenie *n*; **to do the ~** doić

milking herd *n* stado *n* mlecznych krów

milking machine *n* dojarka *f* mechaniczna

milking pail *n* skopek *m*

milking parlour GB, **milking parlor** US *n* dojarnia *f*

milking stool *n* stołek *m* do dojenia

milking time *n* pora *f* udoju

milk jug *n* dzbanek *m* na mleko

milk loaf *n* ≈ chleb *m* mleczny

milkmaid /ˈmɪlkmeɪd/ *n* dojarka *f*, dójka *f*

milkman /ˈmɪlkmən/ *n* (*pl* **-men**) (deliverer) mleczarz *m*

milk of magnesia *n* zawiesina *f* wodorotlenku magnezu

milk powder *n* mleko *n* w proszku

milk products *n* nabiał *m*, produkty *m pl* mleczne

milk pudding *n* pudding *m* mleczny (z ryżem lub tapioką)

milk round *n* [1] GB rozwożenie *n* mleka [2] infml fig rekrutacja *f* pracowników *(wśród absolwentów wyższych uczelni)*

milk run *n* Aviat infml rutynowy lot *m* (bez komplikacji)

milk shake *n* ≈ koktajl *m* mleczny

milksop /ˈmɪlksɒp/ *n* infml dat fajtłapa *m/f* infml

milk tooth *n* ząb *m* mleczny

milk train *n* pierwszy poranny pociąg *m*

milk truck *n* US = **milk float**

milkweed /ˈmɪlkwiːd/ *n* [1] Bot trojeść *f* [2] Zool (butterfly) danaida *f*

milk-white /ˌmɪlkˈwaɪt, US -ˈhwaɪt/ **I** *n* (colour) mleczna biel *f*
II *adj* mlecznobiały

milkwort /ˈmɪlkwɜːt/ *n* Bot krzyżownica *m*

milky /ˈmɪlkɪ/ *adj* [1] (containing milk) *[drink, diet]* mleczny; *[tea, coffee]* z mlekiem; **she likes her tea very ~** lubi herbatę z dużą ilością mleka; **to taste ~** mieć mleczny smak [2] *[skin, gem]* mleczny; *[liquid]* mętny, nieprzezroczysty

Milky Way *n* Droga *f* Mleczna

milky white *adj* mlecznobiały

mill /mɪl/ **I** *n* [1] (building) (for flour) młyn *m*; (factory) zakład *m* przemysłowy; **paper ~** fabryka papieru, papiernia; **textile ~** zakład włókienniczy; **weaving ~** tkalnia [2] Ind (machine) (for processing) maszyna *f* robocza; (for tooling metal) frez *m*; (for polishing) polerka *f*; (roller) walec *m* [3] Culin młynek *m*; **coffee/pepper ~** młynek do kawy/pieprzu [4] fig (routine) młyn *m*, kierat *m* fig [5] US infml fig fabryka *f* fig; **diploma ~** ≈ fabryka magistrów [6] infml (fight) bójka *f*
II *vt* [1] (grind) z|mielić, ze|mleć *[flour, pepper]*; **finely ~ed** drobno (z)mielony [2] produkować *[steel, paper]*; prząść *[cotton]*; tkać *[textiles]*; frezować *[nut, bolt]*; rowkować *[coin]*; **~ed edge** (of coin) rant rowkowany
■ **mill about, mill around** kłębić się, przemieszczać się bezładnie
IDIOMS: **there'll be trouble at t'mill** infml hum będą kłopoty; **to go through the ~** przejść twardą szkołę; **to put sb through the ~** dać komuś szkołę; (with questions) wymaglować kogoś infml

mill board *n* tektura *f*

mill dam *n* tama *f* młyńska

millenarian /ˌmɪlɪˈneərɪən/ *n* milenaryst|a *m*, -ka *f*

millenarianism /ˌmɪlɪˈneərɪənɪzəm/ *n* milenaryzm *m*

millennial /mɪˈlenɪəl/ **I** *n* tysiąclecie *n*
II *adj* tysiącletni

millennium /mɪˈlenɪəm/ *n* [1] (*pl* **-niums, -nia**) tysiąclecie *n*, millenium *n* [2] fig okres *m* pokoju, szczęśliwości i dobrobytu

millennium bug *n* Comput pluskwa *f* millenijna

miller /ˈmɪlə(r)/ *n* [1] (person) Agric młynarz *m*; Ind frezer *m* [2] (machine) frezarka *f*

millet /ˈmɪlɪt/ *n* [1] (grass) (European) proso *n* zwyczajne; (Indian) proso *n* perłowe [2] (seed) proso *n*

mill girl *n* prządka *f*, włókniarka *f*

mill hand *n* włókniarz *m*

millibar /ˈmɪlɪbɑː(r)/ *n* milibar *m*

milligram(me) /ˈmɪlɪgræm/ *n* miligram *m*

millilitre GB, **milliliter** US /ˈmɪlɪliːtə(r)/ *n* mililitr *m*

millimetre GB, **millimeter** US /ˈmɪlɪmiːtə(r)/ *n* milimetr *m*

milliner /ˈmɪlɪnə(r)/ *n* (man) kapelusznik *m*; (woman) kapeluszniczka *f*, modystka *f*

millinery /ˈmɪlɪnərɪ, US -nerɪ/ *n* [1] (hats) kapelusze *m pl* [2] (business) wyrób *m* kapeluszy; (shop) sklep *m* z kapeluszami

milling /ˈmɪlɪŋ/ **I** *n* [1] (of corn) mielenie *n*; (of paper, cloth) spilśnianie *n*; (of metal) frezowanie *n* [2] (on coin) rowkowanie *n* rantu
II *adj* liter **~ crowd** kłębiący się tłum

milling cutter *n* frez *m*

milling machine *n* Mech frezarka *f*; Tex pilśniarka *f*

million /ˈmɪljən/ **I** *n* [1] (figure) milion *m*; **six ~** sześć milionów; **in ~s** w milionach; **the odds are a ~ to one** szanse są jak jeden do miliona; **thanks a ~** infml stokrotne dzięki [2] (money) **her first ~** jej pierwszy milion; **family ~s** rodzinna fortuna; **to have ~s** mieć furę pieniędzy infml
II millions *npl* (large numbers) miliony *m pl*; **the starving ~s** miliony głodujących; **I've got ~s of beer bottles in my cellar** fig mam piwnicę zawaloną butelkami po piwie infml
III *adj* **a ~ people/pounds** milion ludzi /funtów; **to be a ~ years old** mieć milion lat; **a ~ dollar bid** oferta w wysokości miliona dolarów; **I've told you a ~ times!** infml już ci z milion razy mówiłem! infml
IDIOMS: **to feel/look like a ~ (dollars)** US infml czuć się/wyglądać bosko hum; **she's one in a ~** infml drugiej takiej nie znajdziesz; **a chance in a ~** infml (slim) jedna szansa na milion; (exceptional) szansa, która się nie powtórzy

millionaire /ˌmɪljəˈneə(r)/ *n* milioner *m*, -ka *f*

millionth /ˈmɪljənθ/ **I** *n* (jedna) milionowa *f* **(of sth** czegoś)
II *adj* milionowy

millipede /ˈmɪlɪpiːd/ *n* krocionóg *m*

mill owner *n* [1] Tex właściciel *m*, -ka *f* zakładu włókienniczego [2] (for flour) właściciel *m*, -ka *f* młyna

mill pond *n* staw *m* młyński
IDIOMS: **to be like a** or **as smooth as a ~** *[sea]* być spokojnym jak tafla jeziora

mill race *n* (stream) strumień *m* poruszający koło młyńskie; (channel) młynówka *f*

millstone /ˈmɪlstəʊn/ *n* kamień *m* młyński
IDIOMS: **to be a ~ round sb's neck** być komuś kamieniem (młyńskim) u szyi; **to have a ~ round one's neck** mieć kamień (młyński) u szyi

millstream /ˈmɪlstriːm/ *n* strumień *m* poruszający koło młyńskie

millwheel /ˈmɪlwiːl, US -hwiːl/ *n* koło *n* młyńskie

mill worker *n* = **mill hand**

milo /ˈmaɪləʊ/ *n* sorgo *n*

milometer /maɪˈlɒmɪtə(r)/ *n* GB licznik *m* mil; **to turn back the ~** cofnąć licznik

milquetoast /ˈmɪlktəʊst/ *n* pej mięczak *m* infml

milt /mɪlt/ *n* mlecz *m* rybi

mime /maɪm/ **I** *n* [1] (art) (modern) pantomima *f*; (classical) mim *m* [2] (performance) pantomima *f*, przedstawienie *n* mimiczne [3] (performer) mim *m*, mimik *m*
II *vt* od|egrać, -grywać bez słów *[part, action]*; (communicate) pokaz|ać, -ywać na migi; **to ~ putting a key in the lock** pokazać na migi otwieranie drzwi
III *vi* od|egrać, -grywać pantomimę; **to ~ to the music/text** wykonywać pantomimę do muzyki/tekstu

mime artist *n* mim *m*

mimeograph /ˈmɪmɪəgrɑːf, US -græf/ **I** *n* [1] (machine) powielacz *m* [2] (copy) odbitka *f* powielaczowa
II *vt* powiel|ić, -ać *[document]*

mimesis /mɪˈmiːsɪs, maɪ-/ *n* Art mimesis *f*; Literat, Biol mimetyzm *m*

mimetic /mɪˈmetɪk/ *adj* Literat, Biol mimetyczny

mimic /ˈmɪmɪk/ **I** *n* (person, bird) naśladow|ca *m*, -czyni *f*; (professional) parodyst|a *m*, -ka *f*
II *vt* (*pt, pp, prp* **-ck-**) [1] (to amuse) imitować, naśladować; (to ridicule) przedrzeźniać; *[entertainer]* parodiować [2] (simulate) udawać, symulować *[ability, condition]*; Zool upod|obnić, -abniać się do (czegoś) *[surroundings, colouring]* [3] pej (copy) małpować infml pej

mimicry /ˈmɪmɪkrɪ/ *n* [1] (mimicking) naśladowanie *n*, odgrywanie *n*; **he has a talent for ~** ma talent parodystyczny [2] Zool mimikra *f*

mimosa /mɪˈməʊzə, US -ˈməʊsə/ *n* mimoza *f*

min *n* [1] = **minute[1]** minuta *f*, min [2] = **minimum** minimum *n inv*, min.

Min. *n* GB = **Ministry**

minaret /ˌmɪnəˈret/ *n* minaret *m*

minatory /ˈmɪnətərɪ, US -tɔːrɪ/ *adj* fml groźny

mince /mɪns/ **I** *n* GB Culin mięso *n* mielone; mielone *n* infml; **beef/pork ~** mielona wołowina/wieprzowina
II *vt* ze|mleć, z|mielić
III *vi* (walk) drobić kroki; **she ~d across the room** drobiąc kroczki, przeszła przez pokój
IV minced *pp adj [meat, vegetables]* mielony

■ **mince up**: ~ **up [sth]**, ~ **[sth] up** ze|mleć, z|mielić

IDIOMS: **not to ~ matters** or **one's words** nie owijać w bawełnę, mówić bez ogródek

mincemeat /ˈmɪnsmiːt/ *n* [1] GB *słodkie nadzienie z bakalii i przypraw korzennych* [2] US mięso *n* mielone; mielone *n* infml

IDIOMS: **to make ~ of sb** zetrzeć kogoś na miazgę fig

mince pie *n* GB *babeczka z kruchego ciasta z nadzieniem z bakalii, spożywana w okresie Świąt Bożego Narodzenia*

mincer /ˈmɪnsə(r)/ *n* maszynka *f* do (mielenia) mięsa; **to put sth through the ~** zmielić coś; **to put sb through the ~** infml fig wymaglować kogoś infml fig

mincing /ˈmɪnsɪŋ/ *adj* afektowany

mincingly /ˈmɪnsɪŋlɪ/ *adv* z afektacją, w sposób afektowany

mincing machine *n* maszynka *f* do (mielenia) mięsa

mind /maɪnd/ **I** *n* [1] (centre of thought, feelings) umysł *m*, rozum *m*; głowa *f* fig; **a healthy ~** zdrowy umysł; **peace of ~** spokój ducha; **it's all in the ~** to wymysł or urojenie; **to cross sb's ~** przyjść komuś na myśl or do głowy, przejść komuś przez myśl; **it never crossed my ~ that...** nigdy mi do głowy nie przyszło, że...; **what was in the judge's ~?** co sędzia sobie myślał?; **at the back of my ~ I had my doubts** w głębi serca or duszy miałem wątpliwości; **my ~ was full of suspicion** byłem pełen podejrzeń; **that's a load** or **weight off my ~!** kamień (spadł mi) z serca!; **to be clear in one's ~ about sth/that...** nie mieć wątpliwości co do czegoś/że...; **to build up an image in one's ~ of sb/sth** stworzyć sobie w duszy obraz kogoś/czegoś; **to feel easy in one's ~ about sth** być spokojnym o coś; **to have sth on one's ~** mieć umysł zaprzątnięty czymś; **to set one's ~ on doing sth** postanowić sobie coś zrobić; **to set sb's ~ at rest** rozproszyć obawy kogoś, uspokoić kogoś; **nothing could be further from my ~** wcale nie miałem takiego zamiaru [2] (brain) umysł *m*, inteligencja *f*, intelekt *m*; **with a ~ of a two-year-old** o umysłowości dwuletniego dziecka; **to have a very good ~** być bardzo inteligentnym; **he has a fine legal ~** to świetny prawnik; **the right calibre of ~ for the job** zdolności intelektualne odpowiednie do tej pracy; **it's a case of ~ over matter** to zwycięstwo ducha nad materią, to tryumf woli [3] (way of thinking) mentalność *f*, sposób *m* myślenia; **to have a logical/analytic ~** mieć umysł logiczny/analityczny; **the criminal ~ doesn't work like that** umysł przestępcy nie pracuje w ten sposób; **to read sb's ~** czytać w myślach kogoś [4] (opinion) zdanie *n*, opinia *f*; **to be of one ~** być jednomyślnym; **to be in two ~s about sth** wahać się z czymś, nie móc się zdecydować co do czegoś; **to my ~** moim zdaniem; **to make up one's ~ about sth/to do sth** zdecydować się na coś/coś zrobić; **my ~'s made up** już postanowiłem, jestem zdecydowany; **to change one's ~** zmienić zdanie /rozmyślić się; **I've changed my ~ about him – he's really quite nice** zmieniłem zdanie o nim, w rzeczywistości jest całkiem miły; **to keep an open ~ about sth** nie mieć uprzedzeń do czegoś; **to know one's own ~** mieć wyrobione or określone poglądy; **to speak one's ~** mówić otwarcie, otwarcie wypowiedzieć swoje zdanie [5] (attention) uwaga *f*, myśl *f*; **sorry, my ~ was elsewhere** przepraszam, byłem myślami gdzie indziej; **to let one's ~ wander** zamyślić się, być myślami gdzie indziej; **to concentrate** or **keep one's ~ on sth** skupić uwagę or skupić się na czymś; **to put** or **give one's ~ to something** poświęcić uwagę czemuś, skoncentrować uwagę na czymś; **she can work very fast if she puts her ~ to it** jeśli się przyłoży, potrafi pracować bardzo szybko; **to take sb's ~ off sth** odwrócić myśli or uwagę kogoś od czegoś; **to turn one's ~ to sth** zwrócić or skierować myśli or uwagę ku czemuś [6] (memory) pamięć *f*; **to come to ~** przyjść do głowy; **I can't get it/her out of my ~** nie mogę o tym/o niej zapomnieć; **try to put it out of your ~** postaraj się o tym zapomnieć; **it went right** or **completely out of my ~** zupełnie wyleciało mi to z głowy; **my ~'s a blank** mam pustkę w głowie; **to bring sb/sth to ~** przywodzić kogoś/coś na myśl; **to call sth to ~** przypomnieć sobie coś [7] (sanity) rozum *m*, poczytalność *f*, świadomość *f*; **her ~ is going** traci zmysły or rozum; **are you out of your ~?** infml zwariowałeś?, rozum straciłeś? infml; **I was going out of my ~ with worry** odchodziłem od zmysłów z niepokoju; **nobody in their right ~ would do such a thing** nikt przy zdrowych zmysłach nie zrobiłby czegoś podobnego; **to be of sound ~** Jur dat być w pełni władz umysłowych; **to drive sb out of his/her ~** doprowadzać kogoś do szaleństwa [8] (person as an intellectual) umysł *m*; **all the great ~s of the 17th century** wszystkie najznakomitsze or największe umysły XVII wieku

II in mind *adv phr* **I bought it with you in ~** kupiłem to z myślą o tobie; **I have something in ~ for the weekend** mam pewne plany na weekend; **with holidays /the future in ~** z myślą o wakacjach /przyszłości; **with this in ~, ...** z tą myślą..., z tym zamiarem...; **what kind of present did you have in ~?** o jakim prezencie myślałeś?; **to have it in ~ to do sth** nosić się z zamiarem zrobienia czegoś; **to put sb in ~ of sb/sth** przypomnieć komuś o kimś/o czymś; przywieść komuś kogoś/coś na myśl liter

III *vt* [1] (pay attention to) uważać na (coś) *[hazard]*; zwracać uwagę na (kogoś/coś) *[person, manners, language]*; **~ what your teacher tells you** słuchaj nauczyciela; **~ your head/legs!** uwaga na głowę/nogi!; **~ the step/beam!** uwaga! stopień/niski strop; **~ you don't drink/he doesn't drink** pamiętaj, żebyś nie pił/żeby on nie pił; **don't ~ them!** nie przejmuj się nimi!; **carry on, don't ~ me** rób swoje, mną się nie przejmuj; **~ how you go, the pavement's very uneven** patrz pod nogi, chodnik jest nierówny; **~ how you go** GB uważaj na siebie, trzymaj się infml; **it's a secret, ~** infml pamiętaj, to tajemnica; **~ you, it won't be easy** infml uprzedzam, to nie będzie łatwe [2] (object to) mieć coś przeciw(ko) (komuś/czemuś); **I don't ~ the cold** zimno mi nie przeszkadza; **I don't ~ cats, but I prefer dogs** nie mam nic przeciwko kotom, ale wolę psy; **I don't ~ having a try** mogę spróbować; **'do you ~ if I smoke?'** „pozwolisz, że zapalę?"; **'do you ~ if I bring him?' – 'no, I don't ~'** „czy masz coś przeciwko temu, że go przyprowadzę?" – „ależ skąd, proszę"; **'do you want to go today or tomorrow?' – 'I don't ~'** „chcesz jechać dziś czy jutro?" – „wszystko mi jedno"; **they were late, not that I ~ed, but still...** spóźnili się, mnie to nie przeszkadzało, ale zawsze...; **I don't ~ if/who/where/how...** jest mi obojętne or nie robi mi różnicy, czy/kto/gdzie/jak...; **I don't honestly ~ what they decide** jest mi naprawdę obojętne, co zdecydują; **will they ~ us being late?** czy będą się gniewać, jeśli się spóźnimy?; **would you ~ keeping my seat for me/opening the window?** czy mógłbyś przypilnować mi miejsca/otworzyć okno?; **would you ~ accompanying me to the station?** (said by policeman) proszę z nami (na posterunek); **I don't ~ telling you, I was frightened** nie będę przed tobą ukrywać, że się bałem; **I think you were a bit rude, if you don't ~ my saying so** nie obraź się, ale zachowałeś się niezbyt grzecznie...; **if you don't ~ my asking...** jeśli wolno zapytać...; **'like a cigarette?' – 'don't ~ if I do'** infml „papierosa?" – „czemu nie?"; **I wouldn't ~ a glass of wine** chętnie wypiję kieliszek wina; **if you don't ~** jeśli pozwolisz, jeśli nie masz nic przeciwko temu also iron [3] (care) przejmować się (czymś); **he ~s very much what you think of him** bardzo go obchodzi, co o nim myślisz; **do you ~!** iron no wiesz!; **never ~** (don't worry) mniejsza o to, nie martw się, nie przejmuj się; (it doesn't matter) nic nie szkodzi; **never you ~!** infml (don't worry) nie przejmuj się; (to a nosy person) nie twój interes! infml; **never ~ all that now** nie warto już o tym myśleć; **never ~ who /what/when...** mniejsza o to, kto/co/kiedy...; **never ~ complaining...** GB przestań narzekać...; **he can't afford a flat, never ~ a big house** nie stać go na mieszkanie, a co dopiero na duży dom [4] (look after) przy|pilnować, zaj|ąć, -mować się (kimś /czymś) *[children, animals, shop]*

■ **mind out**: **~ out!** uważaj!; **~ out or you'll fall** ostrożnie, bo się przewrócisz; **~ out of the way!** zejdź (mi) z drogi!

IDIOMS: **great ~s think alike** ≈ mądrej głowie dość dwie słowie; **if you've a ~ to** jeśli masz ochotę; **to see sth in one's ~'s eye** widzieć coś oczyma duszy; **~ your own business!** infml pilnuj własnego nosa! infml; **I gave him a piece of my ~** infml powiedziałem mu kilka słów do słuchu infml; **to have a good ~ to do sth** GB mieć szczery zamiar or wielką ochotę coś zrobić; **to have half a ~ to do sth** GB zastanawiać się, czy czegoś nie zrobić; **to have a ~ of one's own** mieć swój rozum; **to have no ~ to do sth** nie mieć najmniejszej ochoty czegoś zrobić; **to be bored out of one's ~** nudzić się jak mops; **travel broadens the ~** podróże kształcą → **two**

mind-bending /ˈmaɪndbendɪŋ/ *adj* infml *[drug]* odurzający, halucynogenny; *[problem]* zagmatwany, zawiły

mind-blowing /ˈmaɪndbləʊɪŋ/ *adj* infml fantastyczny infml

mind-boggling /ˈmaɪndbɒglɪŋ/ *adj* infml zadziwiający, niepojęty

minded /ˈmaɪndɪd/ **I** *adj* fml **to be ~ to do sth** być skłonnym coś zrobić; **if you're so ~** jeśli masz chęć

II -minded *in combinations* [1] (with certain talent) **to be mechanically-/business-~** mieć smykałkę do prac technicznych /interesów infml [2] (with certain attitude) **to be small-/open-~** mieć ciasny/otwarty umysł; **liberal-~** liberalnie nastawiony; **reform-~** nastawiony reformatorsko [3] (with certain trait) **feeble-~** niezbyt mądry; **serious-~** poważnie myślący

minder /ˈmaɪndə(r)/ *n* GB [1] infml (bodyguard) ochroniarz *m*; goryl *m* infml [2] (also **child ~**) opiekun *m*, -ka *f* do dziecka

mind-expanding /ˈmaɪndɪkspændɪŋ/ *adj* *[drug]* halucynogenny

mindful /ˈmaɪndfl/ *adj* **~ of sth** (aware) świadomy czegoś; **the president, ~ of his predecessor's fate, resigned** prezydent, pomny na los swojego poprzednika, podał się do dymisji; **to be ~ to do sth** fml (willing) być skłonnym coś zrobić

mindless /ˈmaɪndlɪs/ *adj* [1] pej (stupid) *[person, violence, destruction]* bezmyślny [2] (requiring little thought) *[task]* niewymagający myślenia

mindlessly /ˈmaɪndlɪslɪ/ *adv* [1] pej (stupidly) bezmyślnie [2] (automatically) *[perform task]* automatycznie, mechanicznie

mind-numbing /ˈmaɪndnʌmɪŋ/ *adj* otępiający

mindreader /ˈmaɪndriːdə(r)/ *n* **you must be a ~!** hum chyba czytasz w moich myślach!; **I'm not a ~!** nie potrafię czytać w cudzych myślach!

mindreading /ˈmaɪndriːdɪŋ/ *n* telepatia *f*

mind-set /ˈmaɪndset/ *n* nastawienie *n*, sposób *m* myślenia

mine¹ /maɪn/ *pron* mój; **~ is better** mój jest lepszy; **which glass is ~?** który kieliszek jest mój?; **~'s a whisky** infml dla mnie whisky; **a friend of ~** mój znajomy; **he's no friend of ~!** on wcale nie jest moim przyjacielem!; **it's not ~** to nie moje; **~ was not an easy task** nie miałem łatwego zadania; **that brother of ~** pej ten mój cały brat iron

mine² /maɪn/ **I** *n* [1] Mining kopalnia *f*; **to work in** or **down the ~s** pracować pod ziemią; **to go down the ~** (become a miner) zjechać pod ziemię (po raz pierwszy) [2] fig kopalnia *f* fig; **to be a ~ of information** być kopalnią informacji; **to have a ~ of experience to draw on** móc czerpać z bogactwa własnych doświadczeń [3] Mil (explosive) mina *f*; **to lay a ~** (on land) położyć minę; (in sea) postawić minę; **to hit** or **strike a ~** wpaść na minę

II *vt* [1] Mining wydoby|ć, -wać *[gems, mineral]*; wy|eksploatować *[area]* [2] Mil (lay mines in) zaminow|ać, -ywać *[area]*; (blow up) wysadz|ić, -ać w powietrze *[ship, tank]*

III *vi* eksploatować złoże; **to ~ for sth** wydobywać coś *[gems, mineral]*

■ **mine out**: **~ out [sth], ~ [sth] out** wydoby|ć, -wać *[mineral]*; wy|eksploatować *[area]*; **the pit is completely ~d out** złoże jest całkowicie wyczerpane

mine clearing *n* rozminowywanie *n*

mine detector *n* wykrywacz *m* min

minefield /ˈmaɪnfiːld/ *n* [1] pole *n* minowe [2] fig grząski grunt *m* fig

minehunter /ˈmaɪnhʌntə(r)/ *n* Naut trałowiec *m*

minelayer /ˈmaɪnleɪə(r)/ *n* Mil Naut stawiacz *m* min, minowiec *m*

minelaying /ˈmaɪnleɪɪŋ/ *n* (at sea) stawianie *n* min; (on land) zaminowywanie *n*

miner /ˈmaɪnə(r)/ *n* górnik *m*

mineral /ˈmɪnərəl/ **I** *n* [1] Miner minerał *m* [2] Mining (for extraction) kopalina *f* [3] GB (drink) napój *m* gazowany

II *adj* *[resources, wealth, salts, deposits]* mineralny; **~ ore** ruda

mineral kingdom *n* królestwo *n* minerałów

mineralogical /ˌmɪnərəˈlɒdʒɪkl/ *adj* mineralogiczny

mineralogist /ˌmɪnəˈrælədʒɪst/ *n* mineralog *m*

mineralogy /ˌmɪnəˈrælədʒɪ/ *n* mineralogia *f*

mineral oil *n* [1] Miner ropa *f* naftowa; (product of distillation) olej *m* mineralny [2] US (paraffin) nafta *f*

mineral rights *npl* prawa *n pl* górnicze

mineral spring *n* źródło *n* mineralne

mineral water *n* woda *f* mineralna

miner's lamp *n* lampa *f* górnicza

miners' strike *n* strajk *m* górników

mineshaft /ˈmaɪnʃɑːft, US -ʃæft/ *n* szyb *m* (kopalniany)

minestrone /ˌmɪnɪˈstrəʊnɪ/ *n* zupa *f* minestrone

minesweeper /ˈmaɪnswiːpə(r)/ *n* trałowiec *m*

minesweeping /ˈmaɪnswiːpɪŋ/ *n* usuwanie *n* min

mineworker /ˈmaɪnwɜːkə(r)/ *n* górnik *m*

mine workings *npl* wyrobisko *n*

mingle /ˈmɪŋgl/ **I** *vt* z|mieszać *[colours, tastes, liquids, feelings]* **(with sth** z czymś); **their reaction was one of horror ~d with disbelief** zareagowali przerażeniem zmieszanym or połączonym z niedowierzaniem

II *vi* [1] **to ~ with guests** (chat to) rozmawiać z gośćmi, zabawiać gości; **to ~ with certain people** (socialize) obracać się wśród określonej grupy ludzi; **he doesn't ~** on się izoluje; **let's ~!** chodź, pogadajmy z ludźmi! [2] (combine) *[sounds, smells, colours, feelings]* z|mieszać się

III mingled *pp adj* **~d with sth** zmieszany z czymś

mingy /ˈmɪndʒɪ/ *adj* infml *[person]* skąpy, pazerny; *[share, portion]* mizerny

mini /ˈmɪnɪ/ **I** *n* mini *f/n inv*

II mini+ *in combinations* mini-

miniature /ˈmɪnətʃə(r), US ˈmɪnɪətʃʊər/ **I** *n* miniatura *f*; **in ~** w miniaturze

II *adj* [1] *[bottle, camera]* miniaturowy; *[world, version]* w miniaturze [2] **~ poodle/terrier** pudel/terier miniatura

miniature golf *n* minigolf *m*

miniature railway *n* (toy) kolejka *f*

miniature village *n* (toy) miniaturowe miasteczko *n*

miniaturist /ˈmɪnɪtʃərɪst/ *n* miniaturzyst|a *m*, -ka *f*

miniaturization /ˌmɪnɪtʃəraɪˈzeɪʃn, US -rɪˈz-/ *n* miniaturyzacja *f*

miniaturize /ˈmɪnɪtʃəraɪz/ *vt* z|miniaturyzować

minibar /ˈmɪnɪbɑː(r)/ *n* (in hotel room) minibar *m*

miniboom /ˈmɪnɪbuːm/ *n* Econ krótkotrwała koniunktura *m*

mini-break /ˈmɪnɪbreɪk/ *n* krótkie wakacje *plt*

minibudget /ˌmɪnɪˈbʌdʒɪt/ *n* GB Pol prowizorium *n* budżetowe

minibus /ˈmɪnɪbʌs/ *n* GB mikrobus *m*

minicab /ˈmɪnɪkæb/ *n* GB taksówka *f* (na telefon)

minicomputer /ˌmɪnɪkəmˈpjuːtə(r)/ *n* minikomputer *m*

minicourse /ˈmɪnɪkɔːs/ *n* US Univ przyśpieszony kurs *m*

minidisc /ˈmɪnɪdɪsk/ *n* czysta płyta *f* kompaktowa

minidress /ˈmɪnɪdres/ *n* sukienka *f* mini

minim /ˈmɪnɪm/ *n* [1] GB Mus półnuta *f* [2] Meas kropla *f*

minima /ˈmɪnɪmə/ *npl* → **minimum**

minimal /ˈmɪnɪml/ *adj* minimalny

minimal art *n* sztuka *f* minimalna

minimal free form *n* Ling morfem *m* wolny, wolna forma *f* minimalna

minimalism /ˈmɪnɪməlɪzəm/ *n* Art minimalizm *m*

minimalist /ˈmɪnɪməlɪst/ **I** *n* minimalist|a *m*, -ka *f*

II *adj* minimalistyczny

minimally /ˈmɪnɪməlɪ/ *adv* minimalnie, nieznacznie

minimal pair *n* Ling para *f* minimalna

minimarket /ˈmɪnɪmɑːkɪt/ *n* minimarket *m*

minimart /ˈmɪnɪmɑːt/ *n* = **minimarket**

minimize /ˈmɪnɪmaɪz/ *vt* [1] (reduce) z|minimalizować, sprowadz|ić, -ać do minimum *[cost, damage, impact, risk]* [2] (play down) pomniejsz|yć, -ać *[importance, role, contribution]* [3] Comput z|minimalizować

minim rest *n* GB pauza *f* półnutowa

minimum /ˈmɪnɪməm/ **I** *n* (*pl* **-mums, -ma**) minimum *n inv* **(of sth** czegoś); **to keep sth to a** or **the ~** ograniczać coś do minimum; **to reduce sth to a** or **the ~** zredukować coś do minimum; **the bare** or **absolute ~** absolutne minimum; **the legal/necessary ~** minimum wymagane przez prawo/konieczne minimum; **not to do more than the ~** nie robić więcej niż absolutnie konieczne; **at the ~** minimalnie; **five metres of fabric at the ~** minimum pięć metrów materiału

II *adj* minimalny

minimum iron *adj [fabric, garment]* prawie niewymagający prasowania

minimum lending rate, MLR *n* minimalne oprocentowanie *n* kredytu

minimum wage *n* płaca *f* minimalna

mining /ˈmaɪnɪŋ/ **I** *n* 1 Mining górnictwo *n* 2 Mil (minelaying) (on land) zaminowywanie *n*; (at sea) stawianie *n* min
II *modif [area, company, town, family, union]* górniczy; ~ **accident** wypadek w kopalni; ~ **industry** przemysł wydobywczy
mining engineer *n* inżynier-górnik *m*
mining engineering *n* inżynieria *f* górnicza
mining rights *npl* prawa *n pl* górnicze
minion /ˈmɪnɪən/ *n* pej or hum (subordinate) sługus *m* pej; totumfack|i *m*, -a *f* dat
mini-pill /ˈmɪnɪpɪl/ *n* minipigułka *f (zawierająca jedynie gestagen)*
mini roundabout *n* małe rondo *n (oznaczone malowanymi liniami lub wysepką)*
miniscule *adj* = **minuscule**
mini-skirt /ˈmɪnɪskɜːt/ *n* minispódniczka *f*
minister /ˈmɪnɪstə(r)/ **I** *n* 1 GB Pol minister *m*; ~ **of** or **for Defence/the Environment, Defence/Environment** ~ Minister Obrony Narodowej/Ochrony Środowiska → **cabinet minister, junior minister, minister of state** 2 Relig pastor *m*; ~ **of religion** duchowny
II *vi* fml 1 (care for) fml **to ~ to sb** pielęgnować *[person]*; **to ~ to sb's needs** dbać o potrzeby kogoś 2 Relig **to ~ to a parish** pełnić obowiązki duszpasterskie w parafii
ministerial /ˌmɪnɪˈstɪərɪəl/ *adj* GB Pol ministerialny; **at ~ level** na szczeblu ministerialnym
ministering angel *n* anioł *m* opiekuńczy
minister of state *n* GB Pol sekretarz *m* stanu; **the Minister of State for Education** sekretarz stanu w ministerstwie edukacji
minister plenipotentiary *n* (*pl* **ministers plenipotentiary)** minister *m* pełnomocny
minister resident *n* GB Pol (*pl* **ministers resident)** stały przedstawiciel *m* dyplomatyczny
minister without portfolio *n* GB Pol minister *m* bez teki
ministrations /ˌmɪnɪˈstreɪʃnz/ *npl* 1 starania *n pl*, troska *f* 2 Relig posługa *f*
ministry /ˈmɪnɪstrɪ/ *n* 1 GB Pol (department, building) ministerstwo *n*; **Ministry of Defence/of Education/of Health/of Transport** ministerstwo obrony/edukacji/zdrowia/transportu 2 Relig (profession, duties) kapłaństwo *n*; **to perform** or **carry out one's** ~ pełnić posługę duszpasterską; **to join the** ~ (Protestant) zostać pastorem 3 Pol (tenure) teka *f* ministra; (term) kadencja *f* ministra 4 Pol (group of ministers) rada *f* ministrów
minium /ˈmɪnɪəm/ *n* minia *f*
miniver /ˈmɪnɪvə(r)/ *n* gronostaje *plt*
mink /mɪŋk/ **I** *n* (*pl* ~) 1 (animal) norka *f* 2 (fur, coat) norki *plt*
II *modif* ~ **coat** futro z norek
Minnesota /ˌmɪnɪˈsəʊtə/ *prn* Minnesota *f*
minnow /ˈmɪnəʊ/ *n* 1 Zool strzelba *f* potokowa 2 Fishg błystka *f*, błyszcz *m* 3 fig (unimportant person) płotka *f* fig
Minoan /mɪˈnəʊən/ *adj* minojski
minor /ˈmaɪnə(r)/ **I** *n* 1 Jur nieletni *m*, -a *f* 2 US Univ przedmiot *m* dodatkowy 3 Mus tonacja *f* molowa, moll *m*
II *adj* 1 *[change, repair, defect]* drobny; *[role]* niewielki; *[position, artist]* drugorzędny, pomniejszy; ~ **road** droga drugorzędna; ~ **aristocracy** drobna arystokracja; **they're ~ royalty** to mało znaczący członkowie rodziny królewskiej 2 (not serious) *[injury, burn, fracture, operation, surgery]* niegroźny 3 Mus molowy; **in a ~ key** w tonacji molowej; **prelude in G ~** preludium G-moll 4 US Univ *[subject, course]* dodatkowy 5 GB Sch dat **Smith ~** Smith junior dat
III *vi* US Univ **to ~ in sth** studiować coś jako przedmiot dodatkowy
Minorca /mɪˈnɔːkə/ *prn* Minorka *f*
minority /maɪˈnɒrətɪ, US -ˈnɔːr-/ **I** *n* 1 mniejszość *f*; **to be in the ~** stanowić mniejszość, być w mniejszości; **vocal ~** hałaśliwa mniejszość; **ethnic/religious ~** mniejszość etniczna/religijna; **to be in a ~ of one** być odosobnionym w swoich poglądach 2 US Pol mniejszość *f* (parlamentarna)
II *modif [government, shareholder]* mniejszościowy; ~ **interest/rights** interesy/prawa mniejszości
minority leader *n* US Pol przywódca *m* opozycji
minority president *n* US Pol *prezydent, którego partia nie ma większości w Kongresie*
minority programme *n* Radio, TV program *m* dla wąskiej grupy słuchaczy /widzów
minority report *n* raport *m* mniejszości
minority rule *n* rządy *m pl* mniejszości
minor league **I** *n* Sport druga liga *f*
II *modif [artist, company, university]* fig pośledni; ~ **team/player** zespół/gracz drugoligowy; **he plays ~ baseball** gra w drugiej lidze baseballowej
minor offence GB, **minor offense** US *n* drobne wykroczenie *n*
minor planet *n* planetoida *f*, planetka *f*
minor premise *n* Philos przesłanka *f* mniejsza
minor prophet *n* prorok *m* mniejszy
minor suit *n* Games młodszy kolor *m*
minor term *n* Logic termin *m* występujący w przesłance
Minos /ˈmaɪnɒs/ *prn* Minos *m*
Minotaur /ˈmaɪnətɔː(r)/ *n* **the ~** Minotaur *m*
minster /ˈmɪnstə(r)/ *n* (with cathedral status) katedra *f*; (without) kościół *m* przyklasztorny
minstrel /ˈmɪnstrəl/ *n* minstrel *m*; **wandering ~** wędrowny minstrel
minstrel(s') gallery *n* balkon *m* dla orkiestry
mint[1] /mɪnt/ **I** *n* 1 Bot, Culin mięta *f* 2 (sweet) miętówka *f*; **after-dinner ~** czekoladka o smaku miętowym
II *modif [jelly, tea, toothpaste]* miętowy; ~ **flower/leaf** kwiat/liść mięty
mint[2] /mɪnt/ **I** *n* 1 Fin mennica *f*; **the Royal Mint** GB mennica *f* (państwowa) 2 infml (vast sum) fortuna *f*, majątek *m*; **to make a ~** zbić majątek; **to cost a ~** kosztować fortunę or majątek
II *adj* (new) nowy; **in ~ condition** w idealnym stanie
III *vt* 1 wybi|ć, -jać, bić *[coin]* 2 fig ukuć *[word, expression]*
mint-flavoured /ˈmɪntfleɪvəd/ *adj* o smaku miętowym
mint green **I** *n* (kolor *m*) jasnozielony *m*
II *adj* **mint-green** jasnozielony
mint julep *n* US mint julep *m (koktajl ze słodzonego burbona ze świeżą miętą i lodem)*
mint sauce *n* sos *m* miętowy
minty /ˈmɪntɪ/ *adj [flavour, taste]* miętowy
minuet /ˌmɪnjʊˈet/ *n* menuet *m*
minus /ˈmaɪnəs/ **I** *n* 1 Maths minus *m*; **two ~es make a plus** dwa minusy dają plus 2 (drawback) minus *m*; **it has its pluses and ~es** to ma swoje plusy i minusy
II *adj* 1 Math *[number, quantity, value]* ujemny; *[temperature]* minusowy; ~ **sign /symbol** znak/symbol minusa 2 (disadvantageous) **a ~ factor/point** minus; **on the ~ side, it only has two bedrooms** minusem są tylko dwie sypialnie 3 Sch, Univ **B ~** ≈ dobry z minusem 4 Bot *[fungus, specimen, type]* typu minus
III *prep* 1 Math minus; **what is 20 ~ 8?** ile jest 20 minus or odjąć 8?; **it is ~ 15 (degrees)** jest minus 15 (stopni) 2 hum (without) bez (czegoś); **he woke up ~ his passport** kiedy się obudził, nie miał paszportu; **he's now ~ a tooth** teraz brak mu jednego zęba, teraz jest bez jednego zęba
minuscule /ˈmɪnəskjuːl/ **I** *n* (letter) mała litera *f*, minuskuła *f*
II *adj [object]* maleńki; *[letter]* mały; **to have ~ handwriting** pisać drobnym maczkiem infml
minus sign *n* (znak *m*) minus *m*
minute[1] /ˈmɪnɪt/ **I** *n* 1 (unit of time) minuta *f*; **a few ~s earlier/later** kilka minut wcześniej/później; **five ~s past ten** pięć (minut) po dziesiątej; **ten ~s to nine** za dziesięć (minut) dziewiąta; **it's five ~s' walk away** to stąd pięć minut piechotą; **we arrived at eight o'clock to the ~** przyjechaliśmy o ósmej co do minuty; **we arrived without a ~ to spare** przyjechaliśmy w ostatniej chwili 2 (short moment) minuta *f*; **just a ~ please** minutkę, dobrze?; **I'll be ready in a ~** będę gotowy za minutkę; **she won't be a ~** ona zaraz or za sekundę przyjdzie; **it won't take a ~** to zajmie chwilę; **within ~s the police were there** policja przyjechała w ciągu kilku minut 3 (exact instant) **the ~ I heard the news I telephoned** jak tylko usłyszałem wiadomość, zatelefonowałem; **at that very ~** dokładnie w tej (samej) chwili; **they're due to arrive any ~ now** spodziewamy się ich w każdej chwili; **stop talking this ~!** w tej chwili przestań gadać!; **I was just this ~ going to phone you** właśnie miałem do ciebie dzwonić; **he's at this ~ starting his speech** właśnie (w tej chwili) rozpoczyna przemowę; **to arrive at the last ~** przybyć w ostatniej chwili; **to leave things to the last ~** zostawić wszystko na ostatnią chwilę; **to put sth off to the last ~** odkładać coś na ostatnią chwilę; **not for one ~ did I think she was lying** ani przez moment nie sądziłem, że kłamie; **he's always up to the ~ with the news** on jest zawsze na bieżąco zorientowany w najnowszych wiadomościach; **she's always up to the ~ in her clothes** jest zawsze ubrana według najnowszej mody 4 Geog, Math minuta *f*

II **minutes** *npl* Jur, Admin protokół *m*; **to take the ~s** protokołować; **he read the ~s of the last meeting** odczytał protokół z ostatniego zebrania

III *vt* za|protokołować *[decision, objection, apology]*

IDIOMS: **there's one** or **a sucker born every ~** infml głupich nie sieją

minute² /maɪˈnjuːt, US -ˈnuːt/ *adj* [1] (tiny) *[particle, lettering]* maleński, drobny; *[quantity]* znikomy; *[risk, rise, variation]* minimalny [2] (detailed) *[description, examination]* drobiazgowy, szczegółowy; **to describe sth in ~ detail** opisać coś w najdrobniejszych szczegółach

minute book *n* księga *f* protokołów

minute hand *n* wskazówka *f* minutowa

minutely /maɪˈnjuːtlɪ, US -ˈnuːtlɪ/ *adv* [1] (thoroughly) *[describe, examine]* szczegółowo; **to question sb ~** wypytać kogoś szczegółowo; **a ~ detailed report** bardzo szczegółowy raport [2] (in small degree) *[vary, differ]* minimalnie

Minuteman /ˈmɪnɪtmæn/ *n* (*pl* **-men**) US Hist *ochotnik w wojnie o niepodległość Stanów Zjednoczonych*

minute steak *n* minutowy stek *m*

minutiae /maɪˈnjuːʃiiː, US mɪˈnuːʃiiː/ *npl* drobiazgi *m pl*, drobne szczegóły *m pl*

minx /mɪŋks/ *n* dat kokietka *f*

Miocene /ˈmaɪəsiːn/ **I** *n* **the ~** miocen *m*

II *adj* mioceński

MIPS, mips /mɪps/ *n* = **millions of instructions per second** Comput milion *m* rozkazów na sekundę

miracle /ˈmɪrəkl/ **I** *n* cud *m*; **to perform /accomplish a ~** uczynić cud/dokonać cudu; **it's a ~ that...** to cud, że...; **it's a minor ~ that...** to zakrawa na cud, że...; **by some ~** jakimś cudem; **economic ~** cud gospodarczy; **it's a ~ of technology** to cud techniki; **to work** or **perform ~s with sth** dokonywać cudów z czymś fig *[computer]*

II *modif [cure, drug, recovery]* cudowny

miracle play *n* Literat mirakl *m*

miracle worker *n* cudotwór|ca *m*, -czyni *f* also fig

miraculous /mɪˈrækjʊləs/ *adj* [1] (as by miracle) *[event, cure, recovery, survival]* cudowny [2] (great, amazing) *[success, change, memory]* niewiarygodny, niebywały

miraculously /mɪˈrækjʊləslɪ/ *adv* [1] (by miracle) *[cure, recover, save]* cudownie, w cudowny sposób; (as by miracle) *[survive, happen, save, escape, recover]* cudem [2] (amazingly) *[successful, good, clear, well-behaved]* niebywale

mirage /ˈmɪrɑːʒ, mɪˈrɑːʒ/ *n* fatamorgana *f*, miraż *m* also fig

Miranda warning /məˌrændəˈwɔːnɪŋ/ *n* US *pouczenie zatrzymanego o przysługujących mu prawach*

mire /ˈmaɪə(r)/ *n* liter [1] (area) bagno *n*, grzęzawisko *n* [2] (mud) błoto *n* [3] fig (bad situation) tarapaty *plt*; pasztet *m* fig infml

IDIOMS: **to drag sb** or **sb's name through the ~** obrzucić kogoś błotem, zszargać (dobre) imię kogoś

mired /ˈmaɪəd/ *adj* fig liter **to be ~ in blood** mieć ręce unurzane we krwi fig; **to be ~ in corruption** splamić się korupcją; **to be ~ in details/trivia** uwikłać się w szczegóły/błahostki

mirror /ˈmɪrə(r)/ **I** *n* [1] (looking glass) lustro *n*; zwierciadło *n* liter; Aut lusterko *n*; **hall of ~s** gabinet luster [2] (reflecting surface) lustro *n*; zwierciadło *n* liter [3] fig odbicie *n*, odzwierciedlenie *n*

II *vt* [1] odbi|ć, -jać; **to be ~ed in sth** odbijać się w czymś [2] fig odzwierciedl|ić, -ać

III **mirrored** *pp adj [wall, ceiling]* lustrzany

mirror image *n* fig lustrzane odbicie *n* fig

mirror site *n* Comput serwer *m* lustrzany

mirror writing *n* pismo *n* lustrzane

mirth /mɜːθ/ *n* [1] (laughter) wesołość *f*, rozbawienie *n*; **to provoke** or **cause ~** wywoływać or powodować wesołość [2] (joy) radość *f*

mirthful /ˈmɜːθfl/ *adj* fml (laughing) wesoły, rozbawiony; (happy) radosny

mirthless /ˈmɜːθlɪs/ *adj* fml *[laugh]* wymuszony; *[expression]* niewesoły; *[occasion]* smutny; *[account]* pozbawiony humoru

MIRV *n* US Mil = **multiple independently targeted re-entry vehicle** *naprowadzany człon pocisku balistycznego przenoszący głowice bojowe*

miry /ˈmaɪərɪ/ *adj* liter bagnisty, grząski

MIS /ˌemaɪˈes/ *n* = **management information system**

misadventure /ˌmɪsədˈventʃə(r)/ *n* fml [1] (piece of bad luck) nieszczęśliwy wypadek *m* [2] Jur (unfortunate accident) nieszczęśliwy wypadek *m*; **a verdict of death by ~** GB orzeczenie o śmierci na skutek nieszczęśliwego wypadku

misadvise /ˌmɪsədˈvaɪz/ *vt* udziel|ić, -ać (komuś) złej rady

misalliance /ˌmɪsəˈlaɪəns/ *n* mezalians *m* also fig

misanthrope /ˈmɪsənθrəʊp/ *n* fml mizantrop *m*, -ka *f* liter

misanthropic /ˌmɪsənˈθrɒpɪk/ *adj* fml *[person]* niechętny ludziom; *[attitude, writing]* mizantropijny liter

misanthropist /mɪˈsænθrəpɪst/ *n* = **misanthrope**

misanthropy /mɪˈsænθrəpɪ/ *n* fml mizantropia *f* liter

misapplication /ˌmɪsæplɪˈkeɪʃn/ *n* (of knowledge, skill) niewłaściwe wykorzystanie *n*

misapply /ˌmɪsəˈplaɪ/ *vt* (misuse) niewłaściwie za|stosować *[term, drug]*; niewłaściwie wykorzyst|ać, -ywać *[knowledge, discovery, money]*; **the rule has been misapplied** źle zastosowano tę regułę

misapprehend /ˌmɪsæprɪˈhend/ *vt* fml niewłaściwie z|rozumieć

misapprehension /ˌmɪsæprɪˈhenʃn/ *n* fml [1] (misunderstanding) niezrozumienie *n*, błędne zrozumienie *n* [2] (mistaken belief) błędne mniemanie *n*; **to be (labouring) under a ~** trwać w błędnym przeświadczeniu

misappropriate /ˌmɪsəˈprəʊprɪeɪt/ *vt* fml sprzeniewierz|yć, -ać fml *[funds]*

misappropriation /ˌmɪsəˌprəʊprɪˈeɪʃn/ *n* sprzeniewierzenie *n* fml

misbegotten /ˌmɪsbɪˈgɒtn/ *adj* [1] *[plan]* chybiony; *[person]* niewydarzony [2] arch (illegitimate) z nieprawego łoża arch; **~ child** bękart offensive

misbehave /ˌmɪsbɪˈheɪv/ *vi [child]* źle się zachow|ać, -ywać; *[adult]* źle się prowadzić; **stop misbehaving!** zachowuj się przyzwoicie or jak trzeba!

misbehaviour GB, **misbehavior** US /ˌmɪsbɪˈheɪvɪə(r)/ *n* niewłaściwe or nieodpowiednie zachowanie *n*; Sch złe zachowanie *n*

misbelief /ˌmɪsbɪˈliːf/ *n* mylne przekonanie *n*

miscalculate /ˌmɪsˈkælkjʊleɪt/ **I** *vt* błędnie ocen|ić, -ać *[risk]*; błędnie oblicz|yć, -ać *[amount, distance]*

II *vi* po|mylić się w obliczeniach; fig przeliczyć się

miscalculation /ˌmɪskælkjʊˈleɪʃn/ *n* błąd *m* w obliczeniach; fig błędna ocena *f*

miscall /mɪsˈkɔːl/ **I** *vt* [1] (in tennis) **to ~ a fault** omyłkowo wywołać błąd serwisowy [2] (misname) błędnie nazwać *[place]*

II *vi* Sport popełni|ć, -ać błąd w sędziowaniu

miscarriage /ˈmɪskærɪdʒ, ˌmɪsˈkærɪdʒ/ *n* [1] Med poronienie *n*; **to have a ~** poronić [2] Jur **a ~ of justice** pomyłka *f* sądowa

miscarry /ˌmɪsˈkærɪ/ *vi* [1] Med, Vet po|ronić [2] fig *[plan, attack, strategy]* nie powieść się; nie wypalić infml

miscast /ˌmɪsˈkɑːst, US -ˈkæst/ *vt* (*pt, pp* **~**) niewłaściwie obsadz|ić, -ać *[actor, actress]*; **he was badly miscast as Hamlet** obsadzenie go w roli Hamleta było pomyłką; **the film was miscast** role w tym filmie były źle obsadzone

miscegenation /ˌmɪsɪdʒɪˈneɪʃn/ *n* fml krzyżowanie *n* ras

miscellaneous /ˌmɪsəˈleɪnɪəs/ *adj* rozmaity, różny; **~ expenses** wydatki różne; **the letter was classified under '~'** ten list zaliczono do kategorii „różne"

miscellany /mɪˈselənɪ, US ˈmɪsəleɪnɪ/ *n* [1] (variety) (of things) rozmaitość *f*; zbieranina *f* pej **(of sth** czegoś**)** [2] Literat (anthology) wybór *m*, zbiór *m*; (in journals) miscellanea *plt* [3] TV, Radio składanka *f*

mischance /ˌmɪsˈtʃɑːns, US -ˈtʃæns/ *n* fml [1] (bad luck) pech *m*, nieszczęśliwe zrządzenie *n* losu; **by ~** fatalnym zrządzeniem losu [2] (misadventure) niemiła przygoda *f*

mischief /ˈmɪstʃɪf/ *n* [1] (playfulness) figlarność *f*; szelmostwo *n* hum or pej; (maliciousness) intrygi *f pl*; (done by children) psoty *f pl*; **to get into ~** napsocić; **they are full of ~** uwielbiają psocić; **it kept them out of ~ for a while** to ich na chwilę zajęło; **children are always up to ~** dzieci zawsze patrzą, co by tu spsocić or zbroić infml; **her eyes twinkled with ~** w jej oczach błyskały figlarne ogniki [2] liter (harm) szkoda *f*; **to make** or **create ~** wyrządzić szkodę [3] infml (rascal) szelma *m/f* hum or pej; (child) urwis *m*

IDIOMS: **to do oneself a ~** GB zrobić sobie krzywdę

mischief-maker /ˈmɪstʃɪfmeɪkə(r)/ *n* intrygant *m*, -ka *f*

mischief-making /ˈmɪstʃɪfmeɪkɪŋ/ **I** *n* intryganctwo *n*

II *adj [remark]* siejący niezgodę

mischievous /ˈmɪstʃɪvəs/ *adj* [1] (playful) *[child]* psotny; *[comedy]* swawolny; *[eyes, smile]* figlarny, szelmowski [2] liter (harmful) złośliwy

mischievously /ˈmɪstʃɪvəslɪ/ *adv* [1] (playfully) *[smile, tease]* psotnie [2] liter (maliciously) *[gossip, insinuate, misrepresent]* złośliwie

mischievousness /ˈmɪstʃɪvəsnɪs/ *n* figlarność *f*

misconceive /ˌmɪskənˈsiːv/ **I** *vt* opacznie z|rozumieć *[remark, meaning]*; źle poj|ąć, -mować *[role, duty]*

II misconceived *pp adj [idea, argument]* chybiony; *[agreement, project]* nieprzemyślany

misconception /ˌmɪskənˈsepʃn/ *n* błędne wyobrażenie *n* or przekonanie *n*; **Western ~s about the East** panujące na Zachodzie błędne wyobrażenia o Wschodzie; **a popular ~ that...** rozpowszechnione błędne przekonanie, że...

misconduct I /ˌmɪsˈkɒndʌkt/ *n* (moral) złe prowadzenie się *n*; **he is guilty of professional ~** zachował się niezgodnie z etyką zawodową; **it's gross ~** to bardzo poważne wykroczenie

II /ˌmɪskənˈdʌkt/ *vt* (mismanage) źle prze|prowadzić *[enquiry, business affairs]*

III /ˌmɪskənˈdʌkt/ *v refl* **to ~ oneself** źle się prowadzić

misconstruction /ˌmɪskənˈstrʌkʃn/ *n* błędna interpretacja *f*; **it's open to ~** to może być niewłaściwie odebrane; **to put a ~ on sb's words** niewłaściwie odebrać słowa kogoś

misconstrue /ˌmɪskənˈstruː/ *vt* fml niewłaściwie od|ebrać, -bierać, opacznie z|rozumieć *[words, criticism, intentions]*

miscount /ˌmɪsˈkaʊnt/ **I** *n* Pol **to make a ~** popełnić błąd przy obliczaniu głosów

II *vt* źle policzyć *[money, passengers, votes]*

III *vi* po|mylić się w obliczeniach

miscreant /ˈmɪskrɪənt/ *n* liter łotr *m*, szubrawiec *m*

miscue /ˌmɪsˈkjuː/ *vt* (in football, cricket, billiards) **to ~ a ball** s|kiksować

misdeal /ˌmɪsˈdiːl/ **I** *n* złe rozdanie *n*

II *vt* (*pt, pp* **misdealt**) źle rozda|ć, -wać *[cards]*

III *vi* (*pt, pp* **misdealt**) źle rozda|ć, -wać

misdeed /ˌmɪsˈdiːd/ *n* zły uczynek *m*; (criminal) występek *m*; **to rectify a ~** naprawić krzywdę

misdemeanour GB, **misdemeanor** US /ˌmɪsdɪˈmiːnə(r)/ *n* fml wykroczenie *n*, występek *m* also Jur

misdial /ˌmɪsˈdaɪəl/ *n* (*prp, pt, pp* **-ll-** GB, **-l-** US) źle wyb|rać, -ierać numer

misdirect /ˌmɪsdaɪˈrekt, -dɪˈrekt/ *vt* [1] (send in wrong direction) *[person]* mylnie s|kierować; **voters were ~ed to the wrong polling station** wyborców skierowano do niewłaściwego lokalu wyborczego [2] (misuse) niewłaściwie spożytkować *[energies, abilities, talents]*; s|kierować do niewłaściwej osoby *[compliment, sarcasm]*; **your anger against her is ~ed** niesłusznie się na nią złościsz [3] Post (address wrongly) wys|łać, -yłać na niewłaściwy adres *[mail, letter, parcel]*; **the letter was ~ed to our old address** list omyłkowo wysłano na nasz stary adres [4] Jur błędnie poinstruować *[jury]*

misdirection /ˌmɪsdaɪˈrekʃn, -dɪˈrek-/ *n* (of talents, resources) niewłaściwe wykorzystanie *n*

miser /ˈmaɪzə(r)/ *n* skąpiec *m*, sknera *m/f*

miserable /ˈmɪzrəbl/ *adj* [1] (gloomy, unhappy) *[person, expression]* nieszczęśliwy, zbolały; *[weather, day, afternoon]* przygnębiający, ponury; *[mood, thoughts]* czarny, ponury; **to look ~** mieć wygląd nieszczęśnika; **to feel ~** czuć się nieszczęśliwym [2] infml (small, pathetic) *[helping, quantity, wage, salary]* nędzny; *[performance, failure, attempts]* żałosny; *[result]* opłakany; **a ~ 50 dollars** marne or nędzne pięćdziesiąt dolarów [3] (poverty-stricken) *[life, existence]* żałosny; *[dwelling, clothes]* nędzny, lichy; *[living conditions]* opłakany [4] (abject) **a ~ sinner** nędzny grzesznik

IDIOMS: **to be as ~ as sin** być bardzo nieszczęśliwym

miserably /ˈmɪzrəblɪ/ *adv* [1] (unhappily) *[speak, weep, stare]* żałośnie; **he was ~ cold** czuł przenikające do szpiku kości zimno [2] (poorly) *[fail]* sromotnie; *[perform]* żałośnie; *[dressed, housed]* nędznie; **a ~ low wage** nędzna płaca; **~ fed** niedożywiony

miserliness /ˈmaɪzəlɪnɪs/ *n* (of person) skąpstwo *n*

miserly /ˈmaɪzəlɪ/ *adj* [1] (avaricious) *[person]* skąpy [2] (meagre) *[allowance, amount]* skromny

misery /ˈmɪzərɪ/ *n* [1] (unhappiness) nieszczęście *n*; boleść *f* liter; (gloom) przygnębienie *n*; **to lead** or **live a life of ~** wieść życie pełne cierpienia; **human ~** ludzka niedola; **to make sb's life a ~** liter uprzykrzyć komuś życie; zmienić życie kogoś w pasmo udręki liter; **to put sb out of their ~** euph (kill) skrócić cierpienia kogoś; **to put an animal out of its ~** euph uśpić zwierzę; **tell him the answer, put him out of his ~** nie dręcz go już, powiedz mu, jaka była odpowiedź; **the look of ~ on his face** wyraz cierpienia na jego twarzy [2] (poverty) nędza *f*; mizeria *f* liter [3] infml (difficult or painful situation) niedola *f* liter [4] GB infml (gloomy person) ponurak *m* infml; (child) maruda *m/f* infml

misery guts /ˈmɪzərɪgʌts/ *n* (*pl* **~**) GB infml ponurak *m*, smutas *m* infml

misfire /ˌmɪsˈfaɪə(r)/ *vi* [1] *[gun, rocket]* nie wypal|ić, -ać; *[engine]* nie zapal|ić, -ać [2] fig *[plan, joke]* nie wypalić infml

misfit /ˈmɪsfɪt/ *n* (at work, in a group) odmieniec *m*; **to feel a bit of a ~** czuć się wyobcowanym; **he is a social ~** jest społecznie nieprzystosowany

misfortune /ˌmɪsˈfɔːtʃuːn/ *n* [1] (unfortunate event) nieszczęście *n* [2] (bad luck) pech *m*; **it's a ~ that...** źle się złożyło, że...; **I have the ~ to work for him** mam nieszczęście pracować dla niego

misgiving /ˌmɪsˈgɪvɪŋ/ *n* obawa *f*, złe przeczucie *n*; **to have ~s about sth** żywić obawy or mieć złe przeczucia co do czegoś; **to have ~s about sb** mieć wątpliwości co do kogoś; **not without ~(s)** nie bez obaw

misgovern /ˌmɪsˈgʌvn/ *vt* źle rządzić (czymś) *[country]*; źle zarządzać (czymś) *[city, colony]*

misgovernment /ˌmɪsˈgʌvnmənt/ *n* (of country) złe rządy *m pl*; (of city, colony) złe zarządzanie *n*

misguided /ˌmɪsˈgaɪdɪd/ *adj [opinion, belief]* błędny, mylny; *[strategy, attempt]* chybiony, nieprzemyślany; *[politician, teacher]* niemający rozeznania

mishandle /ˌmɪsˈhændl/ *vt* [1] (inefficiently) nieudolnie przeprowadz|ić, -ać *[operation]*; źle po|prowadzić *[meeting]*; mieć niewłaściwe podejście do (kogoś/czegoś) *[child, relationship]*; **the case has been badly ~d** sprawa została bardzo źle przeprowadzona [2] (roughly) nieostrożnie się obchodzić z (czymś) *[object]*; znęcać się nad (czymś) *[animal]*

mishap /ˈmɪshæp/ *n* niefortunny wypadek *m*; **we had a slight ~ with the car** mieliśmy małą przygodę z samochodem; **without ~** gładko, bez problemów

mishear /ˌmɪsˈhɪə(r)/ **I** *vt* (*pt, pp* **misheard** /ˌmɪsˈhɜːd/) źle usłyszeć; **to ~ 'm' as 'n'** usłyszeć „n" zamiast „m"

II *vi* (*pt, pp* **misheard** /ˌmɪsˈhɜːd/) przesłyszeć się

mishmash /ˈmɪʃmæʃ/ *n* infml bezładna mieszanina *f* (**of sth** czegoś); miszmasz *m* infml; **this law is a ~** to prawo to pomieszanie z poplątaniem infml

misinform /ˌmɪsɪnˈfɔːm/ **I** *vt* wprowadz|ić, -ać w błąd, błędnie or mylnie po|informować; (intentionally) dezinformować

II misinformed *pp adj* wprowadzony w błąd (**about sth** co do czegoś); **they were badly ~ed** zostali wprowadzeni w błąd

misinformation /ˌmɪsɪnfəˈmeɪʃn/ *n* (intentional) dezinformacja *f*; (unintentional) wprowadzenie *n* w błąd (**about sth** co do czegoś)

misinterpret /ˌmɪsɪnˈtɜːprɪt/ *vt* błędnie z|interpretować

misinterpretation /ˌmɪsɪntɜːprɪˈteɪʃn/ *n* błędna interpretacja *f*; nadinterpretacja *f* fml; **remarks open to ~** uwagi, które łatwo błędnie zinterpretować

misjudge /ˌmɪsˈdʒʌdʒ/ *vt* (wrongly) błędnie oceni|ć, -ać *[distance, speed, popular feeling]*; źle wymierz|yć, -ać *[shot]*; źle osądz|ić, -ać *[person, motive]*; **I completely ~d him** (unfairly) zupełnie go nie doceniłem

misjudgment, misjudgement /ˌmɪsˈdʒʌdʒmənt/ *n* [1] (wrong opinion) błędna or mylna ocena *f*; **a serious ~ of his character/motives** poważna pomyłka w ocenie jego charakteru/motywów [2] (miscalculation) (of speed, distance) błędne wyliczenie *n*; (of shot) błędne obliczenie *n*

miskick /ˌmɪsˈkɪk/ GB **I** *vt* nieczysto uderz|yć, -ać *[ball]*; źle wykon|ać, -ywać *[penalty]*

II *vi* s|kiksować

mislaid /ˌmɪsˈleɪd/ *pt, pp* → **mislay**

mislay /ˌmɪsˈleɪ/ *vt* (*pt, pp* **mislaid**) zapodzi|ać, -ewać, zawieruszyć infml *[pen, keys, document]*

mislead /ˌmɪsˈliːd/ *vt* (*pt, pp* **misled**) zmylić, wprowadz|ić, -ać w błąd (**about sth** co do czegoś); **to ~ sb into thinking that...** błędnie zasugerować komuś, że...

misleading /ˌmɪsˈliːdɪŋ/ *adj [instruction, title, information, advertisement]* mylący, wprowadzający w błąd; *[impression]* złudny, zwodniczy; **it would be ~ to say that...** twierdzenie, że... mogłoby być źle zrozumiane

misleadingly /ˌmɪsˈliːdɪŋlɪ/ *adv [simple, calm]* zwodniczo; *[worded, named]* w sposób wprowadzający w błąd

misled /ˌmɪsˈled/ *pt, pp* → **mislead**

mismanage /ˌmɪsˈmænɪdʒ/ *vt* źle zarządzać (czymś) *[company, factory, pension fund]*

mismanagement /ˌmɪsˈmænɪdʒmənt/ *n* (of economy, funds) złe zarządzanie *n*, niegospodarność *f*; (of company, project) nieumiejętne kierowanie *n*

mismatch /ˈmɪsmætʃ/ *n* [1] (of colours, styles) dysharmonia *f*; (of concepts, perceptions) rozbieżność *f*, rozziew *m*; **a huge ~ between supply and demand** olbrzymi rozziew pomiędzy podażą a popytem [2] (in marriage) **the marriage is a ~** są niedobranym małżeństwem

mismatched /ˌmɪsˈmætʃt/ *adj [people, furniture]* niedobrany; *[knives, forks]* nie do kompletu; *[socks]* nie do pary

misname /ˌmɪsˈneɪm/ *vt* (name incorrectly) mylnie naz|wać, -ywać; (give unsuitable name to) nieodpowiednio naz|wać, -ywać; **the ~d 'Happy Valley'** ta tak szumnie zwana „Szczęśliwa Dolina"

misnomer /ˌmɪsˈnəʊmə(r)/ *n* błędna or niewłaściwa nazwa *f*; **'luxury apartment' is a bit of a ~ for this place** GB nazywanie tego „luksusowym apartamentem" to lekkie nieporozumienie

misogamy /mɪˈsɒɡəmɪ/ *n* mizogamia *f*

misogynist /mɪˈsɒdʒɪnɪst/ *n* mizogin *m*, mizoginista *m*

misogyny /mɪˈsɒdʒɪnɪ/ *n* mizoginia *f*, mizoginizm *m*

misper /ˈmɪspə(r), ˈmɪspɜː(r)/ *n* GB infml zaginion|y *m*, -a *f*

misplace /ˌmɪsˈpleɪs/ **I** *vt* [1] (mislay) zawieruszyć, zapodzi|ać, -ewać infml *[keys, money]* [2] (put in wrong place) postawić, stawiać nie na swoje miejsce *[vase]*; odł|ożyć, -kładać nie na swoje miejsce *[book]*

II misplaced *pp adj* [1] *[comment, criticism, familiarity, sense of humour]* niestosowny, nie na miejscu; *[fear]* nieuzasadniony; *[trust, confidence]* źle ulokowany [2] *[money, passport]* zgubiony

misprint I /ˈmɪsprɪnt/ *n* literówka *f*

II /ˌmɪsˈprɪnt/ *vt* zrobić błąd w (czymś) *[word]*

mispronounce /ˌmɪsprəˈnaʊns/ *vt* źle wym|ówić, -awiać *[word]*

mispronunciation /ˌmɪsprəˌnʌnsɪˈeɪʃn/ *n* [1] (act) niepoprawna wymowa *f* [2] (instance) błąd *m* w wymowie

misquotation /ˌmɪskwəʊˈteɪʃn/ *n* błędny cytat *m*

misquote /ˌmɪsˈkwəʊt/ *vt* błędnie za|cytować *[person, words]*; błędnie pod|ać, -awać *[price, figure]*; błędnie przyt|oczyć, -aczać *[text]*; **he claimed that he has been ~d** twierdził, że błędnie zacytowano jego wypowiedź

misread /ˌmɪsˈriːd/ *vt* (*pt, pp* **misread** /ˌmɪsˈred/) [1] (read wrongly) błędnie odczyt|ać, -ywać *[word, map]*; **to ~ a thermometer** błędnie odczytać wskazanie termometru [2] (misinterpret) błędnie z|rozumieć, błędnie z|interpretować *[actions, intentions]*; **I misread the signs** fig błędnie oceniłem sytuację

misreading /ˌmɪsˈriːdɪŋ/ *n* [1] (false reading) (of words, map) błędne odczytanie *n*; (of meter) błędny odczyt *m* [2] (false interpretation) (of scripture, text) błędne odczytanie *n*, błędna interpretacja *f*

misrepresent /ˌmɪsˌreprɪˈzent/ *vt* przedstawi|ć, -ać w nieprawdziwym świetle *[person]*; wypacz|yć, -ać *[views, intentions]*; przeinacz|yć, -ać, przekręc|ić, -ać *[facts]*; **she is ~ed as a racist** niesłusznie przedstawia się ją jako rasistkę

misrepresentation /ˌmɪsˌreprɪzenˈteɪʃn/ *n* [1] (of opinions, intentions) fałszywe przedstawienie *n*, wypaczenie *n*; (of person) fałszywy obraz *m*; **a gross ~ of the facts** kompletne przeinaczenie faktów [2] Jur wprowadzenie *n* w błąd; **fraudulent ~** świadome wprowadzenie w błąd

misrule /ˌmɪsˈruːl/ **I** *n* [1] (bad government) złe rządy *m pl*; nierząd *m* liter [2] liter (disorder) zamęt *m*

II *vt* źle rządzić (czymś)

miss[1] /mɪs/ **I** *n* [1] (failure to score) (in game) niecelny strzał *m*; pudło *n* infml; **the first shot was a ~** pierwszy strzał był niecelny or chybiony → **near miss** [2] **to give sth a ~** infml z|rezygnować z czegoś *[activity, entertainment, lecture, meeting, work, soup, dessert]*; odpu|ścić, -szczać sobie coś infml; **oh, give it a ~!** daruj (to) sobie!; **'you still haven't done your homework' – 'oh, give it a ~, Dad, I'll do it later'** „jeszcze nie odrobiłeś lekcji" – „oj, proszę tato, odrobię później" [3] (failure) (film, record) porażka *f*; klapa *f* infml

II *vt* [1] (fail to hit) chybi|ć, -ać (czegoś), nie trafi|ć, -iać w (coś) or do (czegoś) *[target]*; nie pobić (czegoś) *[record]*; **the bullet only just ~ed my head** kula o mało nie trafiła mnie w głowę; **you only just ~ed that other car/a pedestrian** o mało nie wpadłeś na tamten samochód/tamtego przechodnia [2] (fail to take or catch) nie zdąż|yć, -ać na (coś), spóźni|ć, -ać się na (coś) *[bus, train, connection, plane, event]*; rozmi|nąć, -jać się z (kimś) *[person]*; (fail to take advantage of) przegapi|ć, -ać infml *[connection, entertainment, bargain]*; przepu|ścić -szczać, s|tracić *[chance, opportunity]*; **I ~ed the train by five minutes** spóźniłem się na pociąg (o) pięć minut; **we've ~ed the 5.30 (train)** uciekł nam pociąg (odchodzący) o 5.30; **the chance was too good to ~** nie można było przepuścić or zmarnować takiej szansy; **I ~ed becoming an accountant because...** nie zostałem księgowym, ponieważ...; **it's a great film, don't ~ it!** to doskonały film, nie przegap go!; **you don't know what you're ~ing!** nie wiesz, co tracisz!; **you didn't ~ much, it was terrible!** niewiele straciłeś, to było straszne! [3] (fail to see) nie zauważ|yć, -ać (czegoś) *[sign, shop, mistake, person]*; minąć *[turning]*; **you can't ~ the café, it's the only one** na pewno znajdziesz restaurację, jest tylko jedna; **the shop's easy /hard to ~** tego sklepu można/trudno nie zauważyć [4] (fail to hear) nie dosłyszeć (czegoś); (fail to understand) nie z|rozumieć (czegoś) *[joke, remark, innuendo]*; **I ~ed that – what did she say?** nie dosłyszałem – co ona powiedziała?; **you've ~ed the whole point!** nie zrozumiałeś istoty rzeczy!; **she doesn't ~ much** niewiele uchodzi jej uwadze [5] (omit) opu|ścić, -szczać *[line, page, section]* [6] (fail to attend) opu|ścić, -szczać *[meal, class, lecture, school]* [7] (escape) unik|nąć, -ać (czegoś), u|jść, -chodzić (czemuś) *[death]*; (avoid) unik|nąć, -ać (czegoś), omi|nąć, -jać *[traffic, bad weather, crowds]*; **he ~ed death by inches** o włos uniknął śmierci; **she just ~ed getting soaked** zdołała jeszcze umknąć przed ulewą; **he just** or **narrowly ~ed being captured/injured** mało brakowało a zostałby złapany/ranny; **how she ~ed being run over I'll never know!** nie wiem, jakim cudem uniknęła śmierci pod kołami! [8] (notice absence of) zauważ|yć, -ać brak (czegoś) *[object]*; **she didn't ~ her purse till she got back** dopiero po powrocie zauważyła brak portmonetki; **oh, is it mine? I hadn't ~ed it** to moje? nie zauważyłem, że go nie mam; **I didn't ~ you** nie zauważyłam, że wyszedłeś; **keep it, I won't ~ it** zatrzymaj go sobie, nie będzie mi potrzebny [9] (regret absence of) za|tęsknić za (kimś/czymś), za|tęsknić do (kogoś/czegoś) *[person, place, friend]*; **I ~ Robert** brakuje mi Roberta, tęsknię za Robertem; **he ~ed the office/Paris** tęsknił za biurem/za Paryżem; **what I ~ most is...** to, czego najbardziej mi brakuje, to...; to, za czym najbardziej tęsknię, to...; **I won't ~ having to get up at 5 am** nie będzie mi brakowało wstawania o piątej rano; **I shall ~ having you as a neighbour** będzie mi cię brakowało jako sąsiada; **she'll be greatly** or **sadly ~ed** (in obituary) będzie nam jej bardzo brakowało; **he won't be ~ed!** infml nikt za nim tęsknić nie będzie!

III *vi* [1] Games, Sport, Mil *[bullet, shot]* chybi|ć, -ać, nie trafiać; *[person]* chybi|ć, -ać, nie trafiać; s|pudłować infml; **you can't ~!** nie możesz spudłować!; fig musi ci się udać; **~ed!** niecelny!; pudło! infml [2] Aut *[engine]* nie zapal|ić, -ać; dławić się, krztusić się fig

■ **miss out** infml: ¶ **~ out** być stratnym; **I feel I've ~ed out somewhere along the line** czuję, że gdzieś po drodze coś ważnego mnie ominęło ¶ **~ out on [sth]** przegapi|ć, -ać *[chance, opportunity, bargain]*; nie wyciąg|nąć, -ać (czegoś); **he ~ed out on all the fun** ominęła go cała zabawa ¶ **~ out [sb/sth], ~ [sb/sth] out** opu|ścić, -szczać *[line, section, verse]*; pomi|nąć, -jać *[fact, point, topic, person]*

IDIOMS: **to ~ the boat** or **bus** infml zaprzepaścić szansę, zmarnować okazję → **mile**

Miss[2] /mɪs/ *n* [1] (woman's title) panna *f* dat; **the Misses Brown** dat panny Brown dat [2] (winner in beauty contest) miss *f inv*; **Miss World/Oxford** Miss Świata/Oxfordu [3] (mode of address) **yes, Miss** Sch tak, proszę pani; **can I help you, Miss?** czym mogę panience służyć? dat [4] (little girl) dziewczynka *f*; panienka *f* dat; (young woman) panienka *f* dat; **a pert little ~** pej mała złośnica

missal /ˈmɪsl/ *n* mszał *m*

misshapen /ˌmɪsˈʃeɪpən/ *adj* zniekształcony

missile /ˈmɪsaɪl, US ˈmɪsl/ **I** *n* [1] Mil pocisk *m* [2] (sth thrown) pocisk *m* fig

II *modif [attack, base]* rakietowy; **~ launcher** wyrzutnia pocisków rakietowych

missing /ˈmɪsɪŋ/ *adj [thing]* brakujący; *[person]* zaginiony; **is this the ~ glove?** czy to ta brakująca rękawiczka?; **~ person** zaginiony, osoba zaginiona; **the ~ link** Anthrop brakujące ogniwo also hum; **sb/sth is ~** kogoś/czegoś brakuje or nie ma; **there's**

nothing ~ niczego nie brakuje; **how many pieces are ~?** ilu elementów brakuje?; **a man with a finger ~** or **a ~ finger** człowiek bez palca; **the book was ~ from its usual place** książki nie było na zwykłym miejscu; **the pilot and navigator are still ~** pilota i nawigatora wciąż nie odnaleziono; **to go ~** *[person]* zaginąć, zginąć; *[object]* zgubić się; **to report sb ~** zgłosić zaginięcie kogoś; **two aircraft are reported ~** dwa samoloty uważa się za zaginione; **~ presumed dead** przypuszcza się, że zaginiony nie żyje

missing in action, MIA *adj* Mil zaginiony w toku działań

mission /ˈmɪʃn/ **I** *n* [1] (group of people) misja *f*, poselstwo *n*; **diplomatic/trade ~** misja dyplomatyczna/handlowa [2] (task) misja *f*, zadanie *n*; **our ~ was to destroy the bridge** naszym zadaniem było zniszczenie mostu; **to send sb on a ~** wysłać kogoś z misją, powierzyć komuś misję; **to undertake/carry out a ~** podjąć się misji /wywiązać się z misji; **~ accomplished!** zadanie wykonane! [3] Relig misja *f* [4] Mil zadanie *n* bojowe; Aviat lot *m* bojowy; **to fly 30 ~s** wykonać 30 lotów bojowych

II *modif* Relig *[school, hospital]* misyjny

missionary /ˈmɪʃənrɪ, US -nerɪ/ **I** *n* Relig misjona|rz *m*, -rka *f*

II *modif* Relig *[work, sect]* misyjny; *[vocation]* misjonarski; **~ settlement** misja

IDIOMS: **to be filled with ~ zeal** być przepełnionym iście misjonarskim zapałem

missionary position *n* pozycja *f* klasyczna

Mission Control *n* centrum *n* kontroli lotów NASA

mission statement *n* misja *f*

missis *n* = **missus**

Mississippi /ˌmɪsɪˈsɪpɪ/ *prn* [1] (state) Missisipi *n inv* [2] **the ~ (River)** Missisipi *f inv*

missive /ˈmɪsɪv/ *n* fml or hum pismo *n*, list *m*

Missouri /mɪˈzʊərɪ/ *prn* [1] (state) Missouri *n inv* [2] **the ~ (River)** Missouri *f inv*

IDIOMS: **to be** or **come from ~** US nie przyjmować niczego na wiarę, być niedowiarkiem

misspell /ˌmɪsˈspel/ *vt* (*pt, pp* **-spelled, -spelt** GB) zrobić błąd ortograficzny w (czymś) *[name]*

misspelling /ˌmɪsˈspelɪŋ/ *n* błąd *m* ortograficzny

misspelt /ˌmɪsˈspelt/ *pt, pp* GB → **misspell**

misspend /ˌmɪsˈspend/ *vt* (*pt, pp* **misspent**) roztrw|onić, -aniać, trwonić *[money, time, energy]* **(on sth** na coś); **a misspent youth** zmarnowana młodość

misspent /ˌmɪsˈspent/ *pt, pp* → **misspend**

misstate /ˌmɪsˈsteɪt/ *vt* niewłaściwie przedstawi|ć, -ać *[facts, findings]*

misstatement /ˌmɪsˈsteɪtmənt/ *n* [1] (of facts, situation) błędne przedstawienie *n* **(of sth** czegoś) [2] (untruth) nieprawdziwe oświadczenie *n*

missus /ˈmɪsɪz/ *n* infml [1] (wife) **his ~** jego stara infml; **the ~** moja stara infml [2] (as form of address) **sit down, ~** niech pani kochana siądzie infml

missy /ˈmɪsɪ/ *n* infml dat panienka *f* infml dat

mist /mɪst/ **I** *n* [1] (thin fog) mgła *f*, mgiełka *f*; **~ and fog patches** miejscami mgły i zamglenia [2] (of perfume, spray) mgiełka *f*; (from breath, on window) para *f* [3] fig **to see sth through a ~ of tears** patrzeć na coś przez łzy

II *vt* zr|osić, -aszać *[plant]*

■ **mist over** *[lens, mirror]* zaparow|ać, -ywać; *[landscape]* spowi|ć, -jać się mgłą; **his eyes ~ed over with tears** oczy zaszły mu łzami

■ **mist up** *[lens, window]* zaparow|ać, -ywać

IDIOMS: **to be lost in the ~s of time** ginąć w pomroce dziejów

mistakable /mɪˈsteɪkəbl/ *adj* **the toucan is not ~ for any other bird** tukana nie można pomylić z żadnym innym ptakiem; **he is ~ for his brother** łatwo go pomylić z bratem

mistake /mɪˈsteɪk/ **I** *n* (error) (in text, spelling, typing) błąd *m*; (in sum, calculation, judgement, procedure) błąd *m*, pomyłka *f*; **to make a ~** (in decision) popełnić błąd; (in spelling, typing) zrobić błąd ortograficzny **(in sth** w czymś); (in calculation, date) pomylić się **(in sth** w czymś); **to make a stupid ~** zrobić głupi błąd; **to make a ~ about sb/sth** pomylić się co do kogoś/czegoś; **I made the ~ of telling them his address** popełniłam błąd, dając im jego adres; **to make the same ~ again** or **twice** powtórzyć ten sam błąd; **it would be a ~ to go there** byłoby błędem tam iść, pójście tam byłoby błędem; **it was a ~ to leave my umbrella at home** to (był) błąd, że zostawiłem parasol w domu; **by ~** przez pomyłkę; **I picked up her briefcase in ~ for mine** przez pomyłkę wziąłem jej teczkę zamiast swojej; **to make a fatal ~** popełnić fatalny błąd; **to realize/admit one's ~** zdać sobie sprawę z/przyznać się do błędu; **we all make ~s** wszyscy popełniamy błędy; **there's no ~** pomyłka jest wykluczona; **you're making a big ~** popełniasz wielki błąd; **she seems very quiet but, make no ~ about it, she's very determined** wygląda na bardzo spokojną, ale nie daj się zwieść – jest bardzo stanowcza; **you'll be punished, make no ~ about it** or **that!** nie licz na to, że nie dosięgnie cię kara!; **there must be some ~** (misunderstanding) to chyba jakaś pomyłka; **my ~!** moja wina!; **...and no ~!** ....bez dwóch zdań!; **to learn by one's ~s** uczyć się na (własnych) błędach

II *vt* (*pt* **-took**, *pp* **-taken**) [1] (confuse) po|mylić; **to ~ sth for sth** pomylić coś z czymś; **to ~ sb for sb else** wziąć kogoś za kogoś innego; **there's no mistaking it** nie ma (co do tego) wątpliwości; **there's no mistaking him!** nie można go z nikim pomylić!; **there's no mistaking his voice** nie sposób nie rozpoznać jego głosu; **there's no mistaking his intentions** nie ma wątpliwości co do jego zamiarów [2] (misinterpret) opacznie z|rozumieć *[meaning]*; **I mistook her silence for consent** mylnie uznałem jej milczenie za zgodę

mistaken /mɪˈsteɪkən/ **I** *pp* → **mistake**

II *adj* [1] **to be ~** mylić się; **I'm afraid you are ~** obawiam się, że się mylisz or że jesteś w błędzie; **that's where you're ~!** i tu się mylisz!; **I was ~ about the date of the meeting** pomyliłem się co do daty spotkania; **he was ~ in thinking it was over** mylił się sądząc, że (jest) już po wszystkim; **unless I'm very much ~** jeśli się nie mylę [2] (incorrect) *[idea, conclusion]* błędny, mylny; **to be under the ~ impression that...** mylnie sądzić, że...; **to do sth in the ~ belief that...** zrobić coś w błędnym przekonaniu, że...; **it was a case of ~ identity** Jur wzięto go/ją za kogoś innego [3] (unfounded) *[enthusiasm, loyalty]* nieuzasadniony

mistakenly /mɪˈsteɪkənlɪ/ *adv [think, fear, believe]* błędnie, mylnie, niesłusznie; **whether ~ or not, they remain optimistic** słusznie czy niesłusznie, są ciągle optymistami

mister /ˈmɪstə(r)/ *n* [1] → **Mr** [2] infml **thanks, ~** dziękuję panu; **hey, ~, you dropped your gloves** proszę pana, upuścił pan rękawiczki; **now listen to me, ~!** a teraz słuchaj pan! infml; **please, ~, can I have my ball back?** (used by children) proszę pana, czy mógłby mi pan oddać piłkę?

mistime /ˌmɪsˈtaɪm/ *vt* źle oblicz|yć, -ać (w czasie) *[length of journey, shot, attack]*; **to ~ one's resignation** złożyć rezygnację w nieodpowiednim momencie; **I ~d the announcement** wybrałem niewłaściwy moment na ogłoszenie komunikatu

mistiming /ˌmɪsˈtaɪmɪŋ/ *n* wybór *m* niewłaściwego momentu

mistletoe /ˈmɪsltəʊ/ *n* jemioła *f*; **to kiss sb under the ~** pocałować kogoś pod jemiołą (*na Nowy Rok*)

mistook /mɪˈstʊk/ *pt* → **mistake**

mistranslate /ˌmɪstrænsˈleɪt/ *vt* błędnie prze|tłumaczyć, błędnie prze|łożyć, -kładać

mistranslation /ˌmɪstrænsˈleɪʃn/ *n* błąd *m* w tłumaczeniu, błędne tłumaczenie *n*

mistreat /ˌmɪsˈtriːt/ *vt* maltretować, znęcać się nad (kimś/czymś) *[child, prisoner, animal]*; **don't ~ your books** szanuj swoje książki

mistreatment /ˌmɪsˈtriːtmənt/ *n* maltretowanie *n*, znęcanie (się) *n*

mistress /ˈmɪstrɪs/ *n* [1] (sexual partner) kochanka *f*; **to keep/have a ~** utrzymywać/mieć kochankę [2] (woman in charge) (of servant, animal) pani *f*; **the ~ of the house** pani domu; **~ of the situation** pani sytuacji [3] GB dat (teacher) nauczycielka *f*; **maths ~** nauczycielka matematyki

IDIOMS: **to be one's own ~** być panią samej siebie or panią swego losu

mistrial /ˌmɪsˈtraɪəl/ *n* Jur [1] (invalid trial) nieważne postępowanie *n* sądowe, nieważny proces *m* [2] US (where jury cannot agree) proces *m* nierozstrzygnięty *(z powodu niejednomyślności ławy przysięgłych)*

mistrust /ˌmɪsˈtrʌst/ **I** *n* (lack of confidence) brak *m* zaufania, nieufność *f* **(of** or **towards sb/sth** do kogoś/czegoś)

II *vt* nie ufać (komuś), nie dowierzać (komuś)

mistrustful /ˌmɪsˈtrʌstfl/ *adj* nieufny **(of sb/sth** wobec kogoś/czegoś)

mistrustfully /ˌmɪsˈtrʌstfəlɪ/ *adv* nieufnie

M

misty /ˈmɪstɪ/ *adj [conditions, morning]* mglisty; *[view, landscape, vision, look]* zamglony; *[valley, hills]* spowity mgłą; *[lens, window]* zaparowany; *[photo, TV picture]* nieostry; **~ rain** mżawka; **her eyes went all ~** oczy zaszły jej łzami; **~ grey/blue** fig bladoszary/bladoniebieski

misty-eyed /ˌmɪstɪˈaɪd/ *adj [person]* mający łzy w oczach; *[look]* przez łzy; **to go ~ about sth** wzruszać się czymś do łez; **they went ~ listening to that song** łza zakręciła się im w oku, kiedy słuchali tej piosenki

misunderstand /ˌmɪsˌʌndəˈstænd/ **I** *vt* (*pt, pp* **-stood**) źle z|rozumieć; (completely) nie z|rozumieć (kogoś/czegoś); **don't ~ me** (to clarify oneself) nie zrozum mnie źle
II misunderstood *pp adj* **to feel misunderstood** czuć się nierozumianym; **much misunderstood** *[book, person, concept]* często błędnie rozumiany

misunderstanding /ˌmɪsˌʌndəˈstændɪŋ/ *n* nieporozumienie *n*; **so as to avoid any ~** żeby uniknąć nieporozumień

misunderstood /ˌmɪsʌndəˈstʊd/ *pt, pp* → **misunderstand**

misuse I /ˌmɪsˈjuːs/ *n* (of equipment, word) niewłaściwe użycie *n*; (of power, authority) nadużycie *n*; (of talents, information, resources) niewłaściwe wykorzystanie *n*; **~ of funds** sprzeniewierzenie funduszy
II /ˌmɪsˈjuːz/ *vt* [1] (use wrongly) nieprawidłowo uży|ć, -wać (czegoś) *[equipment, word, expression]*; naduży|ć, -wać (czegoś) *[power, authority]*; niewłaściwie spożytkow|ać, -ywać *[talents, information, resources]*; sprzeniewierz|yć, -ać *[funds, money]* [2] (treat badly or unfairly) wykorzyst|ać, -ywać *[person]*

mite[1] /maɪt/ *n* [1] (child) kruszyna *f* fig; **poor little ~!** biedna kruszynka! [2] infml (small quantity) odrobina *f*; źdźiebko *n*; źdźiebełko *n* infml; **she seemed a ~ confused** wydawała się odrobinę zdezorientowana

mite[2] /maɪt/ *n* (animal) roztocz *m*; **cheese ~** roztocz serowy; **harvest ~** lądzień

miter *n* US = **mitre**

mitigate /ˈmɪtɪgeɪt/ **I** *vt* z|łagodzić *[effect, punishment, sentence]*; zmniejsz|yć, -ać, z|minimalizować *[risk, loss]*
II mitigating *prp adj [effect]* łagodzący; **mitigating circumstances** or **factors** Jur okoliczności łagodzące

mitigation /ˌmɪtɪˈgeɪʃn/ *n* [1] (minimizing) (of effects, punishment) złagodzenie *n*; (of loss) zmniejszenie *n*, zminimalizowanie *n* [2] Jur (of sentence) zmniejszenie *n*, złagodzenie *n*; (of damages) zmniejszenie *n*; **to say sth in ~ of sb's actions** powiedzieć coś na usprawiedliwienie postępowania kogoś; **to make a plea in ~** Jur prosić o złagodzenie kary

mitochondrial /ˌmaɪtəʊˈkɒndrɪəl/ *adj* mitochondrialny

mitosis /mɪˈtəʊsɪs, maɪ-/ *n* mitoza *f*

mitral /ˈmaɪtrəl/ *adj* mitralny

mitral valve *n* zastawka *f* mitralna

mitre GB, **miter** US /ˈmaɪtə(r)/ **I** *n* [1] (of bishop) mitra *f*, infuła *f* [2] Constr = **mitre joint**
II *vt* Constr [1] (join) po|łączyć kątowo na ucios [2] (shape) wyci|ąć, -nać uciosy w (czymś)

mitre box *n* skrzynka *f* uciosowa

mitre joint *n* połączenie *n* kątowe na ucios

mitt /mɪt/ *n* [1] = **mitten** [2] (in baseball) rękawica *f* [3] infml (hand) łapa *f* infml; **take your ~s off me!** łapy przy sobie!

mitten /ˈmɪtn/ *n* (covering hand) rękawiczka *f* z jednym palcem; (leaving fingers uncovered) mitenka *f*

mix /mɪks/ **I** *n* [1] (combination) (of people, objects) mieszanina *f*; (of styles, colours) połączenie *n*, mieszanka *f* [2] Culin **a cake ~** (in packet) ciasto w proszku [3] Constr mieszanka *f*; **a sack of cement ~** worek mieszanki cementowej [4] Mus miks *m*
II *vt* [1] (combine) z|mieszać *[ingredients, colours, liquids]*; prze|mieszać *[people, races, objects]*; po|łączyć *[systems, styles, methods]* **(with sth** z czymś); **to ~ sth into sth** (add to) dodać coś do czegoś; **to ~ one's drinks** mieszać alkohole; **to ~ and match sth** dobierać do siebie coś *[colours, styles]* [2] (make) rozr|obić, -abiać *[cement, paste]*; przyrządz|ić, -ać *[drink, cocktail, salad, medicine]*; **to ~ the flour and the water into a paste** wyrobić mąkę z wodą na jednolitą masę [3] Mus z|miksować *[record, track]*
III *vi* [1] (also **~ together**) (be combined) *[liquids, gases, colours]* wy|mieszać się **(with sth** z czymś) [2] (socialize) **he finds it hard to ~ at parties** ma trudności z nawiązywaniem znajomości na przyjęciach; **he's ~ing with the wrong people** zadaje się z niewłaściwymi ludźmi
■ **mix around: ~ around [sth], ~ [sth] around** [1] (blend) roz|mieszać *[mixture, ingredients, paste]* [2] (jumble up) po|mieszać *[names, objects, letters]*
■ **mix in: ~ in [sth], ~ [sth] in** doda|ć, -wać *[ingredients, substance]* **(with sth** do czegoś)
■ **mix up: ~ up [sb/sth], ~ [sb/sth] up** [1] (get confused over) po|mylić *[dates, names, tickets]*; **to ~ up A and B/A with B** pomylić A i B/A z B; **to get two things ~ed up** pomylić dwie rzeczy [2] (confuse) **to ~ sb up about sth** zamącić komuś w głowie w związku z czymś; **to be ~ed up about** or **over sth** mieć zamęt w głowie w związku z czymś; **to get ~ed up about sth** pogubić się w czymś [3] (jumble up) po|mieszać *[papers, photos, clothes]* [4] (involve) **to be ~ed up in sth** być w coś zamieszanym; **to ~ sb up in sth** wplątać kogoś w coś; **to get ~ed up in sth** wplątać się w coś; **to be ~ed up with sb** zadawać się z kimś; (having affair with) być z kimś związanym, mieć z kimś romans; **to get ~ed up with sb** uwikłać się w związek z kimś
IDIOMS: **to ~ it** US infml (start a fight) naparzać się infml; **to ~ it with sb** GB infml (stir up trouble) zadrzeć z kimś

mixed /mɪkst/ *adj* [1] (varied) *[collection, programme, diet]* zróżnicowany; *[group, community]* (socially, in age, racially) zróżnicowany, przemieszany; *[nuts, sweets]* różnego rodzaju, mieszany; **to be of ~ blood** mieć domieszkę krwi innej rasy [2] (for both sexes) *[school, dormitory, sauna]* koedukacyjny; **in ~ company** w mieszanym towarzystwie [3] (contrasting) *[response, reaction, reception]* mieszany; **to have ~ fortunes** przechodzić zmienne koleje losu; **to have ~ feelings about sth** mieć mieszane uczucia co do czegoś; **with ~ feelings** z mieszanymi uczuciami

mixed ability *adj* Sch *[class, teaching]* bez podziału na grupy

mixed bag *n* fig mieszanka *f*

mixed blessing *n* **to be a ~** mieć swoje wady i zalety

mixed doubles *n* gra *f* mieszana, mikst *m*

mixed economy *n* gospodarka *f* mieszana

mixed farming *n* gospodarstwo *n* hodowlano-uprawne

mixed fruit *n* bakalie *plt*

mixed grill *n* zestaw *m* różnych gatunków mięs pieczonych na ruszcie

mixed herbs *n* zioła *n pl* prowansalskie

mixed marriage *n* małżeństwo *n* mieszane

mixed media *n* multimedia *plt*; Art techniki *f pl* mieszane

mixed metaphor *n zastosowanie dwóch różnych metafor dające efekt komiczny*

mixed race I *n* rasa *f* mieszana; **to be of ~** być rasy mieszanej
II *modif* **~ person** osoba rasy mieszanej

mixed-up /ˌmɪkstˈʌp/ *adj* infml [1] (emotionally confused) *[person]* zagubiony [2] (jumbled up) *[thoughts, memories]* bezładny; *[emotions]* mieszany

mixed vegetables *npl* bukiet *m* z jarzyn

mixer /ˈmɪksə(r)/ *n* [1] Culin mikser *m* [2] (tonic, juice) bezalkoholowy dodatek *m* do drinków [3] (for cement) betoniarka *f*, mieszarka *f* [4] Mus (engineer) mikser *m*; (device) stół *m* mikserski [5] (sociable person) **to be a good/bad ~** łatwo/trudno nawiązywać znajomości [6] US (social gathering) spotkanie *n* towarzyskie

mixer faucet *n* US = **mixer tap**

mixer tap *n* GB bateria *f* mieszacz

mixing /ˈmɪksɪŋ/ *n* [1] (combining) (of ingredients, colours, styles) łączenie *n*, mieszanie *n*; (of cement) mieszanie *n* [2] Mus miksowanie *n*

mixing bowl *n* misa *f*, miska *f*

mixing desk *n* Mus stół *m* mikserski

mixture /ˈmɪkstʃə(r)/ *n* [1] (combination) (of people) mieszanina *f*; (of flavours) mieszanka *f* [2] Culin, Chem mieszanka *f*; Pharm mikstura *f*

mix-up /ˈmɪksʌp/ *n* infml nieporozumienie *n*, zamieszanie *n*; **there's been a ~ over the tickets** wynikło jakieś zamieszanie z biletami

miz(z)en /ˈmɪzn/ *n* [1] (sail) bezan *m* [2] (mast) bezanmaszt *m*

Mk *n* = **mark** (design or model) **~II Jaguar** Jaguar *m* Mk2

MLitt /ˌemˈlɪt/ *n* GB = **Master of Literature, Master of Letters** ≈ magister *m* w dziedzinie literatury

MLR *n* → **minimum lending rate**

MLS US = **Master of Library Science** ≈ magister *m* bibliotekoznawstwa

mm = **millimetre(s)** mm

MMC *n* = **Monopolies (and Mergers) Commission**

MN US Post = **Minnesota**

mnemonic /nɪˈmɒnɪk/ **I** *n* [1] środek *m* mnemotechniczny [2] Comput mnemonik *m*
II *adj* (aiding memory) *[verses, codes, techniques]* mnemoniczny, mnemotechniczny; (relating to memory) pamięciowy

mnemonics /nɪˈmɒnɪks/ *n* (+ *v sg*) mnemotechnika *f*, mnemonika *f*

mo /məʊ/ *n* GB infml (moment) chwilka *f*, chwileczka *f*; **just a mo!** chwileczkę!

MO [1] Mil = **Medical Officer** [2] US Post = **Missouri** [3] = **money order**

moan /məʊn/ **I** *n* [1] (of person, wind) jęk *m*; (prolonged wail) zawodzenie *n* [2] infml (grouse) biadolenie *n*, narzekanie *n* **(about sth** na coś); jęczenie *n*; labidzenie *n* infml **(about sth** z powodu czegoś); **to have a good ~ about sb/sth** ponarzekać (sobie) na kogoś /coś; **his constant ~ is that...** wiecznie jęczy, że...
II *vt* [1] (complain) narzekać, jęczeć; **to ~ that...** narzekać or jęczeć, że... [2] (wail) **'no!' he ~ed** „nie!" jęknął
III *vi* [1] (with pain, grief) ję|knąć, -czeć; **to ~ with pain/hunger** jęczeć z bólu/głodu [2] infml (grouse) narzekać **(about sb/sth** na kogoś/coś); jęczeć; labidzić infml **(about sb/ sth** z powodu kogoś/czegoś); *[child]* marudzić; **to ~ and groan** jęczeć [3] fig *[wind]* zawodzić
IV **moaning** *prp adj [voice]* jęczący, jękliwy; *[customer, passenger]* narzekający, niezadowolony; *[child]* marudny; *[noise, wind]* jęczący, zawodzący; **a ~ing minnie** GB infml pej maruda *m/f* infml

moaner /ˈməʊnə(r)/ *n* infml zrzęda *m/f* infml

moaning /ˈməʊnɪŋ/ *n* [1] (whimpering) jęki *m pl* [2] infml (grumbling) biadolenie *n*, narzekanie *n*; jęczenie *n*; labidzenie *n* infml [3] (of wind) jęk *m*, zawodzenie *n*

moat /məʊt/ *n* fosa *f*; **the ~ of a castle** fosa zamkowa

moated /ˈməʊtɪd/ *adj* otoczony fosą

mob /mɒb/ **I** *n (+ v sg/pl)* [1] (crowd) tłum *m*; motłoch *m* pej; **an angry ~** wzburzony tłum [2] (gang) gang *m*; **the Mob** mafia *f* [3] infml (group) paczka *f*; granda *f* infml; **Brahms, Schubert and all that ~** Brahms, Schubert i cała reszta [4] (masses) **the ~** gmin *m*, pospólstwo *n* pej
II *modif* [1] (Mafia) *[boss, leader, connections]* mafijny [2] (crowd) **~ hysteria** histeria tłumu; **~ violence** rozruchy
III *vt* (*prp, pt, pp* **-bb-**) *[fans, crowd]* oble|c, -gać, obst|ąpić, -ępować *[pop star, president]*; **the ticket office was ~bed** tłum szturmował kasę

mobcap /ˈmɒbkæp/ *n* Hist czepek *m* *(noszony przez kobiety)*

mob-handed /ˌmɒbˈhændɪd/ *adv* GB *[turn up, go in]* tłumnie

mobile /ˈməʊbaɪl, US -bl, also -biːl/ **I** *n* [1] Art mobil *m*, mobile *n inv* [2] (also **~ phone**) telefon *m* komórkowy; komórka *f* infml
II *adj* [1] (moveable) *[staircase, stage]* ruchomy; *[hospital, unit, artillery]* polowy; *[population, workforce]* mobilny [2] fig (expressive) *[features]* żywy, wyrazisty [3] (able to get around) **to be ~** (able to walk) móc chodzić or poruszać się; (able to travel) mieć czym jeździć, móc podróżować; **he's not as ~ as he was** (at home) trudniej mu się poruszać niż kiedyś; (on journeys) mniej podróżuje niż kiedyś; **I'm still ~** wciąż jeszcze mogę się poruszać o własnych siłach; **I'm not ~ tonight** infml jestem dziś niezmotoryzowany
III **-mobile** /məbiːl/ *in combinations* hum **Popemobile** papamobil **Batmobile** pojazd Batmana

mobile canteen *n* Mil kuchnia *f* polowa

mobile communications *n* telefonia *f* komórkowa

mobile home *n* przyczepa *f* kempingowa *(traktowana jako stałe miejsce zamieszkania)*

mobile Internet *n* dostęp *m* do Internetu przez telefon komórkowy

mobile library *n* GB bibliobus *m*, biblioteka *f* objazdowa

mobile phone *n* telefon *m* komórkowy; komórka *f* infml

mobile shop *n* samochód sklep *m*, sklep *m* na kółkach, sklep *m* objazdowy

mobile studio *n* TV, Radio wóz *m* transmisyjny

mobile telephony *n* telefonia *f* komórkowa

mobility /məʊˈbɪlətɪ/ *n* [1] (ability to move) zdolność *f* poruszania się; (of features) ekspresja *f*; (agility) ruchliwość *f*; **those with restricted ~** osoby o ograniczonej możliwości poruszania się; **it allows unrestricted ~** to daje nieograniczoną swobodę poruszania się [2] Sociol **social ~** mobilność społeczna; **job** or **occupational ~** ruchliwość zawodowa

mobility allowance *n* GB *zapomoga dla osób niepełnosprawnych na pokrycie wydatków związanych z transportem*

mobilization /ˌməʊbɪlaɪˈzeɪʃn, US -lɪˈz-/ *n* mobilizacja *f*; **to order (a) ~** Mil ogłosić mobilizację, wydać rozkaz mobilizacji

mobilize /ˈməʊbɪlaɪz/ **I** *vt* [1] Mil z|mobilizować *[troops, reservists]* **(against sb/sth** przeciwko komuś/czemuś); postawić, stawiać w stan gotowości bojowej *[tanks, aeroplanes]* [2] (activate) z|mobilizować *[supporters, volunteers, resources]*; z|organizować *[workforce, voter support]*; **to ~ the support of sb** fig uzyskać poparcie kogoś; **to ~ a patient's shoulder girdle** pobudzić sprawność ruchową pasa barkowego u pacjenta
II *vi* Mil *[country, armed forces]* z|mobilizować się; *[army reserve, nation]* stanąć, stawać pod bronią **(against sb/sth** do walki z kimś/czymś)

mob oratory *n* pej retoryka *f* populistyczna

mob rule *n* pej rządy *plt* motłochu

mob scene *n* Cin scena *f* zbiorowa

mobster /ˈmɒbstə(r)/ *n* członek *m* gangu, gangster *m*

moccasin /ˈmɒkəsɪn/ *n* mokasyn *m*

mocha /ˈmɒkə, US ˈməʊkə/ **I** *n* [1] (coffee) mokka *f* [2] (flavouring) aromat *m* czekoladowo-kawowy
II *modif [flavour, yoghurt, icecream]* kawowy

mock /mɒk/ **I** *n* GB Sch próbny egzamin *m*
II *adj* [1] (imitation) *[leather, ivory]* sztuczny; **~ suede** imitacja zamszu, sztuczny zamsz; **~-Gothic/-Tudor architecture** architektura naśladująca gotyk/styl z epoki Tudorów [2] (feigned) *[innocence, horror, modesty, solemnity]* udany, udawany; *[accident, battle, trial]* pozorowany; **in ~ terror** udając przerażenie [3] (practice) *[interview, raid, rescue, exam]* próbny
III *vt* [1] (laugh at) wyśmi|ać, -ewać *[person, appearance, effort]*; (mimic) przedrzeźniać [2] liter (frustrate) z|niweczyć, obr|ócić, -acać w niwecz *[effort, hopes]*; udaremni|ć, -ać *[attempt]*
IV *vi* wyśmiewać się, drwić, kpić, pokpiwać

■ **mock up**: **~ up [sth], ~ [sth] up** zbudować model (czegoś), zrobić atrapę (czegoś)

mocker /ˈmɒkə(r)/ *n* prześmiewca *m*
IDIOMS: **to put the ~s on sth** GB udaremnić coś, zniweczyć coś

mockery /ˈmɒkərɪ/ *n* [1] (ridicule) kpiny *f pl*, drwiny *f pl*; **to make a ~ of sb/sth** wystawić kogoś/coś na pośmiewisko *[person, group, process, report, work]*; ośmiesz|yć, -ać, s|kompromitować *[law, principle, rule]*; **self-~** autoironia [2] pej (travesty) (of activity, justice) parodia *f* [3] (object of ridicule) pośmiewisko *n*

mock-heroic /ˌmɒkhɪˈrəʊɪk/ *adj* Literat heroikomiczny

mocking /ˈmɒkɪŋ/ **I** *n* kpiny *f pl*, drwiny *f pl*
II *adj [manner, remark, smile, tone]* kpiący, szyderczy; **self-~** autoironiczny

mockingbird /ˈmɒkɪŋbɜːd/ *n* Zool przedrzeźniacz *m*

mockingly /ˈmɒkɪŋlɪ/ *adv* kpiąco, szyderczo

mock orange *n* Bot jaśminowiec *m* wonny

mock turtle soup *n* Culin *zupa z głowizny cielęcej*

mock-up /ˈmɒkʌp/ *n* Print makieta *f*; Tech model *m*, atrapa *f*

mod /mɒd/ **I** *n* GB (also **Mod**) mods *m* *(członek subkultury młodzieżowej z lat 60. XX wieku)*
II *modif* **~ fashion/band** moda/gang modsów
III *adj* US infml (up-to-date) modny

MoD *n* GB = **Ministry of Defence** ministerstwo *n* obrony

modal /ˈməʊdl/ **I** *n* (also **~ auxiliary, ~ verb)** czasownik *m* modalny or posiłkowy
II *adj* modalny

modality /məˈdælətɪ/ *n* modalność *f*

mod cons *npl* GB = **modern conveniences** wygody *f pl*; **'all ~'** (in advert) „wszystkie wygody"

mode /məʊd/ *n* [1] (way, style) sposób *m*, styl *m*; **~ of life** styl życia or tryb życia; **~ of behaviour/dress** sposób zachowania /ubierania się; **~ of speech** or **expression** sposób wyrażania się [2] (method) sposób *m*, metoda *f*; **~ of funding/production** sposób finansowania/metoda produkcji; **~ of transport** środek transportu [3] (state) (of equipment) tryb *m* (pracy); **in printing /operational ~** *[computer, word processor]* w trybie drukowania/operacyjnym; **to work** or **be in play-back ~** *[radio, cassettecorder]* być ustawionym na odtwarzanie; **to switch** or **change ~** *[machine]* przełączyć się na inny tryb pracy; *[person]* przestawić się infml; **I'm in work/party ~** jestem w nastroju or mam nastrój do pracy /zabawy [4] infml (fashion) moda *f*; **to be the ~** być w modzie [5] Stat dominanta *f*, moda *f*, wartość *f* modalna [6] Mus modus *m*

model /ˈmɒdl/ **I** *n* [1] (scale representation) (for planning, engineering) makieta *f*, model *m* **(of sth** czegoś); (made as hobby) model *m* **(of sth** czegoś) [2] (version of car, appliance, garment) model *m*; **the new/latest ~** nowy/najnowszy model; **a 1956 ~ (car)** model (samochodu) z 1956 [3] (person) (for artist, photographer) model *m*, -ka *f*; **fashion ~** modelka; **top ~**

supermodelka [4] (example, thing to be copied) wzór *m*; **to be** or **serve as a ~ for sth** być wzorem or służyć za wzór dla czegoś; **to hold sth up** or **out as a ~** uważać coś za wzór; **a ~ of tact/fairness** wzór taktu /prawości; **a legal system on the British ~** system prawny wzorowany na modelu brytyjskim [5] Math, Comput model *m*; **computer ~** model komputerowy

II *adj* [1] (miniature) **~ aeroplane/boat** model samolotu/statku; **~ car** model samochodu; (toy) samochodzik; **~ soldier** żołnierzyk; **~ train** kolejka; **~ village** makieta miasteczka [2] (new and exemplary) *[farm, hospital, prison]* modelowy, wzorcowy [3] (perfect) *[spouse, student, conduct]* wzorowy

III *vt* (*prp, pt, pp* **-ll-**, **-l-** US) [1] **to ~ sth on sth** wzorować coś na czymś [2] *[fashion model]* za|prezentować *[garment, design]* [3] (shape) wy|modelować; **to ~ sth in clay/wax** modelować coś w glinie/w wosku [4] Comput, Math przedstawi|ć, -ać w formie modelu *[process, economy]*

IV *vi* (*prp, pt, pp* **-ll-**, **-l-** US) [1] *[artist's model]* pozować **(for sb** komuś); **to ~ for magazines** pozować do zdjęć w czasopismach [2] *[fashion model]* pracować jako model/modelka; **she ~s for one of the top designers** pracuje jako modelka dla jednego z czołowych projektantów [3] *[sculptor, artist]* **to ~ in clay/wax** modelować prace w glinie/wosku

V modelled, modeled US *pp adj* [1] *[clothes]* prezentowany **(by sb** przez kogoś) [2] **~led on sth** wzorowany na czymś

VI *vr* **to ~ oneself on sb** wzorować się na kimś

model answer *n* przykładowa odpowiedź *f*

modeler *n* US = **modeller**

modeling *n* US = **modelling**

modeller /ˈmɒdələ(r)/ *n* modelarz *m*

modelling /ˈmɒdəlɪŋ/ *n* [1] (of clothes) **to take up ~** zacząć pracować jako model /modelka; **have you done any ~?** pracowałeś kiedyś jako model?; **~ is a tough career** praca modela/modelki to ciężki kawałek chleba infml [2] (for photographer, artist) pozowanie *n*; **to do some ~ for sb** pozować komuś [3] (with clay, wax) modelowanie *n* [4] Comput modelowanie *n*

modelling clay *n* modelina *f*

model theory *n* Math teoria *f* modeli

modem /ˈməʊdem/ *n* modem *m*

moderate **I** /ˈmɒdərət/ *n* osoba *f* o umiarkowanych poglądach

II /ˈmɒdərət/ *adj* [1] (not extreme) *[views, demands, criticism]* umiarkowany **(in sth** w czymś); *[tone]* spokojny; *[person]* o umiarkowanych poglądach [2] (mediocre) *[ability, achievements]* średni, przeciętny [3] (medium) *[expense, gain, price]* umiarkowany, średni; **at** or **over a ~ heat** Culin na średnim ogniu; **in a ~ oven** w średnio nagrzanym piekarniku; **he's a ~ drinker** pije umiarkowanie [4] Meteorol *[conditions, rain, wind]* umiarkowany

III /ˈmɒdəreɪt/ *vt* [1] z|łagodzić *[opinions, tone of criticism]*; powściąg|nąć, -ać *[demands]* [2] GB Sch, Univ ujednolic|ić, -ać system oceniania (czegoś) *[examinations]*

IV /ˈmɒdəreɪt/ *vi* [1] (become less extreme) *[person]* stać się bardziej umiarkowanym w poglądach, złagodzić swoje poglądy [2] (chair) **to ~ over a debate** prowadzić debatę; być moderatorem w debacie fml [3] Meteorol *[wind]* o|słabnąć; *[storm]* uciszyć się, cichnąć

moderate breeze *n* Meteorol wiatr *m* umiarkowany

moderate gale *n* Meteorol bardzo silny wiatr *m*

moderately /ˈmɒdərətlɪ/ *adv* [1] (averagely) *[confident, fit, interesting, successful]* w miarę; *[warm]* umiarkowanie; *[drink]* z umiarem; **~ priced** w rozsądnej or umiarkowanej cenie; **~ sized** średniej wielkości; **~ well** w miarę dobrze; **to be ~ profitable** przynosić umiarkowane zyski [2] (restrainedly) *[react, speak, criticize]* powściągliwie

moderating /ˈmɒdəreɪtɪŋ/ *adj [influence, role]* łagodzący

moderation /ˌmɒdəˈreɪʃn/ *n* umiar *m*, umiarkowanie *n* **(in sth** w czymś); **in ~** z umiarem; **to be taken in ~** (of pills) nie nadużywać

moderator /ˈmɒdəreɪtə(r)/ *n* [1] (in debates) prowadząc|y *m*, -a *f* dyskusję; moderator *m* fml [2] Relig *duchowny prezbiteriański stojący na czele zgromadzenia kościoła* [3] GB Sch, Univ ≈ przewodniczący *m* komisji egzaminacyjnej [4] Nucl spowalniacz *m*, moderator *m*

modern /ˈmɒdn/ **I** *n* przedstawiciel *m*, -ka *f* nowej generacji

II *adj* [1] (up-to-date) *[car, factory, device, company, system, person]* nowoczesny; **all ~ conveniences** wszystkie wygody [2] (contemporary) *[art, dance, literature, world]* współczesny; *[era]* nowożytny; **~ China/India** dzisiejsze or współczesne Chiny/Indie; **~ Berlin** dzisiejszy Berlin; **in ~ times** w dzisiejszej dobie, w dzisiejszych czasach; **he's a sort of ~ Napoleon** jest kimś w rodzaju współczesnego Napoleona

modern art *n* sztuka *f* nowoczesna

modern-day /ˌmɒdnˈdeɪ/ *adj* współczesny

modern dress *n* Theat współczesne stroje *m pl*

modern English *n* (język *m*) nowoangielski *m*

modern Greek *n* (język *m*) nowogrecki *m*

modern history *n* historia *f* nowożytna

modernism /ˈmɒdənɪzəm/ *n* (also **Modernism**) modernizm *m*

modernist /ˈmɒdənɪst/ *n* (also **Modernist**) modernist|a *m*, -ka *f*

modernistic /ˌmɒdəˈnɪstɪk/ *adj* modernistyczny

modernity /mɒˈdɜːnətɪ/ *n* nowoczesność *f*

modernization /ˌmɒdənaɪˈzeɪʃn, US -nɪˈz-/ *n* modernizacja *f*, unowocześnienie *n*; **the office is in need of ~** konieczna jest modernizacja biura

modernize /ˈmɒdənaɪz/ **I** *vt* z|modernizować, unowocześni|ć, -ać

II *vi* z|modernizować się, unowocześni|ć, -ać się

modern language **I** **modern languages** *npl* języki *m pl* nowożytne

II *modif* (also **~s**) **~ student** student języków nowożytnych; **~ lecturer** wykładowca języków nowożytnych

modest /ˈmɒdɪst/ *adj* [1] (unassuming) *[person]* skromny; **he's very ~ about his success** nie chwali się swoimi sukcesami; **he's just being ~!** jest zbyt skromny! [2] (not large or showy) *[gift, aim, salary, sum, demands]* skromny; *[amount, improvement]* niewielki [3] (demure) *[dress, person]* skromny

modestly /ˈmɒdɪstlɪ/ *adv* [1] (unassumingly) *[talk]* skromnie; *[suggest, explain]* grzecznie, uprzejmie [2] (with propriety) *[behave, dress]* skromnie [3] (moderately) **he has been ~ successful** odniósł umiarkowany sukces

modesty /ˈmɒdɪstɪ/ *n* [1] (humility) skromność *f*; **false ~** fałszywa skromność; **in all ~, I think that...** ośmielam się sądzić, że... [2] (propriety) (of dress, person) skromność *f*; **to outrage his/her ~** obrazić jego/jej poczucie przyzwoitości [3] (smallness) (of demands, sum, aspirations) skromność *f*

modicum /ˈmɒdɪkəm/ *n* odrobina *f*, krztyna *f* **(of sth** czegoś)

modifiable /ˈmɒdɪfaɪəbl/ *adj* podlegający modyfikacji

modification /ˌmɒdɪfɪˈkeɪʃn/ *n* zmiana *f*, modyfikacja *f*; **to make ~s to** or **in sth** wprowadzić zmiany do czegoś or w czymś, zmodyfikować coś; **the project will need ~** projekt będzie wymagał modyfikacji; **we accept it without further ~s** akceptujemy to bez dalszych zmian

modifier /ˈmɒdɪfaɪə(r)/ *n* Ling rzeczownik *m* w funkcji atrybutywnej

modify /ˈmɒdɪfaɪ/ **I** *vt* [1] (alter) z|modyfikować *[design, weapon, wording]*; ulepsz|yć, -ać *[drug]*; **in a modified form** w zmodyfikowanej postaci [2] (moderate) z|łagodzić *[demand, statement, policy]*; zmieni|ć, -ać *[punishment]* **(to sth** na coś) [3] Ling okreś|l|ić, -ać

II modifying *prp adj* Ling określający

modish /ˈməʊdɪʃ/ *adj* modny

modular /ˈmɒdjʊlə(r), US -dʒʊ-/ *adj* [1] Tech *[design, construction, spacecraft, circuit]* modułowy; *[program, programming]* modularny; **~ furniture/housing** meble/domy z segmentów [2] Sch, Univ **the courses would be ~** kursy byłyby podzielone na moduły

modulate /ˈmɒdjʊleɪt, US -dʒʊ-/ **I** *vt* modulować

II *vi* Mus **to ~ from C major to A minor** przechodzić z C-dur na A-mol

modulation /ˌmɒdjʊˈleɪʃn, US -dʒʊ-/ *n* modulacja *f*

module /ˈmɒdjuːl, US -dʒʊ-/ *n* [1] Comput, Constr, Electron moduł *m* [2] Aerosp człon *m* [3] Sch, Univ moduł *m*

modulus /ˈmɒdjʊləs, US -dʒʊ-/ *n* (*pl* **-li**) [1] Math moduł *m*, wartość *f* bezwzględna [2] Phys moduł *m*, współczynnik *m*

modus operandi /ˌməʊdəsˌɒpəˈrændɪ/ *n* sposób *m* działania

modus vivendi /ˌməʊdəsvɪˈvendɪ/ *n* (*pl* **modi vivendi**) płaszczyzna *f* porozumienia; modus vivendi *n inv* fml

moggie *n* = **moggy**

moggy, moggie /ˈmɒgɪ/ *n* GB infml kocur *m*

mogul¹ /ˈməʊgl/ *n* (magnate) magnat *m*, potentat *m*; **oil ~** potentat naftowy; **newspaper ~** magnat prasowy

mogul² /ˈməʊgl/ *n* (bump) mulda *f*

Mogul /ˈməʊgl/ **I** *n* Mogoł *m*; **the Great ~** Wielki Mogoł

II *modif* **~ dynasty/emperor** dynastia /władca Mogołów

mohair /ˈməʊheə(r)/ **I** *n* moher *m*

II *modif [garment]* moherowy

Mohammed /məʊˈhæmed/ *prn* Relig Mahomet *m*

IDIOMS: **if the mountain will not come to ~, then ~ must go to the mountain** Prov jeśli góra nie chce przyjść do Mahometa, Mahomet pójdzie do niej

Mohammedan /məʊˈhæmɪdən/ **I** *n* mahometan|in *m*, -ka *f*

II *adj* mahometański

Mohammedanism /məʊˈhæmɪdənɪzəm/ *n* mahometanizm *m*

mohican /məʊˈhiːkən/ *n* US Hist (hairstyle) irokez *m*

Mohican /məʊˈhiːkən/ *prn* Mohikan|in *m*, -ka *f*

Mohs scale /ˈməʊzskeɪl, ˈmɔːs-/ *n* skala *f* twardości Mohsa

moiré /ˈmwɑːreɪ/ *n* mora *f*

moist /mɔɪst/ *adj [climate, wind, soil, stone, lips, breath, towel, hands, cake]* wilgotny; *[meat]* niewyschnięty, niewysuszony; Cosmet *[skin]* dobrze nawilżony; **eyes ~ with tears** oczy wilgotne od łez; **keep the soil ~** dopilnuj, żeby ziemia była zawsze wilgotna

moisten /ˈmɔɪsn/ **I** *vt* 1 zwilż|yć, -ać *[soil, cloth]*; **to ~ one's fingers/lips** zwilżyć palce/wargi 2 Culin nasącz|yć, -ać; **~ the sponge with sherry** nasącz biszkopt sherry

II *vi [eyes]* z|wilgotnieć

moistness /ˈmɔɪstnɪs/ *n* (of air, soil) wilgotność *f*; (of hand) potnienie *n*; Cosmet (of skin) nawilżenie *n*

moisture /ˈmɔɪstʃə(r)/ *n* (of soil, in walls) wilgoć *f*; (on glass) para *f*; (sweat) kropelki *f pl* potu

moisturize /ˈmɔɪstʃəraɪz/ **I** *vt* nawilż|yć, -ać *[skin]*

II moisturizing *prp adj [cream, lotion, agent]* nawilżający

moisturizer /ˈmɔɪstʃəraɪzə(r)/ *n* (lotion) mleczko *n* nawilżające; (cream) krem *m* nawilżający

molar¹ /ˈməʊlə(r)/ *n* Dent ząb *m* trzonowy

molar² /ˈməʊlə(r)/ *adj* Phys, Chem molowy, molarny

molasses /məˈlæsɪz/ *n (+ v sg)* melasa *f*

mold *n* US = **mould¹**, **mould²**, **mould³**

Moldavia /mɒlˈdeɪvɪə/ *prn* Hist Mołdawia *f*

Moldavian /mɒlˈdeɪvɪən/ **I** *n* 1 (person) Mołdawian|in *m*, -ka *f* 2 Ling (język *m*) mołdawski *m*

II *adj* mołdawski

molder *vi* US = **moulder**

molding *n* US = **moulding**

Moldova /mɒlˈdəʊvə/ *prn* Mołdowa *f*

Moldovan /mɒlˈdəʊvən/ *n* (person) Mołdawian|in *m*, -ka *f*

moldy *adj* US = **mouldy**

mole¹ /məʊl/ *n* 1 Zool kret *m* 2 fig (spy) wtyczka *f*, kret *m* fig infml

mole² /məʊl/ *n* (on skin) pieprzyk *m*

mole³ /məʊl/ *n* (breakwater) falochron *m*

mole⁴ /məʊl/ *n* Phys, Chem mol *m*

mole-catcher /ˈməʊlkætʃə(r)/ *n* tępiciel *m* kretów

molecular /məˈlekjʊlə(r)/ *adj* molekularny, cząsteczkowy

molecule /ˈmɒlɪkjuːl/ *n* cząsteczka *f*, molekuła *f*, drobina *f*

molehill /ˈməʊlhɪl/ *n* kretowisko *n*

IDIOMS: **to make a mountain out of a ~** robić z igły widły

moleskin /ˈməʊlskɪn/ **I** *n* 1 (fur) krecia skórka *f* 2 (cotton) moleskin *m*

II *modif* 1 (fur) *[garment]* z kreciej skórki 2 (cotton) *[trousers, jacket]* z moleskinu

molest /məˈlest/ *vt* 1 (sexually assault) molestować seksualnie *[child]* 2 fml (annoy) naprzykrzać się (komuś), molestować

molestation /ˌməʊleˈsteɪʃn/ *n* 1 (sexual assault) molestowanie *n* seksualne 2 fml (annoyance) molestowanie *n*, naprzykrzanie się *n*; **without ~** spokojnie, bez przeszkód

molester /məˈlestə(r)/ *n* = **child molester**

moll /mɒl/ *n* infml dziewczyna *f*; **gangster's ~** dziewczyna gangstera

mollify /ˈmɒlɪfaɪ/ *vt* u|łagodzić, udobruchać *[person]*

mollusc, mollusk US /ˈmɒləsk/ *n* mięczak *m*

mollycoddle /ˈmɒlɪkɒdl/ *vt* pej rozpie|ścić, -szczać

Molotov cocktail /ˌmɒlətɒfˈkɒkteɪl/ *n* koktajl *m* Mołotowa

molt *n, vi* US = **moult**

molten /ˈməʊltən/ *adj [iron ore, metal]* roztopiony, stopiony

Moluccan /məˈlʌkən/ **I** *n* Moluka|ńczyk *m*, -nka *f*

II *adj* molucki

Moluccas /məˈlʌkəs/ *prn pl* (also **Molucca Islands) the ~** Moluki *plt*

molybdenum /məˈlɪbdɪnəm/ *n* molibden *m*

mom /mɒm/ *n* US infml mama *f* infml

mom and pop *n* US infml **~ store** mały sklepik *m* prowadzony przez rodzinę

moment /ˈməʊmənt/ *n* 1 (instant) chwila *f*, moment *m*; **in a ~** za chwilę; **for the ~** na razie, chwilowo; **it will only take you a ~** to ci zajmie tylko chwilkę; **just for a ~ I thought you were Adam** przez chwilę myślałem, że ty to Adam; **at any ~** w każdej chwili; **I didn't think for a** or **one ~ that you were guilty** ani przez (jedną) chwilę nie sądziłem, że jesteś winny; **I don't believe that for one ~!** kompletnie w to nie wierzę!; **I recognized him the ~ I saw him** poznałem go natychmiast or od razu; **just a ~, that's not what you told me yesterday!** zaraz, zaraz, nie to powiedziałeś mi wczoraj!; **and not a ~ too soon!** najwyższy czas!; **the car hasn't given me a ~'s trouble** nigdy nie miałem najmniejszego problemu z tym samochodem; **in a ~ of panic /weakness** w panice/w chwili słabości; **in his lucid ~s he appears quite normal** w chwilach przytomności robi wrażenie zupełnie normalnego; **wait a ~** zaczekaj (chwilę); **without a ~'s hesitation** bez chwili wahania 2 (point in time) moment *m*; **a great ~ in Polish history** wielki moment w historii Polski; **at the right ~** w odpowiednim momencie; **to choose one's ~** wybrać odpowiedni moment; **phone me the ~ (that) he arrives** zadzwoń do mnie, jak tylko przyjedzie; **I've only this ~ arrived** dosłownie przed chwilą przyjechałem; **her bad luck began the ~ she was born** od urodzenia ma pecha; **at this ~ in time** w chwili obecnej; **this is the ~ of truth** oto chwila prawdy 3 (good patch) **the film/novel had its ~s** w filmie/powieści było parę dobrych momentów; **he has his ~s** bywa świetny 4 (importance) waga *f*, znaczenie *n*; **to be of great ~ to sb** mieć wielką wagę or wielkie znaczenie dla kogoś 5 Phys moment *m*

momentarily /ˈməʊməntrəlɪ, US ˌməʊmənˈterəlɪ/ *adv* 1 (for an instant) *[stop, lose consciousness, forget]* na chwilę, na moment; *[glance, hesitate]* przez chwilę, przez moment 2 US (very soon) za chwilę; (at any moment) lada chwila

momentary /ˈməʊməntrɪ, US -terɪ/ *adj* 1 (temporary) *[aberration, delay, lapse]* chwilowy; **there was a ~ silence** na krótką chwilę zaległa cisza 2 (fleeting) *[impulse, indecision, whim]* chwilowy; *[glimpse]* przelotny

momentous /məˈmentəs, məʊˈm-/ *adj* doniosły, wielkiej wagi

momentousness /məˈmentəsnɪs, məʊˈm-/ *n* doniosłość *f*

momentum /məˈmentəm, məʊˈm-/ *n* 1 (pace) rozmach *m*, rozpęd *m*, impet *m* also fig; **to gather** or **gain ~** nabrać rozmachu or rozpędu or impetu; **to lose ~** stracić rozmach or impet 2 Phys pęd *m*; **to gather** or **gain ~** nabierać pędu; **to lose ~** tracić pęd

Mon = **Monday** poniedziałek *m*, pon.

Monaco /ˈmɒnəkəʊ/ *prn* Monako *n inv*

monad /ˈmɒnæd, ˈməʊ-/ *n* 1 Philos monada *f* 2 Biol organizm *m* jednokomórkowy

Mona Lisa /ˌməʊnəˈliːzə/ *prn* **the ~** Mona Lisa *f*

monarch /ˈmɒnək/ *n* monarch|a *m*, -ini *f*

monarchic /məˈnɑːkɪk/ *adj* (also **monarchical)** monarchiczny

monarchism /ˈmɒnəkɪzəm/ *n* monarchizm *m*

monarchist /ˈmɒnəkɪst/ **I** *n* monarchist|a *m*, -ka *f*

II *adj* monarchistyczny

monarchy /ˈmɒnəkɪ/ *n* monarchia *f*

monastery /ˈmɒnəstrɪ, US -terɪ/ *n* klasztor *m* (męski)

monastic /məˈnæstɪk/ *adj* 1 Relig klasztorny, zakonny, mnisi, monastyczny 2 (ascetic) klasztorny fig

monasticism /məˈnæstɪsɪzəm/ *n* życie *n* klasztorne or zakonne

Monday /ˈmʌndeɪ, -dɪ/ **I** *n* poniedziałek *m*; **on ~** w poniedziałek

II *modif* poniedziałkowy; **I've got that ~ morning feeling** ogarnęła mnie poniedziałkowa chandra infml

Monegasque /ˌmɒnɪˈgæsk/ **I** *n* Monakij|czyk *m*, -ka *f*

II *adj* monakijski

monetarism /ˈmʌnɪtərɪzəm/ *n* monetaryzm *m*

monetarist /ˈmʌnɪtərɪst/ **I** *n* monetarysta *m*

II *adj [policy, reform]* monetarny

monetary /ˈmʌnɪtrɪ, US -terɪ/ *adj [standard, unit, policy, system]* monetarny; *[reserve]* pieniężny; *[base, control]* finansowy

money /ˈmʌnɪ/ **I** *n* 1 (coins, notes) pieniądze *plt* 2 (funds) pieniądze *plt*; **to make ~** *[person]* zarabiać; *[business, project, product]* przynosić zyski; **to run out of ~** wydać wszystkie pieniądze; spłukać się infml; **to get one's ~ back** odzyskać pieniądze; **to find the ~ to do sth** znaleźć pieniądze na

M

zrobienie czegoś; **there's no ~ in it** z tego nie będzie pieniędzy infml; **where's the ~ going to come from?** skąd będą na to pieniądze?; **there's big ~ involved** infml w to zaangażowane są duże or ciężkie pieniądze; **they made a lot of ~ when they sold the house** sporo zarobili na sprzedaży domu; **it was ~ well spent** ten wydatek się opłacał [3] (specific sum) **she's come for her ~** przyszła po swoje pieniądze; **did you give the milkman his ~?** czy zapłaciłeś mleczarzowi?; **I gave her her bus/school-dinner ~** dałem jej (pieniądze) na autobus/szkolne obiady; **spending ~** kieszonkowe; **satisfaction guaranteed or your ~ back** gwarantujemy pełną satysfakcję lub zwracamy pieniądze [4] (in banking, on stock exchange) pieniądze *plt*, kapitał *m*, fundusze *plt*; **to raise ~** zdobyć kapitał; **to pay good ~** opłacać się; **to put up ~ for a project** zainwestować pieniądze w (jakieś) przedsięwzięcie [5] (salary) pensja *f*, płaca *f*, wynagrodzenie *n*, zapłata *f*; **the job is boring, but the ~ is good** praca jest nudna, ale za to pensja dobra or pieniądze dobre; **to earn good ~** dobrze zarabiać [6] (price) cena *f*; **it's a bargain for the ~** to okazja za taką cenę [7] (wealth) majątek *m*; **to have ~** mieć majątek, być bogatym; **to make one's ~ in business** zrobić majątek na interesach; **to inherit one's ~** odziedziczyć majątek; **there's a lot of ~ in that area** tu mieszka dużo bardzo zamożnych ludzi; **there's a lot of ~ (to be made) in computing** na komputerach można się nieźle dorobić

II monies, moneys *npl* (funds) fundusze *plt*, kapitał *m*; (sums) sumy *f pl* pieniężne

III *modif* (relating to money) *[problems, worries, matters]* finansowy, majątkowy

IDIOMS: **not for love nor ~** za żadne pieniądze or skarby; **for my ~...** moim zdaniem...; **~ burns a hole in her pocket, she spends ~ like water** trwoni pieniądze, szasta pieniędzmi; **it's ~ for jam, it's ~ for old rope** to łatwy or lekki chleb; **~ talks** pieniądze otwierają wszystkie drzwi or mają siłę przekonywania; **time is ~** czas to pieniądz; **the smart ~ is on X** zdaniem ekspertów X to dobra lokata; **to be in the ~** być przy pieniądzach or przy forsie infml; **to be made of ~** mieć forsy jak lodu, spać na forsie infml; **to get one's ~'s worth, to get a good run for one's ~** nie wydawać pieniędzy na darmo; **to give sb a good run for his/her ~** być trudnym przeciwnikiem dla kogoś; **to have ~ to burn** mieć forsy jak lodu infml; **to put one's ~ where one's mouth is** poprzeć słowa czynami; **to throw good ~ after bad** niepotrzebnie narażać się na dalsze straty; **your ~ or your life!** pieniądze albo życie!

money-back guarantee /ˌmʌnɪbækˌɡærənˈtiː/ *n* gwarantowany zwrot *m* pieniędzy

moneybags /ˈmʌnɪbæɡz/ *n* infml bogacz *m*, -ka *f*, krezus *m*

money belt *n* pas *m* na pieniądze

moneybox /ˈmʌnɪbɒks/ *n* skarbonka *f*

money-changer /ˈmʌnɪtʃeɪndʒə(r)/ *n* właściciel *m*, -ka *f* kantoru; (illegal) cinkciarz *m* infml

moneyed /ˈmʌnɪd/ *adj [people]* bogaty, majętny

money-grubber /ˈmʌnɪɡrʌbə(r)/ *n* infml pej chciwiec *m*, sknera *m/f*, kutwa *m/f*

money-grubbing /ˈmʌnɪɡrʌbɪŋ/ *adj* pej *[person]* chciwy, zachłanny na pieniądze

moneylender /ˈmʌnɪlendə(r)/ *n* [1] Fin, Comm pożyczkodawca *m* [2] dat (usurer) lichwia|rz *m*, -rka *f* pej

money-loser /ˈmʌnɪluːzə(r)/ *n* kiepski interes *m*

moneymaker /ˈmʌnɪmeɪkə(r)/ *n [product]* przebój *m* rynkowy; *[activity]* kokosowy or złoty interes *m*

moneymaking /ˈmʌnɪmeɪkɪŋ/ *adj [scheme]* dochodowy, zyskowny; lukratywny fml

moneyman /ˈmʌnɪmən/ *n* (*pl* **-men**) finansista *m*

money market *n* rynek *m* pieniężny

money market fund *n* Fin fundusz *m* lokacyjny rynku pieniężnego

money order, MO *n* przekaz *m* pieniężny

money rate *n* stawka *f* oprocentowania

money spider *n* pajączek *m* (*przynoszący jakoby szczęście*)

money spinner *n* GB maszynka *f* do robienia pieniędzy fig

money supply *n* podaż *f* pieniądza

moneywort /ˈmʌnɪwɜːt/ *n* Bot tojeść *f* rozesłana

mongol /ˈmɒŋɡl/ **I** *n* Med offensive dat mongoł *m* infml offensive

II *adj* mongołowaty infml offensive

Mongol /ˈmɒŋɡl/ **I** *n* [1] (person) Mongoł *m*, -ka *f* [2] Ling (język *m*) mongolski *m*

II *adj* mongolski

Mongolia /mɒŋˈɡəʊlɪə/ *prn* Mongolia *f*; **Inner ~** Mongolia Wewnętrzna; **Outer ~** Mongolia, Mongolia Zewnętrzna; fig koniec *m* świata fig

Mongolian /mɒŋˈɡəʊlɪən/ **I** *n* Mongoł *m*, -ka *f*

II *adj* mongolski

mongolism /ˈmɒŋɡəlɪzəm/ *n* Med offensive dat mongolizm *m*, mongołowatość *f* dat

mongoloid /ˈmɒŋɡəlɔɪd/ **I** *n* Med offensive dat mongoł *m* offensive

II *adj* mongołowaty offensive

mongoose /ˈmɒŋɡuːs/ *n* mangusta *f*

mongrel /ˈmʌŋɡrl/ **I** *n* [1] (dog) kundel *m* [2] (hybrid) mieszaniec *m*

II *adj [breed]* mieszany; **~ puppy** szczeniak rasy mieszanej; **~ terrier** mieszaniec teriera

monied /ˈmʌnɪd/ *adj* = **moneyed**

monies /ˈmʌnɪz/ *npl* = **money II**

moniker /ˈmɒnɪkə(r)/ *n* infml dat (name) imię *n*; (nickname) przydomek *m*, przezwisko *n*

monitor /ˈmɒnɪtə(r)/ **I** *n* [1] (screen) monitor *m*; (controlling device) urządzenie *n* kontrolne, ostrzegacz *m* [2] Med monitor *m*; **heart ~** kardiomonitor [3] Audio, Comput monitor *m*; **~ program** program monitorujący, program nadzorujący; monitor infml [4] GB Sch dyżurn|y *m*, -a *f*; **blackboard ~** dyżurny odpowiedzialny za tablicę [5] US Sch pilnujący *m* w czasie egzaminu [6] Pol obserwator *m*, -ka *f* [7] (of radio broadcasts) prowadząc|y *m*, -a *f* nasłuch (radiowy)

II *vt* [1] (watch) monitorować *[traffic, pollution]*; s|kontrolować *[temperature, process]*; nadzorować *[election]*; obserwować *[patient]*; **to ~ the weather** prowadzić stałą obserwację zjawisk atmosferycznych; **to ~ a patient for heart problems** monitorować pracę serca pacjenta; **to ~ output for defective items** prowadzić kontrolę jakości wyrobów; **to ~ sb's movements** śledzić ruchy kogoś [2] Sch nadzorować *[student, progress]* [3] Radio przeprowadz|ić, -ać nasłuch (czegoś) *[broadcasts]*

monitoring /ˈmɒnɪtərɪŋ/ **I** *n* [1] Tech, Med (by person) kontrola *f*; (by device) monitorowanie *n*, monitoring *m*; **~ of products for defective items** kontrola jakości wyrobów; **careful ~ for problems** systematyczna obserwacja w celu wykrycia ewentualnych zakłóceń [2] GB Sch (supervision) nadzór *m* **(of sb/sth** nad kimś/czymś); **~ of students/progress** nadzór nad studentami/postępami w nauce [3] Radio (listening in) nasłuch *m*

II *modif [device, equipment]* kontrolny

monitor lizard *n* waran *m*

monk /mʌŋk/ *n* mnich *m*, zakonnik *m*

monkey /ˈmʌŋkɪ/ *n* [1] Zool małpa *f* [2] infml (rascal) gagatek *m* infml [3] GB infml pięćset *n* funtów szterlingów [4] Tech (of pile-driver) bijak *m*, kafar *m*

■ **monkey around** wygłupiać się

■ **monkey with:** ¶ **~ with [sth]** (tamper with) manipulować przy (czymś) ¶ **~ with [sb]** (cross) **don't ~ with me!** nie denerwuj mnie!

IDIOMS: **I don't give a ~'s about it** infml guzik mnie to obchodzi infml; **to have a ~ on one's back** infml (be addicted) być uzależnionym; (have a problem) mieć kłopot; **to make a ~ out of sb** infml zrobić z kogoś idiotę infml

monkey business *n* infml (fooling) błaznowanie *n*; (cheating) machlojki *f pl* infml

monkey house *n* małpiarnia *f*

monkey jacket *n* krótka obcisła kurtka *f* (*noszona przez marynarzy, kelnerów*)

monkey nut *n* GB infml orzech *m* ziemny

monkey puzzle (tree) *n* araukaria *f*, igława *f*

monkey shines *npl* US = **monkey business**

monkey suit *n* US infml smoking *m*

monkey tricks *npl* infml = **monkey business**

monkey wrench *n* klucz *m* nastawny

monkfish /ˈmʌŋkfɪʃ/ *n* (*pl* **~**) (angler fish) żabnica *f*; (angel shark) raszpla *f*, anioł *m* morski

monkish /ˈmʌŋkɪʃ/ *adj* mnisi

monkshood /ˈmʌŋkshʊd/ *n* Bot tojad *m*

mono /ˈmɒnəʊ/ **I** *n* [1] Audio monofonia *f*, mono *n inv*; **in ~** monofoniczny [2] Art monochromatyzm *m*, monochromia *f*

II *adj* [1] Audio *[cassette, record-player]* monofoniczny, mono [2] Art monochromatyczny

III mono- *in combinations* mono-

monobasic /ˌmɒnəˈbeɪsɪk/ *adj* Chem jednozasadowy

monochromatic /ˌmɒnəkrəˈmætɪk/ *adj* monochromatyczny

monochrome /ˈmɒnəkrəʊm/ **I** *n* [1] (technique) monochromatyzm *m*, monochromia *f*;

in ~ Art monochromatyczny, jednobarwny; Cin, TV, Phot czarno-biały [2] (print) Phot fotografia *f* czarno-biała; Art monochrom *m*
II *adj* [1] Cin, TV *[film]* czarno-biały; Art, Comput monochromatyczny, jednobarwny [2] fig (dull) monotonny, bezbarwny
monocle /ˈmɒnəkl/ *n* monokl *m*
monocoque /ˈmɒnəkɒk/ *n* [1] Aut pojazd *m* o konstrukcji kadłubowej [2] Naut jednokadłubowiec
monocular /məˈnɒkjʊlə(r)/ *adj* Med jednooki; **~ vision** widzenie jednooczne
monoculture /ˈmɒnəʊkʌltʃə(r)/ *n* monokultura *f*
monocycle /ˈmɒnəsaɪkl/ *n* monocykl *m*
monogamist /məˈnɒgəmɪst/ *n* monogamist|a *m*, -ka *f*
monogamous /məˈnɒgəməs/ *adj* monogamiczny
monogamy /məˈnɒgəmɪ/ *n* monogamia *f*
monogram /ˈmɒnəgræm/ *n* monogram *m*
monogrammed /ˈmɒnəgræmd/ *adj* **his ~ ties** jego krawaty z monogramem
monograph /ˈmɒnəgrɑːf, US -græf/ *n* monografia *f*
monohull /ˈmɒnəʊhʌl/ *n* Naut jacht *m* jednokadłubowy
monokini /ˌmɒnəʊˈkiːnɪ/ *n damski kostium kąpielowy składający się z samych fig*
monolingual /ˌmɒnəʊˈlɪŋgwəl/ *adj* jednojęzyczny
monolith /ˈmɒnəlɪθ/ *n* monolit *m* also fig
monolithic /ˌmɒnəˈlɪθɪk/ *adj* [1] *[rock]* monolitowy [2] fig monolityczny
monologue, monolog US /ˈmɒnəlɒg/ *n* monolog *m*
monomania /ˌmɒnəˈmeɪnɪə/ *n* monomania *f*
monomaniac /ˌmɒnəˈmeɪnɪæk/ **I** *n* monoman *m*
II *adj* monomaniakalny
monomer /ˈmɒnəmə(r)/ *n* Chem monomer *m*
monomeric /ˌmɒnəˈmerɪk/ *adj* Chem monomeryczny
monomial /məˈnəʊmɪəl/ *n* Math jednomian *m*
monomorphic /ˌmɒnəˈmɔːfɪk/ *adj* Biol monomorficzny
monomorphism /ˌmɒnəˈmɔːfɪzəm/ *n* Biol monomorfizm *m*
mononucleosis /ˌmɒnəʊˌnjuːklɪˈəʊsɪs, US -ˌnuː-/ *n* Med mononukleoza *f*
monophonic /ˌmɒnəˈfɒnɪk/ *adj* monofoniczny
monophtong /ˈmɒnəfθɒŋ/ *n* monoftong *m*
monoplane /ˈmɒnəpleɪn/ *n* jednopłat *m*, jednopłatowiec *m*
Monopolies (and Mergers) Commission, MMC *n* GB ≈ Urząd *m* Antymonopolowy
monopolist /məˈnɒpəlɪst/ *n* monopolista *m*
monopolistic /məˌnɒpəˈlɪstɪk/ *adj* monopolistyczny; **~ company** monopolista
monopolization /məˌnɒpəlaɪˈzeɪʃn, US -lɪˈz-/ *n* monopolizacja *f*
monopolize /məˈnɒpəlaɪz/ *vt* [1] Econ z|monopolizować *[market, trade, supply]*; **the media have been ~d by a small group** mała grupa opanowała mass media [2] fig z|dominować *[conversation]*; przywłaszcz|yć, -ać sobie *[toy]*; okupować fig *[bathroom]*
monopoly /məˈnɒpəlɪ/ **I** *n* Econ monopol *m* also fig; **to have a ~ on** or **of sth** mieć monopol na coś; **to break sb's ~** złamać monopol kogoś
II Monopoly® *prn* Games Monopol *m*
III *modif [control, position]* monopolistyczny; *[industry]* zmonopolizowany
monopoly capitalism *n* kapitalizm *m* monopolistyczny
Monopoly money *n* kupony *m pl* używane w grze w Monopol; fig hum bezwartościowe papierki *m pl* fig
monorail /ˈmɒnəʊreɪl/ *n* kolej *f* jednotorowa
monosaccharide /ˌmɒnəʊˈsækəraɪd/ *n* monosacharyd *m*
monosemic /mɒnəʊˈsiːmɪk/ *adj* Ling jednoznaczny
monoski /ˈmɒnəskiː/ **I** *n* narta *f* do jazdy figurowej na jednej narcie
II *vi* uprawiać jazdę figurową na jednej narcie
monoskiing /ˈmɒnəskiːɪŋ/ *n* jazda *f* figurowa na jednej narcie
monosodium glutamate /ˌmɒnəʊˌsəʊdɪəmˈgluːtəmeɪt/ *n* glutaminian *m* sodu
monosyllabic /ˌmɒnəsɪˈlæbɪk/ *adj [word]* monosylabiczny, jednozgłoskowy, jednosylabowy; *[person]* mrukliwy
monosyllable /ˈmɒnəsɪləbl/ *n* monosylaba *f*; **to reply in ~s** odpowiadać monosylabami
monotheism /ˈmɒnəθiːɪzəm/ *n* monoteizm *m*
monotheist /ˈmɒnəθiːɪst/ *n* monoteista *m*
monotheistic /ˌmɒnəθiːˈɪstɪk/ *adj* monoteistyczny
monotherapy /ˈmɒnəʊθerəpɪ/ *n* Med monoterapia *f*
monotone /ˈmɒnətəʊn/ *n* jednostajność *f*, monotonia *f*; **to speak in a ~** mówić monotonnym or jednostajnym głosem
monotonous /məˈnɒtənəs/ *adj* jednostajny, monotonny
monotonously /məˈnɒtənəslɪ/ *adv* jednostajnie, monotonnie
monotony /məˈnɒtənɪ/ *n* jednostajność *f*, monotonia *f*
monotype /ˈmɒnətaɪp/ *n* Art monotyp *m*
Monotype® /ˈmɒnətaɪp/ *n* Print monotyp *m*
monoxide /məˈnɒksaɪd/ *n* tlenek *m*
Monroe doctrine /mʌnˌrəʊˈdɒktrɪn/ *n* Pol, Hist doktryna *f* Monroe'a
monsignor /mɒnˈsiːnjə(r)/ *n* monsinior *m*, wielebny *m*
monsoon /mɒnˈsuːn/ *n* monsun *m*; **during the ~ (season)** w porze monsunowej
monsoon rain *n* deszcz *m* monsunowy
monster /ˈmɒnstə(r)/ **I** *n* [1] (imaginary creature) potwór *m*, monstrum *n* also fig [2] (sth large) **a ~ of a dog** ogromne psisko; **this ~ of a book** ta ogromna księga
II *adj* infml gigantyczny, monstrualnie wielki
monstrance /ˈmɒnstrəns/ *n* monstrancja *f*
monstrosity /mɒnˈstrɒsɪtɪ/ *n* [1] (eyesore) (building, object) ohyda *f*, okropieństwo *n* infml; (malformed animal, plant or person) monstrum *n* [2] (act, crime) potworność *f*
monstrous /ˈmɒnstrəs/ *adj* [1] (odious) *[creature, crime, accusation]* potworny, straszny; *[building]* monstrualny; **it's ~ that they should charge so much** to skandal, że oni tyle sobie liczą; **that's ~!** to skandal! [2] (huge) gigantyczny, monstrualnie wielki
monstrously /ˈmɒnstrəslɪ/ *adv* potwornie, strasznie
montage /mɒnˈtɑːʒ/ *n* Art, Cin montaż *m*; Phot fotomontaż *m*
Montana /mɒnˈtænə/ *prn* Montana *f*
monte /ˈmɒntɪ/ *n* US *hazardowa gra w karty*
Montenegro /ˌmɒntɪˈniːgrəʊ/ *prn* Czarnogóra *f*
Montezuma's revenge /ˌmɒntɪˌzuːməzrɪˈvendʒ/ *n* infml hum biegunka *f* podróżnych *(spowodowana zmianą diety)*
month /mʌnθ/ *n* miesiąc *m*; **lunar/calendar ~** miesiąc księżycowy/ kalendarzowy; **in two ~s, in two ~s' time** za dwa miesiące; **every ~** co miesiąc; **for ~s** miesiącami; **~ by ~** z miesiąca na miesiąc; **next/last ~** w przyszłym/zeszłym miesiącu; **the ~ before last** dwa miesiące temu; **the ~ after next** za dwa miesiące; **~s later** wiele miesięcy później; **once a ~** raz w miesiącu, raz na miesiąc; **every other ~** co drugi miesiąc, co dwa miesiące; **~ in ~ out** miesiąc w miesiąc; **in the ~ of June** w czerwcu; **at the end of the ~** pod koniec miesiąca; Admin, Comm na koniec miesiąca; **what day of the ~ is today?** który dzisiaj?; **six ~s' pay** sześciomiesięczna pensja, sześciomiesięczne zarobki; **a ~'s rent** czynsz za miesiąc, miesięczny czynsz; **a seven-~-old baby** siedmiomiesięczne niemowlę; **~ after ~ he forgets to pay** (regular payment) od miesięcy nie płaci; (single payment) co miesiąc zalega z opłatą; **your salary for the ~ beginning May 15** twoje wynagrodzenie za miesiąc, licząc od 15 maja
IDIOMS: **it's her time of the ~** euph jest niedysponowana, ma swoja kobiecą przypadłość euph
monthly /ˈmʌnθlɪ/ **I** *n* (journal) miesięcznik *m*
II *adj [meeting, visit]* comiesięczny; *[payment, income]* miesięczny
III *adv [pay, earn, spend]* miesięcznie; *[take place, publish, visit]* co miesiąc
Montreal /ˌmɒntrɪˈɔːl/ *prn* Montreal *m*
monty /ˈmɒntɪ/ *n* GB
IDIOMS: **the full ~** infml wszystko; **we sell books, magazines, newspapers – the full ~** sprzedajemy książki, czasopisma, gazety – (wszystko) co tylko chcesz; **sandwich, drink, dessert, the full ~ for £4** kanapka, coś do picia, deser – wszystko za 4 funty
monument /ˈmɒnjʊmənt/ *n* pomnik *m*; monument *m* fml; **~ to a war hero** pomnik bohaterów wojny; **the building is a ~ to his art/ambition** fig budynek jest pomnikiem jego sztuki/ambicji
monumental /ˌmɒnjʊˈmentl/ *adj* monumentalny; **~ work** Art, Literat monumentalne dzieło
monumentally /ˌmɒnjʊˈmentəlɪ/ *adv [dull, boring]* monstrualnie, strasznie; **~ ignorant** odznaczający się bezdenną ignorancją
monumental mason *n* kamieniarz *m*

moo /muː/ **I** *n* 1 (of cows) porykiwanie *n*, ryk *m*, muczenie *n* 2 GB infml (woman) krowa *f* infml offensive; **you silly old ~** ty głupia stara krowo

II *excl* muuu!

III *vi [cow]* muczeć, za|ryczeć

mooch /muːtʃ/ **I** *n* 1 GB (loafing) wałęsanie (się) *n* 2 GB (loafer) włóczęga *m* 3 US (scrounger) pasożyt *m* fig

II *vt* US infml (cadge) **to ~ sth from** or **off sb** wyżebrać coś od kogoś

III *vi* GB infml **to ~ along** or **about** wałęsać się; **to ~ around the house** snuć się po domu

mood[1] /muːd/ *n* 1 (frame of mind) nastrój *m*, humor *m*; **to be in the ~ for jokes/work** być w nastroju or mieć nastrój do zabawy /pracy; **to be in the ~ for doing** or **to do sth** mieć ochotę coś zrobić; **to be in no ~ for doing** or **to do sth** nie mieć ochoty czegoś zrobić; **to be in a good/bad ~** być w dobrym/złym humorze or nastroju; **to be in an irritable ~** być rozdrażnionym; **to be in a relaxed ~** być odprężonym; **when he is in the ~** kiedy jest w odpowiednim nastroju; **when** or **as the ~ takes him** zależnie od humoru or nastroju 2 (bad temper) zły nastrój *m*; **to be in a ~** być w złym humorze, mieć zły humor; **she is in one of her ~s today** jest dzisiaj nie w humorze 3 (atmosphere) (of place, artwork) nastrój *m*; klimat *m* fig; (in meeting) atmosfera *f*; (of group, party) nastrój *m*, stan *m* ducha; **the general ~ was one of despair** panował nastrój ogólnego przygnębienia; **the ~ of the moment** aktualne nastroje

mood[2] /muːd/ *n* Ling tryb *m*; **in the subjunctive ~** w trybie łączącym

mood-altering /ˈmuːdɔːltərɪŋ/ *adj [drug]* psychotropowy

moodily /ˈmuːdɪlɪ/ *adv [say, speak]* smutnym tonem; *[look, sit, stare]* markotnie; *[behave]* kapryśnie

moodiness /ˈmuːdɪnɪs/ *n* zmienność *f* nastrojów, humory *plt*

mood music *n* nastrojowa muzyka *f*

mood swing *n* huśtawka *f* nastrojów fig

moody /ˈmuːdɪ/ *adj* 1 (unpredictable) kapryśny, humorzasty 2 (atmospheric) *[novel, film]* nastrojowy 3 (sullen) *[person, expression]* markotny; *[appearance]* ponury, posępny

mooing /ˈmuːɪŋ/ *n* muczenie *n*, ryczenie *n*

moola(h) /ˈmuːlə/ *n* US infml forsa *f*, kasa *f* infml

moon /muːn/ **I** *n* Astron (satellite) księżyc *m*; **the Moon** (of the earth) Księżyc; **new ~** nów; **full ~** pełnia księżyca; **a crescent ~** sierp księżyca; **half ~** półksiężyc; **the ~s of Saturn** księżyce Saturna; **there will be a/no ~ tonight** dzisiaj będzie księżycowa/bezksiężycowa noc; **by the light of the ~** przy świetle księżyca; **to put a man on the ~** wysłać człowieka na Księżyc

II *vi* 1 (daydream) marzyć, snuć marzenia, oddawać się marzeniom **(over sb/sth** o kimś/czymś) 2 infml (display buttocks) wypi|ąć, -nać gołą pupę infml

■ **moon about, moon around** infml snuć się (bez celu)

IDIOMS: **to be over the ~ about sth** nie posiadać się ze szczęścia z powodu czegoś; **many ~s ago** liter bardzo dawno temu; **once in the blue ~** niezmiernie rzadko, od wielkiego święta or dzwonu; **to shoot the ~** US infml grać o najwyższą stawkę; (display buttocks) wypiąć gołą pupę infml; (leave) ulotnić się infml *(nie zapłaciwszy rachunku)*

moonbeam /ˈmuːnbiːm/ *n* promień *m* księżyca

moon boots *npl* buty *m pl* na po nartach

moon buggy *n* pojazd *m* księżycowy

moon-faced /ˈmuːnfeɪst/ *adj* pyzaty, o twarzy jak księżyc w pełni

Moonie /ˈmuːnɪ/ *n* infml człon|ek *m*, -kini *f* Kościoła Zjednoczenia

moon landing *n* lądowanie *n* na Księżycu

moonless /ˈmuːnlɪs/ *adj* bezksiężycowy

moonlight /ˈmuːnlaɪt/ **I** *n* światło *n* księżyca, blask *m* księżyca; księżycowa poświata *f* liter; **in the** or **by ~** przy świetle or w blasku księżyca

II *vi* dorabiać na boku infml

IDIOMS: **to do a ~ flit** *n* GB infml ulotnić się infml *(nie zapłaciwszy rachunku)*

moonlighter /ˈmuːnlaɪtə(r)/ *n* osoba *f* pracująca nocami; chałturnik *m* infml

moonlighting /ˈmuːnlaɪtɪŋ/ *n* dodatkowa praca *f*; chałtura *f* infml

moonlit /ˈmuːnlɪt/ *adj [evening, sky]* rozświetlony księżycową poświatą liter; **a ~ night** księżycowa noc

moon rock *n* skała *f* księżycowa

moonshine /ˈmuːnʃaɪn/ *n* 1 (nonsense) idiotyzm *m*; bzdura *f* infml 2 infml (liquor) samogon *m*, bimber *m*; księżycówka *f* infml

moonshiner /ˈmuːnʃaɪnə(r)/ *n* US infml (maker) bimbrownik *m*; (seller) handla|rz *m*, -rka *f* nielegalnym alkoholem

moon shot *n* lot *m* na Księżyc

moonstone /ˈmuːnstəʊn/ *n* kamień *m* księżycowy

moonstruck /ˈmuːnstrʌk/ *adj* (mad) pomylony infml

moonwalk /ˈmuːnwɔːk/ *n* spacer *m* po Księżycu

moor[1] /mɔː(r), US mʊər/ *n* wrzosowisko *n*; **on the ~s** na wrzosowiskach

moor[2] /mɔː(r), US mʊər/ Naut **I** *vt* przy|cumować

II *vi* za|cumować

Moor /mɔː(r), US mʊər/ *n* Hist Maur *m*

moorcock /ˈmɔːkɒk, US ˈmʊər-/ *n* samiec *m* pardwy szkockiej

moorhen /ˈmɔːhen, US ˈmʊər-/ *n* pardwa *f* szkocka

mooring /ˈmɔːrɪŋ, US ˈmʊər-/ **I** *n* (place) miejsce *n* cumowania; **a boat at its ~s** przycumowana łódź, łódź na cumach

II **moorings** *npl* (ropes) cumy *f pl*; fig (ideological, emotional) więzi *f pl*

mooring buoy *n* boja *f* cumownicza

Moorish /ˈmʊərɪʃ/ *adj* mauretański

moorland /ˈmɔːlənd, US ˈmʊər-/ **I** *n* wrzosowiska *n pl*

II *modif* **~ air** powietrze na wrzosowiskach; **~ vegetation** roślinność wrzosowisk

moose /muːs/ *n* (*pl* **~**) Zool łoś *m*

moot /muːt/ **I** *n* (also **~ court**) *inscenizacja rozprawy sądowej dla studentów prawa*

II *vt* fml poddа|ć, -wać pod dyskusję *[possibility, suggestion]*; **it has been ~ed that...** w dyskusji sugerowano, że...

moot point *n* kwestia *f* do dyskusji or dyskusyjna; **that is a ~** to jeszcze nie jest pewne

mop /mɒp/ **I** *n* 1 (for floors) mop *m*, zmywak *m* do podłogi na kiju; (act) **to give the floor a ~** umyć podłogę 2 (for dishes) zmywak *m* (z rączką) 3 (hair) czupryna *f*; **a ~ of red/curly hair** ruda/kręcona czupryna

II *vt* (*prp, pt, pp* **-pp-**) 1 (wash) u|myć, zmy|ć, -wać *[floor, deck]* 2 (wipe) o|trzeć, -cierać *[brow, face]*; wy|trzeć, -cierać, zetrzeć, ścierać *[worktop]*; **to ~ one's face** wytrzeć sobie twarz **(with sth** czymś); **she ~ped the sweat from her brow** otarła pot z czoła; **he was ~ping his plate with a piece of bread** wycierał talerz kawałkiem chleba

III *vi* (*prp, pt, pp* **-pp-**) (wash floor) myć podłogę

■ **mop down**: **~ down [sth], ~ [sth] down** u|myć, zmy|ć, -wać *[floor, deck]*

■ **mop up**: ¶ **~ up [sth], ~ [sth] up** 1 zetrzeć, ścierać *[liquid]*; uprząt|nąć, -ać, zmi|eść, -atać *[mess]*; **he ~ped up his gravy with some bread** kawałkiem chleba zebrał sos 2 Mil (get rid of) zmi|eść, -atać *[resistance]*; rozgr|omić, -amiać *[rebels]* 3 (absorb) pochł|onąć, -aniać *[savings, profits, surplus]* 4 US (polish off) pochł|onąć, -aniać; zmi|eść, -atać infml *[food]*

mopboard /ˈmɒpbɔːd/ *n* US cokolik *m* przyścienny, cokół *m* przypodłogowy

mope /məʊp/ *vi* 1 (brood) rozczulać się nad sobą; **to ~ about sth** zamartwiać się czymś 2 = **mope about**

■ **mope about, mope around** snuć się z kąta w kąt z nieszczęśliwą miną

moped /ˈməʊped/ *n* motorower *m*

mop-head /ˈmɒphed/ *n* infml kudłacz *m* infml

moppet /ˈmɒpɪt/ *n* infml dat (child) słodka kruszyna *f*

mopping-up operation /ˌmɒpɪŋˈʌpɒpəreɪʃn/ *n* Mil obława *f*

moquette /mɒˈket, US məʊ-/ *n* ≈ tkanina *f* pluszowa *(używana jako wykładzina podłogowa oraz w tapicerstwie)*

moraine /məˈreɪn, mɒˈreɪn/ *n* morena *f*

moral /ˈmɒrəl, US ˈmɔːrəl/ **I** *n* (message) morał *m*; **to draw a ~ from sth** wysnuć morał z czegoś; **what is the ~ of this story?** jaki jest morał tej historii?

II **morals** *npl* (principles) moralność *f*, zasady *f pl*; **public ~s** dobre obyczaje (w życiu publicznym); **a person of loose ~s** osoba lekkich obyczajów; **to have no ~s** być człowiekiem wyzutym z zasad

III *adj* moralny; **the decline in ~ standards** kryzys wartości moralnych; **on ~ grounds** z pobudek moralnych; **~ certainty** pewnik; **~ support** wsparcie moralne; **to take the ~ high ground** przyjąć postawę moralizującą or moralisty

morale /məˈrɑːl, US -ˈræl/ *n* morale *n inv*; **to raise ~** podnosić morale; **to lower sb's ~** źle wpłynąć na morale kogoś; **~ is low at present** obecnie morale jest niskie

morale-booster /məˈrɑːlbuːstə(r), US -ˈræl-/ *n* **to be a ~** podnosić morale

moral fibre GB, **moral fiber** US *n* zasady *f pl* moralne; kręgosłup *m* fig
moralist /ˈmɒrəlɪst, US ˈmɔːrəlɪst/ *n* Literat, Philos moralist|a *m*, -ka *f*; moralizator *m*, -ka *f* also pej
moralistic /ˌmɒrəˈlɪstɪk, US ˌmɔːr-/ *adj* moralizujący, moralizatorski
morality /məˈræləti/ *n* moralność *f*
morality play *n* Theat moralitet *m*
morality tale *n* przypowieść *f* or powiastka *f* moralizująca
moralize /ˈmɒrəlaɪz, US ˈmɔːr-/ *vi* moralizować, prawić morały or kazania **(about sth** na temat czegoś)
moralizing /ˈmɒrəlaɪzɪŋ, US ˈmɔːr-/ **I** *n* moralizatorstwo *n*, moralizowanie *n*
II *adj* moralizatorski
morally /ˈmɒrəlɪ, US ˈmɔːr-/ *adv* moralnie; **~ wrong** moralnie naganny; **~ speaking** z moralnego punktu widzenia
moral majority *n* zdrowa moralnie większość *f* społeczeństwa; **Moral Majority** US Pol *ruch polityczny broniący tradycyjnych wartości chrześcijańskich*
moral philosopher *n* Philos filozof moralista *m*
moral philosophy *n* Philos etyka *f*
Moral Rearmament *n* Ruch *m* Odnowy Moralnej
moral theology *n* Relig teologia *f* moralna
morass /məˈræs/ *n* bagno *n*, grzęzawisko *n*; **~ of rules/lies** fig gąszcz zasad/kłamstw
moratorium /ˌmɒrəˈtɔːrɪəm/ *n* (*pl* **-riums, -ria**) moratorium *n* **(on sth** na coś)
Moravia /məˈreɪvɪə/ *prn* Morawy *plt*
Moravian /məˈreɪvɪən/ **I** *n* Morawian|in *m*, -ka *f*
II *adj* morawski
moray eel /ˌmɒreɪˈiːl/ *n* murena *f*
morbid /ˈmɔːbɪd/ *adj* [1] *[curiosity, fear, interest]* niezdrowy, chorobliwy [2] *[comment, joke]* makabryczny [3] Med chorobowy
morbid anatomy *n* anatomia *f* patologiczna
morbidity /ˌmɔːˈbɪdəti/ *n* [1] (of attitude, imagination, preoccupation) chorobliwość *f*, patologiczność *f* [2] Med stan *m* chorobowy
morbidly /ˈmɔːbɪdlɪ/ *adj* [1] chorobliwie, niezdrowo, patologicznie [2] Med chorobowo
mordacious /mɔːˈdeɪʃəs/ *adj* fml zjadliwy, zgryźliwy
mordacity /mɔːˈdæsəti/ *n* fml zjadliwość *f*, zgryźliwość *f*
mordant /ˈmɔːdnt/ *adj* fml *[criticism, wit, sense of humour]* cięty
mordent /ˈmɔːdnt/ *n* Mus mordent *m*
more /mɔː(r)/ **I** *adv* [1] (comparative) bardziej; **it's ~ serious than we thought/you think** to poważniejsze niż sądziliśmy /sądzisz; **the ~ intelligent child of the two** (to) inteligentniejsze dziecko z dwojga; **he's no ~ honest than his sister** wcale nie jest uczciwszy od swojej siostry; **the ~ developed countries** kraje bardziej rozwinięte [2] (to a greater extent) więcej; **you must work/sleep/rest ~** musisz więcej pracować/spać/odpoczywać; **he sleeps/talks ~ than I do** śpi/mówi więcej ode mnie; **you can't paint any ~ than I can, you can no ~ paint than I can** sam też nie malujesz lepiej (ode mnie); **the ~ you think of it, the harder it will seem** im więcej będziesz o tym myśleć, tym trudniejsze ci się to wyda; **he is (all) the ~ determined/angry because...** jest tym bardziej zdeterminowany/zły, ponieważ... [3] (longer) **I don't work there any ~** już tam nie pracuję; **I couldn't continue any ~** nie mogłem tak dalej; **she is no ~** liter odeszła z tego świata liter [4] (again) **once /twice ~** jeszcze raz/dwa razy; **he's back once ~** znowu wrócił [5] (rather) raczej; **~ surprised than angry** raczej or bardziej zdziwiony niż zły; **he's ~ a mechanic than an engineer** jest raczej mechanikiem niż inżynierem; **it's ~ a question of organization than of money** to raczej kwestia organizacji niż pieniędzy
II *quantif* więcej; **~ cars than people** więcej samochodów niż ludzi; **~ eggs than milk** więcej jajek niż mleka; **~ cars than expected/before** więcej samochodów niż się spodziewano/niż przedtem; **some ~ books** trochę więcej książek; **a little/lot ~ wine** odrobinę/dużo więcej wina; **~ bread** więcej chleba; **there's no ~ bread** nie ma już (więcej) chleba; **have some ~ beer!** napij się jeszcze piwa!; **have you any ~ questions/problems?** masz jeszcze jakieś pytania/problemy?; **we've no ~ time** nie mamy już (więcej) czasu; **nothing ~** nic więcej; **something ~** coś jeszcze
III *pron* [1] (larger amount or number) więcej; **it costs ~ than the other one** to jest droższe od tamtego, to kosztuje więcej niż tamto; **he eats ~ than you** on je więcej od ciebie; **the children take up ~ of my time** dzieci zajmują mi więcej czasu; **many were disappointed, ~ were angry** wielu było rozczarowanych, a jeszcze więcej złych; **we'd like to see ~ of you** chcielibyśmy częściej cię widywać [2] (additional amount or number) więcej; **tell me ~ (about it)** powiedz mi coś więcej (o tym); **I need ~ of these nails** potrzebuję więcej takich gwoździ; **we need ~ of this wallpaper** potrzebujemy więcej tej tapety; **we found several ~ in the house** w domu znaleźliśmy jeszcze kilka (dodatkowych); **I can't tell you any ~** nic więcej nie mogę ci powiedzieć; **have you heard any ~ from your sister?** miałeś więcej wiadomości od siostry?; **I have nothing ~ to say** nie mam już nic do dodania or nic więcej do powiedzenia; **in Mexico, of which ~ later, ...** w Meksyku, o czym więcej or szerzej dalej, ...; **let's** or **we'll say no ~ about it** nie mówmy już o tym (więcej)
IV more and more *det phr, adv phr* (amount) coraz więcej; (intensity) coraz bardziej; **~ and ~ work/time** coraz więcej pracy/czasu; **to work/sleep ~ and ~** coraz więcej pracować/spać; **~ and ~ regularly** coraz bardziej regularnie, z coraz większą regularnością; **~ and ~ difficult** coraz trudniejszy
V more or less *adv phr* mniej więcej
VI more so *adv phr* jeszcze bardziej; **in York, and even ~ so in Oxford...** w Yorku, a jeszcze bardziej w Oksfordzie...; **it is very interesting, made (even) ~ so because...** to jest bardzo interesujące, a zwłaszcza dzięki...; **she is just as capable as him, if not ~ so** or **or even ~ so** jest przynajmniej tak samo zdolna jak on, o ile nie bardziej; **all the ~ so because...** tym bardziej, że...; **they are all disappointed, none ~ so than my mother** wszyscy są rozczarowani, a najbardziej moja matka; **no ~ so than usual/the others** nie mniej niż zwykle/niż inni
VII more than *adv phr, prep phr* [1] (greater amount or number) więcej niż, ponad; **~ than 20 people/£50** ponad dwudziestu ludzi /pięćdziesiąt funtów; **~ than half** ponad połowa; **~ than enough** za or zbyt dużo [2] (extremely) **~ than generous/happy** więcej niż hojny/szczęśliwy; **the cheque ~ than covered the cost** czek pokrył koszty z nawiązką; **you ~ than fulfilled your obligations** wywiązałeś się ze swoich zobowiązań z nawiązką
IDIOMS: **she's nothing ~ (nor less) than a thief, she's a thief, neither ~ nor less** jest pospolitą złodziejką; **he's nothing** or **no** or **not much ~ than a servant** jest niewiele więcej niż tylko służącym; **and what is ~...** a co więcej...; **there's ~ where that came from** to jeszcze nie wszystko
moreish /ˈmɔːrɪʃ/ *adj* infml **these biscuits are very ~** te biszkopty są pycha or palce lizać infml
morello /məˈreləʊ/ *n* (*pl* **-os**) (also **~ cherry)** wiśnia *f*
moreover /mɔːˈrəʊvə(r)/ *adv* ponadto, poza tym
mores /ˈmɔːreɪz, -riːz/ *npl* fml obyczaje *m pl*
morganatic /ˌmɔːgəˈnætɪk/ *adj* morganatyczny
morgue /mɔːg/ *n* kostnica *f*; **this place is like a ~** infml fig to miejsce robi przygnębiające wrażenie infml
MORI /ˈmɒrɪ/ *n* = **Market and Opinion Research Institute** *ośrodek badania rynku i opinii społecznej*; **a ~ poll** sondaż MORI
moribund /ˈmɒrɪbʌnd/ *adj [industry, institution]* chylący się ku upadkowi; *[custom]* wymierający; liter *[person]* konający; **the city is ~ at night** nocą miasto jest wymarłe
Mormon /ˈmɔːmən/ **I** *n* (follower) mormon *m*, -ka *f*
II *prn* (prophet) Mormon *m*
III *adj* mormoński
Mormonism /ˈmɔːmənɪzəm/ *n* mormonizm *m*
morn /mɔːn/ *n* dat or liter poranek *m*, ranek *m*
morning /ˈmɔːnɪŋ/ **I** *n* poranek *m*, ranek *m*; **during the ~** przed południem; **at 3 o'clock in the ~** o trzeciej rano or nad ranem; **(on) Monday ~** w poniedziałek rano; **on Monday ~s** w poniedziałki rano; **this ~** dziś rano; **later this ~** dziś przed południem; **tomorrow/yesterday ~** jutro/wczoraj rano; **the previous ~** poprzedniego ranka; **the following ~, the ~ after, the next ~** następnego ranka, następnego dnia rano; **on the ~ of 2 May** rankiem drugiego maja; **on a cold winter's ~** pewnego chłodnego zimowego ranka; **early** or **first thing in the ~** z samego rana; **all right, I'll do it first thing in the ~** (już) dobrze, zrobię to z

samego rana; **from ~ till night** od rana do wieczora; **to work/to be on ~s** pracować /być na rannej zmianie; **we've done a good ~'s work** do południa wykonaliśmy kawał solidnej roboty
II *modif [air, news, paper, prayers, star]* poranny; *[flight, train]* ranny; **that early ~ feeling** poranne otępienie
III *excl* (also **good ~**) dzień dobry!
IDIOMS: **the ~ after the night before** poranny kac infml
morning-after pill /ˌmɔːnɪŋˈɑːftəpɪl, US -ˈæf-/ *n* pigułka *f* wczesnoporonna
morning coat *n* żakiet *m*
morning coffee *n* poranna kawa *f*
morning dress *n wizytowy strój męski składający się z żakietu, sztuczkowych spodni i cylindra*
morning glory *n* Bot powój *m*
morning room *n* dat salon *m* używany przed południem
morning service *n* Relig nabożeństwo *n* poranne
morning sickness *n* poranne nudności *plt*
morning watch *n* Naut poranna wachta *f*
Moroccan /məˈrɒkən/ **I** *n* Maroka|ńczyk *m*, -nka *f*
II *adj* marokański
Morocco /məˈrɒkəʊ/ *prn* Maroko *n*
morocco (leather) /məˈrɒkəʊ/ **I** *n* skóra *f* marokańska, marokin *m*
II *modif [binding, shoes]* z marokinu
moron /ˈmɔːrɒn/ *n* infml dureń *m*, kretyn *m*, -ka *f* infml
moronic /məˈrɒnɪk/ *adj* durny, kretyński
moronically /məˈrɒnɪklɪ/ *adv* durnie, kretyńsko
morose /məˈrəʊs/ *adj* ponury, posępny
morosely /məˈrəʊslɪ/ *adv* ponuro, posępnie
morph /mɔːf/ **I** *n* Ling morf *m*; Biol morfa *f*
II *vi* Cin płynnie przechodzić z jednego obrazu w drugi
morpheme /ˈmɔːfiːm/ *n* Ling morfem *m*
Morpheus /ˈmɔːfɪəs/ *prn* Morfeusz *m*
IDIOMS: **in the arms of ~** liter w objęciach Morfeusza
morphia /ˈmɔːfɪə/ *n* dat morfina *f*
morphine /ˈmɔːfiːn/ *n* morfina *f*
morphine addict *n* morfinist|a *m*, -ka *f*
morphine addiction *n* morfinizm *m*
morphing /ˈmɔːfɪŋ/ *n* Cin płynne przechodzenie *n* z jednego obrazu w drugi, morfing *m*
morphological /ˌmɔːfəˈlɒdʒɪkl/ *adj* morfologiczny
morphologically /ˌmɔːfəˈlɒdʒɪklɪ/ *adv* morfologicznie
morphologist /mɔːˈfɒlədʒɪst/ *n* Biol, Ling morfolog *m*
morphology /mɔːˈfɒlədʒɪ/ *n* morfologia *f*
morris dance /ˈmɒrɪsdɑːns/ *n tradycyjny taniec angielski, odmiana moreski*
morrow /ˈmɒrəʊ, US ˈmɔːr-/ *n* arch or liter [1] (next day) dzień *m* jutrzejszy; (the near future) jutro *n* fig; **on the ~** nazajutrz; **with no thought for the ~** nie myśląc o jutrze [2] (morning) **good ~!** dzień dobry!
Morse /mɔːs/ *n* (also **~ code**) alfabet *m* Morse'a; mors *m* infml; **in ~** alfabetem Morse'a
morsel /ˈmɔːsl/ *n* [1] (of food) kęs *m*; **a tasty ~** smaczny kąsek [2] fig (of sense, self-respect) odrobina *f*; **a ~ of information** strzęp informacji
Morse set *n* aparat *m* telegraficzny, telegraf *m*
mortadella /ˌmɔːtəˈdelə/ *n* mortadela *f*
mortal /ˈmɔːtl/ **I** *n* liter śmiertelni|k *m*, -czka *f*
II *adj* [1] *[enemy, danger, injury, blow]* śmiertelny [2] Relig *[sin]* śmiertelny
mortal combat *n* walka *f* na śmierć i życie
mortality /mɔːˈtælətɪ/ *n* [1] (being mortal) śmiertelność *f* [2] (death rate) umieralność *f*; śmiertelność *f*
mortality rate *n* współczynnik *m* umieralności
mortally /ˈmɔːtəlɪ/ *adv* śmiertelnie
mortal remains *npl* szczątki *m pl* doczesne or śmiertelne liter
mortar /ˈmɔːtə(r)/ *n* [1] Mil, Pharm, Culin moździerz *m* [2] Constr zaprawa *f* murarska
mortarboard /ˈmɔːtəbɔːd/ *n* [1] GB Univ biret *m* [2] Constr deska *f* do zaprawy murarskiej
mortgage /ˈmɔːgɪdʒ/ **I** *n* hipoteka *f* (**on sth** na czymś); **to apply for a ~** starać się o kredyt hipoteczny; **to raise a ~** uzyskać kredyt hipoteczny; **to take out a ~** zaciągnąć kredyt hipoteczny; **to pay off** or **clear a ~** spłacić hipotekę or dług hipoteczny
II *modif* hipoteczny
III *vt* obciąż|yć, -ać hipotekę (czegoś), zahipotekować *[property]*; **the house is ~d to the bank** dom jest obciążony hipotecznie w banku; fig **to ~ one's future** położyć na jednej szali całą swoją przyszłość
mortgage broker *n* pośrednik *m* organizujący pożyczki hipoteczne
mortgagee /ˌmɔːgɪˈdʒiː/ *n* wierzyciel *m* hipoteczny, hipotekariusz *m*
mortgager, mortgagor /ˈmɔːgɪdʒə(r)/ *n* dłużnik *m* hipoteczny
mortgage rate *n* procent *m* hipoteczny
mortgage relief *n* podatkowa ulga *f* hipoteczna
mortgage repayment *n* spłata *f* długu hipotecznego
mortice *n* = **mortise**
mortician /mɔːˈtɪʃn/ *n* US przedsiębiorca *m* pogrzebowy, właściciel *m* zakładu pogrzebowego
mortification /ˌmɔːtɪfɪˈkeɪʃn/ *n* (embarrassment) zawstydzenie *n*, zażenowanie *n*; **to his ~** ku jego zażenowaniu; **the ~ of the flesh** Relig also fig umartwianie (się)
mortify /ˈmɔːtɪfaɪ/ **I** *vt* [1] (embarrass) zawstydzić, za|żenować *[person]* [2] Relig **to ~ the flesh** umartwiać ciało
II **mortifying** *prp adj* żenujący
III **mortified** *pp adj* zażenowany, zawstydzony
mortise /ˈmɔːtɪs/ **I** *n* gniazdo *n* czopa
II *vt* łączyć na czopy
mortise and tenon joint *n* Constr połączenie *n* na czopy
mortise lock *n* zamek *m* drzwiowy wpuszczany
mortuary /ˈmɔːtʃərɪ, US ˈmɔːtʃʊerɪ/ **I** *n* kostnica *f*
II *adj [rituals]* pogrzebowy; *[temple]* grobowy
mosaic /məʊˈzeɪɪk/ **I** *n* mozaika *f* also fig
II *modif [floor, pattern]* mozaikowy
Mosaic /məʊˈzeɪɪk/ *adj* Bible mojżeszowy
Moscow /ˈmɒskəʊ/ *prn* Moskwa *f*
Moselle, Mosel /məʊˈzel/ *prn* [1] **the ~ (River)** Mozela *f* [2] Wine wino *n* mozelskie
Moses /ˈməʊzɪz/ *prn* Mojżesz *m*; **Holy ~!** infml o Boże!
Moses basket *n* kosz *m* do noszenia dziecka
mosey /ˈməʊzɪ/ infml **I** *n* przechadzka *f*; **to have a ~ round the garden** przejść or przespacerować się po ogrodzie
II *vi* prze|jść, -chadzać się, spacerować; **to ~ down the street** przejść się ulicą; **I'd best be ~ing along** lepiej już sobie pójdę; **let's ~ on down to the pub** przejdźmy or przespacerujmy się do pubu
Moslem /ˈmɒzləm/ *n, adj* = **Muslim**
mosque /mɒsk/ *n* meczet *m*
mosquito /məsˈkiːtəʊ, mɒs-/ *n* (*pl* **-toes**) komar *m*; (in tropics) moskit *m*
mosquito bite *n* ukąszenie *n* komara
mosquito net *n* moskitiera *f*
mosquito repellent *n* środek *m* przeciw komarom
moss /mɒs, US mɔːs/ *n* Bot mech *m*
IDIOMS: **a rolling stone gathers no ~** Prov toczący się kamień nie obrasta mchem
mossback /ˈmɒsbæk, US ˈmɔːs-/ *n* US infml wstecznik *m* pej
moss-covered /ˈmɒskʌvəd, US ˈmɔːs- / *adj* omszały
moss green *n* nasycona zieleń *m*
moss-grown /ˈmɒsgrəʊn, US ˈmɔːs-/ *adj* [1] omszały, porośnięty mchem [2] (antiquated) staroświecki; zmurszały fig pej
moss rose *n* róża *f* stulistna, centyfolia *f*
moss stitch *n* ścieg *m* ryżowy
mossy /ˈmɒsɪ, US ˈmɔːsɪ/ *adj* omszały, porośnięty mchem
most /məʊst/ **I** *det* [1] (the majority of, nearly all) większość; **~ people/computers** większość ludzi/komputerów [2] (superlative: more than all the others) najwięcej; **she got the ~ votes** zdobyła najwięcej głosów; **we had (the) ~ success/problems in China** w Chinach odnieśliśmy największy sukces /mieliśmy najwięcej problemów; **those with (the) ~ intelligence** najinteligentniejsi
II *pron* [1] (the majority) większość; **~ of the people/of the computers** większość ludzi/komputerów; **~ of you/us** większość z was/nas; **~ of the bread/wine** większa część chleba/wina; **~ of the money** większość pieniędzy; **for ~ of the day /evening** przez większą część dnia/wieczoru; **~ agreed** większość zgodziła się [2] (the maximum) maksimum; **the ~ you can expect is...** maksimum, czego się możesz spodziewać, to...; **the ~ I can do is...** maksimum, co mogę zrobić, to...; **what's the ~ we'll have to pay?** ile maksymalnie będziemy musieli zapłacić? [3] (more than all the others) najwięcej; **Robert has got the ~** Robert ma najwięcej
III *adv* [1] (used to form superlative) **the ~ important event in my life** najważniejsze wydarzenie mojego życia; **~ easily** najłatwiej; **the ~ beautifully written poetry** najpiękniej napisana poezja; **~**

interestingly (of all), he... najciekawsze, że on... [2] (very) bardzo, wyjątkowo; **~ encouraging** bardzo zachęcający; **~ amusing/odd** bardzo zabawny/dziwny; **~ probably** najprawdopodobniej [3] (more than all the rest) najbardziej; **what ~ annoyed him** or **what annoyed him ~ (of all) was...** najbardziej zirytowało go to, że...; **those who will benefit/suffer ~** ci, którzy najwięcej skorzystają/najbardziej ucierpią [4] US infml (almost) prawie; **~ everyone** prawie wszyscy
IV at (the) most *adv phr* (co) najwyżej
V for the most part *adv phr* (most of them) w przeważającej części; (most of the time) przez większość czasu; (basically) zasadniczo, na ogół; **for the ~ part they...** przeważnie (oni)...; **for the ~ part, he works in his office** na ogół pracuje w biurze; **the book is, for the ~ part, about sex** książka głównie traktuje o seksie; **his experience is, for the ~ part, in publishing** ma doświadczenie przede wszystkim w pracy wydawniczej
VI most of all *adv phr* przede wszystkim
IDIOMS: **to make the ~ of sth** najkorzystniej spożytkować coś *[abilities, space]*; maksymalnie wykorzystać coś *[opportunity, situation, resources, looks, rest, good weather]*

mostly /ˈməʊstlɪ/ *adv* [1] (chiefly) głównie; (most of them) w większości; **he composes, ~ for the piano** komponuje, głównie utwory na fortepian or fortepianowe; **200 people, ~ Belgians** dwieście osób, głównie Belgowie [2] (most of the time) przeważnie; **~ we travelled by train** przeważnie podróżowaliśmy pociągami; **~ he stays in his room** przeważnie przebywa w swoim pokoju

MOT /ˌeməʊˈti:/ GB Aut = **Ministry of Transport I** *n* (also **~ test, ~ inspection)** ≈ przegląd *m* techniczny (pojazdu samochodowego); **to take one's car for its ~** odprowadzić samochód na przegląd; **to pass/fail the ~** przejść przegląd techniczny/nie przejść przeglądu technicznego; **'~ until July'** „następny przegląd w lipcu"
II *modif* **~ centre** stacja kontroli pojazdów
III *vt* dokon|ać, -ywać przeglądu technicznego (czegoś) *[car]*

mote /məʊt/ *n* drobinka *f*
IDIOMS: **to see the ~ in one's neighbour's eye but not the beam in one's own** widzieć drzazgę w oku bliźniego, a w swoim oku belki nie widzieć

motel /məʊˈtel/ *n* motel *m*

motet /məʊˈtet/ *n* motet *m*

moth /mɒθ, US mɔ:θ/ *n* [1] ćma *f* [2] (in clothes) mól *m*

mothball /ˈmɒθbɔ:l, US ˈmɔ:θ-/ **I** *n* kulka *f* naftalinowa (na mole); **to put sth in/take sth out of ~s** fig odłożyć coś na półkę /odkurzyć coś fig *[idea, plan]*
II *vt* [1] przechowywać w naftalinie *[clothes]* [2] fig zam|knąć, -ykać czasowo *[shipyard, pit]*; od|łożyć, -kładać na półkę or do szuflady *[project, plan]* fig

moth-eaten /ˈmɒθi:tn, US ˈmɔ:θ-/ *adj* [1] (damaged by moths) zjedzony przez mole [2] (shabby) *[armchair, teddy bear]* wyliniały

mother /ˈmʌðə(r)/ **I** *n* [1] (parent) matka *f*; **a ~ of two** matka dwójki dzieci; **she's like a ~ to me** jest dla mnie jak matka [2] (form of address) (to mother) mamo; **may I borrow your car, ~?** mamo, (czy) mogę wziąć twój samochód? [3] fig (origin) matka *f*; **necessity is the ~ of invention** potrzeba jest matką wynalazku [4] US vinfml **a ~ of an exam/all traffic jams** pieprzony egzamin/korek vinfml
II *prn* **Mother** Relig Matka *f*; (form of address) (to nun) Matko; **Reverend Mother** Wielebna Matka
III *modif* **~ company** spółka matka; **~ chimpanzee/elephant** matka szympansica/słonica; **~ sheep** owca maciorka
IV *vt* [1] (rear) wychow|ać, -ywać *[young]* [2] (look after) matkować (komuś); (fuss over) niańczyć pej [3] dat (give birth to) u|rodzić
IDIOMS: **every ~'s son (of them)** wszyscy bez wyjątku; **to learn sth at one's ~'s knee** nauczyć się czegoś jeszcze w kolebce; **to take sth in with one's ~'s milk** wyssać coś z mlekiem matki

motherboard /ˈmʌðəbɔ:d/ *n* Comput płyta *f* główna

mother church, Mother Church *n* (Catholic church) kościół *m* katolicki

mother country *n* kraj *m* ojczysty, ojczyzna *f*

mother earth *n* matka *f* ziemia

mother figure *n* **to be a ~ to sb** być dla kogoś jak matka

motherfucker /ˈmʌðəfʌkə(r)/ *n* vulg (person) skurwysyn *m* vulg; (thing) skurwysyństwo *n* vulg

motherfucking /ˈmʌðəfʌkɪŋ/ *adj* vulg pierdolony vulg

mother hen *n* kwoka *f* fig

motherhood /ˈmʌðəhʊd/ *n* macierzyństwo *n*; **the responsibilities of ~** obowiązki macierzyńskie; **to combine ~ with a career** łączyć obowiązki matki z obowiązkami zawodowymi

mothering /ˈmʌðərɪŋ/ *n* [1] (motherly care) opieka *f* matczyna [2] (being a mother) macierzyństwo *n*

Mothering Sunday *n* GB Dzień *m* Matki *(czwarta niedziela Wielkiego Postu)*

mother-in-law /ˈmʌðərɪnlɔ:/ *n* (*pl* **mothers-in-law**) teściowa *f*

mother-in-law's tongue *n* Bot sansewieria *f*, sansewiera *f*

motherland /ˈmʌðəlænd/ *n* ojczyzna *f*

motherless /ˈmʌðəlɪs/ *adj* osierocony przez matkę, bez matki

mother love *n* miłość *f* macierzyńska

motherly /ˈmʌðəlɪ/ *adj* macierzyński, matczyny

mother-naked /ˌmʌðəˈneɪkɪd/ *adj* nagi jak go Pan Bóg stworzył

Mother Nature *n* matka *f* natura

Mother of God *n* Matka *f* Boska or Boża

mother-of-pearl /ˌmʌðərəvˈpɜ:l/ **I** *n* macica *f* perłowa
II *modif [necklace, brooch]* z macicy perłowej

mother-of-thousands /ˌmʌðərəvˈθaʊzndz/ *n* Bot lnica *f*

mother's boy *n* maminsynek *m* pej

Mother's Day *n* Dzień *m* Matki

mother's help GB, **mother's helper** US *n* pomoc *f* do dziecka

mother ship *n* statek-baza *m*

Mother Superior *n* matka *f* przełożona

mother-to-be /ˌmʌðətəˈbi:/ *n* (*pl* **mothers-to-be)** przyszła matka *f*

mother tongue *n* [1] (native tongue) język *m* ojczysty [2] (from which another evolves) prajęzyk *m*

mother wit *n* zdrowy rozsądek *m*

mothproof /ˈmɒθpru:f, US ˈmɔ:θ-/ **I** *adj* moloodporny
II *vt* zabezpiecz|yć, -ać przed molami

motif /məʊˈti:f/ *n* (in art, architecture, music) motyw *m*

motion /ˈməʊʃn/ **I** *n* [1] (movement) ruch *m*; **in ~** w ruchu; **to set sth in ~** wprawić w ruch coś *[pendulum]*; fig nadać bieg czemuś *[plan]*; uruchomić coś *[chain of events]*; **to set the wheels in ~** fig nadać sprawie bieg [2] (gesture) (of hand) gest *m*; (of head, eyebrow) ruch *m* [3] Admin, Pol wniosek *m*; **to table/second the ~** zgłosić/poprzeć wniosek; **to carry/defeat the ~ by 10 votes to 8** przyjąć/odrzucić wniosek stosunkiem głosów 10 do 8; **a ~ of censure** wniosek o zgłoszenie wotum nieufności [4] Med stolec *m*, wypróżnienie *n*; **to have a ~** mieć wypróżnienie
II *vt* **to ~ sb in/up** zaprosić kogoś gestem or ruchem ręki do środka/na górę; **to ~ sb away** gestem or ruchem ręki oddalić kogoś; **to ~ sb to a chair** wskazać krzesło komuś; **to ~ sb to approach** przywołać gestem or ruchem ręki kogoś, skinąć na kogoś
III *vi* **to ~ to sb** skinąć na kogoś
IDIOMS: **to go through the ~s** markować, zachowywać pozory; **to go through the ~s of doing sth** stwarzać pozory, że się coś robi

motionless /ˈməʊʃnlɪs/ *adj* nieruchomy, w bezruchu

motion picture US **I** *n* film *m*
II *modif [industry, director]* filmowy

motion sickness *n* choroba *f* lokomocyjna

motivate /ˈməʊtɪveɪt/ **I** *vt* motywować; **to ~ sb to do sth** motywować kogoś do zrobienia czegoś; **what ~s someone to become a politician?** co skłania człowieka do zostania politykiem?
II motivating *prp adj [force, factor]* motywacyjny
III *vr* **to ~ oneself** zmobilizować się

motivated /ˈməʊtɪveɪtɪd/ *adj* [1] *[person, pupil]* posiadający motywację; **he does not seem ~** najwyraźniej brakuje mu motywacji; **to be highly** or **well/poorly ~** mieć wysoką or silną/słabą motywację; **~ by sth** powodowany czymś; *[envy, desire]* **he was ~ by envy** powodowała nim zazdrość [2] **politically/racially ~** *[act]* o podłożu politycznym/rasowym

motivation /ˌməʊtɪˈveɪʃn/ *n* [1] (reason) motywy *m pl*; **the ~ for sth** motywy czegoś *[decision]*; **the ~(s) behind sth** uzasadnienie czegoś *[act]* [2] (drive) motywacja *f*; **they lack the ~ to work harder** brak im motywacji do solidniejszej pracy

motivation(al) research *n* badania *n pl* motywacji

motivator /ˈməʊtɪveɪtə(r)/ *n* (thing) czynnik *m* motywujący, bodziec *m*, pobudka *f*;

(person) motor *m*; **to be** or **act as a ~ for sth** stanowić bodziec or pobudkę do czegoś fig; **he's the team ~** jest motorem działań drużyny

motive /ˈməʊtɪv/ **I** *n* also Jur motyw *m*, pobudka *f* **(for** or **behind sth** czegoś); **sb's ~ in doing sth** motyw, który popchnął kogoś do zrobienia czegoś; **a political ~** motyw polityczny; **base/noble ~s** niskie /szlachetne pobudki

II *adj [force, power]* napędowy; **she was the ~ force behind the resolution** fig była inicjatorką tej rezolucji

motiveless /ˈməʊtɪvlɪs/ *adj [crime, act]* bez motywu; *[generosity]* bezinteresowny

motivelessly /ˈməʊtɪvlɪslɪ/ *adv* bez uzasadnienia

motley /ˈmɒtlɪ/ **I** *n* Hist (of jester) strój *m* błazna

II *adj* [1] *[crowd, gathering]* kolorowy; **~ collection** zbieranina also pej; **a ~ crew** hum menażeria fig hum or pej [2] *[coat]* pstry, różnobarwny

motocross /ˈməʊtəkrɒs/ *n* motokros *m*

motor /ˈməʊtə(r)/ **I** *n* [1] Elec, Mech (engine) silnik *m* [2] fig **to be the ~ for sth** być motorem czegoś [3] infml dat (car) maszyna *f* infml

II *modif* [1] Aut *[industry, trade, mechanic, show, racing]* samochodowy; **~ vehicle** pojazd mechaniczny; **~ insurance** ubezpieczenie pojazdu mechanicznego [2] Med motoryczny, ruchowy; **~ activity** czynność ruchowa, motoryka; **~ function** funkcja ruchowa; **~ nerve** nerw ruchowy

motorail /ˈməʊtəreɪl/ *n* GB autokuszetki *f pl*

motorbike /ˈməʊtəbaɪk/ *n* motocykl *m*; motor *m* infml

motorboat /ˈməʊtəbəʊt/ *n* łódź *f* motorowa, motorówka *f*

motorcade /ˈməʊtəkeɪd/ *n* kawalkada *m* (samochodów)

motor car *n* [1] dat samochód *m* osobowy [2] US drezyna *f* motorowa

motor court *n* US = **motor lodge**

motorcycle /ˈməʊtəsaɪkl/ *n* motocykl *m*

motorcycle escort *n* eskorta *f* na motocyklach

motorcycle messenger *n* kurier *m* na motorze

motorcycling /ˈməʊtəsaɪklɪŋ/ *n* jazda *f* na motocyklu

motorcyclist /ˈməʊtəsaɪklɪst/ *n* motocyklist|a *m*, -ka *f*

motor home *n* samochód *f* z częścią mieszkalną

motoring /ˈməʊtərɪŋ/ **I** *n* dat jazda *f* samochodem; **to go ~** przejechać się samochodem

II *modif* **~ accident** wypadek samochodowy or drogowy; **~ offence** złamanie przepisów drogowych; **~ magazine** magazyn motoryzacyjny

motor inn *n* US = **motor lodge**

motorist /ˈməʊtərɪst/ *n* podróżując|y *m*, -a *f* samochodem, kierowca *m*

motorization /ˌməʊtəraɪˈzeɪʃn, US -rɪˈz-/ *n* motoryzacja *f*

motorize /ˈməʊtəraɪz/ **I** *vtr* [1] z|motoryzować *[troops, police]* [2] wyposaż|yć, -ać w silnik *[device]*

II **motorized** *pp adj [transport]* samochodowy; *[regiment]* zmotoryzowany; *[vehicle]* motorowy; *[camera, device]* wyposażony w silnik

motor launch *n* łódź *f* motorowa

motor lodge *n* US motel *m*

motorman /ˈməʊtəmən/ *n* (*pl* **-men**) US (of tram) motorniczy *m*; (of train) maszynista *m*

motor mechanic *n* mechanik *m* samochodowy

motormouth /ˈməʊtəmaʊθ/ *n* infml gaduła *m/f* infml

motor mower *n* kosiarka *f* (z silnikiem)

motor neurone disease *n* Med choroba *f* Charcota, stwardnienie *n* zanikowe boczne

motor oil *n* olej *m* silnikowy (smarowy)

motor scooter *n* skuter *m*

motorway /ˈməʊtəweɪ/ GB **I** *n* autostrada *f*

II *modif* **~ network** sieć autostrad; **~ service station/telephone** stacja obsługi samochodów/telefon przy autostradzie; **~ crash/pile-up** kraksa/karambol na autostradzie

Motown® /ˈməʊtaʊn/ *prn* Motown *n*; **the ~ sound** brzmienie Motown

mottled /ˈmɒtld/ *adj* (spotty) *[skin]* cętkowany; *[plumage]* dropiaty; *[pattern]* w cętki; *[hands]* w plamy

motto /ˈmɒtəʊ/ *n* (*pl* **-oes, -os**) [1] (of person, institution) dewiza *f*, motto *n*; **that's my ~** oto moja dewiza [2] GB (in cracker) (wise sentence) maksyma *f*; (joke) żart *m*; (riddle) zagadka *f*

mould[1] GB, **mold** US /məʊld/ **I** *n* [1] (container) forma *f*; (small) foremka *f*; **ring ~** okrągła forma; **candle ~** forma do wyrobu świec [2] fig typ *m*; **in the ~ of sb** pokroju kogoś; **a hero in the Superman ~** bohater w typie Supermana; **to be cast** or **set in the same/a different ~** być ulepionym z tej samej/z innej gliny; **to fit into the ~ of a typical policeman** pasować do stereotypu policjanta; **to break the ~** wyzwolić się od szablonu [3] Culin potrawa *f* przygotowana w formie; **rice ~** babka ryżowa

II *vt* [1] u|formować; **to ~ clay into sth** uformować coś z gliny; **to ~ plastic /metal into sth** odlać coś z plastiku /metalu; **to ~ a sculpture from** or **out of sth** wymodelować rzeźbę w czymś [2] fig u|kształtować *[person, opinion]*; u|formować *[character]*; **to ~ public opinion** urabiać opinię publiczną; **to ~ sb into a gentleman** zrobić z kogoś dżentelmena

III *vi* dopasow|ać, -ywać się; **the leather should ~ itself to the foot** skóra powinna dopasować się do kształtu stopy; **the wet clothes ~ed round her body** mokre ubranie przylgnęło do jej ciała or oblepiło jej ciało

IV **moulded** *pp adj [plastic, rubber]* z formy; *[chair, frame]* odlewany; **a shoe with a ~ed insole** pantofel z profilowaną wkładką

mould[2] GB, **mold** US /məʊld/ *n* (fungi) pleśń *f*

mould[3] GB, **mold** US /məʊld/ *n* (soil) ziemia *f* próchniczna

mould-breaker /ˈməʊldbreɪkə(r)/ *n* (person) nowator *m*, -ka *f*; **to be a ~** *[person, book, film, design]* być nowatorskim; *[machine]* stanowić innowację

mould-breaking /ˈməʊldbreɪkɪŋ/ *adj* nowatorski

moulder GB, **molder** US /ˈməʊldə(r)/ *vi* (also **~ away**) [1] *[building, ruins]* rozpa|ść, -dać się; *[corpse, refuse]* rozł|ożyć, -kładać się, z|gnić [2] fig *[person]* z|gnuśnieć

moulding GB, **molding** US /ˈməʊldɪŋ/ *n* [1] (of clay, plaster) formowanie *n*; (of metal) odlewanie *n*; (of model) modelowanie *n* [2] (of opinion, character) kształtowanie *n* [3] (trim on frame, car) listwa *f*; Archit gzyms *m*, profil *m*

mouldy GB, **moldy** US /ˈməʊldɪ/ *adj [bread, cheese]* spleśniały; *[smell]* stęchły; **to go ~** spleśnieć; **there's a ~ smell in here** czuć tu stęchliznę

moult GB, **molt** US /məʊlt/ **I** *n* linienie *n*

II *vt* gubić *[feathers, hair]*; zrzuc|ić, -ać *[skin]*

III *vi [animal]* wy|linieć, lenieć; *[bird]* gubić pióra; **the ~ing season** pora linienia

mound /maʊnd/ *n* [1] (hillock) (natural) wzgórek *m*; (artificial) kopiec *m*; **a burial ~** kurhan [2] (heap) sterta *f* **(of sth** czegoś) [3] (in baseball) wzniesienie *n* na mecie miotacza; **to take the ~** zająć pozycję do rzutu

mount[1] /maʊnt/ **I** *n* [1] (support, surround) (for jewel, lens) oprawa *f*; (for microscope, slide) płytka *f*; (for picture) passe-partout *n inv*; (for film slide) ramka *f* [2] (horse) wierzchowiec *m*

II *vt* [1] (ascend) wst|ąpić, -ępować na (coś) *[platform, scaffold]*; wspi|ąć, -nać się na (coś) *[stairs]*; wsi|ąść, -adać na (coś) *[bicycle, horse]*; **to ~ the throne** fig wstąpić na tron; **to ~ the pavement** Aut wjechać na chodnik; **to ~ sb on sth** wsadzić kogoś na coś *[horse]* [2] (fix into place) umie|ścić, -szczać *[stamp, exhibit, specimen]* **(on sth** w czymś); za|mocować *[engine]*; oprawi|ć, -ać *[jewels]* **(in** or **on sth** w coś); umie|ścić, -szczać na stanowisku *[gun]* [3] (set up, hold) urządz|ić, -ać, z|organizować *[exhibition, campaign, demonstration]*; wystawi|ć, -ać *[play, musical]*; Mil przeprowadz|ić, -ać *[attack, offensive]*; **to ~ guard** trzymać or pełnić wartę **(at** or **over sb/sth** przy kimś/czymś) [4] Zool (in copulation) pokry|ć, -wać, stanowić; *[animal]* [5] Equest dosi|ąść, -adać (czegoś) *[horse]*

III *vi* [1] *[climber, staircase]* wspi|ąć, -nać się **(to sth** na coś); *[smile, blush]* pojawi|ć, -ać się; **the blood ~ed to his cheeks** oblał się rumieńcem [2] (on horse) dosi|ąść, -adać konia; (on bicycle) wsi|ąść, -adać na rower [3] (increase) *[temperature, toll, inflation, number]* wzr|osnąć, -astać; *[debts, problems, excitement]* nar|osnąć, -astać; *[concern]* nasil|ić, -ać się

IV **mounting** *prp adj [pressure, tension]* rosnący; *[problems]* narastający; *[bills]* gromadzący się; *[debts, losses]* coraz większy

mount[2] /maʊnt/ *n* (mountain) góra *f*; **Mount Etna/Everest** Etna/(Mount) Everest

mountain /ˈmaʊntɪn, US -ntn/ **I** *n* [1] góra *f*; **in the ~s** w górach [2] fig (of paperwork, washing, food) góra *f*, sterta *f* **(of sth** czegoś); (of work) nawał *m* **(of sth** czegoś); **a ~ of debts** masa długów; **I've got ~s of work to do** mam masę pracy; mam furę roboty infml; **meat/butter ~** Econ nadprodukcja mięsa/masła

II *modif [road, air, stream, tribe]* górski
IDIOMS: **to make a ~ out of a molehill** robić z igły widły
mountain ash *n* Bot jarząb *m* pospolity
mountain bike *n* rower *m* górski
mountain biker *n* rowerzysta *m* górski
mountain cat *n* (puma) puma *f*; (lynx) ryś *m*
mountain climbing *n* wspinaczka *f* (wysoko)górska
Mountain Daylight Time, MDT *n* US czas *m* letni w rejonie Gór Skalistych
mountain dew *n* infml (illicitly distilled whisky) księżycówka *f* infml
mountaineer /ˌmaʊntɪˈnɪə(r), US -ntnˈɪər/ *n* [1] (climber) alpinist|a *m*, -ka *f*; (in the Tatras) taterni|k *m*, -czka *f* [2] US (mountain-dweller) mieszkan|iec *m*, -ka *f* gór, góral *m*, -ka *f*
mountaineering /ˌmaʊntɪˈnɪərɪŋ, US -ntnˈɪərɪŋ/ *n* alpinizm *m*; (in the Tatras) taternictwo *n*
mountain goat *n* Zool kozioł *m* śnieżny
mountain lion *n* puma *f*, kuguar *m*
mountainous /ˈmaʊntɪnəs, US -ntənəs/ *adj* [1] *[country, landscape, region]* górzysty [2] fig (huge) *[waves, heap]* niebosiężny, niebotyczny liter; *[task]* gigantyczny
mountain range *n* łańcuch *m* górski, pasmo *n* górskie
mountain rescue *n* górskie pogotowie *n* ratunkowe; **~ team** ekipa ratowników
mountain sickness *n* choroba *f* wysokościowa
mountainside /ˈmaʊntɪnsaɪd, US -ntn-/ *n* stok *m* (górski), zbocze *n* (górskie)
Mountain Standard Time, MST *n* US czas *m* zimowy w rejonie Gór Skalistych
Mountain (Standard) Time, M(S)T *n* US czas *m* obowiązujący w rejonie gór Skalistych
mountain top *n* szczyt *m*, wierzchołek *m*
mountebank /ˈmaʊntɪbæŋk/ *n* liter szarlatan *m*, oszust *m*, -ka *f*
mounted /ˈmaʊntɪd/ *adj* konny; **~ police** *(+ v pl)* policja konna; **~ policeman** policjant konny or na koniu
Mountie /ˈmaʊntɪ/ *n* członek *m* Kanadyjskiej Policji Konnej; **the ~s** Kanadyjska Policja Konna
mounting block *n* podstawka *f* do wsiadania na konia
mourn /mɔːn/ **I** *vt* opłakiwać *[person, death]*
II *vi* (observe ritual) obchodzić żałobę; **to ~ for sb/sth** opłakiwać kogoś/coś, płakać po kimś/czymś; żałować kogoś/czegoś fig
mourner /ˈmɔːnə(r)/ *n* (relation) krewn|y *m*, -a *f* zmarłego; (participant in funeral) żałobni|k *m*, -ca *f*; (weeper) płaczka *f*; **to be the chief ~** przewodzić uroczystościom żałobnym
mournful /ˈmɔːnfl/ *adj [person]* zasmucony; *[sound, cry, look]* żałosny; *[eyes]* pełen smutku; **to look/sound ~** wyglądać /brzmieć żałośnie
mournfully /ˈmɔːnfəlɪ/ *adv* żałośnie
mourning /ˈmɔːnɪŋ/ *n* [1] (state, clothes) żałoba *f*; **to be in ~ (for sb)** być w żałobie (po kimś); **to go into/come out of ~** przywdziać/zdjąć żałobę; **to wear ~** nosić żałobę; **in deep ~** w ciężkiej żałobie [2] (wailing) lament *m*
mourning band *n* opaska *f* żałobna, żałoba *f*
mourning clothes *npl* żałoba *f*

mouse /maʊs/ **I** *n* (*pl* **mice**) Zool, Comput mysz *f*; fig myszka *f* infml fig
II *modif* Comput **~ button** klawisz myszy; **~ click** kliknięcie myszą
III *vi [cat]* łapać myszy
IDIOMS: **to play cat and ~ (with sb)** bawić się w kotka i myszkę (z kimś); **to sit as quiet as a ~** siedzieć cicho jak mysz pod miotłą
mousehole /ˈmaʊshəʊl/ *n* mysia nora *f*
mousemat /ˈmaʊsmæt/ *n* = **mousepad**
mousepad /ˈmaʊspæd/ *n* Comput podkładka *f* pod mysz
mouser /ˈmaʊsə(r)/ *n* (cat) kot *m* łowny
mousetrap /ˈmaʊstræp/ *n* pułapka *f* na myszy
mousey /ˈmaʊsɪ/ *adj* [1] *[colour, hair]* mysi, myszaty [2] (timid) pej zastraszony [3] *[odour]* mysi; **the whole place smells ~** tu czuć myszami
moussaka /muːˈsɑːkə/ *n* Culin musaka *f*
mousse /muːs/ *n* [1] Culin (sweet) mus *m*; (savoury) ≈ pasta *f*; **salmon ~** pasta z łososia [2] (for hair) pianka *f* (do włosów); **styling ~** pianka do układania włosów
moustache GB, **mustache** US /məˈstɑːʃ/ *n* wąsy *m pl*, wąs *m*; **to grow a ~** zapuszczać wąsy; **a man with a ~** wąsaty mężczyzna
moustachio, mustachio US /məˈstɑːʃɪəʊ, US -ˈstæʃ-/ *n* bujny or suty wąs *m*
moustachioed, mustachioed US /məˈstɑːʃɪəʊd, US -ˈstæʃ-/ *adj* wąsaty
mousy *adj* = **mousey**
mouth /maʊθ/ **I** *n* [1] (of human) usta *plt*; (of child) buzia *f*; (of mammal) pysk *m*, morda *f*; (of other animal) otwór *m* gębowy; **in one's ~** w ustach; **to have five ~s to feed** mieć pięć gąb do wyżywienia infml; **to open/shut one's ~** otworzyć/zamknąć usta; **to keep one's ~ shut** nie odzywać się; trzymać gębę na kłódkę, trzymać język za zębami; **to keep one's ~ shut about sth** słowem or słówkiem nie pisnąć o czymś; **why did you have to open your (big) ~?** infml po co się w ogóle odzywałeś?; **he's got a big ~** infml on za dużo gada, nie potrafi trzymać gęby na kłódkę infml; **me and my big ~!** infml ta moja niewyparzona gęba! infml; **with one's ~ (wide) open** z (szeroko) otwartymi ustami or otwartą buzią [2] (of tunnel, cave, valley) wylot *m*; (of geyser, volcano) krater *m*; (of river) ujście *n*; (of bag, bottle, jar) otwór *m* [3] infml (talk) **he's all ~ (and no action)** potrafi tylko gadać infml; **that's enough ~ from you!** przestań pyskować! infml; **to watch one's ~** uważać na słowa, liczyć się ze słowami
II *vt* [1] (move lips silently) powiedzieć, mówić bezgłośnie *[words, lyrics, answer]* [2] pej (say insincerely) wygł|osić, -aszać *[platitudes]*
III *vi* [1] (speak with no sound) bezgłośnie poruszać ustami [2] US (speak affectedly) perorować
■ **mouth off** infml pej: ¶ **~ off** [1] (shout) gardłować infml; **to ~ off about sth/at sb** wygadywać na coś/na kogoś [2] US (be impudent) pyskować infml **(to sb** komuś) [3] US (speak indiscreetly) paplać infml ¶ **~ off [sth]** głośno da|ć, -wać wyraz (czemuś) *[opinions, prejudices]*

IDIOMS: **by word of ~** ustnie; **don't put words in my ~** nie wkładaj mi w usta słów, których nie powiedziałem; **you took the words right out of my ~** z ust mi to wyjąłeś; **his heart was in his ~** serce podeszło mu do gardła; **to be down in the ~** mieć smutną minę; **to leave a bad** or **nasty taste in one's** or **the ~** fig pozostawić niesmak; **to put one's foot in one's ~** popełnić gafę; **to shoot one's ~ off** chlapać językiem or ozorem infml; **wash your ~ out!** nie wyrażaj się! infml; **I'll wash your ~ out with soap!** oberwiesz, jeśli tak się będziesz wyrażać! infml
mouthful /ˈmaʊθfʊl/ *n* [1] (of food) kęs *m*; (of liquid) łyk *m*; **to swallow a meal in one ~** połknąć posiłek [2] infml (long hard word) kilometrowe słowo *n*; **her name is a ~** ma bardzo długie imię [3] infml (abuse) wiązanka *f* infml fig; **to give sb a ~** naurągać komuś, powiedzieć komuś kilka słów do słuchu; **to get a ~** usłyszeć kilka słów do słuchu; **a ~ of obscenities** wiącha infml; **a ~ of curses** stek przekleństw [4] US infml (pertinent remark) istotna uwaga *f*
mouth organ *n* harmonijka *f* ustna, organki *plt*
mouthpiece /ˈmaʊθpiːs/ *n* [1] (of instrument, respirator, pipe) ustnik *m*; (of telephone) mikrofon *m* [2] fig (person) rzeczni|k *m*, -czka *f* **(of** or **for sth** czegoś); pej (person, newspaper) tuba *m* fig pej **(of** or **for sth** czegoś)
mouth-to-mouth /ˌmaʊθtəˈmaʊθ/ *adj [method, technique]* usta-usta
mouth-to-mouth resuscitation *n* sztuczne oddychanie *n* metodą usta-usta
mouth ulcer *n* afta *f*
mouthwash /ˈmaʊθwɒʃ/ *n* płyn *m* do płukania ust
mouth-watering /ˈmaʊθwɔːtərɪŋ/ *adj* apetyczny; **that looks/smells absolutely ~** to wygląda/pachnie tak, że aż ślinka leci
mouthy /ˈmaʊðɪ/ *adj* infml pyskaty, wyszczekany infml
movable /ˈmuːvəbl/ *adj* [1] *[part]* ruchomy; *[apparatus]* przenośny [2] Jur *[goods, property]* ruchomy [3] Relig **a ~ feast** święto ruchome; **breakfast is a ~ feast in our household** fig hum śniadanie jadamy o różnych porach
movables /ˈmuːvəblz/ *npl* ruchomości *f pl*
move /muːv/ **I** *n* [1] (movement) ruch *m*; (gesture) gest *m*; **one ~ and you're dead!** jeden ruch i nie żyjesz!, nie ruszaj się, bo zginiesz!; **to watch sb's every ~** śledzić każdy ruch kogoś; **don't make any sudden ~s** nie wykonuj żadnych gwałtownych ruchów; **there was a ~ towards the door** nagle wszyscy ruszyli ku drzwiom; **let's make a ~** infml zbierajmy się; **it's time I made a ~** czas na mnie [2] (transfer of residence, company) przeprowadzka *f*; **the ~ took a day** przeprowadzka trwała jeden dzień; **the firm's ~ out of town** wyprowadzka firmy z miasta; **our friends helped with the ~** przyjaciele pomogli nam w przeprowadzce; **our ~ to Brighton** nasza przeprowadzka do Brighton; **to make the ~ to London** *[family, firm, employee]* przeprowadzić or przenieść się do

Londynu; **she made the ~ from sales to management** przeszła z działu sprzedaży do kierownictwa; **she's due for a ~** czeka na przeniesienie [3] Games ruch *m*, zagranie *n*; **his last/next ~** jego ostatni/następny ruch; **white has the first ~** białe rozpoczynają; **it's your ~** twój ruch, twoja kolej [4] (step, act) posunięcie *n*; **a good/bad ~** dobre/złe posunięcie; **what's our next ~?** jakie będzie nasze następne posunięcie?; **to make the first ~** zrobić pierwszy krok; **they have made no ~(s) to allay public anxiety** nie zrobili nic, żeby uspokoić opinię publiczną; **there has been a ~ towards liberalization** zrobiono krok ku liberalizacji; **in a ~ to counter opposition attacks...** dla odparcia ataków opozycji...

II on the move *adj phr* **to be on the ~** *[army]* być w marszu; *[train]* znajdować się w ruchu; **to be always on the ~** *[diplomat, family]* przenosić się z miejsca na miejsce; *[nomad, traveller]* być stale w drodze; **the circus is on the ~ again** cyrk znowu ruszył w trasę; **a society on the ~** fig dynamicznie rozwijające się społeczeństwo

III *vt* [1] (change position of) przen|ieść, -osić *[bus stop]*; przesu|nąć, -wać *[game piece, cursor, furniture]*; przestawi|ć, -ać *[car]*; przew|ieźć, -ozić, przen|ieść, -osić *[injured person, patient]*; przerzuc|ić, -ać *[army]*; (to clear a space) odsu|nąć, -wać *[object]*; **~ your things!** zabierz swoje rzeczy!; **to ~ sb to another hospital** przenieść kogoś do innego szpitala; **he's too ill to be ~d** jest zbyt chory, żeby go ruszać; **to ~ sth off** odsunąć coś *[table, chair]*; **to ~ sth out of the room/house** wynieść coś z pokoju /z domu; **~ the chair out of the way** usuń krzesło z przejścia; **~ your head, I can't see!** przesuń głowę, bo nic nie widzę!; **to ~ sth into the room/garden** wnieść coś do pokoju/ogrodu; **to ~ sth upstairs** wnieść coś na górę; **to ~ sth downstairs** znieść coś z góry or na dół; **to ~ sth farther away/closer** odsunąć /przysunąć coś; **to ~ troops to the front** wysłać wojsko na front [2] (set in motion) *[person]* porusz|yć, -ać (czymś), zgi|ąć, -nać *[limb, finger]*; *[wind, water]* porusz|yć, -ać, ruszać (czymś) *[leaf, branch]*; *[mechanism]* porusz|yć, -ać, wprawi|ć, -ać w ruch *[wheel, cog]* [3] (to new location or job) przen|ieść, -osić *[employee, staff, office, headquarters]*; **I've asked to be ~d** poprosiłem o przeniesienie [4] (to new house, site) prze|transportować, przew|ieźć, -ozić *[furniture, belongings, equipment]*; **to ~ house** przeprowadzić się; **a local firm ~d us** naszą przeprowadzką zajęła się miejscowa firma [5] (affect) wzrusz|yć, -ać *[person]*; **to be ~d by sth** wzruszyć się czymś; **~d to tears** wzruszony do łez [6] (prompt, motivate) skł|onić, -aniać; **to ~ sb to sth/to do sth** *[circumstance]* skłonić kogoś do czegoś /zrobienia czegoś; **he was ~d to act by the letter** list skłonił go do działania; **I felt ~d to protest** poczułem, że muszę zaprotestować [7] (propose) stawiać, postawić wniosek o (coś) *[amendment, adjournment]*; **to ~ that the matter (should) be put to the vote** zgłosić wniosek, żeby sprawę poddać pod głosowanie [8] (sell, shift) zby|ć, -wać *[goods, stock]*

IV *vi* [1] (change posture, position) *[person, branch, lips]* rusz|yć, -ać się, porusz|yć, -ać się; *[earth]* za|drżeć, za|trząść się; **don't ~!** nie ruszaj się!; **it won't ~** (to) ani drgnie; **will you please ~!** proszę przechodzić!; **I can't ~ for plants in here** GB tu jest tyle roślin, że nie ma jak się ruszyć; **you can't ~ for tourists in town** GB z powodu turystów trudno się poruszać po mieście [2] (proceed, travel) *[vehicle]* jechać; *[person]* iść; *[procession, army]* posuwać się; **we were moving at about 65 kilometres an hour** poruszaliśmy się z prędkością około 65 kilometrów na godzinę; **we'd better keep moving** lepiej się nie zatrzymujmy; **we must get things moving** fig musimy zacząć działać; **things are starting to ~ on the job front** coś drgnęło na rynku pracy infml; **go on, get moving!** no dalej, rusz się!; **to ~ into sth** wejść do środka czegoś; **to ~ out of sth** wyjść na zewnątrz czegoś; **we are moving into a new era in science** w nauce wkraczamy w nową erę; **to ~ along/across sth** iść wzdłuż czegoś /(na przełaj) przez coś; **his fingers ~d rapidly over the keys** jego palce szybko biegły po klawiszach; **to ~ back** cofnąć się; **to ~ forward** posuwać się do przodu; **to ~ away** odejść; **to ~ away from the window** odejść od okna; **to ~ up** piąć się w górę; **to ~ down** schodzić, spadać; **public opinion has ~d to the right** sympatie społeczeństwa przesunęły się na prawo [3] infml (proceed quickly) **that cat can really ~!** ale ten kot jest szybki!; **that traffic cop's really moving!** ale ten policjant z drogówki się uwija! [4] (change home, location) *[person, family, firm, shop]* przeprowadz|ić, -ać się, przen|ieść, -osić się; **to ~ to a bigger/smaller house** przenieść się or przeprowadzić do mniejszego/większego domu; **to ~ to Paris/the countryside/Oxford Street** przeprowadzić się or przenieść się do Paryża/na wieś/na Oxford Street; **to ~ back to England** przeprowadzić się or przenieść się z powrotem do Anglii [5] (change job) przen|ieść, -osić się; **to ~ to accounts/a different department** przenieść się do rachunkowości/innego działu [6] (act) za|działać; **to ~ on a problem/question** podjąć działania w (jakiejś) sprawie/kwestii; **to ~ to do sth** zabrać się do robienia czegoś; **he ~d quickly to deny the allegations** szybko zaprzeczył pomówieniom [7] Games *[player]* wykon|ać, -ywać ruch; *[piece]* przesu|nąć, -wać się [8] Comm (sell, be sold) mieć zbyt; **this line is moving fast** te towary dobrze się sprzedają or szybko się rozchodzą

V *vr* infml **to ~ oneself** rusz|yć, -ać się; **~ yourself!** (get out of the way) zejdź z drogi!, odsuń się!; (hurry up) rusz się!

■ **move about, move around:** ¶ **~ about** [1] (walk) **there's someone moving about downstairs** ktoś chodzi na dole [2] (change position) *[person]* rusz|yć, -ać się; *[object]* przesu|nąć, -wać się [3] (change residence) przeprowadz|ić, -ać się ¶ **~ [sb/sth] about** przen|ieść, -osić, przesu|nąć, -wać, przestawi|ć, -ać, poprzestawiać *[object, furniture]*; **they ~ him about a lot between departments** często przenoszą go z działu do działu

■ **move along:** ¶ **~ along** [1] (disperse) **~ along, please, there's nothing to see** proszę się rozejść, tu nie ma nic do oglądania; (proceed) **'~ along, ~ along,' said the constable** „nie zatrzymywać się, jechać dalej", powiedział policjant; **~ along please!** (on bus) proszę przechodzić [2] fig (progress) **things are moving along nicely** wszystko idzie jak należy ¶ **~ [sb] along** kazać się rozejść (komuś) *[crowd]* ¶ **~ [sth] along** popędzić *[herd]*

■ **move away:** ¶ **~ away** (by moving house) wyprowadz|ić, -ać się; (by leaving scene of activity) od|ejść, -chodzić, wycof|ać, -ywać się ¶ **~ away [sb/sth], ~ [sb/sth] away** usu|nąć, -wać *[crowd, obstruction]*

■ **move down:** ¶ **~ down** (in list, hierarchy) spa|ść, -dać ¶ **~ down [sb], ~ [sb] down** [1] GB Sch przesu|nąć, -wać do mniej zaawansowanej grupy [2] (in division, ranking) przesu|nąć, -wać na niższe miejsce *[team, player]* ¶ **~ down [sth], ~ [sth] down** (to lower shelf) przen|ieść, -osić or prze|kładać, -łożyć niżej

■ **move in:** ¶ **~ in** [1] (to house) wprowadz|ić, -ać się; **to ~ in with sb** wprowadzić się do kogoś, zamieszkać razem z kimś *[friend, relative, lover]* [2] (advance, attack) zbliż|yć, -ać się; *[troops, police]* wkr|oczyć, -aczać do akcji; **to ~ in on sb/sth** (come closer) zbliżyć się do kogoś/czegoś; (surround and prepare to attack) otoczyć kogoś/coś, napierać na kogoś/coś; **to ~ in on sth** (take control of) starać się opanować coś *[business, market]* [3] (intervene) *[company, government]* interweniować ¶ **~ in [sb], ~ [sb] in** [1] (place in housing) *[authorities, council]* zakwaterow|ać, -ywać *[family]* [2] (change residence) **a friend helped to ~ me in** przyjaciel pomógł mi się przeprowadzić or w przeprowadzce

■ **move off** *[procession, parade, vehicle]* rusz|yć, -ać z miejsca; *[troops]* wymaszerow|ać, -ywać

■ **move on:** ¶ **~ on** [1] *[person, traveller]* wyrusz|yć, -ać; *[vehicle]* odje|chać, -żdżać; *[time]* mi|nąć, -jać; **to ~ on to Manchester/Australia** ruszyć dalej do Manchesteru/Australii; **to ~ on to the next item/to consider sth** przejść do następnego punktu/do sprawy czegoś; **to ~ on to something better** piąć się w górę fig; **let's ~ on** (in discussion) przejdźmy do następnego punktu, idźmy dalej [2] (keep moving) *[crowd]* prze|jść, -chodzić; *[traffic]* jechać płynnie [3] (develop) **things have ~d on since then** wiele się zmieniło od tamtego czasu; **I'm OK now, I've ~d on** teraz mam się dobrze, polepszyło mi się ¶ **~ on [sth], ~ [sth] on** GB posu|nąć, -wać do przodu *[discussion]*; przesu|nąć, -wać do przodu *[clock hands]* ¶ **~ on [sb], ~ [sb] on** GB usu|nąć, -wać *[busker, street trader]*

■ **move out:** ¶ **~ out** (of house) wyprowadz|ić, -ać się; (of camp) *[soldiers]* wymaszerować; *[tanks]* odjechać; **to ~ out of the** house/office/area wyprowadzić się z domu/biura/okolicy ¶ **~ out [sb], ~ [sb] out** wykwaterow|ać, -ywać *[residents]* ¶ **~ out [sth], ~ [sth] out** usu|nąć, -wać *[object]*

■ **move over**: ¶ **~ over** [1] przesu|nąć, -wać się; **~ over!** posuń się! [2] fig (for younger generation) ust|ąpić, -ępować miejsca **(for sb** komuś); z|robić miejsce **(for sb** dla kogoś) ¶ **~ [sb/sth] over** przesu|nąć, -wać *[person, object]*; **~ it over to the left** przesuń to w lewo

■ **move up**: ¶ **~ up** [1] (make room) przesu|nąć, -wać się [2] (be promoted) *[employee]* awansować; **to ~ up to second place** (in list, chart) awansować na drugie miejsce; **to ~ up to the first division** awansować do pierwszej grupy ¶ **~ up [sb], ~ [sb] up** [1] GB Sch przen|ieść, -osić do bardziej zaawansowanej grupy *[pupil]* [2] Sport (into higher league, division) awansować *[team, player]* ¶ **~ [sth] up** (to higher shelf) przen|ieść, -osić or prze|łożyć, -kładać wyżej

IDIOMS: **get a ~ on!** infml pośpiesz się!; **to make a ~ on sb** infml podrywać kogoś infml; **to ~ with the times** iść z duchem czasu; **to put the ~s on sb** US infml próbować kogoś poderwać infml

moveable *adj* = **movable**

movement /ˈmuːvmənt/ *n* [1] (of person, dancer, head, wave, vehicle, machine part) ruch *m*; (of hand, arm) ruch *m*, gest *m*; **an upwards /downwards ~** ruch w górę/w dół; **a graceful/sudden ~** (of arm) pełen gracji /nagły gest; **to watch sb's ~s** śledzić ruchy/gesty kogoś [2] fig (in prices, market) ruch *m*, zmiana *f*; **very little ~ on the stock exchange/political front** bardzo mały ruch na giełdzie/arenie politycznej; **an upward/a downward ~ in prices** tendencja zwyżkowa/zniżkowa cen; **a ~ towards liberalization** postępująca liberalizacja; **a ~ away from marriage** spadek liczby zawieranych małżeństw [3] (organization, group) ruch *m* **(for sth** na rzecz czegoś); **mass ~** ruch masowy; **the trade union ~** ruch związkowy [4] Muz część *f*; **in three ~s** w trzech częściach [5] (transporting) przewóz *m* **(of sth** czegoś); **~ by rail** przewóz koleją or kolejowy [6] (circulation) ruch *m*; **the free ~ of goods** wolny przepływ towarów [7] Tech (of clock, watch) mechanizm *m* [8] Med (of bowels) wypróżnienie *n*; **to have a ~** mieć wypróżnienie

mover /ˈmuːvə(r)/ *n* [1] (who proposes motion) wnioskodaw|ca *m* -czyni *f* [2] US (of furniture, belongings) spedytor *m*; **a firm of ~s** firma spedycyjna [3] infml (dancer) **to be a lovely** or **great (little) ~** doskonale tańczyć

mover and shaker *n* US infml człowiek *m* czynu

movie /ˈmuːvɪ/ **I** *n* US film *m*; **to go to a ~** pójść na film

II movies *npl* **the ~s** (cinema) kino *n*; (cinema industry) przemysł *m* filmowy; **to go to the ~s** iść do kina; **to be in ~s** pracować w przemyśle filmowym

movie camera *n* kamera *f* filmowa

movie director *n* reżyser *m* filmowy

movie film *n* [1] (used to make movies) taśma *f* filmowa, film *m* [2] dat (movie) film *m*

moviegoer /ˈmuːvɪgəʊə(r)/ *n* widz *m* kinowy

movie-maker /ˈmuːvɪmeɪkə(r)/ *n* filmowiec *m*

movie mogul *n* magnat *m* filmowy

movie producer *n* producent *m* filmowy

movies-on-demand, MOD /ˌmuːvɪzɒndɪˈmɑːnd, US -dɪˈmænd/ *n* filmy *m pl* na życzenie

movie star *n* gwiazdor *m* filmowy, gwiazda *f* filmowa

movie theater *n* US kino *n*

moving /ˈmuːvɪŋ/ *adj* [1] *[vehicle, train]* jadący; *[parts, target]* ruchomy; **a fast-~ river** rwąca rzeka; **~ staircase** GB schody ruchome; **~ walkway** chodnik ruchomy [2] fig (emotional) *[story, scene, speech]* wzruszający [3] fig (motivating) **to be the ~ force** or **spirit behind something** stanowić siłę sprawczą or być spiritus movens czegoś

movingly /ˈmuːvɪŋlɪ/ *adv [talk, describe, convey]* wzruszająco

mow /məʊ/ **I** *n* **to give the lawn a ~** skosić trawnik

II *vt* (*pp* **~ed, mown**) s|kosić, ści|ąć, -nać *[grass, hay]*; o|strzyc; **new-mown** *[lawn]*; świeżo skoszony

■ **mow down**: **~ down [sb], ~ [sb] down** położyć, kłaść trupem; wykosić fig infml *[battalion, troops]*; (with car) rozjechać *[person]*

mower /ˈməʊə(r)/ *n* [1] (machine) kosiarka *f* [2] (person) kosiarz *m*

mowing /ˈməʊɪŋ/ *n* (of hay) koszenie *n*, ścinanie *n*; (of lawn) strzyżenie *n*

mown /məʊn/ *pp* → **mow**

moxibustion /ˌmɒksɪˈbʌstʃn/ *n* okadzanie *n* (chorego miejsca)

Mozambican /ˌməʊzæmˈbiːkən/ **I** *n* Mozambij|czyk *m*, -ka *f*

II *adj* mozambicki

Mozambique /ˌməʊzæmˈbiːk/ *prn* Mozambik *m*

Mozart /ˈməʊtsɑːt/ *prn* Mozart *m*

mozzarella /ˌmɒtsəˈrelə/ *n* ser *m* mozzarella

mozzie /ˈmɒzɪ/ *n* infml moskit *m*

MP *n* [1] GB = **Member of Parliament** [2] = **military policeman**

mpg *n* = **miles per gallon** mile *f pl* na galon; GB **35 ~** ≈ 8 litrów na 100 kilometrów; US **30 ~** ≈ 8 litrów na 100 kilometrów

mph *n* = **miles per hour** mile *f pl* na godzinę; **to travel at 50 ~** ≈ jechać 80 km na godzinę

MPhil /ˌemˈfɪl/ *n* = **Master of Philosophy** ≈ magister *m* filozofii

MPS *n* = **Member of the Pharmaceutical Society** *członek towarzystwa farmaceutycznego*

MPV *n* = **multipurpose vehicle** pojazd *m* wielozadaniowy

Mr /ˈmɪstə(r)/ *n* (*pl* **Messrs**) [1] (title for man) pan *m*; **Mr Gwyn Jones** pan Gwyn Jones; **good morning, Mr Taylor** dzień dobry panu (panie Taylor); **he thinks he's Mr Wonderful** uważa siebie za ósmy cud świata; **she's waiting for Mr Right** czeka na księcia z bajki [2] (title for position) **yes, Mr President** tak, panie prezydencie; **Mr Big** infml ważniak infml

MRC *n* GB → **Medical Research Council**

MRCP *n* GB = **Member of the Royal College of Physicians** członek *m* królewskiego towarzystwa lekarskiego

MRCS *n* GB = **Member of the Royal College of Surgeons** członek *m* królewskiego towarzystwa chirurgów

MRCVS *n* GB = **Member of the Royal College of Veterinary Surgeons** członek *m* królewskiego towarzystwa weterynaryjnego

MRI *n* = **magnetic resonance imaging** obrazowanie *n* metodą rezonansu magnetycznego

Mrs /ˈmɪsɪz/ *n* pani *f* (*mężatka*); **~ Sue Clark** pani Sue Clark; **~ Adam Smith** fml pani Adamowa Smith fml dat; **good morning, ~ Martin** dzień dobry pani (pani Martin)

Ms /mɪz, məz/ *n* pani *f* (*o kobiecie bez względu na jej stan cywilny*)

MS *n* [1] = **manuscript** [2] = **multiple sclerosis** [3] US Post = **Mississippi** [4] US Univ = **Master of Science**

MSc *n* Univ = **Master of Science**

MSI *n* = **musculoskeletal injury**

MSP *n* → **Member of the Scottish Parliament**

MST *n* US → **Mountain Standard Time**

Mt *n* = **Mount**

MT *n* [1] = **machine translation** [2] US Post = **Montana**

mth *n* = **month** miesiąc *m*, mies.

much /mʌtʃ/ **I** *adv* [1] (to a considerable degree) znacznie, wiele; **~ smaller/happier** znacznie mniejszy/szczęśliwszy **(than sb /sth** niż ktoś/coś, od kogoś/czegoś); **they're not ~ cheaper than the originals** nie są wiele tańsze od oryginalnych; **~ more interesting** znacznie ciekawszy, o wiele bardziej ciekawy; **the film was ~ better than expected** film był znacznie lepszy, niż się spodziewano; **it's ~ better organized** to jest znacznie lepiej zorganizowane; **they're getting ~ less demanding** są coraz mniej wymagający; **the shoes are ~ too expensive** buty są o wiele za drogie; **it's ~ too dangerous** to zbyt niebezpieczne; **I didn't ~ like what I saw** to, co zobaczyłem, niezbyt mi się spodobało; **she doesn't worry ~ about it** ona się tym specjalnie nie przejmuje; **we'd ~ rather stay here** o wiele bardziej wolelibyśmy tu zostać; **the meeting has been ~ criticized** zebranie było bardzo krytykowane; **they are ~ to be pitied** należy ich bardzo żałować; **~ loved by her friends** bardzo kochana przez przyjaciół; **your comments would be ~ appreciated** twoje uwagi byłyby bardzo cenne; **he's not ~ good at Latin/at tennis** nie jest zbyt dobry z łaciny/w tenisie; **he's not ~ good at cooking/riding** nie jest zbyt dobrym kucharzem/jeźdźcem; **does it hurt ~?** bardzo boli?; **it's ~ the more interesting of the two studies** z tych dwóch opracowań, to jest znacznie ciekawsze; **she's ~ the best teacher here** jest bezapelacyjnie najlepszą z tutejszych nauczycielek; **~ to**

my surprise ku mojemu wielkiemu zaskoczeniu [2] (often) często, dużo, wiele; **we don't go out ~** rzadko gdzieś bywamy; **they don't see each other ~** nieczęsto się widują or spotykają; **she doesn't talk ~ about the past** nieczęsto or niewiele mówi o przeszłości; **do you go to concerts ~?** często chodzisz na koncerty?; **a ~ married film star** wielokrotnie zamężna gwiazda filmowa [3] (approximately, nearly) niemal, prawie; **his condition is ~ the same as yesterday** od wczoraj jego stan się prawie nie zmienił; **it's pretty ~ like driving a car** to bardzo przypomina prowadzenie samochodu; **he behaved ~ the way others did** zachowywał się prawie tak samo jak wszyscy; **in ~ the same way (as)** niemal w ten sam sposób (co); **~ the same is true of China** podobnie jest w Chinach [4] (specifying degree to which something is true) **too ~** za bardzo, za wiele, zbytnio; **you worry too ~** zbytnio się martwisz; **you talk too ~** za dużo mówisz; **very ~** bardzo; **he misses you very ~** on bardzo za tobą tęskni, jemu bardzo ciebie brakuje; **I'd appreciate it very ~ if you...** bardzo bym ci był wdzięczny, gdybyś...; **thanks very ~** bardzo dziękuję; **we enjoyed ourselves very ~** świetnie się bawiliśmy; **she's very ~ like her mother** jest bardzo podobna do matki; **I felt very ~ the foreigner** czułem się prawie jak obcy; **so ~** tak bardzo; **I wanted so ~ to meet you** tak bardzo chciałem cię poznać; **it hurts so ~** to bardzo or tak boli; **it's so ~ better** to znacznie lepiej; **he hates flying so ~ that he prefers to take the boat** tak (bardzo) nienawidzi latać samolotem, że woli podróżować statkiem; **thanks so ~ for...** ogromne dzięki za..., ogromnie dziękuję za...; **I like them as ~ as you (do)** lubię ich tak samo (bardzo) jak ty; **she doesn't worry as ~ as before** już się tak nie zamartwia jak przedtem; **they hated each other as ~ as ever** pałali do siebie taką samą gwałtowną nienawiścią jak zawsze; **she is as ~ entitled to a visa as you** ona ma takie samo prawo otrzymać wizę jak ty; **he wasn't sure and said as ~** nie był pewny i nie krył tego; **I thought as ~** tak właśnie myślałem; **however ~** obojętnie jak bardzo; **you'll have to accept the decision however ~ you disagree** będziesz musiał pogodzić się z tą decyzją bez względu na to, jak bardzo się z nią nie zgadzasz; **I couldn't cry out however ~ it hurt** mimo nieznośnego bólu, nie mogłem krzyczeć [5] (emphatic: setting up a contrast) **it wasn't so ~ a warning as a threat** to było nie tyle ostrzeżenie, ile groźba; **the discovery wasn't so ~ shocking as depressing** odkrycie było nie tyle szokujące, ile or co przygnębiające; **it doesn't annoy me so ~ as make me wonder** to mnie nie tyle denerwuje, ile or co zastanawia

II *pron* [1] (a great deal) dużo, wiele; (in negative sentences) niewiele; **do you have ~ left?** dużo ci zostało?; **did he earn ~?** dużo zarobił?; **we have ~ to learn** możemy się wiele nauczyć; **we didn't eat ~** niewiele jedliśmy; **there isn't ~ to do** nie ma wiele do roboty, niewiele jest do zrobienia; **he doesn't have ~ to say** ma niewiele do powiedzenia; **there isn't ~ one can do to prevent it** niewiele można zrobić, żeby temu zapobiec; **he doesn't have ~ to complain about** ma niewiele powodów do narzekań; **it leaves ~ to be desired** to pozostawia wiele do życzenia; **there's ~ to be said for this plan** wiele przemawia za tym planem; **~ of sth** znaczna część czegoś; **~ of the meeting was spent discussing the plan** znaczną część zebrania zajęła dyskusja o tym planie; **~ of their work involves travelling** ich praca w dużej mierze wiąże się z podróżami; **~ of what remains is useless** znaczna część tego, co zostaje, jest bezużyteczna; **~ of the resentment is due to the fact that...** niechęć wynika w znacznej mierze z tego, że...; **I don't see ~ of them now** nieczęsto ich teraz widuję; **to make ~ of sth** (focus on) skoncentrować or skupić się na czymś; (understand) zrozumieć or pojąć coś; **the report made ~ of the scandal** reportaż rozdmuchał skandal; **I couldn't make ~ of her last book** niewiele zrozumiałem z jej ostatniej książki [2] (expressing a relative amount, degree) **so ~** tyle; **we've eaten so ~ that...** zjedliśmy tyle, że...; **she spends so ~ of her life abroad that...** spędza taką część życia za granicą, że...; **so ~ of the earth is polluted** ogromna część naszej planety jest zanieczyszczona; **so ~ of the time, it's a question of patience** w większości przypadków to kwestia cierpliwości; **too ~** za or zbyt wiele; **it costs too ~** to jest za or zbyt drogie; **you eat too ~** za dużo jesz; **it's too ~!** za dużo!; (in protest) tego już za wiele!; **it's too ~ of an effort** to zbyt wielki wysiłek; **she was too ~ of an egoist to do that** była zbyt wielką egoistką, żeby to zrobić; **I couldn't eat all that, it's too ~ for me!** nie zjem tyle, to dla mnie za dużo!; **the heat/effort was too ~ for them** nie wytrzymali upału /wysiłku; **he was too ~ for his opponent** dla swojego adwersarza okazał się zbyt trudnym przeciwnikiem; **I bought about this ~** kupiłem mniej więcej tyle; **he's read this ~ already** już tyle przeczytał; **I'll say this ~ for him, he's honest** mogę powiedzieć o nim tyle: jest uczciwy; **this ~ is certain, we'll have no choice** jedno jest pewne: nie będziemy mieli wyboru; **twice as ~** dwa razy tyle; **if we had half as ~ as you** gdybyśmy mieli połowę tego, co ty; **I'll need half as ~ again** będę potrzebował tego o połowę więcej; **as ~ as possible** *[get, earn, learn]* jak najwięcej; *[confuse, improve, minimize]* jak najbardziej; **they paid as ~ as we did** zapłacili tyle, co my; **is it as ~ as that?** aż tyle?; **I enjoy nature as ~ as the next person** lubię przyrodę, jak każdy; **it can cost as ~ as £50** to może kosztować nawet 50 funtów; **it was as ~ as I could do not to laugh** robiłem co mogłem, żeby się nie roześmiać; **as ~ as to say that...** to tyle, co powiedzieć, że...; **how ~?** ile?; **how ~ did you pay for it?** ile za to zapłaciłeś; **tell them how ~ you won** powiedz im, ile wygrałeś; **how ~ do they know?** ile or jak dużo wiedzą?; **he never knew how ~ we missed him** (nigdy) się nie dowiedział, jak bardzo za nim tęskniliśmy or nam go brakowało; **do you know how ~ this means to me?** wiesz, ile or jak wiele to dla mnie znaczy? [3] (focusing on limitations, inadequacy) **it's not** or **nothing ~** to niewiele; **it's not up to ~** GB to nie na wiele się zda; **he's not ~ to look at** nie należy do przystojnych; **she doesn't think ~ of him/it** nie ma o nim/o tym zbyt wysokiego mniemania; **I'm not ~ of a letter-writer/reader** nie lubię pisać listów/czytać; **he's not ~ of a chess player** żaden z niego szachista; **it's not ~ of a film** to nienajlepszy film; **it isn't ~ of a life** co to za życie!; **it wasn't ~ of a holiday for us** to były dla nas nieudane wakacje; **that's not ~ of a consolation!** to żadna pociecha!; **I'm not ~ of a one for cooking** infml gotowanie nie jest moim ulubionym zajęciem

III *quantif* dużo, wiele; **have you got ~ money/work?** masz dużo pieniędzy/pracy?; **I haven't got (very) ~ time** nie mam (bardzo) wiele czasu; **we didn't get ~ support** nie zdobyliśmy większego poparcia; **it doesn't make ~ sense** to nie ma większego sensu; **there isn't ~ wine left** zostało niewiele wina; **does he watch ~ TV?** czy dużo ogląda telewizję?; **she didn't speak ~ English** słabo mówiła po angielsku; **too ~ energy** zbyt dużo energii; **to spend too ~ money** wydawać za dużo pieniędzy; **we don't have too ~ time** nie mamy zbyt wiele czasu; **don't use so ~ salt** nie sól tyle, nie używaj tyle soli; **why does he make so ~ noise?** dlaczego on tak hałasuje or robi tyle hałasu?; **I spent so ~ time doing shopping** zakupy zabrały mi tyle czasu; **she gets so ~ enjoyment out of the radio** radio dostarcza jej tyle radości; **we paid twice as ~ money** zapłaciliśmy dwa razy tyle (pieniędzy); **how ~ time have we got left?** ile czasu nam (jeszcze) zostało?; **how ~ liquid does it contain?** ile płynu to zawiera?

IV **much+** *in combinations* **~-loved** ukochany; **~-respected** wielce szanowany; **~-needed** niezbędny; **~-used** często używany

V **much as** *conj phr* mimo że; **~ as he needed the money, he wouldn't beg for it** mimo że bardzo potrzebne mu były pieniądze, nie chciał o nie prosić; **~ as we regret our decision, we have no choice** mimo że z żalem podejmujemy tę decyzję, to jednak nie mamy wyboru

VI **much less** *conj phr* tym bardziej (nie); **I've never seen him ~ less spoken to him** nigdy go nie widziałem, a tym bardziej nie rozmawiałem z nim

VII **so much as** *adv phr* **without so ~ as saying goodbye/as an apology** bez słowa pożegnania/przeprosin; **if you so ~ as move/sigh** jeśli tylko drgniesz/westchniesz; **they can be imprisoned for so ~ as criticizing the regime** za samo tylko krytykowanie reżimu mogą trafić do więzienia

IDIOMS: **~ wants more** apetyt rośnie w miarę jedzenia; **there isn't ~ in** GB or **to** US **it** (in contest, competition) różnica jest niewielka; **there isn't ~ in it for us** (to our advantage) niewiele z tego będziemy mieli; **she's late again? that's a bit ~!** ona znowu się spóźnia? to już lekka przesada!

muchness /ˈmʌtʃnɪs/ *n*

IDIOMS: **they're much of a ~** niczym się w zasadzie nie różnią

mucilage /ˈmjuːsɪlɪdʒ/ *n* [1] (glue) klej *m* roślinny [2] (liquid) śluz *m*; (from plants) substancja *f* kleista

mucilaginous /ˌmjuːsɪˈlædʒɪnəs/ *adj* [1] *[plants]* wytwarzający kleistą substancję [2] *[liquid, mess]* kleisty, śluzowaty

muck /mʌk/ *n* [1] (manure) gnój *m*, łajno *n*; **cat/dog ~** kocie/psie odchody; **bird ~** ptasie łajno [2] (dirt) brud *m*; (mud) błoto *n* [3] infml fig (book, film) szmira *f*; (food) paskudztwo *n*, świństwo *n* [4] **to make a ~ of sth** spaprać coś infml

■ **muck about, muck around** infml: ¶ **~ about** (fool about) wygłupiać się; (potter about) obijać się infml; **to ~ about with sth** (fiddle) bawić się czymś, majstrować przy czymś ¶ **~ [sb] about** robić z kogoś wariata infml

■ **muck in** (share task) przyłączyć się **(with sb** do kogoś); (share room) dzielić pokój **(with sb** z kimś); **they all ~ed in and helped him** wszyscy skrzyknęli się i pomogli mu

■ **muck out**: **~ out [sth]** o|czyścić z gnoju, wyrzuc|ić, -ać gnój z (czegoś) *[cowshed, stable]*

■ **muck up**: **~ up [sth]** [1] (spoil) zawalić infml *[exam, task]*; zmarnować *[chance]*; **to ~ up sb's plans** pokrzyżować komuś plany [2] upaprać, uświnić infml *[clothes, carpet]*

muckraker /ˈmʌkreɪkə(r)/ *n* pej łow|ca *m*, -czyni *f* skandali

muckraking /ˈmʌkreɪkɪŋ/ **I** *n* pogoń *f* za sensacją

II *adj [story]* skandalizujący; **~ campaign** pranie brudów fig

muck-up /ˈmʌkʌp/ *n* infml wpadka *f* infml; **to make a ~ of sth** zawalić coś infml

mucky /ˈmʌkɪ/ *adj* infml (muddy) *[field, road]* błotnisty; (dirty) *[boots, hands, creature]* upaprany infml; **to get ~** upaprać się infml; **you ~ pup!** infml ty prosiaku! infml; **what ~ weather!** co za parszywa pogoda! infml

mucous /ˈmjuːkəs/ *adj* śluzowy

mucous membrane *n* błona *f* śluzowa

mucus /ˈmjuːkəs/ *n* śluz *m*

mud /mʌd/ *n* błoto *n*; **to sink in the ~** tonąć w błocie

IDIOMS: **here's ~ in your eye!** infml no to cyk! infml; **his name is ~** podpadł, ma tyły infml; **it's as clear as ~!** infml to jest bardzo mętne!; **to drag sb's name in** or **through the ~** zszargać dobre imię kogoś; **to sling ~ at sb** obrzucić kogoś błotem fig

MUD *n* = **multi-user dungeon** internetowa gra *f* przygodowa

mudbank /ˈmʌdbæŋk/ *n* błotniste dno *n*

mud bath *n* kąpiel *f* błotna or borowina; fig grzęzawisko *n*

muddle /ˈmʌdl/ **I** *n* [1] (mess) bałagan *m*; (of string, roots) plątanina *f*; fig (in administration) zamęt *m*, mętlik *m*; **my documents are in a ~** mam straszny bałagan w dokumentach; **the clients' records have got into a terrible ~** akta klientów kompletnie się pomieszały; **what a ~!** co za bałagan!; **your financial affairs are in a ~** masz nieuporządkowane sprawy finansowe [2] (mix-up) zamieszanie *n*; **there was a ~ over my hotel reservation** było nieco zamieszania z moją rezerwacją hotelową [3] (mental confusion) zamęt *m* w głowie, mętlik *m*; **to be in a ~** mieć zamęt or mętlik w głowie; **to be in a ~ over** or **about sth** pogubić się w czymś infml fig; **to get into a ~** *[person]* zakałapućkać się infml

II *vt* = **muddle up**

■ **muddle along** jakoś sobie radzić; **we'll ~ along** jakoś przeżyjemy

■ **muddle through** da|ć, -wać sobie radę (mimo wszystko)

■ **muddle up**: ¶ **~ up [sth], ~ [sth] up** (disorder) po|mieszać *[papers]*; po|plątać *[string]*; **to get ~d up** *[papers, objects]* pomieszać się ¶ **~ [sb] up** (confuse) na|mieszać komuś w głowie; **to be ~d up** mieć w głowie zamęt; **he was ~d up by the whisky** whisky poszła mu do głowy; **I got you ~d up with Martin** pomyliłem cię z Martinem

muddled /ˈmʌdld/ *adj* [1] (confused) *[old person, ill person]* ogłupiały, otumaniony; **he's very ~** wszystko mu się pomieszało [2] (unclear) *[account, story]* mętny; *[thinking]* niejasny

muddle-headed /ˌmʌdlˈhedɪd/ *adj [person]* rozkojarzony; *[ideas, arguments, plan]* mętny; *[attempt, decision]* nieprzemyślany

muddler /ˈmʌdlə(r)/ *n* **to be a ~** wprowadzać zamęt or zamieszanie

muddy /ˈmʌdɪ/ **I** *adj* [1] *[hands]* ubrudzony błotem; *[clothes, shoes]* ubłocony, zabłocony; *[river, stream, road]* błotnisty [2] fig *[coffee, water]* mętny; *[complexion]* ziemisty; *[pink]* brudny; *[green, brown]* z brunatnym odcieniem; *[ideas]* mętny fig

II *vt* po|brudzić błotem *[hands]*; za|błocić, ubłocić *[shoes, clothes]*; z|mącić *[water]*

IDIOMS: **to ~ the waters** zaciemniać obraz fig

mud flap *n* fartuch *m* błotnika, chlapacz *m*

mud flat *n* Geol przybrzeżna równina *f* błotna

mudguard /ˈmʌdgɑːd/ *n* błotnik *m*

mud hut *n* lepianka *f*

mudpack /ˈmʌdpæk/ *n* Cosmet maseczka *f* błotna

mud pie *n* „babka" *f* z błota

mudslide /ˈmʌdslaɪd/ *n* lawina *f* błota or błotna

mud-slinging /ˈmʌdslɪŋɪŋ/ *n* obrzucanie się *n* błotem fig

muesli /ˈmjuːzlɪ/ *n* GB muesli *n inv*

muezzin /muːˈezɪn, US mjuː-/ *n* muezin *m*

muff[1] /mʌf/ *n* [1] (mitten) mufka *f* [2] US vulg (vulva) cipa *f* vulg

muff[2] /mʌf/ *vt* infml ze|psuć infml *[shot, catch]*; po|mylić *[lines, words]*; **to ~ one's chance** zmarnować szansę

muffin /ˈmʌfɪn/ *n* [1] GB (okrągła) bułeczka *f (jadana na ciepło z masłem)* [2] US (cupcake) babeczka *f*

muffle /ˈmʌfl/ **I** *vt* [1] (wrap up) opatul|ić, -ać *[person]*; okutać infml; **~d in furs** okutany futrem or w futro [2] (mute) s|tłumić, wytłumić *[bell, drum]*; przycisz|yć, -ać, ścisz|yć, -ać *[voice, laughter]*; fig **to ~ the voice of protest** wyciszyć głosy protestu

II muffled *pp adj* [1] (deadened) *[cry, conversation, voices, thud]* stłumiony; **a ~ed bell** stłumiony dźwięk dzwonu [2] (suppressed) *[yawn, giggle]* tłumiony

muffler /ˈmʌflə(r)/ *n* [1] Fashn gruby, ciepły szal *m* [2] US Aut tłumik *m*

mufti[1] /ˈmʌftɪ/ *n* Relig mufti *m inv*

mufti[2] /ˈmʌftɪ/ *n* Mil ubranie *n* cywilne; **in ~** po cywilnemu

mug /mʌg/ **I** *n* [1] (for tea, coffee) kubek *m*; (for beer) kufel *m* [2] (contents) (also **~ful) kubek** *m* **(of sth** czegoś) [3] infml (face) gęba *f*, morda *f* infml; **what an ugly ~!** co za wstrętna gęba or morda! infml [4] GB (fool) frajer *m*, -ka *f* infml; **it's a ~'s game** to dla frajerów [5] US (photo) = **mug shot** [6] infml (thug) bandzior *m* infml

II *vt* (*prp, pt, pp* **-gg-**) infml napa|ść, -dać na (kogoś); **to be ~ged** zostać napadniętym

III *vi* (*prp, pt, pp* **-gg-**) US infml robić miny, wygłupiać się infml

■ **mug up** GB infml: **~ up [sth], ~ [sth] up** wku|ć, -wać infml *[subject]*

mugger /ˈmʌgə(r)/ *n* (uliczny) bandyta *m*

mugging /ˈmʌgɪŋ/ *n* [1] (attack) bandycki napad *m* (na ulicy) [2] (crime) rozbój *m*; **~ is on the increase** rośnie liczba rozbojów

muggins /ˈmʌgɪnz/ *n* GB infml hum frajer *m* infml; **~ here will pay the bill** a ja, frajer, zapłacę rachunek

muggy /ˈmʌgɪ/ *adj [weather, air, day]* parny; *[room]* duszny; **it's ~ in here** tu jest parno jak w łaźni

mugho pine /ˌmjuːgəʊˈpaɪn/ *n* kosodrzewina *f*, kosówka *f*, sosna *f* górska

mug shot *n* [1] (of criminal) zdjęcie *n* policyjne [2] hum fotka *f* infml

mugwump /ˈmʌgwʌmp/ *n* US Pol niezależny polityk *m*

Muhammad /məˈhæmɪd/ *prn* Mahomet *m*, Muhammad *m*

mujaheddin, mujahedeen /ˌmuːdʒəheˈdiːn/ *npl* **the ~** mudżahedini *m pl*

mulatto /mjuːˈlætəʊ, US məˈl-/ **I** *n* dat (*pl* **-toes, -tos**) Mulat *m*, -ka *f*

II *adj* mulacki

mulberry /ˈmʌlbrɪ, US -berɪ/ **I** *n* [1] (tree) morwa *f* [2] (fruit) owoc *m* morwy, morwa *f* [3] (colour) kolor *m* morwy

II *adj [juice, leaf]* morwowy

mulch /mʌltʃ/ **I** *n* mierzwa *f*

II *vt* okry|ć, -wać mierzwą

mule[1] /mjuːl/ *n* [1] muł *m*, mulica *f* [2] infml (stubborn person) muł *m*, osioł *m* infml [3] Tex przędzarka *f* wózkowa [4] infml (also **drug ~**) kurier *m* narkotykowy

IDIOMS: **as stubborn as a ~** uparty jak osioł

mule[2] /mjuːl/ *n* (shoe) pantofel *m* bez pięty, klapek *m*; **a pair of ~s** klapki

mule driver *n* poganiacz *m* mułów

muleteer /ˌmjuːlɪˈtɪə(r)/ *n* dat poganiacz *m* mułów

mulish /ˈmjuːlɪʃ/ *adj [person]* uparty; *[look, expression]* zacięty
mulishness /ˈmjuːlɪʃnɪs/ *n* (of person) upór *m*; (of look, expression) zaciętość *f*
mull /mʌl/ **I** *vt* Culin za|grzać z korzeniami *[alcohol]*
II mulled *pp adj* Culin *[cider, wine]* grzany
■ **mull over**: ~ **over [sth],** ~ **[sth] over** rozważ|yć, -ać, rozmyślać nad (czymś)
mullah /ˈmʌlə/ *n* mułła *m*
mullet /ˈmʌlɪt/ *n* (*pl* ~) (red) barwena *f*; (grey) cefal *m*
mulligan /ˈmʌlɪgən/ *n* (also ~ **stew**) US Culin infml ≈ gulasz *m* z resztek
mulligatawny /ˌmʌlɪgəˈtɔːnɪ/ *n* (also ~ **soup**) ostra zupa *f* z curry
mullion /ˈmʌlɪən/ *n* słupek *m* okienny; (in Gothic window) laska *f*
mullioned /ˈmʌlɪənd/ *adj [window]* wielodzielny
multi+ /ˈmʌltɪ/ *in combinations* wielo-, multi-
multi-access /ˌmʌltɪˈækses/ *n* Comput wielodostępność *f*, dostęp *m* wielokrotny
multicellular /ˌmʌltɪˈseljʊlə(r)/ *adj* wielokomórkowy
multichannel /ˌmʌltɪˈtʃænl/ *adj [television]* wielokanałowy; *[reception]* na wielu kanałach
multicoloured GB, **multicolored** US /ˌmʌltɪˈkʌləd/ *adj* różnokolorowy, wielobarwny
multicultural /ˌmʌltɪˈkʌltʃərəl/ *adj* wielokulturowy, multikulturowy
multiculturalism /ˌmʌltɪˈkʌltʃərəlɪzəm/ *n* wielokulturowość *f*, multikulturalizm *m*
multidimensional /ˌmʌltɪdaɪˈmenʃənl/ *adj [model]* wielowymiarowy; *[approach, study]* wielopłaszczyznowy
multidirectional /ˌmʌltɪdaɪˈrekʃənl, -dɪˈrek-/ *adj* wielokierunkowy; (moving) *[aerial]* obrotowy
multidisciplinary /ˌmʌltɪdɪsɪˈplɪnərɪ, US -nerɪ/ *adj* Sch, Univ multidyscyplinarny
multidisciplinary system *n* Sch, Univ system *m* wieloprotokołowy
multi-ethnic /ˌmʌltɪˈeθnɪk/ *adj* zróżnicowany etnicznie
multi-faceted /ˌmʌltɪˈfæsɪtɪd/ *adj* [1] (varied) *[personality, character]* złożony, niejednorodny; *[problem, analysis, research]* wieloaspektowy, wielopłaszczyznowy; *[career]* na wielu polach [2] *[gemstone]* wielofasetowy
multifarious /ˌmʌltɪˈfeərɪəs/ *adj* różnoraki, różnorodny
multiflora /ˌmʌltɪˈflɔːrə/ **I** *n* (also ~ **rose**) róża *f* wielokwiatowa
II *adj* wielokwiatowy
multiform /ˈmʌltɪfɔːm/ *adj* wielopostaciowy
multi-function /ˌmʌltɪˈfʌŋkʃn/ *adj* wielofunkcyjny
multigym /ˈmʌltɪdʒɪm/ *n* Sport atlas *m*
multihull /ˈmʌltɪhʌl/ *n* wielokadłubowiec *m*
multilateral /ˌmʌltɪˈlætərəl/ *adj* [1] *[agreement, trade]* wielostronny; Pol *[talks, agreement]* multilateralny [2] Math *[shape]* wieloboczny
multilateralist /ˌmʌltɪˈlætərəlɪst/ *n* Pol zwolenni|k *m*, -czka *f* multilateralizmu
multilevel /ˌmʌltɪˈlevl/ *adj* [1] *[parking, access, analysis]* wielopoziomowy; *[building, complex]* wielopiętrowy [2] Comput wielopoziomowy
multilingual /ˌmʌltɪˈlɪŋgwəl/ *adj* wielojęzyczny
multilingualism /ˌmʌltɪˈlɪŋgwəlɪzəm/ *n* wielojęzyczność *f*
multimedia /ˌmʌltɪˈmiːdɪə/ **I** *plt* multimedia *plt*
II *adj* multimedialny
multi-million /ˌmʌltɪˈmɪljən/ *adj* wielomilionowy; ~ **pound/dollar** *[project, deal]* na wiele milionów funtów/dolarów
multimillionaire /ˌmʌltɪˌmɪljəˈneə(r)/ *n* multimilioner *m*, -ka *f*
multi-nation /ˌmʌltɪˈneɪʃn/ *adj* wielonarodowy, wielonarodowościowy
multinational /ˌmʌltɪˈnæʃənl/ **I** *n* (also ~ **company**) przedsiębiorstwo *n* międzynarodowe
II *adj [society, country]* wielonarodowy, wielonarodowościowy; *[agreement, organization]* międzynarodowy
multiparous /mʌlˈtɪpərəs/ *adj* Zool wielorodny; ~ **woman** wieloródka
multipartite /ˌmʌltɪˈpɑːtaɪt/ *adj* [1] Pol *[treaty]* wielostronny [2] *[document]* składający się z wielu części
multi-party /ˌmʌltɪˈpɑːtɪ/ *adj* Pol *[government, system]* wielopartyjny
multiple /ˈmʌltɪpl/ **I** *n* [1] Math wielokrotność *f* **(of sth** czegoś); **to sell sth in ~s of six** sprzedawać coś po sześć (sztuk) [2] GB (chain of shops) sklep *m* należący do sieci handlowej [3] Fin **share on a ~ of 5** akcja *f* ze wskaźnikiem cena-zysk równym 5
II *adj [interests, causes, achievements]* wieloraki; ~ **collision** karambol
multiple birth *n* poród *m* mnogi
multiple choice *adj* ~ **test** test wielokrotnego wyboru
multiple entry visa *n* wiza *f* uprawniająca do wielokrotnego przekraczania granicy
multiple fractures *npl* Med złamanie *n* wielokrotne
multiple fruit *n* owocostan *m*
multiple injuries *npl* liczne obrażenia *plt*
multiple occupancy *n zajmowanie lokalu przez więcej niż jednego lokatora*
multiple ownership *n* wspólna własność *f*
multiple personality *n* Psych rozszczepienie *n* osobowości
multiple pile-up *n* karambol *m*
multiple risk *adj* Insur ~ **insurance** ubezpieczenie *n* od wszelkiego ryzyka; ~ **policy** polisa *f* ubezpieczeniowa od wszelkiego ryzyka
multiple sclerosis, MS *n* stwardnienie *n* rozsiane, SM *n inv*
multiple stab wounds *npl* rozliczne rany *f pl* od noża or zadane nożem
multiple store *n* GB sklep *m* należący do sieci handlowej
multiplex /ˈmʌltɪpleks/ **I** *n* [1] Telecom multipleks *m* [2] US Cin multikino *n*, multipleks *m*
II *adj* Telecom multipleksowy
III *vt* Telecom przesyłać tym samym torem *[messages, signals]*
multiplexer /ˈmʌltɪpleksə(r)/ *n* Telecom multiplekser *m*
multiplexing /ˈmʌltɪpleksɪŋ/ *n* Telecom zwielokrotnianie *n*, multipleksowanie *n*
multipliable /ˈmʌltɪplaɪəbl/ *adj [numbers]* dający się pomnożyć **(by sth** przez coś)
multiplicable /ˌmʌltɪˈplɪkəbl/ *adj* = **multipliable**
multiplicand /ˌmʌltɪplɪˈkænd/ *n* mnożna *f*
multiplication /ˌmʌltɪplɪˈkeɪʃn/ *n* [1] Math mnożenie *n*; **to do** ~ mnożyć [2] Biol rozmnażanie (się) *n* [3] (increase) pomnożenie (się) *n*
multiplication sign *n* znak *m* mnożenia
multiplication table *n* tabliczka *f* mnożenia
multiplicative /ˌmʌltɪˈplɪkətɪv/ *adj* mnożący się; Math multiplikatywny
multiplicity /ˌmʌltɪˈplɪsətɪ/ *n* [1] (wide variety) wielorakość *f* **(of sth** czegoś) [2] (numerousness) mnogość *f*
multiplier /ˈmʌltɪplaɪə(r)/ *n* [1] Math mnożnik *m* [2] Phys multyplikator *m* [3] Econ mnożnik *m* inwestycyjny
multiplier effect *n* efekt *m* mnożnikowy
multiply /ˈmʌltɪplaɪ/ **I** *vt* [1] Math po|mnożyć; ~ **A by B** pomnóż A przez B [2] fig po|mnożyć, zwielokr|otnić, -atniać *[chances, opportunities, profits]* [3] Biol rozmn|ożyć, -ażać
II *vi* [1] Math mnożyć [2] (increase) pomn|ożyć, -ażać się [3] Biol rozmn|ożyć, -ażać się
multiply handicapped /ˌmʌltɪplɪˈhændɪkæpt/ **I** *n (+ v pl)* Med **the** ~ osoby *f pl* dotknięte upośledzeniem wielu funkcji organizmu
II *adj [person]* dotknięty upośledzeniem wielu funkcji organizmu
multipolar /ˌmʌltɪˈpəʊlə(r)/ *adj* wielobiegunowy
multiprocessing /ˌmʌltɪˈprəʊsesɪŋ/ *n* Comput przetwarzanie *n* wieloprocesowe
multiprocessor /ˌmʌltɪˈprəʊsesə(r)/ *n* Comput komputer *m* wieloprocesowy, multiprocesor *m*
multiprogramming /ˌmʌltɪˈprəʊgræmɪŋ/ *n* Comput wielozadaniowość *f*, wieloprogramowość *f*
multipurpose /ˌmʌltɪˈpɜːpəs/ *adj [tool, gadget]* wieloczynnościowy; *[organization]* prowadzący wszechstronną działalność; *[area]* służący różnym celom
multiracial /ˌmʌltɪˈreɪʃl/ *adj* wielorasowy
multirisk /ˈmʌltɪrɪsk/ *adj* = **multiple risk**
multi-screen /ˈmʌltɪˈskriːn/ *adj* ~ **cinema** multikino
multisensory /ˌmʌltɪˈsensərɪ/ *adj [show]* oddziałujący na kilka zmysłów; *[teaching methods]* wykorzystujące różne środki przekazu
multistage /ˈmʌltɪsteɪdʒ/ *adj* [1] Tech, Aerosp *[rocket, compressor, turbine]* wielostopniowy [2] *[process, investigation]* wieloetapowy
multistandard /ˌmʌltɪˈstændəd/ *adj* TV multistandardowy
multistorey /ˌmʌltɪˈstɔːrɪ/ *adj* GB *[carpark]* wielopoziomowy; *[building]* wielopiętrowy
multi-talented /ˌmʌltɪˈtæləntɪd/ *adj* wszechstronnie utalentowany
multitasking /ˌmʌltɪˈtɑːskɪŋ/ *n* Comput wielozadaniowość *f*
multi-tool /ˈmʌltɪtuːl/ *n* narzędzie *n* uniwersalne
multitrack /ˈmʌltɪtræk/ *adj* Audio wielościeżkowy
multitude /ˈmʌltɪtjuːd, US -tuːd/ *n* [1] mnóstwo *n* **(of sth** czegoś); multum *n*

inv infml; **for a ~ of reasons** z wielu różnych powodów [2] **the ~** (crowd) tłum *m*; **the ~s** rzesze ludzi
IDIOMS: **to hide** or **cover a ~ of sins** hum skrywać or maskować wady

multitudinous /ˌmʌltɪˈtjuːdɪnəs, US -ˈtuːdɪnəs/ *adj [relatives]* liczny; *[crowds]* nieprzebrany; *[debts]* ogromny

multiuser /ˌmʌltɪˈjuːzə(r)/ *adj* Comput *[computer]* wielodostępny; **~ system** system wieloużytkownikowy or wielodostępny

multivalence /ˌmʌltɪˈveɪləns/ *n* wielowartościowość *f*

multivalency /ˌmʌltɪˈveɪlənsɪ/ *n* = **multivalence**

multivalent /ˌmʌltɪˈveɪlənt/ *adj* wielowartościowy

multivitamin /ˌmʌltɪˈvɪtəmɪn, US mʌltɪˈvaɪtəmɪn/ *n* multiwitamina *f*

mum¹ /mʌm/ *n* GB infml (mother) mama *f* infml

mum² /mʌm/ *adj*
IDIOMS: **~'s the word** infml ani mru-mru; cicho, sza infml; **to keep ~** nie puścić pary z ust

mum³ /mʌm/ *n* infml (chrysanthemum) chryzantema *f*

mumble /ˈmʌmbl/ **I** *n* mamrotanie *n*
II *vt* wy|mamrotać *[apology, reply]*; **'sorry,' he ~d** „przepraszam", wymamrotał
III *vi* **to ~ to oneself** mamrotać do siebie

mumbo jumbo /ˌmʌmbəʊˈdʒʌmbəʊ/ *n* infml pej [1] (speech, writing) brednie *f pl* infml [2] (ritual) abrakadabra *f* hum

mummer /ˈmʌmə(r)/ *n* Theat mim *m*

mummery /ˈmʌmərɪ/ *n* [1] Theat pantomima *f* [2] pej (ceremony) pompa *f*

mummification /ˌmʌmɪfɪˈkeɪʃn/ *n* mumifikacja *f*

mummify /ˈmʌmɪfaɪ/ **I** *vt* z|mumifikować
II *vi* wys|chnąć, -ychać

mummy¹ /ˈmʌmɪ/ *n* GB infml (mother) mamusia *f* infml

mummy² /ˈmʌmɪ/ *n* (embalmed body) mumia *f*

mummy's boy *n* GB pej maminsynek *m*

mumps /mʌmps/ *n* (+ *v sg*) świnka *f*, zapalenie *n* ślinianki przyusznej; **to have (the) ~** mieć świnkę

munch /mʌntʃ/ *vt* [1] (eat) s|chrupać *[apple, biscuit]*; przeżu|ć, -wać, żuć *[food]*; **to ~ one's way through sth** spałaszować coś infml [2] hum *[machine]* poł|knąć, -ykać infml fig *[coin, card]*
■ **munch away** s|pałaszować infml **(at sth** coś)
■ **munch on**: **~ on [sth]** przeżuwać

Munchhausen's syndrome /ˈmʊŋkhaʊznzsɪndrəʊm/ *n* zespół *m* Münchhausena

munchies /ˈmʌntʃɪz/ *npl* infml [1] (snack) przekąska *f* [2] **the ~s** (hunger) ssanie *n* w żołądku; **to have the ~** czuć ssanie w żołądku

mundane /mʌnˈdeɪn/ *adj [matter, goal]* przyziemny, prozaiczny; *[life]* szary; *[performance, book]* nieciekawy

mung bean /ˌmʌŋˈbiːn/ *n* fasola *f* mung

Munich /ˈmjuːnɪk/ **I** *prn* Monachium *n inv*
II *modif* monachijski

municipal /mjuːˈnɪsɪpl/ *adj [offices]* miejski; municypalny fml; *[transport]* miejski, komunalny; **~ elections** wybory do władz samorządowych miasta

municipal court *n* US Jur sąd *m* miejski *(pierwszej instancji)*

municipality /mjuːˌnɪsɪˈpælətɪ/ *n* [1] (city, town) miasto *n* [2] (governing body) władze *f pl* samorządowe miasta

municipalize /mjuːˈnɪsɪpəlaɪz/ *vt* s|komunalizować *[housing, grounds]*

munificence /mjuːˈnɪfɪsns/ *n* fml hojność *f*, szczodrość *f*

munificent /mjuːˈnɪfɪsnt/ *adj* fml hojny, szczodry

muniments /ˈmjuːnɪmənts/ *npl* Jur dowody *m pl* tytułu własności

munitions /mjuːˈnɪʃnz/ **I** *npl* uzbrojenie *n*; **chemical ~** broń chemiczna
II *modif [factory, industry]* zbrojeniowy

Munro /mənˈrəʊ/ *n* (in mountaineering) *szczyt o wysokości powyżej 1000 metrów n.p.m.*

mural /ˈmjʊərəl/ **I** *n* malowidło *n* ścienne; (in cave) malowidło *n* naskalne
II *adj [decoration]* ścienny; **~ art** malarstwo ścienne

murder /ˈmɜːdə(r)/ **I** *n* [1] Jur (crime) morderstwo *n*, zabójstwo *n*; **attempted ~** usiłowanie zabójstwa [2] infml (hell) mordęga *f*; **it's (sheer) ~ in town today!** poruszanie się dziś po mieście to (istna) mordęga!; **to be ~ on the feet** być mordęgą or udręką dla stóp; **it's ~ on my nerves** to mi niszczy or szarpie nerwy
II *modif* **~ inquiry** or **investigation** śledztwo or dochodzenie w sprawie morderstwa; **~ trial** sprawa or proces o zabójstwo; **~ scene/weapon** miejsce/narzędzie zbrodni; **~ hunt** pościg za mordercą; **~ suspect** podejrzany o morderstwo; **~ victim** ofiara morderstwa; **~ squad** policjanci z wydziału zabójstw; **~ story** or **mystery** powieść kryminalna
III *vt* [1] Jur (kill) za|mordować **(with sth** czymś) [2] infml fig udusić; **I could ~ that woman!** chętnie bym ją udusił! infml [3] infml fig (ruin) za|rżnąć, -rzynać infml fig *[music, play]* [4] infml (defeat) po|bić na głowę *[team, opponent]* [5] GB infml (devour) **I could ~ a pint/a sandwich!** chętnie wypiłbym piwo/zjadłbym kanapkę!
IV **murdered** *pp adj* **the ~ed man /woman** zamordowany/zamordowana
IDIOMS: **to get away with ~** *[dishonest people]* być bezkarnym; **that child gets away with ~!** temu dzieciakowi wszystko uchodzi na sucho!; **to scream** or **yell blue** GB or **bloody** US **~** infml *[child]* drzeć się or wrzeszczeć wniebogłosy; *[public figure, press]* zrobić wiele krzyku

murder case *n* (for police) śledztwo *n* w sprawie morderstwa or zabójstwa; (for court) sprawa *f* o morderstwo or zabójstwo

murder charge *n* oskarżenie *n* o morderstwo or zabójstwo; **to face ~s** zostać oskarżonym o morderstwo or zabójstwo

murderer /ˈmɜːdərə(r)/ *n* morderca *m*, zabójca *m*

murderess /ˈmɜːdərɪs/ *n* morderczyni *f*, zabójczyni *f*

murder one *n* US Jur infml zabójstwo *n* pierwszego stopnia

murderous /ˈmɜːdərəs/ *adj* [1] (deadly) *[expression, look, attack, deeds, thoughts]* morderczy; *[regime, intent, tendencies]* zbrodniczy [2] infml (very taxing) *[heat, conditions, pressure]* morderczy [3] (dangerous) *[route, conditions]* morderczy

murderous-looking /ˌmɜːdərəsˈlʊkɪŋ/ *adj [weapon]* groźnie wyglądający; **he's a ~ individual** wygląda jak morderca, ma wygląd mordercy

murderously /ˈmɜːdərəslɪ/ *adv [jealous]* dziko, wściekle; *[suspicious]* bardzo; *[difficult]* strasznie, straszliwie; **~ long** nieskończenie długi

murk /mɜːk/ *n* liter (of night) mrok *m*; (of feelings, past) mroczność *f*; (of water, light) nieprzeniknioność *f*

murkiness /ˈmɜːkɪnɪs/ *n* = **murk**

murky /ˈmɜːkɪ/ *adj* [1] (gloomy) *[night, streets, light, water, hour]* mroczny, ciemny; *[darkness]* gęsty; *[weather]* ponury; *[liquid]* mętny; **~ distance** nieprzenikniona dal [2] (suspect) *[past, secret]* mroczny

murmur /ˈmɜːmə(r)/ **I** *n* [1] (of traffic) szum *m* **(of sth** czegoś); (of voices, stream) szmer *m* **(of sth** czegoś) [2] (expressing reaction) szmer *m*, pomruk *m*; **a ~ of disapproval /agreement** pomruk or szmer dezaprobaty/głosy poparcia; **to obey without a ~** usłuchać bez szemrania
II *vt* wy|szeptać *[words, thanks]*; **to ~ sth to sb** szepnąć coś komuś
III *vi* [1] (make gentle sound) *[person]* mruczeć, szemrać; *[stream]* szemrać; *[wind]* szumieć [2] (complain) szemrać

murmuring /ˈmɜːmərɪŋ/ **I** *n* (of person) szeptanie *n*; (of stream) szemranie *n*; (of wind, breeze, voices) szmer *m*
II **murmurings** *npl* (complaints) szemranie *n* **(about** or **against sb/sth** przeciw komuś/czemuś); (rumours) plotki *f pl*, pogłoski *f pl*
III *adj [wind, breeze]* szumiący; *[stream]* szemrzący

Murphy's Law /ˌmɜːfɪzˈlɔː/ *n* prawo *n* Murphy'ego

muscat /ˈmʌskət/ *n* (also **~ grape**) winogrona *n pl* muskat

muscatel /ˌmʌskəˈtel/ *n* [1] (wine) muskatel *m* [2] (grape) winogrona *n pl* muskat

muscle /ˈmʌsl/ **I** *n* [1] (in arm, leg) mięsień *m*; **calf/stomach ~s** mięśnie łydki/brzucha; **without moving a ~** ani drgnąwszy; **don't move a ~!** nie ruszaj się! [2] Anat (tissue) mięśnie *m pl*, tkanka *f* mięśniowa [3] fig (clout) siła *f*, potęga *f*; **financial /military ~** potęga finansowa/militarna; **they have no ~** nie mają siły przebicia infml; **we have the ~ to compete with these firms** jesteśmy wystarczająco silni, żeby konkurować z tymi firmami; **to give ~ to sth** przydać siły czemuś *[argument, threat]*
II *modif [tissue]* mięśniowy; **~ injury** kontuzja mięśnia; **~ relaxant** lek rozluźniający mięśnie; **~ tissue** tkanka mięśniowa
III *vt* **to ~ one's way into sth** wtrącać się do czegoś *[discussion]*; wepchnąć się na siłę do czegoś *[room]*
■ **muscle in** infml w|pakować się, w|epchnąć, -pychać się (na chama) infml **(on sth** do czegoś)

M

muscle-bound /ˈmʌslbaʊnd/ *adj [person]* muskularny, dobrze umięśniony
muscle car *n* US infml podrasowany samochód *m* infml
muscleman /ˈmʌslmæn/ *n* (*pl* **-men**) infml [1] (strong man) mięśniak *m*, osiłek *m* infml [2] (thug) pej żul *m* infml
muscle shirt *n* US obcisły podkoszulek *m*
muscle strain *n* naciągnięcie *n* mięśnia
Muscovite /ˈmʌskəvaɪt/ **I** *n* moskwian|in *m*, -ka *f*; Hist Moskal *m*
II *adj* moskiewski
muscular /ˈmʌskjʊlə(r)/ *adj* [1] Anat *[disease, tissue]* mięśniowy [2] (strong) *[person, body]* muskularny, umięśniony; **to have a ~ build** być dobrze umięśnionym [3] fig (vigorous) *[development, economy]* prężny
muscular Christianity *n* ≈ socjalizm *m* chrześcijański
muscular dystrophy *n* dystrofia *f* mięśniowa
musculature /ˈmʌskjʊlətʃə(r)/ *n* muskulatura *f*
musculoskeletal injury, MSI /ˌmʌskjʊləˌskelɪtlˈɪndʒərɪ/ *n* Med uszkodzenie *n* układu mięśniowo-szkieletowego
muse[1] /mjuːz/ *n* Mythol (also **Muse**) muza *f* also fig
muse[2] /mjuːz/ **I** *n* dat (period of reflection) zaduma *f* liter; **in a ~** pogrążony w zadumie, zadumany
II *vi* (in silence) dumać, rozmyślać **(upon** or **over** or **about sth** nad czymś); (aloud) rozwodzić się **(upon** or **over** or **about sth** nad or o czymś, na temat czegoś)
museum /mjuːˈzɪəm/ **I** *n* muzeum *n*; **science/military ~** muzeum nauki/wojska
II *modif [collection, display]* muzealny; **~ curator** kustosz muzeum
museum piece *n* (suitable for museum) przedmiot *m* o wartości muzealnej; pej or hum antyk *m*, staroć *m*, zabytek *m* fig
mush /mʌʃ/ *n* [1] (soft mass) papka *f*; **boiled to a ~** *[vegetables]* rozgotowany [2] US (corn porridge) gęsta kasza *f* z kukurydzy [3] infml (sentimentality) ckliwy sentymentalizm *m*; **the movie is just ~** ten film to po prostu ckliwa szmira
mushroom /ˈmʌʃrʊm, -ruːm/ **I** *n* [1] Bot, Culin grzyb *m*; Culin (champignon) pieczarka *f*; **to spring** or **pop up like ~s** fig wyrastać or mnożyć się jak grzyby po deszczu fig [2] (colour) (kolor *m*) beżowy *m* z odcieniem różowym
II *modif* Culin *[sauce, soup]* grzybowy, pieczarkowy; *[omelette]* z pieczarkami
III *adj* (also **~ coloured**) beżowy z odcieniem różowym
IV *vi* [1] *[buildings]* wyr|osnąć, -astać jak grzyby po deszczu; *[business, group, organization, towns]* szybko się rozr|osnąć, -astać; *[demand, profit]* szybko wzr|osnąć, -astać [2] Phys, Mil *[smoke, flames]* u|tworzyć grzyb [3] *[person]* zbierać grzyby; **to go ~ing** iść na grzyby
mushroom cloud *n* grzyb *m* atomowy
mushroom growth *n* szybki rozwój *m*
mushrooming /ˈmʌʃruːmɪŋ, -rʊmɪŋ/ **I** *n* [1] (activity) grzybobranie *n* [2] (spread) (of business, organization) szybki rozwój *m*; (of demand) gwałtowny wzrost *m*
II *adj [demand]* gwałtownie rosnący; *[trade]* kwitnący; *[payments, deficit]* szybko narastający
mushy /ˈmʌʃɪ/ *adj* [1] (pulpy) *[mixture, vegetables]* papkowaty, brejowaty; *[texture, ground]* gąbczasty; **to get** or **go ~** (in cooking) rozgotować się [2] (sentimental) *[film, story]* ckliwy; **to go (all) ~** roztkliwić się **(over** or **about sb/sth** nad kimś/czymś**)**
mushy peas *n* purée *n* or piure *n* z groszku
music /ˈmjuːzɪk/ **I** *n* [1] (art, composition) muzyka *f*; **dance ~** muzyka taneczna; **guitar ~** muzyka gitarowa or na gitarę; **piano ~** muzyka fortepianowa; **to write ~** pisać muzykę; **to set sth to ~** napisać muzykę do czegoś [2] (printed) nuty *plt*; **to read ~** czytać nuty
II *modif [critic, festival, school]* muzyczny; *[paper]* nutowy; **~ lesson/teacher** lekcja /nauczyciel muzyki; **~ exam** egzamin z muzyki
IDIOMS: **to face the ~** wypić piwo, którego się nawarzyło fig; **to be ~ to sb's ears** *[sound]* być muzyką dla uszu kogoś; *[news]* cieszyć uszy kogoś
musical /ˈmjuːzɪkl/ **I** *n* (also **~ comedy**) Theat musical *m*; Cin komedia *f* muzyczna
II *adj* [1] *[person]* (gifted) muzykalny; **he's a ~ person** (interested) lubi muzykę, jest melomanem [2] *[voice, laughter]* melodyjny [3] *[accompaniment, score, talent, education]* muzyczny
musical box *n* GB pozytywka *f*
musical chairs *npl* [1] zabawa *f* w krzesełka do wynajęcia [2] fig przetasowania *n pl (na wysokich stanowiskach w partii lub przedsiębiorstwie)*
musical evening *n* wieczór *m* muzyczny
musical instrument *n* instrument *m* muzyczny
musically /ˈmjuːzɪklɪ/ *adv* [1] (in a musical way) *[gifted, talented]* muzycznie [2] (making a pleasant sound) *[speak, laugh, tinkle]* melodyjnie
musicassette /ˌmjuːzɪkəˈset/ *n* kaseta *f* z nagraniem muzycznym
music box *n* US pozytywka *f*
music case *n* teczka *f* do nut or na nuty, okładka *f* na nuty
music centre *n* GB zestaw *m* stereofoniczny
music college *n* szkoła *f* muzyczna
music hall **I** *n* [1] GB (theatre) ≈ teatr *m* rewiowy [2] (entertainment) widowisko *n* rewiowo-kabaretowe
II *modif* **~ artist** artysta rewiowy
musician /mjuːˈzɪʃn/ *n* muzyk *m*
musicianship /mjuːˈzɪʃnʃɪp/ *n* (talent) talent *m* muzyczny, muzykalność *f*; (skill) wirtuozeria *f*, maestria *f*
music lover *n* meloman *m*, -ka *f*
musicologist /ˌmjuːzɪˈkɒlədʒɪst/ *n* muzykolog *m*
musicology /ˌmjuːzɪˈkɒlədʒɪ/ *n* muzykologia *f*
music stand *n* pulpit *m*
music stool *n* taboret *m*
music video *n* teledysk *m*, wideoklip *m*
musing /ˈmjuːzɪŋ/ **I** *n* (also **~s**) zaduma *f*
II *adj [stare, way]* marzący, marzycielski
musk /mʌsk/ *n* piżmo *n*
musk deer *n* piżmowiec *m*
musket /ˈmʌskɪt/ **I** *n* muszkiet *m*
II *modif* **~ fire** ogień z muszkietów; **~ drill** musztra z muszkietami
musketeer /ˌmʌskɪˈtɪə(r)/ *n* Mil, Hist muszkieter *m*
musketry /ˈmʌskɪtrɪ/ *n* Mil, Hist ogień *m* z muszkietów
muskmelon /ˈmʌskmelən/ *n* (melon) kantalup *m*
musk ox *n* piżmowół *m*, wół *m* piżmowy
musk-rat /ˈmʌskræt/ *n* piżmak *m*, piżmoszczur *m*, szczur *m* piżmowy
musk rose *n* Bot róża *f* piżmowa
musky /ˈmʌskɪ/ *adj* piżmowy
Muslim /ˈmʊzlɪm, US ˈmʌzləm/ **I** *n* muzułman|in *m*, -ka *f*
II *adj* muzułmański
muslin /ˈmʌzlɪn/ **I** *n* [1] (cotton cloth) muślin *m* [2] Culin (for straining) gaza *f*
II *modif* muślinowy
muslin bag *n* Culin saszetka *f* z gazy
muso /ˈmjuːzəʊ/ *n* infml muzyk *m*
musquash /ˈmʌskwɒʃ/ **I** *n* [1] (animal) piżmak *m*, piżmoszczur *m*, szczur *m* piżmowy [2] (fur) futro *n* z piżmaków; piżmaki *plt* infml
II *modif [jacket, stole]* z piżmaków
muss /mʌs/ US infml **I** *n* bałagan *m*
II *vt* = **muss up**
■ **muss up** infml: **~ up [sth], ~ [sth] up** z|robić bałagan w (czymś); po|rozwalać infml *[belongings, papers]*; po|targać, z|mierzwić *[hair]*; po|gnieść *[clothing]*
mussel /ˈmʌsl/ *n* małż *m*; (edible) omułek *m*
mussel bed *n* ławica *f* omułków
must[1] /mʌst, məst/ **I** *modal aux* (*neg* **must not, mustn't**) [1] (indicating obligation, prohibition) musieć; **you ~ check your rearview mirror before indicating** zanim zasygnalizujesz zamiar skrętu, musisz spojrzeć w lusterko wsteczne; **the feeding bottles ~ be sterilized** butelki do karmienia należy or trzeba wysterylizować; **~ we really be up before 7 am?** czy naprawdę musimy wstać przed siódmą rano?; **you mustn't mention this to anyone** nie wolno ci nikomu o tym mówić; **all visitors ~ leave the museum** wszyscy goście muszą opuścić muzeum; **the loan ~ be repaid in one year** pożyczkę należy spłacić w ciągu roku; **withdrawals ~ not exeed £200** wypłaty nie mogą przekroczyć dwustu funtów; **they begin, as all parents ~, to adapt** jak wszyscy rodzice, i oni zaczynają się przyzwyczajać [2] (indicating requirement, condition) **candidates ~ be EU nationals** kandydaci muszą być obywatelami kraju należącego do Unii Europejskiej; **applicants ~ have spent at least one year abroad** kandydaci muszą mieć za sobą przynajmniej roczny pobyt za granicą; **to get a licence you ~ spend 40 hours in the air** żeby otrzymać licencję, musisz wylatać 40 godzin [3] (stressing importance, necessity) **children ~ be alerted to the dangers** dzieci należy uczulić na niebezpieczeństwa or ostrzec przed niebezpieczeństwami; **we ~ do more to improve standards** musimy robić więcej dla poprawienia poziomu; **immigrants ~ not become scapegoats** imigranci nie mogą zostać kozłami ofiarnymi; **you ~ be patient** musisz być

cierpliwy; **tell her she mustn't worry** powiedz jej, żeby się nie martwiła; **you ~ never forget** nie wolno ci zapomnieć; **I ~ ask you not to smoke** muszę prosić, żebyś nie palił; **it's very odd, I ~ admit** muszę przyznać, że to bardzo dziwne; **I feel I ~ tell you that** uważam, że muszę ci to powiedzieć; **it ~ be said that...** trzeba or należy powiedzieć, że...; **I ~ apologize for being late** bardzo przepraszam za spóźnienie, winny jestem przeprosiny za spóźnienie; **I ~ say I was impressed** muszę przyznać, że byłem pod wrażeniem; **that was pretty rude, I ~ say!** muszę powiedzieć, że to było bardzo niegrzeczne!; **very nice, I ~ say!** iron no pięknie! iron [4] (expressing intention) **we ~ ask them about it soon** w niedługim czasie musimy or będziemy musieli zapytać ich o to; **we mustn't forget to let the cat out** musimy pamiętać, żeby wypuścić kota [5] (indicating irritation) **well, come in if you ~** cóż, wejdź, jeśli już musisz; **why ~ she always be so stubborn?** dlaczego ona zawsze musi być taka uparta?; **he's ill, if you ~ know** jest chory, skoro już musisz wiedzieć; **~ you make such a mess?** musisz robić taki bałagan? [6] (invitations, suggestions) **you ~ come and visit us!** koniecznie musisz nas odwiedzić!; **we really ~ get together soon!** koniecznie musimy się niedługo spotkać!; **you ~ meet Flora Brown** musisz koniecznie poznać Florę Brown [7] (expressing assumption, probability) **it ~ be difficult living here** życie tutaj musi być trudne; **it ~ have been very interesting for you** to musiało być dla ciebie bardzo interesujące; **there ~ be some mistake!** musiała zajść jakaś pomyłka!; **they ~ be wondering what happened to us** na pewno się zastanawiają, co się z nami stało; **what ~ people think?** co też sobie ludzie pomyślą?; **viewers ~ have been surprised** widzowie musieli być zdziwieni; **that ~ mean we're at the terminus** to znaczy, że jesteśmy na końcowej stacji; **that ~ be Anna's tea** to musi być herbata Anny; **because he said nothing people thought he ~ be shy** ponieważ się nie odzywał, ludzie sądzili, że jest nieśmiały; **they ~ really detest each other** muszą się naprawdę nienawidzić; **they ~ be even richer than we thought** muszą być bogatsi niż sądziliśmy; **'he said so' – 'oh well, it MUST be right, mustn't it?'** „on tak powiedział" – „skoro tak, to musi być prawda"; **anyone who believes her ~ be naïve** tylko naiwny uwierzyłby jej; **you ~ be out of your mind!** ty chyba oszalałeś! infml [8] (expressing strong interest, desire) **this I ~ see!** koniecznie muszę to zobaczyć!; **we simply ~ get away from here!** po prostu musimy się stąd wyrwać! infml

II *n* (essential thing, activity) **this book is a ~ for all gardeners** tę książkę powinien mieć każdy ogrodnik; **Latin is no longer a ~ for access to university** znajomość łaciny już nie jest warunkiem przyjęcia na uniwersytet; **this film is a ~** ten film trzeba koniecznie zobaczyć; **if you're going to London, the Tower is a ~** jeśli wybierasz się do Londynu, musisz zwiedzić Tower

must^{2} /mʌst/ *n* Wine moszcz *m*

must^{3} /mʌst/ *n* (mustiness) stęchlizna *f*

mustache *n* US = **moustache**

mustachio *n* US = **moustachio**

mustachioed *adj* US = **moustachioed**

mustang /ˈmʌstæŋ/ *n* mustang *m*

mustard /ˈmʌstəd/ **I** *n* [1] (plant) gorczyca *f* [2] (condiment) musztarda *f* [3] (colour) (kolor *m*) musztardowy *m*

II *modif* **~ powder** zmielona gorczyca; **~ seed** ziarno gorczycy; **~ pot** musztardniczka; **~ spoon** łyżeczka do musztardy

III *adj [seeds, oil]* gorczycowy, gorczyczny; *[colour, sauce]* musztardowy

IDIOMS: **he cuts little ~ here** on tu niewiele znaczy, on tu jest nikim; **he didn't cut the ~** nie powiodło mu się, nie udało mu się; **to be as keen as ~** tryskać entuzjazmem

mustard bath *n* kąpiel *f* gorczycowa

mustard gas *n* gaz *m* musztardowy, iperyt *m*

mustard plaster *n* plaster *m* gorczycowy

muster /ˈmʌstə(r)/ **I** *n* Mil przegląd *m*

II *vt* [1] (also **~ up**) (summon) z|ebrać, -bierać *[energy]*; zdoby|ć, -wać *[support, majority]*; wykrzes|ać, -ywać *[enthusiasm]*; zdoby|ć, -wać się na (coś) or z|ebrać, -bierać się na (coś) *[courage]* [2] (gather together) z|ebrać, -bierać *[troops, teams, volunteers]*

III *vi [troops, volunteers, helpers]* z|ebrać, -bierać się

■ **muster in** US Mil: **~ [sb] in** powoł|ać, -ywać; **to ~ sb into the army** powołać kogoś do wojska

■ **muster out** US Mil: **~ [sb] out** zw|olnić, -alniać z wojska

IDIOMS: **to pass ~** zdać egzamin fig

muster station *n* punkt *m* zborny

must-have /ˈmʌsthæv/ infml **I** *n* mus *m* infml

II *adj [accessory, gadget]* niezbędny, nieodzowny; **a mobile is a ~ item for teenagers** każdy nastolatek koniecznie musi mieć komórkę

mustiness /ˈmʌstɪnɪs/ *n* [1] (smell) stęchlizna *f*, stęchły zapach *m* [2] fig (of ideas, thinking) skostniałość *f* fig

mustn't /ˈmʌsnt/ = **must not**

must've /ˈmʌstəv/ = **must have**

musty /ˈmʌstɪ/ *adj* [1] *[room, book, clothing]* pachnący stęchlizną, zatęchły; *[food, smell]* stęchły; **it smells ~, it's got a ~ smell** to pachnie or to czuć stęchlizną; **it tastes ~** to smakuje, jakby było stęchłe; **to go ~** stęchnąć, zatęchnąć [2] *[ideas, thinking]* przestarzały, trącący myszką

mutability /ˌmjuːtəˈbɪlətɪ/ *n* zmienność *f*; Biol zdolność *f* do mutacji

mutable /ˈmjuːtəbl/ *adj* zmienny; podlegający przeobrażeniu **(into sth** w coś)

mutagen /ˈmjuːtədʒən/ *n* mutagen *m*

mutagenic /ˌmjuːtəˈdʒenɪk/ *adj* mutagenny

mutant /ˈmjuːtənt/ *n* mutant *m*

mutate /mjuːˈteɪt, US ˈmjuːteɪt/ **I** *vt* mutować, podda|ć, -wać mutacji

II *vi [cell, organism]* mutować, ule|c, -gać mutacji; *[alien, monster]* przeobra|zić, -żać się **(into sth** w coś)

mutation /mjuːˈteɪʃn/ *n* mutacja *f*

mutatis mutandis /muːˌtɑːtɪsmuːˈtændɪs/ *adv* mutatis mutandis

mute /mjuːt/ **I** *n* [1] Mus tłumik *m* [2] dat (person) niem|y *m*, -a *f*, niemowa *m/f*

II *adj* [1] (dumb) niemy [2] (silent) niemy; **to remain ~** zachować milczenie; **he was ~ with embarrassment** milczał z zażenowania; **in ~ admiration** w niemym zachwycie; **~ with surprise** oniemiały ze zdziwienia [3] Ling niemy [4] Jur **to stand ~** odmawiać składania zeznań

III *vt* [1] Mus (make softer) s|tłumić dźwięk (czegoś) *[instrument]* [2] s|tłumić *[enthusiasm, resistance]*

mute button *n* (on telephone) przycisk *m* czasowo wyłączający głos mówiącego

muted /ˈmjuːtɪd/ *adj* [1] (subdued) *[sound, voice]* przyciszony, ściszony; *[colour, lighting]* stonowany; *[reception, response, criticism, interest]* powściągliwy [2] Mus *[trumpet]* z tłumikiem

mutely /ˈmjuːtlɪ/ *adv* milcząco, w milczeniu

mute swan *n* łabędź *m* niemy

mutilate /ˈmjuːtɪleɪt/ *vt* okalecz|yć, -ać *[person]*; uszk|odzić, -adzać *[object]*

mutilation /ˌmjuːtɪˈleɪʃn/ *n* [1] (of property) poważne uszkodzenie *n* [2] (injury) okaleczenie *n*

mutineer /ˌmjuːtɪˈnɪə(r)/ *n* buntowni|k *m*, -czka *f*

mutinous /ˈmjuːtɪnəs/ *adj [sailors, soldiers, workers, pupils]* (engaged in mutiny) zbuntowany; (inclined to mutiny) buntowniczo nastawiony; *[behaviour, look, expression]* buntowniczy; **to turn ~** zbuntować się

mutiny /ˈmjuːtɪnɪ/ *n* bunt *m*

mutt /mʌt/ *n* infml [1] (dog) kundel *m* infml [2] (person) dureń *m* infml

mutter /ˈmʌtə(r)/ **I** *n* mamrotanie *n*

II *vt* wy|mamrotać *[prayer, reply]*; mru|knąć, -czeć pod nosem *[curse, insult]*; **'too bad,' he ~ed** „niedobrze", mruknął; (imitating people conferring) **'~, ~'** „gadu-gadu" infml

III *vi* mamrotać, mruczeć; **to ~ about doing sth** przebąkiwać o zrobieniu czegoś; **to ~ to oneself** mamrotać do siebie; **what are you ~ing about?** infml co ty tam mruczysz?

muttering /ˈmʌtərɪŋ/ *n* pomruk *m*; **~s about sb/sth** narzekanie na kogoś/coś

mutton /ˈmʌtn/ **I** *n* Culin baranina *f*

II *modif [stew]* barani, z baraniny

IDIOMS: **as dead as ~** zimny trup infml; **~ dressed as lamb** z tyłu liceum, z przodu muzeum hum

mutton chops *npl* (whiskers) bokobrody *plt*

mutton head *n* US infml barania głowa *f* fig pej

mutual /ˈmjuːtʃʊəl/ *adj* [1] (reciprocal) *[admiration, distrust, respect]* wzajemny; **the feeling is ~!** z wzajemnością! [2] (common) *[friend, interest, benefit]* wspólny; **our ~ friend** nasz wspólny przyjaciel; **by ~ agreement** za obopólną zgodą; **it's to our ~ advantage to sign** podpisanie tego leży w naszym wspólnym interesie [3] Comm **~ organization** or **society** towarzystwo *n* wzajemnej pomocy

IDIOMS: **a ~ admiration society** towarzystwo wzajemnej adoracji

mutual aid *n* pomoc *f* wzajemna

mutual assistance *n* = **mutual aid**

mutual consent *n* obopólna zgoda *f*; **by ~** za obopólną zgodą; **to get divorced by ~** otrzymać rozwód za porozumieniem stron

mutual fund *n* US Fin inwestycyjny fundusz *m* wzajemny, fundusz *m* otwarty

mutuality /ˌmju:tʃʊˈælətɪ/ *n* [1] (community) wspólnota *f* [2] (reciprocity) wzajemność *f*

mutually /ˈmju:tʃʊəlɪ/ *adv* [1] (reciprocally) nawzajem, wzajemnie; **~ exclusive options** wzajemnie wykluczające się opcje [2] (by all parties) wspólnie; **~ acceptable** do zaakceptowania przez obie strony; **~ dependent** współzależny; **it was ~ agreed that the meeting be postponed** wspólnie uzgodniono, że spotkanie zostanie odłożone

Muzak® /ˈmju:zæk/ *n* pej muzak *m (muzyka popularna, nadawana w miejscach publicznych)*; muzyka *f* z puszki infml pej

muzzle /ˈmʌzl/ **I** *n* [1] (snout) pysk *m* [2] (worn by animal) kaganiec *m* [3] (of gun, cannon) wylot *m* lufy

II *vt* na|łożyć, -kładać kaganiec (komuś /czemuś) also fig; **to ~ the press** nałożyć prasie kaganiec

muzzle loader *n* Hist broń *f* ładowana od przodu

muzzle velocity *n* prędkość *f* wylotowa or początkowa pocisku

muzzy /ˈmʌzɪ/ *adj* infml [1] (confused) **my head's ~** mam otępiałą głowę [2] (blurred) *[recollection, notion]* mętny; *[eyesight]* zamglony; *[picture]* zamazany; **to go ~** zamazywać się

MV *n* [1] Naut = **motor vessel** łódź *f* motorowa [2] Elec = **megavolt** megawolt *m*, MV

MVP *n* Sport = **Most Valuable Player** najbardziej wartościowy zawodnik *m*

MW *n* Radio = **medium wave** fale *f pl* średnie

MX (missile) *n* Mil rakieta *f* MX

my /maɪ/ **I** *det* mój; **my son/daughter /children** mój syn/moja córka/moje dzieci; **I broke my arm** złamałem (sobie) rękę; **I put my boots on** włożyłem buty; **you're wasting my time** tylko marnujesz mój czas; **I should take better care of my things** powinienem bardziej dbać o swoje rzeczy

II *excl* **my my!, oh my!** ojej!, ojej!

myalgia /maɪˈældʒə/ *adj* Med ból *m* mięśniowy, mięśnioból *m*

myalgic /maɪˈældʒɪk/ *adj* mięśniowy

myalgic encephalomyelitis, ME /maɪˌældʒɪkenˌsefələʊˌmaɪəˈlaɪtɪs/ *n* Med zapalenie *n* mózgowo-rdzeniowe z mialgią

Myanmar /mjænˈmɑ:(r)/ *prn* **Union of ~** Związek *m* Myanmar, Myanmar *m*

myasthenia /ˌmaɪəsˈθi:nɪə/ *n* Med miastenia *f*, choroba *f* Erba i Goldflama

mycology /maɪˈkɒlədʒɪ/ *n* mykologia *f*

mycosis /maɪˈkəʊsɪs/ *n* grzybica *f*

myelopathy /ˌmaɪəˈlɒpəθɪ/ *n* Med mielopatia *f*

mynah /ˈmaɪnə/ *n* Zool **common ~** majna *f*; **hill ~** gwarek *m*

MYOB *n* US = **mind your own business** pilnuj swojego nosa infml

myocarditis /ˌmaɪəʊkɑ:ˈdaɪtɪs/ *n* Med zapalenie *n* mięśnia sercowego

myopathy /maɪˈɒpəθɪ/ *n* Med miopatia *f*

myopia /maɪˈəʊpɪə/ *n* krótkowzroczność *f*, miopia *f*

myopic /maɪˈɒpɪk/ *adj* krótkowzroczny

myriad /ˈmɪrɪəd/ **I** *n* liter miriady *plt* liter **(of sth** czegoś**)**

II *adj [problems, opportunities, items]* niezliczony, miriadowy

myrmidon /ˈmɜ:mɪdən, US -dɒn/ *n* liter pej or hum sługus *m*, pachołek *m* pej

myrrh /mɜ:(r)/ *n* mira *f*, mirra *f*

myrtle /ˈmɜ:tl/ *n* mirt *m*

myself /maɪˈself, məˈself/ *pron* [1] (reflexive) **I hurt ~** uderzyłem się; **I bought ~ a new car** kupiłem sobie nowy samochód [2] (emphatic) sam; **I saw it ~** sam to widziałem/sama to widziałam, widziałem /widziałam to na własne oczy [3] (after preposition) **(all) by ~** (całkiem or zupełnie) sam/sama; **for ~** dla siebie; **that's wrong, I thought to ~** to niedobrze, pomyślałem sobie (w duchu); **I don't get much time to ~** nie mam zbyt wiele czasu dla siebie; **I'm not proud of ~** nie jestem z siebie dumny

mysterious /mɪˈstɪərɪəs/ *adj* [1] (puzzling) tajemniczy, zagadkowy [2] (enigmatic) *[person, look, place, smile]* tajemniczy; **to give sb a ~ look** spojrzeć na kogoś tajemniczo; **don't be so ~!** nie bądź taki tajemniczy!; **to be ~ about sth** robić wielką tajemnicę z czegoś *[activity, object]*; **to be ~ about sb** być tajemniczym, jeżeli chodzi o kogoś

IDIOMS: **God moves in ~ ways** niezbadane są ścieżki Opatrzności

mysteriously /mɪˈstɪərɪəslɪ/ *adv [die, disappear, appear]* w tajemniczy sposób; *[say, smile, signal]* tajemniczo

mystery /ˈmɪstərɪ/ **I** *n* [1] (puzzle) tajemnica *f*; **to be/remain a ~ to sb** być/pozostawać dla kogoś tajemnicą; **it's a ~ to me how /why...** nie rozumiem, jak/dlaczego...; **it is still** or **it remains a ~ how/where it happened** wciąż pozostaje tajemnicą, jak /gdzie to się stało; **there is no ~ about her success** or **about why she is successful** za jej sukcesem nie kryje się żadna tajemnica; **there's no ~ about it** to żadna tajemnica; **to make a great ~ of sth** robić z czegoś wielką tajemnicę [2] (mysteriousness) (of smile, person) tajemniczość *f*; **the ~ surrounding sth** aura tajemniczości otaczająca coś; **shrouded in ~** okryty tajemnicą; owiany aurą tajemniczości liter [3] (book) powieść *f* kryminalna [4] (film) film *m* kryminalny [5] Relig tajemnica *f*

II *modif [death, illness, voice, guest, man]* tajemniczy; **~ prize** nagroda niespodzianka

mystery play *n* Theat misterium *n*

mystery tour *n* wycieczka *f* w nieznane

mystery writer *n* autor *m*, -ka *f* powieści kryminalnych

mystic /ˈmɪstɪk/ **I** *n* Relig misty|k *m*, -czka *f*

II *adj [religion, rite, union, beauty]* mistyczny; *[power]* okultystyczny

mystical /ˈmɪstɪkl/ *adj* mistyczny

mysticism /ˈmɪstɪsɪzəm/ *n* mistycyzm *m*

mystification /ˌmɪstɪfɪˈkeɪʃn/ *n* [1] (of issue, process) mistyfikacja *f* [2] (bewilderment) zdumienie *n*; **in ~** w zdumieniu, ze zdumienia

mystify /ˈmɪstɪfaɪ/ *vt* [1] (bewilder) zadziwi|ć, -ać; **to be mystified by sth** nie móc pojąć czegoś; **I am completely mystified** nie mogę wyjść ze zdumienia; **to be mystified to find** or **discover that...** odkryć ze zdumieniem, że... [2] (make obscure) mistyfikować

mystifying /ˈmɪstɪfaɪɪŋ/ *adj* zadziwiający, zdumiewający

mystifyingly /ˈmɪstɪfaɪɪŋlɪ/ *adv* zdumiewająco

mystique /mɪˈsti:k/ *n* mistyka *f*, aura *f* tajemniczości **(of sb/sth** otaczająca kogoś /coś**)**; **full of ~** pełen tajemniczości; **clothed in ~** otoczony mistyką or aurą tajemniczości; **she has a certain ~** jest w niej coś tajemniczego

myth /mɪθ/ *n* [1] (story, fallacy) mit *m*; **a ~ has grown up around the event** to wydarzenie obrosło legendą [2] (mythology) mitologia *f*

mythic(al) /ˈmɪθɪk(l)/ *adj* [1] Mythol *[hero, creature, portrayal]* mityczny [2] fig *[wealth, friend, line]* nieistniejący, mityczny; wyimaginowany fml

mythological /ˌmɪθəˈlɒdʒɪkl/ *adj* mitologiczny

mythologize /mɪˈθɒlədʒaɪz/ *vt* z|mitologizować

mythology /mɪˈθɒlədʒɪ/ *n* mitologia *f*; **Norse/Greek ~** mitologia skandynawska/grecka; **popular ~** mit fig

myxomatosis /ˌmɪksəməˈtəʊsɪs/ *n* miksomatoza *f*

N

n, N /en/ *n* 1 (letter) n, N *n* 2 **n** Math n; **to the power of n** do entej potęgi; fig **to the nth degree** do entej potęgi infml; **for the nth time** po raz enty infml 3 Geog **N** = **north** płn.; (on map) N 4 **'n'** → **and**

n/a, N/A = **not applicable** nie dot.

NA *n* → **North America**

NAACP *n* US = **National Association for the Advancement of Colored People** *amerykańska organizacja broniąca praw mniejszości rasowych*

Naafi /ˈnæfɪ/ *n* GB 1 = **Navy Army and Air Force Institutes** wojskowe służby *plt* aprowizacyjne 2 (canteen) kantyna *f*

nab[1] /næb/ *n* GB infml = **no alcohol beer** piwo *n* bezalkoholowe

nab[2] /næb/ *vt* (*prp, pt, pp* **-bb-**) infml 1 (catch) przyłap|ać, -ywać *[wrongdoer]* 2 (appropriate) zaj|ąć, -mować; zaklep|ać, -ywać infml *[seat, place]* 3 (steal) zwi|nąć, -jać infml *[object]*

nablabs /ˈnæblæbs/ *npl* GB = **no alcohol beers and low alcohol beers** *gatunki piwa bezalkoholowego lub z niską zawartością alkoholu*

nabob /ˈneɪbɒb/ *n* nabab *m*

nacelle /nəˈsel/ *n* Aviat gondola *f*

nacho /ˈnætʃəʊ/ *n* Culin nacho *n (tortilla z serem i warzywami)*

nacre /ˈneɪkə(r)/ *n* macica *f* perłowa

nacreous /ˈneɪkrɪəs/ *n* perłowy

nadir /ˈneɪdɪə(r)/ *n* 1 (celestial point) nadir *m* 2 fig (lowest point) (of career, fortunes) najniższy punkt *m*; (of despair) dno *n*; **to reach a ~** znaleźć się na dnie

naff[1] /næf/ *adj* GB infml (lacking taste) do kitu, do chrzanu infml

naff[2] /næf/ *vi* infml **~ off!** spieprzaj! vinfml

naffing /ˈnæfɪŋ/ *adj* GB vinfml pieprzony vinfml

NAFTA /ˈnæftə/ *n* = **North American Free Trade Agreement** Północnoamerykańskie Porozumienie *n* o Wolnym Handlu, NAFTA *f inv*

nag[1] /næg/ *n* infml pej (horse) chabeta *f*, szkapa *f*

nag[2] /næg/ **I** *n* infml pej (woman) jędza *f* pej

II *vt* (*prp, pt, pp* **-gg-**) 1 (pester) suszyć głowę (komuś), naprzykrzać się (komuś) **(about sth** o coś); **he's been ~ging me for a new bike** suszy mi głowę o nowy rower; **I have to ~ him into cleaning his teeth every day** muszę go codziennie gonić do mycia zębów infml 2 (niggle) *[pain, discomfort]* dokucz|yć, -ać; *[doubt, worry, conscience]* męczyć, dręczyć

III *vi* (*prp, pt, pp* **-gg-**) 1 (moan) zrzędzić; **stop ~ging!** przestań zrzędzić!; **all you do is ~** nic tylko zrzędzisz!, zrzędzisz i zrzędzisz!; **to ~ at sb** zadręczać kogoś; **to ~ at sb to do sth** zadręczać kogoś, żeby zrobił coś 2 (niggle) **to ~ (away) at sb** *[pain, worry]* doskwierać or dokuczać komuś; *[conscience]* dręczyć kogoś

IV nagging *prp adj* (niggling) *[pain, suspicion]* dokuczliwy, dręczący; **I still had a ~ doubt** ciągle dręczyły mnie wątpliwości

naiad /ˈnaɪæd/ *n* (*pl* **~s, ~es**) Mythol, Zool najada *f*

nail /neɪl/ **I** *n* 1 Anat paznokieć *m*; **to bite one's ~s** obgryzać paznokcie 2 Tech gwóźdź *m*

II *vt* 1 (attach with nails) przybi|ć, -jać (gwoździami); **they ~ed planks over the doors** zabili drzwi deskami; **to ~ a picture to the wall** przybić obraz do ściany 2 infml (trap, pin down) nakryć infml *[wrongdoer]*; z|demaskować *[liar]* 3 infml (expose) z|dementować *[rumour]*; rozwiać *[myth]*

■ **nail down**: ¶ **~ down [sth], ~ [sth] down** 1 przybi|ć, -jać 2 fig (define) ostatecznie ustal|ić, -ać *[details, policy]* ¶ **~ [sb] down** przyp|rzeć, -ierać do muru (kogoś); **to ~ sb down to a time/date/price** zmusić kogoś do określenia or podania terminu/daty/ceny

■ **nail up**: **~ up [sth], ~ [sth] up** 1 przybi|ć, -jać *[picture, sign]* 2 (board up) zabi|ć, -jać (deskami) *[doors, windows]*; zabi|ć, -jać (gwoździami) *[box, crate]*

IDIOMS: **a ~ in sb's coffin** ciężki cios fig; **the final ~ in the company's coffin** gwóźdź do trumny dla firmy; **to hit the ~ on the head** trafić w sedno; **cash on the ~** gotówka od ręki; **to be as hard as** or **as tough as ~s** być nieubłaganym, być twardym jak skała, być bez serca; **to fight tooth and ~** walczyć zaciekle or zażarcie **(against sb/sth** przeciwko komuś/czemuś) → **mast**

nail-biting /ˈneɪlbaɪtɪŋ/ **I** *n* obgryzanie *n* paznokci

II *adj [finish, match]* pasjonujący, trzymający w napięciu; *[wait]* nerwowy, pełen napięcia

nail bomb *n* bomba *f* wypełniona gwoździami

nail brush *n* szczoteczka *f* do paznokci

nail clippers *npl* cążki *plt* do (obcinania) paznokci

nail enamel *n* US = **nail polish**

nail file *n* pilnik *m* do paznokci

nail polish *n* lakier *m* do paznokci

nail polish remover *n* zmywacz *m* do paznokci

nail scissors *npl* nożyczki *plt* do paznokci

nail varnish *n* GB = **nail polish**

nail varnish remover *n* GB = **nail polish remover**

naïve /naɪˈiːv/ *adj* naiwny

naïvely /naɪˈiːvlɪ/ *adv [believe, say, behave]* naiwnie; *[draw, write]* w stylu naiwnym; **~ forthright** prostolinijny; **~ loyal** ślepo przywiązany

naïveté *n* = **nïvety**

naïvety /naɪˈiːvtɪ/ *n* (quality) naiwność *f*; **in my ~ I believed that...** w swojej naiwności wierzyłem, że...

naked /ˈneɪkɪd/ *adj* 1 (bare) *[person, body]* nagi, goły; **~ to the waist** nagi do pasa; **to go ~** chodzić nago; **you can't go around stark ~!** nie możesz paradować na golasa! infml 2 (exposed) *[light bulb]* goły; *[sword]* nagi, goły; *[fire]* otwarty 3 (blunt) *[truth, facts]* nagi; *[aggression, hostility, terror]* jawny; *[ambition]* nieskrywany 4 (unaided) **visible to the ~ eye** widoczny gołym okiem 5 Jur (incomplete) **~ agreement** umowa nie posiadająca mocy prawnej 6 Fin (unhedged) **~ option** niepokryta opcja *(aktywem bazowym)*; **~ writer** sprzedający z niepokrytą opcją

IDIOMS: **as ~ as the day he was born** goły jak go Pan Bóg stworzył

nakedness /ˈneɪkɪdnɪs/ *n* nagość *f*

NALGO /ˈnælgəʊ/ *n* GB = **National and Local Government Officers Association** Związek *m* Zawodowy Pracowników Służby Publicznej

NAM *n* → **New Age Movement**

namby-pamby /ˌnæmbɪˈpæmbɪ/ infml pej **I** *n* lelum polelum *n inv*

II *adj [person]* niemrawy; *[rhymes]* ckliwy

name /neɪm/ **I** *n* 1 (title) (of person) (first name) imię *n*; (surname) nazwisko *n*; (of place, object) nazwa *f*; (of book, film) tytuł *m*; **my ~ is Adam** mam na imię Adam, nazywam się Adam; **what's your ~?** jak się nazywasz? jak masz na imię/nazwisko?; **what ~ shall I say?** (on phone) jakie mam podać nazwisko?; (in person) kogo mam zaanonsować? fml; **a woman by the ~ of Maria** jakaś kobieta o imieniu Maria; **he goes by the ~ of Max** mówią na niego Max; **I know it by another ~** znam to pod inną nazwą; **I know my regulars by ~** znam moich stałych klientów po imieniu; **I only know the company by ~** tę firmę znam tylko z nazwy; **to refer to sb/sth by ~** nazwać kogoś/coś po imieniu; **the common /Latin ~ for this plant** zwyczajowa /łacińska nazwa tej rośliny; **in the ~ of God!** na miły Bóg!, na litość boską!; **in the ~ of freedom** w imię wolności; **in my ~**

w moim imieniu; **a passport in the ~ of Nell Brown** paszport na nazwisko Nell Brown; **she writes under the ~ of Eve Quest** pisze pod nazwiskiem Eve Quest; **he's president in ~ only** jest prezydentem tylko nominalnie; **they are married by ~ only** są małżeństwem tylko na papierze; **to be party leader in all** or **everything but ~** być faktycznym or nienominowanym przywódcą partii; **to give/lend one's ~ to sth** dać swoje imię/użyczyć swojego imienia czemuś; **to put one's ~ to sth** podpisać się pod czymś *[petition]*; **to take** or **get one's ~ from sb/sth** wziąć or otrzymać imię od kogoś/czegoś *[relative, flower]*; **to put one's ~ down for sth** zapisać się na coś *[course]*; **she put her ~ down to act in the play** zgłosiła się do obsady tej sztuki; **the big ~s in show business** wielkie or znane nazwiska showbiznesu [2] (reputation) reputacja *f*; **a good/bad ~** dobre/złe imię, dobra /zła reputacja; **they have a ~ for efficiency** są znani ze sprawnego działania; **that was the film that made her ~** dzięki temu filmowi zdobyła nazwisko; **to make one's ~ as a writer** stać się znanym jako pisarz; **to make a ~ for oneself as a singer/photographer** wyrobić sobie nazwisko jako piosenkarz/fotograf, stać się piosenkarzem/fotografem z nazwiskiem; **to make a ~ for oneself as a coward/liar** pej zyskać sobie opinię tchórza/kłamcy [3] (insult) wyzwisko *n*; **to call sb ~s** obrzucić kogoś wyzwiskami; **he called me all sorts of ~s** nawyzywał mnie od ostatnich infml

II *vt* [1] (call) naz|wać, -ywać; **they ~d the baby Anna** dali dziecku (na) imię Anna, nazwali dziecko Anna; **they ~d her after** GB or **for** US **her mother** dali jej imię po matce; **we'll ~ him Martin after Martin Luther King** nazwiemy go Martin or damy mu na imię Martin na cześć Martina Luthera Kinga; **a boy ~d Adam** chłopiec imieniem or o imieniu Adam; **the product is ~d after its inventor** ten produkt nazwano od nazwiska wynalazcy; **the museum is ~d after her** muzeum nazwano jej imieniem [2] (cite) wymieni|ć, -ać *[country, name, planet]*; **~ three American States** wymień trzy stany Ameryki Północnej; **~ me all the members of the EEC** wymień mi wszystkich członków EWG; **France, Spain, Italy, to ~ but a few** Francja, Hiszpania, Włochy, żeby wymienić tylko kilka krajów; **illnesses? you ~ it, I've had it!** choroby? lepiej spytaj, na co nie chorowałem!; **hammers, drills, nails, you ~ it, we've got it!** młotki, wiertła, gwoździe, mamy wszystko, czego potrzebujesz! [3] (reveal identity of) wymieni|ć, -ać *[sources]*; wskaz|ać, -ywać z nazwiska *[suspect]*; **to ~ names** podać nazwiska; **naming no names** bez nazwisk; **he was ~d as a suspect** wskazano go z nazwiska jako podejrzanego [4] (appoint) mianować *[captain]*; poda|ć, -wać skład (czegoś) *[team]*; wyznacz|yć, -ać *[heir]*; wskaz|ać, -ywać *[successor]*; **he's been ~d actor of the year** wybrano go aktorem roku; **to ~ sb for sth** wyznaczyć kogoś na coś *[post]*; wyznaczyć kogoś do czegoś *[award]* [5] (state) wyznacz|yć, -ać *[place, time]*; **~ your price** podaj swoją cenę; **to ~ the day** wyznaczyć datę ślubu

IDIOMS: **that's the ~ of the game** i o to właśnie chodzi, i na tym to polega; **competitiveness/perfection is the ~ of the game** wszystko polega na współzawodnictwie/dążeniu do perfekcji, chodzi o współzawodnictwo/perfekcyjność; **to see one's ~ in lights** zdobyć sławę

name-calling /ˈneɪmkɔːlɪŋ/ *n* obrzucanie *n* wyzwiskami; **to resort to ~** uciec się do wyzwisk; **to subject sb to ~** nawymyślać komuś

namecheck /ˈneɪmtʃek/ *n* Radio *wymienienie nazwy firmy lub produktu jako podziękowanie lub dla reklamy*

name day *n* [1] Relig dzień *m* patrona; **when is your ~?** kiedy są twoje imieniny?, kiedy obchodzisz imieniny? [2] **Name Day** Fin termin *m* rozliczeniowy

name-drop /ˈneɪmdrɒp/ *vi* (*prp, pt, pp* **-pp-**) pej wtrącać nazwiska (znanych osób)

name-dropper /ˈneɪmdrɒpə(r)/ *n* **he's a ~** pej lubi wtrącać nazwiska znanych osób

nameless /ˈneɪmlɪs/ *adj* [1] (anonymous) *[person, grave]* bezimienny; **a certain person, who shall remain** or **be ~** pewna osoba, której nazwiska nie wymienię [2] (indefinable) *[dread, fear]* nienazwany, nieokreślony

namely /ˈneɪmlɪ/ *adv* (a) mianowicie; **two countries, ~ Poland and Germany** dwa kraje, a mianowicie Polska i Niemcy

name part *n* Theat rola *f* tytułowa

name plate *n* (of manufacturer) plakietka *f* z nazwą producenta; (of practitioner, home owner) tabliczka *f* z nazwiskiem

namesake /ˈneɪmseɪk/ *n* imienni|k *m*, -czka *f*

name tag *n* metka *f* (z logo producenta)

name tape *n* Sewing tasiemka *f* z nazwiskiem właściciela *(przyszyta do ubrania)*

Namibia /nəˈmɪbɪə/ *prn* Namibia *f*

Namibian /nəˈmɪbɪən/ **I** *n* Namibij|czyk *m*, -ka *f*

II *adj* namibijski

nan /næn/ *n* infml babcia *f*; babunia *f* infml

nana /ˈnænə/ *n* infml = **nan**

nan bread /ˈnɑːnbred/ *n* *hinduski chleb pieczony w glinianym piecu*

nance /næns/ *n* infml offensive pedał *m*, ciota *f* infml offensive

nancy /ˈnænsɪ/ *n* infml offensive = **nance**

nancy-boy /ˈnænsɪbɔɪ/ *n* infml offensive = **nance**

nankeen /næŋˈkiːn/ *n* Tex nankin *m*

Nanking /ˌnænˈkɪŋ/ *prn* Nankin *m*

nanny /ˈnænɪ/ *n* GB [1] (nurse) niania *f* [2] infml (grandmother) babcia *f*; babunia *f* infml

nanny goat *n* Zool koza *f*

nanny state *n* Pol państwo *n* opiekuńcze

nano+ /ˈnænəʊ/ *in combinations* nano-

nanofarad /ˈnænəʊfærəd/ *n* nanofarad *m*

nanometre GB, **nanometer** US /ˈnænəʊmiːtə(r)/ *n* nanometr *m*

nanosecond /ˈnænəʊsekənd/ *n* nanosekunda *f*

nanotechnology /ˌnænəʊtekˈnɒlədʒɪ/ *n* nanotechnologia *f*

nap[1] /næp/ **I** *n* (snooze) drzemka *f*; **afternoon ~** poobiednia drzemka, sjesta; **to have** or **take a ~** zdrzemnąć się, uciąć sobie drzemkę

II *vi* (*prp, pt, pp* **-pp-**) drzemać

IDIOMS: **to catch sb ~ping** infml (off guard) zaskoczyć kogoś

nap[2] /næp/ *n* Tex [1] (pile) włos *m*; **velvet that has lost its ~** aksamit, który się wytarł [2] (direction of cut) kierunek *m* włosa; **with/against the ~** z włosem/pod włos

nap[3] /næp/ **I** *n* [1] (card game) napoleon *m* [2] GB Turf (also **~ selection)** faworyt *m*

II *vt* (*prp, pt, pp* **-pp-**) GB wy|typować *[winner, favourite]*

IDIOMS: **to go ~ on sb/sth** postawić wszystko na kogoś/coś

napalm /ˈneɪpɑːm/ **I** *n* napalm *m*

II *modif [bomb]* napalmowy; **~ burns** poparzenia napalmem

III *vt* za|atakować napalmem

nape /neɪp/ *n* kark *m*; **the ~ of the neck** kark

naphtha /ˈnæfθə/ *n* ciężka benzyna *f*

naphthalene /ˈnæfθəliːn/ *n* Chem naftalen *m*; Comm naftalina *f*

napkin /ˈnæpkɪn/ *n* [1] (serviette) serwetka *f*; **~ ring** kółko do serwetki [2] GB fml (nappy) pielucha *f*, pieluszka *f*

Naples /ˈneɪplz/ *prn* Neapol *m*

napoleon /nəˈpəʊlɪən/ *n* [1] (coin) napoleon *m* [2] US Culin napoleonka *f* [3] = **nap**[3] **I** [1]

Napoleon /nəˈpəʊlɪən/ *prn* Napoleon *m*

Napoleonic /nəˌpəʊlɪˈɒnɪk/ *adj* napoleoński

nappy /ˈnæpɪ/ *n* GB pielucha *f*, pieluszka *f*

nappy liner *n* wkładka *f* do pieluchy

nappy rash *n* GB odparzenie *n (od mokrej pieluchy)*; **to have ~** mieć odparzoną pupę infml

narc /nɑːk/ *n* US infml = **narcotics agent**

narcissi /nɑːˈsɪsaɪ/ *npl* → **narcissus**

narcissism /ˈnɑːsɪsɪzəm/ *n* narcyzm *m*

narcissist /ˈnɑːsɪsɪst/ *n* narcyz *m* fig

narcissistic /ˌnɑːsɪˈsɪstɪk/ *adj* narcystyczny

narcissus /nɑːˈsɪsəs/ *n* (*pl* **-cissi, ~es**) Hort narcyz *m*

Narcissus /nɑːˈsɪsəs/ *prn* Mythol Narcyz *m*

narcolepsy /ˈnɑːkəlepsɪ/ *n* narkolepsja *f*

narcosis /nɑːˈkəʊsɪs/ *n* narkoza *f*, znieczulenie *n* ogólne

narcotic /nɑːˈkɒtɪk/ **I** *n* narkotyk *m* also fig; **to be arrested on a ~s charge** zostać aresztowanym za handel narkotykami

II *adj* narkotyczny

narcotics agent *n* US agent *m* federalny, członek brygady antynarkotykowej

narcotics squad *n* US brygada *f* antynarkotykowa

narcotize /ˈnɑːkətaɪz/ *vt* poda|ć, -wać narkotyki (komuś) *[person]*

narcotourist /ˈnɑːkəʊtʊərɪst, -tɔːr-/ *n* narkoturysta *m*

nark /nɑːk/ infml **I** *n* [1] GB (informant) szpicel *m*; kapuś *m* infml [2] GB (grumbler) zrzęda *m/f* infml [3] US = **narc**

II *vt* GB (annoy) wkurz|yć, -ać infml

III *vi* GB [1] (grumble) psioczyć infml **(about sb/sth** na kogoś/coś) [2] (inform police) donosić; kapować infml

IV narked *pp adj* GB infml wkurzony infml; **to get ~ed** wkurzyć się infml

narky /ˈnɑːkɪ/ *adj* GB infml wkurzony infml

N

narrate /nəˈreɪt/ *vt* być narratorem (czegoś) *[story, novel]*; opowiadać *[adventures]*; opowiadać o (czymś) *[journey]*

narration /nəˈreɪʃn/ *n* [1] narracja *f* [2] Cin, TV komentarz *m*

narrative /ˈnærətɪv/ **I** *n* [1] (account, story) relacja *f* [2] (storytelling) narracja *f*; **he's a master of ~** jest mistrzem narracji

II *modif* [1] *[writing, prose, poem]* narracyjny [2] *[skills]* narracyjny, narratorski; **~ writer** autor utworów o charakterze narracyjnym

narratology /ˌnærəˈtɒlədʒɪ/ *n* narratologia *f*

narrator /nəˈreɪtə(r)/ *n* narrator *m*, -ka *f*

narrow /ˈnærəʊ/ **I narrows** *npl (+ v sg/pl)* przesmyk *m*

II *adj* [1] (in breadth) *[street, valley, gap, vase, room, bridge, face, eyes]* wąski; **to grow** or **become ~** zwężać się; **to have ~ eyes** mieć oczy jak szparki; **he is ~ across the shoulders, his shoulders are ~** jest wąski w ramionach, ma wąskie ramiona [2] (in scope) *[range, choice, field, version]* ograniczony; *[sense, definition, interpretation]* zawężony; *[boundaries, group, interests]* wąski; **~ views** ciasne poglądy [3] (in degree) *[majority]* znikomy; *[margin]* wąski; **to have a ~ lead** nieznacznie prowadzić, mieć nieznaczną przewagę; **they suffered a ~ defeat** niewiele brakowało, a wygraliby; **he won a ~ victory** o mały włos nie przegrał; niewiele brakowało, a przegrałby; **to win by the ~est of margins** wygrać uzyskawszy nieznaczną przewagę; **to have a ~ escape** or **squeak** GB infml *[burglar]* uciec w ostatniej chwili; *[victim of accident]* ledwo ujść cało; **that was a ~ squeak!** infml niewiele brakowało! [4] (in size, shape) *[dress, jacket, skirt, trousers, shoes]* wąski [5] Ling *[vowel]* ścieśniony; *[transcription]* fonetyczny

III *vt* [1] (limit) ogranicz|yć, -ać *[choice, range, field, options]* **(to sth** do czegoś); zawę|zić, -żać *[sense, definition]* **(to sth** do czegoś) [2] (reduce) zmniejsz|yć, -ać *[gap, deficit, margin]* **(from sth to sth** z czegoś do czegoś); **Adam has ~ed the gap** (in race, poll) Adam zmniejszył dystans dzielący go od rywala [3] (reduce breadth of) zwę|zić, -żać *[road, path, arteries]*; **to ~ one's eyes** zmrużyć oczy

IV *vi* [1] (in breadth) *[street, lake, corridor, valley, arteries]* zwę|zić, -żać się; **the road had ~ed to a track** droga zwęziła się i zmieniła w dróżkę; **her eyes ~ed** oczy jej się zwęziły [2] (fall off) *[gap, deficit, margin]* zmniejsz|yć, -ać się **(to sth** do czegoś) [3] (in scope) *[role]* ogranicz|yć, -ać się **(to sth** do czegoś); *[investigation, focus, choice]* zawę|zić, -żać się **(to sth** do czegoś)

V narrowing *prp adj [street, channel, passage]* zwężający się; *[deficit, gap, lead, margin]* malejący

■ **narrow down:** ¶ *[investigation, search]* zawę|zić, -żać się **(to sth** do czegoś); *[field of contestants, suspects]* zmniejsz|yć, -ać się **(to sth** do czegoś) ¶ **~ down [sth], [sth] down** ogranicz|yć, -ać *[choice, number, research]* **(to sth** do czegoś); zawę|zić, -żać *[investigation, list]* **(to sth** do czegoś)

IDIOMS: **the straight and ~** prosta droga fig; **to keep to the straight and ~** prowadzić przykładne życie; **to wander off the straight and ~** zejść z prostej drogi

narrow boat *n* GB barka *f*

narrow gauge *n* wąski rozstaw *m* torów

narrow-gauge engine *n* lokomotywa *f* wąskotorowa

narrow-gauge railway *n* kolej *f* wąskotorowa

narrowly /ˈnærəʊlɪ/ *adv* [1] (barely) ledwie, ledwo [2] (strictly) *[observe, interpret, specify]* ściśle; *[examine, question]* szczegółowo; *[look]* badawczo

narrow-minded /ˌnærəʊˈmaɪndɪd/ *adj* pej *[person]* ograniczony, o wąskich horyzontach; *[attitude, sectarianism]* ciasny; **to be ~ about sth** mieć ciasne poglądy na temat czegoś

narrow-mindedness /ˌnærəʊˈmaɪndɪdnɪs/ *n* pej ciasnota *f* poglądów, ciasnota *f* umysłowa

narrowness /ˈnærəʊnɪs/ *n* wąskość *f*

narwhal /ˈnɑːwəl/ *n* narwal *m*

NAS *n* US = **National Academy of Sciences** Akademia *f* Nauk

NASA /ˈnæsə/ *n* = **National Aeronautics and Space Administration** NASA *f*

nasal /ˈneɪzl/ **I** *n* Ling głoska *f* nosowa; (vowel) samogłoska *f* nosowa

II *adj* [1] Ling *[vowel, pronunciation]* nosowy [2] (voice, accent) nosowy; **to speak with a ~ twang** mówić przez nos [3] Anat *[passages]* nosowy

nasality /neɪˈzælətɪ/ *n* Ling nosowość *f*

nasalization /ˌneɪzəlaɪˈzeɪʃn/ *n* Ling nazalizacja *f*

nasalize /ˈneɪzəlaɪz/ *vt* Ling unos|owić, -awiać *[vowel, consonant]*

nasally /ˈneɪzəlɪ/ *adv [pronounce]* nosowo; *[speak]* przez nos

nasal spray *n* krople *f pl* do nosa w sprayu

nascent /ˈnæsnt/ *adj* [1] powstający, rodzący się [2] Chem w stanie powstawania, in statu nascendi

nastily /ˈnɑːstɪlɪ, US ˈnæs-/ *adv* [1] (unkindly) *[behave, speak, laugh]* złośliwie; **to say sth ~** powiedzieć coś złośliwie [2] (severely) *[crack, leak]* paskudnie

nastiness /ˈnɑːstɪnɪs, US ˈnæs-/ *n* [1] (spitefulness) złośliwość *f* [2] (unpleasantness) (of food, medicine) paskudny or wstrętny smak *m*

nasturtium /nəˈstɜːʃəm/ *n* nasturcja *f*

nasty /ˈnɑːstɪ, US ˈnæs-/ **I** *n* infml (in food, water) brud *m*, nieczystości *plt*; **video ~** film wideo zawierający drastyczne sceny

II *adj* [1] (unpleasant) *[experience, smell, surprise, suspicion, sight]* okropny; *[habit, taste, stain]* wstrętny, paskudny; *[affair, business, feeling, task]* nieprzyjemny; *[expression, look]* zły; *[rumour]* złośliwy; **I got a ~ fright** okropnie się przestraszyłem; **~ weather** wstrętna pogoda; **to smell ~** brzydko pachnieć; **to taste ~** wstrętnie smakować, mieć wstrętny smak; **it's ~ and hot** jest duszno i gorąco; **things could get ~** może się zrobić nieprzyjemnie; **to turn ~** *[dog]* zrobić się agresywnym; *[person]* zrobić się złośliwym; *[weather]* zepsuć się; **a ~ piece of work** (man) wstrętny typ infml; (woman) wstrętne babsko infml [2] (unkind) *[person]* złośliwy, niemiły; *[trick]* paskudny; *[gossip, letter]* nieprzyjemny, niemiły; **you've got a ~ mind** jesteś wredny; **a ~ sense of humour** złośliwy dowcip; **he gets ~ when he's tired** kiedy jest zmęczony, robi się złośliwy; **to be ~ to sb** być nieprzyjemnym dla kogoś, być złośliwym w stosunku do kogoś; **to say ~ things about sb/sth** mówić złośliwie o kimś/czymś [3] (serious) *[cold, cut, bruise]* paskudny; *[accident, bump, crack, fall]* poważny [4] (ugly) *[colour, shape, style]* wstrętny, ohydny [5] (tricky) *[problem]* trudny; *[question]* podchwytliwy, podstępny; *[bend]* niebezpieczny

NAS/UWT *n* GB = **National Association of Schoolmasters/Union of Women Teachers** Związek *m* Zawodowy Nauczycieli i Dyrektorów Szkół

natal /ˈneɪtl/ *adj [land]* rodzinny; **his ~ day** liter dzień jego narodzin

Natal /nəˈtæl/ *prn* Natal *m*

natality /nəˈtælətɪ/ *n* przyrost *m* naturalny

natch /nætʃ/ *excl* US infml naturalnie!

NATFHE *n* GB = **National Association of Teachers in Further and Higher Education** Związek *m* Zawodowy Nauczycieli Akademickich

nation /ˈneɪʃn/ *n* [1] Pol (entity) państwo *n*, kraj *m*; **the ~'s past** dzieje państwa; **throughout** or **across the ~** w całym kraju [2] (people) naród *m*; nacja *f* liter; **to address the ~** wygłosić przemówienie do narodu, przemówić do narodu; **a ~ of storytellers** naród bajarzy

national /ˈnæʃənl/ **I** *n* [1] Admin (citizen) obywatel *m*, -ka *f*; **foreign/EC ~s** obcokrajowcy/obywatele krajów Wspólnoty Europejskiej [2] GB Journ infml (newspaper) **the ~s** dzienniki o zasięgu ogólnokrajowym

II *adj* [1] (concerning country) *[event, news, channel]* krajowy; **the ~ press** or **newspapers** GB prasa krajowa, dzienniki krajowe; **~ affairs** sprawy wewnętrzne or krajowe; **in the ~ interest** w interesie kraju; **the ~ government** rząd; **a ~ strike** strajk ogólnokrajowy [2] (particular to country) *[characteristics, costume, dress]* narodowy; *[flag]* państwowy [3] (government-run) *[company, railway]* państwowy

national anthem *n* hymn *m* państwowy

National Assembly *n* Zgromadzenie *n* Narodowe

National Curriculum *n* GB program *m* nauczania *(dla szkół podstawowych i średnich)*

national debt *n* Econ dług *m* państwowy or publiczny

National Enterprise Board, NEB *n* GB Krajowa Rada *f* do spraw Inwestycji

National Foundation for the Arts and the Humanities *n* US Krajowa Fundacja *f* Sztuk Pięknych i Nauk Humanistycznych

National Front, NF *n* GB Front *m* Narodowy

National Geographic Association *n* US Amerykańskie Towarzystwo *n* Geograficzne

National Graphical Association, NGA *n* Krajowa Federacja *f* Książki

national grid *n* Elec krajowa sieć *f* wysokiego napięcia

National Guard, NG *n* US Gwardia *f* Narodowa

national guardsman *n* US członek *m* Gwardii Narodowej

National Health *n* GB państwowa służba *f* zdrowia; ubezpieczalnia *f* infml; **he was treated on the ~** leczono go w ramach kasy chorych

National Health Service, NHS *n* GB państwowa służba *f* zdrowia

national holiday *n* święto *n* państwowe

national income *n* dochód *m* narodowy

National Insurance, NI *n* GB system *m* ubezpieczeń społecznych

National Insurance contributions *npl* składki *f pl* na ubezpieczenia społeczne

National Insurance number *n* numer *m* statystyczny w ramach systemu ubezpieczeń społecznych

nationalism /ˈnæʃnəlɪzəm/ *n* nacjonalizm *m* also pej

nationalist /ˈnæʃnəlɪst/ **I** *n* narodowiec *m*; nacjonalist|a *m*, -ka *f* also pej

II *adj* narodowościowy; nacjonalistyczny also pej

nationalistic /ˌnæʃnəˈlɪstɪk/ *adj* nacjonalistyczny also pej

nationality /ˌnæʃəˈnælətɪ/ *n* [1] (national group) narodowość *f*; **what ~ is he?** jakiej on jest narodowości? [2] (citizenship) obywatelstwo *n*

nationalization /ˌnæʃnəlaɪˈzeɪʃn, US -lɪˈz-/ *n* nacjonalizacja *f*, upaństwowienie *n*

nationalize /ˈnæʃnəlaɪz/ *vt* z|nacjonalizować, upaństw|owić, -awiać

nationally /ˈnæʃnəlɪ/ *adv* [1] (at national level) *[develop, institute, negotiate, co-ordinate]* na szczeblu centralnym; **there are problems locally and ~** kłopoty występują na szczeblu lokalnym i centralnym [2] (nationwide) *[broadcast, distribute, publish, enforce]* na obszarze całego kraju; *[known, celebrated, commemorated]* w całym kraju

National Minimum Wage *n* płaca *f* minimalna

national monument *n* pomnik *m* historyczny

national park *n* park *m* narodowy

National Power *n* GB krajowe przedsiębiorstwo *n* energetyki

National Rifle Association, NRA *n* US Krajowy Związek *m* Myślistwa Sportowego *(optujący za ogólną dostępnością broni palnej)*

National Savings Bank *n* GB państwowa kasa *f* oszczędności

National Savings Certificate *n* GB bon *m* oszczędnościowy

National School, NS *n* (in Ireland) szkoła *f* podstawowa

National Science Foundation, NSF *n* US Państwowe Centrum *n* Badań Naukowych

national security *n* bezpieczeństwo *n* narodowe

National Security Adviser *n* US doradca *m* prezydenta do spraw bezpieczeństwa narodowego

National Security Council *n* US Rada *f* do spraw Bezpieczeństwa Narodowego

national service *n* GB Hist obowiązkowa służba *f* wojskowa

national socialism *n* Hist narodowy socjalizm *m*

National Trust, NT *n* GB Narodowy Fundusz *n* na rzecz Renowacji Zabytków

nationhood /ˈneɪʃnhʊd/ *n* (of state) status *m* państwowy; (of citizen) status *m* narodowy

nation-state /ˌneɪʃnˈsteɪt/ *n* państwo *n* jednonarodowościowe

nationwide /ˌneɪʃnˈwaɪd/ **I** *adj [appeal, campaign, coverage, scheme, strike]* ogólnokrajowy; *[survey, poll]* obejmujący cały kraj **II** *adv [distribute, broadcast, search, travel]* w całym kraju; **showing in cinemas ~** pokazywany w kinach na terenie całego kraju

native /ˈneɪtɪv/ **I** *n* [1] (from a particular place) mieszkan|iec *m*, -ka *f*; **to be a ~ of sth** *[person]* pochodzić z czegoś *[region, town, country]*; *[animal, plant]* być gatunkiem występującym w czymś *[forest, area]*; **to speak Polish like a ~** mówić po polsku jak rodowity Polak [2] Anthrop (indigenous inhabitant) tubylec *m*, krajowiec *m* [3] pej (local citizen) autochton *m*, -ka *f*, miejscow|y *m*, -a *f*; **the ~s never visit the museum** miejscowi nigdy nie przychodzą do tego muzeum

II *adj* [1] (original) *[country, land]* rodzinny, ojczysty; *[language]* ojczysty; **~ Londoner** rodowity or rdzenny londyńczyk; **his ~ Austria** Austria, jego ojczysty or rodzinny kraj; **he is a ~ German/English speaker** jego ojczystym językiem jest niemiecki /angielski [2] Bot, Zool *[flora, fauna, species]* występujący naturalnie; **to be ~ to Britain** występować w Wielkiej Brytanii [3] Anthrop *[tribes, peoples]* tubylczy [4] (natural) *[cunning, wit, sense of humour]* wrodzony [5] (local) *[produce]* rodzimy

Native American **I** *n* Indianin *m* północnoamerykański, Indianka *f* północnoamerykańska

II *adj* **~ community/languages** społeczność/języki Indian północnoamerykańskich

native son *n* syn *m* (tej) ziemi liter

native speaker *n* rodzimy użytkownik *m* języka; **to have ~ fluency** (of English) znać język tak jak rodowity Anglik; **'we require a ~ of English'** „potrzebny rodowity Anglik", „potrzebny native speaker"

nativism /ˈneɪtɪvɪzəm/ *n polityka uprzywilejowania obywateli kraju w stosunku do emigrantów*; Philos natywizm *m*

Nativity /nəˈtɪvətɪ/ *n* Art, Relig **the ~** narodzenie *n* Chrystusa

Nativity Play *n* jasełka *plt*

Nativity scene *n* scena *f* narodzin Chrystusa

Nato, NATO *n* = **North Atlantic Treaty Organization** NATO *n inv*

natter /ˈnætə(r)/ infml **I** *n* GB pogawędka *f* **(about sth** o czymś); **to have a ~** uciąć sobie pogawędkę

II *vi* (also **~ on**) paplać infml **(about sth** o czymś); **to ~ with sb** plotkować z kimś

natterer /ˈnætərə(r)/ *n* GB infml papla *m/f*, pleciuga *m/f* infml

natterjack (toad) /ˈnætədʒæk(təʊd)/ *n* (ropucha *f*) paskówka *f*

natty /ˈnætɪ/ *adj* infml [1] (smart) *[outfit, person]* elegancki, szykowny; **a ~ dresser** elegant [2] (clever) *[machine, tool]* zmyślny; *[idea]* błyskotliwy

natural /ˈnætʃrəl/ **I** *n* [1] infml (person) **as an actress, she's a ~** jest urodzoną aktorką; **he's a ~ for the role of Hamlet** jest stworzony do roli Hamleta [2] Mus (sign) kasownik *m*; (note) nuta *f* niealterowana [3] arch (simpleton) głupek *m*

II *adj* [1] (not artificial or man-made) *[phenomenon, force, harbour, light, resources, process, progression, beauty, food]* naturalny; **~ disaster** klęska żywiołowa; **the ~ world** świat natury; **in its ~ state** w stanie naturalnym [2] (usual, normal) naturalny, normalny; **it's ~ for young people to be idealistic** to naturalne, że młodzi ludzie są idealistami; **it's ~ to get angry when...** to normalne, że człowiek wpada w złość, kiedy...; **it's not ~ for a woman to be so thin** to nie jest normalne, żeby kobieta była aż tak chuda; **the ~ thing to do would be to protest** naturalnym odruchem byłoby zaprotestować; **it's only ~!** to zupełnie naturalne!, to całkiem normalne!; **it's not ~!** to nie jest normalne!; **to die from ~ causes** umrzeć śmiercią naturalną; **death from ~ causes** Jur zgon z przyczyn naturalnych; **for the rest of one's ~ life** Jur na dożywocie [3] (innate) *[gift, talent, trait]* wrodzony; przyrodzony liter; *[artist, professional, storyteller]* urodzony; *[affinity, emotion]* naturalny; **a ~ advantage** (of person, party, country) atut [4] (unaffected) *[person, manner]* naturalny; **try and look more ~** spróbuj zachowywać się bardziej naturalnie; **to be ~ with sb** zachowywać się przy kimś w sposób naturalny [5] (actual, real) *[parent]* naturalny, biologiczny; arch (illegitimate) *[child]* nieślubny; naturalny dat [6] Mus (having no valves) naturalny; (not sharpened or flattened) niealterowany; **~ horn** róg naturalny; **B ~** B niealterowane

natural born *adj [sailor, actor]* urodzony

natural childbirth *n* poród *m* naturalny

natural gas *n* gaz *m* ziemny

natural history *n* przyrodoznawstwo *n*; historia *f* naturalna arch

naturalism /ˈnætʃrəlɪzəm/ *n* naturalizm *m*

naturalist /ˈnætʃrəlɪst/ **I** *n* [1] Biol przyrodnik *m* [2] (follower of naturalism) naturalist|a *m*, -ka *f*

II *adj [writer, novel]* naturalistyczny

naturalistic /ˌnætʃrəˈlɪstɪk/ *adj* naturalistyczny

naturalization /ˌnætrəlaɪˈzeɪʃn, US -lɪˈz-/ *n* [1] Admin naturalizacja *f*; **~ papers** dokumenty o nadaniu obywatelstwa [2] Bot, Zool aklimatyzacja *f*

naturalize /ˈnætʃrəlaɪz/ **I** *vt* [1] Admin naturalizować *[person]*; **to be ~d** naturalizować się, uzyskać obywatelstwo; **she's a ~d American** jest naturalizowaną Amerykanką [2] Bot, Zool przystosow|ać, -ywać, aklimatyzować *[plant, animal, species]* [3] przej|ąć, -mować *[word, term]*

II *vi* [1] Bot, Zool przystosow|ać, -ywać się, za|aklimatyzować się [2] Admin *[person]* naturalizować się

natural justice *n* wrodzone poczucie *n* sprawiedliwości

natural language *n* Comput język *m* naturalny

natural language processing, NLP *n* Comput przetwarzanie *n* języka naturalnego

natural logarithm *n* logarytm *m* naturalny

naturally /ˈnætʃrəlɪ/ *adv* [1] (obviously, of course) naturalnie, oczywiście; **~ enough, she refused** naturalnie odmówiła [2] (as a logical consequence) *[lead, progress, happen]* w naturalny sposób; **I ~ assumed that...** naturalnie założyłem, że... [3] (by nature) *[cautious, pale, shy, talented, funny]* z natury; **her hair is ~ curly/blond** ma naturalnie kręcone/naturalne blond włosy; **I was doing what comes ~** robiłem to, co wydawało się naturalne; **dancing comes ~ to him** jest urodzonym tancerzem; **politeness comes ~ to him** jest z natury uprzejmy; **politeness doesn't come ~ to him** iron uprzejmością to on nie grzeszy iron [4] (unaffectedly, unselfconsciously) *[act, behave, speak, smile]* naturalnie; **she expressed herself ~** wypowiadała się w sposób naturalny; **just act ~!** po prostu zachowuj się naturalnie! [5] (in natural world) w stanie naturalnym; **~ occurring** występujący w stanie naturalnym

naturalness /ˈnætʃrəlnɪs/ *n* (of manner, behaviour, person, style) naturalność *f*

natural number *n* liczba *f* naturalna

natural sciences *npl* dat nauki *f pl* przyrodnicze

natural selection *n* dobór *m* naturalny

natural wastage *n* Ind straty *m pl* naturalne

nature /ˈneɪtʃə(r)/ **I** *n* [1] (the natural world) natura *f*, przyroda *f*; **in ~** w przyrodzie; **the laws/wonders of ~** prawa/cuda natury; **it's ~'s way of telling you you're overdoing it** w ten sposób natura daje ci znać, że przesadzasz z tym; **let ~ take its course** zostawmy to naturze; **contrary to ~, against ~** wbrew naturze; **~ versus nurture** geny a wychowanie; **to obey a call of ~** euph pójść do toalety; udać się na stronę euph; **to go back** or **return to ~** powrócić do natury; **state of ~** Philos stan natury; **in a state of ~** (uncivilized) w stanie pierwotnym; (naked) goły jak go Pan Bóg stworzył; **to paint from ~** malować z natury; **one of ~'s gentlemen** urodzony dżentelmen [2] (character, temperament) natura *f*; **by ~** z natury; **it's not in her ~ to be aggressive** agresywność nie leży w jej naturze; **he has a very loving ~** jest z natury bardzo czuły or serdeczny; **she has an artistic ~** ma artystyczną duszę; **it is in the ~ of animals to kill** zabijanie to naturalny instynkt zwierząt [3] (kind, sort) natura *f*, rodzaj *m*; **what is the ~ of the problem?** na czym polega problem?; **nothing of that ~ ever happened here** nic podobnego nigdy się tutaj nie wydarzyło; **matters of a personal/medical ~** sprawy natury osobistej/medycznej; **of a serious/delicate ~** poważnej/delikatnej natury; **her letter was something in the ~ of a confession** jej list był czymś w rodzaju spowiedzi; **'~ of contents'** Post „zawartość" [4] (essential character) natura *f*, istota *f* **(of sth** czegoś); **it is in the ~ of things that...** to zupełnie naturalne, że...; **dangerous by its very ~** z natury rzeczy niebezpieczny

II *modif [article, book, programme]* przyrodniczy

III -natured *in combinations* **ill-~d** złośliwy; **sweet-/pleasant-~d** serdeczny/miły

IDIOMS: **~ abhors a vacuum** natura nie znosi próżni

nature conservancy *n* ochrona *f* przyrody

Nature Conservancy Council, NCC *n* ≈ Rada *f* Ochrony Przyrody

nature cure *n* leczenie *n* metodami naturalnymi

nature-identical /ˌneɪtʃəraɪˈdentɪkl/ *adj* syntetyczny

nature reserve *n* rezerwat *m* przyrody

nature trail *n* szlak *m* krajobrazowy

naturism /ˈneɪtʃərɪzəm/ *n* naturyzm *m*

naturist /ˈneɪtʃərɪst/ *n* naturyst|a *m*, -ka *f*

naturopathy /ˌneɪtʃəˈrɒpəθɪ/ *n* naturopatia *f*

naught /nɔːt/ *n* arch or liter (nothing) nic; **to bring sth to ~** udaremnić coś, obrócić coś wniwecz; **his plans came to ~** nic nie wyszło z jego planów, jego plany spaliły na panewce

naughtily /ˈnɔːtɪlɪ/ *adv* [1] (disobediently) niegrzecznie, nieposłusznie; **to behave ~** *[child]* być niesfornym [2] (suggestively) dwuznacznie, znacząco; **she winked at him ~** hum mrugnęła do niego znacząco

naughtiness /ˈnɔːtɪnɪs/ *n* [1] (of child) niegrzeczne zachowanie *n*, krnąbrność *f*; (of pet) nieposłuszeństwo *n* [2] (of joke, story, suggestion, picture) nieprzyzwoitość *f*, pikantność *f*

naughty /ˈnɔːtɪ/ *adj* [1] (misbehaving) *[child, pet]* nieposłuszny, niesforny; **you ~ boy!** ty łobuziaku!; **don't be ~!** bądź grzeczny!; **a ~ word** brzydkie słowo [2] (suggestive) *[joke, story]* nieprzyzwoity, pikantny; *[underwear]* frywolny; *[gesture, behaviour, picture]* dwuznaczny; **the ~ nineties** (1890s) ≈ la belle époque liter

Nauru /nɑːˈuːruː/ *prn* Nauru *n inv*, Republika *f* Nauru

nausea /ˈnɔːsɪə, ˈnɔːz-/ *n* mdłości *plt*, nudności *plt* also fig; **a wave of ~** mdłości; **to have a feeling of ~** mieć nudności; **to be filled with ~ at the sight of sth** odczuwać mdłości na widok czegoś; **the idea filled her with ~** na samą myśl o tym robiło się jej niedobrze infml

nauseate /ˈnɔːsɪeɪt, ˈnɔːz-/ *vt [smell, taste]* przyprawi|ć, -ać o mdłości *[person]*; fig *[idea, sight, suggestion]* wzbudz|ić, -ać obrzydzenie

nauseating /ˈnɔːsɪeɪtɪŋ, ˈnɔːz-/ *adj [smell, sight, taste]* przyprawiający o mdłości; fig *[person, attitude, hypocrisy]* budzący obrzydzenie

nauseatingly /ˈnɔːsɪeɪtɪŋlɪ, ˈnɔːz-/ *adv [sweet, sentimental, materialist]* obrzydliwie infml

nauseous /ˈnɔːsɪəs, ˈnɔːʃəs/ *adj [taste, smell, gas]* przyprawiający o mdłości or nudności; **I feel ~** niedobrze mi, mam mdłości or nudności

nautical /ˈnɔːtɪkl/ *adj* Naut *[skill, term, instrument]* żeglarski; *[almanac, astronomy]* nautyczny; *[theme, flavour]* morski; **~ mile** mila morska; **~ telescope** luneta morska

nautilus /ˈnɔːtɪləs/ *n* Zool łodzik *m*

Navaho (Indian) /ˈnævəhəʊ/ *n* Indian|in *m*, -ka *f* Nawaho

naval /ˈneɪvl/ *adj [base, strength]* morski; *[uniform]* marynarski; **~ domination** dominacja na morzu; **~ officer** oficer marynarki

naval academy *n* szkoła *f* morska

naval air force *n* lotnictwo *n* marynarki wojennej

naval air station *n* baza *f* lotnictwa marynarki wojennej

naval architect *n* inżynier *m* specjalista budowy okrętów

naval architecture *n* budownictwo *n* okrętowe

naval attaché *n* attaché *m inv* morski

naval base *n* baza *f* marynarki wojennej

naval battle *n* bitwa *f* morska

naval dockyard *n* stocznia *f* marynarki wojennej

naval forces *npl* siły *plt* morskie

naval station *n* = **naval base**

naval stores *npl* (depot) składy *m pl* marynarki wojennej; (supplies) zaopatrzenie *n* marynarki wojennej

naval warfare *n* wojna *f* na morzu

nave /neɪv/ *n* [1] Archit nawa *f* główna [2] Tech (of wheel) piasta *f*

navel /ˈneɪvl/ *n* Anat pępek *m*

navel-gazing /ˈneɪvlgeɪzɪŋ/ *n* pej zapatrzenie się *n* we własny pępek

navel orange *n* nowelina *f*

navel ring *n* kółko *n* wpinane w pępek

navigable /ˈnævɪgəbl/ *adj [river]* spławny, żeglowny; *[missile, balloon]* sterowany; **to be ~, to be in a ~ condition** *[vessel]* nadawać się do żeglugi

navigate /ˈnævɪgeɪt/ **I** *vt* [1] (sail) żeglować po (czymś) *[ocean, sea, river]* [2] (guide) *[navigator]* pilotować *[plane, ship]* [3] (steer) pilotować *[plane]*; sterować (czymś) *[ship]*; **he ~d the ship into the harbour /through the narrow strait** wprowadził statek do portu/przeprowadził statek przez wąską cieśninę; **to ~ one's way through sth** odnaleźć drogę przez coś *[streets]*; przebrnąć przez coś *[crowd, obstacles, difficulties]* [4] (on the Internet) **to ~ the Web** surfować or nawigować po sieci

II *vi* Naut, Aviat nawigować; Aut (in a rally) być pilotem; (on a journey) *[passenger]* odnajdywać drogę; **to ~ by the stars** odnajdować drogę według gwiazd

navigation /ˌnævɪˈgeɪʃn/ *n* [1] Naut, Aviat nawigacja *f* [2] (on the Internet) nawigacja *f*, surfowanie *n*

navigational /ˌnævɪˈgeɪʃənl/ *adj [instruments, systems]* nawigacyjny; **~ error** błąd w nawigacji; **~ science** wiedza nawigacyjna

navigation channel *n* kanał *m* nawigacyjny

navigation laws *npl* kodeks *m* morski

navigation lights *npl* Naut, Aviat światła *n pl* pozycyjne

navigator /ˈnævɪgeɪtə(r)/ *n* Naut, Aviat nawigator *m*; Aut pilot *m*

navvy /ˈnævɪ/ *n* GB infml robotnik *m* niewykwalifikowany *(zatrudniony przy budowie dróg, kolei i mostów)*

navy /ˈneɪvɪ/ **I** *n* [1] (fleet) flota *f* [2] (fighting force) marynarka *f* wojenna; **to join the ~** wstąpić do marynarki

II *adj* [1] (also **~ blue)** *[colour]* granatowy [2] Mil, Naut *[life, uniform]* marynarski

navy bean *n* US fasola *f* biała

navy yard *n* US stocznia *f* marynarki wojennej

nay /neɪ/ arch *or* liter **I** *particle* nie

II *n* (negative vote) sprzeciw *m*; **the ~s have it** przeważyły głosy na nie *or* głosy sprzeciwu

III *adv* ba, powiem nawet; **she is pretty, ~ beautiful** jest ładna, powiem nawet, że piękna; **irreverent, ~ immoral** lekceważący, a nawet niemoralny

Nazareth /ˈnæzərəθ/ *prn* Nazaret *m*

Nazi /ˈnɑːtsɪ/ **I** *n* Hist nazist|a *m*, -ka *f*; (right-wing) faszyst|a *m*, -ka *f*; (despot) dzierżymorda *m* infml

II *adj* nazistowski

Nazi(i)sm /ˈnɑːtsɪzəm/ *n* Hist nazizm *m*

NB = **nota bene** nb.

NBA *n* US [1] = **National Basketball Association** Zawodowa Liga *f* Koszykówki, NBA inv [2] = **National Boxing Association** Związek *m* Boksu Zawodowego [3] **→ Net Book Agreement**

NBC *n* US TV = **National Broadcasting Company** *amerykańska sieć telewizyjna*

NC [1] Comm = **no charge** bezpł. [2] US Post = **North Carolina** [3] **→ numerical control**

NCO *n* Mil = **noncommissioned officer** podoficer *m*

NCVQ *n* GB = **National Centre for Vocational Qualifications** centrum *n* szkolenia zawodowego

ND US Post = **North Dakota**

NE [1] = **northeast** płn.-wsch. [2] US Post = **Nebraska**

Neanderthal /nɪˈændətɑːl/ **I** *n* neandertalczyk *m*

II *adj* neandertalski; **~ man** człowiek neandertalski

Neapolitan /nɪəˈpɒlɪtən/ **I** *n* neapolita|ńczyk *m*, -nka *f*

II *adj* neapolitański; **~ ice cream** (wielosmakowy) blok lodowy

neap(-tide) /ˈniːp(taɪd)/ *n* pływ *m* kwadraturowy

near /nɪə(r)/ **I** *adv* [1] (nearby) blisko, niedaleko; **to live/work quite ~** pracować/mieszkać zupełnie blisko *or* całkiem niedaleko; **to move** *or* **draw ~** zbliżyć się **(to sb/sth** do kogoś/czegoś**)**; **to move** *or* **draw ~er** przysunąć się jeszcze bliżej **(to sb/sth** do kogoś/czegoś**)**; **to bring sth ~er** przysunąć coś bliżej [2] (close in time) blisko; **the exams are drawing ~** coraz bliżej do egzaminów, zbliżają się egzaminy; **the time is ~ when...** zbliża się *or* nadchodzi czas, kiedy...; **how ~ are they in age?** jak duża jest różnica wieku między nimi? [3] (nearly) prawie; **as ~ perfect as it could be** tak bliskie ideału, jak to tylko możliwe; **it's nowhere ~ finished** jeszcze daleko do końca; **'are you ready?' – 'nowhere ~'** „jesteś gotowa?" – „ależ skąd!"; **he's not anywhere ~ as bright as her** daleko mu do jej inteligencji

II near enough *adv phr* [1] (approximately) blisko, prawie; **there were 20 yachts ~ enough** było blisko 20 jachtów [2] (sufficiently close) **that's ~ enough** (not any closer) już bliżej nie trzeba; (acceptable in quantity) to wystarczy; **to be ~ enough/come ~ enough to do sth** być bliskim zrobienia czegoś

III *prep* [1] (in space) blisko, obok (kogoś /czegoś) *[place, person, object]*; **~ here /there** tu blisko/niedaleko stamtąd; **don't go ~ the fire** nie zbliżaj się do ognia, nie podchodź za blisko do ognia; **don't come ~ me** nie zbliżaj się do mnie [2] (in time) blisko; **~er the time** bliżej tej chwili *or* tego momentu; **it's getting ~ Christmas** zbliża się Boże Narodzenie, Boże Narodzenie jest już blisko; **on or ~ the 12th** dwunastego, albo blisko tej daty; dwunastego, albo coś koło tego infml; **their anniversary is ~ ours** ich rocznica wypada mniej więcej w tym samym czasie, co nasza; **he is ~er 40 than 30** bliżej mu do czterdziestki (niż trzydziestki) [3] (in degree) bliżej; **~er the truth** bliżej prawdy; **~er this colour than that** raczej w tym kolorze niż w tamtym; **~er what I'm looking for** mniej więcej to, czego szukam; **~ the beginning/end of the article** bliżej początku/końca artykułu; **~ the climax of the play** blisko kulminacyjnego momentu sztuki; **I'm no ~er (finding) a solution than I was yesterday** ciągle daleko mi do (znalezienia) rozwiązania; **he's no ~er (making) a decision** nie jest wcale bliższy podjęcia decyzji; **he's nowhere ~ finishing** jeszcze mu daleko do końca *or* do skończenia; **£400? it cost ~er £600** 400 funtów? to kosztowało raczej 600; **nobody comes anywhere ~ her** fig nikt nie może jej dorównać

IV near to *prep phr* [1] (in space) blisko, niedaleko (kogoś/czegoś) *[place, person, object]*; **~ to where...** blisko miejsca, gdzie...; **~er to sth** bliżej czegoś; **how ~ are we to Exeter?** jak daleko (mamy) jeszcze do Exeter? [2] (on point of) na krawędzi (czegoś) *[collapse]*; bliski (czegoś) *[hysteria, tears]*; **to be ~ to doing sth** być bliskim zrobienia czegoś, o mało czegoś nie zrobić; **how ~ are you to completing the project?** ile ci jeszcze zostało do ukończenia projektu? [3] (in degree) **to come ~est to sth** maksymalnie zbliżać się do czegoś *[ideal, conception]*; **he came ~ to giving up** był bliski zrezygnowania, był o krok od rezygnacji

V *adj* [1] (close in distance, time) bliski, niedaleki; **the ~est tree** najbliższe drzewo; **our ~est neighbours** nasi najbliżsi sąsiedzi; **in the ~ future** w bliskiej *or* niedalekiej przyszłości [2] (in degree) **in the ~ darkness** prawie w ciemności; **he's the ~est thing to an accountant we've got** z naszych ludzi tylko on jako tako zna się na księgowości; **it's the ~est thing to sth** to jest najbardziej zbliżone do czegoś *[article, colour required]*; **to calculate sth to the ~ whole number** Math zaokrąglić wynik do pełnej liczby [3] (short) **the ~est route** najkrótsza trasa *or* droga

VI near+ *in combinations* **a ~-catastrophic blunder** fatalna *or* katastrofalna gafa fig; **a ~-perfect examination paper** niemal bezbłędnie napisana praca egzaminacyjna

VII *vt* [1] (draw close to) zbliż|yć, -ać się do (czegoś) *[place]*; **as we ~ed the city /harbour** kiedy zbliżyliśmy się do miasta/portu [2] fig zbliż|yć, -ać się do (czegoś) *[peak, record high]*; **to ~ the end of sth** zbliżać się do końca czegoś *[season, term]*; **to ~ the end of one's life** dożywać swoich lat; **to ~ completion** *[book, project]* zbliżać się do końca; **to ~ retirement** zbliżać się do wieku emerytalnego

nearby /ˈnɪəbaɪ/ **I** *adj [person]* znajdujący się obok; *[town, village]* pobliski, niedaleki; **to a ~ bench/garage** do znajdującej się w pobliżu ławki/do pobliskiego warsztatu samochodowego

II /nɪəˈbaɪ/ *adv [park, wait, stand]* blisko, w pobliżu; **~, there is a village** w pobliżu jest wioska

Near East *prn* **the ~** Bliski Wschód *m*

nearly /ˈnɪəlɪ/ *adv* [1] (almost) niemal, prawie; **~ as big** prawie tak duży; **she was ~ crying** była bliska łez, prawie płakała; **we're ~ there** jesteśmy prawie na miejscu; **I have ~ finished** prawie skończyłem; **it's ~ bedtime** już chyba pora spać; **have you ~ finished?** kończysz już?; **~ identical** prawie *or* niemal identyczny; **~ a week later** prawie tydzień później; **he ~ laughed** o mało się nie roześmiał; **I very ~ gave up** już prawie zrezygnowałem; **it's the same thing or very ~** to to samo albo prawie to samo; **£1,000 or very ~** 1 000 funtów albo coś koło tego [2] (used with negatives) **not ~** bynajmniej (nie), wcale (nie); **the exam wasn't ~ as difficult as I'd expected** egzamin wcale nie był aż tak trudny, jak się spodziewałem; **he is not ~ ready** jeszcze wcale nie jest gotowy; **there isn't ~ enough to go round** nie ma mowy, żeby wystarczyło dla wszystkich infml [3] (closely) **what language does Hungarian most ~ resemble?** do jakiego języka węgierski jest najbardziej podobny?

nearly new *adj [clothes]* prawie nowy, mało noszony

near miss *n* Aviat sytuacja *f* grożąca wypadkiem; **to have a ~** *[planes, cars]* omal nie zderzyć się

near money *n* US dobro *n* łatwo zamienialne na gotówkę

nearness /ˈnɪənɪs/ *n* (of person, object, place, date) bliskość *f*

nearside /ˈnɪəsaɪd/ **I** *n* GB [1] Aut (in UK, Australia) lewa strona *f*; (elsewhere) prawa strona *f* [2] Equest lewy bok *f* (konia)

II *modif* GB *[lane, headlamp]* (in UK, Australia) lewy; (elsewhere) prawy

near-sighted /ˌnɪəˈsaɪtɪd/ *adj* krótkowzroczny

near-sightedness /ˌnɪəˈsaɪtɪdnɪs/ *n* krótkowzroczność *f*

neat /niːt/ **I** *adj* [1] (tidy) *[person]* (in habits) staranny, porządny; (in appearance) czysty, schludny; *[desk]* uporządkowany; *[account, copybook]* starannie prowadzony; *[handwriting]* staranny; *[garden, room]* zadbany; **their house is always ~ and tidy** w ich domu panuje zawsze idealny porządek; **he's a ~ worker** jest starannym pracownikiem; **in ~ piles** w porządnie *or* równo ułożonych stosach [2] (adroit) *[explanation,* *phrase, slogan]* zgrabny; *[category, division, summary, theory]* przejrzysty, uporządkowany; **that's a ~ way of doing it!** bardzo inteligentnie!; bardzo sprytnie! infml [3] (trim) *[figure]* zgrabny, kształtny; *[waist]* smukły; *[features]* regularny; **she has a ~ little figure** ma kształtną figurkę; **she was wearing a ~ little hat** nosiła gustowny kapelusik [4] US infml (very good) *[plan, party, car]* świetny; *[profit, sum of money]* okrągły; **that's a ~ idea!** infml to świetny pomysł! [5] (unmixed) *[alcohol, spirits]* czysty, nierozcieńczony; **a ~ vodka** czysta wódka

II *adv* bez rozcieńczania; **he drinks his whisky ~** pije whisky bez wody

IDIOMS: **to be as ~ as a new pin** *[house]* być utrzymanym w idealnym porządku

neaten /ˈniːtn/ *vt* poprawi|ć, -ać *[tie, skirt]*; uporządkow|ać, -ywać *[desk]*; po|układać *[pile of paper]*; **to ~ one's hair** poprawić sobie włosy or fryzurę

neatly /ˈniːtlɪ/ *adv* [1] (tidily) *[dress]* schludnie; *[arrange, wrap, fold, write]* starannie, porządnie; **his hair was ~ combed** włosy miał starannie przyczesane [2] (perfectly) *[link, summarize, match]* doskonale; *[divide]* jasno, klarownie; *[illustrate]* trafnie; **the facts fit together ~** fakty układają się w jedną całość

neatness /ˈniːtnɪs/ *n* [1] (tidiness, orderliness) (of person's appearance) schludność *f*; (in habits) staranność *f*; (of room, house, garden) schludność *f*, porządek *m*; (of copybook) staranne prowadzenie *n*; (of handwriting) staranność *f*; **extra marks are given for ~** dodatkowe punkty przyznawane są za staranność [2] (trimness) (of figure, ankle) kształtność *f*, zgrabność *f*; (of features) regularność *f* [3] (adroitness) (of explanation, solution) trafność *f*, zręczność *f*; (of divisions, categories) przejrzystość *f*, klarowność *f*

NEB *n* GB → **National Enterprise Board**

nebbish /ˈnebɪʃ/ US infml **I** *n* oferma *m/f*, fajtłapa *m/f* infml

II *adj* ofermowaty, fajtłapowaty infml

Nebraska /nɪˈbræskə/ *prn* Nebraska *f*

Nebuchadnezzar /ˌnebjʊkədˈnezə(r)/ *prn* Nabuchodonozor *m*

nebula /ˈnebjʊlə/ *n* (*pl* **-ae, ~s**) mgławica *f*

nebular /ˈnebjʊlə(r)/ *adj [gas, cloud]* mgławicowy, nebularny

nebulous /ˈnebjʊləs/ *adj* [1] Astron mgławicowy [2] fig mglisty, niesprecyzowany

NEC *n* = **National Executive Committee** krajowy komitet *m* wykonawczy

necessarily /ˌnesəˈserəlɪ, ˈnesəsərəlɪ/ *adv* [1] (definitely) koniecznie; **it is not ~ the answer to our problem** to niekoniecznie rozwiązuje nasz problem; **not ~!** niekoniecznie! [2] (of necessity) *[slow, brief]* z konieczności, siłą rzeczy; **a ~ cautious statement** z konieczności ostrożnie sformułowane oświadczenie

necessary /ˈnesəsərɪ, US -serɪ/ **I** *n* [1] infml (money) niezbędna suma *f* infml; **have you got the ~?** masz forsę? infml [2] (needed thing) **to do the ~** zrobić to, co nieodzowne

II necessaries *npl* (items) rzeczy *f pl* niezbędne or nieodzowne; **necessaries of life** podstawowe potrzeby życiowe

III *adj* [1] (required) *[arrangement, decision, information, skill]* niezbędny; *[qualification]* konieczny, wymagany; **if ~** jeśli to konieczne; **as ~** o ile to konieczne; **it is ~ that you be there** koniecznie musisz tam być; **'no experience ~'** „doświadczenie (w zawodzie) nie jest wymagane" [2] (essential) *[action]* konieczny; **a ~ evil** zło konieczne; **to become ~** stać się niezbędnym; **to find it ~ to do sth** uznać zrobienie czegoś za konieczne; **it is ~ for him to do it** on musi to zrobić; **it is ~ that he should do it** koniecznie powinien to zrobić; **oxygen is ~ to life** tlen jest niezbędny do życia; **to do what is ~** zrobić to, co (jest) konieczne; **to do everything (that is) ~** zrobić wszystko to, co (jest) konieczne; **when ~** kiedy zajdzie potrzeba; **don't spend more than is ~** nie wydawaj więcej, niż jest to konieczne; **circumstances made it ~ for me to do sth** okoliczności zmusiły mnie do zrobienia czegoś [3] (inevitable) *[consequence, result]* nieunikniony

necessitate /nɪˈsesɪteɪt/ *vt* fml wymagać (czegoś) *[cuts, operation, work]*; **the changes were ~d by the economic situation** zmiany wymusiła sytuacja gospodarcza; **the job would ~ your moving** podjęcie tej pracy oznaczałoby dla ciebie przeprowadzkę

necessitous /nɪˈsesɪtəs/ *adj* fml *[person, family]* potrzebujący, w potrzebie

necessity /nɪˈsesətɪ/ *n* [1] (need) konieczność *f*, potrzeba *f*; **from** or **out of ~** z konieczności; **the ~ of (doing) sth** konieczność (zrobienia) czegoś; **the ~ for sth** potrzeba czegoś; **there's a ~ for sth** istnieje potrzeba czegoś *[action, change]*; **there is no ~ for sth** nie ma konieczności czegoś *[action, change]*; **there's no ~ for tears** nie trzeba płakać; **he didn't understand the ~ for her to work** nie mógł zrozumieć, że ona musi pracować; **there is no ~ for you to do that** nie musisz tego robić; nie ma potrzeby, żebyś to robił; **if the ~ arises** jeżeli zajdzie potrzeba; **of ~** z konieczności [2] (essential item) artykuł *m* pierwszej potrzeby; **the necessities of life** potrzeby życiowe; **to be a ~** być niezbędnym; **the bare necessities** rzeczy najniezbędniejsze [3] (essential measure) konieczność *f*; **a political ~** polityczna konieczność; **to be an absolute ~** być nieodzownym or bezwzględnie koniecznym [4] (poverty) **to live in ~** żyć w biedzie or w niedostatku [5] Philos konieczność *f*

IDIOMS: **~ is the mother of invention** potrzeba jest matką wynalazków; **~ knows no law** potrzeba rządzi się własnymi prawami

neck /nek/ **I** *n* [1] Anat szyja *f*; **to wear sth round one's ~** nosić coś na szyi; **to fling one's arms around sb's ~** zarzucić komuś ręce na szyję; **to drip** or **run down sb's ~** *[liquid]* ściekać komuś po szyi; **the back of the ~** kark [2] Fashn (collar) kołnierz *m*; (neckline) wycięcie *n* na głowę; **with a high ~** wysoko pod szyję; **with a low ~** głęboko wycięty, z głębokim dekoltem [3] Culin karkówka *f*, karczek *m*; **best end of ~** karkówka [4] (narrowest part) (of bottle, flask) szyjka *f*; **the ~ of the womb** Anat szyjka macicy [5] Mus (of instrument) szyjka *f* [6] Geog przesmyk *m* [7] Dent szyjka *f* [8] Geol (of volcano) szyja *f* [9] Tech (of screw) szyjka *f*

II *vi* infml obcałowywać się infml

IDIOMS: **to be a pain in the ~** infml być utrapieniem; **to be ~ and ~ (with sb)** iść łeb w łeb (z kimś) infml; **to be up to one's ~ in sth** infml tkwić w czymś po uszy infml; **he's up to his ~ in debt** jest zadłużony po uszy, tkwi po uszy w długach; **to get** or **catch it in the ~** infml oberwać or dostać po głowie infml also fig; **to risk one's ~** infml ryzykować własną głową; **to stick one's ~ out** infml nadstawiać karku; **to win by a (short) ~** *[horse, person]* wygrać o głowę; **in this ~ of the woods** infml w tych stronach; **to be dead from the ~ up** infml być tępym

neckband /ˈnekbænd/ *n* [1] (part of garment) plisa *f* (dekoltu) [2] (choker) naszyjnik-obroża *m*

neckerchief /ˈnekətʃɪf/ *n* (woman's) apaszka *f*; (man's) fular *m*

necking /ˈnekɪŋ/ *n* obcałowywanie się *n*

necklace /ˈneklɪs/ **I** *n* naszyjnik *m*

II *vt wykonać egzekucję na kimś poprzez narzucenie na szyję ofiary płonącej opony*

necklacing /ˈnekləsɪŋ/ *n* (torture) *zakładanie na szyję ofiary płonącej opony*

necklet /ˈneklət/ *n* naszyjnik *m*

neckline /ˈneklaɪn/ *n* dekolt *m*, wycięcie *n*; **a plunging ~** głęboki dekolt

neck scarf *n* (long) szalik *m*; (square) chustka *f* na szyję

necktie /ˈnektaɪ/ *n* US krawat *m*

necrological /ˌnekrəˈlɒdʒɪkl/ *adj* nekrologowy

necrologist /neˈkrɒlədʒɪst/ *n* autor *m*, -ka *f* nekrologów

necrology /neˈkrɒlədʒɪ/ *n* nekrolog *m*

necromancer /ˈnekrəʊmænsə(r)/ *n* nekromanta *m*

necromancy /ˈnekrəʊmænsɪ/ *n* nekromancja *f*

necrophile /ˈnekrəfaɪl/ *n* = **necrophiliac**

necrophilia /ˌnekrəˈfɪlɪə/ *n* nekrofilia *f*

necrophiliac /ˌnekrəˈfɪlɪæk/ **I** *n* nekrofil *m*

II *adj* nekrofilski

necrophobe /ˈnekrəfəʊb/ *n* osoba *f* cierpiąca na nekrofobię

necrophobia /ˌnekrəˈfəʊbɪə/ *n* nekrofobia *f*

necrophobic /ˌnekrəˈfəʊbɪk/ *adj* nekrofobiczny

necropolis /neˈkrɒpəlɪs/ *n* (*pl* **-poles**) nekropolia *f* liter

necrotizing fasciitis /ˌnekrətaɪzɪŋˌfæsɪˈaɪtɪs/ *n* Med zespół *m* cieśni przedziału powięziowego

nectar /ˈnektə(r)/ *n* nektar *m*

nectarine /ˈnektərɪn/ *n* (fruit, tree) nektaryna *f*

NEDC *n* GB = **National Economic Development Council** Rada *f* do spraw Rozwoju Gospodarczego

Neddy /ˈnedɪ/ *n* GB → **NEDC**

née /neɪ/ *adj* z domu; **Maria Gibson, ~ Marson** Maria Gibson, z domu Marson

need /niːd/ **I** *modal aux* [1] (must, have to) **he didn't ~ to ask permission** nie musiał prosić o pozwolenie; **you needn't wait** nie musisz czekać; **'I waited' – 'you needn't have'** „czekałem" – „niepotrzebnie"; **I**

needn't have worn a coat niepotrzebnie włożyłem płaszcz; **you needn't shout!** nie musisz krzyczeć!; **~ he reply?** czy on musi odpowiedzieć?; **~ we discuss it now?** czy musimy teraz o tym mówić?; **why do you always ~ to complain?** dlaczego zawsze musisz narzekać?; **~ I say more?** chyba nie muszę nic dodawać; **I hardly ~ say that...** chyba nie muszę mówić, że...; **I hardly ~ remind you that...** nie muszę ci chyba przypominać, że...; **did you ~ to be so unpleasant to him** czy musiałeś być dla niego taki niemiły?; **'previous applicants ~ not apply'** „zgłoszenia osób, które już raz składały podania, nie będą rozpatrywane" [2] (be logically inevitable) **~ that be true?** czy tak jest naprawdę?; **it needn't be the case** to wcale nie musi tak być; **it needn't cost a fortune** to wcale nie musi kosztować aż tyle pieniędzy; **microwave food needn't be bland** jedzenie z kuchenki mikrofalowej wcale nie musi być bez smaku

II *vt* [1] (require) **to ~ sth** potrzebować czegoś; **to ~ to do sth** musieć zrobić coś; **my shoes ~ to be polished, my shoes ~ polishing** muszę wyczyścić buty; **the figures ~ careful checking** należy uważnie sprawdzić te liczby; **I ~ you to hold the ladder** porzebny mi jesteś do potrzymania drabiny; **more money/time is ~ed** (po)trzeba więcej pieniędzy/czasu; **everything you ~** wszystko, czego ci tylko (po)trzeba; **they ~ one another** wzajemnie się potrzebują; **I gave the windows a much-~ed clean** wymyłem okna, bo był już najwyższy czas; **the job ~s a lot of concentration** ta praca wymaga dużego skupienia; **to raise the money ~ed for the deposit** zebrać pieniądze potrzebne na wpłacenie depozytu; **they ~ to have the things explained to them** trzeba im to wszystko wytłumaczyć; **it ~ed six men to restrain him** potrzeba było sześciu mężczyzn, żeby go obezwładnić; **you don't ~ to tell me that...** nie musisz mi mówić, że...; **everything you ~ to know about computers** wszystko, co należy wiedzieć o komputerach; **parents? – who ~s them!** rodzice – a komu oni są potrzebni! [2] (have to) musieć; **you ~ to learn some manners** musisz nauczyć się, jak się zachować; **you'll ~ to work hard** będziesz musiał ciężko pracować, będziesz musiał przyłożyć się do pracy; **something ~ed to be done** należało coś zrobić; **why do you always ~ to remind me?** dlaczego zawsze musisz mi przypominać?; **it ~ only be said that...** wystarczy tylko powiedzieć, że...; **nothing more ~ed be said** wszystko już zostało powiedziane; **you only ~ed to ask** wystarczyło tylko poprosić; **nobody ~ know that I did it** or **that it was me who did it** nikt nie musi wiedzieć, że to ja to zrobiłem [3] (want) chcieć (czegoś), mieć ochotę na (coś); **I ~ a holiday/a whisky** potrzebne mi wakacje/mam ochotę na whisky; **she ~s to feel loved** chce, żeby ją kochano; potrzebuje uczucia; **that's all I ~!** tego mi tylko potrzeba!

III *n* [1] (necessity) konieczność *f*, potrzeba *f* **(for sth** czegoś); **the ~ for closer cooperation** konieczność bliższej współpracy; **I can't see the ~ for it** nie widzę takiej potrzeby; **to feel the ~ to do sth** czuć potrzebę zrobienia czegoś; **to have no ~ to work** nie musieć pracować; **there's no ~ to wait/hurry** nie ma potrzeby czekać/śpieszyć się; **there's no ~ for panic/anger** nie ma powodu do paniki/gniewu; **there's no ~ for you to wait** nie musisz czekać; nie ma potrzeby, żebyś czekał; **there's no ~ to worry /shout** nie ma co się martwić/krzyczeć; **if ~ be** jeśli będzie or zajdzie taka potrzeba, jeśli to konieczne; **if the ~ arises** jeśli pojawi się taka konieczność, jeśli okaże się to konieczne; **there is no ~, I've done it** nie trzeba, już to zrobiłem [2] (want, requirement) potrzeba *f* **(for sth** czegoś); **to be in ~ of sth** potrzebować czegoś; **to be in great ~ of sth** bardzo czegoś potrzebować; **to have no ~ of sth** wcale nie potrzebować czegoś; **to satisfy/express a ~** zaspokoić/wyrazić potrzebę; **the bicycle is in ~ of repair/painting** rower wymaga naprawy/pomalowania; **to meet sb's ~s** zaspokoić potrzeby kogoś; **to meet industry's ~ for qualified staff** zaspokoić zapotrzebowanie na wykwalifikowanych robotników przemysłowych; **a list of your ~s** lista twoich potrzeb; **my ~s are few** mam skromne potrzeby; **manpower/energy ~s** zapotrzebowanie na siłę roboczą /energię [3] (adversity, distress) trudna sytuacja *f*; **to help sb in times of ~** pomóc komuś w potrzebie; **she was there in my hour of ~** była przy mnie, kiedy jej potrzebowałem or w trudnej chwili; **your ~ is greater than mine** bardziej niż ja potrzebujesz pomocy [4] (poverty) bieda *f*, niedostatek *m*; **to be in ~** być w biedzie or ubóstwie; **families in ~** biedne or ubogie rodziny

needful /ˈniːdfl/ *adj* fml (necessary) potrzebny, niezbędny **(for sth** do czegoś); (needy) potrzebujący, ubogi

neediness /ˈniːdɪnɪs/ *n* niedostatek *m*, bieda *f*

needle /ˈniːdl/ **I** *n* [1] (for sewing, injection) igła *f*; (for knitting) drut *m*; (for crocheting) szydełko *n* [2] Bot (leaf) igła *f*, szpilka *f* [3] (pointer) wskazówka *f*; (on compass) igła *f* [4] (stylus) igła *f* gramofonowa [5] (in gun) iglica *f* [6] Archit obelisk *m*

II *vt* [1] (annoy) dokucz|yć, -ać (komuś) *[person]* [2] US infml (increase alcoholic strength of) wzm|ocnić, -acniać *[drink]*

IDIOMS: **as sharp as a ~** bardzo bystry; **to have pins and ~s** czuć mrowienie; **to be on pins and ~s** siedzieć jak na szpilkach; **to get the ~** GB infml zezłościć się; **to give sb the ~** infml wbić komuś szpilę infml fig; **to be on the ~** US infml szprycować się infml → **haystack**

needle book *n* karnet *m* igieł (do szycia)

needle case *n* = **needle book**

needlecraft /ˈniːdlkrɑːft, US -kræft/ *n* (embroidery) haft *m* na kanwie

needle exchange *n punkt wydawania narkomanom jednorazowych igieł i strzykawek*

needlepoint /ˈniːdlpɔɪnt/ *n* [1] (embroidery) haft *m* na kanwie [2] (also **~ lace)** koronka *f* igłowa

needless /ˈniːdlɪs/ *adj* [1] *[anxiety, delay, suffering]* niepotrzebny, zbędny [2] *[intrusion, intervention]* nie chciany, zbyteczny; **~ to say** rzecz jasna, nie trzeba dodawać

needlessly /ˈniːdlɪslɪ/ *adv* niepotrzebnie

needlessness /ˈniːdlɪsnɪs/ *n* zbyteczność *f*, zbędność *f*

needlewoman /ˈniːdlwʊmən/ *n* (*pl* **-women)** dat szwaczka *f*

needlework /ˈniːdlwɜːk/ *n* (object) robótka *f* ręczna; (activity) robótki *f pl* ręczne

needn't /ˈniːdnt/ = **need not**

needs /niːdz/ *adv*

IDIOMS: **~ must** dat skoro trzeba, skoro nie ma innego wyjścia; **~ must when the devil drives** jak mus to mus

need-to-know /ˈniːdtənəʊ/ *adj* **we operate on a ~ basis, we have a ~ policy** kierujemy się zasadą, według której każdy dysponuje takimi informacjami, jakie są mu potrzebne do działania

needy /ˈniːdɪ/ **I** *n* **the ~ (+ v pl)** ubodzy *m pl*, biedni *m pl*, potrzebujący *m pl*

II *adj* biedny, ubogi, potrzebujący

ne'er /neə(r)/ *adv* arch = **never** nigdy

ne'er-do-well /ˈneəduːwel/ dat pej **I** *n* nicpoń *m* pej; hultaj *m*, ladaco *m* dat

II *adj [person, scheme]* bezwartościowy, nic niewart

nefarious /nɪˈfeərɪəs/ *adj* fml nikczemny

nefariously /nɪˈfeərɪəslɪ/ *adv* fml nikczemnie

negate /nɪˈgeɪt/ *vt* [1] (cancel out) z|niweczyć *[efforts, work]*; z|marnować *[achievement, advantage]* [2] (deny) za|negować *[concept, existence, fact]* [3] (contradict) zaprzecz|yć, -ać (czemuś), przeczyć (czemuś) *[theory, results]* [4] Ling u|tworzyć przeczenie (czegoś) *[phrase, clause]*

negation /nɪˈgeɪʃn/ *n* [1] (contradiction) negacja *f* [2] (denial) zaprzeczenie *n* [3] Ling, Philos negacja *f*

negative /ˈnegətɪv/ **I** *n* [1] (refusal) odpowiedź *f* przecząca; **to answer** or **reply in the ~** odpowiedzieć przecząco [2] Phot negatyw *m* [3] Ling przeczenie *n*, negacja *f*; **double ~** podwójne przeczenie; **in the ~** w formie przeczącej [4] Math wielkość *f* ujemna [5] Elec (pole) biegun *m* ujemny; (charge) ładunek *m* ujemny

II *adj* [1] (saying no) *[answer, decision]* negatywny; *[statement]* zaprzeczający [2] Ling przeczący [3] (pessimistic) *[attitude, approach, response]* negatywny; **to be ~ about sth** być do czegoś negatywnie nastawionym; **don't be so ~!** nie bądź takim pesymistą! [4] (harmful, unpleasant) *[effect, influence]* negatywny [5] Accts, Math, Phys, Chem, Med ujemny [6] Phot negatywowy

III *excl* Mil, Radio nie!

negative income tax *n* Tax podatek *m* dochodowy negatywny

negatively /ˈnegətɪvlɪ/ *adv* [1] (unenthusiastically) *[react, respond]* negatywnie [2] (harmfully) *[affect, influence]* ujemnie, negatywnie [3] Phys, Electron *[charged]* ujemnie

Negev /ˈnegev/ *prn* **the ~ (Desert)** (pustynia) Negew *m*

neglect /nɪˈglekt/ **I** *n* [1] (lack of care) (of person, health, appearance, building, garden, equipment) zaniedbanie *n*; **to fall into ~** *[house, garden]* popaść w stan zaniedbania; **to be in the state of ~** być zaniedbanym [2] (lack of interest) brak *m* zainteresowania **(of sth** czymś); **the government's ~ of agriculture** brak zainteresowania rolnictwem ze strony rządu

II *vt* [1] (fail to care for) zaniedb|ać, -ywać *[person, building, pet]*; zapuścić *[house, garden]*; nie dbać o (coś) *[health, appearance, plant]* [2] (ignore) *[person]* nie dostrze|c, -gać (kogoś/czegoś) *[friend, problem, work]*; *[government]* zaniedb|ać, -ywać *[industry, economy, sector]*; z|lekceważyć *[needs, wishes]* [3] (fail) **to ~ to do sth** nie zrobić czegoś (przez zaniedbanie) [4] (overlook) przeoczyć *[offer, opportunity]*; nie doceni|ć, -ać *[artist, subject, writer]*; **to ~ to mention sb/sth** nie wspomnieć o kimś/czymś, zapomnieć wspomnieć o kimś/czymś

III *vr* **to ~ oneself** zaniedbywać się, nie dbać o siebie

neglected /nɪˈglektɪd/ *adj* [1] (uncared for) *[appearance, child, pet]* zaniedbany; *[building, garden]* zapuszczony; **to feel ~** czuć się opuszczonym [2] (overlooked) *[writer, subject, masterpiece]* niedoceniony, niedostrzeżony

neglectful /nɪˈglektfl/ *adj [owner, parent]* zaniedbujący swoje obowiązki; **to be ~ of sb/sth** zaniedbywać kogoś/coś, nie dbać o kogoś/coś; **to be ~ of one's duties** zaniedbywać swoje obowiązki

negligee, négligée /ˈneglɪʒeɪ, US ˌneglɪˈʒeɪ/ *n* peniuar *m*

negligence /ˈneglɪdʒəns/ *n* [1] niedbalstwo *n*, niedopatrzenie *n*; **through ~** przez niedbalstwo or niedopatrzenie [2] Jur **gross ~** rażące zaniedbanie; **criminal ~** karalne zaniedbanie; **contributory ~** zaniedbanie wspólne; **to sue for (medical) ~** skarżyć (kogoś) o zaniedbanie w spełnieniu powinności lekarskiej

negligent /ˈneglɪdʒənt/ *adj* [1] *[person]* niedbały, niesumienny; *[procedure]* niestaranny; **to be ~ in doing sth** niestarannie or niedbale coś robić; **to be ~ in failing to do sth** zaniedbać zrobienia czegoś; **to be ~ of one's duties** fml zaniedbywać swoje obowiązki [2] *[air, manner]* nonszalancki, lekceważący

negligently /ˈneglɪdʒəntlɪ/ *adv* [1] (irresponsibly) niedbale, niestarannie, niesumiennie [2] (nonchalantly) nonszalancko, od niechcenia

negligible /ˈneglɪdʒəbl/ *adj* nieistotny, bez znaczenia

negotiable /nɪˈgəʊʃəbl/ *adj* [1] *[price, rate, terms, figure]* do uzgodnienia, do negocjacji; **'salary ~'** „warunki płacowe do uzgodnienia" [2] Comm *[cheque]* na okaziciela; *[bill of exchange]* zbywalny; **'not ~'** „nieprzenoszalny" [3] *[road, mountain pass]* przejezdny; *[obstacle]* (możliwy) do pokonania

negotiable instrument *npl* dokument *m* zbywalny

negotiable security *n* = **negotiable instrument**

negotiate /nɪˈgəʊʃɪeɪt/ **I** *vt* [1] (discuss) wy|negocjować **(with sb** z kimś); **'to be ~d'** „do uzgodnienia" [2] (manoeuvre around) pokon|ać, -ywać *[bend, turn, obstacle, rapids]* [3] (deal with) rozstrzyg|nąć, -ać *[problem]*; pokon|ać, -ywać, po|radzić sobie z (czymś) *[difficulty, obstacle]* [4] Fin upłynni|ć, -ać *[bond, asset]*; z|realizować *[cheque]*

II *vi* pertraktować, negocjować; **to ~ with sb for sth** negocjować coś z kimś, pertraktować z kimś w sprawie czegoś

III **negotiated** *pp adj [peace, settlement, solution]* wynegocjowany

negotiating /nɪˈgəʊʃɪeɪtɪŋ/ *prp adj* [1] *[ploy, strategy]* negocjacyjny; **~ position/rights** pozycja/prawa do negocjacji or rokowań; **the ~ table** stół negocjacyjny [2] *[team, committee]* negocjacyjny, prowadzący pertraktacje or rokowania

negotiation /nɪˌgəʊʃɪˈeɪʃn/ *n* negocjacje *plt*, pertraktacje *plt*, rokowania *plt* **(with sb** z kimś); **to enter into ~(s)** przystąpić do negocjacji or pertraktacji or rokowań; **arms ~s** rokowania w sprawie ograniczenia zbrojeń; **pay ~s** negocjacje płacowe; **by ~** w drodze negocjacji or pertraktacji or rokowań; **under ~** będący przedmiotem negocjacji or pertraktacji or rokowań; **to be open for ~** być do uzgodnienia; **to be up for ~** być przedmiotem negocjacji or pertraktacji or rokowań

negotiator /nɪˈgəʊʃɪeɪtə(r)/ *n* negocjator *m*, -ka *f*

Negress /ˈni:grɪs/ *n* offensive Murzynka *f*; czarna *f*, czarnucha *f* infml offensive

Negro /ˈni:grəʊ/ **I** *n* (*pl* **-es**) offensive Murzyn *m*; czarny *m*, czarnuch *m* infml offensive

II *adj [descent, race]* murzyński, czarny

Negroid /ˈni:grɔɪd/ *adj* negroidalny

Negro spiritual *n* negro spiritual *n inv*

neigh /neɪ/ **I** *n* rżenie *n*; **to give a ~** zarżeć

II *vi* za|rżeć

neighbor *n* US = **neighbour**

neighborhood *n* US = **neighbourhood**

neighboring *adj* US = **neighbouring**

neighborliness *n* US = **neighbourliness**

neighborly *adv* US = **neighbourly**

neighbour GB, **neighbor** US /ˈneɪbə(r)/ **I** *n* [1] (person) sąsiad *m*, -ka *f*; (country) państwo *n* sąsiednie, sąsiad *m*; **next-door ~** najbliższy sąsiad; **upstairs/downstairs ~** sąsiad z góry/z dołu; **New Zealand's nearest ~ is Australia** najbliższym sąsiadem Nowej Zelandii jest Australia; **to be a good ~** być dobrym sąsiadem [2] Relig, liter bliźni *m*; **love thy ~** kochaj bliźniego swego

II *vi* sąsiadować; **to ~ on sth** *[building, country, site]* sąsiadować z czymś

neighbourhood GB, **neighborhood** US /ˈneɪbəhʊd/ **I** *n* [1] (district) dzielnica *f*; **in the ~** w tej dzielnicy [2] (vicinity) sąsiedztwo *n*, okolica *f*; **in the ~** w okolicy, niedaleko; **in the ~ of the station** w sąsiedztwie or w pobliżu stacji; **in the ~ of £60,000** fig około 60 000 funtów

II *modif [facilities, office, shop]* okoliczny

neighbourhood effect *n* Pol *głosowanie na partię popularną w okolicy*

neighbourhood television *n* ≈ telewizja *f* osiedlowa

neighbourhood watch (scheme) *n* straż *f* sąsiedzka

neighbouring GB, **neighboring** US /ˈneɪbərɪŋ/ *adj* sąsiedni, sąsiadujący; *[country]* sąsiadujący, ościenny

neighbourliness GB, **neighborliness** US /ˈneɪbəlɪnɪs/ *n* stosunki *plt* dobrosąsiedzkie; **out of good ~** z dobrosąsiedzkiej życzliwości

neighbourly GB, **neighborly** US /ˈneɪbəlɪ/ *adj [person, act]* życzliwy, przyjazny; *[relations]* dobrosąsiedzki

neighbour states *npl* kraje *m pl* ościenne

neighing /ˈneɪɪŋ/ *n* rżenie *n*

neither /ˈnaɪðə(r), ˈni:ð-/ **I** *conj* [1] (not either) **neither... nor...** ani..., ani...; **I have ~ the time nor the money** nie mam ani czasu, ani pieniędzy; **I've seen ~ him nor her** nie widziałam ani jego, ani jej; **I could ~ sleep nor eat** nie mogłem ani spać, ani jeść [2] (nor) **he doesn't have the time, ~ does he have the money** nie ma czasu i nie ma też pieniędzy; **you don't have to tell him, ~ should you** nie musisz mu mówić, a nawet nie powinieneś [3] (agreement with negative statement) **'I don't want to go' – '~ do I'** „nie mam ochoty iść" – „ani ja"; **'he is not Spanish' – '~ is Adam'** „on nie jest Hiszpanem" – „Adam też nie"; **'I can't sleep' – '~ can I'** „nie mogę spać" – „ja też nie"

II *det* żaden z dwóch; **~ book is suitable** żadna z tych książek nie jest odpowiednia; **~ girl replied** żadna z (dwóch) dziewczyn nie odpowiedziała

III *pron* ani jeden, ani drugi; ani ten, ani tamten; **~ of them came** żaden z nich dwóch nie przyszedł; **'which one is resposible?' – '~'** „który z nich (dwóch) jest za to odpowiedzialny?" – „żaden"

Nelly, Nellie /ˈnelɪ/ **I** *n* US vinfml pej ciota *f* vinfml offensive

II *adj* US vinfml pej ciotowaty vinfml offensive

IDIOMS: **not on your ~** GB infml w życiu! infml

nelson /ˈnelsn/ *n* Sport (also **full ~**) podwójny nelson *m*; **half-~** nelson

nem con /ˌnemˈkɒn/ *adv* = **nemine contradicente** bez głosu sprzeciwu, jednogłośnie

nemesia /nɪˈmi:ʒə/ *n* nemezja *f*, jawnotka *f*

nemesis /ˈneməsɪs/ *n* nemezis *f*, nemezys *f*

Nemesis /ˈneməsɪs/ *prn* Mythol Nemezis *f*, Nemezys *f*

neo+ /ni:əʊ/ *in combinations* neo-, nowo-

Neocene /ˈni:əsi:n/ *n* = **Neogene**

neoclassical /ˌni:əʊˈklæsɪkl/ *adj* neoklasyczny

neoclassicism /ˌni:əʊˈklæsɪsɪzəm/ *n* neoklasycyzm *m*

neocolonial /ˌni:əʊkəˈləʊnɪəl/ *adj* neokolonialny

neocolonialism /ˌni:əʊkəˈləʊnɪəlɪzəm/ *n* neokolonializm *m*

neocolonialist /ˌni:əʊkəˈləʊnɪəlɪst/ *n* neokolonialista *m*

neoconservative /ˌni:əʊkənˈsɜ:vətɪv/ **I** *n* neokonserwatyst|a *m*, -ka *f*

II *adj* neokonserwatywny

neodymium /ˌni:əˈdɪmɪəm/ *n* Chem neodym *m*

neofascism /ˌni:əʊˈfæʃɪzəm/ *n* neofaszyzm *m*

neofascist /ˌniːəʊˈfæʃɪst/ **I** *n* neofaszyst|a *m*, -ka *f*
II *adj* neofaszystowski
Neogene /ˈniːədʒiːn/ **I** *n* **the ~** neogen *m*
II *adj* neogeniczny
neolith /ˈniːəlɪθ/ *n* neolit *m*
Neolithic /ˌniːəˈlɪθɪk/ **I** *n* **the ~** neolit *m*, epoka *f* kamienia gładzonego
II *adj* neolityczny
neologism /niːˈɒlədʒɪzəm/ *n* neologizm *m*
neologistic /ˌniːɒləˈdʒɪstɪk/ *adj* mający cechy neologizmu
neologize /niːˈɒlədʒaɪz/ *vi* s|tworzyć neologizm
neomycin /ˌniːəʊˈmaɪsɪn/ *n* neomycyna *f*
neon /ˈniːɒn/ **I** *n* [1] Chem (gas) neon *m* [2] (type of lighting) neon *m*
II *modif [light, lighting]* neonowy; **~ atom** atom neonu; **~ sign** neon, reklama neonowa
neonatal /ˌniːəʊˈneɪtl/ *adj* **~ ward** or **unit** oddział noworodków
neonate /ˈniːəneɪt/ *n* noworodek *m*
neo-nazi /ˌniːəʊˈnɑːtsɪ/ **I** *n* neonazist|a *m*, -ka *f*
II *adj [party, slogan]* neonazistowski
neophyte /ˈniːəfaɪt/ *n* neofit|a *m*, -ka *f*
neoplasia /ˌniːəʊˈpleɪzɪə/ *n* Med neoplazja *f*
neoplasm /ˈniːəʊplæzəm/ *n* Med nowotwór *m*
Neo-Platonic /ˌniːəʊpləˈtɒnɪk/ *adj* neoplatoński
Neo-Platonism /ˌniːəʊˈpleɪtənɪzəm/ *n* neoplatonizm *m*
Neo-Platonist /ˌniːəʊˈpleɪtənɪst/ *n* neoplatonik *m*, neoplatończyk *m*
Neozoic /ˌniːəʊˈzəʊɪk/ *adj* kenozoiczny
Nepal /nɪˈpɔːl/ *prn* Nepal *m*
Nepalese /ˌnepəˈliːz/ **I** *n* (person) Nepal|czyk *m*, -ka *f*
II *adj* nepalski
Nepali /nɪˈpɔːlɪ/ **I** *n* [1] **(*pl* ~, ~s)** (person) Nepal|czyk *m*, -ka *f* [2] (język *m*) nepalski *m*
II *adj* nepalski
nephew /ˈnevjuː, ˈnef-/ *n* (brother's son) bratanek *m*; (sister's son) siostrzeniec *m*
nephralgia /nɪˈfrældʒɪə/ *n* ból *m* nerki
nephrectomy /nɪˈfrektəmɪ/ *n* usunięcie *n* nerki, nefrektomia *f*
nephritic /nɪˈfrɪtɪk/ *adj* nerkowy
nephritis /nɪˈfraɪtɪs/ *n* zapalenie *n* nerek
nephrology /nɪˈfrɒlədʒɪ/ *n* nefrologia *f*
nephrosis /nɪˈfrəʊsɪs/ *n* nerczyca *f*, zespół *m* nerczycowy
nephrotomy /nɪˈfrɒtəmɪ/ *n* nefrotomia *f*, nacięcie *n* miąższu nerki
nepotism /ˈnepətɪzəm/ *n* nepotyzm *m*
Neptune /ˈneptjuːn/ *prn* Astron, Mythol Neptun *m*
neptunium /nepˈtjuːnɪəm, US -ˈtuːn-/ *n* Chem neptun *m*
nerd /nɜːd/ *n* vinfml pej głupek *m*, dureń *m* infml; **computer ~** maniak komputerowy
nerdy /ˈnɜːdɪ/ *adj* vinfml pej głupkowaty, durny infml
Nereid /ˈnɪərɪɪd/ *n* nereida *f*
Nero /ˈnɪərəʊ/ *prn* Neron *m*
nerve /nɜːv/ **I** *n* [1] Anat nerw *m*; Bot nerw *m*, żyłka *f* [2] (courage) odwaga *f*; (confidence) pewność *f* siebie; **to have the ~ to do sth** mieć odwagę, żeby zrobić coś; **to keep /lose one's ~** zachować/stracić zimną krew; **to recover one's ~** odzyskać pewność siebie [3] infml (impudence, cheek) bezczelność *f*, tupet *m*; **to have the ~ to do sth** mieć czelność zrobić coś; **you've /he's got a ~!** infml ty to masz/on to ma tupet!; **of all the ~!, what a ~!** co za bezczelność!, co za tupet!
II **nerves** *npl* (nervousness) nerwy *f pl*; (stage fright) trema *f*; **to have an attack of ~s** denerwować się; (before performance) mieć tremę; **she suffers from (her) ~s** jest bardzo nerwowa; **to be in a state of ~s** być zdenerwowanym; **it's only ~s!** to tylko nerwy!; **his ~s were on edge** miał nerwy napięte jak postronki; **to get on sb's ~s** działać komuś na nerwy; **to live on one's ~s** żyć nerwami; **to be all ~s** być kłębkiem nerwów; **to calm sb's ~s** uspokoić kogoś; **to calm one's ~s** uspokoić się; **you need strong ~s to do that kind of work** do takiej pracy musisz mieć zdrowe nerwy; **to have ~s of steel** mieć nerwy ze stali or stalowe nerwy; **a war** or **battle of ~s** wojna nerwów
III *vt* **to ~ oneself to do sth** zdobyć się na odwagę, żeby zrobić coś
IDIOMS: **to touch** or **hit a (raw) ~** uderzyć w czułe miejsce; **to strain every ~ (to do sth)** zrobić wszystko, co w ludzkiej mocy (żeby zrobić coś)
nerve cell *n* komórka *f* nerwowa
nerve centre GB, **~ center** US *n* Anat ośrodek *m* nerwowy; fig centrum *n* dowodzenia fig
nerve ending *n* zakończenie *n* nerwowe
nerve gas *n* gaz *m* paraliżujący
nerve impulse *n* impuls *m* nerwowy
nerveless /ˈnɜːvlɪs/ *adj* [1] (numb) *[fingers, limb]* (from cold) zdrętwiały, bez czucia; (from fear, fatigue) bezwładny [2] (cool) *[person]* opanowany [3] (lacking courage, vigour) *[person]* obojętny, apatyczny [4] Anat nieunerwiony; Bot pozbawiony nerwów
nerve racking *adj [experience, wait]* wykańczający nerwowo, stresujący
nerve wracking *n* = **nerve racking**
nerviness /ˈnɜːvɪnɪs/ *n* [1] GB (nervousness) zdenerwowanie *n* [2] US (impudence) tupet *m*, bezczelność *f*
nervous /ˈnɜːvəs/ *adj* [1] *[person]* (fearful) zalękniony; (anxious) zdenerwowany; (highly strung) spięty; *[smile, laugh, habit]* nerwowy; **to be ~ of** GB or **around** US **sb** obawiać się kogoś *[strangers, thieves]*; **to be ~ of** GB or **about** US **sth** obawiać się czegoś *[change, disagreement, animals]*; **to be ~ about doing sth** obawiać się robienia czegoś; **to feel ~** (apprehensive) być zdenerwowanym; (before performance) mieć tremę; (afraid) lękać się; (ill at ease) czuć się nieswojo, być zakłopotanym; **I feel ~ in crowds /female company** boję się tłumu/towarzystwo kobiet mnie onieśmiela; **she makes me feel ~** (intimidates me) ona mnie peszy; (puts my nerves on edge) ona mnie wyprowadza z równowagi, ona mnie irytuje; **all this talk of war makes me ~** niepokoi mnie to całe gadanie o wojnie; **'not suitable for persons of a ~ disposition'** „tylko dla osób o mocnych nerwach" [2] Anat, Med nerwowy; **~ disease** choroba nerwowa; **~ exhaustion** wyczerpanie nerwowe; **~ tension** napięcie nerwowe [3] Fin *[market]* niestabilny
nervous breakdown *n* załamanie *n* nerwowe; **to have a ~** mieć or przechodzić załamanie nerwowe
nervous energy *n* rozgorączkowanie *n*; **to be full of ~** być rozgorączkowanym
nervously /ˈnɜːvəslɪ/ *adv* nerwowo
nervous Nellie *n* US infml pej panika|rz *m*, -ra *f*, nerwus *m* infml
nervousness /ˈnɜːvəsnɪs/ *n* [1] (of person) (shyness) zmieszanie *n*; (fear) obawa *f*, lęk *m*; (anxiety) niepokój *m*; (stage fright) trema *f*; (physical emabarrassment) skrępowanie *n*; (tenseness) napięcie *n* [2] (of smile, laughter) nerwowość *f* [3] Fin (of market) niestabilność *f*
nervous system *n* układ *m* nerwowy
nervous wreck *n* infml kłębek *m* nerwów
nervy /ˈnɜːvɪ/ *adj* infml [1] GB (tense, anxious) zdenerwowany [2] US (impudent) bezczelny
nest /nest/ **I** *n* [1] (of birds, reptiles) gniazdo *n*; **to make** or **build a ~** *[bird]* uwić or zbudować gniazdo; *[animal]* zbudować gniazdo; **wasps' ~** gniazdo os; **ants' ~** mrowisko [2] (group of baby birds) gniazdo *n*, lęg *m* **(of sth** czegoś); (group of baby mice) miot *m* [3] (hotbed) wylęgarnia *f* fig; (of criminals, traitors) gniazdo *n* fig; (of subversion) siedlisko *n* fig [4] (set) (of boxes, bowls) komplet *m*, zestaw *m*; **a ~ of tables** komplet or zestaw stolików *(wsuwanych jeden pod drugi)* [5] (gun site) gniazdo *n*; **machine-gun ~** gniazdo karabinów maszynowych
II *vi* [1] Zool *[bird]* za|gnieździć się; (build) u|wić gniazdo [2] *[tables]* wsuwać się jeden pod drugi; *[boxes, pans]* chować się jedno w drugie
IDIOMS: **to flee** or **fly** or **leave the ~** fig wyfrunąć z gniazda fig; **to feather one's (own) ~** fig bogacić się, obrastać w piórka; **to foul one's (own) ~** kalać własne gniazdo → **viper**
nested /ˈnestɪd/ *adj* [1] *[pans, bowls]* wchodzący jeden w drugi; **a set of ~ tables** komplet or zestaw stolików wsuwanych jeden pod drugi [2] Comput *[loop, subroutine]* zagnieżdżony [3] Ling *[phrase, expression]* umieszczony w gnieździe
nest egg *n* infml sumka *f* na czarną godzinę
nesting /ˈnestɪŋ/ **I** *n* [1] Zool gniazdowanie *n* [2] Comput zagnieżdżenie *n* [3] Ling pogrupowanie *n* [4] = **bird's-nesting**
II *modif* **~ ground/season** teren/sezon lęgowy
nesting box *n* (for domestic fowl) skrzynka *f* lęgowa; (on tree) budka *f* lęgowa
nesting site *n* miejsce *n* lęgowe
nestle /ˈnesl/ **I** *vt* **to ~ one's head on sth** przytulić głowę do czegoś, złożyć głowę na czymś; **to ~ one's head against sth** oprzeć głowę o coś or na czymś; **to ~ a baby in one's arms** tulić dziecko w ramionach
II *vi* [1] *[person, animal]* umościć się **(under sth** pod czymś); **to ~ against sth** przytulić się do czegoś; **to ~ into an armchair** umościć się or usadowić się w fotelu [2] *[village, house]* przycupnąć
■ **nestle down** umościć się
■ **nestle up** przytul|ić, -ać się **(against** or **to sb/sth** do kogoś/czegoś)
nestling /ˈneslɪŋ/ *n* pisklę *n*

net[1] /net/ **I** *n* [1] Fishg sieć *f*; (with a handle) podbierak *m* [2] Hort, Hunt siatka *f*; **butterfly ~** siatka na motyle [3] Sport (in tennis, volleyball) siatka *f*; (in football, hockey) bramka *f*; **to come (up) to the ~** podejść do siatki; **in the ~** w bramce; **to put the ball into (the back) of the ~** strzelić bramkę [4] fig (trap) sieć *f*, pętla *f*; **the ~ is closing** pętla się zaciska; **to slip through the ~** wyśliznąć or wymknąć się z sieci [5] Telecom sieć *f* [6] Tex siatka *f*; **a hair ~** siatka/siateczka na włosy

II *vt* (*prp, pt, pp* **-tt-**) [1] Fishg z|łowić (w sieci); Hunt z|łapać w siatkę *[butterfly, wild animal]* [2] Sport (in football) strzelić *[goal]* [3] fig (catch) *[police]* ująć *[criminal]* [4] fig (win) *[sportsman, team]* zagarn|ąć, -iać *[prize, trophy]*

IDIOMS: **to cast one's ~ wide** puścić się na szerokie wody

net[2] /net/ **I** *adj* (also **nett**) [1] Comm, Fin *[profit, loss, income, price, weight]* netto; **~ of tax** po potrąceniu podatku; **terms strictly ~** warunki netto; **a profit of £30,000 ~** zysk netto w wysokości 30 000 funtów; **the goods weigh 20 kilograms ~** towar netto waży 20 kilogramów [2] *[result, effect, increase]* na czysto

II *vt* (*prp, pt, pp* **-tt-**) Comm, Fin *[person, company]* zar|obić, -abiać na czysto; *[export, sales]* przyn|ieść, -osić czysty zysk w wysokości (czegoś)

Net /net/ *n* (also **net**) Internet *m*; sieć *f* infml

net asset value *n* Fin wartość *f* aktywów netto

netball /ˈnetbɔːl/ *n* (game) netball *m*

Net Book Agreement, NBA *n* GB Comm *umowa określająca minimalną cenę detaliczną książki*

net cord *n* Sport (in tennis) [1] (shot) piłka *f* po siatce [2] (cord) taśma *f* (siatki)

net curtain *n* firanka *f*

nethead /ˈnethed/ *n* infml Internauta maniak *m*

nether /ˈneðə(r)/ *adj* arch dolny; *[garments]* (underwear) spodni; **the ~ regions** (hell) piekło; (lower body) euph hum intymne części ciała; (basement) podziemia

Netherlander /ˈneðələndə(r)/ *n* dat Holender *m*, -ka *f*

Netherlands /ˈneðələndz/ **I** *prn* **the ~** (*+ v sg*) Holandia *f*; Hist Niderlandy *plt*

II *adj* holenderski; Hist niderlandzki

Netherlands Antilles /ˌneðələndzænˈtɪliːz/ *prn* Antyle *plt* Holenderskie

nethermost /ˈneðəməʊst/ *adj* arch najniższy; **the ~ depths** otchłań

netiquette /ˈnetɪket/ *n* etykieta *f* sieciowa

netizen /ˈnetɪzn/ *n* obywatel *m*, -ka *f* Internetu

net present value, NPV *n* Fin wartość *f* bieżąca netto

netrepreneur /ˌnetrəprəˈnɜː(r)/ *n* przedsiębiorca *m* internetowy

netspeak /ˈnetspiːk/ *n* żargon *m* internetowy

netsuke /ˈnetskɪ, ˈnetsʊkɪ/ *n* netsuke *n inv*

netsurf /ˈnetsɜːf/ *vi* surfować po Internecie

netsurfer /ˈnetsɜːfə(r)/ *n* surfer *m* po Internecie

netsurfing /ˈnetsɜːfɪŋ/ *n* surfowanie *n* po Internecie

nett *adj* GB = **net**[2]

netting /ˈnetɪŋ/ *n* [1] (mesh) (of rope) sieć *f*; (of metal, plastic, fabric) siatka *f*; **side ~** (in football) boczna siatka [2] Tex tiul *m*

nettle /ˈnetl/ **I** *n* (also **stinging ~**) pokrzywa *f* zwyczajna

II *modif [tea, soup]* pokrzywowy; **~ patch** kępa pokrzyw

III *vt* ze|złościć, z|irytować

IDIOMS: **to grasp** or **seize the ~** chwycić byka za rogi fig

nettle rash *n* pokrzywka *f*

net ton *n* US tona *f* amerykańska (*=907,185 kg*)

network /ˈnetwɜːk/ **I** *n* (of canals, contacts, secret agents) sieć *f*; (of wrinkles, tiny stems, thin threads) siateczka *f*; **telephone/computer ~** sieć telefoniczna/komputerowa; **radio ~** sieć radiowa; **rail/road ~** sieć kolejowa /dróg; **TV** or **television ~** sieć telewizyjna

II *vt* [1] TV, Radio nada|ć, -wać w sieci *[programme]* [2] Comput po|łączyć w sieć *[computers]*

III *vi* nawiąz|ać, -ywać korzystne kontakty

IV networked *pp adj [computer, workstation]* podłączony do sieci

networking /ˈnetwɜːkɪŋ/ *n* [1] Comm (establishing a network) tworzenie *n* sieci [2] Comput (incorporation of a computer) podłączenie *n* (do sieci); (exchange of information) łączność *f* sieciowa [3] (establishing contacts) nawiązywanie *n* kontaktów; **I was doing some ~** nawiązywałem kontakty

network operator *n* Telecom operator *m* sieci

network television *n* US telewizja *f* krajowa; (broadcast) ogólnokrajowy program *m* telewizyjny

neural /ˈnjʊərəl, US ˈnʊ-/ *adj* nerwowy, odnoszący się do układu nerwowego

neuralgia /ˌnjʊəˈrældʒə, US ˌnʊ-/ *n* nerwoból *m*; newralgia *f* dat

neuralgic /ˌnjʊəˈrældʒɪk, US ˌnʊ-/ *adj* nerwobólowy, neuralgiczny

neural network *n* sieć *f* neuronowa

neurasthenia /ˌnjʊərəsˈθiːnɪə, US ˌnʊ-/ *n* arch neurastenia *f*, nerwica *f* neurasteniczna

neurasthenic /ˌnjʊərəsˈθenɪk, US ˌnʊ-/ **I** *n* arch neurasteni|k *m*, -czka *f*

II *adj* neurasteniczny

neuritis /ˌnjʊəˈraɪtɪs, US ˌnʊ-/ *n* zapalenie *n* nerwu

neurodegeneration /ˌnjʊərəʊdɪˌdʒenəˈreɪʃn, US ˌnʊ-/ *n* Med zwyrodnienie *n* układu nerwowego

neurodegenerative /ˌnjʊərəʊdɪˈdʒenərətɪv, US ˌnʊ-/ *adj* zwyrodnieniowy układu nerwowego

neurogenic /ˌnjʊərəʊˈdʒenɪk, US ˌnʊ-/ *adj* neurogenny

neuro-linguistic programming, NLP /ˌnjʊərəʊlɪŋˌgwɪstɪkˈprəʊgræmɪŋ, US ˌnʊ-/ *n* programowanie *n* neurolingwistyczne

neurological /ˌnjʊərəˈlɒdʒɪkl, US ˌnʊ-/ *adj* neurologiczny

neurologist /ˌnjʊˈrɒlədʒɪst, US ˌnʊ-/ *n* neurolog *m*

neurology /ˌnjʊəˈrɒlədʒɪ, US ˌnʊ-/ *n* neurologia *f*

neuroma /ˌnjʊəˈrəʊmə, US ˌnʊ-/ *n* (*pl* **~s, -mata**) nerwiak *m*

neuromuscular /ˌnjʊərəʊˈmʌskjʊlə(r), US ˌnʊ-/ *adj* nerwowo-mięśniowy

neuron /ˈnjʊərɒn, US ˈnʊ-/ *n* komórka *f* nerwowa, neuron *m*

neurone *n* = **neuron**

neuropath /njʊˈrɒpəθ, US nʊ-/ *n* neuropat|a *m*, -ka *f*

neuropathic /ˌnjʊərəʊˈpæθɪk, US ˌnʊ-/ *adj* neuropatyczny

neuropathology /ˌnjʊərəʊpəˈθɒlədʒɪ, US ˌnʊ-/ *n* neuropatologia *f*

neuropathy /njʊˈrɒpəθɪ, US nʊ-/ *n* neuropatia *f*

neurophysiological /ˌnjʊərəʊˌfɪzɪəˈlɒdʒɪkl, US ˌnʊ-/ *adj* neurofizjologiczny

neurophysiologist /ˌnjʊərəʊˌfɪzɪˈɒlədʒɪst, US ˌnʊ-/ *n* neurofizjolog *m*

neurophysiology /ˌnjʊərəʊˌfɪzɪˈɒlədʒɪ, US ˌnʊ-/ *n* neurofizjologia *f*

neuropsychiatric /ˌnjʊərəʊˌsaɪkɪˈætrɪk, US ˌnʊ-/ *adj* neuropsychiatryczny

neuropsychiatrist /ˌnjʊərəʊsaɪˈkaɪətrɪst, US ˌnʊ-/ *n* neuropsychiatra *m*

neuropsychiatry /ˌnjʊərəʊsaɪˈkaɪətrɪ, US ˌnʊ-/ *n* neuropsychiatria *f*

neurosis /njʊəˈrəʊsɪs, US nʊ-/ *n* (*pl* **-oses**) nerwica *f*; fig **to have a ~ about sth** mieć obsesję na punkcie czegoś

neurosurgeon /ˌnjʊərəʊˈsɜːdʒn, US ˌnʊ-/ *n* neurochirurg *m*

neurosurgery /ˌnjʊərəʊˈsɜːdʒərɪ, US ˌnʊ-/ *n* neurochirurgia *f*

neurosurgical /ˌnjʊərəʊˈsɜːdʒɪkl, US ˌnʊ-/ *adj [institution, operation, technique]* neurochirurgiczny; **~ patient** pacjent oddziału neurochirurgicznego

neurotic /njʊəˈrɒtɪk, US nʊ-/ **I** *n* neuroty|k *m*, -czka *f*

II *adj* nerwicowy, neurotyczny; **to be ~ about sth/about doing sth** być przewrażliwionym na punkcie czegoś/robienia czegoś

neurotically /njʊəˈrɒtɪklɪ, US nʊ-/ *adv* nerwicowo, neurotycznie

neuroticism /njʊəˈrɒtɪsɪzəm, US nʊ-/ *n* nerwicowość *f*, neurotyczność *f*

neurotoxic /ˌnjʊərəʊˈtɒksɪk, US ˌnʊ-/ *adj* neurotoksyczny

neurovascular /ˌnjʊərəʊˈvæskjʊlə(r), US ˌnʊ-/ *adj* nerwowo-naczyniowy

neuter /ˈnjuːtə(r), US ˈnuː-/ **I** *n* Ling rodzaj *m* nijaki; **in the ~** rodzaju nijakiego

II *adj* [1] Ling **~ form** forma rodzaju nijakiego [2] Bot, Zool bezpłciowy [3]

III *vt* Vet wy|sterylizować

neutral /ˈnjuːtrəl, US ˈnuː-/ **I** *n* [1] Pol, Mil państwo *n* neutralne [2] Aut bieg *m* jałowy, luz *m*; **in ~** na biegu jałowym, na luzie; **into ~** na bieg jałowy, na luz

II *adj* [1] (in war) neutralny; (in argument) bezstronny, neutralny; **to adopt a ~ policy** przyjąć politykę nieangażowania się; **on ~ ground** na neutralnym gruncie [2] (devoid of strong features) *[tone, expression]* obojętny; *[background, colour, language]* neutralny; *[shoe polish, cleaning fluid]* bezbarwny; **to have a ~ effect on economic growth** nie mieć wpływu na wzrost gospodarczy [3] Chem obojętny; Elec *[wire]* zerowy

neutralism /ˈnjuːtrəlɪzəm, US ˈnuː-/ *n* neutralizm *m*

neutralist /ˈnjuːtrəlɪst, US ˈnuː-/ **I** *n* zwolenni|k *m*, -czka *f* neutralizmu **II** *adj* neutralistyczny

neutrality /njuːˈtrælətɪ, US nuː-/ *n* [1] Pol (status) neutralność *f*; **armed ~** neutralność z zachowaniem sił samoobrony [2] (attitude) neutralność *f*, bezstronność *f* **(towards sb /sth** względem kogoś/czegoś) [3] Chem obojętność *f* (roztworu)

neutralization /ˌnjuːtrəlaɪˈzeɪʃn, US ˌnuːtrəlɪˈzeɪʃn/ *n* Chem, Mil, Pol neutralizacja *f* also euph

neutralize /ˈnjuːtrəlaɪz, US ˈnuː-/ *vt* Chem, Mil, Pol z|neutralizować also euph

neutrino /njuːˈtriːnəʊ, US nuː-/ *n* (*pl* **~s**) neutrino *n*

neutron /ˈnjuːtrɒn, US ˈnuː-/ **I** *n* neutron *m* **II** *modif [bomb, star]* neutronowy

neutron number *n* liczba *f* neutronów

Nevada /nəˈvɑːdə/ *prn* Nevada *f*

Nevadan /nəˈvɑːdən/ *n* mieszkan|iec *m*, -ka *f* Nevady

never /ˈnevə(r)/ *adv* [1] (not ever) nigdy; **I ~ go to London** nigdy nie jeżdżę do Londynu; **he will ~ forget it** (on) nigdy tego nie zapomni; **she ~ says anything** ona nigdy nic nie mówi; **I ~ work on Saturdays** (nigdy) nie pracuję w soboty; **I've ~ known him to be late** nigdy się nie spóźniał; **I've ~ seen such a mess** w życiu nie widziałem takiego bałaganu; **~ have I seen such poverty** jeszcze nigdy nie spotkałem się z taką nędzą; **'have you ever been to Paris?' – '~'** „byłeś kiedyś w Paryżu?" – „nie, nigdy"; **it is now or ~** teraz albo nigdy; **~ again** nigdy więcej; **~ before has the danger been so great** jeszcze nigdy niebezpieczeństwo nie było tak wielkie; **~ in all my life** or **my born days** jeszcze nigdy w życiu; **~ ever lie to me again!** nigdy więcej mnie nie okłamuj!; **he ~ ever drinks alcohol** nigdy nie bierze nawet kropli alkoholu do ust; **~ one to refuse a free meal, he agreed** nie należał do tych, co odmawiają poczęstunku, więc przyjął zaproszenie; **~ a day passes but he phones me** nie ma dnia, żeby do mnie nie zadzwonił; **better late than ~** lepiej późno niż wcale; **you ~ know** nigdy nie wiadomo [2] (as an emphatic negative) **he ~ said a word** nawet słowa nie powiedział; **I ~ knew it** w ogóle o tym nie wiedziałem; **he ~ so much as apologized** nawet nie powiedział przepraszam; **Bob, ~ a strong swimmer, tired quickly** Bob, który nigdy nie był dobrym pływakiem, szybko się zmęczył; **she mustn't catch you crying! that would ~ do!** nie może widzieć, że płaczesz, to byłoby okropne! → **fear, mind** [3] (expressing surprise, shock) **you are ~ forty!** GB nie wierzę, że masz czterdzieści lat!; **you've ~ gone and broken it have you!** GB infml tylko mi nie mów, żeś to popsuł!; **'~!'** „nie wierzę!"; **'I punched him' – 'you ~ (did)!'** GB infml „rąbnąłem go" – „nie wierzę!" infml; **well I ~ (did)!** coś podobnego!, nie do wiary!

never-ending /ˌnevərˈendɪŋ/ *adj* niekończący się

nevermore /ˌnevəˈmɔː(r)/ *adv* nigdy więcej; **~ will he see his homeland** nigdy więcej nie zobaczy rodzinnego kraju

never-never /ˌnevəˈnevə(r)/ *n* GB infml **to buy sth on the ~** kupić coś na raty

never-never land *n* fig kraina *f* marzeń; **to live in ~** żyć w krainie marzeń

nevertheless /ˌnevəðəˈles/ *adv* [1] (all the same) niemniej (jednak), jednakże; **I like him ~** lubię go mimo wszystko; **he is my friend ~** jest w końcu moim przyjacielem; **they go on trying ~** jednak ciągle próbują, mimo wszystko ciągle próbują; **thanks ~** mimo wszystko dziękuję; **~, I think you should go** a jednak powinieneś iść [2] (nonetheless) pomimo to or tego; **it's ~ true that...** pomimo to prawdą jest, że...; **so strong yet ~ so gentle** taki silny, a przy tym bardzo delikatny [3] (however) jednak; **he did ~ say that** a jednak to powiedział

never-to-be-forgotten /ˌnevətəbɪfəˈgɒtn/ *adj* niezapomniany

new /njuː, US nuː/ *adj* [1] (not known, seen, owned before) *[thing, idea, concept, friend]* nowy; (brand-new) *[car, carpet]* nowy, nieużywany; *[dress]* nowy, nienoszony; **the area is ~ to me** nie znam tej okolicy; **the subject /problem is ~ to me** nie zetknąłem się z tym tematem/zagadnieniem; **as good as ~** jak nowy; **'as ~'** (in advertisement) „w idealnym stanie"; **that's nothing ~** to nic nowego; **I feel like a ~ man** czuję się jak nowonarodzony; **'what's ~?'** „co (nowego) słychać?"; **that's a ~ one on me** to dla mnie coś nowego [2] (different) *[boyfriend, life, era, approach, design]* nowy; **the New Left /Right** nowa lewica/prawica; **someone /something ~** ktoś nowy/coś nowego; **could I have a ~ plate? this one is dirty** czy mógłbym poprosić o inny talerz? ten jest brudny [3] (recently arrived) *[recruit, arrival]* nowy; **to be ~ to sth** być z czymś nieobeznanym *[job]*; być nienawykłym do czegoś *[way of life]*; **we're ~ to this area** dopiero niedawno tu się sprowadziliśmy [4] (latest) *[fashion, book, model]* najnowszy, ostatni [5] (harvested early) *[vegetables]* młody

New Age **I** *prn* New Age *m* **II** *modif* **~ music/ideas** muzyka/idee New Age or New Age'u

New Age Movement, NAM *n* New Age *m*

New Age Traveller *n* wyznaw|ca *f*, -czyni *m* New Age'u

newbie /ˈnjuːbɪ, US ˈnuː-/ *n* infml internetowy nowicjusz *m*

new blood *n* świeża krew *f* fig

newborn /ˈnjuːbɔːn, US ˈnuː-/ *adj* nowo narodzony; **~ baby** noworodek

IDIOMS: **as innocent as a ~ babe** niewinny jak nowo narodzone dziecię

New Brunswick /ˌnjuːˈbrʌnzwɪk, US ˌnuː-/ *prn* Nowy Brunszwik *m*

New Caledonia /ˌnjuːkælɪˈdəʊnɪə, US ˌnuː-/ *prn* Nowa Kaledonia *f*

newcomer /ˈnjuːkʌmə(r), US ˈnuː-/ *n* (in club, congregation) nowy członek *m*; (in place) nowo przybyły *m*; (in sport, theatre) nowicjusz *m*, -ka *f*; **to be a ~ to a job/team** być nowym pracownikiem/członkiem drużyny; **to be a ~ to Cork** od niedawna mieszkać w Cork

New Deal *prn* US Hist Nowy Ład *m*, New Deal *m inv*

New Delhi /ˌnjuːˈdelɪ, US ˌnuː-/ *prn* Nowe Delhi *n*

new economy *n* nowa ekonomia *f*

newel /ˈnjuːəl, US ˈnuːəl/ *n* [1] (also **~ post**) (on banister) słupek *m* poręczy schodów [2] (for spiral stairs) słup *m* środkowy

New England *prn* Nowa Anglia *f*

newfangled /ˌnjuːˈfæŋgld, US ˌnuː-/ *adj* pej nowomodny

newfound /ˌnjuːˈfaʊnd, US ˌnuː-/ *adj* nowo odkryty

Newfoundland /njuːˈfaʊndlənd, US nuː-/ **I** *prn* Geog Nowa Fundlandia *f* **II** *n* (dog) nowofundland *m*, wodołaz *m* **III** *modif [lanscape, industry]* nowofundlandzki; **~ people** Nowofundlandczycy

Newfoundlander /njuːˈfaʊndləndə(r), US nuː-/ *n* Nowofundland|czyk *m*, -ka *f*

New Guinea *prn* Nowa Gwinea *f*

New Hampshire *prn* New Hampshire *n*

New Hebrides /ˌnjuːˈhebrɪdiːz, US ˌnuː-/ *prn* Hist Nowe Hebrydy *plt*

newish /ˈnjuːɪʃ, US ˈnuː-/ *adj* prawie nowy

New Jersey *prn* New Jersey *n inv*

New Jerusalem *prn* Relig Nowe Jeruzalem *n*

New Labour *n* GB Pol Nowi Laburzyści *m pl*

New Lad *n* GB seksista *m*, macho *m inv*

New Latin *prn* łacina *f* nowożytna

new look **I** *n* (image) (of person, car, house) nowy styl *m* **II** **new-look** *adj [car]* nowy; *[team]* odnowiony; *[edition]* w nowej szacie graficznej; *[show]* w nowej oprawie scenicznej; **~ product** nowa wersja produktu, produkt w nowej wersji

New Look *n* Fashn Hist (fashion and style) **the ~** New Look *m inv*

newly /ˈnjuːlɪ, US ˈnuː-/ *adv* [1] (recently) *[arrived, elected, introduced, formed]* nowo; *[baked, washed, painted, dug, shaved]* świeżo; *[independent, married, available, widowed]* od niedawna [2] (differently) *[arranged, translated]* na nowo; *[named, worded]* inaczej, w inny sposób

newlyweds /ˈnjuːlɪwedz, US ˈnuː-/ *npl* nowożeńcy *plt*

new man *n* mężczyzna *m* nowoczesny *(odrzucający tradycyjny podział ról w rodzinie)*

new math *n* US nowoczesny program *m* nauczania matematyki

New Mexico *prn* Nowy Meksyk *m*

new moon *n* nów *m* księżyca

new-mown /ˌnjuːˈməʊn, US ˌnuː-/ *adj [lawn]* świeżo skoszony

newness /ˈnjuːnɪs, US ˈnuː-/ *n* (of object, fashion, idea, feeling) nowość *f*

New Orleans /ˌnjuːˈɔːliːənz, US ˌnuː-/ *prn* Nowy Orlean *m*

news /njuːz, US nuːz/ *n* [1] (new political or public information) wiadomość *f*, wiadomości *f pl*; **a piece** or **an item of ~** wiadomość; **the latest ~ is that all is quiet** według najświeższych wiadomości wszędzie panuje spokój; **the ~ that she had resigned** informacja or wiadomość o jej rezygnacji; **the ~ of her resignation reached the Parliament** informacja o jej rezygnacji dotarła do parlamentu; **~ is just coming in of an explosion** właśnie nadeszła wiadomość o wybuchu; **here now with ~ of today's sport is X** aktualności sportowe przekaże teraz państwu X; **these events are not ~** te wydarzenia to nic nowego; **to be in the ~, to make the ~** być tematem dla prasy/telewizji; **she's always in the ~** zawsze jest o niej głośno w mediach, zawsze się o niej mówi/pisze [2] (personal information) wieści *f pl*, nowiny *f pl*; **a bit** or **piece of ~** nowina, wieść; **a sad bit of ~** smutna nowina or wiadomość; **have you heard the ~** słyszałeś nowinę?; **it's wonderful ~ about Adam!** jaka dobra wiadomość o Adamie!; **I heard the ~ from Maria** dowiedziałem się o tym od Marii; **have I got ~ for you!** infml mam dla ciebie nowinę!; **have you had any ~ of her?** miałeś o niej jakieś wieści?; **I have no ~ of her** nie wiem, co się z nią dzieje; **tell me all your ~!** opowiedz mi, co u ciebie nowego!; **it was ~ to me that they'd got married** nie wiedziałem, że się pobrali; **that's ~ to me!** infml pierwsze słyszę! infml; **good/bad ~** dobre/złe wieści; **keep away from her, she's bad ~!** infml trzymaj się od niej z daleka, z nią jest zawsze utrapienie!; **this is** or **spells bad ~ for sb/sth** to źle wróży komuś/czemuś; **bad ~ travels fast** złe wiadomości szybko się rozchodzą [3] Radio, TV (programme) **the ~** wiadomości *f pl*, serwis *m* informacyjny; **to see sb/sth on the ~** zobaczyć kogoś/coś w wiadomościach [4] Journ (column title) **'financial ~'** „informacje finansowe", „serwis finansowy"; **'Home News'** „Z kraju"; **The Philadelphia News** (newspaper title) „Nowiny Filadelfijskie"

IDIOMS: **no ~ is good ~** brak wiadomości to dobre wiadomości

news agency *n* agencja *f* prasowa

newsagent /ˈnjuːzeɪdʒənt, US ˈnuːz-/ *n* GB kioska|rz *m*, -rka *f*

newsagent's /ˈnjuːzeɪdʒənts, US ˈnuːz-/ *n* GB kiosk *m* z gazetami

news analyst *n* US komentator *m* prasowy

news blackout *n* blokada *f* informacji

newsboy /ˈnjuːzbɔɪ, US ˈnuːz-/ *n* gazeciarz *m*

news bulletin *n* GB Radio, TV wiadomości *f pl*

newscast /ˈnjuːzkɑːst, US ˈnuːzkæst/ *n* US = **news bulletin**

newscaster /ˈnjuːzkɑːstə(r), US ˈnuːzkæstər/ *n* US prezenter *m*, -ka *f* wiadomości

news conference *n* konferencja *f* prasowa

newsdealer /ˈnjuːzdiːlə(r), US ˈnuːz-/ *n* US sprzedaw|ca *m*, -czyni *f* gazet

news desk *n* (at newspaper) redakcja *f*; **now over to our ~ for the headlines** łączymy się teraz z naszym studiem, skąd przekażemy państwu skrót najważniejszych wiadomości

news editor *n* redaktor *m*, -ka *f* wiadomości

news flash *n* Radio, TV wiadomości *f pl* z ostatniej chwili

newsgathering /ˈnjuːzgæðərɪŋ, US ˈnuːz-/ *n* zbieranie *n* or gromadzenie *n* informacji

newsgroup /ˈnjuːzgruːp, US ˈnuːz-/ *n* (on Web) grupa *f* dyskusyjna

newshawk /ˈnjuːzhɔːk, US ˈnuːz-/ *n* US infml reporter *m* (prasowy)

news headlines *npl* TV skrót *m* najważniejszych wiadomości

newshound /ˈnjuːzhaʊnd, US ˈnuːz-/ *n* reporter *m* (prasowy)

news item *n* informacja *f*, wiadomość *f*

newsletter /ˈnjuːzletə(r), US ˈnuːz-/ *n* biuletyn *m*

news magazine *n* magazyn *m* informacyjny

newsman /ˈnjuːzmən, US ˈnuː-/ *n* (*pl* **-men**) dziennikarz *m*, reporter *m*

news-on-demand, NOD /ˌnjuːzɒndɪˈmɑːnd, US ˌnuːzɒndɪˈmænd/ *n* stały serwis *m* informacyjny dla odbiorców telewizji kablowej

New South Wales /ˌnjuːsaʊθˈweɪlz, US ˌnuː-/ *prn* Nowa Południowa Walia *f*

newspaper /ˈnjuːspeɪpə(r), US ˈnuːz-/ **I** *n* [1] (item) gazeta *f* (codzienna); **the Sunday ~s** gazety niedzielne [2] (substance) papier *m* gazetowy; **fish and chips wrapped in ~** ryba i frytki zawinięte w gazetę **II** *modif [article, photograph]* gazetowy, prasowy; **~ archives** archiwum redakcyjne; **~ cutting** wycinek z gazety

newspaperman /ˈnjuːzpeɪpəmən, US ˈnuː-z-/ *n* (*pl* **-men**) dziennikarz *m* prasowy

newspaper office *n* redakcja *f* gazety

newspaperwoman /ˈnjuːzpeɪpəwʊmən, US ˈnuː-z/ *n* (*pl* **-women**) dziennikarka *f* prasowa

newspeak /ˈnjuːspiːk, US ˈnuː-/ *n* pej nowomowa *f*

news photographer *n* fotoreporter *m*

newsprint /ˈnjuːzprɪnt, US ˈnuːz-/ *n* (paper) papier *m* gazetowy; (ink) farba *f* drukarska

newsreader /ˈnjuːzriːdə(r), US ˈnuːz-/ *n* GB prezenter *m*, -ka *f* wiadomości

newsreel /ˈnjuːzriːl, US ˈnuːz-/ *n* Cin Hist kronika *f* filmowa

newsroom /ˈnjuːzruːm, US ˈnuːz-/ *n* pokój *m* redakcji informacyjnej

news service *n* [1] (agency) agencja *f* prasowa [2] (service provided by media) serwis *m* informacyjny

news sheet *n* biuletyn *m*

newsstand /ˈnjuːzstænd, US ˈnuːz-/ *n* kiosk *m* z gazetami

new-style /ˈnjuːstaɪl, US ˈnuː-/ *adj* nowoczesny

New Style *prn* kalendarz *m* gregoriański

news value *n* wartość *f* materiału pod względem przydatności do publikacji

news vendor *n* sprzedaw|ca *m*, -czyni *f* gazet; gazeciarz *m*

newswoman /ˈnjuːzwʊmən, US ˈnuːz-/ *n* (*pl* **-women**) dziennikarka *f*

newsworthy /ˈnjuːzwɜːðɪ, US ˈnuːz-/ *adj* wart opublikowania

newsy /ˈnjuːzɪ, US ˈnuː-/ *adj [letter]* pełen nowin

newt /njuːt, US nuːt/ *n* Zool traszka *f*, tryton *m*

IDIOMS: **pissed as a ~** vinfml pijany jak bela, zalany w pestkę infml

New Testament, NT *prn* Nowy Testament *m*, NT

newton /ˈnjuːtn, US ˈnuː-/ *n* Phys niuton *m*

Newtonian /njuːˈtəʊnɪən, US nuː-/ *adj* newtonowski; (Newton's) Newtonowski

new town *n* nowe miasto *n*

new wave **I** *n* nowa fala *f* **II** **New Wave** *prn* Cin Nowa Fala *f* **III** *adj* nowofalowy

New World *n* Nowy Świat *m*

New Year **I** *n* [1] (January 1st) Nowy Rok *m*; **at (the) ~** w Nowy Rok; **we stayed at home for** or **over (the) ~** Nowy Rok spędziliśmy w domu; **closed for ~** or **~'s** US Comm w Nowy Rok nieczynne; **to celebrate ~** or **~'s** US obchodzić or świętować Nowy Rok; **Happy ~!** Szczęśliwego Nowego Roku!; **to see in** or **bring in the ~** przywitać Nowy Rok [2] (next year) przyszły rok *m*; **early in the ~** na początku nowego roku **II** *modif [celebrations, card, greetings]* noworoczny

New Year's *n* US = **New Year's day**

New Year's day *n* GB (January 1st) Nowy Rok *m*; **on ~** w Nowy Rok

New Year's Eve **I** *n* sylwester *m*; **on ~** w or na sylwestra **II** *modif [party, celebrations]* sylwestrowy

New Year's Honours list *n* GB noworoczna lista *f* wyróżnionych tytułami

New Year's resolution *n* noworoczne postanowienie *n*

New York City *prn* Nowy Jork *m*

New Yorker *n* nowojorcz|yk *m*, -anka *f*

New York State *prn* stan *m* Nowy Jork

New Zealander /ˌnjuːˈziːləndə(r), US ˌnuː-/ *n* Nowozeland|czyk *m*, -ka *f*

New Zealand /ˌnjuːˈziːlənd, US ˌnuː-/ **I** *prn* Nowa Zelandia *f* **II** *adj* nowozelandzki

next /nekst/ **I** *pron* **after this train the ~ is at noon** następny pociąg (po tym) odchodzi w południe; **he's happy one minute, sad the ~** jest na przemian to wesoły, to smutny; **I hope my ~ will be a boy** mam nadzieję, że następny będzie chłopiec; **from one moment to the ~** z minuty na minutę, z każdą minutą; **from one day to the ~** z dnia na dzień, z każdym dniem; **take the ~ left** skręć w pierwszą w lewo; **to go from one pub to the ~** chodzić od pubu do pubu; **the ~ to speak was Mary** jako następna głos zabrała Mary; **the week/month after ~** za dwa tygodnie/miesiące **II** *adj* [1] (in list, order or series) (following) kolejny; (still to come) następny; **to turn to the ~ page** odwrócić stronę; **get the ~ train** pojedź następnym pociągiem; **the ~ person to talk will be punished** następna osoba przyłapana na rozmawianiu zostanie ukarana; **she's ~ in the queue** GB jest następna w kolejce; **you're ~ on the list** jesteś następny na liście; **what's ~ on the list?** fig co dalej?; **the ~ thing to do** kolejna rzecz do zrobienia; **the ~ thing to do was...** następnie trzeba było...; **'~!'** „następny!"; **'who's ~?'** „kto następny?"; **'you're ~'** „teraz ty", „teraz twoja kolej"; **you're ~ in line** jesteś następny; **you're ~ but one** przed tobą jest jeszcze jedna osoba; **~ to last** przedostatni; **the ~ size (up)** rozmiar o numer większy; **the ~ size (down)** rozmiar o numer mniejszy; **I don't know where my ~ meal is coming from** nie wiem, skąd wziąć na życie or na jedzenie; nie wiem, jak związać koniec z końcem; **I asked the ~ person I saw** zapytałem pierwszą napotkaną osobę [2] (in expressions of time) (in the future) przyszły, najbliższy, następny; (in the past) następny; **~ Thursday, Thursday ~** przyszły or najbliższy czwartek; **~ year** przyszły rok; **~ month's forecasts** prognozy na przyszły or najbliższy miesiąc; **when is the ~ meeting?** kiedy następne or najbliższe zebranie?; **~ time you see her** kiedy znów ją zobaczysz, kiedy się z nią zobaczysz; **the ~ few hours are critical** najbliższe godziny będą decydujące; **I'll phone in the ~ few days** zadzwonię w ciągu paru (najbliższych) dni; **he's due to come in the ~ 10 minutes** przyjdzie w ciągu (najbliższych) 10 minut; **this time ~ week** za tydzień o tej samej porze; **I'll do it in the ~ two days** zrobię to w ciągu najbliższych dwóch dni; **the ~ week she was late** w następnym tygodniu się spóźniła; **the ~ day** następnego dnia; **the ~ day but one** dwa dni później; **the ~ morning** następnego dnia rano; **during the ~ few hours he rested** odpoczywał przez następnych kilka godzin; **in the ~ moment** następnie, w następnej chwili; **(the) ~ thing I knew, he'd stolen my wallet** zanim się obejrzałem, ukradł mi portfel; **~ thing you know he'll be writing you love poems!** zanim się spostrzeżesz, zacznie pisać do ciebie wiersze miłosne!; **we offer a ~-day service** wykonujemy usługę w ciagu 24 godzin [3] (adjacent) *[room, street, house]* sąsiedni

III *adv* [1] (afterwards) następnie, potem; **what happened ~?** i co się potem stało?; **what word comes ~?** jakie jest następne słowo?; **whatever ~!** i co jeszcze! [2] (now) **~, I'd like to say that...** następnie, chciałbym powiedzieć, że...; **what shall we do ~?** co teraz zrobimy? [3] (on a future occasion) **when I ~ go there** następnym razem, kiedy tam pojadę; **when she ~ visits us** kiedy następnym razem nas odwiedzi; **when you phone her ~** kiedy do niej zadzwonisz; **they ~ met in 1981** następnym razem spotkali się w 1981 roku [4] (nearest in order) **the ~ tallest is Adam** Adam jest drugi pod względem wzrostu; **she's the ~ oldest after Maria** po Marii ona jest najstarsza; **after champagne, sparkling white wine is the ~ best thing** po szampanie, najlepsze jest białe wino musujące; **the ~ best thing would be...** drugą w kolejności najlepszą rzeczą byłoby...

IV next to *adv phr* prawie; **~ to impossible** prawie niemożliwe; **~ to nobody/nothing** prawie nikt/nic; **~ to no details/money** prawie żadnych szczegółów/pieniędzy; **to give sb ~ to nothing** nie dać komuś prawie niczego; **to get sth for ~ to nothing** dostać coś prawie za darmo; **in ~ to no time it was over** skończyło się, zanim się na dobre zaczęło

V next to *prep phr* obok (kogoś/czegoś); **~ to the bank/table** obok banku/stołu; **two seats ~ to each other** dwa miejsca obok siebie; **to wear silk ~ to the skin** nosić jedwabną bieliznę; **~ to Picasso, my favourite painter is Chagall** obok Picassa moim ulubionym malarzem jest Chagall

IDIOMS: **to get ~ to sb** US infml dorównać komuś; stać się równie dobrym, jak ktoś; **I can sing as well as the ~ man** or **person** śpiewam nie gorzej niż inni; **he's as honest as the ~ man** or **person** jest uczciwy jak każdy

next door I *n* (people) najbliżsi sąsiedzi *m pl*; **~'s cat** kot sąsiadów; **~'s garden** sąsiedni ogród

II *adj* (also **next-door)** *[garden, building]* sąsiedni; **the girl ~** dziewczyna mieszkająca po sąsiedzku or obok; fig zwykła, przeciętna dziewczyna

III *adv [live, move in]* po sąsiedzku; **to live ~ to sb/sth** mieszkać w sąsiedztwie kogoś/czegoś; **to pop ~** wpaść or wstąpić do sąsiadów

next-door neighbour /ˌneksdɔːˈneɪbə(r)/ *n* najbliższy sąsiad *m*, najbliższa sąsiadka *f*; **we're ~s** jesteśmy najbliższymi sąsiadami

next of kin *n* (close relative) **to be sb's ~** być najbliższym krewnym kogoś; **to inform the ~** (close relative) poinformować najbliższych krewnych; (family) poinformować najbliższą rodzinę

nexus /ˈneksəs/ *n* (*pl* **~, -uses)** [1] (link) ogniwo *n* [2] (web, network) sieć *f*

NF *n* [1] GB Pol = **National Front** Front *f* Narodowy [2] Fin (also **N/F)** = **no funds** brak *m* pokrycia

NFL *n* US = **National Football League** Zawodowa Liga *f* Futbolu Amerykańskiego

NFU *n* GB = **National Farmers' Union** Związek *m* Zawodowy Rolników

NG *n* US → **National Guard**

NGA *n* GB → **National Graphical Association**

NGO *n* → **Non-Governmental Organization**

NHL *n* US = **National Hockey League** Amerykańska Liga *f* Hokeja na Lodzie

NHS I *n* GB = **National Health Service** publiczna służba *f* zdrowia; **on the ~** w ramach publicznej służby zdrowia, w ramach ubezpieczenia

II *modif [hospital]* publiczny; *[bed, operation, treatment]* darmowy; *[ward]* dla pacjentów kasy chorych; **~ waiting list** lista oczekujących

NI *n* [1] GB → **National Insurance** [2] Geog = **Northern Ireland** Irlandia *f* Północna

niacin /ˈnaɪəsɪn/ *n* niacyna *f*, witamina *f* PP

Niagara /naɪˈægərə/ *prn* **the (River) ~** Niagara *f*; **~ Falls** wodospad Niagara

nib /nɪb/ **I** *n* stalówka *f*

II -nibbed *in combinations* **fine-/steel-~bed** z cienką/stalową stalówką

nibble /ˈnɪbl/ **I** *n* [1] (snack food) przekąska *f* [2] (action) **to have** or **take a ~ at sth** skubnąć or ugryźć coś; **I didn't get a ~ all afternoon** Fishg przez całe popołudnie nic nie wzięło [3] (small meal) przekąska *f*; **do you feel like** or **fancy a ~?** przegryzłbyś coś?

II *vt* [1] (eat) *[mouse, rabbit, person]* skub|nąć, -ać; *[sheep, goat]* skub|nąć, -ać, szczypać [2] (playfully) **to ~ sb's ear/neck** lekko ugryźć kogoś w ucho/szyję

III *vi* [1] *[person, animal]* skubać, pogryzać; **to ~ at sth** *[person, mouse]* skubać or pogryzać coś; *[goat, sheep]* skubać or szczypać coś; *[bird]* skubać or dziobać coś; *[fish]* skubać or kąsać coś *[bait]*; **no nibbling between meals!** nie ma pojadania między posiłkami!; **inflation was nibbling away at spending power** fig inflacja stopniowo osłabiała siłę nabywczą pieniądza [2] fig **to ~ at sth** zastanawiać się nad czymś *[suggestion, idea, offer]*

nibs /nɪbz/ *n* infml hum **his ~** *(+ v sg)* jaśnie pan *m* iron

NIC /enaɪˈsiː, nɪk/ *n* = **newly industralized countries** kraje *m pl* niedawno uprzemysłowione

Nicaragua /ˌnɪkəˈrægjʊə, US -gwə/ *prn* Nikaragua *f*

Nicaraguan /ˌnɪkəˈrægjʊən, US -gwən/ **I** *n* Nikaragua|ńczyk *m*, -nka *f*

II *adj* nikaraguański

nice /naɪs/ *adj* [1] (enjoyable, pleasant) *[visit, occasion]* miły; *[drive, holiday]* przyjemny; **it would be ~ to do sth** przyjemnie byłoby zrobić coś; **it would be ~ to get a new carpet** dobrze by było kupić nowy dywan; **it would be ~ nice for him to do it** przyjemnie by mu było to zrobić; **it's not very ~ doing it** robienie tego jest niezbyt przyjemne; **~ weather, isn't it?** ładna pogoda, prawda?; **did you have a ~ time?** dobrze się bawiłeś?, miło spędziłeś czas?; **a ~ cool drink** coś dobrego, zimnego do picia; **it's ~ and sunny** jest ciepło i słonecznie; **to have a ~ long chat** uciąć sobie miłą pogawędkę; **~ work if you can get it!** hum nie każdy ma takie szczęście!; **~ to have met you** miło mi było panią/pana poznać; **~ to see you** cieszę się, że cię znowu widzę; **how ~!** to miło!; **have a ~ day!** miłego dnia! [2] (attractive) *[house, district, painting, dress]* ładny; **a really ~ house** bardzo ładny dom; **Salisbury is a really ~ place** Salisbury to bardzo przyjemne miasto; **you look very ~** bardzo ładnie wyglądasz; **he has a ~ taste in clothes** ubiera się z gustem [3] (tasty) *[food, meal]* smaczny; **it tastes ~** to jest smaczne; **a ~ cup of tea** filiżanka dobrej herbaty [4] (kind) *[person, voice, smile, gesture]* miły, sympatyczny; **to be ~ to sb** być dla kogoś miłym; **it was ~ of him to telephone** to miło z jego strony, że zadzwonił; **how ~ of you to come** miło, że przyszedłeś; **he is really a ~ guy** infml to naprawdę sympatyczny facet or gość infml; **what a ~ man!** co za miły or sympatyczny człowiek!; **he says really ~ things about you** bardzo dobrze się o tobie wyraża, mówi o tobie wiele dobrego [5] (socially acceptable) *[person, neighbourhood, school]* porządny; *[manners, behaviour]* grzeczny, przyzwoity; **it is not ~ to do it** nieładnie tak robić; **a ~ girl** porządna dziewczyna; **that's not very ~!** to niezbyt ładnie! [6] (used ironically) **~ friends you've got!** ładnych masz przyjaciół! iron; **a ~ mess you've got us into!** w niezłą kabałę nas wpakowałeś! infml; **that's a ~ way to talk to your father!** ładnie to tak zwracać się do ojca?; **this is a ~ state of affairs!** niezły pasztet! infml fig [7] fml (subtle) *[dis-*

tinction] subtelny [8] fml (pleasing to the mind) *[idea, point, remark]* dobry; *[contrast]* przyjemny

IDIOMS: **~ one!** (in admiration) brawo!; iron pięknie, nie ma co!

nice-looking /ˌnaɪsˈlʊkɪŋ/ *adj [woman, animal, object]* ładny, atrakcyjny; *[man]* przystojny, atrakcyjny

nicely /ˈnaɪslɪ/ *adv* [1] (kindly) *[speak, treat, ask]* miło, uprzejmie [2] (attractively) *[decorated, furnished, dressed]* ładnie; **she sings very ~** ona bardzo ładnie śpiewa [3] (satisfactorily) *[work, function, do, manage]* dobrze; **the engine is ticking over ~** silnik dobrze pracuje; **the building is coming along very ~** budowa szybko postępuje; **the wine is ~ chilled** wino jest dobrze schłodzone; **the meat was ~ done** mięso było dobrze przyrządzone; **that will do ~** to w zupełności wystarczy; **to be ~ placed to get sth** mieć duże szanse na dostanie czegoś [4] infml (politely) *[eat, ask for, thank]* ładnie; *[ask, explain]* grzecznie [5] fml (subtly) *[distinguish]* precyzyjnie

Nicene /naɪˈsiːn/ *adj [council, creed]* nicejski

niceness /ˈnaɪsnɪs/ *n* [1] (kindness) uprzejmość *f* [2] (subtlety) (in distinction, contrast) subtelność *f*, niuans *m*

nicety /ˈnaɪsətɪ/ *n* [1] (subtle detail) subtelność *f*, niuans *m*; **the nieceties of protocol** subtelności protokołu [2] (refinement) **the social niceties** konwenanse

niche /nɪtʃ, niːʃ/ *n* [1] (role, occupation) miejsce *n*; **to find one's ~** znaleźć swoje miejsce w życiu; **to carve out one's** or **a ~** stworzyć miejsce dla siebie [2] Advertg luka *f* rynkowa, nisza *f* [3] (recess) nisza *f*, wnęka *f* [4] Ecol nisza *f* ekologiczna

niche market *n* rynek *m* niszowy

niche marketing *n* marketing *m* luk rynkowych or niszowy

Nicholas /ˈnɪkələs/ *prn* Mikołaj *m*

nick /nɪk/ **I** *n* [1] (notch) (in plank) nacięcie *n* **(in sth** w czymś); (in skin) zadraśnięcie *n* **(in sth** czegoś); **to take a ~ out of sth** uszczknąć kawałeczek czegoś [2] GB infml (condition) **to be in good/bad ~** *[car, machine, carpet]* być w dobrym/złym stanie; *[person]* być w dobrej/złej formie [3] GB infml (jail) paka *f*, mamer *m* infml; **in the ~** w mamrze [4] GB infml (police station) komisariat *m*

II *vt* [1] (cut) naci|ąć, -nać, z|robić nacięcie na (czymś) *[stick, surface]*; za|drasnąć *[varnish, skin]*; **to ~ one's finger** zaciąć się w palec [2] GB infml (steal) rąbnąć, buchnąć infml [3] GB infml (arrest) *[police]* przyskrzyni|ć, -ać, przym|knąć, -ykać infml; **he got ~ed for speeding** zatrzymano go za zbyt szybką jazdę [4] US infml (strike) walnąć, rąbnąć infml [5] US vinfml (cheat, overcharge) o|kantować, oszwabić infml [6] Equest, Vet anglizować *[horse, tail]*

III *vr* **to ~ oneself** s|kaleczyć się, zadrasnąć się

■ **nick off** GB **~ off** infml wybie|c, -gać; wyp|aść, -adać infml

IDIOMS: **in the ~ of time** GB infml w ostatniej chwili, w samą porę

Nick /nɪk/ *prn* **Old ~** infml diabeł *m*; bies *m*, czart *m* liter

nickel /ˈnɪkl/ **I** *n* [1] US (coin) pięciocentówka *f* [2] (metal) nikiel *m*

II *modif [coin, knife, alloy]* niklowy

III *vt* po|niklować

nickel-and-dime /ˌnɪklənˈdaɪm/ *adj* US infml niewiele wart

nickelodeon /ˌnɪkəˈləʊdɪən/ *n* US [1] (juke box) szafa *f* grająca [2] dat (cinema) kinoteatr *m*, kinematograf *m* dat

nickel-plated /ˌnɪklˈpleɪtɪd/ *adj* niklowany

nickel silver *n* alpaka *f*, nowe srebro *n*

nicker[1] /ˈnɪkə(r)/ *n* GB infml (*pl* **~**) funt *m* szterling

nicker[2] /ˈnɪkə(r)/ *vi* (neigh) *[horse]* za|rżeć cicho

nickname /ˈnɪkneɪm/ **I** *n* przezwisko *n*

II *vt* przez|wać, -ywać, nada|ć, -wać (komuś) przezwisko

Nicosia /ˌnɪkəˈsiːə/ *prn* Nikozja *f*

nicotiana /nɪˌkəʊʃɪˈɑːnə/ *n* Bot tytoń *m* oskrzydlony

nicotine /ˈnɪkətiːn/ **I** *n* nikotyna *f*

II *modif [addiction, fumes, compound]* nikotynowy; **~ poisoning** zatrucie nikotyną; **~ chewing gum** guma do żucia dla palaczy; **~-stained** *[fingers]* żółty od nikotyny

nicotine patch *n* plasterek *m* nikotynowy *(stosowany w terapii odwykowej)*

nicotinic acid /nɪkəˌtɪnɪkˈæsɪd/ *n* kwas *m* nikotynowy, niacyna *f*

NICS *n* GB = **National Insurance Contributions** składki *f pl* na państwowe ubezpieczenie społeczne

niece /niːs/ *n* (brother's daughter) bratanica *f*; (sister's daughter) siostrzenica *f*

Nietzschean /ˈniːtʃɪən/ *adj* nietzscheański; (Nietzshe's) Nietzscheański

niff /nɪf/ GB infml **I** *n* smród *m*, fetor *m*

II *vi* śmierdzieć, cuchnąć

niffy /ˈnɪfɪ/ *adj* GB infml śmierdzący, cuchnący

nifty /ˈnɪftɪ/ *adj* infml [1] (skilful) *[manoeuvre, footwork, player]* zręczny [2] (handy) *[gadget]* zmyślny, sprytny infml [3] (attractive) *[clothes, car]* szykowny

Niger /ˈnaɪdʒə(r)/ *prn* Niger *m*; **the ~** (rzeka) Niger

Nigeria /naɪˈdʒɪərɪə/ *prn* Nigeria *f*

Nigerian /naɪˈdʒɪərɪən/ **I** *n* Nigeryj|czyk *m*, -ka *f*

II *adj* nigeryjski

niggardliness /ˈnɪgədlɪnɪs/ *n* skąpstwo *n*, sknerstwo *n*

niggardly /ˈnɪgədlɪ/ *adj* [1] *[person]* skąpy, pazerny [2] *[portion, amount]* skąpy, nędzny

nigger /ˈnɪgə(r)/ *n* offensive czarnuch *m* infml offensive

niggle /ˈnɪgl/ infml **I** *n* [1] (complaint) zastrzeżenie *n* **(about sb/sth** wobec kogoś/co do czegoś) [2] (worry) **I've got a ~ at the back of my mind** coś mi nie daje spokoju

II *vt* (irritate) męczyć, nie dawać (komuś) spokoju *[person]*

III *vi* (complain) przyczepi|ć, -ać się infml **(about** or **over sth** o coś); czepiać się infml **(about** or **over sth** czegoś)

niggling /ˈnɪglɪŋ/ **I** *n* czepianie się *n*, wybrzydzanie *n* infml

II *adj* [1] (fussy) *[person]* czepialski infml [2] *[doubt, feel, worry]* (annoying) dręczący; (persistent) *[pain]* uporczywy

nigh /naɪ/ arch or liter **I** *adj* rychły liter

II *adv* niebawem, wkrótce; **to draw ~** zbliżać się, nadchodzić

III **well nigh** *adv phr* prawie, niemal

IV **nigh on** *prep phr* prawie, blisko

night /naɪt/ **I** *n* [1] (period of darkness) noc *f*; (before going to bed) wieczór *m*; **during the ~** w nocy; **in the middle of the ~** w środku nocy; **to travel/hunt by ~** podróżować /polować w nocy or nocą; **at ~** (in the evening) wieczorem; (during the night) w nocy; **all ~ (long)** przez całą noc; **~ and day** dzień i noc; **London by ~** Londyn nocą; **to work ~s** pracować nocami or po nocach; **to be on ~s** pracować na nocnej zmianie; pracować na nocki infml; **eight o'clock at ~** ósma wieczorem or wieczór; **late at ~** późno wieczorem; **late into the ~** do późna w nocy; **he returned last ~/the ~ before last** (during the night) wrócił dziś /wczoraj w nocy; (in the evening) wrócił wczoraj/przedwczoraj wieczorem; **I slept badly last ~** źle dziś spałem; **she had returned the ~ before** wróciła poprzedniej nocy; **will you be staying here tomorrow ~?** czy zostaniesz tu jutro na noc?; **on the ~ of October 6** w nocy z szóstego na siódmego października; **on Thursday ~s** w czwartkowe wieczory; **it rained on Tuesday ~** we wtorek w nocy padało; **to sit up all ~ with sb** przesiedzieć całą noc z kimś; (with patient) siedzieć całą noc przy kimś; **to sit up all ~ reading** czytać przez całą noc; **to spend** or **stay the ~ with sb** (at sb's house) przenocować u kogoś; **to have a good/bad ~** dobrze/źle spać; **to have a restless /comfortable ~** spać niespokojnie/spokojnie; **to have a late/an early ~** położyć się spać późno/wcześnie; **to get an early ~** położyć się wcześnie spać; **to stay out all ~** nie wrócić na noc do domu, spędzić noc poza domem [2] (evening) wieczór *m*; **it's his ~ out** (on) ma dziś wieczorem wychodne; **to take a ~ off** wziąć sobie wolny wieczór; **it's my ~ off** mam dziś wolny wieczór; **a ~ to remember** pamiętny wieczór; **a ~ at the opera** wieczór w operze; **the play will run for three ~s** sztuka będzie wystawiana or grana przez trzy wieczory; **to make a ~ of it** infml bawić się doskonale [3] (darkness) noc *f*, ciemności *f pl*; **he returned as ~ was falling** wrócił, kiedy robiło się już ciemno; **to disappear into the ~** zniknąć w ciemnościach; **to be afraid of the ~** bać się ciemności; **a glimmer of hope in our dark ~ of despair** liter promyk nadziei w otchłani rozpaczy liter

II *modif [train, flight]* nocny

night bird *n* Zool ptak *m* nocny; fig nocny marek *m* infml or hum

night blindness *n* Med kurza ślepota *f*

nightcap /ˈnaɪtkæp/ *n* [1] (hat) (man's) szlafmyca *f*; (woman's) czepek *m* (nocny) [2] (drink) kieliszek *m* przed snem; **to have a ~** wypić kieliszek (czegoś mocniejszego) przed snem

nightclothes /ˈnaɪtkləʊðz/ *npl* bielizna *f* nocna

nightclub /ˈnaɪtklʌb/ *n* nocny klub *m* or lokal *m*

nightclubbing /ˈnaɪtklʌbɪŋ/ *n* **to go ~** zrobić rundę po nocnych lokalach
nightdress /ˈnaɪtdres/ *n* koszula *f* nocna
night editor *n* Journ redaktor *m* wydania porannego
nightfall /ˈnaɪtfɔːl/ *n* zmrok *m*, zmierzch *m*; **at ~** o zmroku, o zmierzchu
nightgown /ˈnaɪtgaʊn/ *n* dat koszula *f* nocna
nighthawk /ˈnaɪthɔːk/ *n* [1] (bird) lelek *m* [2] US infml (person) nocny marek *m* infml or hum
nightie /ˈnaɪtɪ/ *n* infml koszula *f* nocna
nightingale /ˈnaɪtɪŋgeɪl, US -tng-/ *n* słowik *m*
nightjar /ˈnaɪtdʒɑː(r)/ *n* lelek *m* kozodój
night letter *n* US telegram *m* nocny
nightlife /ˈnaɪtlaɪf/ *n* nocne życie *n*; **there's not much ~ here** wieczorem niewiele się tu dzieje
night-light /ˈnaɪtlaɪt/ *n* lampka *f* nocna
nightlong /ˌnaɪtˈlɒŋ, US -ˈlɔːŋ/ **I** *adj [festivities, vigil]* całonocny
II *adv* liter *[work, watch]* (przez) całą noc, do świtu
nightly /ˈnaɪtlɪ/ **I** *adj [performance, visit, prayers]* wieczorny; *[disturbance, revels, visitor]* liter nocny
II *adv* [1] *[perform, visit]* co wieczór; **performances ~** Theat przedstawienia co wieczór [2] (at night) *[happen, occur]* nocą, w nocy
nightmare /ˈnaɪtmeə(r)/ *n* koszmar *m* nocny, zły sen *m*; fig koszmar *m*; **to have a ~ about sth** mieć zły sen o czymś; **it was a living ~** to był istny koszmar; **a ~ journey/experience** koszmarna podróż /koszmarne przeżycie
nightmarish /ˈnaɪtmeərɪʃ/ *adj* koszmarny
night-night /ˌnaɪtˈnaɪt/ *excl* infml baby talk dobranoc
night nurse *n* nocny pielęgniarz *m*, nocna pielęgniarka *f*
night owl *n* nocny marek *m* infml or hum
night porter *n* nocny portier *m*
night safe *n* trezor *m*, wrzutnia *f*
night school *n* szkoła *f* wieczorowa; **to study at** or **go to ~** chodzić do szkoły wieczorowej
nightshade /ˈnaɪtʃeɪd/ *n* Bot psianka *f*
night shelter *n* noclegownia *f*
night shift *n* [1] (period) nocna zmiana *f*; nocka *f* infml; **to be/work on the ~** być /pracować na nocnej zmianie [2] (workers) nocna zmiana *f*
nightshirt /ˈnaɪtʃɜːt/ *n* męska koszula *f* nocna
night sky *n* **the ~** nocne niebo *n*
night soil *n* fekalia *plt*
night spot *n* infml nocny lokal *m*
nightstand /ˈnaɪtstænd/ *n* US = **night table**
nightstick /ˈnaɪtstɪk/ *n* US pałka *f* policyjna
night table *n* stolik *m* nocny
night-time /ˈnaɪttaɪm/ **I** *n* noc *f*; **at ~** w nocy, nocą
II *modif* nocny
night vision *n* zdolność *f* widzenia w ciemnościach
night watchman *n* stróż *m* nocny
nightwear /ˈnaɪtweə(r)/ *n* bielizna *f* nocna
nihilism /ˈnaɪɪlɪzəm, ˈnɪhɪl-/ *n* nihilizm *m*
nihilist /ˈnaɪɪlɪst, ˈnɪhɪl-/ *n* nihilist|a *m*, -ka *f*
nihilistic /ˌnaɪɪˈlɪstɪk, ˌnɪhɪˈl-/ *adj* nihilistyczny
nil /nɪl/ *n* [1] **to be ~** *[courage, enthusiasm, importance, progress]* być zerowym, być żadnym [2] Sport zero *n*; **to win a game two ~** or **two to ~** wygrać mecz wynikiem dwa do zera
Nile /naɪl/ *prn* **the ~** Nil *m*
nimbi /ˈnɪmbaɪ/ *npl* → **nimbus**
nimble /ˈnɪmbl/ *adj [person, movement]* zwinny; *[mind, wits]* bystry, lotny; **to be ~ at doing sth** zwinnie or sprawnie robić coś; **to be ~ with one's fingers** mieć zwinne palce; **to be ~ on one's feet** zwinnie się ruszać
nimble-fingered /ˌnɪmblˈfɪŋgəd/ *adj* **to be ~** mieć zwinne palce
nimbleness /ˈnɪmblnɪs/ *n* (of person, fingers) zwinność *f*, zręczność *f*
nimbly /ˈnɪmblɪ/ *adv* zwinnie, zręcznie
nimbostratus /ˌnɪmbəʊˈstreɪtəs, -ˈstrɑːtəs/ *n* (*pl* **-strati**) Meteorol warstwowa chmura *f* deszczowa, nimbostratus *m*
nimbus /ˈnɪmbəs/ *n* (*pl* **-bi, ~es**) [1] Meteorol chmura *f* deszczowa, nimbus *m* [2] (halo) aureola *f*, nimb *m*
NIMBY, Nimby /ˈnɪmbɪ/ *n* = **not in my back yard** (person) sobek *m*, nieużytek *m* infml
nincompoop /ˈnɪŋkəmpuːp/ *n* infml głupek *m* infml
nine /naɪn/ **I** *n* dziewięć; (symbol) dziewiątka *f*
II *adj* dziewięć; (male) dziewięciu *(+ v sg)*; (male and female) dziewięcioro *(+ v sg)*; **~ times out of ten** w dziewięciu przypadkach na dziesięć; **~-hole golf course** pole golfowe z dziewięcioma dołkami; **to dial 999** GB wykręcić 999 *(numer alarmowy)*; **a 999 call** wezwanie w nagłym wypadku
IDIOMS: **a ~ day(s') wonder** jednodniowa sensacja; **to have ~ lives** zawsze spadać na cztery łapy fig; **to be dressed up to the ~s** infml być ubranym jak z igły
ninepin /ˈnaɪnpɪn/ *n* kręgiel *m*
IDIOMS: **to go down** or **fall like ~s** *[trees]* łamać się jak zapałki; *[persons]* padać jak muchy
ninepins /ˈnaɪnpɪnz/ *npl (+ v sg)* (gra w) kręgle *plt*
nineteen /ˌnaɪnˈtiːn/ **I** *n* dziewiętnaście; (symbol) dziewiętnastka *f*
II *adj* dziewiętnaście; (male) dziewiętnastu *(+ v sg)*; (male and female) dziewiętnaścioro *(+ v sg)*
IDIOMS: **to talk ~ to the dozen** pleść trzy po trzy
nineteenth /ˌnaɪnˈtiːnθ/ **I** *n* [1] (in order) dziewiętnast|y *m*, -a *f*, -e *n*; **the ~ of June** dziewiętnasty czerwca [2] (fraction) dziewiętnasta *f* (część); **two ~s** dwie dziewiętnaste
II *adj* dziewiętnasty
III *adv [come, finish]* na dziewiętnastym miejscu
nineteeth hole *n* infml hum bufet *m*, bar *m (na polu golfowym)*
ninetieth /ˈnaɪntɪəθ/ **I** *n* dziewięćdziesiąt|y *m*, -a *f*, -e *n*
II *adj* dziewiećdziesiąty
III *adv [come, finish]* na dziewięćdziesiątym miejscu
nine-to-five /ˌnaɪntəˈfaɪv/ **I** *adj [job, routine]* biurowy, urzędniczy
II **nine to five** *[work]* ≈ od ósmej do czwartej
ninety /ˈnaɪntɪ/ **I** *n* dziewięćdziesiąt; (symbol) dziewięćdziesiątka *f*
II *adj* dziewięćdziesiąt; (male) dziewięćdziesięciu *(+ v sg)*; (male and female) dziewięćdziesięcioro *(+ v sg)*
ninny /ˈnɪnɪ/ *n* infml dat głupek *m* infml
ninth /naɪnθ/ **I** *n* [1] (in order) dziewiąt|y *m*, -a *f*, -e *n*; **the ~ of June** dziewiąty czerwca [2] (fraction) dziewiąta *f* (część); **two ~s** dwie dziewiąte [3] Mus nona *f*
II *adj* dziewiąty
III *adv [come, finish]* na dziewiątym miejscu
nip /nɪp/ **I** *n* [1] (pinch) uszczypnięcie *n* [2] (bite) przygryzienie *n*; **the dog gave me a ~ on the ankle** pies chwycił mnie zębami za kostkę [3] fig **there is a ~ in the air** powietrze jest ostre [4] infml (small measure) odrobina *f* **(of sth** czegoś**)**
II *vt* (*prp, pt, pp* **-pp-**) [1] (pinch) u|szczypnąć, szczypać; **to ~ one's finger in sth** przyciąć or przytrzasnąć sobie palec czymś [2] (bite) lekko u|gryźć; **I was ~ped on the ankle by a crab** krab uszczypnął mnie w kostkę [3] *[frost]* z|warzyć *[seedlings]* [4] infml (steal) zwędzić, buchnąć infml
III *vi* (*prp, pt, pp* **-pp-**) GB infml (go) wyskoczyć, podskoczyć infml fig; **to ~ into a shop** skoczyć do sklepu; **to ~ in front of sb** wskoczyć przed kogoś; **to ~ out to the shops** wyskoczyć po zakupy; **to ~ downstairs** skoczyć na dół; **to ~ over to Sweden for a week** wyskoczyć na tydzień do Szwecji
■ **nip along** *[person, vehicle, train]* pędzić, gnać; **to ~ along to a shop** skoczyć do sklepu infml
■ **nip in**: **~ in [sth], ~ [sth] in** zwę|zić, -żać *[garment]*
■ **nip off**: ¶ **~ off** (escape) *[person]* czmych|nąć, -ać ¶ **~ off [sth], ~ [sth] off** ur|wać, -ywać *[withered flower, bud]*
IDIOMS: **to ~ sth in the bud** zdusić coś w zarodku; **~ and tuck** infml (cosmetic surgery) operacja kosmetyczna; (neck and neck) US łeb w łeb; **the race was ~ and tuck all the way** cały wyścig biegli łeb w łeb
Nip /nɪp/ *n* infml offensive Japoniec *m* infml offensive
nipper /ˈnɪpə(r)/ **I** *n* [1] GB infml (child) szkrab *m* infml [2] (of lobster, crab) szczypce *plt*, kleszcze *plt*
II **nippers** *npl* (tool) szczypce *plt*, kleszcze *plt*, cęgi *plt*; **a pair of ~** para szczypiec or kleszczy or cęgów
nipple /ˈnɪpl/ *n* [1] Anat brodawka *f* sutkowa, sutek *m* [2] US (baby's) smoczek *m* [3] (also **grease ~**) Tech smarowniczka *f*
nipple ring *n* kółko *n* wpinane w brodawkę sutkową
nippy /ˈnɪpɪ/ *adj* infml [1] (cold) *[air, wind]* ostry, chłodny, rześki; **it's** or **the weather is a bit ~ today** powietrze jest dzisiaj rześkie [2] GB *[person]* rześki, żwawy; *[car]* szybki; zrywny infml; **be ~ about it!** pośpiesz się! [3] (strong) *[taste, flavour]* ostry
nirvana /nɪəˈvɑːnə/ *n* nirwana *f* also fig liter

Nisei /ˈniːseɪ/ *n* (*pl* **~, ~s**) US nisei *m inv* *(potomek emigrantów japońskich w Stanach Zjednoczonych)*

nisi /ˈnaɪsaɪ/ *adj* Jur warunkowy; **decree ~** orzeczenie warunkowe

Nissen hut /ˈnɪsnhʌt/ *n* barak *m* z blachy falistej

nit /nɪt/ *n* [1] (egg) gnida *f*; (larva) larwa *f* wszy; **to have ~s** mieć wszy [2] GB infml (idiot) palant *m*, przygłup *m* infml

niter *n* US = **nitre**

nit-pick /ˈnɪtpɪk/ *vi* szukać dziury w całym, czepiać się infml

nit-picker /ˈnɪtpɪkə(r)/ *n* szukający *m* dziury w całym

nit-picking /ˈnɪtpɪkɪŋ/ **I** *n* szukanie *n* dziury w całym, czepianie się *n* infml

II *adj [person]* czepiający się; *[criticism]* bezzasadny; *[attitude]* malkontencki

nitrate /ˈnaɪtreɪt/ *n* [1] Chem azotan *m*; **sodium ~** azotan sodowy [2] Comm (fertilizer) azotniak *m*

nitre GB, **niter** US /ˈnaɪtə(r)/ *n* Chem nitryt *m*; saletra *f* potasowa or indyjska

nitric /ˈnaɪtrɪk/ *adj* azotowy

nitric acid *n* kwas *m* azotowy

nitric oxide *n* tlenek *m* azotu

nitrogen /ˈnaɪtrədʒən/ *n* azot *m*

nitrogen dioxide *n* dwutlenek *m* azotu

nitrogenous /naɪˈtrɒdʒɪnəs/ *adj* azotowy

nitroglycerin(e) /ˌnaɪtrəʊˈglɪsəriːn, US -rɪn/ *n* nitrogliceryna *f*, trójazotan *m* gliceryny

nitrous /ˈnaɪtrəs/ *adj* azotawy

nitrous acid *n* kwas *m* azotawy

nitrous oxide *n* podtlenek *m* azotu

nitty-gritty /ˌnɪtɪˈgrɪtɪ/ **I** *n* infml **the ~** sedno *n*; **to get down to the ~** przejść do konkretów or do sedna sprawy

II *adj* zasadniczy

nitwit /ˈnɪtwɪt/ *n* infml przygłup *m*, głupek *m* infml

nix US infml /nɪks/ **I** *particle* nie

II *excl* nie!

III *pron* nic

IV *vt* sprzeciwi|ć, -ać się

NJ → **New Jersey**

NLF = **National Liberation Front** Front *m* Wyzwolenia Narodowego, FWN

NLP *n* → **natural language processing**

NM = **New Mexico**

NMR *n* = **nuclear magnetic resonance** magnetyczny rezonans *m* jądrowy, MRJ

no /nəʊ/ **I** *particle* nie; **'lend me £10' – 'no, I won't'** „pożycz mi 10 funtów" – „nie"; **no thanks** nie, dziękuję; **oh no!** (exasperation) no nie!; (contradicting) (wcale) nie!; (polite reassurance) ależ nie!

II *det* [1] (none, not any) **to have no coat/job /money/shoes** nie mieć płaszcza/pracy /pieniędzy/butów; **no intelligent man would have done that** żaden inteligentny człowiek nie zrobiłby tego; **no two dresses are alike** nie ma dwóch takich samych sukienek; **no two people would agree on this** każdy ma na ten temat inne zdanie; **of no importance** zupełnie nieważny; **with no help** bez (żadnej) pomocy; **I have no wish to do it** nie mam najmniejszej ochoty tego robić; **he has no intention of helping us** nie ma zamiaru nam pomóc; **there is no chocolate like Belgian chocolate** nie ma to jak belgijska czekolada [2] (with gerund) **there's no knowing** or **saying what will happen** trudno przewidzieć, co się wydarzy; **there's no denying that...** nie da się zaprzeczyć, że...; **there is no arguing with him** z nim nie ma dyskusji [3] (prohibiting) **no smoking** palenie wzbronione; **no parking** zakaz parkowania; **no talking!** cisza!; **no job losses!** żadnych zwolnień z pracy! [4] (for emphasis) **he's no expert** żaden z niego ekspert; **you're no friend of mine!** co z ciebie za przyjaciel!; **this is no time to cry** nie czas na łzy; **at no time did I say that** nigdy tego nie mówiłem; **it was no easy task** to wcale nie było łatwe zadanie [5] (hardly any) **in no time** w okamgnieniu; **it's no distance** to bardzo blisko

III *n* [1] (negative answer) odpowiedź *f* odmowna, odmowa *f* [2] (*pl* **-es**) (vote against) głos *m* przeciw

IV *adv* [1] (not any) **it's no further/easier /more interesting than...** to wcale nie jest dalej/łatwiejsze/ciekawsze niż...; **I no longer work there** już tam nie pracuję; **no later than Wednesday** nie później niż w środę; **it's no different from driving a car** to się niczym nie różni od prowadzenia samochodu; **no fewer than 50 people** co najmniej 50 osób; **they need no less than three weeks/£1,000** potrzebują co najmniej trzech tygodni/tysiąca funtów; **it was the president, no less!** to był prezydent we własnej osobie! [2] (not) nie; **tired or no, you're going to bed** bez względu na to, czy jesteś zmęczony, czy nie, idziesz do łóżka; **like it or no, there are going to be changes** czy nam się to podoba czy nie, nastąpią zmiany; **whether it rains or no** czy pada, czy nie

no., No. = **number** nr

no-account /ˌnəʊəˈkaʊnt/ infml **I** *n* (person) zero *n* fig

II *adj* nic nieznaczący

Noah /ˈnəʊə/ *prn* Bible Noe *m*; **~'s Ark** arka Noego

nob /nɒb/ *n* infml [1] GB jaśniepan *m*, -i *f* iron [2] dat (head) globus *m* fig infml hum

no-ball /ˈnəʊbɔːl/ *n* Sport rzut *m* nieważny

nobble /ˈnɒbl/ GB infml *vt* [1] (drug before race) podtru|ć, -wać *[horse, dog]* [2] (bribe) przekup|ić, -ywać; da|ć, -wać w łapę (komuś) infml; (threaten) zastrasz|yć, -ać [3] (catch) dopa|ść, -dać, capnąć infml *[criminal, thief]* [4] (accost) dopa|ść, -dać, dor|wać, -ywać infml [5] (steal) buchnąć, zwędzić infml

nobelium /nəʊˈbiːlɪəm/ *n* Chem nobel *m*

Nobel prize /nəʊˌbelˈpraɪz/ **I** *n* nagroda *f* Nobla **(for sth** w dziedzinie czegoś)

II *modif* **a ~ physicist** laureat nagrody Nobla w dziedzinie fizyki

Nobel prizewinner *n* laureat *m*, -ka *f* nagrody Nobla, noblist|a *m*, -ka *f*

Nobel prizewinning *adj* **~ author** pisarz noblista

nobility /nəʊˈbɪlətɪ/ *n* [1] (social class) **the ~** arystokracja *f* [2] (of appearance, action) szlachetność *f*

noble /ˈnəʊbl/ **I** *n* arystokrat|a *m*, -ka *f*

II *adj* [1] (aristocratic) *[family, appearance]* szlachecki, arystokratyczny; **to be of ~ birth** być szlachetnie urodzonym or szlachetnego urodzenia; **the ~ art of self defence** szlachetna sztuka samoobrony [2] (virtuous) *[spirit, sentiment, character, act]* szlachetny; **that was very ~ of you** to było bardzo szlachetne z twojej strony [3] (grand) *[building, arch, proportions]* wspaniały; *[tree]* majestatyczny [4] Chem *[metal]* szlachetny

nobleman /ˈnəʊblmən/ *n* (*pl* **-men)** arystokrata *m*

noble-minded /ˌnəʊblˈmaɪndɪd/ *adj* wspaniałomyślny, wielkoduszny

nobleness /ˈnəʊblnɪs/ *n* [1] (rank) szlachectwo *n* [2] (virtuosity) szlachetność *f*

noble savage *n* szlachetny dzikus *m*

noblesse oblige /nəʊˌblesəˈbliːʒ/ *n* szlachectwo zobowiązuje

noblewoman /ˈnəʊblwʊmən/ *n* (*pl* **-women)** arystokratka *f*

nobly /ˈnəʊblɪ/ *adv* [1] (aristocratically) **to be ~ born** być szlachetnie urodzonym or szlachetnego urodzenia [2] *[strive, behave, act]* szlachetnie; *[give, donate, allow]* wspaniałomyślnie [3] (grandly) **~ proportioned** *[building]* o szlachetnych proporcjach

nobody /ˈnəʊbədɪ/ **I** *pron* (also **no-one)** nikt; **~ saw her** nikt jej nie widział; **there was ~ in the car** w samochodzie nie było nikogo; **~ but me** nikt oprócz mnie, nikt tylko ja; **it's ~'s business but mine** to wyłącznie moja sprawa

II *n* **to be a ~** być nikim, nic nie znaczyć; **they are just nobodies** to ludzie, którzy nic nie znaczą; **I knew her when she was still a ~** znałem ją, kiedy jeszcze była nikim

IDIOMS: **to work like ~'s business** GB infml pracować za trzech; **he is ~'s fool** niełatwo go wywieść w pole

no-claim(s) bonus /nəʊˈkleɪm(z)bəʊnəs/ *n* Insur zniżka *f* za bezszkodową jazdę

nocturnal /nɒkˈtɜːnl/ *adj* nocny

nocturne /ˈnɒktɜːn/ *n* nokturn *m*

nod /nɒd/ **I** *n* kiwnięcie *n* głową, skinienie *n* głową; **she gave him a ~** dała mu znak kiwnięciem or skinieniem głowy; (as greeting) skinęła mu głową (na powitanie); (indicating assent) kiwnęła głową przytakująco; **to answer with a ~** w odpowiedzi skinąć głową; **with a ~ to his guests he left the room** skinąwszy głową w stronę gości, opuścił pokój

II *vt* (*prp, pt, pp* **-dd-)** **to ~ one's head** kiwnąć głową, skinąć głową; (to indicate assent) przytaknąć; **he ~ded his assent/approval** kiwnął głową na znak zgody/z aprobatą

III *vi* (*prp, pt, pp* **-dd-)** [1] kiw|nąć, -ać głową, skinąć głową; (in assent) przytak|nąć, -iwać skinieniem głowy; **to ~ to sb** (in assent) przytaknąć komuś; (in greeting) skinąć komuś głową; **she ~ded to him to sit down** dała mu znak skinieniem głowy, żeby usiadł; **he ~ded in agreement** skinął głową na znak zgody [2] (sway) *[flowers, treetops]* za|kołysać się, porusz|yć, -ać się [3] (be drowsy) przysypiać

■ **nod off** przys|nąć, -ypiać

IDIOMS: **to get the ~** GB infml *[proposal, project]* dostać zielone światło fig; **to give sb/sth the ~** GB infml dać komuś/czemuś zielone światło fig; **on the ~** GB infml za zgodą wszystkich; **a ~ is as good as a wink (to a blind man)** aluzję pojąłem, dwa razy nie trzeba mi powtarzać

nodal /ˈnəʊdl/ *adj* węzłowy

noddle /ˈnɒdl/ *n* infml mózgownica *f* infml

node /nəʊd/ *n* Astron, Anat, Ling, Bot, Phys, Math węzeł *m*; (abnormal) Med guzek *m*

nodular /ˈnɒdjʊlə(r), US ˈnɒdʒuːlə(r)/ *adj* guzkowaty

nodule /ˈnɒdjuːl, US ˈnɒdʒuːl/ *n* [1] (node) bąbel *m*, gruzełek *m* [2] Bot **(root ~)** brodawka *f* korzeniowa [3] Anat, Med guzek *m* [4] Geol konkrecja *f*

Noel /nəʊˈel/ *prn* Święta *n pl* Bożego Narodzenia

no-fault divorce /ˌnəʊˈfɔːltdɪvɔːs/ *n* US Jur rozwód *m* bez orzekania o winie

no-fault insurance /ˌnəʊˈfɔːltɪnʃʊərəns/ *n* US Insur autocasco *n inv*

no-fly zone /ˌnəʊˈflaɪzəʊn/ *n* Mil Aviat strefa *f* zakazana dla samolotów

no-frills /ˌnəʊˈfrɪlz/ *adj [insurance policy]* podstawowy; *[approach]* uproszczony

noggin /ˈnɒgɪn/ *n* infml dat [1] (drink) kieliszeczek *m*, szklaneczka *f* [2] (cup) kwaterka *f* dat [3] (head) mózgownica *f* infml

no-go /ˌnəʊˈgəʊ/ *adj* infml **it's (a) ~** nic z tego

no-go area *n* (district) zakazana dzielnica *f*, zakazana okolica *f*; (subject) temat *m* tabu

no-good /ˌnəʊˈgʊd/ *adj* US infml do niczego

no-hoper /ˌnəʊˈhəʊpə(r)/ *n* infml nieudacznik *m* infml

noise /nɔɪz/ *n* [1] (sound) dźwięk *m*, odgłos *m* **(of sth** czegoś); **background ~** odgłosy w tle; **traffic ~** uliczny zgiełk; **loud/soft ~ of sth** głośny/cichy odgłos czegoś; **to make a ~** hałasować; **a rattling ~** grzechot; **a grinding ~** szczęk; **a tinkling ~** (of rain) dzwonienie; (of glass) brzęk; **I hear ringing ~s in my ears** dzwoni mi w uszach [2] (din) hałas *m*, harmider *m*, zgiełk *m*, wrzawa *f*; (shouting) wrzask *m*, jazgot *m*; **please make less ~!** ciszej, proszę!; **hold your ~!** infml cisza! [3] Elec, Telecom zakłócenia *n pl*, szumy *m pl* [4] (lively reaction) wrzawa *f*, zamieszanie *n* **(about sth** wokół czegoś); hałas *m* **(about sth** o coś) [5] (comment) uwaga *f* **(about sth** na temat czegoś); **to make ~s** or **a ~ about sth** przebąkiwać o czymś; **to make polite ~s/sympathetic ~s** powiedzieć parę miłych słów/wyrazić zrozumienie; **to make the right ~s** mówić to, co należy or co wypada [6] Theat **~s off** odgłosy *m pl* zza sceny

■ **noise abroad, noise about** dat: **~ [sth] abroad** rozgł|osić, -aszać *[rumour]*; **it was ~d abroad that...** rozeszły się pogłoski or rozniosło się, że...

IDIOMS: **to be a big ~** infml być wielką szychą infml **(in sth** w czymś)

noise generator *n* generator *m* szumu

noiseless /ˈnɔɪzlɪs/ *adj [movement]* bezgłośny, bezszelestny; *[machine, vehicle]* cichobieżny

noiselessly /ˈnɔɪzlɪslɪ/ *adv [tread, step]* bezgłośnie; *[move]* bezszelestnie; *[function]* cicho

noise level *n* poziom *m* głośności, poziom *m* hałasu; Elec poziom *m* szumów

noise nuisance *n* uciążliwość *f* hałasu

noise pollution *n* zagrożenie *n* hałasem

noisily /ˈnɔɪzɪlɪ/ *adv* hałaśliwie

noisiness /ˈnɔɪzɪnɪs/ *n* hałaśliwość *f*

noisome /ˈnɔɪsəm/ *adj* fml *[person]* odpychający, wstrętny; *[sight, scene]* odrażający; *[refuse]* cuchnący, śmierdzący

noisy /ˈnɔɪzɪ/ *adj [person, child, audience]* hałaśliwy; *[party]* huczny; *[city, street]* zgiełkliwy, pełen zgiełku; *[protest, discussion]* głośny

no-knock raid /nəʊˈnɒkreɪd/ *n* US najście *n* policji

nomad /ˈnəʊmæd/ *n* koczowni|k *m*, -czka *f*, nomada *m* also fig

nomadic /nəʊˈmædɪk/ *adj* koczowniczy, nomadyczny

nomadism /ˈnəʊmædɪzəm/ *n* koczownictwo *n*, nomadyzm *m*

no-man's land /ˌnəʊmənzˈlænd/ *n* ziemia *f* niczyja

nom de plume /ˌnɒmdəˈpluːm/ *n* pseudonim *m* literacki

nomenclature /nəˈmenklətʃə(r), US ˈnəʊmənkleɪtʃər/ *n* (terminology) nomenklatura *f*, nazewnictwo *n*

nominal /ˈnɒmɪnl/ *adj* [1] (in name only) nominalny, tytularny [2] (small) *[fee, sum]* symboliczny; *[fine, penalty]* minimalny [3] Ling *[use, ending, inflexion]* rzeczownikowy

nominal damages *n* Jur odszkodowanie *n* symboliczne

nominalism /ˈnɒmɪnəlɪzəm/ *n* nominalizm *m*

nominalist /ˈnɒmɪnəlɪst/ **I** *n* nominalista *m*

II *adj* nominalistyczny

nominalization /ˌnɒmɪnəlaɪˈzeɪʃn, US -lɪˈz-n/ *n* Ling nominalizacja *f*

nominalize /ˈnɒmɪnəlaɪz/ *n* Ling nominalizować

nominally /ˈnɒmɪnəlɪ/ *adv* (in name) nominalnie, tytularnie; (in theory) teoretycznie

nominal price *n* cena *f* nominalna

nominal value *n* wartość *f* nominalna

nominate /ˈnɒmɪneɪt/ *vt* [1] (propose) nominować, wysu|nąć, -wać kandydaturę (kogoś); **to ~ sb for a position** nominować kogoś na (jakieś) stanowisko; **to ~ sb for a prize** przedstawić kogoś do nagrody; **she was ~d for an Oscar** była nominowana do Oscara [2] (appoint) mianować, nominować; **to ~ sb (as) chairman** mianować kogoś przewodniczącym, nominować kogoś na przewodniczącego; **to ~ sb to a position** mianować or nominować kogoś na (jakieś) stanowisko; **to ~ sb to do sth** powierzyć komuś zadanie zrobienia czegoś

nomination /ˌnɒmɪˈneɪʃn/ *n* [1] (as candidate) nominacja *f*, kandydatura *f*; **his ~ was approved** jego kandydatura została przyjęta; **the Democratic ~ went to Jones** Jones otrzymał nominację z ramienia demokratów [2] (appointment) mianowanie *n*, nominacja *f* **(to sth** na coś) [3] (for award) nominowanie *n* **(for sth** do czegoś)

nominative /ˈnɒmɪnətɪv/ **I** *n* Ling mianownik *m*; **in the ~** w mianowniku

II *adj* mianownikowy; **~ case** mianownik

nominator /ˈnɒmɪneɪtə(r)/ *n* fml osoba *f* nominująca

nominee /ˌnɒmɪˈniː/ *n* kandydat *m*, -ka *f*, nominowan|y *m*, -a *f*, nominat *m*

nominee company *n* Fin firma *f* maklerska, spółka *f* powiernicza

non+ /nɒn-/ *in combinations* (with nouns) nie-; (with adjectives) nie-, bez-

non-absorbent /ˌnɒnəbˈsɔːbənt/ *adj* [1] *[fabric]* niewsiąkliwy, niehigroskopijny; *[substance]* nieabsorbcyjny [2] (not absorbing energy) *[tyre, bumper]* nieamortyzujący

non-academic /ˌnɒnækəˈdemɪk/ *adj [course]* półwyższy; **~ staff** pracownicy niedydaktyczni

non-acceptance /ˌnɒnəkˈseptəns/ *n* (failure to accept) brak *m* akceptacji, niezaakceptowanie *n*; (refusal to accept) brak *m* zgody

non-accountability /ˌnɒnəˌkaʊntəˈbɪlətɪ/ *n* niezależność *f*, uniezależnienie *n*

non-addictive /ˌnɒnəˈdɪktɪv/ *adj [drug, substance]* nieuzależniający

non-admission /ˌnɒnədˈmɪʃn/ *n* [1] (to a place) niewpuszczenie *n* [2] (denial) nieprzyznanie się *n* **(of sth** do czegoś)

non-affiliated /ˌnɒnəˈfɪlɪeɪtɪd/ *adj* nieafiliowany, niestowarzyszony

nonage /ˈnəʊnɪdʒ/ *n* niedojrzałość *f*; Jur nieletniość *f*, niepełnoletniość *f*

nonagenarian /ˌnɒnədʒɪˈneərɪən/ **I** *n* dziewięćdziesięciolat|ek *m*, -ka *f*

II *adj* dziewięćdziesięcioletni

non-aggression /ˌnɒnəˈgreʃn/ **I** *n* nieagresja *f*

II *modif* **~ pact/treaty** pakt/traktat o nieagresji

non-alcoholic /ˌnɒnælkəˈhɒlɪk/ *adj* bezalkoholowy

non-aligned /ˌnɒnəˈlaɪnd/ *adj* Pol *[country]* niezaangażowany

non-alignment /ˌnɒnəˈlaɪnmənt/ *n* Pol niezaangażowanie *f*

non-allergenic /ˌnɒnæləˈdʒenɪk/ *adj* Med, Pharm niewywołujący alergii

non-allergic /ˌnɒnəˈlɜːdʒɪk/ *adj* = **non-allergenic**

non-appearance /ˌnɒnəˈpɪərəns/ *n* Jur niestawiennictwo *n*

non-approved /ˌnɒnəˈpruːvd/ *adj* Fin, Insur niepotwierdzony

non-arrival /ˌnɒnəˈraɪvl/ *n* (of letter) nienadejście *n*; (of person) nieprzybycie *n*

non-assertive /ˌnɒnəˈsɜːtɪv/ *adj [person]* nieasertywny

non-attendance /ˌnɒnəˈtendəns/ *n* nieobecność *f*

non-availability /ˌnɒnəˌveɪləˈbɪlətɪ/ *n* niedostępność *f*, nieosiągalność *f*

non-available /ˌnɒnəˈveɪləbl/ *adj [item, supplies]* niedostępny; *[person]* nieosiągalny

non-bank /ˌnɒnˈbæŋk/ *adj* US niebankowy

non-believer /ˌnɒnbɪˈliːvə(r)/ *n* Relig niewierząc|y *m*, -a *f*

non-belligerent /ˌnɒnbɪˈlɪdʒərənt/ *adj [nation]* nieprowadzący wojny

non-biodegradable /ˌnɒnbaɪəʊdɪˈgreɪdəbl/ *adj* nieulegający biodegradacji

non-biological /ˌnɒnbaɪəˈlɒdʒɪkl/ *adj* nie biologiczny

non-breakable /ˌnɒnˈbreɪkəbl/ *adj [equipment]* niepsujący się; *[glass]* nietłukący się; *[plastic]* niełamliwy

non-broadcast video /nɒnˈbrɔːdkɑːstvɪdɪəʊ/ *n* nagranie *n* video nieprzeznaczone do rozpowszechnienia

non-budgetary /ˌnɒnˈbʌdʒɪtrɪ/ *adj* pozabudżetowy

N

non-Catholic /ˌnɒnˈkæθəlɪk/ **I** *n* niekatoli|k *m*, -czka *f*
II *adj* niekatolicki

nonce[1] /nɒns/ *n* infml prisoners' sl (offender) zboczeniec *m*

nonce[2] /nɒns/ *n* dat (present) **for the ~** na ten raz, tym razem

nonce word *n* słowo *n* wymyślone ad hoc

nonchalance /ˈnɒnʃələns/ *n* nonszalancja *f*

nonchalant /ˈnɒnʃələnt/ *adj* nonszalancki

nonchalantly /ˈnɒnʃələntlɪ/ *adv* nonszalancko

non-chlorine bleached /nɒnˈklɔːriːnbliːtʃt/ *adj [paper]* bielony bez użycia związków chloru

non-Christian /ˌnɒnˈkrɪstʃən/ **I** *n* niechrześcijan|in *m*, -ka *f*
II *adj* niechrześcijański

non-classified /ˌnɒnˈklæsɪfaɪd/ *adj [information, report]* nieopatrzony klauzulą tajności

non-collegiate /nɒnkəˈliːdʒɪət/ *adj* Univ [1] *[student]* nienależący do college'u [2] *[university]* nieskładający się z college'ów

non-com /ˈnɒnkɒm/ *n* infml = **non-commissioned officer** podoficer *m*

non-combatant /ˌnɒnˈkɒmbətənt/ **I** *n* Mil członek *m* personelu cywilnego
II *adj* niebiorący udziału w walce

non-combustible /ˌnɒnkəmˈbʌstəbl/ *adj* niepalny

non-commercial /ˌnɒnkəˈmɜːʃəl/ *adj [event, activity]* niekomercyjny

non-commissioned officer /ˌnɒnkəmɪʃndˈɒfɪsə(r)/ *n* Mil podoficer *m*

non-committal /ˌnɒnkəˈmɪtl/ *adj [reply]* niezobowiązujący, wymijający; **to be ~ about sth** *[person]* unikać jednoznacznej odpowiedzi w sprawie czegoś

non-committally /ˌnɒnkəˈmɪtəlɪ/ *adv [respond]* niezobowiązująco, wymijająco

non-communicant /ˌnɒnkəˈmjuːnɪkənt/ Relig **I** *n* osoba *f* nieprzystępująca do komunii
II *adj [person]* nieprzystępujący do komunii

non-communication /ˌnɒnkəˌmjuːnɪˈkeɪʃn/ *n* brak *m* łączności or kontaktu

non-completion /ˌnɒnkəmˈpliːʃn/ *n* (of work) nieukończenie *n*

non-compliance /ˌnɒnkəmˈplaɪəns/ *n* (with standards) (of substance, machine) niezgodność *f* **(with sth** z czymś); (with orders) (of person) niezastosowanie się *n*, niestosowanie się *n* **(with sth** do czegoś)

non compos mentis /ˌnɒnˌkɒmpəsˈmentɪs/ *adj phr [person]* niepoczytalny, non compos mentis; **to be ~** Jur nie być w pełni władz umysłowych; infml nie być przy zdrowych zmysłach, być niespełna rozumu infml

non-conductor /ˌnɒnkənˈdʌktə(r)/ *n* Elec, Phys nieprzewodnik *m*

nonconformism /ˌnɒnkənˈfɔːmɪzəm/ *n* [1] nonkonformizm *m* [2] GB Relig (also **Nonconformism)** nonkonformizm *m*

nonconformist /ˌnɒnkənˈfɔːmɪst/ **I** *n* nonkonformist|a *m*, -ka *f*
II *adj* nonkonformistyczny

nonconformity /ˌnɒnkənˈfɔːmətɪ/ *n* [1] (nonconformism) nonkonformizm *m*; **~ to sth** niestosowanie się do czegoś *[rule, practice]* [2] Tech (with standards) niezgodność *f*, brak *m* zgodności **(with sth** z czymś)

non-contemporary /ˌnɒnkənˈtemprərɪ, US -pərerɪ/ *adj* niewspółczesny

non-contract /ˌnɒnˈkɒntrækt/ *adj* niekontraktowy

non-contributory pension scheme /ˌnɒnkənˈtrɪbjutərɪ, US -tɔːrɪ/ *n* Soc Admin program *m* emerytalny niepartycypacyjny

non-controversial /ˌnɒnkɒntrəˈvɜːʃl/ *adj* niekontrowersyjny

non-cooperation /ˌnɒnkəʊˌɒpəˈreɪʃn/ *n* odmowa *f* współpracy

non-cooperative /ˌnɒnkəʊˈɒpərətɪv/ *adj* odmawiający współpracy, niewspółpracujący

non-core /ˌnɒnˈkɔː(r)/ *adj [business]* dodatkowy

non-corroding /ˌnɒnkəˈrəʊdɪŋ/ *adj* niekorodujący

non-crushable /ˌnɒnˈkrʌʃəbl/ *adj* niegniotący, niemnący

non-custodial sentence /ˌnɒnkʌstəʊdɪəlˈsentəns/ *n* Jur wyrok *m* bez uwięzienia

non-dairy /ˌnɒnˈdeərɪ/ *adj* bezmleczny

non-dazzle /ˌnɒnˈdæzl/ *adj* przeciwodblaskowy

non-degradable /ˌnɒndɪˈgreɪdəbl/ *adj* nieulegający biodegradacji

non-democratic /ˌnɒndeməˈkrætɪk/ *adj* niedemokratyczny

non-denominational /ˌnɒndɪˌnɒmɪˈneɪʃənl/ *adj [church]* ekumeniczny; *[school]* bezwyznaniowy

nondescript /ˈnɒndɪskrɪpt/ *adj [person, object, book]* nijaki; *[colour]* nieokreślony; *[performance]* bez wyrazu

non-destructive /ˌnɒndɪˈstrʌktɪv/ *adj [test]* nieniszczący; *[cursor]* niezamazujący

non-detachable /ˌnɒndɪˈtætʃəbl/ *adj* (from clothing) *[collar, sleeve]* nieodpinany; (from equipment) *[part]* przymocowany na stałe

non-directional /ˌnɒndɪˈrekʃənl, -daɪ-/ *adj [method, technique]* nienakazowy

non-directive therapy /ˌnɒndɪrektɪvˈθerəpɪ, -daɪ-/ *n* Psych terapia *f* niedyrektywna *(zorientowana na pacjenta)*

non-domestic /ˌnɒndəˈmestɪk/ *adj [premises]* nieprzeznaczony na cele mieszkalne

non-drinker /ˌnɒnˈdrɪŋkə(r)/ *n* niepijąc|y *m*, -a *f*, abstynent *m*, -ka *f*

non-driver /ˌnɒnˈdraɪvə(r)/ *n* osoba *f* nieposiadająca prawa jazdy

none /nʌn/ **I** *pron* [1] (not any, not one) żaden, ani jeden; **~ of us/you/them** żaden z nas /was/nich; **~ of the boys/girls** żaden z chłopców/żadna z dziewcząt; **~ of the chairs** żadne krzesło, żadne z krzeseł; **~ of the houses** żaden dom, żaden z domów; **~ at all** absolutnie żaden, ani jeden; **'have you any pens?' – '~ at all'** „masz jakieś pióro?" – „nie, nie mam"; **~ was more beautiful/more interesting than...** żaden nie był piękniejszy/ciekawszy niż...; **he saw three dogs, ~ of which was black** zobaczył trzy psy, ale żaden z nich nie był czarny; **he waited for some sign of anger but saw ~** czekał na jakieś oznaki gniewu, lecz nie dostrzegł żadnych [2] (not any, no part) nic, ani trochę; **~ of the wine/milk** ani trochę wina/mleka; **~ of the bread/cheese** ani okruszyny chleba /sera; **'is there any money left?' – '~ at all'** „zostały jakieś pieniądze" – „ani trochę"; **'did you have any difficulty?' – '~ whatsoever** or **at all'** „miałeś jakieś trudności?" – „żadnych"; **'give me some brandy, will you' – 'we have ~'** „poczęstuj mnie brandy" – „nie mamy"; **there's ~ left** nic nie zostało; **~ of it was true** nie było w tym krzty prawdy; **~ of it was of any interest** nie było w tym nic ciekawego; **he was having ~ of it** nie chciał nawet o tym słyszeć; **we'll have ~ of that now!** dość tego!; **some money is better than ~** nieduża suma to lepsze niż nic [3] (nobody, not one person) nikt; **~ can sing so well as her** nikt nie śpiewa lepiej od niej; **there is ~ so clever/old as Maria** nie ma nikogo inteligentniejszego /starszego od Marii; **I waited but ~ came** czekałem, ale nikt nie przyszedł; **if you need a lawyer, there's ~ better than Robert** jeśli potrzebujesz prawnika, to nie ma lepszego niż Robert; **~ but you/him** nikt tylko ty/on; **I told ~ but you/him** powiedziałem tylko tobie/jemu, nie powiedziałem nikomu poza tobą/nim; **~ but a fool would do it** tylko głupiec by to zrobił; **it was ~ other than Peter/the prime minister (himself)** to był ni mniej ni więcej tylko Peter/premier (we własnej osobie) [4] (on form, questionnaire) nie dotyczy
II *adv* (not, not at all) **it was ~ too easy /pleasant** to wcale nie było takie łatwe /przyjemne; **I was ~ too sure/happy that...** wcale nie byłem taki pewny/zadowolony (z tego), że...; **'I'm here' – 'and ~ too soon!'** „jestem" – „i w samą porę!"; **he looks ~ the better for his holiday** wcale nie wygląda lepiej po wakacjach; **the play was long, but ~ the worse for that** sztuka była długa, a mimo to całkiem dobra

non-EC /ˌnɒniːˈsiː/ *adj [country]* nienależący do Wspólnoty Europejskiej; *[national]* niepochodzący z kraju Wspólnoty Europejskiej

non-edible /ˌnɒnˈedɪbl/ *adj* niejadalny

non-emergency /ˌnɒnɪˈmɜːdʒənsɪ/ *adj* nienaglący

non-enforcement /ˌnɒnɪnˈfɔːsmənt/ *n* US Jur nieegzekwowanie *n* prawa

nonentity /nɒˈnentətɪ/ *n* pej (person) miernota *m/f*, zero *n*; **a complete** or **total ~** kompletne or całkowite zero

non-essential /ˌnɒnɪˈsenʃl/ *adj* (not important) nieistotny, nieważny; (not necessary) zbędny

non-essentials /ˌnɒnɪˈsenʃlz/ *npl* (objects) rzeczy *f pl* zbędne; (details) sprawy *f pl* mniejszej wagi; **forget the ~** zapomnijmy o drobiazgach

non-established /ˌnɒnɪˈstæblɪʃt/ *adj* nieugruntowany

nonetheless /ˌnʌnðəˈles/ *adv* → **nevertheless**

non-event /ˌnɒnɪˈvent/ *n* (disappointing event) rozczarowanie *n*; niewypał *m* fig

non-examination course /ˌnɒnɪgzæmɪˈneɪʃnkɔːs/ *n* kurs *m* niekończący się egzaminem
non-executive director /ˌnɒnɪgˌzekjʊtɪvdaɪˈrektə(r)/ *n* dyrektor *m* nieetatowy, dyrektor *m* konsultant
non-existence /ˌnɒnɪgˈzɪstəns/ *n* brak *m* **(of sth** czegoś); (of God) nieistnienie *n*
non-existent /ˌnɒnɪgˈzɪstənt/ *adj* nieistniejący; **her chances are practically ~** nie ma praktycznie żadnych szans; **the hotel was not bad but the wonderful beaches were ~** hotel nie był najgorszy, ale nie było żadnych cudownych plaż
non-explosive /ˌnɒnɪkˈspləʊsɪv/ *adj* niewybuchowy
non-factual /ˌnɒnˈfæktʃʊəl/ *adj* nieoparty na faktach
non-family /ˌnɒnˈfæməlɪ/ *adj [person]* nienależący do rodziny; *[event]* niedotyczący rodziny
non-fat /ˌnɒnˈfæt/ *adj* beztłuszczowy
non-fattening /ˌnɒnˈfætnɪŋ/ *adj* nietuczący
non-ferrous /ˌnɒnˈferəs/ *adj* nieżelazny
non-fiction /ˌnɒnˈfɪkʃn/ **I** *n* literatura *f* faktu
II *modif [publishing, section, writing]* niebeletrystyczny, niefabularny
non-finite form /nɒnˈfaɪnaɪtfɔːm/ *n* Ling forma *f* nieosobowa
non-finite verb /ˌnɒnfaɪnaɪtˈvɜːb/ *n* Ling czasownik *m* w formie nieosobowej
non-flammable /ˌnɒnˈflæməbl/ *adj* niepalny
non-fulfilment /ˌnɒnfʊlˈfɪlmənt/ *n* (of contract, obligation) niedopełnienie *n*, niewypełnienie *n*; (of desire, wish) niespełnienie *n*
non-governmental organization /ˌnɒngʌvnˈmentlɔːgənaɪzeɪʃn, US -nɪz-/ *n* organizacja *f* pozarządowa
non-grammatical /ˌnɒngrəˈmætɪkl/ *adj* niegramatyczny
non grata /ˌnɒnˈgrɑːtə/ *adj* niemile widziany
non-greasy /ˌnɒnˈgriːsɪ/ *adj [make up]* niezawierający substancji tłuszczowych; *[skin]* nieprzetłuszczający się; *[food]* o niskiej zawartości tłuszczu
non-infectious /ˌnɒnɪnˈfekʃəs/ *adj* niezakaźny
non-inflammable /ˌnɒnɪnˈflæməbl/ *adj* niepalny
non-inflationary /ˌnɒnɪnˈfleɪʃnrɪ, US -nerɪ/ *adj [measures]* niepowodujący inflacji
non-interference /ˌnɒnɪntəˈfɪərəns/ *n* nieingerencja *f*
non-intervention /ˌnɒnɪntəˈvenʃn/ *n* nieinterwencja *f*
non-intoxicating /ˌnɒnɪnˈtɒksɪkeɪtɪŋ/ *adj* bezalkoholowy
non-invasive /ˌnɒnɪnˈveɪsɪv/ *adj* Med *[surgery]* nieinwazyjny; *[tumour]* niewymagający leczenia inwazyjnego
non-involvement /ˌnɒnɪnˈvɒlvmənt/ *n* nieangażowanie się *n*
non-iron /ˌnɒnˈaɪən, US -ˈaɪərn/ *adj* niewymagający prasowania, non-iron, nonajron
non-Jewish /ˌnɒnˈdʒuːɪʃ/ *adj* nieżydowski
non-judgmental /ˌnɒndʒʌdʒˈmentl/ *adj* obiektywny, neutralny
non-league /ˌnɒnˈliːg/ *adj* Sport pozaligowy
non-liability /ˌnɒnlaɪəˈbɪlətɪ/ *n* brak *m* odpowiedzialności
non-linear /ˌnɒnˈlɪnɪə(r)/ *adj* nieliniowy
non-linguistic /ˌnɒnlɪŋˈgwɪstɪk/ *adj* pozajęzykowy
non-malignant /ˌnɒnməˈlɪgnənt/ *adj* Med łagodny
non-member /ˌnɒnˈmembə(r)/ *n* niebędący *m* członkiem, członek *m* niestowarzyszony
non-metal /ˌnɒnˈmetl/ *n* niemetal *m*
non-metallic /ˌnɒnmɪˈtælɪk/ *adj [object, bowl, spoon]* niemetalowy; *[substance, element, property]* niemetaliczny
non-metallic element *n* Chem pierwiastek *m* niemetaliczny
non-military /ˌnɒnˈmɪlɪtrɪ, US -terɪ/ *adj* niemilitarny
non-negotiable /ˌnɒnnɪˈgəʊʃəbl/ *adj [cheque, bond]* niezbywalny, nieprzenośny; *[terms]* ostateczny
non-nuclear /ˌnɒnˈnjuːklɪə(r), US -ˈnuː-/ *adj* bezatomowy
no-no /ˈnəʊnəʊ/ *n* infml **that's a ~** tego się nie robi; **eating with your fingers is a ~** nie je się palcami
non-observance /ˌnɒnəbˈzɜːvəns/ *n* (of law) nieprzestrzeganie *n*
non obst. = **non obstante** pomimo
no-nonsense /ˌnəʊˈnɒnsəns/ *adj [attitude, policy]* rozsądny; *[person, look, manner, tone]* rzeczowy, zasadniczy
non-operational *adj [machine]* niesprawny; *[factory]* niepracujący
non-operational duties *npl* (in police force) obowiązki *m pl* administracyjne
nonpareil /ˌnɒnpəˈreɪl, US -ˈrel/ **I** *n* [1] (master) **as an actor, he is a ~** jako aktor jest niedościgniony [2] Print nonparel *m*
II nonpareils *npl* US Culin *okrągłe czekoladki posypane cukrem*
III *adj [example, performance]* niezrównany
non-partisan /ˌnɒnpɑːtɪˈzæn/ *adj* bezstronny
non-party /ˌnɒnˈpɑːtɪ/ *adj [issue, decision]* pozapartyjny; *[person]* bezpartyjny
non-payer /ˌnɒnˈpeɪə(r)/ *n* Tax osoba *f* uchylająca się od płacenia podatków
non-paying /ˌnɒnˈpeɪɪŋ/ *adj [job]* niepłatny; *[visitor]* niepłacący
non-payment /ˌnɒnˈpeɪmənt/ *n* niepłacenie *n*
non-perishable /ˌnɒnˈperɪʃəbl/ *adj* trwały
non-person /ˌnɒnˈpɜːsn/ *n* [1] pej (insignificant person) **to be a ~** być nikim [2] Pol **officially, he is a ~** oficjalnie, ktoś taki nie istnieje
nonplussed /ˌnɒnˈplʌst/ *adj [person]* skonsternowany, kompletnie zaskoczony
non-political /ˌnɒnpəˈlɪtɪkl/ *adj* apolityczny
non-practising /ˌnɒnˈpræktɪsɪŋ/ *adj* [1] Relig niepraktykujący [2] *[barrister]* nie prowadzący żadnej sprawy
non-productive /ˌnɒnprəˈdʌktɪv/ *adj* nieproduktywny
non-professional /ˌnɒnprəˈfeʃənl/ **I** *n* amator *m*, -ka *f*
II *adj* nieprofesjonalny; **~ conduct** postępowanie sprzeczne z etyką zawodową
non-profit /ˌnɒnˈprɒfɪt/ *adj* US → **non-profitmaking**
non-profitmaking /ˌnɒnˈprɒfɪtmeɪkɪŋ/ *adj [organization]* non profit, nienastawiony na zyski; **on a ~ basis** niezarobkowo; **to be ~** nie być obliczonym na zysk
non-proliferation /ˌnɒnprəlɪfəˈreɪʃn/ *n* (of weapons) nierozprzestrzenianie *n*; **~ treaty** traktat o nierozprzestrzenianiu broni jądrowej
non-punitive /ˌnɒnˈpjuːnətɪv/ *adj [measure, treatment]* nieodwetowy
non-receipt /ˌnɒnrɪˈsiːt/ *n* nieotrzymanie *n* **(of sth** czegoś)
non-recurring expenses /ˌnɒnrɪkɜːrɪŋɪksˈpensɪz/ *npl* wydatki *m pl* jednorazowe
non-recyclable /ˌnɒnriːˈsaɪkləbl/ *adj* nienadający się do recyklingu
non-redeemable /ˌnɒnrɪˈdiːməbl/ *adj* Fin niepodlegający wykupowi
non-refillable /ˌnɒnriːˈfɪləbl/ *adj [lighter, pen]* jednorazowy; *[can, bottle]* niezwrotny
non-reflective /ˌnɒnrɪˈflektɪv/ *adj* nieodblaskowy
non-refundable /ˌnɒnrɪˈfʌndəbl/ *adj* Fin bezzwrotny, niepodlegający zwrotowi
non-religious /ˌnɒnrɪˈlɪdʒəs/ *adj* świecki, laicki
non-renewable /ˌnɒnrɪˈnjuːəbl, US -ˈnuː-/ *adj* nieodnawialny
non-renewal /ˌnɒnrɪˈnjuːəl, US -ˈnuː-/ *n* nieprzedłużenie *n*, niesprolongowanie *n*
non-resident /ˌnɒnˈrezɪdənt/ **I** *n* (of country) nierezydent *m*; (of hotel) niezameldowan|y *m*, -a *f*; **the restaurant is open to ~s** restauracja jest otwarta również dla osób spoza hotelu
II *adj* [1] *[guest]* niehotelowy; *[student]* zamiejscowy, dojeżdżający; *[visitor]* przyjezdny; *[caretaker]* dochodzący [2] (also **non-residential)** *[job, course]* bez zakwaterowania [3] Comput *[routine]* nierezydentny
non-restrictive /ˌnɒnrɪˈstrɪktɪv/ *adj* Ling **~ clause** zdanie względne rozwijające
non-returnable /ˌnɒnrɪˈtɜːnəbl/ *adj [bottle]* bez kaucji, niezwrotny
non-run /ˌnɒnˈrʌn/ *adj [tights]* z nielecącymi oczkami
non-runner /ˌnɒnˈrʌnə(r)/ *n* Turf koń *m* niebiorący udziału w gonitwie
non-sectarian /ˌnɒnsekˈteərɪən/ *adj* niesekciarski
non-segregated /ˌnɒnˈsegrɪgeɪtɪd/ *adj [area, restaurant]* bez segregacji; *[society]* niesegregacjonistyczny
nonsense /ˈnɒnsns, US -sens/ *n* [1] (foolishness) nonsens *m*, absurd *m*, niedorzeczność *f*; **it's a ~ that...** to nonsens or absurd, że...; **to make (a) ~ of sth** odbierać sens czemuś, czynić bezsensownym coś *[law, system, claim, hard work]*; **(stuff and) ~!** bzdura!; **what utter ~!** kompletna bzdura!; **to talk/write ~** wygadywać/wypisywać bredni; **what's all this ~ about feeling ill/leaving work?** co to za historie o chorobie/rzuceniu pracy? infml [2] (foolish behaviour) wygłupy *m pl* infml; **stop this ~!** skończ te wygłupy!; **I won't stand any more ~ from him/you!** nie zamierzam więcej tolerować jego/twoich wygłupów!; **there is no ~ about him** on twardo stąpa po ziemi [3] (trifle) drobnostka *f*
nonsense verse *n* wiersz *m* purnonsensowy

N

nonsense word *n* wymyślone słowo *n*
nonsensical /nɒn'sensɪkl/ *adj* bezsensowny, absurdalny, niedorzeczny
nonsensically /nɒn'sensɪklɪ/ *adv* bezsensownie, absurdalnie
non-separation /ˌnɒnsepə'reɪʃn/ *n* Pol ~ **of powers** nierozdzielność kompetencji or uprawnień
non sequitur /ˌnɒn'sekwɪtə(r)/ *n* [1] (in conversation) nielogiczna uwaga *f* [2] Philos błąd *m* wnioskowania, non sequitur *n inv*
non-sexist /ˌnɒn'seksɪst/ *adj* nieseksistowski
non-shrink /ˌnɒn'ʃrɪŋk/ *adj [fabric]* niekurczliwy, niezbiegający się
non-sked /ˌnɒn'sked/ US infml **I** *n* lot *m* poza rozkładem
II *adj [flight]* pozarozkładowy
non-skid /ˌnɒn'skɪd/ *adj* przeciwpoślizgowy
non-slip /ˌnɒn'slɪp/ *adj* = **non-skid**
non-smoker /ˌnɒn'sməʊkə(r)/ *n* [1] (person) niepalący|y *m*, -a *f* [2] GB infml (compartment) przedział *m* dla niepalących
non-smoking /ˌnɒn'sməʊkɪŋ/ *adj [area, compartment]* dla niepalących
non-solvent /ˌnɒn'sɒlvənt/ **I** *n* Chem słaby rozpuszczalnik *m*
II *adj* nierozpuszczający
non-speaking /ˌnɒn'spi:kɪŋ/ *adj* Cin, Theat *[role]* niemy
non-specialist /ˌnɒn'speʃəlɪst/ *adj [publication]* niespecjalistyczny, popularny; **to the ~ ear** dla laika or niefachowca
non-specialized /ˌnɒn'speʃəlaɪzd/ *adj* niewyspecjalizowany
non-specific /ˌnɒnspə'sɪfɪk/ *adj* Med nieswoisty; **~ urethritis** zapalenie nieswoiste cewki moczowej
non-standard /ˌnɒn'stændəd/ *adj* niestandardowy; Ling *[grammar, usage]* niepoprawny
non-starter /ˌnɒn'stɑ:tə(r)/ *n* fig **to be a ~** *[person]* nie mieć szans, być bez szans; *[idea, plan]* być skazanym na niepowodzenie
non-stick /ˌnɒn'stɪk/ *adj [pan, surface]* nieprzywierający
non-stop /ˌnɒn'stɒp/ **I** *adj [flight]* bez międzylądowania; *[journey, show]* bez przerw, non stop; *[train]* niezatrzymujący się na stacjach pośrednich; *[talk, work, pressure, noise]* nieustanny
II *adv [argue, talk]* bez przerwy; *[drive, work]* bez przerwy, non stop; *[fly]* bez międzylądowania
non-stretch /ˌnɒn'stretʃ/ *adj* nieelastyczny, nierozciągliwy
non-striker /ˌnɒn'straɪkə(r)/ *n* nieuczestniczący *m* w strajku; łamistrajk *m* infml pej
non-student /ˌnɒn'stju:dnt/ *n* niestudent *m*, -ka *f*
non-suit /nɒn'sju:t, -'su:t/ Jur **I** *n* odrzucenie *n* pozwu
II *vt* załatwi|ć, -ać odmownie
non-support /ˌnɒnsə'pɔ:t/ *n* US Jur niewywiązywanie się *n* z obowiązku alimentacyjnego
non-swimmer /ˌnɒn'swɪmə(r)/ *n* nieumiejąc|y *m*, -a *f* pływać
non-taxable /ˌnɒn'tæksəbl/ *adj* niepodlegający opodatkowaniu
non-taxpayer /ˌnɒn'tækspeɪə(r)/ *n* Fin niepłacąc|y *m*, -a *f* podatków
non-teaching staff /ˌnɒnti:tʃɪŋ'stɑ:f, US -'stæf/ *n* Sch personel *m* niedydaktyczny
non-threatening /ˌnɒn'θretnɪŋ/ *adj [voice, manner]* spokojny
non-toxic /ˌnɒn'tɒksɪk/ *adj* nietoksyczny
non-trading /ˌnɒn'treɪdɪŋ/ *adj* **~ partnership** spółka niehandlowa
non-transferable /ˌnɒntræns'fɜ:rəbl/ *adj [ticket, vote]* nieprzenoszalny; *[share]* niezbywalny
non-U /ˌnɒn'ju:/ *adj* infml = **non upper class** gminny liter or hum
non-union /ˌnɒn'ju:nɪən/ *adj [person]* nienależący do związku zawodowego; *[company]* niezatrudniający członków związków zawodowych
non-verbal /ˌnɒn'vɜ:bl/ *adj [communication]* niewerbalny
non-viable /ˌnɒn'vaɪəbl/ *adj* nierealny, niewykonalny
non-vintage /ˌnɒn'vɪntɪdʒ/ *adj [wine]* zwykły; pośledni pej
non-violence /ˌnɒn'vaɪələns/ *n* niestosowanie *n* przemocy
non-violent /ˌnɒn'vaɪələnt/ *adj [protest]* pokojowy; *[person]* niestosujący przemocy
non-vocational /ˌnɒnvəʊ'keɪʃənl/ *adj [course]* nieprzygotowujący do zawodu; *[subject]* niezawodowy
non-voluntary /ˌnɒn'vɒləntrɪ/ *adj [work, job]* płatny; *[organization, body]* komercyjny
non-voter /ˌnɒn'vəʊtə(r)/ *n* [1] (without right to vote) osoba *f* nieuprawniona do głosowania [2] (choosing not to vote) niegłosując|y *m*, -a *f*
non-voting share /ˌnɒnvəʊtɪŋ'ʃeə(r)/ *n* Fin akcja *f* milcząca or niema
non-white, non-White /ˌnɒn'waɪt/ **I** *n* (person) kolorow|y *m*, -a *f*
II *adj [person]* kolorowy; **~ immigration** imigracja kolorowych
non-worker /ˌnɒn'wɜ:kə(r)/ *n* niepracując|y *m*, -a *f*
non-working /ˌnɒn'wɜ:kɪŋ/ *adj* niepracujący
non-woven /ˌnɒn'wəʊvn/ *adj* nietkany
noodle /'nu:dl/ *n* [1] US infml (head) łeb *m*, pała *f* infml [2] GB infml dat (fool) tuman *m* infml
noodles /'nu:dlz/ *npl* Culin kluski *f pl*
nook /nʊk/ *n* [1] (retreat) kącik *m*, zakątek *m* [2] (in room) wnęka *f*; (for ornaments) nisza *f*; **breakfast ~** wnęka jadalna
IDIOMS: **every ~ and cranny** wszystkie zakamarki
nookie, nooky /'nʊkɪ/ *n* vinfml **nice ~** dymanko *n*, bzykanie *n* vinfml; **to get some ~** bzykać się vinfml
noon /nu:n/ **I** *n* południe *n*; **by/about ~** do/koło południa; **at 12 ~** o dwunastej w południe; **at high ~** w samo południe
II *modif [sun, heat, train]* południowy
IDIOMS: **morning, ~ and night** od rana do nocy
noonday /'nu:ndeɪ/ **I** *n* dat południe *n*
II *modif* liter **the ~ sun** południowe słońce
no-one /'nəʊwʌn/ *pron* = **nobody I**
noose /nu:s/ *n* (loop) pętla *f*; (for hanging) stryczek *m*; **he's facing the hangman's ~** czeka go stryczek; **to put a ~ round one's neck** założyć sobie pętlę na szyję also fig
IDIOMS: **to put one's head into the ~** założyć sobie pętlę na szyję, ukręcić sobie stryczek
nope /nəʊp/ *excl* infml nie
nor /nɔ:(r), nə(r)/ *conj* → **neither**
nor' /nɔ:(r)/ *adj* = **north** północny; Geog **to sail ~-~-east** Naut płynąć na północ północny wschód
noradrenalin(e) /ˌnɔ:rə'drenəlɪn/ *n* noradrenalina *f*, norepinefryna *f*
Nordic /'nɔ:dɪk/ *adj* (appearance) nordycki; *[customs]* skandynawski; **the ~ peoples** Skandynawowie
Norfolk /'nɔ:fək/ *prn* Norfolk *n*
norm /nɔ:m/ *n* norma *f* **(for sth** czegoś); **about the ~** w granicach normy; **below /above the ~** poniżej/powyżej normy; **social ~s** normy społeczne; **it is the ~ among students to wear jeans** wśród studentów noszenie dżinsów jest regułą
normal /'nɔ:ml/ **I** *n* Math normalna *f*; **above/below ~** powyżej/poniżej normy; **to get back** or **return to ~** powrócić do normy; **a temperature above ~ for May** temperatura powyżej normy dla maja; **bigger than ~** większy niż zwykle
II *adj* [1] (usual) *[place, time]* zwykły; *[amount, method, position, service, size, temperature]* normalny; *[view]* zwyczajny; **it's ~ to tip the driver** zwykle daje się kierowcy napiwek; **it is ~ for them to react like that** to normalne, że tak reagują; **it is ~ for trains to be late in winter** to normalne, że zimą pociągi spóźniają się; **it is ~ that...** to normalne, że...; **as ~** (tak) jak zwykle or zazwyczaj; **in the ~ course of events** normalną koleją rzeczy; **in ~ circumstances** w normalnych okolicznościach [2] Psych (conventional) *[person, behaviour]* normalny [3] Math normalny [4] Biol prawidłowy, zdrowy [5] Chem jednonormalny
normalcy /'nɔ:mlsɪ/ *n* normalność *f*
normality /nɔ:'mælətɪ/ *n* normalność *f*; **to return to ~** powrócić do normalności or do stanu normalnego
normalization /ˌnɔ:məlaɪ'zeɪʃn, US -lɪ'z-/ *n* normalizacja *f*, unormowanie się *n*
normalize /'nɔ:məlaɪz/ **I** *vt* [1] z|normalizować, u|normować *[relations, situation]*; u|regulować *[blood pressure, daily routine]* [2] (standarize) z|normalizować, ujednolic|ić, -ać *[typescript, method, procedure]*
II *vi [situation, relations]* z|normalizować się, u|normować się
normalizing /'nɔ:məlaɪzɪŋ/ *n* Tech (of steel) normalizowanie *n*, wyżarzanie *n* normalizujące
normally /'nɔ:məlɪ/ *adv* (as a rule) zwykle, zazwyczaj; (in normal manner) normalnie
Norman /'nɔ:mən/ **I** *n* [1] Normand|czyk *m*, -ka *f*; Hist **the ~s** Normanowie [2] (also **~ French)** Ling (dialekt *m*) normandzki *m*
II *adj* [1] *[landscape, village]* normandzki; **~ produce** wyrób z Normandii; **~ holiday** wakacje w Normandii [2] Hist normański [3] Archit normandzki
Norman Conquest *n* podbój *m* normański
Normandy /'nɔ:məndɪ/ *prn* Normandia *f*
Norman English *n* dialekt *m* anglo-normandzki
normative /'nɔ:mətɪv/ *adj* normatywny
Norse /nɔ:s/ **I** *n* [1] Ling (język *m*) nordyjski *m* or skandynawski *m*; **Old ~** pranordyjski [2] (also **~men) the ~** *(+ v pl)* Skandy-

nawowie *m pl*; (the Vikings) wikingowie *m pl*
II *adj [mythology, legends]* staroskandynawski

north /nɔːθ/ **I** *n* (compass direction) północ *f*; **the ~ of the village/county** północna część wsi/hrabstwa; **to the ~ of London** na północ od Londynu; **true ~** północ geograficzna
II North *prn* [1] **the North** Geog (of world, country) północ *f*; US Hist Północ *f*; **the far North** daleka północ or Północ [2] (in cards) gracz *m* N
III *adj [coast, side, wall, wind]* północny
IV *adv [lie, live]* na północy; *[go, move, sail]* na północ; **to be/live ~ of sth** być /mieszkać na północ od czegoś; **to go ~ of sth** minąć coś od północy

North Africa *prn* Afryka *f* Północna

North African **I** *n* mieszkan|iec *m*, -ka *f* Afryki Północnej
II *adj* północnoafrykański

North America *prn* Ameryka *f* Północna

North American **I** *n* mieszkan|iec *m*, -ka *f* Ameryki Północnej
II *adj* północnoamerykański

Northamptonshire /nɔːˈθæmptənʃɪə(r)/ *prn* Northamptonshire *n inv*

Northants /nɔːˈθænts/ *n* GB Post = **Northamptonshire**

North Atlantic Drift *n* Prąd *m* Północnoatlantycki

North Atlantic Treaty Organization, NATO *n* Organizacja *f* Paktu Północnoatlantyckiego, NATO *n inv*

northbound /ˈnɔːθbaʊnd/ *adj [traffic, train]* w kierunku północnym; *[carriageway]* prowadzący na północ; **the ~ platform** GB (in underground) peron dla jadących w kierunku północnym

North Carolina *prn* Północna Karolina *f*

Northd *n* GB Post = **Northumberland**

North Dakota *prn* Północna Dakota *f*

northeast /ˌnɔːθˈiːst/ **I** *n* północny wschód *m*
II *adj [coast, side, wind]* północno-wschodni
III *adv [move]* na północny wschód; *[lie, live]* na północnym wschodzie; **to lie ~ of sth** leżeć na północny wschód od czegoś

northeaster /ˌnɔːθˈiːstə(r)/ *n* wiatr *m* północno-wschodni

northeasterly /ˌnɔːθˈiːstəlɪ/ **I** *n* wiatr *m* północno-wschodni
II *adj [wind]* północno-wschodni; *[point]* na północnym wschodzie; **in a ~ direction** w kierunku północno-wschodnim, na północny wschód

northeastern /ˌnɔːθˈiːstən/ *adj [coast, boundary, region]* północno-wschodni; *[town]* położony na północnym wschodzie; **~ accent** akcent z północnego wschodu; **~ Scotland** północno-wschodnia Szkocja

northerly /ˈnɔːðəlɪ/ **I** *n* wiatr *m* północny
II *adj [wind, slope, area]* północny; *[point]* na północy; **in a ~ direction** w kierunku północnym, na północ; **the most ~ point** punkt najdalej wysunięty na północ

northern /ˈnɔːðən/ *adj [coast, boundary, hemisphere, region]* północny; *[town]* położony na północy; *[accent]* z północy; **~ English** *[landscape]* północnoangielski

northerner, Northerner /ˈnɔːðənə(r)/ *n* mieszkan|iec *m*, -ka *f* Północy; **to be a ~** pochodzić z Północy

Northern Ireland *prn* Irlandia *f* Północna

Northern Ireland Office *n* GB Pol Urząd *m* do spraw Irlandii Północnej

Northern Irish *adj* północnoirlandzki

Northern Lights *npl* zorza *f* polarna

northernmost /ˈnɔːðənməʊst/ *adj [village, point]* położony najdalej na północ

Northern Territory, NT *n* Terytorium *n* Północne

north-facing /ˌnɔːθˈfeɪsɪŋ/ *adj [window, room]* wychodzący na północ; *[wall]* północny

North Island *prn* Wyspa *f* Północna

North Korea *prn* Korea *f* Północna

Northman /ˈnɔːθmən/ *n* (*pl* **-men**) wiking *m*

North Pole *n* biegun *m* północny

North Sea **I** *prn* **the ~** Morze *n* Północne
II *modif* **~ oil/gas** ropa naftowa/gaz z Morza Północnego

North Star *n* Gwiazda *f* Północna or Polarna

Northumberland /nɔːˈθʌmbələnd/ *prn* Northumberland *n*

Northumbria /nɔːˈθʌmbrɪə/ *prn* Nortumbria *f* also Hist

Northumbrian /nɔːˈθʌmbrɪən/ *n* [1] (native) mieszkan|iec *m*, -ka *f* Nortumbrii [2] (dialect) dialekt *m* nortumbryjski

northward /ˈnɔːθwəd/ **I** *adj [side, slope, wall]* północny; *[journey, movement, migration]* na północ; **in a ~ direction** w kierunku północnym
II *adv* (also **~s**) *[go]* na północ

northwest /ˌnɔːθˈwest/ **I** *n* północny zachód *m*
II *adj [coast, side, wind]* północno-zachodni
III *adv [move]* na północny zachód; *[lie, live]* na północnym zachodzie; **to lie ~ of sth** leżeć na północny zachód od czegoś

northwester /ˌnɔːθˈwestə(r)/ *n* wiatr *m* północno-zachodni

northwesterly /ˌnɔːθˈwestəlɪ/ **I** *n* wiatr *m* północno-zachodni
II *adj [wind]* północno-zachodni; *[point]* na północnym zachodzie; **in a ~ direction** w kierunku północno-zachodnim, na północny zachód

northwestern /ˌnɔːθˈwestən/ *adj [coast, boundary, region]* północno-zachodni; *[town]* położony na północnym zachodzie; **~ accent** akcent z północnego zachodu; **~ Scotland** północno-zachodnia Szkocja

Northwest Passage *prn* Przejście *n* Północno-Zachodnie

Northwest Territories *prn pl* Terytoria *n pl* Północno-Zachodnie

North Yorkshire *prn* North Yorkshire *n inv*

Norway /ˈnɔːweɪ/ *prn* Norwegia *f*

Norwegian /nɔːˈwiːdʒən/ **I** *n* [1] Norwe|g *m*, -żka *f* [2] (language) (język *m*) norweski *m*
II *adj* norweski

no sale *n* brak *m* popytu **(for sth** na coś**)**

nose /nəʊz/ **I** *n* [1] Anat nos *m*; **to breathe through one's ~** oddychać nosem or przez nos; **to speak through one's ~** mówić przez nos; **the end** or **tip of the ~** czubek or koniuszek nosa; **to bury one's ~ in a book** wetknąć or wsadzić or wściubić nos w książkę [2] (of plane, boat) dziób *m*; (of car) przód *m*; **~ to tail traffic** nieprzerwany sznur samochodów; **to travel ~ to tail** posuwać się w żółwim tempie samochód za samochodem [3] (sense of smell) powonienie *n*, zmysł *m* zapachu; (of dog) węch *m*; **a dog with a good ~** pies z dobrym węchem [4] (smell of wine) bukiet *m* [5] fig (instinct) wyczucie *n*; nos *m* fig; **to have a ~ for sth** mieć nosa do czegoś; **to follow one's ~** kierować się własnym wyczuciem, zdać się na własne wyczucie
II *vt* [1] (sniff) *[animal]* węszyć; *[wine-trader]* wąchać [2] (manoeuvre) **to ~ sth in/out** ostrożnie wprowadzić/wyprowadzić coś *[boat, vehicle]*; **the captain ~d the boat out of the harbour** kapitan wyprowadził statek z portu; **the boat ~d its way out of the harbour** łódź powoli wypłynęła z portu
III *vi* **to ~ into/out of sth** *[boat]* powoli wpłynąć do czegoś/wypłynąć z czegoś; *[car]* powoli wjechać do czegoś/wyjechać z czegoś; **the car ~d into the traffic** samochód włączył się do ruchu ulicznego
■ **nose about, nose around** węszyć **(in sth** w czymś**)**
■ **nose at: nose at [sth]** *[animal]* wąchać, niuchać
■ **nose out: ¶ nose out** *[vehicle]* ostrożnie wyje|chać, -żdżać; *[boat]* ostrożnie wypły|nąć, -wać **¶ nose out [sth], nose [sth] out** [1] (sniff out) wywęszyć, wyniuchać, zwietrzyć *[animal, scent]* [2] fig pej (discover) wywęszyć, zwęszyć, wyniuchać fig *[facts, secret, truth]* [3] Sport fig (put in second place) pokonać o głowę
IDIOMS: **it's as plain as the ~ on your face** to jasne jak słońce; **it's six o'clock on the ~** US infml jest dokładnie szósta; **to count ~s** infml policzyć głowy or łebki infml; **to get up sb's ~** infml grać komuś na nerwach infml; **to hit sth on the ~** US trafić z czymś w dziesiątkę; **to keep one's ~ clean** infml trzymać się z dala od kłopotów; **to keep one's ~ out of sth** infml trzymać się z daleka od czegoś, nie wtrącać się do czegoś; **to lead sb by the ~** infml wodzić kogoś za nos; **to look down one's ~ at sb/sth** patrzeć na kogoś/coś or traktować kogoś/coś z góry; **to pay through the ~ for sth** zapłacić kupę pieniędzy za coś infml; **to poke** or **stick one's nose into sth** infml wściubiać or wtykać nos w coś infml; **to see no further than the end of one's ~** nie widzieć dalej niż czubek własnego nosa; **to turn up one's ~ at sth** wzgardzić czymś, kręcić na coś nosem; **to turn up one's ~ at the idea of doing sth** kręcić nosem na pomysł zrobienia czegoś; **(right) under my/his ~** (tuż) pod moim/jego nosem; **to win by a ~** Turf wygrać o głowę; **with one's ~ in the air** z ważną miną → **join, rub**

nosebag /nəʊzbæg/ *n* worek *m* na obrok

noseband /ˈnəʊzbænd/ *m* nachrapnik *m*

nosebleed /ˈnəʊzbliːd/ *n* Med krwawienie *n* or krwotok *m* z nosa

nose-cone /ˈnəʊzkəʊn/ *n* Aerosp, Mil nos *m* or stożek *m* kadłuba

nose-dive /ˈnəʊzdaɪv/ **I** *n* [1] Aviat lot *m* nurkowy; **to go into a ~** pikować [2] fig **to go into** or **take a ~** *[currency, rate]* spaść na łeb, na szyję infml

II *vi [plane]* pikować; *[demand, prices, sale]* spa|ść, -dać na łeb, na szyję infml

nose drops *npl* krople *f pl* do nosa

nosegay /ˈnəʊzgeɪ/ *n* bukiecik *m* pachnących kwiatów

nose job *n* infml **to have a ~** mieć operację plastyczną nosa

nosepiece /ˈnəʊzpiːs/ *n* (on glasses) mostek *m*

nose ring *n* (for animal) kółko *n* w nosie; (ornament) kolczyk *m* do nosa *(w kształcie kółeczka)*

nose stud *n* kolczyk *m* do nosa *(z zawleczką)*

nose wheel *n* podwozie *n* przednie

nosey *adj* infml = **nosy**

nosh /nɒʃ/ infml **I** *n* GB (food) żarcie *n*, żarło *n* infml; (meal) posiłek *m*; US (snack) przekąska *f*; coś na ząb infml; **to have a quick ~** wrzucić coś na ząb or ruszt infml

II *vt* GB w|rąbać, s|pałaszować infml

III *vi* [1] GB rąbać, pałaszować infml [2] US **to ~ on sth** pojadać coś *[food]*

no-show /ˈnəʊʃəʊ/ *n* US *gość, który nie wykorzystał rezerwacji w hotelu*

nosh-up /ˈnɒʃʌp/ *n* GB infml wyżerka *f* infml

nosily /ˈnəʊzɪlɪ/ *adv* niedyskretnie

nosing /ˈnəʊzɪŋ/ *n* Tech (of step) krawędź *f (wystająca poza podstawę)*; (moulding) osłona *f* krawędzi stopnia

nosography /nəˈsɒgrəfɪ/ *n* Med opis *m* choroby, nozografia *f*

nosological /ˌnɒsəˈlɒdʒɪkl/ *adj* Med *[book, experience]* klasyfikujący choroby; *[theory, problem]* nozologiczny; **~ expert** specjalista klasyfikacji chorób

nosologist /nəˈsɒlədʒɪst/ *n* Med specjalista *m* klasyfikacji chorób

nosology /nəˈsɒlədʒɪ/ *n* Med klasyfikacja *f* chorób, nozologia *f*

nostalgia /nɒˈstældʒə/ *n* nostalgia *f*

nostalgic /nɒˈstældʒɪk/ *adj [feeling, portrayal]* nostalgiczny; **to feel ~ for sth** tęsknić za czymś, odczuwać tęsknotę or nostalgię za czymś *[era, place]*

nostalgically /nɒˈstældʒɪklɪ/ *adv* nostalgicznie, z nostalgią

nostril /ˈnɒstrɪl/ *n* nozdrze *n*

nostrum /ˈnɒstrəm/ *n* dat pej (remedy) lekarstwo *n* na wszystko; panaceum *n* also fig

nosy /ˈnəʊzɪ/ *adj* infml wścibski

nosy parker /ˌnəʊzɪˈpɑːkə(r)/ *n* infml pej wścibsk|i *m*, -a *f*

not /nɒt/ **I** *adv* [1] (negating verb) nie; **she isn't at home** nie ma jej w domu; **they didn't like it** nie podobało im się to; **we won't need the car** nie będzie nam potrzebny samochód; **has he ~ seen it?** nie widział tego? [2] (replacing word, clause, sentence) **'is he angry?' – 'I hope ~'** „jest zły?" – „mam nadzieję, że nie"; **'is she married?' – 'I believe** or **think ~'** „jest mężatką?" – „chyba nie"; **I'm afraid ~** obawiam się, że nie; **certainly/probably ~** na pewno/prawdopodobnie nie; **~ only** or **simply** or **merely** or **just** nie tylko, (ale); **tired or ~, you are going to bed** bez względu na to, czy jesteś zmęczony, czy nie, idziesz do łóżka; **do you know, whether he is coming or ~?** nie wiesz, czy on przyjdzie czy nie?; **whether it rains or ~, I'm going** idę, bez względu na to, czy pada czy nie; **why ~?** dlaczego nie?; czemu nie? infml [3] (contrasting) nie; **they live in caves, ~ in houses, they live ~ in houses, but in caves** mieszkają w jaskiniach, a nie w domach; nie mieszkają w domach, tylko w jaskiniach; **I laughed, ~ because of amusement but from nervousness** śmiałem się nie z rozbawienia, ale ze zdenerwowania; **he's ~ so much aggressive as assertive** jest nie tyle agresywny, ile uparty [4] (to emphasize opposite) **it's ~ impossible/cheap** to nie jest niemożliwe/tanie; **she's ~ a dishonest/an aggressive woman** ona nie jest osobą nieuczciwą/agresywną; **~ without problems/some reservations** nie bez kłopotów/pewnych zastrzeżeń; **you are ~ wrong** nie mylisz się; **a ~** or **~ an (entirely) unexpected response** reakcja nie tak całkiem nieoczekiwana [5] (less than) mniej niż; **~ three miles/hours from here** mniej niż trzy mile/godziny drogi stąd; **~ five minutes ago** niecałe pięć minut temu [6] (in suggestions) **hadn't we better pay the bill?** czy nie powinniśmy zapłacić rachunku?; **couldn't we tell them later?** nie moglibyśmy powiedzieć im później?; **why ~ do it now?, why don't we do it now?** a może by tak zrobić to teraz?, a może zrobimy to teraz? [7] (with all, every) **~ all doctors agree, ~ every doctor agrees** nie wszyscy lekarze się z tym zgadzają; **~ everyone likes it** nie każdemu to się podoba; **it's ~ everyone that can speak several foreign languages** nie każdy włada kilkoma obcymi językami; **it's ~ every day that...** niecodziennie się zdarza, żeby... [8] (with a, one) **~ a** or **one** ani jeden; **~ one** or **~ a single chair/letter** ani jedno krzesło/ani jeden list; **~ a sound was heard** nie słychać było żadnego dźwięku; **~ one** or **~ a single person knew** absolutnie nikt nie wiedział

II not at all *adv phr* wcale nie; (responding to thanks) nie ma za co

III not but what *conj phr* dat → **not that**

IV not that *conj phr* **(it's) ~ that he hasn't been helpful/friendly** nie żeby nie pomógł/nie żeby był niemiły; **~ that I know of** o ile mi wiadomo; **if she refuses, ~ that she will...** jeśli odmówi, czego nie zrobi...; jeśli odmówi, chociaż nie przypuszczam, że to zrobi

notability /ˌnəʊtəˈbɪlətɪ/ *n* (person) znakomitość *f*

notable /ˈnəʊtəbl/ **I** *n* fml znakomitość *f*; notabl *m* liter

II *adj [person, success]* wybitny; *[improvement, difference]* godny uwagi; **with a few ~ exceptions** z kilkoma godnymi uwagi wyjątkami; **to be ~ for sth** wyróżniać się czymś *[clarity, appearance, quality]*; być znanym z czegoś *[incompetence]*; słynąć z czegoś *[parks, collection]*; **it is ~ that...** trzeba zaznaczyć, że...

notably /ˈnəʊtəblɪ/ *adv* [1] (in particular) szczególnie, zwłaszcza, w szczególności; **most ~** a w szczególności [2] (markedly) *[unimpressed, resilient, biased]* wyraźnie; *[talented]* wybitnie

notarial /nəʊˈteərɪəl/ *adj [seal, stamp]* notarialny; **~ status/profession** status /zawód notariusza

notarial deed *n* akt *m* notarialny

notarize /ˈnəʊtəraɪz/ *vt [notary]* uwierzytelni|ć, -ać, poświadcz|yć, -ać; **to be ~d** być poświadczonym notarialnie

notary /ˈnəʊtərɪ/ *n* **(**also **~ public)** notariusz *m*; **before a ~** w obecności notariusza

notate /nəʊˈteɪt/ *vt* zapis|ać, -ywać

notation /nəʊˈteɪʃn/ *n* [1] Math, Mus notacja *f*, zapis *m* [2] (record) zapisek *m*, notatka *f*; adnotacja *f* fml

notch /nɒtʃ/ **I** *n* [1] (nick) (in plank, fabric) nacięcie *n*; (in belt) dziurka *f*; (in lid) wycięcie *n* [2] (as record) karb *m*; **to put a ~ in a stick** wyciąć or naciąć karb na patyku [3] infml (degree) stopień *m*, szczebel *m*; **my opinion of her has gone up a ~** odrobinę zyskała w moich oczach; **to be several ~es above sb** bić kogoś na głowę fig; **the food was a ~ below/above its usual standard** jedzenie było odrobinę gorsze/lepsze niż zwykle [4] US Geog (pass) przesmyk *m*, wąska przełęcz *f*

II *vt* [1] (mark) naci|ąć, -nać *[surface, edge, stick]*; (record) zaznacz|yć, -ać karbem *[day, event, point]*; za|karbować *[tally stick]* [2] infml = **notch up**

■ **notch up** infml: **~ up [sth]** zdoby|ć, -wać *[point, prize, title, goal]*; zapis|ać, -ywać na swoim koncie *[success, win]*; **to ~ up a notable success** odnieść znaczny sukces

note /nəʊt/ **I** *n* [1] (written record) notatka *f*, zapisek *m*; **to make a ~ in sth** zapisać or zanotować coś w czymś *[diary, notebook]*; **to make a ~ of sth** zanotować or zapisać coś *[date, address]*; **to take ~ of sth** odnotować coś; fig zauważyć coś, zwrócić na coś uwagę; **take ~!** zapamiętaj sobie!; **to take ~s** *[student, secretary]* robić notatki, notować; **to speak without ~s** mówić z pamięci; mówić bez kartki infml; **according to police ~s** według raportu policji [2] (short letter) krótki list *m*, liścik *m*; **to write sb a ~** skreślić do kogoś kilka słów; **a ~ of thanks** krótki list z podziękowaniem [3] (explanation, annotation) (in book) przypis *m*; (on form) adnotacja *f*; (accompanying form) uwaga *f*; (on theatre programme) nota *f*, notka *f*; **see ~ below** patrz przypis poniżej [4] fig (tone) nuta *f*, ton *m*; **to hit the right ~** uderzyć w odpowiednią strunę, przybrać odpowiedni ton; **to strike** or **hit the wrong ~** przybrać nieodpowiedni ton; **on a less serious ~** w lżejszym tonie, na mniej poważną nutę; **to end on an optimistic ~** skończyć w optymistycznym tonie; **to sound a ~ of caution** wyrazić zaniepokojenie, dać wyraz zaniepokojeniu [5] Mus (sound, symbol) nuta *f*; **to play** or **hit the wrong ~** zagrać fałszywie; **a high/low ~** wysoka/niska nuta; **the black ~s** (on keyboard) czarne klawisze [6] (tone) (in voice) nuta *f*; **a ~ of panic** nuta paniki [7] (banknote) banknot *m*; **£500 in ~s** 500 funtów w banknotach; **a £20 ~** banknot dwudziestofuntowy [8] (diplomatic memo) nota *f*

II of note *adj phr [person]* wybitny; *[development, contribution]* godny uwagi, znaczący

III *vt* [1] (observe) zauważ|yć, -ać *[change, increase, similarity, absence]*; **to ~ that...** zauważyć, że...; **it is interesting to ~ that...** warto odnotować, że...; **the report ~d that...** w raporcie zwraca się uwagę na to, że...; **noting the improvements, the minister said...** mówiąc o poprawie, minister powiedział...; **as I ~d last week...** jak wspomniałem w zeszłym tygodniu... [2] (pay attention to) zwr|ócić, -acać uwagę na (coś) *[comment, complaint, concern, remark]*; **it should be ~d that...** należy zauważyć, że...; **~ that she didn't mention him!** zauważ, że nawet o nim nie wspomniała!; **aspiring managers, please ~!** uwaga, przyszli menadżerowie! [3] (write down) za|notować, zapis|ać, -ywać *[date, time, number, symptom]* **(in sth** w czymś); **'no change,' he ~d** „bez zmian", zanotował

IV noted *pp adj [intellectual]* znakomity, uznany; *[criminal]* znany; **to be ~d/not ~d for sth** słynąć z czegoś/z braku czegoś *[tact, wit]*

■ **note down**: **~ down [sth], ~ [sth] down** za|notować, zapis|ać, -ywać *[detail, idea]*

IDIOMS: **to compare ~s** wymienić uwagi or wrażenia **(with sb** z kimś)

notebook /ˈnəʊtbʊk/ *n* [1] notatnik *m*, notes *m* [2] Jur, Accts księga *f* rachunkowa [3] Journ (column title) **City ~** kronika miejska [4] Comput notes *m* elektroniczny

notebook pc *n* Comput notebook *m*

notecase /ˈnəʊtkeɪs/ *n* portfel *m*

note issue *n* Fin emisja *f* banknotów

notelet /ˈnəʊtlɪt/ *n* kartka *f* okolicznościowa

notepad /ˈnəʊtpæd/ *n* (for letters) blok *m* listowy; (for notes) blok *m* biurowy; Comput notatnik *m* ekranowy

notepaper /ˈnəʊtpeɪpə(r)/ *n* papier *m* listowy

noteworthy /ˈnəʊtwɜːðɪ/ *adj* godny uwagi, interesujący

not guilty *adj* Jur *[person]* niewinny; *[verdict]* uniewinniający; **to plead ~** nie przyznawać się do winy; **to find sb ~** uznać kogoś za niewinnego, uniewinnić kogoś

nothing /ˈnʌθɪŋ/ **I** *pron* [1] (no item, event, idea) nic; **she says ~** ona nic nie mówi; **I knew ~ about it** nic o tym nie wiedziałem; **we saw ~** niczego nie widzieliśmy or nie zobaczyliśmy; **we can do ~ (about it)** nie możemy nic zrobić (w tej sprawie); **there is ~ in the fridge** lodówka jest pusta; **~ can alter the fact that...** nic nie zmieni faktu, że...; **~ can be futher from the truth** nic nie może być dalsze od prawdy; **can ~ be done to help?** czy nie można jakoś pomóc?; **~ happened** nic się nie stało; **they behaved as if ~ had happened** zachowywali się, jakby nic się nie stało; **there is ~ to drink** nie ma nic do picia; **I've got ~ to wear** nie mam się w co ubrać, nie mam co na siebie założyć; **you have ~ to lose** nie masz nic do stracenia; **there's ~ to stop you leaving** nic cię tu nie trzyma; **we've had ~ to eat** jeszcze nic nie jedliśmy; **you did ~ at all to stop them** nie zrobiłeś absolutnie nic, żeby ich powstrzymać; **next to ~** prawie nic; **there is ~ much on TV** w telewizji nie ma nic ciekawego; **~ much happens here** tutaj prawie nic się nie dzieje; **I've ~ much to tell** nie mam wiele do powiedzenia; **~ more** nic więcej; **we ask for ~ more** o nic więcej nie prosimy; **is there ~ more you can do?** czy już nic więcej nie możesz zrobić?; **she's just a friend, ~ more or less** jest tylko koleżanką, nikim więcej; **~ else** nic innego; **there's ~ else for us** nie ma dla nas nic innego; **~ else matters** nic innego się nie liczy; **she thinks about ~ else** o niczym innym nie myśli; **there's ~ else one can say** nic więcej nie można powiedzieć; **if ~ else, it will be a change for us** to będzie dla nas chociaż jakaś odmiana; **to have ~ against sb/sth** nie mieć nic przeciwko komuś /czemuś; **to have ~ to do with sb/sth** (no connection) nie mieć nic wspólnego z kimś/czymś; (no dealings, involvement) nie mieć nic do czynienia z kimś/czymś; **the drop in sales has ~ to do with the scandal** spadek sprzedaży nie ma nic wspólnego ze skandalem; **it had ~ to do with safety** to nie miało nic wspólnego z bezpieczeństwem; **he had ~ to do with the murder** nie miał nic wspólnego z tym morderstwem; **I had ~ to do with it!** nie miałem z tym nic wspólnego!; **that's got ~ to do with it!** to nie ma z tym nic wspólnego!; **she will have** or **she wants to have ~ to do with it/us** ona nie chce mieć z tym/z nami nic do czynienia; **it's ~ to do with us** to nie ma z nami nic wspólnego, to nas nie dotyczy; **she acts as though it had ~ to do with her** zachowuje się, jak gdyby to jej nie dotyczyło; **to come to ~** skończyć się na niczym; **to stop at ~** nie zatrzymać się przed niczym; **to have ~ on** (no clothes) być nagim; (no engagements, plans) nie mieć żadnych planów; **you've got ~ on me!** infml (to incriminate) nic na mnie nie masz!, nie masz na mnie żadnego haka! infml; **he's got ~ on you!** infml (to rival) on nie ma z tobą or przy tobie szans! infml; **Paris has ~ on this!** Paryż się do tego nie umywa!; w porównaniu z tym Paryż wysiada! infml [2] (emphasizing insignificance) nic; **a fuss about ~** wiele hałasu o nic; **to get upset over ~** denerwować się bez powodu or z byle powodu; **we were talking about ~ much** nie rozmawialiśmy o niczym ważnym or istotnym; **he means** or **is ~ to me** on nic dla mnie nie znaczy; **so all this effort means ~ to you?** i cały ten wysiłek nic dla ciebie nie znaczy?; **it meant ~ to him that they had already made the arrangements** nie przejął się tym, że już wszystko załatwili; **it meant ~ to him whether he passed his exams or not** było mu obojętne, czy zda egzaminy czy nie; **the names meant ~ to him** te nazwiska nic mu nie mówiły; **he cares ~ for convention** fml on w ogóle nie dba o konwenanse; **to think ~ of doing sth** (consider normal) uważać zrobienie czegoś za rzecz normalną; (not baulk at) nie wahać się coś zrobić; **he thinks ~ of eating six rolls at a time** zjedzenie sześciu bułek na raz to dla niego nic; **I thought ~ of it until the next day** w ogóle nie przejmowałem się tym, aż do następnego dnia; **think ~ of it!** nie ma o czym mówić!; **it was ~ to them to walk miles to school** nie przeszkadzało im, że trzeba było tak daleko iść piechotą do szkoły; **there's ~ to driving a truck** prowadzić ciężarówkę to żadna sztuka; **there's really ~ to it!** to całkiem łatwe or proste!; to fraszka! infml [3] (very little indeed) **she is four foot ~** (ona) ma metr pięć w kapeluszu infml or hum; **it costs next to ~** to prawie nic nie kosztuje; **for ~** (for free) za darmo; (pointlessly) na nic; **it's money for ~** to pieniądze wyrzucone w błoto; **all this work for ~** cała ta praca na nic or na marne; **they aren't called skyscrapers for ~** nie bez powodu nazywa się je drapaczami chmur; **not for ~ is he known as...** nie bez powodu znany jest jako...; **I'm not English for ~!** hum w końcu or jakby nie było jestem Anglikiem! [4] (indicating absence of trait, quality) **~ serious/useful** nic poważnego /użytecznego; **~ interesting, ~ of any interest** nic interesującego or ciekawego; **~ new to report** nic nowego do przekazania; **have they ~ cheaper?** nie mają nic tańszego?; **there's ~ unusual about rebelling against your parents** nie ma nic niezwykłego w buntowaniu się przeciwko rodzicom; **there's ~ unusual about it** nie ma w tym nic niezwykłego; **it seems easy but it's ~ of the kind** wydaje się łatwe, ale wcale tak nie jest; **~ of the kind should ever happen again** nic podobnego nie powinno się już nigdy wydarzyć; **you'll do ~ of the sort!** niczego podobnego nie zrobisz! [5] (emphatic: setting up comparisons) **it's ~ like that at all!** to wcale nie tak!; **there's ~ like a hot bath** nie ma to jak gorąca kąpiel; **there's ~ like seeing old friends** nie ma jak spotkanie ze starymi przyjaciółmi; **there's ~ like it!** nic się z tym nie równa!, nie ma nic lepszego!; **there's ~ so embarrassing as being late for a job interview** nie ma nic bardziej żenującego, jak spóźnić się na rozmowę w sprawie pracy; **I can think of ~ worse than...** nie ma dla mnie nic gorszego od or niż...; **that's ~ to what he'll do if he finds out that...** to nic w porównaniu z tym, co zrobi, kiedy się dowie, że...; **the hive resembles ~ so much as an office** ul najbardziej przypomina biuro; **to say ~ of sb/sth** nie mówiąc or nie wspominając już o kimś /czymś; **detested by his colleagues, to say ~ of the students** znienawidzony przez kolegów, nie mówiąc o studentach [6] (no element, part) **to know ~ of sth** zupełnie nie znać czegoś *[truth, events, plans]*; **he knows ~ of the skills involved** nie ma pojęcia, jakich to wymaga umiejętności; **we heard ~ of what was said** nie słyszeliśmy nic z tego, o czym mówiono; **he has ~ of the aristocrat about him** nie ma w sobie nic z arystokraty; **there was ~ of the exotic in the place** to miejsce wcale nie było egzotyczne [7] (no truth, value, use) **you get ~ out of it** nic z tego nie masz, nie masz z tego żadnej korzyści; **there's ~ in it for me** to dla mnie żaden interes; **there's ~**

in it (in gossip, rumour) nie ma w tym źdźbła prawdy; (in magazine, booklet) w tym nie ma nic (ciekawego)

II *adv* [1] (in no way) **it is ~ like as important/difficult as...** to nie jest wcale tak ważne/trudne jak...; **it's ~ like enough!** to wcale nie dość!, to wcale nie wystarczy!; **the portrait looks ~ like her** ten portret wcale or zupełnie jej nie przypomina; **she is ~ like her sister** wcale or zupełnie nie jest podobna do siostry; **the city is ~ like what it was** to miasto nie jest już takie jak dawniej [2] (emphatic: totally, only) **it's ~ short of brilliant/disgraceful** to po prostu genialne/haniebne; **~ short of a miracle can save them** tylko cud może ich ocalić [3] (emphatic: decidely) **she's ~ if not original in her dress** w tym stroju wygląda co najmniej oryginalnie; **she's ~ if not stubborn!** jest bardzo uparta!

III *adj* **to be ~ without sb/sth** być nikim bez kogoś/czegoś; **he's ~ without you/his career** bez ciebie/bez swojej pracy jest nikim

IV *n* [1] (nothingness) nicość *f* [2] (trivial matter) **it a mere ~ compared to sth** to nic w porównaniu z czymś or do czegoś → **sweet**

V **nothing but** *adv phr* **he's ~ but a coward** jest zwykłym tchórzem; **they've done ~ but moan** infml nic tylko jęczą infml; **it's caused me ~ but trouble** miałem przez to tylko kłopoty; **~ but the best for me!** muszę mieć wszystko, co najlepsze!; **she has ~ but praise for them** ma dla nich same pochwały, nie może się ich nachwalić

VI **nothing less than** *adv phr* **it's ~ less than a betrayal** to jest ni mniej, ni więcej tylko zdrada; **they want ~ less than reunification** chcą ni mniej, ni więcej tylko zjednoczenia; **~ less than saffron will do** bez szafranu ani rusz

VII **nothing more than** *adv phr* **it's ~ more than a trick** to tylko sztuczka; **the stories are ~ more than a gossip** te opowieści to czyste plotki; **they'd like ~ more than to do it** o niczym innym nie marzą, jak tylko o zrobieniu tego

IDIOMS: **~ doing!** infml (certainly not) nie ma mowy!; (no chance of success) nie da rady! infml; **there's ~ doing at the office** infml w biurze nic się nie dzieje; **there was ~ for it but to call the doctor** GB nie pozostawało nic innego, jak tylko wezwać lekarza; **there's ~ for it!** GB nie ma wyjścia!; **you get ~ for ~** nic nie ma za darmo

nothingness /ˈnʌθɪŋnɪs/ *n* nicość *f*

no throw *n* rzut *m* nieważny

notice /ˈnəʊtɪs/ **I** *n* [1] (written sign) ogłoszenie *n*, wiadomość *f* [2] (adverstisement) ogłoszenie *m*; (announcing birth, death, marriage) zawiadomienie *n* [3] (attention) uwaga *f*; **to take ~ of sb/sth** zwrócić uwagę na kogoś /coś; **they never take any ~ of what I say** nigdy nie słuchają, co mówię; nigdy mnie nie słuchają; **take no ~, don't take any ~** nie zwracaj uwagi; **it was beneath her ~** to nie było godne jej uwagi; **to bring sth to sb's ~** zwrócić komuś uwagę na coś; **it did not escape my ~ that...** nie uszło mojej uwagi, że...; **it has come to my ~ that...** doszły mnie słuchy, że...; **they took absolutely no ~, they didn't take a blind bit** or **the slightest bit of ~** nie zwrócili najmniejszej uwagi [4] Theat, Journ (review) recenzja *f* [5] (advance warning) powiadomienie *n*; **we require a month's ~** wymagamy zawiadomienia z miesięcznym wyprzedzeniem; (more polite) prosimy zawiadomić nas miesiąc wcześniej; **without ~** bez uprzedzenia or ostrzeżenia; **to do sth at short ~/at a moment's ~** zrobić coś bezzwłocznie/natychmiast; **to do sth at two hours' ~** zrobić coś w ciągu dwóch godzin; **to give sb ~ of sth** powiadomić kogoś o czymś z wyprzedzeniem; **until further ~** do odwołania; **two days is a very short ~** dwa dni to bardzo krótki termin; **I'm sorry it's such short ~** przepraszam, że tak w ostatniej chwili [6] Admin, Jur (notification) zawiadomienie *n*; **to give sb ~ that..., to serve ~ on sb that...** zawiadomić kogoś, że... [7] (notification of resignation, refusal) wymówienie *n*, zwolnienie *n*; **to give in** or **hand in one's ~** złożyć wymówienie; (domestic staff) zwolnić się (ze służby); **to give sb (their) ~** zwolnić kogoś, wręczyć komuś wymówienie; **to get one's ~** dostać wymówienie; **to get** or **to be given three weeks' ~** dostać or otrzymać trzytygodniowe wymówienie [8] (to vacate premises) wypowiedzenie *n*; **to give ~** *[tenant]* zrezygnować z wynajmu; **one month's ~** miesięczne wypowiedzenie najmu; **to give sb ~ to quit** *[landlord]* wymówić komuś mieszkanie; **to give the landlord ~** zawiadomić właściciela domu /mieszkania o wyprowadzce

II *vt* zauważ|yć, -ać *[absence, mark]*; **I ~ that...** widzę, że...; **I ~d you talking to that girl** widziałem, jak rozmawiasz z tą dziewczyną; **to ~ that something is happening** zauważyć, że coś się dzieje; **to get oneself ~d** zwrócić na siebie uwagę; **not so as you'd ~** infml jeśli, to raczej niezauważalnie; **I can't say I ~d** nie zauważyłem

noticeable /ˈnəʊtɪsəbl/ *adj [flaw, scar, deterioration, improvement]* zauważalny, wyraźny

noticeably /ˈnəʊtɪsəblɪ/ *adv [increase, improve]* zauważalnie, wyraźnie; *[better, colder, different]* zdecydowanie

noticeboard /ˈnəʊtɪsbɔːd/ *n* tablica *f* ogłoszeń

notice to pay *n* wezwanie *n* płatnicze

notifiable /ˈnəʊtɪfaɪəbl/ *adj [disease, crime, incident]* podlegający obowiązkowi zgłoszenia; **to be ~ to sb/sth** *[noncompliance, disease]* podlegać obowiązkowi zgłoszenia komuś/czemuś; **any theft of drugs is ~ to the police** każdą kradzież leków należy zgłosić policji

notification /ˌnəʊtɪfɪˈkeɪʃn/ *n* [1] Admin, Jur (communication) powiadomienie *n*, zawiadomienie *n*; **to receive written ~ of sth** otrzymać pisemne zawiadomienie o czymś; **to receive ~ that...** zostać powiadomionym, że... [2] (of decision, changes) zawiadomienie *n* **(of sth** o czymś); (of disease) zgłoszenie *n* **(of sth** czegoś); (of fine) upomnienie *n* **(of sth** w sprawie czegoś) [3] Journ (formal announcement) ogłoszenie *n*, anons *m*; Jur zawiadomienie *n*; **'please accept this as the only ~'** „niniejsze ogłoszenie ukazuje się jednorazowo"

notify /ˈnəʊtɪfaɪ/ *vt* [1] GB (give notice of) zgł|osić, -aszać *[crime, intention, incident]*; (inform) powiad|omić, -amiać *[police, authorities]*; **to ~ sb of** or **about sth** powiadomić kogoś o czymś *[result, incident, intention]*; **to ~ sth to sb** GB powiadomić kogoś o czymś, zgłosić komuś coś; **to ~ sb that...** powiadomić kogoś, że... [2] (announce formally) **to ~ sb of sth** zawiadomić kogoś o czymś *[birth, engagement, death]*

notion /ˈnəʊʃn/ **I** *n* [1] (idea) myśl *f*, pomysł *m*; (belief) pogląd *m*; **I had a ~ (that) he was married** wydawało mi się, że jest żonaty; **I never had any ~ of asking her** nigdy nie pomyślałem o tym, żeby ją poprosić; nigdy mi do głowy nie przyszło, żeby ją poprosić; **this gave him the ~ of going abroad** to poddało mu myśl o wyjeździe za granicę, to poddało mu pomysł wyjazdu za granicę; **what gave you the ~ that they were rich?** skąd ci przyszło do głowy, że są bogaci?; **she has some strange ~s** ona ma różne dziwne pomysły; **what a silly ~!** co za głupi pomysł!; **another one of his silly ~s!** to jego kolejny głupi pomysł!; **he got the ~ that he hadn't been invited** ubzdurał sobie, że go nie zaproszono infml; **she got the ~ into her head that...** wbiła sobie do głowy, że...; **what put such ~s into your head?** skąd ci przychodzą do głowy takie pomysły?; **don't be putting ~s into his head!** nie podsuwaj mu takich pomysłów! [2] (vague understanding) pojęcie *n*; **some ~ of sth** jakieś pojęcie o czymś; **he has no ~ of what is meant by discipline** on nie ma pojęcia, co to dyscyplina; **she has no ~ of time** ona nie ma poczucia czasu [3] (whim, desire) kaprys *m*, fantazja *f*; **he had** or **took a sudden ~ to swim** nagle zachciało mu się popływać

II **notions** *npl* US (haberdashery) artykuły *m pl* pasmanteryjne

notional /ˈnəʊʃənl/ *adj* [1] (hypothetical) *[element, amount, figure, quantity]* hipotetyczny [2] Philos spekulatywny

notional grammar *n* gramatyka *f* tradycyjna

notional word *n* wyraz *m* pełnoznaczny

notoriety /ˌnəʊtəˈraɪətɪ/ *n* [1] (bad reputation) zła sława *f*; **he achieved ~ for his compulsive gambling** zyskał sobie złą sławę nałogowego hazardzisty or jako nałogowy hazardzista; **the ~ surrounding sth** rozgłos or szum wokół czegoś [2] GB pej (person) gagatek *m*, ziółko *n* infml

notorious /nəʊˈtɔːrɪəs/ *adj [criminal, drunk]* notoryczny; *[organization, place]* cieszący się złą sławą; *[arrogance, opinion, feature]* znany; *[case]* głośny; **to be ~ for sth** słynąć or być znanym z czegoś; **he was ~ as a receiver of stolen goods** wiadomo było, że jest paserem; **the ~ Mr Brown** osławiony pan Brown; **the ~ Bermuda Triangle** cieszący się złą sławą trójkąt bermudzki

notoriously /nəʊˈtɔːrɪəslɪ/ *adv* **he is ~ lazy/stupid** jest znany z lenistwa/głupoty; **he drinks ~** on notorycznie się upija; **it's ~ difficult** wiadomo, że to bardzo trudne
no trumps *n* Games bez atu *n*
Nottinghamshire /ˈnɒtɪŋəmʃɪə(r)/ *prn* Nottinghamshire *n inv*
Notts *n* GB Post = **Nottinghamshire**
notwithstanding /ˌnɒtwɪθˈstændɪŋ/
I *adv* dat jednak, mimo wszystko; jednakowoż dat
II *prep* pomimo (czegoś); **~ the legal difficulties, the legal difficulties ~** pomimo trudności prawnych
nougat /ˈnuːgɑː, ˈnʌgət, US ˈnuːgət/ *n* nugat *m*
nought /nɔːt/ **I** *n* [1] (as number) zero *n*; **three ~s** trzy zera [2] arch (nothing) = **naught**
II *adj* zerowy; **~ per cent** zero procent
noughts and crosses *n (+ v sg)* Games gra *f* w kółko i krzyżyk
noun /naʊn/ *n* rzeczownik *m*
noun clause *n* Ling (subjective) zdanie *n* podrzędne podmiotowe; (objective) zdanie *n* podrzędne dopełnieniowe
noun phrase, NP *n* fraza *f* nominalna
nourish /ˈnʌrɪʃ/ *vt* [1] odżywi|ć, -ać *[person, animal, plant, skin]* **(with sth** czymś); naw|ieźć, -ozić *[soil]* [2] fml fig *[person]* żywić liter *[illusion, feeling, belief]*; mieć *[dream, ambition]*
nourishing /ˈnʌrɪʃɪŋ/ *adj* pożywny
nourishment /ˈnʌrɪʃmənt/ *n* [1] (nutrition) wartości *f pl* odżywcze; **there is lots of ~ in it** to jest bardzo pożywne; **there is no ~ in crisps** chrupki nie mają wartości odżywczych [2] (food) pożywienie *n*, pokarm *m*; **to give sb ~** podawać komuś jedzenie; **to take ~** pożywiać się, posilać się [3] fig **intellectual ~** strawa *f* duchowa
nous /naʊs/ *n* GB infml (common sense) rozum *m*, zdrowy rozsądek *m*; **to have the ~ to do sth** mieć dość rozumu, żeby coś zrobić; **political ~** rozum polityczny; **business ~** głowa do interesów infml fig
Nov = **November**
nova /ˈnəʊvə/ *n* (*pl* **-ae, ~s)** Astron gwiazda *f* nowa
Nova Scotia /ˌnəʊvəˈskəʊʃə/ *prn* Nowa Szkocja *f*
Nova Scotian /ˌnəʊvəˈskəʊʃn/ *n* mieszka|niec *m*, -ka *f* Nowej Szkocji
novel¹ /ˈnɒvl/ *n* Literat [1] (work) powieść *f*; **historical/detective ~** powieść historyczna/kryminalna [2] (genre) **the ~** powieść *f*
novel² /ˈnɒvl/ *adj* (new) *[design, idea, approach, invention]* nowatorski; *[experience, suggestion, fashion]* nowy; (original) oryginalny
novelette /ˌnɒvəˈlet/ *n* [1] Literat (short novel) nowela *f*; pej (over-sentimental) romansidło *n* infml; (trivial) powieścidło *n* infml [2] Mus noweleta *f*, novelette *f inv*
novelettish /ˌnɒvəˈletɪʃ/ *adj* infml pej *[style]* ckliwy, przesłodzony
novelist /ˈnɒvəlɪst/ *n* powieściopisa|rz *m*, -rka *f*
novella /nəˈvelə/ *n* (*pl* **~s, -le**) Literat nowela *f*
novelty /ˈnɒvəltɪ/ **I** *n* [1] (quality) nowość *f*; **to be a ~ to sb** być dla kogoś nowością; **the ~ soon wears off** urok nowości szybko przemija [2] (new experience) nowość *f*, atrakcja *f*; **tourists are still a ~ here** turyści nadal są tutaj atrakcją [3] (trinket) błyskotka *f*
II *modif [key ring, mug, stationary]* zabawny
November /nəˈvembə(r)/ **I** *n* listopad *m*; **in ~** w listopadzie
II *modif [weather, day]* listopadowy
novena /nəˈviːnə/ *n* nowenna *f*
novice /ˈnɒvɪs/ **I** *n* [1] (beginner) nowicjusz *m*, -ka *f*, debiutant *m*, -ka *f*; stawiający *m* pierwsze kroki **(in sth** w czymś); **a political ~** młody polityk [2] Relig (probationer) nowicjusz *m*, -ka *f* [3] Sport (beginner) debiutant *m*, -ka *f* [4] Turf (horse) debiutant *m*
II *modif* [1] *[driver, salesman, teacher]* początkujący; *[writer]* debiutujący; **~ gardener/workman** początkujący or niedoświadczony ogrodnik/robotnik [2] Sport *[class, crew]* debiutujący
novitiate /nəˈvɪʃɪət/ *n* nowicjat *m*
novocaine® /ˈnəʊvəkeɪn/ *n* nowokaina *f*
now /naʊ/ **I** *conj* **~ (that) I know her** skoro ją już znam; **~ (that) you've recovered** skoro już wyzdrowiałeś
II *adj* (current) aktualny, obecny
III *adv* [1] (at the present moment) teraz; obecnie fml; **she's ~ 17** ma teraz 17 lat; **I'm doing it ~** właśnie to robię; **the ~ famous court case** głośny już proces sądowy [2] (these days) teraz; obecnie fml; **they ~ have 5 children** teraz mają pięcioro dzieci; **she's working in Japan ~** obecnie pracuje w Japonii; **business is better ~** teraz interes idzie or rozwija się lepiej [3] (at once) teraz, natychmiast; (immediately) natychmiast; (at present) (właśnie) teraz; **do it ~!** zrób to natychmiast!; **I must go ~** muszę już iść [4] (the present time) **you should have phoned him before ~** powinieneś już wcześniej do niego zadzwonić; **before** or **until ~** wcześniej; **he should be finished by ~** do tej pory powinien już skończyć; **between ~ and next Friday** do przyszłego piątku; **between ~ and then** w tym czasie, do tego czasu; **10 days from ~** za dziesięć dni; **from ~ on(wards)** od tej chwili, od tego momentu, od tej pory; **that's enough for ~** na razie wystarczy; **good-bye for ~** tymczasem, na razie infml; **~ is as good a time as any** teraz jest równie dobry moment jak każdy; **~ is the best time to do it** teraz jest najlepszy moment or najlepsza chwila, żeby to zrobić [5] (in time expressions) **it's a week ~ since he left** od jego wyjazdu upłynął or minął właśnie tydzień; **it has been six months ~** upłynęło or minęło właśnie sześć miesięcy; **some years ago ~** już kilka lat temu; **he won't be long ~** będzie lada chwila; **he could arrive any time** or **moment ~** lada chwila może się zjawić; **the results will be announced any day ~** wyniki zostaną ogłoszone lada dzień [6] (in view of events) teraz; **I'll never get a job ~** teraz już nigdy nie dostanę żadnej pracy; **~ I understand why** teraz dopiero rozumiem, dlaczego; **how can you trust them ~?** jak możesz im teraz zaufać?; **he ~ admits to being wrong** teraz przyznaje, że nie miał racji; **I'll be more careful ~** teraz będę ostrożniejszy, teraz będę bardziej uważać [7] (at that moment then) **it was ~ 4 pm** była wówczas godz. 16.00; **~ the troops attacked** w tym momencie oddziały zaatakowały or przystąpiły do ataku; **by ~ it was too late** było już wówczas za późno [8] (sometimes) **~ fast, ~ slowly** raz szybko, raz wolno; **~ and then, ~ and again** od czasu do czasu; **every ~ and then** od czasu do czasu [9] (introducing change) **~ for the next question** przejdźmy do następnego pytania; **and ~ for a drink** a teraz czas na drinka; **if we can ~ compare...** jeśli teraz porównamy...; **~ then, where was I?** no więc, co to ja mówiłem? [10] (introducing information, opinion) **~, this is important because...** to jest ważne, ponieważ...; **~ there's a man I can trust!** nareszcie człowiek, któremu mogę zaufać!; **~ Adam would never do a thing like that** Adam nigdy nie zrobiłby czegoś podobnego; **~ that would never have happened 10 years ago** dziesięć lat temu nigdy by się coś takiego nie wydarzyło [11] (in requests, warnings, reprimands) **careful ~!** uwaga! ostrożnie!; **~ let's see** co my tu mamy; **~!, ~!** spokojnie!; **there ~, what did I tell you?** no i co, nie mówiłem?; **well ~, let's get down to work** dobra, bierzmy się do roboty infml; **~ then! what's all this noise?** no i co to za hałas or szum?
nowadays /ˈnaʊədeɪz/ *adv* (these days) ostatnio; (at present, now) teraz; obecnie fml; **I can't afford wine ~** ostatnio nie mogę sobie pozwolić na wino
noway /ˈnəʊweɪ/ *adv* US → **nowise**
noways /ˈnəʊweɪz/ *adv* US = **nowise**
nowhere /ˈnəʊweə(r)/ **I** *adv* nigdzie; **~ special** nigdzie specjalnie; **~ but in Scotland** nigdzie indziej tylko w Szkocji; **she's ~ to be seen** nigdzie jej nie ma; **the key is ~ to be found** nigdzie nie można znaleźć klucza; **I've got ~ else to go** nie mam dokąd pójść; **~ else will you find the bargain** nigdzie nie znajdziesz takiej okazji; **to appear** or **come out of ~** pojawić się znikąd or nie wiadomo skąd; **there's ~ better for a holiday** nie ma lepszego miejsca na wakacje; **there's ~ to sit down/park** nie ma gdzie usiąść/zaparkować; **~ is this custom more widespread than in China** nigdzie poza Chinami ten obyczaj nie jest tak rozpowszechniony; **business is good and ~ more so than in Tokyo** interes idzie dobrze, a najlepiej w Tokio; **these negotiations are going ~** te rozmowy or negocjacje prowadzą donikąd; **this team is going ~** drużyna nie robi żadnych postępów; **£10 goes ~ these days** dzisiaj 10 funtów to nic, 10 funtów nie ma dzisiaj żadnej wartości; **all this talk is getting us ~** cała ta gadanina nigdzie nas nie zaprowadzi infml; **flattery will get you ~!** pochlebstwem nic nie wskórasz! infml; **she came out of ~ to win the race** zjawiła się nie wiadomo skąd i wygrała wyścig
II nowhere near *adv phr, prep phr* **the car park is ~ near the town centre** parking jest bardzo oddalony od centrum; **~ near sufficient/satisfactory** zupełnie niewys-

tarczający/niezadowalający; **~ near big enough** o wiele za mały; **~ near as useful as...** o wiele mniej pożyteczny or użyteczny niż...; **50 dollars is ~ near enough** 50 dolarów to o wiele za mało; **I'm ~ near finished** daleko mi do końca; **we're ~ near finding the solution** daleko nam jeszcze do znalezienia rozwiązania

IDIOMS: **we're getting ~ fast** zmierzamy donikąd → **middle**

no-win /ˈnəʊwɪn/ *adj [situation]* bez wyjścia

nowise /ˈnəʊwaɪz/ *adv* bynajmniej, żadną miarą

nowt /naʊt/ *n* GB dial nicość *f*

IDIOMS: **there's ~ so queer as folk** Prov są ludzie i ludziska

noxious /ˈnɒkʃəs/ *adj* [1] (harmful) *[fumes, gas, substance]* trujący; *[ideas, influence, suggestions]* szkodliwy [2] (very unpleasant) *[smell, habit]* obrzydliwy

nozzle /ˈnɒzl/ *n* [1] (of hose, pipe) wylot *m*, otwór *m* wylotowy; (of bellows) dysza *f* [2] infml (nose) kinol *m*, nochal *m* infml

NP *n* Ling → **noun phrase**

NPV *n* Fin → **net present value**

nr = near k. *(koło)*

NRA *n* US → **National Rifle Association**

NSPCC *n* GB = **National Society for the Prevention of Cruelty to Children** Stowarzyszenie *n* na rzecz Przeciwdziałania Przemocy wobec Dzieci

NSW = **New South Wales**

NT [1] Bible → **New Testament** [2] GB → **National Trust** [3] Geog → **Northern Territory**

nth /enθ/ *adj* Math, fig enty infml; **to the ~ power** or **degree** do entej potęgi; **for the ~ time** po raz enty

NTSC *n* TV = **national television system committee** NTSC *m*; **~ standard** system NTSC

nuance /ˈnjuːɑːns, US ˈnuː-/ *n* niuans *m*

nub /nʌb/ *n* [1] (of difficulty, problem) istota *f*, sedno *n*; **the ~ of the matter** sedno sprawy [2] (knob) guzik *m*, guziczek *m*; (lump) guzek *m*, gruzełek *m*

nubby /ˈnʌbɪ/ *adj [fabric, tweed, silk]* o fakturze supełkowej

Nubia /ˈnjuːbɪə, US ˈnuː-/ *prn* Nubia *f*

Nubian /ˈnjuːbɪən, US ˈnuː-/ **I** *n* Nubij|czyk *m*, -ka *f*

II *adj* nubijski

nubile /ˈnjuːbaɪl, US ˈnuːbl/ *adj [girl]* (attractive) apetyczna, ponętna; fml (marriageable) na wydaniu dat

nubuck /ˈnjuːbʌk/ *n* nubuk *m*

nuchal /ˈnjuːkl/ *adj* Med karkowy

nuchal fold measurement *n* pomiar *m* pogrubienia fałdu karkowego

nuchal translucency *n* przezierność *f* fałdu karkowego

nuclear /ˈnjuːklɪə(r), US ˈnuː-/ *adj* nuklearny; **~ fission** rozszczepienie jądra atomu

nuclear bomb *n* bomba *f* jądrowa or nuklearna

nuclear capability *n* potencjał *m* nuklearny

nuclear deterrence *n* nuklearne odstraszanie *n*

nuclear deterrent *n* środek *m* nuklearnego odstraszania

nuclear device *n* bomba *f* jądrowa or nuklearna

nuclear disarmament *n* rozbrojenie *n* nuklearne

nuclear energy *n* energia *f* jądrowa or nuklearna

nuclear family *n* rodzina *f* dwupokoleniowa, podstawowa komórka *f* społeczna

nuclear-free zone *n* GB strefa *f* bezatomowa, strefa *f* antynuklearna

nuclear physicist *n* fizyk *m* jądrowy

nuclear physics *n (+ v sg)* fizyka *f* jądrowa

nuclear power *n* [1] (energy) = **nuclear energy** [2] (country) mocarstwo *n* atomowe

nuclear-powered /ˈnjuːklɪəpaʊəd, US ˈnuː-/ *adj* jądrowy, o napędzie jądrowym

nuclear power station *n* elektrownia *f* jądrowa

nuclear reactor *n* reaktor *m* jądrowy

Nuclear Regulatory Commission *n* US Komisja *f* do spraw Energii Atomowej

nuclear reprocessing plant *n* zakład *m* utylizacji odpadów radioaktywnych

nuclear scientist *n* = **nuclear physicist**

nuclear shelter *n* schron *m* przeciwatomowy

nuclear submarine *n* okręt *m* podwodny o napędzie atomowym or jądrowym

nuclear test *n* próba *f* broni jądrowej

nuclear testing *n* próby *f pl* z bronią jądrową

nuclear umbrella *n* parasol *m* nuklearny

nuclear warhead *n* głowica *f* nuklearna

nuclear waste *n* odpady *plt* radioaktywne

nuclear weapon *n* broń *f* jądrowa

nuclear winter *n* zima *m* nuklearna

nuclei /ˈnjuːklɪaɪ, US ˈnuː-/ *npl* → **nucleus**

nucleic acid /njuːˌkliːɪkˈæsɪd, US nuː-/ *n* Chem kwas *m* nukleinowy

nucleus /ˈnjuːklɪəs, US ˈnuː-/ *n* (*pl* **nuclei**) [1] Phys, Biol, Astron jądro *n*; **atomic ~** jądro atomowe [2] fig (central part, core) (of party, team) rdzeń *m*; (of collection) zaczątek *m*; (of matter, affair) istota *f*

nude /njuːd, US nuːd/ **I** *n* [1] Art akt *m* [2] **in the ~** nago

II *adj [person]* nagi, goły; **to pose ~** pozować nago; **to do ~ scenes** grać w scenach rozbieranych infml

nudge /nʌdʒ/ **I** *n* szturchnięcie *n*, kuksaniec *m*

II *vt* [1] (push, touch) trąc|ić, -ać, potrąc|ić, -ać, szturch|nąć, -ać; (brush against) o|trzeć, -cierać się o (kogoś); **to ~ one's way through the crowd** torować sobie drogę łokciami w tłumie [2] fig (gently encourage) pokierować (kimś); pop|chnąć, -ychać fig

IDIOMS: **~, ~, wink, wink** infml porozumiewawcze spojrzenia or znaki

nudie /ˈnjuːdɪ, US ˈnuːdɪ/ *adj* US infml porno infml

nudism /ˈnjuːdɪzəm, US ˈnuː-/ *n* nudyzm *m*

nudist /ˈnjuːdɪst, US ˈnuː-/ **I** *n* nudyst|a *m*, -ka *f*

II *modif* **~ camp/colony** obóz/kolonia nudystów; **~ beach** plaża (dla) nudystów

nudity /ˈnjuːdətɪ, US ˈnuː-/ *n* nagość *f*; golizna *f* infml

nudnik /ˈnʌdnɪk/ *n* US infml męczydusza *m/f*, nudziarz *m* infml

nugatory /ˈnjuːgətərɪ, US ˈnuːgətɔːrɪ/ *adj* fml (worthless) nieistotny; (invalid) nieważny

nugget /ˈnʌgɪt/ *n* (of gold, silver) bryłka *f*, samorodek *m*; **a ~ of information/news** cenna informacja/wiadomość

nuisance /ˈnjuːsns, US ˈnuː-/ *n* [1] (annoyance) niedogodność *f*, uciążliwość *f*; **the ~ caused by heavy traffic** niewygoda spowodowana dużym ruchem ulicznym; **the delay was a ~** opóźnienie spowodowało pewne niedogodności; **the noise was such a ~** hałas był ogromnie uciążliwy [2] (annoying person) utrapieniec *m* pej; **children can be little ~s** dzieci bywają nieznośne; **~s like him should not be on the committee** osoby tak nieznośne jak on nie powinny zasiadać w komitecie; **to be a ~ to sb** *[person, smell, action]* być dla kogoś uciążliwym or przykrym; **to make a ~ of oneself** naprzykrzać się [3] (inconvenience) utrapienie *n*; **to be a ~** być utrapieniem; **to cause a ~ to sb** sprawiać komuś kłopot, uprzykrzać komuś życie; **it's a ~ that I've got to work on Saturday** fatalnie, że muszę pracować w sobotę; **it's a ~ for me to go out again** bardzo mi nie na rękę wychodzić znowu; **it's a ~ not knowing when he arrives** to irytujące, że nie wiadomo kiedy przyjeżdża; **it's a ~ having to wait** irytujące jest to, że trzeba czekać; **the ~ is that...** kłopot w tym, że...; **what a ~!** a niech to!; **I'm sorry to be such a ~** przepraszam, że się naprzykrzam; **to have a certain/high ~ value** potrafić sprawić nieco/sporo kłopotu [4] Jur zakłócenie *n* porządku

nuisance call *n* Telecom telefon *m* anonimowy

NUJ *n* GB = **National Union of Journalists** Związek *m* Zawodowy Dziennikarzy

nuke /njuːk, US nuːk/ US infml **I** *n* [1] (weapon) broń *f* jądrowa or nuklearna; (bomb) bomba *f* jądrowa or nuklearna [2] US (plant) elektrownia *f* jądrowa

II *vt* US [1] (bomb) zrzuc|ić, -ać bombę atomową or nuklearną na (coś) [2] (microwave) odgrz|ać, -ewać, u|gotować w kuchence mikrofalowej

null /nʌl/ *adj* [1] Jur *[document, decision]* nieważny; **~ and void** bez mocy prawnej, nieważny; **to render sth ~** unieważnić coś, pozbawić coś mocy prawnej [2] Math zerowy, o wartości zerowej

null hypothesis *n* Stat hipoteza *f* zerowa

nullification /ˌnʌlɪfɪˈkeɪʃn/ *n* Jur unieważnienie *n*

nullify /ˈnʌlɪfaɪ/ *vt* [1] Jur unieważni|ć, -ać, anulować *[contract, legacy, decision, law]* [2] od|ebrać, -bierać *[power, advantage]*; przekreśl|ić, -ać *[value, intention]*; z|niweczyć *[effect]*

nullity /ˈnʌlətɪ/ *n* Jur (of act, contract, marriage) nieważność *f*

nullity suit *n* proces *m* o unieważnienie małżeństwa

NUM *n* GB = **National Union of Mineworkers** Związek *m* Zawodowy Górników

numb /nʌm/ **I** *adj* [1] *[limb, face]* (due to cold, pressure) zdrętwiały, odrętwiały; (due to anaesthetic) bez czucia; **~ with cold** skostniały; **to go ~** zdrętwieć; **my fingers went ~**

straciłem czucie w palcach, zdrętwiały mi palce [2] fig *[person]* otępiały; **~ with fear** sparaliżowany strachem; **to feel ~** popaść w otępienie

III *vt* [1] *[cold]* s|powodować drętwienie (czegoś) *[fingers, arm]*; *[anaesthetic]* od|ebrać, -bierać czucie w (czymś) *[arm, leg, finger, gum]*; **to ~ the pain** uśmierzyć ból [2] fig *[news, shock]* s|paraliżować fig

number /ˈnʌmbə(r)/ **I** *n* [1] (figure) liczba *f*; **a four/five figure ~** liczba czterocyfrowa /pięciocyfrowa; **odd/even ~** liczba nieparzysta/parzysta; **a list of ~s** kolumna liczb [2] (in series) (of bus, house, account, page, passport, telephone) numer *m*; **to live at ~ 18** mieszkać pod numerem 18.; **the ~ 7 bus** autobus numer 7; **to take a car's ~** zanotować numer (rejestracyjny) samochodu; **a wrong ~** Telecom pomyłka; **is that a London ~?** Telecom czy to jest numer londyński?; **there's no reply at that ~** Telecom pod tym numerem nikt nie odpowiada; **to be ~ three on the list** być trzecim na liście; **to be ~ 2 in the charts** zajmować drugie miejsce na liście przebojów [3] (amount, quantity) (pewna) liczba *f*, ilość *f*; **a ~ of people/times** (some) pewna liczba osób/razy, kilka osób/razy; (a lot) wielu ludzi/wiele razy; **for a ~ of reasons** z kilku powodów; **a large ~ of sth** duża liczba or ilość czegoś; **in small/large ~s** w niewielkiej/dużej liczbie or ilości; **the students came in such ~s that...** przyszło tak wielu studentów, że...; **large ~s of people** ogromne ilości ludzi; **a small ~ of houses** kilka or niewielka liczba domów; **in a small ~ of cases** w niewielu przypadkach; **on a ~ of occasions** dość często; **on a large ~ of occasions** bardzo często; **a fair ~** sporo; **it is due to a ~ of factors** składa się na to kilka czynników; **five people were killed, and a ~ of others were wounded** pięć osób zginęło, a kilkanaście zostało rannych; **few/many in ~** niewielu/wielu; **they were sixteen in ~** było ich szesnastu; **in equal ~s** po tyle samo; **any ~ of books** każda ilość książek; **any ~ of times** często; **any ~ of things could happen** wszystko się mogło zdarzyć; **this may be understood in any ~ of ways** to można zrozumieć na wiele sposobów; **beyond** or **without ~** liter niezliczony; nieprzebrany liter; **times without ~** niezliczoną ilość razy [4] (group) **one of our ~** jeden z nas or z naszego grona; **three of their ~ were killed** troje z nich zginęło; **among their ~, two spoke English** dwoje spośród nich mówiło po angielsku [5] (issue) (of magazine, periodical) numer *m*; **the July ~** numer lipcowy [6] Mus, Theat (act) numer *m*; **for my next ~ I would like to sing...** a teraz chciałbym zaśpiewać... [7] infml (object of admiration) **little black ~** (dress) elegancka, czarna sukienka; **this car is a nice little ~** to ładny wózek infml; **a nice little ~ in Rome** (job) dobra posadka w Rzymie infml [8] Ling liczba *f*; **to agree in ~** zgadzać się pod względem liczby

II numbers *npl* (in company, school) stan *m* liczebny; (of crowd, army) liczebność *f*; **a fall in ~s** spadek liczbowy; **to estimate their ~s** oszacować ich liczebność; **to win by weight** or **force of ~s** wygrać dzięki przewadze liczebnej; **to make up the ~s** uzupełnić komplet

III Numbers *prn* Bible Księga *f* Liczb

IV *vt* [1] (allocate number to) po|numerować; **the houses in this street aren't ~ed** domy na tej ulicy nie mają numerów; **the boxes are ~ed from 1 to 100** te pudełka są ponumerowane od jednego do stu [2] (amount to) liczyć; **the regiment ~ed 1000 men** pułk liczył tysiąc żołnierzy [3] (include) zalicz|yć, -ać; **to ~ sb among one's closest friends** zaliczać kogoś do grona najbliższych przyjaciół; **to be ~ed among the great novelists** być zaliczanym do grona największych powieściopisarzy [4] (be limited) **to be ~ed** *[possibilities, options]* być ograniczonym; **his days are ~ed** jego dni są policzone

V *vi* [1] (comprise in number) **a crowd ~ing in the thousands** wielotysięczny tłum; **to ~ among the greatest musicians** należeć do grona największych muzyków [2] = **number off**

■ **number off** Mil odlicz|yć, -ać; **they ~ed off from the right** odliczyli od prawej

IDIOMS: **I've got your ~!** infml przejrzałem cię!; **your ~'s up!** infml koniec z tobą!; **to do sth by the ~s** US or **by ~s** robić coś mechanicznie; **to colour sth by ~s** kolorować or zamalowywać coś zgodnie z numeracją *(w książeczkach do kolorowania)*; **to play the ~s** or **the ~s game** (lottery) grać w grę liczbową; **to play a ~s game** or **racket** US pej (falsify figures) sfałszować rachunki; (embezzle money) sprzeniewierzyć pieniądze

number-cruncher /ˈnʌmbəkrʌntʃə(r)/ *n* infml hum maszyna *f* licząca

number-crunching /ˈnʌmbəkrʌntʃɪŋ/ *n* infml hum skomplikowane obliczenia *n pl*

numbering /ˈnʌmbərɪŋ/ *n* (action) numerowanie *n*; (sequence of numbers) numeracja *f*

numbering machine *n* numerator *m*

numberless /ˈnʌmbəlɪs/ *adj* liter (numerous) niezliczony; nieprzebrany liter

number one **I** *n* [1] infml (oneself) **he only thinks about ~** on myśli tylko o sobie; **to look after** or **look out for** or **take care of ~** dbać o (swój) własny interes [2] (most important) numer jeden *m* **(in sth** w czymś); **to be the world ~** Sport być najlepszym na świecie; **their record is (at) ~** ich płyta jest na pierwszym miejscu [3] infml euph, baby talk **to do ~** (urinate) zrobić siusiu infml

II *modif [player, expert]* pierwszorzędny, najlepszy; *[problem, enemy]* numer jeden, główny; **the world's ~ tennis player** najlepszy na świecie tenisista, numer jeden w światowym tenisie; **rule ~ is to keep calm** zasada pierwsza – zachować spokój

numberplate /ˈnʌmbəpleɪt/ *n* GB tablica *f* rejestracyjna

Number Ten *n* GB Pol numer *m* 10 Downing Street *(oficjalna rezydencja premiera Wielkiej Brytanii)*

number two *n* [1] Pol (second-in-command) zastęp|ca *m*, -czyni *f*; **the party's ~** numer dwa w partii; **to be sb's ~** być zastępcą kogoś [2] infml euph, baby talk **to do ~** robić kupkę infml

numbly /ˈnʌmlɪ/ *adv [say, look]* tępo

numbness /ˈnʌmnɪs/ *n* (physical) zdrętwienie *n*; (emotional, mental) odrętwienie *n*

numbskull /ˈnʌmskʌl/ *n* infml matoł *m*, tępak *m* infml

numerable /ˈnjuːmərəbl, US ˈnuː-/ *adj* przeliczalny

numeracy /ˈnjuːmərəsɪ, US ˈnuː-/ *n* umiejętność *f* liczenia; **to improve pupils' standards of ~** poprawić umiejętność liczenia wśród uczniów

numeracy hour *n* GB Sch lekcja *f* arytmetyki

numeral /ˈnjuːmərəl, US ˈnuː-/ **I** *n* [1] cyfra *f*; **Roman/Arabic ~s** cyfry rzymskie /arabskie [2] Ling liczebnik *m*

II *adj* cyfrowy

numerate /ˈnjuːmərət, US ˈnuː-/ *adj* potrafiący liczyć; **to be ~** potrafić liczyć; **~ degree, degree in a ~ subject** ≈ licencjat z nauk ścisłych

numeration /ˌnjuːməˈreɪʃn, US ˌnuː-/ *n* (counting) liczenie *n*; (assigning number) numerowanie *n*

numerator /ˈnjuːməreɪtə(r), US ˈnuː-/ *n* (of fraction) licznik *m*

numerical /njuːˈmerɪkl, US nuː-/ *adj [data, constant]* liczbowy, numeryczny; *[superiority, advantage]* liczebny; **in ~ order** w porządku numerycznym or liczbowym

numerical code *n* = **numeric code**

numerical control, NC *n* Ind sterowanie *n* numeryczne, sterowanie *n* liczbowe

numerically /njuːˈmerɪklɪ, US nuː-/ *adv* liczbowo; **we were ~ superior to them** mieliśmy nad nimi przewagę liczebną

numeric code *n* Math, Comput kod *m* numeryczny or liczbowy

numerous /ˈnjuːmərəs, US ˈnuː-/ *adj* liczny; **on ~ occasions** wielokrotnie, przy różnych okazjach

numinous /ˈnjuːmɪnəs, US ˈnuː-/ *adj* (holy) święty; (mysterious) tajemniczy

numismatic /ˌnjuːmɪzˈmætɪk, US ˌnuː-/ *adj* numizmatyczny

numismatics /ˌnjuːmɪzˈmætɪks, US ˌnuː-/ *n (+ v sg)* numizmatyka *f*

numismatist /njuːˈmɪzmətɪst, US nuː-/ *n* numizmatyk *m*

numskull *n* US infml = **numbskull**

nun /nʌn/ *n* zakonnica *f*, siosta *f* zakonna, mniszka *f*; **to become a ~** zostać zakonnicą, wstąpić do zakonu

nunciature /ˈnʌnʃətjʊə(r)/ *n* nuncjatura *f*

nuncio /ˈnʌnʃɪəʊ/ *n* (*pl* **-cios)** nuncjusz *m*

nunnery /ˈnʌnərɪ/ *n* klasztor *m* (żeński)

NUPE *n* GB = **National Union of Public Employees** Związek *m* Zawodowy Pracowników Służby Publicznej

nuptial /ˈnʌpʃl/ *adj* liter or hum *[ceremony]* ślubny, weselny; *[bliss]* małżeński

nuptials /ˈnʌpʃlz/ *npl* liter or hum uroczystości *f pl* ślubne; zaślubiny *plt* liter or hum

NUR *n* GB = **National Union of Railwaymen** Związek *m* Zawodowy Pracowników Kolei

nurd *n* infml = **nerd**

nurse /nɜːs/ **I** *n* [1] Med pielęgniarka *f*; **male ~** pielęgniarz; **school ~** higienistka; **~!** (to woman) siostro! [2] = **nursemaid**

II *vt* [1] pielęgnować, doglądać (kogoś)

[person]; **to ~ sb through an illness** pielęgnować kogoś podczas choroby; **to ~ sb back to health** pielęgnować kogoś, aż do powrotu do zdrowia; **to ~ one's pride** leczyć zranioną dumę [2] (clasp) przytul|ić, -ać *[child, object]*; **to ~ a baby in one's arms** tulić dziecko w ramionach; **to ~ one's drink** powoli sączyć drinka [3] (suckle) karmić piersią *[baby]* [4] (nurture) pielęgnować *[contact]*; zabiegać o względy (kogoś /czegoś) *[constituency, majority]*; za|troszczyć się o (coś) *[economy, business]* [5] (foster) żywić *[grudge, grievance, hope]*; pielęgnować *[hatred]*

III *vi* [1] (be a nurse) być pielęgniarką /pielęgniarzem [2] (feed) *[baby]* ssać pierś

nurseling *n* = **nursling**

nursemaid /ˈnɜːsmeɪd/ *n* opiekunka *f* do dzieci; niania *f*

nurse practicioner *n* US dyplomowany pielęgniarz *m*, dyplomowana pielęgniarka *f (o wyższych kwalifikacjach)*

nursery /ˈnɜːsərɪ/ *n* [1] (also **day ~**) żłobek *m*; (in hotel, shop) pokój *m* dla dzieci; przechowalnia *f* dzieci infml [2] (room) pokój *m* dziecinny [3] Hort szkółka *f* [4] fig (craddle) wylęgarnia *f* fig

nursery education *n* wychowanie *n* przedszkolne

nurseryman /ˈnɜːsərɪmən/ *n* (*pl* **-men**) Hort szkółkarz *m*

nursery nurse *n* (for babies) wykwalifikowana pielęgniarka *f* noworodków; (for young children) przedszkolanka *f*

nursery rhyme *n* rymowanka *f* infml

nursery school *n* przedszkole *n*

nursery (school) teacher *n* przedszkolanka *f*

nursery slope *n* GB stok *m* dla początkujących; ośla łączka *f* infml

nurse's aide *n* US pomoc *f* pielęgniarska

nursing /ˈnɜːsɪŋ/ **I** *n* [1] (profession) pielęgniarstwo *n*; **to enter** or **go into ~** zostać pielęgniarką/pielęgniarzem [2] (care) opieka *f* pielęgniarska; **round-the-clock ~** całodobowa opieka pielęgniarska [3] (breast-feeding) karmienie *n* piersią

II *adj* [1] *[mother]* karmiąca [2] Med *[method, practice]* pielęgnacyjny; *[staff]* pielęgniarski

nursing auxiliary *n* GB pomoc *f* pielęgniarska

nursing bra *n* biustonosz *m* dla karmiących piersią

nursing home *n* [1] (old people's) dom *m* spokojnej starości; (convalescent) ≈ sanatorium *n* [2] GB (small private hospital) prywatna klinika *f*; (maternity) prywatna klinika *f* położnicza

nursing orderly *n* ≈ salow|y *m*, -a *f*

nursing school *n* szkoła *f* pielęgniarska

nursing sister *n* siostra *f* przełożona

nursling /ˈnɜːslɪŋ/ *n* osesek *m*

nurture /ˈnɜːtʃə(r)/ **I** *n* pielęgnowanie *n*

II *vt* [1] wychowywać *[child]*; pielęgnować *[plant]* [2] fig pielęgnować, żywić *[feeling]*; czuwać nad (czymś) *[project, talent]*

IDIOMS: **the nature/~ debate** debata nad tym, co jest ważniejsze – geny czy wychowanie?

NUS *n* GB = **National Union of Students** Zrzeszenie *n* Studentów

nut /nʌt/ **I** *n* [1] Culin orzech *m*; (almond) migdał *m* [2] Tech nakrętka *f*, mutra *f* [3] infml (mad person) wariat *m*, -ka *f* infml fig [4] infml (enthusiast) mania|k *m*, -czka *f* infml; **he is a health food/cycling ~** ma bzika na punkcie zdrowej żywności/jazdy na rowerze infml [5] infml (head) łeb *m*, bańka *f* infml; **use your ~!** rusz mózgownicą! infml [6] Mus (on violin bow) żabka *f*

II nuts *npl* vinfml (testicles) jaja *plt* vulg

III nuts *adj* infml [1] (crazy) zwariowany, stuknięty infml [2] (enthusiastic) **to be ~ about sb/sth** być zbzikowanym na punkcie kogoś/czegoś infml

IV *excl* infml jasny gwint! infml

V *vt* GB infml (*prp, pt, pp* **-tt-**) uderzyć głową *[person]*

IDIOMS: **~s to you!** infml pocałuj mnie gdzieś! infml; **I can't draw/cook for ~s** infml nie mam pojęcia o rysowaniu/gotowaniu; **it's a hard** or **tough ~ to crack** to twardy orzech do zgryzienia; **he's a hard** or **tough ~ to crack** trudno z nim dojść do ładu; **to be off one's ~** być stukniętym infml; **to do one's ~** dostać szału, wściec się infml; **the ~s and bolts of sth** zasady or podstawy czegoś; abecadło czegoś fig

NUT *n* GB = **National Union of Teachers** Związek *m* Zawodowy Nauczycieli

nut-brown /ˌnʌtˈbraʊn/ *adj [hair]* kasztanowy; *[skin]* smagły; *[eyes]* orzechowy

nut burger *n* hamburger *m* wegetariański *(na bazie orzechów)*

nutcase /ˈnʌtkeɪs/ *n* infml wariat *m*, -ka *f* infml fig

nutcrackers /ˈnʌtkrækəz/ *npl* dziadek *m* do orzechów

nut cutlet *n* kotlet *m* wegetariański *(na bazie orzechów)*

nuthatch /ˈnʌthætʃ/ *n* Zool kowalik *m*

nuthouse /ˈnʌthaʊs/ *n* infml dom *m* wariatów, wariatkowo *n* infml

nutmeg /ˈnʌtmeg/ *n* [1] (tree) muszkatołowiec *m* korzenny [2] (fruit) gałka *f* muszkatołowa

nutmeg grater *n* tarka *f* do gałki muszkatołowej

nutraceutical /ˌnjuːtrəˈsjuːtɪkl, US ˌnuːtrəˈsuː-/ *n* odżywka *f*

nutria /ˈnjuːtrɪə, US ˈnuː-/ *n* Zool nutria *f*; Fashn futro *n* z nutrii

nutrient /ˈnjuːtrɪənt, US ˈnuː-/ **I** *n* substancja *f* odżywcza, składnik *m* pokarmowy

II *adj* odżywczy

nutriment /ˈnjuːtrɪmənt, US ˈnuː-/ *n* pożywienie *n*

nutrition /njuːˈtrɪʃn, US nuː-/ *n* [1] (act, process) odżywianie *n* [2] (science) dietetyka *f*

nutritional /njuːˈtrɪʃənl, US nuː-/ *adj* [1] (good for you) odżywczy; **~ value** wartość odżywcza [2] *[information]* żywieniowy

nutritionist /njuːˈtrɪʃənɪst, US nuː-/ *n* dietetyk *m*, specjalista *m* od żywienia

nutritious /njuːˈtrɪʃəs, US nuː-/ *adj* pożywny

nutritive /ˈnjuːtrətɪv, US ˈnuː-/ *adj* = **nutritious**

nut roast *n* Culin zapiekanka *f* z warzyw z siekanymi orzechami

nuts-and-bolts /ˌnʌtsəndˈbəʊlts/ *adj* praktyczny, użyteczny

nutshell /ˈnʌtʃel/ *n* [1] łupina *f* orzecha [2] fig **in a ~** jednym słowem, krótko mówiąc; **to put sth in a ~** przedstawić coś krótko

nutter /ˈnʌtə(r)/ *n* GB infml wariat *m*, -ka *f* infml fig; **to be a ~** być stukniętym infml

nutty /ˈnʌtɪ/ *adj* [1] (containing nuts) *[cake, chocolate]* z orzechami; *[taste]* orzechowy [2] infml (mad) *[person]* stuknięty infml; *[idea, plan]* szalony infml

nutty slack *n* Mining orzech *m*

nuzzle /ˈnʌzl/ **I** *vt* [1] (rub gently) *[horse, dog]* trąc|ić, -ać nosem; **he ~d her hair** muskał (nosem) jej włosy [2] (dig) *[pig]* z|ryć nosem or pyskiem

II *vi* → **nuzzle up**

■ **nuzzle up**: **to ~ up against** or **to sb** *[person]* przytul|ić, -ać się do kogoś; *[dog]* łasić się

NV US Post = **Nevada**

NVQ *n* GB = **National Vocational Qualification** ≈ wykształcenie *n* zawodowe (na różnych poziomach)

NW *n* = **northwest** płn.-zach.

NY US = **New York**

Nyasaland /naɪˈæsəlænd/ *prn* Hist Niasa *f*

NYC US = **New York City**

nylon /ˈnaɪlɒn/ **I** *n* nylon *m*

II *modif [article]* nylonowy, z nylonu

nylons /ˈnaɪlɒnz/ *npl* nylony *plt*

nymph /nɪmf/ *n* Mythol, Zool nimfa *f*

nymphet /nɪmˈfet/ *n* hum nimfetka *f* liter

nympho /ˈnɪmfəʊ/ *n* infml pej nimfomanka *f*

nymphomania /ˌnɪmfəˈmeɪnɪə/ *n* nimfomania *f*

nymphomaniac /ˌnɪmfəˈmeɪnɪæk/ pej **I** *n* nimfomanka *f*

II *adj* nimfomański

N Yorkshire *n* GB Post → **North Yorkshire**

Nyse US = **New York Stock Exchange** Giełda *f* Nowojorska

NZ = **New Zealand**

o, O /əʊ/ **I** *n* 1 (letter) o, O *n* 2 (spoken number) zero *n*
II *excl* liter O!
o' *prep* = **of** z
oaf /əʊf/ *n* (clumsy) niezdara *m/f*; (loutish) prosta|k *m*, -czka *f*
oafish /ˈəʊfɪʃ/ *adj [person]* niezdarny; *[behaviour]* prostacki
oak /əʊk/ **I** *n* 1 (also **~ tree**) dąb *m* 2 (wood) dąb *m*, dębina *f*; **light/dark ~** jasny/ciemny dąb
II *modif [table, panelling]* dębowy
IDIOMS: **big** or **great ~s from little acorns grow** Prov z małych nasion duże drzewa rosną
oak apple *n* galas *m*, galasówka *f*
oaken /ˈəʊkən/ *adj* liter dębowy
oakleaf lettuce /ˌəʊkli:fˈletɪs/ *n* sałata *f* dębowa
oakum /ˈəʊkəm/ *n* pakuły *plt*
oakwood /ˈəʊkwʊd/ *n* 1 (forest) las *m* dębowy, dąbrowa *f* 2 (timber) drewno *n* dębowe, dębina *f*
OAP *n* = **old-age pensioner** emeryt *m* -ka *f*
oar /ɔ:(r)/ *n* 1 (pole) wiosło *n* 2 (person) wioślа|rz *m*, -rka *f*
IDIOMS: **to put** or **shove** or **stick one's ~ in** infml wtrącać or wsadzać swoje trzy grosze
oarlock /ˈɔ:lɒk/ *n* US dulka *f*
oarsman /ˈɔ:zmən/ *n* (*pl* **-men**) wioślarz *m*
oarswoman /ˈɔ:zwʊmən/ *n* (*pl* **-women**) wioślarka *f*
OAS *n* US = **Organization of American States** OPA *f inv*, Organizacja *f* Państw Amerykańskich
oasis /əʊˈeɪsɪs/ *n* (*pl* **oases**) oaza *f* also fig
oast /əʊst/ *n* piec *m* do suszenia chmielu
oasthouse /ˈəʊsthaʊs/ *n* suszarnia *f* chmielu
oat /əʊt/ **I** *n* (plant) owies *m*; **~s** owies
II *modif [biscuit]* owsiany; **~ crop** zbiór owsa
oatcake /ˈəʊtkeɪk/ *n* owsiany herbatnik *m*, owsiane ciasteczko *n*
oath /əʊθ/ *n* 1 (declaration, promise) przysięga *f* also Jur; **under ~, on ~** GB związany przysięgą; **to testify under** or **on ~** zeznawać pod przysięgą; **to take the ~, to swear an ~** złożyć przysięgę; **to take the ~ that..., to swear an ~ that...** przysiąc, że...; **to take the ~ to do sth, to swear an ~ to do sth** zobowiązać się pod przysięgą do zrobienia czegoś; **to put sb under ~, to administer the ~ to sb** zaprzysiąc kogoś; **I'll take my ~ on it** mogę przysiąc, że to prawda; **to take an ~ of office** złożyć przysięgę przed objęciem urzędu; **~ of allegiance** przysięga wierności or na wierność, ślubowanie 2 (swearword) przekleństwo *n*; **a stream** or **torrent of ~s** grad przekleństw; **to let out an ~** cisnąć przekleństwo
oatmeal /ˈəʊtmi:l/ *n* 1 (cereal) mąka *f* owsiana 2 US (porridge) owsianka *f* 3 (colour) jasny beż *m*
OAU *n* = **Organization of African Unity** Organizacja *f* Jedności Afrykańskiej
Obadiah /ˌəʊbəˈdaɪə/ *prn* Abdiasz *m*
obbligato /ˌɒblɪˈgɑ:təʊ/ **I** *n* partia *f* obbligato; **with violin ~** violino obbligato
II *adj* obbligato
obduracy /ˈɒbdjʊrəsɪ, US -dər-/ *n* 1 (stubbornness) upór *m*, zatwardziałość *f* 2 (hardheartedness) nieczułość *f*, zatwardziałość *f* serca
obdurate /ˈɒbdjʊrət, US -dər-/ *adj* 1 (stubborn) uparty, zatwardziały 2 (hardhearted) nieczuły, twardego serca
OBE *n* GB = **Officer of the Order of the British Empire** Oficer *m* Orderu Imperium Brytyjskiego
obedience /əˈbi:dɪəns/ *n* 1 (to person, rite, law) posłuszeństwo *n* **(to sb/sth** wobec kogoś/czegoś); **in ~ to sth** zgodnie z czymś *[wish, order]*; **to owe ~ to sb** być winnym posłuszeństwo komuś; **to show ~ to sb/sth** okazywać posłuszeństwo komuś /czemuś 2 Relig obediencja *f*
obedient /əˈbi:dɪənt/ *adj [child, dog]* posłuszny **(to sb/sth** komuś/czemuś); **your ~ servant** (in letters) z wyrazami głębokiego szacunku; sługa uniżony arch
obediently /əˈbi:dɪəntlɪ/ *adv* posłusznie
obeisance /əʊˈbeɪsns/ *n* fml 1 (homage) hołd *m* 2 (bow) głęboki ukłon *m*
obelisk /ˈɒbəlɪsk/ *n* Archit obelisk *m*
obese /əʊˈbi:s/ *adj* otyły
obesity /əʊˈbi:sətɪ/ *n* otyłość *f*
obey /əˈbeɪ/ **I** *vt [person]* przestrzegać (czegoś) *[rule, law, conventions]*; wykon|ać, -ywać *[order]*; być posłusznym (komuś) *[person]*; kierować się (czymś) *[instinct]*; postępować zgodnie z (czymś) *[conscience]*; za|stosować się do poleceń (kogoś) *[superior, officer]*; *[object, thing]* podlegać (czemuś) *[law of nature]*; **to ~ a summons** Jur zastosować się do wezwania sądowego
II *vi* podporządkow|ać, -ywać się **(to sth** czemuś)
obfuscate /ˈɒbfəskeɪt/ *vt* fml zaciemni|ć, -ać *[issue, mind]*
obit /ˈɒbɪt, ˈəʊbɪt/ infml *n* = **obituary**
obiter dicta /ˌɒbɪtəˈdɪktə/ *npl* obiter dicta *plt*
obituary /əˈbɪtʃʊərɪ, US -tʃʊerɪ/ **I** *n* (also **~ notice**) nekrolog *m*
II *modif* **~ column/page** kolumna/strona z nekrologami
object I /ˈɒbdʒɪkt/ *n* 1 (item) przedmiot *m*; **flying ~** obiekt latający; **everyday ~s** przedmioty codziennego użytku 2 (goal) cel *m* **(of sth** czegoś); **his ~ was to do sth** jego celem było zrobienie czegoś; **the ~ of the exercise is...** celem tego ćwiczenia jest...; **with the ~ of doing sth** mając na celu zrobienie czegoś 3 (focus) (of actions, feelings) przedmiot *m*, obiekt *m* **(of sth** czegoś); **to become the sole ~ of sb's affection** stać się jedynym przedmiotem uczuć kogoś 4 Ling dopełnienie *n*; **direct /indirect ~** dopełnienie bliższe/dalsze 5 Philos przedmiot *m*
II /əbˈdʒekt/ *vt* **to ~ that...** zaprotestować, uważając, że...; **he ~ed that she was too young/the accusation was based on hearsay** zaprotestował, twierdząc, że była za młoda/że oskarżenie było oparte na pogłosce; **'you can't do that,' he ~ed** „nie możesz tego zrobić", zaprotestował
III /əbˈdʒekt/ *vi* sprzeciwi|ć, -ać się; **if people ~** jeżeli ludzie sprzeciwią się; **the neighbours started to ~** sąsiedzi zaczęli protestować; **I ~ (very strongly)!** (stanowczo) protestuję!; **if you don't ~** jeżeli nie masz nic przeciwko temu; **I won't do it if you ~** nie zrobię tego, jeżeli masz coś przeciwko temu; **would you ~ if I danced with your wife?** czy będziesz miał coś przeciwko temu, żebym zatańczył z twoją żoną?; **they didn't ~ when...** nie sprzeciwiali się, kiedy...; **to ~ to sth** sprzeciwiać się czemuś *[plan, action]*; nie znosić czegoś *[noise, dirt, delay]*; **to ~ to sb** być przeciwnym komuś *[leader, candidate]*; zakwestionować wiarygodność kogoś *[witness, juror]*; **to ~ strongly to sth** zdecydowanie sprzeciwiać się czemuś; **to ~ to sb as president** mieć zastrzeżenia do kogoś jako prezydenta; **to ~ to sb on grounds of sex/age** mieć zastrzeżenia co do płci/wieku kogoś; **to ~ to sb('s) doing sth** sprzeciwiać się robieniu czegoś przez kogoś; **I ~ to you using this place as a hotel** nie zgadzam się na to, żebyś traktował to miejsce jak hotel; **do you ~ to me** or **my smoking?** czy nie przeszkadza ci, że palę?; **to ~ to doing sth** odmówić zrobienia czegoś; **I don't ~ to signing but...** mogę podpisać, ale...; **I wouldn't ~ to a cup of tea** nie odmówię filiżanki herbaty
IDIOMS: **money is no ~** pieniądze nie grają roli
object clause *n* zdanie *n* dopełnieniowe

objectify /ɒbˈdʒektɪfaɪ/ *vt* uprzedmiotowi|ć, -ać

objection /əbˈdʒekʃn/ *n* [1] (adverse argument) zarzut *m*; (expression of disapproval) sprzeciw *m*, zastrzeżenie *n*; **are there any ~s?** czy są jakieś zastrzeżenia?; **if you have no ~(s)** jeżeli nie masz zastrzeżeń; **to raise/voice an ~** zgłosić/wyrazić sprzeciw; **to raise the ~ to sth** zgłosić zastrzeżenie co do czegoś; **to meet with the ~ of sb** spotkać się ze sprzeciwem ze strony kogoś; **is there any ~ to my being present?** czy coś stoi na przeszkodzie, żebym był obecny?; czy ktoś ma coś przeciwko temu, żebym był obecny?; **the main ~ was to tax increases** główny zarzut dotyczył wzrostu podatków; **I have no ~ to her** nie mam nic przeciwko niej; **I have no ~ to going** nie mam nic przeciwko temu, żeby pójść; **have you some ~ to washing up?** iron czy masz coś przeciwko myciu naczyń? iron; **have you any ~ to people taking photos?** czy przeszkadza ci to, że ludzie robią zdjęcia?; **I've no ~ to them coming** nie mam nic przeciwko temu, żeby przyszli; **the ~ that...** zarzut, że... [2] Jur **to make ~ to sth** zgłosić zastrzeżenie or sprzeciw wobec czegoś *[argument, statement]*; **~!** zgłaszam sprzeciw!; **~ overruled/sustained** sprzeciw odrzucony/podtrzymany

objectionable /əbˈdʒekʃənəbl/ *adj [remark, allegation]* nie na miejscu, budzący sprzeciw; *[proposal, plan, law, system, views]* nie do przyjęcia; *[behaviour, language]* niedopuszczalny; *[smell, person]* nieprzyjemny, niemiły; **there's nothing ~ about him** trudno mu coś zarzucić

objective /əbˈdʒektɪv/ **I** *n* [1] (goal) cel *m* also Mil; **to do sth with the ~ of doing sth** robić coś, mając na celu zrobienie czegoś; **foreign policy ~s** cele polityki zagranicznej [2] Phot, Med obiektyw *m* [3] Ling biernik *m*
II *adj* [1] (unbiased) obiektywny **(about sb /sth** wobec kogoś/czegoś**)** [2] Philos obiektywny [3] Ling dopełnieniowy

objective case *n* Ling biernik *m*

objective complement *n* Ling dopełnienie *n* bliższe

objectively /əbˈdʒektɪvlɪ/ *adv* [1] (fairly) obiektywnie [2] Philos obiektywnie [3] Ling dopełnieniowo

objectivism /əbˈdʒektɪvɪzəm/ *n* obiektywizm *m*

objectivity /ˌɒbdʒekˈtɪvətɪ/ *n* obiektywność *f*

object language *n* język *m* przedmiotowy

object lesson *n* lekcja *f* (poglądowa) **(in** sth czegoś**)**; **an ~ in doing** or **in how to do sth** lekcja (poglądowa), w jaki sposób robić coś

objector /əbˈdʒektə(r)/ *n* przeciwni|k *m*, -czka *f*

object-oriented database /ˌɒbdʒektɔːrɪentɪdˈdeɪtəbeɪs/ *n* Comput obiektowa baza *f* danych

objet d'art /ˌɒbʒeɪˈdɑː(r)/ *n* (*pl* **~s d'art**) dzieło *n* sztuki

oblate /ˈɒbleɪt/ **I** *n* Relig oblat *m*
II *adj* Math *[sphere]* spłaszczony; *[leaf]* spłaszczony na końcach

oblation /əʊˈbleɪʃn/ *n* Relig ofiara *f*; (act) oblacja *f* arch

obligate /ˈɒblɪgeɪt/ *vt* zobowiąz|ać, -ywać, z|obligować **(to do sth** do zrobienia czegoś**)**

obligation /ˌɒblɪˈgeɪʃn/ *n* [1] (duty) obowiązek *m* **(to** or **towards sb** wobec kogoś**)**; **family/moral ~s** obowiązki rodzinne /moralne; **to have an ~ to do sth** mieć obowiązek zrobić coś; **to be under (an) ~ to do sth** być zobowiązanym zrobić coś; **to fulfil one's ~s** spełniać or wypełniać swoje obowiązki; **out of a sense of ~** z poczucia obowiązku [2] (commitment) (contractual, personal) zobowiązanie *n* **(to sb** w stosunku do kogoś**)** **(to do sth** żeby coś zrobić**)**; **without ~** Comm bez zobowiązań; **there is no ~ to pay** nie ma obowiązku płacenia; **no ~ to buy** Comm nie ma obowiązku zakupu; **to discharge** or **fulfil one's ~s** wywiązywać się ze swoich zobowiązań; **he failed to meet his ~s** nie wypełnił swoich zobowiązań; **to place sb under (an) ~ to do sth** zobowiązać kogoś do zrobienia czegoś [3] (debt) (financial) dług *m*, zobowiązanie *n* finansowe; (of gratitude) dług *m* wdzięczności; **to meet one's ~s** spłacać długi, wywiązywać się ze zobowiązań finansowych; **to repay an ~** spłacać dług wdzięczności; **to be under ~ to sb for sth** mieć dług wobec kogoś za coś

obligatory /əˈblɪgətrɪ, US -tɔːrɪ/ *adj* (compulsory, customary) obowiązkowy; **it is ~ to vote** głosowanie jest obowiązkowe; **to make it ~ for sb to do sth** nałożyć na kogoś obowiązek robienia czegoś

oblige /əˈblaɪdʒ/ *vt* [1] (compel) *[contract, law, circumstances, person]* zobowiąz|ać, -ywać **(to do sth** do zrobienia czegoś**)**; **to be/feel ~d to do sth** być/czuć się zobowiązanym do zrobienia czegoś; **you're not ~d to go there** nie masz obowiązku tam jechać [2] (be helpful to) wyświadcz|yć, -ać przysługę (komuś); **could you ~ me with a lift?** czy mógłbyś mnie podwieźć?; **would you ~ me by not smoking?** czy mógłbyś być tak dobry i nie palić?; **~ me by leaving** bądź tak dobry i wyjdź; **anything to ~!** zawsze do usług! [3] (be grateful) **to be ~d to sb** być wdzięcznym or zobowiązanym komuś **(for sth** za coś**)** **(for doing sth** za zrobienie czegoś**)**; **I would be ~d if you'd stop smoking** byłbym wdzięczny, gdybyś przestał palić; **much ~d!** najmocniej dziękuję!

obliging /əˈblaɪdʒɪŋ/ *adj [person]* uczynny; *[manner]* uprzejmy; **it is ~ of them to do it** bardzo uprzejmie z ich strony, że to robią

obligingly /əˈblaɪdʒɪŋlɪ/ *adv* uprzejmie

oblique /əˈbliːk/ **I** *n* Print kreska *f* ukośna, ukośnik *m*
II *adj* [1] (diagonal) *[line, stroke, edge]* ukośny, skośny; *[look]* z ukosa [2] fig (indirect) *[allusion, compliment]* ukryty; zawoalowany fig; *[reference]* niewyraźny [3] Ling *[case]* zależny

oblique angle *n* kąt *m* wypukły

obliquely /əˈbliːklɪ/ *adv* [1] (diagonally) *[placed, drawn]* ukośnie, na ukos; *[fall]* z ukosa, ukośnie [2] fig *[answer, refer]* nie wprost

obliqueness /əˈbliːknɪs/ *n* [1] (of line) nieprostopadłość *f*; **the ~ of her look** spojrzenie rzucone (przez nią) z ukosa [2] (of reference) niewyraźność *f*

obliterate /əˈblɪtəreɪt/ *vt* [1] (rub out, remove) *[time]* za|trzeć, -cierać *[trace, print]*; *[person]* (with pen) zamaz|ać, -ywać *[word, text]* [2] (destroy) unicestwi|ć, -ać; z|równać z ziemią fig *[target, village]* [3] (cover) zasł|onić, -aniać *[sun, view]* [4] (erase from mind) wymaz|ać, -ywać z pamięci *[experience, memory]* [5] (cancel) s|kasować *[stamp]*

obliteration /əˌblɪtəˈreɪʃn/ *n* [1] (of inscription, fingerprints, memories) zacieranie *n*; (with pen) zamazywanie *n* [2] (of city) unicestwienie *n*; zrównanie *n* z ziemią fig

oblivion /əˈblɪvɪən/ *n* [1] (being forgotten) zapomnienie *n*, niepamięć *f*; **to rescue sb/sth from ~** ocalić kogoś/coś od zapomnienia, uratować kogoś/coś od niepamięci; **to sink into ~** pójść w niepamięć, popaść w zapomnienie [2] (unconsciousness, nothingness) nicość *f*; **to drink oneself into ~** upić się do nieprzytomności; **to long for ~** (death) pragnąć śmierci; (sleep, drug-induced) pragnąć zapaść się w nicość, szukać zapomnienia

oblivious /əˈblɪvɪəs/ *adj* [1] (unaware) nieświadomy **(of** or **to sth** czegoś**)** *[presence, surroundings, risk, implications]* [2] (forgetful) **to be ~ to sth** nie zważać na coś

oblong /ˈɒblɒŋ, US -lɔːŋ/ **I** *n* wydłużony prostokąt *m*
II *adj [table, building]* podłużny

obloquy /ˈɒbləkwɪ/ *n* hańba *f*, wstyd *m*

obnoxious /əbˈnɒkʃəs/ *adj [person, behaviour]* wstrętny, okropny; *[smell]* ohydny, wstrętny

obnoxiously /əbˈnɒkʃəslɪ/ *adv* wstrętnie, ohydnie

oboe /ˈəʊbəʊ/ *n* obój *m*

oboist /ˈəʊbəʊɪst/ *n* oboist|a *m*, -ka *f*

obscene /əbˈsiːn/ *adj* [1] (lewd) *[film, publication, joke]* obsceniczny; *[remark]* nieprzyzwoity [2] (morally repugnant) *[publication, work, proposal]* nieprzyzwoity [3] fig *[wealth]* nieprzyzwoity; *[war]* ohydny

obscenely /əbˈsiːnlɪ/ *adv [behave]* nieprzyzwoicie, obscenicznie; *[talk]* nieprzyzwoicie, sprośnie; *[leer]* lubieżnie; **to be ~ rich** fig być nieprzyzwoicie bogatym

obscenity /əbˈsenətɪ/ *n* [1] (obscene remark) nieprzyzwoitość *f*, sprośność *f* [2] (obscene nature) plugawość *f*

obscurantism /ˌɒbskjʊəˈræntɪzəm/ *n* obskurantyzm *m*

obscurantist /ˌɒbskjʊəˈræntɪst/ **I** *n* obskurant *m*, -ka *f*
II *adj* obskurancki

obscure /əbˈskjʊə(r)/ **I** *adj* [1] (hard to understand) *[meaning, theory, motive, origin]* niejasny [2] (little-known) *[book, writer, life, village]* mało znany [3] (indistinct) *[shape, light, sound]* niewyraźny; *[feeling]* nieokreślony [4] (dark, gloomy) *[corner, cave]* mroczny
II *vt* [1] (make unclear) zaciemni|ć, -ać *[issue, meaning]*; przesł|onić, -aniać *[nature, truth]* [2] (cover, conceal) przesł|onić, -aniać *[moon, view]*; zagłusz|yć, -ać *[sound]*; ukry|ć, -wać *[feelings]* [3] (darken) przyciemni|ć, -ać

obscurely /əbˈskjʊəlɪ/ *adv [talk, write]* niejasno, niezrozumiale

obscurity /əbˈskjʊərətɪ/ *n* [1] (of argument, reference, origin) niejasność *f*; **the ~ of his origin** brak jasności co do jego pochodzenia; **to fall back** or **sink into ~** popaść w zapomnienie; **to rise from ~** zyskać rozgłos [2] (of shape) niewyraźność *f* [3] liter (darkness) ciemności *f pl*, mrok *m*

obsequies /ˈɒbsɪkwɪz/ *npl* fml uroczystości *f pl* pogrzebowe

obsequious /əbˈsiːkwɪəs/ *adj* służalczy **(to** or **towards sb** w stosunku do kogoś)

obsequiously /əbˈsiːkwɪəslɪ/ *adv* służalczo

obsequiousness /əbˈsiːkwɪəsnɪs/ *n* służalczość *f*

observable /əbˈzɜːvəbl/ *adj* [1] (discernible) *[phenomenon, planet, behaviour]* dający się zaobserwować [2] (significant, noteworthy) *[feature, improvement, change]* zauważalny; **there's no ~ connection between the two events** nie widać żadnego wyraźnego związku między tymi dwoma wydarzeniami

observably /əbˈzɜːvəblɪ/ *adv [larger, thinner, change, improve]* zauważalnie; *[move, react]* dostrzegalnie, w sposób dostrzegalny

observance /əbˈzɜːvəns/ *n* [1] (of law, rule, right, code, sabbath) przestrzeganie *n* **(of sth** czegoś); (of religious festival, anniversary) obchody *m pl* **(of sth** czegoś) [2] (religious rite, ceremony) obrządek *m*; **religious ~s** praktyki religijne

observant /əbˈzɜːvənt/ *adj* [1] *[person, eye, mind]* spostrzegawczy; **it was ~ of you to notice the difference** jesteś bardzo spostrzegawczy, skoro zauważyłeś różnicę [2] (of law, custom) **to be ~ of sth** przestrzegać czegoś

observation /ˌɒbzəˈveɪʃn/ *n* [1] (examination, study) obserwacja *f* also Med, Sci **(of sb/sth** kogoś/czegoś); **to be under ~** być pod obserwacją; (in hospital) być na obserwacji; **to keep sb under ~** obserwować kogoś; (in hospital) trzymać kogoś na obserwacji; **clinical/scientific ~s** obserwacje kliniczne /naukowe; **to escape ~** pozostać niezauważonym [2] (ability to observe) spostrzegawczość *f*; **the powers of ~** dar obserwacji; **he has no powers of ~** nie jest spostrzegawczy [3] (remark) spostrzeżenie *n* **(about** or **on sb** dotyczące kogoś) **(about** or **on sth** na temat czegoś); **to make an ~** poczynić spostrzeżenie; **to make the ~ that...** zauważyć, że...

observation balloon *n* Meteorol balon *m* obserwacyjny

observation car *n* wagon *m* z oknami panoramicznymi

observation deck *n* taras *m* widokowy

observation post *n* punkt *m* obserwacyjny, stanowisko *n* obserwacyjne

observation satellite *n* satelita *m* obserwacyjny

observation tower *n* wieża *f* obserwacyjna

observation ward *n* **he spent two days in the ~** spędził dwa dni w szpitalu na obserwacji

observatory /əbˈzɜːvətrɪ, US -tɔːrɪ/ *n* obserwatorium *n*

observe /əbˈzɜːv/ *vt* [1] (see, notice) zauważyć, spostrzec *[thing, person, behaviour]*; zaobserwować *[phenomenon]*; **did you ~ them entering the house?** czy zauważyłeś, jak wchodzili do domu?; **I ~d that she looked very tired** zauważyłem, że wygląda na bardzo zmęczoną [2] (watch) obserwować *[patient, suspect, phenomena]*; **police ~d the suspect closely** podejrzany był pod ścisłą obserwacją policji [3] (remark) zauważyć **(that** że); **'it's raining,' she ~d** „pada deszcz", zauważyła; **as Chesterton ~d** jak zauważył Chesterton; **she ~d to me that...** zwróciła mi uwagę na to, że... [4] (adhere to) przestrzegać (czegoś) *[law, custom, condition, silence, fast]*; zachowywać *[fast]*; **to ~ neutrality** zachowywać neutralność [5] (celebrate) obchodzić *[Sabbath, Christmas]*

observer /əbˈzɜːvə(r)/ **I** *n* [1] (of event, phenomenon, election) obserwator *m*, -ka *f* **(of sth** czegoś); **a casual ~** przypadkowy obserwator; **to attend as an ~** wystąpić w charakterze obserwatora; **a military ~** obserwator wojskowy [2] Journ, Pol (commentator) komentator *m*, -ka *f*, obserwator *m*, -ka *f* **(of sth** czegoś); **political ~s** obserwatorzy sceny politycznej; **according to well-placed ~s** według dobrze poinformowanych źródeł

II *modif [mission]* obserwacyjny; **~ delegation/group** delegacja/grupa obserwatorów; **~ status** status obserwatora; **~ country** kraj obserwator

obsess /əbˈses/ *vt [fears, image, thought]* prześladować; **to be ~ed by** or **with sth** być opętanym czymś *[greed, fear, idea]*; mieć obsesję na punkcie czegoś *[details]*; **to be ~ed by** or **with sb** mieć obsesję na punkcie kogoś

obsession /əbˈseʃn/ *n* obsesja *f* **(with sth** na punkcie czegoś); Psych natręctwo *n*; **to have an ~ with sth** mieć obsesję na punkcie czegoś *[death, hygiene]*; mieć manię czegoś *[tidiness]*; **sailing/golf is an ~ with him** żeglarstwo/golf jest jego namiętnością; **a man with one great ~** człowiek ogarnięty jedną wielką obsesją

obsessional /əbˈseʃənl/ *adj [behaviour, trait, jealousy, fear]* obsesyjny; **to be ~ about doing sth** *[person]* mieć manię robienia czegoś

obsessive /əbˈsesɪv/ **I** *n* Psych obsesjonist|a *m*, -ka *f*; fig mania|k *m*, -czka *f*

II *adj [memory, thought]* natrętny, obsesyjny; **to be ~ about sth** mieć obsesję na punkcie czegoś; **~ neurosis** nerwica natręctw; **his ~ fear of illness/death** jego obsesyjny strach przed chorobą/śmiercią

obsessive-compulsive disorder /əbˌsesɪvkəmˌpʌlsɪvdɪsˈɔːdə(r)/ *n* zaburzenia *n pl* obsesyjno-kompulsywne

obsessively /əbˈsesɪvlɪ/ *adv* obsesyjnie; **~ clean** wprost obsesyjnie czysty; **he's ~ concerned with his health** obsesyjnie przejmuje się swoim zdrowiem, ma obsesję na punkcie (swojego) zdrowia

obsidian /əbˈsɪdɪən/ *n* Geol obsydian *m*

obsolescent /ˌɒbsəˈlesnt/ *adj* zanikający

obsolete /ˈɒbsəliːt/ *adj* przestarzały

obstacle /ˈɒbstəkl/ *n* przeszkoda *f* also fig; **to be an ~ to sth** stanowić przeszkodę w czymś *[work, action]*; stanowić przeszkodę na drodze czegoś *[progress, peace]*; **to put an ~ in sb's way** rzucać komuś kłody pod nogi; **they put ~s in the way of our marriage** starali się nie dopuścić do naszego ślubu

obstacle course *n* Mil tor *m* przeszkód; **my career is something of an ~** fig moja kariera to ciągła walka z przeciwnościami

obstacle race *n* bieg *m* z przeszkodami

obstetric /əbˈstetrɪk/ *adj [clinic, service, technique]* położniczy; **~ medicine** położnictwo

obstetrician /ˌɒbstəˈtrɪʃn/ *n* położnik *m*

obstetrics /əbˈstetrɪks/ *n (+ v sg)* położnictwo *n*

obstinacy /ˈɒbstənəsɪ/ *n* (of person) upór *m*; (of cough, illness) uporczywość *f*; (of resistance) nieustępliwość *f*

obstinate /ˈɒbstənət/ *adj [person]* zawzięty, uparty **(about sth** w kwestii czegoś); *[silence]* uporczywy; *[resistance]* wytrwały; *[cough, illness, fever]* uporczywy; *[stain]* trudny do wywabienia; **he's being most ~ about it** strasznie się zawziął w tej sprawie

obstinately /ˈɒbstənətlɪ/ *adv [refuse]* uparcie, z uporem; *[defend, resist]* wytrwale; **he ~ clings to the belief that...** uparcie wierzy, że...; **she ~ insisted on paying** uparła się, że zapłaci

obstreperous /əbˈstrepərəs/ *adj [drunk, child]* zaczepny, kłótliwy; *[crowd]* hałaśliwy, wrzaskliwy

obstreperously /əbˈstrepərəslɪ/ *adv [act]* zaczepnie; *[say]* kłótliwie

obstruct /əbˈstrʌkt/ **I** *vt* [1] (block) przesł|onić, -aniać *[view]*; za|tarasować, za|blokować *[road, path]*; zat|kać, -ykać *[pipe, gutter]*; Med zat|kać, -ykać **(with sth** czymś); **to ~ the bowels** spowodować zaparcie [2] (impede) za|blokować *[traffic]*; utrudni|ć, -ać *[progress, passage, plan]*; zawadzać (komuś) *[person]*; za|blokować *[player]*; **to ~ justice** utrudniać postępowanie sądowe; **to ~ the police** utrudniać pracę policji; **to ~ the passage of the bill** stosować obstrukcję w celu zablokowania projektu ustawy

II *vi* Sport za|blokować (nieprzepisowo)

obstruction /əbˈstrʌkʃn/ *n* [1] (act, state) (of road) zatarasowanie *n*, zablokowanie *n*; (of pipe, artery) zatkanie *n*; Pol obstrukcja *f*; **to be charged with ~ of the police (in the course of their duties)** zostać oskarżonym o utrudnianie pracy policji [2] (thing causing blockage) (to traffic, progress) przeszkoda *f*, zawada *f*; (in pipe) czop *m*, zator *m*; Med niedrożność *f*; **~ of the bowels** obstrukcja, zaparcie; **to cause an ~ to traffic** blokować or tamować ruch uliczny [3] Sport (niedozwolone) blokowanie *n*; **to commit an ~** blokować w sposób niedozwolony

obstructionism /əbˈstrʌkʃənɪzəm/ *n* obstrukcjonizm *m*; **to have a policy of ~** prowadzić politykę opartą na obstrukcjonizmie

obstructionist /əbˈstrʌkʃənɪst/ **I** *n* obstrukcjonista *m*

II *adj* obstrukcyjny

obstructive /əbˈstrʌktɪv/ *adj* [1] (uncooperative) *[policy, tactics]* obstrukcyjny; *[person]* oporny, niechętny do współpracy; *[behaviour]* destrukcyjny; **to be ~** *[person]* stwarzać trudności [2] Med zamykający, blokujący

obtain /əbˈteɪn/ **I** *vt* uzysk|ać, -iwać *[degree, visa, permission, information, votes, money, prize]*; otrzym|ać, -ywać, dosta|ć, -wać, zdoby|ć, -wać *[goods, book]*; naby|ć, -wać (czegoś) *[experience]*; **this effect is ~ed by mixing colours** efekt ten uzyskuje się poprzez mieszanie kolorów; **this chemical is ~ed from zinc** tę substancję otrzymuje się z cynku; **our products may be ~ed from any supermarket** nasze towary można znaleźć or są do nabycia w każdym supermarkecie; **she ~ed a copy of the document** uzyskała kopię dokumentu

II *vi* fml *[method, rule]* obowiązywać; *[practice, custom]* być rozpowszechnionym

obtainable /əbˈteɪnəbl/ *adj* osiągalny; **~ in all good bookstores** do nabycia or dostępny we wszystkich dobrych księgarniach; **petrol is easily ~** nie ma trudności z kupnem benzyny

obtrude /əbˈtruːd/ *vi* fml [1] (impinge) *[person]* narzuc|ić, -ać się; **to ~ on sb** narzucać się komuś [2] (become apparent) *[opinion]* ujawni|ć, -ać się; **the author does not let her opinions ~** autorka nie ujawnia własnych opinii

obtrusive /əbˈtruːsɪv/ *adj* [1] (conspicuous) *[stain, object]* rzucający się w oczy; *[decor]* przytłaczający; *[noise, smell]* nieznośny, uprzykrzony [2] (importunate) *[person]* natrętny; *[behaviour, presence]* męczący

obtrusively /əbˈtruːsɪvlɪ/ *adv [behave]* natrętnie; *[stick out]* w sposób rzucający się w oczy

obtrusiveness /əbˈtruːsɪvnɪs/ *n* (of person) natręctwo *n*

obtuse /əbˈtjuːs, US -ˈtuːs/ *adj* [1] (stupid) *[person]* tępy, ograniczony; *[remark]* głupi; **he's being deliberately ~** on tylko udaje głupiego [2] Math *[angle]* rozwarty

obtuseness /əbˈtjuːsnɪs, US -ˈtuːs-/ *n* tępota *f*

obverse /ˈɒbvɜːs/ **I** *n* [1] (of coin, medal) awers *m* [2] (opposite) (of statement) odwrotność *f*; (of fact, love) przeciwieństwo *n*

II *adj* [1] (contrary) *[argument, proposition]* przeciwny [2] (of coin) **the ~ side** or **face** awers *m*

obviate /ˈɒbvɪeɪt/ *vt* fml usu|nąć, -wać *[difficulty]*; zażegn|ać, -ywać *[danger]*; z|likwidować *[delay]*; **to ~ the need for sth** sprawić, że coś staje się niepotrzebne; **this would ~ the need to do it** dzięki temu nie trzeba byłoby tego robić

obvious /ˈɒbvɪəs/ **I** *n* **to state the ~** stwierdzić oczywisty fakt; **statement of the ~** truizm

II *adj* [1] (evident) oczywisty **(to sb** dla kogoś); **it's ~ that...** to oczywiste, że...; **her anxiety was ~** jej zdenerwowanie rzucało się w oczy, była wyraźnie zdenerwowana; **his disappointment was ~ to all** nikt nie miał wątpliwości, że był rozczarowany; **it was ~ to everyone that there had been a mistake** dla wszystkich było jasne, że popełniono błąd; **she is the ~ choice for the job** jest najodpowiedniejszą osobą na to stanowisko; **it was the ~ solution to choose** takie rozwiązanie samo się narzucało; **it was the ~ thing to do** było oczywiste, że należy tak postąpić; **for ~ reasons I do not wish to discuss this** z oczywistych względów nie chcę o tym rozmawiać [2] (unsubtle) *[lie]* oczywisty, wierutny; *[joke]* ciężki; **she was too ~ about it** nie zrobiła tego zbyt subtelnie

obviously /ˈɒbvɪəslɪ/ **I** *adv* oczywiście; **she ~ needs help** najwyraźniej potrzebuje pomocy; **he's ~ lying** najwyraźniej kłamie; **she's ~ happy** jest najwyraźniej szczęśliwa; **he was ~ in pain** najwyraźniej cierpiał; **'hasn't he heard of them?' – '~ not'** iron „czy on nigdy o nich nie słyszał?" – „najwyraźniej nie"; **he has ~ been taking lessons** najwyraźniej brał lekcje

II *excl* oczywiście!

obviousness /ˈɒbvɪəsnɪs/ *n* oczywistość *f*; (of outcome) przewidywalność *f*; (of remark) banalność *f*; (of plot) brak *m* oryginalności

OC *n* GB = **Officer Commanding** dowódca *m*

ocarina /ˌɒkəˈriːnə/ *n* okaryna *f*

occasion /əˈkeɪʒn/ **I** *n* [1] (particular time) sposobność *f*, okazja *f*; **on that ~** przy tej sposobności; **on one ~** pewnego razu; **on several ~s** kilkakrotnie; **on a previous ~** poprzednio, zeszłym razem; **on rare ~s** rzadko, przy rzadkich okazjach; **on ~** od czasu do czasu; **on the ~ of (sth)** z okazji (czegoś); **when the ~ demands it** kiedy zajdzie taka potrzeba or konieczność; **to rise to the ~** stanąć na wysokości zadania [2] (opportunity) okazja *f*; **to have ~ to do sth** mieć okazję zrobić coś; **it's no ~ for laughter** to nie jest moment do śmiechu; **should the ~ arise** gdyby nadarzyła się taka okazja [3] (event, function) okazja *f*, wydarzenie *n*; **a big ~** wielka okazja, wielkie wydarzenie; **on special ~s** na specjalne okazje; **for the ~** na tę okazję; **the wedding was quite an ~** ten ślub to było wielkie wydarzenie; **ceremonial ~, state ~** oficjalna uroczystość [4] fml (cause) powód *m*; **there was no ~ to be so rude** nie było powodu, żeby się tak niegrzecznie zachować; **there is no ~ for alarm** nie ma powodu do niepokoju; **we have no ~ for complaint** nie mamy powodu do narzekań

II *vt* s|powodować; **I've no idea what has ~ed his call** nie mam pojęcia, co go skłoniło do zatelefonowania

occasional /əˈkeɪʒənl/ *adj* [1] *[event]* sporadyczny; **she smokes the ~ cigarette** od czasu do czasu zapali papierosa; **they have the ~ row** od czasu do czasu się kłócą; **~ showers** Meteorol przelotne deszcze [2] fml *[poem, music]* okolicznościowy

occasionally /əˈkeɪʒənəlɪ/ *adv* od czasu do czasu; **very ~** bardzo rzadko, prawie nigdy

occasional table *n* stolik pomocnik *m*

Occident /ˈɒksɪdənt/ *n* liter **the ~** Zachód *m*

occidental /ˌɒksɪˈdentl/ *adj* liter okcydentalny liter

occiput /ˈɒksɪpʌt/ *n* potylica *f*; (bone) kość *f* potyliczna

occlude /əˈkluːd/ *vt* [1] (obstruct) zam|knąć, -ykać, za|blokować *[passage, opening]*; zat|kać, -ykać *[pores]*; zasł|onić, -aniać, przesł|onić, -aniać *[eye, light]* [2] Meteorol, Chem okludować; **~d front** Meteorol front zokludowany

occlusion /əˈkluːʒn/ *n* [1] (blocking) zamknięcie *n* [2] Chem, Meteorol okluzja *f*

occlusive /əˈkluːsɪv/ **I** *n* Ling spółgłoska *f* zwarto-wybuchowa

II *adj* [1] Ling zwarty [2] Med zamknięty; **~ arterial disease** zamknięcie tętnicy

occult **I** /ɒˈkʌlt, US əˈkʌlt/ *n* **the ~** *(+ v sg)* wiedza *f* tajemna, okultyzm *m*

II /ɒˈkʌlt/ *adj [influence, powers]* tajemny, magiczny; *[arts, literature]* okultystyczny

occultism /ɒˈkʌltɪzəm, US əˈ-/ *n* okultyzm *m*

occupancy /ˈɒkjʊpənsɪ/ *n* zajmowanie *n*; **multiple/sole ~ of a house** zajmowanie budynku przez wiele osób/jedną osobę; **to have sole ~ of a house** być jedynym mieszkańcem domu; **a change of ~** zmiana lokatora; **the family's ~ of the apartment lasted only six months** rodzina zajmowała to mieszkanie tylko sześć miesięcy; **during his ~ of the post** w okresie, kiedy zajmował to stanowisko; **for summer ~** do mieszkania w lecie; **available for immediate ~** do wynajęcia od zaraz; **signs of ~** ślady zamieszkania

occupant /ˈɒkjʊpənt/ *n* [1] (of building) mieszkan|iec *m*, -ka *f*, lokator *m*, -ka *f*; (of office) użytkowni|k *m*, -czka *f*; **who is the ~ of the flat/bed** kto zajmuje to mieszkanie /łóżko [2] (of vehicle) pasażer *m* [3] (of post) **the previous/current ~ of the post** osoba uprzednio/aktualnie zajmująca to stanowisko; **the new ~ of the post** osoba, która właśnie objęła to stanowisko

occupation /ˌɒkjʊˈpeɪʃn/ **I** *n* [1] **to be in ~ of house/apartment** zajmować dom /mieszkanie; **they are already in ~** oni już się wprowadzili; **ready for ~** gotowy do zamieszkania; **the date of their ~** data zajęcia przez nich lokalu; **to take up ~ (of sth)** wprowadzić się (do czegoś) [2] Mil, Pol okupacja *f* **(of sth** czegoś); **to be under ~** być okupowanym; **to come under ~** znaleźć się pod okupacją; **an army of ~** armia okupacyjna [3] (job) (profession) zawód *m*; (activity) zajęcie *n* [4] (leisure activity) zajęcie *n*

II *modif [army, forces, troops]* okupacyjny

occupational /ˌɒkjʊˈpeɪʃənl/ *adj [activity, group, training, disease]* zawodowy; **~ accident** wypadek w pracy; **~ stress** stres związany z wykonywaną pracą

occupational hazard *n* ryzyko *n* zawodowe

occupational health *n* medycyna *f* pracy

occupational pension *n* GB Soc Admin emerytura *f* z zakładowego funduszu emerytalnego

occupational pension scheme *n* GB zakładowy fundusz *m* emerytalny

occupational psychologist *n* psycholog *m* pracy

occupational psychology *n* psychologia *f* pracy

occupational risk *n* = **occupational hazard**

occupational therapist *n* terapeuta *m* zajęciowy

occupational therapy *n* terapia *f* zajęciowa

O

occupier /ˈɒkjʊpaɪə(r)/ *n* (of house, flat) najemca *m*; (of land) dzierżawca *m*

occupy /ˈɒkjʊpaɪ/ **I** *vt* [1] (inhabit) zaj|ąć, -mować *[house, premises]* [2] (fill) zaj|ąć, -mować *[bed, seat, room]*; **is the seat occupied?** czy to miejsce jest zajęte? [3] (take over) okupować *[country, building]*; **the occupied territories** Pol terytoria okupowane; **the occupied zone** strefa okupacyjna [4] (take up) zaj|ąć, -mować *[time, area, floor, space]*; *[activity, festivity]* wypełni|ć, -ać *[day, afternoon]*; **the speeches occupied the whole day** przemówienia trwały cały dzień; **that table occupies too much space** ten stół zajmuje za dużo miejsca [5] (keep busy) zaj|ąć, -mować *[person, mind]*; **to be occupied in doing sth** być zajętym robieniem czegoś; **to be occupied with sb/sth** być zajętym or zajmować się kimś/czymś; **something to ~ my mind** coś, czym mógłbym zająć myśli

II *vr* **to ~ oneself** znaleźć (sobie) zajęcie; **to ~ oneself with sth** zająć się czymś; **to keep oneself occupied** być stale zajętym **(by doing sth** robieniem czegoś**)**

occur /əˈkɜː(r)/ *vi* (*prp, pt, pp* **-rr-**) [1] (happen, take place) *[change]* nast|ąpić, -ępować; *[symptom, delay, fault, mistake]* wyst|ąpić, -ępować; *[accident, event]* zdarz|yć, -ać się; *[epidemic]* wybuch|nąć, -ać; *[opportunity]* pojawi|ć, -ać się; *[sale, visit]* odby|ć, -wać się [2] (be present) *[disease, infection]* pojawi|ć, -ać się; *[misprint, species, toxin]* wyst|ąpić, -ępować; *[expression, mistake, phrase]* trafi|ć, -ać się [3] (suggest itself) **the idea ~red to me that...** przyszła mi do głowy myśl, że...; **it ~s to me that she is wrong** wydaje mi się, że ona się myli; **it ~red to me to do it** przyszło mi do głowy, żeby to zrobić; **it only ~red to me later** dopiero później przyszło mi to do głowy; **that she was mistaken never ~red to me** nie przyszło mi do głowy, że ona może nie mieć racji

occurrence /əˈkʌrəns/ *n* [1] (event) zdarzenie *n*, wypadek *m*; **to be a rare/regular /daily ~** rzadko/regularnie/codziennie się zdarzać [2] (instance) przykład *m* **(of sth** czegoś**)** [3] (presence) (of disease, phenomenon, species) występowanie *n*

ocean /ˈəʊʃn/ **I** *n* ocean *m*

II oceans *npl* infml **~s of sth** masa czegoś *[food, space, time, work]*; morze czegoś fig *[tears, booze]*

III *modif [voyage, wave]* oceaniczny; **~ bed** dno oceanu

oceanarium /ˌəʊʃəˈneərɪəm/ *n* (*pl* **~s, -aria**) oceanarium *n*

ocean-going /ˈəʊʃngəʊɪŋ/ *adj [vessel, ship]* oceaniczny, pełnomorski; **~ liner** liniowiec (transoceaniczny)

Oceania /ˌəʊʃɪˈeɪnɪə/ *prn* Oceania *f*

Oceanian /ˌəʊʃɪˈeɪnɪən/ **I** *n* mieszkan|iec *m*, -ka *f* Oceanii

II *adj* **~ landscape/inhabitant** krajobraz/mieszkaniec Oceanii

oceanic /ˌəʊʃɪˈænɪk/ *adj* oceaniczny

oceanographer /ˌəʊʃəˈnɒgrəfə(r)/ *n* oceanograf *m*, oceanolog *m*

oceanographic /ˌəʊʃənəˈgræfɪk/ *adj* oceanograficzny

oceanography /ˌəʊʃəˈnɒgrəfɪ/ *n* oceanografia *f*, oceanologia *f*

ocelot /ˈəʊsɪlɒt, US ˈɒsələt/ *n* ocelot *m*

och /ɒx/ *excl* Scot oj!, och!

ochre GB, **ocher** US /ˈəʊkə(r)/ **I** *n* (pigment, colour) ochra *f*

II *adj* w kolorze ochry

o'clock /əˈklɒk/ *adv* **at one ~** o (godzinie) pierwszej; **it's two/three ~** jest (godzina) druga/trzecia; **twelve ~ midnight/midday** północ/dwunasta w południe; **the 10 ~ screening** seans o dziesiątej; **to catch the six ~** złapać pociąg/autobus o szóstej

OCR Comput **I** *n* = **optical character recognition** optyczne rozpoznawanie *n* znaków

II *modif* **~ machine** or **reader** optyczny czytnik znaków

Oct *n* = **October**

octagon /ˈɒktəgən, US -gɒn/ *n* ośmiokąt *m*, ośmiobok *m*

octagonal /ɒkˈtægənl/ *adj* ośmiokątny, ośmioboczny

octahedron /ˌɒktəˈhiːdrən, -ˈhedrən, US -drɒn/ *n* ośmiościan *m*

octal /ˈɒktl/ Comput, Math **I** *n* system *m* ósemkowy

II *adj [system, notation]* ósemkowy; **235 ~** 235 przy podstawie osiem

octane /ˈɒkteɪn/ *n* oktan *m*

octane number *n* liczba *f* oktanowa

octane rating *n* = **octane number**

octave /ˈɒktɪv/ *n* Mus, Literat, Relig oktawa *f*

octavo /ɒkˈteɪvəʊ/ Print **I** *n* (*pl* **~s**) octavo *n inv*

II *modif [volume]* in octavo

octet /ɒkˈtet/ *n* [1] Mus (group, composition) oktet *m* [2] Literat oktawa *f* [3] Comput oktet *m*

October /ɒkˈtəʊbə(r)/ **I** *n* październik *m*; **in ~** w październiku; **the ~ Revolution** Hist Rewolucja Październikowa

II *modif* październikowy

octogenarian /ˌɒktədʒɪˈneərɪən/ **I** *n* osoba *f* po osiemdziesiątce

II *adj [person]* po osiemdziesiątce

octopus /ˈɒktəpəs/ *n* [1] (*pl* **~es, ~**) Zool ośmiornica *f* also fig [2] (*pl* **~es**) GB (elastic straps) gumy *f pl* do mocowania bagażu

octosyllabic /ˌɒktəsɪˈlæbɪk/ *adj [word]* ośmiosylabowy; *[poem]* ośmiozgłoskowy

octosyllable /ˈɒktəsɪləbl/ *n* ośmiozgłoskowiec *m*

ocular /ˈɒkjʊlə(r)/ **I** *n* (eyepiece) okular *m*

II *adj* oczny; **~ diseases** choroby oczu

oculist /ˈɒkjʊlɪst/ *n* okulist|a *m*, -ka *f*

OD /ˌəʊˈdiː/ infml **I** *n* = **overdose I**

II *vi* (*3rd pers sing pres* **OD's**; *prp* **OD'ing**; *pt, pp* **OD'd, OD'ed**) **to ~ (on sth)** przedawkować (coś) *[tablets, drugs]*; fig zjeść za dużo (czegoś), opchać się (czymś) infml *[chocolate]*; **to ~ on television** naoglądać się za dużo telewizji

ODA *n* GB → **Overseas Development Administration**

odalisque /ˈəʊdəlɪsk/ *n* odaliska *f*

odd /ɒd/ **I** *adj* [1] (strange, bizarre) *[person, object, occurrence]* dziwny, osobliwy; **there is something ~ about her appearance** jest coś dziwnego w jej wyglądzie; **there is something ~ about her** jest w niej coś dziwnego; **there is something/nothing ~ about it** to jest dosyć dziwne/nie ma w tym nic dziwnego; **it is ~ that...** dziwne, że...; **it must be ~ to live on the 43rd floor** dziwnie musi się mieszkać na 43 piętrze; **it is ~ how people react** dziwne, jak ludzie reagują; **it would be ~ if they were to do it** dziwne byłoby, gdyby mieli to zrobić; **it was ~ of her to do that** dziwne, że to zrobiła; **the ~ thing about it is that...** dziwne jest to, że...; **to be an ~ couple** stanowić dziwną parę; **that's ~** (to) dziwne; **how ~ that...** czy to nie dziwne, że...; **he's a bit ~** infml (eccentric) jest trochę dziwny [2] (occasional, random) *[stroke of luck, bits of information]* przypadkowy; **I have the ~ drink/pizza** raz na jakiś czas wypiję drinka/(z)jem pizzę; **at ~ moments** or **times** od czasu do czasu; **to write the ~ article** pisać artykuły od czasu do czasu; **to pay sb the ~ visit** odwiedzać kogoś od czasu do czasu; **the landscape was bare except for the ~ tree** poza paroma rosnącymi tu i ówdzie drzewami krajobraz był zupełnie nagi [3] (unmatched, single) **~ shoe/socks /gloves** but/skarpetki/rękawiczki nie do pary; **several ~ volumes** kilka pojedynczych tomów [4] (miscellaneous) **there were some ~ envelopes/bits of material left** poniewierały się jakieś koperty/skrawki materiału; **a few ~ coins** kilka różnych monet [5] Math *[number]* nieparzysty [6] (different) **spot the ~ man** or **one out** znajdź niepasujący element; **to feel the ~ one out** czuć się obco

II -odd *in combinations* (approximately) **he lost a thousand-~ dollars** stracił tysiąc ileś dolarów; **there were sixty-~ people** było jakieś sześćdziesiąt osób; **twenty-~ years later** jakieś dwadzieścia lat później

IDIOMS: **he's as ~ as two left feet** infml to jakieś straszne dziwadło infml

oddball /ˈɒdbɔːl/ *n* infml dziwa|k *m*, -czka *f*

odd bod *n* GB infml dziwadło *n* infml

oddity /ˈɒdɪtɪ/ *n* (odd thing) osobliwość *f*; (person) dziwa|k *m*, -czka *f*

odd job *n* (for money) praca *f* dorywcza; **to do ~s around the house** wykonywać różne drobne prace w domu

odd-jobman /ˌɒdˈdʒɒbmæn/ *n* (*pl* **-men**) majster *m* do wszystkiego; (skilful) złota rączka *f* infml

odd-looking /ˈɒdlʊkɪŋ/ *adj* dziwnie wyglądający; **to be ~** dziwnie wyglądać

odd lot *n* [1] Comm (merchandise) niepełna partia *f* [2] Fin (in stock market) drobny pakiet *m*

oddly /ˈɒdlɪ/ *adv [dress]* dziwnie; **~ shaped** o dziwnym kształcie; **~ enough, ...** dziwna rzecz, ...

oddment /ˈɒdmənt/ *n* dat (of material) resztka *f* materiału

oddness /ˈɒdnɪs/ *n* dziwaczność *f*, osobliwość *f*

odds /ɒdz/ *n* [1] (in betting) notowania *n pl (u bukmacherów)*; **what are the ~?** jakie są notowania?; **the ~ are 20 to 1** szanse wygranej są 20 do 1; **the ~ on Dayjar are 3 to 1** Dayjar jest obstawiany 3 do 1; **the ~ are six to one on** szanse wygranej są jak sześć do jednego; **the ~ are five to two against** szanse wygranej są jak dwa do pięciu; **to give** or **offer ~ of 6 to 1** obstawiać 6 do 1; **the ~ on X are short /long** X ma duże/niewielkie szanse wygrania [2] (chance, likelihood) szanse *f pl*; **the ~**

are against/in favour of sth coś jest mało/bardzo prawdopodobne; **the ~ in favour of/against sth happening** szanse, że coś się wydarzy/nie wydarzy; **the ~ on his winning the title are even** dają mu 50 procent szans na zdobycie tytułu; **the ~ are against us/in our favour** mamy niewielkie/duże szanse; **the ~ are in favour of her doing it** wszystko na to wskazuje, że (ona) zrobi to; **the ~ are that she'll do it** są duże szanse, że (ona) zrobi to; **to fight against the ~** walczyć z przeciwnościami; **to win against the ~** wbrew oczekiwaniom wygrać; **to shorten/lengthen the ~ on sth** zwiększyć/zmniejszyć szanse na coś; **to shorten the ~ on sb doing sth** zwiększyć szanse, że ktoś zrobi coś

IDIOMS: **it makes no ~** GB to nie ma znaczenia; **to pay over the ~ for sth** przepłacić za coś; **to be at ~** (in dispute) nie zgadzać się; (contradictory, inconsistent) nie pasować, kłócić się

odds and ends *n* GB drobiazgi *m pl*

odds and sods *n* GB infml = **odds and ends**

odds-on /ˌɒdzˈɒn/ *adj* [1] infml (likely) **it's ~ that...** to prawie pewne, że...; **he has an ~ chance of doing sth** on ma olbrzymie szanse na zrobienie czegoś [2] (in betting) **to be the ~ favourite** być pewniakiem

ode /əʊd/ *n* oda *f*

odious /ˈəʊdɪəs/ *adj* wstrętny, ohydny

odiously /ˈəʊdɪəslɪ/ *adv* wstrętnie, ohydnie

odiousness /ˈəʊdɪəsnɪs/ *n* ohyda *f*

odium /ˈəʊdɪəm/ *n* odium *n*

odometer /ɒˈdɒmɪtə(r)/ *n* US Aut licznik *m* mil

odontological /ɒˌdɒntəˈlɒdʒɪkl/ *adj* odontologiczny

odontologist /ˌɒdɒnˈtɒlədʒɪst/ *n* odontolog *m*

odontology /ˌɒdɒnˈtɒlədʒɪ/ *n* odontologia *f*

odor *n* US = **odour**

odorous /ˈəʊdərəs/ *adj* liter wonny

odour GB, **odor** US /ˈəʊdə(r)/ *n* woń *f*, zapach *m*; **the ~ of sanctity** aura świętości

IDIOMS: **to be in bad ~** być źle widzianym **(with sb** przez kogoś**)**

odourless GB, **odorless** US /ˈəʊdəlɪs/ *adj [gas, chemical]* bezwonny, bez zapachu; *[cosmetic]* bezzapachowy, nieperfumowany

Odysseus /əˈdɪsjuːs/ *prn* Odyseusz *m*

odyssey /ˈɒdɪsɪ/ *n* odyseja *f*; **the Odyssey** Odyseja

OE *n* Ling = **Old English**

OECD *n* = **Organization for Economic Cooperation and Development** OECD *f inv* or *n inv*, Organizacja *f* Współpracy Gospodarczej i Rozwoju

oecumenical *adj* = **ecumenical**

oedema GB, **edema** US /ɪˈdiːmə/ *n* Med obrzęk *m*

oedipal, Oedipal /ˈiːdɪpl/ *adj* Psych edypowy; **to be ~** *[person]* mieć kompleks Edypa

Oedipus /ˈiːdɪpəs/ *prn* Edyp *m*

Oedipus complex *n* kompleks *m* Edypa

oenological GB, **enological** US /ˌiːnəˈlɒdʒɪkl/ *adj* enologiczny

oenologist GB, **enologist** US /iːˈnɒlədʒɪst/ *n* enolog *m*

oenology GB, **enology** US /iːˈnɒlədʒɪ/ *n* enologia *f*

o'er /ɔː(r)/ liter = **over**[1]

oesophagus GB, **esophagus** US /ɪˈsɒfəgəs/ *n* Anat przełyk *m*

oestrogen GB, **estrogen** US /ˈiːstrədʒən/ *n* estrogen *m*

oestrone GB, **estrone** US /ˈiːstrəʊn/ *n* estron *m*, folikulina *f*

oestrous GB, **estrous** US /ˈiːstrəs/ *adj [animal, bitch]* w okresie rui; *[cycle]* rujowy

oestrus GB, **estrus** US /ˈiːstrəs/ *n* ruja *f*

oeuvre /ˈɜːvrə/ *n* [1] (complete works) (of painter, writer) dzieła *n pl* wszystkie [2] (individual piece) dzieło *n*

of /ɒv, əv/ *prep* [1] (origin) z, ze; **he is of noble decent** jest szlachetnie urodzony; **there was one child of that marriage** z tego małżeństwa było tylko jedno dziecko; **St Francis of Assisi** św. Franciszek z Asyżu [2] (cause) z, ze; **he died of fright** umarł z przerażenia; **he did it of necessity** zrobił to z konieczności; **it happened of itself** to się samo stało [3] (authorship) **the works of Shakespeare** dzieła Szekspira [4] (material) z, ze; **what is it made of?** z czego to jest zrobione?; **a house of cards** domek z kart [5] (composition) **a bunch of keys** pęk kluczy; **a family of 8** ośmioosobowa rodzina; **a work of 250 pages** praca licząca 250 stron; **a loan of £20** pożyczka w wysokości 20 funtów [6] (contents) **a bottle of milk** butelka mleka [7] (qualities, characteristics) **a man of strong character** człowiek o silnym charakterze; **a man of ability** zdolny człowiek [8] (description) **a case of smallpox** przypadek ospy; **an accusation of theft** oskarżenie o kradzież; **an act of violence** akt przemocy; **the King of Denmark** król Danii; **a man of 80** osiemdziesięcioletni człowiek [9] (identity, definition) **the name of George** imię George; **the city of Rome** miasto Rzym; **the Port of London** port londyński; **that fool of a driver** ten kretyn kierowca infml; **a letter of introduction** list polecający; **a letter of complaint** list z reklamacją; **your letter of the 14th** twój list z 14 tego miesiąca [10] (objective) **a lover of music** miłośnik muzyki; **the use of a car** używanie samochodu; **a view of the river** widok na rzekę; **a copy of a letter** kopia listu [11] (subjective) **the love of a mother** miłość matki or macierzyńska [12] (possession, belonging) **the property of the state** własność państwa or państwowa; **a thing of the past** sprawa z przeszłości [13] (partitive) **some of us** niektórzy z nas; **five of us** pięciu z nas; **a quarter of an hour** kwadrans; **most of all** przede wszystkim; **here of all places you expect punctuality** gdzie jak gdzie, ale tutaj należałoby oczekiwać punktualności; **a friend of ours** nasz znajomy, jeden z naszych znajomych; **a great friend of ours** nasz wielki przyjaciel; **he is of the same opinion** jest tego samego zdania [14] (concerning) **we talked of politics** rozmawialiśmy o polityce; **what of it?** i co z tego (wynika)? [15] (during) **of an evening** wieczorem; **of late years** ostatnio [16] (separation, distance, direction) **within 10 miles of London** w promieniu 10 mil od Londynu; **north of sth** na północ od czegoś

off /ɒf, US ɔːf/ **I** *n* infml (start) **the ~** (of race) start *m*; **just before the ~** tuż przed startem; **from the ~** fig od początku

II *adv* [1] (leaving) **to be ~** (on foot) odejść; (by vehicle) odjechać; **it's time you were ~** (on foot) musisz już iść; (by vehicle) musisz już jechać; **they're ~ to the States today** wyjeżdżają dzisiaj do Stanów; **I'm ~** wychodzę; **to be ~ to a good start** dobrze wystartować; **'...and they're ~'** Turf „...i ruszyli"; **he's ~ again talking about his exploits** znowu zaczyna opowiadać o swoich wyczynach [2] (at a distance) **to be 30 metres/kilometres ~** być oddalonym o trzydzieści metrów/kilometrów; **some way/not far ~** dość daleko/niedaleko [3] (ahead in time) **Easter is a month ~** za miesiąc Wielkanoc; **the exam is several months ~** egzamin jest za kilka miesięcy [4] Theat **shouting/trumpet sound ~** zza kulis rozlega się krzyk/dźwięk trąbki

III *adj* [1] (free) **to have Monday ~ to do sth** wziąć wolne w poniedziałek or wolny poniedziałek, żeby coś zrobić infml; **Tuesday is my day ~** wtorek to mój wolny dzień; **I got time ~** dostałem wolne infml; **Adam's ~ today** Adam dzisiaj nie pracuje [2] (turned off) **to be ~** *[water, gas]* być zakręconym or wyłączonym; *[tap]* być zakręconym; *[light, TV]* być zgaszonym or wyłączonym; *[handbrake]* być spuszczonym or wyłączonym; **in the '~' position** „wyłączony" [3] (cancelled) **to be ~** *[match, party]* być odwołanym; **our engagement is ~** zerwaliśmy zaręczyny; **lamb is ~** (from menu) nie ma jagnięciny [4] (removed) **the lid is ~ (the tin)** puszka jest otwarta; **the cap is ~ (the bottle)** na butelce nie ma zakrętki; **the handle is ~** klamka jest urwana; **hands ~!** ręce przy sobie!; **with her make-up ~** bez makijażu; **with her shoes ~** bez butów or boso; **to have one's leg ~** infml stracić nogę; **25% ~** Comm 25% taniej [5] (inaccurate) **his calculations were ~ by a long way** sporo się pomylił w obliczeniach [6] infml (bad) **the food is ~** jedzenie się zepsuło; **the milk is ~** mleko skwaśniało

IV off and on *adv phr* od czasu do czasu → **on IV**

V *prep* [1] (from the surface or top of) **to jump ~ the wall** zeskoczyć z muru; **to pick sth up ~ the floor** podnieść coś z podłogi; **to order sb ~ the train** kazać komuś wysiąść z pociągu; **to eat ~ a paper plate** jeść z papierowego talerza [2] (away from in distance) **~ the west coast** u zachodnich wybrzeży; **~ Rocky Point** niedaleko Rocky Point; **three metres ~ the ground** trzy metry nad ziemią [3] (away from in time) **to be a long way ~ finishing** mieć daleko do końca; **we are a long way ~ understanding this problem** daleko nam jeszcze do zrozumienia tego problemu; **he's only a year ~ retirement** ma jeszcze tylko rok do emerytury [4] (also **just ~**) tuż przy; **there's a kitchen (just) ~ the dining room** tuż przy pokoju jadalnym znajduje się kuchnia; **a house (just) ~ the path** dom tuż przy ścieżce; **(just) ~**

the motorway tuż przy autostradzie [5] (leading from) **the bathroom's ~ the bedroom** do łazienki wchodzi się z sypialni; **in a street ~ the main road** na ulicy odchodzącej od głównej drogi [6] (absent) **to be ~ work/school** nie chodzić do pracy/szkoły [7] (astray from) **it's ~ the point** or **subject** to zupełnie inna sprawa; **the ship is ~ course** statek zszedł z kursu [8] (detached from) **the door is ~ its hinges** drzwi wypadły z zawiasów; **there's a button ~ the cuff** urwał ci się guzik od mankietu [9] infml (no longer interested in) **he's ~ drugs** on już nie bierze; **to be ~ one's food** nie mieć apetytu; **I'm ~ her** skończyłem z nią; **I'm ~ men at the moment** na razie mam dość mężczyzn [10] infml (also **~ of) to borrow/hear sth ~ a neighbour** pożyczyć/usłyszeć coś od sąsiada

VI *excl* (as chant) **~! ~!** wynocha!; **~ with her head!** ściąć ją!; **(get) ~!** infml (from ladder, wall) złaź! infml

IDIOMS: **how are we ~ for flour/sugar?** infml mamy jeszcze mąkę/cukier?; **that's a bit ~** GB infml to trochę nie w porządku; **to feel a bit ~** GB infml kiepsko się czuć; **to have an ~ day** mieć zły dzień → **better-off, well-off**

offal /ˈɒfl, US ˈɔːfl/ *n* [1] Culin podroby *plt* [2] (garbage) odpadki *plt*

offbeat /ˈɒfbiːt, US ˈɔːˌf-/ **I** *n* Mus słaba część *f* taktu

II *adj* [1] Mus *[accent]* nieregularny; *[rhythm]* synkopowany [2] (unusual) *[humour, approach, clothes]* niekonwencjonalny, nietypowy

off-Broadway /ˌɒfˈbrɔːdweɪ, US ˌɔːf-/ *adj* US Theat **~ production** przedstawienie w teatrze spoza Broadwayu; **~ theatre** nowojorski niekomercyjny teatr spoza Broadwayu

off camera *adj, adv* poza kamerą

off-centre GB, **off-center** US /ˌɒfˈsentə(r), US ˌɔːf/ *adj* **to be ~** nie być na samym środku

off-chance /ˈɒftʃɑːns, US ˈɔːftʃæns/ *n* **there's just an ~ that...** istnieje niewielka szansa, że...; **on the ~ that...** na wypadek, gdyby...; **I came just on the ~ that...** przyszedłem na wszelki wypadek, gdyby...

off-color /ˌɔːfˈkʌlər/ *adj* US *[story, joke]* pikantny

off-colour /ˌɒfˈkʌlə(r)/ *adv* GB infml **to feel ~** kiepsko się czuć

offcuts /ˈɒfkʌts, US ˈɔːf-/ *npl* (of fabric, paper) ścinki *m pl*; (of pastry) resztki *f pl*; (of meat, fish) okrawki *m pl*

offence GB, **offense** US /əˈfens/ *n* [1] przestępstwo *n*, wykroczenie *n*; **to commit an ~** popełnić przestępstwo; **to charge sb with an ~** oskarżyć kogoś o popełnienie przestępstwa; **~s against property/the person** przestępstwa przeciw mieniu/osobie; **it is an ~ to obstruct the police** utrudnianie pracy policji jest karalne [2] (insult) obraza *f*; **to cause** or **give ~ to sb** obrazić kogoś; **to take ~ (at sb)** obrazić się (na kogoś); **to take ~ at sth** poczuć się urażonym czymś; **to avoid ~, all signs are bilingual** żeby nikogo nie urazić, wszystkie oznaczenia są dwujęzyczne; **this building is an ~ to the eye** ten budynek jest rażąco brzydki; **no ~ intended, but...** nie chciałbym nikogo urazić, ale...; **'no ~ taken,' she lied** „nie ma o czym mówić", skłamała [3] (attack) atak *m* **(against sb/sth** przeciw komuś/czemuś) [4] Mil ofensywa *f*; **weapons of ~** broń zaczepna [5] US Sport **the ~** atak *m*

offend /əˈfend/ **I** *vt* [1] (hurt) *[person, remark, behaviour, article]* ura|zić, -żać, obra|zić, -żać *[person]*; **to be ~ed by sth** być urażonym czymś; **to get ~ed** obrazić się; **don't be** or **get ~ed** nie obrażaj się [2] (displease) razić *[person, ear]*; ura|zić, -żać *[sense of justice]*; **to ~ the eye** *[building]* razić

II *vi* Jur z|łamać prawo, popełni|ć, -ać wykroczenie; **he'd promised not to ~ again** obiecał, że już nie będzie łamał prawa

III offending *prp adj* [1] (responsible) *[component, object]* przeszkadzający; *[person]* winny [2] (offensive) *[photo, sentence]* obraźliwy, ubliżający

■ **offend against**: **~ against [sth]** [1] (commit a crime) z|łamać *[law, rule]* [2] obra|żać, -zić *[good taste]*; przeczyć (czemuś) *[common sense]*

offender /əˈfendə(r)/ *n* [1] Jur (against the law) przestępca *m*; (against regulations) spraw|ca *m* -czyni *f* wykroczenia **(against sth** przeciwko czemuś) [2] (culprit) winowaj|ca *m*, -czyni *f*; **the press/the police are the worst ~s** największą winę ponosi prasa/policja

offense *n* US = **offence**

offensive /əˈfensɪv/ **I** *n* [1] Mil, Pol ofensywa *f* **(against sb/sth** przeciw komuś/czemuś); Sport atak *m*; **to go on/take the ~** rozpocząć ofensywę/przejść do ofensywy; **to be on the ~** być w ofensywie; **air /diplomatic ~** ofensywa z powietrza /dyplomatyczna [2] Advertg, Comm kampania *f*; **advertising/sales ~** kampania reklamowa/sprzedaży

II *adj* [1] (insulting) *[remark, behaviour, suggestion]* obraźliwy **(to sb** dla kogoś) [2] (vulgar) *[language, scene, gesture, behaviour]* chamski, ordynarny [3] (revolting) *[smell, idea]* odrażający [4] Mil, Sport *[action, tactics, style]* ofensywny

offensively /əˈfensɪvlɪ/ *adv* [1] (rudely) *[behave]* po chamsku; *[speak, write]* obraźliwie **(about sb/sth** o kimś/czymś) [2] (revoltingly) *[smell]* wstrętnie [3] (aggressively) **to fight ~** atakować

offensive weapon *n* Jur niebezpieczne narzędzie *n*

offer /ˈɒfə(r), US ˈɔːf-/ **I** *n* [1] (proposition) oferta *f*, propozycja *f* **(to do sth** zrobienia czegoś); Fin oferta *f*; **an ~ of help/work** propozycja pomocy/pracy; **to make sb an ~** złożyć komuś ofertę or propozycję; **a job ~** oferta pracy; **an ~ of marriage** propozycja małżeństwa; **an ~ of £10 per share** oferowana cena 10 funtów za akcję; **~s over/around 40,000 dollars** oferty powyżej/w okolicach 40 000 dolarów; **that's my best** or **final ~** to moje ostatnie słowo; **we are open to ~s** czekamy na propozycje; **to put in** or **make an ~ on a house** złożyć ofertę na zakup domu; **the house is under ~** została złożona oferta na zakup domu; **or near(est) ~** (in property ad) cena do negocjacji; **~s in the region of £80,000** cena 80 000 funtów, do negocjacji [2] Comm (reduction) oferta *f* specjalna, promocja *f*; **to be on special ~** być (sprzedawanym) w ofercie specjalnej [3] Comm (available) **to be on ~** być w sprzedaży; **the goods on ~ were dear** oferowane towary były bardzo drogie; **there's a lot/nothing on ~** jest szeroka oferta/nie ma nic do wyboru; **what's on ~ in the catalogue?** co proponują w katalogu?

II *vt* [1] (proffer) za|proponować *[job, food, cigarette, salary]* **(to sb** komuś); za|oferować *[service, product]* **(to sb** komuś); za|ofiarować *[help, friendship]* **(to sb** komuś); udziel|ić, -ać (czegoś) *[advice, information, explanation, support, discount]* **(to sb** komuś); **to ~ an apology** przeprosić; **'I'll do it,' she ~ed** „ja to zrobię", zaproponowała; **she has a lot to ~ the company** ona może dużo wnieść do firmy; **I was ~ed a job in Oxford** otrzymałem ofertę pracy w Oxfordzie; **he ~ed me £10 for it** zaproponował mi za to 10 funtów; **they're ~ing the first runner a money prize** zwycięzca biegu otrzymuje nagrodę pieniężną; **to ~ a helping hand** wyciągnąć pomocną dłoń [2] (provide) da|ć, -wać *[advantages, guarantee, insight, prospects, shade]*; zapewni|ć, -ać *[facilities, entertainment]*; **the trees ~ protection from the rain** drzewa dają ochronę przed deszczem; **this vest ~s protection against bullets** ta kamizelka chroni przed kulami [3] (possess) **candidates must ~ two foreign languages /experience** kandydaci muszą wykazać się znajomością dwóch języków obcych /doświadczeniem [4] (sell) sprzedawać *[goods]*; **the kettles are being ~ed at bargain prices** te czajniki sprzedawane są po okazyjnych cenach; **to ~ sth for sale** wystawić coś na sprzedaż [5] (put up) **the defenders ~ed stout resistance** obrońcy stawiali zaciekły opór [6] (present) wystawi|ć, -ać *[comedy]* [7] Relig = **offer up**

III *vi* [1] (volunteer) *[person]* zaofiarow|ać, -ywać się, ofiarow|ać, -ywać się; **she ~ed to help us/to take us to the airport** zaofiarowała się, że nam pomoże/że zawiezie nas na lotnisko [2] (provide) *[person, place]* **to have sth to ~** mieć coś do zaoferowania; **this resort has a lot to ~** ten kurort ma wiele do zaoferowania

IV *vr* **to ~ oneself** zgłosić się **(for sth** do czegoś); **to ~ itself** *[opportunity, occasion]* nadarzyć się

■ **offer up**: **~ up [sth], ~ [sth] up** odm|ówić, -awiać; zanosić fml *[prayers]*; złożyć, składać *[sacrifice]*; złożyć, składać w ofierze *[animal]*; **to ~ up one's life for sth** oddać życie za coś

OFFER /ˈɒfə(r)/ *n* GB = **Office of Electricity Regulation** *urząd nadzoru nad działalnością dystrybutorów energii elektrycznej*

offeree /ˌɒfəˈriː, US ˌɔːf-/ *n* Jur adresat *m* oferty

offering /ˈɒfərɪŋ, US ˈɔːf-/ *n* [1] (act of giving) (of bribes) wręczanie *n*; (of aid) przekazywanie *n*

O

[2] (what is offered) propozycja *f*; **I heard the band's latest ~ yesterday** iron, pej słyszałem wczoraj najnowszą produkcję tego zespołu [3] Relig (contribution) ofiara *f*; taca *f* [4] Relig (sacrifice) ofiara *f* **(of sth** z czegoś**)**; **to make an ~ (to the deity)** złożyć ofiarę (bóstwu)

offeror /ˈɒfərə(r), US ˈɔːf-/ *n* Jur oferent *m*

offer price *n* (of shares) cena *f* sprzedaży

offertory /ˈɒfətrɪ, US ˈɔːfətɔːrɪ/ *n* Relig [1] (part of liturgy) ofiarowanie *n* [2] (collection of offerings) kolekta *f*, zbieranie *n* na tacę

off-glide /ˈɒfglaɪd, US ˈɔːf-/ *n* Phon zestęp *m* głoski

offhand /ˌɒfˈhænd, US ˌɔːf-/ **I** *adj* (impolite) bezceremonialny

II *adv* **~, I don't know** tak na poczekaniu, to nie wiem

offhandedly /ˌɒfˈhændɪdlɪ, US ˌɔːf-/ *adv* bezceremonialnie

offhandedness /ˌɒfˈhændɪdnɪs, US ˌɔːf-/ *n* bezceremonialność *f*

office /ˈɒfɪs, US ˈɔːf-/ **I** *n* [1] (room or place of work) biuro *n*; **the accounts ~** biuro rachunkowe; **doctor's/dentist's ~** US gabinet lekarski/dentystyczny; **lawyer's ~** kancelaria prawnicza; **the school secretary's ~** sekretariat szkolny; **to work in an ~** pracować w biurze; **the whole ~ knows** wszyscy w biurze wiedzą [2] (position) urząd *m*; **public ~** urząd publiczny; **to perform the ~ of president** sprawować urząd prezydenta; **to be in** or **hold ~** *[person]* pełnić or piastować urząd; *[political party]* sprawować władzę; **to take ~** *[person]* obejmować urząd; *[political party]* obejmować or przejmować władzę; **to go out of** or **leave ~** *[person]* odchodzić z urzędu; składać urząd fml; *[political party]* oddawać władzę; **to stand** GB or **run** US **for ~** ubiegać się o urząd; **to rise to high ~** zostać wyniesionym na wysokie stanowisko [3] Relig oficjum *n*; **the ~ for the dead** nabożeństwo za zmarłych

II offices *npl* [1] fml (services) przysługa *f*, pomoc *f*; **through their good ~s** (kindness) za ich pośrednictwem; (services) dzięki ich uprzejmości; **the last ~** Relig ostatnia posługa [2] GB (of property) część *f* gospodarcza; (barns and outhouses) budynki *m pl* gospodarcze

III *modif [equipment, furniture, job, staff]* biurowy; **to go on an ~ outing** wybrać się (na wycieczkę) z kolegami z pracy

office automation *n* automatyzacja *f* biura

office bearer *n* osoba *f* piastująca urząd; **he's an ~ in the Rotarians** on piastuje wysokie stanowisko w Klubie Rotariańskim; **former ~s such as Reagan** byli prezydenci, tacy jak Reagan

office block *n* GB biurowiec *m*

office boy *n* goniec *m*

office building *n* = **office block**

officeholder /ˈɒfɪshəʊldə(r), US ˈɔːf-/ *n* = **office bearer**

office hours *npl* godziny *f pl* urzędowania; US Med godziny *f pl* przyjęć

office junior *n* pracownik *m* biurowy

office manager *n* kierowni|k *m*, -czka *f* biura

office party *n* przyjęcie *n* dla pracowników biura

office politics *n* walka *f* o własną pozycję w pracy

officer /ˈɒfɪsə(r), US ˈɔːf-/ **I** *n* [1] Mil, Naut oficer *m* [2] (official) (in a company) ≈ wyższy urzędnik *m*; (in government) (wysoki) urzędnik *m*; (in union, club) członek *m* zarządu; (of committee) przedstawiciel *m*, -ka *f*; **regional ~** przedstawiciel regionalny; **personnel ~** kierownik biura personalnego [3] (also **police ~**) policjant *m*, -ka *f*; **'excuse me, ~'** „przepraszam pana"; „przepraszam panie władzo" infml; **Officer Smith** US Agent Smith

II *vt* Mil [1] (command) dowodzić (kimś /czymś) *[recruits, troops]* [2] (supply with officers) zapewni|ć, -ać kadrę oficerską w (czymś)

officer of the day *n* oficer *m* dyżurny

officer of the guard, OG *n* dowódca *m* straży

officer of the law *n* = **police officer**

officer of the watch *n* oficer *m* wachtowy

officers' mess *n* mesa *f* oficerska

Officers' Training Corps, OTC *n* GB Univ ≈ Legia *f* Akademicka

office space *n* powierzchnia *f* biurowa; **1,500 m² of ~** 1500 m² powierzchni biurowej

office technology *n* technika *f* biurowa

office worker *n* urzędni|k *m*, -czka *f*

official /əˈfɪʃl/ **I** *n* (of central or local government, of state) urzędnik *m*; (of party, trade union) funkcjonariusz *m*; (of police, customs) funkcjonariusz *m*; (at town hall) urzędnik *m*

II *adj [statement, reason, document, function, visit, biography, candidate, record]* oficjalny; *[certificate, seal]* urzędowy; *[definition, strike]* formalny; *[language]* (of conference) oficjalny; (of country) urzędowy; **it's ~!** Journ to informacja oficjalna!

Official Birthday *n* GB oficjalne urodziny *plt* króla/królowej

officialdom /əˈfɪʃldəm/ *n* biurokracja *f*

officialese /əˌfɪʃəˈliːz/ *n* pej żargon *m* urzędniczy

officially /əˈfɪʃəlɪ/ *adv [announce, confirm, celebrate]* oficjalnie; **I don't smoke ~, but...** oficjalnie nie palę, ale...

Official Receiver *n* syndyk *m*

Official Secrets Act *n* GB ustawa *f* o tajemnicy państwowej

officiate /əˈfɪʃɪeɪt/ *vi* **to ~ at sth** *[official]* przewodniczyć czemuś; *[priest]* celebrować coś; *[referee, umpire]* sędziować, po|prowadzić spotkanie **to ~ as a host** pełnić obowiązki gospodarza

officious /əˈfɪʃəs/ *adj* pej *[person, behaviour]* nadgorliwy

officiously /əˈfɪʃəslɪ/ *adv [say]* służbiście; *[question]* w sposób nadgorliwy

officiousness /əˈfɪʃəsnɪs/ *n* pej (of guard, police, instructor) nadgorliwość *f*, służbistość *f*

offie /ˈɒfɪ, US ˈɔːfɪ/ *n* infml sklep *m* monopolowy

offing /ˈɒfɪŋ, US ˈɔːf-/ **in the offing** *adv phr [catastrophe, storm, war]* nadciągający; *[promotion, business, deal]* bliski; **there's a storm in the ~** nadciąga burza or zanosi się na burzę; **there's a baby in the ~** dziecko jest w drodze fig

off-key /ˌɒfˈkiː, US ˌɔːfˈkiː/ **I** *adj* Mus fałszywy

II *adv* fałszywie

off-licence /ˈɒflaɪsns, US ˈɔːf-/ *n* GB sklep *m* monopolowy

off-limits /ˌɒfˈlɪmɪts, US ˌɔːf-/ *adj* zakazany

offline, off-line /ˈɒflaɪn, US ˈɔːf-/ **I** *adj* Comput *[equipment, system]* autonomiczny; **~ data processing** autonomiczne przetwarzanie danych, przetwarzanie danych off-line; **~ storage** pamięć autonomiczna, pamięć off-line

II *adv [write, work, read]* off-line

off-load /ˌɒfˈləʊd, US ˌɔːf-/ **I** *vt* [1] fig (get rid of) pozby|ć, -wać się (czegoś) *[goods, stock]*; **to ~ the blame onto sb** zrzucić winę na kogoś [2] Comput rozładow|ać, -ywać

II *vi* **I ~ed onto her** wylałem przed nią swoje żale

off-message /ˌɒfˈmesɪdʒ, US ˌɔːf-/ *adj* GB Pol **to be ~** wyłamywać się z oficjalnej linii partii

off-off-Broadway /ˌɒfɒfˈbrɔːdweɪ, US ˌɔːfɔːf-/ *adj* US Theat **~ production** niskobudżetowe przedstawienie w teatrze nowojorskim spoza Broadwayu

off-peak /ˌɒfˈpiːk, US ˌɔːf-/ **I** *adj [travel, flight, reduction]* poza godzinami szczytu; *[electricity]* liczony według taryfy nocnej; **in the ~ period** poza godzinami szczytu; **at the ~ rate** *[call]* według taryfy zniżkowej

II *adv* Telecom *[call]* poza godzinami szczytu; *[cost]* według taryfy zniżkowej

off-piste /ˌɒfˈpiːst, US ˌɔːf-/ **I** *adj* **~ skiing** jazda na nartach poza wyznaczonymi trasami

II *adv* **to ski ~** jeździć na nartach poza wyznaczonymi trasami

offprint /ˈɒfprɪnt, US ˈɔːf-/ Print **I** *n* nadbitka *f*

II *vt* z|robić nadbitkę (czegoś) *[article]*

off-putting /ˌɒfˈpʊtɪŋ, US ˌɔːf-/ *adj [manner, person]* odpychający

off-roading /ɒfˈrəʊdɪŋ, US ˌɔːf-/ *n* jazda *f* terenowa

off-road vehicle /ˌɒfrəʊdˈvɪəkl, US ˌɔːfrəʊdˈviːhɪkl/ *n* pojazd *m* terenowy

off-sales /ˈɒfseɪlz, US ˈɔːf-/ *n* sprzedaż *f* alkoholu na wynos

off-screen /ˌɒfˈskriːn, US ˌɔːf-/ *adj* Cin **~ action** akcja poza ekranem; **~ voice** głos zza ekranu; **~ relationship** związek poza ekranem

off-season /ˌɒfˈsiːzn, US ˌɔːf-/ Tourism **I** *n* **during the ~** poza sezonem

II *adj* **~ cruise** rejs poza sezonem; **~ losses** straty ponoszone poza sezonem

offset /ˈɒfset, US ˈɔːf-/ **I** *n* [1] (counterbalance) **as an ~ to sth** dla zrównoważenia czegoś [2] Print offset *m*, druk *m* offsetowy [3] Bot rozłóg *m* [4] (also **~ pipe**) Tech kolanko *n*, rura *f* kolankowa [5] Constr, Archit odsadzka *f*

II *vt* (*prp* **-tt-;** *pt, pp* **offset**) [1] (compensate) z|równoważyć, s|kompensować **(by sth** czymś**)**; **to ~ sth against sth** kompensować coś czymś; **to ~ sth against tax** odliczyć coś od podatku [2] Print wy|drukować metodą offsetową *[text]*

offset litho(graph) *n* litooffset *m*

offset paper *n* papier *m* offsetowy

offset press *n* maszyna *f* offsetowa, offset *m*

offset printing *n* druk *m* offsetowy

offshoot /ˈɒfʃuːt, US ˈɔːf-/ *n* (of tree, organization) odgałęzienie *n*; (of plant) boczny pęd *m*; (of family) boczna linia *f*; (of idea, decision) następstwo *n*, konsekwencja *f*; (of mountain range, sea) odgałęzienie *n*, odnoga *f*

offshore /ˌɒfˈʃɔː(r), US ˌɔːf-/ **I** *adj* [1] Naut *[waters, fishing]* morski; *[island]* przybrzeżny; **~ wind** wiatr od lądu [2] (in oil industry) *[oilfield, drilling]* podmorski; *[platform]* na morzu [3] Fin *[funds, banking, tax haven]* zagraniczny [4] fig **~ English** uniwersalna angielszczyzna *f*
II *adv* [1] **to invest/bank ~** inwestować /trzymać fundusze w raju podatkowym [2] (in oil industry) *[work]* na morzu

offside /ˌɒfˈsaɪd, US ˌɔːf-/ **I** *n* GB Auto strona *f* kierowcy; **on the ~** po stronie kierowcy
II *adj* [1] GB Auto *[window, wheel, rear light, wing]* po stronie kierowcy; **the ~ lane** (in Britain) prawy pas; (outside Britain) lewy pas [2] Sport *[position]* spalony; **the ~ rule** przepis o spalonym
III *adv* **to be ~** Sport być na spalonym

off-site /ˈɒfsaɪt, US ˈɔːf-/ **I** *adj* **~ parking** miejsca parkingowe poza terenem *(np. zakładu, szkoły)*
II *adv [park]* poza terenem *(np. zakładu, szkoły)*

offspring /ˈɒfsprɪŋ, US ˈɔːf-/ *n* (*pl* **~**) (of animal) młode *n*; (child) potomek *m*; latorośl *f* hum; (children) potomstwo *n*; **five ~** pięcioro dzieci

offstage /ˌɒfˈsteɪdʒ, US ˌɔːf-/ **I** *adj* Theat *[voice]* zza sceny; fig *[manner]* w życiu prywatnym
II *adv* Theat za kulisami, poza sceną; fig prywatnie

off-street parking /ˌɒfstriːtˈpɑːkɪŋ, US ˌɔːf-/ *n* wydzielone miejsca *n pl* parkingowe

off-the-cuff /ˌɒfðəˈkʌf, US ˌɔːf-/ **I** *adj* *[remark]* spontaniczny; *[speech]* zaimprowizowany
II *adv* bez przygotowania

off-the-peg /ˌɒfðəˈpeg, US ˌɔːf-/ **I** *adj* *[garment]* gotowy
II **off the peg** *adv* **to buy clothes ~** kupować gotową odzież

off-the-shelf /ˌɒfðəˈʃelf, US ˌɔːf-/ **I** *adj* [1] Comm *[goods]* dostępny od ręki [2] Comput **~ software** gotowe oprogramowanie
II **off the shelf** *adv [available]* od ręki

off-the-shoulder /ˌɒfðəˈʃəʊldə(r), US ˌɔːf-/ *adj* **an ~ dress** sukienka z odkrytymi ramionami

off-the-wall /ˌɒfðəˈwɔːl, US ˌɔːf-/ *adj* infml zwariowany

off-white /ˌɒfˈwaɪt, US ˌɔːf-/ *adj* (colour) w kolorze złamanej bieli

off year *n* US Pol *rok, w którym nie odbywają się żadne ważne wybory*

Ofgas /ˈɒfgæs/ *n* GB = **Office of Gas Supply** *urząd nadzoru nad działalnością dystrybutorów gazu*

Ofsted /ˈɒfsted/ *n* GB = **Office for Standards in Education** *urząd zajmujący się kontrolą instytucji oświatowych*

oft /ɒft/ liter **I** *adv* często; częstokroć liter
II **oft-** *in combinations* **~-quoted/-repeated/-heard** często cytowany/powtarzany /słyszany

Oftel /ˈɒftel/ *n* GB = **Office of Telecommunications** *urząd nadzoru nad działalnością operatorów telekomunikacyjnych*

often /ˈɒfn, ˈɒftən, US ˈɔːfn/ *adv* często; **very/so/too ~** bardzo/tak/zbyt często; **less ~** rzadziej; **more and more ~** coraz częściej; **as ~ as not, more ~ than not** najczęściej; **it's not ~ you see that** nieczęsto można to zobaczyć; **you'll ~ find that...** nieraz się przekonasz, że...; **how ~ do you meet?** jak często się spotykacie?; **an ~-repeated remark** często powtarzana uwaga; **as ~ as I can** tak często jak tylko mogę; **it cannot be said too ~ that...** należy ciągle przypominać, że...; **once too ~** o jeden raz za dużo; **every so ~** (in time) od czasu do czasu; (in space) tu i tam

oft-times /ˈɒfttaɪmz/ *adv* liter częstokroć liter

Ofwat /ˈɒfwɒt/ *n* GB = **Office of Water Services** *urząd nadzoru nad działalnością firm dostarczających wodę*

ogival /əʊˈdʒaɪvl/ *adj* Archit ostrołukowy

ogive /ˈəʊdʒaɪv/ *n* [1] Archit (arch) ostrołuk *m*; (rib) żebro *n* przekątne [2] Mil ostrołuk *m* pocisku

ogle /ˈəʊgl/ *vt* infml patrzeć pożądliwie na (kogoś/coś); pożerać wzrokiem infml *[woman]*

ogre /ˈəʊgə(r)/ *n* [1] (giant) olbrzym *m* ludożerca [2] fig (fearsome person) potwór *m* [3] (grim vision) widmo *n*

ogress /ˈəʊgres/ *n* [1] (giant) ludożercza olbrzymka *f* [2] fig (fearsome woman) kobieta potwór *f*

oh /əʊ/ *excl* (to express surprise) o!; (to express joy) och!, ach!; **oh dear!** (sympathetic) ojej!; (dismayed, cross) a niech to!; **oh damn/hell!** vinfml o cholera! vinfml; **oh (really)?** (interested) tak?; (sceptical) ejże!; **oh really!** (cross) a niech to!; **oh, by the way** aha, przy okazji; **oh, Adam, can you lend me £10?** o, Adam, pożycz mi 10 funtów; **oh all right** no, dobrze; **oh no!** o, nie!; **oh yes?** (pleased) tak?; (sceptical) no co ty!; **oh how I hate work!** och, jak ja nie cierpię pracować!; **oh for some sun!** och, żeby tak trochę zaświeciło słońce; **oh to be in Paris!** ach, żeby tak teraz (móc) być w Paryżu!

OH US Post = **Ohio**

Ohio /əʊˈhaɪəʊ/ *prn* Ohio *n inv*

ohm /əʊm/ *n* om *m*

OHMS GB = **On Her/His Majesty's Service** w służbie Jej/Jego Królewskiej Mości *(napis na przesyłkach urzędowych)*

OHP *n* = **overhead projector**

oik /ɔɪk/ *n* GB infml (person) prymityw *m* pej

oil /ɔɪl/ **I** *n* [1] (petroleum) ropa *f* (naftowa); **diesel ~** olej *m* napędowy; ropa *f* infml; **to extract/refine ~** wydobywać/rafinować ropę naftową; **to strike ~** dowiercić się do złoża ropy naftowej; fig trafić na żyłę złota fig [2] (for fuel, lubrication) olej *m*; **engine /heating ~** olej silnikowy/opałowy; **to check the ~** Aut sprawdzić poziom oleju; **to change the ~** Aut wymienić olej [3] (Culin) olej *m*; **olive ~** oliwa z oliwek; **corn/sunflower ~** olej kukurydziany /słonecznikowy; **to cook with ~** smażyć na oleju; **an ~ and vinegar dressing** sos winegret [4] Art (medium) farba *f* olejna; **to work in ~s** malować olejami; **the portrait is (done) in ~s** to portret olejny [5] Art (picture) obraz *m* olejny, olej *m* [6] (medicinal, beauty) olejek *m*; **essential ~s** olejki eteryczne; **~ of cloves/lemon** olejek goździkowy/cytrynowy; **baby ~** oliwka dla dzieci [7] US infml (flattery) wazeliniarstwo *n*, wazelina *f* infml
II *modif [company, crisis, industry, terminal, magnate]* naftowy; **~ deposit/exporter /prices** złoże/eksporter/ceny ropy naftowej
III *vt* [1] (lubricate) naoliwi|ć, -ać, oliwić *[mechanism, parts, pan]* [2] Cosmet natłu|ścić, -szczać *[skin]*; napomadować, wy|pomadować dat *[hair]*
IV **oiled** *pp adj* [1] *[hair, moustache]* wypomadowany; *[pistons, mechanism]* naoliwiony; *[seabird, animal]* unurzany w ropie; *[silk, cloth, paper]* impregnowany lakierem olejnym [2] infml (drunk) zalany, zaprawiony infml
IDIOMS: **~ and water do not mix** to ogień i woda; **to ~ the wheels** pomóc w usunięciu przeszkód; **to ~ sb's hand** infml smarować infml; **to pour ~ on troubled waters** łagodzić atmosferę, uspokajać nastroje

oil-based /ˌɔɪlˈbeɪst/ *adj [paint]* olejny; *[plastic, polymer]* na bazie olejów

oil-bearing /ˈɔɪlbeərɪŋ/ *adj* roponośny, ropodajny

oil beetle *n* oleica *f*

oil-burning /ˈɔɪlbɜːnɪŋ/ *adj [stove]* naftowy; *[boiler]* olejowy

oil cake *n* Agric makuch *m*

oilcan /ˈɔɪlkæn/ *n* (applicator) olejarka *f*, oliwiarka *f*; (container) bańka *f* na olej

oil change *n* wymiana *f* oleju

oilcloth /ˈɔɪlklɒθ, US -klɔːθ/ *n* cerata *f*

oil colour GB, **oil color** US *n* farba *f* olejna

oil-cooled /ˈɔɪlkuːld/ *adj [engine]* chłodzony olejem

oil drill *n* świder *m* wiertniczy

oil drum *n* beczka *f* na ropę

oiler /ˈɔɪlə(r)/ **I** *n* [1] (ship) tankowiec *m* [2] (worker) nafciarz *m* [3] infml (oilcan) olejarka *f*
II **oilers** *npl* US Fashn sztormiak *m*

oil field *n* pole *n* naftowe

oil filter *n* filtr *m* oleju

oil-fired /ˈɔɪlfaɪəd/ *adj [heating, furnace]* olejowy

oil gauge *n* wskaźnik *m* poziomu oleju

oil heater *n* grzejnik *m* olejowy

oiliness /ˈɔɪlɪnɪs/ *n* (of complexion) tłustość *f*; (of food) **the ~ of the salad put me off** nadmiar oliwy odrzucił mnie od sałaty; (of liquid) oleistość *f*; (of person) *f*; wazeliniarstwo *n* infml

oil lamp *n* lampa *f* naftowa

oil level *n* poziom *m* oleju

oil man *n* naftowiec *m*, nafciarz *m*

oil paint *n* farba *f* olejna; **to use ~s** malować olejami

oil painting *n* [1] (art) malarstwo *n* olejne [2] (picture) obraz *m* olejny, olej *m*; **she's no ~** hum piękna to ona nie jest

oil palm *n* Bot olejowiec *m* (gwinejski), palma *f* oliwna

oil pan *n* US miska *f* olejowa

oil pipeline *n* rurociąg *m* naftowy, naftociąg *m*

oil pollution *n* zanieczyszczenie *n* ropą

oil pressure *n* ciśnienie *n* oleju
oil-producing /ˌɔɪlprəˈdjuːsɪŋ, US -prəˈduːsɪŋ/ *adj [country]* produkujący ropę naftową
oil refinery *n* rafineria *f* (ropy naftowej)
oil rig *n* (offshore) platforma *f* wiertnicza; (on land) wiertnia *f*, szyb *m* naftowy
oilseed rape /ˌɔɪlsiːdˈreɪp/ *n* rzepak *m*
oilskin /ˈɔɪlskɪn/ GB **I** *n* (fabric) materiał *m* impregnowany lakierem olejnym
II oilskins *npl* Fashn ubranie *n* sztormowe, sztormiak *m*
III *adj [jacket, trousers]* impregnowany lakierem olejnym
oil slick *n* plama *f* ropy *(na wodzie)*
oil spill *n* wyciek *m* ropy
oilstone /ˈɔɪlstəʊn/ *n* osełka *f*
oil stove *n* (for cooking) kuchenka *f* naftowa; (for heating) piecyk *m* naftowy
oil tank *n* zbiornik *m* ropy naftowej
oil tanker *n* (ship) tankowiec *m*, zbiornikowiec *m*; (lorry) cysterna *f*
oil technology *n* technologia *f* przetwórstwa ropy naftowej
oil well *n* odwiert *m* naftowy, szyb *m* naftowy
oily /ˈɔɪlɪ/ *adj* [1] (saturated) *[hair, skin, stain]* tłusty; *[food]* ociekający tłuszczem; *[cloth, rag, paper, hands]* zatłuszczony [2] (in consistency) *[substance]* oleisty [3] pej (slimy) *[person, manner, tone]* przypochlebny; wazeliniarski infml
oink /ɔɪŋk/ **I** *n* onomat kwik *m*
II *vi [pig]* kwi|knąć, -czeć
ointment /ˈɔɪntmənt/ *n* maść *f*
IDIOMS: **she's the fly in the ~** łyżka dziegciu w beczce miodu; **there's one fly in the ~** jedna drobnostka psująca przyjemność
o.i.r.o. GB = **offers in the region of** Comm **~ £75,000** oferowana/proponowana cena w okolicach 75 000 funtów
OK [1] = **okay** [2] US Post = **Oklahoma**
okapi /əʊˈkɑːpɪ/ *n* okapi *f inv*
okay, OK /ˌəʊˈkeɪ/ infml **I** *n* zgoda *f*; **to give one's ~ to sb** dać komuś zgodę; **to give one's ~ to sth, to give sth the ~** zgodzić się na coś; **to give sb the ~ to do sth** zgodzić się, żeby ktoś coś zrobił
II *adj* [1] (good) *[car, colour, party, holiday, job, plumber, babysitter]* niezły, w porządku infml; **it's ~ by** or **with me** nie mam nic przeciwko temu; **is it ~ if I come tomorrow...?** mogę przyjść jutro?; **I'm ~ for time/money** mam czas/pieniądze; **he's ~** on jest w porządku; **'is he a good teacher?' – 'yes, he's ~'** „czy (on) jest dobrym nauczycielem?" – „tak, jest w porządku"; **to feel ~** dobrze się czuć; **'how are you?' – '~'** „jak się czujesz?" – „w porządku"; **'how was the meeting?' – '~'** „jak poszło zebranie?" – „w porządku"; **'is this hat ~?'** „może być ten kapelusz?"; **'is my hair ~?'** „czy moja fryzura jest w porządku?" [2] (acceptable) **that's ~ for men, but...** to dobre dla mężczyzn, ale...; **that may be ~ in other countries/your house, but...** być może w innych krajach/u ciebie tak się robi, ale...; **it's ~ to call him Bill** śmiało możesz mówić do niego Bill; **it's ~ to refuse** masz prawo odmówić; **if you don't want to come, that's quite ~** jeśli nie chcesz iść, nie ma sprawy infml
III *adv [cope, drive, ski, work out]* nieźle
IV *particle* dobrze; dobra, okej infml; **~, now turn to page 26** dobrze, a teraz otwórzcie na stronie 26
V *vt* z|godzić się na (coś) *[change, plan]*; **have you ~ed it with Adam?** czy uzgodniłeś to z Adamem?
okey-doke(y) /ˌəʊkɪˈdəʊkɪ/ *particle* infml dobra, okej infml
Okie /ˈəʊkɪ/ *n* US infml mieszkan|iec *m*, -ka *f* Oklahomy
Oklahoma /ˌəʊkləˈhəʊmə/ *prn* Oklahoma *f*; **in ~** w Oklahomie
okra /ˈəʊkrə/ *n* ketmia *f* jadalna, okra *f*
old /əʊld/ **I** *n* [1] (old people) **the ~** *(+ v pl)* ludzie *plt* starzy; **~ and young together** starzy i młodzi razem [2] (earlier era) **(in days) of ~** w dawnych czasach; **the knights of ~** dawni rycerze; **I know him of ~** znam go od dawna
II olds *npl* Austral infml (parents) starzy *m pl* infml; **my ~s** moi starzy
III *adj* [1] (elderly, not young) stary; w podeszłym wieku euph; **an ~ man** stary człowiek, starzec; **~ people** ludzie starzy or w podeszłym wieku; **~er people** starsze osoby; **if I live to be ~** jeżeli dożyję starości; **to get** or **grow ~** zestarzeć or postarzeć się; **to look ~** wyglądać staro; **~ before one's time** przedwcześnie postarzały; **grief has made her ~ before her time** postarzała się przedwcześnie ze zmartwienia; **do you want ~ Mr Slater or young Mr Slater?** czy chce pan rozmawiać z panem Slaterem ojcem czy z synem? [2] (of a particular age) **how ~ are you /is he?** ile masz lat/on ma lat?; **nobody knows how ~ this building is** nikt nie wie, ile lat ma ten budynek; **she is 10 years ~** ona ma 10 lat; **a six-year-~ boy** sześciolatek, sześcioletni chłopiec; **when you were one year ~** kiedy miałeś roczek; **this bread is a week ~** ten chleb jest sprzed tygodnia or ma już tydzień; **a centuries-~ tradition** wielowiekowa tradycja; **to be as ~ as sb** być rówieśnikiem kogoś; **I didn't realise you were as ~ as that** nie wiedziałem, że masz tyle lat; **I'm ~er than you** jestem starszy od ciebie; **she is 10 years ~er than him** jest starsza od niego o 10 lat; **the north wing is 100 years ~er than the south wing** skrzydło północne powstało sto lat przed wybudowaniem skrzydła południowego; **my ~er sister/brother** moja starsza siostra/mój starszy brat; **an ~er man/woman** starszy mężczyzna/starsza kobieta; **the ~er children play here** starsze dzieci bawią się tutaj; **I'll tell you when you're ~er** powiem ci, gdy będziesz starszy or gdy dorośniesz; **as you get ~er you learn what really matters** z wiekiem przekonasz się, co jest naprawdę ważne; **I'm the ~est** jestem najstarszy; **the ~est person was 26** najstarsza osoba miała 26 lat; **he's ~ enough to be your father/grandfather** (ma tyle lat, że) mógłby być twoim ojcem/dziadkiem; **to be ~ enough to do sth** być na tyle dorosłym, żeby móc robić coś; **you're ~ enough to know better** w twoim wieku powinieneś być mądrzejszy; **you're too ~ for silly games** jesteś za stary na głupie zabawy; **he's too ~ for you** jest dla ciebie za stary; **that dress is too ~ for you** ta sukienka postarza cię; **to be ~ for one's age** być dojrzałym jak na swój wiek [3] (not new) *[garment, object, tradition, joke, excuse]* stary; **an ~ friend** stary znajomy; **the ~ town** stare miasto; **an ~ firm** firma działająca od (wielu) lat [4] (former, previous) *[address, school, job]* stary; *[confidence, spirit, admirer, boss]* dawny; **there's our ~ house** a to nasz stary dom; **do you see much of the ~ crowd?** infml czy często widujesz kumpli z naszej starej paczki? infml; **in the ~ days** w dawnych czasach; **just like ~ times** jak za dawnych czasów; **in the good ~ days** za dawnych, dobrych czasów [5] infml (as term of affection) stary infml; **there was ~ Fred playing the tambourine** stary Fred grał na tamburynie; **dear** or **good ~ Robert** stary poczciwy Robert; **poor ~ Adam** Adam biedaczysko; **I say, ~ fellow, ...** słuchaj stary, ...; **the ~ car wouldn't start this morning** staruszek nie chciał zapalić dziś rano infml; **good ~ British weather** iron typowa angielska pogoda; **hello, ~ chap/girl!** dat cześć stary/stara! infml; **how are you, you ~ devil?** infml jak się masz stary draniu? infml [6] infml (as intensifier) **a right ~ battle/mess** niezła bitwa/niezły bałagan infml; **they were having a high** or **rare ~ time** całkiem dobrze bawili się; **just put them down any ~ how/where** połóż je jak chcesz/gdzie chcesz or jakkolwiek/gdziekolwiek; **I don't want just any ~ doctor/car** nie chcę byle jakiego lekarza/samochodu; **any ~ tie will do** obojętnie jaki krawat, wszystko jedno jaki krawat
old age *n* starość *f*; **in (one's) ~ age** w podeszłym wieku, na stare lata
old-age pension /ˌəʊldeɪdʒˈpenʃn/ *n* GB Soc Admin emerytura *f*
old-age pensioner /ˌəʊldeɪdʒˈpenʃənə(r)/, **OAP** *n* GB emeryt *m*, -ka *f*
Old Bailey *prn* sąd *m* karny w Londynie
Old Bill *n* GB infml policja *f*; gliny *plt* infml
old boy *n* [1] (ex-pupil) były uczeń *m*, absolwent *m* [2] infml (old man) staruszek *m* [3] infml dat (dear chap) stary *m* infml
old boy network *n* GB znajomości *f pl* ze szkolnej ławy
old country *n* kraj *m* rodzinny
Old Dominion *n* US infml Wirginia *f*
olden /ˈəʊldən/ *adj* dat **in ~ times, in the ~ days** dawnymi czasy; **tell us about the ~ days** opowiedz nam o dawnych czasach
Old English *n* (język *m*) staroangielski *m*
Old English sheepdog *n* owczarek *m* staroangielski
old-established /ˌəʊldɪˈstæblɪʃt/ *adj [firm]* istniejący od dawna, stary; *[tradition]* długoletni
olde-worlde /ˌəʊldɪˈwɜːldɪ/ *adj* hum or pej staroświecki
old-fashioned /ˌəʊldˈfæʃnd/ **I** *n* old fashioned *m (koktail na bazie bourbona)*
II *adj [garment, style, device]* staromodny; *[ways, attitude, person, idea]* staroświecki;

O

good ~ common sense poczciwy zdrowy rozsądek
old-fashioned look *n* spojrzenie *n* pełne dezaprobaty
old favourite *n* (song) przebój *m* sprzed lat; (book, film, song) szlagier *m* sprzed lat
old flame *n* infml stara miłość *f*
old fogey GB, **old fogy** US *n* infml stary piernik *m* infml
old folks' home *n* infml = **old people's home**
Old French *n* (język *m*) starofrancuski *m*
old girl *n* [1] (ex-pupil) dawna uczennica *f*, absolwentka *f* [2] (old woman) staruszka *f* [3] infml dat (dear lady) staruszka *f* infml
Old Glory *prn* flaga *f* narodowa Stanów Zjednoczonych
old gold **I** *n* kolor *m* starego złota
II *adj* w kolorze starego złota
old guard *n* stara gwardia *f*
old hand *n* stary wyga *m*; **to be an ~ at sth/at doing sth** dobrze znać się na czymś /mieć dowiadczenie w robieniu czegoś
old hat *adj* infml (już) niemodny; **to become ~** stać się przeżytkiem
oldie /ˈəʊldɪ/ *n* infml [1] (song) dawny przebój *m*; (film, song) szlagier *m* sprzed lat; **golden oldies from the sixties** złote przeboje z lat sześćdziesiątych [2] (old person) starusz|ek *m*, -ka *f*
old lady *n* [1] (elderly woman) starsza pani *f* [2] infml (mother, wife) stara *f* infml
old lag *n* infml [1] (prisoner) recydywist|a *m*, -ka *f* [2] GB (experienced person) stary wyjadacz *m* infml
Old Latin *n* łacina *sprzed okresu łaciny klasycznej*
old maid *n* pej stara panna *f*
old man *n* [1] (elderly man) starszy człowiek *m*; (very old) starzec *m* [2] infml (husband, father) stary *m* infml [3] infml dat (dear chap) stary *m* infml [4] infml (boss) stary *m* infml
old man's beard *n* Bot powojnik *m* pnący
old master *n* [1] (artist) stary mistrz *m* [2] (work) obraz *m* starego mistrza
Old Nick *n* infml dat kusy *m* hum dat; czart *m* dat liter
old people's home *n* dom *m* starców; dom *m* spokojnej starości fml
old rose **I** *n* (colour) przybrudzony róż *m*
II *adj* w kolorze przybrudzonego różu
old school tie *n* GB krawat *m* w barwach szkoły; fig stare szkolne koneksje *f pl*
old sod *n* infml hum **the ~** kraj *m* rodzinny
old soldier *n* [1] (former soldier) stary żołnierz *m*, stary wiarus *m* [2] (old hand) stary wyga *m*
Old South *n* US Hist Południe *n (przed wojną secesyjną)*
old stager *n* GB infml stary wyjadacz *m* infml
oldster /ˈəʊldstə(r)/ *n* infml starusz|ek *m*, -ka *f*, starowina *m/f*
old style *adj* w dawnym stylu, w starym stylu
Old Style *adj [date]* według kalendarza juliańskiego
Old Testament *n* Stary Testament *m*
old-time /ˌəʊldˈtaɪm/ *adj* dawny, z dawnych czasów
old-time dancing *n* starodawne tańce *m pl*
old-timer /ˌəʊldˈtaɪmə(r)/ *n* infml weteran *m*, -ka *f*

old wives' tale *n* przesąd *m*; babskie gadanie *n* infml
old woman *n* [1] (elderly woman) stara kobieta *f* [2] pej (man) stara baba *f* pej; **to be an ~** zachowywać się jak stara baba [3] infml (wife, mother) stara *f* infml
old-world /ˌəʊldˈwɜːld/ *adj* hum or pej stylizowany or podrobiony na stary
Old World *n* Stary Świat *m*
ole /əʊl/ *adj* infml = **old**
oleaginous /ˌəʊlɪˈædʒɪnəs/ *adj* oleisty
oleander /ˌəʊlɪˈændə(r)/ *n* oleander *m*
olefin(e) /ˈəʊlɪfaɪn/ *n* alken *m*, olefina *f*
oleo /ˈəʊlɪəʊ/ *n* US = **oleomargarine**
oleomargarine /ˌəʊlɪəʊˌmɑːdʒəˈriːn, -ˈmɑːdʒərɪn/ *n* oleomargaryna *f*; US (margarine) margaryna *f*
O level *n* GB = **ordinary level** Hist ≈ mała matura *f*
olfactory /ɒlˈfæktərɪ/ *adj [nerve, organ]* węchowy; **~ sense** zmysł węchu
oligarchic(al) /ˌɒlɪˈgɑːkɪk(l)/ *adj* oligarchiczny
oligarchy /ˈɒlɪgɑːkɪ/ *n* oligarchia *f*
Oligocene /ˈɒlɪgəsiːn/ **I** *n* oligocen *m*
II *adj* oligoceński
oligopoly /ˌɒlɪˈgɒpəlɪ/ *n* Econ oligopol *m*
olive /ˈɒlɪv/ **I** *n* [1] (fruit) oliwka *f*; **green /black ~** oliwka zielona/czarna [2] (also **~ tree**) oliwka *f*, drzewo *n* oliwne [3] (colour) (kolor *m*) oliwkowy
II *adj* (dress, eyes, complexion) oliwkowy
olive branch *n* gałązka *f* oliwna also fig
olive drab **I** *n* (colour) (kolor *m*) khaki *n inv*; (material) khaki *n inv*
II olive drabs *npl* (uniform) mundur *m* khaki *(sił zbrojnych USA)*
olive green **I** *n* (kolor *m*) oliwkowy *m*
II *adj* oliwkowy
olive grove *n* gaj *m* oliwny
olive oil *n* oliwa *f* z oliwek
olive press *n* prasa *f* do wytłaczania oliwy
olive-skinned /ˌɒlɪvˈskɪnd/ *adj* o oliwkowej cerze
Olympia /əˈlɪmpɪə/ *prn* [1] (in Greece) Olimpia *f* [2] (in USA) Olympia *f*
Olympiad /əˈlɪmpɪæd/ *n* olimpiada *f*
Olympian /əˈlɪmpɪən/ **I** *n* [1] Myth olimpijczyk *m* [2] US Sport olimpij|czyk *m*, -ka *f*
II *adj [god, hero]* olimpijski; *[calm]* olimpijski; *[feat]* ogromny
Olympic /əˈlɪmpɪk/ **I** *n* **the ~s** olimpiada *f*, igrzyska *plt* olimpijskie
II *adj [torch, athlete, medal]* olimpijski
Olympic Games *n* igrzyska *plt* olimpijskie
Olympus /əˈlɪmpəs/ *prn* Olimp *m*
OM *n* = **Order of Merit** ≈ order *m* zasługi
Oman /əʊˈmɑːn/ *prn* Oman *m*
Omani /əʊˈmɑːnɪ/ **I** *n* Oma|ńczyk *m*, -nka *f*
II *adj* omański
ombudsman /ˈɒmbʊdzmən/ *n* Admin rzecznik *m* praw obywatelskich, ombudsman *m*
omega /ˈəʊmɪgə, US əʊˈmegə/ *n* (letter) omega *f*
omelette /ˈɒmlɪt/ *n* omlet *m*
IDIOMS: **you can't make an ~ without breaking eggs** gdzie drwa rąbią, tam wióry lecą
omen /ˈəʊmən/ *n* omen *m*, znak *m*; **an ~ from the gods** znak od bogów; **an ~ of sth** zapowiedź czegoś

omentum /əʊˈmentəm/ *n* (*pl* **omenta**) Med sieć *f*
omertà /ˌəʊmeəˈtɑː/ *n* omertà *f*
ominous /ˈɒmɪnəs/ *adj* złowieszczy; **the dark clouds look ~** te ciemne chmury wyglądają złowieszczo; **that's ~** to nie wróży nic dobrego
ominously /ˈɒmɪnəslɪ/ *adv* [1] (threateningly) *[look, move, gesture]* złowrogo; *[approach, advance]* niebezpiecznie; **to come ~ close (to doing sth)** być niebezpiecznie blisko (zrobienia czegoś); **the house was ~ silent** w domu panowała złowieszcza or złowroga cisza [2] (worryingly) *[change, rise, fall]* niepokojąco; **profits have begun to decline ~** zyski zaczęły niepokojąco spadać; **~, the child has not yet been found** dziecka jeszcze nie odnaleziono, co nie wróżyło nic dobrego
omission /əˈmɪʃn/ *n* [1] (act of omitting) pominięcie *n*; **the ~ of sb from the list** pominięcie kogoś przy ustalaniu listy [2] (thing left out) przeoczenie *n*; (in text) opustka *f*; **he was a startling ~ from the team** zaskakujące było, że nie znalazł się w drużynie [3] Jur zaniedbanie *n*
omit /əˈmɪt/ *vt* (*prp, pt, pp* **-tt-**) [1] (leave out) pomi|nąć, -jać *[reference, name, details]*; (accidentally) przeoczyć; **to ~ sb from the list** pominąć kogoś przy ustalaniu listy [2] (fail) **to ~ to do sth** nie zrobić czegoś; **you ~ted the date from your report** w swoim raporcie pominąłeś datę; **don't ~ to sign the application** nie zapomnij podpisać formularza
omnibus /ˈɒmnɪbəs/ **I** *n* [1] GB (also **~ edition**) (of TV programme) *powtórzenie odcinków emitowanych w danym tygodniu* [2] (also **~ volume**) zbiór *m*, antologia *f* [3] dat (bus) omnibus *m*
II *adj* US *[nature]* wieloraki; *[tribute]* zbiorowy
IDIOMS: **the man on the Clapham ~** GB dat przeciętny zjadacz chleba
omnibus bill *n* US Pol *projekt ustawy obejmującej różne zagadnienia*
omnidirectional /ˌɒmnɪdɪˈrekʃənl, -daɪ-/ *adj* wielokierunkowy
omnipotence /ɒmˈnɪpətəns/ *n* (of God) wszechmoc *f*; (of person in authority) wszechwładza *f*
omnipotent /ɒmˈnɪpətənt/ **I** *prn* **the Omnipotent** (Bóg *m*) Wszechmogący *m*
II *adj [regime, authority, rule]* wszechwładny, wszechpotężny; *[deity]* wszechmocny, wszechmogący
omnipresence /ˌɒmnɪˈprezns/ *n* wszechobecność *f*
omnipresent /ˌɒmnɪˈpreznt/ *adj* wszechobecny
omniscience /ɒmˈnɪsɪəns/ *n* wszechwiedza *f*; (of God) nieskończona mądrość *f*
omniscient /ɒmˈnɪsɪənt/ *adj* wszechwiedzący
omnivore /ˈɒmnɪvɔː(r)/ *n* Zool zwierzę *n* wszystkożerne
omnivorous /ɒmˈnɪvərəs/ *adj* [1] *[person, animal, bird]* wszystkożerny; **I used to be vegetarian but I've now adopted an ~ diet** byłem wegetarianinem, ale teraz jem wszystko [2] fig *[mind, curiosity]* nienasycony; **an ~ reader** pożeracz książek

omphalos /ˈɒmfəlɒs/ *n* liter pępek *m*

on /ɒn/ **I** *prep* [1] (position) na (czymś); **on the table/pavement** na stole/chodniku; **on the coast** na wybrzeżu; **on the sea /lake/river** nad morzem/jeziorem/rzeką; **it's on top of the piano** leży na fortepianie; **on the wall/ceiling/blackboard** na ścianie/suficie/tablicy; **there's a stain on it** na tym jest plama; **to live on Park Avenue** mieszkać na Park Avenue; **it's on Carson Road** to jest na Carson Road; **on the M4 motorway** na autostradzie M4; **to have a ring on one's finger** mieć pierścionek na palcu; **the finger with the ring on it** palec z pierścionkiem; **a girl with sandals on her feet** dziewczyna w sandałach; **to have a smile on one's face** mieć uśmiech na twarzy; **accidents on and off the piste** wypadki na trasie narciarskiej i poza nią; **to climb/leap on to sth** wspiąć się/wskoczyć na coś → **get, hang, jump, pin, sew, tie** [2] (indicating attachment) na czymś; **to hang sth on a nail** powiesić coś na gwoździu; **on a string** na sznurku; **to put a hand on sb's shoulder** położyć komuś rękę na ramieniu [3] (indicating contact) w; **I hit my head on the shelf** uderzyłem się w głowę o półkę; **to punch sb on the nose/chin** uderzyć kogoś pięścią w nos/podbródek; **to pat sb on the shoulder** poklepać kogoś po ramieniu; **he cut his foot on the glass/a sharp stone** skaleczył się w stopę szkłem/ostrym kamieniem → **slap** [4] (about one's person) przy (kimś); **I've got no small change on me** nie mam przy sobie drobnych; **have you got the keys on you?** masz przy sobie klucze?; **they found heroin on him** znaleźli przy nim heroinę [5] (about) o (czymś), na temat (czegoś); **a book/programme on Africa** książka/program o Afryce or na temat Afryki; **information on the new tax** informacje o nowym podatku or na temat nowego podatku; **have you heard him on electoral reform?** słyszałeś, jak mówił o reformie ordynacji wyborczej?; **while we are on the subject** skoro już jesteśmy przy tym temacie; **to read Freud on dreams** czytać Freuda na temat snów; **we are on fractions in maths** na matematyce przerabiamy ułamki or jesteśmy przy ułamkach [6] (employed, active) **to be on the team** należeć do zespołu; **to be on the board/committee/council** być członkiem zarządu/komisji/rady; **to be on the Gazette** pracować dla „Gazette"; **a job on the railways** praca na kolei; **there's a bouncer on the door** na bramce stoi ochroniarz infml; **there are 20 staff on this project** 20 osób pracuje nad tym projektem [7] (in expressions of time) **on 22 May** dwudziestego drugiego maja; **on Friday** w piątek; **on Saturdays** w soboty; **on the night of 15 June** piętnastego czerwca w nocy; **on or about the 23rd** około dwudziestego trzeciego; **on sunny days** w słoneczne dni; **on Christmas Day** w pierwszy dzień świąt Bożego Narodzenia; **on your birthday** w twoje urodziny → **dot, hour** [8] (immediately after) **on his arrival** (zaraz) po przyjeździe; **on the death of his wife** (zaraz) po śmierci żony; **on hearing the truth, she...** kiedy usłyszała prawdę, ...; **on reaching London, he...** po przybyciu do Londynu... [9] (taking, using) **to be on tablets** brać tabletki; **to be on antibiotics/tranquillizers** brać antybiotyki/środki uspokajające; być na antybiotykach/środkach uspokajających infml; **to be on drugs** brać narkotyki; **to be on 40 (cigarettes) a day** wypalać 40 papierosów dziennie; **to be on a bottle of whisky a day** wypijać butelkę whisky dziennie [10] (powered by) na (coś); **to work** or **run on batteries** działać or być na baterie; **to run on electricity** być na prąd [11] (indicating support) na (czymś); **to stand on one leg** stać na jednej nodze; **to lie on one's back** leżeć na plecach; **put it on its side** połóż to na boku [12] (indicating a medium) **on TV/the radio** w telewizji/radiu; **I heard it on the news** słyszałem o tym w wiadomościach; **on video/cassette/disk /computer** na video/kasecie/dyskietce /komputerze; **on channel four** na czwartym kanale; **on the phone** przez telefon; **you've been on the phone an hour!** już od godziny wisisz na telefonie! infml; **to play sth on the piano** zagrać coś na fortepianie; **with Lou Luciano on drums** z Lou Luciano na perkusji [13] (contactable via) **call us on 800 7777** zadzwoń pod numer 800 7777; **you can reach him on this number** znajdziesz go pod tym numerem [14] (indicating activity, undertaking) **on vacation/safari** na wakacjach/safari; **we went on a trip to London** pojechaliśmy na wycieczkę do Londynu; **to go somewhere on business** wyjechać gdzieś służbowo [15] (earning) **to be on £20,000 a year** zarabiać 20 000 funtów rocznie; **to be on a salary** or **income of £15,000** zarabiać 15 000 funtów rocznie; **he's on more than me** zarabia więcej niż ja; **to be on a low income** mało zarabiać; **to be on the dole** być na zasiłku → **grant, live, overtime** [16] (at the expense of) **this round is on me** tym razem ja płacę; **have a beer on me** postawię ci piwo → **credit, expenses, house** [17] (repeated events) **disaster on disaster** katastrofa za katastrofą; **defeat on defeat** porażka za porażką [18] (in scoring) **to be on 25 points** mieć 25 punktów; **Martin is the winner on 50 points** zwyciężył Martin z 50 punktami [19] Turf **he's got £10 on Easy Rider** postawił 10 funtów na Easy Ridera; **I'll have 50 dollars on Rapido** stawiam 50 dolarów na Rapido → **odds** [20] Transp **to travel on the bus/train** podróżować autobusem/pociągiem; **to be on the plane/the train** być w samolocie/pociągu; **to be on the yacht** być na jachcie; **to be on one's bike** siedzieć na rowerze; **to leave on the first train** odjechać pierwszym pociągiem; **to leave on the first flight** polecieć pierwszym samolotem → **foot, horseback**

II *adj* [1] (taking place, happening) **to be on** *[event]* mieć miejsce, odby|ć, -wać się; **is the meeting still on?** czy to spotkanie jest nadal aktualne?; **the engagement is back on again** są na nowo zaręczeni; **there's a war/recession on** jest wojna /recesja; **I've got nothing on tonight** nie mam żadnych planów na dzisiejszy wieczór; **I've got a lot on** jestem bardzo zajęty [2] (being broadcast, performed, displayed) **the news is on in 10 minutes** za 10 minut są wiadomości; **it's on at the cinema** grają to w kinie; **there's an exhibition on at the Town Hall** w ratuszu odbywa się or jest wystawa; **what's on?** (on TV) co jest w telewizji?; (at cinema, theatre) co grają?; **there's nothing on** nie ma nic ciekawego *(w kinie, teatrze, telewizji)*; **Hamlet is still on** ciągle grają „Hamleta" [3] (functional) **to be on** *[oven, heating, dishwasher, radio, washing machine, handbrake]* być włączonym; *[light, TV]* być zapalonym or włączonym; *[water tap, gas tap]* być odkręconym; **the power is back on** znowu jest prąd; **the switch is in the 'on' position** przycisk jest włączony → **switch on, turn on** [4] GB (permissible) **it's just** or **simply not on** (out of the question) to po prostu wykluczone; (not the done thing) tak się nie robi; **it's simply not on to expect me to do that** to nie w porządku oczekiwać ode mnie, że to zrobię [5] (attached, in place) **the lid is on (the tin)** puszka jest zamknięta; **the cap is on (the bottle)** butelka jest zakręcona; **the cap isn't properly on (the bottle)** butelka nie jest dobrze zakręcona; **once the roof is on** kiedy położą dach → **put, screw**

III *adv* [1] (about one's person) **to have a hat on** mieć kapelusz na głowie; **to have a coat on** mieć na sobie płaszcz; **to have one's glasses on** mieć okulary na nosie; **he has nothing on** nic na sobie nie ma; **on with your coats!** wkładajcie płaszcze!; **to have make-up on** być umalowanym; **with sandals/slippers on** w sandałach /kapciach → **put, try** [2] (ahead in time) **20 years on he was still the same** po 20 latach wcale się nie zmienił; **a few years on from now** za kilka lat; **from that day on** od tamtego dnia; **to be well on in years** być w podeszłym wieku or mieć swoje lata; **the party lasted well on into the night** przyjęcie przeciągnęło się do późnej nocy → **later, now** [3] (further) **to walk on** iść dalej; **to walk on another two kilometres** przejść jeszcze dwa kilometry; **to go on to Newcastle** pojechać dalej do Newcastle; **to go to Paris and then on to Marseilles** pojechać do Paryża, a potem dalej, do Marsylii; **to play/work on** grać/pracować dalej; **a little further on** odrobinę dalej → **carry, go, move, press, read** [4] (on stage) **I'm on after the juggler** wchodzę po żonglerze; **he's not on until Act Two** wchodzi dopiero w drugim akcie; **you're on!** wchodzisz!

IV on and off *adv phr* (also **off and on**) **to see sb on and off** widywać kogoś od czasu do czasu; **she's been working at the novel on and off for 10 years** pracuje nad tą powieścią od dziesięciu lat z przerwami; **he lives there on and off** od czasu do czasu tam przemieszkuje; **to flash on and off** zapalać się i gasnąć

V on and on *adv phr* **to go on and on** *[speaker]* mówić i mówić; *[lecture, speech]*

trwać bez końca; **he went** or **talked on and on about the war** bez końca opowiadał o wojnie; **the list goes on and on** lista ciągnie się w nieskończoność

IDIOMS: **you're on** zgoda; **are you still on for tomorrow's party?** nadal się wybierasz na jutrzejsze przyjęcie?; **to be always on at sb** zamęczać kogoś; **she's always on at me to get my hair cut** zamęcza mnie, żebym poszedł się ostrzyc; **what's he on about?** GB o czym on gada? infml; **I don't know what you are on about** nie wiem, o czym mówisz

onanism /ˈəʊnənɪzəm/ *n* onanizm *m*, samogwałt *m*

on-board /ˈɒnbɔːd/ *adj [computer, electronics]* pokładowy

once /wʌns/ **I** *n* (jeden) raz *m*; **I've only been there the ~** byłem tam tylko ten jeden raz; **I'll do it just this ~** zrobię to tylko ten jeden raz; **for ~** (this time) tym razem; (one time at least) chociaż (jeden) raz, przynajmniej (jeden) raz

II *adv* [1] (one time) (jeden) raz; **~ or twice** raz czy dwa; **~ before** (jeden) raz przedtem; **more than ~** nieraz; **~ only, only ~** tylko raz; **I will tell you ~ only** nie będę powtarzał dwa razy; **if I've told you ~ I've told you a hundred times** nie muszę chyba powtarzać ci sto razy; **~ is enough** raz wystarczy; **~ again** or **more** (one more time) jeszcze raz; (as in the past) znowu; **~ and for all** raz na zawsze; **a ~-and-for-all solution** ostateczne rozwiązanie; **not ~** ani razu; **never ~ did he offer** or **he never ~ offered to help** nigdy nawet nie zaproponował, że pomoże; **~ too often** o jeden raz za dużo; **~ a day /year** raz dziennie/na rok or do roku; **~ every six months** raz na sześć miesięcy; **(every) ~ in a while** raz na jakiś czas; **~ in a lifetime** raz w życiu; **it was a ~-in-a-lifetime experience** to było jedyne w swoim rodzaju przeżycie; **you only live ~** żyje się tylko raz; **if ~ you stop...** jak już raz się zatrzymasz...; **~ a thief, always a thief** kto raz ukradnie, zawsze już jest złodziejem; **he shan't marry again: ~ bitten, twice shy** drugi raz się nie ożeni: raz już się sparzył [2] (formerly) kiedyś; **she was ~ very famous** kiedyś była bardzo sławna; **a ~ famous actor** aktor, swego czasu sławny; **a ~-thriving town** niegdyś or swego czasu kwitnące miasto; **I'm not as young as I ~ was** nie jestem już tak młody jak kiedyś or niegdyś; **there was ~ a time when he would have said yes** był taki czas, kiedy powiedziałby „tak"; **~ upon a time there was a queen** dawno, dawno temu była sobie królowa

III at once *adv phr* [1] (immediately) od razu; **all at ~** nagle, ni z tego ni z owego; **give me the book at ~!** daj mi natychmiast tę książkę! [2] (simultaneously) naraz; **don't all talk at ~!** nie mówcie wszyscy naraz!

IV *conj* jak tylko; **~ he had eaten, he felt better** kiedy (już) zjadł, zaraz poczuł się lepiej; **~ he arrives I'll phone you** jak tylko przyjedzie, zadzwoni

once-over /ˈwʌnsəʊvə(r)/ *n* infml [1] (quick look) **to give sth the ~** rzucić okiem na coś; **to give sb the ~** zmierzyć kogoś wzrokiem; (check-up) zbadać kogoś pobieżnie [2] (quick performance) **to give sth a quick ~ with a duster/sander** przeciągnąć szmatą/szlifierką po czymś; **to give sth a ~ with the vacuum cleaner/lawnmower** przejechać odkurzaczem/kosiarką po czymś

oncogenetics /ˌɒŋkəʊdʒɪˈnetɪks/ *n (+ v sg)* onkogenetyka *f*

oncologist /ɒŋˈkɒlədʒɪst/ *n* onkolog *m*

oncology /ɒŋˈkɒlədʒɪ/ *n* onkologia *f*

oncoming /ˈɒnkʌmɪŋ/ **I** *n* nadejście *n* **(of sth** czegoś); **at the ~ of winter/night** z nadejściem zimy/nocy

II *adj [vehicle, car, traffic]* nadjeżdżający (z przeciwka); *[event, election, crisis]* nadchodzący, zbliżający się; *[generation]* następny; **'beware of ~ traffic'** „uwaga: ruch dwukierunkowy"

oncosts /ˈɒnkɒsts/ *npl* Comm koszty *m pl* ogólne

one /wʌn/ **I** *n* [1] Math (number) jeden; **~, two, three** jeden or raz, dwa, trzy; **~, two, three, go!** do biegu, gotowi, start; **to arrive in ~s and twos** przyjść pojedynczo i małymi grupkami [2] (digit) jedynka *f*; **to throw a ~** (on dice) wyrzucić jedynkę; **there are three ~s in one hundred and eleven** w stu jedenastu są trzy jedynki [3] (hour) (godzina *f*) pierwsza *f*

II *adj* [1] (single) jeden; **~ car** jeden samochód; **~ street** jedna ulica; **~ child** jedno dziecko; **twenty-~ flowers** dwadzieścia jeden kwiatów; **to raise ~ hand** podnieść (jedną) rękę; **no ~ person can do it alone** nikt nie jest w stanie zrobić tego samemu [2] (unique, sole) jedyny; **my ~ and only tie** mój jedyny krawat; **her ~ vice/pleasure** jej jedyna wada/przyjemność; **she's the ~ person who can help** jest jedyną osobą, która może pomóc; **the ~ and only Edith Piaf** jedyna i niepowtarzalna Edith Piaf; **she's ~ fine artist** US to naprawdę wspaniała artystka → **hell** [3] (same) jeden (i ten sam); **in the ~ direction** w jednym kierunku; **at ~ and the same time** w jednym i tym samym czasie; **they're ~ and the same person** to jedna i ta sama osoba; **two offers in the ~ day** dwie propozycje jednego dnia; **we are of ~ mind** jesteśmy tego samego zdania; **it's all ~ to me** jest mi wszystko jedno [4] (in expressions of time) **~ day /morning** pewnego or któregoś dnia/ranka; **~ of these days** któregoś dnia [5] (for emphasis) niejaki; **~ Robert Brown** niejaki Robert Brown

III *pron* [1] (indefinite) jed|en *m*, -na *f*, -no *n*; **can you lend me ~?** pożyczysz mi jeden?; **~ of them** jeden z nich; **she's ~ of my best customers** jest jedną z moich najlepszych klientek; **~ after the other** jeden po drugim; **I can't tell ~ from the other** nie odróżniam jednego od drugiego; **every ~ of them was broken** wszystkie były zepsute; **~ was grey and the other was pink** jeden był szary, a drugi różowy; **two volumes in ~** dwa tomy w jednym; **Merry Christmas ~ and all** życzę wszystkim Wesołych Świąt; **she's ~ of us** jest jedną z nas → **any** [2] (impersonal subject) **~ should try to enjoy oneself** trzeba próbować się rozerwać; **~ should do one's best to help** trzeba zrobić wszystko, żeby pomóc; **~ never knows for sure** nigdy nie ma się pewności; **~ must admire him** nie można go nie podziwiać; **if ~ looks at it from a different angle** jeśli się na to spojrzy pod innym kątem; **~ can't help wondering if...** człowiek zaczyna się zastanawiać, czy...; **if ~ wanted** gdyby się chciało [3] (impersonal object) **it's enough to make ~ despair** to wystarczy, żeby doprowadzić człowieka do rozpaczy; **it does make ~ think** to zmusza do zastanowienia; **it can bring ~ a considerable profit** to może przynieść znaczny zysk [4] (referring to object or person with specific quality) **a grey ~** szary /szara/szare; **the big ~** ten duży/ta duża /to duże; **pink ~s** różowe; **the cheaper ~s** te tańsze; **her loved** or **dear ~s** jej najbliżsi; **to lose a loved ~** stracić ukochaną osobę; **the little ~s** dzieci; **she's a clever ~** to sprytna sztuka infml; **I don't have my own car so I use my friend's ~** nie mam własnego samochodu, więc korzystam z samochodu przyjaciela; **this ~** ten/ta/to; **that ~** tamten/tamta /tamto; **the ~ in the corner** ten w kącie; **which ~ is yours?** który jest twój?; **which ~ did you buy?** który kupiłeś?; **that's the ~** to ten/ta/to; **he's the ~ who did it** to on to zrobił; **buy the smallest ~** kup najmniejszy; **my new car is faster than the old ~** mój nowy samochód jest szybszy niż stary; **the advice of ~ who knows** rada kogoś, kto się zna; **for ~ who claims to be an expert...** jak na kogoś, kto uważa się za eksperta...; **to run like ~ possessed** biec jak szalony; **I'm not ~ for football** piłka nożna to nie dla mnie; **he's ~ for the ladies** to pies na kobiety infml; **he's a great ~ for telling other people what they should do** jest pierwszy do pouczania innych; **you're a ~!** infml ty masz tupet! → **never** [5] (in currency) **~-fifty** (in sterling) funt pięćdziesiąt; (in dollars) dolar pięćdziesiąt [6] infml (drink) **he's had ~ too many** wypił o jednego za dużo infml; **let's go for a quick ~** chodźmy na jednego infml; **make mine a large ~** lej, nie żałuj infml [7] infml (joke) **that's a good ~!** to dobre!; **have you heard the ~ about...?** znasz kawał o...? [8] infml (blow) **land** or **sock sb ~** przyłożyć komuś infml [9] infml (question, problem) **that's a tough** or **tricky ~** to trudniejsza sprawa; **ask me another ~** proszę o inne pytanie [10] (in knitting) **knit ~, purl ~** oczko w lewo, oczko w prawo; **make ~** dodaj oczko

IV as one *adv phr [rise, shout, reply]* jak jeden mąż

V in one *adv phr* **to down a glass in ~** wypić cały kieliszek jednym haustem; **to get sth in ~** infml natychmiast coś załapać infml

VI one by one *adv phr [pick up, collect, wash]* jeden po drugim

IDIOMS: **to be ~ up on sb** infml mieć nad kimś przewagę; **to be at ~ with sb** zgadzać się z kimś; **to give sb ~** vinfml *[man]* przelecieć kogoś vinfml; **it's a dictionary and grammar all in ~** or **all** rolled into ~ to jest słownik i jednocześnie podręcznik gramatyki; **all for ~ and ~ for all** jeden za wszystkich, wszyscy za jednego; **to have a thousand** or **million and ~ things to do** mieć tysiąc rzeczy na głowie

one-act play /ˌwʌnˌækt'pleɪ/ *n* sztuka *f* jednoaktowa, jednoaktówka *f*

one another *n* **they love ~** kochają się; **to help ~** pomagać sobie (nawzajem); **we often use ~'s cars** często wymieniamy się samochodami; **to worry about ~** martwić się o siebie nawzajem; **they were separated from ~** zostali rozdzieleni; **close to ~** blisko siebie

one-armed /ˌwʌn'ɑːmd/ *adj* jednoręki

one-armed bandit *n* (slot machine) jednoręki bandyta *m*

one-day /ˌwʌn'deɪ/ *adj [conference, seminar]* jednodniowy

one-dimensional /ˌwʌndɪ'menʃənl/ *adj* [1] Math *[array, image]* jednowymiarowy [2] fig (superficial) *[treatment]* jednostronny; *[character]* Literat jednowymiarowy fig

one-eyed /ˌwʌn'aɪd/ *adj* jednooki

one-for-one /ˌwʌnfə'wʌn/ *adj* **on a ~ basis** w stosunku jeden do jednego

one-handed /ˌwʌn'hændɪd/ **I** *adj [person]* jednoręki; *[tool]* jednoręczny

II *adv [catch, hold]* jedną ręką

one-horse town /ˌwʌnhɔːs'taʊn/ *n* infml zapadła dziura *f* infml

one-legged /ˌwʌn'legɪd/ *adj* jednonogi

one-line /ˌwʌn'laɪn/ *adj* jednowierszowy

one-liner /ˌwʌn'laɪnə(r)/ *n* bon mot *m*, zgrabne powiedzonko *n*

one-man /'wʌnmæn/ *adj* [1] (for one person) *[cell, tent, canoe]* jednoosobowy; *[plane, glider]* jednomiejscowy; **~ job/task** praca /zadanie dla jednej osoby [2] (consisting of one person) *[company, committee]* jednoosobowy [3] (devoted) **a ~ dog** pies przywiązany do jednego pana; **she's a ~ woman** ona kocha tylko tego jednego jedynego

one-man band *n* (musician) człowiek orkiestra *m*

one man one vote *n* GB powszechne prawo *n* głosu

one-man show *n* [1] Theat sztuka *f* dla jednego aktora, monodram *m* [2] Art wystawa *f* indywidualna [3] fig (in business) jednoosobowa firma *f*

oneness /'wʌnnɪs/ *n* [1] (singleness) jedność *f* [2] (unity of mind, purpose) jednomyślność *f*; **~ with sb/sth** jedność z kimś/czymś [3] (uniformity) (of desert, tone, appearance) jednostajność *f*, niezmienność *f*; (cultural) jednorodność *f*

one-night stand /ˌwʌnnaɪt'stænd/ *n* infml [1] (sexual) przelotna przygoda *f* [2] (of comic, singer) występ *m* jednorazowy

one-off GB /ˌwʌn'ɒf/ **I** *n* **it's a ~** (of TV programme) ten program stanowi zamkniętą całość; (of issue, magazine) to jest wydanie specjalne; (design, object) to jest coś niepowtarzalnego; **it was a ~** (of accident, event) to już się nie powtórzy

II *adj [deal, event, performance, payment]* jednorazowy; *[design, example]* jedyny w swoim rodzaju

one-on-one /ˌwʌnən'wʌn / *adj* = **one-to-one**

one-parent family /ˌwʌnpeərənt'fæməlɪ/ *n* niepełna rodzina *f*

one-party system /ˌwʌnpɑːtɪ'sɪstəm/ *n* system *m* monopartyjny or jednopartyjny

one-piece /ˌwʌn'piːs/ *adj* jednoczęściowy

one-piece swimsuit *n* jednoczęściowy kostium *m* kąpielowy

one-price store /ˌwʌnpraɪs'stɔː(r)/ *n sklep, w którym wszystkie artykuły są w tej samej cenie*

one-reeler /ˌwʌn'riːlə(r)/ *n* Cin film *m* krótkometrażowy

one-room apartment /ˌwʌnruːmə'pɑːtmənt/ *n* kawalerka *f*

one-room flat /ˌwʌnruːm'flæt/ *n* = **one-room apartment**

onerous /'ɒnərəs/ *adj* [1] *[task, workload, responsibility]* uciążliwy [2] Jur *[conditions, terms]* uciążliwy

one's /wʌnz/ **I** = **one is, one has**

II *det* swój; **to wash ~ hands** myć ręce; **to lie on ~ side** leżeć na boku; **to have a ring on ~ finger** mieć pierścionek na palcu; **~ books/friends** (swoje) książki /(swoi) przyjaciele; **to love ~ parents** kochać (swoich) rodziców; **when one tries to do ~ best...** kiedy się bardzo starasz, ...; **it limits ~ options** to ogranicza możliwość wyboru; **a house/car of ~ own** własny dom/samochód

oneself /ˌwʌn'self/ *pron* [1] (reflexive) **to wash/hurt ~** umyć/zranić się [2] (emphatic) samemu; **to do sth/have a go ~** zrobić coś/spróbować samemu [3] (after prep) siebie; **to be sure of ~** być pewnym siebie; **to look pleased with ~** wyglądać na zadowolonego z siebie; **to have the house all to ~** mieć cały dom tylko dla siebie; **to talk to ~** mówić do siebie; **to talk about ~** mówić o sobie; **(all) by ~** (do sth) samodzielnie; (live) samotnie → **ashamed, keep**

one-shot /ˌwʌn'ʃɒt/ *adj* US = **one-off**

one-sided /ˌwʌn'saɪdɪd/ *adj [account, decision, contest, game, bargain, relationship]* jednostronny

one-size /ˌwʌn'saɪz/ *adj* **~ garment** ubranie w jednym rozmiarze

one-stop shopping /ˌwʌnstɒp'ʃɒpɪŋ/ *n* zakupy *plt* w dużym centrum handlowym

one-time /'wʌntaɪm/ *adj [politician, film star]* były

one-to-one /ˌwʌntə'wʌn/ **I** *adj* [1] (private, personal) *[session, tuition]* indywidualny; **~ meeting** spotkanie w cztery oczy; **to teach on a ~ basis** prowadzić zajęcia indywidualne [2] Math *[correspondence, mapping]* wzajemnie jednoznaczny [3] Sport *[contest, fight]* jeden na jednego; *[marking]* indywidualny

II *adv [discuss]* sam na sam, w cztery oczy; *[teach]* indywidualnie; *[fight]* jeden na jednego

one-track /ˌwʌn'træk/ *adj*

IDIOMS: **to have a ~ mind** myśleć jednotorowo

one-two /ˌwʌn'tuː/ Sport (in soccer) rozegranie *n* w trójkącie

one-up /ˌwʌn'ʌp/ *vt* (*prp, pt, pp* **-pp-**) US infml być lepszym od (kogoś)

one-upmanship /ˌwʌn'ʌpmənʃɪp/ *n* **to practice ~** starać się zawsze udowodnić swoją wyższość

one-way /ˌwʌn'weɪ/ **I** *adj* [1] Transp *[traffic, tunnel, street]* jednokierunkowy [2] (single) **~ ticket** bilet w jedną stronę; **the ~ trip costs £300** bilet w jedną stronę kosztuje 300 funtów [3] (not reciprocal) *[process]* zachodzący w jednym kierunku; *[conversation]* jednostronny; *[friendship]* nieodwzajemniony [4] Elec, Telecom *[circuit, cable]* jednokierunkowy [5] (opaque in one direction) *[glass, window]* foliowany

II *adv* **it costs £10 ~** to kosztuje 10 funtów w jedną stronę; **there's no give-and-take with him, it's all ~** on nigdy nie ustępuje, zawsze stawia na swoim

one-woman /ˌwʌn'wʊmən/ *adj* **a ~ job** praca dla jednej kobiety; **it's a ~ outfit** or **operation** or **company** ona pracuje sama; **he's a ~ man** on jest monogamistą hum

one-woman show /ˌwʌnwʊmən'ʃəʊ/ *n* [1] Theat sztuka *f* dla jednej aktorki, monodram *m* [2] Art wystawa *f* indywidualna (artystki) [3] fig (in business) **it's a ~** infml ona pracuje sama

ongoing /'ɒngəʊɪŋ/ *adj [crisis, process]* trwający; *[battle, dispute]* toczący się; *[situation]* istniejący; **the process/investigation is ~** proces/śledztwo jest w toku; **research is ~** trwają badania

onion /'ʌnɪən/ *n* cebula *f*

IDIOMS: **to know one's ~s** GB infml znać się na rzeczy

onion dome *n* Archit kopuła *f* cebulasta

onion gravy *n* sos *m* cebulowy

onion rings *npl* cebula *f* pokrojona w plasterki

onion set *n* Hort dymka *f*

onionskin /'ʌnjənskɪn/ *n* (paper) pelur *m*

onion soup *n* zupa *f* cebulowa

online, on-line /ˌɒn'laɪn/ **I** *adj* Comput *[access]* na bieżąco, on-line; **~ mode** tryb on-line; **~ data processing** przetwarzanie na bieżąco or on-line; **~ storage** pamięć on-line; **to be ~** *[computer]* być podłączonym do sieci

II on line *adv* **to have sth ~** mieć bezpośredni dostęp do czegoś

onlooker /'ɒnlʊkə(r)/ *n* obserwator *m*, -ka *f*, gap *m*

only /'əʊnlɪ/ **I** *conj* (but) tylko; **you can hold the baby, ~ don't drop him** możesz potrzymać dziecko, tylko go nie upuść; **it's like hang-gliding ~ safer** to tak jak latanie na lotni, tylko bezpieczniejsze; **it's like a mouse ~ bigger** to jest mysz, tylko większa; **I'd come ~ I'm working tonight** przyszedłbym, tylko że pracuję dzisiaj w nocy; **he needs a car ~ he can't afford one** potrzebuje samochodu, tylko że go na niego nie stać → **if III**

II *adj* [1] (sole) jedyny; **~ child** jedynak /jedynaczka **the ~ one left** jedyny, który został; **you're not the ~ one** nie jesteś jedyny; **we are the ~ people who know** tylko my o tym wiemy; **it's the ~ way** to jedyny sposób; **the ~ thing is, I'm broke** infml problem tylko w tym, że jestem zupełnie spłukany infml; **his ~ answer was to shrug his shoulders** jedyną jego odpowiedzią było wzruszenie ramionami [2] (best, preferred) **skiing is the ~ sport for me** dla mnie nie ma to jak narty;

O

champagne is the ~ drink nie ma to jak szampan

III *adv* [1] (exclusively, merely) tylko, jedynie; **I'm ~ interested in European stamps** interesują mnie tylko europejskie znaczki; **~ in Italy can one...** tylko we Włoszech można...; **he ~ reads science-fiction** on czyta tylko fantastykę naukową; **we're ~ here for a free beer** jesteśmy tutaj tylko po to, żeby się za darmo napić piwa; **it's ~ harmful when you eat a lot** to może zaszkodzić tylko wtedy, jeżeli się tego za dużo zje; **I'll go but ~ if you'll go too** pójdę, ale tylko wtedy, jeżeli ty też pójdziesz; **~ Adam saw her** tylko Adam ją widział; **~ time will tell** czas pokaże; **'men ~'** „tylko dla mężczyzn"; **'for external use ~'** „tylko do użytku zewnętrznego"; **it took ~ five minutes** to zajęło tylko pięć minut; **you ~ had to ask** miałeś tylko zapytać; **I've ~ met her once** widziałem ją tylko raz; **I ~ hope she'll understand** mam tylko nadzieję, że ona zrozumie; **~ think, you could win a lot** pomyśl tylko, mógłbyś sporo wygrać [2] (nothing more than) **it's ~ fair to let him explain** po prostu trzeba dać mu szansę wytłumaczenia się; **it's ~ polite** po prostu tego wymaga uprzejmość; **it's ~ natural for her to be curious** to całkiem naturalne, że jest ciekawa [3] (in expressions of time) dopiero; **~ yesterday/last week** dopiero wczoraj/w zeszłym tygodniu; **~ then did I learn the truth** dopiero wtedy dowiedziałem się prawdy; **I saw him ~ recently** dopiero co go widziałem; **it seems like ~ yesterday** wydaje się jakby to było (dopiero) wczoraj; **~ last week the very same problem came up** nie dalej niż w zeszłym tygodniu mieliśmy ten sam problem; **Robert is ~ sixteen** Robert ma dopiero szesnaście lat; **it's ~ ten o'clock** jest dopiero dziesiąta

IV only just *adv phr* [1] (recently) dopiero (co); **I've ~ just done it** dopiero (co) to zrobiłem; **I've ~ just arrived** dopiero (co) przyjechałem [2] (barely) **it's ~ just tolerable** to jest prawie nie do zniesienia; **he ~ just escaped being arrested** ledwo udało mu się uniknąć aresztowania; **I caught the bus, but ~ just** zdążyłem na autobus, ale ledwo, ledwo

V only too *adv phr* **it's ~ too obvious that...** jest aż nadto oczywiste, że...; **I remember it ~ too well** pamiętam to aż za dobrze; **you should be ~ too glad to be rid of him** powinieneś się tylko cieszyć, że się go pozbyłeś

IDIOMS: **goodness** or **God** or **Heaven ~ knows!** Bóg jeden wie!

on-message /ˌɒnˈmesɪdʒ/ *adj* GB Pol *[politician]* prawomyślny, postępujący zgodnie z linią polityczną; **to be ~** zgadzać się z linią polityczną partii

o.n.o. GB = **or nearest offer** Comm **beginner's guitar £150 o.n.o.** gitara dla początkujących za 150 funtów lub za najwyższą oferowaną cenę

on-off /ˌɒnˈɒf, US -ˈɔːf/ *adj* **~ button** włącznik

onomasiology /ˌɒnəmæzɪˈɒlədʒɪ/ *n* onomazjologia *f*

onomastic /ˌɒnəˈmæstɪk/ *adj* Ling onomastyczny

onomastics /ˌɒnəˈmæstɪks/ *n (+ v sg)* onomastyka *f*, nazewnictwo *n*

onomatopoeia /ˌɒnəˌmætəˈpɪə/ *n* onomatopeja *f*

onomatopoeic /ˌɒnəˌmætəˈpiːɪk/ *adj* dźwiękonaśladowczy, onomatopeiczny

onrush /ˈɒnrʌʃ/ *n* (of water, tears) potok *m*; (of emotion, passion) przypływ *m*; (of pain) atak *m*; (of people) fala *f*, napływ *m*

on-screen /ˌɒnˈskriːn/ **I** *adj* [1] Comput **~ formatting** formatowanie natychmiastowe [2] Cin **~ sex** seks na ekranie; **~ relationship** filmowy romans

II *adv* Comput *[edit, display]* na ekranie

onset /ˈɒnset/ *n* (of winter, hard times, revolution) nadejście *n*, początek *m* **(of sth** czegoś); (of illness) początek *m* **(of sth** czegoś)

onshore /ˌɒnˈʃɔː(r)/ *adj* [1] (towards land) *[wind, current]* od morza [2] (on land) *[installation, work, field]* na lądzie

onside /ˌɒnˈsaɪd/ **I** *adj* Sport **an ~ position** prawidłowa pozycja

II *adv* **to be ~** nie być na spalonym

on-site /ˌɒnˈsaɪt/ **I** *adj* dostępny na miejscu

II on site *adv* na miejscu

onslaught /ˈɒnslɔːt/ *n* szturm *m*; (verbal, of disease) atak *m*; (of visitors) najazd *m*; **to make an ~ on sb** napaść na kogoś

on stage *adj, adv* na scenie; **to come ~** pojawić się na scenie, wejść na scenę

on-target earnings, OTE /ɒnˌtɑːgɪtˈɜːnɪŋz/ *npl* **~ £20,000** zarobki do 20 000 funtów rocznie

Ontario /ɒnˈteərɪəʊ/ *prn* (city, province) Ontario *n inv*

on-the-job /ˌɒnðəˈdʒɒb/ **I** *adj* **~ training** zdobywanie kwalifikacji podczas pracy

II on the job *adv* **to get one's training** or **experience ~** zdobyć kwalifikacje podczas pracy

on-the-spot /ˌɒnðəˈspɒt/ **I** *adj [reporting]* z miejsca zdarzenia; *[investigation]* na miejscu zdarzenia; *[fine]* na miejscu wykroczenia

II on the spot *adv* **to be ~** być na miejscu; **to agree/decide ~** z miejsca się zgodzić/zdecydować

onto /ˈɒntuː/ *prep* (also **on to**) (on top of) na; (towards) do; **to load the luggage ~ the trolley** ładować bagaż na wózek; **to load the software ~ the computer** wprowadzać program do komputera → **get, go, move, open**

IDIOMS: **to be ~ something** infml być na tropie; **I think I'm ~ something big** infml chyba jestem na tropie prawdziwej sensacji; **the police are ~ him** infml policja jest na jego tropie; **she's ~ us** infml przejrzała nas → **good**

ontogenetic /ˌɒntədʒɪˈnetɪk/ *adj* = **ontogenic**

ontogenic /ˌɒntəˈdʒenɪk/ *adj* Biol ontogenetyczny

ontogeny /ɒnˈtɒdʒənɪ/ *n* Biol ontogenia *f*

ontological /ˌɒntəˈlɒdʒɪkl/ *adj* ontologiczny

ontology /ɒnˈtɒlədʒɪ/ *n* ontologia *f*

onus /ˈəʊnəs/ *n* obowiązek *m*; **the ~ of responsibility** ciężar odpowiedzialności; **the ~ is on sb to do sth** obowiązkiem kogoś jest zrobienie czegoś; **to put the ~ on sb to do sth** zobowiązać kogoś do zrobienia czegoś

onward /ˈɒnwəd/ **I** *adj* **~ flight to Manchester** dalszy lot do Manchesteru; **the coach then makes the ~ journey to Cairo** autobus jedzie potem dalej do Kairu; **the ~ march of progress** niepowstrzymany postęp

II *adv* = **onwards**

onwards /ˈɒnwədz/ *adv* [1] (forwards) **the journey ~ to Tokyo** dalsza podróż do Tokio; **to fly to Paris then ~ to Geneva** lecieć do Paryża, a potem dalej do Genewy; **to go** or **rise ~ and upwards** fig piąć się do góry fig [2] (in time phrases) **from tomorrow/next year ~** od jutra/od przyszłego roku; **from now ~** odtąd; **from that day ~** od tamtego dnia

onyx /ˈɒnɪks/ **I** *n* onyks *m*

II *modif [brooch, chess piece, paperweight]* onyksowy

oocyte /ˈəʊəsaɪt/ *n* Biol oocyt *m*

oodles /ˈuːdlz/ *npl* infml mnóstwo *n*, masa *f* **(of sth** czegoś)

ooh /uː/ **I** *excl* och!; **~s and ahs** ochy i achy

II *vi* **to ~ and ah** wydawać okrzyki zachwytu/radości/zdziwienia

oolite /ˈəʊəlaɪt/ *n* Geol oolit *m*

oompah /ˈʊmpɑː/ *n* (of band, trombone) dźwięki *m pl* instrumentów dętych

oomph /ʊmf/ *n* infml ikra *f* infml

oophorectomy /ˌəʊəfəˈrektəmɪ/ *n* wycięcie *n* jajnika

oophoritis /ˌəʊəfəˈraɪtɪs/ *n* zapalenie *n* jajnika

oops /uːps, ʊps/ *excl* ojej!, ojejku!

oosphere /ˈəʊəsfɪə(r)/ *n* oosfera *f*

oospore /ˈəʊəspɔː(r)/ *n* oospora *f*

ooze /uːz/ **I** *n* (silt) muł *m*

II *vt* [1] wydziel|ić, -ać *[slime]*; **to ~ blood** krwawić; **to ~ pus** ropieć; **to ~ butter /cheese** ociekać masłem/serem [2] fig *[person]* emanować (czymś) *[sexuality]*; roztaczać (wokół siebie) *[charm]*

III *vi [liquid]* sączyć się; **to ~ with sth** być przesiąkniętym czymś *[butter, mud, blood]*; fig emanować czymś *[sexuality]*; roztaczać (wokół siebie) *[charm]*; **to ~ (up) through sth** przesączyć się przez coś; **to ~ away** *[liquid]* wyciekać; **he felt his courage oozing away** poczuł, że opuszcza go odwaga

■ **ooze out** wycie|c, -kać

op /ɒp/ *n* Med, Comput infml = **operation**

Op. = **opus**

opacity /əˈpæsətɪ/ *n* [1] (lack of transparency) nieprzezroczystość *f* [2] fig (of style, argument) mętność *f* [3] (of intellect, mind) tępota *f*

opal /ˈəʊpl/ **I** *n* opal *m*

II *modif [ring, brooch, necklace]* opalowy; *[light bulb]* mleczny

opalescence /ˌəʊpəˈlesns/ *n* opalizacja *f*; Phys opalescencja *f*

opalescent /ˌəʊpəˈlesnt/ *adj* opalizujący

opaque /əʊˈpeɪk/ *adj* [1] (not transmitting light) *[glass, liquid, mist]* nieprzejrzysty; *[glass]* matowy; *[tights]* kryjący [2] fig *[explanation, comment]* mętny; *[intentions, motives]* niejasny [3] pej *[mind, student]* tępy, ciemny

opaqueness /əʊˈpeɪknɪs/ *n* [1] (of glass, water) nieprzejrzystość *f* [2] (of explanation) mętność *f*

O

opaque projector *n* episkop *m*
op art *n* op-art *m*
op artist *n* twórca *m* opartowy
Opec, OPEC /ˈəʊpek/ **I** *n* = **Organization of Petroleum Exporting Countries** Organizacja *f* Państw Eksportujących Ropę Naftową, OPEC *m/f inv*
II *modif [meeting, member, price]* OPEC; ~ **oil** ropa z OPEC
op-ed page /ˌɒpˈedpeɪdʒ/ *n* US Journ = **opposite editorial page** *strona, obok strony z artykułem wstępnym, zawierająca komentarze*
open /ˈəʊpən/ **I** *n* [1] (outside) **the ~** świeże powietrze *n*; **in the ~** na świeżym powietrzu [2] (exposed position) odkryty teren *m*; **in the ~** na odkrytym terenie [3] fig (unconcealed state) **it's all out in the ~ now** teraz wszystko wyszło na jaw; **to bring sth out into the ~** ujawnić coś; **to come out into the ~** mówić otwarcie **(with/about sth** o czymś); **let's get all this out in the ~** grajmy w otwarte karty [4] (also **Open)** Sport zawody *plt* otwarte; **the US Open** Otwarte Mistrzostwa Stanów Zjednoczonych; **the French Open** (in tennis) Otwarte Tenisowe Mistrzostwa Francji
II *adj* [1] (not closed) *[door, box, book, parcel, eyes, wound, flower]* otwarty; *[collar, jacket, shirt]* rozpięty; *[legs, arms, map]* rozłożony; (to the public) *[bank, shop, bar, bridge, meeting]* otwarty; **to get sth ~** otworzyć coś; **to burst** or **fly ~** otworzyć się gwałtownie; **she flung the curtains ~** energicznym ruchem rozsunęła zasłony; **a book lay ~ on the table** otwarta książka leżała na stole; **the door was half/slightly** or **partly ~** drzwi były na wpół otwarte/niedomknięte; **'~ 9 to 5'** „czynne od 9 do 17"; **'~ on Sunday'** „czynne w niedzielę"; **are you ~ on Sundays?** czy pracujecie w niedziele?; **we've been ~ for business nearly two weeks** (of shop) nasz sklep jest czynny prawie od dwóch tygodni; **the palace is ~ to the public** pałac jest otwarty dla publiczności; **with ~ arms** z otwartymi ramionami; **my door is always ~** moje drzwi zawsze stoją otworem; **'I declare the exhibition ~'** „uważam wystawę za otwartą"; **is there a bank ~?** czy jakiś bank jest czynny? [2] (not obstructed, not enclosed) *[river, channel, harbour]* otwarty dla żeglugi; *[road, pass]* otwarty, przejezdny; *[telephone line, frequency]* wolny; *[area, fields]* otwarty; **the ~ air** świeże powietrze; **in the ~ air** na świeżym powietrzu; **an ~ goal** Sport pusta bramka; **~ country** otwarta przestrzeń; **the ~ road** (main road) główna droga; **the road is ~ to traffic** droga jest otwarta dla ruchu; **the ~ sea** otwarte morze; **an ~ space** otwarta przestrzeń; **the (wide) ~ spaces** wielkie puste przestrzenie; **a bit of ~ space in the middle of the office** trochę wolnego miejsca w środku biura; **an ~ view** swobodny widok **(of sth** na coś); **~ water** otwarte wody; **they're trying to keep the bridge/tunnel ~** starają się, żeby most/tunel był otwarty dla ruchu; **to keep the corridor ~** zostawić wolne przejście przez korytarz [3] (not covered) *[vehicle, car, carriage]* odkryty; *[boat, sewer, mineshaft, tomb]* otwarty; **over an ~ fire** nad ogniem [4] (exposed, susceptible) *[position, coastline]* odkryty; **it's so ~ here** to miejsce jest takie odsłonięte; **~ to the air/to the wind/to the elements** wystawiony na działanie powietrza/wiatru/czynników atmosferycznych; **~ to attack** wystawiony na ataki; **to be ~ to offers /to suggestions/to new ideas** być otwartym na oferty/sugestie/nowe pomysły; **he is ~ to persuasion** jego można przekonać; **they're seldom ~ to advice** oni rzadko słuchają rad; **it is ~ to criticism /question** można to poddać krytyce/zakwestionować; **to lay** or **leave oneself ~ to charges/criticism/attack** narazić się na zarzuty/krytykę/atak; **it is ~ to doubt** or **question whether...** można powątpiewać, czy...; **this incident has left her honesty ~ to doubt** or **question** ten incydent sprawił, że należy powątpiewać w jej uczciwość [5] (accessible) *[job, vacancy, position, access]* wolny; *[competition, meeting]* otwarty; *[hearing, session]* przy drzwiach otwartych; **to be ~ to sb** *[service, facilities]* być dostępnym dla kogoś; *[park]* być otwartym dla kogoś; **the competition is ~ to anyone** w zawodach może wziąć udział każdy; **we can keep the job ~ for you** możemy zatrzymać dla ciebie tę pracę; **this job is still ~** to stanowisko jest wciąż wolne; **there are several courses of action/choices ~ to you** masz przed sobą kilka sposobów postępowania/możliwości do wyboru; **it is still ~ to you to accept their terms** ciągle od ciebie zależy, czy przyjmiesz ich warunki [6] (candid, frank) *[person, discussion]* otwarty, szczery; *[character, face, declaration]* szczery; *[manner]* bezpośredni, naturalny; **to be ~ (with sb) about sth** być szczerym (wobec kogoś) odnośnie czegoś; (in conversation) rozmawiać (z kimś) otwarcie o czymś [7] (unconcealed, blatant) *[hostility, revolt, rebellion, disagreement]* jawny; *[attempt, war, declaration]* otwarty [8] (undecided) *[question]* otwarty; **to leave the matter ~** zostawić kwestię otwartą; **to leave the decision ~** odłożyć podjęcie decyzji; **to leave the date ~** kwestię daty pozostawić otwartą; **the race/election is (wide) ~** wynik wyścigu/wyborów jest sprawą otwartą; **to have an ~ mind (about sth)** nie mieć wyrobionego zdania (na temat czegoś); **to keep an ~ mind about sth** nie zajmować stanowiska w sprawie czegoś; **~ return /ticket** bilet powrotny otwarty/bilet otwarty; **I have an ~ invitation to visit him /Paris** z jego zaproszenia/z zaproszenia do Paryża mogę skorzystać w dowolnej chwili [9] (with spaces) *[weave]* luźny; *[material]* luźno tkany [10] Mus *[string]* pusty [11] Ling *[vowel, syllable]* otwarty
III *vt* [1] (cause not to be closed) otw|orzyć, -ierać *[door, envelope, parcel, box, book, jar, eyes, wound]*; odpi|ąć -nać *[button]*; rozpi|ąć, -nać *[shirt, blouse]*; roz|łożyć, -kładać *[map, newspaper, legs, arms]*; oczy|ścić -szczać *[pores]*; Elec przer|wać, -ywać *[circuit]*; **to ~ a door/window slightly** or **a little** lekko uchylić drzwi/okno; **to ~ one's eyes /mouth** otworzyć oczy/usta; **you must ~ your mind to new ideas** musisz być otwarty na nowe pomysły; **to ~ one's heart to sb** otworzyć serce przed kimś [2] (begin) otw|orzyć, -ierać, rozpocz|ąć, -ynać *[discussion, meeting, negotiations, bidding]*; rozpocz|ąć, -ynać *[investigation, conversation]*; otw|orzyć, -ierać *[account]*; **to ~ fire** otworzyć ogień; **she ~ed the show with a song** rozpoczęła przedstawienie piosenką; **to ~ the door to sth** otworzyć drogę czemuś *[corruption]*; dać powód do czegoś *[abuse]* [3] Comm (set up) otw|orzyć, -ierać *[shop, office, branch, business]* [4] (inaugurate) dokon|ać, -ywać otwarcia (czegoś), otw|orzyć, -ierać *[bridge, factory, fete, exhibition]*; **to ~ parliament** otworzyć sesję parlamentu [5] (make wider) → **open up**
IV *vi* [1] (become open) *[door, window, lid, eyes, mouth, flower]* otw|orzyć, -ierać się; *[curtain]* rozsu|nąć, -wać się; *[earth, ground]* rozst|ąpić, -ępować się; **the door won't ~** drzwi nie chcą się otworzyć, nie da się otworzyć drzwi; **her mouth ~ed wide with surprise** szeroko otworzyła usta ze zdumienia; **~ wide!** (at dentist's) szeroko otworzyć usta!; **to ~ slightly** or **a little** *[door, window]* uchylić się nieznacznie; **to ~ into** or **onto sth** *[door, window, room]* wychodzić na coś; **the two rooms ~ into one another** oba pokoje łączą się ze sobą; **the window ~s outward** okno otwiera się na zewnątrz [2] (for business) *[exhibition, shop, bank, bar]* być czynnym or otwartym; **we ~ at nine o'clock every day** otwieramy codziennie o dziewiątej; **the exhibition ~s from 9 to 4** wystawa jest czynna od dziewiątej do szesnastej; **what time does the library ~?** o której otwierają bibliotekę? [3] Art, Theat, Cin *[film]* wejść, wchodzić na ekrany; *[play]* mieć premierę; *[exhibition]* zostać otwartym; **the play ~s in London next week** premiera sztuki odbędzie się w przyszłym tygodniu w Londynie; **the exhibition ~s on January 26th** otwarcie wystawy 26 stycznia; **we ~ed in Boston** mieliśmy premierę w Bostonie [4] (begin) *[debate, meeting, trial, scene, play]* rozpocz|ąć, -ynać się **(with sth** czymś); *[person]* rozpocz|ąć, -ynać **(with sth** czymś or od czegoś); **to ~ by doing sth** *[person]* rozpocząć od zrobienia czegoś [5] (be the first speaker) otw|orzyć, -ierać debatę; **to ~ for the defence/prosecution** Jur zabrać głos w imieniu obrony/oskarżenia [6] (become wider) → **open up** [7] Fin *[shares]* debiutować
■ **open out**: ¶ **~ out** (become broader) *[passage, river, path]* rozszerz|yć, -ać się; *[view, countryside, flower]* otw|orzyć, -ierać się; **to ~ out into sth** *[passage, tunnel]* przechodzić w coś *[room, cave]*; *[stream, river]* rozlewać się w coś *[pool, lake]* ¶ **~ out [sth], ~ [sth] out** roz|łożyć, -kładać *[newspaper, garment, map]*
■ **open up**: ¶ **~ up** [1] (unlock a building) otw|orzyć, -ierać; **I'll ~ up for you** otworzę ci; **'police! ~ up!'** „otwierać! policja!" [2] (expand petals) *[flower]* otw|orzyć, -ierać się [3] (appear) *[crack, split, gap]* powsta|ć, -wać also fig [4] Comm (start up) *[shop, business, branch]* rozpocz|ąć, -ynać działalność [5] (develop) *[opportunities, possibilities, market]* otw|orzyć, -ierać się [6] Mil (start firing)

otw|orzyć, -ierać ogień **(with sth** z czegoś) [7] (speak freely) *[person]* otw|orzyć, -ierać się **(to sb** przed kimś); **to ~ up about sth** zacząć mówić o czymś ¶ **~ up [sth], ~ [sth] up** [1] (make open) otw|orzyć -ierać *[envelope, box, suitcase, parcel]* [2] (make wider) powiększ|yć, -ać *[gap]*; **to ~ up a lead** *[athlete, racer]* zwiększyć przewagę [3] (unlock) otw|orzyć, -ierać *[shop, building, safe]* [4] (start up) otw|orzyć, -ierać *[branch, office, new factory, mine]* [5] (make accessible) otw|orzyć, -ierać *[area, country, road, opportunities, possibilities]*; udostępni|ć, -ać *[files]*; **it may ~ a new career up for you** może to otworzyć przed tobą nową drogę kariery; **to ~ up new horizons for sb** otwierać przed kimś nowe horyzonty; **to ~ up the economy to foreign investment** otworzyć gospodarkę na inwestycje zagraniczne; **they are trying to ~ the region up to trade** starają się rozwinąć działalność handlową w tym regionie

open admissions (policy) *n* US Univ rekrutacja *f* na uczelnię bez selekcji kandydatów

open-air /ˌəʊpən'eə(r)/ *adj [swimming pool]* odkryty; *[market, stage, theatre]* na wolnym or otwartym powietrzu

open-and-shut /ˌəʊpənən'ʃʌt/ *adj [case]* oczywisty; **it all seems pretty ~ to me** to wszystko wydaje mi się oczywiste

opencast /'əʊpənkɑːst, US -kæst/ *adj* GB *[mine]* odkrywkowy

opencast mining *n* GB górnictwo *n* odkrywkowe

open circuit *n* Elec obwód *m* otwarty

open competition *n* konkurs *m* otwarty; Sport zawody *plt* otwarte

open court *n* Jur jawne posiedzenie *n* sądu; **in ~** w trakcie jawnego posiedzenia sądu

opencut /'əʊpənkʌt/ US *adj* = **opencast**

open day *n* dzień *m* otwarty

open door **I** *n* Econ, Pol polityka *f* otwartych drzwi

II open-door *adj* Econ, Pol **~ policy** polityka otwartych drzwi

open-ended /ˌəʊpən'endɪd/ *adj [strategy, policy]* elastyczny; *[discussion, debate, question]* otwarty; *[situation]* płynny; *[relationship]* luźny; *[stay]* na czas nieokreślony; *[period, promise]* nieokreślony; *[phrase, wording]* stwarzający możliwość dowolnej interpretacji; *[contract]* na czas nieokreślony

open enrollment *n* US = **open admissions**

opener /'əʊpnə(r)/ **I** *n* [1] (for bottles, cans, envelopes) otwieracz *m* [2] Theat, TV (of show) pierwszy numer *m*; (first episode) pierwszy odcinek *m*; **this concert is the traditional ~ of each new season** ten koncert tradycyjnie otwiera każdy nowy sezon [3] (in bridge) (bid) otwarcie *n*; (person) gracz *m* otwierający [4] Sport (in cricket) obrońca *m* pierwszy przyjmujący serw; (in baseball) mecz *m* otwierający sezon

II for openers *adv phr* infml na początek

open-eyed /ˌəʊpən'aɪd/ *adj* [1] (alert) uważny, czujny [2] (agog) **to be ~ in wonder /surprise** wytrzeszczyć oczy ze zdziwienia /z zaskoczenia

open-faced /ˌəʊpən'feɪst/ *adj [person]* o szczerym spojrzeniu

open-face(d) sandwich *n* US kanapka *f* *(nie przykryta drugą kromką)*

open government *n* Pol jawne sprawowanie *n* rządów

open-handed /ˌəʊpən'hændɪd/ *adj* hojny

open-hearted /ˌəʊpən'hɑːtɪd/ *adj* serdeczny

open-heart surgery /əʊpənˌhɑːt'sɜːdʒərɪ/ *n* Med [1] (discipline) operacje *f pl* na otwartym sercu [2] (operation) operacja *f* na otwartym sercu

open house *n* [1] (hospitality) dom *m* otwarty; **to keep ~** prowadzić dom otwarty [2] US (open day) dzień *m* otwarty

opening /'əʊpnɪŋ/ **I** *n* [1] (beginning, commencement) (of book, piece of music) początek *m*; (of negotiations, assembly, exhibition) otwarcie *n*; (of play, film) premiera *f*; **the (official) ~ of Parliament** oficjalna inauguracja (obrad) parlamentu [2] (gap) (in wall, fence, garment) otwór *m*; (in forest) polana *f*, otwarta przestrzeń *f*; **door/window ~** otwór drzwiowy /okienny [3] (opportunity) sposobność *f* **(to do sth** do zrobienia czegoś); Comm (for sales, trade) możliwość *f* zbytu; **an ~ for sb** możliwość zbytu dla kogoś *[manufacturer]*; **an ~ for sth** możliwość zbytu na coś *[product]*; (for employment) (in company) wolna posada *f*; (in field) możliwość *f* zatrudnienia; **job** or **career ~** możliwość zatrudnienia [4] (in bridge) otwarcie *n*; (in chess) debiut *m*

II *adj [scene, chapter, line, move, speech]* pierwszy; *[offer, price, statement, remark]* wstępny; **~ share price** (at Stock Exchange) kurs akcji na otwarcie giełdy

opening balance *n* Acct (of company) bilans *m* otwarcia; (of individual) saldo *n* początkowe

opening ceremony *n* uroczystość *f* otwarcia **(of sth** czegoś)

opening gambit *n* (in chess) otwierający gambit *m*

opening hours *npl* (of shop, library, pub) godziny *f pl* otwarcia; (of bank, office) godziny *f pl* urzędowania; **late-night/round-the-clock ~** czynne do późna w nocy/całą dobę

opening night *n* Cin, Theat premiera *f*

opening time *n* Comm godzina *f* otwarcia; **~ is 6:00 on Sundays** w niedzielę otwarte od szóstej

open learning *n* samodzielna nauka *f*

open letter *n* list *m* otwarty **(to sb** do kogoś)

openly /'əʊpənlɪ/ *adv* (declare, debate, admit, criticize) otwarcie; (hostile, critical) jawnie

open market *n* Econ otwarty or wolny rynek *m*; **on the ~** na wolnym rynku

open marriage *n* małżeństwo *n* otwarte

open-minded /ˌəʊpən'maɪndɪd/ *adj* otwarty, wolny od uprzedzeń; **Adam is ~** Adam ma otwartą głowę; **to be ~ about sth** nie mieć uprzedzeń do czegoś

open-mouthed /ˌəʊpən'maʊðd/ *adj [stare]* z otwartymi ustami; **~ with astonishment/with admiration** z otwartymi ze zdumienia/z zachwytu ustami

open-necked /ˌəʊpən'nekt/ *adj [shirt]* rozpięty pod szyją

openness /'əʊpənnɪs/ *n* [1] (candour) (of person, society, attitude) otwartość *f*; (of campaign, debate, government) jawność *f* [2] (of land, view, countryside) rozległość *f* [3] (receptiveness) otwartość *f* **(to sth** na coś)

open-plan /ˌəʊpən'plæn/ *adj [area, office]* bez ścianek działowych

open primary *n* US Pol prawybory *plt* powszechne

open prison *n* więzienie *n* o złagodzonym rygorze, zakład *m* karny otwarty

open sandwich *n* = **open-face(d) sandwich**

open scholarship *n* Univ stypendium *n* dostępne dla wszystkich

open season *n* Hunt sezon *m* łowiecki

open secret *n* publiczna tajemnica *f*, tajemnica *f* poliszynela

open sesame *n* przepustka *f* fig **(to sth** do czegoś)

open shop *n* Ind, Pol *zakład pracy zatrudniający pracowników bez względu na ich przynależność do związku zawodowego*

open-toed /ˌəʊpən'təʊd/ *adj* **~ sandals** sandały z odkrytymi palcami

Open University, OU *n* GB Univ uniwersytet *m* otwarty

open verdict *n* Jur orzeczenie *n* otwarte *(stwierdzenie zgonu z niewyjaśnionych przyczyn)*

openwork /'əʊpənwɜːk/ **I** *n* ażur *m*

II *modif* ażurowy

opera /'ɒprə/ *n* opera *f*; **do you like ~?** czy lubisz operę?; **tickets for the ~** bilety do opery

operable /'ɒprəbl/ *adj* [1] *[plan]* wykonalny; *[system, machine]* sprawny, działający [2] Med *[case, tumour]* kwalifikujący się do operacji

opera company *n* zespół *m* operowy

opera glasses *npl* lornetka *f* teatralna

operagoer /'ɒprəgəʊə(r)/ *n* bywalec *m* opery

opera house *n* opera *f*

operand /'ɒpərænd/ *n* Math, Comput argument *m* (operacji)

opera singer *n* śpiewak *m* operowy, śpiewaczka *f* operowa

operate /'ɒpəreɪt/ **I** *vt* [1] (run) *[person]* obsługiwać *[appliance, machine, vehicle]*; posługiwać się (czymś) *[tool]*; *[switch, lever, pedal]* uruch|omić, -amiać *[stop mechanism, alarm]*; *[electricity]* napędzać *[machine]* [2] (enforce) wprowadz|ić, -ać *[ban, system, control]*; prowadzić *[policy]* [3] (manage) prowadzić *[agency, store, pension plan, savings scheme]*; zarządzać (czymś) *[factory]*; eksploatować *[mine]*; **the bus services are ~d by a single company** linie autobusowe obsługuje jedna firma; **they ~ a very clever racket** prowadzą bardzo sprytne machinacje

II *vi* [1] (do business, engage in criminal activity) *[company, organization]* działać, prowadzić działalność; **we ~ in several countries /out of London** działamy w kilku krajach/poza Londynem [2] (function) *[machine, system, service]* działać; *[mind, language, department]* funkcjonować; **this torch ~s on batteries** ta latarka działa na baterie; **does the bus service ~ on Sundays?** czy ten autobus kursuje w niedziele? [3] (take effect) po|skutkować, działać [4] fig (work) *[factor, force]* działać; *[law]* obowiązywać; **to ~ in favour of sb/sth** działać na korzyść kogoś/czegoś; **to ~ against sb/sth** działać na niekorzyść kogoś/czegoś [5] Mil operować [6] Med z|operować; **we shall have to ~** musimy operować; **to ~ on sb /sb's leg** operować kogoś/komuś nogę; **to be ~d on** być operowanym; **he was ~d on for appendicitis** zoperowano mu wyrostek infml

operatic /ˌɒpəˈrætɪk/ **I** **operatics** *npl (+ v sg)* Theat opera *f*
II *adj* [1] *[voice, career, society]* operowy [2] (histrionic) *[gesture, tone]* teatralny fig

operating /ˈɒpəreɪtɪŋ/ *adj* **~ costs** koszty eksploatacyjne; **~ income** zysk operacyjny

operating budget *n* budżet *m* operacyjny

operating instructions *npl* zalecenia *f pl* eksploatacyjne

operating manual *n* (booklet) instrukcja *f* obsługi; (book) podręcznik *m* użytkownika

operating room *n* US = **operating theatre**

operating system *n* Comput system *m* operacyjny

operating table *n* stół *m* operacyjny

operating theatre *n* GB sala *f* operacyjna

operation /ˌɒpəˈreɪʃn/ *n* [1] (working) działanie *n* [2] Med operacja *f*; **to have an ~** być operowanym, mieć operację; **a major /minor ~** poważna operacja/drobny zabieg; **to have an ~ on one's knee/ankle** mieć or przejść operację kolana/stawu skokowego; **to have a heart/stomach ~** mieć operację serca/żołądka; **an ~ for the removal of sth** operacja usunięcia czegoś [3] (use, application) (of machinery) eksploatacja *f*, użytkowanie *n*; (of mine) eksploatacja *f*; (of scheme) wdrożenie *n*; (of law) egzekwowanie *n*; **to be in ~** *[plan, scheme]* być aktualnie stosowanym; *[rule]* obowiązywać; *[oil rig, mine]* być eksploatowanym or w eksploatacji; *[machine]* działać; **to come into ~** *[law, scheme]* wchodzić w życie; *[plant]* zaczynać działać, zostać uruchomionym; **to put sth into ~** wprowadzać w życie *[law]*; wdrażać *[scheme]*; uruchamiać *[plant, line]*; **to put sth out of ~** wycofywać coś z użytku *[equipment, machinery, vehicle]*; zamykać coś *[factory]*; **the storm put the generator out of ~** burza unieruchomiła generator prądu [4] (process of operating) (of machine) obsługa *f*; (of business) prowadzenie *n* [5] (manoeuvres) (by police, armed forces) operacja *f*; **rescue ~** akcja ratunkowa [6] Comput, Math operacja *f* [7] (undertaking) przedsięwzięcie *n*, operacja *f*; **a big ~** duże przedsięwzięcie [8] (business) działalność *f*; **their European ~ is expanding** rozszerzają swoją działalność w Europie [9] Fin operacja *f*

operational /ˌɒpəˈreɪʃənl/ *adj* [1] (working) sprawny; **to be fully ~** być całkowicie sprawnym [2] (encountered while working) *[budget, costs]* bieżący, operacyjny; **we have had some ~ problems** mieliśmy nieco problemów eksploatacyjnych; **~ requirements** warunki eksploatacji [3] Mil (ready to operate) w gotowości bojowej

operational amplifier *n* wzmacniacz *m* operacyjny

operational manager *n* dyrektor *m* do spraw eksploatacji

operational research *n* Math badania *n pl* operacyjne

operation code *n* Comput kod *m* operacji

operations room *n* [1] Mil kwatera *f* sztabowa [2] (police) centrum *n* dowodzenia

operative /ˈɒpərətɪv, US -reɪt-/ **I** *n* (worker) pracownik *m*; (secret agent) tajny agent *m*
II *adj* [1] (in operation) *[rule, law]* obowiązujący; *[system]* funkcjonujący; **how soon will the plan be ~?** jak szybko ten plan wejdzie w życie? [2] *[word]* odpowiedni, właściwy; **X being the ~ word** X będzie tu właściwym słowem

operator /ˈɒpəreɪtə(r)/ *n* [1] Telecom telefonist|a *m*, -ka *f* [2] (of machine, computer) operator *m* [3] Tourism agencja *f* turystyczna [4] Comm (of business) biznesmen *m* [5] infml pej (shrewd person) spekulant *m*, -ka *f*, kombinator *m*, -ka *f*; **he's a smooth** or **shrewd ~** niezły z niego kombinator

operetta /ˌɒpəˈretə/ *n* operetka *f*

ophthalmia /ɒfˈθælmɪə/ *n* zapalenie *n* spojówek, oftalmia *f*

ophthalmic /ɒfˈθælmɪk/ *adj* GB *[vein, nerve, surgery]* oczny; *[clinic, research]* okulistyczny; **~ ointment** maść do oczu

ophthalmic optician *n* ≈ optyk *m* *(przeprowadzający badanie wzroku)*

ophthalmologist /ˌɒfθælˈmɒlədʒɪst/ *n* okulist|a *m*, -ka *f*

ophthalmology /ˌɒfθælˈmɒlədʒɪ/ *n* okulistyka *f*

ophthalmoscope /ɒfˈθælməskəʊp/ *n* wziernik *m* okulistyczny, oftalmoskop *m*

ophthalmoscopy /ˌɒfθælˈmɒskəpɪ/ *n* wziernikowanie *n* dna oka

opiate /ˈəʊpɪət/ **I** *n* [1] (derived from opium) opiat *m*, opiolid *m* [2] fig narkotyk *m* fig
II *adj* opiumowy

opine /əʊˈpaɪn/ *vi* fml wyra|zić, -żać opinię

opinion /əˈpɪnɪən/ *n* [1] (belief, view) zdanie *n*, opinia *f* **(about** or **on sb/sth** o kimś /czymś); **conflicting ~s** sprzeczne opinie or zdania; **personal ~** prywatne zdanie; **to be of the ~ that...** być zdania, że...; **in my/her ~** moim/jej zdaniem; **to be of the same ~** być tego samego zdania; **to express/venture an ~** wyrazić opinię /zaryzykować twierdzenie; **what's your ~?** jakie jest twoje zdanie?; **that's my ~, for what it's worth** cokolwiek jest ono warte, takie jest moje zdanie; **if you want my honest/considered ~** jeśli chcesz wiedzieć, jakie jest moje faktyczne zdanie /jakie są moje przemyślenia; **that's a matter of ~** to jest sprawa dyskusyjna; **in the ~ of experts, in the experts' ~** w opinii ekspertów [2] (popular feeling, collective view) opinia *f*; **public ~** opinia publiczna; **world ~** opinia światowa; **informed ~ has it that...** dobrze poinformowani twierdzą, że...; **~ is divided** zdania są podzielone; **a range of ~** różnorodność opinii; **a difference of ~** różnica zdań; **a programme of news and ~** Radio, TV program publicystyczny [3] (evaluation) (of person, performance, action) zdanie *n* **(of sb/sth** o kimś /czymś); **to have a high/low ~ of sb** mieć o kimś dobre/złe zdanie; **to have a high /low ~ of sth** wysoko/nisko oceniać coś [4] (formal statement) orzeczenie *n*, ekspertyza *f*; **legal/medical ~** ekspertyza prawna/orzeczenie lekarskie; **to seek** or **get a second ~** zasięgnąć dodatkowej opinii; Med zasięgnąć opinii innego specjalisty; **to take counsel's ~** Jur konsultować się z adwokatem [5] Jur (reasons for judgement) uzasadnienie *n* wyroku

opinionated /əˈpɪnɪəneɪtɪd/ *adj [person]* pej zadufany w sobie; *[tone of voice]* pewny siebie, nieznoszący sprzeciwu

O

opinion poll *n* badanie *n* opinii publicznej; **to hold an ~** przeprowadzać badanie opinii publicznej

opium /ˈəʊpɪəm/ *n* opium *n inv*; **the ~ of the masses** opium dla mas

opium addict *n* (nałogowy) palacz *m* opium

opium den *n* palarnia *f* opium

opium poppy *n* mak *m* lekarski

opossum /əˈpɒsəm/ *n* Zool opos *m*

opponent /əˈpəʊnənt/ *n* przeciwni|k *m*, -czka *f* also Sport, Pol **(of sth** czegoś); (in discussion, debate) oponent *m*, -ka *f*; **a worthy ~** godny przeciwnik; **my worthy ~** iron mój szacowny przeciwnik

opportune /ˈɒpətjuːn, US -tuːn/ *adj [moment, time]* odpowiedni, dogodny; *[action]* w porę; *[remark]* trafny; **she considered it ~ to do sth** uznała za stosowne zrobić coś

opportunely /ˈɒpətjuːnlɪ, US -tuːn/ *adv [happen, come along, intervene]* w porę, w odpowiedniej chwili; *[situated, placed]* dogodnie

opportuneness /ˈɒpətjuːnnɪs, US -tuːn-/ *n* stosowność *f*

opportunism /ˌɒpəˈtjuːnɪzəm, US -ˈtuːn-/ *n* oportunizm *m*

opportunist /ˌɒpəˈtjuːnɪst, US -ˈtuːn-/ **I** *n* oportunist|a *m*, -ka *f*
II *adj* oportunistyczny

opportunistic /ˌɒpətjuːˈnɪstɪk, US -tuːˈn-/ *adj* oportunistyczny

opportunistically /ˌɒpətjuːˈnɪstɪklɪ, US -tuːˈn-/ *adv* oportunistycznie

opportunity /ˌɒpəˈtjuːnətɪ, US -ˈtuːn-/ *n* [1] (appropriate time, occasion) okazja *f*, sposobność *f* **(for sth** do czegoś); **to have an ~ to do/of doing/for doing sth** mieć okazję zrobić coś/zrobienia czegoś/do zrobienia czegoś; **to seek an ~ for discussion/rest** szukać okazji, żeby porozmawiać/odpocząć; **to give sb an** or **the ~ to do sth** dać komuś okazję do zrobienia czegoś; **to miss a golden ~** przepuścić świetną okazję; **to take the ~ of seeing sb** skorzystać z okazji i odwiedzić kogoś; **to take the ~ to say sth** skorzystać z okazji, żeby powiedzieć coś; **to leap** or **jump at the ~** nie przepuścić okazji; **at the earliest ~** przy pierwszej okazji; **should the ~ occur** gdy nadarzy się okazja; **to make the most of the ~** w pełni wykorzystać okazję [2] (good chance, possibility) możliwość *f*; **training/career opportunities** możliwości szkolenia/zatrudnienia; **export/investment ~** możliwość eksportu/inwestycji; **a job with opportunities** praca z perspektywami; **'ideal ~ in industry for young graduate'** „doskonała okazja dla młodego absolwenta na podjęcie pracy w przemyśle"

IDIOMS: **~ knocks!** trafia się okazja!

opportunity cost *n* koszt *m* alternatywny, koszt *m* utraconych korzyści

oppose /əˈpəʊz/ **I** *vt* [1] (be in contention or conflict with) sprzeciwi|ć, -ać się (komuś /czemuś) *[person, decision, plan, action, motion, bill]*; **he intends to ~ Smith for the nomination** zamierza sprzeciwić się nominacji Smitha; **to be ~d to sth/doing sth** być przeciwnym czemuś/zrobieniu czegoś; **I am strongly ~d to them being included** zdecydowanie sprzeciwiam się włączeniu ich; **I am not ~d to his coming** nie mam nic przeciw temu, żeby przyszedł; **his views are diametrically ~d to mine** jego poglądy różnią się diametralnie od moich [2] (contrast) przeciwstawi|ć, -ać; **to ~ sth to sth** przeciwstawić coś czemuś

II as opposed to *prep phr* w przeciwieństwie do

III opposing *prp adj [force, group, party, team, side]* przeciwny; *[army]* wrogi; *[view, style, ideology]* przeciwstawny; **the ~ voices** głosy sprzeciwu

opposite /ˈɒpəzɪt/ **I** *n* przeciwieństwo *n* **(of/to sth** czegoś**)**; **the very** or **exact ~** dokładne przeciwieństwo; **quite the ~** wprost przeciwnie; **just the ~** wręcz przeciwnie; **the ~ of fast is slow** przeciwieństwem szybkiego jest wolny; **to be the absolute ~** stanowić zupełne przeciwieństwo; **it's the attraction of ~s, ~s attract** przeciwieństwa przyciągają się

II *adj* [1] (facing) *[bank, page, pole, angle, direction]* przeciwległy; **~ building/door** budynek/drzwi naprzeciwko; **at ~ ends of the table/city** na przeciwległych końcach stołu/krańcach miasta [2] (different) *[attitude, stance, position, emotion]* przeciwstawny; *[approach, effect, viewpoint, sex]* przeciwny, odmienny; **there is no need to rush off to the ~ extreme** nie ma powodu popadać w drugą skrajność

III *adv [live, stand]* naprzeciw, naprzeciwko; **directly ~** dokładnie naprzeciwko

IV *prep* (in front of) naprzeciw (kogoś /czegoś), naprzeciwko (kogoś/czegoś) *[building, park, person]*; (next to) obok (czegoś) *[answer, name]*; Naut na wysokości (czegoś) *[port]*; **to stop/sit ~ sth** zatrzymać się /siedzieć naprzeciw czegoś; **~ one another** naprzeciwko siebie; **to play ~ one another** Sport grać przeciw sobie; Cin, Theat grać ze sobą

opposite number *n* Pol, Sport odpowiedni|k *m*, -czka *f*

opposition /ˌɒpəˈzɪʃn/ **I** *n* [1] (resistance) sprzeciw *m* **(to sb/sth** wobec kogoś/czegoś**)**; (military) opór *m* **(to sb/sth** komuś /czemuś**)**; **to encounter** or **meet with ~** spotkać się ze sprzeciwem; (military) napotkać opór; **to put up ~ against sth** sprzeciwiać się czemuś; (military) stawiać opór czemuś; **to express ~** wyrazić sprzeciw **(to sth** wobec czegoś**)**; **to speak in ~ to sth** sprzeciwić się czemuś [2] Pol (also **Opposition)** opozycja *f*; **to be /remain in ~** *[party]* być/pozostawać w opozycji [3] Sport **the ~** przeciwnik *m* [4] Comm konkurencja *f* [5] Astron, Ling opozycja *f*

II *modif* Pol (speaker, party, MP) opozycyjny; **~ debate/motion** debata/wniosek opozycji

Opposition benches *npl* GB Pol ławy *f pl* opozycji *(w parlamencie)*

oppress /əˈpres/ *vt* [1] (subjugate) gnębić, ciemiężyć [2] *[weather, heat]* męczyć; *[environment]* przytł|oczyć, -aczać; *[anxiety, responsibility]* przygni|eść, -atać, przytł|oczyć, -aczać; *[nightmares]* dręczyć

oppressed /əˈprest/ **I** *n (+ v sg)* **the ~** ciemiężeni *plt*

II *adj* [1] *[minority, group]* uciskany, ciemiężony [2] (by pain, emotion) udręczony **(by sth** czymś**)**

oppression /əˈpreʃn/ *n* [1] (of group, minority) ucisk *m* [2] (feeling) **a sense** or **feeling of ~** przygnębienie *n*

oppressive /əˈpresɪv/ *adj* [1] *[law, regime]* oparty na ucisku [2] *[atmosphere]* przytłaczający; *[weather, heat]* uciążliwy, męczący

oppressively /əˈpresɪvlɪ/ *adv* **an ~ harsh regime** surowy reżim oparty na ucisku; **it's ~ hot** jest nieznośny upał

oppressor /əˈpresə(r)/ *n* ciemięzca *m*

opprobrious /əˈprəʊbrɪəs/ *adj* fml [1] (expressing scorn) *[language]* obelżywy [2] (shameful) *[behaviour, situation]* haniebny

opprobrium /əˈprəʊbrɪəm/ *n* fml [1] (censure) potępienie *n* [2] (disgrace) hańba *f*

opt /ɒpt/ *vi* **to ~ for sth** wybierać coś; optować za czymś fml; **to ~ to do/not to do sth** zdecydować się zrobić coś/nie zrobić czegoś

■ **opt out** *[person, country]* wycof|ać, -ywać się; *[school, hospital]* uniezależni|ć, -ać się od władz; **to ~ out of sth** wycofywać się z czegoś *[responsibilities]*; zdecydować się nie uczestniczyć w czymś *[scheme]*

optative /ˈɒptətɪv, ɒpˈteɪtɪv/ **I** *n* Ling optatyw *m*, optatiwus *m*

II *adj [mood]* wyrażający życzenie

optic /ˈɒptɪk/ **I** *n* [1] okular *m* [2] GB (in bar) dozownik *m (nakładany na butelkę)*

II *adj [nerve]* wzrokowy; *[fibre]* optyczny

optical /ˈɒptɪkl/ *adj [glass, telescope, transmission]* optyczny; *[effects]* wizualny

optical brightener *n* wybielacz *m* optyczny

optical character reader, OCR *n* optyczny czytnik *m* znaków

optical character recognition, OCR *n* optyczne rozpoznawanie *n* znaków

optical disk *n* dysk *m* optyczny

optical fibre GB, **optical fiber** US światłowód *m*

optical illusion *n* złudzenie *n* optyczne

optical wand *n* pióro *n* do optycznego odczytywania znaków; (bar-code scanner) czytnik *m* kodów paskowych

optic disc *n* tarcza *f* nerwu wzrokowego

optician /ɒpˈtɪʃn/ *n* optyk *m*; **the ~'s** zakład optyczny

optics /ˈɒptɪks/ *n (+ v sg)* optyka *f*

optimal /ˈɒptɪml/ *adj* optymalny

optimism /ˈɒptɪmɪzəm/ *n* optymizm *m*

optimist /ˈɒptɪmɪst/ *n* optymist|a *m*, -ka *f*

optimistic /ˌɒptɪˈmɪstɪk/ *adj* optymistyczny; **wildly/cautiously ~** szalenie/ostrożnie optymistyczny; **to be ~ about sth** być optymistą, jeśli chodzi o coś; **to be ~ that sth will happen** wierzyć, że coś się wydarzy; **it's hard to be ~ about his prospects** trudno o optymizm, jeśli chodzi o jego widoki na przyszłość

optimistically /ˌɒptɪˈmɪstɪklɪ/ *adv [imagine, promise]* z optymizmem; *[say]* optymistycznie, z optymizmem

optimization /ˌɒptɪmaɪˈzeɪʃn/ *n* optymalizacja *f*

optimize /ˈɒptɪmaɪz/ *vt* z|optymalizować

optimum /ˈɒptɪməm/ **I** *n* optimum *n*; **at its ~** na optymalnym poziomie; **to reach its ~** osiągnąć optimum

II *adj* optymalny **(for sth** dla czegoś**)**

option /ˈɒpʃn/ *n* [1] (something chosen) możliwość *f*, opcja *f*; Comput opcja *f*; **best/safe ~** najlepsze/bezpieczne rozwiązanie; **easy ~, soft ~** wygodne rozwiązanie; **zero ~** opcja zerowa; **to choose/go for an ~** wybrać opcję; **it's the only ~ for us** nie mamy innej możliwości; **the only ~ open to me** jedyna możliwość, jaką mam (przed sobą); **to keep one's ~s open** pozostawić sobie możliwość wyboru; **to consider one's ~s** rozważyć możliwości [2] (possibility of choosing) możliwość *f* wyboru; **you have three ~s** masz trzy możliwości (do wyboru); **to have the ~ of doing sth** mieć możliwość zrobienia czegoś; **to give sb the ~ of doing sth** dać komuś możliwość zrobienia czegoś; **with the ~ of doing sth** z możliwością robienia czegoś; **I had no ~ but to leave** nie miałem wyboru, musiałem odejść; **I have little/no ~** mam niewielki wybór/nie mam wyboru [3] Comm, Fin opcja *f* **(on sth** na coś**)**; **call ~** opcja kupna; **exclusive ~** wyłączne prawo; **stock ~** prawo kupna przez pracowników akcji po niższej cenie; **put ~** opcja sprzedaży; **to take up an ~** realizować opcję; **to have first ~** mieć prawo pierwszeństwa; **to cancel one's ~s** zrezygnować z opcji [4] GB Sch, Univ (course of study) zajęcia *plt* fakultatywne [5] Aut opcja *f*

optional /ˈɒpʃənl/ *adj [activity, charge]* nieobowiązkowy; *[subject, course]* fakultatywny; *[colour, size]* do wyboru; **'evening dress ~'** „strój wieczorowy nieobowiązkowy"; **~ extras** dodatki, wyposażenie dodatkowe

option trading *n* obrót *m* opcjami

optometrist /ˌɒpˈtɒmətrɪst/ *n* ≈ optyk *m (przeprowadzający badanie wzroku)*

optometry /ˌɒpˈtɒmətrɪ/ *n* optometria *f*

opulence /ˈɒpjʊləns/ *n* (of person, society) wielkie bogactwo *n*; (of vegetation, hair) bujność *f*; (of food) obfitość *f*

opulent /ˈɒpjʊlənt/ *adj* [1] (having or indicating wealth) *[person, country]* bardzo bogaty, zamożny; *[lifestyle, feast]* wystawny; *[restaurant, taste]* wykwintny; *[art collection, clothes]* przepyszny [2] (abundant) *[vegetation, hair]* bujny; *[supply]* obfity

opulently /ˈɒpjʊləntlɪ/ *adv [live]* wystawnie; *[grow]* bujnie; *[cover]* gęsto

opus /ˈəʊpəs/ *n (pl* **~es, opera)** opus *n*; **magnum ~** główne or najważniejsze dzieło; magnum opus fml

opuscule /əˈpʌskjuːl/ *n* dziełko *n*

or /ɔː(r)/ *conj* [1] (linking alternatives in the positive) albo, lub; **you can have nuts or raisins** możesz dostać orzechy albo rodzynki; **it can be roasted, grilled or fried** można to upiec w piekarniku, na ruszcie, albo usmażyć; **either... or...** albo..., albo...; **essays may be either handwritten or typed** wypracowania można napisać odręcznie albo na maszynie; **either he is a fool or he's playing a very clever game** albo jest idiotą, albo prowadzi jakąś bardzo przemyślną grę [2] (linking alternatives in the negative) ani; **I can't come today or tomorrow** nie mogę przyjść (ani) dzisiaj ani jutro; **don't tell Mum or Dad!** nie mów mamie ani tacie!; **that's not clever or funny** to nie jest ani mądre, ani śmieszne; **without food or lodgings** bez jedzenia i dachu nad głową; **I couldn't eat or sleep** nie mogłem jeść ani spać; **she doesn't drink or smoke** ona nie pije i nie pali [3] (in questions) czy; **with or without sugar?** z cukrem czy bez?; **will you or won't you be coming?** przyjdziesz, czy nie?; **have you got any brothers or sisters?** masz braci lub siostry?; **have you got two brothers or two sisters?** masz dwóch braci, czy dwie siostry? [4] (separating positive from negative) czy; **whether you like it or not** czy ci się to podoba, czy nie; **I didn't know whether to laugh or cry** nie wiedziałem, czy śmiać się, czy płakać; **rain or no rain, we're going out** deszcz nie deszcz, wychodzimy z domu; **car or no car, we've got to get there** samochodem, czy nie (samochodem), jakoś musimy się tam dostać [5] (indicating vagueness, approximation) czy; **once or twice a week** raz czy dwa razy w tygodniu; **I'll buy him a tie or something** kupię mu krawat, czy coś w tym rodzaju; **it must be her boyfriend or someone** to musi być jej chłopak, czy ktoś w tym rodzaju; **somebody or other must be responsible** ktoś (tam) musi być odpowiedzialny; **in a week or so** za jakiś tydzień; **he was only joking – or was he?** on tylko żartował – a może jednak nie? [6] (introducing qualification, correction, explanation) **70 kg, or just over 150 lbs** 70 kilo, czyli trochę ponad 150 funtów; **I knew her, or at least I thought I did!** znałem ją, a przynajmniej tak mi się wydawało!; **or rather** a właściwie; **my daughter, or rather our daughter** moja córka, a właściwie nasza córka; **X, or should I say, Mr X** X, a właściwie pan X; **Rosalind, or Ros to her friends** Rosalind, dla przyjaciół Ros; **so Adam and I... or am I boring you?** tak więc Adam i ja..., a może cię nudzę? [7] (indicating consequence: otherwise) bo; **be careful or you'll cut yourself** uważaj, bo się skaleczysz; **or else** bo inaczej; **do hurry up, or else we'll be late!** pośpiesz się, bo inaczej spóźnimy się!; **do as you're told – or else!** infml rób, co ci każą, bo (inaczej) pożałujesz! [8] (in explanation, justification) (bo) inaczej; **it can't have been serious or she'd have called us** to nie może być nic poważnego, (bo) inaczej wezwałaby nas

OR US Post = **Oregon**

oracle /ˈɒrəkl, US ˈɔːr-/ *n* [1] Hist, Relig wyrocznia *f* also fig [2] **Oracle** GB TV teletekst *m*

oracular /əˈrækjʊlə(r)/ *adj* [1] (of oracle) wieszczy, proroczy [2] fig (wise) proroczy; (mysterious) enigmatyczny

oral /ˈɔːrəl/ [I] *n* Sch, Univ egzamin *m* ustny
[II] *adj* [1] (spoken) *[account, test]* ustny; *[history]* przekazywany ustnie [2] (relating to mouth) *[cavity, vowel]* ustny; *[thermometer, medicine]* doustny; **~ hygiene** higiena jamy ustnej

orally /ˈɔːrəlɪ/ *adv* [1] *[communicate, testify, examine]* ustnie [2] Med *[administer]* doustnie

oral sex *n* seks *m* oralny

oral skills *npl* umiejętność *f* wysławiania się

oral tradition *n* przekaz *m* ustny

orange /ˈɒrɪndʒ, US ˈɔːr-/ [I] *n* [1] (fruit) pomarańcza *f* [2] (drink) napój *m* pomarańczowy; (juice) sok *m* pomarańczowy; **gin and ~** gin z sokiem pomarańczowym [3] (colour) (kolor *m*) pomarańczowy *m*, oranż *m*
[II] *modif [drink, pudding, sauce, marmalade]* pomarańczowy
[III] *adj [paint, garment, fabric]* pomarańczowy

orangeade /ˌɒrɪndʒˈeɪd, US ˌɔːr-/ *n* oranżada *f*

orange blossom *n* kwiat *m* pomarańczy

orange drink *n* US = **orange squash**

orange flower water *n* olejek *m* z kwiatu pomarańczy

Orange Free State *n* Wolne Państwo *n* Orania

orange grove *n* gaj *m* pomarańczowy

orange juice *n* sok *m* pomarańczowy

Orangeman /ˈɒrɪndʒmən, US ˈɔːr-/ *n* (*pl* **-men**) oranżysta *m*

orange peel *n* skórka *f* pomarańczowa

orangery /ˈɒrɪndʒərɪ, US ˈɔːr-/ *n* oranżeria *f*, pomarańczarnia *f*

orange segment *n* cząstka *f* pomarańczy

orange soda *n* oranżada *f*

orange squash *n* napój *m* z syropu pomarańczowego

orange stick *n* patyczek *m* do manikiuru

orange tree *n* pomarańcza *f*, drzewo *n* pomarańczowe

orangewood /ˈɒrɪndʒwʊd/ *n* drewno *n* pomarańczowe

orang-outang GB, **orangutan** US /ɔːˌræŋuːˈtæn, US əˌræŋəˈtæn/ *n* orangutan *m*

orangutan *n* US = **orang-outang**

orate /ɔːˈreɪt/ *vi* fml wygł|osić, -aszać mowę; pej perorować pej

oration /ɔːˈreɪʃn/ *n* fml mowa *f*; oracja *f* fml or liter

orator /ˈɒrətə(r), US ˈɔːr-/ *n* fml mówca *m*; orator *m* fml or liter

oratorical /ˌɒrəˈtɒrɪkl, US ˌɔːrəˈtɔːr-/ *adj* *[skill, tone]* oratorski

oratorio /ˌɒrəˈtɔːrɪəʊ, US ˌɔːr-/ *n* (*pl* **~s**) oratorium *n*; **Christmas ~** oratorium na Boże Narodzenie

oratory[1] /ˈɒrətrɪ, US ˈɔːrətɔːrɪ/ *n* fml (public speaking) (art) oratorstwo *n*; (what is said) oracja *f*

oratory[2] /ˈɒrətrɪ, US ˈɔːrətɔːrɪ/ *n* [1] (place for prayer) (in cloister) oratorium *n*; (private chapel) prywatna kaplica *f* [2] (also **Oratory**) (society) oratorianie *m pl*

orb /ɔːb/ *n* (of celestial body, lamp) kula *f*; (in regalia) jabłko *n*; (eye) liter oko *n*

orbit /ˈɔːbɪt/ [I] *n* [1] Aerosp, Astron orbita *f*; **to be in ~ round sth** krążyć po orbicie wokół czegoś; **to go into ~** wejść na orbitę; **to put sth into ~** umieścić coś na orbicie; **to make an ~ round sth** okrążyć coś po orbicie [2] Anat oczodół *m*, orbita *f* [3] fig (of control, influence, activity) orbita *f*; (of experience, knowledge) sfera *f*; **to go into ~** *[prices]* osiągnąć zawrotny poziom; **he went into ~** infml (became angry) krew go zalała infml
[II] *vt* [1] (revolve round) okrąż|yć, -ać po orbicie *[sun, planet]* [2] (to put into an orbit) umie|ścić, -szczać na orbicie *[satellite]*
[III] *vi [moon, planet]* krążyć po orbicie; *[spacecraft, astronaut]* orbitować

orbital /ˈɔːbɪtl/ *adj* Astron orbitalny; Anat oczodołowy; **~ road** obwodnica

orbiter /ˈɔːbɪtə(r)/ *n* sztuczny satelita *m*

Orcadian /ɔːˈkeɪdɪən/ [I] *n* mieszkan|iec *m*, -ka *f* Orkadów
[II] *adj* **~ custom/landscape** zwyczaj z Orkadów/krajobraz Orkadów

orchard /ˈɔːtʃəd/ *n* sad *m*

orchestra /ˈɔːkɪstrə/ *n* orkiestra *f*; **chamber/dance ~** orkiestra kameralna/taneczna; **string/symphony ~** orkiestra smyczkowa/symfoniczna; **the full ~** orkiestra symfoniczna

orchestral /ɔːˈkestrəl/ *adj* orkiestrowy

orchestra pit *n* fosa *f* orkiestrowa, kanał *m*

orchestra seats US *npl* = **orchestra stalls**

orchestra stalls GB *npl* pierwsze miejsca *n pl* na parterze

orchestrate /ˈɔːkɪstreɪt/ *vt* [1] Mus z|orkiestrować [2] fig z|organizować *[campaign, strike]*; za|aranżować *[party]*; rozplanow|ać, -ywać *[tale, story]*

orchestration /ˌɔːkɪˈstreɪʃn/ *n* [1] Mus orkiestracja *f* [2] fig organizowanie *n*

orchid /ˈɔːkɪd/ *n* storczyk *m*, orchidea *f*

orchis /ˈɔːkɪs/ *n* = **orchid**

orchitis /ɔːˈkaɪtɪs/ *n* Med zapalenie *n* jądra

ordain /ɔːˈdeɪn/ *vt* [1] (decree) zarządz|ić, -ać *[reforms]*; ustan|owić, -awiać *[form of government]*; **to ~ that...** zarządzić, że...; **their fate was ~ed by the king** o ich losie zadecydował król; **the law ~s that the guilty shall be punished** prawo stanowi, że winni mają być ukarani [2] Rel wyświę|cić, -cać; **he was ~ed a priest** został wyświęcony na księdza

ordeal /ɔːˈdiːl, ˈɔːdiːl/ *n* męka *f*; **to go through/come through an ~** przejść ciężką próbę

order /ˈɔːdə(r)/ [I] *n* [1] (logical arrangement) porządek *m*; **a sense of ~** poczucie ładu; **in the natural ~ of things** naturalną koleją rzeczy; **to create** or **produce ~ out of chaos** zaprowadzić ład i porządek or opanować chaos; **to put** or **set sth in ~** doprowadzić coś do porządku *[affairs]*; **to set** or **put one's life in ~** uporządkować swoje życie [2] (sequence) kolejność *f*, porządek *m*; **in alphabetical/chronological ~** w kolejności alfabetycznej/porządku chronologicznym; **out of ~** *[files, records]* nie w kolejności, nie po kolei; **to get out of ~** *[files, records]* pomieszać się; **in the wrong/right ~** w złej/dobrej kolejności; **to put sth in ~** uporządkować coś *[file, record cards]*; **to put the names in alphabetical ~** uporządkować nazwiska w kolejności alfabetycznej; **in ~ of priority** zgodnie z hierarchią ważności; **in ascending/descending ~** w kolejności rosnącej/malejącej [3] (discipline, control) ład *m*, porządek *m*; **to restore ~** przywrócić

O

porządek; **to keep ~** *[police, government]* utrzymywać ład i porządek; *[teacher]* utrzymywać dyscyplinę → **law and order, public order** [4] (established state) porządek *m*; **the old/existing ~** stary/istniejący porządek [5] (command) rozkaz *m* **(to do sth** zrobienia czegoś**)**; (doctor's) zalecenie *n*; **to give/issue an ~** dać/wydać rozkaz; **to give an ~ for the crowd to disperse** nakazać tłumowi rozejść się; **to take ~s from sb** wykonywać rozkazy kogoś; **they take their ~s from London** rozkazy otrzymują z Londynu; **I won't take ~s from you** nie będę słuchał twoich rozkazów; **he won't take ~s from anybody** on nikogo nie posłucha; **to carry out an ~** wykonać rozkaz; **to cancel** or **countermand an ~** odwołać rozkaz; **to be under sb's ~s** być pod rozkazami kogoś; **to have** or **to be under ~s to do sth** mieć rozkaz zrobienia czegoś; **my ~s are to guard the door** mam rozkaz pilnowania wejścia; **I have ~s not to let anybody through** mam rozkaz nikogo nie przepuszczać; **on the ~s of the General** z rozkazu generała; **to act on sb's ~** działać na rozkaz kogoś; **that's an ~!** to (jest) rozkaz!; **~s are ~s** rozkaz to rozkaz; **until further ~s** aż do otrzymania dalszych rozkazów [6] Comm (request to supply) zamówienie *n* **(for sth** czegoś**)**; (in restaurant) zamówienie *n*; **to place an ~ (with sb for sth)** złożyć zamówienie (u kogoś na coś); **to put in an ~ for sth** złożyć zamówienie na coś, zamówić coś; **an unfilled** or **a back ~** niezrealizowane or zaległe zamówienie; **the books are on ~** książki są zamówione; **made to ~** zrobiony na zamówienie; **a telephone ~** zamówienie telefoniczne; **a rush/repeat ~** pilne/powtórne zamówienie; **~s are picking up/falling off** zamówienia rosną/spadają, zamówień przybywa/ubywa; **cash with ~** płatne przy zamówieniu; **to take sb's ~ for...** przyjąć zamówienie kogoś na... [7] (correct procedure) porządek *m*; **the ~ of events** Sport program zawodów; **to raise a point of ~** zabrać głos w kwestii formalnej; **to call sb to ~** przywołać kogoś do porządku; **to call the meeting to ~** rozpocząć porządek obrad; **~! ~!** proszę o spokój!; **to speak to ~** przemawiać zgodnie z kolejnością na liście; **the Honourable member is perfectly in ~** GB Pol pan poseł nie naruszył porządku obrad; **the Speaker ruled the question out of ~** Przewodniczący uznał pytanie za niezgodne z porządkiem obrad; **it is perfectly in ~ for him to refuse to pay** ma pełne prawo odmówić zapłaty; **would it be out of ~ for me to phone her at home?** czy wypada mi zadzwonić do niej do domu?; **your remark was way out of ~** twoja uwaga była bardzo nie na miejscu; **I hear that congratulations are in ~** zdaje się, że pora na gratulacje; **a toast would seem to be in ~** przyszedł chyba czas na toast [8] (taxonomic group) rząd *m* [9] (rank, scale) rząd *m*; **of a high ~** wyższego rzędu; **artists of the highest ~** czołowi artyści; **investment of this ~ is very welcome** inwestycje na taką skalę są bardzo mile widziane; **talent of this ~ is rare** taki talent to rzadkość; **the higher/lower ~s** (of society) wyższe/niższe klasy; **of the ~ of 15%** GB, **in the ~ of 15%** US rzędu 15% [10] Jur (decree) zarządzenie *n*; **an ~ of the Court** zarządzenie sądu; **by ~ of the Minister** na mocy zarządzenia ministra [11] Fin polecenie *n* wypłaty; **pay to the ~ of T. Williams** (on cheque, draft) wypłacić panu T. Williamsowi na konto → **banker's order, money order, postal order, standing order** [12] (on Stock Exchange) zlecenie *n*; **buying/selling ~** zlecenie kupna/sprzedaży; **limit ~** zlecenie z limitem ceny; **stop ~** zlecenie z limitem typu stop [13] Relig zakon *m*; **to join/belong to an ~** wstąpić/należeć do zakonu [14] GB (honorary association) **~ of the Bath/of the Garter** kawalerowie Orderu Łaźni/Podwiązki; (insignia) order *m*; **she was awarded the Order of the Garter** została odznaczona Orderem Podwiązki [15] Mil (clothing) umundurowanie *n*; (equipment) rynsztunek *m*; **in battle ~** w rynsztunku bojowym; **close ~** (formation) szyk zwarty; **short-sleeve ~** umundurowanie letnie [16] Archit (classical) porządek *m*; (style of building) styl *m* [17] (operational state) **in good/perfect ~** w dobrym/idealnym stanie; **in working** or **running ~** na chodzie; **to be out of ~** *[phone line]* być uszkodzonym; *[lift, machine]* być niesprawnym

II orders *npl* Relig święcenia *plt*; **major /minor ~s** wyższe/niższe święcenia; **to take holy ~s** przyjąć święcenia; **to be in holy ~s** być po święceniach

III in order that *conj phr* aby, żeby; **I've come in ~ that I might help you/talk to you** przyszedłem, żeby ci pomóc/z tobą porozmawiać; **I did all I could in ~ that you should be happy** zrobiłem wszystko, co mogłem, żebyś mógł być szczęśliwy

IV in order to *prep phr* żeby; **he came in ~ to help you/talk to you** przyszedł, żeby ci pomóc/z tobą porozmawiać; **I'll be very quiet in ~ not to disturb you** będę bardzo cicho, żeby ci nie przeszkadzać

V *vt* [1] (command) zarządz|ić, -ać *[inquiry, retrial, investigation]*; *[doctor]* zalec|ić, -ać; Mil rozkaz|ać, -ywać (komuś/czemuś) *[soldiers, troops]*; **to ~ sb to do sth** nakazać komuś zrobić coś; Mil rozkazać komuś zrobić coś; **to ~ the closure of sth** nakazać zamknięcie czegoś; **to ~ sb to bed** kazać komuś iść spać; **the troops have been ~ed home** wojskom nakazano powrót do domu; **to ~ sth to be done** wydać rozkaz zrobienia czegoś; **the judge ~ed that the court be emptied** sędzia zarządził opróżnienie sali sądowej; **the council ~ed the building to be demolished** rada zarządziła rozbiórkę budynku; **the soldiers were ~ed to disembark** żołnierze otrzymali rozkaz lądowania; **'go home!' he ~ed** „idź do domu!" rozkazał [2] (request the supply of) zam|ówić, -awiać *[meal, goods]* **(for sb** dla kogoś**)**; **our firm ~ed that the goods be sent by air** nasza firma zamówiła wysyłkę towaru drogą lotniczą; **he ~ed a taxi for 7** zamówił taksówkę na siódmą; **she ~ed herself a beer and a large brandy for her husband** zamówiła sobie piwo i dużą brandy dla męża [3] (arrange) u|porządkować *[life, affairs, room, files, dates]*

VI *vi [diner, customer]* złożyć, składać zamówienie

■ **order about, order around: ~ [sb] about** dyrygować (kimś); **he loves ~ing people about** on uwielbia dyrygować ludźmi; **you've got no right to ~ me around** nie masz prawa mi rozkazywać

■ **order off: ~ [sb] off** *[referee]* usu|nąć, -wać (z boiska) *[player]*; **to ~ sb off sth** przegnać kogoś z czegoś *[land, grass]*

■ **order out: ~ [sb] out** [1] (summon) wezwać, wzywać *[troops, police]*; **the Union has ~ed its members out (on strike)** związek wezwał swoich członków do strajku [2] (send out) **to ~ sb out of sth** wyprosić kogoś z czegoś *[classroom, house]*

IDIOMS: **in short ~** bezzwłocznie

order book *n* Comm rejestr *m* zamówień, księga *f* zamówień

ordered /ˈɔːdəd/ *adj* uporządkowany **(by sth** według czegoś**)**; **an ~ whole** uporządkowana całość; **~ set** Math zbiór uporządkowany; **a well ~ society/life** uporządkowane społeczeństwo/życie; **~ ranks** równe szeregi

order form *n* Comm formularz *m* zamówieniowy

Order in Council *n* GB rozporządzenie *n* królewskie

orderliness /ˈɔːdəlɪnɪs/ *n* [1] (of life, habits) uporządkowanie *n*, organizacja *f* [2] (of room, area) porządek *m*

orderly /ˈɔːdəlɪ/ **I** *n* [1] Mil ordynans *m* [2] Med ≈ sanitariusz *m*, -ka *f*

II *adj* [1] (well-regulated) *[queue, line]* zdyscyplinowany; *[manner]* zorganizowany; *[arrangement, pattern]* regularny; *[universe, lifestyle]* uporządkowany; *[file, row, rank, society]* zdyscyplinowany; *[mind, person]* systematyczny; *[system]* (dobrze) zorganizowany [2] (calm) *[crowd, demonstration, debate]* spokojny; **in an ~ fashion** or **manner** *[leave]* w spokoju, spokojnie

orderly officer *n* Mil oficer *m* dyżurny

orderly room *n* Mil kancelaria *f (kompanii, batalionu)*

order number *n* numer *m* zamówienia

order of service *n* Relig porządek *m* nabożeństwa

order of the day *n* Pol porządek *m* obrad; Mil rozkaz *m* dzienny; (dominating custom) aktualny trend *m*, nakaz *m* mody; (dominating feature, activity) nakaz *m* chwili

order paper *n* GB Pol lista *f* zapytań poselskich

order to view *n* pozwolenie *n* na oględziny nieruchomości

ordinal /ˈɔːdɪnl, US -dənl/ **I** *n* liczebnik *m* porządkowy

II *adj* porządkowy

ordinance /ˈɔːdɪnəns/ *n* [1] (command, order) rozporządzenie *n* [2] US Jur, Admin (local regulation) rozporządzenie *n* władz miejskich

ordinand /ˈɔːdɪnænd/ *n* Rel kandydat *m* do święceń

ordinarily /ˈɔːdənrəlɪ, US ˌɔːrdnˈerəlɪ/ *adv* zwykle, zazwyczaj; **~, I don't eat meat** zwykle nie jadam mięsa; **more than ~**

quiet/cautious spokojniejszy/bardziej ostrożny niż zwykle
ordinariness /ˈɔːdənɪnɪs, US ˈɔːrdənerɪnɪs/ *n* zwyczajność *f*, zwykłość *f*
ordinary /ˈɔːdənɪ, US ˈɔːrdənerɪ/ **I** *n* [1] (normal) **out of the ~** niezwykły; **their trip was something out of the ~** ich podróż była czymś niezwykłym; **it's nothing out of ~** to nic nadzwyczajnego; **as long as nothing out of the ~ happens** jeśli tylko nie stanie się nic nadzwyczajnego; **his IQ is above the ~** on ma ponadprzeciętny iloraz inteligencji [2] Relig (of mass) stała część *f* mszy [3] (bishop, archbishop) ordynariusz *m* [4] US (penny-farthing) bicykl *m*
II *adj* [1] (normal) *[citizen, family, life, clothes]* zwykły, zwyczajny; **to seem quite ~** wydawać się całkiem zwyczajnym; **most ~ mortals wouldn't understand it** to niezrozumiałe dla większości zwykłych śmiertelników; **objects in ~ use** przedmioty powszechnego użytku; **no ~ concert** niezwykły koncert; **in the ~ way, I would help you** normalnie or w normalnych okolicznościach pomógłbym ci [2] (average) *[consumer, family]* przeciętny; **the ~ man in the street** szary człowiek, zwykły zjadacz chleba [3] pej (mediocre) *[performance, film, meal, person]* przeciętny
ordinary degree *n* GB *stopień naukowy niższej rangi, bez wyróżnienia*
Ordinary Grade *n* GB *egzamin kończący obowiązkową naukę w Szkocji, zdawany w wieku 15-16 lat*
ordinary seaman, OS *n* Mil, Naut ≈ starszy marynarz *m*
ordinary share *n* Fin akcja *f* zwykła
ordination /ˌɔːdɪˈneɪʃn, US -dnˈeɪʃn/ *n* Relig święcenia *plt*
ordnance /ˈɔːdnəns/ *n* [1] (supplies) wyposażenie *n* wojskowe, uzbrojenie *n*; **~ factory** zakład zbrojeniowy [2] Admin (department) departament *m* uzbrojenia [3] (artillery) artyleria *f*
ordnance depot *n* skład *m* sprzętu bojowego
Ordnance Survey, OS *n* GB *brytyjski urząd kartograficzny*
Ordnance Survey Map *n* szczegółowa mapa *f*; (military) mapa *f* sztabowa
Ordovician /ˌɔːdəˈvɪsɪən, ˌɔːdəʊˈvɪʃɪən/ *adj* **~ rock system/deposits** formacja skalna/złoża z ordowiku; **~ period** ordowik
ordure /ˈɔːdjʊə(r), US -dʒər/ *n* łajno *n* also fig
ore /ɔː(r)/ *n* ruda *f*; **iron ~** ruda żelaza
oregano /ˌɒrɪˈgɑːnəʊ/ *n* oregano *n*
Oregon /ˈɒrɪgɒn/ *prn* Oregon *m*; **in ~** w Oregonie, w stanie Oregon
oreo /ˈəʊrɪəʊ/ *n* US czekoladowa markiza *f* z masą waniliową
Orestes /ɒˈrestiːz/ *prn* Orestes *m*
organ /ˈɔːgən/ **I** *n* [1] Anat, Bot narząd *m*, organ *m*; **to donate an ~** być dawcą narządu; **donor ~, transplant ~** (sought) narząd do transplantacji; (transplanted) narząd przeszczepiony; **male ~** męski organ; **reproductive/sexual ~** narządy rozrodcze/płciowe; **vital ~** narząd istotny dla życia; **~s of speech** narządy mowy [2] (also **pipe ~**) organy *plt*; **on the ~** na organach; **to play the ~** grać na organach; **church /cinema ~** organy kościelne/kinowe; **electric/electronic ~** organy elektryczne/elektroniczne [3] fig (publication, organization) organ *m* **(of sth** czegoś**)**
II *modif* Mus *[music, pipe, recital]* organowy
organ bank *n* Med bank *m* narządów
organ builder *n* Mus organmistrz *m*
organdie, organdy US /ˈɔːgəndɪ/ *n* organdyna *f*
organ donor *n* Med daw|ca *m*, -czyni *f* narządu
organ gallery *n* Archit chór *m*
organ grinder *n* Mus kataryniarz *m*
organic /ɔːˈgænɪk/ *adj* [1] Biol, Chem *[matter, life, compound]* organiczny; **~ disease** schorzenie organiczne [2] (not artificial) *[method, produce, cultivation, farming]* naturalny; *[fertilizer]* organiczny, naturalny; *[farmer]* stosujący naturalne metody uprawy; *[poultry]* hodowany metodami naturalnymi; *[meat]* ze zwierząt hodowanych metodami naturalnymi; **~ store** sklep ze zdrową or ekologiczną żywnością [3] (integral) *[whole, structure]* organiczny; *[society, system]* zintegrowany, jednolity; *[relationship]* żywy; *[development, change, growth]* naturalny; *[part]* integralny; **~ to sth** stanowiący integralną część czegoś, organicznie związany z czymś; **~ architecture** architektura organiczna; **~ law** fundamentalne or zasadnicze prawo
organically /ɔːˈgænɪklɪ/ *adv* [1] *[grown, raised]* ekologicznie, metodami naturalnymi [2] (like a living thing) *[develop, structured]* w sposób naturalny [3] (physiologically) organicznie; **~ diseased** cierpiący na schorzenie organiczne
organic chemist *n* chemik organik *m*
organic chemistry *n* chemia *f* organiczna
organism /ˈɔːgənɪzəm/ *n* organizm *m*
organist /ˈɔːgənɪst/ *n* organist|a *m*, -ka *f*; **church ~** organista grający w kościele
organization /ˌɔːgənaɪˈzeɪʃn, US -nɪˈz-/ *n* [1] (group) organizacja *f*; **employers'/charitable ~** organizacja pracodawców/dobroczynna; **government ~** organizacja rządowa; **voluntary ~** organizacja ochotnicza; **youth/women's ~** organizacja młodzieżowa/kobieca [2] (arrangement) (of society, business, political party) organizacja *f*, struktura *f* **(of sth** czegoś**)**; (of human body) budowa *f* [3] (organizing) organizacja *f* **(of sth** czegoś**)** [4] Ind (unionization) tworzenie *n* związków zawodowych; **strong union ~** dobrze zorganizowany ruch związkowy
organizational /ˌɔːgənaɪˈzeɪʃənl, US -nɪˈz-/ *adj* organizacyjny; **the ~ state** (of crystal) stan uporządkowania
organizationally /ˌɔːgənaɪˈzeɪʃənəlɪ, US -nɪˈz-/ *adv* organizacyjnie, pod względem organizacyjnym
organization and method(s), O & M *n* organizacja *f* i metody *f pl*
organization chart *n* schemat *m* organizacyjny
Organization of African Unity, OAU Organizacja *f* Jedności Afrykańskiej, OJA *f inv*
organize /ˈɔːgənaɪz/ **I** *vt* [1] (arrange) z|organizować *[event, meeting, course, time]*; u|porządkować *[books, papers, files, life, facts, thoughts]*; urządz|ić, -ać *[study, room]*; załatwi|ć -ać *[car, babysitter]*; **to ~ sth into groups/chapters** podzielić coś na grupy /rozdziały; **I'll ~ the drinks** zajmę się drinkami; **I have to ~ the children for school** muszę wyprawić dzieci do szkoły; **they ~d it** or **things so I don't have to pay** tak to urządzili, że nie muszę nic płacić; **we must get his farewell party ~d** musimy zorganizować mu przyjęcie pożegnalne [2] Ind (unionize) z|organizować w związek zawodowy *[workforce, workers]*
II *vi* (unionize) z|organizować się w związek zawodowy
III *vr* **to ~ oneself** zebrać siły, zmobilizować się **(to do sth** do zrobienia czegoś**)**
organized /ˈɔːgənaɪzd/ *adj* [1] *[person, resistance, life, support, holiday]* zorganizowany; *[thoughts, household, piles]* uporządkowany; **well/badly ~** dobrze/źle zorganizowany; **to get ~** zebrać siły [2] *[workforce, workers]* zorganizowany w związki zawodowe
organized crime *n* przestępczość *f* zorganizowana
organized labour *n* (organization) związki *m pl* zawodowe; (people) pracownicy *m pl* zorganizowani w związkach zawodowych
organized religion *n* zinstytucjonalizowana religia *f*
organizer /ˈɔːgənaɪzə(r)/ *n* [1] (person) organizator *m*, -ka *f* **(of sth** czegoś**)**; **union ~, labour ~** działacz związkowy [2] (also **personal ~**) notes *m* (menedżerski); **electronic ~** notes elektroniczny [3] (container) pojemnik *m* z przegródkami; **desk ~** przybornik biurowy
organizer bag *n* torba *f* z przegródkami
organizer file *n* teczka *f* (biurowa) z przegródkami
organizing /ˈɔːgənaɪzɪŋ/ **I** *n* organizacja *f*, organizowanie *n*; **she did all the ~** ona wszystko zorganizowała; **to be good at ~** być dobrym organizatorem
II *adj [group, committee]* organizacyjny
organ loft *n* → **organ gallery**
organophosphates /ɔːˌgænəʊˈfɒsfeɪts/ *npl* Chem fosforany *m pl* organiczne
organ screen *n* Archit prospekt *m* (organowy)
organ stop *n* Mus (register) rejestr *m* organowy; (knob) przyrząd *m* rejestrowy
organ transplant *n* Med przeszczep *m* narządu
organza /ɔːˈgænzə/ *n* Tex organza *f*
orgasm /ˈɔːgæzəm/ *n* orgazm *m*
orgasmic /ɔːˈgæzmɪk/ *adj* [1] Physiol **~ urge/relief** potrzeba orgazmu/zaspokojenia w wyniku orgazmu [2] fig *[experience]* ekstatyczny
orgiastic /ˌɔːdʒɪˈæstɪk/ *adj* orgiastyczny; **~ scene** scena orgii
orgy /ˈɔːdʒɪ/ *n* orgia *f* also fig
oriel /ˈɔːrɪəl/ *n* (also **~ window**) okno *n* w wykuszu
orient /ˈɔːrɪənt/ **I** *n* **the Orient** Orient *m*; **in the ~** w krajach Orientu
II *adj* liter [1] (oriental) orientalny; **the Orient Express** Rail Orient Ekspres [2] *[star, sun]* wschodzący
III *vt* [1] fig ukierunkow|ać, -ywać, z|orientować *[person, company, syllabus]* **(at/towards sth** na coś**)**; **to be ~ed at sth** być nastawionym na coś *[campaign, course]*; **her life is ~ed around the children** całe

jej życie koncentruje się wokół dzieci [2] z|orientować *[building, map]*
IV *vr* **to ~ oneself** [1] fig (to life) przystosow|ać, -ywać się **(to sth** do czegoś); (to school) za|adaptować się **(to sth** do czegoś) [2] (in surroundings, city) zorientować się (w terenie)

oriental /ˌɔːrɪˈentl/ **I Oriental** *n* Azjat|a *m*, -ka *f*
II *adj* orientalny, wschodni; **~ poppy** mak wschodni; **Oriental Studies** orientalistyka

orientalist /ˌɔːrɪˈentəlɪst/ *n* orientalist|a *m*, -ka *f*

orientate /ˈɔːrɪənteɪt/ *vt, vr* = **orient III, IV**

-orientated /-ˈɔːrɪenteɪtɪd/ *in combinations* = **-oriented**

orientation /ˌɔːrɪənˈteɪʃn/ **I** *n* [1] (introductory guidance) wprowadzenie *n*; (to job) przeszkolenie *n*; Univ kurs *m* wprowadzający dla studentów pierwszego roku; **to give sb ~ (to sth)** wprowadzić kogoś w coś; **to get /receive ~** zostać wprowadzonym [2] (inclination) orientacja *f*; **looking for a new ~ in life** szukanie nowej drogi w życiu; **sexual ~** orientacja seksualna [3] Arch orientacja *f* [4] Phys kierunkowość *f*
II *modif* Univ *[course, week]* wprowadzający *(dla studentów pierwszego roku)*

-oriented /-ˈɔːrɪentɪd/ *in combinations* **customer-/family-~** dbający o klienta/rodzinę; **politically ~** o nastawieniu politycznym

orienteering /ˌɔːrɪənˈtɪərɪŋ/ *n* biegi *m pl* na orientację

orifice /ˈɒrɪfɪs/ *n* otwór *m* also Anat

origami /ˌɒrɪˈɡɑːmɪ/ *n* origami *n inv*

origin /ˈɒrɪdʒɪn/ *n* [1] (source, derivation) (of custom, idea, person, relics, goods) pochodzenie *n*; (of conflict, unrest) źródło *n*; **of unknown ~** nieznanego pochodzenia; **a word of Greek ~** słowo pochodzące z greki; **the wine is French in ~** to wino pochodzi z Francji; **prehistoric in ~** pochodzący z okresu prehistorycznego; **country of ~** kraj pochodzenia (towaru); **the problem has its ~(s) in...** źródło problemu leży w... [2] (ancestry) pochodzenie *n*; **his family has its ~s in Scotland** jego rodzina pochodzi ze Szkocji [3] Math (of coordinate axes) początek *m* układu współrzędnych

original /əˈrɪdʒənl/ **I** *n* [1] (genuine article) oryginał *m*; **this painting is an ~** ten obraz to oryginał; **to read sth in the ~** czytać coś w oryginale [2] (unusual person) oryginał *m*
II *adj* [1] (initial) *[inhabitant, owner, plan, glory, version]* pierwotny; *[strategy, comment]* początkowy; **~ member** członek założyciel; **I saw the film in the ~ version** widziałem ten film w wersji oryginalnej [2] (not copied) *[manuscript, painting]* oryginalny; **~ invoice** oryginał faktury; **the ~ manuscript is in Rome** oryginał manuskryptu znajduje się w Rzymie [3] (creative) *[design, suggestion, writer, idea, mind]* oryginalny; **an ~ thinker** oryginalny myśliciel [4] (unusual) *[character, person]* oryginalny, niezwykły; **he's ~** to prawdziwy oryginał

original cost *n* (in public utility practice) koszt *m* pierwotny; (in real estate practice) koszt *m* nabycia

original evidence *n* Jur dowód *m* autentyczny

originality /əˌrɪdʒəˈnælətɪ/ *n* oryginalność *f* **(in sth** czegoś); **full of ~, of great ~** bardzo oryginalny; **to show great ~** wyróżniać się oryginalnością

original jurisdiction *n* US Jur jurysdykcja *f* sądu pierwszej instancji

originally /əˈrɪdʒənəlɪ/ *adv* [1] (initially) początkowo, z początku; **~ I had refused** początkowo odmówiłem [2] (in the first place) pierwotnie; **I am** or **come ~ from Poland** pochodzę z Polski [3] (innovatively) *[speak, think, write]* oryginalnie

original sin *n* grzech *m* pierworodny

originate /əˈrɪdʒɪneɪt/ **I** *vt* zapoczątkow|ać, -ywać, dać początek (czemuś) *[campaign, controversy]*; wymyśl|ić, -ać *[slogan]*
II *vi [custom, style, tradition]* pojawi|ć, -ać się, z|rodzić się; *[fire]* zacz|ąć, -ynać się; **to ~ from** or **with sth** *[goods]* pochodzić z czegoś; **to ~ with** or **from sb** *[proposal]* pochodzić od kogoś; **this custom ~d in Rome/in the fifteenth century** zwyczaj ten zrodził się w Rzymie/w piętnastym wieku; **the TV series ~d in a short story** ten serial powstał na podstawie opowiadania

originator /əˈrɪdʒɪneɪtə(r)/ *n* (of artwork) twór|ca *m*, -czyni *f*; (of idea, rumour) autor *m*, -ka *f*; (of innovation, system) pomysłodawca *m*; (of crime) spraw|ca *m*, -czyni *f*

Orinoco /ˌɒrɪˈnəʊkəʊ/ *prn* **the ~** Orinoko *n inv*

oriole /ˈɔːrɪəʊl/ *n* wilga *f*

Orion /əˈraɪən/ *prn* Astron, Mythol Orion *m*

Orkney /ˈɔːknɪ/ *prn* **(**also **~ Islands)** Orkady *plt*; **in/on ~** na Orkadach

Orlon® /ˈɔːlɒn/ *n* Tex orlon *m*

ormer /ˈɔːmə(r)/ *n* Zool uchowiec *m*, ucho *n* morskie

ormolu /ˈɔːməluː/ **I** *n* (gilded bronze) pozłacany brąz *m*; (brass) mosiądz *m*
II *modif [furniture, object]* (of gilded bronze) z pozłacanego brązu; (of brass) mosiężny

ornament /ˈɔːnəmənt/ **I** *n* [1] (trinket) ozdoba *f*; **china ~** porcelanowy bibelot [2] Art, Archit, Print (detail that embellishes) ornament *m* [3] (decoration) ozdoby *f pl*; Art, Archit ornamentacja *f*; **(only) for ~** (tylko) dla ozdoby [4] Mus ornament *m*
II *vt* [1] ozd|obić, -abiać, zdobić **(with sth** czymś) [2] Art, Archit, Mus ornamentować

ornamental /ˌɔːnəˈmentl/ **I** *n* Hort (tree) drzewo *n* ozdobne; (plant) roślina *f* ozdobna
II *adj [plant, ironwork, button]* ozdobny; *[design, lettering]* ornamentalny; *[purpose]* dekoracyjny; *[motif]* Art ornamentacyjny; **it's purely ~** to ma charakter czysto dekoracyjny

ornamentation /ˌɔːnəmenˈteɪʃn/ *n* ornamentyka *f*, ornamentacja *f*

ornate /ɔːˈneɪt/ *adj* ozdobny, bogato zdobiony; Literat *[style]* kwiecisty

ornately /ɔːˈneɪtlɪ/ *adv [carved]* ozdobnie; **~ decorated** bogato zdobiony; Literat *[write]* kwieciście

ornateness /ɔːˈneɪtnɪs/ *n* (of art) ozdobność *f*, dekoracyjność *f*; (of writing) kwiecistość *f*

ornery /ˈɔːnərɪ/ *adj* US infml (nasty) *[person, comment, joke]* wredny infml pej; (cantankerous) *[person]* kłótliwy; (self-willed) zawzięty; **an ~ trick** wredny numer

ornithological /ˌɔːnɪθəˈlɒdʒɪkl/ *adj* ornitologiczny

ornithologist /ˌɔːnɪˈθɒlədʒɪst/ *n* ornitolog *m*

ornithology /ˌɔːnɪˈθɒlədʒɪ/ *n* ornitologia *f*

orogeny /ɔːˈrɒdʒɪnɪ/ *n* orogeneza *f*

orphan /ˈɔːfn/ **I** *n* sierota *f*; **war ~** sierota wojenna
II *adj* osierocony
III *vt* osieroc|ić, -ać

orphanage /ˈɔːfənɪdʒ/ *n* sierociniec *m*, dom *m* dziecka

orphan drug *n* Med, Pharm „lek *m* sierocy"

orphan embryo *n zamrożony embrion, do którego rodzice zrzekli się praw*

Orpheus /ˈɔːfɪəs/ *prn* Orfeusz *m*

orrery /ˈɒrərɪ/ *n* mechaniczny model *m* układu słonecznego

orris(-)root /ˈɒrɪsruːt, US ˈɔːr-/ *n* korzeń *m* fiołkowy

orthodontic /ˌɔːθəˈdɒntɪk/ *adj [clinic, technique, treatment]* ortodontyczny; *[surgery]* szczękowy

orthodontics /ˌɔːθəˈdɒntɪks/ *n (+ v sg)* ortodoncja *f*

orthodontist /ˌɔːθəˈdɒntɪst/ *n* ortodonta *m*

orthodox /ˈɔːθədɒks/ *adj* [1] (conventional) *[medicine, method, treatment]* konwencjonalny; *[opinion, belief]* tradycjonalistyczny [2] Relig ortodoksyjny; **Russian/Greek Orthodox Church** rosyjski kościół prawosławny/kościół greckokatolicki

orthodoxy /ˈɔːθədɒksɪ/ *n* [1] (accepted beliefs) (political, social) (przyjęta) norma *f*; (trend) dominujący kierunek *m* [2] (conformity) (of methods, beliefs) ortodoksyjność *f* [3] Relig ortodoksja *f*

orthogonal /ɔːˈθɒɡənl/ *adj* Civ Eng, Math ortogonalny, prostokątny

orthographic(al) /ˌɔːθəˈɡræfɪk(l)/ *adj* ortograficzny

orthographically /ˌɔːθəˈɡræfɪklɪ/ *adv [correct, complicated]* z punktu widzenia or pod względem ortografii; *[listed]* ortograficznie; **words ~ different** wyrazy o różnej pisowni

orthography /ɔːˈθɒɡrəfɪ/ *n* ortografia *f*

orthopaedic, orthopedic US /ˌɔːθəˈpiːdɪk/ *adj* ortopedyczny; **~ surgeon** chirurg ortopeda

orthopaedics, orthopedics US /ˌɔːθəˈpiːdɪks/ *n (+ v sg)* ortopedia *f*; **the ~ department** oddział ortopedyczny

orthopaedist, orthopedist US /ˌɔːθəˈpiːdɪst/ *n* ortopeda *m*

orthoptics /ɔːˈθɒptɪks/ *n (+ v sg)* ortoptyka *m*

orthoptist /ɔːˈθɒptɪst/ *n* ortoptyk *m*

ortolan /ˈɔːtələn/ *n* Zool ortolan *m*

Orwellian /ɔːˈwelɪən/ *adj* orwellowski

oryx /ˈɒrɪks, US ˈɔːr-/ *n (pl ~)* oryks *m*

OS *n* [1] Fashn → **outsize** [2] GB Geog → **Ordnance Survey** [3] Naut → **ordinary seaman**

Oscar /ˈɒskə(r)/ *n* Cin Oscar *m*

Oscar ceremony *n* Cin ceremonia *f* wręczenia Oscarów

Oscar nomination *n* Cin nominacja *f* do Oscara

Oscar-winning /ˈɒskəwɪnɪŋ/ *adj [film, actor]* nagrodzony Oscarem

oscillate /ˈɒsɪleɪt/ **I** *vt* Tech wprowadz|ić, -ać w ruch wahadłowy *[pendulum, pointer]*

II *vi* 1 Tech (swing) wahać się; (vibrate) drgać 2 Phys oscylować 3 fig *[prices, share index]* wahać się; **to ~ between sth and sth** *[person, feelings, opinions]* oscylować między czymś i czymś

oscillation /ˌɒsɪˈleɪʃn/ *n* 1 (of bridge, propeller, pointer) drganie *n*; (of electrical current, radio waves) oscylacja *f*; (of market, share index) wahanie *n* 2 (of person) oscylacja *f* **(in sth** czegoś**)** *[mood]*

oscillator /ˈɒsɪleɪtə(r)/ *n* oscylator *m*

oscillograph /əˈsɪləgrɑːf, US -græf/ *n* oscylograf *m*

oscilloscope /əˈsɪləskəʊp/ *n* oscyloskop *m*

osculate /ˈɒskjʊleɪt/ hum **I** *vt* po|całować; da|ć, -wać całusa (komuś) infml
II *vi* po|całować się

osculation /ˌɒskjʊˈleɪʃn/ *n* 1 Math styczność *f* 2 liter (act of kissing) pocałunek *m*; hum całus *m*, buziak *m* infml

OSHA *n* US = **Occupational Safety and Health Administration** ≈ inspekcja *f* pracy

osier /ˈəʊzɪə(r), US ˈəʊʒər/ *n* 1 (plant) wierzba *f* wiciowa, witwa *f* 2 (twig) witka *f*

Osiris /əʊˈsaɪrɪs/ *prn* Ozyrys *m*

Oslo /ˈɒzləʊ/ *prn* Oslo *n inv*

osmium /ˈɒzmɪəm/ *n* osm *m*

osmosis /ɒzˈməʊsɪs/ *n* 1 Biol, Chem osmoza *f*; **by ~** przez osmozę 2 fig asymilacja *f*, wchłanianie *n*; **to learn** or **pick up sth by ~** przyswoić sobie coś bez wysiłku

osmotic /ɒzˈmɒtɪk/ *adj* osmotyczny

osprey /ˈɒspreɪ/ *n* Zool rybołów *m*

osseous /ˈɒsɪəs/ *adj* kostny

ossicle /ˈɒsɪkl/ *n* kosteczka *f*; (of middle ear) kosteczka *f* słuchowa

ossiferous /ɒˈsɪfərəs/ *adj* kostny, zawierający kość

ossification /ˌɒsɪfɪˈkeɪʃn/ *n* 1 Anat kostnienie *n*, tworzenie *n* się kości 2 fig (of habits, beliefs, opinions) skostniałość *f*, zachowawczość *f*

ossify /ˈɒsɪfaɪ/ **I** *vt* 1 Anat s|powodować kostnienie (czegoś) *[tissue]* 2 fig s|powodować skostnienie (czegoś) *[beliefs, system]*; **to become ossified** skostnieć
II *vi* Anat s|kostnieć also fig

ossuary /ˈɒsjʊərɪ/ *n* (charnel-house) kostnica *f*; (urn) urna *f*; (burial place) miejsce *n* pochówku

ostalgia /ɒˈstældʒə/ *n* Med ból *m* kości

Ostend /ɒˈstend/ *prn* Ostenda *f*

ostensible /ɒˈstensəbl/ *adj* rzekomy, pozorny

ostensibly /ɒˈstensəblɪ/ *adv* rzekomo, pozornie

ostensive /ɒˈstensɪv/ *adj* Philos ostensywny

ostentation /ˌɒstenˈteɪʃn/ *n* (of behaviour) ostentacja *f*; (of dress, decoration) pretensjonalność *f*

ostentatious /ˌɒstenˈteɪʃəs/ *adj [behaviour, manner, gesture]* ostentacyjny; *[person, dress, surroundings]* pretensjonalny

ostentatiously /ˌɒstenˈteɪʃəslɪ/ *adv [behave, do sth]* ostentacyjnie; *[decorated]* pretensjonalnie

osteoarthritis /ˌɒstɪəʊɑːˈθraɪtɪs/ *n* zapalenie *n* kostno-stawowe

osteoblast /ˈɒstɪəʊblɑːst/ *n* Anat osteoblast *m*, komórka *f* kościotwórcza

osteogenesis /ˌɒstɪəʊˈdʒenɪsɪs/ *n* Anat kostnienie *n*, tworzenie *n* się kości, osteogeneza *f*

osteology /ˌɒstɪˈɒlədʒɪ/ *n* Anat osteologia *f*

osteomalacia /ˌɒstɪəʊməˈleɪʃɪə/ *n* Med rozmiękninie *n* kości, demineralizacja *f* kości

osteomyelitis /ˌɒstɪəʊmaɪˈlaɪtɪs/ *n* Med zapalenie *n* szpiku

osteopath /ˈɒstɪəpæθ/ *n* kręgarz *m*

osteopathy /ˌɒstɪˈɒpəθɪ/ *n* kręgarstwo *n*

osteophyte /ˈɒstɪəʊfaɪt/ *n* Med wyrośl *f* kostna, rozrost *m* (miejscowy) tkanki kostnej, osteofit *m*

osteoplasty /ˈɒstɪəplæstɪ/ *n* Med operacja *f* odtwórcza kości

osteoporosis /ˌɒstɪəʊpəˈrəʊsɪs/ *n* osteoporoza *f*

osteosarcoma /ˌɒstɪəʊsɑːˈkəʊmə/ *n* Med kostniakomięsak *m*

osteotomy /ˌɒstɪˈɒtəmɪ/ *n* Med (chirurgiczne) przecinanie *n* kości

ostler /ˈɒslə(r)/ *n* stajenny *m*

ostracism /ˈɒstrəsɪzəm/ *n* ostracyzm *m*

ostracize /ˈɒstrəsaɪz/ *vt* (refuse to associate with) z|bojkotować (towarzysko) *[person, colleague]*; (banish from society) usu|nąć, -wać poza nawias (społeczeństwa) *[person, leper]*

ostrich /ˈɒstrɪtʃ/ **I** *n* 1 Zool struś *m* 2 fig **to be an ~** or **~-like** stosować strusią politykę pej; **to play ~** chować głowę w piasek fig; **the position of the ~** chowanie głowy w piasek
II *modif [feather, egg, policy]* strusi

OT *n* 1 Med → **occupational therapy, occupational therapist** 2 Relig → **Old Testament** 3 Admin → **overtime**

OTC **I** *n* GB Mil → **Officers' Training Corps**
II *adv* Fin, Pharm → **over-the-counter**

OTE *n* Mgmt → **on-target earnings**

other /ˈʌðə(r)/ **I** *adj* 1 (alternative, different) inny; **there are ~ possibilities** są jeszcze inne możliwości; **I use ~ tools for work** do pracy używam innych narzędzi; **~ people have read it** inni to czytali; **~ people's children** obce dzieci; **in most ~ countries** w większości innych krajów; **I wouldn't have him any ~ way** nie chciałbym, żeby był inny; **some ~ day** or **time perhaps** może innym razem; **it must have been some ~ child** to musiało być jakieś inne dziecko; **at all ~ times, phone Adam** w innych godzinach dzwoń do Adama; **we have no ~ choice** nie mamy innego wyboru; **the '~ woman'** (mistress) ta trzecia → **hand, word** 2 (in addition) **there was one ~ suggestion** była jeszcze jedna propozycja; **I have only one ~ shirt** mam tylko jedną koszulę na zmianę; **there was one ~ person present** była jeszcze jedna osoba 3 (in choice between two) drugi; **the ~ one** ten drugi/ta druga/to drugie; **on the ~ side of the street** po drugiej stronie ulicy; **at the ~ end of the garden** na drugim końcu ogrodu; **I was going the ~ way** szedłem w drugą stronę 4 (the remaining ones) **the ~ children** pozostałe dzieci; **the ~ 25** (of men) pozostałych dwudziestu pięciu; (of women, children, objects) pozostałe dwadzieścia pięć 5 (alternate) **every ~ week/year** co drugi tydzień/rok, raz na dwa tygodnie/lata; **we go there every ~ Saturday** chodzimy tam w co drugą sobotę 6 (recent) **she phoned the ~ week** dzwoniła tydzień czy dwa temu; **I saw them the ~ day** widziałem ich któregoś dnia 7 (in lists) **it's found in, amongst ~ places, Japan** występuje między innymi w Japonii; **pens, paper and ~ office stationery** długopisy, papier i inne artykuły biurowe
II **other than** *prep phr* 1 (except) poza (kimś/czymś); **~ than that, everything's OK** poza tym wszystko w porządku; **all countries ~ than Spain** wszystkie kraje poza Hiszpanią; **there's nobody here ~ than Anna** poza Anną nikogo tu nie ma; **nobody knows ~ than you** poza tobą nikt nie wie; **we can't get home ~ than by car** nie dostaniemy się do domu inaczej niż samochodem; **I have no choice ~ than to fire her** nie mam wyboru, muszę ją zwolnić 2 (anything or anyone but) **she's never been ~ than polite with me** nigdy nie była wobec mnie nieuprzejma; **ask somebody ~ than Maria** zapytaj kogoś innego niż Maria → **none**
III *pron* **the ~** (ten) drugi, (ta) druga, (to) drugie; **the ~s** (of men) pozostali; (of women, children) pozostałe; **~s** (of men) inni; (of women, children) inne; **some like red wine, ~s prefer white** jedni lubią wino czerwone, inni wolą białe; **some trains are faster than ~s** niektóre pociągi są szybsze niż inne; **each one of them distrusts the ~** żaden z nich nie ufa pozostałym; **one after the ~** jeden po drugim; **he's cleverer than all the ~s** jest sprytniejszy niż wszyscy pozostali; **nurses, social workers and ~s** pielęgniarki, pracownicy socjalni i inni; **a family like many ~s** rodzina jak wiele innych; **Anna, among ~s, has been chosen** wybrano między innymi Annę; **Robert and three ~s** (other men) Robert i trzech innych or trzej inni; (other men and women) Robert i troje innych; **Anna and three ~s** (other women) Anna i trzy inne kobiety; **here's one of them, where is the ~?** tu jest jeden, a gdzie drugi?; **one or ~ of them will phone** któryś z nich zadzwoni; **somebody** or **someone or ~ recommended Adam** ktoś (tam) polecił Adama; **I read in some book or ~** przeczytałem to w jakiejś książce; **some day or ~** któregoś dnia; **somehow or ~** jakoś (tam), w ten czy inny sposób; **in some form or ~** w tej czy innej postaci; **for some reason or ~** z tego czy innego powodu; **he's called Bob something or ~** nazywa się Bob jakiś tam → **somewhere**
IDIOMS: **do you fancy a bit of the ~?** GB infml euph (about sex) czy chciałabyś trochę tentego? infml euph; **my ~ half** infml moja druga połowa hum

other-directed /ˌʌdədaɪˈrektɪd, -dɪˈrektɪd/ *adj* Sociol konformistyczny

otherness /ˈʌðənɪs/ *n* odmienność *f*

otherwise /ˈʌðəwaɪz/ **I** *adv* 1 (differently, in other ways) **I have no reason to suppose ~** nie mam powodu sądzić inaczej; **no woman, married or ~** żadna kobieta, zamężna czy niezamężna; **all children,**

O

legitimate or ~ wszystkie dzieci, ślubne i nieślubne; **unless we are told ~, we will go ahead with the work** będziemy dalej nad tym pracowali, chyba że otrzymamy jakieś inne polecenia; **he says he's 29, but I know ~** twierdzi, że ma 29 lat, ale wiem, że to nieprawda; **she thinks she's going to get promoted, but I know ~** ona myśli, że awansuje, ale ja wiem, że nie; **William, ~ known as Bill** William znany także jako Bill [2] (in other respects) **my lonely but ~ happy childhood** moje samotne, ale poza tym szczęśliwe dzieciństwo; **he was able to say what he would ~ have kept to himself** mógł powiedzieć takie rzeczy, które w innych okolicznościach zachowałby dla siebie; **there was less damage than might ~ have been the case** było mniej strat niż można się było spodziewać; **there were some exciting moments at the end but ~ it was a dull game** było kilka emocjonujących momentów pod koniec, ale poza tym to był nudny mecz

II *conj* (or else) inaczej; **you have to agree to this, ~ I won't sign the contract** musisz się na to zgodzić, inaczej nie podpiszę umowy; **it's quite safe, ~ I wouldn't do it** to jest zupełnie bezpieczne, inaczej bym tego nie robił

otherworldly /ˌʌðəˈwɜːldlɪ/ *adj* **to be ~** *[person]* bujać w obłokach

otiose /ˈəʊtɪəʊs, US ˈəʊʃɪəʊs/ *adj* (pointless) bezcelowy

otitis /əˈtaɪtɪs/ *n* zapalenie *n* ucha

otology /əʊˈtɒlədʒɪ/ *n* Med otologia *f*, otiatria *f*

oto(rhino)laryngology /ˌəʊtə(ˌraɪnəʊ)ˌlærɪnˈɡɒlədʒɪ/ *n* otorynolaryngologia *f*

otorrhagia /ˌəʊtəʊˈreɪdʒɪə/ *n* Med krwotok *m* z ucha

otorrhoea /ˌəʊtəʊˈrɪə/ *n* Med wyciek *m* z ucha

OTT *adj* → **over-the-top**

Ottawa /ˈɒtəwə/ *prn* Ottawa *f*

otter /ˈɒtə(r)/ *n* Zool wydra *f*; **sea ~** wydrozwierz, wydra morska

ottoman /ˈɒtəmən/ *n* [1] (sofa) otomana *f*; (low seat) puf *m*; (footstool) podnóżek *m* [2] (fabric) ottoman *m*

Ottoman /ˈɒtəmən/ **I** *n* Tur|ek *m*, -czynka *f (z okresu Imperium Osmańskiego)*; **the ~s** Osmanowie

II *adj* [1] (of Ottoman Empire) otomański, osmański [2] (Turkish) turecki

OU *n* GB Univ = **Open University**

ouch /aʊtʃ/ *excl* au!

ought /ɔːt/ *modal aux* [1] (indicating obligation, desirability) **he/she ~ to be grateful** powinien być wdzięczny/powinna być wdzięczna; **we really ~ to say something** naprawdę powinniśmy coś powiedzieć; **she ~ not to have said that** nie powinna była tego mówić; **oughtn't we to consult them first?** czy nie powinniśmy się najpierw z nimi skonsultować?; **she ~ to see a doctor** powinna pójść do lekarza; **I think you ~ to know that...** sądzę, że powinieneś wiedzieć, że...; **you ~ to be ashamed of yourself!** powinieneś się wstydzić!; **you ~ to have seen her face!** szkoda, że nie widziałeś jej twarzy! [2] (expressing logical expectation) **she/he ~ to be here by now** powinna/powinien już tu być; **things ~ to improve by next week** sytuacja powinna poprawić się do przyszłego tygodnia; **there ~ not to be any difficulty** nie powinno być żadnych trudności; **that ~ to be enough for everybody** to powinno wystarczyć dla wszystkich

Ouija® /ˈwiːdʒə/ *n* tabliczka *f* ouija *(do seansów spirytystycznych)*

ounce /aʊns/ *n* [1] (weight) uncja *f (= 28,35 g)* [2] (fluid) uncja *f* objętości *(GB = 0,028 l, US = 0,035 l)* [3] fig krztyna *f*, odrobina *f*

our /ˈaʊə(r), ɑː(r)/ *det* nasz; **~ son/daughter/child** nasz syn/nasza córka/nasze dziecko; **we first packed ~ things** najpierw spakowaliśmy swoje rzeczy

ours /ˈaʊəz/ *pron* nasz; **which tickets are ~?** które bilety są nasze?; **she's a friend of ~** jest naszą znajomą; **it's not ~** to nie nasze; **~ hasn't been a bad marriage** nasze małżeństwo jest całkiem udane

ourself /aʊəˈself, ɑː-/ *pron* fml (royal, editorial) **we at 'The Independent' do not consider ~ responsible for...** redakcja „The Independent" nie czuje się odpowiedzialna za...; **we ~ will obey our own law** będziemy się stosować do ustanowionego przez nas prawa

ourselves /aʊəˈselvz, ɑː-/ *pron* [1] (reflexive) się; **we washed ~** umyliśmy się; **we bought ~ a new apartment** kupiliśmy sobie nowe mieszkanie [2] (emphatic) same; (men) sami; **we saw it ~** sami to widzieliśmy, widzieliśmy to na własne oczy [3] (after preposition) **(all) by ~** (całkiem or zupełnie) sami/same; **for ~** dla siebie; **we need some time to ~** potrzebujemy trochę czasu dla siebie; **we can be proud of ~** możemy być z siebie dumni

oust /aʊst/ *vt* wyp|rzeć, -ierać *[invader]* **(from sth** z czegoś); usu|nąć, -wać *[person]* **(from sth** z czegoś); zmu|sić, -szać do dymisji *[government]*; **to ~ sb as chairman** usunąć kogoś ze stanowiska prezesa; **English has ~ed French as the language of diplomacy** angielski zajął miejsce francuskiego jako język dyplomacji

out /aʊt/ **I** *vt* infml ujawni|ć, -ać, że (ktoś) jest homoseksualistą → **come out**

II *adv* [1] (outside) na zewnątrz; **to stand ~ in the rain** stać na deszczu; **to be ~ in the garden** być w ogrodzie; **~ there** tam; **~ here** tutaj; **is the cat in or ~?** kot jest w domu czy na zewnątrz?; **'is he still in the bathroom?' – 'no, he's ~'** „czy on ciągle siedzi w łazience?" – „nie, już wyszedł"; **the dog had its tongue ~** pies miał wywieszony język [2] (from within) **to go** or **walk ~** wyjść; **to take sth ~** wyjąć coś; **to pull sth ~** wyciągnąć coś; **I couldn't find my way ~** nie mogłem znaleźć wyjścia; **'Out'** (exit) „Wyjście"; **(get) ~!** wynoś się! [3] (away from land, base) **to be ~ in China/Australia** być w Chinach/Australii; **two days ~ from port/camp** dwa dni drogi do portu/obozu; **when the tide is ~** w czasie odpływu; **further ~** dalej [4] (in the world at large) **there are a lot of people ~ there looking for work** wielu ludzi szuka pracy [5] (absent) **he's ~** nie ma go, wyszedł; **they are ~** (on strike) oni strajkują; **while you were ~** kiedy cię nie było; **she's ~ shopping** poszła na zakupy [6] (in slogans) precz; **'Tories ~!'** „precz z torysami!" [7] (for social activity) **to invite sb ~ for dinner** zaprosić kogoś do restauracji na kolację; **they had a day ~ in Paris** pojechali na jeden dzień do Paryża; **let's have an evening ~ this week** wybierzmy się gdzieś w tym tygodniu [8] (removed) **I'm having my stitches ~ next week** w przyszłym tygodniu zdejmują mi szwy [9] (published, now public) **their new album will be ~ next month** ich nowy album ukaże się w przyszłym miesiącu; **there are no newspapers ~ today** dzisiaj nie wychodzą żadne gazety; **the results are due ~ next week** wyniki będą ogłoszone w przyszłym tygodniu; **my secret is ~** mój sekret się wydał; **truth will ~** prawda zawsze wyjdzie na jaw [10] (in bloom) **to be ~** *[tree, shrub]* kwitnąć; **to be fully ~** *[flower]* być w pełni rozwiniętym [11] (in view) **to be ~** *[sun, moon, stars]* świecić na niebie [12] (extinguished, switched off) **the fire was nearly ~** pożar był już prawie ugaszony; **the light was ~** nie paliło się światło, światło było zgaszone; **lights ~ at 10 pm** cisza nocna od dziesiątej [13] Sport, Games **to be ~** *[player]* zostać wyeliminowanym; **'~!'** (of ball) „aut!" [14] (dismissed, discharged) **any more foul language and she's ~!** jeszcze raz się w ten sposób odezwie i wylatuje! infml; **he's been ~ for a month** (from jail, hospital) wyszedł miesiąc temu [15] (unconscious) **to be ~ (cold)** infml być całkowicie zamroczonym [16] (over, finished) **before the week is ~** przed końcem tygodnia [17] GB (incorrect) **they were ~ in their calculations** pomylili się w obliczeniach; **to be three degrees ~** pomylić się o trzy stopnie; **my watch is two minutes ~** (slow) mój zegarek późni się dwie minuty; (fast) mój zegarek śpieszy się dwie minuty [18] infml (not possible) **that option is ~** ta opcja nie wchodzi w grę; **smoking in the bedrooms is absolutely ~** nie ma mowy o paleniu w sypialniach [19] infml (actively in search of) **to be ~ to do sth** koniecznie chcieć coś zrobić; **to be ~ for revenge** or **to get sb** koniecznie chcieć się na kimś zemścić; **he's just ~ for a good time** myśli tylko o przyjemnościach [20] infml (not in fashion) **to be ~** *[style, colour]* być niemodnym [21] infml (in holes) **trousers with the knees ~** spodnie z dziurami na kolanach [22] GB infml (ever) **he's the kindest/stupidest person ~** on jest najmilszą/najgłupszą osobą, jaką znam [23] Jur **the jury is ~** przysięgli obradują

III out of *prep phr* [1] (from) z, ze; **~ of a room/building** z pokoju/budynku; **~ of the station/shop** ze stacji/sklepu; **to go** or **walk ~ of the house** wyjść z domu; **get ~ of here!** wyjdź (stąd)!; **to jump ~ of the bed/the window** wyskoczyć z łóżka/okna; **to tear a page ~ of a book** wyrwać stronę z książki; **to take sth ~ of a box/drawer** wyjąć coś z pudełka/szuflady; **a paragraph ~ of a book** akapit z książki; **like something ~ of a horror movie** jak z horroru [2] (expressing ratio) **two ~ of every three people** dwie osoby na trzy; **~ of all the children in the class, only two came** ze wszystkich dzieci w klasie przyszło tylko dwoje [3] (beyond defined limits) poza; **~ of reach** poza zasięgiem; **~ of sight** poza zasięgiem wzroku; **~ of town** poza miastem [4] (free from confinement) **he's ~ of hospital/jail** wyszedł ze szpitala/z więzienia [5] (indicating shelter) **~ of the sun/rain** ukryty przed słońcem /deszczem [6] (lacking) **we are ~ of bread /coffee** nie mamy chleba/kawy [7] (made from) z, ze; **~ of wood/metal** z drewna /metalu; **~ of glass/steel** ze szkła/stali [8] (due to) z, ze; **~ of joy/respect** z radości/szacunku; **~ of fear** ze strachu; **~ of malice** złośliwie [9] (indicating mother) **~ of the same mare** z tej samej klaczy

IDIOMS: **I want ~** ja się wycofuję; **go on, ~ with it!** no dalej, powiedz, co masz do powiedzenia; **to be on the ~s with sb** US infml drzeć z kimś koty infml; **I'm ~ and about** (after illness) już doszedłem do siebie; **to be ~ of it** infml (after drinking alcohol) być zamroczonym; **to feel ~ of it** czuć się wyrzuconym poza nawias; **you're well ~ of it** lepiej się w to nie mieszaj

outage /ˈaʊtɪdʒ/ *n* [1] Comm (missing goods) brakujący towar *m* [2] Ind (stoppage) przestój *m*; **power ~** przerwa w dostawie prądu

out and away *adv* **he's ~ the best athlete** on jest zdecydowanie najlepszym sportowcem

out-and-out /ˌaʊtənˈaʊt/ *adj [villain, liar, fool]* skończony; *[failure, success]* całkowity, pełny; *[adherent, isolationist]* zdeklarowany

outback /ˈaʊtbæk/ *n* **the ~** odludzie *n*; (in Australia) busz *m* (australijski)

outbalance /ˌaʊtˈbæləns/ *vt* przewyższ|yć, -ać

outbid /ˌaʊtˈbɪd/ *vt* (*prp* **-dd-**; *pt, pp* **outbid**) przelicytow|ać, -ywać

outboard /ˈaʊtbɔːd/ **I** *n* (motor) silnik *m* przyczepny; (boat) łódź *f* z silnikiem przyczepnym

II *adj [motor]* przyczepny

outbound /ˈaʊtbaʊnd/ *adj [mail]* wychodzący; **~ flights** odloty; **~ traffic** ruch pojazdów wyjeżdżających

out-box /ˈaʊtbɒks/ *n* (in e-mail) skrzynka *f* nadawcza

outbreak /ˈaʊtbreɪk/ *n* (of war, unrest) wybuch *m*; (of disease) wybuch *m* epidemii; (of violence) gwałtowna fala *f*; (of spots, fever) (nagłe) wystąpienie *n*; **at the ~ of war** na początku wojny; **an ~ of rain** ulewa

outbuilding /ˈaʊtbɪldɪŋ/ *n* ≈ budynek *m* gospodarczy; **~s** (country, on farm) zabudowania gospodarcze

outburst /ˈaʊtbɜːst/ *n* (of laughter, anger, vandalism) wybuch *m*; (of energy) przypływ *m*; (of weeping) spazm *m*

outcast /ˈaʊtkɑːst, US -kæst/ *n* wygnan|iec *m*, -ka *f*; **an ~ from society, a social ~** wyrzutek społeczeństwa

outclass /ˌaʊtˈklɑːs, US -ˈklæs/ *vt* przewyższ|yć, -ać (o klasę), z|deklasować

outcome /ˈaʊtkʌm/ *n* wynik *m*, rezultat *m*

outcrop /ˈaʊtkrɒp/ *n* Geol wychodnia *f*

outcry /ˈaʊtkraɪ/ *n* głosy *m pl* protestu, krzyk *m* **(about sth** w sprawie czegoś) **(against sth** przeciwko czemuś); **to raise** or **make an ~** podnieść krzyk; **public ~** oburzenie opinii publicznej, powszechne oburzenie

outdated /ˌaʊtˈdeɪtɪd/ *adj [idea, theory, word, expression]* przestarzały; *[style, product, clothing]* niemodny

outdid /ˌaʊtˈdɪd/ *pt* → **outdo**

outdistance /ˌaʊtˈdɪstəns/ *vt* z|dystansować, zostawi|ć, -ać w tyle also fig

outdo /ˌaʊtˈduː/ (*pt* **outdid;** *pp* **outdone**) **I** *vt* przewyższ|yć, -ać, prześcig|nąć, -ać **(in sth** w czymś); **not to be outdone, he redoubled his efforts** żeby nie być gorszym, zdwoił wysiłki

II *vr* **to ~ oneself** przejść samego siebie

outdone /ˌaʊtˈdʌn/ *pp* → **outdo**

outdoor /ˈaʊtdɔː(r)/ *adj [activity, entertainment]* na (świeżym) powietrzu; *[restaurant, facilities]* na wolnym or otwartym powietrzu; *[swimming pool]* odkryty; *[shoes, clothing]* turystyczny; *[plant]* rosnący na zewnątrz; **he's an ~ person** or **type** on lubi spędzać czas na świeżym powietrzu; **to lead an ~ life** spędzać dużo czasu na świeżym powietrzu; **~ centre** ośrodek rekreacyjny

outdoors /ˌaʊtˈdɔːz/ **I** *n* **the great ~** (+ *v sg*) otwarta przestrzeń *f*

II *adv [sleep, play, work, live]* na dworze, pod gołym niebem; **to go ~** wyjść na dwór

outer /ˈaʊtə(r)/ *adj* [1] (outside) *[layer, wall, world]* zewnętrzny; *[clothing, garments]* wierzchni [2] (furthest) *[limit, corner]* najdalszy

outermost /ˈaʊtəməʊst/ *adj* [1] (furthest) *[planet, location]* najbardziej oddalony, najdalszy [2] (outside) *[layer]* zewnętrzny

outer office *n* sekretariat *m*

outer space *n* przestrzeń *f* kosmiczna

outer suburbs *npl* dalekie peryferie *plt*

outerwear /ˈaʊtəweə(r)/ *n* odzież *f* wierzchnia

outface /ˌaʊtˈfeɪs/ *vt* [1] (stare down) zbi|ć, -jać z tropu, z|mieszać [2] (face boldly) stawi|ć, -ać czoło (komuś/czemuś)

outfall /ˈaʊtfɔːl/ *n* (of lake, river) ujście *n*; (of pipe, drain) wylot *m*

outfall pipe *n* rura *f* odprowadzająca

outfield /ˈaʊtfiːld/ *n* Sport zapole *n*

outfit /ˈaʊtfɪt/ **I** *n* [1] (set of clothes) strój *m*; **a cowboy's ~** strój kowbojski; **riding /tennis ~** strój do konnej jazdy/tenisowy [2] infml (company) firma *f*; **publishing ~** firma wydawnicza [3] infml (group) ekipa *f* infml; Mus, Sport zespół *m*; Mil jednostka *f* [4] (equipment) sprzęt *m*

II *vt* (*prp, pt, pp* **-tt-**) [1] (equip) wy|ekwipować *[company]* [2] (dress) ub|rać, -ierać *[person]*

outfitter /ˈaʊtfɪtə(r)/ *n* [1] (supplier) dostawca *m* sprzętu; (for outdoor expeditions) sprzedawca *m* sprzętu turystycznego [2] Fashn sprzedawca *m* odzieży; **ladies'/men's ~** sprzedawca odzieży damskiej/męskiej; **school ~** sprzedawca strojów szkolnych; **theatrical ~** dostawca kostiumów teatralnych; **an ~'s** sklep odzieżowy

outflank /ˌaʊtˈflæŋk/ *vt* [1] Mil oskrzydl|ić, -ać [2] fig (gain advantage over) uzysk|ać, -iwać przewagę nad (kimś); przesk|oczyć, -akiwać infml *[rival, competitor]*

outflow /ˈaʊtfləʊ/ *n* (of liquid) wypływ *m*, wyciek *m*; (of money, ideas, emigrants) odpływ *m* fig **(from sth** z czegoś)

outfox /ˌaʊtˈfɒks/ *vt* przechytrz|yć, -ać

outgoing /ˈaʊtgəʊɪŋ/ *adj* [1] (sociable) *[nature, personality]* otwarty, towarzyski [2] (departing) *[ship]* wypływający (z portu); *[government, president, tide]* ustępujący; *[generation]* odchodzący; *[mail]* wychodzący; **~ flights** odloty; **for ~ calls only** Telecom wyłącznie do połączeń zewnętrznych

outgoings /ˈaʊtgəʊɪŋz/ *npl* GB wydatki *m pl*

outgrow /ˌaʊtˈgrəʊ/ *vt* (*pt* **-grew;** *pp* **-grown**) [1] (grow too big for) *[person]* wyr|osnąć, -astać z (czegoś) *[clothes, shoes]*; **the population has outgrown its resources** wzrost liczby ludności sprawił, że zaczęło brakować surowców [2] (grow too old for) wyr|osnąć, -astać z (czegoś) *[habit, interest]*; **don't worry – he'll ~ it** nie martw się – wyrośnie z tego [3] (grow taller than) przer|osnąć, -astać

outgrowth /ˈaʊtgrəʊθ/ *n* [1] Bot, Med narośl *f* **(on sth** na czymś); (of hair) odrost *m*; **bone ~** wyrostek kostny [2] (consequence) następstwo *n*, konsekwencja *f*; (spin-off) skutek *m* uboczny

outguess /ˌaʊtˈges/ *vt* odgad|nąć, -ywać zamiary (kogoś) *[person]*; przewi|dzieć, -dywać reakcję (czegoś) *[market]*

outgun /ˌaʊtˈgʌn/ *vt* (*prp, pt, pp* **-nn-**) [1] (surpass in fire power) przewyższ|yć, -ać siłą ognia *[enemy, cruiser]* [2] (in shooting) pokon|ać, -ywać w strzelaniu [3] fig (defeat) pokon|ać, -ywać *[team]*

outhouse /ˈaʊthaʊs/ *n* [1] (outbuilding) (adjoining) przybudówka *f*; (separate) budynek *m* gospodarczy [2] US (outside toilet) ubikacja *f* na zewnątrz (budynku); wychodek *m* infml

outing /ˈaʊtɪŋ/ *n* [1] (excursion) wycieczka *f*; **school ~** wycieczka szkolna; **to go on an ~** jechać na wycieczkę [2] (revealing homosexuality) ujawnienie *n* preferencji homoseksualnych; **the ~ of sb** publiczne ujawnienie, że ktoś jest homoseksualistą

outlandish /aʊtˈlændɪʃ/ *adj [clothes, behaviour]* dziwaczny, cudaczny

outlast /ˌaʊtˈlɑːst, US -læst/ *vt [sensation, object]* przetrwać; *[person]* przetrzym|ać, -ywać *[person, team, conditions]*

outlaw /ˈaʊtlɔː/ **I** *n* fml człowiek *m* wyjęty spod prawa

II *vt* [1] (ban) zakaz|ać, -ywać (czegoś) *[practice]*; z|delegalizować *[political party, organization]* [2] Hist, Jur wyjąć spod prawa *[criminal]* [3] US Jur unieważni|ć, -ać *[contract]*

outlay /ˈaʊtleɪ/ *n* nakład *m* (pieniężny), wydatek *m* **(on sth** na coś); **capital ~** nakład kapitałowy; **initial ~** wstępne wydatki

outlet /ˈaʊtlet/ *n* [1] (opening) (for water, gas, air) odpływ *m*; **sink ~** odpływ w zlewozmywaku [2] (mouth of a river) ujście *n* [3] Comm (market) rynek *m* zbytu; (shop) punkt *m* sprzedaży; **sales ~, retail ~** punkt sprzedaży detalicznej [4] fig (for energy, emotion, talent) ujście *n* [5] US Elec gniazdko *n*

outlet valve *n* zawór *m* wylotowy

outline /ˈaʊtlaɪn/ **I** *n* [1] (shape, contour) zarys *m*, kontur *m* [2] Art (sketch) szkic *m*, studium *n*; **to draw sth in ~** naszkicować coś [3] (preliminary draft) zarys *m*, szkic *m*; (summary,

O

synopsis) streszczenie *n*, skrót *m*; **to describe a plan in broad ~** przedstawić plan w ogólnym zarysie; **to give a brief ~ of a plan** przedstawić plan w skrócie; **in ~, the rule is that...** w ogólnym zarysie zasada jest taka, że...; **'An Outline of World History'** (title) „Historia świata w zarysie" [4] (in shorthand) znak *m* stenograficzny

II *vt* [1] (give general summary of) przedstawi|ć, -ać w skrócie *[situation, aims, motives, reasons, sb's responsibilities]*; na|szkicować *[plan]* [2] (draw an outline of) na|szkicować, na|rysować kontur (czegoś) *[figure, shape]*; (draw round) obrysow|ać, -ywać *[hand]*; (accentuate the outline of) podkreśl|ić, -ać kontur (czegoś) *[eye]*; **to be ~d against the sky** rysować się na tle nieba

outline agreement *n* wstępne porozumienie *n*

outline map *n* mapa *f* konturowa

outline planning application *n* GB projekt *m* wstępny

outline planning permission *n* GB wstępne pozwolenie *n* na budowę

outline proposal *n* GB = **outline planning application**

outlive /ˌaʊtˈlɪv/ *vt* [1] (live longer than) przeży|ć, -wać *[person]*; **she ~d her husband by ten years** przeżyła swojego męża o dziesięć lat [2] (outlast) przetrwać *[person, era]*; **she'd ~d her usefulness, so he abandoned her** nie jest już mu potrzebna, więc ją porzucił; **our alliance has ~d its usefulness** nasz sojusz nie ma już racji bytu

outlook /ˈaʊtlʊk/ *n* [1] (attitude) pogląd *m*; **a narrow ~ on life** ciasne poglądy na życie; **a positive ~ on life** pozytywne podejście do życia; **to change one's ~ on life** zmienić swój pogląd or swoje spojrzenie na świat; **to be conservative in ~** mieć konserwatywne poglądy [2] (prospects) perspektywy *f pl*, widoki *m pl* **(for sth/sb** dla czegoś/kogoś) *[company, country, trade, unemployed]*; **the economic ~ for next year is bright/bleak** perspektywy ekonomiczne na następny rok są optymistyczne /nie najlepsze; **the ~ for tomorrow is rain** Meteorol jutro przewidywany jest deszcz [3] (from window, room) widok *m* **(onto** or **over sth** na coś); **rural ~** wiejski krajobraz

outlying /ˈaʊtlaɪɪŋ/ *adj* oddalony

outmanoeuvre GB, **outmaneuver** US /ˌaʊtməˈnuːvə(r)/ *vt* [1] (defeat) wyprowadz|ić, -ać w pole; wymanewrow|ać, -ywać infml *[opponent]* [2] (surpass in manoeuvrability) być bardziej sterownym niż (coś) *[plane]*

outmoded /ˌaʊtˈməʊdɪd/ *adj [clothes]* niemodny; *[ideas, styles, views]* przestarzały, przebrzmiały

outmost /ˈaʊtməʊst/ *adj* → **outermost**

outnumber /ˌaʊtˈnʌmbə(r)/ *vt* przewyższ|yć, -ać liczebnie; **they were ~ed by two to one** było ich dwa razy mniej

out of bounds *adj, adv* [1] **to be ~ to sb** *[area]* być zakazanym dla kogoś; **'Out of bounds'** (on sign) „wstęp wzbroniony" [2] US Sport **to be ~** być/znaleźć się poza linią boiska

out-of-date /ˌaʊtəvˈdeɪt/ *adj [ticket, passport]* nieważny; *[clothing]* staromodny; *[theory, concept]* nieaktualny

out of doors *adv* = **outdoors**

out-of-pocket /ˌaʊtəvˈpɒkɪt/ *adj* [1] **~ expenses** bieżące wydatki [2] **he is out of pocket** (after transaction) jest na minusie infml

out-of-sight /ˌaʊtəvˈsaɪt/ *adj* infml [1] (fantastic) nie z tej ziemi infml [2] (odd) dziwaczny

out-of-the-way /ˌaʊtəvðəˈweɪ/ **I** *adj* **~ places** nieuczęszczane miejsca; **an ~ spot** zapadła dziura infml

II out of the way *adv* **get out of the way!** odsuń się!, z drogi!; **I would stay out of the way until tomorrow** starałbym się przeczekać do jutra i nie rzucać się w oczy

outpace /ˌaʊtˈpeɪs/ *vt* pozostawi|ć, -ać w tyle also fig

outpatient /ˈaʊtpeɪʃnt/ *n* pacjent *m* leczony ambulatoryjnie; **~s' clinic, ~s' department** poradnia, ambulatorium

outplacement /ˈaʊtpleɪsmənt/ **I** *n* Comm reorientacja *f* zawodowa dla zwalnianych pracowników

II *modif [agency, consultant]* pośredniczący w znalezieniu nowej pracy dla zwalnianych pracowników

outplay /ˌaʊtˈpleɪ/ *vt* Sport (play better) za|grać lepiej niż (ktoś/coś) *[player, team]*; (beat) ogr|ać, -ywać

outpoint /ˌaʊtˈpɔɪnt/ *vt* Sport pokon|ać, -ywać na punkty

outpost /ˈaʊtpəʊst/ *n* placówka *f* also Mil; **the last ~ of sth** ostatni bastion czegoś *[modernism, imperialism]*

outpouring /ˈaʊtpɔːrɪŋ/ *n* (of lava) wylew *m*; (of books) zalew *m*; (of words) potok *m*; (of emotion) wybuch *m*, wylew *m*; (writings) wynurzenia *n pl*

output /ˈaʊtpʊt/ **I** *n* [1] Comm, Ind (of machine, worker, land) wydajność *f*; (of factory) produkcja *f*; (of mine, oil-field) wydobycie *n*; **industrial ~, manufacturing ~** produkcja przemysłowa [2] Electron, Mech (of equipment, engine) moc *f* wyjściowa; (of monitor) sygnał *m*; **cardiac ~** pojemność minutowa serca [3] Comput (data) dane *plt* wyjściowe; (place) wyjście *n*; **computer ~** wyjście komputerowe [4] (of composer, writer) twórczość *f* [5] Radio, TV produkcja *f*

II *modif [data, device, equipment, message]* wyjściowy; *[power]* produkcyjny

III *vt* (*prp* **-tt-**; *pt, pp* **-put, -putted**) *[computer]* wys|łać, -yłać, przes|łać, -yłać *[data, results]* **(to sth** do czegoś)

outrage /ˈaʊtreɪdʒ/ **I** *n* [1] (anger) oburzenie *n* **(at sb/sth** na kogoś/coś); **a sense of ~** głębokie oburzenie [2] (horrifying act) akt *m* przemocy, gwałt *m*; **~ against sb/sth** zbrodnia przeciwko komuś/czemuś; **bomb ~** zamach bombowy [3] (scandal) (against decency, morality) obraza *f*, zniewaga *f* **(against** or **to sth** czegoś); **it is an ~ to take innocent people hostage** to skandal, żeby więzić niewinnych ludzi jako zakładników

II *vt* oburz|yć, -ać *[person, public]*; obra|zić, -żać, urągać (czemuś) *[feelings, morality]*

III outraged *pp adj* oburzony **(at** or **by sth** czymś)

outrageous /aʊtˈreɪdʒəs/ *adj* [1] (disgraceful) oburzający, skandaliczny; **it is ~ that...** to oburzające, że...; **it's ~ to let a child behave like that** to skandal pozwalać dziecku zachowywać się w ten sposób [2] (unconventional) *[dress, person]* ekstrawagancki; *[remark]* szokujący

outrageously /aʊtˈreɪdʒəslɪ/ *adv* oburzająco, szokująco

outrageousness /aʊtˈreɪdʒəsnɪs/ *n* skandaliczność *f*

outrank /ˌaʊtˈræŋk/ *vt* przewyższ|yć, -ać stopniem

outre /ˈuːtreɪ, US uːˈtreɪ/ *adj [behaviour, dress, taste]* ekscentryczny

outreach /ˈaʊtriːtʃ/ **I** *n* [1] Soc Admin pomoc *f* potrzebującym [2] (extent) zasięg *m*

II *modif* [1] Soc Admin **~ work** pomoc potrzebującym; **~ group** organizacja pomagająca potrzebującym [2] US **~ program** program o szerokim zasięgu

outrider /ˈaʊtraɪdə(r)/ *n* (also **motorcycle ~**) członek *m* eskorty motocyklowej; **four ~s** czteroosobowa eskorta motocyklistów

outrigger /ˈaʊtrɪgə(r)/ *n* (supporting framework) odsadnia *f*; (float) pływak *m*; (boat) łódź *f* z pływakiem

outright /ˈaʊtraɪt/ **I** *adj* [1] (absolute) *[independence, control]* pełny; *[owner]* pełnoprawny; *[ban, refusal, rejection]* kategoryczny; *[defiance, lead]* zdecydowany; *[majority]* absolutny; *[purchase, sale]* gotówkowy; *[attack]* bezpośredni [2] (obvious) *[favourite, winner, victory]* niekwestionowany, zdecydowany; *[liar, criminal]* zwyczajny [3] (unreserved) *[egoism]* nieskrywany; *[contempt, disbelief, hostility]* jawny

II *adv* [1] (openly) *[ask, tell, say]* wprost; **to laugh ~ at sb** roześmiać or zaśmiać się komuś prosto w nos; **he laughed ~ at my idea** wyśmiał mój pomysł [2] (completely) *[ban, deny, refuse, oppose]* kategorycznie; *[win]* bezwarunkowo; *[buy, sell]* za gotówkę; *[kill]* na miejscu

outrun /ˌaʊtˈrʌn/ *vt* (*prp* **-nn-**; *pt* **outran**; *pp* **outrun**) [1] (run faster than) wyprzedz|ić, -ać, z|dystansować [2] fig (exceed) przewyższ|yć, -ać *[income, supply]*

outs /aʊts/ *npl* US infml **to be on the ~ with sb** mieć z kimś na pieńku infml

outsell /ˌaʊtˈsel/ *vt* (*pt, pp* **-sold**) *[person, nation]* sprzeda|ć, -wać więcej od (kogoś /czegoś); *[product]* sprzeda|ć, -wać się lepiej niż (coś) *[competing product]*

outset /ˈaʊtset/ *n* początek *m*; **at the ~ (of sth)** na początku (czegoś); **from the ~** od początku

outshine /ˌaʊtˈʃaɪn/ *vt* (*pt, pp* **-shone**) fig zaćmi|ć, -ewać, przyćmi|ć, -ewać

outside /aʊtˈsaɪd, ˈaʊtsaɪd/ **I** *n* [1] (of object, building) **it's blue/crisp on the ~** na or z zewnątrz jest niebieski/chrupiący; **on the ~ of sth** (on surface itself) na wierzchu czegoś *[box, file]*; na prawej stronie czegoś *[fabric]*; (in external space) na zewnątrz czegoś *[building]*; **you can't open the door from the ~** nie da się otworzyć tych drzwi od zewnątrz [2] **to overtake on the ~** Sport wyprzedzać po zewnętrznej; Aut (in GB, Australia) wyprzedzać prawą stroną; (in Europe, US) wyprzedzać lewą stroną [3] (not within company, institution) **to bring in an expert**

from (the) ~ sprowadzić eksperta z zewnątrz; **to smuggle sth in from (the) ~** przemycić coś z zewnątrz [4] fig (from objective position) **to look at sth from (the) ~** patrzyć na coś z zewnątrz [5] (maximum) **at the ~** maksymalnie
II *adj* [1] (outdoor) **~ temperature** temperatura na zewnątrz; **~ toilet** toaleta na zewnątrz; TV, Radio **~ broadcast** nagranie poza studiem [2] (outer) *[measurement, edge, wall]* zewnętrzny [3] Telecom *[line]* zewnętrzny; **~ call** telefon z zewnątrz [4] (beyond usual environment) *[interest, commitment]* dodatkowy; **the ~ world** świat zewnętrzny [5] (from elsewhere) **~ help/influence** pomoc/wpływy z zewnątrz; **an ~ opinion** opinia z zewnątrz [6] **~ lane** Sport zewnętrzny tor; Aut (in GB, Australia) prawy pas; (in Europe, US) lewy pas [7] (faint) **an ~ chance** mała szansa
III *adv [play, wait]* na dworze, na świeżym powietrzu; (in street) na ulicy; *[wait]* (in street) na dworze; (at the door) na zewnątrz
IV outside in *adj phr* wywrócony na lewą stronę
V outside in *adv phr* na lewą stronę
VI *prep* (also **~ of)** [1] (not within) poza (czymś) *[city, community]*; po drugiej stronie (czegoś) *[boundary]*; na zewnątrz (czegoś) *[prison, convent]* [2] (in front of) przed (czymś) *[house, shop]* [3] (over) **to wear a shirt ~ one's trousers** nosić koszulę na spodniach or wyciągniętą ze spodni [4] (beyond) poza; **~ her family/her work** poza rodziną/pracą; **~ office hours** poza godzinami pracy; **~ our jurisdiction** poza naszą jurysdykcją; **it's ~ my experience** nigdy się z czymś takim nie spotkałem
outside examiner *n* GB Sch, Univ egzaminator *m* zewnętrzny
outside left *n* Sport lewoskrzydłow|y *m*, -a *f*
outsider /ˌaʊtˈsaɪdə(r)/ *n* [1] (stranger) (in community) obcy *m*, outsider *m*, -ka *f*; (to organization, company) osoba *f* postronna, osoba *f* z zewnątrz [2] Sport (horse, person) (unlikely to win) outsider *m*, -ka *f*; **a complete** or **rank ~** zdecydowany outsider
outside right *n* Sport prawoskrzydłow|y *m*, -a *f*
outsize /ˈaʊtsaɪz/ **I** *n* Comm odzież *f* w nietypowych dużych rozmiarach
II *modif [clothing]* w nietypowych dużych rozmiarach; *[department, shop]* sprzedający odzież w nietypowych dużych rozmiarach
III *adj* (also **~d)** wielki, ogromny
outsized /ˈaʊtsaɪzd/ *adj* wielki, ogromny
outsize load *n* ładunek *m* wielkogabarytowy
outskirts /ˈaʊtskɜːts/ *npl* [1] (of town, city) peryferie *plt*; **on the ~** na peryferiach **(of sth** czegoś) [2] (of forest) skraj *m*
outsmart /ˌaʊtˈsmɑːt/ *vt* przechytrz|yć, -ać
outsource /aʊtˈsɔːs/ *vt* Comm korzystać z obsługi zewnętrznej
outsourcing /ˈaʊtsɔːsɪŋ/ *n* Comm zlecenie *n* wykonania usług na zewnątrz
outspoken /ˌaʊtˈspəʊkən/ *adj* [1] (frank) *[person, critic]* mówiący bez ogródek; *[opponent, supporter]* zdeklarowany; *[support, criticism]* jawny; **to be ~ in one's remarks/criticism** mówić/krytykować bez ogródek [2] euph (rude) szczery do bólu
outspokenly /ˌaʊtˈspəʊkənlɪ/ *adv [support, oppose]* otwarcie, jawnie; *[honest, feminist]* demonstracyjnie
outspokenness /aʊtˈspəʊkənnɪs/ *n* szczerość *f* w wyrażaniu opinii
outspread /ˌaʊtˈspred/ *adj [arms, wings, newspaper]* rozpostarty; *[fingers]* rozczapierzony
outstanding /ˌaʊtˈstændɪŋ/ *adj* [1] (excellent) *[actor, achievement, performance, contribution]* wybitny [2] (prominent, conspicuous) *[feature]* wyróżniający się; *[example]* znakomity [3] (unresolved) *[problem, issue]* nierozstrzygnięty; *[work, orders, correspondence]* zaległy; *[bill, fee, account]* zaległy, nieuregulowany; **what is the ~ amount?** ile wynosi zaległa suma?; **questions ~ from the previous meeting** kwestie nierozstrzygnięte na poprzednim zebraniu; **~ debts** wierzytelności, długi niespłacone; **~ shares** Fin akcje w obiegu
outstandingly /ˌaʊtˈstændɪŋlɪ/ *adv* [1] (particularly) wyjątkowo [2] (extremely) wybitnie, niezwykle; **~ good** znakomity
outstay /ˌaʊtˈsteɪ/ *vt* **to ~ sb** zostać dłużej niż ktoś
IDIOMS: **to ~ one's welcome** nadużyć gościnności
outstretched /ˌaʊtˈstretʃt/ *adj [hand, leg, arm]* wyciągnięty; *[fingers]* rozczapierzony; *[wings]* rozpostarty; **to welcome sb with ~ arms** powitać kogoś z otwartymi ramionami also fig
outstrip /ˌaʊtˈstrɪp/ *vt* (*prp, pt, pp* **-pp-)** [1] Sport (leave behind) z|dystansować; (pass in running) prześcig|nąć, -ać [2] fig przewyższ|yć, -ać *[demand, supply, production]*
outtake /ˈaʊtteɪk/ *n* Cin ≈ odrzut *m*
out-tray /ˈaʊttreɪ/ *n* koszyk *m* na dokumenty/listy wychodzące z biura
outturn /ˈaʊttɜːn/ *n* [1] (of factory) produkcja *f*; (of machine, worker) wydajność *f* [2] Comm (return) zysk *m*
outvote /ˌaʊtˈvəʊt/ *vt* (in election) zdoby|ć, -wać więcej głosów od (kogoś) *[person]*; (on issue) przegłosow|ać, -ywać *[person]*; odrzuc|ić, -ać w głosowaniu *[proposal]*; **to be ~d** zostać przegłosowanym; (in elections) przegrać głosowanie
outward /ˈaʊtwəd/ **I** *adj* [1] (external) *[appearance, sign]* zewnętrzny [2] (from port, base) *[freight, ship]* wypływający
II *adv* = **outwards**
outward bound *adj [ship]* wypływający; **to be ~** US wyruszyć **(from sth** z czegoś) **(for sth** do czegoś)
Outward Bound movement *n organizacja prowadząca kursy żeglarskie, szkoły przetrwania i inne zajęcia na świeżym powietrzu dla młodzieży*
outwardly /ˈaʊtwədlɪ/ *adv* [1] (apparently) *[calm, friendly, indifferent]* pozornie, na pozór [2] (seen from outside) na zewnątrz
outwards /ˈaʊtwədz/ *adv* (also **outward)** *[open, bend]* na zewnątrz; **to face ~** *[room]* wychodzić na ulicę; *[person]* być zwróconym na zewnątrz
outweigh /ˌaʊtˈweɪ/ *vt* fig przeważ|yć, -ać; **the advantages ~ the disadvantages, the disadvantages are ~ed by the advantages** zalety przeważają nad wadami
outwit /ˌaʊtˈwɪt/ *vt* (*prp, pt, pp* **-tt-)** przechytrz|yć, -ać, wykaz|ać, -ywać się większym sprytem niż (ktoś)
outwith /ˌaʊtˈwɪθ/ *prep* Scot = **outside**
outwork /ˈaʊtwɜːk/ *n* praca *f* w domu
outworker /ˈaʊtwɜːkə(r)/ *n* GB pracujący *m* w domu
outworn /ˌaʊtˈwɔːn/ *adj [custom, theory, system]* przestarzały; *[clothes, expression]* wyświechtany infml
ouzel /ˈuːzl/ *n* = **ring ouzel**
ouzo /ˈuːzəʊ/ *n* ouzo *n*
ova /ˈəʊvə/ *npl* → **ovum**
oval /ˈəʊvl/ **I** *n* owal *m*
II *adj* (also **~-shaped)** owalny; **the Oval Office** US Pol gabinet owalny
ovarian /əˈveərɪən/ *adj* jajnikowy
ovaritis /əʊvəˈraɪtɪs/ *n* → **oophoritis**
ovary /ˈəʊvərɪ/ *n* [1] Anat jajnik *m* [2] Bot zalążnia *f*
ovate /ˈəʊveɪt/ *adj* jajowaty, owalny
ovation /əʊˈveɪʃn/ *n* owacja *f*; **to give sb an ~** zgotować komuś owację; **a standing ~** owacja na stojąco
oven /ˈʌvn/ **I** *n* piekarnik *m*; **gas/electric ~** piekarnik gazowy/elektryczny; **microwave ~** kuchenka mikrofalowa; **cook in a hot/moderate/slow ~** piec w gorącym /średnio nagrzanym/słabo nagrzanym piekarniku; **it's like an ~ in here!** fig gorąco tu jak w piecu!
II *modif* **~ door/temperature** drzwiczki /temperatura piekarnika
oven chips *npl* frytki *f pl* z piekarnika
oven cleaner *n* środek *m* do czyszczenia piekarników
oven dish *n* naczynie *n* żaroodporne
oven glove *n* rękawica *f* kuchenna
ovenproof /ˈʌvnpruːf/ *adj* żaroodporny
oven rack *n* US = **oven shelf**
oven-ready /ˌʌvnˈredɪ/ *adj [food]* do podgrzania w piekarniku
oven shelf *n* GB półka *f* w piekarniku
oven-to-tableware /ˌʌvntəˈteɪblweə(r)/ *n* naczynia *n pl* żaroodporne
ovenware /ˈʌvnweə(r)/ *n* = **oven-to-tableware**
over[1] /ˈəʊvə(r)/ **I** *prep* [1] (across the top of) **to jump ~ a wall** przeskoczyć przez mur; **to look ~ a wall** spojrzeć za ogrodzenie; **to talk ~ a wall** rozmawiać przez ogrodzenie; **a bridge ~ the Thames** most na Tamizie or przez Tamizę [2] (from or on the other side) **my neighbour/the house ~ the road** sąsiad/dom po drugiej stronie ulicy; **it's just ~ the road** to jest dosłownie po drugiej stronie ulicy; **it's just ~ the river** to jest dosłownie na drugim brzegu rzeki; **the noise came from ~ the wall** hałas dobiegał zza ściany; **~ here/there** tu/tam; **come ~ here!** chodź tu!, podejdź tu!; **from ~ the sea/the Atlantic/the Channel** zza morza/Atlantyku/Kanału [3] (above but not touching) nad, ponad; **clouds ~ the valley** chmury nad doliną; **they live ~ the shop** mieszkają nad sklepem [4] (covering, surrounding) **to spill tea ~ sth** rozlać herbatę na coś; **he's spilt tea ~ it** oblał to herbatą; **to carry one's coat ~ one's arm** nosić płaszcz na ramieniu; **to wear a sweater ~ one's shirt** nosić sweter na

O

koszulę; **shutters ~ the windows** żaluzje w oknach [5] (physically higher than) **the water was** or **came ~ my ankles** woda zakryła mi kostki [6] (more than) przeszło, ponad; **children (of) ~ six** dzieci w wieku powyżej sześciu lat; **to be ~ 21** mieć ukończone 21 lat; **well ~ 200** przeszło dwieście; **it took us ~ a year** zabrało nam to przeszło rok; **temperatures ~ 40°** temperatury powyżej 40° [7] (in rank, position) **to be ~ sb** być nad kimś; Mil być wyższym rangą od kogoś [8] (in the course of) **~ the weekend/the summer** przez cały weekend/całe lato; **~ a period of 10 days** przez dziesięć dni; **~ the last decade/few days** przez ostatnią dekadę/ostatnie kilka dni; **he has changed ~ the years** zmienił się przez te lata; **to do sth ~ Christmas** zrobić coś w czasie świąt Bożego Narodzenia; **to stay with sb ~ Easter** spędzać u kogoś Wielkanoc; **to talk ~ coffee/lunch** porozmawiać przy kawie/obiedzie [9] (recovered from) **to be ~ sth** mieć za sobą coś *[illness, operation]*; pogodzić się z (czymś) *[loss]*; **she'll be ~ it soon** szybko dojdzie do siebie; **to be ~ the worst** mieć najgorsze za sobą [10] (by means of) **~ the phone/the radio** przez telefon/radio [11] (everywhere in) **to travel all ~ the world/Africa** podróżować po całym świecie/po całej Afryce; **to search all ~ the house** przeszukać cały dom; **to show sb ~ a house** oprowadzić kogoś po domu; **I've lived all ~ France** mieszkałem tu i tam we Francji [12] (because of) **to laugh ~ sth** śmiać się z czegoś; **to pause ~ sth** zatrzymać się na czymś; **how long will you be ~ it?** ile ci to czasu zabierze? [13] Math **12 ~ 3 is 4** 12 przez 3 równa się 4

II over and above *prep phr* **~ and above that** poza tym; **~ and above the minimum requirement** poza minimalnym wymogiem

III *adj* [1] (across, to, on the other side) **he's ~!** (has jumped clear) przeskoczył!; **see ~** (instruction to reader) patrz na odwrocie; **one push and ~ I went** jedno pchnięcie i upadłem na ziemię [2] (finished) **to be ~** *[term, meeting, incident]* skończyć się, zakończyć się; **after the war is ~** kiedy wojna się skończy; **it was all ~ by Christmas** do świąt Bożego Narodzenia było po wszystkim; **when this is all ~** kiedy to wszystko się skończy [3] (more) **children of six and ~** or **six or ~** dzieci w wieku sześciu lat i powyżej; **two metres or ~** dwa metry albo i więcej; **temperatures of 40° and ~** temperatury powyżej 40° [4] (remaining) **two biscuits each and one ~** po dwa herbatniki dla każdego i jeden zostaje; **six metres and a bit ~** sześć metrów i jeszcze trochę; **2 into 5 goes 2 and 1 ~** 5 przez 2 to 2 i zostaje 1; **there's nothing ~** nic nie zostało → **leave over** [5] (to one's house, country) **to invite** or **ask sb ~** zaprosić kogoś do siebie; **to come ~ for lunch** przyjść na obiad; **we had them ~ on Sunday/for dinner** byli u nas w niedzielę/na kolacji; **they were ~ for the day** przyjechali na jeden dzień; **they are ~ from Sydney** przyjechali z Sydney; **when you're next ~ this way** kiedy następnym razem będziesz w pobliżu [6] Radio, TV **~ (to you)!** odbiór!; **now ~ to Adam for the weather** a teraz Adam powie nam o pogodzie; **now ~ to our Paris studios** a teraz przenosimy się do naszego studia w Paryżu [7] (showing repetition) **five/several times ~** pięć/kilka razy z rzędu; **to start all ~ again** zacząć jeszcze raz od początku; **I had to do it ~** US musiałem zrobić to jeszcze raz; **I've told you ~ and ~ (again)...** powtarzałem ci już setki razy... [8] GB (excessively) zbyt; **she wasn't ~ pleased** nie była zbyt zadowolona

over² /ˈəʊvə(r)/ *n* Sport (in cricket) seria *f* sześciu rzutów

overachieve /ˌəʊvərəˈtʃiːv/ *vi* osiągać wyniki lepsze od oczekiwanych

overachiever /ˌəʊvərəˈtʃiːvə(r)/ *n* osoba *f* osiągająca wyniki lepsze od oczekiwanych

overact /ˌəʊvərˈækt/ **I** *vt* prze|szarżować *[part, role]*

II *vi* popa|ść, -dać w przesadę

overactive /ˌəʊvərˈæktɪv/ *adj* **~ imagination** zbyt bujna wyobraźnia; **to have an ~ thyroid** mieć nadczynność tarczycy

overage¹ /ˌəʊvərˈeɪdʒ/ *adj [person]* za stary

overage² /ˈəʊvərɪdʒ/ *n* US Comm nadwyżka *f* ładunkowa towaru

overall I /ˈəʊvərɔːl/ *n* GB (coat-type) kitel *m*, fartuch *m*; (child's) kombinezon *m*

II overalls *npl* GB kombinezon *m*, owerol *m*; US (with a bib front) ogrodniczki *plt*; (waterproof leggings) spodnie *plt* nieprzemakalne

III /ˌəʊvərˈɔːl/ *adj* [1] *[cost, number, measurement, responsibility]* całkowity; *[figures, improvement, trend, value, impression, effect]* ogólny; *[majority]* Pol absolutny [2] Sport *[placing, winner]* w klasyfikacji generalnej

IV /ˌəʊvərˈɔːl/ *adv* [1] (in total) w sumie [2] (in general) ogólnie [3] Sport **first ~** na pierwszym miejscu w klasyfikacji generalnej [4] liter (everywhere) wszędzie

overalled /ˈəʊvərɔːld/ *adj* GB (coat-type) w kitlu; (trouser-type) w owerolu, w kombinezonie; US (in dungarees) w ogrodniczkach; (in waterproof leggings) w spodniach nieprzemakalnych

overanxious /ˌəʊvərˈæŋkʃəs/ *adj* (nervous) zbyt nerwowy; **to be ~** zbytnio się przejmować; **I'm not ~ to go** nie palę się zbytnio do pójścia

overarm /ˈəʊvərɑːm/ *adj, adv* Sport *[serve, throw]* znad głowy, z góry; (in swimming) **~ stroke** kraul

overate /ˌəʊvərˈeɪt/ *pt* → **overeat**

overawe /ˌəʊvərˈɔː/ *vt* onieśmiel|ić, -ać

overbalance /ˌəʊvəˈbæləns/ **I** *vt* przeważ|yć, -ać *[boat]*

II *vi [person]* s|tracić równowagę; *[pile of objects]* przewr|ócić, -acać się

overbearing /ˌəʊvəˈbeərɪŋ/ *adj* [1] (domineering) *[person, manner]* apodyktyczny [2] (overriding) *[importance, problem]* decydujący

overbid /ˌəʊvəˈbɪd/ **I** *n* (at auction) przebicie *n* licytacyjne; (in bridge) przelicytowanie *n*

II *vt* (*prp* **-dd-;** *pt, pp* **~**) (at auction, in bridge) przelicytować *[person]*; **to ~ a hand** (in bridge) za|licytować za wysoko

III *vi* (*prp* **-dd-;** *pt, pp* **~**) (at auction, in bridge) za|licytować za wysoko

overblown /ˌəʊvəˈbləʊn/ *adj* [1] *[style, writing]* napuszony; *[fears]* przesadzony [2] *[flower, beauty]* przekwitły

overboard /ˈəʊvəbɔːd/ *adv* **to fall/jump ~** wypaść/wyskoczyć za burtę; **to push** or **throw sb ~** wyrzucić kogoś za burtę also fig; **to push** or **throw sth ~** fig machnąć ręką na coś; **man ~!** człowiek za burtą!; **to go ~** infml fig wpadać w przesadę

overbook /ˌəʊvəˈbʊk/ **I** *vt* sprzeda|ć, -wać więcej biletów niż jest miejsc na (coś) *[flight, concert]*; przyj|ąć, -mować zbyt wiele rezerwacji w (czymś) *[hotel]*; **the hotel is ~ed** w hotelu jest nadkomplet gości; **they're ~ed** mają nadkomplet

II *vi [airlines]* sprzeda|ć, -wać więcej biletów niż jest miejsc; *[hotel]* przyj|ąć, -mować zbyt wiele rezerwacji

overbooking /ˌəʊvəˈbʊkɪŋ/ *n* (of rooms) przyjmowanie *n* zbyt wielu rezerwacji; (of tickets) sprzedaż *f* przekraczająca ilość miejsc

overbuild /ˌəʊvəˈbɪld/ *vt* (*pt, pp* **-built**) [1] (build on) nadbudow|ać, -ywać [2] (place too many buildings on) zbyt gęsto zabudow|ać, -ywać *[area]*

overburden /ˌəʊvəˈbɜːdn/ *vt* (with work) przeciąż|yć, -ać **(with sth** czymś**)**; (with responsibility, debt, guilt) obciąż|yć, -ać nadmiernie **(with sth** czymś**)**

overcapacity /ˌəʊvəkəˈpæsətɪ/ *n* Econ nadmiar *m* zdolności produkcyjnych

overcapitalize /ˌəʊvəˈkæpɪtəlaɪz/ *vt* Econ, Fin (estimate) ustal|ić, -ać zbyt wysoko kapitał (czegoś); (provide with too much capital) przeinwestow|ać, -ywać

overcast /ˌəʊvəˈkɑːst, US -ˈkæst/ **I** *adj* Meteorol pochmurny also fig; **to become ~** zachmurzyć się

II *vt* (*pt, pp* **~**) (in sewing) obrzuc|ić, -ać *[edge]*

overcautious /ˌəʊvəˈkɔːʃəs/ *adj* nazbyt ostrożny

overcautiously /ˌəʊvəˈkɔːʃəslɪ/ *adj* nazbyt ostrożnie

overcharge /ˌəʊvəˈtʃɑːdʒ/ **I** *vt* [1] (in money) policzyć za dużo (komuś); **they ~d him (by £10)** policzyli mu (o 10 funtów) za dużo; **I've been ~d £5 for it** zapłaciłem za to 5 funtów za dużo [2] Elec przeciąż|yć, -ać *[circuit]* [3] fig (exaggerate) przeładow|ać, -ywać *[poem, recitation]* **(with sth** czymś**)**

II *vi* po|liczyć zbyt wysoką cenę

overcoat /ˈəʊvəkəʊt/ *n* płaszcz *m*

overcome /ˌəʊvəˈkʌm/ **I** *vt* (*pt* **-came;** *pp* **-come)** [1] (defeat) pokon|ać, -ywać *[opponent, enemy]*; przezwycięży|ć, -ać *[dislike, fear, problem, difficulty]*; za|panować nad (czymś), opanow|ać, -ywać *[nerves]* [2] (overwhelm) **to be overcome by smoke** dusić się od dymu; **overcome by jealousy/fear** ogarnięty or owładnięty zazdrością/strachem; **tiredness overcame them** ogarnęło ich zmęczenie; **I was overcome when I heard the news** ta wiadomość wstrząsnęła mną

II *vi* za|triumfować

overcompensate /ˌəʊvəˈkɒmpenseɪt/ *vi* [1] nadr|obić, -abiać (w sposób przesadny); **to ~ for one's shyness by talking too much** nadrabiać nieśmiałość nadmierną

gadatliwością [2] Psych kompensować poczucie niższości
overcompensation /ˌəʊvəˌkɒmpenˈseɪʃn/ *n* Psych kompensacja *f* poczucia niższości
overconfidence /ˌəʊvəˈkɒnfɪdəns/ *n* zbytnia pewność *f* siebie
overconfident /ˌəʊvəˈkɒnfɪdənt/ *adj* zbyt pewny siebie
overconsumption /ˌəʊvəkənˈsʌmpʃn/ *n* nadmierna konsumpcja *f*
overcook /ˌəʊvəˈkʊk/ *vt* przegotow|ać, -ywać, rozgotow|ać, -ywać
overcrowded /ˌəʊvəˈkraʊdɪd/ *adj [vehicle, corridor, institution, room]* przepełniony, zatłoczony **(with sb/sth** kimś/czymś); *[country, planet]* przeludniony; *[class]* przepełniony; Dent *[teeth]* stłoczony
overcrowding /ˌəʊvəˈkraʊdɪŋ/ *n* przepełnienie *n*; (in country) przeludnienie *n*; **~ in classrooms/on the trains** przepełnienie w klasach/w pociągach
overdeveloped /ˌəʊvədɪˈveləpt/ *adj* [1] (physically) *[person]* o nadmiernie rozwiniętej sylwetce; *[muscle]* przerośnięty [2] (sense of humour, of importance) nadmierny [3] Phot *[film]* przewołany [4] Pol, Econ nadmiernie rozwinięty
overdid /ˌəʊvəˈdɪd/ *pt* → **overdo**
overdo /ˌəʊvəˈduː/ *vt* (*pt* **overdid;** *pp* **overdone)** [1] (exaggerate) przesadz|ić, -ać z (czymś) *[attitude, accent, reaction]*; **to ~ it** or **things** (when describing, performing) przesadzać; (when working) przemęczać się; **don't ~ the exercises/studying** nie przesadzaj z ćwiczeniami/nauką; **he rather overdoes the devoted grandson** z pewną przesadą odgrywa rolę kochającego wnuka [2] (use too much of) przesadz|ić, -ać z (czymś) *[flavouring, perfume]* [3] Culin (by boiling) przegotować *[vegetables]*; (by frying) przesmażyć *[fish, meat]*
overdone /ˌəʊvəˈdʌn/ *adj* [1] (exaggerated) *[effect, emotion]* przesadny, przesadzony [2] (overcooked) *[vegetables]* przegotowany; *[meat, fish]* zbyt mocno usmażony
overdose **I** /ˈəʊvədəʊs/ *n* [1] (large dose) nadmierna dawka *f*; **radiation/vitamin ~** nadmierna dawka promieniowania/witamin [2] (lethal amount) (of medicine) dawka *f* śmiertelna; (of drugs) przedawkowanie *n*; **to take an ~ of sth** przedawkować coś; **a heroin ~** przedawkowanie heroiny
II /ˌəʊvəˈdəʊs/ *vt* poda|ć, -wać zbyt dużą dawkę (komuś) *[patient]*
III /ˌəʊvəˈdəʊs/ *vi* (on medicine, drugs) przedawkować; **to ~ on sth** przedawkować coś *[tablets, drugs]*; fig przejeść się (czymś) *[chocolate]*; naoglądać się do przesytu (czegoś) *[television]*
overdraft /ˈəʊvədrɑːft, US -dræft/ **I** *n* (act of overdrawing) przekroczenie *n* (stanu) konta; (amount of money) debet *m*; **to take out an ~** zadłużyć się na rachunku bieżącym; **to have an ~** mieć debet; **agreed ~, ~ arrangement** kredyt na rachunku bieżącym
II *modif* **~ interest** oprocentowanie salda debetowego
overdraw /ˌəʊvəˈdrɔː/ **I** *vt* (*pt* **overdrew;** *pp* **overdrawn)** [1] Fin przekr|oczyć, -aczać stan (czegoś) *[bank account]*; **to be (£100) overdrawn** *[person]* mieć saldo debetowe (w wysokości 100 funtów); **your account is £100 overdrawn** stan pana konta jest przekroczony o 100 funtów [2] Literat (exaggerate) przerysow|ać -ywać *[character, plot]*
II overdrawn *pp adj* [1] Fin *[account]* przekroczony [2] Literat *[character]* przerysowany
overdress /ˌəʊvəˈdres/ **I** *vt* wy|stroić (przesadnie)
II *vi* wy|stroić się (przesadnie)
overdrew /ˌəʊvəˈdruː/ *pt* → **overdraw**
overdrive /ˈəʊvədraɪv/ *n* [1] Aut nadbieg *m*, multiplikator *m* prędkości; **in ~** na nadbiegu; **to go into ~** wrzucić nadbieg [2] fig **to be in/go into ~** działać na najwyższych obrotach/wejść na nawyższe obroty fig
overdue /ˌəʊvəˈdjuː, US -ˈduː/ *adj [plane, train, work]* opóźniony; *[bill]* zaległy; *[cheque]* przeterminowany; *[library book]* nie zwrócony w terminie; **to be ~** *[person, bus, train]* spóźniać się; *[change, reform]* opóźniać się; **the mother/the baby is two weeks ~** termin porodu upłynął dwa tygodnie temu; **the car is ~ for a service** minął już termin przeglądu samochodu; **this measure is long ~** już dawno należało zastosować ten środek
overeager /ˌəʊvəˈiːgə(r)/ *adj [person]* nadgorliwy
over easy *adj* US *[egg]* smażony z dwóch stron
overeat /ˌəʊvərˈiːt/ *vi* (*pt* **overate;** *pp* **overeaten)** przej|eść, -adać się
overeating /ˌəʊvərˈiːtɪŋ/ *n* przejadanie się *n*
overemphasize /ˌəʊvərˈemfəsaɪz/ *vt* wyolbrzymi|ć, -ać *[aspect, fact]*; przeceni|ć, -ać *[importance]*; **I cannot ~ how vital it is** muszę z całym naciskiem podkreślić wagę sprawy
overemployment /ˌəʊvərɪmˈplɔɪmənt/ *n* przerost *m* zatrudnienia, nadmierne zatrudnienie *n*
overenthusiastic /ˌəʊvərɪnˌθjuːzɪˈæstɪk, US -ˌθuː-/ *adj* przesadnie entuzjastyczny; **to be ~ in doing sth** nie zachowywać umiaru w robieniu czegoś
overenthusiastically /ˌəʊvərɪnˌθjuːzɪˈæstɪklɪ, US -ˌθuː-/ *adv* z nadmiernym zapałem
overestimate **I** /ˌəʊvərˈestɪmət/ *n* (assessment) wygórowana ocena *f*; (of building project, car repairs) zawyżony kosztorys *m*
II *vt* przeceni|ć, -ać *[capabilities, person]*; zbyt wysoko oszacować *[amount]*
overexcite /ˌəʊvərɪkˈsaɪt/ *vt* nadmiernie podniec|ić, -ać
overexcited /ˌəʊvərɪkˈsaɪtɪd/ *adj* zbyt podniecony; *[child]* zbyt ożywiony; **don't get ~** nie podniecaj się tak bardzo
overexcitement /ˌəʊvərɪkˈsaɪtmənt/ *n* nadmierne podniecenie *n*
overexert /ˌəʊvərɪgˈzɜːt/ **I** *vt* nadweręż|yć, -ać
II *vr* **to ~ oneself** przemęcz|yć, -ać się
overexertion /ˌəʊvərɪgˈzɜːʃn/ *n* nadmierny wysiłek *m*
overexpose /ˌəʊvərɪkˈspəʊz/ *vt* [1] Phot prześwietl|ić, -ać [2] Cin, TV **she's been ~d** *[entertainer, politician]* zbyt często pokazują ją w mediach
overexposure /ˌəʊvərɪkˈspəʊʒə(r)/ *n* [1] Phot prześwietlenie *n* [2] Cin, TV nadmierne eksponowanie *n* or nagłośnienie *n* w mediach; **this issue is suffering from ~** ta sprawa ucierpiała przez nadmierne eksponowanie w mediach
overfeed /ˌəʊvəˈfiːd/ *vt* (*pt, pp* **-fed)** przekarmi|ć, -ać *[child, pet]*; nadmiernie nawozić *[plant]*
overfeeding /ˌəʊvəˈfiːdɪŋ/ *n* (of baby, animal) przekarmienie *n*; (of plant) nadmierne nawożenie *n*
overfill /ˌəʊvəˈfɪl/ *vt* przepełni|ć, -ać
overfish /ˌəʊvəˈfɪʃ/ **I** *vt* nadmiernie poławiać ryby w (czymś), nadmiernie eksploatować *[river, sea]*
II *vi* prowadzić zbyt intensywne połowy
overfishing /ˌəʊvəˈfɪʃɪŋ/ *n* zbyt intensywne połowy *m pl*
overflow **I** /ˈəʊvəfləʊ/ *n* [1] (surplus) nadmiar *m*; (of students, spectators, passengers) nadkomplet *m*; **our school takes in the ~ from other areas** nasza szkoła przyjmuje nadmiar uczniów z innych szkół [2] (also **~ pipe)** (from bath, sink, dam) przelew *m* [3] (spillage) (action) wylew *m*; (liquid spilt) nadmiar *m* cieczy [4] Comput przepełnienie *n*, nadmiar *m*
II /ˌəʊvəˈfləʊ/ *vt [river]* zal|ać, -ewać *[land]*; przel|ać, -ewać się przez (coś), wyst|ąpić, -ępować z (czegoś) *[banks]*; *[crowd]* przepełni|ć, -ać; wyl|ać, -ewać się z (czegoś) fig *[stadium, theatre]*
III /ˌəʊvəˈfləʊ/ *vi [bath, basin, water]* przel|ać, -ewać się; *[river]* wyl|ać, -ewać się **(into sth/onto sth** do czegoś/na coś); *[crowd, refugees]* wyl|ać, -ewać się fig; *[room, house]* przepełn|ić, -ać się; **the crowd ~ed into the streets** tłum wylał się na ulice; **the washing machine is ~ing** z pralki leje się woda; **to be full to ~ing** *[bath, bowl]* przelewać się; *[room, theatre]* pękać w szwach fig; **to ~ with sth** fig być przepełnionym czymś *[gratitude, love]*
IV overflowing /ˌəʊvəˈfləʊɪŋ/ *prp adj [school, prison, dustbin]* przepełniony; *[bath]* przelewający się
overflow car park GB *n* parking *m* rezerwowy
overflow parking lot *n* US = **overflow car park**
overfly /ˌəʊvəˈflaɪ/ *vt* (*pt* **-flew;** *pp* **-flown)** przel|ecieć, -atywać nad (czymś)
overfull /ˌəʊvəˈfʊl/ *adj* przepełniony
overgenerous /ˌəʊvəˈdʒenərəs/ *adj [person]* zbyt hojny; *[amount, dose]* nadmierny; **not ~** *[person]* niezbyt hojny; *[amount]* niezbyt duży
overgrown /ˌəʊvəˈgrəʊn/ *adj* [1] (covered in weeds) zarośnięty **(with sth** czymś) [2] (big) wyrośnięty; **to behave like an ~ schoolboy** zachowywać się jak duże dziecko
overhand /ˈəʊvəhænd/ *adj, adv* US *[throw, serve]* znad głowy, z góry
overhang **I** /ˈəʊvəhæŋ/ *n* [1] (architectural structure) występ *m*; (of roof) okap *m*; (of cliff) przewieszka *f*; (of tablecloth, bedcover) zwisający brzeg *m* [2] Fin nadwyżka *f*
II /ˌəʊvəˈhæŋ/ *vt* (*pt, pp* **overhung)** *[branch]* zwisać, zwieszać się nad (czymś); *[ledge, cliff]* zwieszać się nad (czymś)
III /ˌəʊvəˈhæŋ/ *vi* (*pt, pp* **overhung)** *[branch]* zwisać, zwieszać się; *[ledge, cliff]* wystawać

O

overhanging /ˌəʊvəˈhæŋɪŋ/ *adj [ledge, cliff, rock]* przewieszony; *[branch]* zwieszający się, zwisający; *[balcony]* wysunięty

overhaul **I** /ˈəʊvəhɔːl/ *n* [1] (of machine) (examination) przegląd *m*; (repair) naprawa *f*; (major) remont *m* kapitalny [2] fig (of system) restrukturyzacja *f*; (of person) infml hum badanie *n*
II /ˌəʊvəˈhɔːl/ *vt* [1] (examine) przeprowadz|ić, -ać przegląd (czegoś); (make repairs to) dokon|ać, -ywać remontu kapitalnego (czegoś) *[engine, car]*; naprawi|ć, -ać *[roof]*; fig z|restrukturyzować *[system, procedure]* [2] (overtake) wyprzedz|ić, -ać; (catch up with) dog|onić, -aniać *[rival, ship, vehicle]*

overhead /ˈəʊvəhed/ **I** *n* US koszty *m pl* ogólne
II overheads *npl* GB koszty *m pl* ogólne
III /ˈəʊvəhed/ *adj* [1] Fin **~ charges** or **costs** or **expenses** koszty ogólne [2] *[cable, railway]* napowietrzny; *[lighting]* górny [3] Sport *[stroke]* znad głowy
IV /ˌəʊvəˈhed/ *adv* (in the sky) w górze; (above the head) nad głową, w górze; **to hold sth ~** trzymać coś nad głową or w górze

overhead camshaft *n* górny wał *m* rozrządu

overheaded price *n* Fin cena *f* ryczałtowa

overhead light *n* górne światło *n*

overhead locker *n* Aviat schowek *m* bagażowy

overhead luggage rack *n* Rail półka *f* na bagaż

overhead projector, OHP *n* rzutnik *m*

overhead valve *n* Aut górny zawór *m*

overhear /ˌəʊvəˈhɪə(r)/ **I** *vt* (*pt, pp* **-heard**) u|słyszeć, przypadkiem podsłuchać; **I overheard a conversation between...** przypadkiem usłyszałem rozmowę między...
II overheard *pp adj [remark, conversation]* przypadkiem usłyszany, podsłuchany

overheat /ˌəʊvəˈhiːt/ **I** *vt* zbytnio podgrz|ać, -ewać *[sauce, oven]*; zbytnio ogrz|ać, -ewać *[room, building]*; przegrz|ać, -ewać *[child, economy, engine]*
II *vi [car, equipment, child, economy]* przegrz|ać, -ewać się; *[oven, furnace]* zbytnio się rozgrzać

overheated /ˌəʊvəˈhiːtɪd/ *adj [argument, debate]* bardzo gorący; *[person]* rozgorączkowany; *[imagination]* rozpalony; *[child, room, economy, engine]* przegrzany; **things got a bit ~** (at the meeting) zrobiło się gorąco fig

overheating /ˌəʊvəˈhiːtɪŋ/ *n* przegrzanie *n*

overhung /ˌəʊvəˈhʌŋ/ *pt, pp* → **overhang**

overindulge /ˌəʊvərɪnˈdʌldʒ/ **I** *vt* nadmiernie dog|odzić, -adzać (komuś/czemuś), rozpie|ścić, -szczać; rozpu|ścić, -szczać *[child, pet]*; **~d child** rozpieszczone dziecko
II *vi* nadmiernie dog|odzić, -adzać sobie; **to ~ in sth** pozwalać sobie na zbyt dużo czegoś *[food, drink, cigars]*

overindulgence /ˌəʊvərɪnˈdʌldʒəns/ *n* [1] (excess) nadużywanie *n* **(in sth** czegoś); niepowściągliwość *f* **(in sth** w czymś) [2] (partiality) zbytnia pobłażliwość *f* **(towards sb/sth** wobec kogoś/czegoś)

overindulgent /ˌəʊvərɪnˈdʌldʒənt/ *adj* nazbyt pobłażliwy **(to sb/sth** dla kogoś /czegoś) **(towards sb/sth** wobec kogoś /czegoś)

overinvest /ˌəʊvərɪnˈvest/ *vi* nadmiernie za|inwestować **(in sth** w coś)

overjoyed /ˌəʊvəˈdʒɔɪd/ *adj [person]* niezmiernie uradowany; **to be ~ at sth** ogromnie ucieszyć się z czegoś; **I was ~ to hear that...** nie posiadałem się z radości, kiedy usłyszałem, że...; **I was ~ that she had returned** jej powrót przepełnił mnie uczuciem radości; **she wasn't exactly ~ (about it)** nie była (tym) specjalnie zachwycona

overkill /ˈəʊvəkɪl/ *n* [1] Mil nadwyżka *f* środków bojowych [2] fig (going beyond limits) przesada *f*; **advertising/media ~** natarczywość reklam/mediów

overland /ˈəʊvəlænd/ **I** *adj [route, journey]* lądowy; *[cables]* naziemny
II *adv [travel, go]* lądem, drogą lądową

overlap **I** /ˈəʊvəlæp/ *n* [1] (of organizations, services, activities) częściowe pokrywanie się *n*; (undesirable) kolizja *f* fig; **an ~ between the public and private sectors** częściowe pokrywanie się sektora publicznego i prywatnego [2] Tech (in sewing) zakładka *f*
II /ˌəʊvəˈlæp/ *vt* (*prp, pt, pp* **-pp-**) (partly cover) *[boards, planks]* za|jść, -chodzić na (coś); **the tiles ~ (each other)** płytki zachodzą or nakładają się na siebie
III /ˌəʊvəˈlæp/ *vi* (*prp, pt, pp* **-pp-**) [1] *[materials, edges]* zachodzić na siebie, nakładać się na siebie [2] fig *[organization, service, sector, system]* pokrywać się częściowo **(with sth** z czymś); *[activity, events]* na|łożyć, -kładać się **(with sth** z czymś); (undesirably) kolidować **(with sth** z czymś)
IV overlapping /ˌəʊvəˈlæpɪŋ/ *prp adj* [1] *[edges, scales]* zachodzący (na siebie) [2] fig *[organizations, services, systems, activities]* pokrywający się; *[events]* zbiegający się w czasie

overlay **I** /ˈəʊvəleɪ/ *n* [1] (clear sheet) nakładka *f* przezroczysta *(na mapę, diagram)* [2] (decoration) powłoka *f*, pokrycie *n*; **a gold** or **gilt ~** pozłota [3] fig (layer) fasada *f* fig
II /ˌəʊvəˈleɪ/ *vt* (*pt, pp* **overlaid**) pokry|ć, -wać **(with sth** czymś); **wood overlaid with gold** drewno pokryte warstwą złota

overleaf /ˌəʊvəˈliːf/ *adv* na odwrocie (strony); **see ~** patrz na odwrocie

overlie /ˌəʊvəˈlaɪ/ *vt* (*pt* **-lay**; *pp* **-lain**) [1] (lie upon) przykry|ć, -wać [2] (kill) zadusić własnym ciężarem *[baby, newborn animal]*

overload **I** /ˈəʊvələʊd/ *n* [1] Civ Eng, Electron przeciążenie *n* [2] fig przeładowanie *n*; **information ~** nadmiar informacji
II /ˌəʊvəˈləʊd/ *vt* przeładow|ać, -ywać *[vehicle, washing machine]* **(with sth** czymś); przeciąż|yć, -ać *[transport system, person, circuit]* **(with sth** czymś)
III overloaded *pp adj [boat, system]* przeciążony; *[market, washing machine]* przeładowany; **he's ~ed with work** jest przeciążony pracą

overlong /ˌəʊvəˈlɒŋ/ **I** *adj* zbyt długi
II *adv* zbyt długo

overlook /ˌəʊvəˈlʊk/ *vt* [1] (have a view of) *[window, room]* wychodzić na (coś); *[building, hill]* górować or wznosić się nad (czymś); **we ~ the sea from the balcony** z naszego balkonu mamy widok na morze [2] (miss) przeoczyć *[detail, error]*; **to ~ the fact that...** nie zauważyć, że... [3] (ignore) przym|knąć, -ykać oczy na (coś) *[offence, bad behaviour, mistake, fault]*; pomi|nąć, -jać *[candidate, person]*; nie dostrze|c, -gać (czegoś) *[risk, problem, need, fact]*

overlord /ˈəʊvəlɔːd/ *n* suweren *m*, władca *m* udzielny; **a feudal ~** suzeren

overly /ˈəʊvəlɪ/ *adv* zbyt, nazbyt

overmanned /ˌəʊvəˈmænd/ *adj [factory, office]* zatrudniający zbyt dużo pracowników

overmanning /ˌəʊvəˈmænɪŋ/ *n* przerost *m* zatrudnienia

overmantel /ˈəʊvəmæntl/ *n* (shelf) półka *f* nad kominkiem; (ornament) ozdoba *f* nad kominkiem

overmedicalization /ˌəʊvəˌmedɪkəlaɪˈzeɪʃn/ *n* nadmierne stosowanie *n* środków farmakologicznych

overmedicalize /ˌəʊvəˈmedɪkəlaɪz/ *vt* **to ~ an issue** niepotrzebnie traktować jakieś zagadnienie w kategoriach medycznych

overmuch /ˌəʊvəˈmʌtʃ/ **I** *adj* nadmierny, zbytni
II *adv* nadmiernie, zbytnio; **I do not like him ~** niezbyt go lubię; **to have eaten /drunk ~** zjeść/wypić zbyt dużo

overnight **I** /ˈəʊvənaɪt/ *adj* [1] (night-time) *[journey, train, crossing, flight, clothes]* nocny; *[guest]* nocujący; *[rain, party]* całonocny; **~ stay** or **stop** nocleg; **to make an ~ stop** zatrzymać się na noc [2] fig (rapid) *[success, victory, result]* natychmiastowy; *[change]* nagły
II /ˌəʊvəˈnaɪt/ *adv* [1] (in the night) nocą, w nocy; (for the night) na noc; *[drive]* całą noc; *[stop]* na noc; *[keep]* przez noc; **to stay ~** zostać na noc, zanocować [2] fig (rapidly) z dnia na dzień
III /ˌəʊvəˈnaɪt/ *vi* (spend the night) prze|nocować; (travel overnight) podróżować nocą

overnight bag *n* (niewielka) torba *f* podróżna

over-optimistic /ˌəʊvərɒptɪˈmɪstɪk/ *adj* zbyt optymistyczny

overpaid /ˌəʊvəˈpeɪd/ *adj [tax]* nadpłacony; *[person]* zbyt wysoko opłacany; **to be ~** *[person]* otrzymywać zbyt wysokie wynagrodzenie

overparticular /ˌəʊvəpəˈtɪkjʊlə(r)/ *adj* [1] (fussy) zbyt drobiazgowy [2] (concerned) **to be ~ about sth** zbytnio troszczyć się o coś; **he's not ~ about his reputation** (on) niezbyt dba o swoją reputację; **I'm not ~** wszystko mi jedno

overpass /ˈəʊvəpɑːs, US -pæs/ *n* [1] (for cars) estakada *f* [2] (footbridge) kładka *f* dla pieszych

overpay /ˌəʊvəˈpeɪ/ *vt* (*pt, pp* **overpaid**) wy|płacić zbyt wysokie wynagrodzenie (komuś) *[employee]*; **I was overpaid by £500** zapłacono mi o 500 funtów za dużo

overpayment /ˌəʊvəˈpeɪmənt/ *n* (payment in excess) przepłacenie *n*; (amount) nadpłata *f*

overplay /ˌəʊvəˈpleɪ/ *vt* [1] (exaggerate) wyolbrzymi|ć, -ać *[benefits, problem, situation]* [2] (overact) przeszarżować *[role, part]*
IDIOMS: **to ~ one's hand** przeszarżować

overpopulated /ˌəʊvəˈpɒpjʊleɪtɪd/ *adj* przeludniony

overpopulation /ˌəʊvəpɒpjʊˈleɪʃn/ *n* przeludnienie *n*

overpower /ˌəʊvəˈpaʊə(r)/ *vt* [1] (render helpless) obezwładni|ć, -ać *[thief, guard]*; zwycięż|yć, -ać *[army, nation]* [2] Sport pokon|ać, -ywać *[rival]* [3] fig *[feeling]* ogarn|ąć, -iać, owładnąć (kimś) *[person]*; *[heat]* obezwładni|ć, -ać; *[smell]* dławić

overpowering /ˌəʊvəˈpaʊərɪŋ/ *adj [person, beauty]* zniewalający; *[personality]* dominujący; *[desire, urge, feeling, strength]* przemożny; *[heat, smell]* nieznośny

overpraise /ˌəʊvəˈpreɪz/ *vt* przechwal|ić, -ać, wychwalać przesadnie *[person, achievement]*

overprescribe /ˌəʊvəprɪˈskraɪb/ **I** *vt [doctor]* przepis|ać, -ywać w nadmiernych ilościach *[drugs]*

II *vi* przepis|ać, -ywać lekarstwa w nadmiernych ilościach

overprice /ˌəʊvəˈpraɪs/ *vt* ustal|ić, -ać zbyt wysokie ceny na (coś) *[goods, services]*

overpriced /ˌəʊvəˈpraɪst/ *adj [product]* zbyt drogi; **~ market** Fin, Econ rynek o zawyżonych cenach

overprint Print **I** /ˈəʊvəprɪnt/ *n* nadruk *m*

II /ˌəʊvəˈprɪnt/ *vt* [1] (add) nadrukow|ać, -ywać *[additions, stamp]* **(with sth** czymś); **~ed in red** nadrukowany na czerwono [2] (cover up) zadrukow|ać, -ywać *[error]*

III /ˌəʊvəˈprɪnt/ *vi* (print too much) wy|drukować w nadmiarze

overproduce /ˌəʊvəprəˈdjuːs, US -duːs/ **I** *vt* wy|produkować w nadmiarze

II *vi* produkować w nadmiarze

overproduction /ˌəʊvəprəˈdʌkʃn/ *n* nadprodukcja *f*

overprotect /ˌəʊvəprəˈtekt/ *vt [parent]* być nadopiekuńczym w stosunku do (kogoś) *[child]*; nadmiernie chronić *[interests]*

overprotective /ˌəʊvəprəˈtektɪv/ *adj [attitude, feelings, parent]* nadopiekuńczy **(of** or **towards sb** w stosunku do kogoś)

overqualified /ˌəʊvəˈkwɒlɪfaɪd/ *adj [person]* o zbyt wysokich kwalifikacjach; **to be ~** mieć zbyt wysokie kwalifikacje

overran /ˌəʊvəˈræn/ *pt* → **overrun II, III**

overrate /ˌəʊvəˈreɪt/ *vt* przeceni|ć, -ać *[person, ability, value]*; przereklamow|ać, -ywać *[film]*

overrated /ˌəʊvəˈreɪtɪd/ *adj [work, film]* przereklamowany; *[poet, value]* przeceniany

overreach /ˌəʊvəˈriːtʃ/ *vr* **to ~ oneself** przeliczyć się z własnymi siłami

overreact /ˌəʊvərɪˈækt/ *vi* za|reagować zbyt mocno **(to sth** na coś)

overreaction /ˌəʊvərɪˈækʃn/ *n* zbyt silna reakcja *f* **(by sb** ze strony kogoś) **(to sth** na coś)

overreliance /ˌəʊvərɪˈlaɪəns/ *n* zbytnie poleganie *n* **(on sb/sth** na kimś/czymś)

override **I** *n* (mechanism) sterowanie *n* ręczne; (action) przełączenie *n* na sterowanie ręczne; **to put sth on ~** przestawić coś na ręczne sterowanie

II *modif* **~ facility/mechanism** funkcja /mechanizm ręcznego sterowania

III /ˌəʊvəˈraɪd/ *vt* (*pt* **-rode;** *pp* **-ridden)** [1] (disregard) z|lekceważyć, nie uwzględni|ć, -ać (czegoś) *[opinion, consideration]* [2] (take precedence over) być ważniejszym od (czegoś) *[decision, desire, theory]* [3] (cancel) uchyl|ić, -ać *[order, law]* [4] (control) przełącz|yć, -ać na sterowanie ręczne *[machine]*

overrider /ˌəʊvəˈraɪdə(r)/ *n* GB Aut odbojnik *m*

overriding /ˌəʊvəˈraɪdɪŋ/ *adj* nadrzędny

overriding commission *n* Fin dodatkowa prowizja *f*

overripe /ˌəʊvəˈraɪp/ *adj [fruit, cheese]* przejrzały

overrule /ˌəʊvəˈruːl/ *vt* odrzuc|ić, -ać *[plan, vote, claim]*; uchyl|ić, -ać decyzję (kogoś /czegoś) *[person, committee]*; uchyl|ić, -ać *[judgement, objection]*; unieważni|ć, -ać, anulować *[decision]*

overrun **I** /ˈəʊvərʌn/ *n* Fin przekroczenie *n* *[costs, time]*; **an ~ of 15% on the project** przekroczenie o 15% zakładanych kosztów projektu; **cost ~** przekroczenie budżetu

II /ˌəʊvəˈrʌn/ *vt* (*prp* **-nn-;** *pt* **overran;** *pp* **overrun)** [1] (invade) naje|chać, -żdżać na (coś) *[country]*; opanow|ać, -ywać *[site, building]*; **to be overrun with sb** zostać opanowanym przez kogoś; **to be overrun with sth** roić się od czegoś *[rats, cockroaches]*; być zarośniętym czymś *[weeds]* [2] (exceed) przekr|oczyć, -aczać *[time, budget, line]*; **the lecturer overran his time by an hour** prelegent przedłużył swoje wystąpienie o godzinę [3] Rail, Aviat (overshoot) przeje|chać, -żdżać poza (coś) *[platform, runway]*

III /ˌəʊvəˈrʌn/ *vi* (*prp* **-nn-;** *pt* **overran;** *pp* **overrun)** *[lecture, programme, activity]* przedłuż|yć, -ać się, przeciąg|nąć, -ać się **(by sth** o coś)

overseas /ˌəʊvəˈsiːz/ **I** *adj* [1] (from abroad) *[student, visitor, investor, company]* zagraniczny [2] (in or to other countries) *[travel, investment]* zagraniczny, międzynarodowy; *[trade, market]* zagraniczny; **~ aid** pomoc zagraniczna; **an ~ call** rozmowa międzynarodowa

II *adv* (abroad) *[work, retire]* za granicą; (across the sea) za morzem; (across the Channel) na kontynencie; **from ~** z zagranicy

Overseas Development Administration, ODA *n* GB *organizacja do spraw pomocy krajom rozwijającym się*

oversee /ˌəʊvəˈsiː/ *vt* (*pt* **-saw;** *pp* **-seen)** nadzorować *[work, project, workers]*

overseer /ˈəʊvəsiːə(r)/ *n* (of work, workers, convicts) nadzor|ca *m*, -czyni *f*

oversell /ˌəʊvəˈsel/ **I** *vt* (*pt, pp* **oversold)** [1] Econ, Fin (sell aggressively) za|stosować agresywne metody sprzedaży (czegoś); (sell beyond means of delivery) sprzeda|ć, -wać ponad posiadany zapas; **the flight had been oversold** na ten samolot sprzedano więcej biletów, niż było miejsc [2] (exaggerate the merits of) wyolbrzymi|ć, -ać zalety (czegoś), przechwal|ić, -ać *[idea, plan, job]*

II *vr* **to ~ oneself** przechwalać się, wyolbrzymiać swoje zalety

oversensitive /ˌəʊvəˈsensɪtɪv/ *adj [person]* przewrażliwiony, nadwrażliwy; *[attitude, approach]* niezwykle delikatny; **to be ~ about public opinion** być przewrażliwionym na punkcie opinii publicznej

oversew /ˈəʊvəsəʊ/ *vt* (*pt* **-sewed;** *pp* **-sewn)** z|szyć, -szywać na okrętkę

oversexed /ˌəʊvəˈsekst/ *adj* infml pej niewyżyty seksualnie pej

overshadow /ˌəʊvəˈʃædəʊ/ *vt* [1] (cast a shadow over) *[trees, mountains]* zacieni|ć, -ać *[valley, garden]* [2] (make insignificant) *[mountains, building]* górować nad (czymś) *[valley, building]*; usu|nąć, -wać w cień *[achievement, problem, person]*; **she has always been ~ed by her sister** (ona) zawsze pozostaje w cieniu swojej siostry [3] (spoil) *[death, news, war]* położyć się cieniem na (czymś), kłaść się cieniem na (czymś) *[celebration]*

overshoe /ˈəʊvəʃuː/ *n* (rubber) kalosz *m* *(wkładany na obuwie)*

overshoot /ˌəʊvəˈʃuːt/ *vt* (*pt, pp* **-shot)** [1] (pass over) minąć, przejechać poza (coś) *[runway, station, junction]*; przejechać *[traffic lights]* [2] (miss) *[person]* nie trafi|ć, -ać do (czegoś) *[target]*; *[rocket]* mi|nąć, -jać *[target]*

IDIOMS: **to ~ the mark** przeholować

oversight /ˈəʊvəsaɪt/ *n* [1] (omission) przeoczenie *n*; (criticized) niedopatrzenie *n*; **due to an ~, through an ~** przez niedopatrzenie, z powodu niedopatrzenia [2] (supervision) nadzór *m*

oversimplification /ˌəʊvəˌsɪmplɪfɪˈkeɪʃn/ *n* zbytnie uproszczenie *n*; **it is an ~ to say that...** byłoby zbytnim uproszczeniem powiedzieć, że...

oversimplify /ˌəʊvəˈsɪmplɪfaɪ/ **I** *vt* zbytnio upr|ościć, -aszczać

II **oversimplified** *pp adj* zbytnio uproszczony, zbyt prosty

oversize(d) /ˈəʊvəsaɪz(d)/ *adj* [1] (very big) ogromny; (too big) *[shirt, boots, sweater]* za duży [2] *[book]* dużego formatu

oversleep /ˌəʊvəˈsliːp/ *vi* (*pt, pp* **-slept)** zaspać

oversold /ˌəʊvəˈsəʊld/ *adj* Fin *[market]* nasycony

overspend **I** /ˈəʊvəspend/ *n* (in public spending) (action) przekroczenie *n* budżetu; (amount) deficyt *m* budżetowy

II /ˌəʊvəˈspend/ *vt* (*pt, pp* **-spent)** przekr|oczyć, -aczać *[budget, income]*

III /ˌəʊvəˈspend/ *vi* (*pt, pp* **-spent)** *[person]* wyda|ć, -wać zbyt dużo; *[government, council]* przekr|oczyć, -aczać budżet; **they've overspent by £500** wydali o 500 funtów za dużo

overspending /ˌəʊvəˈspendɪŋ/ **I** *n* zbyt duże wydatki *m pl*; Fin, Admin przekroczenie *n* budżetu

II *adj [council]* rozrzutny

overspill /ˈəʊvəspɪl/ **I** *n* (population) nadwyżka *f* ludności *(przenosząca się z przeludnionego miasta na peryferie)*; (movement) odpływ *m* ludności *(z przeludnionego miasta na peryferie)*

II *modif* **an ~ (housing) development** or **estate** osiedle na peryferiach miasta; **~ population** nadwyżka ludności; **an ~ town** miasto satelita

overstaffed /ˌəʊvəˈstɑːft, US -ˈstæft/ *adj [company]* zatrudniający zbyt wielu pracowników; **the section was ~** personel tego działu był zbyt liczny

overstaffing /ˌəʊvəˈstɑːfɪŋ, US -ˈstæfɪŋ/ *n* przerost *m* zatrudnienia

overstate /ˌəʊvəˈsteɪt/ *vt* przeceni|ć, -ać, wyolbrzymi|ć, -ać *[problem, matter]*; Fin zawyż|yć, -ać *[liabilities, costs]*; **to ~ the case** przesadzać; **the importance of this new product cannot be ~d** nie sposób przecenić znaczenia tego nowego produktu

overstatement /ˌəʊvəˈsteɪtmənt/ *n* przesada *f*; ~ **of sth** wyolbrzymienie czegoś
overstay /ˌəʊvəˈsteɪ/ *vt* przedłuż|yć, -ać *[visit]*; **to ~ one's welcome** nadużyć gościnności; **to ~ one's visa** przekroczyć termin ważności wizy
overstayer /ˌəʊvəˈsteɪə(r)/ *n* obcokrajowiec *m* z nieważną wizą
oversteer /ˌəʊvəˈstɪə(r)/ *vi [vehicle]* być nadsterownym; *[driver]* zbyt ostro skręc|ić, -ać
overstep /ˌəʊvəˈstep/ *vt* (*prp, pt, pp* **-pp-**) przekr|oczyć, -aczać *[bounds, limits]*; **to ~ the mark** or **the line** przekroczyć dopuszczalne granice; **to ~ one's authority** przekroczyć swoje kompetencje
overstock /ˌəʊvəˈstɒk/ **I** *vt* **to ~ a shop with sth** mieć w sklepie nadmierne zapasy czegoś; **to ~ a farm with animals** umieścić zbyt wiele zwierząt w zagrodzie
II *vi* (about shop) sprowadz|ić, -ać zbyt wielką ilość towaru
overstocked /ˌəʊvəˈstɒkt/ *adj [shop, market]* zawalony towarem or towarami infml; *[farm]* przeciążony inwentarzem
overstrain /ˌəʊvəˈstreɪn/ **I** *vt* przemęcz|yć, -ać *[heart]*; zamęcz|yć, -ać *[animal]*; nadmiernie eksploatować *[resources, reserves]*; przeciąż|yć, -ać *[metal, construction]*
II *vr* **to ~ oneself** przemęczać się
overstress /ˌəʊvəˈstres/ *vt* zbytnio za|akcentować *[syllable, fact]*
overstressed /ˌəʊvəˈstrest/ *adj [person]* zestresowany
overstretched /ˌəʊvəˈstretʃt/ *adj [budget]* nadmiernie napięty; *[resources]* na wyczerpaniu; *[system]* przeciążony; **she is ~** jest zbytnio obciążona (pracą)
overstrung /ˌəʊvəˈstrʌŋ/ *adj* **~ piano** fortepian o krzyżowym układzie strun
overstuffed /ˌəʊvəˈstʌft/ *adj [sofa, armchair]* wyściełany
oversubscribed /ˌəʊvəsəbˈskraɪbd/ *adj* **the concert/the flight was ~** było więcej chętnych niż biletów na koncert/niż miejsc w samolocie; **the share issue was three times ~** zainteresowanie akcjami trzykrotnie przekroczyło ofertę
overt /ˈəʊvɜːt, US əʊˈvɜːrt/ *adj [hostility, animosity, act]* jawny; *[sign, aim, difference]* wyraźny
overtake /ˌəʊvəˈteɪk/ (*pt* **-took;** *pp* **-taken**) **I** *vt* [1] (pass) *[vehicle, person]* wyprzedz|ić, -ać [2] (catch up with) zrówn|ać, -ywać się z (kimś/czymś) [3] fig (come upon) *[disaster, misfortune]* spa|ść, -dać na (coś /kogoś) *[project, country, person]*; *[storm, events, change]* zask|oczyć, -akiwać *[person]*; *[fear, surprise]* ogarn|ąć, -iać *[person]*; **he was overtaken by** or **with fear** ogarnął go strach; **utter weariness overtook me** ogarnęło mnie ogromne zmęczenie; **events have overtaken us** wszystko potoczyło się tak szybko [4] fig (take the lead over) wyprzedz|ić, -ać *[team, economy]*; przewyższ|yć, -ać *[sales]* [5] (supplant) *[problem, question]* ust|ąpić, -ępować miejsca (czemuś); **his fear was overtaken by embarrassment** strach ustąpił miejsca zażenowaniu
II *vi* GB *[vehicle, person]* wyprzedz|ić, -ać; **'no overtaking'** „zakaz wyprzedzania"
overtax /ˌəʊvəˈtæks/ **I** *vt* [1] (strain) wyczerp|ać, -ywać *[person, patience]*; nadweręż|yć, -ać *[heart, strength]* [2] Fin, Adm obciąż|yć, -ać nadmiernymi podatkami *[person]*; nadmiernie opodatkow|ać, -ywać *[goods]*
II *vr* **to ~ oneself** przeforsować się
over-the-counter /ˌəʊvəðəˈkaʊntə(r)/ **I** *adj* [1] *[medicines]* (sprzedawany) bez recepty [2] Fin *[sale]* pozagiełdowy, w wolnym obrocie
II *adv* **to sell medicines over the counter** sprzedawać lekarstwa bez recepty
over-the-top, OTT /ˌəʊvəðəˈtɒp/ *adj* infml [1] skrajny [2] **to go over the top** (with anger) wściec się infml (**about sth** z powodu czegoś); (overreact) przesadzić (**about sth** z czymś); **to go over the top with one's hairstyle** zrobić sobie dziwaczną fryzurę
overthrow **I** /ˈəʊvəθrəʊ/ *n* Pol obalenie *n* (**of sth** czegoś)
II /ˌəʊvəˈθrəʊ/ *vt* (*pt* **-threw;** *pp* **-thrown**) obal|ić, -ać *[government, system]*; z|burzyć fig *[values, standards]*
overtime /ˈəʊvətaɪm/ **I** *n* [1] (extra hours) nadgodziny *f pl*; **to put in** or **do ~** pracować w nadgodzinach [2] (also **~ pay**) (extra pay) zapłata *f* za nadgodziny; **to earn £50 in ~** zarabiać dodatkowe 50 funtów za nadgodziny [3] US Sport (prolongation) dogrywka *f*; **to play ~** rozegrać dogrywkę
II *adv* **to work ~** *[person]* pracować w nadgodzinach; fig pracować bez wytchnienia; *[imagination]* pracować bez ustanku
overtime ban *n* odmowa *f* pracy w godzinach nadliczbowych
overtime rate *n* stawka *f* za nadgodziny
overtired /ˌəʊvəˈtaɪəd/ *adj* przemęczony
overtly /ˈəʊvɜːtlɪ, US əʊˈvɜːtlɪ/ *adv* jawnie, otwarcie
overtone /ˈəʊvətəʊn/ *n* [1] (nuance) (political, racial) podtekst *m*, wydźwięk *m*; (in letter, voice) nuta *f* (**of sth** czegoś) *[despair, anger]*; **political ~s** podteksty polityczne; **~s of despair** nuta rozpaczy [2] (similarity) **to have ~s of Proust** przypominać Prousta [3] Mus dźwięk *m* harmoniczny
overtrick /ˈəʊvətrɪk/ *n* (in bridge) nadróbka *f*
overtrump /ˌəʊvəˈtrʌmp/ *vt* (in cards) przebi|ć, -jać
overture /ˈəʊvətjʊə(r)/ *n* [1] Mus uwertura *f* (**to sth** do czegoś) [2] (approach) (social) pierwszy krok *m* (**to sth** do czegoś); (business) propozycja *f* (rozmów); **an ~ of peace/a peace ~** inicjatywa pokojowa; **to make friendly ~s** zrobić przyjazny gest; **romantic ~s** miłosne podchody
overturn /ˌəʊvəˈtɜːn/ **I** *vt* [1] (roll over) wywr|ócić, -acać, przewr|ócić, -acać *[car, chair, boat]* [2] (reverse) unieważni|ć, -ać *[decision, sentence]*; obal|ić, -ać *[judgement, ruling]*; **the Labour candidate ~ed the Tory majority** wybór kandydata laburzystowskiego spowodował utratę większości parlamentarnej przez torysów
II *vi [boat, car, chair]* wywr|ócić, -acać się
overuse **I** /ˌəʊvəˈjuːs/ *n* [1] (of word, product) nadużywanie *n* [2] (of machine, facility) zbyt częste użytkowanie *n*; **to be worn through ~** zniszczyć się z powodu zbyt częstego użytkowania
II /ˌəʊvəˈjuːz/ *vt* zbyt często użytkować *[machine, facility]*; nadużył|ć, -wać *[word, chemical, service]*
overvalue /ˌəʊvəˈvæljuː/ *vt* Econ, Fin wyceni|ć, -ać zbyt wysoko *[property, currency]* (**against sth** w stosunku do czegoś)
overview /ˈəʊvəvjuː/ *n* (survey) przegląd *m* (**of sth** czegoś); (review) ogólny zarys *m* (**of sth** czegoś); **to give sb** or **provide sb with an ~ of sth** przedstawić komuś coś w ogólnych zarysach
overweening /ˌəʊvəˈwiːnɪŋ/ *adj [person]* arogancki, wyniosły; *[ambition, opinion]* wygórowany; *[arrogance]* wyniosły
overweight /ˌəʊvəˈweɪt/ **I** *n* nadwaga *f*
II *adj* **~ person/parcel** osoba/paczka z nadwagą; **to be ~** mieć nadwagę; **to be two kilos ~** mieć dwa kilogramy nadwagi
overwhelm /ˌəʊvəˈwelm, US -ˈhwelm/ **I** *vt* [1] (submerge) *[avalanche, earth]* zasyp|ać, -ywać; *[flood, wave]* zal|ać, -ewać; fig *[applications, complaints, letters]* zasyp|ać, -ywać [2] (defeat) *[enemy, superior force]* z|miażdżyć; *[person]* obezwładni|ć, -ać, powal|ić, -ać [3] fig (affect deeply) *[feeling, shame, desire]* ogarn|ąć, -iać, owładnąć (kimś) *[person]*; *[unhappiness, work]* przytł|oczyć, -aczać; *[kindness]* chwy|cić, -tać za serce; **the performance ~ed me** byłem do głębi poruszony przedstawieniem
II **overwhelmed** *pp adj* (with letters, offers, phone calls) zasypany fig (**with** or **by sth** czymś); (with unhappiness, work) przytłoczony (**with/by sth** czymś); (by sight, experience) do głębi poruszony (**by sth** czymś); **~ with grief** pogrążony w smutku; **~ with joy /rage** nie posiadający się z radości/gniewu
overwhelming /ˌəʊvəˈwelmɪŋ, US -ˈhwelm-/ *adj [victory, defeat]* druzgocący; *[majority, power, effect, argument]* przytłaczający; *[feeling, pressure, impression, desire]* nieodparty, przemożny; *[sorrow, heat]* dojmujący; wszechogarniający liter; *[importance]* doniosły; *[welcome]* gorący; *[response, support]* entuzjastyczny; *[conviction]* pełny
overwhelmingly /ˌəʊvəˈwelmɪŋlɪ, US -ˈhwelm-/ *adv [beautiful, generous, successful]* niezwykle, ogromnie; *[win, defeat]* zdecydowanie; *[vote, accept, reject]* przytłaczającą większością głosów; **the country is ~ Protestant** ten kraj jest w przeważającej części protestancki; **the meeting was ~ in favour of the motion** przeważająca większość uczestników zebrania popierała ten wniosek
overwinter /ˌəʊvəˈwɪntə(r)/ **I** *vt* przechow|ać, -ywać przez zimę *[plant, animal]*
II *vi [animal]* prze|zimować
overwork /ˌəʊvəˈwɜːk/ **I** *n* przepracowanie *n*
II *vt* przeciąż|yć, -ać pracą *[employee, animal]*; przemęcz|yć, -ać *[heart]*; nadużył|ć, -wać (czegoś) *[word, phrase]*
III *vi [person]* przepracow|ać, -ywać się
overworked /ˌəʊvəˈwɜːkt/ *adj* [1] *[employee, parent]* przepracowany [2] *[excuse, word]* nadużywany
overwrite /ˌəʊvəˈraɪt/ *vt* (*pt* **-wrote;** *pp* **-written**) Comput nadpis|ać, -ywać *[data, memory]*
overwrought /ˌəʊvəˈrɔːt/ *adj* [1] (agitated) *[person]* wyczerpany nerwowo; *[voice]* podenerwowany; **to get ~ about sth** zdenerwować się czymś [2] (overdone) *[story, text]* przestylizowany

overzealous /ˌəʊvəˈzeləs/ *adj [person, attitude]* nadgorliwy; *[use]* nadmierny
Ovid /ˈɒvɪd/ *prn* Owidiusz *m*
oviduct /ˈəʊvɪdʌkt/ *n* jajowód *m*
oviform /ˈəʊvɪfɔːm/ *adj* Biol jajowaty
ovine /ˈəʊvaɪn/ *adj* owczy
oviparous /əʊˈvɪpərəs/ *adj* Biol jajorodny
ovoid /ˈəʊvɔɪd/ **I** *n* jajowaty przedmiot *m*
II *adj* jajowaty
ovulate /ˈɒvjʊleɪt/ *vi* jajeczkować, przechodzić owulację
ovulation /ˌɒvjʊˈleɪʃn/ *n* owulacja *f*, jajeczkowanie *n*
ovule /ˈəʊvjuːl/ *n* Bot zalążek *m*
ovum /ˈəʊvəm/ *n* (*pl* **ova**) Biol jajo *n*
ow /aʊ/ *excl* oj!, ojej!
owe /əʊ/ *vt* [1] (be indebted for) być winnym *[money]*; zawdzięczać *[life, success]*; **to ~ sth to sb** zawdzięczać komuś coś *[good looks, talent]*; być komuś winnym coś *[money]*; **I ~ him £10 for the ticket** jestem mu winien 10 funtów za bilet; **he still ~s us for the ticket** ciągle jest nam winien za bilet; **I've forgotten my purse, can I ~ it to you?** zapomniałem portmonetki, czy mogę pożyczyć od ciebie?; **my mother, to whom I ~ so much** moja matka, której tyle zawdzięczam; **I ~ you one** or **a favour** mam wobec ciebie dług wdzięczności [2] (be morally bound to give) być winnym (czegoś) *[apology, loyalty, explanation, thanks]* (**to sb** komuś); **you ~ it to your parents to work hard** musisz dużo pracować – jesteś to winien swoim rodzicom; **you ~ it to yourself to try everything** dla samego siebie powinieneś spróbować wszystkiego; **don't think the world ~s you a living!** infml nie myśl sobie, że życie zawsze będzie cię rozpieszczać! [3] (be influenced by) **to ~ something/much to sb** zawdzięczać coś niecoś/wiele komuś; **his style ~s much to the Impressionists** w jego stylu widać wyraźny wpływ impresjonistów
owing /ˈəʊɪŋ/ **I** *adj* należny, do zapłaty (**for sth** za coś); **£5 is still ~** ciągle do zapłaty pozostaje 5 funtów; **how much is ~ to you?** ile ci się należy?; **the amount** or **sum ~** należna suma
II owing to *prep phr* z powodu (czegoś); **~ to the fact that...** ponieważ...; w związku z tym, że...
owl /aʊl/ *n* sowa *f*
IDIOMS: **a wise old ~** mądra głowa
owlet /ˈaʊlɪt/ *n* młoda sowa *f*, sówka *f*
owlish /ˈaʊlɪʃ/ *adj* sowi; **to look ~** wyglądać jak sowa
own /əʊn/ **I** *adj* (belonging to particular person, group) własny; **his ~ car/house** jego własny samochód/dom; **my ~ sister /daughter** moja własna siostra/córka; **his ~ children** jego własne dzieci; **to have/start one's ~ business** prowadzić /założyć własny interes/własną firmę; **the company has its ~ lawyer** ta firma ma własnego prawnika/radcę prawnego; **he has his ~ ideas about what the truth is** ma swoją (własną) teorię, jaka jest prawda; **don't ask him to do it, he has his ~ problems** nie proś go, żeby to zrobił, on ma swoje własne kłopoty; **for your/his/their ~ safety** dla twojego /jego/ich własnego bezpieczeństwa; **he's very nice in his ~ way** na swój sposób jest bardzo miły; **the film was, in his ~ words, 'rubbish'** według jego własnych słów ten film był „do niczego"; **the house has its ~ garden/garage** ten dom ma własny ogród/garaż; **with my ~ eyes** na własne oczy; **she does her ~ cooking /washing** sama sobie gotuje/pierze; **he makes his ~ decisions** sam podejmuje decyzje
II *pron* **I don't have a company car, I use my ~** nie mam służbowego samochodu, jeżdżę własnym; **he didn't borrow it, it's his ~** wcale nie pożyczył, to jego własne; **she borrowed my pen, because she'd lost her ~** pożyczyła ode mnie pióro, bo zgubiła swoje; **they have problems of their ~** mają własne problemy/kłopoty; **when you have children of your ~** kiedy będziesz miał własne dzieci; **he has a room of his ~** ma własny pokój; **I have a suggestion of my ~ to make** chciałbym zasugerować coś od siebie; **a house/a garden of our (very) own** nasz (całkiem) własny dom/ogród; **it's his (very) ~** to jest jego, jego własne; **we've got nothing to call our ~** nie mamy nic własnego; **my time's not my ~** nie dysponuję własnym czasem
III *vt* [1] (possess) mieć, posiadać *[car, dog, house]*; **she ~s three shops and a café** ma trzy sklepy i kawiarnię; **who ~s this house/car?** kto jest właścicielem tego domu/samochodu?; **he walks around as if he ~s the place** paraduje sobie tutaj, jakby był właścicielem [2] (admit) przyzna|ć, -wać się; **I ~ that...** przyznaję, że...
IV *vi* **to ~ to a mistake** przyznać się do błędu; **he ~ed to having lied/cheated** przyznał się do kłamstwa/oszustwa; **he ~ed to having forgotten** przyznał się, że zapomniał
■ **own up** przyzna|ć, -wać się; **to ~ up to having done** or **to doing sth** przyznać się do zrobienia czegoś; **to ~ up to the murder/theft** przyznać się do (popełnienia) morderstwa/do kradzieży
IDIOMS: **on one's ~** samodzielnie, bez niczyjej pomocy; **to hold one's ~** utrzymać swoją pozycję, nie poddawać się fig; **to come into one's ~** usamodzielnić się; **to do one's ~ thing** być niezależnym; **each to his ~** co kto lubi; **to get one's ~ back** zemścić się, wziąć rewanż (**on sb** na kimś)
own brand **I** *n* własna marka *f*
II *modif [product]* z marką własną sprzedawcy
owner /ˈəʊnə(r)/ *n* właściciel *m*, -ka *f*; posiadacz *m*, -ka *f* fml; **car/dog/home ~** właściciel samochodu/psa/domu; **legal /rightful/previous ~** prawny/pełnoprawny/poprzedni właściciel; **share ~** posiadacz akcji; **ship ~** armator; **the proud ~ of sth** dumny właściciel or posiadacz czegoś; **'one careful ~'** (car ad) „pierwszy właściciel, stan idealny"
owner-driver /ˌəʊnəˈdraɪvə(r)/ *n* właściciel *m*, -ka *f* prowadzonego przez siebie pojazdu
ownerless /ˈəʊnəlɪs/ *adj [dog]* bezpański; *[car]* porzucony; **~ land** ziemia niczyja
owner-manager /ˌəʊnəˈmænɪdʒə(r)/ *n* (of company) właściciel *m* prowadzący firmę; (of club) właściciel *m* zarządzający klubem
owner-occupied /ˌəʊnərˈɒkjʊpaɪd/ *adj [house, flat]* zamieszkany przez właściciela
owner-occupier /ˌəʊnərˈɒkjʊpaɪə(r)/ *n* właściciel *m*, -ka *f* zajmowanego lokalu; (of house) właściciel *m*, -ka *f* zajmowanej nieruchomości
ownership /ˈəʊnəʃɪp/ *n* (proprietorship) własność *f*; (state of being an owner) posiadanie *n*; (right of possession) prawo *n* własności; **joint ~** współwłasność; **private/public ~** własność prywatna/publiczna; **car/home ~** posiadanie samochodu/domu; **share ~** udział w kapitale akcyjnym; **to acquire ~ of sth** wejść w posiadanie czegoś; **the growth of home ~** wzrost liczby właścicieli domów i mieszkań; **to be in** or **under private ~** być własnością prywatną; **to take sth into public ~** znacjonalizować coś; **to be under new ~** mieć nowego właściciela; **under her ~ the club has flourished** klub kwitnie od czasu, gdy została jego właścicielką; **to provide proof of ~** przedstawić dowód własności
own label *n* = **own brand**
ownsome /ˈəʊnsəm/ *pron* GB infml hum **all on one's ~** sam jak palec
owt /aʊt/ *pron* GB dial (in the positive) coś; (in the negative) nic
ox /ɒks/ *n* (*pl* **~en**) wół *m*
IDIOMS: **as strong as an ~** silny jak byk; **a blow that would have felled an ~** cios, który powaliłby byka
oxalic acid /ɒkˌsælɪkˈæsɪd/ *n* kwas *m* szczawiowy
oxblood /ˈɒksblʌd/ *adj [shoes, polish]* czerwonobrunatny
oxbow /ˈɒksbəʊ/ *n* [1] Geog zakole *n* rzeki, meander *m* [2] = **oxbow lake**
oxbow lake *n* starorzecze *n*
Oxbridge /ˈɒksbrɪdʒ/ **I** *n* uniwersytety *m pl* Oksford i Cambridge
II *adj* **~ graduate** absolwent Oksford lub Cambridge
ox cart *n* wóz *m* zaprzężony w woły
oxen /ˈɒksn/ *npl* → **ox**
oxeye daisy /ˌɒksaɪˈdeɪzɪ/ *n* złocień *m* (właściwy), margerytka *f*
Oxfam /ˈɒksfæm/ *n* = **Oxford Committee for Famine Relief** *organizacja charytatywna*
Oxford /ˈɒksfəd/ *prn* Oksford *m*
Oxford bags *npl* Fashn spodnie *plt* z szerokimi nogawkami
Oxford blue *n* błękit *m* oksfordzki
Oxford movement *n* Relig ruch *m* oksfordzki
oxfords /ˈɒksfədz/ *npl* półbuty *m pl* (sznurowane)
Oxfordshire /ˈɒksfədʃə(r)/ *prn* Oxfordshire *n inv*
oxidase /ˈɒksɪdeɪz/ *n* Physiol oksydaza *f*
oxidation /ˌɒksɪˈdeɪʃn/ *n* utlenianie *n*, oksydacja *f*
oxide /ˈɒksaɪd/ *n* tlenek *m*
oxidization /ˌɒksɪdaɪˈzeɪʃn/ *n* = **oxidation**
oxidize /ˈɒksɪdaɪz/ **I** *vt* utleni|ć, -ać
II *vi* utleni|ć, -ać się

Oxon /ˈɒksən/ **I** *n* GB Post = **Oxfordshire**
II *adj* GB Univ = **Oxoniensis** *[title]* oksfordzki

Oxonian /ɒkˈsəʊnjən/ fml **I** *n* [1] (graduate) absolwent *m*, -ka *f* uniwersytetu oksfordzkiego, oksfordczyk *m* [2] (inhabitant) oksfordczyk *m*, mieszkanka *f* Oksfordu
II *adj* oksfordzki

oxtail soup /ˌɒksteɪlˈsuːp/ *n* zupa *f* ogonowa

ox tongue *n* ozór *m*; Culin ozorki *m pl*

oxyacetylene /ˌɒksɪəˈsetɪliːn/ *adj* acetylenowo-tlenowy

oxyacetylene burner *n* palnik *m* acetylenowo-tlenowy

oxyacetylene lamp *n* = **oxyacetylene burner**

oxyacetylene torch *n* = **oxyacetylene burner**

oxygen /ˈɒksɪdʒən/ **I** *n* tlen *m*; **to be on ~** Med być pod tlenem; **to give sb ~** podać tlen komuś
II *modif [cylinder, tank, mask, tent]* tlenowy; **~ bottle** butla tlenowa

oxygenate /ˈɒksɪdʒəneɪt, ɒkˈsɪdʒ-/ *vt* natlenilć, -ać

oxygenation /ˌɒksɪdʒəˈneɪʃn/ *n* natlenienie *n*

oxymoron /ˌɒksɪˈmɔːrɒn/ *n* Literat oksymoron *m*

oyez /əʊˈjes/ *excl* arch słuchajcie!

oyster /ˈɔɪstə(r)/ **I** *n* [1] (fish) ostryga *f* [2] (colour) ≈ (kolor *m*) perłowy *m* [3] Culin (part of fowl) *delikatny kawałek mięsa ptasiego z okolic miednicy*
II *modif* **~ shell** muszla ostrygi; **~ knife** nóż do ostryg; **~ sauce** sos z ostryg
IDIOMS: **the world's your ~** świat otwiera się przed tobą

oyster bed *n* ławica *f* ostryg

oyster catcher *n* ostrygojad *m*

oyster cracker *n* US krakers *m (podawany do ostryg)*

oyster farm *n* hodowla *f* ostryg

oyster farmer *n* hodowca *m* ostryg

oysterman /ˈɔɪstəmæn/ *n* (*pl* **-men**) (gatherer) poławiacz *m* ostryg; (seller) sprzedawca *m* ostryg; (breeder) hodowca *m* ostryg

oyster mushroom *n* boczniak *m*

oz = **ounce(s)**

Oz /ɒz/ infml *n* GB Australia *f*

ozone /ˈəʊzəʊn/ *n* [1] Chem, Meteorol ozon *m* [2] infml (fresh air) świeże powietrze *n*; (sea air) morski ozon *n* infml

ozone-depleting /ˌəʊzəʊndɪˈpliːtɪŋ/ *adj [chemical, gas]* niszczący warstwę ozonową

ozone depletion *n* niszczenie *n* warstwy ozonowej

ozone distribution *n* występowanie *n* ozonu

ozone-friendly /ˌəʊzəʊnˈfrendlɪ/ *adj* nieszkodliwy dla warstwy ozonowej

ozone hole *n* dziura *f* ozonowa

ozone layer *n* warstwa *f* ozonowa

ozonosphere /əʊˈzəʊnəsfɪə(r)/ *n* ozonosfera *f*

P

p, P /piː/ *n* [1] (letter) p, P *n* [2] GB **p = penny, pence** pens *m* [3] **P = parking** P *(parking)* [4] Mus **p = piano** p
IDIOMS: **to mind** or **watch one's p's and q's** zachowywać formy, uważać na swoje zachowanie

p. *n* = **page** (*pl* **pp.**) str., s.; **pp. 12-48 missing** brak str. or ss. 12-48

pa *n* /pɑː/ infml tata *m*

p.a. = **per annum** rocznie

PA *n* [1] = **personal assistant** asystentka *f* sekretarka, asystent *m* sekretarz [2] = **public address (system)** system *m* nagłaśniający; **to announce sth over the ~** oznajmić coś przez głośniki [3] US Post = **Pennsylvania**

PAC *n* → **political action committee**

pace¹ /peɪs/ **I** *n* [1] (step) krok *m*; **to take a ~ backwards/forwards** zrobić krok do tyłu/do przodu [2] (measure) krok *m*; **the room measures 12 ~s by 14 ~s** pokój ma 12 kroków na 14; **12 ~s away** w odległości 12 kroków [3] (speed) tempo *n*, szybkość *f*; **the ~ of life** tempo życia; **at a fast/slow ~** szybko/wolno, w szybkim /wolnym tempie; **we returned at a leisurely ~** wróciliśmy wolnym krokiem; **at one's own ~** własnym rytmem; **to quicken one's ~** przyśpieszyć kroku; **to gather ~** *[athlete]* przyśpieszyć; *[process, vehicle]* nabrać rozpędu; **to keep up the ~** utrzymywać tempo also fig; **to keep ~ with sb/sth** dotrzymywać komuś/czemuś kroku, nadążać za kimś/czymś also fig; **to step up /slow down the ~** zwiększyć/zwolnić tempo also fig; **to set the ~** nadawać tempo also fig; **I can't stand the ~** nie wytrzymuję tempa also fig; **the ~ picks up in the second act** akcja nabiera tempa w drugim akcie; **the film lacks ~** akcji filmu brakuje tempa [4] Mus tempo *n*, rytm *m* [5] (of horse) (any trained gait) chód *m*, bieg *m*; (lateral gait) inochód *m*

II *vt* [1] (walk across) przemierz|yć, -ać *[room]* [2] (regulate speed of) **to ~ the action/plot** nadać akcji/wątkowi odpowiednie tempo

III *vi* **to ~ up and down** chodzić tam i z powrotem; **to ~ up and down a room** przemierzać pokój tam i z powrotem; **to ~ around a room** chodzić po pokoju

IV *vr* **to ~ oneself** wyznacz|yć, -ać sobie tempo or rytm

■ **pace out**: **~ out [sth], ~ [sth] out** odmierz|yć, -ać krokami *[distance]*

IDIOMS: **to put sb through their ~s** poddać kogoś próbie; **to put sth through its ~s** wypróbować coś; **to show one's ~s** zademonstrować własne umiejętności

pace² /ˈpeɪsɪ/ *prep* fml bez obrazy, z całym szacunkiem fml

pacemaker /ˈpeɪsmeɪkə(r)/ *n* [1] Med rozrusznik *m* or stymulator *m* serca [2] Sport narzucający *m* tempo [3] (trendsetter) lider *m*, pionier *m*

pacer /ˈpeɪsə(r)/ *n* [1] Equest inochodziec *m* [2] Sport narzucający *m* tempo [3] = **pacemaker** [1]

pacesetter /ˈpeɪssetə(r)/ *n* = **pacemaker** [2] [3]

pachyderm /ˈpækɪdɜːm/ *n* Zool gruboskórzec *m (słoń, nosorożec)*

pacific /pəˈsɪfɪk/ *adj* [1] (conciliatory) *[intentions, policies]* pokojowy; *[community, person]* pokojowo nastawiony [2] (tranquil) *[disposition]* spokojny, łagodny

Pacific /pəˈsɪfɪk/ *prn* **the ~ (Ocean)** Ocean *m* Spokojny, Pacyfik *m*

Pacific Daylight Time, PDT *n* US czas *m* letni wybrzeża Oceanu Spokojnego

Pacific Islands *npl* **the ~** Oceania *f (bez Australii, Nowej Zelandii i Nowej Gwinei)*

Pacific Ocean *n* Ocean *m* Spokojny

Pacific Rim *n* **the ~** kraje *m pl* leżące nad Oceanem Spokojnym *(zwłaszcza azjatyckie, o dużym potencjale gospodarczym)*

Pacific Standard Time, PST *n* czas *m* urzędowy Pacyfiku

pacifier /ˈpæsɪfaɪə(r)/ *n* [1] US (for baby) smoczek *m* [2] (peacemaker) rozjemca *m*

pacifism /ˈpæsɪfɪzəm/ *n* pacyfizm *m*

pacifist /ˈpæsɪfɪst/ *n* pacyfist|a *m*, -ka *f*

pacify /ˈpæsɪfaɪ/ *vt* [1] (satisfy) uspok|oić, -ajać *[worried person]*; ułag|odzić, -adzać *[angry person]* [2] Mil, Pol zaprowadz|ić, -ać pokój w (czymś) *[country]*; s|tłumić, uśmierz|yć, -ać *[rebellion]*; euph s|pacyfikować *[village]*

pack /pæk/ **I** *n* [1] (load) pakunek *m*, paczka *f*; (bundle) tobołek *m*, zawiniątko *n*; (rucksack) plecak *m*; (carried by animal) juk *m*, torba *f* [2] (container) (box) paczka *f*; (bag) opakowanie *n*; **a cigarette ~** paczka papierosów; **a washing powder ~** opakowanie proszku do prania [3] Games (of cards) talia *f* kart [4] (group) (of people, aeroplanes, submarines) grupa *f*; (of scouts, guides) zastęp *m*; (of animals) stado *n*; (of dogs) sfora *f*; (of wolves) wataha *f*; **a ~ of thieves/idiots** banda złodziei/idiotów [5] (in race) główna grupa *f*; (in cycling) peleton *m* [6] (in rugby) napastnicy *m pl* [7] Med (compress) (for whole body) zawijanie *n* ciała w prześcieradła *(wilgotne lub suche)*; (for part of body) kompres *m*, okład *m* [8] Med (soft pad) tampon *m* [9] Cosmet maseczka *f* [10] = **pack ice**

II -pack *in combinations* **a two/four-~** (of cassettes) zestaw or komplet dwóch/czterech kaset; **a six-~** (of beer) sześć butelek w jednym opakowaniu; sześciopak infml

III *vt* [1] (put into suitcase, bag) za|pakować, spakować *[clothes, books]*; **have you ~ed your toothbrush?** czy spakowałeś or zapakowałeś szczoteczkę do zębów?; **I ~ed my winter clothes in a trunk** zapakowałem ubrania zimowe do kufra; **I've ~ed the kids a lunch** zapakowałem dzieciom lunch [2] (fill) za|pakować, spakować *[suitcase]*; **have you ~ed your suitcase yet?** czy spakowałeś już walizkę?; **she threatened to ~ her bags unless...** fig zagroziła, że spakuje manatki, chyba że... fig; **to ~ a bag with books** wyładować torbę książkami [3] (commercially) (package) paczkować *[fruit, meat, goods]*; (put into container) za|ładować, za|pakować **(into sth** do czegoś); (cover for protection) opakow|ać, -ywać, zawi|nąć, -jać **(in sth** w coś) [4] (press firmly) ubi|ć, -jać *[snow, earth]*; **~ the soil (down) firmly around the stem** ubij mocno ziemię wokół łodygi [5] (cram full) *[people, crowd]* szczelnie wypełni|ć, -ać *[church, theatre, stadium]*; zapełni|ć, -ać, wypełni|ć, -ać *[gap, hole]* **(with sth** czymś); **the hall was ~ed with people** sala była nabita or przepełniona; **they ~ed as many people as possible onto the bus** wtłoczyli do autobusu tyle ludzi, ile się dało; **the book is ~ed with useful information** książka jest pełna pożytecznych informacji; **you ~ed a lot into your vacation** miałeś bardzo bogaty program wakacji; **to ~ sth into a hole** wepchnąć coś do dziury [6] infml (carry) nosić *[pistol, gun]* [7] (fill with sympathizers) **to ~ a conference /committee** skaptować swoich zwolenników na konferencję/do komisji infml; **to ~ a jury** dobrać przychylnych sędziów przysięgłych

IV *vi* [1] (fill suitcase) za|pakować się, spakować się; **I haven't started ~ing yet** jeszcze nie zacząłem się pakować [2] (fit in) **all these books will never ~ into such a small box** te wszystkie książki za nic nie zmieszczą się w tak małym pudle; **this dress doesn't ~ very well** ta sukienka bardzo się gniecie w walizce [3] (crowd) **to ~ into the station/theatre** *[crowd, people]* cisnąć się na stację/do teatru; **we can't all ~ into one car** nie wciśniemy się wszyscy do jednego samochodu

■ **pack away**: **~ away [sth], ~ [sth] away** od|łożyć, -kładać na miejsce *[clothes, books]*

■ **pack in**: ¶ **~ in** infml (break down) *[machine, car, heart, liver]* nawal|ić, -ać, wysi|ąść,

-adać infml ¶ **~ in [sb/sth], ~ [sb/sth] in** [1] (cram in) zmieścić *[people]*; **we managed to ~ in 50 people** udało się nam zmieścić 50 osób [2] infml (attract) przyciąg|nąć, -ać *[crowd]*; **the play's ~ing them in** sztuka przyciąga tłumy; tłumy walą na tę sztukę infml [3] infml (give up) rzuc|ić, -ać *[boyfriend, job]*; **to ~ it all in** rzucić wszystko; **to ~ in smoking** rzucić palenie; **~ it in you two!** przestańcie natychmiast!

■ **pack off**: **~ off [sb], ~ [sb] off** wy|ekspediować, wypraw|ić, -ać; **to ~ sb off to school** wyekspediować or wyprawić kogoś do szkoły; **she ~ed the children off to bed** posłała dzieci do łóżka

■ **pack up**: ¶ **~ up** [1] (assemble belongings) s|pakować manatki; (prepare to go) zwi|nąć, -jać się infml; **let's ~ up for the day** kończmy na dziś, zbierajmy się [2] infml (break down) *[TV, car, heart, liver]* nawal|ić, -ać, wysi|ąść, -adać infml ¶ **~ up [sth], ~ [sth] up** [1] (put away) spakować, zapakować *[belongings]* [2] infml (stop) **to ~ up one's job** rzucić pracę; **to ~ up doing sth** przestać coś robić; **to ~ up smoking** rzucić palenie; **~ it up!** przestań!

IDIOMS: **a ~ of lies** stek kłamstw; **to send sb ~ing** odprawić kogoś, pozbyć się kogoś

package /ˈpækɪdʒ/ **I** *n* [1] (parcel) paczka *f*, pakunek *m* [2] (collection) (of reforms, measures, proposals) pakiet *m*; (of objects) zestaw *m*, komplet *m*; **an aid ~** pakiet środków pomocowych; **an insurance ~** pakiet ubezpieczeń; **the sunroof is not part of the ~** szyberdach nie należy do podstawowego wyposażenia; **the radio is part of the ~** w cenę wliczone jest radio [3] US (pack) (of cigarettes) paczka *f*; (of washing powder) opakowanie *n* [4] Comput pakiet *m*; **a software ~** pakiet oprogramowania [5] = **package holiday**

II *vt* [1] (put into box) za|pakować **(into sth** do czegoś); (wrap up) opakow|ać, -ywać **(into sth** w coś); (for sale) paczkować; **to be attractively ~d** być ładnie opakowanym [2] (present, design image for) wy|kreować wizerunek publiczny (kogoś/czegoś) *[actor, band]*; wy|lansować, przygotow|ać, -ywać kampanię (czegoś) *[product, film]*; przedstaw|ić, -ać w atrakcyjnej formie *[policy, proposal]*; **she was ~d as a sex symbol** robiono z niej symbol seksu

package deal *n* Comm umowa *f* wiązana

package holiday *n* GB wakacje *plt* zorganizowane

package tour *n* wycieczka *f* zorganizowana

package vacation *n* US = **package holiday**

packaging /ˈpækɪdʒɪŋ/ *n* [1] (material) opakowanie *n* [2] (process) pakowanie *n* [3] (of singer, politician, company) wizerunek *m* publiczny; (of policy, product) prezentacja *f*; (of film) promocja *f*

pack animal *n* zwierzę *n* juczne

pack drill *n* GB Mil musztra *f* w pełnym oporządzeniu or rynsztunku

IDIOMS: **no names, no ~** nie ma winnego, nie ma kary

packed /pækt/ *adj* [1] (as full as possible) *[hall, restaurant]* pełny, zatłoczony; *[suitcase]* wypchany, wyładowany; **to be ~ with tourists** być pełnym turystów; **to be ~ full of sth** być pełnym po brzegi czegoś; **to play to ~ houses** Theat przyciągać tłumy widzów; **an action-~ movie** film o bardzo wartkiej akcji [2] (before journey) *[person, suitcase]* spakowany

packed lunch *n* (taken to school) drugie śniadanie *n*; (taken on a trip) suchy prowiant *m*

packer /ˈpækə(r)/ *n* [1] (person) pakowacz *m*, -ka *f* [2] (machine) pakowaczka *f*, pakowarka *f*

packet /ˈpækɪt/ **I** *n* [1] (box) (for cigarettes, biscuits) paczka *f*; (for washing powder) opakowanie *n*; (bag) torba *f*, torebka *f*; (for drinks) karton *m*, kartonik *m*; **a ~ of envelopes** plik kopert [2] (parcel) pakunek *m*, paczka *f* [3] Naut dat statek *m* pocztowy [4] vinfml (male genitals) dzwony *m pl* vinfml

II *modif* **~ drink** napój w kartonie or kartoniku; **~ soup** zupa z torebki

IDIOMS: **to cost/earn a ~** infml kosztować /zarobić kupę forsy infml

packet-switching /ˈpækɪtswɪtʃɪŋ/ *n* Comput komutacja *f* pakietów

pack horse *n* koń *m* juczny

pack ice *n* pak *m*, lód *m* dryfujący

packing /ˈpækɪŋ/ *n* [1] (process) pakowanie *n*; **I always do my own ~** zawsze sam się pakuję [2] (wrapping material) opakowanie *n* [3] Tech (for making water- or gas-tight) szczeliwo *n*, uszczelnienie *n*

packing case *n* skrzynia *f*

packing density *n* Comput gęstość *f* zapisu or upakowania

packsaddle /ˈpæksædl/ *n* siodło *n* juczne

packthread /ˈpækθred/ *n* szpagat *m*

pact /pækt/ *n* pakt *m*, układ *m*; **to make a ~ with sb** zawrzeć z kimś układ; **to make a ~ with the devil** zawrzeć pakt z diabłem; **a ~ to restrict salary increases** umowa ograniczająca wzrost płac

pad¹ /pæd/ **I** *n* [1] (of paper) blok *m*; (small) bloczek *m* [2] (to prevent chafing or scraping) podkładka *f*; **foam/rubber/felt ~** podkładka z gąbki/gumy/filcu [3] (to absorb or distribute liquid) tampon *m*; (of cotton wool) wacik *m*; (sanitary towel) podpaska *f* higieniczna; (for ink) poduszeczka *f* do tuszu; **make-up remover ~** płatek do zmywania makijażu [4] Sport (for leg) ochraniacz *m*; **knee ~s** nakolanniki; **shin ~s** nagolenniki [5] (to give shape to sth) wkładka *f*; Fashn poduszka *f* [6] (of paw) poduszka *f*, poduszeczka *f*; (of finger) opuszka *f* [7] (also **launch ~**) (for spaceships) wyrzutnia *f* rakietowa; (for helicopters) lądowisko *n* [8] (sticky part on object, plant, animal) przyssawka *f* [9] Bot (of water plant) pływający liść *m (np. lilii wodnej)* [10] infml dat (flat) mieszkanie *n*; **bachelor ~** garsoniera [11] US infml (bribe) łapów(k)a *f* infml

II *vt (prp, pt, pp* **-dd-)** [1] (line) wy|słać, -ściełać *[walls, floor, chair]* **(with sth** czymś); wywatow|ać, -ywać *[shoulders, jacket]* **(with sth** czymś); podbi|ć, -jać *[carpet]*; usztywni|ć, -ać *[bra]*; (stuff) wyp|chać, -ychać **(with sth** czymś) [2] (expand) = **pad out**

■ **pad out**: **~ out [sth], ~ [sth] out** [1] fig (expand) rozwle|c, -kać *[speech, essay]*; rozwle|c, -kać akcję (czegoś) *[book, film]*; przedłuż|yć, -ać *[meal]*; zawyż|yć, -ać *[bill, expense account]*; **to be ~ded out with repetitions and clichés** być pełnym powtórzeń i banałów [2] (put padding in) wywatow|ać, -ywać *[shoulders, jacket]*

pad² /pæd/ **I** *n* (quiet sound) ciche stąpanie *n* or kroki *m pl*

II *vi (prp, pt, pp* **-dd-)** (walk softly) (cicho) stąpać, (cicho) chodzić; **to ~ in/out** wejść /wyjść po cichu; **the dog ~ded after him** pies poszedł za nim

padded /ˈpædɪd/ *adj [armrest, seat]* wyściełany; *[shoulders, jacket]* wywatowany; *[bra]* usztywniony (gąbką)

padded cell *n* pokój *m* ze ścianami obitymi gąbką *(w szpitalu psychiatrycznym)*

padded envelope *n* koperta *f* wyściełana

padded income *n* US infml dochód *m* wraz z zarobkami z nielegalnych źródeł

padding /ˈpædɪŋ/ *n* [1] (material) wyściółka *f*; (of coat, carpet) podbicie *n*; (of door) obicie *n*; **protective ~** Sport ochraniacze [2] (in essay, speech) pustosłowie *n* pej; wodolejstwo *n* infml pej [3] infml (filling food) wypełniacz *m* infml fig

paddle /ˈpædl/ **I** *n* [1] (oar) (double-bladed) wiosło *n*; (single-bladed) pagaj *m* [2] (on water wheel) łopatka *f* [3] Zool płetwa *f* [4] (wade) **to go for a ~** iść sobie pobrodzić [5] Culin (spatula) łopatka *f*, mieszadełko *n* [6] US Sport rakietka *f* do tenisa stołowego

II *vt* [1] (row) wiosłować na (czymś) *[canoe]*; **he ~d the boat towards the shore** powiosłował w stronę brzegu [2] (dip) pluskać (czymś) *[feet, finger]* **(in sth** w czymś) [3] US infml (spank) przetrzepać skórę (komuś) *[child]*

III *vi* [1] (row) po|wiosłować [2] (wade) po|brodzić [3] (swim) po|płynąć, po|pływać

paddle boat *n* statek *m* kołowy, kołowiec *m*

paddle steamer *n* parowiec *m* kołowy, kołowiec *m*

paddle wheel *n* koło *n* łopatkowe

paddling pool *n* (public) brodzik *m*; (inflatable) basen *m* nadmuchiwany

paddock /ˈpædək/ *n* [1] (field) padok *m*, wybieg *m* [2] (in horse racing) padok *m* [3] (in motor racing) boks *m*

paddy¹ /ˈpædɪ/ *n* [1] (rice) ryż *m (niełuskany)* [2] = **paddyfield**

paddy² /ˈpædɪ/ *n* GB infml atak *m* szału or wściekłości; **to get into a ~** wściec się

Paddy /ˈpædɪ/ *n* infml offensive Irlandczyk *m*

paddyfield /ˈpædɪfiːld/ *n* pole *n* or poletko *n* ryżowe

paddy wagon *n* US infml (patrol car) radiowóz *m*; (for carrying prisoners) suka *f* infml

padlock /ˈpædlɒk/ **I** *n* kłódka *f*

II *vt* zam|knąć, -ykać na kłódkę *[door, gate]*; zabezpiecz|yć, -ać kłódką *[bicycle]*

padre /ˈpɑːdreɪ/ *n* (priest) ojciec *m* duchowny; Mil (chaplain) kapelan *m*

Padua /ˈpædʒʊə, ˈpædjʊə/ *prn* Padwa *f*

paean /ˈpiːən/ *n* liter pean *m* also fig **(to sb /sth** na cześć kogoś/czegoś); **a ~ of praise** hymn pochwalny

paederast *n* = **pederast**

paediatric *adj* = **pediatric**

paediatrician *n* = **pediatrician**

paediatrics *n* = **pediatrics**

paedophile *n* = **pedophile**

paedophilia *n* = **pedophilia**

paella /paɪˈelə/ *n* Culin *potrawa hiszpańska z ryżu, kurczaka, jarzyn*

pagan /ˈpeɪgən/ **I** *n* pogan|in *m*, -ka *f*

II *adj* pogański

paganism /ˈpeɪgənɪzəm/ *n* pogaństwo *n*

page¹ /peɪdʒ/ *n* 1 (in book, newspaper) (either side of a leaf) strona *f*, stronica *f*; (leaf) karta *f* also fig; **on ~ two** na stronie drugiej; **a six ~ letter** sześciostronicowy list, list na sześć stron; **the book is 200 ~s long** książka ma 200 stron; **the news has made the front ~** wiadomość trafiła na pierwsze strony (gazet); **she turned the ~** przewróciła kartkę or stronę; **the opposite** or **facing ~** strona obok; **over the ~** na następnej stronie; **financial ~** dział finansowy; **sports/women's ~** dział sportowy/dla kobiet; **a shameful ~ in our history** fig haniebna karta w naszych dziejach fig 2 Comput stronica *f*, strona *f*
■ **page through**, prze|jrzeć, -glądać, prze|kartkować, *[book, newspaper]*
IDIOMS: **to turn the ~ on sth** spuścić na coś zasłonę

page² /peɪdʒ/ **I** *n* (attendant) (in hotel) boy *m*; US (in Congress) goniec *m*; Hist (knight's) giermek *m*; (at royal household) paź *m*
II *vt* przywoł|ać, -ywać, w|ezwać, -zywać; **'paging Mr Jones'** (to reception desk) „pan Jones proszony jest o zgłoszenie się do recepcji"

pageant /ˈpædʒənt/ *n* (show, ceremony) widowisko *n*; (historical show) widowisko *n* historyczne na świeżym powietrzu; (procession) parada *f*; (tableaux) żywe obrazy *m pl*; **beauty ~** US konkurs piękności
IDIOMS: **it's all part of life's rich ~** iron takie jest życie, taka już nasza dola

pageantry /ˈpædʒəntrɪ/ *n* wielka gala *f*

pageboy /ˈpeɪdʒbɔɪ/ *n* 1 (bride's attendant) pazik *m (towarzyszący pannie młodej)* 2 (also **~ hairstyle**) fryzura *f* na pazia

page break *n* Comput łamanie *n* strony

page number *n* numer *m* strony, pagina *f*

page proof *n* Print korekta *f* po złamaniu

pager /ˈpeɪdʒə(r)/ *n* Telecom pager *m*, przywoływacz *m*

page reference *n* odsyłacz *m* do odpowiedniej strony

page set-up *n* Comput układ *m* strony

page three *n* GB *strona czasopisma, na której drukowane są zdjęcia roznegliżowanych dziewczyn*

page three girl *n* GB 1 (pinup) zdjęcie *n* roznegliżowanej dziewczyny 2 (model) modelka *f* pozująca do roznegliżowanych zdjęć

Paget's disease /ˈpædʒɪtsdɪziːz/ *n* Med choroba *f* Pageta

paginate /ˈpædʒɪneɪt/ *vt* paginować

pagination /ˌpædʒɪˈneɪʃn/ *n* paginacja *f*

paging /ˈpeɪdʒɪŋ/ *n* Comput stronicowanie *n*

pagoda /pəˈgəʊdə/ *n* pagoda *f*

paid /peɪd/ **I** *pt, pp* → **pay**
II *adj [job]* z wynagrodzeniem; *[holiday, informer]* płatny; **~ assassin** płatny morderca; **low-~ workers** nisko opłacani robotnicy
IDIOMS: **to put ~ to sth** zniweczyć coś, położyć kres czemuś

paid-up /ˌpeɪdˈʌp/ *adj* GB *[instalment, payment]* wpłacony; *[shares]* pokryty; **~ capital** kapitał wpłacony

paid-up member *n* GB (of party, organization) członek *m* płacący składki; (admirer) wielbiciel *m*, -ka *f*, entuzjast|a *m*, -ka *f*; **she's a ~ of his fan club** należy do grona jego wielbicieli

pail /peɪl/ *n* wiadro *n*, kubeł *m* **(of sth** czegoś**)**

paillasse *n* = **palliasse**

pain /peɪn/ **I** *n* 1 (suffering) ból *m*; **to feel ~, to be in ~** odczuwać ból, cierpieć; **to feel no ~** nie odczuwać bólu; US fig (be drunk) być ululanym or zabalsamowanym infml; **to cause ~** sprawić ból; **he caused me a lot of ~** sprawił mi wiele bólu; **to cry out in** or **with ~** krzyknąć z bólu; **to ease the ~** złagodzić or uśmierzyć ból; **the ~ of separation/loss** ból z powodu rozstania /straty 2 (localized) ból *m*; **abdominal/chest ~s** bóle brzucha/w klatce piersiowej; **period ~s** bóle menstruacyjne; **I've got a ~ in my leg** boli mnie noga; **where is the ~?** gdzie cię boli? 3 infml (annoying person) zaraza *f* infml; (annoying thing) cholerstwo *n* infml; **she can be a real ~** ona może świętego wyprowadzić z równowagi infml; **he gives me a ~** on działa mi na nerwy, on mnie denerwuje; **he's a ~ in the neck** infml on jest nie do wytrzymania; **he's a ~ in the arse** GB or **ass** US vulg on jest potwornie upierdliwy vulg 4 **on ~ of death/of excommunication** pod karą śmierci/ekskomuniki
II pains *npl* trudy *m pl*, starania *n pl*; **to be at ~s to do sth, to take ~s to do sth** bardzo się starać coś zrobić; dokładać starań, żeby coś zrobić; **to take great ~s over** or **with sth** zadać sobie wiele trudu z czymś, bardzo się nad czymś namęczyć; **for my/his ~s** za moje/jego trudy; **he got a black eye for his ~s** jedyną nagrodą za jego trudy było podbite oko
III *vt* 1 (hurt) **my leg ~s me a little** noga mnie trochę boli 2 fml (grieve) **it ~s me to have to tell you that...** z bólem serca or z żalem muszę ci powiedzieć, że...; **it ~s me to see that...** serce mnie boli, kiedy widzę, że...
IV pained *pp adj [expression, look]* zbolały; **with a ~ed expression** ze zbolałą miną

painful /ˈpeɪnfl/ *adj* 1 (physically) *[injury, swelling]* bolesny; **my arm/leg is ~** boli mnie ręka/noga; **is it very ~?** czy bardzo boli? 2 (mentally) *[lesson, memory, reminder, blow]* bolesny; *[duty]* przykry; **it is my ~ duty to inform you that...** mam przykry obowiązek poinformować was, że...; **it was ~ to watch her wasting away** przykro było patrzeć, jak ginie w oczach; **it was too ~ to bear** to było nie do zniesienia 3 (laborious) *[progress, task]* żmudny 4 infml (bad) *[display, performance]* żałosny, żenujący niedobry

painfully /ˈpeɪnfəlɪ/ *adv* 1 (causing pain) *[hit, injure]* boleśnie; **his arm is ~ swollen** rękę ma spuchniętą i obolałą; **to die ~** umrzeć w cierpieniach 2 (distressingly) *[shy, slow]* nieznośnie; *[obvious, conscious]* aż nazbyt; **it is ~ obvious that...** to aż nazbyt oczywiste, że...; **I am ~ aware of that** zdaję sobie z tego sprawę aż nazbyt dobrze 3 (laboriously) *[walk, stagger]* z wysiłkiem, żmudnie; **she dragged herself ~ along** wlokła się z wielkim trudem; **progress in the negotiations has been ~ slow** rozmowy przeciągały się w nieskończoność

painkiller /ˈpeɪnkɪlə(r)/ *n* środek *m* przeciwbólowy

painkilling /ˈpeɪnkɪlɪŋ/ *adj* przeciwbólowy

painless /ˈpeɪnlɪs/ *adj* bezbolesny also fig

painlessly /ˈpeɪnlɪslɪ/ *adv* bezboleśnie also fig

painstaking /ˈpeɪnzteɪkɪŋ/ *adj [worker]* skrupulatny; *[research, investigation]* drobiazgowy; *[effort]* mrówczy; **he's very ~ about his work** bardzo skrupulatnie wykonuje swą pracę

painstakingly /ˈpeɪnzteɪkɪŋlɪ/ *adv* skrupulatnie, drobiazgowo; **she was ~ precise** była pedantycznie dokładna

paint /peɪnt/ **I** *n* 1 farba *f*; **the ~ on the walls has yellowed** farba na ścianach pożółkła; **the walls need a fresh coat of ~** ściany przydałoby się pomalować; **'wet ~'** (warning) „świeżo malowane" 2 hum dat (make-up) makijaż *m*; tapeta *f* infml
II paints *npl* Art farby *f pl*
III *vt* 1 (apply paint to) po|malować *[wall, object]*; Art na|malować *[person, flower, picture]*; **to ~ sth blue/green** pomalować coś na niebiesko/zielono; **to ~ sth in** domalować coś *[background, figure]*; **the flowers were ~ed in later** te kwiaty zostały domalowane później; **to ~ sth on** położyć warstwę czegoś *[varnish, undercoat]*; **to ~ sth out** or **over** zamalować coś *[figure, wallpaper]*; **to ~ one's nails/lips** pomalować sobie paznokcie/usta 2 fig (depict) odmalow|ać, -ywać; **to ~ a gloomy picture of sth** przedstawić ponury obraz czegoś; **to ~ sth in dismal colours** odmalować coś w ponurych barwach; **to ~ an unflattering portrait of sb** przedstawić kogoś w niekorzystnym świetle 3 Med po|smarować *[cut, wound]* **(with sth** czymś**)**; pędzlować *[throat]*
IV *vi* malować; **to ~ from life/outdoors** malować z natury/w plenerze; **to ~ in oils/watercolours** malować farbami olejnymi/akwarelami
IDIOMS: **he is not as black as he is ~ed** nie taki diabeł straszny, jak go malują; **the situation isn't as black as it's been ~ed** sytuacja nie jest tak zła, jak się to przedstawia; **to ~ the town red** zaszaleć, zrobić rundkę po knajpach infml

paintball /ˈpeɪntbɔːl/ *n* paintball *m*

paintball gun *n* marker *m* do gry w paintball

paintbox /ˈpeɪntbɒks/ *n* pudło *n* or pudełko *n* farb (wodnych)

paintbrush /ˈpeɪntbrʌʃ/ *n* pędzel *m*

painted lady *n* Zool rusałka *f*

painter /ˈpeɪntə(r)/ *n* 1 (artist) mala|rz *m*, -rka *f*; **~ and decorator** malarz pokojowy 2 Naut faleń *m*

painterly /ˈpeɪntəlɪ/ *adj* malarski

painting /ˈpeɪntɪŋ/ *n* 1 Art (art form) malarstwo *n*; (activity) malowanie *n* 2 (work of art) obraz *m*; (on canvas) płótno *n* fml; (of person) portret *m*; (by child) obrazek *m*, malunek *m*; **a ~ by Turner** obraz (namalowany przez) Turnera; **a ~ of Napoleon by David** portret Napoleona autorstwa or pędzla Davida; **a ~ of a biblical scene** obraz przedstawiający scenę biblijną 3 (domestic decorating) malowanie *n*;

P

finish the ~ before you put the carpets down skończ malowanie, zanim położysz wykładzinę

painting book *n* książeczka *f* do kolorowania

paintpot /ˈpeɪntpɒt/ *n* pojemnik *m* na farbę

paint remover *n* [1] (for removing stains) rozpuszczalnik *m* [2] = **paint stripper**

paint roller *n* wałek *m* (do rozprowadzania farby)

paint spray *n* pistolet *m* natryskowy

paint stripper *n* (chemical) roztwór *m* do usuwania powłok malarskich; (tool) skrobak *m*

paint tray *n* kuweta *f* do rozprowadzania farby na wałku

paintwork /ˈpeɪntwɜːk/ *n* [1] (on door, window) powierzchnie *f pl* malowane farbą olejną; **the ~ is peeling** farba się łuszczy [2] (on car) lakier *m*

pair /peə(r)/ **I** *n* [1] (two matching items) para *f* **(of sth** czegoś); **to be one of a ~** być jednym z pary; **these candlesticks are sold in ~s** te świeczniki sprzedaje się po dwa; **the children came in in ~s** dzieci weszły parami; **to work in ~s** pracować w parach; **to put** or **arrange sth in ~s** układać coś parami; **these gloves are not a ~** te rękawiczki są nie do pary; **I can't find a matching ~ of socks** nie mogę znaleźć skarpetek do pary; **I've only got one ~ of hands!** infml mam tylko dwie ręce! [2] (item made of two parts) para *f*; **a ~ of trousers** para spodni, spodnie; **a ~ of glasses** okulary; **a ~ of scissors** nożyczki; **two ~s of trousers/glasses/scissors** dwie pary spodni/okularów/nożyczek [3] (couple) para *f*, dwójka *f*; **the happy ~** szczęśliwa młoda para, szczęśliwi nowożeńcy; **they are a happy ~** tworzą szczęśliwą parę; **they are a ~ of crooks /fools** to para or dwójka kanciarzy/głupców; **the ~ of them are on very good terms** infml tych dwoje łączą bardzo dobre stosunki; **get out, the ~ of you!** infml zabierajcie się stąd obydwoje! infml; **a coach and ~** powóz zaprzężony w dwójkę koni [4] GB Pol *dwaj deputowani przeciwnych partii, którzy uzgodnili wstrzymanie się od głosu*

II pairs *modif* Sport **(coxless) ~s competition/final** zawody/finał dwójek (bez sternika)

III *vt* dob|rać, -ierać do pary, dopasow|ać, -ywać *[gloves, socks]*; **to ~ Paul with Julie** połączyć w parę Paula i Julie; **to ~ jeans with a T-shirt** dopasować or dobrać koszulkę do dżinsów; **to ~ each name with a photograph** dopasować imiona do fotografii; **to ~ one player against another** dobrać przeciwników w pary

IV *vi* Zool łączyć się w pary

■ **pair off**: ¶ **~ off** tworzyć parę ¶ **~ off [sb], ~ [sb] off**: **to ~ Anna off with Adam** (as a couple) skojarzyć Annę z Adamem w parę; (for temporary purposes) utworzyć parę z Anny i Adama

■ **pair up**: ¶ **~ up** *[dancers, lovers]* s|tworzyć parę; *[competitors]* dobrać się do pary; **everyone should ~ up for the next dance** każdy powinien znaleźć sobie partnera do następnego tańca ¶ **~ up [sb /sth], ~ [sb/sth] up** dob|rać, -ierać do pary *[objects, people]*; **each child was ~ed up with a partner** każde dziecko miało swoją parę

pair bond *n* Zool związek *m* monogamiczny

pair bonding *n* Zool łączenie się *n* w pary

paisley /ˈpeɪzlɪ/ **I** *n* (fabric) tkanina *f* w „tureckie" wzory

II *modif [scarf, skirt]* w „tureckie" wzory; *[pattern]* „turecki"

pajamas *npl* US = **pyjamas**

Paki /ˈpækɪ/ **I** *n* GB vinfml offensive Pakista|ńczyk *m*, -nka *f*

II *adj* pakistański

Paki-basher /ˈpækɪbæʃə(r)/ *n* GB vinfml *osoba zachowująca się agresywnie w stosunku do imigrantów z Pakistanu lub Indii*

Paki-bashing /ˈpækɪbæʃɪŋ/ *n* GB vinfml *agresja w stosunku do imigrantów z Pakistanu lub Indii*

Pakistan /ˌpɑːkɪˈstɑːn, ˌpækɪ-/ *prn* Pakistan *m*

Pakistani /ˌpɑːkɪˈstɑːnɪ, ˌpækɪ-/ **I** *n* Pakista|ńczyk *m*, -nka *f*

II *adj* pakistański

pal /pæl/ infml *n* [1] (friend) kumpel *m*, -ka *f* infml; **to be ~s with sb** przyjaźnić się or kolegować się z kimś; **be a ~!** bądź dobrym kumplem! [2] (as form of address) koleś *m* infml; **listen ~!** słuchaj no, koleś!

■ **pal up** (*prp, pt, pp* **-ll-**) zaprzyjaźnić się, zakolegować się **(with sb** z kimś)

PAL /pæl/ *n* TV = **phase alternative line** (also **~ system**) (system) PAL *m*

palace /ˈpælɪs/ *n* pałac *m*; **the Palace has issued a statement** GB rzecznik Pałacu Buckingham wydał oświadczenie

palace coup *n* = **palace revolution**

palace revolution *n* rewolucja *f* pałacowa

paladin /ˈpælədɪn/ *n* [1] liter (champion) orędownik *m* [2] Hist paladyn *m*

palaeo+ *in combinations* = **paleo+**

palais (de danse) /ˈpæleɪ (dəˈdɑːns)/ *n* GB infml dat sala *f* balowa

palatable /ˈpælətəbl/ *adj* [1] *[food]* smaczny; **the wine was barely ~** wino ledwo dało się pić [2] *[solution, law]* do przyjęcia; **to be ~ to sb** być do przyjęcia dla kogoś; **to present sth in a more ~ form** przedstawić coś w strawniejszej or łatwiejszej do zrozumienia formie

palatal /ˈpælətl/ *adj* Anat podniebienny; Ling palatalny, miękki

palatalize /ˈpælətəlaɪz/ *vt* Ling s|palatalizować

palate /ˈpælət/ *n* [1] Anat podniebienie *n* [2] fig (ability to taste) podniebienie *n* fig; (liking) gust *m*; **to have a discriminating ~** mieć wybredne podniebienie or wybredny gust; **too sweet for my ~** za słodki jak na mój gust; **a fine wine with blackcurrant flavours on the ~** dobre wino o lekkim smaku czarnych porzeczek

palatial /pəˈleɪʃl/ *adj [residence]* okazały, wspaniały; **your house is ~ compared with mine** twój dom to pałac w porównaniu z moim

palatinate /pəˈlætɪneɪt, US -tənət/ *n* palatynat *m*

palaver /pəˈlɑːvə(r), US -ˈlæv-/ *n* [1] infml (bother) zawracanie *n* głowy infml; **all the ~ of booking a flight** całe to zawracanie głowy z rezerwacją biletów; **what a ~!** cóż za zawracanie głowy! [2] infml (discussion) czcza gadanina *f* infml, przelewanie *n* z pustego w próżne; **there's been a lot of ~ about it** mówi się o tym dużo i bez sensu [3] dat (conference) palawer *m* dat

pale[1] /peɪl/ **I** *adj* (pallid) *[person, skin, colour, light]* blady; (light) *[complexion, colour, moonlight]* jasny; **~ blue** bladoniebieski, jasnoniebieski; **you look ~** jesteś blady; **~ with fright/rage** blady ze strachu/wściekłości; **to grow** or **turn ~** zblednąć, pobledńąć; **a ~ imitation of sth** fig kiepska imitacja czegoś

II *vi* [1] *[person]* z|blednąć, pobledńąć [2] fig **to ~ beside** or **in comparison with sth** blednąć przy czymś or w porównaniu z czymś; **to ~ into insignificance (beside sth)** być niczym (w porównaniu z czymś)

pale[2] /peɪl/ *n* (boundary) granica *f*

IDIOMS: **to be beyond the ~** być nie do przyjęcia; **to put sb beyond the ~** stawiać kogoś poza nawiasem

pale ale *n* GB jasne piwo *n* ale

paleface /ˈpeɪlfeɪs/ *n* (white settler) blada twarz *f*

pale-faced /ˌpeɪlˈfeɪst/ *adj* (naturally) blady; (through fear, shock) pobladły

paleness /ˈpeɪlnɪs/ *n* bladość *f*

paleographer /ˌpælɪˈɒgrəfə(r)/ *n* paleograf *m*

paleography /ˌpælɪˈɒgrəfɪ/ *n* paleografia *f*

paleolithic /ˌpælɪəʊˈlɪθɪk/ **I** *n* **the ~** paleolit *m*

II *adj* paleolityczny

paleontologist /ˌpælɪɒnˈtɒlədʒɪst/ *n* paleontolog *m*

paleontology /ˌpælɪɒnˈtɒlədʒɪ/ *n* paleontologia *f*

Palestine /ˈpæləstaɪn/ *prn* Palestyna *f*

Palestine Liberation Organization, PLO *n* Organizacja *f* Wyzwolenia Palestyny, OWP *inv*

Palestinian /ˌpælɪˈstɪnɪən/ **I** *n* Palesty|ńczyk *m*, -nka *f*

II *adj* palestyński

palette /ˈpælɪt/ *n* (object, colours) paleta *f*

palette knife *n* [1] Art szpachla *f* [2] Culin łopatka *f*

palfrey /ˈpɔːlfrɪ/ *n* arch stępak *m*

palimony /ˈpælɪmənɪ/ *n* alimenty *plt (wypłacane byłej konkubinie lub byłemu konkubentowi)*

palimpsest /ˈpælɪmpsest/ *n* palimpsest *m*

palindrome /ˈpælɪndrəʊm/ *n* palindrom *m*

paling /ˈpeɪlɪŋ/ **I** *n* (stake) pal *m*, kołek *m*

II palings *npl* (fence) parkan *m*

palisade /ˌpælɪˈseɪd/ **I** *n* palisada *f*, częstokół *m*, ostrokół *m*

II palisades *npl* US (cliffs) wysokie, strome skały *f pl* nadrzeczne

pall[1] /pɔːl/ *n* [1] (coffin-cloth) całun *m*, kir *m*; (coffin) trumna *f* [2] (covering) (of smoke, dust) obłok *m*, chmura *f*; **a ~ of gloom** ponura atmosfera; **a ~ of mystery** zasłona tajemnicy

IDIOMS: **to cast a ~ over sth** zepsuć or zmącić nastrój czegoś *[event]*

pall[2] /pɔːl/ *vi* s|przykrzyć się, znudzić się **(on sb** komuś); **his jokes began to ~ on**

us jego dowcipy przejadły się nam; **the allure of city life soon began to ~** uroki życia miejskiego szybko przybladły
Palladian /pə'leɪdɪən/ *adj* Archit palladiański
palladium /pə'leɪdɪəm/ *n* Chem pallad *m*
pallbearer /'pɔːlbeərə(r)/ *n* żałobnik *m* niosący trumnę
pallet[1] /'pælɪt/ *n* [1] (mattress) siennik *m* [2] dat (bed) posłanie *n*, prycza *f*
pallet[2] /'pælɪt/ *n* (for loading) paleta *f*
pallet truck *n* wózek *m* paletowy
palliasse /'pælɪæs, US ˌpælɪ'æs/ *n* dat siennik *m*
palliate /'pælɪeɪt/ *vt* fml [1] (alleviate) uśmierz|yć, -ać *[pain]*; u|koić *[grief]* [2] Jur stanowić okoliczność łagodzącą dla (czegoś) *[offence, crime]*
palliative /'pælɪətɪv/ **I** *n* Med środek *m* uśmierzający, paliatyw *m*; fig półśrodek *m*
II *adj* łagodzący, paliatywny
pallid /'pælɪd/ *adj* [1] *[complexion, face, light]* blady [2] fig *[performance, presentation]* bezbarwny
pallor /'pælə(r)/ *n* bladość *f*
pally /'pælɪ/ *adj* GB infml **to be ~ with sb** przyjaźnić się or kolegować się z kimś; **to get ~ with sb** pej spoufalać się z kimś
palm[1] /pɑːm/ **I** *n* (of hand) dłoń *f*; **in the ~ of one's hand** w dłoni; **he read my ~** powróżył mi z ręki
II *vt* [1] (hide in hand) ukry|ć, -wać w dłoni [2] (steal) ściągnąć, zwędzić infml [3] Sport odbi|ć, -jać dłonią *[ball]*
■ **palm off** infml: **~ off [sth], ~ [sth] off** (sell) op|chnąć, -ychać infml; **to ~ sth off as the original** opchnąć coś jako oryginał; **to ~ sth off on sb, to ~ sb off with sth** wcisnąć coś komuś infml; **I'll ~ him off with some excuse or other** wcisnę mu jakiś kit infml
IDIOMS: **you'll have him in the ~ of your hand** będzie ci jadł z ręki; **to grease** or **oil sb's ~** dać komuś w łapę infml; **to cross sb's ~ with silver** (give money) zapłacić komuś; (bribe) przekupić kogoś; **to know sth like the back of one's ~** znać coś jak własną kieszeń
palm[2] /pɑːm/ **I** *n* [1] (also **~ tree**) palma *f* [2] (branch) gałązka *f* palmowa; (leaf) liść *m* palmy [3] Relig palemka *f*
II *modif [leaf, tree]* palmowy
IDIOMS: **to bear** or **carry off the ~** zdobyć palmę pierwszeństwa
palmate /'pælmeɪt/ *adj* Bot palczasty, dłoniasty; Zool pływny, zaopatrzony w błony pławne
palmetto /pæl'metəʊ/ *n* (*pl* **-toes, -tos**) Bot palmiczka *f*, karłatka *f*
palm grove *n* gaj *m* palmowy
palmist /'pɑːmɪst/ *n* chiromant|a *m*, -ka *f*
palmistry /'pɑːmɪstrɪ/ *n* chiromancja *f*
Palm Sunday *n* Relig Niedziela *f* Palmowa
palmtop /'pɑːmtɒp/ *n* (also **~ computer**) komputer *m* kieszonkowy, palmtop *m*
palmy /'pɑːmɪ/ *adj* liter pomyślny; **in the ~ days of sth** w okresie świetności czegoś; **in my ~ days** za moich najlepszych lat
palomino /ˌpælə'miːnəʊ/ *n* koń *m* palomino
palooka /pə'luːkə/ *n* US infml patafian *m* infml pej
palpable /'pælpəbl/ *adj* [1] (evident) *[difference, tension, relief]* wyraźny; *[lie, error, nonsense]* ewidentny; *[advantages]* namacalny [2] Med *[tumour]* wyczuwalny, namacalny
palpably /'pælpəblɪ/ *adv* wyraźnie, ewidentnie
palpate /'pælpeɪt/ *vt* Med obmac|ać, -ywać, z|badać palpacyjnie
palpitate /'pælpɪteɪt/ *vi [heart]* kołatać; **he was palpitating with excitement** drżał z podniecenia
palpitation /ˌpælpɪ'teɪʃn/ *n* palpitacje *f pl*, kołatanie *n* serca
palsied /'pɔːlzɪd/ *adj* Med arch porażony; liter (trembling) *[hand]* drżący
palsy /'pɔːlzɪ/ *n* [1] Med (paralysis) porażenie *n* [2] (trembling) drżenie *n*
palsy-walsy /ˌpælzɪ'wælzɪ/ *adj* GB infml poufały, spoufalony
paltriness /'pɔːltrɪnɪs/ *n* marność *f*
paltry /'pɔːltrɪ/ *adj [sum]* śmiesznie mały; *[excuse]* kiepski, marny; *[remark, concerns]* błahy; **they won a ~ three seats** Pol zdobyli marne trzy mandaty
pampas /'pæmpəs, US -əz/ *n (+ v sg)* **the ~** pampa *f*, pampasy *plt*
pampas grass *n* Bot trawa *f* pampasowa, kortaderia *f*
pamper /'pæmpə(r)/ **I** *vt* rozpieszczać *[person, pet]*; pielęgnować *[skin]*; **to ~ sb with sweets** dogadzać komuś, podsuwając mu słodycze
II *vr* **to ~ oneself** dogadzać sobie
pampered *adj* /'pæmpəd/ rozpieszczony
Pampers® /'pæmpəz/ *npl* pampersy *m pl*
pamphlet /'pæmflɪt/ *n* [1] broszur(k)a *f* [2] Hist (satirical) pamflet *m*
pamphleteer /ˌpæmflɪ'tɪə(r)/ *n* [1] autor *m*, -ka *f* broszur polemicznych [2] (satirist) pamflecista *m*
pan[1] /pæn/ **I** *n* [1] Culin (also **saucepan**) rondel *m*; (small) rondelek *m*; (with two handles) garnek *m*; (also **frying ~**) patelnia *f*; US (also **cake ~**) forma *f (do ciasta, tortu)*; **heavy ~** garnek z grubym dnem; **a ~ of boiling water** garnek wrzątku; **heat up a ~ of water** zagotuj wodę (w garnku) or garnek wody [2] (on scales) szal(k)a *f* [3] (in lavatory) muszla *f* klozetowa [4] (for washing ore) miska *f*, panew *f*
II *vt* (*prp, pt, pp* **-nn-**) [1] infml (criticize) zje|chać, -żdżać, schlastać infml *[performance, production]* [2] Miner wypłuk|ać, -iwać, płukać *[gravel, gold]*
III *vi* (*prp, pt, pp* **-nn-**) Miner **to ~ for gold** wypłukiwać złoto
■ **pan out** (turn out) po|toczyć się, u|łożyć, -kładać się; (turn out well) powieść się
IDIOMS: **to go down the ~** GB infml pójść na marne
pan[2] /pæn/ (*prp, pt, pp* **-nn-**) Cin, Phot, TV **I** *vt* z|robić ujęcie panoramiczne (czegoś) *[scene]*; przesu|nąć, -wać *[camera]*
II *vi* panoramować; **to ~ along the street** zrobić panoramiczne ujęcie ulicy
Pan+ /pæn/ *in combinations* **Pan-African** panafrykański; **Pan-American** panamerykański; **Pan-Slavism** panslawizm
Pan /pæn/ *prn* Mythol Pan *m*
panacea /ˌpænə'sɪːə/ *n* panaceum *n*
panache /pæ'næʃ, US pə-/ *n* polot *m*, rozmach *m*
Panama /'pænəmɑː/ **I** *n* (also **panama**) (hat) panama *f*
II *prn* Panama *f*
Panama Canal *n* Kanał *m* Panamski
Panama City /ˌpænəmə'sɪtɪ/ *prn* Panama *f*
Panama hat *n* = **Panama I**
Panamanian /ˌpænə'meɪnɪən/ **I** *n* Panam|czyk *m*, -ka *f*
II *adj* panamski
pancake /'pæŋkeɪk/ *n* [1] Culin naleśnik *m* [2] Theat (make-up) podkład *m*
IDIOMS: **as flat as a ~** infml płaski jak stół
pancake day *n* ostatki *plt (ostatni dzień karnawału)*
pancake filling *n* nadzienie *n* or farsz *m* do naleśników
pancake landing *n* Aviat lądowanie *n* z przepadnięciem
pancake mix *n* (in packet) ciasto *n* naleśnikowe w proszku; (batter) ciasto *n* naleśnikowe
pancake race *n* wyścig *m* mięsopustowy z naleśnikami
pancake rolls *n* GB sajgonki *f pl*
panchromatic /ˌpænkrə'mætɪk/ *adj* panchromatyczny
pancreas /'pæŋkrɪəs/ *n* Anat trzustka *f*
pancreatic /ˌpæŋkrɪ'ætɪk/ *adj [secretion, juice]* trzustkowy; **~ tumour** nowotwór trzustki
panda /'pændə/ *n* Zool panda *f*
panda car *n* GB infml wóz *m* patrolowy, radiowóz *m*
pandemic /pæn'demɪk/ Med **I** *n* pandemia *f*
II *adj* pandemiczny
pandemonium /ˌpændɪ'məʊnɪəm/ *n* chaos *m*; pandemonium *n* liter
pander /'pændə(r)/ **I** *n* arch rajfur *m* dat
II *vi* **to ~ to sb** ulegać komuś or kaprysom kogoś, dogadzać komuś; **to ~ to his/her whims** dogadzać or ulegać jego/jej kaprysom; **the book ~s to racial prejudice** książka afirmuje uprzedzenia rasowe
Pandora /pæn'dɔːrə/ *prn* Mythol Pandora *f*; **~'s box** puszka Pandory also fig
pane /peɪn/ *n* (also **~ of glass**) szyba *f*
panegyric /ˌpænɪ'dʒɪrɪk/ *n* liter panegiryk *m* (**on** or **of sb/sth** na cześć kogoś/czegoś)
panel /'pænl/ **I** *n* [1] (of experts) zespół *m*; (in discussion) panel *m*; Radio, TV (on discussion programme) uczestnicy *m pl* dyskusji; (judges on quiz show) jury *n inv*, komisja *f* sędziowska; **to be on a ~** (of experts, judges) być członkiem zespołu/komisji, być w jury; Radio, TV brać udział w dyskusji [2] Jur (list) lista *f* sędziów przysięgłych; (specific jury) ława *f* przysięgłych [3] Archit, Constr (section of wall, door) (of wood) płycina *f*; (of glass) tafla *f*; (section of wainscotting) panel *m* [4] Art, Archit (to paint picture on) deska *f*, tablica *f*; (on wall) panneau *n inv*; (of stained glass) kwatera *f* [5] Aut, Tech (section) płat *m*; (of instruments, switches) pulpit *m* sterowniczy; (in car) deska *f* rozdzielcza [6] Fashn (insert) bryt *m*; (stiffened) plastron *m* [7] Equest poduszka *f* (u siodła)
II *vt* (*prp, pt, pp* **-ll-, -l-** US) (with wood) pokry|ć, -wać boazerią *[wall]*; wprawi|ć, -ać płyciny w (czymś) *[door]*
III panelled, paneled US *prp adj [walls, room]* wyłożony boazerią; *[door, ceiling]* płycinowy

P

IV **-panelled, -paneled** US *in combinations* **oak-/wood-~led** wyłożony dębiną/drewnem

panel beater *n* blacharz *m* samochodowy

panel-beating /ˈpænlbiːtɪŋ/ *n* blacharstwo *n* samochodowe; blacharka *f* infml

panel discussion *n* Radio, TV dyskusja *f* panelowa

panel game *n* quiz *m*, kwiz *m* *(radiowy, telewizyjny)*

panelling, paneling US /ˈpænəlɪŋ/ *n* boazeria *f*, wykładzina *f*

panellist, panelist US /ˈpænəlɪst/ *n* Radio, TV uczestni|k *m*, -czka *f* dyskusji

panel painting *n* (technique) malarstwo *n* tablicowe; (picture) malowidło *n* na desce or tablicy

panel pin *n* sztyft *m* *(cienki gwóźdź z maleńką główką)*

panel truck *n* US furgonetka *f*

pan-fry /ˈpænfraɪ/ *vt* u|smażyć

pang /pæŋ/ *n* [1] (emotional) ściśnięcie *n* serca; **a ~ of jealousy/regret** ukłucie zazdrości/żalu; **~s of conscience** or **guilt** wyrzuty sumienia [2] (physical) **~s of hunger, hunger ~s** skurcze głodowe or żołądka; **he was feeling ~s** głód skręcał mu kiszki, skręcało go z głodu; **birth ~s** bóle porodowe; fig początkowe trudności

panhandle /ˈpænhændl/ US infml **I** *vt* po|prosić (kogoś) o jałmużnę

II *vi* żebrać

panhandler /ˈpænhændlə(r)/ *n* US infml żebra|k *m*, -czka *f*

panic /ˈpænɪk/ **I** *n* [1] (fear) panika *f*, popłoch *m*; **in (a) ~** w panice, w popłochu; **to get into a ~** wpaść w panikę or popłoch; spanikować infml **(about sth** z powodu czegoś); **to spread ~** szerzyć or siać panikę; **the news threw the city into a ~** wiadomość wywołała w mieście panikę; **the whole crowd was thrown into a ~** tłum ogarnęła panika [2] US infml **she's a ~** niezła z niej zgrywuska infml; **the film is a ~** film jest przekomiczny

II *modif [decision]* podjęty w panice; *[reaction]* paniczny

III *vt* (*prp, pt, pp* **-ck-**) przestrasz|yć, -ać *[person]*; s|płoszyć *[animal]*; wywoł|ać, -ywać panikę wśród (kogoś) *[crowd]*; **to be ~ked into doing sth** zrobić coś w panice

IV *vi* (*prp, pt, pp* **-ck-**) *[person, animal, crowd]* wpa|ść, -dać w panikę; *[person]* s|panikować infml; **don't ~!** nie wpadaj w panikę!, nie panikuj!; **to ~ at the idea /sight of sth** wpaść w panikę na myśl o czymś/na widok czegoś

panic attack *n* paniczny strach *m*; **to have a ~** odczuć paniczny strach

panic button *n* guzik *m* alarmowy; **to hit** or **push the ~** infml podnieść alarm

panic buying *n* masowe wykupywanie *n* towarów

panicky /ˈpænɪkɪ/ *adj [reaction, feeling]* panikarski infml; *[person]* rozhisteryzowany; **to get ~** wpadać w panikę; panikować infml

panic measure *n* Econ, Pol nagła decyzja *f*

panic selling *n* Fin nagła wyprzedaż *f* akcji przez drobnych inwestorów

panic stations *npl* stan *m* gotowości; nerwówka *f* infml; **~! the guests are coming** na stanowiska! goście nadchodzą hum; **it was ~ in the office** w biurze panowała nerwówka

panic-stricken /ˈpænɪkstrɪkn/ *adj [person, crowd]* ogarnięty panicznym strachem; **he was ~** ogarnął go paniczny strach

pannier /ˈpænɪə(r)/ *n* [1] (basket) kosz *m* *(noszony na plecach lub przez zwierzę juczne)* [2] (also **~ bag**) (on horse, bicycle) sakwa *f* boczna; (on motorbike) kufer *m* boczny [3] Hist Fashn rogówka *f*, panier *m*

panoply /ˈpænəplɪ/ *n* [1] (wide range) (cały) wachlarz *m*; **a whole ~ of drugs** cały wachlarz leków [2] (impressive show) przepych *m*, pompa *f*; **the whole ~ of a royal wedding** cały przepych królewskiego ślubu [3] Hist (armour) pełna zbroja *f* [4] Art panoplia *f*

panorama /ˌpænəˈrɑːmə/ *n* panorama *f* also fig

panoramic /ˌpænəˈræmɪk/ *adj* panoramiczny

panpipes /ˈpænpaɪps/ *npl* Mus fletnia *f* Pana

pan scourer *n* druciak *m*

pan scrubber *n* = **pan scourer**

pansy /ˈpænzɪ/ *n* [1] Bot (garden) bratek *m*; (wild) fiołek *m* [2] infml dat (weak man) mięczak *m*, laluś *m* infml; (homosexual) pedzio *m* infml offensive

pant /pænt/ **I** *n* szybki urywany oddech *m*, zadyszka *f*

II *vt* = **pant out**

III *vi* [1] (breathe hard) *[person]* dyszeć, sapać; *[dog]* ziajać; **to be ~ing for breath** nie móc złapać tchu; **she came ~ing up the stairs** weszła po schodach, dysząc or sapiąc [2] fig (yearn) **to be ~ing for** or **after sth** łaknąć czegoś; **to be ~ing with desire /eagerness** pałać pożądaniem/chęcią liter

■ **pant out**: **~ out [sth], ~ [sth] out** powiedzieć zdyszanym głosem, wydyszeć

pantaloons /ˌpæntəˈluːnz/ *npl* dat pantalony *plt* dat

pantechnicon /pænˈteknɪkən/ *n* GB dat meblowóz *m*

pantheism /ˈpænθiːɪzəm/ *n* panteizm *m*

pantheist /ˈpænθiːɪst/ *n* panteista *m*

pantheon /ˈpænθɪən, US -θɪɒn/ *n* panteon *m* also fig

panther /ˈpænθə(r)/ *n* [1] (leopard) pantera *f* [2] US (puma) puma *f*

panties /ˈpæntɪz/ *npl* majtki *plt*, figi *plt*

pantihose *n* = **pantyhose**

pantile /ˈpæntaɪl/ *n* esówka *f*, dachówka *f* holenderska

panting /ˈpæntɪŋ/ **I** *n* dyszenie *n*, zadyszka *f*

II *adj [person, animal]* zadyszany, zasapany; *[breath]* szybki, urywany

panto /ˈpæntəʊ/ *n* GB infml = **pantomime** [1]

pantograph /ˈpæntəgrɑːf, US -græf/ *n* pantograf *m*

pantomime /ˈpæntəmaɪm/ *n* [1] GB Theat muzyczne przedstawienie *n* gwiazdkowe *(dla dzieci)* [2] Theat (mime) pantomima *f*; **to explain sth in ~** wyjaśnić coś na migi [3] (absurd behaviour) farsa *f* fig

pantry /ˈpæntrɪ/ *n* [1] (larder) spiżarnia *f* [2] (butler's) pokój *m* kredensowy

pants /pænts/ **I** *npl* [1] US (trousers) spodnie *plt*; (short) spodenki *plt*; **two pairs of ~** dwie pary spodni; **he was still in short ~** fig nosił jeszcze koszulę w zębach fig [2] GB (underwear) (woman's) majtki *plt*; (man's) slipy *plt*, kalesony *plt*

II *vt* US infml ściąg|nąć, -ać gacie (komuś) infml

IDIOMS: **to beat the ~ off sb** infml przetrzepać komuś skórę infml; **to bore the ~ off sb** infml zanudzić kogoś na śmierć; **to charm the ~ off sb** infml kompletnie komuś zawrócić w głowie; **to scare the ~ off sb** infml napędzić komuś stracha; **to catch sb with his/her ~ down** infml zaskoczyć kogoś, wprawić kogoś w zakłopotanie; **to do sth by the seat of one's ~** robić coś na wyczucie; **to wear the ~** infml nosić spodnie fig *(o kobiecie)*; **a kick in the ~** kop w tyłek infml also fig

pantsuit /ˈpæntsuːt, -sjuːt/ *n* US spodnium *m*

panty /ˈpæntɪ/ *n* → **panties**

panty girdle *n* majtki *plt* obciskające

pantyhose /ˈpæntɪhəʊz/ *npl* US rajstopy *plt*

panty-liner /ˈpæntɪlaɪnə(r)/ *n* wkładka *f* higieniczna

panzer /ˈpænzə(r)/ *adj* **~ division** (niemiecka) dywizja pancerna

pap[1] /pæp/ *n* [1] (soft food) papka *f*, kleik *m* [2] pej (in book, on TV) papka *f* fig

pap[2] /pæp/ *n* arch (nipple) sutek *m*

papa /pəˈpɑː, US ˈpɑːpə/ *n* [1] dat ojciec *m* [2] tata *m*

papacy /ˈpeɪpəsɪ/ *n* (office) **the ~** papiestwo *n*; (term of office) pontyfikat *m*

papal /ˈpeɪpl/ *adj* papieski

papal bull *n* bulla *f* papieska

papal nuncio *n* nuncjusz *m* papieski

Papal States *npl* **the ~** Państwo *n* Kościelne

paparazzi /ˌpæpəˈrætsɪ/ *npl* paparazzi *m pl inv*

papaw *n* US = **pawpaw**

papaya /pəˈpaɪə/ *n* [1] (tree) melonowiec *m* [2] (fruit) papaja *f*

paper /ˈpeɪpə(r)/ **I** *n* [1] (material) papier *m*; **a piece/sheet of ~** kawałek/arkusz papieru; **cigarette ~** bibułka papierosowa; **to be made of ~** być z papieru; **don't throw ~ on the floor** nie rzucaj papierów na podłogę; **to get** or **put down sth on ~** zapisać coś; **it's a good idea on ~** fig teoretycznie jest to dobry pomysł; **this car exists only on ~** ten samochód istnieje tylko na papierze; **this contract is not worth the ~ it's written on** ta umowa nie jest warta funta kłaków infml [2] (also **wallpaper)** tapeta *f* [3] (also **news~)** gazeta *f*; **local/Sunday ~** gazeta lokalna/niedzielna [4] (scholarly article) artykuł *m* **(on sth** na temat czegoś) [5] (at conference) referat *m* **(on sth** na temat czegoś); **to give** or **present a ~** wygłosić referat; **I'm writing Monday's discussion ~** przygotowuję referat na poniedziałkową dyskusję [6] Univ (essay) praca *f* (pisemna) **(on sth** na temat czegoś); (examination) egzamin *m* pisemny; **the French ~** praca pisemna/egzamin pisemny z francuskiego [7] Fin papier *m* wartościowy, walor *m*; **commercial ~** weksel handlowy; **financial ~** papier dłużny; **long/short ~** weksel długoterminowy/krótkoterminowy [8] (government publication) raport *m* rządowy

II papers *npl* Admin papiery *m pl*, dokumenty *m pl*; **identification ~s** dokument tożsamości

III *modif* [1] *[bag, hat, napkin]* papierowy; *[industry]* papierniczy; **~ manufacture** produkcja papieru [2] fig *[loss, profit]* teoretyczny; *[promise, agreement]* papierowy fig

IV *vt* [1] (also **wallpaper)** wy|tapetować *[room, wall]* [2] Theat **to ~ the house** zapełni|ć, -ać widownię *(dzięki darmowym biletom)*

V *vi* **to ~ over sth** zakle|ić, -jać *[hole, crack]*; **to ~ over the existing wallpaper** nakleić nową tapetę na starą; **to ~ over one's differences** fig tuszować nieporozumienia

IDIOMS: **to ~ over the cracks** starać się ukryć niemiłą prawdę; **he couldn't fight his way out of a ~ bag** infml z niego jest prawdziwa ofiara losu

paperback /ˈpeɪpəbæk/ **I** *n* książka *f* w miękkiej or broszurowej oprawie; **in ~** w miękkiej or broszurowej oprawie

II *modif [edition, version]* w miękkiej or broszurowej oprawie; **~ rights** prawa autorskie do wydania w oprawie miękkiej or broszurowej

paper bank *n* pojemnik *m* na makulaturę

paperboard /ˈpeɪpəbɔːd/ *n* karton *m*

paperbound /ˈpeɪpəbaʊnd/ *adj* Print, Publg broszurowy

paper boy *n* gazeciarz *m*

paper chain *n* łańcuch *m* papierowy

paper chase *n* ≈ podchody *plt (z trasą oznaczoną kawałkami papieru)*

paperclip /ˈpeɪpəklɪp/ *n* spinacz *m*

paper cup *n* kubek *m* papierowy or kartonowy

paper currency *n* pieniądz *m* papierowy

paper fastener *n* spinka *f* do papieru

paper feed tray *n* Comput podajnik *m* papieru

paper girl *n* gazeciarka *f*

paper handkerchief *n* chusteczka *f* higieniczna

paperhanger /ˈpeɪpəhæŋgə(r)/ *n* tapeciarz *m*

paper knife *n* nóż *m* do papieru

paper lantern *n* lampion *m*

paperless /ˈpeɪpəlɪs/ *adj* Comput *[office, system]* skomputeryzowany

paper mill *n* papiernia *f*, fabryka *f* papieru

paper money *n* pieniądze *m pl* papierowe

paper-pusher /ˈpeɪpəpʊʃə(r)/ *n* gryzipiórek *m* infml; urzędas *m* infml pej

paper qualifications *npl* dokumenty *m pl (potwierdzające przygotowanie zawodowe)*

paper round *n* GB roznoszenie *n* gazet; **he has** or **does a ~** on roznosi gazety

paper route *n* US = **paper round**

paper seller *n* gazecia|rz *m*, -rka *f*

paper shop *n* kiosk *m* z gazetami

paper shredder *n* niszczarka *f* dokumentów

paper tape *n* Comput taśma *f* papierowa

paper-thin /ˌpeɪpəˈθɪn/ *adj* cienki jak bibułka or jak papier

paper tiger *n* fig papierowy tygrys *m* fig

paper towel *n* ręcznik *m* papierowy

paperweight /ˈpeɪpəweɪt/ *n* przycisk *m* do papieru

paperwork /ˈpeɪpəwɜːk/ *n* [1] Admin papierkowa robota *f* or praca *f* [2] (documentation) papiery *plt*

papery /ˈpeɪpərɪ/ *adj [texture, leaves]* cienki i suchy jak papier; *[skin]* pergaminowy

papilla /pəˈpɪlə/ *n* (*pl* **-illae)** Bot, Med brodawka *f*

papist /ˈpeɪpɪst/ pej **I** *n* papista *m*, -ka *f*

II *adj* papistowski

papoose /pəˈpuːs/ *n* [1] dat (baby) dziecko *n* indiańskie [2] (to carry baby) nosidełko *n (noszone na plecach)*

pappy[1] /ˈpæpɪ/ *n* US infml tata *m* infml

pappy[2] /ˈpæpɪ/ *adj [soup]* papkowaty, klajstrowaty; fig *[novel]* szmirowaty infml pej

paprika /ˈpæprɪkə, pəˈpriːkə/ *n* Bot, Culin papryka *f*

Pap smear /ˈpæpsmɪə(r)/ *n* US Med badanie *n* cytologiczne, wymaz *m* z pochwy; cytologia *f* infml

Pap test /ˈpæptest/ *n* = **Pap smear**

Papuan /ˈpɑːpʊən, ˈpæ-/ **I** *n* (inhabitant) Papua|ńczyk *m*, -nka *f*; (aboriginal) Papuas *m*, -ka *f*

II *adj [capital, ambassador]* papuański; *[culture, language]* papuaski

Papua New Guinea /ˌpɑːpʊənjuːˈgɪniː, US -nuː-/ *prn* Papua-Nowa Gwinea *f*

papyrus /pəˈpaɪərəs/ *n* (*pl* **~es, -pyri)** papirus *m*

par /pɑː(r)/ *n* [1] (equal level) **to be on a ~ with sb/sth** dorównywać komuś/czemuś, stać na równi z kimś/czymś; **the two athletes are on a ~** obydwaj sportowcy są na tym samym poziomie; **the two systems are more or less on a ~** oba systemy są mniej więcej równorzędne; **the new law puts us on a ~ with workers in other countries** nowe prawo zrównuje nas z robotnikami w innych krajach [2] (accepted standard) **to be below** or **under ~** (be less good) być nie na poziomie; **his work was below ~ this month** w tym miesiącu jego praca była nie na poziomie; **not to be/feel up to ~, to be/feel below ~** nie być w formie [3] Fin (also **~ of exchange)** parytet *m* (walutowy); (also **~ value)** wartość *f* nominalna or parytetowa; **at ~** według parytetu or nominału; **above /below ~** powyżej/poniżej parytetu or nominału [4] (in golf) norma *f*; **two under ~** dwa (uderzenia) poniżej normy

IDIOMS: **it's ~ for the course** to było do przewidzenia

para /ˈpærə/ *n* [1] = **paragraph** [2] GB Mil infml = **paratrooper**

parable /ˈpærəbl/ *n* Bible przypowieść *f*

parabola /pəˈræbələ/ *n* Math parabola *f*

parabolic /ˌpærəˈbɒlɪk/ *adj* paraboliczny

parabolic reflector *n* Astron zwierciadło *n* paraboliczne

paraboloid /pəˈræbəlɔɪd/ *n* Math paraboloida *f*

paracetamol /ˌpærəˈsetəmɒl, -ˈsiːtəmɒl/ *n* GB paracetamol *m*

parachute /ˈpærəʃuːt/ **I** *n* spadochron *m*

II *vt* zrzuc|ić, -ać, dokon|ać, -ywać zrzutu (kogoś/czegoś) *(na spadochronie)*; **to ~ medical supplies into a region** dokonać zrzutu leków w (jakimś) regionie

III *vi [person]* sk|oczyć, -akać na spadochronie

parachute drop *n* zrzut *m (na spadochronie)*

parachute jump *n* skok *m* spadochronowy

parachute regiment *n* pułk *m* spadochronowy

parachute silk *n* jedwab *m* na czasze spadochronowe

parachuting /ˈpærəʃuːtɪŋ/ *n* spadochroniarstwo *n*; **to go ~** skakać na spadochronie

parachutist /ˈpærəʃuːtɪst/ *n* spadochronia|rz *m*, -rka *f*, skoczek *m* spadochronowy

Paraclete /ˈpærəkliːt/ *n* Paraklet *m*

parade /pəˈreɪd/ **I** *n* [1] (procession) parada *f*; (ceremonial) pochód *m*, defilada *m*; **carnival ~** parada karnawałowa [2] Mil (public march) parada *f*; (review) defilada *f*; (in barracks) apel *m*; **victory ~** defilada zwycięstwa; **to be on ~** brać udział w paradzie/defiladzie [3] (display) (of inventions, designs) pokaz *m*; (of fashion) rewia *f*; (of ideas) often pej popisywanie się *n*, demonstracja *f*; **new inventions will be on ~** zostaną zaprezentowane nowe wynalazki; **to make a ~ of sth** pej obnosić się z czymś *[grief]*; afiszować się (czymś) *[knowledge]* [4] GB (row) **a ~ of shops** rząd sklepów

II *vt* [1] (display) often pej afiszować się (czymś) *[knowledge, wealth]*; obnosić się z (czymś) *[feelings]* [2] (claim) za|prezentować, przedstawi|ć, -ać; **it was ~d as the miracle solution** zaprezentowano to jako cudowne rozwiązanie

III *vi* [1] (celebrate or protest) defilować, maszerować; **to ~ through the city centre** przedefilować przez śródmieście; **to ~ up and down** *[soldier]* maszerować tam i z powrotem; **to ~ before sb** przedefilować przed kimś [2] (show off) (also **~ about** or **around)** paradować; **self-interest parading as humanitarianism** własny interes udający humanitarność

parade ground *n* plac *m* apelowy

paradigm /ˈpærədaɪm/ *n* [1] fml (in science) paradygmat *m* fml; (example) model *m* [2] Ling paradygmat *m*

paradigmatic /ˌpærədɪgˈmætɪk/ *adj* fml paradygmatyczny fml

paradise /ˈpærədaɪs/ *n* Relig raj *m* also fig; **in ~** w raju; **an artist's ~** raj dla artystów; **an island ~** rajska wyspa

IDIOMS: **to be living in a fool's ~** żyć złudzeniami

paradox /ˈpærədɒks/ *n* paradoks *m*

paradoxical /ˌpærəˈdɒksɪkl/ *adj* paradoksalny

paradoxically /ˌpærəˈdɒksɪklɪ/ *adv* paradoksalnie

paraffin /ˈpærəfɪn/ **I** *n* [1] GB (fuel) nafta *f* [2] (also **~ wax)** parafina *f*

II *modif [lamp]* naftowy; *[heater]* olejowy

paraglider /ˈpærəglaɪdə(r)/ *n* paralotniarz *m*

paragliding /ˈpærəglaɪdɪŋ/ *n* paralotniarstwo *n*

paragon /ˈpærəgən, US -gɒn/ *n* wzór *m*, wcielenie *n* **(of sth** czegoś); **a ~ of virtue** wzór or wcielenie cnót

paragraph /ˈpærəgrɑːf, US -græf/ **I** *n* [1] (section) akapit *m*, ustęp *m*; **full stop: new ~** kropka, od nowego wiersza [2] Journ

P

(article) wzmianka *f*, krótki artykuł *m* [3] Print (also **~ mark**) znak *m* końca akapitu

II *vt* po|dzielić na akapity

Paraguay /ˈpærəgwaɪ/ *prn* Paragwaj *m*

Paraguayan /ˌpærəˈgwaɪən/ **I** *n* Paragwaj|czyk *m*, -ka *f*

II *adj* paragwajski

parakeet /ˈpærəkiːt/ *n* Zool papużka *f* aleksandretta

paralanguage /ˈpærəlæŋgwɪdʒ/ *n* Ling parajęzykowe środki *m pl* komunikacji

paralinguistic /ˌpærəlɪŋˈgwɪstɪk/ *adj* parajęzykowy

parallactic /ˌpærəˈlæktɪk/ *adj* paralaktyczny

parallax /ˈpærəlæks/ *n* Astron paralaksa *f*

parallel /ˈpærəlel/ **I** *n* [1] Math równoległa *f* [2] Geog równoleżnik *m* [3] (comparison) porównanie *n* **(to sth** z czymś, do czegoś); (similarity) podobieństwo *n* **(to sth** do czegoś); paralela *f* fml; **to draw/establish a ~ between sth and sth** przeprowadzić paralelę/stwierdzić podobieństwo pomiędzy czymś a czymś; **to be on a ~ with something** być porównywalnym do czegoś; **(to develop) in ~** (rozwijać się) równolegle; **without ~** bezprecedensowy [4] Electron **in ~** połączony równolegle

II *adj* [1] Math równoległy **(to** or **with sth** do czegoś, z czymś); **~ lines** proste równoległe [2] (similar) podobny, zbliżony **(to** or **with sth** do czegoś); analogiczny fml **(to** or **with sth** do czegoś); **to develop along ~ lines** rozwijać się w podobny or zbliżony sposób [3] (simultaneous) równoczesny, równoległy **(to** or **with sth** do czegoś, z czymś); paralelny fml [4] Comput *[circuit, connection, transfer, transmission]* równoległy; *[printer]* podłączony równolegle

III *adv* **~ to** or **with sth** równolegle do czegoś or z czymś; **the two species developed ~ to one another** oba gatunki rozwijały się równolegle

IV *vt* (*prp, pt, pp* **-ll-** GB, **-l-** US) [1] (equal) dorówn|ać, -ywać (komuś/czemuś); (be similar) być porównywalnym z (kimś/czymś) [2] (find a comparison) zna|leźć, -jdować analogie (czegoś, do czegoś)

parallel bars *npl* Sport poręcze *f pl*

parallelepiped /ˌpærəleˈlepɪped/ *n* Math równoległościan *m*

parallelism /ˈpærəlelɪzəm/ *n* [1] Math równoległość *f* [2] fig paralelizm *m* **(between sth and sth** czegoś i czegoś)

parallelogram /ˌpærəˈleləgræm/ *n* Math równoległobok *m*

parallel-park /ˈpærəlelpɑːk/ *vi* Aut za|parkować równolegle do krawężnika

parallel processing *n* Comput przetwarzanie *n* równoległe or współbieżne

parallel programming *n* Comput programowanie *n* równoległe or współbieżne

parallel turn *n* (in skiing) skręt *m* równoległy

Paralympian /pærəˈlɪmpɪən/ *n* uczestni|k *m*, -czka *f* paraolimpiady

Paralympic Games /pærəˌlɪmpɪkˈgeɪmz/ *npl* **the ~** paraolimpiada *f*, igrzyska *plt* olimpijskie dla niepełnosprawnych

Paralympics /pærəˈlɪmpɪks/ *npl* paraolimpiada *f*, igrzyska *plt* paraolimpijskie

paralysation GB, **paralyzation** US /ˌpærəlaɪˈzeɪʃn, US -lɪˈz-/ *n* [1] Med paraliż *m* [2] fig sparaliżowanie *n* **(of sth** czegoś) *[network]*

paralyse GB, **paralyze** US /ˈpærəlaɪz/ *vt* s|paraliżować also fig

paralysed GB, **paralyzed** US /ˈpærəlaɪzd/ *adj* [1] Med sparaliżowany; **~ from the waist down** sparaliżowany od pasa w dół; **her right arm is ~** ma sparaliżowane prawe ramię [2] fig *[person, industry, network]* sparaliżowany **(by** or **with sth** czymś, przez coś); **he was ~ by fear** sparaliżował go strach

paralysis /pəˈræləsɪs/ *n* (*pl* **-lyses**) [1] Med paraliż *m*, porażenie *n*; **~ of the left leg** paraliż lewej nogi [2] fig (inactivity) paraliż *m* fig **(of sth** czegoś); (powerlessness) bezwład *m* fig **(of sth** czegoś)

paralytic /ˌpærəˈlɪtɪk/ **I** *n* parality|k *m*, -czka *f*

II *adj* [1] Med *[person, arm]* sparaliżowany; *[nervous system]* porażony; *[state]* paralityczny [2] GB infml (drunk) nawalony, podcięty infml; **to get ~** urżnąć się infml

paramedic /ˌpærəˈmedɪk/ *n* pracownik *m* paramedyczny, pracowniczka *f* paramedyczna; **~s** personel paramedyczny

paramedical /ˌpærəˈmedɪkl/ *adj* paramedyczny

parameter /pəˈræmɪtə(r)/ *n* [1] Math, Comput, Tech parametr *m* [2] (limiting factor) norma *f*, kryterium *n*; **to define the ~s of sth** określić normy or kryteria czegoś; **within the ~s of sth** w granicach określonych przez coś

parametric /ˌpærəˈmetrɪk/ *adj* parametryczny

paramilitary /ˌpærəˈmɪlɪtrɪ, US -terɪ/ **I** *n* człon|ek *m*, -kini *f* organizacji paramilitarnej

II *adj* paramilitarny

paramnesia /ˌpæræmˈniːzɪə, US -ˈniːʒə/ *n* Med paramnezja *f*

paramount /ˈpærəmaʊnt/ *adj [consideration, goal]* nadrzędny; **of ~ importance** najwyższej or pierwszorzędnej wagi; **to be ~, to be of ~ importance** mieć kapitalne znaczenie

paramour /ˈpærəmʊə(r)/ *n* arch lub|y *m*, -a *f* dat or hum

paranoia /ˌpærəˈnɔɪə/ *n* Med paranoja *f* also fig

paranoi(a)c /ˌpærəˈnɔɪæk/ *n, adj* = **paranoid**

paranoid /ˈpærənɔɪd/ **I** *n* paranoi|k *m*, -czka *f*

II *adj* Psych paranoidalny; paranoiczny also fig; **to be ~ about sth** fig reagować paranoicznie na coś; **to be ~ about being burgled** paranoicznie bać się włamania

paranoid schizophrenia *n* schizofrenia *f* paranoidalna

paranormal /ˌpærəˈnɔːml/ **I** *n* **the ~** zjawiska *n pl* paranormalne

II *adj* paranormalny

parapet /ˈpærəpɪt/ *n* Archit (of bridge, balcony) balustrada *f*; (on roof) gzyms *m*; Mil parapet *m*, przedpiersie *n*; **Polish ~** attyka polska

IDIOMS: **to stick one's head above the ~** wychylić się fig infml

paraphernalia /ˌpærəfəˈneɪlɪə/ *n (+ v sg)* [1] (personal belongings) rzeczy *f pl*; (for particular activity) akcesoria *plt*, sprzęt *m*; utensylia *plt* liter; parafernalia *plt* ra [2] (rigmarole, procedure) zawracanie *n* głowy; **the ~ of sth/of doing sth** zawracanie głowy związane z czymś/z robieniem czegoś

paraphrase /ˈpærəfreɪz/ **I** *n* parafraza *f*

II *vt* s|parafrazować

paraplegia /ˌpærəˈpliːdʒə/ *n* Med paraplegia *f*, porażenie *n* poprzeczne

paraplegic /ˌpærəˈpliːdʒɪk/ **I** *n* paraplegik *m*

II *adj [person]* dotknięty paraplegią; *[games]* dla paraplegików

parapsychological /ˌpærəsaɪkəˈlɒdʒɪkl/ *adj* parapsychologiczny

parapsychology /ˌpærəsaɪˈkɒlədʒɪ/ *n* parapsychologia *f*

paraquat® /ˈpærəkwɒt/ *n* parakwat *m* *(środek chwastobójczy)*

parasailing /ˈpærəseɪlɪŋ/ *n* lotniarstwo *n* za łodzią motorową

parascending /ˈpærəsendɪŋ/ *n* GB lotniarstwo *n* na spadochronie wynoszonym w powietrze przez samochód/motorówkę

parasite /ˈpærəsaɪt/ *n* Bot, Zool pasożyt *m* also fig

parasitic(al) /ˌpærəˈsɪtɪk(l)/ *adj* pasożytniczy; **to be ~ on sb/sth** pasożytować na kimś/czymś

parasiticidal /ˌpærəsɪtɪˈsaɪdl/ *adj* pasożytobójczy

parasiticide /ˌpærəˈsɪtɪsaɪd/ *n* środek *m* pasożytobójczy

parasitism /ˈpærəsaɪtɪzəm/ *n* pasożytnictwo *n*

parasitologist /ˌpærəsaɪˈtɒlədʒɪst/ *n* parazytolog *m*

parasitology /ˌpærəsaɪˈtɒlədʒɪ/ *n* parazytologia *f*

parasol /ˈpærəsɒl, US -sɔːl/ *n* (sunshade) parasolka *f*; (for table) parasol *m*

parasympathetic /ˌpærəˌsɪmpəˈθetɪk/ *adj* przywspółczulny, parasympatyczny

parataxis /ˌpærəˈtæksɪs/ *n* Ling parataksa *f*, składnia *f* współrzędna

parathyroid /ˌpærəˈθaɪrɔɪd/ *n* Anat, Physiol (also **~ gland**) przytarczyca *f*, gruczoł *m* przytarczyczny

paratrooper /ˈpærətruːpə(r)/ *n* Mil spadochroniarz *m*

paratroops /ˈpærətruːps/ *npl* Mil oddział *m* spadochronowy

paratyphoid /ˌpærəˈtaɪfɔɪd/ *n* Med (also **~ fever**) dur *m* rzekomy, paradur *m*

parboil /ˈpɑːbɔɪl/ *vt* podgotow|ać, -ywać, obgotow|ać, -ywać; **~ed rice** ryż preparowany termicznie

parcel /ˈpɑːsl/ **I** *n* [1] (package) paczka *f*, pakunek *m*; **to do sth up in a ~** zrobić z czegoś paczkę [2] (of land) parcela *f*, działka *f* [3] Fin (of shares) pakiet *m*; Comm (of goods) partia *f* [4] infml fig (of people, problems) kupa *f* infml; **a ~ of lies** stek kłamstw

II *vt* (*prp, pt, pp* GB **-ll-**, US **-l-**) = **parcel up, parcel off**

■ **parcel off**: **~ off [sth], ~ [sth] off** po|paczkować

■ **parcel out**: **~ out [sth], ~ [sth] out** rozdziel|ić, -ać, porozdzielać *[gifts, post]* **(among sb** wśród kogoś); rozparcelow|ać, -ywać, parcelować *[land, farm]*

■ **parcel up**: **~ up [sth], ~ [sth] up** za|pakować

IDIOMS: **to be part and ~ of sth** być nieodłączną częścią czegoś, stanowić nieodłączną część czegoś

parcel bomb *n* przesyłka *f* zawierająca ładunek wybuchowy

parcel office *n* ekspedycja *f* bagażowa

parcel post *n* wysyłka *f* paczek *(na poczcie)*; **to send sth by ~** wysłać coś jako paczkę

parcel shelf *n* Aut półka *f* za tylnym siedzeniem

parcels service *n* (company) firma *f* spedycyjna

parch /pɑːtʃ/ *vt* [1] (make dry) spie|c, -kać, wysusz|yć, -ać [2] Culin prażyć *[corn]*

parched /pɑːtʃt/ *adj* [1] *[lips, skin]* spieczony; *[throat]* suchy; *[earth, ground]* spalony, spękany; *[grass]* wypalony [2] infml (thirsty) **I'm ~** zaschło mi w gardle, bardzo chce mi się pić [3] Culin *[corn]* prażony

parchment /ˈpɑːtʃmənt/ *n* pergamin *m*

pardner /ˈpɑːdnə(r)/ *n* US infml (form of address) chłopie

pardon /ˈpɑːdn/ **I** *n* [1] (forgiveness) wybaczenie *n*; **to ask/beg sb's pardon** prosić /błagać kogoś o wybaczenie [2] (as interjection) **I beg your ~** (apologizing) bardzo przepraszam; **(I beg your) ~?** (requesting repetition) słucham?; przepraszam, nie dosłyszałem; **'that's a lie!' – 'I beg your ~?'** (expressing disagreement, annoyance) „to kłamstwo!" – „chyba się przesłyszałem" [3] Jur (also **free ~**) ułaskawienie *n*, darowanie *n* kary; **general ~** amnestia, powszechny akt łaski; **royal ~** królewski akt łaski [4] Relig odpuszczenie *n* grzechów; Hist (indulgence sold) odpust *m*

II *vt* [1] (forgive) przebacz|yć, -ać, wybacz|yć, -ać; **to ~ sb sth, to ~ sb for sth** wybaczyć or przebaczyć coś komuś; **~ my curiosity** wybacz mi ciekawość; **~ me for asking, ~ my asking** wybacz, że pytam; **~ me interrupting, but...** przepraszam, że przerywam, ale...; **he may be ~ed for his lack of knowledge** można mu wybaczyć brak wiedzy; **~ me, may I get by?** przepraszam, chciałbym przejść; **~ me!** (apologizing) bardzo przepraszam!; **~ me?** (requesting repetition) słucham?; przepraszam, nie dosłyszałem; **~ me for breathing** or **living** przepraszam, że żyję; **it stinks, if you'll ~ the expression** to, przepraszam za określenie, cuchnie; to, uczciwszy uszy, cuchnie liter [2] Jur ułaskawi|ć, -ać, darować (komuś) winę *[offender]*

pardonable /ˈpɑːdnəbl/ *adj [mistake, weakness]* wybaczalny; *[pride, scepticism]* usprawiedliwiony

pardonably /ˈpɑːdnəblɪ/ *adv* w sposób wybaczalny

pare /peə(r)/ *vt* [1] (peel) ob|rać, -ierać *[fruit]* [2] (trim) obci|ąć, -nać *[nails]*; przyci|ąć, -nać *[hedge]* [3] (reduce) = **pare down**

■ **pare down**: **~ down [sth], ~ [sth] down** z|redukować *[workforce, costs, spending]*; okr|oić, -awać *[allowance, expenses]*; skr|ócić, -acać *[film, text]*

■ **pare off**: **~ off [sth], ~ [sth] off** [1] ob|rać, -ierać z (czegoś) *[peel, rind]* [2] zmniejsz|yć, -ać *[amount, percentage]*

IDIOMS: **to ~ sth to the bone** ograniczyć coś do absolutnego minimum

pared-down /ˌpeədˈdaʊn/ *adj [budget]* zredukowany; *[version]* okrojony, skrócony; *[prose, style]* oszczędny

parent /ˈpeərənt/ *n* [1] (father) ojciec *m*; (mother) matka *f*; **~s** rodzice *plt*; **my/his ~s** moi/jego rodzice; **it has to be signed by a ~** to musi zostać podpisane przez jedno z rodziców; **as a ~** jako ojciec/matka [2] (also **~ company**) spółka *f* or firma *f* macierzysta; (also **~ organization**) organizacja *f* macierzysta

parentage /ˈpeərəntɪdʒ/ *n* pochodzenie *n*; **of unknown ~** nieznanego pochodzenia; **of humble/noble ~** nisko/szlachetnie urodzony

parental /pəˈrentl/ *adj [rights, authority]* rodzicielski; **his ~ pride** jego duma ojcowska; **to leave the ~ home** opuścić dom rodzinny

parentcraft /ˈpeərəntkrɑːft, US -kræft/ *n* sztuka *f* zajmowania się dziećmi; **~ classes** zajęcia dla przyszłych rodziców

parent-governor /ˌpeərəntˈɡʌvənə(r)/ *n* GB Sch przedstawiciel *m*, -ka *f* rodziców w radzie szkolnej

parenthesis /pəˈrenθəsɪs/ *n* (*pl* **-theses**) [1] (bracket) nawias *m* okrągły; **in parentheses** w nawiasie [2] (inserted clause) zdanie *n* wtrącone; (inserted phrase) wtrącenie *n*; **in ~, I'd say that...** nawiasem mówiąc, sądzę, że...; **he mentioned in ~ that...** wspomniał mimochodem, że...

parenthetic(al) /ˌpærənˈθetɪk(l)/ *adj [comment]* wtrącony mimochodem

parenthetically /ˌpærənˈθetɪklɪ/ *adv [note, observe]* mimochodem

parenthood /ˈpeərənthʊd/ *n* rodzicielstwo *n*; (fatherhood) ojcostwo *n*; (motherhood) macierzyństwo *n*; **the responsibilities of ~** obowiązki rodzicielskie; **the joys of ~** iron rozkosze ojcostwa/macierzyństwa; **ready for ~** gotowy do założenia rodziny

parenting /ˈpeərəntɪŋ/ *n* wychowanie *n* dzieci

parent power *n* Sch prawo *n* rodziców do decydowania o sprawach szkoły

parents' evening *n* Sch zebranie *n* rodziców; wywiadówka *f* infml

parent-teacher association, PTA /ˌpeərəntˈtiːtʃərəsəʊsɪeɪʃn/ *n* ≈ komitet *m* rodzicielski

parent tree *n* drzewo *n* mateczne

parent word *n* Ling podstawa *f* słowotwórcza

parer /ˈpeərə(r)/ *n* obieraczka *f* do jarzyn i owoców

parfait /pɑːˈfeɪ/ *n* US *deser z warstwą lodów, owoców i bitej śmietany*

pariah /pəˈraɪə, ˈpærɪə/ *n* parias *m*

parietal /pəˈraɪətl/ **I** *n* Anat kość *f* ciemieniowa

II *adj* [1] Anat *[bone, lobe]* ciemieniowy; *[cell]* okładzinowy [2] Bot *[ovaries]* brzeżny

parietals /pəˈraɪətlz/ *npl* US Univ regulamin *m* odwiedzin osób płci przeciwnej *(w domach akademickich)*

paring /ˈpeərɪŋ/ **I** *n* (process) (of fruit, vegetables) obieranie *n*; (of budget, staff) redukowanie *n*, redukcja *f*

II parings *npl* (of fruit, vegetables) obierki *f pl*, obierzyny *f pl*; (of nails) obrzynki *m pl*

paring knife *n* ostry nóż *m (do obierania jarzyn i owoców)*

Paris[1] /ˈpærɪs/ **I** *prn* Paryż *m*

II *modif [fashion, metro, restaurant]* paryski

Paris[2] /ˈpærɪs/ *prn* Mythol Parys *m*

parish /ˈpærɪʃ/ **I** *n* [1] Relig (area) parafia *f*; (residents) parafianie *m pl* [2] GB Admin ≈ gmina *f* [3] US ≈ gmina *f (w Luizjanie)*

II *modif [church, meeting]* parafialny; **~ register** księga parafialna

parish council *n* Relig rada *f* parafialna; GB Admin rada *f* gminna

parishioner /pəˈrɪʃənə(r)/ *n* parafian|in *m*, -ka *f*

parish priest *n* (Protestant) pastor *m*; (Catholic) proboszcz *m*; pleban *m* dat

parish-pump /ˌpærɪʃˈpʌmp/ *adj* parafiański, zaściankowy; **~ politics** małomiasteczkowa polityka

Parisian /pəˈrɪzɪən/ **I** *n* paryżan|in *m*, -ka *f*

II *adj* paryski

parity /ˈpærətɪ/ **I** *n* [1] (equality) równość *f*; **nuclear ~** równowaga nuklearna; **to demand pay ~ with male employees** domagać się takich samych zarobków jak mężczyźni [2] Fin parytet *m*, kurs *m* przeliczeniowy [3] Comput, Math, Phys parzystość *f*

II *modif* Comput **~ bit/check** bit/kontrola parzystości

park /pɑːk/ **I** *n* [1] (public garden) park *m*, ogród *m*; **national ~** park narodowy [2] (on a private estate) park *m* [3] Comm, Ind kompleks *m*; **business ~** kompleks biurowy; **industrial ~** kompleks zakładów przemysłowych; **science ~** kompleks instytutów badawczych [4] GB (pitch) boisko *n*; US (stadium) stadion *m* [5] (on automatic gearbox) park *m*

II *modif [path, tree]* parkowy, ogrodowy

III *vt* [1] Aut za|parkować *[vehicle]*; **I'm ~ed around the corner** zaparkowałem za rogiem [2] infml (deposit) zostawi|ć, -ać *[bags, books]*; **she was ~ed in front of the TV all afternoon** przez całe popołudnie siedziała przed telewizorem; **~ yourself there next to granny** usiądź sobie tam, koło babci

IV *vi* za|parkować

V parked *pp adj [car, lorry]* zaparkowany; **badly ~ed** źle or nieprawidłowo zaparkowany

parka /ˈpɑːkə/ *n* Fashn parka *f*

park-and-ride /ˌpɑːkənˈraɪd/ *n* GB Transp *system parkowania na obrzeżach miasta i dojeżdżania do centrum publicznymi środkami transportu*

park bench *n* ławka *f* parkowa or ogrodowa

parkerhouse roll /ˌpɑːkəhaʊsˈrəʊl/ *n* US Culin ≈ bułka *f* maślana

parkin /ˈpɑːkɪn/ *n* GB Culin pierniczek *m*

parking /ˈpɑːkɪŋ/ **I** *n* [1] (act) parkowanie *n*; **'no ~'** „zakaz parkowania"; **there's no ~ here** tu nie wolno parkować [2] (space for cars) **~ for 40 vehicles** miejsce dla 40 samochodów

II *modif [charge, facilities, area]* parkingowy; **~ problems** kłopoty z parkowaniem; **~ regulations** przepisy dotyczące parkowania; **~ restrictions** ograniczenie parkowania

parking attendant *n* parkingowy *m*

parking bay *n* miejsce *n* do parkowania; (recess) zatoka *f*

P

parking brake *n* Aut hamulec *m* ręczny

parking garage *n* US (multi-storey) parking *m* piętrowy; (underground) parking *m* podziemny

parking light *n* Aut światło *n* postojowe

parking lot *n* US parking *m*

parking meter *n* parkometr *m*, parkomat *m*

parking offence GB, **parking offense** US *n* nieprawidłowe parkowanie *n*

parking place *n* miejsce *n* do parkowania

parking space *n* = **parking place**

parking ticket *n* [1] (fine) mandat *m* za nieprawidłowe parkowanie [2] (from machine) kwit *m* z parkometru

parkinsonism /ˈpɑːkɪnsənɪzəm/ *n* parkinsonizm *m*

Parkinson's disease /ˈpɑːkɪnsənzdɪziːz/ *n* choroba *f* Parkinsona

Parkinson's law /ˈpɑːkɪnsənzlɔː/ *n* hum prawo *n* Parkinsona

park keeper *n* dozorca *m* parkowy

parkland /ˈpɑːklænd/ *n* park *m*

park ranger *n* gajowy *m*

park warden *n* = **park ranger**

parkway /ˈpɑːkweɪ/ *n* US aleja *f*

parky /ˈpɑːkɪ/ *adj* GB infml chłodny, zimny; **it's a bit ~ today** jest dziś dość chłodno

parlance /ˈpɑːləns/ *n* język *m*, żargon *m*; **in legal/journalistic ~** w żargonie prawniczym/dziennikarskim; **to be in common ~** być powszechnie używanym

parlay /ˈpɑːleɪ/ US **I** *n* zakład *m* skumulowany

II *vt* [1] (bet) postawić, stawiać *(wygraną z poprzedniego zakładu)* [2] (transform) z|robić dobry użytek z (czegoś); **he ~ed a small inheritance into a fortune** obrócił niewielki spadek w wielką fortunę

parley /ˈpɑːlɪ/ **I** *n* pertraktacje *plt*, rokowania *plt*

II *vi* [1] (negotiate) pertraktować, prowadzić rokowania **(with sb** z kimś**)** [2] hum pogawędzić (sobie) **(with sb** z kimś**)**

parliament /ˈpɑːləmənt/ **I** *n* (assembly) parlament *m*; **in ~** w parlamencie

II Parliament *prn* GB [1] (institution, members) parlament *m* (brytyjski); **to get into Parliament** zostać członkiem parlamentu; **to stand for Parliament** stawać do wyborów parlamentarnych [2] (period) (between holidays) sesja *f* parlamentarna; (between elections) kadencja *f* parlamentu

parliamentarian /ˌpɑːləmenˈteərɪən/ *n* (member) parlamentarzysta *m*

parliamentary /ˌpɑːləˈmentrɪ, US -terɪ/ *adj* parlamentarny

Parliamentary Commissioner *n* GB ≈ rzecznik *m* praw obywatelskich

parliamentary election *n* wybory *plt* parlamentarne

parliamentary government *n* ustrój *m* parlamentarny

Parliamentary Private Secretary, PPS *n* GB *deputowany przydzielony do pomocy urzędującemu ministrowi, zajmujący się kontaktami z innymi deputowanymi*

parliamentary privilege *n* immunitet *m* poselski

parliamentary secretary *n* GB *deputowany przydzielony do pomocy urzędującemu ministrowi*

parliamentary undersecretary *n* GB deputowany podsekretarz *m* stanu

parlor *n* US = **parlour**

parlour /ˈpɑːlə(r)/ *n* GB [1] dat (in house) salon *m* [2] (for business) **billiard ~** sala bilardowa; **ice-cream ~** lodziarnia [3] (in convent) rozmównica *f*; parlatorium *n* ra

parlour game *n* gra *m* towarzyska

parlour maid *n* pokojówka *f* podająca do stołu

parlous /ˈpɑːləs/ *adj* fml or hum *[state, condition]* opłakany

Parma /ˈpɑːmə/ *prn* Parma *f*

Parma ham *n* Culin szynka *f* parmeńska

Parma violet *n* Bot fiołek *m* wonny

Parmesan /ˈpɑːmɪzæn, US ˌpɑːrmɪˈzæn/ *n* Culin parmezan *m*

Parnassus /pɑːˈnæsəs/ *prn* **(Mount) ~** Parnas *m*

parochial /pəˈrəʊkɪəl/ *adj* [1] pej *[interest, view]* prowincjonalny, zaściankowy [2] (of parish) parafialny

parochialism /pəˈrəʊkɪəlɪzəm/ *n* prowincjonalizm *m*, zaściankowość *f*; parafiańszczyzna *f* dat

parochial school *n* US prywatna szkoła *f* parafialna

parodic /pəˈrɒdɪk/ *adj* parodystyczny

parodist /ˈpærədɪst/ *n* parodyst|a *m*, -ka *f*

parodontosis /ˌpærədɒnˈtəʊsɪs/ *n* Dent paradentoza *f*, przyzębica *f*

parody /ˈpærədɪ/ **I** *n* parodia *f* also fig

II *vt* s|parodiować *[person, style]*

parole /pəˈrəʊl/ **I** *n* [1] Jur zwolnienie *n* warunkowe; **out on ~** na zwolnieniu warunkowym; **to release sb on ~** zwolnić kogoś warunkowo; **he was granted ~** został zwolniony warunkowo; **he was refused ~** nie zastosowano wobec niego zwolnienia warunkowego; **to break ~** złamać warunki zwolnienia warunkowego; **to be eligible for ~** mieć prawo do zwolnienia warunkowego; **a life sentence without ~** wyrok dożywotni bez prawa do zwolnienia warunkowego [2] Mil słowo *n* honoru; parol *m* dat; **on ~** pod słowem honoru [3] Ling parole *n inv*

II *vt* Jur zw|olnić, -alniać warunkowo *[prisoner]*

parole board *n instancja orzekająca w sprawach o zwolnienie warunkowe*

parolee /pəˌrəʊˈliː/ *n* US skazany *m* na zwolnieniu warunkowym

parole officer *n* ≈ kurator *m* sądowy

paroxysm /ˈpærəksɪzəm/ *n* atak *m*, napad *m*, paroksyzm *m* **(of sth** czegoś**)**

parquet /ˈpɑːkeɪ, US pɑːrˈkeɪ/ **I** *n* [1] (floor, flooring) parkiet *m*; **to lay ~** kłaść parkiet [2] US Theat parter *m*

II *modif [floor]* parkietowy

III *vt* wy|łożyć, -kładać parkietem *[floor, hall]*

parquetry /ˈpɑːkɪtrɪ/ *n* parkieciarstwo *n*

parr /pɑː(r)/ *n* Zool parr *m*

parricidal /ˌpærɪˈsaɪdl/ *adj* ojcobójczy, matkobójczy, bratobójczy → **parricide**

parricide /ˈpærɪsaɪd/ *n* [1] (killing of father) ojcobójstwo *n*; (killing of mother) matkobójstwo *n*; (killing of close relative) bratobójstwo *n* [2] (killer) (of father) ojcobój|ca *m*, -czyni *f*; (of mother) matkobój|ca *m*, -czyni *f*; (of close relative) bratobój|ca *m*, -czyni *f*

parrot /ˈpærət/ **I** *n* Zool papuga *f* also fig pej

II *vt* pej powt|órzyć, -arzać jak papuga

IDIOMS: **as sick as a ~** infml jak struty; **to have a mouth (that tastes) like the bottom of a ~'s cage** infml mieć w ustach niesmak *(zwłaszcza po przepiciu)*

parrot-fashion /ˈpærətfæʃn/ *adv* jak papuga

parrot fever *n* Med choroba *f* papuzia, papuzica *f*

parrot fish *n* Zool papugoryba *f*

parry /ˈpærɪ/ **I** *n* [1] Sport parada *f*, zasłona *f* [2] (verbal) riposta *f*

II *vt* [1] Sport odparow|ać, -ywać *[blow, thrust]*; **she parried his hand with her arm** zasłoniła się ramieniem przed jego ciosem [2] od|eprzeć, -pierać *[attack, argument]*; **to ~ a question with a question** odpowiedzieć pytaniem na pytanie

parse /pɑːz/ *vt* Ling, Comput przeprowadz|ić, -ać analizę składniową (czegoś)

parsec /ˈpɑːsek/ *n* Astron parsek *m*

Parsee /ˌpɑːˈsiː/ *n* Pars *m*

parser /ˈpɑːzə(r)/ *n* Ling, Comput analizator *m* syntaktyczny, parser *m*

parsimonious /ˌpɑːsɪˈməʊnɪəs/ *adj* fml skąpy, chciwy

parsimoniously /ˌpɑːsɪˈməʊnɪəslɪ/ *adv* fml skąpo

parsimony /ˈpɑːsɪmənɪ, US -məʊnɪ/ *n* fml skąpstwo *n*, chciwość *f*

parsing /ˈpɑːzɪŋ/ *n* Ling, Comput analiza *f* składniowa

parsley /ˈpɑːslɪ/ *n* Bot pietruszka *f* naciowa; Culin (leaves) natka *f* pietruszki

parsley sauce *n* sos *m* pietruszkowy

parsnip /ˈpɑːsnɪp/ *n* Bot, Culin pasternak *m*

IDIOMS: **fine words butter no ~s** obiecanki cacanki; pięknymi słówkami się nie najesz

parson /ˈpɑːsn/ *n* Relig duchowny *m*; (vicar) pleban *m*; (Church of England) pastor *m*

parsonage /ˈpɑːsənɪdʒ/ *n* plebania *f*

parson's nose *n* Culin infml kuper *m* (ptasi)

Parsons table /ˌpɑːsnsˈteɪbl/ *n* US kwadratowy niski stolik *m*

part /pɑːt/ **I** *n* [1] (of whole) część *f*; **~ of the book/district** część książki/dzielnicy; **in** or **around these ~s** w tych stronach; **in my ~ of the world** w moich stronach; **the early ~ of my life** (moje) dzieciństwo, (moja) młodość; **the early/latter ~ of the century** pierwsza/druga połowa wieku; **a good** or **large ~ of sth** większa część czegoś; **for the most ~** (usually) przeważnie, na ogół; (generally) w przeważającej części; **for the best** or **better ~ of a week/month** przez większość tygodnia /miesiąca; **in ~** częściowo; **in ~ it is due to negligence** częściowo or po części jest to wynik zaniedbania; **in large ~** w większości, w przeważającej części; **in ~s** miejscami; **the funny/the worst ~ of it is that...** najśmieszniejsze/najgorsze w tym wszystkim jest to, że...; **~ of the reason is that...** jednym z powodów jest to, że...; częściowo or po części dlatego, że...; **that's the ~ I don't understand** tego właśnie nie rozumiem; **that's the best/hardest ~** to jest najlepsze/najgorsze; **~ of me wants to forgive her** chwilami chciałbym jej wybaczyć; **to be (a) ~ of sth** być częścią czegoś; **to form ~ of sth** stanowić część czegoś; **it's all ~ of growing up** to wszystko ma związek z dorastaniem [2] (component of car, engine, machine) część *f*; **spare ~s** części zamienne or zapasowe; **~s and labour** części (zamienne) i robocizna [3] (of serial, story) część *f*; **Henry IV Part One** „Henryk IV", część pierwsza; **'end of ~ one'** TV „koniec części pierwszej"; **a two-/four-~ series** serial dwuczęściowy /czteroczęściowy, serial składający się z dwóch/czterech części [4] Cin, Theat, TV rola *f*; **a bit ~** rola epizodyczna, epizod; **I got the ~!** dostałem tę rolę!; **to act** or **play the ~ of Hamlet** grać (rolę) Hamleta; **he's not sincere, he's merely acting a ~** fig on nie jest szczery, on tylko takiego udaje; **if you're a manager, you must act/look the ~** fig skoro jesteś dyrektorem, musisz zachowywać się/wyglądać jak dyrektor [5] (share, role) rola *f*, udział *m* **(in sth** w czymś**)**; **to do one's ~** zrobić swoje; **to have a ~ in sth** mieć swój udział w czymś, odegrać pewną rolę w czymś; **that played no ~ in my decision** to nie miało żadnego wpływu na moją decyzję; **I want no ~ in it, I don't want any ~ of it** nie chcę z tym mieć nic wspólnego; **to take ~ in sth** wziąć udział w czymś [6] Mus (for instrument, voice) partia *f*; **the violin/tenor ~** partia skrzypcowa/tenorowa [7] Mus (sheet music) zapis *m* nutowy; **the piano ~** zapis nutowy partii fortepianowej [8] (measure) część *f*; **two ~s of milk to one ~ of water** dwie części mleka na jedną część wody; **mix equal ~s of oil and vinegar** wymieszaj oliwę i ocet w równych proporcjach; **in a concentration of 30,000 ~s per million** w stężeniu 30 000 części na milion [9] (side) **on the ~ of sb** ze strony kogoś; **it wasn't very nice on your ~** to nie było zbyt ładne z twojej strony; **for my /his ~** co do mnie/niego; **for my ~ it doesn't matter** dla mnie to nie ma znaczenia; **to take sb's ~** wziąć stronę kogoś [10] US (in hair) przedziałek *m*; **centre /left ~** przedziałek pośrodku/po lewej stronie

II *adv* (partly) częściowo, trochę; **I was ~ angry, ~ relieved** byłem trochę zły, a trochę odczuwałem ulgę; **he's ~ Chinese, ~ French** jest pół Chińczykiem, pół Francuzem

III *vt* [1] (separate) rozdziel|ić, -ać *[couple, friends, boxers]*; rozchyl|ić, -ać *[lips]*; rozsu|nąć, -wać, rozchyl|ić, -ać *[curtains]*; **to ~ one's legs** (when standing) stanąć w rozkroku; (when sitting, lying) rozsunąć nogi; **'till death do us ~'** „dopóki śmierć nas nie rozłączy"; **to be ~ed** *[friends]* rozstać się; **he's not easily ~ed from his cash** on ma węża w kieszeni fig [2] (make parting in) **to ~ one's hair** zrobić sobie przedziałek; **he ~s his hair on the left** czesze się z przedziałkiem po lewej stronie

IV *vi* [1] (separate) *[couple, friends, husband and wife]* rozsta|ć, -wać się; *[boxers]* odst|ąpić, -ępować (od siebie); **we ~ed (as) friends** rozstaliśmy się jak przyjaciele or w przyjaźni [2] (divide) *[crowd, sea, waves]* rozst|ąpić, -ępować się; *[lips]* rozchyl|ić, -ać się; *[clouds, roads]* roz|ejść, -chodzić się; Theat *[curtains]* rozsu|nąć, -wać się [3] (break) *[rope, cable]* roz|erwać, -rywać się

■ **part with**: rozsta|ć, -wać się z (czymś), odda|ć, -wać *[possession]*; **it's difficult to get them to ~ with their money** trudno skłonić ich do sięgnięcia do kieszeni fig; **could you ~ with $20?** czy masz 20 dolarów na zbyciu?

IDIOMS: **a man of (many) ~s** mężczyzna, który niejedno potrafi; **to take sth in good ~** przyjąć coś z uśmiechem

partake /pɑːˈteɪk/ *vi* (*pt* **partook**; *pp* **partaken**) fml [1] (consume) **to ~ of sth** pokrzepi|ć, -ać się czymś, u|raczyć się czymś *[food, wine]* [2] (have) **to ~ of sth** mieć w sobie odrobinę czegoś *[quality, nature]* [3] (take part) **to ~ in sth** brać udział w czymś, uczestniczyć w czymś

part-baked /ˌpɑːtˈbeɪkt/ *adj* podpieczony, wstępnie upieczony

parterre /pɑːˈteə(r)/ *n* [1] Hort parter *m* [2] US Theat parter *m*

part exchange *n* GB *sprzedaż połączona z oddaniem przez klienta starego sprzętu*; **to take/offer sth in ~** wziąć/zaproponować coś w rozliczeniu

parthenogenesis /ˌpɑːθɪnəʊˈdʒenəsɪs/ *n* partenogeneza *f*, dzieworództwo *n*

parthenogenetic /ˌpɑːθɪnəʊdʒɪˈnetɪk/ *adj* partenogenetyczny

parthenogenetically /ˌpɑːθɪnəʊdʒɪˈnetɪklɪ/ *adv* partenogenetycznie

Parthenon /ˈpɑːθənɒn/ *prn* **the ~** Partenon *m*

Parthian shot /ˌpɑːθɪənˈʃɒt/ *n* partyjska strzała *f*, celna uwaga *f* rzucona na odchodnym

partial /ˈpɑːʃl/ *adj* [1] (not complete) *[paralysis, failure, success, payment]* częściowy [2] (fond) **to be ~ to sth** mieć słabość do czegoś [3] (biased) *[judge, arbiter]* stronniczy; *[attitude, judgment]* tendencyjny

partial disability *n* niepełnosprawność *f*, częściowe inwalidztwo *n*

partial eclipse *n* częściowe zaćmienie *n*

partial exchange *n* US = **part exchange**

partiality /ˌpɑːʃɪˈælətɪ/ *n* [1] (bias) stronniczość *f*, tendencyjność *f* [2] (fondness) słabość *f*; **to have a ~ for** or **to sth** mieć słabość do czegoś

partially /ˈpɑːʃəlɪ/ *adv* [1] (partly) *[obscured, recovered, severed]* częściowo [2] (with bias) *[treat, judge]* stronniczo, tendencyjnie

partially clothed *n* *[person]* na pół ubrany; *[body]* na pół okryty

partially preserved product *n* produkt *m* poddany wstępnej konserwacji

partially sighted **I** *n* **the ~** *(+ v pl)* osoby *f pl* niedowidzące

II *adj* niedowidzący, źle widzący

partial pressure *n* ciśnienie *n* cząstkowe

participant /pɑːˈtɪsɪpənt/ *n* uczestni|k *m*, -czka *f* **(in sth** czegoś**)**; **to be an active ~** brać czynny udział **(in sth** w czymś**)**

participate /pɑːˈtɪsɪpeɪt/ *vi* uczestniczyć, wziąć, brać udział **(in sth** w czymś**)**

participation /pɑːˌtɪsɪˈpeɪʃn/ *n* udział *m*, uczestnictwo *n* **(in sth** w czymś**)**; **audience ~** udział widzów; **strikers want more ~ in decision-making** strajkujący domagają się większego wpływu na podejmowanie decyzji

participatory /pɑːˌtɪsɪˈpeɪtrɪ, US -tɔːrɪ/ *adj* **~ democracy** demokracja bezpośrednia; **~ management style** demokratyczny styl zarządzania; **~ play** sztuka z udziałem publiczności

participial /ˌpɑːtɪˈsɪpɪəl/ *adj* Ling imiesłowowy

participle /ˈpɑːtɪsɪpl/ *n* Ling imiesłów *m* przymiotnikowy; **past/present ~** imiesłów czasu przeszłego/teraźniejszego

particle /ˈpɑːtɪkl/ *n* [1] Phys cząstka *f* (elementarna); **elementary/subatomic ~** cząstka elementarna/subatomowa [2] (of ash, dust, metal, food) drobina *f*; **not a ~ of truth** ani źdźbła prawdy; **there's not a ~ of evidence** nie ma żadnego dowodu [3] Ling partykuła *f*

particle accelerator *n* Phys akcelerator *m* (cząstek)

particle board *n* US płyta *f* wiórowa

particle physics *n* fizyka *f* cząstek elementarnych

parti-colored *adj* US = **parti-coloured**

parti-coloured /ˈpɑːtɪkʌləd/ *adj* GB wielobarwny, wielokolorowy

particular /pəˈtɪkjʊlə(r)/ **I** *n* [1] (detail) szczegół *m*; **in every ~** w każdym szczególe, pod każdym względem; **in one ~** pod jednym względem; **in several ~s** pod kilkoma względami; **before I go into ~s** zanim przejdę do szczegółów; **to go from the general to the ~** przejść od ogółu do szczegółu [2] **in ~** szczególnie, w szczególności, zwłaszcza; **Germany in general and Bonn in ~** Niemcy w ogóle, a szczególnie or zwłaszcza Bonn; **the illustrations, in ~, are excellent** szczególnie or zwłaszcza ilustracje są doskonałe; **nothing in ~** nic szczególnego; **no-one in ~** nikt szczególny; **are you looking for anything in ~?** czy szukasz czegoś konkretnego?

II particulars *npl* (information) szczegółowe dane *plt*, szczegółowe informacje *f pl* **(of sb/sth** dotyczące kogoś/czegoś**)**; (description) opis *m* **(of sth** czegoś**)**; **please send me full ~s** proszę mi przesłać szczegółowe informacje; **fill in your ~s on this form** proszę podać w formularzu swoje dane; **~s of sale** Jur szczegółowy wykaz kosztów

III *adj* [1] (specific) szczególny, konkretny; **for no ~ reason** bez żadnego szczególnego or konkretnego powodu; **in this ~ case** w tym szczególnym or konkretnym przypadku; **this ~ colour doesn't suit me** w tym akurat kolorze nie jest mi do twarzy; **I didn't watch that ~ programme** tego akurat programu nie oglądałem; **no ~ time has been arranged** nie ustalono dokładnej godziny [2] (special, exceptional) szczególny; **to pay ~ attention to sth** zwrócić szczególną uwagę na coś; **I have ~ pleasure in welcoming our guest** ze szczególną przyjemnością witam naszego gościa; **this painting is a ~ favourite of mine** ten obraz lubię szczególnie; **he's a ~ friend of mine** to jeden z moich najlepszych przyjaciół [3] (fussy) wymagający; **to be ~ about sth** przywiązywać dużą wagę do czegoś; być bardzo

P

wymagającym, jeśli chodzi o coś *[cleanliness, punctuality, appearance, food]*; **I'm not ~ about what I eat** nie jestem wybredny; nie mam szczególnych wymagań, jeśli chodzi o jedzenie; **you can't afford to be too ~** nie możesz sobie pozwolić na zbyt wielkie wymagania; **'any special time?' – 'no, I'm not ~'** „która godzina ci odpowiada?" – „wszystko mi jedno"; **they were most ~ that he should come alone** bardzo nalegali, żeby przyszedł sam; **I'm not ~ how you do it, as long as it gets done** infml nie obchodzi mnie, jak to zrobisz, byleby zostało zrobione [4] fml (exact) *[account, description]* szczegółowy, dokładny

particularity /pəˌtɪkjʊˈlærətɪ/ **I** *n* [1] (fastidiousness) drobiazgowość *f*; **a man of obsessive ~** człowiek obsesyjnie drobiazgowy [2] (individual quality) szczególna cecha *f* [3] dat (strangeness) osobliwość *f*
II particularities *npl* (details) szczegóły *m pl*

particularize /pəˈtɪkjʊləraɪz/ **I** *vt* wyszczególni|ć, -ać
II *vi* w|ejść, -chodzić w szczegóły

particularly /pəˈtɪkjʊləlɪ/ *adv* (especially) szczególnie; (in particular) w szczególności; **not ~** nieszczególnie, nie bardzo, niezbyt; **I didn't ~ want to do it** nie bardzo or niezbyt mi się chciało to robić; **he's not ~ bright** on nie jest zbyt błyskotliwy

particulates /pəˈtɪkjʊləts/ *npl* cząstki *f pl* stałe *(zawieszone w gazie)*; Ecol pył *m*

parting /ˈpɑːtɪŋ/ **I** *n* [1] (separation) (farewell) rozstanie *n*; (of crowd) rozstąpienie się *n*; (of roads) rozejście się *n*; rozstaje *plt* dat; **the ~ of the Red Sea** Bible przejście przez Morze Czerwone; **so this is the ~ of the ways** a więc nasze drogi się rozchodzą fig; **to seek an amicable ~ of the ways** starać się rozstać w zgodzie [2] GB (in hair) przedziałek *m*; **centre/left ~** przedziałek pośrodku/po lewej stronie
II *adj [gift, words]* pożegnalny; **~ shot** celna uwaga rzucona na odchodnym; **her ~ shot was that...** na odchodnym rzuciła, że...

partisan /ˈpɑːtɪzæn, ˌpɑːtɪˈzæn, US ˈpɑːrtɪzn/ **I** *n* [1] (supporter) zwolenni|k *m*, -czka *f* [2] Mil partyzant *m*, -ka *f*
II *adj* [1] (biased) *[account, decision]* stronniczy; *[crowd]* tendencyjnie nastawiony [2] *[army, attack]* partyzancki

partisanship /ˈpɑːtɪzænʃɪp, ˌpɑːtɪˈ-, US ˈpɑːrt-/ *n* stronniczość *f*

partition /pɑːˈtɪʃn/ **I** *n* [1] (in room, office, house) ścianka *f* działowa, przepierzenie *n*; **a glass/wooden ~** szklana/drewniana ścianka, szklane/drewniane przepierzenie [2] Pol (of country) podział *m*; (in Polish history) rozbiór *m* [3] Jur (of property) podział *m*, rozdział *m*
II *vt* [1] (divide) przedziel|ić, -ać ścianką; **to ~ a room into a lounge and a dining area** podzielić pokój na salon i jadalnię [2] Pol po|dzielić *[country]*; (in Polish history) dokon|ać, -ywać rozbioru (czegoś) [3] Jur po|dzielić, po|rozdzielać *[property]*
■ **partition off: ~ off [sth], ~ [sth] off** oddziel|ić, -ać *[space, area]*

partition wall *n* ścianka *f* działowa, przepierzenie *n*

partitive /ˈpɑːtɪtɪv/ Ling **I** *n* partitivus *m*
II *adj* partytywny

partly /ˈpɑːtlɪ/ *adv* częściowo; **it was ~ my fault** to częściowo moja wina; **~, I did it because...** zrobiłem to częściowo dlatego, że...

partner /ˈpɑːtnə(r)/ **I** *n* [1] Comm, Jur wspólni|k *m*, -czka *f*, partner *m* **(in sth** w czymś, czegoś**)**; **senior/junior ~** starszy /młodszy wspólnik; **active ~** wspólnik rzeczywisty; **general ~** wspólnik odpowiadający całym swoim majątkiem; **limited ~** komandytariusz [2] Econ, Pol partner *m*; **Poland's Nato ~s** partnerzy Polski w NATO [3] (in activity) współuczestni|k *m*, -czka *f*; (in dance, tennis, golf) partner *m*, -ka *f*; **golf/tennis ~** partner do gry w golfa /tenisa [4] (in sexual relationship) partner *m*, -ka *f*; (in marriage) towarzysz *m*, -ka *f* życia; **marriage ~s** współmałżonkowie [5] (workmate) kole|ga *m*, -żanka *f* [6] US infml (form of address) stary *m* infml
II *vt* [1] (act as partner to) być partnerem (kogoś), partnerować (komuś) *[dancer, player]*; współpracować z (kimś/czymś) *[workmate, company]*; **we are being ~ed by a German firm in this enterprise** w tym przedsięwzięciu naszym partnerem jest firma niemiecka [2] (pair) **to ~ sb with sb** (in game) wyznaczyć komuś kogoś jako partnera; (in relationship) połączyć kogoś z kimś w parę
IDIOMS: **to be ~s in crime** hum być w zmowie

partnership /ˈpɑːtnəʃɪp/ *n* [1] Jur spółka *f* cywilna; **to be in ~ with sb** być wspólnikiem kogoś; **to go into ~ with sb** zawiązać spółkę or przystąpić do spółki z kimś; **to take sb into ~** dopuścić kogoś do spółki; **in ~ with sb** do spółki z kimś; **general ~** spółka handlowa jawna; **limited ~** spółka komandytowa; **special ~** spółka okolicznościowa; **professional** or **non-trading ~** spółka zawodowa; **he aspires to a ~ in the firm** chce zostać współudziałowcem firmy [2] (alliance) partnerskie stosunki *m pl*, partnerstwo *n*; **in ~ with sb** wspólnie z kimś, we współpracy z kimś; **economic/industrial ~** partnerskie stosunki gospodarcze/przemysłowe [3] (pairing) duet *m*, para *f*; **acting/sporting ~** duet aktorski/sportowy, para aktorska /sportowa; **a working ~** zespół roboczy; **we make a good ~** stanowimy dobraną parę or dobry zespół

partnership agreement *n* Comm, Jur umowa *f* spółki

partnership certificate *n* US Comm, Jur świadectwo *n* zawarcia spółki

partnership limited by shares *n* Comm, Jur spółka *f* komandytowa

part of speech *n* Ling część *f* mowy

partook /pɑːˈtʊk/ *pt* → **partake**

part owner *n* współwłaściciel *m*, -ka *f*

part payment *n* opłata *f* częściowa, rata *f*

partridge /ˈpɑːtrɪdʒ/ *n* Zool kuropatwa *f*

part-singing /ˈpɑːtsɪŋɪŋ/ *n* Mus śpiew *m* na głosy a cappella

part song *n* Mus pieśń *f* na głosy a cappella

part-time /ˌpɑːtˈtaɪm/ **I** *n* niepełny etat *m*
II *adj [worker]* pracujący w niepełnym wymiarze godzin; *[job]* w niepełnym wymiarze godzin
III *adv [work]* w niepełnym wymiarze godzin

part-timer /ˌpɑːtˈtaɪmə(r)/ *n* zatrudnion|y *m*, -a *f* w niepełnym wymiarze godzin or na niepełnym etacie

parturition /ˌpɑːtjʊˈrɪʃn, US -tʃʊ-/ *n* Med poród *m*

partway /ˌpɑːtˈweɪ/ *adv* **~ through the evening/film** w trakcie wieczoru/filmu; **~ down the page** niżej na tej stronie; **to be ~ through doing sth** być w trakcie robienia czegoś; **I'm ~ through the book** jestem w połowie książki; **this donation will go ~ toward the repairs** dzięki tej sumie będzie można częściowo sfinansować naprawę; **to drill ~ through the wall** częściowo przewiercić ścianę

part work *n* GB Publg zeszyt *m (stanowiący część większego dzieła)*

party /ˈpɑːtɪ/ **I** *n* [1] (social event) przyjęcie *n*, party *n inv*; **birthday ~** przyjęcie urodzinowe, urodziny; **children's ~** kinderbal infml; **leaving ~** przyjęcie pożegnalne; **I was invited to a tea/dinner ~** zostałem zaproszony na herbatę/kolację; **to give** or **have a ~ for sb** wydać or zrobić przyjęcie na cześć kogoś; **I'm having a ~** wydaję przyjęcie; **the ~'s over** fig koniec zabawy, zabawa się skończyła fig [2] (group) grupa *f*; (for search, rescue) ekipa *f*; Mil oddział *m*; **a ~ of tourists/schoolchildren** grupa turystów/uczniów; **a reconnaissance/rescue ~** grupa zwiadowcza/ratownicza; **are you one of our ~?** czy należysz do naszej grupy?; **the royal ~ included...** w orszaku królewskim byli... [3] Pol partia *f*, stronnictwo *n*; **to join a ~** wstąpić do (jakiejś) partii; **the Party** partia komunistyczna [4] Jur (individual, body) strona *f* (zainteresowana); **the guilty/innocent ~** Jur strona winna/niewinna; fig winowajca /niewinny; **a solution acceptable to both/all parties** rozwiązanie do przyjęcia dla obu stron/dla wszystkich zainteresowanych; **to be a ~ to a contract/treaty** być stroną umowy/traktatu; **to be (a) ~ to the suit** być stroną sporu [5] fml (participant) **to be a ~ to sth** brać w czymś udział; **to be (a) ~ to a crime** być zamieszanym w przestępstwo; **I will not be (a) ~ to that** nie chcę mieć z tym nic wspólnego, nie przyłożę do tego ręki; **the letters are in the hands of an unnamed private ~** listy znajdują się w posiadaniu pewnej osoby prywatnej [6] infml dat hum (person) osoba *f*; indywiduum *n* liter
II *modif* [1] (relating to social event) *[atmosphere, spirit]* wesoły; *[game]* towarzyski [2] Pol *[activist, conference, loyalty, policy]* partyjny; **~ leader/member** przywódca/członek partii; **the ~ faithful** najwierniejsi członkowie partii
III *vi* infml bawić się (dobrze)

party animal *n* infml balowicz *m*, balangowicz *m* infml

party dress *n* (formal) sukienka *f* wyjściowa; (child's) sukienka *f* odświętna

partygoer /ˈpɑːtɪgəʊə(r)/ *n* balowicz *m*, balangowicz *m* infml

party hat *n* papierowy kapelusz *m*

party line *n* [1] Pol linia *f* partii; fig linia *f* postępowania; **to follow the ~** trzymać się linii partii [2] Telecom telefon *m* towarzyski

party machine *n* machina *f* partyjna

party piece *n* numer *m* infml *(często prezentowany w towarzystwie)*; **to do one's ~** wykonać swój popisowy numer

party political *adj [issue, point]* dotyczący polityki partii

party political broadcast *n* program *m* telewizyjny prezentujący politykę partii

party politics *n* polityka *f* partii; politykierstwo *n* partyjne pej

party pooper *n* infml smutas *m* psujący zabawę infml pej

party popper *n* pukawka *f* infml *(zabawka wydająca dźwięk przypominający wystrzał)*

party wall *n* mur *m* oddzielający dwie posesje

par value *n* Fin wartość *f* nominalna or parytetowa

parvenu /ˈpɑːvənjuː, ˈpɑːrvənuː/ *n* fml pej parweniusz *m*, -ka *f* pej

PASCAL /ˌpæsˈkæl/ *n* Comput (also **Pascal**) (język *m* programowania) Pascal *m*

paschal /ˈpæskl, ˈpɑːskl/ *adj* paschalny

paschal candle *n* świeca *f* paschalna

Paschal Lamb *n* Baranek *m* Boży

pashmina /pʌʃˈmiːnə/ *n* Fashn kaszmir *m* z dodatkiem jedwabiu

pass /pɑːs, US pæs/ **I** *n* [1] (permission document) (to enter, leave, be absent) przepustka *f*; glejt *m* infml; (for theatre, cinema) karta *f* wstępu; (of safe conduct) przepustka *f*, list żelazny *m*; glejt *m* liter; **a weekend ~** Mil przepustka na weekend; **sailors on ~** marynarze na przepustce [2] (travel document) **bus/train ~** bilet autobusowy/kolejowy *(zwykle upoważniający do wielokrotnego przejazdu)*; **a monthly ~** bilet miesięczny [3] Sch ocena *f* dostateczna, dostateczny *m* **(in sth** z czegoś**)**; Univ zaliczenie *n* **(in sth** z czegoś**)**; **to get a ~** dostać ocenę dostateczną /zaliczyć [4] Sport (in ball games) podanie *n*; (in fencing) wypad *m*; **a backward/forward ~** podanie do tyłu/do przodu; **a long/short ~** długie/krótkie podanie; **to make a ~** podać (piłkę) [5] Geog przełęcz *f*; **a ~ through** or **over the mountains** przełęcz przez góry; **the St Bernard Pass** Przełęcz Świętego Bernarda [6] Aviat przelot *m* **(over sth** nad czymś**)**; **to make a (low) ~ over the target** przelecieć (nisko) nad celem

II *vt* [1] (go past) mi|nąć, -jać, wymi|nąć, -jać; (overtake) wyprzedz|ić, -ać; (go to other side of) *[person]* prze|jść, -chodzić przez (coś) *[checkpoint, customs]*; mi|nąć, -jać *[finishing line]*; *[vehicle]* przeje|chać, -żdżać przez (coś) *[checkpoint, barrier]*; **to ~ sb in the street** minąć kogoś na ulicy; **it'll be no trouble; I'll be ~ing that way** to żaden kłopot, i tak będę tamtędy przechodzić /przejeżdżać; **you'll ~ the station on your left** po lewej stronie miniesz stację; **not a drop ~ed my lips** nie wypiłem ani kropli [2] (exceed) przekr|oczyć, -aczać *[limit]*; prze|jść, -chodzić *[expectations, understanding]*; **it ~es (all) belief** to przechodzi wszelkie pojęcie [3] (hand over) poda|ć, -wać; **to ~ sb sth, to ~ sth to sb** podać coś komuś; **~ me your plate** podaj mi swój talerz; **to ~ counterfeit notes** puszczać w obieg fałszywe banknoty; **to ~ sth along the line** podawać coś z ręki do ręki; **your papers have been ~ed to me** przekazano mi twoje papiery; **'we'll ~ you back to the studio now'** Radio, TV „przenosimy się teraz ponownie do studia" [4] (move) przesu|nąć, -wać (czymś) *[arm, hand]*; **she ~ed the thread through the eye of the needle** przewlokła nitkę przez uszko igły, nawlokła igłę; **~ the rope round the post** okręć linkę wokół słupka; **she ~ed her hand over her brow/across her face** przesunęła ręką po czole/twarzy; **she ~ed the cloth over the table** przetarła ścierką stół [5] Sport poda|ć, -wać *[ball, baton]*; **to ~ the ball backwards/forwards** podać piłkę do tyłu/do przodu [6] (spend) spędz|ić, -ać *[time]* **(doing sth** na czymś, na robieniu czegoś**)**; **what did you do to ~ your time?** jak spędziłeś czas?; **we played cards to ~ the time** graliśmy w karty dla zabicia czasu; **to ~ the time of day with sb** fig pogadać z kimś [7] (succeed in) zdać *[exam, test]*; **my car has ~ed its MOT** mój samochód przeszedł pomyślnie przegląd techniczny; **the design ~es all the safety regulations** model spełnia wszelkie wymogi bezpieczeństwa [8] (declare satisfactory) oceni|ć, -ać pozytywnie *[candidate, work]*; uzna|ć, -wać, zatwierdz|ić, -ać *[invoice]*; **to ~ sth (as being) safe /suitable** uznać coś za bezpieczne/odpowiednie; **the censors ~ed the film as suitable for adults only** cenzura uznała film za odpowiedni jedynie dla dorosłych; **he has been ~ed fit for active service** uznano go za zdolnego do służby wojskowej; **to ~ the proofs (for press)** podpisać korektę do druku [9] (vote in) przyj|ąć, -mować *[bill, motion, resolution]* [10] (pronounce) wyda|ć, -wać *[judgment, verdict]*; wypowi|edzieć, -adać, z|robić *[remark]*; wyra|zić, -żać *[opinion]*; **to ~ sentence** wydać wyrok [11] Med **to ~ blood** oddawać mocz z krwią; **to ~ a kidney stone** urodzić kamień; **to ~ water** oddawać mocz [12] US Fin nie wypłac|ić, -ać (czegoś) *[dividend]*

III *vi* [1] (move, travel) *[person]* prze|jść, -chodzić; *[vehicle]* przeje|chać, -żdżać; **to ~ along the street** iść/jechać ulicą; **to ~ through a town** przejść/przejechać przez miasto; **~ down the bus, please** proszę przesuwać się do tyłu (autobusu); **to ~ through a phase/time** fig przechodzić (przez) fazę/okres; **to ~ out of sight** zniknąć z pola widzenia [2] (go past) *[person]* prze|jść, -chodzić obok; *[vehicle]* przeje|chać, -żdżać obok; **they ~ed on the stairs** minęli się na schodach; **let me ~** pozwól mi przejść, przepuść mnie [3] fig (go by) *[time, crisis, danger]* mi|nąć, -jać; *[memory]* za|trzeć, -cierać się; *[feeling, old order]* przemi|nąć, -jać; **the evening had ~ed all too quickly** wieczór minął aż nazbyt szybko; **to ~ unnoticed** *[time]* (prze)minąć niezauważalnie; *[event, mistake]* przejść niezauważonym; **to let a remark ~** puścić uwagę mimo uszu; **how time ~es!** jak szybko mija czas! [4] (be transferred) *[title, inheritance, right, responsibility]* prze|jść, -chodzić **(to sb** na kogoś**)**; **knowing looks/many letters ~ed between them** wymienili znaczące spojrzenia/wiele listów; **deeds which have ~ed into history/legend** czyny, które przeszły do historii/stały się legendą; **his name has ~ed into oblivion** jego imię poszło w zapomnienie; **his mood ~ed from joy to despair** (jego) radosny nastrój ustąpił miejsca rozpaczy [5] (achieve required standard) zdać **(in sth** z czegoś**)**; **to ~ fit for service** zostać uznanym za zdolnego do służby wojskowej [6] (in ball games) poda|ć, -wać **(to sb** do kogoś**)**; **to ~ backwards/forwards** podać do tyłu/przodu [7] (in card games) s|pasować also fig; **I'm afraid I must ~ on that one** (in discussion) niestety muszę się poddać fig; **I'll ~ on the dessert, thanks** fig dziękuję, ale muszę zrezygnować z deseru [8] liter (happen) wydarz|yć, -ać się, stać się; **such things will never come to ~** coś takiego nigdy się nie stanie, do czegoś takiego nigdy nie dojdzie; **it came to ~ that...** i tak się stało, że...; **to bring sth to ~** dokonać czegoś [9] (be accepted) *[rudeness, behaviour]* uchodzić; **such behaviour may ~ in some circles, but not here!** takie zachowanie uchodzi może w niektórych kręgach, ale nie tutaj!; **the film's not brilliant, but it'll ~** infml film nie jest zachwycający, ale ujdzie infml; **with her short hair she could ~ for a boy** z krótkimi włosami można ją wziąć za chłopca; **she ~es for 40** wygląda na 40 lat, można jej dać 40 lat [10] (be approved) *[bill, proposal, motion]* zostać przyjętym [11] US Jur orze|c, -kać **(on sth** w sprawie czegoś**)**; **to ~ on** or **upon sb** wydać wyrok w sprawie kogoś [12] Chem *[substance]* prze|jść, -chodzić **(into sth** w coś**)**

■ **pass along**: **~ along [sth], ~ [sth] along** poda|ć, -wać (dalej) *[bucket]*; przekaz|ać, -ywać (dalej) *[message]*

■ **pass around, pass round**: **~ around [sth], ~ [sth] around** poda|ć, -wać z ręki do ręki, pu|ścić, -szczać obiegiem *[document, photos]*; poda|ć, -wać *[food, plates]*

■ **pass away** euph umrzeć; rozsta|ć, -wać się z życiem, zejść z tego świata liter

■ **pass by** *[person, procession]* prze|jść, -chodzić (obok); *[vehicle]* przeje|chać, -żdżać (obok); **life has ~ed me by** życie przeszło obok mnie; **this is a serious matter, I cannot ~ it by** to poważna sprawa, nie mogę przejść nad nią do porządku dziennego

■ **pass down**: **~ down [sth], ~ [sth] down** przekaz|ać, -ywać *[secret, knowledge, title]*

■ **pass off**: ¶ **~ off** [1] (take place, proceed) odby|ć, -wać się, mi|nąć, -jać; (be successful) uda|ć, -wać się; **how did the conference ~ off?** jak się udała konferencja?; **the march ~ed off without incident** demonstracja odbyła się or minęła bez żadnych incydentów [2] (disappear) *[pain, depression]* ust|ąpić, -ępować, mi|nąć, -jać ¶ **~ off [sb/sth], ~ [sb/sth] off** (represent falsely) **to ~ oneself off as a journalist** podawać się za dziennikarza; **he ~ed her off as his wife** udawał, że jest jego żoną ¶ **~ off [sth], ~ [sth] off** (brush aside) z|lekceważyć, z|bagatelizować; **to ~ sth off with a jest** zbyć coś żartem

■ **pass on**: ¶ **~ on** prze|jść, -chodzić **(to sth** do czegoś); **let's ~ on to the next item** przejdźmy do następnego punktu ¶ **~ on [sth], ~ [sth] on** (transmit) przekaz|ać, -ywać *[message, greetings, title]* **(to sb** komuś); odda|ć, -wać *[books, clothes]* **(to sb** komuś); przen|ieść, -osić *[costs, title]* **(to sb** na kogoś); zara|zić, -żać (czymś) *[cold]* **(to sb** kogoś); **the costs are ~ed on to the customer** tymi kosztami zostaje obciążony klient ¶ **~ on [sb], ~ [sb] on** (on the phone) **I'll ~ you on to my colleague** oddaję słuchawkę koledze

■ **pass out**: ¶ **~ out** [1] (faint) ze|mdleć; (fall drunk) spić się do nieprzytomności, stracić świadomość [2] Mil (complete training) otrzy|m|ać, -ywać promocję; **to ~ out from** or **out of Sandhurst** ukończyć (akademię wojskową) Sandhurst ¶ **~ out [sth], ~ [sth] out** rozda|ć, -wać, rozprowadz|ić, -ać *[leaflets]*

■ **pass over**: ¶ **~ over** dat = **pass away** ¶ **~ [sb] over** (disregard for promotion) pomi|nąć, -jać; **he's been ~ed over twice now** już dwukrotnie pominięto go przy awansie ¶ **~ over [sth]** (omit) pomi|nąć, -jać *[fact, detail]*; (overlook) pomi|nąć, -jać milczeniem, pu|ścić, -szczać mimo uszu *[remark]*; nie za|reagować na (coś) *[behaviour]*

■ **pass through**: **~ through [sth]** prze|jść, -chodzić przez (coś) *[experience, period, substance, place]*; (by vehicle) prze|je|chać, -żdżać przez (coś) *[town]*; **I'm just ~ing through** jestem przejazdem

■ **pass up**: **~ up [sth]** infml przepu|ścić, -szczać; przegapi|ć, -ać infml *[opportunity, offer]*

IDIOMS: **in ~ing** mimochodem; **to mention sth in ~ing** wspomnieć or napomknąć o czymś mimochodem; **things have come to such a ~ that...** doszło do tego, że...; **things have come to a pretty ~** sprawy mają się kiepsko or nie najlepiej; **to make a ~ at sb** przystawiać się do kogoś infml; **to ~ the word** puścić w obieg wiadomość; **to sell the ~** zdradzić sprawę

passable /ˈpɑːsəbl, US ˈpæs-/ *adj* [1] (adequate) znośny, taki sobie, jako taki; **my French is ~** mówię po francusku jako tako; **to have a ~ knowledge of sth** znać coś jako tako [2] (traversable) *[road]* przejezdny; **the river is not ~ at this time of the year** o tej porze roku nie można się przeprawić przez rzekę

passably /ˈpɑːsəblɪ, US ˈpæs-/ *adv [amused, interesting]* dość, dosyć; *[sing, play]* znośnie, jako tako; **he sings ~ (well)** śpiewa jako tako

passage /ˈpæsɪdʒ/ *n* [1] (also **passageway**) (indoors) korytarz *m*; (outdoors) przejście *n*, pasaż *m* [2] (way through) przejście *n*; **clear a ~ for the doctor!** przejście dla lekarza!; **to force a ~ through the crowd** przedrzeć się przez tłum [3] Anat przewód *m*; **ear/nasal ~s** przewody słuchowe /nosowe; **urinary ~** moczowód [4] (extract) fragment *m*, ustęp *m*; Mus (division) pasaż *m* [5] (act of passing) (of people) przejście *n*; (of vehicles) przejazd *m*; **the ~ of cars/ships** ruch samochodowy/statków; **the ~ of time** upływ czasu; **~ of arms** starcie also fig; **the ~ of a bill through parliament** uchwalenie ustawy w parlamencie; **birds of ~** ptaki wędrowne or przelotne; **he's a bird of ~** fig on nigdzie nie zagrzeje miejsca [6] Jur (also **right of ~**) prawo *n* przejazdu; **to deny sb ~** nie zezwolić komuś na przejazd [7] (journey) podróż *f*; (fare) opłata *f* za bilet; **to book a ~** zarezerwować bilet (na statek); **to work one's ~** odpracowywać przejazd statkiem; **she had an easy ~ to the final** fig bez trudu dotarła do finału; **the opposition gave the bill a rough ~** fig opozycja starała się zablokować ustawę

passband /ˈpɑːsbænd, US ˈpæs-/ *n* Audio pasmo *n* przepustowe

passbook /ˈpɑːsbʊk, US ˈpæs-/ *n* Fin książeczka *f* oszczędnościowa

pass degree *n* Univ dyplom *m* z oceną dostateczną

passé /ˈpæseɪ, US pæˈseɪ/ *adj [clothes, style]* niemodny; *[songs, novels]* przebrzmiały; **a ~ actor** aktor mający najlepsze lata już za sobą

passenger /ˈpæsɪndʒə(r)/ **I** *n* [1] pasażer *m*, -ka *f* [2] GB pej (idler) dekownik *m* infml pej; (burden) piąte koło *n* u wozu

II *modif [ticket, aircraft, cabin]* pasażerski

passenger car *n* US → **passenger coach**

passenger coach *n* GB wagon *m* osobowy or pasażerski

passenger compartment *n* GB Rail przedział *m* dla podróżnych

passenger door *n* Aut drzwi *plt* pasażera; Aviat drzwi *plt* pasażerskie

passenger ferry *n* prom *m* pasażerski

passenger inquiries *npl* informacja *f* dla pasażerów

passenger jet *n* samolot *m* pasażerski

passenger list *n* lista *f* pasażerów

passenger plane *n* → **passenger jet**

passenger seat *n* miejsce *n* dla pasażera or obok kierowcy

passenger service *npl* linia *f* pasażerska

passenger train *n* pociąg *m* osobowy or pasażerski

passe-partout /ˌpæspɑːˈtuː, ˌpɑːs-/ *n* [1] (key) klucz *m* uniwersalny [2] (frame) passe-partout *n inv*, maska *f*, koszulka *f*

passer-by /ˌpɑːsəˈbaɪ, US ˌpæs-/ *n* (*pl* **passers-by**) przechodzień *m*

pass for press *n* Publg podpisanie *n* do druku

passing /ˈpɑːsɪŋ, US ˈpæs-/ **I** *n* [1] (movement) (of vehicle) przejazd *m*; (of boat) przepłynięcie *n*; **the ~ of time/the years** upływ czasu /lat; **with the ~ of time/years** z biegiem czasu/lat [2] (overtaking) wyprzedzanie *n* [3] (end) kres *m*, zmierzch *m* **(of sth** czegoś) [4] euph (death) odejście *n* euph

II *adj* [1] (going by) *[pedestrian]* przechodzący; *[motorist]* przejeżdżający; **she hailed a ~ taxi** przywołała przejeżdżającą taksówkę; **with each ~ day** z dnia na dzień, z każdym dniem [2] (momentary) *[glimpse, whim]* przelotny; *[fashion]* chwilowy [3] (casual) *[glance, reference]* pobieżny; *[resemblance]* niewielki; *[remark]* (wypowiedziany) mimochodem; **it was only a ~ thought** tak tylko przyszło mi do głowy

passing note *n* Mus dźwięk *m* przejściowy

passing-out (ceremony) /pɑːsɪŋˌaʊtˈserɪmənɪ, US pæs-/ *n* Mil promocja *f*; **~ parade** defilada promocyjna

passing place *n* mijanka *f*

passing shot *n* (in tennis) minięcie *n*, passing shot *m*

passion /ˈpæʃn/ **I** *n* [1] (love) namiętność *f*, żarliwe uczucie *n* **(for sb** do kogoś) [2] (enthusiasm) zamiłowanie *n* **(for sth** do czegoś); (object of enthusiasm) pasja *f*; **he has a ~ for Wagner** uwielbia Wagnera; **golf is his ~** golf to jego pasja [3] (emotion) namiętność *f*, żar *m*; **he played with ~** grał z wielkim uczuciem; **she spoke with ~** mówiła z wielką swadą; **to inflame ~s** rozpalić namiętności [4] (anger) pasja *f*, furia *f*; **a fit of ~** napad or wybuch pasji; **to fly into a ~** wpaść w pasję or furię

II Passion *prn* [1] Relig **the Passion** Męka *f* Pańska [2] Mus pasja *f*; **the Saint Matthew Passion** Pasja według świętego Mateusza

passionate /ˈpæʃənət/ *adj [kiss, lover, relationship]* namiętny; *[person, nature, temperament, belief]* gorący; *[advocate, plea]* żarliwy; *[speech]* płomienny

passionately /ˈpæʃənətlɪ/ *adv [love, kiss]* namiętnie; *[defend, want, oppose]* żarliwie; *[write, say]* z wielką pasją; *[believe]* gorąco; **to be ~ fond of sb/sth** ubóstwiać kogoś /coś

passion flower *n* Bot męczennica *f*, passiflora *f*

passion fruit *n* owoc *m* męczennicy

passion-killer /ˈpæʃnkɪlə(r)/ *n* infml **it's a real ~** to może ostudzić namiętności or miłosne zapędy

passionless /ˈpæʃənlɪs/ *adj [marriage]* pozbawiony uczucia; *[account]* beznamiętny

Passion play *n* misterium *n* pasyjne

Passion Sunday *n* piąta niedziela *f* Wielkiego Postu

Passiontide /ˈpæʃəntaɪd/ *n* ostatnie dwa tygodnie *m pl* Wielkiego Postu

Passion Week *n* Wielki Tydzień *m*

passive /ˈpæsɪv/ **I** *n* Ling **the ~** strona *f* bierna; **in the ~** w stronie biernej

II *adj* [1] bierny, pasywny [2] Ling **~ voice** strona bierna

passive disobedience *n* odmowa *f* współpracy, bierny opór *m*

passively /ˈpæsɪvlɪ/ *adv* [1] *[accept, react, wait, watch]* biernie [2] Ling (use, express) w stronie biernej

passiveness /ˈpæsɪvnɪs/ *n* = **passivity**

passive resistance *n* bierny opór *m*

passive smoking *n* bierne palenie *n*

passivity /pæˈsɪvətɪ/ *n* bierność *f*, pasywność *f*

passkey /ˈpɑːskiː, US ˈpæs-/ *n* [1] (master key) klucz *m* uniwersalny [2] (given to a few people) prywatny klucz *m (wydawany ograniczonej liczbie osób)*

pass mark *n* Sch ocena *f* dopuszczająca; Univ ocena *f* dostateczna

Passover /ˈpɑːsəʊvə(r), US ˈpæs-/ *n* Pascha *f*

passport /ˈpɑːspɔːt, US ˈpæs-/ **I** *n* paszport *m*; **false ~** fałszywy paszport; **diplomatic ~** paszport dyplomatyczny; **visitor's ~** GB paszport krótkoterminowy; **~ to success /fame** fig klucz do sukcesu/sławy fig

II *modif [control, office, photograph]* paszportowy

passport holder *n* posiadacz *m*, -ka *f* paszportu

pass the parcel *n gra dziecięca*

pass-through /ˈpɑːsθruː, US ˈpæs-/ *n* US okienko *n (do wydawania posiłków)*

password /ˈpɑːswɜːd, US ˈpæs-/ *n* (secret phrase) hasło *n*; **a ~ to success** fig klucz do sukcesu fig

past /pɑːst, US pæst/ **I** *n* [1] przeszłość *f*; **in the ~** dawniej, kiedyś, w przeszłości; **she had taught at school in the ~** dawniej uczyła w szkole; **I have done things in the ~ that I'm not proud of** w przeszłości robiłem rzeczy, których teraz się wstydzę; **there are more students now than in the ~** jest teraz więcej studentów niż dawniej or kiedyś; **in the ~ we have (always) spent our holidays in Greece** dotąd zawsze spędzaliśmy wakacje w Grecji; **to live in the ~** żyć przeszłością; **that's all in the ~** to już należy do przeszłości, to już historia; **soon petrol-driven cars will be a thing of the ~** niedługo samochody na benzynę będą należeć do przeszłości; **a city/nation without a ~** miasto/naród bez przeszłości; **a woman with a ~** kobieta z przeszłością [2] Ling (also **~ tense)** czas *m* przeszły; **in the ~** w czasie przeszłym

II *adj* [1] (preceding) *[week, month, year]* miniony, ostatni, zeszły, ubiegły; **during the ~ few days/months** przez kilka ostatnich dni/miesięcy; **in the ~ week /year** w zeszłym or ubiegłym tygodniu /roku; **in the ~ three years/months** w ciągu ostatnich trzech lat/miesięcy; **the ~ two years have been difficult** minione dwa lata były trudne or nie były łatwe; **the events of the ~ week** wydarzenia minionego or ostatniego tygodnia; **for some time ~** przez pewien czas, od pewnego czasu [2] (previous, former) *[generation, centuries, experience, life]* dawny, przeszły; *[president, chairman]* były, dawny; *[attempts, occasions]* wcześniejszy; **on ~ experience I should say that...** na podstawie doświadczenia mogę powiedzieć, że...; **in times ~** dawniej, kiedyś [3] (finished) **summer is ~** lato się skończyło; **that's all ~ now** to już minęło, to już należy do przeszłości; **what's ~ is ~** co było, to było; **in days long ~** w dawnych czasach, dawno temu [4] Ling **the ~ tense** czas *m* przeszły; **the ~ participle** imiesłów czasu przeszłego

III *prep* [1] (by the side of) obok (kogoś /czegoś), koło (kogoś/czegoś); **to walk** or **go ~ sb/sth** przechodzić koło or obok kogoś/czegoś; **to drive ~ sth** przejeżdżać obok or koło czegoś [2] (beyond in position) za (kimś/czymś); **~ the church/the park** za kościołem/parkiem; **the second turning ~ the lights** druga przecznica za światłami; **how did you get ~ the guard?** jak ci się udało przejść obok strażnika?; **once we are ~ customs** gdy już przejdziemy przez kontrolę celną [3] (beyond in time) po (czymś); **it's ~ midnight/6** jest po północy/po szóstej; **it was a quarter ~ one** było kwadrans po pierwszej; **it's half ~ seven** jest wpół do ósmej; **it's long ~ your bedtime** dawno już powinieneś być w łóżku; **he is ~ 70** ma ponad siedemdziesiąt lat, jest po siedemdziesiątce; **once you get ~ 40** po czterdziestce; gdy się skończy czterdzieści lat; **I'm ~ the age when...** jestem już za stary na to, żeby... [4] (beyond or above certain level) **the temperature soared ~ 40°C** temperatura podniosła się powyżej 40°C; **she can't count ~ ten** potrafi liczyć tylko do dziesięciu; **he didn't get ~ the first chapter** nie przeczytał nawet pierwszego rozdziału; **he didn't get ~ the first interview** (for job) nie przebrnął nawet przez pierwszą rozmowę [5] (beyond scope of) **it's ~ belief/endurance** to jest niewiarygodne/nie do zniesienia; **it's ~ understanding** to przechodzi wszelkie pojęcie; **I'm ~ caring** przestałem się (tym) przejmować; **those socks are ~ mending** tych skarpetek nie da się już zacerować; **he is ~ playing football/working** jest już za stary, żeby grać w piłkę/pracować

IV *adv* [1] (with verbs of motion) obok; mimo dat; **to fly/drive ~** przelecieć/przejechać (obok); **I saw her as I walked ~** zobaczyłem ją, kiedy przechodziłem; **we watched the troops march ~** przyglądaliśmy się maszerującym żołnierzom; **weeks/years went ~** mijały tygodnie /lata [2] (giving time) **it's twenty-five ~** jest dwadzieścia pięć po; **'is it eight yet?' – 'a few minutes ~'** „czy jest już ósma?" – „kilka minut po" [3] (ago) **two years ~** dwa lata temu

IDIOMS: **to be ~ it** infml *[person]* być za starym, mieć za sobą swoje najlepsze lata; **the carpet's ~ it** dywan jest już do niczego; **to be ~ its best** *[cheese]* być nie pierwszej świeżości; *[wine]* być zwietrzałym, ledwo nadawać się do picia; **I wouldn't put it ~ him/them** to do niego/do nich podobne; **I wouldn't put it ~ her to do it** wcale nie zdziwiłbym się, gdyby to zrobiła

pasta /ˈpæstə/ *n* Culin pasta *f (wszelkie rodzaje makaronu, pierożków)*

paste /peɪst/ **I** *n* [1] (mixture) masa *f*, papka *f*; **to mix sth to a smooth ~** wymieszać coś na jednolitą masę [2] Culin (fish, meat) pasta *f*; (fruit, vegetable) przecier *m*; **salmon ~** pasta z łososia; **tomato ~** przecier pomidorowy [3] (glue) klej *m*; **wallpaper ~** klej do tapet [4] (in jewellery) stras *m*

II *modif [gem, ruby]* sztuczny, ze strasu

III *vt* [1] (stick) przykle|ić, -jać, nakle|ić, -jać *[label, paper]* **(onto sth** na czymś); **a notice has been ~d to the door** na drzwiach wisiało (naklejone) zawiadomienie; **to ~ sth into sth** wkleić coś do czegoś; **to ~ sth together** skleić coś [2] (coat in glue) po|smarować klejem *[wallpaper]* [3] infml (beat, defeat) z|łoić skórę (komuś), spu|ścić, -szczać lanie (komuś) infml *[opponent, team]*; **the critics ~d her novel** recenzenci schlastali jej powieść infml [4] Comput wkle|ić, -jać, wstawi|ć, -ać *[text]*

■ **paste up**: **~ up [sth], ~ [sth] up** [1] nakle|ić, -jać, nalepi|ć, -ać *[notice, poster]* [2] Print makietować, z|robić makietę (czegoś) *[article, page]*

pasteboard /ˈpeɪstbɔːd/ **I** *n* tektura *f*

II *modif [book cover]* tekturowy, kartonowy; fig *[character]* papierowy fig

pastel /ˈpæstl, US pæˈstel/ **I** *n* [1] (medium, picture, stick) pastel *m*; **to work in ~s** malować pastelami [2] (pale shade) odcień *m* pastelowy

II *modif [colour, green, shade, drawing]* pastelowy

pastern /ˈpæstən/ *n* pęcina *f*

paste-up /ˈpeɪstʌp/ *n* Print makieta *f*

paste-up artist *n* Print redaktor *m* techniczny

pasteurization /ˌpɑːstʃəraɪˈzeɪʃn, US ˌpæstʃərɪˈzeɪʃn/ *n* pasteryzacja *f*

pasteurize /ˈpɑːstʃəraɪz, US ˈpæst-/ *vt* pasteryzować, podda|ć, -wać pasteryzacji

pasteurized /ˈpɑːstʃəraɪzd, US ˈpæst-/ *adj* pasteryzowany

past historic *n* Ling aoryst *m*

pastiche /pæˈstiːʃ/ *n* pastisz *m*

pastille /ˈpæstəl, US pæˈstiːl/ *n* pastylka *f*; **a throat ~** pastylka na ból gardła

pastime /ˈpɑːstaɪm, US ˈpæs-/ *n* rozrywka *f*

pasting /ˈpeɪstɪŋ/ *n* infml [1] (defeat) cięgi *plt*, lanie *n* infml; **to take a (severe) ~** dostać (nieźle) w skórę, zebrać (niezłe) cięgi infml; **to give sb a ~** dać komuś w skórę, dołożyć komuś infml [2] (criticism) **to take a ~** zebrać cięgi infml; **to give sb/sth a ~** zjechać kogoś/coś infml

past master *n* mistrz *m* nad mistrze **(at sth/at doing sth** w czymś/w robieniu czegoś)

pastor /ˈpɑːstə(r), US ˈpæs-/ *n* Relig (Protestant) pastor *m*; (Roman Catholic) proboszcz *m*; pasterz *m* liter

pastoral /ˈpɑːstərəl, US ˈpæs-/ **I** *n* [1] Literat sielanka *f*, bukolika *f*, idylla *f* [2] Mus pastorale *n inv*

II *adj* [1] (rural) *[life, scenery]* sielski [2] (bucolic) *[life, scene]* sielankowy; **~ poem** sielanka, idylla, bukolika [3] Relig *[care, duties]* duszpasterski [4] GB Sch, Univ *[role, work]* wychowawczy, opiekuńczy; **he looks after students' ~ needs** zajmuje się sprawami bytowymi studentów

pastoral care *n* [1] GB Sch, Univ opieka *f*; **to be responsible for ~** być odpowiedzialnym za sprawy bytowe studentów [2] Relig opieka *f* duszpasterska, duszpasterstwo *n*

pastoral letter *n* Relig list *m* pasterski

pastorate /ˈpɑːstərət, US ˈpæs-/ *n* Relig pastorat *m*

past perfect *n* Ling czas *m* zaprzeszły; **in the ~** w czasie zaprzeszłym

pastrami /pæˈstrɑːmɪ/ *n* Culin pastrami *n inv*

pastry /ˈpeɪstrɪ/ *n* Culin [1] (mixture) ciasto *n*; **to make/roll out ~** zagnieść/rozwałkować ciasto [2] (cake) ciastko *n*

pastry bag *n* woreczek *m* z końcówkami do dekorowania ciasta

pastry board *n* stolnica *f*

pastry brush *n* pędzelek *m* do smarowania ciasta

pastry case *n* foremka *f* z ciasta

pastry cook *n* cukiernik *m*

pastry cutter *n* foremka *f* do wykrawania ciasta

pastry shell *n* → **pastry case**

past tense *n* Ling czas *m* przeszły; **in the ~** w czasie przeszłym

pasturage /ˈpɑːstʃərɪdʒ, US ˈpæs-/ *n* [1] (land) pastwiska *n pl* [2] (right) prawo *n* wypasu

pasture /ˈpɑːstʃə(r), US ˈpæs-/ **I** *n* [1] (land) pastwisko *n*; **rich ~** bujne pastwisko; **to put a cow out to ~** wypędzić krowę na pastwisko [2] (grass) pasza *f* [3] (grazing) wypas *m*

II vt wypasać [animal]
III vi paść się, wypasać się
IDIOMS: **(fresh fields and) ~s new** nowe horyzonty; **it's time to move on to ~s new** czas zmienić coś w życiu; **to leave for ~s new** ruszyć na podbój świata; **to put sb out to ~** posłać kogoś na zieloną trawkę infml

pastureland /ˈpɑːstʃəlænd, US ˈpæs-/ n pastwiska n pl

pasty¹ /ˈpæstɪ/ n GB Culin pasztecik m

pasty² /ˈpeɪstɪ/ adj 1 (white) [face, skin] ziemisty, blady 2 (doughy) [consistency, mixture] ciastowaty

pasty-faced /ˌpeɪstɪˈfeɪst/ adj mający ziemistą cerę

pat¹ /pæt/ **I** n 1 (gentle tap) klepnięcie n; **to give sb a ~ on the head/the shoulder** klepnąć kogoś po głowie/w ramię 2 (of butter) kawałek m, kawałeczek m
II vt (prp, pt, pp **-tt-**) klepać, poklep|ać, -ywać [dog, horse]; (affectionately) po|głaskać; **to ~ a ball** lekko odbijać piłkę; **to ~ one's hair into place** przygładzić włosy; **~ the earth around the plant** przyklep ziemię wokół rośliny; **~ the vegetables dry with a paper towel** osusz jarzyny papierowym ręcznikiem
IDIOMS: **to get a ~ on the back** otrzymać pochwałę; **you deserve a ~ on the back** zasługujesz na pochwałę; **to give oneself a ~ on the back** pogratulować sobie

pat² /pæt/ adj 1 (glib) [answer, explanation] gładki 2 (apt) [example, reply] trafny, celny
IDIOMS: **to have sth off** GB or **down** US **~** znać coś na wyrywki; **to recite sth off ~** wyrecytować coś jednym tchem; **to stand ~** US twardo obstawać przy swoim

Patagonia /ˌpætəˈgəʊnɪə/ prn Patagonia f

patch /pætʃ/ **I** n 1 (for mending, reinforcing) łata f, łatka f; **~es on the elbows** łaty na łokciach 2 (protective cover) (on eye) przepaska f; (on wound) opatrunek m 3 (small area) (of snow, rust) płat m; (of colour, damp, sunlight, oil) plama f, plamka f; (of blue sky, material) skrawek m; **a white dog with a black ~ on its back** biały pies z czarną łatą na grzbiecie; **there were icy ~es on the road** droga była miejscami oblodzona; **she slipped on a ~ of ice** poślizgnęła się na zamarzniętej kałuży; **fog ~es will occur** lokalnie wystąpią mgły; **a bald ~** łysina; **in ~es** miejscami; **the film was good in ~es** miejscami film był dobry 4 (area of ground) (of land) skrawek m; spłacheć m dat; (for planting) zagon m, grządka f; **a vegetable /strawberry ~** zagon warzyw/truskawek; **a ~ of grass** miejsce porośnięte trawą; **a ~ of daisies** kępa stokrotek 5 GB infml (territory) (of gangster) terytorium n; (of policeman, official, salesman) rewir m 6 infml (period) okres m, passa f; **to have** or **go through a bad ~** mieć złą passę, przechodzić zły okres; **in ~es** chwilami 7 Comput (correction) wstawka f korekcyjna, podprogram m korekcyjny; łatka f infml 8 Electron połączenie n elektryczne 9 Med plaster(ek) m (nasączony substancjami wchłanianymi przez skórę) 10 Hist Cosmet muszka f (naklejana na policzku)
II vt 1 (repair) za|łatać, połatać [hole, trousers]; nakle|ić, -jać łatkę na (coś) [tyre] 2 Electron po|łączyć przewodem [circuit] 3 Comput wstawi|ć, -ać poprawkę do (czegoś) [software]
■ **patch through** Telecom **to ~ a call through** przełączyć rozmowę **(to sb** do kogoś)
■ **patch together**: **~ [sth] together** (sew) zszy|ć, -wać, pozszywać [scraps]; (glue) zlepi|ć, -ać, pozlepiać [pieces, fragments]; z|montować [team]; s|klecić infml [report, treaty]
■ **patch up**: ¶ **~ up [sth], ~ [sth] up** (mend) za|łatać, połatać [hole, trousers, ceiling]; naprawi|ć, -ać, wy|reperować [furniture, car]; fig u|ratować [marriage]; **it will be difficult to ~ things up now** trudno będzie teraz naprawić sytuację; **I tried to help ~ things up between them** próbowałem ich pogodzić ¶ **~ up [sth]** (resolve) za|łagodzić, zażegn|ać, -ywać [differences, quarrel]; **we've ~ed it up** pogodziliśmy się ¶ **~ up [sb]** (treat) opat|rzyć, -rywać [wounded]; podleczyć [patient]
IDIOMS: **he's not a ~ on his father** nie dorasta ojcu do pięt; **the film isn't a ~ on the book** film nie umywa się do książki

patch pocket n kieszeń f naszywana

patch test n Med test m plasterkowy, próba f plasterkowa

patchwork /ˈpætʃwɜːk/ **I** n 1 Sewing patchwork m 2 fig (of colours, ideas, styles) mozaika f; (of fields) szachownica f; (of episodes, theories, groups) zlepek m
II modif 1 Sewing [cover, quilt] patchworkowy 2 (not uniform) [theory, approach] niespójny

patchy /ˈpætʃɪ/ adj [colour] niejednolity; [essay, performance, quality, result] nierówny; [attendance] nieregularny; [evidence, knowledge] niepełny, wyrywkowy; **~ cloud/fog** Meteorol lokalne zachmurzenia/mgły; **the weather was rather ~** pogoda była zmienna

pate /peɪt/ n dat czaszka f, głowa f; **a bald ~** łysa głowa, łysina

pâté /ˈpæteɪ, US pɑːˈteɪ/ n Culin (meat) pasztet m; (fish, vegetable) pasta f; **liver/duck ~** pasztet z wątróbek/z kaczki; **salmon ~** pasta z łososia

patella /pəˈtelə/ n (pl **-e**) Anat rzepka f

paten /ˈpætn/ n patena f

patent /ˈpætnt, ˈpeɪtnt, US ˈpætnt/ **I** n 1 (document) patent m **(for** or **on sth** na coś); **to hold a ~** mieć patent; **to take out a ~ on sth** opatentować coś; **to come out of** or **off ~** przestać podlegać ochronie z tytułu praw patentowych, stać się własnością publiczną; **~ pending, ~ applied for** zgłoszono do urzędu patentowego 2 (invention) opatentowany wynalazek m
II adj 1 (obvious) [lie, nonsense] wierutny; [mistake, impossibility] oczywisty 2 Jur (licensed) [invention] (o)patentowany 3 [leather] lakierowany; [belt, shoes] z lakierowanej skóry
III vt Jur o|patentować
IV **patented** pp adj (o)patentowany

patentable /ˈpætntəbl, ˈpeɪt-, US ˈpæt-/ adj [invention] wart opatentowania

patent agent n GB rzecznik m patentowy

Patent and Trademark Office n US = Patent Office

patent attorney n US = **patent agent**

patentee /ˌpeɪtnˈtiː, US ˌpætn-/ n posiadacz m patentu

patent leather **I** n skóra f lakierowana
II **patent-leather** modif [belt, handbag] z lakierowanej skóry; **patent-leather shoes** lakierki

patently /ˈpeɪtntlɪ, US ˈpæt-/ adv w sposób oczywisty, wyraźnie

patent medicine n 1 lek n sprzedawany bez recepty; 2 infml (cure-all) cudowny lek m

Patent Office n GB ≈ urząd m patentowy

patentor /ˈpeɪtntə(r), US ˈpæt-/ n (person) osoba f uprawniona do przyznawania patentów; (body) instytucja f uprawniona do przyznawania patentów

patent right n uprawnienie n patentowe

Patent Rolls n GB Jur rejestr m praw patentowych

pater /ˈpeɪtə(r)/ n GB hum dat rodzic m, rodziciel m dat or hum

paterfamilias /ˌpeɪtəfəˈmɪlɪæs, US ˌpæt-/ n fml ojciec m rodziny, głowa f rodziny

paternal /pəˈtɜːnl/ adj 1 (fatherly) [love, pride] ojcowski 2 (on father's side) [grandfather, aunt] ze strony ojca

paternalism /pəˈtɜːnəlɪzəm/ n paternalizm m

paternalist /pəˈtɜːnəlɪst/ **I** n zwolenni|k m, -czka f paternalizmu
II adj paternalistyczny

paternalistic /pəˌtɜːnəˈlɪstɪk/ adj pej paternalistyczny

paternalistically /pəˌtɜːnəˈlɪstɪklɪ/ adv w sposób paternalistyczny

paternally /pəˈtɜːnəlɪ/ adv [smile, greet] po ojcowsku

paternity /pəˈtɜːnətɪ/ n ojcostwo n; **to establish ~** ustalić ojcostwo; **to acknowledge/deny ~** przyznać się/nie przyznać się do ojcostwa

paternity leave n urlop m przyznawany ojcu w związku z narodzinami dziecka

paternity suit n sprawa f o ustalenie ojcostwa

paternity test n badanie n na ustalenie ojcostwa

paternoster /ˌpætəˈnɒstə(r)/ n 1 Relig (also **Paternoster)** Modlitwa f Pańska; Ojcze Nasz n inv infml; **to say several ~s** zmówić kilka Ojcze Nasz 2 (elevator) dźwig m okrężny, paternoster m

path¹ /pɑːθ, US pæθ/ n 1 (track) (also **~way)** droga f; (narrower) ścieżka f, dróżka f; (in park) alejka f; (way through) przejście n; **a mountain ~** górski szlak; **to stray from the ~ of virtue** fig zejść z drogi cnoty, zejść z prostej drogi fig; **our ~s never crossed again** fig nasze drogi już nigdy się nie zeszły; **the crowd kept aside to make a ~ for them** tłum się rozstąpił, żeby zrobić im przejście; **they were clearing a ~ through the jungle** wyrąbywali ścieżkę w dżungli 2 (course) (of projectile, planet) tor m, trajektoria f; (of vehicle) tor m; **the hurricane swept away everything in its ~** huragan zniszczył wszystko na swej drodze; **he stepped into the ~ of the oncoming car** wszedł na jezdnię prosto pod koła nadjeżdżającego samochodu; **he threw himself into the ~ of**

the train rzucił się pod pociąg; **to stand in sb's ~** wejść komuś w drogę, stanąć komuś na drodze also fig [3] (means) droga *f* fig **(to sth** do czegoś); **to take the ~ of least resistance** pójść po linii najmniejszego oporu

IDIOMS: **to beat a ~ to sb's door** walić do kogoś drzwiami i oknami infml

path² /pæθ/ *n* = **pathology** patologia *f*

Pathan /pə'tɑːn/ *n* Pasztun *m*, -ka *f*

pathetic /pə'θetɪk/ *adj* [1] (pitiful) *[sight]* wzruszający; *[person, fate]* godny współczucia [2] pej (inadequate, feeble) żałosny; **you're ~!** jesteś beznadziejny or żałosny!

pathetically /pə'θetɪklɪ/ *adv* [1] *[vulnerable, defenceless]* wzruszająco; *[glad, pleased]* ujmująco [2] infml pej *[play, perform]* żałośnie, beznadziejnie; *[fail]* sromotnie

pathetic fallacy *n* psychizacja *f* przyrody

pathfinder /'pɑːθfaɪndə(r), US 'pæθ-/ *n* [1] (explorer) pionier *m*, -ka *f* also fig [2] Aviat (pilot) pilot *m* samolotu rozpoznawczego; (aircraft) samolot *m* rozpoznawczy [3] Aviat radar *m* nawigacyjny

pathogen /'pæθədʒən/ *n* Physiol czynnik *m* patogenetyczny, patogen *m*

pathogenic /ˌpæθə'dʒenɪk/ *adj* Physiol patogenetyczny

pathological /ˌpæθə'lɒdʒɪkl/ *adj* [1] *[fear, hatred, condition, killer]* patologiczny; **he's a ~ liar** infml jest chorobliwym kłamcą [2] *[journal]* medyczny; *[research]* patologiczny

pathologically /ˌpæθə'lɒdʒɪklɪ/ *adv* [1] Med patologicznie [2] *[jealous, mean]* chorobliwie

pathologist /pə'θɒlədʒɪst/ *n* patolog *m*; (doing post-mortems) anatomopatolog *m*; (forensic) lekarz *m* sądowy

pathology /pə'θɒlədʒɪ/ *n* patologia *f*; (laboratory examination) diagnostyka *f* laboratoryjna; (post-mortems) anatomia *f* patologiczna

pathos /'peɪθɒs/ *n* tragizm *m*, smutek *m*

pathway /'pɑːθweɪ, US 'pæθ-/ *n* → **path** [1]

patience /'peɪʃns/ *n* [1] cierpliwość *f* **(with sb/sth** do kogoś/czegoś); **to have no ~ with sth** nie mieć do czegoś cierpliwości; **to lose ~ (with sb)** stracić cierpliwość (do kogoś); **to try** or **test sb's ~** wystawić cierpliwość kogoś na ciężką próbę; **it would have tried the ~ of a saint** nawet święty straciłby cierpliwość; **my ~ is running out** or **wearing thin** moja cierpliwość się przebrała or wyczerpała; **~, they will be here soon** cierpliwości, wkrótce tu będą; **to wait with ~** czekać cierpliwie [2] (game) GB pasjans *m*; **to play ~** stawiać or układać pasjansa

IDIOMS: **~ is a virtue** cierpliwość jest cnotą

patient /'peɪʃnt/ **I** *n* pacjent *m*, -ka *f*; **heart/kidney ~** (pacjent) chory na serce /nerki; **mental ~** umysłowo chory

II *adj* *[person]* cierpliwy; *[research, investigation]* wytrwały; **to be ~ with sb** mieć cierpliwość do kogoś; **just be ~!** cierpliwości!

patiently /'peɪʃntlɪ/ *adj* cierpliwie

patina /'pætɪnə/ *n* [1] (on metal) patyna *f*, śniedź *f*; (on wood, leather) wytarta powierzchnia *f* [2] fig **a ~ of frost on the roof** warstewka szronu na dachu; **the ~ of wealth/success** zewnętrzne przejawy bogactwa/sukcesu; **a ~ of age** patyna przeszłości or wieków

patio /'pætɪəʊ/ *n* [1] (terrace) taras *m* [2] (courtyard) patio *n*

patio doors *npl* drzwi *plt* balkonowe

patio furniture *n* meble *m pl* ogrodowe

patio garden *n* patio *n*

Patna rice /ˌpætnə'raɪs/ *n* ryż *m* długoziarnisty Patna

patois /'pætwɑː/ *n* (*pl* **~**) Ling gwara *f*

patriarch /'peɪtrɪɑːk, US 'pæt-/ *n* [1] patriarcha *m* [2] Relig (also **Patriarch)** patriarcha *m*

patriarchal /ˌpeɪtrɪ'ɑːkl, US ˌpæt-/ *adj* *[society, system, figure]* patriarchalny; **~ beard** broda patriarchy

patriarchate /'peɪtrɪɑːkeɪt, US 'pæt-/ *n* Relig patriarchat *m*

patriarchy /'peɪtrɪɑːkɪ, US 'pæt-/ *n* Soc patriarchat *m*

patrician /pə'trɪʃn/ **I** *n* arystokrat|a *m*, -ka *f*; Hist patrycjusz *m*, -ka *f*

II *adj* *[family, background, figure]* arystokratyczny, patrycjuszowski; *[person]* szlachetnie urodzony; *[arrogance]* wielkopański pej

patricide /'pætrɪsaɪd/ *n* [1] (act) ojcobójstwo *n* [2] (person) ojcobój|ca *m*, -czyni *f*

patrilineal /ˌpætrɪ'lɪnɪəl/ *adj* patrylinearny

patrimony /'pætrɪmənɪ, US -məʊnɪ/ *n* fml [1] (inheritance) dziedzictwo *n*; ojcowizna *f*, patrymonium *n* fml [2] Relig fundacja *f*

patriot /'pætrɪət, US 'peɪt-/ *n* patriot|a *m*, -ka *f*

patriotic /ˌpætrɪ'ɒtɪk, US 'peɪt-/ *adj* *[conduct, song, mood]* patriotyczny; *[person]* kochający ojczyznę

patriotically /ˌpætrɪ'ɒtɪklɪ, US ˌpeɪt-/ *adv* *[cheer, react, say]* w patriotycznym uniesieniu, patriotycznie; **~ decorated** udekorowany symbolami narodowymi

patriotism /'pætrɪətɪzəm, US 'peɪt-/ *n* patriotyzm *m*

patrol /pə'trəʊl/ **I** *n* [1] (surveillance) patrol *m*, patrolowanie *n*; **to carry out** or **make a ~ of an area** patrolować okolicę; **to be/go (out) on ~** być na patrolu/pójść na patrol; **air/sea ~** patrol lotniczy/morski; **foot /traffic/night ~** patrol pieszy/drogowy /nocny [2] (group) patrol *m*; **a police /military ~** patrol policyjny/wojskowy [3] (of boy scouts, girl guides) zastęp *m*

II *modif* *[vehicle, helicopter]* patrolowy

III *vt* (*ptp, pt, pp* **-ll-)** s|patrolować *[area, town]*; **a heavily ~led zone** strefa regularnie patrolowana

IV *vi* (*prp, pt, pp* **-ll-)** przeprowadz|ić, -ać patrol

patrol boat *n* (also **~ vessel)** łódź *f* patrolowa

patrol car *n* policyjny wóz *m* patrolowy, radiowóz *m*

patrol leader *n* dowódca *m* patrolu

patrolman /pə'trəʊlmən/ *n* (*pl* **-men)** [1] US (policeman) policjant *m* patrolujący ulice [2] GB Aut pracownik *m* pomocy drogowej *(patrolujący drogi)*

patrol vessel *n* → **patrol boat**

patrol wagon *n* US samochód *m* do transportowania więźniów; więźniarka *f* infml

patron /'peɪtrən/ *n* [1] (supporter) (of art, artist) mecenas *m*; (of cause, charity) patron *m*; **to be ~ of an organization** patronować (jakiejś) organizacji [2] Comm (of shop) (stały) klient *m*, (stała) klientka *f*; (of hotel, restaurant) gość *m* [3] (also **~ saint)** (święty) patron *m*, (święta) patronka *f*; **St Christopher, ~ (saint) of travellers** św. Krzysztof, patron podróżników

patronage /'pætrənɪdʒ/ *n* [1] (support) patronat *m*, mecenat *m*; **under the ~ of sb** pod patronatem kogoś; **Royal/government ~** patronat królewski/rządu; **he is well known for his ~ of the arts** jest dobrze znany jako mecenas sztuki [2] Pol (right to appoint) prawo *n* wystawiania kandydatów na stanowisko [3] pej **political ~** protekcja, kumoterstwo, wpływy; **to get a ~ appointment** otrzymać stanowisko dzięki protekcji [4] GB Relig kolatorstwo *n* [5] Comm stała klientela *f*; **thank you for your ~** dziękujemy naszym wiernym klientom

P

patronize /'pætrənaɪz/ *vt* [1] pej po|traktować protekcjonalnie; **don't ~ me!** nie traktuj mnie jak głupka! infml [2] Comm być stałym klientem (czegoś) *[store]*; często bywać w (czymś) *[cinema, theatre, restaurant]*; **a bar ~d by City stockbrokers** bar chętnie odwiedzany przez maklerów z City [3] (support) wspierać, patronować (czemuś) *[charity, the arts]*

patronizing /'pætrənaɪzɪŋ/ *adj* pej protekcjonalny

patronizingly /'pætrənaɪzɪŋlɪ/ *adv* pej protekcjonalnie

patron saint *n* = **patron** [3]

patronymic /ˌpætrə'nɪmɪk/ **I** *n* patronimik *m*, patronimikum *n*

II *adj* patronimiczny

patsy /'pætsɪ/ *n* US infml (easy victim) naiwnia|k *m*, -czka *f* infml; (scapegoat) kozioł *m* ofiarny

patter /'pætə(r)/ **I** *n* [1] (of feet) tupot *m*; (of hooves) stukot *m*; (of raindrops) stuk *m*, bębnienie *n*; **we'll soon be hearing the ~ of tiny feet** hum niedługo rodzina się powiększy [2] infml (of comedian, conjuror) paplanina *f*; (of salesman) gadka *f* infml

II *vi* [1] (make tapping sounds) *[rain, hailstones]* za|stukać, za|bębnić **(on sth** w coś); *[footsteps, child]* za|tupotać; **I could hear the mice ~ing** słyszałem chrobot myszy [2] (talk rapidly) trajkotać

pattern /'pætn/ **I** *n* [1] (decoration) wzór *m*, deseń *m*; **a striped/floral ~** pasiasty /kwiecisty wzór or deseń; **a ~ of roses** deseń or wzorek w róże; **he drew a ~ in the sand** narysował coś na piasku [2] (order, arrangement) wzór *m*, wzorzec *m*; (of lines, streets) układ *m*; **~s of behaviour, behaviour ~s** wzory or wzorce zachowań; **working ~s in industry** organizacja pracy w przemyśle; **weather ~** typ pogody; **the current ~ of events** aktualna sytuacja; **the ~ of events leading to the Revolution** zespół wydarzeń prowadzących do wybuchu rewolucji; **a clear ~ emerges from these statistics** z tych danych wynikają określone prawidłowości, w tych danych widać wyraźną prawidłowość; **the current scandal is part of a much wider ~ of corruption** obecny skandal to jeden z elementów zataczającej znacznie szersze kręgi korupcji; **to follow a set ~** *[events,* *plot]* rozwijać się według pewnego ustalonego wzorca → **trade pattern** [3] (model, example) wzór *m*, model *m*; **on the ~ of sth** na wzór czegoś; **to set the ~ for sth** określić wzór or model (dla) czegoś [4] (in dressmaking) wykrój *m*, szablon *m*; (in knitting) wzór *m* [5] (style of manufacture) (of dress, jacket) krój *m*; (of cutlery) model *m*, wzór *m* [6] (sample) próbka *f* [7] Ling schemat *m*, wzorzec *m*; **sentence ~s** wzory zdań, schematy składniowe [8] Literat **rhyming ~** układ rymów [9] Tech (for casting metal) model *m*, forma *f*

II *vt* [1] (model) **to ~ sth on** or **after sth** wzorować coś na czymś; **to ~ oneself on sb** wzorować się na kimś [2] (decorate) ozd|obić, -abiać wzorem

pattern book *n* (of fabrics, wallpaper) katalog *m* próbek, wzornik *m*; (in dressmaking) wykroje *m pl*, książka *f* z wykrojami

patterned /ˈpætnd/ *adj [fabric, carpet]* wzorzysty; **a brightly ~ carpet** dywan w jaskrawe wzory; **~ with roses** (ozdobiony wzorem) w róże

patterning /ˈpætnɪŋ/ *n* [1] (patterns) deseń *m*, wzór *m*; (on animal's coat) (spots) cętki *f pl*; (stripes) pasy *m pl* [2] Psych uwarunkowania *n pl* społeczne

patternmaker /ˈpætnmeɪkə(r)/ *n* modelarz *m*

patty /ˈpætɪ/ *n* Culin [1] US (of minced meat) hamburger *m* [2] (pie) pasztecik *m*

paucity /ˈpɔːsətɪ/ *n* fml niedostatek *m*, ubóstwo *n* **(of sth** czegoś)

Pauline /ˈpɔːlaɪn/ Relig **I** *n* paulin *m*

II *adj* pauliński

paulownia /pɔːˈləʊnɪə/ *n* Bot paulownia *f*

paunch /pɔːntʃ/ *n* [1] (of person) wystający brzuch *m*; bandzioch *m* infml [2] Zool (of ruminant) żwacz *m*

paunchy /ˈpɔːntʃɪ/ *adj* pej *[person]* brzuchaty; *[belly]* wydatny

pauper /ˈpɔːpə(r)/ *n* nędza|rz *m*, -rka *f*; **to die a ~** umrzeć w nędzy; **~'s grave** zbiorowa mogiła

pauperization /ˌpɔːpəraɪˈzeɪʃn/ *n* fml pauperyzacja *f*

pauperize /ˈpɔːpəraɪz/ *vt* fml s|pauperyzować fml

pause /pɔːz/ **I** *n* [1] (in conversation, speech) pauza *f*; **there was an awkward ~ in the conversation** zapanowało niezręczne milczenie [2] (in activity) przerwa *f*; **there will now be a ~ for light refreshments** teraz nastąpi przerwa na mały poczęstunek; **there was a ten minute ~ in production** nastąpiła dziesięciominutowa przerwa w produkcji; **to give sb ~ for thought** skłonić kogoś do zastanowienia się; **without (a) ~** bez przerwy [3] Mus fermata *f* [4] Literat cezura *f*

II *vi* (stop speaking) przer|wać, -ywać; (hesitate) za|wahać się; (in movement) zatrzym|ać, -ywać się, z|robić przerwę; **to ~ for lunch** zrobić przerwę na lunch; **to ~ for thought** zastanowić się przez chwilę; **to ~ for breath** przerwać or zatrzymać się dla nabrania oddechu; **without pausing for breath** bez chwili wytchnienia; **to ~ to do sth** przerwać or zatrzymać się, żeby coś zrobić

■ **pause over: ~ over [sth]** zatrzym|ać, -ywać się nad (czymś)

pavane /pəˈvɑːn/ *n* pawana *f*

pave /peɪv/ *vt* (with stone) wy|brukować, utwardz|ić, -ać *[road, yard]* **(with sth** czymś); (with concrete) wy|betonować

IDIOMS: **to ~ the way for sth** utorować drogę czemuś or dla czegoś; **they thought the streets were ~d with gold there** sądzili, że tam pieniądze leżą na ulicy

pavement /ˈpeɪvmənt/ *n* [1] GB (footpath) chodnik *m*, trotuar *m* [2] US (roadway) jezdnia *f*; (road surface) nawierzchnia *f* (drogowa) [3] (paved area) bruk *m* [4] US (material) kostka *f* brukowa

pavement artist *n* GB artysta *m* malujący na chodniku

pavement café *n* GB kawiarnia *f* z ogródkiem

pavement stall *n* GB kram *m* uliczny

pavilion /pəˈvɪlɪən/ *n* pawilon *m*

paving /ˈpeɪvɪŋ/ *n* [1] (material) nawierzchnia *f* [2] (paved surface) bruk *m*

paving slab *n* płyta *f* chodnikowa

paving stone *n* = **paving slab**

pavlova /ˈpævləvə, pævˈləʊvə/ *n* GB, Austral tort *m* Pawłowa

Pavlovian /pævˈləʊvɪən/ *adj* **~ reaction** or **response** odruch warunkowy

paw /pɔː/ **I** *n* (of animal) łapa *f* also fig; **keep your ~s off!** łapy przy sobie! infml

II *vt* [1] *[cat, dog]* drapać, skrobać (łapą, łapami); **to ~ the ground** *[horse, bull]* grzebać kopytem (w ziemi) [2] infml *[person]* obmac|ać, -ywać, obłapi|ć, -ać

III *vi [cat, dog]* drapać, skrobać **(at sth** w coś); *[bull]* grzebać kopytem

pawky /ˈpɔːkɪ/ *adj* GB sarkastyczny, szyderczy

pawl /pɔːl/ *n* Tech zapadka *f*

pawn¹ /pɔːn/ *n* (in chess) pion(ek) *m*; fig pionek *m*; **she's just a ~ (in their hands)** ona jest tylko pionkiem w ich ręku

pawn² /pɔːn/ **I** *n* Comm zastaw *m*; **to be in ~** pójść w zastaw, zostać zastawionym; **to place sth in ~** zastawić coś, oddać coś w zastaw; **to get sth out of ~** wykupić coś (z zastawu)

II *vt* zastawi|ć, -ać, odda|ć, -wać w zastaw

pawnbroker /ˈpɔːnbrəʊkə(r)/ *n* właściciel *m*, -ka *f* lombardu, makler *m* lombardowy

pawnshop /ˈpɔːnʃɒp/ *n* lombard *m*

pawn ticket *n* kwit *m* z lombardu

pawpaw /ˈpɔːpɔː/ *n* GB Bot (tree) melonowiec *m*; (fruit) papaja *f*

pax /pæks/ **I** *n* Relig znak *m* pokoju

II *excl* GB infml dat wychodzę z gry!; zamawiam! infml

pay¹ /peɪ/ **I** *n* płaca *f*, stałe wynagrodzenie *n*; uposażenie *n* fml; (to soldier) żołd *m*; **back ~** zaległa płaca; **basic ~** płaca podstawowa; **extra ~ (for dangerous work)** dodatek (za pracę w trudnych warunkach); **overtime ~** wynagrodzenie za pracę w godzinach nadliczbowych; **rate of ~** Admin stawka uposażenia; **holidays** GB or **vacation** US **with/without ~** urlop płatny/bezpłatny; **~ and allowances** wynagrodzenie podstawowe z dodatkami; **what's the ~ like?** jakie są zarobki?, jakie jest wynagrodzenie?; **the ~ is good** zarobki są dobre; **to strike over ~** zastrajkować, domagając się wyższych zarobków

II *modif [agreement, claim, negotiations, policy]* płacowy; **~ freeze/cut/rise** zamrożenie/obniżenie/podwyżka płac

III *vt* (*pt, pp* **paid**) [1] (for goods, services, regular work) za|płacić (komuś) *[tradesman, creditor, employee]* **(for sth** za coś); za|płacić *[price, sum]* **(for sth** za coś); za|płacić, opłac|ić, -ać *[bill, fees]*; spłac|ić, -ać *[debt]*; wpłac|ić, -ać *[down payment]* **(on sth** na coś); wypłac|ić, -ać (komuś) *[money]*; opłac|ić, -ać (kogoś) *[paid murderer]*; **to ~ cash** płacić gotówką; **how much did you ~ for it?** ile za to zapłaciłeś?; **to ~ sb for his trouble** zapłacić komuś za jego trud; **she paid him £300 to repair the roof** zapłaciła mu 300 funtów za naprawę dachu or żeby naprawił dach; **to ~ a sum into an account/charity** wpłacić sumę na konto /na dobroczynność; **to be paid for sth** otrzymać zapłatę za coś; **to ~ high/low wages** płacić dobrze/źle; **to be paid weekly/monthly** otrzymywać wynagrodzenie tygodniowo/miesięcznie; **we're paid by the hour** płacą nam od godziny; **all expenses paid** wszystkie koszty opłacone; **to ~ one's way** płacić za siebie [2] Fin (accrue) *[account, bond]* przyn|ieść, -osić, da|ć, -wać *[interest]*; **to ~ dividends** fig opłacić się [3] (give) **to ~ attention/heed to sth** zwracać na coś uwagę; **to ~ tribute to sb/sth** składać hołd komuś/czemuś; **to ~ sb a compliment** powiedzieć komuś komplement; **to ~ sb a visit** odwiedzić kogoś; złożyć komuś wizytę fml [4] (benefit) opłac|ić, -ać się (komuś) **(to do sth** coś zrobić); **it would ~ you to learn a foreign language** warto, żebyś nauczył się jakiegoś obcego języka

IV *vi* (*pt, pp* **paid**) [1] (hand over money) za|płacić; **to ~ for sth** zapłacić za coś also fig; **to ~ dearly for sth** fig drogo za coś zapłacić; **I'll make you ~ for this!** fig jeszcze mi za to zapłacisz!; **that won't even ~ for the food** tego nawet nie starczy na jedzenie; **I'll ~ for you** (in cinema, restaurant) zapłacę za ciebie; **they are ~ing for him to go to college/to Spain** opłacają mu studia/wyjazd do Hiszpanii; **'~ on entry'** (in car park) „płatne przy wjeździe"; **you have to ~ to get in** musisz zapłacić za wstęp; **'~ and display'** (in car park) „kwit parkingowy prosimy umieścić na szybie"; **~ on demand** (on cheque) płatny na żądanie [2] (settle) za|płacić; **to ~ in cash/by cheque/in instalments** płacić gotówką/czekiem/w ratach or ratami [3] (reward employee) **to ~ by the hour** płacić od godziny; **this type of work usually ~s by the hour** za tego typu pracę zwykle otrzymuje się wynagrodzenie od godziny [4] (bring gain) *[business, activity]* opłac|ić, -ać się, przyn|ieść, -osić dobre zarobki; *[quality]* popłacać; **this work doesn't ~ very well** to nie jest dobrze płatna praca; **to ~ handsomely** bardzo się opłacać, przynosić duży zysk; **crime/dishonesty doesn't ~** zbrodnia/nieuczciwość nie popłaca; **it doesn't ~ to be honest** nie opłaca się or nie warto być uczciwym, uczciwość nie popłaca; **to ~ for itself** *[business, purchase]* zwracać się; **to make sth ~** uczynić coś dochodowym or rentownym

■ **pay back**: ¶ **~ [sb] back** (return money) zwr|ócić, -acać pieniądze (komuś) *[person]* **(for sth** za coś); (get one's revenge) fig odpłac|ić, -ać (komuś) **(for sth** za coś); **I'll ~ him back for the trick he played on me** odpłacę mu za kawał, jaki mi zrobił; **he'll ~ you back with interest** fig odpłaci ci z nawiązką ¶ **~ back [sth], ~ [sth] back** (return) zwr|ócić, -acać *[money]*

■ **pay down**: **~ [sth] down** wpłac|ić, -ać tytułem zaliczki; **I'd like to ~ £100 down** chciałbym wpłacić 100 funtów (tytułem) zaliczki

■ **pay in** GB: **~ in [sth], ~ [sth] in** wpłac|ić, -ać *[sum]*

■ **pay off**: ¶ **~ off** fig (prove worthwhile) *[caution, effort, hard work]* opłac|ić, -ać się ¶ **~ off [sb], ~ [sb] off** [1] (dismiss from work) odprawi|ć, -ać, da|ć, -wać (komuś) odprawę *[worker]* [2] infml (buy silence of) kup|ić, -ować milczenie (kogoś); **he's been paid off!** zapłacono mu za milczenie ¶ **~ off [sth], ~ [sth] off** spłac|ić, -ać *[mortgage, debt]*

■ **pay out**: **~ out [sth]** [1] (spend) wy|łożyć, -kładać, wyda|ć, -wać *[sum]* **(in sth** na coś); **we've paid out a lot in publicity** wyłożyliśmy dużą sumę na reklamę; **he paid out £300 for his new washing machine** wydał 300 funtów na nową pralkę [2] (distribute) wypłac|ić, -ać *[dividend, prize money, compensation]* [3] Naut po|luzo-wywać *[rope]*

■ **pay up** infml: ¶ **~ up** za|płacić, odda|ć, -wać pieniądze; **~ up!** oddawaj pieniądze! ¶ **~ up [sth]** za|płacić *[amount]*; **~ up the money you owe me!** zwróć, co jesteś mi winien!

IDIOMS: **to be in the ~ of sb** pej być opłacanym przez kogoś, być na żołdzie kogoś pej; **there'll be hell** or **the devil to ~** infml będzie wielka draka infml; **to ~ a visit** infml euph pójść tam, gdzie król chodzi piechotą euph

pay² /peɪ/ *vt* (*pt, pp* **payed)** Naut po|smarować smołą *[vessel]*

payable /ˈpeɪəbl/ *adj* [1] (to be paid) płatny; **~ to the bearer/on demand** płatny na okaziciela/na żądanie; **~ in instalments** płatny w ratach; **~ when due** Comm, Fin, Jur płatny w terminie; **the interest ~ on the loan** odsetki (należne) od pożyczki; **make the cheque ~ to Acme Holdings** wystaw czek na Acme Holdings [2] (profitable) *[proposition, venture]* opłacalny

pay-and-display /ˌpeɪəndɪsˈpleɪ/ *adj* **~ parking** płatne parkowanie; **~ car park** parking z parkomatami

pay-as-you-earn, PAYE /ˌpeɪəzjʊˈɜːn/ *n* GB Tax odliczanie *n* podatku dochodowego od bieżącego wynagrodzenia

payback /ˈpeɪbæk/ **I** *n* (of debt) zwrot *m*, spłata *f*

II *modif* **~ period** okres spłaty

paybed /ˈpeɪbed/ *n* GB Med Admin płatne miejsce *n* or łóżko *n* w szpitalu

paybook /ˈpeɪbʊk/ *n* Mil księga *f* uposażeń

pay channel *n* TV kanał *m* kodowany

pay check *n* US = **pay cheque**

pay cheque *n* GB wypłata *f* (poborów) czekiem

payday /ˈpeɪdeɪ/ *n* (for wages) dzień *m* wypłaty; (in Stock Exchange) termin *m* rozliczeń

paydesk /ˈpeɪdesk/ *n* kasa *f*

pay dirt *n* US bogate złoże *n*; **to hit** or **strike ~** infml fig trafić na żyłę złota fig

PAYE *n* GB Tax → **pay-as-you-earn**

payee /peɪˈiː/ *n* (of cheque) beneficjent *m*, remitent *m*; (of postal order) odbiorca *m*

pay envelope *n* US → **pay-packet**

payer /ˈpeɪə(r)/ *n* płatni|k *m*, -czka *f*; **he's a good/bad ~** on płaci/nie płaci w terminie

pay gate *n* bariera *f* przy wjeździe na płatną autostradę

paying /ˈpeɪɪŋ/ *adj [proposition]* korzystny; *[venture]* rentowny, dochodowy

paying guest, PG *n* sublokator *m*, -ka *f*

paying-in book /ˌpeɪɪŋˈɪnbʊk/ *n* GB książeczka *f* wpłat

paying-in deposit book /ˌpeɪɪŋˌɪndɪˈpɒzɪtbʊk/ *n* US = **paying-in book**

paying-in deposit slip /ˌpeɪɪŋˌɪndɪˈpɒzɪtslɪp/ *n* US = **paying-in slip**

paying-in slip /ˌpeɪɪŋˈɪnslɪp/ *n* GB dowód *m* wpłaty

payload /ˈpeɪləʊd/ *n* [1] Transp ładunek *m* handlowy or użyteczny [2] (of spacecraft) ciężar *m* użyteczny [3] (of bomb) ładunek *m* wybuchowy

paymaster /ˈpeɪmɑːstə(r), US -mæstər/ *n* [1] kasjer *m*; Mil oficer *m* finansowy, płatnik *m* [2] pej (employer) mocodawca *m*

Paymaster General, PMG *n* GB ≈ minister *m* skarbu

payment /ˈpeɪmənt/ *n* (act) zapłata *f* **(for sth** za coś); (sum due) płatność *f*; (in settlement) spłata *f*; (into account) wpłata *f*; (to employee, bank customer) wypłata *f*; (instalment) wpłata *f*, rata *f*; fig (for kindness, help) zapłata *f* also iron; **to make a ~** (into account) dokonać wpłaty; (to account holder) dokonać wypłaty; **in ~ for the books received** tytułem zapłaty za otrzymane książki; **she offered her ring as** or **in ~ for what she owed** zaproponowała pierścionek w ramach spłaty długu; **the first ~ is due on Monday** pierwszą ratę należy zapłacić w poniedziałek; **in monthly ~s of £30** w miesięcznych ratach w wysokości 30 funtów; **the goods will be delivered on ~ of the outstanding charges** towar zostanie dostarczony po uiszczeniu należności; **as** or **in ~ for my years of devoted service** jako zapłata or w podzięce za lata pełnej oddania służby

payoff /ˈpeɪɒf/ *n* [1] (reward) zapłata *f*; pej łapówka *f* [2] (result) owoc *m*, plon *m*; **the ~ for many years of research** owoc or plon wielu lat badań; **the ~ was my car wouldn't start** skończyło się na tym, że samochód nie chciał mi zapalić

payola /peɪˈəʊlə/ *n* US infml (bribe) łapówa *f* infml; (practice) łapówkarstwo *n*

pay-out /ˈpeɪaʊt/ *n* wysoka wypłata *f*

pay-packet /ˈpeɪpækɪt/ *n* koperta *f* z wypłatą; (amount) pensja *f*; (earnings) zarobki *m pl*

pay phone *n* automat *m* telefoniczny

payroll /ˈpeɪrəʊl/ *n* (list) lista *f* płac; (sum of money) wysokość *f* wypłat z tytułu zarobków; (employees collectively) zatrudnieni *m pl*; **to be on a company's ~** być zatrudnionym przez (jakieś) przedsiębiorstwo; **to take sb off the ~** zwolnić kogoś z pracy; **the company has a ~ of 500** przedsiębiorstwo zatrudnia pięćset osób

payroll tax *n* US podatek *m* od wynagrodzeń

payround /ˈpeɪraʊnd/ *n* negocjacje *plt* płacowe

pay settlement *n* uzgodnienia *n pl* płacowe

payslip /ˈpeɪslɪp/ *n* pasek *m* infml (*z wyszczególnieniem zarobków, wysokości zaliczki na podatek i innych odliczeń)*

pay television *n* kodowany kanał *m* telewizyjny

PBX *n* GB Telecom = **private branch exchange** prywatna centrala *f* połączona z siecią miejską

pc *n* [1] (also **PC)** → **personal computer** [2] → **per cent** [3] → **postcard** [4] (also **PC)** → **political correctness, politically correct**

p/c *n* [1] = **prices current** ceny *f pl* bieżące [2] → **petty cash**

PC *n* GB [1] → **police constable** [2] → **Privy Council, Privy Councillor**

PCB *n* [1] = **polychlorinated biphenyl** dwufenyl *m* polichlorowany [2] = **printed circuit board** płytka *f* drukowana

pcm GB = **per calendar month** za miesiąc kalendarzowy

PCMCIA *n* = **Personal Computer Memory Card International Association** Międzynarodowe Stowarzyszenie *n* Producentów Kart Pamięci Komputerów Osobistych

PCMCIA card *n* Comput karta *f* PCMCIA

PCN *n* = **Personal Communications Network** sieć *f* telefonii komórkowej

pd = **paid** zapłacono

PD *n* US → **Police Department**

PDA *n* → **personal digital assistant**

PDO *n* = **protected designation of origin** chroniona nazwa *f* pochodzenia

pdq *adv* infml = **pretty damn quick** migiem, piorunem infml

PDQ machine *n* terminal *m* elektronicznego punktu sprzedaży

PE *n* = **physical education** WF *m*, wf. *m*

pea /piː/ *n* [1] Bot (plant) groch *m*; (seed) ziarnko *n* grochu [2] Culin (also **green ~)** groszek *m* zielony

IDIOMS: **to be as like as two ~s in a pod** być podobnym jak dwie krople wody

peabrain /ˈpiːbreɪn/ *n* infml ptasi móżdżek *m*

peace /piːs/ **I** *n* [1] (absence of conflict) spokój *m*; (between countries) pokój *m*; **to be at ~ with sb** być z kimś w dobrych stosunkach; **to be at ~ with oneself** liter mieć spokojne sumienie; **to be at ~ with the world** być zadowolonym z życia; **to make ~ with sb** pogodzić się z kimś; **they made their ~ after their mother's death** pogodzili się po śmierci matki; **to bring ~ to a country** przywrócić spokój w kraju; **to keep the ~** (between countries) zapewnić or utrzymać pokój; (in town) *[police]* utrzymywać spokój or porządek; *[citizen]* zachowywać spokój; **to breach** or **break the ~** Jur zakłócać spokój [2] (period without war) pokój *m*; **a lasting/fragile ~** trwały

P

/nietrwały pokój [3] (tranquillity) spokój *m*; **I need a bit of ~ and quiet** potrzebuję trochę spokoju i ciszy; **to live in ~** żyć spokojnie; **to hold** or **keep one's ~** zachować spokój; **to leave sb in ~** zostawić kogoś w spokoju; **to give sb no ~** nie dawać komuś spokoju; **to break the ~ of sth** zakłócić coś or spokój czegoś; **to find ~ of mind** znaleźć spokój (duszy); **I turned off the gas for my own ~ of mind** wyłączyłem gaz dla własnego spokoju; **to disturb sb's ~ of mind** zmącić or zburzyć spokój kogoś; **to be at ~** euph (die) spocząć snem wiecznym liter; **let him rest in ~** niech spoczywa w pokoju
II *modif [agreement, mission, talks, treaty]* pokojowy; **~ march** marsz pokoju; **~ sign** znak pokoju *(w kształcie litery „V")*
IDIOMS: **to be a man of ~** być spokojnym człowiekiem, być człowiekiem pokojowo nastawionym; **to come in ~** nie mieć złych intencji

peaceable /ˈpiːsəbl/ *adj* [1] *[person]* zgodny; *[nation]* pokojowo nastawiony [2] *[agreement, settlement]* pokojowy

peaceably /ˈpiːsəblɪ/ *adv [disperse]* spokojnie; *[live]* zgodnie

peace camp *n* obozowisko *n* pacyfistów

peace campaigner *n* bojowni|k *m*, -czka *f* o pokój

Peace Corps *n* **the ~** Korpus *m* Pokoju

peace dividend *n* Pol pokojowa dywidenda *f (zysk z ograniczenia zbrojeń)*

peace envoy *n* parlamentariusz *m*, negocjator *m* pokojowy

peaceful /ˈpiːsfl/ *adj* [1] (calm, quiet) *[animal, spot, place, day]* spokojny; **the patient spent a ~ night** pacjent miał spokojną noc; **the city is ~ again** w mieście znów zapanował spokój [2] (non-violent) *[coexistence, protest, solution]* pokojowy; **the ~ use of nuclear power** wykorzystanie energii jądrowej w celach pokojowych; **they are a ~ nation** to naród miłujący pokój

peacefully /ˈpiːsfəlɪ/ *adv* [1] (serenely, quietly) spokojnie; **she sat ~ reading in the garden** spokojnie czytała sobie w ogrodzie; **he died ~** odszedł w pokoju; (in obituary) zasnął w Panu [2] (without violence) *[demonstrate, protest]* spokojnie; **the demonstration passed off ~** demonstracja przebiegała spokojnie

peacefulness /ˈpiːsflnɪs/ *n* [1] (calm) spokój *m* [2] (non-violent nature) pokojowy charakter *m*

peacekeeper /ˈpiːskiːpə(r)/ *n* (person) rozjemca *m*; **the UN troops play the role of ~s** oddziały Narodów Zjednoczonych pełnią rolę sił pokojowych

peacekeeping /ˈpiːskiːpɪŋ/ **I** *n* Mil, Pol utrzymywanie *n* or zachowanie *n* pokoju
II *adj* **~ forces** siły pokojowe

peace lobby *n* US lobby *n inv* na rzecz rozbrojenia nuklearnego

peace-loving /ˈpiːslʌvɪŋ/ *adj* miłujący pokój

peacemaker /ˈpiːsmeɪkə(r)/ *n* (in family) rozjemca *m*; Pol mediator *m*

Peace Movement *n* **the ~** ruch *m* na rzecz pokoju i rozbrojenia nuklearnego

peace offensive *n* ofensywa *f* pokojowa

peace offering *n* gest pojednawczy *m*; gałązka *f* oliwna fig

peace pipe *n* fajka *f* pokoju

peace process *n* Pol proces *m* pokojowy

peace studies *npl (+ v sg/pl)* wiedza *f* o pokojowym współistnieniu

peacetime /ˈpiːstaɪm/ **I** *n* czas *m* pokoju, pokój *m*; **in ~** w czasie pokoju
II *modif* **~ government/planning** rząd /planowanie czasów pokoju

peach[1] /piːtʃ/ **I** *n* [1] (fruit, tree) brzoskwinia *f* [2] (colour) (kolor *m*) brzoskwiniowy *m* [3] infml **he's a real ~** on jest kapitalny infml; **a ~ of a game** kapitalny mecz infml
II *modif [jam, yoghurt]* brzoskwiniowy
III *adj [colour]* brzoskwiniowy

peach[2] /piːtʃ/ *vi* infml prisoners' sl **to ~ on sb** za|kablować na kogoś, za|kapować kogoś infml

peach blossom *n* kwiaty *m pl* brzoskwini

peach brandy *n* brzoskwiniówka *f*

peaches and cream *adj [complexion]* brzoskwiniowy

peach melba *n* melba *f* z brzoskwiniami

peachy /ˈpiːtʃɪ/ *adj* [1] (healthy) *[skin, complexion]* brzoskwiniowy [2] infml (excellent) kapitalny; **everything's ~** jest kapitalnie infml

pea coat *n* = **pea jacket**

peacock /ˈpiːkɒk/ **I** *n* Zool paw *m*
II *modif [feather, tail]* pawi
IDIOMS: **to be as proud as a ~** być dumnym jak paw

peacock blue **I** *n* (kolor *m*) pawi *m*
II *adj* pawiego koloru, zielononiebieski

peacock butterfly *n* Zool pawik *m*

pea green **I** *n* (kolor *m*) groszkowy *m*
II *adj* groszkowy

peahen /ˈpiːhen/ *n* pawica *f*

pea jacket *n* dwurzędowa kurtka *f* o marynarskim kroju

peak /piːk/ **I** *n* [1] (of mountain) szczyt *m* **(of sth** czegoś) [2] (of cap) daszek *m* [3] (highest point) punkt *m* szczytowy **(in** or **of sth** czegoś); **at the ~ of her career** u szczytu kariery; **to be at its** or **a ~** być w punkcie szczytowym; **her success is at its ~, she is at the ~ of her success** jest u szczytu sukcesu or powodzenia; **her fitness is at its ~, she is at the ~ of her fitness** jest w szczytowej formie; **at his ~, he earned...** w swym najlepszym okresie zarabiał...; **in the ~ of condition** w doskonałej formie; **to be past one's ~** mieć już za sobą swój najlepszy okres; **production is now getting back to its pre-recession ~** produkcja wraca do najwyższego poziomu sprzed recesji [4] (busiest time) Transp godziny *f pl* szczytu; Telecom godziny *f pl* największego obciążenia or szczytu; TV godziny *f pl* największej oglądalności; **during the morning/evening ~** Transp w porannych /wieczornych godzinach szczytu; **to cost 40 pence ~** Telecom kosztować 40 pensów po or przy taryfie maksymalnej [5] (of roof) szczyt *m*, czubek *m*; (of wave) grzebień *m*; (of beard) szpic *m*; (of hair) czub *m*; **beat the egg whites until they stand in stiff ~s** ubij białka na sztywną pianę [6] Stat (of inflation, quantity, demand) najwyższa wartość *f*, maksimum *n* **(of sth** czegoś); (in hormone) szczytowa wartość *f*; (in popularity) szczyt *m*; (on a graph) wierzchołek *m*; **to be at its** or **a ~** osiągać szczytowe wartości
II *modif [figure, level, population, price, risk]* maksymalny; *[fitness, form, demand]* szczytowy; *[performance]* najlepszy; **~ advertising slots** TV czas reklamowy w godzinach największej oglądalności; **~ viewing figures** TV dane dotyczące największej oglądalności
III *vi [demand, inflation, production, rate]* osiąg|nąć, -ać poziom szczytowy; *[athlete]* osiąg|nąć, -ać szczytową formę; *[career, enthusiasm, interest]* osiąg|nąć, -ać szczyt; **the city's population ~ed at 2.5 million in 1970** ludność miasta wzrosła do rekordowej liczby 2,5 miliona w 1970 roku; **demand ~ed sharply in August** popyt wzrósł gwałtownie w sierpniu; **to ~ too early** *[runner]* nie trafić z formą; *[prodigy]* zbyt wcześnie objawić swój talent; (in career) zbyt szybko wspiąć się na najwyższe szczeble kariery
■ **peak out** infml *[athlete]* s|tracić formę; *[inflation, rate]* zacz|ąć, -ynać spadać

peak demand *n* Comm największy or szczytowy popyt *m*; Elec okres *m* największego poboru mocy

peaked /piːkt/ *adj* [1] *[cap, hat]* z daszkiem [2] (pointed) *[roof]* spiczasty [3] US = **peaky**

peak hour **I** *n* (on road, in shops) godzina *f* szczytu; **at** or **during ~s** w godzinach szczytu
II *modif* **~ delays/traffic** opóźnienia /ruch w godzinach szczytu

peak listening time *n* Radio najlepszy czas *m* antenowy

peak load *n* Elec szczytowe obciążenie *n*

peak period *n* (on road, in shops) okres *m* największego ruchu; **at** or **during the ~** w okresie największego ruchu

peak rate *n* Telecom taryfa *f* maksymalna; **at ~** po or przy najwyższej taryfie

peak season *n* szczyt *m* sezonu

peak time **I** *n* [1] (on TV) godziny *f pl* największej oglądalności; **at** or **during ~** w godzinach największej oglądalności [2] (for switchboard) godziny *f pl* największego obciążenia; (for traffic) godziny *f pl* szczytu
II *modif* **~ programme** program emitowany w godzinach największej oglądalności; **~ audience** widzowie oglądający program w godzinach największej oglądalności

peaky /ˈpiːkɪ/ *adj* infml mizerny; **to feel ~** kiepsko się czuć

peak year *n* rekordowy rok *m*

peal /piːl/ **I** *n* [1] (sound) (of bells) bicie *n*; (of doorbell) dzwonienie *n*; (of thunder, organ) łoskot *m*, grzmot *m*; **~s of laughter** salwy śmiechu [2] Mus (set of bells) kurant *m* dzwonowy; (musical pattern) karylion *m*
II *vt* **to ~ the bells** bić w dzwony
III *vi* = **peal out**
■ **peal out** *[bells]* rozbrzmie|ć, -wać, za|brzmieć; *[thunder, organ]* za|huczeć; *[laughter]* rozle|c, -gać się

peanut /ˈpiːnʌt/ **I** *n* (nut) orzech *m* ziemny or arachidowy; (tree) orzech *m* ziemny
II **peanuts** *npl* infml (small sum) marne grosze *m pl*; **we work for ~s** pracujemy za marne grosze

peanut butter *n* masło *n* orzechowe

peanut gallery *n* Theat jaskółka *f* dat

peanut oil *n* olej *m* arachidowy

pea pod *n* strąk *m* or strączek *m* grochu

pear /peə(r)/ *n* [1] (fruit) gruszka *f* [2] (also **~ tree**) grusz(k)a *f*

pearl /pɜːl/ **I** *n* [1] (real, imitation) perła *f*; fig (of dew, sweat) kropla *f*, kropelka *f* (**of sth** czegoś); **a string of ~s** sznur pereł [2] (also **mother-of-~**) masa *f* or macica *f* perłowa [3] fig (thing of value, beauty) perła *f* fig; **Hawaii, ~ of the Pacific** Hawaje, perła Pacyfiku; **~s of wisdom** złote myśli also iron [4] (colour) (kolor *m*) perłowy *m*

II *modif [brooch, button]* perłowy

III *adj [colour]* perłowy

IV *vi* [1] liter *[dew, liquid]* perlić się [2] *[diver]* poławiać perły

IDIOMS: **to cast ~s before swine** rzucać perły przed wieprze

pearl barley *n* Culin kasza *f* perłowa

pearl diver *n* poławiacz *m*, -ka *f* pereł

pearl diving *n* poławianie *n* pereł

pearl grey **I** *n* (kolor *m*) perłowoszary *m*

II *adj* perłowoszary

pearl-handled /ˌpɜːlˈhændld/ *adj [knife, hairbrush]* z rączką z masy perłowej; *[revolver]* z kolbą z masy perłowej

pearl necklace *n* naszyjnik *m* z pereł

pearl oyster *n* Zool perłopław *m*

pearly /ˈpɜːlɪ/ *adj* perłowy

Pearly Gates *npl* **the ~** hum bramy *f pl* raju

pearly king *n* GB *kramarz ze wschodniego Londynu w tradycyjnym stroju z guzikami z masy perłowej*

pearly queen *n* GB *kramarka ze wschodniego Londynu w tradycyjnym stroju z guzikami z masy perłowej*

pear-shaped /ˈpeəʃeɪpt/ *adj* gruszkowaty

IDIOMS: **to go ~** nie udać się

peasant /ˈpeznt/ **I** *n* [1] (rustic) chłop *m*, -ka *f*, wieśnia|k *m*, -czka *f* [2] offensive prosta|k *m*, -czka *f*; kmiot(ek) *m* infml offensive

II *modif* chłopski; **of ~ stock** chłopskiego pochodzenia

peasant farmer *n* chłop *m*

peasantry /ˈpezntrɪ/ *n* (+ *v sg/pl*) **the ~** chłopstwo *n*

peasant woman *n* chłopka *f*, wieśniaczka *f*

pease pudding /ˌpiːzˈpʊdɪŋ/ *n* GB Culin pasta *f* grochowa *(do smarowania chleba)*

pea shooter *n* rurka *f* do strzelania z ziaren grochu

pea soup *n* [1] Culin zupa *f* z zielonego groszku [2] (fog) (also **pea souper**) gęsta, żółtawa mgła *f*

peat /piːt/ **I** *n* [1] (substance) torf *m*; **to cut** or **dig ~** kopać torf [2] (piece) kostka *f* torfu

II *modif [land, soil]* torfiasty; *[layer]* torfowy

peat bog *n* torfowisko *n*

peat cutter *n* kopacz *m* torfu

peat moss *n* Bot torfowiec *m*

peaty /ˈpiːtɪ/ *adj* torfiasty

pebble /ˈpebl/ **I** *n* [1] (round stone) kamyk *m*; Geol otoczak *m* [2] (rock crystal) kryształ *m* górski

II *modif* **~ beach** plaża kamienista

IDIOMS: **he's not the only ~ on the beach** na nim świat się nie kończy

pebbledash /ˈpebldæʃ/ **I** *n* tynk *m* kamyczkowy

II *modif* **~ wall** ściana pokryta tynkiem kamyczkowym

III *vt* pokry|ć, -wać tynkiem kamyczkowym

pebbly /ˈpeblɪ/ *adj [beach]* kamienisty

pecan /ˈpiːkən, pɪˈkæn, US pɪˈkɑːn/ *n* Bot [1] (nut) pekan *m* [2] (tree) orzesznik pekan *m*, hikora *f*

peccadillo /ˌpekəˈdɪləʊ/ *n* (*pl* **~s, ~es**) grzeszek *m* hum

peccary /ˈpekərɪ/ *n* Zool pekari *n inv*

peck¹ /pek/ **I** *n* [1] (of bird) dziobnięcie *n* [2] infml (kiss) cmoknięcie *n* hum; **to give sb a ~ (on the cheek)** cmoknąć kogoś (w policzek) hum

II *vt* [1] (with beak) dziob|nąć, -ać, wydziob|ać, -ywać *[food]*; **the bird ~ed my hand** or **~ed me on the hand** ptak dziobnął or udziobał mnie w rękę; **the bird ~ed a hole in the cage** ptak wydziobał dziurę w klatce [2] infml (kiss) cmok|nąć, -ać hum *[person]*

III *vi* [1] (with beak) **to ~ at sth** dziobać or wydziobywać coś *[food]*; stukać dziobem w coś *[window, tree]*; **the hens were ~ing at the ground in the yard** kury dziobały ziemię na podwórzu [2] infml fig (eat very little) **to ~ at one's food** jeść jak ptaszek, skubać (jedzenie)

■ **peck out**: **~ out [sth], ~ [sth] out** wydziob|ać, -ywać *[kernel, seeds]*; **to ~ sb's eyes out** *[bird]* wydziobać komuś oczy

peck² /pek/ *n* Meas dat *dawna miara objętości ciał sypkich = ok. 9 l*; **a ~ of trouble** US infml fura kłopotów

pecker /ˈpekə(r)/ *n* vinfml (penis) ptak *m*, ptaszek *m* vinfml

IDIOMS: **keep your ~ up!** GB głowa do góry!

peckerwood /ˈpekəwʊd/ *n* US offensive *obraźliwie o człowieku białym, zwłaszcza biednym*

pecking order *n* „porządek *m* dziobania" *(hierarchia w obrębie grupy)*

peckish /ˈpekɪʃ/ *adj* GB infml **to be** or **feel ~** mieć ochotę coś przekąsić; mieć ochotę na małe co nieco infml

pecs /peks/ *npl* infml mięśnie *m pl* piersiowe

pectic /ˈpektɪk/ *adj* pektynowy

pectin /ˈpektɪn/ *n* pektyna *f*

pectoral /ˈpektərəl/ **I** *n* (ornament) pektorał *m*

II **pectorals** *npl* Anat mięśnie *m pl* piersiowe

III *adj* piersiowy; **~ cross** pektorał; **~ fin** płetwa piersiowa

peculate /ˈpekjʊleɪt/ *vt* Fin z|defraudować, s|przeniewierzyć *[funds]*

peculation /ˌpekjʊˈleɪʃn/ *n* Fin defraudacja *f*, sprzeniewierzenie *n*

peculiar /pɪˈkjuːlɪə(r)/ *adj* [1] (strange) dziwny, osobliwy; **it's ~ that...** to dziwne, że...; **to feel ~** dziwnie się czuć; **funny ~** infml hum dziwaczny [2] (exceptional) *[situation, importance, circumstances]* szczególny, specjalny [3] (exclusive) *[system]* swoisty; *[manner]* indywidualny; **to be ~ to sb/sth** *[feature, trait]* być charakterystycznym or typowym dla kogoś/czegoś; **a plant ~ to Asia** roślina występująca w Azji; **he has his own ~ way of doing it** on to robi na swój własny, indywidualny sposób

peculiarity /pɪˌkjuːlɪˈærətɪ/ *n* [1] (unusual feature) szczególna cecha *f*; (unusual quality) osobliwość *f*; (unusual habit) dziwactwo *n*; **he has his peculiarities** on ma swoje dziwactwa [2] (strangeness) dziwaczność *f*

peculiarly /pɪˈkjuːlɪəlɪ/ *adv* [1] (strangely) dziwnie, osobliwie [2] (particularly) *[difficult, sensitive]* szczególnie [3] (exclusively, distinctively) szczególnie, w sposób szczególny

pecuniary /pɪˈkjuːnɪərɪ, US -ɪerɪ/ *adj* pieniężny

pedagogic(al) /ˌpedəˈgɒdʒɪk(l)/ *adj* pedagogiczny

pedagogue /ˈpedəgɒg/ *n* (teacher) fml pedagog *m*; (pedantic teacher) piła *f* fig infml

pedagogy /ˈpedəgɒdʒɪ/ *n* pedagogika *f*

pedal /ˈpedl/ **I** *n* pedał *m*; **brake/accelerator ~** Aut pedał hamulca/gazu; **loud/soft ~** Mus pedał forte/piano

II *vt* (*prp, pt, pp* **-ll-** GB, **-l-** US) **to ~ a bicycle** pedałować or jechać na rowerze

III *vi* (*prp, pt, pp* **-ll-** GB, **-l-** US) [1] *[cyclist]* pedałować; **to ~ up the hill** pedałować pod górę; **he ~led on his exercise bike** pedałował na rowerze treningowym [2] (use pedal) nacis|nąć, -kać na pedał(y)

pedal bin *n* pojemnik *m* z pedałem (na odpadki)

pedal boat *n* rower *m* wodny

pedal car *n* samochód *m* na pedały

pedal cycle *n* rower *m*

pedalo /ˈpedələʊ/ *n* (*pl* **~s, ~es**) GB rower *m* wodny

pedal pushers *npl* Fashn spodnie *plt* do kolan

pedal steel guitar *n* Mus gitara *f* hawajska

pedant /ˈpednt/ *n* pedant *m*, -ka *f*

pedantic /pɪˈdæntɪk/ *adj* pedantyczny, drobiazgowy (**about sth** jeśli chodzi o coś)

pedantically /pɪˈdæntɪklɪ/ *adv* pedantycznie, drobiazgowo

pedantry /ˈpedntrɪ/ *n* pedanteria *f*, drobiazgowość *f*

peddle /ˈpedl/ **I** *vt* [1] (sell) handlować po domach (czymś) *[wares]*; **to ~ drugs** rozprowadzać narkotyki [2] fig (spread) propagować *[ideas]*; rozpowszechniać *[gossip]*

II *vi* zajmować się handlem obnośnym or domokrążnym

peddler /ˈpedlə(r)/ *n* [1] (also **drug ~**) handla|rz *m*, -rka *f* narkotyków, dealer *m*; **street ~** dealer uliczny [2] US = **pedlar**

pederast /ˈpedəræst/ *n* pederasta *m*

pederasty /ˈpedəræstɪ/ *n* pederastia *f*

pedestal /ˈpedɪstl/ *n* (of statue, column) cokół *m*, piedestał *m*; (of washbasin, statue) postument *m*

IDIOMS: **to put sb on a ~** stawiać kogoś na piedestale; **to knock sb off their ~** strącić kogoś z piedestału

pedestal desk *n* biurko *n* z szafkami po obu stronach

pedestal table *n* stół *m* na jednej nodze

pedestal washbasin *n* umywalka *f* na postumencie

pedestrian /pɪˈdestrɪən/ **I** *n* pieszy *m*; **for ~s only** tylko dla pieszych

II *modif [street, area]* dla pieszych

III *adj* (humdrum) *[student, writer, book]* przeciętny, niczym się niewyróżniający; *[description, style]* bez polotu; *[life]* zwykły, zwyczajny

pedestrian crossing *n* przejście *n* dla pieszych

pedestrianization /pɪˌdestrɪənaɪˈzeɪʃn, US -nɪˈz-/ *n* zamknięcie *n* dla ruchu kołowego

pedestrianize /pɪˈdestrɪənaɪz/ *vt* za|mknąć, -ykać dla ruchu kołowego *[street, town centre]*

pedestrian precinct *n* GB strefa *f* zamknięta dla ruchu kołowego

pedestrian traffic *n* ruch *m* pieszy

pediatric /ˌpiːdɪˈætrɪk/ *adj [ward, department]* pediatryczny; *[illness]* dziecięcy; **~ medicine** pediatria; **~ nurse** pielęgniarka pediatryczna; **~ nursing** pielęgniarstwo pediatryczne

pediatrician /ˌpiːdɪəˈtrɪʃn/ *n* pediatra *m*

pediatrics /ˌpiːdɪˈætrɪks/ *n (+ v sg)* pediatria *f*

pedicab /ˈpedɪkæb/ *n* riksza *f*, ryksza *f* (rowerowa)

pedicure /ˈpedɪkjʊə(r)/ *n* pedikiur *m*, pedicure *n inv*; **to have a ~** zrobić sobie pedicure or pedikiur

pedigree /ˈpedɪgriː/ **I** *n* 1 (ancestry) (of animal) rodowód *m*; (of person, family) genealogia *f*, pochodzenie *n*; (chart, tree) drzewo *n* genealogiczne, tablica *f* genealogiczna 2 (purebred animal) zwierzę *n* rodowodowe; **my dog is a ~** mój pies ma rodowód 3 fig (background) (of book, artist) rodowód *m*, korzenie *plt* fig

II *modif [animal]* rodowodowy; **~ registration certificate** świadectwo rodowodowe, rodowód

pediment /ˈpedɪmənt/ *n* fronton *m*, trójkątne zwieńczenie *n*

pedlar /ˈpedlə(r)/ *n* domokrążca *m*; **street ~** handlarz uliczny, handlarka uliczna; **a ~ of crackpot theories** fig propagator zwariowanych teorii

pedological /ˌpedəˈlɒdʒɪkl/ *adj* pedologiczny, gleboznawczy

pedologist /pɪˈdɒlədʒɪst/ *n* pedolog *m*, gleboznawca *m*

pedology /pɪˈdɒlədʒɪ/ *n* pedologia *f*, gleboznawstwo *n*

pedometer /pɪˈdɒmɪtə(r)/ *n* krokomierz *m*

pedophile /ˈpiːdəfaɪl/ *n* pedofil *m*

pedophilia /ˌpiːdəˈfɪlɪə/ *n* pedofilia *f*

pee /piː/ **I** *n* infml siusiu *n inv* infml; **to have** or **do a ~** zrobić siusiu; **to go for a ~** pójść się wysiusiać infml; **I was dying for a ~** bardzo mi się chciało siusiu

II *vi* wysiusiać się, siusiać infml; **to ~ in one's pants** zsiusiać się w majtki infml; **the cat ~d all over me** kot mnie obsiusiał infml

peek /piːk/ **I** *n* zerknięcie *n*; **to have** or **take a ~ at sb/sth** rzucić okiem or zerknąć na kogoś/coś

II *vi* zerk|nąć, -ać, rzu|cić, -cać okiem **(at sb/sth** na kogoś/coś); **she was ~ing at me from behind the curtains** zerkała na mnie zza firanki; **to ~ into sth** zajrzeć do czegoś; **no ~ing!** nie podglądaj!

peekaboo /ˌpiːkəˈbuː/ **I** *excl* a kuku!; **to play ~** bawić się w „a kuku"

II *adj [garment]* ażurowy, przezroczysty

peel /piːl/ **I** *n* (before peeling) skórka *f*, łupina *f*; (after peeling) obierki *f pl*, łupiny *f pl*; **orange ~** skórka pomarańczowa; **potato ~** obierki z ziemniaków

II *vt* ob|rać, -ierać *[vegetable, fruit]*; o|czyścić *[prawn, shrimp]*; oskrob|ać, -ywać, skrobać *[stick]*

III *vi [paint, skin]* z|łuszczyć się, zejść, schodzić płatami; **the walls are ~ing** ze ścian odłazi farba; **I'm ~ing** schodzi mi skóra; **my nose is ~** schodzi mi skóra na nosie; **these tomatoes don't ~ well** te pomidory trudno obrać

■ **peel away**: ¶ *[paint, plaster, paper]* odpa|ść, -dać płatami; *[skin]* zejść, schodzić płatami ¶ **~ away [sth], ~ [sth] away** od|erwać, -rywać, z|erwać, -rywać *[layer, paper, plastic]*

■ **peel back = peel away**

■ **peel off**: ¶ 1 (become removed) *[label, wallpaper]* odlepi|ć, -ać się **(from sth** od czegoś); *[paint]* z|łuszczyć się, zejść, schodzić; od|leźć, -łazić, z|leźć, -łazić infml **(from sth** z czegoś); **my skin is ~ing off** schodzi or złazi mi skóra 2 infml hum (undress) roz|ebrać, -bierać się 3 Aviat *[plane]* odłącz|yć, -ać się od formacji *(przechodząc do lotu nurkowego)* 4 (leave group) *[person, car]* odłącz|yć, -ać się **(from sth** od czegoś) ¶ **~ off [sth], ~ [sth] off** odkle|ić, -jać *[stamp, sticker]*; z|edrzeć, -dzierać *[bark, paint]*; zrzuc|ić, -ać *[clothing]*

■ **peel out** US 1 infml (accelerate) doda|ć, -wać gazu infml 2 *[bells]* za|dzwonić, rozdzw|onić, -aniać się

peeler /ˈpiːlə(r)/ *n* 1 Culin (manual) nożyk *m* do obierania warzyw i owoców; (mechanical) obieraczka *f* do warzyw 2 US infml (stripper) striptizer *m*, -ka *f*

peeling /ˈpiːlɪŋ/ **I** *n* 1 Culin (of fruit, vegetables) obieranie *n*; (of prawn, shrimp) czyszczenie *n* 2 (of skin) schodzenie *n*, łuszczenie się *n*; (cosmetic treatment) peeling *m*

II **peelings** *npl* (of fruit, vegetable) obierki *f pl*, obierzyny *f pl*, łupiny *f pl*

III *adj [paint, surface]* złuszczony; *[wall]* ze złuszczoną powierzchnią; *[skin]* łuszczący się

peep[1] /piːp/ **I** *n* (look) zerknięcie *n*; **to have** or **take a ~ at sb/sth** zerknąć na kogoś /coś; **can I have a ~?** czy mogę zerknąć?

II *vi* 1 (look) zerk|nąć, -ać **(at sb/sth** na kogoś/coś); (furtively) pod|ejrzeć, -glądać; **to ~ over/through sth** zerkać znad czegoś /przez coś; **to ~ into sth** zajrzeć do czegoś; **no ~ing!** nie podglądaj! 2 liter *[light]* sączyć się, przezierać; **daylight was ~ing through the curtains** przez zasłony przezierało światło dnia

■ **peep out** *[person, animal]* wyj|rzeć, -glądać; *[edge, tip]* wystawać; **she ~ed out from behind the curtains** wyjrzała zza zasłony; **the sun ~ed out from behind the clouds** słońce wyjrzało zza chmur; **to ~ out from a bag/pocket** *[gun, hanky]* wystawać z torby/kieszeni; **her petticoat was ~ing out from under her dress** spod sukienki wystawała jej halka

IDIOMS: **at the ~ of day** o świcie, o brzasku

peep[2] /piːp/ **I** *n* (noise) (of bird) ćwierk *m*, świergot *m*; (of mouse) pisk *m*; (of car horn) klakson *m*, sygnał *m*; **there wasn't a ~ out of him** ani pisnął; **one more ~ out of you and there'll be trouble!** jeszcze jedno słowo i pożałujesz!; **'any news from your brother?' – 'not a ~'** „masz jakieś wiadomości od brata" – „ani słowa"

II *vt* infml **to ~ the horn** zatrąbić

III *vi* (make noise) *[bird]* za|ćwierkać, za|świergotać; *[mouse]* za|piszczeć, pisnąć; *[car horn]* za|trąbić

peepbo /ˈpiːpbəʊ/ *excl* = **peekaboo**

peeper /ˈpiːpə(r)/ infml **I** *n* (voyeur) podglądacz *m*, -ka *f* infml

II **peepers** *npl* (eyes) gały *plt* infml

peephole /ˈpiːphəʊl/ *n* dziurka *f*, otwór *m*; (in door) wizjer *m*, judasz *m*

Peeping Tom *n* infml podglądacz *m* infml

peepshow /ˈpiːpʃəʊ/ *n* 1 peep-show *m inv* 2 dat fotoplastykon *m*

peeptoe /ˈpiːptəʊ/ *adj [shoe]* z odkrytymi palcami

peer[1] /pɪə(r)/ *n* 1 (equal) równ|y *m*, -a *f*; **to be tried by one's ~s** być sądzonym przez równych sobie; **to be without ~** or **to have no ~ as a singer** nie mieć równego sobie or być niezrównanym jako śpiewak; **we will not easily find his ~** niełatwo będzie znaleźć kogoś, kto mu dorówna 2 (contemporary) rówieśni|k *m*, -czka *f*; **she wasn't popular among her ~s** nie była lubiana wśród rówieśników 3 GB Pol (also **~ of the realm)** par *m*, członek *m* Izby Lordów

peer[2] /pɪə(r)/ *vi* przy|jrzeć, -glądać się (badawczo) **(at sb/sth** komuś/czemuś); spo|jrzeć, -glądać (badawczo) **(at sb/sth** na kogoś/coś); **to ~ anxiously/shortsightedly at sth** przyglądać się czemuś z niepokojem/wpatrywać się w coś krótkowzrocznymi oczami or oczyma; **to ~ into the distance** spoglądać w dal; **to ~ over sb's shoulder/over one's glasses** zajrzeć komuś przez ramię/spojrzeć znad okularów; **she ~ed through the window** wyjrzała przez okno

peerage /ˈpɪərɪdʒ/ *n* 1 GB Pol **the ~** parowie *m pl*; **to raise sb to the ~** podnieść kogoś do godności para 2 GB Pol parostwo *n*, godność *f* para; **to be given a ~** otrzymać tytuł para 3 (book) księga *f* genealogiczna parów

peeress /ˈpɪəres/ *n* GB Pol (holder of title) posiadaczka *f* tytułu para; (wife of peer) żona *f* para

peer group *n* 1 (of same age) grupa *f* rówieśnicza 2 (of same status) grupa *f* reprezentująca ten sam status społeczny

peer group pressure *n* presja *f* grupy rówieśniczej

peerless /ˈpɪəlɪs/ *adj [beauty, magnificence, performance]* niezrównany; *[artist]* niemający sobie równego

peer review *n* (of papers) recenzowanie *n*; (of research) ocena *f* środowiska

peeve /piːv/ **I** *n* infml utrapienie *n*

II *vt* ze|złościć, roz|złościć; **it ~d me that...** zezłościło mnie or zezłościłem się, że...

peeved /piːvd/ *adj* infml *[person]* zły infml; *[expression]* rozzłoszczony; **to sound ~** mówić poirytowanym tonem

peevish /ˈpiːvɪʃ/ *adj [person, mood]* drażliwy; *[look]* poirytowany; *[remark]* cierpki

peevishly /ˈpiːvɪʃlɪ/ *adv [answer, react, ask]* z rozdrażnieniem, z irytacją

peevishness /ˈpiːvɪʃnɪs/ *n* drażliwość *f*

peewee /ˈpiːwiː/ US infml **I** *n* mikrus *m* infml

II *adj [person]* mikry infml

peewit /ˈpiːwɪt/ *n* Zool (lapwing) czajka *f*; (gull) mewa śmieszka *f*

peg /peg/ **I** *n* [1] (hook, hanger) wieszak *m*, kołek *m*; **to hang one's coat on a ~** powiesić płaszcz na wieszaku or kołku; **to buy (clothes) off the ~** kupować gotowe ubrania [2] GB (also **clothes ~**) klamerka *f* do bielizny [3] (in ground) kołek *m*, palik *m*; (in games) palik *m*; (in mountaineering) hak *m*; (also **tent ~**) kołek *m*, śledź *m* [4] (in furniture) kołek *m*, kołeczek *m*; (in barrel) czop *m*, szpunt *m* [5] (on violin, guitar) kołek *m* [6] Econ indeks *m* [7] GB (small drink) naparsteczek *m* infml; kusztyczek *m* dat

II *vt* (*prp, pt, pp* **-gg-**) [1] (attach, secure) powiesić, wieszać *[clothes, washing]*; **to ~ down** or **in place** umocow|ać, -ywać *[fabric, tent]*; (with wooden pegs) przymocow|ać, -ywać **(to sth** do czegoś); **to ~ clothes on a line** przypiąć pranie klamerkami na sznurze; **to ~ the clothes out** wywiesić ubranie; **to ~ sth together** zbić coś, połączyć coś (kołeczkami) [2] Econ (fix) ustal|ić, -ać *[price, currency, rate]*; **to ~ sth at 10%/at present levels** ustalić coś na poziomie 10%/na obecnym poziomie; **to ~ sth for 12 months** ustalić coś na 12 miesięcy; **to ~ the rouble to the dollar** ustalić wartość rubla w stosunku do dolara [3] US (categorize) za|szufladkować; **to ~ sb as a feminist /idler** przylepić or przypiąć komuś etykietę feministki/lenia

■ **peg away** infml harować infml **(at sth** nad czymś)

■ **peg down**: ¶ **~ down [sth], ~ [sth] down** (secure) przymocow|ać, -ywać, umocow|ać, -ywać *[rope, canvas, tent]*; ustal|ić, -ać *[price]* ¶ **~ down [sb], ~ [sb] down** przyp|rzeć, -ierać do muru; **try to ~ him down to a definite date** postaraj się go zmusić do podania konkretnego terminu

■ **peg out**: ¶ **~ out** infml (die) *[person, animal]* wykorkować infml; (collapse) *[person, animal]* paść ze znużenia fig; *[machine]* wysiąść, nawalić infml ¶ **~ out [sth], ~ [sth] out** [1] GB (hang out) rozwie|sić, -szać, wywie|sić, -szać *[washing]* [2] (stake out) o|palikować *[land]* [3] (spread out) rozciąg|nąć -ać na kołkach *[hide]*

IDIOMS: **to be a square ~ (in a round hole)** być jak groch przy drodze; **to take** or **bring sb down a ~ (or two)** infml przytrzeć or utrzeć komuś nosa; **to be taken** or **brought down a ~ (or two)** dostać nauczkę, dostać po nosie; **to use sth as a ~ (to hang a discussion/a theory on)** wykorzystać coś jako pretekst (do rozpoczęcia dyskusji/przedstawienia teorii)

Pegasus /ˈpegəsəs/ *prn* Mythol Pegaz *m*

pegboard /ˈpegbɔːd/ *n* tablica *f (do przypinania informacji, wyników gry)*

peg doll(y) *n* GB drewniany pajacyk *m*

peg leg *n* proteza *f*, drewniana noga *f*

peg(-top) pants *npl* US = **peg(-top) trousers**

peg(-top) trousers *npl* GB spodnie *plt* z nogawkami zebranymi w mankiet

pejoration /ˌpiːdʒəˈreɪʃn/ *n* Ling nadawanie *n* ujemnego zabarwienia

pejorative /pɪˈdʒɒrətɪv, US -ˈdʒɔːr-/ *adj [word, sense]* pejoratywny; *[remark]* niepochlebny

peke /piːk/ *n* Zool infml pekińczyk *m*

Peking /ˌpiːˈkɪŋ/ *prn* Pekin *m*

Peking duck *n* [1] Zool kaczka *f* domowa rasy pekin [2] Culin kaczka *f* po pekińsku

Pekin(g)ese /ˌpiːkɪˈniːz/ **I** *n* [1] (person) peki|ńczyk *m*, -nka *f* [2] Zool pekińczyk *m* [3] Ling (dialekt *m*) pekiński *m*

II *adj* pekiński

pekoe /ˈpiːkəʊ/ *n* herbata *f* czarna pekoe

pelagic /pəˈlædʒɪk/ *adj* pelagiczny

pelargonium /ˌpeləˈgəʊnɪəm/ *n* Bot pelargonia *f*

pelf /pelf/ *n* pej mamona *f* pej

pelican /ˈpelɪkən/ *n* Zool pelikan *m*

pelican crossing *n* GB przejście *n* dla pieszych *(z zielonym światłem włączanym przez pieszego)*

pellagra /pɪˈlægrə, -ˈleɪg-/ *n* Med pelagra *f*, rumień *m* lombardzki

pellet /ˈpelɪt/ *n* [1] (of bread, paper, wax) kulka *f*; (of mud) grudka *f* [2] (of shot) śrucina *f* [3] Zool (regurgitated food) wyplówka *f* [4] Zool (faeces) bobek *m* [5] Pharm tabletka *f*, pigułka *f* [6] Agric, Chem granulka *f*

pell-mell /ˌpelˈmel/ *adv [run, rush]* bezładnie; *[lie]* w nieładzie

pellucid /peˈluːsɪd/ *adj [water]* przezroczysty, krystaliczny; *[style, writing]* przejrzysty, klarowny

pelmet /ˈpelmɪt/ *n* (drapery) lambrekin *m*; (board) karnisz *m*

Peloponnese /ˈpeləpəniːs/ *prn* **the ~** Peloponez *m*

Peloponnesian /ˌpeləpəˈniːʃn/ *adj* peloponeski; **the ~ War** wojna peloponeska

pelota /pəˈləʊtə/ *n* Games pelota *f*

pelt¹ /pelt/ *n* (animal skin) skóra *f*, skórka *f*; (stripped) golizna *f*

pelt² /pelt/ **I** *vt* **to ~ sb with sth** obrzuc|ić, -ać kogoś czymś *[eggs, tomatoes, insults]*; zasyp|ać, -ywać kogoś czymś *[questions]*

II *vi* [1] (fall) (also **~ down)** *[rain]* lać; *[hail]* sypać; **it's ~ing with rain** leje jak z cebra; **the ~ing rain** ulewny deszcz [2] infml (run) *[person]* po|pędzić, po|gnać; **to ~ out into the street** wypaść na ulicę; **she ~ed after the thief** popędziła or pognała za złodziejem

IDIOMS: **at full ~** *[run, rush]* co sił w nogach; *[drive, speed]* pełnym gazem, na pełnym gazie infml

pelvic /ˈpelvɪk/ *adj* Anat miednicowy, miedniczny; **~ floor** dno miednicy; **~ girdle** obręcz biodrowa

pelvic inflammatory disease, PID *n* Med zapalenie *n* jajowodów or narządów miednicy mniejszej

pelvis /ˈpelvɪs/ *n* (*pl* **-vises, -ves** /ˈpelviːz/) Anat miednica *f*; **upper/lower ~** miednica większa/mniejsza

pemmican /ˈpemɪkən/ *n* pemmikan *m*

pen¹ /pen/ **I** *n* (for writing) pióro *n*; (for drawing) piórko *n*; **ballpoint ~** długopis; **felt-tip ~** pisak; **fountain ~** pióro wieczne; **to put** or **run one's ~ through sth** przekreślić coś; **to put ~ to paper** (write) zabrać się do pisania, chwycić za pióro; (give signature) złożyć podpis; **it has come from her ~** to wyszło spod jej pióra; **to live by one's ~** żyć z pióra, zarabiać na życie piórem

II *vt* (*prp, pt, pp* **-nn-**) (write) na|pisać *[letter, article]*; **to ~ a few words of thanks** skreślić kilka słów podziękowania

pen² /pen/ **I** *n* (for animals) zagroda *f*; (for sheep) koszara *f*; (for child) kojec *m*

II *vt* (*prp, pt, pp* **-nn-**) (also **~ in)** zam|knąć, -ykać w zagrodzie *[sheep, pigs]*

pen³ /pen/ *n* Zool łabędzica *f*

pen⁴ /pen/ *n* US infml = **penitentiary** pudło *n*, ciupa *f* infml

penal /ˈpiːnl/ *adj [code, law, colony, institution]* karny; *[offence]* karalny, zagrożony karą; **~ reform** reforma systemu karnego; **~ servitude** katorga

penalization /ˌpiːnəlaɪˈzeɪʃn, US -lɪˈz-/ *n* penalizacja *f*

penalize /ˈpiːnəlaɪz/ *vt* [1] (punish) u|karać *[offender, player]*; **to ~ sb for sth/doing sth** ukarać kogoś za coś/za zrobienie czegoś [2] (make punishable) uzna|ć, -wać za karalne

penalty /ˈpenltɪ/ *n* [1] (punishment) kara *f*; (fine) grzywna *f*; **on** or **under ~ of death** pod karą śmierci; **to impose a ~** nałożyć karę; **the ~ for this offence is £50** to wykroczenie podlega karze grzywny w wysokości 50 funtów [2] fig (unpleasant result) cena *f* fig; **a heavy ~** wysoka cena fig; **to pay the ~ for sth** płacić za coś fig [3] Sport (disadvantage) kara *f*; **~ (kick)** rzut karny; **to score (from) a ~** zdobyć bramkę z rzutu karnego; **to take a ~** wykonać rzut karny [4] (in games) strata *f* punktów, punkty *m pl* karne; **we were given a five-point ~ for the wrong answer** straciliśmy pięć punktów za nieprawidłową odpowiedź [5] Tax kara *f*

penalty area *n* Sport pole *n* karne

penalty box *n* Sport (in soccer) pole *n* karne; (in hockey) ławka *f* kar

penalty clause *n* Comm klauzula *f* dotycząca kar umownych

penalty goal *n* Sport bramka *f* z rzutu karnego

penalty kick *n* Sport rzut *m* karny

penalty miss *n* Sport nieudany rzut *m* karny

penalty shootout *n* Sport rzuty *m pl* karne

penalty spot *n* Sport punkt *m* karny

penance /ˈpenəns/ *n* pokuta *f* **(for sth** za coś); **to do ~ (for one's sins)** czynić or odprawiać pokutę (za grzechy); **for ~ say three Hail Marys** za pokutę odmów trzy razy Zdrowaś Mario

pen-and-ink drawing /ˌpenənˈɪŋkdrɔːɪŋ/ *n* rysunek *m* piórkiem

pence /pens/ *npl* GB → **penny**

penchant /ˈpɑːnʃɑːn, US ˈpentʃənt/ *n* (liking) zamiłowanie *n*, upodobanie *n* **(for sth** do czegoś); (tendency) skłonność *f* **(for sth** do czegoś)

pencil /ˈpensl/ **I** *n* ołówek *m*; **coloured ~** kredka; **eyebrow ~** ołówek do brwi; **to draw/write in ~** rysować/pisać ołówkiem; **a ~ of light** fig wiązka światła

II *vt* (*prp, pt, pp* **-ll-** GB, **-l-** US) (write) na|pisać ołówkiem *[note]*; (draw) na|rysować ołówkiem *[outline]*; **to ~ one's eyebrows** malować brwi ołówkiem

■ **pencil in**: **~ in [sth], ~ [sth] in** wpis|ać, -ywać ołówkiem *[word, hyphen]*; zapis|ać, -ywać wstępnie *[appointment, date]*;

P

let's ~ in Monday for the meeting umówmy się wstępnie na poniedziałek
pencil box *n* piórnik *m*
pencil case *n* = **pencil box**
pencil pusher *n* US infml offensive gryzipiórek *m* infml offensive
pencil sharpener *n* temperówka *f*
pencil skirt *n* wąska, długa, prosta spódnica *f*
pendant /ˈpendənt/ *n* [1] (necklace) naszyjnik *m* z wisiorem [2] (bauble) (on necklace, earring, chandelier) wisior *m*, wisiorek *m* [3] (light) żyrandol *m*
pending /ˈpendɪŋ/ **I** *adj* [1] (not yet concluded) *[claim, question]* nierozstrzygnięty; *[case]* w toku, trwający; *[matter]* do załatwienia, oczekujący na załatwienie; **to be ~** *[lawsuit]* być w toku, trwać [2] (imminent) *[election, event]* zbliżający się; **his transfer has been ~ for six months now** od sześciu miesięcy czeka na przeniesienie
II *prep* (until) do czasu (czegoś), w oczekiwaniu na (coś); **~ trial/a decision** do czasu procesu/podjęcia decyzji
pending tray *n* sprawy *f pl* do załatwienia
pendulous /ˈpendjʊləs, US -dʒʊləs/ *adj [breasts, lips, stomach]* obwisły; *[ear]* długi; *[blossoms]* zwieszający się
pendulum /ˈpendjʊləm, US -dʒʊləm/ *n* [1] (in clock) wahadło *n* [2] fig (nagły) zwrot *m* fig; **the ~ has swung the other way** sytuacja zmieniła się diametralnie [3] Phys wahadło *n* [4] (in climbing) wahadło *n*
peneplain /ˈpiːnɪpleɪn/ *n* (also **peneplane**) Geol prawierównia *f*, peneplena *f*
penetrable /ˈpenətrəbl/ *adj [country, market]* dostępny; *[cloud, darkness, fog]* (możliwy) do przeniknięcia; *[surface, wall]* (możliwy) do przebicia; *[mystery, plan]* (możliwy) do zgłębienia; *[disguise]* łatwy do rozpoznania **(to sb** przez kogoś)
penetrate /ˈpenɪtreɪt/ **I** *vt* [1] (enter into or through) przebi|ć, -jać *[skin, surface, protective layer]*; prze|drzeć, -dzierać się przez (coś) *[cloud, fog, defences]*; przeszy|ć, -wać *[silence]*; s|penetrować *[unknown territory, market]*; przedosta|ć się, -wać się przez (coś) *[wall]*; (seep through) przenik|nąć, -ać przez (coś) *[rock]* [2] fig (permeate) przenik|nąć, -ać *[consciousness, mind, soul]*; (infiltrate) *[spy]* przenik|nąć, -ać do (czegoś) *[organization]* [3] (understand) przejrzeć *[thoughts]*; zgłębi|ć, -ać *[plan, ideas, meaning, mystery]*; **to ~ sb's disguise** fig przejrzeć kogoś [4] (sexually) w|ejść, -chodzić w (kogoś) *[woman]*
II *vi* [1] (enter) *[needle, sun, bullet]* przebi|ć, -jać się; *[invader, water]* prze|drzeć, -dzierać się **(through sth** przez coś); *[sound, cold, wind]* przenik|nąć, -ać **(through sth** przez coś); **to ~ into territory/behind enemy lines** wedrzeć się na terytorium/przedrzeć się za linie wroga; **the rain ~d through to my skin** deszcz przemoczył mnie do suchej nitki [2] (be understood) do|trzeć, -cierać **(to sb** do kogoś); **nothing I say seems to ~** wszystko, co mówię, pozostaje bez echa
penetrating /ˈpenɪtreɪtɪŋ/ *adj* [1] (invasive) *[eyes, voice, cold, wind]* przenikliwy [2] (perceptive) *[analysis, criticism, comment, question]* wnikliwy
penetratingly /ˈpenɪtreɪtɪŋlɪ/ *adv* [1] (loudly) *[speak, shout]* przenikliwym głosem; *[yell, whistle]* przenikliwie [2] (perceptively) *[comment, analyse]* wnikliwie
penetration /ˌpenɪˈtreɪʃn/ *n* [1] (entering) (by enemy) wtargnięcie *n*; (by spy) infiltracja *f*; (of market) penetracja *f* [2] Mil (of bullets, shells) wnikanie *n* [3] (insight) wnikliwość *f*, przenikliwość *f* [4] (sexual) penetracja *f* fml
penetrative /ˈpenɪtrətɪv, US -treɪtɪv/ *adj* **~ power** zdolność wnikania; **~ sex** stosunek z penetracją
pen friend *n* korespondencyjny przyjaciel *m*, korespondencyjna przyjaciółka *f*
penguin /ˈpeŋgwɪn/ *n* Zool pingwin *m*
pen holder *n* obsadka *f*, rączka *f* (pióra)
penicillin /ˌpenɪˈsɪlɪn/ *n* Pharm penicylina *f*
peninsula /pəˈnɪnsjʊlə, US -nsələ/ *n* półwysep *m*
peninsular /pɪˈnɪnsjʊlə(r), US -nsələr/ *adj* półwyspowy; **the Peninsular War** *wojna o niepodległość Hiszpanii w latach 1808-1814*
penis /ˈpiːnɪs/ *n* (*pl* **-nises, -nes**) penis *m*, członek *m*, prącie *n*
penis envy *n* Psych zazdrość *f* o penisa
penitence /ˈpenɪtəns/ *n* skrucha *f*, żal *m*; **to show ~** okazać skruchę
penitent /ˈpenɪtənt/ **I** *n* Relig penitent *m*, -ka *f*, pokutni|k *m*, -ca *f*
II *adj* skruszony
penitential /ˌpenɪˈtenʃl/ *adj* pokutny; **the ~ psalms** psalmy pokutne
penitentiary /ˌpenɪˈtenʃərɪ/ *n* [1] US zakład *m* penitencjarny or karny; **federal/state ~** więzienie federalne/stanowe [2] Relig (cleric) penitencjariusz *m*, penitencjarz *m*; (tribunal) penitencjaria *f*
penitently /ˈpenɪtəntlɪ/ *adv [look, speak]* ze skruchą
penknife /ˈpennaɪf/ *n* (*pl* **penknives**) scyzoryk *m*
penlight /ˈpenlaɪt/ *n* latarka *f* kieszonkowa
penmanship /ˈpenmənʃɪp/ *n* charakter *m* pisma
pen name *n* pseudonim *m* literacki
pennant /ˈpenənt/ *n* [1] (flag) (on ship) flaga *f*; (for decoration) chorągiewka *f*; (of sports team) proporzec *m*, proporczyk *m* [2] US (championship) mistrzostwo *n*
penniless /ˈpenɪlɪs/ *adj [person, family]* (pozostający) bez środków do życia, bez grosza; **I'm absolutely ~** nie mam grosza przy duszy; **to be left ~** zostać bez środków do życia or bez grosza
Pennine /ˈpenaɪn/ *prn* **the ~s** Góry *f pl* Pennińskie
pennon /ˈpenən/ *n* (of cavalryman) proporzec *m*, proporczyk *m*; Naut bandera *f*
Pennsylvania /ˌpensɪlˈveɪnɪə/ *prn* Pensylwania *f*
Pennsylvanian /ˌpensɪlˈveɪnɪən/ **I** *n* pensylwa|ńczyk *m*, -nka *f*
II *adj* pensylwański
penny /ˈpenɪ/ *n* [1] GB (*pl* **pence, pennies**) (unit of currency) pens *m*; **fifty pence, fifty p** pięćdziesiąt pensów; **a five pence** or **a five p coin** pięciopensówka; **a 25 pence** or **a 25 p stamp** znaczek za 25 pensów [2] US (*pl* **pennies**) cent *m* [3] fig (*pl* **pennies**) (small amount of money) grosz *m*; **it won't cost you a ~!** nie będzie cię to nic kosztować!; **not a ~ more!** ani grosza więcej!; **she'll never get a ~ from me** nie dostanie ode mnie ani grosza; **not to have a ~ to one's name** or **two pennies to rub together** nie mieć grosza przy duszy, być gołym jak święty turecki; **to be worth every ~** być wartym swej ceny
IDIOMS: **a ~ for your thoughts, a ~ for them** o czym tak rozmyślasz?, nad czym tak się zamyśliłeś?; **a ~ saved is a ~ gained** or **earned** ziarnko do ziarnka, a zbierze się miarka; **a pretty ~** infml ładna sumka infml; **in for a ~, in for a pound** jeśli powiedziało się A, należy powiedzieć i B; (uttered before taking action) raz kozie śmierć; **take care of the pennies and the pounds will take care of themselves** Prov ziarnko do ziarnka, a zbierze się miarka; do grosza grosz, a napełni się trzos; **I couldn't understand at first, but then the ~ dropped** infml początkowo nie zrozumiałem, ale potem dotarło do mnie infml; **they are two** or **ten a ~** (cheap) są tanie jak barszcz infml; (easy to obtain) jest tego od groma or na pęczki infml; **to be ~ wise pound foolish** oszczędzać na drobiazgach, a wydawać bez sensu duże sumy; **not to be a ~ wiser** nadal nic nie pojmować or rozumieć; **to make** or **turn an honest ~** wziąć się do uczciwej pracy; zabrać się za uczciwą robotę infml; **to make** or **earn a quick ~** szybko zarobić znaczną sumę; **to spend a ~** GB infml euph pójść tam, gdzie król chodzi piechotą; pójść się załatwić euph; **to turn up like a bad ~** zjawiać się bez zaproszenia, wpraszać się
penny-a-liner /ˌpenɪəˈlaɪnə(r)/ *n* dat pej pismak *m* pej
penny arcade *n* US salon *m* gier
Penny Black *n pierwszy w historii Wielkiej Brytanii znaczek pocztowy z warstewką kleju*
penny dreadful *n* infml dat tania szmira *f* infml pej
penny-farthing /ˌpenɪˈfɑːðɪŋ/ *n* bicykl *m*, welocyped *m*
penny-in-the-slot machine /ˌpenɪɪnðəˈslɒtməʃiːn/ *n* automat *m* na monety
penny-pincher /ˈpenɪpɪntʃə(r)/ *n* dusigrosz *m*, sknera *m/f*
penny-pinching /ˈpenɪpɪntʃɪŋ/ **I** *n* sknerstwo *n*, skąpstwo *n* pej
II *adj* pazerny, skąpy pej
pennyroyal /ˌpenɪˈrɔɪəl/ *n* mięta *f* polej
pennyweight /ˈpenɪweɪt/ *n* [1] Meas *jednostka wagi równa 1/20 uncji, używana w handlu kruszcami* [2] fig krzta *f*, krztyna *f*
penny whistle *n* metalowy flecik *m*, piszczałka *f*
pennywort /ˈpenɪwɜːt/ *n* Bot **marsh ~** wąkrotka *f* zwyczajna; **wall ~** *roślina z gruboszowatych występująca we Francji i Wielkiej Brytanii*
pennyworth /ˈpenɪwəθ/ *n* **a ~ of sweets** słodycze za pensa; **it won't make a ~ of difference** nie zrobi to najmniejszej różnicy; **he hasn't got a ~ of common sense** nie ma za grosz zdrowego rozsądku; **to put in one's ~** wtrącić swoje trzy grosze
penologist /piːˈnɒlədʒɪst/ *n* penolog *m*
penology /piːˈnɒlədʒɪ/ *n* penologia *f*
pen pal *n* infml korespondencyjny przyjaciel *m*, korespondencyjna przyjaciółka *f*

pen pusher *n* infml offensive gryzipiórek *m* infml offensive
pen pushing *n* infml offensive papierkowa robota *f* infml
pension[1] /ˈpenʃn/ *n* [1] (also **old age** or **retirement ~**) emerytura *f*; (for widow, invalid) renta *f*; **state/company ~** emerytura/renta wypłacana przez państwo/pracodawcę; **to be on a ~** być na emeryturze /rencie; **to live on a ~** żyć z emerytury /renty; **to draw a ~** pobierać emeryturę /rentę [2] (in recognition of talent, services) pensja *f* dożywotnia
■ **pension off**: **~ off [sb], ~ [sb] off** przen|ieść, -osić na emeryturę; s|pensjonować dat
pension[2] /ˈpɒnsjɒn/ *n* (guesthouse) pensjonat *m*; **full ~** zakwaterowanie z pełnym wyżywieniem; **half ~** zakwaterowanie z dwoma posiłkami dziennie
pensionable /ˈpenʃənəbl/ *adj [age]* emerytalny; *[employee]* (będący) w wieku emerytalnym; *[post, service]* uprawniający do emerytury; **to be of ~ age** być w wieku emerytalnym
pension book *n* ≈ książeczka *f* emeryta *(upoważniająca do odbioru emerytury w urzędzie pocztowym)*
pensioner /ˈpenʃənə(r)/ *n* rencist|a *m*, -ka *f*; (retired person) emeryt *m*, -ka *f*
pension fund *n* fundusz *m* emerytalny
pension plan *n* system *m* emerytalny
pension rights *npl* prawo *n* do emerytury
pension scheme *n* = **pension plan**
pensive /ˈpensɪv/ *adj [person]* zadumany, zamyślony; *[mood, look, music]* melancholijny
pensively /ˈpensɪvlɪ/ *adv [sit, linger, gaze]* w zamyśleniu, w zadumie
pensiveness /ˈpensɪvnɪs/ *n* zaduma *f*, melancholia *f*
pent /pent/ *adj* uwięziony
pentacle /ˈpentəkl/ *n* pentagram *m*
pentagon /ˈpentəgən, US -gɒn/ **I** *n* [1] Math pięciokąt *m* [2] **the Pentagon** US Pol Pentagon *m*
II Pentagon *modif* **~ spokesman/statement** rzecznik/oświadczenie Pentagonu
pentagonal /penˈtægənl/ *adj* pięciokątny
pentagram /ˈpentəgræm/ *n* gwiazda *f* pięciokątna; Astrol pentagram *m*
pentahedron /ˌpentəˈhiːdrən, US -drɒn/ *n* pięciościan *m*
pentameter /penˈtæmɪtə(r)/ *n* Literat pentametr *m*
Pentateuch /ˈpentətjuːk/ *n* Bible **the ~** Pięcioksiąg *m*
pentathlete /penˈtæθliːt/ *n* pięcioboist|a *m*, -ka *f*, pentatlonist|a *m*, -ka *f*
pentathlon /penˈtæθlən, -lɒn/ *n* pięciobój *m*, pentatlon *m*
pentatonic /ˌpentəˈtɒnɪk/ *adj* Mus pentatoniczny
Pentecost /ˈpentɪkɒst, US -kɔːst/ *n* Relig Pięćdziesiątnica *f*; (Christian) Zielone Świątki *plt*, Dzień *m* Zesłania Ducha Świętego; (Jewish) Święto *n* Pierwszych Płodów, Święto *n* Tygodni
Pentecostal /ˌpentɪˈkɒstl, US -ˈkɔːstl/ *adj* zielonoświątkowy
Pentecostalism /ˌpentɪˈkɒstəlɪzəm, US -ˈkɔːst-/ *n* ruch *m* zielonoświątkowy
Pentecostalist /ˌpentɪˈkɒstəlɪst, US -ˈkɔːst-/ **I** *n* zielonoświątkowiec *m*
II *adj* zielonoświątkowy
penthouse /ˈpenthaʊs/ **I** *n* Archit [1] (flat) luksusowy apartament *m* na ostatnim piętrze budynku [2] dat (outhouse) przybudówka *f* [3] (roof) okap *m*, daszek *m*
II *modif* **~ roof** dach jednospadowy
pent-up /ˌpentˈʌp/ *adj [feeling, emotion, frustration]* tłumiony, skrywany; *[energy]* skumulowany
penultimate /penˈʌltɪmət/ **I** *n* Ling przedostatnia sylaba *f*
II *adj* przedostatni
penumbra /pɪˈnʌmbrə/ *n* (*pl* **-brae, -bras**) Astron, liter półcień *m*
penurious /pɪˈnjʊərɪəs, US -ˈnʊr-/ *adj* fml [1] (poor) *[family]* żyjący w nędzy; *[existence]* nędzny; *[soil]* jałowy [2] (mean) *[person]* skąpy, chciwy
penury /ˈpenjʊrɪ/ *n* nędza *f*, ubóstwo *n*; **to live in ~** żyć w nędzy or ubóstwie
peon /ˈpiːən/ *n* [1] (in India) posłaniec *m*, goniec *m* [2] (in Latin America) peon *m* [3] US infml wyrobni|k *m*, -ca *f* fig
peony /ˈpiːənɪ/ *n* Bot peonia *f*, piwonia *f*
people /ˈpiːpl/ **I** *n* (nation) naród *m*; (race, tribe) lud *m*; **an ancient ~** lud starożytny; **the English-speaking ~s** narody angielskojęzyczne; **Stone Age ~s** ludy epoki kamiennej; **the chosen ~** naród wybrany
II *npl* [1] (in general) ludzie *plt*; (individuals) osoby *f pl*; **disabled/old ~** ludzie niepełnosprawni/starzy, osoby niepełnosprawne /starsze; **they're nice ~** to mili ludzie; **how many ~ are there?** ile jest osób?; **there were several/few/500 ~** było kilka/mało/500 osób; **there was a roomful of ~** była pełna sala ludzi; **there were a lot of ~** było dużo ludzi; **many/most ~ think that...** wielu/większość ludzi uważa, że...; **some ~ here think that...** niektórzy z obecnych uważają, że...; **people say that...** mówią or mówi się, że...; **what will ~ say?** co (na to) ludzie powiedzą?; **other ~ say that...** inni mówią, że...; **other ~'s property** cudza własność; **he likes helping ~** lubi pomagać ludziom; **you shouldn't do that in front of ~** nie powinieneś tego robić przy ludziach; **~ at large, ~ in general** ogół (ludzi); **what do you ~ want?** czego chcecie?; **you of all ~!** (as criticism) po tobie tego się nie spodziewałem!; **you of all ~ should know that...** kto jak kto, ale ty powinieneś wiedzieć, że...; **I met Jack of all ~ at the party!** na przyjęciu spotkałam ni mniej, ni więcej tylko Jacka! [2] (inhabitants) mieszkańcy *m pl*, obywatele *m pl*; **the ~ of Bath** mieszkańcy or obywatele Bath; **the British ~** Brytyjczycy; **the good ~ of Oxford** zacni obywatele Oksfordu [3] **the ~** (citizens) obywatele *m pl*, społeczeństwo *n*; (subjects) poddani *m pl*; **the ~ are protesting** społeczeństwo protestuje; **a man of the ~** Pol trybun ludowy; **an enemy of the ~** wróg publiczny; **to address one's ~** zwrócić się do społeczeństwa/do poddanych [4] **the (common) ~** lud *m* [5] infml (experts) **the medical ~** medycy infml; **the tax ~** ludzie od podatków infml; **the business/theatre ~** ludzie biznesu/teatru [6] infml (relations) rodzina *f*; (parents) rodzice *m pl*; starzy *m pl* infml; **my ~ are from Wales** moja rodzina pochodzi z Walii
III *vt* liter zaludni|ć, -ać; **to be ~d with sb** *[area]* być zamieszkanym przez kogoś
people management *n* zarządzanie *n* ludźmi or zasobami ludzkimi
people mover *n* US ruchomy chodnik *m*
people power *n* (as opposed to machines) siła *f* ludzkich mięśni; (political pressure) presja *f* społeczna
people's army *n* armia *f* ludowa
people's democracy *n* (system) demokracja *f* ludowa; (country) kraj *m* demokracji ludowej
people's front *n* front *m* ludowy
people's park *n* park *m* publiczny
People's Party *n* US Hist partia *f* populistyczna
people's republic *n* republika *f* ludowa
People's Republic of China *n* **the ~** Chińska Republika *f* Ludowa
pep /pep/ *n* werwa *f*, wigor *m*, animusz *m*
■ **pep up**: ¶ **~ up** *[person]* tryskać energią; *[economy]* ożywi|ć, -ać się; *[business]* kwitnąć, rozkwit|nąć, -ać ¶ **~ up [sb/sth], ~ [sb/sth] up** doda|ć, -wać (komuś) energii *[person]*; ożywi|ć, -ać *[party]*; doprawi|ć, -ać *[food]*
PEP *n* GB Fin → **Personal Equity Plan**
pepper /ˈpepə(r)/ **I** *n* Bot, Culin [1] (spice) pieprz *m*; **black/white ~** pieprz czarny /biały [2] (vegetable) papryka *f*; **green/red ~** papryka zielona/czerwona; **stuffed ~** papryka faszerowana
II *vt* [1] (season) po|pieprzyć, doprawi|ć, -ać pieprzem *[food, dish]* [2] fig (sprinkle liberally) **to ~ one's essay with sth** na|szpikować or na|faszerować esej czymś *[quotations, statistics]*; **to be ~ed with sth** roić się od czegoś *[swear-words, inaccuracies]* [3] fig (fire at) **to ~ sb with sth** zasyp|ać, -ywać kogoś czymś; **to ~ sb with questions/bullets** zasypać kogoś gradem pytań/kul; **the wall ~ed with bullets** ściana podziurawiona kulami
pepper-and-salt /ˌpepərənˈsɔːlt/ *adj [hair]* szpakowaty, przyprószony siwizną; *[material]* marengo
peppercorn /ˈpepəkɔːn/ *n* ziarnko *n* pieprzu
peppercorn rent *n* GB czynsz *m* w symbolicznej wysokości
pepper mill *n* młynek *m* do pieprzu
peppermint /ˈpepəmɪnt/ **I** *n* [1] Bot mięta *f* pieprzowa [2] (sweet) miętus *m*, miętówka *f*
II *modif* (also **~-flavoured)** miętowy
pepper pot *n* pieprzniczka *f*
pepper shaker *n* = **pepper pot**
peppery /ˈpepərɪ/ *adj* [1] (spicy) pieprzny [2] (irritable) krewki
pep pill *n* infml środek *m* stymulujący
peppy /ˈpepɪ/ *adj* infml *[person]* pełen wigoru or werwy or animuszu; *[car]* zrywny infml
pep rally *n* US Sch *zbiórka kibiców przed rozgrywkami szkolnymi*
pepsin /ˈpepsɪn/ *n* Physiol pepsyna *f*
pep talk *n* infml przemowa *f* zagrzewająca do wysiłku
peptic /ˈpeptɪk/ *adj* Physiol trawienny; **~ ulcer** wrzód trawienny
peptone /ˈpeptəʊn/ *n* Physiol pepton *m*

per /pɜː(r)/ **I** *prep* [1] (for each) na; **~ annum** rocznie, na rok; **~ head** na głowę, od osoby; **~ diem** dziennie, na dzień; **80 km ~ hour** 80 km na godzinę; **to pay sb £5 ~ hour** płacić komuś 5 funtów za godzinę; **at $25 ~ kilo** po 25 dolarów za kilo; **£20 ~ person ~ night** 20 funtów od osoby za noc [2] (by means of) przez; **~ post** pocztą
II as per *adv phr* (according to) według (czegoś), zgodnie z (czymś); **as ~ invoice /specification** według faktury/specyfikacji, zgodnie z fakturą/specyfikacją; **as ~ your instructions** zgodnie z pańskimi wskazówkami; **as ~ usual** infml jak zwykle

peradventure /ˌperəd'ventʃə(r)/ *adv* dat (by chance) przypadkowo, przypadkiem; (perhaps) być może

perambulate /pə'ræmbjʊleɪt/ fml **I** *vt* przespacerować się po (czymś), spacerować po (czymś) *[garden]*
II *vi* spacerować, przechadzać się

perambulation /pəˌræmbjʊ'leɪʃn/ *n* fml przechadzka *f*, spacer *m*

perambulator /pə'ræmbjʊleɪtə(r)/ *n* GB dat wózek *m* dziecięcy

perborate /pə'bɔːreɪt/ *n* Chem nadtlenoboran *m*, nadboran *m*

percale /pə'keɪl/ *n* US Tex perkal *m*

per capita /pə'kæpɪtə/ **I** *adj* **~ income /expenditure** dochód/wydatki na głowę
II *adv* na głowę

perceive /pə'siːv/ **I** *vt* [1] (notice) dostrze|c, -gać, spostrze|c, -gać [2] (realize) zauważ|yć, -ać, uświad|omić, -amiać sobie [3] (view) postrze|c, -gać; **how do the Poles ~ the British?** jak Polacy postrzegają Brytyjczyków?
II perceived *pp adj [need, benefit]* dostrzegany
III *vr* **to ~ oneself as (being) sth** uważać się za kogoś

per cent, pc /pə'sent/ **I** *n* procent *m*
II *adj* **a 20 ~ discount** dwudziestoprocentowy rabat
III *adv* procent; **profits are up 20 ~** zyski wzrosły o 20 procent; **I'm (a) hundred ~ certain** jestem w stu procentach pewien; **I don't feel a hundred ~** nie czuję się najlepiej; **the team really gave one hundred and ten ~** drużyna naprawdę dała z siebie wszystko

percentage /pə'sentɪdʒ/ **I** *n* [1] Math procent *m*; **translate the results into ~s** przedstaw wyniki w procentach [2] udział *m* **(of sth** czegoś); (numeric) (part) procent *m*, odsetek *m* **(of sth** czegoś); **a high/low ~** wysoki/niski odsetek; **to get a ~ on sth** dostawać procent od czegoś [3] US infml (advantage) **what ~ is there in it for me?** co ja z tego będę miał?; **there's no ~ in it** to żaden interes
II *modif [increase, decrease, change]* procentowy; **in ~ terms** procentowo; **~ sign** symbol procentu

percentage point *n* Fin punkt *m* procentowy

percentile /pə'sentaɪl/ *n* Stat (per)centyl *m*

perceptible /pə'septəbl/ *adj [difference, effect]* dostrzegalny **(to sb** dla kogoś); *[sound]* słyszalny; **barely ~** ledwie dostrzegalny/słyszalny

perceptibly /pə'septəblɪ/ *adv [improve, change, increase]* w sposób dostrzegalny; *[lighter, louder]* wyraźnie

perception /pə'sepʃn/ *n* [1] Philos, Psych percepcja *f*, postrzeganie *n*; **visual ~** percepcja wzrokowa; **a child's ~ of his environment** postrzeganie or percepcja otoczenia przez dziecko [2] (view) wyobrażenie *n* **(of sb/sth** o kimś/czymś); pogląd *m* **(of sb/sth** na temat kogoś/czegoś); (understanding) rozumienie *n*; (observation) spostrzeżenie *n*; **the popular ~ of the 1960s as an era of liberation** popularne wyobrażenie o latach 60. jako o erze wyzwolenia [3] (insight) wnikliwość *f* [4] Comm, Tax pobieranie *n*, ściąganie *n (opłat)*

perceptive /pə'septɪv/ *adj* [1] *[person]* spostrzegawczy; *[study, insight]* wnikliwy; *[comment]* trafny; **how ~ of you!** iron cóż za przenikliwość! iron [2] Psych percepcyjny

perceptively /pə'septɪvlɪ/ *adv* wnikliwie; **as she ~ observes...** jak trafnie zauważyła...

perceptiveness /pə'septɪvnɪs/ *n* = **perception** [3]

perch[1] /pɜːtʃ/ **I** *n* [1] (for hens) grzęda *f*; (in bird-cage) żerdź *f*, żerdka *f*; **the bird took a ~ in an oak tree** ptak usiadł na dębie; **we found a ~ on a stone wall** przysiedliśmy na kamiennym murze [2] fig (vantage point) dogodne miejsce *n (wysoko położone)*; **we could see the whole town from our ~ on the hill** ze wzgórza widzieliśmy całe miasto [3] Meas dat *miara długości = 5,03 m*
II *vt* posadzić, sadzać *[child]*; umie|ścić, -szczać *[object]*; **she ~ed herself on the arm of the chair** przysiadła na poręczy fotela; **he was ~ed on top of the ladder** był na samym szczycie drabiny; **the village is ~ed on top of a high hill** wioska leży na wysokim wzgórzu
III *vi [bird]* usiąść, siadać; *[person]* przysi|ąść, -adać **(on sth** na czymś)
IDIOMS: **come off your ~!** spuść nieco z tonu!; **to knock sb off their ~** infml strącić kogoś z piedestału; usadzić kogoś infml

perch[2] /pɜːtʃ/ *n* (*pl* **~, ~es**) Zool okoń *m*

perchance /pə'tʃɑːns, US -'tʃæns/ *adv* liter (perhaps) (być) może; (by accident) przypadkiem, przypadkowo

percipient /pə'sɪpɪənt/ *adj* [1] fml *[person]* bystry, spostrzegawczy; *[observation, remark]* trafny, wnikliwy [2] Philos percepcyjny

percolate /'pɜːkəleɪt/ **I** *vt* zaparz|yć, -ać, parzyć w ekspresie *[coffee]*; **~d coffee** kawa z ekspresu
II *vi* [1] Culin *[coffee]* zaparz|yć, -ać się, parzyć się [2] (filter) *[water, rain]* przesącz|yć, -ać się, przenik|nąć, -ać **(through sth** przez coś) [3] (spread) *[news, idea]* roz|ejść, -chodzić się; **the news ~d through to us after a few days** wiadomość dotarła do nas po kilku dniach; **her enthusiasm has ~d through to her team** jej entuzjazm udzielił się zespołowi

percolator /'pɜːkəleɪtə(r)/ *n* ekspres *m* do kawy

percussion /pə'kʌʃn/ **I** *n* [1] Mus perkusja *f*; **she plays ~** ona gra na perkusji [2] (striking together) uderzenie *n*, zderzenie *n*; (sound) odgłos *m* uderzenia [3] Med opukiwanie *n*
II *modif [instrument, section]* perkusyjny; **~ player** perkusista

percussion bullet *n* Mil pocisk *m* eksplodujący

percussion cap *n* spłonka *f* nabojowa; (in toy gun) kapiszon *m*

percussion drill *n* wiertarka *f* udarowa

percussionist /pə'kʌʃənɪst/ *n* perkusist|a *m*, -ka *f*

percussion lock *n* zamek *m* kapiszonowy

percussive /pə'kʌsɪv/ *adj* perkusyjny

perdition /pə'dɪʃn/ *n* liter zatrata *f* dat; Relig wieczne potępienie *n*

peregrination /ˌperɪgrɪ'neɪʃn/ *n* liter [1] (travelling) podróżowanie *n* [2] (travel) podróż *f*; peregrynacja *f* fml

peregrine (falcon) /ˌperɪgrɪn('fɔːlkən)/ *n* sokół *m* wędrowny

peremptorily /pə'remptrəlɪ, US 'perəmptɔːrəlɪ/ *adv [order, demand]* kategorycznie, stanowczo; *[address]* rozkazującym tonem; *[treat]* apodyktycznie; *[push]* bezceremonialnie

peremptory /pə'remptərɪ, US 'perəmptɔːrɪ/ *adj [person]* apodyktyczny; *[manner, tone]* rozkazujący, nieznoszący sprzeciwu; *[order]* kategoryczny, stanowczy

perennial /pə'renɪəl/ **I** *n* bylina *f*, roślina *f* wieloletnia; **hardy ~** odporna bylina
II *adj* [1] Bot *[plant]* wieloletni [2] (everlasting) *[subject, interest, problem]* stały; *[attraction, charm]* nieprzemijający, wieczny

perennially /pə'renɪəlɪ/ *adv* zawsze, wiecznie

perestroika /ˌpere'strɔɪkə/ *n* pierestrojka *f*

perfect I /'pɜːfɪkt/ *n* Ling czas *m* przeszły dokonany; **the future/present ~** czas przyszły/teraźniejszy dokonany; **the past ~** czas zaprzeszły
II /'pɜːfɪkt/ *adj* [1] (flawless) doskonały; *[behaviour]* nienaganny; *[performance]* perfekcyjny; *[actor, candidate, husband]* idealny; **the ~ crime** zbrodnia doskonała; **a ~ gentleman** dżentelmen w każdym calu; **nobody's ~!** nikt nie jest doskonały!; **she is ~ for the part/the job** ona się idealnie nadaje do tej roli/pracy; **the weather was ~ for our trip** pogoda była idealna na wycieczkę; **one thirty is ~ for me** o wpół do drugiej bardzo mi odpowiada; **he speaks ~ English** mówi doskonale po angielsku or doskonałą angielszczyzną; **this recording is less than ~** to nagranie pozostawia wiele do życzenia; **this watch keeps ~ time** ten zegarek chodzi bez zarzutu; **this jacket is a ~ fit** ta marynarka doskonale leży; **I'm in ~ health** doskonale się czuję; **in ~ condition** w doskonałym stanie; **everything is ~** wszystko jest w jak najlepszym porządku; **to do sth with ~ timing** zrobić coś w najwłaściwszym momencie [2] (total) *[fool]* kompletny; *[pest]* prawdziwy, istny; **he's a ~ stranger to me** w ogóle go nie znam; **he's been a ~ angel** był prawdziwym aniołem; **she has a ~ right to be here** ona ma absolutne prawo tu przebywać [3] Ling *[tense]* dokonany; (relative) uprzedni [4] Math *[number]* doskonały [5] Mus *[cadence]* autentyczny, doskonały; *[interval]* czysty
III /pə'fekt/ *vt* udoskonal|ić, -ać, doskona-

lić *[technique, English]*; ugruntow|ać, -ywać *[knowledge]*

perfectibility /pəˌfektɪˈbɪlətɪ/ *n* możność *f* osiągnięcia doskonałości

perfectible /pəˈfektəbl/ *adj* dający się udoskonalić

perfection /pəˈfekʃn/ *n* [1] (quality, state) doskonałość *f*, perfekcja *f*; (of performance) perfekcyjność *f*; **to do sth to ~** zrobić coś doskonale; **her singing/cooking is ~ (itself)** cudownie śpiewa/gotuje [2] (act) doskonalenie *n*, udoskonalanie *n* **(of sth** czegoś)

perfectionism /pəˈfekʃənɪzəm/ *n* perfekcjonizm *m*

perfectionist /pəˈfekʃənɪst/ *n* perfekcjonist|a *m*, -ka *f*

perfective /pəˈfektɪv/ **I** *n* (verb) czasownik *m* dokonany; (aspect) aspekt *m* dokonany

II *adj* dokonany

perfectly /ˈpɜːfɪktlɪ/ *adv* [1] (totally) zupełnie, absolutnie; **that's ~ obvious** to zupełnie oczywiste; **that's ~ true** to absolutna prawda; **I'm ~ well aware of that** doskonale zdaję sobie z tego sprawę; **she's ~ able to manage without my help** ona doskonale da sobie radę bez mojej pomocy; **it's ~ possible** to bardzo możliwe [2] (very well) *[fit, illustrate]* doskonale; **~ formed features** doskonałe rysy twarzy; **~ round /smooth/straight** idealnie okrągły/gładki /prosty; **your arrival was ~ timed** przybyliście w samą porę

perfidious /pəˈfɪdɪəs/ *adj* podstępny, perfidny

perfidiously /pəˈfɪdɪəslɪ/ *adv* podstępnie, perfidnie

perfidy /ˈpɜːfɪdɪ/ *n* perfidia *f*, przewrotność *f*

perforate /ˈpɜːfəreɪt/ *vt* przebi|ć, -jać *[eardrum, lung]*; dziurkować, perforować *[paper]*

perforated /ˈpɜːfəreɪtɪd/ *adj [tape, line]* perforowany; *[lung, membrane]* przebity; **~ ulcer** pęknięty wrzód

perforation /ˌpɜːfəˈreɪʃn/ *n* [1] (act) perforowanie *n* [2] (hole) dziurka *f*; **~s** perforacja

perforce /pəˈfɔːs/ *adv* fml siłą rzeczy, z konieczności

perform /pəˈfɔːm/ **I** *vt* [1] (carry out) wykon|ać, -ywać *[task]*; spełni|ć, -ać, pełnić *[function, role]*; przeprowadz|ić, -ać *[operation, experiment]*; dokon|ać, -ywać (czegoś) *[feat]*; wypełni|ć, -ać, pełnić *[role, duties]*; odprawi|ć, -ać *[ceremony, rites]*; u|czynić *[miracle]* [2] (for entertainment) *[actor]* od|egrać, -grywać, odtw|orzyć, -arzać *[part]*; *[theatre company]* wystawi|ć, -ać *[play, ballet]*; wykon|ać, -ywać *[symphony, song, somersault]*; z|robić *[trick]*

II *vi* [1] *[actor, dancer]* wyst|apić, -ępować; **to ~ in public** występować publicznie; **to ~ on the violin** grać na skrzypcach *(przed publicznością)*; **she ~ed brilliantly as Viola** była wspaniała w roli Violi [2] (conduct oneself) **to ~ well/badly** *[team, equipment]* spisać się dobrze/źle; *[interviewee]* wypaść dobrze/źle; **he ~ed well/badly in the local elections** dobrze/źle wypadł w wyborach do władz lokalnych; **the new system is ~ing as expected** nowy system działa zgodnie z przewidywaniami [3] Comm, Fin *[company]* dobrze sobie radzić; **sterling ~ed badly/well** kurs funta spadł/wzrósł [4] infml euph (sexually) sprawdz|ić, -ać się jako mężczyzna euph

performance /pəˈfɔːməns/ *n* [1] (show, play) przedstawienie *n* **(of sth** czegoś); Theat spektakl *m*; (concert) koncert *m*; (by actor, musician, circus artist, company) występ *m*; **the eight o'clock ~ is sold out** bilety na ósmą zostały wyprzedane; **the first ~ of Hamlet by a black actor** pierwszy występ czarnoskórego aktora w roli Hamleta; **to give a ~ of sth** wystawić coś *[drama, opera]*; wykonać coś *[symphony]*; **to put on a ~ of 'Hamlet'** wystawić „Hamleta", przygotować inscenizację „Hamleta" [2] (rendition) (of concert, Chopin) wykonanie *n* **(of sth** czegoś); (of role) interpretacja *f* **(of sth** czegoś); **his ~ of Hamlet** jego Hamlet; **her ~ in 'King Lear'** jej kreacja w „Królu Lirze" [3] (of team, sportsman, student, employee, company) (achievements) wyniki *m pl* **(in sth** w czymś); (of machine, worker) wydajność *f*; (of car) osiągi *plt*; **the team put up a good ~** zespół dobrze wypadł; **sterling's ~** notowania funta; **~-related pay** zarobki uzależnione od wydajności [4] (fulfilment) (of duties) wypełnienie *n*; (of task) wykonanie *n*; (of function) spełnianie *n*; (of rite) odprawianie *n*; **in the ~ of his duties** podczas wykonywania obowiązków (służbowych) [5] infml (outburst) przedstawienie *n*, scena *f* fig [6] infml (fuss, bother) udręka *f*, mordęga *f* hum; **it's such a ~ getting the children to bed** kładzenie dzieci spać to taka udręka [7] Ling performancja *f*

performance appraisal *n* Mgmt okresowa ocena *f* pracownika

performance art *n* sztuka *f* performance

performance artist *n* performer *m*

performance-enhancing drug /pəˌfɔːmənsɪnˌhɑːnsɪŋˈdrʌg, US -hæns/ *n* Med, Sport środek *m* dopingujący

performance indicators *npl* Mgmt wskaźniki *m pl* wydajności

performance review *n* = **performance appraisal**

performative /pəˈfɔːmətɪv/ *adj* Ling, Philos performatywny

performer /pəˈfɔːmə(r)/ *n* [1] (actor) aktor *m*, -ka *f*; (entertainer) artyst|a *m*, -ka *f*; (of role, piece of music) wykonaw|ca *m*, -czyni *f*; **a fine ~ on the piano/guitar** dobry pianista/gitarzysta [2] (achiever) **the car is a good ~ on any terrain** samochód dobrze spisuje się w każdych warunkach terenowych

performing /pəˈfɔːmɪŋ/ *adj [seal, elephant]* tresowany

performing arts *n* **the ~** sztuka *f* widowiskowa

perfume /ˈpɜːfjuːm, US pərˈfjuːm/ **I** *n* [1] (fluid) perfumy *plt* [2] (fragrance) woń *f*, aromat *m*

II *vt* [1] (with perfume) na|perfumować *[handkerchief, part of body]*; **to ~ oneself** wyperfumować się [2] liter przesyc|ić, -ać wonią *[air, room]*

perfumery /pəˈfjuːmərɪ/ *n* [1] (shop) perfumeria *f* [2] (perfume-making) przemysł *m* perfumeryjny

perfunctorily /pəˈfʌŋktrəlɪ, US -tɔːrəlɪ/ *adv [inspect]* pobieżnie, powierzchownie; *[mention, greet, smile]* zdawkowo; *[kiss]* symbolicznie

perfunctory /pəˈfʌŋktərɪ, US -tɔːrɪ/ *adj [search]* pobieżny, powierzchowny; *[bow, greeting]* zdawkowy; *[kiss]* symboliczny; **he gave it a ~ glance** tylko rzucił na to okiem; **she put in a ~ appearance** pokazała się na chwilę

pergola /ˈpɜːgələ/ *n* pergola *f*

perhaps /pəˈhæps/ *adv* (być) może; **~ not** może nie; **~ he's missed the train** może spóźnił się na pociąg; **~ I should explain that...** powinienem może wyjaśnić, że...; **this is ~ his best film** to bodaj najlepszy jego film; **there were ~ 50 people in the room** w pokoju było jakieś 50 osób; **~ I might have a cup of tea?** czy mógłbym napić się herbaty?

perianth /ˈperɪænθ/ *n* Bot okwiat *m*

pericardium /ˌperɪˈkɑːdɪəm/ *n* (*pl* **-dia)** Anat osierdzie *n*

pericarp /ˈperɪkɑːp/ *n* Bot owocnia *f*, perykarp *m*; (on algae, fungi) owocnik *m*

peridot /ˈperɪdɒt/ *n* oliwin *m*

perigee /ˈperɪdʒiː/ *n* Astron perygeum *n*, perigeum *n*

periglacial /ˌperɪˈgleɪʃl/ *adj* Geol peryglacjalny

perihelion /ˌperɪˈhiːlɪən/ *n* (*pl* **-lia)** Astron peryhelium *n*, perihelium *n*

peril /ˈperəl/ *n* zagrożenie *n*, niebezpieczeństwo *n*; **the ~s of the sea** niebezpieczeństwa czyhające na morzu; **(to be) in ~** (być) w niebezpieczeństwie, być zagrożonym; **he's in ~ of losing all he has** grozi mu utrata wszystkiego, co ma; **she's in ~ of her life** jej życie jest zagrożone; **at one's ~** na własne ryzyko

perilous /ˈperələs/ *adj* niebezpieczny, ryzykowny

perilously /ˈperələslɪ/ *adv* niebezpiecznie; **to be** or **come ~ close to sth** być or znaleźć się niebezpiecznie blisko czegoś

perimenopause /ˌperɪˈmenəpɔːz/ *n* perimenopauza *f*

perimeter /pəˈrɪmɪtə(r)/ **I** *n* [1] (border) granica *f*, obrzeża *plt*; **on the ~ of a park** na obrzeżach parku, wokół parku; **to patrol round the ~ of the camp** patrolować granice obozu [2] Math obwód *m*

II *modif [wall]* graniczny; *[path]* biegnący obok

perimeter fence *n* (also **~ fencing)** ogrodzenie *n*

perinatal /ˌperɪˈneɪtl/ *adj* Med perinatalny, okołoporodowy

perineal /ˌperɪˈniːəl/ *adj* Anat, Med *[region]* kroczowy; **~ tear** pęknięcie krocza

perineum /ˌperɪˈniːəm/ *n* (*pl* **-nea)** Anat krocze *n*

period /ˈpɪərɪəd/ **I** *n* [1] (length of time) okres *m*; (longer) Hist epoka *f*; **trial/Christmas ~** okres próbny/Bożego Narodzenia; **in the prewar ~** w okresie przedwojennym; **in the Tudor ~** w okresie or epoce Tudorów; **Picasso's blue ~** okres błękitny w twórczości Picassa; **bright/cloudy ~s** Meteorol okresowe przejaśnienia/zachmurzenia; **rainy ~s** Metereol przelotne opady (deszczu); **a ~ of peace and prosperity** okres pokoju i dobrobytu; **he returned after a ~ of illness** wrócił po chorobie; **that ~ of my life** tamten okres w moim

P

życiu; **for a long/short ~** przez długi /krótki okres; **she went away for a two-year ~** wyjechała na dwa lata; **we'll finish it within a two-month ~** skończymy to w ciągu dwóch miesięcy; **in such a short ~ (of time)** w tak krótkim okresie; **during her ~ in office** za jej kadencji; **the author accurately conveys the atmosphere of the ~** autor doskonale oddaje klimat epoki [2] US (full stop) kropka *f*; **I'm not going, ~!** infml nie idę i już or i kropka! [3] Physiol (menstruation) okres *m*, miesiączka *f*; **to have a ~** mieć okres; **I missed a ~ last month** w zeszłym miesiącu nie miałam okresu [4] Sch (lesson) godzina *f* lekcyjna; **a double ~ of chemistry** dwie lekcje or dwie godziny chemii pod rząd; **to have a free ~** mieć okienko [5] Sport czas *m* gry, część *f* [6] Astron, Geol, Ling, Math, Mus okres *m*

II *modif* (in the style of an epoch) *[costume, furniture]* stylowy; *[style, instrument]* z epoki; (old and valuable) *[house, furniture]* zabytkowy

periodic /ˌpɪərɪˈɒdɪk/ *adj* okresowy, periodyczny

periodical /ˌpɪərɪˈɒdɪkl/ **I** *n* czasopismo *n*; periodyk *m* fml

II *adj* okresowy, periodyczny

periodically /ˌpɪərɪˈɒdɪklɪ/ *adv* okresowo, periodycznie

periodicity /ˌpɪərɪəˈdɪsətɪ/ *n* okresowość *f*, periodyczność *f*

periodic law *n* Chem prawo *n* okresowości

periodic table *n* Chem układ *m* okresowy pierwiastków

period of office *n* Admin, Pol kadencja *f*

period pains *npl* Physiol bóle *m pl* miesiączkowe or menstruacyjne

period piece *n* (object) przedmiot *m* w stylu epoki; (piece of furniture) antyk *m*; **his film is a charming ~** jego film to czarujący obraz epoki; **her car is a ~** hum jej samochód to zabytek hum

periosteum /ˌperɪˈɒstɪəm/ *n* (*pl* **-tea**) Anat okostna *f*

peripatetic /ˌperɪpəˈtetɪk/ **I** *n* (also **Peripatetic**) Philos perypatetyk *m*

II *adj [life, existence]* wędrowny; *[teacher, nurse]* zatrudniony w kilku miejscach

peripheral /pəˈrɪfərəl/ **I** *n* Comput urządzenie *n* peryferyjne or zewnętrzne

II *adj* [1] (minor) *[issue, event, character]* marginesowy, mający drugorzędne znaczenie; (external) *[suburb]* peryferyjny; **to be ~ to sth** odgrywać drugorzędną rolę w stosunku do czegoś [2] Comput *[device, unit]* peryferyjny, zewnętrzny [3] Med *[nerve, vision]* obwodowy

periphery /pəˈrɪfərɪ/ *n* [1] (of town) peryferie *plt*; (of site) skraj *m*; **on the ~ of the city** na peryferiach miasta [2] fig (fringes) margines *m*; **to be on the ~ of sth** stanowić margines czegoś *[party, movement]*; **to remain on the ~ of sth** pozostawać na uboczu czegoś *[events]*

periphrasis /pəˈrɪfrəsɪs/ *n* (*pl* **-ses**) peryfraza *f*, omówienie *n*

periscope /ˈperɪskəʊp/ *n* peryskop *m*

perish /ˈperɪʃ/ *vi* [1] liter (die) z|ginąć; **many ~ed from starvation and disease** wielu zginęło z głodu i chorób; **I'll do it or ~ in the attempt!** hum zrobię to, żebym miał paść! fig hum; **~ the thought!** niech Bóg broni! [2] (rot) *[food]* ze|psuć się; *[rubber, leather]* z|gnić, z|butwieć

perishable /ˈperɪʃəbl/ *adj [food]* łatwo psujący się

perishables /ˈperɪʃəblz/ *npl* produkty *m pl* łatwo psujące się

perished /ˈperɪʃt/ *adj* [1] infml **to be ~ (with cold)** umierać z zimna infml [2] *[leather, rubber]* zbutwiały

perisher /ˈperɪʃə(r)/ *n* GB infml dat **little ~** (nuisance) utrapieniec *m*; **poor little ~** biedny szkrab infml

perishing /ˈperɪʃɪŋ/ *adj* infml dat [1] (cold) **it's ~ in here!** tu jest piekielnie or pioruńsko zimno infml; **I'm ~** jest mi pioruńsko zimno infml; **a ~ cold** pioruński ziąb infml [2] dat (emphatic) pioruński, sakramencki infml; **what a ~ nuisance!** a niech to!

perishingly /ˈperɪʃɪŋlɪ/ *adv* infml **it is ~ cold** jest piekielnie or pioruńsko zimno infml

peristalsis /ˌperɪˈstælsɪs/ *n* (*pl* **-ses**) ruch *m* robaczkowy, perystaltyka *f*

peristyle /ˈperɪstaɪl/ *n* perystyl *m*

peritoneum /ˌperɪtəˈniːəm/ *n* (*pl* **-nea, ~s**) otrzewna *f*

peritonitis /ˌperɪtəˈnaɪtɪs/ *n* zapalenie *n* otrzewnej

periwig /ˈperɪwɪg/ *n* Hist Fashn peruka *f* rokokowa

periwinkle[1] /ˈperɪwɪŋkl/ *n* [1] Bot barwinek *m* [2] (also **~-blue)** (kolor *m*) niebieskofioletowy *m*

periwinkle[2] /ˈperɪwɪŋkl/ *n* Zool pobrzeżka *f*, brzegówka *f*

perjure /ˈpɜːdʒə(r)/ *vr* **to ~ oneself** Jur krzywoprzysi|ąc, -ęgać; (morally) popełni|ć, -ać wiarołomstwo

perjured /ˈpɜːdʒəd/ *adj* Jur *[witness]* winny krzywoprzysięstwa; *[testimony]* krzywoprzysięski, krzywoprzysiężny

perjurer /ˈpɜːdʒərə(r)/ *n* Jur krzywoprzysięzca *m*

perjury /ˈpɜːdʒərɪ/ *n* Jur krzywoprzysięstwo *n*; **to commit ~** popełnić krzywoprzysięstwo

perk[1] /pɜːk/ *n* infml (benefit in kind) dodatkowa korzyść *f*; (money) dodatkowe świadczenie *n*, dodatek *m*; (advantage) zaleta *f*; **with all the ~s, he's earning over £1500 a month** wraz ze wszystkimi dodatkami zarabia ponad 1500 funtów miesięcznie; **one of the ~s of this job is a company car** jedną z dodatkowych korzyści or zalet tej pracy jest służbowy samochód

perk[2] /pɜːk/ **I** *vt* infml (percolate) zaparz|yć, -ać, parzyć *[coffee] (w ekspresie)*

II *vi [coffee]* zaparzy|ć, -ać się, parzyć się

perk[3] /pɜːk/ infml *adj* = **perky**

■ **perk up**: ¶ **~ up** *[person, business, life]* ożywi|ć, -ać się; *[weather]* poprawi|ć, -ać się; *[prices]* wzr|osnąć, -astać ¶ **~ up [sb /sth], ~ [sb/sth] up** (enliven) ożywi|ć, -ać *[person, business, dress]*; **a cup of tea will ~ you up** filiżanka herbaty dobrze ci zrobi ¶ **~ up [sth], ~ [sth] up** US za|strzyc (czymś) *[ears]*; za|drzeć, -dzierać *[head]*

perkily /ˈpɜːkɪlɪ/ *adv* (cheerfully) radośnie; (jauntily) żwawo, dziarsko; (confidently) zuchwale

perkiness /ˈpɜːkɪnɪs/ *n* (liveliness) ożywienie *n*; (jauntiness) żwawość *f*, dziarskość *f*; (assertiveness) zuchwałość *f*

perky /ˈpɜːkɪ/ *adj* (cheerful) radosny; (jaunty) żwawy, dziarski; (pert) zuchwały

perm[1] /pɜːm/ **I** *n* Cosmet trwała *f* (ondulacja *f*); **to have a ~** mieć trwałą

II *vt* **to have one's hair ~ed** zrobić sobie trwałą; **I could ~ your hair** mogę ci zrobić trwałą

perm[2] /pɜːm/ GB Sport **I** *n ustalona kombinacja w zakładach piłkarskich*

II *vt* **to ~ 8 from 16** wybrać 8 z 16 drużyn

permafrost /ˈpɜːməfrɒst, US -frɔːst/ *n* marzłoć *f* wieczna, zmarzlina *f*

permanence /ˈpɜːmənəns/ *n* trwałość *f*

permanency /ˈpɜːmənənsɪ/ *n* [1] = **permanence** [2] (job) stałe zatrudnienie *n*

permanent /ˈpɜːmənənt/ **I** *n* US trwała *f* (ondulacja *f*)

II *adj [address, exhibition, job, tooth]* stały; *[bond, damage, disability, relationship]* trwały; *[closure]* definitywny, ostateczny; *[contract]* na czas nieokreślony; *[staff]* zatrudniony na stałe; *[dye, ink]* niezmywalny; **to be in a ~ state of stress** być w ciągłym stresie or napięciu; **the payments are a ~ drain on our resources** te opłaty są dla nas stałym obciążeniem; **she has a ~ cold** ona jest ciągle zaziębiona; **I'm not ~ in this job** GB nie jestem tu (zatrudniony) na stałe → **fixture**

permanently /ˈpɜːmənəntlɪ/ *adv* (constantly) *[angry, happy, tired]* wiecznie; (definitively) *[employ, appoint, emigrate, leave, settle]* na stałe; *[disabled, damaged]* trwale; *[close]* ostatecznie, definitywnie; **a ~ high level of unemployment** utrzymujące się wysokie bezrobocie; **he will be ~ scarred** zostanie mu trwała blizna; fig będzie naznaczony na całe życie; **it was ~ etched on her memory** na zawsze wryło jej się to w pamięć

permanent press *modif [trousers]* z trwale zaprasowanym kantem; *[skirt, fabric]* plisowany

permanent secretary (of state) *n* GB Pol Admin ≈ dyrektor *m* gabinetu ministra

permanent undersecretary *n* GB Pol Admin ≈ doradca *m* ministra

permanent wave *n* dat trwała ondulacja *f*

permanent way *n* Rail nawierzchnia *f* kolejowa

permanganate /pɜːˈmæŋgəneɪt/ *n* Chem nadmanganian *m*; **potassium ~** nadmanganian potasu or potasowy

permeability /ˌpɜːmɪəˈbɪlətɪ/ *n* przepuszczalność *f*, przenikalność *f*

permeable /ˈpɜːmɪəbl/ *adj* przepuszczalny, przenikalny

permeate /ˈpɜːmɪeɪt/ **I** *vt* [1] *[damp, odour]* przenik|nąć, -ać *[fabric, room]*; *[gas, smoke]* wypełni|ć, -ać *[room, chamber]*; **damp has ~d the wood** drewno przesiąkło wilgocią [2] fig *[feelings, ideas]* przenik|nąć, -ać

II *vi* **to ~ through sth** przenik|nąć, -ać przez coś; **to ~ into sth** przenik|nąć, -ać do czegoś

III **permeated** *pp adj* **to be ~d with sth** być przenikniętym or przesiąkniętym czymś also fig

Permian /ˈpɜːmɪən/ Geol **I** *n* **the ~** perm *m* **II** *adj* permski

permissible /pəˈmɪsɪbl/ *adj* (permitted) dozwolony; (acceptable) dopuszczalny; **is it ~ to park here?** czy wolno tu parkować?; **to be morally/legally ~** być dozwolonym or dopuszczalnym z moralnego/prawnego punktu widzenia

permission /pəˈmɪʃn/ *n* pozwolenie *n*; (official) zezwolenie *n*, zgoda *f*; **to do sth without ~** zrobić coś bez pozwolenia; **to ask (for) sb's ~ (to do sth)** prosić kogoś o zgodę (na zrobienie czegoś); **to have ~ to do sth** mieć pozwolenie na zrobienie czegoś; **to give ~ for sb to do sth, to give sb ~ to do sth** pozwolić komuś coś zrobić, zezwolić komuś na zrobienie czegoś; **did you get ~ for the meeting to take place?** czy uzyskałeś zgodę na zebranie?; **do I have your ~?** czy wyraża pan zgodę?; **you'll need written ~** potrzebna ci jest zgoda na piśmie; **reprinted by ~ of the author** przedruk za zgodą autora

permissive /pəˈmɪsɪv/ *adj* [1] (liberal) *[view, law]* liberalny; *[parent, attitude]* pobłażliwy; **to take a ~ view on sth** zajmować liberalne stanowisko w sprawie czegoś [2] (morally lax) permisywny; **the ~ society** społeczeństwo permisywne

permissively /pəˈmɪsɪvlɪ/ *adv* liberalnie

permissiveness /pəˈmɪsɪvnɪs/ *n* liberalizm *m*; (sexual) permisywność *f*

permit **I** /ˈpɜːmɪt/ *n* [1] (document) zezwolenie *n*; (entrance pass) przepustka *f*; **work ~** zezwolenie na pracę; **residence ~** karta stałego pobytu; **fishing ~** karta wędkarska; **to apply for/issue a ~** wystąpić o /wydać zezwolenie [2] US Aut prawo *n* jazdy **II** /pəˈmɪt/ *vt* (*prp, pt, pp* **-tt-**) pozw|olić, -alać na (coś) *[action, measure]*; (more official) zezw|olić, -alać na (coś); **I'd never ~ it!** nigdy nie pozwoliłbym na to!, nigdy nie zgodziłbym się na to!; **smoking is not ~ted** palenie zabronione or wzbronione; **smoking is ~ted only in the hall** palić wolno jedynie w hallu; **to be ~ted sth** mieć pozwolenie or zezwolenie na coś; **to ~ sb to do sth** pozwolić komuś coś zrobić, zezwolić komuś na zrobienie czegoś; **this will ~ us to increase production** to nam pozwoli zwiększyć produkcję; **space does not ~ me to quote at length** z braku miejsca nie podam pełnego cytatu; **may I be ~ted to make a suggestion?** czy wolno mi coś zaproponować?; **~ me, Madam, to assist you** pozwoli pani (że jej pomogę) **III** /pəˈmɪt/ *vi* (*prp, pt, pp* **-tt-**) pozw|olić, -alać; **weather ~ting** jeżeli pogoda dopisze; **if time ~s** jeżeli czas (na to) pozwoli; **as soon as circumstances ~, I will join you** dołączę do was, kiedy tylko okoliczności na to pozwolą; **to ~ of two interpretations** fml dopuszczać dwie interpretacje; **this matter ~s of no delay** fml to sprawa niecierpiąca zwłoki; **to ~ of no defence** fml być nie do obrony **IV** **permitted** *pp adj [additive]* dozwolony; *[level]* dopuszczalny **V** /pəˈmɪt/ *vr* **to ~ oneself** pozw|olić, -alać sobie na (coś) *[drink, cigarette]*

permutation /ˌpɜːmjʊˈteɪʃn/ *n* [1] (arrangement) kombinacja *f* [2] Math permutacja *f* [3] GB (football pools) = **perm²**

permute /pəˈmjuːt/ *vt* przestawi|ć, -ać, zmieni|ć, -ać szyk (czegoś)

pernicious /pəˈnɪʃəs/ *adj [ideas]* szkodliwy; *[effect, influence]* zgubny; *[disease]* groźny, złośliwy

pernicious anaemia *n* Med anemia *f* złośliwa

perniciously /pəˈnɪʃəslɪ/ *adv [affect, damage, spread]* w sposób zgubny; *[invasive, harmful]* w wysokim stopniu

pernickety /pəˈnɪkətɪ/ *adj* GB infml [1] (detail-conscious) przesadnie skrupulatny **(about sth** w czymś**)** [2] (choosy) wybredny, wymagający **(about sth** co do czegoś**)** [3] (delicate, awkward) *[task]* delikatny

peroration /ˌperəˈreɪʃn/ *n* [1] (summing up) podsumowanie *n*, zreasumowanie *n* [2] fml (speech) (prze)mowa *f*; perora *f* dat

peroxide /pəˈrɒksaɪd/ *n* [1] Chem nadtlenek *m* [2] (also **hydrogen ~**) Pharm woda *f* utleniona

peroxide blonde *n* pej tleniona blondyna *f*

perpend /pəˈpend/ *n* Constr ściągacz *m*, sięgacz *m*

perpendicular /ˌpɜːpənˈdɪkjʊlə(r)/ **I** *n* [1] (vertical) pion *m*; **to lean from** or **out of the ~** odchylać się od pionu; **to be at an angle of ten degrees from the ~** odchylać się o dziesięć stopni od pionu [2] Math (line) prostopadła *f* **(to sth** do czegoś**)**; (plane) płaszczyzna *f* prostopadła **(to sth** do czegoś**)**; (of triangle) wysokość *f* [3] (in mountaineering) pionowa ściana *f* [4] Archit styl *m* strzelisty *(późny gotyk angielski)* **II** *adj* [1] (vertical) pionowy; **a ~ cliff face** pionowa ściana skalna [2] (at right angles) prostopadły **(to sth** do czegoś**)** [3] Archit *[style]* późnogotycki, strzelisty; *[building]* późnogotycki, w stylu strzelistym

perpendicularly /ˌpɜːpənˈdɪkjʊləlɪ/ *adv* [1] (vertically) pionowo [2] (at right angles) prostopadle **(to sth** do czegoś**)**

perpetrate /ˈpɜːpɪtreɪt/ *vt* popełni|ć, -ać *[crime, deed, folly]*; dopu|ścić, -szczać się (czegoś) *[atrocities, violence]*; hum popełni|ć, -ać, s|płodzić hum *[novel, poem]*; **to ~ a hoax on sb** nabrać kogoś

perpetration /ˌpɜːpɪˈtreɪʃn/ *n* [1] (carrying out) popełnienie *n* **(of sth** czegoś**)** [2] dat (crime) zbrodnia *f*; (evil deed) grzech *m*

perpetrator /ˈpɜːpɪtreɪtə(r)/ *n* spraw|ca *m*, -czyni *f* **(of sth** czegoś**)**

perpetual /pəˈpetʃʊəl/ *adj [happiness, darkness, problem]* wieczny; *[meetings, turmoil, questions]* nieustanny; **she had a ~ scowl on her face** jej twarz stale wykrzywiał grymas

perpetually /pəˈpetʃʊəlɪ/ *adv* wiecznie, nieustannie

perpetual motion *n* wieczny ruch *m*; (mechanism) perpetuum mobile *n inv*

perpetuate /pəˈpetʃʊeɪt/ *vt* zachow|ać, -ywać *[system, skills, memory]*; utrwal|ić, -ać *[divisions, poverty, ideas]*; utrzym|ać, -ywać *[hostility]*

perpetuation /pəˌpetʃʊˈeɪʃn/ *n* utrzymywanie *n*, utrwalanie *n* **(of sth** czegoś**)**

perpetuity /ˌpɜːpɪˈtjuːətɪ, US -ˈtuː-/ *n* [1] (eternity) wieczność *f*; **in ~** po wieczne or na wieczne czasy; Jur w wieczyste użytkowanie [2] (annuity) renta *f* dożywotnia

perpetuity rule *n* Jur *przepis ograniczający przekazywanie nieruchomości w wieczyste użytkowanie*

perplex /pəˈpleks/ *vt* s|konsternować, wprawi|ć, -ać w zakłopotanie; (stronger) wprawi|ć, -ać w osłupienie

perplexed /pəˈplekst/ *adj [person]* zakłopotany, skonsternowany; *[voice, look]* pełen zdumienia; **to be ~ as to why/how** nie rozumieć, dlaczego/jak

perplexedly /pəˈpleksɪdlɪ/ *adv* z zakłopotaniem

perplexing /pəˈpleksɪŋ/ *adj [question]* kłopotliwy; *[situation, behaviour]* wprawiający w zakłopotanie

perplexity /pəˈpleksətɪ/ *n* konsternacja *f*

perquisite /ˈpɜːkwɪzɪt/ *n* (benefit in kind) dodatkowa korzyść *f*; (money) dodatkowe świadczenie *n*, dodatek *m*; (advantage) zaleta *f*

perry /ˈperɪ/ *n* gruszecznik *m (napój ze sfermentowanego soku z gruszek)*

per se /ˌpɜːˈseɪ/ *adv* jako taki

persecute /ˈpɜːsɪkjuːt/ *vt* [1] (victimize) prześladować **(for sth** za coś**)**; **he was ~d for joining the organization** był prześladowany za to, że wstąpił do organizacji; **to be ~d because of the colour of one's skin** być prześladowanym z powodu koloru skóry [2] (pester, tease) zadręczać, nie dawać (komuś) spokoju; **to ~ sb with requests** zadręczać kogoś prośbami

persecution /ˌpɜːsɪˈkjuːʃn/ *n* prześladowania *n pl*; **to suffer ~ for one's beliefs** być prześladowanym za przekonania

persecution complex *n* mania *f* prześladowcza

persecution mania *n* = **persecution complex**

persecutor /ˈpɜːsɪkjuːtə(r)/ *n* prześladow|ca *m*, -czyni *f*

Persephone /pɜːˈsefənɪ/ *prn* Mythol Persefona *f*

Perseus /ˈpɜːsjuːs/ *prn* Mythol Perseusz *m*

perseverance /ˌpɜːsɪˈvɪərəns/ *n* wytrwałość *f*

persevere /ˌpɜːsɪˈvɪə(r)/ *vi* wytrwać, nie ustawać; **to ~ at** or **in** or **with sth** nie ustawać w czymś *[attempts, efforts]*; trwać przy czymś *[idea, beliefs]*; **to ~ in believing that...** uparcie wierzyć, że...

persevering /ˌpɜːsɪˈvɪərɪŋ/ *adj [person]* wytrwały, niezmordowany **(in sth** w czymś**)**; *[efforts]* uporczywy, niezmordowany

perseveringly /ˌpɜːsɪˈvɪərɪŋlɪ/ *adv* wytrwale, niezmordowanie

Persia /ˈpɜːʃə/ *prn* Hist Persja *f*

Persian /ˈpɜːʃn/ **I** *n* [1] (person) Pers *m*, -janka *f* [2] Ling (język *m*) perski *m* [3] (also **~ carpet)** dywan *m* perski, pers *m* [4] (also **~ cat)** kot *m* perski, pers *m* **II** *adj* perski

Persian Gulf *prn* **the ~** Zatoka *f* Perska

Persian lamb *n* (breed) owca *f* karakułowa; (fur) karakuły *plt*

persiflage /ˈpɜːsɪflɑːʒ/ *n* drwiny *f pl*, prześmiechy *plt*

persimmon /pɜːˈsɪmən/ *n* Bot (tree) hurma *f*; (fruit) persymona *f*

persist /pəˈsɪst/ **I** *vt* **'go on,' she ~ed** „no, dalej", nalegała or nie ustępowała

II *vi* 1 *[person]* nie ustawać **(in sth** w czymś); upierać się **(in sth** przy czymś); **to ~ in doing sth** uparcie coś robić; **they ~ed in the belief** or **in believing that...** uparcie wierzyli, że..., trwali w przekonaniu, że...; **to ~ with one's efforts** kontynuować wysiłki, nie ustawać w wysiłkach 2 *[belief, rumour, doubts]* utrzymywać się; *[pain, weather]* nie ustępować; **if the rain ~s...** jeśli nadal będzie padać...

persistence /pəˈsɪstəns/ *n* (of person) wytrwałość *f*; pej upór *m* **(in sth** w czymś); (of pain, illness) uporczywość *f*; (of belief) trwanie *n*, utrzymywanie się *n*

persistency /pəˈsɪstənsɪ/ *n* = **persistence**

persistent /pəˈsɪstənt/ *adj* 1 *[person]* (persevering) wytrwały; (obstinate) nieustępliwy, uparty 2 (continual) *[pain, cough, noise, thought]* uporczywy; *[unemployment, nuisance, inquiries, fears]* ciągły, stały; *[denial, demands]* uparty; *[rain]* ciągły; *[problem]* wieczny

persistently /pəˈsɪstəntlɪ/ *adv [try, disobey, insist]* uparcie; *[rude, drunk, angry]* wiecznie, stale; *[rain, snow]* bezustannie

persistent offender *n* Jur recydywist|a *m*, -ka *f*

persistent vegetative state *n* Med stan *m* wegetatywny, zespół *m* apaliczny

persnickety /pəˈsnɪkətɪ/ *adj* US infml = **pernickety**

person /ˈpɜːsn/ *n* 1 (human being) osoba *f*; **there's room for one more ~** jest miejsce dla jeszcze jednej osoby; **the average ~ cannot afford to run three cars** przeciętnego człowieka nie stać na utrzymanie trzech samochodów; **the English drink four cups of tea per ~ per day** Anglicy wypijają cztery filiżanki herbaty dziennie na osobę; **he's not the kind of ~ to do** or **who would do such a thing** on nie jest kimś, kto zrobiłby coś takiego; **Adam is the ~ to ask** trzeba zapytać Adama; **(you're) the very ~ I was looking for!** zjawiasz się jak na zawołanie; **the accident killed one ~ and injured four more** w wypadku zginęła jedna osoba, a cztery zostały ranne; **to do sth in ~** zrobić coś osobiście; **help appeared in the ~ of constable Joe Brown** pomoc nadeszła w osobie policjanta Joego Browna; **single ~** osoba samotna; **the ~s concerned** osoby zainteresowane, zainteresowani; **no such ~ as Sherlock Holmes ever existed** nikt taki jak Sherlock Holmes nigdy nie istniał; **'any ~ who knows of his whereabouts is requested to contact the police'** „ktokolwiek wie o miejscu jego pobytu, proszony jest o kontakt z policją"; **murder committed by a ~ or ~s unknown** morderstwo popełnione przez nieznanych sprawców; **a five-~ crew is being sent to the scene** na miejsce udaje się pięcioosobowa ekipa 2 (type) **she's a charming /mean ~** ona jest czarująca/podła; **I didn't know she was a horsey ~!** infml nie wiedziałem, że lubi konie!; **I'm not a wine ~ myself** osobiście nie przepadam za winem; **what's he like as a ~?** jaki on jest (jako człowiek)?; **who's this Davies ~?** kim jest ten cały Davies?; **the three ~s of the Holy Trinity** trzy Osoby Boskie 3 (body) **to have/carry sth about one's ~** mieć/nosić coś przy sobie; **they found drugs concealed about his ~** znaleźli przy nim ukryte narkotyki; **offences against the ~** Jur naruszenie nietykalności cielesnej; **her ~ was pleasing** dat miała ujmujący wygląd, wyglądała ujmująco 4 Ling osoba *f*; **in the first ~ singular** w pierwszej osobie liczby pojedynczej

persona /pɜːˈsəʊnə/ *n* 1 Theat (*pl* **-ae**) osoba *f* dramatu, postać *f*; **dramatis ~e** osoby dramatu 2 Psych (*pl* **-ae** GB, **~s** US) maska *f* publiczna

personable /ˈpɜːsənəbl/ *adj* ujmujący, o ujmującej powierzchowności; *[man]* przystojny

personage /ˈpɜːsənɪdʒ/ *n* 1 (important person) osobistość *f*; persona *f* liter; **a royal ~** członek rodziny królewskiej 2 (in book, play) postać *f*

persona grata /pəˌsəʊnəˈgrɑːtə/ *n* persona grata *f inv*

personal /ˈpɜːsənl/ **I** *n* US ogłoszenie *n* drobne

II *adj* 1 *[account, choice, freedom, income, visit]* osobisty; *[belief, experience, gain, instructor, rights]* własny; *[telephone call, letter, life, habit]* prywatny; *[donation, interview]* indywidualny; *[insurance, law]* osobowy; **~ belongings** or **effects** rzeczy osobiste; **~ friend** osobisty przyjaciel, osobista przyjaciółka; **~ hygiene** higiena osobista; **~ possessions** mienie osobiste, majątek osobisty; **~ safety** bezpieczeństwo osobiste; **this is a ~ matter** to sprawa osobista or prywatna; **for ~ reasons** ze względów osobistych; **as a ~ favour to you** specjalnie dla ciebie; **he doesn't take enough care of his ~ appearance** nie dość dba o swój wygląd zewnętrzny; **to give a matter one's ~ attention** zająć się osobiście sprawą; **to make a ~ appearance** zjawić się osobiście; **he paid them a ~ visit** złożył im prywatną wizytę; **my ~ best is 10 seconds** mój rekord to 10 sekund 2 *[aspect, insult, remark]* osobisty; **don't be so ~!** bez osobistych wycieczek! infml; **nothing ~!** bez urazy!; **it's nothing ~, but...** nie mam nic przeciwko tobie, ale...; **the discussion/argument became rather ~** dyskusja/kłótnia przybrała charakter personalny 3 Ling *[pronoun]* osobowy

personal accident insurance *n* Insur indywidualne ubezpieczenie *n* od wypadków

personal ad *n* ogłoszenie *n* drobne

personal allowance *n* GB Tax ulga *f* osobista, odliczenie *n* podatkowe

personal assistant *n* (secretary) (also **PA**) asystent *m* sekretarz, asystentka *f* sekretarka

personal chair *n* GB Univ katedra *f*

personal column *n* dział *m* ogłoszeń drobnych, ogłoszenia *n pl* drobne

personal computer, PC *n* komputer *m* osobisty; pecet *m* infml

personal damages *npl* Jur odszkodowanie *n* indywidualne

personal details *npl* Admin dane *plt* osobowe or personalne; personalia *plt* liter; (more intimate) szczegóły *m pl* dotyczące życia prywatnego

personal digital assistant, PDA *n* Comput komputer *m* kieszonkowy, notes *m* elektroniczny

Personal Equity Plan, PEP *n* GB Fin program *m* akcjonariatu prywatnego

personal identification number, PIN osobisty numer *m* identyfikacyjny, PIN *m inv*

personal injury *n* Jur obrażenia *plt* ciała

personality /ˌpɜːsəˈnælətɪ/ **I** *n* 1 (character) (of person) osobowość *f*; (of house, town) charakter *m*; **to have a strong/extrovert ~** mieć silną osobowość/osobowość ekstrawertyczną; **to dominate others by sheer force of ~** osobowością górować nad innymi 2 (celebrity) osobistość *f*, postać *f*; **a well-known local ~** znana miejscowa osobistość or postać; **a TV/sporting ~** osobistość telewizyjna/sportowa

II personalities *npl* wycieczki *f pl* osobiste infml; **let's keep personalities out of this!** bez osobistych wycieczek!

personality clash *n* konflikt *m* charakterów

personality cult *n* kult *m* jednostki

personality disorder *n* zaburzenie *n* osobowości

personality test *n* test *m* osobowości

personalize /ˈpɜːsənəlaɪz/ **I** *vt* 1 (aim at individual) nada|ć, -wać osobisty charakter (czemuś) *[dispute, issue]* 2 (tailor to individual) nada|ć, -wać osobisty charakter (czemuś) *[room, letter]*; przystosow|ać, -ywać do indywidualnych potrzeb *[car, course]*; (mark with name, initials, logo) opatrzyć nazwiskiem /inicjałami *[stationery, handkerchief]*; *[company]* opatrzyć logo

II personalized *pp adj* (bearing initials) z inicjałami właściciela; (bearing name) *[stationery]* z nazwiskiem właściciela; *[letter]* z nazwiskiem adresata; Advertg z logo firmy; **a ~d exercise schedule** indywidualny zestaw ćwiczeń; **a ~d number plate** indywidualna tablica rejestracyjna

personal loan *n* Fin kredyt *m* indywidualny

personally /ˈpɜːsənəlɪ/ *adv* osobiście; **to deliver sth to sb ~** oddać coś komuś osobiście or do rąk własnych; **~ (speaking), I think it's a waste of time** osobiście uważam, że to strata czasu; **this has taken a great toll on me ~ and professionally** odbiło się to poważnie na moim życiu osobistym i zawodowym; **to take sth ~** wziąć coś do siebie

personal maid *n* pokojówka *f*

personal organizer *n* terminarz *m*

personal pension plan *n* Insur indywidualny system *m* emerytalny

personal pension scheme *n* = **personal pension plan**

personal pronoun *n* Ling zaimek *m* osobowy

personal property *n* Jur majątek *m* osobisty, własność *f* osobista

personal shopper *n* osoba *f* pomagająca w zakupach

personal stereo *n* odtwarzacz *m* osobisty

personal touch *n* (style) indywidualny rys *m*; (approach) indywidualne podejście *n*
personal trainer *n* Sport osobisty trener *m*, osobista trenerka *f*
personalty /ˈpɜːsənltɪ/ *n* Jur majątek *m* ruchomy, mienie *n* ruchome
personal union *n* unia *f* personalna
persona non grata / pəˌsəʊnənɒnˈɡrɑːtə/ *n* persona non grata *f inv*
personate /ˈpɜːsəneɪt/ *vt [fraud]* podszy|ć, -wać się pod (kogoś); Theat wciel|ić, -ać się w postać (kogoś)
personation /ˌpɜːsəˈneɪʃn/ *n* Theat wcielenie się *n* **(of sb** w kogoś); Jur podawanie się *n* za inną osobę
person-day /ˈpɜːsndeɪ/ *n* osobodzień *m*
personification /pəˌsɒnɪfɪˈkeɪʃn/ *n* [1] (embodiment) wcielenie *n*, uosobienie *n*; **she's the ~ of evil** jest uosobieniem or wcieleniem zła [2] Literat personifikacja *f*
personify /pəˈsɒnɪfaɪ/ *vt* [1] (embody) uosabiać, być wcieleniem (czegoś) *[ideal, attitude]*; **she's kindness personified** jest uosobieniem or wcieleniem dobroci [2] Literat personifikować
personnel /ˌpɜːsəˈnel/ *n* [1] (staff, troops) personel *m* [2] Admin (also **Personnel)** dział *m* kadr or osobowy, kadry *plt*; **you'll have to see the Personnel about that** z tym będzie pan musiał pójść do kadr
personnel carrier *n* Mil transporter *m*
personnel department *n* dział *m* kadr or osobowy, kadry *plt*
personnel file *n* akta *plt* personalne or osobowe
personnel management *n* zarządzanie *n* zasobami ludzkimi
personnel manager *n* kierowni|k *m*, -czka *f* działu kadr
personnel officer *n* urzędni|k *m*, -czka *f* działu kadr
person-to-person /ˌpɜːsntəˈpɜːsn/ Telecom **I** *adj [call]* z przywołaniem
II *adv [call]* z przywołaniem
perspective /pəˈspektɪv/ *n* [1] Art perspektywa *f*; **to draw sth in/out of ~** narysować coś z zachowaniem perspektywy/bez zachowania perspektywy [2] (view) perspektywa *f*, punkt *m* widzenia; **new/historical ~** nowy/historyczny punkt widzenia; **from one's (own) ~** z własnej perspektywy, z własnego punktu widzenia; **to keep things in ~** zachować dystans; **to let things get out of ~** stracić dystans; **to put sth in its true ~** sprowadzić coś do właściwych proporcji; **to put sth into ~** nabrać do czegoś dystansu; **that puts a different ~ on things** to zmienia postać rzeczy; **to see sth from a different ~** spojrzeć na coś z innej perspektywy or z innego punktu widzenia; **I tried to get a broader ~ on the issue** starałem się spojrzeć na sprawę szerzej [3] (prospect) perspektywa *f*; **to have sth in ~** mieć coś w perspektywie
perspex® /ˈpɜːspeks/ **I** *n* pleksiglas *m*, plexiglas *m*
II *modif [shield, window]* z pleksiglasu, z plexiglasu
perspicacious /ˌpɜːspɪˈkeɪʃəs/ *adj* fml *[judgment, analysis, student]* wnikliwy; *[observer, mind]* bystry
perspicacity /ˌpɜːspɪˈkæsətɪ/ *n* fml wnikliwość *f*
perspicuity /ˌpɜːspɪˈkjuːətɪ/ *n* fml (lucidity) klarowność *f*, jasność *f*
perspicuous /pəˈspɪkjʊəs/ *adj* fml *[style, reasoning]* klarowny
perspiration /ˌpɜːspɪˈreɪʃn/ *n* [1] (sweat) pot *m*; **covered/drenched in ~** mokry od potu/zlany potem; **to break into ~** oblać się or zlać się potem [2] (sweating) pocenie się *n*
perspire /pəˈspaɪə(r)/ *vi* s|pocić się; **the palms of my hands ~** pocą mi się dłonie
persuade /pəˈsweɪd/ **I** *vt* [1] (influence) przekon|ać, -ywać *[person]*; **she didn't need much persuading** nie trzeba jej było długo przekonywać; **he's easily ~d** łatwo go przekonać; **to ~ sb to do sth/not to do sth** przekonać kogoś, żeby coś zrobił/żeby czegoś nie robił; **to ~ sb into doing sth** namówić kogoś do zrobienia czegoś; **to ~ sb out of doing sth** wyperswadować komuś zrobienie czegoś [2] (convince intellectually) przekon|ać, -ywać **(of sth** o czymś, co do czegoś); **to be ~d that...** być przekonanym, że...
II *vr* **to ~ oneself** wy|tłumaczyć sobie; **I ~d myself that nothing was wrong** tłumaczyłem sobie, że wszystko jest w porządku
persuader /pəˈsweɪdə(r)/ *n* US infml (gun) spluwa *f*, gnat *m* infml
persuasion /pəˈsweɪʒn/ *n* [1] (persuading, persuasiveness) perswazja *f*, przekonywanie *n*; **after a lot of ~** po wielu perswazjach; **she didn't need much ~ to do it** nie trzeba było jej długo przekonywać, żeby to zrobiła; **use all your powers of ~ to get her to agree** użyj całej siły perswazji, żeby się zgodziła; **no amount of ~ will make her change her mind** żadne perswazje nie skłonią jej do zmiany zdania; **they used a little friendly ~ on him** iron użyli wobec niego łagodnej perswazji iron; **I'm open to ~** chętnie dam się przekonać [2] Relig wyznanie *n* [3] (view) przekonanie *n*; **she is not of your political ~** ona nie podziela twoich przekonań politycznych; **it has always been my ~ that...** zawsze wierzyłem, że...; **that depends on your ~** to zależy od twoich przekonań [4] (sort) rodzaj *m*; **and others of that ~** i inni ludzie tego rodzaju
persuasive /pəˈsweɪsɪv/ *adj [argument, excuse, voice]* przekonujący, przekonywający; *[person]* elokwentny, wymowny
persuasively /pəˈsweɪsɪvlɪ/ *adv [speak]* przekonująco, przekonywająco; *[prove, demonstrate]* w sposób przekonujący or przekonywający
persuasiveness /pəˈsweɪsɪvnɪs/ *n* zdolność *f* or siła *f* przekonywania
pert /pɜːt/ *adj [person, reply]* zuchwały, zadziorny; *[glance, manner]* łobuzerski, szelmowski; *[nose]* zadarty; *[hat]* zawadiacki; *[buttocks]* jędrny
pertain /pəˈteɪn/ *vi* **to ~ to sth** dotyczyć czegoś, odnosić się do czegoś; Jur należeć do czegoś, stanowić część czegoś
pertinacious /ˌpɜːtɪˈneɪʃəs, US -tnˈeɪʃəs/ *adj* fml *[person, behaviour]* nieustępliwy; *[belief]* niezachwiany
pertinaciously /ˌpɜːtɪˈneɪʃəslɪ, US -tnˈeɪʃəs-/ *adv* fml nieustępliwie
pertinacity /ˌpɜːtɪˈnæsətɪ, US -tnˈæ-/ *n* nieugiętość *f*, nieustępliwość *f*
pertinence /ˈpɜːtɪnəns, US -tənəns/ *n* fml ważkość *f*, istotność *f*
pertinent /ˈpɜːtɪnənt, US -tənənt/ *adj [remark]* trafny, celny; *[question, answer, point]* mający związek z tematem, na temat; **to be ~ to sth** być istotnym dla czegoś, mieć związek z czymś
pertinently /ˈpɜːtɪnəntlɪ, US -tənəntlɪ/ *adv* fml *[remark]* celnie, trafnie; *[speak, answer]* w związku z tematem, na temat
pertly /ˈpɜːtlɪ/ *adv* po łobuzersku, szelmowsko
pertness /ˈpɜːtnɪs/ *n* zuchwałość *f*, zadziorność *f*
perturb /pəˈtɜːb/ *vt* (worry) za|niepokoić; (annoy) z|denerwować; **to be ~ed by sth** być zaniepokojonym or zdenerwowanym czymś
perturbation /ˌpɜːtəˈbeɪʃn/ *n* [1] (disquiet) zaniepokojenie *n*, niepokój *m*; (stronger) wzburzenie *n* [2] Astron perturbacja *f* [3] Phys zaburzenie *n*, zakłócenie *n*
perturbing /pəˈtɜːbɪŋ/ *adj* niepokojący; (more deeply) bulwersujący
pertussis /pəˈtʌsɪs/ *n* Med koklusz *m*, krztusiec *m*
Peru /pəˈruː/ *prn* Peru *n inv*
perusal /pəˈruːzl/ *n* fml (browsing) przejrzenie *n*; (examination) przestudiowanie *n*; **I enclose the document for your ~** załączam dokument do przejrzenia/przestudiowania
peruse /pəˈruːz/ *vt* fml (read through) prze|jrzeć, -glądać; (read carefully) prze|czytać dokładnie, prze|studiować; **to ~ the shelves in search of sth** przejrzeć półki w poszukiwaniu czegoś
Peruvian /pəˈruːvɪən/ **I** *n* Peruwia|ńczyk *m*, -nka *f*
II *adj* peruwiański
pervade /pəˈveɪd/ *vt [smell, smoke]* przenik|nąć, -ać; *[idea, mood, feeling]* przep|oić, -ajać *[atmosphere, book]*; owładnąć (czymś) *[mind, emotions, thoughts]*
pervasive /pəˈveɪsɪv/ *adj [smell]* wszechobecny; *[mood, influence]* wszechogarniający; *[idea, theory]* dominujący
perverse /pəˈvɜːs/ *adj* [1] (stubborn) uparty; (wayward) przekorny [2] (wicked) *[person]* przewrotny; *[desire]* perwersyjny; **she takes a ~ delight in upsetting me** denerwowanie mnie sprawia jej wręcz perwersyjną przyjemność
perversely /pəˈvɜːslɪ/ *adv* (obstinately) uparcie, przez upór; (contrarily) przekornie, przez przekorę; (wickedly) przewrotnie
perverseness /pəˈvɜːsnɪs/ *n* = **perversity** [1]
perverse verdict *n* Jur werdykt *m* wydany wbrew wskazówkom sędziego
perversion /pəˈvɜːʃn, US -ʒn/ *n* [1] (distortion) wypaczenie *n*; **~ of the true meaning** wypaczenie prawdziwego sensu; **~ of justice** niesprawiedliwość w majestacie prawa [2] Psych perwersja *f*, zboczenie *n*
perversity /pəˈvɜːsətɪ/ *n* [1] (corruption) (of person) zepsucie *n*; (of action) przewrotność *f* [2] (obstinacy) upór *m*; (contrariness) przekora *f* [3] (perverse thing) kaprys *m*

P

pervert **I** /ˈpɜːvɜːt/ *n* dewiant *m*, zboczeniec *m*

II /pəˈvɜːt/ *vt* [1] (corrupt) z|demoralizować, z|deprawować *[person, mind]*; doprowadz|ić, -ać do zwyrodnienia (czegoś) *[behaviour, nature]* [2] (misrepresent) wypacz|yć, -ać, nagi|ąć, -nać *[facts, meaning, truth]*; źle wpły|nąć, -wać na (coś) *[tradition, values]*; **to ~ the course of justice** udaremniać prawidłowe funkcjonowanie wymiaru sprawiedliwości

perverted /pəˈvɜːtɪd/ *adj* [1] (sexually deviant) *[person]* zboczony [2] (distorted) *[idea]* wypaczony; *[action]* przewrotny

pervious /ˈpɜːvɪəs/ *adj* [1] *[surface, soil]* przepuszczalny; **to be ~ to sth** przepuszczać coś [2] fig **~ to sth** *[person, mind]* otwarty na coś *[arguments, new ideas]*; **you can't argue with someone who isn't ~ to reason** trudno dyskutować z kimś, kogo nie przekonują rozsądne argumenty

Pesach /ˈpeɪsɑːk/ *n* Relig święto *n* Paschy, Pascha *f*

peseta /pəˈseɪtə/ *n* Fin peseta *f*

pesky /ˈpeskɪ/ *adj* US infml nieznośny, uprzykrzony

peso /ˈpeɪsəʊ/ *n* Fin peso *n inv*

pessary /ˈpesərɪ/ *n* (suppository) czopek *m*; (device) krążek *m* maciczny, pesarium *n*

pessimism /ˈpesɪmɪzəm/ *n* pesymizm *m*

pessimist /ˈpesɪmɪst/ *n* pesymist|a *m*, -ka *f*

pessimistic /ˌpesɪˈmɪstɪk/ *adj* pesymistyczny; **to be ~ about sth** być pesymistycznie nastawionym do czegoś

pessimistically /ˌpesɪˈmɪstɪklɪ/ *adv* pesymistycznie

pest /pest/ *n* [1] Agric szkodnik *m* [2] infml (person) zaraza *f* infml fig; (child) utrapieniec *m*

pest control *n* zwalczanie *n* szkodników; (of rats) odszczurzanie *n*, deratyzacja *f*

pest control officer *n* (for insects) pracowni|k *m*, -ca *f* służb zajmujących się zwalczaniem insektów; (for rats) pracowni|k *m*, -ca *f* służb zajmujących się odszczurzaniem or deratyzacją

pester /ˈpestə(r)/ *vt* [1] dręczyć, zadręczać *[person, people]* **(with sth** czymś); *[fly]* dokuczać (komuś/czemuś), dawać się we znaki (komuś/czemuś) *[horse, cow, person]*; **stop ~ing me!** przestań mnie zadręczać!; **he's ~ing me with questions** zadręcza mnie pytaniami; **to ~ sb for sth** molestować kogoś o coś, nudzić kogoś o coś; **the kids ~ed me to buy them ice cream** dzieci zadręczały mnie or nudziły, żeby kupić im lody; **to ~ the life out of sb** infml zadręczyć kogoś na śmierć fig [2] (harass sexually) natrętnie narzucać się (komuś)

pesticidal /ˌpestɪˈsaɪdl/ *adj* pestycydowy; (for insects) owadobójczy

pesticide /ˈpestɪsaɪd/ *n* pestycyd *m*

pestiferous /peˈstɪfərəs/ *adj* liter morowy; infml parszywy infml

pestilence /ˈpestɪləns/ *n* liter arch zaraza *f*; (po)mór *m* dat

pestilent /ˈpestɪlənt/ *adj* [1] dat (deadly) *[air, epidemic]* morowy dat; *[disease]* zaraźliwy [2] fig *[ideas, influences]* zgubny

pestilential /ˌpestɪˈlenʃl/ *adj* [1] hum (annoying) nieznośny [2] fml (unhealthy) morowy dat

pestle /ˈpesl/ *n* tłuczek *m*; stępor *m* dat

pet[1] /pet/ **I** *n* [1] (animal) zwierzę *n (chowane w domu)*; ulubieniec *m*; **tenants may not keep ~s** lokatorom zabrania się chować zwierzęta [2] (favourite) ulubieni|ec *m*, -ca *f*, pupil|ek *m*, -ka *f*; **he's the teacher's ~** to pupilek nauczyciela [3] (term of endearment) **he's such a ~!** on jest taki kochany!; **be a ~ and make me a coffee** bądź kochany i zrób mi kawę; **hello, ~!** dzień dobry, kochanie!

II *adj* (favourite) *[subject, theory]* ulubiony; **~ dog/cat** pies/kot

III *vt* (*prp, pt, pp* **-tt-**) [1] (spoil) rozpie|ścić, -szczać *[person]* [2] (caress) po|głaskać, poklep|ać, -ywać, klepać *[animal]*

IV *vi* (*prp, pt, pp* **-tt-**) pieścić się

pet[2] /pet/ *n* dat obraza *f*, dąsy *plt*

IDIOMS: **to be in a ~** infml dąsać się, stroić fochy

petal /ˈpetl/ *n* Bot płatek *m*

petard /peˈtɑːd/ *n* dat petarda *f*

IDIOMS: **to be hoist with one's own ~** złapać się or wpaść we własne sidła

Pete /piːt/ *prn* infml = **Peter** Piotrek *m*; **for ~'s sake, stop it!** na litość boską, przestań!

peter[1] /ˈpiːtə(r)/ *vi*

■ **peter out** *[flame]* wygas|nąć, -ać; *[supplies, creativity]* wyczerp|ać, -ywać się; *[process, meeting, story]* dobie|c, -gać końca; *[plan]* spalić na panewce; *[road]* ur|wać, -ywać się

peter[2] /ˈpiːtə(r)/ *n* US vinfml kutas *m* vulg; **to point ~** odlewać się vinfml

Peter /ˈpiːtə(r)/ *prn* Piotr *m*

IDIOMS: **to rob ~ to pay Paul** zabrać jednemu, żeby dać drugiemu

Peter principle *n* zasada *f* Petera *(urzędnik awansuje tak długo, aż osiągnie swój szczebel niekompetencji)*

Peter's pence *n* Relig świętopietrze *n*

pet food *n* pokarm *m* dla psów i kotów

pet hate *n* rzecz *f* szczególnie obmierzła; **his ~ is...** szczególnie mierzi/mierżą go...

pethidine /ˈpeθɪdiːn/ *n* Med petydyna *f*

petit bourgeois /ˌpetɪˈbɔːʒwɑː, US -ˈbʊərʒ-/ **I** *n* [1] przedstawiciel *m*, -ka *f* niższej klasy średniej [2] pej drobnomieszczan|in *m*, -ka *f*

II *adj* pej drobnomieszczański

petite /pəˈtiːt/ **I** *n* (size) mały rozmiar *m*

II *adj [woman]* drobny; *[size]* mały

petit four /ˌpetɪˈfɔː(r)/ *n* (*pl* **petits fours)** kruche ciasteczko *n*; **petits fours** ptifurki *plt*

petition /pəˈtɪʃn/ **I** *n* [1] (document) petycja *f* **(to sb** do kogoś); **a ~ protesting against sth/calling for sth** petycja przeciwko czemuś/z żądaniem czegoś [2] (entreaty, prayer) usilna prośba *f*, błaganie *n* [3] Jur pozew *m*, wniosek *m*; **a ~ for divorce** pozew rozwodowy; **a ~ in bankruptcy** wniosek o otwarcie postępowania upadłościowego; **a ~ for reprieve** prośba o ułaskawienie; **to present a ~** (in private bill) przedstawić wniosek; **to file** or **lodge a ~** złożyć wniosek or pozew

II *vt* wn|ieść, -osić petycję do (kogoś /czegoś) *[person, body, government]*; **to ~ the court for sth** Jur wnosić o coś do sądu

III *vi* [1] złożyć, składać petycję [2] Jur **to ~ for divorce** wnieść pozew o rozwód

petitioner /pəˈtɪʃnə(r)/ *n* [1] (signatory) sygnatariusz *m*, -ka *f*; (presenter of petition) wnioskodaw|ca *m*, -czyni *f* [2] Jur powód *m*, -ka *f*

petit jury /ˌpetɪˈdʒʊərɪ/ *n* US Jur mała ława *f* *(sąd przysięgłych w sprawach karnych)*

petit mal /ˌpetɪˈmæl/ *n* Med mały napad *m* padaczkowy, petit mal *m inv*

petits pois /ˌpətɪˈpwa/ *npl* groszek *m* zielony

pet name *n* pieszczotliwe przezwisko *n*

pet peeve *n* US infml = **pet hate**

pet project *n* ukochane dziecko *n* fig

Petrarch /ˈpetrɑːk/ *prn* Petrarka *m*

Petrarchan sonnet /peˌtrɑːkənˈsɒnɪt/ *n* (by poet himself) sonet *m* Petrarki; (of similar style) sonet *m* włoski

petrel /ˈpetrəl/ *n* ptak *m* z rzędu rurkonosych; **storm ~** nawałnik burzowy

petrifaction /ˌpetrɪˈfækʃn/ *n* (also **petrification)** [1] Geol (process) skamienienie *n*, petryfikacja *f*; (result) skamielina *f* [2] (terror) przerażenie *n*, zgroza *f*

petrified /ˈpetrɪfaɪd/ *adj* [1] (terrified) skamieniały; **~ with fear/terror** skamieniały ze strachu/zgrozy [2] Geol skamieniały, spetryfikowany

petrify /ˈpetrɪfaɪ/ **I** *vt* [1] (terrify) przera|zić, -żać, wprawi|ć, -ać w osłupienie [2] Geol s|powodować skamienienie (czegoś)

II *vi* Geol ule|c, -gać skamienieniu; fig *[civilization, system]* s|kostnieć, s|petryfikować się

petrifying /ˈpetrɪfaɪɪŋ/ *adj* (terrifying) przerażający

petro+ *in combinations* petro-, ropo-

petrochemical /ˌpetrəʊˈkemɪkl/ **I** *n* produkt *m* petrochemiczny

II *adj* petrochemiczny

petrodollar /ˈpetrəʊdɒlə(r)/ *n* petrodolar *m*

petrographic /ˌpetrəʊˈgræfɪk/ *adj* petrograficzny

petrography /peˈtrɒgrəfɪ/ *n* petrografia *f*

petrol /ˈpetrəl/ GB **I** *n* benzyna *f*; **to fill up with ~** zatankować; **to run on ~** być napędzanym benzyną; **the car has run out of ~** (w samochodzie) skończyła się benzyna; **we've run out of ~** skończyła się nam benzyna; **to be light/heavy on ~** *[car]* mało/dużo palić

II *modif* **~ prices/rationing** ceny/reglamentacja benzyny

petrol bomb GB **I** *n* butelka *f* z benzyną, koktajl *m* Mołotowa

II petrol-bomb *vt* obrzuc|ić, -ać or za|atakować butelkami z benzyną

petrol can *n* GB kanister *m*

petrol cap *n* GB zakrętka *f* zbiornika paliwa

petrol-driven /ˌpetrəlˈdrɪvn/ *adj* GB (mający napęd) na benzynę

petrol engine *n* GB silnik *m* benzynowy

petroleum /pəˈtrəʊlɪəm/ **I** *n* ropa *f* naftowa

II *modif [product, industry]* naftowy; **~ engineering** inżynier nafciarz

petroleum jelly *n* wazelina *f*

petrol gauge *n* GB paliwowskaz *m*, wskaźnik *m* poziomu paliwa

petroliferous /ˌpetrəʊˈlɪfərəs/ *n* roponośny

petrology /pəˈtrɒlədʒɪ/ *n* petrologia *f*

petrol pump *n* GB (at garage) dystrybutor *m* paliwa; (in car) pompa *f* benzynowa (zasilająca)

petrol station *n* GB stacja *f* benzynowa
petrol tank *n* GB zbiornik *m* paliwa
petrol tanker *n* GB (ship) tankowiec *m*, zbiornikowiec *m*; (lorry) cysterna *f*
petro-politics /ˌpetrəʊˈpɒlɪtɪks/ *npl* polityka *f* krajów eksportujących ropę
pet shop *n* GB sklep *m* zoologiczny
pet store *n* US = **pet shop**
pet subject *n* ulubiony temat *m*, konik *m*
petticoat /ˈpetɪkəʊt/ *n* halka *f*
IDIOMS: **to chase ~s** uganiać się or latać za spódniczkami
petticoat government *n* pej babskie rządy *m pl* pej
pettifogging /ˈpetɪfɒɡɪŋ/ *adj* pej *[person]* drobnostkowy; *[details, objections]* błahy, nieistotny
pettily /ˈpetɪlɪ/ *adv* małostkowo, drobnostkowo
pettiness /ˈpetɪnɪs/ *n* małostkowość *f*, drobnostkowość *f*
petting /ˈpetɪŋ/ *n* petting *m*, pieszczoty *f pl*
pettish /ˈpetɪʃ/ *adj [person]* zrzędliwy, drażliwy; *[child]* marudny
pettishly /ˈpetɪʃlɪ/ *adv [speak]* zrzędliwym or rozdrażnionym tonem; *[react]* grymaśnie
petty /ˈpetɪ/ *adj [person, attitude, squabble]* małostkowy, drobnostkowy; *[detail, problem]* błahy, nieistotny; *[regulations]* drobiazgowy; **~ official** pej urzędniczyna, gryzipiórek pej
petty bourgeois *n, adj* = **petit bourgeois**
petty cash, p/c *n* kasa *f* podręczna
petty crime *n* drobne przestępstwo *n*
petty criminal *n* drobny przestępca *m*
petty expenses *npl* drobne wydatki *m pl*
petty larceny *n* drobna kradzież *f*
petty-minded /ˌpetɪˈmaɪndɪd/ *adj* małostkowy, drobnostkowy
petty-mindedness /ˌpetɪˈmaɪndɪdnɪs/ *n* małostkowość *f*, drobnostkowość *f*
petty officer *n* Mil mat *m (w marynarce wojennej)*
petty sessions *npl* GB Jur małe sesje *f pl (rozpatrujące sprawy o drobne przestępstwa)*
petty theft *n* Jur drobna kradzież *f*
petulance /ˈpetjʊləns, US -tʃʊ-/ *n* rozdrażnienie *n*, humory *plt*
petulant /ˈpetjʊlənt, US -tʃʊ-/ *adj* (irritated) rozdrażniony; (irritable) drażliwy; (sullen) nadąsany, marudny
petulantly /ˈpetʊləntlɪ, US -tʃʊ-/ *adv [behave]* nieznośnie; *[say]* z rozdrażnieniem
petunia /pəˈtjuːnɪə, US -tuː-/ *n* Bot petunia *f*
pew /pjuː/ *n* ławka *f* kościelna; **have** or **take a ~** infml hum klapnij sobie infml
pewter /ˈpjuːtə(r)/ **I** *n* 1 (metal) stop *m* cyny z ołowiem 2 (colour) (kolor *m*) grafitowy *m*
II *modif [plate, tankard]* cynowy
III *adj [colour]* grafitowy
peyote /peɪˈəʊtɪ/ *n* Bot echinokaktus *m* Williamsa; (drug) pejotl *m*, meskalina *f*
PFC *n* US Mil → **private first class**
PFLP *n* = **Popular Front for the Liberation of Palestine** Ludowy Front *m* Wyzwolenia Palestyny, LFWP
PG *n* 1 Cin = **Parental Guidance** *film, który dzieci mogą oglądać jedynie za zgodą rodziców* 2 → **paying guest**
PGCE *n* = **Postgraduate Certificate in Education** ≈ dyplom *m* magisterskich studiów pedagogicznych
PGI *n* = **protected geographical indication** chroniony znak *m* geograficzny
pH *n* = **potential of hydrogen** (współczynnik *m*) pH *n inv*
PH *n* Mil → **Purple Heart**
Phaedra /ˈfiːdrə/ *prn* Mythol Fedra *f*
phaeton /ˈfeɪtn/ *n* faeton *m*
phagocyte /ˈfæɡəsaɪt/ *n* Physiol fagocyt *m*
phagocytosis /ˌfæɡəsaɪˈtəʊsɪs/ *n* Med fagocytoza *f*
phalange /ˈfælændʒ/ *n* 1 Anat paliczek *m* 2 Hist Mil falanga *f*
phalanstery /ˈfælənstərɪ/ *n* falanster *m*
phalanx /ˈfælæŋks/ *n* 1 (*pl* **-anxes**) Hist Mil falanga *f* 2 (*pl* **-anges**) Anat paliczek *m*
phalarope /ˈfælərəʊp/ *n* Zool płatkonóg *m*
phallic /ˈfælɪk/ *adj* falliczny
phallus /ˈfæləs/ *n* (*pl* **-luses, -li**) fallus *m*
phantasm /ˈfæntæzəm/ *n* 1 Psych urojenie *n* also fig 2 (ghost) widziadło *n*
phantasmagoria /ˌfæntæzməˈɡɒrɪə, US -ˈɡɔːrɪə/ *n* fantasmagoria *f*
phantasmagoric(al) /ˌfæntæzməˈɡɒrɪk(l), US -ˈɡɔːrɪk(l)/ *adj* fantasmagoryczny
phantasmal /fænˈtæzml/ *adj* (ghostly) widmowy; (imaginary) urojony
phantom /ˈfæntəm/ **I** *n* 1 (ghost) zjawa *f*, widmo *n* 2 (unreal thing) urojenie *n*, zwid *m* 3 Aviat (also **~ jet**) odrzutowiec Phantom *m*
II *modif* 1 (imaginary) *[organization, voters]* fikcyjny; *[threat]* urojony; Med *[limb, pain]* fantomowy 2 (ghostly) widmowy, upiorny; **~ coach/ship** powóz/statek widmo; **~ army** armia upiorów; **a ~ wine drinker /pen stealer** hum tajemniczy amator wina /cudzych piór hum
phantom pregnancy *n* Med ciąża *f* urojona
pharaoh /ˈfeərəʊ/ *n* (also **Pharaoh**) faraon *m*
Pharaoh ant *n* Zool mrówka *f* faraona
Pharisaic(al) /ˌfærɪˈseɪk(l)/ *adj* 1 Hist faryzejski 2 (also **pharisaic(al)**) fig faryzeuszowski, faryzejski
Pharisee /ˈfærɪsiː/ *n* (also **pharisee**) faryzeusz *m*
pharm /fɑːm/ *n* Agric gospodarstwo *n* zajmujące się hodowlą transgeniczną
pharmaceutical /ˌfɑːməˈsjuːtɪkl, US -ˈsuː-/ *adj* farmaceutyczny
pharmaceuticals /ˌfɑːməˈsjuːtɪklz, US -ˈsuː-/ **I** *npl* leki *m pl*, farmaceutyki *m pl*
II *modif [industry, factory]* farmaceutyczny
pharmaceutics /ˌfɑːməˈsjuːtɪks/ *n (+ v sg)* farmacja *f*
pharmacist /ˈfɑːməsɪst/ *n* (person) (dispensing) apteka|rz *m*, -rka *f*; (in industry) farmaceut|a *m*, -ka *f*; **~'s shop** apteka
pharmacological /ˌfɑːməkəˈlɒdʒɪkl/ *adj* farmakologiczny
pharmacologist /ˌfɑːməˈkɒlədʒɪst/ *n* farmakolog *m*
pharmacology /ˌfɑːməˈkɒlədʒɪ/ *n* farmakologia *f*
pharmacopoeia /ˌfɑːməkəˈpiːə/ *n* farmakopea *f*
pharmacy /ˈfɑːməsɪ/ *n* 1 (shop) apteka *f* 2 (discipline) farmacja *f*
pharm animal *n* zwierzę *n* transgeniczne
pharming /ˈfɑːmɪŋ/ *n* Agric hodowla *f* transgeniczna
pharyng(e)al /ˌfærənˈdʒiːəl/ *adj* gardłowy
pharyngitis /ˌfærɪnˈdʒaɪtɪs/ *n* Med zapalenie *n* gardła
pharynx /ˈfærɪŋks/ *n* (*pl* **-rynxes, -rynges**) Anat gardło *n*
phase /feɪz/ **I** *n* etap *m*, faza *f*; (of illness, insect development) stadium *n*; **the ~s of the moon** fazy Księżyca; **to go through a difficult ~** przechodzić trudny okres; **it's just a ~ (she's going through)** to jej minie or przejdzie; **the war has entered a new ~** wojna weszła w nowy etap; **to be in ~** Elec być w fazie; fig *[ideas]* być zbieżnym; **to be out of ~** Elec być przesuniętym w fazie; fig *[ideas]* być rozbieżnym
II *vt* roz|łożyć, -kładać na etapy, przeprowadz|ić, -ać etapami *[changes, project, modernization]*; **changes will be ~d over a year** zmiany będą wprowadzane etapami or stopniowo w ciągu całego roku; **a ~d withdrawal of troops** stopniowe or etapowe wycofywanie wojsk
■ **phase in**: **~ in [sth]** wprowadz|ić, -ać stopniowo or etapami *[changes, system]*
■ **phase out**: **~ out [sth]** wycof|ać, -ywać stopniowo or etapowo *[coinage, weapons]*
phase alternative line, PAL *n* TV (system *m*) PAL *m*
phase-out /ˈfeɪzaʊt/ *n* stopniowe wycofywanie *n* (z użycia)
phasing-out /ˌfeɪzɪŋˈaʊt/ *n* = **phase-out**
phatic /ˈfætɪk/ *adj* Ling fatyczny
PhD *n* = **Doctor of Philosophy** (award) doktorat *m*; (person) doktor *m*, dr; **John Brown, ~** dr John Brown; **I've got a ~ in history** mam doktorat z historii
pheasant /ˈfeznt/ *n* (*pl* **~s, ~**) Zool bażant *m*; **~ shooting** polowanie na bażanty
phenix *n* US = **phoenix**
phenobarbitone /ˌfiːnəʊˈbɑːbɪtəʊn/ *n* Pharm fenobarbital *m*, luminal *m*
phenol /ˈfiːnɒl/ *n* Chem fenol *m*
phenomena /fəˈnɒmɪnə/ *npl* → **phenomenon**
phenomenal /fəˈnɒmɪnl/ *adj [result, growth]* wyjątkowy; *[amount, quantity, speed]* niezwykły; *[talent, success, performance]* fenomenalny
phenomenally /fəˈnɒmɪnəlɪ/ *adv [grow, increase]* w sposób wyjątkowy; *[difficult, stupid]* wyjątkowo; *[successful]* fenomenalnie
phenomenological /fəˌnɒmɪnəˈlɒdʒɪkl/ *adj* fenomenologiczny
phenomenologist /fəˌnɒmɪˈnɒlədʒɪst/ *n* fenomenolog *m*
phenomenology /fəˌnɒmɪˈnɒlədʒɪ/ *n* fenomenologia *f*
phenomenon /fəˈnɒmɪnən/ *n* (*pl* **-mena**) 1 (fact, event) zjawisko *n*, fenomen *m* 2 (prodigy) fenomen *m* 3 Philos fenomen *m*
phenotype /ˈfiːnəʊtaɪp/ *n* Biol fenotyp *m*
pheromone /ˈferəməʊn/ *n* Physiol substancja *f* zapachowa, feromon *m*
phew /fjuː/ *excl* (when tired, hot, relieved) uf!; (when surprised) ach!
phial /ˈfaɪəl/ *n* fiolka *f*
Phi Beta Kappa /ˌfaɪbiːtəˈkæpə/ *n* US Univ (group) *korporacja zrzeszająca wybitnie uzdolnionych studentów*; (person) człon|ek *m*, -kini *f* Phi Beta Kappa
Philadelphia /ˌfɪləˈdelfɪə/ *prn* Filadelfia *f*
Philadelphia lawyer *n* US pej zręczny adwokat *m*

P

philander /fɪˈlændə(r)/ *vi* dat latać za spódniczkami; (stronger) łajdaczyć się
philanderer /fɪˈlændərə(r)/ *n* dat kobieciarz *m*; bałamut *m* dat
philandering /fɪˈlændərɪŋ/ dat **I** *n* miłosne podboje *m pl*
II *adj* uganiający się za spódniczkami
philanthropic /ˌfɪlənˈθrɒpɪk/ *adj* filantropijny, dobroczynny
philanthropist /fɪˈlænθrəpɪst/ *n* filantrop *m*, -ka *f*
philanthropy /fɪˈlænθrəpɪ/ *n* filantropia *f*, dobroczynność *f*
philatelic /ˌfɪləˈtelɪk/ *adj* filatelistyczny
philatelist /fɪˈlætəlɪst/ *n* filatelist|a *m*, -ka *f*
philately /fɪˈlætəlɪ/ *n* filatelistyka *f*
philharmonic /ˌfɪlɑːˈmɒnɪk/ **I** *n* (orchestra) orkiestra *f* filharmoniczna; **the Vienna Philharmonic (Orchestra)** orkiestra Filharmonii Wiedeńskiej
II *adj* filharmoniczny, filharmonijny; **~ hall** filharmonia
Philip /ˈfɪlɪp/ *prn* Filip *m*
philippic /fɪˈlɪpɪk/ *n* filipika *f*
Philippine /ˈfɪlɪpiːn/ **I** *n* Filipi|ńczyk *m*, -nka *f*
II *adj* filipiński
Philippines /ˈfɪlɪpiːnz/ *prn* **the ~** Filipiny *plt*
philistine /ˈfɪlɪstaɪn/ **I** *n* [1] (ignorant) filister *m* [2] Bible (also **Philistine**) Filistyn *m*, -ka *f*
II *adj* [1] (ignorant) filisterski [2] Bible (also **Philistine**) filistyński
philistinism /ˈfɪlɪstɪnɪzəm/ *n* filisterstwo *n*
Phillips screwdriver /ˌfɪlɪpsˈskruːdraɪvə(r)/ *n* śrubokręt *m* or wkrętak *m* krzyżowy
philodendron /ˌfɪləˈdendrən/ *n* Bot filodendron *m*
philological /ˌfɪləˈlɒdʒɪkl/ *adj* filologiczny
philologist /fɪˈlɒlədʒɪst/ *n* filolog *m*
philology /fɪˈlɒlədʒɪ/ *n* filologia *f*
philosopher /fɪˈlɒsəfə(r)/ *n* filozof *m* also fig
philosopher's stone *n* **the ~** kamień *m* filozoficzny
philosophic(al) /ˌfɪləˈsɒfɪk(l)/ *adj* filozoficzny also fig; **to be ~ about sth, to take a ~ view of sth** fig podejść do czegoś filozoficznie, spojrzeć na coś filozoficznie
philosophically /ˌfɪləˈsɒfɪklɪ/ *adv* filozoficznie; **he took it all very ~** fig podszedł do tego filozoficznie
philosophize /fɪˈlɒsəfaɪz/ *vi* filozofować (**about sth** nad czymś, o czymś)
philosophy /fɪˈlɒsəfɪ/ *n* [1] (subject, school) filozofia *f*; **the ~ of science** filozofia nauki [2] (rule) dewiza *f*, zasada *f*; **live and let live; that's my ~** żyj i pozwól żyć innym – oto moja dewiza
philtre, philter US /ˈfɪltə(r)/ *n* napój *m* miłosny
phizog /ˈfɪzɒg/ *n* infml hum dat fizys *f inv*
phlebitis /flɪˈbaɪtɪs/ *n* Med zapalenie *n* żyły
phlebology /flɪˈbɒlədʒɪ/ *n* flebologia *f*
phlebotomy /flɪˈbɒtəmɪ/ *n* Med nacięcie *n* żyły
phlegm /flem/ *n* [1] Med flegma *f* [2] (calm) flegma *f*
phlegmatic /flegˈmætɪk/ *adj* flegmatyczny; **to be ~ about sth** przyjmować coś ze spokojem
phlegmatically /flegˈmætɪklɪ/ *adv* flegmatycznie, z niezmąconym spokojem

phloem /ˈfləʊem/ *n* Bot łyko *n*
phlox /flɒks/ *n* (*pl* **~, ~es**) Bot floks *m*
pH meter *n* Chem pehametr *m*, pH-metr *m*
phobia /ˈfəʊbɪə/ *n* fobia *f*, chorobliwy lęk *m*; **to have a ~ about spiders/flying** panicznie bać się pająków/latania samolotem
phobic /ˈfəʊbɪk/ **I** *n* Psych cierpiący *m* na nerwicę lękową
II *adj* *[problem]* związany z fobią; **some companies are ~ about employing gays** fig niektóre firmy panicznie się boją zatrudniać gejów
Phoenicia /fəˈnɪʃɪə/ *prn* Fenicja *f*
Phoenician /fəˈnɪʃɪən/ **I** *n* Fenicjan|in *m*, -ka *f*
II *adj* fenicki
phoenix /ˈfiːnɪks/ *n* feniks *m*; **to rise like a ~ from the ashes** powstać or odrodzić się jak feniks z popiołów
phonatory /ˈfəʊnətərɪ, US -tɔːrɪ/ *adj* fonacyjny
phone[1] /fəʊn/ **I** *n* Telecom telefon *m*; **to be on the ~** (have telephone) mieć telefon; (be talking) rozmawiać przez telefon (**to sb** z kimś); **to get on the ~ to sb** zadzwonić do kogoś; **would you answer the ~, please?** czy możesz odebrać (telefon)?; **he told me on** or **over the ~ that...** powiedział mi przez telefon, że...; **you're wanted on the ~** telefon do ciebie; **I'll let you know by ~** zawiadomię cię telefonicznie
II *vt* za|dzwonić do (kogoś/czegoś), za|telefonować do (kogoś/czegoś) *[person, organization]*; przekaz|ać, -ywać telefonicznie, przetelefonować *[information, data]*; **she ~d the news to them** przekazała im wiadomość telefonicznie, przetelefonowała im wiadomość; **to ~ sb back** oddzwonić or odtelefonować do kogoś; **he ~d the whole family with the news** obdzwonił or obtelefonował całą rodzinę z tą wiadomością
III *vi* za|dzwonić, za|telefonować; **to ~ for a doctor/taxi** zadzwonić or zatelefonować po lekarza/taksówkę
■ **phone in**: ¶ **~ in** *[listener, viewer]* za|dzwonić, za|telefonować *(podczas programu radiowego, telewizyjnego)* ¶ **~ in [sth]** przekaz|ać, -ywać telefonicznie, przetelefonować *[information, answer]*; **she ~d in sick** przekazała telefonicznie, że jest chora
■ **phone up**: ¶ **~ up** za|dzwonić, za|telefonować ¶ **~ up [sb/sth], ~ [sb/sth] up** za|dzwonić do (kogoś/czegoś), za|telefonować do (kogoś/czegoś) *[person, organization]*
phone[2] /fəʊn/ *n* Ling głoska *f*
phone book *n* książka *f* telefoniczna
phone booth *n* budka *f* or kabina *f* telefoniczna
phone box *n* = **phone booth**
phone call *n* rozmowa *f* telefoniczna; telefon *m* infml; **to make a ~** zadzwonić or zatelefonować; **to make a ~ to sb, to give sb a ~** zadzwonić or zatelefonować do kogoś
phone card *n* karta *f* telefoniczna
phone-in /ˈfəʊnɪn/ *n* Radio, TV program *m* z telefonicznym udziałem słuchaczy/widzów
phone link *n* połączenie *n* telefoniczne

phoneme /ˈfəʊniːm/ *n* Ling fonem *m*
phonemic /fəˈniːmɪk/ *adj* fonematyczny
phonemics /fəˈniːmɪks/ *n* (+ *v sg*) fonemika *f*, fonematyka *f*
phone number *n* numer *m* telefonu or telefoniczny
phone pest *n* Telecom natręt *m* telefoniczny
phone sex *n* seks *m* telefoniczny
phone tapping *n* podsłuch *m* telefoniczny
phonetic /fəˈnetɪk/ *adj* fonetyczny
phonetic alphabet *n* alfabet *m* fonetyczny
phonetician /ˌfəʊnəˈtɪʃn/ *n* fonetyk *m*
phonetics /fəˈnetɪks/ *n* (+ *v sg*) fonetyka *f*
phone voucher *n* Telecom telekarta *f*, karta *f* prepaid
phoney /ˈfəʊnɪ/ **I** *n* infml (affected person) pozer *m*; (impostor) oszust *m*, -ka *f*, szarlatan *m*; (forgery, fake) podróbka *f* infml; **he's not a real doctor, he's a ~** on nie jest prawdziwym lekarzem, to oszust
II *adj* *[jewel]* fałszywy; *[accent]* sztuczny; *[emotion]* udawany; *[story, excuse]* lipny infml; *[Old Master]* podrobiony; *[company, firm, deal]* lewy infml; **there's something ~ about her** jest w niej jakiś fałsz
phoney war *n* Hist **the ~** dziwna wojna *f* *(Francji i Anglii z Niemcami na początku II wojny światowej)*
phonic /ˈfɒnɪk/ *adj* foniczny
phonograph /ˈfəʊnəgrɑːf, US -græf/ *n* (for records) gramofon *m*, adapter *m*; Hist fonograf *m*
phonological /ˌfəʊnəˈlɒdʒɪkl/ *adj* fonologiczny
phonologist /fəˈnɒlədʒɪst/ *n* fonolog *m*
phonology /fəˈnɒlədʒɪ/ *n* fonologia *f*
phony /ˈfəʊnɪ/ *n, adj* infml = **phoney**
phony baloney *n* US infml (nonsense) dyrdymały *plt* infml
phooey /ˈfuːɪ/ *excl* iii tam!
phosgene /ˈfɒzdʒiːn/ *n* Chem fosgen *m*
phosphate /ˈfɒsfeɪt/ **I** *n* Chem fosforan *m*
II **phosphates** *npl* Agric fosfaty *m pl*, nawozy *m pl* fosforowe
phosphene /ˈfɒsfiːn/ *n* fotyzm *m*
phosphide /ˈfɒsfaɪd/ *n* Chem fosforek *m*
phosphine /ˈfɒsfiːn/ *n* Chem fosforowodór *m*, fosforiak *m*
phosphoresce /ˌfɒsfəˈres/ *vi* fosforyzować
phosphorescence /ˌfɒsfəˈresns/ *n* fosforescencja *f*, poświata *f*
phosphorescent /ˌfɒsfəˈresnt/ *adj* fosforyzujący
phosphoric /fɒsˈfɒrɪk, US -ˈfɔːr-/ *adj* fosforowy
phosphorous /ˈfɒsfərəs/ *adj* fosforawy
phosphorus /ˈfɒsfərəs/ *n* Chem fosfor *m*
photo /ˈfəʊtəʊ/ *n* zdjęcie *n*, fotografia *f* → **photograph**
photo album *n* album *m* fotograficzny
photo booth *n* automat *m* fotograficzny
photocall /ˈfəʊtəʊkɔːl/ *n* GB sesja *f* zdjęciowa *(z udziałem znanych osobistości)*
photocell /ˈfəʊtəʊsel/ *n* fotokomórka *f*
photochemical /ˌfəʊtəʊˈkemɪkl/ *adj* fotochemiczny
photochemistry /ˌfəʊtəʊˈkemɪstrɪ/ *n* fotochemia *f*
photocompose /ˌfəʊtəʊkəmˈpəʊz/ *vt* US przygotow|ać, -ywać fotoskład (czegoś)

photocomposer /ˌfəʊtəʊkəmˈpəʊzə(r)/ *n* US składarka *f* fotograficzna, fotoskładarka *f*
photocomposition /ˌfəʊtəʊˌkɒmpəˈzɪʃn/ *n* US fotoskład *m*
photoconductive /ˌfəʊtəʊkənˈdʌktɪv/ *adj* fotoprzewodzący
photocopiable /ˈfəʊtəʊkɒpɪəbl/ *adj* nadający się do skopiowania
photocopier /ˈfəʊtəʊkɒpɪə(r)/ *n* fotokopiarka *f*
photocopy /ˈfəʊtəʊkɒpɪ/ **I** *n* fotokopia *f*
II *vt* z|robić fotokopię (czegoś)
photodisintegration /ˌfəʊtəʊdɪsˌɪntɪˈgreɪʃn/ *n* fotorozpad *m*
photodynamic /ˌfəʊtəʊdaɪˈnæmɪk/ *adj* Biol fotodynamiczny
photodynamics /ˌfəʊtəʊdaɪˈnæmɪks/ *n* (+ *v sg*) Biol fotobiologia *f*
photoelasticity /ˌfəʊtəʊɪlæˈstɪsətɪ/ *n* elastooptyka *f*
photoelectric(al) /ˌfəʊtəʊɪˈlektrɪk(l)/ *adj* fotoelektryczny
photoelectricity /ˌfəʊtəʊɪlekˈtrɪsətɪ/ *n* fotoelektryczność *f*
photoelectron /ˌfəʊtəʊɪˈlektrɒn/ *n* fotoelektron *m*
photoengrave /ˌfəʊtəʊɪnˈgreɪv/ *vt* z|robić odbitkę chemigraficzną (czegoś)
photoengraving /ˌfəʊtəʊɪnˈgreɪvɪŋ/ *n* (technique) chemigrafia *f*; (picture) odbitka *f* chemigraficzna, fotograwiura *f*
photo finish *n* Sport (result) *wynik wyścigu dający się ustalić jedynie za pomocą fotokomórki*; (picture) obraz *m* zapisany przez fotokomórkę
Photofit® /ˈfəʊtəʊfɪt/ *n* GB portret *m* pamięciowy
photoflash /ˈfəʊtəʊflæʃ/ *n* żarówka *f* błyskowa
photoflood /ˈfəʊtəʊflʌd/ *n* Cin, TV lampa *f* żarowa o podwyższonym woltażu
photogenic /ˌfəʊtəʊˈdʒenɪk/ *adj* fotogeniczny
photograph /ˈfəʊtəgrɑːf, US -græf/ **I** *n* zdjęcie *n*, fotografia *f*; **in the ~** na zdjęciu, na fotografii; **to take a ~ of sb** zrobić komuś zdjęcie; **to take a ~ of sth** sfotografować coś, zrobić zdjęcie czegoś; **he takes a good ~** (is photogenic) dobrze wychodzi na zdjęciach; (takes good photographs) robi dobre zdjęcia; **I have a ~ of her** mam jej zdjęcie
II *vt* s|fotografować, z|robić zdjęcie (czegoś)
III *vi* **to ~ well** *[person]* być fotogenicznym, dobrze wychodzić na zdjęciach
photograph album *n* album *m* fotograficzny
photographer /fəˈtɒgrəfə(r)/ *n* fotograf *m*
photographic /ˌfəʊtəˈgræfɪk/ *adj* fotograficzny; **to have a ~ memory** mieć fotograficzną pamięć
photographically /ˌfəʊtəˈgræfɪklɪ/ *adv* fotograficznie
photographic library *n* archiwum *n* zdjęć
photography /fəˈtɒgrəfɪ/ *n* fotografika *f*
photogravure /ˌfəʊtəʊgrəˈvjʊə(r)/ *n* fotograwiura *f*, heliograwiura *f*
photojournalism /ˌfəʊtəʊˈdʒɜːnəlɪzəm/ *n* fotoreporterstwo *n*
photojournalist /ˌfəʊtəʊˈdʒɜːnəlɪst/ *n* fotoreporter *m*, -ka *f*
photokinesis /ˌfəʊtəʊkaɪˈniːsɪs/ *n* fotokineza *f*
photolithograph /ˌfəʊtəʊˈlɪθəgrɑːf, US -græf/ *n* odbitka *f* fotolitograficzna
photolithography /ˌfəʊtəʊlɪˈθɒgrəfɪ/ *n* fotolitografia *f*
photolysis /fəʊˈtɒləsɪs/ *n* fotoliza *f*, dysocjacja *f* fotochemiczna
photomap /ˈfəʊtəʊmæp/ *n* fotomapa *f*
photomechanical /ˌfəʊtəʊmɪˈkænɪkl/ *adj* fotomechaniczny
photometer /fəʊˈtɒmɪtə(r)/ *n* fotometr *m*
photometric /ˌfəʊtəʊˈmetrɪk/ *adj* fotometryczny
photometry /fəʊˈtɒmɪtrɪ/ *n* fotometria *f*
photomontage /ˌfəʊtəʊˈmɒntɑːʒ/ *n* fotomontaż *m*
photomultiplier /ˌfəʊtəʊˈmʌltɪplaɪə(r)/ *n* fotopowielacz *m*, powielacz *m* fotoelektronowy
photon /ˈfəʊtɒn/ *n* foton *m*
photo-offset /ˌfəʊtəʊˈɒfset/ *n* fotooffset *m*
photo opportunity *n* sesja *f* zdjęciowa
photoperiod /ˌfəʊtəʊˈpɪərɪəd/ *n* fotoperiod *m*
photoperiodic /ˌfəʊtəʊpɪərɪˈɒdɪk/ *adj* fotoperiodyczny
photoperiodism /ˌfəʊtəʊˈpɪərɪədɪzəm/ *n* fotoperiodyzm *m*
photophobia /ˌfəʊtəʊˈfəʊbɪə/ *n* światłowstręt *m*
photorealism /ˌfəʊtəʊˈrɪəlɪzəm/ *n* fotorealizm *m*
photoreconnaissance /ˌfəʊtəʊrɪˈkɒnɪsns/ *n* rekonesans *m* fotograficzny
photosensitive /ˌfəʊtəʊˈsensətɪv/ *adj* światłoczuły
photosensitivity /ˌfəʊtəʊˌsensəˈtɪvətɪ/ *n* światłoczułość *f*
photosensitize /ˌfəʊtəʊˈsensətaɪz/ *vt* u|czynić czułym na światło
photo session *n* sesja *f* zdjęciowa
photoset /ˈfəʊtəʊset/ *vt* (*prp* **-tt-**; *pt, pp* **-set**) z|robić fotoskład (czegoś)
photo shoot *n* sesja *f* zdjęciowa
Photostat® /ˈfəʊtəstæt/ **I** *n* fotostat *m*
II *vt* (*prp, pt, pp* **-tt-**) z|robić fotokopię (czegoś)
photosynthesis /ˌfəʊtəʊˈsɪnθəsɪs/ *n* fotosynteza *f*, synteza *f* fotochemiczna
photosynthetic /ˌfəʊtəʊsɪnˈθetɪk/ *adj* związany z fotosyntezą
phototelegram /ˌfəʊtəʊˈtelɪgræm/ *n* telekopia *f*
phototelegraphy /ˌfəʊtəʊtɪˈlegrəfɪ/ *n* telegrafia *f* kopiowa or faksymilowa
phototropic /ˌfəʊtəʊˈtrɒpɪk/ *adj* fototropijny, fototropowy
phototropism /ˌfəʊtəʊˈtrəʊpɪzəm/ *n* Biol fototropizm *m*
phototype /ˈfəʊtəʊtaɪp/ *n* (process) fototypia *f*, światłodruk *m*; (print) odbitka *f* światłodrukowa
phototypesetting /ˌfəʊtəʊˈtaɪpsetɪŋ/ *n* skład *m* fotograficzny, fotoskład *m*
phototypography /ˌfəʊtəʊtaɪˈpɒgrəfɪ/ *n* światłodruk *m*, fototypia *f*
phrasal verb /ˈfreɪzlˈvɜːb/ *n* czasownik *m* złożony
phrase /freɪz/ **I** *n* [1] (expression) zwrot *m*, wyrażenie *n*; **some useful ~s in English** użyteczne zwroty or wyrażenia angielskie; **artists who, in Picasso's ~...** artyści, którzy, jak to określił Picasso, ... [2] Ling fraza *f*, grupa *f* składniowa, syntagma *f*; **noun/verb ~** grupa or fraza nominalna /werbalna [3] Mus fraza *f*
II *vt* [1] (express) wyra|zić, -żać *[idea, notion, criticism]*; s|formułować *[question, sentence, refusal]*; u|łożyć, -kładać *[letter]*; **I would have ~d it differently** ja wyraziłbym to inaczej; **a neatly ~d letter** zgrabnie napisany list [2] Mus frazować
phrasebook /ˈfreɪzbʊk/ *n* rozmówki *plt*
phrase marker *n* Ling znacznik *m* frazowy
phraseology /ˌfreɪzɪˈɒlədʒɪ/ *n* ≈ styl *m*
phrase structure *n* Ling struktura *f* frazowa
phrasing /ˈfreɪzɪŋ/ *n* [1] (of thought) wyrażanie *n*, formułowanie *n*; (of sentence, letter) dobór *m* słów [2] Mus frazowanie *n*
phreak /friːk/ *n* infml złodziej *m*, -ka *f* impulsów telefonicznych
phreaking /ˈfriːkɪŋ/ *n* infml kradzież *f* impulsów telefonicznych
phrenic /ˈfrenɪk/ *adj* Anat przeponowy
phrenologist /frəˈnɒlədʒɪst/ *n* frenolog *m*
phrenology /frəˈnɒlədʒɪ/ *n* frenologia *f*
Phrygian cap /ˌfrɪdʒɪənˈkæp/ *n* czapka *f* frygijska, frygijka *f*
phthisiology /ˌθaɪsɪˈɒlədʒɪ/ *n* ftyzjologia *f*, ftyzjatria *f*
phthisis /ˈθaɪsɪs/ *n* Med gruźlica *f*
phut /fʌt/ *adv* infml **to go ~** *[machine]* nawalić, wysiąść infml; *[plans]* spalić na panewce, wziąć w łeb infml
phycology /faɪˈkɒlədʒɪ/ *n* algologia *f*
phylactery /fɪˈlæktərɪ/ *n* Relig filakterie *plt*, tefilin *plt*
phyletic /faɪˈletɪk/ *adj* filogenetyczny
phylloxera /ˌfɪlɒkˈsɪərə, fɪˈlɒksərə/ *n* (*pl* **-rae, -ras**) Zool filoksera *f*, winiec *m*
phylogenesis /ˌfaɪləʊˈdʒenəsɪs/ *n* filogeneza *f*
phylogen(et)ic /ˌfaɪləʊˈdʒenɪk, -dʒɪˈnetɪk/ *adj* filogenetyczny
phylogeny /faɪˈlɒdʒɪnɪ/ *n* = **phylogenesis**
phylum /ˈfaɪləm/ *n* (*pl* **-la**) Biol typ *m*
physic /ˈfɪzɪk/ *n* arch (art of medicine) balwierstwo *n* dat; arch (drug) medykament *m* dat
physical /ˈfɪzɪkl/ **I** *n* infml badanie *n* lekarskie; **to have a ~** zostać przebadanym
II *adj* [1] (bodily) *[disability, illness, symptom, love, attraction]* fizyczny; *[injury]* cielesny; **~ abuse** brutalne zachowanie, rękoczyny; **the ~ effects of alcohol consumption** oddziaływanie alkoholu na organizm; **Italians tend to be more ~** (demonstrative) Włosi w sposób bardziej demonstracyjny okazują swoje uczucia; **did he get ~?** (become intimate) czy cię dotykał?; (become violent) czy posunął się do rękoczynów?; **it was a very ~ game** (rough) to był brutalny mecz [2] (material) *[object, world, conditions]* materialny; *[explanation, law]* naukowy, uzasadniony; **that's a ~ impossibility** to jest fizycznie niemożliwe [3] *[chemistry, science, properties]* fizyczny
physical anthropology *n* antropologia *f* fizyczna
physical culture *n* kultura *f* fizyczna

P

physical education, PE *n* wychowanie *n* fizyczne, WF *m*, wf. *m*
physical examination *n* badanie *n* medyczne
physical fitness *n* sprawność *f* fizyczna
physical geography *n* geografia *f* fizyczna
physical jerks *npl* GB infml dat gimnastyka *f*
physically /ˈfɪzɪklɪ/ *adv* fizycznie; **it's ~ impossible** to fizycznie niemożliwe; **to be ~ abused** zostać potraktowanym brutalnie
physically handicapped **I** *n* **the ~** *(+ v pl)* upośledzeni *m pl* fizycznie
II *adj* **to be ~** być upośledzonym fizycznie, być kaleką
physical sciences *npl* nauki *f pl* fizyczne
physical therapist *n* US Med fizjoterapeut|a *m*, -ka *f*
physical therapy *n* US Med fizjoterapia *f*
physical training, PT *n* wychowanie *n* fizyczne, WF *m*, wf. *m*
physician /fɪˈzɪʃn/ *n* GB dat, US lekarz *m*; medyk *m* dat
physicist /ˈfɪzɪsɪst/ *n* fizyk *m*
physics /ˈfɪzɪks/ *n (+ v sg)* fizyka *f*; **theoretical ~** fizyka teoretyczna
physio /ˈfɪzɪəʊ/ *n* GB [1] = **physiotherapist** fizjoterapeut|a *m*, -ka *f* [2] = **physiotherapy** fizjoterapia *f*
physiognomist /ˌfɪzɪˈɒnəmɪst, US -ˈɒgnəmɪst/ *n* fizjonomista *m*
physiognomy /ˌfɪzɪˈɒnəmɪ, US -ˈɒgnəʊmɪ/ *n* fizjonomia *f*
physiological /ˌfɪzɪəˈlɒdʒɪkl/ *adj* fizjologiczny
physiologist /ˌfɪzɪˈɒlədʒɪst/ *n* fizjolog *m*
physiology /ˌfɪzɪˈɒlədʒɪ/ *n* fizjologia *f*
physiotherapist /ˌfɪzɪəʊˈθerəpɪst/ *n* fizjoterapeut|a *m*, -ka *f*
physiotherapy /ˌfɪzɪəʊˈθerəpɪ/ *n* fizjoterapia *f*
physique /fɪˈziːk/ *n* Med konstytucja *f*, budowa *f* ciała
phytogeography /ˌfaɪtəʊdʒɪˈɒgrəfɪ/ *n* fitogeografia *f*
phytology /faɪˈtɒlədʒɪ/ *n* fitobiologia *f*
phytopathology /ˌfaɪtəʊpəˈθɒlədʒɪ/ *n* fitopatologia *f*
phytoplankton /ˌfaɪtəʊˈplæŋktn/ *n* fitoplankton *m*
pi /paɪ/ *n* Math pi *n inv*
pianissimo /ˌpɪəˈnɪsɪməʊ/ *adj, adv* Mus pianissimo
pianist /ˈpɪənɪst/ *n* pianist|a *m*, -ka *f*
piano /pɪˈænəʊ/ Mus **I** *n* fortepian *m*; (upright) pianino *n*
II *modif [concerto, music, piece, quartet]* fortepianowy; **~ lesson/teacher** lekcja /nauczyciel gry na fortepianie; **~ tuner** stroiciel fortepianów
III *adj, adv* piano
piano accordion *n* Mus akordeon *m*
piano bar *n* bar *m* z pianistą
pianoforte /ˌpɪænəʊˈfɔːtɪ/ *n* Mus fml fortepian *m*
pianola® /pɪəˈnəʊlə/ *n* Mus pianola *f*
piano organ *n* katarynka *f*
piano player *n* pianist|a *m*, -ka *f*
piano roll *n* zwój *m* perforowanej taśmy papierowej *(do pianoli)*
piano stool *n* stołek *m* fortepianowy

piazza /pɪˈætsə/ *n* [1] (square) plac *m* [2] US (veranda) weranda *f*
pic /pɪk/ *n* infml fotka *f* infml
pica[1] /ˈpaɪkə/ *n* Print cycero *n (= 12 pkt)*
pica[2] /ˈpaɪkə/ *n* Med (craving) łaknienie *n* spaczone *(u kobiet w ciąży)*
picador /ˈpɪkədɔː(r)/ *n* pikador *m*
Picardy /ˈpɪkədɪ/ *prn* Pikardia *f*
picaresque /ˌpɪkəˈresk/ *adj [novel, character]* łotrzykowski, pikarejski
picayune /ˌpɪkəˈjuːn/ *adj* US infml dat marny, nędzny
piccalilli /ˌpɪkəˈlɪlɪ/ *n* ostry sos *m* musztardowy z warzywami
piccaninny /ˌpɪkəˈnɪnɪ/ *n* infml offensive mały czarnuch *m* infml offensive
piccolo /ˈpɪkələʊ/ *n* Mus pikolo *n*
pick[1] /pɪk/ *n* [1] (tool) (with one pointed end) kilof *m*; (with two pointed ends) oskard *m*; (of mason) młotek *m* kamieniarski, dziobak *m*; (of geologist) toporek *m*, czekan *m*; (of climber) dziób *m* [2] Mus plektron *m*
pick[2] /pɪk/ **I** *n* [1] (choice) wybór *m*; **to have one's ~ of sth** mieć możliwość wyboru spośród czegoś, móc przebierać w czymś; **to take one's ~ of sth** wybierać coś; **take your ~** wybieraj; **who gets first ~?** kto pierwszy wybiera?; **it's your ~ now** teraz twoja kolej (wybierać) [2] (best) **the ~ of sb /sth** najlepszy spośród kogoś/czegoś; **the ~ of the crop** (fruit) najładniejsze owoce (z całego zbioru); **the ~ of this month's new films** najlepsze nowe filmy tego miesiąca; **the ~ of the bunch** najlepsi ze wszystkich
II *vt* [1] (choose) wyb|rać, -ierać; **to ~ from (among) sb/sth** wybrać spośród kogoś /czegoś; **'~ a card, any card'** „wybierz dowolną kartę"; **to be ~ed for England /for the team** zostać wybranym do reprezentacji Anglii/do drużyny; **to ~ the right time to do sth** wybrać dobry czas na zrobienie czegoś; **she's been ~ed to head the planning committee** została wybrana na szefa komisji planowania; **to ~ the right/wrong person** wybrać właściwą/niewłaściwą osobę; **to ~ one's words** dobierać słowa; **to ~ a fight (with sb)** (physically) wywołać bójkę (z kimś); (quarrel) wywołać kłótnię (z kimś); **to ~ a winner** (in racing) obstawić zwycięzcę; (choose well) dokonać dobrego wyboru [2] (pluck, gather) z|erwać, -rywać *[fruit, flowers]*; z|ebrać, -bierać *[mushrooms, strawberries]*; oskub|ać, -ywać, skubać *[chicken]*; **he ~ed her a rose** zerwał dla niej różę; **to ~ sth off** or **from sth** (with nails) zdrapać coś z czegoś; **he ~ed the bits of fluff from** or **off his sleeve** zeskubał kłaczki z rękawa [3] (poke at) zdrap|ać, -ywać, rozdrap|ać, -ywać *[spot, scab]*; ogry|źć, -zać *[bone]*; **to ~ one's nose/teeth** dłubać w nosie /zębach; **to ~ a hole in one's sweater** wydłubać (sobie) dziurę w swetrze; **to ~ sth to pieces** poszarpać coś na strzępy; **to ~ sb/sth to pieces** fig nie zostawić na kimś/czymś suchej nitki fig; **to ~ a lock** otworzyć wytrychem zamek; **to ~ sb's pockets** przetrząsnąć komuś kieszenie; **I had my pocket ~ed and lost my wallet** ukradziono mi z kieszeni portfel [4] **to ~ one's way through sth** iść wśród czegoś (ostrożnie wybierając drogę); **to ~ one's way down the slope/mountains** schodzić po zboczu/z góry
III *vi* [1] (choose) wyb|rać, -ierać; **to ~ and choose** przebierać infml; **you can't (afford to) ~ and choose** nie masz co przebierać or kręcić nosem; **to ~ and choose among sth** przebierać w czymś [2] (poke) → **pick at, pick over**
■ **pick at**: ¶ **~ at [sth]** [1] (play with) *[person]* dłubać w (czymś), rozdłubywać *[food]*; dłubać przy (czymś) *[knot]*; rozdrapywać *[spot, scab]*; skubać *[fabric]*; **he was ~ing at his dinner** jadł obiad bez apetytu; **birds were ~ing at the crumbs** ptaki dziobały okruszki [2] (pull) ciągnąć za (coś) *[sleeve]* ¶ **~ at [sb]** US → **pick on**
■ **pick off**: ¶ **~ off [sb], ~ [sb] off** (kill) zabi|ć, -jać; powybijać, wybić; (shoot) zastrzelić, powystrzelać; **he ~ed them off one by one** zabił or powystrzelał ich jednego po drugim ¶ **~ off [sth], ~ [sth] off** (remove) z|erwać, -rywać *[apple, cherry]*; **to ~ sth off the table** wziąć coś ze stołu; **to ~ sth off the floor** podnieść coś z podłogi
■ **pick on**: ¶ **~ on [sb]** (victimize) szykanować; (physically) napastować, znęcać się nad (kimś); czepiać się infml; **stop ~ing on me!** przestań się mnie czepiać!; **~ on someone your own size!** nie znęcaj się nad słabszymi (od siebie)! ¶ **~ on [sb/sth]** (choose) wybrać, zdecydować się na (kogoś /coś)
■ **pick out**: **~ out [sb/sth], ~ [sb/sth] out** [1] (select) wyb|rać, -ierać **(from sb/sth** spośród kogoś/czegoś); (single out) wyróżni|ć, -ać **(from sb/sth** spośród kogoś/czegoś); **to be ~ed out from the group** zostać wybranym z grupy [2] (make out, distinguish) dostrze|c, -gać, wypatrzyć *[object, landmark, person in crowd]*; rozpozna|ć, -wać *[person in photo, suspect]*; z|rozumieć, dosłyszeć *[words]*; **to ~ out the theme in a variation** rozpoznać temat w wariacji [3] (highlight) *[artist]* podkreśl|ić, -ać, uwydatni|ć, -ać *[letter, title]*; *[torch, beam]* wydoby|ć, -wać (z tła) *[shape, object]*; **to be ~ed out in red** zostać uwydatnionym or podkreślonym czerwonym kolorem [4] **to ~ out a tune (on the piano)** zaimprowizować melodię (na fortepianie)
■ **pick over**: **~ over [sth], ~ [sth] over** [1] przeb|rać, -ierać, poprzebierać *[lentils, raisins, washing]*; grzebać w (czymś) *[pile of rags, rubbish]* [2] fig wziąć, brać pod lupę fig *[book, film]*
■ **pick through**: **~ through [sth], ~ [sth] through** przetrząs|nąć, -ać *[rubbish, bag]*
■ **pick up**: ¶ **~ up** [1] (improve) *[trade, economy, health, weather]* poprawi|ć, -ać się, polepsz|yć, -ać się; *[ill person]* przy|jść, -chodzić do zdrowia; **things have ~ed up slightly** sprawy mają się lepiej or idą ku lepszemu [2] (go faster) *[wind]* wzm|óc, -agać się; *[speed]* wzr|osnąć, -astać; *[beat]* przyśpiesz|yć, -ać [3] (resume) zacz|ąć, -ynać (na nowo); **let's ~ up (from) where we left off** zacznijmy tam, gdzie skończyliśmy or przerwaliśmy [4] (tidy up) **to ~ up after sb** po|sprzątać po kimś [5] (notice) **to ~ up on**

sth wychwy|cić, -tywać coś [6] (take advantage) **to ~ up on sth** wykorzyst|ać, -ywać coś [7] infml (start relationship) **to ~ up with sb** z|wiązać się z kimś ¶ **~ up [sb/sth], ~ [sb/sth] up** [1] (lift, take hold of) podn|ieść, -osić *[object, child]*; (collect to tidy) po|zbierać, zebrać *[litter, scattered objects]*; **to ~ sth up in** or **with one's left hand** podnieść coś lewą ręką; **the child was asking to be ~ed up** dziecko prosiło (żeby je wziąć) na ręce; **I had to ~ him up when he fell over** musiałem mu pomóc wstać, kiedy się przewrócił; **he ~ed up a pencil and began to write** wziął ołówek i zaczął pisać; **the wave ~ed up the boat** fala uniosła łódź; **to ~ up the telephone** podnieść słuchawkę; **to ~ up the bill** or **tab (for sth)** infml zapłacić (za coś); **~ your feet up!** infml zabierz się solidnie do roboty! [2] (collect) zab|rać, -ierać *[passenger, cargo]*; (collect by arrangement) od|ebrać, -bierać *[dry-cleaning, ticket, key]*; **to ~ sb up at the airport/station** zabrać kogoś z lotniska/ze stacji; **could you ~ me up?** czy mógłbyś po mnie przyjechać? ¶ **~ up [sth], ~ [sth] up** [1] kup|ić, -ować *[milk, bread, newspaper]*; **could you ~ up some milk on the way home?** czy mógłbyś kupić mleko w drodze do domu?; **to ~ up a bargain** trafić na okazję [2] (learn, acquire) na|uczyć się (czegoś) *[language]*; zdoby|ć, -wać *[knowledge, skill, information]*; u|słyszeć *[rumour, news]*; na-b|rać, -ierać (czegoś) *[accent, habit]*; **where did you ~ up such manners?** gdzie się nauczyłeś takich manier?; **it's not difficult, you'll soon ~ it up** to nietrudne, szybko się nauczysz; **I'm hoping to ~ up some tips** mam nadzieję, że się czegoś dowiem; **where do you ~ up all those jokes of yours?** skąd znasz te wszystkie kawały? [3] (catch) zara|zić, -żać się (czymś) *[illness, cold]*; złapać infml *[infection]* [4] (notice, register) zna|leźć, -jdować *[mistake, error]*; wykry|ć, -wać *[defect]*; **she ~ed up the hint and left** pojęła aluzję i wyszła [5] (detect) *[searchlight, radar]* wykry|ć, -wać *[aircraft, person, object]*; *[person, animal]* trafi|ć, -ać na (coś) *[trail, scent]*; po|czuć *[smell]*; u|słyszeć *[sound]*; dostrze|c, -gać *[movement]*; Radio, Telecom od|ebrać, -bierać *[signal, broadcast]* [6] (gain, earn) zysk|ać, -iwać, zdoby|ć, -wać *[point, reputation]*; **he ~s up over a thousand a week** infml zgarnia tygodniowo ponad tysiąc infml; **to ~ up speed** zwiększać prędkość, rozpędzać się, nabierać szybkości, przyśpieszać [7] (resume) pod|jąć, -ejmować na nowo *[conversation, career]*; **to ~ up the thread** podjąć wątek; **you'll soon ~ up your English again** szybko sobie przypomnisz angielski; **to ~ up the pieces (of one's life)** ułożyć sobie życie na nowo ¶ **~ [sb] up, ~ up [sb]** [1] (rescue) *[helicopter, ship]* wy|ratować *[person]* [2] (arrest) *[police]* zatrzym|ać, -ywać *[suspect]* [3] pej (form casual acquaintance with) pod|erwać, -rywać infml *[person, partner]* [4] (find fault with) z|ganić (kogoś), zwr|ócić, -acać (komuś) uwagę *[person]* **(on sth** z powodu czegoś); (correct) poprawi|ć, -ać *[person]*; **they'll ~ you up for being improperly dressed** zwrócą ci uwagę, że jesteś nieodpowiednio ubrany; **he ~ed me up every time I made a mistake** poprawiał mnie za każdym razem, kiedy zrobiłem błąd; **I must ~ you up on that** tu nie mogę się z tobą zgodzić ¶ **~ [oneself] up** [1] (get up) podn|ieść, -osić się (po upadku) [2] fig (recover) pozbierać się infml

pickaback /ˈpɪkəbæk/ *n, adv, vt, vi* = **piggyback**

pickaninny *n* US = **piccaninny**

pickaxe GB, **pickax** US /ˈpɪkæks/ *n* (with one pointed end) kilof *m*; (with two pointed ends) oskard *m*

picked /pɪkt/ *adj [group]* doborowy

picker /ˈpɪkə(r)/ *n* zbieracz *m (owoców)*; **hop-~s** zatrudnieni przy zbiorach chmielu

picket /ˈpɪkɪt/ **I** *n* [1] (group) pikieta *f*; (one person) pikietując|y *m*, -a *f*; **to be on a ~** stać na pikiecie → **flying picket** [2] Mil (detachment) oddział *m*; (on reconnaissance) czujka *f*, pikieta *f*; (on guard) warta *f* [3] (stake, post) tyczka *f*, palik *m*; (thick) pal *m*; (for surveying) tyczka *f* miernicza; (in fence) sztachet(k)a *f*

II *vt* [1] *[protesters, strikers]* pikietować *[factory, embassy]* [2] Mil (post pickets at) obstawi|ć, -ać pikietami; (serve as pickets at) pikietować, pilnować (czegoś) *[place, position]* [3] (fence in) ogr|odzić, -adzać *[land]*

III *vi* pikietować

picket duty *n* **to be on ~** stać na pikiecie; Mil mieć wartę

picket fence *n* parkan *m*, płot *m*

picketing /ˈpɪkɪtɪŋ/ *n* pikietowanie *n*

picket line *n* kordon *m* pikietujących; **to cross the ~** przejść przez kordon pikiet

picking /ˈpɪkɪŋ/ **I** *n* (of fruit) zrywanie *n*; (of strawberries, mushrooms) zbieranie *n*

II pickings *npl* [1] (rewards) zyski *m pl*, profity *m pl*; **there are rich ~s to be had here** można się tu nieźle obłowić infml; **there'll be slim ~s for us on this job** kokosów w tej pracy nie zrobimy infml [2] (scraps of food) resztki *f pl*

pickle /ˈpɪkl/ **I** *n* [1] (preserving substance) zalewa *f*; (vinegar) marynata *f*; **pork in ~** wieprzowina w zalewie [2] (preserved food) marynata *f*; **~s** pikle [3] (gherkin) korniszon *m*

II *vt* (in vinegar) za|marynować; (in brine) za|kisić *[vegetables]*; za|peklować *[meat]*

IDIOMS: **to be in a (pretty) ~** hum napytać sobie biedy; (ładnie) się urządzić infml

pickled /ˈpɪkld/ *adj* [1] Culin *[onion, gherkin]* marynowany [2] GB infml (drunk) zalany, zaprawiony infml

picklock /ˈpɪklɒk/ *n* [1] (tool) wytrych *m* [2] (burglar) włamywacz *m*, -ka *f*

pick-me-up /ˈpɪkmɪʌp/ *n* (non-alcoholic) napój *m* orzeźwiający; (alcoholic) kieliszek *m* na wzmocnienie; **I had a brandy as a ~** wypiłem kieliszek brandy na wzmocnienie

pickpocket /ˈpɪkpɒkɪt/ *n* złodziej *m* kieszonkowy; kieszonkowiec *m*, doliniarz *m* infml

pickup /ˈpɪkʌp/ *n* [1] (in record player) przetwornik *m* or wkładka *m* gramofonu; **~ (arm)** ramię gramofonu [2] (on electric guitar) przetwornik *m* [3] Radio, TV (reception) odbiór *m* [4] Transp **(**also **~ truck** or **van)** furgonetka *f*, pikap *m*, pick-up *m* [5] Transp (collection) (of goods) odbiór *m*; (of passengers) *pasażerowie zabierani po drodze*; **the school bus makes about twenty ~s** autobus szkolny zabiera dzieci z około dwudziestu przystanków; **I've still got two ~s to make** zatrzymuję się jeszcze dwa razy po drodze [6] infml (sexual partner) zdobycz *f* fig [7] Aut (acceleration) przyśpieszenie *n*, zryw *m* [8] (in business, economy) poprawa *f*, ożywienie *n*

pickup arm *n* = **pickup** [1]

pickup point *n* (for passengers) przystanek *m*, miejsce *n* zbiórki; (for goods) miejsce *n* odbioru

pickup truck *n* = **pickup** [4]

pickup van *n* GB = **pickup** [4]

picky /ˈpɪkɪ/ *adj* infml wybredny, grymaśny **(about sth** jeśli chodzi o coś); **to be a ~ eater** być wybrednym w jedzeniu

pick your own, PYO *n, adj* ≈ „sam nazbieraj" *(forma zakupu owoców i warzyw bezpośrednio od producenta)*

picnic /ˈpɪknɪk/ **I** *n* [1] (outing) piknik *m*, majówka *f*; **to go for** or **on a ~** urządzić (sobie) piknik [2] (food) prowiant *m*, jedzenie *n*; wałówka *f* infml; **we took a ~ with us** zabraliśmy ze sobą jedzenie

II *vi* (*prp, pt, pp* **-ck-**) urządz|ić, -ać piknik

IDIOMS: **it's no ~!** to nie przelewki!, to nie byle co!

picnic basket *n* (basket) kosz *m* z wiekiem *(zwykle w kształcie walizeczki)*; (any container) pojemnik *m* na prowiant

picnic hamper *n* = **picnic basket**

picnicker /ˈpɪknɪkə(r)/ *n* wycieczkowicz *m (uczestnik pikniku)*

picnic lunch *n* prowiant *m*; wałówka *f* infml

Pict /pɪkt/ *n* Pikt *m*

Pictish /ˈpɪktɪʃ/ **I** *n* (język *m*) piktyjski *m*

II *adj* piktyjski

pictogram /ˈpɪktəgræm/ *n* [1] (sign) piktogram *m* [2] (chart) wykres *m* obrazowy

pictograph /ˈpɪktəgrɑːf, US -græf/ *n* = **pictogram**

pictorial /pɪkˈtɔːrɪəl/ **I** *n* dat magazyn *m* ilustrowany

II *adj* [1] (in pictures) *[magazine, calendar]* ilustrowany; *[history]* obrazkowy; *[information]* graficzny [2] Art *[style, technique, work]* malarski [3] (resembling pictures) *[account, description, language]* obrazowy

pictorially /pɪkˈtɔːrɪəlɪ/ *adv* [1] (by means of pictures) *[portray, show]* obrazowo, graficznie [2] (from a pictorial point of view) pod względem techniki malarskiej

picture /ˈpɪktʃə(r)/ **I** *n* [1] (visual depiction) (painting) obraz *m*; (small) obrazek *m*; (drawing) rysunek *m*; (in book) rycina *f*; (in child's book) obrazek *m*; **in the ~** na obrazie; **what's that ~ of?** co przedstawia ten obraz?; **to draw/paint a ~ of sb/sth** narysować /namalować kogoś/coś; **to paint sb's ~** sportretować kogoś, namalować portret kogoś [2] fig (description, mental image) obraz *m*; **to paint a ~ of sb/sth** przedstawić obraz kogoś/czegoś; **to paint** or **draw a gloomy /optimistic ~ of sth** przedstawiać or malować ponury/optymistyczny obraz czegoś; **to give** or **present a clear/accurate ~ of sth** dać or przedstawić jasny/prawdziwy obraz czegoś [3] fig (overview) sytuacja *f*; **to get the ~** rozumieć or pojmować sytuację; **you're not welcome here, get the ~?** infml nie jesteś tu mile widziany, kapujesz? infml; **to put/keep sb in the ~**

wprowadzić kogoś w sytuację/informować kogoś na bieżąco; **to be in the ~** orientować się w sytuacji; **that's not the whole ~** to jeszcze nie wszystko [4] Phot zdjęcie *n*, fotografia *f*; **to take a ~ (of sb /sth)** zrobić zdjęcie (kogoś/czegoś) [5] Cin (film) film *m*; obraz *m* fml; **to make a ~** zrobić or nakręcić film [6] TV obraz *m*; **the ~ is blurred** obraz jest nieostry

II pictures *npl* infml **the ~s** kino *n*; **to go to the ~s** pójść do kina

III *vt* [1] (form mental image of) wyobra|zić, -żać sobie *[person, place, scene]*; **try to ~ yourself lying on a beach** wyobraź sobie, że leżysz na plaży [2] (show in picture form) przedstawi|ć, -ać, ukaz|ać, -ywać; (in writing) odmalow|ać, -ywać fig *[person, situation]*; **the artist has ~d him as a young man** artysta przedstawił go jako młodego mężczyznę; **the vase (~d above)** wazon (przedstawiony powyżej)

IDIOMS: **to be the ~ of health** być okazem zdrowia; **to be the ~ of misery/innocence** być uosobieniem nieszczęścia/niewinności; **to be the ~ of sb** być żywym obrazem kogoś; **to look** or **be a ~** wyglądać pięknie or być pięknym jak obrazek; **her face was a ~ (when I told her about it)!** trzeba było widzieć jej twarz (kiedy jej o tym powiedziałem)!

picture book I *n* książeczka *f* z obrazkami

II picture-book *modif [cottage, setting]* (śliczny) jak z obrazka

picture card *n* figura *f* (karciana)

picture desk *n* Journ dział *m* fotoreporterski

picture editor *n* kierownik *m* działu fotoreporterskiego

picture frame *n* rama *f* obrazu; (small) ramka *f*

picture framer *n* ramiarz *m*

picture framing *n* (act) oprawianie *n* (obrazów); (frame) oprawa *f*

picture gallery *n* galeria *f* malarstwa or obrazów

picture hat *n* kapelusz *m* (damski) z dużym rondem *(zwykle zdobiony piórami, kwiatami)*

picture hook *n* haczyk *m* do zawieszania obrazów

picture house *n* dat kino *n*; kinematograf *m* dat

picture palace *n* dat = **picture house**

picture-perfect /ˌpɪktʃəˈpɜːfɪkt/ *adj* US prześliczny, (śliczny) jak z obrazka

picture postcard I *n* widokówka *f*

II picture-postcard *modif* GB prześliczny, (śliczny) jak z obrazka

picture rail *n* listwa *f* wykończeniowa *(mogąca służyć do zawieszania obrazów)*

picturesque /ˌpɪktʃəˈresk/ *adj [view, setting, account]* malowniczy; *[character, language, style]* barwny

picturesquely /ˌpɪktʃəˈresklɪ/ *adv [situated]* malowniczo; *[described]* barwnie

picture window *n* okno *n* panoramiczne

picture wire *n* drut *m* do zawieszania obrazów

picture writing *n* pismo *n* obrazkowe

PID *n* → **pelvic inflammatory disease**

piddle /ˈpɪdl/ infml **I** *n* **to go for a ~** iść się wysiusiać infml

II *vi* (urinate) siusiać infml; **to ~ in sth** nasiusiać do czegoś; **to ~ all over the floor** zasiusiać całą podłogę

■ **piddle away**: **~ away [sth], ~ [sth] away** z|marnować *[life, time]*

■ **piddle down** GB **it's been piddling down all day** (deszcz) siąpi cały dzień

piddling /ˈpɪdlɪŋ/ *adj* infml *[sum, salary]* śmiesznie niski; *[detail, job, matter, objection]* błahy; bzdurny infml

pidgin /ˈpɪdʒɪn/ *n* pidżyn *m*, pidgin *m*; **~ English** łamana angielszczyzna

pie /paɪ/ *n* [1] (savoury) ≈ pieróg *m*; (small) pasztecik *m*; **meat/fish ~** pieróg nadziewany mięsem/rybą [2] (sweet) **apple ~** szarlotka; **plum ~** placek ze śliwkami

IDIOMS: **it's all ~ in the sky** to jak obiecywać gruszki na wierzbie; **it's as easy as ~** to łatwizna infml; **to have a finger in every ~** zajmować się wszystkim po trochu; pej wtrącać się do wszystkiego; **they all want a piece of the ~** każdy chce skorzystać; **to be as sweet** or **nice as ~** być słodkim jak miód

piebald /ˈpaɪbɔːld/ **I** *n* tarant *m*

II *adj* srokaty, łaciaty

piece /piːs/ **I** *n* [1] (indeterminate amount) kawałek *m* **(of sth** czegoś**)**; **a large ~ of sth** kawał czegoś; **a ~ of fabric/string /bread** kawałek materiału/sznurka/chleba [2] (unit) sztuka *f*; **a ~ of advice** rada; **a ~ of clothing** część garderoby; **a ~ of evidence** dowód; **a ~ of furniture** mebel; **a ~ of information** informacja; **a ~ of legislation** prawo, ustawa; **a ~ of luggage** sztuka bagażu; **a ~ of news** wiadomość, nowina; **a ~ of pottery** przedmiot ceramiczny; **a ~ of sculpture** rzeźba; **it's a good ~ of work!** (to) dobra robota! infml; **I've had a ~ of good/bad luck** miałem szczęście/pecha; **to be paid by the ~** mieć płacone od sztuki; **they cost £20 a ~** kosztują 20 funtów sztuka or za sztukę [3] (component part) część *f*; (of literary work) fragment *m*; **he read them a ~ out of the book** przeczytał im fragment książki; **~ by ~** (kawałek) po kawałku; **in ~s** w częściach; **to come in ~s** *[kit furniture]* być dostarczanym w częściach (do złożenia); **to take sth to ~s** rozłożyć or rozebrać coś na części [4] (broken fragment) kawałek *m*; **in ~s** w kawałkach; **to fall to ~s** *[object]* rozpaść się na kawałki; *[machine]* rozlecieć się; fig *[case, plan]* upaść; *[argument]* zawieść fig; **it came to ~s in my hands** rozpadło or rozleciało mi się w rękach; **to go to ~s** fig *[person]* (from shock) załamać się; (in crisis) stracić głowę [5] (artistic work) dzieło *n*; (of music, writing) utwór *m*; (sculpture) rzeźba *f*; (painting) obraz *m*; (article) artykuł *m* **(on sb/sth** na temat kogoś /czegoś**)** [6] (instance) **a ~ of sth** przykład czegoś *[propaganda, materialism]*; **a wonderful ~ of acting/engineering** popis sztuki aktorskiej/techniki [7] (coin) moneta *f*; **a ~ of gold/silver** sztuka złota/srebra dat; **a 50p ~** pięćdziesięciopensówka; **30 ~s of silver** trzydzieści srebrników [8] Games pionek *m*, pion *m*; **a chess ~** pion(ek) szachowy [9] Mil (cannon) działo *n*, armata *f*; (gun) karabin *m* [10] infml (gun) gnat *m* infml [11] infml (woman) babka *f* infml [12] US infml (distance) kawał *m* or szmat *m* drogi; **that's a fair ~ from here** to spory kawał drogi stąd, to szmat drogi stąd

II -piece *in combinations* **a 60-~ cutlery set** komplet sześćdziesięciu sztućców; **a 5-~ band** zespół pięciu muzyków

■ **piece together**: **~ together [sth], ~ [sth] together** [1] po|składać *[fragments, shreds]*; złożyć, składać *[vase]*; u|łożyć, -kładać *[puzzle]*; zszy|ć, -wać *[garment]* [2] fig z|rekonstruować, odtw|orzyć, -arzać *[event]*; po|łączyć w jedną całość *[facts, evidence]*; **they tried to ~ together what had happened** próbowali odtworzyć przebieg wypadków

IDIOMS: **to be (all) of a ~** *[town, house]* być utrzymanym w jednym stylu; **to be (all) of a ~ with sth** *[action, ideas, statement]* przystawać do czegoś, współbrzmieć z czymś; **to be still in one ~** *[object]* być całym, być nieuszkodzonym; **the car was a wreck, but we got out in one ~** samochód był doszczętnie rozbity, ale my wyszliśmy z tego cało or bez szwanku; **to give sb a ~ of one's mind** powiedzieć komuś kilka słów prawdy; **to pick** or **pull sb/sth to ~s** schlastać or zjechać kogoś /coś infml; **to pick up the ~s** ratować sytuację; **to pick up the ~s of one's life** starać się ułożyć sobie życie (na nowo); **I've said my ~** powiedziałem, co miałem do powiedzenia

pièce de résistance /ˌpjesdəˈrɪstɑːns, US -ˌreziˈstɑːns/ *n* (dish) popisowe danie *n*; (of programme) gwóźdź *m* programu, clou *n inv*; (work of art) arcydzieło *n*; fig popisowy numer *m*

piecemeal /ˈpiːsmiːl/ **I** *adj [reforms, legislation]* fragmentaryczny; *[story, description]* chaotyczny, nieuporządkowany; *[approach, research]* wyrywkowy

II *adv* (gradually) po trochu; (unsystematically) chaotycznie, wyrywkowo

piecework /ˈpiːswɜːk/ **I** *n* praca *f* akordowa or na akord; **to be on ~** pracować na akord

II *modif [rate]* akordowy

piece-worker /ˈpiːswɜːkə(r)/ *n* zatrudniony *m* na akord

pie chart *n* diagram *m* kołowy

pie crust *n* spód *m* z kruchego ciasta

pied /paɪd/ *adj [petals, flowers]* nakrapiany; *[coat, dress]* pstry; *[horse]* srokaty

pied-à-terre /ˌpjeɪdɑːˈteə(r)/ *n* pied-à-terre *n inv*

pie dish *n* forma *f* do pieczenia *(ciast, tart)*

piedmont /ˈpiːdmɒnt/ *adj* Geol podgórski, piedmontowy

Piedmont /ˈpiːdmɒnt/ *prn* Piemont *m*

Pied Piper /ˌpaɪdˈpaɪpə(r)/ *n* **the ~ (of Hamelin)** Szczurołap *m* z Hameln

pied wagtail *n* Zool pliszka *f*

pie-eyed /ˌpaɪˈaɪd/ *adj* infml zawiany infml

pier /pɪə(r)/ *n* [1] (platform) pomost *m*; (at seaside resort) molo *n* [2] (part of harbour) pirs *m*; (landing stage) przystań *f* [3] Constr (of bridge, dam, church) filar *m*; (between windows) filarek *m* (międzyokienny) [4] (in airport) pier *m*

pierce /pɪəs/ *vt* [1] (make a hole in) przedziurawi|ć, -ać, z|robić dziurkę w (czymś) *[paper]*; przekłu|ć, -wać *[ears, nose]*; (go through) przebi|ć, -jać, przeszy|ć, -wać *[ar-*

mour, skin]; **to ~ a hole in sth** zrobić w czymś dziur(k)ę; **to have one's ears ~d** mieć przekłute uszy; **to ~ the enemy lines** Mil przerwać linie wroga [2] fig *[light]* przeszy|ć, -wać, przebi|ć, -jać się przez (coś); *[cold, wind]* przenik|nąć, -ać; **the sun ~d the haze** słońce przebiło się przez mgłę; **a sudden scream ~d the air** powietrze przeszył nagły krzyk

piercing /ˈpɪəsɪŋ/ *adj [eyes, look, cold, wind, scream, sound]* przenikliwy, przeszywający; *[noise]* dziki; *[light]* oślepiający, jaskrawy; *[wit]* cięty; *[sarcasm]* zjadliwy; *[remark, question]* wnikliwy

pier glass *n* tremo *n* dat

pierhead /ˈpɪəhed/ **I** *n* [1] (at seaside resort) koniec *m* mola; (at harbour) głowica *f* pirsu [2] (at airport) pirs *m*

II *modif [humour, entertainment]* niewybredny, niewyszukany; *[entertainer]* jarmarczny

pieris /ˈpaɪərɪs/ *n* (*pl* ~) [1] Bot pieris *m* [2] Zool bielinek *m*

pierrot /ˈpɪərəʊ/ *n* pierrot *m*

Pietà /pjeɪˈtɑː/ *n* pieta *f*

pietism /ˈpaɪətɪzəm/ *n* pej świętoszkowatość *f*, bigoteria *f*

Pietism /ˈpaɪətɪzəm/ *n* Relig Hist pietyzm *m*

Pietist /ˈpaɪətɪst/ *n* Relig Hist pietyst|a *m*, -ka *f*

pietistic(al) /ˌpaɪəˈtɪstɪk(l)/ *adj* pej bigoteryjny, świętoszkowaty

piety /ˈpaɪətɪ/ **I** *n* [1] Relig pobożność *f* [2] (filial) oddanie *n*

II pieties *npl* pej nieszczere zapewnienia *n pl*

piezoelectric /piːˌeɪzəʊɪˈlektrɪk/ *adj* piezoelektryczny; **~ crystal** kryształ piezoelektryczny, piezoelektryk

piezoelectricity /piːˌeɪzəʊˌɪlekˈtrɪsətɪ/ *n* piezoelektryczność *f*

piezometer /ˌpaɪɪˈzɒmɪtə(r)/ *n* piezometr *m*

piffle /ˈpɪfl/ *n* GB infml duby *plt* smalone liter; dyrdymały *plt* infml

piffling /ˈpɪflɪŋ/ *adj* GB infml bzdurny infml; (insignificant) śmiesznie mały

pig /pɪg/ **I** *n* [1] (animal) świnia *f*; **to be in ~** *[sow]* być prośną [2] infml fig pej (obnoxious person) świnia *f* infml pej; (glutton) żarłok *m*; (dirty person) świntuch *m*, prosię *n* infml pej; **to eat like a ~** obżerać się jak świnia; **to live like a ~** mieszkać jak w chlewie; **to make a ~ of oneself** objeść się; opchać się infml [3] infml offensive (policeman) glina *m*, gliniarz *m* infml; **the ~s** gliny, gliniarze [4] GB infml (task) **this is a ~ of a job** to jest cholerna robota infml

II *vi* (*prp, pt, pp* **-gg-**) *[sow]* o|prosić się

III *vr* (*prp, pt, pp* **-gg-**) infml **to ~ oneself (on sth)** ob|eżreć, -żerać się (czymś) jak świnia infml

■ **pig out** infml ob|eżreć, -żerać się infml **(on sth** czegoś)

IDIOMS: **to buy a ~ in a poke** kupić kota w worku; **~s might fly** nie wierzę w cuda; **in a ~'s eye!** US infml już to widzę!, akurat!; **to make a ~'s ear of sth** sknocić or skopać coś infml; **to ~ it** infml mieszkać jak w chlewie

pigeon /ˈpɪdʒɪn/ *n* gołąb *m*

IDIOMS: **that's your ~!** infml to twoja sprawa!; **to put** or **set the cat among the ~s** wsadzić kij w mrowisko

pigeon-breasted /ˌpɪdʒɪnˈbrestɪd/ *adj* z kurzą klatką piersiową

pigeon-chested /ˌpɪdʒɪnˈtʃestɪd/ *adj* = **pigeon-breasted**

pigeon fancier *n* hodowca *m* gołębi, gołębiarz *m*

pigeonhole /ˈpɪdʒɪnhəʊl/ GB **I** *n* [1] (in desk, wall unit) przegródka *f* [2] fig (neat category) kategoria *f*; **to put sb/sth in a ~** zaszufladkować kogoś/coś

II *vt* [1] (categorize) za|szufladkować, za|szeregować *[person, idea]*; **to ~ sb as a comedian** zaszufladkować kogoś jako komika [2] (file) po|sortować *[papers, letters]* [3] (postpone) od|łożyć, -kładać na później

pigeon house *n* gołębnik *m*

pigeon loft *n* = **pigeon house**

pigeon post *n* GB **to send a message by ~** wysłać gołębia pocztowego z wiadomością

pigeon racing *n* wyścigi *m pl* gołębi pocztowych

pigeon shooting *n* strzelanie *n* do gołębi

pigeon-toed /ˌpɪdʒɪnˈtəʊd/ *adj* **to be ~** stawiać stopy palcami do środka

pig farm *n* chlewnia *f*, tuczarnia *f* trzody chlewnej

pig farmer *n* hodowca *m* trzody chlewnej

pig farming *n* hodowla *f* trzody chlewnej

piggery /ˈpɪgərɪ/ *n* (pigsty) świniarnia *f*, chlew *m*

piggish /ˈpɪgɪʃ/ *adj* (greedy) żarłoczny; (dirty) brudny; (rude) chamski; (fat and uncouth) opasły

piggy /ˈpɪgɪ/ **I** *n* baby talk świnka *f*

II *adj [manners]* chamski; **to have ~ eyes** mieć świńskie oczka

IDIOMS: **to be ~ in the middle** fig znaleźć się między młotem a kowadłem

piggyback /ˈpɪgɪbæk/ **I** *n* [1] (also **~ ride**) **to give sb a ~** wziąć/nieść kogoś na barana [2] Rail platforma *f*; **~ traffic** przewóz ładownych pojazdów samochodowych koleją; **to give sth a ~** *[railway carriage, shuttle]* przewieźć coś, przetransportować coś

II *adv [ride, carry]* na barana

III *vt* [1] (carry) n|ieść, -osić kogoś na barana [2] Rail, Aerosp przew|ieźć, -ozić **(on sth** na czymś) [3] **to be ~ed on sth** (superposed) być nałożonym na coś; fig *[expenses]* zostać podciągniętym pod coś

IV *vi* [1] fig **to ~ on the back of sth** *[expenses]* zostać podciągniętym pod coś [2] Rail, Aerosp zostać przewiezionym or przetransportowanym

piggy bank *n* świnka *f (skarbonka)*

pigheaded /ˌpɪgˈhedɪd/ *adj* pej *[person]* uparty jak osioł pej

pigheadedly /ˌpɪgˈhedɪdlɪ/ *adv* pej z oślim uporem pej

pigheadedness /ˌpɪgˈhedɪdnɪs/ *n* pej ośli upór *m* pej

pig ignorant *adj* infml pej kompletnie zielony infml

pig iron *n* Tech surówka *f*

Pig Latin *n tajny język wymyślany przez dzieci*

piglet /ˈpɪglɪt/ *n* prosię *n*, prosiak *m*; (diminutive) prosiaczek *m*

pigment /ˈpɪgmənt/ *n* pigment *m*, barwnik *m*

pigmentation /ˌpɪgmənˈteɪʃn/ *n* (colouring) zabarwienie *n*, pigmentacja *f*; (discoloration) przebarwienie *n*

pigmented /ˈpɪgməntɪd/ *adj* (coloured) zabarwiony; (discoloured) przebarwiony

pigmy *n* = **pygmy**

pigpen /ˈpɪgpen/ *n* US = **pigsty**

pigskin /ˈpɪgskɪn/ **I** *n* świńska skóra *f*

II *modif [bag]* (wykonany) ze świńskiej skóry

pigsty /ˈpɪgstaɪ/ *n* chlew *m* also fig; (big) chlewnia *f*

pigswill /ˈpɪgswɪl/ *n* [1] zlewki *plt*, pomyje *plt* [2] fig (nasty food) pomyje *plt* fig

pigtail /ˈpɪgteɪl/ *n* [1] (plait) warkocz *m*; (thin) warkoczyk *m*, mysi ogonek *m*; **to wear one's hair in ~s** nosić warkocze [2] (bunch) kucyk *m*

pike[1] /paɪk/ *n* Hist (spear) pika *f*

pike[2] /paɪk/ *n* (*pl* **~s, ~**) Zool szczupak *m*

pike[3] /paɪk/ *n* GB (mountain) turnia *f*

pike[4] /paɪk/ *n* GB Sport (in swimming) pozycja *f* pikowa; (in gymnastics) wyskok *m* w pozycji łamanej

pike[5] /paɪk/ *n* → **turnpike**

pikeman /ˈpaɪkmən/ *n* (*pl* **-men**) Hist pikinier *m*

pikeperch /ˈpaɪkpɜːtʃ/ *n* (*pl* **~, ~es**) Zool sandacz *m*

piker /ˈpaɪkə(r)/ *n* US infml pej (stingy person) kutwa *m/f* infm pej; (timid gambler) ostrożny gracz *m*

pikestaff /ˈpaɪkstɑːf, US -stæf/ *n* drzewce *n* piki

IDIOMS: **it's as plain as a ~** to jasne jak słońce

pilaf(f) /pɪˈlæf, US -ˈlɑːf/ *n* Culin = **pilau**

pilaster /pɪˈlæstə(r)/ *n* Archit pilaster *m*

pilau /pɪˈlaʊ/ *n* Culin pilaw *m*; **~ rice** ryż z przyprawami bliskowschodnimi

pilchard /ˈpɪltʃəd/ *n* (*pl* **~, ~s**) Zool sardynka *f* (europejska)

pile[1] /paɪl/ **I** *n* [1] (untidy heap) kupa *f*, sterta *f* **(of sth** czegoś); (stack) stos *m* **(of sth** czegoś); (of food on plate) kopiasta porcja *f* **(of sth** czegoś); **to be in a ~** leżeć na kupie; **to leave sth in a ~** zostawić coś na kupie; **to sort sth into ~s** posortować coś na kupki; **to make a ~ of sth** ułożyć stos czegoś; **put those books into ~s** poukładaj książki w stosy or kupki [2] infml (large amount) kupa *f* infml; **a ~** or **~s of sth** kupa czegoś; **to have ~s of money** mieć kupę pieniędzy [3] infml (fortune, money) majątek *m*; kupa *f* forsy infml; **that's how he made his ~** tak zbił majątek; **she made a ~ on the stock market** zarobiła kupę forsy na giełdzie [4] Elec, Nucl stos *m* [5] liter or hum (building) gmaszysko *n*

II *vt* (in a heap) zwal|ić, -ać (na kupę) **(on sth** na czymś, na coś); (in a stack) u|łożyć, -kładać w stos; (cram in) w|pakować; **to be ~d with sth** *[surface]* być zastawionym czymś *[books, objects]*; **the room was ~d high with boxes** pokój był zapełniony stosami pudeł; **a plate ~d high with cakes** talerz z górą ciastek; **to ~ coal on(to) the fire** dokładać węgla do ognia; **to ~ rice on(to) one's plate** nałożyć sobie górę ryżu; **her hair was ~d on top of her head** miała włosy wysoko upięte; **to ~ luggage into a car** wpakować or wrzucić bagaż do samochodu

III *vi* infml [1] (board) tłoczyć się; **to ~ on a bus/train** władować się or wtłoczyć się do autobusu/pociągu; **to ~ off a bus/train** wylać się or wysypać się z autobusu/pociągu; **to ~ into a taxi** wepchnąć się do taksówki [2] (crash) **to ~ into sb/sth** zderz|yć, -ać się z kimś/czymś, wpa|ść, -dać na kogoś/coś; władow|ać, -ywać się na kogoś/coś infml

■ **pile in** infml władow|ać, -ywać się, wtł|oczyć, -aczać się do środka; **the bus came and we all ~d in** nadjechał autobus i wszyscy władowaliśmy się or wtłoczyliśmy się do środka

■ **pile on** infml [1] (add) do|łożyć, -kładać; **I ~d on some more coal** dołożyłem or dorzuciłem trochę węgla (do ognia) [2] (exaggerate) **to ~ on the charm** czarować, być bardzo uwodzicielskim; **to ~ on the praise/criticism** przesadzać z pochwałami/krytyką; **to ~ it on** przesadzać; przeginać pałę infml

■ **pile up**: ¶ *[leaves, snow, rubbish, mail]* na|gromadzić się; *[debts, problems]* nar|osnąć, -astać; *[work, evidence]* u|zbierać się; **snow was piling up against the wall** nagromadziło się śniegu przy murze; **my work is piling up** jestem zawalony pracą ¶ **~ up [sth], ~ [sth] up** [1] (form stack of) u|łożyć, -kładać w stos; (disorderly) rzuc|ić, -ać na kupę; **to be ~d up (on sth)** *[books, plates]* zawalać coś [2] fig z|gromadzić *[evidence]*; narobić (czegoś), robić *[debts]*; przysp|orzyć, -arzać (czegoś) *[problems, work]*

IDIOMS: **to be at the top/bottom of the ~** być na samej górze/na samym dole *(w hierarchii)*

pile² /paɪl/ *n* Tex (of fabric) meszek *m*; (of carpet) włos *m*; **a deep-~ carpet** puszysty dywan; **to brush sth with the ~/against the ~** szczotkować coś z włosem/pod włos

pile³ /paɪl/ *n* Constr (post) pal *m*

pile driver *n* kafar *m*

pile fabric *n* Tex tkanina *f* z meszkiem or włosem

piles /paɪlz/ *npl* Med hemoroidy *plt*

pile shoe *n* Tech but *m* or trzewik *m* pala

pileup /ˈpaɪlʌp/ *n* Aut karambol *m*

pilfer /ˈpɪlfə(r)/ **I** *vt* podkradać *(drobne, małowartościowe przedmioty)* **(from sb** komuś); **to ~ money from the till** podkradać pieniądze z kasy

II *vi* kraść

pilferage /ˈpɪlfərɪdʒ/ *n* drobne kradzieże *f pl*

pilferer /ˈpɪlfərə(r)/ *n* złodziejaszek *m*

pilfering /ˈpɪlfərɪŋ/ *n* drobne kradzieże *f pl*

pilgrim /ˈpɪlgrɪm/ *n* pielgrzym *m*, pątnik *m*; **~s to Lourdes** pielgrzymi udający się do Lourdes

pilgrimage /ˈpɪlgrɪmɪdʒ/ *n* pielgrzymka *f* also fig; **to go on** or **make a ~ (to Mecca)** udać się na or odbyć pielgrzymkę (do Mekki), pielgrzymować (do Mekki); **a place of ~** cel pielgrzymek

Pilgrim Fathers *npl* Hist **the ~** ojcowie pielgrzymi *m pl (pierwsi angielscy koloniści przybyli do Ameryki w 1620 r.)*

pill /pɪl/ **I** *n* [1] Med, Pharm (for general use) tabletka *f*, pigułka *f* **(for sth** od czegoś, na coś); **a sleeping/headache ~** tabletka nasen/od bólu głowy; **to take a ~** wziąć or zażyć tabletkę → **pep pill, sleeping pill** [2] (contraceptive) **the ~** pigułka *f* antykoncepcyjna; **to be on/go on the ~** brać /zacząć brać pigułki antykoncepcyjne; **to come off the ~** przestać brać pigułki antykoncepcyjne [3] infml (idiot) palant *m* infml

II *vi [sweater]* z|mechacić się

IDIOMS: **he found it a bitter ~ to swallow** była to dla niego gorzka pigułka; **to sugar** or **sweeten** or **gild the ~** osłodzić gorzką pigułkę

pillage /ˈpɪlɪdʒ/ **I** *n* grabież *f*, rabunek *m*

II *vt* z|łupić, s|plądrować *[town, land]*

III *vi* plądrować, grabić

pillar /ˈpɪlə(r)/ *n* [1] Archit filar *m* [2] (of smoke, fire, rock) słup *m*; **a ~ of salt** Bible słup soli; **the ~s of Hercules** Słupy Heraklesa [3] fig (of institution, society, system) filar *m* fig; **to be a ~ of strength to sb** być dla kogoś opoką or podporą [4] Aut (also **door ~**) centralny słupek *m* drzwi [5] Mining filar *m*

IDIOMS: **to go from ~ to post** infml (from person to person) chodzić od Annasza do Kajfasza; (from place to place) ganiać tu i tam or z miejsca na miejsce; **he was sent from ~ to post** infml (for information, papers) odsyłano go od drzwi do drzwi

pillar box *n* GB skrzynka *f* pocztowa

pillar-box red /ˌpɪləbɒksˈred/ **I** *n* (kolor *m*) jaskrawoczerwony *m*

II *adj* jaskrawoczerwony

pillared /ˈpɪləd/ *adj [building, arcade]* kolumnowy

pillbox /ˈpɪlbɒks/ *n* [1] (for pills) pudełko *n* na lekarstwa [2] Mil bunkier *m* [3] (also **~ hat)** toczek *m*

pillion /ˈpɪlɪən/ **I** *n* (also **~ seat)** tylne siodełko *n (motocykla)*

II *modif* **~ passenger** pasażer (na tylnym siodełku)

III *adv* **to ride ~** (on motorbike) jechać na tylnym siodełku; (on horse) *jechać na koniu, siedząc za plecami jeźdźca*

pillock /ˈpɪlək/ *n* GB vinfml pej tuman *m*, jełop *m* infml pej

pillory /ˈpɪlərɪ/ **I** *n* Hist dyby *plt*; fig pręgierz *m* fig

II *vt* zaku|ć, -wać w dyby; fig postawić, stawić pod pręgierzem **(for sth** za coś); **to be pilloried by the press** zostać napiętnowanym przez prasę

pillow /ˈpɪləʊ/ **I** *n* [1] (cushion) poduszka *f*; (small) jasiek *m*; **a ~ of leaves/moss** fig poduszka z liści/z mchu [2] (in lacemaking) poduszka *f (do koronek klockowych)*

II *vt* złożyć, składać *[head]* **(on sth** na czymś); **to be ~ed on sth** *[head]* spoczywać na czymś

pillowcase /ˈpɪləʊkeɪs/ *n* powłoczka *f* or poszewka *f* na poduszkę

pillow fight *n* bitwa *f* na poduszki

pillow lace *n* koronka *f* klockowa

pillowslip /ˈpɪləʊslɪp/ *n* GB = **pillowcase**

pillow talk *n* infml intymne zwierzenia *plt* w łóżku

pill-popper /ˈpɪlpɒpə(r)/ *n* infml lekoman *m*, -ka *f*

pill-popping /ˈpɪlpɒpɪŋ/ *adj* infml *[person]* cierpiący na lekomanię; faszerujący się pigułkami infml

pilot /ˈpaɪlət/ **I** *n* [1] Aviat, Aerosp, Naut pilot *m* [2] Radio, TV (programme) pilot *m* **(for sth** czegoś) [3] (gas) płomień *m* pilotujący; (electric) lampka *f* sygnalizacyjna

II *modif* [1] Comm, Ind *[course, project, study]* pilotażowy; Radio, TV *[programme, series]* pilotowy [2] Aviat *[error]* pilotażowy; *[balloon]* pilotowy; *[jacket, helmet]* lotniczy; **~ instruction** or **training** nauka pilotażu

III *vt* [1] Aviat, Naut pilotować [2] (guide, lead) po|prowadzić; **to ~ sb through the crowd /the streets** poprowadzić kogoś przez tłum/przez ulice; **to ~ the party to victory** poprowadzić partię do zwycięstwa; **to ~ the country out of an economic recession** wyprowadzić kraj z recesji; **to ~ a bill through parliament** przeprowadzić ustawę przez parlament; **to ~ a new system/scheme** nadzorować wprowadzanie nowego systemu/projektu [3] (test) pilotować *[course, programme, product]*

pilot boat *n* łódź *f* pilotowa, statek *m* pilotowy, pilotówka *f*

pilot burner *n* (gas) płomień *m* pilotujący; (electric) lampka *f* sygnalizacyjna

pilot fish *n* Zool pilot *m*

pilothouse /ˈpaɪləthaʊs/ *n* sterówka *f*, sterownia *f*

pilot officer *n* GB ≈ podporucznik *m* lotnictwa

pilot plant *n* zakład *m* pilotażowy

pilot scheme *n* program *m* pilotażowy

pilot's licence *n* licencja *f* pilota

pilot whale *n* grindwal *m*

pils /pɪlz/ *n* pilzner *m*

pimento /pɪˈmentəʊ/ *n* [1] (vegetable) pieprz *m* turecki, papryka *f* roczna [2] (spice) ziele *n* angielskie, piment *m* [3] (tree) korzennik *m* lekarski, drzewo *n* pimentowe

pimiento *n* = **pimento**

pimp /pɪmp/ **I** *n* sutener *m*, stręczyciel *m*; alfons *m* infml

II *vi* (control prostitutes) uprawiać sutenerstwo; (find customers) stręczyć; **to ~ for sb** stręczyć komuś klientów

pimpernel /ˈpɪmpənel/ *n* Bot kurzyślad *m*

pimping /ˈpɪmpɪŋ/ *n* stręczycielstwo *n*, sutenerstwo *n*

pimple /ˈpɪmpl/ *n* pryszcz *m*, krosta *f*, wyprysk *m*; **whenever I eat chocolate, I break out in ~s** po zjedzeniu czekolady robią mi się wypryski

pimply /ˈpɪmplɪ/ *adj* pryszczaty, krostowaty; **a ~ youth** pryszczaty wyrostek

pin /pɪn/ **I** *n* [1] (for cloth, paper) szpilka *f* [2] Elec (of plug) bolec *m*, trzpień *m*; (of light tube) wtyk *m*; **two-/three-~ plug** wtyczka z dwoma/trzema bolcami [3] Tech (to join wood) czop *m*, kołek *m*; (small) sztyft *m*; (to join metal) sworzeń *m*, bolec *m*; (on grenade) zawleczka *f* [4] Med gwóźdź *m* [5] (brooch) szpil(k)a *f*; **diamond ~** brylantowa szpilka [6] (in bowling) kręgiel *m* [7] (in golf) chorągiewka *f*

II pins *npl* infml (legs) giry *f pl*, kulasy *m pl* infml

III *vt* **(*prp, pt, pp* -nn-)** [1] (attach with pins) spi|ąć, -nać szpilkami *[dress, curtain, seam]*; podpi|ąć, -nać *[hem]*; upi|ąć, -nać *[hair]*; **to ~ sth to sth** przypiąć coś do czegoś, spiąć coś z czymś; **to ~ sth on(to) sth** przypiąć coś do czegoś or coś na czymś; **she had a flower ~ned on** or **to her dress** miała kwiat przypięty do sukni; **~ the list (up)**

on the board przypnij listę na tablicy; **to ~ papers together** spiąć papiery; **to pin sth with a brooch/pin** spiąć coś broszką /szpilką [2] (hold motionless) obezwładni|ć, -ać *[person]*; unieruch|omić, -amiać, przytrzym|ać, -ywać *[part of body]*; **to ~ sb against** or **to the wall** przyprzeć kogoś do ściany; **to ~ sb against** or **to the floor** przycisnąć kogoś do podłogi; **to be ~ned under sth** zostać przywalonym or przygniecionym przez coś *[fallen tree, wreckage]* [3] infml (attribute, attach) **to ~ one's hopes on sb /sth** wiązać nadzieje z kimś/czymś, pokładać nadzieje w kimś/czymś; **to ~ the blame on sb** zrzucać or zwalać infml winę na kogoś; **to ~ a crime on sb** obarczyć kogoś winą za przestępstwo [4] Mil, Sport trzymać w szachu; **France were ~ned in their own half** drużyna Francji została przyblokowana na własnej połowie [5] (in chess) za|blokować, za|stopować *[piece]*

■ **pin down**: ¶ **~ down [sb], ~ [sb] down** [1] (physically) przygni|eść, -atać, przydu|sić, -szać *[person]*; **to be ~ned down by enemy fire** *[soldiers]* zostać przygwożdżonym ogniem nieprzyjaciela [2] fig przycis|nąć, -kać, nacis|nąć, -kać na (kogoś); **he won't be ~ned down** nie da się zapędzić w kozi róg; **to ~ sb down to a definite date/an exact figure** zmusić kogoś do podania konkretnej daty/dokładnej liczby; **to ~ sb down to doing sth** zobowiązać kogoś do zrobienia czegoś; **to ~ sb down to his/her promise** trzymać kogoś za słowo ¶ **~ down [sth], ~ [sth] down** [1] (fasten) przypi|ąć, -nać *[map, piece of paper]* [2] fig (define) określ|ić, -ać, z|definiować *[feeling, concept, meaning]*; ustal|ić, -ać *[cause, identity]*; **something's wrong with me, but I can't ~ it down** coś mi jest, ale nie bardzo wiem co; **ideologically, he is hard to ~ down** trudno powiedzieć, jakie ma poglądy

■ **pin up**: **~ up [sth], ~ [sth] up** powiesić, wieszać *[poster, map]* **(on sth** na czymś); wywie|sić, -szać *[notice]* **(on sth** na czymś); upi|ąć, -nać *[hair]*

IDIOMS: **for two ~s I'd tell her what I think of her** chętnie powiedziałbym jej, co o niej myślę; **I don't care** or **give two ~s what they think** gwiżdżę or kicham na to, co oni myślą infml; **you could have heard a ~ drop** było cicho jak makiem zasiał; **as clean as a (new) ~** wychuchany; **to ~ one's ears back** infml nadstawić uszu

PIN /pɪn/ *n* (also **~ number**) = **personal identification number** PIN *m inv*

pinafore /ˈpɪnəfɔː(r)/ *n* [1] (apron, overall) fartuch *m* [2] (also **~ dress**) bezrękawnik *m*

pinball /ˈpɪnbɔːl/ *n* Games flip(p)er *m*

pinball machine *n* automat *m* do gry we flip(p)era

pince-nez /ˌpænsˈneɪ/ *n* (*pl* **~**) binokle *plt*, pince-nez *plt*

pincer /ˈpɪnsə(r)/ **I** *n* Zool szczypce *plt*, kleszcze *plt*

II pincers *npl* (ob)cęgi *plt*, obcążki *plt*; **two pairs of ~s** dwie pary obcęgów

pincer movement *n* Mil manewr *m* okrążający, kleszcze *plt*

pinch /pɪntʃ/ **I** *n* [1] (nip) (u)szczypnięcie *n*; **to give sb a ~ on the cheek** uszczypnąć kogoś w policzek [2] (small quantity) (of salt, pepper) szczypta *f*; **a ~ of snuff** niuch tabaki

II *vt* [1] (with fingers) u|szczypnąć, szczypać; **to ~ sb's arm/bottom, to ~ sb on the arm/bottom** uszczypnąć kogoś w rękę/w pośladek; **she ~ed her hand in the door** przycięła sobie rękę drzwiami [2] **these shoes ~ my feet** te buty mnie cisną or piją [3] infml u|kraść; zwędzić, buchnąć infml [4] *[crab]* z|łapać, s|chwycić w kleszcze [5] Hort **to ~ out** or **off sth** ur|wać, -ywać, uszczknąć *[bud, tip]* [6] US infml (arrest) przyskrzyni|ć, -ać infml *[criminal]*

III *vi [shoes]* pić, cisnąć

IV *vr* **to ~ oneself** uszczypnąć się also fig

IDIOMS: **at** GB or **in** US **a ~** w razie konieczności, ewentualnie; **to feel the ~** odczuwać skutki finansowe; zacząć cienko prząść infml; **to ~ and scrape** oszczędzać, zaciskać pasa

pinchbeck /ˈpɪntʃbek/ **I** *n* tombak *m*

II *modif* [1] (of alloy) tombakowy [2] (sham) fałszywy; (worthless) tani

pinched /pɪntʃt/ *adj [nerve]* napięty; *[face]* (from hunger, worry) wynędzniały; (from cold, pain) ściągnięty

pinch-hit /ˌpɪntʃˈhɪt/ *vi* US [1] Sport zmieni|ć, -ać, w|ejść, -chodzić za (kogoś) *(na boisko)* [2] (deputize) **to ~ for sb** zast|ąpić, -ępować kogoś

pinch-hitter /ˌpɪntʃˈhɪtə(r)/ *n* US [1] Sport zmienni|k *m*, -czka *f* [2] (deputy) zastęp|ca *m*, -czyni *f*

pincushion /ˈpɪnkʊʃn/ *n* poduszeczka *f* do szpilek

pine[1] /paɪn/ **I** *n* [1] Bot (also **~ tree**) sosna *f* [2] (timber) sosna *f*, sośnina *f*

II *modif [branch, log, furniture, wood]* sosnowy; **~ disinfectant** środek odkażający o zapachu sosny

pine[2] /paɪn/ *vi* usychać z tęsknoty **(for sb /sth** za kimś/czymś); **to ~ to do sth** marzyć o tym, żeby coś zrobić

■ **pine away** marnieć w oczach, umierać z rozpaczy

pineal body /ˌpɪnɪəlˈbɒdɪ, paɪˌniːəl-/ *n* Anat szyszynka *f*

pineal gland /ˌpɪnɪəlˈglænd, paɪˌniːəl-/ *n* = **pineal body**

pineapple /ˈpaɪnæpl/ **I** *n* Bot (fruit, plant) ananas *m*

II *modif [juice, yoghurt, cake]* ananasowy; **~ slice** plaster ananasa

pineapple-flavoured GB, **pineapple-flavored** US /ˈpaɪnæplfleɪvəd/ *adj* o smaku ananasowym

pine-clad /ˈpaɪnklæd/ *adj* liter porośnięty sośniną

pinecone /ˈpaɪnkəʊn/ *n* szyszka *f* sosnowa

pine kernel *n* nasienie *n* sosny; Culin piniola *f*

pine marten *n* Zool kuna *f* leśna, tumak *m*

pine-needle /ˈpaɪnniːdl/ *n* igła *f* sosnowa; **~s** igliwie sosnowe

pinenut /ˈpaɪnnʌt/ *n* Culin piniola *f*

pine-scented /ˌpaɪnˈsentɪd/ *adj [cleanser]* o zapachu sosnowym; *[essence]* sosnowy; *[forest]* żywiczny

pinewood /ˈpaɪnwʊd/ **I** *n* [1] (forest) las *m* sosnowy [2] (timber) sosna *f*, sośnina *f*

II *modif* sosnowy

ping /pɪŋ/ **I** *n* [1] (noise) (of bell, metal object) brzęk *m*; (of bullet) brzdęk *m*, gwizd *m*; US (of car engine) stuk *m*, stukanie *n* [2] onomat dzyń, dryń

II *vt* za|dzwonić (czymś) *[bell]*; brzdęk|nąć, -ać (czymś) *[metal object]*; strzelić z (czegoś) *[elastic]*

III *vi [bell, cash register]* za|brzęczeć; *[bullet]* brzdęk|nąć, -ać

IV pinging *pp adj [sound]* brzęczący

pinger /ˈpɪŋə(r)/ *n* Culin infml minutnik *m*

ping-pong® /ˈpɪŋpɒŋ/ Games **I** *n* ping--pong *m*; **to play ~** grać w ping-ponga

II *modif [equipment]* pingpongowy; **~ player** pingpongista

pinhead /ˈpɪnhed/ *n* [1] łebek *m* szpilki [2] infml pej ptasi móżdżek *m* fig pej

pinhole /ˈpɪnhəʊl/ *n* nakłucie *n*

pinhole camera *n* aparat *m* fotograficzny z obiektywem otworkowym

pinion[1] /ˈpɪnɪən/ **I** *n* [1] liter (wing) skrzydło *n* [2] Zool (part of wing) część *f* nadgarstkowo--śródręczna skrzydła

II *vt* [1] (hold firmly) **to ~ sb against sth** przycis|nąć, -kać kogoś do czegoś, przygw|oździć, -ażdżać kogoś do czegoś *[wall, door]*; **to ~ sb's arms** (hold) przytrzym|ać, -ywać komuś ręce; (tie) s|pętać or związ|ać, -ywać komuś ręce [2] Vet podci|ąć, -nać (czemuś) skrzydła *[bird]*

pinion[2] /ˈpɪnɪən/ *n* Tech (cogwheel) mniejsze koło *n* zębate, wałek *m* zębaty; (spindle) zębnik *m*

pinion wheel *n* mniejsze koło *n* zębate

pink[1] /pɪŋk/ **I** *n* [1] (colour) (kolor *m*) różowy *m*, róż *m*; **a shade of ~** odcień różowy or różu [2] Bot goździk *m* [3] (in snooker) bila *f* różowa

II *adj* [1] *[colour, dress]* różowy; *[cheeks]* zaróżowiony; **to go** or **turn ~** *[sky]* poróżowieć; **to be ~ with embarrassment/anger** *[person]* poczerwienieć ze wstydu/złości [2] (left-wing) lewicujący; różowy infml [3] infml (gay) gejowski

IDIOMS: **to be in the ~** tryskać zdrowiem, być w doskonałej formie → **tickle**

pink[2] /pɪŋk/ **I** *vt* [1] (scallop) wyci|ąć, -nać w ząbki; ząbkować infml *[fabric]*; **~ed edge** ząbkowanie [2] (prick) szturch|nąć, -ać *[person]*

II *vi* GB Aut *[car engine]* stukać

pink-eye /ˈpɪŋkaɪ/ *n* Med, Vet ostre zapalenie *n* spojówek

pink(-fleshed) grapefruit /ˌpɪŋk(fleʃt)ˈgreɪpfruːt/ *n* grejpfrut *m* or grapefruit *m* czerwony

pink-footed goose /ˌpɪŋkfʊtɪdˈguːs/ *n* Zool gęś *f* krótkodzioba

pink gin *n* różowy gin *m* or dżin *m*

pinkie /ˈpɪŋkɪ/ *n* US, Scot mały palec *m (u ręki)*

pinking /ˈpɪŋkɪŋ/ *n* GB Aut stukanie *n*

pinking scissors *npl* nożyczki *plt* profilowane

pinking shears *npl* = **pinking scissors**

pinkish /ˈpɪŋkɪʃ/ *adj* [1] *[colour]* różowawy; **~-white** bladoróżowy [2] (left-wing) lewicujący; różowy infml

pinko /ˈpɪŋkəʊ/ **I** *n* infml pej czerwony *m*, komuch *m* infml pej

II *adj* czerwony infml pej

pink pound *n* GB homoseksualiści *m pl* jako grupa konsumencka

pink slip US **I** *n* wymówienie *n*

II pink-slip *vt* infml **to be pink-slipped** *[person]* zostać wylanym infml; TV *[series]* zostać zdjętym

pin money *n* pieniądze *m pl* na drobne wydatki, **she only works for ~** to, co zarabia, starcza tylko na drobne wydatki

pinnace /ˈpɪnɪs/ *n* szalupa *f*; Hist pinka *f*, pinasa *f*

pinnacle /ˈpɪnəkl/ *n* [1] fig (of ambitions, success) szczyt *m* **(of sth** czegoś**)** [2] Archit pinakiel *m*, fiala *f* [3] (of rock) szczyt *m*

pinnate /ˈpɪneɪt/ *adj [leaf]* pierzasty

pinny /ˈpɪnɪ/ *n* GB infml (apron) fartuch *m*

pinochle /ˈpi:nɒkl/ *n amerykańska gra w karty przypominająca bezika*

pinpoint /ˈpɪnpɔɪnt/ **I** *n* czubek *m* szpilki; **a ~ of light** punkcik światła

II *modif* **with ~ accuracy/precision** z największą dokładnością/precyzją

III *vt* określ|ić, -ać z maksymalną dokładnością *[problem, causes, site, time]*; **it's difficult to ~ how/the exact moment when...** trudno dokładnie określić, jak /kiedy...

pinprick /ˈpɪnprɪk/ *n* [1] (puncture, sensation) ukłucie *n* [2] (small area) punkcik *m*; **a ~ of light** punkcik światła [3] fig (of jealousy, remorse) ukłucie *n* fig

pins and needles *npl* mrowienie *n*; **I've got ~ in my leg** noga mi ścierpła; **to be on ~** US być jak na szpilkach

pinstripe /ˈpɪnstraɪp/ **I** *n* (stripe) wąski prążek *m*

II pinstripes *npl* (suit) garnitur *m* w prążki

III *modif [fabric, suit]* w prążki

pinstriped /ˈpɪnstraɪpt/ *adj* = **pinstripe III**

pint /paɪnt/ **I** *n* [1] Meas ≈ pół *n* litra *(GB = 0,57 l, US = 0,47 l)*; pół *n* kwarty dat; **a ~ of milk** pół litra or kwarty mleka; **to cost 50 pence a ~** kosztować 50 pensów za pół litra or kwarty; **milk is sold in ~s** mleko sprzedaje się w butelkach po pół litra [2] GB infml duże piwo *n*; **to go for a ~** skoczyć na piwko infml; **he likes his ~** lubi strzelić sobie piwko infml

II *modif [bottle, carton, glass]* ≈ półlitrowy

pinta /ˈpaɪntə/ *n* GB infml ≈ pół *n* litra mleka

pintable /ˈpɪnteɪbl/ *n* Games dat automat *m* do gry we flip(p)era

pinto /ˈpɪntəʊ/ US **I** *n* (*pl* **~s, -oes**) tarant *m*, srokaty *m*

II *adj* srokaty

pinto bean *n* fasola *f* pinto

pint-size(d) /ˈpaɪntsaɪz(d)/ *adj* mały, niepokaźny

pin tuck *n* Sewing szczypanka *f*

pinup /ˈpɪnʌp/ *n* (of star, idol) plakat *m*; (seminaked) gołe zdjęcie *n* infml

pinwheel /ˈpɪnwi:l, US -hwi:l/ *n* [1] (firework) koło *n* ogniste [2] (toy) wiatraczek *m (często z celuloidu)*

pioneer /ˌpaɪəˈnɪə(r)/ **I** *n* [1] (originator, inventor) pionier *m*, -ka *f*; **a ~ of sth/in the field of sth** pionier czegoś/w dziedzinie czegoś [2] (settler) pionier *m*, osadni|k *m*, -czka *f* [3] Mil zwiadowca *m*; pionier *m* dat [4] Ir (teetotaller) abstynent *m*, -ka *f*

II *modif* [1] (innovative) *[research, work]* pionierski; **the ~ spirit** duch pionierstwa; **a ~ socialist/immunologist** pionier socjalizmu/immunologii; **a ~ astronaut** jeden z pierwszych astronautów [2] (settling new country) *[group, wagon]* pionierski; **a ~ farmer** pierwszy osadnik

III *vt* zapoczątkow|ać, -ywać *[process, technique]*; u|torować drogę (czemuś) fig; wprowadz|ić, -ać *[new machine, invention]*; **to ~ the use/study of sth** zapoczątkować wykorzystywanie/badania czegoś

IV pioneering *prp adj [scheme, study]* pionierski; *[scientist, film-maker, socialist]* wytyczający nowe drogi fig; **he did ~ing work in physics** prowadził pionierskie badania w dziedzinie fizyki

pioneer settler *n* kolonist|a *m*, -ka *f*

pious /ˈpaɪəs/ *adj* [1] (devout) pobożny, nabożny [2] pej (sanctimonious) świętoszkowaty; (hypocritical) obłudny; **~ hope, ~ wish** pobożne życzenie

piously /ˈpaɪəslɪ/ *adv* [1] *[worship]* pobożnie, nabożnie [2] pej *[say, moralize]* świętoszkowato, obłudnie

pip[1] /pɪp/ *n* (seed) pestka *f (jabłka, pomarańczy, melona)*

pip[2] /pɪp/ *n* [1] (on card, dice, domino) oczko *n* [2] GB Telecom **the ~s** sygnał *m* przerywany *(przypominający o konieczności wrzucenia monety)* [3] Radio **the ~s** sygnał *m* czasu [4] GB (showing rank) ≈ gwiazdka *f* [5] (on radar screen) wyskok *m* [6] Bot pojedynczy kwiat *m (kwiatostanu złożonego)*

pip[3] /pɪp/ *n* Vet **the ~** pypeć *m*

IDIOMS: **to give sb the ~** infml dat skwasić komuś humor

pip[4] /pɪp/ *vt* (*prp, pt, pp* **-pp-**) GB infml (defeat) pokonać; **to ~ sb for the prize** sprzątnąć komuś sprzed nosa nagrodę infml; **to ~ sb at** or **to the post** pokonać kogoś na ostatniej prostej fig; **to be ~ped at** or **to the post** odpaść na ostatniej prostej fig

pipe /paɪp/ **I** *n* [1] (conduit) rura *f*, przewód *m*; (small) rurka *f*; **to lay water/gas ~s** zakładać instalację wodociągową/gazową [2] (for smoker) fajka *f*; **to have a ~** palić fajkę; **I smoke a ~** palę fajkę; **to fill a ~** nabić fajkę [3] Mus (in musical instruments) piszczałka *f* [4] Mus (flute) fujarka *f* [5] (birdsong) szczebiot *m*, świergot *m* [6] Naut gwizdek *m* bosmański, świstawka *f* bosmańska

II pipes *npl* Mus dudy *plt*

III *vt* [1] (carry) doprowadz|ić, -ać (rurami); **to ~ water (in)to a house** doprowadzić wodę do domu; **oil is ~d across the desert/under the ocean** ropa jest przesyłana rurociągiem przez pustynię/pod oceanem; **~d water** woda bieżąca [2] (transmit) nada|ć, -wać (przez głośniki); **music is ~d (in)to all the rooms** muzykę słychać z głośników we wszystkich pomieszczeniach [3] (say cheerily) za|szczebiotać fig [4] (sing) *[person]* za|śpiewać (wysokim głosem) [5] (play) (on bagpipes) za|grać na dudach *[tune]*; (on flute) za|grać na fujarce *[tune]* [6] Sewing obszy|ć, -wać (wypustką), oblamować **(with sth** czymś**)**; **a cushion ~d with blue** poduszka z niebieską wypustką [7] Culin wycis|nąć, -kać *(masę do dekoracji tortu)*; **to ~ icing onto a cake** polać ciasto (lukrem); **to ~ 'Happy Birthday' on(to) a cake** udekorować tort napisem „Wszystkiego Najlepszego" [8] Naut odgwizd|ać, -ywać; **to ~ 'all hands on deck'** odgwizdać zbiórkę załogi na pokładzie

IV *vi [bird]* za|szczebiotać, za|ćwierkać; *[boatswain]* za|gwizdać

■ **pipe down** infml ucisz|yć, -ać się; przym|knąć, -ykać się infml; **~ down!** przymknij się!

■ **pipe in**: **~ in [sb/sth], ~ [sb/sth] in** obwie|ścić, -szczać pojawienie się (kogoś /czegoś) dźwiękami dud *[guests, haggis]*

■ **pipe up** *[voice]* rozle|c, -gać się; *[person]* pisnąć, od|ezwać, -zywać się słabym głosem

pipeclay /ˈpaɪpkleɪ/ *n* glinka *f* kamionkowa

pipe-cleaner /ˈpaɪpkli:nə(r)/ *n* wycior *m* do fajki

piped music *n* muzyka *f* z głośników *(w supermarkecie, na dworcu)*

pipe-dream /ˈpaɪpdri:m/ *n* mrzonka *f*

pipeful /ˈpaɪpfʊl/ *n* fajka *f* tytoniu

pipeline /ˈpaɪplaɪn/ *n* [1] Tech rurociąg *m*; **oil/gas ~** rurociąg naftowy/gazowy [2] fig **to be in the ~** *[changes]* szykować się; *[new product, book]* być w przygotowaniu; **there are no changes in the ~** nie szykują się żadne zmiany; **she's got a new novel in the ~** ona ma na warsztacie nową książkę

pipe of peace *n* fajka *f* pokoju

pipe organ *n* Mus organy *plt*

piper /ˈpaɪpə(r)/ *n* Mus [1] (bagpipe player) dudziarz *m* [2] (flute player) muzykant *m* grający na fujarce

IDIOMS: **he who pays the ~ calls the tune** Prov kto płaci, ten wymaga

pipe rack *n* stojak *m* na fajki

pipe-smoker /ˈpaɪpsməʊkə(r)/ *n* palacz *m*, -ka *f* fajki, fajczarz *m*

pipe-smoking /ˈpaɪpsməʊkɪŋ/ *adj* palący fajkę

pipes of Pan *npl* Mus fletnia *f* Pana

pipe tobacco *n* tytoń *m* fajkowy

pipette /pɪˈpet/ *n* pipet(k)a *f*

pipework /ˈpaɪpwɜ:k/ *n* system *m* rur or przewodów

piping /ˈpaɪpɪŋ/ **I** *n* [1] (conduit) rura *f*; (system of conduits) instalacja *f* rurowa; **a length of lead ~** kawałek rury ołowianej [2] (transportation) (of gas, oil) transport *m* rurociągiem; (of water) przesyłanie *n* rurami [3] Sewing lamówka *f*, wypustka *f* [4] Culin dekoracja *f* z lukru [5] (sound) szczebiot *m*

II *adj [voice]* szczebiotliwy; *[tone]* piskliwy

piping bag *n* Culin woreczek *m* do dekorowania

piping cord *n* Sewing sutasz *m*

piping hot *adj* wrzący

pipit /ˈpɪpɪt/ *n* Zool świergotek *m*

pipkin /ˈpɪpkɪn/ *n* garnuszek *m*

pipsqueak /ˈpɪpskwi:k/ *n* infml gnoj|ek *m*, -ówa *f* infml

piquancy /ˈpi:kənsɪ/ *n* (of situation) pikanteria *f*; (of food) pikantność *f*; **to add ~ to sth** dodawać czemuś pikanterii *[situation]*; doprawić na ostro *[food]*

piquant /ˈpi:kənt/ *adj* pikantny

piquantly /ˈpi:kəntlɪ/ *adv* pikantnie

pique /pi:k/ **I** *n* (resentment) uraza *f*; (annoyance) irytacja *f*; **to do sth in ~** or **out of ~** zrobić coś ze złości; **in a fit of ~** w przypływie złości
II *vt* [1] (hurt) urazić, dotknąć [2] (arouse) wzbudz|ić, -ać *[curiosity]*; rozbudz|ić, -ać *[interest]*

piqué /'pi:keɪ/ *n* Tex pika *f*

piqued /pi:kt/ *adj* dotknięty, urażony (**at** or **by sth** czymś)

piquet /pɪ'ket/ *n* Games pikieta *f*

piracy /'paɪərəsɪ/ *n* [1] (at sea, in air) piractwo *n*; **air ~** piractwo powietrzne [2] (of tapes, software) nielegalne kopiowanie *n* (**of sth** czegoś); **software ~** piractwo komputerowe

Piraeus /paɪ'ri:əs/ *prn* Pireus *m*

piranha /pɪ'rɑ:nə/ *n* (*pl* **~**, **~s**) (also **~ fish**) Zool pirania *f*

pirate /'paɪərət/ **I** *n* [1] Naut pirat *m* [2] (copier) pirat *m* [3] (copy of tape, software) kopia *f* piracka [4] (also **~ station**) piracka radiostacja *f*
II *modif [raid, ship, tape, video, software]* piracki
III *vt* nielegalnie s|kopiować *[tape, video, software]*

pirated /'paɪərətɪd/ *adj [tape, video, software, version]* piracki

pirate radio *n* pirackie radio *n*

pirate radio ship *n* statek *m* z piracką radiostacją

pirate radio station *n* piracka radiostacja *f*

piratical /ˌpaɪə'rætɪkl/ *adj [appearance, exploit]* piracki

pirating /'paɪərətɪŋ/ *n* piractwo *n*

pirogue /pɪ'rəʊg/ *n* piroga *f*

pirouette /ˌpɪrʊ'et/ **I** *n* piruet *m*; **to do ~s** kręcić piruety
II *vi* (in ballet) za|kręcić piruety; hum wywi|nąć, -jać kozła infml

Pisa /'pi:zə/ *prn* Piza *f*

Piscean /'paɪsɪən/ **I** *n* urodzon|y *m*, -a *f* pod znakiem Ryb; **to be a ~** być Rybą
II *adj* **~ character** charakter typowy dla Ryb

Pisces /'paɪsi:z/ *n* [1] Astron, Astrol Ryby *f pl* [2] (person) urodzon|y *m*, -a *f* pod znakiem Ryb

pisciculture /'pɪsɪkʌltʃə(r)/ *n* hodowla *f* ryb

piss /pɪs/ **I** *n* vinfml [1] siki *plt* vinfml; **I need a ~** muszę się wysikać vinfml; **to have** GB or **take** US **a ~** pójść się wysikać [2] fig **to go (out) on the ~** GB pójść się uchlać or urżnąć infml
II *vt* **to ~ blood** siusiać krwią infml; **to ~ one's pants** zsikać się (w gacie) vinfml
III *vi* sikać, odl|ać, -ewać się vinfml; **it's ~ing (with rain), it's ~ing down** leje jak z cebra
IV *vr* **to ~ oneself** posikać się, zsikać się vinfml; **to ~ oneself (laughing)** posikać się or sikać ze śmiechu
■ **piss about, piss around** vinfml: ¶ **~ about** (waste time) opierdzielać się vinfml; (be silly) pajacować infml ¶ **~ [sb] about** chromolić vinfml
■ **piss away** US vinfml: **~ away [sth]** przeputać infml *[fortune]*
■ **piss off** vinfml: ¶ **~ off** spieprzać infml; spierdalać vulg ¶ **~ off [sb], ~ [sb] off** wkurz|yć, -ać infml; wkurwi|ć, -ać vulg
■ **piss on** vinfml: **~ on [sb]** (defeat) GB dopieprzyć (komuś) infml; dopierdolić (komuś) vulg; (treat contemptuously) chromolić vinfml

IDIOMS: **it's a piece of ~** GB vinfml to betka or pestka infml; **to take the ~ out of sb /sth** vinfml robić sobie z kogoś/czegoś jaja vinfml; **it's ~ing in the wind** vinfml to głupiego robota, to zawracanie głowy infml; **to ~ all over sb** vinfml dopieprzyć komuś vinfml; dopierdolić komuś vulg

piss artist *n* GB vinfml (drunkard) ochlapus *m* infml; (unreliable person) kutafon *m* vinfml

pissed /pɪst/ *adj* vinfml [1] GB urżnięty, spity, schlany infml; **to get ~** urżnąć się, schlać się infml [2] US wkurzony infml (**at sb** na kogoś); wkurwiony vulg (**at sb** na kogoś)

pissed off *adj* vinfml (annoyed) wkurzony infml (**with** or **at sb/sth** na kogoś/czymś); wkurwiony vulg; (fed up, disappointed) zniesmaczony infml (**with** or **at sth** czymś); **I'm ~ with your excuses!** wkurzają mnie twoje wymówki!; **he's ~ that...** jest wkurzony, że...

pisser /'pɪsə(r)/ *n* US vinfml [1] (job) cholerna robota *f* infml; kurewska robota *f* vulg; (bad thing) gówno *n* vulg [2] (remarkable person, thing) bomba *f* infml [3] (toilet) kibel *m* infml; sracz *m* vulg

pisshead /'pɪshed/ *n* GB vinfml ochlapus *m* infml

pissoir /'pɪswɑ:, pi:'swɑ:(r)/ *n* pisuar *m*

piss poor *adj* vinfml *[excuse]* kiepski; **to be ~** *[person]* nie śmierdzieć groszem, być gołym jak święty turecki

piss-take /'pɪsteɪk/ *n* GB vinfml robienie *n* sobie jaj vinfml (**of sb/sth** z kogoś/czegoś)

piss-up /'pɪsʌp/ *n* GB vinfml popijawa *f*, ochlaj *m* infml

IDIOMS: **he couldn't organize a ~ in a brewery** to palant, który niczego nie potrafi załatwić infml; to dupa do kwadratu vulg

pistachio /pɪ'stɑ:ʃɪəʊ, US -æʃɪəʊ/ **I** *n* (*pl* **~s**) [1] (tree) pistacja *f* właściwa [2] (also **~ nut**) orzeszek *m* pistacjowy [3] (flavour) olejek *m* pistacjowy [4] (colour) (kolor *m*) pistacjowy *m*
II *adj* pistacjowy

pistachio-coloured /pɪ'stɑ:ʃɪəʊ'kʌləd/ *adj* pistacjowy, koloru pistacjowego

pistachio-flavoured /pɪ'stɑ:ʃɪəʊ'fleɪvəd/ *adj* pistacjowy, o smaku pistacjowym

piste /pi:st/ *n* [1] (for skiing) nartostrada *f*; **to ski off ~** zjechać z nartostrady [2] (in fencing) plansza *f*

pistil /'pɪstɪl/ *n* Bot słupek *m*

pistol /'pɪstl/ *n* pistolet *m*; **toy ~** pistolet zabawka

IDIOMS: **to hold a ~ to sb's head** przystawić komuś pistolet do głowy

pistol grip *n* uchwyt *m* w kształcie kolby pistoletu; Tech uchwyt *m* pistoletowy

pistol-whip /'pɪstlwɪp/ *vt* US s|katować kolbą

piston /'pɪstən/ *n* tłok *m*

piston engine *n* silnik *m* tłokowy

piston-engined /ˌpɪstən'endʒɪnd/ *adj [aircraft, model]* z silnikiem tłokowym

piston pin *n* sworzeń *m* tłokowy

piston ring *n* pierścień *m* tłokowy

piston rod *n* trzon *m* or drąg *m* tłokowy, tłoczysko *n*

pit[1] /pɪt/ **I** *n* [1] (hollow) (in the ground) dół *m*, jama *f*; (in road surface) dziura *f*, wykrot *m*; (in metal, glass) wgłębienie *n*; (in skin, bone) dołek *m*; (pock-mark) dziób *m*; **the ~ of the stomach** dołek; **I had a nasty feeling in the ~ of my stomach** fig miałem złe przeczucie; **the ~ of depravity** fig jaskinia rozpusty; **the ~ of despair** fig otchłań rozpaczy fig [2] Mining (mine) kopalnia *f*; (shaft) szyb *m*; (excavation) wyrobisko *n*; **to work at the ~** pracować w kopalni; **to go down the ~** zjechać na dół (szybu); **to work down the ~** pracować pod ziemią [3] (quarry) **gravel ~** żwirownia; **stone ~** kamieniołom [4] (trap) dół *m* pułapka; (to catch wolves) wilczy dół *m*, wilcza jama *f* [5] Fin branżowy dział *m* giełdy towarowej; **trading ~** parkiet; **wheat ~** giełda zbożowa [6] Theat **the ~** parter *m*; **orchestra ~** fosa, kanał dla orkiestry [7] Aut (at garage) kanał *m*; (at racetrack) boks *m* [8] GB infml (bed) wyro *n* infml [9] Bible (hell) **the ~** otchłań *f* piekielna
II *modif* Mining *[strike, village]* górniczy; *[gates]* kopalniany; **~ closures** zamykanie kopalń
III *vt* (*prp, pt, pp* **-tt-**) [1] (in battle) **to ~ sb against sb** wystawić kogoś do walki przeciwko komuś; **the match will ~ Scotland against Brazil** w meczu Szkocja zagra przeciwko Brazylii; **to ~ one's strength against sb** stanąć do walki z kimś, zmierzyć się z kimś; **to ~ one's wits against sb** zmierzyć się z kimś; wysilić cały spryt, żeby sobie z kimś poradzić [2] (mark with hollows) *[bullets, stones]* po|dziurawić; *[acid]* po|wyżerać dziury, prześ|reć, -erać, poprzeżerać; *[disease]* pozostawi|ć, -ać dzioby na (czymś); (mark with spots) pozostawi|ć, -ać ślady na (czymś); **her skin was ~ted by smallpox/acne** miała na skórze ślady po ospie/trądziku
IV *vr* (*prp, pt, pp* **-tt-**) **to ~ oneself against sb** zmierzyć się z kimś

IDIOMS: **it's the ~s!** infml to samo dno! infml; **this place is the ~s (of the earth)** infml to dziura zabita deskami; **to dig a ~ for sb** kopać grób komuś

pit[2] /pɪt/ **I** *n* US (in cherry, olive, peach) pestka *f*
II *vt* (*prp, pt, pp* **-tt-**) wy|drylować, wyj|ąć, -mować pestkę z (czegoś) *[cherry, olive, peach]*

pitapat /ˌpɪtə'pæt/ **I** *n* (of rain) bębnienie *n*; (of feet) tupot *m*; (of heart) bicie *n*; pikanie *n* infml
II *adv* **to go ~** (rain) bębnić; (heart) zacząć mocniej bić
III *vi* (*prp, pt, pp* **-tt-**) *[rain]* za|bębnić; *[feet]* za|tupotać; *[heart]* kołatać; pikać infml

pit bull terrier *n* pitbulterier *m*

pitch[1] /pɪtʃ/ **I** *n* [1] Sport boisko *n*; **football /rugby ~** boisko do gry w piłkę nożną/w rugby; **on the ~** na boisku [2] Mus (sound level) ton *m*, tonacja *f*; **to give the ~** podać ton or tonację; **the ~ is too high/low** to zbyt wysoki/niski ton; **to have perfect ~** *[person]* mieć słuch absolutny; *[instrument]* mieć doskonały ton [3] (level, degree) poziom *m*, stopień *m* (intensywności); (highest point) szczyt *m*, zenit *m*; **excitement was at its (highest) ~** or **was at full ~** podniecenie sięgnęło zenitu; **to reach such a ~ that...** osiągnąć taki poziom, że...; **tension has**

risen to an unbearable ~ napięcie stało się nie do zniesienia [4] (sales talk or argument) siła *f* perswazji; **he had a very effective sales ~** Comm potrafił zareklamować swój towar, potrafił pozyskać klienta; **to make** or **give** US **a ~ for sth** wypowiedzieć się za czymś, wystąpić z żarliwą mową na rzecz czegoś *[idea, proposal]* [5] GB (for street seller, entertainer) stanowisko *n*, miejsce *n (ulicznego handlarza, żebraka)*; **the flower seller was at his usual ~** sprzedawca kwiatów był na swym zwykłym miejscu [6] (of ship, aircraft) kołysanie się *n* wzdłużne [7] (slope) kąt *m* nachylenia, spadek *m* [8] Sport (in baseball) rzut *m* [9] (in mountaineering) odcinek *m* trasy

II *vt* [1] (erect) rozbi|ć, -jać *[tent]*; **to ~ camp** rozbić obóz [2] (throw) rzuc|ić, -ać (czymś, coś), cis|nąć, -kać (czymś, coś) *[object]*; **to ~ sth into the fire** wrzucić coś do ognia; **to ~ hay** Agric wrzucać siano na furę; **the horse ~ed her off** koń ją zrzucił; **the carriage turned over and she was ~ed out** powóz przewrócił się i wyrzuciło ją na zewnątrz; **the bus braked suddenly and the passengers were ~ed forward** autobus gwałtownie zahamował i pasażerowie polecieli do przodu [3] (aim) s|kierować, adresować *[publicity, campaign]* **(at sb** do kogoś); (adjust) dostosow|ać, -ywać, dopasow|ać, -ywać *[level]* **(at sb/sth** do (poziomu) kogoś/czegoś); (set) ustal|ić, -ać *[price]*; **a programme ~ed at young people** program adresowany do młodych ludzi; **they ~ed their opening offer at 3%** ustalili wyjściową ofertę na 3%; **the exam was ~ed at a high level** egzamin miał bardzo wysoki poziom; **to ~ one's ambitions too high** zbyt wysoko mierzyć, mieć nazbyt wygórowane ambicje; **to ~ sth a bit strong** wyrazić coś mocno, powiedzieć coś bez ogródek [4] Mus *[singer]* za|śpiewać *[note]*; *[player]* za|grać *[note]*; nastr|oić, -ajać, stroić *[instrument]*; **to ~ one's voice higher/lower** zaśpiewać wyżej/niżej, podwyższyć/obniżyć ton; **the tune is ~ed too high for me** melodia ma zbyt wysoką tonację; **her instrument was ~ed lower** jej instrument miał niższy strój [5] **to ~ sb a story** infml wstawić komuś bajer, zasuwać komuś głodne kawałki infml; **to ~ sb an excuse** infml wciskać komuś kit infml

III *vi* [1] (fall) *[person, object]* upa|ść, -dać; *[cyclist, rider]* spa|ść, -dać *(z roweru, konia)*; **he ~ed forward/onto his face** upadł do przodu or na twarz; **the boxes ~ed forward on top of me** pudła spadły na mnie [2] Naut *[boat]* kiwać się; **to ~ and roll** or **toss** kiwać i kołysać się [3] US (in baseball) rzuc|ić, -ać (piłkę), miotać [4] GB (in cricket) *[ball]* odbi|ć, -jać się

■ **pitch in** infml [1] (set to work) zakas|ać, -ywać rękawy infml; (join in) włącz|yć, -ać się; (help) pom|óc, -agać, przy|jść, -chodzić z pomocą; **several people ~ed in with offers of help/with contributions** kilka osób zaproponowało pomoc/pomogło finansowo [2] (start to eat) zab|rać, -ierać się do jedzenia

■ **pitch into**: ¶ **~ into [sb/sth]** (attack) rzuc|ić, -ać się na (kogoś/coś) *[opponent, speaker, meal]*; zab|rać, -ierać się do (czegoś) *[work]* ¶ **~ [sb] into** (land in new situation) postawić, stawiać wobec (czegoś) *[difficult situation]*; **the circumstances which ~ed him into the political arena** okoliczności, dzięki którym trafił na scenę polityczną; **the new director was ~ed straight into an industrial dispute** nowy dyrektor od razu stanął wobec konfliktu pracowniczego

■ **pitch out** infml: **~ out [sb/sth], ~ [sb/sth] out** wyrzuc|ić, -ać *[troublemaker, object]*

■ **pitch over** przewr|ócić, -acać się

■ **pitch up** GB infml (appear) zjawi|ć, -ać się, pojawi|ć, -ać się

pitch² /pɪtʃ/ *n* Naut, Constr (tar) smoła *f*, pak *m*

pitch-and-putt /ˌpɪtʃənˈpʌt/ *n* Games minigolf *m*

pitch-black /ˌpɪtʃˈblæk/ *adj* czarny jak smoła; *[night]* ciemny choć oko wykol

pitchblende /ˈpɪtʃblend/ *n* Miner blenda *f* smolista or uranowa, uraninit *m*

pitch dark *adj* ciemny choć oko wykol; **it's ~ out there** tam jest ciemno choć oko wykol

pitch darkness *n* kompletne ciemności *f pl*; **the house was in ~** dom tonął w ciemnościach

pitched battle *n* Mil walka *f* pozycyjna; fig zacięta batalia *f* fig

pitched roof *n* Constr dach *m* dwuspadowy

pitcher¹ /ˈpɪtʃə(r)/ *n* (jug) dzban *m*

pitcher² /ˈpɪtʃə(r)/ *n* US Sport miotacz *m*

pitchfork /ˈpɪtʃfɔːk/ **I** *n* [1] Agric widły *plt* [2] Mus dat kamerton *m* widełkowy

II *vt* [1] Agric rozrzuc|ić, -ać (widłami); (load) wrzuc|ić, -ać (widłami) [2] fig **to ~ sb into sth** postawić or stawiać kogoś wobec (czegoś) *[situation]*

pitch invasion *n* wtargnięcie *n* (kibiców) na boisko

pitch-pine /ˈpɪtʃpaɪn/ *n* Bot sosna *f* smołowa

pitch pipe *n* Mus kamerton *m* stroikowy

piteous /ˈpɪtɪəs/ *adj* żałosny, budzący litość; **in a ~ condition** w żałosnym stanie

piteously /ˈpɪtɪəslɪ/ *adv* żałośnie

pitfall /ˈpɪtfɔːl/ *n* [1] (problem) problem *m*, kłopot *m* **(of sth** związany z czymś); (risk) niebezpieczeństwo *n*, ryzyko *n* **(of sth** związane z czymś) [2] (trap) pułapka *f* also fig

pith /pɪθ/ *n* [1] (of fruit) białe włókno *n (owoców cytrusowych)*; albedo *n* ra [2] (of plant stem) miękisz *m (łodyg traw, trzcin)* [3] fig (essential part) sedno *n*, istota *f* **(of sth** czegoś) [4] (importance) waga *f*

pit head *n* nadszybie *n*

pithecanthropine /ˌpɪθɪkænˈθrəʊpaɪn/ *adj* pitekantropoidalny

pithecanthropus /ˌpɪθɪˈkænθrəpəs/ *n* pitekantrop(us) *m*

pith hat *n* kask *m* tropikalny, hełm *m* korkowy

pith helmet *n* = **pith hat**

pithiness /ˈpɪθɪnɪs/ *n* (of remark, style) (incisiveness) trafność *f*; (terseness) zwięzłość *f*

pithy /ˈpɪθɪ/ *adj* [1] *[remark, style]* (incisive) trafny; (terse) zwięzły [2] *[fruit]* z grubą warstwą białego włókna

pitiable /ˈpɪtɪəbl/ *adj* [1] (arousing pity) *[appearance, existence, sight, situation]* żałosny, budzący litość; *[salary]* nędzny [2] (arousing contempt) *[attempt, excuse, state]* żałosny, godny politowania

pitiably /ˈpɪtɪəblɪ/ *adv* żałośnie

pitiful /ˈpɪtɪfl/ *adj* [1] (arousing pity) *[appearance, cry, sight, condition]* żałosny, budzący litość; *[income]* nędzny [2] (arousing contempt) *[attempt, excuse, speech, state]* żałosny, godny politowania; *[amount]* nędzny

pitifully /ˈpɪtɪfəlɪ/ *adv* żałośnie

pitiless /ˈpɪtɪlɪs/ *adj [tyrant, regime]* bezlitosny, okrutny; *[rain, heat]* niemiłosierny

pitilessly /ˈpɪtɪlɪslɪ/ *adv [beat, punish, tease]* bezlitośnie, okrutnie; **to stare ~** patrzeć bezlitosnym wzrokiem; **~ cruel** bezwzględnie okrutny

piton /ˈpiːtɒn/ *n* karabinek *m*, karabińczyk *m*

pit pony *n* koń *m* pracujący pod ziemią

pit prop *n* stempel *m*

pit stop *n* [1] (in motor racing) postój *m*, zatrzymanie się *n (żeby zatankować lub naprawić samochód)* [2] fig (quick break) krótki postój *m*, przystanek *m*

pitta (bread) /ˈpɪtə/ *n* Culin pita *f*, chleb *m* syryjski

pittance /ˈpɪtns/ *n* **a ~** nędzne grosze *m pl*, psie pieniądze *m pl*; **to earn a ~** zarabiać nędzne grosze or psie pieniądze; **to live on a ~** klepać biedę

pitted¹ /ˈpɪtɪd/ *adj [surface]* (with holes) podziurawiony; (with hollows) powgniatany, nierówny; *[skin]* dziobaty; **to be ~ with corrosion** być przeżartym przez rdzę; **his face was ~ with acne** miał twarz pokrytą dziobami po trądziku

pitted² /ˈpɪtɪd/ *adj [cherries, plums, olives]* bez pestek, wydrylowany

pituitary /pɪˈtjuːɪtərɪ, US -tuːəterɪ/ *adj* Physiol *[secretions]* przysadkowy; **~ gland** przysadka mózgowa

pit worker *n* górnik *m* dołowy

pity /ˈpɪtɪ/ **I** *n* [1] (compassion) litość *f*, współczucie *n* **(for sb/sth** dla kogoś /czegoś); **out of ~** z litości, przez litość; **to feel ~** odczuwać litość; **to have** or **take ~ on sb** zlitować się nad kimś, mieć litość dla kogoś; **to move sb to ~** wzbudzić w kimś litość or współczucie; **for ~'s sake!** na litość boską! [2] (cause of regret) szkoda *f*; **what a ~!** jaka szkoda!; **what a ~ that...** jaka szkoda, że...; **(it's a) ~ that...** szkoda, że...; **it would be a ~ if...** szkoda by było, gdyby...; **the ~ (of it) is that...** szkoda tylko, że...; **it seems a ~ to waste it** szkoda to marnować; **more's the ~** niestety; **I neglected to warn him, more's the ~** niestety, nie ostrzegłem go; **it's a thousand pities he isn't here to see** wielka szkoda, że on nie może tego zobaczyć

II *vt* [1] (feel compassion for) z|litować się nad (kimś/czymś) *[person, animal]*; żałować (kogoś), współczuć (komuś) *[person]*; **I ~ the poor thing** żal mi tego biedactwa; **he's to be pitied** należy mu współczuć [2] (feel contempt for) gardzić (kimś), pogardzać (kimś); **I ~ him** żal mi go

pitying /ˈpɪtɪɪŋ/ *adj* [1] (compassionate) *[gaze]* litościwy, pełen litości or współczucia [2] (scornful) *[glance, tone]* pogardliwy, wzgardliwy

pityingly /ˈpɪtɪɪŋlɪ/ *adv* [1] (compassionately) litościwie, z litością, ze współczuciem [2] (scornfully) pogardliwie, wzgardliwie

Pius /ˈpaɪəs/ *prn* Pius *m*

pivot /ˈpɪvət/ **I** *n* [1] Mech oś *f*, trzpień *m*, sworzeń *m* [2] fig (crucial point) oś *f* fig; (crucial matter) sedno *n*; (person) główna postać *f*

II *vt* [1] (turn) podn|ieść, -osić *[lever]*; obr|ócić, -acać *[lamp]* [2] Tech (provide with a bearing) umocow|ać, -ywać na trzpieniu or sworzniu

III *vi* [1] (turn) *[lamp, mechanism, device]* obr|ócić, -acać się **(on sth** na czymś); **to ~ on one's heels** odwrócić się na pięcie [2] fig **to ~ on sth** *[outcome, success]* zależeć od czegoś; *[discussion]* obracać się wokół czegoś

pivotal /ˈpɪvətl/ *adj [scene, moment]* kulminacyjny; *[factor, role]* decydujący; *[point]* centralny; *[discussion]* zasadniczy

pivot joint *n* Anat staw *m* obrotowy

pix /pɪks/ *npl* infml = **pictures** [1] (photos) fotki *f pl* infml [2] (cinema) kino *n*

pixel /ˈpɪksl/ *n* Comput piksel *m*

pixie /ˈpɪksɪ/ **I** *n* (elf) chochlik *m*, skrzat *m*; (fairy) wróżka *f*

II *modif [hat, hood]* spiczasty; *[haircut]* na chłopaka

pizza /ˈpiːtsə/ Culin **I** *n* pizza *f*; **mushroom ~** pizza z pieczarkami

II *modif* **~ dough/plate** ciasto/talerz na pizzę; **~ topping/dish** składniki/naczynie na pizzę

pizza parlour GB, **pizza parlor** US pizzeria *f*

pizzazz /pɪˈzæz/ *n* infml (vigour) szwung *m*, czad *m* infml

pizzeria /ˌpiːtsəˈriːə/ *n* pizzeria *f*

pizzicato /ˌpɪtsɪˈkɑːtəʊ/ *adv* Mus pizzicato

pkg, pkge *n* = **package**

pl *n* [1] = **place** plac *m*, pl. [2] = **plural** liczba *f* mnoga, lm, lm.

placard /ˈplækɑːd/ **I** *n* (at protest march) transparent *m*; (on wall) plakat *m*, afisz *m*

II *vt* oplakatow|ać, -ywać *[wall, town]*; umie|ścić, -szczać na transparencie/afiszu *[notice, slogan]*

placate /pləˈkeɪt, US ˈpleɪkeɪt/ *vt* u|dobruchać, ugłaskać *[person]*; u|łagodzić *[anger]*

placatory /pləˈkeɪtərɪ, US ˈpleɪkətɔːrɪ/ *adj [remark, action]* pojednawczy, uspokajający

place /pleɪs/ **I** *n* [1] (location, position) miejsce *n*; **to move from ~ to ~** przenosić się z miejsca na miejsce; **I hope this is the right ~** mam nadzieję, że to tu; **we've come to the wrong ~** przyszliśmy nie tam, gdzie trzeba; **to be in the right ~ at the right time** być we właściwym miejscu o właściwej porze; **I can't be in two ~s at the same time** nie mogę być w dwóch miejscach jednocześnie; przecież się nie rozerwę infml; **same time, same ~** w tym samym miejscu o tej samej porze; **in many ~s** w wielu miejscach; **in ~s** *[hilly, damaged, worn]* miejscami; **her leg had been stung in several ~s** została użądlona w nogę w kilku miejscach; **the best ~ to buy fruit** miejsce, gdzie najlepiej kupować owoce; **a safe ~ to hide** bezpieczna kryjówka; **a good ~ to plant roses** dobre miejsce na posadzenie róż; **a ~ for sth** miejsce na coś *[meeting, party, monument, office]*; **it's no ~ for a child!** to nie jest odpowiednie miejsce dla dziecka!; **this is the ~ for me!** to miejsce jest (jak) dla mnie stworzone!; **if you want peace and quiet, then this is not the ~!** jeśli pragniesz ciszy i spokoju, to nie jest to odpowiednie miejsce!; **there's no ~ like home** nie ma jak w domu; wszędzie dobrze, ale w domu najlepiej; **not here, of all ~s!** tylko nie tu!; **in Oxford, of all ~s!** akurat w Oksfordzie! [2] (small town, village) miejscowość *f*; (countryside) okolica *f*; (area) region *m*; (restaurant) lokal *m*; **a good ~ to eat** miejsce, gdzie można dobrze zjeść; **it's not the sort of ~ you'd take your granny** to nie jest miejsce, gdzie można by zabrać babcię; **we stayed at a ~ on the coast** zatrzymaliśmy się (w miejscowości /w hotelu) na wybrzeżu; **a little ~ called...** niewielka miejscowość zwana...; **in a ~ like Austria/Kent** w takim miejscu jak Austria/Kent; **this ~ is filthy!** tu jest brudno!; **he threatened to burn the ~ down** infml zagroził, że puści wszystko z dymem; **to be seen in all the right ~s** bywać tam, gdzie wypada; **all over the ~** (everywhere) wszędzie; fig *[lecture, speech]* chaotyczny; **your hair is all over the ~!** infml jesteś rozczochrany! [3] (for specific purpose) miejsce *n*; **~ of birth /residence/work** miejsce urodzenia/zamieszkania/pracy; **~ of pilgrimage** cel pielgrzymek; **~ of refuge** azyl, schronienie; **~ of worship** miejsce kultu; **do you have a ~ to stay?** czy masz się gdzie zatrzymać? [4] (home) (house) dom *m*; (apartment) mieszkanie *n*; **Adam's ~** dom /mieszkanie Adama; **a ~ by the sea** dom nad morzem; **a ~ of one's own** własny dom, własne mieszkanie; własny kąt fig; **(where shall we meet?) your ~ or mine?** (gdzie się spotkamy?) u ciebie czy u mnie? [5] (seat, space) (on bus, at table, in queue) miejsce *n*; (setting at table) nakrycie *n*; **to keep a ~** zająć miejsce **(for sb** komuś, dla kogoś); **to find/lose one's ~** znaleźć /stracić swoje miejsce; **to show sb to his/her ~** wskazać komuś miejsce; **please take your ~s** proszę zajmować miejsca; **I couldn't find a ~ to park** nie mogłem znaleźć miejsca do zaparkowania; **to lay** or **set a ~ for sb** przygotować dla kogoś nakrycie; **is this ~ taken?** czy to miejsce jest zajęte? [6] (on team) miejsce *n*; (with firm) posada *f*; miejsce *n* dat; **to get a ~ on the team** zakwalifikować się do drużyny; **to get a ~ on the staff** dostać stałą pracę; **a ~ as a cook/cleaner** praca kucharza /sprzątaczki [7] GB Univ miejsce *n*; **free ~s for talented children** bezpłatne miejsca (na studiach) dla szczególnie uzdolnionych dzieci; **to win a ~ at Oxford** dostać się do Oksfordu; **to get a ~ in physics** or **on the physics course** dostać się na fizykę or wydział fizyki, zostać przyjętym na fizykę or wydział fizyki [8] (in competition, race, in importance) lokata *n*, miejsce *n*; **to finish in first ~** zdobyć pierwsze miejsce; **he backed Red Rum for a ~** Turf obstawił Red Ruma na punktowanym miejscu; **to take second ~** fig zejść na drugi plan; **to take second ~ to sth** fig zajmować drugie miejsce po czymś; **to relegate sth to second ~** fig odsunąć coś na drugi plan or na drugie miejsce [9] (in argument, analysis) miejsce *n*; **in the first ~** (firstly) po pierwsze, przede wszystkim; (at the outset) na początku; **how much money did we have in the first ~?** ile pieniędzy mieliśmy na początku? [10] (correct position) właściwe or swoje miejsce *n*; **in ~** (in correct or usual position) *[object]* na (swoim) miejscu; (ready to be used) *[law, system, scheme]* gotowy do wdrożenia; **to put sth in ~** umieścić coś na właściwym miejscu *[fencing, construction]*; przygotować coś do wdrożenia *[legislation, scheme, regime]*; **to put sth in ~** or **return sth to its ~** odłożyć coś na miejsce; **to push sth back into ~** przesunąć coś z powrotem na swoje miejsce; **everything is in its ~** wszystko jest na swoim miejscu; **when the lever is in ~** gdy dźwignia jest we właściwej pozycji; **is the lid in ~?** czy pokrywka jest dokręcona?; **to hold sth in ~** przytrzymywać coś (na swoim miejscu) [11] (rank) miejsce *n*, znaczenie *n*; **his ~ in history /politics** jego miejsce w historii/polityce; **to take one's ~ in society** zająć należne komuś miejsce w społeczeństwie; **to put sb in his/her ~** pokazać komuś, gdzie jego /jej miejsce; **to know one's ~** znać swoje miejsce [12] (role) miejsce *n*; **it's not my ~ to criticize** nie do mnie należy krytykowanie; **to fill sb's ~** zająć miejsce kogoś; **to take sb's ~, to take the ~ of sb** zastąpić kogoś, zająć miejsce kogoś; **capital punishment has no ~ in a civilized society** dla kary śmierci nie ma miejsca w cywilizowanym społeczeństwie; **there is a ~ for someone like her in this company** dla kogoś takiego jak ona znajdzie się miejsce w przedsiębiorstwie; **there are ~s for people like you!** infml pej są sposoby na takich jak ty! [13] (situation) miejsce *n*, położenie *n*; **in my/his ~** na moim/jego miejscu; **in your ~, I'd have done the same** na twoim miejscu zrobiłbym to samo; **to change** or **trade ~s with sb** zamienić się z kimś (miejscami) fig; **put yourself in my ~** postaw się na moim miejscu [14] (moment) moment *m*, chwila *f*; **in ~s** *[funny, boring, silly]* miejscami, chwilami; **this is not the ~ to argue** to nie jest odpowiedni moment na dyskusję; **this is a good ~ to begin** to dobry moment, żeby zacząć; **there were ~s in the film where...** były w filmie momenty, kiedy... [15] (in book) miejsce *n* (na stronie); **to mark one's ~** zaznaczyć miejsce; **to find/lose one's ~** znaleźć/zgubić miejsce [16] Math miejsce *n*; **3 decimal ~s, 3 ~s of decimals** trzy miejsca po przecinku; **to calculate sth to 3 (decimal) ~s** obliczyć coś z dokładnością do trzeciego miejsca po przecinku [17] US infml (unspecified location) **in some ~** gdzieś; **in no ~** nigdzie; **he had no ~ to go** nie miał dokąd pójść; **he always wants to go ~s with us** wszędzie by z nami chodził; **she goes ~s on her bicycle** jeździ tu i tam na rowerze

II out of place *adj phr* (not suitable) *[remark, behaviour, language, tone]* nie na miejscu; (not in usual place) *[object]* nie na swoim

P

miejscu; **nothing was out of ~ in her house** wszystko w jej domu było na swoim miejscu; **to look out of ~** *[building]* nie pasować do otoczenia; **I feel out of ~ among all those rich people** źle się czuję or czuję się skrępowany w tym towarzystwie ludzi bogatych

III in place of *prep phr* zamiast (kogoś /czegoś); **X is playing in ~ of Y** X gra zamiast Y; **he spoke in my ~** przemawiał zamiast mnie

IV *vt* [1] (put carefully) umie|ścić, -szczać; położyć, kłaść *[flat object]*; postawić, stawiać *[vertical object, vessel]*; (arrange) u|łożyć, -kładać; **to ~ sth into sth** włożyć coś do czegoś, umieścić coś w czymś; **~ the cucumber slices around the edge of the plate** ułóż plasterki ogórka wokół brzegu talerza; **she ~d the vase in the middle of the table** postawiła or ustawiła wazon pośrodku stołu; **~ the smaller bowl inside the larger one** włóż mniejszą miseczkę do większej, umieść mniejszą miseczkę w większej; **to ~ sth back on the shelf/table** odłożyć or odstawić coś z powrotem na półkę/na stół; **to ~ sth in the correct order** ustawić or ułożyć coś we właściwej kolejności [2] (locate) umie|ścić, -szczać, u|sytuować; **the switch has been ~d too high** kontakt został umieszczony zbyt wysoko; **to be strategically ~d** być strategicznie usytuowanym [3] (using services) **to ~ an advertisement in the paper** zamieścić reklamę w gazecie; **to ~ an order for sth** zamówić coś, zrobić zamówienie na coś; **to ~ a bet (on sth)** postawić (na coś) [4] fig (put) postawić, stawiać, umie|ścić, -szczać; **to ~ emphasis on sth** podkreślić coś, zaakcentować coś; **to ~ one's trust in sb/sth** (start believing) zawierzyć or zaufać komuś/czemuś; (keep believing) pokładać w kimś/czymś wiarę or zaufanie; **to ~ sb in a difficult situation /in a dilemma** postawić kogoś w trudnym położeniu/przed dylematem; **to ~ sb at risk** wystawić kogoś na ryzyko or szwank; **to ~ the blame on sb** obarczyć kogoś winą, złożyć na kogoś odpowiedzialność; **to ~ confidence in sb** pokładać zaufanie w kimś; **two propositions were ~d before those present** obecnym przedstawiono dwie propozycje [5] (rank) s|klasyfikować; **to be ~d third** *[athlete, horse, student]* zostać sklasyfikowanym na trzecim miejscu [6] (judge) zalicz|yć, -ać; **to be ~d among the top scientists of one's generation** zostać zaliczonym do czołowych naukowców pokolenia; **where would you ~ him in relation to his colleagues?** jak oceniłbyś go w porównaniu z jego kolegami? [7] (identify) rozpozna|ć, -wać *[person, accent]*; **I can't ~ his face** nie mogę sobie przypomnieć, skąd znam tę twarz [8] (find home for) umie|ścić, -szczać *[child]*; **to ~ a child in an orphanage/with a foster family** umieścić dziecko w sierocińcu/w rodzinie zastępczej [9] Admin (send, appoint) umie|ścić, -szczać *[student, trainee]*; zna|leźć, -jdować zatrudnienie dla (kogoś) *[candidate]*; **to ~ sb in charge of staff/a project** powierzyć komuś nadzór nad personelem/nad projektem; **to be ~d in quarantine** zostać poddanym kwarantannie [10] Fin u|lokować *[money, investments, savings]* **(in sth** w czymś)

III placed *pp adj* [1] (situated) **to be well ~d (to do sth)** zajmować dobrą pozycję, żeby (móc) coś zrobić; **he is not well ~d to judge** z jego pozycji trudno ocenić; **she is well/better ~d to speak on the subject** jest kompetentna/bardziej kompetentna, żeby wypowiadać się na ten temat [2] Sport, Turf **to be ~d** *[horse]* GB przyjść na punktowanym miejscu; US zająć drugie miejsce, przybiec na drugim miejscu

IDIOMS: **that young man is really going ~s** infml ten młody człowiek robi prawdziwą karierę; **to have friends in high ~s** mieć ustosunkowanych przyjaciół; **corruption in high ~s** korupcja na szczytach władzy; **when I read that, everything suddenly fell** or **clicked** or **fitted into ~** kiedy to przeczytałem, nagle wszystko stało się jasne → **take place**

place-bet /ˈpleɪsbet/ *n* zakład *m*; **to make a ~** obstawiać miejsca punktowane

placebo /pləˈsiːbəʊ/ *n* (*pl* **~s, ~es**) [1] placebo *n inv* [2] fig ochłap *m* (na pocieszenie) fig

placebo effect *n* Med efekt *m* placebo; fig skutek *m* uspokajający

place card *n* wizytówka *f* *(na stole, przy nakryciu)*

placekick /ˈpleɪskɪk/ Games **I** *n* wykop *m* z ziemi; **to take a ~** wznowić grę (przez wykop z ziemi)

II *vt* **to ~ the ball** wzn|owić, -awiać grę

place mat *n* mata *f* or podkładka *f* pod nakrycie

placement /ˈpleɪsmənt/ *n* [1] GB (also **work ~**) (trainee post) staż *m*; **to get a ~ with a company** dostać się na staż do firmy [2] (in accommodation) znalezienie *n* domu *(dla osieroconego dziecka)*; (in employment) znalezienie *n* pracy [3] Fin lokata *f*, ulokowanie *n*

placement office *n* US Univ ≈ biuro *n* pełnomocnika do spraw zatrudnienia

placement test *n* US Sch (entrance exam) egzamin *m* wstępny; (proficiency test) sprawdzian *m* predyspozycji

place-name /ˈpleɪsneɪm/ *n* nazwa *f* geograficzna, toponim *m*; **dictionary of ~s** słownik nazw geograficznych or toponimów

placenta /pləˈsentə/ *n* (*pl* **~s, ~e**) Anat łożysko *n*

place of safety order *n* GB Jur *nakaz sądowy odbierający dotychczasowym opiekunom prawo do opieki nad dzieckiem*

placer /ˈpleɪsə(r)/ *n* Geol złoże *n* okruchowe

place setting *n* nakrycie *n (na stole)*

place-value /ˈpleɪsvæljuː/ *n* wartość *f* pozycji

placid /ˈplæsɪd/ *adj [person, animal, smile]* łagodny; *[sea, place, situation]* spokojny

placidity /pləˈsɪdətɪ/ *n* (of character) łagodność *f*; (tranquillity) spokój *m*

placidly /ˈplæsɪdlɪ/ *adv* spokojnie, łagodnie

placing /ˈpleɪsɪŋ/ *n* [1] (in race, contest) miejsce *n*, lokata *f* [2] (of players) (positioning) ustawienie *n*, rozstawienie *n*; (location) pozycja *f* [3] Fin lokata *f*, ulokowanie *n*

plagal /ˈpleɪgl/ *adj* Mus plagalny

plagiarism /ˈpleɪdʒərɪzəm/ *n* (action) plagiatorstwo *n*; (work) plagiat *m*; (passage) przepisany fragment *m*; **his book is full of ~s** jego książka roi się od fragmentów przepisanych or ściągniętych infml od innych autorów

plagiarist /ˈpleɪdʒərɪst/ *n* plagiator *m*, -ka *f*

plagiaristic /ˌpleɪdʒəˈrɪstɪk/ *adj* plagiatorski

plagiarize /ˈpleɪdʒəraɪz/ **I** *vt* przepis|ać, -ywać (z cudzego dzieła); ściąg|nąć, -ać infml *[essay, phrase, chapter]*; przywłaszcz|yć, -ać sobie *[idea, style]*; **to ~ a passage from sb/sth** przepisać fragment z kogoś/czegoś; ściągnąć fragment od kogoś/z czegoś infml

II *vi* popełni|ć, -ać plagiat; ściąg|nąć, -ać infml

plague /pleɪg/ **I** *n* [1] Med (disease) dżuma *f*; (epidemic) zaraza *f*; **you can sit next to me, I haven't got the ~!** hum możesz koło mnie usiąść, ja nie gryzę! hum; **a ~ on you!** arch niech cię zaraza! dat [2] (of insects, rats, locusts, crimes) plaga *f*; **to reach ~ proportions** stać się plagą [3] fig (nuisance) utrapienie *n*, dopust *m*; **the noise is a constant ~ to the residents** hałas jest stałym utrapieniem mieszkańców; **what a ~ that boy is!** ten chłopak to istny dopust boży! [4] Bible plaga *f* (egipska)

II *vt* [1] (beset) **to be ~d by** or **with sth** być dręczonym czymś *[doubt, remorse]*; być nękanym przez coś *[difficulties, strikes]*; **he's ~d by ill health** ciągle choruje, ciągle mu coś dokucza; **we were ~d by bad weather** mieliśmy fatalną pogodę [2] (harass) nie dawać żyć (komuś), zadręcz|yć, -ać; **to ~ sb with questions** dręczyć or zadręczać kogoś pytaniami; **to ~ sb for an answer** natarczywie domagać się od kogoś odpowiedzi; **to ~ the life out of sb** infml zadręczać kogoś na śmierć fig

IDIOMS: **to avoid sb/sth like the ~** unikać kogoś/czegoś jak zarazy or jak morowego powietrza

plague-ridden /ˈpleɪgrɪdn/ *adj* nękany przez zarazę

plague-stricken /ˈpleɪgstrɪkən/ *adj* dotknięty zarazą

plaice /pleɪs/ *n* (*pl* **~**) Zool gładzica *f*

plaid /plæd/ **I** *n* [1] (fabric) tartan *m*; (design) wzór *m* w szkocką kratę [2] (garment) pled *m* w szkocką kratę *(część klanowego stroju Szkota)*

II *modif [scarf, shirt, design]* w szkocką kratę

Plaid Cymru /ˌplaɪdˈkʌmrɪ/ *n* GB Pol Walijska Partia *f* Narodowa

plain /pleɪn/ **I** *n* [1] Geog równina *f*; **on the ~** na równinie; **the (Great) Plains** US Wielkie Równiny, Wielka Równina Prerii [2] (knitting stitch) oczko *n* prawe; **a row of ~** rządek prawych (oczek)

II *adj* [1] (simple) *[dress, decor, living, language]* prosty; *[furniture, building]* prosty, zwyczajny; *[room]* zwyczajny; *[food]* niewyszukany; **~ cooking** proste potrawy; **she's a good ~ cook** ona dobrze gotuje niewyszukane potrawy; **a ~ man** zwykły or prosty człowiek [2] (of one colour) *[fabric, background, paper]* gładki; *[envelope]* zwyczajny; **a ~ blue dress** gładka niebieska sukienka; **to send sth under ~ cover** Post przesłać coś w nieoznakowanej kopercie [3] euph (unattractive) *[woman]* nieładny; *[features]* pospolity; **she's rather ~** ona nie jest zbyt piękna [4] (clear) *[line, marking]* wyraźny; **in ~ view of sb** na oczach kogoś [5] (obvious) jasny, oczywisty; **it was ~ to everyone that she was lying** dla wszystkich było jasne, że ona kłamie; **it's a ~ fact that...** to zupełnie oczywiste, że...; **it is ~ from this report that...** z tego raportu jasno wynika, że...; **the facts are ~ enough** fakty mówią same za siebie; **she's jealous, it's ~ to see** jest zazdrosna, to od razu widać; **her suffering was ~ to see** było oczywiste, że cierpi; **to make it ~ (to sb) that...** jasno or wyraźnie dać (komuś) do zrozumienia, że...; **let me make myself quite ~, I'm not going** niech to będzie jasne, nie idę i koniec; **do I make myself ~?** czy wyrażam się jasno?; **she made her irritation quite ~** nie ukrywała, że jest zirytowana [6] (direct) *[answer]* szczery; *[word]* prosty; **~ speaking** szczerość; **there was plenty of ~ speaking** padło wiele szczerych słów; **the ~ truth** szczera prawda; **the ~ truth of the matter is that...** prawda jest taka, że...; **can't you speak in ~ English /Polish?** czy możesz mówić jasno?, czemu nie powiesz jasno?; **in ~ English, this means that...** mówiąc wprost, znaczy to, że... [7] (downright) *[ignorance, common sense, laziness]* zwykły [8] (ordinary) **I knew him when he was ~ Mr Spencer** znałem go, kiedy nazywał się po prostu pan Spencer or kiedy był zwykłym panem Spencerem [9] (unflavoured) *[bun, cake, crisp]* zwykły; *[yoghurt]* naturalny; (not spicy) *[dish]* łagodny w smaku

III *adv* [1] (completely) *[stupid, wrong]* po prostu [2] (directly) *[speak, tell]* wprost; **I can't put it any ~er than that** nie mogę wyrazić tego prościej

IDIOMS: **to be as ~ as day** być jasnym jak słońce; **to be ~ sailing** *[project, task]* być całkiem prostym, pójść jak po maśle

plainchant /ˈpleɪntʃɑːnt, US -tʃænt/ *n* Mus cantus planus *m inv*

plain chocolate *n* ≈ czekolada *f* deserowa

plain clothes **I** *npl* **to wear ~, to be in ~** być (ubranym) po cywilnemu

II **plain-clothes** *adj [policeman, customs officer]* (ubrany) po cywilnemu; **plain-clothes man** tajniak infml

plain dealing *n* uczciwość *f*

plain flour *n* Culin zwykła mąka *f (bez dodatków)*

plain Jane *n* infml brzydula *f* infml; **she's rather a ~** ona nie grzeszy urodą

plainly /ˈpleɪnlɪ/ *adv* [1] (obviously) najwyraźniej, w sposób oczywisty; **they were ~ lying** najwyraźniej kłamali; **this is ~ not the case** najwyraźniej tak nie jest [2] (distinctly) *[hear, see]* wyraźnie; *[remember]* dokładnie; **the rainbow was ~ visible** doskonale było widać tęczę [3] (in simple terms) *[explain, state]* jasno [4] (frankly) *[speak]* szczerze, otwarcie [5] (simply) *[decorated, furnished, dressed]* skromnie, bezpretensjonalnie

plainness /ˈpleɪnnɪs/ *n* [1] (simplicity) (of dress, decor, food) prostota *f*; (of language) jasność *f* [2] (unattractiveness) pospolitość *f*, brzydota *f*

Plains Indian *n* Indian|in *m*, -ka *f* z Wielkich Równin

plainsman /ˈpleɪnzmən/ *n* (*pl* **-men**) człowiek *m* mieszkający na równinach

plainsong /ˈpleɪnsɒŋ/ *n* = **plainchant**

plain speaker *n* szczery człowiek *m*; **she's a ~** ona mówi, co myśli

plain-spoken /ˌpleɪnˈspəʊkən/ *adj* prostolinijny, szczery

plaint /pleɪnt/ *n* [1] liter (complaint) skarga *f*, lament *m* [2] Jur powództwo *n*, pozew *m*, skarga *f*

plain text *n* Comput, Telecom tekst *m* odkryty or otwarty

plaintiff /ˈpleɪntɪf/ *n* Jur powód *m*, -ka *f*

plaintive /ˈpleɪntɪv/ *adj [cry]* żałosny, zawodzący; *[voice]* płaczliwy; *[song, look]* tęskny

plaintively /ˈpleɪntɪvlɪ/ *adv [say]* płaczliwym or żałosnym tonem

plait /plæt/ **I** *n* [1] (of hair) warkocz *m*; **to wear (one's hair in) ~s** nosić or mieć warkocze [2] (rope) (pleciona) lina *f*

II *vt* zapl|eść, -atać *[hair]*; spl|eść, -atać *[strands, straw]*; u|pleść *[basket, bracelet]*; **will you ~ my hair?** czy zapleciesz mi włosy?

III **plaited** *pp adj [hair]* zapleciony; *[rope, reeds]* pleciony

plan /plæn/ **I** *n* [1] (scheme, course of action) plan *m*, projekt *m*; (intention) zamiar *m*, zamysł *m*; **to draw up** or **work out a six-point ~** sporządzić sześciopunktowy plan; **a ~ of action/of campaign** plan działania/kampanii; **everything went according to ~** wszystko odbyło się zgodnie z planem; **to revert to ~ B** fig przejść do planu B; **our ~ is to leave early** planujemy wyjechać wcześnie; **your best ~ would be to stay here** najlepiej będzie, jeśli tu pozostaniesz; **to have a ~ to do sth** planować coś zrobić [2] (map, diagram) plan *m*; **a street ~ of London** plan Londynu; **seating ~** (at dinner table) rozmieszczenie gości [3] Archit, Constr plan *m*, projekt *m*; Tech rzut *m* główny poziomy [4] (rough outline) (of essay, book) plan *m*, konspekt *m*

II **plans** *npl* [1] (arrangements) plany *m pl*; **a change of ~s** zmiana planów; **what are your ~s for the weekend?** jakie masz plany na weekend?; **to make ~s** planować, projektować; **to make ~s for sth** (organize arrangements) robić przygotowania do czegoś; (envisage) planować coś; **to make ~s for the future** robić plany na przyszłość; **to make ~s to do sth** planować zrobienie czegoś, zamierzać coś zrobić; **to have ~s for sth/sb** mieć plany or zamiary co do czegoś/kogoś [2] Archit, Constr **the ~s** plany *m pl*, projekt *m*; **submit the ~s before the end of the month** projekt należy złożyć do końca miesiąca

III *vt* (*prp, pt, pp* **-nn-**) [1] (prepare, organize) za|planować *[future, production, traffic system, day]*; przygotow|ać, -ywać, u|planować *[meeting, operation, expedition, crime]*; rozplanow|ać, -ywać *[timetable]*; **it's all ~ned in advance** wszystko zostało z góry zaplanowane; **everything went exactly as ~ned** wszystko odbyło się dokładnie jak planowano; **we arrived, as ~ned, at three o'clock** przybyliśmy zgodnie z planem o trzeciej; **he ~ned it so that he could leave early** zorganizował wszystko tak, żeby wyjść wcześniej [2] (intend) planować *[trip, visit]*; **to ~ to do sth** zamierzać coś zrobić [3] (premeditate) za|planować *[crime]* [4] Archit, Constr za|projektować *[garden, house, city centre]* [5] (give structure to) rozplanow|ać, -ywać *[essay, book]*; (make notes for) na|szkicować plan (czegoś) *[essay, book]* [6] (decide on size of) **to ~ a family** planować rodzinę

IV *vi* (*prp, pt, pp* **-nn-**) planować, robić plany; **why don't you ever ~?** dlaczego nigdy niczego sobie nie zaplanujesz?; **the present situation makes it impossible to ~** w obecnej sytuacji nie można niczego zaplanować; **to ~ for sth** (make preparations for) poczynić przygotowania do czegoś *[old age]*; (expect) spodziewać się czegoś *[changes, increase]*; **to ~ for the future** robić plany na przyszłość; **we hadn't ~ned for this** tego się nie spodziewaliśmy, na to nie byliśmy przygotowani; **we're ~ning for about 50 guests** spodziewamy się or liczymy na przybycie około 50 gości; **to ~ on sth /doing sth** (expect) spodziewać się czegoś; (intend) zamierzać coś/coś zrobić; **I hadn't ~ned on having to look after her** nie spodziewałem się, że będę się musiał nią zajmować; **I ~ned on going out** zamierzałem wyjść; **we're not ~ning on losing the election** w ogóle nie bierzemy pod uwagę przegranej w wyborach

■ **plan ahead** robić plany na przyszłość; **to be ~ned weeks ahead** być zaplanowanym z wielotygodniowym wyprzedzeniem

■ **plan out: ~ out [sth]** za|planować *[strategy, policy, expenditure, itinerary]*; rozplanow|ać, -ywać *[work]*

planchette /plɑːnˈʃet/ *n* wózek *m* spirytystyczny

plane[1] /pleɪn/ **I** *n* Aviat samolot *m*; **to travel by ~** podróżować samolotem

II *modif [crash]* lotniczy; *[ticket]* lotniczy, samolotowy, na samolot

III *vi [bird, aircraft, glider]* po|szybować; *[boat]* ślizgać się po wodzie

■ **plane down** *[bird, hang-glider]* po|szybować w dół

plane[2] /pleɪn/ **I** *n* [1] (in geometry) płaszczyzna *f*; **the horizontal/vertical ~** płaszczyzna pozioma/pionowa [2] (face of cube, pyramid) ściana *f* [3] fig (level) poziom *m*; **to raise the conversation onto a more intellectual ~** podnieść rozmowę na wyższy poziom intelektualny

II *adj* (flat) płaski, równy

plane[3] /pleɪn/ **I** *n* (tool) strug *m*, hebel *m*

II *vt* heblować, oheblow|ać, -ywać *[wood, edge]*; **to ~ sth smooth** wygładzić coś

■ **plane down: ~ down [sth], ~ [sth] down** oheblow|ać, -ywać, z|heblować *[surface, edge]*

plane[4] /pleɪn/ **I** *n* Bot (also **~ tree**) platan *m*

II *modif [leaf, twig, bark]* platanowy

plane geometry *n* planimetria *f*

plane spotter *n* obserwator *m* samolotów

planet /ˈplænɪt/ *n* planeta *f*; **Planet Earth** planeta Ziemia; **to be on another ~** infml

P

(dreaming) bujać w obłokach; (weird) urwać się z choinki infml fig

planetarium /ˌplænɪˈteərɪəm/ *n* (*pl* **~s, -aria**) planetarium *n*

planetary /ˈplænɪtrɪ, US -terɪ/ *adj* planetarny

planetology /ˌplænɪˈtɒlədʒɪ/ *n* planetologia *f*

plangent /ˈplændʒənt/ *adj* fml *[sound, music]* (resonant) donośny; (plaintive) melancholijny

planisphere /ˈplænɪsfɪə(r)/ *n* planisfera *f*

plank /plæŋk/ *n* [1] (board) deska *f*; **to walk the ~** Naut Hist zostać skazanym na karę śmierci *(przez zrzucenie do morza z deski zawieszonej za burtą)* [2] fig (of policy, argument) założenie *n*, przesłanka *f*; **to form the main** or **central ~ of sth** stanowić główne założenie or główną przesłankę czegoś

■ **plank down**: **~ down [sth], ~ [sth] down** postawić, stawiać ciężko *[chair, case]*; cis|nąć, -kać *[money]*

IDIOMS: **to be as thick as two (short) ~s** infml być głupim jak noga stołowa infml

planking /ˈplæŋkɪŋ/ *n* deski *f pl*, tarcica *f*; Naut poszycie *n* klepkowe

plankton /ˈplæŋktən/ *n* Biol plankton *m*

planned /plænd/ *adj* za|planowany

planned economy *n* gospodarka *f* planowa

planned parenthood *n* planowanie *n* rodziny

planner /ˈplænə(r)/ *n* [1] (in economic planning) planista *m*; (of project, strategy) autor *m*, -ka *f* planu [2] (in town planning) urbanista *m*

planning /ˈplænɪŋ/ **I** *n* [1] Econ, Admin, Ind planowanie *n* [2] (organization) (of holiday, party, meeting) za|planowanie *n*; **we need to do some ~** musimy ustalić plan działania; **that was bad ~** to nie było dobrze zaplanowane [3] Archit planowanie *n* przestrzenne, urbanistyka *f*; (of housing estate) projektowanie *n*

II *modif* [1] Admin *[decision, concept]* planistyczny; **~ department** wydział planowania; **at the ~ stage** na etapie planowania [2] Archit, Constr, Transp *[policy, decision]* dotyczący planowania przestrzennego

planning application *n* podanie *n* o pozwolenie na budowę

planning blight *n* efekty *m pl* błędnego planowania

planning board *n* [1] (in town planning) komisja *f* planowania przestrzennego [2] Econ komisja *f* planowania *(gospodarczego)*

planning committee *n* = **planning board**

planning permission *n* pozwolenie *n* na budowę

planning regulations *n* przepisy *m pl* budowlane

plant /plɑːnt, US plænt/ **I** *n* [1] Bot, Hort roślina *f*; (seedling) sadzonka *f*, flanca *f*; **tobacco/tea ~** tytoń/herbata [2] Ind (factory) zakład *m* przemysłowy, zakłady *m pl*; (power station) elektrownia *f*; **cement ~** cementownia; **nuclear ~** elektrownia atomowa; **steel ~** stalownia [3] Ind (machinery, fixtures) instalacje *f pl* i urządzenia *n pl*; (fixed machinery) instalacje *f pl*; (movable machinery) park *m* maszynowy; (for road building) GB maszyny *f pl* drogowe [4] (informer) osoba *f* podstawiona; wtyka *f*, wtyczka *f* infml [5] (piece of evidence) fałszywy dowód *m (podrzucony, żeby obciążyć osobę niewinną)*

II *modif* Bot roślinny; **~ disease/reproduction** choroba/rozmnażanie się roślin; **~ biologist** fitobiolog

III *vt* [1] (put to grow) za|sadzić, po|sadzić *[bulb, tree]*; za|siać, po|siać *[seeds, crop]*; **to ~ a field with wheat** obsiać pole pszenicą; **to ~ one's garden with trees** obsadzić ogród drzewami; **mountain slopes ~ed with trees** górskie zbocza porośnięte drzewami [2] (illicitly put in place) pod|łożyć, -kładać *[bomb, explosive]*; umie|ścić, -szczać, za|instalować *[bugging device]*; podrzuc|ić, -ać *[incriminating evidence]*; podstawi|ć, -ać *[informer]*; **to ~ drugs/a weapon on sb** podrzucić komuś narkotyki/broń; **to ~ a question** zadać uzgodnione wcześniej pytanie [3] (put down firmly) postawić, stawiać *[box, chair]*; **to ~ one's feet wide apart** stanąć (pewnie) w rozkroku; **to ~ a spade /knife in sth** wbić łopatę/nóż w coś [4] (give) **to ~ a kiss on sb's cheek** pocałować kogoś w policzek; **to ~ a blow on sb's ear** uderzyć kogoś w ucho; **to ~ a kick on sb's back** dać komuś kopniaka w tyłek infml [5] (start, engender) podsu|nąć, -wać *[idea]*; po|siać *[doubt]*; rozsi|ać, -ewać *[rumour]*; **to ~ doubt in sb's mind** zasiać wątpliwości w umyśle kogoś; **to ~ an idea in sb's mind** podsunąć komuś pomysł or myśl; **to ~ a story** puścić w obieg informację *(żeby wpłynąć na opinię publiczną)* [6] (establish) za|łożyć, -kładać *[town, church]* [7] (settle) osadz|ić, -ać, osiedl|ić, -ać *[colonists]*

IV *vr* **to ~ oneself in front of sth** ulokować się przed czymś; **to ~ oneself in an armchair** ulokować się or usadowić się w fotelu

■ **plant out**: **~ out [sth], ~ [sth] out** (to open ground) wysadz|ić, -ać, powysadzać *[plant]*; (at intervals) rozsadz|ić, -ać, porozsadzać *[seedlings, trees]*

plantain /ˈplæntɪn/ *n* Bot [1] (tree, fruit) banan *m* (rajski) [2] (garden weed) babka *f*

plantar /ˈplæntə(r)/ *adj* Anat podeszwowy

plantation /plænˈteɪʃn/ *n* [1] (piece of land, estate) plantacja *f*; **tea/rubber ~** plantacja herbaty/kauczuku [2] (group of plants) zasiew *m*; **from the first ~** z pierwszego zasiewu

plant breeder *n* hodowca *m* nasion i sadzonek

planter /ˈplɑːntə(r), US ˈplænt-/ *n* [1] (person) plantator *m*, -ka *f* [2] (machine) (for tubers, seedlings, saplings) sadzarka *f*; (for seeds) siewnik *m* do siewu gniazdowego [3] (plant pot) żardyniera *f*

plant food *n* pożywka *f* dla roślin

plant geneticist *n* fitobiolog genetyk *m*

plant hire *n* GB wynajem *m* maszyn i urządzeń *(zwłaszcza drogowych)*

planting /ˈplɑːntɪŋ, US ˈplænt-/ *n* (of seeds) siew *m*; (of seedlings) sadzenie *n*; **the ~ season** pora siewu

plant kingdom *n* królestwo *n* roślin

plant life *n* flora *f*

plant louse *n* mszyca *f*

plant pot *n* doniczka *f*, donica *f*

plaque /plɑːk, US plæk/ *n* [1] (on wall, monument) płyta *f*, tablica *f* (pamiątkowa) [2] Dent kamień *m* nazębny, płytka *f* nazębna

plash /plæʃ/ *n, vi* = **splash**

plasm /ˈplæzəm/ *n* = **plasma** [1]

plasma /ˈplæzmə/ *n* [1] Physiol, Med osocze *n*, plazma *f*; Biol (proto)plazma *f* [2] Phys plazma *f*

plasma screen *n* wyświetlacz *m* or ekran *m* plazmowy

plaster /ˈplɑːstə(r), US ˈplæs-/ **I** *n* [1] Constr (mixture) zaprawa *f* do tynków; (on wall) tynk *m* [2] Med, Art gips *m*; **to have an arm in ~** mieć rękę w gipsie; **to put sb's leg in ~** włożyć komuś nogę w gips [3] GB (**also sticking ~**) plaster *m*, przylepiec *m*; **a (piece of) ~** plaster(ek), kawałek przylepca; **to put a ~ on a cut** przykleić na skaleczenie plaster or przylepiec

II *modif [model, figure, moulding]* gipsowy

III *vt* [1] Constr o|tynkować *[wall, ceiling, room, house]*; wyprawi|ć, -ać *[walls]*; zagipsow|ać, -ywać *[cracks]* [2] (cover) (with posters, pictures) po|oklejać **(with sth** czymś); (with oil, paint) pokry|ć, -wać; **the rain had ~ed his clothes to his body** mokre ubranie przylgnęło mu do ciała; **she ~ed herself with make-up** wypacykowała się infml; **the story was ~ed all over the front page** artykuł zamieszczono na pierwszej stronie [3] Med w|łożyć, -kładać w gips *[broken limb]*; przykle|ić, -jać plaster na (coś) *[wound]*; **this leg will have to be ~ed** nogę trzeba będzie włożyć w gips [4] dat (defeat) zrównać z ziemią, obr|ócić, -acać w perzynę liter *[village, factory]*; rozgr|omić, -amiać *[enemy forces]*

■ **plaster down**: **~ down [sth], ~ [sth] down** przyliz|ać, -ywać *[hair]*

■ **plaster over**: **~ over [sth]** Constr zagipsow|ać, -ywać *[crack, hole]*; fig zatuszow|ać, -ywać, tuszować *[faults, disagreements]*

■ **plaster up**: **~ up [sth], ~ [sth] up** = **plaster over**

plasterboard /ˈplɑːstəbɔːd, US ˈplæst-/ **I** *n* płyta *f* gipsowa

II *modif [wall, ceiling]* gipsowy

plaster cast *n* [1] Med gips *m* [2] Art (mould) forma *f (na odlew)*; (sculpture) odlew *m* gipsowy

plastered /ˈplɑːstəd, US ˈplæst-/ *adj* infml *[person]* spity, nawalony infml; **to get ~** schlać się, urżnąć się infml

plasterer /ˈplɑːstərə(r), US ˈplæst-/ *n* Constr tynkarz *m*; Art sztukator *m*

plastering /ˈplɑːstərɪŋ, US ˈplæst-/ *n* tynkowanie *n*; **to do the ~** położyć tynki

plaster of Paris *n* gips *m* modelarski or sztukatorski

plasterwork /ˈplɑːstəwɜːk, US ˈplæst-/ *n* otynkowanie *n*, tynki *m pl*

plastic /ˈplæstɪk/ **I** *n* [1] (substance) plastik *m*, plastyk *m* [2] infml (credit cards) karty *f pl* kredytowe; plastikowe pieniądze *m pl* infml; **does this shop take ~?** czy w tym sklepie można płacić kartą?; **I'll stick it on the ~** zapłacę kartą

II **plastics** *npl* masy *f pl* plastyczne, tworzywa *n pl* sztuczne

III *adj* [1] (of or relating to plastic) *[bag, bucket, strap]* plastikowy, plastykowy, z tworzywa sztucznego; **~ industry/manufacture** przemysł/produkcja tworzyw sztucznych [2] (easily formed) *[substance]* plastyczny [3] Art plastyczny; **the ~ arts** plastyka [4] infml pej (unnatural) *[smile, world, environment]* sztuczny; **to be ~** *[food]* być pozbawionym smaku

plastic bomb *n* bomba *f* z plastycznym materiałem wybuchowym

plastic bullet *n* kula *f* plastikowa, nabój *m* plastikowy

plastic cup *n* plastikowy kubek *m*

plastic explosive *n* materiał *m* wybuchowy plastyczny; plastik *m*, semteks *m* infml

plastic foam *n* polistyren *m* piankowy; styropian *m*

Plasticine® /ˈplæstɪsiːn/ **I** *n* plastelina *f*
II *modif [model, shape]* z plasteliny

plasticity /ˌplæsˈtɪsətɪ/ *n* plastyczność *f*

plastic money *n* infml plastikowe pieniądze *m pl* infml

plastic surgeon *n* chirurg *m* plastyczny

plastic surgery *n* (branch of surgery) chirurgia *f* plastyczna; (operation) operacja *f* plastyczna; **he had ~ on his nose** miał operację plastyczną nosa

plate /pleɪt/ **I** *n* [1] (dish) (for eating) talerz *m*; (small) talerzyk *m*; (for serving) półmisek *m*; **china/paper ~** talerz porcelanowy/papierowy; **to hand** or **present sth to sb on a plate** GB fig podać coś komuś na talerzu or na tacy fig [2] (dishful) (pełen) talerz *m* **(of sth** czegoś); **he ate a whole ~ of rice** zjadł cały talerz ryżu [3] Relig (also **collection ~**) taca *f* (na datki); **Communion ~** patena [4] (utensils) (gold) naczynia *n pl* złote; (silver) naczynia *n pl* srebrne, srebra *plt*; **the church ~ was stolen** skradziono cenne naczynia liturgiczne [5] (sheet of metal) płyta *f*, pokrywa *f*; (thin) arkusz *m* (blachy); (of glass) płyta *f*, tafla *f*; (on cooker) płyta *f* kuchenna [6] (sign) (on door) tabliczka *f*; (on car) tablica *f* rejestracyjna; **a car with foreign ~s** Aut samochód z zagranicznymi numerami rejestracyjnymi or z obcą rejestracją [7] Geol płyta *f* [8] Elec elektroda *f*; Electron anoda *f* [9] (metal coating) powłoka *f* metalowa, warstewka *f* [10] (illustration) ilustracja *f (zwykle całostronicowa, na wkładce)* [11] Print (also **printer's ~**) płyta *f* drukowa, forma *f* drukarska [12] Phot klisza *f* or płytka *f* szklana [13] Dent (denture) proteza *f* dentystyczna; (in orthodontics) aparat *m* ortodontyczny [14] Zool płytka *f* [15] Sport (trophy) trofeum *n*; (competition) spotkanie *n* pucharowe [16] Med płytka *f (do łączenia złamanych kości)*
II *vt* [1] (coat) powle|c, -kać *[bracelet, candlestick]* **(with sth** czymś); platerować [2] (encase) opancerz|yć, -ać *[armoured car, ship]*
III -plated *in combinations* **gold/silver ~d** powlekany złotem/srebrem, platerowany
IDIOMS: **to have a lot on one's ~** mieć mnóstwo spraw na głowie

plate armour *n* GB Hist zbroja *f* płyt(k)owa

plateau /ˈplætəʊ, US plæˈtəʊ/ *n* (*pl* **-teaus, -teaux**) [1] Geog płaskowyż *m*, plateau *n inv* [2] fig okres *m* stabilizacji; **to reach a ~** ustabilizować się

plateful /ˈpleɪtfʊl/ *n* (pełen) talerz *m* **(of sth** czegoś)

plate glass *n* szkło *n* okienne

platelayer /ˈpleɪtleɪə(r)/ *n* GB Rail robotnik *m* torowy

platelet /ˈpleɪtlɪt/ *n* Physiol płytka *f* krwi, krwinka *f* płytkowa

platen /ˈplætən/ *n* (on typewriter) wałek *m*; (in printing press) płyta *f* dociskowa

plate-rack /ˈpleɪtræk/ *n* (for drying) suszarka *f* do naczyń; (for storing) półka *f* na talerze *(ustawiane pionowo)*

plate tectonics *n* tektonika *f* płyt

plate warmer *n* podgrzewacz *m* do talerzy

platform /ˈplætfɔːm/ **I** *n* [1] Rail peron *m*; **the train leaves from ~ two** pociąg odjeżdża z peronu drugiego [2] (raised structure) podwyższenie *n*; (for performance) estrada *f*; (at public meeting) podium *n*, trybuna *f*; (at prize-giving) podium *n*, podwyższenie *n*; **please address your remarks to the ~** proszę zwracać się do prezydium; **to share a ~ (with sb)** przemawiać z tej samej trybuny (co ktoś); **to provide a ~ for sb/sth** stanowić forum dla kogoś /czegoś [3] (in oil industry, on loading vehicle, for guns) platforma *f*; (on weighing machine, in scaffolding, for loading) pomost *m*; (on bus) GB pomost *m*, platforma *f* [4] Pol (electoral programme) program *m*, platforma *f* polityczna; **to come to power on a ~ of economic reform** dojść do władzy dzięki programowi reform gospodarczych [5] (springboard) pomost *m*; fig odskocznia *f* [6] Comput platforma *f*
II platforms *npl* = **platform shoes**

platform party *n* grono *n* osób na trybunie or podwyższeniu

platform scales *npl* waga *f* pomostowa

platform shoes *npl* buty *m pl* na platformach; platformy *f pl* infml

platform ticket *n* GB Rail bilet *m* peronowy; peronówka *f* infml

plating /ˈpleɪtɪŋ/ *n* [1] (metal coating) powłoka *f*, warstwa *f* powlekająca; **silver/nickel ~** powłoka ze srebra/z niklu [2] (protective casing) opancerzenie *n*; **doors with steel ~** drzwi opancerzone

platinum /ˈplætɪnəm/ **I** *n* platyna *f*
II *modif [ring, jewellery, hair, alloy]* platynowy; **~ disc record** platynowa płyta

platinum blonde I *n* platynowa blondynka *f*
II *adj* **~ hair** platynowe włosy

platitude /ˈplætɪtjuːd, US -tuːd/ *n* komunał *m*, frazes *m*

platitudinize /ˌplætɪˈtjuːdɪnaɪz, US -ˈtuːd-/ *vi* prawić komunały or frazesy **(about sth** na temat czegoś)

platitudinous /ˌplætɪˈtjuːdɪnəs, US -ˈtuːd-/ *adj [remark, statement]* banalny, oklepany

Plato /ˈpleɪtəʊ/ *prn* Platon *m*

Platonic /pləˈtɒnɪk/ *adj* [1] (also **platonic**) *[love, relationship]* platoniczny [2] Philos *[archetype, ideal]* platoński

Platonism /ˈpleɪtənɪzəm/ *n* platonizm *m*

Platonist /ˈpleɪtənɪst/ *n* platonik *m*

platoon /pləˈtuːn/ *n* (+ *v sg/pl*) [1] Mil pluton *m* [2] fig (of waiters, followers) zastęp *m* fig

platoon commander *n* GB Mil dowódca *m* plutonu

platoon sergeant *n* US Mil *stopień podoficerski poniżej sierżanta sztabowego*

platter /ˈplætə(r)/ *n* [1] (serving dish) półmisek *m*; **the seafood/cold meat ~** (on menu) półmisek owoców morza/wędlin; **to hand sb sth on a (silver) ~** fig podać komuś coś na tacy or na talerzu fig [2] US Audio (turntable) talerz *m*; (record) płyta *f* gramofonowa

platypus /ˈplætɪpəs/ *n* Zool (*pl* **~es**) dziobak *m*

plaudits /ˈplɔːdɪts/ *npl* poklask *m*, aplauz *m*, uznanie *n*; **to win (sb's) ~** zyskać poklask or uznanie (kogoś)

plausibility /ˌplɔːzəˈbɪlətɪ/ *n* (of person, alibi) wiarygodność *f*; (of story, excuse) prawdopodobieństwo *n*

plausible /ˈplɔːzəbl/ *adj* (believable) *[story, plot]* prawdopodobnie brzmiący; *[person, witness]* wiarygodny, wiarogodny; *[character in drama, film]* przekonujący, przekonywający

plausibly /ˈplɔːzəblɪ/ *adv [speak]* przekonująco, przekonywająco; **he claims quite ~ that...** twierdzi, dość przekonywająco, że...

play /pleɪ/ **I** *n* [1] Theat sztuka *f* (teatralna) **(about sb/sth** o kimś/czymś, na temat kogoś/czegoś); **the characters in a ~** bohaterowie sztuki, osoby dramatu; **a radio ~, a ~ for radio** słuchowisko (radiowe); **a one-act ~** jednoaktówka; **a two-/five-act ~** sztuka dwuaktowa/pięcioaktowa; **to act** or **take part in a ~** zagrać w sztuce [2] (amusement, recreation) zabawa *f*, rozrywka *f*; **the sound of children at ~** hałas bawiących się dzieci; **the rich at ~** rozrywki ludzi bogatych; **to learn through ~** uczyć się poprzez zabawę; **his life is all work and no ~** jego życie to praca bez żadnych rozrywek [3] Sport, Games (game) gra *f*, rozgrywka *f*; (tactics) US zagranie *n*, akcja *f*; **~ starts at 11** początek meczu o jedenastej; **there was no ~ today** nie odbyły się dziś żadne rozgrywki; **rain stopped ~** deszcz przerwał rozgrywkę; **the ball is out of ~/in ~** piłka jest poza boiskiem/na boisku; **there was some good defensive ~** pokazano dobrą grę defensywną; **there was some fine ~ from the Danish team** drużyna duńska dobrze grała; **a skilful piece of ~** dobre zagranie, dobra akcja [4] (movement, interaction) gra *f*; **the ~ of light on the water/of shadows against the wall** gra świateł na wodzie/cieni na ścianie; **the ~ of forces beyond our comprehension** działanie tajemniczych sił; **the free ~ of the imagination** swobodna gra wyobraźni; **to come into ~** dać o sobie znać, wchodzić w grę; **to bring sth into ~** uruchomić coś, posłużyć się czymś [5] (pun) **a ~ on words** gra *f* słów [6] Mech (scope for movement) luz *m*; **a slight ~ between the screw and the nut** niewielki luz między śrubą a nakrętką; **there's too much ~ in the steering** jest zbyt duży luz w układzie kierowniczym; **to give a line more/less ~** Fishg poluzować/ściągnąć żyłkę; **there's not enough ~ in the schedule** fig plan nie daje możliwości manewru
II *vt* [1] (for amusement) *[children]* bawić się w (coś), pobawić się w (coś); za|grać w (coś) *[bridge, chess, tennis, football]*; **to ~ hide and seek** bawić się w chowanego; **to ~ school/mummies and daddies** bawić się w szkołę/w dom; **to ~ a joke on sb** zrobić

P

komuś kawał or dowcip, spłatać komuś figla; **to ~ cards/computer games** grać w karty/gry komputerowe; **to ~ sb at chess/tennis** zagrać w szachy/tenisa z kimś or przeciwko komuś; **to ~ chess /tennis with sb** grać z kimś w szachy /tenisa; **to ~ a game of chess/tennis** zagrać or rozegrać partię szachów/mecz tenisowy; **she ~s basketball for her country** ona gra w kadrze narodowej koszykówki [2] Mus za|grać *[symphony, chord]*; **to ~ the guitar/piano** grać na gitarze/na fortepianie; **to ~ a tune on the clarinet** zagrać melodię na klarnecie; **to ~ a piece to sb** or **for sb** zagrać utwór komuś or dla kogoś; **~ them a tune** zagraj coś dla nich, zagraj im coś; **they will ~ a nationwide tour** odbędą tournée po całym kraju; **they're ~ing the jazz club on Saturday** będą grać w klubie jazzowym w sobotę [3] Theat (act out) za|grać, od|egrać, -grywać *[role]*; **to ~ (the part of) Cleopatra** grać Kleopatrę or rolę Kleopatry; **Cleopatra, ~ed by Elizabeth Taylor** Kleopatra w wykonaniu Elizabeth Taylor; **he ~s a young officer** gra młodego oficera; **to ~ the diplomat/the sympathetic friend** fig udawać or odgrywać dyplomatę/pełnego współczucia przyjaciela; **to ~ a leading role in public affairs** fig grać or odgrywać czołową rolę w życiu publicznym; **to ~ a significant part in the creation of a clean environment** odgrywać istotną rolę w tworzeniu czystego środowiska naturalnego; **don't ~ the clown!** nie rób z siebie błazna!, przestań się wygłupiać! infml; **don't ~ the innocent with me!** nie udawaj niewiniątka!; **I'm not sure how to ~ things** fig nie bardzo wiem, jak to rozegrać; **that's the way I ~ things** infml fig w ten sposób załatwiam sprawy; **to ~ a line for laughs** powiedzieć coś do śmiechu infml [4] Audio pu|ścić, -szczać *[tape, video, CD]*; odtw|orzyć, -arzać fml *[tape, video, CD]*; **~ me a record** puść mi jakąś płytę; **to ~ music** puszczać muzykę; **the tape was ~ed to the court** sąd wysłuchał nagrania (magnetofonowego); **let me ~ some jazz for you** puszczę ci jazz, dobrze? [5] Sport (in a position) *[coach, manager]* włącz|yć, -ać do gry *[player]*; **to ~ goal/wing** grać na bramce/na skrzydle; **he ~s goal for Fulchester** gra na bramce dla Fulchesteru or w drużynie Fulchesteru [6] Sport (kick, hit) za|grać infml *[ball]*; *[golfer, tennis player]* pos|łać, -yłać, odbi|ć, -jać; *[basketball player]* rzuc|ić, -ać (czymś); **to ~ the ball over the goal** strzelić nad bramką; **to ~ the ball to sb** podać piłkę komuś, zagrać do kogoś; **to ~ a forehand** zagrać z forhendu [7] Games (in chess, draughts, cards) za|grać (czymś) *[piece, card]*; z|robić ruch (czymś) *[piece]*; wy|jść, -chodzić w (coś) *[club]*; wy|jść, -chodzić (czymś) *[queen]* [8] (gamble) **to ~ the tables** (in roulette) grać w ruletkę; **to ~ the horses** grać na wyścigach (konnych) [9] Fin **to ~ the stockmarket** grać na giełdzie [10] (move) skierow|ać, -ywać, nakierow|ać, -ywać *[light, guns]* **(over** or **onto sth** na coś); **to ~ the spotlight over the stage** skierować światło na scenę; **they ~ed the hoses over the blaze** skierowali strumienie wody na płomienie [11] Fishg wodzić *[fish]*

III *vi* [1] (for amusement) *[children, animals]* bawić się **(with sb** z kimś); **to ~ with sth** bawić się czymś; **to ~ together** or **with each other** bawić się razem or ze sobą; **can Anna come out to ~?** czy Anna może wyjść się pobawić?; **to ~ at soldiers /at keeping shop/at hide and seek** bawić się w żołnierzy/w sklep/w chowanego [2] fig robić sobie zabawę; **she's only ~ing at her job** ona nie traktuje pracy poważnie; **to ~ at being a manager/an artist** udawać szefa/artystę; **what does he think he's ~ing at?** GB co on sobie właściwie wyobraża?; **I ~ed with the idea** rozważałem ten pomysł; **I feel you're just ~ing with me** wydaje mi się, że nie traktujesz mnie poważnie; **we don't have much time/money to ~ with** nie mamy wiele czasu/pieniędzy, nie wolno nam marnować czasu/pieniędzy; **to ~ with sb** bawić się z kimś w kotka i myszkę; **to ~ with oneself** euph onanizować się [3] Sport, Games za|grać **(at sth** w coś); **to ~ with sb** grać z kimś; **do you ~?** (za)grasz?; **have you ~ed yet?** (in cards) położyłeś już?; **to ~ out of turn** (in cards) położyć kartę poza kolejnością; **I've seen them ~** widziałem, jak grają; **England is ~ing against Ireland** Anglia gra z Irlandią or przeciwko Irlandii; **he ~s for Liverpool** on gra w drużynie Liverpoolu; **she ~ed for her club in the semi-finals** reprezentowała swój klub w półfinałach; **to ~ for money** *[card player]* grać na pieniądze; **to ~ fair** grać fair or czysto; **to ~ fair with sb** fig być fair wobec kogoś [4] Sport (hit, shoot) odbi|ć, -jać, zagrać, zagrywać; **to ~ into the bunker/the net** trafić w pułapkę piaskową/w siatkę; **to ~ to sb's backhand** zagrać komuś na bekhend; **to ~ on sb** zagrać na kogoś [5] Mus *[musician, orchestra]* za|grać **(for** or **to sb** dla kogoś, komuś); **to ~ on the flute/on the xylophone** grać na flecie/ksylofonie; **to ~ to large audiences** grać w wielkich salach koncertowych; **to ~ in tune/out of tune** grać czysto/grać fałszując [6] Theat, Cin *[actor]* za|grać, wyst|ąpić, -ępować; *[play]* być wystawionym; *[film]* być pokazywanym or wyświetlanym; **she's ~ing opposite him in 'Macbeth'** jest jego partnerką w „Makbecie"; **he's ~ing to packed houses** gra przed pełną widownią or dla pełnej widowni; **'Hamlet' is ~ing at the Gate** „Hamleta" grają w teatrze Gate [7] (make noise) *[fountain, water]* szemrać; **a record ~ed softly in the background** w tle słychać było cichą muzykę z płyty; **I could hear music/the tape ~ing in the next room** słyszałem dźwięki muzyki /nagrania dochodzące z sąsiedniego pokoju [8] (move lightly) *[sunlight, wind]* igrać liter; *[light]* mienić się; **sunlight ~ed over the water** promienie słońca migotały or igrały na wodzie; **a breeze ~ed across the lake** wietrzyk igrał na jeziorze; **a smile ~ed around** or **on her lips** uśmiech igrał na jej wargach

■ **play along**: ¶ **~ along** [1] (acquiesce) zg|odzić, -adzać się; **to ~ along with sb** iść komuś na rękę; **to ~ along with sth** przystać na coś *(pozornie, chwilowo, niechętnie)* [2] (accompany) akompaniować, wtórować, przygrywać do wtóru; **I'll sing, you ~ along on the piano** ja zaśpiewam, a ty akompaniuj mi na fortepianie; **to ~ along with sb/with a song** akompaniować komuś/przygrywać do wtóru piosence ¶ **~ [sb] along** (deceive) zw|ieść, -odzić

■ **play around** infml [1] (be promiscuous) zabawi|ć, -ać się, używać życia euph; prowadzić rozwiązłe życie ra; **he's ~ing around with other women** zadaje się z innymi kobietami [2] (act the fool) wygłupiać się; **to ~ around with sth** (fiddle) bawić się czymś *[paperclips, pen]*; przestawiać coś, przesuwać coś *[chairs, ornaments]*; bawić się czymś fig *[dates, figures]*; **to ~ around with the idea of sth** rozważać pomysł (zrobienia) czegoś; **how much time/money do we have to ~ around with?** ile mamy pieniędzy /czasu (do dyspozycji)?

■ **play back**: **~ back [sth], ~ [sth] back** pu|ścić, -szczać jeszcze raz *[song, film, video]*; **to ~ sth back to sb** puścić komuś coś jeszcze raz *[record, music]*; pokazać komuś coś jeszcze raz *[film, video]*

■ **play down**: **~ down [sth]** pomniejsz|yć, -ać znaczenie (czegoś), z|minimalizować *[defeat, disaster, effect]*

■ **play off**: **to ~ sb off against sb** nastawi|ć, -ać kogoś przeciwko komuś; **they can ~ the companies off against each other** mogą napuścić te firmy na siebie infml

■ **play on**: ¶ **~ on** [1] *[musicians]* grać dalej; *[footballer]* kontynuować grę, grać dalej [2] (in cricket) trafić piłką we własną bramkę ¶ **~ on [sth]** [1] (make use of) wykorzyst|ać, -ywać *[fears, prejudices, ideas]*; grać na (czymś) *[feelings]* [2] (disturb) mieć zły wpływ na (coś) *[nerves, health]*; **to ~ on sb's mind** nurtować kogoś

■ **play out**: **~ out [sth]** od|egrać, -grywać *[fantasy]*; **to be ~ed out** roz|egrać, -grywać się; **their love affair was ~ed out against a background of war** ich romans rozgrywał się w scenerii wojennej; **the drama which is being ~ed out in India** dramat rozgrywający się w Indiach

■ **play up**: ¶ **~ up** infml (cause trouble) *[person]* dawać się we znaki; *[computer]* nawalać infml; **my rheumatism is ~ing up** dokucza mi reumatyzm ¶ **~ up to [sb]** (flatter) podliz|ać, -ywać się (komuś) ¶ **~ up [sth]** (magnify) wyolbrzymi|ć, -ać *[danger, advantages, benefits]*; **to ~ up a story** Journ rozdmuchać historię ¶ **~ [sb] up** (cause trouble for) dokucz|yć, -ać (komuś), dawać się (komuś) we znaki

■ **play upon** = **play on**

IDIOMS: **to ~ for time** grać na zwłokę; **we have everything to ~ for** nie mamy nic do stracenia (a wszystko do zyskania); **to ~ into sb's hands** ułatwić komuś zadanie; **to ~ sb false** (be insincere) nie być z kimś or wobec kogoś szczerym; (betray) zdradzić kogoś; **they ~ed to her strengths** (in interview) pozwolili jej zabłysnąć; **he doesn't ~ to his own strengths** nie potrafi wykorzystać własnych zdolności; **all work and no ~ (makes Jack a**

dull boy) Prov ≈ od samej pracy człowiek tylko głupieje; **to make a ~ for sb** infml podrywać kogoś infml; **to make great ~ of sth/of the fact that...** robić wielkie halo wokół czegoś/w związku z tym, że...

playable /ˈpleɪəbl/ *adj [shot]* do obrony; **the field is very wet, but it's still ~** boisko jest bardzo mokre, ale mimo to da się na nim grać; **the record is still ~** płyta jest jeszcze w znośnym stanie

play-acting /ˈpleɪæktɪŋ/ *n* (pretence) udawanie *n*, komediancтwo *n*; **stop your ~!** przestań udawać!, przestań odgrywać komedię!

play area *n* (outside) plac *m* zabaw; (inside) kącik *m* zabaw

playback /ˈpleɪbæk/ *n* [1] (reproduction of sound, pictures) odtwarzanie *n* [2] (device) odtwarzacz *m* [3] Cin, Mus (technique) playback *m*

playback head *n* głowica *f* odtwarzająca

playbill /ˈpleɪbɪl/ *n* Theat plakat *m* or afisz *m* teatralny

playbook /ˈpleɪbʊk/ *n* US Sport *w futbolu amerykańskim – zespół środków taktycznych stosowanych przez drużynę*

playboy /ˈpleɪbɔɪ/ *n* playboy *m*

play-by-play /ˌpleɪbaɪˈpleɪ/ *n* US Sport komentarz *m*, relacja *f* na żywo

play-centre /ˈpleɪsentə(r)/ *n* NZ grupa *f* przedszkolna

play-centred learning /ˌpleɪsentədˈlɜːnɪŋ/ *n* Sch uczenie się *n* poprzez zabawę

played-out /ˌpleɪdˈaʊt/ *adj [theory]* przeżyty, przebrzmiały; *[emotions, passions]* dawne, zapomniane

player /ˈpleɪə(r)/ *n* Sport gracz *m*, zawodni|k *m*, -czka *f*; Mus wykonaw|ca *m*, -czyni *f*, muzyk *m*; Theat aktor *m*, -ka *f*; komediant *m*, -ka *f* dat; fig (in market) gracz *m*; (in negotiations) uczestni|k *m*, -czka *f*; **tennis ~** tenisista; **chess ~** szachista; **piano ~** pianista

player-piano /ˈpleɪəpɪænəʊ/ *n* Mus pianola *f*

playfellow /ˈpleɪfeləʊ/ *n* towarzysz *m* zabaw

playful /ˈpleɪfl/ *adj* [1] (boisterous) *[kitten]* swawolny; *[child]* rozdokazywany, rozbrykany [2] (not serious) *[remark, kiss]* żartobliwy; *[look, mood]* wesoły; **she's just being ~** ona tylko żartuje

playfully /ˈpleɪfəlɪ/ *adv* [1] (boisterously) swawolnie [2] (humorously) *[remark, pinch, tease]* żartobliwie

playfulness /ˈpleɪflnɪs/ *n* [1] (of child, kitten) swawolność *f* [2] (of remark) żartobliwy ton *m*; (of action) żartobliwość *f*; (of person) wesołość *f*

playgoer /ˈpleɪgəʊə(r)/ *n* widz *m* teatralny

playground /ˈpleɪgraʊnd/ *n* (in park, city) plac *m* zabaw; (in school) dziedziniec *m*; **the island is a ~ for the rich** fig wyspa przyciąga ludzi zamożnych

playgroup /ˈpleɪgruːp/ *n* grupa *f* przedszkolna

playhouse /ˈpleɪhaʊs/ *n* [1] Theat teatr *m* [2] (toy) domek *m* lalek

playing /ˈpleɪɪŋ/ **I** *n* [1] Mus, Theat gra *f*, interpretacja *f*; **there was some excellent guitar ~** usłyszeliśmy popisową grę na gitarze [2] Sport gra *f*

II *adj [musicians, footballers]* grający; *[children]* bawiący się

playing card *n* karta *f* do gry; **a pack of ~s** talia kart

playing field *n* boisko *n* (sportowe) → **level playing field**

playlet /ˈpleɪlɪt/ *n* krótka sztuka *f*

playmaker /ˈpleɪmeɪkə(r)/ *n* Sport filar *m* zespołu fig

playmate /ˈpleɪmeɪt/ *n* towarzysz *m*, -ka *f* zabaw

play-off /ˈpleɪɒf/ *n* [1] GB (additional match) baraż *m*, spotkanie *n* barażowe [2] US (contest) decydujące spotkanie *n*, decydujący mecz *m*

playpen /ˈpleɪpen/ *n* kojec *m (dla dziecka)*

play reading *n* publiczne czytanie *n* sztuki

playroom /ˈpleɪrʊm/ *n* pokój *m* zabaw, sala *f* zabaw

playschool /ˈpleɪskuːl/ *n* grupa *f* przedszkolna

playsuit /ˈpleɪsuːt/ *n* (for babies) śpioszki *plt*; (for toddlers) pajacyk *m*; (for woman) swobodny strój *m (zwykle szorty i koszulka)*

plaything /ˈpleɪθɪŋ/ *n* zabawka *f*, igraszka *f* also fig; **the ~ of the gods** igraszka w rękach bogów; **she treats me like a ~** traktuje mnie jak zabawkę

playtime /ˈpleɪtaɪm/ *n* Sch długa przerwa *f (na zabawę, odpoczynek)*

playwright /ˈpleɪraɪt/ *n* dramaturg *m*, dramatopisa|rz *m*, -rka *f*

plaza /ˈplɑːzə, US ˈplæzə/ *n* [1] (public square) plac *m*; (market square) rynek *m*; **shopping ~** centrum handlowe [2] US Transp (service point) parking *m* przy autostradzie *(ze stacją benzynową, restauracją)*; (toll point) punkt *m* pobierania opłat drogowych

plc, PLC = public limited company GB publiczna spółka *f* akcyjna z ograniczoną odpowiedzialnością, SA

plea /pliː/ *n* [1] (appeal) apel *m*, wołanie *n* **(for sth** o coś); (supplication) błaganie *n* **(for sth** o coś); **his ~ for the homeless** jego apel na rzecz bezdomnych; **to make a ~ for mercy/aid** prosić or błagać o litość/pomoc; **she ignored his ~s** pozostawała głucha na jego prośby or błagania; **despite ~s from the local population** pomimo próśb miejscowej ludności [2] Jur **to make** or **enter a ~ of guilty/not guilty** przyznać się/nie przyznać się do winy; **to make a ~ of self-defence/insanity** powoływać się na działanie w samoobronie/na brak poczytalności [3] (excuse) usprawiedliwienie *n*, wytłumacznie *n*; **she didn't come on the ~ of illness** nie przyszła, tłumacząc się chorobą; **he refused to contribute, on the ~ that he couldn't afford it** odmówił udziału finansowego, tłumacząc się, że go na to nie stać

plea bargaining *n* Jur *umowa pomiędzy obroną a oskarżeniem, prowadząca do uzyskania łagodniejszego wyroku*

plead /pliːd/ **I** *vt* (*pt, pp* **pleaded,** US **pled)** [1] (beg) błagać; **he ~ed that he be allowed to stay** błagał, żeby wolno mu było zostać [2] (argue) bronić (kogoś/czegoś), wyst|ąpić, -ępować w obronie (kogoś/czegoś); **to ~ the rights of the oppressed** bronić praw uciemiężonych; **to ~ the cause of the poor** występować w obronie ubogich; **to ~ the case of sth** opowiadać się za czymś; **to ~ sb's case** Jur bronić kogoś, występować w sprawie kogoś; **to ~ the case for the prosecution** Jur występować jako oskarżyciel; **to ~ insanity /extenuating circumstances** Jur powoływać się na niepoczytalność/okoliczności łagodzące; **to ~ that...** twierdzić, że... [3] (give as excuse) tłumaczyć się (czymś); **to ~ ignorance of the whole affair** tłumaczyć się nieznajomością całej sprawy; **she left early, ~ing a headache** wyszła wcześniej, tłumacząc się bólem głowy

II *vi* (*pt, pp* **pleaded,** US **pled)** [1] (beg) prosić, apelować **(for sth** o coś); (more fervently) błagać **(for sth** o coś); **to ~ with sb for mercy/forgiveness** błagać kogoś o litość/przebaczenie; **to ~ with sb for more time** prosić kogoś o więcej czasu; **I ~ed with her to stay** prosiłem or błagałem ją, żeby została [2] Jur **to ~ guilty/not guilty** przyznawać/nie przyznawać się do winy; **to ~ guilty/not guilty to (a charge of) murder** przyznać się/nie przyznać się do popełnienia morderstwa; **how does the defendant ~?** czy oskarżony przyznaje się do winy?; **to ~ on sb's behalf** reprezentować kogoś; **to ~ for the defendant** reprezentować oskarżonego

pleading /ˈpliːdɪŋ/ **I** *n* [1] (requests) prośby *f pl*, błagania *n pl* [2] Jur (presentation of a case) obrona *f*, wystąpienie *n* obrony

II pleadings *npl* Jur (documents) pisma *n pl* procesowe

III *adj [voice, look]* błagalny

pleadingly /ˈpliːdɪŋlɪ/ *adv [look, say]* błagalnie, prosząco

pleasant /ˈpleznt/ *adj [taste, smell, voice, place]* przyjemny; *[weather]* ładny; *[person]* miły, sympatyczny **(to sb** dla kogoś); **it's ~ here** przyjemnie tu; **to spend a very ~ evening** spędzić bardzo przyjemnie wieczór; **what a ~ surprise!** cóż za miła niespodzianka!; **it makes a ~ change from work** to miła odmiana po pracy; **it's a very ~ place to live** tu się bardzo przyjemnie mieszka; **~ to the ear** miły dla ucha; **~ dreams!** miłych snów!

pleasantly /ˈplezntlɪ/ *adv [behave, smile, say]* miło; **to be ~ surprised** być mile zaskoczonym; **the house is ~ situated** dom jest ładnie położony; **it was ~ warm** było przyjemnie ciepło; **to behave ~ towards sb** być miłym dla kogoś

pleasantness /ˈplezntnɪs/ *n* przyjemny charakter *m*; (of climate) łagodność *f*; (of person) miłe usposobienie *n*; (of manner) grzeczność *f*; (of voice) przyjemne brzmienie *n*

pleasantry /ˈplezntrɪ/ **I** *n* fml (joke) żartobliwa uwaga *f*

II pleasantries *npl* (polite remarks) uprzejmości *f pl*; **to exchange pleasantries** wymieniać uprzejmości

please /pliːz/ **I** *adv* [1] (with imperative) proszę; **two teas ~** (po)proszę dwie herbaty; **~ call me Robert** proszę mi mówić Robert; **~ be seated** fml proszę spocząć fml; **'~ do not smoke'** „prosimy o niepalenie" [2] (with questions) **can I speak to Jo ~?** czy mogę rozmawiać z Jo?; **'can I have it?' – 'say ~'** „czy mogę to dostać?" – „poproś ładnie" or „powiedz proszę"; **will you ~ be quiet?** czy możecie się uciszyć? [3] (accepting politely)

P

yes ~ tak, dziękuję; **'more tea?' – 'yes ~'** „jeszcze herbaty?" – „poproszę" [4] (encouraging, urging) **~, come in** proszę do środka; **'may I?' – '~ do'** „czy mogę?" – „bardzo proszę"; **~ tell me if you need anything** powiedz mi, proszę, jeśli będziesz czegoś potrzebować [5] (in entreaty) **~ stop!, ~ don't!** przestań!; **~, that's enough!** dość tego!; **~ sir...** proszę pana...; **oh ~!** (exasperated) o Jezu!, na litość boską!; **~ let it be me next!** (praying) żeby i mnie się poszczęściło!

II if you please *adv phr* [1] fml (please) **close the door, if you ~** bądź łaskaw zamknąć drzwi fml [2] (indignantly) wyobraź sobie; **he came to the wedding, if you ~** wyobraź sobie, że zjawił się na ślubie

III *vt* [1] (make happy) sprawi|ć, -ać radość or przyjemność (komuś); (satisfy) zadow|olić, -alać, dog|odzić, -adzać (komuś); **we always try to ~ the customer** zawsze staramy się zadowolić klienta; **the gift ~d him** prezent sprawił mu radość; **it ~d her that...** była zadowolona, że...; **she is easy /hard to ~** łatwo/trudno ją zadowolić or jej dogodzić; **there's no pleasing him** nic nie jest w stanie go zadowolić or mu dogodzić; **you can't ~ everyone** wszystkich nie da się zadowolić, wszystkim nie da się dogodzić; **there is no pleasing some people** niektórym nigdy nie można dogodzić [2] fml (suit) odpowiadać (komuś); **may it ~ Your Majesty** za pozwoleniem, Wasza Wysokość; **may it ~ Your Honour** Jur proszę wysokiego sądu [3] fml (be the will of) **it ~d him to refuse** odmówił, bo taka była jego wola

IV *vi* [1] (give happiness, satisfaction) sprawi|ć, -ać przyjemność, da|ć, -wać zadowolenie; **to be eager** or **anxious to ~** bardzo się starać (żeby zadowolić kogoś); **we do our best to ~** staramy się, jak możemy; **this is sure to ~** to się na pewno spodoba [2] (choose) chcieć, uważać za stosowne; **do as** or **what you ~** rób, jak chcesz or jak uważasz; **as you ~!** jak sobie chcesz!; **I shall do as I ~** zrobię, co uznam za stosowne; **come whenever you ~** przyjdź, kiedy zechcesz; **take as much as you ~** weź, ile chcesz

V *vr* **to ~ oneself** zrobić, jak się chce; **~ yourself!** jak sobie chcesz!; **I'm going, and you can ~ yourself!** ja idę, a ty rób, jak chcesz!; **she can ~ herself whether she comes or not** może przyjść lub nie, jak sama chce

VI *n* **without so much as a ~ or thank you** bez jednego grzecznego słowa

pleased /pliːzd/ *adj* zadowolony **(about** or **at** or **with sb/sth** z kogoś/czegoś); **to be ~ about** or **at** or **with sth** cieszyć się z czegoś; **to be ~ that...** cieszyć się, że...; **I'm very ~ for you!** gratuluję!, bardzo się cieszę!; **to be/look ~** być zadowolonym /wyglądać na zadowolonego; **to be ~ with oneself** być zadowolonym z siebie; **I'm none too ~** wcale nie jestem zadowolony; nie powiem, żebym był zadowolony; **I was ~ to see her** ucieszyłem się na jej widok; **I'm only too ~ to help** bardzo chętnie pomogę; **I am ~ to inform you that...** z przyjemnością zawiadamiam, że...; **I'm ~ to hear it!** miło mi to słyszeć!, bardzo się cieszę!; **~ to meet you** miło mi pana /panią poznać; **I'm ~ to say that we won** z przyjemnością or zadowoleniem oznajmiam, że wygraliśmy; **you've passed, I'm ~ to say** z przyjemnością informuję, że zdał pan

pleasing /ˈpliːzɪŋ/ *adj [appearance, personality, manner, smile]* miły, ujmujący; *[news]* miły, przyjemny; *[colour, shape]* ładny; *[effect, result]* korzystny, zachęcający; **~ to the ear/the eye** przyjemny dla ucha/oka

pleasingly /ˈpliːzɪŋlɪ/ *adv* przyjemnie, miło

pleasurable /ˈpleʒərəbl/ *adj* przyjemny, miły

pleasurably /ˈpleʒərəblɪ/ *adv [soft, relaxing]* przyjemnie; *[anticipate, expect]* z przyjemnością

pleasure /ˈpleʒə(r)/ **I** *n* [1] (enjoyment) przyjemność *f* **(of sth/doing sth** czegoś /robienia czegoś); (satisfaction) zadowolenie *n* **(of sth/doing sth** z czegoś/z robienia czegoś); **to watch/listen with ~** patrzeć/słuchać z przyjemnością; **his ~ at my remark** przyjemność, jaką sprawiła mu moja uwaga; **to do sth for ~** robić coś dla przyjemności; **to get ~ from doing sth** z przyjemnością coś robić; **to get more ~ out of life** mieć więcej przyjemności z życia; **to give** or **bring ~ to sb** sprawiać komuś przyjemność, cieszyć kogoś; **it gives me no ~ to have to tell you this** nie jest mi miło ci to mówić; **to take** or **find ~ in sth** cieszyć się z czegoś; **to take** or **find ~ in doing sth** znajdować przyjemność w robieniu czegoś, z zadowoleniem or z przyjemnością coś robić; **to take all the ~ out of sth** psuć całą przyjemność czegoś [2] (sensual enjoyment) przyjemność *f*; (stronger) rozkosz *f*; **sexual /sensual ~** rozkosz seksualna/zmysłowa [3] (source of happiness) przyjemność *f*; **he has few ~s in life** on ma niewiele przyjemności w życiu; **reading is my only ~** czytanie to moja jedyna przyjemność; **Jane is a real ~ to teach** uczenie Jane to prawdziwa przyjemność; **it's a great ~ to meet you** bardzo mi miło pana/panią poznać; **the ~s of good food** rozkosze stołu [4] (recreation) przyjemności *f pl*, rozrywki *f pl*; **to put duty before ~** stawiać obowiązki wyżej niż przyjemności; **to mix business and ~** łączyć przyjemne z pożytecznym; **are you in Paris for business or ~?** jesteś w Paryżu w interesach czy dla przyjemności? [5] (in polite formulae) **it gives me great ~ to inform you that...** z wielką przyjemnością informuję państwa, że...; **'will you come?' – 'thank you, with (the greatest) ~'** „przyjdziesz?" – „z (największą) przyjemnością"; **I look forward to the ~ of meeting you** z góry cieszę się na spotkanie z panem/panią; **'it's been a ~ meeting you** or **to meet you' – 'the ~ was all mine'** „miło było pana/panią poznać" – „cała przyjemność po mojej stronie"; **my ~** (replying to request for help) z przyjemnością; (replying to thanks) cała przyjemność po mojej stronie; **what an unexpected ~!** co za miła niespodzianka!; iron jeszcze tylko tego brakowało!; **may I have the ~ (of this dance)?** czy mogę prosić (do tańca)?; **would you do me the ~ of dining with me?** czy zechciałaby pani zjeść ze mną kolację? fml ; **'Mr and Mrs Moor request the ~ of your company at their daughter's wedding'** „Państwo Moor mają zaszczyt zaprosić na ślub swojej córki" [6] fml (will, desire) życzenie *n*; **what is your ~?** czym mogę panu/pani służyć? fml; **at one's ~** wedle własnego uznania

II *vt* (give sexual pleasure to) zaspok|oić, -ajać *[partner]*

pleasure boat *n* statek *m* wycieczkowy; (small boat) łódź *f*, łódka *f*

pleasure craft *n* statki *m pl* wycieczkowe; (small boats) sprzęt *m* pływający

pleasure cruise *n* rejs *m* wycieczkowy, wycieczka *f* statkiem

pleasure-loving /ˈpleʒəlʌvɪŋ/ *adj* **to be ~** lubić przyjemności

pleasure principle *n* Psych zasada *f* przyjemności

pleasure-seeker /ˈpleʒəsiːkə(r)/ *n* amator *m*, -ka *f* przyjemnego spędzania czasu

pleat /pliːt/ **I** *n* fałda *f*, plisa *f*

II *vt* plisować *[skirt]*

III pleated *pp adj [skirt]* plisowany; *[trousers]* z zaprasowanymi zaszewkami

pleb /pleb/ *n* GB infml pej prosta|k *m*, -czka *f* pej; **the ~s** plebs, pospólstwo pej

plebby /ˈplebɪ/ *adj* GB infml pej prostacki pej

plebe /pliːb/ *n* US Mil, Navy kadet *m* pierwszego roku

plebeian /plɪˈbiːən/ **I** *n* pej prosta|k *m*, -czka *f* pej; Hist plebejusz *m*, -ka *f*; **the ~s** plebejstwo, plebs

II *adj* plebejski

plebiscite /ˈplebɪsɪt, US -saɪt/ *n* referendum *n*; (on state borders) plebiscyt *m*; **to hold a ~** przeprowadzić referendum or plebiscyt

plectrum /ˈplektrəm/ *n* (*pl* **~s, -tra**) plektron *m*, piórko *n*

pled /pled/ *pt, pp* US → **plead**

pledge /pledʒ/ **I** *n* [1] fml (promise) zobowiązanie *n*, przyrzeczenie *n*; (more solemn) ślubowanie *n*, przysięga *f* fml; **to give a ~ to sb** złożyć komuś obietnicę; **to give** or **make a ~ to do sth** przyrzec or ślubować coś zrobić; **to keep one's ~** dotrzymać obietnicy, dochować przysięgi; **to break one's ~** złamać przysięgę or obietnicę; **to take** or **sign the ~** dat or hum ślubować abstynencję [2] (thing deposited as security) (to creditor, pawnbroker) zastaw *m*; **to put/hold sth in ~** oddać/wziąć coś w zastaw; **to take sth out of ~** wykupić coś [3] (token) dowód *m*; **(accept this) as a ~ of my friendship** (przyjmij to) w dowód przyjaźni [4] (money promised to charity) deklaracja *f* wsparcia finansowego; **make your ~s now!** prosimy deklarować wysokość sum! [5] dat (toast) toast *m* **(to sb/sth** za kogoś/coś) [6] US Univ kandydat *m*, -ka *f* na członka korporacji studenckiej

II *vt* [1] (promise) przyrze|c, -kać *[allegiance, aid, support]* **(to sb** komuś); (more solemnly) ślubować; **to ~ one's word** dawać słowo (honoru); **to ~ allegiance to the flag** ślubować wierność sztandarowi; **to ~ money to charity** zobowiązać się do przekazania pieniędzy na cele dobroczynne [2] (commit) zobowiąz|ać, -ywać *[person]* **(to sth** do czegoś); **to ~ (oneself) to do sth** zobowiązać się coś zrobić or do zrobienia czegoś; **the treaty ~s the signatories to increase imports** porozumienie zobowiązuje sygnatariuszy do zwiększenia importu; **to be ~d to secrecy** być zobowiązanym do zachowania tajemnicy [3] (give as security) zastawi|ć, -ać, odda|ć, -wać w zastaw; **to ~ sth to sb** zastawić coś u kogoś; **I'd be willing to ~ anything for her honesty** fig ręczę za jej uczciwość [4] dat (drink a toast to) wy|pić toast na cześć (kogoś/czegoś) [5] US Univ **to ~ a fraternity** poddać się rytuałowi przyjęcia do korporacji studenckiej

Pledge of Allegiance *n* US przysięga *f* na wierność sztandarowi

Pleiades /ˈplaɪədiːz/ *prn* **the ~** Mythol, Astron Plejady *f pl*

Pleistocene /ˈpleɪstəsiːn/ **I** *n* **the ~** plejstocen *m*

II *adj* plejstoceński

plenary /ˈpliːnərɪ, US -erɪ/ *adj [meeting, discussion, session]* plenarny; *[powers, authority]* nieograniczony; **~ indulgence** Relig odpust zupełny

plenipotentiary /ˌplenɪpəˈtenʃərɪ, US -erɪ/ **I** *n* pełnomocni|k *m*, -czka *f*

II *adj [authority, ambassador]* pełnomocny; **~ powers** pełnomocnictwa

plenitude /ˈplenɪtjuːd, US -tuːd/ *n* (completeness) pełnia *f*; (large amount) mnogość *f*, obfitość *f* **(of sth** czegoś)

plenteous /ˈplentɪəs/ *adj* liter obfity

plentiful /ˈplentɪfl/ *adj [diet, harvest, meal]* obfity; *[quantity, supply]* duży; **fish are ~ in this river** w rzece roi się od ryb; **pears are ~ at this time of year** gruszek jest mnóstwo o tej porze roku; **food was ~** jedzenia było w bród; **a ~ supply of sth** mnóstwo czegoś; **in ~ supply** pod dostatkiem, w dużych ilościach

plentifully /ˈplentɪfəlɪ/ *adv [grow]* obficie; **we are ~ supplied with food** mamy mnóstwo jedzenia

plenty /ˈplentɪ/ **I** *quantif* mnóstwo, dużo; (many) wiele; **to have ~ of time/problems** mieć mnóstwo czasu/kłopotów; **there is ~ of time/money** jest mnóstwo czasu/pieniędzy; **there are ~ of other reasons/ideas** jest wiele innych powodów/pomysłów; **there was wine, and ~ of it!** było wino, i to dużo wina!; **there is ~ more tea** herbaty zostało jeszcze dużo; **there's ~ more where that came from!** infml (of food, joke) mam tego w zapasie jeszcze dużo! infml; **to see ~ of sb** często kogoś widywać, spotykać się z kimś często; **to have ~ to eat** dużo zjeść; **to have ~ to do/see** mieć dużo do zrobienia/zobaczenia; **thanks, that's ~** (when being served food) dziękuję, wystarczy; **there is ~ for everyone** wystarczy dla wszystkich; **£50 is/will be ~** 50 funtów w zupełności wystarczy; **'have you any questions /money?' – '~!'** „czy masz (jakieś) pytania/pieniądze?" – „mnóstwo!"

II *n* (abundance) dostatek *m*, obfitość *f*; **a time of ~** okres dostatku or prosperity; **to live in ~** żyć w dostatku or dostatnio; **there is food in ~** jedzenia jest w bród; **she had toys in ~** miała mnóstwo zabawek

III *adv* [1] (quite) **~ old/tall enough** całkiem stary/wysoki; **this flat is ~ big enough for two** to mieszkanie jest aż za duże dla dwóch osób; **that's ~ big enough!** to aż za wiele! [2] US (very, very much) *[busy, thirsty]* bardzo; *[rain, complain, walk]* dużo; **she must love him ~** musi go bardzo kochać; **you're wrong, and ~!** mylisz się, i to jeszcze jak!

plenum /ˈpliːnəm/ *n* (*pl* **-nums, -na**) plenum *n*

pleonasm /ˈpliːənæzəm/ *n* pleonazm *m*

pleonastic /ˌplɪəˈnæstɪk/ *adj* pleonastyczny

plethora /ˈpleθərə/ *n* fml **a ~ of sth** nadmiar *m* czegoś

pleura /ˈplʊərə/ *n* (*pl* **-ae**) Anat opłucna *f*, pleura *f*

pleurisy /ˈplʊərəsɪ/ *n* Med zapalenie *n* opłucnej

pleuritic /plʊəˈrɪtɪk/ *n* opłucnowy

Plexiglass® /ˈpleksɪɡlɑːs, US -ɡlæs/ *n* pleksiglas *m*, plexiglas *m*; pleksi *n inv* infml

plexus /ˈpleksəs/ *n* (*pl* **~es, ~**) splot *m*; **solar ~** Anat splot słoneczny

pliability /ˌplaɪəˈbɪlətɪ/ *n* [1] (of wood, plastic) giętkość *f*, sprężystość *f*; (of material) elastyczność *f* [2] (adaptability) (of person, attitude) elastyczność *f*, uległość *f*

pliable /ˈplaɪəbl/ *adj* [1] *[twig]* giętki, sprężysty; *[plastic, clay]* miękki [2] (adaptable) *[person, attitude]* elastyczny; (too easily influenced) *[person]* uległy, łatwo ulegający wpływom

pliant /ˈplaɪənt/ *adj* = **pliable**

pliers /ˈplaɪəz/ *npl* szczypce *plt*, cęgi *plt*; **a pair of ~** para kleszczy or cęgów

plight[1] /plaɪt/ *n* [1] (dilemma) trudna sytuacja *f*, trudne położenie *n*; **our current economic ~** nasza obecna ciężka sytuacja gospodarcza [2] (suffering) (ciężki) los *m*, (ciężka) dola *f*; **the ~ of the homeless** ciężki los ludzi bezdomnych; **to ease sb's ~** ulżyć doli kogoś

plight[2] /plaɪt/ *vt* arch ślubować *[allegiance, loyalty]*; **to ~ one's word** dawać słowo, ręczyć honorem; **to ~ one's troth** złożyć obietnicę małżeńską

plimsoll /ˈplɪmsəl/ *n* GB tenisówka *f*

Plimsoll line /ˈplɪmsəllaɪn/ *n* Naut znak *m* wolnej burty

Plimsoll mark /ˈplɪmsəlmɑːk/ *n* Naut = **Plimsoll line**

plink /plɪŋk/ **I** *n* brzęk *m*, brzdęk *m*

II *vt* trafi|ć, -ać z karabinu w (coś) *[tin can]*

III *vi* [1] (emit sound) *[cowbells]* za|dźwięczeć; *[string, guitar player]* za|brzdąkać, brzdęknąć [2] (shoot) strzel|ić, -ać **(at sth** do czegoś)

plinth /plɪnθ/ *n* Archit (of column) plinta *f*; (of building, monument) cokół *m*

Pliny /ˈplɪnɪ/ *prn* Pliniusz *m*; **~ the Younger/the Elder** Pliniusz Młodszy /Starszy

Pliocene /ˈplaɪəʊsiːn/ **I** *n* **the ~** pliocen *m*

II *adj* plioceński

PLO *n* = **Palestine Liberation Organization** OWP *f inv*

plod /plɒd/ **I** *n* (slow walk) ciężkie stąpanie *n*; **it's a long ~ home** droga do domu jest długa (i ciężka)

II *vi* (*prp, pt, pp* **-dd-**) (walk) posuwać się z trudem; **to ~ through the snow** brnąć przez śnieg

■ **plod along** [1] wlec się [2] fig (work) *[person]* mozolić się; **to ~ along at sth** ślęczeć nad czymś; **'how's work going?' – '~ding along'** „jak idzie praca?" – „posuwa się powoli"

■ **plod away** harować

■ **plod on** = **plod along**

■ **plod through**: **~ through [sth]** prze|brnąć przez (coś)

plodder /ˈplɒdə(r)/ *n* pej maruda *m/f*, guzdrała *m/f* infml; **to be a ~** być powolnym, guzdrać się

plodding /ˈplɒdɪŋ/ *adj [step]* ciężki; *[style, performance]* rozwlekły; *[performance]* drętwy

plonk[1] /plɒŋk/ **I** *n* (sound) buch, bęc, łup; **the box hit the ground with a ~** pudło huknęło o ziemię; **the box fell ~ on top of her** bęc, pudło na nią spadło

II *vt* cis|nąć, -kać *[plate, shopping]*

III *vi* infml brzdęknąć, za|brzdąkać; **he ~ed away at** or **on the piano** brzdąkał na fortepianie

■ **plonk down** infml: **~ [sth] down** postawić, stawiać *[box, sack]* **(on sth** na czymś); **she ~ed herself down on the armchair** klapnęła na fotel infml ¶ **~ down [sth]** US (pay) wy|bulić infml *[sum]*

plonk[2] /plɒŋk/ *n* infml kiepskie wino *n*; sikacz *m*, bełt *m* infml

plonker /ˈplɒŋkə(r)/ *n* GB [1] infml (fool) pacan *m*, tępak *m* infml [2] vinfml (penis) kutas *m* vulg

plop /plɒp/ **I** *n* pluśnięcie *n*, plusk *m*; **with a ~** z pluskiem

II *vi* (*prp, pt, pp* **-pp-**) *[raindrops]* padać z pluskiem; **to ~ into the water** wpaść do wody z pluskiem

III *vr* **to ~ oneself down on a chair** klapnąć na fotel infml

plosive /ˈpləʊsɪv/ Ling **I** *n* spółgłoska *f* zwarto-wybuchowa

II *adj* zwarto-wybuchowy

plot /plɒt/ **I** *n* [1] (conspiracy) spisek *m*, zmowa *f* **(against sb/sth** przeciwko komuś/czemuś); **a ~ to overthrow the president** spisek mający na celu obalenie prezydenta; **an assassination ~** spisek na (czyjeś) życie [2] Cin, Literat intryga *f*, akcja *f*, fabuła *f*; **the ~ thickens** akcja się komplikuje [3] (piece of land) **a ~ of land** parcela *f*, działka *f*; Agric poletko *n*; **a vegetable ~** grządka warzywna [4] (in cemetery) miejsce *n* [5] US (ground plan) rzut *m* or plan *m* parteru

II *vt* (*prp, pt, pp* **-tt-**) [1] (plan) u|knuć *[murder, revenge]*; przygotow|ać, -ywać *[revolution, attack]*; **to ~ to blow up the parliament** uknuć plan wysadzenia w powietrze budynku parlamentu [2] (chart) wykreśl|ić, -ać *[course, progress]*; **we ~ted our position on the map** nanieśliśmy naszą pozycję na mapę [3] Math, Stat wykreśl|ić, -ać *[curve]*; sporządz|ić, -ać *[graph]*; przedstawi|ć, -ać na wykresie *[costs, progress]*; **to ~ the progress/decline of sth** wykreślić krzywą wzrostu/spadku czegoś [4] Literat s|konstruować intrygę (czegoś) *[story, episode]*; **a carefully ~ted play**

P

sztuka o misternie skonstruowanej intrydze; **a thinly ~ted film** film niemal pozbawiony intrygi

III *vi* (*prp, pt, pp* **-tt-**) (conspire) spiskować **(against sb/sth** przeciwko komuś/czemuś); **to ~ together** zmówić się

plotter /ˈplɒtə(r)/ *n* [1] (conspirator) spiskowiec *m*, konspirator *m*, -ka *f*; (schemer) intrygant *m*, -ka *f* [2] Comput ploter *m*; Naut nakreślacz *m*

plotting /ˈplɒtɪŋ/ *n* spiskowanie *n*, konspiracja *f*; **to be accused of ~** być oskarżonym o konspirację

plotting board *n* Naut planszet *m* radiolokacyjny ręczny

plotting table *n* Naut = **plotting board**

plotzed /plɒtst/ *adj* US infml (drunk) ubzdryngolony, ululany infml

plough GB, **plow** US /plaʊ/ **I** *n* (implement) pług *m*; **to bring the land under the ~** liter zaorać ziemię, zająć ziemię pod uprawę; **to come under the ~** liter zostać zaoranym or przygotowanym pod uprawę

II Plough *prn* Astron **the Plough** Wielka Niedźwiedzica *f*, Wielki Wóz *m*

III *vt* [1] Agric za|orać *[land, field]*; wyor|ać, -ywać *[furrow]* [2] (invest) **to ~ money into sth** za|inwestować w coś *[project, company]* [3] GB infml dat (fail) obl|ać, -ewać infml *[exam, candidate]*

IV *vi* Agric orać

■ **plough back**: **~ back [sth], ~ [sth] back** za|inwestować, reinwestować *[money, profit]* **(into sth** w coś)

■ **plough in**: **~ in [sth], ~ [sth] in** wor|ać, -ywać *[fertilizer, manure]*

■ **plough into**: **~ into [sth]** [1] (crash into) *[vehicle]* uderz|yć, -ać w (coś) *[tree, wall]*; rąbnąć w (coś) infml; **the car skidded and ~ed into the crowd** samochód wpadł w poślizg i wjechał w tłum [2] US (begin enthusiastically) zab|rać, -ierać się z zapałem do (czegoś) *[work]*

■ **plough through**: **~ through [sth]** *[person]* brnąć przez (coś) *[snow, mud, forest]*; *[vehicle, driver]* wjechać na (coś) *[hedge, walls]*; wolno posuwać się przez (coś) *[mud, snow]*; fig *[person]* przebrnąć przez (coś) *[book]*; mozolić się nad (czymś) *[work]*

■ **plough under**: ¶ **~ under [sth]** wor|ać, -ywać *[crop, manure]* ¶ **~ [sb] under** US infml (thrash) sprawi|ć, -ać łaźnię (komuś) infml *[opponents]*

■ **plough up**: **~ up [sth], ~ [sth] up** Agric przeor|ać, -ywać *[field]*; fig *[person, vehicle]* rozor|ać, -ywać *[ground]*

IDIOMS: **to put one's hand to the ~** zabrać się do dzieła

plough horse *n* koń *m* pociągowy

ploughing GB, **plowing** US /ˈplaʊɪŋ/ *n* orka *f*

ploughland GB, **plowland** US /ˈplaʊlænd/ *n* ziemia *f* orna or uprawna

ploughman GB, **plowman** US /ˈplaʊmən/ *n* (*pl* **-men**) oracz *m*

ploughman's lunch *n* GB *posiłek składający się z chleba, sera i marynowanych warzyw*

ploughshare GB, **plowshare** US /ˈplaʊʃeə(r)/ *n* lemiesz *m*

IDIOMS: **to turn** or **beat (one's) swords into ~** przekuć miecze na lemiesze

plover /ˈplʌvə(r)/ *n* Zool siewka *f*

plow *n, vt, vi* US = **plough**

ploy /plɔɪ/ *n* wybieg *m*, sztuczka *f*; **it's a ~ to win votes** to wybieg or sztuczka, żeby zdobyć więcej głosów

PLR *n* GB → **Public Lending Right**

pluck /plʌk/ **I** *n* [1] (courage) hart *m* ducha, odwaga *f*; **it takes real ~ to do it** trzeba nie lada odwagi, żeby to zrobić [2] (pull) szarpnięcie *n* [3] Culin podroby *plt*

II *vt* [1] (pick) z|erwać, -rywać *[flower, fruit]*; ob|erwać, -rywać *[petals, leaves]* [2] (tear out) wyszarp|nąć, -ywać; (tug) szarp|nąć, -ać; **to ~ sb's sleeve** szarpać kogoś za rękaw; **she ~ed a loose thread from her sleeve** zdjęła nitkę z rękawa; **to be ~ed from obscurity (by sb)** fig nagle zyskać rozgłos (dzięki komuś) [3] Culin o|skubać *[chicken, goose]*; wyr|wać, -ywać *[feathers]* [4] Mus szarp|nąć, -ać *[strings]*; brzd|ęknąć, -ąkać na (czymś) *[guitar]* [5] (remove hairs) **to ~ one's eyebrows** wyskubać sobie brwi

■ **pluck at**: **~ at [sth]** po|ciągnąć, szarp|nąć, -ać; **to ~ at sb's sleeve/arm** szarpać kogoś za rękaw/rękę; **to ~ at the guitar** brzdąkać na gitarze

■ **pluck off**: **~ off [sth], ~ [sth] off** wyr|wać, -ywać *[feathers, hair]*; zeskub|ać, -ywać *[fluff, bits]*

■ **pluck out**: **~ out [sth], ~ [sth] out** wyciąg|nąć, -ać; **to ~ sth out of sb's grasp** or **hands** wyrwać coś komuś z rąk; **to ~ out sb's eyes** wyłupić komuś oczy

IDIOMS: **to ~ sb from the jaws of death** uratować kogoś przed niechybną śmiercią, wyrwać kogoś ze szponów śmierci; **to ~ up one's courage** zdobyć się or zebrać się na odwagę; **to ~ up (the) courage to do sth** odważyć się coś zrobić

pluckily /ˈplʌkɪlɪ/ *adv* dzielnie

pluckiness /ˈplʌkɪnɪs/ *n* hart *m* ducha, odwaga *f*

plucky /ˈplʌkɪ/ *adj* dzielny; **a ~ little fellow** (of child) zuch

plug /plʌg/ **I** *n* [1] Elec (on appliance) wtyczka *f*; **to pull out the ~** wyciągnąć wtyczkę; **to be fitted with a ~** mieć wtyczkę; **to pull the ~ on sth** infml odciąć dopływ gotówki przeznaczonej na (coś) infml *[project, scheme]*; **to pull the ~ on sb** Med infml odłączyć kogoś od aparatury podtrzymującej życie *[patient]*; US fig (betray) zdradzić kogoś [2] Audio, Electron, Comput (connecting device) wtyczka *f*, wtyk *m* [3] Elec (socket) gniazdko *n*; **a mains ~** gniazdko głównej sieci zasilania [4] (in bath, sink) zatyczka *f*, korek *m*; **to pull out the ~** wyciągnąć zatyczkę or korek [5] Constr (for screw) tulejka *f* kołka [6] (stopper) zatyczka *f*, korek *m*; (in barrel) czop *m*, szpunt *m*; (for medical purposes) tampon *m* [7] Aut (in engine) (also **spark ~**) świeca *f* zapłonowa [8] (for chewing) **a ~ of tobacco** prymka *f* tytoniu [9] US (fire hydrant) hydrant *m* przeciwpożarowy [10] Geol (also **volcanic ~**) pień *m* wulkaniczny [11] Fishg wobbler *m* [12] Advertg, Radio, TV infml reklama *f* **(for sth** czegoś); **to give sth a ~, to put in a ~ for sth** reklamować coś; **to give sb a ~, to put in a ~ for sb** wystawić komuś laurkę infml fig

II *vt* (*prp, pt, pp* **-gg-**) [1] (block) zat|kać, -ykać, zap|chać, -ychać *[hole]* **(with sth** czymś); za|tamować *[leak]* **(with sth** czymś); **to ~ a gap** zatkać or uszczelnić dziurę; fig załatać or zapchać or zatkać dziurę fig; **to ~ one's ears** zatkać sobie uszy; **she ~ged a hole in my tooth** zaplombowała mi dziurę w zębie [2] Advertg, Radio, TV infml (promote) z|robić reklamę (czemuś), lansować *[book, show, product]*; **to ~ one's record on a programme** reklamować or lansować w programie własną płytę [3] (insert) **to ~ sth into sth** w|etknąć, -tykać coś do czegoś; Elec podłącz|yć, -ać coś do czegoś [4] US infml dat (shoot) kropnąć infml; (hit) przyładować (komuś) infml

III *vi* (*prp, pt, pp* **-gg-**) **to ~ into sth** (be compatible) być podłączanym do czegoś, dać się podłączyć do czegoś *[TV, computer]*; **they have ~ged into the national mood** Journ infml ulegli ogólnemu nastrojowi

■ **plug away** infml przy|łożyć, -kładać się **(at sth** do czegoś); **he's ~ging away at his Latin** ślęczy wytrwale nad łaciną

■ **plug in**: ¶ **~ in** mieć wtyczkę; **this radio doesn't ~ in** tego radia nie podłącza się do sieci ¶ **~ in [sth], ~ [sth] in** (into socket) włącz|yć, -ać do kontaktu *[lamp]*; (into another appliance) podłącz|yć, -ać *[headphone, printer]*

■ **plug up**: **~ up [sth], ~ [sth] up** zat|kać, -ykać *[hole]* **(with sth** czymś)

plug-and-play /ˌplʌgənˈpleɪ/ *n* Comput system *m* „włącz i używaj"

plug-compatible /ˌplʌgkəmˈpætəbl/ *adj* zgodny mechanicznie or wtykowo, niewymagający adaptora

plughole /ˈplʌghəʊl/ *n* GB odpływ *m*, otwór *m* odpływu; **to go down the ~** *[water]* spłynąć; *[ring]* wpaść do rury odpływowej; infml fig pójść na marne

plug-in /ˈplʌgɪn/ **I** *n* Comput wtyczka *f* programowa

II *adj [appliance]* na prąd sieciowy; *[telephone]* przenośny; *[unit]* Comput wkładalny

plug-ugly /ˌplʌgˈʌglɪ/ infml **I** *n* US zbir *m*

II *adj* szpetny

plum /plʌm/ **I** *n* [1] (fruit) śliwka *f* [2] (also **~ tree**) śliwa *f* [3] (colour) (kolor *m*) śliwkowy *m* [4] infml gratka *f*

II *adj* [1] (also **~-coloured**) śliwkowy, koloru śliwkowego [2] infml (good) świetny, doskonały; **a ~ job** synekura; **to get a ~ part** dostać doskonałą rolę

plumage /ˈpluːmɪdʒ/ *n* upierzenie *n*

plumb /plʌm/ **I** *n* [1] (also **~ line**) Constr pion *m*; Naut sonda *f* [2] (perpendicular) **to be out of ~** or **off ~** odchylać się od pionu

II *adv* infml [1] US (totally) *[crazy, wrong]* zupełnie [2] infml (precisely) dokładnie; **~ in /through the middle** dokładnie w środku/przez środek

III *vt* [1] Naut wy|sondować *[depth]* [2] fig zgłębi|ć, -ać *[mystery]*; **to ~ the depths of sth** znaleźć się na samym dnie czegoś *[despair, misery]*; **to ~ the depths of bad taste** być szczytem złego smaku

■ **plumb in**: **~ in [sth], ~ [sth] in** podłącz|yć, -ać *(do instalacji wodociągowej)*

plumbago /plʌmˈbeɪgəʊ/ *n* [1] Miner grafit *m* [2] Bot zawciąg *m*

plumber /ˈplʌmə(r)/ *n* hydraulik *m*

plumber's helper *n* US infml przepychacz *m*
plumber's merchant *n* dostawca *m* artykułów hydraulicznych
plumbic /ˈplʌmbɪk/ *adj* ołowiowy
plumbing /ˈplʌmɪŋ/ *n* [1] (activity) instalatorstwo *n* wodno-kanalizacyjne [2] (also **~ system)** instalacja *f* wodno-kanalizacyjna
plum brandy *n* śliwowica *f*
plum cake *n* ciasto *n* or placek *m* ze śliwkami
plum duff *n* = **plum pudding**
plume /pluːm/ **I** *n* (feather) pióro *n*; (cluster) pióropusz *m*; **a ~ of smoke** fig smuga dymu
II *vt* wygładz|ić, -ać, gładzić *[feathers]*
III *vr* **to ~ oneself** *[bird]* wygładzać or muskać piórka; **to ~ oneself on sth** fig *[person]* pysznić się czymś
IDIOMS: **to wear** or **dress in borrowed ~s** stroić się w cudze piórka
plumed /pluːmd/ *adj [horse, helmet]* z pióropuszem; *[hat]* (with single feather) z piórem
plummet /ˈplʌmɪt/ **I** *n* Tech ciężarek *m* pionu; Fishg gruntomierz *m*
II *vi* [1] *[bird, plane]* spa|ść, -dać; *[plane]* runąć w dół [2] fig *[prices, birth rate, temperature, value]* gwałtownie spa|ść, -dać; *[standards]* gwałtownie obniż|yć, -ać się; *[morale]* upa|ść, -dać; *[spirits]* gwałtownie pog|orszyć, -arszać się
plummy /ˈplʌmɪ/ *adj* [1] GB infml (posh) *[voice, accent]* afektowany [2] *[colour, taste]* śliwkowy
plump /plʌmp/ **I** *adj [person, cheek, arm]* pulchny; *[person]* puszysty infml euph; *[chicken, rabbit]* utuczony, dobrze wypasiony; *[cushion]* wypchany
II *vt* położyć, kłaść *[bag, papers]*; postawić, stawiać ciężko *[crate, suitcase]*
■ **plump down** infml: ¶ *[person]* **to ~ (oneself) down** usiąść, siadać ciężko; **~ yourself down over there** klapnij (sobie) tam infml ¶ **~ down [sth], ~ [sth] down** rzuci|ć, -ać *[bag, papers]*
■ **plump for** infml: **~ for [sb/sth]** z|decydować się na (kogoś/coś)
■ **plump out** *[cheeks, person, animal]* zaokrągl|ić, -ać się
■ **plump up**: **~ up [sth]** (for sick person) popraw|ić, -ać *[cushion, pillow]*; (to tidy up) wzrusz|yć, -ać, strzep|nać, -ywać *[cushion, pillow]*
plumpness /ˈplʌmpnɪs/ *n* (of person) pulchne kształty *m pl*; (of arms, legs) pulchność *f*
plum pudding *n legumina ze śliwkami, rodzynkami, korzeniami*
plum tart *n* placek *m* or tarta *f* ze śliwkami
plum tomato *n* nieduży, podłużny pomidor *m*
plum tree *n* śliwa *f*
plunder /ˈplʌndə(r)/ **I** *n* [1] (action) rabunek *m*, grabież *f* [2] (booty) łup *m*
II *vt* z|rabować, za|grabić *[goods, possessions]*; obrabow|ać, -ywać, ograbi|ć, -ać, s|plądrować *[shops, property]*; **to ~ the museum of its treasures** ograbić muzeum z cennych eksponatów
III *vi* plądrować, grabić
plunderer /ˈplʌndərə(r)/ *n* łupieżca *m*, grabieżca *m*
plundering /ˈplʌndərɪŋ/ **I** *n* plądrowanie *n*, grabieże *f pl*
II *adj [mob, troops]* łupieski, plądrujący
plunge /plʌndʒ/ **I** *n* [1] (into water) (dive) nur *m*; (quick swim) kąpiel *f*; **to take a ~** (dive) skoczyć do wody, dać nurka; **a refreshing ~ in the lake** orzeźwiająca kąpiel w jeziorze [2] (downward movement) (of plane, bird) gwałtowne opadanie *n*; **the company's ~ into debt** fig popadnięcie firmy w długi; **nothing could prevent the country's ~ into chaos** fig nic nie było w stanie zapobiec chaosowi w kraju [3] Fin gwałtowny spadek *m*; **the ~ in share** GB or **stock** US **prices** gwałtowny spadek cen akcji; **the ~ in confidence** spadek zaufania
II *vt* [1] (immerse, thrust) **to ~ sth into sth** zagłębi|ć, -ać coś w czymś; (in water) zanurz|yć, -ać coś w czymś; **he ~d the knife into her heart** zatopił jej nóż w sercu; **she ~d her hand into the bag** włożyła rękę do torebki [2] (into state, condition) **to ~ sb/sth into sth** pogrąż|yć, -ać kogoś/coś w czymś; **the street was ~d into darkness** ulica pogrążona była w ciemnościach; **the nation was ~d into war** kraj ogarnęła wojna; **to ~ oneself into one's work** z zapałem rzucić się w wir pracy [3] (unblock) przep|chać, -ychać *[sink]*
III *vi* [1] (dive) *[person, plane]* za|nurkować; (fall) *[person, car, waterfall]* spa|ść, -dać; *[submarine]* zanurz|yć, -ać się; (slope downwards) *[road, cliff]* opa|ść, -dać; **the plane ~d to the ground** samolot zanurkował ku ziemi; **he ~d into the pool** skoczył do basenu; **she ~d 50ft to her death** spadła or runęła w dół 50 stóp, zabijając się na miejscu; **the car ~d off the road** samochód wypadł z drogi; **the neckline ~s at the back** z tyłu dekolt jest głęboki [2] fig (drop sharply) *[rate, value, popularity]* spa|ść, -dać gwałtownie [3] fig (embark on) **to ~ into sth** rozpocząć coś *[activity, career, negotiation]*; pogrążyć się w czymś *[chaos, crisis, decline]*; znaleźć się w czymś *[danger]*; **she ~d into the London social scene** rzuciła się w wir życia towarzyskiego Londynu
■ **plunge forward** *[person, horse]* poderwać się; *[vehicle, boat]* szarpnąć
■ **plunge in** *[swimmer]* za|nurkować; fig (impetuously) rzucić się
IDIOMS: **to take the ~** zdobyć się na stanowczy krok
plunge bath *n* duża wanna *f*
plunge pool *n* basen *m (część sauny)*
plunger /ˈplʌndʒə(r)/ *n* (for sink) przepychacz *m*
plunging /ˈplʌndʒɪŋ/ *adj* **~ neckline** głęboki dekolt
plunk /plʌŋk/ infml **I** *n* (hollow sound) huk *m*; (vibrating sound) brzdęk *m*
II *vt* [1] (strum) brzdąk|nąć, -ać na (czymś) *[banjo, guitar]* [2] (place) postawić, stawiać *[bottle, plate]* **(on sth** na czymś)
■ **plunk down** infml = **plonk down**
pluperfect /ˌpluːˈpɜːfɪkt/ Ling **I** *n* czas *m* zaprzeszły
II *modif [tense]* zaprzeszły; **~ form** forma czasu zaprzeszłego
plural /ˈplʊərəl/ **I** *n* Ling liczba *f* mnoga; **in the ~** w liczbie mnogiej
II *adj* [1] Ling *[noun, adjective]* w liczbie mnogiej; **~ form/ending** forma/końcówka liczby mnogiej; **the first person ~** pierwsza osoba liczby mnogiej [2] *[system]* zróżnicowany; *[winner]* wielokrotny; **~ society** społeczeństwo wielorasowe
pluralism /ˈplʊərəlɪzəm/ *n* [1] Sociol, Philos pluralizm *m* [2] Relig kumulacja *f* urzędów
pluralist /ˈplʊərəlɪst/ **I** *n* pluralista *m*, zwolenni|k *m*, -czka *f* pluralizmu
II *adj* (also **pluralistic)** pluralistyczny
plurality /plʊəˈrælətɪ/ *n* [1] (multitude) mnogość *f* **(of sth** czegoś) [2] (diversity) wielorakość *f*, różnorodność *f* **(of sth** czegoś) [3] (majority) większość *f*; US Pol względna większość *f*
plus /plʌs/ **I** *n* (*pl* **~es, ~ses)** [1] Math plus *m* [2] (advantage) plus *m*, korzyść *f*; **the ~es outweigh the minuses** jest więcej plusów niż minusów; **with the added ~ that...** a dodatkowym plusem jest to, że...
II *adj* [1] Math, Elec dodatni [2] (advantageous) **~ factor, ~ point** zaleta, korzyść; **on the ~ side** po stronie plusów [3] (in expressions of age, quantity) **50 ~** ponad 50; **20 years ~** ponad 20 lat; **the 65-~ age group** grupa wiekowa od 65 lat (w górę)
III *prep* Math plus, dodać; **15 ~ 12** 15 plus or dodać 12
IV *conj* plus, a do tego; **bedroom ~ bathroom** sypialnia plus łazienka; **£12 per hour ~ expenses** 12 funtów za godzinę plus zwrot kosztów; **he's been studying all week, plus he's been working at night** studiował cały tydzień, a do tego pracował nocami
plus-fours /ˌplʌsˈfɔːz/ *npl* pumpy *plt* do kolan
plush /plʌʃ/ **I** *n* Tex plusz *m*
II *adj* [1] infml (luxurious) luksusowy [2] Tex *[curtain, furniture, carpet]* pluszowy
plushy /ˈplʌʃɪ/ *adj* infml *[house, room, hotel]* luksusowy
plus sign *n* Math znak *m* plus
Plutarch /ˈpluːtɑːk/ *prn* Plutarch *m*
Pluto /ˈpluːtəʊ/ *prn* Astron, Mythol Pluton *m*
plutocracy /pluːˈtɒkrəsɪ/ *n* plutokracja *f*
plutocrat /ˈpluːtəkræt/ *n* plutokrata *m*
plutocratic /ˌpluːtəˈkrætɪk/ *adj* plutokratyczny
plutonium /pluːˈtəʊnɪəm/ *n* Chem pluton *m*
pluviometer /ˌpluːvɪˈɒmɪtə(r)/ *n* pluwiometr *m*, deszczomierz *m*
ply¹ /plaɪ/ *n* (thickness) grubość *f*; (of paper, wood) warstwa *f*; (of thread, wool) nić *f*, włókno *n*; **two/three ~ paper** papier dwuwarstwowy/trzywarstwowy; **two ~ wool** włóczka o dwóch włóknach
ply² /plaɪ/ **I** *vt* [1] (sell) sprzedawać, handlować (czymś) *[wares]* [2] (perform) wykonywać, uprawiać *[trade]*; **sellers ~ing their trade in the square** przekupnie handlujący na placu [3] (manipulate) posłu|żyć, -giwać się (czymś) *[pen, oars]*; **to ~ one's needle** szyć [4] (travel) **to ~ the sea** kursować po morzu; **to ~ the route between two ports** kursować na trasie między dwoma portami [5] (press to take) **to ~ sb with sth** zasypywać kogoś czymś *[questions]*; **to ~ sb with food /drink** raczyć kogoś jedzeniem/alkoholem liter

P

II *vi [boat, bus]* kursować; **to ~ between Warsaw and Berlin** kursować między Warszawą a Berlinem

plywood /ˈplaɪwʊd/ **I** *n* sklejka *f*
II *modif [box, boat]* ze sklejki

pm *adv* = **post meridiem** po południu; **at 2 pm** o 2 po południu, o 14

PM *n* GB → **Prime Minister**

PMG *n* 1 → **Paymaster General** 2 → **Postmaster General**

PMS *n* → **premenstrual syndrome**

PMT *n* → **premenstrual tension**

PND *n* Med → **post-natal depression**

pneumatic /njuːˈmætɪk, US nuː-/ *adj* 1 Mech *[brakes, system, hammer]* pneumatyczny 2 (filled with air) *[bag, chair]* napełniony powietrzem, nadmuchiwany 3 GB infml *[woman]* krągły, o krągłych kształtach; **to have a ~ figure** mieć krągłe kształty

pneumatic drill *n* młot *m* pneumatyczny

pneumatics /njuːˈmætɪks, US nuː-/ *n (+ v sg)* pneumatyka *f*

pneumatic tyre GB, **pneumatic tire** US opona *f* ogumienia pneumatycznego

pneumoconiosis /ˌnjuːməʊˌkɒnɪˈəʊsɪs, US ˌnuː-/ *n* Med pylica *f* płuc

pneumonia /njuːˈməʊnɪə, US nuː-/ *n* Med zapalenie *n* płuc

pneumothorax /ˌnjuːməʊˈθɔːræks, US nuː-/ *n* Med odma *f* opłucnowa

po /pəʊ/ *n* GB infml nocnik *m*

PO *n* 1 = **post office** 2 → **postal order**

poach¹ /pəʊtʃ/ **I** *vt* 1 (hunt illegally) polować nielegalnie na (coś) *[game]*; łowić nielegalnie *[fish]* 2 fig (steal) s|kaperować *[staff, players]* **(from sb** od kogoś); u|kraść *[idea, information]* **(from sb** komuś)
II *vi* 1 (hunt) kłusować; **to ~ for sth** polować nielegalnie na coś; **to ~ on sb's territory** fig wchodzić komuś w paradę fig 2 Sport odbierać piłki partnerowi

poach² /pəʊtʃ/ **I** *vt* Culin u|gotować bez skorupki *[egg]*; u|gotować we wrzątku *[fish]*
II poached *pp adj [eggs]* ≈ w koszulkach; *[fish]* z wody

poacher¹ /ˈpəʊtʃə(r)/ *n* (hunter) kłusownik *m*

poacher² /ˈpəʊtʃə(r)/ *n* Culin (vessel) (for eggs) dołkownica *f*; (for fish) US garnek *m* do gotowania ryb

poaching /ˈpəʊtʃɪŋ/ *n* Hunt kłusownictwo *n*

PO Box *n* = **Post Office Box** skr. pocz.

pock /pɒk/ *n* = **pockmark**

pocket /ˈpɒkɪt/ **I** *n* 1 (in garment) kieszeń *f*; **jacket/trouser ~** kieszeń marynarki /spodni; **with one's hands in one's ~s** z rękami w kieszeniach; **to put one's hand in one's ~** włożyć rękę do kieszeni; fig sięgnąć do kieszeni fig *(proponując pożyczkę, pomoc)*; **to go through sb's ~s** przeszukać komuś kieszenie; **to turn out one's ~s** wywrócić or opróżnić kieszenie; **he paid for it out of his own ~** zapłacił za to z własnej kieszeni; **prices to suit every ~** fig ceny na każdą kieszeń 2 (in car door, rucksack) kieszeń *f*; (in folder, suitcase) kieszonka *f* 3 fig (small area) (of opposition, support, infection) ognisko *n* fig **(of sth** czegoś); (of unemployment, turbulence, greenery) strefa *f* **(of sth** czegoś) 4 Geol, Mining gniazdo *n*, buła *f* 5 (in billiards) łuza *f*
II *modif [flask, watch, edition, dictionary]* kieszonkowy
III *vt* 1 (put in one's pocket) w|łożyć, -kładać do kieszeni 2 fig (keep for oneself) zagarn|ąć, -iać, przywłaszcz|yć, -ać sobie *[money, profits]* 3 (in billiards) umie|ścić, -szczać w łuzie *[bill]* 4 US Pol **to ~ a bill** wstrzym|ać, -ywać się z podpisaniem ustawy

IDIOMS: **to ~ one's pride** schować dumę do kieszeni; **to be in ~** GB być przy forsie infml; **to be out of ~** GB nie mieć pieniędzy; **I'm £40 out of ~** jestem 40 funtów do tyłu infml; **to have sb in one's ~** mieć kogoś w kieszeni; **to have a game in one's ~** mieć zwycięstwo w kieszeni; **to line one's ~s** nabić sobie kieszenie or kabzę, obłowić się infml; **to live in each other's ~s** nie rozstawać się, być jak papużki nierozłączki

pocket battleship *n* krążownik *m* kieszonkowy

pocket billiards *n* bilard *m* kieszeniowy, pool *m*

IDIOMS: **to play ~** vinfml onanizować się; brandzlować się vulg

pocketbook /ˈpɒkɪtbʊk/ *n* 1 (wallet) portfel *m* 2 US (notebook) notes(ik) *m* 3 US (bag) torebka *f*, koperta *f* 4 US (book) książka *f* w kieszonkowym wydaniu

pocket calculator *n* kalkulator *m* kieszonkowy

pocketful /ˈpɒkɪtfʊl/ *n* 1 pełna kieszeń *f* **(of sth** czegoś) 2 infml fig (large amount) fura *f* infml **(of sth** czegoś)

pocket-handkerchief /ˌpɒkɪtˈhæŋkətʃiːf/ **I** *n* chusteczka *f* do nosa; **a ~ of land** fig skrawek ziemi
II *modif [garden, plot]* maleńki

pocketknife /ˈpɒkɪtnaɪf/ *n* scyzoryk *m*

pocket money *n* (spending money) kieszonkowe *n*; (small amount) grosze *m pl* fig

pocketphone /ˈpɒkɪtfəʊn/ *n* telefon *m* kieszonkowy (o ograniczonym zasięgu)

pocket-size(d) /ˈpɒkɪtsaɪz(d)/ *adj* 1 *[book, map, edition]* kieszonkowy 2 fig *[country, television]* miniaturowy; **~ kid** infml mikrus infml

pocket veto *n* US Pol *wstrzymanie się z podpisaniem ustawy do czasu zakończenia kadencji Kongresu*

pocket watch *n* zegarek *m* kieszonkowy

pockmark /ˈpɒkmɑːk/ *n* blizna *f (po ospie, trądziku)*

pockmarked /ˈpɒkmɑːkt/ *adj [skin, face]* pokryty bliznami; ospowaty, dziobaty infml

pod /pɒd/ **I** *n* 1 Bot (intact) strąk *m*, strączek *m*; (empty) łupina *f* 2 Aviat (for engine) gondola *f* podwieszona; (for fuel) zbiornik *m* podwieszany; (for weapon) pocisk *m* podwieszony 3 Aerosp kapsuła *f*
II *vt (prp, pt, pp* **-dd-)** ob|rać, -ierać, łuskać *[beans, peas]*

podgy /ˈpɒdʒɪ/ *adj* infml *[person]* pękaty; *[arms, fingers]* tłusty, pulchny

podiatrist /pəˈdaɪətrɪst/ *n* US podiatra *m (zajmujący się leczeniem chorób stóp)*

podiatry /pəˈdaɪətrɪ/ *n* US kosmetyczna i lecznicza pielęgnacja *f* stóp

podium /ˈpəʊdɪəm/ *n* (*pl* **-iums, -ia)** podium *n inv*

Podunk /ˈpɒdʌŋk/ *n* US infml zapadła dziura *f*, mieścina *f* infml

poem /ˈpəʊɪm/ *n* wiersz *m*; (longer) poemat *m*

poesy /ˈpəʊɪzɪ/ *n* dat poezja *f*

poet /ˈpəʊɪt/ *n* poet|a *m*, -ka *f*

poetaster /ˌpəʊɪˈtæstə(r)/ *n* wierszoklet|a *m*, -ka *f* pej; rymopis *m* hum

poetess /ˈpəʊɪtes/ *n* dat poetka *f*

poetic /pəʊˈetɪk/ *adj* poetycki; fig poetyczny

poetical /pəʊˈetɪkl/ *adj* poetyczny

poetically /pəʊˈetɪklɪ/ *adv* poetycznie

poeticize /pəʊˈetɪsaɪz/ *vt* poetyzować

poetic justice *n* akt *m* sprawiedliwości fig; **it was a piece of ~** sprawiedliwości stało się zadość

poetic licence GB, **poetic license** US *n* licencja *f* poetycka, licentia poetica *f inv*

poetics /pəʊˈetɪks/ *n (+ v sg)* poetyka *f*

poet laureate *n* poeta *m* laureatus, nadworny poeta *m*

poetry /ˈpəʊɪtrɪ/ *n* poezja *f*; **to write/read ~** pisać/czytać poezję; **a collection of ~** zbiór poezji or wierszy; **the ~ of Pope** poezja Pope'a; **~ reading** spotkanie z poezją; **it's sheer ~** fig to czysta poezja fig

po-faced /ˈpəʊfeɪst/ *adj* GB **to look/be ~** mieć kwaśną minę infml

pogo /ˈpəʊgəʊ/ *vi* za|tańczyć pogo

pogonip /ˈpəʊgəʊnɪp/ *n* US gęsta mgła *f (z kryształkami lodu)*

pogo-stick /ˈpəʊgəʊstɪk/ *n* Games kij *m* na sprężynie *(do skakania)*

pogrom /ˈpɒgrəm, US pəˈgrɒm/ *n* pogrom *m*; **a ~ against Armenians/Palestinians** wymordowanie Armeńczyków/Palestyńczyków

poignancy /ˈpɔɪnjənsɪ/ *n* (of situation, poem, play) siła *f* oddziaływania; (of look, plea) żałość *f*; **a moment of great ~** niezwykle wzruszająca chwila; **to add ~ to sth** nadać czemuś bardziej wzruszający or przejmujący ton

poignant /ˈpɔɪnjənt/ *adj [emotion]* przejmujący; *[moment]* wzruszający; *[look, plea]* żałosny; *[pain]* dojmujący; *[remark, taste]* cierpki; *[wit]* cięty; *[smell]* ostry

poignantly /ˈpɔɪnjəntlɪ/ *adv* w sposób wzruszający or przejmujący; **the story ends ~** opowiadanie ma wzruszające zakończenie

poinsettia /pɔɪnˈsetɪə/ *n* Bot poinsecja *f*, gwiazda *f* betlejemska

point /pɔɪnt/ **I** *n* 1 (tip) (of knife, needle) koniuszek *m*, czubek *m*; (of star) ramię *n*; **the knife has a sharp ~** nóż ma ostry koniuszek or czubek; **the pencil has a sharp ~** ołówek jest ostro zatemperowany; **a star with six ~s** gwiazda sześcioramienna; **to threaten sb at knife-/gun~** grozić komuś nożem/pistoletem 2 (place) (precise location, position on scale) punkt *m*; (less specific) miejsce *n*; **boiling ~** temperatura wrzenia; **compass ~** rumb; **assembly ~** miejsce zbiórki; **embarkation ~** miejsce zaokrętowania; **the furthest/highest ~** najdalej/najwyżej położony punkt; **at the ~ where the path divides** w miejscu, w którym ścieżka się rozgałęzia; **the road swings east at this ~** w tym miejscu droga skręca na wschód; **~ of entry** (into country) miejsce przekroczenia granicy; (of bullet into body) wlot, rana wlotowa; (into atmosphere) wejście (w atmosferę ziemską); **~ of no return** punkt, z którego nie ma odwrotu; **from all ~s of the compass** ze wszystkich stron świata 3 (extent, degree) stopień *m*, poziom *m*; **the rope had been strained to breaking ~** lina była napięta do ostatecznych granic or do granic wytrzymałości; **his nerves were strained to breaking ~** nerwy miał napięte do granic wytrzymałości; **to be driven to the ~ of exhaustion** zostać doprowadzonym do skrajnego wyczerpania; **I've got to the ~ where I can't take any more** osiągnęłam taki stan, że dłużej tego nie zniosę; **to push sth to the ~ of absurdity** doprowadzać coś do absurdu; **she was frank to the ~ of brutality** or **of being brutal** była brutalnie szczera; **to reach a ~ in sth when...** osiągnąć w czymś taki poziom, w którym...; **up to a ~** do pewnego stopnia [4] (moment) moment *m*, chwila *f*; (stage) etap *m*; **at one ~** w pewnej chwili, w pewnym momencie; **at this ~ in time** w tym momencie, na obecnym etapie; **at some ~ in the future/in the past** kiedyś w przyszłości/w przeszłości; **at this ~ I gave up** wtedy zrezygnowałem; **at this ~ in her career** na tym etapie kariery; **at what ~ do we cease to feel sorry for him?** kiedy przestaniemy się nad nim użalać?; **the judge intervened at this ~** w tym momencie sędzia przerwał; **there comes a ~ when...** nadchodzi taka chwila, kiedy...; **when it comes to the ~** gdy przychodzi co do czego; **when it came to the ~ of deciding** kiedy przyszło do podjęcia decyzji; **to be on the ~ of doing sth** mieć właśnie coś zrobić; **to be on the ~ of bankruptcy** stać na skraju bankructwa; **to be on the ~ of tears** być bliskim łez [5] (question, matter) sprawa *f*, kwestia *f*; (idea) pomysł *m*; (contribution in discussion) uwaga *f*; **to make a ~** zrobić uwagę **(about sth** na temat czegoś**)**; **to make the ~ that...** powiedzieć, że...; zauważyć, że...; **you've made your ~, please let me speak** powiedziałeś swoje, teraz pozwól, że ja coś powiem; **to make a ~ of doing sth** (make sure one does) starać się coś zrobić; dokładać starań, żeby coś zrobić; (do proudly, obviously) zrobić coś manifestacyjnie; **to raise a ~ about sth** poruszyć sprawę or kwestię czegoś; **my ~ was that...** chodziło mi o to, że...; **to take up** or **return to sb's ~** nawiązać do uwagi or wypowiedzi kogoś; **this proves my ~** to dowodzi, że mam rację; **are we agreed on this ~?** czy zgadzamy się w tej kwestii or w tym punkcie?; **a three-/four-~ plan** plan trzypunktowy/czteropunktowy; **to go through a text ~ by ~** przejrzeć tekst punkt po punkcie; **the ~ at issue** kwestia or sprawa sporna; **that's a good ~** to słuszna uwaga; **I take your ~** (agreeing) zgadzam się z tobą; **I take your ~, but...** rozumiem twój punkt widzenia, ale...; **all right, ~ taken!** w porządku, wszystko jasne!; **good ~!** słuszna uwaga!; **you've got a ~ there** w tym masz rację, tutaj się nie mylisz; **in ~ of fact** faktycznie, w rzeczywistości; **as a ~ of information** gwoli informacji dat [6] (central idea) sens *m*, sedno *n*; (of anecdote) puenta *f*; **the ~ is that...** chodzi o to, że...; rzecz w tym, że...; **the ~ is, another candidate has been selected** rzecz w tym, że wybrano innego kandydata; **to come straight to the ~** przejść od razu do sedna sprawy or do rzeczy; **to keep** or **stick to the ~** trzymać się tematu; **to miss the ~** nie zrozumieć; **I missed the ~ of what he said** nie zrozumiałem, o co mu chodziło; **to the ~** na temat; **what she said was short and to the ~** to, co powiedziała, było krótkie i na temat; mówiła krótko i na temat; **that's beside the ~** nie o to chodzi, to nie ma nic do rzeczy; **what you're saying is beside the ~** to, co mówisz, nie ma nic do rzeczy; **to wander off the ~** zboczyć z tematu; **to see the ~** widzieć sens; **to get the ~** zrozumieć, pojąć; **that's the ~** o to chodzi, w tym rzecz [7] (purpose) cel *m*; **what was the ~ of her visit?** jaki był cel jej wizyty?; **the exercise does have a ~** ćwiczenie ma pewien cel; **what's the ~?** po co?, jaki to ma sens?; **what's the ~ of having a car if you don't use it?** jaki jest sens mieć samochód, skoro się nim nie jeździ?; **there's no ~ asking him** nie ma sensu go pytać; **I see little ~ in waiting** uważam, że nie ma sensu czekać; **I don't see the ~ of spending all your money on clothes** nie widzę sensu w wydawaniu wszystkich pieniędzy na ubrania [8] (feature, characteristic) cecha *f*; (positive) dobra strona *f*, mocna strona *f*; **his good/bad ~s** jego zalety/wady; **what ~s do you look for when buying a car?** na co zwracasz uwagę, kupując samochód?; **punctuality is not her strong ~** punktualność nie jest jej mocną stroną; **the ~s of similarity /difference between sth and sth** podobieństwa/różnice między czymś a czymś; **it's a ~ in her favour** to punkt na jej korzyść; to przemawia na jej korzyść; **it has its ~s** to ma swoje dobre strony [9] Sport punkt *m*; **to win/be beaten by 4 ~s** wygrać/przegrać czterema punktami; **to win on ~s** (in boxing) wygrać na punkty; **match ~** (in tennis) piłka meczowa [10] Fin punkt *m*; **the FT 100 was down/up three ~s** wskaźnik FT 100 spadł/podniósł się o trzy punkty; **Smurfit gained 4 ~s** akcje Smurfitu poszły w górę o cztery punkty; **to evaluate sth on a 5-~ scale** ocenić coś w skali pięciopunktowej [11] (dot) kropka *f*; (decimal) przecinek *m* dziesiętny *(w języku angielskim oznaczany kropką)*; (diacritic) kropka *f*; **a ~ of light** oświetlony punkt [12] Math (in geometry) punkt *m* [13] Print, Comput punkt *m*; **~ size** stopień czcionki [14] Geog (headland) cypel *m*

II points *npl* [1] GB Rail zwrotnica *f* [2] Aut styki *m pl* [3] (in ballet) **to dance on ~(s)** tańczyć na pointach

III *vt* [1] (aim, direct) wy|celować z (czegoś), wy|mierzyć z (czegoś) *[gun]* **(at sb/sth** w kogoś/coś**)**; nakierow|ać, -ywać, s|kierować *[camera, boat]* **(at sb/sth** na kogoś/coś**)**; **to ~ one's finger at sb** pokazać kogoś palcem; **to ~ the finger at sb** (accuse) wskazać kogoś palcem fig; **just ~ the camera and press** wyceluj obiektyw i naciśnij; **to ~ a car/boat towards** or **in the direction of sth** skierować samochód /łódź w kierunku czegoś or ku czemuś; **to ~ sb in the right direction** wskazać komuś właściwy kierunek also fig [2] (show) pokaz|ać, -ywać, wskaz|ać, -ywać; **to ~ the way to a town** *[person, signpost]* wskazywać drogę do miasta; **the report ~s the way to a fairer division of profits** w raporcie wskazano drogę do sprawiedliwszego podziału zysków [3] (sharpen) za|ostrzyć *[pencil, stake]*; (underline) podkreśl|ić, -ać *[moral, words]*; **to ~ one's toes** (in ballet) obciąg|nąć, -ać palce [4] Constr spoinować *[wall]*

IV *vi* [1] (indicate) wskaz|ać, -ywać palcem, pokaz|ać, -ywać palcem; **it's rude to ~** niegrzecznie jest pokazywać palcem; **she ~ed over her shoulder** wskazała przez ramię; **to ~ at** or **to sb/sth** wskazać kogoś /coś or na kogoś/coś; **he was ~ing with his stick at something** pokazywał coś laską [2] (be directed, aligned) *[signpost, arrow]* wskazywać **(at sth** coś**)**; *[camera]* być skierowanym **(at sb/sth** na kogoś/coś**)**; *[gun]* być wymierzonym or wycelowanym **(at sb/sth** w kogoś/coś**)**; **the needle ~s north** igła wskazuje północ; **the gun was ~ing straight at me** lufa pistoletu była skierowana prosto we mnie [3] (suggest) *[evidence, facts]* wskaz|ać, -ywać **(to sth** na coś**)**; **all the evidence ~ to murder** wszystkie dowody wskazują na to, że było to morderstwo; **everything ~s in that direction** wszystko na to wskazuje [4] (cite) powoł|ać, -ywać się **(to sth** na coś**)**; **to ~ to sth as evidence of success** powołać się na coś or wskazać na coś jako dowód sukcesu [5] Comput wskaz|ać, -ywać **(at sth** coś**)** [6] Hunt *[dog]* wystawi|ć, -ać zwierzynę

■ **point out**: ¶ **~ out [sb/sth], ~ [sb/sth] out** (show) wskaz|ać, -ywać, pokaz|ać, -ywać; **can you ~ him out to me?** czy możesz mi go wskazać?; **she ~ed out where /who....** pokazała, gdzie/kto... ¶ **~ out [sth]** (mention) zwr|ócić, -acać uwagę na (coś); **to ~ sth out to sb** zwrócić komuś uwagę na coś *[fact, advantages]*; wytknąć komuś coś *[error, discrepancy]*; **to ~ out that...** zwrócić uwagę (na to), że...; **as he ~ed out** jak zauważył

■ **point up**: **~ up [sth], ~ [sth] up** (make more important) podkreśl|ić, -ać; (make more noticeable) dow|ieść, -odzić dobitnie (czegoś)

point-and-shoot camera /ˌpɔɪntən'ʃuːtkæmərə/ *n* Phot automatyczny aparat *m* fotograficzny; idiotenkamera *f* infml

point-blank /ˌpɔɪnt'blæŋk/ **I** *adj* **at ~ range** *[shoot]* z bliska

II *adv* [1] *[shoot]* z bliska [2] fig *[refuse, deny]* kategorycznie; *[ask]* wprost, bez ogródek; *[reply]* prosto z mostu

point duty *n* GB **to be on ~** *[policeman]* kierować ruchem

pointed /'pɔɪntɪd/ *adj* [1] *[nose, chin, hat]* spiczasty, szpiczasty; *[pencil]* ostry, zaostrzony; *[stick]* ostro zakończony; *[arch]* ostry; *[window]* ostrołukowy [2] *[remark]* uszczypliwy, sarkastyczny; *[comment, reference]* niedwuznaczny; *[question]* podchwytliwy; *[look]* znaczący; **her ~ remarks were not lost on me** doskonale pojąłem jej subtelne aluzje

pointedly /'pɔɪntɪdlɪ/ *adv [look, say]* znacząco; *[ignore]* w sposób ostentacyjny

pointer /'pɔɪntə(r)/ *n* [1] (piece of information) wskazówka *f*; **a ~ to sth** wskazówka odnośnie czegoś or co do czegoś; **to give sb a few ~s to a problem** dać komuś kilka wskazówek odnośnie (jakiegoś) problemu [2] (dog) pointer *m* [3] (stick) wskaźnik *m* [4] (on a measuring instrument) wskazówka *f*, strzałka *f* [5] Comput wskaźnik *m*

pointillism /ˈpɔɪntɪlɪzəm, ˈpwæntiːlɪzəm/ *n* pointylizm *m*, puentylizm *m*

pointing /ˈpɔɪntɪŋ/ *n* Constr zaprawa *f* do spoin

pointless /ˈpɔɪntlɪs/ *adj [request, demand, activity]* bezcelowy; *[attempt]* bezskuteczny; *[gesture, waste]* niepotrzebny; *[argument]* jałowy; **it's ~ to argue** or **arguing with her** spieranie się z nią nie ma sensu or mija się z celem

pointlessly /ˈpɔɪntlɪslɪ/ *adv* na próżno

pointlessness /ˈpɔɪntlɪsnɪs/ *n* bezsensowność *f*

point of contact *n* punkt *m* styczności, styk *m*

point of departure *n* punkt *m* wyjścia

point of law *n* kwestia *f* prawna

point of order *n* kwestia *f* proceduralna, względy *m pl* proceduralne; **to reject sth on a ~** odrzucić coś ze względów proceduralnych

point of principle *n* kwestia *f* zasad

point of reference *n* punkt *m* odniesienia

point of sale *n* punkt *m* sprzedaży

point-of-sale advertising /ˌpɔɪntəvˈseɪlædvətaɪzɪŋ/ *n* promocja *f* w miejscu sprzedaży

point-of-sale terminal /ˌpɔɪntəvˈseɪltɜːmɪnl/ *n* Comm terminal *m* kasowy

point of view *n* punkt *m* widzenia; **to see sth from her ~** patrzeć na coś z jej punktu widzenia; **it depends on your ~** to zależy od punktu widzenia; **from the ~ of efficiency/the consumer** z punktu widzenia wydajności/konsumenta

pointsman /ˈpɔɪntsmən/ *n* (*pl* **-men**) GB Rail zwrotniczy *m*

point(s) system *n* system *m* punktowy

point-to-point /ˌpɔɪntəˈpɔɪnt/ *n* Equest gonitwa *f* przełajowa z przeszkodami

pointy /ˈpɔɪntɪ/ *adj* spiczasty, szpiczasty

poise /pɔɪz/ **I** *n* [1] (composure) opanowanie *n* [2] (aplomb) pewność *f* siebie, zimna krew *f* [3] (physical elegance) wytworność *f (w ruchach)*

II *vt* un|ieść, -osić, trzymać *[javelin, spade]*; **she ~d herself to jump** przygotowała się do skoku

poised /pɔɪzd/ *adj* [1] *[person, manner]* (self-possessed) opanowany; (self-assured) pewny siebie [2] (elegant) wytworny [3] (balanced, suspended) **~ in mid-air** znieruchomiały w powietrzu; **they were waiting with pencils ~** siedzieli z ołówkami w rękach; **her hand was ~ above the receiver** już miała podnieść słuchawkę; **to be ~ on sth** zastygnąć w bezruchu na czymś *[rock, diving board]*; **the power was ~ between ministers and businessmen** fig władzą podzielili się ministrowie i biznesmeni; **~ on the brink of a great discovery** fig na progu wielkiego odkrycia [4] (ready) gotów, gotowy; **to be ~ for sth/to do sth** być gotowym do czegoś/do zrobienia czegoś, szykować się do czegoś/do zrobienia czegoś; **the jaguar was ~ for attack** jaguar szykował się do skoku; **they are ~ to break into the Japanese market** są gotowi do wejścia na rynek japoński

poison /ˈpɔɪzn/ **I** *n* [1] trucizna *f* also fig; (for rats) trutka *f*; **to take ~** zażyć truciznę [2] infml dat (drink) **what's your ~?** czego się napijesz?

II *vt* [1] o|truć *[person, animal]* **(with sth** czymś); (make ill) s|truć *[person]* **(with sth** czymś); (make poisonous) zatru|ć, -wać *[arrow tip, foodstuffs]* **(with sth** czymś); doda|ć, -wać trucizny do (czegoś) *[coffee]* [2] (infect) zaka|zić, -żać *[blood, cut]*; **to have a ~ed finger** mieć zakażenie palca [3] Ecol (pollute) ska|zić, -żać *[air, soil, environment]* **(with sth** czymś); zatru|ć, -wać *[river]* **(with sth** czymś) [4] fig (corrupt) zatru|ć, -wać *[mind, atmosphere]*; ze|psuć *[relationship]*; **they ~ed her mind against her family** nastawili ją przeciwko rodzinie

IDIOMS: **to hate sb like ~** nienawidzić kogoś jak zarazy

poisoner /ˈpɔɪzənə(r)/ *n* truciciel *m*, -ka *f*

poison gas *n* gaz *m* trujący

poisoning /ˈpɔɪzənɪŋ/ *n* zatrucie *n*; **alcohol/cyanide ~** zatrucie alkoholowe/cyjankami

poison ivy *n* Bot sumak *m* jadowity; Med (rush) oparzenia *n pl* sokiem sumaka jadowitego

poison oak *n* = **poison ivy**

poisonous /ˈpɔɪzənəs/ *adj* [1] (noxious) *[chemical, fumes, plant, mushroom, berry]* trujący; *[snake, insect]* jadowity; *[bite, sting]* powodujący reakcję toksyczną; **the coffee's absolutely ~!** infml fig ta kawa jest ohydna! [2] fig (vicious) *[rumours, remark]* obrzydliwy; *[ideology, doctrine, propaganda]* szkodliwy, niebezpieczny; *[person]* niegodziwy, nikczemny

poison-pen letter /ˌpɔɪznˈpenletə(r)/ *n* obrzydliwy anonim *m*

poison pill *n* Fin „trująca pigułka" *f (zaniżanie wartości przedsiębiorstwa wobec groźby przejęcia przez inna firmę)*

poke¹ /pəʊk/ **I** *n* [1] (prod) szturchnięcie *n*; (with elbow) kuksaniec *m*, szturchaniec *m*; sójka *f* infml; **a ~ in the ribs** kuksaniec or sójka w bok; **to give sb/sth a ~ (with sth)** szturchnąć kogoś/coś (czymś); **to give the fire a ~** przegarnąć ogień w kominku; **to give sb a ~ in the eye** wsadzić komuś palec w oko; fig obrazić kogoś [2] (punch) cios *m*, raz *m*, uderzenie *n*; **to give sb a ~ on the nose** dać komuś w nos; **to take a ~ at sb** zamierzyć się na kogoś; fig rzucać kamyczki do cudzego ogródka fig [3] vulg (sex) numerek *m* vinfml; **to have a ~** odwalić numerek

II *vt* [1] (jab, prod) szturch|nąć, -ać, poszturchiwać *[person]*; (po)grzebać w (czymś), rozgrzebyw|ać, -ywać *[pile, substance]*; przegarn|ąć, -iać *[fire]*; **to ~ sb in the ribs/the eye** szturchnąć kogoś w bok/wsadzić komuś palec w oko; **stop poking me!** przestań mnie szturchać or poszturchiwać!; **to ~ oneself in the eye with a pencil** wsadzić sobie ołówek w oko; **he ~d his food with his fork** rozgrzebywał jedzenie widelcem [2] (push, put) w|etknąć, -tykać, wsadz|ić, -ać **(into sth** do czegoś, w coś); **to ~ one's finger into a hole/pot** wsadzić or wetknąć palec w dziurę/do garnka; **to ~ one's finger up one's nose** wsadzić palec do nosa; **to ~ one's head round the door** wsadzić głowę przez drzwi; **to ~ one's head out of the window** wystawić głowę przez okno; **to ~ one's head from under the sheets** wysunąć głowę spod kołdry; **~ a fork into the meat to see if it's done** sprawdź widelcem, czy mięso jest już miękkie [3] (pierce) **to ~ a hole in sth** zrobić or wywiercić w czymś dziurę **(with sth** czymś); **to ~ holes in sb's argument** fig wyszukiwać słabe punkty w argumentacji kogoś

III *vi* → **poke at, poke out, poke up**

■ **poke around, poke about** GB grzebać, szperać, myszkować **(in sth** w czymś); **to ~ about** or **around for sth** myszkować w poszukiwaniu czegoś

■ **poke at: ~ at [sth]** dziobać w (czymś) *[food, plate]*

■ **poke out:** ¶ **~ out** *[elbow, toe]* wystawać; wyłazić infml; *[blade, spring]* sterczeć; **to ~ out through sth** *[spring, stuffing]* wyłazić z czegoś *[hole, old mattress]*; *[flower]* wyłazić spod czegoś *[snow, rubble]*; **to ~ out from under sth** wyglądać spod czegoś *[bed, cover]* ¶ **~ out [sth], ~ [sth] out** wysu|nąć, -wać *[head, nose, tail]*; **I haven't ~d my nose out all day** przez cały dzień nie wytknąłem or nie wyściubiłem nosa z domu; **to ~ sb's eyes out** wydłubać or wyłupić komuś oczy

■ **poke up** *[flower, shoot]* wy|jrzeć, -glądać **(through sth** spod czegoś)

IDIOMS: **it's better than a ~ in the eye (with a sharp stick)** lepsze to niż nic

poke² /pəʊk/ *n* dial (sack) worek *m* → **pig**

poker¹ /ˈpəʊkə(r)/ *n* (for fire) pogrzebacz *m*

poker² /ˈpəʊkə(r)/ *n* (card game) poker *m*

poker dice *npl* Games ≈ kości *plt* pokerowe *(z wizerunkami kart na ściankach)*

poker-face /ˈpəʊkəfeɪs/ *n* kamienna twarz *f*, twarz *f* pokerzysty

poker-faced /ˈpəʊkəfeɪst/ *adj [person]* z kamienną twarzą; *[look]* niewzruszony, nieporuszony

pokerwork /ˈpəʊkəwɜːk/ *n* pirografia *f*

pokey /ˈpəʊkɪ/ *n* US infml ciupa *f* infml

poky /ˈpəʊkɪ/ *adj* [1] (small) *[flat, room]* ciasny; **a ~ room** klitka [2] US infml (slow) *[waiter]* powolny, niemrawy

pol /pɒl/ *n* US infml politykier *m* infml

Polack /ˈpəʊlæk/ *n* infml offensive Polacz|ek *m*, -ka *f* offensive

Poland /ˈpəʊlənd/ *prn* Polska *f*

polar /ˈpəʊlə(r)/ *adj* [1] Geog *[icecap, lights]* polarny; *[circle, region]* podbiegunowy [2] Elec biegunowy [3] fig biegunowo odmienny; **to be ~ opposites** być jak dwa bieguny

polar bear *n* Zool niedźwiedź *m* polarny or biały

polarimeter /ˌpəʊləˈrɪmɪtə(r)/ *n* Phys polarymetr *m*

Polaris /pəˈlɑːrɪs/ *n* [1] Astron Gwiazda *f* Polarna [2] Mil pocisk *m* rakietowy polaris

polariscope /pəʊˈlærɪskəʊp/ *n* Phys polaryskop *m*

polarity /pəˈlærətɪ/ *n* [1] Elec, Phys biegunowość *f*; **reversed ~** biegunowość ujemna; US biegunowość dodatnia [2] fig różnica *f*, rozbieżność *f*

polarization /ˌpəʊləraɪˈzeɪʃn, US -rɪˈz-/ *n* Elec, Phys polaryzacja *f* also fig; **the ~ of opinions** polaryzacja poglądów

polarize /ˈpəʊləraɪz/ **I** *vt* Elec, Phys s|polaryzować also fig; **~d sun glasses** okulary słoneczne z filtrem polaryzującym; **an event that has ~d opinion** wydarzenie, które spolaryzowało opinię publiczną
II *vi* (divide) s|polaryzować się

Polaroid® /ˈpəʊlərɔɪd/ **I** *n* (camera, glass) polaroid *m*; (photograph) zdjęcie *n* polaroidowe, fotografia *f* polaroidowa
II *modif [camera, film, glass, photograph]* polaroidowy
III Polaroids® *npl* polaroidy *plt* infml

polder /ˈpəʊldə(r)/ **I** *n* polder *m*
II *modif* polderowy

pole¹ /pəʊl/ **I** *n* [1] (stick) słup *m*, pal *m*; (thinner) tyka *f*, żerdź *f*, drąg *m*; (for tent, flag) maszt *m*; (in fire station) słup *m*; (for vaulting, in gardening) tyczka *f*; (for boat propelling) pych *m*; (for skiing) kijek *m*; (on ski run) tyczka *f*; (in horse-drawn carriage) dyszel *m*; **telegraph ~** słup telegraficzny [2] Meas ≈ pręt *m (= 5,03 m)* [3] Fishg wędzisko *n*
II *vt* popychać, pchać *[boat]*
IDIOMS: **to be up the ~** infml (wrong) być w błędzie, mylić się; (mad) być szalonym; **to send** or **drive sb up the ~** infml doprowadzać kogoś do szału; **I wouldn't touch him with a ten-foot ~** US nie chcę mieć z nim nic wspólnego, wolę się trzymać od niego z daleka; **I wouldn't touch this house/car with a ten-foot ~** US za nic nie chciałbym mieć takiego domu/samochodu

pole² /pəʊl/ *n* Geog, Phys biegun *m*; **the North/South Pole** biegun północny/południowy; **negative/positive ~** biegun ujemny/dodatni; **to go from ~ to ~** fig obiegać całą ziemię; **to be at opposite ~s** fig być na przeciwległych biegunach
IDIOMS: **to be ~s apart** krańcowo się różnić

Pole /pəʊl/ *n* Pol|ak *m*, -ka *f*

poleaxe GB, **poleax** US /ˈpəʊlæks/ **I** *n* topór *m*; (bodyguard's) halabarda *f*
II *vt* (fell) ogłusz|yć, -ać *[person, animal]*

pole-axed /ˈpəʊlækst/ *adj* infml fig **to be ~** być oszołomionym, zaniemówić ze zdumienia

polecat /ˈpəʊlkæt/ *n* Zool [1] (ferret) tchórz *m* [2] US (skunk) skunks *m*

polemic /pəˈlemɪk/ *n* polemika *f* **(about sth** na temat czegoś); **a ~ against sb/sth** wystąpienie przeciwko komuś/czemuś, atak na kogoś/coś; **a ~ on behalf of sb/sth** wystąpienie na rzecz kogoś/czegoś, obrona kogoś/czegoś

polemical /pəˈlemɪkl/ *adj* polemiczny

polemicist /pəˈlemɪsɪst/ *n* polemista *m*

polemics /pəˈlemɪks/ *npl (+ v sg)* polemika *f*

pole position *n* (in motor racing) najlepsza pozycja *f* startowa, pole position *inv*; **to be in** or **to have ~** zajmować pole position; **to be in ~** fig mieć dobrą pozycję

pole star *n* fig gwiazda *f* przewodnia

Pole Star *n* **the ~** Astron Gwiazda *f* Polarna

pole vault /ˈpəʊlvɔːlt/ **I** *n* Sport skok *m* o tyczce
II *vi* skakać o tyczce

pole vaulter *n* tyczkarz *m*

pole vaulting *n* Sport skok *m* o tyczce

police /pəˈliːs/ **I** *n* [1] *(+ v pl)* (force) **the ~** policja *f*; **to be in/join the ~** być w policji/wstąpić do policji; **to call the ~** wezwać policję; **to assist the ~ with their enquiries** euph być przesłuchiwanym przez policję [2] (men and women) policjanci *m pl*; **a number of ~ and demonstrators were injured** wielu policjantów i demonstrantów odniosło obrażenia or zostało rannych
II *modif [car, escort, action]* policyjny; **~ intervention/protection** interwencja /ochrona policji
III *vt* [1] (keep order) **to ~ a city** pilnować porządku w mieście; **the demonstration was heavily ~d** nad spokojnym przebiegiem demonstracji czuwały liczne siły porządkowe [2] (patrol) patrolować *[district, frontier]* [3] (monitor) nadzorować przestrzeganie (czegoś) *[measures, regulations]*; **UN troops will ~ the ceasefire** oddziały ONZ będą nadzorować przestrzeganie zawieszenia broni

police academy *n* US = **police college**

police cell *n* cela *f* na posterunku policji

police chief *n* komisarz *m* policji

police college *n* akademia *f* or szkoła *f* policyjna

Police Complaints Authority *n* GB biuro *n* skarg i zażaleń komendy policji

police constable, PC *n* posterunkowy *m*

police court *n* ≈ kolegium *n* do spraw wykroczeń

police custody *n* areszt *m* policyjny; **to be in ~** zostać zaaresztowanym

Police Department, PD *n* US wydział *m* policji

police dog *n* pies *m* policyjny

police force *n* policja *f*; **to join the ~** wstąpić do policji

police headquarters *npl* komenda *f* główna policji

policeman /pəˈliːsmən/ *n* **(*pl* -men)** policjant *m*

police officer *n* funkcjonariusz *m*, -ka *f* policji, policjant *m*, -ka *f*

police record *n* kartoteka *f* policyjna; **to have no ~** nie być notowanym (w kartotece policyjnej)

police state *n* państwo *n* policyjne

police station *n* posterunek *m* policji; (larger) komisariat *m* (policji)

police van *n* samochód *m* policyjny

policewoman /pəˈliːswʊmən/ *n* **(*pl* -women)** policjantka *f*

police work *n* (detection) dochodzenie *n*, śledztwo *n*

policing /pəˈliːsɪŋ/ **I** *n* [1] (keeping law and order) pilnowanie *n* porządku publicznego; **the ~ of city streets** pilnowanie porządku na ulicach miasta [2] (patrolling) patrolowanie *n*; **the ~ of the border** patrolowanie granicy [3] (staffing with police) ochrona *f* policyjna; **the ~ of football matches /demonstrations** zapewnienie ochrony policyjnej podczas meczów piłki nożnej /demonstracji [4] (monitoring) nadzorowanie *n* przestrzegania **(of sth** czegoś); **the ~ of the agreement** nadzorowanie przestrzegania porozumienia
II *modif [measures, system, strategy]* (at strike, demonstration, match) porządkowy

policy¹ /ˈpɒləsɪ/ **I** *n* [1] Pol polityka *f* **(on sth** dotycząca czegoś); **economic/foreign ~** polityka gospodarcza/zagraniczna; **government ~** polityka rządu; **they've adopted a ~ of neutrality** prowadzą politykę nieangażowania się; **to make ~** podejmować decyzje polityczne; **it is government ~ to reduce inflation** polityka rządu zmierza do zmniejszenia inflacji [2] (standard practice) polityka *f*, strategia *f*, zasada *f*; **company ~** polityka firmy; **her ~ is to ignore him** przyjęła strategię ignorowania go; **it's our ~ to act independently** naszą zasadą jest niezależne działanie; **to have** or **follow the ~ of avoiding all conflict** kierować się zasadą or przestrzegać zasady unikania wszelkich konfliktów; **it's a matter of ~** to kwestia zasad; **as a matter of ~** dla zasady
II *modif [decision, matter]* polityczny; *[discussion, meeting, paper]* dotyczący polityki

policy² /ˈpɒləsɪ/ *n* Insur polisa *f* ubezpieczeniowa; **to take out a ~** wykupić polisę

policyholder /ˈpɒləsɪhəʊldə(r)/ *n* posiadacz *m*, -ka *f* polisy, ubezpieczon|y *m*, -a *f*

policy maker *n* decydent *m*

policy-making /ˈpɒləsɪmeɪkɪŋ/ **I** *n* [1] Pol decyzje *f pl* polityczne, formułowanie *n* zasad polityki [2] (deciding) podejmowanie *n* decyzji
II *adj [body, group]* odpowiedzialny za politykę

policy unit *n* komitet *m* doradców politycznych

polio /ˈpəʊlɪəʊ/ *n* Med = **poliomyelitis**

poliomyelitis /ˌpəʊlɪəʊˌmaɪəˈlaɪtɪs/ *n* Med choroba *f* Heinego-Medina, nagminne porażenie *n* dziecięce, polio *n*

polish /ˈpɒlɪʃ/ **I** *n* [1] (for wood, floor, shoes) pasta *f*; (for brass, silver, car) środek *m* do polerowania or czyszczenia [2] (action) **to give sth a ~** (put polish on) wy|pastować *[floor, shoes]*; (give gloss) wy|froterować *[floor]*; wy|czyścić do połysku *[furniture, shoes]*; wy|polerować *[silver]* [3] (shiny surface) połysk *m*; **to lose its ~** stracić połysk; **a table with a high ~** stół na wysoki połysk [4] fig (elegance) (of person) polor *m*; (of performance, style) błyskotliwość *f*
II *vt* [1] (apply polish to) wy|pastować *[floor, shoes]*; (make shiny) wy|froterować *[floor]*; wy|polerować *[furniture, stone, metal, glass]*; (clean) wy|czyścić do połysku *[shoes, leather, glass, silver]* [2] fig (refine) wy|szlifować, wygładz|ić, -ać *[performance, style]*; popraw|ić, -ać *[image]*
■ **polish off** infml: ¶ **~ off [sth], ~ [sth] off** (eat, finish) s|pałaszować, o|pędzlować, zmi|eść, -atać infml *[food, meal]*; odwal|ić, -ać infml *[job, task]* ¶ **~ off [sb], ~ [sb] off** (beat or kill) wyk|ończyć, -ańczać, załatwi|ć, -ać infml *[opponent, rival, team]*
■ **polish up**: **~ up [sth], ~ [sth] up** [1] wy|polerować *[glass, car, silver, wood, shoes]*; wy|pucować infml [2] infml (perfect) podszlifow|ać, -ywać *[Spanish, piano playing, skill]*; **he's gone to Germany to ~ up his German** pojechał do Niemiec, żeby podszlifować niemiecki

Polish /ˈpəʊlɪʃ/ **I** *n* [1] Ling (język *m*) polski *m* [2] (people) **the ~** *(+ v pl)* Polacy *m pl*

II *adj* polski; **he/she is ~** on jest Polakiem/ona jest Polką

polished /ˈpɒlɪʃt/ *adj* [1] *[floor]* wyfroterowany; *[shoes]* wyczyszczony do połysku; *[wood, silver, brass]* wypolerowany; **highly ~** *[furniture]* na wysoki połysk [2] fig (refined) *[manner, person]* wytworny [3] (accomplished) *[performance, production, speech]* pierwszorzędny; *[actor, performer]* wytrawny

polisher /ˈpɒlɪʃə(r)/ *n* [1] (machine) (for floor) froterka *f*; (for stones, gems) szlifierka *f*, polerka *f* [2] (person) polerowacz *m*; **French ~** politurnik

polite /pəˈlaɪt/ *adj* [1] (showing consideration, tact) *[person, denial, refusal]* uprzejmy, grzeczny **(to sb** w stosunku do kogoś); *[letter]* grzeczny; **to be ~ about sb/sth** grzecznie się wyrażać o kimś/czymś; **it would be ~ to enclose a stamped envelope** grzeczność nakazywałaby załączyć kopertę ze znaczkiem; **I agreed with him, but I was only being ~** zgodziłem się z nim tylko przez grzeczność [2] (socially correct) *[company, society]* kulturalny; **to make ~ conversation** prowadzić kurtuazyjną rozmowę; **I made ~ noises about his present** podziękowałem za prezent jak wypadało; **to keep a ~ distance** zachować stosowny dystans; **to use the ~ form** Ling użyć formy grzecznościowej

politely /pəˈlaɪtlɪ/ *adv* uprzejmie, grzecznie

politeness /pəˈlaɪtnɪs/ *n* uprzejmość *f*; **out of ~** przez grzeczność

politic /ˈpɒlətɪk/ *adj* fml (wise) rozsądny, dyplomatyczny; **leaving the meeting was hardly ~** opuszczenie zebrania nie było dyplomatycznym posunięciem; **it would not be ~ to refuse** byłoby nierozsądnie odmówić; **she found** or **felt it ~ to follow their advice** uznała za właściwe zastosować się do ich rad → **body politic**

political /pəˈlɪtɪkl/ *adj* polityczny; **I'm not a ~ animal** nie interesuje mnie polityka

political act *n* akt *m* polityczny

political action committee, PAC *n* US komitet *m* wyborczy *(zbierający fundusze na kampanię wyborczą kandydata)*

political analyst *n* analityk *m* sytuacji politycznej

political asylum *n* azyl *m* polityczny

political colour *n* fig przekonania *plt* polityczne

political commentator *n* komentator *m* polityczny

political correctness, PC *n* polityczna poprawność *f*

political economy *n* ekonomia *f* polityczna

political football *n* przedmiot *m* gierek politycznych infml; **the parties are playing ~** partie prowadzą gierki polityczne

political geography *n* geografia *f* polityczna

politically /pəˈlɪtɪklɪ/ *adv [motivated, biased]* politycznie; **~ speaking** z politycznego punktu widzenia

politically correct, PC *adj* politycznie poprawny

politically-minded /pəˌlɪtɪklɪˈmaɪndɪd/ *adj [person]* interesujący się polityką

politically-sensitive /pəˌlɪtɪklɪˈsensətɪv/ *adj [issue, matter]* delikatnej natury politycznej

political prisoner *n* więzień *m* polityczny

political refugee *n* uchodźca *m* polityczny

political science *n* politologia *f*

political scientist *n* politolog *m*

politician /ˌpɒlɪˈtɪʃn/ *n* [1] Pol polityk *m* [2] US pej politykier *m* pej

politicization /pəˌlɪtɪsaɪˈzeɪʃn/ *n* polityzacja *f*, upolitycznienie *n* **(of sth** czegoś)

politicize /pəˈlɪtɪsaɪz/ *vt* upolityczni|ć, -ać

politicking /ˈpɒlətɪkɪŋ/ *n* pej politykierstwo *n* pej

politico /pəˈlɪtɪkəʊ/ **I** *n* (*pl* **~s**) US pej politykier *m* pej

II politico+ *in combinations* polityczno-

politics /ˈpɒlətɪks/ *n* [1] *(+ v sg)* (political line, affairs) polityka *f*; **English/local ~** polityka angielska/lokalna; **to go into** or **enter ~** zająć się polityką; **to make a career in ~** robić karierę polityczną; **to talk ~** infml rozmawiać o polityce [2] *(+ v sg)* Sch, Univ nauki *f pl* polityczne [3] *(+ v pl)* (political views) przekonania *plt* polityczne [4] *(+ v pl)* (manoeuvering) **office ~** intrygi *f pl* biurowe

polity /ˈpɒlətɪ/ *n* [1] (form of government) ustrój *m*, system *m* polityczny [2] (state) państwo *n*

polka /ˈpɒlkə, US ˈpəʊlkə/ *n* Mus polka *f*

polka dot **I** *n* kropka *f*; **a white dress with red ~s** biała sukienka w czerwone kropki

II polka-dot *modif* **polka-dot pattern /dress** wzór/sukienka w kropki

poll /pəʊl/ **I** *n* [1] (vote casting) głosowanie *n*; (elections) wybory *plt*; (number of votes cast) liczba *f* oddanych głosów; (counting of votes) obliczanie *n* głosów; **to take a ~ on sth** przeprowadzić głosowanie w sprawie czegoś; **on the eve of the ~** w przeddzień wyborów; **the result of the ~** wyniki wyborów; **to top** or **head the ~** wygrywać wybory; **a light/heavy ~** niska/wysoka frekwencja wyborcza; **there was a 75% ~** frekwencja wyborcza wyniosła 75%; **they got 45% of the ~** uzyskali 45% głosów; **the ~ for the candidate was 3,500** kandydat uzyskał 3500 głosów; **to go to the ~s** *[voters]* pójść do urn wyborczych; **the party sustained a heavy defeat at the ~s** partia poniosła dotkliwą porażkę w wyborach [2] (list of voters) lista *f* wyborców; (list of taxpayers) lista *f* podatników [3] (survey) ankieta *f*, sondaż *m* **(on sth** dotyczący czegoś); **to conduct a ~** przeprowadzić ankietę or sondaż; **a ~ of teachers /workers** ankieta or sondaż wśród nauczycieli/robotników

II *vt* [1] (obtain votes) z|ebrać, -bierać, zdoby|ć, -wać *[votes]* [2] (canvass) ankietować, przeprowadz|ić, -ać sondaż wśród (kogoś) *[people, group]*; **a majority of those ~ed were against censorship** większość respondentów była przeciwko cenzurze [3] Comput odpyt|ać, -ywać, przepyt|ać, -ywać

III *vi* [1] (obtain votes) **to ~ badly/well** zebrać mało/dużo głosów; **he ~ed better than expected** wypadł w wyborach lepiej, niż się spodziewano [2] (cast votes) głosować

pollack /ˈpɒlək/ *n* Zool rdzawiec *m*

pollard /ˈpɒləd/ **I** *n* (tree) drzewo *n* ogłowione

II *vt* ogł|owić, -awiać *[tree]*

pollen /ˈpɒlən/ *n* Bot pyłek *m* kwiatowy

pollen count *n* stężenie *n* pyłków w powietrzu

pollen sac *n* woreczek *m* pyłkowy

pollinate /ˈpɒləneɪt/ *vt* zapyl|ić, -ać

pollination /ˌpɒləˈneɪʃn/ *n* zapylanie *n*

polling /ˈpəʊlɪŋ/ *n* [1] (voting) głosowanie *n*; (elections) wybory *plt*; (turnout) frekwencja *f* wyborcza; **~ was light/heavy** frekwencja wyborcza była niska/wysoka [2] Comput odpytywanie *n*

polling booth *n* kabina *f* do głosowania

polling day *n* dzień *m* wyborów

polling place *n* US = **polling station**

polling station *n* lokal *m* wyborczy

polliwog /ˈpɒlɪwɒg/ *n* US Zool kijanka *f*

pollock *n* = **pollack**

pollster /ˈpəʊlstə(r)/ *n* ankieter *m*, -ka *f*; **according to the ~s** według sondaży opinii publicznej

poll tax *n* pogłówne *n*

pollutant /pəˈluːtənt/ *n* polutant *m (substancja zanieczyszczająca środowisko)*; **industrial/chemical ~s** zanieczyszczenia przemysłowe/chemiczne

pollute /pəˈluːt/ *vt* [1] Ecol zanieczy|ścić, -szczać, ska|zić, -żać **(with sth** czymś) [2] fig (morally) ska|zić, -żać *[mind]* **(with sth** czymś); (physically) s|kalać, z|bezcześcić *[altar]*

polluter /pəˈluːtə(r)/ *n* truciciel *m*, -ka *f* fig

pollution /pəˈluːʃn/ **I** *n* [1] Ecol (contamination) zanieczyszczenie *n*, skażenie *n* **(of sth** czegoś); (substances) zanieczyszczenia *n pl*; **oil ~** skażenie ropą naftową; **noise ~** zagrożenie hałasem [2] fig (of mind) skażenie *n*

II *modif* **~ level/control** poziom/kontrola zanieczyszczeń; **~ measures** środki przeciwdziałające skażeniu

Pollyanna /ˌpɒlɪˈænə/ *n* US niepoprawna optymistka *f*

pollywog *n* US = **polliwog**

polo /ˈpəʊləʊ/ **I** *n* [1] Sport polo *n inv* [2] GB (sweater, collar) golf *m*

II *modif* **~ team/match** drużyna/mecz polo; **~ player** gracz w polo

polonaise /ˌpɒləˈneɪz/ *n* Mus polonez *m*

polo neck *n* (collar, sweater) golf *m*

polo neck sweater *n* golf *m*, sweter *m* z golfem

polo shirt koszulka *f* polo

polonium /pəˈləʊnɪəm/ *n* polon *m*

poltergeist /ˈpɒltəgaɪst/ *n* złośliwy duch *m (hałasujący, przesuwający przedmioty)*

poltroon /pɒlˈtruːn/ *n* liter arch nędzny tchórz *m*

poly /ˈpɒlɪ/ **I** *n* GB infml → **polytechnic**

II poly+ *in combinations* poli-, wielo-

polyandrous /ˌpɒlɪˈændrəs/ *adj* [1] Sociol poliandryczny [2] Bot wielopręcikowy

polyandry /ˈpɒlɪændrɪ/ *n* Sociol poliandria *f*, wielomęstwo *n*

polyanthus /ˌpɒlɪˈænθəs/ *n* (*pl* **~, -thuses**) pierwiosnek *m*, pierwiosnka *f*, prymula *f*

polyarchy /ˈpɒlɪɑːkɪ/ *n* wielowładztwo *n*, poliarchia *f*

polychromatic /ˌpɒlɪkrəʊˈmætɪk/ *adj* polichromatyczny

polychrome /ˈpɒlɪkrəʊm/ **I** *n* (painting) polichromia *f*; (object) przedmiot *m* polichromowany
II *adj* polichromowany
polychromy /ˈpɒlɪkrəʊmɪ/ *n* polichromia *f*
polycotton /ˌpɒlɪˈkɒtn/ **I** *n* poliester *m* z bawełną
II *modif [sheets]* bawełniano-poliestrowy
polyester /ˌpɒlɪˈestə(r)/ **I** *n* poliester *m*
II *modif* poliestrowy
polyethylene /ˌpɒlɪˈeθəliːn/ *n* = **polythene**
polygamist /pəˈlɪgəmɪst/ *n* poligamist|a *m*, -ka *f*
polygamous /pəˈlɪgəməs/ *adj* poligamiczny
polygamy /pəˈlɪgəmɪ/ *n* poligamia *f*, wielożeństwo *n*
polygenesis /ˌpɒlɪˈdʒenɪsɪs/ *n* poligeneza *f*
polygenetic /ˌpɒlɪdʒɪˈnetɪk/ *adj* poligenetyczny
polyglot /ˈpɒlɪglɒt/ **I** *n* poliglot|a *m*, -ka *f*
II *adj* wielojęzyczny; ~ **translator** tłumacz poliglota
polygon /ˈpɒlɪgən, US -gɒn/ *n* wielokąt *m*
polygonal /pəˈlɪgənl/ *adj* poligonalny, wielokątny
polygraph /ˈpɒlɪgrɑːf, US -græf/ *n* wariograf *m*, wykrywacz *m* kłamstw; **to take a ~ test** poddać się badaniu wykrywaczem kłamstw
polyhedral /ˌpɒlɪˈhedrəl/ *adj [shape, form, angle]* wielościenny
polyhedron /ˌpɒlɪˈhiːdrən, US -drɒn/ *n* wielościan *m*
polymath /ˈpɒlɪmæθ/ *n* człowiek *m* wszechstronny; człowiek *m* renesansu fig
polymer /ˈpɒlɪmə(r)/ *n* polimer *m*
polymerization /pəˌlɪmərəˈzeɪʃn, ˌpɒlɪməraɪˈzeɪʃn/ *n* polimeryzacja *f*
polymorphism /ˌpɒlɪˈmɔːfɪzəm/ *n* polimorfizm *m*, wielopostaciowość *f*
polymorphous /ˌpɒlɪˈmɔːfəs/ *adj* polimorficzny, wielopostaciowy
Polynesia /ˌpɒlɪˈniːʒə/ *prn* Polinezja *f*
Polynesian /ˌpɒlɪˈniːʒn/ **I** *n* [1] (person) Polinezyj|czyk *m*, -ka *f* [2] Ling (język *m*) polinezyjski *m*
II *adj* polinezyjski
polynomial /ˌpɒlɪˈnəʊmɪəl/ **I** *n* wielomian *m*
II *adj* wielomianowy
polyp /ˈpɒlɪp/ *n* Med, Zool polip *m*
polyphase /ˈpɒlɪfeɪz/ *adj* wielofazowy
polyphonic /ˌpɒlɪˈfɒnɪk/ *adj* polifoniczny, wielogłosowy
polyphony /pəˈlɪfənɪ/ *n* polifonia *f*
polypropylene /ˌpɒlɪˈprəʊpɪliːn/ *n* polipropylen *m*
polypus /ˈpɒlɪpəs/ *n* = **polyp**
polysemic /ˌpɒlɪˈsiːmɪk, pəˈlɪsəmɪk/ *adj* = **polysemous**
polysemous /ˌpɒlɪˈsiːməs/ *adj* polisemiczny, wieloznaczny
polysemy /ˈpɒlɪsiːmɪ, pəˈlɪsəmɪ/ *n* polisemia *f*, wieloznaczność *f*
polystyrene /ˌpɒlɪˈstaɪriːn/ **I** *n* polistyren *m*; **expanded ~** styropian
II *modif [packaging, tile]* polistyrenowy
polystyrene cement *n* spoiwo *n* polistyrenowe
polystyrene chips *npl* granulki *f pl* styropianowe
polysyllabic /ˌpɒlɪsɪˈlæbɪk/ *adj* wielosylabowy
polysyllable /ˈpɒlɪsɪləbl/ *n* słowo *n* wielosylabowe
polytechnic /ˌpɒlɪˈteknɪk/ **I** *n* GB dat ≈ szkoła *f* wyższa zawodowa
II *modif* politechniczny
polytheism /ˈpɒlɪθiːɪzəm/ *n* politeizm *m*, wielobóstwo *n*
polytheistic /ˌpɒlɪθiːˈɪstɪk/ *adj* politeistyczny
polythene /ˈpɒlɪθiːn/ **I** *n* polietylen *m*
II *modif [sheeting, bag]* polietylenowy; plastikowy, plastykowy infml
polyunsaturated /ˌpɒlɪʌnˈsætʃəreɪtɪd/ *adj* wielonienasycony
polyunsaturates /ˌpɒlɪʌnˈsætʃərɪts/ *npl* związki *m pl* wielonienasycone
polyurethane /ˌpɒlɪˈjʊərəθeɪn/ **I** *n* poliuretan *m*
II *modif* poliuretanowy
polyvalent /ˌpɒlɪˈveɪlənt/ *adj* wielowartościowy, poliwalentny
polyvinyl /ˌpɒlɪˈvaɪnɪl/ **I** *n* poliwinyloacetal *m*
II *modif [resin]* poliwinylowy; ~ **acetate** polioctan winylu; ~ **chloride** polichlorek winylu
pom /pɒm/ *n* Austral infml offensive = **pommy**
pomade /pəˈmɑːd/ **I** *n* brylantyna *f*; pomada *f* dat
II *vt* po|smarować pomadą or brylantyną *[hair]*
pomander /pəˈmændə(r)/ *n* (ball) kulka *f* zapachowa, balsaminka *f*
pomegranate /ˈpɒmɪgrænɪt/ *n* [1] (fruit) granat *m* [2] (tree) granatowiec *m*, granat *m*
pomelo /ˈpʌmələʊ/ *n* (*pl* **~s**) pomelo *n*, szadok *m* *(owoc cytrusowy)*
Pomerania /ˌpɒməˈreɪnɪə/ *prn* Pomorze *n*
Pomeranian /ˌpɒməˈreɪnɪən/ **I** *n* [1] (person) Pomorzan|in *m*, -ka *f* [2] (dog) szpic *m* duży
II *adj* pomorski
pommel /ˈpʌml/ **I** *n* [1] (on saddle) łęk *m*; kula *f* dat [2] (on sword) głowica *f* [3] (in gymnastics) łęk *m*
II *vt* US = **pummel**
pommel horse *n* (in gymnastics) koń *m* z łękami
pommy /ˈpɒmɪ/ *n* Austral infml offensive Ang|lik *m*, -ielka *f*; Angol *m* infml
pomp /pɒmp/ *n* pompa *f*, przepych *m*; **with great ~** z wielką pompą; **with ~ and circumstance** ceremonialnie, uroczyście
Pompeii /pɒmˈpeɪiː/ *prn* Pompeje *plt*, Pompeja *f*
Pompey /ˈpɒmpɪ/ *prn* Pompejusz *m*
pompom /ˈpɒmpɒm/ *n* pompon *m*
pom-pom /ˈpɒmpɒm/ *n* Mil działko *n* przeciwlotnicze
pompom girl *n* US [1] cheerleaderka *f* [2] infml (prostitute) dziwka *f* infml
pompon /ˈpɒmpɒn/ *n* = **pompom**
pomposity /pɒmˈpɒsətɪ/ *n* pompatyczność *f*, napuszoność *f*
pompous /ˈpɒmpəs/ *adj* napuszony, pompatyczny
pompously /ˈpɒmpəslɪ/ *adv* pompatycznie
ponce /pɒns/ GB infml dat **I** *n* [1] (pimp) alfons *m* infml [2] pej (homosexual) ciota *f* infml offensive
II *vi* rajfurzyć
■ **ponce about, ponce around** infml [1] (show off) wdzięczyć się [2] (waste time) guzdrać się infml
poncho /ˈpɒntʃəʊ/ *n* (*pl* **~s**) ponczo *n*
poncy /ˈpɒnsɪ/ *n* GB infml offensive pedalski, pedziowaty infml offensive
pond /pɒnd/ *n* staw *m*; (small) sadzawka *f*
ponder /ˈpɒndə(r)/ **I** *vt* rozważ|yć, -ać *[options, chances]*; rozmyślać nad (czymś) *[past events]*
II *vi* zastanawiać się **(on** or **over sth** nad czymś); (more deeply) rozmyślać **(on** or **over sth** o or nad czymś)
ponderous /ˈpɒndərəs/ *adj* [1] (awkward) *[movement, gait]* ciężki, ociężały, powolny [2] (laborious) *[style, humour]* ciężki; (excessively solemn) *[tone, manner]* wyniosły, namaszczony [3] (big and heavy) *[bulk, weight]* potężny
ponderously /ˈpɒndərəslɪ/ *adv* (slowly) *[move]* ciężko, ociężale, powolnie; (excessively solemnly) z namaszczeniem; **to write /speak ~** pisać napuszonym stylem/mówić napuszonym tonem
pond life *n* fauna *f* stawów
pondweed /ˈpɒndwiːd/ *n* Bot rdestnica *f*
pong /pɒŋ/ GB infml **I** *n* smród *m*, fetor *m*
II *vi* cuchnąć, śmierdzieć **(of sth** czymś)
■ **pong out** GB infml: **~ out [sth], ~ [sth] out** zasmr|odzić, -adzać infml *[place]*
pongy /ˈpɒŋɪ/ *adj* GB infml śmierdzący
poniard /ˈpɒnjəd/ *n* sztylet *m*
pontiff /ˈpɒntɪf/ *n* [1] **the (Supreme) Pontiff** papież *m* [2] arch biskup *m* [3] Hist pontyfik *m*, pontifex *m*
pontifical /pɒnˈtɪfɪkl/ *adj* [1] (of the pope) papieski; (of a bishop) pontyfikalny [2] pej *[tone]* mentorski; *[manner]* namaszczony; *[gravity, solemnity]* pełen namaszczenia
pontificate I /pɒnˈtɪfɪkət/ *n* pontyfikat *m*
II /pɒnˈtɪfɪkeɪt/ *vi* perorować, rozprawiać **(about** or **on sth** na temat czegoś)
Pontius Pilate /ˌpɒntjəsˈpaɪlət/ *prn* Poncjusz Piłat *m*
pontoon /pɒnˈtuːn/ *n* [1] (pier) ponton *m* [2] Aviat (float) pływak *m* [3] GB Games blackjack *m*; oczko *n* infml
pontoon bridge *n* most *m* pontonowy
pony /ˈpəʊnɪ/ **I** *n* [1] kuc(yk) *m* [2] GB infml (£25) dwadzieścia pięć funtów *m pl* [3] US infml bryk *m*
II *modif* ~ **ride** przejażdżka konna; ~ **trekking** rajd konny; ~ **trekking holiday** wakacje w siodle
ponytail /ˈpəʊnɪteɪl/ *n* koński ogon *m* *(fryzura)*; **to tie one's hair in a ~** związać włosy w koński ogon
poo /puː/ *n* infml baby talk = **pooh**
pooch /puːtʃ/ *n* infml psisko *n*
poodle /ˈpuːdl/ *n* pudel *m*; **to be sb's ~** fig być pieskiem kogoś fig
poof[1] /pʊf/ *n* GB infml offensive pedał *m*, pedzio *m* infml offensive
poof[2] /pʊf/ *excl* bach!
poofter /ˈpʊftə(r)/ *n* GB infml offensive = **poof**[1]
poofy /ˈpʊfɪ/ *adj* GB infml offensive *[person, manner]* pedziowaty infml offensive
pooh /puː/ **I** *n* GB baby talk kupka *f*, e...e... *n inv* infml
II *excl* (expressing disgust) fuj!; (expressing scorn) phi!
pooh-pooh /ˌpuːˈpuː/ *vt* infml wyśmi|ać, -ewać, po|traktować z lekceważeniem

P

pool¹ /pu:l/ *n* [1] (pond) sadzawka *f*; (larger) staw *m*; (still place in river) rozlewisko *n*; **rock ~** zatoczka wśród skał [2] (also **swimming ~**) basen *m* kąpielowy; **paddling ~** brodzik [3] (small area) (of blood) kałuża *f*; (of light) krąg *m*; **she was lying in a ~ of blood** leżała w kałuży krwi [4] Geol (of oil, gas) złoże *n*

pool² /pu:l/ **I** *n* [1] (in cards) pula *f*, bank *m* [2] (common reserve) (of money, resources) wspólna pula *f*; (of ideas, experience) zasób *m*; (of labour) zasoby *m pl*, rezerwy *f pl*; (of experts, players) zespół *m*; (of teachers, typists) personel *m*; (of vehicles) park *m* → **car pool, gene pool, typing pool** [3] Sport (billiards) pool *m*, pul *m* [4] US Comm (monopoly, trust) kartel *m* [5] US Fin pool *m*, pul *m*

II pools *npl* GB (also **football ~s**) totalizator *m* piłkarski; **to do the ~s** grać w totka infml

III *vt* z|mobilizować wspólnie *[money, resources]*; z|ebrać, -bierać *[experience, information]*

IDIOMS: **to play dirty ~** US infml postąpić nieuczciwie

pool attendant *n* ratowni|k *m*, -czka *f*

pool liner *n* okładzina *f* basenu

pool party *n* przyjęcie *n* na basenie

pool room *n* US sala *f* bilardowa

poolside /ˈpu:lsaɪd/ *n* brzeg *m* basenu

pool table *n* stół *m* bilardowy do gry w pool

poop¹ /pu:p/ *n* Naut [1] (stern) rufa *f* [2] (also **~ deck**) rufówka *f*, nadbudówka *f* rufowa

poop² /pu:p/ infml **I** *n* (dog's dirt) psia kupa *f* infml

II *vi* US *[dog, child]* z|robić kupę infml

poop³ /pu:p/ *n* US infml (information) **the ~** cynk *m* infml; **to get the ~** dostać cynk

poop⁴ /pu:p/ *vi* US infml (tire) **to be ~ed (out)** pa|ść, -dać ze zmęczenia

■ **poop out**: ¶ **~ out** (stop trying) odpu|ścić, -szczać sobie infml ¶ **~ out on [sb]** wypi|ąć, -nać się na (kogoś) infml

pooper-scooper /ˈpu:pəsku:pə(r)/ *n* infml szufelka *f* do sprzątania psich odchodów

poor /pɔ:(r), pʊə(r)/ **I** *n* **the ~** *(+ v pl)* ubodzy *m pl*; biedota *f* infml

II *adj* [1] (not wealthy) *[person, country]* biedny, ubogi; **to become** or **get ~er** zubożeć, zbiednieć; **I ended up £100 the ~er** wyszedłem z tego uboższy o 100 funtów; **a country ~ in mineral resources** kraj ubogi w surowce mineralne; **~ in spirit** ubogi duchem; **sparkling wine is the ~ man's champagne** wino musujące to szampan dla ubogich [2] (inferior) *[quality, result, harvest, taste, weather]* kiepski; *[manager, soldier, production]* kiepski, marny; *[lighting, memory, result, start, visibility]* słaby; *[health, meal, diet]* lichy; *[forecast]* pesymistyczny; *[vocabulary]* ograniczony, ubogi; **~ appetite** brak apetytu; **~ consolation** mała or niewielka pociecha; **to be ~ at sth** być słabym or kiepskim w czymś *[maths, English]*; **to be a ~ traveller** źle znosić podróże; **to be a ~ substitute for sth** być nędzną namiastką czegoś; **you're setting a very ~ example for the others** dajesz innym bardzo zły przykład; **a remark/joke in ~ taste** uwaga/dowcip w złym guście, niesmaczna uwaga/niesmaczny dowcip; **she's in very ~ health** jest bardzo schorowana; **he took a ~ view of the whole situation** miał bardzo niedobre zdanie o całej tej sytuacji; **my essay was graded 'poor'** dostałem za wypracowanie ocenę niedostateczną [3] (deserving pity) biedny, nieszczęsny; **the ~ thing** biedactwo; **~ Eric!** biedny Eryk!; **~ you!** biedactwo!; **you ~ (old) thing!** mój ty biedaku!; **she's got a cold, ~ thing!** przeziębiła się, biedulka! [4] (sorry, pathetic) *[attempts, efforts, creature, excuse]* żałosny

IDIOMS: **as ~ as a church mouse** biedny jak mysz kościelna

poor box *n* skarbonka *f* na datki dla ubogich

poor boy (sandwich) *n* US sandwicz *m* z bagietki

poor house *n* Hist przytułek *m* dla ubogich

Poor Laws *npl* GB Hist prawa *n pl* o ubogich *(w Anglii wiktoriańskiej)*

poorly /ˈpɔ:lɪ, ˈpʊəlɪ/ **I** *adj* **to be ~** czuć się kiepsko or źle; **to look ~** źle wyglądać

II *adv* [1] (not richly) *[dress, live]* ubogo, biednie; **to be ~ off** być ubogim or biednym; **we are ~ off for space** mamy mało miejsca [2] (badly) *[written, designed, paid, treated]* źle; **to do ~** *[company, student]* mieć słabe wyniki [3] (inadequately) *[funded, managed, lit]* słabo, kiepsko; **she did ~ in the exam** egzamin kiepsko jej poszedł

poor-mouth /ˈpɔ:maʊθ, ˈpʊəmaʊθ/ *vt* US infml wyrażać się pogardliwie o (kimś /czymś)

poorness /ˈpɔ:nɪs, ˈpʊənɪs/ *n* (of person) ubóstwo *n*; (of education) niski poziom *m*; (of soil) jałowość *f*; **~ of eyesight/hearing** słaby wzrok/słuch; **~ of appetite** brak apetytu; **~ of pay** niskie zarobki

poor relation *n* ubogi krewny *m*, uboga krewna *f* also fig; fig nędzna namiastka *f* **(of sth** czegoś)

poor-spirited /ˌpɔ:ˈspɪrɪtɪd, ˌpʊə-/ *adj* (cowardly) podszyty tchórzem; (having no confidence) nieśmiały

poor White *n* US pej *człowiek biały należący do biedoty, zwłaszcza na południu Stanów Zjednoczonych*

pop¹ /pɒp/ **I** *n* [1] (sound) (of bursting balloon) trzask *m*; (of champagne cork) wystrzał *m* [2] onomat trach!; **to go ~** trzasnąć, wystrzelić; **if I eat anymore, I'll go ~** fig pęknę, jeśli jeszcze coś zjem infml; **the baloon went ~** balon pękł z trzaskiem [3] infml (drink) napój *m* gazowany [4] GB infml (punch) uderzenie *n*, cios *m*; **to take a ~ at sb** przyłożyć komuś infml

II *vt* (*prp, pt, pp* **-pp-**) [1] infml (burst) przebi|ć, -jać *[baloon, bubble]* [2] (remove) wyciąg|nąć, -ać *[cork]* [3] infml (put quickly) **to ~ sth in(to) sth** wrzuc|ić, -ać coś do czegoś *[oven, cupboard, mouth]*; **to ~ a letter in the post** wrzucić list do skrzynki; **to ~ one's head into the room** zajrzeć do pokoju; **to ~ one's head through the window** wytknąć głowę przez okno; **~ your coat on** narzuć palto; wskakuj w palto infml [4] infml (take) **to ~ pills** łykać prochy infml [5] GB infml (pawn) zastawi|ć, -ać (w lombardzie)

III *vi* (*prp, pt, pp* **-pp-**) [1] (go bang) *[ballon]* pęk|nąć, -ać z trzaskiem; *[cork]* wystrzelić, strzelać [2] *[ears]* od|etkać, -tykać się [3] (burst) **my shirt buttons ~ped** trzasnęły or poszły mi guziki u koszuli infml; (bulge) **her eyes were ~ping out of her head** oczy wychodziły jej z orbit; (appear suddenly) **a head ~ped over the wall** nad murem ukazała się na moment czyjaś głowa [4] GB infml (go quickly) **to ~ over to the bank /shop** skoczyć do banku/sklepu infml; **to ~ home/next door** wpaść do domu/do sąsiadów infml

■ **pop back** GB infml wpa|ść, -dać znowu infml; **I'll ~ back in 20 minutes** wpadnę znowu za 20 minut

■ **pop in** GB infml wpa|ść, -dać infml; **I'll ~ in later** wpadnę później; **I've just ~ped in to say hallo** wpadłem tylko się przywitać

■ **pop off** GB infml [1] (leave) wysk|oczyć, -akiwać infml; **to ~ off to town** wyskoczyć do miasta [2] (die) wykitować infml

■ **pop out** GB infml wysk|oczyć, -akiwać infml; **I'm ~ping out to get some cigarettes** muszę wyskoczyć po papierosy

■ **pop round** GB, **pop over** US wpa|ść, -dać infml; **to ~ over and see sb** wpaść zobaczyć się z kimś; **~ over if you have time** wpadnij, jeśli będziesz miał czas

■ **pop up** GB infml (appear suddenly) pojawi|ć, -ać się; **his head ~ped up from behind the wall** zza muru pojawiła się jego głowa; **new restaurants are ~ping up** pojawiają się nowe restauracje; **your name ~ped up once or twice** twoje nazwisko padło raz czy dwa

IDIOMS: **to ~ the question** oświadczyć się

pop² /pɒp/ **I** *n* (popular music) pop *m* infml; **Top of the Pops** lista przebojów; **to be top of the ~s** fig być pierwsza klasa infml

II *modif [concert, group, song, record, singer]* popowy infml; **~ music** muzyka pop; **~ star** wykonawca muzyki pop

pop³ /pɒp/ *n* US infml (father) (also **~s**) tato *m*

pop⁴ /pɒp/ *n* = **population** ludność *f*, liczba *f* mieszkańców; mieszk.

popadum *n* = **poppadom**

pop art **I** *n* popart *m*, pop-art *m*

II *modif* popartowy, popartowski

pop charts *n* lista *f* przebojów

popcorn /ˈpɒpkɔ:n/ *n* prażona kukurydza *f*, popcorn *m*

pope /pəʊp/ *n* papież *m*; **Pope John Paul II** papież Jan Paweł II; **'are they going to lose?' – 'is the Pope (a) Catholic?'** infml hum „czy przegrają?" – „jak dwa razy dwa!" infml

popemobile /ˈpəʊpməʊbaɪl, -məʊbi:l/ *n* infml papamobil *m*

popery /ˈpəʊpərɪ/ *n* pej arch papizm *m*

pope's nose *n* US **the ~** kuper *m* *(gotowanego kurczaka, kaczki)*

pop-eyed /ˈpɒpaɪd/ *adj* infml [1] (permanently) o wyłupiastych oczach; **to be ~** mieć wyłupiaste oczy [2] (with amazement) z wytrzeszczonymi oczami; **he was ~ with astonishment** oczy wytrzeszczył ze zdumienia

pop gun *n* pukawka *f (z kulką umocowaną na sznurku)*

popish /ˈpəʊpɪʃ/ *adj* pej arch papistyczny

poplar /ˈpɒplə(r)/ **I** *n* topola *f*
II *modif* topolowy
poplin /ˈpɒplɪn/ **I** *n* popelina *f*
II *modif [blouse, shirt]* popelinowy, z popeliny
popover /ˈpɒpəʊvə(r)/ *n* US Culin ciasto *n* biszkoptowe
poppadom /ˈpɒpədəm/ *n* (also **poppadum**) poppadom *m (hinduski podpłomyk podawany do curry)*
popper /ˈpɒpə(r)/ *n* infml [1] GB (press-stud) zatrzask *m* [2] US Culin naczynie *n* do prażenia kukurydzy [3] infml drug addicts' sl amfa *f* infml
poppet /ˈpɒpɪt/ *n* GB infml dat (child) brzdąc *m*, szkrab *m*; **my (little) ~** moje maleństwo; **she's such a ~** jest taka rozkoszna
poppy /ˈpɒpɪ/ **I** *n* [1] Bot mak *m*; **wild poppies** polne maki [2] (colour) (kolor *m*) makowy *m*, jaskrawoczerwony *m* [3] GB (worn in buttonhole) sztuczny kwiat *m* maku *(w rocznicę zawieszenia broni w 1918 r. noszony na cześć żołnierzy poległych w obu wojnach światowych)*
II *modif [field]* makowy; **~ head** makówka
III *adj [colour, shade]* makowy, jaskrawoczerwony
poppycock /ˈpɒpɪkɒk/ *n* infml dat duby *plt* smalone, androny *plt* dat; **to talk ~** opowiadać androny
Poppy Day *n* GB infml dzień *m* pamięci *(rocznica zawieszenia broni w 1918 r.)*
poppyseed /ˈpɒpɪsiːd/ *n* mak *m*, ziarenka *n pl* maku
Popsicle® /ˈpɒpsɪkl/ *n* US lody *plt* na patyku *(z zamrożonego soku)*
pop sock *n* podkolanówka *f*
populace /ˈpɒpjʊləs/ *n* **the ~** (population) ludność *f*; (mob) pej motłoch *m* pej
popular /ˈpɒpjʊlə(r)/ *adj* [1] (well-liked) *[actor, singer, politician, hobby, restaurant]* popularny, lubiany; **to be ~ with** or **among sb** cieszyć się popularnością u or wśród kogoś; **he's very ~ with the girls** ma duże powodzenie u dziewczyn; **I'm not very ~ with her at the moment** infml chwilowo nie należę do jej ulubieńców; **the most ~ reason cited by respondents** powód najczęściej przytaczany przez ankietowanych [2] (not highbrow or specialist) *[music, literature]* popularny; *[song, entertainment]* lekki; *[TV programme]* dla szerokiej publiczności; **the film was a great ~ success** film cieszył się wielkim powodzeniem wśród szerokiej publiczności; **the ~ press** prasa popularna [3] (widespread) *[enthusiasm, interest, support]* ogólny; *[discontent, belief, opinion]* powszechny; **to have ~ appeal** cieszyć się powszechnie powodzeniem; **contrary to ~ belief** wbrew powszechnym przekonaniom; **the ~ view** or **perception of sth** powszechna opinia na temat czegoś; **by ~ request** or **demand** na ogólne życzenie; **the ~ vote** głosowanie powszechne [4] (cheap) *[price]* przystępny; *[line]* tani [5] (of the common people) ludowy
Popular Front *n* Front *m* Ludowy
popularist /ˈpɒpjʊlərɪst/ *adj* populistyczny
popularity /ˌpɒpjʊˈlærətɪ/ *n* popularność *f*, wzięcie *n* **(with sb** u or wśród kogoś); **to gain/lose ~** zyskać/stracić popularność; **the programme is growing in ~** program zdobywa coraz większą popularność; **to enjoy considerable ~** cieszyć się sporą popularnością
popularization /ˌpɒpjʊləraɪˈzeɪʃn, US -rɪˈz-/ *n* (making popular) popularyzacja *f* **(of sth** czegoś); (making accessible) upowszechnienie *n* **(of sth** czegoś)
popularize /ˈpɒpjʊləraɪz/ *vt* (make fashionable) s|popularyzować; (make accessible) upowszechni|ć, -ać
popularizer /ˈpɒpjʊləraɪzə(r)/ *n* popularyzator *m*, -ka *f*
popularly /ˈpɒpjʊləlɪ/ *adv [known, called]* powszechnie; **~ called..., ~ known as...** powszechnie zwany..., powszechnie znany jako ...; **it is a ~ held belief that...** panuje powszechne przekonanie, że...; **it is ~ believed that...** powszechnie uważa się, że...
populate /ˈpɒpjʊleɪt/ **I** *vt [settlers, immigrants]* zaludni|ć, -ać
II populated *pp adj* zamieszkany **(by sb** przez kogoś); zaludniony **(with sb** kimś); **densely/sparsely ~d** gęsto/słabo zaludniony; **the river is ~d mainly by smaller species of fish** w rzece żyją głównie mniejsze gatunki ryb
population /ˌpɒpjʊˈleɪʃn/ **I** *n* [1] (number) mieszkańcy *m pl*; (all of the people) ludność *f*; **what's the ~ of Thailand?** ilu mieszkańców ma Tajlandia?; **10% of the ~ live in poverty** 10% ludności żyje w nędzy; **a large increase in the prison ~** duży wzrost liczby więźniów; **the local/white /French ~** ludność miejscowa/biała/francuska; **per head of ~** na głowę ludności [2] Biol, Stat populacja *f*
II *modif* **~ decrease/increase** spadek /wzrost liczby ludności; **~ figure** liczba ludności; **~ centre** skupisko ludności
population control *n* kontrola *f* urodzeń
population explosion *n* eksplozja *f* demograficzna
populism /ˈpɒpjʊlɪzəm/ *n* populizm *m*
populist /ˈpɒpjʊlɪst/ **I** *n* populista *m*
II *adj* populistyczny
populous /ˈpɒpjʊləs/ *adj* ludny
pop-up book /ˈpɒpʌpbʊk/ *n książka z „otwierającymi się" obrazkami*
pop-up headlights /ˌpɒpʌpˈhedlaɪts/ *n* Aut chowane reflektory *m pl*
pop-up menu /ˌpɒpʌpˈmenjuː/ *n* Comput menu *n* podręczne
pop-up toaster /ˌpɒpʌpˈtəʊstə(r)/ *n* toster *m* or opiekacz *m* z mechanizmem wyrzucającym grzanki
porcelain /ˈpɔːsəlɪn/ **I** *n* [1] (ware) wyroby *m pl* porcelanowe, porcelana *f*; **a piece of ~** przedmiot z porcelany; **to collect ~** zbierać porcelanę [2] (substance) porcelana *f*
II *modif [clay, cup, doll]* porcelanowy
porcelain ware *n* wyroby *m pl* porcelanowe
porch /pɔːtʃ/ *n* [1] (of house) ganek *m*; (of church) przedsionek *m* [2] US (veranda) weranda *f*
porcine /ˈpɔːsaɪn/ *adj* świński
porcupine /ˈpɔːkjʊpaɪn/ *n* jeżozwierz *m*
porcupine fish *n* najeżka *f*
pore¹ /pɔː(r)/ *n* (small hole) por *m*; **he was perspiring from every ~** pocił się wszystkimi porami
pore² /pɔː(r)/ *vi*
■ **pore over:** **~ over [sth]** ślęczeć nad (czymś) *[book]*; studiować *[map, details]*; **she's always poring over her books** wiecznie ślęczy nad książkami
pork /pɔːk/ **I** *n* wieprzowina *f*; **a leg of ~** mięso od szynki
II *modif [chop, sausage]* wieprzowy; *[dish]* z wieprzowiny
pork barrel *n* US Pol infml *inicjatywa pochłaniająca ogromne środki z budżetu państwa, zjednująca autorowi lokalną społeczność*
pork butcher *n* masarz *m*
pork chop *n* kotlet *m* schabowy z kostką
porker /ˈpɔːkə(r)/ *n* [1] tucznik *m*, opas *m* [2] infml (fat person) tłuścioch *m* [3] infml (lie) łgarstwo *n*
pork pie *n* wieprzowina *f* zapiekana w cieście
pork pie hat *n* kapelusz *m* (męski) z szerokim rondem
pork sausage *n* kiełbasa *f* wieprzowa
pork scratchings *npl* GB skwarki *f pl (podawane na zimno jako zakąska)*
porky /ˈpɔːkɪ/ *adj* infml spasiony (jak świnia) infml
porn /pɔːn/ infml = **pornography** **I** *n* porno *n* infml; **it's ~** to porno
II *modif [film, magazine, shop]* porno infml
porno /ˈpɔːnəʊ/ *adj* = **pornographic** porno infml
pornographic /ˌpɔːnəˈgræfɪk/ *adj* pornograficzny
pornography /pɔːˈnɒgrəfɪ/ *n* pornografia *f*; **child ~** pornografia z udziałem nieletnich
porosity /pɔːˈrɒsətɪ/ *n* porowatość *f*
porous /ˈpɔːrəs/ *adj* [1] *[soil, rock, strata]* porowaty [2] fig *[border, defence]* nieszczelny fig
porousness /ˈpɔːrəsnɪs/ *n* porowatość *f*
porphyry /ˈpɔːfɪrɪ/ *n* porfir *m*
porpoise /ˈpɔːpəs/ *n* Zool morświn *m*
porridge /ˈpɒrɪdʒ, US ˈpɔːr-/ *n* [1] Culin owsianka *f*; **~ oats** płatki owsiane [2] GB infml prisoners' sl odsiadka *f* infml; **to do ~** siedzieć, odsiadywać wyrok infml
port¹ /pɔːt/ **I** *n* (harbour) port *m*; (town) port *m*, miasto *n* portowe; **to come into ~** wejść do portu; **to put into ~** zawinąć do portu; **the ship left ~** statek wypłynął z portu; **~ of despatch/embarkation** port wysyłki/zaokrętowania; **~ of entry** port przybycia *(przekroczenia granicy)*; **~ of call** Naut port pośredni; fig (stop) przystanek fig; **home ~** port macierzysty
II *modif [area, facilities, authorities, dues]* portowy
IDIOMS: **any ~ in a storm** lepsze to niż nic
port² /pɔːt/ **I** *n* [1] Aviat, Naut (window) = **porthole** [2] Naut (doorway) furta *f*; Mil (gunport) furta *f* armatnia, abrazura *f* [3] Tech (in engine) szczelina *f*, okno *n* [4] Comput port *m*
II *vt* Comput przes|łać, -yłać (do systemu zewnętrznego) *[piece of software]*
port³ /pɔːt/ **I** *n* (left side) Naut bakburta *f*, lewa burta *f*; Aviat lewa strona *f*; **to ~** Naut na lewej burcie
II *modif [entrance, engine, bow]* Naut na bakburcie; Aviat lewy
port⁴ /pɔːt/ *n* (wine) porto *n inv*

P

portability /ˌpɔːtəˈbɪlətɪ/ *n* (of machine, programming language, pension) przenośność *f*

portable /ˈpɔːtəbl/ **I** *n* (typewriter) walizkowa maszyna *f* do pisania; (television) przenośny telewizor *m*

II *adj [computer, television, programming language, pension]* przenośny; *[typewriter]* walizkowy

portage /ˈpɔːtɪdʒ/ *n* [1] (transport) przewóz *m*, transport *m* [2] (costs) koszty *m pl* przewozu, przewoźne *n*

Portakabin® /ˈpɔːtəkæbɪn/ *n* (przenośny) barak *m*; kontener *m* infml

portal /ˈpɔːtl/ **I** *n* portal *m*

II *modif* **~ vein** żyła wrotna

portcullis /ˌpɔːtˈkʌlɪs/ *n* brona *f*, krata *f* spuszczana *(w bramie twierdzy)*

portend /pɔːˈtend/ *vt* liter zwiastować, wróżyć liter **(for sb/sth** komuś/czemuś**)**

portent /ˈpɔːtent/ *n* liter [1] (omen) znak *m*, zapowiedź *f* **(of sth** czegoś**)**; **a ~ of doom** zapowiedź nieszczęścia [2] (importance) **a day of ~** przełomowy dzień

portentous /pɔːˈtentəs/ *adj* liter [1] (ominous) złowieszczy, złowróżbny [2] (significant) *[decision, event]* brzemienny w skutki; *[consequences, signs]* znaczący [3] (solemn) *[face, look]* poważny; *[tone]* uroczysty [4] (pompous) pompatyczny

portentously /pɔːˈtentəslɪ/ *adv* liter [1] (ominously) złowieszczo, surowo [2] (pompously) pompatycznie, uroczyście

portentousness /pɔːˈtentəsnɪs/ *n* liter powaga *f*, waga *f*; pej pompatyczność *f*

porter[1] /ˈpɔːtə(r)/ *n* [1] (in station, airport) bagażowy *m*; numerowy *m* dat; (in hospital) sanitariusz *m*; (in market) rozładowywacz *m*; (on expedition) tragarz *m* [2] US Rail (steward) steward *m* w wagonie sypialnym [3] (beer) porter *m*

porter[2] /ˈpɔːtə(r)/ *n* GB (at entrance) odźwierny *m*; (in hotel, apartment block, school) portier *m*, -ka *f*; (in hotel) szwajcar *m* fml; (in school, college) pedel *m* dat; **the ~'s lodge** portiernia

porterage /ˈpɔːtərɪdʒ/ *n* [1] (transportation) transport *m (przy pomocy tragarzy)* [2] (costs) opłata *f* za transport

porterhouse (steak) /ˈpɔːtəhaʊsˈsteɪk/ *n* befsztyk *m* z polędwicy

portfolio /pɔːtˈfəʊlɪəʊ/ *n* [1] (case) (for documents) aktówka *f*; (for drawings) teczka *f* [2] Art, Phot (sample) teczka *f* (z próbkami) **(of sth** czegoś**)** [3] Pol (post) teka *f* (ministerialna); **defence/finance ~** teka ministra obrony /ministra finansów; **minister without ~** minister bez teki; **he holds a key ~** on kieruje kluczowym resortem [4] Fin (of investments) portfel *m* **(of sth** czegoś**)**

portfolio management *n* Fin zarządzanie *n* portfelem

portfolio manager *n* zarządzając|y *m*, -a *f* portfelem

porthole /ˈpɔːthəʊl/ *n* Naut iluminator *m*; Aviat okienko *n* w samolocie

portico /ˈpɔːtɪkəʊ/ *n* portyk *m*

portion /ˈpɔːʃn/ **I** *n* [1] (part) (of house, machine, country, group) część *f*; (of goods consignment) partia *f*; (of document) fragment *m*; (of ticket) odcinek *m* [2] (share) (of money, responsibility) część *f*; (of cake, plasticine) kawałek *m* [3] (at meal) porcja *f*; **an extra ~ (of sth)** dodatkowa porcja (czegoś) [4] liter (fate) los *m*; **suffering was to be my ~** cierpienie miało być moim udziałem or losem [5] arch (dowry) posag *m*, wiano *n*

II *vt* = **portion out**

■ **portion out**: **~ out [sth], ~ [sth] out** porcjować, po|dzielić na porcje; **to ~ sth out among** or **between sb** rozdzielić coś między kogoś; **they ~ed out the land among themselves** podzielili ziemię między siebie; **he's going to start ~ing out blame** będzie teraz szukać winnego

portliness /ˈpɔːtlɪnɪs/ *n* tusza *f*

portly /ˈpɔːtlɪ/ *adj* korpulentny, tęgi, zażywny

portmanteau /pɔːtˈmæntəʊ/ *n* (*pl* **-teaus, -teaux)** kufer *m* podróżny

portmanteau word *n* Ling kontaminacja *f*

portrait /ˈpɔːtreɪt, -trɪt/ *n* [1] Art, Phot portret *m* also fig **(of sb** kogoś**)**; **family/group ~** portret rodzinny/zbiorowy; **to paint sb's ~** namalować portret kogoś, sportretować kogoś [2] Comput portret *m*

portrait gallery *n* galeria *f* portretu or portretów

portraitist /ˈpɔːtreɪtɪst, -trɪtɪst/ *n* portrecist|a *m*, -ka *f*

portrait lens *n* obiektyw *m* portretowy

portrait painter *n* portrecist|a *m*, -ka *f*

portrait photography *n* fotografia *f* portretowa

portraiture /ˈpɔːtreɪtʃə(r), -trɪtʃə(r), US -treɪtʃʊər/ *n* portret *m*, sztuka *f* portretu; **a master of ~** mistrz portretu

portray /pɔːˈtreɪ/ *vt* [1] (depict) przedstawi|ć, -ać, opis|ać, -ywać *[place, era, event, person, situation]*; **the author ~ed her as a maniac** autor przedstawił ją jako maniaczkę [2] Cin, Theat *[actor]* za|grać, od|egrać, -grywać *[figure, character]*; *[film, play]* ukaz|ać, -ywać [3] Art *[artist]* s|portretować *[person]*; *[picture, artist]* przedstawi|ć, -ać, ukaz|ać, -ywać *[person, scene]*

portrayal /pɔːˈtreɪəl/ *n* [1] (by actor) interpretacja *f* **(of sb** postaci kogoś**)** [2] (by author, film-maker, painter) przedstawienie *n*, obraz *m* **(of sb/sth** kogoś/czegoś**)**; **the media's ~ of women** obraz kobiet przedstawiany przez media; **his ~ of country life** jego obraz życia na wsi

Portugal /ˈpɔːtʃʊgl/ *prn* Portugalia *f*

Portuguese /ˌpɔːtʃʊˈgiːz/ **I** *n* [1] (native) Portugal|czyk *m*, -ka *f*; **the ~** *(+ v pl)* Portugalczycy [2] Ling (język *m*) portugalski *m*

II *adj* portugalski

Portuguese man-of-war *n* Zool żeglarz *m* portugalski

Portuguese-speaking /ˌpɔːtʃʊˈgiːzspiːkɪŋ/ *adj* portugalskojęzyczny

pose /pəʊz/ **I** *n* [1] (for portrait, photograph) poza *f*; **to adopt a ~** stanąć w (jakiejś) pozie, przybrać (jakąś) pozę; **in a dramatic ~** w dramatycznej pozie [2] pej (posture) poza *f*; **it's only a ~** to tylko poza; **to strike a ~** przybierać pozę fig

II *vt* [1] (present) stanowić *[problem]* **(for sb** dla kogoś**)**; stanowić *[challenge, risk, threat]* **(to sb/sth** dla kogoś/czegoś**)**; postawić, stawiać *[question]* **(about sth** w związku z czymś**)** [2] *[artist]* upozow|ać, -ywać *[model, subject]*

III *vi* [1] (for artist) pozować **(for sb** komuś**)**; **to ~ for one's portrait** pozować do portretu [2] (in front of mirror, audience) przybierać różne pozy [3] (pretend to be) **to ~ as sb/sth** pozować na kogoś/coś, udawać kogoś/coś

Poseidon /pɒˈsaɪdn/ *prn* Posejdon *m*

poser[1] /ˈpəʊzə(r)/ *n* infml (question) łamigłówka *f*; zagwozdka *f* infml; **to put a ~ to sb, to set sb a ~** zabić komuś ćwieka

poser[2] /ˈpəʊzə(r)/ *n* infml = **poseur**

poseur /pəʊˈzɜː(r)/ *n* pozer *m*, -ka *f*

posh /pɒʃ/ **I** *adj* infml [1] (high-class) elegancki, wykwintny, wytworny; **the ~ part of the town** elegancka część miasta [2] pej (snobbish) *[school, district, club]* ekskluzywny

II *adv* **to talk ~** mówić z akcentem charakterystycznym dla wyższych sfer

■ **posh up** GB infml: **to be all ~ed up** *[person, house]* być odpicowanym infml

posit /ˈpɒzɪt/ *vt* fml za|łożyć, -kładać, przy-j|ąć, -mować; **to ~ that...** zakładać, że...

position /pəˈzɪʃn/ **I** *n* [1] (situation) położenie *n*, sytuacja *f*, pozycja *f*; **to be in an awkward/impossible ~** znaleźć się w kłopotliwym/trudnym położeniu; **the management is in a strong ~** kierownictwo ma silną pozycję; **to be in a ~ to do sth** być w stanie coś zrobić; **to be in no ~ to do sth** nie być w stanie czegoś zrobić; **to be in a good ~ to do sth** być w sytuacji umożliwiającej zrobienie czegoś; **if I were in your ~** (gdybym był) na twoim miejscu; **put yourself in my ~** postaw się na moim miejscu; **well, what's the ~?** no więc jak się przedstawia sytuacja?; **from a ~ of strength** z pozycji siły [2] (attitude, stance) stanowisko *n*, nastawienie *n*; **I understand your ~, but...** rozumiem twoje stanowisko, ale...; **the official/British ~ (on sth)** oficjalne/brytyjskie stanowisko (w kwestii czegoś); **there has been a change in their negotiating ~** ich stanowisko w negocjacjach uległo zmianie [3] (place, location) położenie *n*, usytuowanie *n*, miejsce *n*; **to be in ~** (in place) być na swoim miejscu; Mil być na pozycji or na stanowisku; (ready) być gotowym; **to get into ~** zająć miejsce/pozycję; **to hold sth in ~** *[glue, string]* umocować coś; **put everything back in its original ~** odstaw wszystko na (pierwotne) miejsce; **I can't see anything from this ~** nic stąd nie widzę; **the house is in a good ~** dom jest dobrze położony or usytuowany [4] (posture, attitude of body) pozycja *f*, postawa *f*; **the sitting ~** pozycja siedząca; **to be in a sitting/kneeling ~** być w pozycji siedzącej/klęczącej [5] (of lever, switch) położenie *n*, pozycja *f*; **in the on/off ~** w pozycji „włączone"/„wyłączone" [6] (ranking) pozycja *f*, miejsce *n*; **to retain one's ~ among the leaders** utrzymać przodującą pozycję; **to be in third ~** być na trzecim miejscu, zajmować trzecie miejsce [7] Sport pozycja *f*; **his usual ~ is goalkeeper** zwykle gra na pozycji bramkarza; **what ~ does he play?** na jakiej gra pozycji? [8] (job) stanowisko *n*; **to hold** or **occupy a senior ~** zajmować wyższe stanowisko; **a ~ of responsibility** odpowiedzialne stanowisko; **her ~ as party leader** jej stanowisko (jako) przywódcy partii [9] (place in society) pozycja *f* społeczna, status *m*

społeczny [10] Mil pozycja *f*, stanowisko *n* [11] (counter) (in store) stoisko *n*; (at post office, bank) okienko *n*, stanowisko *n*; **'~ closed'** „stoisko/okienko nieczynne"
II *vt* [1] ustawi|ć, -ać *[objects, ornaments]*; rozstawi|ć, -ać *[guards, troops]*; **to be ~ed** *[objects]* być ustawionym, stać [2] (situate) u|sytuować *[house]*; u|lokować *[flower beds]* [3] (get correct angle of) ustawi|ć, -ać *[telescope, lamp, aerial]* [4] (find) z|lokalizować *[enemy ship, aircraft]*
III *vr* **to ~ oneself** ustawi|ć, -ać się, u|lokować się

positive /ˈpɒzətɪv/ **I** *n* [1] Ling stopień *m* równy; **in the ~** w stopniu równym [2] Phot pozytyw *m* [3] Math wielkość *f* dodatnia [4] Elec (pole) biegun *m* dodatni; plus *m* infml; (charge) ładunek *m* dodatni [5] (constructive element) **the ~** pozytyw *m*
II *adj* [1] (affirmative) *[answer]* twierdzący, pozytywny [2] (optimistic) *[attitude]* pozytywny; *[message, tone]* optymistyczny; **to be ~ about sth** być do czegoś pozytywnie nastawionym; **to think ~** myśleć pozytywnie; **~ thinking** myślenie pozytywne [3] (constructive) *[contribution, help]* konkretny; *[advantage, good, development]* faktyczny; *[effect, influence]* pozytywny; *[criticism]* konstruktywny; **these measures could do some ~ good** te kroki mogą przynieść faktyczne korzyści [4] (pleasant) *[feeling, achievement, association]* pozytywny [5] (sure) *[fact, proof]* niezbity, niepodważalny; *[identification]* jednoznaczny; **to be ~** być pewnym **(about sth** czegoś); **I'm ~ (that) I've met him before** jestem pewien, że już go kiedyś spotkałem; **'are you sure?' – '~!'** „jesteś pewien?" – „absolutnie!" [6] (forceful) *[action, measure]* zdecydowany; *[instructions, order]* wyraźny; *[shot, kick]* mocny [7] Med, Sci *[test, result, reaction]* pozytywny; *[blood type]* dodatni; **he's HIV ~** jest seropozytywny; **my blood type is 0 ~** mam grupę krwi 0 plus [8] Chem, Electron, Math, Phys dodatni [9] Phot pozytywowy [10] (extreme) *[pleasure, disgrace, outrage, fool]* prawdziwy; *[miracle]* istny [11] Ling *[form]* w stopniu równym

positive discrimination *n* dyskryminacja *f* pozytywna

positively /ˈpɒzətɪvlɪ/ *adv* [1] (constructively) *[think, criticize]* konstruktywnie; *[contribute]* w sposób konkretny [2] (favourably) *[respond, react, refer, speak]* pozytywnie [3] (actively) *[participate, prepare, promote]* aktywnie [4] (definitely) *[prove]* w sposób niezbity or niepodważalny; **can you ~ identify the body?** czy możesz zidentyfikować ciało? [5] (absolutely) *[abusive, beautiful, dangerous, idiotic, miraculous]* wręcz; *[refuse, forbid]* zdecydowanie, kategorycznie; **~ not/nothing** absolutnie nie/nic; **I ~ hated it** wręcz nie cierpiałem tego; **it's quite ~ my last word** to zdecydowanie moje ostatnie słowo [6] Phys *[charged]* dodatnio

positiveness /ˈpɒzətɪvnɪs/ *n* (of decision) pozytywność *f*; (of contribution) konkretność *f*; (of test result) pozytywny wynik *m*

positive vetting *n* Admin weryfikacja *f* kandydatów do służby państwowej

positivism /ˈpɒzɪtɪvɪzəm/ *n* pozytywizm *m*

positivist /ˈpɒzɪtɪvɪst/ **I** *n* pozytywist|a *m*, -ka *f*
II *adj* pozytywistyczny

positron /ˈpɒzɪtrɒn/ *n* pozytron *m*

poss /pɒs/ *adj* = **possible** infml **if ~** jeśli to możliwe; **as soon as ~** jak najszybciej

posse /ˈpɒsɪ/ *n* [1] US Hist (sheriff's) oddział *m* pościgowy *(składający się z szeryfa i ochotników)* [2] (group) spora grupa *f*; **a ~ of reporters** grupa reporterów [3] infml (friends) paczka *f* infml
IDIOMS: **to be ahead of the ~** prowadzić, być pierwszym

possess /pəˈzes/ **I** *vt* [1] (have, own) posiadać *[property, money, weapon, proof]*; **he gave away all he ~ed** oddał wszystko, co posiadał [2] (be endowed with) posiadać *[feature, skill, charm]*; mieć *[power, advantage]*; **to be ~ed of sth** fml być obdarzonym czymś *[distinction, charm, feature]*; posiadać coś *[power, land]* [3] (take control of) *[rage, fury, bitterness]* opanować; *[demon, devil]* opętać; **to be ~ed by sth** być opętanym czymś *[notion, idea, illusion]*; **to be ~ed by sb** być omotanym przez kogoś; **I was ~ed by** or **with jealousy** miotała mną zazdrość; **one sole purpose ~ed her** przyświecał jej tylko jeden cel, miała tylko jeden cel; **what ~ed you/him to do that?** co cię/go opętało, żeby to zrobić?
II possessed *pp adj* (by demon) opętany; **she was screaming like one ~ed** wrzeszczała jak opętana
IDIOMS: **to ~ one's soul in patience** uzbroić się w cierpliwość

possession /pəˈzeʃn/ **I** *n* [1] (state of having) posiadanie *n* **(of sth** czegoś); **according to the information in my ~** według posiadanych przeze mnie informacji; **to be in ~ of sth** mieć coś; być w posiadaniu czegoś fml; **to be in sb's ~** być w posiadaniu kogoś fml; **she wasn't in full ~ of her faculties** nie była w pełni władz umysłowych; **to come into his/her ~** dostać się w jego/jej posiadanie fml; **how did you come into ~ of this document?** jak wszedłeś w posiadanie tego dokumentu? fml; **to get ~ of sth** wejść w posiadanie czegoś fml; **to have ~ of sth** posiadać coś fml; **to take ~ of sth** Jur objąć coś w posiadanie *[house, property]*; Mil zająć coś *[town, region]* [2] Jur (illegal) (nielegalne) posiadanie *n* **(of sth** czegoś); **to be charged with illegal ~ of arms** zostać oskarżonym o nielegalne posiadanie broni; **he was found in ~ of drugs** znaleziono przy nim narkotyki [3] (sth owned) własność *f*; (colonial) posiadłość *f*; **this is my most treasured ~** to jest najcenniejsze, co posiadam; **health is the most important ~** zdrowie jest najważniejsze [4] Sport **to get/lose ~** (in soccer) przejąć/stracić piłkę; (in hockey) przejąć/stracić krążek; **the player in ~** zawodnik rozgrywający [5] (by demon) opętanie *n*
II possessions *npl* (belongings) dobytek *m*; **all my ~s** cały mój dobytek; wszystko, co mam; **make sure you have your ~s with you when you leave the train** przed wyjściem z pociągu prosimy sprawdzić, czy zabrali państwo bagaż
IDIOMS: **~ is nine-tenths** or **nine points of the law** Prov ≈ szczęśliwy, kto posiada

possession order *n* nakaz *m* zwrotu własności

possessive /pəˈzesɪv/ **I** *n* Ling (case) dopełniacz *m*; (pronoun) zaimek *m* dzierżawczy; (adjective) przymiotnik *m* dzierżawczy; **in the ~** w dopełniaczu
II *adj* [1] (jealous) *[person, behaviour]* zaborczy **(towards sb** w stosunku do kogoś) [2] (slow to share) zazdrosny **(about** or **with sth** o coś); **he's very ~ about his toys** nie pozwala nikomu tknąć swoich zabawek [3] Ling *[form, pronoun]* dzierżawczy; **the ~ case** dopełniacz

possessively /pəˈzesɪvlɪ/ *adv* zaborczo

possessiveness /pəˈzesɪvnɪs/ *n* (with people) zaborczość *f* **(towards sb** w stosunku do kogoś); (with things) instynkt *m* posiadania **(about sth** jeśli chodzi o coś)

possessor /pəˈzesə(r)/ *n* posiadacz *m*, -ka *f*; **to become the ~ of sth** stać się posiadaczem czegoś; **the proud ~ of sth** dumny właściciel czegoś

possibility /ˌpɒsəˈbɪlətɪ/ **I** *n* (chance, prospect) możliwość *f*; **he had ruled out the ~ that he might win** or **of winning** wykluczył możliwość wygrania or wygranej; **there is a definite ~ that he'll come** bardzo możliwe, że przyjdzie; **there is no ~ of him succeeding** niemożliwe, żeby mu się udało; **the ~ of him succeeding** szanse, że mu się uda; **within the bounds of ~** w granicach możliwości; **it's not beyond (the bounds of) ~ that he'll come** nie jest wykluczone, że przyjdzie; **there is little or no ~ of a settlement** szanse na ugodę są niewielkie; **the ~ of refusal/failure** możliwość odmowy/porażki; **a peace settlement is now a real ~** zawarcie pokoju staje się teraz realne; **is there any ~ you could lend me the money?** czy możesz ewentualnie pożyczyć mi tę sumę?
II possibilities *npl* (potential) możliwości *f pl*, perspektywy *f pl* **(for sth** czegoś); **the idea definitely has possibilities** to całkiem dobry pomysł; **the market has possibilities** rynek ma duże możliwości; **the house has great possibilities!** z tym domem da się wiele zrobić!; **this invention opens up fantastic possibilities** ten wynalazek otwiera wspaniałe perspektywy

possible /ˈpɒsəbl/ **I** *n* [1] (person) potencjalny kandydat *m*, potencjalna kandydatka *f*; **a list of ~s for the vacancy** lista potencjalnych kandydatów na wolne stanowisko; **she is a ~ for the team** jest jedną z kandydatek do zespołu [2] (what can be done) **it's within the realms of the ~** to jest możliwe, tego się nie da wykluczyć
II *adj* [1] (likely) możliwy; **it's quite ~** to całkiem możliwe; **the experiment is technically ~** ten eksperyment jest technicznie możliwy; **the text must be checked for any ~ mistakes** tekst należy sprawdzić pod względem ewentualnych błędów; **is it ~ to speak to her?** czy można z nią porozmawiać?; **it's ~ for you to refuse** możesz się nie zgodzić; **is it ~ she's already left?** czy możliwe, żeby już

P

wyszła?; **it's just ~ that he may have survived** istnieje pewna szansa, że przeżył; **get her here by eight if ~** sprowadź ją tu przed ósmą, jeśli to możliwe; **to make sth ~ (for sb)** umożliwić coś (komuś); **the show was made ~ by their dedication** przedstawienie mogło się odbyć dzięki ich oddaniu; **as early/quickly as ~** jak najwcześniej/najszybciej; **he did as much as ~** zrobił, ile mógł; **as far as ~ try to work on your own** na ile to możliwe, staraj się pracować samodzielnie; **they see each other as little as ~** starają się siebie unikać, starają się widywać jak najrzadziej; **it'll help them in every ~ way** to im pomoże pod każdym względem; **whenever/wherever ~** kiedy tylko/gdzie tylko możliwe; **the biggest/fastest ~** największy/najszybszy [2] (for emphasis) **of what ~ interest can it be to you?** a co ciebie może to obchodzić?; **there can be no ~ excuse for such behaviour** dla takiego zachowania nie ma usprawiedliwienia [3] (in polite formulas) **would it be ~ to speak to Mr Brown?** czy mogę rozmawiać z panem Brownem?; **would it be ~ to get brown bread?** czy można prosić o ciemny chleb?; **would it be ~ for me to come a bit later?** czy mógłbym przyjść nieco później?

possibly /ˈpɒsəblɪ/ *adv* [1] (maybe) być może, możliwe (że); **quite ~** bardzo or całkiem możliwe; **the house was ~ once an inn** możliwe, że dom był kiedyś gospodą; **'will it rain tonight?' – '~'** „będzie padać dziś wieczorem?" – „możliwe"; **~, but is there any evidence?** możliwe, ale czy są jakieś dowody? [2] (for emphasis) **that can't ~ be true** to nie może być prawda; **if we ~ can** jeśli tylko będziemy mogli; **I won't go if I can ~ help it** zrobię wszystko, żeby nie pójść; **I'll do everything I ~ can** zrobię wszystko, co w mojej mocy; **how could they ~ have known?** skąd mogli wiedzieć?; **we can't ~ afford it** w żaden sposób nie możemy sobie na to pozwolić; **I can't ~ stay here** w żadnym razie or wypadku nie mogę tu zostać; **she'll come as soon as she ~ can** przyjdzie najszybciej, jak tylko będzie mogła [3] (in polite requests) **can** or **could you ~ lend me £20?** czy mógłbyś pożyczyć mi 20 funtów?

possum /ˈpɒsəm/ *n* infml opos *m*; **to play ~** (pretend to be asleep) udawać pogrążonego we śnie; (pretend not to know sth) udawać Greka infml

post¹ /pəʊst/ **I** *n* [1] GB Post poczta *f*; **to notify sb by ~** powiadomić kogoś listownie; **to send sth by ~, to put sth in the ~** wysłać coś pocztą; **(to reply) by return of ~** (odpowiedzieć) odwrotną pocztą; **to get sth through the ~** otrzymać coś pocztą; **the parcel was damaged/lost in the ~** paczka została uszkodzona/zaginęła w trakcie przesyłki; **your cheque is in the ~** pański czek jest w drodze infml; **is there any ~ for me?** czy jest dla mnie jakaś poczta or korespondencja?; **has the ~ come yet?** czy była już poczta?, czy był już listonosz?; **to deal with/answer one's ~** załatwić korespondencję/odpowiedzieć na listy; **it came in today's ~** to nadeszło dzisiaj; **please drop this in the ~ for me** wyślij mi to, wrzuć mi to do skrzynki; **to catch/miss the ~** zdążyć/nie zdążyć przed opróżnieniem skrzynki pocztowej [2] arch (coach) dyliżans *m*; (messenger) pocztylion *m* arch

II *vt* [1] GB (send by post) wys|łać, -yłać; (put in letter box) wrzuc|ić, -ać do skrzynki pocztowej; (at post office) nada|ć, -wać; **to ~ sb sth, to ~ sth to sb** wysłać coś komuś or do kogoś [2] Accts za|księgować *[entry]*; prowadzić *[ledger]*; **to ~ up the ledger** uaktualnić zapis w księgach

III *vi* Hist jechać rozstawnymi końmi

■ **post off** GB: **~ off [sth], ~ [sth] off** wys|łać, -yłać

■ **post on** GB: **~ on [sth], ~ [sth] on** przes|łać, -yłać (dalej); **I will ~ it on to you** prześlę ci to

IDIOMS: **to keep sb ~ed (about sth)** informować kogoś na bieżąco (o czymś)

post² /pəʊst/ **I** *n* [1] (job) stanowisko *n*; **administrative/defence ~** stanowisko w administracji/w resorcie obrony; **management/party ~** stanowisko kierownicze /partyjne; **teaching ~** posada nauczyciela; **he was offered the ~ of ambassador** zaproponowano mu stanowisko ambasadora; **to hold a ~** zajmować (jakieś) stanowisko; **to have/fill a ~** mieć/zająć stanowisko; **to resign one's ~** zrezygnować ze stanowiska; **to take up a ~** objąć stanowisko [2] (station) stanowisko *n*; (more permanent) posterunek *m*; **a frontier/customs ~** posterunek graniczny/celny; **at one's ~** na swoim stanowisku, na posterunku; **to remain at one's ~** or **in ~** pozostać na posterunku [3] GB Mil (bugle) **first ~** pobudka; **last ~** capstrzyk [4] US (also **trading ~**) faktoria *f*

II *vt* [1] (send abroad) wys|łać, -yłać; (send to another place) oddelegow|ać, -ywać; **to be ~ed abroad/to Paris** zostać wysłanym za granicę/do Paryża; **to be ~ed to the Paris branch of a company** zostać oddelegowanym do paryskiej filii firmy [2] Mil (position) ustawi|ć, -ać na posterunku *[guard, soldier]*; rozstawi|ć, -ać *[sentries]* [3] US Jur złożyć, składać *[bail, collateral]*

post³ /pəʊst/ **I** *n* [1] (pole) słup *m*, pal *m*; (of fence, gate) słupek *m* [2] (in horse racing) **the starting/finishing ~** linia startowa/mety; **beaten at the ~** pokonany na finiszu also fig; **to be the first past the ~** być pierwszym na mecie; fig Pol uzyskać większość (głosów) [3] (in soccer) słupek *m* (bramki)

II *vt* (stick up) nalepi|ć, -ać *[poster]*; rozlepi|ć, -ać *[posters, notices]*; wywie|sić, -szać *[details, result, notice]*; **to be ~ed missing in action** zostać uznanym za zaginionego w toku działań; **'~ no bills'** „zakaz naklejania plakatów"

■ **post up**: **~ up [sth], ~ [sth] up** wywie|sić, -szać *[information, notice]*

IDIOMS: **to be left at the ~** zostać z tyłu fig; **as deaf as a ~** głuchy jak pień

post+ /pəʊst/ *in combinations* post-, po-; **~-1992 things changed** po 1992 roku wiele się zmieniło; **in ~-1990 Europe** w Europie po roku 1990; **in the ~-Cold War years** po okresie zimnej wojny

postage /ˈpəʊstɪdʒ/ *n* opłata *f* pocztowa; porto *n inv* dat; **how much is the ~ to Belgium?** ile kosztuje przesyłka do Belgii?; **including ~ and packing** włączając koszt przesyłki i opakowania; **~ extra** bez kosztów przesyłki; **£12 plus ~** 12 funtów plus koszty przesyłki; **~ free** wolny od opłaty pocztowej

postage meter *n* US maszyna *f* do frankowania

postage rates *npl* taryfa *f* pocztowa

postage stamp *n* znaczek *m* (pocztowy)

postal /ˈpəʊstl/ *adj [district, code, charges]* pocztowy; *[application, booking]* listowny; **~ ballot** głosowanie korespondencyjne or listowne; **~ service** poczta; **US Postal Service** Poczta Stanów Zjednoczonych; **~ strike** strajk pocztowców; **~ worker** pracownik poczty

postal order, PO *n* GB ≈ przekaz *m* pocztowy **(for £5** na 5 funtów**)**

postal vote *n* GB (process) głosowanie *n* korespondencyjne or listowne; (paper) karta *f* do głosowania korespondencyjnego

postbag /ˈpəʊstbæg/ *n* GB [1] torba *f* listonosza [2] (mail) korespondencja *f*, poczta *f*

postbox /ˈpəʊstbɒks/ *n* skrzynka *f* pocztowa or na listy

postcard, pc /ˈpəʊstkɑːd/ *n* kartka *f* pocztowa; (with view) widokówka *f*, pocztówka *f*

post chaise /ˈpəʊs(t)ʃeɪz/ *n* dyliżans *m*

post code *n* GB kod *m* pocztowy

postcoital /ˌpəʊstˈkəʊɪtl/ *adj* po odbyciu stosunku seksualnego

postdate /ˌpəʊstˈdeɪt/ *vt* [1] postdatować, opat|rzyć, -rywać datą późniejszą *[contract, document]* [2] (occur after) mieć miejsce później od (czegoś); (live after) żyć później niż (ktoś/coś); **the fresco ~s this period** fresk pochodzi z wcześniejszego okresu

postdoctoral /ˌpəʊstˈdɒktərəl/ *adj [studies, research]* podoktorancki

poster /ˈpəʊstə(r)/ *n* plakat *m*, afisz *m*; (as decoration) plakat *m*; **election ~** plakat wyborczy; **Aids ~** plakat kampanii walki z AIDS; **to put up a ~** wywiesić or powiesić plakat

poste restante /ˌpəʊstˈrestɑːnt, US -reˈstænt/ *n, modif, adv* poste restante *n inv*; **to send sth ~** wysłać coś na poste restante

posterior /pɒˈstɪərɪə(r)/ **I** *n* hum (buttocks) pośladki *m pl*; siedzenie *n* infml

II *adj* [1] fml (subsequent) późniejszy **(to sth** od czegoś, w stosunku do czegoś**)** [2] Zool tylny

posterity /pɒˈsterətɪ/ *n* potomność *f*, przyszłe pokolenia *n pl*; **to preserve sth for ~** zachować coś dla przyszłych pokoleń; **to go down to ~ as the author of fables** przejść do potomności jako bajkopisarz

poster paint *n* farba *f* plakatowa; plakatówka *f* infml

post-free /ˌpəʊstˈfriː/ **I** *adj* wolny od opłaty pocztowej

II *adv* bez opłaty pocztowej

postgraduate /ˌpəʊstˈgrædʒʊət/ **I** *n* (working for master's degree) ≈ magistrant *m*, -ka *f*; (working for PhD) ≈ doktorant *m*, -ka *f*

II *adj* (for master's degree) ≈ magisterski; (for PhD) ≈ doktorancki

post haste *adv* GB dat co żywo dat
post-horn /ˈpəʊsthɔːn/ *n* Hist trąbka *f* pocztyliona
post-horse /ˈpəʊsthɔːs/ *n* koń *m* pocztowy
post-house /ˈpəʊsthaʊs/ *n* stacja *f* pocztowa, zajazd *m*
posthumous /ˈpɒstjʊməs, US ˈpɒstʃəməs/ *adj* pośmiertny
posthumously /ˈpɒstjʊməslɪ, US ˈpɒstʃəməslɪ/ *adv* pośmiertnie; **she was born ~** urodziła się po śmierci ojca, jest /była pogrobowcem
postiche /pɒˈstiːʃ/ **I** *n* atrapa *f* **II** *adj* fałszywy, sztuczny
postie /ˈpəʊstɪ/ *n* infml listonosz *m*, -ka *f*
postil(l)ion /pɒˈstɪlɪən/ *n* Hist foryś *m*
postimpressionism /ˌpəʊstɪmˈpreʃənɪzəm/ *n* postimpresjonizm *m*
postimpressionist /ˌpəʊstɪmˈpreʃənɪst/ **I** *n* postimpresjonist|a *m*, -ka *f* **II** *adj* postimpresjonistyczny
postindustrial /ˌpəʊstɪnˈdʌstrɪəl/ *adj* postindustrialny
posting[1] /ˈpəʊstɪŋ/ *n* (job) przydział *m*, oddelegowanie *n*; **to get a ~ to Germany** zostać wysłanym or oddelegowanym do Niemiec; **an overseas ~** praca za granicą
posting[2] /ˈpəʊstɪŋ/ *n* GB Post wysyłka *f*, nadanie *n*; **proof of ~** dowód nadania
post-lingually deaf /ˌpəʊstˌlɪŋgwəlɪˈdef/ *adj* cierpiący na głuchotę nabytą
postman /ˈpəʊstmən/ *n* (*pl* **-men**) listonosz *m*
postmark /ˈpəʊstmɑːk/ **I** *n* stempel *m* pocztowy; **date as ~** data stempla pocztowego **II** *vt* o|stemplować; **the card was ~ed Brussels** kartka nosiła stempel Brukseli
postmaster /ˈpəʊstmɑːstə(r), US -mæst-/ *n* naczelnik *m* poczty
Postmaster General, PMG *n* ≈ dyrektor *m* generalny poczty
post meridiem, pm /ˌpəʊstməˈrɪdɪəm/ *adv* po południu
postmistress /ˈpəʊstmɪstrɪs/ *n* (kobieta) naczelnik *m* poczty
postmodern /ˌpəʊstˈmɒdn/ *adj* postmodernistyczny
postmodernism /ˌpəʊstˈmɒdənɪzəm/ *n* postmodernizm *m*
postmodernist /ˌpəʊstˈmɒdənɪst/ **I** *n* postmodernist|a *m*, -ka *f* **II** *adj* postmodernistyczny
post-mortem /ˌpəʊstˈmɔːtəm/ *n* [1] Med sekcja *f* zwłok, autopsja *f*; **to carry out** or **perform a ~** przeprowadzić sekcję (zwłok) or autopsję [2] fig analiza *f* (*celem ustalenia skutków niepowodzenia*); **they had a long ~ on their defeat** długo starali się dociec przyczyn porażki
post-natal /ˌpəʊstˈneɪtl/ *adj* poporodowy
post-natal depression, PND *n* depresja *f* poporodowa
post office **I** *n* [1] (place) poczta *f*, urząd *m* pocztowy; **the main ~** Poczta Główna [2] (institution) (also **Post Office, PO) the ~** poczta *f* **II** *modif [staff]* pocztowy; **~ strike** strajk pocztowców
Post Office Box, PO Box *n* skrytka *f* pocztowa
post-operative /ˌpəʊstˈɒpərətɪv, US -reɪt-/ *adj* Med pooperacyjny
post paid *adv* US = **post-free**
postpone /pəˈspəʊn/ *vt* od|łożyć, -kładać, prze|łożyć, -kładać; odr|oczyć, -aczać fml; **the meeting was ~d for a week/until next Thursday** zebranie zostało odłożone or odroczone o tydzień/do następnego czwartku
postponement /pəˈspəʊnmənt/ *n* odłożenie *n*; odroczenie *n* fml
postposition /ˌpəʊstpəˈzɪʃn/ *n* Ling postpozycja *f*
postpositive /ˌpəʊstˈpɒzətɪv/ **I** *n* Ling poimek *m* **II** *adj* występujący w postpozycji, postpozycyjny
postprandial /ˌpəʊstˈprændɪəl/ *adj* fml or hum *[nap]* poobiedni; Med poposiłkowy
postscript /ˈpəʊstskrɪpt/ *n* [1] (at end of letter) postscriptum *n inv* **(to sth** do czegoś); (to book) posłowie *n* **(to sth** do czegoś); (to document) dopisek *m* **(to sth** do czegoś); fig (to event, affair) epilog *m* **(to sth** czegoś) [2] fig (spoken) **can I add a brief ~ to that?** czy mogę do tego dodać kilka słów?
post-tax /ˌpəʊstˈtæks/ **I** *adj* netto **II** *adv* po odliczeniu podatku
post-traumatic stress disorder /ˌpəʊsttrɔːmætɪkˈstresdɪsˈɔːdə(r)/ *n* nerwica *f* pourazowa
postulant /ˈpɒstjʊlənt, US -tʃʊ-/ *n* Relig postulant *m*, -ka *f*
postulate **I** /ˈpɒstjʊlət, US -tʃʊ-/ *n* (assumption) założenie *n*; Math, Philos postulat *m* **II** /ˈpɒstjʊleɪt, US -tʃʊ-/ *vt* [1] (accept as true) za|łożyć, -kładać, twierdzić; **to ~ that...** założyć, że... [2] Math, Philos przyj|ąć, -mować jako postulat
posture /ˈpɒstʃə(r)/ **I** *n* [1] (of body) postawa *f*, postura *f*; (intentional) poza *f*; **to have good/bad ~** mieć prawidłową/nieprawidłową postawę; **in a relaxed ~** w swobodnej pozie [2] fig (attitude) postawa *f*, stanowisko *n*; **to adopt a neutral ~ (towards sth)** zająć neutralne stanowisko (w sprawie czegoś) **II** *vi* pej pozować, przybierać pozy
posturing /ˈpɒstʃərɪŋ/ *n* pej pozerstwo *n*; **it's just ~** to tylko poza
post-viral (fatigue) syndrome /ˌpəʊstvaɪərəlfəˈtiːgsɪndrəʊm/ *n* zapalenie *n* mózgu i rdzenia z mialgią
postvocalic /ˌpəʊstvəˈkælɪk/ *adj* posamogłoskowy
postwar /ˌpəʊstˈwɔː(r)/ *adj* powojenny; **the ~ period** okres powojenny
postwoman /ˈpəʊstwʊmən/ *n* (*pl* **-women**) listonoszka *f*
posy /ˈpəʊzɪ/ *n* bukiecik *m*
pot[1] /pɒt/ **I** *n* [1] (for cooking) garnek *m*; (small) garnuszek *m*; **~s and pans** naczynia (kuchenne) [2] (for tea, coffee) dzbanek *m*; **tea /coffee ~** dzbanek do herbaty/kawy; **a ~ of tea for two** herbata na dwie osoby; **to make a ~ of tea/coffee** przygotować herbatę/kawę [3] (for storing) (glass) słój *m*, słoik *m* **(of sth** czegoś); (clay) garnuszek *m* **(of sth** czegoś); (metal) puszka *f* **(of sth** czegoś) [4] (piece of pottery) wyrób *m* ceramiczny; **to throw a ~** toczyć garnek na kole garncarskim [5] (also **plant ~)** doniczka *f*; (large) donica *f*; **a ~ of geraniums** doniczka z pelargoniami [6] (also **chamber ~)** nocnik *m* [7] arch (drinking vessel) dzban *m* **(of sth** czegoś) [8] infml (belly) bańdzioch *m* infml [9] (in billiards) uderzenie *n* do łuzy [10] US (in gambling) **the ~** pula *f*, bank *m* [11] infml (trophy) puchar *m* [12] (also **lobster ~)** więcierz *m* do połowu homarów **II** *vt* (*prp, pt, pp* **-tt-)** [1] za|wekować *[jam, meat]* [2] (in billiards) **to ~ the red** wbi|ć, -jać czerwoną bilę do łuzy [3] **to ~ the baby** wysadz|ić, -ać dziecko [4] (also **~ up)** po|sadzić w doniczce *[plant]* [5] infml (shoot at) strzel|ić, -ać do (czegoś) *[rabbits, pigeons]*; (kill) zastrzelić *[rabbit, pheasant]* **III** *vi* (*prp, pt, pp* **-tt-)** [1] *[potter]* lepić naczynia gliniane [2] **to ~ at sth** infml strzel|ić, -ać do czegoś **IV potted** *pp adj* [1] Culin **~ted meat** pasztet w słoiku/puszce; **~ted fish /shrimps** pasta rybna/z krewetek [2] *[palm, plant]* doniczkowy, w doniczce [3] (short) *[biography, history]* krótki; *[version]* skrócony
IDIOMS: **to go to ~** infml zejść na psy; **to have/make ~s of money** GB infml mieć /zarabiać kupę pieniędzy infml; **to keep the ~ boiling** (keep situation active) podgrzewać atmosferę; utrzymywać ruch w interesie infml; (earn enough) z trudem wiązać koniec z końcem; **a watched ~ never boils** Prov ≈ czekającemu czas się dłuży; **the ~ calling the kettle black** Prov przyganiał kocioł garnkowi; **to take ~ luck** zdać się na los, zaryzykować; (for meal) GB zadowolić się tym, co jest
pot[2] /pɒt/ *n* infml (drug) (marijuana) trawka *f*, marycha *f* infml; (hashish) hasz *m* infml; **to smoke ~** palić trawkę/hasz
potable /ˈpəʊtəbl/ *adj* pitny, nadający się do picia
potash /ˈpɒtæʃ/ *n* potaż *m*
potassium /pəˈtæsɪəm/ **I** *n* potas *m* **II** *modif [compound, carbonate]* potasowy
potation /pəˈteɪʃn/ *n* fml (bout of drinking) libacja *f*; (drink) trunek *m*
potato /pəˈteɪtəʊ/ **I** *n* (*pl* **~es)** ziemniak *m*, kartofel *m*; **a little more ~?** może jeszcze trochę ziemniaków or kartofli? **II** *modif [peelings, soup]* ziemniaczany, kartoflany; *[omelette, pie]* z ziemniakami, z kartoflami; **~ field** pole ziemniaków or kartofli
potato beetle *n* stonka *f* ziemniaczana
potato blight *n* zaraza *f* ziemniaczana
potato bug *n* = **potato beetle**
potato chips *npl* US = **potato crisps**
potato crisps *npl* GB chipsy *m pl*, czipsy *m pl*
potato masher *n* tłuczek *m* do ziemniaków
potato peeler *n* skrobaczka *f* do warzyw
pot-bellied /ˌpɒtˈbelɪd/ *adj [person]* (from overeating) brzuchaty; (from hunger) ze wzdętym brzuchem; *[jug, stove]* pękaty
pot belly *n* (from overeating) duży brzuch *m*; (from malnutrition) wzdęty brzuch *m*; **you're getting a bit of a ~** rośnie ci brzuszek
potboiler /ˈpɒtbɔɪlə(r)/ *n* pej chałtura *f* infml
pot-bound /ˈpɒtbaʊnd/ *adj [plant]* ze spilśnioną bryłą korzeni
pot cheese *n* US twarożek *m* ziarnisty
poteen /pɒˈtiːn/ *n* Ir nielegalnie pędzona whisky *f inv*
potency /ˈpəʊtnsɪ/ *n* [1] (of drink) moc *f*; (of drug, poison, remedy) siła *f* działania; (of voice)

siła *f*; (of image, slogan) siła *f* oddziaływania [2] (sexual) potencja *f*

potent /ˈpəʊtnt/ *adj* [1] (strong) *[drink, argument]* mocny; *[force, weapon]* potężny; *[drug, remedy]* silnie działający; *[image, symbol]* silnie oddziałujący, sugestywny [2] (able to have sex) sprawny seksualnie

potentate /ˈpəʊtnteɪt/ *n* potentat *m*; magnat *m* fig

potential /pəˈtenʃl/ **I** *n* [1] (capacity) potencjał *m*; (possibilities) możliwości *f pl* **(for sth** czegoś); **human/industrial ~** potencjał ludzki/przemysłowy; **growth ~** możliwości wzrostu; **to have the ~ to be a great artist** mieć zadatki na wielkiego artystę; **to show great ~ as a singer** zapowiadać się na doskonałego śpiewaka; **to develop one's ~** rozwijać zdolności; **she never achieved her full ~** nigdy w pełni nie rozwinęła własnych możliwości; **the house has ~** z tym domem da się wiele zrobić [2] Elec potencjał *m* [3] Ling tryb *m* warunkowy

II *adj [danger, enemy, market, resources]* potencjalny; **he is a ~ leader/musician** ma zadatki na przywódcę/muzyka; **the play is a ~ success** sztuka zapowiada się jako sukces

potential difference *n* Phys różnica *f* potencjałów

potentiality /pəˌtenʃɪˈælətɪ/ *n* możliwości *f pl*

potentially /pəˈtenʃəlɪ/ *adv* potencjalnie

pothead /ˈpɒthed/ *n* infml ćpun *m*, -ka *f* infml *(palący haszysz, marihuanę)*

pother /ˈpɒðə(r)/ *n* infml **to be in a ~ (over sth)** gorączkować się (w związku z czymś)

pothole /ˈpɒthəʊl/ *n* [1] (in road) wybój *m* [2] Geol (cave) jaskinia *f*; (in riverbed) kocioł *m* eworsyjny

potholer /ˈpɒthəʊlə(r)/ *n* GB grotołaz *m*

potholing /ˈpɒthəʊlɪŋ/ *n* GB eksploracja *f* jaskiń

pothook /ˈpɒthʊk/ *n* haczyk *m* do wieszania garnka nad ogniem *(w kształcie litery „S")*

pothunter /ˈpɒthʌntə(r)/ *n* łowca *m* nagród

potion /ˈpəʊʃn/ *n* mikstura *f*; **magic/love ~** napój magiczny/miłosny

potlatch /ˈpɒtlætʃ/ *n* [1] Anthrop potlacz *m* *(święto wymiany darów u Indian północnoamerykańskich)* [2] US (party) głośna zabawa *f*

potpie /ˈpɒtpaɪ/ *n* US ≈ mięso *n* z jarzynami w cieście

pot plant *n* roślina *f* doniczkowa

potpourri /ˌpəʊˈpʊərɪ, US ˌpəʊpəˈriː/ *n* [1] (of tunes) pot-pourri *n inv*, wiązanka *f*; (of poems) wybór *m* [2] (of flower petals) pot-pourri *n inv*

pot roast /ˈpɒtrəʊst/ **I** *n* mięso *n* duszone z jarzynami *(zwykle wołowina)*

II pot-roast *vt* u|dusić

pot scrub *n* druciak *m* do mycia garnków

potsherd /ˈpɒtʃɜːd/ *n* czerep *m*, skorupa *f*

potshot /ˈpɒtʃɒt/ *n* **to take a ~ at sb/sth** strzelić na chybił trafił do kogoś/czegoś; **her new play takes a ~ at feminism** fig w swojej sztuce rozprawia się z feminizmem

potter¹ /ˈpɒtə(r)/ *n* garncarz *m*

potter² /ˈpɒtə(r)/ GB **I** *n* **to have a ~, to go for a ~** pójść się przejść

II *vi* = **potter about**

■ **potter about, potter around** GB (do odd jobs) majsterkować; (go about daily chores) krzątać się; (pass time idly) obijać się infml

■ **potter along** GB posuwać się spokojnym krokiem; **'how's your father?' – '~ing along quite well'** „jak się ma twój ojciec?" – „trzyma się całkiem dobrze"

potter's field *n* US kwatera *f* cmentarna dla ubogich

potter's wheel *n* koło *n* garncarskie

pottery /ˈpɒtərɪ/ **I** *n* [1] (craft, activity) garncarstwo *n* [2] (ware) ceramika *f*, wyroby *m pl* garncarskie; **a piece of ~** wyrób garncarski; **to make/sell ~** wyrabiać /sprzedawać ceramikę [3] (factory, workshop) garncarnia *f*

II *modif [dish]* ceramiczny; **~ class** kurs garncarstwa; **~ town** miasto znane z produkcji ceramiki

potting compost *n* podkład *m* do doniczek

potting shed *n* komórka *f* w ogrodzie

potty¹ /ˈpɒtɪ/ *n* infml baby talk nocniczek *m*

potty² /ˈpɒtɪ/ *adj* infml (crazy) *[person]* stuknięty infml; *[idea, scheme]* idiotyczny; **to be ~ (about sb/sth)** *[person]* mieć bzika (na punkcie kogoś/czegoś) infml; **to drive sb ~** doprowadzać kogoś do szaleństwa

potty-train /ˈpɒtɪtreɪn/ **I** *vt* **to ~ a child** przyucz|yć, -ać dziecko do siadania na nocnik

II potty-trained *pp adj [child]* załatwiający się do nocnika

pouch /paʊtʃ/ *n* [1] (bag) woreczek *m*; (for tobacco) kapciuch *m*; (for ammunition, cartridges) ładownica *f*; (for mail) torba *f*; (for money) sakiewka *f*; (of clothes) kieszeń *f*; **~es under the eyes** wory or worki pod oczami [2] Zool (of marsupials) torba *f*; (of rodents) torba *f* policzkowa

pouf(fe) /puːf/ *n* [1] (cushion) puf *m* [2] GB infml offensive = **poof¹**

poulterer /ˈpəʊltərə(r)/ *n* GB drobiarz *m*

poultice /ˈpəʊltɪs/ **I** *n* gorący okład *m*, kompres *m*, kataplazm *m*; **a mustard ~** kataplazm z gorczycy

II *vt* przy|łożyć, -kładać okład or kataplazm na coś *[head, knee]*

poultry /ˈpəʊltrɪ/ *n* drób *m*; (meat) mięso *n* drobiowe

poultry dealer *n* handlarz *m* drobiem

poultry farm *n* ferma *f* drobiowa

poultry farmer *n* hodowca *m* drobiu

poultry farming *n* drobiarstwo *n*, hodowla *f* drobiu

poultryman /ˈpəʊltrɪmən/ *n* (*pl* **-men**) US hodowca *m* drobiu

poultrywoman /ˈpəʊltrɪwʊmən/ *n* (*pl* **-women**) US hodowczyni *f* drobiu

pounce /paʊns/ **I** *n* sus *m*

II *vi* sk|oczyć, -akać; **to ~ on sb/sth** rzucić się na kogoś/coś; **he immediately ~d on my mistake** natychmiast wytknął mi błąd; **she ~d on my invitation** skwapliwie przyjęła moje zaproszenie

pound¹ /paʊnd/ **I** *n* [1] Meas funt *m* *(= 453,6 g)*; **two ~s of apples** ≈ kilogram jabłek; **to lose 10 ~s in weight** ≈ stracić pięć kilo (wagi); **pears are 80 pence a** or **per ~** gruszki kosztują 80 pensów (za) funt; **~ for ~, chicken is better value than pork** biorąc pod uwagę wagę i cenę, kurczak opłaca się bardziej niż wieprzowina [2] (unit of currency) funt *m*; **the British/Irish/Maltese ~** funt brytyjski/irlandzki/maltański; **£500 worth of traveller's cheques,** (spoken) **five hundred ~s' worth of traveller's cheques** czeki podróżne o wartości pięciuset funtów; **I'll match your donation ~ for ~** ofiaruję dokładnie taką samą sumę; **the ~ rose two per cent** wartość funta wzrosła o dwa procent; **the basic rate of income tax is 25p in** GB or **on** US **the ~** podstawowa stopa opodatkowania wynosi 25 pensów za funt

II *modif* **a ~ weight** waga jednego funta; **a ~ coin** moneta jednofuntowa; **a five/ten ~ note** banknot pięciofuntowy/dziesięciofuntowy; **a £200,000 house,** (spoken) **a two hundred thousand ~ house** dom wart dwieście tysięcy funtów; **a two million ~ robbery** kradzież dwóch milionów funtów; **a five million ~ fraud** afera na pięć milionów funtów

pound² /paʊnd/ **I** *vt* [1] Culin (crush) u|trzeć, -cierać, roz|etrzeć, -cierać *[spices, grain, salt]*; z|bić *[meat]*; **to ~ sth to powder/paste** rozetrzeć coś na puder/pastę [2] (beat) wal|nąć, -ić w (coś) infml *[door, table]*; ubi|ć, -jać *[earth, rubble, concrete]*; *[wave]* bić o (coś), uderzać o (coś) *[shore]*; **to ~ one's chest** walić się w piersi; **to ~ sth with one's fists** walić w coś pięściami; **to ~ a stake into the ground** wbijać słup w ziemię; **the teacher is trying to ~ the rules of prosody into our heads** fig nauczyciel stara się wbić nam do głów zasady prozodii [3] (bombard) bombardować *[city]* [4] (tread heavily) **to ~ the streets** przemierzać ulice ciężkim krokiem; **to ~ the beat** *[policeman]* robić obchód rewiru

II *vi* [1] (knock loudly) **to ~ on sth** walić w coś, łomotać w coś [2] (beat) walić, łomotać; **to ~ on sth** uderzać o coś, bić o coś *[shore]*; **his heart was ~ing** serce mu waliło or łomotało [3] (run noisily) biec, tupiąc nogami; **to ~ up/down the stairs** z tupotem wbiec na schody/zbiec ze schodów; **to come ~ing down** or **along the street** iść ulicą, głośno tupiąc [4] (throb) **my head is ~ing, I've got a ~ing headache** głowa mi pęka z bólu

■ **pound away**: **~ away at [sth]** [1] (strike hard) walić w (coś) infml *[piano, typewriter]* [2] (work doggedly) pocić się nad (czymś), ślęczeć nad (czymś) *[novel, report]*

■ **pound out**: ¶ **~ out** *[music]* za|grzmieć ¶ **~ out [sth], ~ [sth] out** [1] (play) wybębni|ć, -ać *[rhythm, tune]* [2] infml (produce) wystuk|ać, -iwać na maszynie *[letter, novel]* [3] US Culin (flatten) z|bić *[meat]*

■ **pound up**: **~ up [sth], ~ [sth] up** u|tłuc *[pepper, rocks]*

pound³ /paʊnd/ *n* (enclosure) (for stray animals) schronisko *n* dla zwierząt; (for cars) parking *m* dla samochodów odholowanych przez policję

poundage /ˈpaʊndɪdʒ/ *n* [1] (weight) waga *f* w funtach; **extra ~** infml hum zbędne kilogramy *m pl* [2] (charge) (in weight) opłata *f* od wagi; (in value) procent *m* od funta

poundcake /ˈpaʊndkeɪk/ *n* ciasto *n* biszkoptowe *(z mąki, cukru, masła i jajek w jednakowych proporcjach)*

-pounder /ˈpaʊndə(r)/ *in combinations* [1] **a ten-~** (fish) dziesięciofuntowa sztuka infml; (baby) niemowlę ważące dziesięć funtów [2] Mil **a thirty-~** działo trzydziestopudowe

pounding /ˈpaʊndɪŋ/ *n* [1] (sound) (of waves, heart, fists) walenie *n*, tłuczenie *n*; (of drum) bicie *n*; (of feet) tupot *m*; (of hooves) tętent *m*; (of guns) grzmot *m*; **there was a loud ~ on the door** słuchać było głośne walenie do drzwi [2] (damage, defeat) lanie *n*, cięgi *plt*; **to take a ~** *[team]* dostać lanie, zebrać cięgi; **the house/area took a ~ during hostilities** dom/teren ucierpiał podczas działań wojennych; **the dollar took a ~** kurs dolara spadł; **we gave the other team a ~** infml dołożyliśmy przeciwnikom infml

pound sign *n* znak *m* funta szterlinga (£)

pound sterling *n* funt *m* szterling

pour /pɔː(r)/ **I** *vt* [1] lać *[liquid, metal, wax]*; sypać *[salt, sugar]*; **to ~ oil into a bowl** nalać or wlać olej do miseczki; **to ~ sugar into a jar** wsypać cukier do słoika; **to ~ water over sth** lać wodę na coś; (accidentally) rozlać wodę na czymś; **he ~ed wine over my dress** wylał mi wino na sukienkę; **she ~ed the milk down the drain** or **sink** wylała mleko do zlewu; **she looks as if she's been ~ed into her dress** infml sukienka mało na niej nie pęknie w szwach [2] (also **pour out)** (serve) nal|ać, -ewać; **he ~ed her a cup of coffee, he ~ed a cup of coffee for her** nalał jej filiżankę kawy; **she ~ed herself a large brandy** nalała sobie duży kieliszek brandy; **can I ~ you some more coffee?** może jeszcze kawy?; **~ me a drink, please** poproszę o drinka [3] (supply freely) **to ~ money into industry /education** inwestować dużo w przemysł /oświatę; (wastefully) pakować pieniądze w przemysł/oświatę infml; **to ~ one's energies into one's work** wkładać całą energię w pracę; **they're still ~ing troops into the region** wciąż posyłają duże ilości wojska do tego regionu

II *vi* [1] (flow) *[liquid]* lać się, ciec, wyciekać; **to ~ into sth** *[liquid, light]* wlewać się do czegoś; *[light]* zalewać coś; *[smoke, fumes]* przedostawać się do czegoś; **to ~ from** or **out of sth** *[liquid]* wylewać się z czegoś; *[smoke, fumes]* wydostawać się or wydobywać się z czegoś; **perspiration/tears ~ed down her face** pot spływał/łzy spływały jej po twarzy; **water ~ed down the walls** woda spływała po ścianach; **light ~ed through the window** przez okno wlewało się światło; **relief ~ed over me** fig ogarnęło mnie uczucie ulgi, poczułem ulgę [2] fig **to ~ into sth** *[people]* przybywać tłumnie do czegoś *[theatre, stadium]*; **to ~ from** or **out of sth** *[people]* wylewać się or wychodzić tłumnie z czegoś *[station]*; *[cars]* wyjeżdżać jeden za drugim z czegoś *[tunnel]*; **to ~ across** or **over the bridge /border** *[people]* przechodzić tłumnie przez most/granicę; **workers came ~ing through the factory gate** robotnicy ławą wychodzili z bramy fabryki [3] (serve tea, coffee) **shall I ~?** czy mam nalać or rozlać? [4] **this jug ~s well/badly** z tego dzbanka dobrze/źle się nalewa

III *v impers* **it's ~ing (with rain)** leje (deszcz); **it's ~ing buckets** leje jak z cebra

IV pouring *prp adj* [1] *[rain]* ulewny; **in the ~ing rain** w ulewnym deszczu, w strugach deszczu [2] *[consistency]* płynny; *[sauce, custard]* o płynnej konsystencji; **to be of ~ing consistency** mieć rzadką or płynną konsystencję

■ **pour away**: **~ away [sth], ~ [sth] away** odl|ać, -ewać *[surplus]*; odcedz|ić, -ać *[dregs]*; wyl|ać, -ewać *[dirt]*

■ **pour down** *[rain]* lać

■ **pour forth**: **~ forth [sth], ~ [sth] forth** sypać (czymś) *[abuse, threats, curses, thanks]*; wyl|ać, -ewać *[woes]*; da|ć, -wać upust (czemuś) *[anger, indignation]*

■ **pour in**: ¶ **~ in** *[water, light]* wl|ać, -ewać się do środka; *[letters, money, job offers]* napły|nąć, -wać; *[people]* przyby|ć, -wać licznie or tłumnie; **invitations came ~ing in** napływała lawina zaproszeń, napływało mnóstwo zaproszeń ¶ **~ in [sth], ~ [sth] in** wl|ać, -ewać *[water, cream]*; **~ in some more water** dolej trochę wody; **he ~ed in huge sums of money, but the business failed** fig wpakował mnóstwo pieniędzy, ale interes splajtował infml

■ **pour off**: **~ off [sth], ~ [sth] off** odl|ać, -ewać, zl|ać, -ewać *[excess fat, cream]*

■ **pour out**: ¶ **~ out** *[liquid, smoke]* wydoby|ć, -wać się; *[liquid]* wyl|ać, -ewać się; *[people]* wyle|c, -gać tłumnie; **all her troubles came ~ing out** wylała z siebie wszystkie żale ¶ **~ out [sth], ~ [sth] out** [1] (serve) rozl|ać, -ewać, nal|ać, -ewać (czegoś) *[coffee, wine]*; nal|ać, -ewać *[cup of coffee]* [2] (empty) wyl|ać, -ewać, odl|ać, -ewać *[unwanted liquid]* [3] fig da|ć, -wać upust (czemuś) *[feeling, anger]* **(to sb** przed kimś); sypać (czymś) *[curses, abuse, threats, ideas]*; wyl|ać, -ewać *[woes]* **(to sb** przed kimś); pakować *[money, funding]* **(on sth** w coś); wypu|ścić, -szczać *[fumes, sewage]*; zal|ać, -ewać rynek (czymś) *[goods, exports]*; **to ~ out one's troubles** or **heart to sb** otworzyć przed kimś serce, zwierzyć się komuś z kłopotów; **he ended up ~ing out all he knew about it** ostatecznie opowiedział wszystko, co wiedział na ten temat

IDIOMS: **to ~ cold water on sth** zniechęcić do czegoś, ostudzić zapędy co do czegoś *[idea, plan]*; **to ~ oil on the flames** dolewać oliwy do ognia; **to ~ oil on troubled waters** zażegnać burzę, złagodzić konflikt; **to ~ it on** infml pej przesolić, przeholować infml *(w pochwałach, narzekaniu)*

pout /paʊt/ **I** *n* (expressing displeasure) grymas *m*, nadąsana mina *f*; (sexually attractive) kapryśna minka *f*; **to answer with a ~** odpowiedzieć z nadąsaną miną

II *vt* **to ~ one's lips** wydąć or odąć wargi

III *vi* wyd|ąć, -ymać wargi, na|dąsać się

poverty /ˈpɒvətɪ/ *n* [1] (lack of money) bieda *f*, ubóstwo *n*; niedostatek *m* liter; (more severe) nędza *f*; **to live in ~** żyć w biedzie/nędzy; **to be reduced to ~** popaść w biedę /nędzę; **he has taken a vow of ~** ślubował ubóstwo [2] (of imagination) ubóstwo *n*; (of resources) niedostatek *m*

poverty level *n* = **poverty line**

poverty line *n* minimum *n inv* socjalne; **below the ~** poniżej minimum socjalnego; **they live on the ~** żyją na poziomie minimum socjalnego

poverty-stricken /ˈpɒvətɪstrɪkn/ *adj* dotknięty biedą or ubóstwem

poverty trap *n* GB *sytuacja, w której bezrobotnemu nie opłaca się podejmować pracy, gdyż jego zarobki będą niewiele wyższe od zasiłku*

POW *n* = **prisoner of war** jeniec *m* wojenny; **~ camp** obóz jeniecki

powder /ˈpaʊdə(r)/ **I** *n* [1] (granules) proszek *m*; Cosmet, Culin puder *m*; (snow) suchy, sypki śnieg *m*; **face ~** puder (kosmetyczny); **washing ~** proszek do prania; **talcum ~** talk; **to crush** or **reduce sth to ~** zetrzeć coś na proszek or puder; **in ~ form** w proszku, w pudrze [2] (also **gun~)** proch *m* (strzelniczy)

II *vt* [1] (dust) u|pudrować, przypudrow|ać, -ywać; (with snow, sugar) przysyp|ać, -ywać, posyp|ać, -ywać **(with sth** czymś); **to ~ one's face/nose** upudrować or przypudrować twarz/nos; **she's gone to ~ her nose** euph hum poszła umyć ręce euph; **flecks of grey ~ed her hair** miała włosy przyprószone siwizną [2] (grind up) s|proszkować, zetrzeć, ścierać na proch

III powdered *pp adj* [1] *[egg, milk]* w proszku, sproszkowany; *[coffee]* rozpuszczalny; **~ed sugar** US cukier puder [2] *[hair]* upudrowany

IDIOMS: **to keep one's ~ dry** być w pogotowiu; **to take a ~** US infml wynieść się, ulotnić się infml

powder blue **I** *n* (kolor *m*) jasnoniebieski *m*

II *adj* jasnoniebieski

powder compact *n* puderniczka *f*

powder keg *n* beczka *f* prochu also fig

powder magazine *n* prochownia *f*

powder puff *n* puszek *m* do pudru

powder room *n* euph toaleta *f* damska

powder snow *n* suchy, sypki śnieg *m*

powdery /ˈpaʊdərɪ/ *adj* [1] (in consistency) *[snow]* sypki; *[stone, chalk]* miałki; (easily broken) kruchy, łamliwy [2] (covered with powder) **the baker's ~ hands** pokryte mąką ręce piekarza

power /ˈpaʊə(r)/ **I** *n* [1] (control) władza *f*; **~ to the people!** władza w ręce ludu!; **to take** or **seize ~** przejąć or zdobyć władzę; **to be in ~** być u władzy; **to come to ~** dojść do władzy; **to be returned to ~** odzyskać władzę; **to be in his/her ~** być zdanym na jego/jej łaskę (i niełaskę); **to have sb in one's ~** mieć kogoś w garści infml [2] (strength) moc *f*, potęga *f*, siła *f*; **divine/magic ~** boska/magiczna moc; **a poem of great ~** wiersz o ogromnej sile wyrazu; **the ~ of words/love/faith** potęga słów/miłości/wiary [3] (influence) wpływ *m* **(over sb/sth** na kogoś/coś); kontrola *f* **(over sb/sth** nad kimś/czymś); **to have no ~ over the committee** nie mieć żadnego wpływu na komisję; **to have no ~ over how the money is spent** nie mieć żadnego wpływu na to, jak wydawane są pieniądze [4] (capability) zdolność *f*; **~(s) of concentration/understanding** zdolność koncentracji/pojmowania; **~s of**

P

persuasion siła perswazji or przekonywania; **buying** or **purchasing ~** siła nabywcza; **the ~ of speech** dar mowy; **mental ~s** władze umysłowe; **it is in** or **within your ~ to change things, you have it in your ~ to change things** jesteś w stanie zmienić ten stan rzeczy; **it doesn't lie within my ~ to help you** nie jestem w stanie ci pomóc; **I did everything in my ~** zrobiłem wszystko, co w mojej mocy; **to be beyond one's ~** przekraczać możliwości kogoś; **to be at the height of one's ~s** być u szczytu możliwości [5] (authority) uprawnienia *n pl*, prawo *n*, kompetencje *f pl*; **the ~s of the President/police** uprawnienia prezydenta/policji; **~ of veto** prawo weta; **they have no ~ to intervene** nie mają prawa interweniować; **to exceed one's ~s** przekroczyć własne kompetencje; **he was given special ~s to fight against terrorism** otrzymał specjalne uprawnienia do walki z terroryzmem [6] (physical force) siła *f* [7] Phys, Tech energia *f*; (current) prąd *m*; **a cheap source of ~** tanie źródło energii; **switch on the ~** włącz prąd [8] Mech (of vehicle, plane) moc *f*; **to be running at full/half ~** pracować pełną parą/na pół mocy [9] (of lens) moc *f* [10] Math potęga *f*; **10 to the ~ (of) 3** 10 do trzeciej potęgi; **to the nth ~** do potęgi n-tej [11] (influential group) siła *f*; **a ~ to be respected** siła, z którą trzeba się liczyć [12] (country) mocarstwo *n*; **the great ~s** wielkie mocarstwa

II *modif* Tech, Elec *[drill, lathe, mower, cable, circuit]* elektryczny; *[brakes, steering]* ze wspomaganiem; **the ~ industry** energetyka; **~ shovel** koparka

III *vt* zasilać *[plant, engine]*; napędzać *[boat, plane]*; **~ed by sth** zasilany or napędzany czymś *[electricity, gas]*; wprawiany w ruch przez coś *[engine]*

IV *vi* infml (move fast) po|pędzić infml

V -powered *in combinations* **electrically-~ed** napędzany or zasilany energią elektryczną → **nuclear-powered**

IDIOMS: **to do sb a ~ of good** bardzo dobrze komuś zrobić; **to be the ~ behind the throne** być szarą eminencją, pociągać za sznurki; **the ~s of darkness** siły ciemności; **the ~s that be** ludzie sprawujący władzę; góra infml → **elbow**

power-assisted /ˈpaʊərəsɪstɪd/ *adj [brakes, steering]* wspomagany

power base *n* zaplecze *n* polityczne

powerboat /ˈpaʊəbəʊt/ *n* motorówka *f*, łódź *f* motorowa

power breakfast *n* US służbowe śniadanie *n*

power broker *n* Pol szara eminencja *f*; **to be a ~** rozdawać karty fig

power cut *n* przerwa *f* w dostawie energii elektrycznej

power dispute *n* strajk *m* pracowników energetyki

power dive *n* Aviat lot *m* nurkowy

power dressing *n* Fashn styl *m* „biznes-woman"

power-driven /ˈpaʊədrɪvn/ *adj* (driven by electricity) elektryczny; (driven by motor) silnikowy

powerful /ˈpaʊəfl/ *adj [arm, build, blow, engine, computer, lens, person, organization, country]* potężny; *[car, argument, evidence]* mocny; *[emotion, current]* silny; *[drug, smell, light, voice]* silny, mocny; *[scene, performance, description]* przejmujący

powerfully /ˈpaʊəfəlɪ/ *adv [strike, smell]* mocno; *[affect, influence]* silnie; *[argue]* z mocą; **to be ~ built** być potężnie zbudowanym

power game *n* walka *f* o władzę

powerhouse /ˈpaʊəhaʊs/ *n* [1] elektrownia *f* [2] fig (of ideas) kopalnia *f* fig **(of sth** czegoś**)** [3] fig (person) czołg *m* infml fig; **she's a ~!** ona jest jak czołg!; **to be a ~ in attack** Sport mieć żelazny atak infml

powerless /ˈpaʊəlɪs/ *adj* bezsilny **(against sb/sth** wobec kogoś/czegoś**)**; **to be ~ to do sth** nie być w stanie czegoś zrobić

powerlessness /ˈpaʊəlɪsnɪs/ *n* bezsilność *f*

power line *n* linia *f* wysokiego napięcia

power of attorney *n* pełnomocnictwo *n*

power pack *n* US Elec zasilacz *m*

power plant *n* US = **power station**

power play *n* [1] US Pol rozwiązanie *n* siłowe [2] Sport (in hockey) gra *f* w przewadze

power point *n* gniazdko *n* (elektryczne); kontakt *m* infml

power politics *n* (using military force) polityka *f* siły; (using coercion) polityka *f* zastraszania

power sharing *n* dzielenie się *n* władzą

power station *n* elektrownia *f*

power steering *n* układ *m* kierowniczy ze wspomaganiem

power structure *n* struktura *f* władzy

power surge *n* Elec przepięcie *n*

power tool *n* narzędzie *n* z napędem elektrycznym

power workers *n* pracowni|k *m*, -ca *f* energetyki

powwow /ˈpaʊwaʊ/ *n* [1] Anthrop (council) rada *f* plemienna *(Indian północnoamerykańskich)* [2] infml fig narada *f*; narada *f* wojenna infml hum

Powys /ˈpaʊɪs/ *prn hrabstwo w Walii*

pox /pɒks/ *n* [1] arch (smallpox) ospa *f* [2] infml dat (syphilis) franca *f* infml dat

IDIOMS: **a ~ on you!** arch niech cię zaraza! dat

poxy /ˈpɒksɪ/ *adj* GB infml *[present, reward, salary]* nędzny; *[meal]* lichy; **keep your ~ money!** nie potrzebuję twoich zakichanych pieniędzy! infml

pp [1] (on document) = **per procurationem** z upoważnienia, z up.; w zastępstwie, wz. [2] Mus = **pianissimo** pp [3] = **pages** strony, str.

p & p *n* = **postage and packing** koszt *m* przesyłki wraz z opakowaniem

PPE *n* GB Univ = **philosophy, politics and economics** filozofia, nauki polityczne i ekonomia

PPS *n* GB → **Parliamentary Private Secretary**

Pr *n* = **prince**

PR *n* [1] → **public relations** [2] → **proportional representation** [3] US Post = **Puerto Rico** [4] US offensive = **Puerto Rican**

practicability /ˌpræktɪkəˈbɪlətɪ/ *n* [1] (feasibility) (of plan, task) wykonalność *f*; (of idea, proposal) realność *f*; (of legislation) możliwość *f* wprowadzenia w życie [2] (of roads) przejezdność *f*

practicable /ˈpræktɪkəbl/ *adj* [1] (feasible) *[plan, task]* wykonalny; *[idea, proposal]* do zrealizowania; **as far as is ~** na tyle, na ile to możliwe [2] (passable) *[road]* przejezdny

practical /ˈpræktɪkl/ **I** *n* (exam) egzamin *m* praktyczny; (lesson) zajęcia *plt* praktyczne

II *adj* [1] (not theoretical, concrete) praktyczny; **his discovery has no ~ use** jego odkrycie nie ma żadnego zastosowania w praktyce; **for** or **to all ~ purposes** praktycznie, faktycznie; **in ~ terms** w praktyce [2] (functional) *[clothes, shoes, furniture, equipment]* praktyczny; **white isn't a very ~ colour** kolor biały nie jest zbyt praktyczny [3] *[person]* (sensible) praktyczny; (with hands) sprawny manualnie; **at least somebody has a ~ mind** przynajmniej jedna osoba potrafi myśleć praktycznie [4] (feasible) *[plan]* wykonalny; *[idea, method]* możliwy do zastosowania w praktyce [5] (virtual) **it's a ~ certainty that...** jest w zasadzie pewne, że...; **~ disaster** niemal katastrofa

practicality /ˌpræktɪˈkælətɪ/ **I** *n* [1] (of person, clothes) praktyczność *f*; (of equipment) funkcjonalność *f* [2] (of project) wykonalność *f*; (of idea) realność *f*

II practicalities *npl* strona *f* praktyczna

practical joke *n* psikus *m*, figiel *m*

practical joker *n* kawalarz *m*, dowcipni|ś *m*, -sia *f*

practically /ˈpræktɪklɪ/ *adv* [1] (almost, virtually) właściwie, niemal [2] (in a sensible way) *[consider, think]* praktycznie, w sposób praktyczny; *[say]* roztropnie, z sensem

practicalness /ˈpræktɪklnɪs/ *n* = **practicality I**

practical nurse *n* pielęgniarka *f*

practice /ˈpræktɪs/ **I** *n* [1] (opposed to theory) praktyka *f*; **to put sth into ~** zastosować coś w praktyce; **in ~** w praktyce, w rzeczywistości [2] (exercises) ćwiczenia *n pl*; (experience) praktyka *f*; (proficiency) wprawa *f*; (in sport) forma *f*; **she is doing her piano ~** teraz ćwiczy na pianinie; **you need more ~** musisz więcej ćwiczyć; **it's just a matter of ~** to kwestia praktyki or wprawy; **to have had ~ in** or **at sth/in** or **at doing sth** mieć doświadczenie w czymś/w robieniu czegoś; **to be in ~** mieć wprawę; Sport być w formie; **to be out of ~** stracić formę [3] (meeting) (for music, drama) próba *f*; (for sport) trening *m*; **a choir ~** próba chóru; **a hockey/football ~** trening hokejowy/piłkarski [4] (procedure) zwyczaj *m*; **a standard/common ~** przyjęty/powszechny sposób postępowania; **against normal ~** wbrew panującym zwyczajom; **business ~** sposób prowadzenia interesów [5] (habit) zwyczaj *m*; **my usual ~ is to do sth** mam zwyczaj coś robić; **to make a ~ of doing sth, to make it a ~ to do sth** regularnie coś robić; **as is my usual ~** jak to mam w zwyczaju [6] (custom) obyczaj *m*; **the ~ of doing sth** obyczaj robienia czegoś; **they make a ~ of doing sth, they make it a ~ to do sth** mają obyczaj robienia czegoś; **religious beliefs and ~s** wierzenia i praktyki religijne [7] (of doctor, lawyer) (work) praktyka *f*; (place) Med gabinet *m*;

Jur kancelaria *f*; **to have a ~ in London** mieć gabinet or praktykę/kancelarię w Londynie; **to set up in** or **go into ~** rozpocząć praktykę; **he is no longer in ~** już nie prowadzi praktyki/nie ma kancelarii; **she has a profitable/large ~** ona ma dochodową/rozległą praktykę

II *modif [exam, test, run]* próbny; *[flight]* treningowy

III *vt, vi* US = **practise**

IDIOMS: **~ makes perfect** Prov ćwiczenie czyni mistrza

practiced *adj* US = **practised**

practice run *n* próba *f*

practice teacher *n* US nauczyciel stażysta *m*, nauczycielka stażystka *f*

practicing *adj* US = **practising**

practise GB, **practice** US /ˈpræktɪs/ **I** *vt* [1] (work on) prze|ćwiczyć *[dance, song, serve]*; wprawi|ć, -ać się w (czymś) *[English]*; powt|órzyć, -arzać sobie; przepowi|edzieć, -adać infml *[speech]*; z|robić próbę (czegoś) *[play, performance]*; **to ~ one's scales** ćwiczyć gamy; **to ~ the piano** grać wprawki na fortepianie; **she's practising what to say to him** przepowiada sobie, co ma mu powiedzieć; **I ~d my English on him** wypróbowałem na nim swoją angielszczyznę [2] (use) wypraktykow|ać, -ywać, za|stosować *[method, form]*; zachow|ać, -ywać *[patience, tolerance, restraint]*; za|stosować *[torture]*; **we have to ~ economy** musimy być oszczędni; **to ~ deceit on sb** oszukać kogoś [3] (do as custom) wyznawać *[religion, one's belief]*; praktykować *[custom, habit]*; uprawiać *[magic, sport]*; **he ~s vegetarianism /Buddhism** on jest wegetarianinem/wyznawcą buddyzmu [4] (follow a profession) **to ~ medicine/law** być lekarzem/prawnikiem

II *vi* [1] (train) *[musician, dancer]* ćwiczyć; *[sportsperson]* trenować; (for play, concert) przygotow|ać, -ywać się; **to ~ for a match/concert** przygotowywać się do meczu/koncertu [2] *[doctor, lawyer]* praktykować; **to ~ as a doctor/lawyer** praktykować jako lekarz/prawnik

IDIOMS: **to ~ what one preaches** potwierdzać słowa czynem, być w zgodzie z własnymi przekonaniami

practised GB, **practiced** US /ˈpræktɪst/ *adj* [1] *[doctor, teacher, nurse]* doświadczony; *[player]* wprawny; *[liar, cheat]* przebiegły; **to be (well)-~ in sth** mieć w czymś (dużą) wprawę [2] *[ear, eye, movement]* wprawny; *[grace, performance]* wyćwiczony; *[leer, smile, grace]* sztuczny, wystudiowany

practising GB, **practicing** US /ˈpræktɪsɪŋ/ *adj [Christian, Muslim, doctor, lawyer]* praktykujący; *[pacifist, homosexual]* aktywny

practitioner /prækˈtɪʃənə(r)/ *n* [1] (of profession) **medical ~** lekarz; **dental ~** dentysta; **legal ~** prawnik [2] (of belief) wyznaw|ca *m*, -czyni *f*; **a ~ of poetry/acupuncture** parający się poezją/akupunkturą

praesidium *n* = **presidium**

praetorian /priːˈtɔːrɪən/ *adj* pretoriański; **the Praetorian Guard** gwardia pretoriańska also fig

pragmatic /prægˈmætɪk/ *adj* [1] pragmatyczny [2] Philos pragmatystyczny

pragmatical /prægˈmætɪkl/ *adj* Philos pragmatystyczny

pragmatically /prægˈmætɪklɪ/ *adv* pragmatycznie

pragmatics /prægˈmætɪks/ *n (+ v sg)* [1] Ling pragmatyka *f* [2] (of scheme, situation) strona *f* praktyczna **(of sth** czegoś)

pragmatism /ˈprægmətɪzəm/ *n* pragmatyzm *m*

pragmatist /ˈprægmətɪst/ *n* pragmatyk *m*; Philos pragmatysta *m*

Prague /prɑːg/ **I** *prn* Praga *f*

II *modif* praski

prairie /ˈpreərɪ/ *n* preria *f*

prairie chicken *n* US Zool cietrzew *m* preriowy

prairie dog *n* piesek *m* preriowy, nieświszczuk *m*

prairie oyster *n* US [1] infml (drink) *koktajl z żółtkiem i przyprawami, środek na przepicie* [2] Culin **prairie oysters** (testicles) gotowane jądra *n pl* cielęce

prairie schooner *n* wóz *m* pionierów Dzikiego Zachodu

prairie wolf *n* US kojot *m*

praise /preɪz/ **I** *n* [1] pochwała *f* **(for sth /for doing sth** za coś/za zrobienie czegoś); **to be full of ~ for sb/sth** nie szczędzić komuś/czemuś pochwał, być pełnym uznania dla kogoś/czegoś; **I've nothing but ~ for him** złego słowa nie mogę o nim powiedzieć; **to be loud in one's ~** or **~s of sb/sth** sławić kogoś/coś; **to heap ~ on sb** obsypywać kogoś pochwałami; **to speak in ~ of sb** wystąpić z mową pochwalną na cześć kogoś; **beyond ~** godny najwyższego uznania; **worthy of ~** godny pochwały; **faint ~** zdawkowa pochwała; **high ~** najwyższa pochwała; **that's ~ indeed coming from her** w jej ustach to prawdziwa pochwała [2] Relig chwała *f*, cześć *f*; **songs of ~** pieśni pochwalne; **let us give ~ unto the Lord** chwalmy Pana; **~ be!**; dat chwała or dzięki Bogu!

II *vt* [1] po|chwalić, wychwalać *[person, book, achievement]*; **to ~ sb for sth/for doing sth** chwalić kogoś za coś/za zrobienie czegoś; **he cannot ~ her too highly** nie może się jej nachwalić; **to ~ sb/sth to the skies** wychwalać kogoś/coś pod niebiosa; **to sing sb's ~s** wygłaszać peany na cześć kogoś [2] Relig wysławiać, chwalić *[God]* **(for sth** za coś); **~ the Lord!** (as interjection) Bogu niech będą dzięki!

praiseworthiness /ˈpreɪzwɜːðɪnɪs/ *n* (of deed) chwalebność *f*; **all agreed on the ~ of the plan** wszyscy byli zgodni co do tego, że plan zasługuje na uznanie

praiseworthy /ˈpreɪzwɜːðɪ/ *adj [person, performance]* godny pochwały or uznania; *[deed, effort]* chwalebny

praline /ˈprɑːliːn/ *n* masa *f* migdałowa *(do nadziewania pomadek)*

pram /præm/ *n* GB wózek *m* dziecięcy

prance /prɑːns, US præns/ *vi* [1] *[horse, child]* bryk|nąć, -ać; *[person]* (gaily) podskakiwać; **to ~ in/out** *[person]* wkroczyć/wyjść tanecznym krokiem [2] pej **to ~ around** (smugly) paradować; **he comes prancing in at any time he chooses** przychodzi jak gdyby nigdy nic, kiedy mu się podoba

prang /præŋ/ GB infml dat **I** *n* kraksa *f*

II *vt* rozbić *[car]*; (slightly) stuknąć infml

prank /præŋk/ *n* figiel *m*, psikus *m*; **to play a ~ on sb** spłatać komuś figla, zrobić komuś psikusa

prankster /ˈpræŋkstə(r)/ *n* wesołek *m*, dowcipni|ś *m*, -sia *f*

praseodymium /ˌpreɪzɪəˈdɪmɪəm/ *n* prazeodym *m*

prat /præt/ *n* GB vinfml palant *m* infml offensive

prate /preɪt/ *vi* dat (also **~ on**) ględzić infml **(about sth** o czymś)

pratfall /ˈprætfɔːl/ *n* vinfml [1] (fall) **to take a ~** wywinąć orła infml [2] fig kompromitacja *f*; wpadka *f* infml

prattle /ˈprætl/ **I** *n* paplanina *n*; (of children) szczebiot *m*

II *vi [adult]* paplać; *[child]* szczebiotać; **to ~ on about sth** paplać bez końca o czymś

prawn /prɔːn/ **I** *n* krewetka *f*

II *modif [salad]* z krewetek, krewetkowy; *[sandwich]* z krewetkami; **~ cocktail** koktajl z krewetek; **~ cracker** prażynka krewetkowa

pray /preɪ/ **I** *adv* arch or iron **~ be seated** proszę spocząć fml; **and what, ~ (tell), is the meaning of that?** bądź łaskaw wyjaśnić, co to właściwie znaczy?; **~ silence for his lordship** (in court) proszę o ciszę dla wysokiego sądu

II *vt* [1] **to ~ God's forgiveness, to ~ God for forgiveness** modlić się do Boga o przebaczenie; **I ~ that he's all right** modlę się, żeby nic mu się nie stało [2] arch (request) błagać **(for sth** o coś); **to ~ sb (to) do sth** błagać kogoś, żeby coś zrobił

III *vi* po|modlić się; **to pray (to God) for peace/forgiveness** modlić się (do Boga) o pokój/wybaczenie; **to ~ for sb/sb's soul** modlić się za kogoś/za duszę kogoś; **to ~ for rain/fair weather** modlić się o deszcz/o ładną pogodę; **he's past ~ing for** hum jemu już nic nie pomoże

prayer /ˈpreə(r)/ **I** *n* [1] Relig (activity) modlitwa *f*; modły *plt* liter; **to be at ~** or **at one's ~s** modlić się [2] (words) modlitwa *f*; **a ~ for the deceased** modlitwa za zmarłych; **a ~ for peace** modlitwa o pokój; **to say a ~** odmówić modlitwę, zmówić pacierz; **to say one's ~s** modlić się; **you are in my ~s** modlę się za ciebie; **my ~s were answered** moje modlitwy zostały wysłuchane also fig; **the Book of Common Prayer** Księga wspólnej modlitwy *(podstawowa księga liturgiczna anglikanizmu)* [3] (wish, hope) gorące pragnienie *n*; **my one ~ is that he comes back** pragnę tylko, żeby wrócił

II prayers *pl* modły *plt*, modlitwa *f*; (service) nabożeństwo *n*; **to be late for ~s** spóźnić się na modlitwę

III *modif* Relig *[group, meeting]* modlitewny

IDIOMS: **not to have a ~** nie mieć najmniejszej szansy; **she hasn't got a ~ of winning** nie ma najmniejszej szansy na zwycięstwo; **on a wing and a ~** z Bożą pomocą, cudem

prayer beads *npl* różaniec *m*

prayer book *n* modlitewnik *m*, książeczka *f* do nabożeństwa; **the Prayer Book** modlitewnik kościoła anglikańskiego

prayer mat *n* = **prayer rug**

prayer rug *n* dywanik *m* modlitewny
prayer shawl *n* tałes *m*
prayer wheel *n* młyn *m* modlitewny, koło *n* modlitewne *(w lamaizmie)*
praying /ˈpreɪɪŋ/ **I** *n* modły *plt*
II *adj* modlący się, rozmodlony
praying mantis *n* modliszka *f*
preach /priːtʃ/ **I** *vt* [1] Relig wygł|osić, -aszać *[sermon]*; głosić *[the Word of God]*; **to ~ the Gospel** głosić ewangelię [2] fig (advocate) propagować *[pacifism, tolerance, virtue]*; **to ~ that...** głosić, że...
II *vi* [1] Relig wygł|osić, -aszać kazanie **(on** or **about sth** o czymś, na temat czegoś); **to ~ to sb** wygłosić kazanie (skierowane) do kogoś [2] fig pej prawić kazania **(to** or **at sb** komuś)
IDIOMS: **to ~ to the converted** wyważać otwarte drzwi → **practise**
preacher /ˈpriːtʃə(r)/ *n* [1] (one who preaches) kaznodzieja *m*; fig głosiciel *m*, -ka *f*, propagator *m*, -ka *f* **(of sth** czegoś) [2] US (minister) pastor *m*
preachify /ˈpriːtʃɪfaɪ/ *vi* infml pej rozprawiać, perorować **(about sth** na temat czegoś)
preachy /ˈpriːtʃɪ/ *adj [person]* lubiący prawić morały; *[speech]* moralizatorski
preamble /priːˈæmbl/ *n* fml (to book, lecture) wstęp *m* **(to sth** do czegoś); (to document, statute) preambuła *f* **(to sth** czegoś, do czegoś); arenga *f* ra
preamplifier /priːˈæmplɪfaɪə(r)/ *n* przedwzmacniacz *m*
prearrange /ˌpriːəˈreɪndʒ/ **I** *vt* przygotow|ać, -ywać, za|planować *[revolt, strike]*; ustal|ić, -ać *[time, place]*
II prearranged *pp adj [signal]* umówiony; *[time, place]* ustalony; *[visit]* zaplanowany; **at a ~d signal** na umówiony sygnał
prebend /ˈprebənd/ *n* prebenda *f*
prebendary /ˈprebəndərɪ/ *n* prebendariusz *m*, prebendarz *m*
precancerous /priːˈkænsərəs/ *adj* przedrakowy
precarious /prɪˈkeərɪəs/ *adj [bridge, crossing]* niebezpieczny; *[position, grip, peace]* niepewny; **to earn a ~ living** nie mieć stałych dochodów; **the vase looks a bit ~ up there** wazon może w każdej chwili stamtąd spaść
precariously /prɪˈkeərɪəslɪ/ *adv [live, exist]* będąc niepewnym jutra; *[walk, drive, hang]* niepewnie; **to be ~ balanced** znajdować się w chwiejnej równowadze
precast /ˌpriːˈkɑːst, US -ˈkæst/ *adj [beam, block]* prefabrykowany; **~ concrete** element betonowy prefabrykowany
precaution /prɪˈkɔːʃn/ *n* zabezpieczenie *n* **(against sth** na wypadek czegoś); **she took these pills as a ~ against malaria** brała te tabletki dla ochrony przed malarią; **fire/flood ~s** środki zapobiegawcze or ostrożności na wypadek pożaru/powodzi; **to take ~s (to ensure/avoid sth)** przedsięwziąć środki ostrożności (żeby zapewnić coś/uniknąć czegoś); **to take the ~ of doing sth** zrobić coś na wszelki wypadek
precautionary /prɪˈkɔːʃənərɪ, US -nerɪ/ *adj* zapobiegawczy; **~ measures** środki zapobiegawcze or ostrożności
precede /prɪˈsiːd/ *vt* [1] (in time) *[event]* poprzedz|ić, -ać; **the visit was ~d by months of preparation** wizytę poprzedziły wielomiesięczne przygotowania; **dismissal must be ~d by a warning** zwolnienie musi być poprzedzone ostrzeżeniem; **to ~ a speech with a few words of thanks** na początku przemówienia wygłosić kilka słów podziękowania; **to ~ sb as president** być poprzednikiem kogoś na stanowisku prezydenta [2] (in space) *[person]* iść przed (kimś/czymś); *[vehicle]* jechać przed (kimś/czymś); **the King was ~d by his courtiers** przed królem szli dworzanie; **he ~d them into the dining room** wszedł przed nimi do jadalni [3] (outrank) stać wyżej od (kogoś/czegoś)
precedence /ˈpresɪdəns/ *n* pierwszeństwo *n*; **to take** or **have ~ over sb/sth** mieć pierwszeństwo przed kimś/czymś, być ważniejszym od kogoś/czegoś; **to give ~ to sb/sth** przyznać komuś/czemuś pierwszeństwo; **in order of ~** zgodnie z hierarchią ważności
precedent /ˈpresɪdənt/ *n* precedens *m*; **legal ~** precedens sądowy; **to set a ~** stworzyć precedens; **to break with ~** zerwać z tradycją; **without ~** bez precedensu, bezprecedensowy
preceding /prɪˈsiːdɪŋ/ *adj* poprzedni
precept /ˈpriːsept/ *n* zasada *f*, nakaz *m*
preceptor /ˌpriːˈseptə(r)/ *n* [1] arch (teacher) preceptor *m* dat or hum [2] US Univ nauczyciel *m* akademicki
pre-Christian /ˌpriːˈkrɪstʃən/ *adj* przedchrześcijański
precinct /ˈpriːsɪŋkt/ **I** *n* [1] GB (also **shopping ~**) pasaż *m* handlowy *(zamknięty dla ruchu kołowego)* [2] GB (also **pedestrian ~**) strefa *f* zamknięta dla ruchu kołowego [3] US Admin (electoral) okręg *m*; (police) dystrykt *m* [4] US (police station) ≈ komisariat *m*
II precincts *npl* (surrounding area) tereny *m pl* przyległe, otoczenie *n*; **within** or **in the ~s of sth** na terenie czegoś
III *modif* US *[police station]* ≈ dzielnicowy; **~ captain** ≈ dzielnicowy; **~ worker** Pol aktywista agitujący w okręgu wyborczym
precious /ˈpreʃəs/ **I** *n* (as endearment) skarb *m*; **come here, ~** przyjdź tu, skarbie
II *adj* [1] (valuable) *[jewel, object]* cenny, drogocenny; **we lost ~ time** straciliśmy cenny czas [2] (held dear) *[person, memento]* drogi, najdroższy; *[memory]* drogi, tkliwy; **to be ~ to sb** być szczególnie cennym dla kogoś, być drogim komuś [3] infml iron (beloved) ukochany; **your ~ son** twój ukochany synalek iron [4] pej (affected) *[person, style]* afektowany, pretensjonalny
III *adv* infml (very) **~ little time/sense** bardzo mało or niewiele czasu/sensu; **~ few cars/solutions** bardzo mało or niewiele samochodów/rozwiązań
precious metal *n* metal *m* szlachetny
preciousness /ˈpreʃəsnɪs/ *n* [1] (value) cenność *f*, drogocenność *f* [2] (affectedness) afektacja *f*, pretensjonalność *f*
precious stone *n* kamień *m* szlachetny
precipice /ˈpresɪpɪs/ *n* urwisko *n*; przepaść *f* also fig; **at the edge of the ~** nad przepaścią also fig; **to stand on the ~ of economic collapse** fig znaleźć się na skraju katastrofy ekonomicznej
precipitance /prɪˈsɪpɪtəns/ *n* fml (wielki) pośpiech *m*; (thoughtless haste) pochopność *f*
precipitant /prɪˈsɪpɪtənt/ **I** *n* Chem środek *m* or odczynnik *m* strącający
II *adj* fml pośpieszny; (rash) pochopny
precipitate I /prɪˈsɪpɪtət/ *n* Chem osad *m* (wytrącony), strąt *m*
II /prɪˈsɪpɪtət/ *adj* (hasty) *[action]* pośpieszny; *[departure, exit]* nagły; (rash) *[decision]* pochopny; **let us not be ~** nie działajmy pochopnie
III /prɪˈsɪpɪteɪt/ *vt* [1] fml (bring about, hasten) przyśpiesz|yć, -ać, doprowadz|ić, -ać do (czegoś) *[crisis, event]*; **his downfall was ~d by these events** wydarzenia te przyśpieszyły jego upadek [2] fml (hurl) zrzuc|ić, -ać, wyrzuc|ić, -ać; **the impact ~d him through the windscreen** siła uderzenia wyrzuciła go przez przednią szybę; **I was ~d into making a decision** byłem zmuszony podjąć decyzję [3] Chem wytrąc|ić, -ać, strąc|ić, -ać *[substance]* [4] Meteorol s|kondensować *[vapour]*
IV /prɪˈsɪpɪteɪt/ *vi* [1] Chem wytrąc|ić, -ać się, strąc|ić, -ać się [2] Meteorol s|kondensować się
precipitately /prɪˈsɪpɪtətlɪ/ *adv* fml pośpiesznie; (over-quickly) pochopnie
precipitation /prɪˌsɪpɪˈteɪʃn/ *n* [1] Meteorol opady *m pl* atmosferyczne; **there is little ~ in the Sahara** na Saharze rzadko występują opady atmosferyczne [2] Chem strącanie (się) *n*, wytrącanie (się) *n* [3] fml (haste) (nadmierny) pośpiech *m*
precipitous /prɪˈsɪpɪtəs/ *adj* [1] fml (steep) *[cliff]* urwisty; *[path, steps]* stromy [2] (hasty) = **precipitate II**
precipitously /prɪˈsɪpɪtəslɪ/ *adv [drop, rise]* stromo
précis /ˈpreɪsiː, US preɪˈsiː/ **I** *n* streszczenie *n*
II *vt* stre|ścić, -szczać *[text, speech]*
precise /prɪˈsaɪs/ *adj* [1] (exact) *[calculations, measurement, sum, meaning, detail]* dokładny; *[definition, measurements]* precyzyjny; **can you be more ~?** czy mógłbyś to sprecyzować?; **there were about 60 people, 59 to be ~** było około 60 osób, a ściśle(j) mówiąc 59; **at that ~ moment/spot** dokładnie w tym momencie/miejscu, właśnie w tym momencie/miejscu [2] (meticulous) *[person]* skrupulatny, precyzyjny
precisely /prɪˈsaɪslɪ/ *adv* [1] (exactly) dokładnie; **at two o'clock ~** dokładnie o drugiej; **she was chosen ~ because of that** właśnie dlatego ją wybrano; **that's ~ why** właśnie dlatego; **'you mean you'll resign?' – '~!'** „czy to znaczy, że podasz się do dymisji?" – „no właśnie!" [2] (accurately) *[describe, recount]* dokładnie, szczegółowo; *[measure, define]* precyzyjnie
preciseness /prɪˈsaɪsnɪs/ *n* precyzja *f*
precision /prɪˈsɪʒn/ **I** *n* precyzja *f*, dokładność *f*; **with ~** z precyzją, precyzyjnie, dokładnie; **with clockwork ~** z jubilerską precyzją
II *modif [instrument, tool, engineering]* precyzyjny; **~ landing** lądowanie precyzyjne; **~ timing** synchronizacja
precision bombing *n* bombardowanie *n* precyzyjne
preclude /prɪˈkluːd/ *vt* wyklucz|yć, -ać *[possibility]*; uniemożliwi|ć, -ać *[action, in-*

volvement]; **to ~ sb (from) doing sth** uniemożliwić komuś zrobienie czegoś

precocious /prɪˈkəʊʃəs/ *adj [ability, talent]* wcześnie rozwinięty; *[age]* młody; **a ~ child** nad wiek rozwinięte dziecko

precociously /prɪˈkəʊʃəslɪ/ *adv [bright, gifted]* nad wiek; **at a ~ young age** w bardzo młodym wieku

precociousness /prɪˈkəʊʃəsnɪs/ *n* wczesny rozwój *m*

precocity /prɪˈkɒsətɪ/ *n* = **precociousness**

precognition /ˌpriːkɒɡˈnɪʃn/ *n* przeczucie *n*; Psych przedwiedza *f*, prekognicja *f*

pre-Columbian /ˌpriːkəˈlʌmbɪən/ *adj* przedkolumbijski, prekolumbijski

precombustion /ˌpriːkəmˈbʌstʃən/ **I** *n* spalanie *n* w komorze wstępnej
II *modif* **~ chamber** komora wstępna or spalania wstępnego

preconceived /ˌpriːkənˈsiːvd/ *adj [idea, notion]* przyjęty z góry

preconception /ˌpriːkənˈsepʃn/ *n* z góry przyjęty osąd *m* **(about sb/sth** na temat kogoś/czegoś**)**; (negative) uprzedzenie *n* **(about sb/sth** co do kogoś/czegoś**)**

preconcerted /ˌpriːkənˈsɜːtɪd/ *adj [plan, meeting]* zaplanowany; *[signal]* umówiony

precondition /ˌpriːkənˈdɪʃn/ **I** *n* konieczny warunek *m* **(of sth** czegoś**)**
II *vt* Psych uwarunkow|ać, -ywać; **to ~ sb to do sth** wykształcić w kimś odruch robienia czegoś

precook /ˌpriːˈkʊk/ **I** *vt* u|gotować wcześniej
II precooked *pp adj* (prepared at home) ugotowany wcześniej; (from supermarket) gotowy do podgrzania

precool /ˌpriːˈkuːl/ *vt* schł|odzić, -adzać

precursor /ˌpriːˈkɜːsə(r)/ *n* (person) prekursor *m*, -ka *f*; (first model) prototyp *m*, pierwowzór *m* **(of sth** czegoś**)**; (sign) zwiastun *m* **(of sth** czegoś**)**; (prelude) wstęp *m* **(to** or **of sth** do czegoś**)**

precursory /ˌpriːˈkɜːsərɪ/ *adj [remark]* wstępny; *[taste, glimpse]* pierwszy

predate /ˌpriːˈdeɪt/ *vt* [1] (put earlier date on) antydatować, opat|rzyć, -rywać wcześniejszą datą *[document, cheque]* [2] (occur before) poprzedz|ić, -ać *[event, discovery]*; **this building ~s the temple (by fifty years)** ten budynek jest starszy od świątyni (o pięćdziesiąt lat)

predator /ˈpredətə(r)/ *n* [1] (animal) drapieżnik *m* [2] fig (person) sęp *m* fig; Comm (also **~ company)** „drapieżca” *m (próbujący tanio przejąć inne firmy)*

predatory /ˈpredətrɪ, US -tɔːrɪ/ *adj* [1] *[animal]* drapieżny; **~ instinct/habits** instynkt/obyczaje drapieżcy [2] *[attack, raid, gang]* grabieżczy, łupieski; Comm *[consortium, company]* próbujący przejąć mniejsze firmy

predatory competition *n* Comm nieuczciwa konkurencja *f*

predatory pricing *n* Comm dumping *m*, ceny *f pl* dumpingowe

predatory stake *n* Fin udział *m* pozwalający na przejęcie spółki

predecease /ˌpriːdɪˈsiːs/ *vt* fml Jur umrzeć wcześniej od (kogoś)

predecessor /ˈpriːdɪsesə(r), US ˈpredə-/ *n* (person) poprzedni|k *m*, -czka *f*; **this plan is no better than its ~s** ten plan nie jest lepszy od poprzednich

predestination /ˌpriːdestɪˈneɪʃn/ *n* przeznaczenie *n*; predestynacja *f* fml

predestine /ˌpriːˈdestɪn/ *vt [God, fate]* przesądz|ić, -ać o (czymś) *[success, failure]*; **youths ~d to an early death** młodzi ludzie, którym pisana (jest) wczesna śmierć; **he believed himself (to be) ~d to be a great leader** uważał, że jest mu przeznaczone zostać wielkim przywódcą; **it must have been ~d that we should meet again** musiało być nam przeznaczone spotkać się znowu

predetermination /ˌpriːdɪtɜːmɪˈneɪʃn/ *n* [1] (of outcome) ustalenie *n* z góry [2] Philos predeterminacja *f*

predetermine /ˌpriːdɪˈtɜːmɪn/ *vt* [1] (decide, arrange) określ|ić, -ać z góry *[behaviour, costs, features]*; ustal|ić, -ać zawczasu *[plan, signal]*; **at a ~d time** o wcześniej ustalonej porze [2] Philos predeterminować

predicable /ˈpredɪkəbl/ *adj* Philos orzekalny, predykabilny

predicament /prɪˈdɪkəmənt/ *n* kłopotliwe położenie *n*; **financial ~** trudna sytuacja finansowa; **to find oneself in a ~** znaleźć się w kłopotliwym położeniu; **to help sb out of his/her ~** pomóc komuś wyjść z kłopotliwej sytuacji

predicate I /ˈpredɪkət/ *n* [1] Ling orzeczenie *n* [2] Philos predykat *m*
II /ˈpredɪkət/ *adj* [1] Ling, Philos predykatywny [2] Math **~ calculus** rachunek predykatów
III /ˈpredɪkeɪt/ *vt* [1] (assert) głosić *[theory]*; **to ~ that...** twierdzić or orzec or głosić, że... [2] Philos orze|c, -kać; **to ~ sth of sb /sth** orzec coś o kimś/czymś [3] (base) op|rzeć, -ierać **(on sth** na czymś**)** [4] (have as condition) **to be ~d on sth** pociągać za sobą coś

predicative /prɪˈdɪkətɪv, US ˈpredɪkeɪtɪv/ *adj* Ling predykatywny

predicatively /prɪˈdɪkətɪvlɪ, US ˈpredɪkeɪtɪvlɪ/ *adv* Ling *[use]* w funkcji predykatywnej

predict /prɪˈdɪkt/ *vt* (foresee) przewi|dzieć, -dywać *[future, event]*; (foretell) przepowi|edzieć, -adać *[future, event]*; **to ~ how /when...** przewidzieć or przepowiedzieć, jak/kiedy...; **who could have ~ed that...** któż mógł przewidzieć, że...; **oil prices are ~ed to fall** przewiduje się, że ceny ropy spadną

predictability /prɪˌdɪktəˈbɪlətɪ/ *n* (of event, phenomenon) przewidywalność *f*, możność *f* przewidzenia **(of sth** czegoś**)**; **he appreciates their ~** (of people) ceni sobie to, że zawsze wie, czego może się po nich spodziewać

predictable /prɪˈdɪktəbl/ *adj [result, behaviour]* przewidywalny, (łatwy) do przewidzenia; **he got drunk – that was ~** upił się, jak było do przewidzenia; **you're so ~** zawsze wiadomo, czego można się po tobie spodziewać

predictably /prɪˈdɪktəblɪ/ *adv* jak można się (było) spodziewać; **~, nobody came** jak można się było spodziewać, nikt nie przyszedł

prediction /prɪˈdɪkʃn/ *n* [1] (act) przewidywanie *n* **(about sth** co do czegoś**)**; Comm prognozowanie *n* [2] (forecast) przewidywanie *n* **(of sth** czegoś**)**; (prophecy) przepowiednia *f*; Comm prognoza *f*; **to make a ~ about sth** przepowiadać coś; **a ~ that inflation will fall** prognoza spadku inflacji

predictive /prɪˈdɪktɪv/ *adj [sayings, writings]* proroczy

predigested /ˌpriːdaɪˈdʒestɪd/ *adj* poddany wstępnemu trawieniu pozaustrojowemu

predilection /ˌpriːdɪˈlekʃn, US ˌpredlˈek-/ *n* upodobanie *n*, pociąg *m*; **to have a ~ for sth** mieć upodobanie or pociąg do czegoś

predispose /ˌpriːdɪˈspəʊz/ *vt* [1] (to job, profession) predysponować fml **(to** or **towards sth** do czegoś**)**; (to person) usposo|bić, -abiać **(to** or **towards sb** do kogoś**)**; (to laughter) nastr|oić, -ajać **(to sth** do czegoś**)**; **to be ~d to sth** mieć skłonność do czegoś [2] (make liable) u|czynić podatnym **(to sth** na coś**)**; **to be ~d to sth** mieć skłonności do czegoś, być podatnym na coś *[illness]*

predisposition /ˌpriːdɪspəˈzɪʃn/ *n* (liability) skłonność *f* **(to sth** do czegoś**)**; **a ~ to do sth** skłonność do robienia czegoś

predominance /prɪˈdɒmɪnəns/ *n* przewaga *f* **(of sth** czegoś**)**; **the ~ of one group over another** przewaga jednej grupy nad drugą

predominant /prɪˈdɒmɪnənt/ *adj* dominujący, przeważający; **to become ~** zacząć dominować or przeważać

predominantly /prɪˈdɒmɪnəntlɪ/ *adv* w przeważającej mierze, głównie

predominate /prɪˈdɒmɪneɪt/ *vi* [1] (prevail) przeważ|yć, -ać, dominować **(over sth** nad czymś**)** [2] (rise high) górować, dominować **(over sth** nad czymś**)**

pre-eclampsia /ˌpriːɪˈklæmpsɪə/ *n* Med stan *m* przedrzucawkowy

pre-embryo /ˌpriːˈembrɪəʊ/ *n* preembrion *m*, wczesny zarodek *m* ludzki

preemie /ˈpriːmiː/ *n* (also **premie)** US infml wcześniak *m*

pre-eminence /ˌpriːˈemɪnəns/ *n* wysoka pozycja *f*, prymat *m*

pre-eminent /ˌpriːˈemɪnənt/ *adj* [1] (distinguished) *[celebrity, scientist]* wybitny [2] (leading) *[company, nation]* przodujący

pre-eminently /ˌpriːˈemɪnəntlɪ/ *adv* [1] (highly) *[successful, distinguished]* szczególnie [2] (above all) nade wszystko, przede wszystkim

pre-empt /ˌpriːˈempt/ *vt* [1] (anticipate) uprzedz|ić, -ać *[question, decision, move, person]* [2] (thwart) udaremni|ć, -ać *[action, plan]* [3] Jur (appropriate) naby|ć, -wać w drodze pierwokupu *[building, land]*

pre-emption /ˌpriːˈempʃn/ **I** *n* [1] (preventing) udaremnienie *n* [2] Jur pierwokup *m*
II *modif* Jur **~ right** prawo pierwokupu

pre-emptive /ˌpriːˈemptɪv/ *adj* [1] Jur **~ right** prawo pierwokupu; **~ purchase** nabycie w drodze pierwokupu [2] Mil *[attack, strike]* wyprzedzający [3] Games (in bridge) *[bid]* blokujący

preen /priːn/ **I** *vt* czyścić *[feathers]*
II *vi [bird]* czyścić piórka
III *vr* **to ~ oneself** *[bird]* czyścić or muskać sobie piórka; *[person]* odszykow|ać, -ywać się infml; **to ~ oneself on sth/on**

P

doing sth obnosić się dumnie z czymś/z powodu zrobienia czegoś

pre-establish /ˌpriːɪˈstæblɪʃ/ *vt* ustali|ć, -ać wcześniej *[plan]*

pre-exist /ˌpriːɪɡˈzɪst/ **I** *vt* istnieć przed (kimś/czymś)

II *vi [situation, phenomenon]* istnieć or występować uprzednio; *[person]* żyć wcześniej; *[soul]* istnieć wcześniej

III pre-existing *prp adj* istniejący uprzednio; **a ~ing medical condition** wcześniejsze schorzenie

pre-existence /ˌpriːɪɡˈzɪstəns/ *n* (of phenomenon) uprzednie występowanie *n*; (of person) poprzednie życie *n*; (of soul) Philos preegzystencja *f*

pre-existent /ˌpriːɪɡˈzɪstənt/ *adj* uprzedni, istniejący uprzednio

prefab /ˈpriːfæb, US ˌpriːˈfæb/ **I** *n* dom *m* z prefabrykatów

II *adj* prefabrykowany

prefabricate /ˌpriːˈfæbrɪkeɪt/ *vt* prefabrykować, wy|budować z prefabrykatów

prefabrication /ˌpriːfæbrɪˈkeɪʃn/ *n* prefabrykacja *f*

preface /ˈprefɪs/ **I** *n* (to speech) wstęp *m* **(to sth** do czegoś**)**; (to book) przedmowa *f*, wstęp *m* **(to sth** do czegoś**)**; (to event) prolog *m* **(to sth** czegoś**)**

II *vt* opat|rzyć, -rywać przedmową *[book]*; **she ~d the collection with a short biography** na wstępie zbiorku zamieściła krótką biografię; **he ~d his lecture with an apology for being late** na początku wykładu przeprosił za spóźnienie; **I would like to ~ my remarks with a word of thanks** na wstępie chciałbym w kilku słowach podziękować

prefaded /ˌpriːˈfeɪdɪd/ *adj [cloth, jeans]* fabrycznie odbarwiony

prefatory /ˈprefətrɪ, US -tɔːrɪ/ *adj [remarks]* wstępny; *[pages]* pierwszy

prefect /ˈpriːfekt/ *n* [1] GB Sch *uczeń starszej klasy odpowiedzialny za dyscyplinę* [2] Pol (in France) prefekt *m*

prefecture /ˈpriːfektjʊə(r), US -tʃər/ *n* Pol (in France) prefektura *f*

prefer /prɪˈfɜː(r)/ **I** *vt* (*prp, pt, pp* **-rr-**) [1] (like better) woleć; preferować fml; **what do you ~?** co wolisz?, które wolisz?; **to ~ sth to sth** woleć coś od czegoś, woleć coś niż coś; **I ~ cats to dogs** wolę koty od psów; **I ~ reading to watching TV** wolę czytać niż oglądać telewizję; **I ~ to live alone** wolę mieszkać sam; **I'd ~ to stay at home** wolałbym zostać w domu; **I ~ to walk rather than to take the bus** wolę iść na piechotę niż jechać autobusem; **to ~ sb to do/not to do sth** woleć, żeby ktoś coś zrobił/żeby ktoś czegoś nie robił; **they ~ that it should not be discussed** wolą, żeby o tym nie mówić; **I'd ~ it if you didn't smoke** wolałbym, żebyś nie palił [2] Jur **to ~ charges** wn|ieść, -osić oskarżenie; **to ~ charges against sb** stawiać zarzuty komuś [3] (appoint) mianować; (promote) awansować; **to ~ sb to a post** mianować/awansować kogoś na (jakieś) stanowisko

II preferred *pp adj* [1] (favourite) *[method, option, solution]* preferowany fml; **his ~red candidate** popierany przez niego kandydat [2] (preferential) *[creditor]* uprzywilejowany; Fin **~red stock** akcje uprzywilejowane

preferable /ˈprefrəbl/ *adj* (better) lepszy **(to sth** od czegoś, niż coś**)**; (more desirable) bardziej pożądany **(to sth** od czegoś, niż coś**)**; **I find novels ~ to poetry** wolę powieści od poezji, przedkładam powieści nad poezję

preferably /ˈprefrəblɪ/ *adv* najlepiej; **do it soon, ~ today** zrób to szybko, najlepiej dziś

preference /ˈprefrəns/ *n* [1] (liking, choice) preferencja *f* fml; **I have no particular ~** nie mam szczególnych preferencji; **to have a ~ for sth** woleć coś; **my ~ would be for a middle-of-the-road policy** wybrałbym politykę środka; **in order of ~** w kolejności od najulubieńszego; **I would walk in ~ to waiting for the bus** wolałbym iść na piechotę, zamiast czekać na autobus [2] (priority) pierwszeństwo *n*; **to give ~ to sb (over sb)** dawać komuś pierwszeństwo (przed kimś)

preference shares *npl* GB Fin akcje *f pl* uprzywilejowane

preferential /ˌprefəˈrenʃl/ *adj* [1] *[treatment]* w sposób uprzywilejowany; **to give ~ treatment to sb/sth** potraktować kogoś/coś w sposób uprzywilejowany [2] Econ, Fin *[tariff, trade terms]* preferencyjny

preferentially /ˌprefəˈrenʃəlɪ/ *adv* w sposób uprzywilejowany

preferment /prɪˈfɜːmənt/ *n* Admin awans *m*, promocja *f*

preferred stock *n* akcje *f pl* uprzywilejowane

prefiguration /ˌpriːfɪɡəˈreɪʃn/ *n* zapowiedź *f* **(of sth** czegoś**)**; prefiguracja *f* fml

prefigure /ˌpriːˈfɪɡə(r), US -ɡjər/ *vt* [1] (be an early sign of) zapowi|edzieć, -adać, wróżyć [2] (imagine) przewi|dzieć, -dywać, wyobra|zić, -żać sobie

prefix /ˈpriːfɪks/ **I** *n* (*pl* **~es**) [1] Ling przedrostek *m*, prefiks *m*; (in compound words) pierwszy człon *m* [2] GB Telecom prefiks *m* *(pierwsze cyfry numeru telefonicznego)* [3] (title) tytuł *m (przed nazwiskiem)* [4] GB Aut *pierwsze litery na tablicy rejestracyjnej*

II *vt* [1] Ling doda|ć, -wać przedrostek do (czegoś) *[word]* [2] (add at start) **to ~ sth to sth, to ~ sth with sth** dodać coś na początku czegoś; **all three-digit numbers will be now ~ed by 580** wszystkie numery trzycyfrowe będą teraz poprzedzone „580"

preflight /ˈpriːflaɪt/ *adj [check]* przed odlotem; **she suffers from ~ nerves** denerwuje się przed lotem

preform /ˌpriːˈfɔːm/ *vt* u|formować wstępnie *[components]*

preformation /ˌpriːfɔːˈmeɪʃn/ *n* formowanie *n* wstępne

prefrontal /ˌpriːˈfrʌntl/ *adj [lobe, lobotomy]* przedczołowy

preggers /ˈpreɡəz/ *adj* GB infml dat **to be ~** być w ciąży

pregnancy /ˈpreɡnənsɪ/ *n* ciąża *f*

pregnancy test *n* próba *f* ciążowa

pregnant /ˈpreɡnənt/ *adj* [1] *[woman, animal]* w ciąży, ciężarna; *[woman]* brzemienna liter; **to become ~** zajść w ciążę; **to get ~ by sb** zajść w ciążę z kimś; **to get sb ~** infml zrobić komuś brzuch vinfml; **to be ~ with twins** spodziewać się bliźniąt; **I was ~ with Jane at the time** byłam wtedy w ciąży z Jane; **(to be) five months ~** (być) w szóstym miesiącu ciąży; **to be heavily ~** być w zaawansowanej ciąży [2] fig *[pause, silence]* wiele znaczący, wymowny; **to be ~ with consequences** być brzemiennym w skutki; **to be ~ with meaning/danger** być pełnym znaczeń/niebezpieczeństw

preheat /ˌpriːˈhiːt/ *vt* rozgrz|ać, -ewać, nagrz|ać, -ewać *[oven]*

prehensile /ˌpriːˈhensaɪl, US -sl/ *adj [tail, feet]* chwytny

prehistoric /ˌpriːhɪˈstɒrɪk, US -tɔːrɪk/ *adj* prehistoryczny, przedhistoryczny

prehistory /ˌpriːˈhɪstrɪ/ *n* prehistoria *f*, pradzieje *plt*

pre-ignition /ˌpriːɪɡˈnɪʃn/ *n* przedwczesny zapłon *m*

prejudge /ˌpriːˈdʒʌdʒ/ *vt* osądz|ić, -ać z góry *[person]*; przesądz|ić, -ać *[issue]*

prejudice /ˈpredʒʊdɪs/ **I** *n* [1] (biased opinion) uprzedzenie *n* **(against sb/sth** do kogoś /czegoś**)**; **a ~ in favour of sb/sth** przychylne nastawienie do kogoś/czegoś; **to overcome one's ~s** pozbyć się uprzedzeń; **racial/political ~** uprzedzenia rasowe/polityczne or na tle rasowym/politycznym [2] (harm) szkoda *f*, uszczerbek *m*; **to the ~ of sth** ze szkodą or uszczerbkiem dla czegoś; **without ~ (to sth)** Jur bez szkody or uszczerbku (dla czegoś)

II *vt* [1] (bias) uprzedzi|ć, -ać **(against sb /sth** do kogoś/czegoś**)**; **to ~ sb in favour of sb/sth** usposobić or nastawić kogoś przychylnie do kogoś/czegoś [2] (harm, jeopardize) przyzn|ieść, -osić krzywdę or uszczerbek (czemuś) *[claim, case]*; s|krzywdzić *[person]*; zmniejsz|yć, -ać, przekreśl|ić, -ać *[chances]*; **to ~ the course of justice** Jur stanąć na przeszkodzie sprawiedliwemu osądzeniu

prejudiced /ˈpredʒʊdɪst/ *adj [person]* uprzedzony; *[judge, jury, opinion]* stronniczy; *[judgment, account]* tendencyjny; **to be ~ against sb/sth** być uprzedzonym do kogoś/czegoś; **to be ~ in favour of sb/sth** być przychylnie nastawionym do kogoś /czegoś; **you're ~** nie jesteś obiektywny

prejudicial /ˌpredʒʊˈdɪʃl/ *adj* fml szkodliwy **(to sth** dla czegoś**)**; **to be ~ to sb's interests** szkodzić interesom kogoś

prelacy /ˈpreləsɪ/ *n* (office or status) prałatura *f*; (prelates collectively) prałaci *m pl*

prelate /ˈprelət/ *n* prałat *m*

prelaw /ˈpriːlɔː/ *adj* US Univ *[studies]* przygotowujący do studiów prawniczych; *[student]* przygotowujący się do studiów prawniczych

preliminary /prɪˈlɪmɪnərɪ, US -nerɪ/ **I** *n* [1] wstęp *m* **(to sth** do czegoś**)**; (spoken first) wstępna uwaga *f*; **let's dispense with the preliminaries** pomińmy wszelkie wstępy; **after the usual preliminaries** po zwykłych wstępach [2] Sport eliminacje *f pl*

II preliminaries *npl* preliminaria *plt* fml **(to sth** czegoś**)**

III *adj [comment, data, test]* wstępny; Sport *[heat, round]* eliminacyjny; **to be ~ to sth** być wstępem do czegoś

preliminary hearing *n* GB Jur rozprawa *f* wstępna

preliminary inquiry *n* Jur wstępne dochodzenie *n*
preliminary investigation *n* = **preliminary inquiry**
preliminary ruling *n* Jur orzeczenie *n* wstępne
prelims /ˈpriːlɪmz/ *n* [1] GB Sch, Univ egzaminy *m pl* próbne [2] Sport eliminacje *f pl* [3] Print strony *f pl* wstępne
prelude /ˈpreljuːd/ **I** *n* Mus preludium *n*; **a ~ to sth** fig preludium or wstęp do czegoś **II** *vt* fml poprzedz|ić, -ać, stanowić preludium do (czegoś)
premarital /ˌpriːˈmærɪtl/ *adj [sex, relations]* przedmałżeński; *[contract]* przedślubny
pre-match /ˈpriːmætʃ/ *n* przedmecz *m*
premature /ˈprematjʊə(r), US ˌpriːməˈtʊər/ *adj* (too early) *[ageing, birth, death, ejaculation]* przedwczesny; (overhasty) *[decision]* pochopny; **~ baby** wcześniak; **to be two weeks ~** *[baby]* urodzić się dwa tygodnie przed terminem; **it is ~ to criticize the plan** za wcześnie, żeby krytykować ten plan
prematurely /ˈprematjʊəlɪ, US ˌpriːməˈtʊərlɪ/ *adv* (too early) przedwcześnie; (too hastily) pochopnie; **the baby was born ~** dziecko urodziło się przed terminem
premed /ˌpriːˈmed/ **I** *n* GB Med = **premedication** **II** *adj* US Univ = **premedical**
premedical /ˌpriːˈmedɪkl/ *adj* US Univ *[studies]* przygotowujący do studiów medycznych; *[student]* przygotowujący się do studiów medycznych
premedication /ˌpriːmedɪˈkeɪʃn/ *n* Med premedykacja *f (zabiegi przed znieczuleniem ogólnym)*
premeditate /ˌpriːˈmedɪteɪt/ *vt* obmyśl|ić, -ać naprzód, za|planować *[attack, crime, act]*
premeditated /ˌpriːˈmedɪteɪtɪd/ *adj [crime]* dokonany z premedytacją, zaplanowany; *[insult, rudeness]* umyślny
premeditation /ˌpriːmedɪˈteɪʃn/ *n* premedytacja *f*
premenstrual /ˌpriːˈmenstrʊəl/ *adj* przedmiesiączkowy
premenstrual syndrome, PMS *n* zespół *m* objawów przedmiesiączkowych
premenstrual tension, PMT *n* napięcie *n* przedmiesiączkowe
premier /ˈpremɪə(r), US ˈpriːmɪər/ **I** *n* Pol premier *m*, szef *m* rządu **II** *adj* główny; **of ~ importance** o podstawowym znaczeniu
première /ˈpremɪeə(r), US ˈpriːmɪər/ **I** *n* premiera *f*; **world/London ~** premiera światowa/londyńska **II** *vt* za|prezentować po raz pierwszy *[film, play]*; **the opera/film was ~d in Paris** premiera opery/filmu odbyła się w Paryżu **III** *vi [film]* mieć premierę
premiership /ˈpremɪəʃɪp, US prɪˈmɪərʃɪp/ *n* Pol (office) premierostwo *n*; (time in office) kadencja *f* (jako) premiera
premise /ˈpremɪs/ **I** *n* (also **premiss** GB) założenie *n*, przesłanka *f*; **on the ~ that...** zakładając, że...; **to start with the ~ that...** wyjść z założenia, że... **II** *vt* **to ~ sth on sth** oprzeć coś na czymś *[assumption, idea]*
premises /ˈpremɪsɪz/ *npl* (site) teren *m*; (building) nieruchomość *f*; (part of building) lokal *m*; (occupied by a firm) siedziba *f*; **private/school ~** teren prywatny/szkoły; **office ~ to let** lokale biurowe do wynajęcia; **the company has moved to new ~** firma przeniosła się do nowej siedziby; **on the ~** na miejscu; **off the ~** poza terenem/lokalem; **to be consumed on/off the ~** do spożycia na miejscu/na wynos; **she asked me to leave the ~** poprosiła mnie, żebym wyszedł or opuścił lokal; **the accident happened off our ~** wypadek miał miejsce poza naszym terenem
premiss *n* GB = **premise**
premium /ˈpriːmɪəm/ **I** *n* [1] (bonus, award) dodatkowa zapłata *f*; (to encourage employees) premia *f*; (additional charge) dopłata *f* [2] (Stock Exchange) premia *f*; **to sell shares** or **stock at a ~** sprzedawać akcje z premią [3] Insur składka *f* ubezpieczeniowa [4] fig **to be at a ~** być na wagę złota; **time is at a ~** liczy się czas; **to put** or **set a (high) ~ on sth** wysoko cenić coś **II** *modif [price, quality, rate, rent]* wysoki; **to buy/sell sth at a ~ price** kupić/sprzedać coś po wyższej cenie
premium bond *n* GB obligacja *f* pożyczki premiowej
premium fuel *n* GB etylina *f* super
premium gasoline *n* US = **premium fuel**
premium product *n* towar *m* or produkt *m* wysokiej jakości
premium rate *adj [call, number]* po normalnej taryfie
premolar /ˌpriːˈməʊlə(r)/ *n* ząb *m* przedtrzonowy
premonition /ˌpriːməˈnɪʃn, ˌpre-/ *n* przeczucie *n*; **to have a ~ of sth** przeczuwać coś; **to have a ~ that...** mieć przeczucie, że...
premonitory /prɪˈmɒnɪtərɪ, US -tɔːrɪ/ *adj* fml ostrzegawczy
prenatal /ˌpriːˈneɪtl/ *adj* US prenatalny
prenuptial /ˌpriːˈnʌpʃl/ *adj* przedślubny; Zool przedgodowy
preoccupation /ˌpriːɒkjʊˈpeɪʃn/ *n* [1] (worry) troska *f* **(with sth** o coś); (mental absorption) zaabsorbowanie *n* **(with sth** czymś); **my main ~ was not to offend my parents** chodziło mi przede wszystkim o to, żeby nie urazić rodziców; **his excessive ~ with hygiene** jego nadmierna troska o higienę [2] (object of interest) zainteresowanie *n* **(with sth** czymś); **his main ~s in life are eating and sleeping** jego jedynym zajęciem jest jedzenie i spanie
preoccupied /ˌpriːˈɒkjʊpaɪd/ *adj* (absorbed) pochłonięty, zaabsorbowany **(with** or **by sth** czymś); (worried) zatroskany **(with** or **by sth** czymś); **I was so ~ with my own thoughts that...** byłem tak zaabsorbowany własnymi myślami, że...
preoccupy /ˌpriːˈɒkjʊpaɪ/ *vt* absorbować, pochłaniać; **the problem preoccupied him for many weeks** był pochłonięty tą sprawą przez wiele tygodni
pre-op infml /ˌpriːˈɒp/ **I** *n* zabiegi *m pl* przedoperacyjne **II** *adj* = **preoperative**
preoperative /ˌpriːˈɒpərətɪv, US -reɪt-/ *adj* przedoperacyjny; **~ medication** zabiegi przedoperacyjne
preordain /ˌpriːɔːˈdeɪn/ **I** *vt* [1] zarządz|ić, -ać wydanie (czegoś) *[order, decree]*; ustal|ić, -ać z góry *[outcome, time]*; **it was ~ed that...** z góry było ustalone, że... [2] Relig, Philos przesądz|ić, -ać *[sb's fate]*; wyznacz|yć, -ać z góry *[path]*; **suffering seemed (to be) ~ed to her lot** cierpienie było jej pisane **II preordained** *pp adj [path, fate, time]* wyznaczony; *[outcome]* przesądzony
prep /prep/ **I** *n* infml [1] GB Sch (homework) praca *f* domowa, lekcje *plt* [2] US Sch (student) ucze|ń *m*, -nnica *f* prywatnego liceum [3] US Med przygotowanie *n* pacjenta do zabiegu **II** *vt* (*prp, pt, pp* **-pp-**) US Med przygotow|ać, -ywać (do operacji) *[patient]* **III** *vi* (*prp, pt, pp* **-pp-**) US [1] (prepare) **to ~ for sth** przygotowywać się do czegoś *[exam, studies]* [2] Sch (be in prep school) być w prywatnym liceum
prepack /ˌpriːˈpæk/ *vt* paczkować *(towar przed dystrybucją)*
prepackage /ˌpriːˈpækɪdʒ/ *vt* = **prepack**
prepaid /ˌpriːˈpeɪd/ *adj* opłacony (z góry); **~ envelope** koperta zwrotna *(ze znaczkiem)*
preparation /ˌprepəˈreɪʃn/ **I** *n* [1] (of meal, report, lecture, event) przygotowanie *n* **(for sth** do czegoś); **in ~ for sth** w oczekiwaniu czegoś or na coś *[event, meeting, conflict]*; **to be in ~** być w trakcie przygotowywania; **titles in ~** Publg tytuły w przygotowaniu; **education should be a ~ for life** nauczanie powinno przygotowywać do życia [2] (substance) Cosmet, Med środek *m* **(for sth** na coś); Culin środek *m* **(to do sth** do zrobienia czegoś); Med (sample) preparat *m*; (drug) środek *m* **(for sth** na coś) [3] GB (homework) praca *f* domowa, lekcje *plt* **II preparations** *npl* (arrangements) przygotowania *n pl* **(for sth** do czegoś); **the Christmas ~s** przygotowania do świąt Bożego Narodzenia; **to make ~s for sth** czynić przygotowania or przygotowywać się do czegoś **III** *modif* **~ time** Culin czas przygotowania; **~ stage** etap przygotowań
preparatory /prɪˈpærətrɪ, US -tɔːrɪ/ *adj [training, course, studies, meeting]* przygotowawczy; *[report, investigations, talks]* wstępny; **meetings ~ to signing an agreement** spotkania poprzedzające podpisanie porozumienia; **to be ~ to sth** stanowić wstęp do czegoś
preparatory school *n* [1] GB prywatna szkoła *f* podstawowa [2] US prywatne liceum *n*
prepare /prɪˈpeə(r)/ **I** *vt* przygotow|ać, -ywać, przyszykow|ać, -ywać *[room, equipment]*; przygotow|ać, -ywać *[speech]*; sporządz|ić, -ać *[report, medicine]*; przyrządz|ić, -ać, przygotow|ać, -ywać *[meal]*; **to ~ a surprise for sb** zgotować komuś niespodziankę; **to ~ students for the exam** przygotować studentów do egzaminu; **to ~ sb for a shock** przygotować kogoś na szok; **to ~ to do sth** przygotować się do zrobienia czegoś; **to ~ one's defence** Jur przygotować obronę; **to ~ the ground** or **way for sth** przygotować grunt dla czegoś **II** *vi* **to ~ for sth** przygotow|ać, -ywać się do czegoś *[trip, talks, exam, war, party]*; **to ~ for action** Mil przygotować się do akcji

P

III *vr* **to ~ oneself** przygotow|ać, -ywać się; **~ yourself for some bad news** przygotuj się na złe wieści; **I ~d myself mentally** przygotowałem się psychicznie

prepared /prɪˈpeəd/ *adj* [1] (willing) **to be ~ to do sth** być gotowym coś zrobić; **I'm not ~ to put up with this** nie mam zamiaru tego znosić [2] (ready) **to be ~ for sth** być przygotowanym na coś *[disaster, strike, change]*; **to be well-/ill-~** być dobrze/źle przygotowanym; **to be ~ for the worst** być przygotowanym na najgorsze; **I wasn't ~ for this!** na to nie byłem przygotowany!, tego się nie spodziewałem!; **be ~!** bądź gotów!, czuwaj! [3] (ready-made) *[meal]* gotowy; *[speech, statement, response]* (uprzednio) przygotowany

preparedness /prɪˈpeərɪdnɪs/ *n* [1] przygotowanie *n* **(for sth** na coś) *[disaster, development]*; Mil gotowość *f*; **a state of ~** Mil stan gotowości bojowej [2] (willingness) gotowość *f* **(to do sth** zrobienia czegoś)

prepay /ˌpriːˈpeɪ/ *vt* opłac|ić, -ać z góry *[carriage]*; pokry|ć, -wać z góry *[expenses]*

prepayment /ˌpriːˈpeɪmənt/ *n* opłata *f* z góry

pre-plan /ˌpriːˈplæn/ *vt* (*prp, pt, pp* **-nn-**) za|planować wstępnie

preponderance /prɪˈpɒndərəns/ *n* przewaga *f* (liczebna); **a ~ of male over female students** przewaga mężczyzn nad kobietami wśród studentów

preponderant /prɪˈpɒndərənt/ *adj* dominujący, przeważający

preponderantly /prɪˈpɒndərəntlɪ/ *adv* w przeważającej mierze

preponderate /prɪˈpɒndəreɪt/ *vi* dominować, przeważać, górować **(over sb/sth** nad kimś/czymś)

preposition /ˌprepəˈzɪʃn/ *n* przyimek *m*

prepositional /ˌprepəˈzɪʃənəl/ *adj* przyimkowy; **~ phrase** wyrażenie przyimkowe

prepositionally /ˌprepəˈzɪʃənəlɪ/ *adv* przyimkowo

prepossess /ˌpriːpəˈzes/ *vt* fml [1] (preoccupy) absorbować, zajmować [2] (influence) wpły|nąć, -wać na (kogoś); (favourably) uj|ąć, -mować

prepossessing /ˌpriːpəˈzesɪŋ/ *adj* ujmujący

preposterous /prɪˈpɒstərəs/ *adj* *[idea]* niedorzeczny; *[appearance]* groteskowy; **don't be ~!** nie bądź śmieszny!

preposterously /prɪˈpɒstərəslɪ/ *adv* niedorzecznie, groteskowo

preppie, preppy /ˈprepɪ/ US **I** *n* (*pl* **-pies**) (student) ucze|ń *m*, -nnica *f* prywatnego liceum; fig pej (male) laluś *m* pej; (female) panienka *f* z dobrego domu infml

II *adj* elegancki, wyszykowany

preprogrammed /ˌpriːˈprəʊgræmd, US -grəmd/ *adj* Comput wstępnie zaprogramowany; **to be ~ to do sth** być tak zaprogramowanym, żeby coś robić also fig

prep school /ˈprepskuːl/ *n* [1] GB prywatna szkoła *f* podstawowa [2] US prywatne liceum *n*

prepster /ˈprepstə(r)/ *n* US Sch infml ucze|ń *m*, -nnica *f* prywatnego liceum

prepuce /ˈpriːpjuːs/ *n* napletek *m*

prequel /ˈpriːkwəl/ *n* Literat, Cin *powieść lub film o wydarzeniach poprzedzających akcję dzieła, do którego nawiązują*

Pre-Raphaelite /ˌpriːˈræfəlaɪt/ **I** *n* prerafaelita *m*

II *adj [style, painting, painter]* prerafaelicki; *[face, look]* jak z malarstwa prerafaelickiego

prerecord /ˌpriːrɪˈkɔːd/ **I** *vt* TV, Radio nagr|ać, -ywać wcześniej *[programme]*

II prerecorded *pp adj [broadcast]* nagrany (wcześniej)

preregister /ˌpriːˈredʒɪstə(r)/ *vi* US zapis|ać, -ywać się przed terminem *(na zajęcia)*

preregistration /ˌpriːredʒɪˈstreɪʃn/ *n* US Univ przedterminowe zapisy *plt* na zajęcia

prerelease /ˌpriːrɪˈliːs/ *adj* Cin *[screening, publicity]* przedpremierowy

prerequisite /ˌpriːˈrekwɪzɪt/ **I** *n* [1] warunek *m* wstępny *or* zasadniczy **(of** *or* **for sth** czegoś) [2] US Univ (qualification) wymóg *m (konieczny do podjęcia dalszych studiów)*; **to be a ~ for an advanced course** *[course]* stanowić warunek przyjęcia na kurs dla zaawansowanych

II *adj [condition, qualifications]* niezbędny, nieodzowny

prerogative /prɪˈrɒgətɪv/ *n* (official) prerogatywa *f* fml; (personal) prawo *n*, przywilej *m*; **~s of the head of State** prerogatywy głowy państwa; **that's your ~** to twój przywilej, to twoje prawo; **~ of mercy** prawo łaski

presage /ˈpresɪdʒ/ **I** *n* fml zapowiedź *f* **(of sth** czegoś)

II *vt* zapowi|edzieć, -adać, wróżyć

presbyopia /ˌprezbɪˈəʊpɪə/ *n* starczowzroczność *f*

Presbyterian /ˌprezbɪˈtɪərɪən/ **I** *n* prezbiterian|in *m*, -ka *f*

II *adj* prezbiteriański

Presbyterianism /ˌprezbɪˈtɪərɪənɪzəm/ *n* prezbiterianizm *m*

presbytery /ˈprezbɪtrɪ, US -terɪ/ *n* [1] (priest's house) plebania *f* [2] (ruling body) (+ *v sg/pl*) konsystorz *m* (prezbiteriański) [3] Archit prezbiterium *n*

preschool /ˌpriːˈskuːl/ **I** *n* US (kindergarten) przedszkole *n*; **in ~** w przedszkolu

II *adj [age, years]* przedszkolny; *[child]* w wieku przedszkolnym

preschooler /ˌpriːˈskuːlə(r)/ *n* US dziecko *n* w wieku przedszkolnym

preschool playgroup *n* GB grupa *f* przedszkolna

prescience /ˈpresɪəns/ *n* przewidywanie *n*, zdolność *f* przewidywania

prescient /ˈpresɪənt/ *adj [person]* mający zdolność przewidywania; *[warning]* proroczy

prescribe /prɪˈskraɪb/ **I** *vt* [1] Med przepis|ać, -ywać, zapis|ać, -ywać *[drug, glasses]*; zalec|ić, -ać *[rest, holiday]*; za|ordynować ra; **to ~ sb sth** przepisać *or* zapisać coś komuś; **to ~ tablets for insomnia** przepisać *or* zapisać tabletki na bezsenność; **he was ~d aspirin** lekarz przepisał *or* zapisał mu aspirynę; **what would you ~ in such a case?** hum co byś zalecał w takim przypadku? [2] (lay down) na|łożyć, -kładać *[punishment]*; określ|ić, -ać *[duties, rights]*; **to ~ that...** nakazywać, żeby...

II prescribed *pp adj* [1] (recommended) *[drug, dose, treatment, course of action]* zalecany [2] (set) *[rule]* ustanowiony; *[duties, fines]* określony (przepisami); **~d reading** lektura obowiązkowa

prescription /prɪˈskrɪpʃn/ **I** *n* [1] Med (written) recepta *f* also fig **(for sth** na coś); **to make out a ~** wypisać receptę; **~ for a long and happy life** fig recepta na długie, szczęśliwe życie fig; **on ~ only** tylko na receptę; **'available on ~ only'** „wydaje się tylko z przepisu lekarza"; **'repeat ~'** „powtórzyć" [2] Med (medicine) przepisany lek *m*; **to fill** *or* **make up the ~** sporządzić lek [3] (rule) przepis *m*, zalecenie *n*

II *modif* Med *[drug, glasses]* na receptę

prescription charge *n* GB zryczałtowana opłata *f* za realizację recepty

prescriptive /prɪˈskrɪptɪv/ *adj* [1] Ling *[dictionary, grammar]* normatywny [2] *[approach, method]* nakazowy; *[method]* narzucony [3] Jur *[right, title]* oparty na zasiedzeniu; fig uświęcony zwyczajem fml

prescriptivism /prɪˈskrɪptɪvɪzəm/ *n* Ling normatywność *f*

presence /ˈprezns/ *n* [1] obecność *f*; **in sb's ~, in the ~ of sb** w obecności kogoś; **in my ~** w mojej obecności; **signed in the ~ of X** podpisano w obecności X; **don't mention it in his ~** nie wspominaj o tym przy nim; **to be admitted to sb's ~** fml zostać dopuszczonym przed oblicze kogoś fml; **your ~ is requested** fml uprzejmie prosimy Pana/Panią o przybycie [2] (personal quality) osobowość *f*, indywidualność *f*; **a man of great ~** wielka indywidualność; **stage ~** osobowość *or* indywidualność sceniczna [3] (of troops, representatives) obecność *f*; **a British military ~ in Ulster** obecność wojskowa Wielkiej Brytanii w Ulsterze; **to maintain a ~ in a country** Mil stacjonować w (jakimś) kraju; **a heavy police ~** wzmożona obecność policji [4] (human or ghostly) obecność *f*; **ghostly ~** duch, zjawa; **to feel a strange ~** czuć obecność sił nadprzyrodzonych

IDIOMS: **to make one's ~ felt** zaznaczyć swoją obecność

presence of mind *n* przytomność *f* umysłu, refleks *m*

present[1] /ˈpreznt/ **I** *n* [1] (now) **the ~** teraźniejszość *f*; **the past and the ~** przeszłość i teraźniejszość; **at ~** (at this moment) teraz, w tym momencie; (nowadays) obecnie; **to live in** *or* **for the ~** żyć dniem dzisiejszym; **that's all for the ~** to na razie wszystko; **up to the ~** dotychczas [2] Ling (also **~ tense)** czas *m* teraźniejszy; **in the ~** w czasie teraźniejszym

II presents *npl* Jur **these ~s** niniejsze dokumenty

III *adj* [1] (attending) *[person]* obecny; **all those ~, everybody ~** wszyscy obecni; **half of those ~** połowa obecnych; **she was ~ at the ceremony** była obecna na uroczystości; **he was ~ at the scene of the accident** był na miejscu wypadku; **you're always ~ in my thoughts** zawsze o tobie pamiętam; **a protein ~ in blood** białko występujące we krwi; **there are ladies ~** dat nie przy paniach!; **~ company excepted** z wyjątkiem tu obecnych; **all ~ and accounted for** *or* **correct!** wszyscy w komplecie! [2] (current) *[address, circumstances, government, situation]* obecny; **at the ~ time** *or* **moment** w chwili obecnej, obecnie; **up to the ~ day**

aż do dziś, do chwili obecnej, dotychczas; **during the ~ year/decade** w bieżącym roku/w bieżącej dekadzie [3] (under consideration) *[case, issue]* niniejszy; **the ~ author feels that...** autor (tych słów) uważa, że... [4] Ling *[tense]* teraźniejszy

IV at present *adv phr* (at this moment) teraz, w tej chwili; (nowadays) obecnie, aktualnie

IDIOMS: **there is no time like the ~** nie odkładaj na jutro, co możesz zrobić dziś

present² **I** /ˈpreznt/ *n* (gift) prezent *m*, podarunek *m*, upominek *m*; **to give sb a ~** dać komuś prezent or upominek; **to give sb sth as a ~** dać komuś coś w prezencie, podarować komuś coś

II /prɪˈzent/ *vt* [1] (give, hand over) wręcz|yć, -ać *[bouquet, award, certificate, cheque]*; złożyć, składać *[apologies, respects, compliments]*; **to ~ sth to sb, to ~ sb with sth** wręczyć coś komuś; **she was ~ed with a silver tray** otrzymała srebrną tacę; **she ~ed him with a son** fml dała mu syna fml; **please ~ my respects to your parents** fml przekaż rodzicom wyrazy szacunku [2] (proffer, show) przed|łożyć, -kładać, przedstawi|ć, -ać *[document]*; okaz|ać, -ywać *[passport, ticket]*; **to ~ a cheque for payment** przedstawić czek do realizacji [3] (submit for consideration) przedstawi|ć, -ać, za|prezentować *[bill, case, evidence, plan, report, views]*; **to ~ sth to sb, to ~ sb with sth** przedstawić coś komuś; **to ~ a petition to the authorities** przekazać władzom petycję [4] (raise) stw|orzyć, -arzać *[problem, challenge]*; da|ć, -wać *[chance, opportunity]*; nieść ze sobą *[risk]*; **it may ~ an obstacle to future development** może to stać się przeszkodą dla dalszego rozwoju; **we were ~ed with a dilemma /choice** stanęliśmy wobec dylematu/konieczności wyboru; **it ~s me with a whole host of problems** stwarza to dla mnie mnóstwo problemów [5] (provide) odkry|ć, -wać, odsł|onić, -aniać *[view, panorama]*; **we were ~ed with a splendid view** przed nami roztaczał się wspaniały widok [6] (portray) przedstawi|ć, -ać *[person, situation]*; **to ~ sth in a good/different light** przedstawić coś w dobrym/innym świetle [7] Radio, TV przedstawi|ć, -ać, za|prezentować *[programme, broadcast, show]* [8] (put on, produce) przedstawi|ć, -ać, za|prezentować *[production, play, exhibition, star]*; **we are proud to ~ Don Wilson** z ogromną przyjemnością przedstawiamy państwu Dona Wilsona [9] fml (introduce) przedstawi|ć, -ać; **to ~ sb to sb** przedstawić komuś kogoś; **may I ~ my son Peter?** przedstawiam mojego syna, Petera; **to be ~ed at court** zostać przedstawionym na dworze [10] Mil s|prezentować *[arms]*; **~ arms!** prezentuj broń!

III /prɪˈzent/ *vi* Med *[symptom, condition]* wyst|ąpić, -ępować; *[baby]* pokaz|ać, -ywać się; **a patient ~ed with symptoms of flu** zgłosił się pacjent z objawami grypy

IV /prɪˈzent/ *vr* [1] (appear) **to ~ oneself** stawi|ć, -ać się; **to ~ oneself for an interview** stawić się na rozmowę; **to ~ oneself as a candidate** zaprezentować się jako kandydat; **to know how to ~ oneself** potrafić pokazać się z najlepszej strony [2] (arise) **to ~ itself** *[problem]* pojawi|ć, -ać się; *[opportunity]* zdarz|yć, -ać się, trafi|ć, -ać się [3] (display, show) **to ~ itself** *[situation]* przedstawi|ć, -ać się; **this is how the situation ~s itself to me** oto jak ja widzę tę sytuację

presentable /prɪˈzentəbl/ *adj [dress, appearance]* przyzwoity, porządny; **none of my dresses is ~** nie mam żadnej porządnej sukienki; **you look quite ~** całkiem dobrze się prezentujesz; **I must go and make myself ~** muszę się doprowadzić do porządku; muszę się ogarnąć infml

presentation /ˌprezənˈteɪʃn/ *n* [1] (of plan, report, bill, petition) przedstawienie *n*; (of identification, cheque, invoice) okazanie *n*, przedłożenie *n*; **on ~ of this coupon** po okazaniu or przedłożeniu tego kuponu [2] (of gift, award) wręczenie *n* **(of sth** czegoś**)**; **everyone is invited to the ~** na ceremonię wszyscy są zaproszeni; **the chairman will make the ~ (of the award)** nagrodę wręczy prezes [3] (display) prezentacja *f*, demonstracja *f* **(of sth** czegoś**)**; (manner of presenting) sposób *m* prezentacji; (appearance) wygląd *m*, strona *f* zewnętrzna; **~ is very important** sposób prezentacji odgrywa bardzo ważną rolę; **the ~ of food is as important as its taste** sposób podawania potraw jest równie ważny jak ich smak; **to do** or **give** or **make a ~ on the aims of the project** przedstawić cele projektu [4] Theat (show, production) przedstawienie *n*; (of character) interpretacja *f* [5] Med (of baby) ułożenie *n*; **breech/face ~** ułożenie pośladkowe/główkowe [6] fml (introduction) przedstawienie *n*; **the ~ of debutantes at Court** przedstawienie debiutantek na dworze

presentational skills /prezənˌteɪʃənlˈskɪlz/ *n* = **presentation skills**

presentation box *n* eleganckie pudełko *n*

presentation copy *n* (from author) egzemplarz *m* autorski; (from publisher) egzemplarz *m* okazowy

presentation pack *n* ozdobne opakowanie *n*

presentation skills *npl* zdolność *f* komunikacji; **to have good ~** mieć łatwość nawiązywania kontaktu

present-day /ˌprezəntˈdeɪ/ *adj* obecny, współczesny

presenter /prɪˈzentə(r)/ *n* TV, Radio prezenter *m*, -ka *f*; **television/radio ~** prezenter telewizyjny/radiowy

presentiment /prɪˈzentɪmənt/ *n* fml przeczucie *n*; **to have a ~ of sth** przeczuwać coś

presently /ˈprezəntlɪ/ *adv* [1] (currently) obecnie, aktualnie [2] (soon afterwards, in the past) po chwili; **~, he started to come round** po chwili zaczął odzyskiwać świadomość [3] (soon, in future) niebawem, wkrótce; **he will be here ~** niebawem or wkrótce tu będzie

presentment /prɪˈzentmənt/ *n* fml przedłożenie *n*, przedstawienie *n* **(of sth** czegoś**)**

present participle *n* imiesłów *m* czasu teraźniejszego

present perfect *n* czas *m* teraźniejszy dokonany

preservation /ˌprezəˈveɪʃn/ *n* (of wildlife, heritage) ochrona *f*; (of dignity) zachowanie *n*; (of peace, standard) utrzymanie *n*; (of tradition) kultywowanie *n*; (of language) pielęgnowanie *n*; (of wood, building) konserwacja *f*; (of food) konserwowanie *n*; **in a good state of ~** *[building, object]* w dobrym stanie; *[person]* dobrze zakonserwowany hum

preservationist /ˌprezəˈveɪʃənɪst/ *n* US ekolog *m*

preservation order *n* objęcie *n* ochroną; **to put a ~ on a building** wpisać budynek do rejestru zabytków; **there is a ~ on the tree** to drzewo jest pomnikiem przyrody

preservative /prɪˈzɜːvətɪv/ **I** *n* środek *m* konserwujący; (for food) konserwant *m*

II *adj [mixture, product, effect]* konserwujący

preserve /prɪˈzɜːv/ **I** *n* [1] Culin (jam) dżem *m*, marmolada *f*; (very sweet) konfitura *f*; (pickle) marynata *f*; **~s** przetwory; **peach /cherry ~** dżem/konfitury z brzoskwiń /wiśni [2] (for game, fish) prywatny rezerwat *m*; (for game) zwierzyniec *m* dat; **a hunting ~** teren łowiecki [3] fig (exclusive privilege or sphere) domena *f*; **that profession is a male ~** ten zawód jest domeną mężczyzn or jest zdominowany przez mężczyzn

II *vt* [1] (save from destruction) zachow|ać, -ywać, ocal|ić, -ać *[land, building, manuscript, memory, tradition, language]*; zabezpiecz|yć, -ać, za|konserwować *[wood, leather]*; **to ~ sth for posterity** zachować coś dla potomności; **all her drawings have been ~d** zachowały się wszystkie jej rysunki [2] (maintain) zachow|ać, -ywać *[peace, harmony, standards, rights]*; utrzym|ać, -ywać *[order]* [3] (keep, hold onto) zachow|ać, -ywać *[health, sense of humour, dignity]* [4] (rescue, save life of) ocal|ić, -ać *[life, patient]*; **God ~ us!** dat chroń nas, Panie Boże!; **heaven/the saints ~ us from that!** dat niech nas niebiosa/wszyscy święci pańscy chronią! [5] Culin (prevent from rotting) za|konserwować *[food]*; (make into jam) przetw|orzyć, -arzać *[fruit]*

III preserved *pp adj [food]* konserwowany; *[site, castle]* objęty ochroną; **~d in vinegar** zakonserwowany w occie; **~d on film /tape** zachowany na taśmie filmowej/magnetofonowej

preserver /prɪˈzɜːvə(r)/ *n* strażni|k *m*, -czka *f* fig **(of sth** czegoś**)**; Relig zbawca *m*, wybawiciel *m*

preserving pan *n* rondel *m* do smażenia konfitur

preset /ˌpriːˈset/ *vt* (*prp* **-tt-**; *pt, pp* **preset**) włącz|yć, -ać (wcześniej) *[oven, cooker]*; nastawi|ć, -ać (wcześniej) *[timer, watch, video]*

preshrunk /ˌpriːˈʃrʌŋk/ *adj [fabric]* dekatyzowany

preside /prɪˈzaɪd/ *vi* przewodniczyć; **to ~ at sth** przewodniczyć czemuś *[meeting, conference]*; **to ~ over sth** (chair) przewodniczyć czemuś *[conference, committee]*; (oversee) nadzorować coś *[activity, change]*; **mother always ~d over the tea table** matka zawsze czyniła honory podczas podwieczorku

presidency /ˈprezɪdənsɪ/ *n* Pol prezydentura *f*; (in EU) prezydencja *f*; US (of company) prezesura *f*

P

president /ˈprezɪdənt/ *n* [1] Pol prezydent *m*; **President Kennedy** prezydent Kennedy; **to run for ~** kandydować na urząd or ubiegać się o urząd prezydenta [2] US (of bank, corporation, society) prezes *m*; (of society) przewodnicząc|y *m*, -a *f* [3] US Univ ≈ rektor *m*

president-elect /ˌprezɪdəntɪˈlekt/ *n* prezydent elekt *m*

presidential /ˌprezɪˈdenʃl/ *adj [election, government, term]* prezydencki; *[race]* do urzędu prezydenckiego; *[candidate]* na prezydenta; **~ adviser/office/policy** doradca/urząd/polityka prezydenta

President of the Board of Trade *n* GB ≈ minister *m* handlu

Presidents' Day *n* US *dzień urodzin Jerzego Waszyngtona, obchodzony w trzeci poniedziałek lutego*

presidium /prɪˈsɪdɪəm/ *n* (*pl* **-diums, -dia**) Pol prezydium *n*

pre-soak /ˌpriːˈsəʊk/ *vt* na|moczyć *[washing]*

presort /ˌpriːˈsɔːt/ *vt* po|sortować według kodów pocztowych *[mail] (przed oddaniem na pocztę)*

press[1] /pres/ **I** *n* [1] (newspapers, journals) **the ~, the Press** *(+ v sg/pl)* prasa *f*; **the daily /specialist ~** prasa codzienna/fachowa; **in the ~** w prasie; **to get a good/bad ~** mieć dobrą/złą prasę also fig; **she agreed to meet the ~** zgodziła się spotkać z prasą or z dziennikarzami; **the freedom of the ~** wolność prasy [2] (also **printing ~**) maszyna *f* drukarska, prasa *f*; **to come off the ~** zejść z maszyn drukarskich; **to go to ~** pójść do druku; **to pass sth for ~** podpisać coś do druku, dopuścić coś do druku; **at** or **in (the) ~** w druku; **at the time of going to ~** w chwili oddania do druku [3] (publishing house) wydawnictwo *n*, oficyna *f* wydawnicza; (print works) drukarnia *f*; **the University Press** Wydawnictwo Uniwersyteckie [4] (for flattening) prasa *f*; (for squeezing) tłocznia *f*; Culin praska *f*; **garlic ~** wyciskacz or praska do czosnku [5] (act of pushing) naciśnięcie *n*; **at the ~ of a button** za naciśnięciem guzika; **to give sth a ~** nacisnąć coś or na coś [6] (ironing) prasowanie *n*; **to give sth a ~** uprasować or wyprasować coś [7] (crowd) ścisk *m*, tłok *m*; **in the ~** w ścisku, w tłoku [8] Sport (in weightlifting) wyciskanie *n* [9] GB dial (cupboard) szafa *f*

II *modif [announcement, campaign, photo, report]* prasowy; **~ freedom** wolność prasy; **~ acclaim** rozgłos w prasie

III *vt* [1] (push) nacis|nąć, -kać, przycis|nąć, -kać *[button, doorbell, pedal]*; **to ~ the trigger** nacisnąć spust; **to ~ sth in** wcisnąć coś; **to ~ the accelerator down to the floor** wcisnąć gaz do dechy infml; **to ~ the switch up/down** przesunąć przełącznik w górę/w dół; **to ~ sth into sth** wcisnąć coś w coś *[clay, mud]*; **he ~ed a coin into her hand** wcisnął jej do ręki monetę; **to ~ the lid onto sth** zamknąć coś przykrywką; **we were ~ed against the wall by the crowd** tłum przyparł nas do ściany [2] (apply) przycis|nąć, -kać, przy|łożyć, -kładać; **to ~ one's face/nose against the window** przycisnąć twarz/nos do szyby; **to ~ a blotter/bandage onto sth** przyłożyć bibułę/bandaż do czegoś; **to ~ a stamp/label onto sth** nalepić na czymś znaczek/naklejkę; **to ~ a rubber stamp onto sth** przystawić na czymś pieczątkę; **to ~ one's hands to one's ears** zatkać sobie uszy rękami; **to ~ the receiver to one's ear** przycisnąć słuchawkę do ucha; **to ~ one's face into the pillow** wtulić twarz w poduszkę [3] (squeeze) wycis|nąć, -kać *[lemon, orange, olive]*; wy-tł|oczyć, -aczać sok z (czegoś) *[grapes]*; wytł|oczyć, -aczać oliwę z (czegoś) *[olives]*; ścis|nąć, -kać *[arm, hand]*; **to ~ sb to one /to one's bosom** przytulić kogoś do siebie/do piersi; **to ~ the soil flat** ubić ziemię; **to ~ clay into shape** uformować glinę [4] (iron) wy|prasować, u|prasować *[clothes]*; **to ~ the creases out** rozprasować zagniecenia; **to ~ the pleats flat** zaprasować fałdy [5] (urge) naciskać na (kogoś) *[person]*; upierać się przy (czymś) *[claim]*; forsować *[issue, idea]*; **to ~ sb to do sth** naciskać na kogoś, żeby coś zrobił; **they ~ed us to stay to dinner** nalegali, żebyśmy zostali na kolację; **to ~ sb for action/for an answer** domagać się od kogoś działania/odpowiedzi; **to ~ sb into doing sth** zmuszać kogoś do zrobienia czegoś; **when ~ed, he admitted that...** naciskany, przyznał, że...; **if ~ed, I'd opt for the second plan** gdybym musiał wybierać, wybrałbym ten drugi plan; **to ~ one's case** przedstawiać or forsować własne racje; **to ~ a point** upierać się przy (jakiejś) kwestii; **to ~ one's suit** dat nalegać; (ask to marry) oświadczyć się [6] Tech (shape) wytł|oczyć, -aczać, tłoczyć *[record, steel, car body]*; **~ed steel** stal tłoczona [7] Sport (in weightlifting) wycis|nąć, -kać *[weight]* [8] Hist (as torture) z|miażdżyć

IV *vi* [1] (push with hand, foot) nacis|nąć, -kać **(on sth** na coś); przycis|nąć, -kać **(on sth** coś); (weigh down with object) obciąż|yć, -ać **(on sth** czymś); **to ~ (down) on sth, to ~ against sth** przycisnąć coś; **~ once for service** zadzwoń raz, żeby wezwać obsługę; **position the tile and ~ firmly** ułóż płytkę i mocno dociśnij; **the blankets are ~ing (down) on my leg** koce przygniatają mi nogę; **the guilt ~ed down on her** ciążyła jej świadomość winy [2] (throng, push with body) *[crowd, person]* s|tłoczyć się; **to ~ around sb/sth** tłoczyć się wokół kogoś /czegoś; **to ~ against sth** napierać na coś; **to ~ forward** przeć do przodu; **to ~ through the crowd** przeciskać się przez tłum [3] (be urgent) *[time]* naglić; *[matter]* być naglącym

V *vr* **to ~ oneself against sb/sth** przylgnąć do kogoś/czegoś

■ **press ahead** nie ustawać; **to ~ ahead with sth** posuwać do przodu *[plan, negotiation, reform]*; **shall we stop or ~ ahead?** zatrzymujemy się czy idziemy /jedziemy dalej?

■ **press for**: **~ for [sth]** domagać się (czegoś) *[change, support, release]*; **to be ~ed for time/cash** mieć niewiele czasu /gotówki

■ **press on**: ¶ **~ on** [1] (continue) nie ustawać w wysiłkach; **to ~ on through the rain** brnąć dalej w deszczu; **to ~ on regardless** nie ustawać bez względu na wszystko [2] (move on, keep moving) **to ~ on to the next item** przejść do następnej sprawy; **to ~ on with sth** posuwać do przodu coś *[reform, plan, negotiation, agenda]*; przejść do czegoś *[next item]* ¶ **~ [sth] on sb** wmusić komuś

IDIOMS: **to ~ sth into service** użyć czegoś (z braku czegoś lepszego)

press[2] /pres/ *vt* Naut Hist wciel|ić, -ać przemocą do marynarki *[recruit, man]*

press agency *n* agencja *f* prasowa

press agent *n* agent *m* prasowy, agentka *f* prasowa

Press Association *n* **the ~** brytyjska agencja *f* prasowa

press attaché *n* attaché *m inv* prasowy

press baron *n* magnat *m* prasowy

press box *n* loża *f* prasowa

press button *n* przycisk *m*; **~ industry** przemysł zautomatyzowany

press card *n* legitymacja *f* prasowa

press clipping *n* wycinek *m* prasowy

press conference *n* konferencja *f* prasowa

press corps *n* dziennikarze *m pl*, prasa *f*

press cutting *n* = **press clipping**

press gallery *n* galeria *f* dla prasy

press-gang /ˈpresgæŋ/ **I** *n* Hist *(+ v sg/pl)* oddział *m* przeprowadzający brankę

II *vt* **to ~ sb into the navy** Hist siłą wciel|ić, -ać kogoś do marynarki; **to ~ sb into doing sth** fig zmusić kogoś, żeby coś zrobił

pressie /ˈprezɪ/ *n* GB infml podarek *m*

pressing /ˈpresɪŋ/ **I** *n* [1] (of olives) wytłaczanie *n* [2] (of records) wydanie *n*

II *adj* [1] (urgent) *[issue, task, need]* pilny, niecierpiący zwłoki [2] (insistent) *[invitation]* natarczywy; *[anxiety, feeling]* uporczywy

press lord *n* = **press baron**

pressman /ˈpresmən/ *n* (*pl* **-men**) [1] (printer) drukarz *m* [2] (journalist) dziennikarz *m*

pressmark /ˈpresmɑːk/ *n* GB sygnatura *f* (biblioteczna)

press officer *n* rzecznik *m* prasowy, rzeczniczka *f* prasowa

press of sail *n* Naut maksymalne ożaglowanie *n (odpowiednie do warunków)*

press-on /ˈpresɒn/ *adj* (samo)przylepny

press pack *n* materiały *m pl* informacyjne dla prasy

press pass *n* przepustka *f* prasowa

press photographer *n* fotoreporter *m*

press release *n* komunikat *m* prasowy

pressroom /ˈpresrʊm/ *n* Print hala *f* maszyn (w drukarni); Journ sala *f* redakcyjna

press run *n* nakład *m*

press secretary *n* sekretarz *m* prasowy

press-stud /ˈpresstʌd/ *n* GB zatrzask *m*

press-up /ˈpresʌp/ *n* pompka *f*; **to do twenty ~s** zrobić dwadzieścia pompek

pressure /ˈpreʃə(r)/ **I** *n* [1] Med, Meteorol, Phys, Tech (of water, air) ciśnienie *n*; (of physical force) nacisk *m*; **atmospheric ~** ciśnienie atmosferyczne; **high/low ~** wysokie/niskie ciśnienie; **a ~ of 1 kg per cm^2** ciśnienie 1 kg na cm^2; **to exert** or **put ~ on sth** naciskać na coś, napierać na coś; **(to store sth) under ~** (przechowywać coś) pod ciśnieniem; **to run at full ~** pracować pełną parą also fig [2] fig (oppressive influence) nacisk *m*, presja *f*; **to put ~ on sb**

wywierać na kogoś nacisk or presję; **they put ~ on him to resign** wywierają na niego nacisk, żeby ustąpił; **to do sth under ~ (from sb)** zrobić coś pod presją (kogoś); **the government is under ~ from the unions** na rząd naciskają związki zawodowe; **she has come under a lot of ~** wywiera się na nią duże naciski; **to bring ~ to bear on sb to do sth** wywrzeć presję na kogoś, żeby coś zrobił; **to put** or **pile on the ~** zwiększać naciski [3] (stress) napięcie *n*; (burden) nawał *m*, napór *m*; **to work well/badly under ~** pracować dobrze/źle w warunkach stresowych; **she has come under a lot of ~** żyje w dużym napięciu; **to be put under ~ by one's job** być zestresowanym pracą; **to be under ~ to do sth** musieć pilnie coś zrobić; **due to ~ of work** z powodu nawału pracy; **financial ~s** presja finansowa; **the ~s of city life** stresy życia w mieście [4] (volume) (of tourists, visitors) napór *m*; **~ of traffic** (wzmożony) ruch drogowy

II *vt* = **pressurize**

pressure cabin *n* kabina *f* (wysoko)ciśnieniowa

pressure-cook /ˈpreʃəkʊk/ *vt* u|gotować w szybkowarze

pressure cooker *n* szybkowar *m*

pressure gauge *n* manometr *m*, ciśnieniomierz *m*

pressure group *n (+ v sg/pl)* grupa *f* nacisku

pressure point *n* Med punkt *m* uciskowy

pressure suit *n* skafander *m* ciśnieniowy

pressure vessel *n* Nucl zbiornik *m* ciśnieniowy

pressurization /ˌpreʃəraɪˈzeɪʃn, US -rɪˈz-/ *n* Aerosp utrzymywanie *n* zwiększonego ciśnienia

pressurize /ˈpreʃəraɪz/ *vt* [1] (maintain pressure in) utrzym|ać, -ywać zwiększone ciśnienie w (czymś) *[cabin, compartment, suit]* [2] (put under pressure) spręż|yć, -ać *[gas, liquid]* [3] fig wpły|nąć, -wać na (kogoś); (stronger) zmu|sić, -szać; **to ~ sb into doing sth** wpłynąć na kogoś, żeby coś zrobił; zmusić kogoś do zrobienia czegoś

pressurized water reactor, PWR *n* ciśnieniowy reaktor *m* wodny

presswoman /ˈpreswʊmən/ *n* (*pl* **-women**) dziennikarka *f*

Prestel® /presˈtel/ *n* GB Telecom *pierwszy na świecie system wideotekstu*

prestidigitation /ˌprestɪdɪdʒɪˈteɪʃn/ *n* prestidigitatorstwo *n*

prestige /preˈstiːʒ/ **I** *n* prestiż *m*

II *modif [car, site, housing, hotel]* ekskluzywny, luksusowy

prestigious /preˈstɪdʒəs/ *adj [award, job]* prestiżowy; *[school, university, orchestra]* renomowany; *[name]* znakomity

presto /ˈprestəʊ/ **I** *adv* Mus presto

II *excl* **hey ~!** czary mary!, proszę bardzo!

prestressed cement /ˌpriːˌstrestsɪˈment/ *n* Constr beton *m* sprężony

presumable /prɪˈzjuːməbl, US -ˈzuːm-/ *adj* przypuszczalny

presumably /prɪˈzjuːməblɪ, US -ˈzuːm-/ *adv* przypuszczalnie, prawdopodobnie

presume /prɪˈzjuːm, US -ˈzuːm/ **I** *vt* [1] (suppose) sądzić, przypuszczać **(that... że...)**; **I ~ (that) he's honest** przypuszczam, że jest uczciwy; **I ~d him to be honest** sądziłem, że jest uczciwy; **I ~ so /not** sądzę, że tak/nie; **you'll do it, I ~?** zrobisz to, jak sądzę?; **the painting is ~d to date from the 17th century** obraz prawdopodobnie pochodzi z XVII wieku; **you are presuming rather too much** chyba zbyt wiele się spodziewasz; **~d dead/guilty/innocent** uznany za zmarłego/winnego/niewinnego [2] (presuppose) za|łożyć, -kładać, przyj|ąć, -mować **(that... że...)** [3] (dare) **to ~ to do sth** ośmielić się or ważyć się liter coś zrobić

II *vi* **to ~ (up)on sb** wykorzystywać kogoś; **to ~ (up)on sth** nadużywać czegoś *[kindness, friendship]*; **to ~ on sb's time** zabierać komuś czas; **I hope I'm not presuming** mam nadzieję, że się nie narzucam

presumption /prɪˈzʌmpʃn/ *n* [1] (supposition) przypuszczenie *n*; Jur domniemanie *n* **(of sth** czegoś); presumpcja *f* fml; **on the ~ that...** zakładając, że...; sądząc, że...; **to make a ~ that...** założyć, że...; **the ~ is that...** przypuszcza się, że... [2] (basis) przesłanki *f pl* **(against/in favour of sth** przemawiające przeciw czemuś/za czymś) [3] (impudence) tupet *m*, bezczelność *f*; **to have the ~ to do sth** mieć czelność coś zrobić

presumptive /prɪˈzʌmptɪv/ *adj [belief, diagnosis, assessment]* oparty na przypuszczeniach; *[nominee, successor]* przypuszczalny; Jur domniemany; **heir ~** domniemany dziedzic; **~ evidence** domniemania, poszlaki

presumptuous /prɪˈzʌmptʃʊəs/ *adj* arogancki, bezczelny; **I don't mean to be ~, but...** nie chcę być bezczelny, ale...; **would it be ~ of me to ask why?** czy będzie bezczelnością z mojej strony, jeśli zapytam, dlaczego?

presumptuously /prɪˈzʌmptʃʊəslɪ/ *adv* arogancko, bezczelnie

presumptuousness /prɪˈzʌmptʃʊəsnɪs/ *n* arogancja *f*, bezczelność *f*

presuppose /ˌpriːsəˈpəʊz/ *vt* za|łożyć, -kładać, z góry przyj|ąć, -mować; **to ~ that...** zakładać, że...

presupposition /ˌpriːsʌpəˈzɪʃn/ *n* założenie *n*; presupozycja *f*, domniemanie *n* fml; **to make a ~** przyjąć założenie; **to rely on the ~ that...** opierać się na założeniu, że...

pre-tax /ˌpriːˈtæks/ *adj* brutto, przed opodatkowaniem; **a ~ profit of £3m** zysk w wysokości 3 mln funtów brutto

preteen /ˌpriːˈtiːn/ **I** *n* dziecko *n* w wieku 11-12 lat; **the ~s** (period) wiek 11-12 lat; (children) jedenastolatki, dwunastolatki

II *adj* (also **pre-teen**) *[clothing]* dla jedenasto-dwunastolatków

pretence GB, **pretense** US /prɪˈtens/ *n* [1] (false show) pozory *m pl*; **to make a ~ of sth** stwarzać pozory czegoś; **to make a ~ of doing sth** udawać, że się coś robi; **he made no ~ of impartiality** nie próbował nawet stwarzać pozorów bezstronności; **on** or **under the ~ of doing sth** pod pozorem zrobienia czegoś; **under the ~ that...** udając, że...; **I can't keep up the ~ any longer** nie mogę już dłużej udawać; **they abandoned the ~ of neutrality** przestali udawać, że zachowują neutralność; **he spoke with no ~ at** or **of politeness** mówił, wcale nie siląc się na uprzejmość [2] (sham) udawanie *n* **(of sth** czegoś); (of illness) symulowanie *n* → **false pretences** [3] (claim) pretensje *f pl* **(to sth** do czegoś); **a man with little ~ to superiority** człowiek nie wywyższający się [4] (pretentiousness) pretensjonalność *f*; **she's totally lacking in ~** nie ma w niej krzty pretensjonalności

pretend /prɪˈtend/ **I** *adj* infml baby talk (make-believe) *[gun, car, jewels]* na niby; **it's only ~!** to tylko na niby!

II *vt* [1] (feign) uda|ć, -wać *[ignorance, illness, surprise]*; **to ~ that...** udawać, że...; **he ~ed (that) he didn't see us** udawał, że nas nie widzi; **to ~ to do sth** udawać, że się coś robi; **he ~s he doesn't care, he ~s not to care** udaje, że jest mu wszystko jedno; **a thief ~ing to be a policeman** złodziej udający policjanta; **let's ~ (that) it never happened** zapomnijmy, że to się kiedykolwiek zdarzyło; **let's ~ (that) we're on a desert island/we're cowboys** (children's play) bawmy się, że jesteśmy na bezludnej wyspie/bawmy się w kowbojów; **just ~ I'm not here** zachowuj się tak, jakby mnie tu nie było [2] (claim) **we've never ~ed that we had all the answers** nigdy nie twierdziliśmy, że mamy odpowiedź na wszystko; **I can't ~ I understand** muszę przyznać, że nie rozumiem; **I won't ~ to give you advice** nie będę nawet próbował udzielać ci rad

III *vi* [1] (feign) udawać; **stop ~ing!** przestań udawać!; **to play let's ~** bawić się w „udawanie" [2] (claim) **to ~ to sth** pretendować do czegoś *[throne, crown, title]*; mieć pretensje do czegoś *[knowledge, expertise]*

IV pretended *pp adj [emotion, ignorance, illness]* udawany

pretender /prɪˈtendə(r)/ *n* pretendent *m*, -ka *f* **(to sth** do czegoś)

pretense *n* US = **pretence**

pretension /prɪˈtenʃn/ *n* (claim) pretensja *f*; **to have ~s to sth** mieć pretensje do czegoś; **I have no ~s to being an authority on the subject** nie twierdzę, że jestem autorytetem w tej dziedzinie

pretentious /prɪˈtenʃəs/ *adj* pretensjonalny

pretentiously /prɪˈtenʃəslɪ/ *adv* pretensjonalnie

pretentiousness /prɪˈtenʃəsnɪs/ *n* pretensjonalność *f*

preterite /ˈpretərət/ *n* czas *m* przeszły; **in the ~** w czasie przeszłym

preternatural /ˌpriːtəˈnætʃərəl/ *adj* nadnaturalny

pretext /ˈpriːtekst/ *n* pretekst *m* **(for sth /for doing sth** do czegoś/do zrobienia czegoś); **under** or **on the ~ of sth/doing sth** pod pretekstem czegoś/robienia czegoś; **he left early under the ~ of having another appointment** wyszedł wcześniej pod pretekstem innego spotkania

Pretoria /prɪˈtɔːrɪə/ *prn* Pretoria *f*

pretrial /ˌpriːˈtraɪl/ **I** *n* US Jur ≈ rozprawa *f* wstępna *(mająca na celu wyjaśnienie szczegółów przez sąd i adwokatów stron)*

P

II *adj [imprisonment, hearings]* przed rozpoczęciem procesu; *[procedure]* przedprocesowy

prettify /ˈprɪtɪfaɪ/ *vt* upiększ|yć, -ać

prettily /ˈprɪtɪlɪ/ *adv [dress, arrange, sing]* ładnie; *[blush, smile]* uroczo, ślicznie; *[apologize, thank]* grzecznie

pretty /ˈprɪtɪ/ **I** *adj* [1] (attractive) ładny, śliczny; **doesn't she look ~ in that dress?** prawda, jak jej ślicznie w tej sukience; **it was not a ~ sight** to nie był miły widok; **say ~ please** (to child) powiedz grzecznie „proszę" [2] pej (trite) *[music]* słodki; *[speech]* gładki [3] infml (considerable) *[sum]* ładny; **a ~ mess you've got yourself into!** nieźle się urządziłeś!, wpakowałeś się w niezłe tarapaty! infml

II *adv* infml (very, fairly) *[good, clever, certain, well]* całkiem; *[awful, bad, boring, stupid]* dosyć, dość; (almost) niemal, prawie; **~ well all, ~ much all** praktycznie wszystko; **'how are you?' – '~ well/~ much the same'** „jak się masz?" – „całkiem dobrze/w zasadzie bez zmian"; **they are facing ~ much the same problem** stoją w zasadzie przed takim samym problemem; **you ~ nearly killed me, you idiot!** o mało mnie nie zabiłeś, idioto!

■ **pretty up**: **~ up [sth], ~ [sth] up** upiększ|yć, -ać; **I'll go and ~ myself up** pójdę zrobić się na bóstwo infml

IDIOMS: **~ as a picture** (ładny) jak obrazek, jak z obrazka; **I'm not just a ~ face** (może na to nie wyglądam, ale) znam się na tym i owym; **that must have cost you a ~ penny** infml musiało cię to nieźle kosztować; **things have come to a ~ pass when...** do czego to już doszło, skoro...; **this is a ~ mess** or **a ~ state of affairs** iron ładna historia; **to be sitting ~** infml być w komfortowej sytuacji

pretty boy *n* infml pej laluś *m*, goguś *m* pej

pretty-pretty /ˈprɪtɪprɪtɪ/ *adj [cottage, garden, village]* wymuskany; *[dress]* słodki, śliczniutki; cacy infml

pretzel /ˈpretsl/ *n* precel *m*

prevail /prɪˈveɪl/ *vi* [1] (triumph) *[justice, common sense]* zwycięż|yć, -ać, wziąć, brać górę; **to ~ over** or **against sb/sth** wziąć górę nad kimś/czymś [2] (be current) *[situation, confusion, pessimism, custom]* panować; (predominate) *[sunshine, winds, attitude]* przeważ|yć, -ać

■ **prevail (up)on**: **~ (up)on [sb]** nakł|onić, -aniać; **I ~ed upon her to take some rest** nakłoniłem ją, żeby trochę odpoczęła; **he was not to be ~ed upon** nie można go było przekonać

prevailing /prɪˈveɪlɪŋ/ *adj* [1] (current) *[custom, attitude, style]* panujący; **in the ~ economic situation** w aktualnej sytuacji ekonomicznej [2] (dominant) dominujący, przeważający; **~ wind** przeważające wiatry [3] Fin *[rate]* aktualny

prevalence /ˈprevələns/ *n* [1] (widespread nature) powszechne występowanie *n*; **the increasing ~ of violent crime** coraz większa liczba poważnych przestępstw [2] (superior position) przewaga *f*, dominacja *f*

prevalent /ˈprevələnt/ *adj* [1] (widespread) szeroko rozpowszechniony [2] (predominant) przeważający, dominujący

prevaricate /prɪˈværɪkeɪt/ *vi* fml mówić wymijająco, wykręcać się od jasnej odpowiedzi; kręcić infml

prevarication /prɪˌværɪˈkeɪʃn/ *n* fml stosowanie *n* uników, wykręcanie się *n* od jasnej odpowiedzi; **after much ~** po wielu unikach

prevent /prɪˈvent/ *vt* zapobie|c, -gać (czemuś) *[fire, disaster, illness, conflict]*; **to ~ sb's death** zapobiec śmierci kogoś; **to ~ the marriage/the introduction of reform** *[person]* nie dopuścić do małżeństwa /wprowadzenia reform; *[circumstance]* stanąć na przeszkodzie małżeństwu/wprowadzeniu reform; **to ~ sb (from) doing sth** uniemożliwić komuś zrobienie czegoś; **she managed to ~ the fire from spreading** udało się jej nie dopuścić do rozprzestrzenienia się ognia; **they can't ~ it happening** nie mogą temu zapobiec; **she was ~ed from attending the conference by a sudden illness** niespodziewana choroba uniemożliwiła jej wzięcie udziału w konferencji; **don't try to ~ me** nie staraj się mnie powstrzymać; **to ~ oneself (from) doing sth** powstrzymać się przed zrobieniem czegoś

preventable /prɪˈventəbl/ *adj [disaster, accident, death]* (możliwy) do uniknięcia; **~ disease** choroba, której można zapobiegać; **the accident was ~** wypadku można było uniknąć, wypadkowi można było zapobiec

preventative /prɪˈventətɪv/ *adj* = **preventive**

prevention /prɪˈvenʃn/ *n* zapobieganie *n* **(of sth** czemuś); Med profilaktyka *f*; Jur prewencja *f*; **accident ~** zapobieganie wypadkom; (on roads) prewencja na drogach; **crime ~** walka z przestępczością

IDIOMS: **~ is better than cure** Prov lepiej zapobiegać, niż leczyć

preventive /prɪˈventɪv/ *adj [measure]* zapobiegawczy, profilaktyczny; Jur prewencyjny; **~ detention** areszt prewencyjny; **~ medicine** medycyna zapobiegawcza

preview /ˈpriːvjuː/ **I** *n* [1] (showing) (of film, play) pokaz *m* przedpremierowy; (of exhibition) wernisaż *m* [2] Cin, TV (of film, play) zwiastun *m*; (of weekly programme) zapowiedź *f* [3] fig (foretaste) zapowiedź *f* **(of sth** czegoś)

II *vt* (appraise) om|ówić, -awiać; **this week's films are ~ed on page 18** omówienie filmów z tego tygodnia na stronie 18

III *vi [film, play]* mieć pokaz przedpremierowy

previous /ˈpriːvɪəs/ **I** *adj* [1] (before) *[day, manager, chapter, meeting]* poprzedni; (further back in time) wcześniejszy; **the ~ week/year** poprzedni tydzień/rok; **in a ~ life** w poprzednim wcieleniu; **on a ~ occasion** przy wcześniejszej okazji; **on ~ occasions** poprzednio, wcześniej; **by ~ appointment** po wcześniejszym ustaleniu terminu; **~ experience** wcześniejsze doświadczenie; **'~ experience essential'** (in ad) „wymagane doświadczenie"; **to have a ~ engagement** być wcześniej umówionym; **she has two ~ convictions** Jur była wcześniej dwukrotnie karana; **he has no ~ convictions** Jur nie był wcześniej karany [2] infml (hasty) *[action, decision, optimism]* przedwczesny, pochopny; **to be ~ in doing sth** pośpieszyć się ze zrobieniem czegoś, zrobić coś pochopnie

II previous to *prep phr* przed (czymś); **~ to his arrival...** przed jego przybyciem...; **~ to that** przedtem; **the period just ~ to the coup** okres bezpośrednio poprzedzający zamach stanu

previously /ˈpriːvɪəslɪ/ *adv* [1] (formerly) poprzednio; (up until that time) przedtem; **~ we'd always stayed at the Plaza** poprzednio zawsze zatrzymywaliśmy się w hotelu Plaza [2] (earlier) wcześniej; **two years/days ~** dwa lata/dni wcześniej; **we've met ~** poznaliśmy się wcześniej

prevision /ˌpriːˈvɪʒn/ *n* fml przeczucie *n*

prewar /ˌpriːˈwɔː(r)/ *adj* przedwojenny

prewash /ˌpriːˈwɒʃ/ *n* pranie *n* wstępne

prexy /ˈpreksɪ/ *n* US infml ≈ rektor *m* uniwersytetu

prey /preɪ/ *n* (hunted) ofiara *f* also fig; (captured) zdobycz *f*; łup *m* also fig; **a bird of ~** ptak drapieżny; **to be easy ~ for sb/sth** być łatwym łupem dla kogoś/czegoś; **to fall ~ to sb/sth** paść ofiarą kogoś/czegoś; **he fell ~ to doubts** zaczęły go dręczyć wątpliwości; **he was easy ~ to anxiety** zadręczał się z byle powodu

■ **prey on**: ¶ **~ on [sth]** [1] (hunt) polować na (coś) *[birds, rodents]* [2] fig (worry) **to ~ on sb's mind** *[problems, troubles, thought]* dręczyć kogoś; *[accident, crime]* nie dawać komuś spokoju [3] (exploit) wykorzyst|ać, -ywać *[fears, worries]* ¶ **~ on [sb]** *[con man]* żerować na (kimś); *[mugger, rapist]* polować na (kogoś), zasadzać się na (kogoś)

prezy /ˈprezɪ/ *n* US Pol infml prezydent *m*

prezzie /ˈprezɪ/ *n* GB infml = **pressie**

Priam /ˈpraɪəm/ *prn* Mythol Priam *m*

price /praɪs/ **I** *n* [1] (cost) cena *f*, koszt *m* also fig; **the ~ per ticket/kilo** cena za jeden bilet/kilogram; **the ~ per person** cena od osoby; **at a ~ of £80** za 80 funtów; **at competitive/attractive ~s** po konkurencyjnych/atrakcyjnych cenach; **to sell sth at** or **for a good ~** sprzedać coś po dobrej cenie or za dobrą cenę; **cars have gone up/fallen in ~** ceny samochodów wzrosły /spadły; **to give sb a ~** (estimate) podać komuś cenę; **what sort of ~ did you have to pay?** ile musiałeś zapłacić?; **to pay a high/low ~ for sth** dużo/niewiele za coś zapłacić; **'we pay top ~s (for used cars)'** „płacimy najwyższe ceny (za używane samochody)"; **the two brands are the same ~** obie marki kosztują tyle samo; **I'll take the job, if the ~ is right** wezmę tę robotę, jeśli dobrze zapłacą infml; **I didn't even have the ~ of a beer** nie miałem grosza przy duszy; **to pay a high ~ for sth/doing sth** drogo zapłacić za coś/za zrobienie czegoś also fig; **that's a small ~ to pay for independence** to niewielka cena za wolność; **that's the ~ one pays for being famous** taka jest cena sławy; **no ~ is too high for winning their support** za ich poparcie warto zapłacić każdą cenę; **there will be a high**

~ to pay in the future w przyszłości trzeba będzie za to drogo zapłacić; **at what a ~!** ale jakim kosztem!; **at any ~, whatever the ~** za każdą cenę, bez względu na koszt; fig za wszelką cenę; **not at any ~!** za żadną cenę!; **that can be arranged – for a ~!** to się da załatwić, ale to będzie kosztować! also hum; **I wouldn't buy that horrible dress at any ~!** za nic nie kupiłabym tej okropnej sukienki! → **full price, half price, selling price** [2] (value) wartość *f*; **of great ~** o wielkiej wartości; **beyond** or **above ~** powyżej wartości; **it's beyond** or **without ~** to jest bezcenne; **to put a ~ on sth** (estimate) wycenić coś *[object, antique]*; **to put** or **set a high ~ on sth** cenić (sobie) coś wysoko or wielce liter *[loyalty, hard work]*; **one cannot put a ~ on freedom** wolność nie ma ceny; **what ~ all his good intentions now!** no i ile warte są jego dobre chęci?! [3] (in betting) szansa *f* (wygranej); **what ~ he'll turn up late?** fig o co zakład, że się spóźni?

II *vt* [1] (fix price of) określ|ić, -ać cenę (czegoś); **a dress ~d at £30** sukienka w cenie 30 funtów; **it was originally ~d at over £300** pierwotnie kosztowało to ponad 300 funtów; **their products are reasonably** or **moderately ~d** ich towary mają umiarkowane ceny [2] (estimate value of) wyceni|ć, -ać, o|szacować *[object]* [3] (mark the price of) poda|ć, -wać cenę na (czymś) *[product]*; **all items must be clearly ~d** wszystkie towary muszą mieć metki z ceną

■ **price down**: **~ down [sth], ~ [sth] down** GB zaniż|yć, -ać cenę (czegoś)

■ **price out**: **~ out [sb/sth], ~ [sb/sth] out** wy|eliminować z rynku (oferując niższe ceny) *[competitor, competing product]*; **to ~ oneself out of the market** utracić pozycję na rynku w wyniku zawyżania cen; **the photographer has ~d himself out of business** przez zawyżanie cen fotograf utracił klientelę

■ **price up**: **~ up [sth], ~ [sth] up** zawyż|yć, -ać cenę (czegoś)

IDIOMS: **every man** or **everyone has his ~** każdego można kupić; **to put a ~ on sb's head** naznaczyć cenę na głowę kogoś liter

price bracket *n* = **price range**

price-conscious /ˈpraɪskɒnʃəs/ *adj* **to be ~** zwracać uwagę na ceny

price control *n* kontrola *f* cen

price cut *n* obniżka *f* ceny

price cutting *n* obniżanie *n* cen

price discrimination *n* dyskryminacja *f* cenowa *(preferencyjne traktowanie niektórych odbiorców)*

price-earning ratio /ˌpraɪsˈɜːnɪŋreɪʃɪəʊ/ *n* wskaźnik *m* cena/zysk or C/Z

price fixing *n* zmowa *f* cenowa

price freeze *n* zamrożenie *n* cen

price index *n* wskaźnik *m* or indeks *m* cen

price inflation *n* inflacja *f* cenowa

price label *n* = **price ticket**

priceless /ˈpraɪslɪs/ *adj* [1] (extremely valuable) *[object, treasure]* bezcenny; *[advice, information]* niezwykle cenny; *[person]* nieoceniony [2] (amusing) *[joke, speech]* przepyszny infml

price list *n* cennik *m*

price range *n* rozpiętość *f* cen; **cars in a ~ of £15,000 to £20,000** samochody w cenie od 15 000 do 20 000 funtów; **that's out of my ~** to przekracza moje możliwości finansowe; **that's in my ~** na to mnie stać

price restrictions *npl* kontrola *f* cen

price rigging *n* manipulowanie *n* cenami

price ring *n* kartel *m* cenowy

price rise *n* wzrost *m* ceny

prices and incomes policy *n* polityka *f* kształtowania cen i dochodów

price-sensitive /ˌpraɪsˈsensətɪv/ *adj [market]* reagujący na ceny

price sticker *n* nalepka *f* z ceną; cena *f* infml

price support *n* sztuczne podtrzymywanie *n* poziomu cen

price tag *n* [1] (label) = **price ticket** [2] fig (cost) cena *f*, koszt *m* **(on** or **for sth** czegoś); **you can't put a ~ on good health** zdrowie jest najcenniejsze

price ticket *n* metka *f* z ceną; cena *f* infml

price war *n* wojna *f* cenowa

pricey /ˈpraɪsɪ/ *adj* infml drogi

pricing /ˈpraɪsɪŋ/ *n* ustalanie *n* ceny

pricing policy *n* polityka *f* cenowa

prick /prɪk/ **I** *n* [1] (of needle) (act) nakłucie *n*, ukłucie *n*; (pain) ukłucie *n*; (hole) nakłucie *n*; **to give sth a ~** nakłuć coś; **~s of conscience** fig wyrzuty sumienia; **he felt a ~ of conscience** gryzło go sumienie; **a ~ of light** punkcik światła [2] vulg (penis) chuj *m*, kutas *m* vulg [3] vinfml (idiot) kutas *m* vulg

II *vt* [1] (cause pain) u|kłuć **(with sth** czymś); **to ~ one's finger** ukłuć się w palec; **to ~ sb's conscience** fig ciążyć komuś na sumieniu; **his conscience ~ed him** fig gryzło go sumienie [2] (pierce) nakłu|ć, -wać *[skin]*; (pierce through) przekłu|ć, -wać *[blister, balloon]*; Culin nakłu|ć, -wać, ponakłuwać *[potato, sausage]*; **to ~ a hole in sth** zrobić or przebić w czymś dziurkę; **I ~ed little holes in the wrapping** poprzekłuwałem opakowanie [3] = **prick up**

III *vi* [1] (sting) szczypać; **my eyes are ~ing** oczy mnie szczypią; **my eyes ~ed with tears** łzy napłynęły mi do oczu [2] *[bush, thorn]* kłuć; **it will ~ a little, that's all** poczujesz tylko lekkie ukłucie

IV *vr* **to ~ oneself** (once) u|kłuć się **(on /with sth** czymś); (in many places) pokłuć się **(on/with sth** czymś)

■ **prick out**: **~ out [sth], ~ [sth] out** [1] Hort przepikow|ać, -ywać, pikować *[seedlings]* [2] Art nakłu|ć, -wać, ponakłuwać *[design, outline]*

■ **prick up**: ¶ **~ up** *[dog's ears]* sta|nąć, -wać; **at that, my ears ~ed up** wtedy nadstawiłem ucha or uszu ¶ **to ~ up its ears** *[dog]* postawić uszy, zastrzyc uszami; **to ~ up one's ears** nadstawić ucha or uszu

IDIOMS: **to kick against the ~s** walić głową o mur

pricking /ˈprɪkɪŋ/ **I** *n* (tingling) mrowienie *n*; (sensation of being pricked) kłucie *n*

II *modif [pain]* kłujący; **~ sensation** mrowienie

prickle /ˈprɪkl/ **I** *n* [1] (of hedgehog) kolec *m*; (of plant) cierń *m*, kolec *m* [2] (feeling) ciarki *plt*; **he felt ~s down his spine** poczuł, jak ciarki przechodzą mu po plecach; **to feel a ~ of excitement** czuć lekkie podniecenie

II *vt [clothes, jumper]* drażnić, drapać *[skin]*; *[bush]* po|drapać *[skin, legs]*

III *vi [beard, wool]* drapać; **my hair ~d (with fear)** włosy mi się zjeżyły (ze strachu); **my skin ~d** ciarki przebiegły mi po skórze; **she ~d with anger /excitement** była wściekła/podniecona

prickly /ˈprɪklɪ/ *adj* [1] (with prickles) *[bush, rose]* ciernisty, kolczasty; *[leaf, thorn]* kłujący; *[animal]* kolczasty [2] (itchy) *[beard]* kłujący, drapiący; *[jumper]* gryzący, drapiący; **~ feeling** or **sensation** uczucie swędzenia; **my skin feels ~** swędzi mnie skóra [3] infml (touchy) *[issue, person]* drażliwy; **to be ~ about sth** być drażliwym na punkcie czegoś; **she's in a ~ mood** jest podenerwowana

prickly heat *n* potówki *plt*

prickly pear *n* (plant) opuncja *f* figowa, żygadło *n*; (fruit) owoc *m* opuncji

prick teaser *n* vulg podpuszczalska *f* infml

pricy *adj* = **pricey**

pride /praɪd/ **I** *n* [1] (satisfaction, self-respect) duma *f* **(in sb/sth** z kogoś/czegoś); **with ~** z dumą; **a source of ~** powód do dumy; **to take ~ in sth** być dumnym z czegoś *[ability, achievement, work]*; **you should take more ~ in your appearance** musisz bardziej dbać o swój wygląd; **to hurt** or **wound sb's ~** zranić dumę kogoś; **family ~** honor rodziny; **national ~** duma narodowa [2] (source of satisfaction) duma *f*, chluba *f*; **she's the ~ of the town /college** ona jest dumą or chlubą miasta /szkoły; **she's her mother's ~ and joy** ona jest dumą i radością matki [3] (conceit) pycha *f* [4] (of lions) stado *n*

II *vr* **to ~ oneself on sth** szczycić się or chlubić się czymś; **he ~s himself on being able to play the trombone** szczyci or chlubi się tym, że potrafi grać na puzonie

IDIOMS: **to have ~ of place** zajmować honorowe or poczesne miejsce; **to give sth ~ of place** *[author]* poświęcić czemuś główną uwagę; **to swallow** or **pocket one's ~** schować honor do kieszeni infml; **~ comes before a fall** Prov ≈ pycha prowadzi do zguby

prie-dieu /ˌpriːˈdjɜː/ *n* (*pl* **prie-dieux)** klęcznik *m*

priest /priːst/ *n* kapłan *m*; (Roman Catholic) ksiądz *m*; (in Orthodox church) pop *m*; **parish ~** proboszcz

priestess /ˈpriːstes/ *n* kapłanka *f*

priesthood /ˈpriːsthʊd/ *n* (calling) kapłaństwo *n*; (clergy) duchowieństwo *n*; **to enter the ~** wstąpić do stanu duchownego

priestly /ˈpriːstlɪ/ *adj* kapłański

prig /prɪɡ/ *n* skromni|ś *m*, -sia *f*

priggish /ˈprɪɡɪʃ/ *adj* fałszywie skromny

priggishness /ˈprɪɡɪʃnɪs/ *n* fałszywa pokora *f*

prim /prɪm/ *adj* [1] **(**also **~ and proper)** (prudish) *[person]* pruderyjny; (formal) *[person, manner]* sztywny; *[appearance, clothing]* wy-

P

muskany; *[voice, expression]* afektowany [2] (neat) *[house, garden, clothing]* zadbany

prima ballerina /ˌpriːməˌbæləˈriːnə/ *n* primabalerina *f*, prymabaleryna *f*

primacy /ˈpraɪməsɪ/ *n* [1] (primary role) (of principle, language, skill) wyższość *f*, prymat *m* **(of sth over sth** czegoś nad czymś**)**; Pol supremacja *f*; **to have ~** wieść prym [2] Relig (also **Primacy)** prymasostwo *n*

prima donna /ˌpriːməˈdɒnə/ *n* primadonna *f*, prymadonna *f* also fig pej

primaeval *adj* = **primeval**

prima facie /ˌpraɪməˈfeɪʃiː/ **I** *adj* [1] Jur *[evidence, case]* oparty na domniemaniu faktycznym; **to make a ~ case** zawierać dostateczne dowody winy [2] *[reason]* (na pierwszy rzut oka) uzasadniony; *[evidence]* (na pierwszy rzut oka) przekonywający **II** *adv* na pierwszy rzut oka; Jur prima facie

primal /ˈpraɪml/ *adj* [1] (original) *[forest, origins, stage]* pierwotny; *[feeling, quality]* prymitywny; *[innocence]* wrodzony; **~ cause** praprzyczyna; **the ~ scream** Psych krzyk pierwotny [2] (chief) *[importance, reason]* podstawowy, zasadniczy

primarily /ˈpraɪmərəlɪ, US praɪˈmerəlɪ/ *adv* [1] (chiefly) głównie, przede wszystkim [2] (originally) pierwotnie

primary /ˈpraɪmərɪ, US -merɪ/ **I** *n* [1] US Pol (also **~ election)** prawybory *plt* → **closed primary, open primary** [2] Zool (also **~ feather)** lotka *f* [3] Sch → **primary school** **II** *adj* [1] *[aim, cause, concern, factor, reason, role, source, task]* główny; *[sense, meaning]* podstawowy; *[importance]* zasadniczy; **of ~ importance** o zasadniczym or pierwszorzędnym znaczeniu [2] Sch *[education]* podstawowy; **~ teacher** nauczyciel szkoły podstawowej; **children of ~ age** dzieci w wieku od 5 do 11 lat [3] (initial) *[stage]* początkowy, pierwszy [4] Geol *[rock]* pierwotny [5] Econ *[commodities, industry, products]* podstawowy

primary colour *n* barwa *f* podstawowa

primary evidence *n* Jur dowód *m* podstawowy

primary health care *n* podstawowa opieka *f* zdrowotna

primary infection *n* zakażenie *n* pierwotne

primary school **I** *n* ≈ szkoła *f* podstawowa **II** *modif* **~ children, children of ~ age** dzieci w wieku szkolnym

primary (school) teacher *n* GB nauczyciel *m*, -ka *f* szkoły podstawowej

primary sector *n* Econ przemysł *m* surowcowy

primary stress *n* akcent *m* główny

primate /ˈpraɪmeɪt/ *n* [1] Zool (mammal) naczelny *m*, ssak *m* z rzędu naczelnych [2] Relig (also **Primate)** prymas *m*; **the ~ of all England** arcybiskup Canterbury

prime /praɪm/ **I** *n* [1] **in one's ~** (politically, professionally) u szczytu kariery; (physically) w kwiecie wieku; **in its ~** *[organization, industry]* w rozkwicie; **to be past one's ~** *[person]* (no longer young) być nie pierwszej młodości; *[author, artist]* mieć za sobą najlepsze lata; **to be past its ~** *[building, institution]* mieć już za sobą okres świetności; **in the ~ of life** w kwiecie wieku [2] Math (also **~ number)** liczba *f* pierwsza [3] Relig pryma *f* **II** *adj* [1] (chief) *[aim, candidate, factor, target, suspect]* główny; **to be of ~ importance** mieć fundamentalne znaczenie [2] Comm (good quality) *[site, location, meat]* pierwszorzędny, doskonały; *[foodstuffs]* wyborowy, najwyższej jakości; **in ~ condition** *[machine, car]* w idealnym stanie; *[horse, person]* w doskonałej formie; **of ~ quality** najwyższej jakości [3] (classic) *[example, instance]* klasyczny, typowy [4] Math *[number, factor]* pierwszy **III** *vt* [1] (brief) po|instruować, przygotow|ać, -ywać *[witness, interviewee]*; **to ~ sb about sth** uprzedzić kogoś o czymś; **to ~ sb with sth** zapoznać kogoś z czymś; **to be ~d for sth** być przygotowanym do czegoś; **he'd obviously been ~d to say that...** oczywiście poinstruowano go, żeby mówił, że...; **he had ~d himself with a large whisky** dla kurażu wypił jedną dużą whisky [2] Constr (apply primer to) zagruntow|ać, -ywać *[wood, metal]* [3] Tech zal|ać, -ewać *[pump]*; **to ~ the pump** fig stymulować rozwój infml [4] Mil uzbr|oić, -ajać *[device, bomb]*; nabi|ć, -jać, załadow|ać, -ywać *[firearm]*

prime bill *n* Fin weksel *m* pierwszorzędny

prime cost *n* koszt *m* własny

prime meridian *n* południk *m* zerowy

prime-ministerial /ˌpraɪmmɪnɪˈstɪərɪəl/ *adj* **~ power/role/responsibility** władza/rola/odpowiedzialność premiera

prime minister, PM *n* premier *m*, prezes *m* rady ministrów

prime ministership *n* (duties) urząd *m* premiera; (term of office) premierostwo *n*

prime mover *n* [1] (influential force) motor *m* fig **(of sth** czegoś**)**; **she was one of the ~s in the campaign** była jedną z inicjatorek kampanii [2] Phys, Tech źródło *n* napędu, siła *f* motoryczna [3] Philos moc *f* sprawcza

primer /ˈpraɪmə(r)/ *n* [1] (paint) powłoka *f* gruntowa, farba *f* do gruntowania [2] dat (textbook) (introductory) podręcznik *m* dla początkujących; (for reading) elementarz *m* [3] (explosive) spłonka *f*

prime rate *n* Fin najlepsza stopa *f* procentowa

prime time **I** *n* TV godziny *f pl* największej oglądalności; Radio najlepsze godziny *f pl (w których radio ma najwięcej słuchaczy)* **II prime-time** *modif [advertising, programme]* TV prezentowany w godzinach największej oglądalności

primeval /praɪˈmiːvl/ *adj* [1] (ancient) *[beast, tribes, rocks]* prastary; *[condition]* pierwotny; **the ~ forest** pierwotna puszcza [2] (instinctive) *[instinct, terror]* prymitywny

primeval soup *n* Biol pierwotna zupa *f*

priming /ˈpraɪmɪŋ/ *n* [1] Mil (of bomb) uzbrajanie *n*; (of gun) ładowanie *n* [2] Constr (of surface) gruntowanie *n* [3] (of pump) zalewanie *n*

priming coat *n* warstwa *f* farby gruntowej

primitive /ˈprɪmɪtɪv/ **I** *n* [1] Art (painter) prymitywista *m*; (painting) prymityw *m* [2] Anthrop (person) człowiek *m* prymitywny **II** *adj* prymitywny

primly /ˈprɪmlɪ/ *adv* [1] (starchily) *[behave]* sztywno; *[smile]* blado; *[say, reply]* półgębkiem [2] (demurely) *[behave, sit]* skromnie

primness /ˈprɪmnɪs/ *n* [1] (prudishness) pruderia *f* [2] (demureness) skromność *f*

primogeniture /ˌpraɪməʊˈdʒenɪtʃə(r)/ *n* pierworództwo *n*; primogenitura *f* fml

primordial /praɪˈmɔːdɪəl/ *adj [chaos, matter]* pierwotny; *[life]* prymitywny

primordial soup *n* = **primeval soup**

primp /prɪmp/ *vt* (also **~ and preen)** stroić się; fiokować się dat

primrose /ˈprɪmrəʊz/ *n* Bot pierwiosnek *m*, pierwiosnka *f*

IDIOMS: **the ~ path** pogoń za przyjemnościami życia

primrose yellow **I** *n* (kolor *m*) bladożółty *m* **II** *adj* bladożółty

primula /ˈprɪmjʊlə/ *n* prymul(k)a *f*

Primus® /ˈpraɪməs/ *n* (also **~ stove)** prymus *m*

prince /prɪns/ *n* książę *m*; królewicz *m* dat or liter; **Prince Charles** książę Karol; **the ~ of darkness** książę ciemności; **Prince Charming** królewicz z bajki fig

prince consort *n* książę *m* małżonek

princedom /ˈprɪnsdəm/ *n* fml księstwo *n*

Prince Edward Island /ˌprɪnsˈedwədaɪlənd/ *prn* Wyspa *f* Księcia Edwarda

princeling /ˈprɪnslɪŋ/ *n* (young) młody książę *m*; (petty) pej książątko *n*

princely /ˈprɪnslɪ/ *adj* [1] *[court, duties, life]* książęcy [2] *[gift]* iście królewski; *[sum]* bajeczny, zawrotny

prince regent *n* książę *m* regent

princess /prɪnˈses/ *n* (daughter) księżniczka *f*; królewna *f* dat or liter; (wife) księżna *f*; **Princess Anne** księżniczka Anna; **the ~ royal** GB *tytuł przysługujący najstarszej córce monarchy*

principal /ˈprɪnsəpl/ **I** *n* [1] Sch (of school) dyrektor *m*, -ka *f* szkoły [2] Theat odtwór|ca *m*, -czyni *f* głównej roli [3] Mus (musician) szef *m* sekcji instrumentów [4] (client) mocodaw|ca *m*, -czyni *f*, zleceniodaw|ca *m*, -czyni *f* [5] Mus (in organ) pryncypał *m* [6] Fin (interest-bearing sum) kwota *f* główna; (debt) kwota *f* zadłużenia [7] Jur prowodyr *m*, główny sprawca *m* [8] GB Soc Admin kierownik *m* wydziału **II** *adj* [1] (main) główny [2] *[violin, clarinet, dancer]* pierwszy; *[part]* główny [3] Ling *[clause]* główny

principal boy *n* Theat główna rola *f* męska w pantomimie *(odtwarzana przez aktorkę)*

principality /ˌprɪnsəˈpælətɪ/ *n* księstwo *n*; **the Principality** GB Księstwo Walii

principally /ˈprɪnsəplɪ/ *adv* głównie, w zasadzie

principle /ˈprɪnsəpl/ *n* [1] (basic fact, rule) zasada *f*; (scientific law) zasada *f*, prawo *n*, reguła *f* **(of sth** czegoś**)**; **to start from/go back to first ~s** rozpocząć od/wrócić do spraw podstawowych; **in ~** w zasadzie; **on this/the same ~** na tej zasadzie/na tej samej zasadzie; **an economy run on monetarist ~s** gospodarka zgodna z zasadami monetaryzmu; **I work on the ~ that nothing is impossible** kieruję się zasadą, że nie ma rzeczy niemożliwych [2] (rule of conduct) zasada *f*; **a man/woman**

of (high) ~ mężczyzna/kobieta z zasadami; **as a matter of ~, on ~** dla zasady; **it's a matter of ~ with her** to dla niej kwestia zasad; **to be against sb's ~s** być wbrew zasadom kogoś; **it's against his ~s to give money to charity** dawanie pieniędzy na cele dobroczynne jest wbrew jego zasadom; **she made it a ~ never to borrow money** kierowała się zasadą, żeby nie pożyczać pieniędzy; **she's always lived up to her ~s** zawsze postępuje zgodnie z własnymi zasadami; **it's the ~ of the thing, it's a point of ~** tu chodzi o zasadę

principled /ˈprɪnsəpld/ *adj [person, position]* pryncypialny; *[objection]* wynikający z zasad; **to act in a ~ way** postępować pryncypialnie

prink /prɪŋk/ *vi* (also **~ and preen**) stroić się; fiokować się dat

print /prɪnt/ **I** *n* [1] (typeface) czcionka *f*, druk *m*; **in small/large ~** małą/dużą czcionką, małym/dużym drukiem; **the small** or **fine ~** fig drobny druk *(część umowy pisana małą czcionką, często lekceważona przez zainteresowanego, a zawierająca istotne postanowienia)*; **don't forget to read the small ~** przeczytaj dokładnie dokument; **to set sth in ~** Print złożyć coś *[book, article]* [2] (published form) druk *m*; **a page of ~** zadrukowana strona; **acres of ~ have been devoted to the subject** na ten temat napisano już wiele; **in ~** (published) wydany drukiem, opublikowany; (available) dostępny (na rynku); **he hoped to see his work in ~** miał nadzieję, że ktoś wyda jego dzieło; **to see oneself in ~** zobaczyć własne nazwisko w druku; **the book is out of ~** nakład książki jest wyczerpany; **to go into ~** być oddanym do druku; **to put** or **get sth into ~** wydrukować or opublikować coś; **to appear in** or **get into ~** ukazać się drukiem; **'at the time of going to ~'** „w chwili podpisania do druku"; **I'll believe it when I see it in ~** uwierzę, jeśli zobaczę to czarno na białym [3] Art grafika *f*, rycina *f*, odbitka *f* graficzna; (from metal plate) sztych *m* [4] Phot (from negative) odbitka *f*; **to make a ~ from a negative** zrobić odbitkę z negatywu [5] Cin (of film) kopia *f* [6] (of foot, finger, tyre) ślad *m*; **to leave ~s** pozostawić ślady; **to take sb's ~s** wziąć odciski palców kogoś [7] Tex tkanina *f* drukowana [8] (handwriting) pismo *n*

II *modif [fabric]* drukowany; *[curtains, dress]* z tkaniny drukowanej

III *vt* [1] Print wy|drukować *[poster, document, book, banknote]* **(on sth** na czymś); **to ~ sth in italics/in red** wydrukować coś kursywą/czerwonymi literami; **over 1,000 copies of the book have been ~ed** wydrukowano ponad 1 000 egzemplarzy tej książki; **'~ed in Japan'** „drukowano w Japonii" [2] Journ (publish) *[author]* o|publikować *[story, report, interview, photo]*; *[journal, editor]* o|publikować, zamie|ścić, -szczać; **the article was ~ed in the local press** artykuł ukazał się w prasie lokalnej [3] Tex wy|drukować *[pattern]*; **~ed with red flowers** zadrukowany czerwonymi kwiatkami [4] Art, Phot z|robić odbitkę z (czegoś) [5] (write) na|pisać (starannym pismem) *[letter, detail]* **(on sth** na czymś); **~ your name in block capitals** napisz nazwisko drukowanymi literami [6] (make a mark) **the footmark was clearly ~ed in the sand** na piasku pozostał wyraźny ślad odciśniętej stopy; **the scene is ~ed on my memory** ta scena wryła mi się w pamięć

IV *vi* [1] (write) pisać starannym pismem [2] Print *[printer, press, computer]* wy|drukować; *[text]* wy|drukować się; **the book is ~ing** książka jest w druku

V printed *pp adj [design, fabric]* drukowany; *[paper]* zadrukowany; *[text]* drukowany; **'~ed matter'** Post „druk"; **~ed notepaper** papier z nadrukiem; **the power of the ~ed word** siła słowa drukowanego

■ **print off**: **~ off [sth], ~ [sth] off** z|robić, wykon|ać, -ywać *[copies]*

■ **print out**: **~ out [sth], ~ [sth] out** wy|drukować

printable /ˈprɪntəbl/ *adj* nadający się do druku also fig; **her remarks were scarcely ~** jej uwagi nie nadawały się do druku

print character *n* czcionka *f*, litera *f*

printed circuit *n* obwód *m* drukowany

printer /ˈprɪntə(r)/ *n* [1] (person) drukarz *m*; (firm) drukarnia *f*; **at the ~'s** or **~s** w druku [2] Print, Comput drukarka *f*

printer's devil *n* pomocnik *m* drukarza

printer's error *n* błąd *m* drukarski

printer's ink *n* farba *f* drukarska

printer's reader *n* korektor *m* robiący korektę domową

print format *n* format *m* składu

printhead /ˈprɪnthed/ *n* Comput głowica *f* drukująca

printing /ˈprɪntɪŋ/ **I** *n* [1] Art, Ind, Print drukowanie *n*, druk *m* [2] (quantity printed) wydanie *n*, nakład *m*; **the book is in its third ~** książka ma już trzecie wydanie [3] (trade) drukarstwo *n*

II *modif [business, industry]* poligraficzny; *[ink, press]* drukarski

printing frame *n* kopiorama *f*

printing house *n* drukarnia *f*

printing ink *n* farba *f* drukarska

printing press *n* prasa *f* drukarska

printing works *n* drukarnia *f*

print journalism *n* dziennikarstwo *n* prasowe

printmaker /ˈprɪntmeɪkə(r)/ *n* rytownik *m*

printmaking /ˈprɪntmeɪkɪŋ/ *n* rytownictwo *n*

printout /ˈprɪntaʊt/ *n* Comput wydruk *m*

print-preview /ˈprɪntpriːvjuː/ *n* Comput podgląd *m* wydruku

print run *n* nakład *m*

print shop *n* [1] Print drukarnia *f*, zakład *m* poligraficzny [2] (art shop) sklep *m* handlujący grafiką

print-through /ˈprɪntθruː/ *n* efekt *m* kopiowania, echo *n* magnetyczne

print union *n* związek *m* zawodowy pracowników poligrafii

print wheel *n* rozetka *f* drukarska

prion /ˈpriːɒn/ *n* prion *m*

prior[1] /ˈpraɪə(r)/ *n* Relig przeor *m*

prior[2] /ˈpraɪə(r)/ **I** *adj* [1] (previous) *[appointment, engagement]* wcześniejszy; **to give ~ notice** powiadomić wcześniej; **without ~ notice** bez wcześniejszego powiadomienia; **she denied ~ knowledge of the meeting** zaprzeczyła, jakoby wiedziała o spotkaniu wcześniej [2] (more important) mający pierwszeństwo; **she has a ~ claim on the legacy** ma pierwszeństwo do spadku

II prior to *prep phr* przed (czymś); **~ to doing sth** przed zrobieniem czegoś; **two days ~ to departure** dwa dni przed wyjazdem; **~ to April 1990, I worked in London** do kwietnia 1990 roku pracowałem w Londynie

prior charge *n* Fin obciążenie *n* uprzywilejowane

prioress /ˌpraɪəˈres/ *n* przeorysza *f*

prioritize /praɪˈɒrətaɪz/ *vt* [1] (put in order of importance) u|szeregować pod względem ważności [2] (give priority to) po|traktować priorytetowo

priority /praɪˈɒrətɪ, US -ˈɔːr-/ **I** *n* [1] (main concern) sprawa *f* najważniejsza; priorytet *m* infml; **the main** or **highest ~** sprawa bezwzględnie najważniejsza; **such issues are often seen as a low ~** takie kwestie często traktuje się jako mało ważne; **to get one's priorities right/wrong** słusznie /niesłusznie zdecydować, co jest dla kogoś najważniejsze [2] (prominence) pierwszeństwo *n*, priorytet *m*; **to have** or **take ~ over sth** mieć pierwszeństwo przed czymś; **to get (top) ~** być potraktowanym priorytetowo; **to give ~ (to sth)** przyznać (czemuś) priorytet; **the problems were dealt with in order of ~** sprawami tymi zajęto się kolejno od najważniejszej do najmniej istotnej [3] Transp pierwszeństwo *n*; **~ to the right** pierwszeństwo dla pojazdów nadjeżdżających z prawej

II *modif [case, debt, task]* priorytetowy; **the ~ list** lista priorytetów

priority share *n* Fin akcja *f* uprzywilejowana

prior preferred stock *n* US Fin akcje *f pl* uprzywilejowane

priory /ˈpraɪərɪ/ *n* klasztor *m*

prise /praɪz/ *vt*

■ **prise apart**: **~ apart [sb/sth], ~ [sb/sth] apart** rozdziel|ić, -ać *[planks, layers, people]*; roz|ewrzeć, -wierać siłą *[lips, teeth]*

■ **prise away**: **to ~ sb away from sth** fig odciąg|nąć, -ać or od|erwać, -rywać kogoś od czegoś *[TV, work]*

■ **prise off**: **~ off [sth], ~ [sth] off** podważ|yć, -ać *[lid]*

■ **prise open**: **~ open [sth], ~ [sth] open** otw|orzyć, -ierać (siłą) *[window, box]*; **the burglar ~d the door open with a jemmy** włamywacz łomem wyważył drzwi

■ **prise out**: **~ [sth] out** wyciąg|nąć, -ać *[nail]*; wydoby|ć, -wać *[bullet]*; **to ~ information out of sb** wyciągnąć or wydobyć od kogoś informacje; **to ~ sb out of bed** wyciągnąć kogoś z łóżka

■ **prise up**: **~ [sth] up** podważ|yć, -ać *[floorboard, nail]*

prism /ˈprɪzəm/ *n* [1] (glass) pryzmat *m* [2] (in geometry) graniastosłup *m* [3] (crystal) słup *m*

prismatic /prɪzˈmætɪk/ *adj* pryzmatyczny

prismatic binoculars *npl* lornetka *f*

prismatic compass *n* busola *f* pryzmatyczna

prison /ˈprɪzn/ **I** *n* więzienie *n* also fig; **to be in ~** być or siedzieć infml w więzieniu; **to go to ~** pójść do więzienia; **to send sb to ~** posłać kogoś do więzienia; **he sent them**

P

to ~ for 12 years posłał ich do więzienia na 12 lat, skazał ich na 12 lat więzienia; **to put sb in ~** uwięzić kogoś; wsadzić kogoś do więzienia infml; **to release sb from ~** zwolnić kogoś z więzienia, wypuścić kogoś na wolność; **after 15 years in ~** po 15 latach więzienia; **her house felt like a ~** czuła się w domu jak w więzieniu
II *modif [cell, administration, regulation, conditions]* więzienny; *[death, life, suicide]* w więzieniu; *[reform, system]* penitencjarny; **~ governor** dyrektor więzienia

prison authorities *npl* administracja *f* zakładów penitencjarnych

prison camp *n* (for POWs) obóz *m* jeniecki

prisoner /ˈprɪznə(r)/ *n* [1] (in jail) więl|zień *m*, -źniarka *f*; (in custody) aresztowan|y *m*, -a *f*, aresztant *m*; **~ of conscience** więzień sumienia; **the ~ at the Bar** oskarżony; **I'm a ~ in my own home** fig jestem więźniem we własnym domu fig [2] (captive) Mil jeniec *m*; (held by kidnappers) porwan|y *m*, -a *f*; **~ of war** jeniec wojenny; **~ of war camp** obóz jeniecki; **to hold** or **keep sb ~** więzić kogoś; **to take sb ~** *[enemy forces]* wziąć kogoś do niewoli
IDIOMS: **to take no ~s** *[army]* nie brać jeńców; *[boxer, team]* walczyć bezwzględnie; *[negotiating team, rival]* nie iść na żadne ustępstwa

prison guard *n* US strażnik *m* więzienny, strażniczka *f* więzienna

prison issue *adj [clothes]* więzienny

prison officer *n* GB (officially) oficer *m* więziennictwa; (guard) strażnik *m* więzienny, strażniczka *f* więzienna

prison riot *n* bunt *m* więźniów

prison sentence *n* kara *f* pozbawienia wolności, kara *f* więzienia; **a two-year ~** kara dwóch lat pozbawienia wolności

prison service *n* więziennictwo *n*

prison term *n* = **prison sentence**

prison van *n* karetka *f* więzienna

prison visiting *n* odwiedzanie *n* więźniów

prison visitor *n* odwiedzając|y *m*, -a *f* więźniów

prissy /ˈprɪsɪ/ *adj* infml *[person]* nadęty; *[style]* napuszony

pristine /ˈprɪstiːn, ˈprɪstaɪn/ *adj* (perfect) *[whiteness]* nieskazitelny; *[sheets, cloth]* nieskazitelnie czysty; **'in ~ condition'** (in ad) „w idealnym stanie"

privacy /ˈprɪvəsɪ, ˈpraɪ-/ *n* [1] (private life, freedom from interference) prywatność *f*; **to respect sb's ~** szanować prywatność kogoś; **to invade sb's ~** zakłócać życie prywatne kogoś; **the right to ~** prawo do prywatności [2] (solitude, seclusion) zacisze *n*, odosobnienie *n*; **in the ~ of one's own home/room** w zaciszu własnego domu /pokoju; **we have no ~ here** nie ma tu spokoju

privacy laws *npl* Jur przepisy *m pl* dotyczące ochrony prywatności

private /ˈpraɪvɪt/ **I** *n* szeregowy *m*; **Private Taylor** szeregowy Taylor
II privates *npl* infml intymne części *f pl* ciała euph
III *adj* [1] (not for general public) *[property, beach, jet, vehicle, collection]* prywatny; **room with ~ bath** pokój z łazienką; **the funeral will be ~** w pogrzebie weźmie udział tylko najbliższa rodzina; **they married in a ~ ceremony** wzięli cichy ślub (z udziałem najbliższej rodziny) [2] (personal, not associated with company) *[letter, phone call, visit]* prywatny; *[life]* prywatny, osobisty; *[income, means, use]* własny, prywatny; *[sale]* wolny; **for her ~ use** do (jej) własnego or prywatnego użytku; **a person of ~ means** osoba posiadająca prywatne środki; **to act in a ~ capacity** or **as a ~ person** występować nieoficjalnie or jako osoba prywatna; **the ~ citizen** zwykły obywatel [3] (not public, not state-run) *[sector, health care, school, firm, accommodation]* prywatny; **~ industry** sektor prywatny; **~ lessons** prywatne lekcje; **to go ~** GB Med (zacząć) leczyć się prywatnie [4] (not to be openly revealed) *[conversation, meeting, matter]* poufny; *[opinion, thought]* przekazany w zaufaniu; **what I told you was ~** powiedziałem ci to w zaufaniu; **to keep sth ~** utrzymywać coś w tajemnicy; **to come to a ~ understanding** zawrzeć prywatną ugodę; **it's a ~ joke between us** to nasz prywatny dowcip [5] (undisturbed) *[corner, place]* spokojny; **let's go inside where we can be ~** wejdźmy do środka, gdzie nikt nam nie będzie przeszkadzał [6] (retiring) *[person]* zamknięty w sobie
IV in private *adv phr* **she told me in ~** powiedziała mi w zaufaniu; **can we talk in ~?** czy możemy porozmawiać bez świadków?; **what you do in ~ is your own affair** to, co robisz prywatnie, to twoja sprawa; **the meeting was held in ~** spotkanie odbyło się przy drzwiach zamkniętych

private bar *n* GB *bardziej komfortowo urządzona część pubu*

private bill *n* projekt *m* ustawy dotyczącej konkretnej osoby fizycznej lub prawnej

private buyer *n* indywidualny nabywca *m*

private company *n* spółka *f* prywatna

private detective *n* prywatny detektyw *m*

private enterprise *n* (private sector) prywatna inicjatywa *f*; (business) przedsiębiorstwo *n* prywatne

privateer /ˌpraɪvəˈtɪə(r)/ *n* Hist (ship) okręt *m* korsarski; (sailor) korsarz *m*

private eye *n* infml prywatny detektyw *m*

private first class, PFC *n* US Mil starszy szeregowy *m*

private hotel *n* pensjonat *m*, prywatny hotel *m*

private investigator *n* = **private detective**

private investor *n* inwestor *m* prywatny or indywidualny

private law *n* prawo *n* prywatne

privately /ˈpraɪvɪtlɪ/ *adv* [1] (in private, not publicly) prywatnie; **can I talk to you ~?** czy mogę porozmawiać z tobą prywatnie or w cztery oczy? [2] (out of public sector) prywatnie; **she had the operation done ~** poddała się operacji w prywatnej klinice; **~ owned** prywatny; **~ funded** or **financed** finansowany z funduszy prywatnych; **the book was published ~ by the author** książkę wydano nakładem autora [3] (secretly, in one's own heart) *[feel, believe, doubt]* w głębi serca, w głębi duszy; **she didn't show it, but, ~, she was disappointed** nie okazywała tego, ale w głębi serca była rozczarowana

private medicine *n* prywatna służba *f* zdrowia

private member's bill *n* GB Pol poselski projekt *m* ustawy

private nuisance *n* Jur nadużycie *n* prywatne, szkoda *f* prywatna

private parts *npl* euph intymne części *f pl* ciała euph

private practice *n* GB Med prywatna praktyka *f*; **to work** or **be in ~** mieć prywatną praktykę

private secretary *n* osobisty sekretarz *m*, osobista sekretarka *f*; Pol osobisty sekretarz *m* (ministra)

private sector *n* **the ~** sektor *m* prywatny

private soldier *n* zwykły żołnierz *m*, szeregowy *m*

private treaty *n* **by ~ treaty** na mocy prywatnej umowy *(bez udziału pośrednika)*

private view *n* Art wernisaż *m*

privation /praɪˈveɪʃn/ *n* niedostatek *m*, ubóstwo *n*; **to suffer ~** cierpieć niedostatek

privatization /ˌpraɪvɪtaɪˈzeɪʃn, US -tɪˈz-/ *n* prywatyzacja *f*

privatize /ˈpraɪvɪtaɪz/ **I** *vt* s|prywatyzować
II privatized *pp adj* sprywatyzowany

privet /ˈprɪvɪt/ *n* Bot ligustr *m*; **a ~ hedge** żywopłot z ligustru

privilege /ˈprɪvəlɪdʒ/ *n* [1] (advantage) przywilej *m*; **rights and ~s** prawa i przywileje; **tax ~s** ulgi podatkowe; **diplomatic/parliamentary ~** immunitet dyplomatyczny /poselski; **travel was then the ~ of the rich** w owym czasie podróżowanie było przywilejem bogatych [2] (honour) zaszczyt *m*, honor *m*; **I had the ~ of speaking to her in person** miałem zaszczyt or honor rozmawiać z nią osobiście; **it's my ~ to be able to introduce...** mam zaszczyt przedstawić... [3] US Fin transakcja *f* premiowa

privileged /ˈprɪvəlɪdʒd/ **I** *n (+ v pl)* **the ~** uprzywilejowani *m pl*; (economically) ludzie *plt* dobrze sytuowani; (socially) ludzie *plt* zajmujący wysoką pozycję społeczną; **the less ~** (economically) gorzej sytuowani
II *adj* [1] (having advantages) uprzywilejowany; **for the ~ few** dla garstki uprzywilejowanych [2] (honoured) **to be ~ to meet sb** mieć zaszczyt or honor spotkać kogoś; **I have been ~ to have had a good education** miałem to szczęście, że odebrałem dobre wykształcenie [3] Jur (secret) *[information]* objęty tajemnicą zawodową

privily /ˈprɪvɪlɪ/ *adv* arch poufnie

privy /ˈprɪvɪ/ **I** *n* dat wygódka *f* dat
II *adj* **to be ~ to sth** być w coś wtajemniczonym

Privy Councillor, PC *n* GB członek *m* Tajnej Rady Królewskiej

Privy Council, PC *n* GB Tajna Rada *f* Królewska

privy purse *n* GB królewska szkatuła *f*; królewskie apanaże *plt* liter

prize[1] /praɪz/ **I** *n* [1] (award) nagroda *f* **(for sth/doing sth** za coś/za zrobienie czegoś**)**; (in lottery) wygrana *f*; **cash ~** nagroda pieniężna; **first ~** pierwsza nagroda; (in lottery) główna wygrana; **to win a ~** zdobyć nagrodę; **the first ~ goes to Robert** zdobywcą pierwszej nagrody jest Robert; **he won first ~ in the lottery** zdobył najwyższą wygraną na loterii [2] liter (sth worth having) łakomy kąsek *m*; (sth gained) cenna zdobycz *f*; (reward for effort) nagroda *f*; **happiness is a ~ worth striving for** o szczęście warto zabiegać [3] Mil Naut zdobycz *f* wojenna, łup *m* wojenny

II *modif* [1] *[rose, vegetable, bull]* (grown or bred for competition) (hodowany) na konkurs; (award-winning) nagrodzony; fig (excellent) *[pupil]* wzorowy; **a ~ example of sth** klasyczny przykład czegoś; **I felt like a ~ idiot!** czułem się jak kompletny idiota! [2] *[possession]* cenny

III *vt* (value) cenić *[object, independence]*; przywiązywać wagę do (czegoś) *[possessions]*

IV prized *pp adj [possession, asset]* cenny; **to be ~d for sth** być cenionym za coś

IDIOMS: **no ~s for guessing who told you that** nietrudno się domyślić, kto ci to powiedział

prize² /praɪz/ *vt* (lift) = **prise**

prize day *n* Sch dzień *m* wręczenia nagród

prize draw *n* losowanie *n* nagród

prize fight *n* walka *f* bokserów zawodowych

prize fighter *n* bokser *m* zawodowy

prize fighting *n* boks *m* zawodowy

prize-giving /ˈpraɪzgɪvɪŋ/ *n* wręczenie *n* or rozdanie *n* nagród

prize money *n* (for one prize) wygrana *f*; (total amount given out) pula *f* nagród

prize ring *n* ring *m* bokserski

prizewinner /ˈpraɪzwɪnə(r)/ *n* (in lottery, draw) zwycię|zca *m*, -żczyni *f* nagrody; (of academic, art, literary award) laureat *m*, -ka *f*

prize-winning /ˈpraɪzwɪnɪŋ/ *adj* nagrodzony; **a Nobel ~ novelist** powieściopisarz – laureat Nagrody Nobla

pro¹ /prəʊ/ *n* [1] Sport infml zawodowiec *m*; **to turn ~** zostać zawodowcem, przejść na zawodowstwo; **golf ~** zawodowy gracz w golfa [2] infml (prostitute) prostytutka *f*

pro² /prəʊ/ **I** *n* (advantage) **the ~s and cons** za i przeciw, pro i kontra; **the ~s and cons of sth** wszystko, co przemawia za i przeciw czemuś; zalety i wady czegoś

II *prep* infml (in favour of) za (kimś/czymś); **are you ~ the plan?** czy jesteś or czy opowiadasz się za tym planem?

III pro- *in combinations* **to be ~-democracy/-government** opowiadać się za demokracją/rządem; **~-American/-abortion lobby** lobby proamerykańskie/zwolenników prawa do aborcji; **~-Marketeer** zwolennik Wspólnego Rynku

PRO *n* [1] → **public relations officer** [2] → **Public Records Office**

proactive /prəʊˈæktɪv/ *adj* [1] Psych proaktywny [2] (dynamic) *[approach, role]* aktywny, czynny

pro-am /prəʊˈæm/ **I** *n* turniej *m* zawodowców i amatorów

II *adj* dla zawodowców i amatorów

probability /ˌprɒbəˈbɪlətɪ/ *n* [1] (likelihood) prawdopodobieństwo *n* **(of sth** czegoś); **the ~ of sth happening** or **taking place** prawdopodobieństwo, że coś się zdarzy; **in all ~** najprawdopodobniej, wedle wszelkiego prawdopodobieństwa; **the ~ of our getting a pay rise is good** istnieje duże prawdopodobieństwo, że dostaniemy podwyżkę; **there is little ~ that she'll come** or **of her coming** jest mało prawdopodobne, że (ona) przyjdzie [2] (likely result) (desirable) szansa *f* **(of sth** czegoś); widoki *plt* **(of sth** na coś); (undesirable) niebezpieczeństwo *n*, ryzyko *n* **(of sth** czegoś); **war/a peace agreement is a ~** istnieje niebezpieczeństwo wojny/szansa pokojowego porozumienia [3] Math, Stat prawdopodobieństwo *n*; **the theory of ~, ~ theory** teoria prawdopodobieństwa

probable /ˈprɒbəbl/ **I** *n* **the ~** (candidate) prawdopodobny kandydat *m*, prawdopodobna kandydatka *f*; (winner) prawdopodobny zwycięzca *m*, prawdopodobna zwyciężczyni *f*

II *adj* prawdopodobny; **that seems hardly ~!** to wydaje się mało prawdopodobne!; **it is ~ that...** możliwe, że...

probably /ˈprɒbəblɪ/ *adv* prawdopodobnie, pewnie; **very ~** (in reply) bardzo prawdopodobne, bardzo możliwe; **'she hasn't written' – 'she's ~ very busy'** „nie napisała" – „jest pewnie bardzo zajęta"; **he's very ~ in Paris** najprawdopodobniej jest w Paryżu

probate /ˈprəʊbeɪt/ Jur **I** *n* [1] (process) urzędowe zatwierdzenie *n* testamentu; **to grant ~ (of a will)** zatwierdzić testament [2] (document) świadectwo *n* autentyczności testamentu [3] (certified copy of will) uwierzytelniony odpis *m* testamentu

II *vt* US uwierzytelni|ć, -ać *[will]*

probate action *n* Jur postępowanie *n* w sprawach spadkowych i opiekuńczych

Probate Registry *n* GB Jur ≈ urząd *m* spadkowy

probation /prəˈbeɪʃn, US prəʊ-/ *n* [1] Jur nadzór *m* kuratorski, dozór *m* sądowy; probacja *f* fml; **to put sb on ~** oddać kogoś pod nadzór kuratorski, ustanowić nadzór kuratorski nad kimś; **to be on ~** *[lawbreaker]* być pod nadzorem sądowym; *[prisoner]* zostać zwolnionym warunkowo, być na zwolnieniu warunkowym [2] (trial period) okres *m* próbny; **to be on three months ~** być na trzymiesięcznym okresie próbnym; **to be on (academic) ~** US Sch, Univ mieć warunkową zgodę na pozostanie w szkole *(w związku ze złym sprawowaniem lub słabymi wynikami w nauce)* [3] Relig probacja *f*

probationary /prəˈbeɪʃnrɪ, US prəʊˈbeɪʃənerɪ/ *adj* [1] (trial) *[period, year]* próbny [2] (training) *[month, year]* przygotowawczy

probationary teacher *n* GB ≈ nauczyciel stażysta *m*, nauczycielka stażystka *f*

probationer /prəˈbeɪʃənə(r), US prəʊ-/ *n* [1] (trainee) praktykant *m*, -ka *f* [2] (employee on trial) stażyst|a *m*, -ka *f* [3] Jur osoba *f* pod dozorem kuratorskim or sądowym [4] Relig nowicjusz *m*, -ka *f*

probation officer *n* Jur kurator *m* sądowy

probation order *n* Jur sądowe orzeczenie *n* nadzoru kuratorskiego

probation service *n* Jur system *m* nadzoru kuratorskiego

probe /prəʊb/ **I** *n* [1] (investigation) śledztwo *n*, dochodzenie *n* fig **(into sth** w sprawie czegoś); **a police corruption ~** śledztwo w sprawie korupcji w policji [2] (instrument) Dent, Med sonda *f*, zgłębnik *m*; Tech sonda *f*, próbnik *m*; (operation) Med sonda *f* [3] Aerosp (also **space ~**) sonda *f*, próbnik *m*

II *vt* [1] (investigate) z|badać *[affair, causes]*; starać się zgłębić *[mystery]*; zaj|ąć, -mować się (czymś) *[scandal]* [2] (explore) z|badać *[hole, surface]*; wy|sondować *[public opinion]*; **the searchlights ~d the darkness** światła reflektorów przeszywały mrok; **'do you still love him?' he ~d** „czy nadal go kochasz?" drążył [3] Dent, Med, Tech z|badać, sondować *[wound, tooth, ground]* **(with sth** czymś); obmac|ać, -ywać *[swelling]* [4] Aerosp z|badać *[space]*

III *vi* **to ~ for sth** starać się odkryć coś, szukać czegoś *[information, details]*

■ **probe into: ~ into [sth]** starać się przeniknąć, dociekać *[mystery]*; wnik|nąć, -ać w (coś) *[private life, past, mind, thoughts]*; z|badać *[suspicious activity]*

probing /ˈprəʊbɪŋ/ **I** *n* [1] (examination) badanie *n* [2] (questions) dociekanie *n*, sondowanie *n*

II *adj [look]* sondujący; *[question]* dociekliwy; *[study, examination]* dociekliwy, wnikliwy

probity /ˈprəʊbətɪ/ *n* nieposzlakowana uczciwość *f*, prawość *f*

problem /ˈprɒbləm/ **I** *n* [1] (difficulty) problem *m*, kłopot *m*; **heart/back ~s** kłopoty z sercem/kręgosłupem; **to have ~s (with sb/sth)** mieć problemy or kłopoty (z kimś /czymś); **to have a drink ~** nadużywać alkoholu euph; **to have a weight ~** mieć skłonność do tycia, mieć nadwagę; **to cause** or **present a ~** stanowić problem; **it's a real ~** to prawdziwy kłopot; **it's a bit of a ~** to będzie trudne; **what's the ~?** w czym problem or kłopot?; **the ~ is that...** rzecz w tym, że...; **your ~ is that you are bone lazy** rzecz w tym, że jesteś leniem; **that's the least of my ~s** to (moje) najmniejsze zmartwienie; **her son is a great ~ to her** syn sprawia jej wiele kłopotów; **she's a real ~** z nią jest prawdziwy kłopot; **it wouldn't be any ~ (to me) to do it** (zrobienie tego) to dla mnie żaden problem or kłopot; **I'll have a ~ explaining that to her** trudno mi będzie wyjaśnić jej to; **it was quite a ~ getting him to cooperate** trudno było skłonić go do współpracy; **it was no ~ parking** nie było kłopotu or problemu z zaparkowaniem; **it's** or **that's no ~ of mine** to nie mój problem or moje zmartwienie; **it's no ~, I assure you!** naprawdę to żaden kłopot!; **sure, no ~!** infml nie ma sprawy! infml; **what's your ~?** infml o co ci właściwie chodzi? [2] (question) kwestia *f* **(of sth** czegoś); problem *m* **(of sth** z czymś); **it's really a ~ of resources** to faktycznie kwestia środków; **money is not the ~** nie chodzi o pieniądze [3] Math zadanie *n*; (in logic) problem *m*

II *modif* [1] Psych, Sociol *[child]* trudny; *[family]* z problemami; *[group]* stwarzający problemy; *[drinker]* nałogowy [2] Literat *[novel, play]* problemowy

P

problematic(al) /ˌprɒbləˈmætɪk(l)/ *adj* (difficult) skomplikowany; (uncertain) problematyczny

problem case *n* Sociol trudny przypadek *m*

problem page *n* Journ kącik *m* porad

problem solver *n* zaradn|y *m*, -a *f*

problem solving *n* umiejętność *f* radzenia sobie w trudnych sytuacjach

proboscis /prəˈbɒsɪs/ *n* (*pl* **-cises**) [1] (of elephant) trąba *f*; (of insect) trąbka *f* [2] hum (nose) narząd *m* powonienia hum

procedural /prəˈsiːdʒərəl/ *adj [difficulty, matter]* proceduralny; *[agreement]* formalny

procedural language *n* Comput język *m* proceduralny

procedure /prəˈsiːdʒə(r)/ *n* [1] (practice) sposób *m* postępowania, metoda *f*; Admin, Jur procedura *f* fml; **what's the ~ for renewing your passport?** co należy zrobić, żeby przedłużyć paszport?; **(the) normal ~ is to complete an application form** zwykle należy wypełnić formularz zgłoszenia; **joining the library is a simple ~** zapisanie się do biblioteki nie wymaga wiele zachodu; **to follow a ~** postępować zgodnie z procedurą; **parliamentary ~** procedura parlamentarna [2] Comput procedura *f*

proceed /prəˈsiːd, prəʊ-/ **I** *vt* **to ~ to do sth** następnie coś zrobić, przejść do robienia czegoś; **'item two,' she ~ed** „punkt drugi", kontynuowała

II *vi* [1] (act) post|ąpić, -ępować; **how does one ~ in such circumstances?** co należy zrobić or jak należy postąpić w takiej sytuacji?; **I'm not sure how to ~** nie wiem, jak postąpić or co zrobić; **to ~ with care** or **caution** postępować ostrożnie; **to ~ with sth** przystąpić do realizacji czegoś *[idea, plan]*; **let us ~** zaczynajmy; **please ~** proszę zaczynać [2] (continue) kontynuować; **~, Mr Thomas** proszę, niech pan mówi dalej; **before we ~ any further...** zanim przejdziemy dalej...; **to ~ to sth** przejść do czegoś *[item, problem]*; **let us ~ to the next item on the agenda** przejdźmy do następnego punktu porządku dziennego; **we'll arrange a meeting and ~ from there** zaczniemy od zorganizowania spotkania [3] (be in progress) *[work, interview, talks]* przebie|c, -gać, odby|ć, -wać się; *[trial]* toczyć się; **to ~ smoothly** przebiegać gładko; **everything is ~ing according to plan** wszystko przebiega zgodnie z planem [4] (move forward) posuwać się do przodu; *[person]* pójść, iść dalej; podąż|yć, -ać fml; *[vehicle]* po|jechać dalej; **I was ~ing along King Street when...** szedłem/jechałem King Street, kiedy...; **~ to the traffic lights** dojdź/dojedź do świateł; **I ~ed to no 10 High Street** fml udałem się na High Street 10 fml; **please ~ to gate five** prosimy o udanie się do wyjścia piątego; **to ~ on one's way** ruszać dalej w drogę; **'slippery surface: ~ with care'** „śliska nawierzchnia: zachować ostrożność" [5] (lead) *[road, path]* ciągnąć się, biec; *[river]* płynąć, biec [6] fml (issue) **to ~ from sth** *[smell]* wydobywać się z czegoś; *[evil]* rodzić się z czegoś [7] Jur **to ~ against sb** wszcz|ąć, -ynać postępowanie przeciw komuś

proceeding /prəˈsiːdɪŋ/ **I** *n* (procedure) procedura *f*

II proceedings *npl* [1] (sequence of events) przebieg *m* wydarzeń; (meeting, discussion) obrady *plt*; (ceremony) uroczystości *f pl*, obchody *plt*; **to direct ~s** kierować przebiegiem obrad/uroczystości; **rain interrupted ~s at a very tense moment in the game** z powodu deszczu mecz przerwano w emocjonującym momencie [2] Jur postępowanie *n*; **judicial/disciplinary ~s** postępowanie sądowe/dyscyplinarne; **extradition ~s** procedura ekstradycyjna; **to take** or **institute ~s (against sb)** wszcząć postępowanie (przeciwko komuś); **to start divorce ~s** wszcząć postępowanie rozwodowe; **to commence criminal ~s (against sb)** wszcząć postępowanie karne (przeciwko komuś) [3] (report, record) sprawozdanie *n* **(of sth** z czegoś); (minutes) protokół *m* **(of sth** czegoś); **conference ~s** materiały z konferencji

proceeds /ˈprəʊsiːdz/ *npl* (of sale, privatization) dochód *m* **(of** or **from sth** z czegoś); (of event, concert) wpływy *plt* **(of** or **from sth** z czegoś)

process I /ˈprəʊses, US ˈprɒses/ *n* [1] (series of actions, changes) przebieg *m*, tok *m* **(of sth** czegoś); proces *m*, procedura *f* fml; **the peace ~** proces pokojowy; **the ageing ~** proces starzenia się; **the ~ of obtaining the permit** procedura związana z otrzymaniem zezwolenia; **to begin the ~ of doing sth** rozpocząć robienie czegoś; **to be in the ~ of doing sth** być w trakcie robienia czegoś, właśnie coś robić; **in the ~** przy okazji, równocześnie; **he made money, but lost a lot of friends in the ~** zbił majątek, ale przy okazji stracił wielu przyjaciół; **in the ~ (of time)** z biegiem or z upływem czasu; **it's a long** or **slow ~** to zabiera wiele czasu [2] (method) proces *m*; metoda *f*, technologia *f* **(for doing sth** robienia czegoś); **the compounds obtained using this ~** związki otrzymywane w tym procesie; **by a ~ of elimination** poprzez eliminację, w drodze eliminacji [3] Jur (lawsuit) sprawa *f* sądowa, postępowanie *n* sądowe; (summons) pozew *m*; **to bring a ~ against sb** wnieść sprawę przeciwko komuś, pozwać kogoś; **to serve a ~ on sb** doręczyć komuś pozew [4] Comput procedura *f* [5] Anat, Zool, Bot wyrostek *m*

II /ˈprəʊses, US ˈprɒses/ *vt* [1] (deal with) rozpat|rzyć, -rywać *[applications, complaints, requests]*; załatwi|ć, -ać *[orders]*; zaj|ąć, -mować się (kimś/czymś) *[forms, candidates]* [2] Ind przetw|orzyć, -arzać, przer|obić, -abiać *[raw material, food product, chemical waste]* [3] Phot wywoł|ać, -ywać *[film]* [4] Culin (mix) z|miksować *[vegetables, dough]*; (chop) po|siekać *[onion]*; (mince) ze|mleć *[meat]* [5] Comput przetw|orzyć, -arzać *[data, information]* [6] US (straighten) wy|prostować *[hair]*

III /prəˈses/ *vi* [1] Relig, Hist iść w procesji [2] fml (move) sunąć, posuwać się; **to ~ down/along the road** sunąć or posuwać się drogą

IV processed /ˈprəʊsest/ *pp adj [food, steel]* przetworzony; *[meat, peas]* konserwowy; **~ed cheese** ser topiony

process control *n* kontrola *f* procesu technologicznego

processing /ˈprəʊsesɪŋ, US ˈprɒ-/ *n* [1] (of data, raw materials, waste) przetwarzanie *n*; **the food ~ industry** przetwórstwo spożywcze, przemysł przetwórczy [2] Admin (of application, complaint) załatwianie *n*, rozpatrywanie *n* [3] Phot obróbka *f*

procession /prəˈseʃn/ *n* (demonstration) pochód *m*; (carnival) parada *f*; Relig procesja *f*; **funeral ~** kondukt pogrzebowy; **wedding ~** orszak weselny; **a ~ of cars** sznur samochodów; **to walk in ~** iść w pochodzie/procesji

processional /prəˈseʃənl/ **I** *n* Relig (book) śpiewnik *m* pieśni procesjonalnych; (hymn) pieśń *f* procesjonalna

II *adj* procesyjny, procesjonalny

processor /ˈprəʊsesə(r), US ˈprɒ-/ *n* [1] Comput procesor *m* [2] (also **food ~**) robot *m* kuchenny

process printing *n* druk *m* czterobarwny

process-server /ˈprəʊsessɜːvə(r)/ *n* Jur ≈ woźny *m* sądowy

pro-choice /ˌprəʊˈtʃɔɪs/ *adj [voter, candidate]* opowiadający się za prawem kobiet do przerywania ciąży; **~ movement** ruch na rzecz prawa kobiet do przerywania ciąży

pro-choicer /ˌprəʊˈtʃɔɪsə(r)/ *n* rzeczni|k *m*, -czka *f* prawa kobiet do przerywania ciąży

proclaim /prəˈkleɪm/ **I** *vt* [1] (announce) ogł|osić, -aszać *[holiday, war, good news]*; proklamować *[independence, republic]*; **to ~ sb emperor** ogłosić kogoś cesarzem; **to ~ that...** oświadczyć, że... [2] (show) świadczyć o (czymś) *[guilt, honesty]*; **to ~ that...** świadczyć o tym, że...

II *vr* **to ~ oneself sb** ogłosić się kimś *[king, queen]*; **he ~ed himself a communist/Christian** mówił, że jest komunistą /chrześcijaninem

proclamation /ˌprɒkləˈmeɪʃn/ *n* proklamacja *f*, oświadczenie *n*; **~ of independence** proklamacja niepodległości

proclivity /prəˈklɪvətɪ/ *n* skłonność *f* **(for** or **to** or **towards sth** do czegoś); **sexual proclivities** skłonności seksualne

proconsul /ˌprəʊˈkɒnsl/ *n* Antiq prokonsul *m*; (in colony) gubernator *m*

procrastinate /prəʊˈkræstɪneɪt/ *vi* fml zwlekać

procrastination /prəʊˌkræstɪˈneɪʃn/ *n* zwlekanie *n*; kunktatorstwo *n* fml pej; **to accuse sb of ~** zarzucić komuś kunktatorstwo

IDIOMS: **~ is the thief of time** Prov ≈ co masz zrobić jutro, zrób dziś

procrastinator /prəʊˈkræstɪneɪtə(r)/ *n* kunktator *m* fml pej; **to be a ~** (by nature) odkładać wszystko na później

procreate /ˈprəʊkrɪeɪt/ **I** *vt* s|płodzić *[children]*; wyda|ć, -wać na świat *[young]*

II *vi* rozmn|ożyć, -ażać się

procreation /ˌprəʊkrɪˈeɪʃn/ *n* rozmnażanie się *n*; prokreacja *f* fml

Procrustean /prəʊˈkrʌstɪən/ *adj* Mythol prokrustowy; fig *[measures, solution]* drakoński

proctor /ˈprɒktə(r)/ **I** *n* 1 GB Univ odpowiedzialny *m* za dyscyplinę *(w Oksfordzie i Cambridge)* 2 US Univ (invigilator) nadzorujący *m* przebieg egzaminu

II *vt* US Univ nadzorować przebieg (czegoś) *[exam]*

procuration /ˌprɒkjʊˈreɪʃn/ *n* 1 fml (obtaining) uzyskanie *n* **(of sth** czegoś); wystaranie się *n* **(of sth** o coś) 2 Jur (pimping) stręczycielstwo *n*

procurator /ˈprɒkjʊreɪtə(r)/ *n* Antiq prokurator *m*; (in church of Rome) prokurator *m*

procurator-fiscal /ˌprɒkjʊreɪtəˈfɪskl/ *n* (*pl* **-s-fiscal)** Scot Jur oskarżyciel *m* publiczny, prokurator *m*

procure /prəˈkjʊə(r)/ **I** *vt* 1 fml (obtain) wystarać się o (coś) *[book, weapons, alcohol]*; **to ~ sth for sb/for oneself** wystarać się o coś dla kogoś/dla siebie 2 Jur stręczyć do nierządu *[woman]*

II *vi* Jur zajmować się stręczycielstwem

procurement /prəˈkjʊəmənt/ *n* zdobywanie *n*; (by purchasing) nabywanie *n* **(of sth** czegoś); Mil zaopatrzenie *n*

procurement department *n* US Mil, Admin służby *f pl* zaopatrzenia

procurer /prəˈkjʊərə(r)/ *n* 1 Admin, Comm zaopatrzeniowiec *m* 2 Jur (in prostitution) stręczyciel *m*

procuress /prəˈkjʊərɪs/ *n* Jur (in prostitution) stręczycielka *f*

prod /prɒd/ **I** *n* 1 (poke) szturchnięcie *n*; (with elbow) kuksaniec *m*; **to give sb/sth a ~ (with sth)** trącić or szturchnąć kogoś/coś (czymś); **he gave me a ~ in the ribs** szturchnął mnie or dał mi kuksańca w żebra 2 fig (stimulus) zachęta *f*; doping *m* fig; ostroga *f* fig liter; **to give sb a ~** zdopingować or zmobilizować kogoś; **he needs a ~ to do it** trzeba go zmobilizować, żeby to zrobił; **he needs a gentle ~** potrzebuje odrobinę zachęty 3 (also **cattle ~)** oścień *m (do poganiania bydła)*

II *vt* (*prp, pt, pp* **-dd-)** 1 (poke) szturch|nąć, -ać; (lightly) trąc|ić, -ać; (with fork) dźg|nąć, -ać; **stop ~ding me!** przestań mnie trącać /szturchać; **to ~ sb in the stomach** (with elbow) dać komuś kuksańca w brzuch; **to ~ sb's stomach** (gently) *[doctor]* pomacać brzuch komuś 2 infml (encourage) z|dopingować, z|mobilizować; (remind) ponagl|ić, -ać; **to ~ sb into sth/doing sth** zdopingować or zmobilizować kogoś do czegoś/do zrobienia czegoś; **to ~ sb into action** popchnąć kogoś do działania; **he needs to be ~ded occasionally** od czasu do czasu potrzebuje zachęty 3 (interrogate) przesłuch|ać, -iwać

III *vi* (*prp, pt, pp* **-dd-) to ~ at sth** szturch|nąć, -ać coś; (lightly) trąc|ić, -ać coś; **she ~ded at the cheese with her fork** dłubała widelcem w serze

Prod /prɒd/ *n* GB infml offensive protestant *m*, -ka *f*

prodding /ˈprɒdɪŋ/ *n* 1 (reminding) przypominanie *n*; (encouragement) namawianie *n*; **after a bit of ~ he did it** po kilkakrotnym przypominaniu zrobił to; **after some ~ I agreed to take the job** po namowach zgodziłem się przyjąć tę pracę 2 (interrogation) przesłuchiwanie *n*

prodigal /ˈprɒdɪgl/ *adj* liter 1 (wasteful) *[lifestyle]* rozrzutny; **to be ~ with** or **of sth** trwonić coś *[money, time]*; szafować czymś liter; **the ~ son** Bible syn marnotrawny also fig 2 (lavish) *[gift]* szczodry; *[feast]* wystawny; **to be ~ of sth** nie żałować czegoś

prodigality /ˌprɒdɪˈgælətɪ/ *n* liter 1 (extravagance) rozrzutność *f* 2 (generosity) szczodrość *f*

prodigally /ˈprɒdɪgəlɪ/ *adv* 1 *[spend, use]* rozrzutnie 2 *[give]* szczodrze; *[entertain]* wystawnie

prodigious /prəˈdɪdʒəs/ *adj* ogromny, kolosalny

prodigiously /prəˈdɪdʒəslɪ/ *adv [increase, grow]* kolosalnie; *[talented, successful]* wyjątkowo, nadzwyczaj; *[eat, drink]* za dwóch; *[fat, drunk]* potwornie

prodigy /ˈprɒdɪdʒɪ/ *n* 1 (person) wyjątkowy talent *m*; **musical ~** wyjątkowy talent muzyczny; **a child** or **infant ~** cudowne dziecko 2 (wonder) cud *m*; **the prodigies of nature** cuda natury; **to be a ~ of learning** mieć ogromną wiedzę

produce I /ˈprɒdjuːs, US -duːs/ *n* produkty *m pl* rolne; **agricultural ~** płody rolne; **foreign/home-grown ~** produkty rolne importowane/krajowe; **'~ of Poland'** „produkt polski"

II /prəˈdjuːs, US -ˈduːs/ *vt* 1 (manufacture) wy|produkować, wytw|orzyć, -arzać *[goods]* 2 Biol wytw|orzyć, -arzać *[secretion, pollen, flower, bud]*; s|płodzić, u|rodzić *[offspring]*; u|rodzić *[fruit]*; wypu|ścić, -szczać *[leaves]*; **these cows ~ better milk** to krowy dają lepsze mleko 3 (generate) wytw|orzyć, -arzać *[heat, light, electricity, fumes]*; da|ć, -wać *[heat, light]*; wyda|ć, -wać *[sound]*; przyn|ieść,-osić *[interest, profit]*; **the motor is producing sparks** silnik iskrzy 4 (create, put together) s|tworzyć *[work of art]*; na|pisać *[novel]*; wyda|ć, -wać *[brochure, guidebook]*; opracow|ać, -ywać *[timetable]*; przyrządz|ić, -ać, przygotow|ać, -ywać *[meal]*; przedstawi|ć, -ać *[argument, solution]*; **a university /country which has ~d many great scientists** uniwersytet/kraj, który wydał wielu wielkich badaczy; **a well-~d book** starannie wydana książka 5 (cause) s|powodować, wywoł|ać, -ywać *[anger, joy, reaction]*; wywoł|ać, -ywać, o|budzić *[interest]*; przyn|ieść, -osić *[effect, result, success]*; doprowadz|ić, -ać do (czegoś) *[agreement, change]*; **to ~ the desired effect** odnieść pożądany skutek 6 (show) okaz|ać, -ywać fml *[passport, ticket]*; (bring out) wyj|ąć, -mować *[passport, ticket, money, gun]*; (present) przedstawi|ć, -ać *[evidence, argument, report]*; **she ~d the letter from her pocket/bag** wyjęła list z kieszeni/z torebki 7 Cin, Mus, Radio, TV z|realizować *[film, programme, show]*; GB Theat wystawi|ć, -ać *[play]* 8 Sport (achieve) uzysk|ać, -iwać *[result]*; zdoby|ć, -wać *[goal]*; **to ~ a fine performance** *[team]* dobrze się spisać, dobrze wypaść 9 Math przedłuż|yć, -ać *[line]*

III -producing *in combinations* **coffee- /oil-producing countries** kraje produkujące kawę/ropę; **wine-/wheat-producing region** region uprawy winorośli /pszenicy

producer /prəˈdjuːsə(r), US -ˈduːs-/ *n* 1 (supplier) producent *m* **(of sth** czegoś); **the world's leading tea ~** czołowy producent herbaty na świecie 2 Cin, Radio, TV (maker) realizator *m*, -ka *f*; (in charge of funds) producent *m*, -ka *f* 3 GB Theat (director) reżyser *m*

producer gas *n* gaz *m* generatorowy

producer goods *npl* środki *plt* produkcji

producer price index *n* wskaźnik *m* cen produkcji

product /ˈprɒdʌkt/ **I** *n* 1 (commercial item) produkt *m*, wyrób *m*; **consumer/agricultural ~s** produkty konsumpcyjne/rolne; **the finished ~** Comm gotowy wyrób 2 (result, creation) wytwór *m*, owoc *m*; **to be the ~ of sth** być wytworem czegoś *[period, imagination]*; być owocem czegoś *[event, training]*; **he was the ~ of a certain era** był produktem określonej epoki; **the ~ of his/her imagination** wytwór (jego/jej) wyobraźni 3 Math iloczyn *m*

II *modif* **~ design/testing** projektowanie /testowanie wyrobu

product designer *n* projektant *m* wyrobów przemysłowych

production /prəˈdʌkʃn/ **I** *n* 1 Agric, Ind produkcja *f* **(of sth** czegoś); **to go into/out of ~** *[model]* wejść do/zostać wycofanym z produkcji; **to be in/out of ~** być/nie być produkowanym; **to be in full ~** *[factory]* wykorzystywać pełną moc produkcyjną; **to take 20 acres out of ~** zaprzestać uprawy na 20 akrach, zostawić 20 akrów odłogiem 2 (output) produkcja *f*; **~ fell by 5%** produkcja spadła o 5% 3 Biol, Sci (generating) (of antibodies, cells, energy, sound) wytwarzanie *n* **(of sth** czegoś) 4 (presentation) (of evidence, report) przedstawienie *n* **(of sth** czegoś); (of document, ticket) okazanie *n* **(of sth** czegoś); **on ~ of sth** po przedłożeniu/okazaniu czegoś 5 Cin, Theat, TV (act of producing) realizacja *f*; **to work in TV ~** pracować przy realizacji programów telewizyjnych 6 Theat (version, staging) inscenizacja *f* **(of sth** czegoś); **his ~ of 'Rigoletto'** „Rigoletto" w jego inscenizacji; **to put on a ~ of sth** wystawić coś

II *modif [process, company, difficulties, methods]* produkcyjny; **~ costs/department** koszty/wydział produkcji

production company *n* przedsiębiorstwo *n* produkcyjne

production line *n* linia *f* produkcyjna; **to come off the ~** schodzić z linii produkcyjnej; **to work on a ~** pracować przy taśmie

production manager *n* kierownik *m* produkcji

productive /prəˈdʌktɪv/ *adj* 1 (efficient) *[factory, worker]* wydajny, produktywny; *[land, garden]* urodzajny; *[methods, efforts]* efektywny 2 (constructive) *[meeting, discussion, period]* owocny; *[experience]* korzystny, pożyteczny; **a very ~ way to spend your time** sposób bardzo produktywnego spędzenia czasu 3 Econ *[sector]* produktywny; *[capital, task]* produkcyjny 4 (resulting in) **to be ~ of sth** prowadzić do czegoś, przyczyniać się do czegoś [5] Med ~ **cough** mokry kaszel

productively /prəˈdʌktɪvlɪ/ *adv [work]* wydajnie; *[organize]* produktywnie; *[farm]* efektywnie; *[spend time]* pożytecznie

productivity /ˌprɒdʌkˈtɪvətɪ/ **I** *n* (of labour) wydajność *f*; (of land) żyzność *f*; **to increase ~** zwiększyć wydajność

II *modif* **~ bonus** premia za wydajność; **~ drive** działania zmierzające do wzrostu wydajności; **~ growth** wzrost wydajności

product liability *n* odpowiedzialność *f* za jakość towaru *(ponoszona przez producenta i dystrybutora)*

product licence *n* zezwolenie *n* na wprowadzenie produktu na rynek

product lifecycle *n* cykl *m* życia produktu

product manager *n* zarządzający *m* produktem

product placement *n* Advertg plasowanie *n* or lokowanie *n* produktu *(jako rekwizytu filmowego, teatralnego)*

product range *n* asortyment *m* (produktów)

prof /prɒf/ *n* Univ infml = **professor**

Prof = **professor** (title) prof.

pro-family /ˌprəʊˈfæməlɪ/ *adj [policies]* prorodzinny

profanation /ˌprɒfəˈneɪʃn/ *n* fml profanacja *f*

profane /prəˈfeɪn, US prəʊˈfeɪn/ **I** *adj* [1] (blasphemous) bluźnierczy [2] (secular) świecki

II *vt* s|profanować, z|bezcześcić *[holy place, tradition]*; s|plamić *[honour]*

profanity /prəˈfænətɪ, US prəʊ-/ *n* fml [1] (behaviour) bezbożność *f* [2] (swear word) bluźnierstwo *n*, przekleństwo *n*

profess /prəˈfes/ *vt* [1] (claim) utrzymywać **(that... że...)**; **he ~ed total ignorance of the matter** or **to know nothing about the matter** utrzymywał, że nic nie wie o tej sprawie; **I don't ~ to be an expert** nie twierdzę, że jestem ekspertem [2] (declare openly) wyra|zić, -żać *[opinion, satisfaction]*; **to ~ that...** oświadczyć, że...; **she ~ed faith in their policies** dała wyraz zaufaniu do ich polityki [3] Relig wyznawać *[faith, religion]*

professed /prəˈfest/ *adj* [1] *[supporter, atheist, Christian]* (genuine) zdeklarowany; (pretended) rzekomy [2] Relig *[nun, monk]* po ślubach

professedly /prəˈfesɪdlɪ/ *adv* fml rzekomo, podobno; **he is ~ a communist** jest rzekomo komunistą; jak sam twierdzi, jest komunistą

profession /prəˈfeʃn/ *n* [1] (occupation) zawód *m*; profesja *f* fml; **by ~** z zawodu; **the ~s** wolne zawody; **to enter a ~** wybrać jeden z wolnych zawodów; **the oldest ~ (in the world)** euph najstarszy zawód świata euph [2] (group) grupa *f* zawodowa; **the legal /medical/acting ~** prawnicy/lekarze/aktorzy; **she wants to enter the teaching ~** chce zostać nauczycielką [3] (statement) oświadczenie *n*; zapewnienie *n* **(of sth** o czymś)

professional /prəˈfeʃənl/ **I** *n* [1] (not amateur) profesjonalist|a *m*, -ka *f*; (in sport) zawodowiec *m* [2] (person in a profession) przedstawiciel *m*, -ka *f* wolnego zawodu; (in small ad) „fachowiec"; **a health ~** (doctor) lekarz; (more general) pracownik służby zdrowia [3] (competent person) profesjonalist|a *m*, -ka *f*, fachowiec *m*

II *adj* [1] (relating to an occupation) *[duty, experience, incompetence, qualification]* zawodowy; *[advice, help]* fachowy; **~ career /ethics** kariera/etyka zawodowa; **to seek ~ advice/help** szukać fachowej porady /pomocy; **the break-in was a ~ job** włamanie było robotą zawodowca; **a ~ person** osoba reprezentująca wolny zawód [2] (not amateur) *[footballer, dancer, diplomat, soldier, team]* zawodowy; **to turn ~** *[actor, singer]* zacząć występować zawodowo; *[footballer, athlete]* przejść na zawodowstwo; **a ~ event** Sport turniej zawodowców; **he's a ~ gossip** straszny z niego plotkarz [3] (of high standard) *[attitude, work, person]* profesjonalny, fachowy; **she made a very ~ job of painting the room** bardzo fachowo pomalowała pokój; **their attitude was extremely ~** mieli wyjątkowo profesjonalne podejście

professional fee *n* honorarium *n*

professional foul *n* Sport faul *m* taktyczny

professionalism /prəˈfeʃənəlɪzəm/ *n* [1] (high standard) profesjonalizm *m* [2] Sport zawodowstwo *n*

professionally /prəˈfeʃənəlɪ/ *adv* [1] (expertly) *[decorated, designed]* profesjonalnie, fachowo; **we had the job done ~** pracę wykonał dla nas profesjonalista or specjalista; **~ qualified (in medicine/psychology)** *[person]* z dyplomem (ukończenia studiów medycznych/psychologii); **he's ~ trained** ma przygotowanie zawodowe [2] (in work situation) *[know, meet]* służbowo; **I admire him ~** podziwiam go w pracy; **I'm known ~ by my maiden name** w pracy używam nazwiska panieńskiego [3] (as a paid job) *[play sport, sing, act]* zawodowo [4] (to a high standard) *[do, work, behave]* profesjonalnie

professional school *n* US Univ (law school) wydział *m* prawa; (medical school) wydział *m* medycyny; (business school) wydział *m* zarządzania

professor /prəˈfesə(r)/ *n* [1] Univ (title) profesor *m*; (chair holder) kierownik *m* katedry; **Professor Barker** profesor Barker; **~ of physics** profesor fizyki; **a typical absent-minded ~** typowy roztargniony profesor [2] US Univ (teacher) nauczyciel *m* akademicki

professorial /ˌprɒfɪˈsɔːrɪəl/ *adj* [1] Univ *[duties, salary]* profesorski; US akademicki [2] (imposing) *[figure, appearance]* imponujący

professorship /prəˈfesəʃɪp/ *n* [1] (chair) katedra *f*; (function) profesura *f*; **to apply for/obtain a ~** wystąpić o/otrzymać katedrę; **the ~ of Physics** katedra fizyki [2] US Univ (teaching post) stanowisko *n* nauczyciela akademickiego

proffer /ˈprɒfə(r)/ *vt* fml [1] (hold out) poda|ć, -wać *[hand, cigarette]*; wręcz|yć, -ać *[flowers, gift]*; **to ~ sb sth** podać/wręczyć coś komuś [2] (offer) da|ć, -wać, służyć (czymś) *[advice]*; za|proponować *[friendship]*; złożyć, składać *[condolences]*

proficiency /prəˈfɪʃnsɪ/ *n* (ability) biegłość *f* **(at** or **in sth** w czymś); (skill) sprawność *f* **(at doing sth** w robieniu czegoś); **level of ~** stopień biegłości/sprawności

proficiency test *n* sprawdzian *m* umiejętności

proficient /prəˈfɪʃnt/ *adj* biegły **(at** or **in sth** w czymś); **she's a highly ~ pianist /swimmer** jest wytrawną pianistką/bardzo dobrze pływa; **she's ~ in Swedish** biegle zna szwedzki; **to be ~ at doing sth** biegle coś robić

profile /ˈprəʊfaɪl/ **I** *n* [1] (of face) profil *m*; **in ~** z profilu; **a portrait in three-quarter ~** portret z półprofilu [2] (of mountain, body) sylwetka *f*, zarys *m* [3] fig (status) status *m*; **to keep** or **maintain a low ~** starać się nie zwracać na siebie uwagi, trzymać się w cieniu; **to have** or **maintain a high ~** być bardzo widocznym, odgrywać ważną rolę; **he enjoys a high ~ in the literary world** cieszy się uznaniem w kręgach literackich; **to give sth a high ~** (in newspaper) poświęcić czemuś wiele uwagi; **to raise the ~ of education** podnieść status oświaty; **high-~ position** eksponowane stanowisko [4] Journ (description) (of person) sylwetka *f* **(of sb** kogoś) [5] (characteristics) (of institution) charakterystyka *f*, profil *m* **(of sth** czegoś); **you have the right ~ for this job** nadajesz się do tej pracy; **reader ~** typ czytelnika [6] (graph, table, list) zestawienie *n* [7] (of person, genes) profil *m*; **psychological/DNA ~** profil psychologiczny/DNA

II *vt* przedstawi|ć, -ać sylwetkę (kogoś) *[person]*; przedstawi|ć, -ać profil (czegoś) *[institution]*

III profiled *pp adj* (silhouetted) **to be ~d** zostać przedstawionym **(against sth** na tle czegoś)

profit /ˈprɒfɪt/ **I** *n* [1] Comm zysk *m*, dochód *m*; **gross/net ~** zysk brutto/netto; **~ and loss** zyski i straty; **to make** or **turn a ~** osiągnąć zysk; **the banks make handsome ~s** banki osiągają niezłe zyski; **they're only interested in making quick ~s** interesuje ich tylko szybki zysk; **to sell sth at a ~** sprzedać coś z zyskiem; **they sold the house at a ~ of £6,000** na sprzedaży domu zarobili 6 000 funtów; **to operate at a ~** *[company]* być dochodowym or rentownym; **to bring in** or **yield a ~** przynosić zysk; **there isn't much ~ in farming these days** obecnie rolnictwo nie daje wielkich dochodów; **with ~s insurance policy** polisa ubezpieczeniowa z udziałem w zyskach [2] fig (benefit) korzyść *f*, pożytek *m*; **to turn the situation to one's own ~** obrócić sytuację na własną korzyść; **there's no ~ to be had by arguing with him** nie warto or nie opłaca się z nim dyskutować

II *vt* liter opłac|ić, -ać się (komuś), przyn|ieść, -osić korzyść (komuś); **it will ~ you nothing to do this** nic ci nie przyjdzie ze zrobienia tego

III *vi* **to ~ by** or **from sth** odn|ieść, -osić korzyść z czegoś

profitability /ˌprɒfɪtəˈbɪlətɪ/ *n* (of company) dochodowość *f*, rentowność *f*; (of deal, investment) zyskowność *f*, intratność *f*; (of activity) opłacalność *f*

profitable /ˈprɒfɪtəbl/ *adj* [1] Comm *[business, company]* rentowny, dochodowy; *[investment]* zyskowny; *[deal]* intratny, opłacalny; *[crop, market]* przynoszący zyski; **sportswear is very ~** odzież sportowa to dochodowy interes; **it is ~ to invest in shares** opłaca się inwestować w akcje [2] (useful) *[meeting, negotiations]* owocny; *[day, afternoon]* pożytecznie spędzony; **to make ~ use of one's time** pożytecznie spędzić czas

profitably /ˈprɒfɪtəblɪ/ *adv* [1] Comm *[sell]* z zyskiem; *[invest, trade]* zyskownie [2] (usefully) pożytecznie

profit and loss account *n* rachunek *m* strat i zysków *or* wyników

profit balance *n* bilans *m* zysków

profit centre GB, **profit center** US *n* centrum *n* zysku

profiteer /ˌprɒfɪˈtɪə(r)/ **I** *n* spekulant *m*, -ka *f*

II *vi* czerpać nadmierne korzyści **(from sth** z czegoś)

profiteering /ˌprɒfɪˈtɪərɪŋ/ **I** *n* spekulacja *f*; **to engage in ~** spekulować

II *adj* spekulacyjny

profit forecast *n* prognoza *f* zysków, przewidywane zyski *m pl*

profit graph *n* krzywa *f* zysków

profitless /ˈprɒfɪtlɪs/ *adj* nieprzynoszący zysku, niedochodowy

profit-making /ˈprɒfɪtmeɪkɪŋ/ *adj [organization]* dochodowy; *[activity]* opłacalny

profit margin *n* marża *f* zysku

profit motive *n* nastawienie *n* na zysk

profit sharing *n* podział *m* zysków, udział *m* w zyskach

profit sharing scheme *n* program *m* udziału w zyskach

profit squeeze *n* Fin ograniczenie *n* dywidendy

profit taking *n* realizacja *f* zysku

profligacy /ˈprɒflɪgəsɪ/ *n* fml [1] (extravagance) rozrzutność *f* [2] (immorality) rozwiązłość *f*

profligate /ˈprɒflɪgət/ **I** *n* fml [1] (immoral person) rozpustni|k *m*, -ca *f* [2] (spendthrift) rozrzutni|k *m*, -ca *f*, utracjusz *m*, -ka *f*

II *adj* [1] (extravagant) *[person, spending]* rozrzutny; *[government]* niegospodarny; **~ use of taxpayers' money** marnotrawienie pieniędzy podatników [2] (immoral) rozpustny, rozwiązły

pro-form /ˈprəʊfɔːm/ *n* Ling symbol *m* nieterminalny *or* pomocniczy

pro forma invoice /ˌprəʊˌfɔːməˈɪnvɔɪs/ *n* faktura *f* pro forma *or* tymczasowa

profound /prəˈfaʊnd/ *adj* [1] (showing understanding) *[remark]* głęboki; *[knowledge, understanding]* gruntowny; *[thinker]* wnikliwy [2] (intense, great) *[silence]* przenikliwy; *[emotion, influence]* przemożny; *[change]* gruntowny, głęboki; *[ignorance]* całkowity, zupełny; **she felt ~ contempt for him** miała dla niego głęboką pogardę

profoundly /prəˈfaʊndlɪ/ *adv* [1] (with insight) *[analyse]* wnikliwie, gruntownie; *[discuss]* rzeczowo [2] (emphatic) *[affected, unnatural, disturbing]* wyjątkowo, w najwyższym stopniu; **I apologize most ~** najmocniej przepraszam [3] (wisely) *[observe, remark]* mądrze [4] (deeply) *[sigh, sleep]* głęboko; **he's ~ deaf** jest zupełnie głuchy

profundity /prəˈfʌndətɪ/ *n* [1] (of change) gruntowność *f*; (of remark, thought) głębia *f*, głębokość *f*; **a young man of extraordinary ~** młody, bardzo poważnie myślący człowiek [2] (wise remark) głęboka uwaga *f* also iron

profuse /prəˈfjuːs/ *adj [growth, bleeding]* obfity; *[thanks]* wylewny; **to be ~ in one's apologies** gęsto się tłumaczyć; **to be ~ in one's praises** nie żałować pochwał

profusely /prəˈfjuːslɪ/ *adv [bleed, sweat]* obficie; *[thank]* wylewnie; **to apologize ~** przepraszać z całego serca *or* gorąco; **a ~ illustrated book** bogato ilustrowana książka

profusion /prəˈfjuːʒn/ *n* obfitość *f* **(of sth** czegoś); **flowers grow in ~ in the meadow** na łące rośnie mnóstwo kwiatów

prog /prɒg/ *n* GB Radio, TV infml program *m*

progenitor /prəʊˈdʒenɪtə(r)/ *n* fml [1] (of person, animal, plant) przodek *m*; (of person) antenat *m*, -ka *f* [2] fig (of idea, movement) prekursor *m*, -ka *f*

progeny /ˈprɒdʒənɪ/ *n* fml (+ *v sg/pl*) [1] (children) potomstwo *n*; progenitura *f* dat *or* hum [2] (descendants) potomkowie *m pl*; fig sukcesorzy *m pl* fig

progesterone /prəʊˈdʒestərəʊn/ *n* progesteron *m*

prognathous /prɒgˈneɪθəs/ *adj* z przodozgryzem

prognosis /prɒgˈnəʊsɪs/ *n* (*pl* **-ses**) [1] Med rokowanie *n* **(on** *or* **about sb/sth** co do kogoś/czegoś) [2] (prediction) prognoza *f* **(for sth** czegoś, co do czegoś)

prognostic /prɒgˈnɒstɪk/ **I** *n* prognostyk *m*

II *adj [research]* prognostyczny; *[data]* prognozowy

prognosticate /prɒgˈnɒstɪkeɪt/ *vt* (foretell) prognozować; (indicate) rokować

prognostication /prɒgˌnɒstɪˈkeɪʃn/ *n* prognoza *f*, przepowiednia *f*

program /ˈprəʊgræm, US -grəm/ **I** *n* [1] Comput program *m*; **to run a ~** uruchomić program [2] US Radio, TV program *m*

II *vt* (*prp, pt, pp* **-mm-** GB, **-m-** US) za|programować; **to ~ a computer to do sth** zaprogramować komputer do wykonania czegoś

III *vi* (*prp, pt, pp* **-mm-** GB, **-m-** US) programować; **to ~ in Fortran** programować w języku Fortran

programer *n* US = **programmer**

programing *n* US = **programming**

programmable /ˈprəʊgræməbl/ *adj* programowalny, dający się zaprogramować

programme GB, **program** US /ˈprəʊgræm, US -grəm/ **I** *n* [1] TV, Radio program *m* **(on** *or* **about sb/sth** o kimś /czymś, na temat kogoś/czegoś); (on radio) audycja *f*; **news ~s** programy informacyjne; **there's a ~ on** *or* **about jazz tonight** dziś wieczorem jest program/audycja o jazzie; **to do a ~ on sth** zrobić program o czymś [2] (plan, schedule) program *m*; (for the day) rozkład *m* zajęć *or* dnia; **research /training ~** program badawczy/szkoleniowy; **a ~ of health service reforms** program reform służby zdrowia; **a long-term ~ for reforestation** długoterminowy program zalesiania; **a ~ to rebuild the economy** program odbudowy gospodarki; **what's on the ~ (for today)?** jaki mamy program na dzisiaj?, jakie są plany na dzisiaj? [3] Mus, Theat (booklet) program *m*; (plan for season) repertuar *m* [4] (on household appliance) program *m*; **wash/rinse ~** program prania/płukania

II *vt* [1] (set) nastwi|ć, -ać *[machine]*; **I've ~d the video to come on at 10** nastawiłem magnetowid na godzinę dziesiątą *or* tak, żeby włączył się o dziesiątej; **I'm ~d to wake up at 7** jestem tak zaprogramowany, że budzę się o siódmej fig [2] (arrange, plan) za|planować *[meeting, event, visit]*; **the visit is ~d for next Thursday** wizyta planowana jest na przyszły czwartek

programmed learning *n* nauczanie *n* programowane

programme music GB, **program music** US *n* muzyka *f* programowa

programme note *n* notka *f* w programie *(sztuki, koncertu)*

programmer GB, **programer** US /ˈprəʊgræmə(r), US -grəm-/ *n* programist|a *m*, -ka *f*

programming GB, **programing** US /ˈprəʊgræmɪŋ, US -grəm-/ *n* [1] Comput programowanie *n* [2] Radio, TV ramówka *f*

programming language *n* język *m* programowania

progress **I** /ˈprəʊgres, US ˈprɒgres/ *n* [1] (advances) postęp *m* **(in sth** w czymś); **in the name of ~** w imię postępu; **~ towards a settlement has been slow** proces dochodzenia do porozumienia przebiegał powoli; **to make ~ in one's work/in physics** robić postępy w pracy/w fizyce; **to make slow/good ~** *[pupil]* robić nieznaczne/znaczne postępy; **the talks have not made much ~** rozmowy w zasadzie nie posunęły się do przodu; **I'm making slow ~ on my article** powoli posuwam się do przodu z artykułem; **the patient is making ~** stan pacjenta poprawia się; **to work for ~ on human rights** pracować na rzecz postępu w dziedzinie praw człowieka [2] (course, evolution) (of person, vehicle) posuwanie się *n*; (of disease, career, dispute, inquiry, talks) przebieg *m*; **the ~ of events in Germany** rozwój wypadków w Niemczech; **to follow the ~ of a disease** obserwować, jak rozwija się choroba; **we are watching the ~ of the negotiations with interest** z zainteresowaniem śledzimy przebieg negocjacji; **to make slow ~** *[person, vehicle]* (powoli) posuwać się do przodu; **in ~** *[discussion, meeting]* w toku; **to be in ~** trwać, być w toku; **'silence: examination in ~'** „cisza! egzamin!"; **the concert was already in ~** koncert już się rozpoczął

II /prəˈgres/ *vi* [1] (develop, improve) *[knowledge, society, technology]* rozwi|nąć, -jać się; *[research, work]* posu|nąć, -wać się do przodu; *[person]* z|robić postępy; *[patient]* po|czuć się lepiej; **his German is ~ing** jego niemiecki jest coraz lepszy; **to ~ towards democracy** zmierzać ku demokracji [2] (follow course) *[discussion, game, journey]* przebiegać; *[person, vehicle]* posuwać się naprzód; *[storm]* nasil|ić, -ać się; **as the day ~ed...** w miarę upływu dnia...; **as**

P

the novel ~es... w miarę rozwoju akcji (powieści)...; **the conversation ~ed to politics** rozmowa zeszła na politykę

progression /prəˈgreʃn/ *n* [1] (development) (of society, technology, child) rozwój *m*; (advance) (of student, worker) postępy *m pl*; (improvement) (of patient) poprawa *f* (stanu zdrowia); **natural /logical ~** naturalne/logiczne następstwo rzeczy [2] (series) (of events, hills) łańcuch *m*, pasmo *n*; **a long ~ of sunny days** długi ciąg słonecznych dni [3] Math postęp *m* [4] Mus progresja *f*, sekwencja *f*

progressive /prəˈgresɪv/ **I** *n* [1] (person) postępowiec *m*, zwolenni|k *m*, -czka *f* postępu; progresista *m* dat [2] Ling forma *f* ciągła czasownika

II *adj* [1] (radical) *[person, idea, policy]* postępowy; **~ age/period** epoka/okres postępu; **~ school** nowoczesna szkoła; **~ rock** Mus rock progresywny [2] (steadily increasing) *[change, improvement, illness]* postępujący; **~ taxation** opodatkowanie progresywne, podatek progresywny; **to show a ~ improvement** stopniowo się poprawiać [3] Ling *[form, tense]* ciągły

progressively /prəˈgresɪvlɪ/ *adv [worsen, deteriorate, improve]* stopniowo; *[worse, harder, better, higher]* coraz; **her condition has deteriorated ~** jej stan stopniowo się pogarszał

progressiveness /prəˈgresɪvnɪs/ *n* postępowość *f*; (of tax) progresywność *f*

progress report *n* (on construction work) raport *m* o stanie robót; (on project) sprawozdanie *n* z realizacji projektu; (on patient) biuletyn *m* o stanie zdrowia; (on pupil) ocena *f* wyników

prohibit /prəˈhɪbɪt, US prəʊ-/ *vt* [1] (forbid) zakaz|ać, -ywać (komuś), zabr|onić, -aniać (komuś); **fishing in the lake is ~ed** w jeziorze nie wolno łowić ryb; łowienie ryb w jeziorze jest zakazane fml; **'smoking ~ed'** „zakaz palenia", „palenie wzbronione"; **to ~ sb from doing sth** zakazać or zabronić komuś coś robić; nie zezwolić komuś na robienie czegoś; **the regulations ~ me from disclosing the results** przepisy nie zezwalają mi na ujawnienie wyników; **children are ~ed from using the lift** dzieciom nie wolno korzystać z windy [2] fml (make impossible) uniemożliwi|ć, -ać; **to ~ sb from doing sth** nie pozwolić komuś na robienie czegoś, uniemożliwić komuś robienie czegoś; **his poor health ~s him from playing sports** zły stan zdrowia nie pozwala mu na uprawianie sportu

prohibition /ˌprəʊhɪˈbɪʃn, US ˌprəʊəˈbɪʃn/ **I** *n* [1] (forbidding) zakaz *m* **(of sth** czegoś**)** [2] (ban) zakaz *m* **(on** or **against sth** czegoś**)**; **they placed a ~ on the importation of luxury goods** wprowadzili zakaz sprowadzania artykułów luksusowych [3] US Hist **the Prohibition** prohibicja *f*

II *modif* US Hist *[law]* prohibicyjny; **~ days /years** czasy/lata prohibicji

prohibitionism /ˌprəʊhɪˈbɪʃənɪzəm, US ˌprəʊə-/ *n* prohibicjonizm *m*

prohibitionist /ˌprəʊhɪˈbɪʃənɪst, US ˌprəʊə-/ *n* prohibicjonist|a *m*, -ka *f*

prohibitive /prəˈhɪbətɪv, US prəʊ-/ *adj [cost]* ogromny; *[price]* wyśrubowany; *[duty]* zaporowy; *[tax]* prohibicyjny

prohibitively /prəˈhɪbɪtɪvlɪ, US prəʊ-/ *adv [high, expensive]* niewspółmiernie, nazbyt; **house prices are ~ high** ceny domów są wyśrubowane

project **I** /ˈprɒdʒekt/ *n* [1] (scheme) projekt *m*, plan *m*, przedsięwzięcie *n*; (construction scheme) inwestycja *f*; **a ~ to build a road** projekt budowy drogi; **such ~s as new dams and roads** takie inwestycje, jak nowe zapory i drogi; **scientific research ~s** projekty naukowo-badawcze [2] Sch, Univ praca *f* **(on sth** na temat czegoś, dotycząca czegoś**)** [3] US (state housing) ≈ osiedle *n* domów czynszowych *(budowanych przez władze lokalne)*

II /ˈprɒdʒekt/ *modif* **~ funds** fundusze przeznaczone na realizację projektu; **~ manager** kierownik or menedżer projektu; Constr kierownik budowy; **~ outline** zarys projektu

III /prəˈdʒekt/ *vt* [1] (throw, send) wyrzuc|ić, -ać *[object]*; wystrzel|ić, -ać *[missile]*; rzuc|ić, -ać *[beam, shadow, image, light]* **(onto sth** na coś**)**; Cin wyświetl|ić, -ać *[film, slides]* [2] (convey) przedstaw|ić, -ać *[image]*; jawić się jako (coś) *[personality]*; **to ~ one's voice** mówić głośno i wyraźnie; mieć postawiony głos fml; **to ~ a new image** ukazać się w nowym świetle [3] Psych (transfer) przen|ieść, -osić *[guilt, doubts, anxiety]* **(onto sb/sth** na kogoś/coś**)**; **to ~ one's mind into the past** przenieść się myślami w przeszłość [4] (estimate) określ|ić, -ać *[figures, rate]*; przewi|dzieć, -dywać *[results]* [5] (plan) za|planować; **his visit is ~ed for March** jego wizyta jest zaplanowana na marzec [6] Math rzutować *[solid]*; Geog odwzorow|ać, -ywać *[earth, map]*

IV /prəˈdʒekt/ *vi* [1] (stick out) wystawać, sterczeć **(from/over sth** z czegoś/ponad czymś**)**; **the land ~s out into the sea** ląd wychodzi daleko w morze [2] Theat *[actor]* wy|jść, -chodzić na przód sceny

V /prəˈdʒekt/ *vr* [1] (make an impression) **to ~ oneself as being strong** z|robić wrażenie człowieka silnego [2] **to ~ oneself into the future/the past** przen|ieść, -osić się myślami w przyszłość/przeszłość

VI **projected** /prəˈdʒektɪd/ *pp adj [figure, deficit]* przewidywany; *[visit]* planowany; **a ~ed £4m deficit** przewidywany deficyt w wysokości 4 milionów funtów

projectile /prəˈdʒektaɪl, US -tl/ *n* pocisk *m*

projecting /prəˈdʒektɪŋ/ *adj* sterczący, wystający

projection /prəˈdʒekʃn/ *n* [1] (of image, slide) projekcja *f*, wyświetlenie *n* [2] Psych projekcja *f* [3] (forecast) przewidywanie *n* [4] Math rzut *m*, projekcja *f* [5] Geog odwzorowanie *n*, projekcja *f* [6] (protuberance) (of rock, wall) występ *m*

projectionist /prəˈdʒekʃənɪst/ *n* kinooperator *m*, -ka *f*

projection room *n* kabina *f* projekcyjna

projective /prəˈdʒektɪv/ *adj [geometry, space]* rzutowy; *[limit, module]* projektywny

projector /prəˈdʒektə(r)/ *n* projektor *m*; **slide ~** rzutnik

prolactin /prəʊˈlæktɪn/ *n* prolaktyna *f*

prolapse /ˈprəʊlæps/ Med **I** *n* wypadnięcie *n*

II *vi [organ]* wypa|ść, -dać; **~d disc** wypadanie dysku

prole /prəʊl/ *n* infml offensive prol(et) *m* infml offensive

proletarian /ˌprəʊlɪˈteərɪən/ **I** *n* proletariusz *m*, -ka *f*

II *adj* [1] Pol, Econ *[class, revolution]* proletariacki [2] *[life]* robotniczy

proletarianize /ˌprəʊlɪˈteərɪənaɪz/ *vt* s|proletaryzować

proletariat /ˌprəʊlɪˈteərɪət/ *n* **the ~** proletariat *m*

pro-life /ˌprəʊˈlaɪf/ *adj [voter, candidate]* opowiadający się za zakazem przerywania ciąży; **~ movement** ruch na rzecz ochrony życia poczętego

pro-lifer /ˌprəʊˈlaɪfə(r)/ *n* rzeczni|k *m*, -czka *f* zakazu przerywania ciąży

proliferate /prəˈlɪfəreɪt, US prəʊ-/ *vi* Biol (reproduce) rozmn|ożyć, -ażać się; (spread) *[vegetation]* rozr|osnąć, -astać się; fml (increase in number) *[pubs, hotels]* mnożyć się; *[nuclear weapons]* rozprzestrzeni|ć, -ać się; **small businesses have ~d** namnożyło się drobnych przedsiębiorstw

proliferation /ˌprəlɪfəˈreɪʃn, US ˌprəʊ-/ *n* (of pubs, factories, groups) szybki wzrost *m* liczby **(of sth** czegoś**)**; (of weapons) rozprzestrzenianie *n*; (of vegetation) rozrost *m*, rozrastanie się *n*; Biol (of cells) rozmnażanie się *n*; **nuclear ~** rozprzestrzenianie broni jądrowej

proliferous /prəˈlɪfərəs/ *adj* Zool rozmnażający się przez pączkowanie; Bot rozmnażający się wegetatywnie

prolific /prəˈlɪfɪk/ *adj* [1] (productive) *[author, time of life]* płodny; **~ scorer** (of goals) doskonały strzelec [2] Biol *[animal, plant]* płodny, plenny; *[growth]* bujny

prolix /ˈprəʊlɪks, US prəʊˈlɪks/ *adj* fml *[article, style]* rozwlekły

prolixity /prəʊˈlɪksətɪ/ *n* fml rozwlekłość *f*

prologue /ˈprəʊlɒg, US -lɔːg/ *n* prolog *m* also fig **(to sth** czegoś**)**

prolong /prəˈlɒŋ, US -ˈlɔːŋ/ *vt* przedłuż|yć, -ać; **to ~ sb's life** przedłużać komuś życie or życie kogoś

prolongation /ˌprəʊlɒŋˈgeɪʃn, US -lɔːŋ-/ *n* przedłużenie *n*

prolonged /prəˈlɒŋd, US -ˈlɔːŋd/ *adj* przedłużający się

prom /prɒm/ *n* infml [1] GB (concert) koncert *m* promenadowy [2] US (ball) bal *m (na zakończenie roku szkolnego, akademickiego)* [3] GB (at seaside) deptak *m*

promenade /ˌprɒməˈnɑːd, US -ˈneɪd/ **I** *n* [1] (path) promenada *f* [2] (walk) przechadzka *f* [3] Dance korowód *m* krokiem chodzonym

II *vt* fml prowadzać *[young lady, dog]*; fig afiszować się (czymś) *[virtues]*

III *vi* fml przechadzać się

promenade concert *n* GB koncert *m* promenadowy

promenade deck *n* pokład *m* spacerowy

Prometheus /prəˈmiːθjuːs/ *prn* Prometeusz *m*

promethium /prəˈmiːθɪəm/ *n* promet *m*

prominence /ˈprɒmɪnəns/ *n* [1] (of person) wysoka pozycja *f*; (of issue) waga *f*, znaczenie *n*; **to rise to ~** osiągnąć znaczącą pozycję; **to give ~ to sth** *[author, speaker]* poświęcić czemuś szczególną uwagę, podkreślić coś; **to come to ~ as a writer** zyskać sławę jako pisarz or sławę pisarza; **issues that have recently come into ~ in Europe** sprawy, które ostatnio nabrały znaczenia w Europie [2] (of feature, building, object) widoczność *f*; **the title is printed in bold type to give it ~** tytuł pisany jest tłustym drukiem, żeby się rzucał w oczy [3] fml (hill) wzniesienie *n*

prominent /ˈprɒmɪnənt/ *adj* [1] (important) *[person, figure, role]* znaczący; *[artist, intellectual]* wybitny; *[activist, campaigner, industrialist]* czołowy; *[company]* wiodący; **to play a ~ part** or **role in sth** odegrać znaczącą rolę w czymś [2] *[feature, marking]* rzucający się w oczy; *[place, position]* widoczny; **leave the keys in a ~ place** zostaw klucze w widocznym miejscu or na wierzchu [3] *[nose, cheekbone, forehead]* wydatny; *[eye]* wyłupiasty; *[teeth]* wystający; *[ridge, ledge]* wystający, sterczący

prominently /ˈprɒmɪnəntlɪ/ *adv [displayed, hung, shown]* w widocznym miejscu; **he figured** or **featured ~ in the negotiations** odegrał ważną rolę w negocjacjach

promiscuity /ˌprɒmɪˈskjuːətɪ/ *n* [1] (sexual) swoboda *f* seksualna [2] fml (mixing) mieszanina *f*, pomieszanie *n*

promiscuous /prəˈmɪskjʊəs/ *adj* [1] (sexually) *[person]* prowadzący bogate życie seksualne; *[life]* rozwiązły dat; *[sex]* przypadkowy, z przypadkowymi partnerami [2] fml mieszany, różnorodny

promise /ˈprɒmɪs/ **I** *n* [1] (pledge) obietnica *f*; (more formal) przyrzeczenie *n*; **to make a ~ to sb** złożyć komuś obietnicę or przyrzeczenie; **he made a ~ that he'd never do it again** obiecał or przyrzekł, że nigdy już tego nie zrobi; **I'll see what I can do, but I can't make any ~s** zobaczę, co się da zrobić, ale niczego nie obiecuję; **to break one's ~** złamać obietnicę or przyrzeczenie; **to keep one's ~** dotrzymać obietnicy or przyrzeczenia; **they held him to his ~** dopilnowali, żeby wywiązał się z obietnicy; **'I'll come next time' – 'is that a ~?'** „przyjdę następnym razem" – „obiecujesz?"; **'I'll do it tomorrow' – '~s, ~s'** „zrobię to jutro" – „obiecanki cacanki" infml; **under a ~ of secrecy** obiecując dyskrecję [2] (grounds for hope) nadzieja *f*, nadzieje *f pl*; **there seems little ~ of peace** są małe nadzieje na pokój; **her early life held little ~ of her future happiness** wczesny okres jej życia nie zapowiadał or nie wróżył przyszłego szczęścia; **a young writer of ~** młody, obiecujący pisarz; **she shows great ~** ona zapowiada się bardzo dobrze; **he didn't live up to his early ~** oczekiwania co do niego nie spełniły się; **his work is full of ~** jego praca przedstawia się obiecująco

II *vt* [1] (pledge) obiec|ać, -ywać, przyrze|c, -kać; **to ~ sb sth, to ~ sth to sb** obiecać or przyrzec coś komuś; **I can't ~ anything** niczego nie mogę obiecać; **they ~d him their support** obiecali mu poparcie; **to ~ to do sth** obiecać or przyrzec coś zrobić; **they've received the money ~d to them** dostali obiecane (im) pieniądze; **they've been ~d help** obiecano im pomoc; **~ not to tell anybody!** obiecaj, że nikomu nie powiesz!; **as ~d** zgodnie z obietnicą [2] (give prospect of) zapowiadać, wróżyć; **it ~s to be a fine day/a busy week** zapowiada się ładny dzień/pracowity tydzień; **the clouds ~d rain** chmury zapowiadały deszcz [3] (assure) zapewni|ć, -ać; **it won't be easy, I ~ you** zapewniam, że to nie będzie łatwe [4] arch **to be ~d in marriage to sb** zostać przyobiecanym komuś (za żonę) dat

III *vi* [1] (give pledge) obiec|ać, -ywać, przyrze|c, -kać; **do you ~?** obiecujesz?; **but you ~d!** przecież obiecałeś!; **I won't laugh, I ~!** obiecuję, że nie będę się śmiać [2] fig zapowiadać, wróżyć; **to ~ well** *[young talent, candidate]* dobrze się zapowiadać; *[event, result, situation]* dobrze wróżyć; **this doesn't ~ well for the future** to nie wróży nic or niczego dobrego na przyszłość

IV *vr* **to ~ oneself** obiec|ać, -ywać sobie, przyrze|c, -kać sobie; **to ~ oneself to do sth** obiecać or przyrzec sobie coś zrobić

IDIOMS: **to ~ sb the earth** or **the moon** obiecywać komuś gwiazdkę z nieba

Promised Land *n* **the ~** Ziemia *f* Obiecana also fig

promising /ˈprɒmɪsɪŋ/ *adj [pupil, writer, career]* obiecujący, dobrze się zapowiadający; *[situation, result]* rokujący nadzieje; *[sign]* dobry; **it doesn't look very ~** to nie wygląda zbyt obiecująco; **'I've been shortlisted for the job' – 'that's ~'** „znalazłem się w ścisłej czołówce kandydatów na to stanowisko" – „to już coś!"; **the film gets off to a ~ start, but...** film zaczyna się obiecująco, ale...

promisingly /ˈprɒmɪsɪŋlɪ/ *adv* obiecująco; **the talks started off quite ~, but...** początek rozmów rokował dobrze, ale...

promissory note /ˈprɒmɪsərɪˈnəʊt, US -sɔːrɪ-/ *n* weksel *m* własny

promo /ˈprəʊməʊ/ **I** *n* infml [1] (publicity campaign) promocja *f* [2] (pop-video) wideoklip *m*

II *adj* promocyjny

promontory /ˈprɒməntrɪ, US -tɔːrɪ/ *n* cypel *m*, wzniesienie *n*

promote /prəˈməʊt/ **I** *vt* [1] (in rank) awansować, przen|ieść, -osić na wyższe stanowisko; **he was ~d to manager /general** awansował or dostał awans na kierownika/generała; **to be ~d from secretary to administrator** awansować z sekretarki na kierowniczkę [2] (advertise) promować *[product, book, town]*; propagować *[theory, image]*; **a tour to ~ their latest album** tournée w ramach promocji ich ostatniego albumu; **to ~ a candidate** popierać kandydata; **to ~ a bill** Pol przedstawić projekt ustawy [3] (encourage) *[organization, government]* działać na rzecz (czegoś) *[democracy, good relations]*; *[policy]* sprzyjać (czemuś) *[understanding, free trade]*; pobudz|ić, -ać *[growth, trade]*; krzewić *[knowledge]* [4] (organize) z|organizować *[concert, boxing match]* [5] GB (in football) **to be ~d from the fourth to the third division** awansować z czwartej do trzeciej ligi [6] US Sch promować *[pupil]*

II *vr* **to ~ oneself** uprawiać autoreklamę

promoter /prəˈməʊtə(r)/ *n* [1] (of concert, sports event) organizator *m*, -ka *f* [2] (of idea) propagator *m*, -ka *f*, orędowni|k *m*, -czka *f*

promotion /prəˈməʊʃn/ *n* [1] (of employee) awans *m*; **her ~ to manager** jej awans na kierowniczkę; **after his ~ from captain to colonel** po awansie z kapitana na pułkownika; **she got** or **was given ~** dostała awans, awansowała; **to recommend sb for ~** przedstawić kogoś do awansu; **to apply for ~** wystąpić o awans; **to be in line for ~** mieć szanse na awans [2] Comm promocja *f*, kampania *f* promocyjna **(of sth** czegoś) [3] (encouragement) (of research) wspieranie *n* **(of sth** czegoś); (of trade, development) pobudzanie *n* **(of sth** czegoś); (advocacy) (of peace) orędownictwo *n* **(of sth** na rzecz czegoś) [4] Sport awans *m* [5] US Sch promowanie *n*, promocja *f*

promotional /prəˈməʊʃənl/ *adj* [1] Comm promocyjny [2] (in workplace) **the ~ ladder** szczeble kariery

promotional video *n* wideoklip *m*

promotion prospects *npl* perspektywy *f pl* awansu, szanse *f pl* na awans

promotions manager *n* szef *m* reklamy

prompt /prɒmpt/ **I** *n* [1] Comput (on command line) znak *m* zgłoszenia; (instructions) podpowiedź *f* [2] Comm ostateczny termin *m* płatności [3] Theat podpowiedź *f* (suflera); **to give sb a ~** podpowiedzieć komuś

II *adj* [1] (done quickly) natychmiastowy, szybki; **to be ~ to do sth** zrobić coś natychmiast or bezzwłocznie; **they are usually ~ in replying to my letters** zwykle natychmiast odpowiadają na moje listy or odpisują mi [2] (punctual) punktualny; **lunch is at two; try to be ~** lunch jest o drugiej, postaraj się nie spóźnić

III *adv* punktualnie, dokładnie; **at six o'clock ~** punktualnie or dokładnie o szóstej

IV *vt* [1] (cause) s|powodować, do|prowadzić do (czegoś) *[reaction]*; do|prowadzić do (czegoś) *[revolt, strike]*; s|prowokować *[action, anger, remark]*; wywoł|ać, -ywać *[regret, feeling]*; **to be ~ed by sth** być spowodowanym czymś; **to ~ sb to do sth** skłonić kogoś do zrobienia czegoś; **she was ~ed by a desire for revenge** powodowało nią pragnienie zemsty [2] (encourage to talk) za|sugerować, podsu|nąć, -wać; **'and then what?' she ~ed** „i co wtedy?" pytała; **'...boring?' he ~ed** „...może nudne?" podsunął [3] Theat podpowi|edzieć, -adać (komuś)

V *vi* Theat suflerować

prompt box *n* Theat budka *f* suflera

prompter /ˈprɒmptə(r)/ *n* [1] Theat sufler *m*, -ka *f* [2] US TV teleprompter *m*

prompting /ˈprɒmptɪŋ/ *n* namowa *f*, zachęta *f*; **without any ~** bez namawiania

promptitude /ˈprɒmptɪtjuːd, US -tuːd/ *n* fml [1] (speed) bezzwłoczność *f* [2] (punctuality) punktualność *f*

promptly /ˈprɒmptlɪ/ *adv* [1] (immediately) natychmiast, szybko; **he lifted it up and ~ dropped it** podniósł to i natychmiast or szybko upuścił [2] (without delay) natychmiast, bezzwłocznie [3] (punctually) punktualnie, dokładnie; **~ at six o'clock** punktualnie or dokładnie o szóstej

promptness /ˈprɒmptnɪs/ *n* [1] (speed) szybkość *f*, pośpiech *m*; **thank you for your ~ in replying to my letter** dziękuję za szybką odpowiedź na mój list; **with ~** szybko [2] (punctuality) punktualność *f*

prompt note *n* Comm przypomnienie *n* o terminie płatności, monit *m*

prompt side *n* Theat GB lewa kulisa *f*; US prawa kulisa *f*

Proms /prɒmz/ *npl* koncerty *m pl* promenadowe *(w londyńskiej Royal Albert Hall)*

promulgate /ˈprɒmlgeɪt/ *vt* fml [1] (promote) roz|propagować, upowszechni|ć, -ać *[theory, idea]* [2] (proclaim) ogł|osić, -aszać, obwie|ścić, -szczać *[law, doctrine]*

promulgation /ˌprɒmlˈgeɪʃn/ *n* fml [1] (promotion) rozpowszechnienie *n*, rozpropagowanie *n* [2] (announcement) ogłoszenie *n*, obwieszczenie *n*; promulgacja *f* ra

prone /prəʊn/ **I** *adj* [1] (liable) **to be ~ to sth** mieć skłonność do czegoś *[migraines, colds, depression, violence]*; być podatnym na coś *[disease, infection]*; **she is ~ to exaggeration** ma skłonność do przesady; **he is ~ to making stupid remarks** ma skłonność do robienia głupich uwag [2] (face downwards) **to lie ~** leżeć na brzuchu

II -prone *in combinations* **accident-~** szczególnie podatny na wypadki; **flood-~** często zalewany przez powodzie

prong /prɒŋ, US prɔːŋ/ *n* (on fork, garden implements) ząb *m*; (on antler) odnoga *f (poroża)*

-pronged /prɒŋd, US prɔːŋd/ *adj (in combinations)* [1] **two/three-~** *[fork, spear]* z dwoma/trzema zębami [2] **two-/three-~ attack** atak z dwóch/trzech stron

pronominal /prəʊˈnɒmɪnl/ *adj* zaimkowy

pronoun /ˈprəʊnaʊn/ *n* zaimek *m*

pronounce /prəˈnaʊns/ **I** *vt* [1] Ling wym|ówić, -awiać *[word, letter]*; **is the 'h' in this word ~d or not?** czy w tym słowie „h" się wymawia czy nie? [2] (announce) ogł|osić, -aszać, wyda|ć, -wać *[sentence, verdict]*; wygł|osić, -aszać, wypowi|edzieć, -adać *[opinion]*; **to ~ sb guilty** orzec winę kogoś, uznać kogoś za winnego; **to ~ sb dead** orzec or stwierdzić zgon kogoś; **to ~ sth (to be) satisfactory** oświadczyć or orzec, że coś jest wystarczające; **to ~ that...** oświadczyć or orzec, że...; **'this is a fake,' she ~d** „to falsyfikat", oświadczyła or orzekła; **I now ~ you man and wife** ogłaszam was mężem i żoną

II *vi* Jur *[judge, court]* wyda|ć, -wać wyrok, ogł|osić, -aszać orzeczenie; **to ~ for /against sb** wydać wyrok na korzyść /niekorzyść kogoś

III *vr* **he ~d himself satisfied/bored** oświadczył, że jest zadowolony/że się nudzi; **to ~ oneself for/against sth** opowiedzieć się za czymś/przeciwko czemuś

■ **pronounce on**: **~ on [sth]** wypowi|edzieć, -adać się na temat (czegoś)

pronounceable /prəˈnaʊnsəbl/ *adj* *[sound, word, name]* (możliwy) do wymówienia; **this name is barely ~** to imię jest prawie nie do wymówienia

pronounced /prəˈnaʊnst/ *adj* [1] (noticeable) *[accent, tendency, change, difference]* wyraźny; *[feature]* wyrazisty; **to have a ~ limp /stammer** wyraźnie utykać/mocno się jąkać [2] (strongly felt) *[opinion, view]* stanowczy

pronouncement /prəˈnaʊnsmənt/ *n* [1] (statement) oświadczenie *n* **(on sth** na temat czegoś, w związku z czymś) [2] (verdict) orzeczenie *n*

pronto /ˈprɒntəʊ/ *adv* infml migiem infml

pronuclear /ˌprəʊˈnjuːklɪə(r), US -ˈnuː-/ *adj* pronuklearny

pronunciation /prəˌnʌnsɪˈeɪʃn/ *n* wymowa *f*

proof /pruːf/ **I** *n* [1] (evidence) dowód *m*, dowody *m pl* **(of sth** czegoś, na coś); **I have no ~ (of that)** nie mam (na to) żadnych dowodów; **do you have (any) ~?** czy masz (jakieś) dowody?; **to have ~ that...** mieć dowód or dowody na to, że...; **there's no ~ that...** nie ma żadnych dowodów na to, że...; **this is ~ that...** to dowodzi, że...; **to produce sth as ~** przedstawić coś jako dowód; **to take sth as ~ that...** uznać coś za dowód na to, że...; **to be ~ of sb's worth/existence** stanowić dowód or dowodzić wartości/istnienia kogoś; **to be living ~ of sth** być żywym dowodem na coś; **to give ~ of courage/love** dać dowód or składać dowody odwagi/miłości; **written ~** dowód na piśmie; **absolute/conclusive ~** niezbity/decydujący dowód; **~ of identity** dowód tożsamości [2] Math, Philos dowód *m* [3] Print odbitka *f* korektorska; korekta *f* infml; **at ~ stage** na etapie korekty; **can you check these ~s?** czy możesz zrobić korektę tych stron? [4] Phot odbitka *f* próbna [5] (of alcohol) *miara zawartości alkoholu w wyrobach monopolowych*; **to be 70° or 70% ~** ≈ mieć 40%; **to be over/under ~** ≈ mieć ponad/poniżej 50% [6] (test) próba *f*; **to put sth to the ~** poddać coś próbie

II *adj* **to be ~ against sth** być odpornym na coś *[infection, heat, temptation]*; być nieczułym na coś *[charms]*; **the place was ~ against wind** miejsce było osłonięte od wiatru

III -proof *in combinations* (resistant to) **vandal-~** niezniszczalny; **earthquake-~** odporny na wstrząsy sejsmiczne; **child-~ toys** niezniszczalne zabawki

IV *vt* [1] (make waterproof) za|impregnować *[fabric]*; (make soundproof) wycisz|yć, -ać *[room, house]* [2] = **proofread**

proof of delivery *n* dowód *m* dostawy

proof of ownership *n* świadectwo *n* własności

proof of postage *n* dowód *m* nadania

proof of purchase *n* dowód *m* nabycia

proofread /ˈpruːfriːd/ **I** *vt* (*pt, pp* **proofread** /ˈpruːfred/) (check copy of) sprawdz|ić, -ać; sczyt|ać, -ywać infml; (check proofs of) z|robić korektę (czegoś) *[novel, article]*

II *vi* (*pt, pp* **proofread** /ˈpruːfred/) (check proofs) z|robić korektę

proofreader /ˈpruːfˌriːdə(r)/ *n* korektor *m*, -ka *f*

proofreading /ˈpruːfˌriːdɪŋ/ *n* korekta *f*

proof spirit *n roztwór zawierający 57,1% (w Wielkiej Brytanii) lub 50% (w Stanach Zjednoczonych) objętości alkoholu etylowego*

prop[1] /prɒp/ **I** *n* [1] Constr, Tech (support) podpora *f*; (in mine, tunnel) stempel *m*; (for plant) podpórka *f*, żerdka *f* [2] (supportive person) podpora *f*, ostoja *f* **(for sb** kogoś) [3] (in rugby) filar *m*, skrzydłowy napastnik *m* ataku; **to play ~** grać jako filar

II *vt* (*prp, pt, pp* **-pp-**) [1] (support) pod|eprzeć, -pierać *[roof, tunnel, wall]* **(with sth** czymś); **I ~ped his head on a pillow** podłożyłem mu pod głowę poduszkę; **he sat with his chin ~ped on his hand** siedział, wsparłszy brodę na ręce [2] (lean) op|rzeć, -ierać **(against sth** o coś); **the ladder was ~ped against the wall** drabina była oparta o ścianę

III *vr* (*prp, pt, pp* **-pp-**) **to ~ oneself against sth** op|rzeć, -ierać się o coś *[tree, wall]*

■ **prop up**: **~ up [sth], ~ [sth] up** pod|eprzeć, -pierać *[beam, wall]*; fig pop|rzeć, -ierać, w|esprzeć, -spierać *[regime, person]*; służyć jako podpora (komuś) *[friend in need]*; wzm|ocnić, -acniać *[currency]*; **he was ~ped up in bed** leżał w łóżku oparty na poduszkach

prop[2] /prɒp/ *n* = **property** Theat rekwizyt *m*; **stage ~** rekwizyt teatralny

prop[3] /prɒp/ *n* = **propeller** Aviat śmigło *n*, śruba *f*

propaganda /ˌprɒpəˈgændə/ **I** *n* propaganda *f*; kampania *f* propagandowa **(against/for sth** przeciwko czemuś/na rzecz czegoś)

II *modif [campaign, film, war]* propagandowy; **for ~ purposes** dla celów propagandowych

propagandist /ˌprɒpəˈgændɪst/ *n* propagandyst|a *m*, -ka *f*, propagandzist|a *m*, -ka *f*

propagandize /ˌprɒpəˈgændaɪz/ *vi* uprawiać propagandę

propagate /ˈprɒpəgeɪt/ **I** *vt* [1] roz|propagować, szerzyć *[myth, story]*; krzewić *[belief, idea, knowledge]* [2] rozprzestrzeni|ć, -ać *[disease]* [3] Hort rozmn|ożyć, -ażać *[plant]* **(from sth** z czegoś)

II *vi [plant, species]* rozmnażać się

propagated error *n* Comput błąd *m* propagowany or powielający się or rozprzestrzeniający się

propagation /ˌprɒpəˈgeɪʃn/ *n* (of plant) rozmnażanie się *n*; (of sound, electric waves) rozchodzenie się *n*; propagacja *f* fml

propagator /ˈprɒpəgeɪtə(r)/ *n* [1] propagator *m*, -ka *f* [2] Hort mnożarka *f*

propane /ˈprəʊpeɪn/ *n* propan *m*

propel /prəˈpel/ **I** *vt* (*prp, pt, pp* **-ll-**) [1] (power) wprawi|ć, -ać w ruch *[vehicle, ship]*; Tech napędzać [2] (push) pop|chnąć, -ychać, pchać *[person]* **(towards sth** w kierunku czegoś); **to ~ sb into a room** wepchnąć kogoś do pokoju; **to ~ sb towards disaster** pchać kogoś do zguby; **to ~ sb into power** wynieść kogoś do władzy; **to ~ sb into the limelight** przynieść komuś rozgłos; **he's ~led by ambition** kieruje or powoduje nim ambicja

II -propelled *in combinations* **wind-~led** poruszany siłą wiatru; **jet-/rocket-~led** z napędem odrzutowym/rakietowym

propellant /prəˈpelənt/ *n* [1] (in aerosol) gaz *m* pędny, propelent *m* [2] (in rocket) materiał *m* napędowy, paliwo *n* napędowe, propergol *m* [3] (in gun) materiał *m* miotający

propeller /prəˈpelə(r)/ *n* propeller *m*; Aviat śmigło *n*; Naut śruba *f* napędowa

propeller blade *n* Aviat łopata *f* or ramię *n* śmigła; Naut skrzydło *n* śruby napędowej

propeller-head /prəˈpeləhed/ *n* infml maniak *m* komputerowy

propeller shaft *n* Aut wał *m* napędowy or pędny; Aviat wał *m* śmigła; Naut wał *m* napędowy śrubowy

propelling pencil *n* GB ołówek *m* automatyczny

propensity /prəˈpensətɪ/ *n* skłonność *f* **(for sth/for doing sth** do czegoś/do robienia czegoś)

proper /ˈprɒpə(r)/ **I** *n* Relig proprium *n inv*

II *adj* [1] (correct) *[term, order, choice, sense, manner]* właściwy; *[spelling]* poprawny; *[clothing, precautions, tool]* odpowiedni; **everything is in its ~ place** wszystko jest na swoim miejscu; **in the ~ way** w odpowiedni sposób; **when the time** or **moment is ~** w stosownej chwili; **it was only ~ for her to keep the money** słusznie, że zatrzymała te pieniądze; **she was dressed in a way that was ~ to the occasion** była ubrana stosownie do okazji [2] (adequate) *[funding, training, education]* odpowiedni; *[recognition]* należny; *[care, control]* należyty, odpowiedni; **there are no ~ safety checks** nie ma odpowiednich zabezpieczeń; **we have no ~ tennis courts** nie mamy dobrych kortów tenisowych [3] fml (socially acceptable) *[behaviour]* stosowny; *[person]* dobrze wychowany, układny; **to be ~ to sth** być stosownym do czegoś *[status, position]*; **it wouldn't be ~ to turn up without a gift** nie wypada przyjść bez prezentu; **it is only ~ that he be invited** nie wypada go nie zaprosić; **it's only (right and) ~ that he should be punished** należy mu się kara; **we shall do as we think ~** zrobimy, co uznamy za stosowne; **I thought it ~ to ask his permission** uznałem za stosowne zapytać go o pozwolenie; **to show ~ respect for the dead/for tradition** okazywać należny szacunek zmarłym/dla tradycji; **to do the ~ thing by a girl** euph zachować się przyzwoicie w stosunku do dziewczyny *(będącej w ciąży)*; ożenić się z musu → **prim** [4] (real, true) *[doctor, holiday, job]* prawdziwy; *[opportunity]* doskonały; *[meal, holiday, job]* porządny; **he did a ~ job of repairing the car** naprawił samochód jak się patrzy; **you must have a ~ meal** musisz zjeść porządny posiłek [5] (actual) **in the village ~** w samej wiosce; **the show /competition ~** właściwy spektakl/właściwe zawody; **before the meal ~** przed właściwym posiłkiem [6] infml (complete) *[fool, idiot]* skończony; *[mess]* zupełny; *[disaster]* prawdziwy; *[beating]* porządny; **we're in a ~ mess** or **pickle now!** wpakowaliśmy się w niezłą kabałę! infml; **I felt a ~ idiot!** czułem się jak skończony idiota! [7] fml (particular to) **~ to sb/sth** właściwy komuś /czemuś; **the abilities ~ to our species** umiejętności właściwe naszemu gatunkowi

III *adv* infml [1] (correctly) *[behave]* stosownie [2] (as intensifier) jak się patrzy; **to beat sb good and ~** nieźle złoić komuś skórę infml

proper fraction *n* ułamek *m* właściwy

properly /ˈprɒpəlɪ/ *adv* [1] (correctly) jak należy; *[behave, dress]* stosownie, odpowiednio; *[eat]* właściwie, odpowiednio; *[write, spell]* poprawnie; *[fitted, adjusted]* odpowiednio; **start again and do it ~** zacznij od początku i tym razem zrób to porządnie or jak należy; **you acted very ~ in reporting the theft** postąpiłeś bardzo słusznie, meldując o kradzieży; **walk/behave ~!** (to child) idź/zachowuj się jak należy or grzecznie! [2] (appropriately) dostatecznie, jak należy; **they don't pay us ~ for the work we do** nie płacą nam za naszą pracę jak należy; **his poetry isn't ~ appreciated** jego poezja nie jest w pełni doceniana; **I didn't have time to thank you ~** nie miałem czasu, żeby należycie ci podziękować [3] (accurately, suitably) właściwie; **he is more ~ known as artistic director** jego właściwy tytuł to dyrektor artystyczny; **~ speaking, the tomato is a fruit** ściśle mówiąc, pomidory to owoce [4] (in seemly manner) uprzejmie; **very ~, he asked for a deposit** poprosił uprzejmie o depozyt; **he was ~ apologetic/grateful** grzecznie przepraszał/był bardzo wdzięczny

proper motion *n* Astron ruch *m* własny

proper name *n* Ling nazwa *f* własna

proper noun *n* Ling = **proper name**

propertied /ˈprɒpətɪd/ *adj [class]* posiadający; **a ~ man/woman** posiadacz/posiadaczka

property /ˈprɒpətɪ/ **I** *n* [1] (possessions) własność *f*, mienie *n*; **personal/public ~** mienie osobiste/publiczne; **'private ~'** (on sign) „własność prywatna"; **don't damage other people's ~** nie niszcz cudzego mienia or cudzej własności; **it's not your ~** to nie twoje; to nie pańska własność fml; **the news has become public ~** wiadomość się rozeszła [2] (real estate) nieruchomość *f*; (large) posiadłość *f*, majątek *m*; **to invest in ~** inwestować w nieruchomości [3] (house) dom *m*; **'a ~ in need of renovation'** (in ad) „dom do remontu" [4] Chem, Phys (characteristic) właściwość *f*, własność *f*; **it has medicinal properties** to ma właściwości lecznicze [5] Jur (copyrighted work) własność *f* intelektualna

II properties *npl* [1] Fin nieruchomości *f pl* [2] Theat rekwizyty *m pl*

III *modif* (real estate) *[company]* deweloperski; **~ market/prices** rynek/ceny nieruchomości

IDIOMS: **~ is theft** własność to kradzież; **to be hot ~** być doskonałą inwestycją fig

property dealer *n* handlarz *m* nieruchomościami

property developer *n* deweloper *m*; (company) firma *f* deweloperska

property insurance *n* ubezpieczenie *n* majątkowe

property owner *n* właściciel *m*, -ka *f* nieruchomości

property sales *n* sprzedaż *f* nieruchomości

property speculation *n* spekulacja *f* gruntami

property tax *n* podatek *m* od nieruchomości

prophecy /ˈprɒfəsɪ/ *n* przepowiednia *f*, proroctwo *n*; **to make a ~ that...** przepowiedzieć, że...; **the ~ was fulfilled** przepowiednia spełniła się

prophesy /ˈprɒfəsaɪ/ **I** *vt* przepowi|edzieć, -adać, prorokować **(that...** że...)

II *vi* przepowiadać przyszłość; wieszczyć liter; **to ~ about sth** głosić proroctwa o czymś

prophet /ˈprɒfɪt/ *n* prorok *m*; (Greek, Roman) wieszczek *m*; fig (advocate) apostoł *m* fig **(of sth** czegoś); **~ of doom** fig czarnowidz

Prophet /ˈprɒfɪt/ *n* Relig **the ~** (Mohammed) Prorok *m*; **the ~s** Bible Księgi Prorockie

prophetess /ˈprɒfɪtes/ *n* prorokini *f*; (Greek, Roman) wieszczka *f*

prophetic /prəˈfetɪk/ *adj* proroczy; wieszczy liter; **to be ~ of sth** zapowiadać coś

prophetically /prəˈfetɪklɪ/ *adv* proroczo

prophylactic /ˌprɒfɪˈlæktɪk/ **I** *n* [1] Med (measure) środek *m* zapobiegawczy or profilaktyczny; (treatment) leczenie *n* zapobiegawcze [2] (condom) prezerwatywa *f*, kondom *m*

II *adj* zapobiegawczy, profilaktyczny

prophylaxis /ˌprɒfɪˈlæksɪs/ *n* profilaktyka *f*

propinquity /prəˈpɪŋkwətɪ/ *n* fml [1] (in space) bliskość *f* [2] (in relationship) bliskie pokrewieństwo *n*

propitiate /prəˈpɪʃɪeɪt/ *vt* przebłag|ać, -iwać, przejedn|ać, -ywać, zjedn|ać, -ywać (sobie) *[person, god]*

propitiation /prəˌpɪʃɪˈeɪʃn/ *n* (sacrifice) ofiara *f* błagalna; (act) błagania *n pl*; **a sacrifice in ~ of the gods** ofiara, żeby przebłagać bogów

propitiatory /prəˈpɪʃɪətrɪ, US -tɔːrɪ/ *adj [remark, smile]* przepraszający; Relig *[sacrifice]* (prze)błagalny

propitious /prəˈpɪʃəs/ *adj [time, conditions]* sprzyjający **(for sth** czemuś); *[start]* obiecujący; *[omen]* dobry; *[augury]* pomyślny

propitiously /prəˈpɪʃəslɪ/ *adv [start]* obiecująco; *[arrive]* pomyślnie; *[disposed]* przychylnie

propjet /ˈprɒpdʒet/ *n* silnik *m* turbośmigłowy

proponent /prəˈpəʊnənt/ *n* rzeczni|k *m*, -czka *f*, orędowni|k *m*, -czka *f* **(of sth** czegoś)

proportion /prəˈpɔːʃn/ **I** *n* [1] (part, quantity) (pewien) odsetek *m*, (pewna) część *f*; **a large/small ~ of the students** duży /mały odsetek studentów; **a large ~ of the work** duża część pracy; **a ~ of the money raised** część zebranych pieniędzy [2] (ratio) also Math stosunek *m*, proporcja *f*; **the ~ of pupils to teachers** stosunek liczbowy uczniów do nauczycieli; **in equal ~s** po równo; **productivity increases in ~ to the incentives offered** wydajność rośnie proporcjonalnie do bodźców; **mix them in the ~ four to three** wymieszaj je w proporcji cztery części na trzy; **to vary in direct/inverse ~ with sth** zmieniać się wprost/odwrotnie proporcjonalnie do czegoś [3] (harmony, symmetry) proporcja *f*, proporcjonalność *f*; **to be in/out of ~** być proporcjonalnym/nieproporcjonalnym; **the head isn't in ~ to the body** głowa jest nieproporcjonalnia w stosunku do ciała [4] fig (perspective) **let's keep things in ~** nie przesadzajmy, zachowajmy umiar; **you're getting everything out of ~** robisz ze wszystkiego wielki dramat; **to blow sth out of all ~** rozdmuchać coś ponad wszelką miarę; **her reaction was out of all ~ to the event** jej reakcja była przesadna, biorąc pod uwagę to, co się wydarzyło; **her salary is out of all ~ to her talent** jej zarobki są niewspółmierne do talentu; **you've got to have a sense of ~** nie możesz popadać w przesadę

II proportions *npl* (of building, machine) proporcje *f pl*; (of problem, project) rozmiary *m pl*; **a lady of ample ~s** kobieta o obfitych kształtach; **to reach alarming /epidemic ~s** osiągnąć niepokojące rozmiary/rozmiary epidemii

III *vt* fml dostosow|ać, -ywać **(to sth** do czegoś); **~ the model on a scale of 1:100** zrób model w skali 1:100; **the drawing is poorly ~ed** rysunek ma złe proporcje

IV -proportioned *in combinations* **well-/badly-~ed** *[building, drawing]* o dobrych /złych proporcjach; *[person]* proporcjonalnie/nieproporcjonalnie zbudowany

proportional /prəˈpɔːʃənl/ **I** *n* Math wielkość *f* proporcjonalna *(wprost lub odwrotnie)*

II *adj* proporcjonalny **(to sth** do czegoś)

proportional assessment *n* ≈ indeksacja *f*

proportional counter *n* Nucl licznik *m* proporcjonalny, komora *f* proporcjonalna

proportionally /prəˈpɔːʃənəlɪ/ *adv* proporcjonalnie

proportional representation, PR *n* Pol przedstawicielstwo *n* proporcjonalne; **to be elected by ~** zostać wybranym w głosowaniu proporcjonalnym

proportionate /prəˈpɔːʃənət/ *adj* proporcjonalny **(to sth** do czegoś)

proportionately /prəˈpɔːʃənətlɪ/ *adv* *[grow, weaken]* proporcjonalnie **(to sth** do czegoś); *[larger, greater]* odpowiednio

proposal /prəˈpəʊzl/ *n* [1] (suggestion) propozycja *f*; **to make/put forward a ~** zrobić/wysunąć propozycję, wystąpić z propozycją; **to put a ~ to sb** złożyć komuś propozycję; **a ~ for changes /new regulations** propozycja zmian/nowych przepisów; **a ~ to build a new hospital** propozycja budowy nowego szpitala; **a ~ that everybody should get a pay rise** propozycja, żeby wszyscy otrzymali podwyżkę [2] (offer of marriage) oświadczyny *plt*; **to make a ~ to sb** oświadczyć się komuś; **to receive a ~** przyjąć oświadczyny [3] Insur (also **~ form)** wniosek *m* ubezpieczeniowy

propose /prəˈpəʊz/ **I** *vt* [1] (suggest) za|proponować *[change, course of action, rule, solution]*; przedstawi|ć, -ać, wyst|ąpić, -ępować z (czymś) *[motion]*; wzn|ieść, -osić *[toast]* **(to sb** na cześć kogoś); **do you know what he ~d to me?** czy wiesz, co mi zaproponował?; **she ~d that we employ them both** zaproponowała, żeby zatrudnić obydwóch; **I ~ that the meeting be adjourned** proponuję odroczyć zebranie; wnoszę o odroczenie zebrania fml; **I ~ giving** or **to give them a pay rise** proponuję dać im podwyżkę [2] (intend) **to ~ doing** or **to do sth** zamierzać coś zrobić; **what do you ~ to do about it?** co w związku z tym zamierzasz zrobić? [3] (in marriage) **to ~ marriage to sb** oświadczyć się komuś, zaproponować komuś małżeństwo [4] (nominate) za|proponować or wysu|nąć, -wać kandydaturę (kogoś) *[person]*; **she ~d Charles as chairman** zaproponowała kandydaturę Charlesa jako przewodniczącego; **you'll be ~d for membership at the next meeting** na następnym zebraniu zostanie wysunięta twoja kandydatura na członka

II *vi* oświadcz|yć, -ać się **(to sb** komuś); po|prosić o rękę fml **(to sb** kogoś)

III proposed *pp adj [action, reform]* proponowany

proposer /prəˈpəʊzə(r)/ *n* [1] wnioskodaw|ca *m*, -czyni *f* [2] GB Insur wnioskodaw|ca *m*, -czyni *f*

proposition /ˌprɒpəˈzɪʃn/ **I** *n* [1] (suggestion) propozycja *f*; **have you any ~ to make?** czy coś proponujesz?, czy masz coś do zaproponowania?; **a ~ to do sth** propozycja zrobienia czegoś [2] (assertion) also Math twierdzenie *n*; Philos sąd *m* logiczny, zdanie *n*; **the ~ that...** wniosek, że... [3] (enterprise) przedsięwzięcie *n*; **an economic** or **a paying** or **a commercial ~** opłacalne przedsięwzięcie; **he's a tough** or **difficult ~** z niego jest twarda sztuka infml [4] (prospect) perspektywa *f*; **going abroad is an inviting ~** wyjazd za granicę to zachęcająca perspektywa; **that's quite a different ~** to całkiem inna sprawa [5] (sexual overture) (niestosowna) propozycja *f*

II *vt* z|robić (komuś) niestosowną propozycję; *[prostitute]* nagabywać

propositional /ˌprɒpəˈzɪʃənl/ *adj* Math, Comput zdaniowy

propound /prəˈpaʊnd/ *vt* przed|łożyć, -kładać *[idea, solution]*; wysu|nąć, -wać, postulować *[theory]*

proprietary /prəˈpraɪətrɪ, US -terɪ/ *adj* [1] *[rights, duties, interest]* wynikające z tytułu własności; *[manner, attitude, gesture]* (znamionujący) właściciela [2] Comm *[system]* chroniący prawa patentowe; *[information]* zastrzeżony (dla pracowników)

proprietary brand *n* marka *f* firmowa (prawnie zastrzeżona)

proprietary colony *n* kolonia *f (stanowiąca własność prywatną)*

proprietary hospital *n* US klinika *f* prywatna

proprietary medicine *n* lek *m* chroniony patentem *(o zastrzeżonej nazwie)*

proprietor /prəˈpraɪətə(r)/ *n* właściciel *m*, -ka *f* **(of sth** czegoś)

proprietorial /prəˌpraɪəˈtɔːrɪəl/ *adj [attitude, manner]* (znamionujący) właściciela

proprietorship /prəˈpraɪətəʃɪp/ *n* prawo *n* własności; **under his ~** będący jego własnością

proprietress /prəˈpraɪətrɪs/ *n* właścicielka *f* **(of sth** czegoś)

propriety /prəˈpraɪətɪ/ **I** *n* [1] (politeness) dobre wychowanie *n*, kultura *f* osobista; **he behaved with the utmost ~** zachowywał się bardzo kulturalnie [2] (morality) przyzwoitość *f*

II proprieties *npl* nakazy *m pl* dobrego wychowania, konwenanse *plt*; **to observe the proprieties** przestrzegać konwenansów

prop root *n* korzeń *m* podporowy

prop shaft *n* → **propeller shaft**

props master *n* Theat rekwizytor *m*

props mistress *n* Theat rekwizytorka *f*

propulsion /prəˈpʌlʃn/ *n* napęd *m*

propulsive /prəˈpʌlsɪv/ *adj [force, power]* napędowy

prop word *n* Ling (empty word) wyraz *m* pusty; (substitute) zaimek *m* anaforyczny

pro rata /ˌprəʊˈrɑːtə/ **I** *adj* proporcjonalny; **on a ~ basis** proporcjonalnie

II *adv* proporcjonalnie; **salary £15,000 ~** roczne wynagrodzenie w wysokości 15 000 funtów, według liczby przepracowanych godzin; **fees rising ~ with salaries** honoraria rosnące proporcjonalnie do pensji

prorate /ˌprəʊˈreɪt/ *vt* [1] (divide) po|dzielić proporcjonalnie [2] (assess) określ|ić or ustal|ić, -ać proporcjonalnie

prorogation /ˌprəʊrəˈgeɪʃn/ *n* Pol odroczenie *n*; prorogacja *f* ra

prorogue /prəˈrəʊg/ Pol **I** *vt* odr|oczyć, -aczać *[session]*

II *vi* odr|oczyć, -aczać sesję parlamentu

prosaic /prəˈzeɪɪk/ *adj [style, description]* mało porywający; *[truth]* prozaiczny; *[existence]* monotonny, nudny

prosaically /prəˈzeɪɪklɪ/ *adv* nudno, prozaicznie

proscenium /prəˈsiːnɪəm/ *n* proscenium *n*; przedscenie *n* ra

proscenium arch *n* Theat łuk *m* proscenium

proscribe /prəˈskraɪb, US prəʊ-/ *vt* fml zakaz|ać, -ywać (czegoś) *[sale of sth]*; wyj|ąć, -mować spod prawa *[person]*; z|delegalizować *[organization]*

proscription /prəˈskrɪpʃn, US prəʊ-/ *n* fml (prohibition) zakaz *m*; Hist proskrypcja *f*

prose /prəʊz/ **I** *n* [1] (not verse) proza *f*; **in ~** prozą [2] GB Sch, Univ ćwiczenie *n* z tłumaczenia na język obcy

II *modif [work]* (napisany) prozą; *[style]* prozatorski; **~ author** prozaik

prosecute /ˈprɒsɪkjuːt/ **I** *vt* [1] Jur wn|ieść, -osić oskarżenie przeciwko (komuś), ścigać sądownie *[person]*; **to ~ sb for doing sth** ścigać kogoś za zrobienie czegoś; **'trespassers will be ~d'** „nieupoważnionym wstęp wzbroniony pod groźbą kary" [2] Jur (represent) prowadzić sprawę przeciwko (komuś) [3] (pursue) prowadzić *[war]*; przeprowadz|ić, -ać *[research, campaign, investigation]*; **to ~ one's interests** dbać o własne dobro

II *vi* wn|ieść, -osić sprawę do sądu

prosecuting attorney *n* US (lawyer) adwokat *m* powoda; (public official) prokurator *m*, oskarżyciel *m* publiczny

prosecuting lawyer *n* adwokat *m* powoda

prosecution /ˌprɒsɪˈkjuːʃn/ *n* [1] Jur (institution of charge) zaskarżenie *n*, wniesienie *n* oskarżenia; **he faces ~** grozi mu sprawa sądowa; **to be liable to ~** podlegać odpowiedzialności karnej; **to bring a ~ against sb** wnieść oskarżenie przeciwko komuś; **it's his second ~ for theft** to jego druga sprawa o kradzież; **the ~ process** tok postępowania [2] Jur (party) **the ~** (private individual) oskarżyciel *m* prywatny; (state, Crown) oskarżyciel *m* publiczny, prokurator *m*; **Mr Green, for the ~, said...** pan Green, oskarżyciel, powiedział, że...; **the ~ based its case on the**

evidence of two witnesses podstawą oskarżenia były zeznania dwóch świadków [3] (of war, research, campaign) prowadzenie *n* **(of sth** czegoś); **in the ~ of one's duties** podczas pełnienia obowiązków

prosecutor /ˈprɒsɪkjuːtə(r)/ *n* Jur [1] (instituting prosecution) oskarżyciel *m*; (in court) oskarżyciel *m*, prokurator *m* [2] US (prosecuting attorney) adwokat *m* powoda; (public official) oskarżyciel *m* publiczny, prokurator *m*

proselyte /ˈprɒsəlaɪt/ **I** *n* neofit|a *m*, -ka *f*, konwertyt|a *m*, -ka *f*; prozelit|a *m*, -ka *f* ra
II *vt, vi* US = **proselytize**

proselytism /ˈprɒsəlɪtɪzəm/ *n* (conversion) nawrócenie się *n*; (proselytizing) prozelityzm *m*

proselytize /ˈprɒsəlɪtaɪz/ **I** *vt* nawr|ócić, -acać
II *vi* głosić wiarę

proseminar /prəʊˈsemɪnɑː(r)/ *n* US Univ ≈ seminarium *n* dyplomowe

prose poem *n* poemat *m* prozą

prose writer *n* prozai|k *m*, -czka *f*

prosodic /prəˈsɒdɪk/ *adj* prozodyczny, prozodyjny

prosody /ˈprɒsədɪ/ *n* prozodia *f*

prospect I /ˈprɒspekt/ *n* [1] (hope, expectation) perspektywa *f*, szansa *f* **(of sth/doing sth** czegoś/zrobienia czegoś); nadzieja *f* **(of sth** na coś); **a bleak/gloomy ~** kiepska /ponura perspektywa; **there is little /some ~ of improvement** jest nikła/jest jakaś szansa poprawy; **is there any ~ that you'll finish today?** czy jest jakaś szansa, że skończysz dziś?; **there isn't much ~ of my getting the job** są bardzo nikłe szanse, że dostanę tę pracę; **there is no ~ of the strike ending soon** nie ma szans na wczesne zakończenie strajku; **to hold out the ~ of sth** dawać szansę na coś; **to face the ~ of sth/doing sth** stanąć wobec perspektywy czegoś/zrobienia czegoś; **to face the ~ that...** stanąć wobec faktu, że... [2] (outlook) perspektywa *f*; **to have sth in ~** mieć coś w perspektywie; **changes are in ~** zanosi się na zmiany [3] (good option) (for job) ewentualny kandydat *m*, ewentualna kandydatka *f*; (for sports team) nadzieja *f* fig; **he's a good ~ for the first race** ma duże szanse w pierwszym wyścigu; **he's not a promising ~ as a writer** nie zapowiada się na dobrego pisarza [4] Comm (likely client) potencjalny klient *m*, potencjalna klientka *f* [5] liter (view) widok *m* **(of sth** czegoś)
II prospects *npl* perspektywy *f pl*; **employment/promotion ~s** perspektywy zatrudnienia/awansu; **the ~s for the economy/for growth** perspektywy gospodarcze /wzrostu; **what are the ~s of promotion** or **of being promoted?** jakie są perspektywy awansu or widoki na awans?; **an industry with excellent ~s** gałąź przemysłu z doskonałymi perspektywami; **a job with good ~s** praca z perspektywami; **to have no ~s** nie mieć perspektyw; **a young man with ~s** młody człowiek z przyszłością
III /prəˈspekt, US ˈprɒspekt/ *vt* z|badać (w poszukiwaniu złóż naturalnych) *[region, land]*
IV /prəˈspekt, US ˈprɒspekt/ *vi* przeprowadz|ić, -ać poszukiwania, prowadzić poszukiwania; **to ~ for gold/oil/diamonds** prowadzić poszukiwania złota/ropy/diamentów

prospecting /prəˈspektɪŋ/ **I** *n* Geol poszukiwania *n pl*; Comm poszukiwanie *n* **(for sb /sth** kogoś/czegoś); **gold/oil ~** poszukiwania złota/ropy
II *modif* **~ rights** prawo prowadzenia poszukiwań

prospective /prəˈspektɪv/ *adj [buyer, candidate, use]* potencjalny; *[earnings]* ewentualny; *[son-in-law, mother-in-law]* przyszły

prospector /prəˈspektə(r), US ˈprɒspektər/ *n* poszukiwacz *m*, -ka *f*; **gold/oil ~** poszukiwacz złota/ropy

prospectus /prəˈspektəs/ *n* (*pl* **~es**) (booklet) broszura *f*, prospekt *m*; (for shares, flotation) prospekt *m* emisyjny; Univ informator *m* szkoły wyższej

prosper /ˈprɒspə(r)/ *vi [business, industry]* prosperować, rozwijać się pomyślnie, kwitnąć; *[person]* (financially) prosperować; (be healthy) mieć się doskonale
IDIOMS: **cheats never ~** Prov kłamstwo ma krótkie nogi

prosperity /prɒˈsperətɪ/ *n* (of society) dobrobyt *m*; (of company, economy) dobra koniunktura *f*; (of person) powodzenie *n*

prosperous /ˈprɒspərəs/ *adj [company]* dobrze prosperujący; *[person]* zamożny; *[country]* bogaty; **is he ~?** czy dobrze mu się powodzi?; **a ~ new year** (in greetings) pomyślnego Nowego Roku

prostaglandin /ˌprɒstəˈglændɪn/ *n* prostaglandyna *f*

prostate /ˈprɒsteɪt/ *n* (also **~ gland**) prostata *f*, gruczoł *m* krokowy, stercz *m*; **(to have) a ~ operation** mieć operację prostaty

prostatectomy /ˌprɒsteɪtˈektəmɪ/ *n* prostatektomia *f*, wycięcie *n* gruczołu krokowego

prosthesis /ˈprɒsθəsɪs, -ˈθiːsɪs/ *n* (*pl* **-theses**) Med proteza *f*

prosthetic /prɒsˈθetɪk/ *adj* Med *[appliance]* protetyczny; *[limb]* sztuczny

prosthodontics /ˌprɒsθəˈdɒntɪks/ *n* (+ *v sg/pl*) protetyka *f* stomatologiczna

prosthodontist /ˌprɒsθəˈdɒntɪst/ *n* protetyk *m* dentystyczny

prostitute /ˈprɒstɪtjuːt, US -tuːt/ **I** *n* (woman) prostytutka *f*; **male ~** męska prostytutka
II *vt* s|prostytuować also fig *[person, talent]*
III *vi* **to ~ oneself** s|prostytuować się also fig

prostitution /ˌprɒstɪˈtjuːʃn, US -tuːʃn/ *n* [1] prostytucja *f*; **to be forced into ~** być zmuszonym do nierządu [2] fig (of oneself) prostytuowanie się *n*; (of talent) prostytuowanie *n*

prostrate I /ˈprɒstreɪt/ *adj* [1] (in submission) leżący twarzą ku ziemi, leżący plackiem; **to fall ~ before the emperor** paść na twarz przed cesarzem [2] fig *[nation, country]* w stanie krytycznym; *[sick person]* wyczerpany; (with shock, distress) zdruzgotany, załamany; (with exhaustion) skrajnie wyczerpany; **he was ~ with exhaustion** był w stanie skrajnego wyczerpania; **she is ~ with grief** przygniata ją bezbrzeżny smutek liter [3] Bot *[plant]* płożący się
II /prɒˈstreɪt, US ˈprɒstreɪt/ *vt [illness, punch]* powal|ić, -ać, zwal|ić, -ać z nóg *[person]*; **to be ~d by grief** być pogrążonym w nieutulonym smutku; **to be ~d by illness** być złożonym chorobą
III /prɒˈstreɪt, US ˈprɒstreɪt/ *vr* **to ~ oneself** pa|ść, -dać na twarz **(before sb** przed kimś); fig płaszczyć się, korzyć się **(before sb** przed kimś)

prostration /prɒˈstreɪʃn/ *n* [1] (in submission, veneration) bicie *n* czołem; fig płaszczenie się *n*, czołobitność *f* [2] (from illness, overwork) skrajne wyczerpanie *n*; prostracja *f* fml

prosy /ˈprəʊzɪ/ *adj [writer, book, style]* bez polotu

Prot /prɒt/ *n* infml offensive = **Protestant** protestant *m*, -ka *f*

P

protactinium /ˌprəʊtækˈtɪnɪəm/ *n* protaktyn *m*

protagonist /prəˈtægənɪst/ *n* [1] Literar, Cin, Theat bohater *m*, -ka *f*; (in Greek drama) protagonista *m* [2] (of cause) rzeczni|k *m*, -czka *f*; protagonist|a *m*, -ka *f* fml **(of sth** czegoś)

protean /ˈprəʊtɪən, -ˈtiːən/ *adj* liter (changeable) zmienny, zmieniający się

protect /prəˈtekt/ **I** *vt* [1] (keep safe) chronić *[environment, possessions, skin, surface]* **(against** or **from sb/sth** przed kimś /czymś); ochr|onić, -aniać *[home, person]* **(against** or **from sb/sth** przed kimś /czymś); zabezpiecz|yć, -ać *[rights, interests]* **(against** or **from sb/sth** przed kimś /czymś); (from sunlight, rain) osł|onić, -aniać **(against** or **from sth** przed czymś); **locks to ~ against burglars** zamki zabezpieczające przed włamaniem [2] (defend) o|bronić *[consumer]* **(against sth** przed czymś); bronić (czegoś) *[interests, privileges, privacy]* **(against sth** przed czymś); chronić *[economy, industry]* **(against** or **from sth** przed czymś); **to ~ tenants from unscrupulous landlords** chronić or bronić lokatorów przed pozbawionymi skrupułów właścicielami
II *vr* **to ~ oneself** (against danger) chronić się, zabezpiecz|yć, -ać się **(against** or **from sth** przed czymś); (against attack) o|bronić się, zasł|onić, -aniać się **(against** or **from sb** przed kimś)
III protected *pp adj [species]* chroniony; *[historic building]* (znajdujący się) pod ochroną

protection /prəˈtekʃn/ *n* [1] (defence) ochrona *f* **(against** or **from sb/sth** przed kimś /czymś); (protective agent) zabezpieczenie *n* **(against** or **from sb/sth** przed kimś /czymś); **~ for sb/sth** ochrona or zabezpieczenie kogoś/czegoś; **to give** or **offer sb ~ against sth** *[coat, police, shelter, vaccine]* chronić kogoś przed czymś; **tall trees offered them ~ against the sun** wysokie drzewa chroniły ich od słońca; **to need ~ against sb/sth** potrzebować ochrony or zabezpieczenia przed kimś/czymś; **under the ~ of sb, under sb's ~** chroniony przez kogoś; fig pod protektoratem kogoś; **for one's own ~** (physical) dla własnego bezpieczeństwa; (moral) dla własnego dobra; **environmental ~** ochrona środowiska [2] Econ (also **trade ~**) protekcjonizm *m*; ochrona *f* **(against sth** przed czymś) [3] (extortion) wymuszanie *n* haraczu *(w zamian za opiekę)*; **to pay sb ~** płacić komuś za ochronę, opłacać się komuś; **to buy ~** płacić za ochronę, płacić haracz za spokój [4] Comput ochrona *f*, zabezpieczenie *n*; **data/file ~** zabezpieczenie or ochrona danych/zbioru; **memory ~, storage ~** ochrona or zabezpieczenie or blokada pamięci [5] (protective clothing) ubranie *n* ochronne; **head ~** kask ochronny; **eye ~** okulary ochronne

protection factor *n* (of sun cream) faktor *m*

protectionism /prəˈtekʃənɪzəm/ *n* protekcjonizm *m*; **agricultural/trade ~** protekcjonizm w rolnictwie/handlu

protectionist /prəˈtekʃənɪst/ **I** *n* protekcjonista *m*, zwolenni|k *m*, -czka *f* protekcjonizmu

II *adj* protekcjonistyczny

protection money *n* euph haracz *m*; rekiet *m* infml; **to pay ~ to sb** płacić komuś haracz, opłacać się komuś

protection racket *n* wymuszanie *n* pieniędzy w zamian za ochronę; rekiet *m* infml; **to run a ~** zajmować się wymuszeniami

protective /prəˈtektɪv/ **I** *n* US prezerwatywa *f*, kondom *m*

II *adj* [1] (providing security) *[clothing, cover, layer]* ochronny; *[layer, measure]* zabezpieczający [2] (defensive) *[attitude, gesture]* obronny; **in a ~ manner** obronnym gestem [3] (caring) *[attitude, gesture]* opiekuńczy; *[tone]* pełen troski; **to be** or **feel ~ towards sb** być opiekuńczym wobec kogoś; **to be ~ of sth** zazdrośnie strzec czegoś *[car, possessions]* [4] Econ *[system]* protekcjonistyczny; *[tariff]* ochronny

protective coloration *n* Zool ubarwienie *n* ochronne, barwy *f pl* ochronne

protective custody *n* areszt *m* prewencyjny or zapobiegawczy; **to take sb into ~** zastosować wobec kogoś areszt prewencyjny

protectively /prəˈtektɪvlɪ/ *adv* troskliwie, opiekuńczo

protectiveness /prəˈtektɪvnɪs/ *n* instynkt *m* opiekuńczy; opiekuńczość *f* **(towards sb** wobec kogoś)

protector /prəˈtektə(r)/ *n* [1] (defender) (of person) opiekun *m*, -ka *f*; (of artist) protektor *m*, -ka *f*, mecenas *m*; (of wildlife, rights) obroń|ca *m*, -czyni *f* [2] (protective clothing) **ear ~** ochraniacz *m* uszu; **elbow ~** nałokietnik *m*; **shin ~** nagolennik *m* [3] GB Hist **the Protector** lord protektor *m* *(Oliver Cromwell)*

protectorate /prəˈtektərət/ *n* Pol protektorat *m*; **the Protectorate** GB Hist okres protektoratu Cromwella

protectress /prəˈtektrɪs/ *n* (of person) opiekunka *f*; (of artist) protektorka *f*; (of environment, wildlife) obrończyni *f*

protein /ˈprəʊtiːn/ **I** *n* białko *n*, proteina *f*

II *modif* białkowy, proteinowy; **high/low ~** wysokobiałkowy/niskobiałkowy

protein content *n* zawartość *f* białka

protein deficiency *n* niedobór *m* białka

pro tem /ˌprəʊˈtem/ **I** *adj* tymczasowy, doraźny

II *adv* tymczasowo, doraźnie

protest I /ˈprəʊtest/ *n* [1] (disapproval) protest *m*; **in ~ (at** or **against sth)** na znak protestu (przeciwko czemuś), w proteście (przeciwko czemuś); **without ~** bez protestów, bez protestowania; **I paid/followed him under ~** zapłaciłem mu /poszedłem z nim wbrew własnej woli; **a storm/wave of ~** burza/fala protestów [2] (complaint) protest *m* **(against** or **at sth** przeciwko czemuś, w związku z czymś); **despite loud ~s from the audience** pomimo głośnych protestów publiczności; **as a ~ against** or **at sth** na znak protestu przeciwko czemuś; **to lodge a ~** wnieść or złożyć protest [3] (action) akcja *f* protestacyjna **(against sth** przeciwko czemuś); **to stage a ~** zorganizować akcję protestacyjną [4] Fin protest *m*; Jur sprzeciw *m*, protest *m*

II /ˈprəʊtest/ *modif [letter, march, rally]* protestacyjny; **~ song** pieśń protestu, protest song

III /prəˈtest/ *vt* [1] (declare) zapewni|ć, -ać o (czymś) *[love, loyalty, truth]*; **to ~ that...** zapewniać, że...; **to ~ one's innocence** zapewniać o swej niewinności [2] (complain) po|skarżyć się, za|protestować; **'that's unfair,' she ~ed** „to niesprawiedliwe", zaprotestowała [3] US (complain about) za|protestować przeciwko (czemuś) *[injustice, ill-treatment]* [4] Fin Jur **to ~ a bill** oprotestow|ać, -ywać weksel

IV /prəˈtest/ *vi* [1] (object) za|protestować **(about** or **at** or **over sth** przeciwko czemuś); zgł|osić, -aszać protest; (complain) **to ~ to sb** poskarżyć się komuś [2] (demonstrate) za|protestować **(against sth** przeciwko czemuś)

Protestant /ˈprɒtɪstənt/ **I** *n* protestant *m*, -ka *f*

II *adj* protestancki

Protestantism /ˈprɒtɪstəntɪzəm/ *n* protestantyzm *m*

protestation /ˌprɒtɪˈsteɪʃn/ *n* [1] (emphatic declaration) zapewnienie *n* [2] (expression of dissent) protest *m*; **in ~** w proteście, na znak protestu

protester /prəˈtestə(r)/ *n* protestując|y *m*, -a *f*

protocol /ˈprəʊtəkɒl, US -kɔːl/ *n* [1] protokół *m* *(zbiór zasad etykiety)*; **the ~ of** or **for a royal visit** protokół wizyty królewskiej [2] Comput protokół *m*

proton /ˈprəʊtɒn/ *n* proton *m*

protoplasm /ˈprəʊtəplæzəm/ *n* protoplazma *f*

prototype /ˈprəʊtətaɪp/ **I** *n* prototyp *m*, pierwowzór *m* **(of sth** czegoś)

II *modif [vehicle, aircraft]* prototypowy

prototype system *n* Comput system *m* prototypowania or modelowania

prototyping /ˈprəʊtəʊtaɪpɪŋ/ *n* prototypowanie *n*

protozoan /ˌprəʊtəˈzəʊən/ **I** *n* pierwotniak *m*

II *adj* jednokomórkowy

protozoon /ˌprəʊtəˈzəʊɒn/ *n* (*pl* **-zoa)** pierwotniak *m*

protract /prəˈtrækt, US prəʊ-/ *vt* przedłu|żyć, -ać, przeciąg|nąć, -ać *[debate, discussion]*

protracted /prəˈtræktɪd, US prəʊ-/ *adj* przedłużający się, przeciągający się, przewlekły

protraction /prəˈtrækʃn, US prəʊ-/ *n* przeciąganie *n*, przedłużanie *n* **(of sth** czegoś)

protractor /prəˈtræktə(r), US prəʊ-/ *n* Math kątomierz *m*

protrude /prəˈtruːd, US prəʊ-/ *vi* wystawać, sterczeć **(from sth** z czegoś); **a wallet ~d from his pocket** z kieszeni wystawał mu portfel

protruding /prəˈtruːdɪŋ, US prəʊ-/ *adj [rock, nail, teeth, rib]* wystający, sterczący; *[eyes]* wybałuszony; *[ears]* odstający, sterczący; *[chin]* wysunięty do przodu

protrusion /prəˈtruːʒn, US prəʊ-/ *n* fml (on rock) występ *m*; (part of building) występ *m*; (on skin) wypukłość *f*, zgrubienie *n*

protrusive /prəˈtruːsɪv, US prəʊ-/ *adj* fml *[eyes]* wybałuszony, wytrzeszczony; *[teeth, chin]* wystający, sterczący; *[ears]* odstający, sterczący

protuberance /prəˈtjuːbərəns, US prəʊˈtuː-/ *n* fml wypukłość *f*; (on skin) zgrubienie *n*

protuberant /prəˈtjuːbərənt, US prəʊˈtuː-/ *adj* fml *[lump]* wypukły; *[stomach]* wydatny, wystający; *[eyes]* wybałuszony, wytrzeszczony

proud /praʊd/ *adj* [1] (satisfied) dumny **(of sb/sth** z kogoś/czegoś); **to be ~ of oneself** być dumnym z siebie; **I hope you're ~ of yourself!** iron no i co?, zadowolony jesteś? iron; **I'm working-class and ~ of it** jestem pochodzenia robotniczego i wcale się tego nie wstydzę; **that's nothing to be ~ of** nie ma się czym chwalić; **I was ~ that I had been chosen** byłem dumny, że mnie wybrano; **she is ~ that he has won** jest dumna, że wygrał; **I would be ~ to present the prizes** wręczenie nagród będzie dla mnie zaszczytem [2] (self-respecting) *[person, nation, race]* dumny [3] (arrogant, haughty) dumny, pyszny, hardy; **she's too ~ to admit her mistake** jest zbyt dumna, żeby przyznać się do błędu; **he looked at them with ~ contempt** spoglądał na nich z chłodną pogardą [4] (impressive) *[day, moment]* szczęśliwy, wielki; *[building, view]* wspaniały [5] GB (protruding) **to be ~** wystawać; **it's an inch ~ of the surface** wystaje jeden cal nad powierzchnię; **to stand ~ of sth** wystawać z czegoś *[crack, hole]*

IDIOMS: **to do sb ~** (entertain) ugościć kogoś po królewsku, przyjąć kogoś z wielkimi honorami; **your honesty does you ~** twoja uczciwość przynosi ci zaszczyt; **congratulations, you've done us ~!** gratulacje, jesteśmy z ciebie dumni!; **to do oneself ~** niczego sobie nie żałować

proudly /ˈpraʊdlɪ/ *adv* [1] (with pleasure) dumnie, z dumą; **Disney Studios ~ present 'Bambi'** wytwórnia Disneya ma zaszczyt przedstawić film „Bambi" [2] (arrogantly) wyniośle, dumnie, hardo

prov *n* [1] = **province** [2] = **proverb**

provable /ˈpruːvəbl/ *adj* (możliwy) do udowodnienia

prove /pruːv/ **I** *vt* (*pt* **proved;** *pp* **proved, proven)** [1] (show) udow|odnić, -adniać; (by argument, demonstration) dow|ieść, -odzić (czegoś) *[guilt, theory, courage, loyalty]*; **they couldn't ~ that she was lying** nie mogli udowodnić or dowieść, że kłamie; **to ~ one's point** dowieść swych racji; **it remains to be ~d** trzeba to jeszcze udowodnić; **it all goes to ~ that...** wszystko to dowodzi, że...; **to ~ beyond doubt that...** dowieść ponad wszelką wątpliwość, że...; **events ~d him right /wrong** wydarzenia dowiodły, że ma rację /nie ma racji; **tests ~d the drug (to be) effective** testy udowodniły, że lek jest skuteczny; **to ~ a complete success** okazać się sukcesem, udać się w pełni [2] Jur potwierdz|ić, -ać autentyczność (czegoś) *[will]* [3] Culin s|powodować rośnięcie (czegoś) *[dough]*

II *vi* (*pt* **proved;** *pp* **proved, proven)** [1] (turn out) okaz|ać, -ywać się; **to ~ (to be) difficult/useless** okazać się trudnym/bezużytecznym; **it ~d otherwise** jak się okazało, było inaczej; **if I ~ to be mistaken** jeżeli okaże się, że się myliłem [2] Culin *[dough]* wy|rosnąć

III *vr* (*pt* **proved;** *pp* **proved, proven) to ~ oneself** sprawdzić się; **he was given three months to ~ himself** dano mu trzy miesiące na pokazanie, na co go stać; **the new system has not yet ~d itself in battle conditions** nowy sytem nie sprawdził się jeszcze w warunkach bojowych; **he ~d himself (to be) the best/the winner** okazał się najlepszy/zwycięzcą

proven /ˈpruːvn/ *adj* [1] *[competence, reliability]* sprawdzony; **a ~ method** sprawdzona or wypróbowana metoda [2] Scot Jur **a verdict of not ~** oddalenie z braku dowodów

provenance /ˈprɒvənəns/ *n* pochodzenie *n*; prowenienсja *f* liter

Provençal /ˌprɒvɒnˈsɑːl/ **I** *n* [1] (native) Prowansal|czyk *m*, -ka *f* [2] Ling (język *m*) prowansalski *m*

II *adj* prowansalski

Provence /prɒˈvɑːns/ *prn* Prowansja *f*

provender /ˈprɒvɪndə(r)/ *n* dat (for animals) pasza *f*, karma *f*; furaż *m* dat; (for humans) hum wiktuały *plt* liter or hum

proverb /ˈprɒvɜːb/ **I** *n* przysłowie *n*; **as the ~ goes** jak mówi przysłowie

II Proverbs *npl* (also **the Book of Proverbs)** Księga *f* Przysłów

proverbial /prəˈvɜːbɪəl/ *adj* [1] (relating to proverb) przysłowiowy; **it's like looking for a needle in the ~ haystack** to jak szukać przysłowiowej igły w stogu siana [2] (famous) słynny, legendarny; **he turned up wearing his ~ red tie** pojawił się w swym osławionym czerwonym krawacie

proverbially /prəˈvɜːbɪəlɪ/ *adv* **~ stupid /generous** słynący z głupoty/szczodrości

provide /prəˈvaɪd/ **I** *vt* [1] (supply) zapewni|ć, -ać *[accommodation, food, transport, support]* **(for sb** komuś); dostarczy|ć, -ać (czegoś) *[opportunity, evidence]* **(for sb** komuś); stanowić *[chance, example, incentive]* **(for sb** dla kogoś); **to ~ access** umożliwić dostęp; **to ~ sb with sth** zapewniać komuś coś *[accommodation, job, shelter, support]*; zaopatrywać kogoś w coś *[food, equipment]*; dawać komuś coś *[chance, opportunity, example]*; dostarczać komuś czegoś *[entertainment, detail]*; **to be ~d with sth** *[person]* mieć do dyspozycji coś *[car, equipment]*; *[computer, car]* być wyposażonym w coś *[sun roof, software]*; **the club ~s a meeting place** klub jest miejscem spotkań; **'training ~d'** „szkolenie zapewnione"; **to ~ a perfect introduction to a subject/book** stanowić doskonałe wprowadzenie do tematu/książki; **please use the bin ~d** prosimy o wrzucanie śmieci do kosza; **write your answer in the space ~d** wpisz odpowiedź w zaznaczonym miejscu [2] Jur, Admin (stipulate) *[will, clause, agreement]* przewi|dzieć, -dywać, stanowić **(that...** że...); **unless otherwise ~d** o ile nie postanowiono inaczej; **except as ~d in para 10** poza tym, co stanowi ustęp 10

II *vi* zaspok|oić, -ajać potrzeby; **the Lord will ~** Pan Bóg dopomoże

■ **provide against**: **~ against [sth]** zabezpiecz|yć, -ać się na wypadek (czegoś) *[disaster, hardship]*

■ **provide for**: ¶ **~ for [sth]** [1] (account for) uwzględni|ć, -ać, przewi|dzieć, -dywać *[contingency, expenses, eventuality]*; zaspok|oić, -ajać *[needs]*; **expenses ~d for in the budget** wydatki uwzględnione or przewidziane w budżecie; **every eventuality has been ~d for** uwzględniono wszystkie ewentualności [2] Jur *[treaty, agreement]* przewi|dzieć, -dywać; **the regulations ~ for compensation** przepisy przewidują odszkodowanie; **the law ~s for the subsidies to be reduced** prawo przewiduje zmniejszenie dotacji ¶ **~ for [sb/sth]** utrzym|ać, -ywać *[person, family]*; **she has four children to ~ for** ma na utrzymaniu czwórkę dzieci; **he left them very well ~d for** przed śmiercią dobrze ich zabezpieczył; **I have to ~ for my old age** muszę się zabezpieczyć na starość

provided /prəˈvaɪdɪd/ *conj* (also **~ that)** pod warunkiem, że; o ile; **~ (that) it doesn't snow** o ile nie będzie padał śnieg; pod warunkiem, że nie będzie padał śnieg; **you may go ~ (that) you're home by ten o'clock** możesz iść, ale masz wrócić do domu przed dziesiątą; **~ always that...** Jur, Admin z zastrzeżeniem, że ...

providence /ˈprɒvɪdəns/ *n* [1] (also **Providence)** (fate) opatrzność *f*; **divine ~** opatrzność boska; **to trust in** or **to ~** zdać się na opatrzność; **it was sheer ~ that he heard her cry** tylko zrządzeniem opatrzności usłyszał jej krzyk [2] fml (foresight, thrift) przezorność *f*

provident /ˈprɒvɪdənt/ *adj* przezorny

provident association *n* GB kasa *f* zapomogowa

providential /ˌprɒvɪˈdenʃl/ *adj* fml *[act]* przezorny; *[opportunity]* szczęśliwy

providentially /ˌprɒvɪˈdenʃəlɪ/ *adv* fml szczęśliwie; zrządzeniem opatrzności liter

providently /ˈprɒvɪdəntlɪ/ *adv* fml przezornie

provider /prəˈvaɪdə(r)/ *n* [1] (in family) żywiciel *m*; **to be the (family's) sole ~** być jedynym żywicielem rodziny; **to be a good/bad ~** potrafić zapewnić rodzinie godziwe życie/nie potrafić zapewnić rodzinie godziwego życia [2] Comm dostawca *m*; **a ~ of employment** pracodawca

providing /prəˈvaɪdɪŋ/ *conj* = **provided**

province /ˈprɒvɪns/ **I** *n* [1] (administrative unit) prowincja *f* [2] fig (area of knowledge, activity) dziedzina *f*, domena *f*; (area of responsibility) kompetencje *plt*, obowiązki *m pl*; **this is not my ~** to nie jest moja dziedzina, to nie należy do moich kompetencji or obowiązków [3] Relig prowincja *f*

II provinces *npl* **the ~s** prowincja *f*; **in the ~s** na prowincji

provincial /prəˈvɪnʃl/ **I** *n* [1] (person from provinces) prowincjusz *m*, -ka *f* also pej [2] Relig (of ecclesiastical province) metropolita *m*; (of religious order) prowincjał *m*

II *adj* [1] **~ governor/capital** gubernator /stolica prowincji [2] *[doctor, life]* prowincjonalny; *[newspaper, branch]* lokalny, regionalny; **a ~ tour** tournée po kraju [3] pej (narrow) zaściankowy

provincialism /prəˈvɪnʃəlɪzəm/ *n* pej (narrowness) prowincjonalizm *m*; (instance) przejaw *m* prowincjonalizmu

proving ground *n* teren *m* doświadczalny

provision /prəˈvɪʒn/ **I** *n* [1] (supplying) (of equipment, food) zaopatrywanie *n*, zaopatrzenie *n* **(of sth to sb** kogoś w coś); (of service) świadczenie *n* **(of sth to sb** czegoś na rzecz kogoś); (of education, housing, funding) zapewnianie *n* **(of sth to sb** czegoś komuś); (of information) dostarczenie *n* **(of sth to sb** czegoś komuś); **health care ~** ochrona zdrowia; **to be responsible for the ~ of transport** być odpowiedzialnym za transport [2] (for future, old age) zabezpieczenie *n* **(for sb** dla kogoś); **~ against sth** zabezpieczenie na wypadek czegoś; **~ for one's old age** zabezpieczenie na starość; **to make ~ for the future** zabezpieczać się na przyszłość; **we've made ~ for all eventualities** wzięliśmy pod uwagę wszystkie ewentualności; **she made no ~ for him in her will** nie uwzględniła go w testamencie [3] Jur, Admin (stipulation) postanowienie *n*, warunek *m*; **under** or **according to the ~s of the treaty** zgodnie z postanowieniami or warunkami traktatu; **within the ~s of the treaty** w granicach określonych traktatem; **with the ~ that...** pod warunkiem, że...; **subject to one ~** z jednym zastrzeżeniem, pod jednym warunkiem; **~ to the contrary** postanowienie o odmiennej treści; **to make ~ for sth** zastrzec coś, przewidzieć coś; **to exclude sth from its ~s** *[act, treaty]* nie objąć czegoś swymi postanowieniami

II provisions *npl* (food) (for winter) zapasy *m pl*; (for journey) prowiant *m*; aprowizacja *f* fml; **to buy ~s for the week** zrobić zakupy na cały tydzień; **to get ~s** zrobić zapasy

III *vt* zaopat|rzyć, -rywać **(with sth** w coś)

provisional /prəˈvɪʒənl/ *adj* tymczasowy

Provisional /prəˈvɪʒənl/ *n* członek *m* radykalnego skrzydła IRA

provisional driving licence *n* GB ≈ tymczasowe prawo *n* jazdy *(dla uczących się prowadzić pojazd)*

Provisional IRA *n* radykalne skrzydło *n* IRA *(IRA-Tymczasowa)*

provisionally /prəˈvɪʒnəlɪ/ *adv* tymczasowo

proviso /prəˈvaɪzəʊ/ *n* zastrzeżenie *n*; **with the ~ that...** z zastrzeżeniem, że...; pod warunkiem, że...; **it's slow, but, with that ~, it's a useful machine** jest wolny, ale poza tym to dobra maszyna

provisory /prəˈvaɪzərɪ/ *adj [contract, clause, agreement]* warunkowy

provitamin /prəʊˈvɪtəmɪn, US -ˈvaɪt-/ *n* prowitamina *f*

P

Provo /ˈprəʊvəʊ/ *n* infml = **Provisional**

provocation /ˌprɒvəˈkeɪʃn/ *n* prowokacja *f*; **at the slightest ~** z lada or byle powodu; **without any ~** bez żadnego powodu; **to do sth under ~** zostać sprowokowanym do zrobienia czegoś; **he will react under ~** sprowokowany, zareaguje

provocative /prəˈvɒkətɪv/ *adj* 1 (causing anger, controversy) *[remark, statement, tactic]* prowokacyjny; **he's being deliberately ~** on celowo zachowuje się prowokacyjnie 2 (seductive) *[pose, behaviour, dress]* prowokacyjny, prowokujący; **to look ~** wyglądać prowokująco 3 (thought-provoking) *[book, film]* skłaniający do refleksji

provocatively /prəˈvɒkətɪvlɪ/ *adv* 1 *[gesture, jeer]* prowokacyjnie 2 *[smile, dress]* prowokująco, wyzywająco

provoke /prəˈvəʊk/ *vt* 1 (annoy) rozdrażni|ć, -ać, s|prowokować *[person, animal]*; **I am not easily ~d** niełatwo mnie wyprowadzić z równowagi; **the dog is harmless unless ~d** pies jest łagodny, dopóki się go nie rozdrażni; **they ~d him into losing his temper** tak go zirytowali, że stracił panowanie nad sobą; **to ~ sb to action** sprowokować kogoś do działania 2 (cause, arouse) wywoł|ać, -ywać *[laughter, anger, debate, argument, reaction]*; s|powodować *[crisis, complaints]*; rozbudz|ić, -ać *[curiosity, interest]*; **to ~ thought** skłaniać do refleksji; **to ~ a reaction in sb** skłonić kogoś do reakcji

provoking /prəˈvəʊkɪŋ/ *adj* denerwujący

provost /ˈprɒvəst/ *n* 1 GB Univ ≈ rektor *m* 2 US Univ ≈ administrator *m* 3 (in Scotland) burmistrz *m* 4 Relig ≈ proboszcz *m*

provost court *n* sąd *m* wojskowy

provost guard *n* żandarmeria *f* polowa

provost marshal *n* komendant *m* żandarmerii polowej

prow /praʊ/ *n* dziób *m (okrętu, łodzi)*

prowess /ˈpraʊɪs/ *n* 1 (skill) sprawność *f* 2 (bravery) męstwo *n*, waleczność *f* 3 hum (sexual) jurność *f* liter

prowl /praʊl/ **I** *n* **to be on the ~ (for sb /sth)** krążyć (w poszukiwaniu kogoś/czegoś); **police cars on the ~** samochody policyjne patrolujące okolicę; **the office Romeo's on the ~ again** hum biurowy casanova znów rusza do akcji; **to go on the ~** *[animal]* wyruszyć na łowy; fig *[person]* ruszyć na poszukiwania

II *vt* **to ~ the streets at night** *[police]* krążyć nocą po ulicach; **to ~ the area /woods** *[tiger, rapist]* grasować w okolicy/w lesie

III *vi* (also **~ around, ~ about**) 1 (move quietly) skradać się 2 (move restlessly) chodzić tam i z powrotem

prowl car *n* US radiowóz *m* patrolowy

prowler /ˈpraʊlə(r)/ *n* podejrzany osobnik *m*; **there's a ~ outside** ktoś podejrzany kręci się koło domu

proximate /ˈprɒksɪmɪt/ *adj* (nearly accurate) przybliżony; (next) najbliższy

proximity /prɒkˈsɪmətɪ/ *n* bliskość *f* **(of sb/sth** kogoś/czegoś); **the two buildings are in close ~** budynki znajdują się niedaleko od siebie; **in the ~ of sth** w pobliżu czegoś; **in the immediate ~ of sth** w bezpośrednim sąsiedztwie czegoś; **the house's close ~ to the station is an asset** dodatkowym plusem jest to, że dom znajduje się bardzo blisko stacji

proximity fuse *n* Mil zapalnik *m* zbliżeniowy

proximo /ˈprɒksɪməʊ/ *adv* GB w przyszłym miesiącu

proxy /ˈprɒksɪ/ *n* 1 (person) pełnomocni|k *m*, -czka *f*; **to be sb's ~, to stand ~ for sb** występować jako pełnomocnik kogoś, mieć pełnomocnictwa kogoś 2 (authority) pełnomocnictwo *n*; Jur prokura *f*; **by ~** per procura, z upoważnienia; **I gave him ~ to act on my behalf** udzieliłem mu pełnomocnictwa do występowania w moim imieniu

proxy battle *n* Mil pojedynek *m*; Fin walka *f* poprzez pełnomocników

proxy fight *n* = **proxy battle**

proxy vote *n* głosowanie *n* przez pełnomocnika

Prozac® /ˈprəʊzæk/ *n* Pharm Prozac *m*

prude /pruːd/ *n* świętosz|ek *m*, -ka *f*; **to be a ~** być pruderyjnym

prudence /ˈpruːdns/ *n* fml rozwaga *f*, roztropność *f*

prudent /ˈpruːdnt/ *adj* fml rozważny, roztropny; **it would be ~ to wait** roztropność nakazywałaby poczekać

prudential /pruːˈdenʃl/ *adj* fml rozważny, roztropny

prudently /ˈpruːdntlɪ/ *adv* rozważnie, roztropnie

prudery /ˈpruːdərɪ/ *n* pruderia *f*

prudish /ˈpruːdɪʃ/ *adj* pruderyjny; świętoszkowaty pej; **to be ~ about sth/doing sth** (instance) wstydzić się czegoś/robienia czegoś; (attitude) mieć pruderyjne podejście do czegoś/do robienia czegoś

prudishness /ˈpruːdɪʃnɪs/ *n* pruderyjność *f*, pruderia *f*

prune¹ /pruːn/ *n* 1 Culin suszona śliwka *f* 2 GB infml (fool) głupek *m* infml 3 US vinfml (prude) cnotka *f* infml iron or hum

prune² /pruːn/ *vt* 1 (also **~ back**) Hort przyci|ąć, -nać *[branches, bush, rose]*; przystrzy|c, -gać *[hedge]* 2 fig okr|oić, -awać *[budget]*; zmniejsz|yć, -ać *[costs, workforce]*; skr|ócić, -acać *[essay, article]*

pruning /ˈpruːnɪŋ/ *n* (of bush, tree) przycinanie *n*; (of hedge) strzyżenie *n*

pruning knife *n* nóż *m* ogrodniczy

pruning shears *npl* nożyce *plt* ogrodnicze, sekator *m*

prurience /ˈprʊərɪəns/ *n* fml lubieżność *f*

prurient /ˈprʊərɪənt/ *adj* fml *[person, excitement]* lubieżny; *[interest, curiosity]* chorobliwy

Prussia /ˈprʌʃə/ *prn* Prusy *plt*; **East ~** Prusy Wschodnie

Prussian /ˈprʌʃn/ **I** *n* 1 (person) Prusa|k *m*, -czka *f*; (ancient) Prus *m*; **the ~s** (ancient tribe) Prusowie *plt* 2 Ling (język *m*) pruski *m*

II *adj* (German) pruski; prusacki pej; Hist, Ling pruski

Prussian acid *n* kwas *m* pruski

Prussian blue *n* błękit *m* pruski

pry¹ /praɪ/ *vi* (*prp* **prying**; *pt, pp* **pried**) (interfere) wtrącać się; **to ~ into his/her business** wtrącać się w jego/jej sprawy; wściubiać nos w jego/jej sprawy infml; **I don't wish to ~, but...** nie chcę być wścibskim, ale...

pry² **I** /praɪ/ US *n* lewar *m*, lewarek *m*

II *vt* (*prp* **prying**; *pt, pp* **pried**) 1 (prise) **to ~ sth open** wyważ|yć, -ać *[door, window]*; podważ|yć, -ać *[lid]*; **I pried it out with a spoon** podważyłem to łyżką 2 fig **to ~ information out of** or **from sb** wydobyć or wyciągnąć od kogoś informacje; **if I can ~ him away from the TV** jeśli mi się uda oderwać go od telewizora

prying /ˈpraɪɪŋ/ *adj* wścibski, ciekawski; **away from ~ eyes** z dala od wścibskich spojrzeń

PS *n* = **postscript** PS *n*; **to write a PS** dopisać postscriptum

psalm /sɑːm/ *n* psalm *m*; **(the Book of) Psalms** Bible Księga Psalmów

psalmbook /ˈsɑːmbʊk/ *n* psałterz *m*

psalmist /ˈsɑːmɪst/ *n* psalmista *m*

psalmody /ˈsɑːmədɪ/ *n* psalmodia *f*

psalter /ˈsɔːltə(r)/ *n* psałterz *m*

PSBR *n* → **Public Sector Borrowing Requirement**

psephologist /seˈfɒlədʒɪst, US siː-/ *n* socjolog *m* specjalizujący się w analizach wyborczych

psephology /seˈfɒlədʒɪ, US siː-/ *n* socjologia *f* wyborcza

pseud /sjuːd, US suːd/ **I** *n* infml pozer *m*, -ka *f* pej

II *adj* pozerski, kabotyński pej

pseudo+ /ˈsjuːdəʊ, US ˈsuːdəʊ/ *in combinations* pseudo-; **~scientific** pseudonaukowy

pseudonym /ˈsjuːdənɪm, US ˈsuːd-/ *n* pseudonim *m*; **under a ~** pod pseudonimem

pseudonymous /sjuːˈdɒnɪməs, US suː-/ *adj* fml *[novel]* napisany pod pseudonimem; *[author]* piszący pod pseudonimem

pshaw /pʃɔː/ *excl* phi!

psi = **pounds per square inch** funty na cal kwadratowy *(jednostka ciśnienia)*

psittacosis /ˌsɪtəˈkəʊsɪs/ *n* Med, Vet papuzica *f*

psoriasis /səˈraɪəsɪs/ *n* Med łuszczyca *f*

PST *n* → **Pacific Standard Time**

PSV *n* GB → **public service vehicle**

psych /saɪk/ infml **I** *n* US psychologia *f*

II *vt* = **psych out**

III *vi* załam|ać, -ywać się

IV *excl* US dałeś się nabrać! infml

■ **psych out** infml: **~ out [sb/sth], ~ [sb /sth] out** 1 (intimidate, unnerve) zastrasz|yć, -ać *[person]* 2 US (outguess) przejrzeć *[person, intentions]*; przewidzieć *[response]*; **I soon ~ed out the situation** szybko pojąłem, w czym rzecz

■ **psych up** infml: **to ~ oneself up** przygotow|ać, -ywać się psychicznie **(for sth** na coś, do czegoś); **to be** or **get all ~ed up for sth** być przygotowanym na coś

psyche /ˈsaɪkɪ/ *n* psychika *f*; psyche *f inv* liter

psychedelia /ˌsaɪkɪˈdiːlɪə/ *n* psychedelia *plt*; (music) muzyka *f* psychodeliczna

psychedelic /ˌsaɪkɪˈdelɪk/ *adj [drug]* halucynogenny; *[music, decor]* psychodeliczny infml; *[clothing, colours]* jaskrawy, krzykliwy

psychiatric /ˌsaɪkɪˈætrɪk/ *adj [care, hospital, treatment]* psychiatryczny; *[disorder, illness]* psychiczny; *[patient]* chory psychicznie

psychiatrist /saɪˈkaɪətrɪst, US sɪ-/ *n* psychiatra *m*

psychiatry /saɪˈkaɪətrɪ, US sɪ-/ *n* psychiatria *f*
psychic /ˈsaɪkɪk/ **I** *n* osoba *f* mająca zdolności parapsychologiczne, medium *n*
II *adj* [1] (paranormal) *[experience, phenomenon]* paranormalny; *[research]* parapsychologiczny; **to have ~ powers** mieć zdolności parapsychologiczne or mediumiczne; **you must be ~!** infml jesteś chyba jasnowidzem! fig [2] (psychological) psychiczny, psychologiczny
psychical /ˈsaɪkɪkl/ *adj* = **psychic II**
psychic determinism *n* determinizm *m* psychiczny
psychic investigator *n* parapsycholog *m*, osoba *f* badająca zjawiska paranormalne
psychic research *n* parapsychologia *f*
psychic researcher *n* = **psychic investigator**
psychic surgery *n* chirurgia *f* fantomowa
psycho /ˈsaɪkəʊ/ *n* vinfml psychiczn|y *m*, -a *f*, psychol *m* infml
psychoanalyse GB, **psychoanalyze** US /ˌsaɪkəʊˈænəlaɪz/ *vt* podda|ć, -wać psychoanalizie
psychoanalysis /ˌsaɪkəʊəˈnæləsɪs/ *n* psychoanaliza *f*; **to undergo ~** poddać się psychoanalizie
psychoanalyst /ˌsaɪkəʊˈænəlɪst/ *n* psychoanalityk *m*
psychoanalytic(al) /ˌsaɪkəʊˌænəˈlɪtɪk(l)/ *adj* psychoanalityczny
psychoanalyze *vt* US → **psychoanalyse**
psychobabble /ˈsaɪkəʊbæbl/ *n* pej żargon *m* psychoterapeutów
psychodrama /ˈsaɪkəʊdrɑːmə/ *n* psychodrama *f*
psychokinesis /ˌsaɪkəʊkɪˈniːsɪs/ *n* psychokineza *f*
psychokinetic /ˌsaɪkəʊkɪˈnetɪk/ *adj* psychokinetyczny
psycholinguistic /ˌsaɪkəʊlɪŋˈgwɪstɪk/ *adj* psycholingwistyczny
psycholinguistics /ˌsaɪkəʊlɪŋˈgwɪstɪks/ *n* (+ *v sg*) psycholingwistyka *f*
psychological /ˌsaɪkəˈlɒdʒɪkl/ *adj* (relating to psychology) psychologiczny; (of the mind) psychiczny; **the ~ moment** moment psychologiczny; **~ abuse** znęcanie się psychiczne
psychologically /ˌsaɪkəˈlɒdʒɪklɪ/ *adv* psychologicznie; *[disturbed]* psychicznie
psychological warfare *n* wojna *f* psychologiczna
psychologist /saɪˈkɒlədʒɪst/ *n* psycholog *m*
psychology /saɪˈkɒlədʒɪ/ *n* [1] (science) psychologia *f* [2] (mentality) psychika *f*, psychologia *f*; **it is bad ~ to quarrel with your boss** kłócenie się z szefem to nie jest dobra taktyka
psychometric /ˌsaɪkəʊˈmetrɪk/ *adj* psychometryczny
psychometrics /ˌsaɪkəʊˈmetrɪks/ *n* (+ *v sg*) psychometria *f*
psychomotor /ˈsaɪkəʊməʊtə(r)/ *adj* psychomotoryczny
psychoneurosis /ˌsaɪkəʊnjʊəˈrəʊsɪs, US -nʊ-/ *n* (*pl* **-oses**) psychonerwica *f*
psychoneurotic /ˌsaɪkəʊnjʊəˈrɒtɪk, US -nʊ-/ *adj* psychoneurotyczny
psychopath /ˈsaɪkəʊpæθ/ *n* psychopat|a *m*, -ka *f* also fig
psychopathic /ˌsaɪkəʊˈpæθɪk/ *adj* psychopatyczny
psychopathology /ˌsaɪkəʊpəˈθɒlədʒɪ/ *n* psychopatologia *f*
psychopharmacological /ˌsaɪkəʊˌfɑːməkəˈlɒdʒɪkl/ *adj* psychofarmakologiczny
psychopharmacology /ˌsaɪkəʊˌfɑːməˈkɒlədʒɪ/ *n* psychofarmakologia *f*
psychophysical /ˌsaɪkəʊˈfɪzɪkl/ *adj* psychofizyczny
psychophysics /ˌsaɪkəʊˈfɪzɪks/ *n* (+ *v sg*) psychofizyka *f*
psychophysiological /ˌsaɪkəʊˌfɪzɪəˈlɒdʒɪkl/ *adj* psychofizjologiczny
psychophysiology /ˌsaɪkəʊˌfɪzɪˈɒlədʒɪ/ *n* psychofizjologia *f*
psychoprophylactic /ˌsaɪkəʊprɒfɪˈlæktɪk/ *adj* psychoprofilaktyczny
psychoprophylaxis /ˌsaɪkəʊprɒfɪˈlæksɪs/ *n* psychoprofilaktyka *f*
psychosis /saɪˈkəʊsɪs/ *n* (*pl* **-oses**) psychoza *f*
psychosocial /ˌsaɪkəʊˈsəʊʃl/ *adj* psychospołeczny
psychosociological /ˌsaɪkəʊsəʊsɪəˈlɒdʒɪkl/ *adj* psychosocjologiczny
psychosociology /ˌsaɪkəʊsəʊsɪˈɒlədʒɪ/ *n* psychosocjologia *f*
psychosomatic /ˌsaɪkəʊsəˈmætɪk/ *adj* psychosomatyczny
psychosomatics /ˌsaɪkəʊsəˈmætɪks/ *n* (+ *v sg*) psychosomatyka *f*
psychosurgery /ˌsaɪkəʊˈsɜːdʒərɪ/ *n* psychochirurgia *f*
psychotherapist /ˌsaɪkəʊˈθerəpɪst/ *n* psychoterapeut|a *m*, -ka *f*
psychotherapy /ˌsaɪkəʊˈθerəpɪ/ *n* psychoterapia *f*
psychotic /saɪˈkɒtɪk/ **I** *n* psychotyk *m*, chory *m* psychicznie
II *adj* psychotyczny
psychotropic /ˌsaɪkəʊˈtrɒpɪk/ *adj* psychotropowy
psywar /saɪˈwɔː(r)/ *n* US infml wojna *f* psychologiczna
pt *n* = **pint**
Pt *n* = **platinum** Pt
PT *n* = **physical training** WF *m*, wf. *m*
PTA *n* → **Parent-Teacher Association** ≈ komitet *m* rodzicielski
ptarmigan /ˈtɑːmɪgən/ *n* pardwa *f* górska
Pte *n* = **Private**
pterodactyl /ˌterəˈdæktɪl/ *n* pterodaktyl *m*
PTO = **please turn over** verte
Ptolemaic /ˌtɒləˈmeɪɪk/ *adj* [1] Astron ptolemeuszowski; **the ~ system** system Ptolemeuszowski [2] Antiq ptolemejski
Ptolemy /ˈtɒləmɪ/ *prn* Ptolemeusz *m*; **the Ptolemies** Antiq Ptolemeusze
ptomaine /ˈtəʊmeɪn/ *n* ptomaina *f*
ptosis /ˈtəʊsɪs/ *n* Med opadanie *n* powieki
ptyalin /ˈtaɪəlɪn/ *n* ptialina *f*
PU *excl* US fuj!
pub /pʌb/ **I** *n* GB infml pub *m*; **in the ~** w pubie
II *modif* **to go on a ~ crawl** zrobić rundkę po pubach infml
pube /pjuːb, US puːb/ *n* vinfml włos *m* łonowy
puberty /ˈpjuːbətɪ/ *n* okres *m* dojrzewania płciowego; **at ~** w okresie dojrzewania; **the age of ~** wiek dojrzewania
pubes /ˈpjuːbiːz/ *npl* (region) łono *n*; (hair) włosy *m pl* łonowe
pubescence /pjuːˈbesns/ *n* [1] (stage) dojrzewanie *n* płciowe, pokwitanie *n* [2] Bot, Zool meszek *m*, puszek *m*
pubescent /pjuːˈbesnt/ *adj* [1] *[boy, girl]* dojrzewający, w okresie dojrzewania or pokwitania [2] Bot, Zool (downy) pokryty meszkiem or puszkiem
pub food *n* GB jedzenie *n* serwowane w pubach
pub grub *n* GB infml = **pub food**
pubic /ˈpjuːbɪk/ *adj* łonowy; **~ bone** kość łonowa; **~ hair** (single) włos łonowy; (area) owłosienie łonowe, włosy łonowe
pubis /ˈpjuːbɪs/ *n* (*pl* **-bes**) kość *f* łonowa
public /ˈpʌblɪk/ **I** *n* **the ~** (+ *v sg/pl*) (of country) społeczeństwo *n*, ludzie *plt*; (in theatre, cinema) publiczność *f*; publika *f* infml; (of newspaper) odbiorcy *m pl*, czytelnicy *m pl*; (of museum) zwiedzający *m pl*; **the palace park is open to the ~** park pałacowy otwarty jest dla zwiedzających; **the drug is not yet available to the general ~** lek nie jest jeszcze ogólnie dostępny; **members of the ~ were asked about their holiday habits** grupę osób pytano o sposoby spędzania wakacji; **to please/disappoint one's ~** zadowolić/rozczarować wielbicieli; **the book/film will appeal to a large ~** książka/film spodoba się rzeszom czytelników/kinomanów; **the theatre-going /racing ~** teatromani/amatorzy wyścigów
II *adj* [1] (for anyone) *[call box, library, execution]* publiczny; **let's go somewhere less ~** chodźmy gdzieś, gdzie nie będzie ludzi [2] (of people) *[disquiet, enthusiasm, support]* społeczny; *[duty, spirit]* obywatelski; **in the ~ interest** w interesie społecznym or publicznym; **the ~ good** dobro publiczne; **there is growing ~ concern over the issue** społeczeństwo jest coraz bardziej zaniepokojone tą sprawą; **to be in the ~ eye** znaleźć się w centrum zainteresowania; **the company is going ~** Fin spółka wchodzi na giełdę [3] (concerning the state) *[expenditure]* publiczny; **it was built at ~ expense** został wybudowany z funduszy publicznych; **to hold ~ office** sprawować funkcję publiczną; **to retire from ~ life** wycofać się z życia publicznego [4] (open, not concealed) *[announcement, figure]* publiczny; **it's ~ knowledge that...** powszechnie wiadomo, że...; **to make one's views ~, to go ~ with one's views** głosić publicznie swoje poglądy; **she has decided to go ~ (with her story)** postanowiła ujawnić swoją historię
III in public *adv phr* publicznie
public access channel *n* TV, Radio kanał *m* publiczny
public address (system) *n* urządzenia *n pl* nagłaśniające, nagłośnienie *n*
public affairs *npl* sprawy *f pl* publiczne; **a ~ programme** TV, Radio program publicystyczny; **~ manager, director of ~** odpowiedzialny za public relations

publican /ˈpʌblɪkən/ *n* [1] (bar owner) właściciel *m*, -ka *f* pubu [2] Antiq publikanin *m*, poborca *m* podatkowy
public appearance *n* (of dignitary) wystąpienie *n* publiczne; (of star, celebrity) występ *m* publiczny; **to make a ~** wystąpić publicznie
public assistance *n* US pomoc *f* socjalna; **to be on ~** być na zasiłku
publication /ˌpʌblɪˈkeɪʃn/ *n* [1] (printing) (of book, magazine) publikacja *f*, wydanie *n*; (of report) publikacja *f*, opublikowanie *n*; **to accept sth for ~** przyjąć coś do druku; **date of ~** (of book) data wydania; (of report, article) data ukazania się; **on the day of ~** w dniu ukazania się; **at the time of ~** (about book) w chwili podpisania do druku; **'not for ~'** „poufne" [2] (book, journal) publikacja *f*; **'~s'** (on CV) „publikacje" [3] (public notification) ogłoszenie *n*, podanie *n* do wiadomości publicznej
publications list *n* lista *f* tytułów
public bar *n* GB bar *m* *(w hotelu, pubie)*
public bill *n* projekt *m* ustawy publicznej (o znaczeniu ogólnym)
public company *n* spółka *f* publiczna
public convenience *n* GB toaleta *f* publiczna, szalet *m* publiczny
public corporation *n* GB korporacja *f* publicznoprawna
public debt *n* dług *m* publiczny
public defender *n* US obrońca *m* z urzędu
public domain *n* własność *f* publiczna; **to be in/fall into the ~** być/stać się własnością publiczną
public domain software *n* oprogramowanie *n* ogólnodostępne
public enemy *n* wróg *m* publiczny; **~ number one** wróg publiczny numer jeden
public examination *n* Sch, Univ egzamin *m* centralny *(oceniany poza szkołą)*; Jur postępowanie *n* przed sądem do spraw upadłościowych
public expenditure *n* wydatki *m pl* na cele publiczne
public funding *n* (also **~ funds**) pomoc *f* finansowa z kasy państwowej
public gallery *n* galeria *f* dla publiczności
public health *n* [1] (medical care) publiczna służba *f* zdrowia; (cleaning) służby *f pl* sanitarne [2] (state) stan *m* zdrowotny społeczeństwa
public holiday *n* dzień *m* ustawowo wolny od pracy *(poza sobotą i niedzielą)*
public house *n* [1] GB pub *m* [2] US zajazd *m*
publicist /ˈpʌblɪsɪst/ *n* [1] (advertiser) specjalist|a *m*, -ka *f* od reklamy; (press agent) rzecznik *m* prasowy [2] (journalist) publicyst|a *m*, -ka *f*
publicity /pʌbˈlɪsətɪ/ **I** *n* [1] (public attention) rozgłos *m*; **to attract ~** przyciągać uwagę; **to shun ~** unikać rozgłosu; **to take place in a blaze of ~** odbyć się z wielkim szumem; **to receive bad** or **adverse ~** spotkać się z krytyką w mediach; **there is no such thing as bad ~** każda reklama jest dobra [2] (advertising) reklama *f*; **to be responsible for ~** być odpowiedzialnym za reklamę; **to give sth great ~** szeroko coś reklamować; **to be great/bad ~ for sth** być dla czegoś świetną/złą reklamą, robić czemuś świetną/złą reklamę; **advance ~ (for sth)** promocja (czegoś) [3] (advertising material) materiały *m pl* reklamowe; **I've seen some of their ~** widziałem niektóre z ich materiałów reklamowych
II *modif [bureau, launch]* reklamowy, promocyjny
publicity agency *n* agencja *f* reklamowa
publicity agent *n* (of company, product) specjalist|a *m*, -ka *f* od reklamy; (of person) agent *m*
publicity campaign *n* kampania *f* reklamowa or promocyjna
publicity drive *n* = **publicity campaign**
publicity machine *n* machina *f* reklamy
publicity photograph *n* zdjęcie *n* reklamowe; (of star) fotos *m*
publicity stunt *n* chwyt *m* reklamowy
publicize /ˈpʌblɪsaɪz/ *vt* [1] (speak of) nagłļośnić, -aśniać *[issue, event]*; **well-~d, much-~d** szeroko nagłaśniany; **the event was little ~d** o wydarzeniu niewiele się mówiło w mediach [2] (make public) poda|ć, -wać do wiadomości publicznej *[intentions, reasons, matter]* [3] (advertise) za|reklamować; **well-~d, much-~d** *[show, concert]* szeroko reklamowany; *[washing-powder]* dobrze rozreklamowany, bardzo reklamowany
public law *n* prawo *n* publiczne
Public Lending Right, PLR *n* GB *prawo autora do honorarium wypłacanego przez biblioteki publiczne*
publicly /ˈpʌblɪklɪ/ *adv [state, announce, renounce, exhibit]* publicznie; **~ owned** (state-owned) państwowy; **~ owned company** (floated on market) spółka akcyjna emitująca akcje w obrocie publicznym; **~ funded** *[project, scheme]* finansowany z funduszy społecznych
public nuisance *n* Jur naruszenie *n* porządku publicznego; **he's a ~** fig on jest nieznośny
public opinion *n* opinia *f* publiczna
public order *n* porządek *m* publiczny
public order act *n* ustawa *f* o przestrzeganiu porządku publicznego
public order offence *n* zakłócenie *n* porządku publicznego
public ownership *n* własność *f* publiczna; **to be in/be taken into ~** być/stać się własnością publiczną; **to bring sth into ~** znacjonalizować coś *[industry]*
public prosecutor *n* oskarżyciel *m* publiczny
public purse *n* kasa *f* państwowa
Public Records Office, PRO *n* państwowe archiwa *n pl* notarialne
public relations, PR **I** *npl* public relations *plt inv*
II *modif [manager, department, firm]* zajmujący się public relations
public relations officer, PRO *n* specjalist|a *m*, -ka *f* od public relations
public restroom *n* US toaleta *f* publiczna, szalet *m*
public school *n* [1] GB szkoła *f* prywatna; **to have a ~ education** ukończyć szkołę prywatną, być absolwentem prywatnej szkoły [2] US szkoła *f* publiczna
public schoolboy *n* GB (pupil) uczeń *m* szkoły prywatnej; (graduate) absolwent *m* szkoły prywatnej
public sector *n* sektor *m* publiczny; **a ~ employee** zatrudniony w sektorze publicznym
Public Sector Borrowing Requirement, PSBR *n* zapotrzebowanie *n* na kredyty ze strony sektora publicznego
public servant *n* urzędnik *m* państwowy
public service *n* [1] (state administration) administracja *f* państwowa; (serving the community) służba *f* publiczna [2] (transport, education, utility) służby *f pl* publiczne; **cuts in ~s** zmniejszenie wydatków na usługi publiczne
public service broadcasting *n* publiczne rozgłośnie *f pl* radiowo-telewizyjne
public service corporation *n* US przedsiębiorstwo *n* usług komunalnych
public service vehicle, PSV *n* środek *m* transportu publicznego
public speaking *n* oratorstwo *n*; **the art of ~** sztuka retoryki; **to be unaccustomed to ~** nie potrafić przemawiać publicznie
public-spirited /ˌpʌblɪkˈspɪrɪtɪd/ *adj [attitude]* obywatelski: *[person]* szlachetny; **it was ~ of you** wykazałeś się postawą obywatelską
public transport *n* publiczne środki *m pl* transportu
public utilities *npl* przedsiębiorstwa *n pl* użyteczności publicznej
public utility *n* służba *f* komunalna
public works *npl* roboty *plt* publiczne
publish /ˈpʌblɪʃ/ **I** *vt* [1] (print commercially) wyda|ć, -wać *[book, guide, newspaper, magazine]*; o|publikować *[article, letter, book]*; **who ~es Fleming?** kto wydaje Fleminga?; **his novel has just been ~ed** jego powieść właśnie została wydana or właśnie się ukazała; **to be ~ed weekly/monthly** ukazywać się raz w tygodniu/raz w miesiącu; **the paper ~ed the text in full** gazeta opublikowała or zamieściła tekst w całości [2] (make public) (in publication, newspaper) o|publikować *[accounts, figures, findings]*; (announce) ogł|osić, -aszać *[banns]* [3] *[scholar, academic]* **have you ~ed anything?** ma pan/pani na swoim koncie jakieś publikacje?
II *vi [scholar, academic]* publikować
publishable /ˈpʌblɪʃəbl/ *adj* nadający się do publikacji
publisher /ˈpʌblɪʃə(r)/ *n* wydawca *m*; **newspaper ~** wydawca gazety
publishing /ˈpʌblɪʃɪŋ/ **I** *n* działalność *f* wydawnicza
II *modif [group, empire]* (for books) wydawniczy; (for press) prasowy
publishing house *n* wydawnictwo *n*
publish or perish *n konieczność ogłaszania prac naukowych, często kosztem pracy dydaktycznej*
pub lunch *n* GB lunch *m* w pubie; **to go for a ~** pójść na lunch do pubu; **do they do ~es?** czy można tam zjeść lunch?
puce /pjuːs/ **I** *n* (kolor *m*) fioletowobrązowy *m*
II *adj* fioletowobrązowy; **to turn ~** (with rage, embarrassment) poczerwienieć (na twarzy), spurpurowieć

puck¹ /pʌk/ *n* (in ice-hockey) krążek *m* (hokejowy)
puck² /pʌk/ *n* (sprite) elf *m*, duszek *m*
pucker /ˈpʌkə(r)/ **I** *n* zmarszczka *f*
II *vt* ściąg|nąć, -ać, z|marszczyć *[brow]*; ściąg|nąć, -ać *[lips]*; **to ~ one's mouth** (to cry) skrzywić usta; (to kiss) stulić usta or wargi; **the baby ~ed (up) its face and began to cry** dziecko wykrzywiło buzię i zaczęło płakać
III *vi [face, forehead]* z|marszczyć się, ściąg|nąć, -ać się; *[dress, seam, fabric]* po|marszczyć się
IV puckered *pp adj [brow]* zmarszczony, ściągnięty; *[lips]* ściągnięty, skrzywiony; *[dress]* pomarszczony
puckish /ˈpʌkɪʃ/ *adj* szelmowski, filuterny
pud /pʊd/ *n* [1] GB infml = **pudding** [1][2][3] [2] US vinfml (penis) pyta *f* vulg
pudding /ˈpʊdɪŋ/ *n* [1] GB (dessert) deser *m*; **what's for ~?** co jest na deser? [2] (sweet dish) pudding *m*; **chocolate ~** pudding czekoladowy; **apple ~** jabłka w cieście [3] (cooked savoury dish) *potrawa z mięsa i warzyw, gotowana na parze, często w cieście*; **steak-and-kidney ~** pudding z wołowiny i cynaderek [4] GB (sausage) **black ~** kaszanka; **white ~** kiełbasa pasztetowa [5] pej (also **~ head**) (fat person) tłuścioch *m* pej; (slow person) głupek *m*, tuman *m* infml
IDIOMS: **the proof of the ~ is in the eating** Prov okaże się w praktyce; **to be in the ~ club** chodzić z brzuchem infml *(być w ciąży)*
pudding basin *n, modif* = **pudding bowl**
pudding bowl **I** *n* naczynie *n* do gotowania puddingu na parze
II *modif* **~ haircut** ostrzyżenie pod garnek or kubeł infml
pudding rice *n* ryż *m* okrągłoziarnisty
puddingstone /ˈpʊdɪŋstəʊn/ *n* Geol zlepieniec *m*
puddle /ˈpʌdl/ *n* kałuża *f*; (muddy) bajoro *n*
puddling /ˈpʌdlɪŋ/ *n* proces *m* pudlarski, pudlingowanie *n*; **~ furnace** piec pudlarski, pudlarka
pudenda /pjuːˈdendə/ *npl* narządy *m pl* płciowe zewnętrzne
pudgy /ˈpʌdʒɪ/ *adj* infml = **podgy**
pueblo /ˈpwebləʊ/ *n* (*pl* **~s**) pueblo *n*
Pueblo Indian *n* Indian|in *m*, -ka *f* Pueblo
puerile /ˈpjʊəraɪl, US -rəl/ *adj* fml infantylny
puerility /pjʊəˈrɪlətɪ/ *n* fml infantylizm *m*, infantylność *f*
puerperal /pjuːˈɜːpərəl/ *adj* połogowy
Puerto Rican /ˌpwɜːtəʊˈriːkən/ **I** *n* Portoryka|ńczyk *m*, -nka *f*
II *adj* portorykański
Puerto Rico /ˌpwɜːtəʊˈriːkəʊ/ *prn* Portoryko *n inv*, Puerto Rico *n inv*
puff /pʌf/ **I** *n* [1] (of wind) podmuch *m*; (of smoke, steam) obłok *m*, obłoczek *m*; (large) kłąb *m*; (of breath) dmuchnięcie *n*; **to blow out the candles in one ~** zgasić świeczki jednym dmuchnięciem; **to vanish** or **disappear in a ~ of smoke** zniknąć w chmurze dymu; **~s of cloud** obłoczki [2] (when smoking) zaciągnięcie się *n*; **to take a ~ at sth** zaciągnąć się czymś *[cigarette]*; pyknąć z czegoś *[pipe]*; **give me a ~** daj sztacha, daj się sztachnąć infml [3] GB infml (breath) oddech *m*; **to be out of ~** zadyszeć się, zasapać się; **to get one's ~ back** złapać oddech [4] Culin ptyś *m*; **jam ~** ptyś z konfiturami [5] Cosmet (also **powder ~**) puszek *m* do pudru [6] GB infml offensive (homosexual) pedał *m* infml offensive [7] infml (favourable review) laurka *f* iron; **to give a ~ to sb/sth** wychwalać kogoś/coś pod niebiosa [8] Fashn (also **~ sleeve**) bufa *f*, bufka *f*
II *vt* [1] kurzyć *[pipe]*; zaciąg|nąć, -ać się (czymś) *[cigarette]*; **to ~ smoke** *[chimney, train]* wypuszczać dym; **to ~ smoke into sb's face** *[person]* dmuchnąć komuś dymem w twarz [2] infml (praise) rozpływać się nad (czymś), cmokać z zachwytu nad (czymś) *[book, film, play]*
III *vi* [1] (come out in puffs) *[smoke, steam]* wydoby|ć, -wać się **(from** or **out of sth** z czegoś); (stronger) buch|nąć, -ać **(from** or **out of sth** z czegoś) [2] (smoke) **to ~ (away) at one's cigarette/on one's pipe** kurzyć papierosa/fajkę infml [3] (pant) *[person]* dyszeć, sapać; **to ~ and blow** or **pant** sapać i dyszeć, ciężko dyszeć; **I ~ed up the stairs** sapiąc, wspiąłem się na schody; **the train ~ed in/out** pociąg, sapiąc, wjechał na stację/odjechał ze stacji
■ **puff out**: ¶ **~ out** *[cheeks, chest, skirt]* wyd|ąć, -ymać się; *[feathers]* na|stroszyć się ¶ **~ out [sth], ~ [sth] out** [1] (swell) wyd|ąć, -ymać *[cheeks, sails, chest]*; na|stroszyć *[feathers]*; nadmuch|ać, -iwać, nad|ąć, -ymać *[air cushion]* [2] (give out) wypu|ścić, -szczać *[smoke, steam]*; **to ~ out a candle** zdmuchnąć świecę ¶ **~ [sb] out** infml przyprawi|ć, -ać o zadyszkę; wyk|ończyć, -ańczać infml; **he was ~ed out when he got to the top** kiedy dotarł na górę, nie mógł złapać tchu; **the run had ~ed him out** zadyszał się biegnąc
■ **puff up**: ¶ **~ up** *[feathers]* na|stroszyć się; *[eyes]* podpuchnąć; *[rice]* na|pęcznieć ¶ **~ up [sth], ~ [sth] up** na|stroszyć *[feathers]*; z|jeżyć *[fur]*; nadmuch|ać, -iwać, nad|ąć, -ymać *[air cushion]*; **her eyes were all ~ed up** miała podpuchnięte oczy; **to be ~ed up with pride** nadąć się jak paw, być dumnym jak paw
puff-adder /ˈpʌfædə(r)/ *n* żmija *f* sykliwa
puffball /ˈpʌfbɔːl/ *n* Bot purchawka *f*
puffed /pʌft/ *adj* [1] infml (breathless) zadyszany, zasapany [2] *[sleeve]* bufiasty [3] **~ up** *[person]* nadęty
puffed rice *n* ryż *m* preparowany
puffer /ˈpʌfə(r)/ *n* [1] Zool ryba *f* najeżkokształtna [2] infml (train) parowóz *m*
puffin /ˈpʌfɪn/ *n* Zool maskonur *m*
puffiness /ˈpʌfɪnɪs/ *n* opuchlizna *f*, obrzmienie *n*; **~ around the eyes** podpuchnięte oczy
puffing /ˈpʌfɪŋ/ *n* (panting) dyszenie *n*, sapanie *n*
puffing billy *n* infml ciuchcia *f* infml
puff pastry *n* ciasto *n* ptysiowe
puff puff *n* infml baby talk pociąg *m*
puffy /ˈpʌfɪ/ *adj [face]* opuchnięty, obrzmiały; *[eyes]* podpuchnięty; Culin *[texture]* puszysty; **face ~ with sleep** twarz opuchnięta od snu; **~-lipped** z obrzmiałymi wargami
pug¹ /pʌg/ *n* (also **~dog**) mops *m*
pug² /pʌg/ *vt* (*prp, pt, pp* **-gg-**) wy|miesić *[clay]*
pugilism /ˈpjuːdʒɪlɪzəm/ *n* fml pięściarstwo *n*, boks *m*
pugilist /ˈpjuːdʒɪlɪst/ *n* pięściarz *m*, bokser *m*
pugnacious /pʌgˈneɪʃəs/ *adj* fml wojowniczy, zadziorny, skory do bitki
pugnaciously /pʌgˈneɪʃəslɪ/ *adv* wojowniczo, zadziornie
pugnacity /pʌgˈnæsətɪ/ *n* wojowniczość *f*, zadziorność *f*
pug nose *n* perkaty nos *m*
pug-nosed /ˈpʌgnəʊzd/ *adj* z perkatym nosem; **she's ~** ona ma perkaty nos
pug-ugly /ˈpʌgʌglɪ/ *n* vinfml brzydal *m*
puke /pjuːk/ vinfml **I** *n* rzygowiny *plt* infml
II *vi* wyrzygać się, rzygać infml; **it makes me (want to) ~** fig rzygać mi się chce od tego infml fig
■ **puke up**: **~ up [sth], ~ [sth] up** wyrzygać, rzygać (czymś) infml
pukey /ˈpjuːkɪ/ *adj* infml obrzydliwy; *[food]* rzygliwy infml
pukha *adj* = **pukka**
pukka /ˈpʌkə/ *adj* GB Indian English dat (very good) prima infml; (genuine) najprawdziwszy
puky *adj* infml = **pukey**
pulchritude /ˈpʌlkrɪtjuːd, US -tuːd/ *n* liter nadobność *f*, krasa *f* liter
Pulitzer Prize /ˈpʊlɪtsəpraɪz/ *n* US nagroda *f* Pulitzera
pull /pʊl/ **I** *n* [1] (tug) pociągnięcie *n*; (sharp) szarpnięcie *n*; **one good ~ and the door flew open** jedno mocne szarpnięcie i drzwi się otworzyły or stanęły otworem; **to give sth a ~** pociągnąć za coś, szarpnąć coś; **I gave a ~ on the rope** szarpnąłem sznur [2] (attraction) (of moon, magnet) przyciąganie *n* **(of sth** czegoś); (of current, stream, water) siła *f* **(of sth** czegoś); **gravitational ~** przyciąganie ziemskie, siła grawitacji; **the ~ of Hollywood** fig przyciągająca siła Hollywood; **the ~ of the sea** zew morza; **the all-star cast should give the film a lot of ~** gwiazdorska obsada powinna ściągnąć na ten film tłumy [3] infml (influence) wpływ *m*, wpływy *plt*, stosunki *plt*; **to exert a ~ over sb** wywierać na kogoś wpływ; **to have a lot of ~ with sb** mieć chody u kogoś infml; **to have the ~ to do sth** mieć możliwość zrobienia czegoś (dzięki swoim stosunkom) [4] infml (swig) łyk *m*; **to take a ~ from the bottle** pociągnąć z butelki infml [5] infml (on cigarette) zaciągnięcie się *n* dymem; sztach *m* infml; **to take a ~ at** or **on a cigarette** zaciągnąć się papierosem; sztachnąć się infml [6] Sport (in rowing) pociągnięcie *n* wiosła; (in golf) uderzenie *n* na lewo od celu [7] (snag) (in sweater) wyciągnięta nitka *f*; **there's a ~ in my jumper** wyciągnęła mi się nitka w swetrze [8] Print odbitka *f* próbna, wyciąg *m* [9] (prolonged effort) wysiłek *m*; **it was a hard ~ to the summit** dotarcie na szczyt wymagało wielkiego wysiłku; **the next five kilometres will be a hard ~** następne pięć kilometrów będzie ciężkie [10] (for pulling sth) (handle) rączka *f*; (rope) sznur *m*
II *vt* [1] (tug) po|ciągnąć za (coś), szarp|nąć, -ać *[hair, tail, rope, cord]*; **don't ~ my hair!** nie ciągnij mnie za włosy!; **to ~ the door open/shut** otworzyć/zamknąć drzwi; **to ~ the sheets over one's head** naciągnąć

P

kołdrę na głowę; **to ~ a sweater over one's head** (to put it on) włożyć or wciągnąć sweter przez głowę; (to take it off) zdjąć or ściągnąć sweter przez głowę; **to ~ the bell** zadzwonić [2] (drag, move) ciągnąć *[person, heavy object]*; (move towards oneself) przyciąg|nąć, -ać; **~ your chair closer to the fire** przysuń krzesło do kominka; **to ~ sb by the arm/hair** ciągnąć kogoś za rękę/za włosy; **he was ~ed from the rubble alive** wyciągnięto go z gruzów żywego; **she ~ed him aside to talk to him** odciągnęła go na stronę, żeby z nim porozmawiać; **he ~ed his hat down firmly over his ears** naciągnął czapkę głęboko na uszy; **they ~ed him into the car** wciągnęli go do samochodu; **she was ~ing her suitcase behind her** ciągnęła za sobą walizkę; **the current ~ed him under** prąd wciągnął go pod wodę; **he ~ed himself out of the water/onto the bank** wydostał się z wody/na brzeg [3] (draw) ciągnąć *[trailer, cart, plough, sledge]* [4] (tear, detach) **she ~ed the toy to bits** rozerwała zabawkę na kawałki; **we'll have to ~ all the old paper off the wall** będziemy musieli zerwać ze ściany starą tapetę; **I've ~ed a thread in my sweater** wyciągnęła mi się nitka w swetrze [5] (remove, extract) wyciąg|nąć, -ać *[cork, gun, knife]*; wyr|wać, -ywać *[tooth, weeds]*; z|erwać, -rywać *[flowers, peas, beans]*; z|ebrać, -bierać *[potatoes]*; **to ~ sth off a shelf/table** ściągnąć coś z półki /ze stołu; **he ~ed her attackers off her** odciągnął od niej napastników; **to ~ sth out of a drawer/pocket** wyciągnąć coś z szuflady/z kieszeni; **to ~ a gun on sb** wymierzyć w kogoś pistolet, zagrozić komuś pistoletem; **to ~ a knife on sb** zamierzyć się na kogoś nożem; **to ~ a chicken** Culin patroszyć kurczaka; **to ~ trumps** (in cards) ściągać atuty [6] (operate) pociąg|nąć, -ać za (coś) *[lever, trigger]*; nacis|nąć, -kać na (coś) *[trigger, switch]* [7] Med naciągnąć *[muscle, tendon]*; **a ~ed muscle** naciągnięty mięsień [8] (hold back) ściąg|nąć, -ać cugle (czemuś) *[horse]*; **to ~ one's punches** *[boxer]* punktować; **he didn't ~ his punches** fig nie owijał w bawełnę, mówił bez ogródek [9] (steer, guide) skierować *[vehicle, bicycle]* **(to the left /right** w lewo/prawo**)**; **to ~ a boat into the bank** skierować łódź do brzegu; **to ~ a plane out of a dive** wyprowadzić samolot z lotu nurkowego [10] Sport *[golfer]* uderz|yć, -ać w lewo *[ball]*; *[batsman]* odbić równolegle do serwowej *[ball]* [11] Print z|robić odbitkę (czegoś) *[proof]* [12] GB infml (pour) nal|ać, -ewać (z beczki) *[beer]* [13] infml (attract) przyciąg|nąć, -ać *[audience, voters]*; (sexually) pod|erwać, -rywać infml *[girls, men]* [14] (make) **to ~ a face** wykrzywi|ć, -ać się; **to ~ faces** robić or stroić miny; **to ~ a long face** zrobić kwaśną minę; **to ~ a face at sth** skrzywić się na widok czegoś [15] infml (perform) **to ~ a bank robbery/a big job** zrobić skok na bank/duży skok infml; **to ~ a trick** or **stunt on sb** wykręcić komuś numer infml; **to ~ a fast one on sb** wyrolować kogoś infml; **what are you trying to ~?** co ty właściwie kombinujesz? infml

III *vi* [1] (tug) pociąg|nąć, -ać, ciągnąć, szarp|nąć, -ać **(at** or **on sth** za coś**)**; **she was ~ing at my sleeve** ciągnęła mnie za rękaw; **I ~ed on the rope with all my might** ciągnąłem za sznur z całej siły; **the engine isn't ~ing very well** silnik nie pracuje jak należy [2] (resist restraint) *[horse, dog]* szarpać; **to ~ at the bit** gryźć wędzidło [3] (move) *[vehicle]* **to ~ off the road** zjechać z drogi; **the car ~s to the left** samochód ściąga na lewo; **the brakes are ~ing to the right** podczas hamowania samochód ściąga na prawo; **to ~ ahead of sb** *[athlete, rally driver]* wysunąć się przed kogoś; *[company]* zyskać przewagę nad kimś [4] (inhale, drink) **to ~ at sth** pociągnąć z czegoś *[bottle]*; zaciągnąć się czymś *[cigarette]* [5] Sport *[golfer]* odbi|ć, -jać piłkę w lewo; *[batsman]* odbi|ć, -jać piłkę równolegle do serwowej [6] (row) wiosłować

■ **pull along**: **~ along [sb/sth], ~ [sb /sth] along** po|ciągnąć (za sobą)

■ **pull apart**: ¶ **~ apart** *[component, pieces]* da|ć, -wać się rozłączyć or rozdzielić ¶ **~ [sth] apart** [1] (dismantle) roz|łożyć, -kładać na części *[machine, toy]* [2] (destroy) *[child]* rozwal|ić, -ać infml *[toy]*; *[animal]* rozszarp|ać, -ywać *[object, prey]*; **to ~ the house apart** fig (looking for sth) przetrząsnąć cały dom ¶ **~ [sb/sth] apart** [1] (separate) rozdziel|ić, -ać *[combatants, dogs, pages]* [2] fig (criticize) nie pozostawi|ć, -ać suchej nitki na (kimś/czymś) *[author, essay]*

■ **pull away**: ¶ **~ away** [1] (move away, leave) *[driver, car]* odje|chać, -żdżać; **to ~ away from the traffic lights** ruszyć spod świateł; **to ~ away from the parking place** wyjeżdżać z parkingu [2] (become detached) *[component, part]* od|erwać, -rywać się **(from sth** od czegoś**)** [3] (open up lead) *[car, horse]* wysforować się do przodu, wy|jść, -chodzić na prowadzenie; **to ~ away from a group** odłączyć się od grupy ¶ **~ [sb /sth] away** odciąg|nąć, -ać *[person, object]* **(from sb/sth** od kogoś/czegoś**)**; **to ~ one's hand away** cofnąć rękę; **to ~ sth away from sb** wyrwać coś komuś

■ **pull back**: ¶ **~ back** [1] (withdraw) *[troops]* wycof|ać, -ywać się; **they ~ed back from the agreement** wycofali się z umowy; **they ~ed back from committing themselves** ostatecznie postanowili się nie angażować [2] (move backwards) *[car, person, crowd]* cof|nąć, -ać się [3] (close the gap) nadr|obić, -abiać straty; **he's ~ing back** (in race) dogania prowadzącego ¶ **~ back [sb/sth], ~ [sb/sth] back** (restrain) powstrzym|ać, -ywać, odciąg|nąć, -ać *[person]*; (withdraw) wycof|ać, -ywać *[troops]* ¶ **~ back [sth], ~ [sth] back** (tug back) **~ the rope back hard** mocno ciągnij linę; **to ~ back the curtains** rozsunąć zasłony

■ **pull down**: ¶ **~ down [sth], ~ [sth] down** [1] (demolish) z|burzyć; (piece by piece) roz|ebrać, -bierać *[building]* [2] (lower) spu|ścić, -szczać *[curtain, blind]*; opu|ścić, -szczać *[flag]*; **to ~ down one's trousers** opuścić spodnie [3] (reduce) obniż|yć, -ać *[price]*; zmniejsz|yć, -ać *[inflation]*; **the biology paper ~ed her overall grade down** ocena za pracę z biologii obniżyła jej średnią ¶ **~ down [sb/sth], ~ [sb/sth] down** [1] (drag down) ściąg|nąć, -ać *[person, object]* **(onto sth** na coś**)**; **he'll ~ you down with him** fig pociągnie cię za sobą fig [2] (overthrow) obal|ić, -ać *[government]*; (enfeeble) osłabi|ć, -ać

■ **pull in**: ¶ **~ in** (arrive) *[train]* wje|chać, -żdżać (na stację); (stop) *[car, bus, driver]* zatrzym|ać, -ywać się; (move over) *[car, bus, driver]* zje|chać, -żdżać na bok; **~ in at the next petrol station** zatrzymaj się przy najbliższej stacji benzynowej; **the police signalled to the motorist to ~ in** GB policja dała znak kierowcy, żeby zjechał na bok; **to ~ in to the kerb** stanąć przy krawężniku ¶ **~ in [sb/sth], ~ [sb/sth] in** [1] (bring in) *[police]* zatrzym|ać, -ywać *[person]*; **to ~ sb in for questioning** zatrzymać kogoś celem przesłuchania [2] (attract) przyciąg|nąć, -ać, ściąg|nąć, -ać *[crowds, tourists]*; **we've been ~ing in the orders** dostajemy wiele zamówień ¶ **~ in [sth], ~ [sth] in** [1] (retract) s|chować *[antenna, tentacle, claw]*; **~ your stomach in!** wciągnij brzuch! [2] infml (earn) **to ~ in a tidy sum** *[person]* zgarnąć niezłą sumkę infml; *[event, concert]* przynieść niezły dochód [3] (restrain) powściąg|nąć, -ać *[horse]*

■ **pull off**: ¶ **~ off** *[flashgun, lid]* zdejmować się; *[handle]* dawać się odłączyć ¶ **~ off [sth]** (leave) zje|chać, -żdżać z (czegoś) *[motorway, road]* ¶ **~ off [sth], ~ [sth] off** [1] (remove) ściąg|nąć, -ać, zd|jąć, -ejmować *[coat, sock, wrapping]*; z|erwać, -rywać, odkle|ić, -jać *[sticker]* [2] infml (achieve) z|robić *[raid]*; zaw|rzeć, -ierać *[deal]*; dokon|ać, -ywać (czegoś) *[coup, feat, robbery]*; zdoby|ć, -wać *[win, victory]*; **it was a risky attempt, but she ~ed it off** to było ryzykowne, ale udało się jej; **they ~ed off the biggest bank job of the decade** zrobili największy napad na bank w tym dziesięcioleciu

■ **pull on**: **~ on [sth], ~ [sth] on** wciąg|nąć, -ać, za|łożyć, -kładać *[shoes, socks]*

■ **pull out**: ¶ **~ out** [1] (depart) *[bus, train]* rusz|yć, -ać, odje|chać, -żdżać; **I got to the platform just as the train was ~ing out** dotarłem na peron, gdy pociąg ruszał; **to ~ out of a drive/car park** wyjeżdżać z podjazdu/parkingu; **he ~ed out right in front of me** zajechał mi drogę [2] (withdraw) *[troops, competitor]* wycof|ać, -ywać się; **to ~ out of sth** wycofać się z czegoś *[negotiations, Olympics, area]* [3] (recover) *[company]* poprawi|ć, -ać (swoją) kondycję; **to ~ out of the recession** wychodzić z recesji [4] (come out) *[drawer]* wysuwać się; *[component, section]* dawać się odłączyć; (extend) *[table]* rozsuwać się ¶ **~ out [sth], ~ [sth] out** [1] (extract) wyciąg|nąć, -ać *[splinter, thorn]*; wyr|wać, -ywać *[tooth, weeds]* [2] (take out) wyciąg|nąć, -ać *[gun, wallet, handkerchief]* [3] (withdraw) wycof|ać, -ywać *[troops, army]*

■ **pull over**: ¶ **~ over** *[motorist, car]* (move over) zje|chać, -żdżać na bok; (stop) zatrzym|ać, -ywać się (na poboczu) ¶ **~ [sb/sth] over** *[police]* zmu|sić, -szać do zjechania na bok *[driver, car]*

■ **pull through**: ¶ **~ through** (from illness, injury) przy|jść, -chodzić do siebie; wylizać się infml; (from trouble) wykaraskać się infml; **to**

~ through a crisis przetrzymać kryzys ¶ **~ [sb/sth] through** [1] przeciąg|nąć, -ać *[person, object, wool]*; **~ the thread through to the front** przeciągnąć nitkę na prawą stronę [2] (help recover) *[doctor, nurse]* wy|kurować; *[treatment]* przywr|ócić, -acać (komuś) zdrowie; **they have ~ed him through** (from troubles) wyciągnęli go z kłopotów

■ **pull together**: ¶ **~ together** (cooperate) działać wspólnie, z|mobilizować siły ¶ **~ [sth] together** [1] (assemble) **~ the two ends of the rope together** przeciągnij razem oba końce liny; **~ the two pieces together** złóż obie części [2] (improve) doprowadz|ić, -ać do porządku *[department]* ¶ **~ [oneself] together** wziąć się w garść

■ **pull up**: ¶ **~ up** [1] (stop) *[car, driver]* zatrzym|ać, -ywać się [2] (regain lost ground) *[athlete, runner]* nadr|obić, -abiać straty; *[pupil]* nadr|obić, -abiać zaległości; **he ~ed up to within a few yards of the leaders** znalazł się kilka jardów za prowadzącymi ¶ **~ up [sth], ~ [sth] up** [1] (uproot) wyr|wać, -ywać *[weeds]* [2] (lift) podn|ieść, -osić *[anchor, drawbridge]*; podciąg|nąć, -ać *[trousers, socks]*; **to ~ up a chair** przysunąć krzesło [3] (stop) *[rider]* zatrzym|ać, -ywać, ściąg|nąć, -ać cugle (czemuś) *[horse]* ¶ **~ [sb] up** [1] (lift) wciąg|nąć, -ać; **to ~ sb up a cliff** wciągać kogoś na skałę; **to ~ sb up out of a well** wyciągnąć kogoś ze studni; **to ~ oneself up** podciągać się; **she ~ed herself up the stairs holding on to the rail** trzymając się poręczy, z trudem weszła po schodach [2] (reprimand) ob|sztorcować infml **(on sth** za coś**)** [3] (stop) *[policeman]* zatrzym|ać, -ywać *[driver, vehicle]*; Sport *[official]* z|dyskwalifikować *[athlete]*

IDIOMS: **~ the other one (it's got bells on)!** infml bujać to my, ale nie nas!; nie ze mną takie numery! infml; **to be on the ~** vinfml pójść na podryw infml

pullback /ˈpʊlbæk/ *n* wycofanie się *n*; rejterada *f* liter or hum

pull-down menu /ˌpʊldaʊnˈmenjuː/ *n* Comput menu *n* rozwijane

pullet /ˈpʊlɪt/ *n* młoda kura *f*; Culin pularda *f*

pulley /ˈpʊlɪ/ *n* (simple machine) blok *m*; (with driving belt) koło *n* pasowe

pull-in /ˈpʊlɪn/ *n* GB [1] infml (café) przydrożna restauracja *f*, zajazd *m* [2] (lay-by) przydrożny parking *m*

pulling power *n* siła *f* pociągowa

Pullman /ˈpʊlmən/ *n* [1] (train) pulman *m*; (carriage) wagon *m* pulmanowski [2] US (suitcase) waliza *f*

Pullman kitchen *n* US kuchenka *f* *(pomieszczenie)*

pull-off /ˈpʊlɒf/ *adj* dający się zdjąć

pull-on /ˈpʊlɒn/ *adj [shirt, dress]* zakładany przez głowę *(bez zapięcia)*

pull-out /ˈpʊlaʊt/ **I** *n* [1] Print luźna wkładka *f* [2] (withdrawal) wycofywanie się *n*

II *adj [section, supplement, diagram]* na wkładce; *[bed]* wysuwany; *[table]* rozsuwany

pullover /ˈpʊləʊvə(r)/ *n* pulower *m*

pull-through /ˈpʊlθruː/ *n* Mil wycior *m*

pullulate /ˈpʌljʊleɪt/ *vi* rozpleni|ć, -ać się, plenić się

pull-up /ˈpʊlʌp/ *n* Sport podciągnięcie się *n* (na drążku); **to do 20 ~s** podciągnąć się 20 razy

pulmonary /ˈpʌlmənərɪ, US -nerɪ/ *adj* płucny; **~ tuberculosis** gruźlica płuc

pulp /pʌlp/ **I** *n* [1] (soft centre) (of fruit, vegetable) miąższ *m*; (of tooth) miazga *f* [2] (crushed mass) miazga *f*, papka *f*; Ind pulpa *f*; **wood ~** ścier drzewny; **to reduce** or **crush sth to a ~** zrobić papkę z czegoś *[fruit, vegetables]*; utrzeć coś, rozetrzeć coś (na miazgę) *[garlic, cloves]*; **to beat sb to a ~** infml zbić kogoś na kwaśne jabłko [3] infml pej (trashy literature) szmira *f* infml pej

II *modif [literature, fiction]* szmatławy infml pej; **~ magazine** szmatławiec infml pej

III *vt* [1] (crush) roz|etrzeć, -cierać na miazgę *[fruit, vegetables]*; rozwłókni|ć, -ać *[wood]*; przer|obić, -abiać na masę papierniczą *[newspapers, books]* [2] infml fig (in fight) poturbować ciężko *[person]*; z|miażdżyć *[head]*

pulp cavity *n* jama *f* or komora *f* miazgi zębowej

pulp fiction *n* szmatławe czytadło *n* infml pej

pulpit /ˈpʊlpɪt/ *n* [1] (in church) ambona *f* [2] (clergy) **the ~** kler *m*

pulpwood /ˈpʌlpwʊd/ *n* Ind papierówka *f*

pulpy /ˈpʌlpɪ/ *adj* papkowaty

pulsar /ˈpʌlsɑː(r)/ *n* Astron pulsar *m*

pulsate /pʌlˈseɪt, US ˈpʌlseɪt/ **I** *vi* [1] (throb) *[blood, star]* pulsować; *[heart]* bić, uderzać, walić [2] (vibrate) *[needle]* drgać; *[note]* wibrować; fig *[person]* drżeć; **to ~ with life** tętnić życiem

II pulsating *prp adj* [1] (beating) *[heart]* bijący, walący; *[vein]* pulsujący; *[beat, rhythm]* wibrujący [2] fig (exciting) *[finale]* fascynujący, ekscytujący

pulsation /pʌlˈseɪʃn/ *n* [1] (single beat) uderzenie *n*, drgnienie *n* [2] (throbbing) (of heart) bicie *n*; (of blood, vein) pulsowanie *n*

pulse¹ /pʌls/ **I** *n* [1] Anat, Med tętno *n*, puls *m*; **to feel** or **take sb's ~** zbadać or zmierzyć komuś tętno or puls; **to take the ~ of Europe in the 90s** fig wniknąć w problemy Europy lat 90.; **he could hear his ~ throbbing in his ears** czuł, jak krew pulsuje mu w uszach; **to quicken sb's ~, to set sb's ~ racing** sprawić, że komuś serce zaczyna bić szybciej [2] (of music) rytm *m*; (of drum) uderzenie *n* [3] Audio, Elec, Phys impuls *m*, drganie *n*

II *vi [blood]* pulsować; *[heart]* bić, pulsować; *[blood, noise, life]* tętnić; **she could feel the blood pulsing through her body** czuła, że krew szybciej krąży jej w żyłach

IDIOMS: **to have one's finger on the ~ (of sth)** trzymać rękę na pulsie (czegoś)

pulse² /pʌls/ *n* Bot roślina *f* strączkowa; **~s** Culin nasiona roślin strączkowych

pulse-jet /ˈpʌlsdʒet/ *n* silnik *m* (odrzutowy) pulsacyjny

pulse modulation *n* modulacja *f* impulsowa

pulse rate *n* tętno *n*, szybkość *f* tętna

pulverization /ˌpʌlvəraɪˈzeɪʃn, US -rɪˈz-/ *n* [1] (of solids) proszkowanie *n*; (of liquids) rozpylanie *n*, pulweryzacja *f* [2] fig starcie *n* w proch fig **(of sth** czegoś**)**; **the ~ of the opposition** starcie opozycji na proch

pulverize /ˈpʌlvəraɪz/ **I** *vt* [1] s|proszkować *[nuts, coal]*; rozpyl|ić, -ać *[oil, water]* [2] fig zetrzeć, ścierać w or na proch fig *[opposition]*

II *vi [coal]* sproszkow|ać, -ywać się; *[petrol]* rozpyl|ić, -ać się

puma /ˈpjuːmə/ *n* puma *f*, kuguar *m*

pumice /ˈpʌmɪs/ *n* (also **~ stone**) pumeks *m*

pummel /ˈpʌml/ *vt* (*prp, pt, pp* **-ll-** GB, **-l-** US) [1] (with fists) okładać (pięściami) [2] (attack, criticize) gromić

pummelling GB, **pummeling** US /ˈpʌməlɪŋ/ *n* cięgi *plt* also fig; (in massage) oklepywanie *n*; **to give sb a ~** spuścić komuś cięgi; **to take a ~** zebrać cięgi

P

pump¹ /pʌmp/ **I** *n* [1] Tech pompa *f*; **bicycle ~** pompka rowerowa; **air/vacuum ~** pompa próżniowa; **to prime the ~** zalać pompę; fig stymulować rozwój [2] (also **petrol ~**) dystrybutor *m* paliwa [3] (handshake) uścisk *m* dłoni; **he gave her hand a ~** potrząsnął jej dłonią [4] (fire-engine) beczkowóz *m*

II *vt* [1] (push) pompować *[air, blood, gas, water]*; wypompow|ać, -ywać **(out of sth** z czegoś**)**; na|pompować **(into sth** do czegoś**)**; **to ~ oil round the engine** smarować silnik; **to ~ air into a tyre** napompować oponę (powietrzem); **to ~ sewage into the sea** przepompować ścieki do morza; **the boiler ~s water into the radiators** z kotła woda jest przepompowywana do kaloryferów; **to ~ a tank dry** opróżnić zbiornik [2] (move) porusz|yć, -ać (czymś) *[handle, lever]*; **to ~ the brakes** hamować pulsacyjnie; **to ~ sb's hand** potrząsnąć dłonią kogoś [3] infml (question) po|ciągnąć za język infml *[person]*; **to ~ sb about** or **for sth** podpytywać or wypytywać kogoś o coś *[details, information]*; **to ~ information out of sb** wyciągać or wydobyć od kogoś informacje [4] Med **to ~ sb's stomach** zrobić komuś płukanie żołądka; **to have one's stomach ~ed** mieć płukanie żołądka

III *vi* [1] (function) *[machine, piston]* pracować [2] (flow) *[blood, oil, water]* tryskać **(from** or **out of sth** z czegoś**)** [3] (beat) *[heart]* mocno bić; walić infml; *[blood]* pulsować

■ **pump out**: ¶ **~ out** *[liquid]* wytrysnąć, tryskać ¶ **~ out [sth], ~ [sth] out** [1] (pour out) wypompow|ać, -ywać *[water, gas]*; nada|ć, -wać *[music]*; rozpowszechni|ć, -ać *[propaganda]* [2] (empty) opróżni|ć, -ać *[hold, pool]*; **to ~ sb's stomach out, to ~ sb out** zrobić komuś płukanie żołądka

■ **pump up**: **~ up [sth], ~ [sth] up** [1] (inflate) na|pompować *[air bed, tyre]* [2] infml (increase) podkręc|ić, -ać *[volume]*

IDIOMS: **all hands to the ~s!** wszyscy do dzieła!; **to ~ bullets** sypać gradem kul; **to ~ iron** Sport infml podnosić ciężary; **to ~ money into sth** ładować w coś pieniądze infml; (recklessly) topić w czymś pieniądze infml; **to ~ sb full of drugs** infml nafaszerować kogoś narkotykami infml; **to ~ sb full of lead** infml nafaszerować kogoś ołowiem infml; **to ~ sth into sb** infml wbijać komuś coś do głowy infml *[facts, information]*

pump² /pʌmp/ *n* [1] GB (plimsoll) tenisówka *f* [2] GB (flat shoe) balerinka *f* [3] US (shoe with heel) czółenko *n*

pump-action /ˌpʌmpˈækʃn/ *adj [gun]* samopowtarzalny

pump attendant *n* pracownik *m* stacji benzynowej *(obsługujący dystrybutory)*

pump dispenser *n* Cosmet rozpylacz *m*

pumpernickel /ˈpʌmpənɪkl/ *n* pumpernikiel *m*

pump house *n* pompownia *f*, stacja *f* pomp

pumpkin /ˈpʌmpkɪn/ *n* [1] Bot dynia *f* [2] US infml (term of endearment) koteczek *m* infml

pumpkinhead /ˈpʌmpkɪnhed/ *n* infml kapuściana głowa *f*, głąb *m* kapuściany infml pej

pumpkin pie *n* placek *m* nadziewany dynią

pump prices *npl* (of petrol) ceny *f pl* detaliczne benzyny

pump priming /ˈpʌmppraɪmɪŋ/ **I** *n* [1] Tech zalewanie *n* pompy [2] fig inwestowanie *n*; zastrzyk *m* gotówki infml fig

II **pump-priming** *modif [aid, capital, funds]* stymulujący rozwój

pump room *n* GB Hist pijalnia *n* wód

pun /pʌn/ **I** *n* [illegible] słów, kalambur *m* **(on sth** opart[illegible]**)**; [illegible] **intended, excuse the ~** to nie była zamierzona gra słów

II *vi* (*prp, pt, pp* **-nn-)** układać kalambury

punch¹ /pʌntʃ/ **I** *n* [1] (for making holes) (for paper) dziurkacz *m*; (for leather) dziurkarka *f*; (for metal) przebijak *m*; Comput perforator *m*; **ticket ~** kasownik [2] (for stamping) (for metal) punktak *m*; (goldsmith's) punca *f*; (for stone) szpicak *m*

II *vt* [1] (make hole in) prze|dziurkować; Comput perforować *[cards, tape]*; **to ~ a ticket** kasować or dziurkować bilet; **to ~ holes in sth** (in paper, leather) dziurkować coś; (in metal) przebijać otwory w czymś [2] (stamp) wybi|ć, -jać *[date, design]*

■ **punch in**: ¶ **~ in** odbi|ć, -jać kartę zegarową *(przychodząc do pracy)* ¶ **~ in [sth], ~ [sth] in** Comput wprowadz|ić, -ać *[data]*

■ **punch out**: ¶ odbi|ć, -jać kartę zegarową *(wychodząc z pracy)* ¶ **~ out [sth], ~ [sth] out** (shape) wykr|oić, -awać; (dial, type) wystuk|ać, -iwać *[number, message]*; **to ~ out a number on the phone** wybrać numer

punch² /pʌntʃ/ **I** *n* [1] (blow) cios *m* pięścią; **to give sb a ~** uderzyć kogoś pięścią, zadać komuś cios pięścią; **she gave him a ~ on the nose/in the stomach** uderzyła go pięścią w nos/w brzuch; **to hit sb in the face with a ~** uderzyć kogoś pięścią w twarz [2] fig (forcefulness) (of person) dynamizm *m*; (of style, performance) wyrazistość *f*, ostrość *f*; **a speech with (plenty of) ~** przemówienie z nerwem; **a slogan with a bit more ~** nieco bardziej chwytliwy slogan

II *vt* (hit) uderz|yć, -ać pięścią; *[boxer]* zada|ć, -wać cios (komuś); *[goalkeeper]* piąstkować *[ball]*; **to ~ sb in the face/on the chin** uderzyć kogoś pięścią w twarz/w szczękę; **he was ~ed and kicked** okładano go pięściami i kopano

III *vi* zada|ć, -wać ciosy pięścią; **to ~ low** zadawać ciosy poniżej pasa

IDIOMS: **to pack a ~** infml *[boxer]* mieć silny cios infml; *[cocktail]* mieć kopa infml; *[book, film]* robić duże wrażenie; **to pull no ~es** *[boxer]* nie oszczędzać przeciwnika; fig walić prosto z mostu infml

punch³ /pʌntʃ/ *n* (drink) poncz *m*

Punch /pʌntʃ/ *prn bohater tradycyjnego angielskiego widowiska kukiełkowego*

IDIOMS: **as pleased as ~** bardzo zadowolony, rozanielony

Punch-and-Judy show /ˌpʌntʃənˈdʒuːdɪʃəʊ/ *n tradycyjne angielskie widowisko kukiełkowe*

punchbag /ˈpʌntʃbæg/ *n* GB Sport worek *m* treningowy also fig; **to use sb as a ~** traktować kogoś jak worek treningowy

punch ball *n* gruszka *f* bokserska

punch bowl *n* waza *f* do ponczu

punch card *n* karta *f* perforowana

punch-drunk /ˈpʌntʃdrʌŋk/ *adj* [1] (confused) skołowany infml; (dazed) oszołomiony [2] Med (suffering cerebral injury) dotknięty encefalopatią bokserską

punched card *n* = **punch card**

punched (paper) tape *n* taśma *f* perforowana

punching bag *n* US = **punchbag**

punch line *n* puenta *f*, pointa *f*

punch-up /ˈpʌntʃʌp/ *n* GB infml bijatyka *f*, bójka *f* infml; **to have a ~ (with sb)** naparzać się (z kimś) infml

punchy /ˈpʌntʃɪ/ *adj* infml [1] *[person, style]* dynamiczny; *[reply, remark]* cięty; *[style, article, speech]* z nerwem [2] = **punch-drunk**

punctilio /pʌŋkˈtɪlɪəʊ/ *n* fml (etiquette) formalizm *m*, drobiazgowość *f*; (point of etiquette) niuans *m*

punctilious /pʌŋkˈtɪlɪəs/ *adj* fml skrupulatny, drobiazgowy; **to be ~ about (one's) work** być skrupulatnym w pracy

punctiliously /pʌŋkˈtɪlɪəslɪ/ *adv* fml skrupulatnie, drobiazgowo

punctual /ˈpʌŋktʃʊəl/ *adj [person, bus, delivery]* punktualny; **to be ~ for a meeting** przybyć punktualnie na spotkanie; **to be ~ in doing sth** zrobić coś w terminie

punctuality /ˌpʌŋktʃʊˈælətɪ/ *n* punktualność *f*

punctually /ˈpʌŋktʃʊəlɪ/ *adv* punktualnie

punctuate /ˈpʌŋktʃʊeɪt/ **I** *vt* [1] stawiać znaki interpunkcyjne w (czymś) *[essay, report]* [2] (interrupt) przer|wać, -ywać; **the silence was ~d only by the occasional sob** ciszę od czasu do czasu przerywał szloch; **a speech ~d with quotes from the classics** przemówienie pełne cytatów or naszpikowane cytatami z klasyków

II *vi* stawiać znaki interpunkcyjne

punctuation /ˌpʌŋktʃʊˈeɪʃn/ *n* interpunkcja *f*, przestankowanie *n*

punctuation mark *n* znak *m* interpunkcyjny or przestankowy

puncture /ˈpʌŋktʃə(r)/ **I** *n* [1] (in tyre, balloon, air bed) przebicie *n*; dziura *f* infml; (in skin) nakłucie *n*; (to lung) perforacja *f*; **we had a ~ on the way here** po drodze złapaliśmy gumę infml; **my bike had a ~** miałem przedziurawioną dętkę w rowerze; **to repair a ~** (in bike, car) załatać dętkę [2] Med punkcja *f*

II *vt* [1] (perforate) przebi|ć, -jać *[tyre, balloon, air bed]*; przekłu|ć, -wać *[abscess, blister]*; **to ~ a hole in sth** zrobić w czymś dziurę; **to ~ a lung** przebić płuco [2] fig (deflate) obal|ić, -ać *[myth]*; **to ~ sb's pride** or **ego** urazić dumę kogoś; **to ~ sb's confidence** odebrać komuś pewność siebie

III *vi [balloon]* pęk|nąć, -ać; **two tyres ~d when the car hit the kerb** poszły dwie opony, kiedy samochód uderzył w krawężnik infml

puncture-proof /ˈpʌŋktʃəpruːf/ *adj* odporny na przebicia

puncture (repair) kit *n* zestaw *m* do naprawy dętek

puncture wound *n* rana *f* kłuta

pundit /ˈpʌndɪt/ *n* [1] (expert) ekspert *m*; spec *m* hum; **television ~s** eksperci or spece od telewizji [2] Relig pandit *m*

pungency /ˈpʌndʒənsɪ/ *n* [1] (of food) ostry smak *m*; (of smoke, aroma) gryzący zapach *m* [2] (of speech, satire) zjadliwość *f*, zgryźliwość *f*

pungent /ˈpʌndʒənt/ *adj* [1] (strong) *[taste]* ostry; *[smell, gas, smoke]* gryzący [2] *[remark, question]* zjadliwy, zgryźliwy

pungently /ˈpʌndʒəntlɪ/ *adv [flavoured]* ostro; *[comment]* zgryźliwie, zjadliwie

Punic /ˈpjuːnɪk/ **I** *n* Punijczyk *m*

II *adj* punicki; **the ~ Wars** wojny punickie

punish /ˈpʌnɪʃ/ *vt* [1] u|karać *[person, criminal, crime]*; **to ~ sb for sth/for doing sth** ukarać kogoś za coś/za zrobienie czegoś; **a crime ~ed by death/imprisonment** zbrodnia karana śmiercią/więzieniem; **he's been ~ed enough by having to miss the game** nieobejrzenie meczu jest dla niego dostateczną karą [2] infml (treat roughly) da|ć, -wać wycisk (komuś) infml *[opponent]*; nie oszczędz|ić, -ać (czegoś) *[car]*; zaje|ździć, -żdżać *[horse]* [3] infml (consume a great deal of) s|pałaszować infml *[item of food]*; wy|trąbić infml *[bottle]*

punishable /ˈpʌnɪʃəbl/ *adj [offence]* karalny; **to be ~ by death/a fine** podlegać karze śmierci/grzywny; **to be ~ by law** być karalnym na mocy prawa

punishing /ˈpʌnɪʃɪŋ/ **I** *n* [1] (act) karanie *n* [2] infml (defeat, damage) cięgi *plt*; wycisk *m* infml; **to take a ~** *[opponent, team]* dostać wycisk; **the car/table has taken a ~ over the years** samochód/stół wysłużył się przez lata; **to give sb a ~** dać komuś wycisk

II *adj [pace, climb, exercise]* morderczy, wyczerpujący; *[defeat]* druzgocący

punishment /ˈpʌnɪʃmənt/ *n* [1] kara *f* **(for sth** za coś); **as ~ for breaking the window** jako kara za zbicie szyby w oknie; **as ~, they were sent to bed** za karę posłano ich do łóżka [2] infml (rough treatment) cięgi *plt*; wycisk *m* infml; **to take a lot of ~** *[team]* dostać niezłe cięgi; *[engine, car]* ucierpieć

punitive /ˈpjuːnətɪv/ *adj [action, expedition]* karny; *[measures]* Pol odwetowy; *[taxation]* zawyżony; **~ damages** odszkodowanie z nawiązką

Punjab /ˌpʌnˈdʒɑːb/ *prn* Pendżab *m*

Punjabi /ˌpʌnˈdʒɑːbɪ/ **I** *n* [1] (person) Pendżab|czyk *m*, -ka *f* [2] Ling (język *m*) pendżabski *m*, pendżabi *m inv*

II *adj* pendżabski

punk /pʌŋk/ **I** *n* [1] (also **~ rocker)** punk *m*, punkowiec *m* [2] (also **~ rock)** punk *m*, punk rock *m* [3] US infml pej (hoodlum) chuligan *m*; (presumptuous youth) smarkacz *m* infml pej
II *adj [hairstyle, clothes]* punkowy; *[music, record, band]* punkrockowy, punkowy
punnet /ˈpʌnɪt/ *n* GB łubianka *f*
punster /ˈpʌnstə(r)/ *n* kalamburzyst|a *m*, -ka *f*
punt¹ /pʌnt/ **I** *n* (boat) łódź *f* płaskodenna
II *vi* **to go ~ing** pływać łodzią
punt² /pʌnt/ **I** *n* Games kop *m* z powietrza
II *vt* kopnąć (z powietrza) *[ball]*
punt³ /pʌnt/ *n* (Irish pound) funt *m* irlandzki
punt⁴ /pʌnt/ **I** *n* (bet) zakład *m*
II *vi* grać *(na wyścigach, giełdzie)*
punter /ˈpʌntə(r)/ *n* GB infml [1] (at horse races, casino) gracz *m* [2] (customer) klient *m*
puny /ˈpjuːnɪ/ *adj [person]* mizerny, wątły; *[plant, limbs, chest]* rachityczny; *[muscles]* słaby; *[effort, attempt]* żałosny
pup /pʌp/ **I** *n* [1] (dog) szczeniak *m*, szczenię *n*; **our bitch is in ~** nasza suka jest szczenna [2] infml (person) **a cheeky young ~** bezczelny szczeniak infml pej
II *vi* (*prp, pt, pp* **-pp-**) o|szczenić się
IDIOMS: **to be sold a ~** infml dać się wykiwać infml
pupa /ˈpjuːpə/ *n* (*pl* **pupae**) poczwarka *f*
pupate /pjuːˈpeɪt, US ˈpjuːpeɪt/ *vi* przepoczwarz|yć, -ać się
pupil¹ /ˈpjuːpɪl/ *n* Sch ucze|ń *m*, -nnica *f*; **a ~ of Rembrandt** uczeń Rembrandta
pupil² /ˈpjuːpɪl/ *n* Anat źrenica *f*
puppet /ˈpʌpɪt/ **I** *n* [1] kukiełka *f*; (marionette) marionetka; (glove puppet) pacynka *f* [2] fig marionetka *f* fig
II *modif [government, state]* marionetkowy
puppeteer /ˌpʌpɪˈtɪə(r)/ *n* lalka|rz *m*, -rka *f*
puppetry /ˈpʌpɪtrɪ/ *n* lalkarstwo *n*
puppet show *n* przedstawienie *n* lalkowe
puppet theatre GB, **puppet theater** US *n* teatr *m* lalkowy
puppy /ˈpʌpɪ/ *n* [1] (dog) szczenię *n*, szczeniak *m*; **to have puppies** mieć szczeniaki [2] dat (young person) chłystek *m* pej
puppy fat *n* dziecięca pulchność *f*
puppy love *n* cielęca miłość *f*
pup tent *n* mały namiot *m*
purblind /ˈpɜːblaɪnd/ *adj* [1] arch (partly blind) ślepawy [2] fml (lacking insight) ślepy fig **(to sth** na coś)
purchase /ˈpɜːtʃəs/ **I** *n* [1] (act) zakup *m*, kupno *n*; **to make a ~ (of sth)** dokonać zakupu (czegoś) fml; **on special ~** po niższych cenach [2] (thing bought) zakup *m*, nabytek *m* [3] (grip) (with hands) (u)chwyt *m*; (with feet) oparcie *n* dla nóg, punkt *m* oparcia; **to get** or **gain (a) ~ on sth** *[climber]* znaleźć punkt oparcia na czymś *[ledge, cliff]*; **to get** or **gain (a) ~ on the road** *[vehicle]* trzymać się drogi
II *vt* Comm kup|ić, -ować; zakup|ić, -ywać, naby|ć, -wać fml; **to ~ sth from sb/from the butcher's/from Buymore** kupić coś od kogoś/u rzeźnika/w Buymore; **to ~ a victory at a very high price** fig drogo okupić zwycięstwo; **to ~ freedom at the price of honour** fig okupić wolność utratą honoru
purchase ledger *n* księga *f* zakupów
purchase order *n* zlecenie *n* zakupu
purchase price *n* cena *f* kupna; (on stock exchange) kurs *m* kupna
purchaser /ˈpɜːtʃəsə(r)/ *n* nabywca *m*
purchase tax *n* GB podatek *m* od zakupu
purchasing /ˈpɜːtʃəsɪŋ/ *n* zakup *m*, kupno *n*
purchasing department *n* dział *m* zaopatrzenia
purchasing officer *n* pracowni|k *m*, -ca *f* zaopatrzenia, zaopatrzeniowiec *m*
purchasing power *n* (of currency) siła *f* nabywcza; (of individual) zdolność *f* nabywcza
purdah /ˈpɜːdə/ *n prawo nakazujące kobiecie zasłaniać twarz*; **to go into ~** fig odizolować się od świata
pure /pjʊə(r)/ *n* [1] (unadulterated, clean) *[gold, oxygen, air, water, silk, cotton, wool]* czysty *(bez domieszek)*; *[colour]* klarowny, czysty; *[sound]* czysty; **~ alcohol** Chem czysty spirytus; **~ new wool** czysta żywa wełna; **a ~ voice** czysty głos [2] (chaste) *[person, life]* niepokalany, czysty; *[motive, intention]* czysty, jak najczystszy; **~ in mind and body** *[person]* nieposzlakowany; **blessed are the ~ in heart** Bible błogosławieni czystego serca [3] (sheer) *[chance, nonsense]* czysty; *[happiness, pleasure]* niczym niezmącony; *[pleasure]* prawdziwy; **out of ~ curiosity** z czystej ciekawości; **by ~ chance** przez czysty przypadek; **it was revenge, ~ and simple** to była tylko i wyłącznie zemsta; **'how was the exam?' – '~ hell'** „jak tam egzamin?" – „potworny" [4] (not applied) *[mathematics, science]* teoretyczny, czysty; **~ research** badania podstawowe
IDIOMS: **as ~ as the driven snow** czysty jak kryształ or łza, kryształowo czysty
purebred /ˈpjʊəbred/ **I** *n* (horse) koń *m* czystej krwi
II *adj* czystej krwi; *[dog]* rasowy
puree, purée /ˈpjʊəreɪ, US pjʊəˈreɪ/ **I** *n* (of vegetables) piure *n inv*, purée *n inv*; (of fruit) przecier *m*
II *vt* z|robić piure z (czegoś) *[vegetables]*; prze|trzeć, -cierać *[fruit, vegetables]*; **~d vegetables** przecier z jarzyn
pure line *n* Bot, Zool czysta linia *f*
purely /ˈpjʊəlɪ/ *adv* (completely, only) wyłącznie, jedynie; **a ~ personal matter** sprawa czysto osobista; **~ by chance** przez czysty przypadek, zupełnie przypadkowo; **~ and simply** tylko i wyłącznie; **~ to be polite** wyłącznie przez uprzejmość
pureness /ˈpjʊənɪs/ *n* czystość *f*
pure vowel *n* monoftong *m*
purgation /pɜːˈgeɪʃn/ *n* [1] Relig oczyszczenie *n* [2] Med przeczyszczenie *n* [3] Pol czystka *f*
purgative /ˈpɜːgətɪv/ Med **I** *n* środek *m* przeczyszczający
II *adj* przeczyszczający
purgatorial /ˌpɜːgəˈtɔːrɪəl/ *adj [test, punishment]* Relig czyśćcowy; *[experience, place]* straszny
purgatory /ˈpɜːgətrɪ, US -tɔːrɪ/ *n* [1] Relig czyściec *m* [2] fig (suffering) męka *f*, męczarnia *f*; (place of suffering) piekło *n* fig; **it was sheer ~ to have to listen to her singing** słuchanie jej śpiewu było męczarnią; **I went through ~** przeszedłem piekło
purge /pɜːdʒ/ **I** *n* [1] Pol czystka *f*; **the Stalinist ~s** czystki stalinowskie; **a ~ of disloyal army officers** czystka przeprowadzona wśród nielojalnych oficerów [2] Med przeczyszczenie *n* [3] (of charge, guilt) oczyszczenie *n* (z zarzutów)
II *vt* [1] Pol przeprowadz|ić, -ać czystkę w (czymś) *[country, party, army]*; przeprowadz|ić, -ać czystkę wśród (kogoś) *[opponents]*; wy|eliminować *[dissidents, opposition]*; **to ~ the army of political opponents** wyeliminować przeciwników politycznych w armii; **to ~ the region of ethnic minorities** przeprowadzić czystki etniczne w regionie [2] (cleanse) oczy|ścić, -szczać *[pipe, boiler, body]*; Med (empty bowels of) *[medicine]* przeczy|ścić, -szczać; **this medicine will ~ him** po tym lekarstwie go przeczyści [3] Relig oczy|ścić, -szczać się z (czegoś) *[sin]*; odpokutow|ać, -ywać *[guilt]* [4] fig liter oczy|ścić, -szczać *[mind, heart]* **(of sth** z czegoś); **you must ~ this hatred from your soul** musisz wyzbyć się nienawiści [5] Jur **to ~ one's contempt** zostać uwolnionym od zarzutu obrazy sądu; **to ~ an offence** oczyścić się z zarzutu
III *vr* **to ~ oneself of sth** Relig, Jur oczyścić się z czegoś *[sin, charge]*
purification /ˌpjʊərɪfɪˈkeɪʃn/ **I** *n* oczyszczenie *n* also Relig; **the Purification (of the Virgin Mary)** Relig (church day) (święto) Matki Boskiej Gromnicznej
II *modif [tablet, liquid]* dezynfekujący
purification plant *n* oczyszczalnia *f*
purifier /ˈpjʊərɪfaɪə(r)/ *n* oczyszczalnik *m*, oczyszczacz *m*
purify /ˈpjʊərɪfaɪ/ *vt* oczy|ścić, -szczać *[air, water, person, soul]*
purism /ˈpjʊərɪzəm/ *n* puryzm *m*
purist /ˈpjʊərɪst/ **I** *n* puryst|a *m*, -ka *f*
II *adj* purystyczny
puritan /ˈpjʊərɪtən/ **I** *n* purytan|in *m*, -ka *f*
II *adj* purytański
Puritan /ˈpjʊərɪtən/ Relig, Hist **I** *n* purytan|in *m*, -ka *f*
II *adj* purytański
puritanical /ˌpjʊərɪˈtænɪkl/ *adj* purytański
puritanism /ˈpjʊərɪtənɪzəm/ **I** *n* purytanizm *m*
II Puritanism *prn* purytanizm *m*
purity /ˈpjʊərətɪ/ *n* czystość *f*
purl /pɜːl/ **I** *n* oczko *n* lewe
II *adj [stitch]* lewy; **~ row** rządek lewych (oczek)
III *vt* przer|obić, -abiać w lewo *[row, stitch]*; **knit one, ~ one** (zrób) jedno prawe, jedno lewe
purlieus /ˈpɜːljuːz/ *npl* fml (outskirts) obrzeże *n*; (vicinity) sąsiedztwo *n*
purlin /ˈpɜːlɪn/ *n* Constr płatew *f*
purloin /pɜːˈlɔɪn/ *vt* fml u|kraść, s|kraść, wykra|ść, -dać
purple /ˈpɜːpl/ **I** *n* [1] (colour) (kolor *m*) fioletowy *m*, fiolet *m* [2] (royalty, nobility, cardinals) **the ~** purpuraci *m pl*; (bishops) GB biskupi *m pl*
II *adj* [1] (bluish) fioletowy; (reddish) purpurowy; **to turn ~** spurpurowieć also fig [2] (overwritten) *[passage, prose]* kwiecisty, napuszony
purple heart *n* drug addicts' sl (pill) purpurowe serduszko *n* infml *(amfetamina w tabletkach koloru fioletowego)*
Purple Heart, PH *n* US Mil *medal za rany odniesione w walce*

purple martin *n* Zool jaskółczak *m* modry
purplish /ˈpɜːplɪʃ/ *adj* fioletowawy
purport fml **I** /ˈpɜːpət/ *n* sens *m*, wymowa *f*; **the ~ of her remarks was clear** sens jej uwag był jasny
II /pəˈpɔːt/ *vt* **to ~ to be a doctor** podawać się za lekarza; **a biography which ~s to reveal all about her private life** biografia, która jakoby or rzekomo ujawnia wszystkie fakty z jej prywatnego życia; **they ~ to represent the wishes of the majority** twierdzą, że reprezentują życzenia większości
purported /pəˈpɔːtɪd/ *adj* fml rzekomy, domniemany
purportedly /pəˈpɔːtɪdlɪ/ *adv* fml rzekomo, jakoby
purpose /ˈpɜːpəs/ **I** *n* [1] (aim) cel *m*; (intention, reason) zamiar *m*; **to have a ~ in life** mieć (jakiś) cel w życiu; **what was your ~ in doing it?** po co to zrobiłeś?; **what was his ~ in coming?** po co właściwie przyszedł?; **I came here with the ~ of visiting my family** przyjechałem tu, żeby odwiedzić rodzinę; przyjechałem tu z zamiarem odwiedzenia rodziny; **for a ~** celowo; **he is here for a ~** jest tu nie bez powodu; **for our/your own ~s** dla naszych/waszych celów; **for our ~s, we shall assume that...** dla naszych celów przyjmujemy, że...; **for the ~s of this experiment** w tym doświadczeniu; **for cooking/business ~s** do gotowania/dla interesów; **for all practical ~s, to all intents and ~s** na dobrą sprawę; **he took a boat to China; ~ unknown** fml popłynął do Chin w niewiadomym celu [2] (use) **what's the ~ of this button?** do czego służy ten przycisk?; **it has no real ~, it's simply for decoration** to właściwie niczemu nie służy, to tylko ozdoba; **to serve a (useful) ~** *[tool]* pełnić (pożyteczną) funkcję; **prolonging the debate would serve no useful ~** przedłużanie tej dyskusji nie ma najmniejszego sensu; **this knife will serve the ~** ten nóż będzie odpowiedni; **put it in the bin provided for the ~** wyrzuć do przeznaczonego do tego celu pojemnika [3] (result) skutek *m*; **to some** or **good ~** z dobrym skutkiem; **to no ~** na próżno, bezskutecznie; **it was all to little ~** wszystko to nie na wiele się zdało; **to the ~/not to the ~** fml na temat/nie na temat [4] (determination) (also **strength of ~**) wola *f*, determinacja *f*, niezłomność *f*; **she has a/no sense of ~** ma cel/nie ma celu w życiu; **lack of ~** niezdecydowanie, brak zdecydowania
II on purpose *adv phr* celowo, umyślnie; **I didn't do it on ~** nie zrobiłem tego umyślnie; **she said it on ~ to frighten him** powiedziała to celowo, żeby go przestraszyć
III *vt* arch or liter **to ~ to do sth** zamierzać coś zrobić, powziąć zamysł zrobienia czegoś
purpose-built /ˌpɜːpəsˈbɪlt/ *adj [apartment]* specjalnie wybudowany, specjalnie przystosowany; **~ toilets for disabled people** toalety dla niepełnosprawnych; **a car ~ for the European market** samochód zaprojektowany z myślą o rynku europejskim
purposeful /ˈpɜːpəsfl/ *adj* [1] (resolute, determined) *[person]* z charakterem, wytrwale dążący do celu; *[expression]* zdecydowany, zdeterminowany; *[stride]* pewny; *[life]* sensowny [2] (done on purpose) celowy
purposefully /ˈpɜːpəsfəlɪ/ *adv* z determinacją; (on purpose) celowo
purposeless /ˈpɜːpəslɪs/ *adj [existence]* bez celu; *[violence]* bezsensowny
purposely /ˈpɜːpəslɪ/ *adv* celowo, umyślnie; **he said it ~ to annoy me** powiedział to celowo, żeby mi dokuczyć
purpose-made /ˌpɜːpəsˈmeɪd/ *adj* GB specjalnie zaprojektowany
purr /pɜː(r)/ **I** *n* (of cat) mruczenie *n*; (of engine) warkot *m*; **our cat has a very loud ~** nasz kot bardzo głośno mruczy
II *vt* fig powiedzieć, mówić miękkim głosem *[endearments]*
III *vi [cat, lion]* za|mruczeć; *[engine]* perkotać; **to ~ along** *[car]* sunąć z cichym warkotem silnika
purse /pɜːs/ **I** *n* [1] (for coins) portmonetka *f*; (for coins and notes) GB portfel *m* [2] US (handbag) torebka *f* (damska) [3] fig (resources) fundusze *plt*; **that's beyond my ~** to przekracza moje możliwości finansowe; **my ~ couldn't afford such an expense** nie stać mnie (było) na taki wydatek; **the public ~** kiesa państwowa fig [4] (prize) nagroda *f* pieniężna
II *vi* **to ~ one's lips** za|sznurować wargi
IDIOMS: **to hold the ~ strings** trzymać kasę infml; **to loosen the ~ strings** potrząsnąć kiesą, sypnąć groszem; **to tighten the ~ strings** (for oneself) zacisnąć pasa; (for others) skąpić grosza
purse-proud /ˈpɜːspraʊd/ *adj* US afiszujący się zamożnością
purser /ˈpɜːsə(r)/ *n* główny steward *m*
purse snatcher *n* US złodziej *m*, -ka *f* damskich torebek
pursuance /pəˈsjuːəns, US -ˈsuː-/ *n* Jur **in ~ of sth** (in accordance with) zgodnie z czymś; (with the aim of) dążąc do czegoś, w dążeniu do czegoś; **in ~ of one's duties** podczas wypełniania obowiązków
pursuant /pəˈsjuːənt, US -ˈsuː-/ *adj* Jur **~ to sth** zgodnie z czymś, stosownie do czegoś
pursue /pəˈsjuː, US -ˈsuː/ *vt* [1] (chase, follow) ścigać *[person, animal]*; **she is constantly ~d by her fans** fani nie odstępują jej na krok; **she seems to be ~d by bad luck** prześladuje ją pech; **he was ~d by doubts** dręczyły go wątpliwości; **her gaze ~d me** śledziła or ścigała mnie wzrokiem [2] (seek, strive for) dążyć do (czegoś) *[aim, excellence]*; gonić za (czymś) *[happiness, pleasure, success, fortune]*; upominać się o (coś) *[rights]* [3] (carry out, continue) prowadzić *[policy, research]*; kontynuować *[course of action]*; **we can ~ the matter further in our next meeting** wrócimy do tej sprawy podczas następnego zebrania; **to ~ a line of thought** trzymać się (jakiejś) linii rozumowania [4] (engage in, practise) zajmować się (czymś) *[occupation]*; uprawiać *[profession]*; rozwijać *[interests]*; **she ~d her acting career with great determination** wytrwale dążyła do sukcesu jako aktorka
pursuer /pəˈsjuːə(r), US -ˈsuː-/ *n* ścigający *m*; (persistent) prześladow|ca *m*, -czyni *f*
pursuit /pəˈsjuːt, US -ˈsuː-/ *n* [1] (chase) pogoń *f*, pościg *m* also fig **(of sth** za czymś); **the ~ of happiness** pogoń za szczęściem; **there were five police cars in ~** w pościgu brało udział pięć wozów policyjnych; **in ~ of sth** w pościgu or pogoni za czymś; **she set off in ~ of the thief** ruszyła w pogoń za złodziejem; **in close ~, in hot ~** depcząc po piętach; **we saw him run past with two guards in hot ~** zobaczyliśmy, jak przebiega, a tuż za nim dwóch strażników; **they crossed the border in hot ~ of the rebels** depcząc po piętach buntownikom, przekroczyli granicę [2] (activity) zajęcie *n*, praca *f*; (hobby) pasja *f*; **artistic /scientific ~s** praca artystyczna/naukowa
pursuit plane *n* Aviat pościgowiec *m*
purulence /ˈpjʊərələns/ *n* ropienie *n*
purulent /ˈpjʊərələnt/ *adj* ropiejący, ropny, jątrzący się; **the wound has gone ~** rana zaczęła się jątrzyć or ropieć
purvey /pəˈveɪ/ *vt* fml zaopat|rzyć, -rywać w (coś) *[foodstuffs]* **(to sb** kogoś); dostarcz|yć, -ać (czegoś) *[goods, services, information]* **(to sb** komuś)
purveyance /pəˈveɪəns/ *n* fml dostarczanie *n*, dostawa *f* **(of sth** czegoś); zaopatrzenie *n* **(of sth** w coś)
purveyor /pəˈveɪə(r)/ *n* fml dostawca *m*, dostarczyciel *m*, -ka *f*; **~ of pornography** rozprowadzający pornografię
purview /ˈpɜːvjuː/ *n* [1] fml zakres *m*, zasięg *m* **(of sth** czegoś); **to be** or **come within the ~ of sb/sth** należeć do kompetencji kogoś/czegoś [2] Jur treść *f* ustawy
pus /pʌs/ *n* Med ropa *f*
push /pʊʃ/ **I** *n* [1] (shove) pchnięcie *n*, popchnięcie *n*; (press) naciśnięcie *n*, przyciśnięcie *n*; **to give sb/sth a ~** popchnąć kogoś/coś; **the car won't start – we need a ~** samochód nie chce ruszyć, ktoś nas musi popchnąć; **with a couple of hard ~es** kilkoma mocnymi pchnięciami; **at the ~ of a button** za naciśnięciem guzika, po naciśnięciu guzika [2] fig (stimulus) bodziec *m*, zachęta *f*; **to give sb a ~** zdopingować kogoś; **this gave me the ~ I needed** to mnie zmobilizowało; **to give sth a ~ in the right direction** pchnąć coś na właściwe tory fig [3] (campaign, drive) kampania *f* **(for sth** na rzecz czegoś); **a sales ~ to increase turnover** kampania handlowa mająca na celu zwiększenie obrotów [4] Mil ofensywa *f*, uderzenie *n* **(to/towards sth** na coś/w kierunku czegoś); **a ~ into enemy territory** wdarcie się na terytorium wroga [5] (spirit, drive) inicjatywa *f*; **not to have enough ~ (to do sth)** nie mieć dość inicjatywy (żeby coś zrobić)
II *vt* [1] (shove) pop|chnąć, -ychać, pchać *[person, animal, chair, pram, car]*; (move) odsu|nąć, -wać *[person, furniture]*; **to ~ sb /sth away** or **aside** odepchnąć kogoś/coś; **to ~ a suggestion aside** odrzucić sugestię; **to ~ one's bicycle up the hill** pchać rower pod górę; **to ~ sb down the stairs** zepchnąć kogoś ze schodów; **to ~ sb/sth into a lake/ditch** zepchnąć kogoś/coś do jeziora/rowu; **to ~ one's finger/a stick into sth** wepchnąć or wpakować palec /patyk w coś; **to ~ sth into sb's hand**

wepchnąć komuś coś do ręki; **she wouldn't go into the pool, so I ~ed her in!** nie chciała wejść do basenu, więc ją wepchnąłem!; **he ~ed a 20p piece into the slot** włożył or wrzucił monetę 20--pensową (do otworu); **to ~ sb/sth out of the way** odepchnąć kogoś/coś (na bok); **to ~ sth out of sight** schować coś; **to ~ sb /sth off the road/pavement** zepchnąć kogoś/coś z drogi/chodnika; **to ~ sb/sth over the cliff** zepchnąć kogoś/coś ze skały; **to ~ one's car to the garage** dopchać samochód do warsztatu; **to ~ one's way through the crowd** przepychać się or przeciskać się przez tłum; **to ~ a thought to the back of one's mind** odsunąć od siebie (jakąś) myśl [2] (press) nacis|nąć, -kać, przycis|nąć, -kać *[button, switch, door bell]*; po|pchnąć *[door, window]*; **to ~ the door open/shut** otworzyć /zamknąć drzwi; **to ~ the door to** zamknąć drzwi [3] (urge) ponaglać *[person]* **(to do** or **into doing sth** żeby coś zrobił); (drive) przymu|sić,-szać *[person]* **(to do** or **into doing sth** do zrobienia czegoś); nacis|nąć, -kać infml *[person]* **(to do** or **into doing sth** żeby coś zrobił); **to ~ sb too hard** (urge) naciskać kogoś zbyt mocno; (make work) brać kogoś do galopu infml; **to ~ sb too far** doprowadzać kogoś do ostateczności; **don't ~ me!** infml nie poganiaj mnie!; **to be ~ed** infml (under pressure) być pod presją; **to be ~ed for sth** infml (short of) odczuwać brak czegoś, mieć niewiele czegoś *[money, time]* [4] infml (promote) wy|promować *[product]*; wy|lansować *[policy, theory]*; **I don't like to ~ the point, but...** nie chcę być nudny, ale... [5] infml (sell) handlować (czymś), rozprowadzać *[drugs]*

III *vi* [1] (move) pop|chnąć, -ychać, pchać **(on sth** coś); (press) nacis|nąć, -kać **(on sth** na coś); **'~'** (on doorbell) „nacisnąć"; **to ~ at sth** pchać coś [2] (exert muscular pressure) rozpychać się; (in labour) przeć; **'~!'** (in labour) „przyj!"; **to ~ against sth** napierać na coś; **there is no need to ~** nie ma potrzeby się rozpychać; **to ~ past sb** przecisnąć się obok kogoś; **to ~ through the crowd /room** przepchnąć się or przecisnąć się przez tłum/pokój

IV *vr* **to ~ oneself** [1] (change position) **to ~ oneself upright** wyprostować się, wstać; **to ~ oneself into a sitting position** usiąść prosto [2] (make way) **to ~ oneself through the crowd/a gap** przecisnąć się przez tłum/otwór [3] (drive oneself) wysil|ić, -ać się **(to do sth** żeby coś zrobić)

■ **push ahead** kontynuować **(with sth** coś)

■ **push along** infml [1] (leave) uciekać, zbierać się fig; **I'd better be ~ing along** muszę się zbierać [2] (travel fast) zasuwać infml

■ **push around** infml: **~ [sb] around** fig dyrygować (kimś) fig

■ **push back**: **~ back [sb/sth], ~ [sb /sth] back** od|epchnąć, -pychać *[person]*; odsu|nąć, -wać *[object, furniture]*; odgarn|ąć, -iać *[hair]*; od|eprzeć, -pierać *[enemy, army]*; przesu|nąć, -wać (na później) *[date]*; od|łożyć, -kładać *[meeting]*; przesu|nąć, -wać *[frontier]*

■ **push down**: ¶ **~ down [sth], ~ [sth] down** obniż|yć, -ać *[price, rate, temperature]* ¶ **~ down [sb/sth], ~ [sb/sth] down** zepchnąć, spychać *[person, object]*

■ **push for**: **~ for [sth]** przeć do (czegoś), nawoływać do (czegoś) *[reform, action]*

■ **push forward**: ¶ **~ forward** kontynuować **(with sth** coś) ¶ **~ forward [sth], ~ [sth] forward** forsować *[idea, proposal]*; **to ~ oneself forward** forsować własną kandydaturę

■ **push in**: ¶ **~ in** w|epchnąć, -pychać się ¶ **~ in [sth], ~ [sth] in** wcis|nąć, -kać *[button]*; wyłam|ać, -ywać *[window, door]*

■ **push off**: ¶ **~ off** [1] GB infml (go away) ruszać w drogę; zmykać infml; **~ off!** zjeżdżaj! infml; **I must ~ off** muszę zmykać [2] (with oar, pole) od|epchnąć, -pychać się; **to ~ off from the bank/jetty** odepchnąć się od brzegu/pomostu ¶ **~ off [sb/sth], ~ [sb/sth] off** zepchnąć, spychać **(from sth** z czegoś)

■ **push on** = **push ahead**

■ **push over**: ¶ **~ over** infml (move over) posu|nąć, -wać się; **~ over!** posuń się! ¶ **~ over [sb/sth], ~ [sb/sth] over** przewr|ócić, -acać *[person, car, table]*; wywr|ócić, -acać *[car, table]*

■ **push through**: **~ through [sth], ~ [sth] through** doprowadz|ić, -ać do przyjęcia (czegoś) *[bill, legislation]*; s|finalizować *[deal]*; przeprowadz|ić, -ać *[plan, scheme]*; **to ~ through a passport application** przyśpieszyć wydanie paszportu; **to ~ a bill through parliament** przeforsować ustawę w parlamencie; przepchnąć ustawę w parlamencie infml

■ **push up**: ¶ **~ up [sth], ~ [sth] up** s|powodować wzrost (czegoś) *[rate, unemployment]*; windować *[price]*; przyśpiesz|yć, -ać *[pulse rate]* ¶ **~ up [sb], ~ [sb] up** podsadz|ić, -ać

IDIOMS: **at a ~** GB infml na siłę, na upartego; **if it comes to the ~, when** or **if ~ comes to shove** jak przyjdzie co do czego; **to be ~ing 50** zbliżać się do pięćdziesiątki; **to give sb the ~** GB infml (fire) wywalić kogoś z roboty infml; (break up with) zerwać z kimś; **to ~ one's luck, to ~ it** infml igrać z losem; **that's ~ing it a bit!** infml (cutting it fine) to dość ryzykowne

pushball /ˈpʊʃbɔːl/ *n* Sport *gra polegająca na przepychaniu piłki w kierunku bramki przeciwnika*

push-bike /ˈpʊʃbaɪk/ *n* infml rower *m*

push button **I** *n* przycisk *m*, guzik *m*

II **push-button** *modif [control, dialling]* przyciskowy; *[tuning]* klawiszowy; *[telephone]* z klawiaturą numeryczną; **push-button warfare** wzajemne groźby użycia broni jądrowej

push-cart /ˈpʊʃkɑːt/ *n* wózek *m* ręczny

push-chair /ˈpʊʃtʃeə(r)/ *n* GB wózek *m* spacerowy, spacerówka *f*

pusher /ˈpʊʃə(r)/ *n* [1] infml (also **drug ~**) dealer *m* or diler *m* narkotykowy [2] Aviat (propeller) śmigło *n* pchające [3] Naut (mast) pchacz *m*

pushiness /ˈpʊʃɪnɪs/ *n* (ambition) pewność *f* siebie, tupet *m*; pej hucpa *f* infml

pushing /ˈpʊʃɪŋ/ *n* przepychanie (się) *n*, rozpychanie (się) *n*; **a lot of ~ and shoving** przepychanki

Pushkin /ˈpʊʃkɪn/ *prn* Puszkin *m*

push-on /ˌpʊʃˈɒn/ *adj [handle, lid, clip]* nakładany, wciskany

pushover /ˈpʊʃəʊvə(r)/ *n* infml [1] (easy to do, beat) łatwizna *f*, fraszka *f*, pestka *f* infml; **the team were no ~** pokonanie drużyny nie było łatwą sprawą [2] (easily convinced) naiwnia|k *m*, -czka *f*

pushpin /ˈpʊʃpɪn/ *n* US pinezka *f*, pineska *f*

push-pull /ˌpʊʃˈpʊl/ *adj* Elec *[amplifier, microphone]* przeciwsobny

pushrod /ˈpʊʃrɒd/ *n* Mech popychacz *m*

push-start **I** /ˈpʊʃstɑːt/ *n* **to give a car a ~** popchnąć samochód, żeby zapalił

II /ˌpʊʃˈstɑːt/ *vt* zapal|ić, -ać na pych infml *[car]*

push technology *n* technologia *f* push *(automatyczne przesyłanie informacji do odbiorców)*

push-up /ˈpʊʃʌp/ *n* Sport pompka *f*; **to do ~s** robić pompki

pushy /ˈpʊʃɪ/ *adj* inml bezczelny, arogancki; **to be very ~** umieć rozpychać się (łokciami) fig

pusillanimity /ˌpjuːsɪləˈnɪmətɪ/ *n* fml, bojaźliwość *f*

pusillanimous /ˌpjuːsɪˈlænɪməs/ *adj* fml, bojaźliwy

puss[1] /pʊs/ *n* infml [1] (cat) kotek *m*; **a little ~** kociątko; **~! ~!** kici, kici!; **Puss in Boots** Kot w butach [2] (girl) kociak *m* infml

puss[2] /pʊs/ *n* US infml (mouth) pysk *m*, morda *f* infml

pussy /ˈpʊsɪ/ *n* [1] GB (cat) kotek *m* [2] vulg (female genitals) cipa *f* vulg; (intercourse) rżnięcie *n* vulg

pussy cat *n* (cat) kotek *m*; baby talk kicia *f*, kiciuś *m*; **he's a real ~** infml fig jest łagodny jak baranek

pussyfoot /ˈpʊsɪfʊt/ *vi* (also **~ around, ~ about)** infml kluczyć, robić uniki fig

pussyfooting /ˈpʊsɪfʊtɪŋ/ **I** *n* wykręty *m pl*; owijanie *n* w bawełnę fig

II *adj [attitude, behaviour]* potulny, lękliwy

pussy willow *n* [1] (tree) wierzba *f* [2] (catkin) bazia *f*, kotka *f*

pustule /ˈpʌstjuːl, US -tʃuːl/ *n* krosta *f*

put[1] /pʊt/ **I** *vt* (*prp* **-tt-**; *pp, pt* **put)** [1] (place) położyć, kłaść *[book, flat object]*; postawić, stawiać *[plates, vase]*; (inside sth) w|łożyć, -kładać; **~ these books/plates on the table** połóż te książki/postaw te talerze na stole; **to ~ oneself on a list** wpisać się na listę; **to ~ sb on the train** odprowadzić kogoś na pociąg; **to ~ sth in sth** włożyć coś do czegoś, umieścić coś w czymś; **to ~ sth in a safe** włożyć coś do sejfu, umieścić coś w sejfie; **to ~ sugar in one's tea** posłodzić herbatę; **to ~ two spoons of sugar in one's tea** wsypać dwie łyżeczki cukru do herbaty; **to ~ an ad in a paper** zamieścić ogłoszenie w gazecie; **to ~ sb in the spare room** umieścić kogoś w pokoju gościnnym; **to ~ a button on a shirt** przyszyć guzik do koszuli; **to ~ a stamp on a letter** nakleić znaczek na list; **to ~ a lock on the door** założyć zamek u drzwi; **to ~ a coat of paint on the door** pomalować drzwi; **to ~ one's finger to one's lips** położyć palec na ustach; **to ~ one's arm round sb's waist** objąć kogoś wpół; **to ~ one's arm around sb** otoczyć kogoś ramieniem [2] (cause to go or undergo) w|łożyć, -kładać, wsadz|ić, -ać; **to ~ one's**

P

hands in one's pockets włożyć ręce do kieszeni; **to ~ one's head around the door** wsunąć głowę przez drzwi; **to ~ one's head out of the window** wychylić głowę przez okno; **to ~ one's fist through the window** wybić pięścią szybę; **to ~ a letter through a letterbox** wrzucić list do skrzynki; **to ~ meat through the mincer** zemleć mięso; **to ~ vegetables through the sieve** przetrzeć warzywa; **to ~ sth through the books** Accts zaksięgować coś; **to ~ sth through a test** przetestować coś; **to ~ sth through a process** poddać coś (jakiemuś) procesowi; **to ~ sb through college** wykształcić kogoś; **to ~ sb through an ordeal** poddać kogoś ciężkiej próbie; **to ~ sb through a lot of suffering** przysporzyć komuś wielu cierpień; **I don't want to ~ you to any trouble** nie chcę sprawiać ci kłopotu; **he put us to a great deal of expense** naraził nas na wielkie wydatki [3] (cause to be or do) wys|łać, -yłać, pos|łać, -yłać; **to ~ sb in prison** posłać kogoś do więzienia; **to ~ sb in goal/in defence** GB postawić kogoś na bramce/na pozycji obrońcy; **to ~ sb to work** dać komuś zajęcie; **to ~ sb to mending/washing sth** kazać komuś zreperować/wyprać coś; **to ~ sb on a diet** zalecić komuś dietę; **to ~ sb in a bad mood** wprawić kogoś w zły nastrój; **to ~ sb in an awkward position/at a disadvantage** stawiać kogoś w niezręcznej /niekorzystnej sytuacji; **he put the ball out of court** posłał piłkę na aut; **they put a bullet through his head** wpakowali mu kulkę w łeb [4] (rank, rate) postawić, stawiać; **to ~ children/safety first** stawiać dzieci /bezpieczeństwo na pierwszym miejscu; **I ~ honesty above** or **before all other virtues** stawiam uczciwość przed wszystkimi innymi cnotami; **where would you ~ it on the scale of one to ten?** jak oceniłbyś to w skali od jeden do dziesięciu?; **this victory ~s them into the lead** to zwycięstwo daje im prowadzenie; **the final count put the Republicans second** według ostatecznych obliczeń republikanie są na drugim miejscu; **I couldn't ~ a price on it** nie potrafiłbym tego wycenić; **I ~ a high value on our friendship** bardzo sobie cenię naszą przyjaźń; **it's difficult to ~ a date on it** trudno jest określić datę powstania tego [5] (devote, invest) w|łożyć, -kładać *[money, energy]* **(into sth** w coś); **we've put $15 million into this project** włożyliśmy or zainwestowaliśmy w ten projekt 15 milionów dolarów; **I've put a lot of time into it** poświęciłem temu wiele czasu; **he ~s his time to good use** potrafi dobrze wykorzystać swój czas; **he put his whole salary on a horse** postawił całą pensję na konia; **if you ~ some effort into your work, you will get results** jeśli przyłożysz się do pracy, będziesz miał wyniki; **she ~s a lot of herself into her novels** w swych powieściach zamieszcza wiele elementów autobiograficznych [6] (estimate) oceni|ć, -ać, o|szacować *[cost, number]*; **he ~s the cost somewhat higher** ocenia koszty nieco wyżej; **the organizers ~ the number of demonstrators at 200,000** organizatorzy oceniają, że w demonstracji wzięło udział 200 000 osób; **I'd ~ him at about 40** dałbym mu jakieś 40 lat [7] (impose) na|łożyć, -kładać *[tax, duty]* **(on sth** na coś); **the decision to ~ a special duty on these goods** decyzja obciążenia tych towarów wysokim cłem; **don't ~ the blame on me!** nie zrzucaj winy na mnie!, to nie moja wina!; **that put a great strain on their relationship** to bardzo popsuło stosunki między nimi; **they put pressure on him** wywierali na niego naciski [8] (add) doda|ć, -wać; **to ~ a penny on income tax** GB zwiększyć podatek od dochodów o jednego pensa (za każdy funt); **this will ~ 20p on a bottle of wine** to oznacza 20 pensów więcej od butelki wina; **the experience put ten years on her** przez to przeżycie postarzała się o dziesięć lat; **~ it towards some new clothes** przeznacz to na coś nowego do ubrania [9] (cause to have) w|łożyć, -kładać *[feeling]* **(into sth** w coś); **who put that idea into your head?** kto podsunął ci taki pomysł?; **it was that remark that put suspicion in her mind** ta uwaga wzbudziła jej podejrzenia; **to ~ a shine on sth** nadać połysk czemuś; **the fresh air put some colour into his cheeks** świeże powietrze zaróżowiło mu nieco policzki; **you've put a hole in it** zrobiłeś w tym dziurę; **I put a dent in the bumper** wgniotłem zderzak [10] (present) przedstawi|ć, -ać *[views, case]*; wyst|ąpić, -ępować z (czymś) *[proposal]*; **to ~ a case before a committee/the director** przedstawić sprawę komisji/dyrektorowi; **to ~ sth to a committee/a meeting** przedstawić coś komisji/na zebraniu; **to ~ a question to sb** zadać komuś pytanie; **to ~ sth to the vote** poddać coś pod głosowanie; **I ~ it to you that...** Jur twierdzę, że...; **I put it to him straight** infml powiedziałem mu to bez ogródek [11] (express) wyra|zić, -żać, powiedzieć, mówić; **how would you ~ that in Polish?** jak powiedziałbyś to po polsku?; **how can I ~ it?** jak by to powiedzieć?; **it was – how can I ~ it – unusual** to było, jak by to powiedzieć, niezwykłe; **I don't know how to ~ this** nie wiem, jak to wyrazić; **that's one way of ~ting it!** iron tak też można to ująć!, to delikatnie powiedziane!; **as Sartre ~s it** jak to ujmuje Sartre; **let me ~ it another way** ujmę to inaczej, powiem inaczej; **to ~ it another way, ...** innymi słowy, ...; **(let me) ~ it this way: I wouldn't invite him again** powiem krótko: już nigdy go nie zaproszę; **to ~ sth well/badly** dobrze/źle coś ująć or wyrazić; **that was very well** or **nicely put** ładnie powiedziane; **to ~ one's feelings/one's anger into words** wyrazić uczucia/gniew słowami; **to ~ sth in writing** zapisać coś [12] (write, indicate, mark) postawić, stawiać *[comma, cross]*; na|pisać, zapis|ać, -ywać *[address, name]* [13] Sport (push) pch|nąć, -ać (czymś), rzuc|ić, -ać (czymś) *[shot]* [14] Agric (for mating) **to ~ a heifer to a bull** zaprowadzić jałówkę do pokrycia

II *vi* (*prp* **-tt-;** *pt, pp* **put)** Naut **to ~ to sea** wypłynąć w morze; **we were forced to ~ back to port** musieliśmy wrócić do portu

III *vr* (*prp* **-tt-;** *pt, pp* **put) to ~ oneself in a strong position** zająć silną pozycję; **to ~ oneself in sb's place** postawić się na miejscu kogoś

■ **put about**: ¶ **~ about** Naut zmieni|ć, -ać kurs ¶ **~ about [sth], ~ [sth] about** [1] Naut zmieni|ć, -ać kurs (czegoś) *[ship]* [2] (spread) rozpowiadać *[rumour, slander]*; rozpu|ścić, -szczać *[story]*; **to ~ (it) about that** rozgłaszać, że...; **it is being put about that...** mówi się, że...; krążą plotki, że...

■ **put across**: **~ across [sth], ~ [sth] across** (communicate) przedstawi|ć, -ać, wyjaśni|ć, -ać *[idea, point of view, case]*; **the book ~s across the message that...** przesłaniem książki jest to, że...; **he's not as confident as he ~s across** nie jest tak pewny siebie, jakby się wydawało; **how can I ~ it across to her that...** jak mam jej wyjaśnić, że...; **to ~ oneself across** umieć pokazać się od najlepszej strony; **she tries to ~ herself across as a liberated woman** chce, żeby ją uważano za kobietę wyzwoloną

■ **put aside**: **~ aside [sth], ~ [sth] aside** [1] (save) od|łożyć, -kładać *[money, savings]* **(for sth** na coś); **to ~ sth aside for a rainy day** odłożyć coś na czarną godzinę [2] (reserve) od|łożyć, -kładać *[goods]* **(for sb** dla kogoś); za|rezerwować *[time]* **(for sth** na coś) [3] (disregard, forget) od|łożyć, -kładać na bok *[differences, disagreements]*; zapom|nieć, -inać o (czymś) *[problems, doubts, worries]*

■ **put away**: ¶ **~ away [sth], ~ [sth] away** [1] (tidy away) od|łożyć, -kładać na miejsce *[toys]*; odstawi|ć, -ać na miejsce *[plates]* [2] (save) od|łożyć, -kładać, zaoszczędzić, oszczędzać *[money]* [3] infml (consume) s|pałaszować infml *[food]*; wytrąbić infml *[drink]* ¶ **~ away [sb], ~ [sb] away** infml [1] (in mental hospital) odda|ć, -wać do zakładu; **he had to be put away** trzeba go było oddać do zakładu [2] (in prison) zam|knąć, -ykać; przym|knąć, -ykać, infml; **to ~ sb away for 10 years** zamknąć or przymknąć kogoś na 10 lat

■ **put back**: **~ back [sth], ~ [sth] back** [1] (return, replace) od|łożyć, -kładać *[book]*; odstawi|ć, -ać *[vase, dishes]*; **to ~ sth back where it belongs** odłożyć/odstawić coś na (swoje) miejsce [2] (postpone) przesu|nąć, -wać, prze|łożyć, -kładać *[meeting, departure, date]*; **the meeting was put back to next Thursday** spotkanie zostało przełożone na następny czwartek [3] (reset) cof|nąć, -ać *[clock, watch, hands]*; **remember to ~ your clocks back an hour** proszę pamiętać o cofnięciu zegarków o godzinę [4] (delayed) opóźni|ć, -ać *[departure, project]*; za|hamować *[production]*; **the breakdown has put back the opening date by six weeks** awaria opóźniła datę otwarcia o sześć tygodni [5] infml (drink) wl|ać, -ewać w siebie infml *[drink]*; obciąg|nąć, -ać infml *[bottle]*

■ **put by** GB: **~ by [sth], ~ [sth] by** od|łożyć, -kładać *[money]*; **she has a fair amount put by** ma odłożoną sporą sumkę

■ **put down**: ¶ **~ down** (land) wy|lądować

(**on sth** na czymś) ¶ **~ down [sth], ~ [sth] down** [1] (set down) położyć, kłaść *[book, spectacles]* (**on sth** na czymś); postawić, stawiać *[cup, chair]* (**on sth** na czymś); wy|łożyć, -kładać *[rat poison]*; położyć, kłaść *[tiles, carpet]*; **she put the phone down** odłożyła słuchawkę; **it's one of those books you can't ~ down** to jedna z tych książek, od których trudno się oderwać; **the pilot put the plane down on the emergency runway** pilot posadził maszynę na pasie awaryjnym [2] (lower) spu|ścić, -szczać *[blind]*; opu|ścić, -szczać *[hand]* [3] (suppress) s|tłumić *[uprising, revolt]*; zdusić, z|dławić *[opposition]* [4] Vet (by injection) u|śpić, -sypiać *[animal]*; (by other methods) uśmierc|ić, -ać; **to have a dog put down** oddać psa do uśpienia [5] (write down) zapis|ać, -ywać, za|notować *[date, name, time]*; **~ down whatever you like** pisz, co chcesz [6] (attribute) **to ~ sth down to sth** przypisywać coś czemuś *[incompetence, human error]*; **to ~ the disaster down to the fact that...** przyczynę katastrofy upatrywać w tym, że... [7] (charge) **to ~ sth down to sb's account** wpisać coś na rachunek kogoś, dopisać coś do rachunku kogoś [8] (advance, deposit) wpłac|ić, -ać *[money, deposit]* (**on sth** na coś); **to ~ down a deposit** wpłacić depozyt; **to ~ £50 down on sth** wpłacić na coś zadatek w wysokości 50 funtów [9] (lay down, store) przechow|ać, -ywać *[wine, cheese]* [10] (put on agenda) umie|ścić, -szczać w porządku obrad *[motion]* ¶ **~ down [sb], ~ [sb] down** [1] (drop off) wysadz|ić, -ać *[passenger]*; **could you ~ me down on the corner?** czy może mnie pan wysadzić na rogu? [2] infml (humiliate) upok|orzyć, -arzać, poniż|yć, -ać; czepiać się (kogoś) infml [3] (into lower group) przen|ieść, -osić do niższej grupy *[team]*; przen|ieść, -osić do niższej klasy *[pupil]*; **the team was put down into the second division** drużyna spadła do drugiej ligi [4] (classify, count in) **to ~ sb down as a fool/snob** uważać or uznać kogoś za głupca/snoba; **to ~ sb down as a possible candidate** brać kogoś pod uwagę jako potencjalnego kandydata; **I'd never have put you down as a Scotsman!** nigdy nie podejrzewałbym, że jesteś Szkotem! [5] (write down) zapis|ać, -ywać; **have you put me down on the list?** wpisałeś mnie na listę?; **they put the boy down for Eton** zapisali chłopca do Eton; **~ me down for three tickets/for £20** zapisz mnie na trzy bilety/20 funtów

■ **put forth** liter: **~ forth [sth], ~ [sth] forth** [1] wypu|ścić, -szczać *[leaves, buds, shoots]*; wyciąg|nąć, -ać *[hand]* [2] fig wysu|nąć, -wać, wyst|ąpić, -ępować z (czymś) *[idea, theory]*

■ **put forward**: ¶ **~ forward [sth], ~ [sth] forward** [1] (propose) wysu|nąć, -wać *[theory]*; za|proponować *[plan]*; wyst|ąpić, -ępować z (czymś) *[idea, proposal, suggestion]*; przedstawi|ć, -ać *[opinion]* [2] (in time) przyśpiesz|yć, -ać datę (czegoś) *[meeting, trip]*; **he put the meeting forward to the 21st** przeniósł datę zebrania na 21.; **don't forget to ~ your clocks forward** proszę nie zapomnieć o przesunięciu wskazówek zegara do przodu ¶ **~ forward [sb], ~ [sb] forward** wysu|nąć, -wać kandydaturę (kogoś), za|proponować; **to ~ oneself forward (as a candidate)** zaproponować własną kandydaturę; **to ~ oneself forward for a post** zaproponować własną kandydaturę na stanowisko

■ **put in**: ¶ **~ in** [1] *[ship]* zawi|nąć, -jać (do portu), przybi|ć, -jać; **the ship ~s in at Buenos Aires** statek zawija do portu w Buenos Aires; **to ~ in for repairs** stanąć przy nabrzeżu remontowym [2] (apply) **to ~ in for sth** ubiegać się o coś *[job, promotion, rise, transfer]* ¶ **~ in [sth], ~ [sth] in** [1] (instal) za|łożyć, -kładać, za|instalować *[central heating, shower, kitchen]* [2] (make) złożyć, składać, wyst|ąpić, -ępować z (czymś) *[request, claim, offer, bid]*; **to ~ in an application for a visa/passport** złożyć podanie o wizę/o paszport; **to ~ in an application for a job** złożyć podanie o pracę; **to ~ in a protest** złożyć protest, zaprotestować; **to ~ in an appearance** pokazać się, pojawić się [3] (contribute) poświęc|ić, -ać *[time, hours, days]*; wy|łożyć, -kładać *[sum, amount]*; **teachers ~ in many hours correcting homework** nauczyciele poświęcają wiele godzin na poprawianie prac domowych; **she ~s in a 60-hour week** pracuje 60 godzin na tydzień; **they are each ~ting in £1m** każdy z nich wykłada milion funtów; **to ~ in a good day's work** pilnie pracować przez cały dzień; **to ~ in a lot of work** włożyć wiele pracy; **thank you for all the work you've put in** dziękuję za wasz wkład pracy [4] (insert) wstawi|ć, -ać *[paragraph, word, reference]*; wtrąc|ić, -ać *[remark]*; **'I agree,' put in Adam** „zgadzam się", wtrącił Adam; **to ~ in that...** wtrącić, że... [5] (plant) za|sadzić *[vegetables]*; wysi|ać, -ewać *[seeds]* ¶ **~ in [sb], ~ [sb] in** [1] (elect, bring to power) wyb|rać, -ierać *[candidate, party]*; **this ~s the Conservatives in again** w ten sposób do władzy znów dochodzą konserwatyści [2] (submit) za|rekomendować, przedstawi|ć, -ać; **to ~ sb in for a scholarship/post** zarekomendować kogoś do stypendium/na stanowisko; **to ~ sb in for a prize** przedstawić kogoś do nagrody; **to ~ sb in for an exam** dopuścić kogoś do egzaminu; **to ~ oneself in for a job/promotion** wystąpić o pracę /o awans

■ **put off**: ¶ **~ off** Naut odbi|ć, -jać, odpły|nąć, -wać; **to ~ off from the jetty /quay** odbić od pomostu/od nabrzeża ¶ **~ off [sth], ~ [sth] off** [1] (delay, defer) prze|łożyć, -kładać, od|łożyć, -kładać *[wedding, meeting]*; **to ~ sth off until June /until after Christmas** odłożyć coś na czerwiec/na po Bożym Narodzeniu; **I should see a doctor, but I keep ~ting it off** powinienem pójść do lekarza, ale ciągle to odkładam; **don't ~ it off until later** nie odkładaj tego na później; **to ~ off visiting sb/doing one's homework** odkładać wizytę u kogoś/odrabianie lekcji; **they kept ~ting off signing the contract** zwlekali z podpisaniem umowy [2] (turn off) wyłącz|yć, -ać *[radio]*; z|gasić *[light]*; zakręc|ić, -ać *[radiator, central heating]* ¶ **~ off [sb], ~ [sb] off** [1] (fob off, postpone seeing) zniechęc|ić, -ać, zby|ć, -wać *[person]*; **to ~ sb off coming with an excuse** wykręcić się od wizyty kogoś; **I'm not going to be put off any longer!** nie dam się więcej zbywać byle czym!; **to be easily put off** dawać się łatwo zbyć [2] (repel) *[appearance, smell, colour]* budzić wstręt w (kimś), odstręcz|yć, -ać; *[manner, person]* zra|zić, -żać; **to ~ sb off sth** zrazić kogoś do czegoś; **don't be put off by the colour – it tastes delicious!** niech cię nie zraża kolor, bo w smaku jest wyborne!; **I'd love to see them, but the thought of the journey ~s me off** chciałbym bardzo ich zobaczyć, ale dreszcz mnie przechodzi na samą myśl o podróży; **the smell was enough to ~ anyone off** już sam zapach każdego by odstręczył [3] GB (distract) przeszk|odzić, -adzać; **he's trying to ~ me off my serve** chce mnie zdekoncentrować przed serwisem; **you're ~ting me off my work** przeszkadzasz mi w pracy [4] (drop off) wysadz|ić, -ać *[passenger]*

■ **put on**: ¶ **~ on [sth], ~ [sth] on** [1] za|łożyć, -kładać, w|łożyć, -kładać *[garment]*; położyć, kłaść, na|łożyć, -kładać *[cream, lipstick]*; **to ~ on perfume** uperfumować się; **to ~ on make-up** zrobić makijaż; **~ some suntan oil on** posmaruj się olejkiem (do opalania); **she's ~ting on her lipstick** maluje sobie usta szminką [2] (switch on) włącz|yć, -ać *[light, gas, radio, heating]*; zapal|ić, -ać *[light]*; nastawi|ć, -ać *[record, tape, music]*; **to ~ the kettle on** nastawić wodę (w czajniku); **I'll ~ the soup on** nastawię zupę; **to ~ the brakes on** wcisnąć hamulec [3] (gain) **I put on a few pounds** przybyło mi kilka kilogramów; **he's put a lot of weight on** bardzo przytył; **she's put ten years on in the last few months** w ciągu ostatnich tygodni postarzała się o dziesięć lat [4] (produce) przygotow|ać, -ywać *[exhibition, play]*; wystawi|ć, -ać *[play]* [5] (assume, adopt) przyj|ąć, -mować *[expression]*; uda|ć, -wać *[accent]*; **he's only ~ting it on** on tylko udaje; **she ~s on such airs!** ona strasznie się puszy!; **she put on a show of anger** udawała, że się gniewa; **he put on a foreign accent** mówił z udawanym obcym akcentem [6] (lay on, offer) doda|ć, -wać *[extra train, bus service]*; zwiększ|yć, -ać *[extra duty, tax]*; poda|ć, -wać *[meal, dish]* [7] (put forward) przesu|nąć, -wać, przestawi|ć, -ać *[clock]*; **~ your clocks on one hour at midnight** o północy przestawcie zegary o godzinę naprzód [8] Turf postawić, stawiać *[amount]*; **to ~ a bet on a horse** postawić na konia ¶ **~ [sb] on** [1] Telecom (connect) po|łączyć (**to sb** z kimś); **'Mr Jones to speak to you' – '~ him on'** „pan Jones do pana" – „proszę go połączyć" [2] US infml (tease) kpić sobie z (kogoś) infml [3] (recommend) polec|ić, -ać (**to sb** komuś); **to ~ sb on to sth** zalecić komuś coś, zarekomendować komuś coś; **who put you on to me?** kto cię do mnie skierował?; **I can ~ you on to someone who...** mogę cię skontaktować z kimś, kto...; **she put me on to a shop where...** poleciła mi sklep, gdzie... [4] (alert) **to ~ sb on to sb/sth** naprowadzić kogoś na ślad kogoś/czegoś; **somebody had put the**

P

police on to them ktoś naprowadził policję na ich ślad

■ **put out**: ¶ **~ out** [1] Naut odbi|ć, -jać, wypły|nąć, -wać; **to ~ out from Dover/a jetty** wypłynąć z Dover/odbić od pomostu; **to ~ out to sea** wypłynąć na pełne morze [2] US vinfml pej (consent to have sex) da|ć, -wać dupy vulg ¶ **~ out [sth], ~ [sth] out** [1] (take outside) wystawi|ć, -ać *[dustbins, milk bottle, rubbish]*; wywie|sić, -szać na zewnątrz *[washing]*; wypu|ścić, -szczać *[cat]*; **you can ~ that idea out of your head** fig możesz zapomnieć o tym pomyśle, lepiej wybij sobie ten pomysł z głowy [2] (set out) wy|łożyć, -kładać *[towels]*; wystawi|ć, -ać, przygotow|ać, -ywać *[dishes]* [3] (extend) wyciąg|nąć, -ać *[hand, arm, leg]*; wystawi|ć, -ać, wysu|nąć, -wać *[tongue]*; **to ~ out one's tongue** pokazać język [4] (dislocate) wywichnąć *[joint]*; **I put my shoulder out** wywichnąłem sobie ramię [5] (extinguish) z|gasić *[cigarette, candle, light]*; u|gasić *[fire]* [6] (issue) o|publikować *[description, report]*; ogł|osić, -aszać *[statement, warning]*; pu|ścić, -szczać, rozpu|ścić, -szczać *[rumour]*; **we'll be ~ting out a special issue** przygotowujemy specjalne wydanie; **they have put out a description of the suspect** opublikowali rysopis podejrzanego [7] (sprout) wypu|ścić, -szczać *[buds, leaves, roots]* [8] (produce, generate) wytw|orzyć, -arzać, wy|produkować *[product]* [9] (distort) **the new prices have put all our estimates out** przez nowe ceny wszystkie nasze szacunki okazały się nieaktualne; **this has put out all my plans** to zniweczyło wszystkie moje plany [10] (subcontract) powierz|yć, -ać, zlec|ić, -ać *[work]* **(to sb** komuś**)** [11] (lend) wy|łożyć, -kładać *[money]* ¶ **~ out [sb], ~ [sb] out** [1] (inconvenience) sprawi|ć, -ać or z|robić (komuś) kłopot; **don't ~ yourself out (for me)!** nie rób sobie kłopotu (z mojego powodu)!; **she's always ~ting herself out for other people** zawsze gotowa jest pomóc innym [2] (offend) obra|zić, -żać; (upset) z|denerowować; **she was most put out** była bardzo obrażona/zdenerwowana; **he looked really put out** wyglądał naprawdę na zdegustowanego [3] (render unconscious) (by blow) z|nokautować; (before operation) u|śpić, -sypiać [4] (expel, evict) usu|nąć, -wać, wyrzuc|ić, -ać *[troublemaker]*

■ **put over** = **put across**

■ **put through**: ¶ **~ through [sth], ~ [sth] through** [1] (implement) przeprowadz|ić, -ać, wprowadz|ić, -ać w życie *[amendment, bill, measure, plan, reform]*; doprowadz|ić, -ać do skutku *[deal]* [2] Telecom przełącz|yć, -ać *[call]*; **she put through a call from my husband** połączyła mnie z mężem; **if there's a call from Rome, ~ it straight through** jeśli będzie telefon z Rzymu, proszę natychmiast przełączyć ¶ **~ [sb] through** [1] Telecom po|łączyć *[caller]* **(to sb** z kimś**)**; **I'm just ~ting you through** już pana/panią łączę; **I was put through to another department** połączono mnie z innym działem [2] (make undergo) **to ~ sb through a lot of suffering/trouble** przysporzyć komuś wiele cierpień/kłopotów, narazić kogoś na wiele cierpień/kłopotów

■ **put together**: ¶ **~ together [sth], ~ [sth] together** [1] (assemble) złożyć, składać *[pieces, parts]*; z|montować, złożyć, składać *[piece of furniture, machine]*; **to ~ sth together again, to ~ sth back together** złożyć or poskładać coś z powrotem; **she's smarter than all the rest put together** jest sprytniejsza niż cała reszta razem wzięta; **the necklace cost more than everything else put together** naszyjnik kosztował więcej niż cała reszta razem [2] (place together) z|ebrać, -bierać razem *[animals, objects, people]* [3] (form, create) s|tworzyć, u|tworzyć *[coalition, partnership, group, team, consortium]* [4] (edit, make) z|ebrać, -bierać *[documentation, collection, file, anthology]*; przygotow|ać, -ywać *[list, programme]*; z|montować *[film, video]* [5] (concoct) przygotow|ać, -ywać naprędce *[meal]* [6] (present) przedstawi|ć, -ać *[case, argument]*

■ **put under**: **~ [sb] under** (render unconscious) u|śpić, -sypiać

■ **put up**: ¶ **~ up** [1] (stay) **to ~ up at sb's /in a hotel** zatrzym|ać, -ywać się u kogoś /w hotelu [2] (tolerate) **to ~ up with sb/sth** znosić kogoś/coś *[person, behaviour]*; **she'll have to ~ up with me the way I am** będzie musiała znosić moje przyzwyczajenia; **he has a lot to ~ up with** on musi wiele znosić ¶ **~ up [sth]** stawi|ć, -ać *[resistance]*; **to ~ up a fight/struggle** bronić się/walczyć; **to ~ up a show of enthusiasm** udawać wielki entuzjazm; **to ~ up a good performance** *[competitor, team]* pokazać się z dobrej strony ¶ **~ up [sth], ~ [sth] up** [1] (raise) wciąg|nąć, -ać *[flag]*; podn|ieść, -osić *[sail, collar]*; na|stroszyć *[hair]*; **to ~ up one's hand/leg** unieść rękę/nogę; **~ your hands up!** (in class) podnieście ręce!; **~ 'em up!** infml (to fight) broń się!; (to surrender) łapy do góry! infml [2] (erect) wzn|ieść, -osić, wy|budować *[building, monument]*; postawić, stawiać *[tent, fence]*; ustawi|ć, -ać *[barrier]* [3] (hang, post) rozwie|sić, -szać *[decorations, curtains]*; wywie|sić, -szać, powiesić *[notice, poster, sign, plaque, list]*; (open) roz|łożyć, -kładać, otw|orzyć, -ierać *[umbrella]*; **to ~ sth up on the wall/on the board** wywiesić coś na ścianie/na tablicy [4] (increase) podwyższ|yć, -ać *[rent, price, tax, temperature]*; zwiększ|yć, -ać *[pressure]* [5] (provide) wy|łożyć, -kładać *[money, amount]* **(for sth** na coś); w|łożyć, -kładać *[money, amount]* **(for sth** w coś); za|inwestować *[capital]* **(for sth** w coś) [6] (present) przedstawi|ć, -ać, wysu|nąć, -wać *[proposal, argument]*; **to ~ sth up for discussion** poddać coś pod dyskusję [7] (offer) **to ~ sth up for sale** wystawi|ć, -ać coś na sprzedaż; **he put the painting up for auction** wystawił obraz na licytacji [8] (in orbit) umie|ścić, -szczać na orbicie *[satellite, probe]* ¶ **~ up [sb], ~ [sb] up** [1] (lodge) przyj|ać, -mować (u siebie) *[lodger]*; (for one night) przenocować, dać nocleg *[guest]*; **we put up three of the students** przyjęliśmy trójkę studentów; **I can ~ them up for the night** mogę ich przenocować [2] (as candidate) wystawi|ć, -ać, za|proponować jako kandydata; **to ~ sb up for the leader/chairman** zaproponować kogoś na przywódcę/przewodniczącego, wysunąć kandydaturę kogoś na przywódcę/przewodniczącego; **to ~ oneself up for a post** zaproponować własną kandydaturę na stanowisko [3] (promote) przen|ieść, -osić na wyższy poziom, promować *[pupil]*; **to be put up from A to B** *[team]* awansować z grupy A do B; *[pupil]* zostać przeniesionym z grupy A do (wyższej) grupy B [4] (incite) **to ~ sb up to sth /doing sth** nam|ówić, -awiać kogoś do czegoś/do zrobienia czegoś; **somebody must have put them up to it** ktoś musiał ich do tego namówić; **she put him up to the idea of claiming the subsidy** namówiła go, żeby wystąpił o dotację

■ **put upon**: **~ upon [sb]** wykorzyst|ać, -ywać *[person]*; **I will not be put upon any more!** nie pozwolę się dłużej wykorzystywać!; **to feel put upon** czuć się wykorzystywanym

[IDIOMS:] **I didn't know where to ~ myself** nie wiedziałem, gdzie mam oczy podziać (ze wstydu); **I wouldn't ~ it past him!** to do niego podobne!, po nim można się wszystkiego spodziewać!; **I wouldn't ~ it past him to lie to save his own skin** nie zdziwiłbym się, gdyby skłamał, żeby ocalić własną skórę; **~ it there!** infml (invitation to shake hands) dawaj grabę! infml; **to ~ sb through it** infml dać komuś w kość infml; **to ~ it about a bit** vinfml pej sypiać z kim popadnie infml; **to ~ one over** or **across sb** infml nabrać kogoś infml

put² /pʊt/ *n* Fin = **put option**

put and call *n* GB Fin premiowa transakcja *f* terminowa z opcją podwójną, transakcja *f* stelażowa

putative /ˈpjuːtətɪv/ *adj* fml domniemany, przypuszczalny

put-down /ˈpʊtdaʊn/ *n* upokarzająca uwaga *f*; **that was a real ~!** to było nie na miejscu!

put-on /ˈpʊtɒn/ **I** *n* US infml mistyfikacja *f*; komedia *f*, gra *f* fig

II *adj [accent, interest]* udawany; **his headache is all ~** tylko udaje, że go boli głowa

put option *n* Fin, Comm opcja *f* sprzedaży

put-out /ˌpʊtˈaʊt/ *adj* infml (offended) obrażony, dotknięty

putrefaction /ˌpjuːtrɪˈfækʃn/ *n* rozkład *m*, proces *m* gnilny

putrefy /ˈpjuːtrɪfaɪ/ **I** *vt* roz|łożyć, -kładać **II** *vi* roz|łożyć, -kładać się, gnić

putrescence /pjuːˈtresns/ *n* fml rozkład *m*, gnicie *n*

putrescent /pjuːˈtresnt/ *adj* fml rozkładający się, w stanie rozkładu, gnijący

putrid /ˈpjuːtrɪd/ *adj* [1] fml (decaying) rozkładający się, gnijący [2] infml (awful) wstrętny, odstręczający

putsch /pʊtʃ/ *n* pucz *m*

putt /pʌt/ **I** *n* odbicie *n* piłki po ziemi *(w golfie)*

II *vt* uderz|yć, -ać *[ball]*

III *vi* odbijać piłkę po ziemi

puttee /ˈpʌtɪ/ *n* owijacz *m*

putter¹ /ˈpʌtə(r)/ *n* (golf club) putter *m (kij golfowy do odbijania piłki na krótką odległość)*

putter² /ˈpʌtə(r)/ *vi* (make sound) klekotać; **to ~ along/past** *[old car]* jechać/przejechać, klekocząc

putter³ /ˈpʌtə(r)/ *vi* US = **potter²**
putti /ˈpʊtɪ/ *npl* → **putto**
putting green *n* (in golf) green *m*
putto /ˈpʊtəʊ/ *n* (*pl* **-ti**) putto *n*
putty /ˈpʌtɪ/ **I** *n* kit *m*
II *vt* o|kitować *[window]*
IDIOMS: **he's like ~ in her hands** jest miękki jak wosk w jej rękach
putty knife *n* szpachla *f*
put-up job /ˌpʊtʌpˈdʒɒb/ *n* infml ukartowana robota *f* infml; **it's all a ~!** to wszystko było ukartowane! infml
put-upon /ˈpʊtəpɒn/ *adj* infml *[person]* wykorzystywany, udręczony
put-you-up /ˈpʊtjuːʌp/ *n* GB infml kanapa *f* rozkładana
putz /pʌts/ *n* US [1] vinfml kutafon *m* vinfml offensive [2] vulg (penis) kutas *m* vulg
puzzle /ˈpʌzl/ **I** *n* [1] (mystery) zagadka *f*, tajemnica *f*; **it's a ~ to me how/why** nie potrafię zrozumieć, jak/dlaczego; **it's a bit of a ~** GB infml to dość tajemnicze [2] Games (riddle) zagadka *f*; (toy) łamigłówka *f*; (jigsaw) układanka *f*; **crossword ~** krzyżówka
II *vt [question, attitude]* zastan|owić, -awiać *[person]*; **there's one thing that still ~s me** jedno mnie jeszcze zastanawia; **to ~ one's head over sth** łamać sobie głowę nad czymś
III *vi* **to ~ over sth** zastanawiać się or głowić się nad czymś
■ **puzzle out**: **~ out [sth], ~ [sth] out** odgad|nąć, -ywać *[meaning]*; **have you ~d out the answer yet?** czy znalazłeś już odpowiedź?; **she couldn't ~ out why he lied to her** nie mogła zrozumieć, czemu jej nakłamał
puzzle book *n* książeczka *f* z rozrywkami umysłowymi
puzzled /ˈpʌzld/ *adj [person, expression]* zdziwiony, zaintrygowany; **~ smile/tone** uśmiech zdziwienia/zdziwiony ton; **I'm ~** jestem zaintrygowany; **the police were ~ about the robbery** policja nie wiedziała, co myśleć o napadzie; **to be ~ as to why /how** nie rozumieć, dlaczego/jak
puzzlement /ˈpʌzlmənt/ *n* zdziwienie *n*, konsternacja *f*
puzzler /ˈpʌzlə(r)/ *n* zagadka *f* fig
puzzling /ˈpʌzlɪŋ/ *adj* zagadkowy, niezrozumiały
PVC *n* = **polyvinyl chloride** polichlorek winylu *m*, PCW *m/n inv*
Pvt *n* Mil = **private** szeregowy *m*, szer.
pw = **per week** na tydzień
PWR *n* → **pressurized water reactor**
PX *n* US = **Post Exchange** ≈ konsumy *plt* wojskowe
pygmy /ˈpɪgmɪ/ **I** *n* [1] Anthrop (also **Pygmy**) Pigmej *m*, -ka *f* [2] pej pigmej *m*, -ka *f* infml offensive
II *modif [feature, tradition]* pigmejski; fig **an intellectual ~** zero intelektualne
pygmy shrew *n* ryjówka *f* malutka
pyjama GB, **pajama** US /pəˈdʒɑːmə/ **I** **pyjamas** GB, **pajamas** US *npl* piżama *f*, pidżama *f*; **a pair of ~s** piżama; **in one's ~s** w piżamie
II *modif [cord, jacket, trousers]* od piżamy
pylon /ˈpaɪlən, -lɒn/ *n* [1] Elec słup *m* wysokiego napięcia [2] (of cableways) podpora *f* kratownicowa [3] Aviat wspornik *m* [4] Antiq pylon *m*
pylori /paɪˈlɔːraɪ/ *npl* → **pylorus**
pyloric /paɪˈlɒrɪk/ *adj* Anat odźwiernikowy
pylorus /paɪˈlɔːrəs/ *n* (*pl* **-lori**) Anat odźwiernik *m*
PYO *n* → **pick your own**
pyorrhea /ˌpaɪəˈriːə/ *n* ropotok *m*
pyramid /ˈpɪrəmɪd/ **I** *n* Archit piramida *f* also fig; Geom ostrosłup *m*
II *vi* Fin ≈ zdobywać pakiety kontrolne w coraz większych spółkach
pyramidal /pɪˈræmɪdl/ *adj* stożkowaty
pyramidal tract *n* Anat układ *m* piramidowy
pyramid selling *n* „piramida" *f (sprzedaż poprzez kolejnych pośredników)*
pyramid-shaped /ˈpɪrəmɪdʃeɪpt/ *adj* w kształcie ostrosłupa
Pyramus /ˈpɪrəməs/ *prn* Pyram *m*
pyre /ˈpaɪə(r)/ *n* stos *m (pogrzebowy)*
Pyrenean /ˌpɪrəˈniːən/ *adj* pirenejski
Pyrenean mountain dog *n* owczarek *m* pirenejski
Pyrenees /ˌpɪrəˈniːz/ *prn pl* **the ~** Pireneje *plt*
pyrethrin /paɪˈriːθrɪn/ *n* pyretryna *f*
pyrethrum /paɪˈriːθrəm/ *n* [1] (*pl* **~s**) (plant) złocień *m* [2] (insecticide) proszek *m* perski, pyretrum *n*
pyretic /paɪˈretɪk, pɪ-/ *adj* Med gorączkowy
Pyrex® /ˈpaɪreks/ *n* szkło *n* pyreksowe, pyreks *m*
pyrexia /paɪˈreksɪə/ *n* Med gorączka *f*
pyrexic /paɪˈreksɪk/ *adj* Med gorączkowy
pyrite(s) /paɪˈraɪt(iːz), US pɪˈraɪt(iːz)/ *n* piryt *m*; **copper ~** chalkopiryt, piryt miedziowy; **iron ~** piryt, iskrzyk żelazisty
pyritic /paɪˈrɪtɪk/ *adj* pirytowy
pyromania /ˌpaɪrəʊˈmeɪnɪə/ *n* piromania *f*
pyromaniac /ˌpaɪrəʊˈmeɪnɪæk/ *n* piroman *m*, -ka *f*
pyrotechnic /ˌpaɪrəˈteknɪk/ *adj* pirotechniczny; **~ display** pokaz sztucznych ogni
pyrotechnics /ˌpaɪrəˈteknɪks/ *n* [1] *(+ v sg)* (science) pirotechnika *f* [2] *(+ v sg)* (display) pokaz *m* sztucznych ogni [3] *(+ v pl)* **verbal ~** fajerwerki słów; **intellectual ~** popisy intelektualne
Pyrrhic /ˈpɪrɪk/ *adj* **a ~ victory** pyrrusowe zwycięstwo
Pyrrhus /ˈpɪrəs/ *prn* Pyrrus *m*
Pythagoras /paɪˈθægərəs/ *prn* Pitagoras *m*
Pythagorean /paɪˌθægəˈriːən/ *adj [number, philosophy]* pitagorejski; **~ theorem** twierdzenie Pitagorasa
python¹ /ˈpaɪθn, US ˈpaɪθɒn/ *n* Zool pyton *m*
python² /ˈpaɪθn, US ˈpaɪθɒn/ *n* Mythol wieszczek *m*
pythoness /ˈpaɪθənes/ *n* Mythol wieszczka *f*
pyx /pɪks/ *n* puszka *f* na komunikanty; cyborium *n* ra
pzazz *n* = **pizzazz**

P

Q

q, Q /kjuː/ *n* (letter) q, Q *n*
Q and A *n* = **question and answer** pytanie *n* i odpowiedź *f*
Qatar /kæˈtɑː(r)/ *prn* Katar *m*
Qatari /kæˈtɑːrɪ/ **I** *n* Katar|czyk *m*, -ka *f*
II *adj* katarski
QC *n* GB Jur → **Queen's Counsel**
QE2 *n* Naut = **Queen Elizabeth II**
QED *n* = **quod erat demonstrandum** co było do okazania, c.b.d.o.; co było do udowodnienia, q.e.d.
qt *n* = **quart(s)**
q.t. /ˌkjuːˈtiː/ *n* infml = **quiet**; **on the ~** (secretly) cichcem
Q-tip® /ˈkjuːtɪp/ *n* wacik *m* na patyczku, patyczek *m* higieniczny
qty *n* = **quantity**
quack[1] /kwæk/ **I** *n* [1] (of duck) (action) kwakanie *n*; (sound) kwaknięcie *n* [2] onomat kwa, kwa!
II *vi* kwak|nąć, -ać, zakwakać
quack[2] /kwæk/ *n* [1] (impostor) szarlatan *m* [2] GB infml (doctor) medyk *m* infml also hum; konował *m* pej
quackery /ˈkwækərɪ/ *n* szarlataneria *f*
quack grass *n* US Bot perz *m* właściwy
quad /kwɒd/ *n* [1] → **quadrangle** [2] → **quadruplet**
quad bike *n* czterokołowiec *m*
quad biking *n* jazda *f* czterokołowcem; **to go ~** jeździć czterokołowcem
Quadragesima /ˌkwɒdrəˈdʒesɪmə/ *n* (also **~ Sunday**) pierwsza niedziela *f* Wielkiego Postu
quadrangle /ˈkwɒdræŋgl/ *n* [1] Math czworokąt *m* [2] Archit czworokątny dziedziniec *m*
quadrangular /kwɒˈdræŋgjʊlə(r)/ *adj* czworokątny
quadrant /ˈkwɒdrənt/ *n* kwadrant *m*
quadraphonic /ˌkwɒdrəˈfɒnɪk/ *adj* kwadrofoniczny
quadraphonics /ˌkwɒdrəˈfɒnɪks/ *n* (+ *v sg*) kwadrofonia *f*
quadraphony /kwɒˈdrɒfənɪ/ *n* kwadrofonia *f*
quadrat /ˈkwɒdrət/ *n* Biol, Ecol kwadrat *m*
quadratic /kwɒˈdrætɪk/ *adj* kwadratowy
quadratic equation *n* równanie *n* kwadratowe or drugiego stopnia
quadrature /ˈkwɒdrətʃə(r)/ *n* Math, Astron, Electron kwadratura *f*
quadriceps /ˈkwɒdrɪseps/ *n* (*pl* **~**) mięsień *m* czworogłowy
quadrilateral /ˌkwɒdrɪˈlætərəl/ **I** *n* czworobok *m*
II *adj* czworoboczny
quadrilingual /ˌkwɒdrɪˈlɪŋgwəl/ *adj* czterojęzyczny
quadrille /kwɒˈdrɪl/ *n* kadryl *m*
quadrillion /kwɒˈdrɪlɪən/ *n* GB kwadrylion *m*; US biliard *m*
quadripartite /ˌkwɒdrɪˈpɑːtaɪt/ *adj [involving four sides]* czterostronny; *[having four parts]* czterodzielny
quadriplegia /ˌkwɒdrɪˈpliːdʒə/ *n* tetraplegia *f*, porażenie *n* czterokończynowe
quadriplegic /ˌkwɒdrɪˈpliːdʒɪk/ *adj [patient]* dotknięty porażeniem czterokończynowym
quadroon /kwɒˈdruːn/ *n* Mulat *m*, -ka *f* z jedną czwartą krwi murzyńskiej
quadrophonic *adj* = **quadraphonic**
quadruped /ˈkwɒdruped/ **I** *n* czworonóg *m*
II *adj* czworonożny
quadruple **I** /ˈkwɒdrupl, US kwɒˈdruːpl/ *n* czterokrotność *f*
II /kwɒˈdruːpl/ *vt* czterokrotnie zwiększ|yć, -ać
III /kwɒˈdruːpl/ *vi* czterokrotnie wzr|osnąć, -astać
IV /ˈkwɒdrupl, US kwɒˈdruːpl/ *adj* poczwórny; *[four times]* czterokrotny
quadruplet /ˈkwɒdruplət, US kwɒˈdruːp-/ *n* jedno *n* z czworaczków; **~s** czworaczki
quadruplicate /kwɒˈdruːplɪkət/ *n* **in ~** w czterech egzemplarzach
quaff /kwɒf, US kwæf/ *vt* arch pociąg|nąć, -ać (czegoś) *[ale, wine]*
quagmire /ˈkwɒgmaɪə(r), ˈkwæg-/ *n* [1] (bog) bagno *n*, grzęzawisko *n*, trzęsawisko *n* [2] fig (difficult situation) tarapaty *plt*, opały *plt*; **a ~ of problems** gąszcz problemów
quahog /ˈkwɔːhɒg/ *n* małż *m* z gatunku Wenus
quail[1] /kweɪl/ *n* (*pl* **~**, **~s**) przepiórka *f*; **~'s eggs** przepiórcze jaja
quail[2] /kweɪl/ *vi [person, heart]* s|truchleć; **to ~ at the sight of sb/sth** truchleć na widok kogoś/czegoś; **to ~ at the thought of sb/sth** truchleć na myśl o kimś/o czymś; **to ~ before sb** trząść się przed kimś
quaint /kweɪnt/ *adj* [1] (pretty) *[pub, village, custom]* uroczy; **how ~!** uroczo! also iron [2] (old world) *[manners, ways]* staroświecki [3] (odd) *[notion, garb]* oryginalny, osobliwy; (unusual) niezwykły
quaintly /ˈkweɪntlɪ/ *adv* [1] (oddly) osobliwie [2] (charmingly) uroczo
quaintness /ˈkweɪntnɪs/ *n* [1] (charm) urok *m* [2] (oddness) oryginalność *f*, osobliwość *f*
quake /kweɪk/ **I** *n* (earthquake) trzęsienie *n* ziemi
II *vi [earth]* za|trząść się; *[person]* za|drżeć, za|dygotać; **to ~ with fear** trząść się or drżeć or dygotać ze strachu
Quaker /ˈkweɪkə(r)/ *n* kwakier *m*, -ka *f*
Quaker gun *n* drewniana atrapa *f* strzelby
Quakerism /ˈkweɪkərɪzəm/ *n* kwakryzm *m*
Quaker meeting *n* zgromadzenie *n* modlitewne kwakrów
qualification /ˌkwɒlɪfɪˈkeɪʃn/ *n* [1] (diploma, degree) dyplom *m* **(in sth** w dziedzinie czegoś**)**; (experience, skills) kwalifikacje *f pl*, kompetencje *f pl*; (attribute) zdolność *f*; **to have the (necessary** or **right) ~s for the job/for doing sth** or **to do sth** mieć (niezbędne or odpowiednie) kwalifikacje do tej pracy/do robienia czegoś [2] GB (graduation) **my first job after ~** moja pierwsza praca po dyplomie [3] (restriction) zastrzeżenie *n*; **to accept sth without ~** przyjąć coś bez zastrzeżeń; **my only ~ is (that)...** moje jedyne zastrzeżenie to to, że... [4] Admin (eligibility) prawo *n*, uprawnienia *n pl*; **~ for benefits** prawo do zasiłku [5] Ling określanie *n*
qualification share *n* Fin akcja *f* obowiązkowa subskrybowana przez członka zarządu spółki
qualified /ˈkwɒlɪfaɪd/ *adj* [1] (for job) (having diploma) dyplomowany; (having experience, skills) wykwalifikowany; **~ nurse** dyplomowana pielęgniarka; **to be ~ for sth/doing sth** mieć kwalifikacje do czegoś/do robienia czegoś; **~ teacher** GB nauczyciel dyplomowany [2] (competent) (having authority) upoważniony, uprawniony; (having knowledge) kompetentny; **not having read the report, I'm not ~ to discuss it** ponieważ nie czytałem sprawozdania, nie czuję się kompetentny do zabierania głosu na jego temat [3] (limited) *[success]* połowiczny, względny; *[approval, praise]* umiarkowany
qualifier /ˈkwɒlɪfaɪə(r)/ *n* [1] Sport (contestant) zakwalifikowany; (match) mecz *m* eliminacyjny [2] Ling wyraz *m* określający; (of noun) przydawka *f*
qualify /ˈkwɒlɪfaɪ/ **I** *vt* [1] (make competent) **to ~ sb for a job/to do sth** *[degree, diploma, certificate]* uprawniać kogoś do objęcia posady/do robienia czegoś; *[experience, skills]* kwalifikować kogoś do objęcia posady/do robienia czegoś [2] Admin **to ~ sb for sth** uprawniać kogoś do czegoś *[membership, benefit, legal aid]*; **to ~ sb to do sth** uprawniać kogoś do zrobienia czegoś; **to ~ to do sth** nadawać się do zrobienia czegoś [3] (give authority to) upoważni|ć, -ać; **that doesn't ~ you to criticize me** to cię nie upoważnia do krytykowania mnie; **taking a few photos doesn't ~ him as a photographer** kilka wykonanych zdjęć nie robi z niego od razu fotografa [4] (modify) s|precyzować *[opinion]*; uściśl|ić, -ać *[statement, remark]*; **to ~ one's approval (of**

sth) zgodzić się (na coś) z zastrzeżeniem [5] Ling określać
II *vi* [1] (obtain diploma, degree) zdoby|ć, -wać dyplom; (have experience, skill) mieć kwalifikacje **(for sth** do czegoś); **while he was qualifying as an engineer** kiedy przygotowywał się do zdobycia dyplomu inżyniera [2] Admin spełni|ć, -ać warunki; **to ~ for sth** spełniać warunki konieczne do uzyskania czegoś *[membership, benefit, legal aid]* [3] (count) **he qualifies as a romantic** zalicza się go do romantyków; (meet standard) **he hardly qualifies as a poet** trudno uznać go za poetę [4] Sport za|kwalifikować się **(for sth** do czegoś)

qualifying /ˈkwɒlɪfaɪŋ/ *adj* [1] *[match]* eliminacyjny; *[exam]* kwalifikacyjny; **~ round** Sport eliminacje; **~ period** (until trained) staż; (until eligible) okres oczekiwania [2] Ling określający

qualitative /ˈkwɒlɪtətɪv, US -teɪt-/ *adj* jakościowy

qualitatively /ˈkwɒlɪtətɪvlɪ/ *adv* jakościowo

quality /ˈkwɒlətɪ/ **I** *n* [1] (worth) jakość *f*; **good/poor ~** dobra/zła jakość; **the ~ of life** jakość życia [2] (attribute) przymiot *m*, właściwość *f*; (of voice, sound) barwa *f*, brzmienie *n* [3] **the qualities** GB (quality newspapers) poważna prasa *f* [4] dat **the ~** (upper classes) wyższe sfery *f pl*
II *modif [car, jacket, food, workmanship]* wysokiej jakości; *[wine, beer]* markowy

quality control *n* kontrola *f* jakości

quality controller *n* kontroler *m*, -ka *f* jakości, braka|rz *m*, -rka *f*

quality time *n* (with one's children) czas *m* przeznaczony dla rodziny

qualm /kwɑːm/ *n* (scruple) skrupuły *plt*; **to have no ~s about doing sth** nie mieć żadnych skrupułów w związku z czymś; **to suffer ~s of guilt** or **conscience** mieć poczucie winy or wyrzuty sumienia

quandary /ˈkwɒndərɪ/ *n* rozterka *f*, dylemat *m* **(about** or **over sth** w związku z czymś); **I'm in a ~ about whether or not to tell him** mam dylemat, czy mu powiedzieć czy nie; **I was in a ~ over what to do** byłem w rozterce, co robić

quango /ˈkwæŋgəʊ/ *n* **(***pl* **~s)** GB organizacja *f* quasi-pozarządowa

quanta /ˈkwɒntə/ *npl* → **quantum**

quantifiable /ˌkwɒntɪˈfaɪəbl/ *adj* wymierny, łatwy do wyliczenia

quantifier /ˈkwɒntɪfaɪə(r)/ *n* [1] Philos kwantyfikator *m* [2] Ling kwantyfikator *m* ogólny

quantify /ˈkwɒntɪfaɪ/ *vt* określ|ić, -ać ilościowo

quantitative /ˈkwɒntɪtətɪv, US -teɪt-/ *adj* ilościowy; Literat iloczasowy; **~ analysis** Chem analiza ilościowa

quantitatively /ˈkwɒntɪtətɪvlɪ/ *adv* ilościowo

quantity /ˈkwɒntətɪ/ **I** *n* [1] ilość *f*; **in ~** w dużych ilościach; **a ~ of sth** pewna ilość czegoś; **unknown ~** Math niewiadoma also fig [2] Literat iloczas *m*
II *modif [production]* masowy; **~ purchase/sale** kupno/sprzedaż w ilościach hurtowych

quantity mark *n* Literat znak *m* iloczasu

quantity surveying *n* kosztorys *m*

quantity surveyor *n* rzeczoznawca *m*

quantum /ˈkwɒntəm/ **I** *n* **(***pl* **-ta)** kwant *m*
II *modif [mechanics, number, optics, statistics]* kwantowy

quantum leap *n* Phys przejście *n* kwantowe; fig olbrzymi skok *m* fig

quantum theory *n* teoria *f* kwantów

quarantine /ˈkwɒrəntiːn, US ˈkwɔːr-/ **I** *n* kwarantanna *f*; **to be in ~** przechodzić kwarantannę; **to go into/come out of ~** zacząć/zakończyć kwarantannę; **six months' ~** sześciomiesięczna kwarantanna
II *modif* **~ period** okres kwarantanny; **~ laws** przepisy dotyczące kwarantanny; **~ hospital** szpital, gdzie przechodzi się kwarantannę; **~ kennels** azyl dla zwierząt domowych przechodzących kwarantannę
III *vt* podda|ć, -wać kwarantannie *[person, animal]*

quark /kwɑːk/ *n* kwark *m*

quarrel /ˈkwɒrəl, US ˈkwɔːrəl/ **I** *n* [1] (argument) kłótnia *f*, sprzeczka *f* **(about** or **over sth** o coś); **to have a ~ with sb** pokłócić się z kimś; **to pick a ~ with sb** szukać zwady z kimś [2] (feud) spór *m*; waśń *f* fml **(about** or **over sth** o coś); **to have a ~ with sb** prowadzić z kimś spór [3] (difference of opinion) kłótnia *f*, różnica *f* zdań; **to have no ~ with sb/sth** nie mieć nic przeciwko komuś/czemuś
II *vi* **(***prp, pt, pp* **-ll-,** US **-l-)** [1] (argue) po|kłócić się, po|sprzeczać się [2] (sever relations) pokłócić się na zawsze [3] (dispute) **to ~ with sth** za|kwestionować coś, podać coś w wątpliwość

quarrelling GB, **quarreling** US /ˈkwɒrəlɪŋ, US ˈkwɔː-/ *n* kłótnie *f pl*, swary *plt*; **stop your ~!** przestańcie się kłócić!

quarrelsome /ˈkwɒrəlsəm, US ˈkwɔː-/ *adj [person, nature]* kłótliwy, swarliwy; *[remark, comment]* napastliwy

quarry[1] /ˈkwɒrɪ, US ˈkwɔːrɪ/ **I** *n* (excavation) kamieniołom *m*, kopalnia *f* odkrywkowa; **chalk/slate ~** kamieniołom kredowy/łupkowy
II *vt* (also **~ up**) wydoby|ć, -wać *[stone]*
III *vi* **to ~ for sth** wydobywać coś *[stone, gravel]*

quarry[2] /ˈkwɒrɪ, US ˈkwɔːrɪ/ *n* [1] (prey) zdobycz *f*; (in hunting) zwierzyna *f* łowna [2] fig (person) ścigan|y *m*, -a *f*; (thing) zdobycz *f*, łup *m*

quarryman /ˈkwɒrɪmən, US ˈkwɔːrɪ-/ *n* **(***pl* **-men)** pracownik *m* kamieniołomu, skalnik *m*

quarry tile *n* kamienna płyta *f* podłogowa

quarry-tiled floor /ˌkwɒrɪtaɪldˈflɔː(r), US ˌkwɔːrɪ-/ *n* podłoga *f* z płyt kamiennych

quart /kwɔːt/ *n* kwarta *f (GB = 1,136 litra, US = 0,946 litra)*
IDIOMS: **you can't get a ~ into a pint pot** święty Boże nie pomoże

quarter /ˈkwɔːtə(r)/ **I** *n* [1] (one fourth) (of area, cake, kilometre, tonne) ćwierć *f*; (of litre, kilogramme) ćwierć *f*, ćwiartka *f*; **a ~ of a hectare** ćwierć or jedna czwarta hektara; **a ~ of the population** jedna czwarta ludności [2] (15 minutes) **~ of an hour** kwadrans *m*; **in a ~ of an hour** za kwadrans [3] (three months) kwartał *m*; **to pay by the ~** wnosić opłaty kwartalnie [4] (district) dzielnica *f*; kwartał *m* dat; **a residential/poor/artists' ~** dzielnica mieszkalna/biedoty/artystów [5] (group) krąg *m*; **in some** or **certain ~s** w pewnych kręgach; **don't expect any help from that ~** nie oczekuj żadnej pomocy z tamtej strony [6] (mercy) litość *f*; liter zmiłowanie *n* liter; **to get no ~ from sb** nie zaznać od kogoś litości; **to give no ~** nie mieć litości or zmiłowania [7] US (25 cents) dwudziestopięciocentówka *f* infml [8] Meas (four ounces) ćwierć *f* funta *(= 113,4 g)* [9] Meas (of hundredweight) ćwierć *f* cetnara *(GB = 12,7kg, US = 11,3 kg)* [10] Culin ćwiartka *f*; **a ~ of beef** ćwiartka wołu [11] Sport (time period) kwarta *f* [12] Astron kwadra *f* [13] (direction) kierunek *m*; **on the port /starboard ~** z tyłu lewej/prawej burty; **a wind from a southerly ~** wiatr z południa; **from all ~s of the globe** fig ze wszystkich stron świata [14] Herald pole *n* tarczy dzielonej w krzyż
II quarters *npl* Mil kwatery *f pl*; **to live in ~s** Mil mieszkać na kwaterze; **to take up ~s in barracks** zamieszkać w koszarach; **to retire to one's ~s** Mil powrócić na kwaterę; **to be confined to ~s** Mil otrzymać zakaz opuszczania kwatery; **single/married ~s** Mil kwatery dla samotnych/dla rodzin; **battle** or **general ~s** stanowisko bojowe; **servants' ~s** pomieszczenia dla służby
III *pron* [1] (25%) czwarta część *f*; **only a ~ passed** zdała tylko jedna czwarta kandydatów; **you can have a ~ now and the rest later** jedną czwartą możesz otrzymać teraz, a resztę później [2] (in time phrases) **at (a) ~ to 11** GB, **at a ~ of 11** US za kwadrans jedenasta; **a ~ past 11** GB, **a ~ after 11** US kwadrans po jedenastej [3] (in age) **she's ten and a ~** ma dziesięć lat i trzy miesiące
IV *adj* **she has a ~ share in the company** ma jedną czwartą udziałów w firmie; **a ~ century** (25 years) ćwierćwiecze; (25 runs at cricket) 25 punktów; **a ~ mile** ≈ 500 m; **a ~ tonne** ćwierć tony; **three and a ~ years** trzy lata i trzy miesiące
V *adv* **a ~ full** w jednej czwartej pełny; **a ~ as big** cztery razy mniejszy; **~ the price/size** jedna czwarta ceny/wielkości
VI at close quarters *adv phr [see]* z bliska; *[fight]* wręcz
VII *vt* [1] (divide into four) po|kroić na ćwiartki *[apple, cake]* [2] (accommodate) zakwaterow|ać, -ywać, rozkwaterow|ać, -ywać *[troops]*; u|lokować *[people]*; umie|ścić, -szczać w zagrodzie *[livestock]* [3] Hist (torture) po|ćwiartować *[prisoner]* [4] Hunt *[dogs]* tropić, szukać

quarterback /ˈkwɔːtəbæk/ *n* US Sport rozgrywający *m*; **the Monday-morning ~** fig mądry poniewczasie

quarter-binding /ˌkwɔːtəˈbaɪndɪŋ/ *n* Print półskórek *m*

quarter-bound /ˌkwɔːtəˈbaʊnd/ *adj [book, manuscript]* oprawny w półskórek

quarter-day /ˈkwɔːtədeɪ/ *n* GB Fin dzień *m* wnoszenia kwartalnych opłat dzierżawnych

quarterdeck /ˈkwɔːtədek/ *n* [1] Naut (on ship) pokład *m* rufowy [2] (officers) oficerowie *m pl*

quarterfinal /ˌkwɔːtəˈfaɪnl/ *n* ćwierćfinał *m*

quartering /ˈkwɔːtərɪŋ/ *n* [1] Mil zakwaterowanie *n* **(on sb** u kogoś) [2] Herald podział *m* tarczy herbowej na cztery pola

Q

quarter-light /ˈkwɔːtəlaɪt/ *n* Aut okno *n* uchylne

quarterly /ˈkwɔːtəlɪ/ **I** *n* Publg kwartalnik *m*
II *adj* kwartalny
III *adv* kwartalnie

quartermaster /ˈkwɔːtəmɑːstə(r), US -mæstə(r)/ *n* Mil (in army) kwatermistrz *m*; (in navy) podoficer *m* zawiadujący sterownią

quartermaster general *n* GB Mil szef *m* logistyki rodzaju sił zbrojnych, szef *m* kwatermistrzostwa; US *dowódca korpusu kwatermistrzowskiego w randze generała brygady*

quartermaster sergeant *n* US Mil sierżant *m* w służbach kwatermistrzowskich

quarter-miler /ˌkwɔːtəˈmaɪlə(r)/ *n* Sport biegacz *m*, -ka *f* na ćwierć mili

quarternote /ˈkwɔːtənəʊt/ *n* US Mus ćwierćnuta *f*

quarter-pounder /ˌkwɔːtəˈpaʊndə(r)/ *n* Culin *hamburger zawierający ok. 100 g wołowiny*

quarterstaff /ˈkwɔːtəstɑːf, US -stæf/ *n* Mil Hist okuty drąg *m (używany jako broń)*

quartet /kwɔːˈtet/ *n* [1] Mus kwartet *m* [2] (four people or things) czwórka *f*

quarto /ˈkwɔːtəʊ/ **I** *n* (*pl* **-tos**) kwarto *n*, quarto *n*; **bound in ~** oprawiony in quarto
II *modif [size, book]* in quarto

quartz /kwɔːts/ **I** *n* kwarc *m*
II *modif [clock, lamp, watch]* kwarcowy; **~ deposit/mine** złoża/kopalnia kwarcu

quartz glass *n* szkło *n* kwarcowe

quartzite /ˈkwɔːtsaɪt/ *n* kwarcyt *m*

quasar /ˈkweɪzɑː(r)/ *n* kwazar *m*

quash /kwɒʃ/ *vt* [1] Jur uchyl|ić, -ać, unieważni|ć, -ać *[verdict, judgment, appeal]*; odrzuc|ić, -ać *[appeal]* [2] odrzuc|ić, -ać *[decision, proposal]* [3] s|tłumić *[rebellion]*; położyć kres (czemuś) *[rumours]*

quasi+ /ˈkweɪzaɪ, ˈkwɑːzɪ/ *in combinations* quasi-, niby-; **~-military/-scientific** quasi-wojskowy/-naukowy; **a ~-state** quasi--państwo

quatercentenary /ˌkwætəsenˈtiːnərɪ, US -ˈsentənerɪ/ *n* czterechsetlecie *n*

quaternary /kwəˈtɜːnərɪ/ **I** *n* Geol **the Quaternary** czwartorzęd *m*
II *adj* [1] Geol czwartorzędowy [2] Chem czteroskładnikowy [3] Math *[set]* czwórkowy

quatrain /ˈkwɒtreɪn/ *n* Literat czterowiersz *m*, kwartyna *f*

quaver /ˈkweɪvə(r)/ **I** *n* [1] GB Mus ósemka *f* [2] (trembling) drżenie *n*; **there was a ~ in her voice** głos jej drżał
II *vt* **'yes,' he ~ed** „tak", powiedział drżącym głosem
III *vi [voice]* (in singing) drżeć

quavering /ˈkweɪvərɪŋ/ **I** *n* drżenie *n*
II *adj* drżący

quaveringly /ˈkweɪvərɪŋlɪ/ *adv [speak, reply, ask]* drżącym głosem

quavery /ˈkweɪvərɪ/ *adj* = **quavering II**

quay /kiː/ *n* nabrzeże *n*; (in seaport) keja *f*; **at the ~** przy nabrzeżu; **on the ~** na nabrzeżu

quayside /ˈkiːsaɪd/ *n* nabrzeże *n*; **at the ~** (boat) przy nabrzeżu; (people, cargo) na nabrzeżu

queasiness /ˈkwiːzɪnɪs/ *n* mdłości *plt*, nudności *plt*

queasy /ˈkwiːzɪ/ *adj* [1] **to be ~** mieć mdłości; **I feel ~** mdli mnie, jest mi niedobrze; **to have a ~ stomach** (tendency) mieć delikatny żołądek; (temporary) cierpieć na rozstrój żołądka [2] fig *[conscience]* niespokojny; **I have a ~ feeling about it, I feel ~ about it** robi mi się niedobrze na myśl o tym fig

Quebec /kwɪˈbek/ **I** *prn* Quebec *m*
II *modif* **~ inhabitants/architecture** mieszkańcy/architektura Quebecu

Quebec(k)er /kwɪˈbekə(r)/ *n* mieszkan|iec *m*, -ka *f* Quebecu

Quebecois /ˌkeɪbeˈkwaː/ *n* (*pl* **~**) = **Quebec(k)er**

Quechua /ˈketʃwə/ **I** *n* [1] (person) Kiczua *m*, -nka *f*; (collectively) Kiczua *plt*, Kiczuowie *plt* [2] Ling (język *m*) kiczuański *m*
II *adj* kiczuański

queen /kwiːn/ **I** *n* [1] (monarch) królowa *f* also fig; **Queen Elizabeth** królowa Elżbieta; **she was ~ to Charles III** była żoną Karola III [2] Games (in chess) królowa *f*; (in cards) dama *f* [3] Zool królowa *f* [4] infml offensive (homosexual) ciota *f* infml offensive
II *vt* (in chess) zrobić królową (z czegoś) *[pawn]*
IDIOMS: **to ~ it over** zadzierać nosa; **to ~ it over sb** traktować kogoś z góry

Queen Anne /ˌkwiːnˈæn/ *modif [chair, house]* w stylu epoki królowej Anny *(1702-14)*

Queen Anne's lace *n* Bot trybula *f* leśna

queen bee *n* [1] Zool królowa *f* [2] fig **she thinks she's (the) ~** uważa się za Bóg wie co; **she's (the) ~ around here** tutaj ona wodzi rej

queen cake *n* GB Culin *małe ciasteczko z rodzynkami*

queen consort *n* królowa *f (żona panującego)*

queen dowager *n* królowa wdowa *f*

queenly /ˈkwiːnlɪ/ *adj* królewski

queen mother *n* królowa matka *f*

queen post *n* Constr wieszak *m* (konstrukcji dachowej)

queen regent *n* (królowa) regentka *f*

Queen's Bench (Division) *n* GB Jur Wydział *m* Ławy Królewskiej (Sądu Najwyższego)

Queen's Counsel, QC *n* GB Jur *tytuł honorowy członka palestry*

Queen's English *n* wzorcowa angielszczyzna *f* (brytyjska); **to speak the ~** mówić poprawnie po angielsku

Queen's evidence *n* **to turn ~** GB Jur wystąpić jako świadek koronny

queen-size /ˈkwiːnsaɪz/ *adj [bed, sheets]* o wymiarach 152 na 198 cm

Queensland /ˈkwiːnzlənd/ *prn* Queensland *m*

Queen's Regulations *n* GB Mil kodeks *m* wojskowy

Queen's shilling *n*
IDIOMS: **to take the ~** GB zaciągnąć się do wojska

Queen's speech *n* GB Pol mowa *f* królowej otwierająca sesję parlamentu

queer /kwɪə(r)/ **I** *n* infml offensive (homosexual) pedał *m*, pedzio *m* infml offensive
II *adj* [1] (strange) dziwny [2] (suspicious) podejrzany [3] GB dat (ill) **to come over** infml or **feel ~** poczuć się słabo; **he comes over ~ at the sight of blood** na widok krwi robi mu się słabo [4] infml offensive (homosexual) pedałowaty, pedziowaty infml offensive
IDIOMS: **to ~ sb's pitch** pomieszać or popsuć komuś szyki; **to be in Queer Street** GB mieć kłopoty finansowe

queer bashing *n* infml offensive atak *m* na homoseksualistów

queerly /ˈkwɪəlɪ/ *adv* dziwnie, osobliwie

queerness /ˈkwɪənɪs/ *n* dziwność *f*, oryginalność *f*

quell /kwel/ *vt* s|tłumić *[anger, unrest, rebellion]*; rozpr|oszyć, -aszać, rozwi|ać, -ewać *[anxiety, doubts, fears]*; poskr|omić, -amiać *[children]*; **to ~ sb with a look** powstrzymywać kogoś wzrokiem or spojrzeniem

quench /kwentʃ/ *vt* [1] liter u|gasić *[thirst]*; zaspok|oić, -ajać *[desire, passion]*; u|gasić *[flames, fire]*; s|tłumić, z|dusić *[fury]* [2] Tech za|hartować *[steel, metal]*

quern /kwɜːn/ *n* żarna *plt*

querulous /ˈkwerʊləs/ *adj [person]* kwękający; *[tone, voice]* płaczliwy

querulously /ˈkwerʊləslɪ/ *adv* płaczliwie; *[ask, complain]* płaczliwym tonem

query /ˈkwɪərɪ/ **I** *n* [1] (request for information) pytanie *n* **(about sth** odnośnie czegoś); **to reply to** or **answer a ~** udzielić odpowiedzi na pytanie; **queries from customers /parents** prośby klientów/rodziców o informację; **readers' queries** pytania od czytelników [2] (expression of doubt) kwestionowanie *n* **(about sth** czegoś); **to raise a ~ about sth** podnieść kwestię czegoś; **I have a ~ about your statement** mam pytanie odnośnie twojego oświadczenia [3] (question mark) pytajnik *m*, znak *m* zapytania [4] Comput zapytanie *n*
II *vt* [1] (dispute) za|kwestionować *[statement, right]*; **nobody dares to ~ that...** nikt nie ośmiela się kwestionować, że...; **to ~ sb's ability** podawać w wątpliwość zdolności kogoś; **we are ~ing the way the government is handling this matter** kwestionujemy sposób, w jaki rząd zajmuje się tą sprawą; **some may ~ my interpretation of the data** niektórzy mogą kwestionować moją interpretację danych; **he queried whether her word could be relied on** miał wątpliwości, czy można na niej polegać [2] (ask) za|pytać, zapytywać

query language *n* Comput język *m* zapytań

query window *n* Comput okno *n* dialogowe

quest /kwest/ *n* poszukiwanie *n* **(for sb /sth** kogoś/czegoś); **a ~ to do sth** dążenie do zrobienia czegoś; **in ~ of sb/sth** w poszukiwaniu kogoś/czegoś; **to abandon /resume one's ~** porzucić/podjąć na nowo poszukiwania

question /ˈkwestʃən/ **I** *n* [1] (request for information) pytanie *n* **(about sb/sth** o kogoś/coś); zapytanie *n* fml; **to ask sb a ~** zadać pytanie komuś; **answer the ~ about where you were last night** odpowiedz (na pytanie), gdzie byłeś wczoraj wieczorem; **in reply to a ~ from Mr John Molloy...** w odpowiedzi or odpowiadając na pytanie pana Johna Molloya...; **to ask a ~** zapytać, zadać pytanie; **to put a ~ to sb** postawić pytanie komuś; **to reply to** or **to answer a ~** odpowiedzieć na pytanie; **to reply to sb's ~** odpowiedzieć komuś (na pytanie); **to do sth without ~** zrobić coś, nie pytając o nic; **a large reward will be paid, no ~s asked** wysoka nagroda, dyskrecja zapewniona; **what a ~!** co za pytanie!; **a ~ from the floor** (in parliament) zapytanie poselskie; **to put down a ~ for sb** GB Pol złożyć or wnieść or zgłosić interpelację do kogoś [2] (practical issue) kwestia *f*, sprawa *f*; (ethical issue) dylemat *m* (moralny); **the Palestinian ~** kwestia palestyńska; **the ~ of pollution/military spending** kwestia zanieczyszczenia środowiska/wydatków na cele wojskowe; **it's a ~ of doing sth** to kwestia zrobienia czegoś; **the ~ of how to protect the hostages** kwestia, jak zapewnić ochronę zakładnikom; **the ~ of where to live/what the families want** kwestia mieszkania/oczekiwań rodzin; **the ~ whether** or **as to whether they can do better** kwestia polegająca na tym, czy ich stać na więcej; **the ~ for him now is how to react** teraz ma dylemat, jak zareagować; **the ~ arises as to who is going to pay the bill** powstaje pytanie, kto zapłaci rachunek; **the ~ raised is one of justice** (w podniesionej kwestii) chodzi o sprawiedliwość; **that's another ~** to zupełnie inna or osobna kwestia; **the ~ is whether /when...** chodzi o to, czy/kiedy...; **there was never any ~ of you** or **your paying** nigdy nie było mowy o tym, że masz zapłacić; **the person in ~** osoba, o którą chodzi or o której mowa [3] (uncertainty) wątpliwość *f*; **to call** or **bring sth into ~** podać coś w wątpliwość; **to prove beyond ~ that...** dowieść ponad wszelką wątpliwość, że...; **it's open to ~** to kwestia otwarta; **it's open to ~ whether we have succeeded** można dyskutować, czy nam się powiodło; **his honesty was never in ~** nikt nigdy nie kwestionował jego uczciwości [4] (possibility) możliwość *f*; **there was no ~ of escaping** nie było najmniejszej możliwości ucieczki; **it's out of the ~** (to) wykluczone; **it is out of the ~ for him to leave** w jego przypadku wyjazd w ogóle nie wchodzi w rachubę

II *vt* [1] (interrogate) przesłuch|ać, -iwać *[suspect, politician]*; przepyt|ać, -ywać, odpyt|ać, -ywać *[student]*; **to ~ sb about sth** wypytywać kogoś o coś; **to ~ sb closely** przesłuchać kogoś bardzo szczegółowo [2] (cast doubt upon) za|kwestionować *[tactics, methods, cost]*; **I ~ed whether he really paid that money into her account** mam wątpliwości (co do tego), czy on rzeczywiście wpłacił pieniądze na jej konto; **he ~ed the use of arms against the people** zakwestionował użycie broni przeciwko ludziom

questionable /ˈkwestʃənəbl/ *adj* (debatable) *[evidence, record, motive, decision]* wątpliwy, budzący wątpliwości; (dubious) *[virtue, taste]* wątpliwy; **it's ~ whether this is an original** nie jest pewne, czy to oryginał; **a remark in ~ taste** uwaga w wątpliwym guście

question-begging /ˈkwestʃənbegɪŋ/ *n* Philos petitio principii

questioner /ˈkwestʃənə(r)/ *n* (interrogator) przesłuchujący|y *m*, -a *f*; (in parliament) interpelator *m*, interpelant *m*; (at a meeting) osoba *f* zadająca pytanie

questioning /ˈkwestʃənɪŋ/ **I** *n* [1] (interrogation) indagacja *f* fml; (by police, judge) przesłuchanie *n*; **~ about the scandal continues** przesłuchania w sprawie skandalu trwają; **to avoid ~ about sth** unikać pytań na temat czegoś; **to bring the suspect in for ~** doprowadzić podejrzanego na przesłuchanie; **he was taken in for ~** wzięto go na przesłuchanie; **~ by reporters** dociekliwe pytania dziennikarzy; **he is wanted for ~ in connection with the explosion** policja chce go przesłuchać w związku z wybuchem; **to admit sth under ~** przyznać się do czegoś podczas przesłuchania; **a line of ~** sposób zadawania pytań; (by police) tryb przesłuchania; **what is his line of ~?** do czego zmierzają jego pytania?; **police ~** przesłuchanie przez policję [2] (doubt, challenge) stawianie *n* pytań o (coś) *[system, criteria, values]*

II *adj* [1] *[glance, expression, voice]* pytający; *[mind]* dociekliwy; *[approach]* krytyczny [2] **~ techniques** or **tactics** sposób zadawania pytań

question mark *n* [1] (in punctuation) pytajnik *m*, znak *m* zapytania [2] (doubt) **there is a ~ about his honesty** są wątpliwości co do jego uczciwości; **the incident leaves a large ~ against his loyalty** ten incydent stawia jego lojalność pod wielkim znakiem zapytania; **there is a ~ hanging over the factory/over his future** przyszłość fabryki/jego przyszłość jest niepewna

question master *n* prowadzący|y *m*, -a *f* quiz

questionnaire /ˌkwestʃəˈneə(r)/ *n* kwestionariusz *m*, ankieta *f* **(on sth** na temat czegoś); **to compile a ~** ułożyć kwestionariusz or ankietę; **to fill in** or **complete a ~** wypełnić kwestionariusz or ankietę; **a survey by ~** badania ankietowe, sondaż

question tag *n* Ling pytanie *n* rozłączne

question time *n* GB Pol ≈ interpelacje *f pl* poselskie or parlamentarne

queue /kjuː/ **I** *n* GB (of people) kolejka *f*; ogonek *m* infml; (of vehicles) kolejka *f*; **to line up in a ~** ustawić się w kolejce; **to stand in a ~** stać w kolejce; **to join the ~** dołączyć do kolejki; **to jump the ~** infml wepchnąć się do kolejki infml; **go to the back of the ~!** idź na koniec kolejki!

II *vi* = **queue up**

■ **queue up** ustawi|ć, -ać się w kolejce; **to ~ up for sth** stanąć w kolejce po coś; **to ~ up to do sth** fig pchać się, żeby coś zrobić

queue-jump /ˈkjuːdʒʌmp/ *vi* GB w|epchnąć, -pychać się bez kolejki infml

queue-jumper /ˈkjuːdʒʌmpə(r)/ *n* GB spryciarz *m* wpychający się bez kolejki infml

queue-jumping /ˈkjuːdʒʌmpɪŋ/ *n* GB wpychanie się *n* bez kolejki infml

quibble /ˈkwɪbl/ **I** *n* [1] drobne zastrzeżenie *n*; **the only ~ about this book is its price** jedyne zastrzeżenie, jakie można mieć do tej książki, to cena [2] (pun) zabawa *f* słowna

II *vi* spierać się o szczegóły; **who's going to ~ about** or **over a dollar?** któż by się spierał o jednego dolara?; **he ~s with everything I say** czepia się wszystkiego, co powiem infml

quibbler /ˈkwɪblə(r)/ *n* osoba *f* przesadnie drobiazgowa, formalist|a *m*, -ka *f*

quibbling /ˈkwɪblɪŋ/ **I** *n* spieranie się *n* o szczegóły

II *adj* mało istotny

quiche /kiːʃ/ *n* Culin quiche *m*

quick /kwɪk/ **I** *n* Anat, Med **the ~** miękka część *f* paznokcia; **to bite one's nails to the ~** obgryzać paznokcie do żywego mięsa

II *adj* [1] (speedy) *[pace, train, reply, profit, look]* szybki; *[heartbeat]* przyśpieszony; *[storm, shower of rain]* przelotny; **to have a ~ coffee** wypić kawę na stojąco or w biegu; **to make a ~ phone call** wykonać szybki telefon infml; **to have a ~ wash** szybko się umyć; **the ~est way to get there is...** najszybciej można się tam dostać...; **the ~est way to lose your friends is...** najłatwiej stracić przyjaciół przez...; **she's a ~ worker** robota pali jej się w rękach fig; **she wasn't ~ enough** była zbyt powolna; **we'll have to make a ~ decision** będziemy musieli szybko podjąć decyzję; **we're hoping for a ~ sale** mamy nadzieję, że sprzedaż pójdzie szybko; **we had a ~ chat about our plans** krótko porozmawialiśmy o naszych planach; **to make a ~ recovery** szybko powrócić do zdrowia; **to pay a ~ visit to sb** złożyć komuś krótką wizytę; **be ~ (about it)!** pośpiesz się!; **a ~ hit** (on drugs) kop *m* infml [2] (clever) *[child, student]* bystry; **to be ~ at arithmetic** być dobrym z arytmetyki [3] (prompt) **to be ~ to do sth** robić coś od razu; **to be ~ to anger** szybko wpadać w złość; **to be ~ to take offence** łatwo się obrażać; **to be ~ to defend one's friends** zawsze stawać w obronie przyjaciół; **to be ~ to learn, to be a ~ learner** szybko się uczyć; **to be (too) ~ to criticize/condemn** (zbyt) łatwo krytykować/potępiać; **to be ~ to admit one's mistakes** szybko przyznawać się do błędów; **she was ~ to see the advantages** w lot dojrzała zalety [4] (lively) **to have a ~ temper** być porywczym; **a ~ temper** porywczość; **to have a ~ wit** mieć bystry umysł

III *adv* **(come) ~!** (chodź) szybko!; **(as) ~ as a flash** błyskawicznie

IDIOMS: **a ~ one** = **quickie** [1][2][3]; **the ~ and the dead** żywi i umarli; **to cut** or **sting sb to the ~** dotknąć kogoś do żywego; **to make a ~ buck** szybko się dorobić; **to make a ~ killing** szybko zbić majątek

quick-assembly /ˌkwɪkəˈsemblɪ/ *adj* łatwy w montażu

quick assets *npl* Fin aktywa *plt* łatwe do upłynnienia

quick-change artist /ˌkwɪkˈtʃeɪndʒɑːtɪst/ *n* *artysta szybko zmieniający kostium, żeby zagrać inną postać*

quick-drying /ˌkwɪkˈdraɪɪŋ/ *adj* szybkoschnący

quicken /ˈkwɪkən/ **I** *vt* [1] przyśpiesz|yć, -ać *[rhythm, rate]* [2] liter fig wzm|óc, -agać *[interest, excitement]*
II *vi* [1] *[pulse, heartbeat]* przyśpiesz|yć, -ać; *[heart]* zacz|ąć, -ynać bić gwałtownie; **our pace ~ed** przyśpieszyliśmy kroku [2] liter fig *[anger, jealousy]* wzm|óc, -agać się [3] *[foetus]* porusz|yć, -ać się
quickening /ˈkwɪkənɪŋ/ *n* [1] (of heartbeat) przyśpieszenie *n* [2] liter fig (of interest) wzmożenie *n* [3] (of foetus) pierwsze ruchy *m pl*
quick fire /ˈkwɪkfaɪə/ **I** *n* ogień *m* z broni maszynowej
II quick-fire *modif [dialogue]* błyskotliwy; **~ questions** grad pytań
quick fix *n* środek *m* doraźny
quick-freeze /ˌkwɪkˈfriːz/ *vt* (*pt* **-froze;** *pp* **-frozen)** zamr|ozić, -ażać głęboko
quickie /ˈkwɪkɪ/ *n* infml [1] (drink) jeden *m* szybki infml [2] (question) szybkie pytanie *n* [3] GB vinfml (sex act) szybki numerek *m* vinfml [4] US Cin *niskobudżetowy film zrealizowany w krótkim czasie*
quickie divorce *n* infml szybki rozwód *m*
quicklime /ˈkwɪklaɪm/ *n* wapno *n* niegaszone
quickly /ˈkwɪklɪ/ *adv* (rapidly) szybko; (without delay) natychmiast, bezzwłocznie; **the police arrived ~** policja przyjechała natychmiast; **the problem was ~ solved** problem został szybko rozwiązany; **we must sort this problem out ~** musimy szybko uporać się z tym problemem; **(come) ~!** (przyjdź) szybko!; **as ~ as possible** jak najszybciej; **I acted ~ on his advice** szybko skorzystałem z jego rady; **I ~ changed the subject** szybko zmieniłem temat
quick march I *n* Mil szybki marsz *m*
II *excl* z życiem!
quickness /ˈkwɪknɪs/ *n* [1] (speed) (of person, movement) szybkość *f*; **~ to respond** szybka reakcja; **~ to react** szybki refleks [2] (of temper) popędliwość *f* [3] (of mind, wit) bystrość *f*
quick-release /ˌkwɪkrɪˈliːs/ *adj [mechanism]* do otwierania jednym ruchem
quicksand /ˈkwɪksænd/ *n* ruchome piaski *plt*; fig grząski grunt *m* fig
quick-set hedge /ˌkwɪksetˈhedʒ/ *n* gęsty żywopłot *m*
quick-setting /ˈkwɪksetɪŋ/ *adj [cement]* szybkowiążący; *[jelly]* szybkotężejący; *[hair gel, hair lotion]* szybkoschnący
quicksilver /ˈkwɪksɪlvə(r)/ **I** *n* Chem rtęć *f*; żywe srebro *n* infml
II *modif* fig **~ wit** żywy umysł
quickstep /ˈkwɪkstep/ *n* (dance tune) quickstep *m*; (march tune) szybka muzyka *f* marszowa
quick-tempered /ˌkwɪkˈtempəd/ *adj* porywczy, zapalczywy
quickthorn /ˈkwɪkθɔːn/ *n* głóg *m*
quick time *n* US szybki marsz *m*
quick trick *n* (in bridge) szybka lewa *f*
quick win *n* szybka wygrana *f*
quick-witted /ˌkwɪkˈwɪtɪd/ *adj [person]* błyskotliwy; *[reaction]* żywy
quid¹ /kwɪd/ *n* GB infml (*pl* **~**) funciak *m* infml
quid² /kwɪd/ *n* infml (tobacco) prymka *f*
quiddity /ˈkwɪdətɪ/ *n* Philos istota *f* rzeczy
quid pro quo /ˌkwɪdprəʊˈkwəʊ/ *n* rewanż *m*, zapłata *f* fig; **if I do this for you what's the ~?** jeśli zrobię to dla ciebie, co z tego będę miał?
quiescence /kwaɪˈesns, kwɪˈesns/ *n* spokój *m*
quiescent /kwaɪˈesnt, kwɪˈesnt/ *adj* spokojny
quiet /ˈkwaɪət/ **I** *n* [1] (silence) cisza *f*; **in the ~ of the morning** w ciszy poranka; **~ please!** proszę o ciszę! [2] (peace) spokój *m*; **the ~ of the countryside** cisza i spokój wsi; **let's have some peace and ~!** niech przez chwilę będzie spokój i cisza! [3] infml (secret) **to do sth on the ~** zrobić coś cichcem or cichaczem
II *adj* [1] (silent) *[church, room, person]* cichy; **to keep** or **stay ~** być cicho; **to go ~** *[person]* zamilknąć; *[assembly]* uciszyć się; **the room went ~** w pokoju zapanowała or zaległa cisza; **to keep sth ~** wyłączyć coś *[bells, machinery]*; **to keep sb/sth ~** uciszyć kogoś/coś *[child, dog]*; **be ~!** (stop talking) ucisz się!, zamilknij!; (make no noise) bądź cicho!; **you're ~, are you OK?** nie odzywasz się, nic ci nie jest? [2] (not noisy) *[voice, music]* cichy; *[cough, laugh]* dyskretny; *[engine]* cicho pracujący; **in a ~ voice** cichym głosem; **that should keep the children ~** dzięki temu dzieci będą przez jakiś czas cicho [3] (discreet) *[diplomacy, chat]* dyskretny; *[deal]* prywatny; *[confidence, optimism]* ostrożny; *[despair, rancour]* tłumiony; *[colour, stripe]* spokojny; **I had a ~ laugh over it** uśmiałam się z tego w duchu; **to have a ~ word with sb** porozmawiać z kimś prywatnie [4] (calm) *[village, holiday, night]* cichy, spokojny; **business/the stock market is ~** w interesach/na giełdzie panuje spokój; **to lead a ~ life** wieść spokojne życie; **OK! anything for a ~ life!** zgoda! dla świętego spokoju zrobię wszystko! [5] (for few people) *[dinner, meal]* kameralny; *[wedding]* cichy; *[funeral]* skromny [6] (docile) *[child, pony]* spokojny [7] (secret) **to keep sth ~** trzymać coś w tajemnicy *[plans, engagement]*; **I'd like you to keep it ~** chciałbym, żebyś to zachował dla siebie
III *vt* US [1] (calm) uspok|oić, -ajać *[class, crowd, animal]* [2] (allay) rozwi|ać, -ewać *[fear, doubts]* [3] (silence) ucisz|yć, -ać *[person]*
quieten /ˈkwaɪətn/ *vt* [1] (calm) uspok|oić, -ajać *[crowd, child, animal]* [2] (allay) rozwi|ać, -ewać *[fear, doubts]* [3] (silence) ucisz|yć, -ać *[children]*; zam|knąć, -ykać usta (komuś) *[critics]*
■ **quieten down**: ¶ **~down** [1] (become calm) *[child, crowd, activity]* uspok|oić, -ajać się; **I'll wait for things to ~ down** poczekam, aż sytuacja się uspokoi [2] *[fall silent]* ucisz|yć, -ać się, za|milknąć ¶ **~ [sb /sth] down** [1] (calm) uspok|oić, -ajać *[baby, crowd, animal]* [2] (silence) ucisz|yć, -ać *[child, class]*
quietism /ˈkwaɪətɪzəm/ *n* kwietyzm *m*
quietist /ˈkwaɪətɪst/ *n* kwietyst|a *m*, -ka *f*
quietly /ˈkwaɪətlɪ/ *adv* [1] (not noisily) *[move, cough, sing]* cicho [2] (silently) *[play, read, sit]* po cichu [3] (discretely) *[pleased, optimistic, confident]* umiarkowanie; **to be ~ confident that...** w skrytości ducha być pewnym, że... [4] (simply) *[live]* spokojnie; *[get married]* po cichu [5] (calmly) spokojnie [6] (soberly) *[decorate, dress]* spokojnie, skromnie
quietness /ˈkwaɪətnɪs/ *n* [1] (silence) cisza *f* [2] (calmness) (of person) spokój *m* [3] (lowness) (of voice) słabość *f* [4] (lack of activity) (of village, street) spokój *m*
quietude /ˈkwaɪɪtjuːd, US -tuːd/ *n* liter spokój *m*
quiff /kwɪf/ *n* GB (hairstyle) czub *m*
quill /kwɪl/ *n* [1] (feather) pióro *n*; (stem of feather) dutka *f* [2] (on porcupine) kolec *m* [3] (also **~ pen)** (for writing) gęsie pióro *n*
quilt /kwɪlt/ **I** *n* [1] GB (duvet) kołdra *f* [2] (bed cover) kapa *f*, narzuta *f*
II *vt* przepikow|ać, -ywać
III quilted *pp adj [cover, garment]* pikowany
quilting /ˈkwɪltɪŋ/ *n* [1] (technique) pikowanie *n* [2] (fabric) podbicie *n*
quilting bee *n* US *grono pań spotykających się na wspólne szycie patchworków*
quim /kwɪm/ *n* GB vulg cipa *f*, pizda *f* vulg
quin /kwɪn/ *n* GB = **quintuplet**
quince /kwɪns/ **I** *n* (fruit) pigwa *f*; (tree) pigwowiec *m*
II *modif [jelly, jam]* z pigwy
quincentenary /ˌkwɪnsenˈtiːnərɪ, US -ˈsentənerɪ/ *n* pięćsetlecie *n*, pięćsetna rocznica *f*
quinine /kwɪˈniːn, US ˈkwaɪnaɪn/ *n* chinina *f*
Quinquagesima /ˌkwɪŋkwəˈdʒesɪmə/ *n* Relig niedziela *f* zapustna
quinquennial /kwɪnˈkwenɪəl/ *adj* odbywający się co pięć lat
quinsy /ˈkwɪnzɪ/ *n* ropień *m* okołomigdałkowy
quint /kwɪnt/ *n* US = **quintuplet**
quintessence /kwɪnˈtesns/ *n* (perfect example) uosobienie *n* **(of sth** czegoś); (essential part) kwintesencja *f* **(of sth** czegoś)
quintessential /ˌkwɪntɪˈsenʃl/ *adj [character, quality]* typowy; **he is the ~ Renaissance man** jest człowiekiem renesansu w pełnym tego słowa znaczeniu
quintet /kwɪnˈtet/ *n* Mus kwintet *m*
quintuple I /ˈkwɪntjʊpl, US kwɪnˈtuːpl/ *n* pięciokrotność *f*
II /ˈkwɪntjʊpl, US kwɪnˈtuːpl/ *adj* pięciokrotny
III /kwɪnˈtjʊpl/ *vt* pięciokrotnie zwiększ|yć, -ać, po|mnożyć przez pięć
quintuplet /ˈkwɪntjʊplɪt, kwɪnˈtjuːplɪt, US kwɪnˈtuːplɪt/ *n* jedno *n* z pięcioraczków; **~s** pięcioraczki
quip /kwɪp/ **I** *n* dowcipna uwaga *f*
II *vi* (*prp, pt, pp* **-pp-)** za|żartować
quire /ˈkwaɪə(r)/ *n* Print (4 folded sheets) kwaternion *m*; (24 or 25 sheets) libra *f*
quirk /kwɜːk/ *n* (of person) dziwactwo *n*; (of fate) (dziwny) przypadek *m*; **a ~ of nature** wybryk natury; **by an odd ~ of fate** dziwnym trafem
quirky /ˈkwɜːkɪ/ *adj* dziwaczny, ekscentryczny
quisling /ˈkwɪzlɪŋ/ *n* pej kolaborant *m*, -ka *f*, kolaboracjonist|a *m*, -ka *f* pej
quit /kwɪt/ **I** *adj* **to be ~ of sb/sth** pozbyć się kogoś/czegoś; **you're well ~ of him** dobrze, że się go pozbyłaś na dobre
II *vt* (*prp* **-tt-;** *pt, pp* **quit, quitted)** [1] (leave) rzuc|ić, -ać *[job, school, smoking]*; opu|ścić, -szczać *[place, person]*; od|ejść, -chodzić od (czegoś) *[profession]*; od|ejść,

-chodzić z (czegoś) *[party]*; z|rezygnować z (czegoś) *[politics, teaching]*; **to give a tenant notice to ~** wymówić lokatorowi mieszkanie [2] Comput za|kończyć, wy|jść, -chodzić z (czegoś) *[application, program]*
III *vi* (*prp* **-tt-**; *pt, pp* **quit, quitted**) [1] (stop, give up) **to ~ doing sth** przestać robić coś; **I've had enough, I ~** mam dość, poddaję się; **to ~ whilst one is ahead** or **on top** wycofać się, kiedy jeszcze odnosi się sukcesy; (in career) odejść u szczytu kariery [2] (resign) *[employee, boss]* od|ejść, -chodzić; *[politician]* poda|ć, -wać się do dymisji; **he quit as a chairman** odszedł ze stanowiska przewodniczącego [3] Comput wy|jść, -chodzić z programu

quite /kwaɪt/ *adv* [1] (completely) całkowicie, zupełnie; **I ~ agree** całkowicie się zgadzam; **I ~ understand** całkowicie rozumiem; **you're ~ right** masz całkowitą or zupełną rację; **you're ~ wrong** całkowicie się mylisz, zupełnie nie masz racji; **it's ~ all right** (in reply to apology) w porządku, nic nie szkodzi; **it's ~ out of the question** to zupełnie wykluczone, nie ma mowy; **I can ~ believe it** całkowicie w to wierzę; **are you ~ sure?** jesteś całkiem pewny?; **~ frankly** całkiem szczerze; **I saw it ~ clearly** widziałam to całkiem wyraźnie; **it's ~ clear** to całkiem jasne; **it's ~ clear to me that...** jest dla mnie zupełnie oczywiste, że...; **he's ~ clearly mad /stupid** jest zupełnie szalony/bardzo głupi; **and ~ right too!** i słusznie!; **that's ~ enough!** dość tego!; **have you ~ finished?** iron skończyłeś? [2] (exactly) **not ~** nie całkiem; **it's not ~ what I wanted** to nie jest całkiem to, o co mi chodziło; **I'm not ~ sure** nie jestem całkiem pewny; **not ~ so much** niezupełnie tyle; **not ~ as many as last time** nie tak wiele jak ostatnim razem, trochę mniej niż ostatnim razem; **not ~ as interesting/expensive** nie aż tak ciekawy/drogi; **he didn't ~ understand** niezupełnie zrozumiał; **I don't ~ know** nie jestem całkiem pewny; **nobody knew ~ what he meant** nikt nie wiedział, o co mu właściwie chodzi; **it's not ~ that** to niezupełnie tak; **that's not ~ all** (giving account of sth) to jeszcze nie wszystko [3] (definitely) zdecydowanie; **it was ~ the best answer/the most expensive seat** to była zdecydowanie najlepsza odpowiedź/to było naprawdę najdroższe miejsce; **he's ~ the stupidest man!** to bez wątpienia najgłupszy człowiek!; **our whisky is ~ simply the best!** Advertg nasza whisky jest po prostu najlepsza! [4] (rather) *[big, wide, easily, often]* całkiem, dosyć, dość; **it's ~ small** to jest dość małe; **it's ~ good** to jest całkiem dobre; **it's ~ cold/warm today** dzisiaj jest dość chłodno/ciepło; **it's ~ likely that...** jest całkiem prawdopodobne, że...; **I ~ like Chinese food** całkiem lubię chińskie potrawy or chińszczyznę infml; **~ a few** or **~ a lot of people/examples** sporo or niemało ludzi /przykładów; **~ a lot of money** sporo or niemało pieniędzy; **~ a lot of opposition** całkiem silna opozycja; **it's ~ a lot colder/warmer today** dzisiaj jest znacznie chłodniej/cieplej; **I've thought about it ~ a bit** sporo o tym myślałem [5] (as intensifier) **~ a difference/drop** całkiem spora różnica/spory spadek; **that will be ~ a change for you** to będzie dla ciebie prawdziwa odmiana; **she's ~ a woman, she's ~ some woman!** co za kobieta!; **that was ~ some party!** to było przyjęcie!; **their house/car is really ~ something** infml ich dom/samochód jest całkiem całkiem or niczego sobie infml; **it was ~ a sight** iron było na co popatrzeć [6] (expressing agreement) **'he could have told us' – '~ (so)'** „mógł nam powiedzieć" – „właśnie"

quits /kwɪts/ *adj* infml **to be ~** być kwita **(with sb** z kimś); **to call it ~** (abandon activity) zakończyć, dać sobie spokój; (settle debt) być kwita

quitter /ˈkwɪtə(r)/ *n* infml **he's a ~** brakuje mu wytrwałości; **I'm no ~** nie poddaję się tak łatwo

quiver¹ /ˈkwɪvə(r)/ **I** *n* (trembling) (of voice, part of body, leaves) drżenie *n*; (of wings) trzepotanie *n*; (sound) (of leaves) szelest *m*, szmer *m*; **a ~ of excitement** lekkie podniecenie
II *vi* *[hand, voice, lip, animal, leaves]* za|drżeć; *[wings, eyelids]* za|trzepotać; *[flame]* za|migotać; **he was ~ing with fear/cold** drżał ze strachu/z zimna

quiver² /ˈkwɪvə(r)/ *n* (for arrows) kołczan *m*

qui vive /ˌkiːˈviːv/ *n* **to be on the ~** mieć się na baczności **(for sth** przed czymś)

quixotic /kwɪkˈsɒtɪk/ *adj* donkiszotowski

quixotically /kwɪkˈsɒtɪklɪ/ *adv* po donkiszotowsku

quixotry /ˈkwɪksətrɪ/ *n* donkiszoteria *f*

quiz /kwɪz/ **I** *n* (*pl* **~zes**) [1] (competition) (radio) quiz *m*, kwiz *m*, zgaduj-zgadula *f*; (TV) teleturniej *m*; (written, in magazine) quiz *m*, kwiz *m*; **a sports/music/general knowledge ~** kwiz sportowy/muzyczny/z wiedzy ogólnej [2] US Sch test *m*, sprawdzian *m*
II *vt* (*prp, pt, pp* **-zz-**) wypyt|ać, -ywać **(about sb/sth** o kogoś/coś)

quiz game *n* quiz *m*, zgaduj-zgadula *f*; (on TV) teleturniej *m*

quiz master *n* prowadząc|y *m*, -a *f* kwiz

quiz show *n* = **quiz game**

quizzical /ˈkwɪzɪkl/ *adj* *[look]* lekko zdziwiony; *[smile]* zagadkowy

quizzically /ˈkwɪzɪklɪ/ *adv* w sposób zdradzający lekkie zdziwienie

quod /kwɒd/ *n* GB infml ciupa *f*, paka *f* infml

quoin /kɔɪn/ *n* narożnik *m*, węgieł *m*, kamień *m* narożny

quoit /kɔɪt, US kwɔɪt/ **I** *n* pierścień *m* do gry w quoits
II **quoits** *npl gra polegająca na zarzucaniu pierścienia na słupek*

quondam /ˈkwɒndæm/ *adj* fml były; **~ dissidents** dawniejsi dysydenci; **~ popularity** przebrzmiała popularność

Quonset hut® /ˌkwɒnsɪtˈhʌt/ *n* US Mil barak *m* z blachy falistej

quorate /ˈkwɔːrət, -reɪt/ *adj* GB **the meeting is ~** zebrani tworzą quorum

Quorn® /kwɔːn/ *n* Culin roślinna substancja *f* białkowa

quorum /ˈkwɔːrəm/ *n* quorum *n inv*, kworum *n inv*; **the ~ is ten** do quorum potrzeba dziesięciu osób; **to have a ~** mieć quorum

quota /ˈkwəʊtə/ *n* [1] Comm, EC (prescribed number) kontyngent *m*, kwota *f* **(for** or **of sth** czegoś); **this year's ~** kontyngent ustalony na ten rok; **import/export ~s** kwoty eksportowe/importowe; **immigration ~** kwota imigracyjna; **we haven't got our full ~ of passengers** nie mamy kompletu pasażerów; **every group has its ~ of idlers** w każdej grupie znajdzie się kilku obibokόw infml; **I've done my ~** wykonałem swoją normę [2] (share) udział *m*; (officially allocated) przydział *m*

quotable /ˈkwəʊtəbl/ *adj* *[writer, remark]* godny przytoczenia; **what he said isn't ~ in polite company** jego słowa nie nadają się do powtórzenia w towarzystwie

quota system *n* Comm, EC system *m* kwotowy

quotation /kwəʊˈteɪʃn/ *n* [1] (phrase, passage) cytat *m*; cytata *f* dat [2] (estimate) wycena *f* [3] Fin notowanie *n* na giełdzie

quotation marks *npl* cudzysłów *m*; **to put sth in ~, to put ~ around sth** ująć coś w cudzysłów

quote /kwəʊt/ **I** *n* [1] (quotation) cytat *m*; cytata *f* dat **(from sb/sth** z kogoś/czegoś) [2] (statement to journalist) wypowiedź *f* (dla prasy) [3] (estimate) wycena *f* [4] Fin notowanie *n* na giełdzie
II **quotes** *npl* = **quotation marks** cudzysłów *m*; **in** or **between ~** w cudzysłowie
III *vt* [1] (repeat, recall) za|cytować *[person]*; za|cytować, przyt|oczyć, -aczać *[passage, proverb, words]*; **to ~ Shakespeare/the Bible** cytować Szekspira/Biblię; **to ~ sb /sth as an example** przytoczyć kogoś/coś jako przykład; **please ~ this reference number in any future correspondence** w dalszej korespondencji prosimy podawać numer indeksu; **don't ~ me on this, but...** nie powołuj się na mnie, ale...; **she was ~d as saying that...** przytoczono jej słowa, że...; **to ~ Plato, ...** cytując Platona, ... [2] Comm (state) poda|ć, -wać *[price, figure]*; **they ~d us £200 for repairing the car** wycenili naprawę samochodu na 200 funtów [3] (on stock exchange) notować *[share, price]*; **~d company/share** spółka /akcja notowana na giełdzie; **to be ~d on the Stock Exchange** być notowanym na giełdzie; **the shares are currently being ~d at 54 pence** obecna cena jednej akcji wynosi 54 pensy [4] Turf **to ~ odds of 3 to 1** podać stawkę 3 do 1; **to be ~d 6 to 1** być obstawianym 6 do 1
IV *vi* (from text, author) cytować; **to ~ from Keats/the classics** cytować Keatsa/klasyków; **~ ... unquote** (in dictation) otworzyć cudzysłów ... zamknąć cudzysłów; (in lecture, speech) cytuję... koniec cytatu; **he's in Paris on ~ 'business' unquote** wyjechał do Paryża, nazwijmy to, „służbowo"

quoth /kwəʊθ/ *vt* arch **'alas,' ~ he** „niestety", rzekł

quotient /ˈkwəʊʃnt/ *n* [1] Math współczynnik *m* [2] poziom *m*

qv = **quod vide** zobacz, zob.

QWERTY, qwerty /ˈkwɜːtɪ/ *adj* **a ~ keyboard** klawiatura *f* QWERTY

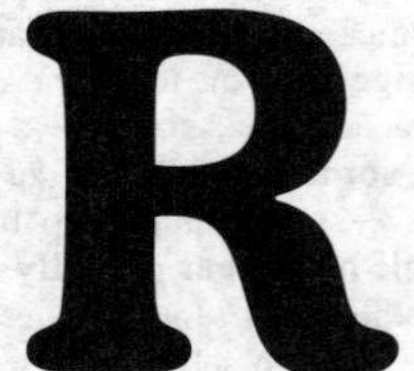

r, R /ɑː(r)/ *n* [1] (letter) r, R *n*; **the three R's** czytanie, pisanie i arytmetyka [2] **R = right** [3] **R = river** [4] GB **R = Rex, Regina**

R&B *n* = **rhythm and blues** rhythm and blues *m*

RA *n* GB [1] = **Royal Academy** Akademia *f* Królewska [2] = **Royal Academician** członek *m* Akademii Królewskiej

RAAF *n* = **Royal Australian Air Force** australijskie siły *f pl* powietrzne

rabbet /ˈræbɪt/ *n* Constr wręga *f*, wręg *m*

rabbet plane *n* wręgownik *m*

rabbi /ˈræbaɪ/ *n* rabin *m*; (title of respect) rabbi *m*; **the Chief Rabbi** naczelny rabin

Rabbinic /rəˈbɪnɪk/ *n* (language) (język *m*) hebrajski *m* używany w pismach rabinicznych

rabbinic(al) /rəˈbɪnɪk(l)/ *adj [teaching, writing]* rabiniczny; *[college, court]* rabinacki

rabbit /ˈræbɪt/ **I** *n* [1] Zool, Culin królik *m*; (female) królica *f*; **a tame/wild ~** królik domowy/dziki [2] (fur) króliki *plt*; **gloves lined with ~** rękawiczki podszyte króliczym futrem

II *modif [fur]* króliczy; **~ stew** potrawka z królika; **~ jacket** kurtka z królików

III *vi* **to go ~ting** polować na króliki

■ **rabbit on** GB infml paplać infml

IDIOMS: **to breed like ~s** mnożyć się jak króliki; **to pull a ~ out of a hat** fig wyciągnąć królika z kapelusza

Rabbit® /ˈræbɪt/ *prn* Telecom *system łączności bezprzewodowej*

rabbit burrow *n* królicza nora *f*

rabbit ears *n* US (TV aerial) antena *f* pokojowa

rabbit hole *n* = **rabbit burrow**

rabbit hutch *n* klatka *f* z królikami

rabbit punch *n* cios *m* w kark kantem dłoni

rabbit warren *n* [1] królicza kolonia *f* [2] fig (maze) labirynt *m*

rabble /ˈræbl/ *n* [1] (crowd) hałastra *f* pej [2] (populace) **the ~** motłoch pej

rabble-rouser /ˈræblraʊzə(r)/ *n* podżegacz *m*, -ka *f*

rabble-rousing /ˈræblraʊzɪŋ/ **I** *n* podżeganie *n*

II *adj [speech, speaker]* siejący zamęt

Rabelaisian /ˌræbəˈleɪzɪən/ *adj* rabelaisowski, (Rabelais's) Rabelaisowski

rabid /ˈræbɪd, US ˈreɪbɪd/ *adj* [1] Vet wściekły [2] (fanatical) *[racist, hatred]* zaciekły

rabidly /ˈræbɪdlɪ, US ˈreɪ-/ *adv [attack, fight, campaign]* zaciekle

rabies /ˈreɪbiːz/ *n* Vet wścieklizna *f*; **to have ~** (animal) być wściekłym, mieć wściekliznę

RAC *n* GB = **Royal Automobile Club** Królewski Klub *m* Automobilowy

raccoon /rəˈkuːn, US ræ-/ **I** *n* (*pl* **~s, ~**) [1] Zool szop pracz *m* [2] (fur) szopy *plt*

II *modif [garment]* z szopów

race¹ /reɪs/ **I** *n* [1] Sport wyścig *m* **(against sb** z kimś**) (between sb and sb** pomiędzy kimś a kimś); (of runners) bieg *m*; (of horses) gonitwa *f*; (of boats, yachts) regaty *plt*; **to come fifth in a ~** zająć piąte miejsce w wyścigu; **to have a ~** pościgać się **(with sb** z kimś); **to run a ~** ścigać się **(with sb** z kimś); **boat/bicycle ~** wyścig łodzi/kolarski; **the 200 m ~** bieg na 200 m; **a ~ against the clock** Sport wyścig na czas; fig wyścig z czasem; **a ~ against time** wyścig z czasem [2] fig (contest) wyścig *m* **(for sth** do czegoś); **the ~ to reach the moon** wyścig, kto pierwszy wyląduje na Księżycu; **presidential/mayoral ~** ubieganie się o fotel prezydenta/stanowisko burmistrza [3] (current) bystrze *n*

II races *npl* Turf wyścigi *m pl*

III *vt* [1] (compete with) ścigać się z (kimś /czymś) *[person, jockey, car, horse]*; **to ~ sb to a tree** ścigać się z kimś do drzewa [2] (enter for race) wystawi|ć, -ać (do wyścigu) *[horse, dog]*; ścigać się (czymś) *[car, boat, yacht]*; ścigać się na (czymś) *[bike]*; **to ~ a Ferrari** jeździć na ferrari; **to ~ Formula One** jeździć w wyścigach Formuły 1 [3] (rev) **to ~ the engine** zwiększać obroty silnika

IV *vi* [1] (compete in race) ścigać się **(against** or **with sb** z kimś**) (to sth** do czegoś); **to ~ around the track** *[horses]* ścigać się na torze; *[runners]* biegać na bieżni [2] (rush, run) po|gnać, po|pędzić; **to ~ in/out** wpaść /wypaść; **to ~ after sb/sth** pognać za kimś/czymś; **to ~ down the street** pognać ulicą; **to ~ down the stairs** zbiec (szybko) po schodach; **to ~ for the house/train** pognać do domu/pociągu; **he ~d through the ceremony** błyskawicznie odprawił (całą) ceremonię [3] *[heart]* bić gwałtownie; *[engine]* być na wysokich obrotach [4] (hurry) śpieszyć się; **to ~ to do sth** śpieszyć się, żeby coś zrobić; **to ~ against time** walczyć z czasem

race² /reɪs/ *n* [1] Anthrop, Sociol rasa *f*; **of an ancient ~** ze starożytnej rasy; **discrimination on the grounds of ~** dyskryminacja rasowa [2] Zool, Bot rasa *f*

race card *n* Turf program *m* wyścigów

race course *n* tor *m* wyścigowy

racegoer /ˈreɪsgəʊə(r)/ *n* bywalec *m* wyścigów

racehorse /ˈreɪshɔːs/ *n* koń *m* wyścigowy

raceme /rəˈsiːm, ˈræsiːm, US reɪˈsiːm/ *n* Bot grono *n*

race-meeting /ˈreɪsmiːtɪŋ/ *n* GB wyścigi *plt* konne

racer /ˈreɪsə(r)/ *n* [1] (vehicle) (bike) rower *m* wyścigowy; wyścigówka *f* infml; (motorbike) motocykl *m* wyścigowy; (car) samochód *m* wyścigowy; wyścigówka *f* infml; (yacht) jacht *m* regatowy [2] (horse) koń *m* wyścigowy; wyścigowiec *m* infml [3] (person) (runner) biegacz *m*, -ka *f*; (cyclist) kola|rz *m*, -rka *f*

race relations *n* stosunki *m pl* rasowe

race riot *n* rozruchy *plt* na tle rasowym

racetrack /ˈreɪstræk/ *n* [1] Turf tor *m* wyścigów konnych [2] (for cars, cycles) tor *m* wyścigowy

raceway /ˈreɪsweɪ/ *n* US tor *m* wyścigowy

Rachel /ˈreɪtʃəl/ *prn* Rachela *f*

Rachmanism /ˈrækmənɪzəm/ *n* GB pej zastraszanie *n* lokatorów *(przez właściciela domu w celu ich usunięcia)*

racial /ˈreɪʃl/ *adj [prejudice, discrimination]* rasowy; *[attack, violence]* na tle rasowym

racialism /ˈreɪʃəlɪzəm/ *n* rasizm *m*

racialist /ˈreɪʃəlɪst/ **I** *n* rasist|a *m*, -ka *f*

II *adj* rasistowski

racially /ˈreɪʃəlɪ/ *adv [mixed, diverse]* pod względem rasowym; **the attack was ~ motivated** napaść miała podłoże rasowe

raciness /ˈreɪsɪnɪs/ *n* [1] (lively quality) żywiołowość *f* [2] (risqué quality) pikanteria *f*

racing /ˈreɪsɪŋ/ **I** *n* [1] Turf wyścigi *plt* (konne) [2] Sport (of cars, trucks, bikes, animals) wyścigi *m pl*; (of boats, yachts) regaty *plt*; **pigeon ~** konkurs lotów gołębi pocztowych

II *modif [car, bike]* wyścigowy; *[boat, yacht]* regatowy; **~ commentator** sprawozdawca z wyścigów

racing colours GB, **racing colors** US *npl* barwy *f pl* stajni wyścigowej

racing cyclist *n* kola|rz *m*, -rka *f*

racing driver *n* kierowca *m* wyścigowy

racing pigeon *n* gołąb *m* pocztowy or sportowy

racing stable *n* stajnia *f* wyścigowa

racism /ˈreɪsɪzəm/ *n* rasizm *m*

racist /ˈreɪsɪst/ **I** *n* rasist|a *m*, -ka *f*

II *adj* rasistowski

rack¹ /ræk/ **I** *n* [1] (stand) (for plates) suszarka *f*; (in dishwasher) koszyk *m*; (for luggage on train) półka *f* bagażowa; (for clothes) wieszak *m*; (for bottles, pipes, magazines) stojak *m*; (shelving) półka *f*; **soap ~** mydelniczka → **roof rack** [2] (torture) **to put sb on the ~** łamać kogoś kołem; **to be on the ~** fig znosić męczarnie

II *vt* [1] fig *[nightmares, anxiety]* dręczyć; *[pain, doubts]* nękać; **she was ~ed by guilt**

dręczyło ją poczucie winy; **an industry ~ed by crisis** przemysł dotknięty kryzysem [2] Hist łamać kołem

■ **rack up**: US infml **~ up [sth]** zdoby|ć, -wać *[points]*; odn|ieść, -osić *[victory, success]*

IDIOMS: **to ~ one's brains** łamać sobie głowę fig → **ruin**

rack[2] /ræk/ *n* Culin **~ of lamb** łopatka *f* jagnięca

rack[3] /ræk/ *vt* ściąg|nąć, -ać *[wine]*

rack-and-pinion /ˌrækənˈpɪnɪən/ *n* Aut, Tech przekładnia *f* zębata

rack-and-pinion steering *n* Aut zębatkowa przekładnia *f* kierownicza

racket[1] /ˈrækɪt/ **I** *n* Sport (in tennis) rakieta *f*; (in table tennis) rakietka *f*

II *modif* **~ handle/string** uchwyt/naciąg rakiety; **~ cover** pokrowiec na rakietę

racket[2] /ˈrækɪt/ *n* [1] infml (noise) harmider *m*; **to make a ~** robić harmider [2] (swindle) przekręt *m* infml; **it's a ~!** to oszustwo!; **the drugs ~** handel narkotykami [3] infml (business) **what's your ~?** w jakiej branży robisz? infml

■ **racket around** balować infml

racket abuse *n* Sport **to be penalized for ~** zostać ukaranym za rzucanie rakietą

racketeer /ˌrækəˈtɪə(r)/ *n* reketier *m*

racketeering /ˌrækəˈtɪərɪŋ/ *n* wymuszanie *n* okupu

racket press *n* Sport napinacz *m* do rakiet

rackets /ˈrækɪts/ *n* (+ *v sg*) *gra przypominająca squasha*

racking /ˈrækɪŋ/ *adj [pain, sobs]* przejmujący

rack railway *n* Rail kolej *f* zębata

raconteur /ˌrækɒnˈtɜː(r)/ *n* gawędzia|rz *m*, -rka *f*

racoon *n* = **raccoon**

racquet *n* = **racket**[1] **I**

racquetball /ˈrækɪtbɔːl/ *n* US *rodzaj squasha*

racy /ˈreɪsɪ/ *adj* [1] (lively) *[account, style]* barwny [2] (risqué) *[novel, description]* pikantny

RADA /ˈrɑːdə/ *n* GB = **Royal Academy of Dramatic Art** Królewska Akademia *f* Teatralna

radar /ˈreɪdɑː(r)/ **I** *n* radar *m*; **detected by ~** wykryty przez radar

II *modif [beacon, station]* radarowy

radar astronomy *n* astronomia *f* radarowa

radar scanner *n* antena *f* radarowa

radar trap *n* kontrola *f* radarowa; **to get caught in a ~** zostać zatrzymanym w wyniku kontroli radarowej; **to go through a ~** przejechać przez kontrolę radarową

raddle /ˈrædl/ Agric **I** *n* ochra *f*

II *vt* o|znakować *[ram]*

raddled /ˈrædld/ *adj* [1] (worn) *[face, person]* umęczony [2] pej (over made-up) *[woman]* wypacykowany infml pej

radial /ˈreɪdɪəl/ **I** *n* (also **~ tyre**) opona *f* radialna

II *adj [streets, roads, lines]* rozchodzący się promieniście; *[pattern, layout]* promienisty; **~ engine** silnik gwiazdowy

radiance /ˈreɪdɪəns/ *n* blask *m* also fig (**of sth** czegoś); **the ~ of her smile** promienność jej uśmiechu

radiancy /ˈreɪdɪənsɪ/ *n* = **radiance**

radiant /ˈreɪdɪənt/ **I** *n* [1] (in heater) promiennik *m* [2] Astron radiant *m*

II *adj* [1] (shining) *[sun, light]* promienny [2] fig *[person]* rozpromieniony; *[smile]* promienny; *[beauty]* olśniewający; **to be ~ with sth** promieniować czymś *[happiness]*; tryskać czymś *[health]* [3] Phys *[energy]* promienisty; *[heat]* promieniujący; *[heater]* radiacyjny

radiantly /ˈreɪdɪəntlɪ/ *adv [shine]* pełnym blaskiem; *[smile]* promiennie; **~ beautiful** olśniewającej urody

radiate /ˈreɪdɪeɪt/ **I** *vt* [1] *[person]* promieniować (czymś) *[happiness]*; tryskać (czymś) *[health]*; emanować (czymś) *[confidence, contentment]* [2] Phys wypromieniow|ać, -ywać

II *vi* [1] **to ~ from sb** *[confidence, happiness]* emanować z kogoś; **to ~ (out) from sth** *[roads, buildings]* rozchodzić się promieniście od czegoś; **flows of lava ~d from the crater** lawa wylewała się z krateru na wszystkie strony [2] Phys *[heat, light]* promieniować

III radiating *prp adj [roads, lines]* rozchodzący się promieniście

radiation /ˌreɪdɪˈeɪʃn/ **I** *n* Nucl, Med, Phys promieniowanie *n*, radiacja *f*; **a low/high level of ~** niski/wysoki poziom promieniowania or radiacji; **to be exposed to ~** być wystawionym na promieniowanie; **a dose of ~** dawka promieniowania

II *modif [fog, chemistry]* radiacyjny; **~ counter/level/effects** licznik/poziom /skutki promieniowania; **~ leak** wyciek radioaktywny

radiation exposure *n* napromieniowanie *n*

radiation processing *n* przetwarzanie *n* materiałów radioaktywnych

radiation sickness *n* choroba *f* popromienna

radiation therapy *n* radioterapia *f*

radiation worker *n* pracowni|k *m*, -ca *f* elektrowni atomowej

radiator /ˈreɪdɪeɪtə(r)/ **I** *n* [1] (for heat) kaloryfer *m*; **to put on/turn off a ~** włączyć/wyłączyć kaloryfer; **to turn up /turn down a ~** podkręcić/przykręcić kaloryfer [2] Aut chłodnica *f*

II *modif* **~ valve/thermostat** zawór/termostat w kaloryferze; **~ cap** zakrętka wlewu chłodnicy

radiator grille *n* Aut osłona *f* chłodnicy

radical /ˈrædɪkl/ **I** *n* [1] Pol radykał *m* [2] Chem **free ~s** wolne rodniki *m pl*

II *adj* [1] Pol radykalny [2] (important) *[flaw, error]* zasadniczy; *[reform, approach, change]* radykalny

radicalism /ˈrædɪkəlɪzəm/ *n* radykalizm *m*

radicalize /ˈrædɪkəlaɪz/ **I** *vt* z|radykalizować

II *vi* z|radykalizować się

radically /ˈrædɪklɪ/ *adv [change, improve]* radykalnie

radices /ˈreɪdɪsiːz/ *npl* → **radix**

radicle /ˈrædɪkl/ *n* [1] Bot korzonek *m* zarodkowy [2] Chem → **radical**

radiculitis /ræˌdɪkjʊˈlaɪtɪs/ *n* Med zapalenie *n* korzonków nerwowych

radii /ˈreɪdɪaɪ/ *npl* → **radius**

radio /ˈreɪdɪəʊ/ **I** *n* (*pl* **~s**) [1] Audio radio *n*; **on the ~** w radiu; **she was on the ~ this morning** dziś rano była w radiu [2] Telecom radio *n*; **over** or **by ~** przez radio, drogą radiową; **to send a message by ~** *[ship, taxi cab]* podać wiadomość przez radio

II *modif [contact, equipment, receiver, signal, transmitter, mast, programme]* radiowy

III *vt* (*3rd pers sg pres* **~s**; *pt, pp* **~ed**) **to ~ sb/sth** połączyć się z kimś/czymś przez radio; **to ~ (sb) sth** przesłać komuś przez radio coś *[message]*; podać komuś przez radio coś *[position]*; **to ~ sb for sth** prosić kogoś o coś przez radio

IV *vi* (*3rd pers sg pres* **~s**; *pt, pp* **~ed**) **to ~ to sb** łączyć się z kimś przez radio; **to ~ for sth** prosić przez radio o coś; **to ~ for help** wzywać pomocy przez radio

radioactive /ˌreɪdɪəʊˈæktɪv/ *adj* promieniotwórczy, radioaktywny

radioactivity /ˌreɪdɪəʊækˈtɪvətɪ/ *n* (property) promieniotwórczość *f*, radioaktywność *f*; (radiation) promieniowanie *n*

radio alarm (clock) *n* radio *n* z budzikiem

radio announcer *n* spiker *m* radiowy

radio astronomy *n* astronomia *f* radiowa, radioastronomia *f*

radio beacon *n* radiolatarnia *f*

radiobiology /ˌreɪdɪəʊbaɪˈɒlədʒɪ/ *n* radiobiologia *f*

radio broadcast *n* (programme) audycja *f* radiowa; (transmission) transmisja *f* radiowa

radio broadcasting *n* radiofonia *f*

radio button *n* Comput przycisk *m* radiowy

radio cab *n* radio-taxi *n inv*

radio car *n* (police car) radiowóz *m*

radiocarbon /ˌreɪdɪəʊˈkɑːbən/ *n* izotop *m* węgla C14

radiocarbon dating *n* ustalanie *n* wieku metodą węgla C14

radio cassette (recorder) *n* radiomagnetofon *m*

radiochemistry /ˌreɪdɪəʊˈkemɪstrɪ/ *n* radiochemia *f*

radio communication *n* radiokomunikacja *f*

radio compass *n* radiokompas *m*

radio-controlled /ˌreɪdɪəʊkənˈtrəʊld/ *adj [toy, boat]* zdalnie sterowany; **~ taxi** taksówka sieci radio-taxi

radio documentary *n* audycja *f* dokumentalna

radioelement /ˌreɪdɪəʊˈelɪmənt/ *n* pierwiastek *m* promieniotwórczy

radio frequency *n* częstotliwość *f* radiowa

radiogram /ˈreɪdɪəʊgræm/ *n* GB dat radiola *f* dat

radiograph /ˈreɪdɪəʊgrɑːf, US -græf/ *n* Med radiogram *m*

radiographer /ˌreɪdɪˈɒgrəfə(r)/ *n* Med laborant *m*, -ka *f* w pracowni radiologicznej

radiography /ˌreɪdɪˈɒgrəfɪ/ *n* Med radiografia *f*

radio ham *n* infml radioamator *m*

radio interview *n* wywiad *m* radiowy

radioisotope /ˌreɪdɪəʊˈaɪsətəʊp/ *n* radioizotop *m*, izotop *m* promieniotwórczy

radio journalist *n* dziennikarz *m* radiowy

radio link *n* połączenie *n* radiowe

radiological /ˌreɪdɪəʊˈlɒdʒɪkl/ *adj* radiologiczny

radiologist /ˌreɪdɪˈɒlədʒɪst/ *n* radiolog *m*

radiology /ˌreɪdɪˈɒlədʒɪ/ *n* radiologia *f*

radiolysis /ˌreɪdɪˈɒləsɪs/ *n* radioliza *f*

radiometer /ˌreɪdɪˈɒmɪtə(r)/ *n* radiometr *m*

R

radio microphone *n* mikrofon *m* bezprzewodowy
radio mike *n* infml = **radio microphone**
radio-phonograph /ˌreɪdɪəʊˈfəʊnəgrɑːf, US -græf/ *n* US dat radiola *f* dat
radio play *n* słuchowisko *n* radiowe
radioscopy /ˌreɪdɪˈɒskəpɪ/ *n* radioskopia *f*
radio set *n* dat radioodbiornik *m*
radio silence *n* cisza *f* radiowa
radio source *n* Astron radioźródło *n*
radio star *n* = **radio source**
radio station *n* [1] (channel) stacja *f* (radiowa) [2] (installation) radiostacja *f*
radio taxi *n* radio-taxi *n inv*
radiotelephone /ˌreɪdɪəʊˈtelɪfəʊn/ *n* radiotelefon *m*
radiotelephony /ˌreɪdɪəʊtɪˈlefənɪ/ *n* radiotelefonia *f*
radio telescope *n* radioteleskop *m*
radiotherapist /ˌreɪdɪəʊˈθerəpɪst/ *n* radioterapeut|a *m*, -ka *f*
radiotherapy /ˌreɪdɪəʊˈθerəpɪ/ *n* radioterapia *f*
radio wave *n* fala *f* radiowa
radish /ˈrædɪʃ/ *n* (*pl* **~es**) Bot, Culin rzodkiew *f*, rzodkiewka *f*
radium /ˈreɪdɪəm/ *n* Chem rad *m*
radium therapy *n* Med leczenie *n* radem
radius /ˈreɪdɪəs/ *n* (*pl* **-dii, -diuses**) [1] Math promień *m*; **with a ~ of 3 cm** o promieniu trzech centymetrów [2] (distance) **within a 10 km ~ of here** w promieniu 10 km stąd [3] Anat kość *f* promieniowa
radix /ˈreɪdɪks/ *n* (*pl* **-ices**) Math podstawa *f*; Ling rdzeń *m*
radon /ˈreɪdɒn/ *n* Chem radon *m*
RAF *n* GB Mil → **Royal Air Force**
raffia /ˈræfɪə/ **I** *n* rafia *f*
II *modif* **~ basket/mat** koszyk/mata z rafii
raffish /ˈræfɪʃ/ *adj* liter (rakish) *[person, behaviour]* nonszalancki; (disreputable) *[figure, look]* nieco podejrzany; *[district, area]* o złej sławie
raffle /ˈræfl/ **I** *n* loteria *f*; **in a ~** na loterii
II *modif* **a ~ ticket** bilet loteryjny, los; **a ~ prize** fant loteryjny
III *vt* = **raffle off**
■ **raffle off**: **~ off [sth]** odda|ć, -wać na loterię
raft¹ /rɑːft, US ræft/ *n* (floating) tratwa *f*
raft² /rɑːft, US ræft/ *n* US infml (lot) **~s** or **a ~ of sth** cała fura czegoś infml fig
rafter /ˈrɑːftə(r), US ˈræftə(r)/ *n* Constr krokiew *f*
rafting /ˈrɑːftɪŋ, US ˈræftɪŋ/ *n* rafting *m*; **to go ~** wybrać się na spływ pontonem
rag¹ /ræg/ **I** *n* [1] (cloth) szmata *f*, ścierka *f*; **a bit of ~** szmatka [2] infml (newspaper) gazeta *f*; (tabloid) szmatławiec *m* infml pej
II **rags** *npl* (old clothes) łachmany *m pl*, szmaty *f pl*; **in ~s** *[person]* w łachmanach; *[clothes]* w strzępach
IDIOMS: **it's like a red ~ to a bull** to działa jak czerwona płachta na byka; **to be on the ~** US vulg (menstruate) mieć ciotę vulg; **to feel like a wet ~** czuć się jak wyżęta szmata infml; **he went from ~s to riches** zaczynał od zera, a dorobił się fortuny; **a ~s-to-riches story** historia o człowieku, który zaczynał od zera, a dorobił się fortuny; **to lose one's ~** infml wściec się infml
rag² /ræg/ *vt* (*prp, pt, pp* **-gg-**) infml **to ~ sb** nabijać się z kogoś; **they ~ged him about his clothes/girlfriend** nabijali się z jego ubrania/dziewczyny
rag³ /ræg/ *n* (also **~time**) Mus ragtime *m*
ragamuffin /ˈrægəmʌfɪn/ *n* [1] dat obdartus *m* infml [2] Mus *połączenie reggae i rapu*
rag-and-bone man /ˌrægənˈbəʊnmæn/ *n* infml dat tandeciarz *m* dat
ragbag /ˈrægbæg/ *n* fig groch *m* z kapustą fig; **a ~ of sth** zbieranina czegoś
rag doll *n* szmaciana lalka *f*
rage /reɪdʒ/ **I** *n* [1] (anger) wściekłość *f*; **tears of ~** łzy wściekłości; **purple with ~** siny z wściekłości; **trembling with ~** trzęsący się z wściekłości [2] (fit of anger) napad *m* szału; **sudden ~s** napady szału; **to be in /fly into a ~** być w szale/wpaść w szał [3] infml (fashion) **to be all the ~** być ostatnim krzykiem mody
II *vi* [1] *[storm, battle, fire]* szaleć; **a controversy ~d over the issue** wokół tej sprawy toczył się zaciekły spór [2] *[person]* wpa|ść, -dać w szał; **to ~ about** or **at sb/sth** wściekać się na kogoś/coś [3] infml (party) za|balować infml
ragga /ˈrægə/ *n* Muz ragga *n inv*
ragged /ˈrægɪd/ *adj* [1] (tatty) *[garment]* złachmaniony, złachany infml; *[collar, cuff]* przetarty; *[person]* obdarty [2] (uneven) *[lawn, hedgerow, fringe]* nierówny; *[outline, cloud]* postrzępiony [3] (in quality) *[beat, race]* nierówny; *[performance]* niedopracowany
IDIOMS: **to run sb ~** infml wymęczyć kogoś (na śmierć) infml
ragged robin *n* Bot firletka *f* poszarpana, kukułka *f*
raging /ˈreɪdʒɪŋ/ *adj* [1] (of feelings) *[passion, thirst, hunger, pain]* szalony; *[argument]* zaciekły; *[pain]* wściekły; *[hatred]* dziki [2] (of forces) *[blizzard, sea]* rozszalały
raglan /ˈræglən/ *adj* *[sleeve, jumper, cardigan, coat]* reglanowy, raglanowy
ragout /ræˈguː/ *n* Culin potrawka *f* *(z mięsa i jarzyn)*
rag-roll /ˈrægrəʊl/ *vt* prze|trzeć, -cierać *(zwiniętą szmatką)*
rag-rolling /ˈrægrəʊlɪŋ/ *n* przecieranie *n*; przecierka *f* infml
rag rug *n* szmaciak *m*
ragtag /ˈrægtæg/ *adj* infml pej *[group, bunch]* rozwydrzony
IDIOMS: **~ and bobtail** hołota
ragtime /ˈrægtaɪm/ *n* (also **~ music**) ragtime *m*
ragtop /ˈrægtɒp/ *n* US infml kabriolet *m*
rag trade *n* infml przemysł *m* odzieżowy
rag week *n* GB Univ *tydzień charytatywnych imprez studenckich*
ragwort /ˈrægwɜːt/ *n* Bot starzec *m* jakubek
rah /rɑː/ *excl* US hurra!
rah-rah /ˈrɑːrɑː/ *adj* *[response]* entuzjastyczny; **~ skirt** krótka plisowana spódniczka
raid /reɪd/ **I** *n* [1] (attack) (by troops) wypad *m*, rajd *m*; (by ships) atak *m* **(on sth** na coś); (by aircraft) nalot *m* **(on sth** na coś); (on bank) napad *m* **(on sth** na coś); (on house) włamanie *n* **(on sth** do czegoś); (by police, customs) nalot *m* infml **(on sth** na coś); **to carry out a ~** *[troops]* przeprowadzić rajd; *[aircraft]* dokonać nalotu; *[police, customs]* zrobić nalot infml; *[robbers]* zorganizować napad [2] Fin (on stock market) próba *f* przejęcia **(on sth** czegoś)
II *vt* [1] (attack) *[soldiers]* za|atakować *[town, base]*; *[aircraft]* przeprowadz|ić, -ać nalot na (coś) *[town, base]*; *[robbers]* napa|ść, -dać na (coś) *[bank]*; włam|ać, -ywać się do (czegoś) *[house]*; *[police]* przeprowadz|ić, -ać nalot na (coś) *[house, office, pub]* [2] fig hum rozbi|ć, -jać *[piggybank]*; opróżni|ć, -ać *[fridge]*; s|pustoszyć *[orchard]*
raider /ˈreɪdə(r)/ *n* [1] (person) napastni|k *m*, -czka *f* [2] Fin (corporate) spółka *f* kupująca akcje w innej spółce w celu jej przejęcia; pirat *m* infml [3] (soldier) komandos *m* [4] Mil, Naut niszczyciel *m* statków handlowych
rail¹ /reɪl/ **I** *n* [1] (for protection, support) barierka *f*; (on balcony) balustrada *f*; (handrail) poręcz *f*; (on ship) reling *m* [2] (for hanging things) drążek *m* [3] (for curtains) szyna *f* → **towel rail** → **picture rail** [4] Transp (track) szyna *f*; **by ~** *[travel, send]* koleją; **go off the ~s** wypaść z szyn, wykoleić się; fig *[person]* wykoleić się
II **rails** *npl* Turf wewnętrzne ogrodzenie *n*; **to come up on the ~s** biec po wewnętrznej
III *modif* *[network, traffic, transport, ticket]* kolejowy; **~ journey** podróż koleją; **~ strike** strajk na kolei
■ **rail off**: **~ off [sth], ~ [sth] off** odgr|odzić, -adzać
rail² /reɪl/ *vi* fml **to ~ against** or **at sb/sth** pomstować na kogoś/coś infml *[injustice, pollution, politician]*
railcar /ˈreɪlkɑː(r)/ *n* Rail wagon *m* silnikowy
railcard /ˈreɪlkɑːd/ *n* GB legitymacja *f* uprawniająca do zniżki kolejowej
rail fence *n* US płot *m* sztachetowy
railhead /ˈreɪlhed/ *n* krańcowy punkt *m* linii kolejowej
railing /ˈreɪlɪŋ/ *n* [1] (also **~s**) (in park, stadium) ogrodzenie *n* [2] (on wall) poręcz *f*; (on bridge, quay) barierka *f*; (on balcony) balustrada *f*
raillery /ˈreɪlərɪ/ *n* liter pokpiwanie *n*
railroad /ˈreɪlrəʊd/ **I** *n* US Rail [1] (network, company) kolej *f* [2] (also **~ track**) tory *m pl* kolejowe
II *modif* US Rail *[industry, link, tunnel, accident]* kolejowy
III *vt* [1] infml (push) **to ~ sb into doing sth** zmusić kogoś do zrobienia czegoś or żeby coś zrobił; **to ~ a bill through (parliament)** przepchnąć projekt ustawy (przez parlament) infml [2] US (send by rail) wys|łać, -yłać koleją [3] US infml (imprison) w|pakować do więzienia infml
railroad car *n* US = **railway carriage**
rail terminus *n* GB stacja *f* końcowa
railway /ˈreɪlweɪ/ GB Rail **I** *n* [1] (network, company) kolej *f*; **to use the ~s** jeździć koleją [2] (also **~ line**) linia *f* kolejowa; **light ~** kolej podmiejska; **high-speed ~** szybka kolej [3] (also **~ track**) tory *m pl* (kolejowe)
II *modif* *[link, tunnel, bridge, accident]* kolejowy; **~ museum** muzeum kolejnictwa
railway carriage *n* GB wagon *m* (kolejowy)
railway embankment *n* nasyp *m* kolejowy

railway engine *n* GB lokomotywa *f*
railway junction *n* węzeł *m* kolejowy
railway line *n* GB [1] (route) linia *f* kolejowa [2] (tracks) tory *m pl* (kolejowe)
railwayman /ˈreɪlweɪmən/ *n* GB (*pl* **-men**) kolejarz *m*
railway station *n* GB (small, not important) stacja *f* kolejowa; (large, important) dworzec *m* kolejowy
raiment /ˈreɪmənt/ *n* arch szaty *f pl* liter
rain /reɪn/ **I** *n* [1] Meteorol deszcz *m*; **the ~ was falling** or **coming down** padał deszcz, padało; **the ~ started/stopped** zaczęło/przestało padać; **a light ~** deszczyk; **heavy ~** ulewny deszcz; **steady /driving/pouring ~** ciągły/zacinający/rzęsisty deszcz; **to stand out in the ~** stać na deszczu; **to walk in the ~** chodzić po deszczu; **we got caught in the ~** zaskoczył nas deszcz; **it looks like ~** chyba będzie padać, zanosi się na deszcz; **come in out of the ~!** wejdź, nie stój na deszczu! [2] fig (of arrows) deszcz *m* **(of sth** czegoś); (of bullets, stones) grad *m* **(of sth** czegoś)
II rains *npl* pora *f* deszczowa, deszcze *m pl*; **the ~s came** nadeszła pora deszczowa
III *modif [cloud, water]* deszczowy; *[hood]* od deszczu; *[cape, hat]* przeciwdeszczowy, nieprzemakalny
IV *vt* **to ~ sth on sb** zasypać kogoś czymś *[questions]*; zasypać kogoś gradem czegoś *[bullets]*; obsypać kogoś czymś *[flowers, gifts, compliments]*; obrzucić kogoś czymś *[stones, tomatoes, eggs, abuse]*; **to ~ blows on sb** okładać kogoś
V *v impers* [1] Meteorol padać; **it's ~ing** pada (deszcz); **it ~ed all day/all summer** padało cały dzień/przez całe lato; **it was ~ing hard** lało jak z cebra [2] fig = **rain down**
■ **rain down**: ¶ **~ down** *[blows, bullets, confetti, insults]* po|sypać się **(on** or **onto sb /sth** na kogoś/coś) ¶ **~ down [sth], ~ [sth] down** zrzuc|ić, -ać *[bombs]*; **to ~ confetti/rice down on sb** obsypać kogoś confetti/ryżem
■ **rain off** GB **the match was ~ed off** (cancelled) mecz został odwołany z powodu deszczu; (stopped) mecz został przerwany z powodu deszczu
■ **rain out** US = **rain off**
IDIOMS: **come ~ or shine** bez względu na pogodę; **(as) right as ~** *[person]* zdrów jak ryba; *[object]* jak nowy, w doskonałym stanie; **it never ~s but it pours** nieszczęścia chodzą parami
rainbow /ˈreɪnbəʊ/ **I** *n* tęcza *f* also fig; **a ~ of colours** tęcza barw
II *modif* **~ colours/stripes** kolory/pasy tęczy
IDIOMS: **it is at the end of the ~** to marzenie ściętej głowy
rainbow coalition *n* Pol koalicja *f* z udziałem mniejszości etnicznych i społecznych
rainbow trout *n* (*pl* **~**) pstrąg *m* tęczowy
rain chart *n* mapa *f* opadów
rain check *n* US [1] Comm *kwit uprawniający do zakupu artykułu po obniżonej cenie w późniejszym terminie* [2] Sport *bilet uprawniający do powtórnego wstępu na mecz przerwany lub przełożony z powodu deszczu*
IDIOMS: **I'd like to take a ~ on it** muszę to jeszcze przemyśleć
raincoat /ˈreɪnkəʊt/ *n* (waterproof) płaszcz *m* od deszczu or przeciwdeszczowy
raindrop /ˈreɪndrɒp/ *n* kropla *f* deszczu
rainfall /ˈreɪnfɔːl/ *n* poziom *m* opadów; **heavy/low ~** wysoki/niski poziom opadów; **the village has 50 cm of ~** poziom opadów w tej wiosce wynosi 50 cm
rainforest /ˈreɪnfɒrɪst, US -fɔːrɪst/ *n* las *m* deszczowy
rain gauge *n* deszczomierz *m*
rainless /ˈreɪnlɪs/ *adj [area, region]* suchy; *[months, season]* bezdeszczowy
rainmaker /ˈreɪnmeɪkə(r)/ *n* zaklinacz *m* deszczu
rainmaking /ˈreɪnmeɪkɪŋ/ *n* zaklinanie *n* deszczu
rain shadow *n* cień *m* opadowy
rain-soaked /ˈreɪnsəʊkt/ *adj [person, garment]* przemoczony; *[ground]* nasiąknięty deszczem
rainstorm /ˈreɪnstɔːm/ *n* ulewa *f*, nawałnica *f* liter
rainwater /ˈreɪnwɔːtə(r)/ *n* woda *f* deszczowa, deszczówka *f*
rainwear /ˈreɪnweə(r)/ *n* ubranie *n* przeciwdeszczowe
rainy /ˈreɪnɪ/ *adj [afternoon, day, summer]* deszczowy, dżdżysty; **it's a ~ place** tu ciągle pada; **~ weather** deszczowa pogoda, słota
IDIOMS: **to keep** or **save sth for a ~ day** trzymać coś na czarną godzinę
raise /reɪz/ **I** *n* [1] US (pay rise) podwyżka *f* [2] Games (in poker) podniesienie *n* stawki; **a ~ to three hearts** (in bridge) podwyższenie na trzy kiery
II *vt* [1] (lift) podn|ieść, -osić *[barrier, flag, curtain]*; podn|ieść, -osić, un|ieść, -osić *[hand, arm, head, lid, box, trap door, baton]*; **to ~ one's hands above one's head** unieść ręce nad głowę; **~ the shelf to a higher level** powieś półkę wyżej; **he ~d the glass to his lips** podniósł or uniósł szklankę do ust; **to ~ one's glass to sb** wypić zdrowie kogoś; **to ~ a sunken ship** podnieść zatopiony statek; **the oak chest was ~d from the bottom of the sea** ten dębowy kufer wydobyto z dna morza; **she ~d her eyes from her book** podniosła or uniosła wzrok znad książki; **to ~ one's hat to sb** uchylić przed kimś kapelusza; **I've never ~d a hand to my children** nigdy nie podniosłem ręki na moje dzieci; **to ~ an eyebrow** unieść brwi; **nobody ~d an eyebrow at my suggestion** fig moja propozycja nikogo specjalnie nie zdziwiła; **to ~ sb from the dead** wskrzesić kogoś (z martwych) [2] (place upright) postawić, stawiać *[mast, pole]*; un|ieść, -osić *[patient]* [3] (increase) podn|ieść, -osić *[salary, price, rate, standard, level]*; zwiększ|yć, -ać *[volume]*; podn|ieść, -osić, podwyższ|yć, -ać *[limit]*; **she has ~d her offer to £50** podwyższyła swoją ofertę do 50 funtów; **maximum speed limits have been ~d from 70 mph to 80 mph** zwiększono dopuszczalną prędkość z 70 do 80 mil na godzinę; **to ~ sb's awareness** or **consciousness of sth** uwrażliwić kogoś na coś; **to ~ one's voice (at sb)** podnieść głos (na kogoś); **to ~ one's voice against sth** fig zaprotestować głośno przeciw czemuś fig; **to ~ sb's hopes** rozbudzić nadzieje kogoś; **to ~ the temperature of sth** podnieść temperaturę czegoś also fig; **to ~ one's sights** zacząć mierzyć wyżej fig [4] (cause) wzbudz|ić, -ać *[doubts, fears, suspicions]*; wywoł|ać, -ywać *[blush, fuss, commotion]*; przywoł|ać, -ywać *[memories]*; **to ~ a cloud of dust** wznosić tumany kurzu; **to ~ a storm of protest** wywołać burzę protestów; **to ~ the alarm** podnieść alarm; **to ~ a cheer** *[speech]* wywołać aplauz; **to ~ a laugh/smile** *[joke]* wywołać śmiech/uśmiech [5] (mention) podn|ieść, -osić, porusz|yć, -ać *[issue, matter]*; zgł|osić, -aszać *[objection]*; **please ~ any questions** or **queries now** prosimy teraz o zgłaszanie ewentualnych pytań [6] (bring up) wychow|ać, -ywać; **he was ~d in the Catholic faith** został wychowany w wierze katolickiej; **he was ~d (as) an atheist** wychowano go na ateistę [7] Agric wy|hodować *[livestock]* [8] (find, collect) z|ebrać, -bierać *[funds, capital]*; zdoby|ć, -wać *[support]*; **I need to ~ £3,000** muszę zebrać 3 000 funtów; **they are raising money for charity** zbierają pieniądze na cele dobroczynne; **the gala ~d a million dollars** gala pozwoliła zebrać milion dolarów; **the money ~d from the concert was donated to UNICEF** dochód z koncertu został przekazany na rzecz UNICEF-u; **I ~d £300 on my watch** pożyczyłem 300 funtów pod zastaw zegarka; **to ~ a tax** nałożyć podatek [9] (form) z|ebrać, -bierać *[army, team]* [10] (erect) wzn|ieść, -osić, postawić, stawiać *[statue, monument]* **(to sb** na cześć kogoś) [11] (end) za|kończyć *[siege]*; zn|ieść, -osić *[ban, restrictions, embargo, blockade]* [12] infml (contact) złapać infml *[person]*; **I can't ~ him on the phone** nie mogę złapać go przez telefon [13] (improve) **to ~ the tone** wprowadzić bardziej podniosły nastrój; **to ~ sb's spirits** podnieść kogoś na duchu [14] (increase the stake) **I'll ~ you £200!** i jeszcze 200 funtów!; **to ~ the bidding** (in gambling) podnieść stawkę; (at auction) podnieść licytację; **she ~d her partner to three clubs** podwyższyła odzywkę partnera do trzech trefli [15] Math **to ~ a number to the power (of) three/four** podnieść liczbę do trzeciej/czwartej potęgi
III *vr* **to ~ oneself** podnieść się; **to ~ oneself up on one's elbows** podnieść or unieść się na łokciach; **he ~d himself to a sitting position** podniósł or uniósł się do pozycji siedzącej
raised /reɪzd/ *pp adj [platform, jetty]* podniesiony; **I heard ~ voices** słyszałem podniesione głosy; **to cause ~ eyebrows** wywołać zdziwienie; **there were ~ eyebrows when I suggested it** moja propozycja wywołała zdziwienie
raised beach *n* Geol terasa *f* morska
raised head *n* Tech (of screw) łeb *m* soczewkowy
raiser /ˈreɪzə(r)/ *n* Agric hodowca *m*
raisin /ˈreɪzn/ *n* rodzynek *m*, rodzynka *f*; **seedless ~s** rodzynki bezpestkowe

R

raising agent *n* Culin środek *m* spulchniający

Raj /rɑːdʒ/ *n* GB Hist **the ~** (government) *władza brytyjska w Indiach*; (period of time) *okres panowania brytyjskiego w Indiach*

rajah /ˈrɑːdʒə/ *n* radża *m*

rake¹ /reɪk/ **I** *n* (tool) grabie *plt*; (in casino) grabki *plt* krupierskie

II *vt* [1] Agric, Hort grabić *[leaves, weeds, earth]*; **to ~ sth into a pile** zgrabić coś na kupę; **~ the earth level** wyrównać ziemię grabiami [2] (scan) *[machine-gun, soldier]* ostrzel|ać, -iwać *[enemy]*; *[searchlight]* omi|eść, -atać *[crowd, sea, harbour, sky]*; **her eyes ~d the horizon** omiotła wzrokiem horyzont

III *vi* **to ~ among** or **through sth** przetrząsnąć coś *[papers, possessions]*

■ **rake in** infml: **~ in [sth]** zgarn|ąć, -iać infml *[money, profits]*; **he's raking it in!** on zgarnia kupę forsy! infml

■ **rake out**: **~ out [sth], ~ [sth] out** wygarn|ąć, -iać *[ashes, coals]*

■ **rake over**: **~ over [sth]** [1] z|grabić [2] fig rozgrzeb|ać, -ywać *[memories]*

■ **rake up**: **~ up [sth], ~ [sth] up** [1] zgrabi|ć, -ać *[leaves, weeds]* [2] fig rozgrzeb|ać, -ywać *[grievance, past]*

rake² /reɪk/ *n* dat (dissolute man) rozpustnik *m* dat

rake³ /reɪk/ **I** *n* (slope) nachylenie *n*

II raked *pp adj* nachylony

rake-off /ˈreɪkɒf/ *n* infml (share) działka *f* infml; **to get a ~** dostać swoją działkę

rakish /ˈreɪkɪʃ/ *adj* [1] dat (dissolute) rozpustny dat [2] (jaunty) zawadiacki; **to wear one's hat at a ~ angle** mieć zawadiacko przekrzywiony kapelusz

rally /ˈrælɪ/ **I** *n* [1] (meeting) wiec *m*; **a peace ~** wiec pokojowy [2] (car race) rajd *m* (samochodowy) [3] (in tennis) wymiana *f* [4] (recovery) poprawa *f*; Fin gwałtowny wzrost *m*

II *modif [car, circuit, driver]* rajdowy

III *vt* z|gromadzić *[support, supporters]*; z|ebrać, -bierać *[troops]*; z|mobilizować *[public opinion]*; **to ~ one's supporters around** or **behind one** skupiać wokół siebie (swoich) zwolenników

IV *vi* [1] (come together) *[people]* z|gromadzić się; *[troops]* z|ebrać, -bierać się; **to ~ to the defence of sb** zgromadzić się w obronie kogoś; **people rallied to the cause** ludzie zjednoczyli się wokół sprawy [2] (recover) *[dollar, prices]* wzr|osnąć, -astać; *[patient]* do|jść, -chodzić do siebie; *[sportsperson]* odzysk|ać, -iwać siły; **her spirits rallied** odzyskała energię

■ **rally round, rally around**: ¶ **~ round** *[friends, supporters]* z|gromadzić się ¶ **~ round [sb]** w|esprzeć, -spierać *[person]*

rally driving *npl* rajdy *m pl* samochodowe

rallying /ˈrælɪɪŋ/ *n* Sport rajdy *m pl* samochodowe; **to go ~** jeździć rajdowo

rallying call *n* wezwanie *n*

rallying cry *n* = **rallying call**

rallying point *n* punkt *m* zbiórki

ram /ræm/ **I** *n* [1] Zool baran *m*, tryk *m* [2] (also **the Ram**) (constellation) Baran *m*; (person) urodzon|y *m*, -a *f* pod znakiem Barana; Baran *m* infml [3] Hist (battering ram) taran *m* [4] Constr (of piledriver) bijak *m* kafarowy; Tech (of pump) nurnik *m*; (of slotting machine) suwak *m*; **hydraulic ~** taran hydrauliczny [5] Naut Hist taran *m*

II *vt* (*prp, pt, pp* **-mm-**) [1] (crash into) *[vehicle]* s|taranować *[car, boat]* [2] (push) wbi|ć, -jać *[post]* **(into sth** w coś); wcis|nąć, -kać *[books, pipe]* **(into sth** w coś); **he ~med his fist into the pillow in a fit of temper** w przypływie wściekłości walnął pięścią w poduszkę; **to ~ sth home to sb** uzmysłowić coś komuś

III *vi* (*prp, pt, pp* **-mm-**) **to ~ into sth** staranować coś

■ **ram down**: **~ down [sth], ~ [sth] down** ubi|ć, -jać *[soil]*

RAM /ræm/ *n* = **random access memory** RAM *m*

Ramadan /ˌræməˈdæn, -ˈdɑːn/ *n* ramadan *m*

ramble /ˈræmbl/ **I** *n* wycieczka *f*; **to go for a ~** iść na wycieczkę

II *vi* [1] (walk) wędrować [2] Hort *[plant]* piąć się

■ **ramble on** (talk) rozwodzić się **(about sth** o czymś)

rambler /ˈræmblə(r)/ *n* [1] (hiker) turysta *m* pieszy [2] Bot pnącze *n*

rambling /ˈræmblɪŋ/ **I** *n* **to do a lot of ~** często chodzić na wycieczki

II *adj* [1] *[house]* pełen zakamarków; *[town]* rozproszony [2] *[speech, letter]* rozwlekły [3] Hort pnący

rambunctious /ræmˈbʌŋkʃəs/ *adj* US infml *[child]* hałaśliwy

RAMC *n* = **Royal Army Medical Corps** korpus *m* medyczny armii brytyjskiej

ramekin /ˈræməkɪn/ *n* (also **~ dish**) kokilka *f*

ramification /ˌræmɪfɪˈkeɪʃn/ *n* (consequence) konsekwencja *f* **(of sth** czegoś)

ramify /ˈræmɪfaɪ/ **I** *vt* **a ramified system of railways** rozgałęziony system kolejowy

II *vi* rozgałęzi|ć, -ać się

ramjet (engine) /ˈræmdʒet/ *n* Aviat silnik *m* (odrzutowy) strumieniowy

ramp /ræmp/ *n* [1] (slope) pochylnia *f*; (for wheelchairs) podjazd *m* [2] (to slow traffic) próg *m* zwalniający [3] Aut (for raising vehicle) podjazd *m*; **hydraulic ~** podnośnik hyrauliczny [4] Aviat schodki *m pl* [5] US Aut (on highway) wjazd *m*; (off highway) zjazd *m*

rampage **I** /ˈræmpeɪdʒ/ *n* **to be** or **go on the ~** demolować wszystko po drodze

II /ræmˈpeɪdʒ/ *vi* **to ~ through the streets** szaleć na ulicach

rampant /ˈræmpənt/ *adj* [1] *[crime, disease]* szalejący; **to be ~ in the city** *[crime, disease, rumour]* szerzyć się w mieście [2] *[plant]* bujny, wybujały [3] Herald **lion ~** stojący lew *m*

rampart /ˈræmpɑːt/ *n* szaniec *m*

ram-raid /ˈræmreɪd/ GB **I** *n* włamanie *n* do sklepu *(po uprzednim rozbiciu szyby wystawowej samochodem)*

II *vt* **to ~ a shop** wjechać do sklepu samochodem przez okno

ramrod /ˈræmrɒd/ *n* Mil Hist stempel *m*

ramshackle /ˈræmʃækl/ *adj [building, house, barn]* rozpadający się; *[old bus, van, caravan]* rozklekotany

ran /ræn/ *pt* → **run**

RAN *n* = **Royal Australian Navy** australijska marynarka *f* wojenna

ranch /rɑːntʃ, US ræntʃ/ *n* rancho *n* or *n inv*, ranczo *n* or *n inv*

rancher /ˈrɑːntʃə(r), US ˈræntʃə(r)/ *n* ranczer *m*

ranch hand *n* robotnik *m* na ranczo or ranczu

ranch (style) house *n* parterowy dom *m* w stylu rancho

ranching /ˈrɑːntʃɪŋ, US ˈræntʃ-/ *n* **cattle /sheep ~** hodowla bydła/owiec

rancid /ˈrænsɪd/ *adj* zjełczały; **to go ~** zjełczeć; **it smells ~** *[food, butter]* sądząc po zapachu, jest zjełczałe

rancidity /rænˈsɪdətɪ/ *n* = **rancidness**

rancidness /ˈrænsɪdnɪs/ *n* zjełczałość *f*

rancor US = **rancour**

rancorous /ˈræŋkərəs/ *adj* urażony; **to feel ~ towards sb** czuć urazę do kogoś

rancour GB, **rancor** US /ˈræŋkə(r)/ *n* uraza *f* **(against sb** do kogoś)

rand /rænd/ *n* Fin rand *m*

random /ˈrændəm/ **I** *n* **at ~** *[select]* losowo; *[open]* na chybił trafił; *[fire]* na oślep

II *adj [choice, selection]* przypadkowy; *[number, sample, sampling]* losowy; **on a ~ basis** losowo

random access memory, RAM *n* Comput pamięć *f* o dostępie swobodnym, RAM *m*

randomize /ˈrændəmaɪz/ *n* zapewni|ć, -ać losowość (czegoś) *[process, experiment]*

randomly /ˈrændəmlɪ/ *adv [select]* losowo

randy /ˈrændɪ/ *adj* infml [1] (highly sexed) namiętny; jurny liter [2] (sexually excited) roznamiętniony; napalony infml

rang /ræŋ/ *pt* → **ring**

range /reɪndʒ/ **I** *n* [1] (choice) (of colours, models, products) asortyment *m*, wybór *m*; **a top/bottom of the ~ computer** komputer wysokiej/niskiej klasy; **in a wide ~ of prices** w bardzo różnych cenach; **available in a wide ~ of colours** dostępny w różnych kolorach [2] (variety) (of abilities, beliefs, emotions, incentives, issues) wachlarz *m*; (of colours) gama *f*; (of prices, ages) rozpiętość *f*; **a wide ~ of people** bardzo różni ludzie; **a wide ~ of services** szeroki zakres usług; **a wide ~ of options/alternatives** wiele różnych możliwości; **a wide ~ of activities** wiele różnych zajęć; **to have a wide ~ of interests** mieć rozległe zainteresowania; **a wide ~ of views/opinions** duża rozpiętość przekonań/opinii; **I teach pupils right across the ability ~** mam uczniów bardzo zróżnicowanych pod względem uzdolnień; **there is a wide ability ~ in this class** klasa jest bardzo zróżnicowana pod względem uzdolnień [3] (bracket) przedział *m*; **salary ~** skala płac; **in the 30-40% ~** między 30 a 40%; **what is your price ~?** jaka jest mniej więcej cena?; **if your income is within this ~** jeśli twoje dochody mieszczą się w tym przedziale; **children in a given ability ~** dzieci mieszczące się w pewnym przedziale zdolności [4] (assortment) asortyment *m* [5] (scope) (of responsibility, knowledge, investigation, research) zakres *m*; **it's beyond my ~ of study** to wykracza poza zakres moich badań [6] (distance) odległość *f*; **at a ~ of 200 m** z odległości 200 m; **from long ~** z dużej odległości; **to shoot sb at close**

~ zastrzelić kogoś z bliska; **within hearing ~** w zasięgu głosu [7] (capacity) (of sonar, weapon, transmitter, aircraft) zasięg *m* **(of sth** czegoś); **to be out of ~ of sth** znajdować się poza zasięgiem czegoś [8] Aut, Aviat, Naut zasięg *m* [9] US (prairie) preria *f*; (pasturage) teren *m* wypasu; **on the ~** na pastwisku [10] (of mountains) łańcuch *m*; (of hills) pasmo *n* [11] (stove) (wood) piec *m*, kuchnia *f*; (gas, electric) kuchenka *f* [12] Fin zakres *m*; **the dollar is within its old ~** wahania dolara utrzymują się w dotychczasowym zakresie [13] (firing area) (for weapons) strzelnica *f*; (for missiles) poligon *m* [14] Theat (of actor) repertuar *m* [15] Mus (of voice, instrument) skala *f*

II *vt* [1] (set) przeciwstawi|ć, -ać się **(against sb/sth** komuś/czemuś) [2] (draw up) ustawi|ć, -ać *[forces, troops, chairs, benches]*

III *vi* [1] (vary, extend) **their ages ~ from 12 to 20** są w wieku od 12 do 20 lat; **the book ~s in time from the Middle Ages to the present day** książka traktuje o czasach od średniowiecza aż do dnia dzisiejszego; **estimates ~ up to £20,000** szacunki sięgają 20 000 funtów; **the conversation ~d over many topics** or **~d widely** rozmowa dotyczyła wielu spraw; **his speech ~d over a wide variety of subjects** w swym przemówieniu poruszył szeroki wachlarz zagadnień [2] (roam, wander) zapuszczać się; **they ~d far and wide in search of food** zapuszczali się daleko w poszukiwaniu jedzenia [3] Mil **to ~ over 20 km** *[gun, missile]* osiągnąć zasięg 20 km

rangefinder /ˈreɪndʒfaɪndə(r)/ *n* dalmierz *m*

ranger /ˈreɪndʒə(r)/ *n* [1] Ecol, Agric strażnik *m* leśny [2] US Mil komandos *m* [3] GB (in Guides) ≈ starsza harcerka *f*

Rangoon /ræŋˈguːn/ *prn* Rangun *m*

rangy /ˈreɪndʒɪ/ *adj [person, animal]* smukły

rank[1] /ræŋk/ **I** *n* [1] (in military, police) stopień *m*, ranga *f*; (in company, politics) stanowisko *n*; (social status) pozycja *f* (społeczna); **of high /low ~** (in military, police, company, politics) wysoki/niski rangą; (of social status) mający wysoką/niską pozycję społeczną; **to pull ~** nadużywać stanowiska [2] (line) szereg *m*; **~ upon ~ of soldiers** szeregi żołnierzy; **to arrange sth in ~s** poustawiać coś w szeregach; **to break ~s** wyłamać się z szeregu; fig *[politician]* wyłamać się; **to close ~s (against) sb/sth** zewrzeć szeregi przeciwko komuś/czemuś also fig [3] (for taxis) **taxi ~** postój *m* taksówek [4] Ling poziom *m* [5] (in chess) rząd *m*

II ranks *npl* [1] szeregi *m pl*; **to be in the ~s** Mil być prostym żołnierzem; **he has risen from the ~s** (of party leader) zaczynał jako szeregowy działacz; (of manager) zaczynał jako szeregowy pracownik; (of army officer) zaczynał jako szeregowy żołnierz; **a leader chosen from the ~s of the party** przywódca wybrany spośród szeregów partyjnych; **to be reduced to the ~s** Mil zostać zdegradowanym do szeregowca; **the ~s of the unemployed/homeless** szeregi bezrobotnych/bezdomnych [2] (echelons) szczeble *m pl*; **to rise through the ~s of the civil service** piąć się po szczeblach kariery w służbie cywilnej

III *vt* [1] (classify) **to ~ a player** umieścić zawodnika w rankingu; **to be ~ed third in the world** *[player]* być trzecim w światowym rankingu; **this has to** or **must be ~ed as one of the worst films I've ever seen** ten film z pewnością zalicza się do najgorszych, jakie kiedykolwiek widziałem; **I ~ him alongside Brahms** stawiam go na równi z Brahmsem; **he ~s it among the city's best restaurants** uważa ją za jedną z najlepszych restauracji w mieście [2] US (be senior to) być wyższym rangą niż (ktoś)

IV *vi* [1] (rate) **how do I ~ compared to her?** jak ja przy niej wypadam?; **to ~ as a great composer** zaliczać się do (grona) wielkich kompozytorów; **to ~ among** or **with the champions** zaliczać się do (grona) mistrzów; **to ~ above/below sb** *[officer, official]* być wyższym/niższym rangą od kogoś; **to ~ alongside sb** *[officer, official]* być równym rangą komuś; **that doesn't ~ very high on my priority list** nie zajmuje jakiegoś szczególnego miejsca na mojej liście priorytetów [2] US Mil (be most senior) być najwyższym rangą

rank[2] /ræŋk/ *adj* [1] pej (absolute) *[outsider, beginner]* zupełny; *[injustice, stupidity]* kompletny [2] (foul) *[odour]* obrzydliwy [3] (exuberant) *[ivy, weeds]* wybujały; **to be ~ with weeds** *[garden]* być zachwaszczonym

rank and file /ˌræŋkənˈfaɪl/ **I** *n* **the ~** szeregowi członkowie *m pl*

II rank-and-file *modif* **~ member** szeregowy członek; **~ socialist** szeregowy członek partii socjalistycznej

ranker /ˈræŋkə(r)/ *n* Mil [1] (soldier) zwykły żołnierz *m* [2] (officer) *oficer, który rozpoczynał służbę jako zwykły żołnierz*

ranking /ˈræŋkɪŋ/ **I** *n* Sport ranking *m*; **to improve one's ~** awansować w rankingu

II -ranking *in combinations* **high/low-~** wysoki/niski rangą

rankle /ˈræŋkl/ *vi* **to ~ with sb** infml boleć kogoś fig; **there are some things that still ~** są sprawy, które wciąż bolą; **his failure still ~d** wciąż nie mógł otrząsnąć się po porażce

rankness /ˈræŋknɪs/ *n* [1] (foul smell) fetor *m* [2] (exuberance) wybujałość *f*

ransack /ˈrænsæk, US rænˈsæk/ *vt* [1] (search) przetrząs|nąć, -ać *[luggage, drawer]* **(for sth** w poszukiwaniu czegoś) [2] (plunder) s|plądrować *[house]*

ransom /ˈrænsəm/ **I** *n* [1] (sum) (also **~ money)** okup *m*; **to demand a ~ of £250,000** żądać okupu w wysokości 250 000 funtów **(for sb/sth** za kogoś/coś) [2] **to hold sb to** GB or **for** US **~** trzymać kogoś dla okupu; fig szantażować kogoś, stawiać kogoś pod ścianą fig

II *vt* za|płacić okup za kogoś, wykup|ić, -ywać *[person]*

IDIOMS: **a king's ~** bajońska suma

rant /rænt/ *vi* rozprawiać

■ **rant at**: **~ at [sb]** wymyślać komuś **(about sth** z powodu czegoś)

■ **rant on** rozprawiać **(about sth** o czymś)

IDIOMS: **to ~ and rave** ciskać gromy **(at sth** na coś)

ranting /ˈræntɪŋ/ **I** *n* (also **~s)** perorowanie *n*

II *adj [politician]* grzmiący

ranunculus /rəˈnʌŋkjʊləs/ *n* (*pl* **-li)** Bot jaskier *m*

rap /ræp/ **I** *n* [1] (tap) (single knock) stuknięcie *n*; (series of knocks) stukanie *n*; **a ~ on the table/at the door** stukanie w stół/do drzwi; **to give sb a ~ on the head** stuknąć kogoś w głowę; **to get a ~ over** or **on the knuckles** fig dostać po uszach fig [2] Mus (also **~ music)** rap *m* [3] US infml (conversation) **to have a ~** pogadać sobie infml [4] infml (accusation) oskarżenie *n*; **to beat the ~** wymigać się od kary; **to hang a murder/burglary ~ on sb** obwinić kogoś o morderstwo/włamanie; **to take the ~** infml zebrać cięgi infml fig **(for sth** za coś)

II *modif* Mus *[artist, record]* rapowy

III *vt* (*prp, pt, pp* **-pp-)** [1] za|stukać w (coś) *[table]* [2] fig (criticize) objechać infml *[person]* **(for sth** za coś)

IV *vi* (*prp, pt, pp* **-pp-)** [1] (tap) za|stukać **(with sth** czymś); **to ~ on the table/at the door** zastukać w stół/do drzwi [2] Mus rapować [3] US infml (talk) nawijać infml **(about sth** o czymś)

■ **rap out**: **~ out [sth]** rzucić *[order, question]*

rapacious /rəˈpeɪʃəs/ *adj* pazerny

rapaciously /rəˈpeɪʃəslɪ/ *adv* pazernie

rapacity /rəˈpæsətɪ/ *n* pazerność *f*

rape[1] /reɪp/ **I** *n* Jur gwałt *m* also fig; **attempted ~** usiłowanie dokonania gwałtu; **the ~ of the environment** fig gwałt na środowisku naturalnym

II *modif* Jur **~ attempt/victim** próba /ofiara gwałtu; **~ charge** oskarżenie o gwałt; **~ counselling** pomoc ofiarom gwałtu

III *vt* Jur z|gwałcić

rape[2] /reɪp/ *n* Agric, Bot rzepak *m*

rape(seed) oil /ˈreɪpsiːdɔɪl/ *n* olej *m* rzepakowy

rapid /ˈræpɪd/ *adj [movement, pulse, heartbeat, pace]* szybki; *[river, current]* bystry; **firing several shots in ~ succession** oddając kilka strzałów jeden po drugim

rapid deployment force *n* = **Rapid Reaction Force**

rapid eye movement, REM *n* szybkie ruchy *m pl* gałek ocznych

rapid fire *n* Mil ogień *m* maszynowy

rapidity /rəˈpɪdətɪ/ *n* szybkość *f*

rapidly /ˈræpɪdlɪ/ *adv* szybko

Rapid Reaction Force *n* Mil siły *plt* szybkiego reagowania

rapids /ˈræpɪdz/ *n* (in river) bystrza *n pl*; **to shoot** or **ride the ~** przepływać przez bystrza

rapid transit *n* system *m* szybkiego transportu miejskiego

rapier /ˈreɪpɪə(r)/ *n* rapier *m*

rapine /ˈræpaɪn, US ˈræpɪn/ *n* grabież *f*

rapist /ˈreɪpɪst/ *n* Jur gwałciciel *m*

rapper /ˈræpə(r)/ *n* [1] Mus raper *m* [2] US (door-knocker) kołatka *f*

rapping /ˈræpɪŋ/ *n* [1] (knocking) stukanie *n* [2] Mus rapowanie *n*

rapport /ræˈpɔː(r), US -ˈpɔːrt/ *n* dobre stosunki *plt* **(with sb** z kimś) **(between sb and sb** między kimś a kimś); **in ~ with sb** w dobrych stosunkach z kimś; **to**

establish a ~ dobrze ułożyć sobie stosunki; **a close ~** bliskie stosunki

rapprochement /ræˈprɒʃmɒŋ, ræˈprəʊʃ-, US ˌræprəʊʃˈmɒŋ/ *n* Pol zbliżenie *n*

rapscallion /ræpˈskæljən/ *n* arch szubrawiec *m* dat

rap sheet *n* US infml kartoteka *f* przestępcy

rapt /ræpt/ *adj* **she stood transfixed, ~** stała bez ruchu, jak urzeczona; **to listen in ~ silence** słuchać w nabożnym skupieniu; **she sat at the top of the stairs, ~ in thought** siedziała na szczycie schodów zatopiona w myślach

rapture /ˈræptʃə(r)/ *n* zachwyt *m*; **with** or **in ~** z zachwytem, w zachwycie; **to go into ~s over** or **about sth** zachwycać się czymś; **to be in ~s over** or **about sth** być zachwyconym czymś

rapturous /ˈræptʃərəs/ *adj [welcome, applause]* entuzjastyczny; **~ delight** najwyższy zachwyt

rapturously /ˈræptʃərəslɪ/ *adv [welcome, greet, applaud]* entuzjastycznie; *[sigh, gaze]* z zachwytem

rare /reə(r)/ *adj* [1] (uncommon) rzadki; **it's ~ to see sth like this** rzadko widuje się coś takiego; **it's ~ to find sth like this** rzadko można znaleźć coś takiego; **it's very ~ for him to go to the library** bardzo rzadko chodzi do biblioteki; **with a few ~ exceptions...** poza kilkoma rzadkimi wyjątkami...; **on the ~ occasions when...** w tych rzadkich sytuacjach, kiedy...; **a ~ event** rzadki wypadek [2] (steak) krwisty; **I like my steak very ~** lubię befsztyk krwisty [3] *[air, atmosphere]* rozrzedzony [4] dat (extraordinary) **to have a ~ old time** (enjoy oneself) wyjątkowo dobrze się bawić

rarebit /ˈreəbɪt/ *n* → **Welsh rarebit**

rarefied /ˈreərɪfaɪd/ *adj [atmosphere]* rozrzedzony; **living in the ~ atmosphere of university life** życie w oderwanym od rzeczywistości akademickim światku

rarely /ˈreəlɪ/ *adv* rzadko

rareness /ˈreənɪs/ *n* rzadkość *f*

raring /ˈreərɪŋ/ *adj* infml **I've been ~ to get hold of those documents** nie mogę się doczekać, żeby dostać te dokumenty; **I'm ~ to go** płonę z niecierpliwości, żeby zacząć

rarity /ˈreərətɪ/ *n* [1] (rare occurrence) rzadkość *f*; **blonde hair is a ~ in our family** blond włosy są w naszej rodzinie rzadkością; **it's a ~ for us to go to the theatre** rzadko chodzimy do teatru [2] (rareness) rzadkość *f*

rascal /ˈrɑːskl, US ˈræskl/ *n* [1] (used affectionately) (child) łobuziak *m*, nicpoń *m*, urwis *m*; **he's an old ~** (adult) a to stary drań infml [2] dat (reprobate) łotr *m* dat

rascally /ˈrɑːskəlɪ/ *adj* **a ~ little boy** mały łobuziak

rash¹ /ræʃ/ *n* [1] (skin) wysypka *f*; **to have a ~** mieć wysypkę; **to come out** or **break out in a ~** dostać wysypki [2] fig (spate) lawina *f* fig **(of sth** czegoś) *[articles, strikes, applications]*

rash² /ræʃ/ *adj [decision, promise]* pochopny; *[person]* lekkomyślny; *[move, plan]* nierozważny; **don't do anything ~** nie rób niczego pochopnie; **to be ~ enough to do sth** być na tyle nierozważnym, żeby coś zrobić; **in a ~ moment** pod wpływem chwili, bez zastanowienia

rasher /ˈræʃə(r)/ *n* (of bacon) (slice) plasterek *m*; US (serving) porcja *f*

rashly /ˈræʃlɪ/ *adv* pochopnie, nierozważnie

rashness /ˈræʃnɪs/ *n* nierozwaga *f*

rasp /rɑːsp, US ræsp/ **I** *n* [1] (noise) (of saw) zgrzyt *m*; (of voice) chrypienie *n* [2] (file) raszpla *f*, tarnik *m*

II *vt* [1] (rub) z|edrzeć, -dzierać tarnikiem [2] fig **'no!' she ~ed** „nie!" wychrypiała

III *vi [saw, file]* za|zgrzytać, zgrzytnąć

IV rasping *prp adj [sound]* zgrzytliwy; *[voice]* chrypiący, zachrypły

raspberry /ˈrɑːzbrɪ, US ˈræzberɪ/ **I** *n* [1] (fruit) malina *f* [2] (colour) (kolor *m*) malinowy *m* [3] (noise) **to blow a ~** wydać ordynarny dźwięk *(wysuwając język)*

II *modif* malinowy; **a ~ bush** krzak malin

Rasta /ˈræstə/ *n* infml rastafarianin *m*

Rastafarian /ˌræstəˈfeərɪən/ **I** *n* rastafarianin *m*

II *adj* rastafariański

Rastafarianism /ˌræstəˈfeərɪənɪzəm/ *n* rastafarianizm *m*

rat /ræt/ **I** *n* [1] Zool szczur *m* [2] infml pej (person) kanalia *f* infml pej; **you ~!** ty draniu! [3] US infml (informer) kapuś *m* infml pej

II *vi* (*prp, pt, pp* **-tt-**) [1] infml **to ~ on sb** (betray, inform) sypnąć kogoś infml [2] infml (break) **to ~ on sth** wycofać się z czegoś *[deal, promise]* [3] dat **to go ~ting** polować na szczury

III rats *excl* kurczę blade! infml

IDIOMS: **~s leave a sinking ship** szczury uciekają z tonącego okrętu; **to look like a drowned ~** wyglądać jak zmokła kura; **to smell a ~** wyczuć pismo nosem

ratable *adj* = **rateable**

rat-arsed /ˈrætɑːst/ *adj* GB (drunk) vulg kompletnie najebany vulg; **to get ~** najebać się vulg

ratbag /ˈrætbæg/ *n* infml łachudra *m/f* infml

ratcatcher /ˈrætkætʃə(r)/ *n* Hist szczurołap *m*

ratchet /ˈrætʃɪt/ **I** *n* (toothed rack) zębatka *f*; (wheel) koło *n* zapadkowe; (tooth) zapadka *f*

II *vt* **to ~ up sth** podnieść coś *[prices]*

rate /reɪt/ **I** *n* [1] (speed) tempo *n*; **the ~ of change/production/growth** tempo zmian /produkcji/wzrostu; **the ~ at which children learn** tempo, w jakim dzieci się uczą; **to work at a steady ~** pracować w równym tempie; **at a ~ of 50 an hour** w tempie 50 na godzinę; **at this ~ we'll finish at no time** w tym tempie za chwilę skończymy; **at this ~ we'll never be able to afford this car** fig w tym tempie nigdy nie uzbieramy na samochód; **to drive at a terrific ~** jechać z ogromną prędkością; **to work at a terrific ~** pracować w szalonym tempie; **at the ~ you're going you'll fail the exam** jak tak dalej pójdzie, oblejesz egzamin [2] (level) **the divorce /birth ~** liczba rozwodów/urodzeń; **the unemployment/inflation ~** poziom bezrobocia/inflacji; **the interest ~** stopa procentowa; **the mortgage ~** oprocentowanie kredytów mieszkaniowych; **the pass/failure ~ for that exam is 60%** 60% przystępujących do tego egzaminu zdaje/nie zdaje [3] (charge) (postal, telephone) taryfa *f*; **translator's ~s** stawki dla tłumaczy; **what is the ~ for a small ad?** ile kosztuje drobne ogłoszenie?; **at a reduced ~** po obniżonej cenie; **to get a reduced ~** dostać zniżkę; **what's the going ~ for a Picasso?** ile teraz kosztuje Picasso? [4] (wage) stawka *f*; **his hourly ~ is £12** jego stawka za godzinę wynosi 12 funtów; **to pay sb the going ~ for the job** zapłacić komuś obowiązującą stawkę; **what's the going ~ for a babysitter?** jaka jest teraz stawka dla opiekunek do dzieci?; **what is your hourly ~ of pay?** jaką masz stawkę za godzinę? [5] Fin (in foreign exchange) kurs *m*

II rates *npl* GB Tax ≈ podatek *m* od nieruchomości

III *modif* GB Econ Fin **~ increase** zwiększenie podatku od nieruchomości; **~ rebate** zwrot podatku od nieruchomości

IV *vt* [1] (classify) **I ~ his new novel very highly** bardzo wysoko oceniam jego nową powieść; **how do you ~ this restaurant /him as an actor?** jak oceniasz tę restaurację/go jako aktora?; **to ~ sb as a great composer** uważać kogoś za wybitnego kompozytora; **to ~ sb among the best pianists in the world** zaliczać kogoś do najlepszych pianistów na świecie [2] (deserve) zasłu|żyć, -giwać na (coś) *[medal, applause]*; **this hotel ~s three stars** ten hotel zasługuje na trzy gwiazdki; **the joke /the story hardly ~s a mention** nie warto powtarzać tego dowcipu/tej historii [3] (value) cenić (sobie); **I ~ courage very highly** bardzo wysoko cenię (sobie) odwagę

V *vi* (rank) **how did our wine ~?** jak wypadło nasze wino?; **where do I ~ compared to him?** jak ja wypadam w porównaniu z nim?; **she ~s among the best sopranos in Europe** jest jedną z najlepszych sopranistek or sopranów w Europie; **that ~s as the best wine I've ever tasted** to najlepsze wino, jakie kiedykolwiek piłem; **that doesn't ~ high on my list of priorities** to nie zajmuje szczególnej pozycji na mojej liście priorytetów

VI *vr* **how do you ~ yourself as a driver?** jak oceniasz siebie jako kierowcę?; **she doesn't ~ herself very highly** ona nie ma zbyt wysokiego mniemania o sobie

IDIOMS: **at any ~** w każdym razie

rateable GB, **ratable** US /ˈreɪtəbl/ *adj* [1] (liable for local tax) *[property]* podlegający opodatkowaniu; **~ value** wartość podlegająca opodatkowaniu [2] (assessable) możliwy do ocenienia

rate-cap /ˈreɪtkæp/ *vt* (*prp, pt, pp* **-pp-**) GB Econ ustal|ić, -ać górny limit podatku od nieruchomości w (czymś) *[county]*

rate-capping /ˈreɪtkæpɪŋ/ *n* GB Econ ustalanie *n* górnego limitu podatku od nieruchomości

rate of change *n* tempo *n* zmian

rate of climb *n* Aviat prędkość *f* wznoszenia

rate of flow *n* Sci natężenie *n* przepływu

ratepayer /ˈreɪtpeɪə(r)/ *n* płatnik *m* podatku od nieruchomości

ratfink /ˈrætfɪŋk/ *n* vinfml kreatura *f* infml

rather /ˈrɑːðə(r)/ **I** *adv* [1] (somewhat, quite) raczej; **it's ~ expensive** to jest raczej drogie; **he's ~ young** jest raczej młody; **I ~ like him** raczej go lubię; **I think he's ~ a bore** jest raczej nudny; **I ~ think he's right** jednak wydaje mi się, że on ma rację; **I'm in ~ a hurry** raczej się śpieszę; **it's ~ fun** to jest dosyć or dość zabawne; **~ easily/stupidly** dość łatwo/głupio; **it's ~ like an apple** to trochę przypomina jabłko; **it's ~ a pity** trochę szkoda; **it's ~ more/too difficult** to trochę trudniejsze/za trudne [2] (more readily, preferably) raczej; **~ than sth** raczej niż coś; **I would** or **had (much) ~ do sth** (zdecydowanie) wolałbym zrobić coś; **would you ~ wait?** wolisz poczekać?; **he'd ~ die than admit it** wolałby raczej umrzeć, niż przyznać się do tego; **I'd ~ die!** prędzej umrę!; **I'd ~ not** wolałbym nie; **I'd ~ not say** wolałbym nie mówić; **I'd ~ you did it/didn't do it** wolałbym, żebyś to zrobił/tego nie robił [3] (more exactly) raczej; **a tree, or ~ a bush** drzewo, a raczej krzak; **practical ~ than decorative** raczej użyteczny niż ozdobny; **'did it improve?' – 'no, ~ it got worse'** „teraz (jest) lepiej?" – „nie, raczej jeszcze gorzej"
II *excl* GB dat no pewnie!

rathskeller /ˈrætskelə(r)/ *n* US infml piwiarnia *f* or restauracja *f* w podziemiach

ratification /ˌrætɪfɪˈkeɪʃn/ *n* ratyfikacja *f*; **for ~** do ratyfikacji

ratify /ˈrætɪfaɪ/ *vt* ratyfikować *[treaty, agreement, proposals]*

rating /ˈreɪtɪŋ/ **I** *n* [1] (score) wskaźnik *m* **(of sth** czegoś); (assessment) ocena *f* **(of sb/sth** kogoś/czegoś); **what is her ~ in the polls?** jak wypada w sondażach?; **she got a good ~ at her appraisal** otrzymała wysoką ocenę od przełożonego; **popularity ~** wskaźnik popularności; **IQ ~** GB iloraz inteligencji [2] Fin (status) ocena *f*; **credit ~** zdolność kredytowa [3] GB Tax (local tax due) kwota *f* podatku komunalnego; (valuation) obliczenie *n* podatku komunalnego [4] Mil, Naut marynarz *m*
II ratings *npl* TV wskaźnik *m* oglądalności; Radio wskaźnik *m* słuchalności; **to be top /bottom of the ~s** TV mieć najwyższą /najniższą oglądalność; Radio mieć najwyższą/najniższą słuchalność; **the series has gone up/down in the ~s** wzrosła/spadła oglądalność tego serialu; **a series with audience ~s of six million** serial oglądany przez sześć milionów widzów

rating system *n* GB Tax system *m* naliczania podatków komunalnych

ratio /ˈreɪʃɪəʊ/ *n* stosunek *m*; **the pupil /teacher ~** liczba uczniów przypadających na jednego nauczyciela; **the school has a ~ of 1 teacher to 25 pupils** w szkole na jednego nauczyciela przypada 25 uczniów; **the ~ of men to women is two to five** na każdych dwóch mężczyzn przypada pięć kobiet; **in direct/inverse ~** w stosunku wprost/odwrotnie proporcjonalnym; **in** or **by a ~ of 60:40** w stosunku or proporcji 60:40

ratiocination /ˌrætɪɒsɪˈneɪʃn, US ˌræʃɪ-/ *n* fml wnioskowanie *n*

ration /ˈræʃn/ **I** *n* [1] (of food, petrol) przydział *m*, racja *f* **(of sth** czegoś); **coal ~** przydział węgla [2] fig **they've had their ~ of troubles** przeżyli swoje infml; **turn it off now: you've had your ~ for today** wyłącz to natychmiast! dość już na dzisiaj
II rations *npl* Mil racje *f pl* żywnościowe; **to keep sb on short ~s** ograniczać komuś racje żywnościowe; **full ~s** pełne racje żywnościowe
III *vt* racjonować, reglamentować *[food, petrol]*; **sugar was ~ed to one kilo per family** przydziały cukru zostały ograniczone do kilograma na rodzinę
■ **ration out**: **~ out [sth], ~ [sth] out** wydziel|ić, -ać *[food, paper, water]*

rational /ˈræʃənl/ *adj [approach, argument, decision, position]* racjonalny; *[person]* rozsądny; **a ~ being** Philos istota rozumna; **it seemed the ~ thing to do at the time** wtedy wydawało się to rozsądnym posunięciem; **I try to be ~** próbuję myśleć racjonalnie

rationale /ˌræʃəˈnɑːl, US -ˈnæl/ *n* [1] (reasons) powody *m pl*; **the ~ for doing sth** powody zrobienia czegoś [2] (logic) **what was the ~ behind her decision?** jakie były racjonalne przesłanki jej decyzji?

rationalism /ˈræʃnəlɪzəm/ *n* racjonalizm *m*

rationalist /ˈræʃnəlɪst/ **I** *n* racjonalist|a *m*, -ka *f*
II *adj* racjonalistyczny

rationalistic /ˌræʃnəˈlɪstɪk/ *adj* racjonalistyczny

rationality /ˌræʃəˈnælətɪ/ *n* racjonalność *f*

rationalization /ˌræʃnəlaɪˈzeɪʃn/ *n* [1] Psych racjonalizacja *f* [2] GB Econ (of system, of operation) racjonalizacja *f*; **the industry underwent a ~** produkcja w przemyśle została zracjonalizowana

rationalize /ˈræʃnəlaɪz/ *vt* [1] (justify) usprawiedliwi|ć, -ać *[action, decision]* [2] GB Econ z|racjonalizować *[system, production, distribution]*; **to ~ an industry** zracjonalizować funkcjonowanie przemysłu

rationally /ˈræʃnəlɪ/ *adv* racjonalnie

ration book *n* książeczka *f* z kartkami żywnościowymi

ration card *n* kartka *f (na żywność lub inne towary)*

rationing /ˈræʃnɪŋ/ *n* racjonowanie *n*, reglamentacja *f*; **food ~** racjonowanie or reglamentacja żywności

rat pack *n* vinfml paparazzi *m pl inv*

rat poison *n* trutka *f* na szczury

rat race *n* fig pej wyścig *m* szczurów fig pej

rat-run /ˈrætrʌn/ *n* GB Aut *boczna uliczka pozwalająca ominąć korki*

ratsbane /ˈrætsbeɪn/ *n* = **rat poison**

rattan /ræˈtæn/ **I** *n* (tree) rotang *m*; (material) rattan *m*; (stick) rattanowa laska *f*
II *adj [chair, table]* rattanowy

rat-tat-tat /ˌrættætˈtæt/ *n* puk, puk

rattle /ˈrætl/ **I** *n* [1] (noise) (of bottles, cutlery, chains) brzęk *m*; (of chains) szczęk; (of window, door) trzaskanie *n*; (of machine, gunfire) terkot *m*; (of car engine, car body) stukanie *n*; (of rattlesnake, toy) grzechotanie *n* [2] (toy, rattlesnake's tail) grzechotka *f*
II *vt* [1] (shake) *[person]* za|dzwonić (czymś) *[bottles, cutlery, chains]*; *[wind]* szarp|nąć, -ać (czymś) *[window, door]*; *[person]* szarp|nąć, -ać za (coś) *[handle]* [2] infml (annoy) grać na nerwach (komuś); **to get ~d** zezłościć się
III *vi [bottles, cutlery, chains]* za|brzęczeć; *[window, door]* za|stukać; **when I shook the box, it ~d** kiedy potrząsnąłem pudełkiem, coś zagrzechotało; **the car ~d along** samochód posuwał się naprzód z dziwnym klekotem silnika
■ **rattle away** infml → **rattle on**
■ **rattle off** infml: **~ off [sth]** (recite, read) odklep|ać, -ywać infml; (write) (carelessly) na|pisać na kolanie infml; (angrily) wysmażyć infml *[article, letter]*
■ **rattle on, rattle away** infml trajkotać **(about sth** o czymś)
■ **rattle through**: **~ through [sth]** infml **they ~d through the rest of the meeting** odbębnili szybko pozostałe punkty zebrania; **she ~d through the list of names** odczytała szybko całą listę nazwisk
IDIOMS: **to shake sb until their teeth ~** potrząsać kimś jak workiem z kartoflami

rattler /ˈrætlə(r)/ *n* infml = **rattlesnake**

rattlesnake /ˈrætlsneɪk/ *n* Zool grzechotnik *m*

rattletrap /ˈrætltræp/ *n* Aut infml dat rozklekotany grat *m* infml

rattling /ˈrætlɪŋ/ **I** *n* = **rattle I** [1]
II *adj* [1] (vibrating) *[chain]* dzwoniący; *[door, window]* stukający; *[cough]* suchy [2] (quick) **at a ~ pace** żwawym krokiem
III *adv* infml dat **a ~ good book/meal** książka/jedzenie pierwsza klasa infml

rat trap *n* pułapka *f* na szczury

ratty /ˈrætɪ/ *adj* infml [1] GB (annoyed) rozdrażniony; (irritable) drażliwy [2] US (shabby) *[garment]* złachany infml [3] US (tangled) *[hair]* skołtuniony

raucous /ˈrɔːkəs/ *adj [laughter]* rechotliwy; *[gathering]* wrzaskliwy; *[person]* hałaśliwy; **~ shout** głośny wrzask

raucously /ˈrɔːkəslɪ/ *adv [laugh]* rechotliwie; *[behave]* hałaśliwie; **to cry ~** wydzierać się

raucousness /ˈrɔːkəsnɪs/ *n* [1] (of voice, laughter) wrzaskliwość *f* [2] (of person) hałaśliwe zachowanie *n*

raunch /rɔːntʃ/ *n* US (bawdiness) sprośność *f*

raunchy /ˈrɔːntʃɪ/ *adj* [1] (bawdy) *[story, joke, film, song]* sprośny [2] US (dirty, sloppy) niechlujny

ravage /ˈrævɪdʒ/ **I ravages** *npl* spustoszenie *n* **(of sth** dokonane przez coś); **the ~s of war** zniszczenia wojenne; **the ~s of time** niszczące działanie czasu
II *vt [fire, troops]* s|pustoszyć; **a body ~d by disease** organizm wyniszczony przez chorobę

rave /reɪv/ **I** *n* infml [1] GB (party) ubaw *m* infml [2] (praise) entuzjastyczne przyjęcie *n* [3] (craze) szał *m* infml
II *adj* infml *[club, restaurant]* szałowy infml; **~ reviews** entuzjastyczne recenzje
III *vi* [1] (enthusiastically) zachwycać się **(about sth** czymś) [2] (angrily) **to ~ at sb** pieklić się na kogoś; **to ~ about sth** grzmieć przeciw czemuś [3] (when fevered) majaczyć

raven /ˈreɪvn/ *n* kruk *m*

raven-haired /ˌreɪvnˈheəd/ *adj* **a ~ girl** dziewczyna o kruczoczarnych włosach

ravening /ˈrævənɪŋ/ *adj* żarłoczny

Ravenna /rəˈvenə/ *prn* Rawenna *f*

R

ravenous /ˈrævənəs/ *adj [person, animal]* wygłodniały; *[appetite, hunger]* wilczy; **I'm ~!** umieram z głodu! fig

ravenously /ˈrævənəslɪ/ *adv [eat]* łapczywie; **to be ~ hungry** być głodnym jak wilk

raver /ˈreɪvə(r)/ *n* infml [1] (merrymaker) balownik *m* infml [2] (trendy person) światowiec *m*

rave-up /ˈreɪvʌp/ *n* infml impreza *f* infml

ravine /rəˈviːn/ *n* wąwóz *m*, jar *m*

raving /ˈreɪvɪŋ/ **I ravings** *npl* majaczenie *n*, bredzenie *n*; **the ~s of a lunatic** bredzenie wariata

II *adj* [1] (fanatical) szaleńczy, wściekły [2] **a ~ idiot** or **lunatic** kompletny wariat infml [3] (tremendous) *[success]* olbrzymi; **she's a ~ beauty** jest olśniewająco piękna

IDIOMS: **to be (stark) ~ mad** być kompletnie stukniętym

ravioli /ˌræviˈəʊlɪ/ *n* ravioli *n inv*

ravish /ˈrævɪʃ/ *vt* [1] (delight) zauroczyć *[person]* [2] arch (rape) zniewolić arch *[woman, girl]*

ravishing /ˈrævɪʃɪŋ/ *adj* uroczy; **to look ~** wyglądać zachwycająco

ravishingly /ˈrævɪʃɪŋlɪ/ *adv [beautiful]* zachwycająco

raw /rɔː/ *adj* [1] (uncooked) *[food]* surowy; **to eat sth ~** jeść coś na surowo [2] (unprocessed) *[cotton, silk, data, statistics, wood, paper, sugar]* surowy; *[sewage]* nieoczyszczony; *[edge]* (in sewing) nieobrębiony; (on paper, wood) niewykończony [3] (sore) *[skin, part of body]* obtarty; **his hands had been rubbed ~** ręce miał obtarte do żywego mięsa [4] (cold) *[weather, day]* zimny i mokry; *[air, wind]* przenikliwy [5] (inexperienced) *[novice, recruit]* surowy infml fig; *[youngster]* nieopierzony hum [6] (realistic) *[scenery, performance, style]* surowy; *[description]* naturalistyczny [7] (undisguised) *[emotion]* nieskrywany; *[energy]* żywiołowy [8] US (vulgar) nieprzyzwoity

IDIOMS: **in the ~** GB infml (naked) na golasa infml; **life in the ~** samo życie; **to get sb on the ~** GB dotknąć kogoś do żywego; **to get** or **have a ~ deal** infml być pokrzywdzonym; **to give sb a ~ deal** infml potraktować kogoś per noga infml; **to touch a ~ nerve** trafić w czuły punkt

rawboned /ˌrɔːˈbəʊnd/ *adj* wychudzony

rawhide /ˈrɔːhaɪd/ *n* [1] (leather) niewyprawiona skóra *f* [2] (whip) bykowiec *m* [3] (rope) rzemień *m*

Rawlbolt® /ˈrɔːlbəʊlt/ *n* kołek *m* rozporowy

Rawlplug® /ˈrɔːlplʌg/ *n* kołek *m* rozporowy

raw material *n* surowiec *m* also fig

raw material costs *n* koszty *m pl* surowców or surowcowe

rawness /ˈrɔːnɪs/ *n* [1] (style) surowość *f* [2] (realism) brutalność *f* [3] (naivety) brak *m* doświadczenia [4] (of wind) przenikliwość *f*

raw score *n* US Sch bezwzględna liczba *f* punktów

ray[1] /reɪ/ *n* [1] (beam) (of light, sunshine) promień *m* **(of sth** czegoś); **a ~ of sunshine** promień słońca [2] fig (of hope) promyk *m* **(of sth** czegoś); **to offer sb a small ~ of comfort** odrobinę kogoś pocieszyć

ray[2] /reɪ/ *n* (fish) raja *f*

ray[3] /reɪ/ *n* Mus re *n inv*

ray gun *n* (in science fiction) miotacz *m* promieni

rayon /ˈreɪɒn/ *n* Tex rayon *m*

raze /reɪz/ *vt* zetrzeć, ścierać z powierzchni ziemi; **to ~ sth to the ground** zrównać coś z ziemią

razor /ˈreɪzə(r)/ *n* (straight razor) brzytwa *f*; (safety razor) maszynka *f* do golenia, golarka *f*; (electric) elektryczna maszynka *f* do golenia, golarka *f* elektryczna

IDIOMS: **to live on a ~('s) edge** balansować na krawędzi

razorback /ˈreɪzəbæk/ *n* US półdzika świnia *f (występująca w Ameryce Północnej)*

razorbill /ˈreɪzəbɪl/ *n* Zool alka *f* krzywonosa

razor blade *n* (in safety razor) żyletka *f*

razor burn *n* skóra *f* podrażniona po goleniu

razor clam *n* US Zool = **razor-shell**

razor cut *n* wygolona fryzura *f*

razor-sharp /ˌreɪzəˈʃɑːp/ *adj* [1] *[blade, knife, edge]* ostry jak brzytwa [2] *[wit, criticism, response]* cięty; *[mind]* przenikliwy

razor-shell /ˈreɪzəʃel/ *n* GB Zool okładzinka *f*

razor wire *n* drut *m* kolczasty

razz /ræz/ *vt* US infml naśmiewać się z (kogoś) infml

razzle /ˈræzl/ *n* GB infml **to go on the ~** iść się zabawić infml

razzledazzle /ˌræzlˈdæzl/ **I** *n* infml gwar *m*

II *modif [salesmanship, politics]* hałaśliwy

razzmatazz /ˌræzməˈtæz/ *n* infml blichtr *m* liter pej

RC *n, adj* → **Roman Catholic**

RCAF *n* = **Royal Canadian Air Force** kanadyjskie siły *f pl* powietrzne

RCMP *n* = **Royal Canadian Mounted Police** Kanadyjska Królewska Policja *f* Konna

RCN *n* [1] GB = **Royal College of Nursing** szkoła *f* pielęgniarska [2] = **Royal Canadian Navy** kanadyjska marynarka *f* wojenna

Rd *n* = **road**

R&D *n* → **research and development**

RDA *n* → **recommended daily amount**

re[1] /reɪ/ *n* Mus re *n inv*

re[2] /riː/ *prep* = **with reference to** (in letter head) dot.; (about) odnośnie do (czegoś); **~ your letter...** w odpowiedzi na Pański list...

RE *n* [1] GB Sch = **Religious Education** religia *f* [2] GB Mil = **Royal Engineers** wojskowy korpus *m* inżynieryjny

reach /riːtʃ/ **I** *n* [1] (physical range) zasięg *m*; **a long ~** długi zasięg; **it's beyond** or **out of my ~** nie dosięgnę do tego; **'keep out of ~ of children'** „przechowywać w miejscu niedostępnym dla dzieci"; **within (arm's) ~** w zasięgu ręki; **the house is within easy ~ of the shopping centre** ten dom znajduje się w pobliżu centrum handlowego; **to be within easy ~** znajdować się w pobliżu [2] (capability) **to be beyond** or **out of ~ for sb** być poza zasięgiem kogoś, być nieosiągalnym dla kogoś; **to be within ~ for sb** być w zasięgu kogoś, być osiągalnym dla kogoś; **to put a price within/beyond sb's ~** ustalić cenę na poziomie dostępnym/niedostępnym dla kogoś

II reaches *npl* [1] (of society) **the upper /lower ~es** wyżyny/niziny (społeczne) [2] Geog **the upper/lower ~es** (of river) górny/dolny bieg

III *vt* [1] (after travel) *[person, train, river, ambulance, sound, news, letter]* do|trzeć, -cierać do (kogoś/czegoś); (after walking) do|jść, -chodzić do (kogoś/czegoś); (by vehicle) doje|chać, -żdżać do (kogoś/czegoś); (by boat, after swimming) dopły|nąć, -wać do (kogoś/czegoś); (after flying) dol|ecieć, -atywać do (kogoś/czegoś); **to ~ land** wylądować; **the message took three days to ~ Paris** minęły trzy dni, zanim wiadomość dotarła do Paryża; **the product has yet to ~ Italy/the shops** ten produkt nie dotarł jeszcze do Włoch/do sklepów; **it can be easily ~ed by bus** można tam łatwo dojechać autobusem [2] (on scale, continuum) osiąg|nąć, -ać *[age, level, position, peak]*; **matters ~ed a point where...** sprawy doszły do punktu, w którym...; **to ~ the finals** dojść do finału [3] (come to) osiąg|nąć, -ać *[agreement, compromise]*; **to ~ a conclusion** dojść do wniosku; **to ~ a decision** podjąć decyzję; **to ~ a verdict** wydać werdykt; **agreement has been ~ed on...** zawarto porozumienie dotyczące... [4] (by stretching) sięgnąć po (coś); **can you ~ that box for me?** czy mógłbyś podać mi to pudełko?; **could you ~ me that bottle down from the top shelf?** GB mógłbyś zdjąć tę butelkę z górnej półki? [5] (by telephone) dodzw|onić, -aniać się do (kogoś); **to ~ sb on** GB or **at 514053** skontaktować się z kimś telefonicznie pod numerem 51 40 53 [6] (make impact on) do|trzeć, -cierać do (kogoś) *[audience, public]* **(with sth** z czymś); zdoby|ć, -wać *[market]* [7] (be able to touch) *[person, legs]* dosięg|nąć, -ać do (czegoś); **I can ~ the handle** dosięgam do klamki; **put the medicines where children can't ~ them** połóż lekarstwa tam, gdzie dzieci nie mogą dosięgnąć; **her feet don't ~ the pedals** (ona) nie dosięga nogami do pedałów [8] (be as long or high as) sięg|nąć, -ać (do) (czegoś); **the snow had ~ed the windows** śnieg sięgał (do) okien; **curtains that ~ the floor** zasłony do samej podłogi; **those trousers don't even ~ your ankles** te spodnie nie sięgają ci nawet do kostek

IV *vi* [1] (stretch) **to ~ up/down to do sth** wyciągnąć rękę, żeby coś zrobić; **can you ~ out and close the door?** mógłbyś sięgnąć ręką i zamknąć drzwi?; **I ~ed across and picked up the phone** wyciągnąłem rękę i podniosłem słuchawkę; **I ~ed across (the table) for the pepper** sięgnąłem (przez stół) po pieprz; **to ~ for one's gun** sięgnąć po pistolet; **the film will make you ~ for your hanky!** hum w czasie tego filmu nie raz sięgniesz po chusteczkę; **~ for the sky!** ręce do góry! [2] (extend) **to ~ (up/down) to sth** sięgać (do) czegoś; **her hair ~ed down to her waist** włosy sięgały jej do pasa; **to ~ as far as sth** sięgać aż do czegoś; **the ladder only ~es as far as the first floor windows** drabina sięga tylko do okien na pierwszym piętrze

■ **reach back**: ~ **back to [sth]** sięgać (czegoś) *[era]*
■ **reach out**: ¶ ~ **out** wyciąg|nąć, -ać ręce; **to ~ out for sth** potrzebować czegoś *[affection, success]*; **to ~ out to sb** (help) wyciągnąć do kogoś rękę; (make contact) dotrzeć do kogoś ¶ ~ **out [sth],** ~ **[sth] out** wyciąg|nąć, -ać; **to ~ out one's hand** wyciągnąć rękę

react /rɪˈækt/ *vi* [1] za|reagować **(to sth** na coś); **to ~ against sth** przeciwstawiać się czemuś [2] Med (physically) za|reagować **(to sth** na coś) [3] Chem reagować **(with sth** z czymś); **to ~ on sth** wchodzić w reakcję z czymś

reaction /rɪˈækʃn/ *n* [1] (response) reakcja *f* **(to sth** na coś); ~ **from sb** reakcja kogoś; ~ **against sth** reakcja przeciw czemuś [2] Med reakcja *f* **(to sth** na coś); **adverse ~s** niepożądane działanie [3] Chem reakcja *f* **(with sth** z czymś) **(between sth and sth** pomiędzy czymś a czymś) [4] Pol reakcja *f*; **the forces of ~** siły reakcji

reactionary /rɪˈækʃənrɪ, US -ənerɪ/ **I** *n* pej reakcjonist|a *m*, -ka *f*
II *adj* pej reakcyjny

reaction engine *n* silnik *m* odrzutowy

reactivate /rɪˈæktɪveɪt/ *vt* ponownie uruch|omić, -amiać *[machine, device]*

reactive /rɪˈæktɪv/ *adj* Chem, Psych reaktywny

reactor /rɪˈæktə(r)/ *n* [1] (nuclear) reaktor *m* [2] Electron dławik *m* [3] (vat) reaktor *m*

read I /riːd/ *n* GB (act of reading) lektura *f*; **to have a ~ of sth** poczytać (sobie) coś; **I enjoy a quiet ~** lubię (sobie) spokojnie poczytać; **do you want a ~?** chcesz poczytać?; **it's an easy/exciting ~** to lekka/fascynująca lektura; **this book is a good ~** tę książkę dobrze się czyta
II /riːd/ *vt* (*pt, pp* **read** /red/) [1] (in text, book) prze|czytać *[book, article, prices, details]*; wy|czytać, prze|czytać *[information, news]*; **I read somewhere that...** gdzieś czytałem or wyczytałem, że...; **to ~ sth to sb, to ~ sb sth** przeczytać coś komuś; **to ~ sth aloud** przeczytać coś na głos; **she read the letter for the blind man** przeczytała list niewidomemu [2] (aloud in public) odczyt|ać, -ywać *[report, statement]*; wyczyt|ać, -ywać *[names]*; **the chairman will ~ the report to the committee** przewodniczący odczyta raport komitetowi [3] (be able to understand) *[person, machine]* odczyt|ać, -ywać *[handwriting, sign, code]*; **I cannot ~ his writing** nie mogę odczytać jego pisma; **can you ~ music?** czy umiesz czytać nuty?; **I can ~ German** umiem czytać po niemiecku; **to ~ a map** czytać mapę → **lip-read** [4] GB Univ studiować *[physics, English]*; **he's ~ing history at Oxford** studiuje historię w Oksfordzie [5] (indicate) *[metre]* wskaz|ać, -ywać; **the thermometer ~s 20 degrees** termometr wskazuje 20 stopni [6] (say) **the card ~s 'Happy Birthday'** na kartce jest napisane „Wszystkiego najlepszego w dniu urodzin"; **the sentence should ~ as follows...** to zdanie powinno brzmieć następująco... [7] (interpret) odczyt|ać, -ywać *[intentions, reactions, situation, thoughts]*; **to ~ the tea-leaves** wróżyć z fusów; **to ~ palms/stars** wróżyć z dłoni/gwiazd; **to ~ his remark/statement as...** odczytać jego uwagę/stwierdzenie jako...; **silence must not necessarily be read as consent** milczenie nie zawsze oznacza zgodę; **the book can be read as a satire** tę książkę można odczytywać jako satyrę; **don't ~ too much into this reply** nie wyciągaj z jego odpowiedzi zbyt daleko idących wniosków [8] (take recording from) odczyt|ać, -ywać wskazanie (czegoś) *[instrument, meter, gauge, counter]*; **I can't ~ what the pressure gauge says** nie mogę odczytać wskazania ciśnieniomierza [9] Radio, Telecom słyszeć; **are you ~ing me?** czy mnie słyszysz?; **I'm ~ing you loud and clear** słyszę cię dobrze [10] Publg *[person, proof-reader]* zast|ąpić, -ępować *[word, letter]*; **to ~ sth for sth** zastąpić coś czymś; **for 'neat' in line 3, ~ 'nest'** zamiast „neat" w 3 wierszu ma być „nest" [11] Comput odczyt|ać, -ywać *[data, file]*
III /riːd/ *vi* (*pt, pp* **read** /red/) [1] (look at or articulate text) czytać; **to ~ to sb** czytać komuś; **to ~ aloud** czytać na głos; **to ~ about sth** czytać o czymś; **she can ~** ona umie czytać [2] GB (study) **to ~ for a degree in sth** robić dyplom z czegoś; **to ~ for the Bar** GB Jur robić aplikanturę [3] (create impression) *[story, poem, article]* czytać się; **the document ~s badly/well** ten dokument źle/dobrze się czyta
IV read /red/ *pp adj* **to take sth as read** uznać coś za przyjęte *[minutes, report]*; **the press took it as read that he was lying** prasa nie miała wątpliwości, że on kłamie; **can we take it as read that everybody will agree?** czy możemy założyć, że wszyscy się zgodzą?
■ **read back**: ~ **back [sth],** ~ **[sth] back** (read in return) **let me ~ back the fax so you can check it** odczytam ci ten faks, żebyś mógł go sprawdzić
■ **read in**: ~ **in [sth],** ~ **[sth] in** *[computer]* wczyt|ać, -ywać *[data]*
■ **read off**: ~ **off [sth],** ~ **[sth] off** odczyt|ać, -ywać, wyczyt|ać, -ywać *[names]*; odczyt|ać, -ywać *[scores]*
■ **read on** czytać dalej
■ **read out**: ~ **out [sth],** ~ **[sth] out** odczyt|ać, -ywać
■ **read over, read through**: ~ **over** or **through [sth],** ~ **[sth] over** or **through** prze|czytać *[article, essay]*; (reread) jeszcze raz prze|czytać *[notes, speech]*
■ **read up** (study) **to ~ up on sb/sth** poczytać o kimś/czymś
IDIOMS: **to ~ between the lines** czytać między wierszami

readability /ˌriːdəˈbɪlətɪ/ *n* [1] (of book) **a fine novel of undoubted ~** świetna powieść, którą niewątpliwie dobrze się czyta [2] (of handwriting) czytelność *f*

readable /ˈriːdəbl/ *adj* [1] (legible) czytelny [2] (enjoyable) **a highly ~ article** artykuł, który dobrze się czyta

readdress /ˌriːəˈdres/ *vt* [1] Post przeadresow|ać, -ywać *[letter, parcel, envelope, mail]* [2] (take up again) powr|ócić, -acać do (czegoś) *[question]*

reader /ˈriːdə(r)/ *n* [1] czytelni|k *m*, -czka *f*; **to be a slow ~** wolno czytać; **an avid ~ of science fiction** pożeracz literatury science fiction infml; **our regular ~s** nasi stali czytelnicy [2] GB (book) wybór *m* tekstów; (for schoolchildren) wypisy *plt* [3] GB Univ (person) ≈ starszy wykładowca *m* [4] US Univ (person) asystent *m (sprawdzający pisemne prace studentów)* [5] Electron czytnik *m* [6] Publg recenzent *m* wewnętrzny

readership /ˈriːdəʃɪp/ *n* [1] GB Univ stanowisko *m* starszego wykładowcy [2] Publg czytelnicy *m pl*; **female ~** czytelniczki; **to have a huge ~** mieć wielu czytelników; **the magazine has a ~ of 35,000** ten magazyn ma 35 000 czytelników

read head *n* Comput głowica *f* odczytu

readily /ˈredɪlɪ/ *adv* [1] (willingly) *[accept, agree, reply, admit, give]* chętnie [2] (easily) *[accessible, available]* łatwo; *[forget, forgive, convert]* szybko; *[achieve, obtain, understand]* bez trudu

readiness /ˈredɪnɪs/ *n* [1] (preparedness) gotowość *f* **(for sth** do czegoś); **in ~ for sth** w gotowości do czegoś; **a state of ~** stan gotowości [2] (willingness) gotowość *f*; **her ~ to help** jej gotowość (do) niesienia pomocy [3] (promptness) (of response) szybkość *f*

R

reading /ˈriːdɪŋ/ *n* [1] (skill, pastime) czytanie *n*; **~ is my hobby** czytanie to moje hobby; **~ and writing** czytanie i pisanie; **she's very fond of ~** ona bardzo lubi czytać; **his ~ is poor** kiepsko czyta [2] (text) lektura *f*; **these texts are recommended/required ~** te teksty znajdują się na liście lektur zalecanych/obowiązkowych; **to make interesting ~** stanowić ciekawą lekturę; **her novels make heavy/light ~** jej powieści ciężko/dobrze się czyta [3] (knowledge) oczytanie *n*; **a woman of wide ~** bardzo oczytana kobieta [4] (on meter, dial, counter, gauge) odczyt *m*; **I've just looked at the barometer; guess what the ~ is!** przed chwilą spojrzałem na barometr – zgadnij, co wskazuje?; **to take a ~ from a meter** sprawdzić stan licznika [5] (interpretation) interpretacja *f* **(of sth** czegoś) [6] (version) wersja *f* [7] (entertainment) wieczór *m* literacki; **a poetry ~** wieczór poezji [8] (of will, banns) odczytanie *n* [9] Relig czytanie *n* **(from sth** z czegoś) [10] GB Pol czytanie *n*; **the bill was defeated at its first ~** ten projekt przepadł w pierwszym czytaniu

reading age *n* Sch poziom *m* umiejętności czytania; **he has a ~ of eight** czyta na poziomie ośmiolatka; **children of ~** dzieci w wieku, w którym powinny już umieć czytać

reading glass *n* lupa *f*

reading glasses *npl* okulary *plt* do czytania

reading group *n* klub *m* czytelników

reading knowledge *n* **to have a ~ of German** posługiwać się biernie niemieckim; **her ~ of Italian is good** (ona) ma dobrą bierną znajomość włoskiego

reading-lamp /ˈriːdɪŋlæmp/ *n* lampka *f* do czytania

reading list *n* lista *f* lektur

reading matter *n* lektura *f*; **it's not suitable ~ for children** to nie jest odpowiednia lektura dla dzieci; **I've run**

out of ~ nie mam już nic do czytania; **I'm looking for ~** szukam czegoś do czytania

reading-room /ˈriːdɪŋruːm/ *n* czytelnia *f*

reading scheme *n* GB Sch metoda *f* uczenia czytania

reading speed *n* Comput prędkość *f* odczytu

readjust /ˌriːəˈdʒʌst/ **I** *vt* poprawi|ć, -ać *[hat, clothes]*; (ponownie) wy|regulować *[television, lens]*; przestawi|ć, -ać *[watch]*; z|rewaloryzować *[salary]*
II *vi* przystosow|ać, -ywać się (ponownie) **(to sth** do czegoś)

readjustment /ˌriːəˈdʒʌstmənt/ *n* [1] (of television, machine) (ponowna) regulacja *f*; (of salary, wages) rewaloryzacja *f* [2] (to new situation) przystosowanie się *n* na nowo

read mode *n* Comput tryb *m* odczytu

read-only memory, ROM /ˌriːdəʊnlɪˈmemərɪ/ *n* Comput pamięć *f* stała

read-out /ˈriːdaʊt/ *n* Comput odczyt *m*

readvertise /riːˈædvətaɪz/ **I** *vt* **to ~ a position** zamieścić kolejne ogłoszenie o pracy; **to ~ an item** jeszcze raz zareklamować produkt
II *vi* (for position) ponownie zamieścić ogłoszenie

readvertisement /ˌriːədˈvɜːtɪsmənt, US ˌriːədvərˈtaɪzmənt/ *n* (for job) ponowne ogłoszenie *n*

read-write access /ˌriːdˌraɪtˈækses/ *n* Comput dostęp *m* z możliwością odczytu i zapisu

read-write head /ˌriːdˌraɪtˈhed/ *n* Comput głowica *f* odczytu i zapisu

read-write memory /ˌriːdˌraɪtˈmemərɪ/ *n* Comput pamięć *f* do odczytu i zapisu

ready /ˈredɪ/ **I** *n* **to have a gun/pen at the ~** mieć w pogotowiu pistolet/długopis
II readies *npl* infml gotówka *f*
III *adj* [1] (prepared) *[person, meal, car, product]* gotowy **(for sth** do czegoś); **~ to do sth** gotowy, żeby coś zrobić; **to get ~** przygotować się; **to make ~ for sth** przygotować się na coś; **to get sth ready** przygotować coś; **~ when you are** kiedy będziesz chciał; **~, steady, go!** do biegu, gotowi, start!; **~ about!** Naut przygotować się do zwrotu przez sztag!; **we're ~ and waiting** jesteśmy gotowi; **your documents are ~ and waiting** pańskie dokumenty są gotowe i czekają na pana [2] (resolved) gotowy; **to be ~ for sth** być gotowym na coś; **he's ~ for anything** jest gotowy or gotów na wszystko; **get ~ for a big surprise!** przygotuj się na dużą niespodziankę!; **I'm not ~ to face him yet** nie jestem jeszcze gotowy or gotów na spotkanie z nim; **I'm ~ to accept his advice** jestem gotów skorzystać z jego rady; **to feel ~ for a rest** mieć ochotę odpocząć [3] (on the point of) **the wall's ~ to collapse** ta ściana wygląda, jakby się miała zaraz zawalić [4] (willing) **to be ~ to help others** chętnie pomagać innym; **I'm ~, willing and able** jestem do usług hum; **I'm more than ~ to help her** bardzo chętnie jej pomogę [5] (quick) *[mind, wit]* bystry; *[tongue]* cięty; **to be ~ with one's excuses** z łatwością znajdować wymówki; **he had a ~ answer to my question** miał gotową odpowiedź na moje pytanie; **a young man with a ~ smile** zawsze uśmiechnięty młody człowiek [6] (easy, available) *[access]* bezpośredni; **he's a ~ source of useful tips** zawsze chętnie poradzi; **there is no ~ solution to this problem** nie ma gotowego rozwiązania tego problemu; **do you have any ~ money** or **cash?** infml masz trochę wolnej gotówki?; **~ to hand** pod ręką
IV *vt* przygotow|ać, -ywać *[car, ship]* **(for sth** do czegoś)
V *vr* **to ~ oneself** przygotować się; **~ yourself for the hardships to come** przygotuj się na ciężkie chwile

ready-made /ˌredɪˈmeɪd/ **I** *n* (garment) gotowe ubranie *n*
II *adj* [1] *[clothes, suit, dress, furniture, curtain]* gotowy [2] fig *[ideas, phrases]* wyświechtany [3] *[solution, answer]* gotowy

ready meal *n* gotowe danie *n* do odgrzania

ready-mix /ˌredɪˈmɪks/ *n* (concrete) masa *f* betonowa prefabrykowana

ready reckoner *n* tablice *f pl* kalkulacyjne

ready-to-serve /ˌredɪtəˈsɜːv/ *adj [food]* gotowy

ready-to-wear /ˌredɪtəˈweə(r)/ *adj [garment]* gotowy

reaffirm /ˌriːəˈfɜːm/ *vt [person, politician, leader]* (ponownie) potwierdz|ić, -ać *[commitment, determination, intention]*

reafforestation /ˌriːəfɒrɪˈsteɪʃn/ *n* GB ponowne zalesienie *n*

reagent /riːˈeɪdʒənt/ *n* odczynnik *m*, reagent *m*

real /rɪəl/ **I** *adj* [1] (actual, not imaginary or theoretical) rzeczywisty, realny; **~ or imagined insults** rzeczywiste czy urojone zniewagi; **the threat is very ~** ta groźba jest bardzo realna; **there's no ~ cause for alarm** nie ma realnego zagrożenia; **he has no ~ power** on nie posiada rzeczywistej or realnej władzy; **in ~ life** w rzeczywistości; **it's not like that in the ~ world** w rzeczywistości jest inaczej; **in ~ terms** w rzeczywistości [2] (not artificial or imitation) *[champagne, diamond, flower, leather]* prawdziwy; infml **the ~ thing** autentyk; **it is not just a fling – it's the ~ thing** to nie jest tylko przelotny romans – to poważna sprawa; **the ~ McCoy → McCoy** [3] (true, proper) *[Christian, Socialist, altruism]* prawdziwy; **it's ages since I had a ~ holiday** całe wieki nie miałem prawdziwych wakacji; **he knows the ~ me** on wie, jaki jestem naprawdę; **the ~ France/Africa** prawdziwe oblicze Francji/Afryki [4] (for emphasis) *[idiot, charmer, stroke of luck, pleasure]* prawdziwy; **it's a ~ shame!** wielka szkoda!; **it was a ~ laugh** infml to było naprawdę zabawne; **this room is a ~ oven** w tym pokoju jest jak w piecu [5] Fin, Comm *[cost, income, value]* realny; **in ~ terms** realnie [6] Math *[number]* rzeczywisty
II *adv* infml *[good, sorry, soon, fast]* naprawdę
IDIOMS: **for ~** infml (na) serio infml; **is he for ~?** US (serious) czy on mówi serio?; (what a fool) co za kretyn; **get ~!** infml bądź realistą!

real accounts *n* Comm konto *n* bilansowe

real ale *n* GB piwo *n* z beczki *(tradycyjnie warzone)*

real estate *n* [1] Comm (property) nieruchomość *f* [2] US (selling land, houses) pośrednictwo *n* w handlu nieruchomościami; **to be in ~** zajmować się pośrednictwem w handlu nieruchomościami

real estate agent *n* pracownik *m* agencji handlu nieruchomościami

real estate developer *n* firma *f* deweloperska

real estate office *n* agencja *f* handlu nieruchomościami

realign /ˌriːəˈlaɪn/ **I** *vt* [1] wyrówn|ać, -ywać *[rows, columns, objects]*; wy|prostować *[runway, road]* [2] fig z|modyfikować *[views]*; **to ~ one's policy** zmienić kurs w polityce [3] Fin urealni|ć, -ać kurs (czegoś) *[currency]*
II *vi* Pol zmieni|ć, -ać sojusze polityczne; **to ~ with sb** zawrzeć ponowny sojusz z kimś

realignment /ˌriːəˈlaɪnmənt/ *n* [1] (of runway, road) prostowanie *n* [2] fig (of stance) zmiana *f* stanowiska; **a ~ of the country's political forces** przegrupowanie sił politycznych kraju [3] Fin (of currency) urealnienie *n* kursu

realism /ˈriːəlɪzəm/ *n* realizm *m*; **to lend ~ to sth** przydać realizmu czemuś

realist /ˈriːəlɪst/ *n* realist|a *m*, -ka *f*

realistic /ˌrɪəˈlɪstɪk/ *adj* realistyczny; **try to be ~** bądź realistą

realistically /ˌrɪəˈlɪstɪklɪ/ *adv [look at, think, portray, describe]* realistycznie; **~, she can expect to finish the project within six months** realnie rzecz biorąc, może liczyć, że zakończy tę pracę w ciągu sześciu miesięcy

reality /rɪˈælətɪ/ *vt* [1] (real world) rzeczywistość *f*; **to be out of touch with ~** być oderwanym od rzeczywistości; **in ~** w rzeczywistości; **the ~ is that we have no choice** prawda jest taka, że nie mamy wyboru [2] (facts) realia *plt*; **the economic realities** realia ekonomiczne

realizable /ˈrɪəlaɪzəbl/ *adj [asset]* zbywalny; *[investment]* możliwy do zrealizowania

realization /ˌrɪəlaɪˈzeɪʃn, US -lɪˈz-/ *n* [1] (awareness) **to come to the ~ that...** zdać sobie sprawę, że...; **the ~ dawned (on her) that...** zdała sobie sprawę, że...; **there is a growing ~ in society that...** społeczeństwo coraz bardziej zaczyna sobie zdawać sprawę, że... [2] (of goal, design, opera) realizacja *f*; (of dream) spełnienie *n*, realizacja *f*; (of fear) spełnienie *n* [3] (of self, potential) realizacja *f* [4] Fin (of assets) upłynnienie *n*

realize /ˈrɪəlaɪz/ *vt* [1] (know, be aware of) uświad|omić, -amiać sobie, mieć świadomość (czegoś), zda|ć, -wać sobie sprawę z (czegoś) *[error, gravity, significance, fact, extent]*; **I suddenly ~d who he was** nagle uświadomiłem sobie, kto to był; **to ~ that...** zdać sobie sprawę or uświadomić sobie, że...; **I ~ you feel differently** zdaję sobie sprawę, że jesteś innego zdania; **more/less than people ~** bardziej/mniej niż ludzie sobie zdają z tego sprawę; **to come to ~ sth** zdać sobie sprawę z czegoś, uświadomić sobie coś; **I fully ~ that...** w pełni zdaję sobie sprawę or mam pełną świadomość tego, że...; **to make sb ~ sth** uświadomić komuś coś; **I didn't ~!** nie wiedziałem!; **you don't ~ what you are doing** nie zdajesz sobie sprawy z tego, co robisz; **I ~ that!** zdaję sobie z tego sprawę!; **you do ~, of course, that...** zdajesz sobie oczywiście sprawę, że... 2 (make concrete, real) z|realizować *[idea, dream, goal, design]*; **my worst fears were ~d** spełniły się moje najgorsze obawy; **to ~ one's potential** zrealizować swoje możliwości 3 Fin (liquidate) upłynni|ć, -ać *[assets]* 4 Comm *[sale]* przyn|ieść, -osić *[sum]*; *[person]* uzysk|ać, -iwać *[sum]*; **how much do you expect the furniture to ~?** jaką sumę spodziewasz się uzyskać ze sprzedaży mebli?; **she ~d a tidy sum on the pictures** uzyskała ładną sumkę ze sprzedaży obrazów

reallocate /ˌriːˈæləkeɪt/ *vt* przesu|nąć, -wać *[funds, resources]*; przydziel|ić, -ać na nowo *[tasks]*

reallocation /ˌriːæləˈkeɪʃn/ *n* (of funds, resources) przesunięcie *n*

really /ˈrɪəlɪ/ **I** *adv* 1 (for emphasis) naprawdę; **they ~ enjoyed the film** ten film naprawdę im się podobał; **you ~ ought to have ironed them** naprawdę powinieneś był je uprasować; **I don't believe them, ~ I don't** nie wierzę im ani trochę; **you ~ must taste it** naprawdę tego musisz spróbować; **I ~ like that colour** naprawdę podoba mi się ten kolor; **~ cheap/hot /good/big** naprawdę tani/gorący/dobry /duży 2 (in actual fact) tak naprawdę; **it was ~ 100 dollars not 50 dollars** tak naprawdę to było 100 dolarów, a nie 50; **what I ~ mean is that...** tak naprawdę chodzi mi o to, że...; **I suppose I did exaggerate ~** chyba jednak przesadziłem; **he's a good teacher ~** tak naprawdę to jest dobry nauczyciel; **ghosts don't ~ exist** tak naprawdę to duchów nie ma; **I'll tell you what ~ happened** powiem ci, co się tak naprawdę stało; **'do you like it?' – 'not ~'** „podoba ci się?" – „niespecjalnie" 3 (seriously, in all honesty) naprawdę; **I ~ don't know** naprawdę nie wiem; **do you ~ think he'll apologize?** naprawdę myślisz, że przeprosi?; **~?** (expressing disbelief) naprawdę?, czyżby?; **'I'm 45' – 'are you ~?'** „mam 45 lat" – „naprawdę?"

II *excl* (also **well ~**) (expressing annoyance) no nie!

realm /relm/ *n* 1 liter (kingdom) królestwo *n* 2 fig (domain) sfera *f*, dziedzina *f*

real number *n* Math liczba *f* rzeczywista

real presence *n* Relig rzeczywista obecność *f*

real tennis *n dawna forma tenisa rozgrywanego na zamkniętym dziedzińcu*

real time *n* czas *m* rzeczywisty

real-time computer /ˌrɪəltaɪmkəmˈpjuːtə(r)/ *n* Comput komputer *m* pracujący w czasie rzeczywistym

real-time processing /ˌrɪəltaɪmˈprəʊsesɪŋ/ *n* Comput przetwarzanie *n* danych w czasie rzeczywistym

real-time system /ˌrɪəltaɪmˈsɪstəm/ *n* system *m* czasu rzeczywistego

realtor /ˈriːəltə(r)/ *n* US pośrednik *m* w handlu nieruchomościami

realty /ˈriːəltɪ/ *n* nieruchomości *f pl*; **to be in ~** zajmować się pośrednictwem w handlu nieruchomościami

ream¹ /riːm/ *n* (of paper) ryza *f*; **she wrote ~s about it** fig napisała już całe tomy na ten temat

ream² /riːm/ *vt* Tech rozwiercl|ić, -ać

reamer /ˈriːmə(r)/ *n* Tech rozwiertak *m*

reanimate /ˌriːˈænɪmeɪt/ *vt* ożywi|ć, -ać *[person, party, scene]*

reap /riːp/ **I** *vt* 1 Agric s|kosić, z|żąć *[barley, crop]* 2 fig z|ebrać, -bierać *[fruits, harvest, profits]*; **to ~ the rewards of one's efforts** zbierać owoce swoich wysiłków

II *vi* Agric *[farmer, machine]* s|kosić, z|żąć

IDIOMS: **to ~ what one has sown** zbierać to, co się zasiało

reaper /ˈriːpə(r)/ *n* 1 (machine) żniwiarka *f* 2 (person) żniwia|rz *m*, -rka *f*, kosiarz *m*

reaper-and-binder /ˌriːpərənˈbaɪndə(r)/ *n* Agric snopowiązałka *f*

reaping /ˈriːpɪŋ/ *n* żniwa *plt*; **the time for ~** czas na żniwa

reaping hook *n* sierp *m*

reaping machine *n* Agric żniwiarka *f*

reappear /ˌriːəˈpɪə(r)/ *vi* powr|ócić, -acać, pojawi|ć, -ać się ponownie

reappearance /ˌriːəˈpɪərəns/ *n* powrót *m*, ponowne pojawienie się *n*

reapply /ˌriːəˈplaɪ/ *vi [candidate, person]* zgł|osić, -aszać się ponownie

reappoint /ˌriːəˈpɔɪnt/ *vt* przywr|ócić, -acać na stanowisko

reappointment /ˌriːəˈpɔɪntmənt/ *n* ponowne przyjęcie *n* na stanowisko

reapportion /ˌriːəˈpɔːʃn/ *vt* 1 rozdziel|ić, -ać na nowo *[land, money]* 2 US Pol **to ~ electoral distribution** zmienić podział na okręgi wyborcze

reapportionment /ˌriːəˈpɔːʃnmənt/ *n* US Pol nowy podział *m* na okręgi wyborcze

reappraisal /ˌriːəˈpreɪzl/ *n* (of policy, situation, strategy) ponowna ocena *f*; (of writer, work) nowe spojrzenie *n*

reappraise /ˌriːəˈpreɪz/ *vt* ponownie oceni|ć, -ać *[policy, strategy, role]*; na nowo spojrzeć na (kogoś/coś) *[writer, work]*

rear¹ /rɪə(r)/ **I** *n* 1 (of building, car, room, procession, train) tył *m*; **at the ~ of the house/train** z tyłu domu/pociągu; **(viewed) from the ~** (widziany) od or z tyłu; **at the ~ of the train** z tyłu pociągu; **to attack the enemy in the ~** zaatakować wroga od tyłu; **to bring up the ~** być na końcu; Mil zamykać kolumnę 2 euph (of person) tylna część *f* ciała euph

II *adj [light, seat, suspension]* tylny; **~ entrance** tylne wejście, wejście od tyłu; **~ garden** ogród na tyłach domu

rear² /rɪə(r)/ **I** *vt* wychow|ać, -ywać *[children]*; wy|hodować *[plants, animals]*; **to be ~ed on classical music** wychować się na muzyce klasycznej → **ugly**

II *vi* (also **~ up**) *[horse]* sta|nąć, -wać dęba; *[snake]* sta|nąć, -wać pionowo; fig *[building, tree]* wznosić się

rear access *n* dostęp *m* od tyłu

rear admiral *n* kontradmirał *m*

rear bumper *n* Aut tylny zderzak *m*

rear compartment *n* Aut bagażnik *m*

rear door *n* (in house, car) tylne drzwi *plt*

rear-drive /ˌrɪəˈdraɪv/ *adj* **a ~ car** samochód z tylnym napędem

rear end /ˌrɪərˈend/ **I** *n* 1 (of vehicle) tył *m* 2 euph (of person) tylna część *f* ciała euph

II rear-end *vt* US infml stuknąć od tyłu infml *[car, person]*

rear-engined /ˌrɪərˈendʒɪnd/ *adj* **a ~ vehicle** pojazd z silnikiem umieszczonym z tyłu

rearguard /ˈrɪəɡɑːd/ *n* Mil tylna straż *f*; ariergarda *f* ra; fig (in society, organization) siła *f* hamująca zmiany

rearguard action *n* Mil walka *f* prowadzona przez tylną straż; **to fight a ~ against sth** fig zaciekle bronić się przed czymś

rear gunner *n* Mil, Aviat tylny strzelec *m*

rearm /ˌriːˈɑːm/ **I** *vt* ponownie uzbr|oić, -ajać

II *vi* uzbr|oić, -ajać się na nowo

rearmament /ˌriːˈɑːməmənt/ *n* remilitaryzacja *f*

rearmost /ˈrɪəməʊst/ *adj* najbardziej wysunięty do tyłu; *[carriage, room]* ostatni

rear-mounted /ˌrɪəˈmaʊntɪd/ *adj* umieszczony z tyłu

rear projection *n* projekcja *f* tylna

rearrange /ˌriːəˈreɪndʒ/ *vt* poprawi|ć, -ać *[hat, hair]*; przestawi|ć, -ać, przesu|nąć, -wać *[furniture]*; przemeblow|ać, -ywać *[room]*; zmieni|ć, -ać *[plans]*; prze|łożyć, -kładać *[engagement, fixture, match]*

rearrangement /ˌriːəˈreɪndʒmənt/ *n* (of furniture) zmiana *f* ustawienia; (of room) przemeblowanie *n*; (of plans) zmiana *f*

rear-view mirror /ˌrɪəvjuːˈmɪrə(r)/ *n* Aut lusterko *n* wsteczne

rearward /ˈrɪəwəd/ **I** *n* tył *m*

II *adj* **~ position** położenie z tyłu; **~ movement** ruch do tyłu

III *adv* (also **rearwards**) do tyłu

rear wheel *n* Aut tylne koło *n*

rear-wheel drive /ˌrɪəwiːlˈdraɪv/ Aut **I** *n* napęd *m* na tylne koła

II *modif* **~ vehicle** pojazd z napędem na tylne koła

rear window *n* Aut tylna szyba *f*

reason /ˈriːzn/ **I** *n* 1 (cause) powód *m*, przyczyna *f* **(for** or **behind sth** czegoś**)**; **for a (good) ~** z ważnego powodu or ważnej przyczyny; **for no (good) ~, without good ~** bez wyraźnego powodu or wyraźnej przyczyny; **not without ~** nie bez powodu; **for some ~ or other** z tego czy innego powodu; z tej czy innej przyczyny; **if you are late for any ~** jeżeli spóźnisz się z jakiegoś powodu; **for ~s best known to herself** z sobie tylko znanych powodów; **for the (very) good** or **simple ~ that...** z tej prostej przyczyny, że...; **I have omitted some details for ~s of space/time** pominąłem niektóre szczegóły z braku miejsca/czasu; **for health ~s** z przyczyn zdrowotnych; **by ~ of sth** fml z powodu czegoś; **for that ~ I can't do it** właśnie dlatego nie mogę tego zrobić; **the ~ that I'm asking is...** pytam dlatego, że...; **the ~ I walked out was because I was bored** wyszedłem, ponieważ było nudno; **the ~ why...** powód, dla którego...; **there are several ~s why I have to go** muszę iść z kilku powodów; **I'll tell you the ~ why...** powiem ci, dlaczego...; **give me one ~ why I should...** daj mi chociaż jeden powód, dlaczego powinienem...; **and that's the ~ why...** i właśnie dlatego...; **what was his ~ for resigning?** jaki był

R

powód jego rezygnacji?; **the ~ for having rules** powód, dla którego potrzebne są przepisy; **the ~ is that...** powodem jest to, że...; **the ~ given was that...** oficjalną przyczyną or oficjalnym powodem był...; **for some unknown ~** z nieznanych przyczyn [2] (grounds) powód *m*; **a good /bad ~ for doing sth** wystarczający /niewystarczający powód, żeby coś zrobić; **to have every ~ for doing** or **to do sth** mieć wszelkie podstawy do zrobienia czegoś; **I have ~ to believe...** mam powody przypuszczać, że...; **he had better ~ than most to complain** miał więcej niż inni powodów do narzekania; **I see no ~ to think so** nie widzę powodu, żeby tak uważać; **there was no ~ for you to worry** nie było żadnych powodów do zmartwienia; **all the more ~ to insist on it** tym bardziej należy na to nalegać; **she was angry, and with good ~** była zła i miała powody [3] (common sense) (zdrowy) rozsądek *m*; **the voice of ~** głos rozsądku; **the power of ~** potęga zdrowego rozsądku; **there's some ~ in what she says** w tym, co ona mówi, jest trochę racji; **where's the ~ in starting over again?** jaki jest sens zaczynania wszystkiego od początku?; **to lose one's ~** stracić rozum; **to listen to** or **see ~** posłuchać głosu rozsądku; **she just isn't open to ~** do niej nie trafiają rozsądne argumenty; **it stands to ~ that...** to zrozumiałe, że...; **within ~** w granicach rozsądku; **it is** or **goes beyond all ~** to przekracza granice zdrowego rozsądku; **sweet ~** hum zdrowy rozsądek [4] (intellect) rozum *m*; **the Age of Reason** okres oświecenia

II *vt* [1] (think) (argue) przekonywać, dowodzić **(that...** że...); **'suppose she killed him,' he ~ed** „załóżmy, że go zabiła", dowodził; **to ~ sb out of sth** wyperswadować komuś coś; **to ~ sb into sth** przekonać kogoś do czegoś [2] (conclude) s|twierdzić, uzna|ć, -wać; **'she must have killed him,' he ~ed** „to ona musiała go zabić", stwierdził

III *vi* **to ~ with sb** przekonywać kogoś; **to ~ with sb to do sth** przekonywać kogoś do zrobienia czegoś; **she ~ed with them that they needed to work harder** przekonywała ich, że muszą więcej pracować; **there's no ~ing with him** jego się nie przekona

IV reasoned *pp adj [argument, approach]* przemyślany

■ **reason out: ~ out [sth], ~ [sth] out** rozwiąz|ać, -ywać *[problem]*; wymyśl|ić, -ać *[solution]*

reasonable /ˈriːznəbl/ *adj* [1] (sensible) *[person]* rozsądny; **to be ~ about sth** podchodzić do czegoś rozsądnie; **be ~!** bądź rozsądny! [2] (justified) *[fear, suspicion]* uzasadniony; *[explanation, attitude]* sensowny; **it is ~ to suppose that...** można przypuszczać, że...; **it was ~ of them to agree** to było rozsądne z ich strony, że się zgodzili; **it is not ~ to expect him to wait for her** nie należy or nie można oczekiwać, że będzie na nią czekał; **it is ~ that he should want to know** to zrozumiałe, że chce wiedzieć; **~ doubt** uzasadniona wątpliwość; **beyond all ~ doubt** ponad wszelką wątpliwość [3] (fair) *[fee, offer, claim, price]* rozsądny [4] infml (moderately good) *[food, weather]* znośny; **there is a ~ chance that...** istnieje spora szansa, że...

reasonableness /ˈriːznəblnɪs/ *n* [1] (of fear, interpretation) zasadność *f* **(of sth** czegoś); (of argument, remark) sensowność *f* **(of sth** czegoś) [2] (understanding) rozsądne podejście *n* **(about** or **over sth** do czegoś)

reasonably /ˈriːznəblɪ/ *adv* [1] (legitimately) *[fear, suspect]* słusznie; (sensibly) *[behave, conclude]* rozsądnie; **~ priced** w rozsądnej cenie [2] (rather) *[comfortable, convenient, satisfied]* dość; **I'm ~ certain of it** jestem o tym raczej przekonany; **'how are you getting on?' – '~ well'** „jak ci się wiedzie?" – „w miarę dobrze"

reasoning /ˈriːznɪŋ/ **I** *n* rozumowanie *n*; **powers of ~** zdolność rozumowania; **what is the ~ behind the decision?** z czego wynika ta decyzja?; **I don't follow your ~** nie nadążam za twoim rozumowaniem

II *modif* **~ skills** umiejętność logicznego myślenia

reassemble /ˌriːəˈsembl/ **I** *vt* [1] ponownie z|gromadzić *[troops, pupils]* [2] Tech z powrotem złożyć, składać *[unit, engine]*

II *vi [people]* z|gromadzić się ponownie; **the school ~s on 7 January** lekcje w szkole zaczynają się ponownie 7 stycznia

reassert /ˌriːəˈsɜːt/ **I** *vt* um|ocnić, -acniać *[authority, dominance]*

II *vr* **to ~ oneself** na nowo umocnić swoją pozycję; **old habits soon ~ed themselves** stare zwyczaje wkrótce powróciły

reassess /ˌriːəˈses/ *vt* oceni|ć, -ać ponownie *[problem, situation, result]*; Tax wylicz|yć, -ać ponownie *[liability, taxes]*; Jur o|szacować ponownie *[damages]*

reassessment /ˌriːəˈsesmənt/ *n* (of situation) ponowna ocena *f*; Tax ponowne wyliczenie *n*; Jur ponowne oszacowanie *n*

reassurance /ˌriːəˈʃɔːrəns, US -ˈʃʊər-/ *n* [1] (comfort) otucha *f*; **he's just looking for ~** jemu po prostu trzeba dodać otuchy [2] (official guarantee) gwarancja *f*, zapewnienie *n*; **to receive ~s** or **a ~ from sb that...** otrzymać gwarancję or zapewnienie kogoś, że... [3] (security) zabezpieczenie *n*; **you'll have the ~ of a three-year guarantee** Comm będzie pan miał zabezpieczenie w postaci trzyletniej gwarancji

reassure /ˌriːəˈʃɔː(r), US -ˈʃʊər/ *vt* uspok|oić, -ajać; **to ~ sb that...** zapewnić kogoś, że...; **the police ~d her about her son's safety** policja uspokoiła ją, że jej syn jest bezpieczny

reassuring /ˌriːəˈʃɔːrɪŋ, US -ˈʃʊər-/ *adj [smile, presence]* dodający otuchy, uspokajający

reassuringly /ˌriːəˈʃɔːrɪŋlɪ, US -ˈʃʊər-/ *adv [smile]* krzepiąco, uspokajająco; *[say]* uspokajająco

reawaken /ˌriːəˈweɪkən/ **I** *vt* [1] fml o|budzić (ponownie) [2] fig wzbudz|ić, -ać, budzić na nowo *[interest, enthusiasm, longing, desire]*

II *vi* fml o|budzić się (ponownie)

reawakening /ˌriːəˈweɪkənɪŋ/ *n* fml **the ~ of her interest** jej na nowo rozbudzone zainteresowanie

reb, Reb /reb/ *n* US Hist infml (also **Johnny Reb)** żołnierz *m* Konfederacji *(w wojnie secesyjnej)*

rebarbative /rɪˈbɑːbətɪv/ *adj* fml *[appearance, nature]* odstręczający

rebate /ˈriːbeɪt/ *n* [1] (refund) (on rates, rent, taxes) zwrot *m* [2] (discount) rabat *m*

rebel I /ˈrebl/ *n* buntownik *m* also fig; **he's always been a bit of a ~** zawsze był trochę zbuntowany

II /ˈrebl/ *modif [soldier, group]* zbuntowany

III /rɪˈbel/ *vi* (*prp, pt, pp* **-ll-)** z|buntować się also fig **(against sb/sth** przeciwko komuś/czemuś); **my legs began to ~** nogi zaczęły odmawiać mi posłuszeństwa

rebellion /rɪˈbelɪən/ *n* bunt *m*; **to rise in ~** podnieść bunt

rebellious /rɪˈbelɪəs/ *adj [tribes, subjects, attitudes]* buntowniczy; *[child]* zbuntowany; **my class was getting a bit ~** moja klasa zaczynała się trochę buntować

rebelliousness /rɪˈbelɪəsnɪs/ *n* buntowniczość *f*

rebirth /ˌriːˈbɜːθ/ *n* odrodzenie *n* also fig

rebirthing /ˌriːˈbɜːθɪŋ/ *n* świadome oddychanie *n*, rebirthing *m*

reboot /ˌriːˈbuːt/ *vt* Comput ponownie za|ładować *[program, system]*

rebore I /ˈriːbɔː(r)/ *n* przetoczenie *n*

II /ˌriːˈbɔː(r)/ *vt* przet|oczyć, -aczać *[cylinders, engine]*

reborn /ˌriːˈbɔːn/ *adj* [1] Relig odrodzony; **to be ~** odrodzić się **(into sb** jako ktoś) [2] fig **to be ~ as sth** przeobrazić się w coś

rebound I /ˈriːbaʊnd/ *n* odbicie *n*; (of bullet, ball) rykoszet *m*; (in basketball) zbiórka *f*; **to be on the ~** *[prices]* ponownie wzrastać; **he married her on the ~ from Anna** ożenił się z nią, bo Anna go nie chciała

II /rɪˈbaʊnd/ *vi* [1] (bounce) odbi|ć, -jać się [2] (affect adversely) **to ~ on sb** obrócić się przeciwko komuś [3] (recover) *[prices, interest rates]* odbi|ć, -jać się od dna fig

rebranding /riːˈbrændɪŋ/ *n* Comm zmiana *f* marki

rebroadcast /ˌriːˈbrɔːdkɑːst, US -kæst/ **I** *n* Radio, TV retransmisja *f*

II *vt* (*pt, pp* **-cast, -casted)** retransmitować

rebuff /rɪˈbʌf/ **I** *n* odmowa *f*; **to meet with a ~** spotkać się z odmową

II *vt* odm|ówić, -awiać (komuś) *[person]*; odrzuc|ić, -ać *[suggestion, offer]*; odtrąc|ić, -ać *[advances]*

rebuild /ˌriːˈbɪld/ *vt* (*pt, pp* **rebuilt** /ˌriːˈbɪlt/) (make repairs to) odbudow|ać, -ywać *[building, country, business, confidence]*; (make changes to) przebudow|ać, -ywać *[building, system]*

rebuilding /ˌriːˈbɪldɪŋ/ *n* (repairing) odbudowa *f*; (changing) przebudowa *f*

rebuke /rɪˈbjuːk/ **I** *n* nagana *f*

II *vt* udziel|ić, -ać nagany (komuś), z|ganić **(for sth/doing sth** za coś/zrobienie czegoś)

rebus /ˈriːbəs/ *n* (*pl* **~es)** rebus *m*

rebut /rɪˈbʌt/ *vt* (*prp, pt, pp* **-tt-)** od|eprzeć, -pierać *[accusation, criticism]*; obal|ić, -ać *[evidence, charge]*

rebuttal /rɪˈbʌtl/ *n* **in ~ of sth** w celu obalenia czegoś *[charges]*

rec /rek/ *n* GB infml = **recreation ground** boisko *n*

recalcitrance /rɪˈkælsɪtrəns/ *n* fml krnąbrność *f*

recalcitrant /rɪˈkælsɪtrənt/ *adj* fml krnąbrny

recalculate /ˌriːˈkælkjʊleɪt/ *vt* ponownie oblicz|yć, -ać *[price, loss]*

recall **I** /ˈriːkɔːl/ *n* [1] (memory) pamięć *f*; **he has amazing powers of ~** on ma niesamowitą pamięć; **to have total ~ of sth** pamiętać coś dokładnie; **lost beyond** or **past ~** bezpowrotnie stracony [2] Mil sygnał *m* do odwrotu [3] Comput przywołanie *n*

II /rɪˈkɔːl/ *vt* [1] (remember) przypom|nieć, -inać sobie; **I ~ seeing...** pamiętam, że widziałem...; **I ~ what happened** pamiętam, co się stało; **as I ~** jeżeli dobrze pamiętam; **you will ~ that...** jak wiesz, ...; **'it was in 1972,' he ~ed** „to było w 1972", przypomniał sobie [2] (remind of) przypom|nieć, -inać [3] Mil **to ~ the troops** nakazać odwrót [4] (call again) ponownie w|ezwać, -zywać *[witness]*; zwoł|ać, -ywać *[parliament]* [5] Comput wywoł|ać, -ywać *[data]*

recant /rɪˈkænt/ **I** *vt* wyp|rzeć, -ierać się (czegoś) *[heresy]*; odwoł|ać, -ywać *[statement, opinion]*

II *vi* wyrze|c, -kać się swoich przekonań; Relig wyrze|c, -kać się swojej wiary

recantation /ˌriːkænˈteɪʃn/ *n* [1] (act) odwołanie *n* (swoich) poglądów [2] Relig wyparcie się *n*

recap¹ /ˈriːkæp/ **I** *n* infml = **recapitulation**

II *vt* (*prp, pt, pp* **-tt-**) = **recapitulate**

recap² **I** /ˈriːkæp/ *n* US (tyre) opona *f* bieżnikowana

II /ˌriːˈkæp/ *vt* US bieżnikować *[tyre]*

recapitalization /ˌriːkæpɪtəlaɪˈzeɪʃən/ *n* dokapitalizowanie *n*

recapitalization plan *n* Fin plan *m* dokapitalizowania

recapitalize /ˌriːˈkæpɪtəlaɪz/ *vt* dokapitalizow|ać, -ywać

recapitulate /ˌriːkəˈpɪtʃʊleɪt/ **I** *vt* fml z|rekapitulować, z|reasumować fml *[points, issues, facts]*

II *vi* z|rekapitulować, z|reasumować; **to ~ on sth** zrekapitulować or zreasumować coś

recapitulation /ˌriːkəpɪtʃʊˈleɪʃn/ *n* fml rekapitulacja *f* fml

recapture /ˌriːˈkæptʃə(r)/ **I** *n* (of prisoner, animal) ponowne ujęcie *n*; (of town, position) odbicie *n*

II *vt* [1] (catch) ponownie uj|ąć, -mować *[prisoner, animal]* [2] (get back) Mil, Pol odbi|ć, -jać *[town, position, seat]* [3] fig odtw|orzyć, -arzać, odda|ć, -wać *[atmosphere]*; odtw|orzyć, -arzać *[period]*

recast /ˌriːˈkɑːst, US -ˈkæst/ *vt* (*pt, pp* **recast**) [1] (reformulate) przer|obić, -abiać *[sentence, chapter, text]* **(as sth** na coś) [2] Theat, Cin zmieni|ć, -ać obsadę (czegoś) *[film, play]*; obsa|dzić, -dzać w innej roli *[actor]* [3] Tech, Ind ponownie odl|ać, -ewać *[object]*

recce /ˈrekɪ/ *n* rekonesans *m*; Mil zwiad *m*, rekonesans *m*; **to be on a ~** odbywać rekonesans

recd Comm = **received**

recede **I** /rɪˈsiːd/ *vi* [1] *[tide]* cof|nąć, -ać się; fig *[threat]* oddal|ić, -ać się, mi|nąć, -jać; *[hopes]* z|maleć; *[memory]* za|trzeć, -cierać się; *[prices]* spa|ść, -dać; **the tide had begun to ~** zaczął się odpływ [2] (go bald) *[person]* wy|łysieć

II **receding** /rɪˈsiːdɪŋ/ *prp adj [chin, forehead]* cofnięty; **he has a receding hairline** włosy rzedną mu na skroniach; **receding gums** recesja dziąseł

receipt /rɪˈsiːt/ **I** *n* [1] Comm pokwitowanie *n*; (from till) paragon *m*; **get a ~ for everything you buy** bierz pokwitowanie or paragon na wszystko, co kupujesz [2] Post (on sending) potwierdzenie *n* przyjęcia **(for sth** czegoś); (on delivery) potwierdzenie *n* odbioru **(for sth** czegoś) [3] Admin, Comm (of goods, letter) otrzymanie *n*; **within 30 days of ~** w ciągu 30 dni od otrzymania; **to acknowledge ~ of sth** potwierdzić odbiór czegoś; **payable on ~** płatny przy odbiorze; **to be in ~ of sth** otrzymywać coś *[income, benefits]*

II **receipts** *npl* Comm (takings) wpływy *plt* **(from sth** z czegoś); **net/gross ~s** wpływy netto/brutto

III *vt* Comm po|kwitować przyjęcie (czegoś) *[sum of money]*; potwierdz|ić, -ać odbiór (czegoś) *[bill, invoice]*

receipt book *n* kwitariusz *m*

receivable /rɪˈsiːvəbl/ **I** **receivables** *npl* wierzytelności *f pl*

II *adj* należny, ściągalny; **accounts ~** należności; **bills ~** weksle do inkasa

receive /rɪˈsiːv/ **I** *vt* [1] (get) otrzym|ać, -ywać *[letter, money, award, punch, support, education]* **(from sb** od kogoś); spot|kać, -ykać się z (czymś) *[criticism, refusal, setback]* **(from sb** ze strony kogoś); (wrongfully) przyj|ąć, -mować *[bribe, illegal payment]*; **to ~ stolen goods** przechowywać kradzione rzeczy; **to ~ treatment** być leczonym; **I ~d a visit from the minister** minister złożył mi wizytę; **he ~d a 30-year sentence** Jur otrzymał wyrok 30 lat więzienia; **'~d with thanks'** Comm „otrzymano"; **to ~ its premiere** *[film, composition]* być po raz pierwszy zaprezentowanym; **the bill will ~ its first reading next week** Pol w przyszłym tygodniu odbędzie się pierwsze czytanie projektu ustawy [2] (meet) przyj|ąć, -mować *[guest, delegation, proposal, article, play]*; **to be warmly/well ~d** zostać ciepło/dobrze przyjętym, spotkać się z ciepłym/dobrym przyjęciem; **I was ~d with open arms** przyjęto mnie z otwartymi ramionami; **the audience ~d them with applause** widownia powitała ich owacją [3] (admit) **to be ~d into sth** zostać przyjętym do czegoś *[church, order]* [4] Radio, TV od|ebrać, -bierać *[channel, programme, signals]*; **I ~ you loud and clear** słyszę cię wyraźnie [5] Admin (accept) przyj|ąć, -mować *[application, oath]*; **'all contributions gratefully ~d'** „wszelkie datki mile widziane" [6] Sport od|ebrać, -bierać *[service, ball]*

II *vi* [1] fml dat (host) przyj|ąć, -mować [2] GB Jur zajmować się paserstwem

III **received** *pp adj [opinion, view]* (ogólnie) przyjęty

Received Pronunciation, RP *n* GB wzorcowa wymowa *f* brytyjska

Received Standard *n* US = **Received Pronunciation**

received wisdom *n* powszechna opinia *f*

receiver /rɪˈsiːvə(r)/ *n* [1] (telephone) słuchawka *f*; **to pick up the ~** podnieść słuchawkę; **to put down the ~** odłożyć słuchawkę [2] Radio, TV (equipment) odbiornik *m* [3] GB Fin, Jur (also **Official Receiver)** syndyk masy upadłościowej; **to be in the hands of ~s** znajdować się pod sekwestrem sądowym [4] GB Jur **~ (of stolen goods)** paser *m* [5] (recipient) (of goods) odbiorca *m*; (of mail) adresat *m* [6] US (in baseball) łapacz *m*

receiver dish *n* antena *f* paraboliczna

receivership /rɪˈsiːvəʃɪp/ *n* GB Fin, Jur **to go into ~** znaleźć się pod sekwestrem sądowym

receiving /rɪˈsiːvɪŋ/ **I** *n* GB Jur paserstwo *n*

II *adj* **~ office** or **department** Comm dział odbioru korespondencji i towarów; Admin sekretariat

IDIOMS: **he'd be a lot less happy if he was on the ~ end** mina by mu zrzedła, gdyby to się jemu przytrafiło; **to be on the ~ end of sth** być adresatem czegoś *[criticism]*; być obiektem czegoś *[hostility]*

receiving blanket *n* US kocyk *m* dla niemowlęcia

receiving clerk *n* Comm pracowni|k *m*, -ca *f* działu odbioru towarów/płatności

receiving line *n* rząd *m* osób witających gości

receiving note *n* zgłoszenie *n* ładunku

receiving order *n* decyzja *f* o ustanowieniu syndyka masy upadłościowej

recension /rɪˈsenʃn/ *n* opracowanie *n* krytyczne

recent /ˈriːsnt/ *adj [event, change]* niedawny; *[arrival, film]* najnowszy; *[acquaintance]* nowy; *[developments, days, months]* ostatni; **in ~ times** ostatnio; **in ~ years/weeks** w ostatnich latach/tygodniach; **he is a ~ graduate** niedawno ukończył studia

recently /ˈriːsntlɪ/ *adv* ostatnio, niedawno; **quite ~** całkiem niedawno; **I saw them only ~** dopiero co ich widziałem; **as ~ as Monday** nie dalej niż w poniedziałek; **until ~** do niedawna

receptacle /rɪˈseptəkl/ *n* pojemnik *m*

reception /rɪˈsepʃn/ *n* [1] (also **~ desk)** recepcja *f*; **at ~** w recepcji [2] (gathering) przyjęcie **(for sb** na cześć kogoś) **(for sth** z okazji czegoś); **to give a ~** wydawać przyjęcie [3] (public response) przyjęcie *n*; **to get** or **be given a favourable/hostile ~** spotkać się z przychylnym/wrogim przyjęciem; **they gave us a great ~** wspaniale nas przyjęli, zgotowali nam wspaniałe przyjęcie [4] (of guests, visitors) przyjęcie *n*; **the rooms were being prepared for ~ of the guests** pokoje przygotowywano na przyjęcie gości [5] Radio, TV odbiór *m*

reception area *n* recepcja *f*

reception camp *n* (for refugees) obóz *m* dla uchodźców; (for the homeless) noclegownia *f*

reception centre *n* = **reception camp**

reception class *n* GB Sch ≈ klasa *f* zerowa; zerówka *f* infml

reception committee *n* komitet *m* powitalny also fig

R

receptionist /rɪˈsepʃənɪst/ *n* recepcjonist|a *m*, -ka *f*

reception room *n* [1] (in house) salon *m* [2] (in hotel) sala *f* recepcyjna

receptive /rɪˈseptɪv/ *adj [mind]* chłonny; *[attitude]* otwarty; **she was not very ~ to his ideas** jego pomysły nie bardzo do niej trafiały; **when he is in a more ~ mood** kiedy będzie bardziej skłonny do słuchania

receptiveness /rɪˈseptɪvnɪs/ *n* **she shows an admirable ~ to new ideas** jest niezwykle otwarta na nowe idee

receptivity /ˌriːsepˈtɪvətɪ/ *n* = **receptiveness**

receptor /rɪˈseptə(r)/ *n* receptor *m*

recess /rɪˈses, US ˈriːses/ **I** *n* [1] Jur, Pol (of parliament) wakacje *plt* parlamentarne; (in court) przerwa *f* wakacyjna; **to be in ~** mieć przerwę wakacyjną [2] US (break) (in school) przerwa *f* w zajęciach; (during meeting) przerwa *f* w obradach [3] Constr (niche, alcove) wnęka *f*

II recesses *npl* (secret places) **the ~es of sth** zakamarki czegoś *[cupboard, cave, building, memory]*; **in the deepest ~es of his mind** w najgłębszych zakamarkach jego umysłu; **in the innermost ~ of her heart** w skrytości serca

III *vt* [1] Constr wbudow|ać, -ywać *[bath, light]* [2] US (interrupt) przer|wać, -ywać *[meeting, hearing]*

IV *vi* US Jur, Pol *[parliament, court]* uda|ć, -wać się na przerwę wakacyjną

V recessed *pp adj* Constr *[bath, cupboard, seat, lighting]* wbudowany

recession /rɪˈseʃn/ *n* [1] Econ recesja *f*; **a world ~** światowa recesja; **to go into ~** znaleźć się w recesji; **to be in ~** znajdować się w recesji [2] (of flood waters) ustąpienie *n*

recessional /rɪˈseʃənl/ **I** *n* Relig pieśń *f* na wyjście

II *adj* **~ hymn** pieśń na wyjście

recessionary /rɪˈseʃənrɪ, US -ənerɪ/ *adj [effect, measure]* recesyjny; **~ period** okres recesji

recessive /rɪˈsesɪv/ *adj [characteristic, gene]* recesywny

recharge /ˌriːˈtʃɑːdʒ/ *vt* (ponownie) na|ładować *[battery, gun]*; **to ~ one's batteries** fig naładować akumulatory fig

rechargeable /ˌriːˈtʃɑːdʒəbl/ *adj* **are these batteries ~?** czy te baterie można ładować?

recidivism /rɪˈsɪdɪvɪzəm/ *n* recydywa *f*

recidivist /rɪˈsɪdɪvɪst/ *n* recydywist|a *m*, -ka *f*

recipe /ˈresəpɪ/ *n* Culin przepis *m* **(for sth** na coś); fig (for success, happy marriage) recepta *f* **(for sth** na coś); **it's a ~ for disaster /confusion** to prowadzi do katastrofy /zamieszania

recipe book *n* książka *f* kucharska

recipient /rɪˈsɪpɪənt/ *n* (receiver) (of mail, aid) odbior|ca *m*, -czyni *f*; (of prize, award) laureat *m*, -ka *f*; (of blood, tissue) biorca *m*; **a ~ of a benefit** pobierający świadczenie; **he was the ~ of an honorary doctorate** otrzymał doktorat honoris causa; **welfare ~** osoba pobierająca zasiłek

reciprocal /rɪˈsɪprəkl/ **I** *n* Math odwrotność *f*

II *adj* [1] *[relations, affection, trade]* wzajemny; *[agreement]* dwustronny; *[reduction]* obustronny [2] Ling *[pronoun]* wzajemnie zwrotny [3] Math odwrotny

reciprocally /rɪˈsɪprəklɪ/ *adv [help]* wzajemnie; **~ agreed regulations** wspólnie uzgodnione zasady; **these restrictions will need to apply ~ to both parties** te ograniczenia będą musiały stosować się zarówno do jednej, jak i do drugiej strony

reciprocate /rɪˈsɪprəkeɪt/ **I** *vt* odwzajemni|ć, -ać *[compliment, love, kindness, affection]*; **we invited them for dinner and a week later they ~d the invitation** zaprosiliśmy ich na kolację, a tydzień później z kolei oni nas zaprosili

II *vi* odwzajemni|ć, -ać się

reciprocating engine *n* silnik *f* tłokowy

reciprocation /rɪˌsɪprəˈkeɪʃn/ *n* odwzajemnienie *n*; **there had been no ~ on their part** nie odpowiedzieli tym samym

reciprocity /ˌresɪˈprɒsətɪ/ *n* Comm, Jur wzajemność *f*; **~ principle** Phys zasada wzajemności; **~ law** Phot prawo odwrotnej proporcjonalności

recital /rɪˈsaɪtl/ **I** *n* [1] (of music) recital *m*; **a poetry ~** wieczór poetycki; **to give a piano ~** wystąpić z recitalem fortepianowym [2] (account) (of facts, events) wyliczenie *n* **(of sth** czegoś)

II *modif* **~ hall** sala koncertowa

III recitals *npl* Jur preambuła *f*

recitation /ˌresɪˈteɪʃn/ *n* Theat, Sch recytacja *f*

recitative /ˌresɪtəˈtiːv/ *n* Mus recytatyw *m*

recite /rɪˈsaɪt/ **I** *vt* wy|recytować *[poem, passage]*; wygł|osić, -aszać *[speech]*; wylicz|yć, -ać *[facts, complaints]*

II *vi* recytować

reckless /ˈreklɪs/ *adj* (foolish) *[person, behaviour]* lekkomyślny; (bold) *[person, assault]* zuchwały; *[driving]* niebezpieczny, brawurowy; **to be ~ of sth** nie zważać na coś

recklessly /ˈreklɪslɪ/ *adv* lekkomyślnie; *[speed, drive]* brawurowo

recklessness /ˈreklɪsnɪs/ *n* lekkomyślność *f*; **the ~ of his driving** jego niebezpieczna or brawurowa jazda

reckon /ˈrekən/ **I** *vt* [1] (judge, consider) uważać; **we ~ that solution is the best** uważamy, że to rozwiązanie jest najlepsze; **the region is ~ed to be uninhabitable** uważa się, że ten region nie nadaje się do zamieszkania; **he's ~ed to be one of his generation's finest writers** uważany jest or uważa się go za jednego z największych pisarzy epoki; **he is ~ed among our best salesmen** uważamy go za jednego z naszych najlepszych sprzedawców [2] infml (think) myśleć; **I ~ we should go** myślę, że powinniśmy już iść; **he ~s he's a good player** myśli, że dobrze gra; **what do you ~?** co myślisz?; **I ~ (so)** tak myślę [3] (estimate) oceni|ć, -ać, o|szacować; **the number of part-time workers is ~ed at two million** liczbę osób pracujących w niepełnym wymiarze godzin ocenia się or szacuje się na dwa miliony; **I ~ he's about 50** oceniam jego wiek na jakieś 50 lat; **what do you ~ our chances of survival are?** jak oceniasz nasze szanse na przeżycie? [4] (expect) spodziewać się; **we ~ to reach London by midday** spodziewamy się, że do południa dotrzemy do Londynu [5] (calculate accurately) wylicz|yć, -ać *[charges, amount, number, rent]* [6] infml (believe to be good) **I don't ~ your chances of success** nie wydaje mi się, żebyś miał szansę na sukces infml [7] infml (like) darzyć sympatią *[person]*

II *vi* po|liczyć

■ **reckon on** infml: **~ on [sb/sth]** liczyć na (kogoś/coś); **they're ~ing on moving soon** liczą (na to), że szybko się przeprowadzą; **~ on sb** or **sb's doing sth** liczyć na to, że ktoś coś zrobi

■ **reckon up**: ¶ **~ up** po|liczyć ¶ **~ up [sth], ~ [sth] up** podlicz|yć, -ać *[bill, cost]*

■ **reckon with**: **~ with [sb/sth]** liczyć się z (kimś/czymś); **we had to ~ with a lot of opposition** musieliśmy się liczyć z silnym sprzeciwem; **a force to be ~ed with** siła, z którą należy się liczyć

■ **reckon without**: **~ without [sb/sth]** (fail to expect) nie brać (kogoś/czegoś) pod uwagę

reckoning /ˈrekənɪŋ/ *n* [1] (estimation) ocena *f*; (accurate calculation) obliczenia *n pl*; **you were 10 points out in your ~** w swoich obliczeniach pomyliłeś się o 10 punktów; **by my/the president's ~** w mojej ocenie /w ocenie prezydenta; **to bring sb/to come into the ~** brać kogoś/być branym pod uwagę [2] Naut ustalenie *n* pozycji

IDIOMS: **the day of ~** Relig dzień Sądu Ostatecznego; **there's bound to be a day of ~ (for him)** hum fig jeszcze przyjdzie na niego kryska

reclaim /rɪˈkleɪm/ *vt* [1] Ecol osusz|yć, -ać *[coastal land, marsh]*; wy|karczować *[forest]*; naw|odnić, -adniać *[desert]*; z|rekultywować *[polluted land]*; (recycle) odzysk|ać, -iwać *[glass, metal]* [2] (get back) od|ebrać, -bierać *[possessions, deposit, money]* [3] liter (redeem) nawr|ócić, -acać *[sinner, offender]*; **a ~ed drunkard** były alkoholik

reclaimable /rɪˈkleɪməbl/ *adj* [1] *[waste, product]* nadający się do ponownego wykorzystania [2] *[expenses]* podlegający zwrotowi

reclamation /ˌrekləˈmeɪʃn/ *n* [1] (recycling) odzyskiwanie *n* surowców wtórnych [2] (of coastal land, marsh) osusz|enie, -anie *n*; (of polluted land) rekultywacja *f*; (of forest) karczowanie *n*

recline /rɪˈklaɪn/ **I** *vt* op|rzeć, -ierać *[head]*

II *vi* [1] *[person]* u|łożyć, -kładać się w pozycji półleżącej [2] *[seat]* odchyl|ić, -ać się

reclining /rɪˈklaɪnɪŋ/ *adj* [1] Art *[figure]* półleżący [2] *[chair]* z regulowanym oparciem; *[seat]* odchylany

recluse /rɪˈkluːs/ *n* samotni|k *m*, -ca *f*

reclusive /rɪˈkluːsɪv/ *adj [lifestyle, habits]* samotniczy; **a ~ person** samotnik

recognition /ˌrekəgˈnɪʃn/ *n* [1] (identification) rozpoznanie *n*; **to do sth to avoid ~** zrobić coś, żeby nie zostać rozpoznanym; **to change out of all** or **beyond ~** zmienić się nie do poznania; **they've changed the town beyond ~** zmienili miasto tak, że trudno je rozpoznać [2] (realization) **there is growing ~ that...** coraz więcej ludzi zaczyna zdawać sobie sprawę, że... [3] (acknowledgement) uznanie *n*; **to get international ~** uzyskać międzynarodowe uznanie; **he never got the ~ he deserved** nigdy nie zdobył (sobie) uznania, na jakie zasługiwał; **to get union ~** zostać formalnie uznanym przez związki zawodowe; **to give state ~ to sth** uznać coś formalnie; **to receive** or **win ~ for sth** zdobyć or zyskać uznanie czymś *[talent, work, achievement, contribution]*; **in ~ of sth** w uznaniu czegoś [4] Comput (of data) rozpoznawanie *n*; **voice ~** rozpoznawanie głosu

recognizable /ˌrekəg'naɪzəbl, 'rekəgnaɪzəbl/ *adj* rozpoznawalny; **very ~** bardzo łatwy do rozpoznania; **hardly ~** z trudem dający się rozpoznać; **she is instantly ~ by her hat** od razu można ją rozpoznać po kapeluszu; **~ stress symptoms** widoczne objawy stresu

recognizably /ˌrekəg'naɪzəblɪ, 'rekəgnaɪzəblɪ/ *adv* wyraźnie

recognizance /rɪ'kɒgnɪzns/ *n* Jur (promise) zobowiązanie *n*; (sum) kaucja *f*; **to enter into ~s for sb** wpłacić za kogoś kaucję

recognize /'rekəgnaɪz/ **I** *vt* [1] (identify) rozpozna|ć, -wać, pozna|ć, -wać *[person, voice, sound, place]* **(by sth** po czymś**)**; **did you ~ each other?** czy rozpoznaliście się? [2] (be aware of) dostrze|c, -gać *[problem, need, phenomenon]*; **to ~ that...** zdawać sobie sprawę z tego, że... [3] (acknowledge) uzna|ć, -wać *[talent, achievement, government, authority]*; **to be ~d as the heir/owner** zostać uznanym za spadkobiercę/właściciela; **to be ~d by law** zostać prawnie uznanym [4] (in debate) udziel|ić, -ać głosu (komuś) *[speaker, debater]*

II recognized *pp adj* [1] (acknowledged) *[expert, organization]* uznany; **it's a ~d fact, that...** powszechnie wiadomo, że... [2] Comm (with accredited status) *[firm, supplier, dealer]* autoryzowany

recoil I /'riːkɔɪl/ *n* (of gun) odrzut *m*

II /rɪ'kɔɪl/ *vi* [1] *[person]* (physically) cof|nąć, -ać się; (mentally) wzdryg|nąć, -ać się; **she ~ed at the sight** wzdrygnęła się na ten widok; **he ~ed from her touch** cofnął się odruchowo, kiedy go dotknęła; **to ~ in horror/disgust** cofnąć się z przerażeniem/obrzydzeniem [2] *[gun]* szarpnąć; *[spring]* odsk|oczyć, -akiwać [3] (affect adversely) **to ~ on sb** obrócić się przeciw komuś

recollect /ˌrekə'lekt/ **I** *vt* przypom|nieć, -inać sobie; **I can't quite ~ his name** nie bardzo mogę sobie przypomnieć, jak on ma na imię

II *vi* przypom|nieć, -inać sobie; **as far as I ~** o ile sobie przypominam

III *vr* **to ~ oneself** dojść do siebie

recollection /ˌrekə'lekʃn/ *n* [1] **she has no ~ of it** ona nic z tego nie pamięta; **to the best of my ~...** z tego, co pamiętam...; **I have some ~ of the accident** pamiętam trochę z tego wypadku [2] (something recollected) wspomnienie *n*; **my distant ~s of childhood** odległe wspomnienia z dzieciństwa

recommence /ˌriːkə'mens/ **I** *vt* wzn|owić, -awiać *[negotiations, operations, activities]*

II *vi [operations, activities, negotiations]* rozpocz|ąć, -ynać się na nowo

recommend /ˌrekə'mend/ *vt* [1] (commend) polec|ić, -ać; za|rekomendować fml *[person, company, book, film]* **(as sb/sth** jako kogoś/coś**)** **(to sb** komuś**)**; **to ~ sb for a job** polecić kogoś do pracy; **she comes highly ~ed** ona ma świetne rekomendacje; **I highly ~ it** gorąco (to) polecam; **she has been ~ed for promotion** została przedstawiona do awansu [2] (advise) zalec|ić, -ać *[investigation, treatment, policy]*; **to ~ (that) sb should do sth** zalecić, żeby ktoś coś zrobił; **the scheme is ~ed for approval** projekt został przedstawiony do zatwierdzenia; **'~ed'** Journ (of film) „warto zobaczyć" [3] (favour) **the strategy has much to ~ it** wiele przemawia za tą strategią; **the hotel has little to ~ it** niewiele dobrego można powiedzieć o tym hotelu; **her reputation for laziness did not ~ her to potential employers** była znana z lenistwa, co nie mogło podobać się potencjalnym pracodawcom

recommendable /ˌrekə'mendəbl/ *adj [film, restaurant]* godny polecenia; **the film is highly ~** ten film naprawdę warto zobaczyć

recommendation /ˌrekəmen'deɪʃn/ *n* [1] (act) rekomendacja *f*; **to speak in ~ of sb/sth** polecać kogoś/coś; **I bought it on the ~ of a friend** kupiłem to, bo polecił mi to znajomy; **I got the job on Robert's ~** dostałem tę pracę dzięki rekomendacji Roberta; **we've found the plumber by personal ~** ktoś nam polecił tego hydraulika [2] (favourable statement, letter) rekomendacja *f*; **to give sb a ~** wydać komuś rekomendację; **to write sb a ~** napisać komuś list polecający [3] (recommended course of action) zalecenie *n* **(to sb** dla kogoś**)** **(on sth** dotyczące czegoś**)**; **~ that...** zalecenie, żeby...; **to make a ~** przedstawić zalecenie; **his ~ was to lift the ban** zalecił zniesienie zakazu [4] (advantage) zaleta *f*; **the hotel's location is its only ~** jedyną zaletą tego hotelu jest jego położenie

recommendatory /ˌrekə'mendətrɪ, US -tɔːrɪ/ *adj* fml *[letter]* polecający; **~ remarks** pochlebne uwagi

recommended daily amount, RDA *n* zalecana dawka *f* dzienna

recommended reading *n* lista *f* zalecanych lektur

recommended retail price *n* sugerowana cena *f* detaliczna

recommit /ˌriːkə'mɪt/ *vt* (*prp, pt, pp* **-tt-**) US Pol od|esłać, -syłać do komisji *[bill]*

recommittal /ˌriːkə'mɪtl/ *n* US Pol odesłanie *n* (projektu ustawy) do komisji

recompense /'rekəmpens/ **I** *n* [1] fml (reward) rekompensata *f* **(for sth** za coś**)**; **in ~ for sth** w ramach rekompensaty za coś; **as a (small) ~ for sth** jako (drobna) rekompensata za coś [2] Jur odszkodowanie *n* **(for sth** za coś**)**

II *vt* fml [1] **to ~ sb for sth** wynagrodzić kogoś za coś *[work]*; zrekompensować or wynagrodzić komuś coś *[trouble, loss]* [2] (make compensation) wypłac|ić -ać odszkodowanie (komuś) *[person]*; wypłac|ić -ać odszkodowanie za (coś) *[damage, loss]*

recompose /ˌriːkəm'pəʊz/ *vt* (rewrite) przekomponow|ać, -ywać *[music]*; przer|obić, -abiać *[work]*

reconcilable /'rekənsaɪləbl/ *adj [differences, views]* **to be ~** dać się pogodzić; **to be ~ with sth** *[testimony]* być zgodnym z czymś

reconcile /'rekənsaɪl/ **I** *vt* [1] (after quarrel) po|godzić *[people]*; **to be** or **become ~d** pogodzić się **(with sb** z kimś**)** [2] (see as compatible) po|godzić *[attitudes, views]* **(with sth** z czymś**)** [3] (persuade to accept) **to ~ sb to sth/doing sth** przekonać kogoś do czegoś/zrobienia czegoś; **to become ~d to sth/to doing sth** pogodzić się z czymś/robieniem czegoś [4] (settle) załagodzić *[conflict]*

II *vr* **to ~ oneself to sth** pogodzić się z czymś

reconciliation /ˌrekənˌsɪlɪ'eɪʃn/ *n* [1] (of people) pojednanie *n*, zgoda *f*; **there will never be a ~ between us** pomiędzy nami nigdy nie będzie zgody [2] (of ideas) pogodzenie *n* **(of sth** czegoś**)**; **~ between divergent attitudes** pogodzenie rozbieżnych stanowisk

recondite /'rekəndaɪt/ *adj* fml *[subject, discussion]* abstrakcyjny

recondition /ˌriːkən'dɪʃn/ *vt* wyremontować *[machine, engine]*

reconnaissance /rɪ'kɒnɪsns/ **I** *n* rozpoznanie *n*, zwiad *m*, rekonesans *m*; **on ~** na rozpoznaniu

II *modif [mission, patrol]* rozpoznawczy, zwiadowczy; *[plane, satellite]* zwiadowczy

reconnoiter *vt, vi* US = **reconnoitre**

reconnoitre GB, **reconnoiter** US /ˌrekə'nɔɪtə(r)/ Mil **I** *vt* rozpozna|ć, -wać

II *vi* przeprowadz|ić, -ać rozpoznanie

reconsider /ˌriːkən'sɪdə(r)/ **I** *vt* (re-examine) rozważ|yć, -ać ponownie *[plan, opinion]*

II *vi* (think further) zastanowić się jeszcze raz; (change mind) zmienić zdanie; **he asked her to ~** poprosił ją, żeby zastanowiła się jeszcze or jeszcze raz to przemyślała

reconsideration /ˌriːkənsɪdə'reɪʃn/ *n* ponowne rozpatrzenie *n*; **for ~** do ponownego rozpatrzenia

reconstitute /ˌriː'kɒnstɪtjuːt, US -tuːt/ *vt* [1] ponownie zawiąz|ać, -ywać *[organization, party]* **(as sth** jako coś**)**; z|rekonstruować *[board, cabinet]* [2] Culin doda|ć, -wać wody do (czegoś) *[dried milk, powdered soup, dried yeast]*

reconstituted family *n rodzina, w której dzieci mieszkają z jednym z rodziców i jego nowym małżonkiem*

reconstitution /ˌriːˌkɒnstɪ'tjuːʃn, US -'tuːʃn/ *n* [1] Pol (of government) rekonstrukcja *f* [2] Culin dodanie *n* wody

reconstruct /ˌriːkən'strʌkt/ *vt* [1] (rebuild) odbudow|ać, -ywać *[building]*; z|rekonstruować *[palace, vase, text]*; (surgically) z|rekonstruować [2] (reorganize) z|modyfikować *[system, policy]* [3] Cin, TV odtw|orzyć, -arzać, z|rekonstruować *[event, period]* [4] *[police]* dokon|ać, -ywać rekonstrukcji (czegoś) *[crime]*

reconstruction /ˌriːkən'strʌkʃn/ **I** *n* [1] (of building, city, country) odbudowa *f* [2] (reorganization) (of party, system) przebudowa *f* [3] (of object, event, period, crime) rekonstrukcja *f* [4] Med rekonstrukcja *f*

II Reconstruction *prn* US Hist **the Reconstruction** rekonstrukcja *f*

reconstructive /ˌriːkən'strʌktɪv/ *adj [surgery]* odtwórczy

R

reconvene /ˌriːkənˈviːn/ **I** *vt* **to ~ a meeting** zwołać kolejne zebranie
II *vi* z|gromadzić się ponownie

record **I** /ˈrekɔːd, US ˈrekərd/ *n* [1] (written account) (of facts, events) zapis *m*; (of proceedings) protokół *m*; **to keep a ~ of sth** zapisywać coś; (officially) rejestrować coś; **I have no ~ of your application** nie mam tu śladu, że pańskie podanie wpłynęło; **the hottest summer on ~** najwyższe notowane temperatury w lecie; **he is on ~ as saying that...** stwierdził publicznie, że...; **to say sth off the ~** powiedzieć coś poza protokołem; **off the ~ I think it's a bad idea** prywatnie uważam, że to jest zły pomysł; **just for the ~, did you really do it?** a tak między nami, naprawdę to zrobiłeś?; **I'd like to set the ~ straight** chcę być dobrze zrozumiany [2] (documents) (also **~s**) (historical) archiwa *n pl*; (personal, administrative) akta *plt*; (register) spis *m*, rejestr *m*; **~s of births/deaths** rejestr urodzeń /zgonów; **medical ~s** historie chorób; **official ~s** akta urzędowe; **parish ~s** księgi parafialne [3] (past achievements) **to have a good ~ on human rights/safety** mieć dobre notowania, jeżeli chodzi o przestrzeganie praw człowieka/bezpieczeństwo; **the airline has a poor ~ for safety** te linie lotnicze cieszą się złą sławą, jeżeli chodzi o bezpieczeństwo; **he has a distinguished ~ as a diplomat** ma na swoim koncie duże sukcesy jako dyplomata; **service ~** przebieg służby; **good academic ~** dobre wyniki na studiach [4] Audio płyta *f*; **jazz/pop ~** płyta z jazzem/z muzyką pop; **to make** or **cut a ~** nagrać płytę; **to put on** or **play a ~** nastawić or puścić płytę; **change the ~!** infml fig zmień płytę! infml fig [5] (best performance) rekord *m* **(for** or **in sth** w czymś); **an Olympic ~** rekord olimpijski; **a world/school ~** rekord świata/szkoły; **the sprint ~** rekord w sprincie; **to beat** or **break a ~** pobić rekord; **to set a ~** ustanowić rekord; **he holds the ~** rekord należy do niego [6] Comput (collection of data) rekord *m* [7] Jur (also **criminal ~**) kartoteka *f* kryminalna; **to have no ~** nie być notowanym
II /ˈrekɔːd, US ˈrekərd/ *modif* [1] Audio *[company]* płytowy; **~ collection/sales** kolekcja/sprzedaż płyt; **~ shop** sklep z płytami [2] (high) *[result, sales, score, speed, time]* rekordowy; **to do sth in ~ time** zrobić coś w rekordowym czasie; **to be a ~ high/low** być na rekordowo wysokim /niskim poziomie
III /rɪˈkɔːd/ *vt* [1] (note) zapis|ać, -ywać, za|notować *[detail, idea, opinion]*; za|księgować *[transaction]*; **the secretary ~ed when the next meeting would be held** sekretarka zanotowała, kiedy odbędzie się następne spotkanie; **the minutes ~ that...** z protokołu wynika, że...; **the bloodiest battle ever ~ed** najkrwawsza bitwa w dziejach [2] (on disc, tape) nagr|ać, -ywać, za|rejestrować *[album, interview, song]* **(on sth** na czymś) [3] (register) *[equipment]* za|rejestrować *[temperature, rainfall]*; *[dial, gauge]* wskaz|ać, -ywać *[pressure, speed]* [4] (provide account of) *[diary, report]* z|relacjonować *[event, conditions]*; **the papers ~ that inflation has peaked** gazety odnotowują ogromny wzrost inflacji
IV /rɪˈkɔːd/ *vi [video, tape recorder]* nagrywać; **he's ~ing in Paris** nagrywa płytę w Paryżu

record book *n* księga *f* rekordów; **to go down in the ~s** znaleźć się w księdze rekordów

record-breaker /ˈrekɔːdbreɪkə(r), US ˈrekərd-/ *n* **to be a ~** bić rekordy

record-breaking /ˈrekɔːdbreɪkɪŋ, US ˈrekərd-/ *adj* rekordowy

record button *n* Audio przycisk *m* nagrywania

record card *n* fiszka *f*

record deck *n* gramofon *m*

recorded /rɪˈkɔːdɪd/ *adj* [1] (on tape, record) *[music, speech, interview]* nagrany, zarejestrowany [2] (documented) *[fact, history]* udokumentowany

recorded delivery *n* GB Post list *m* polecony; **to send sth ~** wysłać coś (listem) poleconym

recorder /rɪˈkɔːdə(r)/ *n* [1] Tech urządzenie *n* rejestrujące, rejestrator *m*; (tape recorder) magnetofon *m* [2] Mus flet *m* podłużny; **to play the ~** grać na flecie [3] GB Jur *adwokat sprawujący tymczasowo funkcję sędziego*

record-holder /ˈrekɔːdhəʊldə(r), US ˈrekərd-/ *n* rekordzist|a *m*, -ka *f*

recording /rɪˈkɔːdɪŋ/ **I** *n* [1] (activity) nagrywanie *n* [2] (sound recorded) nagranie *n*; **a tape/video ~** nagranie na taśmie magnetofonowej/na taśmie wideo; **to make a ~ of sth** nagrać coś, zarejestrować coś *(na taśmie magnetycznej/na taśmie wideo)*
II *modif [apparatus, equipment, device, unit]* nagrywający, zapisujący; *[studio, session]* nagraniowy; **~ engineer** inżynier dźwięku; **~ van** wóz transmisyjny

record library *n* płytoteka *f*

record player *n* gramofon *m*, adapter *m*

record sleeve *n* koperta *f* płyty

records office *n* archiwum *n*

record token *n* talon *m* na zakup płyty

recount /rɪˈkaʊnt/ *vt* opis|ać, -ywać *[adventures, events, story]*

re-count **I** /ˈriːkaʊnt/ *n* Pol powtórne liczenie *n* głosów
II /ˌriːˈkaʊnt/ *vt* ponownie po|liczyć *[votes]*

recoup /rɪˈkuːp/ *vt* wynagr|odzić, -adzać *[losses]*; **the project has yet to ~ costs** koszty projektu jeszcze się nie zwróciły; **to ~ sb for their losses** zrekompensować komuś straty

recourse /rɪˈkɔːs/ *n* **to have ~ to sth** uciec się do czegoś; **without ~ to sth** bez uciekania się do czegoś

recover /rɪˈkʌvə(r)/ **I** *vt* [1] (get back) odzysk|ać, -iwać *[money, property, vehicle, territory]*; (from water) wydoby|ć, -wać *[body, wreck]*; **they ~ed the car from the river** wydobyli samochód z rzeki; **the bodies were ~ed from the wreckage of the car** ciała wydobyto z wraku samochodu; **to ~ one's health/sight** odzyskać zdrowie /wzrok; **to ~ one's confidence/one's strength/one's breath** odzyskać pewność siebie/siły/oddech; **to ~ consciousness** odzyskać świadomość; **to ~ one's composure** odzyskać panowanie nad sobą [2] odzysk|ać, -iwać *[costs, expenses, losses, taxes]* **(from sb** od kogoś); **to ~ damages from sb** uzyskać odszkodowanie od kogoś [3] (reclaim for use) odzysk|ać, -iwać *[waste, bottles, uranium, land]*
II *vi* [1] (get well) *[person]* (from illness) wy|zdrowieć **(from sth** po czymś); (from defeat) do|jść, -chodzić do siebie **(from sth** po czymś) [2] Econ, Fin *[economy, market]* do|jść, -chodzić do siebie fig; *[shares, currency]* wr|ócić, -acać do dawnego poziomu [3] Jur wygr|ać, -ywać proces
III **recovered** *pp adj [property, uranium]* odzyskany

re-cover /ˌriːˈkʌvə(r)/ *vt* zmieni|ć, -ać obicie (czegoś) *[chair, settee]*; zmieni|ć, -ać okładkę (czegoś) *[book]*

recoverable /rɪˈkʌvərəbl/ *adj* [1] Fin *[debt]* ściągalny; *[loss]* możliwy do odzyskania [2] Ecol, Ind nadający się do ponownego przetworzenia

recovered memory syndrome *n* Psych syndrom *m* odzyskanych wspomnień

recovery /rɪˈkʌvərɪ/ *n* [1] (getting better) (after illness) powrót *m* do zdrowia, wyzdrowienie *n*; Sport (of team, player) odrobienie *n* strat; **to be on the road to ~** być na dobrej drodze do wyzdrowienia; **to make a ~** (from illness) wyzdrowieć, odzyskać zdrowie; (from defeat, mistake) dojść do siebie; **she has made a full ~** całkowicie doszła do siebie [2] Econ, Fin (of economy, country, company, market) powrót *m* do normy, uzdrowienie *n* fig; (of shares, prices, currency) powrót *m* do poprzedniego poziomu; **the economy has staged a ~** nastąpiło uzdrowienie gospodarki [3] (getting back) (of property, money, costs, debts) odzyskanie *n* **(of sth** czegoś)

recovery operation *n* Aerosp, Aviat, Naut *operacja mająca na celu dotarcie do astronautów po wodowaniu kapsuły*

recovery position *n* Med (in first aid) pozycja *f* bezpieczna

recovery room *n* Med sala *f* pooperacyjna

recovery ship *n* Aerosp, Naut statek *m* ratowniczy *(biorący udział w poszukiwaniu kosmonautów po wodowaniu kapsuły)*

recovery team *n* Aut ekipa *f* pomocy drogowej

recovery vehicle *n* Aut pomoc *f* drogowa

recreate /ˌriːkrɪˈeɪt/ *vt* odtw|orzyć, -arzać *[atmosphere, image, past]*

recreation /ˌrekrɪˈeɪʃn/ **I** *n* [1] (leisure) rekreacja *f*; **swimming is my favourite ~** pływanie jest moją ulubioną formą rekreacji; **what do you do for ~?** co robisz w wolnym czasie? [2] Sch (break) przerwa *f* rekreacyjna
II *modif [room, area, centre]* rekreacyjny; **~ ground** plac zabaw

re-creation /ˌriːkrɪˈeɪʃn/ *n* (historical reconstruction) rekonstrukcja *f*

recreational /ˌrekrɪˈeɪʃənl/ *adj [activities, facilities]* rekreacyjny

recreational drug *n narkotyk zażywany okazjonalnie*

recreational user *n osoba zażywająca narkotyki okazjonalnie*

recreational vehicle, RV *n* US samochód *m* turystyczny

recriminate /rɪˈkrɪmɪneɪt/ *vi* oskarż|yć, -ać **(against sb** kogoś)

recrimination /rɪˌkrɪmɪˈneɪʃn/ *n* wzajemne oskarżenia *n pl*
rec room *n* US infml pokój *m* rekreacyjny
recrudesce /ˌriːkruːˈdes/ *vi* liter *[violence]* wybuch|nąć, -ać na nowo; *[disease]* powr|ócić, -acać
recrudescence /ˌriːkruːˈdesns/ *n* (of unrest) ponowny wybuch *m*; (of disease) nawrót *m*
recrudescent /ˌriːkruːˈdesnt/ *adj* powracający
recruit /rɪˈkruːt/ **I** *n* [1] Mil rekrut *m* [2] (new member) nowy członek *m*; (new employee) nowy pracownik *m*; **the company is seeking ~s** firma poszukuje pracowników
II *vt* [1] Mil rekrutować, z|werbować *[soldier, spy, agent]* **(from sb** spośród kogoś); **to ~ sb as a courier/an agent** zwerbować kogoś jako kuriera/agenta [2] rekrutować *[staff, teachers, nurses]*; **to be ~ed to do sth** zostać zatrudnionym do robienia czegoś
III *vi* rekrutować się
recruiting /rɪˈkruːtɪŋ/ *n* = **recruitment**
recruiting officer *n* Mil oficer *m* do spraw rekrutacji
recruitment /rɪˈkruːtmənt/ **I** *n* rekrutacja *f*
II *modif [policy]* rekrutacyjny; **~ office** biuro rekrutacji; **~ drive** nabór pracowników; **~ agency** agencja pośrednictwa pracy
rectal /ˈrektəl/ *adj* Med odbytniczy; *[suppository]* doodbytniczy; *[examination]* per rectum; **~ disorder/surgery** zaburzenie /operacja jelita prostego
rectangle /ˈrektæŋgl/ *n* prostokąt *m*
rectangular /rekˈtæŋgjʊlə(r)/ *adj* prostokątny
rectifiable /ˈrektɪfaɪəbl, ˌrektɪˈfaɪəbl/ *adj [error, mistake, omission]* dający się naprawić
rectification /ˌrektɪfɪˈkeɪʃn/ *n* prostowanie *n*; Chem, Math rektyfikacja *f*; Elec prostowanie *n* (prądu)
rectifier /ˈrektɪfaɪə(r)/ *n* Elec prostownik *m*
rectify /ˈrektɪfaɪ/ *vt* [1] s|prostować *[error]*; naprawi|ć, -ać *[damage, situation, oversight]* [2] Chem, Math rektyfikować [3] Elec wy|prostować *[alternating current]*
rectilineal /ˌrektɪˈlɪnɪəl/ *adj* prostoliniowy
rectilinear /ˌrektɪˈlɪnɪə(r)/ *adj* = **rectilineal**
rectitude /ˈrektɪtjuːd, US -tuːd/ *n* prawość *f*
rector /ˈrektə(r)/ *n* [1] Relig (in Anglican churches) proboszcz *m* [2] (in Roman Catholic church) rektor *m*; (in seminary) rektor *m* [3] Univ rektor *m*
rectory /ˈrektərɪ/ *n* Relig probostwo *n* (anglikańskie)
rectoscopy /rekˈtɒskəpɪ/ *n* Med rektoskopia *f*
rectum /ˈrektəm/ *n* Anat prostnica *f*, jelito *n* proste, odbytnica *f*
recumbent /rɪˈkʌmbənt/ *adj* liter *[position, posture]* leżący
recuperate /rɪˈkuːpəreɪt/ **I** *vt* odzysk|ać, -iwać *[money]*
II *vi* Med wr|ócić, -acać do zdrowia
recuperation /rɪˌkuːpəˈreɪʃn/ *n* [1] (of money) odzyskanie *n* [2] Med powrót *m* do zdrowia **(from sth** po czymś)
recuperative /rɪˈkuːpərətɪv/ *adj* Med **~ abilities** właściwości wzmacniające; **~ powers** zdolność regeneracji
recur /rɪˈkɜː(r)/ *vi* [1] *[problem, error, event]* powt|órzyć, -arzać się; *[illness, pain]* nawr|ócić, -acać; *[idea, thought, memory]* powr|ócić, -acać [2] Math powtarzać się w nieskończoność
recurrence /rɪˈkʌrəns/ *n* (of illness) nawrót *m*; (of symptom, event) powtórzenie się *n*; **I hope there will be no ~ of the problem** mam nadzieję, że ten problem się nie powtórzy
recurrent /rɪˈkʌrənt/ *adj [theme, feeling, problem, headaches]* powracający; **~ expenses** wydatki stałe
recurring /rɪˈkɜːrɪŋ/ *adj* [1] *[phenomenon]* powtarzający się; *[problem]* powracający; *[illness]* nawracający [2] Math **~ decimal** ułamek dziesiętny okresowy
recursion /rɪˈkɜːʃn/ *n* Math, Ling rekursja *f*, rekurencja *f*; Comput rekurencja *f*
recursive /rɪˈkɜːsɪv/ *adj* Ling, Comput rekurencyjny
recursively /rɪˈkɜːsɪvlɪ/ *adv* rekurencyjnie
recusant /ˈrekjʊznt/ *adj* GB Relig, Hist *osoba odmawiająca brania udziału w nabożeństwach anglikańskich*
recyclable /ˌriːˈsaɪkləbl/ *adj* nadający się do przetworzenia
recycle /ˌriːˈsaɪkl/ *vt* [1] Ecol przetw|orzyć, -arzać; **~d paper** papier z makulatury [2] Fin reinwestować *[revenue, profits]*
recycling /ˌriːˈsaɪklɪŋ/ *n* recykling *m*
red /red/ **I** *n* [1] (colour) (kolor *m*) czerwony *m*, czerwień *f*; **I like ~** lubię czerwony kolor; **~ means 'danger'** czerwony oznacza „niebezpieczeństwo"; **dressed in ~** ubrany na czerwono; **a shade of ~** odcień czerwieni [2] infml pej (also **Red**) (communist) czerwon|y *m*, -a *f* [3] (deficit) **to be in the ~** *[individual]* mieć saldo debetowe na koncie; *[account]* być na minusie infml; *[company]* mieć deficyt; **to be £500 in the ~** być 500 funtów na minusie infml; **you've gone into the ~** przekroczył pan stan konta [4] (wine) czerwone wino *n* [5] (red ball) czerwona bila *f* [6] (in roulette) (kolor *m*) czerwony *m*
II *adj* [1] (in colour) *[apple, blood, lips, sky]* czerwony; *[person, face, cheek]* czerwony, zaczerwieniony; *[hair, curl, squirrel]* rudy; **to go** or **turn ~** zaczerwienić się, zrobić się czerwonym, poczerwienieć; **to paint/dye sth ~** pomalować/ufarbować coś na czerwono; **to dye one's hair ~** u|farbować (sobie) włosy na rudo; **her eyes were ~ with weeping** oczy miała zaczerwienione od płaczu; **to be ~ with anger** być czerwonym ze złości; **his face** or **he went very ~** strasznie się zaczerwienił; **~ in the face** czerwony na twarzy; **was my face ~!** ależ mi było wstyd!; **there'll be ~ faces when...** niektórym będzie wstyd, kiedy... [2] infml pej (communist) *[person]* czerwony; *[party, movement, propaganda, opinions]* komunistyczny
IDIOMS: **to see ~s under the bed** infml wszędzie węszyć komunistyczny spisek; **to be caught ~-handed** zostać przyłapanym na gorącym uczynku; **to see ~** wściec się
red admiral *n* Zool rusałka *f* admirał
red alert *n* stan *m* najwyższego pogotowia; Mil alarm *m* bojowy; **to be/be put on ~** być w stanie/zostać postawionym w stan najwyższej gotowości bojowej
Red Army *n* Armia *f* Czerwona
red biddy *n* infml (wine) bełt *m*, siara *f* infml
red blood cell *n* czerwona krwinka *f*
red-blooded /ˌredˈblʌdɪd/ *adj [male, man]* pełnokrwisty
redbreast /ˈredbrest/ *n* Zool rudzik *m*
red-breasted merganser /ˌredbrestɪdmɜːˈgænsə(r)/ *n* Zool tracz *m* długodzioby, szlachar *m*
redbrick university /ˌredbrɪkˌjuːnɪˈvɜːsətɪ/ *n* GB *uniwersytet powstały pod koniec XIX w.*
red-brown /ˌredˈbraʊn/ *adj* czerwonobrunatny
red cabbage *n* czerwona kapusta *f*
redcap /ˈredkæp/ *n* [1] GB żołnierz *m* żandarmerii wojskowej [2] US bagażowy *m*
red card *n* Sport czerwona kartka *f*; **to be shown the ~** dostać czerwoną kartkę
red carpet *n* czerwony dywan *m*; **to roll out the ~ for sb** rozwinąć dla kogoś czerwony dywan; fig przyjąć kogoś z (wszelkimi) honorami; **to give sb the ~ treatment** potraktować kogoś z (wszelkimi) honorami
red cent *n* US infml moneta *f* jednocentowa; **not to have a ~** nie mieć złamanego grosza, nie mieć grosza przy duszy; **not to give sb a ~** nie dać komuś złamanego grosza
Red China *n* komunistyczne Chiny *plt*, Chiny *plt* Ludowe
redcoat /ˈredkəʊt/ *n* [1] GB (at holiday camp) wychowawca *m* na obozie letnim [2] żołnierz *m* angielski *(w XVIII wieku)*
red corpuscle *n* czerwona krwinka *f*
Red Crescent *n* Czerwony Półksiężyc *m*
Red Cross *n* Czerwony Krzyż *m*
redcurrant /ˌredˈkʌrənt/ **I** *n* czerwona porzeczka *f*
II *modif* **~ jam** dżem z czerwonej porzeczki
red deer *n* jeleń *m*
redden /ˈredn/ **I** *vt [person]* po|malować na czerwono; *[blood]* zabarwi|ć, -ać na czerwono
II *vi [face]* za|czerwienić się, po|czerwienieć; *[leaves]* po|czerwienieć
reddish /ˈredɪʃ/ *adj* czerwonawy; **~ hair** rudawe włosy
red duster *n* infml GB → **Red Ensign**
red dwarf *n* Astron czerwony karzeł *m*
redecorate /ˌriːˈdekəreɪt/ **I** *vt* odn|owić, -awiać *[house, room]*
II *vi* przeprowadz|ić, -ać remont
redecoration /ˌriːdekəˈreɪʃn/ *n* remont *m*; **the house needs ~** ten dom wymaga remontu
redeem /rɪˈdiːm/ **I** *vt* [1] (exchange) z|realizować *[voucher, coupon]*; (for cash) spienięż|yć, -ać *[bond, security]*; **to ~ sth for sth** wymienić coś na coś [2] (pay off) wykup|ić, -ywać *[pawned goods]* **(from sb** od kogoś); spłac|ić, -ać *[mortgage, loan, debt]* [3] (salvage) u|ratować *[situation]*; z|rekompensować *[fault]*; **the mediocre play was ~ed by his performance** jego gra ocaliła tę skądinąd mierną sztukę [4] (satisfy) wypełni|ć, -ać *[pledge, obligation]* [5] (save by ransom) wykup|ić, -ywać *[hostage, prisoner]* **(from sb/sth** z rąk kogoś/czegoś) [6] Relig odkupić
II **redeeming** *prp adj* **her one ~ing feature is her sense of humour** jedyne, co ją ratuje, to poczucie humoru; **a film**

without any ~ing social value film pozbawiony jakichkolwiek pozytywnych wartości społecznych

III *vr* **to ~ oneself** zrehabilitować się **(by doing sth** robiąc coś)

redeemable /rɪˈdiːməbl/ *adj* [1] Fin *[bond, security]* podlegający wykupowi; *[loan, mortgage]* podlegający spłacie [2] Comm *[voucher]* wymienialny; *[pawned goods]* do wykupienia

Redeemer /rɪˈdiːmə(r)/ *n* Relig Odkupiciel *m*

redefine /ˌriːdɪˈfaɪn/ *vt* przedefiniow|ać, -ywać

redemption /rɪˈdempʃn/ **I** *n* [1] Fin (of loan, debt, mortgage) spłata *f*; (from pawn) wykup *m* [2] Relig odkupienie *n* [3] fig **beyond** or **past ~** *[situation]* nie do uratowania; *[machine]* nienadający się do naprawy; *[money]* nie do odzyskania; *[person]* hum niereformowalny infml

II *modif* (of loan) **~ date/rate** data/cena spłaty; (of share, bond) **~ price** cena wykupu

redemptive /rɪˈdemptɪv/ *adj* zbawczy

Red Ensign /ˌredˈensən/ *n* czerwona bandera *f (brytyjskiej marynarki handlowej)*

redeploy /ˌriːdɪˈplɔɪ/ *vt* przerzuc|ić, -ać *[troops]*; przesu|nąć, -wać *[resources, staff]*

redeployment /ˌriːdɪˈplɔɪmənt/ *n* (of troops) przerzucenie *n*; (of resources, staff) przesunięcie *n*

redesign /ˌriːdɪˈzaɪn/ *vt* (design again) z|robić nowy projekt (czegoś) *[area, building, logo, book]*; (design differently) przerobić projekt (czegoś) *[area, building, logo, book]*

redevelop /ˌriːdɪˈveləp/ *vt* przebudow|ać, -ywać *[area, estate]*

redevelopment /ˌriːdɪˈveləpmənt/ *n* przebudowa *f*

redeye /ˈredaɪ/ *n* US infml (also **~ flight**) lot *m* nocny

red-eyed /ˈredaɪd/ *adj* **to be ~** mieć czerwone or zaczerwienione oczy

red-faced /ˌredˈfeɪst/ *adj* [1] (with emotion, exertion, embarrassment) czerwony na twarzy; **to be ~** czerwienić się, być czerwonym na twarzy [2] fig (embarrassed) *[official, minister]* zmieszany [3] (permanently) rumiany

red flag *n* czerwony sztandar *m*

red fox *n* lis *m* rudy

red-gold /ˌredˈgəʊld/ *adj* miedzianozłoty

red grouse *n* Zool pardwa *f* szkocka

Red Guard *n* (organization) Czerwona Gwardia *f*; (person) czerwonogwardzist|a *m*, -ka *f*

red-haired /ˌredˈheəd/ *adj* rudy, rudowłosy

red hat *n* Relig kapelusz *m* kardynalski

redhead /ˈredhed/ *n* rudzielec *m* infml

redheaded /ˌredˈhedɪd/ *adj* rudy, rudowłosy

red herring *n* [1] (distraction) temat *m* zastępczy [2] (cured fish) śledź *m* wędzony [3] US Fin wstępny prospekt *m* emisyjny

red-hot /ˌredˈhɒt/ **I** *n* US hot dog *m*

II *adj* [1] *[metal, lava, coal, poker]* rozgrzany do czerwoności [2] *[passion, enthusiasm]* gorący; *[lover]* namiętny; **the ~ favourite** wielki faworyt [3] *[news, story]* najświeższy

redial /ˌriːˈdaɪəl/ Telecom **I** *vt* ponownie wyb|rać, -ierać *[number]*

II *vi* ponownie wyb|rać, -ierać numer

redial button *n* Telecom przycisk *m* ponownego wybierania numeru

redial facility *n* Telecom możliwość *f* ponownego wybierania numeru

redid /ˌriːˈdɪd/ *pt* → **redo**

Red Indian *n* offensive czerwonoskóry *m*

redirect /ˌriːdɪˈrekt/ *vt* przestawi|ć, -ać *[industries]*; przesu|nąć, -wać *[resources]*; s|kierować w inną stronę *[traffic]*; przes|łać, -yłać pod inny adres *[mail]*

redirection /ˌriːdɪˈrekʃn/ *n* (of mail) przesłanie *n* pod inny adres

rediscover /ˌriːdɪˈskʌvə(r)/ *vt* (find again) odna|leźć, -jdywać *[lost object, document]*; (re-experience) odzysk|ać, -iwać *[skill, enthusiasm, zest]*

rediscovery /ˌriːdɪˈskʌvərɪ/ *n* odnalezienie *n*

redistribute /ˌriːdɪˈstrɪbjuːt/ *vt* ponownie rozdziel|ić, -ać *[resources, funds, land]*

redistribution /ˌriːdɪstrɪˈbjuːʃn/ *n* redystrybucja *f*

redistrict /ˌriːˈdɪstrɪkt/ *vt* US Pol dokon|ać, -ywać nowego podziału na okręgi wyborcze w (czymś) *[country]*

redistricting /ˌriːˈdɪstrɪktɪŋ/ *n* US Pol ponowny podział *m* na okręgi wyborcze

red kidney bean *n* fasola *f* czerwona

red lead *n* minia *f*

red lentil *n* soczewica *f* czerwona

red-letter day /ˌredˈletədeɪ/ *n* pamiętny dzień *m*

red light *n* czerwone światło *n*; **to go through a ~** przejechać/przejść na czerwonym świetle

red light area *n* dzielnica *f* domów publicznych

redlining /ˌredˈlaɪnɪŋ/ *n* US *odmowa udzielania pożyczek hipotecznych na domy w dzielnicach uznanych za podupadające*

redman /ˈredmən/ *n* (*pl* **-men**) US offensive czerwonoskóry *m*

red meat *n* czerwone mięso *n*

red mullet *n* (*pl* **~**) Zool barwena *f*

redneck /ˈrednek/ **I** *n* US offensive wsiok *m* z Południa infml offensive

II *adj* ultrakonserwatywny

redness /ˈrednɪs/ *n* czerwoność *f*; (of hair) rudość *f*

redo /ˌriːˈduː/ *vt* (*3rd pers sing pres* **redoes;** *pt* **redid;** *pp* **redone)** [1] (start from beginning) przer|obić, -abiać od początku [2] (repaint) przemalow|ać, -ywać

redolent /ˈredələnt/ *adj* liter **to be ~ of sth** *[room, breath]* pachnieć czymś; **a place ~ of history** fig miejsce przywołujące na myśl dawne czasy

redone /ˌriːˈdʌn/ *pp* → **redo**

redouble /ˌriːˈdʌbl/ **I** *n* Games rekontra *f*

II *vt* [1] podw|oić, -ajać *[efforts, output]* [2] Games z|rekontrować *[bid]*

III *vi* *[efforts, fervour, zeal]* podw|oić, -ajać się

redoubt /rɪˈdaʊt/ *n* Mil reduta *f*

redoubtable /rɪˈdaʊtəbl/ *adj* *[opponent, fighter]* budzący respekt

redound /rɪˈdaʊnd/ *vi* fml [1] (contribute to) **to ~ to sb's credit** przynieść komuś chlubę [2] (recoil) **to ~ (up) on sb/sth** obrócić się przeciwko komuś/czemuś

red-pencil /ˌredˈpensl/ *vt* poprawi|ć, -ać błędy w (czymś) *[manuscript]*

red pepper *n* czerwona papryka *f*

redraft /ˌriːˈdrɑːft, US -ˈdræft/ *vt* przeredagow|ać, -ywać

redress /rɪˈdres/ **I** *n* zadośćuczynienie *n* also Jur; **to seek/obtain legal ~** dochodzić prawnego zadośćuczynienia/uzyskać prawne zadośćuczynienie **(for sth** za coś); **they have no (means of) ~** nie przysługuje im odszkodowanie

II *vt* naprawi|ć, -ać *[error, wrong, situation]*; zadośćuczynić za (coś) *[grievances, injustice]*; **to ~ the balance** przywrócić równowagę

Red Riding Hood *n* Czerwony Kapturek *m*

red route *n* Transp ulica *f* z zakazem parkowania

red salmon *m* łosoś *m (o różowym mięsie)*

Red Sea *n* **the ~** Morze *n* Czerwone

redshank /ˈredʃæŋk/ *n* Zool brodziec *m* krwawodzioby

redskin /ˈredskɪn/ *n* offensive czerwonoskóry *m*

red snapper *n* Zool lucjan *m*

Red Square *n* Plac *m* Czerwony

red squirrel *n* wiewiórka *f* pospolita

redstart /ˈredstɑːt/ *n* Zool pleszka *f*

red tape *n* biurokracja *f*

reduce /rɪˈdjuːs, US -ˈduːs/ **I** *vt* [1] (make smaller) obniż|yć, -ać, z|redukować *[costs]*; zmniejsz|yć, -ać, z|redukować *[workforce, number]*; zmniejsz|yć, -ać *[inflation, pressure, impact, swelling, map, drawing]*; obniż|yć, -ać *[prices, temperature, fever]*; skr|ócić, -acać *[article, chapter]*; **the jackets have been ~d by 50%** te marynarki zostały przecenione o 50%; **'~ speed now'** Aut „zwolnij!" [2] Mil (in status) z|degradować; **to be ~d to the ranks** zostać zdegradowanym do szeregowca [3] (bring to undesirable state) **to ~ sth to shreds** podrzeć coś na strzępy *[book, documents]*; **to ~ sth to ashes** obrócić coś w popiół; **to ~ sth to ruins** doprowadzić coś do ruiny [4] (bring forcibly) **to ~ sb to tears** doprowadzić kogoś do łez; **to be ~d to silence** zostać uciszonym; **to be ~d to begging/prostitution** zostać zmuszonym do żebrania/prostytucji; **he was ~d to apologizing** był zmuszony przeprosić [5] (simplify) upr|ościć, -aszczać *[argument, equation]*; ogranicz|yć, -ać *[existence]* **(to sth** do czegoś) [6] Jur skr|ócić, -acać *[sentence]* **(to sth** do czegoś); **his sentence was ~d by two years** skrócono mu wyrok o dwa lata [7] (Culin) odparow|ać, -ywać *[sauce, stock]*

II *vi* [1] US (lose weight) zeszczupleć [2] Culin *[sauce, stock]* wygotow|ać, -ywać się; **let the sauce ~ to half its volume** gotuj sos tak długo, aż jego objętość zmniejszy się o połowę

III reduced *pp adj* [1] *[price]* obniżony; **at a ~d price** po obniżonej cenie; **~d goods** towary przecenione [2] *[scale, rate]* zmniejszony [3] (strained) **to live in ~d circumstances** fml żyć w ubóstwie

reducer /rɪˈdjuːsə(r), US -ˈduːsə(r)/ *n* Phot osłabiacz *m*

reducible /rɪˈdjuːsəbl, US -ˈduːsəbl/ *adj* **to be ~ to sth** dawać się rozłożyć na coś

reductio ad absurdum /rɪˌdʌktɪəʊædəbˈsɜːdəm/ *n* reductio ad absurdum *n inv*

reduction /rɪˈdʌkʃn/ *n* [1] (decrease, diminution) (of costs) obniżenie *n*, redukcja *f* **(in sth** czegoś); (of volume, speed, weight, size) zmniejszenie *n* **(in sth** czegoś); **~ in**

strength (of army, workforce) redukcja *f* [2] Comm obniżka *f*; **huge ~s!** wielkie obniżki! [3] (simplification) uproszczenie *n*; **the ~ of life to the basics** sprowadzenie życia do zaspokajania podstawowych potrzeb [4] Chem redukcja *f* [5] Mil (in status) degradacja *f*

reductionist /rɪˈdʌkʃənɪst/ **I** *n* [1] pej **he is a ~** on ma tendencję do upraszczania [2] Philos redukcjonist|a *m*, -ka *f*
II *adj* Philos redukcjonistyczny

reductive /rɪˈdʌktɪv/ *adj [theory, explanation]* upraszczający

redundancy /rɪˈdʌndənsɪ/ **I** *n* [1] GB Ind redukcja *f*; **400 redundancies** redukcja 400 miejsc pracy; **to take ~** wziąć odprawę; **he's facing ~** grozi mu redukcja [2] Comput, Telecom, Ling redundancja *f*
II *modif* [1] GB **~ scheme** program osłon dla zwalnianych pracowników; **~ pay** odprawa z tytułu redukcji; **~ notice** zawiadomienie o redukcji etatów [2] Comput **~ check** kontrola nadmiarowa

redundant /rɪˈdʌndənt/ *adj* [1] GB Ind *[worker]* zredukowany; **to be made ~** zostać zredukowanym [2] (not needed) *[information, device]* zbędny; (unused) *[land, machinery]* niewykorzystany; **to feel ~** czuć się niepotrzebnym [3] GB (outdated) *[technique, practice]* przestarzały; *[craft]* ginący [4] Comput, Ling redundantny

reduplicate **I** /rɪˈdjuːplɪkeɪt, US -ˈduː-/ *vt* [1] wykon|ać, -ywać dwa razy *[task, work]* [2] Ling powt|órzyć, -arzać
II /rɪˈdjuːplɪkɪt, US -ˈduː-/ *adj* Bot, Ling podwojony

reduplication /rɪˌdjuːplɪˈkeɪʃn, US -ˈduː-/ *n* [1] **~ of work** wykonywanie tej samej pracy dwukrotnie [2] Ling reduplikacja *f*

reduplicative /rɪˈdjuːplɪkətɪv, US -ˈduː-/ *adj* Ling powtarzający się

red wine *n* czerwone wino *n*

red wine vinegar *n* czerwony ocet *m* winny

redwing /ˈredwɪŋ/ *n* droździk *m*

redwood /ˈredwʊd/ *n* sekwoja *f*

re-echo /ˌriːˈekəʊ/ **I** *vt* (*pt, pp* **~ed**) rozbrzmiewać (czymś) *[sentiments]*
II *vi* rozbrzmiewać

reed /riːd/ **I** *n* [1] Bot trzcina *f* [2] Mus stroik *m*; **the ~s** instrumenty dęte stroikowe
II *modif* [1] **a ~ basket/hut** koszyk/szałas z trzciny [2] Mus *[instrument]* stroikowy
IDIOMS: **a broken ~** osoba niegodna zaufania

reed bunting *n* Zool potrzos *m*

reed stop *n* Mus głos *m* organowy

re-educate /ˌriːˈedʒʊkeɪt/ *vt* reedukować

re-education /ˌriːedʒʊˈkeɪʃn/ *n* reedukacja *f*

reedy /ˈriːdɪ/ *adj [voice]* piskliwy

reef[1] /riːf/ *n* [1] (in sea) rafa *f*; **coral ~** rafa koralowa [2] Mining żyła *f*

reef[2] /riːf/ Naut **I** *n* ref *m*
II *vt* z|refować *[sail]*
III *vi* z|refować żagle

reefer[1] /ˈriːfə(r)/ *n* [1] (also **~ jacket**) kurtka *f* marynarska [2] infml (joint) skręt *m* (*z marihuaną*)

reefer[2] /ˈriːfə(r)/ *n* US infml (ship) statek chłodnia *m*

reef knot *n* Naut węzeł *m* refowy

reek /riːk/ **I** *n* smród *m* also fig
II *vi* [1] (stink) **to ~ of sth** śmierdzieć czymś; **to ~ of corruption** fig śmierdzieć korupcją infml [2] dial *[lamp, chimney]* kopcić

reel[1] /riːl/ **I** *n* [1] (for cotton, tape) szpulka *f*; (for cable) szpula *f*; (of film) Cin szpula *f*; Phot rolka *f*; **a ~ of cotton, a cotton ~** szpulka nici; **a three-~ film** film na trzy szpule taśmy [2] Fishg kołowrotek *m*
II *vt* (wind onto reel) nawi|nąć, -jać na szpulkę *[cotton]*
■ **reel in** Fishg wciąg|nąć, -ać *[fish]*
■ **reel off**: **~ off [sth]** rozwi|nąć, -jać *[thread]*; wy|recytować *[list, names]*
■ **reel out**: **~ out [sth]** rozwi|nąć, -jać
IDIOMS: **off the ~** od ręki

reel[2] /riːl/ *vi* (sway) *[person]* zat|oczyć, -aczać się; **he ~ed across the room** zatoczył się przez cały pokój; **the blow sent him ~ing** zatoczył się od tego ciosu; **the news sent him ~ing** fig kiedy usłyszał tę wiadomość, nogi się pod nim ugięły; **the government is still ~ing after its defeat** rząd nie pozbierał się jeszcze po porażce
■ **reel back** *[person]* zat|oczyć, -aczać się do tyłu

reel[3] /riːl/ *n* (dance) *żywy taniec szkocki*

re-elect /ˌriːɪˈlekt/ *vt* ponownie wyb|rać, -ierać

re-election /ˌriːɪˈlekʃn/ *n* ponowny wybór *m*

reel-to-reel /ˌriːltəˈriːl/ *adj [tape recorder]* szpulowy

re-embark /ˌriːɪmˈbɑːk/ **I** *vt* (on ship) ponownie zaokrętow|ać, -ywać *[passengers]*; ponownie załadow|ać, -ywać *[goods, vehicles]*; (on plane) ponownie wprowadz|ić, -ać na pokład *[passengers]*; ponownie załadow|ać, -ywać *[goods]*
II *vi* (on ship) ponownie zaokrętow|ać, -ywać się; (on plane) ponownie w|ejść, -chodzić na pokład

re-embarkation /ˌriːˌembɑːˈkeɪʃn/ *n* (of passengers) ponowne zaokrętowanie *n*; (of goods) ponowny załadunek *m*

re-emerge /ˌriːɪˈmɜːdʒ/ *vi [person, problem]* pojawi|ć, -ać się ponownie; *[sun]* ponownie or znowu pokaz|ać, -ywać się

re-employ /ˌriːɪmˈplɔɪ/ *vt* ponownie zatrudni|ć, -ać

re-enact /ˌriːɪˈnækt/ *vt* [1] odtw|orzyć, -arzać *[scene, crime]*; od|egrać, -grywać *[movement]*; ponownie za|grać *[role]* [2] Jur przywr|ócić, -acać *[law]*

re-enactment /ˌriːɪˈnæktmənt/ *n* [1] (of scene) odtworzenie *n* [2] Jur (of law) przywrócenie *n*

re-engage /ˌriːɪnˈgeɪdʒ/ *vt* [1] Admin ponownie zatrudni|ć, -ać *[employee]* [2] Tech ponownie sprz|ąc, -ęgać *[cogwheels]* [3] Aut pu|ścić, -szczać *[clutch]*

re-engagement /ˌriːɪnˈgeɪdʒmənt/ *n* [1] Admin (of employee) ponowne zatrudnienie *n* [2] Tech ponowne sprzężenie *n* [3] Aut (of clutch) puszczenie *n*

re-enlist /ˌriːɪnˈlɪst/ **I** *vt* [1] Mil ponownie przyj|ąć, -mować do wojska *[soldier]* [2] fig **to ~ sb's help** ponownie zapewnić sobie pomoc kogoś
II *vi* zaciąg|nąć, -ać się ponownie

re-enter /ˌriːˈentə(r)/ **I** *vt* ponownie w|ejść, -chodzić do (czegoś) *[room]*; ponownie wje|chać, -żdżać do (czegoś) *[country]*; ponownie w|ejść, -chodzić w (coś) *[atmosphere]*
II *vi* [1] (come back in) *[person]* (on foot) w|ejść, -chodzić z powrotem; (by vehicle) wje|chać, -żdżać z powrotem; *[vehicle]* wje|chać, -żdżać z powrotem [2] **to ~ for sth** ponownie wziąć udział w czymś *[competition]*; ponownie przystąpić do czegoś *[exam]*

re-entry /ˌriːˈentrɪ/ *n* [1] (on foot) ponowne wejście *n*; (by vehicle) ponowny wjazd *m* [2] Aerosp wejście *n* w atmosferę [3] fig (into politics) powrót *m* **(into sth** do czegoś**)**; **~ to the political scene** powrót na scenę polityczną [4] Comput wielowejściowość *f*

re-entry point *n* [1] Aerosp punkt *m* wejścia w atmosferę [2] Comput punkt *m* powtórnego wejścia

re-entry visa *n* wiza *f* wielokrotna

re-erect /ˌriːɪˈrekt/ *vt* odbudow|ać, -ywać *[building, system]*; wzn|ieść, -osić na nowo *[monument, scaffolding]*

re-establish /ˌriːɪˈstæblɪʃ/ *vt* [1] (restore) ponownie nawiąz|ać, -ywać *[contact]*; przywr|ócić, -acać *[law, order]*; na nowo otw|orzyć, -ierać *[business]* [2] (reaffirm status of) ponownie um|ocnić, -acniać pozycję (kogoś/czegoś) *[person, party]*; na nowo rozwi|nąć, -jać *[art form]*

re-establishment /ˌriːɪˈstæblɪʃmənt/ *n* [1] (of order) przywrócenie *n*; (of dynasty) powrót *m* do władzy; (of business) ponowne otwarcie *n* [2] (restoring of status) odbudowanie *n* pozycji; **his ~ as a great author** odbudowanie jego pozycji w literaturze

re-evaluate /ˌriːɪˈvæljʊeɪt/ *vt* ponownie oceni|ć, -ać

re-evaluation /ˌriːɪˌvæljʊˈeɪʃn/ *n* ponowna ocena *f*

reeve[1] /riːv/ *n* [1] GB Hist (king's agent) *urzędnik królewski w hrabstwie w średniowiecznej Anglii*; (on estate) zarządca *m* [2] (in Canada) przewodniczący *m* rady miejskiej

reeve[2] /riːv/ *vt* (*pt* **rove, reeved;** *pp* **reeved**) Naut przewle|c, -kać *[rope]*

re-examination /ˌriːɪgˌzæmɪˈneɪʃn/ *n* [1] (of issue, problem) ponowne zbadanie *n* [2] Sch, Univ powtórny egzamin *m* [3] Jur (of witness) ponowne przesłuchanie *n*

re-examine /ˌriːɪgˈzæmɪn/ *vt* [1] ponownie z|badać *[issue, problem]* [2] (interrogate) ponownie przesłuch|ać, -iwać *[witness, accused]*; ponownie prze|egzaminować *[candidate]*

ref /ref/ **I** *n* [1] Comm = **reference** [2] Sport infml = **referee** sędzia *m*
II *vt* infml sędziować *[match]*
III *vi* sędziować

refectory /rɪˈfektrɪ, ˈrefɪktrɪ/ *n* (in religious institution) refektarz *m*; (in school) sala *f* jadalna

refer /rɪˈfɜː(r)/ **I** *vt* (*prp, pt, pp* **-rr-**) [1] (pass on) przekaz|ać, -ywać *[task, problem, enquiry, matter, case]* **(to sb** komuś**)**; **to ~ a dispute to arbitration** przekazać spór do arbitrażu [2] (direct) *[person]* s|kierować *[person]*; **to be ~red to a specialist/to a hospital** zostać skierowanym or dostać skierowanie do specjalisty/do szpitala; **to ~ sb to sth** *[critic, text]* odesłać kogoś do czegoś *[footnote, article]* [3] Comm, Fin **the**

R

cheque has been ~red czek został zwrócony do wystawcy

II *vi* [1] (allude to, talk about) **to ~ to sb** wspomnieć o kimś; **to ~ to sth** nawiązać do czegoś *[topic, event]*; **I wasn't ~ring to you** nie miałem na myśli ciebie; **I ~ to your letter of 18th March...** w związku z Pańskim pismem z 18 marca... [2] (as name, label) **she ~s to him as Bob** mówi o nim Bob; **this is what I ~ to as our patio** to właśnie nazywam naszym patio; **he's always ~red to as 'the secretary'** zawsze mówi się o nim „sekretarz"; **don't ~ to him as an idiot** nie mów o nim jak o idiocie [3] (signify) *[number, term]* oznaczać **(to sth** coś); **what does this date ~ to?** co oznacza ta data? [4] (consult) **to ~ to sth** sprawdzić w czymś *[notes, article, dictionary, system]* [5] (apply) odnosić się **(to sb/sth** do czegoś); **this ~s to you in particular** to się odnosi szczególnie do ciebie [6] Comm, Fin **'~ to drawer'** „zwrot do wystawcy"; **'~ to bank'** (in cash machine) „proszę skontaktować się ze swoim bankiem"

■ **refer back**: ¶ **~ back to [sth]** *[speaker]* wr|ócić, -acać do (czegoś) *[issue]* ¶ **~ [sth] back** od|esłać, -syłać *[question, matter]* **(to sb** do kogoś)

referable /rɪˈfɜːrəbl/ *adj* **the case is ~ to court** to jest sprawa dla sądu

referee /ˌrefəˈriː/ **I** *n* [1] Sport sędzia *m*, arbiter *m* [2] GB (giving job reference) osoba *f* udzielająca referencji; **to act as a ~ for sb** udzielić komuś referencji

II *vt* sędziować *[match]*

III *vi* sędziować

reference /ˈrefərəns/ **I** *n* [1] (mention) **there are three ~s to his son in the article** w tym artykule trzy razy wspomniany jest jego syn; **few ~s are made to it** rzadko się o tym mówi [2] (consultation) **to do sth without ~ to sth** zrobić coś bez sprawdzania w czymś; **she did it without ~ to me** zrobiła to bez konsultacji ze mną; **'for ~ only'** (on library book) „księgozbiór podręczny"; **I'll keep this leaflet for future ~** zatrzymam tę ulotkę na przyszłość; **for future ~, dogs are not allowed** tak na przyszłość: tu nie wolno wprowadzać psów; **for easy ~, we recommend the pocket edition** polecamy bardzo wygodne w użyciu wydanie kieszonkowe [3] (allusion) aluzja *f* **(to sth** do czegoś); **to make ~ to sb/sth** zrobić aluzję do kogoś/czegoś [4] Publg (in book) źródło *n* [5] (also **~ mark)** odnośnik *m*, odsyłacz *m* [6] Comm (on letter, memo) adnotacja *f*; **please quote this ~** proszę umieścić tę adnotację [7] (testimonial) referencje *f pl*; **to write** or **give sb a ~** napisać or dać komuś referencje [8] (referee) osoba *f* dająca referencje [9] Ling referencja *f* [10] Geog **map ~s** współrzędne *f pl*

II with reference to *prep phr* odnośnie do (czegoś); **with particular** or **specific ~ to sth** ze szczególnym uwzględnieniem czegoś; **with ~ to your letter/request...** w odpowiedzi na Pański list/na Pańską prośbę...

III *vt* zaopat|rzyć, -rywać w bibliografię *[book, article]*; **the book is not well ~d** ta książka nie ma najlepszej bibliografii

reference book *n* publikacja *f* encyklopedyczna

reference library *n* księgozbiór *m* podręczny

reference number *n* numer *m* referencyjny

reference point *n* fig punkt *m* odniesienia

referendum /ˌrefəˈrendəm/ *n* (*pl* **-da)** referendum *n*; **to hold a ~** przeprowadzić referendum

referent /ˈrefərənt/ *n* Ling referent *m*

referential /ˌrefəˈrenʃl/ *adj* Ling referencyjny

referral /rɪˈfɜːrəl/ *n* [1] Med, Admin (person) pacjent *m* skierowany na konsultację; (action) skierowanie *n*; **you cannot see a specialist without a ~ from your doctor** specjalista nie przyjmie cię bez skierowania od twojego lekarza [2] (of matter, problem) odesłanie *n*; **~ to the committee would be time-consuming** odesłanie do komisji zajęłoby dużo czasu

refill I /ˈriːfɪl/ *n* [1] (for fountain pen) nabój *m*; (for lighter, ball-point, notebook) wkład *m*; (for pencil) grafit *m*, wkład *m* [2] infml (drink) dolewka *f*; **how about a ~?** napijesz się jeszcze?

II /ˌriːˈfɪl/ *vt* ponownie napełni|ć, -ać *[fountain pen, lighter, glass, bottle]*

III /ˌriːˈfɪl/ *vi [tank]* napełni|ć, -ać się ponownie

refinancing /ˌriːfaɪˈnænsɪŋ, ˌriːˈfaɪnænsɪŋ/ *n* refinansowanie *n*

refine /rɪˈfaɪn/ **I** *vt* [1] Ind rafinować *[oil, sugar]* [2] (improve) dopracow|ać, -ywać *[theory, concept]*; wygładz|ić, -ać *[language]*; udoskonal|ić, -ać *[method]*; poprawi|ć, -ać *[manners]*

II *vi* **to ~ upon sth** udoskonalić coś

refined /rɪˈfaɪnd/ *adj* [1] (cultured) wytworny [2] (improved) *[method, model, theory, concept]* dopracowany; wyrafinowany fig [3] Ind *[oil, sugar, metal]* rafinowany

refinement /rɪˈfaɪnmənt/ *n* [1] (elegance) wytworność *f*; **a man of ~** człowiek wytworny [2] (reworked version) (of plan, joke) udoskonalona wersja *f* [3] (addition, improvement) udoskonalenie *n*

refiner /rɪˈfaɪnə(r)/ *n* rafiner *m*

refinery /rɪˈfaɪnərɪ/ *n* rafineria *f*

refining /rɪˈfaɪnɪŋ/ *n* Ind rafinacja *f*, rafinowanie *n*

refit I /ˈriːfɪt/ *n* (of shop, factory) zmiana *f* wyposażenia; (of ship) wyposażenie *n* na nowo; (repairs) remont *m*; **the ship is under ~** statek jest remontowany

II /ˌriːˈfɪt/ *vt* (*prp, pt, pp* **-tt-)** ponownie wyposaż|yć, -ać *[shop, factory]*; (repair) wy|remontować *[ship]*; **the liner was ~ted as a warship** ten liniowiec został przerobiony na okręt wojenny

III /ˌriːˈfɪt/ *vi* (*prp, pt, pp* **-tt-)** *[ship]* być w remoncie

refitment /ˌriːˈfɪtmənt/ *n* (of shop, factory) nowe wyposażenie *n*; (of ship) (repair) remont *m*

refitting /ˌriːˈfɪtɪŋ/ *n* = **refitment**

reflate /ˌriːˈfleɪt/ *vt* Econ **to ~ a currency /an economy** doprowadzić do reflacji

reflation /ˌriːˈfleɪʃn/ *n* Econ reflacja *f*

reflationary /ˌriːˈfleɪʃnrɪ, US -nerɪ/ *adj* **a ~ measure** posunięcie mające doprowadzić do reflacji; **to be ~** prowadzić do reflacji

reflect /rɪˈflekt/ **I** *vt* [1] odbi|ć, -jać *[light, sound, heat, image]*; **to be ~ed in sth** odbijać się w czymś; **he saw himself/her face ~ed in the mirror** zobaczył w lustrze swoje odbicie/odbicie jej twarzy [2] fig odzwierciedl|ić, -ać *[ideas, views, problems]*; **to be ~ed in sth** znajdować odzwierciedlenie w czymś [3] (think) po|myśleć; **'it's my fault,' he ~ed** „to moja wina", pomyślał

II *vi* [1] (think) zastan|owić, -awiać się **(on** or **upon sth** nad czymś) [2] **to ~ well /badly on sb** dobrze/źle o kimś świadczyć; **her behaviour ~s well on her parents** swoim zachowaniem przynosi chlubę rodzicom; **how is this going to ~ on the school?** w jakim świetle postawi to szkołę?

reflection /rɪˈflekʃn/ *n* [1] (image) odbicie *n* **(of sth** czegoś); fig odzwierciedlenie *n* **(of sth** czegoś) [2] (deep thought) refleksja *f*; **on ~** po zastanowieniu; **lost in ~** pogrążony w myślach; **this is a time for ~** czas na refleksję [3] (idea, remark) refleksja *f*; **the ~ that...** refleksja, że... [4] (criticism) **it's a sad ~ on our society, that...** źle to świadczy o naszym społeczeństwie, że...; **no ~ on you, but...** nie mam ci nic do zarzucenia, ale...

reflective /rɪˈflektɪv/ *adj* [1] (thoughtful) *[mood, style, music, passage]* refleksyjny; *[person]* zamyślony [2] (which reflects light, heat) odbijający

reflectively /rɪˈflektɪvlɪ/ *adv* refleksyjnie

reflector /rɪˈflektə(r)/ *n* [1] (on vehicle) światło *n* odblaskowe [2] (of light, heat) powierzchnia *f* odbijająca [3] Electron, Nucl reflektor *m*

reflex /ˈriːfleks/ **I** *n* (involuntary action) odruch *m*

II *adj* [1] (involuntary) *[action]* odruchowy [2] Math *[angle]* wklęsły [3] Phys *[light, heat]* odbity

reflex camera *n* lustrzanka *f*

reflexion *n* = **reflection**

reflexive /rɪˈfleksɪv/ Ling **I** *n* [1] (also **~ verb)** czasownik *m* w stronie zwrotnej [2] (also **~ form)** strona *f* zwrotna; **in the ~** w stronie zwrotnej

II *adj* zwrotny

reflexively /rɪˈfleksɪvlɪ/ *adv* Ling w stronie zwrotnej

reflexive verb *n* = **reflexive I** [1]

reflexologist /ˌriːflekˈsɒlədʒɪst/ *n* specjalist|a *m*, -ka *f* w dziedzinie refleksologii

reflexology /ˌriːflekˈsɒlədʒɪ/ *n* refleksologia *f*

refloat /ˌriːˈfləʊt/ **I** *vt* [1] Naut zepchnąć, spychać z mielizny *[boat]* [2] Econ ponownie upłynni|ć, -ać *[currency]*

II *vi [boat]* zostać zepchniętym z mielizny

reflux /ˈriːflʌks/ *n* ponowny napływ *m*; **gastrointestinal ~** zarzucanie treści żołądkowej

reforestation /ˌriːˌfɒrəˈsteɪʃn/ *n* US = **reafforestation**

reform /rɪˈfɔːm/ **I** *n* reforma *f*

II *modif [movement]* reformatorski; **~ programme** program reform

III *vt* z|reformować

IV *vi* z|reformować się

V reformed *pp adj* [1] *[state, system]* zreformowany; **a ~ed criminal** były przestępca; **he's a ~ed character** on się bardzo zmienił (na lepsze) [2] (in Protestantism, Judaism) reformowany

re-form /ˌriːˈfɔːm/ **I** *vt* (form differently) przeformow|ać, -ywać; (form again) ponownie s|formować

II *vi* [1] Mus *[group]* zmieni|ć, -ać skład [2] Mil *[troops]* przeformow|ać, -ywać się

reformat /ˌriːˈfɔːmæt/ *vt* Comput przeformatow|ać, -ywać

reformation /ˌrefəˈmeɪʃn/ **I** *n* (of system) reforma *f*; (of person) zmiana *f* na lepsze

II Reformation *prn* Relig Reformacja *f*

reformative /rɪˈfɔːmətɪv/ *adj* reformatorski

reformatory /rɪˈfɔːmətrɪ, US -tɔːrɪ/ *n* dom *m* poprawczy; poprawczak *m* infml

reformer /rɪˈfɔːmə(r)/ *n* reformator *m*, -ka *f*

reformist /rɪˈfɔːmɪst/ **I** *n* reformist|a *m*, -ka *f*

II *adj* reformistyczny

Reform Judaism *n* judaizm *m* reformowany

reform school *n* US dat dom *m* poprawczy

refract /rɪˈfrækt/ *vt* Phys załam|ać, -ywać *[wave]*

refracting telescope *n* refraktor *m*

refraction /rɪˈfrækʃn/ *n* Phys załamanie *n* fali, refrakcja *f*

refractive /rɪˈfræktɪv/ *adj* Phys refrakcyjny; **~ index** współczynnik załamania

refractor /rɪˈfræktə(r)/ *n* Phys (substance) substancja *f* załamująca swiatło; (device) refraktor *m*

refractory /rɪˈfræktərɪ/ *adj* [1] (stubborn) oporny [2] Med *[disease]* uporczywy, oporny na leczenie

refrain[1] /rɪˈfreɪn/ *n* Mus, Literat refren *m* also fig

refrain[2] /rɪˈfreɪn/ *vi* powstrzym|ać, -ywać się; **to ~ from doing sth** powstrzymać się od zrobienia or przed zrobieniem czegoś; **to ~ from comment** powstrzymać się od komentarza; **he could not ~ from saying...** nie mógł się powstrzymać, żeby nie powiedzieć...; **please, ~ from smoking** fml prosimy o niepalenie

refrangible /rɪˈfrændʒəbl/ *adj* Phys ulegający załamaniu

refresh /rɪˈfreʃ/ **I** *vt* [1] (invigorate) *[bath]* odśwież|yć, -ać; *[cold drink]* orzeźwi|ć, -ać; *[hot drink]* postawić, stawiać na nogi; **to feel ~ed** (after bath) czuć się odświeżonym; (after holiday) czuć się wypoczętym [2] (renew) odśwież|yć, -ać *[image, pattern]*; **to ~ sb's memory** odświeżyć pamięć kogoś

II *vr* **to ~ oneself** (with rest) odpocząć; (with bath) odświeżyć się; (with beer) orzeźwić się

refresher /rɪˈfreʃə(r)/ *n* GB Jur dodatkowe honorarium *n (dla prawnika, kiedy sprawa się przedłuża)*

refresher course *n* Sch kurs *m* utrwalający wiedzę

refreshing /rɪˈfreʃɪŋ/ *adj* [1] (invigorating) *[drink, shower, breeze]* orzeźwiający; *[sleep]* krzepiący [2] (novel) *[outlook, insight]* świeży; *[humour]* niebanalny; *[theme]* nowy; **it's ~ to see/to hear** miło widzieć/słyszeć; **it makes a ~ change** to stanowi miłą odmianę

refreshment /rɪˈfreʃmənt/ **I** *n* (rest) odpoczynek *m*; **to stop for ~** (food, drink) zatrzymać się, żeby się posilić

II refreshments *npl* (drinks) napoje *m pl*; **~s will be served** (at gathering) przewidziano drobny poczęstunek

refreshment bar *n* bufet *m*

refreshment stall *n* = **refreshment bar**

refreshment stand *n* = **refreshment bar**

refreshments tent *n* bufet *m* w namiocie

refresh rate *n* Comput szybkość *f* odświeżania

refrigerant /rɪˈfrɪdʒərənt/ **I** *n* Med środek *m* obniżający temperaturę ciała; Tech substancja *f* chłodząca

II *adj* Med obniżający temperaturę ciała; Tech chłodzący

refrigerate /rɪˈfrɪdʒəreɪt/ **I** *vt* przechowywać w niskiej temperaturze; **'keep ~d'** „przechowywać w lodówce"

II refrigerated *pp adj [product]* (frozen) mrożony; (cooled) przechowywany w lodówce/chłodni; **~d transport** transport w chłodni

refrigeration /rɪˌfrɪdʒəˈreɪʃn/ **I** *n* chłodzenie *n*; **under ~** w lodówce/chłodni

II *modif [equipment]* chłodniczy; **~ engineer** inżynier chłodnik

refrigerator /rɪˈfrɪdʒəreɪtə(r)/ **I** *n* (appliance) (at home) lodówka *f*, chłodziarka *f*; (industrial) chłodnia *f*; (room) chłodnia *f*

II *modif* **~ truck** samochód chłodnia; **~ wagon** wagon chłodnia

refrigeratory /rɪˈfrɪdʒəreɪtrɪ, US -tɔːrɪ/ *adj* chłodzący

refringent /rɪˈfrɪndʒənt/ *adj* Phys refrakcyjny

refuel /ˌriːˈfjuːəl/ **I** *vt* (*prp, pt, pp* **-ll-** GB, **-l-** US) uzupełni|ć, -ać zapas paliwa w (czymś) *[boat, plane]*; fig wzbudz|ić, -ać na nowo *[fears]*; ponownie wywoł|ać, -ywać *[speculations]*

II *vi* (*prp, pt, pp* **-ll-** GB, **-l-** US) *[plane]* uzupełni|ć, -ać zapas paliwa, za|tankować

refuelling GB, **refueling** US /ˌriːˈfjuəlɪŋ/ *n* tankowanie *n*; **~ stop** międzylądowanie w celu uzupełnienia zapasu paliwa

refuge /ˈrefjuːdʒ/ *n* [1] (protection) schronienie *n* **(from sth** przed czymś); **to take ~ from sb/sth** schronić się przed kimś /czymś *[people, danger, rain]*; **to take ~ in sth** schronić się w czymś; **to take ~ in drugs** szukać ucieczki w narkotykach; **to seek/to find ~** szukać schronienia/znaleźć schronienie [2] (hostel) szałas *m*

refugee /ˌrefjʊˈdʒiː, US ˈrefjʊdʒiː/ **I** *n* uchodźca *m* **(from sth** z czegoś)

II *modif* **a ~ camp** obóz dla uchodźców; **~ status** status uchodźcy

refulgence /rɪˈfʌldʒəns/ *n* liter jasność *f*

refulgent /rɪˈfʌldʒənt/ *adj* liter promienny

refund I /ˈriːfʌnd/ *n* zwrot *m* pieniędzy; **to get a ~ on sth** otrzymać zwrot pieniędzy za coś; **did you get a ~?** zwrócili ci pieniądze?

II /ˌriːˈfʌnd/ *vt* zwr|ócić, -acać *[price, charge, excess paid, money]*; zwr|ócić, -acać, z|refundować *[cost, expenses]*; **I took the book back and they ~ed the money** zwróciłem książkę i dostałem zwrot pieniędzy

refundable /ˌriːˈfʌndəbl/ *n* podlegający zwrotowi

refurbish /ˌriːˈfɜːbɪʃ/ *n* odn|owić, -awiać *[room, shop]*

refurbishment /ˌriːˈfɜːbɪʃmənt/ *n* odnowienie *n*

refurnish /ˌriːˈfɜːnɪʃ/ *vt* (furnish again) u|meblować od nowa or na nowo; (furnish differently) przemeblow|ać, -ywać

refusal /rɪˈfjuːzl/ *n* [1] (negative response) odmowa *f* **(to do sth** zrobienia czegoś); **his ~ of aid** jego odmowa udzielenia pomocy; **her ~ to accept the situation** jej niepogodzenie się z sytuacją; **her ~ to accept the advice** niezastosowanie się przez nią do tej rady; **they saw no grounds for ~** nie widzieli podstaw do odmowy [2] Comm (option to refuse) prawo *n* pierwokupu [3] Jur **~ of justice** odmowa wymiaru sprawiedliwości [4] Equest wyłamanie *n*

refuse[1] /rɪˈfjuːz/ **I** *vt* odm|ówić, -awiać **(to do sth** zrobienia czegoś); **to ~ sb sth** odmówić komuś czegoś; **the bank ~d them the loan** bank odmówił im kredytu; **I was ~d admittance** nie wpuszczono mnie; **she ~d to accept the situation** nie pogodziła się z sytuacją

II *vi* [1] odm|ówić, -awiać; **we asked her for a day off but she ~d** poprosiliśmy ją o dzień urlopu, ale odmówiła nam [2] Equest *[horse]* wyłam|ać, -ywać się

refuse[2] /ˈrefjuːs/ GB **I** *n* (household, garden) śmieci *m pl*, odpadki *m pl*; (industrial) odpady *m pl*

II *modif* **~ collection/burning** wywóz /spalanie śmieci or odpadków

refuse bin *n* GB pojemnik *m* na śmieci or odpadki

refuse chute *n* GB zsyp *m*

refuse collector *n* GB śmieciarz *m* infml

refuse disposal *n* GB pozbywanie się *n* odpadków

refuse disposal unit *n* GB młynek *m* do rozdrabniania odpadków *(w zlewie)*

refuse dump *n* GB wysypisko *n* śmieci

refuse lorry *n* GB śmieciarka *f*

refusenik /rɪˈfjuːznɪk/ *n* Hist *Żyd, któremu odmówiono prawa do emigracji ze Związku Radzieckiego*

refuse skip *n* GB pojemnik *m* na odpady

refutable /rɪˈfjuːtəbl, ˈrefjʊtəbl/ *adj [argument, claim]* łatwy do obalenia or zbicia

refutation /ˌrefjuːˈteɪʃn/ *n* (of argument, proposition, theory) obalenie *n*

refute /rɪˈfjuːt/ *vt* obal|ić, -ać *[argument, proposition]*; **to ~ sb** udowodnić komuś, że się myli

regain /rɪˈgeɪn/ *vt* [1] (win back) odzysk|ać, -iwać *[health, strength, sight, freedom, territory, power, seat, balance, composure, title, lead, control, consciousness]*; wr|ócić, -acać do (czegoś) *[health, consciousness]*; nadr|obić, -abiać *[time]*; **to ~ possession of sth** odzyskać coś na własność; **to ~ one's balance** odzyskać grunt pod nogami [2] fml (return to) powrócić do (czegoś) *[place]*

regal /ˈriːgl/ *adj* królewski

regale /rɪˈgeɪl/ *vt* podejmować *[guest]* **(with sth** czymś)

regalia /rɪˈgeɪlɪə/ *npl* (royal emblems) regalia *plt*; (official) uroczysty strój *m*; **to appear in full ~** wystąpić w paradnym stroju also hum

regally /ˈriːgəlɪ/ *adv* po królewsku

R

regard /rɪˈgɑːd/ **I** *n* 1 (consideration) wzgląd *m* **(for sth** na coś); **out of ~ for his feelings** przez wzgląd na jego uczucia; **without ~ for the rules/human rights** nie zważając na przepisy/na prawa człowieka 2 (esteem) szacunek *m* **(for sb/sth** dla kogoś/czegoś); **to have little ~ for money** nie dbać o pieniądze; **to hold sb /sth in high ~, to have a high ~ for sb /sth** wysoce sobie cenić kogoś/coś, mieć dla kogoś/czegoś wiele szacunku 3 (connection) **with** or **in ~ to the question of pay, I would like to say that...** jeżeli chodzi o kwestię wynagrodzenia, chciałbym powiedzieć, że...; **his attitude/his policy with ~ to minorities** jego stosunek do/jego polityka wobec mniejszości; **with ~ to your letter...** w związku z Pańskim pismem...; **in this ~** w tym sensie

II regards *npl* (good wishes) pozdrowienia *n pl*; **kindest** or **warmest ~s** serdeczne pozdrowienia; **with ~s...** (in letter) pozdrawiam...; **give them my ~s** pozdrów ich ode mnie

III as regards *prep phr* jeżeli chodzi o; **as ~s the question of pay, ...** jeżeli chodzi o wynagrodzenie, ...

IV *vt* 1 (consider) uważać; **to ~ sb/sth as sth** uważać kogoś/coś za coś; **he is ~ed as...** uważa się go za...; **to ~ sb/sth with contempt** gardzić kimś/czymś; **to ~ sb with suspicion** traktować kogoś podejrzliwie; **her work is very highly ~ed** jej praca jest bardzo wysoko ceniona 2 fml (respect) wziąć, brać pod uwagę; **without ~ing our wishes** nie licząc się z naszym zdaniem 3 (look at) przy|jrzeć, -glądać się (komuś/czemuś) 4 fml (concern) dotyczyć

regardful /rɪˈgɑːdfl/ *adj* fml **~ of sth** przywiązujący wagę do czegoś

regarding /rɪˈgɑːdɪŋ/ *prep* (in connection with) w związku z (czymś)

regardless /rɪˈgɑːdlɪs/ **I** *prep* **~ of cost/of age/of colour** niezależnie od kosztów/od wieku/od koloru

II *adv [continue, press on]* mimo wszystko

regatta /rɪˈgætə/ *n* regaty *plt*

regency /ˈriːdʒənsɪ/ **I** *n* regencja *f*

II Regency *modif* **~ style** styl regencji; **~ furniture** meble w stylu regencji

regenerate /rɪˈdʒenəreɪt/ **I** *vt* odtw|orzyć, -arzać

II *vi* (regrow) *[fragment of body]* odr|osnąć, -astać; *[tissue]* z|regenerować się

regeneration /rɪˌdʒenəˈreɪʃn/ *n* 1 (recreation) odrodzenie *n* 2 (Biol) (of fragment of body) odrastanie *n*; (of tissue) regeneracja *f*

regenerative /rɪˈdʒenərətɪv/ *adj* odradzający się

regent /ˈriːdʒənt/ *n* 1 Pol, Hist regent *m*, -ka *f* 2 US Univ *członek ciała zarządzającego uniwersytetem*

reggae /ˈregeɪ/ *n* Mus reggae *n inv*

regicide /ˈredʒɪsaɪd/ *n* 1 (act) królobójstwo *n* 2 (person) królobój|ca *m*, -czyni *f*

regime, régime /reɪˈʒiːm, ˈreʒiːm/ *n* 1 Pol reżim *m*, reżym *m* 2 Med fml reżim *m*, reżym *m*; **to be on a ~** mieć narzucony reżim

regimen /ˈredʒɪmen/ *n* Med fml reżim *m*, reżym *m*

regiment /ˈredʒɪmənt/ *n* 1 Mil pułk *m*; regiment *m* Hist 2 fig (big group) zastępy *m pl*

regimental /ˌredʒɪˈmentl/ **I** *adj* **a ~ band/colours** odznaka/kolory pułku

II regimentals *npl* mundur *m*

Regimental Sergeant-Major, RSM *n* ≈ starszy sierżant *m* sztabowy

regimentation /ˌredʒɪmenˈteɪʃn/ *n* (discipline) reżim *m*, reżym *m*

regimented /ˈredʒɪmentɪd/ *adj* poddany reżimowi

Regina /rəˈdʒaɪnə/ *n* GB Jur **~ v Jones** sprawa z oskarżenia publicznego przeciw Jonesowi

region /ˈriːdʒən/ **I** *n* 1 Geog region *m*; **in the Oxford ~** w okolicach Oksfordu; **in the ~s** GB na prowincji; **the lower ~s** euph piekło 2 Anat okolica *f*; **in the back /shoulder ~** w okolicy pleców/barków

II in the region of *prep phr* około, w granicach **(somewhere) in the ~ of £300** (coś) około 300 funtów

regional /ˈriːdʒənl/ *adj* regionalny

regional council *n* Scot Admin samorząd *m* regionu *(w Szkocji)*

regional development *n* rozwój *m* regionalny

regionalism /ˈriːdʒənəlɪzəm/ *n* regionalizm *m*

regionalist /ˈriːdʒənəlɪst/ *n* regionalist|a *m*, -ka *f*

register /ˈredʒɪstə(r)/ **I** *n* 1 Admin, Comm rejestr *m*; Sch dziennik *m*; **hotel ~** księga gości hotelowych; **to keep a ~** prowadzić rejestr; **to enter sth in a ~** wprowadzić coś do rejestru; **to take the ~** Sch sprawdzić listę (obecności); **~ of births, marriages and deaths** rejestr urzędu stanu cywilnego; **missing persons' ~** rejestr osób zaginionych 2 Mus, Comput rejestr *m*; **lower/middle/upper ~** Mus dolny/środkowy/górny rejestr 3 US (till) kasa *f*; **to ring sth up on the ~** wybić coś na kasie 4 Ling styl *m*, rejestr *m* 5 Print register *m*

II *vt* 1 (declare officially) zgł|osić, -aszać *[birth, death, marriage, complaint]*; za|rejestrować *[vehicle, company, firearm, patent, trademark]*; nada|ć, -wać *[luggage]* 2 *[official]* zapis|ać, -ywać *[student]*; przyj|ąć, -mować zgłoszenie (czegoś) *[birth, death, marriage]*; za|rejestrować *[company, firearm, trademark, vehicle]*; **he has a German-~ed car** ma samochód zarejestrowany w Niemczech; **to be ~ed (as) disabled/unfit for work** być zarejestrowanym jako inwalida/jako niezdolny do pracy 3 *[measuring instrument]* wskaz|ać, -ywać *[speed, temperature, pressure]*; *[person, face, expression]* wyra|żać, -zić *[disapproval, disgust]*; *[action]* świadczyć o (czymś) *[emotion, surprise, relief]*; **the earthquake ~ed six on the Richter scale** trzęsienie ziemi osiągnęło sześć stopni w skali Richtera 4 (mentally) (notice) zauważ|yć, -ać; (realize) zda|ć, -wać sobie sprawę z (czegoś); **I ~ed (the fact) that he was late** zauważyłem, że się spóźnił; **she suddenly ~ed that..., it suddenly ~ed (with her) that...** nagle zdała sobie sprawę, że... 5 (achieve, record) *[bank, company]* zanotować *[loss, gain, success]*; *[person]* odn|ieść, -osić *[victory]* 6 Post wys|łać, -yłać jako przesyłkę wartościową *[letter]* 7 Tech zestawi|ć, -ać *[parts]* 8 Print zestawi|ć, -ać *[printing press]*

III *vi* 1 (declare oneself officially) *[person]* (for course, for school, for shares) zapis|ać, -ywać się; (at hotel) za|meldować się; (with police, for national service, for taxes) zgł|osić, -aszać się; (at doctor's) za|rejestrować się; **I should like to ~ as a new student** chciałbym się wpisać na listę studentów 2 (be shown) **the fall in pressure had not ~ed** nie zanotowano spadku ciśnienia 3 (mentally) **the enormity of what had happened just didn't ~** nie zdawano sobie sprawy z potworności tego, co się wydarzyło; **her name didn't ~ with me** jej nazwisko nic mi nie mówiło 4 Tech **the upper part must ~ with the lower part** górna część musi być zestawiona z dolną częścią

registered /ˈredʒɪstəd/ *adj* 1 *[vehicle, addict, firearm, patent, voter, company, charity, child minder]* zarejestrowany; *[shares, securities, debentures]* Fin imienny; *[student]* zapisany; **a ~ design** wzór zastrzeżony; **to be ~ (as) disabled** być zarejestrowanym jako inwalida 2 Post **~ letter** list polecony

registered general nurse, RGN *n* GB pielęgniarka *f* dyplomowana

registered nurse, RN *n* US pielęgniarka *f* dyplomowana

registered post *n* poczta *f* polecona; **to send sth by ~** wysłać coś listem poleconym

registered shareholder *n* Fin właściciel *m* akcji imiennych

registered trademark *n* znak *m* handlowy zastrzeżony

register office *n* = **registry office**

registrar /ˌredʒɪsˈtrɑː(r), ˈredʒ-/ *n* 1 GB Admin urzędnik *m* stanu cywilnego 2 Univ ≈ kierownik *m* dziekanatu 3 GB Med *lekarz zatrudniony w szpitalu przygotowujący się do specjalizacji* 4 GB Jur *urzędnik w sądzie pierwszej instancji*

Registrar of Companies *n* Comm *kierownik urzędu rejestrowego spółek*

registration /ˌredʒɪˈstreɪʃn/ *n* 1 (for course, institution) (act) zapisanie *n*; (period) zapisy *m pl*; (of vehicle, birth, firearm, company) rejestracja *f*; (of trademark or patent) zastrzeżenie *n*; (of complaint, birth, death) zgłoszenie *n*; (of luggage) nadanie *n* 2 (entry in register) wpis *m*; (for course, institution) zgłoszenie *n*; **we have had a lot of ~s** mamy mnóstwo zgłoszeń, zapisało się mnóstwo osób

registration form *n* formularz *m* zgłoszenia

registration number *n* Aut numer *m* rejestracyjny

registration plate *n* Aut tablica *f* rejestracyjna

registry /ˈredʒɪstrɪ/ *n* 1 GB (in church, university) archiwum *n* 2 Naut **a ship of Panamanian ~** statek pod panamską banderą

registry office *n* urząd *m* stanu cywilnego; **to get married in a ~** wziąć ślub cywilny; **a ~ wedding** ślub cywilny

regius professor /ˌriːdʒɪəsprəˈfesə(r)/ *n* GB Univ *profesor stojący na czele katedry założonej przez monarchę*

regorge /rɪˈgɔːdʒ/ fml **I** *vt* zwr|ócić, -acać *[food]*

II *vi* wyl|ać, -ewać się **(into sth** do czegoś)

regress **I** /ˈriːgres/ *n* cofnięcie się *n*, regres *m*

II /rɪˈgres/ *vi* Biol cof|nąć, -ać się w rozwoju; fig *[civilization, economy]* ule|c, -gać regresowi; **to ~ to one's old habits** powrócić do starych przyzwyczajeń; **to ~ to childhood** cofnąć się do czasów dzieciństwa

regression /rɪˈgreʃn/ *n* [1] Biol, Psych, Stat regresja *f* also fig [2] Med pogorszenie *n*

regressive /rɪˈgresɪv/ *adj* [1] Biol, Psych regresywny [2] pej *[measure, policy]* wsteczny; *[effects]* uwsteczniający

regressive tax *n* podatek *m* regresywny

regret /rɪˈgret/ **I** *n* żal *m* **(about sth** z powodu czegoś); **it is with ~ that we announce...** (sb's death) z żalem zawiadamiamy...; (cancellation) z przykrością zawiadamiamy...; **my biggest/one ~ is that I didn't have children** najbardziej żałuję /żałuję tylko, że nie miałem dzieci; **do you have any ~s about your life?** czy żałujesz czegoś w swoim życiu?; **I have no ~s about leaving** nie żałuję, że odszedłem; **to my great ~ I'm unable to attend your wedding** bardzo żałuję, ale nie będę mógł być (obecny) na twoim ślubie; **no ~s?** bez żalu?

II regrets *npl* (apologies) przeprosiny *plt*; **give her my ~s** przeproś ją ode mnie

III *vt* (*prp, pt, pp* **-tt-**) [1] (rue) po|żałować (czegoś) *[action, decision, remark]*; **to ~ doing** or **having done sth** żałować, że się coś zrobiło; **I ~ not having kept in touch with them** żałuję, że nie utrzymywałem z nimi kontaktów; **you'll ~ this!** będziesz tego żałował!, pożałujesz tego!; **I may live to ~ this, but...** może kiedyś będę tego żałował, ale...; **I ~ted it as soon as I'd said it** natychmiast pożałowałem, kiedy (tylko) to powiedziałem [2] (feel sad about) **I ~ to say this** mówię to z przykrością or żalem; **we ~ to announce that...** z przykrością zawiadamiamy, że...; **I ~ that I shall be unable to attend** bardzo żałuję, ale nie będę mógł być obecny; **it is to be ~ted that...** niestety...; należy żałować, że...

regretful /rɪˈgretfl/ *adj [air, glance, smile]* pełen żalu; **to be ~ about sth** żałować czegoś

regretfully /rɪˈgretfəlɪ/ *adv* [1] (with sadness) *[abandon, accept, decide]* z żalem; *[wave]* ze smutkiem; *[smile]* smutno [2] (unfortunately) niestety

regrettable /rɪˈgretəbl/ *adj* **it is ~ that...** niestety...; szkoda, że...

regrettably /rɪˈgretəblɪ/ *adv* [1] (sadly) niestety; **~ for him** niestety dla niego [2] (very) *[slow, low, weak]* żałośnie

regroup /ˌriːˈgruːp/ **I** *vt* przegrupow|ać, -ywać

II *vi* przegrupow|ać, -ywać się

regrouping /ˌriːˈgruːpɪŋ/ *n* przegrupowanie *n*

regt = **regiment**

regular /ˈregjʊlə(r)/ **I** *n* [1] (client) stały klient *m*, stała klientka *f*; (guest) stały gość *m* [2] GB Mil żołnierz *m* zawodowy [3] US (petrol) benzyna *f* zwykła [4] US Sport (team member) **he's now a team ~** ma teraz stałe miejsce w drużynie [5] US Pol (person loyal to party) wierny zwolennik *m*, wierna zwolenniczka *f*

II *adj* [1] (fixed, evenly arranged in time) regularny, stały; **at ~ intervals** w regularnych or stałych odstępach; **on a ~ basis** regularnie; **to keep ~ hours** prowadzić regularny tryb życia; **to be ~ in one's habits** mieć stałe przyzwyczajenia; **~ income** stały dochód; **to take ~ exercise** regularnie ćwiczyć [2] (even, symmetrical) *[shape, outline, features]* regularny; *[polygon]* foremny [3] (usual) *[customer, partner, visitor, time, doctor, dentist]* stały; *[method, procedure]* zwykły; Comm *[price, size]* normalny; **~ fries** US (medium size) średnie frytki; **I'm a ~ listener to your programme** jestem stałym słuchaczem waszego programu [4] (constant) *[job]* stały; **to be in ~ employment** być zatrudnionym na stałe; **in ~ use** w ciągłym użyciu [5] GB Admin, Mil *[army]* regularny; *[soldier, army officer, policeman]* zawodowy; *[staff]* stały [6] Med *[breathing, pulse, heartbeat]* regularny; **~ bowel movement** regularne wypróżnienia [7] Ling *[verb, conjugation, declension]* regularny [8] infml (thorough) regularny infml; **he's a ~ crook** to regularny or zwyczajny oszust [9] US infml (nice) **he's a ~ guy** równy z niego gość infml

regularity /ˌregjʊˈlærətɪ/ *n* regularność *f*; **with unfailing ~** z niezawodną regularnością

regularize /ˈregjʊləraɪz/ *vt* [1] (make regular) u|czynić bardziej regularnym [2] (make official) u|regulować

regularly /ˈregjʊləlɪ/ *adv* regularnie

regulate /ˈregjʊleɪt/ **I** *vt* [1] (control by rules) u|regulować *[lifestyle, activity, traffic, tendency, money supply, use]*; **to ~ by law** uregulować prawnie [2] (adjust) wy|regulować *[machine, mechanism, temperature, pressure, speed]*

II -regulated *in combinations* **well-~d** uregulowany; **state-~d** regulowany przez państwo

regulated market economy *n* uregulowana gospodarka *f* rynkowa

regulated tenancy *n* GB *warunki najmu gwarantujące regulowany czynsz i chroniące przed eksmisją*

regulation /ˌregjʊˈleɪʃn/ **I** *n* [1] (rule) przepis *m*; (legal requirement) uregulowanie *n* prawne, regulacja *f* prawna; **a set of ~s** zbiór przepisów; **building ~s** przepisy budowlane; **college/school ~** przepisy obowiązujące na uczelni/w szkole; **EEC ~s** przepisy Unii Europejskiej; **fire ~s** przepisy przeciwpożarowe; **government ~s** przepisy państwowe; **safety ~s** przepisy bezpieczeństwa; **traffic ~s** przepisy ruchu drogowego; **under the new ~s** zgodnie z nowymi przepisami; **contrary to** or **against the ~s** wbrew przepisom; **to meet the ~s** *[person, company]* stosować się do przepisów; *[equipment, conditions]* być zgodnym z przepisami [2] (act of or process of controlling) kontrola *f* **(of sb** kogoś); **to free sth from excessive ~** wyjąć coś spod nadmiernej kontroli

II *modif* (legal) *[width, length]* przepisowy; hum (standard) *[garment]* przepisowy, obowiązkowy

regulator /ˈregjʊleɪtə(r)/ *n* [1] (device) regulator *m* [2] (body) ciało *n* nadzorujące; **to be a ~** *[person]* nadzorować (coś), sprawować nadzór (nad czymś)

regulatory /ˈregjʊleɪtrɪ, US -tɔːrɪ/ *adj [body, agency]* nadzorujący

regulo® /ˈregjʊləʊ/ *n* GB *punkt na skali w termostacie kuchenki*

regurgitate /rɪˈgɜːdʒɪteɪt/ *vt* [1] *[animal, person]* zwr|ócić, -acać *[food]*; *[machine]* wyrzuc|ić, -ać; *[drain, pipe]* wyplu|ć, -wać fig [2] fig pej bezmyślnie powt|órzyć, -arzać *[facts, opinions, lecture notes]*

regurgitation /rɪˌgɜːdʒɪˈteɪʃn/ *n* (of food) zwracanie *n*; fig pej bezmyślne powtarzanie *n*

rehab /ˈriːhæb/ *n* = **rehabilitation**

rehabilitate /ˌriːəˈbɪlɪteɪt/ *vt* [1] (medically) rehabilitować; (to society) z|resocjalizować *[handicapped person, ex-prisoner, addict, alcoholic]* [2] (clear) z|rehabilitować *[dissident, former leader]* [3] (restore) odn|owić, -awiać *[building]*; przywr|ócić, -acać do dawnego stanu *[area]*; uzdr|owić, -awiać *[environment]*

rehabilitation /ˌriːəbɪlɪˈteɪʃn/ **I** *n* [1] (of person) (medical) rehabilitacja *f*; (social) resocjalizacja *f* [2] (restoring reputation) rehabilitacja *f* [3] (restoring) (of building) remont *m*; (of area, environment) rekultywacja *f*

II *modif* **~ course/programme** program resocjalizacji

rehabilitation centre GB, **rehabilitation center** US *n* (for the handicapped) ośrodek *m* integracyjny; (for addicts, ex-prisoners) ośrodek *m* resocjalizacji

rehash **I** /ˈriːhæʃ/ *n* pej (of song, programme) przeróbka *f*

II /ˌriːˈhæʃ/ *vt* przer|obić, -abiać *[lecture, song]*

rehear /ˌriːˈhɪə(r)/ *vt* (*pt, pp* **reheard**) Jur ponownie rozpat|rzyć, -rywać *[case, lawsuit]*

reheard /ˌriːˈhɜːd/ *pt, pp* → **rehear**

rehearsal /rɪˈhɜːsl/ *n* [1] Theat próba *f* **(of sth** czegoś); fig wstęp *m* fig **(of sth** do czegoś); **to be in ~** być w trakcie prób [2] fml (of facts, grievances) wyliczanie *n*

rehearsal call *n* próba *f*

rehearse /rɪˈhɜːs/ *vt* [1] Theat próbować *[scene, performer]*; fig przygotowywać sobie *[excuse]*; powtarzać sobie *[speech]* [2] fml (recount) wylicz|yć, -ać *[grievances]*

reheat /ˌriːˈhiːt/ *vt* odgrz|ać, -ewać *[food]*

reheel /ˌriːˈhiːl/ *vt* wymieni|ć, -ać obcasy w (czymś) *[shoe]*

rehouse /ˌriːˈhaʊz/ *vt* przekwaterow|ać, -ywać

reign /reɪn/ **I** *n* (of monarch) panowanie *n*; fig rządy *plt*; **in the ~ of sb** za panowania kogoś *[monarch]*; **during the ~ of Churchill** za rządów Churchilla; **~ of terror** fig rządy terroru; **the Reign of Terror** Hist terror *(w czasie rewolucji francuskiej)*

II *vi [monarch]* panować; fig *[chaos, atmosphere, silence]* za|panować; **to ~ supreme** panować niepodzielnie

reigning /ˈreɪnɪŋ/ *adj [monarch]* panujący; *[champion]* aktualny

reiki /ˈreɪkɪ/ *n* reiki *n inv*

reimburse /ˌriːɪmˈbɜːs/ *vt* zwr|ócić, -acać *[expenses]*; **we'll ~ you later** później zwrócimy panu pieniądze; **the company will ~ you for the repairs** firma zwróci panu koszty naprawy

R

reimbursement /ˌriːɪmˈbɜːsmənt/ *n* (of expenses, costs) zwrot *m*
reimpose /ˌriːɪmˈpəʊz/ *vt* ponownie wprowadz|ić, -ać *[law, regulation]*
rein /reɪn/ *n* Equest wodze *f pl*, lejce *plt*, cugle *plt*; **to take up/hold the ~s** chwycić/trzymać wodze or lejce or cugle; fig przejąć/trzymać ster; **to keep a horse on a short ~** trzymać konia na krótkiej wodzy; **to keep sb on a tight ~** fig krótko kogoś trzymać; **his wife keeps a tight ~ on his drinking** żona pilnuje, żeby (dużo) nie pił; **to give full** or **free ~ to sb** popuścić komuś cugli fig
■ **rein back**: **~ back [sth]** 1 zatrzym|ać, -ywać *[horse]* 2 fig za|hamować *[expansion]*; ogranicz|yć, -ać *[spending]*
■ **rein in**: **~ in [sth]** 1 zatrzym|ać, -ywać *[horse]* 2 fig ogranicz|yć, -ać *[spending]*; za|hamować *[inflation]*; powstrzym|ać, -ywać *[person]*
reincarnate /ˌriːɪnˈkɑːneɪt/ **I** *adj* w innym wcieleniu
II *vt* **to be ~d as sb/sth** odrodzić się jako ktoś/coś
reincarnation /ˌriːɪnkɑːˈneɪʃn/ *n* 1 (rebirth) reinkarnacja *f* 2 (creature) wcielenie *n* **(of sb/sth** kogoś/czegoś)
reindeer /ˈreɪndɪə(r)/ *n* (*pl* **~**) Zool renifer *m*, ren *m*
reindeer moss *n* Bot chrobotek *m* reniferowy
reinforce /ˌriːɪnˈfɔːs/ *vt* 1 Mil, Constr wzm|ocnić, -acniać 2 um|ocnić, -acniać *[feeling, prejudice, opinion, trend]*; zwiększ|yć, -ać *[hopes]*; **to ~ sb's belief that...** umocnić kogoś w przekonaniu, że...
reinforced concrete *n* żelazobeton *m*, żelbet *m*
reinforcement /ˌriːɪnˈfɔːsmənt/ **I** *n* 1 (action) wzmacnianie *n* 2 (support) wzmocnienie *n*
II **reinforcements** *npl* Mil posiłki *plt* also fig; **to send for ~s** wezwać posiłki
reinforcement rod *n* Constr zbrojenie *n*
reinsert /ˌriːɪnˈsɜːt/ *vt* umie|ścić, -szczać z powrotem
reinstate /ˌriːɪnˈsteɪt/ *vt* przywr|ócić, -acać na stanowisko *[person]*; przywr|ócić, -acać *[legislation, service]*; odbudow|ać, -ywać *[team]*; ożywi|ć, -ać (na nowo) *[belief]*
reinstatement /ˌriːɪnˈsteɪtmənt/ *n* (of person) przywrócenie *n* na stanowisko; (of legislation, service) przywrócenie *n*
reinstitute /ˌriːˈɪnstɪtjuːt, US -tuːt/ *vt* przywr|ócić, -acać
reinsurance /ˌriːɪnˈʃɔːrəns, US -ˈʃʊər-/ *n* reasekuracja *f*
reinsure /ˌriːɪnˈʃɔː(r), US -ˈʃʊə(r)/ *vt* reasekurować
reintegrate /ˌriːˈɪntɪgreɪt/ *vt* ponownie włącz|yć, -ać **(into sth** do czegoś); **to be ~d into society** powrócić do społeczeństwa
reintegration /ˌriːɪntɪˈgreɪʃn/ *n* reintegracja *f*
reinvest /ˌriːɪnˈvest/ *vt* reinwestować
reinvestment /ˌriːɪnˈvestmənt/ *n* reinwestycja *f*
reinvigorate /ˌriːɪnˈvɪgəreɪt/ *vt* (give new strength to) wzm|ocnić, -acniać *[economy]*; (give new energy to) ożywi|ć, -ać
reissue /ˌriːˈɪʃuː/ **I** *n* Mus, Publg wznowienie *n*; Cin powtórna dystrybucja *f*
II *vt* wzn|owić, -awiać *[book, record]*; ponownie zacz|ąć, -ynać wyświetlać *[film]*; pon|owić, -awiać *[invitation, warning]*; ponownie wy|emitować *[share certificates]*
reiterate /riːˈɪtəreɪt/ *vt* stale powtarzać
reiteration /ˌriːˌɪtəˈreɪʃn/ *n* powtórzenie *n*
reiterative /riːˈɪtərətɪv/ *adj* pełen powtórzeń
reject **I** /ˈriːdʒekt/ *n* 1 Comm odrzut *m*, wybrakowany produkt *m* 2 fig **a social ~** wyrzutek *m* społeczeństwa
II /ˈriːdʒekt/ *modif* Comm *[goods, stock]* wybrakowany
III /rɪˈdʒekt/ *vt* 1 odrzuc|ić, -ać *[advice, decision, application, motion, invitation, candidate, manuscript, claim, suggestion, advances]*; od|epchnąć, -pychać *[child, parent, suitor]* 2 Med, Tech, Comput odrzuc|ić, -ać
IV **rejected** /rɪˈdʒektɪd/ *pp adj* **to feel ~ed** czuć się odepchniętym
rejection /rɪˈdʒekʃn/ *n* 1 (of candidate, manuscript) odrzucenie *n*; **to meet with ~** spotkać się z odmową; **to experience ~ as a child** być niekochanym dzieckiem 2 Med, Tech, Comput odrzucenie *n*
rejection letter *n* pismo *n* odmowne
rejection slip *n* Publg zawiadomienie *n* o odmowie przyjęcia manuskryptu
reject shop *n* sklep *m* z wybrakowanymi towarami
rejig /ˌriːˈdʒɪg/ *vt* GB po|zmieniać *[plans, timetable]*
rejigger /ˌriːˈdʒɪgə(r)/ *vt* US = **rejig**
rejoice /rɪˈdʒɔɪs/ **I** *vt* infml u|radować się; **to ~ that...** radować się, że...
II *vi* u|radować się **(at** or **over sth** z czegoś or czymś); **to ~ in sth** radować się z czegoś or czymś; **we ~d to see her alive** uradowaliśmy się, widząc ją żywą; **she ~d in the name of...** iron nazywała się ni mniej, ni więcej tylko...
rejoicing /rɪˈdʒɔɪsɪŋ/ **I** *n* infml (jubilation) radość *f*
II **rejoicings** *npl* fml (celebrations) radosne świętowanie *n*
rejoin[1] /riːˈdʒɔɪn/ *vt* 1 (join again) ponownie wst|ąpić, -ępować do (czegoś) *[club, army, organization]*; ponownie dołącz|yć, -ać do (kogoś/czegoś) *[person, companion, regiment]*; *[road]* ponownie do|jść, -chodzić do (czegoś) *[coast]*; ponownie po|łączyć się z (czymś) *[route]*; **to ~ ship** Naut powrócić na pokład 2 (put back together) ponownie po|łączyć
rejoin[2] /rɪˈdʒɔɪn/ *vt* rzuc|ić, -ać w odpowiedzi
rejoinder /rɪˈdʒɔɪndə(r)/ *n* (reply) replika *f*
rejuvenate /rɪˈdʒuːvɪneɪt/ *vt* odmł|odzić, -adzać *[person, skin]*; fig odn|owić, -awiać *[furniture]*; ożywi|ć, -ać *[area]*
rejuvenation /rɪˌdʒuːvɪˈneɪʃn/ *n* odmłodzenie *n*; fig (of area) ponownie ożywienie *n*
rekindle /ˌriːˈkɪndl/ **I** *vt* na nowo rozpal|ić, -ać *[fire]*; fig na nowo rozbudz|ić, -ać *[hope, interest]*; ponownie napędz|ić, -ać *[inflation]*
II *vi* *[fire]* rozpal|ić, -ać się ponownie; *[emotion]* rozbudz|ić, -ać się na nowo
relaid /ˌriːˈleɪd/ *pt, pp* → **relay**[2]
relapse **I** /ˈriːlæps/ *n* Med fig ponowne pogorszenie *n*; **he had a ~** jego stan się pogorszył
II /rɪˈlæps/ *vi* powr|ócić, -acać **(into sth** do czegoś) *[bad habits, smoking]*; **to ~ into silence** zamilknąć ponownie; **he ~d** Med pogorszyło mu się
relate /rɪˈleɪt/ **I** *vt* 1 (connect) po|wiązać fig; **to ~ sth and sth** or **sth to sth** powiązać coś z czymś 2 (recount) opowi|edzieć, -adać *[story]* **(to sb** komuś); **to ~ how/that...** relacjonować, jak/że...
II *vi* 1 (be connected) **these two things ~** te dwie rzeczy są ze sobą powiązane; **the figures ~ to last year** te cyfry dotyczą zeszłego roku; **everything relating to** or **that ~s to him** wszystko, co go dotyczy 2 (communicate) **to ~ to sb** dogadywać się z kimś; **the way children ~ to their teachers** sposób, w jaki dzieci znajdują wspólny język ze swymi nauczycielami 3 (interact) **to have problems relating (to others)** mieć problemy we współżyciu z ludźmi 4 (respond, identify) **I can't ~ to the character/the painting** ten bohater/obraz do mnie nie przemawia; **they don't speak in a way young people can ~ to** oni nie używają języka, który przemawiałby do młodych ludzi
related /rɪˈleɪtɪd/ **I** *adj* 1 (in the same family) *[person, language, species]* spokrewniony **(to sb/sth** z kimś/czymś); **~ by marriage** spowinowacony 2 (connected) **to be ~ to sth** *[subject, matter, crime]* być z czymś związanym; **the subjects/murders are ~** te zagadnienia/morderstwa są ze sobą powiązane or wiążą się ze sobą; **...and other ~ subjects** ...i inne podobne zagadnienia 3 Mus *[key]* pokrewny
II **-related** *in combinations* **drug-/work-~** mający związek z narkotykami/pracą
relation /rɪˈleɪʃn/ **I** *n* 1 (relative) krewn|y *m*, -a *f*; **Paul Presley, no ~ to Elvis** Paul Presley, ale niemający nic wspólnego or niespokrewniony z Elvisem 2 (connection) związek *m* **(of sth** czegoś) **(with sth** z czymś) **(between sth and sth** pomiędzy czymś a czymś); **to bear no ~ to sth** nie mieć żadnego związku z czymś; **with ~ to sth** w związku z czymś 3 (story) relacja *f* **(of sth** z czegoś) 4 (comparison) **in ~ to sth** w stosunku do czegoś
II *n* Math relacja *f*
III **relations** *npl* 1 (mutual dealings) stosunki *m pl*, relacje *f pl* **(between sb and sb** między kimś a kimś) **(with sb** z kimś); **to have business ~s with sb** utrzymywać z kimś stosunki na stopie zawodowej; **East-West ~s** stosunki Wschód-Zachód 2 euph (intercourse) stosunki *m pl* (płciowe)
relational /rɪˈleɪʃənl/ *adj* Ling, Comput relacyjny
relational database *n* Comput relacyjna baza *f* danych
relational model *n* Comput model *m* relacyjny
relational operator *n* Comput operator *m* relacyjny
relationship /rɪˈleɪʃnʃɪp/ *n* 1 (human connection) stosunki *m pl*, relacje *f pl* **(with sb** z kimś); **to form a ~ with sb** nawiązywać stosunki z kimś; **to have a good ~ with sb** być z kimś w dobrych stosunkach; **a working ~** stosunki na stopie zawodowej; **the superpower ~** stosunki or relacje między mocarstwami; **a doctor-patient ~** stosunki or relacje między doktorem a

pacjentem; **a father-son ~** stosunki or relacje między ojcem a synem; **an actor's ~ with the audience** kontakt między aktorem a publicznością [2] (in a couple) związek *m* **(between sb and sb** pomiędzy kimś a kimś) **(with sb** z kimś); **sexual ~** współżycie seksualne; **are you in a ~?** czy jesteś w stałym związku?; czy jesteś z kimś (na stałe)? infml; **we have a good ~** między nami dobrze się układa [3] (logical or other connection) związek *m* **(between sth and sth** pomiędzy czymś a czymś) **(with sth** z czymś) [4] (family bond) pokrewieństwo *n* **(between sb and sb** pomiędzy kimś a kimś) **(to sb** z kimś); **family ~s** związki rodzinne

relative /ˈrelətɪv/ **I** *n* [1] (family member) krewn|y *m*, -a *f* [2] Ling (pronoun) zaimek *m* względny; (clause) zdanie *n* względne

II *adj* [1] (comparative) *[comfort, ease, happiness, wealth]* względny, relatywny; **it's all ~, everything's ~** wszystko jest względne; **he's a ~ stranger** to właściwie obcy człowiek; **we must consider the ~ merits of both systems** musimy porównać zalety obu systemów; **relative to sth** (compared to) względem czegoś; **supply is ~ to demand** podaż zależy od popytu [2] Meas, Sci, Tech *[density, frequency, value, velocity]* względny, relatywny [3] (concerning) **~ to sth** dotyczący czegoś [4] Ling *[pronoun, clause]* względny [5] Mus *[key, scale]* pokrewny [6] Comput względny

relatively /ˈrelətɪvlɪ/ *adv [cheap, easy, high, small]* stosunkowo, relatywnie; **~ speaking...** z zachowaniem wszelkich proporcji, ...

relativism /ˈrelətɪvɪzəm/ *n* relatywizm *m*

relativist /ˈrelətɪvɪst/ *n* relatywist|a *m*, -ka *f*

relativistic /ˌrelətɪˈvɪstɪk/ *adj* relatywistyczny

relativity /ˌreləˈtɪvətɪ/ *n* względność *f* **(of sth** czegoś); **the theory of ~** teoria względności

relativize /ˈrelətɪvaɪz/ *vt* relatywizować

relax /rɪˈlæks/ **I** *vt* rozluźni|ć, -ać *[muscle, limb, jaw, discipline]*; zw|olnić, -alniać *[grip]*; odpręż|yć, -ać *[body, muscle]*; z|łagodzić *[restrictions, policy]*; rozpu|ścić, -szczać *[hair]*; da|ć, -wać odpocząć (czemuś) *[mind]*; **to ~ one's concentration/attention** przestać uważać

II *vi* [1] (calm down) *[person]* uspok|oić, -ajać się; **~!** uspokój się, spokojnie!; **I won't ~ until she arrives** nie uspokoję się, dopóki nie przyjdzie [2] (rest) odpręż|yć, -ać się, z|relaksować się, rozluźni|ć, -ać się; **just ~!** zrelaksuj się, rozluźnij się! [3] (loosen, ease) *[grip, jaw, muscle, limb, discipline]* rozluźni|ć, -ać się; *[policy, restrictions]* zostać złagodzonym; *[features, face]* z|łagodnieć; **her face ~ed into a smile** twarz jej złagodniała i pojawił się na niej uśmiech

relaxant /rɪˈlæksnt/ *n* Med środek *m* zwiotczający

relaxation /ˌriːlækˈseɪʃn/ **I** *n* [1] (recreation) relaks *m*; **it's a form of ~** to forma relaksu; **it's her only (form of) ~** to dla niej jedyna forma relaksu; **what do you do for ~?** co robisz, żeby się zrelaksować [2] (loosening, easing) (of muscle, jaw, discipline) rozluźnienie *n*; (of grip) zwolnienie; (of efforts, concentration) osłabienie *n*; (of restrictions, policy) złagodzenie *n*

II *modif [exercises, technique, session]* relaksacyjny

relaxed /rɪˈlækst/ *n [person]* zrelaksowany, rozluźniony, swobodny; *[manner, atmosphere, discussion]* swobodny; *[muscle]* rozluźniony; **he's quite ~ about it** nie przejmuje się tym zbytnio

relaxer /rɪˈlæksə(r)/ *n* **to be a ~** *[music]* relaksować

relaxing /rɪˈlæksɪŋ/ *adj [atmosphere, activity, vacation]* relaksujący

relay¹ **I** /ˈriːleɪ/ *n* [1] (shift) (of workers, horses) zmiana *f*; **to work in ~s** *[rescue workers]* pracować na zmianę; *[employees]* pracować zmianowo [2] Radio, TV retransmisja *f* [3] Sport (also **~ race**) sztafeta *f*, bieg *m* sztafetowy or rozstawny; (section of race) zmiana *f* [4] Elec przekaźnik *m*

II /ˈriːleɪ/ *modif* Sport **~ team** sztafeta; **~ runner** zawodnik biegnący w sztafecie

III /ˈriːleɪ, rɪˈleɪ/ *vt* (*pt, pp* **relayed**) Radio, TV retransmitować; fig przekaz|ać, -ywać *[message, question]* **(to sb** komuś)

relay² /ˌriːˈleɪ/ *vt* (*pt, pp* **relaid**) położyć, kłaść jeszcze raz *[carpet]*

relay station *n* Radio, TV stacja *f* przekaźnikowa

release /rɪˈliːs/ **I** *n* [1] (liberation) uwolnienie *n*, wypuszczenie *n*; (from prison) zwolnienie *n*; **the ~ of hostages** uwolnienie zakładników; **on his ~ from prison he said...** opuszczając więzienie, powiedział... [2] fig (relief) **a feeling of ~** uczucie ulgi; **death came as a merciful ~** śmierć stała się wybawieniem [3] (of gas, steam, liquid) wypuszczenie *n*, spuszczenie *n*; (of pressure) zmniejszenie *n* [4] Mil (of bomb) zrzucenie *n*; (of missile) wystrzelenie *n* [5] (mechanism) mechanizm *m* zwalniający; **the bomb ~** mechanizm spustowy; **to pull the ~** pociągnąć za dźwignię [6] Journ (announcement) komunikat *m* [7] (of film) wejście *n* na ekrany; (of book) wyjście *n*; **the film is now on general ~** film jest obecnie wszędzie wyświetlany [8] (book, film, record) **have you heard his latest ~?** słyszałeś jego ostatnią płytę?; **have you read his latest ~?** czytałeś jego ostatnią książkę?; **have you seen his latest ~?** widziałeś jego ostatni film? [9] (deliverance) zwolnienie *n*; **the ~ of goods from bond** zwolnienie towarów spod sekwestru; **the ~ of goods against payment** zwolnienie towarów z depozytu po wniesieniu opłaty celnej [10] (of employee for training) → **day release**

II *modif* Tech **~ mechanism** mechanizm zwalniający

III *vt* [1] (set free) zw|olnić, -alniać *[prisoner]*; uw|olnić, -alniać, zw|olnić, -alniać, wypu|ścić, -szczać *[hostage]*; wyswob|odzić, -adzać *[accident victim]*; wypu|ścić, -szczać *[animal]* [2] fig zw|olnić, -alniać **(from sth** z czegoś) *[promise, obligation]*; **to ~ sb from a debt** umorzyć komuś dług; **to ~ sb to attend a course** zwolnić kogoś na kurs [3] Tech, Phot (unlock) zw|olnić, -alniać *[safety catch, clasp, shutter, handbrake, clutch]* [4] (launch into fight) wypu|ścić, -szczać *[arrow]*; zrzuc|ić, -ać *[bomb]*; wystrzeli|ć, -wać *[missile]* [5] (let go of) zw|olnić, -alniać *[grip, grasp, hold]*; pu|ścić, -szczać *[object, hand, arm]*; **he ~d his hold** or **grasp of the rope** puścił linę [6] Journ wyda|ć, -wać *[statement, bulletin]*; ogł|osić, -aszać *[news]*; o|publikować *[picture, photo]* [7] Cin, Mus wprowadz|ić, -ać na ekrany *[film]*; wyda|ć, -wać *[record]* [8] (relinquish) zrze|c, -kać się (czegoś) *[title]* [9] Med uw|olnić, -alniać *[hormone, drug]*

relegate /ˈrelɪgeɪt/ *vt* [1] (downgrade) z|degradować *[person]*; przen|ieść, -osić **(to sth** do czegoś); odsu|nąć, -wać *[issue, information]*; **to be ~d to the role of...** zostać zdegradowanym do roli...; **to be ~d to the margins** być zepchniętym na margines; **his works have been ~d to oblivion** jego prace poszły w zapomnienie [2] GB Sport z|degradować **(to sth** do czegoś); **to be ~d to the third division** zostać zdegradowanym or spaść do trzeciej ligi [3] fml (assign) przypis|ać, -ywać **(to sth** do czegoś)

relegation /ˌrelɪˈgeɪʃn/ *n* [1] (downgrading) (of person) degradacja *f* [2] GB Sport degradacja *f*, spadek *m* **(to sth** do czegoś) [3] fml (of problem, matter) przypisanie *n* **(to sth** do czegoś)

relent /rɪˈlent/ *vi [person, government]* ust|ąpić, -ępować; *[weather]* poprawi|ć, -ać się; *[storm]* u|cichnąć; **the rain showed little sign of ~ing** nie zanosiło się, żeby miało przestać padać

relentless /rɪˈlentlɪs/ *adj [ambition]* niepohamowany; *[advance]* niepowstrzymany; *[urge]* nieopanowany; *[attack, pursuit, enemy]* nieustępliwy; *[pressure]* niesłabnący; *[noise, activity]* nieustający

relentlessly /rɪˈlentlɪslɪ/ *adv* [1] (incessantly) *[rain, shine, argue, attack]* bez przerwy [2] (mercilessly) *[advance]* niepowstrzymanie

relet /ˌriːˈlet/ *vt* (*prp* **-tt-**; *pt, pp* **relet**) ponownie wynaj|ąć, -mować

relevance /ˈreləvəns/ *n* (of issue, theory, fact, remark, information, resource, art) związek *m* **(to sth** z czymś); **the ~ of politics to daily life** rola polityki w codziennym życiu; **to be of little/great ~ to sth** mieć niewielkie/wielkie znaczenie dla czegoś; **to have ~ for sb/sth** mieć znaczenie dla kogoś/czegoś; **this has no ~ to the issue** to nie ma związku z tą sprawą

relevant /ˈreləvənt/ *adj* [1] (pertinent) *[issue, facts, remark, point, information]* istotny; *[theory]* mający znaczenie; *[resource]* użyteczny; **to be ~ to sth** być istotnym dla czegoś; **that's not ~ to the subject** to nie ma związku z tą sprawą; **such considerations are not ~** te rozważania nie mają znaczenia [2] (appropriate, corresponding) *[chapter]* odpowiedni; *[time, period]* o którym mowa; **a ~ document** Jur dokument dotyczący sprawy; **~ authorities** właściwe władze; **to have ~ experience** mieć odpowiednie doświadczenie

reliability /rɪˌlaɪəˈbɪlətɪ/ *n* (of firm, employee) solidność *f*; (of witness, information, account) wiarygodność *f*; (of friend, car, machine, memory) niezawodność *f*

reliable /rɪˈlaɪəbl/ *adj [friend, car, machine, memory]* niezawodny; *[employee, firm]* solidny; *[witness, account, information]* wiarygodny; **he's not very ~** nie można na nim zbytnio polegać; **a ~ source of informa-**

R

tion wiarygodne źródło informacji; **the weather is not very ~** pogoda jest dość niepewna

reliably /rɪˈlaɪəblɪ/ *adv [operate, work]* niezawodnie; **to be ~ informed that...** mieć informację z wiarygodnego źródła, że...

reliance /rɪˈlaɪəns/ *n* [1] (trust) zaufanie *n* [2] (dependence) zależność *f* **(on sth** od czegoś)

reliant /rɪˈlaɪənt/ *adj* **to be ~ on sth** *[person, country, industry]* być uzależnionym od czegoś *[drugs, welfare payments, exports, materials]*

relic /ˈrelɪk/ *n* [1] (custom, object) relikt *m* **(of sth** czegoś); (building) pozostałość *f* **(of sth** czegoś) [2] Relig relikwia *f*

relict /ˈrelɪkt/ *n* relikt *m*

relief /rɪˈliːf/ **I** *n* [1] (from pain, distress, anxiety) ulga *f*; **a sigh/feeling of ~** westchnienie /uczucie ulgi; **what a ~!** co za ulga!; **(greatly) to my ~, he laughed** zaśmiał się, więc odetchnąłem z ulgą; **it's a ~ that the rain's stopped** nareszcie przestało padać; **it was a ~ to hear/to see that...** poczułem ulgę, słysząc/widząc, że...; **to bring** or **give ~ to sb** przynieść komuś ulgę; **to seek ~ from depression in drink** topić smutek w alkoholu; **that's a ~!** co za ulga! [2] (alleviation) **tax ~** ulga podatkowa; **debt ~** umorzenie długu [3] (help) pomoc *f* (humanitarna); **famine ~** pomoc dla ofiar głodu; **to come to the ~ of sb** przyjść komuś z pomocą [4] US Soc Admin pomoc *f* społeczna; **to be on ~** korzystać z pomocy społecznej [5] (diversion) odmiana *f*; **I wanted some ~ from the daily routine** potrzebowałem trochę odmiany w swoich codziennych zajęciach; **to provide light ~** dostarczać rozrywki; **he reads magazines for light ~** czyta czasopisma dla rozrywki [6] Mil (of garrison, troops) odsiecz *f* **(of sb/sth** dla kogoś /czegoś) [7] (replacement on duty) (person) zmienni|k *m*, -czka *f*; (group) zmiana *f* [8] Art, Geog relief *m*; **high ~** relief wypukły; **low ~** relief płaski, płaskorzeźba; **to stand out in (sharp) ~ against sth** wyraźnie odcinać się od czegoś; **to bring** or **throw sth into ~** uwydatnić or uwypuklić coś [9] Jur (of grievance) rekompensata *f*

II *modif* [1] **~ operation** operacja humanitarna; **~ programme** program pomocy or pomocowy [2] (replacement) *[bus, train, service]* dodatkowy; **~ driver/guard** zmiennik

relief agency *n* organizacja *f* humanitarna

relief effort *n* pomoc *f* humanitarna

relief fund *n* fundusz *m* pomocowy

relief map *n* mapa *f* plastyczna

relief organization *n* organizacja *f* humanitarna

relief road *n* objazd *m (zalecony w celu rozładowania korków)*

relief shift *n* zmiana *f*

relief supplies *npl* pomoc *f* humanitarna

relief valve *n* wentyl *m* bezpieczeństwa

relief work *n* pomoc *f* humanitarna

relief worker *n* pracownik *m* organizacji humanitarnej

relieve /rɪˈliːv/ **I** *vt* [1] (alleviate) przyn|ieść, -osić ulgę w (czymś), ulżyć w (czymś), z|łagodzić, zmniejsz|yć, -ać *[pain, suffering]*; rozładow|ać, -ywać *[tension]*; przełam|ać, -ywać *[monotony]*; rozpr|oszyć, -aszać *[boredom]*; **to ~ sb's anxiety** uspokoić kogoś; **to ~ famine** przyjść z pomocą ofiarom głodu; **to ~ one's feelings** wyładować emocje; **to ~ congestion** Aut rozładować ruch; Med zlikwidować zator [2] (brighten) ożywi|ć, -ać; **a black dress ~d by a string of pearls** czarna suknia ożywiona sznurem pereł [3] (take away) **to ~ sb of sth** uwolnić kogoś od czegoś *[burden, responsibility]*; **allow me to ~ you of your coat** pan pozwoli swój płaszcz; **to ~ sb of a post** zwolnić kogoś ze stanowiska; **to ~ sb of command** przejąć od kogoś dowództwo; **a pickpocket ~d him of his wallet** hum kieszonkowiec pozbawił go portfela [4] (help) przy|jść, -chodzić z pomocą (komuś) *[population]*; Mil przy|jść, -chodzić z odsieczą (komuś) *[troops, town]* [5] (take over from) zmieni|ć, -ać *[worker, sentry]*; **to ~ the guard** zmienić straż

II relieved *pp adj* **to feel ~d** odczuć ulgę; **to be ~d to hear that...** odetchnąć (z ulgą) usłyszawszy, że...; **to be ~d at sth** z ulgą przyjąć coś *[news]*; odetchnąć (z ulgą) na wieść o czymś *[results]*

III *vr* **to ~ oneself** euph załatwić się euph

religion /rɪˈlɪdʒən/ *n* religia *f*; **what ~ is he?** jakiego on jest wyznania?; **Christian /Muslim ~** religia chrześcijańska/mahometańska; **freedom of ~** wolność wyznania; **it's against my ~** to niezgodne z moją religią; **to make a ~ of sth** traktować coś jak religię; **her work is her ~** praca jest dla niej rzeczą świętą; **to get ~** infml pej stać się bigotem pej; **to lose one's ~** stracić wiarę

religiosity /rɪˌlɪdʒɪˈɒsətɪ/ *n* pej dewocja *f*, religianctwo *n* pej

religious /rɪˈlɪdʒəs/ **I** *n* zakonni|k *m*, -ca *f*

II *adj* [1] *[belief, fanatic, practice, war, person, music, art]* religijny; **~ conversion** nawrócenie; **~ faith** wiara [2] fig *[care, attention]* nabożny fig; **to do sth with ~ care** robić coś w nabożnym skupieniu

religious affairs *npl* Pol stosunki *m pl* religijne

Religious Education *n* GB Sch religia *f*

Religious Instruction *n* = **Religious Education**

religious leader *n* przywódca *m* religijny

religiously /rɪˈlɪdʒəslɪ/ *adv* religijnie; fig (scrupulously) **to follow sth ~** bezwzględnie czegoś przestrzegać

religiousness /rɪˈlɪdʒəsnɪs/ *n* religijność *f*

reline /ˌriːˈlaɪn/ *vt* [1] Sewing podszy|ć, -wać na nowo *[garment, curtains]* [2] Aut zmieni|ć, -ać okładzinę (czegoś) *[brakes]*

relinquish /rɪˈlɪŋkwɪʃ/ *vt* fml [1] (surrender) zrze|c, -kać się (czegoś) *[claim, right, privilege, title, post, power]* **(to sb** na rzecz kogoś) [2] (abandon) z|rezygnować z (czegoś) *[efforts, struggle]*; zrzuc|ić, -ać z siebie *[responsibility]*; **to ~ one's hold** or **grip** rozluźnić uścisk; **to ~ one's hold** or **grip on sth** przestać coś ściskać

relinquishment /rɪˈlɪŋkwɪʃmənt/ *n* fml (of claim, privilege) zrzeczenie się *n* **(of sth** czegoś)

reliquary /ˈrelɪkwərɪ, US -kwerɪ/ *n* relikwiarz *m*

relish /ˈrelɪʃ/ **I** *n* [1] (enjoyment) **to eat/drink with ~** jeść/pić z lubością [2] fig **to have ~ for sth** lubić coś; **with ~** *[sing, perform]* z wyraźną przyjemnością; **she announced the news with ~** ogłosiła tę wiadomość z wyraźnym zadowoleniem [3] (flavour) smak *m*; fig (appeal) smaczek *m* [4] Culin dodatek *m* zaostrzający smak

II *vt* [1] delektować się (czymś) *[food]* [2] fig cieszyć się z (czegoś) *[opportunity, prospect]*; **he ~es the sight** cieszy go ten widok; **I don't ~ the thought** or **prospect of telling her the news** perspektywa przekazania jej tej wiadomości (bynajmniej) nie napawa mnie entuzjazmem

relive /ˌriːˈlɪv/ *vt* przeży|ć, -wać ponownie; (in imagination) powr|ócić, -acać we wspomnieniach do (czegoś)

rellie /ˈrelɪ/ *n* Austral infml krewnia|k *m*, -czka *f*; **your ~s** twoja rodzinka *f* infml

reload /ˌriːˈləʊd/ *vt* ponownie za|ładować *[firearm]*; **to ~ a camera** założyć nowy film w aparacie

relocate /ˌriːləʊˈkeɪt, US ˌriːˈləʊkeɪt/ **I** *vt* przen|ieść, -osić *[employee, offices]* **(to sth** do czegoś); Comput przemie|ścić, -szczać

II *vi [company]* przen|ieść, -osić się; *[employee]* przeprowadz|ić, -ać się

relocation /ˌriːləʊˈkeɪʃn/ **I** *n* (of company) przeniesienie *n*; (of refugees, population) przesiedlenie *n*; (of employee) (being transferred) przeniesienie *n*; (moving to another town) przeprowadzka *f*; Comput relokacja *f*

II *modif* **~ costs/expenses** (of employee) koszty/wydatki związane ze zmianą miejsca zamieszkania

relocation allowance *n* dodatek *m* na zagospodarowanie się

relocation package *n* materiały *m pl* informacyjne dla przeprowadzających się

reluctance /rɪˈlʌktəns/ *n* [1] (disinclination) niechęć *f*; **they showed ~ to cooperate** demonstrowali wyraźną niechęć do współpracy; **they agreed, but with great ~** zgodzili się, ale bardzo niechętnie; **to make a show of ~** ostentacyjnie się ociągać [2] Elec opór *m* magnetyczny, reluktancja *f*

reluctant /rɪˈlʌktənt/ *adj* (unwilling) niechętny; **they were ~ to admit they had been wrong** nie chcieli przyznać się do błędu; **she is a rather ~ celebrity** stała się gwiazdą trochę wbrew samej sobie; **they gave their ~ consent to the proposal** niechętnie przystali na tę propozycję

reluctantly /rɪˈlʌktəntlɪ/ *adv [agree]* niechętnie; *[act, decide]* z ociąganiem

rely /rɪˈlaɪ/ *vi* [1] (be dependent) **to ~ on sth** *[person, group]* być uzależnionym od czegoś *[subsidy, aid]*; *[economy, system]* opierać się na czymś *[exports, industry, method]*; *[plant]* funkcjonować w oparciu o coś *[technology]*; *[government]* uciekać się do czegoś *[deterrent]*; opierać się na czymś *[army]*; **he relies on her for everything** jest od niej pod każdym względem uzależniony [2] (count) **to ~ on sb/sth** liczyć na kogoś/coś; **you can ~ on me** możesz na mnie liczyć; **she cannot be relied (up)on to help** nie można liczyć na jej pomoc; **don't ~ on their being on time** nie licz na to, że będą na czas; **you can't ~ on the evening being a success** nie można liczyć na udany wieczór [3] (trust in) **to ~ on sb/sth** polegać na kimś/czymś; **he can't be relied (up)on** nie można na nim polegać

REM *n* = **rapid eye movement** szybkie ruchy *m pl* gałek ocznych

remailer /riːˈmeɪlə(r)/ *n* (on Internet) anonimowy nadawca *m* poczty elektronicznej, remailer *m*

remain /rɪˈmeɪn/ **I** *vi* [1] (be left) pozosta|ć, -wać; **not much ~s of the building** niewiele pozostało z tego budynku; **a lot ~s to be done** pozostało jeszcze wiele do zrobienia; **the fact ~s that...** pozostaje faktem, że...; **it ~s to be seen whether...** okaże się, czy...; **it only ~s for me to say...** pozostaje mi tylko powiedzieć... [2] (stay) *[person, memory, trace, problem, doubt]* pozosta|ć, -wać; **he ~ed standing** nie usiadł; **he ~ed seated** nie wstał; **to ~ silent** nie odzywać się; **to ~ hopeful** nadal mieć nadzieję; **to let things ~ as they are** zostawić wszystko, tak jak jest; **to ~ with sb all his/her life** *[memory]* nie opuścić kogoś do końca życia; **if the weather ~s fine** jeśli ładna pogoda się utrzyma; **'I ~, yours faithfully'** „łączę wyrazy szacunku"

II **remaining** *prp adj* pozostały; **for the ~ing months of my life** przez te kilka miesięcy życia, które mi jeszcze zostały

remainder /rɪˈmeɪndə(r)/ **I** *n* [1] (remaining things, money, people, time) reszta *f*; **for the ~ of the day** przez resztę dnia [2] Math reszta *f* [3] Jur *prawo własności zawieszone do czasu wygaśnięcia prawa obecnego właściciela*

II **remainders** *npl* Comm pozostałości *f pl*

III *vt* wyprzeda|ć, -wać *[books, goods]*

remains /rɪˈmeɪnz/ *npl* [1] (of meal, fortune, building, city) pozostałości *f pl*, resztki *f pl*; **literary ~** dzieła wydane pośmiertnie [2] (corpse) szczątki *m pl*; **human ~** ludzkie szczątki

remake **I** /ˈriːmeɪk/ *n* Cin nowa wersja *f*, remake *m*

II /ˌriːˈmeɪk/ *vt* (*pt, pp* **remade**) przer|obić, -abiać; Cin na|kręcić nową wersję (czegoś) *[film]*

remand /rɪˈmɑːnd, US rɪˈmænd/ Jur **I** *n* **to be on ~** (in custody) przebywać w areszcie śledczym; (on bail) zostać wypuszczonym na wolność za kaucją

II *vt* **to be ~ed in custody** zostać tymczasowo aresztowanym; **to be ~ed on bail** wyjść na wolność za kaucją; **to be ~ed to a higher court** zostać przekazanym do wyższej instancji; **the case was ~ed for a week** rozprawa została odroczona o tydzień

remand centre *n* areszt *m* śledczy

remand home *n* izba *f* zatrzymań dla nieletnich

remand prisoner *n* więzień *m* w areszcie śledczym

remand wing *n* skrzydło *n* dla tymczasowo aresztowanych

remark /rɪˈmɑːk/ **I** *n* [1] (comment, note) uwaga *f* **(about sth** dotycząca czegoś); **opening/closing ~s** uwagi wstępne/końcowe; **keep your ~s to yourself** zachowaj swoje uwagi dla siebie [2] (notice) **worthy of ~** wart odnotowania; **to escape ~** umknąć uwadze

II *vt* [1] (comment) zauważyć; **to ~ that...** zauważyć, że...; **'strange!' she ~ed** „dziwne!", zauważyła [2] fml (notice) zauważ|yć, -ać *[change, gesture]*; **to ~ that...** zauważyć, że...

▪ **remark on, remark upon**: **~ on** or **upon [sth]** robić or czynić uwagi na temat (czegoś) *[conduct, dress, weather]*

remarkable /rɪˈmɑːkəbl/ *adj [performance, ease, person]* niezwykły; **it's ~ that...** to niezwykłe, że...

remarkably /rɪˈmɑːkəblɪ/ *adv [talented]* niezwykle; *[stupid]* niesamowicie; **she is ~ well, considering what she's been through** biorąc pod uwagę to, co przeszła, jest w nadzwyczaj dobrej formie

remarriage /ˌriːˈmærɪdʒ/ *n* powtórne małżeństwo *n*

remarry /ˌriːˈmærɪ/ **I** *vt [man]* powtórnie się ożenić z (kimś); *[woman]* powtórnie wyjść za mąż za (kogoś)

II *vi [man]* powtórnie się ożenić; *[woman]* powtórnie wyjść za mąż

remaster /riːˈmɑːstə(r), US -ˈmæst-/ *vt* Audio **digitally ~ed** przetworzony cyfrowo

rematch /ˈriːmætʃ/ *n* Sport rewanż *m*

remediable /rɪˈmiːdɪəbl/ *adj* **~ situation** sytuacja do naprawienia

remedial /rɪˈmiːdɪəl/ *adj* [1] *[measures]* naprawczy; **to take ~ action** przedsięwziąć środki naprawcze [2] Med *[treatment]* leczniczy; **~ exercises** gimnastyka korekcyjna [3] Sch *[class]* wyrównawczy; **~ French course** zajęcia wyrównawcze z francuskiego; **~ education** nauczanie uczniów z problemami w nauce

remedy /ˈremədɪ/ **I** *n* (medicine) lekarstwo *n*, remedium *n* also fig **(for sth** na coś); Jur zadośćuczynienie *n*; **to be beyond (all) ~** *[disorder, condition]* być nieuleczalnym; *[situation]* być nie do naprawienia

II *vt* naprawi|ć, -ać *[situation]*; **the situation cannot be remedied** sytuacja jest nie do naprawienia

IDIOMS: **desperate diseases require desperate remedies** dramatyczne sytuacje wymagają dramatycznych rozwiązań

remember /rɪˈmembə(r)/ **I** *vt* [1] (have in mind) za|pamiętać *[fact, name, place, event, person]*; **to ~ that...** pamiętać, że...; **it must be ~ed that...** należy pamiętać, że...; **~ that he was only 20 at the time** pamiętaj, że miał wtedy tylko 20 lat; **she ~s leaving her watch on the table** pamięta, że zostawiła zegarek na stole; **I ~ him saying something about a meeting** pamiętam, że mówił coś o jakimś zebraniu; **I ~ him as a very dynamic man** pamiętam go jako człowieka bardzo energicznego; **I ~ a time when...** pamiętam czasy, kiedy...; **I don't ~ anything about it** nic z tego nie pamiętam; **I can never ~ names** nigdy nie mogę zapamiętać imion; **I wish I had something to ~ him by** chciałbym mieć coś, co by mi go przypominało; **I've been working here for longer than I care to ~** pracuję tu już tak długo, że nawet nie pamiętam od kiedy; **that's worth ~ing** to warto zapamiętać; **a night to ~** niezapomniana noc; **this year will be ~ed as a turning point in our history** ten rok pozostanie w pamięci jako punkt zwrotny w naszej historii [2] (not forget) **did you ~ to get a newspaper/feed the cat?** nie zapomniałeś kupić gazety/nakarmić kota?; **~ that it's fragile** pamiętaj or nie zapominaj, że to jest bardzo delikatne; **~ where you are** nie zapominaj, gdzie jesteś; **to ~ sb in one's prayers** pamiętać o kimś w swoich modlitwach; **he always ~s me on my birthday** zawsze pamięta or nigdy nie zapomina o moich urodzinach; **she ~ed me in her will** pamiętała o mnie w swoim testamencie [3] (bring to one's mind) przypom|nieć, -inać sobie; **I can't ~ her name for the moment** nie mogę sobie przypomnieć jej imienia; **I ~ed having read it when I was young** przypomniałem sobie, że w młodości to czytałem [4] (commemorate) upamiętni|ć, -ać *[battle, war dead]* [5] (convey greetings from) **to ~ sb to sb** pozdrowić kogoś od kogoś; **she asks to be ~ed to you** prosiła, żeby cię pozdrowić

II *vi* pamiętać; **if I ~ correctly** or **rightly** o ile dobrze pamiętam; **not as far as I ~** nie, o ile dobrze pamiętam

III *vr* **to ~ oneself** opamiętać się

remembrance /rɪˈmembrəns/ *n* [1] (memento) pamiątka *f* [2] (memory) wspomnienie *n*; **in ~ of sb** dla upamiętnienia kogoś

remembrance ceremony *n* uroczystość *f* upamiętniająca

Remembrance Day *n* GB *dzień upamiętniający poległych w obu wojnach światowych* → **Poppy Day**

Remembrance Sunday *n* = **Remembrance Day**

remind /rɪˈmaɪnd/ **I** *vt* przypom|nieć, -inać; **to ~ sb of sth** przypominać coś komuś; **to ~ sb to do sth** przypomnieć komuś, żeby coś zrobił; **he ~s me of my brother** przypomina mi mojego brata; **to ~ sb that...** przypomnieć komuś, że...; **you are ~ed that...** przypomina się, że...; **I forgot to ~ her about the meeting** zapomniałem jej przypomnieć o zebraniu; **that ~s me...** à propos...

II *vr* **to ~ oneself that...** mówić sobie, że...

reminder /rɪˈmaɪndə(r)/ *n* przypomnienie *n* **(of sth** o czymś); **a ~ to sb to do sth** przypomnienie dla kogoś, żeby coś zrobił; **(letter of) ~** Admin upomnienie; **to be a ~ of the problems faced by parents** być przykładem problemów, z jakimi stykają się rodzice; **~s of the past** ślady przeszłości

reminisce /ˌremɪˈnɪs/ *vi* wspominać **(about sth** coś)

reminiscence /ˌremɪˈnɪsns/ *n* [1] (recollection) wspomnienie *n*; **to smile in ~** uśmiechnąć się na samo wspomnienie [2] (past experience) reminiscencja *f*

reminiscent /ˌremɪˈnɪsnt/ *adj* **to be ~ of sb/sth** przypominać kogoś/coś

reminiscently /ˌremɪˈnɪsntlɪ/ *adv [smile, look]* z rozrzewnieniem; **to talk ~ of sth /sb** wspominać coś/kogoś

R

remiss /rɪˈmɪs/ *adj* **it was ~ of him not to reply** to niedbalstwo z jego strony, że nie odpowiedział

remission /rɪˈmɪʃn/ *n* [1] (of sentence, debt, fee) umorzenie *n* [2] Med remisja *f* [3] Relig (of sins) odpuszczenie *n* [4] (deferment) odłożenie *n* na później

remit **I** /ˈriːmɪt/ *n* **it's outside my ~** to nie leży w mojej gestii; **to exceed one's ~** przekroczyć swoje kompetencje

II /rɪˈmɪt/ *vt* (*prp, pt, pp* **-tt-**) [1] (send back) od|esłać, -syłać *[case, problem]* **(to sth** do czegoś) [2] (reduce) um|orzyć, -arzać *[debt, penalty]* [3] (send) przes|łać, -yłać *[money]* [4] (postpone) przesu|nąć, -wać *[payment]* [5] Relig odpu|ścić, -szczać *[sin]*

III /rɪˈmɪt/ *vi* (*prp, pt, pp* **-tt-**) (abate) ust|ąpić, -ępować

remittal /rɪˈmɪtl/ *n* (of sins) odpuszczenie *n*

remittance /rɪˈmɪtns/ *n* [1] (payment) przekaz *m* [2] (allowance) renta *f*

remittance advice *n* nota *f* przekazu

remittent /rɪˈmɪtnt/ *adj* Med *[fever, symptoms]* nawracający

remix /ˌriːˈmɪks/ Mus **I** *n* remiks *m*

II *vt* ponownie z|miksować

remnant /ˈremnənt/ *n* (of food, commodity, building) resztka *f*, pozostałość *f*; Comm (of fabric) resztka *f*; (of past, ideology) pozostałość *f*

remodel /ˌriːˈmɒdl/ *vt* (*prp, pt, pp* **-ll-** GB, **-l-** US) z|reorganizować *[company, institution]*; zmieni|ć, -ać *[policy]*; przemodelować *[constitution]*; zmieni|ć, -ać kształt (czegoś) *[nose]*; przeprojektow|ać, -ywać *[house, town]*

remonstrance /rɪˈmɒnstrəns/ *n* fml protest *m*

remonstrate /ˈremənstreɪt/ fml **I** *vt* za|protestować **(that** że)

II *vi* za|protestować; **she ~d with him over his selfish attitude** zganiła go za egoistyczną postawę

remorse /rɪˈmɔːs/ *n* wyrzuty *m pl* sumienia; **a fit of ~** przypływ skruchy; **she felt no ~ for her crime** nie czuła wyrzutów sumienia or skruchy za popełnioną zbrodnię

remorseful /rɪˈmɔːsfl/ *adj [person, apology, confession]* pełen skruchy

remorsefully /rɪˈmɔːsfəlɪ/ *adv [speak, cry]* ze skruchą

remorseless /rɪˈmɔːslɪs/ *adj* [1] *[brutal]* pozbawiony skrupułów [2] (relentless) *[ambition]* nieposkromiony; *[progress]* niepowstrzymany; *[enthusiasm]* niepohamowany; *[optimism]* niepoprawny

remorselessly /rɪˈmɔːslɪslɪ/ *adv* (brutally) bezlitośnie; (relentlessly) *[march, advance, progress]* niepowstrzymanie

remorselessness /rɪˈmɔːslɪsnɪs/ *n* (cruelty) brak *m* skrupułów

remote /rɪˈməʊt/ **I** *n* [1] Radio, TV przekaz *m* spoza studia [2] Audio infml (gadget) pilot *m*

II *adj* [1] (distant) *[era, antiquity]* zamierzchły; *[country, planet]* odległy; *[ancestor]* daleki; **in the ~ future** w dalekiej przyszłości; **in the ~ past** w zamierzchłej przeszłości; **in the ~ distance** w oddali; **in the ~st corner of Asia** w odległym zakątku Azji [2] (isolated) *[area, village]* oddalony; **~ from society** poza społeczeństwem; **the leaders are too ~ from the people** przywódcy za bardzo oddalili się od zwykłych ludzi [3] fig (aloof) *[person]* wyniosły [4] (slight) *[chance, connection, resemblance]* niewielki; **I haven't (got) the ~st idea** nie mam najmniejszego pojęcia; **there is only a ~ possibility that they survived** szansa na ich ocalenie jest bardzo niewielka [5] Comput *[printer, terminal]* zdalny

remote access *n* Comput dostęp *m* zdalny

remote central locking *n* Aut centralny zamek *m (sterowany pilotem)*

remote control *n* [1] (gadget) pilot *m* [2] (technique) zdalne sterowanie *n*; **to operate sth by ~** zdalnie sterować czymś

remote-controlled /rɪˌməʊtkənˈtrəʊld/ *adj* zdalnie sterowany

remote damage *n* Jur szkoda *f* pośrednia

remote job entry *n* Comput zdalne wprowadzanie *n* zadań

remotely /rɪˈməʊtlɪ/ *adv* [1] (at a distance) *[located, situated]* na odludziu; **~ operated** zdalnie sterowany [2] (slightly) *[resemble]* trochę; **he's not ~ interested** on nie jest ani trochę zainteresowany; **it is ~ possible that...** istnieje jakaś niewielka możliwość, że...; **this does not taste ~ like caviar** to ani trochę nie przypomina smakiem kawioru; **I don't look ~ like him** ani trochę nie jestem do niego podobny; **~ related events** luźno ze sobą powiązane wydarzenia

remoteness /rɪˈməʊtnɪs/ *n* [1] (isolation) oddalenie *n* **(from sth** od czegoś); **his ~ from the electorate** jego oderwanie od wyborców [2] (in time) oddalenie *n* w czasie [3] (of person) wyniosłość *f* **(from sb** wobec kogoś)

remote sensing *n* teledetekcja *f*

remote surveillance *n* system *m* telewizji przemysłowej

remould GB, **remold** US **I** /ˈriːməʊld/ *n* Aut bieżnikowana opona *f*

II /ˌriːˈməʊld/ *vt* [1] GB Aut bieżnikować [2] fig (transform) z|restrukturyzować *[company, institution]*; odmieni|ć, -ać *[person, personality]*

remount /ˌriːˈmaʊnt/ **I** *vt* [1] ponownie wsi|ąść, -adać na (coś) *[bicycle]*; ponownie dosi|ąść, -adać (czegoś) *[horse]*; ponownie w|ejść, -chodzić na (coś) *[hill, stairs, ladder]* [2] Art ponownie wystawi|ć, -ać *[play]*; ponownie z|organizować *[exhibition]*; zmienić ramy (czegoś) *[picture]*

II *vi [cyclist]* ponownie wsi|ąść, -adać na rower; *[rider]* ponownie dosi|ąść, -adać konia

removable /rɪˈmuːvəbl/ *adj* (adhesive) usuwalny; (construction) ruchomy

removal /rɪˈmuːvl/ **I** *n* [1] (elimination) (of barrier, threat) usunięcie *n*; (of tax, subsidy) zniesienie *n*; (of doubt, worry) rozwianie *n* [2] (cleaning) usunięcie *n*; **for the ~ of grease stains** do usuwania plam z tłuszczu; **stain ~** usuwanie plam [3] Mil (withdrawal) wycofanie *n* [4] Med usunięcie *n* [5] (change of home, location) przeprowadzka *f* **(from sth** z czegoś) **(to sth** do czegoś) [6] (dismissal) (of employee) zwolnienie *n*; **after his ~ from office** po usunięciu go ze stanowiska [7] (of demonstrators, troublemakers) usunięcie *n* [8] (collecting) **he's responsible for ~ of the rubbish/boxes** (on) zajmuje się usuwaniem śmieci/starych kartonów [9] (transfer) (of patient, prisoner) przeniesienie *n* [10] (killing) euph zlikwidowanie *n*

II *modif* **~ costs** koszty przeprowadzki; **~ firm** firma przeprowadzkowa

removal expenses *npl* koszty *m pl* związane z przeprowadzką

removal man *n* pracownik *m* firmy przeprowadzkowej

removal order *n* Jur nakaz *m* opuszczenia kraju

removal van *n* samochód *m* do przeprowadzek

remove /rɪˈmuːv/ **I** *n* fml **to be at one ~ from sth** być o krok od czegoś; **to be at many ~s from sth** być dalekim od czegoś

II *vt* [1] usu|nąć, -wać *[object, passage, paragraph, word, stain, tumour, breast, organ]*; zd|jąć, -ejmować *[clothes, shoes]*; zn|ieść, -osić *[tax, subsidy]*; **she ~d her hand from his shoulder** zdjęła mu rękę z ramienia; **over 30 bodies were ~d from the rubble** spod gruzów wydobyto ciała ponad 30 osób; **to ~ a child from a school** zabrać dziecko ze szkoły; **to ~ goods from the market** wycofać towary z rynku; **to ~ industry from state control** uwolnić przemysł spod kontroli państwa; **to ~ sb's name from a list** skreślić nazwisko kogoś z listy; **to be ~d to hospital** GB zostać zabranym do szpitala; **to ~ one's make-up** zmyć makijaż; **to ~ unwanted hair from one's legs** wydepilować sobie nogi [2] (oust) zw|olnić, -alniać *[employee]*; **to ~ sb from office** usunąć kogoś ze stanowiska; **to ~ sb from power** odebrać komuś władzę [3] (dispel) rozwi|ać, -ewać *[suspicion, fears, doubt]*; usu|nąć, -wać *[obstacle, difficulty, threat]*; zabi|ć, -jać *[boredom]* [4] (kill) euph usu|nąć, -wać *[person]* [5] Comput usu|nąć, -wać

III *vi* fml przeprowadz|ić, -ać się; **they have ~d from London to the country** przeprowadzili się z Londynu na wieś

IV *vr* **to ~ oneself** hum wynieść się infml **(to sth** dokądś)

V **removed** *pp adj* [1] **to be far ~d from reality/truth** być dalekim od rzeczywistości/prawdy [2] (in kinship) **cousins once ~d** dalsi kuzyni

remover /rɪˈmuːvə(r)/ *n* (person) pracownik *m* firmy przeprowadzkowej → **stain remover**

REM sleep *n* faza *f* paradoksalna snu

remunerate /rɪˈmjuːnəreɪt/ *vt* wynagr|odzić, -adzać **(for sth** za coś)

remuneration /rɪˌmjuːnəˈreɪʃn/ *n* fml wynagrodzenie *n*

remunerative /rɪˈmjuːnərətɪv, US -nəreɪtɪv/ *adj* fml opłacalny

renaissance /rɪˈneɪsns, US ˈrenəsɑːns/ *n* (of culture, interest) renesans *m*

Renaissance /rɪˈneɪsns, US ˈrenəsɑːns/ **I** *prn* **the ~** Odrodzenie *n*, Renesans *m*

II *modif [art, palace]* renesansowy

Renaissance man *n* fig człowiek *m* Renesansu

renal /ˈriːnl/ *adj* **~ failure/function** wada /funkcja nerek

renal dialysis *n* Med dializa *f*

renal specialist *n* nefrolog *m*

renal unit *n* oddział *m* nefrologii

rename /ˌriːˈneɪm/ *vt* przemianow|ać, -ywać, przechrzcić

renascent /rɪˈnæsnt/ *adj* odradzający się

rend /rend/ *vt* (*pt, pp* **rent**) roz|edrzeć, -dzierać also fig

render /ˈrendə(r)/ **I** *n* Constr zaprawa *f*
II *vt* [1] (cause to become) **to ~ sb homeless** pozbawić kogoś dachu nad głową; **to ~ sth impossible** uniemożliwić coś, uczynić coś niemożliwym; **to ~ sth harmless** unieszkodliwić coś; **to ~ sth lawful** zalegalizować coś; **to ~ sb unconscious** zamroczyć kogoś; **to ~ sb speechless** odebrać komuś mowę [2] (provide) wy|świadczyć *[service]* **(to sb** komuś); **to ~ assistance /aid** przyjść z pomocą **(to sb** komuś); **for services ~ed** za wyświadczone usługi [3] (give) odda|ć, -wać *[homage]* **(to sb** komuś); okaz|ać, -ywać *[respect, allegiance]* **(to sb** komuś); **to ~ one's life for sth** oddać życie za coś [4] Art, Literat, Mus odda|ć, -wać *[mood, style]*; wykon|ać, -ywać *[piece]* [5] (translate) odda|ć, -wać *[nuance]*; prze|tłumaczyć *[text, phrase]* **(into sth** na coś) [6] Comm (submit) złożyć, składać *[statement]*; **to ~ an account of sth** rozliczyć się z czegoś [7] Jur wyda|ć, -wać *[judgement, decision]* [8] Constr zaprawi|ć, -ać *[wall, surface]* [9] (melt down) **→ render down**
■ **render down**: **~ [sth] down** przet|opić, -apiać *[fat]*; wyt|opić, -apiać tłuszcz z (czegoś) *[carcass, meat]*
■ **render up**: **~ up [sth]** liter złożyć, składać *[arms]*; odda|ć, -wać *[soul, treasure]*

rendering /ˈrendərɪŋ/ *n* [1] Art, Literat, Mus interpretacja *f* **(of sth** czegoś) [2] (translation) tłumaczenie *n* **(of sth** czegoś) [3] Constr (plaster) zaprawa *f*

rendezvous /ˈrɒndɪvuː/ **I** *n* (*pl* **~**) [1] (meeting) spotkanie *n*; rendez-vous *n inv* dat; (of lovers) randka *f*; schadzka *f*, rendezvous *n inv* dat; **to have a ~ with sb** spotkać się z kimś [2] (place) miejsce *n* spotkania
II *vi* (meet) spot|kać, -ykać się **(with sb** z kimś)

rendition /renˈdɪʃn/ *n* Art, Literat, Mus interpretacja *f*

renegade /ˈrenɪgeɪd/ *n* [1] (abandoning beliefs) zdraj|ca *m*, -czyni *f*, renegat *m* [2] (rebel) buntownik *m*

renege /rɪˈniːg, -ˈneɪg/ *vi* **to ~ on a promise/an agreement** nie dotrzymać obietnicy/umowy

renegotiate /ˌriːnɪˈgəʊʃɪeɪt/ *vt* renegocjować *[deal, contract]*

renegotiation /ˌriːnɪˌgəʊʃɪˈeɪʃn/ *n* renegocjacje *f pl* **(of sth** czegoś)

renegue *vi* = **renege**

renew /rɪˈnjuː, US -ˈnuː/ **I** *vt* odn|owić, -awiać *[acquaintance, vow, promises, relations]*; przedłuż|yć, -ać *[contract]*; przedłuż|yć, -ać ważność (czegoś) *[passport]*; uzupełni|ć, -ać *[stock]*; wzn|owić, -awiać *[efforts, negotiations]*; zmieni|ć, -ać *[tyres]*; **to ~ a library book** przedłużyć termin zwrotu wypożyczonej książki
II renewed *pp adj* *[interest, optimism, energy]* nowy; **~ed attacks/calls** ponawiane ataki/wezwania

renewable /rɪˈnjuːəbl, US -ˈnuːəbl/ **I** *n* **~s** odnawialne źródła *n pl* energii
II *adj* (resources, supply) odnawialny

renewal /rɪˈnjuːəl, US -ˈnuːəl/ **I** *n* (of subscription, lease) odnowienie *n*; (of passport) przedłużenie *n* ważności; (of diplomatic relations, hostilities) wznowienie *n*; (of premises, drains) remont *m*; **to come up for ~** stracić ważność
II *modif* **~ date** data ważności; **~ form** formularz podania o przedłużenie ważności; **~ fee** opłata za przedłużenie ważności

rennet /ˈrenɪt/ *n* podpuszczka *f*

renounce /rɪˈnaʊns/ **I** *vt* zrze|c, -kać się (czegoś) *[title, claim, right, nationality]*; wyrze|c, -kać się (czegoś) *[habit, family, friend, faith, violence]*; porzuc|ić, -ać *[strategy, party]*; wycof|ać, -ywać się z (czegoś) *[agreement, treaty]*
II *vi* Games doda|ć, -wać nie do koloru

renovate /ˈrenəveɪt/ *vt* odn|owić, -awiać, wy|remontować *[building]*; odn|owić, -awiać *[statue]*; wy|remontować *[vehicle]*; naprawi|ć, -ać *[electrical appliance]*

renovation /ˌrenəˈveɪʃn/ **I** *n* (process) (of building, vehicle) remont *m*; (of statue) renowacja *f*; **property in need of ~** budynek do remontu
II renovations *npl* remont *m*
III *modif [work, scheme]* remontowy

renovation grant *n* zasiłek *m* remontowy

renown /rɪˈnaʊn/ *n* renoma *f*; **of world /international ~** o światowej/międzynarodowej renomie

renowned /rɪˈnaʊnd/ *adj* **~ for sth** znany z czegoś

rent¹ /rent/ *pt, pp* **→ rend**

rent² /rent/ **I** *n* (for accommodation) czynsz *m*; **two months' ~ in advance** czynsz za dwa miesiące z góry; **for ~** do wynajęcia
II *modif* **~ control** kontrola czynszów; **~ strike** strajk lokatorów
III *vt* [1] (hire) wynaj|ąć, -mować *[house, apartment]*; wypożycz|yć, -ać *[car, TV]* [2] (let) **→ rent out**
IV *vi* [1] *[tenant, landlord]* wynaj|ąć, -mować pokój/mieszkanie; **he's ~ing to students** wynajmuje pokoje studentom [2] *[property]* **to ~ for £600 a month** być wynajmowanym za 600 funtów miesięcznie
V rented *pp adj [room, villa]* wynajęty; *[car, phone]* wypożyczony
■ **rent out**: **~ out [sth], ~ [sth] out** wynaj|ąć, -mować **(to sb** komuś)

rent-a-crowd /ˈrentəkraʊd/ *adj* infml **a ~ event** *impreza, której organizatorzy starają się ściągnąć jak największą liczbę osób*

Rent Act *n* GB Jur prawo *n* o najmie nieruchomości

rent agreement *n* umowa *f* najmu

rental /ˈrentl/ *n* [1] (money) (for premises) czynsz *m*; (for car, TV) opłata *f* za wypożyczenie; **line ~** abonament telefoniczny; **monthly ~** (for premises) miesięczny czynsz; (for car, TV) opłata za wypożyczenie na miesiąc; **the weekly ~ for the TV is £2** wypożyczenie telewizora na tydzień kosztuje dwa funty [2] (business) (of premises) wynajem *m*; (of cars, equipment) wypożyczanie *n*; **~ business** wypożyczalnia [3] (act) (of premises) wynajęcie *n*; (of car, equipment) wypożyczenie *n*; **monthly ~** wynajęcie /wypożyczenie na miesiąc

rental agreement *n* umowa *f* najmu

rental building *n* US budynek *m* z mieszkaniami do wynajęcia

rental company *n* wypożyczalnia *f*

rental income *n* dochód *m* z wynajmu

rent-a-mob /ˈrentəmɒb/ *n* infml najemni awanturnicy *m pl*

rent arrears *npl* zaległości *f pl* w płaceniu czynszu

rent book *n* książeczka *f* opłat za mieszkanie

rent boy *n* męska prostytutka *f*

rent collector *n* osoba *f*, która pobiera opłaty za czynsz

rent-controlled /ˌrentkənˈtrəʊld/ *adj* objęty kontrolą czynszów

renter /ˈrentə(r)/ *n* [1] *[tenant]* najemca *m* [2] (landlord) oddający *m* w najem

rent-free /ˌrentˈfriː/ **I** *adj [house]* wolny od czynszu
II *adv [live, use]* bez opłaty czynszowej

rent rebate *n* zniżka *f* czynszu

rent tribunal *n* GB Jur *sąd rozstrzygający spory dotyczące czynszów i wynajmu nieruchomości*

renumber /ˌriːˈnʌmbə(r)/ *vt* przenumerow|ać, -ywać, zmien|ić, -iać numerację (czegoś)

renunciation /rɪˌnʌnsɪˈeɪʃn/ *n* (of faith, family, friend, pleasure) wyrzeczenie się *n* **(of sb/sth** kogoś/czegoś); (of right, nationality, title, succession) zrzeczenie się *n* **(of sth** czegoś)

reoccupy /ˌriːˈɒkjʊpaɪ/ *vt* ponownie zaj|ąć, -mować *[territory, place]*

reoffend /ˌriːəˈfend/ *vi* ponownie popełni|ć, -ać wykroczenie

reopen /ˌriːˈəʊpən/ **I** *vt* ponownie otw|orzyć, -ierać *[shop, discussion, debate]*; **to ~ old wounds** fig rozdrapywać stare rany fig
II *vi [school, shop]* zostać ponownie otwartym; *[trial, talks, play]* wzn|owić, -awiać

reopening /ˌriːˈəʊpənɪŋ/ *n* ponowne otwarcie *n*

reorder /ˌriːˈɔːdə(r)/ **I** *n* ponowne zamówienie *n*
II *vt* zam|ówić, -awiać ponownie
III *vi* złożyć, składać ponowne zamówienie

reorganization /ˌriːˌɔːgənaɪˈzeɪʃn/ *n* reorganizacja *f*

reorganize /ˌriːˈɔːgənaɪz/ **I** *vt* z|reorganizować *[office, industry]*
II *vi* z|reorganizować się

rep¹ /rep/ *n* [1] Comm, Ind = **representative** przedstawiciel *m*, -ka *f* [2] Theat **→ repertory**

rep² /rep/ *n* Tex ryps *m*

Rep /rep/ *n* [1] US Pol **→ Representative** [2] US Pol **→ Republican**

repackage /ˌriːˈpækɪdʒ/ *vt* [1] Comm (package again) za|pakować na nowo; (package differently) przepakow|ać, -ywać [2] fig inaczej przedstawi|ć, -ać *[pay offer]*; zmieni|ć, -ać wizerunek (kogoś) *[politician, media personality]*

repaid /ˌriːˈpeɪd/ *pt, pp* **→ repay**

repaint /ˌriːˈpeɪnt/ *vt* odmalow|ać, -ywać

repair¹ /rɪˈpeə(r)/ **I** *n* [1] naprawa *f*; Constr, Naut remont *m*; **to be under ~** *[building, ship]* być w remoncie; **the ~s to the roof cost £900** naprawa dachu kosztowała or remont dachu kosztował 900 funtów; **we have carried out the necessary ~s** dokonaliśmy niezbędnych napraw; **to be (damaged) beyond ~** nie nadawać się do naprawy; **'road under ~'** „roboty drogowe" [2] fml (condition) **to be in good/bad ~,**

R

to be in a good/bad state of ~ być w dobrym/złym stanie; **to keep sth in good ~** utrzymywać coś w dobrym stanie

II *vt* [1] naprawi|ć, -ać, z|reperować *[clothes, road, clock, machine]*; Naut wy|remontować *[hull]* [2] fml fig naprawi|ć, -ać *[wrong, relations]*

repair² /rɪˈpeə(r)/ *vi* fml (go) uda|ć, -wać się

repairable /rɪˈpeərəbl/ *adj [article]* nadający się do naprawy; *[wrong, situation]* do naprawienia

repairer /rɪˈpeərə(r)/ *n* **to be a watch ~** naprawiać zegarki

repair kit *n* podręczny zestaw *m* narzędzi

repairman /rɪˈpeəmæn/ *n* (*pl* **-men**) człowiek *m* dokonujący napraw

repaper /ˌriːˈpeɪpə(r)/ *vt* zmieni|ć, -ać tapetę w (czymś) *[room]*

reparation /ˌrepəˈreɪʃn/ **I** *n* fml zadośćuczynienie *n*; **to make ~ for sth** dać zadośćuczynienie za coś

II reparations *npl* Pol reparacje *f pl*

repartee /ˌrepɑːˈtiː/ *n* [1] (conversation) błyskotliwa wymiana *f* zdań [2] (wit) błyskotliwość *f* [3] (reply) cięta odpowiedź *f*

repast /rɪˈpɑːst, US rɪˈpæst/ *n* liter posiłek *m*

repatriate /riːˈpætrɪeɪt, US -ˈpeɪt-/ *vt* repatriować also Fin *[refugees, immigrants, capital]*

repatriation /ˌriːpætrɪˈeɪʃn, US -peɪt-/ **I** *n* repatriacja *f* also Fin

II *modif* **~ scheme** program repatriacji

repay /rɪˈpeɪ/ *vt* (*pt, pp* **repaid**) [1] spłac|ić, -ać *[person, sum, loan, debt]* [2] odwdzięcz|yć, -ać się za (coś), odpłac|ić, -ać za (coś) *[hospitality, debt]*; **to ~ a debt of gratitude** spłacić dług wdzięczności; **how can I ever ~ you (for your kindness)** jak ja ci się odwdzięczę (za twoją dobroć); **you've been very hospitable, I hope one day I will be able to ~ you** byłeś taki gościnny, mam nadzieję, że kiedyś będę mógł się odwdzięczyć [3] fml (reward) **this book ~s careful reading** warto dokładnie przeczytać tę książkę

repayable /rɪˈpeɪəbl/ *adj* spłacalny; **~ in instalments** spłacalny w ratach

repayment /rɪˈpeɪmənt/ *n* (process) spłata *f* **(on sth** czegoś); (sum of money) rata *f* spłaty; **to fall behind with one's ~s** spóźniać się ze spłatami

repayment mortgage *n* hipoteka *f* ze spłatą kwoty głównej i odsetek przez cały czas umowy

repayment schedule *n* harmonogram *m* spłat

repeal /rɪˈpiːl/ **I** *n* Jur (of law) uchylenie *n* **(of sth** czegoś)

II *vt* uchyl|ić, -ać

repeat /rɪˈpiːt/ **I** *n* [1] (of event, performance, act) powtórzenie *n*, powtórka *f* [2] Radio, TV powtórka *f* [3] Mus powtórzenie *n*, repetycja *f*

II *modif [attack, attempt, offer, order]* powtórny; *[performance]* powtórzony; **~ offender** Jur recydywist|a -ka; **~ prescription** Med recepta powtarzana

III *vt* [1] powt|órzyć, -arzać *[word, action, success, programme]*; pon|owić, -awiać *[offer]*; Sch powt|órzyć, -arzać, repetować *[year]*; powt|órzyć, -arzać *[course]*; powt|órzyć, -arzać, zdawać ponownie *[test]*; **to ~ that...** powtarzać, że...; **to be ~ed** *[event, attack]* powtórzyć się; *[programme]* zostać powtórzonym; *[offer]* zostać ponowionym [2] Mus powt|órzyć, -arzać *[movement, motif]*

IV *vi* **cucumbers ~ on me** euph odbija mi się ogórkami infml

V *vr* **to ~ oneself** powtarzać się; **history is ~ing itself** historia się powtarza

repeatable /rɪˈpiːtəbl/ *adj* **not to be ~** *[words, remarks]* nie nadawać się do powtórzenia

repeated /rɪˈpiːtɪd/ *adj* [1] *[criticisms, difficulties]* powtarzający się; *[warnings, requests, refusals, efforts, attempts]* wielokrotny; *[requests, efforts, attempts]* wielokrotnie ponawiany; *[warnings]* wielokrotnie powtarzany; *[defeats, setbacks]* następujące po sobie [2] Mus *[movement, theme]* powtarzający się

repeatedly /rɪˈpiːtɪdlɪ/ *adv* ciągle, wielokrotnie

repeater /rɪˈpiːtə(r)/ *n* [1] (gun) pistolet *m* wielostrzałowy [2] (watch) repetier *m* [3] Elec wzmacniak *m* [4] US Sch drugoroczn|y *m*, -a *f*, repetent *m*, -ka *f* [5] US Jur (habitual offender) recydywist|a *m*, -ka *f*

repeating firearm *n* broń *f* palna wielostrzałowa

repeg /ˌriːˈpeg/ *vt* (*prp, pt, pp* **-gg-**) Fin ponownie zamr|ozić, -ażać *[prices]*

repel /rɪˈpel/ *vt* (*prp, pt, pp* **-ll-**) [1] (defeat) od|eprzeć, -pierać *[invader, attack]* [2] (disgust) odpychać; **she was ~led by him** wydał jej się odpychający, budził w niej odrazę [3] Elec, Phys *[electric charge]* od|epchnąć, -pychać; *[surface]* nie wchłaniać (czegoś) *[water]*

repellent /rɪˈpelənt/ *adj [idea]* budzący odrazę; *[smell]* odrażający; *[image]* odpychający → **insect repellent**

repent /rɪˈpent/ **I** *vt* żałować (czegoś)

II *vi* żałować, odczuwać żal

IDIOMS: **marry in haste, ~ at leisure** co nagle, to po diable *(o małżeństwie)*

repentance /rɪˈpentəns/ *n* żal *m*, skrucha *f*

repentant /rɪˈpentənt/ *adj* **to be ~** okazywać żal or skruchę

repercussion /ˌriːpəˈkʌʃn/ *n* [1] (consequence) reperkusja *f* **(of sth** czegoś) **(for sth** dla czegoś); **to have ~s** mieć reperkusje [2] Phys (recoil) odbicie *n*

repertoire /ˈrepətwɑː(r)/ *n* repertuar *m*

repertory /ˈrepətrɪ, US -tɔːrɪ/ *n* [1] **to work in ~** być członkiem stałego zespołu teatralnego [2] = **repertoire**

repertory company *n* teatr *m* repertuarowy

repetition /ˌrepɪˈtɪʃn/ *n* (activity) powtarzanie *n*; (instance) powtórzenie *n*

repetitious /ˌrepɪˈtɪʃəs/ *adj [job, work]* monotonny; *[tune]* pełen powtórzeń

repetitive /rɪˈpetɪtɪv/ *adj* = **repetitious**

repetitively /rɪˈpetɪtɪvlɪ/ *adv* co jakiś czas

repetitiveness /rɪˈpetɪtɪvnɪs/ *n* (monotony) monotonia *f*; **~ of style** styl pełen powtórzeń

repetitive strain injury, RSI *n* Med zespół *m* RSI

rephrase /ˌriːˈfreɪz/ *vt* uj|ąć, -mować inaczej *[point, question]*

repine /rɪˈpaɪn/ *vi* liter narzekać **(at sth** na coś)

replace /rɪˈpleɪs/ *vt* [1] (put back) od|łożyć, -kładać na miejsce *[book]*; **to ~ the receiver** odłożyć słuchawkę; **to ~ a lid on sth** przykryć coś z powrotem; **to ~ a cork** z powrotem zakorkować [2] (take place of) zast|ąpić, -ępować [3] (exchange) wymieni|ć, -ać **(with sb/sth** na kogoś/coś) [4] euph (dismiss) zw|olnić, -alniać [5] Comput zast|ąpić, -ępować

replaceable /rɪˈpleɪsəbl/ *adj* wymienialny

replacement /rɪˈpleɪsmənt/ **I** *n* [1] (person) **to be a ~ for sb** zastępować kogoś [2] Comm **we will give you a ~** (article) wymienimy to panu [3] (instance) wymiana *f* [4] (spare part) część *f* zapasowa

II *modif [staff]* zastępujący; *[engine, part]* zapasowy; **~ cost** koszty wymiany

replant /ˌriːˈplɑːnt/ *vt* przesadz|ić, -ać *[tree]*

replay **I** /ˈriːpleɪ/ *n* Sport [1] (match) powtórzony mecz *m* [2] (sequence) powtórka *f*, replay *m*; **action ~, instant ~** US powtórka, replay

II /ˌriːˈpleɪ/ *vt* [1] Mus za|grać jeszcze raz *[piece]* [2] Audio pu|ścić, -szczać jeszcze raz *[cassette, disc]* [3] Sport powtórnie roz|egrać, -grywać *[match]*

replenish /rɪˈplenɪʃ/ *vt* uzupełni|ć, -ać *[stock, account]*; zaopat|rzyć, -rywać *[larder, shop]*; ponownie zapełni|ć, -ać *[shelves]*; **may I ~ your glass?** napije się pan jeszcze?

replenishment /rɪˈplenɪʃmənt/ *n* (of stock, account) uzupełnienie *n*; (of larder, shop) zaopatrzenie *n*

replete /rɪˈpliːt/ *adj* [1] (after eating) syty; **~ with sth** objedzony czymś [2] (fully supplied) pełny **(with sth** czegoś)

repletion /rɪˈpliːʃn/ *n* fml sytość *f*

replica /ˈreplɪkə/ *n* replika *f* **(of sth** czegoś)

replicate /ˈreplɪkeɪt/ **I** *vt* powt|órzyć, -arzać *[success, result]*; s|kopiować *[document]*; naśladować *[style]*

II *vi* Med *[virus, DNA]* replikować

replication /ˌreplɪˈkeɪʃn/ *n* Biol replikacja *f*; fig (of error) powielanie *n*; (of result) powtarzanie *n*

reply /rɪˈplaɪ/ **I** *n* odpowiedź *f*; Jur replika *f*; **in ~ to sth** w odpowiedzi na coś; **to make no ~** nie odpowiedzieć

II *vt* odpowi|edzieć, -adać; **he replied that...** odpowiedział, że...

III *vi* odpowi|edzieć, -adać also Jur **(to sb /sth** komuś/na coś)

repoint /ˌriːˈpɔɪnt/ *vt* uzupełni|ć, -ać spoinę w (czymś) *[wall]*

repointing /ˌriːˈpɔɪntɪŋ/ *n* uzupełnienie *n* spoinowania

repo man /ˈriːpəʊmæn/ *n* infml = **repossession man**

report /rɪˈpɔːt/ **I** *n* [1] (account) sprawozdanie *n* [2] (notification) **have you had any ~s of lost dogs this evening?** czy nie miał pan dziś wieczorem żadnych zgłoszeń zaginięcia psa? [3] Admin (published findings) raport *m*; **to submit** or **file a ~** złożyć raport; **to prepare/publish a ~** przygotować/opublikować raport; **the chairman's/committee's ~** raport przewodniczącego/komisji; **the Warren commission's ~** raport komisji Warrena [4] Journ, Radio, TV doniesienie *n*; (longer) relacja *f*; **and now a ~ from our Moscow correspondent** a teraz relacja od naszego moskiewskiego korespondenta or korespondenta w Moskwie; **we bring you this special ~** mamy dla państwa specjalną relację [5] Sch raport *m* o wynikach w nauce; (at the end of year) ≈ świadectwo *n* [6] (explosion) huk *m*

II reports *npl* (unsubstantiated news) pogłoski *f pl*; Radio, TV doniesienia *n pl*; **we are getting ~s of heavy fighting** otrzymujemy doniesienia o toczących się ciężkich walkach; **there have been ~s of understaffing in prisons** mamy doniesienia o kłopotach kadrowych w więziennictwie; **according to ~s, the divorce is imminent** szerzą się pogłoski, że rozwód jest nieunikniony; **I've heard ~s that the headmaster is taking early retirement** słyszałem pogłoski, że dyrektor odchodzi na wcześniejszą emeryturę

III *vt* [1] (relay) po|informować o (czymś) *[fact, occurrence]*; **I have nothing to ~** nie mam żadnych nowych informacji; **to ~ sth to sb** poinformować kogoś o czymś *[decision]*; przekazać komuś coś *[news, result]*; **the Union ~ed the vote to the management** związkowcy poinformowali zarząd o wynikach głosowania; **did she have anything of interest to ~?** czy miała jakieś ciekawe informacje?; **my friend ~ed that my parents are well** znajomy poinformował mnie, że moi rodzice czują się dobrze [2] Journ, TV, Radio (give account of) z|relacjonować; (inform about) don|ieść, -osić o (czymś); **Peter Jenkins is in Washington to ~ the latest developments** Peter Jenkins relacjonuje z Waszyngtonu rozwój wypadków; **only one paper ~ed their presence in Paris** tylko jedna gazeta odnotowała ich obecność w Paryżu; **the French press has ~ed that the tunnel is behind schedule** francuska prasa doniosła o opóźnieniach w budowie tunelu [3] Admin (notify authorities about) zgł|osić, -aszać *[theft]*; po|informować or zawiad|omić, -amiać o (czymś) *[death, theft, accident, case]*; **15 new cases of cholera were ~ed this week** w tym tygodniu zanotowano 15 nowych zachorowań na cholerę; **five people are ~ed dead** (because of epidemic) zanotowano pięć przypadków śmiertelnych; **no casualties have been ~ed** nie zanotowano ofiar w ludziach; **six people were ~ed missing after the explosion** po wybuchu poinformowano o zaginięciu sześciu osób [4] (allege) **it is ~ed that...** mówi się, że...; podobno...; **she is ~ed to have changed her mind** podobno zmieniła zdanie [5] (make complaint about) **to ~ sb to sb** złożyć na kogoś skargę do kogoś; pej donieść na kogoś; **your insubordination will be ~ed** twoja niesubordynacja zostanie odnotowana; **you will be ~ed to the boss** szef się dowie o tym, co zrobiłeś; **the residents ~ed the noise to the police** mieszkańcy złożyli na policji skargę na hałas; **he ~ed the driver for not observing the speed limit** złożył skargę na kierowcę za nieprzestrzeganie ograniczenia prędkości

IV *vi* [1] (give account) **to ~ on sth** składać sprawozdanie z czegoś *[talks, progress]*; Journ relacjonować coś *[event]*; **he will ~ to the Parliament on the negotiations** złoży w parlamencie sprawozdanie z przebiegu negocjacji [2] (present findings) *[committee, group]* przedstawi|ć, -ać raport **(on sth** na temat czegoś); **the committee will ~ in June** komisja przedstawi raport w czerwcu [3] (present oneself) zgł|osić, -aszać się **(to sb** do kogoś); Mil za|meldować się **(to sb** u kogoś); **to ~ for duty** zameldować się na stanowisku; **to ~ sick** zameldować o chorobie; **to ~ to one's unit** zameldować się w jednostce [4] Admin (have as immediate superior) **to ~ to sb** podlegać bezpośrednio komuś; **she ~s to me** ona podlega mi bezpośrednio

■ **report back**: **~ back** [1] (after absence) *[employee]* za|meldować się; **you must ~ back from leave on Wednesday** musisz się stawić or zameldować się po urlopie w środę [2] (present findings) *[committee, representative]* przedstawi|ć, -ać raport **(about** or **on sth** o czymś or na temat czegoś)

reportage /ˌrepɔːˈtɑːʒ/ *n* reportaż *m*; **an interesting piece of ~** ciekawy przykład sztuki reportażu

report card *n* US świadectwo *n* szkolne

reported clause *n* Ling zdanie *n* w mowie zależnej

reportedly /rɪˈpɔːtɪdlɪ/ *adv* podobno; **they are ~ planning a new offensive** podobno szykują nową ofensywę

reported speech *n* Ling mowa *f* zależna

reporter /rɪˈpɔːtə(r)/ *n* reporter *m*, -ka *f*

reporting /rɪˈpɔːtɪŋ/ *n* (job) reporterstwo *n*

reporting restrictions *npl* Jur zakaz *m* obecności prasy *(w trakcie rozpraw w sądzie)*

report stage *n* GB Pol *etap procesu legislacyjnego pomiędzy pracą w komisjach a trzecim czytaniem*

repose /rɪˈpəʊz/ **I** *n* (rest) spoczynek *m*; (peace of mind) spokój *m*; **in ~** podczas odpoczynku

II *vt* pokładać *[trust]* **(in sb/sth** w kimś /czymś)

III *vi* (lie buried) spoczywać; hum (be lying) *[person, object]* spoczywać liter

repository /rɪˈpɒzɪtrɪ, US -tɔːrɪ/ *n* [1] (person, institution) (of secret) strażnik *m*; (of knowledge) skarbnica *f*; **to be a ~ of power /authority** sprawować władzę [2] (place) skład *m* **(of** or **for sth** czegoś)

repossess /ˌriːpəˈzes/ *vt [bank, building society, landlord, creditor]* przej|ąć, -mować *[house, property, goods]*

repossession /ˌriːpəˈzeʃn/ *n* przejęcie *n*; **to seek ~ of a house** próbować przejąć budynek

repossession man *n* komornik *m*

repossession order *n* nakaz *m* przejęcia

repp *n* = **rep²**

reprehend /ˌreprɪˈhend/ *vt* fml udziel|ić, -ać nagany (komuś), z|ganić

reprehensible /ˌreprɪˈhensɪbl/ *adj* fml naganny

reprehensibly /ˌreprɪˈhensɪblɪ/ *adv* fml *[act, behave]* nagannie

reprehension /ˌreprɪˈhenʃn/ *n* nagana *f*

represent /ˌreprɪˈzent/ **I** *vt* [1] (act on behalf of) reprezentować *[person, group, region]*; **to be under-~ed** być niedostatecznie reprezentowanym; **to be well ~ed** być licznie reprezentowanym [2] (present, state to be) przedstawi|ć, -ać *[person, situation, event]* **(as sth** jako coś) [3] (convey, declare) przedstawi|ć, -ać *[facts, results, reactions]* [4] (portray) *[painting, sculpture]* przedstawi|ć, -ać [5] (be sign or symbol of) (on map) oznaczać [6] (correspond to, constitute) stanowić *[threat, problem]*; **that ~s an awful lot of work** to wymaga mnóstwa pracy [7] (be typical of, exemplify) reprezentować; **he ~s the best in the tradition** on reprezentuje to, co najlepsze w tradycji [8] Theat za|grać *[character, role, part]*

II *vr* **to ~ oneself as sb** przedstawiać się jako ktoś

re-present /ˌriːprɪˈzent/ *vt* ponownie przedstawi|ć, -ać *[cheque, bill]*

representation /ˌreprɪzenˈteɪʃn/ **I** *n* [1] przedstawicielstwo *n*, reprezentacja *f* **(of sb** kogoś); **the right of workers to union ~** prawo pracowników do reprezentacji związkowej [2] Theat (of character, scene) przedstawienie *n*; (of role) interpretacja *f*

II representations *npl* **to make ~s to sb** (make requests) zwracać się z petycją do kogoś; (complain) składać protest na ręce kogoś; **to receive ~s from sb** otrzymywać skargi od kogoś

representational /ˌreprɪzenˈteɪʃənl/ *adj* [1] *[democracy]* przedstawicielski [2] Art figuratywny

representative /ˌreprɪˈzentətɪv/ **I** *n* [1] przedstawiciel *m*, -ka *f*, reprezentant *m*, -ka *f*; Comm przedstawiciel *m* (handlowy) [2] US Pol kongresman *m*

II *adj* [1] (typical) reprezentatywny; **a ~ cross-section** or **sample of the population** próbka reprezentatywna dla populacji [2] Pol *[government, institution]* przedstawicielski

repress /rɪˈpres/ *vt* [1] (suppress) s|tłumić *[reaction, smile]* [2] (subjugate) s|tłumić *[revolt]*; uciskać *[people]*

repression /rɪˈpreʃn/ *n* [1] (state of being repressed) ucisk *m* [2] Psych wyparcie *n*, represja *f*

repressive /rɪˈpresɪv/ *adj [measures, law]* represyjny

reprieve /rɪˈpriːv/ **I** *n* [1] Jur (remission) ułaskawienie *n*; (delay) wstrzymanie *n* egzekucji [2] (respite) wytchnienie *n*

II *vt* [1] Jur wstrzymać egzekucję (kogoś) *[person]* [2] **the threatened pits could be ~d** zagrożone zamknięciem kopalnie można uratować; **the school was ~d** szkoła ocalała

reprimand /ˈreprɪmɑːnd, US -mænd/ **I** *n* nagana *f*, reprymenda *f*

II *vt* udziel|ić, -ać nagany or reprymendy (komuś)

reprint **I** /ˈriːprɪnt/ *n* przedruk *m*, reprint *m*

II /ˌriːˈprɪnt/ *vt* przedrukow|ać, -ywać *[book]*; **the book is being ~ed** powstaje przedruk tej książki

III /ˌriːˈprɪnt/ *vi [book]* być przedrukowywanym

reprisal /rɪˈpraɪzl/ **I** *n* odwet *m* **(for sth** za coś); **in ~ against sb** w odwecie wobec kogoś

II reprisals *npl* Pol represalia *plt* **(for sth** za coś) **(against sb** wobec kogoś); **to take ~s** podjąć kroki odwetowe

reprise /rɪˈpriːz/ Mus **I** *n* repryza *f*

II *vt* powt|órzyć, -arzać *[theme]*

R

repro /ˈriːprəʊ/ **I** *n* [1] Print → **reprographics** [2] Print (also **~ proof**) → **reproduction proof** [3] infml → **reproduction**
II *adj* infml *[house]* w dawnym stylu; *[furniture]* stylowy
reproach /rɪˈprəʊtʃ/ **I** *n* wyrzut *m*; **above** or **beyond ~** bez zarzutu
II *vt* robić wyrzuty (komuś) *[person]*; **to ~ sb with** or **for sth** robić komuś wyrzuty z powodu czegoś; **to ~ sb for having done sth** wyrzucać komuś zrobienie czegoś
III *vr* **to ~ oneself** robić sobie wyrzuty **(for** or **with sth** z powodu czegoś**)**
reproachful /rɪˈprəʊtʃfl/ *adj [remark, look, expression]* pełen wyrzutu; *[letter]* pełen wyrzutów; **to be ~** *[person]* robić wyrzuty; **~ words** słowa pełne wyrzutu
reproachfully /rɪˈprəʊtʃfəlɪ/ *adv [look, say]* z wyrzutem
reprobate /ˈreprəbeɪt/ *n* Relig potępieniec *m*; **the old ~** fig hum stary drań *m*
reprobation /ˌreprəˈbeɪʃn/ *n* potępienie *n*
reprocess /ˌriːˈprəʊses/ *vt* utylizować *[waste]*
reprocessing /ˌriːˈprəʊsesɪŋ/ *n* utylizacja *f*
reprocessing plant *n* Nucl zakład *m* utylizacji odpadów radioaktywnych
reproduce /ˌriːprəˈdjuːs, US -ˈduːs/ **I** *vt* wykon|ać, -ywać reprodukcję (czegoś), reprodukować *[picture, drawing]*; odtw|orzyć, -arzać *[sound]*; powt|órzyć, -arzać *[results]*
II *vi* (also **~ oneself**) Biol rozmn|ożyć, -ażać się
reproducible /ˌriːprəˈdjuːsəbl, US -ˈduːsəbl/ *adj [sound]* odtwarzalny; *[effect, result]* powtarzalny
reproduction /ˌriːprəˈdʌkʃn/ *n* [1] (of pictures) reprodukcja *f*; (of sounds) odtwarzanie *n* [2] Biol rozmnażanie *n*, reprodukcja *f*
reproduction furniture *n* meble *m pl* stylowe
reproduction proof *n* Print odbitka *f* do reprodukcji
reproductive /ˌriːprəˈdʌktɪv/ *adj [organ, cycle]* rozrodczy; **~ process** proces rozmnażania
reprogram(me) /ˌriːˈprəʊgræm/ *vt* przeprogramow|ać, -ywać
reprographic /ˌriːprəˈgræfɪk/ *adj* reprograficzny
reprographics /ˌriːprəˈgræfɪks/ **I** *n* (+ *v sg*) reprografia *f*
II *modif [copy, process]* reprograficzny
reprography /rɪˈprɒgrəfɪ/ *n* = **reprographics**
reproof /rɪˈpruːf/ *n* nagana *f*; **in ~** z wyrzutem
re-proof /ˌriːˈpruːf/ *vt* ponownie za|impregnować *[tent, coat]*
reprove /rɪˈpruːv/ *vt* z|ganić **(for sth /doing sth** za coś/zrobienie czegoś**)**
reproving /rɪˈpruːvɪŋ/ *adj [glance]* pełen dezaprobaty
reprovingly /rɪˈpruːvɪŋlɪ/ *adv [look, gesture, say, speak]* z dezaprobatą
reptile /ˈreptaɪl, US -tl/ *n* Zool gad *m*; fig pej gadzina *f* infml
reptile house *n* terrarium *n*
reptilian /repˈtɪlɪən/ **I** *n* Zool gad *m*
II *adj* Zool gadzi also fig
republic /rɪˈpʌblɪk/ *n* republika *f*; **the R~ of Poland** Rzeczpospolita *f* Polska
republican /rɪˈpʌblɪkən/ **I** *n* republika|nin *m*, -ka *f*
II *adj* republikański
Republican /rɪˈpʌblɪkən/ **I** *n* Pol [1] US republikan|in *m*, -ka *f* [2] (in Northern Ireland) republikan|in *m*, -ka *f*; (IRA supporter) zwolenni|k *m*, -czka *f* IRA
II *adj* republikański
republicanism /rɪˈpʌblɪkənɪzəm/ *n* republikanizm *m*
Republicanism /rɪˈpʌblɪkənɪzəm/ *n* [1] republikanizm *m* [2] Pol US, Ir sympatie *f pl* republikańskie; (support for IRA) sprzyjanie *n* IRA
republication /ˌriːˌpʌblɪˈkeɪʃn/ *n* ponowne wydanie *n*, reedycja *f*
republish /ˌriːˈpʌblɪʃ/ *vt* ponownie wyda|ć, -wać
repudiate /rɪˈpjuːdɪeɪt/ *vt* [1] (reject) odrzu|cić, -ać *[offer, charge]* [2] (divorce) dat wyrze|c, -kać się (kogoś) *[spouse]* [3] (give up) z|rezygnować z (czegoś) *[action, aim]*; odrzuc|ić, -ać *[violence]* [4] Jur wypowi|edzieć, -adać *[treaty, contract]*; odrzuc|ić, -ać *[obligation]*
repudiation /rɪˌpjuːdɪˈeɪʃn/ *n* (of charge, claim, violence) odrzucenie *n*; (of spouse) opuszczenie *n*; (of treaty) wypowiedzenie *n*; Econ (refusal to pay debts) repudiacja *f*
repugnance /rɪˈpʌgnəns/ *n* odraza *f* **(for sb/sth** do kogoś/czegoś**)**
repugnant /rɪˈpʌgnənt/ *adj* odrażający; **to be ~ to sb** napawać odrazą kogoś
repulse /rɪˈpʌls/ **I** *vt* od|eprzeć, -pierać *[attack, enemy]*
II repulsed *pp adj* (disgusted) pełen odrazy
repulsion /rɪˈpʌlʃn/ *n* [1] (strong dislike) wstręt *m* [2] Phys odpychanie *n*
repulsive /rɪˈpʌlsɪv/ *adj* [1] (disgusting) odrażający [2] Phys odpychający
repulsively /rɪˈpʌlsɪvlɪ/ *adv [act]* w sposób budzący odrazę; **~ ugly/dirty** odrażająco brzydki/brudny
repulsiveness /rɪˈpʌlsɪvnɪs/ *n* obrzydliwość *f*, ohyda *f*
repurchase /ˌriːˈpɜːtʃɪs/ **I** *n* (buying back) odkupienie *n*, wykupienie *n*
II *vt* odkup|ić, -ywać z powrotem, wykup|ić, -ywać z powrotem
repurchase agreement *n* Fin umowa *f* odkupu
reputable /ˈrepjʊtəbl/ *adj [firm, shop]* mający dobrą reputację; *[accountant]* ceniony; *[profession]* szanowany
reputation /ˌrepjʊˈteɪʃn/ *n* reputacja *f*; **to have a good/bad ~** mieć dobrą/złą reputację; **she has a ~ as a good lawyer** cieszy się opinią dobrego prawnika, uchodzi za dobrego prawnika; **your ~ as a lawyer/poet** twoja sława prawnika/poety; **he has a ~ for honesty/arriving late** uchodzi za or ma opinię uczciwego/spóźnialskiego; **to live up to one's ~** zasługiwać na swoją reputację
repute /rɪˈpjuːt/ *n* **a restaurant of ~** renomowana restauracja; **to be of high /low ~** mieć dobrą/złą reputację; **to hold sb/sth in high ~** mieć dobre zdanie o kimś/czymś; **house of ill ~** euph dom o podejrzanej reputacji; **a woman of ill ~** kobieta podejrzanej konduity dat
reputed /rɪˈpjuːtɪd/ *adj* [1] (well known) renomowany [2] Jur (alleged) domniemany [3] **to be ~ to be very rich** uchodzić za or mieć opinię bardzo bogatego
reputedly /rɪˈpjuːtɪdlɪ/ *adv* podobno, rzekomo
request /rɪˈkwest/ **I** *n* [1] (act of asking) prośba *f* **(for sth** o coś**) (to sb** do kogoś**)**; (stronger) żądanie *n*; (order) zamówienie *n*; **to make a ~ for sth** poprosić o coś/zażądać czegoś; (order) zamówić coś; **on ~** na życzenie; **at the ~ of sb** na życzenie kogoś or na prośbę kogoś; (stronger) na żądanie kogoś; **by popular ~** na życzenie ogółu; **by special ~** na specjalną prośbę or specjalne życzenie; **I have received a ~ that I come/do not come** poproszono mnie, żebym przyjechał/nie przyjeżdżał; **a ~ that we (should) be allowed to do sth** prośba, żeby pozwolono nam coś zrobić; **'No flowers by ~'** „Uprasza się o nieprzynoszenie kwiatów" [2] Radio **to play a ~ for sb** grać utwór z dedykacją dla kogoś
II *vt* (ask) po|prosić o (coś) *[information, help, money]*; (demand) za|żądać (czegoś) *[information, help, money]* **(from sb** od kogoś**)**; **to ~ sth from sb** (ask) poprosić kogoś o coś; **to ~ sb to do sth** poprosić kogoś, żeby coś zrobił or o zrobienie czegoś; **to ~ sb's help** poprosić o pomoc kogoś; **you are kindly ~ed not to smoke** uprasza się o niepalenie; **as ~ed** (in correspondence) zgodnie z Pańską prośbą or z Pańskim życzeniem
request stop *n* GB przystanek *m* na żądanie
requiem /ˈrekwɪem/ *n* rekwiem *n inv*, requiem *n inv*; **Mozart's Requiem** Requiem Mozarta
requiem mass *n* msza *f* za zmarłych, rekwiem *n inv*, requiem *n inv*
require /rɪˈkwaɪə(r)/ **I** *vt* [1] (need) *[person]* wymagać (czegoś) *[surgery]*; *[company, person]* potrzebować (czegoś) *[help, money, staff]*; **this machine ~s servicing** ta maszyna wymaga przeglądu; **take the tablets as ~d** proszę zażywać te tabletki, kiedy zajdzie potrzeba; **'does Madam ~ tea?'** fml „czy pani życzy sobie herbaty?" [2] (demand) *[job, law, person, situation]* wymagać (czegoś) *[explanation, funds, obedience, qualifications]*; **to be ~d by law** być prawnie wymaganym; **to ~ sth of** or **from sb** wymagać czegoś od kogoś; **this job ~s an expert** do tej pracy potrzeba eksperta
II required *pp adj [amount, shape, size, qualification]* wymagany; **he is ~d reading** jego książki to lektura obowiązkowa; **by the ~d date** w wymaganym terminie; **~d course** US Univ przedmiot obowiązkowy
requirement /rɪˈkwaɪəmənt/ *n* [1] (need) potrzeba *f* **(for sth** czegoś**)**; **to meet sb's ~s** odpowiadać wymaganiom kogoś; **market/customer ~s** potrzeby rynku/konsumentów; **performance ~s** wymagania co do prawidłowego funkcjonowania [2] (condition) wymagania *n pl*; **university entrance ~s** warunki przyjęcia kandydatów na wyższą uczelnię; **to fulfil** or **meet** or **satisfy the ~s** spełniać wymagania; **what are the ~s for membership?** jakie warunki trzeba spełnić, żeby zostać członkiem? [3] (obligation) wymóg *m* **(to do sth**

żeby coś zrobić); **there is no ~ for you to do it** nie ma obowiązku zrobienia tego; **there is a ~ that we do it** musimy to zrobić; **there is a ~ that guns be registered** istnieje obowiązek rejestracji broni palnej [4] US Univ (required course) przedmiot *m* obowiązkowy

requisite /ˈrekwɪzɪt/ **I requisites** *npl* przybory *plt*; **toilet ~s** przybory toaletowe; **smokers' ~s** rekwizyty dla palaczy

II *adj* wymagany

requisition /ˌrekwɪˈzɪʃn/ **I** *n* [1] Mil rekwizycja *f* [2] Admin zamówienie *n*; **the paper is on ~** papier został już zamówiony

II *vt* [1] Mil za|rekwirować *[supplies, vehicle]* [2] Admin złożyć, składać zamówienie na (coś) *[equipment, stationery]*

requital /rɪˈkwaɪtl/ *n* fml (reward) nagroda *f*; (revenge) zemsta *f*; **in ~ of sth** (reward) w nagrodę za coś; (revenge) w odwecie za coś

requite /rɪˈkwaɪt/ *vt* fml (repay kindness) wynagr|odzić, -adzać *[person]* **(for sth** za coś**) (with sth** czymś); (repay bad deed) zemścić się na (kimś) *[person]*; **to ~ sth** odpłacić za coś; **~d love** odwzajemniona miłość

reran /ˌriːˈræn/ *pt* → **rerun**

reread /ˌriːˈriːd/ *vt* (*pt, pp* **reread** /ˌriːˈred/) prze|czytać ponownie or jeszcze raz

reredos /ˈrɪədɒs/ *n* Archit nastawa *f* ołtarzowa, retabulum *n*

reroof /ˌriːˈruːf/ *vt* pokry|ć, -wać nowym dachem *[building]*

reroute /ˌriːˈruːt/ *vt* zmieni|ć, -ać trasę (czegoś) *[flight, race]*; **to ~ traffic** skierować ruch inną trasą, zmienić organizację ruchu

rerun I /ˈriːrʌn/ *n* (also **re-run**) Cin, Theat wznowienie *n*; TV powtórka *f*; fig (of incident, problem) powtórka *f*

II /ˌriːˈrʌn/ *vt* (*pt* **reran**; *pp* **rerun**) Cin, Theat wzn|owić, -awiać *[film, play]*; TV, Pol, Sport powt|órzyć, -arzać *[programme, election, vote, race]*

resale /ˈriːseɪl, ˌriːˈseɪl/ *n* odsprzedaż *f*; **not for ~** bez prawa odsprzedaży

resat /ˌriːˈsæt/ *pt, pp* → **resit**

reschedule /ˌriːˈʃedjuːl, US -ˈskedʒʊl/ *vt* [1] (change times of) zmieni|ć, -ać harmonogram (czegoś); (change date of) zmieni|ć, -ać datę (czegoś) *[match, performance]* [2] Fin zmieni|ć, -ać harmonogram (czegoś) *[repayment]*; **to ~ a debt** zmienić harmonogram spłat

rescheduling /ˌriːˈʃedjuːlɪŋ, US -ˈskedʒʊlɪŋ/ *n* Fin zmiana *f* harmonogramu spłat

rescind /rɪˈsɪnd/ *vt* Jur or fml uchyl|ić, -ać *[law, decision, order]*; unieważni|ć, -ać *[treaty, contract, agreement, judgment]*; cof|nąć, -ać *[statement]*

rescission /rɪˈsɪʒn/ *n* fml (of law, decision, order) uchylenie *n*; (of treaty, contract, agreement, judgment) unieważnienie *n*; (of statement) cofnięcie *n*

rescript /ˌriːˈskrɪpt/ *vt* zmieni|ć, -ać scenariusz (czegoś) *[play]*

rescue /ˈreskjuː/ **I** *n* [1] (aid) ratunek *m*, pomoc *f*; **to wait for ~** czekać na ratunek; **to come/to go to sb's/sth's ~** przyjść /pośpieszyć komuś/czemuś z pomocą; **to come/to go to the ~** przybyć/pośpieszyć na ratunek; **X to the ~!** X przybywa na ratunek! [2] (operation) operacja *f* ratunkowa [3] (service) ratownictwo *n*; **air-sea ~** ratownictwo powietrzno-morskie

II *modif [mission, operation, team]* ratunkowy; *[helicopter, service]* ratowniczy; **~ bid** (in bridge) ucieczka; **~ centre** centrum ratownictwa

III *vt* [1] (save life of, preserve) ocal|ić, -ać *[person, wildlife, planet, school, museum, factory]* **(from sth** od czegoś or przed czymś) [2] (aid) przy|jść, -chodzić z pomocą (komuś/czemuś) *[person, company, economy, industry]* [3] (release) uw|olnić, -alniać **(from sth** skądś) [4] (salvage) ocal|ić, -ać *[valuables, documents]*; u|ratować *[plan, game]*

rescue cover *n* Insur pokrycie *n* kosztów akcji ratowniczej

rescue package *n* Fin program *m* ratowania przedsiębiorstwa

rescue party *n* ekipa *f* ratunkowa

rescuer /ˈreskjuːə(r)/ *n* ratownik *m*

rescue worker *n* ratownik *m*

research /rɪˈsɜːtʃ, ˈriːsɜːtʃ/ **I** *n* [1] (academic, medical) badania *n pl* **(into** or **on sth** nad czymś); **to do ~** prowadzić badania; **money for cancer ~** pieniądze na badania nad rakiem; **she's doing some ~ on cancer** prowadzi jakieś badania nad rakiem; **animal ~** doświadczenia na zwierzętach; **a piece of ~** praca badawcza [2] Comm (for marketing) badanie *n*; **market ~** badanie rynku; **~ shows that...** badania rynku pokazują, że... [3] Journ, Radio, TV zbieranie *n* informacji **(into sth** o czymś, na temat czegoś)

II researches *npl* (investigations) badania *n pl* **(into** or **on sth** nad czymś)

III *modif [institute, grant, programme, project]* badawczy; **~ department** dział badań; **~ student** student biorący udział w badaniach; **~ funding** fundusze na badania naukowe; **~ work** prace badawcze; **~ biologist/chemist/physicist** biolog/chemik/fizyk doświadczalny

IV *vt* [1] Univ **how long have you been ~ing this topic?** od kiedy prowadzisz badania na ten temat?; **to ~ a book /article/play** zbierać materiały do książki /artykułu/sztuki [2] Journ, Radio, TV z|ebrać, -bierać informacje na temat (czegoś) *[issue, problem]*; **well ~ed programme** rzetelnie przygotowany program [3] Comm z|badać *[consumer attitudes, consumer needs]*; **to ~ the market** prowadzić badanie rynku

V *vi* **to ~ into sth** badać coś, prowadzić badania nad czymś

research and development, R&D *n* dział *m* badań i rozwoju

research assistant *n* GB Univ asystent *m* biorący udział w badaniach

researcher /rɪˈsɜːtʃə(r), ˈriːsɜːtʃə(r)/ *n* [1] (academic, scientific) pracownik *m* naukowy, badacz *m*, -ka *f* [2] TV osoba *f* zajmująca się gromadzeniem materiałów, analityk *m* prasowy

research establishment *n* instytucja *f* badawcza

research fellow *n* GB Univ pracownik *m* naukowy przebywający na stypendium badawczym

research fellowship *n* stypendium *n* naukowe

research laboratory *n* laboratorium *n* badawcze

research worker *n* pracownik *m* badawczy

reseat /ˌriːˈsiːt/ *vt* [1] przesadz|ić, -ać *[person]* [2] wymieni|ć, -ać siedzenie (czegoś) *[chair]*

resection /ˌriːˈsekʃn/ *n* Med resekcja *f*

reselect /ˌriːsɪˈlekt/ *vt* Pol ponownie wyb|rać, -ierać

reselection /ˌriːsɪˈlekʃn/ *n* Pol ponowny wybór *m*; **to stand for ~** ubiegać się o ponowny wybór

resell /ˌriːˈsel/ *vt* (*pt, pp* **resold**) odsprzeda|ć, -wać

resemblance /rɪˈzembləns/ *n* podobieństwo *n* **(between sb/sth and sb/sth** pomiędzy kimś/czymś a kimś/czymś) **(to sb/sth** do kogoś/czegoś); **family ~** podobieństwo rodzinne; **to bear a close ~ to sb** być do kogoś bardzo podobnym; **to bear no ~ to sb** nie być do kogoś podobnym; **there the ~ ends** na tym podobieństwa się kończą

resemble /rɪˈzembl/ *vt* być podobnym do (kogoś/czegoś), przypominać *[person, building, object]*; **they ~ each other** są podobni do siebie; **she ~s him in manner** przypomina go w sposobie bycia; **he had never had anything resembling a steady job** nigdy nie miał niczego, co choć trochę przypominałoby stałą pracę; **he ~d nothing so much as a tramp** wyglądał zupełnie jak włóczęga

resent /rɪˈzent/ *vt* **to ~ sb** żywić do kogoś urazę; **to ~ sb for doing sth** mieć komuś za złe, że coś zrobił; **to ~ sb's success** mieć komuś za złe, że mu się udało; **he ~s having to help him** jest niezadowolony, że musi mu pomagać; **he ~ed her being better paid** miał jej za złe, że lepiej zarabia; **I ~ that remark/her tone** nie podoba mi się ta uwaga/jej ton; **I ~ the fact that...** nie podoba mi się to, że...

resentful /rɪˈzentfl/ *adj [person, look]* pełen urazy; **to be ~ of sb** żywić do kogoś urazę; **she was ~ at the way she'd been treated** była niemile dotknięta sposobem, w jaki ją potraktowano; **I've always been ~ of her success** zawsze drażniły mnie jej sukcesy

resentfully /rɪˈzentfəlɪ/ *adv [look, reply]* z urazą

resentment /rɪˈzentmənt/ *n* uraza *f*; **to feel ~ towards sb** czuć do kogoś urazę; **~ among the workers/residents** niezadowolenie (wśród) pracowników/mieszkańców

reservation /ˌrezəˈveɪʃn/ *n* [1] (doubt, qualification) zastrzeżenie *n*; **without ~** bez zastrzeżeń; **with some ~s** z pewnymi zastrzeżeniami; **to have ~s about sth** mieć zastrzeżenia (co) do czegoś; **they expressed some ~s about the plan** wyrazili pewne zastrzeżenia (co) do planu [2] (booking) rezerwacja *f*; **to make a ~ at a restaurant** zarezerwować stolik w restauracji; **do you have a ~?** czy ma pan rezerwację? [3] US (Indian land) rezerwat *m* [4] Jur zastrzeżenie *n*

reservation desk *n* biuro *n* rezerwacji

reserve /rɪˈzɜːv/ **I** *n* [1] (resource, stock) (of commodity, food, parts, ammunition) zapas *m*; (of minerals) zasoby *m pl*; **oil ~s** zasoby ropy naftowej; **to have ~s of energy** *[person]*

R

mieć zapas energii; **to have ~s of patience** mieć jeszcze cierpliwość [2] (to be used in crisis) rezerwa *f*; **to keep** or **hold sth in ~** trzymać or mieć coś w rezerwie [3] Fin rezerwa *f*; **capital ~s** rezerwy kapitałowe; **currency/gold ~s** rezerwy waluty/złota [4] (reticence) rezerwa *f*; **to break through sb's ~** przełamać rezerwę kogoś; **to lose one's ~** zapomnieć o właściwej sobie rezerwie [5] (doubt, qualification) zastrzeżenie *n*; **without ~** bez zastrzeżeń [6] (Mil) **the ~** rezerwa *f* [7] Sport (substitute) rezerwow|y *m*, -a *f* [8] (area of land) rezerwat *m*; **wildlife ~** rezerwat przyrody [9] Comm → **reserve price**
II *modif [currency, fund, player, team, forces]* rezerwowy; **~ supplies** rezerwy, zapasy; **~ army** rezerwa
III *vt* [1] (set aside) zachow|ać, -ywać; **she ~d her fiercest criticism for...** najostrzejsze słowa krytyki zachowała dla...; **to ~ one's strength** zachować siły; **to ~ the right to do sth** zastrzec sobie prawo do zrobienia czegoś; **to ~ judgment** wstrzymać się z opiniami [2] (book) za|rezerwować *[room, seat]*

reserve bank *n* Fin bank *m* rezerw

reserved /rɪˈzɜːvd/ *adj* [1] *[person]* skryty [2] (booked) *[table, room, seat]* zarezerwowany [3] Comm zastrzeżony; **all rights ~** wszelkie prawa zastrzeżone [4] Comput **~ word** słowo zastrzeżone

reservedly /rɪˈzɜːvɪdlɪ/ *adv* z rezerwą

reserve list *n* lista *f* rezerwowa

reserve petrol tank *n* rezerwowy zbiornik *m* paliwa

reserve price *n* cena *f* minimalna

reservist /rɪˈzɜːvɪst/ *n* rezerwist|a *m*, -ka *f*

reservoir /ˈrezəvwɑː(r)/ *n* [1] zbiornik *m*, rezerwuar *m* [2] fig (of strength, labour) zasoby *m pl*

reset /ˌriːˈset/ *vt* (*prp* **-tt-**; *pt, pp* **reset**) [1] (adjust) wy|regulować *[machine, control]*; przestawi|ć, -ać *[watch]*; wyzerow|ać, -ywać *[counter]* [2] Med złożyć, składać na nowo *[broken bone]* [3] Comput uruch|omić, -amiać ponownie *[computer]* [4] Print złożyć, składać ponownie *[type, book]* [5] *[jeweller]* oprawi|ć, -ać na nowo *[gem]*

reset button *n* Comput przycisk *m* ponownego uruchamiania

reset key *n* Comput klawisz *m* ponownego uruchamiania

resettle /ˌriːˈsetl/ **I** *vt* pom|óc, -agać (komuś) w osiedleniu się w nowym miejscu *[person]*; (forcibly) przesiedl|ić, -ać *[person]*; ponownie zasiedl|ić, -ać *[area]*
II *vi* przesiedl|ić, -ać się

resettlement /ˌriːˈsetlmənt/ *n* (of immigrants, refugees) przesiedlenie *n*; (of prisoner) resocjalizacja *f*

resettlement house *n* US ośrodek *m* resocjalizacji

reshape /ˌriːˈʃeɪp/ *vt* zmieni|ć, -ać kształt (czegoś) *[nose, chin, policy, constitution, economy]*; zmieni|ć, -ać *[life]*

reshuffle /ˌriːˈʃʌfl/ **I** *n* przetasowanie *n*; **cabinet ~** przetasowanie w rządzie
II *vt* przetasow|ać, -ywać *[cards]*; **to ~ the cabinet** przeprowadzić przetasowanie w rządzie

reside /rɪˈzaɪd/ *vi* fml [1] (live) mieszkać; *[official]* rezydować [2] (belong) **to ~ in sb** *[power]* należeć do kogoś, spoczywać w rękach kogoś [3] (be inherent) *[quality]* zawierać się **(in sth** w czymś)

residence /ˈrezɪdəns/ *n* [1] (dwelling) rezydencja *f*; **family ~** rezydencja rodzinna [2] (of official) rezydencja *f*; **official/permanent ~** oficjalna/stała rezydencja [3] Admin, Jur (in area, country) zamieszkanie *n*; **place of ~** miejsce zamieszkania; **to take up ~** *[person, animal]* zamieszkać; **she has taken up ~ in France/Paris** zamieszkała we Francji/w Paryżu; **to be in ~** fml *[monarch]* przebywać w pałacu; **artist /writer in ~** Univ *artysta/pisarz zatrudniony na uniwersytecie* → **hall of residence** [4] US Univ (also **~ hall**) ≈ akademik *m*

residence permit *n* pozwolenie *n* na pobyt stały

residency /ˈrezɪdənsɪ/ **I** *n* [1] (for musician, orchestra) stały angaż *m* [2] Jur prawo *n* stałego pobytu [3] US Med (training) staż *m*
II *modif* **~ right** prawo stałego pobytu; **~ requirement** warunek przyznania prawa stałego pobytu

resident /ˈrezɪdənt/ **I** *n* (of city, region, suburbs, street) mieszkan|iec *m*, -ka *f*; (of rest home) pensjonariusz *m*, -ka *f*; (of hostel, guest house) gość *m*; **'~s' parking only'** „parking tylko dla mieszkańców"; **the local ~s** okoliczni mieszkańcy
II *adj* [1] (permanent) *[population, work force]* stały; *[species]* miejscowy; **to be ~ in sth** mieszkać na stałe w czymś *[town, district, region]*; **to be ~ abroad/in the UK/in Paris** mieszkać na stałe za granicą/w Wielkiej Brytanii/w Paryżu [2] (live-in) *[staff, nurse, tutor, caretaker, specialist]* mieszkający na miejscu [3] *[band, orchestra]* zaangażowany na stałe

resident head *n* US Univ ≈ kierowni|k *m*, -czka *f* akademika

residential /ˌrezɪˈdenʃl/ *adj* [1] *[area, district]* mieszkalny; **~ development** rozwój terenów mieszkalnych; **~ accommodation** zakwaterowanie [2] (living-in) *[staff]* mieszkający na miejscu; *[course]* z zakwaterowaniem na miejscu; **~ home** GB (for elderly) dom spokojnej starości; (for disabled) dom opieki; (for youth) ośrodek opiekuńczo-wychowawczy; **~ school** Sch (boarding school) szkoła z internatem; **to be in ~ care** Soc Admin przebywać w domu opieki; **a ~ post** posada z zamieszkaniem na miejscu

residential qualification *n* minimalny czas *m* zamieszkania w danym kraju *(wymagany przy nadawaniu praw wyborczych lub prawa do zatrudnienia)*

residents' association *n* stowarzyszenie *n* mieszkańców

resident student *n* US Univ *student pochodzący ze stanu, w którym znajduje się uczelnia*

residual /rɪˈzɪdjʊəl, US -dʒʊ-/ **I** *n* [1] Math reszta *f* [2] Chem osad *m* [3] Stat reszta *f*
II residuals *npl* Jur *honorarium dla autora, wykonawcy, kompozytora za ponowną emisję programu*
III *adj* [1] *[desire, prejudice, need]* tkwiący głęboko fig; *[income]* pozostały; **~ value** wartość rezydualna; **some ~ decency** (jakieś) resztki przyzwoitości [2] Chem osadowy [3] Phys *[current, radiation]* szczątkowy [4] Geol *[soil]* rezydualny

residuary /rɪˈzɪdjʊərɪ, US -dʒʊerɪ/ *adj* = **residual III** [1]

residuary estate *n* Jur reszta *f* spadkowa

residuary legatee *n* Jur zapisobiorca *m* reszty spadkowej

residue /ˈrezɪdjuː, US -duː/ *n* [1] Chem (sediment) osad *m* [2] fig pozostałość *f* **(of sth** czegoś) [3] Jur reszta *f* spadkowa

resign /rɪˈzaɪn/ **I** *vt* ust|ąpić, -ępować z (czegoś) *[post]*; z|rezygnować z (czegoś) *[job]*; **to ~ one's seat** (on committee) zrezygnować z członkostwa; (as MP) złożyć mandat; **to ~ one's commission** Mil wystąpić z wojska
II *vi* ust|ąpić, -ępować; **to be called on to ~** zostać wezwanym do ustąpienia; **to ~ as president** ustąpić ze stanowiska prezydenta; **to ~ from a post** ustąpić ze stanowiska; **to ~ over sth** ustąpić z powodu czegoś
III *vr* **to ~ oneself to sth** pogodzić się z czymś; **to ~ oneself to doing sth** pogodzić się z koniecznością robienia czegoś

resignation /ˌrezɪgˈneɪʃn/ **I** *n* [1] (from post) rezygnacja *f*; **~ from a post** rezygnacja ze stanowiska; **~ as president** rezygnacja z urzędu prezydenta; **to offer** or **tender one's ~** zgłosić gotowość rezygnacji; **to send in** or **hand in one's ~** złożyć rezygnację [2] (patience) rezygnacja *f*; **with ~** z rezygnacją
II *modif* **~ letter** pisemna rezygnacja

resigned /rɪˈzaɪnd/ *adj* **~ to sth** skazany na coś fig

resignedly /rɪˈzaɪnɪdlɪ/ *adv [act, look at]* z rezygnacją; *[speak]* zrezygnowanym tonem

resilience /rɪˈzɪlɪəns/ *n* [1] (of person) odporność *f* [2] (of industry, economy) prężność *f* [3] (of material, substance) sprężystość *f*

resilient /rɪˈzɪlɪənt/ *adj* [1] *[person]* odporny **(to sth** na coś) [2] *[market]* prężny [3] *[material, substance]* sprężysty

resin /ˈrezɪn, US ˈrezn/ *n* (natural, synthetic) żywica *f*

resinate /ˈrezɪneɪt/ *vt* nasączyć, -ać żywicą

resinous /ˈrezɪnəs, US ˈrezənəs/ *adj* żywiczny

resist /rɪˈzɪst/ **I** *vt* [1] (oppose) sprzeciwi|ć, -ać się (czemuś) *[reform, attempt, conscription]* [2] (struggle against) stawi|ć, -ać opór (komuś) *[enemy, attacker]*; od|eprzeć, -pierać *[attack]*; wytrzym|ać, -ywać *[shock]*; **to ~ arrest** stawiać opór podczas aresztowania [3] (refrain from) op|rzeć, -ierać się (czemuś) *[temptation, offer, suggestion]*; **to ~ doing sth** powstrzymać się od zrobienia czegoś; **I couldn't ~ laughing** nie mogłem powstrzymać śmiechu [4] (to be unaffected by) być odpornym na (coś) *[damage, heat, rust]*
II *vi* sprzeciwi|ć, -ać się; (use force) *[army, organization]* stawi|ć, -ać opór

resistance /rɪˈzɪstəns/ *n* [1] Mil, Phys opór *m* **(to sb/sth** stawiany komuś/wobec czegoś); **to put up ~** stawiać opór; **to meet with /overcome ~** napotkać/przełamać opór; **fierce ~** zacięty opór; **armed ~** zbrojny opór; **air ~** opór powietrza; **consumer ~** brak popytu [2] (opposition) sprzeciw *m*, opór

m (**to sth** wobec czegoś); **to offer ~ to changes** sprzeciwiać się zmianom; **to meet with ~** spotkać się ze sprzeciwem, napotkać opór [3] (to wear, tear, disease) odporność *f* (**to sth** na coś); **his ~ is low** odznacza się niską odpornością; **to build up a ~ to sth** zwiększyć odporność na coś; **the body's ~** odporność organizmu [4] Elec rezystancja *f*, opór *m* elektryczny czynny [5] Med, Biol oporność *f*
IDIOMS: **to take the line** or **path of least ~** iść po linii najmniejszego oporu
Resistance /rɪˈzɪstəns/ *n* Pol Hist **the ~** ruch *m* oporu
resistance fighter *n* bojowni|k *m*, -czka *f* ruchu oporu
resistance movement *n* ruch *m* oporu
resistant /rɪˈzɪstənt/ **I** *adj* [1] *[virus, strain]* oporny (**to sth** na coś) [2] (opposed) **~ to sth** przeciwny czemuś *[change, demands]*; niechętny czemuś *[innovations]* [3] *[rock, wall]* odporny (**to sth** na coś)
II -resistant *in combinations* **corrosion-~** odporny na korozję; **heat-~** żaroodporny; **water-~** wodoodporny; **fire-~** ognioodporny
resistor /rɪˈzɪstə(r)/ *n* Elec opornik *m*, rezystor *m*
resit GB **I** /ˈriːsɪt/ *n* egzamin *m* poprawkowy; poprawka *f* infml
II /ˌriːˈsɪt/ *vt* (*pt, pp* **resat**) zdawać ponownie *[examination, test]*
reskill /ˌriːˈskɪl/ *vt* przekwalifikow|ać, -ywać
reskilling /ˌriːˈskɪlɪŋ/ *n* przekwalifikowanie *n*
resold /ˌriːˈsəʊld/ *pt, pp* → **resell**
resole /ˌriːˈsəʊl/ *vt* podzelow|ać, -ywać *[shoe]*
resolute /ˈrezəluːt/ *adj [person, action, approach, attitude, refusal]* zdecydowany, stanowczy; *[faith]* niezachwiany; **to remain ~ in the face of sth** pozostawać nieugiętym w obliczu czegoś; **a man with a ~ air** człowiek sprawiający wrażenie stanowczego
resolutely /ˈrezəluːtlɪ/ *adv [resist, oppose, persist]* stanowczo, zdecydowanie; *[independent, objective]* całkowicie; *[fight]* z determinacją; **to be ~ opposed to sth** stanowczo or zdecydowanie przeciwstawiać się czemuś
resoluteness /ˈrezəluːtnɪs/ *n* zdecydowanie *n*, stanowczość *f*
resolution /ˌrezəˈluːʃn/ *n* [1] (determination) zdecydowanie *n*, stanowczość *f* (**in sth** w czymś); **a man who lacks ~** człowiek, któremu brakuje zdecydowania or stanowczości [2] (decree) uchwała *f*, rezolucja *f* (**against sth** przeciw czemuś); **to pass /reject a ~ that...** przyjąć/odrzucić rezolucję stwierdzającą, że...; **a ~ calling for /condemning sth** rezolucja wzywająca do czegoś/potępiająca coś [3] (promise, decision) postanowienie *n*; **he made a ~ (to do it)** powziął postanowienie (że to zrobi) [4] (solution) rozwiązanie *n* (**of sth** czegoś); **conflict ~** rozwiązywanie konfliktów [5] Chem, Phys rozkład *m* (**into sth** na coś); (of light) rozszczepienie *n* [6] Med (of inflammation) ustąpienie *n* [7] Mus (of dissonance) rozwiązanie *n* [8] Comput rozdzielczość *f*
resolvable /rɪˈzɒlvəbl/ *adj [problem, difficulty]* możliwy do rozwiązania; **this crisis is easily ~** ten kryzys można łatwo rozwiązać
resolve /rɪˈzɒlv/ **I** *n* fml [1] (determination) determinacja *f*; **to strengthen/weaken sb's ~** wzmagać/osłabiać determinację kogoś; **to show ~** okazywać determinację [2] (decision) postanowienie *n*
II *vt* [1] (solve) rozwiąz|ać, -ywać *[problem, crisis, dispute]*; rozwi|ać, -ewać *[doubts]*; uzg|odnić, -adniać *[differences]* [2] (decide) **to ~ that...** postanowić, że...; **to ~ to do sth** postanowić zrobić coś [3] (break down) prze|analizować *[problem, theory]*; Phys, Chem rozł|ożyć, -kładać (**into sth** na coś); **to ~ a problem into its fundamental elements** dogłębnie przeanalizować problem [4] Mus rozwiąz|ać, -ywać *[dissonance]* [5] Med s|powodować ustąpienie (czegoś) *[inflammation]*
III *vi* (decide) *[person, government]* z|decydować się; **to ~ on/against doing sth** postanowić zrobić coś/nie robić czegoś; **to ~ on sth** zdecydować się na coś
IV *vr* **to ~ itself** *[crisis]* rozwiązać się; *[compound]* rozłożyć się (**into sth** na coś)
resolved /rɪˈzɒlvd/ *adj* fml *[person, mind, action]* zdecydowany (**to do sth** zrobić coś)
resonance /ˈrezənəns/ *n* [1] Phys rezonans *m*; (in empty room) pogłos *m* [2] fig (memory, allusion) echo *n* fig; **it has many ~s for me** to budzi we mnie wiele wspomnień; **~s of Greek mythology** echa mitologii greckiej
resonant /ˈrezənənt/ *adj* fml [1] *[voice]* donośny; *[sound]* wyraźny [2] *[hall]* akustyczny [3] fig **~ with sth** wypełniony czymś *[memories, sound]*; rozbrzmiewający czymś *[sound]*
resonate /ˈrezəneɪt/ *vi* [1] Phys rezonować [2] fml (resound) *[voice, sound]* rozbrzmiewać; **to ~ with sth** *[place, room]* rozbrzmiewać czymś
resonator /ˈrezəneɪtə(r)/ *n* rezonator *m*
resorption /rɪˈzɔːpʃn/ *n* resorpcja *f*
resort /rɪˈzɔːt/ **I** *n* [1] (resource) **our only ~ is...** pozostaje nam tylko...; **a last ~** ostatnia deska ratunku; **as a last ~** w ostateczności, jako ostateczność; **in the last ~** ostatecznie [2] (recourse) **without ~ to sth** bez uciekania się do czegoś; **to have ~ to sth** uciec się do czegoś [3] (holiday centre) kurort *m*; **seaside/ski ~** kurort nadmorski/narciarski → **health resort** [4] fml (haunt) uczęszczane miejsce *n*; **a ~ of criminals** popularne miejsce spotkań przestępców
II *vi* [1] (to have recourse) **to ~ to sth** uciec się do czegoś [2] fml (go customarily) **to ~ to sth** *[person, group]* uczęszczać gdzieś
resound /rɪˈzaʊnd/ *vi* [1] *[noise, sound, instrument]* rozbrzmiewać (**through sth** w czymś) [2] *[place, chamber]* rozbrzmiewać (**with sth** czymś) [3] fig *[news, fame]* obie|c, -gać (**through** or **throughout sth** coś); *[action]* mieć szeroki oddźwięk (**through** or **throughout sth** w czymś)
resounding /rɪˈzaʊndɪŋ/ *adj* [1] *[voice]* donośny; *[cheers]* gromki; *[crash, thud]* głośny [2] *[victory, success]* spektakularny; *[failure, defeat]* sromotny; **the answer was a ~ 'no'** odpowiedzią było zdecydowane „nie"
resoundingly /rɪˈzaʊndɪŋlɪ/ *adv* [1] *[echo, sing]* głośno [2] (thoroughly) **to be ~ successful** odnieść spektakularny sukces; **to be ~ defeated** ponieść sromotną klęskę
resource /rɪˈsɔːs, -ˈzɔːs, US ˈriːsɔːrs/ **I** *n* [1] (stock of supply) **natural ~s** bogactwa naturalne; **financial ~s** środki finansowe; **human ~s** zasoby ludzkie; **the world's ~s of coal/oil** światowe zasoby węgla/ropy naftowej; **to put more ~s into sth** zainwestować w coś więcej środków; **the hospital is starved of ~s** szpital cierpi na brak środków [2] (personal attributes) **to draw on one's ~s** radzić sobie samemu; **he has no inner ~s** brak mu siły wewnętrznej; **to have hidden ~s** mieć ukryte możliwości; **to be left to one's own ~s** być pozostawionym samemu sobie [3] (solution) **flight was his only ~** pozostawał mu tylko lot samolotem; **reading is her only ~ against boredom** tylko czytanie ratuje ją przed nudą; **anger is the only ~ left** można się najwyżej zdenerwować [4] (teaching aid) pomoc *f* naukowa [5] (facility, service) **the library is a valuable ~** ta biblioteka spełnia pożyteczną rolę [6] Comput zasób *m* [7] fml (cleverness) **a man of (great) ~** człowiek przedsiębiorczy
II *vt* zapewni|ć, -ać niezbędne środki (czemuś) *[institution, service]*; **to be under-~d** nie dysponować wystarczającymi środkami
resource allocation *n* Comput alokacja *f* zasobów
resource centre GB, **resource center** US *n* Sch, Univ biblioteka *f* dydaktyczna
resourceful /rɪˈsɔːsfl, -ˈzɔːsfl, US ˈriːsɔːrsfl/ *adj [person]* przedsiębiorczy, zaradny; *[adaptation, management]* umiejętny
resourcefully /rɪˈsɔːsfəlɪ, -ˈzɔːsfəlɪ, US ˈriːsɔːrsfəlɪ/ *adv* sprytnie
resourcefulness /rɪˈsɔːsflnɪs, -ˈzɔːsflnɪs, US ˈriːsɔːrsflnɪs/ *n* (of person) przedsiębiorczość *f*, zaradność *f* (**at sth** w czymś) (**in doing sth** w robieniu czegoś)
resource management *n* Comput zarządzanie *n* zasobami
resource sharing *n* Comput wspólne użytkowanie *n* zasobów
resource(s) room *n* Sch, Univ pomieszczenie *n* z podręcznym księgozbiorem dydaktycznym
respect /rɪˈspekt/ **I** *n* [1] (admiration) szacunek *m*; (connected with fear) respekt *m*; **I have the greatest** or **highest ~ for him/his works** żywię najwyższy szacunek dla niego/jego dokonań; **to win** or **earn the ~ of sb** zdobyć or zyskać (sobie) szacunek kogoś; **to command ~** wzbudzać szacunek, zasługiwać na szacunek; **as a mark** or **token of his ~** jako wyraz szacunku z jego strony [2] (politeness, consideration) szacunek *m*; **out of ~** z szacunku (**for sb/sth** dla kogoś/czegoś); **to have no ~ for sb /sth** nie szanować kogoś/czegoś; **you've got no ~!** co za brak szacunku!; **with (all due** or **the utmost) ~** z całym (należnym) szacunkiem; **to treat sb with ~** traktować kogoś z szacunkiem; **to treat sth with ~** fig obchodzić się ostrożnie z czymś *[machine, appliance]* [3] (recognition, regard) (for

R

human rights, privacy, the law) poszanowanie *n* **(for sth** czegoś) [4] (aspect, detail) **in this ~** pod tym względem; **in some/many ~s** pod pewnymi/wieloma względami; **in other ~s** pod innymi względami; **in what ~?** pod jakim względem?; **in ~ of sth** (as regards) pod względem czegoś; (for) odnośnie czegoś; **with ~ to sth** w związku z czymś
II respects *npl* fml wyrazy *m pl* uszanowania; **to offer** or **pay one's ~s to sb** złożyć komuś uszanowanie; **to pay one's last ~s to sb** pożegnać zmarłego
III *vt* [1] (honour) szanować; **to ~ sb/sth for sth** szanować kogoś/coś za coś [2] (show consideration for) u|szanować *[privacy, wishes]*; **to ~ the environment** dbać o środowisko naturalne [3] (recognize) respektować *[treaty, rights, neutrality]* [4] (regard) **as ~s your rights...** co do pańskich praw...
IV *vr* **to ~ oneself** szanować się; **if you don't ~ yourself...** jeżeli sam siebie nie szanujesz...

respectability /rɪˌspektəˈbɪlətɪ/ *n* (repute) powszechne poważanie *n*; (decency) przyzwoitość *f*; **to gain ~** zyskać poważanie

respectable /rɪˈspektəbl/ *adj* [1] (reputable) *[person, home, family]* przyzwoity, szanowany, poważany; (deserving respect) godny szacunku; **to have a ~ upbringing** odebrać należyte wychowanie; **in ~ society** w szacownym towarzystwie; **I'm a ~ married woman!** hum jestem porządną mężatką! hum [2] (adequate) *[size, number, crowd]* pokaźny; *[mark, performance, piece of work, salary]* przyzwoity, zupełnie dobry; **to finish a ~ fourth** zająć przyzwoite czwarte miejsce

respectably /rɪˈspektəblɪ/ *adv* [1] (reputably) *[dress, speak, behave]* stosownie [2] (adequately) (play) zupełnie dobrze; **a ~ large audience** całkiem spora publiczność; **he finished ~ in fourth place** zajął dobre czwarte miejsce

respecter /rɪˈspektə(r)/ *n* fml **to be a ~ of sth** darzyć coś szacunkiem; **death is no ~ of persons** śmierć nie wybiera; **diseases are no ~s of geographical boundaries** dla chorób nie istnieją granice geograficzne

respectful /rɪˈspektfl/ *adj [person, behaviour, silence]* pełen szacunku **(to** or **towards sb/sth** dla kogoś/czegoś); **to be ~ of sth** szanować coś

respectfully /rɪˈspektfəlɪ/ *adv [stand, clap, draw back]* z szacunkiem

respectfulness /rɪˈspektflnɪs/ *n* szacunek *m* **(to** or **towards sb** dla kogoś)

respecting /rɪˈspektɪŋ/ *prep* fml odnośnie **(sth** do czegoś) fml

respective /rɪˈspektɪv/ *adj* **they parted and went their ~ ways** rozstali się i każdy poszedł w swoją stronę; **they came with their ~ wives and girlfriends** przyszli ze swoimi żonami lub dziewczynami; **both men excel in their ~ fields** obaj wybijają się w swoich dziedzinach

respectively /rɪˈspektɪvlɪ/ *adv* odpowiednio; **Adam and Robert came first and third ~** Adam i Robert zajęli odpowiednio pierwsze i trzecie miejsce

respiration /ˌrespɪˈreɪʃn/ *n* oddychanie *n*; **~ rate** rytm oddychania

respirator /ˈrespɪreɪtə(r)/ *n* [1] Med respirator *m*; **to be on a ~** być podłączonym do respiratora [2] (gas mask) maska *f* przeciwgazowa

respiratory /rɪˈspɪrətrɪ, US -tɔːrɪ/ *adj* oddechowy; **~ disease** choroba układu oddechowego; **~ quotient** Physiol współczynnik oddechowy; **~ system** układ oddechowy; **~ tract** drogi oddechowe

respire /rɪˈspaɪə(r)/ *vi* Med, Bot oddychać

respite /ˈrespaɪt, ˈrespɪt/ *n* [1] fml (relief) wytchnienie *n* **(from sth/sb** od czegoś /kogoś); **a brief ~** chwila wytchnienia [2] Comm, Jur (delay) odroczenie *n* **(of sth** czegoś); **a week's ~** tygodniowe odroczenie; **to grant a ~ for payment** odroczyć termin płatności

resplendent /rɪˈsplendənt/ *adj* fml *[robe, gown, decorations]* olśniewający; **to look ~** wyglądać olśniewająco

respond /rɪˈspɒnd/ *vi* [1] (answer) odpowi|edzieć, -adać **(to sb/sth** komuś/na coś); **to ~ with a letter/a phone call** odpowiedzieć listownie/telefonicznie; **to ~ by doing sth** w odpowiedzi zrobić coś [2] (react) *[patient, organism, car, engine]* za|reagować **(to sth** na coś); *[boxer]* odpowi|edzieć, -adać **(with sth** czymś); **he ~ed with a smile** odpowiedział uśmiechem; **to ~ to sb's needs** wychodzić naprzeciw potrzebom kogoś; **they ~ed by putting up their prices** zareagowali podniesieniem cen; **to ~ to pressure** Pol, Admin ustąpić pod naciskiem [3] (react positively) **to ~ to one's teacher** być wdzięcznym uczniem; **to ~ to kindness** odwzajemniać życzliwość [4] Relig *[congregation]* odpowi|edzieć, -adać

respondent /rɪˈspɒndənt/ *n* [1] (to questionnaire) respondent *m*, -ka *f* [2] Jur pozwan|y *m*, -a *f*

response /rɪˈspɒns/ *n* [1] (answer) odpowiedź *f* **(to sth** na coś); **in ~ to sth** w odpowiedzi na coś; **appropriate/official ~** stosowna /oficjalna odpowiedź; **to make no ~** nie udzielić odpowiedzi [2] (reaction) reakcja *f* **(to sth** na coś); (to appeal) odzew *m* **(to sth** na coś); **~ from sb** reakcja kogoś; **they reacted favourably in ~** zareagowali przychylnie; **to meet with a favourable ~** spotkać się z przychylną reakcją; **to meet with no ~** spotkać się z brakiem reakcji [3] Relig **the ~s** responsoria *n pl*

response time *n* Comput czas *m* reakcji

responsibility /rɪˌspɒnsəˈbɪlətɪ/ *n* [1] (duty, task) obowiązek *m*; **his responsibilities as chairman include...** do jego obowiązków jako prezesa należy...; **it's not my ~ to do it** to nie należy do moich obowiązków; **it's your ~** to twój obowiązek; **to have a ~ to sb/to sth** mieć zobowiązania wobec kogoś /czegoś [2] (accountability, liability) odpowiedzialność *f*; **to take ~ for sth** brać odpowiedzialność za coś; **'we take no ~ for loss or damage to possessions'** „nie bierzemy odpowiedzialności za zaginięcie lub zniszczenie pozostawionych rzeczy"; **the company disclaimed** or **denied any ~ for the accident** firma stwierdziła, że nie ponosi żadnej odpowiedzialności za wypadek; **the terrorists claimed ~ for the attack** terroryści przyznali się do tego zamachu [3] (trustworthiness) odpowiedzialność *f*; **a sense of ~** poczucie odpowiedzialności; **a position of great ~** bardzo odpowiedzialne stanowisko

responsible /rɪˈspɒnsəbl/ *adj* [1] (answerable) odpowiedzialny **(for sth** za coś); **to be ~ for sb/sth** być odpowiedzialnym or odpowiadać za kogoś/coś; **~ for killing ten people/destroying the forest** odpowiedzialny za śmierć dziesięciu osób/zniszczenie lasu; **smoking is ~ for many cases of lung cancer** w wielu przypadkach palenie jest przyczyną raka płuc; **~ for producing the leaflets/looking after the children** odpowiedzialny za produkcję ulotek/opiekę nad dziećmi; **to be ~ to sb/sth** być odpowiedzialnym or odpowiadać przed kimś/czymś; **to hold sb ~** obarczać kogoś odpowiedzialnością **(for sth** za coś); **those ~** osoby odpowiedzialne **(for sth** za coś); **I won't be ~ for my actions** nie odpowiadam za swoje czyny [2] (trustworthy) *[person, attitude]* odpowiedzialny; **she is very ~** jest bardzo odpowiedzialna [3] (requiring responsibility) *[job, task]* odpowiedzialny

responsibly /rɪˈspɒnsəblɪ/ *adv* odpowiedzialnie

responsive /rɪˈspɒnsɪv/ *adj* [1] (alert) *[audience]* żywo reagujący; *[pupil, class]* chłonny [2] (sensitive) wrażliwy **(to sth** na coś) [3] (answering) **he gave her a ~ smile** uśmiechnął się do niej w odpowiedzi [4] (adaptable) *[organization]* elastyczny; **a more ~ political system** sprawniej działający system polityczny [5] Aut *[brakes, engine]* czuły

responsiveness /rɪˈspɒnsɪvnɪs/ *n* [1] (of audience) chłonność *f*; (of pupil, class) chęć *f* współpracy [2] (sensitivity) wrażliwość *f* [3] (of organization) elastyczność *f*

respray I /ˈriːspreɪ/ *n* **the car had been given a ~** samochód został na nowo polakierowany
II /riːˈspreɪ/ *vt* po|lakierować na nowo *[vehicle]*

rest[1] /rest/ **I** *n* [1] (relaxation, repose) odpoczynek *m*, wypoczynek *m*; **a day of ~** dzień odpoczynku; **what you need is plenty of ~** powinieneś dużo odpoczywać or wypoczywać; **to recommend six weeks' ~** zalecić sześć tygodni odpoczynku; **to have** or **take a ~** odpocząć or wypocząć; **to have a ~ in the afternoon** odpoczywać po południu; **why don't you take a ~ for five minutes?** może byś odpoczął przez pięć minut?; **to set** or **put sb's mind at ~** uspokoić kogoś; **to lay sb to ~** złożyć kogoś do grobu; **to lay sth to ~** fig położyć kres czemuś *[fear, misconception, doubt]*; **to retire to ~** udać się na spoczynek [2] (break) **I need a ~ from work** muszę odpocząć od pracy; **you'll have to give jogging a ~** będziesz musiał dać sobie spokój z bieganiem [3] (object that supports) podpórka *f* **(for sth** pod coś) [4] Mus pauza *f* [5] (immobility) **to be at ~** *[mind]* być spokojnym; *[leaves]* nie poruszać się; Tech *[body]* być w stanie spoczynku; **to come to ~** *[car, plane]* zatrzymać się
II *vt* [1] (lean, place) op|rzeć, -ierać *[back, ladder, plank]* **(on sth** o coś); położyć, kłaść

[cup] **(on sth** na czymś); **she ~ed her chin on her hand** podparła podbródek dłonią; **he ~ed his whole weight on the board** oparł się całym ciężarem na desce; **she ~ed her eyes on me** zatrzymała na mnie wzrok [2] (allow to rest) da|ć, -wać odpocząć (komuś/czemuś) *[person, horse, legs, feet]*; oszczędzać *[injured limb]*; **to be /feel ~ed** być/czuć się wypoczętym [3] Agric (leave uncultivated) pozostawi|ć, -ać odłogiem *[land]* [4] (keep from entering) *[coach]* da|ć, -wać odpocząć (komuś) *[competitor]* [5] Jur **to ~ one's case** zakończyć przedstawianie sprawy; **I ~ my case** fig nie mam nic więcej do dodania

III *vi* [1] (relax, lie down) odpocz|ąć, -ywać **(from sth** od czegoś); (have vacation) wypocz|ąć, -ywać; **I won't ~ until I know** nie spocznę, dopóki się nie dowiem; **I can't ~ easy knowing they could be in danger** nie mogę spać spokojnie, wiedząc, że może im grozić niebezpieczeństwo [2] (be supported) op|rzeć, -ierać się **(against sth** o coś); **to ~ on sth** *[hand, shelf, weight]* opierać się na czymś; **to be ~ing on sth** *[elbow, arm]* opierać się na czymś; **to ~ on one's spade** oprzeć się na łopacie; **I need something to ~ on** muszę się o coś or na czymś oprzeć; **his eyes** or **gaze ~ed on me** jego wzrok spoczął na mnie [3] euph *[actor]* **to be ~ing** być bez pracy [4] *[dead person]* **to ~ in peace** spoczywać w pokoju; **may he ~ in peace** niech spoczywa w pokoju; **God ~ her soul** niech spoczywa w pokoju [5] fig (lie) **to let the matter** or **things ~** odłożyć sprawę na później; **you can't just let it ~ there!** nie możesz tego tak zostawić!

■ **rest in**: **~ in [sth]** *[key, solution]* tkwić w (czymś)

■ **rest on**: **~ on [sth]** (depend) opierać się na (czymś) *[assumption, reasoning]*

■ **rest up** odpocz|ąć, -ywać, wypocz|ąć, -ywać

■ **rest with**: **~ with [sb/sth]** *[decision]* należeć do kogoś/czegoś

IDIOMS: **a change is as good as a ~** odrobina odmiany dobrze robi; **to ~ on one's laurels** osiąść na laurach; **give it a ~!** przestań!; **...and there the matter ~s** ...i właśnie tak się sprawy mają

rest² /rest/ *n* [1] (what remains) **the ~** (of food, books, day, story) reszta *f* **(of sth** czegoś); **you can keep/leave the ~** możesz zatrzymać /zostawić resztę; **I've forgotten the ~** zapomniałem reszty; **the ~ of the time we just sat around** przez resztę czasu po prostu siedzieliśmy; **for the ~ of my life** przez resztę życia, do końca życia; **for the ~...** co do reszty...; **and all the ~ of it** infml i tak dalej, i tak dalej infml; **the ~ is history** reszta to już historia [2] (other people) pozostali *plt*, reszta *f*; **he is no different from the ~ (of them)** nie różni się od pozostałych or reszty; **why can't you behave like the ~ of us?** dlaczego nie możesz zachowywać się jak my wszyscy?; **the ~ of the friends** reszta przyjaciół, pozostali przyjaciele; **the ~ of the members** pozostali członkowie; **...and all the ~** infml ...i cała reszta

rest area *n* parking *m* przy autostradzie

restart **I** /ˈriːstɑːt/ *n* [1] Sport (in football) wznowienie *n* gry; (in motor racing) start *m* powtórzony [2] GB (retraining) (also **~ scheme)** program *m* reorientacji zawodowej

II /ˌriːˈstɑːt/ *vt* [1] wzn|owić, -awiać *[work, service, talks]* [2] ponownie uruch|omić, -amiać *[engine, motor]*

III /ˌriːˈstɑːt/ *vi [cycle, activity]* rozpocz|ąć, -ynać się na nowo; *[person]* zacz|ąć, -ynać jeszcze raz; **the engine ~ed** udało się ponownie uruchomić silnik

restate /ˌriːˈsteɪt/ *vt* przedstawi|ć, -ać ponownie *[position, problem]*; **to ~ one's belief that...** ponownie wyrazić przekonanie, że...; **he ~d the case for imposing sanctions** ponownie przedstawił konieczność nałożenia sankcji

restatement /riːˈsteɪtmənt/ *n* ponowne przedstawienie *n* **(of sth** czegoś)

restaurant /ˈrestrɒnt, US -tərənt/ *n* restauracja *f*

restaurant car *n* GB wagon *m* restauracyjny

restaurant owner *n* właściciel *m*, -ka *f* restauracji

restaurateur /ˌrestərəˈtɜː(r)/ *n* restaurator *m*, -ka *f*

rest cure *n* wypoczynek *m (zalecany przez lekarza)*; **it wasn't exactly a ~!** hum to z pewnością nie były wczasy! hum

restful /ˈrestfl/ *adj [sound, music]* kojący, relaksujący, odprężający; *[hobby, colour]* uspokajający; *[place]* spokojny; *[holidays]* relaksujący

rest home *n* dom *m* spokojnej starości

resting place *n* **his last ~** miejsce jego wiecznego spoczynku

restitution /ˌrestɪˈtjuːʃn, US -ˈtuː-/ *n* fml restytucja *f* also Jur **(of sth** czegoś); **to make ~ (to sb) for sth** zrekompensować komuś coś; **~ of conjugal rights** Jur Hist nakaz powrotu do pożycia małżeńskiego

restitution order *n* Jur orzeczenie *n* restytucji

restive /ˈrestɪv/ *adj* [1] *[person, crowd]* niespokojny [2] *[horse]* narowisty

restively /ˈrestɪvlɪ/ *adv* niespokojnie

restiveness /ˈrestɪvnɪs/ *n* (of person) zniecierpliwienie *n*; (of horse) narowistość *f*

restless /ˈrestlɪs/ *adj [movement, person, animal]* niespokojny; **to get** or **grow ~** *[person, audience]* zacząć się niecierpliwić; *[minority, populace]* zacząć się burzyć; **to feel ~** (on edge) być zdenerwowanym

restlessly /ˈrestlɪslɪ/ *adv* niespokojnie, nerwowo

restlessness /ˈrestlɪsnɪs/ *n* niepokój *m*; (of character, movement) nerwowość *f*

restock /ˌriːˈstɒk/ *vt* (fill) zapełni|ć, -ać na nowo *[shelf]* **(with sth** czymś); uzupełni|ć, -ać zaopatrzenie (czegoś) *[shop]* **(with sth** w coś); zarybi|ć, -ać *[river, pond]* **(with sth** czymś) *[trout]*; obsadz|ić, -ać *[forest]* **(with sth** czymś) *[seedlings]*

restoration /ˌrestəˈreɪʃn/ *n* [1] (of property, territory) zwrot *m* **(to sb** komuś) [2] (of custom) powrót *m* **(of sth** do czegoś); (of law, order, democracy) przywrócenie *n* **(of sth** czegoś); (of monarchy, dynasty) restauracja *f* **(of sth** czegoś); **his ~ to complete health** jego całkowity powrót do zdrowia [3] (of building) restauracja *f*; (of work of art) renowacja *f*; **~ works** prace restauratorskie

Restoration /ˌrestəˈreɪʃn/ *n* **the ~** restauracja *f* Stuartów

Restoration drama *n* dramat *m* epoki restauracji Stuartów

restorative /rɪˈstɒrətɪv/ **I** *n* środek *m* wzmacniający

II *adj [tonic]* wzmacniający; *[exercise]* przywracający formę; *[sleep]* pokrzepiający, przywracający siły; **~ powers** wzmacniające działanie

restore /rɪˈstɔː(r)/ *vt* [1] (return) zwr|ócić, -acać *[property]* **(to sb** komuś) [2] (bring back) przywr|ócić, -acać *[health, faculty, good humour, right]* **(to sb** komuś); przywr|ócić, -acać *[law, peace]* **(to sth** w czymś); ożywi|ć, -ać *[custom, tradition]*; Pol przywr|ócić, -acać na tron *[monarch]*; Pol ponownie wprowadz|ić, -ać *[regime]*; **to ~ sb's sight /confidence** przywrócić komuś wzrok /wiarę w siebie; **to be ~d to health** powrócić do zdrowia; **to ~ sb to life** przywrócić komuś życie; **to ~ sb to power** przywrócić kogoś do władzy; **to ~ sacked workers to their jobs** przywrócić do pracy zwolnionych robotników; **you ~ my faith in humanity** przywracasz mi wiarę w ludzi; **to ~ law and order** przywrócić ład i porządek; **discipline has been ~d in the army** w armii przywrócono dyscyplinę [3] (repair) od|restaurować *[building]*; odn|owić, -awiać *[painting, sculpture, leather, vehicle]*; **to ~ sth to its original state** przywrócić coś do pierwotnego stanu [4] Comput przywr|ócić, -acać *[window]*

restorer /rɪˈstɔːrə(r)/ *n* [1] (person) konserwator *m* [2] → **hair restorer**

restrain /rɪˈstreɪn/ **I** *vt* [1] (hold back) po|hamować, powstrzym|ać, -ywać *[person, desire, tears]*; powstrzym|ać, -ywać *[attacker, animal, crowd]*; **to ~ sb from doing sth** powstrzymać kogoś przed zrobieniem czegoś [2] (deprive of freedom of movement) s|krępować *[prisoner, patient]* [3] (curb) ogranicz|yć, -ać *[spending, demand, inflation]* [4] (control) zapanować nad (czymś) *[demonstration, picketing]* [5] GB Jur **~ing order** nakaz *m* sądowy *(nakazujący zaniechanie działań)*

II *vr* **to ~ oneself** pohamować się

restrained /rɪˈstreɪnd/ *adj* [1] (sober) *[person, style]* powściągliwy; *[colour, music]* spokojny; *[lifestyle, dress]* skromny [2] (kept in check) *[emotion, hysteria, laughter]* tłumiony; *[manner]* powściągliwy; *[protest, argument, discussion, policy]* wyważony

restraint /rɪˈstreɪnt/ *n* [1] (moderation) powściągliwość *f* **(in sth** w czymś); **to exercise ~** zachowywać powściągliwość; **he showed moderate/remarkable ~** okazał pewną/niesłychaną powściągliwość; **to advocate ~** zalecać powściągliwość [2] (restriction) ograniczenie *n* **(on sth** czegoś); **to talk without ~** mówić bez ogródek; **to travel without ~** podróżować bez ograniczeń; **to impose price/wage ~s** wprowadzić ograniczenia cen/płacowe; **prisoners were kept under ~** więźniów trzymano skrępowanych [3] (rule) **social ~s** konwenanse

restrict /rɪˈstrɪkt/ **I** *vt* ogranicz|yć, -ać *[speed, freedom, movement, rights, access]*; **visibility was ~ed to 50 metres** widocz-

nośc była ograniczona do 50 metrów; **~ed to applicants over 18** tylko dla kandydatów powyżej 18 roku życia; **Chinese couples are ~ed to one child per family** małżeństwom w Chinach wolno mieć tylko jedno dziecko
II *vr* **to ~ oneself to sth/to doing sth** ograniczyć się do czegoś/do zrobienia czegoś

restricted /rɪˈstrɪktɪd/ *adj [budget, growth, movement, powers]* ograniczony; *[hours]* wyznaczony; *[document, file]* poufny, tajny; *[film]* US dozwolony od 17 lat

restricted access *n* ograniczony dostęp *m*

restricted area *n* obszar *m* o ograniczonym dostępie

restricted code *n* Ling kod *m* uproszczony

restricted language *n* Ling język *m* uproszczony

restricted parking *n* ograniczenie *n* parkowania

restricted users group *n* Comput grupa *f* uprawnionych użytkowników

restriction /rɪˈstrɪkʃn/ *n* ograniczenie *n* **(of sth** czegoś); Pol restrykcja *f*; **the ~s on sb** ograniczenia nałożone na kogoś; **to impose ~s on sth** wprowadzić ograniczenia czegoś; **to impose ~s on sb** nałożyć restrykcje na kogoś; **to raise** or **lift ~s** znieść ograniczenia; **a ~ on imports of cars** ograniczenie importu samochodów; **credit/currency ~s** ograniczenia kredytowe/dewizowe; **parking ~s** ograniczenia w parkowaniu; **speed ~s** ograniczenia prędkości; **travel ~s** ograniczenia swobody przemieszczania się; **weight ~s** (for vehicles) ograniczenia dopuszczalnej masy

restrictive /rɪˈstrɪktɪv/ *adj* [1] *[law, policy, measure]* restrykcyjny; *[environment, routine]* ograniczający; *[clothing]* ograniczający swobodę ruchów [2] Ling *[relative clause]* restryktywny

restrictive covenant *n* klauzula *f* ograniczająca sposoby wykorzystania danego terenu

restrictive practices *n* praktyki *f pl* restrykcyjne

re-string **I** /ˈriːstrɪŋ/ *n* (action) zmiana *f* naciągu; (racket) rakieta *f* z nowym naciągiem
II /ˌriːˈstrɪŋ/ *vt* (*pt, pp* **re-strung**) zmieni|ć, -ać struny w (czymś) *[instrument]*; zmieni|ć, -ać naciąg w (czymś) *[racket]*; naniz|ać, -ywać or nawle|c, -kać na nowo *[necklace, beads]*

rest room *n* US toaleta *f*

restyle **I** /ˈriːstaɪl/ *n* nowa fryzura *f*, nowe uczesanie *n*; **to have a ~** zmienić fryzurę
II /ˌriːˈstaɪl/ *vt* przeprojektow|ać, -ywać *[car]*; **to ~ sb's hair** uczesać kogoś inaczej
III **restyled** *pp adj* **a ~d car** nowa wersja samochodu

result /rɪˈzʌlt/ **I** *n* [1] (consequence) skutek *m*, rezultat *m* **(of sth** czegoś); **as a ~** w efekcie; **as a ~ of sth** na skutek czegoś; **with the ~ that the company went bankrupt** na skutek czego przedsiębiorstwo zbankrutowało; **our efforts produced no ~** nasze wysiłki nie odniosły skutku or nie dały rezultatu; **without ~** bez skutku or rezultatu; **the end ~** rezultat końcowy [2] (of exam, election) wynik *m*; (of match) wynik *m*, rezultat *m*; **football ~s** rezultaty or wyniki spotkań piłkarskich; **exam(ination) ~s** wyniki egzaminu [3] infml (successful outcome) wyniki *m pl*; **to get ~s** osiągać wyniki; **to need a ~** Sport potrzebować wyników infml [4] Math wynik *m*
II **results** *npl* Fin, Comm wyniki *m pl*
III *vi* wynik|nąć, -ać **(from sth** z czegoś); **to ~ in sth** (end in particular way) skończyć się czymś *[success, failure]*; (come about as consequence) spowodować coś *[damage, reduction]*; **the accident ~ed in him losing his job** na skutek wypadku stracił pracę

resultant /rɪˈzʌltənt/ **I** *n* Math wypadkowa *f*
II *adj* (also **resulting**) wynikły

resume /rɪˈzjuːm, US -ˈzuːm/ **I** *vt* pod|jąć, -ejmować na nowo *[work, duties]*; wzn|owić, -awiać *[talks, service, relations]*; zaj|ąć, -mować ponownie *[seat]*; powr|ócić, -acać do (czegoś) *[former name]*; **to ~ one's journey** ruszyć w dalszą drogę; **to ~ doing sth** powrócić do robienia czegoś; **to ~ speaking** kontynuować wystąpienie po przerwie
II *vi [discussion, service, hostilities]* rozpocz|ąć, -ynać się na nowo; *[person]* kontynuować, mówić dalej (po przerwie)

résumé /ˈrezjuːmeɪ, US ˌrezʊˈmeɪ/ *n* [1] (summary) résumé *n inv*, streszczenie *n* [2] US (cv) życiorys *m*

resumption /rɪˈzʌmpʃn/ *n* wznowienie *n* **(of sth** czegoś)

resurface /ˌriːˈsɜːfɪs/ **I** *vt* pokry|ć, -wać nową nawierzchnią *[road, court]*
II *vi* [1] *[submarine, diver]* wynurz|yć, -ać się [2] fig *[doubt, prejudice, rumour, person, group]* pojawi|ć, -ać się na nowo

resurgence /rɪˈsɜːdʒəns/ *n* fml (of party, tradition, interest, economy) odrodzenie się *n* **(of sth** czegoś); (of currency, popularity, nationalism) ponowny wzrost *m*

resurgent /rɪˈsɜːdʒənt/ *adj [economy, hope, nationalism, state]* odradzający się

resurrect /ˌrezəˈrekt/ *vt* [1] wskrze|sić, -szać [2] fig wskrze|sić, -szać *[custom, argument, hope]*; powrócić do (czegoś) *[old dress, career]*

resurrection /ˌrezəˈrekʃn/ *n* wskrzeszenie *n* **(of sth** czegoś); Relig **the Resurrection** Zmartwychwstanie *n*

resuscitate /rɪˈsʌsɪteɪt/ *vt* [1] Med reanimować [2] fig wskrze|sić, -szać fig *[plan, project]*

resuscitation /rɪˌsʌsɪˈteɪʃn/ **I** *n* reanimacja *f*; resuscytacja *f* fml
II *modif [equipment, unit]* reanimacyjny

resuscitator /rɪˈsʌsɪteɪtə(r)/ *n* (apparatus) respirator *m*

ret. = **retired, returned**

retail /ˈriːteɪl/ **I** *n* sprzedaż *f* detaliczna **(of sth** czegoś); **by ~** w detalu
II *modif [sector, shop, customer]* detaliczny
III *adv* detalicznie, w detalu
IV *vt* [1] Comm sprzeda|ć, -wać detalicznie [2] rozn|ieść, -osić *[gossip]*
V *vi* **this product ~s at £30** ten produkt kosztuje w detalu 30 funtów

retailer /ˈriːteɪlə(r)/ *n* (person) detalist|a *m*, -ka *f*; (company) detalista *m*

retailing /ˈriːteɪlɪŋ/ **I** *n* handel *m* detaliczny
II *modif* **~ sector** sektor handlu detalicznego; **~ giant** gigant w sektorze handlu detalicznego

retail park *n* galeria *f* handlowa

retail price *n* cena *f* detaliczna

retail price index, RPI *n* wskaźnik *m* cen detalicznych

retail price maintenance, RPM *n* ustalanie *n* maksymalnych cen detalicznych

retail sales *n* sprzedaż *f* detaliczna

retail space *n* powierzchnia *f* sprzedaży

retail trade *n* handel *m* detaliczny

retain /rɪˈteɪn/ *vt* [1] (keep) zachow|ać, -ywać *[independence, right, control, dignity]*; zatrzym|ać, -ywać *[property, room]*; utrzym|ać, -ywać *[lead, title]*; **to ~ one's composure** zapanować nad sobą [2] (hold, contain) *[substance, dam, wall]* zatrzym|ać, -ywać *[water, flood, heat]* [3] (remember) zachow|ać, -ywać w pamięci *[fact, image]* [4] Jur za|angażować *[lawyer]*

retained earnings *n* dochody *m pl* zatrzymane

retained object *n* Ling dopełnienie *n* czasownika w stronie biernej

retainer /rɪˈteɪnə(r)/ *n* [1] (fee) (for services) honorarium *n* za pozostawanie w dyspozycji; (for lawyer) zaliczka *f*; (for accommodation) *opłata gwarantująca zatrzymanie wynajmowanego mieszkania na czas nieobecności lokatora* [2] Dent aparat *m* na zęby [3] arch (servant) służący *m*

retaining dam *n* tama *f*

retaining ring *n* Tech pierścień *m* sprężynowy zabezpieczający

retaining wall *n* mur *m* oporowy

retake **I** /ˈriːteɪk/ *n* [1] Cin powtórzenie *n* sceny; powtórka *f* infml [2] Sch, Univ egzamin *m* poprawkowy; poprawka *f* infml
II /ˌriːˈteɪk/ *vt* (*pt* **retook;** *pp* **retaken)** [1] Cin na|kręcić ponownie *[scene]*; Phot **to ~ a shot** zrobić jeszcze raz zdjęcie [2] Sch, Univ zdawać ponownie *[exam, maths]*; **to ~ sth four times** zdawać coś cztery razy [3] Mil (take back) zdoby|ć, -wać ponownie

retaken /ˌriːˈteɪkn/ *pp* → **retake**

retaliate /rɪˈtælɪeɪt/ *vi [enemy, opposition]* wziąć, brać odwet; **if we impose import quotas, we must expect other countries to ~** jeżeli wprowadzimy ograniczenia importowe, należy się spodziewać, że inne kraje odpowiedzą tym samym; **we shall ~ against anyone who attacks us** odpowiemy atakiem na każdy atak przeciwko nam; **to ~ by doing sth** zrobić coś w odwecie; **to ~ against sb with sth** odpłacić komuś czymś

retaliation /rɪˌtælɪˈeɪʃn/ *n* odwet *m* **(for sth** za coś) **(against sb/sth** na kimś /czymś); **in ~** w odwecie **(for sth** za coś) **(against sb** przeciwko komuś)

retaliatory /rɪˈtælɪətrɪ, US -tɔːrɪ/ *adj [action, measures, raid]* odwetowy; **~ violence** przemoc stosowana w odwecie

retard **I** /ˈriːtɑːd/ *n* vinfml offensive debil *m*, -ka *f* vinfml offensive
II /rɪˈtɑːd/ *vt* opóźni|ć, -ać *[progress, ignition]*

retardation /ˌriːtɑːˈdeɪʃn/ *n* [1] opóźnienie *n* also Phys [2] US Psych upośledzenie *n*

retarded /rɪˈtɑːdɪd/ *adj* [1] Psych upośledzony [2] US vinfml (stupid) debilny infml offensive

retch /retʃ/ **I** *n* odruch *m* wymiotny
II *vi* mieć odruch wymiotny; **at the sight he ~ed** na ten widok zebrało mu się na wymioty

retd = **retired**

retell /ˌriːˈtel/ *vt* (*pt, pp* **retold**) opowi|edzieć, -adać od nowa

retelling /ˌriːˈtelɪŋ/ *n* nowa wersja *f*

retention /rɪˈtenʃn/ *n* fml [1] (of independence, right, control, dignity) zachowanie *n*; (of property, room, staff) zatrzymanie *n*; (of lead, title) utrzymanie *n* [2] (storing of facts) pamięć *f* **(of sth** do czegoś) *[facts, detail]* [3] (of flood, water, heat) zatrzymywanie *n*; Geol retencja *f* [4] Med zatrzymanie *n*

retention money *n część zapłaty wstrzymana jako gwarancja wykonania umowy*

retentive /rɪˈtentɪv/ *adj* [1] *[memory]* dobry [2] *[soil]* chłonny

rethink **I** /ˈriːθɪŋk/ *n* **to have a ~** zastanowić się jeszcze raz **(about sth** nad czymś)
II /ˌriːˈθɪŋk/ *vt* (*pt, pp* **rethought**) przemyśl|eć, -iwać na nowo *[policy, plan]*
III /ˌriːˈθɪŋk/ *vi* (*pt, pp* **rethought**) zastan|owić, -awiać się jeszcze raz

rethought *pt, pp* /ˌriːˈθɔːt/ → **rethink**

reticence /ˈretɪsns/ *n* powściągliwość *f*; **~ on** or **about sth** powściągliwość w wyrażaniu czegoś *[one's emotions]*; powściągliwość w sprawach dotyczących czegoś *[past, private life, personal matters]*

reticent /ˈretɪsnt/ *adj* powściągliwy; **to be ~ about sth** niechętnie mówić o czymś; **they were ~ about answering questions** niechętnie odpowiadali na pytania

reticently /ˈretɪsntlɪ/ *adv [behave, speak, write]* z rezerwą, powściągliwie

reticle /ˈretɪkl/ *n* Tech siatka *f*

reticulate /rɪˈtɪkjʊlət/ *adj* siatkowaty, pokryty siatką

reticule /ˈretɪkjuːl/ *n* arch ozdobna torebka *f*

retina /ˈretɪnə, US ˈretənə/ *n* Anat siatkówka *f*

retinal /ˈretɪnəl, US ˈretənəl/ *adj* Anat siatkówkowy; **~ damage** uszkodzenie siatkówki; **~ rivalry** *zmiana percepcji części pola widzenia, gdy nagle oczy są skierowane na obiekty o różnych barwach lub kształtach*

retinue /ˈretɪnjuː, US ˈretənuː/ *n* świta *f*

retire /rɪˈtaɪə(r)/ **I** *vt* wys|łać, -yłać na emeryturę *[employee]* **(on grounds of sth** ze względu na coś); **to be compulsorily ~d** zostać zmuszonym do przejścia na emeryturę
II *vi* [1] (from work) prze|jść, -chodzić or pójść na emeryturę; **to ~ from a post** odejść ze stanowiska; **to ~ early** przejść na wcześniejszą emeryturę; **to ~ on £100 a week** przejść na emeryturę i otrzymywać 100 funtów tygodniowo [2] (withdraw) **to ~ from sth** *[jury, person]* opuścić coś *[courtroom]*; wycofać się z czegoś *[public life]*; **to ~ to the drawing-room/to one's room** fml oddalić się do salonu/do swojego pokoju [3] dat **to ~ (to bed)** udać się na spoczynek; **to ~ early** udać się wcześnie na spoczynek [4] Sport wycof|ać, -ywać się **(from sth** z czegoś); (end career) za|kończyć karierę; **to ~ injured** or **with an injury** (from race) wycofać się z powodu kontuzji; (from football match) zejść z boiska z powodu kontuzji [5] Mil wycof|ać, -ywać się **(to sth** na coś) *[position]*
III **retired** *pp adj [worker, teacher]* emerytowany

retiree /ˌrɪtaɪəˈriː/ *n* US emeryt *m*, -ka *f*

retirement /rɪˈtaɪəmənt/ *n* [1] (action) przejście *n* na emeryturę; **we have had several ~s** kilka osób przeszło na emeryturę; **to announce one's ~** powiadomić o zamiarze przejścia na emeryturę; **to take early ~** przejść na wcześniejszą emeryturę [2] (state) emerytura *f*; **a peaceful ~** spokojna emerytura; **to come out of ~** powrócić (do pracy) z emerytury

retirement age *n* wiek *m* emerytalny

retirement bonus *n* odprawa *f* emerytalna

retirement home *n* dom *m* emeryta

retirement pension *n* emerytura *f*

retiring /rɪˈtaɪərɪŋ/ **I** *prp* → **retire**
II *adj* (shy) nieśmiały

retold *pt, pp* /ˌriːˈtəʊld/ → **retell**

retook *pt* /ˌriːˈtʊk/ → **retake**

retool /ˌriːˈtuːl/ **I** *vt* [1] (re-equip) wyposaż|yć, -ać w nowe narzędzia i oprzyrządowanie *[factory]* [2] US (reorganize) z|reorganizować *[factory]*
II *vi* [1] (re-equip) wymieni|ć, -ać narzędzia i oprzyrządowanie [2] US (reorganize) z|reorganizować się

retort¹ /rɪˈtɔːt/ **I** *n* (reply) riposta *f*; **to make a ~** dawać ripostę; **as a ~** w odpowiedzi
II *vt* za|ripostować; **to ~ that...** zaripostować, że...

retort² /rɪˈtɔːt/ *n* Tech, Chem retorta *f*

retouch **I** /ˈriːtʌtʃ/ *n* retusz *m*
II /ˌriːˈtʌtʃ/ *vt* wy|retuszować

retrace /riːˈtreɪs/ *vt* odtw|orzyć, -arzać *[movements, actions, events]*; **to ~ one's steps** pójść z powrotem

retract /rɪˈtrækt/ **I** *vt* [1] (withdraw) cof|nąć, -ać *[statement, allegation]*; wycof|ać, -ywać *[claim]* [2] (pull in) wciąg|nąć, -ać *[landing gear]*; *[animal]* s|chować *[claws]*
II *vi* [1] *[plaintiff]* wycof|ać, -ywać się [2] *[landing gear, horns, claws]* s|chować się

retractable /rɪˈtræktəbl/ *adj* [1] *[statement]* odwołalny [2] *[landing gear, claw]* wysuwany i chowany; *[aerial, headlights]* wysuwany

retractile /rɪˈtræktaɪl/ *adj* chowany; **a cat's claws are ~** kot potrafi chować pazury

retraction /rɪˈtrækʃn/ *n* (of accusation, confession) odwołanie *n*; (of landing gear) wciąganie *n*

retrain /ˌriːˈtreɪn/ **I** *vt* przekwalifikow|ać, -ywać
II *vi* przekwalifikow|ać, -ywać się

retraining /ˌriːˈtreɪnɪŋ/ *n* przekwalifikowanie *n*

retransmit /ˌriːtrænzˈmɪt/ *vt* TV, Radio retransmitować

retread **I** /ˈriːtred/ *n* opona *f* bieżnikowana
II /ˌriːˈtred/ *vt* (*pt, pp* **~ed**) bieżnikować *[tyre]*

retreat /rɪˈtriːt/ **I** *n* [1] (withdrawal) (of person, government) wycofanie się *n* **(from sth** z czegoś); (of army) odwrót *m* **(from sth** z czegoś); **to beat** or **make a ~** wycofać się; **to beat a hasty ~** wycofać się w pośpiechu; **to sound the ~** Mil odtrąbić odwrót; **to beat the ~** Mil dać sygnał do odwrotu; **to be in ~** *[ideology]* być w odwrocie; *[dollar, pound]* spadać [2] (quiet place) ustronie *n*; (hiding place) kryjówka *f*; **country ~** wiejskie ustronie [3] Relig rekolekcje *plt*; **to go into** or **on a ~** udać się na rekolekcje
II *vt* Games wy|cofać *[piece]*
III *vi* [1] *[person, army]* wycof|ać, -ywać się also fig **(from sth** z czegoś) **(before sth** przed czymś) **(behind sth** za coś); **to ~ under the blankets/to one's cottage** schować się pod kocami/w swoim domku; **to ~ into a dream world** uciec w świat marzeń; **to ~ into silence** zamilknąć; **to ~ into oneself** or **a world of one's own** zamknąć się w sobie or w swoim własnym świecie [2] *[glacier, flood water, desert]* wy|cofać się

retrench /rɪˈtrentʃ/ fml **I** *vt* ogranicz|yć, -ać *[expenditure]*; ograniczy|ć, -ać objętość (czegoś) *[book]*
II *vi [company]* wprowadz|ić, -ać oszczędności

retrenchment /rɪˈtrentʃmənt/ *n* fml [1] (economizing) oszczędności *f pl* [2] Mil oszańcowanie *n*

retrial /ˌriːˈtraɪəl/ *n* ponowny proces *m*

retribution /ˌretrɪˈbjuːʃn/ *n* fml kara *f* **(for sth** za coś); **divine ~** kara boska

retributive /rɪˈtrɪbjʊtɪv/ *adj* fml karzący

retrievable /rɪˈtriːvəbl/ *adj* [1] (sum) możliwy do odzyskania; *[error, situation]* możliwy do naprawienia [2] Comput dostępny

retrieval /rɪˈtriːvl/ *n* [1] (of property, money) odzyskanie *n* [2] Comput wyszukiwanie *n*

retrieve /rɪˈtriːv/ **I** *vt* [1] (get back) odzysk|ać, -iwać *[object]* [2] (save) u|ratować *[situation]*; naprawi|ć, -ać *[error]* [3] Hunt aportować *[game]* [4] Comput wyszuk|ać, -iwać *[data]*
II *vi* Hunt *[dog]* aportować

retriever /rɪˈtriːvə(r)/ *n* (dog) retriever *m*

retro /ˈretrəʊ/ **I** *n* styl *m* retro
II *modif [rock, art, chic]* retro

retroactive /ˌretrəʊˈæktɪv/ *adj [law, legislation]* działający wstecz; **~ to April 4th** mający moc wsteczną od 4 kwietnia

retroactively /ˌretrəʊˈæktɪvlɪ/ *adv* wstecz

retroengine /ˌretrəʊˈendʒɪn/ *n* silnik *m* rakietowy hamujący

retrofit /ˈretrəʊfɪt/ *vt* (*prp, pt, pp* **-tt-**) doposaż|yć, -ać w (coś)

retroflex /ˈretrəfleks/ *adj* Phon retrofleksyjny

retroflexion /ˌretrəˈflekʃn/ *n* Phon retrofleksja *f*

retrograde /ˈretrəgreɪd/ *adj* fml wsteczny; **~ motion** ruch wsteczny

retrogress /ˌretrəˈgres/ *vi* fml *[high-tide mark, front line]* cof|nąć, -ać się; **the patient has ~ed** stan pacjenta pogorszył się

retrogression /ˌretrəˈgreʃn/ *n* Biol retrogresja *f*

retrogressive /ˌretrəˈgresɪv/ *adj* [1] fml wsteczny; **a ~ step** krok wstecz [2] Biol regresywny

retropack /ˈretrəʊpæk/ *n* zespół *m* silników rakietowych hamujących

retrorocket /ˈretrəʊrɒkɪt/ *n* silnik *m* rakietowy hamujący

retrospect /ˈretrəʊspekt/ *n* **in ~** z perspektywy czasu

retrospection /ˌretrəʊˈspekʃn/ *n* retrospekcja *f*

retrospective /ˌretrəˈspektɪv/ **I** *n* Art, Cin retrospektywa *f*

II *adj* 1 *[approach, view, exhibition, show]* retrospektywny 2 *[law]* działający wstecz; *[application, payment]* z mocą wsteczną

retrospectively /ˌretrəˈspektɪvlɪ/ *adv [see]* z perspektywy czasu; Jur, Admin *[apply, validate]* z mocą wsteczną

retroviral /ˈretrəʊvaɪərəl/ *adj* Med retrowirusowy

retrovirus /ˈretrəʊvaɪərəs/ *n* retrowirus *m*

retry /ˌriːˈtraɪ/ *vt* 1 Jur ponownie rozpa|trzyć, -rywać *[case]*; ponownie osądz|ić, -ać *[person]* 2 Comput s|próbować ponownie wykonać *[operation]*

retsina /retˈsiːnə, US ˈretsɪnə/ *n* retsina *f (wino z zapachem żywicy)*

retune /ˌriːˈtjuːn, US -ˈtuːn/ *vt* Mus na|stroić *[piano]*; Radio, Telecom dostr|oić, -ajać

return /rɪˈtɜːn/ **I** *n* 1 (getting back, going back) powrót *m*; **my ~ to/from London** mój powrót do/z Londynu; **~ to power** powrót do władzy; **~ home** powrót do domu; **on my ~** po powrocie; **report to me immediately on your ~ to work** zamelduj się u mnie zaraz po powrocie do pracy; **a ~ to old habits** powrót to starych nawyków 2 (recurrence, coming back) powrót *m* **(of sth** czegoś); (of symptoms) ponowne pojawienie się *n*, nawrót *m* **(of sth** czegoś); **I'm hoping for a ~ of the fine weather** mam nadzieję, że wróci ładna pogoda 3 (restitution, bringing back) (of object) zwrot *m* **(of sth** czegoś); **I hope for its ~** (of lost, stolen item) liczę na jego zwrot; **on the ~ of the vehicle** przy zwrocie pojazdu 4 (sending back of goods, letter) zwrot *m* **(of sth** czegoś) 5 (reward) **is this my ~ for helping you?** czy tak mi się odpłacasz za pomoc?; **she loved without hope of ~** kochała bez nadziei na wzajemność 6 (yield on investment) zysk *m* **(on sth** z czegoś); **the law of diminishing ~s** prawo zmniejszającego się zysku 7 Transp (ticket) bilet *m* powrotny; **~ to Leeds, please** proszę powrotny do Leeds 8 Theat (ticket) bilet *m* ze zwrotów; **'~s only'** „wszystkie bilety wyprzedane" 9 Publg (book) zwrot *m* 10 Sport return *m* 11 Tax (declaration) zeznanie *n* podatkowe, deklaracja *f* podatkowa; **to submit a ~ for...** złożyć zeznanie podatkowe or deklarację podatkową za rok...

II returns *npl* Pol wyniki *m pl* **(from sth** czegoś) *[polling, survey]*

III *modif* 1 *[journey, flight, voyage]* powrotny; *[envelope]* zwrotny 2 *[game, match]* rewanżowy

IV in return *adv phr* w zamian **(for sth** za coś)

V *vt* 1 (give back) zwr|ócić, -acać *[book, video, car, money, purchase]*; **to ~ sth to sb /sth** zwracać coś komuś/do czegoś *[owner, library]*; **keep the receipt in case you have to ~ your purchase** paragon należy zachować na wypadek zwrotu 2 (put back) od|łożyć, -kładać z powrotem *[book, file]*; **to ~ sth to its place** odłożyć coś na miejsce; **she ~ed the book to the shelf** odłożyła książkę z powrotem na półkę; **I want all the chairs and tables ~ed to their proper places** wszystkie krzesła i stoły mają wrócić na swoje miejsca 3 (send back) od|esłać, -syłać *[parcel, sample, refugee, immigrant]*; **'~ to sender'** „zwrot do nadawcy" 4 (give, issue in return) **to ~ sb's greeting** odpowiedzieć na pozdrowienie kogoś; **to ~ the compliment** hum zrewanżować się tym samym; **I'd like to ~ the compliment by inviting you out to lunch** chciałbym się zrewanżować i zaprosić cię na lunch; **to ~ the favour** zrewanżować się za przysługę; **I'll be glad to ~ the favour** będę szczęśliwy, mogąc się zrewanżować 5 (reciprocate) odwzajem|ni|ć, -ać *[love, feeling, affection]* 6 Mil odpowi|edzieć, -adać na (coś) *[fire]* 7 Sport (throw back) odrzuc|ić, -ać; (hit back) odbi|ć, -jać 8 (reply, rejoin) odrzec; **to ~ an answer to sth** udzielić odpowiedzi na coś 9 Tax **to ~ details of one's income** zgłaszać dane o swoich dochodach 10 Jur wyda|ć, -wać *[verdict]* 11 Fin przyn|ieść, -osić *[income, rate of interest]* 12 Pol (elect) wyb|rać, -ierać *[candidate]*; **to be ~ed** zostać wybranym 13 Telecom **to ~ sb's call** oddzwonić do kogoś

VI *vi* 1 (come back) (po)wr|ócić, -acać; (go back) wr|ócić, -acać; **he left never to ~** odszedł i nigdy nie wrócił; **we just ~ed from South America** właśnie wróciliśmy z Ameryki Południowej; **to ~ home** wrócić do domu; **at what time did you ~?** o której wróciłeś?; **I've only ~ed once to Paris since the time** od tego czasu tylko raz wróciłem do Paryża; **I ~ed to my work yesterday** wczoraj wróciłem do pracy 2 (resume) **to ~ to sth** (po)wrócić do czegoś *[activity, topic]*; **to ~ to one's book/work** (po)wrócić do lektury/do (przerwanej) pracy; **to ~ to the point I made earlier...** wracając do mojej wcześniejszej uwagi, ...; **to ~ to power** (po)wrócić do władzy; **to ~ to sanity** odzyskać równowagę psychiczną 3 (recur, come back) *[symptom, feeling, doubt, time]* powr|ócić, -acać; **if the breathlessness ~s, ...** jeżeli powtórzą się kłopoty z oddychaniem, ...; **if the illness ~s, ...** jeżeli wystąpi nawrót choroby, ...

IDIOMS: **by ~ of post** odwrotną pocztą; **many happy ~s!** wszystkiego najlepszego w dniu urodzin!

returnable /rɪˈtɜːnəbl/ *adj [bottle, crate]* zwrotny; **books are ~ by 6 April** książki należy zwrócić do 6 kwietnia

returner /rɪˈtɜːnə(r)/ *n* kobieta *f* powracająca do pracy *(po odchowaniu dzieci)*

return fare *n* cena *f* biletu powrotnego

return flight *n* lot *m* powrotny

returning officer *n* przewodniczący|y *m*, -a *f* komisji wyborczej

return journey *n* GB powrót *m*; **on her ~** w drodze powrotnej

return stroke *n* Tech suw *m* powrotny

return ticket *n* bilet *m* powrotny

return trip *n* US = **return journey**

return visit *n* rewizyta *f*

reunification /ˌriːjuːnɪfɪˈkeɪʃn/ *n* ponowne zjednoczenie *n*

reunify /ˌriːˈjuːnɪfaɪ/ *vt* ponownie z|jednoczyć

reunion /ˌriːˈjuːnɪən/ *n* 1 (meeting) spotkanie *n* 2 (social gathering) **a family ~** zjazd rodzinny; **a ~ of war veterans** zlot kombatantów

reunite /ˌriːjuːˈnaɪt/ **I** *vt* ponownie po|łączyć *[family]*; ponownie z|jednoczyć *[country, party]*; **he was ~d with his family** powrócił na łono rodziny liter

II *vi [country, party]* z|jednoczyć się ponownie

re-up /ˌriːˈʌp/ *vi* US Mil infml zaciąg|nąć, -ać się ponownie

reusable /ˌriːˈjuːzəbl/ *adj* **~ envelope /battery** koperta/bateria (do) wielokrotnego użytku

reuse I /ˌriːˈjuːs/ *n* (of wood, paper, scrap metal) ponowne wykorzystanie *n*

II /ˌriːˈjuːz/ *vt* ponownie wykorzyst|ać, -ywać *[paper, scrap metal]*

rev /rev/ **I** *n* infml Aut = **revolution (per minute)** obrót (na minutę)

II *vt* (*prp, pt, pp* **-vv-**) (also **~ up**) zwiększ|yć, -ać obroty (czegoś) *[engine]*

III *vi* (*prp, pt, pp* **-vv-**) (also **~ up**) zwiększ|yć, -ać obroty

Rev(d) *n* = **Reverend**

revalorization /ˌriːvæləraɪˈzeɪʃn, US -rɪˈz-/ *n* Fin rewaloryzacja *f*

revalorize /ˌriːˈvæləraɪz/ *n* Fin z|rewaloryzować

revaluation /ˌriːvæljuːˈeɪʃn/ *n* Fin, Comm (of currency) rewaluacja *f*; (of property) ponowna wycena *f*

revalue /ˌriːˈvæljuː/ *vt* Fin, Comm z|rewaluować *[currency]*; ponownie wyceni|ć, -ać *[property, possessions]*

revamp /ˌriːˈvæmp/ **I** *n* 1 (process) reorganizacja *f* 2 (result) przeróbka *f*

II *vt* przer|obić, -abiać *[room, play]*; z|reorganizować *[company]*; zmieni|ć, -ać *[image]*

III revamped *pp adj [management]* zreorganizowany; *[programme, play]* przerobiony; *[building, room]* odnowiony

revanchism /rɪˈvæntʃɪzəm/ *n* rewanżyzm *m*

revanchist /rɪˈvæntʃɪst/ **I** *n* rewanżyst|a *m*, -ka *f*

II *adj [policy]* rewanżystyczny, rewanżystowski

rev counter *n* GB Aut infml obrotomierz *m*

reveal /rɪˈviːl/ **I** *vt* 1 (make public) wyjawi|ć, -ać *[truth, secret]* **(to sb** komuś); ujawni|ć, -ać *[plan]* **(to sb** komuś); **to ~ that...** ujawnić, że...; **his statement ~ed him to be a liar** jego wypowiedź pokazała, że jest kłamcą; **to ~ sb's identity** ujawnić tożsamość kogoś; **to ~ all** (divulge) wyjawić wszystko; (undress) obnażyć się 2 (make visible) ukaz|ać, -ywać *[view, picture]*; **the gap in the trees ~ed a magnificent view** w prześwicie między drzewami ukazał się wspaniały widok; **~ed religion** religia objawiona

II *vr* **to ~ oneself** *[person]* ukazać się; *[God]* objawiać się; **to ~ oneself to be sb** okazać się kimś

revealing /rɪˈviːlɪŋ/ *adj* 1 *[interview, report]* wiele mówiący; *[remark]* odkrywczy; **a ~ slip of the tongue** wiele mówiące przejęzyczenie 2 *[dress, blouse]* wydekoltowany

reveille /rɪˈvælɪ, US ˈrevəlɪ/ *n* Mil pobudka *f*

revel /ˈrevl/ **I** *n* hulanka *f*

II *vi* (*prp, pt, pp* **-ll-, -l-** US) 1 (celebrate) hulać 2 (enjoy) **to ~ in sth/in doing sth** upajać się czymś/robieniem czegoś

revelation /ˌrevəˈleɪʃn/ *n* [1] (of identity, truth) ujawnienie *n* **(of sth** czegoś); **divine ~** boskie objawienie [2] (striking disclosure) rewelacja *f*
Revelation /ˌrevəˈleɪʃn/ *prn* Bible Apokalipsa *f* św. Jana
revelatory /ˌrevəˈleɪtrɪ, US -tɔːrɪ/ *adj [performance]* nowatorski; *[research]* odkrywczy; *[documentary]* wiele wnoszący
reveller GB, **reveler** US /ˈrevələ(r)/ *n* hulaka *m*
revelry /ˈrevəlrɪ/ *n* hulanka *f*
revenge /rɪˈvendʒ/ **I** *n* [1] (punitive act) zemsta *f*; **in ~** z zemsty, w akcie zemsty; **in ~ for sth** w zemście za coś; **to take** or **get one's ~** zemścić się **(for sth** za coś) **(on sb** na kimś) [2] (opportunity to retaliate) rewanż *m*; **by way of ~** w rewanżu; **to get one's ~** zrewanżować się **(on sb** komuś)
II *vt [person]* po|mścić *[person, murder]*
III *vr* **to ~ oneself** zemścić się **(on sb** na kimś) **(for sth** za coś); (in sports match) zrewanżować się **(on sb** komuś) **(for sth** za coś)
IDIOMS: **~ is sweet** zemsta jest rozkoszą bogów
revengeful /rɪˈvendʒfl/ *adj [nature, person]* mściwy
revengefully /rɪˈvendʒfulɪ/ *adv* mściwie
revengefulness /rɪˈvendʒfulnɪs/ *n* mściwość *f*
revenger /rɪˈvendʒə(r)/ *n* mściciel *m*, -ka *f*
revenue /ˈrevənjuː, US -ənuː/ *n* dochód *m*; **a source of ~** źródło dochodów; **oil ~s** dochody z ropy naftowej; **tax ~s** wpływy z podatków
Revenue /ˈrevənjuː, US -ənuː/ *n* GB Tax → **Inland Revenue**
revenue sharing *n* US *podział podatków federalnych pomiędzy władze stanowe*
revenue stamp *n* znaczek *m* skarbowy
reverberate /rɪˈvɜːbəreɪt/ **I** *vt* Tech wyt|opić, -apiać w piecu płomiennym *[ore, iron]*
II *vi [hills, room]* rozbrzmiewać **(with sth** czymś); *[thunder, footsteps]* rozle|c, -gać się; *[words, idea, debate]* odbi|ć, -jać się głośnym or szerokim echem **(through sth** w czymś); *[shock wave]* roz|ejść, -chodzić się **(through sth** po czymś); *[light, heat]* odbi|ć, -jać się
reverberation /rɪˌvɜːbəˈreɪʃn/ *n* [1] (act) (of sound, heat) odbijanie się *n* [2] (something reverberated) (of explosion) odgłos *m*; (of heat, light) odbicie *n*; fig (of scandal) echa *n pl* fig [3] (in acoustics) pogłos *m*
reverberator /rɪˈvɜːbəreɪtə(r)/ *n* Tech piec *m* płomienny
revere /rɪˈvɪə(r)/ *vt* fml (with respect) szanować; (with veneration) czcić
reverence /ˈrevərəns/ *n* fml (respect) szacunek *m*; rewerencja *f* dat; (veneration) cześć *f*; **to have ~ for sb** żywić do kogoś wielki szacunek; **to hold sb/sth in ~** otaczać kogoś/coś czcią
reverend /ˈrevərənd/ *adj* dat czcigodny
Reverend /ˈrevərənd/ *n* [1] (person) (Roman Catholic, Anglican) ksiądz *m*; (Protestant) pastor *m* [2] (as title) **the ~ Jones** (Roman Catholic) wielebny ksiądz Jones dat; (Anglican) wielebny *m* Jones; (Protestant) pastor *m* Jones; **the Very ~ X** wielebny ksiądz dziekan X; **the Right ~ X** Jego Ekscelencja ksiądz biskup X; **the Most ~ X** Jego Ekscelencja ksiądz arcybiskup X; **~ Father** wielebny ojciec; **~ Mother** wielebna matka
reverent /ˈrevərənt/ *adj* nabożny; **~ silence** nabożne skupienie
reverential /ˌrevəˈrenʃl/ *adj* fml (expressing reverence) nabożny
reverently /ˈrevərəntlɪ/ *adv [speak]* podniosłym tonem; *[listen]* w nabożnym skupieniu; z nabożeństwem liter
reverie /ˈrevərɪ/ *n* zaduma *f*; **to fall into a ~** popaść w zadumę
revers /rɪˈvɪə(r)/ *n* Fashn wyłóg *m*
reversal /rɪˈvɜːsl/ *n* [1] (of order, sequence, trend) odwrócenie *n* **(of sth** czegoś); (of policy) zwrot *m* **(of sth** w czymś); **a ~ of traditional roles** odwrócenie tradycyjnych ról; **he has met with a ~ of fortune** szczęście odwróciło się od niego [2] Jur uchylenie *n*
reverse /rɪˈvɜːs/ **I** *n* [1] (opposite) **the ~ is in fact the case** jest akurat na odwrót; **quite the ~** wprost przeciwnie; **the truth was exactly the ~** tak naprawdę było zupełnie odwrotnie; **I believe the ~ (is true)** sądzę, że jest odwrotnie; **to do the ~ of what sb wants/expects** zrobić odwrotnie, niż ktoś chce/spodziewa się [2] (back) **the ~** (of coin, medal, picture) rewers *m*; (of paper) odwrotna strona *f*; (of cloth) lewa strona *f*; **sign the cheque on the ~** podpisz czek na odwrocie [3] (setback) porażka *f* [4] Aut (also **~ gear)** bieg *m* wsteczny; wsteczny *m* infml; **you're/the car is in ~** jesteś/samochód jest na wstecznym; **to go into ~** *[driver]* wrzucić wsteczny; fig *[process]* odwrócić się; **to put a programme/policy into ~** fig wycofać się z wprowadzania jakiegoś programu/jakiejś polityki; **the same process but in ~** ten sam proces, tylko w odwrotnej kolejności
II *adj* [1] (opposite) *[process]* odwrotny; *[argument, trend, direction, effect]* przeciwny, odwrotny [2] (other) **the ~ side** odwrotna strona; (of cloth) lewa strona; (of coin, medal, picture) rewers [3] (backwards) **~ somersault** przewrót w tył; **in ~ order** od końca, w odwrotnej kolejności [4] Aut **~ gear** bieg wsteczny; **a ~ turn** zakręt na wstecznym biegu
III in reverse *adv phr [go through sth]* od końca, w odwrotnej kolejności; *[function]* odwrotnie; **the image appears in ~ in the mirror** w lustrze obraz jest odwrócony
IV *vt* [1] (invert) odwr|ócić, -acać *[order, direction, effect, image]*; odwr|ócić, -acać na lewą stonę *[material]*; wywi|nąć, -jać *[collar, cuff]*; zmieni|ć, -ać *[policy]* [2] (exchange, switch) zamieni|ć, -ać się (czymś) *[roles]*; zamieni|ć, -ać *[cables, colours]*; **the roles are now ~d** teraz role się odwróciły [3] GB Pol **to ~ the result** osiągnąć lepszy wynik; **now the result was ~d** teraz sytuacja się odwróciła [4] Tech, Aut cof|nąć, -ać *[ribbon, car, machine, mechanism]*; **to ~ a car out of a garage** wyjechać tyłem z garażu; **she ~d the car over the inspection pit** wjechała tyłem na kanał [5] Jur uchyl|ić, -ać *[decision, verdict, judgment]* [6] Telecom **to ~ the charges** dzwonić na koszt rozmówcy
V *vi [driver]* cof|nąć, -ać (się); **he ~d into a tree** wjechał tyłem w drzewo; **to ~ down the lane** jechać tyłem wzdłuż uliczki; **to ~ into a parking space** zaparkować tyłem
reverse charge call *n* Telecom rozmowa *f* na koszt rozmówcy
reverse engineer *vt* roz|łożyć, -kładać *(w celu poznania konstrukcji czegoś)*
reverse engineering *n metoda projektowania oparta na analizie konstrukcji*
reverse thrust *n* ciąg *m* wsteczny
reversibility /rɪˈvɜːsəbɪlətɪ/ *n* [1] (of cloth, garment) dwustronność *f* [2] (of process, trend) odwracalność *f*; (of decision) możliwość *f* uchylenia
reversible /rɪˈvɜːsəbl/ *adj [picture, image]* odwracalny; *[cloth, garment]* dwustronny; *[decision]* odwołalny; *[verdict]* podlegający obaleniu; *[trend, decline]* odwracalny; **we may reach a point where this process is no longer ~** możemy dojść do punktu, w którym nie będzie już możliwe odwrócenie tego procesu
reversing light *n* Aut światło *n* cofania
reversion /rɪˈvɜːʃn, US -ʒn/ *n* [1] (process of reverting) powrót *m* **(to sth** do czegoś); **the ~ of the land to swamp** ponowne przekształcenie się ziemi w bagno; **~ to type** Biol (of plant, animal) regres *m* [2] Jur ponowne przejęcie *n* praw majątkowych [3] Insur odszkodowanie *n* (z tytułu śmierci)
reversionary /rɪˈvɜːʃənərɪ, US -ʒənerɪ/ *adj* Insur *[pension, annuity, bonus]* z tytułu odszkodowania
reversionary characteristic *n* Biol cecha *f* regresywna
reversionary rights *npl* Jur prawo *n* rewersyjne
revert /rɪˈvɜːt/ *vi* [1] (return) **to ~ to sth** *[person]* powr|ócić, -acać do czegoś *[habit, name]*; *[area, land]* zamienić się z powrotem w coś *[moorlands, wilderness]*; **to ~ to doing sth** powrócić do robienia czegoś; **to ~ to normal** powrócić do normalności [2] Biol, Zool **to ~ to type** powracać do form prymitywnych; **he ~ed to type** fig wyszła jego prawdziwa natura [3] (return in speaking, discussing) **to ~ to sth** (po)wrócić do czegoś *[matter, question]*; **~ing to your earlier question...** (po)wracając do pańskiego wcześniejszego pytania, ... [4] Jur *[property]* powr|ócić, -acać do poprzedniego właściciela; **to ~ to sb** *[right]* przechodzić na kogoś
revet /rɪˈvet/ *vt* (*prp, pt, pp* **-tt-**) um|ocnić, -acniać *[wall, rampart]*
review /rɪˈvjuː/ **I** *n* [1] (reconsideration) (of events, facts) przegląd *m* **(of sth** czegoś); (of policy) rewizja *f* **(of sth** czegoś); Jur rewizja *f*; **to be under ~** *[policy]* być rewidowanym; *[pay, salaries]* być analizowanym; **to come under ~** zostać poddanym ocenie; **to keep sth under ~** poddawać coś stałej kontroli; **the terms of the contract are subject to ~** warunki kontraktu mogą ulec zmianie; **a wide ranging ~ of taxation** szeroko zakrojona rewizja systemu podatkowego; **the week in ~** Radio, TV przegląd wydarzeń tygodnia [2] Journ, Literat (critical assessment) recenzja *f* **(of sth** czegoś); **a book/music ~** recenzja książki/muzyczna; **to get a good/bad ~** otrzymać dobre/złe recenzje; **a savage/rave ~**

R

miażdżąca/wspaniała recenzja; **to send a book for ~** oddać książkę do recenzji [3] Journ przegląd *m*; **a scientific/literary ~** przegląd naukowy/literacki [4] Mil (of troops, fleet, aircraft) przegląd *m*; **the regiment is holding a ~** w pułku odbywa się przegląd [5] US Sch, Univ (restudying) powtórka *f*

II *vt* [1] (re-examine) prze|analizować *[situation, facts, question]*; z|rewidować *[policy, attitude]*; Jur podda|ć, -wać rewizji *[case, matter]* [2] Journ, Liter z|recenzować *[book, film]*; **to be well/badly ~ed** otrzymać dobre/złe recenzje [3] Mil dokon|ać, -ywać przeglądu (czegoś) *[troops]* [4] US Sch, Univ powt|órzyć, -arzać *[subject, lesson]*

III *vi* Journ pisać recenzje **(for sb** dla kogoś) **(in sth** w czymś)

review article *n* recenzja *f*

review board *n* komisja *f* rewizyjna

review body *n* = **review board**

review copy *n* Publg egzemplarz *m* recenzyjny

review document *n* przegląd *m*

reviewer /rɪˈvjuːə(r)/ *n* recenzent *m*, -ka *f*

review process *n* (of grievance, application) ponowne rozpatrzenie *n*; (of treaty, policy) rewizja *f*

revile /rɪˈvaɪl/ *vt* fml na|piętnować

revisable /rɪˈvaɪzəbl/ *adj [conclusion, judgment, conception]* podlegający rewizji

revise /rɪˈvaɪz/ **I** *n* Print rewizja *f*

II *vt* [1] (alter) z|rewidować *[opinion, attitude, treaty]*; s|korygować *[figures, estimate]*; **to ~ one's opinion of sb/sth** zrewidować swoją opinię o kimś/czymś; **to be ~d upwards/downwards** *[figures, profits]* zostać skorygowanym w górę/w dół [2] GB (for exam) powt|órzyć, -arzać *[subject, notes]* [3] Print (amend, correct) poprawi|ć, -ać *[text]*; **~d edition** wydanie poprawione

III *vi* GB Sch powtarzać **(for sth** do czegoś) *[exam]*; **I'm busy revising** uczę się

Revised Standard Version, RSV *n amerykańskie tłumaczenie Biblii powstałe w latach 1946-1952*

Revised Version, RV *n angielskie tłumaczenie Biblii z lat 1881-85*

reviser /rɪˈvaɪzə(r)/ *n* (of text, manuscript) adiustator *m*, -ka *f*; (proof-reader) korektor *m*, -ka *f*

revision /rɪˈvɪʒn/ *n* (of budget, text) korekta *f*; (of schedule) zmiana *f*; (for exam) powtórka *f* **(for sth** do czegoś)

revisionism /rɪˈvɪʒənɪzəm/ *n* rewizjonizm *m*

revisionist /rɪˈvɪʒənɪst/ **I** *n* rewizjonist|a *m*, -ka *f*

II *adj* rewizjonistyczny

revisit /ˌriːˈvɪzɪt/ *vt* ponownie odwiedz|ić, -ać *[place, person]*; **Joyce ~ed** fig nowe spojrzenie na Joyce'a

revitalization /ˌriːvaɪtəlaɪˈzeɪʃn, US -lɪˈz-/ *n* [1] (of economy) ożywienie *n* [2] (of depressed areas) rewitalizacja *f* [3] Cosmet rewitalizacja *f*

revitalize /ˌriːˈvaɪtəlaɪz/ *vt* [1] ożywi|ć, -ać *[economy]*; **to ~ a company** przeprowadzić restrukturyzację firmy [2] Cosmet ożywi|ć, -ać *[complexion]*

revival /rɪˈvaɪvl/ *n* [1] Med (of person) powrót *m* do zdrowia; fig (of economy, trade) ożywienie *n* **(of sth** czegoś); (of hope, interest) rozbudzenie *n* na nowo **(of sth** czegoś) [2] (restoration) (of custom, language) odrodzenie się *n* **(of sth** czegoś); (of fashion) powrót *m*; (of law) przywrócenie *n* mocy prawnej **(of sth** czemuś); **the Gothic ~** neogotyk [3] Theat wznowienie *n* [4] Relig (renewal of commitment) odnowa *f* religijna; (meeting) spotkanie *n* ruchu odnowy religijnej [5] Mus, Hist (in jazz) nawrót *m* do jazzu tradycyjnego

revivalism /rɪˈvaɪvəlɪzəm/ *n* [1] Relig odnowa *f* religijna [2] Archit, Mus **fifties ~** powrót do stylu lat pięćdziesiątych; **Gothic ~** powrót do sztuki gotyku

revivalist /rɪˈvaɪvəlɪst/ **I** *n* [1] Relig głosiciel *m* odnowy religijnej [2] Archit, Mus **to be a ~ of sth** nawiązywać (w twórczości) do czegoś *[style, custom]* [3] (jazz musician) jazzman *m* grający jazz tradycyjny

II *adj* [1] Relig **~ movement** ruch odnowy religijnej [2] Mus **~ jazz** jazz tradycyjny [3] Archit *[style]* **Gothic ~** neogotycki; **Greek ~** klasycystyczny

revive /rɪˈvaɪv/ **I** *vt* [1] (from coma) przywr|ócić, -acać przytomność (komuś), przywr|ócić, -acać do życia; (from faint) o|cucić, do|cucić; **the flowers were ~d by fresh water** kwiaty odżyły w wodzie; **the fresh air will ~ you** świeże powietrze postawi cię na nogi [2] fig wskrze|sić, -szać *[custom, language, memory, movement, institution]*; ożywi|ć, -ać (na nowo), rozbudz|ić, -ać (na nowo) *[hopes, interest]*; przywr|ócić, -acać *[fashion, style]*; o|budzić na nowo *[anger, enthusiasm, fear]*; odn|owić, -awiać *[friendship]*; ożywi|ć, -ać *[economy, debate]*; pon|owić, -awiać *[proposal]*; **to ~ sb's (flagging) spirits** podnieść kogoś na duchu [3] Theat wzn|owić, -awiać *[play]*

II *vi* [1] *[person]* (from coma, faint) odzysk|ać, -iwać przytomność or świadomość, ocknąć się; (after illness) wy|zdrowieć; *[plant]* odży|ć, -wać; **he ~d once he went outside** przyszedł do siebie, gdy tylko znalazł się na dworze [2] *[hopes]* oży|ć, -wać; *[enthusiasm, interest]* odży|ć, -wać; *[confidence]* wzr|osnąć, -astać na nowo; *[economy, market]* ożywi|ć, -ać się; *[fashion]* powr|ócić, -acać; **our spirits soon ~d** wkrótce odzyskaliśmy zapał

revivify /rɪˈvɪvɪfaɪ/ *vt* fml ożywi|ć, -ać

revocation /ˌrevəˈkeɪʃn/ *n* fml Jur (of licence, permission, promise) cofnięcie *n*; (of law) uchylenie *n*; (of will, offer, edict, decision) unieważnienie *n*

revoke /rɪˈvəʊk/ **I** *n* (in bridge) **you've got a heart in your hand! that was a ~** masz w ręku kiera! to oszustwo, nie dodałeś do koloru

II *vt* fml Jur cof|nąć, -ać *[licence, permission, promise]*; unieważni|ć, -ać *[will, offer, order, decision]*; uchyl|ić, -ać *[law]*

III *vi* nie dodać do koloru

revolt /rɪˈvəʊlt/ **I** *n* (violent) rewolta *f*, bunt *m* **(against sb/sth** przeciw komuś/czemuś); (refusal to obey) sprzeciw *m* **(over sth** wobec czegoś); bunt *m* **(over sth** przeciw czemuś); **it was a gesture of ~ against her parents** to był wyraz buntu przeciw rodzicom; **to be in ~** być zbuntowanym; **they are in ~ over the bill** sprzeciwiają się projektowi ustawy; **to rise in ~** wzniecić rewoltę **(against sb/sth** przeciw komuś/czemuś); (refuse to obey) sprzeciwić się **(against sb/sth** komuś/czemuś); **to be in open ~** jawnie się buntować

II *vt* wz|budzić odrazę w (kimś) *[person]*; **I was ~ed by him and his cruelty** on sam i jego okrucieństwo budziły we mnie odrazę

III *vi* (rebel) z|buntować się **(against sb /sth** przeciw komuś/czemuś); **human nature ~s against such injustice** ludzka natura buntuje się przeciw takiej niesprawiedliwości

revolting /rɪˈvəʊltɪŋ/ *adj* [1] (causing disgust, horror) *[cruelty, act]* odrażający [2] infml (nasty) *[smell, dress]* ohydny; **to taste ~** mieć wstrętny smak; **to smell ~** śmierdzieć

revoltingly /rɪˈvəʊltɪŋlɪ/ *adv [cruel, violent]* odrażająco; *[smell]* ohydnie

revolution /ˌrevəˈluːʃn/ *n* [1] Pol rewolucja *f* also fig **(in sth** w czymś); **to bring about a ~ in sth** zrewolucjonizować coś [2] (of wheel, record, propeller) obrót *m*; **200 ~s per minute, 200 rpm** 200 obrotów na minutę [3] Astron (of planet) obrót *m* **(round sth** wokół czegoś)

revolutionary /ˌrevəˈluːʃənərɪ, US -nerɪ/ **I** *n* rewolucjonist|a *m*, -ka *f*

II *adj [movement, leader, changes, innovation]* rewolucyjny; *[drug, process]* o rewolucyjnym znaczeniu

revolutionize /ˌrevəˈluːʃənaɪz/ *vt* z|rewolucjonizować

revolve /rɪˈvɒlv/ **I** *vt* obr|ócić, -acać

II *vi* [1] obr|ócić, -acać się [2] fig (be focused on) **to ~ around sth** obracać się wokół czegoś

revolver /rɪˈvɒlvə(r)/ *n* rewolwer *m*

revolving /rɪˈvɒlvɪŋ/ *adj [chair, stage]* obrotowy; *[cylinder, heavenly body]* obracający się

revolving credit *n* Fin kredyt *m* odnawialny

revolving door **I** *n* drzwi *plt* obrotowe

II *modif* infml *[president, government]* przejściowy

revolving door sex *n* infml stosunki *m pl* seksualne z wieloma partnerami

revolving fund *n* fundusz *m* odnawialny

revue /rɪˈvjuː/ *n* Theat rewia *f*

revulsion /rɪˈvʌlʃn/ *n* odraza *f* **(against sb/sth** do kogoś/czegoś); **to feel ~ at sth /having to do sth** czuć odrazę na myśl o czymś/o zrobieniu czegoś; **to regard sth with ~** odnosić się do czegoś z odrazą; **to shudder in ~** wzdrygnąć się z odrazą

reward /rɪˈwɔːd/ **I** *n* [1] (recompense) nagroda *f*; **a £50 ~ will be offered** wyznaczono nagrodę w wysokości 50 funtów; **in ~ for sth/doing sth** w nagrodę za coś/zrobienie czegoś; **a poor ~** fig marna nagroda [2] fig (satisfaction) satysfakcja *f*; **teaching has its ~s** uczenie daje dużo satysfakcji

II *vt* nagr|odzić, -adzać *[attention, effort]*; **to be ~ed (for sth)** otrzymać nagrodę (za coś); **to be ~ed with a cheque** otrzymać w nagrodę czek

IDIOMS: **virtue is its own ~** Prov cnota sama w sobie jest nagrodą

rewarding /rɪˈwɔːdɪŋ/ *adj [experience]* cenny; *[job, work]* dający satysfakcję; **it's a ~ novel** tę powieść warto przeczytać; **financially ~** opłacalny

rewind /ˌriːˈwaɪnd/ *vt* (*pt, pp* **rewound**) przewi|nąć, -jać do tyłu, cof|nąć, -ać *[film, tape]*
rewind button *n* przycisk *m* przewijania do tyłu
rewinding /ˌriːˈwaɪndɪŋ/ *n* przewijanie *n* do tyłu
rewire /ˌriːˈwaɪə(r)/ *vt* wymienić instalację elektryczną w (czymś) *[house]*
reword /ˌriːˈwɜːd/ *vt* przeredagow|ać, -ywać *[sentence, paragraph, rule]*; **I shall ~ my remark** ujmę to inaczej
rework /ˌriːˈwɜːk/ *vt* Mus, Literat s|tworzyć nową wersję (czegoś) *[classic, myth]*
reworking /ˌriːˈwɜːkɪŋ/ *n* Mus, Literat nowa wersja *f*
rewound /ˌriːˈwaʊnd/ *pt, pp* → **rewind**
rewrite **I** /ˈriːraɪt/ *n* **to do three ~s of a story** trzy razy przerabiać opowiadanie
II /ˌriːˈraɪt/ *vt* (*pt* **rewrote;** *pp* **rewritten**) [1] (copy) przepis|ać, -ywać; (write again) na|pisać na nowo; (rework) przer|obić, -abiać *[story, script]*; **to ~ history** poprawiać historę; **to ~ a play as a novel** przerobić sztukę na powieść [2] US Journ z|redagować *[article]*
rewriter /ˌriːˈraɪtə(r)/ *n* US Journ redaktor *m*, -ka *f*
rewrite rule *n* Comput zasada *f* podstawienia
rewritten /ˌriːˈrɪtn/ *pp* → **rewrite**
rewrote /ˌriːˈrəʊt/ *pt* → **rewrite**
Rex /reks/ *n* GB Jur **~ v Jones** sprawa z oskarżenia publicznego przeciw Jonesowi
Reykjavik /ˈreɪkjəviːk/ *prn* Rejkiawik *m*
RFC *n* Sport = **rugby football club** klub *m* rugby
RFD *n* = **rural free delivery** Post *dostarczanie poczty do miejsc oddalonych od skupisk ludzkich*
rhapsodic /ræpˈsɒdɪk/ *adj* [1] Mus, Literat rapsodyczny [2] fml fig *[welcome]* entuzjastyczny
rhapsodize /ˈræpsədaɪz/ *vi* **to ~ about** or **over sth** rozpływać się nad czymś
rhapsody /ˈræpsədɪ/ *n* [1] Mus rapsodia *f* [2] Literat rapsod *m* [3] fig **to go into rhapsodies over** or **about sth** rozpływać się nad czymś
rhd *n* = **right hand drive**
rhea /ˈrɪə/ *n* Zool nandu *m inv*
rheme /riːm/ *n* Ling remat *m*
rhenium /ˈriːnɪəm/ *n* Chem ren *m*
rheostat /ˈriːəstæt/ *n* Elec reostat *m*
rhesus baby /ˈriːsəsbeɪbɪ/ *n* Med noworodek *m* z chorobą hemolityczną
rhesus factor /ˈriːsəsfæktə(r)/ *n* czynnik *m* Rh
rhesus monkey /ˈriːsəsmʌŋkɪ/ *n* Zool rezus *m*
rhesus negative /ˌriːsəsˈnegətɪv/ *adj [blood, person]* Rh-ujemny
rhesus positive /ˌriːsəsˈpɒzətɪv / *adj [blood, person]* Rh-dodatni
rhetoric /ˈretərɪk/ *n* [1] Literat retoryka *f* [2] fig retoryka *f*; **the ~ of romanticism** język romantyzmu; **the ~ of terrorism** retoryka terroryzmu; **empty ~** pusta retoryka
rhetorical /rɪˈtɒrɪkl, US -ˈtɔːr-/ *adj* [1] Literat retoryczny; **~ figure** figura retoryczna; **~ question** pytanie retoryczne [2] pej *[style, speech]* oratorski
rhetorically /rɪˈtɒrɪklɪ, US -ˈtɔːr-/ *adv* [1] *[ask]* retorycznie [2] (in theory) **~ (speaking)** teoretycznie
rhetorician /ˌretəˈrɪʃn/ *n* [1] Antiq (teacher) retor *m* [2] (good writer, speaker) orator *m*
rheum /ruːm/ *n* wydzielina *f (z oka lub nosa)*
rheumatic /ruːˈmætɪk/ **I** *n* reumaty|k *m*, -czka *f*
II *adj [condition, pain]* reumatyczny; *[finger, joint]* zreumatyzowany
rheumatic fever *n* gorączka *f* reumatyczna
rheumatics /ruːˈmætɪks/ *n* infml bóle *m pl* reumatyczne
rheumatism /ˈruːmətɪzəm/ *n* reumatyzm *m*; **to suffer from ~** cierpieć na reumatyzm
rheumatoid /ˈruːmətɔɪd/ *adj* reumatoidalny
rheumatoid arthritis *n* reumatoidalne zapalenie *n* stawów, gościec *m* przewlekły
rheumatologist /ˌruːməˈtɒlədʒɪst/ *n* reumatolog *m*
rheumatology /ˌruːməˈtɒlədʒɪ/ *n* reumatologia *f*
rheumy /ˈruːmɪ/ *adj [eyes]* kaprawy infml; *[air]* wilgotny, malaryczny
Rhine /raɪn/ *prn* Ren *m*
Rhineland /ˈraɪnlænd/ *prn* Nadrenia *f*
Rhineland Palatinate *prn* Nadrenia-Palatynat *f*
rhinestone /ˈraɪnstəʊn/ **I** *n* stras *m*, kryształ *m* górski
II *modif* **a ~ necklace/bracelet** naszyjnik/bransoletka ze strasów
Rhine wine *n* wino *n* reńskie
rhino /ˈraɪnəʊ/ *n* (*pl* **~s, ~**) nosorożec *m*
rhinoceros /raɪˈnɒsərəs/ *n* (*pl* **-eroses, -eri, ~**) nosorożec *m*
rhinoceros beetle *n* Zool rohatyniec *m*
rhizome /ˈraɪzəʊm/ *n* Bot kłącze *n*
Rhode Island /ˈrəʊdaɪlənd/ *prn* Rhode Island *n inv*
Rhode Island red *n* Zool rodajlend *m*, karmazyn *m*
Rhodesia /rəʊˈdiːzjə/ *prn* Hist Rodezja *f*
Rhodesian /rəʊˈdiːzjən/ **I** *n* Hist Rodezyj|czyk *m*, -ka *f*
II *adj* rodezyjski
rhodium /ˈrəʊdɪəm/ *n* Chem rod *m*
rhododendron /ˌrəʊdəˈdendrən/ *n* Bot rododendron *m*, różanecznik *m*
rhomb /rɒm/ *n* romb *m*
rhombic /ˈrɒmbɪk/ *adj* rombowy
rhomboid /ˈrɒmbɔɪd/ **I** *n* równoległobok *m*
II *adj* równoległoboczny
rhombus /ˈrɒmbəs/ *n* (*pl* **-buses, -bi**) romb *m*
Rhone /rəʊn/ *prn* **the ~** Rodan *m*
rhubarb /ˈruːbɑːb/ **I** *n* [1] Bot, Culin rabarbar *m* [2] (simulating conversation) **to mutter '~, ~'** *[actors]* markować rozmowę [3] US infml (dispute) pyskówka *f* infml
II *modif* **~ pie** placek z rabarbarem; **~ leaf/stem** liść/łodyga rabarbaru; **~ jam /wine** dżem/wino z rabarbaru
rhyme /raɪm/ **I** *n* [1] (poem) wiersz *m*; (children's) wierszyk *m* [2] (fact of rhyming) rym *m*; **to find a ~ for sth** znaleźć rym do czegoś; **in ~** wierszem; **a children's story in ~** rymowana historyjka dla dzieci
II *vt* z|rymować *[words, lines]* **(with sth** z czymś)
III *vi* rymować się **(with sth** z czymś)
IDIOMS: **without ~ or reason** ni do rymu, ni do sensu or faktu
rhyme royal *n* Literat strofa *f* królewska
rhyme scheme *n* układ *m* rymów
rhyming couplet *n* rymowany dwuwiersz *m*
rhyming slang *n* rymowany slang *m*
rhymster /ˈraɪmstə(r)/ *n* pej dat wierszoklet|a *m*, -ka *f* pej
rhythm /ˈrɪðəm/ *n* rytm *m* **(of sth** czegoś); **the ~ of the seasons** rytm pór roku; **biological ~s** rytmy biologiczne; **a sense of ~** wyczucie rytmu; **to dance to the ~ of music/drums** tańczyć w rytm muzyki /bębnów; **in iambic ~** Literat w rytmie jambicznym
rhythm and blues *n* Mus rhythm and blues *m*
rhythm band *n* zespół *m* grający na prostych instrumentach perkusyjnych
rhythmic(al) /ˈrɪðmɪk(l)/ *adj* rytmiczny
rhythmically /ˈrɪðmɪklɪ/ *adv* rytmicznie; **to move ~ to the music** poruszać się rytmicznie w takt muzyki
rhythmicity /rɪðˈmɪsətɪ/ *n* rytmiczność *f*
rhythm method *n* metoda *f* naturalna *(regulacji poczęć)*
rhythm section *n* sekcja *f* rytmiczna
RI *n* [1] Sch = **religious instruction** religia *f (jako przedmiot szkolny)* [2] US Post = **Rhode Island**
rib /rɪb/ **I** *n* [1] Anat żebro *n*; **to give sb a dig in the ~s** (with finger) dźgnąć kogoś (palcem) w żebra; (with elbow) trącić kogoś łokciem w bok [2] Culin żeberka *n pl* [3] (of leaf) żyłka *f*, nerw *m*; (of umbrella) drut *m*; (of feather) stosina *f* [4] Archit, Naut żebro *n*; **the ~s of the vault/boat** żebrowanie stropu/łodzi [5] (in knitting) ściągacz *m*; **to knit sth in ~** zrobić coś na drutach ściągaczem or ściegiem ściągaczowym
II *vt* **(-bb-)** infml (tease) lekko nabijać się z (kogoś) infml **(about sb/sth** z powodu kogoś/czegoś)
IDIOMS: **to stick to one's ~s** infml *[food]* być tuczącym
ribald /ˈrɪbld/ *adj [humour, talk, joke]* sprośny
ribaldry /ˈrɪbldrɪ/ *n* sprośność *f*
riband /ˈrɪbənd/ *n* dat wstęga *f*
ribbed /rɪbd/ *adj [tights, pattern, seashell]* prążkowany; *[ceiling, vaulting]* żebrowany
ribbing /ˈrɪbɪŋ/ *n* [1] Archit, Naut żebrowanie *n* [2] (in knitting) ściągacz *m* [3] infml (teasing) **to give sb a ~** lekko nabijać się z kogoś infml **(about sth** z powodu czegoś)
ribbon /ˈrɪbən/ *n* [1] (for hair) wstążka *f*, wstążeczka *f*; (for medal) wstęga *f*; (for typewriter) taśma *f* [2] fig **a ~ of land** wąski pas ziemi; **a ~ of cloud** pasmo chmur; **a ~ of smoke** smużka dymu; **to tear sb to ~s** rozerwać kogoś na strzępy
ribbon development *n* zabudowa *f* wzdłuż drogi
ribbon fish *n* Zool wstęgor *m*
ribbon worm *n* Zool wstężnica *f*, wstężniak *m*
rib cage *n* klatka *f* piersiowa
riboflavin /ˌraɪbəʊˈfleɪvɪn/ *n* ryboflawina *f*

R

ribonucleic acid, RNA /ˌraɪbəʊnjuːˌkliːɪkˈæsɪd, US -nuː-/ *n* kwas *m* rybonukleinowy, RNA *m*
rib roast *n* Culin pieczone żeberka *n pl*
rib tickler *n* infml przezabawna historia *f*
rib-tickling /ˈrɪbtɪklɪŋ/ *adj* infml przezabawny
rice /raɪs/ *n* ryż *m*
rice bowl *n* 1 (container) miseczka *f* do ryżu 2 (area) region *m* uprawy ryżu
rice field *n* pole *n* ryżowe
rice paper *n* Culin, Art papier *m* ryżowy
rice pudding *n* pudding *m* ryżowy
ricer /ˈraɪsə(r)/ *n* US Culin (utensil) praska *f* do warzyw
rice wine *n* sake *n inv*
rich /rɪtʃ/ **I** *n (+ v pl)* **the ~** bogaci *m pl*; **to take from the ~ to give to the poor** odebrać bogatym, żeby dać biednym
II riches *npl* bogactwo *n* → **rag**[1]
III *adj* 1 *[person, family, country, tradition, history, harvest, life]* bogaty; *[soil, land]* żyzny; *[profit]* znaczny; **to grow** or **get ~** wzbogacić się; **to make sb ~** uczynić kogoś bogatym; **~ in sth** bogaty w coś *[oil, vitamins, symbolism]* 2 (lavish) *[costume, furnishings]* bogaty; *[gift]* hojny 3 (strong, full) *[food, diet]* wysokokaloryczny; *[smell, flavour]* mocny; *[colour]* intensywny; *[voice, sound]* głęboki 4 Literat *[rhyme]* bogaty
IV -rich *in combinations* **protein-/vitamin-~** bogaty w białko/witaminy
IDIOMS: **that's a bit ~ coming from her!** infml to trochę śmieszne, że to właśnie ona mówi/robi coś takiego; **that's a bit ~!** infml to trochę śmieszne!; **to strike it ~** zbić fortunę
Richard /ˈrɪtʃəd/ *prn* Ryszard *m*; **~ the Lionheart** Ryszard Lwie Serce
richly /ˈrɪtʃlɪ/ *adv [dressed, furnished, decorated]* bogato; *[talented]* wszechstronnie; *[rewarded]* sowicie; **~ coloured** bogato ubarwiony; **~ deserved** w pełni zasłużony
richness /ˈrɪtʃnɪs/ *n* 1 (of person, family, country, life, history, experience, harvest) bogactwo *n*; (of land, soil) żyzność *f* 2 (lavishness) (of costumes, furnishings) przepych *m*; (of meal) sutość *f* 3 (fullness, vividness) (of colour) intensywność *f*; (of voice) głęboka barwa *f*
Richter scale /ˈrɪktəskeɪl/ *n* skala *f* Richtera; **on the ~** w skali Richtera
rick[1] /rɪk/ *n* (of hay) stóg *m*; (of wood) sterta *f*
rick[2] /rɪk/ *vt* **to ~ one's ankle** nadwyrężyć sobie kostkę
rickets /ˈrɪkɪts/ *n* krzywica *f*, rachityzm *m* dat
rickety /ˈrɪkətɪ/ *adj* 1 (shaky) *[chair]* kiwający się; (staircase) skrzypiący; rozchwierutany infml; *[car]* rozklekotany infml; fig *[coalition, government]* chwiejny 2 Med krzywiczny; rachityczny dat
rickey /ˈrɪkɪ/ *n* US (koktail *m*) rickey *m*
rickrack /ˈrɪkræk/ *n* Fashn ząbkowana tasiemka *f*
rickshaw /ˈrɪkʃɔː/ *n* riksza *f*; **a ride in a ~** przejażdżka rikszą
ricky-tick /ˌrɪkɪˈtɪk/ *adj* US infml niemodny
ricochet /ˈrɪkəʃeɪ, US ˌrɪkəˈʃeɪ/ **I** *n* rykoszet *m*; **killed by a ~** zabity przez odbitą rykoszetem kulę
II *vi (pt, pp* **ricocheted, ricochetted** /-ʃeɪd/*)* odbi|ć, -jać się rykoszetem
rictus /ˈrɪktəs/ *n* fml (grin) zastygły grymas *m* uśmiechu
rid /rɪd/ **I** *vt (prp* **-dd-**; *pt, pp* **rid)** **to ~ the house of mice/the streets of cars** pozbyć się myszy z domu/samochodów z ulic; **a spray that would ~ the garden of weeds** aerozol, który wytępi chwasty w ogrodzie; **to ~ the world of famine/of imperialism** uwolnić świat od głodu/imperializmu; **to ~ sb of their illusions** pozbawić kogoś złudzeń
II *vr (prp* **-dd-**; *pt, pp* **rid)** **to ~ oneself of sth** pozbyć się czegoś
III *pp adj* **you are well ~ of him** masz go z głowy infml; **to get ~ of sth** pozbyć się czegoś *[waste, old car, guests, pain, prejudice]*; **to get ~ of famine** rozwiązać problem głodu
riddance /ˈrɪdns/ *n*
IDIOMS: **good ~ (to bad rubbish)!** krzyżyk na drogę!
ridden /ˈrɪdn/ **I** *pp* → **ride**
II -ridden *in combinations* **debt-~** tonący w długach; **crisis-~** pogrążony w kryzysie; **guilt-~** dręczony poczuciem winy; **flea-~** zapchlony; **snake-~** rojący się od węży; **famine-~** dotknięty głodem; **cliché-~** naszpikowany frazesami
riddle[1] /ˈrɪdl/ *n* 1 (puzzle) zagadka *f*; **to ask sb/tell sb a ~** zadać komuś zagadkę; **to speak in ~s** mówić samymi zagadkami 2 (mystery) zagadka *f*; **he's a ~ to me** on stanowi dla mnie zagadkę
riddle[2] /ˈrɪdl/ **I** *n* Hort rzeszoto *n*
II *vt* 1 (perforate) (with bullets) po|dziurawić (jak sito); **to ~ sth with holes** podziurawić coś 2 (undermine) **to be ~d with disease** *[person, organ]* być wyniszczonym chorobą; **he's ~d with guilt/doubt** dręczy go poczucie winy/niepewność; **to be ~d with problems/ambiguities** być pełnym problemów/niejasności; **to be ~d with errors** roić się od błędów; **~d with corruption** przeżarty korupcją 3 Hort przesi|ać, -ewać *[soil]*
ride /raɪd/ **I** *n* 1 (act of going by vehicle) jazda *f*; (getting from A to B) przejazd *m*; **it was a long ~** to była długa jazda; **I enjoyed the ~** przyjemnie się jechało; **it's a short/long ~ to the station** stacja jest dwa kroki/kawał drogi stąd infml; **it's a £3 bus ~** dojedziesz tam autobusem za 3 funty; **it's a five-minute ~ in a** or **by taxi** to pięć minut jazdy taksówką; **it's an hour's bus ~** to godzina jazdy autobusem; **day's ~** dzień jazdy; **to give sb a ~** US podwieźć kogoś; **give the child a ~ on your shoulders** weź dziecko na barana 2 (for pleasure) przejażdżka *f*; **horse/bike ~** przejażdżka konna/rowerowa; **sleigh ~** kulig; **to go for a ~** pojechać na przejażdżkę; **we went for a ~ in his new car** przejechaliśmy się jego nowym samochodem; **he took his mother for a ~** zabrał matkę na przejażdżkę; **to have a ~ on a donkey/on a merry-go-round/in a carriage** przejechać się na ośle/na karuzeli/powozem; **can I have a ~ on your bike?** czy mogę przejechać się na twoim rowerze?; **the jockey has got three ~s today** Turf dżokej startuje dzisiaj trzy razy 3 fig (path) droga *f*; **an easy ~ to the Presidency** łatwa droga do prezydentury; **he'll have a difficult ~** czeka go ciężka droga 4 Aut **smooth ~** komfortowa jazda *f* 5 (bridlepath) leśna droga *f (do jazdy konnej)*
II *vt (pt* **rode**; *pp* **ridden)** 1 (as rider) po|jechać, jeździć na (czymś) *[animal, bike, motorcycle, hobby horse]*; po|lecieć, latać na (czymś) *[broomstick]*; (habitually, regularly) jeździć na (czymś) *[animal, bike, motorcycle, hobby horse]*; latać na (czymś) *[broomstick]*; wy|startować w (czymś) *[race]*; **who's riding Pharlap in the 3 o'clock?** Turf kto dosiada Pharlapa w gonitwie o trzeciej?; **Paradise Boy, ridden by Robert Brown** Paradise Boy pod Robertem Brownem; **do you want to ~ my bike/horse?** chcesz pojeździć or przejechać się na moim rowerze/koniu?; **he ~s his bike to school** jeździ do szkoły rowerem or na rowerze; **he decided to ~ a bike over to Alton** postanowił pojechać do Alton rowerem or na rowerze; **to ~ one's bike up/down the road** jechać na rowerze po ulicy; **he rode his horse into the river** wjechał konno do rzeki 2 US (travel on) po|jechać (czymś) *[subway, bus]*; (habitually, regularly) jeździć (czymś) *[subway, bus]*; przemierz|yć, -ać *[prairies, range]* 3 (float on) *[surfer]* płynąć na (czymś) *[waves]*; *[bird]* po|szybować or unosić się na (czymś) *[air current]* 4 US infml (pressure) **to ~ sb about sth** naciskać na kogoś w związku z czymś infml; **you're riding them too hard** za bardzo ich naciskacie; **don't let him ~ you** niech cię tak nie pogania infml
III *vi (pt* **rode**; *pp* **ridden)** 1 (as rider) po|jechać; (habitually, regularly) jeździć; **to ~ astride/side-saddle** jechać konno po męsku/damsku; **to ~ behind/pillion** jechać z tyłu; **she was riding on a camel** jechała na wielbłądzie; **she was riding on his shoulders** niósł ją na barana; **she rode to London on her bike** pojechała do Londynu rowerem or na rowerze; **they had been riding for hours** jeździli kilka godzin konno/na rowerach; **I can't ~ any further** dalej już nie mogę jechać; **to ~ across sth** przejechać przez coś; **to ~ along sth** jechać wzdłuż czegoś; **to ~ along the lane and back** jeździć aleją tam i z powrotem; **to ~ on sth** jechać po czymś *[pavement, road]* 2 (travel) **to ~ in** or **on sth** *[passenger]* jechać czymś *[taxi, bus]*; *[surfer, bird]* unosić się na czymś *[wave, air current]*; **riding on the wave of popularity** fig wykorzystując popularność; **to ~ up and down the escalator** jeździć schodami ruchomymi w górę i w dół 3 Equest Sport (as leisure activity) jeździć konno; Turf (race) startować; **can you ~?** jeździsz konno?; **to ~ in the 2.00 race** startować w gonitwie o czternastej; **to ~ well** *[person]* być dobrym jeźdźcem; **the horse ~s well** na tym koniu łatwo się jeździ 4 (be at stake) **to ~ on sth** *[future]* zależeć od czegoś; **there's a lot riding on this project** wiele zależy od tego projektu; **I have a lot of money riding on that horse** sporo postawiłem na tego konia
■ **ride about, ride around** jeździć
■ **ride back** po|jechać z powrotem
■ **ride down**: **~ down [sb], ~ [sb] down**

[1] (trample) s|tratować [2] (overtake) wyprzedz|ić, -ać

■ **ride off** odje|chać, -żdżać

■ **ride on** po|jechać dalej

■ **ride out**: ¶ **~ out** wyje|chać, -żdżać ¶ **~ out [sth], ~ [sth] out** przetrwać *[crisis, recession, storm]*

■ **ride up**: [1] (approach) *[rider]* podje|chać, -żdżać (**to sb/sth** do kogoś/czegoś) [2] (rise) *[skirt, sweater]* podwi|nąć, -jać się

IDIOMS: **he is in for a rough** or **bumpy ~** będzie miał kłopoty; **to give sb a rough ~** dać komuś popalić infml; **to be riding for a fall** szukać guza; **to be riding high** *[sun, moon]* liter być wysoko na niebie; *[person]* odnosić ogromne sukcesy; **to go along for the ~** pójść dla towarzystwa; **to let sth** or **things ~** zostawić sprawy własnemu biegowi; **to take sb for a ~** infml (swindle) wykołować kogoś infml; US euph (kill) sprzątnąć kogoś infml

ride-off /ˈraɪdɒf/ *n* (in competition) dodatkowy wyścig *m*

rider /ˈraɪdə(r)/ *n* [1] (person) (on horse) jeździec *m*, amazonka *f*; (on motorbike) motocyklist|a *m*, -ka *f*; (on bike) rowerzyst|a *m*, -ka *f*; (in bike race) kolarz *m*; (in horse race) dżokej *m*, -ka *f*; (in circus) woltyżer *m*, -ka *f* [2] (stipulation) (as proviso) zastrzeżenie *n*; (as addition) Insur, Jur dodatek *m*; (to document) aneks *m*; (to contract) klauzula *f* dodatkowa

ridge /rɪdʒ/ **I** *n* [1] (crest, top) (of wave) grzbiet *m*; (of mountain) grzbiet *m*, grań *f* [2] Geog (mountain range) łańcuch *m* (górski), pasmo *n* (górskie); (in ocean) grzbiet *m* [3] (raised strip) (on rock) fałd *m*; (on metal surface, on fabric) fałda *f*; (in ploughed land) radlina *f*; (of potatoes, plants) zagon *m*; (on wet sand) fałda *f*, zmarszczka *f* [4] Anat (of nose) grzbiet *m*; (on back) linia *f* grzbietu; (in skin) linia *f* papilarna [5] Constr (on roof) kalenica *f* [6] Meteorol **a ~ of high pressure** pas *m* wysokiego ciśnienia

II *vt* po|fałdować *[rock, metal surface]*; po|fałdować, po|marszczyć *[sand]*; **to ~ a roof** zbudować łamany dach; **to ~ land** Agric zaorać ziemię w równe pasy

ridge pole *n* (of roof) belka *f* kalenicowa; (of tent) poprzeczka *f*

ridge tent *n* trójkątny namiot *m*

ridge tile *n* Constr gąsior *m*

ridgeway /ˈrɪdʒweɪ/ *n* GB droga *f* po grani

ridicule /ˈrɪdɪkjuːl/ **I** *n* pośmiewisko *n*; **to hold sb/sth up to ~** wyśmiewać się or naśmiewać się z kogoś/czegoś; **to be met with ~** zostać wyśmianym; **to be an object of ~** *[hat, hairstyle]* być obiektem drwin; *[person]* być pośmiewiskiem

II *vt* wyśmi|ać, -ewać *[idea, proposal]*

ridiculous /rɪˈdɪkjʊləs/ *adj* śmieszny; **to look ~** głupio wyglądać; **he's quite ~** on jest śmieszny; **a ~ price** absurdalna cena

ridiculously /rɪˈdɪkjʊləslɪ/ *adv [dressed]* śmiesznie; *[cheap, easy]* śmiesznie; *[long, expensive]* absurdalnie; **~ high prices** absurdalnie wysokie ceny

ridiculousness /rɪˈdɪkjʊləsnɪs/ *n* śmieszność *f*

riding /ˈraɪdɪŋ/ **I** *n* Equest jazda *n* konna; **to go ~** przejechać się konno

II *modif* **~ clothes/equipment** strój /sprzęt do jazdy konnej; **~ lesson/master** lekcja/nauczyciel jazdy konnej

riding boots *npl* buty *m pl* do konnej jazdy

riding breeches *npl* bryczesy *plt*

riding crop *n* szpicruta *f*

riding habit *n* Fashn amazonka *f*

riding school *n* szkoła *f* jazdy konnej

riding stables *npl* stajnie *f pl* wyścigowe

riding whip *n* = **riding crop**

rife /raɪf/ *adj* **to be ~** *[crime, disease, drug abuse]* szerzyć się; **a city ~ with disease /crime** miasto, w którym szaleje choroba /przestępczość; **the office was ~ with rumours** w biurze huczało od plotek; **an administration ~ with corruption** administracja przeżarta korupcją

riff /rɪf/ *n* riff *m*; **guitar ~** riff gitarowy

riffle /ˈrɪfl/ *vt* (also **~ through**) przerzuc|ić, -ać *[pages]*

riffraff /ˈrɪfræf/ *n* pej motłoch *m*, hołota *f*

rifle¹ /ˈraɪfl/ **I** *n* Mil karabin *m*; Hunt strzelba *f*; **to aim one's ~ at sb** wymierzyć do kogoś ze strzelby/z karabinu; **to fire a ~** wypalić ze strzelby/z karabinu

II *vt* (make grooves in) gwintować *[gun, barrel]*

rifle² /ˈraɪfl/ *vt* s|plądrować *[house]*; opróżni|ć, -ać *[drawer, safe]*

■ **rifle through**: **~ through [sth]** grzebać w czymś

rifle butt *n* kolba *f* (karabinu)

rifle grenade *n* granat *m* nasadkowy

rifle range *n* strzelnica *f*

rifle shot *n* strzał *m* z karabinu

rift¹ /rɪft/ *n* [1] (disagreement) rozdźwięk *m* **(between sb and sb** pomiędzy kimś a kimś) **(about sth** w kwestii czegoś); (permanent) rozłam *m* **(between sb and sb** pomiędzy kimś a kimś) **(about sth** w kwestii czegoś); **there is a widening** or **deepening ~** rozdźwięk/rozłam się pogłębia [2] (split) (in rock) rozpadlina *f*; (in clouds) szczelina *f*

rift² /rɪft/ *n* US (in stream) bystrze *n*

rift valley *n* rów *m* tektoniczny, ryft *m*

rig /rɪg/ **I** *n* [1] Naut osprzęt *m* [2] (for drilling oil) (on land) wieża *f* wiertnicza; (offshore) platforma *f* wiertnicza; **floating ~** pływająca platforma wiertnicza [3] (apparatus) urządzenie *n*; (equipment) sprzęt *m*; **lighting ~** sprzęt oświetleniowy [4] US (carriage) zaprzęg *m* [5] US infml (lorry) ciężarówa *f* infml [6] infml (clothes) → **rig-out**

II *vt* (*prp, pt, pp* **-gg-**) [1] Naut o|taklować *[boat]* [2] (control fraudulently) s|fałszować *[results, election]*; ustawi|ć, -ać wyniki (czegoś) *[race, competition]*; manipulować (czymś) *[market]*

■ **rig out**: **~ out [sb/sth], ~ [sb/sth] out** [1] (equip) wyposaż|yć, -ać *[soldier, person, house]* **(with sth** w coś) [2] infml (dress) wy|stroić infml **(in sth** w coś); **he was ~ged out in his best clothes** był wystrojony w swoje najlepsze ubranie

■ **rig up**: **~ up [sth]** sklec|ić, -ać *[equipment, shelter]*; **to ~ up a clothesline** rozwiesić sznur do bielizny

rigger /ˈrɪgə(r)/ *n* [1] Naut takielarz *m* [2] (in rowing) odsadnica *f* [3] (oil-rig worker) naftowiec *m*

rigging /ˈrɪgɪŋ/ *n* [1] Naut takielunek *m* [2] Aviat (of balloon, biplane) olinowanie *n* [3] (fraudulent control) (of election, result) fałszowanie *n*; (of competition, race) ustawianie *n* wyników; (of share prices) nielegalne manipulacje *f pl*; **vote-** or **poll-~** fałszowanie wyborów

right /raɪt/ **I** *n* [1] (side) prawa strona *f*; **keep to the ~** Aut trzymaj się prawej strony; **on** or **to your ~ is the town hall** po prawej stronie znajduje się ratusz; **he doesn't know his left from his ~** on nie rozróżnia, która to prawa, a która lewa strona; **take the second ~ after Richmond Road** skręć w prawo w następną ulicę za Richmond Road [2] Pol (also **Right**) **the ~** prawica *f*; **they are further to the ~ than the Conservatives** są bardziej na prawo niż konserwatyści [3] (morally) dobro *n*; **~ and wrong** dobro i zło; **he doesn't know ~ from wrong** nie odróżnia dobrego od złego; **to be in the ~** mieć rację or słuszność [4] (just claim) prawo *n*; **to have a** or **the ~ to do sth** mieć prawo coś zrobić; **the ~ to work/strike** prawo do pracy/strajku; **she has no ~ to treat you like that** ona nie ma prawa tak cię traktować; **he may be the boss, but that doesn't give him the ~ to treat you like that** to, że jest szefem, nie daje mu prawa, żeby cię tak traktować; **what ~ have you to criticize me like that?** jakim prawem tak mnie krytykujesz?; **I've got every ~ to be annoyed** mam wszelkie prawo być zdenerwowany; **you have every ~ to do so** masz pełne prawo to zrobić; **to know one's ~s** znać swoje prawa; **one's ~s as a consumer** prawa kogoś jako konsumenta; **human ~s** prawa człowieka; **civil ~s** prawa obywatelskie; **you will be quite within your ~s to refuse** masz pełne prawo odmówić; **the property belongs to him as of ~** ma pełne prawo do tej nieruchomości; **her husband is a celebrity in his own ~** jej mąż sam jest (wielką) osobistością; **the gardens are worth a visit in their own ~** same ogrody warte są zwiedzenia; **she is a countess in her own ~** jest hrabiną z urodzenia [5] (in boxing) prawy *m*; **he hit him a ~ to the jaw** trafił go prawym w szczękę

II rights *npl* [1] Comm, Jur prawa *n pl*; **the translation/film ~s of a book** prawa do przetłumaczenia/ekranizacji książki; **mining** or **mineral ~s** prawa górnicze; **to have the sole ~s to sth** mieć wyłączne prawa do czegoś [2] (moral) **the ~s and wrongs of that matter** moralne aspekty tego zagadnienia; **the ~s and wrongs of capital punishment** etyczne aspekty kary śmierci

III *adj* [1] (as opposed to left) prawy; **one's ~ eye/arm** prawe oko kogoś/prawa ręka kogoś; **on my ~ hand** po mojej prawej stronie or ręce; **'eyes ~!'** Mil „na prawo patrz!" [2] (morally correct) dobry, słuszny, właściwy; **it's not ~ to steal** nie wolno kraść; **you were quite ~ to criticize him** słusznie go skrytykowałeś; **it's only ~ that she should know** ona ma prawo wiedzieć; **I thought it ~ to tell him** uważałem za stosowne powiedzieć mu; **it's ~ and proper that they should be punished** słusznie należy im się kara; **to do the ~ thing** dobrze zrobić, słusznie or właściwie postąpić; **I hope we're doing**

the ~ thing mam nadzieję, że dobrze robimy; mam nadzieję, że postępujemy słusznie *or* właściwie; **you know you're doing the ~ thing** wiesz, że dobrze robisz; wiesz, że postępujesz słusznie *or* właściwie; **to do the ~ thing by sb** postąpić wobec kogoś, jak należy [3] (correct, true) *[choice, conditions, decision, direction, road]* dobry, właściwy; (accurate) *[time]* dokładny, dobry; *[word]* dobry, właściwy, odpowiedni; **to be ~** *[person]* mieć rację *or* słuszność; **I was ~ to distrust him** miałem rację, że mu nie ufałem; **you were ~ about her, she's a real gossip** miałeś rację *or* słuszność co do niej, to straszna plotkara; **you're quite ~!** masz zupełną rację *or* słuszność, masz świętą rację!; **how ~ you are!** święta racja!; **time proved him ~** czas pokazał, że miał rację; **that's the ~ answer** to dobra *or* właściwa odpowiedź; **she got all her answers ~** dobrze *or* prawidłowo odpowiedziała na wszystkie pytania; **that's ~** tak (jest), zgadza się; **that's ~, call me a liar!** iron no tak, no jasne, kłamię!; **that can't be ~!** tak nie może być!; **what's the ~ time?** która jest właściwie godzina?; **it's not the ~ time to go away on holiday, is it?** to nie jest najlepszy *or* najwłaściwszy moment, żeby jechać na wakacje, nie sądzisz?; **so, you're a student, is that ~?** więc jesteś studentem, zgadza się?; **am I ~ in thinking that...?** czy mam rację, sądząc, że...?; **I think I'm ~ in saying that...** myślę, że nie pomylę się zbytnio, jeśli powiem, że...; **is this the ~ train for Dublin?** czy to jest pociąg do Dublina?; **is this the ~ way to the station?** czy tędy dojadę/dojdę na dworzec?; **to do sth the ~ way** zrobić coś, jak należy *or* jak trzeba; **the ~ side of a piece of material** prawa strona materiału; **you've got the ~ spelling** pisownia się zgadza; **to get one's facts ~** dobrze wszystko zrozumieć; **I can't think of the ~ word for it** nie przychodzi mi do głowy dobre *or* odpowiednie *or* właściwe słowo na określenie tego; **it's not the ~ size** to nie jest dobry *or* odpowiedni *or* właściwy rozmiar; **it wouldn't look ~ if we didn't attend** to by źle wyglądało, gdybyśmy nie poszli; **they've been rehearsing that scene for weeks and they still haven't got it ~** od tygodni już ćwiczą tę scenę i wciąż nie wychodzi im jak należy; **let's hope he gets it ~ this time** miejmy nadzieję, że tym razem mu się uda [4] (most suitable) **the ~ time** odpowiedni czas; **those aren't the ~ clothes for gardening** to nie jest odpowiedni *or* dobry strój do pracy w ogrodzie; **you need to have the ~ equipment** musisz mieć odpowiedni sprzęt; **when the time is ~** w odpowiednim *or* we właściwym czasie; **you need to choose the model that's ~ for you** musisz wybrać model, który jest dla ciebie odpowiedni; **I'm sure she's the ~ person for the job** jestem pewien, że (ona) jest odpowiednią osobą na to stanowisko; **to be in the ~ place at the ~ time** znaleźć się we właściwym czasie na właściwym miejscu; **to know the ~ people** znać odpowiednich *or* właściwych ludzi; **he was careful to say all the ~ things** bardzo się starał, żeby powiedzieć wszystko, co w takiej sytuacji należy powiedzieć; **just the ~ combination of humour and pathos** udane połączenie humoru i patosu [5] (in good order, healthy) **I don't feel quite ~ these days** nie najlepiej się ostatnio czuję; **a drink will set you ~** kieliszek dobrze ci zrobi; **the engine isn't quite ~** z silnikiem jest coś nie w porządku; **things are coming ~ at last** nareszcie wszystko zaczyna się dobrze układać; **to put** *or* **set sth ~** poprawić coś *[mistake]*; naprawić coś *[injustice, situation, engine, machine]*; **to put** *or* **set one's watch ~** wyregulować zegarek; **they gave him a month to put** *or* **set things ~** dali mu miesiąc na uporządkowanie spraw; **to put** *or* **set sb ~** wyprowadzić kogoś z błędu; **this medicine should put** *or* **set you ~** to lekarstwo powinno postawić cię na nogi [6] Math *[angle, cone]* prosty; **at a ~ angle to sth** pod kątem prostym *or* prostopadle do czegoś [7] GB infml (emphatic) **he's a ~ idiot!** jest skończonym idiotą!; **it's a ~ mess** straszny tu bałagan [8] GB infml (ready) **are you ~?** gotów?

IV *adv* [1] (of direction) w prawo; **to turn ~** skręcić w prawo; **she looked neither ~ nor left** nie rozglądała się na boki; **they looked for him ~, left and centre** infml wszędzie go szukali; **they are arresting /killing people ~, left and centre** infml aresztują/mordują ludzi na prawo i lewo infml [2] (directly, straight) **it's ~ in front of you** masz (to) tuż przed sobą; **I'll be ~ back** zaraz wracam; **go ~ home** idź prosto do domu; **the path goes ~ down to the river** ścieżka prowadzi prosto nad rzekę; **~ before/after sth** tuż przed/po czymś; **the train goes ~ through to London** pociąg jedzie prosto do Londynu; **he walked ~ up to her** podszedł prosto do niej [3] (exactly) **~ in the middle of the room** na samym środku pokoju; **~ in the middle of Sunday dinner** w samym środku niedzielnego obiadu; **~ now** (immediately) natychmiast; (at this point in time) teraz; **I'm staying ~ here** nigdzie się stąd nie ruszam; **your book's ~ there by the window** twoja książka leży tam przy oknie; **he sat down ~ beside me** usiadł tuż obok mnie; **the bullet hit him ~ in the forehead** kula trafiła go prosto w głowę; **they live ~ on the river** mieszkają nad samą rzeką; **the house gives ~ onto the street** okna domu wychodzą prosto na ulicę [4] (correctly) dobrze; **to do sth ~** zrobić coś dobrze *or* jak należy; **you did ~ not to speak to her** dobrze zrobiłeś *or* słusznie postąpiłeś, że z nią nie rozmawiałeś; **nothing seems to be going ~ for me** nic się nie układa po mojej myśli; **I guessed ~** dobrze zgadłem; **if I remember ~** jeżeli dobrze pamiętam; **did I hear you ~?** czy dobrze cię zrozumiałem? [5] (completely) **a wall goes ~ around the garden** cały ogród otoczony jest murem; **go ~ to the end of the street** dojdź do samego końca ulicy; **if you go ~ back to the beginning...** jeśli wrócisz na sam początek...; **~ at the bottom** na samym dole; **to turn ~ around** odwrócić się o 180 stopni; **her room is ~ at the top of the house** jej pokój jest na samej górze; **to read a book ~ through** przeczytać książkę od deski do deski; **the noise echoed ~ through the building** echo niosło się po całym budynku; **she looked ~ through me** fig udawała, że mnie nie widzi; traktowała mnie jak powietrze; **to turn the radio/the central heating ~ up** włączyć radio/ogrzewanie na cały regulator; **~ up until the 1950s** aż do lat pięćdziesiątych; **the door handle came ~ off in my hand** klamka została mi w ręce; **the roof of the house was blown ~ off by the explosion** wybuch zerwał cały dach budynku; **we're ~ behind you** całkowicie cię popieramy [6] GB (in titles) **the Right Honourable Jasper Pinkerton** wielce szanowny pan Jasper Pinkerton; (on envelope) Wielce Szanowny Pan Jasper Pinkerton; **the Right Honourable Gentleman** (in parliament) mój wielce szanowny kolega; (in Polish parliament) szanowny pan poseł; **the Right Reverend Felix Bush** przewielebny ksiądz Feliks Bush [7] dat *or* dial (emphatic) **he knew ~ well what was happening** doskonale wiedział, co się dzieje; **a ~ royal reception** iście królewskie przyjęcie [8] (very well) dobrze; **~, let's have a look!** no dobrze, popatrzmy!

V *vt* [1] (restore to upright position) odwr|ócić, -acać z powrotem *[car, ship]* [2] (correct) naprawi|ć, -ać *[injustice, wrong]*

VI *vr* **to ~ oneself** *[person]* odzyskać równowagę; **to ~ itself** *[ship, plane]* odzyskać równowagę; *[situation]* wrócić do normy

IDIOMS: **to put** *or* **set sth to ~s** doprowadzić coś do porządku; **here's £10, that should see you ~** masz tu 10 funtów, to powinno wystarczyć; **~ you are!, ~-oh!** infml dobra jest! infml; **~ enough** infml bez dwóch zdań infml; **he's ~ up there!** on jest jednym z najlepszych!; **by ~s** właściwie; **by ~s it should belong to me** właściwie to powinno być moje

right angle *n* kąt *m* prosty

right angled /ˈraɪtæŋgld/ *adj* pod kątem prostym

right-angled triangle *n* trójkąt *m* prostokątny

right away *adv* natychmiast

right-click /raɪtˈklɪk/ *vi* Comput nacis|nąć, -kać prawy klawisz myszy

righteous /ˈraɪtʃəs/ **I** *n* **the ~** *(+ v pl)* sprawiedliwi *m pl*

II *adj* [1] fml (virtuous) *[person]* prawy; *[thought, anger]* szlachetny; **to feel ~** być przekonanym o słuszności swego postępowania [2] (justifiable) *[anger, indignation]* słuszny

righteously /ˈraɪtʃəslɪ/ *adv [act, behave]* uczciwie; *[indignant]* słusznie

righteousness /ˈraɪtʃəsnɪs/ *n* (of claim) słuszność *f*; (of person) prawość *f*

rightful /ˈraɪtfl/ *adj [owner, heir]* prawowity

rightfully /ˈraɪtfəlɪ/ *adv [mine, yours]* zgodnie z prawem; *[claim, belong]* prawnie

right-hand /ˌraɪtˈhænd/ *adj* prawy; **it's on the ~ side** to jest po prawej stronie

right-hand drive, rhd /ˌraɪthænd'draɪv/ **I** *n* ruch *m* prawostronny; **car with ~** samochód z kierownicą po lewej stronie **II** *modif* **~ vehicle** pojazd z kierownicą po lewej stronie
right-handed /ˌraɪt'hændɪd/ *adj [person]* praworęczny; **~ blow/stroke** cios prawą ręką; **~ screw** śruba o prawym gwincie
right-hander /ˌraɪt'hændə(r)/ *n* (person) osoba *f* praworęczna; (blow) prawy *m*
right-hand man /ˌraɪthænd'mæn/ *n* prawa ręka *f* fig; **he's her ~** jest jej prawą ręką
rightism /'raɪtɪzəm/ *n* prawicowość *f*
rightist /'raɪtɪst/ **I** *n* prawicowiec *m* **II** *adj [government, journal, opinions]* prawicowy
rightly /'raɪtlɪ/ *adv* [1] (accurately) *[describe, guess]* prawidłowo; **~ informed** dobrze poinformowany [2] (justifiably) *[furious, indignant]* słusznie; **and ~ so** i zupełnie słusznie; **~ or wrongly** słusznie czy niesłusznie; **I shouldn't ~ be telling you all this** właściwie nie powinienem ci tego wszystkiego mówić [3] (with certainty) **I can't ~ say** nie potrafię powiedzieć; **I don't ~ know** naprawdę nie wiem
right-minded /ˌraɪt'maɪndɪd/ *adj* prawomyślny
right-of-centre /ˌraɪtəv'sentə(r)/ *adj* Pol centroprawicowy
right off *adv* natychmiast
right of way *n* [1] Aut pierwszeństwo *n* (przejazdu); **it's your ~** masz pierwszeństwo [2] (over land, property) (right) prawo *n* przejścia/przejazdu przez teren prywatny; (path) przejście *n*/przejazd *m* przez teren prywatny
right-on /ˌraɪt'ɒn/ infml **I** *adj* pej **they're very ~** hołdują modzie na lewicowość **II** **right on** *excl* w porządku!
rights issue *n* Fin emisja *f* praw poboru
right-thinking /'raɪtθɪŋkɪŋ/ *adj* prawomyślny
right-to-die /ˌraɪttə'daɪ/ *adj [movement, protester]* domagający się prawa do eutanazji
right-to-life /ˌraɪttə'laɪf/ *adj [movement]* antyaborcyjny; *[protester]* domagający się zakazu aborcji
right whale *n* wieloryb *m* właściwy
right wing **I** *n* [1] Pol (also **Right Wing**) **the ~** prawica *f* [2] Sport prawoskrzydłowy *m* **II** **right-wing** *adj* Pol *[party, policy, attitude]* prawicowy
right-winger /ˌraɪt'wɪŋə(r)/ *n* [1] Pol prawicowiec *m* [2] Sport prawoskrzydłowy *m*
righty-ho /'raɪtɪhəʊ/ *excl* GB infml dobra jest! infml
rigid /'rɪdʒɪd/ *adj* [1] (strict) *[rules, system, timetable]* sztywny; *[controls, adherence, discipline]* ścisły [2] (inflexible) *[person, attitude]* sztywny, nieelastyczny [3] (stiff) *[material, container, body, bearing]* sztywny; **to stand ~** stać sztywno; **to be ~ with fear** zesztywnieć ze strachu
IDIOMS: **to bore sb ~** infml śmiertelnie kogoś znudzić; **to shake sb ~** infml wstrząsnąć kimś do głębi
rigidity /rɪ'dʒɪdətɪ/ *n* (of material, rule) sztywność *f*; (of person) sztywność *f*, brak *m* elastyczności; **moral ~** surowość zasad moralnych; **a person known for the ~ of his views** osoba znana ze swych sztywnych poglądów; **the ~ of her bearing** jej sztywna postawa
rigidly /'rɪdʒɪdlɪ/ *adv* [1] *[stand, lie, mount]* sztywno [2] *[opposed]* zdecydowanie; *[controlled]* ściśle; *[obey]* rygorystycznie; *[act, behave]* nieelastycznie
rigmarole /'rɪgmərəʊl/ *n* [1] (procedure) skomplikowana procedura *f*; **he had to go through a ~ of filling up forms** musiał przejść przez całe korowody z wypełnianiem formularzy [2] (verbal) długa przemowa *f* **(about sth** na temat czegoś)
rigor *n* US = **rigour**
rigor mortis /ˌrɪgə'mɔːtɪs/ *n* stężenie *n* pośmiertne; **~ had set in** nastąpiło stężenie pośmiertne
rigorous /'rɪgərəs/ *adj* [1] (strict) *[law, rule]* rygorystyczny; *[discipline, regime]* surowy; *[adherence, observance]* ścisły [2] (careful) *[examination, search]* wnikliwy, drobiazgowy
rigorously /'rɪgərəslɪ/ *adv [enforce, observe]* rygorystycznie; *[interrogate, test]* drobiazgowo
rigour GB, **rigor** US /'rɪgə(r)/ **I** *n* (strictness) (of discipline) rygor *m*; (of law, punishment) surowość *f*; **academic** or **intellectual ~** dyscyplina intelektualna **II** **rigours** *npl* (hardship) ciężkie warunki *m pl*
rig-out /'rɪgaʊt/ *n* infml ciuch *m* infml
rile /raɪl/ *vt* infml wście|c, -kać infml; **it ~s me that...** wścieka mnie, że...; **to get ~d (up)** wściec się **(about sth** z powodu czegoś)
rill /rɪl/ *n* [1] liter strumień *m* [2] (on moon) bruzda *f*
rim /rɪm/ **I** *n* [1] (of cup, plate, crater) brzeg *m*, krawędź *f*; **a cup with a gold ~** filiżanka ze złotym brzegiem [2] (on wheel) obręcz *f* [3] (in basketball) obręcz *f* [4] (also **~s**) (of spectacles) oprawka *f* [5] (of dust, grease, grime) obwódka *f* **II** *vt* (*prp, pt, pp* **-mm-**) *[mountains]* otaczać *[valley]* **III** **-rimmed** *in combinations* **steel-/gold-~med spectacles** okulary w stalowej /złotej oprawce
rime[1] *n* = **rhyme**
rime[2] /raɪm/ *n* liter or dial szron *m*
rimless glasses /ˌrɪmlɪs'glɑːsɪz, US -'glæsɪz/ *n* okulary *plt* bez oprawki
rind /raɪnd/ *n* [1] (of cheese, fruit, bacon) skórka *f* [2] (bark) kora *f*
ring[1] /rɪŋ/ **I** *n* [1] (band of metal) (with jewel) pierścionek *m*; (large, of office) pierścień *m*; **a wedding ~** obrączka; **a diamond/an engagement ~** pierścionek z diamentem/zaręczynowy; **a ~ in the nose** (for person) kolczyk w nosie; (for bull) kółko w nosie [2] (for gymnast, for attaching things) obręcz *f* [3] (circle) (on paper) kółko *n*; (in tree trunk) słój *m*; (of people, objects) krąg *m*; **to form a ~** utworzyć krąg; **to form a ~ around sb /sth** otoczyć kogoś/coś kołem; **to put a ~ round sth** zakreślić coś *[name, ad]*; **to have ~s round one's eyes** mieć podkrążone oczy [4] Sport (for horses, circus) arena *f*; (for boxing) ring *m*; **to retire from the ~ aged 35** zejść z ringu w wieku 35 lat [5] (of smugglers, pornographers, dealers, speculators) gang *m*; (of spies) siatka *f*; **drug ~** gang narkotykowy [6] Zool (on bird's leg) obrączka *f* [7] Astron pierścień *m*; **Saturn's ~s** pierścienie Saturna [8] (on cooker) (electric) płytka *f* grzejna; (gas) palnik *m*; **three-~ hob** kuchenka trzypalnikowa **II** *vt* (*pt, pp* **ringed**) [1] (encircle) *[trees, buildings, police]* ot|oczyć, -aczać; **to be ~ed in by cliffs** być otoczonym skałami [2] Zool, Ecol za|obrączkować *[tree, bird]*; za|łożyć, -kładać kółko (czemuś) *[bull]* [3] GB (draw a circle round) zakreśl|ić, -ać *[answer]*
IDIOMS: **to run ~s round sb** mieć nad kimś przewagę infml
ring[2] /rɪŋ/ **I** *n* [1] (sound) (at door, of phone) dzwonek *m*; (of church bell) dźwięk *m* dzwonu; (of crystal) dzwonienie *n*; **to give a ~** *[person, machine]* zadzwonić; **hang up after three ~s** rozłącz się po trzech sygnałach; **to have the ~ of truth** brzmieć prawdziwie; **to have a nice ~ to it** ładnie brzmieć; **the story has a familiar ~ (to it)** ta historia brzmi znajomo [2] GB (phone call) telefon *m*; **to give sb a ~** zadzwonić do kogoś [3] (set of bells) dzwony *m pl* (kościelne) **II** *vt* (*pt* **rang**; *pp* **rung**) [1] (cause to sound) za|dzwonić (czymś) *[hand bell]*; uderzyć, bić w (coś) *[church bell]*; **to ~ the doorbell** zadzwonić do drzwi; **to ~ the hours** wybijać godziny [2] GB Telecom za|dzwonić do (kogoś) *[person]*; za|dzwonić na (coś) *[station, airport]*; za|dzwonić pod (coś) *[number]*; za|dzwonić do (czegoś) *[information]* **III** *vi* (*pt* **rang**; *pp* **rung**) [1] (sound) *[doorbell, telephone]* za|dzwonić; *[church bell]* za|dzwonić, bić; **the doorbell rang** zadzwonił dzwonek u drzwi; **it** or **the number is ~ing** numer odpowiada [2] (sound bell) *[person]* za|dzwonić; **to ~ at the door** zadzwonić do drzwi; **to ~ for sb** zadzwonić na kogoś; **you rang, sir?** Pan mnie wzywał?; **'please ~ for service'** „proszę dzwonić (na obsługę)" [3] (resonate) *[footsteps, laughter, words]* rozbrzmie|ć, -wać; **his words were still ~ing in my ears** w moich uszach wciąż dźwięczały jego słowa; **their steps rang down the corridor** ich kroki rozbrzmiewały na korytarzu; **the house rang with laughter** dom rozbrzmiewał śmiechem; **that noise makes my ears ~** w uszach mi dzwoni od tego hałasu; **to ~ true** brzmieć wiarygodnie; **to ~ false** or **hollow** brzmieć fałszywie [4] GB (phone) za|dzwonić **(for sth** po coś) *[ambulance, taxi]*
■ **ring around** GB (haphazardly) wydzwaniać tu i tam; (transmitting message) obdzw|onić, -aniać różne osoby
■ **ring back**: ¶ **~ back** oddzw|onić, -aniać ¶ **~ [sb] back** oddzw|onić, -aniać do (kogoś)
■ **ring in** GB (to work) za|dzwonić do pracy; **to ~ in sick** zawiadomić telefonicznie pracodawcę o (swojej) chorobie
■ **ring off** GB rozłącz|yć, -ać się
■ **ring out**: ¶ **~ out** *[voice, cry]* rozle|c, -gać się; *[bells]* rozdzw|onić, -aniać się ¶ **~ out [sth]** *[bells]* obwie|ścić, -szczać *[news, message]*
■ **ring round** = **ring around**
■ **ring up** GB: ¶ **~ up** za|dzwonić ¶ **~ up [sth], ~ [sth] up** [1] (on phone) za|dzwonić na (coś) *[station, airport]*; za|dzwonić do

R

(czegoś) *[information]* 2 (on cash register) wbi|ć, -jać *[figure, total]* ¶ **~ up [sb], ~ [sb] up** za|dzwonić do (kogoś) *[friend, operator]*
IDIOMS: **to ~ down/up the curtain** opuścić/podnieść kurtynę; **to ~ down the curtain on an era** fig zamknąć pewną epokę; **to ~ in the New Year** witać Nowy Rok
ring-a-ring-a-roses /ˌrɪŋəˌrɪŋəˈrəʊzɪz/ *n* (children's game) ≈ kółko *n* graniaste
ring binder *n* segregator *m*
ringdove /ˈrɪŋdʌv/ *n* 1 (wood pigeon) grzywacz *m* 2 (turtle dove) synogarlica *f* zwyczajna
ringed plover /ˌrɪŋdˈplʌvə(r)/ *n* Zool sieweczka *f* obrożna
ringer /ˈrɪŋə(r)/ *n* US infml (imposter) oszust *m* *(podający się za kogoś innego)*
ring-fence /ˈrɪŋfens/ *vt* GB wyodrębni|ć, -ać *[funds, grant]*
ring finger *n* palec *m* serdeczny
ringing /ˈrɪŋɪŋ/ **I** *n* 1 (of bell, alarm, in ears) dzwonienie *n* 2 → **bell-ringing**
II *adj* 1 *[voice, tones]* dźwięczny; *[noise, sound]* dźwięczący 2 fig *[declaration, appeal]* żarliwy
ringing tone *n* GB Telecom sygnał *m* dzwonienia
ringleader /ˈrɪŋliːdə(r)/ *n* prowodyr *m*
ringlet /ˈrɪŋlɪt/ *n* pukiel *m*
ring main *n* obwód *m* główny
ringmaster /ˈrɪŋmɑːstə(r), US -mæst-/ *n* (in circus) konferansjer *m*
ring ouzel *n* Zool drozd *m* obrożny
ring-pull /ˈrɪŋpʊl/ *n metalowe kółko na wieczku służące do otwierania puszki*
ring-pull can *n puszka otwierana przez pociągnięcie za kółko na wieczku*
ringroad /ˈrɪŋrəʊd/ *n* GB obwodnica *f*; **inner ~** wewnętrzna obwodnica
ringside /ˈrɪŋsaɪd/ *n* **at** or **by the ~** przy ringu; **our commentator at the ~ is...** na stanowisku komentatorskim w hali jest...
IDIOMS: **to have a ~ seat** *n* fig mieć wgląd w sytuację
ring spanner *n* klucz *m* oczkowy
ring-tailed /ˌrɪŋˈteɪld/ *adj [animal]* o pręgowanym ogonie; **~ lemur** lemur katta
ringworm /ˈrɪŋwɜːm/ *n* grzybica *f* skóry; **~ on the scalp** grzybica skóry owłosionej głowy
rink /rɪŋk/ *n* lodowisko *n* → **roller-skating rink**
rinky-dink /ˌrɪŋkɪˈdɪŋk/ US infml **I** *n* tandeta *f*
II *adj* (old-fashioned) przedpotopowy infml; (broken-down) sfatygowany infml; (cheap quality) tandetny
rinse /rɪns/ **I** *n* 1 (act) płukanie *n*; **to give sth a ~** wypłukać coś *[clothes, dishes]*; **give your mouth/hands a ~** wypłucz usta /opłucz ręce 2 (for hair) płukanka *f* (do włosów)
II *vt* 1 (to remove soap) spłuk|ać, -iwać *[soap]*; wy|płukać *[clothes]*; o|płukać *[dishes]*; s|płukać *[hair]*; **to ~ the soap off one's hands** spłukać mydło z rąk 2 (wash) przepłuk|ać, -iwać *[clothes, mouth]*; o|płukać *[hands]*
■ **rinse out**: ¶ **~ out** *[colour, dye]* (of clothes) sp|rać, -ierać się; (of hair) zmy|ć, -wać się ¶ **~ out [sth], ~ [sth] out** wy|płukać *[mouth]*; o|płukać *[glass]*
rinse cycle *n* cykl *m* płukania
Rio de Janeiro /ˌriːəʊdədʒəˈnɪərəʊ/ *prn* Rio de Janeiro *n inv*
riot /ˈraɪət/ **I** *n* 1 zamieszki *plt*, rozruchy *plt*; **food ~** zamieszki wywołane brakiem żywności; **football ~** wybryki kibiców piłkarskich; **prison ~** bunt więźniów; **race ~** zamieszki na tle rasowym 2 (profuse display) bogactwo *n* **(of sth** czegoś**)** *[colours, patterns]*; **to be a ~ of colours** mienić się wszystkimi kolorami 3 infml **to be a ~** (hilarious) być przezabawnym; **we had a ~ of a time** doskonale się bawiliśmy
II *vi* wziąć, brać udział w zamieszkach; *[prisoner]* z|buntować się
IDIOMS: **to run ~** (behave wildly) *[person]* szaleć; fig *[inflation]* galopować; *[plant]* rosnąć jak szalony; **her imagination ran ~** puściła wodze fantazji
Riot Act *n* GB Jur, Hist rozporządzenie *n* o zamieszkach
IDIOMS: **to read the ~ to sb** przywołać kogoś do porządku
riot control *n* tłumienie *n* rozruchów
rioter /ˈraɪətə(r)/ *n* uczestni|k *m*, -czka *f* zamieszek; (in prison) buntowni|k *m*
riot gear *n* wyposażenie *n* bojowe
riot gun *n* karabinek *m (używany w czasie tłumienia rozruchów)*
rioting /ˈraɪətɪŋ/ **I** *n* zamieszki *plt*
II *adj [people, crowd]* wzburzony
riotous /ˈraɪətəs/ *adj* 1 Jur buntowniczy; **~ assembly** buntownicze zgromadzenie 2 (boisterous) *[laughter, party, behaviour]* hałaśliwy; *[welcome]* huczny; *[play, film]* bardzo śmieszny 3 (wanton) *[living, evening]* rozpustny
riotously /ˈraɪətəslɪ/ *adv* **~ funny** bardzo śmieszny
riotousness /ˈraɪətəsnɪs/ *n* (of behaviour, party) hałaśliwość *f*
riot police *n* policyjne oddziały *m pl* prewencji
riot shield *n* tarcza *f (używana w czasie tłumienia rozruchów)*
Riot Squad *n* policyjne oddziały *m pl* prewencji
rip¹ /rɪp/ **I** *n* (tear) rozdarcie *n* **(in sth** w czymś**)**; (cut) rozcięcie *n*; **to have a ~ in one's tights** mieć podarte rajstopy
II *vt* (*prp, pt, pp* **-pp-**) 1 (tear) roz|edrzeć, -dzierać **(with sth** czymś**)**; (cut) rozci|ąć, -nać **(with sth** czymś**)**; **I've ~ped my trousers** rozdarłem sobie spodnie; **to ~ sth with one's teeth** rozerwać coś zębami; **to ~ sth with one's knife** rozciąć coś nożem; **to ~ sth to pieces/shreds** podrzeć coś na kawałki/strzępy; fig rozbić w pył fig *[argument]*; **to ~ a hole in sth** zrobić dziurę w czymś 2 (snatch, pull) wyr|wać, -ywać **(from sb** komuś**)** **(off** or **from sth** z czegoś**)**; **to ~ the buttons from** or **off a shirt** poobrywać guziki z koszuli
III *vi* (*prp, pt, pp* **-pp-**) *[fabric]* po|drzeć się
■ **rip apart**: **~ [sth] apart** 1 *[bomb, blast]* roz|erwać, -rywać *[train, car, object]*; *[thief]* przewr|ócić, -acać do góry nogami *[room, house]* 2 infml fig rozn|ieść, -osić infml *[team]*; rozmontow|ać, -ywać infml *[team's defences]*; z|niszczyć *[reputation]*
■ **rip down**: **~ down [sth], ~ [sth] down** z|edrzeć, -dzierać *[picture, notice]*
■ **rip into**: **~ into [sb/sth]** 1 (enter forcefully) *[knife]* wbi|ć, -jać się w (coś) 2 fig (attack verbally) *[person]* napa|ść, -dać na (kogoś)
■ **rip off**: ¶ **~ off [sth], ~ [sth] off** 1 *[person, wind, blast]* z|erwać, -rywać *[garment, roof]* 2 infml (steal) zwi|nąć, -jać infml *[goods]*; obr|obić, -abiać infml *[bank]*; ściąg|nąć, -ać; z|erżnąć, -rzynać infml *[idea, design]* ¶ **~ off [sb], ~ [sb] off** infml z|edrzeć, -dzierać z (kogoś) infml
■ **rip open**: **~ open [sth], ~ [sth] open** roz|erwać, -rywać *[envelope, parcel, bag]*
■ **rip through**: **~ through [sth]** *[bomb, blast]* z|dewastować *[building]*; *[fire]* s|pustoszyć *[building]*
■ **rip up**: **~ up [sth], ~ [sth] up** po|drzeć *[letter, paper, contract]*; z|erwać, -rywać *[floorboards, carpet]*
IDIOMS: **to let ~** infml (act without restraint) pójść na całość infml; (speak violently) wściekać się infml **(at sb/sth** na kogoś/coś**)** **(about sth** z powodu czegoś**)**; **to let ~ a stream of abuse** bluzgać stekiem obelg infml; **let it** or **her ~!** infml (of car) gaz do dechy! infml
rip² /rɪp/ *n* = **riptide**
RIP = **requiescat/requiescant in pace** niech spoczywa/spoczywają w spokoju
riparian /raɪˈpeərɪən/ *adj* nadbrzeżny
riparian rights *n* prawo *n* do własności nadbrzeżnej
ripcord /ˈrɪpkɔːd/ *n* (on parachute) linka *f* wyzwalająca
ripe /raɪp/ *adj* 1 *[crop, fruit, cheese]* dojrzały 2 fig **the time is ~** to jest odpowiedni moment; **the time is ~ for change /reform** przyszedł czas na zmiany/reformy; **he's ~ for promotion** dojrzał już do awansu; **a site ~ for development** odpowiedni teren do inwestycji 3 pej (coarse) *[language]* soczysty fig; **to smell ~** śmierdzieć
IDIOMS: **to live to a ~ old age** dożyć sędziwego wieku; **she lived to the ~ old age of ninety** dożyła pięknego wieku dziewięćdziesięciu lat
ripen /ˈraɪpən/ **I** *vt* **the sun-~ed tomatoes** dojrzałe w słońcu pomidory
II *vi* 1 *[fruit, cheese]* dojrze|ć, -wać 2 fig *[love, plan]* dojrze|ć, -wać; **to ~ into old age** osiągnąć sędziwy wiek; **their friendship ~ed into love** ich przyjaźń przerodziła się w miłość
ripeness /ˈraɪpnɪs/ *n* dojrzałość *f*
rip-off /ˈrɪpɒf/ *n* infml zdzierstwo *n* infml
rip-off artist *n* zdzierca *m*
rip-off merchant *n* = **rip-off artist**
riposte /rɪˈpɒst/ *n* 1 liter riposta *f*; **to make a ~** zaripostować liter; **to make a witty /clever ~** dowcipnie/celnie ripostować 2 (in fencing) riposta *f*
ripper /ˈrɪpə(r)/ *n* (murderer) *morderca masakrujący zwłoki ofiary*; **Jack the Ripper** Kuba Rozpruwacz
ripping /ˈrɪpɪŋ/ *adj* GB infml dat kapitalny; **~ yarn** porywająca opowieść
ripple /ˈrɪpl/ **I** *n* 1 (in water) zmarszczka *f* (na powierzchni wody); (in hair) drobna fala *f*; **to make ~s in the water** zmarszczyć powierzchnię wody 2 (sound) **a ~ of applause** oklaski; **the suggestion was greeted with a ~ of laughter** propozycja

została przyjęta kaskadami śmiechu [3] (repercussion) oddźwięk *m*; **this measure will send ~s through the economy** te kroki odbiją się na gospodarce [4] (feeling) **a ~ of excitement ran through her body** poczuła dreszcz podniecenia [5] (ice cream) lody *plt* mieszane
II *vt* po|targać lekko *[hair]*; po|marszczyć powierzchnię (czegoś) *[lake]*; na|prężyć *[muscles]*
III *vi* [1] *[water]* (make waves) po|marszczyć się; (make sound) szemrać; **the water ~d down the pane** woda spływała po szybie; **the water ~d down the stones** woda pluskała na kamieniach [2] *[corn, hair]* falować; *[fabric]* po|marszczyć się; *[muscles]* prężyć się; **applause/laughter ~d through the room** w pokoju rozległy się oklaski/dał się słyszeć perlisty śmiech

ripple effect *n* **to have a ~ on sth** odbić się na czymś

ripplemark /ˈrɪplmɑːk/ *n* Geol ripplemarki *plt*

rip-rap /ˈrɪpræp/ *n* Constr narzut *m* kamienny

rip-roaring /ˌrɪpˈrɔːrɪŋ/ *adj* infml *[party, show]* szalony infml; *[success]* oszałamiający; **to have a ~ time** doskonale się bawić

ripsaw /ˈrɪpsɔː/ *n* piła *f* wzdłużna

riptide /ˈrɪptaɪd/ *n* prąd *m* odpływowy

rise /raɪz/ **I** *n* [1] (increase) (in amount, temperature, inflation, pressure, price) wzrost *m* **(in sth** czegoś); (in standards) podniesienie się *n* **(in sth** czegoś); **a ~ of 2%** or **a 2% ~ in output** dwuprocentowy wzrost produkcji; **to be on the ~** *[crime, inflation, prices]* wzrastać [2] GB (also **pay ~, wage ~**) podwyżka *f* [3] (upward movement) (of plane, balloon) wznoszenie się *n*; (of water, liquid, sea) podnoszenie się *n* [4] (progress) (of person) awans *m*; (of ideology, empire, company) rozkwit *m*; **~ to power/fame** dojście do władzy /sławy; **the ~ of Nazism** powstanie i rozkwit nazizmu; **Hitler's ~ and fall** dojście do władzy i upadek Hitlera; **the ~ and fall of the Roman Empire** rozkwit i upadek cesarstwa rzymskiego [5] (slope, hill) wzniesienie *n*; **there's a slight ~ in the road here** tutaj droga lekko się wznosi [6] Geog (source) źródło *n*; **the river has its ~ in...** rzeka ma swoje źródło w... [7] fig **give ~ to sth** dać początek czemuś *[rumours, speculations, suspicion]*; doprowadzić do czegoś *[unemployment, increase, frustration]*; być źródłem or stanowić źródło czegoś *[happiness, resentment, frustration, problems]*
II *vi* (*pt* **rose**; *pp* **risen**) [1] (go up) *[water]* w|ezbrać, -zbierać, przyb|rać, -ierać; *[curtain]* podn|ieść, -osić się; *[price, rate, number, temperature]* wzr|osnąć, -astać; **to ~ above sth** przekroczyć coś; **the price has risen by £200/by 8%** cena wzrosła o 200 funtów/o 8%; **the property has risen in value** wartość tej nieruchomości wzrosła; **to ~ to the surface** *[whale, scum, fat]* wypłynąć na powierzchnię; fig *[doubts]* pojawić się [2] fig (intensify) *[hopes]* wzr|osnąć, -astać **(in sb** w kimś); *[anger]* w|ezbrać, -zbierać **(in sb** w kimś); *[pressure, tension]* wzr|osnąć, -astać, nar|osnąć, -astać; *[wind, storm]* wzm|óc, -agać się [3] (get up) *[person]* wsta|ć, -wać, podn|ieść, -osić się; **to ~ from the chair** wstać or podnieść się z krzesła; **to ~ on tiptoe** wspiąć się na palce; **to ~ to one's feet** powstać; **to ~ from the dead** (po)wstać z martwych; **'~ and shine!'** „pobudka! wstawaj!"; **'all ~'** Jur „proszę wstać" [4] (become erect) *[hair]* z|jeżyć się [5] (become louder) **his voice rose to a shout** jego głos przeszedł w krzyk; **his voice rose in anger** w jego głosie wzbierał gniew; **a few voices rose in protest** podniosło się kilka głosów sprzeciwu [6] (ascend) = **rise up** [7] (rebel) = **rise up** [8] (meet successfully) **to ~ to the occasion** stanąć na wysokości zadania; **to ~ to the challenge** sprostać wyzwaniu [9] (progress) *[person]* **to ~ to sth** zostać kimś *[director, manager]*; dojść do czegoś *[rank, position]*; **to ~ to fame** stać się sławnym, zdobyć sławę; **to ~ to power** dojść do władzy, zdobyć władzę; **he rose from apprentice to manager** zaczynał jako praktykant, a został dyrektorem; **she rose from nothing to become mayor of the city** startowała od zera, a została burmistrzem; **to ~ through the ranks** piąć się w górę, wstępować po szczeblach kariery fig [10] (slope upwards) *[ground, road, mountain, cliff]* wzn|ieść, -osić się; **to ~ to a height of...** wznosić się do wysokości...; **rising ground** wzniesienie [11] (appear over horizon) *[sun, moon, star]* wzejść, wschodzić [12] Geog (have source) **to ~ in sth** *[river]* wypływać z czegoś *[mountain, area]* [13] Culin *[dough, cake]* wy|rosnąć [14] Admin, Pol, Jur *[committee, court, parliament]* za|kończyć obrady; **they did not ~ until after midnight** zakończyli obrady dopiero po północy [15] Fishg *[fish]* wypły|nąć, -wać na powierzchnię
■ **rise above: ~ above [sth]** przezwycię-ż|yć, -ać *[problems]*; wzn|ieść, -osić się ponad (coś) *[jealousy, disagreements]*
■ **rise up** [1] (ascend) *[ball, balloon, bird, plane]* wzn|ieść, -osić się w powietrze; *[smoke, steam]* un|ieść, -osić się do góry; fig *[building, mountain]* wznosić się; **an office building rose up on the site of the old church** na miejscu starego kościoła wyrósł biurowiec; **a great shout rose up from the crowd** w tłumie podniósł się wielki krzyk [2] (rebel) liter *[people, region, nation]* powsta|ć, -wać **(against sb/sth** przeciw komuś/czemuś); **to ~ up in revolt** zbuntować się
IDIOMS: **to get** or **take a ~ out of sb** infml z|denerwować kogoś; **to ~ to the bait** połknąć haczyk fig

risen /ˈrɪzn/ **I** *pp* → **rise**
II *adj* Relig zmartwychwstały

riser /ˈraɪzə(r)/ *n* [1] (person) **to be an early ~** wcześnie wstawać, być rannym ptaszkiem; **to be a late ~** późno wstawać [2] (part of stair) przednóżek *m*, podstopnica *f*

risibility /ˌrɪzəˈbɪlətɪ/ *n* fml (of idea, suggestion, proposal) śmieszność *f*

risible /ˈrɪzəbl/ *adj* fml śmieszny

rising /ˈraɪzɪŋ/ **I** *n* [1] (of sun, moon) wschód *m*; (of tide) przypływ *m* [2] (rebellion) powstanie *n*
II *adj* [1] (increasing) *[price, unemployment, temperature, sales]* wzrastający, rosnący [2] (moving upwards) *[sun, moon]* wschodzący; *[ground]* wznoszący się; **~ tide** przypływ [3] (becoming successful) *[politician, executive]* obiecujący; *[singer]* zyskujący popularność; *[star]* wschodzący [4] (moving to maturity) **the ~ generation** młode pokolenie
III *adv* **to be ~ twelve** mieć prawie dwanaście lat; **to be ~ forty** dobiegać czterdziestki

rising damp *n* Constr wilgoć *f* od ziemi

rising fives *npl* GB Sch dzieci *n pl* mające wkrótce rozpocząć naukę w szkole

risk /rɪsk/ **I** *n* [1] (possibility) ryzyko *n* **(of sth** czegoś); **there's a ~ of him catching the illness** or **that he'll catch the illness** istnieje ryzyko, że się zarazi; **there is no ~ to consumers** nie ma żadnego niebezpieczeństwa or zagrożenia dla konsumentów; **without ~s to health** bez zagrożenia or niebezpieczeństwa dla zdrowia; **to run the ~ of being injured/ridiculed** narażać się na or ryzykować kontuzję/śmieszność; **they run a higher ~ of cancer** oni są w większym stopniu narażeni na zachorowanie na raka; **to take ~s** ryzykować, podejmować ryzyko; **it's not worth the ~** to nie jest warte ryzyka, nie warto ryzykować; **children at ~** (from disease) dzieci zagrożone chorobą; (from abuse) dzieci ze środowisk patologicznych; **their future is at ~** ich przyszłość jest zagrożona; **the factory is at ~ of closure** fabryce grozi zamknięcie or likwidacja; **to put one's life/health at ~** ryzykować or narażać życie/zdrowie; **at one's own ~** na własne ryzyko; **he saved the child at considerable ~ to himself** uratował dziecko, narażając się na poważne niebezpieczeństwo; **at owner's ~** na odpowiedzialność właściciela; **at the ~ of seeming paradoxical** fml choć to może brzmieć paradoksalnie; **at the ~ of seeming ungrateful** choć to może wyglądać na niewdzięczność [2] Fin, Insur ryzyko *n*; **to be a bad/good ~** być niewiarygodnym/wiarygodnym; **to spread a ~** rozłożyć ryzyko; **an all-~s policy** polisa od wszelkiego ryzyka; **to insure a house against all ~s** ubezpieczyć dom od wszelkiego ryzyka
II *vt* [1] (endanger) za|ryzykować, nara|zić, -żać; **to ~ one's life/health** ryzykować or narażać życie/zdrowie; **to ~ one's neck (doing sth)** fig ryzykować własną głową (robiąc coś) [2] (venture) za|ryzykować; **to ~ sth/doing sth** zaryzykować coś/zrobienie czegoś; **to ~ death/injury** narażać się na śmierć/kontuzję; **to ~ one's all** postawić wszystko na jedną kartę fig; **let's ~ it anyway** mimo wszystko zaryzykujmy; raz kozie śmierć fig

risk asset ratio *n* współczynnik *m* aktywów trudnych do upłynnienia

risk capital *n* Fin kapitał *m* wysokiego ryzyka

risk factor *n* czynnik *m* ryzyka

riskiness /ˈrɪskɪnɪs/ *n* ryzykowność *f*

risk management *n* zarządzanie *n* ryzykiem

risk manager *n* Insur zarządzający *m* ryzykiem

risk-taker /ˈrɪskteɪkə(r)/ *n* ryzykant *m*, -ka *f*; **he's always been a ~** zawsze lubił ryzyko

R

risk-taking /ˈrɪskteɪkɪŋ/ *n* ryzyko *n*; **there must be no ~** nie wolno nam ryzykować; **~ is part of the job** ryzyko jest częścią tej pracy

risky /ˈrɪskɪ/ *adj [decision, undertaking, bond, investment]* ryzykowny; **it's too ~** to zbyt ryzykowne; **it's ~ to buy a second-hand car** kupowanie używanego samochodu jest ryzykowne; **it's ~ to invest so much money in one company** to ryzykowne inwestować tyle pieniędzy w jedną firmę

risotto /rɪˈzɒtəʊ/ *n* (*pl* **~s**) risotto *n*

risqué /ˈriːskeɪ, US rɪˈskeɪ/ *adj [story, remark]* pikantny

rissole /ˈrɪsəʊl/ *n* kotlet *m* siekany

rite /raɪt/ *n* [1] (act) (religious ceremony) obrzęd *m*; (in primitive religions) rytuał *m*; **to perform a ~** dokonać obrzędu; **initiation ~** rytuał inicjacji; **~ of passage** rytuał przejścia; **last ~s** ostatnie namaszczenie; **the Rite of Spring** Mus „Święto wiosny" [2] Relig (body of observances) obrządek *m*, ryt *m*

ritual /ˈrɪtʃʊəl/ **I** *n* rytuał *m*; **to go through a ~** fig odprawić cały rytuał hum fig; **he went through the ~ of thanking people** fig odprawił cały rytuał składania podziękowań hum; **the courtship ~** Zool rytuał godowy

II *modif [dance, gesture, murder]* rytualny

ritualism /ˈrɪtʃʊəlɪzəm/ *n* przywiązanie *n* do rytuałów

ritualistic /ˌrɪtʃʊəˈlɪstɪk/ *adj* Relig rytualny also fig; **the ~ Sunday lunch** rytualny obiad niedzielny

ritually /ˈrɪtʃʊəlɪ/ *adv* (ceremonially) rytualnie

ritzy /ˈrɪtzɪ/ *adj* infml szykowny infml

rival /ˈraɪvl/ **I** *n* (in love, competition) rywal *m*, -ka *f*; (in business) konkurent *m*, -ka *f*; **~s in love** rywale w miłości; **business ~s** konkurenci w interesach; **without ~** bezkonkurencyjny

II *adj [firm, version]* konkurencyjny; *[team]* przeciwny; **~ competitor** rywal; **~ suitors** konkurenci do ręki; **~ factions** rywalizujące ze sobą frakcje

III *vt* (*prp, pt, pp* **-ll-** GB, **-l-** US) **to ~ sb/sth** dorówn|ać, -ywać komuś/czemuś **(in sth** czymś); (compete favourably) **to ~ sb/sth in popularity** dorównywać komuś/czemuś popularnością; **few can ~ his style** niewielu jest w stanie dorównać jego stylowi; **his ignorance is ~led only by his obstinacy** jego ignorancja może się tylko równać z jego uporem

rivalry /ˈraɪvlrɪ/ *n* rywalizacja *f* **(between sb and sb** pomiędzy kimś i kimś); **bitter/intense ~** zacięta/ostra rywalizacja; **inter-company ~** rywalizacja pomiędzy przedsiębiorstwami

riven /ˈrɪvn/ *adj* fml *[country, community]* rozdarty **(by sth** przez coś); *[tree]* rozszczepiony **(by sth** przez coś)

river /ˈrɪvə(r)/ *n* [1] rzeka *f*; **a town on the ~** miasto nad rzeką; **up/down ~** w górę/w dół rzeki [2] fig (of tears) rzeka *f*; (of mud, lava) strumień *m*; **~s of blood** morze krwi

IDIOMS: **to sell sb down the ~** wydać kogoś, sprzedać kogoś; **to send sb up the ~** US posłać kogoś do więzienia

riverbank /ˈrɪvəbæŋk/ *n* brzeg *m* rzeki; **to walk along the ~** spacerować brzegiem rzeki

river basin *n* dorzecze *n*

riverbed /ˈrɪvəbed/ *n* łożysko *n* rzeki

river blindness *n* Med ślepota *f* rzeczna

riverboat /ˈrɪvəbəʊt/ *n* statek *m* rzeczny

river bus *n* Transp tramwaj *m* wodny, hydrobus *m*

riverfront /ˈrɪvəfrʌnt/ *n* nadbrzeże *n* (rzeki); **along the ~** na nadbrzeżu

river mouth *n* ujście *n* rzeki

river police *n* policja *f* rzeczna

riverside /ˈrɪvəsaɪd/ **I** *n* **the ~** brzeg *m* rzeki; **a walk along the ~** spacer brzegiem rzeki; **to grow by the ~** rosnąć nad rzeką

II *adj [pub, café, trees]* nadrzeczny

river traffic *n* ruch *m* na rzece

rivet /ˈrɪvɪt/ **I** *n* nit *m*; **held together with ~s** połączony nitami, znitowany

II *vt* [1] (captivate) **to be ~ed by sth** być pochłoniętym czymś *[performance, story]* [2] (fix) przyku|ć, -wać *[eyes, gaze, attention]*; **to be ~ed on sth** *[eyes, gaze]* być utkwionym w czymś; *[attention]* być skupionym na czymś; **to be ~ed to the spot** *[person]* nie móc się ruszyć [3] Tech (fasten with rivets) nitować; **to ~ together** znitować; **to ~ sth down** przynitować coś

riveter /ˈrɪvɪtə(r)/ *n* (machine) nitownica *f*

riveting /ˈrɪvɪtɪŋ/ *adj* przykuwający uwagę

Riviera /ˌrɪvɪˈeərə/ *n* riwiera *f*; **the Italian ~** Riwiera Włoska; **the French ~** Riwiera Francuska

rivulet /ˈrɪvjʊlɪt/ *n* [1] Geog (stream) strumyk *m*, potok *m*; **~s of lava** strumienie lawy [2] fig strumień *m*; (thinner) strumyczek *m*; **~s of water/blood/tears** strumienie wody/krwi/łez; **~s of sweat** strumyczki potu; **~s of rain** strugi deszczu

Riyadh /rɪˈjɑːd/ *prn* Rijad *m*

riyal /rɪˈjɑːl/ *n* Fin rial *m*

RM GB → **Royal Marines**

RN *n* [1] US = **registered nurse** pielęgniarka *f* dyplomowana [2] GB → **Royal Navy**

RNA *n* → **ribonucleic acid**

RNLI *n* GB = **Royal National Lifeboat Institution** *ochotnicze stowarzyszenie ratownictwa morskiego*

roach[1] /rəʊtʃ/ *n* (*pl* **~**) (fish) płoć *f*, płotka *f*

roach[2] /rəʊtʃ/ *n* [1] (cockroach) karaluch *m* [2] infml (marijuana cigarette) skręt *m* infml

road /rəʊd/ **I** *n* [1] droga *f*; (outside built-up area) szosa *f*, droga *f*; **a main** or **major ~** droga główna; **a secondary** or **minor ~** droga drugorzędna; **a side ~** boczna droga; **the ~ to Leeds, the Leeds ~** droga or szosa do Leeds; **the ~ north/inland** droga or szosa na północ/w głąb kraju; **the ~ home** droga do domu; **are we on the right ~ for Oxford?** czy to jest droga or szosa do Oksfordu?; **follow the ~ round to the right** jedź dalej tą drogą w prawo; **follow the ~ ahead** jedź tą drogą prosto; **a dog in the ~** pies na drodze; **after three hours on the ~** po trzech godzinach jazdy; **across the ~** po drugiej stronie drogi or szosy; **it's just along the ~** to kawałeczek dalej tą drogą; **transported by ~** przewożony transportem samochodowym; **to take (to) the ~, to hit the ~** infml ruszyć w drogę; **to be on the ~** *[car, driver]* być w drodze or trasie; *[band, performers]* być w trasie; **to be** or **get back on the ~** ruszyć w dalszą drogę; **I've been on the ~ all night** całą noc byłem w drodze; **to go on the ~ with a show** wyjechać w trasę z przedstawieniem; **to be off the ~** *[car]* być niesprawnym [2] (in built-up area) ulica *f*; **at the top** or **end of my ~** na końcu mojej ulicy; **he lives just along** or **down this ~** on mieszka kawałek dalej na tej ulicy; **Adam from down the ~** ten Adam, który mieszka na tej ulicy [3] fig (way) droga *f*; **a difficult ~ to follow** trudna droga; **to be on the ~ to success/disaster** być na dobrej drodze do sukcesu/katastrofy; **we think we are on the right ~** chyba jesteśmy na dobrej drodze; **we don't want to go down that ~** nie chcemy iść tą drogą; **they are further down** or **along the ~ to union** są bliżej unii; **somewhere along the ~ she learnt...** przy okazji nauczyła się...; **it's the end of the ~ for us** między nami wszystko skończone; **(get) out of my ~!** infml (zejdź mi) z drogi! infml [4] Naut (roadstead) reda *f*

II *modif [condition, junction, accident, traffic]* drogowy; **~ safety** bezpieczeństwo na drogach; **~ map** mapa samochodowa; **~ network** sieć dróg

IDIOMS: **let's get this show on the ~!** no to jedziemy!; **to have one for the ~** wypić strzemiennego; **any ~** GB infml dial = **anyway**

roadbed /ˈrəʊdbed/ *n* (on road) koryto *n* drogi; (of railway track) podtorze *n*

roadblock /ˈrəʊdblɒk/ **I** *n* [1] blokada *f* drogowa; **police/army ~** blokada policyjna/wojskowa; **to set up** or **mount a ~** postawić blokadę [2] US fig przeszkoda *f*

II *vt* za|blokować

road bridge *n* most *m* drogowy

road fund licence *n* GB Aut dowód *m* opłacenia podatku drogowego

road haulage *n* transport *m* drogowy

road haulier *n* (person, firm) przewoźnik *m* samochodowy

road hog *n* infml cham *m* za kierownicą infml

roadholding /ˈrəʊdhəʊldɪŋ/ *n* Aut przyczepność *f*

roadhouse /ˈrəʊdhaʊs/ *n* zajazd *m*

road hump *n* próg *m* zwalniający

roadie /ˈrəʊdɪ/ *n* infml (in charge of equipment) pracownik *m* techniczny *(obsługujący tournée grupy rockowej)*

road kill *n* zwierzęta *n pl* zabite przez samochody

roadman /ˈrəʊdmən/ *n* (*pl* **-men**) robotnik *m* drogowy

road manager *n* (of pop group) organizator *m* trasy koncertowej

road-mender /ˈrəʊdmendə(r)/ *n* robotnik *m* drogowy

road metal *n* tłuczeń *m* drogowy

road movie *n* film *m* drogi

road racer *n* (cyclist) kolarz *m* szosowy, szosowiec *m*

road racing *n* (of cars) wyścigi *m pl* na szosie; (in cycling) kolarstwo *n* szosowe

road rider *n* = **road racer**

roadroller /ˈrəʊdrəʊlə(r)/ *n* walec *m* drogowy

roadrunner /ˈrəʊdrʌnə(r)/ *n* Zool kukawka *f* srokata

road sense *n* rozsądek *m* na drodze
roadshow /ˈrəʊdʃəʊ/ *n* [1] (play, show) przedstawienie *n* objazdowe [2] (TV, radio programme) audycja *f* realizowana w terenie [3] (publicity tour, workshop) objazdowa akcja *f* reklamowa
roadside /ˈrəʊdsaɪd/ **I** *n* pobocze *n*; **at** or **by the ~** na poboczu
II *modif [café, inn, hedge]* przydrożny; **to carry out ~ repairs** wykonywać drobne naprawy na poboczu; **~ recovery and repairs** holowanie i drobne naprawy
roadsign /ˈrəʊdsaɪn/ *n* znak *m* drogowy
roadstead /ˈrəʊdsted/ *n* Naut reda *f*
roadster /ˈrəʊdstə(r)/ *n* (car) roadster *m*; (bike) rower *m* szosowy
roadsweeper /ˈrəʊdswiːpə(r)/ *n* (person) zamiatacz *m*, -ka *f*; (machine) zamiatarka *f*
road tax *n* podatek *m* drogowy
road tax disc *n* dowód *m* opłacenia podatku drogowego *(w formie papierowego krążka umieszczanego na szybie)*
road test **I** *n* test *m* w warunkach drogowych
II *vt* prze|testować w warunkach drogowych *[car]*; US fig prze|testować *[idea]*
road transport *n* transport *m* drogowy
road user *n* użytkownik *m* dróg
roadway /ˈrəʊdweɪ/ *n* jezdnia *f*
roadwork /ˈrəʊdwɜːk/ *n* Sport (running) trening *m* na szosie
roadworks /ˈrəʊdwɜːks/ *npl* roboty *f pl* drogowe
roadworthy /ˈrəʊdwɜːðɪ/ *adj [car]* sprawny
roam /rəʊm/ **I** *vt* przemierz|yć, -ać *[world, countryside]*; włóczyć się po (czymś) *[shops, villages]*; **to ~ the streets** (purposefully) przemierzać ulice; (aimlessly) włóczyć się po ulicach
II *vi [person, animal]* włóczyć się **(through sth** po czymś); *[eyes, gaze, thoughts]* błądzić **(through sth** po czymś)
■ **roam around** *[person]* wałęsać się infml
roamer /ˈrəʊmə(r)/ *n* wędrowiec *m*
roaming /ˈrəʊmɪŋ/ *n* [1] (travelling) włóczęga *f*; **after years of ~** po latach włóczęgi [2] Telecom roaming *m*
roan /rəʊn/ **I** *n* [1] Equest deresz *m* [2] (in bookbinding) wyprawiona skóra *f* barania *(do oprawy książek)*
II *adj [horse]* dereszowaty
roar /rɔː(r)/ **I** *n* (of lion, person, waterfall, sea) ryk *m*; (of wind) wycie *n*; (of engine, crowd) ryk *m*, wycie *n*; **~ of traffic** ryk samochodów; **~ of laughter** huragan śmiechu; **to give a ~** *[person]* ryknąć; *[lion]* zaryczeć; **a ~ of applause** gromki aplauz
II *vt* [1] (shout) ryknąć; **'quiet!' he ~ed** „cisza!" ryknął; **the crowd ~ed its approval** tłum zawył z aprobatą; **to ~ sth back** ryknąć coś w odpowiedzi [2] (rev up) **he was ~ing the engine** naciskał gaz i silnik wył na wysokich obrotach
III *vi [lion]* ryknąć, za|ryczeć; *[person]* ry|knąć, -czeć; *[sea]* ryczeć; *[engine, crowd]* za|wyć; *[fire, thunder]* hu|knąć, -czeć; **to ~ with pain** ryczeć or wyć z bólu; **to ~ with laughter** ryczeć ze śmiechu; **to ~ at sb** wrzeszczeć na kogoś; **to ~ past sth** *[car]* przejechać obok czegoś z rykiem silnika; **the car ~ed into life** silnik zawył i zapalił
■ **roar out**: **~ out [sth]** wywrz|eszczeć, -askiwać *[commands]*
roaring /ˈrɔːrɪŋ/ **I** *n* (of lion) ryczenie *n*, ryk *m*; (of engine, crowd) ryk *m*, wycie *n*; (of waterfall, thunder) huk *m*; (of wind) wycie *n*; **~ of traffic** ryk samochodów
II *adj* [1] (loud) *[thunder, fire]* huczący; *[storm]* gwałtowny; *[engine]* ryczący, wyjący; **~ traffic** ryk samochodów; **the ~ forties** Geog ryczące czterdziestki [2] *[success]* oszałamiający; **to do a ~ trade** robić świetny interes **(in sth** na czymś); **the ~ Twenties** Hist szalone lata dwudzieste
III *adv* **~ drunk** pijany jak bela infml; **~ mad** rozwścieczony
roast /rəʊst/ **I** *n* [1] Culin (roasted) pieczeń *f*; (intended for roasting) mięso *n* na pieczeń; **~ of veal/pork** pieczeń cielęca/wieprzowa [2] US (barbecue) piknik *m* z grillem [3] US infml (entertainment) *przyjęcie w gronie bliskich, na przemian chwalących i żartujących sobie z gospodarza*
II *adj [meat, poultry, potato, chestnut]* pieczony; *[peanuts]* prażony; *[coffee beans]* palony; **~ beef** pieczeń wołowa
III *vt* [1] u|piec *[meat, potatoes, chestnuts]*; u|prażyć *[peanuts]*; palić *[coffee beans]*; **dry ~ed peanuts** prażone orzeszki ziemne; **she was ~ed alive** fig czuła się (żywcem) ugotowana [2] infml (criticize severely) zjechać, przejechać się po (czymś) infml *[play, film, book]*
IV *vi* [1] *[meat]* u|piec się [2] infml fig *[person]* (in sun, by fire) smażyć się infml fig; **I'm ~ing!** infml umieram z gorąca! fig
roaster /ˈrəʊstə(r)/ *n* [1] (chicken) kurczak *m* do upieczenia [2] infml (hot day) skwar *m* [3] (oven pan) brytfanna *f*; (oven) US piekarnik *m*
roasting /ˈrəʊstɪŋ/ **I** *n* infml (scolding) **to give sb a ~** zmyć komuś głowę; **the play got a ~ from the critics** sztuka została zjechana przez krytyków infml
II *adj* [1] Culin *[cut of meat]* na pieczeń; **~ chicken** kurczak do upieczenia; **~ pan** brytfanna [2] infml *[weather]* skwarny
rob /rɒb/ *vt* **(***prp, pt, pp* **-bb-)** [1] okra|ść, -dać *[person, organization]*; (with violence) obrabow|ać, -ywać *[person, bank, train]*; **to be ~bed of sth** zostać okradzionym z czegoś; **to ~ a bank of one million pounds** zrabować z banku milion funtów; **I have been ~bed** okradziono mnie; **to ~ the till** ukraść pieniądze z kasy [2] (deprive) **to ~ sb of sth** pozbawić kogoś czegoś
IDIOMS: **to ~ sb blind** naciągnąć kogoś; **to ~ Peter to pay Paul** zabrać jednemu, żeby dać drugiemu
robber /ˈrɒbə(r)/ *n* złodziej *m*, rabuś *m*; **bank ~** bandyta *m* napadający na banki
robber baron *n* Hist wyzyskiwacz *m* also fig
robbery /ˈrɒbərɪ/ *n* kradzież *f*; (with violence) rabunek *m*; **it's sheer ~!** fig to istny rozbój! infml; **train ~** napad na pociąg; **~ with violence, ~ and assault** Jur rozbój
robe /rəʊb/ **I** *n* [1] (ceremonial garment) szata *f*; (of judge, academic) toga *f*; **ceremonial ~s** uroczyste szaty; **christening ~** sukienka do chrztu; **coronation ~** szata koronacyjna; **to wear one's ~ of office** *[judge, academic]* nosić togę [2] (bath robe) płaszcz *m* kąpielowy
II *vt* fml przyodzi|ać, -ewać fml *[dignitary]*; **~d in silk/in white** przyodziany w jedwabną szatę/w biel
robin /ˈrɒbɪn/ *n* [1] **(**also **~ redbreast)** Zool rudzik *m* [2] US Zool drozd *m* wędrowny
robot /ˈrəʊbɒt/ **I** *n* (machine) robot *m*
II *modif [pilot, method of production, welding]* automatyczny
robot bomb *n* pocisk *m* samonaprowadzający
robotic /rəʊˈbɒtɪk/ *adj [arm, tool, device, machine]* zautomatyzowany; *[movement, voice]* mechaniczny
robotics /rəʊˈbɒtɪks/ *n* robotyka *f*
robotization /ˌrəʊbətaɪˈzeɪʃn, US -tɪˈz-/ *n* robotyzacja *f*
robotize /ˈrəʊbətaɪz/ **I** *vt* z|automatyzować
II robotized *pp adj* zautomatyzowany
robot plane *n* samolot *m* bezzałogowy
robust /rəʊˈbʌst/ *adj* [1] (sturdy, powerful) *[person]* zdrowy i silny; *[furniture, toy, shoe, defence]* solidny; *[economy]* silny; *[appetite]* zdrowy; *[plant]* odporny; **to be in ~ health** cieszyć się wyśmienitym zdrowiem [2] (straightforward) *[humour]* rubaszny; *[reply, approach, attitude, tackle]* zdecydowany; **~ common sense** dużo zdrowego rozsądku [3] (full-bodied) *[coffee, flavour]* mocny; *[wine]* treściwy
robustly /rəʊˈbʌstlɪ/ *adv* [1] *[constructed, made]* solidnie [2] fig *[answer, deny, defend]* zdecydowanie; **he's ~ practical** on twardo stąpa po ziemi
robustness /rəʊˈbʌstnɪs/ *n* (of furniture, shelter, economy) solidność *f*; **we were taken aback by the ~ of his answer** byliśmy zaskoczeni jego zdecydowaną odpowiedzią
roc /rɒk/ *n* Mythol Ptak-Rok *m*
rock[1] /rɒk/ **I** *n* [1] (substance) skała *f*; **molten ~** roztopiona skała; **hewn out of solid ~** wykuty w litej skale; **to be (like) a ~ to sb** fig być dla kogoś oparciem [2] (boulder) głaz *m*, skała *f*; (reef) skała *f* (podwodna); **the ship hit the ~s** statek wpadł na skały; **to go on the ~s** *[ship]* rozbić się o skały; **Scotch on the ~s** fig szkocka z lodem; **their marriage was on the ~s** ich małżeństwo rozpadało się [3] (stone) kamień *m*; **'falling ~s'** „spadające odłamki skalne" [4] GB (sweet) sopel *m* fig [5] infml (diamond) kamyk *m* infml [6] infml (crack) koka *f* infml
II rocks *npl* vulg (testicles) jaja *n pl* vinfml; **to get one's ~s off** (sexually) ulżyć sobie infml
IDIOMS: **caught between a ~ and a hard place** między młotem a kowadłem; **as firm** or **solid as a ~** *[object]* nie do zniszczenia; *[faith]* niewzruszony, niezachwiany; **he is as firm** or **solid as a ~** można na nim polegać; **as hard as a ~** twardy jak skała
rock[2] /rɒk/ **I** *n* **(**also **~ music)** rock *m*; **to listen to ~** słuchać rocka
II *modif* Mus *[band, concert, opera]* rockowy
III *vt* [1] (move gently) kołysać (czymś) *[cradle, boat, hammock]*; u|kołysać *[baby]*; **she ~ed the baby to sleep** ukołysała dziecko do snu; **the boat was ~ed by the waves** łódź kołysała się na falach [2] (shake) *[tremor, bomb, scandal]* wstrząs|nąć, -ać (czymś); **the town was ~ed by the news** fig wiadomość wstrząsnęła miastem

IV *vi* [1] (sway) *[person, cradle, hammock]* kołysać się, kiwać się, bujać się; *[ship, chair]* za|kołysać się; **to ~ with laughter** śmiać się do rozpuku [2] (shake) *[earth, ground, building]* za|trząść się [3] (dance) **to ~ (away)** tańczyć rock and rolla

rockabilly /ˈrɒkəbɪlɪ/ **I** *n* Mus rockabilly *n inv*
II *modif* **a ~ singer** piosenkarz w stylu rockabilly

rock and roll /ˌrɒkənˈrəʊl/ **I** *n* rock and roll *m*
II *modif [band, singer]* rockandrollowy; **~ era** era rock and rolla; **~ music** rock and roll
III *vi* tańczyć rock and rolla

rock bass *n północnoamerykańska jadalna ryba z rodziny bassów*

rock bottom /ˌrɒkˈbɒtəm/ **I** *n* najniższy poziom *m*, dno *n*; **to reach** or **hit ~** *[price]* spaść do najniższego poziomu; *[person]* stoczyć się na samo dno; **at ~** *[prices, standards]* na najniższym poziomie
II rock-bottom *adj [price, rate]* najniższy

rockbound /ˈrɒkbaʊnd/ *n [coast]* skalisty; *[island]* otoczony skałami

rock bun *n* GB twarde ciasteczko *n* z rodzynkami

rock cake *n* = **rock bun**

rock candy *n* US (sweet) sopel *m* infml

rock carving *n* rzeźba *f* w skale

rock climber *n* alpinist|a *m*, -ka *f*

rock climbing *n* wspinaczka *f*; **to go ~** uprawiać wspinaczkę

rock crystal *n* kryształ *m* górski

rock dash *n* US Constr tynk *m* kamyczkowy

rocker /ˈrɒkə(r)/ *n* [1] US (chair) fotel *m* bujany, bujak *m*, fotel *m* na biegunach [2] (on cradle, chair) biegun *m* [3] (also **~ switch**) przełącznik *m* kołyskowy [4] GB (biker) rocker *m*, -ka *f* [5] infml (performer) rockman *m*, -ka *f*, rockowiec *m* [6] infml (rock fan) fan *m*, -ka *f* rocka, rockowiec *m*
IDIOMS: **off one's ~** infml pomylony, stuknięty infml; **you must be off your ~!** chyba ci odbiło! infml

rocker arm *n* Tech dźwignia *f* zaworu

rocker panel *n* Aut próg *m*

rockery /ˈrɒkərɪ/ *n* GB ogródek *m* skalny, skalniak *m*

rocket[1] /ˈrɒkɪt/ **I** *n* [1] (firework) rakieta *f*, raca *f*; **distress ~** raca sygnalizacyjna [2] (spacecraft, missile) rakieta *f*; **to take off like a ~** pomknąć jak strzała
II *modif [range, base, technology]* rakietowy
III *vi* [1] *[price, profit, level, value]* podsk|oczyć, -akiwać fig; **to ~ up** skoczyć w górę; **to ~ from 10 to 100/by 400%** podskoczyć z 10 do 100/o 400% [2] *[person, vehicle]* **to ~** or **go ~ing past sth** przemknąć or śmignąć obok czegoś; **to ~ to fame** błyskawicznie zdobyć sławę; **to ~ to the top** błyskawicznie wspiąć się na szczyt
IDIOMS: **to give sb a ~** GB infml zmyć komuś głowę infml fig

rocket[2] /ˈrɒkɪt/ *n* Bot, Culin rokietta *f* siewna

rocket attack *n* atak *m* rakietowy

rocket engine *n* silnik *m* rakietowy

rocket fuel *n* paliwo *n* rakietowe

rocket launcher *n* wyrzutnia *f* rakietowa

rocket-propelled /ˌrɒkɪtprəˈpeld/ *adj [bomb, ship, vehicle]* o napędzie rakietowym

rocket propulsion *n* napęd *m* rakietowy

rocketry /ˈrɒkɪtrɪ/ *n* technika *f* rakietowa

rocket ship *n* (spacecraft) statek *m* kosmiczny

rock face *n* ściana *f* skalna

rockfall /ˈrɒkfɔːl/ *n* (falling rocks) lawina *f* kamieni; (fallen rocks) osuwisko *n*

rockfish /ˈrɒkfɪʃ/ *n* Zool skorpena *f*

rock formation *n* formacja *f* skalna

rock garden *n* ogródek *m* skalny, skalniak *m*

rock-hard /ˌrɒkˈhɑːd / *adj [earth, biscuit]* twardy jak skała; **to set ~** stwardnieć na kamień

Rockies /ˈrɒkiːz/ *prn pl* **the ~** Góry *f pl* Skaliste

rocking /ˈrɒkɪŋ/ **I** *n* kołysanie *n*
II *adj [boat]* kołyszący się; **a ~ motion** kołysanie

rocking chair *n* fotel *m* bujany, bujak *m*, fotel *m* na biegunach

rocking horse *n* koń *m* na biegunach

rockling /ˈrɒklɪŋ/ *n* (*pl* **~, ~s**) Zool motela *f*

rock lobster *n* langusta *f*

rock'n'roll = **rock and roll**

rock painting *n* malowidło *n* skalne

rockplant /ˈrɒkplɑːnt, US -plænt/ *n* (among rocks) roślina *f* skalna; (on rocks) roślina *f* naskalna

rock pool *n* sadzawka *f* w skałach

rock rose *n* Bot posłonek *m*

rock salmon *n* GB Culin zębacz *m*

rock salt *n* sól *f* kamienna

rockslide /ˈrɒkslaɪd/ *n* lawina *f* kamienna

rock star *n* gwiazda *f* rocka

rock-steady /ˌrɒkˈstedɪ/ *adj* [1] (stable) *[chair, building]* solidny [2] fig *[friendship, relationship]* niewzruszony; *[prices]* niezmienny

rock wool *n* wełna *f* mineralna

rocky[1] /ˈrɒkɪ/ *adj* (covered in rocks) *[beach, soil, coast, peninsula]* skalisty; **~ road** skalista droga; fig wyboista droga fig

rocky[2] /ˈrɒkɪ/ *adj* infml (unstable) *[piece of furniture]* chybotliwy; *[person, relationship]* chwiejny; *[time, career, business]* niepewny; *[health]* wątły; **to feel ~ on one's feet** chwiać się na nogach; **her marriage is a bit ~** jej małżeństwo przechodzi lekki kryzys

Rocky Mountains *prn pl* Góry *f pl* Skaliste

Rocky Mountain spotted fever *n* gorączka *f* Gór Skalistych

rococo /rəˈkəʊkəʊ/ **I** *n* rokoko *n*
II *adj* rokokowy

rod /rɒd/ *n* [1] (stick) pręt *m*; **curtain ~** karnisz; **steel ~** pręt stalowy [2] (for punishment) kij *m* [3] (for fishing) wędka *f*; **to fish with ~ and line** łowić na wędkę [4] (staff of office) laska *f* [5] Meas pręt *m* (= *5,03 m*) [6] (in eye) pręcik *m* siatkówki [7] US infml (pistol) gnat *m* infml; **to pack a ~** nosić gnata [8] US vulg (penis) fujara *f* vulg
IDIOMS: **spare the ~ and spoil the child** dzieci trzeba trzymać krótko; **to make a ~ for one's own back** ukręcić bicz na siebie; **to rule with a ~ of iron** rządzić żelazną ręką

rode /rəʊd/ *pt* → **ride**

rodent /ˈrəʊdnt/ *n* Zool gryzoń *m*

rodent ulcer *n* Med wrzód *m* drążący

rodeo /ˈrəʊdɪəʊ/ *n* (*pl* **~s**) rodeo *n*

rodomontade /ˌrɒdəmɒnˈteɪd, -tɑːd/ *n* fml pej fanfaronada *f*; rodomontada *f* ra

roe /rəʊ/ *n* [1] (also **hard ~**) ikra *f*; **cod's ~** ikra dorsza [2] (also **soft ~**) (of male fish) mlecz *m*

roebuck /ˈrəʊbʌk/ *n* (*pl* **~**) kozioł *m* sarny

roe deer /ˌrəʊˈdɪə(r)/ *n* (*pl* **~**) sarna *f*

Rogation Days /rəʊˈgeɪʃndeɪz/ *npl* dni *m pl* krzyżowe

rogations /rəʊˈgeɪʃnz/ *npl* (litany) litania *f* do Wszystkich Świętych *(odmawiana podczas dni krzyżowych)*

rogatory /ˈrɒgətrɪ/ *adj* **letters ~** rekwizycja sądowa

roger[1] /ˈrɒdʒə(r)/ *excl* [1] Telecom przyjąłem [2] GB infml (OK) dobra! infml

roger[2] /ˈrɒdʒə(r)/ *vt* GB vinfml posuwać vinfml *[woman]*

rogue /rəʊg/ **I** *n* [1] hum łobuz *m*, drań *m*; **charming/handsome ~** czarujący/przystojny łobuz; **you old ~!** ty stary draniu! [2] pej łajdak *m*; **~s' gallery** album ze zdjęciami ściganych przez policję; fig hum zbiór typów spod ciemnej gwiazdy hum [3] (animal) samotnik *m*
II *modif* [1] (maverick) *[elephant, politician, detective]* samotny [2] pej *[builder, landlord, trader]* nieuczciwy

roguery /ˈrəʊgərɪ/ *n* [1] pej (dishonesty) draństwo *n* [2] (mischief, fun) psota *f*

roguish /ˈrəʊgɪʃ/ *adj [ways, grin, expression, wink]* szelmowski

roguishly /ˈrəʊgɪʃlɪ/ *adv [look, grin]* szelmowsko

roister /ˈrɔɪstə(r)/ *vi* dat hulać dat

roisterer /ˈrɔɪstərə(r)/ *n* dat hulaka *m* infml dat

role /rəʊl/ *n* Theat rola *f* also fig **(in sth** w czymś); **in the ~ of sb** w roli kogoś; **to reverse ~s** zamienić się rolami; **to play** or **take the ~ of Hamlet** grać rolę or występować w roli Hamleta; **leading ~** pierwszoplanowa rola also fig; **supporting ~** rola drugoplanowa; **title ~** rola tytułowa; **vital** or **key ~** fig kluczowa rola; **his ~ in the demonstration** rola, jaką odegrał w demonstracji

role model *n* wzór *m* (do naśladowania)

role-play /ˈrəʊlpleɪ/ **I** *n* [1] Psych psychodrama *f* [2] Sch scenka *f*
II *vt* od|egrać, -grywać *[part, scene]*; przedstawi|ć, -ać *[situation, feeling]*

role reversal *n* odwrócenie *n* ról, zamiana *f* ról

role swapping *n* = **role reversal**

roll /rəʊl/ **I** *n* [1] (wad) (of paper) rolka *f*, zwój *m*; (big) rola *f*, bela *f*; (of cloth) bela *f*; (of banknotes) zwitek *m*; **~s of fat** fałdy tłuszczu; **a ~ of film** rolka filmu [2] Culin (bread) bułka *m*; **ham/cheese ~** bułka z szynką/serem; **chicken/turkey ~** (meat) rolada z kurczaka/indyka [3] (rocking motion) (of ship, train) kołysanie *n*; **the ship gave a ~** statkiem zakołysało; **to walk with a ~ of the hips** chodzić, kołysząc biodrami [4] Sport (in gymnastics) przewrót *m*; **forward /backward ~** przewrót w przód/w tył [5] Aviat beczka *f* [6] Games (of dice) rzut *m* [7] (deep sound) (of thunder) dudnienie *n*; (of drums) werbel *m* [8] (register) wykaz *m*; **class ~** lista uczniów; **parish ~** rejestr parafialny; **electoral ~** lista wyborcza; **to**

have 200 members on the ~ mieć 200 członków; **falling school ~s** malejąca liczba uczniów; **to call the ~** sprawdzać obecność [9] (squirm) **to have a ~ on the grass** *[dog]* tarzać się w trawie

II *vt* [1] (push) po|toczyć, po|turlać *[ball, barrel, log]*; **to ~ sth away** odtoczyć coś; **to ~ sth up** wtoczyć coś; **to ~ sth down** stoczyć coś; **to ~ sth forward** przetoczyć coś do przodu; **to ~ sth back a few metres** przetoczyć coś kilka metrów do tyłu [2] (make, wrap round) skręc|ić, -ać *[cigarette]*; zwi|nąć, -jać *[print]*; zwi|nąć, -jać, z|rolować *[carpet]*; **I ~ my own** robię sobie skręty; **to ~ sth into a ball** zwinąć w kulkę coś *[paper]*; zrobić kulę z czegoś *[dough, clay]*; zwinąć w kłębek coś *[wool]* [3] (flatten) walcować *[metal]*; rozwałkow|ać, -ywać *[dough, pastry]*; z|wałować *[lawn, road]* [4] (turn) **to ~ one's eyes** przewracać oczami; **~ the patient onto his back** przewróć pacjenta na plecy; **she ~ed her car** infml miała dachowanie infml; **to ~ a pencil between one's fingers** obracać ołówek w palcach [5] Cin, Print uruch|omić, -amiać *[camera, press]* [6] Games rzuc|ić, -ać (czymś) *[dice]* [7] Ling **to ~ one's 'r's** grasejować, wymawiać „r" z wibracją

III *vi* [1] (move) *[ball, coin, rock, person]* po|toczyć się, po|turlać się; **to ~ backwards** *[car]* potoczyć się do tyłu; **to ~ down sth** *[car, rock]* stoczyć się z czegoś *[hill]*; *[person]* s|turlać się z czegoś *[slope]*; *[sweat, tears]* spływać po czymś *[back, cheeks]*; **to ~ into sth** *[train]* wtoczyć się na coś *[station]*; **to ~ off sth** *[dice, coin]* sturlać się z czegoś *[table]*; *[person]* spaść z czegoś *[couch]*; *[car]* stoczyć się z czegoś *[cliff]*; **to ~ out of bed** wstać or podnieść się z łóżka; **the ball ~ed over the goal-line** piłka wtoczyła się do bramki [2] (rotate) *[plane]* wykon|ać, -ywać beczkę; *[car]* prze|koziołkować; dachować infml; **his eyes were ~ing** przewracał oczami [3] (sway) *[ship]* za|kołysać się; **to ~ from side to side** *[person]* kołysać się [4] (reverberate) *[thunder]* przet|oczyć, -aczać się; *[drum]* za|warczeć [5] (function) *[camera]* kręcić infml; *[press]* chodzić infml

IV rolled *pp adj [steel]* walcowany

V rolling *prp adj* [1] *[countryside]* pofałdowany [2] *[walk, gait]* kołyszący

▪ **roll about** GB, **roll around** *[animal, person]* tarzać się; *[marbles, tins]* toczyć się, turlać się; **to ~ around on the grass** tarzać się w trawie

▪ **roll along** *[car]* toczyć się

▪ **roll back**: ¶ **~ back** Comput wycof|ać, -ywać transakcję z bazy danych ¶ **~ back [sth], ~ [sth] back** [1] (push back) odwi|nąć, -jać, odsu|nąć, -wać *[carpet]* [2] fig cof|nąć, -ać *[time, years]*; przesu|nąć, -wać *[frontiers]* [3] obniż|yć, -ać *[prices]*

▪ **roll down**: **~ down [sth], ~ [sth] down** opu|ścić, -szczać *[blind, window]*; odwi|nąć, -jać *[sleeve, trouser leg]*

▪ **roll in**: [1] (pour in) *[tourists]* napły|nąć, -wać masowo; *[money, orders]* napły|nąć, -wać w dużych ilościach [2] (gather) *[clouds]* z|ebrać, -bierać się [3] (advance) **the tanks ~ed in into the city** czołgi wjechały do miasta [4] infml (stroll in) wparow|ać, -ywać infml; **to ~ in 20 minutes late** wparować 20 minut po czasie

▪ **roll off**: **~ off [sth]** *[cars]* zje|chać, -żdżać z (czegoś) *[production line]*; *[newspapers]* zejść, schodzić z (czegoś) *[presses]*

▪ **roll on**: ¶ **~ on** *[time, hours]* płynąć ¶ **~ on [sth], ~ [sth] on** wciąg|nąć, -ać *[stockings]*; **to ~ on deodorant** użyć dezodorantu

▪ **roll out**: **~ out [sth], ~ [sth] out** rozwałkow|ać, -ywać *[pastry]*; rozwalcow|ać, -ywać *[metal]*; wyrówn|ać, -ywać *[bumps]*; rozwi|nąć, -jać *[rug]*

▪ **roll over**: ¶ **~ over** *[car, boat]* przewr|ócić, -acać się; *[person]* przewr|ócić, -acać się; **to ~ over on one's back /stomach** przewrócić się na plecy/brzuch ¶ **~ [sth] over** Accts, Fin przedłuż|yć, -ać okres spłaty (czegoś) *[debt, loan]* ¶ **~ [sb] over** przewr|ócić, -acać, obr|ócić, -acać *[patient]* **(onto sth** na coś)

▪ **roll up**: ¶ **~ up** [1] infml (arrive) *[guests, visitors]* przyby|ć, -wać; **~ up!** chodźcie, chodźcie! [2] (form cylinder) *[poster, mat]* zwi|nąć, -jać się, z|rolować się ¶ **~ up [sth], ~ [sth] up** zwi|nąć, -jać, z|rolować *[poster, mat, rug]*; podwi|nąć, -jać *[sleeve]*; **to ~ sth/sb up in sth** zawinąć coś/kogoś w coś

IDIOMS: **heads will ~!** polecą głowy!; **let the good times ~!** bawmy się!; **~ on the holidays!** żeby już były wakacje!; **to be on a ~** infml być na fali infml; **to be ~ing in it** infml mieć forsy jak lodu infml; **to be a producer, editor, presenter ~ed into one** być producentem, realizatorem, prezenterem w jednej osobie

rollaway bed /ˌrəʊləweɪˈbed/ *n* US składane łóżko *n*

rollback /ˈrəʊlbæk/ *n* US Econ obniżka *f* cen urzędowych

rollbar /ˈrəʊlbɑː(r)/ *n* Aut pałąk *m* wzmacniający dach

roll-call /ˈrəʊlkɔːl/ *n* Mil apel *m*

rolled gold **I** *n* plater *m*

II *modif [watch, bracelet]* platerowany

rolled oats *npl* Culin płatki *plt* owsiane

rolled-up /ˌrəʊldˈʌp/ *pp adj [newspaper, carpet]* zwinięty, zrolowany

roller /ˈrəʊlə(r)/ *n* [1] (in machine) wałek *m*, rolka *f*; (for forming metal) walec *m* [2] (to crush, smooth) walec *m*; **road ~** walec drogowy [3] (for painting, inking) wałek *m* [4] (curler) wałek *m* [5] (wave) ogromna fala *f* [6] GB Aut infml rolls-royce *m*

rollerball /ˈrəʊləbɔːl/ *n* pisak *m* z wkładem żelowym

Rollerblade® /ˈrəʊləbleɪd/ *n* łyżworolka *f*

rollerblader /ˈrəʊləbleɪdə(r)/ *n* rolkarz *m*

roller blind *n* roleta *f*

roller coaster *n* kolejka *f* górska

roller disco *n* dyskoteka *f* na wrotkach

rollerdrome /ˈrəʊlədrəʊm/ *n* tor *m* wrotkarski

roller-skate /ˈrəʊləskeɪt/ **I** *n* wrotka *f*

II *vi* jeździć na wrotkach

roller-skater /ˈrəʊləskeɪtə(r)/ *n* wrotkarz *m*

roller-skating /ˈrəʊləskeɪtɪŋ/ *n* jazda *f* na wrotkach, wrotkarstwo *n*; **let's go ~** chodźmy na wrotki

roller-skating rink *n* wrotkarnia *f*

roller towel *n* ręcznik *m* na rolce

roll film *n* Phot film *m* zwojowy

rollick /ˈrɒlɪk/ *vi* infml (also **~ about**) dokazywać

rollicking /ˈrɒlɪkɪŋ/ infml **I** *n* GB bura *f* infml; **to give sb a ~** dać komuś burę infml

II *adj [person]* rozbawiony; *[comedy]* błazeński; *[party]* szalony

rolling /ˈrəʊlɪŋ/ *n* Ind walcowanie *n*

rolling mill *n* walcownia *f*

rolling news *n* Radio, TV wiadomości *f pl* na okrągło

rolling pin *n* Culin wałek *m* (do ciasta)

rolling stock *n* Rail tabor *m* kolejowy

rolling stone *n* fig włóczęga *m*

rolling strike *n* Ind strajk *m* rotacyjny

rollmop /ˈrəʊlmɒp/ *n* rolmops *m*

rollneck /ˈrəʊlnek/ *n* Fashn golf *m*

roll of honour GB, **roll of honor** US [1] Sch, Sport lista *f* zasłużonych [2] Mil lista *f* poległych

roll-on /ˈrəʊlɒn/ *n* dezodorant *m* w kulce

roll-on roll-off, RORO /ˌrəʊlɒnrəʊlˈɒf/ Naut **I** *n* rorowiec *m*, statek *m* ro-ro

II *adj* **~ ferry** or **ship** rorowiec, statek ro-ro; **~ system** system przeładunku ro-ro

rollout /ˈrəʊlaʊt/ *n* Comm, Ind wejście *n* na rynek

rollover /ˈrəʊləʊvə(r)/ *n* Fin refinansowanie *n* kredytu przypadającego do spłaty

rollover credit *n* Fin kredyt *m* sprolongowany na nowych warunkach

rollover jackpot *n* skumulowana pula *f* nagród

roll-top desk /ˌrəʊltɒpˈdesk/ *n* sekretarzyk *m* z żaluzjowym zamknięciem

roll-up /ˈrəʊlʌp/ *n* GB infml skręt *m* infml

roly-poly /ˌrəʊlɪˈpəʊlɪ/ *n* [1] infml hum (plump person) pulpet *m* infml fig [2] GB Culin rolada *f* z dżemem

ROM /rɒm/ *n* = **read-only memory** ROM *m*

romaine /rəˈmeɪn/ *n* US (also **~ lettuce**) sałata *f* rzymska

roman /ˈrəʊmən/ Print **I** *n* antykwa *f*

II *adj* **~ type** antykwa; **set in ~ type** drukowany antykwą

Roman /ˈrəʊmən/ **I** *prn* Rzymian|in *m*, -ka *f*; **(the Epistle to the) ~s** Bible List do Rzymian

II *adj [empire, calendar, architecture]* rzymski; *[alphabet]* łaciński; **~ history** historia Rzymu

Roman candle *n* ognie *m pl* rzymskie

Roman Catholic, RC **I** *n* katoli|k *m*, -czka *f*

II *adj [priest, bishop]* (rzymsko)katolicki

Roman Catholicism *n* katolicyzm *m*

romance /rəʊˈmæns/ **I** *n* [1] (of era, way of life, place, travel) romantyzm *m*, romantyczność *f* [2] (love affair) romans *m*; **to have a ~** mieć romans; **it was the great ~ of his life** to była wielka miłość jego życia; **a holiday** GB or **vacation** US **~** wakacyjny romans [3] (novel) romans *m*; (film) film *m* o miłości; **historical ~** romans historyczny [4] Literat (medieval) romans *m* rycerski; (Shakespearian) sztuka *f* o miłości [5] Mus romans *m*

II *vi* fantazjować; **to ~ about sth** fantazjować na temat czegoś

Romance /rəʊˈmæns/ Ling **I** *n* (język *m*) romański *m*

II *adj* romański

R

romancer /rəʊ'mænsə(r)/ *n* opowiadacz *m*; **to be a ~** iron mieć bujną wyobraźnię
Romanesque /ˌrəʊmə'nesk/ *adj* romański
Romania /rəʊ'meɪnɪə/ *prn* Rumunia *f*
Romanian /rəʊ'meɪnɪən/ **I** *n* [1] (person) Rumun *m*, -ka *f* [2] Ling (język *m*) rumuński *m*
II *adj* rumuński
romanize /'rəʊmənaɪz/ *vt* (also **Romanize**) [1] Relig nada|ć, -wać katolicki charakter (czemuś) *[ceremony, service, practice]* [2] (influence culturally) z|romanizować [3] Ling (transcribe) prze|transkrybować na alfabet łaciński *[language, place names, words]*
Roman law *n* prawo *n* rzymskie
Roman nose *n* orli nos *m*
Roman numerals *n* cyfry *f pl* rzymskie
Roman rite *n* obrządek *m* rzymski
Roman road *n* droga *f* rzymska
Romans(c)h /rəʊ'mænʃ/ *n* (język *m*) retoromański *m*
romantic /rəʊ'mæntɪk/ **I** *n* romanty|k *m*, -czka *f*
II *adj* [1] *[place, setting, story, person, idea]* romantyczny [2] (involving affair) miłosny; **to form a ~ attachment with sb** nawiązać związek uczuciowy z kimś [3] **a ~ film** film o miłości; **a ~ novel** romans; **the ~ lead** rola amanta
Romantic /rəʊ'mæntɪk/ **I** *n* (writer, painter) romanty|k *m*, -czka *f*
II *adj* romantyczny
romantically /rəʊ'mæntɪklɪ/ *adv [describe, sing, play]* romantycznie; *[behave]* w romantyczny sposób; **they are ~ involved** między nimi coś jest
romantic comedy *n* komedia *f* romantyczna
romantic fiction *n* (genre) romanse *m pl*
romanticism /rəʊ'mæntɪsɪzəm/ *n* romantyzm *m*, romantyczność *f*
Romanticism /rəʊ'mæntɪsɪzəm/ *n* romantyzm *m*
romanticist /rəʊ'mæntɪsɪst/ *n* romanty|k *m*, -czka *f*
romanticize /rəʊ'mæntɪsaɪz/ *vt* wy|idealizować *[person, period, childhood, violence, war]*
Romany /'rɒmənɪ/ **I** *n* [1] (person) Rom *m*, -ka *f* [2] Ling (język *m*) romani *m inv*
II *adj* romski
Rome /rəʊm/ *prn* Rzym *m*
IDIOMS: **to go over to ~** Relig przejść na katolicyzm; **all roads lead to ~** Prov wszystkie drogi prowadzą do Rzymu Prov; **~ was not built in a day** Prov nie od razu Kraków zbudowano Prov; **when in ~ do as the Romans do** Prov kiedy wejdziesz między wrony, musisz krakać jak i one Prov
Romeo /'rəʊmɪəʊ/ *prn* [1] (character) Romeo *m* [2] fig amant *m*
Romish /'rəʊmɪʃ/ *adj* pej katolicki
romp /rɒmp/ **I** *n* [1] (frolic) igraszki *f pl*; **bedroom ~s** hum łóżkowe igraszki; **the film is an 18th century ~** jest to lekki filmik, którego akcja toczy się w XVIII wieku [2] (easy victory) łatwe zwycięstwo *n*; **to come in at a ~** Turf wygrać z łatwością
II *vi* [1] (play) *[children, puppies]* baraszkować [2] (win) **to ~ home** wygrać z łatwością
■ **romp away** *[bidding, prices]* gwałtownie podskoczyć
■ **romp through**: **~ through [sth]** wygr|ać, -ywać z łatwością *[match]*; uporać się bez trudu z (czymś) *[work]*
rompers /'rɒmpəz/ *npl* (also **romper suit**) Fashn (for children) pajacyk *m*
rondel /'rɒndl/ *n* Literat rondel *m*, rondet *m*
rondo /'rɒndəʊ/ *n* (*pl* **~s**) Mus rondo *n*
Roneo® /'rəʊnɪəʊ/ *vt* powiel|ić, -ać
rood /ruːd/ *n* [1] Relig krucyfiks *m* [2] GB dat (unit) ćwierć *f* akra *(10 arów)*
roodscreen /'ruːdskriːn/ *n* Archit ściana *f* tęczowa
roof /ruːf/ **I** *n* [1] (of building, car) dach *m*; (of cave, mine) strop *m*; **under one** or **the same ~** pod jednym dachem; **a room under the ~** pokój na poddaszu; **to have a ~ over one's head** mieć dach nad głową; **the ~ of the world** fig dach świata fig [2] Anat **the ~ of the mouth** podniebienie *n*
II *vt* pokry|ć, -wać dachem, zadasz|yć, -ać *[building]*
III **-roofed** *in combinations* **slate-~ed houses** domy pokryte łupkową dachówką
■ **roof in**: **~ in [sth]** pokry|ć, -wać dachem, zadasz|yć, -ać *[area]*
■ **roof over** ¶ **~ over [sth], ~ [sth] over** pokry|ć, -wać dachem, zadasz|yć, -ać *[area]*
IDIOMS: **to go through the** or **hit the ~** infml *[person]* wpa|ść, -dać w szał infml; *[prices]* osiąg|nąć, -ać niebotyczny poziom; **to raise the ~** (complain, protest) podn|ieść, -osić larum; (make noise) robić wrzawę
roofer /'ruːfə(r)/ *n* dekarz *m*
roof garden *n* ogródek *m* na dachu
roofing /'ruːfɪŋ/ **I** *n* [1] (material) pokrycie *n* dachowe [2] (process) kładzenie *n* dachu
II *modif [materials]* dachowy
roofing contractor *n* (craftsman) dekarz *m*; (company) usługi *f pl* dekarskie
roofing felt *n* papa *f* dachowa
roof light *n* Archit, Constr okno *n* dachowe
roof rack *n* bagażnik *m* dachowy
roof tax *n* GB Hist podatek *m* podymny, podymne *n*
rooftop /'ruːftɒp/ **I** *n* dach *m*; **to shout sth from the ~s** fig rozgłaszać coś na cały świat fig
II *modif* **~ protest** okupowanie dachów
rook[1] /rʊk/ **I** *n* Zool gawron *m*
II *vt* infml dat (cheat) oszwabić infml dat
rook[2] /rʊk/ *n* (in chess) wieża *f*
rookery /'rʊkərɪ/ *n* (colony) (of rooks) kolonia *f* gawronów; (of seals, penguins) kolonia *f*
rookie /'rʊkɪ/ **I** *n* [1] infml nowicjusz *m*; Mil kot *m* infml [2] US Sport debiutant *m*
II *modif [cop]* nowy; *[player]* debiutujący
room /ruːm, rʊm/ **I** *n* [1] (closed area) pomieszczenie *n*; (for living, sleeping, working) pokój *m*; (for meetings, teaching, operating) sala *f*; **a three-~ apartment** mieszkanie trzypokojowe; **the ~ fell silent** w pokoju/na sali zapadła cisza; **in the next ~** w sąsiednim pokoju/sąsiedniej sali; **'~s to let'** „pokoje do wynajęcia"; **~ and board** pokój i wyżywienie; **he gets ~ and board** ma zapewnione zakwaterowanie i wyżywienie [2] (space) miejsce *n* (**for sth** na coś) (**to do sth** żeby coś zrobić); **to make ~ (for sb)** zrobić miejsce (dla kogoś or komuś); **to take up ~** zajmować miejsce; **to be short of ~** mieć (za) mało miejsca [3] (opportunity) **~ for improvement** możliwość poprawy; **~ for manoeuvre** pole manewru; **to leave no ~ for doubt** nie pozostawiać wątpliwości
II **rooms** *npl* dat [1] (rented) wynajęty umeblowany apartament *m* [2] GB Univ wynajęty pokój *m*
III *vi* US mieszkać; **to ~ with sb** mieszkać u kogoś; **we ~ together** mieszkamy razem
IV **-roomed** *in combinations* **4-~ed** czteropokojowy
IDIOMS: **there is always ~ at the top** dla chcącego nie ma nic trudnego
room clerk *n* US recepcjonist|a *m*, -ka *f*
room divider *n* przepierzenie *n*
roomer /'ruːmə(r)/ *n* US lokator *m*, -ka *f*
roomette /ruː'met, rʊ-/ *n* przedział *m* (w wagonie sypialnym)
roomful /'ruːmfʊl/ *n* **a ~ of children** pokój pełen dzieci; **'have you got many books?' – 'a ~'** „dużo masz książek ?" – „cały pokój"
roominess /'ruːmɪnɪs/ *n* (of house, car) przestronność *f*
rooming house *n* dom *m* z umeblowanymi pokojami do wynajęcia
rooming-in /ˌruːmɪŋ'ɪn/ *n* Med umieszczenie *n* noworodka przy matce
roommate /'ruːmmeɪt/ *n* współlokator *m*, -ka *f*
room service *n* obsługa *f* pokoi
room temperature *n* temperatura *f* pokojowa
roomy /'ruːmɪ/ *adj [car, house, cupboard]* przestronny; *[garment, bag]* obszerny
roost /ruːst/ **I** *n* (for domestic fowl) grzęda *f*; **the belfry is a ~ for pigeons** dzwonnica daje schronienie gołębiom
II *vi* (in trees, belfry, attic) *[birds]* nocować
IDIOMS: **his chickens have come home to ~** musi wypić piwo, którego sobie nawarzył; **to rule the ~** infml rządzić
rooster /'ruːstə(r)/ *n* kogut *m*
root /ruːt/ **I** *n* [1] Bot korzeń *m*; **to take ~** *[plant]* wypuścić korzenie, ukorzenić się; fig *[idea, system, feeling]* zakorzenić się fig; *[company]* zdobyć pozycję; **to pull sth up by the ~s** wyrwać coś z korzeniami *[plant]*; **to pull sb's hair out by the ~s** wyrwać komuś włosy z korzeniami; **to destroy sth ~ and branch** doszczętnie coś zniszczyć; **to reject sth ~ and branch** odrzucić coś w całości; **~ and branch review/reform of sth** gruntowna analiza/reforma czegoś [2] (of problem, unhappiness) źródło *n* fig; **the ~ of the problem is a lack of trust** źródłem tego problemu jest brak zaufania; **to get to the ~ of the problem** dotrzeć do sedna sprawy; **to be at the ~ of sth** leżeć u podstaw czegoś; **the ~ of all evil** źródło całego zła [3] Ling rdzeń *m* [4] Math pierwiastek *m*; **4 is the fourth ~ of 256** 4 jest pierwiastkiem czwartego stopnia z 256
II **roots** *npl* [1] (of hair) korzenie *m pl* [2] fig (origins) korzenie *plt*; **to get back to one's ~s** wrócić do korzeni; **she has no ~s** ona nie ma żadnych korzeni; **to pull up one's ~s** oderwać się od swych korzeni; **to put down new ~s** zapuścić korzenie
III *modif* [1] fig *[cause]* pierwotny; *[problem, question, issue]* zasadniczy, podstawowy [2] Bot *[system]* korzeniowy

IV *vt* [1] fig **to be ~ed in sth** być zakorzenionym w czymś; **deeply-~ed** głęboko zakorzeniony; **he was ~ed to the spot** or **the ground** stał, jakby mu nogi wrosły w ziemię [2] Bot ukorzeni|ć, -ać *[plant]*

V *vi* [1] Bot *[plant]* ukorzeni|ć, -ać się [2] (search) *[animal]* ryć **(through sth** w czymś) **(for sth** w poszukiwaniu czegoś); *[person]* grzebać **(through sth** w czymś) **(for sth** w poszukiwaniu czegoś); **I don't want him ~ing through my desk** nie chcę, żeby mi grzebał w biurku

■ **root around, root about** *[animal]* ryć **(in sth** w czymś); *[person]* grzebać **(in sth** w czymś)

■ **root for**: infml **~ for [sb]** (cheer) dopingować *[contestant, team]*; **good luck in the exams – we're all ~ing for you!** powodzenia na egzaminach – trzymamy za ciebie kciuki!

■ **root out**: ¶ **~ out [sth], ~ [sth] out** wykorzeni|ć, -ać *[corruption, inefficiency]* ¶ **~ out [sb], ~ [sb] out** zna|leźć, -jdować *[culprit]*

root beer *n* piwo *n* korzenne

root canal treatment *n* Dent leczenie *n* kanałowe

root canal work *n* = **root canal treatment**

root crop *n* roślina *f* korzeniowa

root ginger *n* korzeń *m* imbiru

rootless /ˈruːtlɪs/ *adj [person, existence]* pozbawiony korzeni

root sign *n* Math znak *m* pierwiastka

rootstock /ˈruːtstɒk/ *n* Bot kłącze *n*

rootsy /ˈruːtsɪ/ *adj* infml *[music, song]* sięgający do korzeni

root vegetable *n* warzywo *n* korzeniowe

root word *n* Ling podstawa *f* słowotwórcza

rope /rəʊp/ **I** *n* [1] (cord) lina *f*; (thin) sznur *m*; **a piece of ~** kawałek liny; **to be on the ~s** (in boxing) upaść na liny; fig mieć nóż na gardle fig [2] (for hanging) **the ~** stryczek *m*; **to bring back the ~** przywrócić stryczek dla przestępców [3] fig (of pearls) sznur *m*; (of hair) warkocz *m*

II *vt* [1] (restrain) związ|ać, -ywać liną; (fasten) przywiąz|ać, -ywać liną **(to sth** do czegoś); **a ~d party of climbers** zespół wspinaczkowy [2] US (lasso) z|łapać na lasso *[cattle]*; fig infml złowić infml *[husband]*

■ **rope in**: infml **~ in [sb], ~ [sb] in** [1] GB (to help with task) ściąg|nąć, -ać do pomocy [2] US (by trickery) (into situation, deal) wr|obić, -abiać infml; **to get ~d in** zostać wrobionym

■ **rope off**: **~ off [sth], ~ [sth] off** odgr|odzić, -adzać *[area]*

■ **rope up** (in climbing) przywiąz|ać, -ywać się

IDIOMS: **give him enough ~ and he'll hang himself** daj człowiekowi wolność, a sam się powiesi; **to give sb plenty of ~** pozostawić komuś mnóstwo swobody; **to know the ~s** wiedzieć, o co chodzi; **to show sb the ~s** pokazać komuś co i jak; **to be at the end of one's ~** infml być u kresu sił

rope ladder *n* drabinka *f* sznurowa

rope-length /ˈrəʊpleŋθ/ *n* (in climbing) długość *f* liny

rope maker *n* powroźnik *m*

rope trick *n* sztuczka *f* z użyciem liny

rop(e)y /ˈrəʊpɪ/ *adj* GB infml *[food, performance]* kiepski, marny infml; **to feel a bit ~** kiepsko or marnie się czuć infml

RORO /ˈrəʊrəʊ/ *n* = **roll-on roll-off**

rorqual /ˈrɔːkwəl/ *n* Zool płetwal *m*

rosary /ˈrəʊzərɪ/ *n* [1] (prayer) różaniec *m*, modlitwa *f* różańcowa; **to say the ~** odmawiać różaniec [2] (also **~ beads**) różaniec *m*

rose[1] /rəʊz/ *pt* → **rise**

rose[2] /rəʊz/ *n* [1] (flower, shrub, emblem) róża *f*; **the Wars of the Roses** Wojna Dwóch Róż [2] (colour) róż *m* [3] (nozzle) (on watering can, shower) sitko *n* [4] (gem) rozeta *f* [5] Archit (window, motif) rozeta *f*; (on ceiling) rozetka *f* [6] (girl) **an English ~** ładna, młoda Angielka *(o jasnej, delikatnej cerze)*

IDIOMS: **life is not a bed of ~s** życie nie składa się wyłącznie z przyjemności; **his life is not all ~s** jego życie nie jest usłane różami; **under the ~** w tajemnicy; pod różą liter; **to put the ~s back in sb's cheeks** przywrócić rumieńce komuś; **he came up smelling of ~s** wyszedł z tego czysty jak łza

rosé /ˈrəʊzeɪ, US rəʊˈzeɪ/ **I** *n* Wine wino *n* różowe

II *adj [wine]* różowy

roseate /ˈrəʊzɪət/ *adj* liter (colour) różany

rosebay /ˈrəʊzbeɪ/ *n* US Bot rododendron *m*, różanecznik *m*

rosebay willowherb *n* Bot wierzbówka kiprzyca *f*

rosebed /ˈrəʊzbed/ *n* klomb *m* róż

rosebowl /ˈrəʊzbəʊl/ *n* wazon *m* do róż

rosebud /ˈrəʊzbʌd/ *n* pąk *m* róży

rosebud mouth *n* różane usta *plt*

rosebud vase *n kryształowy wazon z ornamentem w kształcie pąków róży*

rose bush *n* krzew *m* różany

rose-coloured GB, **rose-colored** US /ˈrəʊzkʌləd/ *adj* [1] (red) różowy [2] fig (optimistic) *[idea, view]* optymistyczny

IDIOMS: **to see sb through ~ spectacles** widzieć wyłącznie zalety kogoś; **to see sth through ~ spectacles** widzieć coś w różowych kolorach; **to see the world through ~ spectacles** or **glasses** patrzeć na świat przez różowe okulary

rose-cut /ˌrəʊzˈkʌt/ *adj* **~ gem** kamień oszlifowany w rozetę

rose garden *n* ogród *m* różany

rosegrower /ˈrəʊzgrəʊə(r)/ *n* hodowca *m* róż

rosehip /ˈrəʊzhɪp/ *n* owoc *m* dzikiej róży

rosehip syrup *n* syrop *m* z dzikiej róży

rosemary /ˈrəʊzmərɪ, US -merɪ/ *n* rozmaryn *m*

roseola /rəʊˈziːələ/ *n* Med (rash) wysypka *f* różowa; (disease) różyczka *f*

rose petal *n* płatek *m* róży

rose-pink /ˌrəʊzˈpɪŋk/ *adj* różowy

rose-red /ˌrəʊzˈred/ *adj* ciemnoróżowy

rose-tinted /ˈrəʊztɪntɪd/ *adj* = **rose-coloured**

rosette /rəʊˈzet/ *n* [1] (made of ribbon) kokarda *f* [2] Bot (of leaves) rozetka *f* [3] Archit rozeta *f*

rose water *n* woda *f* różana

rose window *n* okno *n* rozetowe

rosewood /ˈrəʊzwʊd/ **I** *n* palisander *m*

II *adj [chair, table]* palisandrowy, z palisandru

Rosicrucian /ˌrəʊzɪˈkruːʃn/ **I** *n* Hist różokrzyżowiec *m*

II *adj* **~ society** stowarzyszenie różokrzyżowców

rosin /ˈrɒzɪn, US ˈrɒzn/ *n* kalafonia *f*

ROSPA *n* = **Royal Society for the Prevention of Accidents** Królewskie Towarzystwo *n* Zapobiegania Wypadkom

roster /ˈrɒstə(r)/ *n* (also **duty ~**) harmonogram *m* dyżurów

rostrum /ˈrɒstrəm/ *n* (*pl* **~s, -tra**) mównica *f*

rosy /ˈrəʊzɪ/ *adj* [1] (pink) *[cheek, face, lips, light, dawn]* różowy; **a ~-cheeked girl** dziewczyna o różowych policzkach [2] fig (favourable) **to look ~** *[future, prospects]* wyglądać obiecująco; **things are looking ~** wszystko jest na dobrej drodze; **our prospects are not ~** nasza przyszłość nie wygląda zbyt różowo; **to paint a ~ picture of sth** przedstawiać coś w różowych kolorach

IDIOMS: **everything in the garden is ~** wszystko układa się jak najlepiej

rot /rɒt/ **I** *n* [1] rozkład *m*, gnicie *n*; **the ~ in the system** fig rozkład systemu; **the ~ set in when...** coś się zaczęło psuć, kiedy...; **to stop the ~** powstrzymać negatywny proces; **it started the ~** od tego się wszystko zaczęło [2] GB infml dat (rubbish) bzdura *f*, brednia *f* infml; **to talk ~** gadać or pleść bzdury [3] Vet choroba *f* motylicza, fascjoloza *f*

II *vt* (*prp, pt, pp* **-tt-**) z|niszczyć *[tyres]*; po|psuć *[teeth]*; **TV ~s your brain** telewizja ogłupia

III *vi* (*prp, pt, pp* **-tt-**) (also **~ away**) *[food, vegetables]* z|gnić; *[leaves]* z|butwieć, z|gnić; **to leave sb to ~ in prison** zostawić kogoś, żeby zgnił w więzieniu

IV **rotting** *prp adj [food, vegetables]* gnijący; *[leaves]* butwiejący

rota /ˈrəʊtə/ *n* GB grafik *m*; **on a ~ basis** zgodnie z grafikiem

Rotarian /rəʊˈteərɪən/ *n* rotarianin *m*

rotary /ˈrəʊtərɪ/ **I** *n* US Aut rondo *n*

II *adj [motion, engine]* obrotowy; *[pump, press, mower]* rotacyjny

rotary clothes line *n* obrotowa suszarka *f* ogrodowa

Rotary Club *n* Klub *m* Rotariański

rotary plough *n* GB pług *m* talerzowy

rotary plow *n* US = **rotary plough**

rotary (printing) press *n* maszyna *f* rotacyjna

rotate /rəʊˈteɪt, US ˈrəʊteɪt/ **I** *vt* [1] obr|ócić, -acać *[blade, handle, mirror]* [2] (alternate) *[persons]* zamieni|ć, -ać się (czymś) *[roles, seats]*; zmieni|ć, -ać się na (czymś) *[posts]* [3] Agric **to ~ crops** stosować płodozmian

II *vi* [1] *[blades, handle, wings]* obr|ócić, -acać się [2] **the post ~s annually** co roku następuje rotacja na tym stanowisku

rotating /rəʊˈteɪtɪŋ, US ˈrəʊteɪtɪŋ/ *adj* [1] (turning) *[blade, globe]* obracający się; (able to turn) *[mirror, blade]* obrotowy [2] *[post, presidency]* podlegający rotacji

rotation /rəʊˈteɪʃn/ *n* [1] (turning) rotacja *f*; obracanie (się) *n* **(of sth** czegoś) [2] (cycle)

R

obrót *m* [3] (taking turns) **job ~** rotacja stanowisk; **to work in ~** pracować na zmianę; **in strict ~** *[answer, ask]* w ustalonej kolejności [4] Agric **crop ~** płodozmian

rote /rəʊt/ *n* **by ~** *[learn, know]* na pamięć; *[say, do]* z pamięci; **~ learning** uczenie się na pamięć, metoda pamięciowa

rotgut /ˈrɒtgʌt/ *n* vinfml pej zajzajer *m* infml

rotisserie /rəʊˈtiːsərɪ/ *n* rożen *m*

rotogravure /ˌrəʊtəgrəˈvjʊə(r)/ *n* rotograwiura *f*

rotor /ˈrəʊtə(r)/ *n* Elec wirnik *m*; Aviat śmigło *n*, wirnik *m* nośny

rotor arm *n* Aut palec *m* rozdzielacza

rotor blade *n* łopatka *f* wirnika or śmigła

rotorcraft /ˈrəʊtəkrɑːft, US -kræft/ *n* (*pl* **~**) wiropłat *m*

rototill /ˈrəʊtətɪl/ *vt* US = **rotovate**

Rototiller® /ˈrəʊtətɪlə(r)/ *n* US glebogryzarka *f*

rotovate /ˈrəʊtəveɪt/ *vt* GB za|orać glebogryzarką *[soil, field]*

rotovator® /ˈrəʊtəveɪtə(r)/ *n* GB glebogryzarka *f*

rotproof /ˈrɒtpruːf/ *adj* niegnijący

rotten /ˈrɒtn/ **I** *adj* [1] (decayed) *[vegetation, smell]* zgniły; *[wood]* zgniły, zbutwiały; *[product]* zepsuty; *[teeth]* zepsuty, spróchniały; *[ironwork]* przerdzewiały [2] (corrupt) *[person]* zdemoralizowany, zepsuty; (open to bribery) *[organization]* przeżarty korupcją [3] infml (bad) *[food]* podły infml; *[cook, driver]* kiepski infml; **~ weather** pogoda pod psem; **what ~ luck!** co za pech!; **to feel/look ~** czuć się/wyglądać okropnie; **I feel ~ about it** czuję się podle z tego powodu; **that was a ~ thing to do!** to było podłe; **a ~ bastard** vulg śmierdzący skurwiel vulg

II *adv* **to spoil sb ~** infml rozpuścić kogoś jak dziadowski bicz

IDIOMS: **to be ~ to the core** być zepsutym do szpiku kości

rotten apple *n* fig (person) czarna owca *f* fig

rotten borough *n* GB Hist zgniłe miasteczko *n* *(wyludniony okręg wyborczy, nadal reprezentowany w parlamencie)*

rottenness /ˈrɒtnnɪs/ *n* zgnilizna *f*, zepsucie *n*

rotter /ˈrɒtə(r)/ *n* GB infml dat szuja *m/f* infml

rottweiler /ˈrɒtvaɪlə(r)/ *n* rottweiler *m*

rotund /rəʊˈtʌnd/ *adj* [1] *[person]* pulchny; *[stomach]* gruby [2] *[object, building]* okrągły

rotunda /rəʊˈtʌndə/ *n* rotunda *f*

rotundity /rəʊˈtʌndətɪ/ *n* (of person) korpulentność *f*; (of stomach) okrągłość *f*; (of building) okrągły kształt *m*

rouble /ˈruːbl/ *n* Fin rubel *m*

roué /ˈruːeɪ/ *n* liter rozpustnik *m*, lubieżnik *m*

rouge /ruːʒ/ dat **I** *n* róż *m*

II *vt* **to ~ one's cheeks** nałożyć róż na policzki

rough /rʌf/ **I** *n* [1] Sport (in golf) rough *m* *(miejsce na polu golfowym porośnięte wysoką trawą lub krzakami)* [2] (unfinished copy) (draft) brudnopis *m*; (sketch) szkic *m*; **to write sth out in ~** napisać coś na brudno

II *adj* [1] (not smooth) *[skin, hand, paper, material]* szorstki, chropowaty; *[surface, rock]* chropowaty; *[road, track]* wyboisty; *[terrain, grass]* nierówny; **to smooth (off) the ~ edges** (of stone, glass, wood) wygładzić ostre krawędzie [2] (brutal) *[treatment, person, behaviour]* brutalny; *[game, sport]* twardy, brutalny; *[play]* ostry, twardy, brutalny; *[area, district]* niebezpieczny; **to be ~ with sth** źle się z czymś obchodzić; **to be ~ with sb** źle kogoś traktować; **things got ~** zrobiło się gorąco fig [3] (approximate) *[estimate, description, translation, calculation, figure]* przybliżony; *[copy, sketch]* roboczy; *[plan]* ogólny; **a ~ outline of sth** ogólny zarys czegoś; **I can give you ~ directions for how to get there** mogę ci mniej więcej powiedzieć, jak tam dotrzeć; **can you give me a ~ idea of the cost?** czy możesz mi z grubsza powiedzieć, ile to kosztuje?; **the tests are a ~ guide to students' progress** testy określają w przybliżeniu postępy studentów; **~ justice** (unfair) niesprawiedliwość; **it seems ~ justice on him that...** to niesprawiedliwe, że on... [4] (difficult) *[life, period]* ciężki; **to be ~ on sb** *[person]* być niemiłym dla kogoś; **it's ~ on him** to dla niego bardzo trudne; **we're having a ~ time** przeżywamy ciężkie chwile; **he's had a ~ deal** infml źle go potraktowano [5] (crude) *[person, manner, behaviour]* nieokrzesany; *[shelter, dwelling, table]* prymitywny [6] (harsh) *[voice, sound, taste]* ostry; *[wine]* cierpki [7] (stormy) *[sea]* wzburzony; *[weather]* zły; *[wind]* gwałtowny, ostry; *[journey, passage]* ciężki; *[landing]* twardy [8] infml (unwell) **to look/feel ~** wyglądać/czuć się marnie

III *adv* [1] (outdoors) **to sleep/live ~** spać /mieszkać pod gołym niebem [2] (violently) *[play]* ostro, twardo, brutalnie

■ **rough in**: **~ in [sth]** (sketch) na|szkicować

■ **rough out**: **~ out [sth]** nakreślić *[plan, proposal]*

■ **rough up** infml: **~ up [sb], ~ [sb] up** poturbować *[person]*

IDIOMS: **to ~ it** koczować; **to cut up ~** wściec się infml

roughage /ˈrʌfɪdʒ/ *n* błonnik *m*

rough-and-ready /ˌrʌfənˈredɪ/ *adj* [1] (unsophisticated) *[person, conditions]* prosty; *[manner]* niewyszukany [2] (improvised) *[calculation]* przybliżony; *[equipment]* prowizoryczny; *[method]* prymitywny; **to think up a ~ plan** obmyślić na poczekaniu plan

rough-and-tumble /ˌrʌfənˈtʌmbl/ **I** *n* [1] (scuffle) szamotanina *f*; **to have a ~** *[children]* narozrabiać [2] fig (of life, politics, business) przepychanki *f pl*

II *adj [life, world, profession]* brutalny

roughcast /ˈrʌfkɑːst, US -kæst/ Constr **I** *n* tynk *m* kamyczkowy

II *adj [wall]* otynkowany tynkiem kamyczkowym

III *vt* o|tynkować tynkiem kamyczkowym

rough diamond *n* [1] nieoszlifowany diament *m* [2] fig (man) **he's a ~** wbrew pozorom to złoty człowiek

roughen /ˈrʌfn/ **I** *vt* (make rough) **wind ~ed the rock** skała stała się chropowata na skutek działania wiatru

II *vi [skin, hands]* sta|ć, -wać się szorstkim

rough-hewn /ˌrʌfˈhjuːn/ *adj* [1] *[wood, stone]* z grubsza ociosany [2] fig *[features, person]* grubo ciosany fig

rough house *n* infml burda *f* infml

roughly /ˈrʌflɪ/ *adv* [1] (approximately) *[calculate, estimate, sketch, indicate]* z grubsza; *[equal, equivalent, triangular, the same]* mniej więcej; **~ speaking** mniej więcej; **~ 10%** mniej więcej or plus minus 10%; **~ the same age** mniej więcej w tym samym wieku [2] (with force) *[push, treat, hit, play]* brutalnie; *[answer, speak]* ostro [3] (crudely) *[put together, make]* niedbale; *[chop, grate]* grubo

roughneck /ˈrʌfnek/ infml *n* [1] (violent person) zbir *m* [2] (oil-rig worker) robotnik *m* na platformie wiertniczej

roughness /ˈrʌfnɪs/ *n* [1] (lack of smoothness) (of skin, hand, rock, surface) szorstkość *f*, chropowatość *f*; (of road) wyboistość *f*; (of terrain) nierówność *f* [2] (violence) (of treatment, person) brutalność *f* [3] (lack of sophistication) (of person, manner) nieokrzesanie *n*; (of furniture, house, appearance) surowa prostota *f*; (of voice) szorstkość *f* [4] (storminess) **it all depends on the ~ of the sea** wszystko zależy od tego, jak bardzo wzburzone będzie morze

rough paper *n* papier *m* do pisania na brudno; **get yourself a piece of ~** weź kawałek papieru

rough puff pastry *n* ciasto *n* francuskie

roughrider /ˌrʌfˈraɪdə(r)/ *n* ujeżdżacz *m*

roughshod /ˈrʌfʃɒd/ *adj*

IDIOMS: **to ride ~ over sb/sth** poniewierać kimś/czymś

rough-spoken /ˌrʌfˈspəʊkən/ *adj* wulgarny

rough stuff *n* infml rozróba *f* infml

rough trade *n* *brutalny płatny partner homoseksualny*

rough work *n* Sch brudnopis *m*

roulette /ruːˈlet/ *n* ruletka *f*

roulette table *n* stół *m* do ruletki

roulette wheel *n* ruletka *f*

Roumania *prn* = **Romania**

Roumanian *n, adj* = **Romanian**

round /raʊnd/ **I** *adv* GB [1] (on all sides) **all ~** wszędzie naokoło; **whisky all ~!** whisky dla wszystkich!; **there were smiles all ~** wszyscy naokoło się uśmiechali [2] (in circular movement) naokoło; **to go ~ and ~** *[wheel, carousel]* kręcić się, obracać się; *[person]* kręcić się w koło; **the tune was going ~ and ~ in my head** ta melodia ciągle za mną chodziła [3] (to specific place, home) **to be** or **go ~ to sth** wpaść do czegoś *[office, school]*; **to ask sb (to come) ~** powiedzieć komuś, żeby wpadł; **she's coming ~ today** przychodzi dzisiaj; **to invite sb ~ for lunch** zaprosić kogoś do siebie na lunch; **I'm just going ~ to Anna's** idę do Anny; **I'll be ~ in a minute** za chwilę będę [4] (in circumference) **three metres ~** *[tree trunk]* trzy metry w obwodzie [5] (as part of cycle) **all year ~** przez okrągły rok; **this time ~** tym razem; **as summer comes ~** kiedy przyjdzie lato; **my birthday will soon be ~ again** niedługo znowu będą moje urodziny

II *prep* GB [1] (expressing location) naokoło, dookoła, wokół (czegoś); **let's sit ~ the table** usiądźmy naokoło or dookoła or wokół stołu; **the wall goes right ~ the house** mur biegnie wokół całego domu or otacza cały dom; **he had a scarf ~ his neck** miał szalik okręcony wokół szyi;

what do you measure ~ the waist? ile masz w pasie? [2] (expressing direction) **to go ~ the corner** skręcić za róg; **to go ~ the bend** (in road) przejechać przez zakręt; **the baker's is just ~ the corner** piekarnia jest tuż za rogiem; **to go ~ a roundabout** przejechać przez rondo; **to go ~ an obstacle** ominąć przeszkodę [3] (on tour, visit) **to take sb ~ the house/city** oprowadzić kogoś po domu/mieście; **to go ~ the shops** chodzić po sklepach

III round about *adv phr* [1] (approximately) około; **~ about 50 people** około pięćdziesięciu osób; **~ about 9 am** około dziewiątej (rano); **it happened ~ about here** to się stało gdzieś tutaj [2] (in the vicinity) **the people/streets ~ about** ludzie/ulice w okolicy → **roundabout**

IV *n* [1] (set, series) (of talks, negotiations) runda *f* **(of sth** czegoś); **the social ~** spotkania towarzyskie; **the daily ~ of activities** codzienna rutyna → **payround, wage round** [2] (in competition) runda *f*; **qualifying ~** runda kwalifikacyjna [3] (game of golf, cards) partia *f*; (in boxing, wrestling) runda *f* [4] Equest (in event) przejazd *m*; **a clear ~** czysty or bezbłędny przejazd [5] Pol (in election) tura *f* [6] (of drinks) kolejka *f*; **it's my ~!** ja stawiam!; **to pay for a ~** postawić kolejkę [7] Mil (unit of ammunition) nabój *m*; **~ of ammunition** jednostka amunicji; **to fire ~ after ~** wystrzeliwać nabój za nabojem → **baton round** [8] (shot fired) wystrzał *m*; **~s of machine-gun fire** wystrzały z broni maszynowej [9] (burst) **~ of applause** burza oklasków; **to get a ~ of applause** zebrać oklaski; **let's have a ~ of applause for Adam!** oklaski dla Adama! [10] Culin (of bread) kromka *f*; **a ~ of toast** grzanka, tost; **a ~ of ham sandwiches** złożona kanapka z szynką [11] (regular route) **to do a newspaper ~** roznosić/rozwozić gazety → **milk round, paper round** [12] (circular shape) okrągły plaster *m* **(of sth** czegoś) [13] Mus (canon) kanon *m* kołowy [14] Theat **theatre in the ~** teatr ze sceną pośrodku widowni [15] Art **a sculpture in the ~** wolnostojąca rzeźba [16] Dance taniec *m* tańczony po okręgu [17] (of cheese) gomółka *f* sera [18] Culin **~ of beef** plaster z udźca wołowego

V rounds *npl* **to do one's ~s** *[doctor, security guard]* robić obchód; *[postman]* roznosić pocztę; *[refuse collector]* objeżdżać domy; **to be out on one's ~s** *[doctor]* odbywać wizyty domowe; **to do** or **go** or **make the ~s** *[rumour, joke, document, flu]* krążyć; **to go the ~s of sth** *[story]* krążyć po czymś *[village, office]*; **to go the ~s of the family** *[garment, book]* przechodzić z rąk do rąk w rodzinie; **to do the ~s of employment agencies/relations** chodzić od jednego biura zatrudnienia do drugiego/od jednych krewnych do drugich

VI *adj* [1] (circular) *[object, building, glasses, face, head]* okrągły; **her eyes grew ~** zrobiła okrągłe or wielkie oczy [2] (rounded, curved) *[arch, handwriting, cheeks, breasts]* zaokrąglony; **to have ~ shoulders** mieć zaokrąglone plecy [3] (spherical) okrągły [4] (complete) *[figure]* zaokrąglony; **in ~ figures** w zaokrągleniu; **a ~ dozen** dokładnie dwanaście; **a nice ~ sum** okrągła or niezła sumka infml

VII round- *in combinations* **~-cheeked** pyzaty; **he stared ~-eyed at the group of men** patrzył na grupę mężczyzn okrągłymi oczami → **round-shouldered**

VIII *vt* [1] (go round) omi|nąć, -jać; Naut opły|nąć, -wać *[point, headland]*; **to ~ the corner** skręcić za rogiem; **to ~ a bend** wziąć zakręt [2] (make round) zaokrągl|ić, -ać *[lips]* [3] Phon zaokrągl|ić, -ać *[vowel]*

■ **round down**: **~ down [sth], ~ [sth] down** zaokrągl|ić, -ać w dół *[figure]*

■ **round off**: **~ off [sth], ~ [sth] off** [1] (finish off) za|kończyć *[meal, evening, visit, season, speech, education, process]* **(with sth** czymś) [2] (make smooth) wygładz|ić, -ać *[corner, edge]* [3] (change) zaokrągl|ić, -ać *[figure]*

■ **round on**: GB **~ on [sb]** (attack violently) na|trzeć, -cierać na (kogoś) *[opponent, critic]*; **suddenly she ~ed on me** nagle na mnie natarła

■ **round out**: **~ out [sth], ~ [sth] out** uzupełni|ć, -ać *[list, numbers, range]*

■ **round up**: ¶ **~ up [sb], ~ [sb] up** z|gromadzić *[protesters]*; z|robić obławę na (kogoś); zgarn|ąć, -iać infml *[thieves, prostitutes, suspects]* ¶ **~ up [sth], ~ [sth] up** [1] spędz|ić, -ać *[livestock]* [2] zaokrągl|ić, -ać w górę *[figure]*

roundabout /ˈraʊndəbaʊt/ **I** *n* [1] GB (in fairground, playpark) karuzela *f* [2] GB Transp rondo *n*

II *adj* **to take a ~ way** or **route** pójść naokoło or okrężną drogą; **by ~ means** w okrężny sposób; **a ~ way of saying sth** zawoalowany sposób powiedzenia czegoś; **he goes about things in rather a ~ way** on ma tendencję do komplikowania wszystkiego

IDIOMS: **it's swings and ~s, what you gain on the swings you lose on the ~s** zyski i straty się równoważą

round brackets *npl* GB nawiasy *m pl* okrągłe

round dance *n* Dance [1] (danced in circle) taniec *m* w kręgu [2] (waltz, polka) taniec *m* wirowy

rounded /ˈraʊndɪd/ *adj* [1] *[shape, corner, edge]* zaokrąglony; *[style, tone]* uładzony [2] Phon *[vowel]* zaokrąglony [3] (developed) *[phrase]* okrągły; *[account]* szczegółowy

roundel /ˈraʊndl/ *n* [1] Aviat kokarda *f* [2] Literat rondel *m* [3] Mus rondo *n*

rounders /ˈraʊndəz/ *n (+ v sg)* GB Sport *gra przypominająca baseball*

Roundheads /ˈraʊndhedz/ *npl* GB Hist Okrągłe Głowy *f pl*

roundhouse /ˈraʊndhaʊs/ *n* Rail parowozownia *f*

roundly /ˈraʊndlɪ/ *adv [condemn, criticize]* stanowczo; *[defeat]* sromotnie

round-neck(ed) sweater /raʊndˌnekˈswetə(r)/ *n* Fashn półgolf *m*

roundness /ˈraʊndnɪs/ *n* okrągłość *f*

round robin *n* [1] (collective statement) petycja *f (z podpisami naokoło dla ukrycia kolejności)* [2] (circulated document) okólnik *m* [3] Sport turniej *m* rozgrywany systemem każdy z każdym

round-shouldered /ˌraʊndˈʃəʊldəd/ *adj* zgarbiony; **to be ~** mieć zaokrąglone plecy

roundsman /ˈraʊndzmən/ *n* (*pl* **-men)** roznosiciel *m*, -ka *f*; **a milk ~** roznosiciel mleka

round table I *n* okrągły stół *m*

II round-table *modif* **~ discussions** or **talks** rozmowy przy okrągłym stole

Round Table *n* Mythol Okrągły Stół *m*

round-the-clock /ˌraʊndðəˈklɒk/ **I** *adj [care, nursing, surveillance]* całodobowy

II round the clock *adv phr [work, guard]* 24 godziny na dobę

round-the-world /ˌraʊndðəˈwɜːld/ **I** *adj* **a ~ trip/cruise** wycieczka/rejs dookoła świata; **a ~ sailor** żeglarz, który opłynął świat

II round the world *adv phr* **to sail ~** odbyć rejs dookoła świata

round trip I *n* podróż *f* w obie strony

II round-trip *adj* **a ~ ticket** bilet powrotny; **~ price** cena biletu powrotnego

roundup /ˈraʊndʌp/ *n* [1] (swoop) nalot *m* infml [2] (of people, animals) zgromadzenie *n* w jednym miejscu **(of sb/sth** kogoś/czegoś) [3] (summary) podsumowanie *n*; **'news ~'** „skrót najważniejszych wydarzeń"

roundworm /ˈraʊndwɜːm/ *n* Zool glista *f*

rouse /raʊz/ *vt* [1] fml (wake) z|budzić; **to ~ sb from a deep sleep** zbudzić kogoś z głębokiego snu [2] (stir) o|budzić fig *[person, nation]*; wzbudz|ić, -ać *[anger, interest]*; **to ~ public opinion** poruszyć opinię publiczną; **to ~ sb to anger** wzbudzić gniew kogoś; **to ~ sb to action** pobudzić kogoś do działania; **when she's ~d...** kiedy się wścieknie, ... infml

rousing /ˈraʊzɪŋ/ *adj [reception, welcome]* gorący; *[speech, words, music]* porywający

roustabout /ˈraʊstəbaʊt/ *n* [1] (on oil-rig) robotnik *m* na platformie wiertniczej [2] US (docker) doker *m* [3] (in circus) robotnik *m* w cyrku

rout[1] /raʊt/ **I** *n* [1] (defeat) pogrom *m*; **to put sb to ~** rozgromić kogoś [2] Jur nielegalne zgromadzenie *n*

II *vt* rozgr|omić, -amiać *[enemy, team]*

rout[2] /raʊt/ *vt*

■ **rout out**: **~ out [sb], ~ [sb] out** [1] (find) zna|leźć, -jdować *[person, animal]*; wygrze|bać, -bywać *[object]* [2] (force out) wyciągn|ąć, -ać *[person, animal]*; **we were ~ed out of our beds at 4 am** wyciągnięto nas z łóżek o 4 nad ranem

route /ruːt/ **I** *n* [1] (way) trasa *f*; (to workplace) droga *f* **(to sth** do czegoś); **to plan a ~** ułożyć or ustalić trasę; **on the ~ to Oxford** na trasie do Oksfordu; **by a different ~** inną trasą; **escape ~** droga ewakuacyjna; **~ of entry into a country** trasa wjazdu do kraju [2] Transp, Aviat trasa *f*; Naut, Tourism, Comm szlak *m*; **bus/tram ~** trasa autobusu/tramwaju; **trade/shipping ~** szlak handlowy/nawigacyjny; **domestic ~s** trasy krajowe; **a busy ~** ruchliwa trasa; **Route 95** US droga nr 95; **the main drug ~s** główne szlaki przemytu narkotyków [3] (official itinerary) trasa *f*; (for walking) trasa *f*, marszruta *f*; **they lined the ~** ustawili się na trasie or wzdłuż trasy [4] fig (to power, fame, disaster) droga *f* **(to sth** do czegoś) [5] US **she does a (newspaper) ~**

R

ona rozwozi gazety [6] Med **~ of infection** droga zakażenia

II *vt* wytycz|yć, -ać *[road]*; s|kierować *[train, flight]*; wys|łać, -yłać *[goods, people]* **(to sth** do czegoś); **this flight is ~d to Athens via Rome** ten samolot leci do Aten z lądowaniem w Rzymie

route march *n* marszobieg *m*

router /ˈruːtə(r)/ *n* (on Internet) urządzenie *n* trasujące, router *m*

routine /ruːˈtiːn/ **I** *n* [1] (regular procedure) ustalony porządek *m*; **the daily ~** codzienne zajęcia; **office ~** rutynowe czynności biurowe; **government ~** sprawy bieżące rządu; **to establish a ~** (at work) zorganizować sobie pracę; (for spare time) zorganizować sobie czas wolny, znaleźć sobie zajęcie; **to do something as a matter of ~** robić coś systematycznie [2] (drudgery) rutyna *f*; **the ~ of housework** rutyna codziennych zajęć domowych; **it would be a break from ~** to byłaby jakaś odmiana; **to change one's usual ~** odstąpić od rutyny [3] Mus, Theat (act) układ *m*; **a song and dance ~** układ taneczno-muzyczny; **a comic ~** skecz [4] infml pej (obvious act) stary numer *m* infml; **don't give me that old ~ again!** pej znamy tę bajeczkę! [5] Comput program *m* standardowy [6] Sport (in gymnastics) ćwiczenie *n*

II *adj* [1] (normal) *[analysis, check, inquiry, procedure]* rutynowy; **it's all quite ~** to zwykła procedura; **~ procedure** rutynowa procedura; **~ maintenance** rutynowa obsługa [2] (uninspiring) *[task, duties]* rutynowy

routinely /ruːˈtiːnlɪ/ *adv* [1] (as part of routine) *[test, examine, question]* rutynowo [2] (commonly) *[tortured, abused]* stale

rove /rəʊv/ **I** *vt [person]* (aimlessly) włóczyć się po (czymś) *[country]*; (prowl) grasować po (czymś) *[streets]*

II *vi* (also **~ around, ~ about)** *[person]* (aimlessly) włóczyć się, wałęsać się; (prowl) grasować; *[eyes, gaze]* błądzić, wędrować **(round sth** po czymś); **his eyes were roving round the room** wodził wzrokiem po pokoju

rover /ˈrəʊvə(r)/ *n* (person) niespokojny duch *m*; **to be a ~** nie móc usiedzieć na miejscu

roving /ˈrəʊvɪŋ/ *adj [ambassador]* podróżujący; *[band]* wędrowny; **to have a ~ eye** latać za spódniczkami fig hum

row[1] /rəʊ/ *n* [1] (line) (of plants, seats, books) rząd *m* **(of sth** czegoś); (of stitches) rządek *m* **(of sth** czegoś); (of people) (one after another) rząd *m*; (one beside another) szereg *m*; **to be seated in a ~/in ~s** siedzieć w rzędzie/w rzędach; **in the front ~** w pierwszym rzędzie; **a ~ of cars** rząd samochodów [2] (succession) **six times in a ~** sześć razy z rzędu

row[2] /rəʊ/ **I** *n* (in boat) przejażdżka *f* łodzią; **to go for a ~** pójść popływać łodzią

II *vt* [1] (for transport, pleasure) **to ~ a boat across the river** przeprawić się łodzią przez rzekę; **to ~ a boat up the river** płynąć łodzią w górę rzeki; **to ~ sb across sth** przewieźć kogoś łodzią na drugi brzeg czegoś *[lake, river]* [2] Sport **to ~ a race** brać udział w wyścigu łodzi wiosłowych

III *vi* po|wiosłować; **to ~ across the river** przeprawić się przez rzekę; **to ~ up the river** wiosłować w górę rzeki

row[3] /raʊ/ **I** *n* [1] (dispute) awantura *f* **(between sb and sb** pomiędzy kimś a kimś); **a family ~** awantura rodzinna; **to have** or **get into a ~ with sb about** or **over sth** pokłócić się z kimś o coś [2] (loud noise) hałasy *m pl*; **the ~ from next door** hałasy za ścianą; **to make a ~** hałasować

II *vi* po|kłócić się **(with sb** z kimś) **(about** or **over sth** o coś)

rowan /ˈrəʊən, ˈraʊ-/ *n* (also **~ tree)** Bot jarzębina *f*

rowboat /ˈrəʊbəʊt/ *n* US łódź *f* wiosłowa

rowdiness /ˈraʊdɪnɪs/ *n* (in streets, at match) (noise) wrzaski *m pl*; (violence) awanturnictwo *n*; (in classroom) **general ~** ogólne rozprzężenie

rowdy /ˈraʊdɪ/ **I** *n* łobuz *m*, chuligan *m*

II *adj [youth, behaviour]* (noisy) hałaśliwy; (violent) chuligański; *[pupil]* niesforny; **a group of ~ teenagers** grupa nastoletnich łobuzów; **this match could be ~** podczas tego meczu może dojść do chuligańskich wybryków

rowdyism /ˈraʊdɪɪzəm/ *n* = **rowdiness**

rower /ˈrəʊə(r)/ *n* wiośla|rz *m*, -rka *f*

row house *n* US dom *m* szeregowy

rowing /ˈrəʊɪŋ/ *n* (activity) wiosłowanie *n*; (sport) wioślarstwo *n*

rowing boat *n* GB łódź *f* wiosłowa

rowing machine *n* przyrząd *m* do treningu wioślarskiego

rowlock /ˈrɒlək, ˈrəʊlɒk/ *n* GB dulka *f*

royal /ˈrɔɪəl/ **I** *n* [1] infml (person) członek *m* rodziny królewskiej [2] (paper) papier *m* formatu 636x480 mm

II *adj* [1] (also **Royal)** *[couple, palace, visit, prerogative]* królewski; **to use the ~ 'we'** używać pluralis maiestaticus [2] (splendid) królewski; **to give sb a (right) ~ welcome** zgotować komuś (iście) królewskie powitanie [3] US infml (thorough) **to be a ~ pain** być nie do wytrzymania

Royal Air Force, RAF *n* GB Królewskie Siły *plt* Powietrzne, RAF *m*

Royal Assent *n* GB Jur sankcja *f* królewska

royal blue I *n* (kolor *m*) szafirowy *m*

II *adj* szafirowy

Royal Commission *n* GB specjalna komisja *f (powoływana przez monarchę na wniosek rządu)*

royal family *n* rodzina *f* królewska

royal flush *n* poker *m* królewski

Royal Highness *n* **His/Her ~** Jego/Jej Królewska Wysokość

royal icing *n* Culin lukier *m*

royalist, Royalist /ˈrɔɪəlɪst/ **I** *n* rojalist|a *m*, -ka *f*

II *adj* rojalistyczny

royal jelly *n* mleczko *n* pszczele

royally /ˈrɔɪəlɪ/ *adv [receive, entertained]* po królewsku

Royal Mail *n* GB poczta *f* brytyjska

Royal Marines *npl* GB brytyjska piechota *f* morska

Royal Navy *n* GB Królewska Marynarka *f* Wojenna

Royal Society *n* GB Towarzystwo *n* Królewskie w Londynie

royalty /ˈrɔɪəltɪ/ *n* [1] (person) członek *m* rodziny królewskiej; (persons) członkowie *m pl* rodziny królewskiej; **to treat sb like ~** traktować kogoś po królewsku [2] (state of royal person) godność *f* królewska; **the duties of ~** obowiązki członka rodziny królewskiej [3] (money) (to author, musician) tantiema *f* **(on sth** z czegoś); (to publisher) należność *f* **(on sth** za coś); (on coal deposit) opłata *f* za prawa eksploatacji górniczej; **to receive $100 in royalties** (on book) otrzymać tantiemy w wysokości 100 dolarów

Royal Ulster Constabulary, RUC *n* GB *policja w Irlandii Północnej*

royal warrant *n* GB dyplom *m* dostawcy królewskiego

rozzer /ˈrɒzə(r)/ *n* GB infml gliniarz *m* infml

RP *n* GB = **Received Pronunciation**

RPI = **retail price index**

rpm = **revolutions per minute** obroty na minutę

RPM = **retail price maintenance**

R&R *n* US Mil = **rest and recuperation** *przerwa na odpoczynek pomiędzy bitwami*

RRP GB = **recommended retail price** sugerowana cena *f* detaliczna

RSA *n* GB = **Royal Society of Arts** Królewskie Towarzystwo *n* Sztuk Pięknych

RSI = **repetitive strain injury**

RSM *n* = **Regimental Sergeant-Major** starszy sierżant *m* sztabowy

RSPB *n* GB = **Royal Society for the Protection of Birds** Królewskie Towarzystwo *n* Ochrony Ptaków

RSPCA *n* GB = **Royal Society for the Prevention of Cruelty to Animals** Królewskie Towarzystwo *n* Opieki nad Zwierzętami

RSV *n* = **Revised Standard Version**

RSVP = **répondez s'il vous plaît** R.S.V.P. *(proszę o odpowiedź)*

Rt Hon GB = **Right Honourable**

Rt Rev = **Right Reverend**

rub /rʌb/ **I** *n* [1] (massage) **to give sth a ~** pomasować coś *[back, elbow]* [2] (polish) **to give sth a ~** przetrzeć coś *[spoons, table]*; zetrzeć coś *[stain]* [3] (liniment) maść *f* [4] dat or hum (drawback) szkopuł *m*; **there is the ~** w tym cały sęk or cała trudność

II *vt* (*prp, pt, pp* **-bb-)** [1] (touch) po|trzeć, -cierać *[chin, eyes, nose]*; **to ~ noses** (in greeting) dotykać się nosami; **to ~ one's hands with glee** zacierać ręce z uciechy [2] (polish) zetrzeć, ścierać *[stain]*; wy|trzeć, -cierać *[surface]*; **to ~ sth dry** wytrzeć coś do sucha; **to ~ sth away** zetrzeć coś; **to ~ a hole in sth** wytrzeć dziurę w czymś [3] (massage) po|masować *[back, shoulders]* [4] (apply) **to ~ sth on to the skin** rozetrzeć coś na skórze; **to ~ sth into the skin** wetrzeć coś w skórę; **~ the shampoo into your hair** wmasuj szampon we włosy [5] (incorporate) **~ margarine into the flour** utrzyj margarynę z mąką; **to ~ sth through a sieve** przetrzeć coś przez sito [6] (chafe) *[shoe]* ob|etrzeć, -cierać *[heel]*; *[wheel]* ocierać o (coś) *[mudguard]*

III *vi* (*prp, pt, pp* **-bb-)** [1] (scrub) trzeć [2] (chafe) *[shoe]* obcierać

IV *vr* (*prp, pt, pp* **-bb-) to ~ oneself** ocierać się **(against sth** o coś); **to ~ oneself dry** wycierać się do sucha **(with sth** czymś)

V rubbed *pp adj [furniture, book cover]* wytarty

■ **rub along**: infml **to ~ along with sb** żyć z kimś w zgodzie
■ **rub down**: ¶ **~ down [sb], ~ [sb] down** z|robić masaż (komuś) *[athlete]*; **to ~ oneself down** pomasować się ¶ **~ down [sth], ~ [sth] down** [1] (massage) wy|trzeć, -cierać *[horse]* [2] (smooth) wygładz|ić, -ać *[plaster, wood]*
■ **rub in**: **~ in [sth], ~ [sth] in** w|etrzeć, -cierać *[cream, ointment, margarine]*; **he's always ~bing in how rich he is** na każdym kroku podkreśla swoje bogactwo; **there's no need to ~ it in!** infml nie ma co ciągle do tego wracać!
■ **rub off**: ¶ **~ off** [1] (come off) *[dye, ink]* zetrzeć się, ścierać się; **the ink ~bed off on my hands** atrament rozmazał mi się na rękach; **I hope your patience ~s off on him** mam nadzieję, że przy tobie stanie się bardziej cierpliwy [2] (wipe off) *[chalk, pencil]* zetrzeć się, ścierać się ¶ **~ [sth] off, ~ off [sth]** wy|trzeć, -cierać, zetrzeć, ścierać *[stain, pattern]*
■ **rub out**: ¶ **~ out** *[chalk, pencil]* zetrzeć się, ścierać się ¶ **~ out [sth], ~ [sth] out** wymaz|ać, -ywać *[word, drawing]* ¶ **~ out [sb], ~ [sb] out** US infml fig sprzątnąć kogoś fig
IDIOMS: **to ~ salt into sb's wound** znęcać się nad kimś; **to ~ sb up the wrong way** nadepnąć komuś na odcisk; **to ~ shoulders with sb** otrzeć się o kogoś fig; **don't ~ my nose in it** przestań mi to ciągle wypominać

rubato /ruːˈbɑːtəʊ/ *n, adv* Mus rubato *n inv*

rubber[1] /ˈrʌbə(r)/ I *n* [1] (substance) guma *f* [2] GB (for erasing) gumka *f* (do ścierania) [3] (for cleaning) ściereczka *f* [4] US infml (condom) guma *f* infml
II **rubbers** *npl* (galoshes) gumowce *m pl*
III *modif [ball, sole, hose, insulation]* gumowy
IDIOMS: **to burn** or **peel ~** US infml wciskać gaz do dechy infml

rubber[2] /ˈrʌbə(r)/ *n* (in cards) rober *m*

rubber band *n* gumka *f* (recepturka)

rubber bullet *n* gumowa kula *f*

rubber cement *n* klej *m* kauczukowy

rubber check *n* US infml czek *m* bez pokrycia

rubber dinghy *n* ponton *m*

rubber glove *n* gumowa rękawiczka *f*

rubberized /ˈrʌbəraɪzd/ *adj [fabric, floor]* gumowany

rubber johnny *n* vinfml (condom) guma *f* infml

rubberneck /ˈrʌbənek/ I *n* [1] (onlooker) ciekawsk|i *m*, -a *f* infml pej [2] (tourist) turyst|a *m*, -ka *f*
II *vi* pej gapić się infml

rubbernecker /ˈrʌbənekə(r)/ *n* US infml pej [1] (onlooker) ciekawsk|i *m*, -a *f* infml pej [2] (tourist) turyst|a *m*, -ka *f*

rubber plant *n* Bot kauczukowiec *m*

rubber plantation *n* plantacja *f* kauczuku

rubber sheet *n* prześcieradło *n* gumowe

rubber-soled /ˌrʌbəˈsəʊld/ *adj* **~ shoes** buty na gumowych podeszwach

rubber solution *n* klej *m* kauczukowy

rubber stamp I *n* [1] pieczątka *f* [2] fig pej **to be a ~ for sb's decision** *[body, group]* mechanicznie zatwierdzać decyzje kogoś
II **rubber-stamp** *modif* pej *[parliament, assembly]* marionetkowy
III **rubber-stamp** *vt* [1] (stamp) przystawi|ć, -ać pieczątkę na (czymś) *[document, form]* [2] fig pej mechanicznie zatwierdz|ić, -ać *[decision]*

rubber tapper *n* zbieracz *m* kauczuku

rubber tapping *n* zbieranie *n* kauczuku

rubber tree *n* kauczukowiec *m* brazylijski

rubbery /ˈrʌbərɪ/ *adj [material, food]* gumowaty

rubbing /ˈrʌbɪŋ/ *n* [1] (friction) tarcie *n*; (in massage) nacieranie *n* [2] (picture) frotaż *m*

rubbish /ˈrʌbɪʃ/ I *n* [1] (refuse) śmieci *m pl*; (domestic, from garden) śmieci *m pl*, odpadki *plt*; (industrial, on building site) odpady *plt* [2] (inferior goods) tandeta *f*; (discarded objects) śmieci *m pl* [3] (nonsense) bzdury *f pl* infml pej; **to talk ~** pleść bzdury; **~!** bzdura!; **what a load of ~!** co za stek bzdur!; **this book/film is ~** ta głupia or bzdurna książka/głupi or bzdurny film; **there's nothing but ~ on TV** w telewizji pokazują same bzdury
II *vt* GB *[critic, article]* z|mieszać z błotem *[person, work, achievement]*

rubbish bag *n* GB worek *m* na śmieci

rubbish bin *n* GB pojemnik *m* na śmieci

rubbish chute *n* GB zsyp *m*

rubbish collection *n* GB wywóz *m* śmieci

rubbish dump *n* GB wysypisko *n* śmieci

rubbish heap *n* GB sterta *f* śmieci; (in garden) pryzma *f* kompostowa

rubbish tip *n* GB wysypisko *n* śmieci

rubbishy /ˈrʌbɪʃɪ/ *adj* infml *[goods, entertainment, entertainer]* tandetny; *[newspaper, film, book]* bzdurny

rubble /ˈrʌbl/ *n* [1] gruz *m*; **to reduce sth to a pile of ~** obrócić coś w gruzy [2] Constr tłuczeń *m*

rub-down /ˈrʌbdaʊn/ *n* **to give sb a ~** zrobić komuś masaż; **to give sth a ~** wytrzeć coś *[horse]*; wygładzić coś *[wood, plaster]*

Rube Goldberg /ˌruːbɪˈgəʊldbɜːg/ *adj* US infml *[device, machine]* wymyślny

rubella /ruːˈbelə/ I *n* różyczka *f*; **to have ~** mieć różyczkę
II *modif* **~ vaccine** szczepionka przeciw różyczce

Rubicon /ˈruːbɪkən, US -kɒn/ *prn* **the ~** Rubikon *m*
IDIOMS: **to cross the ~** przekroczyć Rubikon

rubicund /ˈruːbɪkənd/ *adj* liter *[person, face, cheeks]* rumiany

rubidium /ruːˈbɪdɪəm/ *n* Chem rubid *m*

ruble *n* US = **rouble**

rubric /ˈruːbrɪk/ *n* fml (heading) tytuł *m*; (commentary, preamble) wyjaśnienie *n*; **under the ~: ...** w rubryce: ...

ruby /ˈruːbɪ/ I *n* [1] (gem) rubin *m* [2] (colour) (kolor *m*) rubinowy *m*
II *modif* **a ~ necklace** rubinowy naszyjnik; **a ~ ring** pierścionek z rubinem
III *adj [liquid, lips]* rubinowy; **~ port** porto rubinowe

ruby-coloured GB, **ruby-colored** US /ˈruːbɪkʌləd/ *adj* rubinowy

ruby red I *n* (kolor *m*) ciemnoczerwony *m*
II *adj* ciemnoczerwony

ruby wedding *n* rubinowe gody *plt*

RUC *n* → **Royal Ulster Constabulary**

ruck[1] /rʌk/ *n* [1] (in rugby) otwarty młyn *m* [2] **the (common) ~** liter szary tłum *m*

ruck[2] /rʌk/ *n* (crease) zagniecenie *n*
■ **ruck up** *[dress, skirt]* po|miąć się

rucksack /ˈrʌksæk/ *n* plecak *m*

ruckus /ˈrʌkəs/ *n* US infml zamieszanie *n*, rozgardiasz *m*

ructions /ˈrʌkʃnz/ *npl* infml awantura *f* infml

rudder /ˈrʌdə(r)/ *n* (on boat, plane) ster *m*; **horizontal/vertical ~** Aviat ster kierunku /wysokości

ruddy /ˈrʌdɪ/ *adj* [1] *[cheeks, complexion]* rumiany; *[sky, glow, leaves]* czerwonawy [2] GB infml dat sakramencki infml dat

rude /ruːd/ *adj* [1] (impolite) *[person, remark, gesture, behaviour]* niegrzeczny; **to be ~ to sb** być niegrzecznym wobec kogoś; **it is ~ to ask a woman her age** nie wypada pytać kobiety o wiek; **it was very ~ of him to ignore you** to było bardzo niegrzeczne z jego strony, że cię zignorował; **I don't mean to be ~ but I have to go** nie chciałbym wyjść na gbura, ale muszę iść [2] (indecent) *[joke, gesture, film, scene]* nieprzyzwoity; **~ word** brzydkie słowo [3] (abrupt) *[shock, reminder]* brutalny; *[dismissal]* nagły [4] liter (simple) *[tool, furniture]* toporny; *[dwelling]* prymitywny; *[lifestyle, peasant]* siermiężny liter
IDIOMS: **to be in ~ health** liter cieszyć się dobrym zdrowiem

rudely /ˈruːdlɪ/ *adv* [1] (impolitely) *[behave, remark, reply, interrupt]* niegrzecznie; **before I was so ~ interrupted** zanim mi tak niegrzecznie przerwano [2] (abruptly) *[awakened, shattered]* brutalnie; *[dismissed]* nagle [3] liter *[made, constructed]* topornie; **to live ~** mieszkać w prymitywnych warunkach

rudeness /ˈruːdnɪs/ *n* niegrzeczność *f*, gburowatość *f* **(to** or **towards sb** wobec kogoś); **she was brusque to the point of ~** jej szorstkość graniczyła z gburowatością

rudiment /ˈruːdɪmənt/ I *n* Biol zalążek *m* **(of sth** czegoś) also fig
II **rudiments** *npl* **~s of computing /tennis/German** podstawy informatyki /tenisa/niemieckiego

rudimentary /ˌruːdɪˈmentrɪ/ *adj* (primitive) pierwotny; rudymentarny liter; (basic) podstawowy

rue[1] /ruː/ *vt* liter po|żałować (czegoś) *[action, decision]*; **you'll live to ~ it!** jeszcze tego pożałujesz!; **you'll ~ the day you joined the army** hum będziesz przeklinać dzień, w którym wstąpiłeś do wojska

rue[2] /ruː/ *n* Bot ruta *f*

rueful /ˈruːfl/ *adj* liter *[smile, sigh]* żałosny; *[thought]* smutny; **to feel ~ about sth** żałować czegoś

ruefully /ˈruːfəlɪ/ *adv* liter z żalem

ruff[1] /rʌf/ *n* [1] Fashn kreza *f*, kryza *f* [2] Zool (of fur, feathers) kołnierz *m* [3] Zool (bird) bojownik batalion *m*

ruff[2] /rʌf/ I *n* (in bridge) przebicie *n* (atutem)
II *vt* (in bridge) przebi|ć, -jać (atutem) *[card, opponent]*
III *vi* (in bridge, whist) przebi|ć, -jać (atutem)

ruffian /ˈrʌfɪən/ *n* dat zbir *m* infml

R

ruffianly /ˈrʌfɪənlɪ/ *adj* liter *[act, manner]* brutalny; **to have a ~ appearance** wyglądać jak zbój

ruffle /ˈrʌfl/ **I** *n* [1] (at sleeve) mankiet *m* koronkowy; (at neck) kreza *f*, kryza *f*; (on shirt front) żabot *m*; (on curtain) marszczenie *n* [2] (on water, surface) zmarszczka *f*

II *vt* [1] (stroke) z|mierzwić, potargać *[hair, fur]* [2] na|stroszyć *[feathers]* [3] *[wind]* z|marszczyć *[water, surface]*; porusz|yć, -ać (czymś) *[grass, corn]* [4] (disconcert) zbi|ć, -jać z tropu *[person, opponent]* [5] (rumple) po|gnieść *[fabric, sheets]* [6] (flip through) przerzuc|ić, -ać *[pages]*

IDIOMS: **to ~ sb's feathers** działać komuś na nerwy

ruffled /ˈrʌfld/ *adj [hair]* zmierzwiony, zwichrzony; *[feathers]* nastroszony; *[waters]* pomarszczony; *[person]* zbity z tropu

IDIOMS: **to smooth ~ feathers** ugłaskać kogoś hum

Rufflette (tape)® /ˈrʌflet/ *n* taśma *f* do marszczenia firan

rug /rʌg/ *n* [1] (mat, carpet) chodnik *m*, dywanik *m* [2] GB (blanket) pled *m* [3] US infml (toupee) tupet *m*

IDIOMS: **I'm as snug as a bug in a ~** jest mi tu jak u Pana Boga za piecem; **to pull the ~ out from under sb's feet** pokrzyżować komuś plany

rugby /ˈrʌgbɪ/ **I** *n* rugby *n inv*; **a game of ~** mecz rugby

II *modif* **~ player** rugbista; **~ ball/pitch** piłka/boisko do rugby; **~ club/match** klub/mecz rugby

rugby international *n* [1] (match) międzypaństwowy mecz *m* rugby [2] (player) reprezentant *m* kraju w rugby

rugby league *n* rugby *n inv* trzynastoosobowe

rugby tackle *n* chwyt *m* za nogi

rugby union rugby *n inv* piętnastoosobowe

rugged /ˈrʌgɪd/ *adj* [1] *[terrain]* nierówny; *[path]* wyboisty; *[landscape]* surowy; *[cliffs, coastline]* urwisty; *[mountains, range]* poszarpany; *[bark, hide]* chropowaty [2] *[man, features]* surowy; **his ~ good looks** jego surowa męska uroda [3] (tough) *[character, personality]* twardy; *[manners]* szorstki; *[team, defence]* nieustępliwy [4] (durable) *[vehicle, equipment, construction]* wytrzymały

ruggedness /ˈrʌgɪdnɪs/ *n* [1] (of terrain, rock face) nierówności *f pl*; (of landscape) surowość *f* [2] (of character) twardość *f*; (of manners) szorstkość *f*; (of appearance) surowość *f*

rugger /ˈrʌgə(r)/ *n* GB infml dat rugby *n inv*

Ruhr /rʊə(r)/ *prn* **the ~** (river) Ruhra *f*; (district) Zagłębie *n* Ruhry

ruin /ˈruːɪn/ **I** *n* [1] (collapse) ruina *f*; **in a state of ~** *[town, building]* w ruinie, w stanie ruiny, zrujnowany; **to fall into ~** popaść w ruinę; **to be on the brink of (financial) ~** stać na krawędzi ruiny [2] (building) ruina *f*

II **ruins** *npl* (remains) **to lie in ~s** lec w gruzach also fig

III *vt* [1] (destroy) z|rujnować *[city, economy, career, person, health]*; **to ~ one's eyesight** popsuć sobie wzrok; **to ~ one's chances of doing sth** pogrzebać or stracić szanse na zrobienie czegoś [2] (spoil) ze|psuć *[holiday, meal, film]*; z|niszczyć *[shoes, clothes]*; **it's ~ing our lives** to nam rujnuje życie

IDIOMS: **to go to rack and ~** *[house, economy]* popadać w ruinę

ruination /ˌruːɪˈneɪʃn/ *n* [1] (environment, building) zniszczenie *n*; rujnacja *f* infml [2] (financial) ruina *f*; (moral) upadek *m*; **you'll be the ~ of me!** hum zrujnujesz mnie!

ruined /ˈruːɪnd/ *adj* [1] (derelict) *[street, city, building]* zrujnowany [2] (spoilt) *[career, reputation, marriage, life]* zrujnowany; *[holiday, meal]* zepsuty; *[clothes, furniture]* zniszczony [3] (financially) zrujnowany; **he is ~ politically** jako polityk jest skończony

ruinous /ˈruːɪnəs/ *adj [cost, lawsuit]* rujnujący; *[prices]* astronomiczny; *[war, dependency]* wyniszczający; *[course of action]* zgubny

ruinously /ˈruːɪnəslɪ/ *adv [expensive, high]* rujnująco

rule /ruːl/ **I** *n* [1] (regulation) (of game) zasada *f*; (of sport, language) reguła *f*; (of school, organization, company) przepis *m*; (of religion) nakaz *m*; **school/club ~s** regulamin szkoły/klubu; **EC ~s** przepisy Unii Europejskiej; **the ~s of the game** reguły gry also fig; **~s and regulations** przepisy; **to obey** or **observe the ~s** przestrzegać przepisów; **to break the ~s** łamać przepisy; **to bend** or **stretch the ~s** naginać przepisy; **an unwritten ~** niepisana zasada; **it's against the ~s** Sport to (jest) niezgodne z przepisami; (in organization, voting) to (jest) wbrew przepisom; **is it a ~ that you can't walk on the grass?** czy istnieje przepis zabraniający chodzenia po trawniku?; **under this ~...** zgodnie z tym przepisem...; **I make it a ~ always /never to do it** mam taką zasadę, że zawsze to robię/nigdy tego nie robię [2] (usual occurrence) reguła *f*; **hot summers are the ~ here** upalne lato to tutaj reguła; **as a (general) ~** z reguły [3] (authority) (colonial, foreign, imperial, French) panowanie *n*; (Tory, communist) rządy *plt*; **majority ~** rządy większości; **under Tory ~** pod rządami konserwatystów; **a territory under French ~** terytorium pod panowaniem francuskim; **under the ~ of a tyrant** pod rządami tyrana [4] (for measure) linijka *f*; **a metre ~** metr

II *vt* [1] Pol *[ruler, monarch, party, army]* rządzić (czymś) *[country, empire]*; **the French army ~d the land, while the British navy ~d the seas** armia francuska panowała na lądach, podczas gdy marynarka brytyjska panowała na morzach [2] (control) *[money]* rządzić (kimś/czymś) *[person, life, world]*; *[person, consideration]* po|kierować (czymś) *[behaviour]*; *[factor]* wyznacz|yć, -ać *[strategy]*; **to be ~d by sb** dat słuchać (się) kogoś *[father, parents]*; **to let one's heart ~ one's head** pozwolić, żeby głos serca zapanował nad rozsądkiem [3] (draw) na|kreślić *[line]*; **~d paper** papier w linie [4] Jur *[tribunal, court, judge]* orze|c, -kać **(that... że...)**; **to ~ sth unlawful** orzec o nielegalności czegoś

III *vi* [1] *[king, government]* rządzić; **to ~ over sb/sth** rządzić kimś/czymś; **to ~ in sth** panować w czymś *[country]*; fig rządzić czymś *[heart]*; **anarchy ~s** panuje anarchia; **Liverpool ~ OK!** infml Liverpool Pany! infml [2] Jur *[court, judge]* wyda|ć, -wać postanowienie; Sport *[referee, umpire]* rozstrzyg|nąć, -ać; **to ~ in favour/against sb** orzec na korzyść/niekorzyść kogoś

■ **rule off**: ¶ **~ off** na|rysować linię oddzielającą ¶ **~ off [sth], ~ [sth] off** odkreśl|ić, -ać *[part of writing]*

■ **rule out**: **~ out [sth], ~ [sth] out** [1] (eliminate) wyklucz|yć, -ać *[chance, possibility, candidate]* [2] (prevent) uniemożliwi|ć, -ać *[activity]*

rulebook /ˈruːlbʊk/ *n* regulamin *m*; **to throw away the ~** zerwać z obowiązującymi normami

rule of law *n* **the ~** rządy *plt* prawa

rule of the road *n* **the ~** kodeks *m* drogowy

rule of three *n* **the ~** reguła *f* trzech

rule of thumb *n* praktyczna zasada *f*; **to do sth by ~** zrobić coś na chłopski rozum

ruler /ˈruːlə(r)/ *n* [1] (leader) władca *m*, -czyni *f* [2] (measure) linijka *f*

ruling /ˈruːlɪŋ/ **I** *n* orzeczenie *n* **(against sb** przeciw komuś**) (on sth** w sprawie czegoś); **to give a ~** wydać orzeczenie; **a ~ that he must pay** orzeczenie zobowiązujące go do zapłaty

II *adj* [1] (in power) *[party, faction, group]* rządzący; *[class]* panujący [2] (predominant) *[principle, idea]* przewodni; *[passion]* główny; *[price]* obowiązujący

rum[1] /rʌm/ *n* (alcohol) rum *m*; **white ~** biały rum

rum[2] /rʌm/ *adj* GB infml dat (odd) dziwaczny; **a ~ do** podejrzana sprawa infml

Rumania *prn* = **Romania**

Rumanian *n, adj* = **Romanian**

rumble /ˈrʌmbl/ **I** *n* [1] (of thunder, artillery, trucks, machines) dudnienie *n*; (of stomach) burczenie *n*; (in pipes) bulgotanie *n* [2] (of voices) gwar *m*; (of discontent) pomruk *m* [3] US infml (fight) burda *f* infml

II *vt* [1] GB infml (unmask) przejrzeć *[person, fraud, intentions]*; **I ~d your game** przejrzałem twoją grę; **we've been ~d!** przejrzeli nas! [2] (growl) **'well?' he ~d** „no więc?" zagrzmiał

III *vi* [1] (make noise) *[thunder]* przet|oczyć, -aczać się; *[artillery, machines]* za|dudnić; *[voice]* grzmieć; *[pipes]* za|bulgotać; *[person]* huknąć; **his stomach ~s** burczy mu w brzuchu [2] (trundle) **to ~ in sth** *[vehicle]* wjechać z łoskotem do czegoś/na coś; **to ~ across sth** przetoczyć się przez coś z łoskotem

■ **rumble on** *[debate, controversy]* ciągnąć się

rumble seat *n* US Aut *dodatkowe rozkładane siedzenie z tyłu pojazdu*

rumble strip *n ostrzegawczy pas w poprzek autostrady, mający nierówną nawierzchnię*

rumbling /ˈrʌmblɪŋ/ **I** *n* (of thunder, vehicles, machines) dudnienie *n*; (of stomach) burczenie *n*; (in pipes) bulgotanie *n*

II **rumblings** *npl* (of dissatisfaction, discontent) pomruki *m pl*

rumbustious /rʌmˈbʌstɪəs/ *adj [party, music, person]* hałaśliwy

ruminant /ˈruːmɪnənt/ Zool **I** *n* przeżuwacz *m*

II *adj* przeżuwający

ruminate /ˈruːmɪneɪt/ *vi* [1] *[person]* rozmyślać **(on** or **about sth** nad czymś) [2] Zool przeżu|ć, -wać

rumination /ˌruːmɪˈneɪʃn/ *n* [1] (pondering) rozmyślanie *n* [2] Zool przeżuwanie *n*

ruminative /ˈruːmɪnətɪv, US -neɪtɪv/ *adj* liter *[person]* pogrążony w myślach

ruminatively /ˈruːmɪnətɪvlɪ, US -neɪtɪvlɪ/ *adv* liter *[look, stare]* w zamyśleniu

rummage /ˈrʌmɪdʒ/ **I** *n* [1] (look) **to have a ~ in the attic/through books** grzebać na strychu/w książkach [2] US (miscellaneous articles, lumber) rupiecie *m pl*

II *vi* grzebać **(in** or **among** or **through sth** w czymś) **(for sth** w poszukiwaniu czegoś)

■ **rummage about, rummage around** grzebać **(in sth** w czymś)

rummage sale *n* kiermasz *m* rzeczy używanych

rummy /ˈrʌmɪ/ *n* (game) remi *m inv*

rumor *n* US = **rumour**

rumored *adj* US = **rumoured**

rumour GB, **rumor** US /ˈruːmə(r)/ *n* pogłoska *f*, plotka *f* **(about sb/sth** o kimś /czymś, na temat kogoś/czegoś); **to start a ~** *[person, press]* rozpuścić plotkę; *[event, behaviour]* dać początek plotce; **to deny a ~** zdementować pogłoskę; **~s are circulating that...** krążą pogłoski or plotki, że...; **~ has it that...** krąży pogłoska or plotka, jakoby...; **there is no truth in any of the ~s** w tych pogłoskach nie ma ani krzty prawdy

rumoured GB, **rumored** US /ˈruːməd/ *adj* **it is ~ that...** chodzą słuchy, że...; **he is ~ to be a millionaire** chodzą słuchy, że podobno jest milionerem; **the buyer, ~ to be the Swedish group** nabywca, którym podobno jest szwedzka grupa

rumourmonger GB, **rumormonger** US /ˈruːməmʌŋɡə(r)/ *n* plotka|rz *m*, -rka *f*, roznosiciel *m*, -ka *f* plotek

rump /rʌmp/ *n* [1] Culin (also **~ steak)** (cut of beef) krzyżowa *f*, krzyżówka *f*; (steak) rumsztyk *m* [2] (of animal) zad *m*; (of bird) kuper *m* [3] hum (of person) zadek *m*, tyłek *m* infml [4] (of party, group) niedobitki *m pl* **(of sth** czegoś); **the Rump Parliament** GB Pol Hist Parlament Kadłubowy

rumple /ˈrʌmpl/ **I** *vt* z|miąć *[clothes, sheets, paper]*; roz|czochrać *[hair]*

II rumpled /ˈrʌmpld/ *pp adj [clothes, sheets, paper]* zmięty, pomięty; *[hair]* rozczochrany

rumpus /ˈrʌmpəs/ *n* infml awantura *f* infml **(with sb** z kimś) **(about** or **over sth** o coś); **to kick up a ~** *[protesters]* wszcząć awanturę; *[child]* podnieść wrzask

rumpus room *n* US pokój *m* gier

rum toddy *n* grog *m*

run /rʌn/ **I** *n* [1] (act or period of running) bieg *m*; **that was a splendid ~ by Reeves** Reeves znakomicie pobiegł; **to go for a ~** pójść pobiegać; **to take the dog for a ~ in the park** wyjść z psem do parku, żeby się wybiegał; **every day I go on a two-mile ~** codziennie przebiegam dwie mile; **to break into a ~** zacząć biec; **to do sth at a ~** zrobić coś biegiem; **I usually grab a cup of coffee on the ~** zwykle w biegu wypijam kawę; **the children keep her on the ~ all day** przy dzieciach jest wciąż zabiegana infml; **to take a ~ at sth** wziąć rozbieg, żeby przeskoczyć przez coś *[fence, hedge, stream]*; **to give sb a clear ~** fig zostawić komuś wolne pole [2] (flight) **a prisoner on the ~** zbiegły więzień; **to be on the ~ from sb/sth** uciekać od kogoś /czegoś; **now we've got them on the ~** fig (we are going to win) no to mamy ich infml; **to make a ~ for it** rzucić się do ucieczki; **to make a ~ for the door** rzucić się do drzwi [3] (series) (of successes, failures) seria *f* **(of sth** czegoś); **a ~ of (good)/bad luck** dobra/zła passa; **a ~ of fine weather** okres pięknej pogody; **we've had a long ~ without any illness** od dłuższego czasu nie było u nas żadnych chorób; **the product has had a good ~, but...** do tej pory ten produkt dobrze się sprzedawał, ale... [4] Theat **to have a long ~** być długo granym; **to have a six-month ~** utrzymywać się na afiszu przez sześć miesięcy; **the play is beginning its Broadway ~** zaczynają grać tę sztukę na Broadwayu [5] (trend) (of events, market) **the ~ of the cards was against me** nie szła mi karta; **against the ~ of play** Sport całkiem niespodziewanie; **in the normal ~ of things...** naturalną or normalną koleją rzeczy... [6] (series of things produced) (in printing) nakład *m*; (in industry) partia *f*; **a ~ of 20,000 copies** nakład 20 000 egzemplarzy [7] Fin run *m*; **a ~ on the banks** run na banki; **there's been a ~ on these watches** jest wielki run na te zegarki; **a ~ on the dollar** wielki popyt na dolary [8] (trip, route) **it's only a short ~ into town** (in car) do miasta jedzie się dosłownie chwilę; **to go out for a ~ in the car** wybrać się na przejażdżkę samochodem; **he does the Leeds ~ twice a week** dwa razy w tygodniu jeździ do Leeds; **a ferry on the Portsmouth-Caen ~** prom kursujący na trasie Portsmouth-Caen; **a bombing ~** nalot [9] (in cricket, baseball) punkt *m*; **to score** or **make a ~** zdobyć punkt [10] (for rabbit, chickens) wybieg *m* [11] (in tights, material) oczko *n* [12] (for skiing) trasa *f* [13] (in cards) sekwens *m* → **practice run, test run, trial run**

II runs *npl* infml **he has the ~s** goni go infml

III *vt (prp* **-nn-;** *pt* **ran;** *pp* **run)** [1] (cover by running) przebie|c, -gać *[distance]*; **I ran the rest of the way** (przez) resztę drogi biegłem, resztę drogi pokonałem biegiem; **she ~s five miles every day** codziennie przebiega pięć mil [2] (take part in) po|biec, bie|c, -gać w (czymś) *[race, heat, marathon]*; **she ran a brilliant race** wspaniale pobiegła; **she ran a very fast time** osiągnęła bardzo dobry czas; **the race will be run at 10.30** bieg rozpocznie się o wpół do jedenastej [3] (drive) zaw|ieźć, -ozić; **to ~ sb to the station/to hospital** zawieźć kogoś na dworzec/do szpitala; **to ~ sb home** or **back** odwieźć kogoś; **to ~ the car over to the garage** wstawić samochód do warsztatu; **to ~ sth over to sb's house** zawieźć coś do domu kogoś; **to ~ the car into a tree/a ditch** wjechać w drzewo/do rowu [4] (pass, move) przeje|chać, -żdżać (czymś) *[hand, finger]*; **to ~ one's hand over sth** przejechać ręką po czymś; **to ~ one's finger down the list** przejechać palcem po liście; **to ~ one's eye(s) over sth** rzucić okiem na coś; **to ~ a duster /vacuum cleaner over sth** przejechać ściereczką/odkurzaczem po czymś; **to ~ one's pen through sth** skreślić coś [5] (manage) zarządzać (czymś) *[company]*; rządzić (czymś) or w (czymś) *[country]*; prowadzić *[hotel, school, store]*; **a well- /badly-run organization** dobrze/źle zarządzana organizacja; **who is ~ning things here?** kto tu rządzi?; **I'm ~ning this show!** infml ja tu rządzę!; **stop trying to ~ my life!** przestań mi mówić, jak mam żyć! [6] (cause to operate) włącz|yć, -ać *[machine, engine]*; uruch|omić, -amiać *[program]*; **she ran the motor for a few minutes to warm it up** włączyła silnik na kilka minut, żeby go rozgrzać; **it's not worth ~ning the washing machine** nie warto włączać pralki; **to ~ a tape/a film** puścić taśmę/film [7] (operate) **to be run by sth** *[machine]* być napędzanym czymś; **to be ~ off the mains** być zasilanym (prądem) z sieci; **you can also ~ the hairdryer off batteries** ta suszarka działa również na baterie; **to be cheap to ~** być tanim w eksploatacji [8] (conduct) przeprowadz|ić, -ać *[test, survey]* [9] (organize, offer) z|organizować *[competition]*; udziel|ić, -ać *[lessons]*; po|prowadzić *[course]* [10] (provide service) **several companies ~ daily flights to Hong Kong** kilka linii lotniczych codziennie lata do Hongkongu; **we ~ regular buses to the airport** mamy regularną linię autobusową na lotnisko; **they ~ extra trains on Saturdays** w soboty podstawiają dodatkowe pociągi [11] (extend, pass) przeciąg|nąć, -ać *[cable, wire, pipe]*; **to ~ a rope through a ring** przeciągnąć linę przez pierścień; **to ~ sth around sth** przeciągnąć coś wokół czegoś [12] (cause to flow) pu|ścić, -szczać *[water]*; odkręc|ić, -ać *[tap]*; **I'll ~ you a bath** napuszczę or naleję ci wody do wanny; **to ~ water into sth** napuścić or nalać wody do czegoś; **to ~ water over sth** polać coś wodą [13] Journ *[newspaper]* wy|drukować *[story, article]* [14] (pass through) przepły|nąć, -wać przez (coś) *[rapids]*; s|forsować *[blockade]*; **to ~ a red light** przejechać na czerwonym świetle [15] (smuggle) przemyc|ić, -ać *[guns, drugs]* [16] (enter in contest) wystawi|ć, -ać *[candidate]*

IV *vi (prp* **-nn-;** *pt* **ran;** *pp* **run)** [1] (move quickly) *[person, animal]* po|biec; (regularly, habitually) biegać; **to ~ to catch the bus /to help sb** biec do autobusu/na pomoc komuś; **to ~ to meet sb** (not to be late) biec na spotkanie z kimś; (to welcome sb) biec na spotkanie komuś; **to ~ across sth** przebiec przez coś; **to ~ down sth** zbiec z czegoś; **to ~ up sth** wbiec na coś; **to ~ around the house/around (in) the garden** biegać po domu/po ogrodzie; **will you ~ over to the shop and get some milk?** czy mógłbyś pobiec do sklepu po mleko?; **to ~ for the train** biec do pociągu; **to ~ for the exit** biec do wyjścia; **to ~ for one's country** Sport *[sportsman]* reprezentować swój kraj; **to ~ in the 100 metres** biec na 100 metrów; **to ~ in the 3.30 (race)** startować w biegu o 3.30; **she**

came ~ning towards me wybiegła mi na spotkanie; **the customers will come ~ning** fig klienci będą walili drzwiami i oknami infml [2] (flee) ucie|c, -kać; **I dropped everything and ran** rzuciłem wszystko i uciekłem; **to ~ for one's life** uciekać w popłochu; **~ for your life; ~ for it!** infml ratuj się, kto może!; **there's nowhere to ~ (to)** nie ma dokąd uciec; **to go ~ning to the police** biec na policję; **to go ~ning to one's parents** biec po ratunek do rodziców [3] infml (rush off) wyl|ecieć, -atywać infml; **sorry – must ~!** przepraszam, muszę lecieć! [4] (function) *[machine, generator, engine, press]* pracować, chodzić; **to leave the engine ~ning** zostawić pracujący or włączony silnik; **to ~ off a battery** działać na baterie; **to ~ off the mains** być zasilanym z sieci elektrycznej; **to ~ fast /slow** *[clock]* śpieszyć się/późnić się; **the organization ~s very smoothly** organizacja działa bardzo sprawnie [5] (continue, last) **the contract/lease has another month to ~** umowa/dzierżawa wygasa dopiero za miesiąc; **to ~ from... to...** *[school year, season]* trwać od... do... [6] Theat *[play, musical]* być granym, iść; **the show will ~ and ~** to przedstawienie będą jeszcze grali przez długi czas; **to ~ for six months** być granym or iść przez sześć miesięcy; **this film will ~ (for) another week** ten film będzie szedł jeszcze przez tydzień [7] *[frontier, path, line]* biec, przebiegać; **to ~ (from) east to west** biec or przebiegać ze wschodu na zachód; **the road ~s north for about ten kilometres** droga biegnie na północ przez około dziesięć kilometrów; **to ~ parallel to sth** biec or przebiegać równolegle do czegoś; **the dog has a dark stripe ~ning down its back** ten pies ma na grzbiecie ciemną pręgę; **a scar ~s down her arm** ma na ręce podłużną bliznę [8] (move) *[sledge]* sunąć, jechać; *[vehicle]* sunąć, toczyć się; *[curtain]* przesu|nąć, -wać się; *[stone]* toczyć się; **to ~ backwards** *[car]* zjechać or stoczyć się do tyłu; *[curtain]* odsunąć się; **to ~ forwards** *[car]* jechać or toczyć się do przodu; *[curtain]* przesu|nąć, -wać się **(on sth** na czymś**)**; **to ~ through sb's hands** *[rope]* wyśliznąć się komuś z rąk; **a pain ran up my leg** ból przeszył mi nogę; **a wave of excitement ran through the crowd** przez tłum przeszedł dreszcz podniecenia; **his eyes ran over the page** przebiegła wzrokiem stronę; **the news ran through the building** wiadomość obiegła cały budynek [9] (operate regularly) *[buses, trains]* jeździć, chodzić, kursować; **they don't ~ on Sundays** nie kursują w niedziele; **a taxi service/ferry ~s between X and Y** taksówki kursują/prom kursuje między X a Y; **programmes are ~ning late this evening** (on TV) dzisiaj programy zaczynają się z opóźnieniem; **we are ~ning 30 minutes behind schedule** mamy półgodzinne opóźnienie or pół godziny opóźnienia; **we're ~ning ahead of schedule** jesteśmy wcześniej, niż zaplanowano [10] (flow) *[water, liquid, stream]* płynąć; **the tap is ~ning** kran jest odkręcony, z kranu płynie or leci woda; **my nose is ~ning** leci or cieknie mi z nosa; **tears ran down his face** łzy płynęły mu po twarzy; **there was water ~ning down the walls** po ścianach spływała woda; **my body was ~ning with sweat** cały spływałem potem; **the streets will be ~ning with blood** fig ulice spłyną krwią; **the river ran red with blood** rzeka zaczerwieniła się od krwi [11] (flow when wet or melted) *[dye, colour]* zejść, schodzić; *[ink, make-up]* spły|nąć, -wać; *[butter, cheese]* po|płynąć infml; *[garment]* farbować [12] Pol (as candidate) kandydować, wy|startować; **to ~ for president/mayor /governor** kandydować na prezydenta /burmistrza/gubernatora; **to ~ against sb** kandydować przeciwko komuś [13] (be worded) **I can't remember how the chorus ~s** nie pamiętam, jak idzie refren infml; **the message ~s...** wiadomość brzmi następująco...; **so the argument ~s** zwykle pada taki argument [14] (snag) *[tights, material]* zaczepi|ć, -ać się [15] (be, stand) **inflation is ~ning at 4%** inflacja jest na poziomie 4%; **earnings are ~ning behind inflation** zarobki rosną wolniej niż inflacja; **with unemployment ~ning at 12%** przy bezrobociu na poziomie 12%; **the problem ~s deeper** ten problem sięga głębiej; **it ~s in the family** to rodzinne

■ **run about, run around**: [1] (hurrying, playing) biegać; **I've been ~ning around all over the place looking for you** wszędzie biegam i cię szukam [2] infml (have affair with) prowadzać się z (kimś)

■ **run across**: infml **~ across [sb/sth]** (find, meet) wpa|ść, -dać na (kogoś) infml; nat|knąć, -ykać się na (coś) *[reference]*

■ **run after**: **~ after [sb]** gonić *[thief]*; fig uganiać się za kimś *[man, woman]*

■ **run along** ucie|c, -kać; **~ along!** uciekaj!

■ **run at**: **~ at [sb/sth]** (charge towards) rzuc|ić, -ać się do (czegoś) *[door]*; rzuc|ić, -ać się na (kogoś) *[person]*

■ **run away**: ¶ **~ away** [1] (flee) ucie|c, -kać **(from sb** od kogoś**) (to do sth** żeby coś zrobić**)**; **to ~ away from home** uciec z domu; **to ~ away from one's responsibilities/a situation** uciec od obowiązków /sytuacji [2] (run off) *[water, liquid]* wyl|ać, -ewać się, wypły|nąć, -wać ¶ **~ away with [sb]** ucie|c, -kać z (kimś) ¶ **~ away with [sth]** [1] (steal) ucie|c, -kać z (czymś) *[profits, object, money]* [2] (carry off easily) zgar|nąć, -niać infml *[prizes, title]* [3] GB dial (use up) *[activity]* pochł|onąć, -aniać fig *[money]* [4] (get into one's head) **don't ~ away with the idea** or **notion that...** nie myśl sobie, że...; **I don't want him ~ning away with that idea** nie chcę, żeby tak myślał; **to let one's emotions/one's enthusiasm ~ away with one** dać się ponieść emocjom/entuzjazmowi

■ **run back**: **~ back [sth], ~ [sth] back** cof|nąć, -ać *[tape, film]*

■ **run back over**: **~ back over [sth]** podsumow|ać, -ywać *[points, plans]*

■ **run down**: ¶ **~ down** *[battery]* rozładow|ać, -ywać się, wyczerp|ać, -ywać się; *[exports, reserves]* zmniejsz|yć, -ać się; *[machine]* zuży|ć, -wać się; *[industry, company]* podupa|ść, -dać; **the clock has run down** zegar wymaga nakręcenia ¶ **~ down [sb /sth], ~ [sb/sth] down** [1] (in vehicle) przeje|chać, -żdżać *[person, animal]*; **to be** or **get run down by sth** zostać przejechanym przez coś [2] (reduce, allow to decline) ogranicz|yć, -ać *[production, operations, reserves]*; stopniowo z|likwidować *[factory, industry]*; zuży|ć, -wać *[battery]* [3] (disparage) obgad|ać, -ywać *[person]*; s|krytykować *[ideas]*; narzekać na (coś) *[economy]* [4] Naut s|taranować *[boat]* [5] (track down) wy|tropić *[animal, person]*; wyszperać *[thing]*

■ **run in**: ¶ **~ in [sth], ~ [sth] in** do|trzeć, -cierać *[car, machine]*; **'~ning in – please pass'** ≈ „niedotarty" ¶ **~ [sb] in** infml (arrest) przymknąć infml

■ **run into**: **~ into [sb/sth]** [1] (collide with) *[car, driver]* wje|chać, -żdżać w (coś) *[car, wall]*; *[runner]* wpa|ść, -dać na (coś) [2] (meet) wpa|ść, -dać na (kogoś) fig *[person]*; napot|kać, -ykać *[difficulty, opposition]*; **to ~ into debt** wpaść or popaść w długi [3] (amount to) **their debt ~s into millions** ich dług liczy się na miliony; **the trial could ~ into months** proces może się ciągnąć miesiącami

■ **run off**: ¶ [1] *[person, animal]* ucie|c, -kać; **~ off with sb/sth** uciec z kimś/czymś [2] *[liquid, water]* wycie|c, -kać ¶ **~ off [sth], ~ [sth] off** [1] (print) odbi|ć, -jać *[copy]* **(on sth** na czymś**)** [2] (contest) **the race is being run off today** bieg odbędzie się dzisiaj

■ **run on**: ¶ **~ on** *[meeting, seminar]* ciągnąć się ¶ **~ on [sth]** (be concerned with) *[mind]* być pochłoniętym (czymś); *[thoughts]* s|kierować się ku (czemuś); *[conversation]* dotyczyć (czegoś)

■ **run out**: ¶ **~ out** [1] (become exhausted) *[supplies, resources, oil]* wyczerp|ać, -ywać się; **time is ~ning out** czas się kończy; **my money ran out** skończyły mi się pieniądze; **my patience is ~ning out** moja cierpliwość jest na wyczerpaniu [2] (have no more) *[pen]* wypis|ać, -ywać się; **the drinks machine has run out** automat z napojami jest pusty; **'can you give me some paper?' – 'sorry, I've run out'** „możesz mi dać trochę papieru?" – „niestety, skończył mi się" [3] (expire) *[lease]* s|kończyć się; *[passport]* s|tracić ważność ¶ **~ out of [sth]** (have no more) **we have run out of petrol** skończyła nam się benzyna; **we're ~ning out of money/ideas** kończą nam się pieniądze/pomysły; **to be ~ning out of time** mieć już mało czasu; **the car ran out of petrol** w samochodzie skończyła się benzyna

■ **run through**: ¶ **~ through [sth]** [1] (pass through) *[murmur, thrill]* przebie|c, -gać przez (coś) *[crowd]*; **this tune has been ~ning through my head** ta melodia chodzi mi ciągle po głowie [2] (be present in) *[theme, concern]* przewi|nąć, -jać się przez (coś) *[work, history]*; *[prejudice]* być obecnym w (czymś) *[society]* [3] (look through, discuss briefly) przel|ecieć, -atywać infml *[notes, list, article, main points, schedule]* [4] (use, get through) roz|trwonić *[money, inheritance]* ¶ **~ through [sth], ~ [sth] through** (rehearse) powt|órzyć, -arzać *[scene, speech]*; **to ~ sth**

through a series of tests poddać coś serii testów ¶ **~ [sb] through** liter (with sword) przebi|ć, -jać *[person]* **(with sth** czymś)
■ **run to**: **~ to [sth]** (extend as far as) *[book, report]* liczyć *[number of pages, words]*; **his salary doesn't ~ to Caribbean cruises** nie zarabia aż tyle, żeby stać go było na rejsy po Karaibach; **I don't think I can ~ to that** chyba nie mogę sobie na to pozwolić
■ **run up**: **~ up [sth], ~ [sth] up** [1] (accumulate) **she's run up an enormous bill for clothes** wydała mnóstwo pieniędzy na ubrania; **we've run up a large credit card debt** mamy duży debet na karcie kredytowej [2] (make) u|szyć *[dress, curtains]* [3] (raise) wciąg|nąć, -ać *[flag]*
■ **run up against**: **~ up against [sth]** napot|kać, -ykać *[obstacle, difficulty]*
IDIOMS: **to have the ~ of sth** mieć coś do własnej dyspozycji; **to give sb the ~ of sth** oddać coś komuś do dyspozycji; **in the long ~** na dłuższą metę; **in the short ~** na krótszą metę

runabout /ˈrʌnəbaʊt/ *n* GB infml mały samochód *m*

runaround /ˈrʌnəraʊnd/ *n* **he's giving me the ~** on mnie zwodzi

runaway /ˈrʌnəweɪ/ **I** *n* (child) uciekinier *m*, -ka *f*; (prisoner) zbieg *m*
II *adj* [1] (having left) *[slave]* zbiegły; **a ~ teenager** nastolatek, który uciekł z domu; **a ~ husband** mąż, który porzucił żonę [2] (out of control) **a ~ lorry** ciężarówka, nad którą kierowca stracił panowanie; **a ~ horse** koń, który poniósł; **~ inflation** niekontrolowana inflacja [3] (great) *[success, victory]* olbrzymi

rundown /ˈrʌndaʊn/ *n* [1] (report) podsumowanie *n* **(on sth** czegoś); **to give sb a quick ~ on sth** opowiedzieć komuś w skrócie o czymś [2] (of industry, factory) ograniczenie *n* produkcji

run-down /ˌrʌnˈdaʊn/ *adj* [1] (exhausted) *[person]* wykończony infml [2] (shabby) *[house, area]* podupadły

rune /ruːn/ **I** *n* znak *m* runiczny; **~s** runy
II *modif [letter]* runiczny

run-flat /ˈrʌnflæt/ *n* Aut opona *f* odporna na przebicia

rung¹ /rʌŋ/ *pp* → **ring**

rung² /rʌŋ/ *n* (of ladder) szczebel *m* also fig; **the bottom ~** najniższy szczebel also fig; **to move up a few ~s** przeskoczyć kilka szczebli also fig

runic /ˈruːnɪk/ *adj* runiczny

run-in /ˈrʌnɪn/ *n* infml starcie *n*; przepychanka *f* infml; **to have a ~ with the police** zadrzeć z policją

runner /ˈrʌnə(r)/ *n* [1] (person, animal) **to be a fast ~** szybko biegać [2] Sport biegacz *m*, -ka *f*; **a 100-metre ~** stumetrowiec; **a long-distance ~** długodystansowiec; **a marathon ~** maratończyk [3] Equest koń *m* wyścigowy; wyścigowiec *m* infml [4] (messenger) (for bank, stockbroker, on film-set) goniec *m*, posłaniec *m* [5] (groove) (of sliding door, seat, drawer) prowadnica *f*; (for curtain) szyna *f* [6] Bot rozłóg *m* [7] (on sledge) płoza *f* [8] (of cloth, lace) bieżnik *m*; (carpet) chodnik *m* [9] infml (car) **'good ~'** (in ad) „pojazd w dobrym stanie technicznym"
IDIOMS: **to do a ~** infml (from restaurant, taxi) zwiać bez płacenia infml; (from house) dać nogę infml

runner bean *n* GB Bot fasola *f* wielokwiatowa

runner-up /ˌrʌnərˈʌp/ *n* zdobyw|ca *m*, -czyni *f* drugiego miejsca **(to sb** za kimś)

running /ˈrʌnɪŋ/ **I** *n* [1] (sport) biegi *m pl*; (exercise) bieganie *n*; **to take up ~** zacząć biegać [2] (management) kierowanie *n* **(of sth** czymś)
II *modif* **~ shorts/shoes** spodenki/buty do biegania
III *adj* [1] (flowing) *[water]* bieżący; *[tap]* odkręcony; *[knot]* ruchomy; **~ sore** fig ropiejąca rana; **~ eyes** łzawiące oczy [2] (consecutive) **five days ~** pięć dni z rzędu
IDIOMS: **go take a ~ jump!** infml spadaj! infml; **to be in the ~ (for sth)** mieć szansę (na coś); **to make the ~** dyktować tempo also fig

running battle *n* fig nieustanna walka *f* **(with sb/sth** z kimś/czymś)

running board *n* Aut stopień *m (w starszych typach samochodów)*

running commentary *n* relacja *f* na żywo

running costs *npl* koszty *m pl* eksploatacyjne

running head *n* Print żywa pagina *f*

running light *n* Naut, Aviat światło *n* pozycyjne

running mate *n kandydat na niższe stanowisko wyznaczony przez osobę startującą w wyborach na wysoki urząd*; (vice-presidential) kandydat *m*, -ka *f* na wiceprezydenta

running order *n* Radio, TV porządek *m* programów; (of acts in show) kolejność *f* numerów

running race *n* Sport bieg *m*

running repairs *npl* bieżące naprawy *f pl*

running-stitch /ˌrʌnɪŋˈstɪtʃ/ *n* ścieg *m* na okrętkę

running time *n* (of film, cassette) czas *m* nagrywania or odtwarzania

running title *n* = **running head**

running total *n* bieżące saldo *n*

running track *n* bieżnia *f*

runny /ˈrʌnɪ/ *adj* [1] (liquid) *[jam, icing]* płynny; *[sauce]* rzadki; *[butter, chocolate]* roztopiony; *[omelette, scrambled eggs, fried egg]* z nieściętym białkiem; *[boiled egg]* na miękko [2] **I have a ~ nose** cieknie or leci mi z nosa

runoff /ˈrʌnɒf/ *n* [1] (decider) Pol druga tura *f* wyborów; Sport dodatkowy bieg *m* [2] **~ from the roof/road** woda spływająca z dachu/drogi

run-of-the-mill /ˌrʌnəvðəˈmɪl/ *adj [performance, production]* przeciętny

run-on /ˈrʌnɒn/ *adj* Print napisany jednym ciągiem

run-on line *n* Literat (in poetry) przerzutnia *f*

runproof /ˈrʌnpruːf/ *adj* [1] **~ stockings** pończochy o nielecących oczkach [2] *[make-up, mascara]* wodoodporny

runt /rʌnt/ *n* [1] (of litter) najsłabszy *m* w miocie [2] pej (weakling) chuchro *n* pej

run-through /ˈrʌnθruː/ *n* [1] (practice) próba *f* [2] (summary) **let's have a quick ~ of what we're going to do tomorrow** szybko przelećmy nasze jutrzejsze zadania infml; **she gave us a ~ of the main events of the programme** zapoznała nas z głównymi punktami programu

run-up /ˈrʌnʌp/ *n* [1] Sport rozbieg *m*; **to take a ~** wziąć rozbieg [2] (preceding period) **the ~ to sth** okres poprzedzający coś *[election, Christmas]*

runway /ˈrʌnweɪ/ *n* Aviat pas *m* startowy

rupee /ruːˈpiː/ *n* Fin rupia *f*

rupture /ˈrʌptʃə(r)/ **I** *n* [1] Med (hernia) przepuklina *f*; ruptura *f* dat [2] (breaking open) (of kidney, blood vessel, in container) pęknięcie *n* [3] (in relations) rozłam *m* **(between sth and sth** pomiędzy czymś a czymś)
II *vt* [1] (break open) przebi|ć, -jać *[membrane]*; **to ~ one's kidney/appendix** doznać pęknięcia nerki/wyrostka robaczkowego [2] z|erwać, -rywać *[relationship]*; roz|erwać, -rywać *[unity]*
III *vi [kidney, appendix, container]* pęk|nąć, -ać
IV *vr* Med **to ~ oneself** nabawić się przepukliny
V **ruptured** *pp adj* Med pęknięty

rural /ˈrʊərəl/ *adj* [1] *[life, community, industry, tradition]* wiejski; **~ England** wieś angielska [2] *[scene, beauty]* sielski

rural dean *n* GB Relig dziekan *m (w kościele anglikańskim)*

ruse /ruːz/ *n* podstęp *m*

rush¹ /rʌʃ/ **I** *n* [1] (of crowd) pęd *m*; **a ~ of volunteers** masowy napływ ochotników; **a ~ of photographers** nacierająca fala fotografów; **there's always a ~ for the best seats** zawsze wszyscy rzucają się, żeby zająć najlepsze miejsca; **there was a ~ for the door/towards the buffet** wszyscy rzucili się do drzwi/w kierunku bufetu; **to make a ~ at/for sth** *[crowd, person]* rzucić się na coś/do czegoś [2] (hurry) pośpiech *m*; **to be in a ~** śpieszyć się **(to do sth** żeby coś zrobić); **there's no ~** nie ma pośpiechu; **what's the ~?** po co ten pośpiech?; **it all happened in such a ~** to wszystko stało się tak szybko; **we had a ~ to finish it** śpieszyło nam się, żeby to skończyć; **is there any ~?** czy to jest pilne?; **to do sth in a ~** robić coś w pośpiechu [3] (peak time) szczyt *m*, godziny *f pl* szczytu; **the morning/evening/five o'clock ~** poranny/wieczorny/popołudniowy szczyt; **the summer ~** szczyt wakacyjny; **the Christmas ~** gorączka przedświąteczna; **beat the ~!** unikaj tłoku!; **there's a ~ in the lingerie department** w dziale z bielizną damską jest spory ruch [4] (demand) **~ on sth** masowy popyt na coś *[product]*; wzmożony ruch na czymś *[stock exchange, service station]* [5] (surge) (of energy, adrenalin, emotion) (nagły) przypływ *m*; (of air) podmuch *m*; (of water) (silny) strumień *m*; (of complaints) lawina *f*; **a ~ of blood to one's cheeks** nagły rumieniec; **she had a ~ of blood to the head** krew uderzyła jej do głowy; **it gives you a ~** infml to daje kopa infml [6] US Univ *okres, w którym prowadzona jest rekrutacja do organizacji studenckich*
II **rushes** *npl* Cin pierwsza kopia *f* robocza
III *vt* [1] (transport urgently) wys|łać, -yłać niezwłocznie *[supplies, spare parts, troops]*;

R

to ~ sb to hospital niezwłocznie odwieźć kogoś do szpitala; **troops were ~ed to the scene** na miejsce niezwłocznie wysłano wojsko; **'please ~ me my copy'** Journ „proszę przesłać mi egzemplarz" [2] (do hastily) po|śpieszyć się z (czymś) *[task, essay, speech]*; **don't try to ~ things** nie próbuj niczego przyśpieszać [3] (pressurize, hurry) pog|onić, -aniać, popędz|ić, -ać *[person]*; **I don't want to ~ you, but...** nie chcę cię poganiać, ale...; **the agent ~ed me round the house in five minutes** w pięć minut agent oprowadził mnie po całym domu [4] (charge at) rzuc|ić, -ać się na (kogoś) *[guard, defender]*; w|edrzeć, -dzierać się na (coś) *[platform, stage]*; w|edrzeć, -dzierać się do (czegoś) *[building]* [5] US Univ *[fraternity, sorority]* z|werbować *[student]*; *[student]* próbować dostać się do (czegoś) *[sorority, fraternity]*

IV *vi* [1] *[person]* (make haste) po|śpieszyć się **(to do sth** żeby coś zrobić**)**; (rush forward) po|pędzić; **they ~ed to help her** rzucili się, żeby jej pomóc; **don't ~** nie śpiesz się; **sorry, I've got to ~** przepraszam, muszę lecieć infml; **to ~ down the stairs** zbiec po schodach; **to ~ round the house** latać po (całym) mieszkaniu infml; **to ~ to explain** pośpieszyć z wyjaśnieniem; **to ~ up to sb** podbiec do kogoś; **to ~ out of the room** wypaść z pokoju; **to ~ at sb/sth** rzucić się na kogoś/coś; **to ~ along** pędzić [2] (travel) *[train, car]* pędzić; **to ~ past** przemknąć; **to ~ along at 120 km/h** pędzić z prędkością 120 km/godz.; **a ~ing stream** rwący strumień; **water ~ed in (through the hole)** woda wdarła się (przez otwór); **the blood ~ed to his face** twarz nabiegła mu krwią

■ **rush into**: ¶ **~ into [sth]** (decide) **to ~ into a commitment/purchase** zobowiązać się/kupić coś bez zastanowienia; **to ~ into a decision** pośpiesznie podjąć decyzję; **to ~ into marriage** *[man]* ożenić się pośpiesznie; *[woman]* pośpiesznie wyjść za mąż ¶ **~ [sb] into doing sth** przynagl|ić, -ać do zrobienia czegoś; **to ~ sb into marriage/a decision** przynaglić kogoś do małżeństwa/podjęcia decyzji; **don't be ~ed into it** nie śpiesz się z tym

■ **rush out**: ¶ **~ out** *[person]* wypaść; wylecieć infml; **he ~ed out of the room** wypadł z pokoju ¶ **~ out [sth], ~ [sth] out** wyda|ć, -wać naprędce *[pamphlet, edition]*

■ **rush through**: ¶ **~ through [sth]** wykon|ać, -ywać w pośpiechu *[task]*; przel|ecieć, -atywać wzrokiem po (czymś) *[book, article]*; **to ~ through the agenda** w pośpiechu przelecieć przez wszystkie punkty infml ¶ **~ through [sth], ~ [sth] through** przyj|ąć, -mować w pośpiechu *[legislation, bill, amendment]*; błyskawicznie zrealizować *[order]*; **to ~ a bill through parliament** w pośpiechu przepchnąć projekt ustawy przez parlament infml ¶ **~ [sth] through to sb** wys|łać, -yłać komuś pośpiesznie

rush² /rʌʃ/ **I** *n* Bot sitowie *n*

II *modif [mat, seat, basket, curtain]* pleciony z sitowia

rushed /rʌʃt/ *adj [attempt, job]* pośpiesznie wykonany; *[letter]* napisany naprędce; *[person, staff]* zaganiany, zagoniony infml

rush hour **I** *n* godzina *f* szczytu; **the morning ~** poranny szczyt; **in** or **during the ~** w godzinach szczytu

II *modif* **~ congestion/traffic/crowds** korki/ruch/tłumy w godzinach szczytu; **to get caught in the ~ traffic** utknąć w korkach w godzinach szczytu

rush job *n* pilna robota *f*

rushlight /ˈrʌʃlaɪt/ *n* GB świeca *f* z knotem z sitowia

rush order *n* pilne zamówienie *n*

rusk /rʌsk/ *n* sucharek *m*

russet /ˈrʌsɪt/ **I** *n* [1] (colour) (kolor *m*) rudobrunatny *m* [2] (apple) szara reneta *f*

II *adj* rudobrunatny; *[hair]* rudawy; *[leaves]* rdzawy

Russia /ˈrʌʃə/ *prn* Rosja *f*

Russian /ˈrʌʃn/ **I** *n* [1] (person) Rosjan|in *m*, -ka *f* [2] Ling (język *m*) rosyjski *m*

II *modif* **~ teacher** nauczyciel (języka) rosyjskiego; **~ examination** egzamin z (języka) rosyjskiego

III *adj [town, custom, speciality, currency]* rosyjski; **the ~ people** Rosjanie

Russian Federation *n* Federacja *f* Rosyjska

Russian Orthodox *adj [ceremony, icon]* prawosławny; **the ~ Church** Rosyjska Cerkiew Prawosławna

Russian Revolution *n* **the ~** rewolucja *f* 1917 r. w Rosji

Russian roulette *n* rosyjska ruletka *f*

Russian salad *n* sałatka *f* jarzynowa *(z majonezem)*

Russian-speaking /ˈrʌʃnspiːkɪŋ/ *adj [community, area, person]* rosyjskojęzyczny

Russky GB, **Russki(e)** US /ˈrʌskɪ/ *n* infml pej Rusk|i *m*, -a *f*, Rus|ek *m*, -ka *f* infml pej

Russophile /rʌsəʊfaɪl/ *n* rusofil *m*

rust /rʌst/ **I** *n* Chem, Agric, Hort rdza *f*

II *vt* [1] s|powodować rdzewienie (czegoś); **to be ~ed by sth** zardzewieć od czegoś [2] fig *[time, illness, lack of practice]* osłabi|ć, -ać *[faculties, reflexes]*

III *vi* [1] za|rdzewieć [2] fig *[talent]* zostać zaniedbanym; **to let sth ~** zaniedbać coś

IV **rusted** *pp adj* zardzewiały; **to become ~ed** zardzewieć

■ **rust away, rust out** US, **rust through** prze|rdzewieć

■ **rust up** za|rdzewieć

rust-coloured GB, **rust-colored** US /ˈrʌstkʌləd/ *adj* rdzawy

rustic /ˈrʌstɪk/ **I** *n* wieśnia|k *m*, -czka *f*

II *adj* (existence, cottage, food, accent) wiejski; *[architecture, furniture, bridge, fence]* rustykalny; *[charm]* sielski

rusticate /ˈrʌstɪkeɪt/ **I** *vt* GB Univ zawie|sić, -szać w prawach studenta

II *vi* przen|ieść, -osić się na wieś

rustle /ˈrʌsl/ **I** *n* szelest *m*

II *vt* [1] za|szeleścić (czymś) *[leaves, newspaper, bag]*; **the wind ~d the leaves** wiatr szeleścił liśćmi [2] US u|kraść *[cattle, horses]*

III *vi [leaves, skirt, animal]* za|szeleścić

■ **rustle up**: **~ up [sth]** przygotow|ać, -ywać naprędce *[meal, salad]*; z|ebrać, -bierać naprędce *[volunteers, money]*

rustler /ˈrʌslə(r)/ *n* US (cattle thief) złodziej *m* bydła; (horse thief) koniokrad *m*

rustling /ˈrʌslɪŋ/ *n* [1] (of paper, leaves) szelest *m* [2] US (cattle stealing) kradzież *f* bydła; (horses stealing) kradzież *f* koni

rust-proof /ˈrʌstpruːf/ **I** *adj [material]* nierdzewny; *[paint, coating]* antykorozyjny

II *vt* zabezpiecz|yć, -ać przed korozją

rustproofing /ˈrʌstpruːfɪŋ/ *n* zabezpieczenie *n* antykorozyjne

rusty /ˈrʌstɪ/ *adj [car, nail]* zardzewiały; fig (out of practice) **his French is ~** prawie zapomniał, jak się mówi po francusku

rut¹ /rʌt/ **I** *n* [1] (in ground) koleina *f* [2] (routine) rutyna *f*; **to be stuck in a ~, to get into a ~** popaść w rutynę; **to get out of a ~** zerwać z rutyną

II *vt* **(***prp, pt, pp* **-tt-)** z|ryć *[road, lane, surface]*

III **rutted** *pp adj* pożłobiony koleinami, zryty

rut² /rʌt/ **I** *n* Zool (mating) **the ~** ruja *f*; (of deer) ruja, rykowisko

II *vi* **(***prp, pt, pp* **-tt-)** (mate) być w rui

rutabaga /ˌruːtəˈbeɪgə/ *n* US brukiew *f*

ruthenium /ruːˈθiːnɪəm/ *n* ruten *m*

ruthless /ˈruːθlɪs/ *adj [person, dictatorship]* bezwzględny **(towards sb** w stosunku do kogoś**)** **(in sth** w czymś**)**; *[punishment]* bezlitosny

ruthlessly /ˈruːθlɪslɪ/ *adv [punish, torture]* bezlitośnie; *[pursue, determined, efficient]* bezwzględnie

ruthlessness /ˈruːθlɪsnɪs/ *n* bezwzględność *f*

rutting /ˈrʌtɪŋ/ Zool **I** *n* ruja *f*; **~ season** okres rui

II *adj* **~ animal** zwierzę w okresie rui

RV *n* [1] Bible **→ Revised Version** [2] US Aut **→ recreational vehicle**

Rwanda /rʊˈændə/ *prn* Rwanda *f*, Ruanda *f*

Rwandan /rʊˈændən/ **I** *n* (person) Rwandyj|czyk *m*, -ka *f*, Ruandyj|czyk *m*, -ka *f*

II *adj* rwandyjski, ruandyjski

Rx *modif* US Pharm **~ drug** lek na receptę

rye /raɪ/ **I** *n* [1] Agric, Culin żyto *n* [2] US = **rye whiskey**

II *modif [bread, flour]* żytni; **~ field** pole żyta

rye grass *n* Bot życica *f*; rajgras *m* infml

rye whiskey *n* żytnia whisky *f inv*

S

s, S /es/ *n* [1] (letter) s, S *n* [2] **S = South** [3] **S = Saint** święty, św. [4] **= small**

SA *n* [1] **= South Africa** [2] **= South America** [3] **= South Australia**

Sabbatarian /ˌsæbəˈteərɪən/ **I** *n* **to be a ~** *[Jew]* obchodzić szabas; *[Christian]* święcić niedzielę

II *adj [family]* (Jewish) ściśle przestrzegający szabasu; (Christian) święcący niedzielę; **~ principles** zasady ścisłego przestrzegania szabasu

sabbath /ˈsæbəθ/ *n* (also **Sabbath**) (Jewish) szabas *m*, szabat *m*; (Christian) niedziela *f*; **to observe the ~** *[Jewish]* obchodzić szabas; *[Christian]* święcić niedzielę; **to break the ~** *[Jewish]* łamać przepisy odpoczynku szabasowego; *[Christian]* łamać przykazanie o święceniu dnia świętego

sabbatical /səˈbætɪkl/ **I** *n* urlop *m* naukowy; **to take a ~, to go on ~** wziąć urlop naukowy; **to be on ~** być na urlopie naukowym

II *adj [leave]* naukowy; **~ year** roczny urlop naukowy

saber *n* US **= sabre**

sable /ˈseɪbl/ **I** *n* [1] Zool soból *m* [2] (fur) sobole *m pl* [3] Herald czerń *f*

II *modif [hat, garment]* sobolowy

III *adj* liter *[horse]* kary

sabot /ˈsæbəʊ, US sæˈbəʊ/ *n* sabot *m*

sabotage /ˈsæbətɑːʒ/ **I** *n* sabotaż *m*; **an act of ~** akt sabotażu; **to commit ~** dokonać sabotażu; **due to ~** w wyniku sabotażu

II *vt* sabotować *[campaign, discussion, plan]*; uszk|odzić, -adzać *[equipment]*

saboteur /ˌsæbəˈtɜː(r)/ *n* sabotażyst|a *m*, -ka *f*

sabre, saber US /ˈseɪbə(r)/ *n* Mil, Sport szabla *f*

sabre-rattling /ˈseɪbərætlɪŋ/ *n* pobrzękiwanie *n* szabelką dat

sabretooth /ˌseɪbəˈtuːθ/ *n* Zool tygrys *m* szablastozębny

sabre-toothed tiger /ˌseɪbətuːθtˈtaɪgə(r)/ *n* **= sabretooth**

sac /sæk/ *n* [1] Anat worek *m*; **hernial ~** worek przepuklinowy [2] Zool (in bees) koszyczek *m*

saccharin /ˈsækərɪn/ *n* sacharyna *f*

saccharine /ˈsækəriːn/ *adj* pej [1] *[sentimentality, novel, smile]* przesłodzony, ckliwy [2] *[drink, food]* przesłodzony

sacerdotal /ˌsækəˈdəʊtl/ *adj* Relig fml kapłański

sachet /ˈsæʃeɪ, US sæˈʃeɪ/ *n* [1] (of shampoo, cream, sugar) torebka *f*, saszetka *f* [2] (cloth bag) saszetka *f*; **a ~ of lavender** saszetka z lawendą

sack¹ /sæk/ **I** *n* [1] (bag) worek *m*; **potato ~** worek na ziemniaki; **mail ~** worek pocztowy [2] (contents) worek *m*; **a ~ of flour** worek mąki [3] infml (dismissal) **to get the ~** zostać wyrzuconym or wylanym z pracy infml; **to give sb the ~** wyrzucić or wylać kogoś z pracy infml [4] infml (bed) **the ~** wyrko *n* infml; **to hit the ~** walnąć się do wyrka infml; **to be great in the ~** vinfml być dobrym w łóżku infml

II *vt* infml (dismiss) wyrzuc|ić, -ać, wyl|ać, -ewać infml *[employee]* **(for sth/for doing sth** za coś/za zrobienie czegoś); **to be** or **get ~ed** zostać wyrzuconym or wylanym infml

■ **sack out** US infml walnąć się do wyrka infml

IDIOMS: **to look like a ~ of potatoes** wyglądać jak pokraka

sack² /sæk/ liter **I** *n* (pillage) grabież *f*

II *vt* (pillage) o|grabić, s|plądrować *[town]*

sack³ /sæk/ *n* Wine arch białe wino *n* hiszpańskie

sackbut /ˈsækbʌt/ *n* puzon *m*

sackcloth /ˈsækklɒθ, US -klɔːθ/ *n* tkanina *f* workowa; Hist (penitential garment) włosiennica *f*

IDIOMS: **to be in** or **wear ~ and ashes** kajać się publicznie; posypać sobie głowę popiołem fig

sack dress *n* suknia *f* worek

sackful /ˈsækfʊl/ *n* worek *m*; **a ~ of toys** worek zabawek; **cash/letters by the ~** worki pieniędzy/listów, mnóstwo pieniędzy/listów

sacking /ˈsækɪŋ/ *n* [1] Tex (for sacks) tkanina *f* workowa; (jute) juta *f* (na worki) [2] infml (dismissal) wylanie *n* z pracy infml

sackload /ˈsækləʊd/ *n* **= sackful**

sack race *n* biegi *m pl* w workach

sacral /ˈseɪkrəl/ *adj* Anat *[vertebra, nerve]* krzyżowy

sacrament /ˈsækrəmənt/ *n* (religious ceremony) sakrament *m*

Sacrament /ˈsækrəmənt/ *n* (Communion bread) Najświętszy Sakrament *m*; **to receive the ~(s)** przyjmować Komunię Świętą

sacramental /ˌsækrəˈmentl/ *adj* sakramentalny

sacred /ˈseɪkrɪd/ **I** *n* **the ~ and the profane** sacrum i profanum

II *adj* [1] (holy) *[place, object, animal, name]* święty **(to sb** dla kogoś); **to hold sth ~** uważać coś za święte; **to swear by all that's ~** przysięgać na wszystkie świętości; **is nothing ~ any more?** hum czy nie ma już nic świętego?; **'~ to the memory of ...'** „pamięci..." [2] (binding) *[duty, law, vow]* święty; *[trust]* nienaruszalny; **~ mission** święte posłannictwo

sacred cow *n* fig święta krowa *f* pej

Sacred Heart *n* Najświętsze Serce *n* Jezusa

sacrifice /ˈsækrɪfaɪs/ **I** *n* [1] Relig (act) ofiara *f* **a law banning the ~ of animals** prawo zabraniające składania ofiar ze zwierząt [2] Relig (offering) ofiara *f* **(to sb** dla kogoś); **a ~ of sth** ofiara z czegoś; **a human ~** ofiara z ludzi [3] fig poświęcenie *n*; **to make a ~** poświęcić się; **to make many ~s for sb** poświęcać się dla kogoś

II *vt* [1] fig poświęc|ić, -ać; **to ~ sth for one's family/for one's principles** poświęcić coś dla rodziny/dla swoich zasad; **principles ~d on the altar of profit** zasady złożone w ofierze mamonie [2] Relig złożyć, składać w ofierze **(to sb** komuś)

III *vr* **to ~ oneself** poświęc|ić, -ać się **(for sb/sth** dla kogoś/czegoś)

sacrificial /ˌsækrɪˈfɪʃl/ *adj [knife, robe]* ofiarny; **Robert has been made the ~ victim** fig zrobili (sobie) z Roberta kozła ofiarnego

sacrificial lamb *n* Relig baranek *m* ofiarny; fig kozioł *m* ofiarny

sacrilege /ˈsækrɪlɪdʒ/ *n* [1] Relig świętokradztwo *n* [2] fig hum profanacja *f*; **it is ~ to play Chopin on this instrument** grać Szopena na tym instrumencie to profanacja

sacrilegious /ˌsækrɪˈlɪdʒəs/ *adj* [1] Relig świętokradczy [2] fig hum *[opinion, article]* obrazoburczy; **it would be ~ to do something like that** byłoby świętokradztwem or profanacją zrobić coś takiego

sacristan /ˈsækrɪstən/ *n* zakrystian *m*, kościelny *m*

sacristy /ˈsækrɪstɪ/ *n* zakrystia *f*

sacroiliac /ˌsækrəʊˈɪlɪæk/ Anat **I** *n* staw *m* krzyżowo-biodrowy

II *adj [region, joint, ligaments]* krzyżowo-biodrowy

sacrosanct /ˈsækrəʊsæŋkt/ *adj [tradition, institution]* święty; *[place]* otoczony najwyższą czcią; *[right]* nienaruszalny

sacrum /ˈseɪkrəm/ *n* (*pl* **-cra**) kość *f* krzyżowa

sad /sæd/ *adj* [1] *[person, face, film, news, song, voice]* smutny; **I'm ~ to do it** smutno mi, że muszę to zrobić; **it makes me ~** to mnie zasmuca, smutno mi z tego powodu; **we are ~ about** or **at the accident** smutno or przykro nam z powodu tego wypadku; **it's ~ that...** to smutne, że...; **it's ~ to hear that...** to smutna wiadomość, że...; **it's a ~ sight** to smutny widok [2] (unfortunate) *[fact, truth]* smutny, przykry;

~ **to say...** niestety... [3] (deplorable) *[conditions, situation]* godny ubolewania; **a ~ change has come over our society** nasze społeczeństwo zmieniło się w sposób godny ubolewania; **it's a ~ day for democracy/football** to smutny dzień dla demokracji/piłki nożnej

IDIOMS: **I'm a ~der but wiser person** ≈ dostałem porządną nauczkę

SAD /sæd/ *n* → **seasonal affective disorder**

sadden /ˈsædn/ **I** *vt* zasmuc|ić, -ać *[person]*; **it ~s me that...** smuci mnie, że...; **it ~s me to think that...** smutno mi się robi na myśl, że...

II saddened *pp adj* **I was ~ed to hear that...** ze smutkiem dowiedziałem się, że...

III saddening *prp adj* **it is ~ing to hear /think that...** przykro dowiedzieć się/pomyśleć, że...

saddle /ˈsædl/ **I** *n* [1] (on horse) siodło *n*; (on bike) siodełko *n*; **to climb into the ~** Equest wskoczyć na siodło [2] Culin (of lamb, venison) comber *m*; **~ of hare** comber z zająca [3] Geog (ridge) siodło *n*, antyklina *f*

II *vt* [1] Equest o|siodłać *[horse]* [2] (impose) **to ~ sb with sth** obciążyć kogoś czymś *[debt, responsibility]*; obarczyć kogoś czymś *[task]*; **he was ~d with the running of the club** prowadzenie klubu spadło na jego barki [3] Turf (enter in race) *[trainer]* zgł|osić, -aszać do wyścigu *[horse]*

III *vr* **to ~ oneself with sth** brać coś na swoje barki

■ **saddle up:** ¶ **~ up** o|siodłać konia ¶ **~ up [sth]** o|siodłać *[horse]*

saddle-backed /ˈsædlbækt/ *adj [horse]* łękowaty

saddle bag *n* sakwa *f*

saddlebow /ˈsædlbəʊ/ *n* łęk *m*

saddlecloth /ˈsædklɒθ, US -klɔːθ/ *n* derka *f*

saddle horse *n* wierzchowiec *m*, koń *m* pod wierzch

saddler /ˈsædlə(r)/ *n* siodlarz *m*, rymarz *m*

saddlery /ˈsædlərɪ/ *n* siodlarstwo *n*, rymarstwo *n*

saddle shoes *npl* półbuty *m pl (z częścią sznurowaną wykonaną ze skóry w kontrastującym kolorze)*

saddle soap *n* mydło *n* do czyszczenia przedmiotów wykonanych ze skóry

saddle sore I *n* obtarcie *n* od siodła

II saddle-sore *adj* [1] (having sore) *[horse, rider]* mający obtarcia od siodła [2] (sore) *[rider]* obolały; **to be ~** być obolałym po długim siedzeniu w siodle

saddo /ˈsædəʊ/ *n* infml żałosny oferma *m* infml

Sadducee /ˈsædjʊsiː/ *n* saduceusz *m*

sad-eyed /ˌsædˈaɪd/ *adj [person]* o smutnych oczach

sad-faced /ˌsædˈfeɪst/ *adj [person]* o smętnym wyrazie twarzy

sadism /ˈseɪdɪzəm/ *n* sadyzm *m*

sadist /ˈseɪdɪst/ *n* sadyst|a *m*, -ka *f*

sadistic /səˈdɪstɪk/ *adj* sadystyczny

sadistically /səˈdɪstɪklɪ/ *adv [laugh]* sadystycznie; *[treat, punish, beat, torture]* w sadystyczny sposób

sadly /ˈsædlɪ/ *adv* [1] (with sadness) *[sigh, say]* smutno, ze smutkiem; **he will be ~ missed** będzie go bardzo brakowało [2] (unfortunately) niestety; **~, she is right** niestety, ona ma rację [3] (emphatic) **he's ~ lacking sense** wyraźnie brak mu rozsądku; **you are ~ mistaken** grubo się mylisz

sadness /ˈsædnɪs/ *n* smutek *m*

sadomasochism, S&M /ˌseɪdəʊˈmæsəkɪzəm/ *n* sadomasochizm *m*

sadomasochist /ˌseɪdəʊˈmæsəkɪst/ *n* sadomasochist|a *m*, -ka *f*

sadomasochistic /ˌseɪdəʊˌmæsəˈkɪstɪk/ *adj* sadomasochistyczny

sad sack *n* US infml żałosny oferma *m* infml

sae *n* → **stamped addressed envelope**

safari /səˈfɑːrɪ/ *n* safari *n inv*; **to go on/to be on ~** jechać/być na safari

safari hat *n* hełm *m* tropikalny

safari jacket *n* kurtka *f* w stylu safari

safari park *n* park *m* safari

safari suit *n* ubranie *n* w stylu safari

safe /seɪf/ **I** *n* [1] (for valuables) sejf *m*, kasa *f* pancerna [2] (for food) szafka *f* do przechowywania żywności

II *adj* [1] (free from threat, harm) *[person, object, documents]* bezpieczny; *[reputation]* niezagrożony; *[job, position]* niezagrożony, pewny; **to be ~** być bezpiecznym; **to feel ~** czuć się bezpiecznie or bezpiecznym; **you are quite ~ here** jesteś tu całkiem bezpieczny, nic ci tu nie grozi; **we wanted to be ~ from attack** chcieliśmy się uchronić przed atakiem; **to keep sth ~** chronić coś **(from sb/sth** przed kimś /czymś); **keep these documents ~** zabezpiecz te dokumenty; **~ and sound** cały i zdrów; **you'll be ~ with him** z nim będziesz bezpieczny; **your money is ~ with us** twoje pieniądze są u nas bezpieczne [2] (not involving danger) bezpieczny; **have a ~ journey!** szczęśliwej podróży!; **they hope for his ~ arrival/return** mają nadzieję, że szczęśliwie dotrze/wróci [3] (risk-free) *[place, method, treatment, product, toy, vehicle, road, speed]* bezpieczny; *[structure, building]* solidny; *[method]* pewny; *[animal]* niegroźny; **the ~st way to do it is...** najpewniejszym sposobem, żeby to zrobić, jest...; **they retired to a ~ distance** wycofali się na bezpieczną odległość; **the machine is in ~ condition** ta maszyna jest bezpieczna; **the drug is not ~ for children/pregnant women** ten lek nie jest bezpieczny dla dzieci /kobiet w ciąży; **these steps aren't very ~ for old people** te schody nie są bezpieczne dla starszych osób; **it would be ~r for you to go with the group** byłoby bezpieczniej, gdybyś poszedł z grupą; **it's not ~ for you to talk to strangers** niebezpiecznie jest rozmawiać z obcymi; **the water is ~ to drink** or **for drinking** tę wodę można bezpiecznie pić; **nothing here is ~ to eat** nie ma tu niczego, co można by jeść bez obaw; **the beach is ~ for bathing** kąpiel na tej plaży jest bezpieczna; **is the ice ~ to walk on?** czy ten lód jest wystarczająco gruby, żeby po nim chodzić?; **that car isn't ~ to drive** to nie jest bezpieczny samochód; **to make sth ~** stworzyć bezpieczne warunki na czymś *[beach, streets, stadium]*; unieszkodliwić coś *[bomb]*; **what can we do to make this garden ~ for the children?** co (możemy) zrobić, żeby ten ogród był bezpieczny dla dzieci? [4] (prudent) *[investment, topic, choice]* bezpieczny; *[estimate]* ostrożny; **he's a bit too ~** jest trochę za ostrożny; **the ~st thing to do would be to leave** najbezpieczniej byłoby wyjść; **it would be ~r not to mention that** bezpieczniej byłoby o tym nie wspominać; **it's ~ to say/predict that...** można śmiało stwierdzić/przewidzieć, że... [5] (reliable) *[driver, guide, companion]* godny zaufania; **to be in ~ hands** być w pewnych rękach [6] GB infml (great) ekstra, super infml

IDIOMS: **as ~ as houses** GB najzupełniej bezpieczny; **better ~ than sorry** lepiej dmuchać na zimne; **just to be on the ~ side** (tak) na wszelki wypadek; **to play it ~** działać ostrożnie

safe bet *n* pewniak *m* infml; **he's a ~ to** pewniak; **it's a ~ that...** to pewne, że...

safe-blower /ˈseɪfbləʊə(r)/ *n* kasiarz *m* infml *(posługujący się materiałami wybuchowymi)*

safe-breaker /ˈseɪfbreɪkə(r)/ *n* włamywacz *m*; kasiarz *m* infml

safe-conduct /ˌseɪfˈkɒndʌkt/ *n* [1] (guarantee) gwarancja *f* bezpieczeństwa [2] (document) list *m* żelazny

safe-cracker /ˈseɪfkrækə(r)/ *n* infml kasiarz *m* infml

safe-deposit box /ˌseɪfdɪˈpɒzɪtbɒks/ *n* skrytka *f* bankowa

safeguard /ˈseɪfgɑːd/ **I** *n* zabezpieczenie *n* **(against sth** przed czymś); (person, people) ochrona *f*

II *vt* o|chronić *[interests, life]*; zabezpiecz|yć, -ać *[data]* **(against/from sth** przed czymś)

safe haven *n* bezpieczna przystań *f* fig

safe house *n* kryjówka *f*

safekeeping /ˌseɪfˈkiːpɪŋ/ *n* **in sb's ~** pod opieką kogoś; **to entrust sth to sb's ~, to give sth to sb for ~** powierzyć coś komuś or opiece kogoś, oddać coś komuś w opiekę

safely /ˈseɪflɪ/ *adv* [1] (without damage or harm) *[arrive, return, land, take off]* bezpiecznie, szczęśliwie; **you can walk around quite ~ here** można tu spacerować zupełnie bezpiecznie; **she saw the children ~ across the street** przeprowadziła dzieci bezpiecznie na drugą stronę ulicy; **when they're ~ across the border...** kiedy będą już bezpieczni po drugiej stronie granicy... [2] (without risk) *[assume, say]* bezpiecznie, spokojnie; *[leave sth]* spokojnie; **we can ~ assume/say that...** możemy bezpiecznie or spokojnie założyć/powiedzieć, że...; **it can ~ be left with me** możesz to u mnie spokojnie or bez obaw zostawić; **you can ~ confide in your doctor** możesz spokojnie zaufać swojemu lekarzowi [3] (causing no risk or concern) *[locked, hidden, stored]* bezpiecznie; **the children are ~ tucked up in bed** dzieci są już szczęśliwie w łóżkach; **they're ~ behind bars** siedzą bezpiecznie za kratkami; **with her parents ~ out of the way, she could...** skoro szczęśliwie pozbyła się rodziców, mogła...; **he's ~ through to the final** bez kłopotów znalazł się w finale [4] (carefully) *[drive]* ostrożnie

safeness /ˈseɪfnɪs/ *n* (of structure, building) bezpieczeństwo *n*, dobry stan *m*; (of method,

investment) bezpieczeństwo *n*; (of product) nieszkodliwość *f*
safe passage *n* bezpieczny przejazd *m* **(to /for sb** dla kogoś**)**
safe period *n* (in menstrual cycle) okres *m* niepłodny
safe seat *n* Pol pewny mandat *m*
safe sex *n* bezpieczny seks *m*; **to practice ~** uprawiać bezpieczny seks
safety /ˈseɪftɪ/ **I** *n* [1] (freedom from harm or risk) bezpieczeństwo *n*; **the ~ of the passengers/guests** bezpieczeństwo pasażerów /gości; **to fear** or **be concerned about sb's ~** bać się o bezpieczeństwo kogoś; **there're fears for her ~** istnieją obawy co do jej bezpieczeństwa; **in ~** bezpiecznie; **in the ~ of one's own home** w bezpiecznych czterech ścianach własnego domu; **to watch from the ~ of the hills** spoglądać z bezpiecznego miejsca na wzgórzach; **to help sb to ~** pomóc komuś dostać się w bezpieczne miejsce; **to reach ~** dotrzeć w bezpieczne miejsce; **for one's own ~** dla własnego bezpieczeństwa; **to seek ~ in flight** szukać ratunku w ucieczce [2] (as public issue) bezpieczeństwo *n*; **road ~** bezpieczeństwo na drogach; **~ in the home** bezpieczeństwo w domu; **~ at work** bezpieczeństwo i higiena pracy; **~ first** przede wszystkim bezpieczeństwo [3] US infml (condom) prezerwatywa *f*; zabezpieczenie *n* euph
II *modif* **~ code** kod zabezpieczający; **~ measure/regulations** środki/przepisy bezpieczeństwa; **~ limit** ograniczenie podyktowane względami bezpieczeństwa; **~ blade** bezpieczne ostrze; **~ strap** pasek zabezpieczający
IDIOMS: **there's ~ in numbers** w grupie bezpieczniej; **to play for ~** działać ostrożnie
safety belt *n* Aut pas *m* bezpieczeństwa
safety catch *n* (on gun) bezpiecznik *m*; (on knife) blokada *f* zabezpieczająca
safety chain *n* (for watch) łańcuszek *m*, dewizka *f*; (on door) łańcuch *m* przy drzwiach
safety curtain *n* kurtyna *f* przeciwpożarowa
safety-deposit box /ˌseɪftɪdɪˈpɒzɪtbɒks/ *n* skrytka *f* bankowa
safety glass *n* szkło *n* bezpieczne
safety helmet *n* kask *m* ochronny
safety island *n* US wysepka *f* (uliczna)
safety lamp *n* lampa *f* bezpieczeństwa
safety match *n* zapałka *f*
safety net *n* [1] siatka *f* asekuracyjna [2] fig zabezpieczenie *n*
safety pin *n* agrafka *f*
safety razor *n* maszynka *f* do golenia
safety valve *n* zawór *m* bezpieczeństwa also fig
safety zone *n* US wysepka *f* (uliczna)
saffron /ˈsæfrən/ **I** *n* Bot, Culin szafran *m*
II *modif* **~ rice** ryż z szafranem; **~ flower** kwiat szafranu
III *adj [robes, cloth]* szafranowy
sag /sæg/ **I** *n* [1] (in mattress) zapadnięcie *n*, wgniecenie *n* [2] (in value) spadek *m*
II *vi* **(***prp, pt, pp* **-gg-)** [1] *[ceiling, roof, floor]* zapa|ść, -dać się; *[mattress, canvas, seat, bed]* zapa|ść, -dać się, wgni|eść, -atać się; *[flesh]* obwis|nąć, -ać [2] (weaken) *[interest, confidence, courage]* o|słabnąć; **her spirits ~ged** podupadła na duchu [3] (fall) *[currency, exports]* spa|ść, -dać
saga /ˈsɑːgə/ *n* [1] Literat saga *f* [2] infml (lengthy story) historia *f*; **she told me the whole ~ of their divorce** opowiedziała mi całą historię ich rozwodu
sagacious /səˈgeɪʃəs/ *adj* fml *[person, remark, decision, action]* roztropny
sagaciously /səˈgeɪʃəslɪ/ *adv* fml *[say, remark, refuse]* roztropnie
sagaciousness /səˈgeɪʃəsnɪs/ *n* = **sagacity**
sagacity /səˈgæsətɪ/ *n* fml roztropność *f*
sage[1] /seɪdʒ/ *n* Bot szałwia *f* lekarska
sage[2] /seɪdʒ/ **I** *n* (wise person) mędrzec *m*
II *adj* (wise) *[person, comment, reply]* mądry; **to give ~ advice** dać mądrą radę
sage-and-onion stuffing /ˌseɪdʒənˈʌnɪənstʌfɪŋ/ *n* nadzienie *n* z cebuli z szałwią
sagebrush /ˈseɪdʒbrʌʃ/ *n* Bot bylica *f*
Sagebrush State *n* US Newada *f*
sage Derby *n* GB twardy ser *m* z dodatkiem szałwii
sage green I *n* (colour) (kolor *m*) szarozielony *m*
II *adj* szarozielony
sagely /ˈseɪdʒlɪ/ *adv [reply, nod]* mądrze
sagging /ˈsægɪŋ/ *prp adj* [1] *[roof]* zapadający się; *[beam]* wybrzuszony; *[cheeks, breast, flesh]* obwisły; *[curtains, cable]* zwisający [2] *[spirits, morale]* nadwątlony; *[interest, confidence]* słabnący
Sagittarian /ˌsædʒɪˈteərɪən/ **I** *n* Astrol (person) Strzelec *m*
II *adj [personality]* typowy dla Strzelca
Sagittarius /ˌsædʒɪˈteərɪəs/ *n* Astrol, Astron Strzelec *m*
sago /ˈseɪgəʊ/ *n* Culin sago *n inv*
sago palm *n* sagowiec *m*, palma *f* sagowa
sago pudding *n* sago *n inv* na mleku
Sahara /səˈhɑːrə/ *prn* Sahara *f*; **in the ~ Desert** na Saharze
Saharan /səˈhɑːrən/ *adj* saharyjski
sahib /ˈsɑːhɪb/ *n* sahib *m*
said /sed/ **I** *pt, pp* → **say**
II *pp adj* Jur fml wspomniany, rzeczony; **the ~ Mr X** wspomniany or rzeczony pan X; **on the ~ day** owego dnia
sail /seɪl/ **I** *n* [1] (on boat) żagiel *m*; **to take in ~** (furl) zwinąć żagle; (reef) zrefować żagle [2] (navigation) **to set ~** wypłynąć w morze; **to set ~ from sth** wypłynąć z czegoś; **to set ~ for sth** popłynąć do czegoś; **to be under ~** płynąć, żeglować; **to cross the ocean under ~** przepłynąć ocean pod żaglami; **a ship in full ~** statek na pełnych żaglach; **the age of ~** epoka żaglowców [3] (on windmill) skrzydło *n* [4] (journey) **to go for a ~** pojechać na żagle; **it's two days' ~ from here** to dwa dni żeglowania stąd
II *vt* [1] (be in charge of) pływać na (czymś) *[ship]*; pływać (czymś) *[yacht]*; pu|ścić, -szczać *[model ship]*; **to ~ a ship between two islands** przeprowadzić statek między dwiema wyspami; **to ~ a ship into the port** wprowadzić statek do portu; **I used to ~ a catamaran** kiedyś pływałem katamaranem [2] (travel across) przepły|nąć, -wać (statkiem) *[ocean, channel]*
III *vi* [1] (travel by boat) *[person]* po|płynąć; **to ~ from... to...** popłynąć z... do...; **to ~ around the world** opłynąć świat; **to ~ north** popłynąć na północ; **we flew there and ~ed back** w tamtą stronę polecieliśmy samolotem, a wróciliśmy statkiem [2] (move across water) *[ship]* płynąć; **to ~ across sth** przepłynąć (przez) coś *[ocean]*; **to ~ into sth** wpłynąć do czegoś *[port]*; **the ship ~ed into Dover** okręt wpłynął do portu w Dover; **to ~ at 15 knots** płynąć z prędkością 15 węzłów; **to ~ under the Danish flag** pływać pod duńską banderą [3] (leave port, set sail) wypły|nąć, -wać; odpły|nąć, -wać; **the Titanic ~ed on 10 April** Titanic wypłynął w morze 10 kwietnia; **we ~/the boat ~s at 10** odpływamy/statek odpływa o godzinie dziesiątej [4] (as hobby) żeglować; **to go ~ing** pojechać na żagle [5] (move smoothly) **to ~ past sb** minąć kogoś; **he ~ed into the room** lekkim krokiem wszedł do pokoju; **the ball ~ed over the fence** piłka poszybowała nad ogrodzeniem
■ **sail into** US infml: **~ into [sb]** za|atakować gwałtownie
■ **sail through**: **~ through [sth]** wygr|ać, -ywać bez trudu *[match, election]*; **to ~ through an exam** śpiewająco zdać egzamin; **he ~ed through the interview** bez problemów przeszedł przez rozmowę kwalifikacyjną
IDIOMS: **to ~ close to the wind** balansować na krawędzi; **to take the wind out of sb's ~s** przygasić kogoś, pozbawić kogoś satysfakcji
sailboard /ˈseɪlbɔːd/ *n* deska *f* z żaglem, deska *f* windsurfingowa
sailboarder /ˈseɪlbɔːdə(r)/ *n* deskarz *m*
sailboarding /ˈseɪlbɔːdɪŋ/ *n* windsurfing *m*
sailboat /ˈseɪlbəʊt/ *n* US żaglówka *f*
sailcloth /ˈseɪlklɒθ, US -klɔːθ/ *n* płótno *n* żaglowe
sailing /ˈseɪlɪŋ/ **I** *n* [1] (sport) żeglarstwo *n*; (activity) żeglowanie *n*; **I love ~** uwielbiam żeglować or żeglowanie; **a week's ~** tydzień na żaglach [2] (departure) **the next ~** następny rejs; **three ~s a day** trzy rejsy dziennie
II *modif [club, equipment]* żeglarski; *[boat, vessel]* żaglowy; **~ date/time** data/godzina wypłynięcia; **~ instructor** instruktor żeglarstwa; **~ holiday** wakacje pod żaglami
sailing dinghy *n* mała żaglówka *f*
sailing ship *n* żaglowiec *m*
sail maker *n* żaglomistrz *m*
sailor /ˈseɪlə(r)/ *n* [1] (seaman) marynarz *m* [2] (sea traveller) żeglarz *m*
sailor suit *n* marynarskie ubranko *n*
sailplane /ˈseɪlpleɪn/ *n* szybowiec *m*
sainfoin /ˈseɪnfɔɪn, ˈsæn-/ *n* Bot esparceta *f* siewna
saint /seɪnt, snt/ *n* Relig święt|y *m*, -a *f* also fig; **Saint Mark** święty Marek
IDIOMS: **to have the patience of a ~** mieć świętą cierpliwość
sainted /ˈseɪntɪd/ *adj* Relig kanonizowany, ogłoszony świętym; **to be ~** zostać ogłoszonym świętym; **his ~ mother** fig jego anielskiej dobroci matka
sainthood /ˈseɪnthʊd/ *n* świętość *f*
saintliness /ˈseɪntlɪnɪs/ *n* (of person, manner) świątobliwość *f*; (of quality) szlachetność *f*

S

saintly /ˈseɪntlɪ/ *adj [person, manner, expression]* świątobliwy; *[virtue, quality]* szlachetny
saint's day *n* Relig *dzień w kalendarzu poświęcony świętemu patronowi*
saithe /seɪθ/ *n* GB Zool, Culin czarniak *m*
sake[1] /seɪk/ *n* [1] (purpose, end) **for the ~ of principle** dla zasady; **for the ~ of safety** or **for safety's ~** dla bezpieczeństwa; **for the ~ of clarity** or **for clarity's ~** dla jasności; **let's suppose, for the ~ of argument** or **for argument's ~, that...** przyjmijmy czysto teoretycznie, że...; **to complain for the ~ of complaining** narzekać dla samego narzekania; **art for art's ~** sztuka dla sztuki; **for old times' ~** ze względu na starą przyjaźń [2] (benefit) **for the ~ of sb** or **for sb's ~** ze względu na kogoś; **for your/his/their ~** dla twojego/jego/ich dobra, przez wzgląd na ciebie/niego/nich; **be nice to him, for my ~** zrób to dla mnie i bądź dla niego miły; **I advise you, for your own ~, not to do that** dla twojego własnego dobra radzę ci tego nie robić; **for all our ~s** dla dobra nas wszystkich [3] (in anger, in plea) **for God's** or **heaven's** or **pity's** or **goodness' ~** na miłość or litość boską!
sake[2] *n* = **saki**
saki /ˈsɑːkɪ/ *n* sake *f inv*
sal /sɑːl/ *n* Chem, Pharm sól *f*
salaam /səˈlɑːm/ **I** *n* salam *m*, pokój *m* z tobą; **to make a ~** uczynić gest pozdrowienia
II *vi* uczynić gest pozdrowienia
salability *n* US = **saleability**
salable *n* US = **saleable**
salacious /səˈleɪʃəs/ *adj* fml pej sprośny pej; nieobyczajny fml
salaciousness /səˈleɪʃəsnɪs/ *n* fml pej sprośność *f* pej; nieobyczajność *f* fml
salad /ˈsæləd/ *n* (of cooked vegetables) sałatka *f*; (of raw vegetables) surówka *f*; (of lettuce) sałata *f*; **bean ~** sałatka z fasoli; **ham ~** sałatka z szynką; **mixed ~** surówka mieszana; **green ~** sałata z ogórkiem i zieloną papryką; **Russian ~** sałatka jarzynowa z majonezem
salad bar *n* bar *m* sałatkowy
salad bowl *n* salaterka *f* (na sałatki)
salad cream *n* GB sos *m* majonezowy do sałatek
salad days *npl* liter (youth) młodzieńcze lata *plt*
salad dressing *n* sos *m* do sałatek, dressing *m*
salad oil *n* olej *m* do sałatek
salad servers *npl* sztućce *plt* do sałatek
salad shaker *n* druciany koszyk *m* do płukania sałaty
salad spinner *n* wirówka *f* do sałaty
salamander /ˈsæləmændə(r)/ *n* Zool, Mythol salamandra *f*
salami /səˈlɑːmɪ/ *n* salami *n inv*
sal ammoniac /ˌsæləˈməʊnɪæk/ *n* Chem salmiak *m*, chlorek *m* amonowy
salaried /ˈsælərɪd/ *adj [employee]* otrzymujący stałą pensję; *[post]* ze stałą pensją
salary /ˈsælərɪ/ **I** *n* pensja *f*
II *modif [negotiations, bracket]* płacowy; **~ increase/scale** podwyżka/siatka płac
sale /seɪl/ **I** *n* [1] (selling) sprzedaż *f* **(of sth /to sb** czegoś/komuś); **for ~** na sprzedaż; **for general ~** przeznaczony do wolnej sprzedaży; **to put sth up** or **offer sth for ~** wystawić coś na sprzedaż; **on ~** GB w sprzedaży; **to go on ~** GB znaleźć się w sprzedaży; **~ or return** sprzedaż z prawem zwrotu; **I haven't made a ~ all week** w tym tygodniu niczego nie sprzedałem; **we made a quick ~** szybko uporaliśmy się ze sprzedażą; **at point of ~** w punkcie sprzedaży [2] (at reduced price) wyprzedaż *f*; **the ~s** wyprzedaż; **in the ~(s)** GB, **on ~** US na wyprzedaży; **the store is holding a ~** w sklepie odbywa się wyprzedaż; **the ~s are on** (obecnie) trwają wyprzedaże; **the summer/January ~s** letnie/styczniowe wyprzedaże; **to put sth in the ~** GB or **on ~** US przecenić coś; **(to buy sth) in the ~s** GB or **on ~** US (kupić coś) na wyprzedaży [3] (event) (of book, furniture) kiermasz *m* **(of sth** czegoś); (auction) aukcja *f* **(of sth** czegoś); **to hold** or **have a ~** zorganizować kiermasz/aukcję
II sales *npl* [1] (amount sold) sprzedaż *f*; **arms/wine ~s** sprzedaż broni/wina; **~s are up/down** sprzedaż wzrosła/spadła [2] (activity) handel *m* [3] (department) dział *m* sprzedaży
III sales *modif [leaflet, brochure, literature]* handlowy; **~ department/growth** dział /wzrost sprzedaży
saleability /ˌseɪləˈbɪlɪtɪ/ *n* pokupność *f*, wzięcie *n*
saleable /ˈseɪləbl/ *adj [goods, products]* poszukiwany, pokupny; **to be ~** dobrze się sprzedawać infml
sale item *n* artykuł *m* przeceniony
sale of work *n* kiermasz *m* własnych wyrobów *(na cele charytatywne)*
sale price *n* (reduced) obniżona cena *f*
saleroom /ˈseɪlruːm/ *n* sala *f* aukcyjna
sales assistant *n* GB sprzedaw|ca *m*, -czyni *f*, ekspedient *m*, -ka *f*
sales book *n* Comm księga *f* sprzedaży
sales chart *n* diagram *m* sprzedaży
salesclerk /ˈseɪlzklɑːk/ *n* US sprzedaw|ca *m*, -czyni *f*, ekspedient *m*, -ka *f*
sales director *n* dyrektor *m* do spraw sprzedaży
sales drive *n* kampania *f* handlowa
sales executive *n* kierownik *m* handlowy
sales figures *n* wielkość *f* sprzedaży
sales force *n* personel *m* działu sprzedaży
sales forecast *n* prognoza *f* sprzedaży
salesgirl /ˈseɪlzgɜːl/ *n* sprzedawczyni *f*, ekspedientka *f*
saleslady /ˈseɪlzleɪdɪ/ *n* US sprzedawczyni *f*, ekspedientka *f*
salesman /ˈseɪlzmən/ *n* (*pl* **-men**) [1] (in store) sprzedawca *m*, ekspedient *m* [2] (representative) akwizytor *m*; komiwojażer *m* dat; **insurance ~** agent ubezpieczeniowy
sales manager *n* = **sales director**
salesmanship /ˈseɪlzmənʃɪp/ *n* sztuka *f* sprzedaży
sales office *n* biuro *n* sprzedaży
salesperson /ˈseɪlzpɜːsn/ *n* (*pl* **-persons, -people**) sprzedaw|ca *m*, -czyni *f*, ekspedient *m*, -ka *f*
sales pitch *n* zachwalanie *n* towaru przez sprzedawcę
sales point *n* punkt *m* sprzedaży
sales rep *n* przedstawiciel *m* handlowy, przedstawicielka *f* handlowa
sales representative *n* = **sales rep**
sales resistance *n* nieuleganie *n* szałowi zakupów; Comm opór *m* konsumentów
sales slip *n* paragon *m* (sklepowy)
sales staff *n* personel *m* prowadzący sprzedaż
sales talk *n* zachwalanie *n* towaru
sales target *n* zakładana wysokość *f* sprzedaży
sales tax *n* US podatek *m* obrotowy
saleswoman /ˈseɪlzwʊmən/ *n* (*pl* **-women)** (in store) sprzedawczyni *f*, ekspedientka *f*; (representative) akwizytorka *f*
sale value *n* wartość *f* handlowa
Salic law /ˈsælɪklɔː/ *n* **the ~** prawo *n* salickie
salient /ˈseɪlɪənt/ **I** *n* Mil klin *m*
II *adj [fact, point, feature]* istotny
salina /səˈlaɪnə/ *n* [1] Geog (lake) słone jezioro *n*; (marsh) słone błota *plt* [2] (salt works) salina *f*
saline /ˈseɪlaɪn/ **I** *n* Med (also **~ solution)** sól *f* fizjologiczna; **~ drip** kroplówka z roztworu soli fizjologicznej
II *adj [liquid]* zasolony; *[lake, spring]* słony; **~ deposits** słone osady
salinity /səˈlɪnətɪ/ *n* zasolenie *n*
saliva /səˈlaɪvə/ *n* ślina *f*
salivary /səˈlɪvərɪ, səˈlaɪvərɪ, US ˈsæləverɪ/ *adj* ślinowy; **~ gland** ślinianka, gruczoł ślinowy
salivate /ˈsælɪveɪt/ *vi* ślinić się
salivation /ˌsælɪˈveɪʃn/ *n* (of person, animal) ślinienie się *n*; (of organism, gland) nadmierne wydzielanie *n* śliny
sallow[1] /ˈsæləʊ/ *n* Bot wierzba *f* iwa
sallow[2] /ˈsæləʊ/ *adj [complexion, skin, face]* ziemisty
sallowness /ˈsæləʊnɪs/ *n* ziemistość *f*
sally /ˈsælɪ/ *n* [1] Mil dat (sortie) wypad *m* [2] (quick witticism) cięta uwaga *f*
■ **sally forth** hum (set off) wyrusz|yć, -ać
Sally Army /ˌsælɪˈɑːmɪ/ *prn* GB infml = **Salvation Army**
salmagundi /ˌsælməˈgʌndɪ/ *n* US *potrawa z siekanego mięsa, anchois, jajek i cebuli*
salmon /ˈsæmən/ **I** *n* (*pl* **~)** łosoś *m*
II *modif* **~ salad/paste** sałatka/pasta z łososia; **~ sandwiches** kanapki z łososiem
salmonella /ˌsælməˈnelə/ *n* (*pl* **-ae, -as)** Biol salmonella *f*
salmonella poisoning *n* zatrucie *n* salmonellą
salmonellosis /ˌsælmɒneˈləʊsɪs/ *n* salmonelloza *f*
salmon pink **I** *n* (kolor *m*) łososiowy *m*
II *adj* łososiowy
salmon steak *n* stek *m* z łososia
salmon trout *n* Zool troć *f*
Salome /səˈləʊmɪ/ *prn* Salome *f inv*
salon /ˈsælɒn, US səˈlɒn/ *n* salon *m*; **hairdressing/beauty ~** salon fryzjerski /piękności
saloon /səˈluːn/ *n* [1] Aut (also **~ car)** sedan *m* [2] (also **~ bar)** GB bar *m* wyższej kategorii *(w pubie)*; US knajpa *f (na Dzikim Zachodzie)*; (on boat) salon *m*; (on train) salonka *f*
saloon car racing *n* GB wyścigi *m pl* samochodów produkowanych seryjnie
Salop *prn* GB Post = **Shropshire**
salpingitis /ˌsælpɪnˈdʒaɪtɪs/ *n* Med zapalenie *n* jajowodu

salsa /ˈsælsə/ *n* [1] (dance) salsa *f* [2] (sauce) pikantny sos *m* pomidorowy
salsify /ˈsælsɪfɪ/ *n* Bot salsefia *f*, kozibród *m* porolistny
salt /sɔːlt/ **I** *n* [1] Culin sól *f* (kuchenna); **there's too much ~ in the rice** ryż jest przesolony; **I don't like a lot of ~ on my food** nie lubię dużo solić; **~ and pepper** sól i pieprz; **to put ~ on food** solić jedzenie; **to put ~ on the roads** posypywać drogi solą [2] Chem sól *f*; **the ~s of sulphuric acid** sole kwasu siarkowego [3] infml dat (sailor) **an old ~** wilk morski
II salts *npl* Pharm sól *f*, sole *f pl*
III *modif [water, lake]* słony; *[beef, pork]* solony; **~ molecule/crystal/solution** cząsteczka/kryształ/roztwór soli; **~ production/refining** produkcja/oczyszczanie soli; **~ industry** solnictwo
IV *vt* [1] (for taste) o|solić, po|solić *[food, water]* [2] (to preserve) zas|olić, -alać *[meat, fish]* [3] posyp|ać, -ywać solą *[road, path]*
■ **salt away**: **~ away [sth], ~ [sth] away** od|łożyć, -kładać *[money]*
IDIOMS: **to cry ~ tears** liter płakać gorzkimi łzami; **to be the ~ of the earth** być solą ziemi; **to take sth with a grain** or **pinch of ~** odnosić się do czegoś ze szczyptą rezerwy; **any teacher worth his ~ knows that** wie o tym każdy nauczyciel z prawdziwego zdarzenia
SALT /sɔːlt/ *n* = **Strategic Arms Limitation Talks** rozmowy *f pl* w sprawie ograniczenia zbrojeń strategicznych, SALT
saltbox /ˈsɔːltbɒks / *n* pojemnik *m* na sól; fig US budynek *m* kryty dachem dwuspadowym *(piętrowy od frontu, z tyłu parterowy)*
saltcellar /ˈsɔːltselə(r)/ *n* solniczka *f*
salted /ˈsɔːltɪd/ *adj [butter, peanuts]* słony; *[beef]* solony; **to boil sth in ~ water** gotować coś w osolonej wodzie
salt flat *n* słona pustynia *f*
saltine /ˈsɔːltaɪn/ *n* US słony krakers *m*
saltiness /ˈsɔːltɪnɪs/ *n* [1] (taste) (of food) słony smak *m*, słoność *f* [2] (salt content) (of solution, water) zasolenie *n*
saltings /ˈsɔːltɪŋz/ *npl* GB solnisko *n*
salt lick *n* lizawka *f*
salt marsh *n* słone błota *plt*
saltmine /ˈsɔːltmaɪn/ *n* Mining kopalnia *f* soli; żupa *f* solna dat; **it's back to the ~s for me** fig pora wracać do roboty infml
salto /ˈsæltəʊ/ *n* Sport salto *n*
saltpan /ˈsɔːltpæn/ *n* Geog panew *f* solna
saltpetre GB, **saltpeter** US /ˌsɔːltˈpiːtə(r)/ *n* saletra *f* potasowa
saltshaker /ˈsɔːltʃeɪkə(r)/ *n* solniczka *f*
salt spoon *n* łyżeczka *f* do soli
salt tax *n* Hist podatek *m* od soli
saltwater /ˈsɔːltwɔːtə(r)/ *adj [fish, plant, mammal]* słonowodny
saltworks /ˈsɔːltwɜːks/ *npl* warzelnia *f* soli; żupa *f* solna dat
salty /ˈsɔːltɪ/ *adj* [1] *[water, food, flavour]* słony; **to taste ~** być słonym, mieć słony smak [2] Miner *[deposit]* solny; *[soil]* zasolony [3] fig *[joke]* słony; *[language, slang]* soczysty
salubrious /səˈluːbrɪəs/ *adj [climate, atmosphere, environment]* zdrowy; *[neighbourhood]* dobry, porządny; **it isn't a very ~ place** to nie jest najprzyjemniejsze miejsce
salubrity /səˈluːbrətɪ/ *n* fml **~ of a climate** zdrowy klimat
saluki /səˈluːkɪ/ *n* chart *m* perski, saluki *m inv*
salutary /ˈsæljʊtrɪ, US -terɪ/ *adj [experience, exercise]* pożyteczny; *[advice, effect]* zbawienny; *[lesson]* pouczający
salutation /ˌsæljuːˈteɪʃn/ *n* [1] fml (greeting) pozdrowienie *n*; **in ~** na powitanie [2] (in letter writing) zwrot *m* grzecznościowy *(rozpoczynający list)*
salutatorian /ˌsæljuːtəˈtɔːrɪən/ *n* US Sch, Univ *student ostatniego roku, otwierający uroczystość wręczenia dyplomów*
salute /səˈluːt/ **I** *n* [1] fml (greeting) pozdrowienie *n*; Mil salut *m*; **to give sb a ~** Mil salutować komuś; **to take the ~** odbierać defiladę; **victory ~** znak zwycięstwa [2] Mil (firing of guns) salut *m* armatni, salwa *f* honorowa; **a 21-gun ~** 21 salw armatnich [3] (homage) hołd *m*; **a monument as a ~ to their bravery** pomnik w hołdzie dla ich odwagi
II *vt* [1] (greet) pozdr|owić, -awiać; Mil za|salutować (komuś); **to ~ the flag** oddać honory sztandarowi [2] fig (honour) **to ~ sb for sth** wyrazić komuś uznanie za coś
III *vi* Mil za|salutować
Salvador(e)an /ˌsælvəˈdɔːrɪən/ **I** *n* Salwador|czyk *m*, -ka *f*
II *adj* salwadorski
salvage /ˈsælvɪdʒ/ **I** *n* [1] (rescue) ocalenie *n*, uratowanie *n* **(of sb/sth** kogoś/czegoś) [2] (rescued goods) uratowane mienie *n* [3] (reward) nagroda *f* za uratowanie mienia
II *modif [company, team, equipment, vessel]* ratowniczy; *[operation]* ratunkowy
III *vt* [1] Naut u|ratować, ocal|ić, -ać *[belongings, cargo, treasures]* **(from sth** z czegoś) [2] ocal|ić, -ać, u|ratować *[situation, game, marriage, project, reputation]*; zachow|ać, -ywać *[pride, self-respect, memories]* [3] (save for recycling) z|ebrać, -bierać, odzysk|ać, -iwać *[newspapers, cardboard, packaging, waste paper]*
salvation /sælˈveɪʃn/ *n* [1] Relig zbawienie *n* [2] (rescue) ocalenie *n*; **national ~** ocalenie narodowe
Salvation Army **I** *prn* Armia *f* Zbawienia
II *modif* **~ band/uniform** orkiestra/mundur Armii Zbawienia
salvationist /sælˈveɪʃənɪst/ *n* człon|ek *m*, -kini *f* Armii Zbawienia
salve /sælv, US sæv/ **I** *n* [1] (balm) balsam *m* also fig [2] (comfort) **as a ~ to one's/sb's conscience** dla uspokojenia sumienia
II *vt* **to ~ one's conscience** uspokoić sumienie
salver /ˈsælvə(r)/ *n* taca *f*
salvia /ˈsælvɪə/ *n* Bot szałwia *f*
salvo /ˈsælvəʊ/ *n* (*pl* **-os, -oes**) Mil salwa *f* also fig
sal volatile /ˌsælvəˈlætəlɪ/ *n* (amonowe) sole *plt* trzeźwiące
salvor /ˈsælvə(r)/ *n* Naut ratowni|k *m*, -czka *f*
Salzburg /ˈsæltsbɜːg/ *prn* Salzburg *m*
SAM *n* → **surface-to-air missile**
Samaria /səˈmeərɪə/ *prn* Samaria *f*
Samaritan /səˈmærɪtən/ **I** *n* [1] Geog, Hist Samarytan|in *m*, -ka *f*; **the Good ~** miłosierny Samarytanin; **to be a good ~** pomagać z poświęceniem [2] (organization) **the ~s** Samarytanie *m pl (ochotnicza organizacja pomagająca samotnym i przeżywającym kryzysy)*
II *adj* samarytański
samarium /səˈmeərɪəm/ *n* Chem samar *m*
samba /ˈsæmbə/ *n* samba *f*
sambo /ˈsæmbəʊ/ *n* vinfml dat offensive czarnuch *m* infml offensive
Sam Browne belt /ˌsæmbraʊnˈbelt/ *n* pas *m* oficerski z szelką naramienną
same /seɪm/ **I** *adj* [1] (identical) **the ~** taki sam; **two women wearing the ~ dress** dwie kobiety w takich samych sukniach; **people are the ~ everywhere** ludzie są wszędzie tacy sami; **you're all the ~** jesteście wszyscy tacy sami; **it's the ~ everywhere** wszędzie jest tak samo; **to look the ~** wyglądać tak samo; **they look all the ~ to me** dla mnie wyglądają tak samo; **a pen the ~ as the one I lost** pióro takie, jakie zgubiłem; **one wine is the ~ as another to him** dla niego każde wino jest takie samo; **the result is the ~** rezultat jest taki sam or ten sam; **to be the ~ colour** być takiego or tego samego koloru; **to do sth (in) the ~ way as sb else** zrobić coś w taki sam sposób jak or w ten sam sposób co ktoś inny; **we did it the ~ way as you** zrobiliśmy to tak samo jak ty; **she feels the ~ way about him** czuje do niego to samo; **to think the ~ way on** or **about sth** myśleć to samo na temat czegoś; **he learnt a lot from them; in the ~ way, they learnt a lot from him** mnóstwo się od nich nauczył, a oni (mnóstwo nauczyli się) od niego [2] (being one thing) **the ~** ten sam; **she's wearing the ~ dress again** znowu ma na sobie tę samą sukienkę; **do you live at the ~ address?** czy mieszkasz pod tym samym adresem?; **we both went to the ~ school** chodziliśmy do tej samej szkoły; **we read the ~ newspaper, obviously** najwyraźniej czytujemy tę samą gazetę; **we're the ~ age** jesteśmy w tym samym wieku; **how do you know it's the ~ one?** skąd wiesz, że to ten sam?; **the ~ day** tego samego dnia; **'ready the ~ day'** „do odebrania tego samego dnia"; **later that ~ week** jeszcze w tym samym tygodniu; **the ~ time last year** o tej samej porze w zeszłym roku; **at the ~ time** (simultaneously) w tym samym czasie, jednocześnie; fig (on the other hand) jednocześnie; **they all left at the ~ time** wszyscy wyszli w tym samym czasie or jednocześnie; **laughing and crying at the ~ time** śmiejąc się i płacząc jednocześnie; **don't all talk at the ~ time** nie mówcie wszyscy naraz or jednocześnie or równocześnie; **at the ~ time, you can't help liking him** jednocześnie trudno go nie lubić; **we'll buy the ~ make that we did last time** kupimy tę samą markę co ostatnim razem; **the ~ woman as** or **that I spoke to yesterday** ta sama kobieta, z którą wczoraj rozmawiałem; **they are one and the ~ (person)** to (jedna i) ta sama osoba; **to go the ~ way** (on foot) iść w tę samą stronę; (by vehicle) jechać w tę samą stronę; **all the girls in the town go the ~ way** fig życie wszystkich dziewczyn w tym mieście wygląda tak samo; **he'll go the ~ way as his brother if he doesn't watch**

S

out jeśli nie będzie uważał, skończy jak jego brat; **it's a fashion that'll go the ~ way as other fashions** to moda, którą spotka ten sam los, co inne mody; **the very ~** dokładnie ten sam; **on that very ~ day** dokładnie tego samego dnia; **it's the ~ thing** to to samo; **it amounts** or **comes to the ~ thing** na to samo or na jedno wychodzi; **it's all the ~ to me** wszystko mi jedno; **~ difference** infml bez różnicy infml [3] (unchanged) **the ~** ten sam; **it's still the ~ town** to wciąż to samo miasto; **she's not the ~ woman** to nie ta sama kobieta; **things are just the ~ as before** jest tak samo jak przedtem; **he's the ~ as ever** jest taki jak zawsze; **my views are the ~ as they always were** nie zmieniłem swoich poglądów; **to remain** or **stay the ~** nie zmienić się; **things can't stay the ~ forever** nic nie trwa wiecznie; **things were never the ~ again** już nigdy potem nie było tak samo; **it's not the ~ without you** bez ciebie to nie to samo; **the ~ old excuse** ta sama stara wymówka; **~ old Robert, always late!** cały Robert, wiecznie spóźniony!; **'is he any better?' – 'about the ~'** „lepiej się czuje?" – „mniej więcej tak samo" → **story**

II the same *adv phr [act, speak, dress]* tak samo; **they're pronounced the ~** wymawia się je tak samo; **I still feel the ~ about her** wciąż to samo do niej czuję; **life goes on just the ~** życie się toczy tak samo jak zwykle; **all the ~, I think I'd better check** tak czy inaczej, chyba lepiej sprawdzę; **I know it's not fair, but it happens all the ~** wiem, że to nie w porządku, ale tak się zdarza; **thanks all the ~** tak czy inaczej dziękuję; **money is tight here the ~ as it is everywhere else** ciężko tu z pieniędzmi tak samo jak wszędzie; **you'll have to do what people tell you, the ~ as you do at school** będziesz musiał robić to, co ci powiedzą, tak samo jak w szkole

III the same *pron* [1] (the identical thing) to samo; **I'll have the ~** wezmę to samo; **(the) ~ again please!** proszę jeszcze raz to samo!; **the ~ applies to** or **goes for you** to samo dotyczy ciebie; **to say the ~ about sth** powiedzieć to samo na temat czegoś; **the ~ cannot be said about Adam** nie można tego samego powiedzieć o Adamie; **to do the ~ as sb** zrobić to samo co ktoś; **we are hoping to do the ~** mamy nadzieję zrobić to samo; **I would do the ~ for you** zrobiłbym dla ciebie to samo; **I'd do the ~ again** zrobiłbym to samo jeszcze raz; **the ~ to you!** nawzajem!, wzajemnie!; **it'll be more of the ~!** pej to nic nie zmieni!; **'I've had enough' – '(the) ~ here'** infml „mam dosyć" – „ja tak samo" infml; **'are you Mr. Brown?' – 'the ~'** hum „pan Brown?" – „we własnej osobie" hum [2] Accts, Comm **delivering a refrigerator and installing ~** dostarczenie lodówki i zainstalowanie jej; **your order for 24 windows plus furniture for ~** pańskie zamówienie na 24 okna i okucia do nich

same-day /ˌseɪmˈdeɪ/ *adj* **~ dry-cleaning** czyszczenie w ciągu jednego dnia; **~ delivery** dostawa tego samego dnia

sameness /ˈseɪmnɪs/ *n* [1] (lack of variety) jednostajność *f* [2] (similarity) podobieństwo *n*

samey /ˈseɪmɪ/ *adj* GB infml **they're terribly ~, these films** te wszystkie filmy są na jedno kopyto infml

Samoa /səˈməʊə/ *prn* Samoa *n inv*

Samoan /səˈməʊən/ **I** *n* [1] (inhabitant) Samoa|ńczyk *m*, -nka *f* [2] Ling (język *m*) samoański *m*

II *adj* samoański

samosa /səˈməʊsə/ *n* Culin samosa *f*

samovar /ˈsæməvɑː(r)/ *n* samowar *m*

sampan /ˈsæmpæn/ *n* sampan *m*

sample /ˈsɑːmpl, US ˈsæmpl/ **I** *n* [1] Comm, Geol, Med, Biol, Ecol (of product, fabric, rock, tissue, water) próbka *f*; **to take a soil ~** wziąć próbkę ziemi; **to take a blood ~** pobrać krew; **you should bring a urine ~** proszę przynieść mocz do analizy [2] Stat próba *f*; **a poll based on a representative/limited ~** ankieta przeprowadzona na reprezentatywnej/ograniczonej grupie (osób) [3] Mus sample *m*

II *modif* [1] Comm *[cassette, video]* demonstracyjny, promocyjny; **~ bottle/packet** próbka [2] (representative) *[exam question, prices]* przykładowy; **he sent a ~ chapter of his thesis to the publishers** wysłał (jeden) rozdział swojej rozprawy do wydawcy

III *vt* [1] s|próbować (czegoś), s|kosztować (czegoś) *[food, dish, wine]*; za|kosztować (czegoś) *[pleasure]*; **to ~ the delights of Paris** zakosztować rozkoszy życia w Paryżu [2] Comm pob|rać, -ierać próbki (czegoś) *[products]* [3] Sociol, Stat z|badać *[opinion, market]*

sampler /ˈsɑːmplə(r), US ˈsæmplər/ *n* [1] (embroidery) *kawałek materiału z próbkami haftu* [2] (person) próbobiorca *m* [3] US (box of chocolates) bombonierka *f* z różnymi czekoladkami

sample survey *n* sondaż *m*

sampling /ˈsɑːmplɪŋ, US ˈsæmpl-/ **I** *n* [1] (taking of specimens) pobieranie *n* próbek; próbobranie *n*; (in quality control) kontrola *f* wyrywkowa; **random ~** wyrywkowe pobieranie próbek; **~ of public opinion** sondowanie opinii publicznej [2] (of population group) dobór *m* próby [3] (of wine, cheese) degustacja *f* [4] Mus sampling *m*

II *modif* **~ procedures** Sociol, Stat metody sondażowe; **~ technique** Med, Geol metoda pobierania prób; Ind (in factory) metodyka kontroli wyrywkowych

samurai /ˈsæmuːraɪ/ *n* samuraj *m*

San Andreas fault /ˌsænænˌdreɪəsˈfɔːlt/ *prn* **the ~** uskok *m* San Andreas

sanatorium (*pl* **~s, -toria**) /ˌsænəˈtɔːrɪəm/ *n* GB [1] (for convalescents) sanatorium *n* [2] (in boarding school) ≈ izolatka *f*

sanctification /ˌsæŋktɪfɪˈkeɪʃn/ *n* uświęcenie *n*

sanctify /ˈsæŋktɪfaɪ/ *vt* uświęc|ić, -ać

sanctimonious /ˌsæŋktɪˈməʊnɪəs/ *adj* pej *[person, manner, smile]* świętoszkowaty

sanctimoniously /ˌsæŋktɪˈməʊnɪəslɪ/ *adv* *[say]* świętoszkowatym tonem

sanction /ˈsæŋkʃn/ **I** *n* [1] (permission, approval) aprobata *f*; **to give one's ~ to sth** wyrazić zgodę na coś; **without the ~ of sb** bez zgody kogoś; **with the ~ of sb** za zgodą kogoś [2] (authorization, ratification) usankcjonowanie *n* [3] Jur sankcja *f*; **legal /criminal ~** sankcja prawna/karna [4] Econ, Pol sankcja *f*, restrykcja *f* **(against sth** wobec czegoś)

II sanctions *npl* sankcje *f pl*; **economic ~s** sankcje gospodarcze; **to impose ~s on sth** nałożyć sankcje na coś; **to lift** or **raise ~s** uchylić sankcje

III *vt* [1] (make legal, binding) u|sankcjonować [2] (authorize, approve) za|aprobować

sanctions busting *n* pogwałcenie *n* embarga

sanctity /ˈsæŋktətɪ/ *n* [1] (of life, law) świętość *f*, nienaruszalność *f* [2] Relig świętość *f*

sanctuary /ˈsæŋktʃʊərɪ, US -tʃʊerɪ/ *n* [1] (safe place) azyl *m*, schronienie *n*; **a place of ~** azyl, schronienie; **to find ~** znaleźć schronienie; **to take ~** schronić się [2] (church, temple) świątynia *f*; (of special importance) sanktuarium *n*; (area in church) prezbiterium *n* [3] (for wildlife) rezerwat *m*; (for mistreated pets) schronisko *n*

sanctum /ˈsæŋktəm/ *n* (*pl* **-tums, -ta)** [1] fig (private place) azyl *m*; **this room is his inner ~** ten pokój to jego azyl [2] Relig sanktuarium *n*; **the (inner) ~** (in Jewish temple) Miejsce Najświętsze

sand /sænd/ **I** *n* [1] (fine grit) piasek *m*; **fine /coarse ~** drobny/gruboziarnisty piasek [2] US infml (courage) odwaga *f*; **he hasn't got enough ~ to do it** nie ma dość odwagi, żeby to zrobić

II sands *n pl* (beach) piaszczysta plaża *f*; (desert) piaski *m pl*; **the shifting ~s of international politics** fig grząski grunt międzynarodowej polityki fig

III *vt* [1] (also **~ down)** (smooth) o|szlifować (papierem ściernym) *[woodwork]*; (before repainting) z|edrzeć, -dzierać (papierem ściernym) *[paintwork]*; prze|trzeć, -cierać (papierem ściernym), prze|szlifować (papierem ściernym) *[window-frame, car body]* [2] (put sand on) posyp|ać, -ywać piaskiem *[icy road, path]*

■ **sand up** *[estuary, river]* zapiaszcz|yć, -ać się

IDIOMS: **happy as a ~boy** wesoły jak skowronek; **to stick** or **bury one's head in the ~** chować głowę w piasek; **the ~s of time run slow** czas płynie powoli, lecz nieubłaganie; **the ~s of time are running out for the government** dni tego rządu są policzone; **to build on ~** fig budować zamki na lodzie

sandal /ˈsændl/ *n* sandał *m*

sandalwood /ˈsændlwʊd/ **I** *n* (tree) sandałowiec *m*, drzewo *n* sandałowe; (wood) drewno *n* sandałowe

II *modif [oil]* sandałowy; **~ soap** mydło z olejkiem sandałowym; **~ box** pudełko z drewna sandałowego

sandbag /ˈsændbæg/ **I** *n* worek *m* z piaskiem

II *vt* (*prp, pt, pp* **-gg-)** [1] (protect) ob|łożyć, -kładać workami z piaskiem *[dam, doorway, gun-emplacement]* [2] (hit) ogłusz|yć, -ać (workiem z piaskiem) *[person]* [3] fig infml (bully) **to**

~ sb into doing sth przydusić kogoś, żeby coś zrobił infml
sandbank /ˈsændbæŋk/ *n* mielizna *f*, łacha *f*
sand bar *n* piaszczysta łacha *f*, piaszczysta mierzeja *f*
sandblast /ˈsændblɑːst, US -blæst/ *vt* piaskować
sandblaster /ˈsændblɑːstə(r), US -blæstər/ *n* Tech piasecznica *f*
sandblasting /ˈsændblɑːstɪŋ, US -blæstɪŋ/ *n* piaskowanie *n*
sand castle *n* zamek *m* z piasku
sand dollar *n* Zool pieniążkowiec *m*
sand dune *n* wydma *f*
sand eel *n* Zool (fish) dobijak *m*
sander /ˈsændə(r)/ *n* szlifierka *f*
sand flea *n* Zool pchła *f* piaskowa, tunga *f*
sand fly *n* moskit *m*
sand glass *n* klepsydra *f*
sand hopper *n* = **sand flea**
Sandhurst /ˈsændhɜːst/ *prn* GB *szkoła oficerska armii brytyjskiej*
sanding /ˈsændɪŋ/ *n* Tech szlifowanie *n*
sanding disc *n* krążek *m* papieru ściernego
sandlot /ˈsændlɒt/ **I** *n* US niezabudowany teren *m* *(na którym bawią się dzieci)*
II *modif [baseball, game]* podwórkowy
sandman /ˈsændmæn/ *n* **the ~** piaskowy dziadek *m* *(bajkowa postać usypiająca dzieci)*
sand martin *n* Zool brzegówka *f*
sandpaper /ˈsændpeɪpə(r)/ **I** *n* papier *m* ścierny
II *vt* oczy|ścić, -szczać papierem ściernym
sandpiper /ˈsændpaɪpə(r)/ *n* Zool biegus *m*, brodziec *m*
sandpit /ˈsændpɪt/ *n* [1] (for quarrying) piaskownia *f*, piaskarnia *f* [2] (for children) piaskownica *f*
sandshoe /ˈsændʃuː/ *n* GB dat tenisówka *f*
sandstone /ˈsændstəʊn/ **I** *n* piaskowiec *m*; **white/red ~** biały/czerwony piaskowiec
II *modif [cliff]* piaskowcowy; **~ building /façade** budynek/fasada z piaskowca; **~ quarry** kopalnia piaskowca
sandstorm /ˈsændstɔːm/ *n* burza *f* piaskowa
sandtrap /ˈsændtræp/ *n* US Sport (in golf) bunkier *m*
sandwich /ˈsænwɪdʒ, US -wɪtʃ/ **I** *n* [1] kanapka *f*, sandwicz *m*; **cucumber ~** kanapka z ogórkiem; **I just had a ~ for lunch** na lunch zjadłem tylko kanapkę [2] (cake) ciastko *n* tortowe
II *vt* wcis|nąć, -kać; **to be ~ed (in) between sth and sth** być wciśniętym między coś a coś; **her talk was ~ed between two meetings** jej wykład został wciśnięty pomiędzy dwa spotkania
sandwich bar *n* bar *m* kanapkowy
sandwich board *n* podwójna tablica *f* reklamowa *(noszona przez człowieka na piersiach i plecach)*
sandwich course *n* kurs *m* z praktykami
sandwich loaf *n* chleb *m* na kanapki
sandwich man *n* człowiek *m* reklama *(noszący tablice reklamowe zawieszone na piersiach i plecach)*
sandworm /ˈsændwɜːm/ *n* Zool piaskówka *f*
sandy /ˈsændɪ/ *adj* [1] Geol *[beach, path, soil]* piaszczysty; *[sediment]* piaskowy; *[water]* zapiaszczony [2] (yellowish) *[hair]* rudawozłoty; *[colour]* piaskowy
sand yacht **I** *n* żaglowóz *m*, wiatrowóz *m*
II *vi* jeździć żaglowozem
sane /seɪn/ *adj* [1] (not mad) *[person]* zdrowy psychicznie, przy zdrowych zmysłach; **it's the only thing that keeps me ~** tylko dzięki temu jeszcze nie zwariowałem [2] (reasonable) *[policy]* rozsądny; *[judgment]* trzeźwy
sanely /ˈseɪnlɪ/ *adv* [1] (not madly) *[behave, act]* normalnie [2] (wisely) *[decide]* rozsądnie; *[judge]* trzeźwo
Sanforized® /ˈsænfəraɪzd/ *adj* sanforyzowany
San Francisco /ˌsænfrənˈsɪskəʊ/ *prn* San Francisco *n inv*
sang /sæŋ/ *pt* → **sing**
sangfroid /ˌsɒŋˈfrwɑː/ *n* zimna krew *f*
sangria /sænˈgriːə/ *n* sangria *f*
sanguinary /ˈsæŋgwɪnərɪ, US -nerɪ/ *adj* fml (bloody) *[battle, warfare]* krwawy; (bloodthirsty) *[ruler, tyrant]* żądny krwi, krwawy
sanguine /ˈsæŋgwɪn/ *adj* fml (hopeful) *[person]* pełen optymizmu **(about sth** co do czegoś); *[outlook]* optymistyczny; **to take a ~ view** być optymistą
sanguinely /ˈsæŋgwɪnlɪ/ *adv* fml optymistycznie
sanitarium /ˌsænəˈteərɪəm/ *n* US = **sanatorium** [1]
sanitary /ˈsænɪtrɪ, US -terɪ/ *adj* [1] *[fittings, facilities, conditions]* sanitarny [2] (hygienic, clean) *[state]* higieniczny; *[place]* higieniczny, czysty
sanitary engineer *n* inżynier *m* budownictwa sanitarnego
sanitary engineering *n* inżynieria *f* sanitarna
sanitary napkin *n* US = **sanitary towel**
sanitary protection *n* środki *m pl* higieny dla kobiet podczas menstruacji
sanitary towel *n* GB podpaska *f* (higieniczna)
sanitary ware *n* ceramika *f* sanitarna
sanitation /ˌsænɪˈteɪʃn/ *n* (conditions) warunki *m pl* sanitarne; (toilets) urządzenia *n pl* sanitarne
sanitation worker *n* US pracowni|k *m*, -ca *f* służb oczyszczania miasta
sanitize /ˈsænɪtaɪz/ *vt* [1] pej (tone down) z|łagodzić, s|tonować *[proposal, report]*; (make less shocking) ugrzecznić *[article, film]* [2] (sterilize) z|dezynfekować
sanitized /ˈsænɪtaɪzd/ *adj* pej *[document, edition, version]* okrojony; *[art]* ugrzeczniony
sanity /ˈsænətɪ/ *n* [1] (mental health) zdrowie *n* psychiczne; **to keep** or **preserve one's ~** pozostać przy zdrowych zmysłach; **he preserved his ~ until he died at the age of 101** zachował jasność umysłu aż do (swojej) śmierci w wieku 101 lat; **I began to doubt his ~** zacząłem wątpić, czy jest przy zdrowych zmysłach [2] (good sense) rozsądek *m*; **~ prevailed** przeważył rozsądek
sank /sæŋk/ *pt* → **sink**
San Marinese /ˌsænˌmærɪˈniːz/ **I** *n* (inhabitant) (of state) Sanmary|ńczyk *m*, -nka *f*; (of city) sanmary|ńczyk *m*, -nka *f*
II *adj [people, problems]* sanmaryński
San Marino /ˌsænməˈriːnəʊ/ *prn* San Marino *n inv*
sansevieria /ˌsænsɪˈvɪərɪə/ *n* Bot sansewiera *f*
Sanskrit /ˈsænskrɪt/ *n* sanskryt *m*
Santa (Claus) /ˈsæntə(klɔːz)/ *prn* Święty Mikołaj *m*
Santiago /ˌsæntɪˈɑːgəʊ/ *prn* [1] **(**also **~ de Compostela)** (in Spain) Santiago *n inv* de Compostela [2] (in Chile) Santiago *n inv*
Sao Tomé and Principe /saʊtəʊˌmeɪənˈprɪnsɪpeɪ/ *prn* Wyspy *f pl* Świętego Tomasza i Książęca
sap¹ /sæp/ *n* [1] (in plant) soki *m pl*; **in spring the ~ rises** wiosną w roślinach zaczynają krążyć soki; fig wiosną krew zaczyna szybciej krążyć w żyłach [2] US infml pej dureń *m* infml pej
sap² /sæp/ *vt* (*prp, pt, pp* **-pp-)** podkop|ać, -ywać *[strength, confidence, health]*; osłabi|ć, -ać *[energy, courage]*
saphead /ˈsæphed/ *n* US infml głupek *m* infml
sapling /ˈsæplɪŋ/ *n* młode drzewko *n*, podrost *m*
sapper /ˈsæpə(r)/ *n* GB Mil saper *m*
Sapphic /ˈsæfɪk/ *adj* [1] Literat saficki [2] (lesbian) lesbijski
sapphire /ˈsæfaɪə(r)/ **I** *n* [1] (stone) szafir *m* [2] (colour) szafir *m*; **in ~** w kolorze szafirowym
II *adj* szafirowy
sappy /ˈsæpɪ/ *adj* [1] US infml (silly) niemądry [2] (plant, twig) nasycony sokiem
sarabande /ˈsærəbænd/ *n* (dance, music) sarabanda *f*
Saracen /ˈsærəsn/ *n* Saracen *m*, -ka *f*
Saragossa /ˌsærəˈgɒsə/ *prn* Saragossa *f*, Zaragoza *f*
saranwrap® /səˈrænræp/ *n* US folia *f* spożywcza samoprzylepna
sarcasm /ˈsɑːkæzəm/ *n* sarkazm *m*
sarcastic /sɑːˈkæstɪk/ *adj* sarkastyczny
sarcastically /sɑːˈkæstɪklɪ/ *adv* sarkastycznie
sarcoma /sɑːˈkəʊmə/ *n* (*pl* **-mata, -mas)** mięsak *m*
sarcomatosis /sɑːˌkəʊməˈtəʊsɪs/ *n* Med mięsakowatość *f*
sarcophagus /sɑːˈkɒfəgəs/ *n* (*pl* **-gi, -guses)** sarkofag *m*, grobowiec *m*
sardine /sɑːˈdiːn/ **I** *n* Zool, Culin sardynka *f*; **to be packed** or **squashed (in) like ~s** być ściśniętym jak śledzie w beczce
II **sardines** *npl rodzaj zabawy w chowanego*
Sardinia /sɑːˈdɪnɪə/ *prn* Sardynia *f*
Sardinian /sɑːˈdɪnɪən/ **I** *n* [1] (person) Sardy|ńczyk *m*, -nka *f* [2] Ling (język *m*) sardyński *m*
II *adj* sardyński
sardonic /sɑːˈdɒnɪk/ *adj [laugh, look, remark]* sardoniczny; *[person]* zgryźliwy
sardonically /sɑːˈdɒnɪklɪ/ *adv* sardonicznie
sargasso /sɑːˈgæsəʊ/ *n* **(**also **~ weed)** gronorost *m*, sargas *m*
Sargasso Sea *prn* **the ~** Morze *n* Sargassowe
sarge /sɑːdʒ/ *n* infml = **sergeant**
sari /ˈsɑːrɪ/ *n* Fashn sari *n inv*
Sark /sɑːk/ *prn* Sark *m*
sarky /ˈsɑːkɪ/ *adj* GB infml = **sarcastic**
sarnie /ˈsɑːnɪ/ *n* GB Culin infml kanapka *f*
sarong /səˈrɒŋ/ *n* Fashn sarong *m*

S

sarsaparilla /ˌsɑːsəpəˈrɪlə/ *n* US [1] (plant) smilaks *m*, kolcorośl *m* [2] (root) sarsaparyla *f* [3] (drink) *napój z korzenia sarsaparyli*

sartorial /sɑːˈtɔːrɪəl/ *adj* fml **~ elegance /eccentricity** elegancja/ekscentryczność w ubiorze

sartorius /sɑːˈtɔːrɪəs/ *n* (*pl* **-ii**) Anat mięsień *m* krawiecki

SAS *n* GB Mil = **Special Air Service** jednostka *f* antyterrorystyczna

sash¹ /sæʃ/ *n* [1] (round waist) szarfa *f* [2] (ceremonial) szarfa *f*, wstęga *f*

sash² /sæʃ/ *n* (window frame) rama *f* okna otwieranego pionowo

sashay /ˈsæʃeɪ/ *vi* infml (walk casually) iść wolnym krokiem; (walk seductively) iść, kołysząc biodrami

sash cord *n* sznur *m* (*stanowiący zawieszenie w oknie otwieranym pionowo*)

sashlock /ˈsæʃlɒk/ *n* zamek *m* w oknie otwieranym pionowo

sash window *n* okno *n* otwierane pionowo

Saskatchewan /sæsˈkætʃɪwən/ *prn* Saskatchewan *n inv*

sass /sæs/ **I** *n* US infml pyskowanie *n* infml
II *vt* **to ~ sb** pyskować komuś infml; **to ~ sb back** odpyskować komuś infml

sassafras /ˈsæsəfræs/ **I** *n* Bot sasafras *m*
II *modif [oil, tea]* sasafrasowy

Sassenach /ˈsæsənæk/ *n* Scot pej Anglik *m*, Angielka *f*

sassy /ˈsæsɪ/ *adj* US infml [1] (cheeky) hardy, butny [2] (smart) elegancki

sat /sæt/ *pt, prp* → **sit**

Sat *n* = **Saturday**

SAT *n* [1] GB Sch = **Standard Assessment Task** [2] US Sch = **Scholastic Aptitude Test**

Satan /ˈseɪtn/ *prn* szatan *m*

satanic /səˈtænɪk/ *adj [rites, practices]* satanistyczny; *[pride, smile]* diabelski, szatański; *[reputation, enemy]* demoniczny

satanic abuse *n akty przemocy seksualnej z udziałem dzieci podczas rytuałów satanistycznych*

satanically /səˈtænɪklɪ/ *adv [laugh, smile]* diabolicznie, demonicznie; *[cruel]* szatańsko; **he's ~ charming** ma szatański wdzięk

satanism, Satanism /ˈseɪtənɪzəm/ *n* satanizm *m*

satanist, Satanist /ˈseɪtənɪst/ **I** *n* satanist|a *m*, -ka *f*
II *adj [ritual, practice]* satanistyczny

satay /ˈsæteɪ/ *n* Culin satay *m*

satchel /ˈsætʃəl/ *n* torba *f* na ramię

Satcom /ˈsætkɒm/ *n* = **Satellite Communications System** *system łączności satelitarnej*

sate /seɪt/ *vt* fml zaspok|oić, -ajać *[appetite]*

sated /ˈseɪtɪd/ *adj* fml *[person, appetite, desire]* zaspokojony; **~ with sth** nasycony czymś, przepełniony czymś

sateen /sæˈtiːn/ *n* satyna *f* (bawełniana)

satellite /ˈsætəlaɪt/ **I** *n* [1] Astron, Aerosp satelita *m*; **weather/communications ~** satelita meteorologiczny/telekomunikacyjny [2] (country) satelita *m*, państwo *n* satelickie [3] Comput komputer *m* satelicki or pomocniczy
II *modif [link, network, system, photograph, transmission]* satelitarny; *[country, organization]* satelicki; *[computer]* satelitarny

satellite dish *n* antena *f* satelitarna

satellite operator *n* operator *m* satelitarny

satellite receiver *n* = **satellite dish**

satellite technology *n* technologia *f* satelitarna

satellite television, satellite TV *n* telewizja *f* satelitarna

satiate /ˈseɪʃɪeɪt/ **I** *vt* zaspok|oić, -ajać *[person, appetite, desire]*; **to ~ sb with food** nakarmić kogoś do syta
II satiated *pp adj* [1] *[person]* syty; (sexually) zaspokojony; *[appetite, desire]* zaspokojony; **~ with sth** nasycony czymś [2] fig *[audience]* nasycony **(with sth** czymś**)**

satiation /ˌseɪʃɪˈeɪʃn/ *n* zaspokojenie *n*

satiety /səˈtaɪətɪ/ *n* przesyt *m*

satin /ˈsætɪn, US ˈsætn/ **I** *n* atłas *m*
II *modif [garment, shoe]* atłasowy; **paper /paint with a ~ finish** papier satynowany/farba z połyskiem; **~ stitch** atłasek

satinette /ˌsætɪˈnet/ *n* satyneta *f*

satinwood /ˈsætɪnwʊd, US ˈsætn-/ *n* [1] (tree) żółtodrzew *m* [2] (wood) drewno *n* żółtodrzewu

satiny /ˈsætɪnɪ, US ˈsætnɪ/ *adj* satynowany, z połyskiem

satire /ˈsætaɪə(r)/ *n* satyra *f* **(on sth** na coś**)**

satiric(al) /səˈtɪrɪk(l)/ *adj* satyryczny

satirically /səˈtɪrɪklɪ/ *adv* satyrycznie, w sposób satyryczny

satirist /ˈsætərɪst/ *n* satyryk *m*

satirize /ˈsætəraɪz/ *vt* ośmiesz|yć, -ać, wyśmi|ać, -ewać; **~d by sb** wyszydzony przez kogoś

satisfaction /ˌsætɪsˈfækʃn/ *n* [1] (pleasure) zadowolenie *n*, satysfakcja *f*; **to express ~ with sth** wyrazić zadowolenie or satysfakcję z powodu czegoś; **to get** or **derive ~ from sth** czerpać zadowolenie or satysfakcję z czegoś; **some people get real ~ out of ordering other people around** niektórym ludziom rozkazywanie innym sprawia prawdziwą satysfakcję; **the decision was of great ~ to residents** mieszkańcy przyjęli tę decyzję z ogromnym zadowoleniem; **with great** or **immense ~** z ogromnym zadowoleniem, z ogromną satysfakcją; **to be a source of ~** być źródłem satysfakcji **(to sb** dla kogoś**)**; **if it gives you any ~, she has been fired** została zwolniona, jesteś zadowolony?; **to sb's ~** ku zadowoleniu kogoś, ku satysfakcji kogoś; **he felt he had done the work to his own ~** miał poczucie satysfakcji z dobrze wykonanej pracy; **the conclusions were to everybody's ~** wnioski zadowoliły or usatysfakcjonowały wszystkich; **'~ guaranteed'** Comm „satysfakcja gwarantowana" [2] (fulfilment) zaspokojenie *n* **(of sth** czegoś**)**; **the ~ of basic needs/of human desires** zaspokojenie podstawowych potrzeb/ludzkich pragnień [3] (compensation, apology) satysfakcja *f*, zadośćuczynienie *n*; **to obtain ~ (for sth)** otrzymać satysfakcję (za coś); **he received no ~ from the company** (financial) nie otrzymał odszkodowania od firmy

satisfactorily /ˌsætɪsˈfæktərəlɪ/ *adv* zadowalająco

satisfactory /ˌsætɪsˈfæktərɪ/ *adj* (giving satisfaction) *[explanation, progress, arrangement]* zadowalający **(to sb** kogoś**)**; **highly ~** wysoce zadowalający; **most ~** jak najbardziej zadowalający; **the solution is less than ~** to rozwiązanie nie jest zbyt dobre; **his work is far from ~** jego praca pozostawia wiele do życzenia; **her condition was said to be ~** Med stwierdzono, że jej stan jest zadowalający; **to bring a matter to a ~ conclusion** doprowadzić sprawę do szczęśliwego końca

satisfied /ˈsætɪsfaɪd/ *adj* [1] (pleased) zadowolony **(with** or **about sth** z czegoś**)**; usatysfakcjonowany **(with** or **about sth** czymś**)**; **well-~** zupełnie zadowolony or usatysfakcjonowany; **a ~ customer** zadowolony klient; **she is not ~ to spend her days doing nothing** nie zadowala jej spędzanie całych dni bezczynnie; **not ~ with winning the match, they went on to win the cup** jakby im było mało wygrania meczu, sięgnęli po puchar; **now are you ~?** (said angrily) jesteś teraz zadowolony?; **with a ~ smile** z uśmiechem zadowolenia [2] (convinced) przekonany; **to be ~ that...** być przekonanym, że...

satisfy /ˈsætɪsfaɪ/ **I** *vt* [1] (fulfil) zaspok|oić, -ajać *[demand, need, wants, hunger, desires, curiosity]*; zadow|olić, -alać, u|satysfakcjonować *[person, customer]* [2] (persuade, convince) przekon|ać, -ywać *[critics, police, public opinion]* **(that...** że...**)**; **I'm not satisfied by your explanation** twoje wyjaśnienie mnie nie przekonuje or nie satysfakcjonuje [3] (meet) spełni|ć, -ać *[criteria, requirements, conditions]*; zgadzać się z (czymś) *[definition]*
II *vi* **to fail to ~** *[book, film]* pozostawić niedosyt
III *vr* **to ~ oneself** upewnić się **(that...** że...**)**

satisfying /ˈsætɪsfaɪɪŋ/ *adj* [1] (filling) *[meal]* solidny, porządny; *[diet, vegetable, fruit]* pożywny [2] (rewarding) *[job, work, life]* dający dużo satysfakcji; *[relationship]* szczęśliwy; *[afternoon, evening]* przyjemny [3] (pleasing) *[result, sales, progress, solution]* zadowalający; **it is ~ to see/know that...** przyjemnie jest widzieć/wiedzieć, że...

satisfyingly /ˈsætɪsfaɪɪŋlɪ/ *adv* w zadowalający sposób

satsuma /sætˈsuːmə/ *n japońska odmiana mandarynki*

saturate /ˈsætʃəreɪt/ *vt* [1] (soak) przem|oczyć, -aczać *[clothes]*; nawilż|yć, -ać *[ground]*; nasącz|yć, -ać *[bandage, rags]* **(with sth** czymś**)**; fig nasyc|ić, -ać *[market]* **(with sth** czymś**)** [2] Chem nasyc|ić, -ać [3] Mil **to ~ an area with artillery fire** prowadzić intensywny ostrzał artyleryjski

saturated /ˈsætʃəreɪtɪd/ *adj* [1] *[person, clothes]* przemoczony; *[soil, ground]* mokry; przesiąknięty **(with sth** czymś**)**; fig *[market]* nasycony **(with sth** czymś**)** [2] Chem nasycony [3] Art *[colour]* intensywny, nasycony

saturation /ˌsætʃəˈreɪʃn/ **I** *n* nasycenie *n*
II *modif* [1] Advertg *[campaign, marketing]* intensywny [2] Mil *[bombing]* zmasowany

saturation point *n* Chem stan *m* nasycenia, stężenie *n* graniczne; **to reach ~** fig osiągnąć stan nasycenia

Saturday /ˈsætədeɪ, -dɪ/ **I** *n* sobota *f*; **on ~** w sobotę
II *modif* sobotni; **he has a ~ job** GB dorabia w soboty

Saturday night special *n* US infml (gun) spluwa *f* infml
Saturn /ˈsætən/ *prn* Mythol, Astron Saturn *m*
Saturnalia /ˌsætəˈneɪlɪə/ *n* saturnalia *plt*
saturnine /ˈsætənaɪn/ *adj* liter *[person, expression]* posępny
satyr /ˈsætə(r)/ *n* satyr *m* also fig
sauce /sɔːs/ **I** *n* [1] Culin sos *m*; (on dessert, ice cream) polewa *f*; US (stewed fruit) kompot *m*; **tomato/orange/chocolate ~** sos pomidorowy/pomarańczowy/czekoladowy [2] infml dat zuchwalstwo *n*; **to have the ~ to do sth** mieć czelność zrobić coś [3] US infml (alcohol) **the ~** alkohol *m*; **to hit the ~** uderzać w gaz infml; **to be on the ~** być na gazie infml
II *vt* infml stawiać się (komuś) infml
IDIOMS: **you should take your turn – what's ~ for the goose is ~ for the gander** kolej na ciebie – skoro mogą to robić inni, to możesz i ty
sauceboat /ˈsɔːsbəʊt/ *n* sosjerka *f*
saucebox /ˈsɔːsbɒks/ *n* infml dat zuchwalec *m*
saucepan /ˈsɔːspən/ *n* rondel *m*
saucer /ˈsɔːsə(r)/ *n* spodek *m*; **with eyes like** or **as big as ~s** *[watch]* oczami jak spodki
saucily /ˈsɔːsɪlɪ/ *adv [behave, speak]* zuchwale; *[dress, wink]* zalotnie
sauciness /ˈsɔːsɪnɪs/ *n* (cheek) zuchwałość *f*; (of dress) zalotność *f*
saucy /ˈsɔːsɪ/ *adj* dat [1] (impudent) *[person, reply]* zuchwały [2] (sexually suggestive) *[person]* zalotny; *[joke]* pikantny; *[song]* frywolny [3] *[hat, dress]* kokieteryjny, zalotny
Saudi /ˈsaʊdɪ/ **I** *n* Saudyj|czyk *m*, -ka *f*
II *adj* saudyjski
Saudi Arabia /ˌsaʊdɪəˈreɪbɪə/ *prn* Arabia *f* Saudyjska
Saudi Arabian /ˌsaʊdɪəˈreɪbɪen/ *n, adj* = Saudi
sauerkraut /ˈsaʊəkraʊt/ *n* kapusta *f* kiszona or kwaszona
Saul /sɔːl/ *prn* Bible Saul *m*
sauna /ˈsɔːnə, ˈsaʊnə/ *n* sauna *f*; **it's like a ~ in here!** gorąco tu jak w saunie!
saunter /ˈsɔːntə(r)/ **I** *n* [1] (stroll) przechadzka *f*; **to go for a ~** pójść na przechadzkę [2] (leisurely pace) wolny krok *m*
II *vi* (also **~ along**) przechadzać się; **to ~ off** oddalić się niespiesznie
saurian /ˈsɔːrɪən/ **I** *n* jaszczur *m*
II *adj* jaszczurowy
sausage /ˈsɒsɪdʒ, US ˈsɔːs-/ *n* kiełbasa *f*; (small) kiełbaska *f*
IDIOMS: **not a ~** GB infml nic a nic
sausage dog *n* infml jamnik *m*
sausage meat *n peklowane mielone mięso używane jako farsz*
sausage roll *n* Culin ≈ krokiet *m* z mięsem
sauté /ˈsəʊteɪ, US səʊˈteɪ/ Culin **I** *adj* (also **sauté(e)d**) sauté, usmażony w małej ilości tłuszczu
II *vt* (*prp* **-éing, -éeing;** *pt, pp* **-éd, -éed**) u|smażyć w małej ilości tłuszczu
savage /ˈsævɪdʒ/ **I** *n* dzikus *m*, -ka *f* also pej
II *adj* [1] (fierce, furious) *[kick, blow, beating, attacker, attack]* brutalny; *[dog]* wściekły, zły; *[riots, wind]* okrutny; *[cold]* straszny; *[review, satire, criticism]* bezlitosny; *[temper]* potworny; *[prison sentence]* ciężki [2] Econ *[price increase, cuts]* gwałtowny
III *vt* [1] (physically) (attack) za|atakować z furią; (injure) pokiereszować; *[lion]* rozszarp|ać, -ywać [2] fig nie zostawi|ć, -ać suchej nitki na (kimś/czymś) *[opponent, work, book, film]*
savagely /ˈsævɪdʒlɪ/ *adv* [1] *[beat, attack]* brutalnie [2] fig *[criticize, satirize]* bezlitośnie; *[cruel, vindictive]* nieludzko
savagery /ˈsævɪdʒrɪ/ *n* (of primitive people) barbarzyństwo *n*; (of war) okrucieństwo *n*; (of attack) (physical) brutalność *f*; **verbal ~** napaść słowna
savanna(h) /səˈvænə/ *n* sawanna *f*
savant /ˈsævənt, US sæˈvɑːnt/ *n* fml erudyt|a *m*, -ka *f*
save /seɪv/ **I** *n* [1] Sport obrona *f* (strzału), interwencja *f* (bramkarza); **a diving ~** robinsonada *f* [2] Comp zapisywanie *n*, zachowywanie *n*
II *vt* [1] (rescue) u|ratować, ocal|ić, -ać *[person, company, environment, marriage, sanity, work of art, building]* **(from sth** od czegoś, przed czymś); u|ratować *[film, job, match]*; **to ~ sb's leg/sight** uratować nogę/wzrok komuś; **to ~ sb from death** uratować or ocalić kogoś od śmierci or przed śmiercią; **only ten people were ~d** uratowano tylko dziesięć osób; **to ~ sb from doing sth** uratować kogoś przed robieniem czegoś; **we must ~ him from himself** musimy go chronić przed nim samym; **the buildings have been ~d from demolition** uratowano te budynki przed wyburzeniem; **to ~ sb's life** uratować życie komuś also fig; **he can't speak German to ~ his life** infml po niemiecku to on ani be, ani me infml; **to ~ the day** or **situation** uratować sytuację; **to ~ face** uratować twarz [2] (keep) zachow|ać, -ywać *[goods, documents]*; **to ~ sb sth** or **sth for sb** zachować coś dla kogoś, zostawić coś komuś *[food]*; zatrzymać coś dla kogoś *[place]*; **to ~ sth for future generations/for posterity** zachować coś dla przyszłych pokoleń/dla potomności; **to ~ a dance/an evening for sb** zarezerwować dla kogoś taniec/wieczór; **to ~ sth until the end** or **till last** zostawić coś na koniec; **I've ~d the best news till last** najlepszą wiadomość zostawiłem na koniec [3] (put by, economize on) zaoszczędzić, oszczędz|ić, -ać *[money, energy, voice, fuel, water, time, space]* **(by doing sth** robiąc coś); **you'll ~ money/£20** zaoszczędzisz trochę pieniędzy/dwadzieścia funtów; **I've still only ~d about £50 (towards the cost of a new TV set)** zaoszczędziłem or odłożyłem dopiero około 50 funtów (na nowy telewizor); **to have money ~d** mieć zaoszczędzone or odłożone pieniądze [4] (help to avoid) **to ~ sb (doing) sth** zaoszczędzić komuś (robienia) czegoś; **to ~ sb trouble** zaoszczędzić komuś kłopotu; **it will ~ us time/expense** to nam zaoszczędzi czasu /wydatków; **you'd have been ~d all this embarrassment if...** oszczędziłbyś sobie wstydu, gdybyś...; **it'll ~ you having to come back tomorrow** dzięki temu nie będziesz musiał przychodzić jutro; **use this to ~ dirtying a clean towel** użyj tego, żeby nie brudzić czystego ręcznika [5] Sport o|bronić *[shot, penalty]* [6] Relig zbawi|ć, -ać *[soul, mankind]*; **to ~ sb from sin** wybawić kogoś od grzechu [7] Comput zapis|ać, -ywać, zachow|ać, -ywać *[data, file]* [8] (collect) z|ebrać, -bierać *[stamps, coupons]*
III *vi* [1] (put by funds) = **save up** [2] (economize) oszczędz|ić, -ać; **you can ~ by buying direct from the factory** możesz oszczędzić kupując prosto od producenta; **to ~ on sth** oszczędzać na czymś *[petrol, energy, food]*; **automation ~s on labour costs** automatyzacja pozwala oszczędzić na kosztach robocizny
IV *vr* **to ~ oneself** [1] (rescue oneself) uratować się also fig **(by doing sth** robiąc coś); **to ~ oneself from drowning** uratować się przed utonięciem [2] (keep energy) oszczędzać się; **he's saving himself for the big match** on się oszczędza przed tym ważnym meczem [3] (keep virginity) **she's saving herself for Mr Right** ona czeka na tego jedynego [4] (avoid waste) zaoszczędzić sobie (czegoś), oszczędz|ić, -ać sobie (czegoś) *[journey, trouble, expense]*
V *prep* arch **~ for** z wyjątkiem (kogoś /czegoś); **all was still, ~ for the ticking of the clock** panowała cisza, słychać było tylko tykanie zegara
■ **save up**: ¶ **~ up** zaoszczędzić, oszczędz|ić, -ać **(for** or **towards sth** na coś); **to ~ up to do sth** oszczędzić, żeby coś zrobić ¶ **~ up [sth], ~ [sth] up** zaoszczędzić, oszczędz|ić, -ać *[money]*; z|ebrać, -bierać *[stamps, newspapers]*
IDIOMS: **~ it!** infml daj spokój!
save-as-you-earn, SAYE /ˌseɪvəzjuːˈɜːn/ *n* GB program *m* automatycznego odprowadzania oszczędności z poborów
saveloy /ˈsævəlɔɪ/ *n* GB *rodzaj wieprzowej kiełbasy*
saver /ˈseɪvə(r)/ *n* ciułacz *m*, -ka *f*
Savile Row /ˌsævɪlˈrəʊ/ *prn ulica w Londynie z ekskluzywnymi zakładami krawieckimi*
saving /ˈseɪvɪŋ/ **I** *n* [1] (reduction) oszczędność *f* **(in/on sth** czegoś/na czymś); **a 25% ~** dwudziestopięcioprocentowa oszczędność; **a ~ of £500** oszczędność 500 funtów; **to make ~s** robić oszczędności, oszczędzać **(by doing sth** robiąc coś); **energy ~** oszczędność energii [2] Econ, Fin (activity) oszczędzanie *n*; **a scheme to encourage ~** program zachęcający do oszczędzania
II savings *npl* oszczędności *plt*; **to live off one's ~s** żyć z oszczędności; **one's life ~s** oszczędności całego życia
III -saving *in combinations* **energy-~** energooszczędny; **fuel-~** zmniejszający zużycie paliwa → **face-saving, labour-saving**
IV *prep* arch (to avoid offence) **~ your presence** za przeproszeniem; uczciwszy uszy dat
saving clause *n* Jur zastrzeżenie *n*
saving grace *n* zaleta *f*; **it's his only ~** to jego jedyna zaleta
savings account *n* rachunek *m* oszczędnościowy
savings and loan (association), S&L *n* US Fin kasa *f* oszczędnościowo-pożyczkowa

S

savings bank *n* bank *m* oszczędnościowy
savings bond *n* certyfikat *m* oszczędnościowy
savings book *n* książeczka *f* oszczędnościowa
savings certificate *n* certyfikat *m* oszczędnościowy
savings plan *n* system *m* oszczędzania
savings stamp *n* GB kupon *m* bankowy
saviour GB, **savior** US /ˈseɪvɪə(r)/ *n* 1 wybawca *m* 2 Relig Zbawiciel *m*
savoir-faire /ˌsævwɑːˈfeə(r)/ *n* (social) savoir-vivre *m*; (practical) umiejętność *f* postępowania w każdej sytuacji; **he lacks ~** brak mu dobrego wychowania
savor *n* US = **savour**
savory¹ *n*, *adj* US = **savoury**
savory² /ˈseɪvərɪ/ *n* (herb) cząber *m*
savour GB, **savor** US /ˈseɪvə(r)/ **I** *n* 1 (taste) smak *m*; (smell) zapach *m*, aromat *m*; **to have a (slight) ~ of sth** mieć delikatny aromat czegoś 2 fig (enjoyable quality) smak *m* fig; **life has lost its ~ for her** życie straciło dla niej smak 3 (trace, hint) domieszka *f*, odcień *m*; **a ~ of cynicism** domieszka cynizmu
II *vt* delektować się (czymś), rozkoszować się (czymś) also fig
III *vi* **to ~ of sth** trącić czymś liter; **to ~ of hypocrisy** trącić hipokryzją
savourless GB, **savorless** US /ˈseɪvəlɪs/ *adj* bez smaku
savoury GB, **savory** US /ˈseɪvərɪ/ **I** *n* pikantna przystawka *f*
II *adj* 1 Culin (salty) słony; (spicy) pikantny; (tasty) smakowity, aromatyczny 2 fig **not a very ~ individual/area** nieciekawa postać/okolica; **not a very ~ reputation** nienajlepsza reputacja; **the less ~ aspects of her past life** mniej ciekawe aspekty jej przeszłości
Savoy /səˈvɔɪ/ **I** *prn* Sabaudia *f*
II *modif [cuisine, wines]* sabaudzki; **the ~ Alps** Alpy Sabaudzkie
Savoyard /səˈvɔɪɑːd, ˌsævɔɪˈɑːd/ **I** *n* 1 (person) Sabaud|czyk *m*, -ka *f* 2 Ling (dialekt *m*) sabaudzki *m*
II *adj* sabaudzki
savoy cabbage *n* kapusta *f* włoska
savvy /ˈsævɪ/ infml **I** *n* pomyślunek *m* infml; **where's your ~?** gdzie ty masz głowę?
II *adj* US łebski infml
III *vi* kapować infml; **I can take care of myself, ~?** sam potrafię o siebie zadbać, kapujesz?; **no ~** nie kapuję
saw¹ /sɔː/ *pt* → **see**
saw² /sɔː/ **I** *n* piła *f*; **electric/power ~** piła elektryczna/mechaniczna
II *vt* (*pt* **sawed;** *pp* **sawn** GB, **sawed** US) przepiłow|ać, -ywać, piłować *[beam, log, bone]*; wyci|ąć, -nać piłą *[hole]*; **to ~ sth in half** przepiłować coś na pół; **to ~ down a tree** ściąć drzewo; **to ~ the air** wymachiwać rękami *(przemawiając)*
■ **saw off**: **~ off [sth], ~ [sth] off** odpiłow|ać, -ywać
■ **saw through**: **~ through [sth], ~ [sth] through** przepiłow|ać, -ywać
■ **saw up**: **~ up [sth], ~ [sth] up** po|ciąć piłą
saw³ /sɔː/ *n* dat (saying) przysłowie *n*, powiedzenie *n*; **an old ~** stare porzekadło
sawbones /ˈsɔːbəʊnz/ *n* infml hum dat chirurg *m*
sawdust /ˈsɔːdʌst/ *n* trociny *plt*
sawed /sɔːd/ *pp* US → **saw²**
saw-edged /ˌsɔːˈedʒd/ *adj [knife]* zębaty
sawed-off /ˌsɔːdˈɒf/ *adj* US = **sawn-off**
sawfish /ˈsɔːfɪʃ/ *n* ryba-piła *f*
sawhorse /ˈsɔːhɔːs/ *n* kozioł *m (do piłowania drewna)*
sawmill /ˈsɔːmɪl/ *n* tartak *m*
sawn /sɔːn/ *pp* GB → **saw²**
sawn-off /ˌsɔːnˈɒf/ *adj [barrel]* ucięty; **a ~ shotgun** obrzynek infml
sax /sæks/ infml **I** *n* (*pl* **~es**) = **saxophone** saksofon *m*
II *modif* **~ player** saksofonista
saxhorn /ˈsækshɔːn/ *n* sakshorn *m*
saxifrage /ˈsæksɪfreɪdʒ/ *n* Bot skalnica *f*
Saxon /ˈsæksn/ **I** *prn* 1 (person) (of Germanic tribe) Sas *m*; (of kingdom of Saxony) Sas *m*, Sakso|ńczyk *m*, -nka *f*; (of modern Saxony) Sakso|ńczyk *m*, -nka *f* 2 Ling (język *m*) saski *m*
II *adj* (Anglo-Saxon) anglosaski; (of kingdom of Saxony) saksoński, saski; (of modern Saxony) saksoński
Saxony /ˈsæksənɪ/ *prn* Saksonia *f*
saxophone /ˈsæksəfəʊn/ *n* saksofon *m*
saxophonist /sækˈsɒfənɪst/ *n* saksofonist|a *m*, -ka *f*
say /seɪ/ **I** *n* głos *m*, prawo *n* głosu; **to have one's ~ on sth** powiedzieć, co się ma do powiedzenia or co się myśli na temat czegoś; **let them have their ~** niech powiedzą, co myślą; **she has to have her ~, even if...** ona musi wtrącić swoje trzy grosze, nawet jeśli...; **to have a/no ~ in sth** mieć coś/nie mieć nic do powiedzenia w sprawie czegoś; **to have a ~ in appointing sb/allocating sth** mieć coś do powiedzenia przy mianowaniu kogoś /przyznawaniu czegoś; **they want more** or **a bigger ~** chcą mieć więcej do powiedzenia; **to have the most** or **biggest ~** mieć najwięcej do powiedzenia, mieć decydujący głos
II *vt* (*pt*, *pp* **said**) 1 (utter in speech) powiedzieć, mówić *[hello, goodbye, yes, no]* **(to sb** komuś, do kogoś); wypowi|edzieć, -adać *[words, line]*; zmówić, odm|ówić, -awiać *[prayer]*; **'don't do it!' she said** „nie rób tego!" powiedziała; **~ after me** powtarzaj za mną; **to ~ one's piece** powiedzieć swoje; **to ~ (that)...** powiedzieć, że...; **she ~s he's ill** mówi, że on jest chory; **he said it was ready** powiedział, że to jest gotowe; **she said there would be an accident** powiedziała, że będzie wypadek; **what did you ~?** (I didn't understand) co powiedziałeś?; (when offended) coś ty powiedział?; **I just wanted to ~ I'm sorry** chciałem tylko powiedzieć, że mi przykro; **she said we were to wait** or **we should wait** powiedziała, że mamy czekać; **he said to wait here** kazał tu czekać; **whatever you ~** jak sobie życzysz; **it was his way of ~ing thank you** chciał w ten sposób podziękować; **'residents ~ no to government plans'** „mieszkańcy mówią rządowi NIE"; **I didn't ~ so, but I thought that...** nie powiedziałem tego (na głos), ale pomyślałem, że...; **if he was angry, he didn't ~ so** jeżeli był zły, to się nie przyznał; **how nice of you to ~ so** jak miło z twojej strony, że to or tak mówisz; **'was it a good film?' – 'I should ~ so'** „czy film był dobry?" – „raczej tak"; **he was displeased, not to ~ furious** był niezadowolony, żeby nie powiedzieć wściekły; **her knowledge was invaluable, to ~ nothing of her experience** jej wiedza była nieoceniona, nie mówiąc już o doświadczeniu; **didn't I ~ so?** (with triumph) a nie mówiłem?; **if** or **though I do ~ so myself, ...** nie chwaląc się...; **so they ~** (agreeing) tak mówią; **or so they ~** (doubtful) przynajmniej tak mówią; **so to ~** że tak powiem, jakby to powiedzieć; **as they ~** jak to się mówi; **what will people ~?** co ludzie powiedzą?; **I don't care what anyone ~s** nie obchodzi mnie, co ktoś mówi; **(you can) ~ what you like, I think that...** mów co chcesz, ja uważam, że...; **people** or **they ~ he is very rich, he's said to be very rich** (ludzie) mówią or mówi się, że jest bardzo bogaty; **as Plato ~s** jak twierdzi Platon; **go on, ~ it!** śmiało, powiedz to!; **that's all I have to ~** to wszystko, co mam do powiedzenia; **I have nothing (more) to ~** nie mam nic (więcej) do powiedzenia; **she'll have something to ~ about that** będzie miała coś na ten temat do powiedzenia; **something was said about that** coś się mówiło na ten temat; **nothing was said about that** nie było mowy na ten temat; **to ~ sth to oneself** powiedzieć coś do siebie; fig powiedzieć sobie coś; **she said to herself (that) it couldn't be true** powiedziała sobie, że to nie może być prawda; **what do you ~ to that?** co ty na to?, co na to powiesz?; **what would you ~ to a little walk?** co byś powiedział na mały spacer?; **I wouldn't ~ no to a lift** nie miałbym nic przeciwko temu, żebyś mnie podwiózł; **what (do you) ~ we eat now?** infml co ty na to, żebyśmy coś zjedli?; **that's for the committee to ~** decyzja należy do komisji; **it's not for me to ~** nie mnie o tym decydować; **'it stinks here' – 'you said it!'** or **'you can ~ that again!'** „śmierdzi tutaj" – „faktycznie!"; **well said!** dobrze powiedziane!, racja!; **~ no more!** infml nie musisz kończyć!; **let's ~ no more about it** nie mówmy już o tym; **enough said** infml wystarczy; **there's no more to be said** nie ma nic do dodania; **it goes without ~ing that...** rozumie się samo przez się, że...; **don't ~ I didn't warn you** tylko nie mów, że cię nie ostrzegałem; **don't ~ it's raining again** (tylko) nie mów, że znowu pada; **you might just as well ~ that education is useless** równie dobrze można by powiedzieć, że nauka to strata czasu; **three days from now, that's to ~ on Monday** za trzy dni, czyli w poniedziałek; **that's not to ~ I don't like him** to nie znaczy, że go nie lubię; **there is one thing you have to ~ about her...** jedno, co trzeba o niej powiedzieć to to, że...; **I must ~ (that)...** muszę powiedzieć, że...; **well, I must ~!** a niech to! infml; **it's rather expensive, I must ~** muszę powiedzieć, że to dość

drogo; **to have a lot to ~ for oneself** dużo mówić; **what have you got to ~ for yourself?** co masz na swoje usprawiedliwienie? [2] (give information) *[sign, dial, gauge]* wskaz|ać, -ywać; *[gesture, signal]* oznaczać; **the book/letter/report/poster ~s that...** w książce/liście/raporcie/na plakacie jest napisane, że...; **the book doesn't ~ that** w książce tego nie piszą; **the map ~s it should be here** według mapy to powinno być tutaj; **she wrote ~ing she couldn't come** napisała, że nie może przyjechać; **it ~s on the radio that...** w radiu mówią, że...; **it ~s in the rules that...** przepisy mówią, że...; **it ~s here that...** tu jest napisane, że...; **the clock ~s three** zegar wskazuje trzecią; **a notice ~ing where to meet** zawiadomienie o miejscu spotkania [3] (have meaning) **this music ~s something/doesn't ~ anything to me** ta muzyka do mnie przemawia/nie przemawia; **her angry look said it all** jej wściekłe spojrzenie mówiło wszystko [4] (express) *[artist]* wyra|zić, -żać; **what is she trying to ~ in her work?** co ona próbuje wyrazić w swoim dziele?; **~ it with flowers** wyraź to kwiatami [5] (guess) powiedzieć **(that... że...)**; **it's hard to ~ (how much/when)** trudno powiedzieć (ile/kiedy); **how high would you ~ it is?** ile, według ciebie, to ma wysokości?; **I'd ~ she was about 25** powiedziałbym, że miała jakieś dwadzieścia pięć lat; **it's a good bargain, I'd ~** powiedziałbym, że to dobra okazja; **he's about six foot, wouldn't you ~?** ma około sześciu stóp, nie uważasz?; **to hear him you'd ~ he was a professor** słuchając go, można by powiedzieć, że to jakiś profesor [6] (assume) **let's ~ (that)...** powiedzmy, że...; **let's ~ the plan works** powiedzmy, że plan się powiedzie; **~ you have an accident** przypuśćmy, że masz wypadek

III *vi* (*pt, pp* **said**) [1] **stop when I ~** zatrzymaj się, kiedy ci powiem; **I'd rather not ~** wolałbym nie mówić; **he wouldn't ~** nie chciał powiedzieć; **you don't ~!** nie mów! infml; **~s you!** infml to ty tak mówisz!; **~s who?, who ~s?** infml kto tak powiedział? infml [2] GB dat **I ~!** słuchaj!; (in surprise) a niech to!; (to hail sb) hej! infml; **I ~, don't overdo it!** słuchaj, żebyś z tym nie przesadził!

IV *adv* powiedzmy; **you'll need, ~, £50 for petrol** musisz mieć, powiedzmy, 50 funtów na benzynę

V *excl* US **~, haven't I seen him before some place?** zaraz, zaraz, czy ja go już gdzieś nie widziałem?

IDIOMS: **it doesn't ~ much for their marriage/their commitment** to nie najlepiej świadczy o ich małżeństwie/zaangażowaniu; **it ~s a lot** or **something about his education that he succeeded** fakt, że mu się udało, świadczy o jego wykształceniu; **it ~s a lot for him/it** to dobrze o nim/tym świadczy; **that ~s it all** to wszystko wyjaśnia; **there's a lot to be said for that method** wiele przemawia za tą metodą; **there's a lot to be said for keeping quiet** najlepiej zachować milczenie; **when all is said and done** w ostatecznym rozrachunku

SAYE *n* GB → **save-as-you-earn**

saying /ˈseɪɪŋ/ *n* powiedzenie *n*; (of popular wisdom) powiedzenie *n*, porzekadło *n*; **which proves the old ~ true** co potwierdza stare porzekadło; **as the ~ goes** jak to się mówi

say-so /ˈseɪsəʊ/ *n* infml [1] (permission) zgoda *f*; **without sb's ~** bez zgody kogoś [2] (sb's statement) **don't believe it on their ~** nie wierz im na słowo

S-bend /ˈesbend/ *n* (in the road) podwójny zakręt *m*; (in pipe) syfon *m*

s/c *adj* = **self-contained**

SC *n* US Post = **South Carolina**

scab /skæb/ *n* [1] Med strup *m* [2] Bot parch *m*; Vet świerzb *m* [3] infml pej (strikebreaker) łamistrajk *m*

scabbard /ˈskæbəd/ *n* (for sword, dagger) pochwa *f*

scabby /ˈskæbɪ/ *adj* [1] *[skin]* pokryty strupami [2] *[animal, plant]* parszywy, parchaty infml [3] infml (nasty) parszywy infml

scabies /ˈskeɪbiːz/ *n* świerzb *m*

scabious[1] /ˈskeɪbɪəs, US ˈskæb-/ *adj* Med świerzbowaty

scabious[2] /ˈskeɪbɪəs, US ˈskæb-/ *n* Bot driakiew *f*

scab labour *n* infml pej *pracownicy zatrudniani na miejsce strajkujących*

scabrous /ˈskeɪbrəs, US ˈskæb-/ *adj* [1] (rough) *[bark, stem, leaves]* chropowaty; *[skin, coat]* szorstki [2] fig (smutty) *[joke, remark]* pikantny

scads /skædz/ *n* US infml **~ of sth** kupa czegoś infml; **he's got ~ of money!** on ma kupę forsy! infml

scaffold /ˈskæfəʊld/ *n* [1] (gallows) szafot *m* [2] Constr rusztowanie *n*

scaffolder /ˈskæfəʊldə(r)/ *n* monter *m* rusztowań

scaffolding /ˈskæfəldɪŋ/ *n* (structure) rusztowanie *n*; (materials) materiały *m pl* na rusztowanie; **a piece of ~** element rusztowania

scag /skæg/ *n* US vinfml (heroin) hera *f* vinfml

scalar /ˈskeɪlə(r)/ **I** *n* Math, Phys skalar *m*

II *adj* skalarny

scalawag /ˈskæləwæg/ *n* US infml → **scallywag**

scald /skɔːld/ **I** *n* oparzenie *n* (*wrzącą cieczą lub parą*)

II *vt* [1] (burn) po|parzyć, oparzyć *[person]*; **to ~ one's arm** poparzyć sobie rękę [2] (heat) s|parzyć *[fruit, vegetable]* [3] (sterilize) wyparz|yć, -ać *[jar, needles]* [4] (nearly boil) podgrz|ać, -ewać do temperatury wrzenia *[milk]*

III *vr* **to ~ oneself** oparzyć się, poparzyć się, sparzyć się

IDIOMS: **to run off like a ~ed cat** wybiec jak oparzony

scalding /ˈskɔːldɪŋ/ **I** *adj* *[water, tea]* bardzo gorący, parzący; *[heat]* piekący; *[shame, tears]* palący, piekący; *[humiliation]* dotkliwy; *[criticism, remark]* ostry

II *adv* **~ hot** bardzo gorący

scale[1] /skeɪl/ **I** *n* [1] (extent) (of crisis, disaster, operation, success, violence, reform, defeat, recession, change) skala *f* **(of sth** czegoś); (of support) stopień *m* **(of sth** czegoś); **on a large /small ~** na dużą/małą skalę; **on an unexpected/a modest ~** na niespodziewaną/skromną skalę [2] (grading system) skala *f*; **pay** or **salary ~** siatka płac; **social ~** drabina społeczna; **~ of values** skala wartości; **at the other end of the ~** z drugiej strony skali; **on a ~ of 1 to 10** w skali od 1 do 10 [3] (for maps, models) skala *f*; **on a ~ of 2 km to 1 cm** w skali 1 do 200 000; **the model is out of** or **not to ~** w tym modelu nie zachowano odpowiedniej skali [4] (on thermometer, gauge) podziałka *f*, skala *f* [5] Mus gama *f*; **to play/sing a ~** grać/śpiewać gamę; **the ~ of C major** gama C-dur [6] Math układ *m*; **decimal ~** układ dziesiętny

II *vt* (climb) wspi|ąć, -nać się na (coś) *[peak, tower, wall]*

■ **scale back** = **scale down** [2]

■ **scale down: ~ down [sth], ~[sth] down** [1] zmniejsz|yć, -ać w skali *[drawing, map]* [2] fig stopniowo zmniejsz|yć, -ać *[production]*; ogranicz|yć, -ać *[activity, expenditure, import, involvement]*; obniż|yć, -ać *[marks]*; z|redukować *[armed forces]*

■ **scale up: ~ up [sth], ~ [sth] up** [1] powiększ|yć, -ać w skali *[drawing, map]* [2] fig zwiększ|yć, -ać *[production, activity]*; podwyższ|yć, -ać *[earnings, prices]*

scale[2] /skeɪl/ **I** *n* [1] Zool (on fish, insect) łuska *f* [2] (deposit) (in kettle, pipes) kamień *m* kotłowy; (on teeth) kamień *m* nazębny

II *vt* (take scales off) usu|nąć, -wać łuski z (czegoś), o|skrobać *[fish]*

■ **scale off** *[paint, plaster, rust, skin]* złuszcz|yć, -ać się, łuszczyć się

IDIOMS: **the ~s fell from his eyes** łuski spadły mu z oczu

scale[3] /skeɪl/ **I** *n* (for weighing) szala *f*, szalka *f*

II **scales** *npl* waga *f*

scaled-down /ˌskeɪldˈdaʊn/ *adj* zmniejszony

scale drawing *n* rysunek *m* w zmniejszonej skali

scale model *n* model *m* w zmniejszonej skali

scale pan *n* szala *f*, szalka *f*

scallion /ˈskælɪən/ *n* US [1] (spring onion) młoda cebulka *f* [2] (shallot) szalotka *f* [3] (leek) por *m*

scallop /ˈskɒləp/ **I** *n* [1] Zool przegrzebek *m* [2] Culin muszla *f* świętego Jakuba [3] Sewing obrębek *m* w (półokrągłe) ząbki

II *vt* [1] Sewing (cut) wyci|ąć, -nać w półokrągłe ząbki *[border]*; (with needle) obrzuc|ić, -ać ściegiem dzierganym *[border]*; (crochet) wykończ|yć, -ać ściegiem muszelkowym *[border]* [2] Culin zapie|c, -kać w kokilce *[seafood]*; **~ed potatoes** ziemniaki zapiekane w sosie

scallop shell *n* muszla *f* świętego Jakuba

scally /ˈskælɪ/ *n* GB infml łobuz *m*

scallywag /ˈskælɪwæg/ *n* [1] infml (rascal) łobuz *m* [2] US Hist pej *biały Amerykanin z Południa, popierający wyzwolenie Murzynów*

scalp /skælp/ **I** *n* [1] Anat skóra *f* głowy [2] fig (trophy) skalp *m*; **he's after my ~** infml chce mi się dobrać do skóry

II *vt* [1] (remove scalp) o|skalpować [2] US infml (sell illegally) sprzeda|ć, -wać na lewo infml *[tickets]* [3] US Fin spekulować (czymś) *[stocks]*

scalpel /ˈskælpl/ *n* Med skalpel *m*

S

scalper /ˈskælpə(r)/ *n* US infml (selling tickets) konik *m* infml

scaly /ˈskeɪlɪ/ *adj [fish, wings]* pokryty łuskami; *[skin, bark of tree]* łuszczący się; *[plaster]* odpadający

scam /skæm/ infml **I** *n* przekręt *m* infml
II *vt* (*prp, pt, pp* **-mm-**) o|kantować infml *[person, firm]*; gwizdnąć, buchnąć infml *[thing]*
III *vi* (*prp, pt, pp* **-mm-**) robić przekręty

scamp[1] /skæmp/ *n* infml nicpoń *m* liter

scamp[2] /skæmp/ *vt* odbębni|ć, -ać infml *[work]*

scamper /ˈskæmpə(r)/ **I** *n* trucht *m*
II *vi* (also **~ about, ~ around**) *[child, dog]* po|truchtać; *[mice]* po|dreptać; **to ~ away** or **off** czmychnąć

scampi /ˈskæmpɪ/ *n* Culin krewetka *f* królewska; Zool homarzec *m*

scan /skæn/ **I** *n* [1] Med (CAT) tomografia *f*; (ultrasound) ultrasonografia *f*, USG *n inv*; **to do a ~** zrobić tomografię/USG; **to have a ~** mieć robioną tomografię/USG [2] (radar) przeszukiwanie *n* [3] (TV) (in transmitting) wybieranie *n*; (picture resulting) analiza *f*; (in receiving) składanie *n*; (picture resulting) synteza *f*
II *vt* (*prp, pt, pp* **-nn-**) [1] (cast eyes over) prze|jrzeć, -glądać *[paper, small ads, list]* [2] (examine) z|lustrować *[face, horizon]* [3] *[beam of light, radar]* przeczes|ać, -ywać *[area]* [4] Med (with CAT) z|robić badanie tomograficzne (czegoś) *[organ]*; (with ultrasound) z|robić USG (czegoś) *[organ]* [5] Comput (search) przeszuk|ać, -iwać, prze|jrzeć, -glądać *[data, disk]*; (read) ze|skanować *[text, diagram]* [6] Literat (read) skandować *[poem, verse]*
III *vi* (*prp, pt, pp* **-nn-**) Literat *[poem, lines]* mieć rytm

scandal /ˈskændl/ *n* [1] (incident, outcry) skandal *m*; **a financial/political ~** skandal finansowy/polityczny; **a drug ~** skandal związany z narkotykami; **the Watergate ~** afera Watergate; **this price is a ~** ta cena jest skandaliczna [2] (gossip) skandalizujące plotki *f pl*

scandalize /ˈskændəlaɪz/ *vt* z|gorszyć (**by doing sth** robiąc coś)

scandalized /ˈskændəlaɪzd/ *adj* zgorszony (**by** or **at sth** czymś)

scandalmonger /ˈskændlmʌŋgə(r)/ **I** *n* (journalist) łowca *m* sensacji
II *vi* rozsiewać plotki; **~ing** rozsiewanie plotek

scandalous /ˈskændələs/ *adj* skandaliczny

scandalously /ˈskændələslɪ/ *adv [behave, overcharge, live]* skandalicznie, w sposób skandaliczny; *[rich, drunk]* nieprzyzwoicie

scandal sheet *n* brukowiec *m*

Scandinavia /ˌskændɪˈneɪvɪə/ *prn* Skandynawia *f*

Scandinavian /ˌskændɪˈneɪvɪən/ **I** *n* Skandynaw *m*, -ka *f*
II *adj* skandynawski

scandium /ˈskændɪəm/ *n* skand *m*

scanner /ˈskænə(r)/ *n* [1] Comput (also **optical ~**) skaner *m* [2] Med (CAT) tomograf *m* [3] (for bar codes, electronic data) czytnik *m* [4] (radar) antena *f* radarowa

scanning /ˈskænɪŋ/ **I** *n* [1] Comput skanowanie *n* [2] Med (CAT) tomografia *f*; (ultrasound) badanie *n* ultrasonograficzne, USG *n inv* [3] (radar) przeszukiwanie *n*
II *modif* [1] Med **~ equipment** (for CAT) sprzęt do tomografii; (for ultrasound) sprzęt do ultrasonografii [2] (radar) **~ radar** radar przeszukujący

scansion /ˈskænʃn/ *n* skandowanie *n*

scant /skænt/ *adj* (mere, bare) niewielki; **a ~ five metres** zaledwie pięć metrów; **he has been given ~ credit for his work** jego praca nie spotkała się z większym uznaniem; **to pay ~ attention to sth** nie zwracać na coś większej uwagi; **there's ~ evidence of improvement** nie widać większej poprawy; **to show ~ regard for sth** niezbyt się czymś przejmować

scantily /ˈskæntɪlɪ/ *adv [clad, dressed, furnished]* skąpo; **a ~ cut bikini** skąpe bikini

scantiness /ˈskæntɪnɪs/ *n* (of clothing, resources) skąpość *f*; **he tried to ignore the ~ of her attire** starał się nie zwracać uwagi na jej skąpy strój

scanty /ˈskæntɪ/ *adj [meal, supply, information, swimsuit]* skąpy; *[knowledge, harvest]* skąpy, ubogi; *[audience]* nieliczny

scapegoat /ˈskeɪpgəʊt/ *n* kozioł *m* ofiarny fig; **to make a ~ of sb** zrobić z kogoś kozła ofiarnego; **to make sb a ~ for sth** zrzucić na kogoś winę za coś

scapegrace /ˈskeɪpgreɪs/ *n* dat nicpoń *m* liter

scapula /ˈskæpjʊlə/ *n* (*pl* **-ae, -as**) Anat łopatka *f*

scapular[1] /ˈskæpjʊlə(r)/ *n* Relig szkaplerz *m*

scapular[2] /ˈskæpjʊlə(r)/ *adj* Anat łopatkowy

scar /skɑː(r)/ **I** *n* [1] blizna *f*, szrama *f*; **acne ~s** ślady po trądziku; **her years in prison left a permanent ~** fig lata spędzone w więzieniu zostawiły niezatarty ślad na jej psychice; **the country still bears the ~s of war** fig kraj nadal nosi na sobie ślady wojny [2] (crag) urwisko *n*
II *vt* (*prp, pt, pp* **-rr-**) (physically, psychologically) okaleczy|ć, -ać; (with knife on face) oszpec|ić, -ać; fig ze|szpecić *[landscape]*; **to ~ sb for life** oszpecić kogoś na całe życie; fig pozostawić trwałe ślady na psychice kogoś; **his face was ~red by acne** jego twarz szpeciły ślady po trądziku
III *vi* (*prp, pt, pp* **-rr-**) zabliźni|ć, -ać się

scarab /ˈskærəb/ *n* Zool skarabeusz *m*, poświętnik *m* czczony

scarce /skeəs/ **I** *adj* [1] (rare) *[animal, plant, antique]* rzadki; **good dentists are ~** rzadko trafia się dobry dentysta [2] (insufficient) *[funds, information, resources]* skąpy; **food/water is ~ here** trudno tu o żywność/wodę; **money/water became ~** zaczęło brakować pieniędzy/wody
II *adv* arch (hardly) ledwie

IDIOMS: **to make oneself ~** infml ulotnić się infml

scarcely /ˈskeəslɪ/ *adv* [1] (hardly, only just) *[credible]* niezbyt; *[understand, remember]* ledwie, prawie nie; **~ noticeable** prawie niezauważalny, ledwie zauważalny; **the bus was ~ moving** autobus ledwie się poruszał; **to speak ~ a word of French** prawie nie mówić po francusku; **there were ~ 50 people in the room** na sali nie było nawet pięćdziesięciu osób; **~ anybody believes it** prawie nikt w to nie wierzy; **there's ~ anything left to be done** nie zostało prawie nic do zrobienia; **we have ~ any money** prawie nie mamy pieniędzy; **~ ever** prawie nigdy; **it ~ matters** to nie ma większego znaczenia [2] iron (not really) **I need ~ say that...** chyba nie muszę mówić, że...; **you can ~ expect me to believe it** chyba nie myślisz, że w to uwierzę; **she's ~ a pauper** biedna to ona raczej nie jest infml [3] (no sooner) ledwie; **~ had she finished when the door opened** ledwo skończyła, gdy nagle drzwi się otworzyły

scarceness /ˈskeəsnɪs/ *n* rzadkość *f*

scarcity /ˈskeəsətɪ/ *n* [1] (dearth) niedostatek *m*, brak *m* (**of sth** czegoś) [2] (rarity) rzadkość *f* (**of sth** czegoś); **~ value** podwyższona wartość (towarów deficytowych)

scare /skeə(r)/ **I** *n* [1] (fright) (prze)strach *m*, przerażenie *n*; **to give sb a ~** przestraszyć or wystraszyć kogoś; **to get a ~** wystraszyć się, przestraszyć się [2] (alarm) alarm *m*; **a bomb ~** alarm bombowy [3] (anxiety) popłoch *m*, panika *f*; **a war ~** panika wojenna; **an invasion/a food ~** strach przed inwazją/zatrutą żywnością
II *vt* wystraszyć, przera|zić, -żać; **to ~ sb stiff** or **stupid** infml śmiertelnie kogoś wystraszyć; **to ~ sb into/out of giving evidence** zastraszyć kogoś i skłonić do złożenia/niesktadania zeznań
III *vi* **to ~ easily** bać się byle czego
■ **scare away, scare off**: **~ away [sb /sth], ~ [sb/sth] away** (put off) odstrasz|yć, -ać *[customers, investor, trespassers]*; (drive away) s|płoszyć *[burglar, animal]*
■ **scare up**: **~ up [sth], ~ [sth] up** US infml skombinować infml *[money, food]*

scarecrow /ˈskeəkrəʊ/ *n* strach *m* na wróble; **to look like a ~** wyglądać jak strach na wróble

scared /skeəd/ *adj* wystraszony, przerażony; **to be ~** bać się (**of sb/sth** kogoś /czegoś); **to be ~ to do sth** or **of doing sth** bać się zrobić coś; **to be ~ that...** bać się, że...; **to be ~ about sth** bać się o coś; **to be ~ stiff** or **stupid** infml zdrętwieć ze strachu, śmiertelnie się bać; **to be running ~** bać się (**of sb/sth** kogoś/czegoś)

scaredy cat /ˈskeədɪkæt/ *n* infml baby talk strachajło *n* infml

scaremonger /ˈskeəmʌŋə(r)/ *n* panika|rz *m*, -ra *f*; **to be a ~** siać panikę

scaremongering /ˈskeəmʌŋərɪŋ/ *n* sianie *n* paniki, panikarstwo *n*

scare story *n* panikarska pogłoska *f*

scare tactic *n* tworzenie *n* atmosfery zagrożenia

scarf /skɑːf/ *n* (*pl* **scarves**) (long) szal *m*, szalik *m*; (square) chusta *f*, chustka *f*; (adornment) apaszka *f*

scarify /ˈskeərɪfaɪ/ *vt* [1] Med zdrapać naskórek z (czegoś) [2] Agric, Hort spulchni|ć, -ać *[soil]*

scarlatina /ˌskɑːləˈtiːnə/ *n* szkarlatyna *f*

scarlet /ˈskɑːlət/ **I** *n* szkarłat *m*; **to blush ~** oblać się szkarłatnym rumieńcem; **to go ~ with rage** spurpurowieć ze złości; **to take ~** Relig przywdziać purpurę kardynalską
II *adj* szkarłatny

scarlet fever *n* szkarlatyna *f*

scarlet pimpernel *n* kurzyślad *m* polny, kurzyślep *m*

scarlet runner *n* fasola *f* wielokwiatowa, piękny Jaś *m*

scarlet woman *n* liter nierządnica *f* liter

scarp /skɑːp/ *n* skarpa *f*

scarper /ˈskɑːpə(r)/ *vi* GB infml da|ć, -wać drapaka infml

scar tissue *n* tkanka *f* bliznowata

scarves /skɑːvz/ *npl* → **scarf**

scary /ˈskeərɪ/ *adj* infml *[situation, story, film]* przerażający

scat¹ /skæt/ *excl* a sio!

scat² /skæt/ *n* (in jazz) scat *m*

scathing /ˈskeɪðɪŋ/ *adj [remark, report, tone, wit, criticism]* zjadliwy, zgryźliwy; *[look]* jadowity; **to be ~ about sb** wyrażać się o kimś pogardliwie

scathingly /ˈskeɪðɪŋlɪ/ *adv [speak, write]* zjadliwie; **to look ~ at sb** patrzeć na kogoś zjadliwie; **~ witty** *[person]* zjadliwie dowcipny; *[remark]* szyderczy; **~ honest** *[person]* mówiący prawdę w oczy

scatological /ˌskætəˈlɒdʒɪkl/ *adj* skatologiczny

scatology /skæˈtɒlədʒɪ/ *n* skatologia *f*

scatter /ˈskætə(r)/ **I** *n* [1] **a ~ of houses /raindrops** pojedyncze domy/krople deszczu; **only a ~ of people were left in the audience** na widowni pozostały tylko pojedyncze osoby [2] Stat rozrzut *m*, rozproszenie *n*

II *vt* [1] (also **~ around, ~ about**) (throw around) rozrzuc|ić, -ać, rozsyp|ać, -ywać *[earth]*; rozsi|ać, -ewać *[seeds]*; rozrzuc|ić, -ać *[books, papers, clothes]*; **to be ~ed around** or **about** *[islands, buildings, books]* być rozrzuconym; *[people]* być rozproszonym; **~ed with sth** zasypany czymś *[sand, particles]*; zarzucony czymś *[papers]*; zastawiony czymś *[photographs]* [2] (cause to disperse) rozpr|oszyć, -aszać *[crowd, animals]* [3] Phys rozpr|oszyć, -aszać *[electrons, light]*

III *vi [people, animals, birds]* rozpr|oszyć, -aszać się

scatterbrain /ˈskætəbreɪn/ *n* roztrzepaniec *m* infml

scatter-brained /ˈskætəbreɪnd/ *adj [person]* roztrzepany; *[idea]* postrzelony infml

scatter cushion *n* poduszka *f (stanowiąca ozdobę)*

scatter diagram *n* Stat diagram *m* or wykres *m* rozrzutu

scattered /ˈskætəd/ *adj* [1] (dispersed) *[houses, villages, population]* rozproszony; *[books, litter]* porozrzucany [2] (isolated) *[trees, houses]* pojedynczy; **~ resistance/support** pojedyncze przypadki oporu/poparcia [3] Meteorol **~ showers** przelotne deszcze

scatter graph *n* = **scatter diagram**

scattering /ˈskætərɪŋ/ *n* (of people, votes, papers) garstka *f*; **a ~ of shops/restaurants** kilka sklepów/restauracji

scatter rug *n* dywanik *m*

scattershot /ˈskætəʃɒt/ *adj [cartridge]* śrutowy; **~ criticism** fig krytykowanie wszystkiego i wszystkich

scattiness /ˈskætɪnɪs/ *n* GB infml roztrzepanie *n*

scatty /ˈskætɪ/ *adj* GB infml roztrzepany

scavenge /ˈskævɪndʒ/ **I** *vt* [1] wygrzeb|ać, -ywać *[food, scrap metal]* **(from sth** z czegoś) [2] wyszuk|ać, -iwać *[funds, subsidies]*

II *vi* **to ~ in** or **through the dustbins for sth** *[person, animal]* grzebać w śmietnikach w poszukiwaniu czegoś

scavenger /ˈskævɪndʒə(r)/ *n* [1] (person) śmieciarz *m* [2] (animal) padlinożerca *m*

scavenger beetle *n* żuk *m* żywiący się odpadkami

scavenger hunt *n gra, której uczestnicy muszą uzbierać zestaw różnych przedmiotów*

scenario /sɪˈnɑːrɪəʊ, US -ˈnær-/ *n* (*pl* **~s**) [1] Cin scenariusz *m* [2] fig scenariusz *m*; **the worst-case ~** najgorszy z możliwych scenariuszy; **a nightmare ~** scenariusz katastroficzny; **this is a ~ for war** to mogłoby doprowadzić do wojny

scenarist /sɪˈnɑːrɪst, US -ˈnær-/ *n* scenarzyst|a *m*, -ka *f*

scene /siːn/ *n* [1] (in play, film, novel) scena *f*; **act I, ~ 2** akt pierwszy, scena druga; **the balcony/seduction ~** scena balkonowa /scena uwiedzenia; **street/crowd ~** scena uliczna/zbiorowa; **the ~ is set in a Scottish town** ta scena rozgrywa się w szkockim mieście; **this set the ~ for another war/argument** fig to doprowadziło do kolejnej wojny/kłótni; **the ~ was set for a major tragedy** fig wszystko zapowiadało prawdziwą tragedię [2] Theat (stage scenery) dekoracja *f*; **behind the ~s** za kulisami also fig; **to work behind the ~s** fig działać zakulisowo [3] (location) miejsce *n*, scena *f*; **the ~ of the crime/accident** miejsce zbrodni/wypadku; **these streets have been the ~ of violent fighting** te ulice były sceną gwałtownych walk; **to come on the ~** *[ambulance, police]* przybyć na miejsce; **I need a change of ~** muszę zmienić otoczenie [4] (sphere, field) scena *f*; **she's a new arrival on the political ~** (ona) debiutuje na scenie politycznej; **the economic ~** scena gospodarcza; **the jazz/fashion ~** świat jazzu/mody; **it's not my ~** to nie moja dziedzina [5] (emotional incident) scena *f*; **to make a ~** zrobić scenę; **she will do anything to avoid a ~** ona zrobi wszystko, żeby uniknąć sceny [6] (image, sight) scena *f*; **~s of death and destruction** sceny śmierci i zniszczenia; **it is a ~ that will remain with me forever** ta scena pozostanie na zawsze w mojej pamięci [7] (view) widok *m*; **he admired the beauty of the ~** podziwiał piękno scenerii; **rural ~** krajobraz wiejski; **outdoor ~** scena na świeżym powietrzu

scene change *n* Theat zmiana *f* dekoracji

scene designer *n* Theat dekorator *m*, -ka *f*, scenograf *m*, -ka *f*

scene painter *n* = **scene designer**

scenery /ˈsiːnərɪ/ *n* [1] (landscape) pejzaż *m*, krajobraz *m*; (view) widok *m*; (as background for event, film) sceneria *f* [2] Theat dekoracje *f pl*, oprawa *f* sceniczna; **a piece of ~** element dekoracji

scene shifter *n* Theat maszynista *m* teatralny

scenic /ˈsiːnɪk/ *adj [countryside, village, view]* malowniczy; **it's an area of ~ beauty** to bardzo malownicza okolica; **~ route** trasa widokowa

scenic railway *n* (train) kolejka *f* (turystyczna); (rollercoaster) GB kolejka *f* górska *(w wesołym miasteczku)*

scenography /siːˈnɒgrəfɪ/ *n* [1] Art malarstwo *n* perspektywiczne [2] Antiq malarstwo *n* sceniczne

scent /sent/ **I** *n* [1] (smell) zapach *m*, woń *f* [2] (body smell) (of animal) zapach *m* [3] Hunt trop *m*, ślad *m* also fig; **to pick up the ~ of sth** zwęszyć or zwietrzyć coś also fig; **to throw the dogs off the ~** sprowadzić psy z tropu; **to put the police off the ~** zmylić pościg policyjny; **to be (hot) on the ~ of sb/sth** być na tropie kogoś/czegoś [4] (perfume) perfumy *plt*

II *vt* [1] (smell) zwietrzyć, zwęszyć *[animal, prey]*; *[dog, police]* wywęszyć *[drugs, explosives]*; fig zwietrzyć, zwęszyć *[trap, danger, scandal]* [2] (perfume) wy|perfumować *[hair, handkerchief]*; wypełni|ć, -ać wonią *[air, room]*

■ **scent out: ~ out [sth], ~ [sth] out** wywęszyć, zwietrzyć also fig

scented /ˈsentɪd/ **I** *adj [soap, paper, sachet]* perfumowany; *[flowers, blossom]* wonny, pachnący; *[air, atmosphere]* przesycony zapachem; **~ with sth** pachnący czymś

II -scented *in combinations* [1] (with scent added) **rose-~ soap** mydło różane [2] (natural) **honey-~ flowers** kwiaty pachnące miodem; **the pine-~ air** powietrze przesycone zapachem sosen; **sweet-~** o słodkim zapachu

scented orchid *n* gółka *f* długoostrogowa

scentless /ˈsentlɪs/ *adj* bezwonny

scepter *n* US = **sceptre**

sceptic GB, **skeptic** US /ˈskeptɪk/ *n* scepty|k *m*, -czka *f*

sceptical GB, **skeptical** US /ˈskeptɪkl/ *adj* sceptyczny; **~ about** or **of sth** sceptycznie nastawiony do czegoś

sceptically GB, **skeptically** US /ˈskeptɪklɪ/ *adv* sceptycznie

scepticism GB, **skepticism** US /ˈskeptɪsɪzəm/ *n* sceptycyzm *m* **(about sth** co do czegoś)

sceptre GB, **scepter** US /ˈseptə(r)/ *n* berło *n*

schedule /ˈʃedjuːl, US ˈskedʒʊl/ **I** *n* [1] Admin, Comm, Constr (plan for performing work) harmonogram *m*; **building ~** harmonogram budowy; **production ~** plan produkcyjny; **to draw up** or **make out a ~** sporządzić harmonogram; **to keep to a ~** trzymać się harmonogramu; **to be ahead of ~** wyprzedzać harmonogram; **to be behind ~** *[person]* spóźniać się z terminem; *[work]* przebiegać z opóźnieniem; **to work to a tight ~** pracować według bardzo napiętego planu; **to be on ~ (for July)** przebiegać zgodnie z harmonogramem (przewidującym ukończenie w lipcu); **finished on ~** zakończony w terminie [2] (programme of events) harmonogram *m*; (of appointments) terminarz *m*; **work ~** plan pracy; **full/crowded ~** zapełniony/napięty harmonogram; **to fit sb/sth into one's ~** zmieścić spotkanie z kimś w swoim planie zajęć [3] Transp (timetable) (of train, coach) rozkład *m* jazdy; (of airline, plane) rozkład *m* lotów; **to arrive behind ~** przybyć z opóźnieniem; **to arrive on/ahead of ~** przybyć o czasie/przed czasem [4] TV

S

program *m*; **autumn/winter ~** ramówka jesienna/zimowa [5] Comm, Jur (list) (of charges) taryfa *f*; (of prices, contents, listed buildings) wykaz *m*; (to a contract) załącznik *m*; **as per ~** zgodnie z załącznikiem [6] GB Tax tabela *f* podatkowa

II *vt* [1] (plan, appoint) za|planować; **to do sth as ~d** zrobić coś zgodnie z planem; **the station was ~d for completion in 1997** dworzec miał być gotowy w 1997 roku; **I'm ~d to speak at 2.00** moje wystąpienie ma się zacząć o drugiej; **the plane is ~d to arrive at 2.00** przylot samolotu jest zaplanowany na drugą; **to be ~d for demolition** być przeznaczonym do rozbiórki [2] GB Archeol, Tourism (list) wpis|ać, -ywać na listę zabytków *[building, site]*

scheduled /ˈʃedjuːld, US ˈskedʒʊld/ *adj [train, bus]* kursowy; *[departure]* planowy; *[time, date]* wyznaczony; *[event]* zaplanowany; *[components, price]* figurujący w wykazie

scheduled building *n* GB zabytek *m*

scheduled flight *n* lot *m* rejsowy

scheduled territories *n* GB strefa *f* szterlingowa

scheduling /ˈʃedjuːlɪŋ, US ˈskedʒʊl-/ *n* (of project, work) sporządzenie *n* harmonogramu; (of monument) wpisanie *n* na listę zabytków

schema /ˈskiːmə/ *n* (*pl* **-mata**) schemat *m*

schematic /skɪˈmætɪk/ *adj* schematyczny

schematically /skɪˈmætɪklɪ/ *adv* schematycznie

scheme /skiːm/ **I** *n* [1] (systematic plan) plan *m*, projekt *m* **(to do sth** zrobienia czegoś); **a ~ for (doing) sth** plan (zrobienia) czegoś; **our ~ didn't work (out)** nasz plan się nie powiódł [2] GB Admin program *m*, system *m*; **health insurance ~** system ubezpieczeń społecznych; **pension ~** program emerytalny; **employees under this ~ will earn more** pracownicy objęci tym programem będą więcej zarabiali [3] pej (unrealistic idea) (nierealistyczny) pomysł *m*; **to think up a ~** wpaść na pomysł; **it's a bad ~** to zły pomysł [4] (plot) intryga *f* **(to do** or **for doing sth** mająca na celu zrobienie czegoś) [5] (design, plan) (of house, garden) plan *m* → **colour scheme**

II *vi* u|knuć intrygę, spiskować **(against sb** przeciwko komuś)

IDIOMS: **in the ~ of things, this incident is not very important** biorąc pod uwagę ogólną sytuację, to zdarzenie nie ma większego znaczenia; **she was unsure how she fitted into the ~ of things** nie bardzo wiedziała, na czym stoi; **in the Marxist ~ of things** według koncepcji marksistowskiej

schemer /ˈskiːmə(r)/ *n* pej intrygant *m*, -ka *f*

scheming /ˈskiːmɪŋ/ **I** *n* machinacje *f pl*

II *adj* intrygancki

scherzando /skeəˈtsændəʊ/ **I** *n* (*pl* **-di, -dos**) scherzando *n*

II *adv [play]* scherzando

scherzo /ˈskeətsəʊ/ *n* (*pl* **-zos, -zi**) scherzo *n*

schilling /ˈʃɪlɪŋ/ *n* szyling *m*

schism /ˈsɪzəm/ *n* Relig schizma *f* **(in sth** w czymś); (in party) rozłam *m* **(in sth** w czymś)

schismatic /sɪzˈmætɪk/ **I** *n* schizmatyk *m*

II *adj* schizmatycki

schist /ʃɪst/ *n* Geol łupek *m*

schizo /ˈskɪtsəʊ/ infml **I** *n* schizofreni|k *m*, -czka *f*

II *adj* **he's completely ~** to kompletny schizofrenik

schizoid /ˈskɪtsɔɪd/ **I** *n* typ *m* schizoidalny

II *adj* [1] Med *[personality]* schizoidalny; *[person]* o osobowości schizoidalnej [2] fig *[ideas, attitudes]* sprzeczny

schizophrenia /ˌskɪtsəʊˈfriːnɪə/ *n* Med schizofrenia *f* also fig

schizophrenic /ˌskɪtsəʊˈfrenɪk/ **I** *n* schizofreni|k *m*, -czka *f*

II *adj [behaviour, problems]* schizofreniczny; *[patient]* ze schizofrenią; **to feel ~ about sth** fig mieć sprzeczne uczucia odnośnie do czegoś

schlemiel, schlemihl /ʃləˈmiːl/ *n* US vinfml (bungler) jełop *m* infml; (victim) naiwnia|k *m*, -czka *f* infml

schlep(p) /ʃlep/ US vinfml **I** *n* [1] (bungler) jełop *m* infml pej [2] (long journey) długa podróż *f*

II *vt* za|taszczyć

III *vi* (also **~ around)** wlec się infml

schlock /ʃlɒk/ US vinfml **I** *n* tandeta *f* infml

II *adj* tandetny, dziadowski infml

schlocky /ʃlɒkɪ/ *adj* = **schlock**

schlump /ʃlʊmp/ *n* US vinfml (person) ćwok *m* infml

schmal(t)z /ʃmɔːlts/ *n* infml ckliwość *f*, rzewność *f*

schmal(t)zy /ˈʃmɔːltsɪ/ *adj* infml ckliwy, rzewny

schmear /ˈʃmɪə(r)/ *n* US vinfml **the whole ~** (of details) wszystko; (of people) cała banda infml

schmo(e) /ʃməʊ/ *n* US vinfml debil *m* vinfml

schmooze /ʃmuːz/ vinfml **I** *n* pogaduszki *plt* infml

II *vi* gadać

schmuck /ʃmʌk/ *n* US vinfml (jerk) palant *m* vinfml; (bastard) sukinsyn *m* vinfml

schnap(p)s /ʃnæps/ *n* sznaps *m*

schnorkel /ˈʃnɔːkl/ *n* = **snorkel**

schnorrer /ˈʃnɔːrə(r)/ *n* US vinfml darmozjad *m*, pasożyt *m* infml

schnoz(zle) /ˈʃnɒz(l)/ *n* infml kinol *m* infml

scholar /ˈskɒlə(r)/ *n* [1] (learned person) uczon|y *m*, -a *f*, badacz *m*, -ka *f*; **a classical/Hebrew/Shakespeare ~** filolog klasyczny/hebraista/szekspirolog; **he's not much of a ~** fig mędrcem to on nie jest iron [2] (student with scholarship) stypendyst|a *m*, -tka *f* [3] dat (school pupil) ucze|ń *m*, -nnica *f*

scholarly /ˈskɒləlɪ/ *adj* [1] (erudite) *[essay, approach]* erudycyjny [2] (academic) *[publication, journal, achievement, research]* naukowy; *[circles]* akademicki; **~ appearance** wygląd intelektualisty

scholarship /ˈskɒləʃɪp/ **I** *n* [1] (award) stypendium *n*; **to win a ~ (to Eton)** uzyskać stypendium (w Eton); **to award a ~ to sb** przyznać komuś stypendium; **to hold a ~** mieć stypendium [2] (meticulous study) studia *plt*; (academic achievement) osiągnięcia *n pl* naukowe [3] (body of learning) nauka *f*; **Oxford has a long tradition of ~** Oksford ma długie tradycje naukowe; **the book is a fine piece of ~** ta książka to świetne dzieło naukowe

II *modif* **~ student** or **holder** stypendysta; **~ fund** fundusz stypendialny

scholastic /skəˈlæstɪk/ **I** *n* Philos, Relig scholastyk *m*

II *adj* [1] Philos scholastyczny [2] (of school) szkolny; *[achievement, success]* w nauce; *[ability]* do nauki

scholastic agency *n* biuro *n* pośrednictwa pracy dla nauczycieli

Scholastic Aptitude Test, SAT *n* US *egzamin, którego wyniki decydują o przyjęciu na studia*

scholasticism /skəˈlæstɪsɪzəm/ *n* Philos scholastyka *f*

school[1] /skuːl/ **I** *n* [1] Sch szkoła *f*; **at ~** w szkole; **to go to ~** chodzić do szkoły; **to start ~ at the age of six** pójść do szkoły w wieku sześciu lat; **to leave ~** skończyć szkołę; **to send sb to a good ~** posłać kogoś do dobrej szkoły; **used in ~s** stosowany w szkołach; **broadcasts for ~s** programy or audycje dla szkół; **the whole ~ was there** była tam cała szkoła; **before ~** przed lekcjami; **after ~** po szkole, po lekcjach; **~ starts/finishes** szkoła zaczyna się/kończy się; **there's no ~ today** dzisiaj nie ma lekcji; **a ~ for the blind/the gifted** szkoła dla niewidomych /dla wybitnie uzdolnionych [2] (post-secondary) szkoła *f*; (university-level) szkoła *f* wyższa; **drama ~** szkoła teatralna; **~ of nursing** szkoła pielęgniarska; **secretarial ~** szkoła sekretarek [3] (part of university) ≈ wydział *m*; **to go to medical/law ~** studiować medycynę/prawo [4] (of painting, literature, thought) szkoła *f* [5] (group of gamblers, drinkers) klub *m* iron

II *modif [life, uniform, year, canteen, library, minibus, playground]* szkolny; **~ outing** wycieczka szkolna; **~ holidays** (in summer) wakacje; (in winter) ferie

III *vt* [1] (educate) **to ~ sb in sth** uczyć kogoś czegoś *[art, trick, ways]*; **to ~ sb to be tolerant/to obey** nauczyć kogoś tolerancji/posłuszeństwa [2] (train) wy|tresować *[horse]*

IV *vr* **to ~ oneself in sth** nauczyć się czegoś *[patience, prudence]*

IDIOMS: **of the old ~** starej daty; **the ~ of hard knocks** szkoła życia; **to grow up in a hard ~** przejść twardą szkołę; **he learnt it in a hard ~** życie go tego nauczyło

school[2] /skuːl/ *n* (of whales, dolphins, porpoises) stado *n*; (of small fish) ławica *f*

school age **I** *n* wiek *m* szkolny; **of ~** w wieku szkolnym

II *modif* **~ child** dziecko w wieku szkolnym

schoolbag /ˈskuːlbæg/ *n* (case) teczka *f* szkolna; (traditional) tornister *m*

school board *n* [1] GB Hist *komitet odpowiedzialny za lokalne szkoły państwowe* [2] US (of school) ≈ rada *f* szkoły; (of schools) ≈ kuratorium *n*

school book *n* podręcznik *m* szkolny

schoolboy /ˈskuːlbɔɪ/ **I** *n* uczeń *m*

II *modif* [1] *[attitude, behaviour, joke, prank, humour]* sztubacki; **~ slang** gwara uczniowska [2] **~ championships** mistrzostwa juniorów

school bus *n* szkolny autobus *m*

school captain *n* GB Sch *uczeń odpowiedzialny za dyscyplinę*

School Certificate *n* GB Hist *świadectwo ukończenia szkoły w wieku 16 lat*

schoolchild /ˈsku:ltʃaɪld/ *n* ucze|ń *m*, -nnica *f*
school council *n* rada *f* szkolna *(złożona z nauczycieli i reprezentantów uczniów)*
school crossing patrol *n osoba czuwająca nad bezpieczeństwem przechodzących przez jezdnię dzieci*
schooldays /ˈsku:ldeɪz/ *n* szkolne lata *plt*
school dinner *n* = **school lunch**
school district *n* US okręg *m* szkolny
school fees *n* czesne *n*
schoolfellow /ˈsku:lfeləʊ/ *n* dat kole|ga *m*, -żanka *f* ze szkolnej ławy
schoolfriend /ˈsku:lfrend/ *n* kole|ga *m*, -żanka *f* z klasy
schoolgirl /ˈsku:lgɜ:l/ **I** *n* uczennica *f*
II *modif [complexion, figure]* dziewczęcy; **~ crush** dziewczęce zauroczenie **(on sb** kimś)
school graduation age *n* US Sch = **school leaving age**
school hours *npl* godziny *f pl* lekcji
schoolhouse /ˈsku:lhaʊs/ *n* budynek *m* szkoły, szkoła *f*
schooling /ˈsku:lɪŋ/ *n* [1] (of child) nauka *f*, kształcenie *n* [2] Equest (of horse) ujeżdżanie *n*
school inspector *n* wizytator *m*, -ka *f*
schoolkid /ˈsku:lkɪd/ *n* infml ucze|ń *m*, -nnica *f*
school-leaver /ˌsku:lˈli:və(r)/ *n* GB absolwent *m*, -ka *f* szkoły
school leaving age *n* wiek *m* ukończenia szkoły średniej
school lunch *n* obiad *m* w szkole
schoolman, Schoolman /ˈsku:lmæn/ *n* (*pl* **-men**) Hist scholastyk *m*
schoolmarm, schoolma'am /ˈsku:lmɑ:m/ *n* pej belferka *f* infml pej
schoolmarmish /ˈsku:lmɑ:mɪʃ/ *adj* **she is ~** ma w sobie coś z belferki infml
schoolmaster /ˈsku:lmɑ:stə(r), US -mæstə(r)/ *n* nauczyciel *m*
schoolmate /ˈsku:lmeɪt/ *n* kole|ga *m*, -żanka *f* ze szkoły
school meal *n* = **school lunch**
schoolmistress /ˈsku:lmɪstrɪs/ *n* nauczycielka *f*
school of thought *n* szkoła *f*; **there are two schools of thought on the matter** w tej sprawie istnieją dwie szkoły
school phobia *n* lęk *m* przed szkołą
school phobic *n* dziecko *n* cierpiące na lęk przed szkołą
school prefect *n* GB Sch *uczeń ostatniej klasy odpowiedzialny za dyscyplinę*
school record *n* ≈ arkusz *m* ocen
school report *n* GB *semestralna lub roczna ocena pracy ucznia*
school report card *n* US = **school report**
schoolroom /ˈsku:lru:m/ *n* sala *f* lekcyjna
schoolteacher /ˈsku:lti:tʃə(r)/ *n* nauczyciel *m*, -ka *f*
schoolteaching /ˈsku:lti:tʃɪŋ/ *n* uczenie *n* w szkole, nauczycielstwo *n*
school time *n* godziny *f pl* zajęć
schoolwork /ˈsku:lwɜ:k/ *n* nauka *f*; **to have a lot of ~** mieć dużo nauki; **to do well in one's ~** dobrze sobie radzić w szkole
schooner /ˈsku:nə(r)/ *n* [1] Naut (boat) szkuner *m*; **~-rigged** z omasztowaniem szkunera [2] (glass) US szklanka *f* do piwa; GB duży kieliszek *m* (do sherry)
schuss /ʃʊs/ *n* Sport szus *m*
schwa /ʃwɑ:/ *n* Ling szwa *n inv*
sciatic /saɪˈætɪk/ *adj* Med kulszowy
sciatica /saɪˈætɪkə/ *n* Med rwa *f* kulszowa
science /ˈsaɪəns/ **I** *n* [1] (scientific study and knowledge) nauka *f*; **~ and technology** nauka i technika; **a man of ~** naukowiec **→ blind** [2] (in opposition to arts) nauki *f pl* ścisłe; Sch przedmioty *m pl* ścisłe; (a particular branch) nauka *f* ścisła; **~ and the arts** nauki ścisłe i humanistyczne; **to study ~** studiować nauki ścisłe; **natural ~s** nauki przyrodnicze; **physical ~s** nauki fizyczne; **military ~** wojskowość; **sports ~** teoria sportu [3] (skill) sztuka *f*; **the ~ of cooking** sztuka kulinarna
II *modif [journal]* naukowy; *[subject]* ścisły; **~ faculty** wydział nauk ścisłych; **~ teacher** nauczyciel przedmiotów ścisłych; **~ correspondent** dziennikarz działu naukowego; **~ exam** egzamin z przedmiotów ścisłych
science fiction **I** *n* fantastyka *f* naukowa, science fiction *n inv*
II *modif* **~ book/film/writer** książka/film /pisarz science fiction
science park *n* park *m* naukowy
scientific /ˌsaɪənˈtɪfɪk/ *adj* naukowy; **to prove/test sth using ~ method** udowodnić/sprawdzić coś w sposób naukowy; **they were ~ in the way they approached the problem** podeszli do problemu w sposób naukowy; **it's a very ~ game** to jest gra wymagająca myślenia
scientifically /ˌsaɪənˈtɪfɪklɪ/ *adv [investigate, prove, show]* naukowo; **we need ~-based information** potrzebujemy informacji sprawdzonych naukowo; **I'm not ~-minded** nie jestem typem naukowca
scientist /ˈsaɪəntɪst/ *n* naukowiec *m*
scientologist /ˌsaɪənˈtɒlədʒɪst/ *n* scjentolog *m*
Scientology /ˌsaɪənˈtɒlədʒɪ/ *n* scjentologia *f*
sci-fi /ˈsaɪfaɪ/ *n*, *modif* = **science fiction**
Scillies /ˈsɪlɪz/ *prn* Wyspy *f pl* Scilly
Scilly Isles /ˈsɪlɪaɪlz/ *prn pl* = **Scillies**
scimitar /ˈsɪmɪtə(r)/ *n* bułat *m*
scintillate /ˈsɪntɪleɪt, US -təleɪt/ *vi [cloth, jewel]* mienić się; *[stars]* migotać; *[eyes]* błyszczeć; fig *[person]* błyszczeć; *[debate]* być błyskotliwym
scintillating /ˈsɪntɪleɪtɪŋ, US -təleɪtɪŋ/ *adj [jewel, cloth]* mieniący się; *[star]* migoczący, mrugający; *[eyes]* błyszczący; fig *[person, conversation, wit, success]* błyskotliwy
scion /ˈsaɪən/ *n* [1] fml (person) potomek *m* [2] Hort zraz *m*
Scipio /ˈskɪpɪəʊ/ *prn* Scypion *m*
scissor /ˈsɪzə(r)/ *vt* po|ciąć nożyczkami *[paper, clothes]*
scissorbill /ˈsɪzəbɪl/ *n* Zool brzytwodziób *m*
scissors /ˈsɪzəz/ *npl* nożyce *plt*, nożyczki *plt*; **kitchen ~** nożyczki kuchenne; **~-and-paste job** kolaż; fig, pej (book, TV programme) kompilacja
scissors jump *n* skok *m* nożycami
scissors kick *n* (in swimming) nożycowy ruch *m* nóg w pływaniu
sclera /ˈsklɪərə/ *n* Anat twardówka *f*
sclerosis /sklɪəˈrəʊsɪs/ *n* Med stwardnienie *n*; (of arteries) miażdżyca *f*; **economic ~** fig zastój gospodarczy
sclerotic /sklɪəˈrɒtɪk/ *adj* Med *[arteries]* ze zmianami miażdżycowymi; Bot stwardniały
SCM *n* GB = **State Certified Midwife**
scoff[1] /skɒf, US skɔ:f/ **I** **scoffs** *npl* (mockery) kpiny *f pl*, drwiny *f pl*
II *vt* (mock) wykpi|ć, -wać, wydrwi|ć, -wać; **'you a scientist?' he ~ed** „ty naukowcem?" zadrwił
III *vi* kpić, drwić **(at sb/sth** z kogoś /czegoś); **the play was ~ed at by the critics** krytycy wyśmiali sztukę
scoff[2] /skɒf, US skɔ:f/ **I** *n* GB infml (food) żarcie *n* infml
II *vt* GB infml (devour) wci|ąć, -nać infml
scoffer /ˈskɒfə(r), US ˈskɔ:fə(r)/ *n* szyderca *m*
scoffing /ˈskɒfɪŋ, US ˈskɔ:fɪŋ/ **I** *n* drwiny *f pl*, kpiny *f pl*
II *adj [remark, comment, laugh]* szyderczy, drwiący
scofflaw /ˈskɒflɔ:, US ˈskɔ:f-/ *n* US infml osoba *f* lekceważąca prawo
scold /skəʊld/ **I** *n* dat sekutnica *f* liter; zołza *f* infml
II *vt* z|rugać infml **(for doing sth** za zrobienie czegoś)
III *vi* utyskiwać **(about sth** na coś)
scolding /ˈskəʊldɪŋ/ *n* bura *f* infml; **to give sb a ~** dać komuś burę; **to receive** or **get a ~** dostać burę
scoliosis /ˌskɒlɪˈəʊsɪs/ *n* skolioza *f*
scollop *n* = **scallop**
sconce /skɒns/ *n* (on wall) kinkiet *m*
scone /skɒn, skəʊn, US skəʊn/ *n* GB ≈ babeczka *f (jedzona na gorąco z masłem)*
scoop /sku:p/ **I** *n* [1] (implement) (for grain, flour) łopatka *f*; (for measuring) dozownik *m*, miarka *f*; (for ice cream) łyżka *f* do lodów [2] (scoopful) (of coffee, flour) miarka *f*; (of earth) łopatka *f*; (of ice cream) gałka *f*; (of mashed potatoes) łyżka *f* [3] Journ bomba *f* infml fig; **to get a ~** zdobyć sensacyjny materiał
II *vt* infml (win, obtain) zgarn|ąć, -iać infml *[prize, sum, medal]*; Journ opublikować wcześniej niż inni *[interview]*
■ **scoop out**: **~ out [sth], ~ [sth] out** (take out) wyb|rać, -ierać *[earth, water]*; (dig) wykop|ać, -ywać *[hole, foundations]*; **~ out the flesh out of a tomato** wybierz miąższ z pomidora
■ **scoop up**: **~ up [sth], ~ [sth] up** zgarn|ąć, -iać *[earth, snow]*; podn|ieść, -osić *[child]*
scoopful /ˈsku:pfʊl/ *n* (of coffee, flour, sugar) łopatka *f*, miarka *f*; (of ice cream) gałka *f*
scoot /sku:t/ *vi* infml pędzić; zasuwać infml; **to ~ in/out** wlecieć/wylecieć jak strzała infml
scooter /ˈsku:tə(r)/ *n* [1] (child's) hulajnoga *f* [2] (motorized) skuter *m* [3] US (boat) jacht *m* lodowy, bojer *m*
scope /skəʊp/ *n* [1] (opportunity) możliwość *f*; **~ for sth** możliwość czegoś; **to have ~ to do sth** mieć możliwość zrobienia czegoś; **to give sb ~ to do sth** umożliwić komuś zrobienie czegoś [2] (range, extent) (of plan, report, study, knowledge, power, inquiry, textbook) zakres *m*; **the research is broad/narrow in ~** badania mają szeroki/wąski zakres; **to be within/outside the ~ of the study**

S

wchodzić w zakres pracy/wykraczać poza zakres pracy; **to fall within the ~ of the survey** zostać objętym sondażem [3] (capacity) **to be within/beyond the ~ of sb** wchodzić w zakres kompetencji kogoś /wykraczać poza kompetencje kogoś [4] Ling zakres *m*

scope creep *n* (of project) rozrastanie się *n*

scorbutic /skɔːˈbjuːtɪk/ *adj* szkorbutowy

scorch /skɔːtʃ/ **I** *n* (also **~ mark**) ślad *m* po przypaleniu

II *vt [sun, heat]* wypal|ić, -ać *[grass, lawn]*; *[fire]* osmal|ić, -ać *[tree]*; *[person, iron]* przypal|ić, -ać *[fabric, meat]*; **~ed earth policy** Mil taktyka spalonej ziemi

III *vi* [1] *[grass, lawn]* wypal|ić, -ać się; **this fabric ~es easily** ten materiał łatwo przypalić (żelazkiem) [2] GB infml (also **~ along**) (speed) *[car, driver, athlete]* pruć infml fig

scorcher /ˈskɔːtʃə(r)/ *n* infml (hot day) skwarny dzień *m*; **it's a regular ~ today!** straszny dzisiaj skwar!

scorching /ˈskɔːtʃɪŋ/ *adj* infml (also **~ hot**) *[weather, summer, day]* skwarny, upalny; *[sun]* prażący, piekący; *[sand, surface]* rozpalony; *[coffee]* bardzo gorący; **~ heat** skwar, żar

score /skɔː(r)/ **I** *n* [1] (number of points gained) Sport wynik *m*, rezultat *m*; (in cards) zapis *m*; **to get the maximum ~** uzyskać maksymalną ilość punktów; **there is still no ~** nadal jest zero do zera; **the final ~ was 3-1** mecz zakończył się wynikiem or rezultatem 3 do 1; **to keep (the) ~** notować wyniki; (in cards) prowadzić zapis; **what's the ~?** jaki jest wynik?; fig jak wygląda sytuacja?; **to know the ~** fig wiedzieć, jaka jest sytuacja [2] (in test, examination) wynik *m*; **his ~ in the test was poor** or **low** uzyskał mało punktów w teście [3] Mus (written music) partytura *f*; (for ballet) muzyka *f* (do baletu); (for film) muzyka *f* (do filmu); **full/short ~** pełna/skrócona partytura; **piano ~** wyciąg fortepianowy; **orchestral ~** partytura orkiestrowa; **who wrote the ~?** Cin kto skomponował muzykę? [4] (twenty) **a ~** dwudziestka *f*, dwadzieścia *n*; **a ~ of sheep** dwadzieścia owiec; **three ~ years and ten** siedemdziesiąt lat; **by the ~** mnóstwo; **~s of requests** mnóstwo próśb [5] (scratch) zadrapanie *n*; (on rock) rysa *f* [6] (cut, incision) karb *m*, nacięcie *n* [7] (account) **on what ~?** z jakiej racji?; **you need have no worries on that ~** nie musisz się martwić z tego powodu

II *vt* [1] Sport zdoby|ć, -wać *[points]*; strzel|ić, -ać *[goal]*; odn|ieść, -osić *[success, victory]*; **to ~ three goals** strzelić trzy gole or bramki; **to ~ 9 out of 10** zdobyć 9 punktów na 10 możliwych; **to ~ a hit** (in swordsmanship, shooting) trafić; fig odnieść sukces; **to ~ a point against** or **off** or **over sb** (in argument, debate) zdobyć przewagę nad kimś *[opponent]* [2] Mus (arrange) na|pisać aranżację (czegoś) *[composition, passage]*; (orchestrate) opracow|ać, -ywać instrumentację (czegoś); Cin na|pisać muzykę do (czegoś) *[film]*; **~d for the piano** opracowane na fortepian [3] (with chalk, ink) zaznacz|yć, -ać [4] (cut) naci|ąć, -nać *[leather, metal, wood]*; wy|żłobić *[rock, ground]*; po|nacinać *[meat, fish]*; **the water had ~d channels into the rock** woda wyżłobiła kanaliki w skale; **the old man's face was heavily ~d** twarz starca poorana była głębokimi bruzdami

III *vi* [1] Sport (gain point) zdoby|ć, -wać punkt; (obtain goal) zdoby|ć, -wać gola or bramkę, strzel|ić, -ać gola or bramkę; **we failed to ~ (at all) in yesterday's match** we wczorajszym meczu nie strzeliliśmy ani jednej bramki; **to ~ well/highly** uzyskać dobry/wysoki wynik; **to ~ over** or **against sb** (in argument, debate) zdobyć przewagę nad kimś [2] (keep score) po|prowadzić punktację [3] infml (be successful) odn|ieść, -osić sukces; **to ~ with sb** (sexually) poderwać kogoś infml; **to ~ with a novel** odnieść sukces dzięki nowej powieści; **to ~ with the critics** spodobać się krytykom [4] infml (obtain illicit drugs) zdoby|ć, -wać narkotyki

■ **score off**: ¶ **~ off [sth], ~ [sth] off** skreśl|ić, -ać, wykreśl|ić, -ać *[name, figure]*; **to ~ sb's name off a list** skreślić kogoś z listy ¶ **~ off [sb]** (in argument) zakasować, zdobyć przewagę nad kimś

■ **score out** = **score off**

■ **score up**: **~ up [sth], ~ [sth] up** zapis|ać, -ywać, za|notować *[debt]*; zaznacz|yć, -ać, po|liczyć *[points]*

IDIOMS: **to settle a ~** wyrównać rachunki; **I have an old ~ to settle with her** mam z nią stare porachunki

scoreboard /ˈskɔːbɔːd/ *n* tablica *f* wyników

scorecard /ˈskɔːkɑːd/ *n* Sport (in golf, cricket, baseball) karta *f* wyników; (in cards) zapis *m* punktacji

scorekeeper /ˈskɔːkiːpə(r)/ *n* sędzia *m* prowadzący punktację

scoreline /ˈskɔːlaɪn/ *n* (score) wynik *m*, rezultat *m*

scorer /ˈskɔːrə(r)/ *n* [1] (of goal) strzelec *m* bramki, zdobywca *m* bramki [2] (keeping score) prowadząc|y *m*, -a *f* punktację

scoresheet /ˈskɔːʃiːt/ *n* tabela *f* wyników; **to add one's name to the ~** (in soccer) wpisać się na listę strzelców

scoring /ˈskɔːrɪŋ/ *n* [1] Sport **to open the ~** (in soccer) strzelić pierwszą bramkę [2] Mus instrumentacja *f* [3] (of meat, fish, cardboard) nacięcia *n pl*

scorn /skɔːn/ **I** *n* pogarda *f* **(for sb/sth** dla kogoś/czegoś); (expressed verbally) szyderstwo *n*; **to have nothing but ~ for sb** nie czuć do kogoś nic prócz pogardy; **to be held up to ~ by sb** być obiektem szyderstwa kogoś; **to pour** or **heap ~ on sb/sth** szydzić z kogoś/czegoś

II *vt* [1] (despise) gardzić (czymś), pogardzać (czymś) *[person, fashion]* [2] (reject) wzgardzić (czymś) *[advice, invitation, offer of help]* [3] fml **to ~ to do sth, to ~ doing sth** nie zniżyć się do zrobienia czegoś

IDIOMS: **hell hath no fury like a woman ~ed** wzgardzona kobieta gorsza jest od diabła; **to laugh sth to ~** wyszydzić coś

scornful /ˈskɔːnfl/ *adj* pogardliwy; **to be ~ about sth** odnosić się do czegoś z pogardą

scornfully /ˈskɔːnfəlɪ/ *adv* pogardliwie

Scorpio /ˈskɔːpɪəʊ/ *n* Astrol, Astron Skorpion *m*

scorpion /ˈskɔːpɪən/ *n* Zool skorpion *m*

scorpion fish *n* Zool skorpena *f*

Scot /skɒt/ *n* Szkot *m*, -ka *f*

scotch /skɒtʃ/ *vt* uci|ąć, -nać *[rumours]*; rozwi|ać, -ewać *[hopes]*; s|tłumić *[revolt]*; udaremni|ć, -ać *[plans]*

Scotch /skɒtʃ/ **I** *n* (also **~ whisky**) szkocka (whisky) *f inv*

II *adj* szkocki

Scotch broth *n szkocki krupnik na baraninie lub wołowinie*

Scotch egg *n jajko na twardo obtoczone w mięsie mielonym i smażone*

Scotch-Irish /ˌskɒtʃˈaɪrɪʃ/ *adj* irlandzko-szkocki *(odnoszący się do mieszkańców Irlandii Północnej, pochodzących ze Szkocji)*

Scotch mist *n* gęsta mgła *f*

Scotch pancake *n* GB ≈ smażony placek *m*

Scotch pine *n* = **Scots pine**

Scotch tape® *n* taśma *f* klejąca; skocz *m* infml

Scotch terrier *n* = **Scottish terrier**

scot-free /ˌskɒtˈfriː/ *adj* **to get off** or **go ~** (unpunished) wymigać się od kary infml; (unharmed) wyjść bez szwanku; (free from tax) wymigać się od zapłacenia podatku

Scotland /ˈskɒtlənd/ *prn* Szkocja *f*

Scotland Yard *n* Scotland Yard *m*

Scots /skɒts/ **I** *n* Ling dialekt *m* szkocki

II *adj* szkocki

Scotsman /ˈskɒtsmən/ *n* **(***pl* **-men)** Szkot *m*

Scots pine *n* sosna *f* zwyczajna

Scotswoman /ˈskɒtswʊmən/ *n* **(***pl* **-women)** Szkotka *f*

Scotticism /ˈskɒtɪsɪzəm/ *n* szkockie wyrażenie *n*

Scottie /ˈskɒtɪ/ *n* terier *m* szkocki

Scottish /ˈskɒtɪʃ/ *adj* szkocki; **the ~ Highlands** region górski i wyżynny w północnej Szkocji

Scottish country dancing *n* szkockie tańce *m pl* ludowe

Scottish Nationalist *n* człon|ek *m*, -kini *f* Szkockiej Partii Narodowej

Scottish National Party, SNP *n* Szkocka Partia *f* Narodowa

Scottish Office *n* GB Pol Ministerstwo *n* do spraw Szkocji

Scottish Parliament *n* szkocki parlament *m*

Scottish Secretary *n* GB Pol Minister *m* do spraw Szkocji

Scottish terrier *n* terier *m* szkocki

scoundrel /ˈskaʊndrəl/ *n* dat pej drań *m* pej or hum

scour[1] /ˈskaʊə(r)/ **I** *n* (erosion) erozja *f*

II *vt* [1] (scrub) wy|szorować [2] (erode) *[river]* wymy|ć, -wać *[river bed]*; podmy|ć, -wać *[bank]*; *[wind]* s|powodować erozję (czegoś) [3] (wash) przepłuk|ać, -iwać *[pipe]*; wy|prać *[wool, cloth]*

■ **scour out**: **~ out [sth], ~ [sth] out** usu|nąć, -wać *[dirt, grease]*; wy|szorować *[sink, kettle]*

scour[2] /ˈskaʊə(r)/ *vt* przeczes|ać, -ywać *[area, archives, shops]* **(for sth** w poszukiwaniu czegoś); prze|wertować *[book]* **(for sth** w poszukiwaniu czegoś)

scourer /ˈskaʊərə(r)/ *n* [1] (pad) druciak *m* [2] (powder) proszek *m* do czyszczenia

scourge /skɜːdʒ/ **I** *n* [1] (whip) bicz *m* [2] fig (famine, disease, war) plaga *f*, dopust *m* boży; (dictator) bicz *m* boży

II *vt* [1] wy|chłostać *[slave, prisoner, sailor]*

[2] *[famine, disease, war]* nękać; *[ruler]* gnębić
III *vr* **to ~ oneself** *[nun, monk]* biczować się
scouring powder *n* proszek *m* do szorowania
scouse /skaʊs/ GB infml **I** *n* (person) *osoba pochodząca z Liverpoolu lub tam mieszkająca*; (dialect) dialekt *m* liverpoolski
II *adj* liverpoolski
scouser /ˈskaʊsə(r)/ *n* GB infml **to be a ~** pochodzić z Liverpoolu
scout /skaʊt/ **I** *n* [1] (also **Scout**) skaut *m*, -ka *f*; (in Poland) harce|rz *m*, -rka *f* [2] Mil (person) zwiadowca *m*; (plane) samolot *m* zwiadowczy; (reconnaissance) zwiad *m*; **to have a ~ around** Mil pójść na zwiad; fig zbadać teren [3] (also **talent ~**) łowca *m* talentów [4] GB Univ (servant in college) służący *m*
II *modif* (also **Scout**) *[hat, uniform]* skautowski; (in Poland) harcerski
III *vi* [1] Mil uda|ć, -wać się na zwiad [2] Sport (search) **to ~ for talent** wyszukiwać nowe talenty
■ **scout around** Mil robić rozpoznanie; **to ~ around for sth** rozglądać się za czymś
Scout Association *n* GB Związek *m* Skautów
scout hut *n* GB izba *f* skautowa; (in Poland) harcówka *f*
scouting /ˈskaʊtɪŋ/ *n* skauting *m*; (in Poland) harcerstwo *n*
scoutmaster /ˈskaʊtmɑːstə(r), US -mæst-/ *n* drużynowy *m* skautów
scow /skaʊ/ *n* barka *f*
scowl /skaʊl/ **I** *n* grymas *m* niezadowolenia; **to wear a ~** mieć nachmurzoną or gniewną minę; **with a ~** z nachmurzoną or gniewną miną
II *vi* z|marszczyć brwi; **to ~ at sb** popatrzeć gniewnie na kogoś
scowling /ˈskaʊlɪŋ/ *adj [expression]* gniewny; *[face]* zagniewany
scrabble /ˈskræbl/ *vi* [1] (also **~ around**) (search) szukać po omacku **(for sth** czegoś) [2] (scrape) *[animal]* skrobać **(at sth** w coś); **he ~d desperately for a hold** rozpaczliwie próbował uchwycić się czegoś
Scrabble® /ˈskræbl/ *n* scrabble *m*
scrag /skræg/ *n* [1] (also **~ end**) Culin ≈ podgardle *n* [2] (thin person) chudzina *f* infml
scraggly /ˈskræglɪ/ *adj* US *[beard]* postrzępiony
scraggy /ˈskrægɪ/ *adj [person, part of body, animal]* chuderlawy
scram /skræm/ *vi* (*prp, pt, pp* **-mm-**) infml zmy|ć, -wać się infml
scramble /ˈskræmbl/ **I** *n* [1] (rush) szamotanina *f*; przepychanka *f* infml; **a ~ for the best seats/for jobs** przepychanka o najlepsze miejsca/o pracę; **a ~ to do sth** przepychanka, żeby coś zrobić [2] (climb) wspinaczka *f* [3] Sport motokros *m* [4] Aviat, Mil start *m* alarmowy
II *vt* [1] (also **~ up**) (jumble) po|mieszać *[papers]*; po|plątać *[string, wool]* [2] Culin **to ~ eggs** zrobić jajecznicę [3] Radio, Telecom, TV (code) za|szyfrować, za|kodować *[signal]* [4] Mil wyda|ć, -wać rozkaz startu alarmowego (komuś) *[aircraft, squadron]*
III *vi* [1] (clamber) **to ~ up sth** wdrapywać się po czymś *[slope, wall]*; **to ~ down sth** schodzić po czymś *[slope, wall]*; **to ~ over sth** gramolić się przez coś infml *[rocks, debris]*; **to ~ through sth** przedzierać się przez coś *[bushes]*; **to ~ to one's feet** zerwać się na nogi [2] (compete) **to ~ for sth** walczyć o coś *[ball, best seats, contracts, jobs, prizes]*; **to ~ to do sth** przepychać się, żeby zrobić coś [3] (rush) **to ~ for the door /buffet** rzucić się do drzwi/do bufetu; **to ~ to do sth** rzucić się, żeby zrobić coś
scrambled egg *n* [1] (also **~s**) Culin jajecznica *f* [2] Mil infml galony *m pl* oficerskie
scramble net *n* siatka *f* do wspinania się
scrambler /ˈskræmblə(r)/ *n* [1] Radio, Telecom szyfrator *m*, koder *m* [2] GB (motorcyclist) krosowiec *m*
scrambling /ˈskræmblɪŋ/ *n* [1] Sport motokros *m* [2] Radio, TV, Telecom szyfrowanie *n*, kodowanie *n*
scrap[1] /skræp/ **I** *n* [1] (fragment) (of paper, cloth, meat, land) skrawek *m*; (cutting from press) wycinek *m*; (of news, information) urywek *m*; (of conversation) strzęp *m*; **they devoured every ~ of food** pochłonęli jedzenie do ostatniego okruszka; **there wasn't a ~ of evidence** nie było żadnego dowodu; **there isn't a ~ of truth in what they say** w tym, co mówią, nie ma odrobiny prawdy; **he never does a ~ of work** on nigdy nic nie robi [2] (discarded metal goods) złom *m*; **to sell sth for ~** sprzedać coś na złom
II scraps *npl* (of food) resztki *f pl*; (in butcher's) ochłapy *m pl*; (of bread) okruchy *m pl*
III *modif* **~ price/value** cena/wartość złomu; **~ trade** handel złomem
IV *vt* (*prp, pt, pp* **-pp-**) [1] infml (do away with) odst|ąpić, -ępować od (czegoś) *[project, plans, agreement]* [2] (dispose of) ze|złomować *[equipment, aircraft]*; odda|ć, -wać na złom *[bicycle]*
scrap[2] /skræp/ infml **I** *n* (fight) szarpanina *f* infml; (argument) sprzeczka *f*; **to get into a ~ with sb** (fight) wdać się z kimś w bójkę
II *vi* (fight) po|bić się **(with sb** z kimś); (argue) po|sprzeczać się **(with sb** z kimś)
scrapbook /ˈskræpbʊk/ *n* album *m* z wycinkami
scrape /skreɪp/ **I** *n* [1] infml (awkward situation) tarapaty *plt*; **to get into/get sb into a ~** wpakować się/wpakować kogoś w tarapaty; **they helped me out of a ~** pomogli mi wybrnąć z tarapatów [2] (in order to clean) **to give sth a ~** oskrobać coś [3] (sound) (of boots) szuranie *n*; (of doors, chalk, shovel) zgrzyt *m* [4] (small amount) **a ~ of sth** odrobina czegoś *[butter, jam]*
II *vt* [1] (clean) o|skrobać *[vegetables, wall, shoes]*; **to ~ sth clean** wyczyścić coś [2] (damage) zadrap|ać, -ywać *[paintwork, car part, furniture]* [3] (injure) o|trzeć, -cierać, ob|etrzeć, -cierać *[elbow, knee]*; **to ~ one's knee** otrzeć sobie kolano [4] (making noise) za|szurać (czymś) *[chair, feet]* [5] infml (get with difficulty) **to ~ a living** ledwo wiązać koniec z końcem **(doing sth** robiąc coś); **they ~d fourth place** z trudem zdobyli czwarte miejsce
III *vi* [1] **to ~ against sth** *[car part]* o|trzeć, -cierać się o coś; *[branch]* uderzać o coś [2] (economize) ciułać
■ **scrape back**: **~ back [sth], ~ [sth] back** z|ebrać, -bierać do tyłu *[hair]*
■ **scrape by** poradzić sobie; **he manages to ~ by on £80 a week** udaje mu się przeżyć za 80 funtów tygodniowo
■ **scrape home** Sport z trudem zwycięż|yć, -ać
■ **scrape in** (to university, class) z trudem dosta|ć, -wać się
■ **scrape off**: **~ off [sth], ~ [sth] off** zeskrob|ać, -ywać *[paint, wallpaper, dirt]*
■ **scrape out**: **~ out [sth], ~ [sth] out** wyskrob|ać, -ywać *[contents, saucepan]*
■ **scrape through**: ¶ **~ through** z trudem da|ć, -wać sobie radę ¶ **~ through [sth]** z trudem zdać *[exam, test]*
■ **scrape together**: **~ together [sth], ~ [sth] together** u|ciułać *[money]*; z|ebrać, -bierać *[people]*
■ **scrape up** = **scrape together**
IDIOMS: **to ~ the bottom of the barrel** gonić resztkami
scraper /ˈskreɪpə(r)/ *n* (for decorating) skrobak *m*; (for shoes) skrobaczka *f*
scrap heap *n* złomowisko *n*; **to be thrown on** or **consigned to the ~** fig zostać wyrzuconym na śmietnik fig
scrapie /ˈskreɪpɪ/ *n* Vet trzęsawka *f*, scrapie *n inv*
scraping /ˈskreɪpɪŋ/ **I** *n* [1] (noise) (of feet, chairs) szuranie *n* **(on sth** po czymś); (of cutlery) zgrzytanie *n* **(on sth** po czymś) [2] GB (small amount) **a ~ of sth** odrobina czegoś *[butter, jam]* [3] (scratching) skrobanie *n*
II scrapings *npl* GB (of paint, food) resztki *f pl*
III *prp adj [sound, noise]* zgrzytliwy
scrap iron *n* złom *m* żelazny
scrap merchant *n* handlarz *m* złomem
scrap metal *n* złom *m*
scrap (metal) dealer *n* = **scrap merchant**
scrap paper *n* (for reuse) makulatura *f*; (for casual jotting) papier *m* do notatek
scrappy[1] /ˈskræpɪ/ *adj* (disorganized) *[play, programme, report, essay]* niezborny, niespójny; *[game, playing]* nieskładny; *[knowledge]* szczątkowy; **~ meal** posiłek przyrządzony z resztek jedzenia
scrappy[2] /ˈskræpɪ/ *adj* US infml pej (pugnacious) zadziorny, zadzierzysty
scrap yard *n* skład *m* złomu; (for cars) złomowisko *n*; **to take/send sth to the ~** wywieźć/oddać coś na złom
scratch /skrætʃ/ **I** *n* [1] (wound) zadrapanie *n*, zadraśnięcie *n*; **he escaped without a ~** wyszedł z tego bez szwanku; **I got a ~ from a cat** kot mnie podrapał [2] (mark) (on polished surface, record, glass) rysa *f*, zadrapanie *n*; **covered in** or **with ~es** porysowany, podrapany [3] (action to relieve itching) drapanie się *n*; **to have a ~** podrapać się; **to give one's arm/foot a ~** podrapać się w rękę /w stopę [4] (sound) (of pen) skrzypienie *n*, skrzyp *m*; (of lighted match, old record) trzask *m* [5] infml (satisfaction, standard) **not to be up to ~** nie spełniać wymogów; **to keep sth up to ~** utrzymywać coś na odpowiednim poziomie [6] (zero) **to start from ~** zacząć od zera; **she built up this company from ~** stworzyła tę firmę od zera [7] Sport **to play off ~** grać z handicapem zero
II *adj [meal]* improwizowany; *[team]* zebrany naprędce; *[golfer, player]* grający z handicapem zero
III *vt* [1] (cancel) odwoł|ać, -ywać *[race,*

S

meeting] [2] Comput wykasow|ać, -ywać *[file]* [3] (trace) wydrap|ać, -ywać *[initials]* **(on sth** na czymś); **to ~ a line in the soil** narysować linię na ziemi [4] (wound) *[cat, person]* za|drapać, po|drapać; *[thorn, rosebush]* po|drapać; **to ~ sb's eyes out** wydrapać komuś oczy [5] (react to itch) po|drapać *[spot]*; **to ~ one's arm/chin** podrapać się w rękę/brodę; **to ~ sb's back** podrapać kogoś po plecach; **to ~ an itch** podrapać się w swędzące miejsce; **to ~ one's head** podrapać się w głowę; fig łamać sobie głowę [6] (damage) *[person, branch, toy]* po|rysować *[car, furniture, wood, record]*; (leave single mark on) za|rysować *[car, furniture, wood]*; *[cat]* po|drapać *[furniture]*; **the table is all ~ed** stół jest cały porysowany [7] Sport (withdraw) wycof|ać, -ywać *[horse, competitor]*

IV *vi* (relieve itch) drapać się; (inflict injury) *[cat, thorns, nails]* drapać

V *vr* **to ~ oneself** *[person, cat]* po|drapać się

■ **scratch around** *[hen]* grzebać **(in sth** w czymś); **to ~ around to find the money** biedzić się, żeby zdobyć pieniądze

■ **scratch at**: **~ at [sth]** drapać w (coś), skrobać w (coś) *[door]*

IDIOMS: **to ~ a living from the soil** z trudem utrzymywać się z pracy na roli; **you ~ my back and I'll ~ yours** ręka rękę myje; **~ a translator and you'll find a writer underneath** w każdym tłumaczu drzemie pisarz

scratchcard /ˈskrætʃkɑːd/ *n* zdrapka *f*

scratch file *n* Comput plik *m* roboczy

scratch mark *n* zadrapanie *n*, rysa *f*

scratch pad *n* notatnik *m*

scratch tape *n* Comput taśma *f* robocza

scratch test *n* Med test *m* skórny (z alergenami)

scratch video *n* montaż *m* wideo, wideomontaż *m*

scratchy /ˈskrætʃɪ/ *adj [fabric, wool]* szorstki; *[record]* trzeszczący; **the pullover is ~** ten sweter drapie or gryzie

scrawl /skrɔːl/ **I** *n* gryzmoły *plt*, bazgroły *plt*

II *vt* na|gryzmolić

III *vi* gryzmolić, bazgrać

scrawny /ˈskrɔːnɪ/ *adj [person, animal]* wychudły; *[vegetation]* mizerny

scream /skriːm/ **I** *n* [1] (cry) (of person, animal) krzyk *m*; (stronger) wrzask *m*; (of brakes, tyres) pisk *m*; **~s of laughter** wybuchy śmiechu [2] infml (funny person or thing) **to be a ~** być przezabawnym

II *vt* wykrzyk|nąć, -iwać *[words, insult, order]*; Journ fig *[headline]* obwie|ścić, -szczać

III *vi [person, animal, bird]* krzy|knąć, -czeć; (stronger) wrz|asnąć, -eszczeć; *[brakes, tyres]* za|piszczeć; *[jet, siren]* za|wyć; fig *[colour]* bić w oczy; **to ~ at sb** krzyczeć na kogoś; **to ~ at sb to do sth** krzyczeć na kogoś, żeby coś zrobił; **to ~ for sth** wołać o coś; **to ~ for sb** wołać kogoś; **to ~ with fear /pain/rage** krzyknąć ze strachu/z bólu/z wściekłości; **to ~ with delight/excitement** piszczeć z zachwytu/z podniecenia; **to ~ with laughter** wyć ze śmiechu; **to ~ at each other** *[two colours]* gryźć się; **to ~ to a halt** *[car]* zatrzymać się z piskiem opon

IDIOMS: **to ~ the place down** krzyczeć wniebogłosy; **he was kicking and ~ing** krzyczał i wierzgał nogami; **to drag sb kicking and ~ing to the dentist** zaciągnąć kogoś siłą do dentysty; **the company was dragged kicking and ~ing into the twentieth century** mimo trudności udało się zmodernizować firmę

screamer /ˈskriːmə(r)/ *n* US infml (headline) nagłówek *m* (napisany) wołami infml

screaming /ˈskriːmɪŋ/ **I** *n* (of person, animal, bird) krzyk *m*; (stronger) wrzask *m*; (of brakes, tyres) pisk *m*

II *adj* fig *[headline]* wielki; *[colour, tie]* krzykliwy → **scream III**

screamingly /ˈskriːmɪŋlɪ/ *adv* **~ funny** niesamowicie śmieszny; **~ obvious** absolutnie oczywisty

scree /skriː/ *n* rumowisko *n*

screech /skriːtʃ/ **I** *n* wrzask *m*; (of tyres, brakes) pisk *m*

II *vt* wrz|asnąć, -eszczeć

III *vi [person, animal]* wrz|asnąć, -eszczeć; *[tyres]* za|piszczeć; **to ~ to a halt** *[car]* zatrzymać się z piskiem opon

screech-owl /ˈskriːtʃaʊl/ *n* GB płomykówka *f*; US sowa *f* uszata

screed /skriːd/ *n* [1] elaborat *m*; **to write ~s (and ~s)** wypisywać (całe) elaboraty [2] Constr (strip) listwa *f* kierunkowa

screen /skriːn/ **I** *n* [1] Cin, Comput, TV ekran *m*; **computer/television ~** ekran komputera/telewizora; **to introduce changes on ~** Comput wprowadzić zmiany na ekranie; **the big ~** fig duży ekran fig; **the small ~** fig mały or szklany ekran fig; **stars of stage and ~** gwiazdy sceny i ekranu; **he writes for the ~** pisze scenariusze; **coming to your ~s shortly** wkrótce na ekranach kin → **onscreen** [2] (panel) (decorative or for getting changed) parawan *m*; (partition) przenośna ścianka *f*; (to protect) ekran *m*; **bullet-proof ~** ekran kuloodporny; **a ~ of trees hid the ugly walls** ściana drzew zakrywała brzydkie mury [3] fig (cover) przykrywka *f* fig; **to act as a ~ for sth** być przykrywką dla czegoś *[illegal activity]* [4] Med kompleksowe badanie *n* [5] (sieve) sito *n* [6] US (in door) siatka *f*

II *modif* Cin **~ star** gwiazda ekranu; **~ actor** aktor filmowy; **~ appearance** występ na ekranie; **~ debut** debiut ekranowy

III *vt* [1] (show on screen) Cin wyświetl|ić, -ać *[film]*; TV wy|emitować *[programme, film]*; transmitować *[event]* [2] (conceal) osł|onić, -aniać *[person, house]*; **to ~ sth from sth** osłonić coś od czegoś *[sun, wind, road]*; **to ~ sth from sight** or **view** zasłaniać or przesłaniać coś [3] (protect) osł|onić, -aniać *[person, actions]*; **to ~ sb/sth from sb/sth** osłonić kogoś/coś przed kimś/czymś *[violent person, bullets]* [4] (subject to test) Admin sprawdz|ić, -ać *[applicant, candidate, baggage]*; Med podda|ć, -wać badaniom *[person, patient]*; **to ~ sb for cancer** poddać kogoś badaniom na obecność nowotworu; **to ~ sb for Aids** poddać kogoś testom na AIDS [5] (sieve) przesi|ać, -ewać

■ **screen off**: **~ off [sth], ~ [sth] off** oddziel|ić, -ać *[part of room, garden]*

■ **screen out**: ¶ **~ [sb] out, ~ out [sb]** odrzuc|ić, -ać *[candidate]*; **to ~ out a refugee** odmówić (komuś) przyznania statusu uchodźcy ¶ **~ out [sth], ~ [sth] out** wy|eliminować *[noise]*; odsi|ać, -ewać *[unwanted data, nuisance calls]*; odfiltrow|ać, -ywać *[light]*

screen capture *n* Comput przechwytywanie *n* obrazu

screen door *n* drzwi *plt* z siatką przeciw owadom

screen dump *n* Comput zrzut *m* ekranu

screening /ˈskriːnɪŋ/ *n* [1] (showing) Cin pokaz *m*, projekcja *f*; TV emisja *f*; **the film has already had two ~s this year** film był już dwukrotnie pokazywany/emitowany w tym roku [2] Admin (of candidates) (checking) sprawdzanie *n*; (separating) selekcja *f*; Med badanie *n* przesiewowe; **cancer ~** badanie przesiewowe w kierunku nowotworu; **blood ~** kontrolne badania krwi [3] (vetting) (of calls, information) kontrolowanie *n* [4] (sieving) przesiewanie *n*

screening room *n* Cin sala *f* projekcyjna

screening service *n* Med regularne badania *n pl* profilaktyczne

screenplay /ˈskriːnpleɪ/ *n* Cin scenariusz *m*

screen printing *n* sitodruk *m*

screen rights *npl* prawa *n pl* do ekranizacji

screen saver *n* Comput wygaszacz *m* ekranu

screen test *n* Cin zdjęcia *n pl* próbne

screenwash /skriːnwɒʃ, US -wɔːʃ/ *n* Aut [1] (device) spryskiwacz *m* [2] (liquid) płyn *m* do spryskiwaczy

screenwriter /ˈskriːnraɪtə(r)/ *n* scenarzyst|a *m*, -ka *f*

screw /skruː/ **I** *n* [1] Tech (driven by screwdriver) wkręt *m*; (screwbolt) śruba *f* [2] Naut śruba *f* okrętowa; Aviat śmigło *n* [3] GB infml (prison guard) klawisz *m* infml [4] vulg (sex) **to have a ~** rżnąć się vulg; **to be a good ~** być dobrym w łóżku infml [5] GB infml (wage) **to earn a fair ~** nieźle zarabiać

II *vt* [1] Tech **to ~ sth onto a door/to the floor** przykręcić or przyśrubować coś do drzwi/do podłogi; **to ~ sth into sth** wkręcić coś do czegoś; **he ~ed the top on the bottle** zakręcił butelkę [2] vinfml (extort) **to ~ sth out of sb** wycisnąć z kogoś coś infml *[confession, money]* [3] vinfml (swindle) o|kantować infml *[person]* [4] vinfml (have sex with) pieprzyć się z (kimś) vinfml; *[man]* przelecieć vinfml *[woman]*

III *vi* [1] Tech *[part, component]* **to ~ onto sth** przykręcać się do czegoś; **to ~ into sth** wkręcać się do czegoś [2] vinfml (have sex) rżnąć się vulg

■ **screw around**: **~ around** [1] vinfml (sleep around) pieprzyć się z kim popadnie vinfml [2] US infml (do nothing) opieprzać się vinfml [3] US infml (refuse to be serious) wygłupiać się; **quit ~ing around** przestać się wygłupiać

■ **screw down**: ¶ **~ down** przykręc|ić, -ać się ¶ **~ down [sth], ~ [sth] down** zakręc|ić, -ać *[lid]*; przykręc|ić, -ać *[screw]*

■ **screw in**: ¶ **~ in** *[handle, attachment]* wkręc|ić, -ać się ¶ **~ in [sth], ~ [sth] in** wkręc|ić, -ać coś *[bolt]*

■ **screw off**: ¶ **~ off** *[cap, lid]* odkręc|ić, -ać się ¶ **~ off [sth], ~ [sth] off** odkręc|ić, -ać *[cap, lid]*

■ **screw on**: ¶ **~ on** *[lid, cap]* zakręc|ić, -ać się; *[handle]* przykręc|ić, -ać się ¶ **~ on [sth], ~ [sth] on** zakręc|ić, -ać *[lid, cap]*; przykręc|ić, -ać *[handle]*

■ **screw round**: **to ~ one's head round** obrócić głowę

■ **screw together**: ¶ **~ together** *[parts]* przykręc|ić, -ać się ¶ **~ together [sth], ~ [sth] together** skręc|ić, -ać *[table, model]*; skręc|ić, -ać, ześrubow|ać, -ywać *[elements]*

■ **screw up**: ¶ **~ up** infml (mess up) *[person, company]* schrzanić wszystko infml ¶ **~ up [sth], ~ [sth] up** [1] (crumple) z|miąć *[piece of paper, material]*; **to ~ up one's eyes** zmrużyć oczy; **to ~ up one's face** skrzywić się [2] infml (make a mess of) schrzanić infml *[plan, preparations, task]* [3] (summon) **to ~ up one's courage** zebrać się na odwagę **(to do sth** żeby zrobić coś**)** ¶ **~ [sb] up** infml o|kaleczyć psychicznie; **he's really ~ed up** jest naprawdę porąbany infml

IDIOMS: **~ you!** vinfml pieprz się! vinfml; **to have a ~ loose** infml być stukniętym infml; **to have one's head ~ed on** mieć głowę na karku; **to put the ~s on sb** infml przycisnąć kogoś infml

screwball /ˈskru:bɔ:l/ infml **I** *n* świr *m* infml **II** *modif [person]* stuknięty infml

screwbolt /ˈskru:bəʊlt/ *n* śruba *f*

screw-cap /ˈskru:kæp/ *n* zakrętka *f*

screwdriver /ˈskru:draɪvə(r)/ *n* [1] (tool) śrubokręt *m* [2] (cocktail) wódka *f* z sokiem pomarańczowym

screw-in /ˌskru:ˈɪn/ *adj [lightbulb]* wkręcany

screw-off /ˈskru:ɒf, US -ɔ:f/ *n* US infml olewus *m* infml

screw-thread /ˈskru:θred/ *n* gwint *m*

screw top **I** *n* zakrętka *f* **II** **screw-top** *modif [jar, bottle]* zakręcany

screwy /ˈskru:ɪ/ *adj* infml *[person]* stuknięty infml; *[idea, book]* zwariowany infml

scribble /ˈskrɪbl/ **I** *n* bazgroły *plt*, gryzmoły *plt*; **I can't read his ~** nie potrafię odczytać jego bazgrołów; **his signature was just a ~** jego podpis był nieczytelny **II** *vt* na|bazgrać, na|gryzmolić; **to ~ a note to sb** nagryzmolić kilka słów do kogoś **III** *vi* bazgrać, gryzmolić

■ **scribble down**: **~ down [sth], ~ [sth] down** na|gryzmolić *[message, word]*

■ **scribble out**: **~ out [sth], ~ [sth] out** zamaz|ać, -ywać *[sentence, word]*

scribbler /ˈskrɪblə(r)/ *n* (one who scribbles) bazgrała *m/f* infml pej; (author) pisarzyna *m/f* infml pej; (journalist) pismak *m* pej

scribbling /ˈskrɪblɪŋ/ *n* bazgranina *f* also fig

scribe /skraɪb/ *n* Hist skryba *m*

scrimmage /ˈskrɪmɪdʒ/ *n* [1] US (in American football) wznowienie *n* gry [2] (struggle) szamotanina *f*, przepychanka *f*

scrimp /skrɪmp/ *vi* zaciskać pasa fig; **to ~ on sth** oszczędzać na czymś; **to ~ and save** odmawiać sobie wszystkiego

scrimshank /ˈskrɪmʃæŋk/ *vi* Mil GB infml za|dekować się infml

scrimshanker /ˈskrɪmʃæŋkə(r)/ *n* Mil GB infml dekownik *m* infml

scrimshaw /ˈskrɪmʃɔ:/ *n rzeźbiona ozdoba z kości, kości słoniowej lub muszli*

scrip /skrɪp/ *n* Fin [1] (shares) akcje *f pl* bonusowe or gratisowe *(przydzielane zamiast dywidendy)* [2] (certificate) świadectwo *n* tymczasowe na akcję

scrip issue *n* Fin emisja *f* gratisowa or bonusowa

script /skrɪpt/ **I** *n* [1] (text) Cin, Radio, TV, Theat scenariusz *m*; **shooting ~** scenopis [2] (handwriting) pismo *n*; (print imitating handwriting) pisanka *f*; **Cyrillic/italic ~** cyrylica/kursywa [3] GB Sch, Univ arkusz *m* egzaminacyjny [4] Jur oryginał *m* aktu [5] Comput skrypt *m* **II** *vt* na|pisać scenariusz (czegoś) *[film]*; na|pisać scenariusz według (czegoś) *[novel]*

scripted /ˈskrɪptɪd/ *adj* Cin, Radio, TV *[film, broadcast]* z przygotowanym scenariuszem; *[speech]* wcześniej przygotowany

scriptural /ˈskrɪptʃərəl/ *adj* fml biblijny

scripture /ˈskrɪptʃə(r)/ *n* [1] Relig **(**also **Holy Scripture, Holy Scriptures)** (Christian) Pismo *n* Święte; (in other religions) święta księga *f* [2] Sch dat religia *f (jako przedmiot szkolny)*

scriptwriter /ˈskrɪptraɪtə(r)/ *n* Cin, Radio, TV scenarzyst|a *m*, -ka *f*

scrofula /ˈskrɒfjʊlə/ *n* Med skrofuloza *f*

scrofulous /ˈskrɒfjʊləs/ *adj* skrofuliczny; fig niemoralny

scroll /skrəʊl/ **I** *n* [1] (manuscript) zwój *m*; (painting) rolka *f*; **the Dead Sea Scrolls** rękopisy znad Morza Martwego [2] Archit, Art (on column) woluta *f*, ślimacznica *f*; (on violin) ślimak *m* **II** *vt* Comput przewi|nąć, -jać *[text]*; **to ~ sth up/down** przewinąć coś w górę/w dół **III** *vi* Comput przewi|nąć, -jać się

scroll arrow *n* Comput strzałka *f* przewijania; **up/down/left/right ~** strzałka przewijania w górę/w dół/w lewo/w prawo

scroll bar *n* Comput pasek *m* przewijania

scrolling /ˈskrəʊlɪŋ/ *n* Comput przewijanie *n*

scroll saw *n* piła *f* wyrzynarka

scrollwork /ˈskrəʊlwɜ:k/ *n* Art ślimacznica *f*

Scrooge /skru:dʒ/ *n* infml sknera *m/f*, kutwa *m/f*

scrotum /ˈskrəʊtəm/ *n* **(***pl* **~s, -ta)** moszna *f*

scrounge /skraʊndʒ/ infml **I** *n* **to be on the ~** żyć na cudzy koszt **II** *vt* żebrać o (coś); **to ~ sth from** or **off sb** wyżebrać coś od kogoś; (by stealth) wycyganić coś od kogoś **III** *vi* [1] **to ~ off sb** żyć na koszt kogoś [2] **to ~ (around) for sth** szukać czegoś

scrounger /ˈskraʊndʒə(r)/ *n* infml pasożyt *m* fig

scroungy /ˈskraʊndʒɪ/ *adj* US infml nędzny

scrub[1] /skrʌb/ **I** *n* [1] (clean) **to give sth a (good) ~** (dobrze) coś wyszorować [2] Cosmet peeling *m*; **facial/body ~** peeling do twarzy/do ciała **II** *vt* **(***prp, pt, pp* **-bb-)** [1] (clean) wy|szorować *[floor, object, hands, vegetable]*; **to ~ sth clean** wyszorować coś do czysta; **to ~ one' nails** wyszorować sobie paznokcie [2] infml (scrap) odwoł|ać, -ywać *[meeting, event, game]*; porzuc|ić, -ać *[idea, plan]* **III** *vi* **(***prp, pt, pp* **-bb-)** szorować **IV** *vr* **(***prp, pt, pp* **-bb-) to ~ oneself** wy|szorować się

■ **scrub down**: **~ down [sb/sth], ~ [sb/sth] down** porządnie wy|szorować

■ **scrub off**: **~ off [sth], ~ [sth] off** zetrzeć, ścierać *[stain, graffiti]*

■ **scrub out**: **~ out [sth], ~ [sth] out** [1] (clean inside) wy|szorować *[pan, oven, sink]* [2] (rub out) zetrzeć, ścierać *[mark, word, line]*

■ **scrub up** *[surgeon]* umyć się *(do operacji)*

scrub[2] /skrʌb/ **I** *n* [1] Bot busz *m* [2] (small inferior animal, person) chmyz *m* [3] US Sport rezerwa *f* **II** *modif [player, team]* rezerwowy

scrubber /ˈskrʌbə(r)/ *n* [1] Ind (gas purifier) skruber *m*, płuczka *f* wieżowa (gazu) [2] (scourer) zmywak *m* druciany, druciak *m* [3] GB, Austral offensive dziwka *f* offensive

scrubbing brush *n* szczotka *f* do szorowania

scrub brush *n* US = **scrubbing brush**

scrubby /ˈskrʌbɪ/ *adj* [1] *[land, hill]* porośnięty krzakami [2] *[tree, bush]* skarłowaciały

scrubwoman /ˈskrʌbwʊmən/ *n* **(***pl* **-women)** US sprzątaczka *f*

scruff /skrʌf/ *n* [1] (nape) **by the ~ of the neck** za kark [2] GB infml (untidy person) niechluj *m* infml

scruffily /ˈskrʌfɪlɪ/ *adv [dress]* niechlujnie

scruffiness /ˈskrʌfɪnɪs/ *n* [1] (of person) niechlujstwo *n*; (of clothes) niechlujność *f* [2] (of building, district) obskurność *f*

scruffy /ˈskrʌfɪ/ *adj [person, clothes]* niechlujny; *[flat, bar]* obskurny; *[town]* zaniedbany

scrum /skrʌm/ *n* [1] (in rugby) (zwarty) młyn *m*; **loose ~** młyn otwarty [2] GB infml (crowd) ścisk *m*

■ **scrum down (***prp, pt, pp* **-mm-)** (in rugby) u|tworzyć młyn

scrum half *n* (in rugby) młynarz *m*

scrummage /ˈskrʌmɪdʒ/ **I** *n* (in rugby) młyn *m* **II** *vi* (in rugby) roz|egrać, -grywać młyn

scrummy /ˈskrʌmɪ/ *adj* infml (food) pyszny

scrump /skrʌmp/ *vt* GB infml podkradać *[apples]*

scrumptious /ˈskrʌmpʃəs/ *adj* infml przepyszny

scrumpy /ˈskrʌmpɪ/ *n* GB mocny jabłecznik *m*

scrunch /skrʌntʃ/ **I** *n* zgrzyt *m* **II** *vi [pebbles, gravel]* za|chrzęścić, za|zgrzytać; *[snow]* za|skrzypieć; **to ~ on the gravel** *[footsteps, tyres]* zazgrzytać na żwirze

■ **scrunch up**: ¶ **~ up** US ścis|nąć, -kać się ¶ **~ up [sth], ~ [sth] up** z|miąć, zgni|eść, -atać *[letter, paper]*

scrunch-dry /ˌskrʌntʃˈdraɪ/ *vt* **to ~ one's hair** suszyć włosy, mierzwiąc je palcami

scruple /ˈskru:pl/ **I** *n* skrupuły *plt* **(about sth** co do czegoś**)**; **without ~** bez skrupułów; **I've no ~s about taking money from him** nie mam oporów przed braniem od niego pieniędzy; **she'd have no ~s about firing you** bez żadnych skrupułów wyrzuci cię z pracy **II** *vi* **not to ~ to do sth** bez skrupułów coś zrobić, nie mieć oporów przed zrobieniem czegoś

scrupulous /ˈskru:pjʊləs/ *adj* [1] (thorough) *[person, accuracy, thoroughness]* skrupulatny; **to be ~ about doing sth** robić coś skrupulatnie; **to be ~ about punctuality/hygiene** skrupulatnie przestrzegać punktualności/higieny [2] (fair) sumienny, uczciwy; **to be too ~ to do sth** być zbyt uczciwym, żeby coś zrobić

S

scrupulously /ˈskruːpjʊləslɪ/ *adv* [1] (diligent) *[avoid, prepare]* skrupulatnie; *[wash]* dokładnie; **to keep sth ~ tidy/clean** utrzymywać coś w nieskazitelnym porządku/we wzorowej czystości; **the records are ~ kept** dokumentacja jest skrupulatnie prowadzona [2] (fairly) sumiennie, uczciwie; **~ honest** w najwyższym stopniu uczciwy

scrutineer /ˌskruːtɪˈnɪə(r), US -tnˈɪər/ *n* człon|ek *m*, -kini *f* komisji skrutacyjnej

scrutinize /ˈskruːtɪnaɪz, US -tənaɪz/ *vt* przypat|rzeć, -rywać się (czemuś) *[face, photograph]*; prze|analizować *[document, plan, motives]*; sprawdz|ić, -ać *[accounts, votes]*; nadzorować *[activity, election]*

scrutiny /ˈskruːtɪnɪ, US ˈskruːtənɪ/ *n* [1] (close examination) (of data) analiza *f*; (critical) kontrola *f*; **it came under close ~** przyjrzano się temu dokładnie; **the actions of public servants are subject to constant ~ by the press** dziennikarze bacznie obserwują działania urzędników państwowych [2] (surveillance) nadzór *m* [3] (look) badawcze spojrzenie *n*

SCSI *n* Comput = **small computer systems interface** interfejs *m* małych systemów komputerowych

scuba /ˈskuːbə/ *n* = **self-contained underwater breathing apparatus** akwalung *m*

scuba diver *n* Sport płetwonurek *m*

scuba diving *n* Sport nurkowanie *n* z akwalungiem

scud /skʌd/ *vi* (*prp, pt, pp* **-dd-**) [1] Naut *[ship]* płynąć z wiatrem [2] *[cloud]* mknąć; **to ~ across the sky** mknąć po niebie

scuff /skʌf/ **I** *n* (also **~ mark**) (on furniture, floor) rysa *f*; (on leather) zadrapanie *n*

II *vt* po|rysować *[floor, furniture]*; z|edrzeć, -dzierać z wierzchu *[shoes]*; **to ~ one's feet** powłóczyć nogami

III *vi* *[furniture, floor]* po|rysować się; *[shoes]* z|edrzeć, -dzierać się z wierzchu

■ **scuff up** wzbi|ć, -jać *[dust]*; z|niszczyć *[lawn]*

scuffle /ˈskʌfl/ **I** *n* przepychanka *f*

II *vi* (fight) **to ~ with sb** przepychać się z kimś

scull /skʌl/ **I** *n* [1] (boat) łódź *f* wiosłowa, skul *m*; **single ~** Sport skif, jedynka; **double ~** Sport dwójka podwójna [2] (single oar) krótkie wiosło *n*, śrubówka *f* [3] (one of a pair of oars) wiosło *n*

II *vt* **to ~ a boat** wiosłować, płynąć łodzią; (with one oar) bączkować

III *vi* [1] (with one oar) bączkować [2] (with two oars) wiosłować parą wioseł

scullery /ˈskʌlərɪ/ *n* GB komórka *f* przy kuchni

scullery maid *n* Hist pomywaczka *f*

sculpt /skʌlpt/ **I** *vt* wy|rzeźbić

II *vi* rzeźbić (**in sth** w czymś)

sculptor /ˈskʌlptə(r)/ *n* rzeźbia|rz *m*, -rka *f*

sculptress /ˈskʌlptrɪs/ *n* rzeźbiarka *f*

sculptural /ˈskʌlptʃərəl/ *adj* *[form]* rzeźbiarski; *[object]* rzeźbiony; fig *[build]* posągowy

sculpture /ˈskʌlptʃə(r)/ **I** *n* (object) rzeźba *f*; (of person) posąg *m*; (art) rzeźbiarstwo *n*

II *modif* **~ class** zajęcia z rzeźby; **~ gallery** galeria rzeźby

III *vt* rzeźbić *[shape, subject]*; rzeźbić w (czymś) *[rock, stone]*

scum /skʌm/ *n* [1] (on pond, liquid) kożuch *m*; (when boiling) szumowiny *f pl* [2] (on bath) osad *m* brudu [3] vinfml offensive (worthless person) szumowina *f*, męt *m* infml offensive; **they are the ~ of the earth** to najgorsze męty

scumbag /ˈskʌmbæg/ *n* vinfml kanalia *f* offensive

scummy /ˈskʌmɪ/ *adj* [1] (dirty) *[bath, canal]* brudny; *[liquid]* pokryty szumowiną [2] vinfml offensive (rotten) **you ~ bastard!** vulg ty skurwielu! vulg

scupper /ˈskʌpə(r)/ **I** *n* Naut spływnik *m*, ściek *m* pokładowy

II *vt* GB [1] Naut zat|opić, -apiać *[ship]* [2] GB (ruin) z|niweczyć *[attempt, plan]*; udaremni|ć, -ać *[deal]*; z|marnować *[chance]*; **we're ~ed!** zostaliśmy załatwieni! infml

scurf /skɜːf/ *n* [1] (dandruff) łupież *m* [2] (dead skin) martwy naskórek *m*

scurfy /ˈskɜːfɪ/ *adj* *[skin]* łuszczący się; **~ hair** włosy z łupieżem

scurrility /skəˈrɪlətɪ/ *n* fml [1] (viciousness) (of article, attack) obelżywość *f* [2] (vulgarity) ordynarność *f*

scurrilous /ˈskʌrɪləs/ *adj* [1] (defamatory) obelżywy [2] (vulgar) ordynarny

scurrilously /ˈskʌrɪləslɪ/ *adv* [1] (insultingly) *[attack, abuse]* obelżywie [2] (vulgarly) *[describe, write]* ordynarnie

scurry /ˈskʌrɪ/ **I** *n* **the ~ of feet** or **footsteps** tupot nóg

II *vi* po|gnać, po|mknąć; **to ~ for cover** or **shelter** czmychnąć w bezpieczne miejsce; **to ~ to and fro** ganiać tam i z powrotem; **to ~ away, to ~ off** czmychnąć, zmykać

scurvy /ˈskɜːvɪ/ **I** *n* Med szkorbut *m*

II *adj* arch *[knave, fellow]* podły, nikczemny; *[trick]* perfidny

scut /skʌt/ *n* Zool (rabbit's tail) omyk *m*, (k)osmyk *m*

scutcheon /ˈskʌtʃən/ *n* (shield) tarcza *f* herbowa; (ornamental plate) kartusz *m* herbowy

scuttle¹ /ˈskʌtl/ **I** *n* Naut (hatch) właz *m*

II *vt* zat|opić, -apiać *[own ship]*; fig s|torpedować *[talks, project]*

III *vi* po|pędzić; **to ~ across sth** przebiec przez coś; **to ~ after sb/sth** pędzić za kimś/czymś; **to ~ away, to ~ off** zmykać

scuttle² /ˈskʌtl/ *n* (basket) kosz *m*; **coal ~** kosz na węgiel

scuttlebutt /ˈskʌtlbʌt/ *n* [1] Naut Hist beczka *f* na wodę pitną [2] US infml (gossip) plotki *f pl*

Scylla /ˈsɪlə/ *prn* Scylla *f*

IDIOMS: **to be between ~ and Charybdis** znaleźć się między Scyllą i Charybdą

scythe /saɪð/ **I** *n* kosa *f*

II *vt* s|kosić *[grass]*; *[sword, hand]* przeci|ąć, -nać, ciąć *[air]*

SD *n* US Post = **South Dakota**

SDI *n* US Mil Hist = **Strategic Defense Initiative** Inicjatywa *f* Obrony Strategicznej

SDLP *n* Pol (in Northern Ireland) = **Social Democratic and Labour Party** Socjaldemokratyczna Partia *f* Pracy, SDLP

SDP *n* GB Pol Hist = **Social Democratic Party** Partia *f* Socjaldemokratyczna

SDR *n* Fin = **special drawing rights**

SE *n* = **southeast** południowy wschód *m*, SE

sea /siː/ **I** *n* [1] (as opposed to land) morze *n*; (distant from shore) pełne morze *n*; **beside** or **by the ~** nad morzem; **the open ~** otwarte morze; **to be swept out to ~** zostać zniesionym na pełne morze; **to be at ~** być na morzu; **to look out to ~** popatrzeć w stronę morza; **once we get out to ~** kiedy wypłyniemy or wyjdziemy w morze; **to put (out) to ~** wyjść w morze; **to go to ~** *[boat]* wypłynąć w morze; **a long way out to ~** daleko na morzu; **to travel/send sth by ~** podróżować/wysłać coś drogą morską; **to travel over land and ~** liter przemierzać lądy i morza; **to bury sb at ~** oddać ciało kogoś morzu liter; **the ~ is calm/rough** morze jest spokojne/wzburzone; **the ~ was like glass** morze było gładkie jak stół [2] (also **Sea**) Morze *n*; **the Mediterranean/North ~** Morze Śródziemne/Północne; **the ~ of Galilee** Morze Galilejskie, Jezioro Galilejskie [3] (as career, lifestyle) **to go to ~** zostać marynarzem; **after six months at ~** po sześciu miesiącach (służby) na morzu; **to give up the ~** porzucić morze [4] fig **a ~ of sth** morze czegoś *[banners, faces]*; **a ~ of troubles** liter mnóstwo problemów

II seas *npl* **the heavy ~s** sztorm; **to sink in heavy ~s** zatonąć podczas sztormu

III *modif* *[air, breeze, mist, bird, water, voyage, battle, creature, nymph, power]* morski; *[boot, chest]* marynarski; **~ crossing** podróż morska

IDIOMS: **to be all at ~** mieć mętlik w głowie; **to get one's ~ legs** przyzwyczaić się do kołysania; **worse things happen at ~** mogło być gorzej

sea anchor *n* dryfkotwa *f*

sea anemone *n* Zool ukwiał *m*

sea bag *n* worek *m* marynarski

sea bass *n* Zool strzępiel *m*

seabed /ˈsiːbed/ *n* **the ~** dno morskie, dno morza; **on the ~** na dnie morza

Seabee /ˈsiːbiː/ *n* US Mil Naut *żołnierz batalionów inżynierii wodnej marynarki Stanów Zjednoczonych*

seaboard /ˈsiːbɔːd/ **I** *n* wybrzeże *n*

II *modif* *[town]* nadmorski

seaborne /ˈsiːbɔːn/ *adj* *[attack]* od strony morza; *[algae]* niesiony przez wodę; *[trade]* morski

sea bream *n* Zool morlesz *m*

sea captain *n* kapitan *m* statku handlowego

sea change *n* całkowita przemiana *f*

sea cow *n* Zool krowa *f* morska

sea defences GB, **sea defenses** US *npl* wały *m pl* nadmorskie

sea dog *n* wilk *m* morski

sea dumping *n* zrzucanie *n* odpadów do morza

sea eagle *n* Zool bielik *m*

sea eel *n* Zool konger *m*

sea elephant *n* Zool słoń *m* morski

seafarer /ˈsiːfeərə(r)/ *n* żeglarz *m*

seafaring /ˈsiːfeərɪŋ/ *adj* **~ nation** naród żeglarzy; **~ man** człowiek morza; **~ life** życie na morzu

sea fish farming *n* hodowla *f* ryb morskich

seafood /ˈsiːfuːd/ **I** *n* owoce *m pl* morza

II *modif* *[kebab, cocktail, sauce]* z owoców morza

seafront /ˈsiːfrʌnt/ *n* bulwar *m* nadmorski; **a hotel on the ~** hotel nad samym morzem; **to stroll along the ~** przechadzać się bulwarem nadmorskim

seagoing /ˈsiːɡəʊɪŋ/ *adj [vessel]* pełnomorski

sea-green /ˌsiːˈɡriːn/ **I** *n* (kolor *m*) morski *m* **II** *adj* w kolorze morskim

seagull /ˈsiːɡʌl/ *n* Zool mewa *f*

seakale /ˈsiːkeɪl/ *n* Bot kapusta *f* morska, modrak *m*

seal[1] /siːl/ **I** *n* Zool foka *f*
II *modif* **~ hunting** polowanie na foki; **~ meat** mięso z foki; **~ population** populacja fok
III *vi* Hunt polować na foki; **to go ~ing** zapolować na foki

seal[2] /siːl/ **I** *n* [1] (insignia) pieczęć *f*; **to set one's ~ on sth** przyłożyć swoją pieczęć na czymś *[document]*; fig przypieczętować wynik (czegoś), przesądzić o wyniku (czegoś) *[championship, match]*; **to set the ~ on sth** przypieczętować *[friendship]*; wzmocnić *[trend, regime]*; **I need your ~ of approval** potrzebuję twojej zgody; **to give sth one's ~ of approval** wyrazić zgodę na coś; **look for our ~ of quality** szukaj naszego znaku jakości [2] (integrity mechanism) (on container, door) plomba *f*; (on package, letter) pieczęć *f* [3] (closing mechanism) zamknięcie *n*; (fixed around opening) uszczelka *f*; **the cork provides a tight ~** korek zapewnia szczelne zamknięcie; **cheap envelopes have a poor ~** tanie koperty źle się zaklejają; **an airtight/watertight ~** hermetyczne/wodoszczelne zamknięcie; **the rubber strip forms a ~ around the door** gumowy pasek uszczelnia drzwi
II *vt* [1] (authenticate) o|pieczętować *[document, letter]* [2] (close) zakle|ić, -jać *[envelope, package, parcel]*; (with wax) za|pieczętować, za|lakować *[envelope, package]*; za|plombować *[container, consignment, lorry]*; zat|kać, -ykać *[oil well, pipe, gap]* [3] (make airtight, watertight) szczelnie zam|knąć, -ykać *[jar, tin]*; uszczelni|ć, -ać *[roof, window frame]* [4] (settle definitely) s|cementować, przypieczętow|ać, -ywać *[friendship, alliance, deal]* **(with sb** z kimś); **to ~ sb's fate** przypieczętować los kogoś
III sealed *pp adj [envelope]* (with glue) zaklejony; (with wax) zapieczętowany; *[package]* zaklejony; *[bid, instructions, orders]* w zapieczętowanej or zalakowanej kopercie; *[jar]* szczelnie zamknięty; *[door, vault]* zaplombowany
■ **seal in**: **~ in [sth], ~ [sth] in** zachow|ać, -ywać *[flavour]*
■ **seal off**: **~ off [sth], ~ [sth] off** [1] (isolate) oddziel|ić, -ać *[section of building, corridor, wing]* [2] (cordon off) zam|knąć, -ykać dostęp do (czegoś) *[building, area]*; zam|knąć, -ykać *[street]*
■ **seal up**: **~ up [sth], ~ [sth] up** szczelnie zam|knąć, -ykać *[jar]*; zat|kać, -ykać *[gap]*
IDIOMS: **my lips are ~ed** to tajemnica, nie pisnę ani słowa or słówka

sea lane *n* szlak *m* żeglugowy

sealant /ˈsiːlənt/ *n* [1] (coating) szczeliwo *n* [2] (filler) szpachlówka *f*

sea-launched missile /ˌsiːlɔːntʃtˈmɪsaɪl, US -ˈmɪsl/ *n* pocisk *m* morze-ziemia

sea lavender *n* Bot zatrwian *m*

seal cull *n* Hunt wybijanie *n* fok

seal culling *n* Hunt wybijanie *n* fok

sealer[1] /ˈsiːlə(r)/ *n* [1] łowca *m* fok [2] Naut statek *m* do polowań na foki

sealer[2] /ˈsiːlə(r)/ *n* Constr szczeliwo *n* płynne

sea level *n* poziom *m* morza; **above /below ~** ponad poziomem/poniżej poziomu morza; **1,000 m above ~** 1 000 metrów nad poziomem morza; **rising ~s threaten the coastline** podwyższający się poziom morza zagraża wybrzeżom

sealing[1] /ˈsiːlɪŋ/ *n* Hunt polowanie *n* na foki

sealing[2] /ˈsiːlɪŋ/ *n* (closing) (of letter) zaklejanie *n*; (with wax) zapieczętowanie *n*, zalakowanie *n*; (of container) zaplombowanie *n*

sealing wax *n* lak *m* (do pieczęci)

sea lion *n* Zool lew *m* morski

sea loch *n* fiord *m* (*w Szkocji*)

Sea Lord *n* GB lord *m* admiralicji

seal ring *n* sygnet *m* (służący jako pieczęć)

sealskin /ˈsiːlskɪn/ **I** *n* futro *n* z fok, selskiny *plt*
II *adj* **~ coat** futro z fok

seam /siːm/ **I** *n* [1] Sewing szew *m*; **to be bursting at the ~s** *[coat, building, bus]* pękać w szwach; **to come apart at the ~s** *[marriage, plan, organization]* rozpadać się; *[garment]* rozłazić się [2] Ind, Tech (join) łączenie *n*; (welded) spaw *m* [3] Geol złoże *n*, pokład *m* [4] Med (suture) szew *m* [5] (in cricket) *główny szew na piłce krykietowej*
II *vt* Sewing zszy|ć, -wać

seaman /ˈsiːmən/ *n* (*pl* **-men**) [1] Mil Naut marynarz *m* [2] (amateur) żeglarz *m*

seaman apprentice *n* US Mil Naut ≈ starszy marynarz *m*

seamanlike /ˈsiːmənlaɪk/ *adj* **to look ~** wyglądać jak prawdziwy żeglarz or marynarz; **in a ~ manner** po marynarsku, po żeglarsku

seaman recruit *n* US Mil Naut marynarz *m*

seamanship /ˈsiːmənʃɪp/ *n* sztuka *f* żeglarska

seamed /siːmd/ *pp adj [stockings, tights]* ze szwem; **a face ~ with wrinkles** twarz poorana zmarszczkami

sea mile *n* mila *f* morska

sea mist *n* mgła *f* morska

seamless /ˈsiːmlɪs/ *adj [garment, cloth]* bez szwów; *[transition]* gładki; *[process, whole]* ciągły, nieprzerywany; *[logic]* bez zarzutu

seamstress /ˈsemstrɪs/ *n* szwaczka *f*

seamy /ˈsiːmɪ/ *adj [intrigue, scandal]* ohydny, wstrętny; *[area]* cieszący się złą sławą; **the ~ side of sth** ciemna strona czegoś

seance /ˈseɪɑːns/ *n* seans *m* spirytystyczny

sea otter *n* Zool wydra *f* morska, kałan *m*

sea perch *n* Zool okoń *m* morski

seaplane /ˈsiːpleɪn/ *n* Aviat wodnosamolot *m*, hydroplan *m*

sea pollution *n* zanieczyszczenie *n* mórz

seaport /ˈsiːpɔːt/ *n* port *m* morski

sear /sɪə(r)/ **I** *adj* liter *[plant]* uschnięty
II *vt* [1] (scorch) opal|ić, -ać [2] (seal) przypal|ić, -ać *[wound]*; obsmaż|yć, -ać *[meat]* [3] (wither) wysusz|yć, -ać *[plants]* [4] (brand) przypal|ić, -ać *[flesh]*; **to be ~ed onto sb's memory** fig wryć się komuś w pamięć

search /sɜːtʃ/ **I** *n* [1] poszukiwania *n pl*, poszukiwanie *n* **(for sb/sth** kogoś/czegoś); **in ~ of sth** w poszukiwaniu czegoś; **in the ~ for a solution/for peace** w poszukiwaniu rozwiązania/pokojowego rozwiązania [2] (examination) (of house, area, bag, cupboard) przeszukanie *n* **(of sb/sth** kogoś/czegoś); **a house ~** Jur rewizja w mieszkaniu; **right of ~** Jur, Naut prawo przeprowadzenia rewizji; **to carry out a ~ of sth** przeszukać coś [3] Comput przeszukiwanie *n*; **to do a ~** przeszukać dokument
II *vt* [1] (examine) przeszuk|ać, -iwać *[area, countryside, woods, cupboard, records]*; Jur przeszuk|ać, -iwać, przeprowadz|ić, -ać rewizję w (czymś) *[house, office, premises]*; *[police, customs]* przeszuk|ać, -iwać, z|rewidować *[person]*; przeszuk|ać, -iwać *[luggage]*; dokładnie prze|jrzeć, -glądać *[map, page, records]*; **to ~ one's mind** or **memory for sth** szukać w pamięci czegoś; **I ~ed his face for some sign of regret** szukałem na jego twarzy jakiejś oznaki żalu; **~ me!** infml skąd mam wiedzieć! [2] Comput przeszuk|ać, -iwać *[file]*
III *vi* [1] (seek) szukać; **to ~ for** or **after sb /sth** szukać kogoś/czegoś [2] (examine) **to ~ through sth** przeszukiwać coś *[cupboard, bag, records, file]*; **to ~ a bag/pockets for sth** przetrząsnąć torebkę/kieszenie w poszukiwaniu czegoś [3] Comput **to ~ for sth** szukać czegoś *[data, item, file]*
■ **search about, search around** szukać; **to ~ around for sb/sth** szukać kogoś /czegoś; **~ around in the wardrobe/in those bushes** poszukaj w szafie/w tamtych krzakach
■ **search out**: **~ out [sb/sth], ~ [sb/sth] out** odszuk|ać, -iwać

search-and-replace /ˌsɜːtʃənrɪˈpleɪs/ *n* Comput wyszukiwanie *n* i zastępowanie *n*

search engine *n* Comput wyszukiwarka *f*

searcher /ˈsɜːtʃə(r)/ *n* poszukiwacz *m*, -ka *f*; (rescuer) ratowni|k *m*, -czka *f*

searching /ˈsɜːtʃɪŋ/ *adj [look]* badawczy; *[question, inquiry]* dociekliwy; *[examination]* wnikliwy

searchingly /ˈsɜːtʃɪŋlɪ/ *adv [look, gaze]* badawczo

searchlight /ˈsɜːtʃlaɪt/ *n* reflektor *m*, szperacz *m*

search party *n* ekipa *f* poszukiwawcza or ratownicza

search warrant *n* Jur nakaz *m* rewizji

searing /ˈsɪərɪŋ/ *adj [heat, pain]* piekący, palący; *[criticism, words]* zjadliwy, cięty

sea route *n* droga *f* morska, szlak *m* morski

sea salt *n* sól *f* morska

seascape /ˈsiːskeɪp/ *n* Art marina *f*

Sea Scout *n* skaut *m*, -ka *f* z drużyny żeglarskiej

sea shanty *n* szanta *f*

seashell /ˈsiːʃel/ *n* muszla *f*; (small) muszelka *f*

seashore /ˈsiːʃɔː(r)/ *n* (beach) brzeg *m* morza; (part of coast) wybrzeże *n*; **a walk along the ~** spacer brzegiem morza; **the Cornish ~** wybrzeże Kornwalii

seasick /ˈsiːsɪk/ *adj* **to be** or **feel ~** cierpieć na chorobę morską; **to get ~** dostać choroby morskiej

S

seasickness /ˈsiːsɪknɪs/ *n* choroba *f* morska; **to suffer from ~** cierpieć na chorobę morską

seaside /ˈsiːsaɪd/ **I** *n* **at** or **by the ~** nad morzem; **to go to the ~** pojechać nad morze

II *modif* *[town]* nadmorski; **~ holiday /hotel** wakacje/hotel nad morzem

seaside resort *n* nadmorska miejscowość *f* wypoczynkowa, kąpielisko *n* nadmorskie; (larger) kurort *m* nadmorski

season /ˈsiːzn/ **I** *n* [1] (time of year) pora *f* roku; **the four ~s** cztery pory roku; **the dry/rainy ~** pora sucha/deszczowa [2] Zool, Bot pora *f*, okres *m*; Hort sezon *m*; **the planting ~** pora sadzenia; **the growing ~** okres wzrostu; **the breeding ~** okres rozrodczy; (of birds) sezon lęgowy; **it's the ~ for tulips** teraz jest sezon na tulipany; **strawberries are in/out of ~** teraz jest /nie jest sezon na truskawki; **when do melons come into ~?** kiedy zaczyna się sezon na melony? [3] Fashn, Tourism, Sport sezon *m*; **the football/hunting ~** sezon piłkarski/łowiecki; **hotels are full during the ~** w sezonie hotele są pełne; **the town is quiet out of ~** poza sezonem w mieście jest cicho i spokojnie; **early in the tourist ~** na początku sezonu turystycznego; **late in the ~** pod koniec sezonu; **the holiday ~** okres wakacyjny; **the new ~'s fashions** moda na nowy sezon [4] (feast, festive period) okres *m*; **the ~ of Advent /Lent** okres or czas adwentu/wielkiego postu; **the Christmas ~** okres świąt Bożego Narodzenia; **Season's greetings!** (on Christmas cards) Wesołych Świąt! [5] Theat sezon *m*; **I played two ~s at Stratford** grałem przez dwa sezony w Stratfordzie [6] Cin, TV **a ~ of French films** (in cinema, town) festiwal or przegląd filmów francuskich; (on TV) cykl filmów francuskich; **a Fellini ~** przegląd filmów Felliniego; **a Beethoven ~** cykl koncertów muzyki Beethovena [7] Vet **to be in ~** *[animal]* być w okresie rui [8] dat (period of social activity) sezon *m* towarzyski; **her first ~** jej debiut towarzyski [9] (suitable moment) **there's a ~ for everything** liter wszystko ma swój czas liter; **a word in ~** dat słowo wypowiedziane w odpowiednim momencie

II *vt* [1] Culin przyprawi|ć, -ać, doprawi|ć, -ać; **to ~ sth with salt and pepper** doprawić coś solą i pieprzem [2] (prepare) sezonować *[timber, cask]*

seasonable /ˈsiːznəbl/ *adj [weather]* odpowiedni do pory roku; *[remark, advice]* na czasie

seasonal /ˈsiːzənl/ *adj* [1] *[change, work, unemployment, fruit, produce]* sezonowy; *[rainfall]* okresowy; **to vary on a ~ basis** *[price, menu]* zmieniać się w zależności od sezonu [2] (befitting festive period) **he's full of ~ cheer** udzielił mu się świąteczny nastrój

seasonal affective disorder, SAD *n* Med sezonowe zaburzenia *n pl* afektywne, depresja *f* zimowa

seasonally /ˈsiːzənəlɪ/ *adv* [1] (periodically) *[employed]* sezonowo; *[change, vary]* w zależności od sezonu [2] Fin **~ adjusted figures** dane korygowane z uwzględnieniem wahań sezonowych

seasoned /ˈsiːznd/ *adj* [1] Constr *[timber]* sezonowany [2] (experienced) *[soldier, veteran, troops]* zaprawiony w boju; *[traveller, politician]* wytrawny; *[leader, campaigner, performer]* doświadczony [3] Culin *[dish]* przyprawiony; **highly ~** mocno przyprawiony [4] Wine leżakowany

seasoning /ˈsiːznɪŋ/ *n* [1] Culin przyprawa *f* [2] (of timber) sezonowanie *n* [3] Wine (of barrel) nasączanie *n* winem; (of wine) leżakowanie *n*

season ticket *n* Transp bilet *m* okresowy; Sport, Theat abonament *m*

season ticket holder *n* Transp posiadacz *m*, -ka *f* biletu okresowego; Sport, Theat posiadacz *m*, -ka *f* abonamentu

seat /siːt/ **I** *n* [1] (allocated place) miejsce *n*; **I sat down on** or **in the first ~ I could find** usiadłem na pierwszym miejscu, jakie znalazłem; **the nearest available ~** najbliższe wolne miejsce; **to book** or **reserve a ~** (in theatre, on train) zarezerwować miejsce; **there aren't any ~s left** nie ma już wolnych miejsc; **to keep a ~ for sb** zająć komuś miejsce; **to give up one's ~ to sb** ustąpić komuś miejsca; **to take sb's ~** zająć miejsce kogoś; **has everybody got a ~?** czy wszyscy mają gdzie siedzieć?; **keep your ~s please** proszę zostać na miejscach; **take your ~s please** proszę zająć miejsca; **would you prefer a ~ next to the window or next to the aisle?** (on plane) wolałby pan miejsce przy oknie czy przy przejściu? [2] (type, object) siedzenie *n*; (on bicycle) siodełko *n*; **leather/fabric ~s** skórzane/tapicerowane siedzenia; **the back ~** tylne siedzenie; **how many ~s do we need to put out in the hall?** ile krzeseł mamy ustawić w sali?; **to take** or **have a ~** usiąść; **take a ~** (indicating) proszę usiąść; **sit in the front ~** usiądź z przodu [3] GB Pol (in parliament) miejsce *n*, mandat *n*; (on committee) miejsce *n*; **a safe/marginal ~** okręg wyborczy, w którym zwycięstwo jest pewne/wątpliwe; **they won the ~ from the Democrats** odebrali ten mandat demokratom; **the CDU lost seven ~s to the Greens** CDU straciła siedem mandatów na rzecz zielonych; **to take up one's ~ in the Commons/Lords** objąć swój mandat w Izbie Gmin/Lordów; **to have a ~ on the council/on the board** zasiadać w radzie/w zarządzie; **presidential ~** fotel prezydencki [4] (part of chair) siedzenie *n* [5] (location) siedziba *f*; (centre) ośrodek *m*; **~ of government/of the company** siedziba rządu/firmy; **~ of learning** ośrodek naukowy [6] (residence) rezydencja *f*; **country ~** wiejska rezydencja [7] Equest **to have a good ~** dobrze trzymać się w siodle; **to keep one's ~** utrzymać się w siodle; **to lose one's ~** spaść z konia [8] euph (bottom) siedzenie *n* infml euph [9] (of pants, trousers) siedzenie *n*

II **-seat** *in combinations* **a 150-~ plane /cinema** samolot/kino na 150 miejsc; **a single-~ constituency** GB jednomandatowy okręg wyborczy

III *vt* [1] (assign place to) posadzić, sadzać *[person]*; **to ~ sb next to sb** posadzić kogoś obok kogoś; **the usher will ~ you** bileter wskaże państwu miejsca [2] (have seats for) **the car/table ~s five** to jest samochód na pięć osób/stolik dla pięciu osób; **the cinema ~s 130 people** kino może pomieścić 130 osób, kino ma 130 miejsc

IV *vr* **to ~ oneself** zasiąść; **to ~ oneself at the piano/next to sb** zasiąść przy pianinie/obok kogoś

V **seated** *pp adj* **the man ~ed opposite** mężczyzna siedzący naprzeciwko; **~ed passengers** siedzący pasażerowie; **to be ~ed** siedzieć; **is everybody ~ed?** czy wszyscy siedzą?; **please, be ~ed** proszę spocząć; **please remain ~ed** proszę nie wstawać; (to passengers) proszę pozostać na swoich miejscach

IDIOMS: **to take/occupy a back ~** odsunąć się na bok/trzymać się z boku fig

seatbelt /ˈsiːtbelt/ *n* pas *m* (bezpieczeństwa); **please fasten your ~s** proszę zapiąć pasy; **to put on one's ~** zapiąć pas; **he wasn't wearing a ~** nie miał zapiętego pasa; **adjustable ~** regulowany pas bezpieczeństwa

seatbelt tensioner *n* Aut napinacz *m* pasów

seat cover *n* Aut pokrowiec *m* na siedzenie

-seater /ˈsiːtə(r)/ *in combinations* **a two /four~** (plane) samolot dwuosobowy/czteroosobowy; (car) samochód dwuosobowy /czteroosobowy; **a two/three~** (sofa) kanapa dwuosobowa/trzyosobowa; **all~ stadium** GB stadion bez miejsc stojących

seating /ˈsiːtɪŋ/ **I** *n* [1] (places) miejsca *n pl* siedzące; **a stadium with ~ for 50,000 spectators** stadion z miejscami siedzącymi dla 50 000 widzów; **to introduce extra ~** dostawić dodatkowe miejsca [2] (arrangement) **I'll organize the ~** ja się zajmę rozmieszczeniem gości

II *modif* **~ arrangements** rozmieszczenie gości (przy stole); **~ capacity of 300** 300 miejsc siedzących; **what is the theatre's ~ capacity?** ile miejsc ma teatr?; **~ plan** plan rozmieszczenia przy stole; **~ requirements** wymagana ilość miejsc siedzących; **the lounge has ~ accommodation for 250 passengers** w hali jest 250 miejsc siedzących

seatmate /ˈsiːtmeɪt/ *n* US sąsiad *m*, -ka *f* *(w samolocie, pociągu)*

sea trout *n* Zool troć *f*

sea urchin *n* Zool jeż *m* morski, jeżowiec *m*

sea view *n* widok *m* na morze

seawall /ˌsiːˈwɔːl/ *n* wał *m* nadmorski, opaska *f* brzegowa

seaward /ˈsiːwəd/ **I** *adj [side, isthmus]* od strony morza; *[wind]* w kierunku morza, od lądu

II *adv* (also **~s**) *[fly, move, look]* w kierunku pełnego morza

seaway /ˈsiːweɪ/ *n* (line of travel) szlak *m* morski, droga *f* morska; (navigable waterway) kanał *m* morski

seaweed /ˈsiːwiːd/ *n* wodorosty *m pl* morskie

seaworthiness /ˈsiːwɜːðɪnɪs/ *n* zdolność *f* do żeglugi

seaworthy /ˈsiːwɜːðɪ/ *adj [ship]* zdatny do żeglugi; **to make a ship ~** przygotować statek do rejsu

sebaceous /sɪˈbeɪʃəs/ *adj* łojowy

Sebastian /sɪˈbæstɪən/ *prn* Sebastian *m*

Sebastopol /sɪˈbæstəpl/ *prn* Sewastopol *m*
seborrhoea /ˌsebəˈrɪə/ *n* Med łojotok *m*
sebum /ˈsiːbəm/ *n* łój *m* skórny
sec /sek/ *n* [1] = **second** s [2] infml (short instant) sekundka *f* infml; **hang on a ~!** sekundkę!
SEC *n* US = **Securities and Exchange Commission** Komisja *f* Papierów Wartościowych i Giełd
SECAM /ˈsiːkæm/ *n* TV = **sequentiel couleur a mémoire** system *m* SECAM
secant /ˈsiːkənt/ *n* Math (function) sekans *m*; (line) sieczna *f*
secateurs /ˌsekəˈtɜːz, ˈsekətɜːz/ *npl* GB sekator *m*; **a pair of ~** sekator
secede /sɪˈsiːd/ *vi* Pol odłącz|yć, -ać się **(from sth** od czegoś); wyst|ąpić, -ępować **(from sth** z czegoś)
secession /sɪˈseʃn/ *n* secesja *f*, odłączenie się *n*; **~ from sth** odłączenie się od czegoś, wystąpienie z czegoś
secessionist /sɪˈseʃənɪst/ **I** *n* secesjonist|a *m*, -ka *f*, zwolenni|k *m*, -czka *f* secesji
II *adj* secesjonistyczny; *[person]* dążący do secesji
seclude /sɪˈkluːd/ *vt* odseparow|ać, -ywać, od|izolować **(from sth** od czegoś)
secluded /sɪˈkluːdɪd/ *adj [spot, corner]* ustronny; *[house]* odosobniony; *[life]* z dala od ludzi
seclusion /sɪˈkluːʒn/ *n* odosobnienie *n* **(from sth** od czegoś); **to live in ~** żyć w odosobnieniu; **in the ~ of one's own home** w zaciszu własnego domu
second[1] /ˈsekənd/ *n* [1] (unit of time) sekunda *f*; (instant) sekunda *f*, chwila *f*, moment *m*; **it was over in ~s** w ciągu kilku sekund było po wszystkim; **with (just) ~s to spare** w ostatniej chwili; **this won't take a ~** to nie potrwa nawet sekundę; **just a ~!** chwileczkę!, sekundkę!; **(with)in ~s she was asleep** zasnęła w ciągu kilku sekund; **they should arrive any ~ now** powinni przyjechać lada chwila; **at six o'clock to the ~** o szóstej co do sekundy [2] (angular) sekunda *f*; **there are 3600 ~s in a degree** jeden stopień ma 3 600 sekund
IDIOMS: **every ~ counts** liczy się każda sekunda
second[2] /ˈsekənd/ **I** *n* [1] (ordinal number) drug|i *m*, -a *f*, -ie *n*; **he came a good** or **close ~ in the race** przybiegł na drugim miejscu, tuż za zwycięzcą; **X was the most popular in the survey, but Y came a close ~** X był najpopularniejszy w sondażu, ale Y był tuż za nim; **he came a poor ~** zajął zaledwie drugie miejsce; **his family comes a poor ~ to his desire for success** sukces jest dla niego dużo ważniejszy niż rodzina; **the problem of crime was seen as ~ only to unemployment** za problem ważniejszy niż przestępczość uznano tylko bezrobocie [2] (date) **the ~ of May** drugi maja [3] GB Univ **upper/lower ~** ≈ ocena dobra/dość dobra *(na dyplomie ukończenia studiów)* [4] (also **~ gear)** Aut drugi bieg *m*; dwójka *f* infml; **in ~** na dwójce infml [5] (inferior article) artykuł *m* w drugim gatunku; **these plates are ~s** to są talerze w drugim gatunku [6] (in boxing, wrestling, duel) sekundant *m*; **~s out (of the ring)!** sekundanci, z ringu! [7] Mus (interval) sekunda *f*
II seconds *npl* infml dokładka *f*, repeta *f*; **to ask for/have ~s** prosić o dokładkę/wziąć dokładkę
III *adj* drugi; **for the ~ time** drugi raz, po raz drugi; **one's ~ teeth** zęby stałe; **~ violin** Mus drugie skrzypce; **he thinks he's a ~ Churchill** wydaje mu się, że jest drugim Churchillem; **every ~ day/Tuesday** co drugi dzień/wtorek; **to have a ~ chance to do sth** mieć drugą szansę na zrobienie czegoś; **you won't get a ~ chance!** drugiej szansy nie będzie!; **to have** or **take a ~ helping (of sth)** wziąć dokładkę (czegoś); **to have a ~ look** przyjrzeć się dokładniej; **to ask for a ~ opinion** (from doctor, lawyer) zasięgnąć opinii innego specjalisty; **in the ~ place** po drugie
IV *adv* [1] (in second place) *[come, finish]* na drugim miejscu, (jako) drugi; **his loyalty to the firm comes ~ to his personal ambition** lojalność wobec firmy jest dla niego ważniejsza niż osobiste ambicje; **the fact that he is my father comes ~** to, że jest moim ojcem, jest sprawą drugorzędną; **I agreed to speak ~** zgodziłem się przemawiać jako drugi; **the ~ longest bridge in the world** drugi co do długości most na świecie; **the ~ oldest in the family** drugi pod względem wieku członek rodziny [2] Rail **to travel ~** podróżować drugą klasą [3] (also **secondly)** po drugie; **~, I have to say that...** po drugie, muszę powiedzieć, że...
V *vt* [1] (help) sekundować (komuś) *[person]* [2] (support) pop|rzeć, -ierać *[motion]*
IDIOMS: **to be ~ nature to sb** być drugą naturą kogoś; **after a while, driving becomes ~ nature** po pewnym czasie kierowca prowadzi samochód, jakby nic innego przez całe życie nie robił; **it is ~ to none** to nie ma sobie równych; **to do sth without (giving it) a ~ thought** zrobić coś bez wahania; **he didn't give them a ~ thought** nawet przez chwilę o nich nie pomyślał; **on ~ thoughts** po namyśle, po zastanowieniu; **to have ~ thoughts** mieć wątpliwości; **I'm having ~ thoughts about going there** mam wątpliwości, czy powinienem tam iść; **to get one's ~ wind** złapać drugi oddech
second[3] /sɪˈkɒnd/ *vt* (transfer) Mil, Comm przen|ieść, -osić tymczasowo, oddelegow|ać, -ywać *[employee, officer]* **(from sth /to sth** z czegoś/do czegoś)
secondarily /ˈsekəndrəlɪ, US ˌsekənˈderəlɪ/ *adv* ponadto
secondary /ˈsekəndrɪ, US -derɪ/ **I** *n* [1] Med przerzut *m* [2] = **secondary colour**
II *adj* [1] (less important) *[consideration, importance, interest]* drugorzędny; *[effect]* uboczny, dodatkowy; **to be of ~ importance** mieć drugorzędne znaczenie [2] Ling *[accent, stress]* poboczny [3] (not original) *[process, cause]* wtórny **(to sth** w stosunku do czegoś); **~ quality/cause** Philos jakość/przyczyna wtórna or druga [4] Sch *[education]* ponadpodstawowy; **~ level** poziom szkoły średniej; **~ teacher** nauczyciel w szkole średniej
secondary colour GB, **secondary color** US *n* kolor *m* pochodny
secondary evidence *n* Jur dowód *m* pośredni
secondary glazing *n* dodatkowe skrzydła *n pl* okienne
secondary health care *n* ponadpodstawowa opieka *f* medyczna
secondary infection *n* Med zakażenie *n* wtórne
secondary modern (school) *n* GB ≈ średnia szkoła *f* ogólnokształcąca
secondary picket *n* strajk *m* solidarnościowy
secondary picketing *n* strajki *m pl* solidarnościowe
secondary road *n* droga *f* drugorzędna
secondary school *n* ≈ szkoła *f* średnia
secondary sexual characteristic *n* drugorzędowa cecha *f* płciowa
second ballot *n* druga tura *f* głosowania
second best I *n* **I refuse to settle for** or **take ~** nie zadowala mnie byle co; **as a ~, I suppose it will do** jeżeli nie ma nic lepszego, niech będzie to
II *adv* **he came off** GB or **out** US **~** został pokonany, był gorszy; **in the choice between quality and price, quality often comes off ~** przy wyborze między jakością a ceną, często cena bierze górę
second chamber *n* Pol wyższa izba *f* (parlamentu)
second class I *n* [1] Post przesyłka *f* zwykła [2] Rail druga klasa *f*
II second-class *adj* [1] Post *[post, mail]* zwykły; **~ stamp** znaczek na przesyłkę zwykłą [2] Rail **~ carriage/ticket** wagon /bilet drugiej klasy [3] GB Univ **~ degree** ≈ dyplom ukończenia studiów z oceną dobrą [4] (second-rate) *[hotel]* podrzędny; **~ product/goods** produkty/towary w drugim gatunku; **~ citizen** obywatel drugiej kategorii
III *adv* Rail **to travel ~** podróżować drugą klasą; Post **to send sth ~** wysłać coś jako przesyłkę zwykłą
Second Coming *n* Relig **the ~** powtórne przyjście *n* Mesjasza
second cousin *n* dalszy krewny *m*, dalsza krewna *f*
second degree *n* Univ ≈ stopień *m* magisterski
second-degree burn /ˌsekənddɪgriːˈbɜːn/ *n* oparzenie *n* drugiego stopnia
second-degree murder /ˌsekənddɪgriːˈmɜːdə(r)/ *n* US Jur morderstwo *n* drugiego stopnia *(bez premedytacji)*
Second Empire I *n* Drugie Cesarstwo *n*
II *modif* **~ style** styl Drugiego Cesarstwa; **~ furniture/decor** meble/wystrój w stylu Drugiego Cesarstwa
seconder /ˈsekəndə(r)/ *n* osoba *f* popierająca wniosek; **we need a ~ for the motion** potrzebny jest ktoś, kto poprze wniosek
second estate *n* Hist drugi stan *m*, szlachta *f*
second generation I *n* druga generacja *f*
II *modif* **~ computers** komputery drugiej generacji

S

second-guess /ˌsekənd'ges/ *vt* infml (anticipate) przewi|dzieć, -dywać *[reaction, results]*; **to ~ sb** odgadnąć zamiary kogoś

second hand /'sekəndhænd/ *n* (on watch, clock) wskazówka *f* sekundowa, sekundnik *m*

second-hand /ˌsekənd'hænd/ **I** *adj [clothes, car, goods]* używany; *[news, information, account]* z drugiej ręki; *[idea, opinion]* zasłyszany; **~ market** rynek artykułów używanych; **~ bookshop** antykwariat; **~ car dealer** sprzedawca używanych samochodów; **~ value** okazyjna cena

II *adv [find out, learn]* z drugiej ręki; **to buy ~** kupować rzeczy używane

second in command *n* Mil zastępca *m* dowódcy; fig drugi *m* po szefie infml

second language *n* drugi język *m*

second lieutenant *n* Mil podporucznik *m*

secondly /'sekəndlɪ/ *adv* po drugie

second mate *n* Naut drugi oficer *m*

secondment /sɪ'kɒndmənt/ *n* tymczasowe przeniesienie *n*, oddelegowanie *n* **(from sth/to sth** z czegoś/do czegoś); **to be on ~** być tymczasowo przeniesionym

second mortgage *n* druga hipoteka *f*

second name *n* [1] (surname) nazwisko *n* [2] (second forename) drugie imię *n*

second officer *n* Naut = **second mate**

second person *n* Ling druga osoba *f*; **in the ~ singular/plural** w drugiej osobie liczby pojedynczej/mnogiej

second-rate /ˌsekənd'reɪt/ *adj [actor, writer, institution]* podrzędny; *[film, novel]* kiepski, niewiele wart; **~ product** produkt niskiej jakości

second-rater /ˌsekənd'reɪtə(r)/ *n* (person) miernota *m/f* infml

second reading *n* Pol drugie czytanie *n*

second sight *n* jasnowidzenie *n*; **to have (the gift of) ~** mieć dar jasnowidzenia

second strike **I** *n* Mil drugie uderzenie *n*

II *modif* **~ strategy** strategia drugiego uderzenia; **~ missile** pocisk drugiego rażenia

second string *n* Sport (player) zawodnik *m* rezerwowy

secrecy /'si:krəsɪ/ *n* (secret nature) tajemnica *f*; (ability to keep secrets) dyskrecja *f*; **in ~** w tajemnicy, potajemnie; **why all the ~?** po co ta cała tajemnica?; **the ~ surrounding their finances** tajemnica otaczająca ich sytuację finansową; **there's the need for absolute ~** konieczna jest absolutna dyskrecja; **a veil/an air of ~** aura tajemniczości

secret /'si:krɪt/ **I** *n* [1] (unknown thing) tajemnica *f*, sekret *m*; **to tell sb a ~** wyjawić komuś tajemnicę or sekret; **to keep a ~** dochować tajemnicy or sekretu; **to let sb in on a ~** dopuścić kogoś do tajemnicy or do sekretu; **I make no ~ of my membership of the party** nie robię tajemnicy z tego, że należę do partii; **it's an open ~ that...** jest tajemnicą poliszynela, że...; **there's no ~ about who /when/how...** ogólnie wiadomo, kto/kiedy/jak...; **I have no ~s from my sister** nie mam przed siostrą żadnych tajemnic or sekretów [2] (key factor) sekret *m* **(of sth** czegoś)

II *adj [passage, ingredient]* tajemny, sekretny; *[meeting]* potajemny; *[plan]* tajny; *[contributor]* anonimowy; *[admirer, admiration]* cichy; **to keep sth ~ from sb** trzymać coś przed kimś w tajemnicy or sekrecie; **to be a ~ drinker** pić po kryjomu

III in secret *adv phr* w tajemnicy, w sekrecie; Jur przy drzwiach zamkniętych

secret agent *n* tajny agent *m*

secretaire /ˌsekrɪ'teə(r)/ *n* sekretarzyk *m*; (large) sekretera *f*

secretarial /ˌsekrə'teərɪəl/ *adj [work, skills]* sekretarski; **~ course** kurs dla sekretarek; **~ college** szkoła sekretarek; **~ staff** sekretarki

secretariat /ˌsekrə'teərɪət/ *n* sekretariat *m*

secretary /'sekrətrɪ, US -rəterɪ/ *n* [1] (in office) sekreta|rz *m*, -rka *f*; **~ of** or **to sb** sekretarka kogoś; **personal/private ~** osobisty/prywatny sekretarz [2] (of committee, society) sekretarz *m*; **general/regional ~** sekretarz generalny/okręgowy; **party ~** Hist sekretarz partii [3] GB Pol **Secretary** minister *m*; **Foreign/Home/Defence ~** minister spraw zagranicznych/spraw wewnętrznych/obrony; **Environment/Northern Ireland ~, ~ of State for the Environment/for Northern Ireland** minister środowiska/do spraw Irlandii Północnej [4] US Pol **Secretary** sekretarz *m*; **Defense/Treasury Secretary** sekretarz obrony/skarbu; **Secretary of State** sekretarz stanu [5] (desk) sekretarzyk *m*; (large) sekretera *f*

secretary bird *n* Zool sekretarz *m*

secretary-general /ˌsekrətrɪ'dʒenrəl, US ˌsekrəterɪ-/ *n* sekretarz *m* generalny

secret ballot *n* tajne głosowanie *n*

secrete[1] /sɪ'kri:t/ *vt* Biol, Med wydziel|ić, -ać *[fluid]*

secrete[2] /sɪ'kri:t/ *vt* (hide) ukry|ć, -wać

secretion[1] /sɪ'kri:ʃn/ *n* Biol, Med (substance) wydzielina *f*; (activity) wydzielanie *n*

secretion[2] /sɪ'kri:ʃn/ *n* (hiding) ukrycie się *n*, schowanie *n*

secretive /'si:krətɪv/ *adj [nature]* skryty; *[person]* (by nature) skryty; (about something) tajemniczy; *[expression, conduct, smile]* tajemniczy, zagadkowy; **to be ~ about sth** robić z czegoś tajemnicę

secretively /'si:krətɪvlɪ/ *adv [behave, smile]* (mysteriously) tajemniczo, zagadkowo; (furtively) skrycie; **he wrote it ~ at night** napisał to potajemnie w nocy

secretiveness /'si:krətɪvnɪs/ *n* (mysteriousness) tajemniczość *f*; (reserve) skrytość *f*

secretly /'si:krɪtlɪ/ *adv [meet, plan, organize]* potajemnie; *[hope, desire]* skrycie

secret police *n* tajna policja *f*

secret service *n* służby *plt* specjalne, tajne służby *plt*

Secret Service *n* US służby *plt* odpowiedzialne za ochronę prezydenta

secret society *n* tajne stowarzyszenie *n*

secret weapon *n* tajna broń *f* also fig

sect /sekt/ *n* sekta *f*

sectarian /sek'teərɪən/ **I** *n* sekciarz *m*

II *adj* sekciarski; *[murder, violence]* o podłożu religijnym

sectarianism /sek'teərɪənɪzəm/ *n* sekciarstwo *n*

section /'sekʃn/ **I** *n* [1] (part) (of train, aircraft, town, forest, area, object, public, population, group) część *f*; (of pipe, tunnel, road, river) odcinek *m*; (of orange) cząstka *f*; **women's ~s** Pol środowiska kobiece; **the brass/string ~** sekcja instrumentów dętych/smyczkowych [2] (department) (of company, office, library, shop) dział *m*; (of organization) sekcja *f*; **computer/consular ~** dział informatyczny/konsularny [3] (subdivision) (of act, bill, report) ustęp *m*; (of report) część *f*; (of newspaper) dział *m*; **he was charged under ~ 24** postawiono mu zarzuty z paragrafu 24; **under ~ 13** zgodnie z paragrafem 13; **sports/books ~** dział sportowy/literacki [4] (passage) fragment *m*, ustęp *m*; **there's a ~ on verbs at the end** na końcu jest ustęp poświęcony czasownikom [5] Mil pluton *m* [6] Biol, Geol (thin slice) wycinek *m* [7] Math, Geol, Biol (view) przekrój *m* [8] Med cięcie *n* [9] Rail (part of network) odcinek *m* linii kolejowej [10] US Rail (of sleeping car) przedział *m (w wagonie sypialnym)* [11] US Rail (relief train) dodatkowy pociąg *m*

II *vt* [1] (divide) po|dzielić *[map, area, document, computer screen]* [2] (in surgery) przeci|ąć, -nać [3] GB Med (confine to mental hospital) umie|ścić, -szczać w szpitalu psychiatrycznym *[person]*

■ **section off**: **~ off [sth], ~ [sth] off** oddziel|ić, -ać, wydziel|ić, -ać *[part, area, department]*

sectional /'sekʃənl/ *adj* [1] (factional) *[interests, objectives]* partykularny; **~ hatred** nienawiść dzieląca społeczeństwo [2] (in section) *[drawing, view]* przekrojowy [3] US **~ bookcase** regał segmentowy

sectionalism /'sekʃənəlɪzəm/ *n* pej partykularyzm *m*

section gang *n* US Rail brygada *f* remontowa odcinka trakcji

section hand *n* US Rail robotnik *m* kolejowy

section mark *n* znak *m* paragrafu, paragraf *m*

sector /'sektə(r)/ *n* [1] (area of land, sea) strefa *f* **(of sth** czegoś) [2] (of economy) sektor *m*; **the public/private ~** sektor publiczny/prywatny [3] Geom wycinek *m* koła

sectorial /sek'tɔ:rɪəl/ *adj [analysis]* sektorowy

secular /'sekjʊlə(r)/ *adj* świecki; **a ~ priest/clergyman** świecki duchowny

secularism /'sekjʊlərɪzəm/ *n* sekularyzm *m*

secularization /ˌsekjʊləraɪ'zeɪʃn, US -rɪ'z-/ *n* (of society, education) sekularyzacja *f*, zeświecczenie *n*, laicyzacja *f*; (of church property) sekularyzacja *f*

secularize /'sekjʊləraɪz/ *vt* ześwieccz|yć, -ać, z|sekularyzować *[society, education]*; z|sekularyzować *[church property]*

secure /sɪ'kjʊə(r)/ **I** *adj* [1] (stable, not threatened) *[job, income, financial position, investment]* pewny, bezpieczny; *[basis, base, foundation]* solidny; *[world record, sporting position]* niezagrożony [2] (safe) *[hiding place, route]* bezpieczny, pewny; **~ hospital** szpital-więzienie o zaostrzonym rygorze; **to be ~ against sth** być zabezpieczonym przed czymś; **to make the house/the computer ~** zabezpieczyć dom/komputer [3] (reliable) *[lock, foothold, handhold]* pewny; *[nail]* wbity jak należy; *[knot]* mocno zawiązany; *[rope]* dobrze umocowany; *[door, window]* zamknięty jak należy; **to**

be ~ *[structure, ladder]* być stabilnym, stać pewnie; **to make a rope ~** dobrze umocować linę; **to make a door ~** dobrze zamknąć drzwi [4] Psych *[family, home]* zapewniający poczucie bezpieczeństwa; **to feel ~** czuć się bezpiecznie or pewnie; **~ in the knowledge that...** pewny, że... [5] (fraud-proof) *[transaction, line]* bezpieczny

II *vt* [1] (procure, obtain) uzysk|ać, -iwać, zapewni|ć, -ać sobie *[agreement, promise, release]*; zdoby|ć, -wać *[job, majority, money, visa, right]*; osiąg|nąć, -ać *[objective, profit]*; **to ~ a conviction** doprowadzić do skazania podejrzanego [2] (make firm, safe) umocow|ać, -ywać, zamocow|ać, -ywać *[rope]*; dobrze zam|knąć, -ykać *[door, window]*; ustawi|ć, -ać *[ladder]*; **to ~ sth to the wall by screws** przymocować coś do ściany śrubami; **the boat was ~d with a thick rope** łódka była porządnie zacumowana na grubej linie; **she ~d her hair with pins** podpięła włosy szpilkami [3] (make safe) zabezpiecz|yć, -ać *[house, camp, flank, position, future, job]*; **to ~ sth against** or **from sth** zabezpieczyć coś przed czymś [4] Fin zabezpiecz|yć, -ać *[loan, debt]*; **a loan ~d against** or **on a house** pożyczka pod zastaw domu

secured bond *n* Fin obligacja *f* gwarantowana

secured loan *n* pożyczka *f* zabezpieczona

securely /sɪˈkjʊəlɪ/ *adv* [1] (carefully) *[fasten, fix, tie, wrap, pin]* dobrze, porządnie [2] (safely) *[invest]* pewnie, bezpiecznie; *[hidden, locked up]* dobrze, bezpiecznie; **this document should be kept ~** ten dokument należy trzymać w bezpiecznym miejscu [3] fig **to be ~ founded** mieć solidne podstawy

secure unit *n* oddział *m* wzmożonego nadzoru *(w szpitalu psychiatrycznym)*

securities /sɪˈkjʊərətɪz/ **I** *npl* Fin papiery *m pl* wartościowe

II *modif* Fin **~ market/issue/prices** rynek/emisja/ceny papierów wartościowych; **~ trading** handel papierami wartościowymi; **~ income** dochód z papierów wartościowych

securitization /sɪˌkjʊərɪtaɪˈzeɪʃn/ *n* Fin zamiana *f* pożyczki na zbywalny papier wartościowy

securitize /sɪˈkjʊərɪtaɪz/ *vt* Fin zamieni|ć, -ać pożyczkę na zbywalny papier wartościowy

security /sɪˈkjʊərətɪ/ **I** *n* [1] (safe state) bezpieczeństwo *n*; (safe feeling) poczucie *n* bezpieczeństwa; **~ of employment, job ~** gwarancja zatrudnienia [2] (for site, prison, VIP) (measures) środki *m pl* bezpieczeństwa; (guards, system) ochrona *f*; **to tighten ~** zaostrzyć środki bezpieczeństwa; **state /national ~** bezpieczeństwo państwa/narodowe; **to call ~** zawołać ochronę [3] (guarantee) zabezpieczenie *n* **(on sth** czegoś); **to borrow on ~** pożyczać pod zabezpieczenie; **to take/leave sth as ~** wziąć/dać coś jako zabezpieczenie; **to stand ~ for sb** poręczyć za kogoś [4] Fin papier *m* wartościowy, walor *m*

II *modif* **~ measures/standards** środki /normy bezpieczeństwa; **~ door** drzwi zabezpieczające; **~ barrier** barierka zabezpieczająca or ochronna; **~ camera** kamera nadzorująca; **~ code** szyfr zabezpieczający; **~ firm/badge** firma/odznaka ochroniarska; **~ staff** ochrona

security blanket *n* (soft toy) przytulanka *f*

security clearance *n* certyfikat *m* bezpieczeństwa

Security Council *n* Rada *f* Bezpieczeństwa

security forces *npl* siły *f pl* bezpieczeństwa

security guard *n* strażnik *m*, ochroniarz *m*

security leak *n* przeciek *m* poufnych informacji

security officer *n* pracownik *m* ochrony

security risk *n* potencjalne zagrożenie *n*

security van *n* GB furgonetka *f* z ochroną *(do transportu gotówki)*

sedan /sɪˈdæn/ *n* US Aut sedan *m*

sedan chair *n* lektyka *f*

sedate /sɪˈdeɪt/ **I** *adj [person, pace]* stateczny; *[lifestyle]* spokojny

II *vt* poda|ć, -wać (komuś) środek uspokajający *[patient]*

III sedated *pp adj* (znajdujący się) pod wpływem środków uspokajających

sedately /sɪˈdeɪtlɪ/ *adv* spokojnie, statecznie

sedateness /sɪˈdeɪtnɪs/ *n* (of attitude) spokój *m*, równowaga *f* (psychiczna); (of manner) stateczność *f*

sedation /sɪˈdeɪʃn/ *n* Med uspokojenie *n* polekowe; **to be under ~** być pod działaniem środków uspokajających

sedative /ˈsedətɪv/ **I** *n* środek *m* uspokajający

II *adj [effect, drug]* uspokajający

sedentary /ˈsedntrɪ, US -terɪ/ *adj [job, lifestyle]* siedzący; *[birds, population]* osiadły

sedge /sedʒ/ *n* Bot turzyca *f*

sedge warbler *n* Zool rokitniczka *f*

sediment /ˈsedɪmənt/ *n* osad *m*

sedimentary /ˌsedɪˈmentrɪ, US -terɪ/ *adj* Geol osadowy, sedymentacyjny

sedimentation /ˌsedɪmenˈteɪʃn/ *n* Geol, Chem osadzanie (się) *n*, sedymentacja *f*

sedition /sɪˈdɪʃn/ *n* podburzanie *n*; **to preach ~** nawoływać do buntu

seditious /sɪˈdɪʃəs/ *adj [view, activity]* wywrotowy; *[speech]* podżegający

seduce /sɪˈdjuːs, US -ˈduːs/ *vt* [1] (sexually) *[person]* uw|ieść, -odzić [2] fig *[idea, project]* s|kusić, z|nęcić; **to ~ sb into doing sth** skusić kogoś do zrobienia czegoś; **to be ~d by sth** dać się skusić czemuś; **they were ~d into buying this car by the low price** do kupna tego samochodu skusiła ich niska cena; **to ~ sb away from sth** odwieść kogoś od czegoś; **to be ~d away from sth** dać się odwieść od czegoś

seducer /sɪˈdjuːsə(r), US -ˈduːs-/ *n* uwodziciel *m*

seduction /sɪˈdʌkʃn/ *n* [1] (act of seducing) uwiedzenie *n* [2] (attractive quality) nieodparty urok *m* **(of sth** czegoś**)**

seductive /sɪˈdʌktɪv/ *adj [smile]* uwodzicielski; *[person]* ponętny; *[argument, proposal]* kuszący, nęcący

seductively /sɪˈdʌktɪvlɪ/ *adv [smile, whisper]* uwodzicielsko

seductiveness /sɪˈdʌktɪvnɪs/ *n* ponętność *f*

seductress /sɪˈdʌktrɪs/ *n* uwodzicielka *f*

sedulous /ˈsedjʊləs, US ˈsedʒʊləs/ *adj* fml *[student]* gorliwy; *[devotion]* wierny; *[attention]* baczny

sedulously /ˈsedjʊləslɪ, US ˈsedʒʊləslɪ/ *adv* fml *[pursue, strive]* gorliwie

see[1] /siː/ (*pt* **saw**; *pp* **seen**) **I** *vt* [1] (perceive) zobaczyć, widzieć *[object, person]*; **to ~ sb /sth with one's own eyes** zobaczyć kogoś/coś na własne oczy; **to ~ that...** zobaczyć, że...; **to ~ where/how...** zobaczyć, gdzie/jak...; **you'll ~ how it's done** zobaczysz, jak to się robi; **I saw him steal the car** widziałem, jak ukradł samochód; **I saw him stealing the car** widziałem, jak kradł samochód; **he was seen to take the money** widziano, jak brał pieniądze; **I could ~ the bus coming** widziałem, jak nadjeżdża autobus; **we didn't ~ anything** nic nie widzieliśmy; **I saw something in the dark** zobaczyłem coś w ciemnościach; **there's nothing to ~** nie ma nic do oglądania; **there's nobody to be seen** nikogo nie widać; **can you ~ him (in the crowd)?** widzisz go (w tym tłumie)?; **I could ~ (that) she'd been crying** widać było, że płakała; **there was going to be trouble: I could ~ it coming** or **I could ~ it a mile off** zbliżały się kłopoty, czułem to; **I hate to ~ an animal in pain** nie mogę patrzeć, jak zwierzę cierpi; **I don't like to ~ you so unhappy** przykro mi, że jesteś taki nieszczęśliwy; **I don't know what you ~ in him** infml nie wiem, co w nim widzisz; **it was too dark to ~ my way** było tak ciemno, że nie widziałem, gdzie idę [2] (imagine) **in the darkness I saw monsters everywhere** w ciemności wszędzie widziałem potwory; **you're ~ing things!** masz przywidzenia! [3] (watch) o|bejrzeć, -glądać *[film, TV programme, play, match, game]*; **we went to ~ a film** poszliśmy na film; **did you ~ the interview on TV?** widziałeś ten wywiad w telewizji?; **I've seen the play twice** oglądałem or widziałem tę sztukę dwa razy [4] (inspect) *[inspector, teacher]* zobaczyć, prze|jrzeć, -glądać *[accounts, documents, student's work]* [5] (look at) **~ page 156** patrz strona 156; **~ (diagram) overleaf** patrz (wykres) na odwrocie [6] (go to see) zobaczyć, widzieć *[place, country, building]*; (as tourist) zwiedz|ić, -ać *[place, country, building]*; **yesterday we saw the Parthenon** wczoraj widzieliśmy or zwiedzaliśmy Partenon; **to ~ the sights** zwiedzać; **to ~ the world** zobaczyć or zwiedzić świat [7] (visit, consult) pójść do (kogoś), iść do (kogoś) *[doctor]*; zobaczyć się z (kimś), widzieć się z (kimś) *[person]*; **you should ~ a doctor about the pain** powinieneś pójść do lekarza z tym bólem; **I'm ~ing a psychiatrist** idę do psychiatry; **what did you want to ~ me about?** w jakiej sprawie chciał pan się ze mną zobaczyć or widzieć? [8] (meet up with) zobaczyć się z (kimś), widzieć się z (kimś); (regularly) widywać się z (kimś); **I'll be ~ing her on Friday** będę się z nią widział or zobaczę się z nią w piątek; **I happened to ~ her in the post office** przypadkowo spotkałem ją na poczcie; **he's ~ing a married woman** widuje się or spotyka się

S

z jakąś mężatką; **they ~ a lot of each other** często się widują; **try to ~ less of her** próbuj rzadziej się z nią widywać; **~ you (later)!** infml na razie! infml; **~ you next week/(on) Sunday!** infml do przyszłego tygodnia/do niedzieli! [9] (receive) *[doctor, manager, headmaster]* przyj|ąć, -mować *[person]*; **the manager will ~ you tomorrow** kierownik przyjmie pana jutro [10] (understand) z|rozumieć *[joke]*; dostrze|c, -gać *[significance, relevance, difficulty, advantage]*; **to ~ how/where/what...** rozumieć, jak/gdzie/co...; **I just can't ~ what you're driving at** po prostu nie rozumiem, do czego zmierzasz; **do you ~ what I mean?** rozumiesz, o co mi chodzi?; **he didn't ~ the point of the story** nie zrozumiał, o co chodziło w tej historii [11] (look upon, consider) widzieć *[matter, situation]*; **to ~ sth from sb's point of view** patrzyć na coś z punktu widzenia kogoś; **I ~ things differently now** wszystko teraz widzę inaczej; **as** or **the way I ~ it, we have to...** moim zdaniem, musimy...; **I ~ it as an insult** odbieram to jako zniewagę; **to ~ sb as a leader/hero** widzieć w kimś przywódcę/bohatera; **I don't ~ it as a problem of poverty** według mnie to nie jest problem biedy; **I don't ~ him as honest** moim zdaniem on nie jest uczciwy [12] (note, observe) **as we have already seen, ...** jak już widzieliśmy, ...; **it can be seen from this example that...** widać z tego przykładu, że...; **it has already been seen that...** widzieliśmy już, że... [13] (visualize, envisage) wyobra|zić, -żać sobie; **I can ~ a situation in which...** mogę sobie wyobrazić sytuację, w której...; **I don't ~ her changing her mind** nie wyobrażam sobie, żeby miała zmienić zdanie; **I can't ~ the situation changing** nie wydaje mi się, żeby sytuacja miała się zmienić [14] (make sure) **to ~ (to it) that...** dopilnować, żeby...; **~ (to it) that the children are in bed by nine** dopilnuj, żeby dzieci o dziewiątej były już w łóżkach [15] (find out) zobaczyć; **to ~ what/how/when...** zobaczyć, co/jak /kiedy...; **I'm going to ~ what she's doing/how she's doing** zobaczę, co ona robi/jak jej idzie; **I'll have to ~ if I can get permission** muszę zobaczyć, czy mi się uda dostać pozwolenie; **it remains to be seen if...** okaże się, czy...; **let's ~ what we've got here** zobaczmy, co my tutaj mamy [16] (witness, experience) widzieć; **she had seen so much misfortune in her life** widziała w życiu tyle nieszczęścia; **I've seen it all!** już to widziałem!; **my coat has seen a lot of hard wear** mój płaszcz wiele przeżył hum; **a century which saw the birth of computer science** wiek, który był świadkiem narodzin informatyki; **a period which saw enormous changes** okres, w którym zaszły ogromne zmiany; **this year ~s the bicentenary of the event** w tym roku obchodzimy dwóchsetlecie tego wydarzenia; **I never thought I'd ~ the day when...** nigdy nie sądziłem, że doczekam dnia, kiedy...; **we'll never ~ her like again** kogoś takiego już nie spotkamy [17] (accompany) odprowadz|ić, -ać; **to ~ sb to the door/station** odprowadzić kogoś do drzwi/na dworzec; **to ~ sb home** odprowadzić kogoś do domu; **to ~ sb across the road** przeprowadzić kogoś przez ulicę; **she saw the children to bed** położyła dzieci spać [18] (in poker) sprawdz|ić, -ać *[opponent]*

II *vi* (*pt* **saw;** *pp* **seen)** [1] (with eyes) zobaczyć, widzieć; **I can't ~** nic nie widzę; **as you can ~, a few pages are missing** jak widzisz, brakuje kilku stron; **some animals can ~ in the dark** niektóre zwierzęta widzą w ciemności; **~ for yourself** sam zobacz; **to ~ double** (after accident) widzieć podwójnie; **move over: I can't ~ through you** przesuń się, nie jesteś przezroczysty hum; **try to ~ beyond your own concerns** spróbuj spojrzeć dalej niż czubek własnego nosa fig; **you can ~ for miles** widać wszystko w promieniu wielu kilometrów [2] (understand) rozumieć; **'look, it works like this' – 'oh, I ~'** „spójrz, to tak działa" – „aha, rozumiem"; **'my brother is coming' – 'I ~'** „mój brat przyjeżdża" – „ach, tak"; **do you ~?** rozumiesz?; **now I (can) ~** teraz rozumiem; **as far as I can ~, you're right** wydaje mi się, że masz rację; **can't you ~ that...?** nie widzisz, że...? [3] (check, find out) zobaczyć; **I'll go and ~** pójdę zobaczyć; **we'll ~** zobaczymy; **you'll have to wait and ~** to się dopiero okaże [4] (think, consider) **I'll have to ~** muszę się zastanowić; **let me ~** niech pomyślę; **let's ~** zastanówmy się

III *vr* (*pt* **saw;** *pp* **seen) to ~ oneself** zobaczyć się, widzieć się; **he saw himself already elected president** oczami wyobraźni już widział się na stanowisku prezydenta; **I can't ~ myself as** or **being a famous singer** nie widzę siebie w roli sławnego piosenkarza

■ **see about**: **~ about [sth]** zaj|ąć, -mować się (czymś); **to ~ about doing sth** zająć się robieniem czegoś

■ **see off**: **~ off [sb], ~ [sb] off** [1] (say goodbye to) po|żegnać; **we saw him off at the station** odprowadziliśmy go na dworzec [2] (throw out) wyprowadz|ić, -ać; **to ~ sb off the premises** wyprowadzić kogoś z budynku

■ **see out**: ¶ **~ out [sth], ~ [sth] out** (survive) przetrwać; **we have enough coal to ~ the winter out** mamy wystarczający zapas węgla, żeby przetrwać zimę ¶ **~ [sb] out** odprowadz|ić, -ać do drzwi; **I'll ~ myself out** trafię do wyjścia, proszę się nie fatygować

■ **see through**: ¶ **~ through [sb/sth]** przejrzeć *[deception, lie, person]*; **I can ~ through your little game!** infml przejrzałem cię na wylot! ¶ **~ [sth] through** doprowadz|ić, -ać do końca ¶ **~ [sb] through** (help survive) **there is enough food to ~ us through the week** mamy wystarczająco dużo jedzenia, żeby przeżyć cały tydzień; **this money will ~ you through** te pieniądze wam wystarczą

■ **see to**: **~ to [sth]** do|pilnować *[person, task]*; **there is no cake left, the children saw to that!** nie ma już ciasta, dzieci się o to postarały!

IDIOMS: **I'll ~ you right** infml ja się tobą zajmę; **now I've seen it all!** teraz już wszystko rozumiem!

see² /siː/ *n* (official seat) stolica *f* biskupstwa; (diocese) biskupstwo *n*

seed /siːd/ **I** *n* [1] Bot, Culin (of plant) nasienie *n*; (fruit pip) pestka *f* [2] Agric (for sowing) nasiona *n pl*, ziarno *n*; **to go** or **run to ~** *[plant]* iść w ziarno; fig *[person]* zaniedbać się; *[organization, country]* podupadać [3] fig (beginning) zarodek *m*, zalążek *m*; **to sow the ~s of discontent/hope** posiać ziarno niezadowolenia/nadziei; **the ~s of doubt were sown in her mind** w jej głowie zrodziły się wątpliwości [4] Sport rozstawiony zawodnik *m*, rozstawiona zawodniczka *f*; **the top ~** najwyżej rozstawiony zawodnik; **the fifth** or **number five ~** zawodnik rozstawiony z numerem piątym [5] arch (semen) nasienie *n* [6] arch (descendants) potomstwo *n*

II *vt* [1] (sow) obsi|ać, -ewać *[field, lawn]* **(with sth** czymś) [2] (also **deseed)** wypestkować *[grape, raisin]* [3] Sport rozstawi|ć, -ać; **to be ~ed sixth** or **(number) six** być rozstawionym z numerem szóstym [4] Meteorol **to ~ clouds** wywoływać deszcz środkami chemicznymi

III *vi [plant]* wytw|orzyć, -arzać nasiona

seedbed /ˈsiːdbed/ *n* [1] rozsadnik *m* [2] fig rozsadnik *m*, wylęgarnia *f* fig

seed box *n* = **seed tray**

seedcake /ˈsiːdkeɪk/ *n* ciastko *n* z kminkiem

seed corn *n* ziarno *n* siewne; fig zaczyn *m* fig

seeder /ˈsiːdə(r)/ *n* Agric siewnik *m*

seedily /ˈsiːdɪlɪ/ *adv* **~ dressed** nędznie ubrany; **to live ~** żyć w biedzie

seediness /ˈsiːdɪnɪs/ *n* [1] (shabbiness) zaniedbany wygląd *m* [2] (sordidness) wątpliwa reputacja *f*

seeding /ˈsiːdɪŋ/ *n* [1] Agric siew *m* [2] Sport rozstawienie *n* (zawodników)

seeding machine *n* siewnik *m*

seed leaf *n* Bot liścień *m*

seedless /ˈsiːdlɪs/ *adj* bez nasion, pozbawiony nasion; *[grape, raisin]* bezpestkowy

seedling /ˈsiːdlɪŋ/ *n* rozsada *f*, sadzonka *f*

seed merchant *n* (person) właściciel *m*, -ka *f* sklepu z nasionami; **~'s (shop)** sklep nasienniczy

seed money *n* Fin kapitał *m* na rozpoczęcie działalności gospodarczej

seed oyster *n* młoda ostryga *f*

seed pearl *n* drobna perła *f*

seed pod *n* Bot owocnia *f*, torebka *f* nasienna

seed potato *n* sadzeniak *m*

seed tray *n* skrzynia *f* wysiewna

seedy /ˈsiːdɪ/ *adj* [1] (shabby) *[hotel]* obskurny; *[street]* zaniedbany, brudny; *[person]* zaniedbany [2] (disreputable) *[area, activity, club, person]* podejrzany [3] infml (ill) niedysponowany; **to feel ~** marnie się czuć

seeing /ˈsiːɪŋ/ *conj* **~ that** or **as** jako że; zważywszy że; **I'll pay for it, ~ing that** or **as it's your birthday** jako że są twoje urodziny, ja zapłacę; **~ as how she doesn't live here any more** infml ponieważ już tu nie mieszka

seek /siːk/ (*pt, pp* **sought) I** *vt* [1] (try to obtain, wish to have) szukać (czegoś) *[means,* *solution, fame, agreement, revenge, backing]*; ubiegać się o (coś) *[re-election, asylum, promotion]*; dążyć do (czegoś) *[confrontation]*; zwr|ócić, -acać się z prośbą o (coś) *[advice, help, approval, permission]*; zabiegać o (coś) *[redress]*; **to ~ one's fortune in the city** szukać szczęścia w mieście; **to ~ refuge abroad** szukać schronienia za granicą; **to ~ peace** pragnąć pokoju; **to ~ a public inquiry** zabiegać o wszczęcie śledztwa; **to ~ to do sth** starać się coś zrobić; **I do not ~ to...** nie staram się... [2] (look for) *[police, employer, person]* szukać, poszukiwać *[person, object]*; **'sporty 45-year-old divorcee ~s similar'** Journ „45--letnia, rozwiedziona, lubiąca sport, pozna odpowiedniego pana"

II -seeking *in combinations* **sun-/fun-~ holidaymakers** szukający słońca/zabawy urlopowicze; **a promotion-~ team** drużyna walcząca o awans

III *vi* **to ~ for** or **after sth** szukać czegoś

■ **seek out**: **~ out [sb/sth], ~ [sb/sth] out** odszuk|ać, -iwać *[person]*; odszuk|ać, -iwać, wyszuk|ać, -iwać; **to ~ out and destroy** Mil zlokalizować i zniszczyć

seeker /ˈsiːkə(r)/ *n* **~ after** or **for sth** szukający czegoś; **publicity-~s** szukający rozgłosu; **asylum-~s** ubiegający się o azyl

seem /siːm/ *vi* [1] (give impression) wyda|ć, -wać się; **he ~s (to be) sad/disappointed** wydaje się smutny/rozczarowany, wygląda na smutnego/rozczarowanego; **the statistics/experiments ~ to indicate that...** statystyki/doświadczenia wydają się wskazywać na to, że...; **there ~s to be a fault in the program** wydaje się or wygląda na to, że w programie jest błąd; **he ~s to be looking for sth/to have lost sth** chyba czegoś szuka/coś zgubił; **it would ~ so** tak by się wydawało; **it would ~ not** chyba nie; **that would ~ the right thing to do** wydaje się, że tak należy; **'have they told her?' – 'so it ~s'/'it ~s not'** „powiedzieli jej?" – „na to wygląda"/„chyba nie"; **the whole house ~ed to shake** wydawało się, że cały dom się trzęsie; **things ~ to be a lot better between them now** wydaje się, że teraz układa się między nimi dużo lepiej; **things are not always what** or **as** or **how they ~** pozory często mylą; **how does she ~ today?** jak ona się dzisiaj czuje?; **it ~s that she's gone out** wygląda na to, że wyszła; **it ~s to me that...** wydaje mi się, że...; **it ~s as if** or **as though...** wydaje się, że...; **it very much ~s as if** or **as though...** nie sposób się oprzeć wrażeniu, że...; **it ~s hours since we left** wydaje się, że upłynęło ładnych kilka godzin, odkąd wyjechaliśmy; **there doesn't ~ to be any solution** wydaje się or wygląda na to, że nie ma rozwiązania; **there ~s to be some mistake** wydaje się or wygląda na to, że jest gdzieś jakiś błąd; **it ~ed like a good idea at the time** wtedy wydawało się, że to dobry pomysł [2] (have impression) **I ~ to have done it** chyba to zrobiłem; **I ~ to have offended him** chyba go obraziłem; **I ~ to remember that I left it on the table** zdaje mi się, że zostawiłem to na stole [3] (expressing criticism or sarcasm) **he/she ~s to think that...** on/ona chyba myśli, że...; **they don't ~ to realize that...** oni chyba nie zdają sobie sprawy, że...; **you ~ to have forgotten this point** chyba zapomniałeś o tej sprawie; **they haven't, it ~s, reached a decision yet** wygląda na to, że or najwyraźniej nie podjęli jeszcze decyzji; **it ~s that sugar is bad for you** wygląda na to, że or najwyraźniej cukier ci szkodzi; **what ~s to be the problem?** w czym problem? [4] (despite trying) **I (just) can't ~ to do it** najwyraźniej nie potrafię tego zrobić

seeming /ˈsiːmɪŋ/ *adj [embarrassment, ease]* pozorny

seemingly /ˈsiːmɪŋlɪ/ *adv [unaware, untroubled]* pozornie, na pozór

seemliness /ˈsiːmlɪnɪs/ *n* fml (of behaviour, dress) stosowność *f*

seemly /ˈsiːmlɪ/ *adj* fml *[conduct, dress]* stosowny

seen /siːn/ *pp* → **see**

seep /siːp/ *vi [liquid]* przesącz|yć, -ać się, sączyć się; *[gas, smoke]* przesącz|yć, -ać się; *[smell]* przedosta|ć, -wać się; *[light]* sączyć się; **to ~ out of sth/through sth** *[liquid, light]* sączyć się z czegoś/przez coś; *[gas]* ulatniać się z czegoś/przez coś; **to ~ away** *[liquid]* wyciekać; **the blood ~ed through the bandages** krew przesiąkała przez bandaże

seepage /ˈsiːpɪdʒ/ *n* wyciek *m*, przeciek *m*

seer /ˈsiːə(r), sɪə(r)/ *n* jasnowidz *m*

seersucker /ˈsɪəsʌkə(r)/ *n* Tex *pomarszczona tkanina bawełniana lub lniana, często w paski*

seesaw /ˈsiːsɔː/ **I** *n* huśtawka *f (pozioma deska)*; fig (motion) huśtawka *f* fig

II *vi [children]* po|huśtać się; fig *[prices, rates]* skakać fig; **the fight/debate ~ed** to jedna, to druga strona miała przewagę w walce/w dyskusji

seethe /siːð/ *vi* [1] *[water, sea]* kipieć; fig *[violence]* szaleć [2] (be angry) **I was absolutely seething** wszystko się we mnie gotowało; **to ~ with indignation/rage** wrzeć z oburzenia/z wściekłości [3] (swarm) *[crowd, mass of people]* kotłować się, kłębić się; **the street was seething with tourists** na ulicy kłębiło się od turystów; **the country was seething with unrest** w kraju wrzało

see-through /ˈsiːθruː/ *adj [garment]* prześwitujący, przezroczysty

segment **I** /ˈsegmənt/ *n* [1] Anat, Zool, Ling, Comput segment *m*; Math (of circle, sphere) odcinek *m* [2] (of economy, market) sektor *m*; (of population, vote) część *f* [3] (of orange, grapefruit) cząstka *f*

II /segˈment/ *vt* po|dzielić na części *[surface, area]*; po|dzielić na cząstki *[orange, grapefruit]*; po|dzielić na sektory *[market]*

segmental /segˈmentl/ *adj* [1] Zool podzielny na segmenty [2] Ling segmentalny

segmentation /ˌsegmenˈteɪʃn/ *n* segmentacja *f*

segregate /ˈsegrɪgeɪt/ *vt* [1] (separate) *[government, policy]* rozdziel|ić, -ać, oddziel|ić, -ać *[sexes, races]* **(from sb/sth** od kogoś /czegoś); **to ~ the races** utrzymywać segregację rasową; **to ~ pupils by ability/sex** dzielić uczniów według zdolności /płci [2] (isolate) odseparow|ać, -ywać *[patient, prisoner]* **(from sb/sth** od kogoś/czegoś); **to ~ sb from society** wykluczyć kogoś ze społeczeństwa

segregated /ˈsegrəgeɪtɪd/ *adj [education, society, school]* w którym obowiązuje segregacja rasowa

segregation /ˌsegrɪˈgeɪʃn/ *n* (of races, religions, social groups) segregacja *f*; (of rivals, sexes) rozdzielenie *n*; (of prisoner) odseparowanie *n*, odizolowanie *n* **(from sb/sth** od kogoś /czegoś)

segregationist /ˌsegrɪˈgeɪʃənɪst/ Pol **I** *n* segregacjonist|a *m*, -ka *f*

II *adj [party, leader]* popierający politykę segregacji; **~ policy** polityka segregacji; **~ march** marsz zwolenników segregacji

seine /seɪn/ *n* (also **~ net)** Fishg okrężnica *f*

Seine /seɪn/ *prn* **the (river) ~** Sekwana *f*

seismic /ˈsaɪzmɪk/ *adj [activity, wave]* sejsmiczny; *[research]* sejsmologiczny

seismograph /ˈsaɪzməgrɑːf, US -græf/ *n* sejsmograf *m*

seismography /saɪzˈmɒgrəfɪ/ *n* sejsmografia *f*

seismologist /saɪzˈmɒlədʒɪst/ *n* sejsmolog *m*

seismology /saɪzˈmɒlədʒɪ/ *n* sejsmologia *f*

seismometer /saɪzˈmɒmɪtə(r)/ *n* = **seismograph**

seize /siːz/ **I** *vt* [1] (take hold of) chwy|cić, -tać *[person, object]*; **to ~ sb's arm/leg** chwycić kogoś za ramię/nogę; **to ~ hold of sb/sth** chwycić kogoś/coś *[person, object]*; uchwycić się czegoś *[idea]*; **she ~d the book from his hands** wyrwała mu książkę z rąk [2] fig (grasp) uchwycić się (czegoś), chwytać się (czegoś) *[idea]*; przej|ąć, -mować *[initiative]*; wykorzyst|ać, -ywać *[moment]*; *[pain, fit of coughing]* chwy|cić, -tać *[person]*; **to ~ the opportunity to do sth** skorzystać z okazji, żeby coś zrobić; **suddenly he was ~d with** or **by pain** nagle chwycił go ból; **we were ~d with panic** ogarnęła nas panika [3] Mil, Pol (capture) zaj|ąć, -mować *[territory, town]*; przej|ąć, -mować *[power]*; wziąć, brać *[hostage]*; schwytać, pochwycić *[enemy, guerrilla]*; **to ~ control of sth** przejąć kontrolę nad czymś [4] Jur zaj|ąć, -mować *[property]*; przej|ąć, -mować, przechwy|cić, -tywać *[arms, drugs]*; zatrzym|ać, -ywać *[person]*

II *vi [engine, mechanism]* za|trzeć, -cierać się

■ **seize on, seize upon**: **~ on [sth]** uczepi|ć, -ać się (czegoś) *[idea, offer, error]*; s|korzystać skwapliwie z (czegoś) *[opportunity, suggestion]*

■ **seize up** *[engine, mechanism]* za|trzeć, -cierać się; *[limb, back]* odm|ówić, -awiać posłuszeństwa

seizure /ˈsiːʒə(r)/ *n* [1] (taking) (of territory, installation, property) zajęcie *n*; (of power, control) przejęcie *n*; (of arms, drugs, goods) przejęcie *n*, przechwycenie *n*; (of person) (legal) zatrzymanie *n*; (illegal) pochwycenie *n*; (of hostage) wzięcie *n* [2] Med atak *m* also fig; **to have a ~** dostać ataku

seldom /ˈseldəm/ *adv* rzadko; **I ~ hear from him** rzadko mam od niego wiadomości; **~ do we get such an interesting offer** rzadko trafiają nam się tak interesujące oferty; **~ if ever** rzadko, jeżeli w ogóle

select /sɪˈlekt/ **I** *adj* [1] (especially chosen) *[group, audience]* wybrany; **only the ~ few** jedynie kilku wybranych [2] (exclusive) *[group,*

S

goods] doborowy; *[district, restaurant]* ekskluzywny; *[club, school]* elitarny

II *vt* wyb|rać, -ierać *[team, candidate, item, gift]*; **to ~ from/from among sth** wybrać z/spośród czegoś

III selected *pp adj [letters, candidate, country, question, poems]* wybrany; *[materials]* wybrany, wyselekcjonowany; *[ingredients]* najlepszy; **taxes on ~ed imports** podatki od niektórych towarów importowanych; **pilot programmes in ~ed areas** programy pilotażowe w wybranych regionach

select committee *n* nadzwyczajna komisja *f* parlamentarna

selectee /sɪˌlekˈtiː/ *n* US Mil poborowy *m*

selection /sɪˈlekʃn/ **I** *n* [1] (act) wybór *m*; (through elimination) selekcja *f*; (thing chosen) wybór *m*; **to make a ~** dokonać wyboru; **the ~ for Saturday's game** dobór zawodników na sobotni mecz → **natural selection** [2] (assortment) wybór *m*; **a wide ~ of goods** szeroki wybór towarów; **~s from Mozart** wybrane utwory Mozarta

II *modif [committee, procedure]* kwalifikacyjny

selective /sɪˈlektɪv/ *adj [memory, control, recruitment]* wybiórczy, selektywny; *[weedkiller, pesticide]* selektywny; *[school, education]* dostępny nie dla wszystkich; **we gave ~ coverage to the match** transmitowaliśmy wybrane fragmenty meczu; **she should be more ~ about the friends she makes** powinna ostrożniej dobierać sobie przyjaciół; **the media were very ~ in their coverage of events** media relacjonowały wydarzenia w sposób wybiórczy or selektywny

selective breeding *n* dobór *m* hodowlany

selectively /sɪˈlektɪvlɪ/ *adv* wybiórczo, selektywnie

selective service *n* US Hist obowiązkowa służba *f* wojskowa

selectivity /ˌsɪlekˈtɪvətɪ/ *n* wybiórczość *f*, selektywność *f*

selectman /sɪˈlektmən/ *n* (*pl* **-men**) US radny *m (w Nowej Anglii)*

selector /sɪˈlektə(r)/ *n* [1] Sport selekcjoner *m* [2] Tech (device) wybierak *m*, selektor *m*

selenium /sɪˈliːnɪəm/ *n* Chem selen *m*

self /self/ *n* (*pl* **selves**) [1] własne ja *n inv*; Psych ego *n inv*; jaźń *f* ra; **she's looking for her true ~** ona szuka własnego ja; **the difference between our private and public selves** różnica między naszym prywatnym a publicznym wizerunkiem; **she put her whole ~ into this part** włożyła wszystko or całą siebie w tę rolę; **to think only of ~, to be all for ~** myśleć tylko o sobie; **oblivious** or **without thought of ~** nie myśląc o sobie, zapominając o sobie; **he is back to his old ~** (after illness, shock) przyszedł już do siebie; **he's back to his old, cheerful ~** jest jak dawniej or po dawnemu pogodny; **tickets for ~ and secretary** (on memo) bilety dla siebie i sekretarki; **one's better ~** lepsza strona charakteru; **your good selves** łaskawi państwo [2] Fin (on cheque) **pay ~** wypłata własna

self-abasement /ˌselfəˈbeɪsmənt/ *n* samoponiżenie *n*

self-absorbed /ˌselfəbˈzɔːbd/ *adj* pochłonięty sobą, egocentryczny

self-absorption /ˌselfəbˈzɔːpʃn/ *n* egocentryzm *m*

self-abuse /ˌselfəˈbjuːs/ *n* [1] (physical abuse) samookaleczenie *n* [2] euph (masturbation) samogwałt *m*

self-accusation /ˌselfækjuːˈzeɪʃn/ *n* samooskarżenie *n*

self-acting /ˌselfˈæktɪŋ/ *adj* samoczynny

self-addressed envelope, SAE, sae /ˌselfədrestˈenvələʊp/ *n* zaadresowana koperta *f* zwrotna

self-adhesive /ˌselfədˈhiːsɪv/ *adj* samoprzylepny

self-adjusting /ˌselfəˈdʒʌstɪŋ/ *adj* samoregulujący

self-advertisement /ˌselfədˈvɜːtɪsmənt/ *n* autoreklama *f*

self-advocacy /ˌselfˈædvəkəsɪ/ *n* Soc Admin upominanie się *n* o swoje prawa

self-aggrandizement /ˌselfəˈgrændɪzmənt/ *n* (of person) autokreacja *f*

self-analysis /ˌselfəˈnælɪsɪs/ *n* autoanaliza *f*

self-apparent /ˌselfəˈpærənt/ *adj* oczywisty, ewidentny

self-appointed /ˌselfəˈpɔɪntɪd/ *adj [leader, guardian]* samozwańczy

self-appraisal /ˌselfəˈpreɪzl/ *n* samoocena *f*

self-assembly /ˌselfəˈsemblɪ/ *adj [furniture]* do samodzielnego montażu

self-assertion /ˌselfəˈsɜːʃn/ *n* asertywność *f*

self-assertive /ˌselfəˈsɜːtɪv/ *adj* asertywny

self-assessment /ˌselfəˈsesmənt/ *n* samoocena *f*

self-assurance /ˌselfəˈʃɔːrəns, US -ˈʃʊərəns/ *n* pewność *f* siebie

self-assured /ˌselfəˈʃɔːd, US -ˈʃʊərd/ *adj [person]* pewny siebie; *[performance]* sprawny

self-aware /ˌselfəˈweə(r)/ *adj* samokrytyczny

self-awareness /ˌselfəˈweənɪs/ *n* samoświadomość *f*

self-belief /ˌselfbɪˈliːf/ *n* wiara *f* w siebie

self-betterment /ˌselfˈbetəmənt/ *n* samodoskonalenie (się) *n*

self-catering /ˌselfˈkeɪtərɪŋ/ **I** *n* GB własne wyżywienie *n*

II *adj [holiday]* **~ accommodation** zakwaterowanie z możliwością korzystania z kuchni; **~ holiday** wczasy z wyżywieniem we własnym zakresie

self-censorship /ˌselfˈsensəʃɪp/ *n* autocenzura *f*

self-centred GB, **self-centered** US /ˌselfˈsentəd/ *adj* egocentryczny

self-centredness GB, **self-centeredness** US /ˌselfˈsentədnɪs/ *n* egocentryzm *m*

self-certification /ˌselfsɜːtɪfɪˈkeɪʃn/ *n* GB oświadczenie *n* o niezdolności do pracy *(składane przez pracownika)*

self-cleaning /ˌselfˈkliːnɪŋ/ *adj* samooczyszczający się

self-closing /ˌselfˈkləʊzɪŋ/ *adj* automatycznie zamykany

self-coloured GB, **self-colored** US /ˌselfˈkʌləd/ *adj* w jednolitym kolorze, gładki

self-conceit /ˌselfkənˈsiːt/ *n* zarozumialstwo *f*, próżność *f*

self-conceited /ˌselfkənˈsiːtəd/ *adj* zarozumiały, próżny

self-confessed /ˌselfkənˈfest/ *adj* zdeklarowany

self-confidence /ˌselfˈkɒnfɪdəns/ *n* wiara *f* w siebie

self-confident /ˌselfˈkɒnfɪdənt/ *adj [person]* ufny we własne siły; *[attitude]* zdecydowany; *[performance]* wytrawny

self-congratulation /ˌselfkənˌgrætʃʊˈleɪʃn/ *n* samozadowolenie *n*

self-congratulatory /ˌselfkənˈgrætʃʊlətərɪ, US -tɔːrɪ/ *adj [person]* pełen samozadowolenia; *[tone, voice, speech]* samochwalczy

self-conscious /ˌselfˈkɒnʃəs/ *adj* [1] (shy) nieśmiały, skrępowany, zażenowany; **to be ~ about sth/about doing sth** wstydzić się czegoś/coś robić [2] (deliberate) *[artist, style]* świadomy [3] = **self-aware**

self-consciously /ˌselfˈkɒnʃəslɪ/ *adj* [1] (shyly) *[behave, stand, pose]* nieśmiało, z zażenowaniem [2] (deliberately) *[imitate, refer]* świadomie

self-consciousness /ˌselfˈkɒnʃəsnɪs/ *n* [1] (timidity) nieśmiałość *f*, skrępowanie *n*, zażenowanie *n* [2] (deliberateness) świadomość *f* [3] = **self-awareness**

self-contained /ˌselfkənˈteɪnd/ *adj* [1] (independent) *[flat]* samodzielny; *[project, unit]* niezależny; *[community, economy]* samowystarczalny [2] (reserved) *[person]* zamknięty w sobie, pełen rezerwy

self-contempt /ˌselfkənˈtempt/ *n* pogarda *f* dla samego siebie

self-contradiction /ˌselfkɒntrəˈdɪkʃn/ *n* przeczenie *n* samemu sobie

self-contradictory /ˌselfkɒntrəˈdɪktərɪ/ *adj [person]* przeczący (samemu) sobie; *[argument, statement]* pełen sprzeczności

self-control /ˌselfkənˈtrəʊl/ *n* samokontrola *f*; **to exercise ~** zachować zimną krew, panować nad sobą

self-controlled /ˌselfkənˈtrəʊld/ *adj [person]* opanowany; *[behaviour, manner]* powściągliwy

self-correcting /ˌselfkəˈrektɪŋ/ *adj [system]* samoregulujący; *[code]* samosprawdzający

self-critical /ˌselfˈkrɪtɪkl/ *adj* samokrytyczny

self-criticism /ˌselfˈkrɪtɪsɪzəm/ *n* samokrytycyzm *m*, samokrytyka *f*

self-deception /ˌselfdɪˈsepʃn/ *n* oszukiwanie *n* samego siebie

self-defeating /ˌselfdɪˈfiːtɪŋ/ *adj* daremny; **to be ~** *[action]* dawać skutek przeciwny do zamierzonego

self-defence GB, **self-defense** US /ˌselfdɪˈfens/ **I** *n* samoobrona *f*; Jur obrona *f* własna; **to learn ~** uczyć się samoobrony; **to shoot sb in ~** zastrzelić kogoś w obronie własnej; **can I say in ~ that...?** czy mogę powiedzieć na swoją obronę, że...?

II *modif* **~ course/instructor** kurs/instruktor samoobrony

self-definition /ˌselfdefɪˈnɪʃn/ *n* samookreślenie się *n*

self-delusion /ˌselfdɪˈluːʒn/ *n* łudzenie się *n*, okłamywanie *n* samego siebie

self-denial /ˌselfdɪˈnaɪəl/ *n* wyrzeczenie *n*
self-denying /ˌselfdɪˈnaɪɪŋ/ *adj [person]* ofiarny; *[behaviour]* pełen wyrzeczeń
self-deprecating /ˌselfˈdeprɪkeɪtɪŋ/ *adj [person]* nazbyt skromny, niedoceniający siebie; *[joke, manner, remark]* autoironiczny
self-deprecation /ˌselfdeprɪˈkeɪʃn/ *n* pomniejszanie *n* własnych zasług
self-destruct /ˌselfdɪˈstrʌkt/ **I** *adj* **~ button/mechanism** przycisk/mechanizm samozniszczenia
II *vi* ule|c, -gać samozniszczeniu
self-destruction /ˌselfdɪˈstrʌkʃn/ *n* samozniszczenie *n*, autodestrukcja *f*
self-destructive /ˌselfdɪˈstrʌktɪv/ *adj* autodestrukcyjny
self-determination /ˌselfdɪtɜːmɪˈneɪʃn/ *n* Pol samookreślenie *n*, samostanowienie *n*
self-determining /ˌselfdɪˈtɜːmɪnɪŋ/ *adj [country]* suwerenny; *[move, action]* w kierunku osiągnięcia samostanowienia
self-diagnosis /ˌselfdaɪəgˈnəʊsɪs/ *n* Med autodiagnoza *f*
self-discipline /ˌselfˈdɪsəplɪn/ *n* dyscyplina *f* wewnętrzna, samodyscyplina *f*
self-disciplined /ˌselfˈdɪsəplɪnd/ *adj [approach, attitude]* zdyscyplinowany
self-discovery /ˌselfdɪˈskʌvərɪ/ *n* samopoznanie *n*
self-disgust /ˌselfdɪsˈgʌst/ *n* wstręt *m* do samego siebie
self-doubt /ˌselfˈdaʊt/ *n* zwątpienie *n* w siebie
self-drive /ˌselfˈdraɪv/ *adj* GB **~ car** samochód wynajęty bez kierowcy; **~ holiday** wyjazd na wakacje własnym samochodem
self-educated /ˌselfˈedʒʊkeɪtɪd/ *adj* **to be ~** być samoukiem
self-effacement /ˌselfɪˈfeɪsmənt/ *n* skromność *f*, usuwanie się *n* w cień
self-effacing /ˌselfɪˈfeɪsɪŋ/ *adj* skromny, trzymający się na uboczu
self-elected /ˌselfɪˈlektɪd/ *adj [committee, leader]* samozwańczy
self-employed /ˌselfɪmˈplɔɪd/ **I** *n* **the ~** (+ *v pl*) osoby *f pl* pracujące na własny rachunek
II *adj [worker]* pracujący na własny rachunek; *[work]* na własny rachunek; **to be ~** pracować na własny rachunek
self-employment /ˌselfɪmˈplɔɪmənt/ *n* praca *f* na własny rachunek
self-esteem /ˌselfɪˈstiːm/ *n* poczucie *n* własnej wartości
self-evident /ˌselfˈevɪdənt/ *adj* oczywisty, ewidentny
self-evidently /ˌselfˈevɪdəntlɪ/ *adv* w sposób oczywisty, ewidentnie
self-examination /ˌselfɪgˌzæmɪˈneɪʃn/ *n* [1] (of conscience, motive) rachunek *m* sumienia [2] Med samobadanie *n*
self-explanatory /ˌselfɪkˈsplænətrɪ, US -tɔːrɪ/ *adj* jasny, nie wymagający wyjaśnienia
self-expression /ˌselfɪkˈspreʃn/ *n* wyrażanie *n* własnego „ja"
self-fertilization /ˌselffɜːtɪlaɪˈzeɪʃn, US -fɜːtɪlɪˈzeɪʃn/ *n* Zool samozapłodnienie *n*; Bot samozapylenie *n*
self-fertilizing /ˌselfˈfɜːtɪlaɪzɪŋ/ *adj* Zool samozapładniający; Bot samopylny
self-financing /ˌselfˈfaɪnænsɪŋ/ **I** *n* samofinansowanie *n*
II *adj* samofinansujący (się)
self-fulfilling prophecy /ˌselffʊlfɪlɪŋˈprɒfəsɪ/ *n* samospełniająca się przepowiednia *f*
self-fulfilment GB, **self-fulfillment** US /ˌselffʊlˈfɪlmənt/ *n* samospełnienie *n*
self-funded /ˌselfˈfʌndɪd/ *adj* samofinansujący (się)
self-glorification /ˌselfglɔːrɪfɪˈkeɪʃn/ *n* pej autoafirmacja *f*
self-governing /ˌselfˈgʌvənɪŋ/ *adj* samorządny, autonomiczny
self-governing trust *n* GB samodzielny zakład *m* opieki zdrowotnej
self-government /ˌselfˈgʌvənmənt/ *n* autonomia *f*, samorządność *f*; **local ~** samorząd lokalny
self-gratification /ˌselfgrætɪfɪˈkeɪʃn/ *n* samozadowolenie *n*
self-hate /ˌselfˈheɪt/ *n* nienawiść *f* do samego siebie
self-hatred /ˌselfˈheɪtrɪd/ *n* = **self-hate**
self-help /ˌselfˈhelp/ **I** *n* [1] (doing things for oneself) zaradność *f*; **to learn ~** nauczyć się, jak radzić sobie w życiu [2] (mutual assistance) samopomoc *f*
II *modif [group, scheme]* samopomocowy, wzajemnej pomocy; **~ book** poradnik
selfhood /ˈselfhʊd/ *n* osobowość *f*, indywidualność *f*
self-hypnosis /ˌselfhɪpˈnəʊsɪs/ *n* autohipnoza *f*
self-ignite /ˌselfɪgˈnaɪt/ *vi* zapal|ić, -ać się samoczynnie
self-ignition /ˌselfɪgˈnɪʃn/ *n* samozapłon *m*
self-image /ˌselfˈɪmɪdʒ/ *n* wyobrażenie *n* o sobie; Psych obraz *m* własnej osoby
self-importance /ˌselfɪmˈpɔːtns/ *n* pej wysokie mniemanie *n* o sobie
self-important /ˌselfɪmˈpɔːtnt/ *adj* pej zadufany w sobie, zarozumiały
self-imposed /ˌselfɪmˈpəʊzd/ *adj [exile]* dobrowolny; *[task, restriction]* narzucony sobie
self-improvement /ˌselfɪmˈpruːvmənt/ *n* samodoskonalenie (się) *n*
self-incrimination /ˌselfɪnkrɪmɪˈneɪʃn/ *n* samooskarżanie (się) *n*
self-induced /ˌselfɪnˈdjuːst, US -ˈduːst/ *adj [vomiting, hysteria]* sprowokowany (przez samego siebie)
self-induced hypnosis *n* autohipnoza *f*
self-indulgence /ˌselfɪnˈdʌldʒəns/ *n* brak *m* umiaru
self-indulgent /ˌselfɪnˈdʌldʒənt/ *adj* (unrestrained in appetites) lubiący sobie dogadzać
self-inflicted /ˌselfɪnˈflɪktɪd/ *adj [wound]* własnoręcznie zadany
self-interest /ˌselfˈɪntrəst/ *n* własna korzyść *f*, własny interes *m*; **out of ~** dla własnej korzyści, we własnym interesie
self-interested /ˌselfˈɪntrestɪd/ *adj [person]* interesowny; *[motives, behaviour]* wyrachowany
self-involved /ˌselfɪnˈvɒlvd/ *adj* egocentryczny
selfish /ˈselfɪʃ/ *adj* samolubny, egoistyczny; **it was ~ of him to do it** zrobienie tego było egoizmem z jego strony
selfishly /ˈselfɪʃlɪ/ *adv* samolubnie, egoistycznie
selfishness /ˈselfɪʃnɪs/ *n* samolubstwo *n*, egoizm *m*
self-justification /ˌselfdʒʌstɪfɪˈkeɪʃn/ *n* usprawiedliwianie się *n*
self-justifying /ˌselfˈdʒʌstɪfaɪɪŋ/ *adj* [1] *[statement]* pełen skruchy [2] Print *[machine]* z automatycznym justowaniem
self-knowledge /ˌselfˈnɒlɪdʒ/ *n* samowiedza *f*
selfless /ˈselflɪs/ *adj* bezinteresowny
selflessly /ˈselflɪslɪ/ *adv* bezinteresownie
selflessness /ˈselflɪsnɪs/ *n* bezinteresowność *f*
self-loader /ˌselfˈləʊdə(r)/ *n* broń *f* samopowtarzalna or automatyczna
self-loading /ˌselfˈləʊdɪŋ/ *adj [gun, rifle]* samopowtarzalny, automatyczny
self-loathing /ˌselfˈləʊðɪŋ/ *n* nienawiść *f* do samego siebie
self-locking /ˌselfˈlɒkɪŋ/ *adj [door]* samoryglujący, samozatrzaskujący
self-love /ˌselfˈlʌv/ *n* dbałość *f* o siebie
self-lubricating /ˌselfˈluːbrɪkeɪtɪŋ/ *adj* samosmarujący
self-lubrication /ˌselfluːbrɪˈkeɪʃn/ *n* samosmarowanie *n*
self-made /ˌselfˈmeɪd/ *adj [millionaire, star]* zawdzięczający wszystko wyłącznie sobie; **~ man** człowiek, który do wszystkiego doszedł własną pracą; self-made man
self-management /ˌselfˈmænɪdʒmənt/ *n* [1] Comm samodzielne zarządzanie *n* [2] Psych odpowiedzialność *f* za własne życie
self-mastery /ˌselfˈmɑːstərɪ, US -ˈmæstərɪ/ *n* samokontrola *f*, opanowanie *n*
self-mockery /ˌselfˈmɒkərɪ/ *n* autoironia *f*
self-mocking /ˌselfˈmɒkɪŋ/ *adj* autoironiczny
self-motivated /ˌselfˈməʊtɪveɪtɪd/ *adj* mający silną motywację wewnętrzną
self-motivation /ˌselfməʊtɪˈveɪʃn/ *n* motywacja *f* wewnętrzna
self-mutilate /ˌselfˈmjuːtɪleɪt/ *vi* okalecz|yć, -ać się
self-mutilation /ˌselfmjuːtɪˈleɪʃn/ *n* samookaleczenie *n*, samouszkodzenie *n* (ciała)
self-obsessed /ˌselfəbˈsest/ *adj* zapatrzony w siebie; **to be ~** mieć obsesję na punkcie własnej osoby
self-obsession /ˌselfəbˈseʃn/ *n* obsesja *f* na punkcie własnej osoby
self-ordained /ˌselfɔːˈdeɪnd/ *adj* samozwańczy
self-parody /ˌselfˈpærədɪ/ *n* autoparodia *f*
self-perpetuating /ˌselfpəˈpetʃʊeɪtɪŋ/ *adj* utrwalający się; **to be ~** utrwalać się
self-pity /ˌselfˈpɪtɪ/ *n* użalanie się *n* or rozczulanie się *n* nad sobą; **to wallow in ~** użalać or rozczulać się nad sobą
self-pitying /ˌselfˈpɪtɪɪŋ/ *adj [person]* użalający się or rozczulający się nad sobą; *[account]* płaczliwy w tonie; **he's in a ~ mood** rozczula się nad sobą
self-portrait /ˌselfˈpɔːtreɪt/ *n* autoportret *m*
self-possessed /ˌselfpəˈzest/ *adj* opanowany
self-possession /ˌselfpəˈzeʃn/ *n* opanowanie *n*, przytomność *f* umysłu
self-praise /ˌselfˈpreɪz/ *n* samochwalstwo *n*
self-presentation /ˌselfprezənˈteɪʃn/ *n* zaprezentowanie się *n*

S

self-preservation /ˌselfprezəˈveɪʃn/ *n* **the ~ instinct** instynkt samozachowawczy
self-proclaimed /ˌselfprəˈkleɪmd/ *adj* samozwańczy
self-promotion /ˌselfprəˈməʊʃn/ *n* autoreklama *f*
self-propelled /ˌselfprəˈpeld/ *adj* samobieżny
self-protection /ˌselfprəˈtekʃn/ *n* samoobrona *f*; **in ~** w obronie własnej
self-protective /ˌselfprəˈtektɪv/ *adj* samoobronny
self-publicist /ˌselfˈpʌblɪsɪst/ *n* reklamiarz *m* pej
self-punishment /ˌselfˈpʌnɪʃmənt/ *n* ukaranie *n* samego siebie
self-raising flour /selfˈreɪzɪŋflaʊə(r)/ *n* GB mąka *f* z dodatkiem proszku do pieczenia
self-realization /ˌselfrɪəlaɪˈzeɪʃn, US -rɪəlɪˈzeɪʃn/ *n* samorealizacja *f*, samospełnienie *n*
self-referential /ˌselfrefəˈrenʃl/ *adj* powołujący się na siebie
self-regard /ˌselfrɪˈgɑːd/ *n* (concern for oneself) wzgląd *m* na samego siebie; (self-respect) szacunek *m* dla samego siebie
self-regarding /ˌselfrɪˈgɑːdɪŋ/ *adj* (concerned for oneself) myślący wyłącznie o sobie
self-regulating /ˌselfˈregjuːleɪtɪŋ/ *adj* samoregulujący (się)
self-regulation /ˌselfregjuːˈleɪʃn/ *n* samoregulacja *f*, autoregulacja *f*
self-regulatory /ˌselfregjʊˈleɪtərɪ, US -ˈregjələtɔːrɪ/ *adj* = **self-regulating**
self-reliance /ˌselfrɪˈlaɪəns/ *n* samodzielność *f*
self-reliant /ˌselfrɪˈlaɪənt/ *adj* samodzielny
self-renewal /ˌselfrɪˈnjuːəl, US -ˈnuːəl/ *n* (of country, person) samoodnowa *f*
self-renewing /ˌselfrɪˈnjuːɪŋ, US -ˈnuːɪŋ/ *adj* samoodnawiający się
self-replicating /ˌselfˈreplɪkeɪtɪŋ/ *adj* Biol samoodtwarzający (się)
self-representation /ˌselfreprɪzenˈteɪʃn/ *n* [1] Soc Admin, Jur (before tribunal) prawo *n* reprezentowania samego siebie [2] (self-portrait) autoportret *m*
self-reproach /ˌselfrɪˈprəʊtʃ/ *n* samooskarżenie *n*
self-respect /ˌselfrɪˈspekt/ *n* szacunek *m* dla samego siebie
self-respecting /ˌselfrɪˈspektɪŋ/ *adj* szanujący się
self-restraint /ˌselfrɪˈstreɪnt/ *n* powściągliwość *f*, samokontrola *f*
self-ridicule /ˌselfˈrɪdɪkjuːl/ *n* autoironia *f*
self-righteous /ˌselfˈraɪtʃəs/ *adj [person]* przekonany o swojej nieomylności, zadufany w sobie; *[reply]* niedopuszczający dyskusji
self-righteously /ˌselfˈraɪtʃəslɪ/ *adv [say, behave]* z pełnym przekonaniem o swojej racji
self-righteousness /ˌselfˈraɪtʃəsnɪs/ *n* przekonanie *n* o własnej nieomylności
self-righting /ˌselfˈraɪtɪŋ/ *adj [boat]* niewywracalny, niewywrotny
self-rule /ˌselfˈruːl/ *n* autonomia *f*
self-ruling /ˌselfˈruːlɪŋ/ *adj* autonomiczny
self-sacrifice /ˌselfˈsækrɪfaɪs/ *n* poświęcenie *n*, wyrzeczenie *n*
self-sacrificing /ˌselfˈsækrɪfaɪsɪŋ/ *adj* pełen poświęcenia
selfsame /ˈselfseɪm/ *adj* (dokładnie) ten sam
self-satisfaction /ˌselfsætɪsˈfækʃn/ *n* samozadowolenie *n*
self-satisfied /ˌselfˈsætɪsfaɪd/ *adj [person]* zadowolony z siebie; *[smile]* pełen samozadowolenia
self-sealing /ˌselfˈsiːlɪŋ/ *adj [envelope]* samoklejący; *[tank, tyre]* samouszczelniający się
self-seeking /ˌselfˈsiːkɪŋ/ **I** *n* egoizm *m*, samolubstwo *n*
II *adj [person, action]* egoistyczny, samolubny
self-service /ˌselfˈsɜːvɪs/ **I** *n* samoobsługa *f*
II *adj* samoobsługowy
self-serving /ˌselfˈsɜːvɪŋ/ *adj* pej wyrachowany pej
self-starter /ˌselfˈstɑːtə(r)/ *n* [1] **he is a ~** jest bardzo operatywny [2] Aut dat rozrusznik *m* samoczynny
self-study /ˌselfˈstʌdɪ/ *modif [book, aid]* do samodzielnej nauki
self-styled /ˌselfˈstaɪld/ *adj* samozwańczy
self-sufficiency /ˌselfsəˈfɪʃnsɪ/ *n* samowystarczalność *f*
self-sufficient /ˌselfsəˈfɪʃnt/ *adj* samowystarczalny (**in sth** pod względem czegoś)
self-supporting /ˌselfsəˈpɔːtɪŋ/ *adj* [1] *[person]* niezależny finansowo; *[business]* samofinansujący się; **to become ~** uniezależnić się finansowo [2] Constr *[structure]* samonośny
self-sustaining /ˌselfsəˈsteɪnɪŋ/ *adj [process]* samopodtrzymujący się
self-tanning /ˌselfˈtænɪŋ/ *adj* samoopalający
self-tapping /ˌselfˈtæpɪŋ/ *adj [screw]* samogwintujący
self-taught /ˌselfˈtɔːt/ *adj* **to be ~** być samoukiem; **a ~ musician** muzyk samouk
self-torture /ˌselfˈtɔːtʃə(r)/ *n* samoudręka *f*
self-treatment /ˌselfˈtriːtmənt/ *n* leczenie (się) *n* na własną rękę
self-will /ˌselfˈwɪl/ *n* upór *m*
self-willed /ˌselfˈwɪld/ *adj* uparty; **to be ~ about sth** uparcie przy czymś obstawać, upierać się przy czymś
self-winding /ˌselfˈwaɪndɪŋ/ *adj [watch]* z naciągiem samoczynnym
self-worth /ˌselfˈwɜːθ/ *n* własna wartość *f*
sell /sel/ **I** *n* infml (deception, disappointment) oszukaństwo *n*; **what a ~!** co za oszukaństwo! → **hard sell, soft sell**
II *vt* (*pt, pp* **sold**) [1] sprzeda|ć, -wać *[goods, article, house, car, insurance]*; **to ~ sth at a loss/profit/low price** sprzedać coś ze stratą/z zyskiem/po niskiej cenie; **shop that ~s clothes/stamps** sklep z ubraniami/ze znaczkami; **to ~ sth to sb, to ~ sb sth** sprzedać coś komuś; **I sold her my car, I sold my car to her** sprzedałem jej mój samochód; **to ~ sth for £3** sprzedać coś za 3 funty; **to ~ sth at** or **for £5 each /a dozen** sprzedawać coś po 5 funtów za sztukę/tuzin; **'stamps/phonecards sold here'** „sprzedaż znaczków/kart telefonicznych"; **'sold'** (on article, house) „sprzedany"; **sold to the lady in the corner** (at auction) sprzedany pani w rogu (sali); **the novel has sold millions (of copies)** powieść sprzedawała się w milionach egzemplarzy; **to ~ sth back to sb** odsprzedać coś z powrotem komuś; **to be sold into slavery** zostać sprzedanym w niewolę [2] (promote sale of) *[quality, reputation, scandal]* zapewni|ć, -ać zbyt (czemuś) *[product, book, newspaper]*; zapewni|ć, -ać powodzenie (czemuś) *[film]* [3] (put across, make attractive) *[person, campaign, government]* przekon|ać, -ywać do (czegoś) *[idea, image, policy]*; **to ~ sth to sb, to ~ sb sth** przekonywać kogoś do czegoś; **the party failed to ~ its policies to the electorate** partii nie udało się przekonać wyborców do swojej polityki [4] infml (cause to appear true) **to ~ sb sth, to ~ sth to sb** wcisnąć komuś coś infml *[lie, story, excuse]*; **he tried to ~ me some line about losing his diary** próbował wcisnąć mi bajeczkę, że niby zgubił terminarz infml [5] (surrender, betray) zaprzeda|ć, -wać liter *[honour, integrity, reputation, country]*
III *vi* (*pt, pp* **sold**) [1] *[person, shop, dealer]* sprzedawać; **to ~ at a loss/profit/high price** sprzedawać ze stratą/z zyskiem/po wysokiej cenie; **to ~ to sb** sprzedawać komuś; **I'll ~ to the highest bidder** sprzedam temu, kto zaoferuje najwięcej; **to ~ for £50** sprzedawać po 50 funtów; **I'll ~ for the best price** sprzedam po najwyższej możliwej cenie; **to ~ as is** Comm sprzedawać „tak jak jest" *(klauzula sprzedaży towaru bez gwarancji jakości)*; **'~ by June 27'** „termin ważności: 27 czerwca" [2] *[goods, product, house, book]* sprzeda|ć, -wać się; **the new model is ~ing (well)** nowy model sprzedaje się dobrze; **to ~ in millions/in great quantities** sprzedawać się w milionach egzemplarzy/w olbrzymich ilościach; **it only ~s to a sophisticated market/to children** to jedynie cieszy się zainteresowaniem wybrednych odbiorców /dzieci
IV *vr* (*pt, pp* **sold**) [1] **to ~ oneself** *[prostitute]* sprzeda|ć, -wać się (**to sb** komuś); fig *[talented artist, lawyer]* sprzeda|ć, -wać się (**to sb** komuś); **to ~ oneself for money** sprzedać się dla pieniędzy [2] (put oneself across) **to ~ oneself** sprzeda|ć, -wać się infml; **you've got to ~ yourself at the interview** podczas rozmowy o pracę musisz się dobrze sprzedać infml
■ **sell off**: **~ off [sth], ~ [sth] off** wyprzeda|ć, -wać *[goods, old stock]*
■ **sell out**: ¶ **~ out** [1] *[merchandise, tickets, newspapers]* sprzeda|ć, -wać się; **they're ~ing out fast!** szybko się sprzedają or schodzą infml; **the tickets/today's papers have sold out, we've sold out of tickets/today's papers** wyprzedaliśmy wszystkie bilety/dzisiejsze gazety; **sorry, we've sold out** przykro mi, wszystko sprzedaliśmy [2] Theat, Cin **the play has sold out** wszystkie bilety na sztukę zostały sprzedane [3] Fin (sell company) sprzeda|ć, -wać firmę; (sell shares) wyprzeda|ć, -wać akcje [4] infml (betray one's principles) sprzeda|ć, -wać się, da|ć, -wać się kupić (**to sb** komuś); **the unions sold out to the management** związki dały się kupić kierownictwu ¶ **~ out [sth], ~ [sth] out** [1] wyprzeda|ć, -wać *[articles, tickets, newspapers]*; **the concert is**

sold out wszystkie bilety na koncert zostały sprzedane; **this shop is never sold out of bread** w tym sklepie zawsze można dostać chleb; **'sold out'** „brak towaru" [2] Fin sprzeda|ć, -wać, pozby|ć, -wać się (czegoś) *[shares, interest in company]*
■ **sell up**: ¶ ~ **up** sprzeda|ć, -wać wszystko; **they've sold up** sprzedali wszystko, co mieli ¶ ~ **up [sth]** sprzeda|ć, -wać *[business, property]*
IDIOMS: **to be sold on the idea of doing sth** być zapalonym do pomysłu zrobienia czegoś; **to be sold on sb** być entuzjastycznie nastawionym do kogoś; **you've been sold!** infml dałeś się nabrać or wyrolować! infml

sell-by date /ˈselbaɪdeɪt/ *n* ≈ termin *m* ważności

seller /ˈselə(r)/ *n* [1] (person, company) sprzedawca *n* [2] (product, book) **it's a good/poor ~** to się dobrze/kiepsko sprzedaje

seller's market *n* Fin Comm rynek *m* sprzedawcy

seller's option *n* Fin opcja *f* sprzedającego

selling /ˈselɪŋ/ *n* sprzedaż *f*; **telephone ~** telemarketing; **panic ~** paniczna wyprzedaż akcji

selling cost *n* koszty *m pl* sprzedaży

selling-off /ˌselɪŋˈɒf, US -ˈɔːf/ *n* wyprzedaż *f*

selling point *n* **to be a ~ of sth** podnosić atrakcyjność czegoś *[article]*

selling price *n* cena *f* sprzedaży

selling rate *n* kurs *m* sprzedaży

Sellotape® /ˈseləʊteɪp/ **I** *n* taśma *f* klejąca
II sellotape *vt* przyklei|ć, -jać taśmą klejącą *[notice]*; skle|ić, -jać *[torn page]*; zakle|ić, -jać *[packet]*

sellout /ˈselaʊt/ **I** *n* [1] **the match was a ~** wszystkie bilety na mecz sprzedano; **the product has been a ~** produkt świetnie się sprzedaje [2] infml (betrayal) zdrada *f*; **this meeting was just another ~ to the management** to spotkanie było kolejną zdradą interesów pracowniczych
II *modif* **a ~ concert/performance** koncert/występ, na który wszystkie bilety zostały sprzedane; **they played to a ~ crowd** grali przed pełną widownią; **the play was a ~ success** sztuka była sukcesem kasowym

seltzer /ˈseltsə(r)/ *n* (also **~ water**) woda *f* selcerska; (soda) woda *f* sodowa

selvage /ˈselvɪdʒ/ *n* Tex krajka *f*

selvedge *n* = **selvage**

selves /selvz/ *pl* → **self**

semantic /sɪˈmæntɪk/ *adj* semantyczny

semantically /sɪˈmæntɪklɪ/ *adv* semantycznie

semanticist /sɪˈmæntɪsɪst/ *n* semantyk *m*

semantics /sɪˈmæntɪks/ **I** *n* (subject) *(+ v sg)* semantyka *f*
II *npl* (meaning) *(+ v pl)* znaczenie *n*

semaphore /ˈseməfɔː(r)/ *n* semafor *m*

semblance /ˈsembləns/ *n* wrażenie *n*; (false) pozór *m*, pozory *m pl*; **a** or **some ~ of sth** wrażenie czegoś *[confidence, normality]*; **a** or **some ~ of order** jaki taki porządek; **to maintain a ~ of composure** zachować pozory spokoju; **to put one's thoughts into some ~ of order** uporządkować nieco myśli

seme /siːm/ *n* Ling sem *m*

semen /ˈsiːmən/ **I** *n* nasienie *n*, sperma *f*
II *modif* **~ donor/sample** dawca/próbka nasienia

semester /sɪˈmestə(r)/ *n* semestr *m*

semi /ˈsemɪ/ **I** *n* infml [1] GB (house) bliźniak *m* [2] US Aut ciężarówka *f* z naczepą
II semi+ *in combinations* [1] (half) pół- [2] (partly) na wpół; **a ~-serious suggestion** na wpół poważna propozycja

semiannual /ˌsemɪˈænjʊəl/ *adj [publication]* ukazujący się co pół roku; *[event]* odbywający się co pół roku; *[report]* półroczny

semiaquatic /ˌsemɪəˈkwætɪk/ *adj* Zool, Bot ziemno-wodny

semiautomatic /ˌsemɪɔːtəˈmætɪk/ **I** *n* broń *f* półautomatyczna
II *adj* półautomatyczny

semiautonomous /ˌsemɪɔːˈtɒnəməs/ *adj* częściowo autonomiczny

semibasement /ˌsemɪˈbeɪsmənt/ *n* GB półsuterena *f*

semibold /ˌsemɪˈbəʊld/ *n* czcionka *f* pogrubiona

semibreve /ˈsemɪbriːv/ *n* GB Mus cała nuta *f*

semicentenary /ˌsemɪsenˈtiːnərɪ/ **I** *n* półwiecze *n*, pięćdziesięciolecie *n*
II *adj* **~ celebrations** obchody pięćdziesięciolecia; **the ~ year of sb's death** pięćdziesiąta rocznica śmierci kogoś

semicentennial /ˌsemɪsenˈtenɪəl/ *adj* = **semicentenary**

semicircle /ˈsemɪsɜːkl/ *n* półkole *n*, półokrąg *m*

semicircular /ˌsemɪˈsɜːkjʊlə(r)/ *adj* półkolisty, półokrągły

semicircular canal *n* Anat kanał *m* półkolisty

semicolon /ˌsemɪˈkəʊlən/ *n* średnik *m*

semiconductor /ˌsemɪkənˈdʌktə(r)/ *n* półprzewodnik *m*

semiconscious /ˌsemɪˈkɒnʃəs/ *adj* półprzytomny

semiconsciousness /ˌsemɪˈkɒnʃəsnɪs/ *n* półomdlenie *n*

semiconsonant /ˌsemɪˈkɒnsənənt/ *n* spółgłoska *f* półotwarta

semidarkness /ˌsemɪˈdɑːknɪs/ *n* półmrok *m*

semidesert /ˌsemɪˈdesət/ **I** *n* półpustynia *f*
II *adj* półpustynny

semi-detached (house) /ˌsemɪdɪˈtætʃt(haʊs)/ *n* bliźniak *m*

semifinal /ˌsemɪˈfaɪnl/ *n* półfinał *m*

semifinalist /ˌsemɪˈfaɪnəlɪst/ *n* półfinalist|a *m*, -ka *f*

semifluid /ˌsemɪˈfluːɪd/ **I** *n* substancja *f* półpłynna
II *adj* półpłynny

semiliterate /ˌsemɪˈlɪtərət/ *adj* **to be ~** być półanalfabetą

semilunar /ˌsemɪˈluːnə(r)/ *adj* półksiężycowaty

semimonthly /ˌsemɪˈmʌnθlɪ/ **I** *n* US dwutygodnik *m*
II *adj [publication]* ukazujący się dwa razy w miesiącu

seminal /ˈsemɪnl/ *adj* [1] *[work]* nowatorski; *[influence]* doniosły [2] Physiol *[fluid]* nasienny

seminar /ˈsemɪnɑː(r)/ *n* seminarium *n* (**on sth** na temat czegoś)

seminarian /ˌsemɪˈneərɪən/ *n* seminarzysta *m*

seminarist /ˈsemɪnərɪst/ *n* = **seminarian**

seminar room *n* sala *f* seminaryjna

seminary /ˈsemɪnərɪ, US -nerɪ/ *n* Relig seminarium *n* duchowne

semiofficial /ˌsemɪəˈfɪʃl/ *adj* półoficjalny

semiology /ˌsemɪˈɒlədʒɪ/ *n* semiologia *f*

semiopaque /ˌsemɪəˈpeɪk/ *adj* półprzezroczysty

semiotic /ˌsemɪˈɒtɪk/ *adj* semiotyczny

semiotics /ˌsemɪˈɒtɪks/ *n (+ v sg)* semiotyka *f*

semipermanent /ˌsemɪˈpɜːmənənt/ *adj [hair dye]* półtrwały

semipermeable /ˌsemɪˈpɜːmɪəbl/ *adj* półprzepuszczalny

semiprecious /ˌsemɪˈpreʃəs/ *adj [metal, stone]* półszlachetny

semiprofessional /ˌsemɪprəˈfeʃənl/ **I** *n* półprofesjonalist|a *m*, -ka *f*; Sport półzawodowiec *m*
II *adj [sportsman]* półprofesjonalny, półzawodowy

semiquaver /ˈsemɪkweɪvə(r)/ *n* GB Mus szesnastka *f*

semirigid /ˌsemɪˈrɪdʒɪd/ *adj* półsztywny

semiskilled /ˌsemɪˈskɪld/ *adj [worker]* przyuczony; *[work]* niewymagający pełnych kwalifikacji

semiskimmed /ˌsemɪˈskɪmd/ *adj [milk]* półtłusty

semisolid /ˌsemɪˈsɒlɪd/ *adj* półstały

Semite /ˈsiːmaɪt/ *n* Semit|a *m*, -ka *f*

Semitic /sɪˈmɪtɪk/ *adj* semicki

semitone /ˈsemɪtəʊn/ *n* Mus półton *m*

semitrailer /ˌsemɪˈtreɪlə(r)/ *n* (truck) ciężarówka *f* z naczepą; (trailer) naczepa *f*

semitropical /ˌsemɪˈtrɒpɪkl/ *adj* podzwrotnikowy, półtropikalny

semivowel /ˈsemɪvaʊəl/ *n* półsamogłoska *f*

semiweekly /ˌsemɪˈwiːklɪ/ **I** *n* pismo *n* ukazujące się dwa razy w tygodniu
II *adj [publication]* ukazujący się dwa razy w tygodniu

semiyearly /ˌsemɪˈjɪəlɪ, -ˈjɜːlɪ/ *adj* = **semiannual**

semolina /ˌseməˈliːnə/ *n* (pudding) kasza *f* manna; (in pasta) semolina *f*, semola *f*

sempiternal /ˌsempɪˈtɜːnl/ *adj* liter wiekuisty liter

Sen *n* [1] = **senator** [2] = **senior**

SEN *n* GB = **State Enrolled Nurse**

Senate /ˈsenɪt/ *n* Pol, Hist, Univ senat *m*

senator /ˈsenətə(r)/ *n* senator *m*; **the ~ for California** senator z Kalifornii

senatorial /ˌsenəˈtɔːrɪəl/ *adj* [1] (of senate) *[debate]* senacki; **~ election** wybory do senatu [2] (of senator) *[dignity]* senatorski

send /send/ *vt* (*pt, pp* **sent**) [1] (dispatch) wys|łać, -yłać, pos|łać, -yłać; Radio wys|łać, -yłać *[signal]*; **to ~ help** wysłać pomoc; **to ~ sth to sb, to ~ sb sth** wysłać coś komuś; **to ~ sb to do sth** wysłać kogoś, żeby coś zrobił; **to ~ sb for sth** posłać kogoś po coś; **they'll ~ a car for you** przyślą po ciebie samochód; **to ~ sb home** (from school, work) wysłać kogoś do domu; **to ~ sb to bed** posłać kogoś do łóżka; **to ~ sb to prison** posłać kogoś za kratki infml; **~ her my love!** przekaż jej ode mnie pozdrowienia!, uściskaj ją ode mnie!; **~ them my regards/best wishes**

S

przekaż im moje wyrazy uszanowania /najlepsze życzenia; **Adam ~s his regards** masz pozdrowienia od Adama; **to ~ word that...** przesłać wiadomość, że... [2] (cause to move) **the explosion sent debris in all directions** siła wybuchu porozrzucała szczątki na wszystkie strony; **the blow sent him crashing to the ground** cios powalił go na ziemię; **the noise sent people running in all directions** na ten odgłos ludzie rozbiegli się na wszystkie strony; **to ~ share prices soaring/plummeting** wywołać gwałtowny wzrost/spadek cen akcji; **the collision sent the car straight into a wall/hedge** w wyniku zderzenia samochód uderzył prosto w mur/wjechał prosto w żywopłot; **to ~ shivers down sb's spine** przyprawiać kogoś o dreszcze [3] (cause to become) **to ~ sb mad/berserk** doprowadzać kogoś do szaleństwa/szewskiej pasji; **to ~ sb into a rage** doprowadzić kogoś do wściekłości; **to ~ sb to sleep** *[rain, boring story]* uśpić kogoś; **to ~ sb into fits of laughter** rozśmieszyć kogoś do łez; **to ~ the market into a panic** wywołać panikę na rynku [4] infml (excite) **she/this music really ~s me!** ona/ta muzyka naprawdę mnie bierze! infml

■ **send along**: **~ along [sb/sth], ~ [sb/sth] along** wys|łać, -yłać, pos|łać, -yłać; **~ him/the documents along to my room** wyślij *or* poślij go/dokumenty do mojego pokoju

■ **send around** US = **send round**

■ **send away**: ¶ **~ away for [sth]** zam|ówić, -awiać; **I must ~ away to the manufacturers for their brochure** muszę napisać do producenta, żeby przysłali mi katalog ¶ **~ [sb/sth] away** od|esłać, -syłać; **to ~ a child away to boarding school** posłać dziecko do szkoły z internatem; **to ~ a printer away to be mended** odesłać drukarkę do naprawy

■ **send down**: ¶ **~ down [sb/sth], ~ [sb/sth] down** pos|łać, -yłać na dół; **~ him down to the second floor** wyślij *or* poślij go na drugie piętro; **can you ~ it down to me?** możesz mi to przysłać na dół? ¶ **~ [sb] down** [1] GB Univ wydal|ić, -ać z uczelni; relegować fml **(for sth** za coś); **to ~ sb down for doing sth** wydalić kogoś z uczelni za zrobienie czegoś [2] GB infml (put in prison) pos|łać, -yłać za kratki infml; **he was sent down for ten years for armed robbery** wsadzili go na dziesięć lat za napad z bronią w ręku infml

■ **send for**: ¶ **~ for [sb/sth]** w|ezwać, -zywać *[doctor, taxi, plumber, reinforcements]*; **the headmaster has sent for you** dyrektor cię wzywa

■ **send forth** liter: **~ forth [sb/sth]** wys|łać, -yłać *[army, ray of light]*

■ **send in**: **~ in [sb/sth], ~ [sb/sth] in** przys|łać, -yłać *[letter, form, application]*; pos|łać, -yłać, wys|łać, -yłać *[police, troops]*; **~ him in as soon as he comes** przyślij go, jak tylko przyjdzie

■ **send off**: ¶ **~ off for [sth]** zam|ówić, -awiać ¶ **~ off [sth], ~ [sth] off** (post) wys|łać, -yłać *[letter, parcel, form]* ¶ **~ off [sb], ~ [sb] off** Sport usu|nąć, -ać z boiska *[player]* **(for sth** za coś) ¶ **to ~ sb off to sth** wys|łać, -yłać *or* pos|łać, -yłać kogoś do czegoś *[shops, school]*; **to ~ sb off to do sth** wysłać *or* posłać kogoś, żeby coś zrobił

■ **send on**: ¶ **~ [sb] on (ahead)** Mil (as scout) pos|łać, -yłać przodem, wys|łać, -yłać przodem; **~ him on (ahead) to open the shop** wyślij go wcześniej, żeby otworzył sklep ¶ **~ on [sth], ~ [sth] on** [1] (send in advance) wys|łać, -yłać wcześniej *[luggage]* [2] (forward) przes|łać, -yłać na nowy adres *[letter, mail]*

■ **send out**: ¶ **~ out for [sth]** wys|łać, -yłać po (coś), pos|łać, -yłać po (coś) *[sandwich, newspaper]* ¶ **~ out [sth], ~ [sth] out** [1] (post) roz|esłać, -syłać *[letters, leaflets]* [2] (emit) wys|łać, -yłać *[light, signal]*; wydziel|ić, -ać *[heat]*; buch|nąć, -ać (czymś) *[flames]* [3] (produce) *[tree, plant]* wypu|ścić, -szczać *[leaf, bud]* ¶ **~ [sb] out** wyrzuc|ić, -ać, kazać wyjść (komuś) *[pupil]* ¶ **~ [sb] out for sth** wys|łać, -yłać *or* pos|łać, -yłać po coś

■ **send round** GB: **~ round [sb/sth], ~ [sb/sth] round** [1] (circulate) pos|łać, -yłać obiegiem *[letter, memo]* [2] (cause to go) wys|łać, -yłać, pos|łać, -yłać *[person, object]*; **I've sent him round to my neighbour's** wysłałem go do sąsiada

■ **send up**: ¶ **~ [sth] up** (post) pos|łać, -yłać; **~ your ideas up to the BBC** prześlij swoje pomysły do BBC ¶ **~ [sb] up** US infml (put in prison) pos|łać, -yłać za kratki infml ¶ **~ up [sb/sth], ~ [sb/sth] up** [1] (into sky, space) wys|łać, -yłać *[astronaut, probe]* [2] (to upper floor) wys|łać, -yłać na górę; **you can ~ him/it up to me now** możesz mi go/to przysłać teraz na górę [3] GB infml (parody) s|parodiować *[person, institution]*

IDIOMS: **to ~ sb packing, to ~ sb about her/his business** infml posłać kogoś do diabła *or* w diabły infml

sender /ˈsendə(r)/ *n* nadawca *m*

send-off /ˈsendɒf, US -ɔːf-/ *n* pożegnanie *n*; **her family gave her a warm ~** rodzina pożegnała ją serdecznie

send-up /ˈsendʌp/ *n* GB infml parodia *f*

Seneca /ˈsenɪkə/ *prn* Seneka *m*

Senegal /ˌsenɪˈgɔːl/ *prn* Senegal *m*

Senegalese /ˌsenɪgəˈliːz/ **I** *n* Senegal|czyk *m*, -ka *f*
II *adj* senegalski

senile /ˈsiːnaɪl/ *adj [behaviour, decay]* starczy; **he's ~** (mentally) jest zdziecinniały; (physically) jest zniedołężniały

senile dementia *n* otępienie *n* starcze, demencja *f* starcza

senility /sɪˈnɪlətɪ/ *n* (mental) otępienie *n*, demencja *f* starcza; dat (old age) starość *f*

senior /ˈsiːnɪə(r)/ **I** *n* [1] (older person) starszy *m*; **to be sb's ~ by 5 years** być starszym od kogoś o 5 lat [2] (superior) **to be sb's ~** (in army) być wyższym rangą od kogoś; (in business) być na wyższym stanowisku niż ktoś [3] GB Sch ucze|ń *m*, -nnica *f* starszej klasy [4] US Sch ucze|ń *m*, -nnica *f* ostatniej klasy; Univ student *m*, -ka *f* ostatniego roku [5] Sport senior *m*, -ka *f*
II *modif* [1] Sport **~ player** senior; **~ league/tournament** liga/turniej seniorów [2] US Univ **~ year** ostatni rok studiów
III *adj* [1] (older) *[person]* starszy; **~ to sb (by 12 years)** starszy od kogoś (o 12 lat); **Mr Brown ~** pan Brown, ojciec [2] (superior) *[civil servant, diplomat, employee, minister]* wyższy rangą; *[aide, adviser]* starszy; *[figure, member]* ważny; *[position]* wysoki; **to be ~ to sb** być od kogoś wyższym rangą

senior aircraftman *n* GB Mil Aviat ≈ starszy szeregowy *m* lotnictwa

senior airman *n* US Mil Aviat ≈ starszy kapral *m*

senior chief petty officer *n* US Mil Naut ≈ bosman *m* sztabowy

senior citizen *n* Soc Admin emeryt *m*, -ka *f*

Senior Common Room *n* GB (at school) pokój *m* nauczycielski; (in university) pokój *m* wykładowców

senior editor *n* Journ, Publg starszy redaktor *m*

senior executive *n* członek *m* ścisłego kierownictwa

senior high school *n* US Sch szkoła *f* średnia

seniority /ˌsiːnɪˈɒrətɪ, US -ˈɔːr-/ *n* [1] (in years) starszeństwo *n*; **in order of ~** według starszeństwa [2] (in rank) wysokie stanowisko *n*; **~ brings with it certain privileges** z wysokim stanowiskiem wiążą się pewne przywileje; **in order of ~** w zależności od stanowiska [3] (in years of service) staż *m* pracy; **in order of ~** w zależności od stażu pracy

seniority bonus *n* dodatek *m* za wysługę lat

senior lecturer *n* GB Univ ≈ starszy wykładowca *m*

senior management *n* wyższa kadra *f* kierownicza

senior manager *n* członek *m* ścisłego kierownictwa

senior master *n* GB Sch *nauczyciel z długim stażem pracy*

senior master sergeant *n* US Mil sierżant *m* sztabowy

senior medical officer *n* Mil lekarz *m* wojskowy

senior mistress *n* GB Sch *nauczycielka z długim stażem pracy*

senior officer *n* [1] (in police) starszy oficer *m* [2] Soc Admin wysoki rangą urzędnik *m*; **inform your ~** proszę powiadomić swojego przełożonego

senior official *n* wysoki funkcjonariusz *m*

senior partner *n* starszy wspólnik *m*

senior registrar *n* GB Med ≈ ordynator *m*

senior school *n* GB (pupils) starsze klasy *f pl*; (school) ≈ szkoła *f* średnia

Senior Service *n* GB Mil Naut **the ~** marynarka wojenna

senior staff *n* [1] Admin kadra *f* kierownicza [2] GB Univ grono *n* profesorskie, profesorowie *m pl*

senior year *n* [1] GB Sch (last year) ostatni rok *m* nauki; (pupils) ucz|niowie *m pl* -ennice *f pl* najstarszych klas [2] US Univ ostatni rok *m* studiów

senna /ˈsenə/ *n* Bot strączyniec *m*; Pharm senes *m*

sensation /senˈseɪʃn/ *n* [1] (physical feeling) uczucie *n*; **a burning ~** pieczenie; **a choking ~** dławienie [2] (impression) wrażenie *n*, doznanie *n*; **a drowning ~** uczucie, jakby się tonęło [3] (stir) sensacja *f*; **to cause** *or* **create a ~** wywołać *or* wzbudzić sensację [4] infml (person) **to be a ~** być rewelacyjnym

sensational /sen'seɪʃənl/ *adj* [1] (dramatic) *[discovery, event, development]* sensacyjny [2] pej (sensationalist) *[allegation, news, story, article]* sensacyjny; *[newspaper]* goniący za sensacją [3] infml (emphatic) rewelacyjny, fantastyczny

sensationalism /sen'seɪʃənəlɪzəm/ *n* [1] pej pogoń *f* za sensacją [2] Philos sensualizm *m*

sensationalist /sen'seɪʃənəlɪst/ **I** *n* [1] (person) pej **to be a ~** szukać sensacji [2] Philos sensualista *m*

II *adj* [1] Journ *[headline, story]* sensacyjny; *[journalist]* żądny sensacji; **it's too ~** za wiele w tym sensacji [2] Philos sensualistyczny

sensationalize /sen'seɪʃənəlaɪz/ *vt* pej z|robić sensację z (czegoś) *[event, story]*

sensationally /sen'seɪʃənəlɪ/ *adv* [1] (luridly) pej *[write, describe]* w sposób sensacyjny [2] infml (emphatic) *[good, beautiful, rich, stylish, bad, incompetent]* niesamowicie

sense /sens/ **I** *n* [1] (faculty) zmysł *m*; **the ~ of hearing/sight/smell** zmysł słuchu /wzroku/powonienia; **to dull/sharpen the ~s** przytępić/wyostrzyć zmysły; **dogs have a keen ~ of smell** psy mają doskonały węch [2] fig (ability to perceive) **a ~ of sth** poczucie czegoś *[duty, humour, justice]*; wyczucie czegoś *[timing, rhythm]*; **a writer with a ~ of history/the absurd** autor, który ma wyczucie historii/absurdu; **to have no ~ of style/decency** nie mieć gustu/poczucia przyzwoitości; **a ~ of direction** zmysł orientacji; **to lose one's ~ of time** stracić poczucie czasu [3] (feeling) **a ~ of sth** poczucie *n* czegoś *[guilt, security, failure, identity]*; **his ~ of having failed** (jego) poczucie klęski; **his ~ of being excluded** poczucie, że został odsunięty; **he had the ~ that something was wrong /that he had forgotten something** czuł, że coś było nie tak/że czegoś zapomniał; **a ~ of purpose** cel w życiu; **the town has a great ~ of community** w mieście panuje olbrzymie poczucie wspólnoty [4] (practical quality) rozsądek *m*; **to have the (good) ~ to do sth** mieć na tyle zdrowego rozsądku, żeby zrobić coś; **to have more ~ than to do sth** być zbyt rozsądnym, żeby zrobić coś [5] (reason) sens *m*; **there's no ~ in doing it** nie ma sensu tego robić; **what's the ~ in getting angry/leaving now?** co za sens się wściekać/wyjeżdżać teraz?; **to make ~ of sth** zrozumieć coś; **I can't make ~ of this article/this sentence** nie rozumiem tego artykułu/zdania; **it makes ~ to do it now** zrobienie tego teraz ma sens; **it makes good business ~ to employ an accountant** z finansowego punktu widzenia zatrudnienie księgowego ma sens; **to make ~** *[sentence, film, theory]* mieć sens, być sensownym; **not to make any ~** *[sentence, film, theory]* nie mieć sensu, być bez sensu; **what he said didn't make much ~ to me** to, co powiedział, wydawało mi się bez sensu [6] (meaning) sens *m*; **in the literal/strict ~ (of the word)** w dosłownym/ścisłym znaczeniu tego słowa; **in all ~s** or **in every ~ of the word** w pełnym tego słowa znaczeniu; **in the ~ that...** w tym sensie, że...; **in a ~** poniekąd, w pewnym sensie; **he is in a** or **one** or **some ~ right to complain, but...** w pewnym sensie ma rację, że się skarży, ale...; **in no ~** w żadnym razie [7] fml (opinion) (ogólne) odczucie *n*

II senses *npl* (sanity) **to bring sb to his ~s** (to consciousness) ocucić kogoś; (to reason) przywieść kogoś do rozsądku; **to come to one's ~s** (to consciousness) odzyskać przytomność; (to reason) opamiętać się; **to take leave of one's ~s** postradać zmysły; **in one's (right) ~s** przy zdrowych zmysłach

III *vt* [1] (be aware of) wyczu|ć, -wać **(that... że...)**; **to ~ danger** wyczuwać niebezpieczeństwo; **to ~ sb** or **sb's presence** wyczuwać obecność kogoś; **he ~d her uneasiness/her anger** czuł, że się niepokoi/jest zła; **to ~ where/how...** wyczuć gdzie/jak... [2] *[sensor, security system]* wykry|ć, -wać *[heat, light]* [3] Comput (detect) rozpozna|ć, -wać *[location]*; (read) odczyt|ać, -ywać *[data]*

IDIOMS: **to knock** or **hammer** or **pound** US **some ~ into sb** wbić komuś trochę rozumu do głowy, wlać komuś trochę oleju do głowy; **to see ~** nabrać rozumu; **we couldn't make her see ~** nie mogliśmy jej przemówić do rozumu; **to talk ~** mówić z sensem, mówić do rzeczy

sense datum *n* Philos (*pl* **sense data**) dane *plt* zmysłowe

senseless /'senslɪs/ *adj* [1] (pointless) *[idea, discussion, act, waste, violence]* bezsensowny; **it is ~ to do it** or **doing it** nie ma sensu tego robić [2] (unconscious) bez czucia, nieprzytomny; **he lay ~ on the floor** leżał na podłodze bez czucia; **to knock sb ~** ogłuszyć kogoś; **to drink oneself ~** spić się do nieprzytomności

senselessly /'senslɪslɪ/ *adv* *[waste, spend]* bezsensownie

senselessness /'senslɪsnɪs/ *n* [1] (pointlessness) bezsens *m*, bezsensowność *f* **(of sth** czegoś) [2] (unconsciousness) nieprzytomność *f*; **he lay there in a state of total ~** leżał tam nieprzytomny

sense organ *n* narząd *m* zmysłu

sensibility /ˌsensə'bɪlətɪ/ **I** *n* [1] fml (sensitivity) wrażliwość *f* **(to sth** na coś) [2] Bot (of plant) wrażliwość *f*, podatność *f* **(to sth** na coś)

II sensibilities *npl* fml wrażliwość *f*, uczucia *n pl*

sensible /'sensəbl/ *adj* [1] (showing common sense) *[person, idea, choice, policy, reform, diet]* rozsądny, sensowny; **it was ~ (of him) to ask** mądrze (z jego strony), że zapytał [2] (practical) *[clothing, footwear, hairstyle]* praktyczny [3] liter (aware) **~ of sth** świadomy czegoś, zdający sobie sprawę z czegoś [4] (perceptible) *[rise, fall, difference]* odczuwalny, dostrzegalny

sensibly /'sensəblɪ/ *adv* *[eat, live, act, speak]* rozsądnie, sensownie; *[dressed, equipped]* praktycznie; *[chosen, managed, organized]* z sensem, rozsądnie; **to be ~ priced** mieć rozsądną cenę

sensitive /'sensətɪv/ *adj* [1] (easily affected) *[skin, nerve, plant, area]* wrażliwy **(to sth** na coś); *[photographic paper, instrument]* czuły **(to sth** na coś) [2] fig (easily hurt) *[person, character]* drażliwy, przeczulony, przewrażliwiony; **~ to sth** drażliwy or przeczulony na punkcie czegoś [3] (aware, intelligent) *[person, artist]* wrażliwy; *[treatment]* delikatny; *[approach]* taktowny; **~ to sth** (understanding) wyczulony or uwrażliwiony na coś [4] (delicate) *[matter, problem, subject]* drażliwy; *[situation]* delikatny [5] (confidential) *[material, information]* poufny

sensitively /'sensətɪvlɪ/ *adv* *[handle, speak, act, respond, tackle]* z wyczuciem; *[portrayed]* subtelnie

sensitive plant *n* Bot mimoza *f* wstydliwa; **she's a ~** fig ona jest jak mimoza

sensitivity /ˌsensə'tɪvətɪ/ *n* [1] (physical) wrażliwość *f* **(to sth** na coś); (of instrument) czułość *f* [2] (touchiness) drażliwość *f*, przeczulenie *n*, przewrażliwienie *n* **(to sth** na punkcie czegoś) [3] (understanding) wyczulenie *n*, uwrażliwienie *n* **(to sth** na coś) [4] (need for careful handling) drażliwość *f*, delikatność *f* [5] (confidentiality) poufność *f*

sensitize /'sensɪtaɪz/ *vt* uwrażliwi|ć, -ać *[skin, nerve]*; uwrażliwi|ć, -ać, wyczul|ić, -ać *[person]* **(to sth** na coś)

sensor /'sensə(r)/ *n* czujnik *m*

sensory /'sensərɪ/ *adj* *[nerve, organ]* czuciowy

sensory deprivation *n* Psych deprywacja *f* sensoryczna

sensual /'senʃʊəl/ *adj* zmysłowy

sensualism /'senʃʊəlɪzəm/ *n* zmysłowość *f*; Philos sensualizm *m*

sensualist /'senʃʊəlɪst/ *n* [1] Philos sensualista *m* [2] (devoted to sensual pleasure) hedonista *m*

sensuality /ˌsenʃʊ'ælətɪ/ *n* zmysłowość *f*

sensually /'senʃʊəlɪ/ *adv* *[move, dance, laugh]* zmysłowo; **~ exciting** pobudzający zmysły

sensuous /'senʃʊəs/ *adj* *[music, sound, rhythm]* działający na zmysły; *[pleasure, satisfaction, mouth]* zmysłowy; *[material]* przyjemny w dotyku

sensuously /'senʃʊəslɪ/ *adv* *[move, dance]* zmysłowo; *[stroke, touch]* w sposób zmysłowy

sensuousness /'senʃʊəsnɪs/ *n* (of description, art) oddziaływanie *n* na zmysły; (of performance) zmysłowość *f*

sent /sent/ *pt, pp* → **send**

sentence /'sentəns/ **I** *n* [1] Jur wyrok *m*; **a jail** or **prison ~** kara więzienia; **a life ~** kara dożywotniego więzienia; dożywocie infml; **the death ~** wyrok śmierci; **to be under ~ of death** być skazanym na śmierć; **to serve a ~** odbywać karę; **to pass ~** wydać wyrok **(on sb** na kogoś); **she got a three-year ~** została skazana na trzy lata; **the offence carries a five-year ~** za to przestępstwo grozi kara pięciu lat więzienia [2] Ling zdanie *n*

II *vt* skaz|ać, -ywać; **to ~ sb for sth** skazać kogoś za coś; **to ~ sb to jail/to three years/to be hanged** skazać kogoś na karę więzienia/na trzy lata/na karę śmierci przez powieszenie; **to ~ sb to a fine** nałożyć na kogoś grzywnę, ukarać kogoś grzywną

sentence adverb *n* przysłówek *m* zdaniowy

S

sententious /sen'tenʃəs/ *adj [remark]* moralizatorski; *[style]* sentencjonalny; *[person]* moralizujący
sententiously /sen'tenʃəslɪ/ *adv* sentencjonalnie
sentient /'senʃnt/ *n* [1] (physically) czujący, obdarzony czuciem [2] (emotionally) wrażliwy
sentiment /'sentɪmənt/ *n* [1] (feeling) uczucie *n*; (of sympathy) sentyment *m* **(for** or **towards sb/sth** do kogoś/czegoś); **a ~ of pity** uczucie żalu; **to appeal to ~** przemawiać do uczuć [2] (opinion) odczucie *n* **(about sth** w sprawie czegoś); **public ~** nastroje społeczne; **the popular ~ is that...** ogólne odczucie jest takie, że...; **what are your ~s about this?** co sądzisz na ten temat?; **my ~s exactly!** święte słowa! fig [3] (tenderness) uczuciowość *f*; (exaggerated) sentymentalizm *m*; **there's no room for ~ in business** w interesach nie ma miejsca na sentymenty
sentimental /ˌsentɪ'mentl/ *adj* sentymentalny also pej; **to be of (purely) ~ value** mieć wartość (czysto) sentymentalną; **to keep sth for ~ reasons** trzymać coś z sentymentu or przez sentyment; **to be ~ about sb/sth** mieć sentyment do kogoś /czegoś *[children, animals, old dress]*; wspominać kogoś/coś z rozrzewnieniem *[childhood, past]*; **we can't afford to be ~** nie możemy sobie pozwolić na sentymenty
sentimentalism /ˌsentɪ'mentəlɪzəm/ *n* sentymentalizm *m*
sentimentalist /ˌsentɪ'mentəlɪst/ *n* sentymentalist|a *m*, -ka *f*; **to be a ~** być sentymentalnym
sentimentality /ˌsentɪmen'tælətɪ/ *n* sentymentalność *f* also pej
sentimentalize /ˌsentɪ'mentəlaɪz/ **I** *vt* (treat sentimentally) wy|idealizować *[war, image]*; (be sentimental about) mieć sentyment do (czegoś)
II *vi* roztkliwi|ć, -ać się **(about** or **over sth** nad czymś)
sentimentally /ˌsentɪ'mentəlɪ/ *adv* sentymentalnie
sentinel /'sentɪnl/ *n* [1] (guard) wartowni|k *m*, -czka *f*; **to stand ~** stać na warcie, trzymać straż [2] Comput znacznik *m* pomocniczy
sentry /'sentrɪ/ *n* wartowni|k *m*, -czka *f*
sentry box *n* budka *f* wartownika
sentry duty *n* warta *f*; **to be on ~** stać na warcie, mieć wartę
sentry post *n* stanowisko *n* wartownicze
Seoul /səʊl/ *prn* Seul *m*
Sep = **September**
sepal /'sepl/ *n* Bot działka *f* kielicha
separable /'sepərəbl/ *adj* rozdzielny, rozłączny; **it is ~ from the rest** to można oddzielić od reszty
separate **I** **separates** /'sepərəts/ *npl* Fashn części *f pl* ubioru *(które można zestawiać)*
II /'sepərət/ *adj* (apart) oddzielny; (different) odrębny; **a ~ section** oddzielna sekcja; **a ~ organization/discussion/issue** odrębna organizacja/dyskusja/kwestia; **a ~ identity** odrębność, własna tożsamość; **she has a ~ room** ona ma osobny pokój; **they asked for ~ bills** (in restaurant) poprosili o oddzielne rachunki; **on two ~ occasions** przy dwu różnych okazjach; **for two ~ reasons** z dwu różnych przyczyn; **the flat is ~ from the rest of the house** mieszkanie jest oddzielone od reszty domu; **I had a ~ appointment** byłem umówiony oddzielnie; **the young are now capable of ~ existence** młode są teraz zdolne do samodzielnego życia; **under ~ cover** Post w oddzielnej kopercie
III /'sepərət/ *adv* oddzielnie, osobno; **keep the knives ~ from the forks** trzymaj noże i widelce oddzielnie; **they will be kept ~ from the other prisoners** będą odseparowani od innych więźniów
IV /'sepəreɪt/ *vt* [1] (divide) *[wall, river]* po|dzielić, przedziel|ić, -ać *[country, city]*; rozdziel|ić, -ać, oddziel|ić, -ać *[countries, parts]*; *[person]* rozdziel|ić, -ać *[fighters, opponents]*; *[intolerance, belief]* po|dzielić *[people]*; **only five seconds ~d the two athletes** tylko pięć sekund dzieliło tych dwóch zawodników; **to ~ an egg** oddzielić żółtko od białka; **the two parts of the country are ~d by a mountain range** dwie części kraju są oddzielone od siebie łańcuchem górskim; **a community ~d by intolerance** społeczność podzielona wskutek nietolerancji; **to ~ sth from sth** *[wall, river]* oddzielać coś od czegoś; **to ~ the cream from the milk** oddzielić śmietanę od mleka; **to ~ sb from sb** *[belief, disapproval]* oddalić kogoś od kogoś; **her beliefs ~d her from her sister** jej przekonania oddaliły ją od siostry; **the child became ~d from his mother** dziecko i matka zostali rozłączeni; **legend and history cannot be ~d here** w tym przypadku nie da się oddzielić historii od legendy [2] (distinguish) rozróżni|ć, -ać; odróżni|ć, -ać **(from sth** od czegoś) [3] (also **~ out**) (sort out) po|dzielić *[people]*; oddziel|ić, -ać *[produce, objects]*; **he ~d (out) the children according to age** podzielił dzieci według wieku
V /'sepəreɪt/ *vi* [1] *[people]* roz|ejść, -chodzić się; *[group, objects]* rozdziel|ić, -ać się; **she ~d from him at the door** rozstała się z nim przy drzwiach; **to ~ from sth** oddzielić się od czegoś [2] *[couple]* roz|ejść, -chodzić się; **to ~ from sb** odejść od kogoś
VI **separated** *pp adj* **to be ~d** *[couple, person]* być w separacji
■ **separate out** *[liquid]* rozdziel|ić, -ać się; *[sediment]* osadz|ić, -ać się
separately /'sepərətlɪ/ *adv* osobno, oddzielnie
separation /ˌsepə'reɪʃn/ *n* [1] (partition) oddzielenie *n* **(from sb/sth** od kogoś/czegoś) [2] (time of being apart) rozstanie *n*; (legal) separacja *f* [3] (division) rozdział *m*; **~ of church and state** rozdział kościoła od państwa
separatism /'sepərətɪzəm/ *n* separatyzm *m*
separatist /'sepərətɪst/ **I** *n* separatyst|a *m*, -ka *f*
II *adj* separatystyczny
separator /'sepəreɪtə(r)/ *n* (device) oddzielacz *m*, separator *m*
Sephardic /sɪ'fɑːdɪk/ *adj* sefardyjski
sepia /'siːpɪə/ **I** *n* [1] (pigment, ink) sepia *f* [2] (colour) (kolor *m*) sepiowy *m* [3] Zool sepia *f*
II *modif [ink, print]* sepiowy; **~ drawing** rysunek sepiowy, sepia
sepoy /'siːpɔɪ/ *n* sipaj *m*
sepsis /'sepsɪs/ *n* Med posocznica *f*
Sept = **September**
septa /'septə/ *npl* → **septum**
September /sep'tembə(r)/ **I** *n* wrzesień *m*; **in ~** we wrześniu
II *modif* wrześniowy
septet /sep'tet/ *n* septet *m*
septic /'septɪk/ *adj* zakażony, zainfekowany; septyczny spec; **to go** or **turn ~** zostać zakażonym *[wound]*
septicaemia /ˌseptɪ'siːmɪə/ *n* Med posocznica *f*
septic tank *n* szambo *n*, dół *m* gnilny
septuagenarian /ˌseptjʊədʒɪ'neərɪən, US -tʃʊdʒə-/ **I** *n* siedemdziesięciolatek *m*
II *adj* po siedemdziesiątce
septuagesima /ˌseptjʊə'dʒesɪmə, US -tʃʊ'dʒə-/ *n* trzecia niedziela *f* przed Wielkim Postem
septum /'septəm/ *n* (*pl* **-ta**) Anat przegroda *f*; **nasal ~** przegroda nosowa
septuplet /'septjʊplɪt, sep'tjuːplɪt/ *n* jedno *n* z siedmioraczków; **~s** siedmioraczki
sepulchral /sɪ'pʌlkrəl/ *adj* [1] fig liter *[atmosphere, tone, silence]* grobowy [2] fml *[rites]* pogrzebowy; *[statue]* nagrobny; sepulkralny fml
sepulchre GB, **sepulcher** US /'seplkə(r)/ *n* grobowiec *m*
sequel /'siːkwəl/ *n* [1] Literat, Cin, TV dalszy ciąg *m*, kontynuacja *f* **(to sth** czegoś) [2] (later events) następstwo *n* **(to sth** czegoś)
sequence /'siːkwəns/ *n* [1] (of problems) pasmo *n*; (of events) ciąg *m*; (of photos) seria *f* [2] (order) porządek *m*, kolejność *f*; **in ascending/chronological ~** w porządku rosnącym/chronologicznym [3] (in film) sekwencja *f*; **the dream ~** sekwencja snu [4] (dance) sekwencja *f* taneczna [5] Mus (of notes, chords) sekwencja *f* [6] Comput sekwencja *f*, kolejność *f*, następstwo *n* [7] Math ciąg *m* [8] (in card games) sekwens *m*
sequence of tenses *n* następstwo *n* czasów
sequencer /'siːkwənsə(r)/ *n* Comput, Electron, Mus sekwencer *m*
sequential /sɪ'kwenʃl/ *adj [processes, events]* następujący po kolei; Comput sekwencyjny
sequential access *n* Comput dostęp *m* sekwencyjny
sequential control *n* Comput sterowanie *n* sekwencyjne
sequester /sɪ'kwestə(r)/ **I** *vt* [1] Fin, Jur (hold as security) ob|łożyć, -kładać sekwestrem, sekwestrować *[property]*; (confiscate) zaj|ąć, -mować, s|konfiskować *[property]* [2] fml (lock away) odos|obnić, -abniać *[jury]*
II **sequestered** *pp adj [life, place]* odosobniony
sequestrate /'siːkwestreɪt/ *vt* Fin Jur ob|łożyć, -kładać sekwestrem, sekwestrować *[property]*
sequestration /ˌsiːkwɪ'streɪʃn/ *n* (holding as security) sekwestracja *f*
sequin /'siːkwɪn/ *n* cekin *m*
sequin(n)ed /'siːkwɪnd/ *adj [garment]* wyszywany cekinami
sequoia /sɪ'kwɔɪə/ *n* sekwoja *f*
seraglio /se'rɑːlɪəʊ/ *n* (*pl* **~s**) seraj *m*
serape /se'rɑːpeɪ/ *n wełniany szal noszony w krajach Ameryki Łacińskiej*
seraph /'serəf/ *n* (*pl* **~s, ~im**) serafin *m*
seraphic /sə'ræfɪk/ *adj* liter serafinév

seraphim /ˈserəfɪm/ *npl* → **seraph**
Serb /sɜːb/ **I** *n* 1 (person) Serb *m*, -ka *f* 2 Ling (język *m*) serbski *m*
II *adj* serbski
Serbia /ˈsɜːbɪə/ *prn* Serbia *f*
Serbian /ˈsɜːbɪən/ *n*, *adj* = **Serb**
Serbo-Croat(ian) /ˌsɜːbəʊˈkrəʊæt, -krəʊˈeɪʃn/ Ling **I** *n* (język *m*) serbsko-chorwacki *m*
II *adj* serbsko-chorwacki
SERC /sɜːk/ *n* GB = **Science and Engineering Research Council** ≈ Rada *f* Badań Naukowych
serenade /ˌserəˈneɪd/ **I** *n* serenada *f*
II *vt* (sing) śpiewać serenadę (komuś); (play) grać serenadę (komuś)
serendipitous /ˌserənˈdɪpɪtəs/ *adj* fml *[meeting, find]* nieoczekiwany
serendipity /ˌserənˈdɪpətɪ/ *n* fml **it was pure ~ that I found this house** tylko czystym trafem znalazłem ten dom; **by ~** szczęśliwym trafem
serene /sɪˈriːn/ *adj* pogodny; **His/Her Serene Highness** Najjaśniejszy Pan/Najjaśniejsza Pani
serenely /sɪˈriːnlɪ/ *adv [say, smile]* pogodnie, łagodnie
serenity /sɪˈrenətɪ/ *n* spokój *m*
serf /sɜːf/ *n* chłop *m* pańszczyźniany
serfdom /ˈsɜːfdəm/ *n* poddaństwo *n*
serge /sɜːdʒ/ Tex **I** *n* serża *f*
II *modif* **a ~ coat** płaszcz z serży
sergeant /ˈsɑːdʒənt/ *n* sierżant *m*
sergeant at arms *n* 1 (who keeps order) funkcjonariusz *m* porządkowy (*w parlamencie*) 2 Hist (armed attendant) rycerz *m* (*w służbie króla lub księcia*)
sergeant first class *n* US Mil sierżant *m*
sergeant major *n* Mil starszy sierżant *m* sztabowy
serial /ˈsɪərɪəl/ **I** *n* 1 TV (film) serial *m*; Radio (novel) powieść *f* w odcinkach; (play) słuchowisko *n* w odcinkach; **a seven-part ~** (film) serial siedmioodcinkowy; **to broadcast sth as a ~** transmitować coś w odcinkach; **to adapt** or **make sth into a television ~** nakręcić serial (telewizyjny) na podstawie czegoś; **the novel/her autobiography was published as a ~** Publg powieść/jej autobiografia ukazywała się w odcinkach 2 Publg (publication) periodyk *m*
II *adj* 1 TV, Radio, Publg *[thriller, story]* w odcinkach; **published in ~ form** publikowany w odcinkach 2 Comput szeregowy 3 Mus *[technique]* serialny
serial bigamist *n* poligamista *m*
serialism /ˈsɪərɪəlɪzəm/ *n* Mus serializm *m*
serialization /ˌsɪərɪəlaɪˈzeɪʃn, US -lɪˈz-/ *n* TV, Radio (broadcast) emisja *f* w odcinkach; (adaptation) adaptacja *f* w odcinkach; Publg publikacja *f* w odcinkach
serialize /ˈsɪərɪəlaɪz/ *vt* (adapt for TV) nakręc|ić, -ać serial na podstawie (czegoś); (broadcast) nada|ć, -wać w odcinkach; (publish) o|publikować w odcinkach
serial killer *n* seryjny morderca *m*
serially /ˈsɪərɪəlɪ/ *adv* 1 TV, Radio, Publg *[publish, broadcast]* w odcinkach 2 (in sequence) *[number, arrange]* kolejno 3 Comput szeregowo
serial monogamy *n* monogamia *f* seryjna
serial number *n* (of machine, car) numer *m* seryjny; US (of soldier) numer *m* identyfikacyjny
serial rights *npl* Publg prawa *n pl* do drukowania w odcinkach; TV prawa *n pl* do nakręcenia serialu
seriatim /ˌsɪərɪˈeɪtɪm/ *adv* fml kolejno
sericulture /ˈserɪkʌltʃə(r)/ *n* hodowla *f* jedwabników
series /ˈsɪəriːz/ **I** *n* (*pl* **~**) 1 (set) (of books, coins, stamps) seria *f*; (of concerts, lectures) cykl *m*; (of events, disasters) seria *f*, szereg *m*; **she took a ~ of measures** przedsięwzięła szereg środków; **he made a ~ of mistakes** popełnił szereg błędów 2 TV (film) serial *m*; (of programmes) cykl *m*; Radio cykl *m*; **a drama/comedy ~** serial filmowy/komediowy; **this is the last in the present ~** to ostatnia część obecnego cyklu 3 Sport cykl *m* turniejów 4 Elec, Electron szereg *m*; **connected in ~** połączony szeregowo 5 Math szereg *m*
II *modif* Elec, Electron *[generator, connection]* szeregowy
series winding *n* Elec uzwojenie *n* szeregowe
series-wound /ˌsɪəriːzˈwaʊnd/ *adj* Elec *[motor]* szeregowy
seriocomic /ˌsɪərɪəʊˈkɒmɪk/ *adj* pół żartem, pół serio
serious /ˈsɪərɪəs/ *adj* 1 (not frivolous or light) *[person, expression, discussion, approach, offer, work, literature, scientist, survey]* poważny; *[attempt, concern]* autentyczny; **to be ~ about sth** myśleć o czymś poważnie or (na) serio; **to be ~ about doing sth** naprawdę chcieć zrobić coś; **is he ~ about going to America?** czy on naprawdę or na serio or poważnie chce jechać do Stanów?; **is he ~ about her?** czy on myśli o niej poważnie?; **to give ~ thought to sth** poważnie się nad czymś zastanawiać; **there's no ~ case for arguing that...** nie ma przesłanek, aby twierdzić, że...; **you can't be ~!** chyba nie mówisz serio or poważnie!; **this is deadly ~** infml to bardzo poważna sprawa; **they got down to the ~ business of eating** hum zabrali się żwawo do jedzenia; **being a parent is a ~ business** rodzicielstwo to poważna sprawa; **to make/spend ~ money** infml zarabiać/wydawać duże pieniądze; **if you want to do some ~ shopping/swimming** infml jeśli chcesz zrobić porządne zakupy/porządnie popływać; **he's a ~ drinker** infml hum on nieźle popija infml 2 (grave) *[accident, allegation, crime, crisis, error, problem, doubt]* poważny; **his condition is ~** jego stan jest poważny; **nothing ~, I hope** mam nadzieję, że to nic poważnego; **this is a very ~ matter** to bardzo poważna sprawa
Serious Fraud Office, SFO *n* GB Urząd *m* do Spraw Przestępstw Gospodarczych
seriously /ˈsɪərɪəslɪ/ *adv* 1 (not frivolously) *[speak, write, think]* poważnie; *[listen]* z powagą, uważnie; **to ~ consider doing sth** poważnie or na serio zastanawiać się nad zrobieniem czegoś; **~, do you need help?** naprawdę or (na) serio potrzebujesz pomocy?; **are you ~ suggesting that...?** poważnie or serio chcesz powiedzieć, że...; **but ~, ...** ale tak poważnie or (na) serio...; **to take sb/sth ~** brać kogoś/coś (na) poważnie; **he takes himself too ~** traktuje siebie zbyt poważnie or serio; **police are treating the threat very ~** policja traktuje groźbę bardzo poważnie 2 (gravely) *[ill, injured]* poważnie; *[divided]* bardzo; *[mislead, underestimate]* bardzo; **~ damaged** poważnie uszkodzony; **~ at risk** narażony na poważne ryzyko; **something is ~ wrong** dzieje się coś niedobrego 3 (extremely) *[boring, funny]* wyjątkowo
seriousness /ˈsɪərɪəsnɪs/ *n* 1 (of person, tone) powaga *f*; (of film, discussion, study, approach, occasion) poważny charakter *m*; (of intention) szczerość *f*; **in all ~** z całą powagą, zupełnie poważnie 2 (of situation) powaga *f*; (of problem) waga *f*; **unaware of the ~ of his injuries/illness** nieświadomy, jak poważne są jego obrażenia/jak poważnie jest chory; **what is the ~ of the damage /problem?** jak poważne są szkody/jak poważny jest problem?
serjeant *n* arch = **sergeant**
sermon /ˈsɜːmən/ *n* kazanie *n* **(on sth** o czymś); **to give** or **preach a ~** Relig wygłosić kazanie; **to give** or **preach sb a ~** (lecture) palnąć komuś kazanie infml
sermonize /ˈsɜːmənaɪz/ *vi* pej prawić kazania
sermonizing /ˈsɜːmənaɪzɪŋ/ *n* pej perory *f pl* liter; kazania *n pl* infml pej
serodiscordant /ˌsɪərəʊdɪˈskɔːdənt/ *adj* Med *[couple, partners]* niezgodny serologicznie
serogroup /ˈsɪərəʊgruːp/ *n* Med grupa *f* serologiczna
seropositive /ˌsɪərəʊˈpɒzɪtɪv/ *adj* seropozytywny
serous /ˈsɪərəs/ *adj* surowiczy
serpent /ˈsɜːpənt/ *n* wąż *m*
serpentine[1] /ˈsɜːpəntaɪn, US -tiːn/ *adj [river, road]* kręty, wijący się
serpentine[2] /ˈsɜːpəntaɪn, US -tiːn/ *n* Miner (rock) serpentynit *m*; (semiprecious stone) serpentyn *m*
SERPS /sɜːps/ *n* GB Soc Admin = **state earnings-related pension scheme** ≈ państwowy system *m* emerytalny
serrated /sɪˈreɪtɪd, US ˈsereɪtɪd/ *adj [leaf]* ząbkowany; *[knife]* z ząbkami
serration /sɪˈreɪʃn/ *n* (on blade, edge, leaf) ząbkowanie *n*, ząbki *m pl*
serried /ˈserɪd/ *adj [ranks, rows]* zwarty
serum /ˈsɪərəm/ *n* surowica *f*; **snake-bite ~** surowica przeciw jadowi żmii
servant /ˈsɜːvənt/ *n* 1 (in household) służąc|y *m*, -a *f*; **to keep a ~** mieć służącego /służącą 2 fig sługa *m*; **your ~** dat do usług dat; **your obedient ~** dat (in letter) Pański sługa uniżony dat
servant girl *n* pomoc *f* domowa
servants' hall *n* jadalnia *f* dla służby
serve /sɜːv/ **I** *n* Sport serw *m*, serwis *m*, podanie *n*; **it's my ~** mój serw or serwis, ja serwuję; **to have a big ~** mieć mocny serwis
II *vt* 1 (work for) służyć (komuś/czemuś) *[God, king, master, country]*; pracować dla (kogoś) *[employer, country, state, company, community]*; **to ~ sb/sth well** dobrze komuś/czemuś służyć; **he has ~d his country well** dobrze służył swemu krajowi; **to ~ two masters** fig służyć dwóm

S

panom fig [2] (attend to) obsłu|żyć, -giwać *[customers, guests]*; **are you being ~d?** czy ktoś już państwa obsługuje?; **have you ~d this gentleman?** czy już obsłużyłeś tego pana? [3] Culin poda|ć, -wać *[meal, dish, food, wine]*; **breakfast is ~d!** śniadanie na stole!, podano śniadanie!; **to ~ sb with sth** podać or zaserwować liter komuś coś; **let me ~ you some beef** pozwól, że nałożę ci mięsa; **it's ~d with potatoes** podajemy to z ziemniakami; **~ hot/cold** podawać na gorąco/na zimno; **~s four** (in recipe) porcja na cztery osoby [4] (provide facility for) *[power station, reservoir, public transport]* obsługiwać *[area, community]*; **the library ~s the community** biblioteka służy lokalnej społeczności; **the hospital ~s all the area** szpital obsługuje cały rejon; **the area is well/poorly ~d with transport** komunikacja na tym obszarze jest dobra/źle rozwinięta; **the area is well ~d with shops** w tej okolicy jest dużo sklepów [5] (satisfy) zaspok|oić, -ajać *[needs]*; **to ~ sb's interests** służyć interesom kogoś [6] (be of use to) po|służyć (komuś); **to ~ sb as sth** służyć komuś jako or za coś; **this table ~s me as a desk** ten stół służy mi jako or za biurko; **to ~ a purpose** or **function** być przydatnym; **it ~s no useful purpose** to do niczego nie służy; **what purpose is ~d by separating the two parts?** czemu ma służyć rozdzielenie tych dwóch części?; **having ~d its purpose, the committee was disbanded** po spełnieniu swojego zadania komitet został rozwiązany; **this map will ~ the** or **my purpose** ta mapa będzie dobra; **perhaps this will ~ the** or **your purpose?** może to ci się przyda?; **this old car has ~d me well** ten stary samochód dobrze mi służył; **my sense of direction has ~d me well** zmysł orientacji mnie nie zawiódł; **he has been badly ~d by his advisers** jego doradcy źle mu się przysłużyli; **if my memory ~s me well** jeśli mnie pamięć nie zawodzi [7] (spend time) **to ~ two terms** służyć dwie kadencje; **to ~ one's time** (in army) odbyć służbę; **to ~ a** or **one's sentence, to ~ one's time** odbyć karę więzienia; odsiedzieć wyrok infml; **she has six months left to ~** zostało jej sześć miesięcy do końca kary [8] Jur **to ~ a summons/writ on sb, to ~ sb with a summons/writ** doręczyć komuś wezwanie/nakaz; **to ~ notice of sth on sb** Jur zawiadomić kogoś o czymś urzędowo [9] Sport za|serwować *[ball, ace]* [10] (mate with) pokry|ć, -wać, kryć *[cow, mare]*

III *vi* [1] (in shop) obsługiwać klientów, być sprzedawcą; (in church) służyć do mszy; (at table) podawać do stołu [2] (do duty) **to ~ on a committee** zasiadać w komisji; **to ~ in the government** być w rządzie; **to ~ as general secretary** sprawować funkcję sekretarza generalnego; **committee members ~ for two years** członkowie komisji sprawują swoje funkcje przez dwa lata [3] Mil *[person]* odbywać służbę wojskową; **to ~ in the army/navy** służyć w armii/marynarce; **to ~ as a radio operator** służyć (w wojsku) jako radiotelegrafista; **to ~ as sergeant** służyć w stopniu sierżanta; **to ~ under sb** służyć pod kimś or pod rozkazami kogoś; **he is serving overseas** on odbywa służbę za granicą; **to ~ in** or **with a battalion** służyć w batalionie; **I ~d with him** byłem z nim w wojsku [4] (meet a need) **this room ~s as a bedroom** ten pokój służy jako sypialnia or za sypialnię; **this should ~ as a warning** to powinno być ostrzeżeniem; **this ~s as a reminder not to neglect my duty** to mi przypomina o tym, bym nie zaniedbywał obowiązków; **this letter may ~ to explain my actions** ten list może wyjaśnić moje postępowanie; **it ~s to show that...** to pokazuje, że...; **it's not perfect, but it will ~** nie jest to idealne, ale się nada; **any excuse will ~** każda wymówka będzie dobra [5] Sport za|serwować; **to ~ for the set/match** mieć piłkę setową /meczową; **Conti to ~** podaje or serwuje Conti

■ **serve out**: **~ out [sth], ~ [sth] out** [1] poda|ć, -wać; za|serwować liter *[meal, food]*; (distribute) wydać, -wać *[meals, rations, provisions]* [2] (finish) zakończyć *[term of duty]*; **to ~ out a prison sentence** odbyć karę więzienia; odsiedzieć wyrok infml

■ **serve up**: ¶ **~ up** Culin poda|ć, -wać do stołu ¶ **~ up [sth], ~ [sth] up** [1] Culin poda|ć, -wać; za|serwować liter *[meal, dish]* [2] infml fig pej (provide) za|serwować fig iron *[TV programme]*; zna|leźć, -jdować *[excuse]*; wysk|oczyć, -akiwać z (czymś) infml *[idea]*

IDIOMS: **it ~s you right!** masz za swoje!, dobrze ci tak!; **it ~s you right for ignoring me!** dobrze ci tak, skoro mnie ignorujesz!

serve-and-volley /ˌsɜːvənˈvɒlɪ/ *adj* Sport **~ player** zawodnik często grający przy siatce

server /ˈsɜːvə(r)/ *n* [1] Sport serwując|y *m*, -a *f* [2] Comput serwer *m* [3] Culin **salad ~** łyżka do sałatek; **spaghetti ~** łyżka do spaghetti [4] Relig ministrant *m*

server-managed /ˌsɜːvəˈmænɪdʒd/ *adj* Comput zarządzany przez serwer

servery /ˈsɜːvərɪ/ *n* GB (room) sala *f* do przygotowywania posiłków; (counter) lada *f* do wydawania posiłków

service /ˈsɜːvɪs/ **I** *n* [1] (department) służba *f*; **emergency ~** Med pogotowie ratunkowe; Aut pomoc drogowa, pogotowie drogowe; **health ~** służba zdrowia; **customs/diplomatic ~** służba celna/dyplomatyczna [2] (work done) usługa *f*; **public ~s** instytucje użyteczności publicznej; **to offer** or **provide ~s to the public** świadczyć usługi dla ludności; **to offer one's ~s** oferować swoje usługi; **a wide range of ~s to the industry** szeroki zakres usług dla przemysłu; **it's all part of the ~** to jest wliczone w usługę; **home-delivery ~** dostawa do domu; **advisory ~** doradztwo; **for ~s rendered** Comm za usługę; **we need the ~s of an accountant** potrzebny jest nam księgowy; **to dispense with sb's ~s** zrezygnować z usług kogoś; **at sb's ~** na usługach kogoś; **I'm at your ~** jestem do twoich usług; **to be in sb's ~** być na służbie u kogoś; **to be in ~ with a family** być służącym/służącą u (jakiejś) rodziny; **'normal ~ will be resumed as soon as possible'** Radio, TV „za chwilę dalszy ciąg programu" [3] (contribution) zasługa *f*; **she received an award for ~s to the arts** otrzymała nagrodę za zasługi dla sztuki [4] (benefit) świadczenie *n*; **social /welfare ~s** świadczenia socjalne [5] (period of work done) służba *f*; Mil służba *f* wojskowa; Admin praca *f*; **30 years of ~** trzydzieści lat służby; **a lifetime of ~ to the community** życie spędzone w służbie społeczności; **he put** or **placed his talent at the ~ of society** ofiarował swój talent społeczeństwu; **in the ~ of humanity/one's country** w służbie ludzkości/kraju; **he travelled a lot in the ~ of the company** or **in the company's ~** często podróżował w sprawach firmy; **national ~** obowiązkowa służba wojskowa; **to see ~ in the army/in the Far East** służyć w armii/na Dalekim Wschodzie [6] (favour) przysługa *f*; **to do sb a ~** wyświadczyć komuś przysługę; **to be of ~ to sb** *[person]* być pomocnym komuś; *[thing]* przydać się komuś, być dla kogoś użytecznym [7] Comm (customer care) obsługa *f* (**to sb** kogoś); **we add on 15% for ~** dodajemy 15% za obsługę; **the (quality of) ~ here is excellent/dreadful** obsługa jest tutaj doskonała/okropna; **to get wonderful/bad ~ from sb** zostać przez kogoś doskonale /źle obsłużonym; **we have a reputation for good ~** jesteśmy znani z dobrej obsługi; **'includes ~'** (on bill) „obsługa wliczona"; **is ~ included?** czy w cenę wliczona jest obsługa?; **can we have some ~ in here please?** czy ktoś może nas obsłużyć? [8] (use) **to give good/long ~** *[machine, vehicle, product, garment]* dobrze /długo służyć; **I've had years of ~ from that car** ten samochód służy mi od lat; **this coat should be good for a lifetime of ~** ten płaszcz powinien służyć przez całe życie; **to be in ~** być używanym; **the plane is still in ~ with many airlines** ten samolot jest ciągle używany przez wiele linii lotniczych; **to come into /go out of ~** wejść w użycie/wyjść z użycia; **the equipment came into ~ just before the war** tego sprzętu zaczęto używać tuż przed wojną; **to take sth out of ~** wycofać coś z użycia *[plane, machine]*; **'out of ~'** (on machine) „nieczynne" [9] (transport facility) połączenie *n*; **bus/train /ferry ~** połączenie autobusowe/kolejowe /promowe; **taxi ~** usługi taksówkowe; **to run a regular ~ (to London)** zapewniać regularne połączenie (z Londynem); **there is an hourly bus ~ on this route** na tej trasie autobusy kursują co godzinę; **the number 23 bus ~** linia autobusowa numer 23 [10] Aut, Tech (overhaul) przegląd *m*; **a 20,000 km ~** przegląd po 20 000 kilometrów; **the photocopier is due for a ~** fotokopiarka wymaga przeglądu technicznego; **I've taken my new car in for a ~** oddałem samochód do przeglądu [11] (provision of maintenance) serwis *m* [12] Relig nabożeństwo *n*; **to hold** or **conduct a ~** odprawiać nabożeństwo; **morning/evening/Sunday ~** nabożeństwo poranne/wieczorne/niedzielne; **funeral ~** nabożeństwo żałobne; **marriage ~** ceremonia ślubna; **form of ~** (printed) porządek nabożeństwa [13] (crockery) serwis *m*; **breakfast ~** serwis śniadaniowy; **coffee/tea ~** serwis do kawy/herbaty [14] Sport serwis *m*, serw *m*, podanie *n*; **your ~!** twój serwis, ty serwujesz!; **return of ~** return [15] Jur (of summons, writ) doręczenie *n* urzędowe [16] (by male animal) krycie *n*

II services *npl* [1] **the ~s** Mil, Naut służba *f* wojskowa; **to join the ~s** wstąpić do wojska; **a career in the ~s** kariera wojskowa [2] (on motorway) stacja *f* obsługi; **'~s 25 miles'** (sign) „stacja benzynowa 25 mil"

III *modif* [1] Mil *[pay, pension, life, gun, personnel]* wojskowy [2] (for staff) *[stairs]* służbowy

IV *vt* [1] Aut, Tech (overhaul, maintain) z|robić przegląd (czegoś) *[vehicle, machine]*; sprawdz|ić, -ać działanie (czegoś) *[boiler]*; **to have one's car ~d** oddać samochód do przeglądu [2] Fin obsługiwać *[debt, loan]* [3] (mate with) pokry|ć, -wać, kryć *[cow, mare]*

serviceable /ˈsɜːvɪsəbl/ *adj* [1] (usable) *[vehicle]* sprawny; *[tyres]* nadający się do użytku [2] *[clothes, shoes]* (practical) praktyczny; (durable) trwały

service area *n* Aut stacja *f* benzynowa przy autostradzie; Telecom zasięg *m*

service break *n* Sport przełamanie *n* serwisu

service centre GB, **service center** US *n* serwis *m*, punkt *m* serwisowy

service charge *n* [1] (in restaurant) opłata *f* za obsługę; **there is a ~** opłata za obsługę nie jest wliczona w rachunek; **what's the ~?** ile wynosi opłata za obsługę? [2] (in banking) prowizja *f* bankowa [3] (for property maintenance) opłata *f* eksploatacyjna

service company *n* firma *f* usługowa

service contract *n* Comm umowa *f* o świadczeniu usług serwisowych

service department *n* serwis *m*, punkt *m* serwisowy

service elevator *n* US = **service lift**

service engineer *n* serwisant *m*

service entrance *n* wejście *n* dla personelu

service family *n* rodzina *f* wojskowego

service flat *n* wynajęte mieszkanie *n* *(sprzątane przez administrację budynku)*

service game *n* Sport gem *m* serwisowy

service hatch *n* okienko *n* do wydawania posiłków

service industry *n* Comm (sector) sektor *m* usług, usługi *f pl*; (company) firma *f* usługowa

service lift *n* winda *f* towarowa

service line *n* Sport linia *f* serwisowa

serviceman /ˈsɜːvɪsmən/ *n* (*pl* **-men**) wojskowy *m*

service module *n* Aerosp moduł *m* serwisowy

service operation *n* zakres *m* usług

service road *n* GB droga *f* dojazdowa

service sector *n* sektor *m* usług

service station *n* Aut stacja *f* obsługi

service till *n* (in shop) kasa *f*; (cash dispenser) bankomat *m*

servicewoman /ˈsɜːvɪswʊmən/ *n* (*pl* **-women**) kobieta *f* służąca w wojsku

servicing /ˈsɜːvɪsɪŋ/ *n* Aut, Tech przegląd *m*; **the typewriter's gone in for ~** maszyna do pisania została oddana do przeglądu

serviette /ˌsɜːvɪˈet/ *n* GB serwetka *f*

servile /ˈsɜːvaɪl, US -vl/ *adj [person, flattery, tone]* służalczy; *[dependence]* niewolniczy

servility /sɜːˈvɪlətɪ/ *n* służalczość *f*; serwilizm *m* fml

serving /ˈsɜːvɪŋ/ **I** *n* (helping) porcja *f* (**of sth** czegoś); **for four ~s** na cztery porcje, dla czterech osób

II *adj [officer]* w czynnej służbie; *[official, chairman]* urzędujący

serving dish *n* półmisek *m*

serving hatch *n* okienko *n* do wydawania posiłków

servingman /ˈsɛːvɪŋmən/ *n* (*pl* **-men**) dat służący *m*

serving spoon *n* łyżka *f* do nakładania potraw

servitude /ˈsɜːvɪtjuːd, US -tuːd/ *n* [1] niewola *f* [2] Jur arch serwitut *m*, służebność *f*

servo /ˈsɜːvəʊ/ *n* = **servomechanism**

servo amplifier *n* serwowzmacniacz *m*

servo(-assisted) brake *n* hamulec *m* ze wspomaganiem, serwohamulec *m*

servo control *n* serwosterowanie *n*

servomechanism /ˈsɜːvəʊmekənɪzəm/ *n* serwomechanizm *m*

servomotor /ˈsɜːvəʊməʊtə(r)/ *n* serwomotor *m*, siłownik *m*

sesame /ˈsesəmɪ/ **I** *n* Bot sezam *m*

II *modif [oil, seed]* sezamowy

sesquipedalian /ˌseskwɪpɪˈdeɪlɪən/ *adj* fml *[word]* wielosylabowy; *[style]* pełen trudnych słów

session /ˈseʃn/ *n* [1] Pol (period of meetings) sesja *f*; **parliamentary ~** sesja parlamentu [2] Admin, Jur, Pol (sitting) posiedzenie *n*; **emergency ~** posiedzenie nadzwyczajne; **the court is in ~** Jur trwa rozprawa; **the meeting went into closed** or **private ~** dalsza część spotkania odbywała się przy drzwiach zamkniętych [3] (meeting) spotkanie *n*; (informal discussion) dyskusja *f*; **drinking ~** infml popijawa infml [4] GB Sch (year) rok *m* szkolny; US (term) trymestr *m*; (semester) semestr *m*; **summer ~** semestr letni; **morning/afternoon ~** lekcje poranne /popołudniowe [5] Med, Dent wizyta *f* (**with sb** u kogoś) [6] Mus, Sport sesja *f*; **training ~** Sport sesja treningowa; **studio** or **recording ~** sesja nagraniowa [7] Fin (at stock exchange) sesja *f*; **trading ~** sesja giełdowa

session musician *n* muzyk *m* sesyjny

set¹ /set/ **I** *n* [1] (scenery) Theat dekoracje *f pl*; Cin, TV plan *m*; **on the ~** Cin, TV na planie [2] (hair-do) ułożenie *n* włosów; **a shampoo and ~** mycie i ułożenie włosów [3] (position) (of head, sails) ustawienie *n*; **~ of the body** postawa; **you could tell by the ~ of his jaw that he was angry** po zaciśniętych szczękach widać było, że jest zły [4] (direction) kierunek *m*; **the ~ of the tide /wind** Naut kierunek pływu/wiatru [5] (of badger) nora *f* [6] Hort sadzonka *f* [7] Hunt (of hound) stójka *f*

II *adj* [1] (fixed) *[pattern, procedure, rule, task, time, price, formula]* ustalony; **a ~ menu** gotowy zestaw dań; **I had no ~ purpose in arranging the meeting** zorganizowałem to spotkanie bez konkretnego celu; **~ phrase, ~ expression** utarty zwrot; **to be ~ in one's ideas** mieć zdecydowane poglądy; **to be ~ in one's ways** mieć swoje przyzwyczajenia; **the weather is ~ fair** ładna pogoda utrzyma się przez dłuższy czas [2] (stiff) *[posture]* sztywny; *[smile]* sztuczny, wymuszony; **~ expression** kamienny wyraz twarzy [3] Sch, Univ (prescribed) *[book, text, subject, topic]* obowiązkowy [4] (ready) gotowy (**for sth** na coś); **to be (all) ~ to leave/go** być gotowym do odjazdu/do wyjścia; **they're ~ to win /lose** (likely) wszystko wskazuje na to, że wygrają/przegrają [5] (determined) **to be (dead) ~ against sth/doing sth** być (zdecydowanie) przeciwnym czemuś/zrobieniu czegoś; **he's really ~ against my resigning/marrying** jest zdecydowanie przeciwny mojej rezygnacji/mojemu małżeństwu; **to be ~ on sth/on doing sth** być zdecydowanym na coś/zrobić coś [6] (firm) *[jam, jelly]* ścięty; *[honey]* gęsty; *[cement]* stwardniały, zastygły

III *vt* (*prp* **-tt-**; *pt, pp* **set**) [1] (place, position) umie|ścić, -szczać *[chair, ornament]*; postawić, stawiać *[guard, sentry]*; oprawi|ć, -ać *[gem]* (**in sth** w coś); **to ~ sth against a wall** oprzeć o ścianę coś *[bike, ladder]*; **to ~ sth before sb** postawić przed kimś coś *[food, plate]*; fig przedstawić komuś coś *[proposals, findings]*; **to ~ sth in the ground** osadzić w ziemi coś, wbić w ziemię coś *[stake]*; **to ~ sth into sth** osadzić coś w czymś; **to ~ sth straight** (align) wyrównać coś *[painting]*; fig (tidy) zrobić w czymś porządek *[papers, room]*; **to ~ sth upright** postawić coś (pionowo); **to ~ matters** or **the record straight** fig wyjaśnić sprawę; **a house set among the trees** dom stojący wśród drzew; **a necklace set with rubies** naszyjnik wysadzany rubinami; **his eyes are set very close together** ma oczy osadzone bardzo blisko siebie [2] (prepare) zastawi|ć, -ać *[trap]*; **to ~ the table** nakryć do stołu; **~ three places** podaj trzy nakrycia; **to ~ the stage** or **scene for sth** fig położyć podwaliny czegoś *[peace agreement, new society]*; przygotować wszystko na coś *[encounter, match]*; **the stage is set for the final** wszystko jest gotowe na finał; **to ~ one's mark** or **stamp on sth** odcisnąć swój ślad na czymś [3] (affix, establish) ustali|ć, -ać *[date, deadline, place, price, target]*; wy|lansować *[fashion, trend]*; nada|ć, -wać *[tone]*; stw|orzyć, -arzać *[precedent]*; ustan|owić, -awiać *[record]*; **to ~ a good/bad example to sb** dawać komuś dobry/zły przykład; **to ~ one's sights on sth** stawiać sobie za cel zdobycie czegoś *[championship, job]* [4] (adjust) nastawi|ć, -ać, ustawi|ć, -ać *[clock, alarm clock, timer, video]*; włącz|yć, -ać *[burglar alarm]*; **to ~ the oven to 180°** nastawić piekarnik na 180 stopni; **to ~ the controls to manual** przełączyć układ na tryb ręczny; **to ~ the video to record the film** zaprogramować wideo, żeby nagrać film; **to ~ the alarm for 7 am** nastawić budzik na siódmą rano; **~ your watch by mine** wyreguluj swój zegarek według mojego; **I set the heating to come on at 6 am** nastawiłem włączenie ogrzewania na szóstą; **to ~ the counter back to zero**

S

wyzerować licznik [5] (start) **to ~ sth going** włączyć *[machine, motor]*; **that set everyone laughing** to wzbudziło ogólne rozbawienie; **that set everybody thinking** to dało wszystkim do myślenia; **the noise set the dogs barking** na ten odgłos psy się rozszczekały; **we set them to work cleaning up the kitchen** zapędziliśmy ich do sprzątania kuchni [6] (impose, prescribe) *[teacher]* zada|ć, -wać *[homework, essay]*; u|łożyć, -kładać *[exam, test, crossword puzzle]*; **to ~ sb a difficult exam/test** poddać kogoś trudnemu egzaminowi/testowi; **to ~ a book/subject for study** umieścić książkę/temat w programie; **to ~ sb the task of doing sth** polecić komuś coś zrobić [7] Cin, Literat, Theat, TV umiejsc|owić, -awiać; **to ~ a book in the 1960s/New York** umiejscowić akcję książki w latach sześćdziesiątych/w Nowym Jorku; **the film /novel is set in Munich/in the 50's** akcja filmu/powieści rozgrywa się w Monachium/w latach pięćdziesiątych [8] Mus **to ~ sth to music** skomponować or napisać muzykę do czegoś *[libretto, lyrics]*; **words set to music by Brahms** słowa, do których muzykę skomponował Brahms [9] Print złożyć, składać *[text, type]*; **to ~ sth in italics** złożyć coś kursywą [10] Med złożyć, składać *[bone, broken leg]* [11] (style) u|łożyć, -kładać *[hair]* [12] (cause to harden) zostawi|ć, -ać aż stężeje *[jelly, concrete]* [13] (esteem) **to ~ sb above/below sb** stawiać kogoś wyżej/niżej od kogoś

IV *vi* (*prp* **-tt-;** *pt, pp* **set)** [1] *[sun]* za|jść, -chodzić [2] (harden) *[jelly, jam]* ści|ąć, -nać się; *[concrete, plaster]* zastyg|nąć, -ać; *[glue]* zas|chnąć, -ychać [3] Med *[fracture, bone]* zr|osnąć, -astać się

V *vr* (*prp* **-tt-;** *pt, pp* **set) to ~ oneself sth** wyznaczyć sobie coś *[goal, target]*

■ **set about**: ¶ **~ about [sth]** zab|rać, -ierać się do (czegoś) *[work, duties]*; **to ~ about doing sth** zabrać się do robienia czegoś; **to ~ about the job** or **task** or **business of doing sth** zabrać się do robienia czegoś ¶ **~ about [sb]** infml rzuc|ić, -ać się na (kogoś) **(with sth** z czymś) ¶ **~ [sth] about** rozpu|ścić, -szczać *[rumour, story]*; **to ~ it about that...** rozpuścić pogłoskę, że...

■ **set against**: ¶ **~ [sb] against** (make antagonistic) **to ~ sb against sb/sth** nastawić kogoś przeciwko komuś/czemuś; **to ~ oneself against sth** sprzeciwić się czemuś ¶ **~ [sth] against** (compare) **to ~ sth against sth** zestawić coś z czymś; **the benefits seem small, set against the risks** w porównaniu z ryzykiem korzyści wydają się niewielkie

■ **set apart**: ¶ **~ [sb/sth] apart** wyróżni|ć, -ać *[person, book, film]* **(from sb/sth** spośród kogoś/czegoś)

■ **set aside**: **~ aside [sth], ~ [sth] aside** [1] (put down) od|łożyć, -kładać *[book, knitting]* [2] (reserve) przeznacz|yć, -ać *[area, room, time]* **(for sth** na coś); od|łożyć, -kładać *[money, stock]* [3] (disregard) od|łożyć, -kładać na bok *[differences, prejudices]* [4] Admin, Jur (reject) uchyl|ić, -ać *[decision, verdict, judgment, ruling]*; odrzuc|ić, -ać *[request, claim]*

■ **set back**: ¶ **~ [sth] back** [1] (position towards the rear) odsu|nąć, -wać *[chair, table]*; **the house is set back from the road** dom jest odsunięty od drogi [2] (adjust) cof|nąć, -ać *[clock, watch]* ¶ **~ back [sth], ~ [sth] back** (delay) opóźni|ć, -ać *[production, recovery, work]*; **the strike has set us back three months** z powodu strajku mamy trzy miesiące opóźnienia ¶ **~ [sb] back** infml uderzyć po kieszeni infml; **that car must have set you back a bit** ten samochód musiał cię sporo kosztować; **the new suit set me back £50** nowy garnitur kosztował mnie 50 funtów

■ **set by**: **~ [sth] by, ~ by [sth]** od|łożyć, -kładać *[money]*

■ **set down**: ¶ **~ [sb/sth] down** wysadz|ić, -ać *[passenger]*; postawić, stawiać *[suitcases, vase]* ¶ **~ down [sth], ~ [sth] down** [1] (establish) ustal|ić, -ać *[code of practice]*; określ|ić, -ać *[conditions, criteria]*; wyznacz|yć, -ać *[date]* [2] (record) odnotow|ać, -ywać *[event, fact]* [3] Aviat posadzić, sadzać *[helicopter]*; **to ~ down the plane** wylądować

■ **set forth**: ¶ **~ forth** (leave) wyrusz|yć, -ać ¶ **~ forth [sth]** przedstawi|ć, -ać *[findings, facts, argument, opinion]*

■ **set in**: ¶ **~ in** *[infection, gangrene]* wda|ć, -wać się; *[complications]* wywiąz|ać, -ywać się; *[exhaustion]* da|ć, -wać o sobie znać; *[winter, frost, bad weather]* nasta|ć, -wać; *[despair, feeling]* zapanować; **the rain has set in for the afternoon** rozpadało się i pewnie popada całe popołudnie ¶ **~ [sth] in** Sewing wszy|ć, -wać *[sleeve]*

■ **set off**: ¶ **~ off** wyrusz|yć, -ać; **to ~ off for Japan/Mount Everest** wyruszyć do Japonii/na Mount Everest; **to ~ off on a journey/an expedition** wyruszyć w podróż/na wyprawę; **to ~ off to visit sb** wybrać się z wizytą do kogoś; **he set off on a long description/story** zaczął długi opis/długą opowieść ¶ **~ off [sth], ~ [sth] off** [1] (trigger) włącz|yć, -ać *[alarm]*; s|powodować wybuch (czegoś), zdetonować *[bomb]*; wywoł|ać, -ywać *[riot, row, panic]* [2] (enhance) podkreślać *[colour, tan]* [3] Fin z|równoważyć; **to ~ off loss against profits** równoważyć straty zyskami ¶ **~ [sb] off** (cause to begin) **you've set the baby off** przez ciebie dziecko zaczęło płakać; **she laughed and that set me off** zaśmiała się i jej wesołość mi się udzieliła; **don't mention politics, you know it always ~s him off** nie wspominaj o polityce, bo jak raz zacznie, nie wiadomo kiedy skończy infml

■ **set on**: ¶ **~ on [sb]** napa|ść, -dać (kogoś) ¶ **~ [sb/sth] on sb** nas|łać, -yłać na kogoś; napu|ścić, -szczać na kogoś infml *[police]*; **to ~ the dog on sb** poszczuć kogoś psem; **to ~ sb onto sb** or **sb's track** naprowadzić kogoś na ślad kogoś

■ **set out**: ¶ **~ out** (leave) wyrusz|yć, -ać; **to ~ out for Paris/the airport** wyruszyć do Paryża/na lotnisko; **to ~ out on a journey /an expedition** wyruszyć w podróż/na wyprawę; **to ~ out to do sth** (intend) *[book, report, speech]* mieć na celu zrobienie czegoś; *[person]* postanowić zrobić coś; (start) zacząć robić coś ¶ **~ [sth] out, ~ out [sth]** [1] (spread out) roz|łożyć, -kładać *[goods, papers, board game]*; rozstawi|ć, -ać *[chairs, chessmen]*; wy|łożyć, -kładać *[food]* [2] (state, explain) przedstawi|ć, -ać *[conclusions, ideas, proposals]*; określ|ić, -ać *[terms, conditions]*

■ **set to** (start working) wziąć, brać się do dzieła

■ **set up**: ¶ **~ up** (establish oneself) *[business person, trader]* otw|orzyć, -ierać interes; **to ~ up in business** otworzyć interes; **to ~ up on one's own** otworzyć własny interes; **to ~ up (shop) as a caterer** rozpocząć działalność jako organizator przyjęć ¶ **~ up [sth], ~ [sth] up** [1] (erect) ustawi|ć, -ać *[stand, stall, equipment, easel]*; postawi|ć, -ać, wz|nieść, -osić *[statue]*; rozstawi|ć, -ać *[roadblocks]*; **to ~ up home** or **house** urządzić się; **to ~ up camp** rozbić obóz [2] (prepare) przygotow|ać, -ywać *[experiment]* [3] (found, establish) za|łożyć, -kładać *[business, company, factory, charity, fund]*; u|tworzyć *[committee, commission]* [4] (organize) z|organizować *[conference, meeting]*; wszcz|ąć, -ynać *[enquiry, procedures]* [5] (start) wywoł|ać, -ywać *[vibration, reaction]* [6] Print złożyć, składać *[page]* ¶ **~ [sb] up** [1] (establish in business) **she set her son up (in business) as a tailor** pomogła synowi otworzyć zakład krawiecki [2] (improve one's health, fortune) postawić, stawiać na nogi; **there's nothing like a good vacation to ~ you up** nic tak nie stawia na nogi jak porządne wakacje; **that deal has set her up for life** ten interes ustawił ją na całe życie [3] GB infml (frame) wr|obić, -abiać infml *[person]* [4] Comput ustawi|ć, -ać ¶ **~ [oneself] up** [1] Comm **she set herself up as a financial advisor** rozpoczęła własną działalność jako doradca finansowy; **to ~ oneself up in business** rozpocząć własną działalność, założyć własny interes [2] (claim) **I don't ~ myself up to be an expert** nie uważam się za znawcę; **she ~s herself up as an authority on French art** uważa się za autorytet w dziedzinie sztuki francuskiej

■ **set upon**: **~ upon [sb]** napa|ść, -dać na (kogoś)

IDIOMS: **to be well set up** infml (financially) być dobrze ustawionym infml; (physically) *[woman]* być dobrze zbudowanym; **to make a (dead) ~ at sb** GB infml zmyć komuś głowę

set[2] /set/ **I** *n* [1] (collection) (of keys, spanners, screwdrivers) komplet *m*, zestaw *m*; (of golf clubs, chairs, cutlery, tests) komplet *m*; (of coins, stamps, data, rules, instructions) zbiór *m*; **a ~ of china** serwis porcelanowy; **a new/clean ~ of clothes** nowe/czyste ubranie; **I need two ~s of clothes** potrzebuję dwóch kompletów ubrań; **they're sold in ~s of 10** są sprzedawane w zestawach or kompletach po 10; **a ~ of bills** Comm, Fin oryginał weksla z wtórnikami; **a ~ of fingerprints** odciski palców; **a ~ of stairs** schody; **a ~ of traffic lights** światła [2] (kit, game) zestaw *m*, komplet *m*; **a chemistry ~** mały chemik; **a carpentry/sewing ~** zestaw do majsterkowania/do szycia; **a chess/draughts ~** szachy/warcaby [3] (pair) **a ~ of sheets** komplet prześcieradeł; **a ~ of footprints** ślady stóp; **a ~ of false teeth** sztuczna szczęka; **top/bottom ~** (of false teeth) proteza górna/dolna; **one ~ of**

grandparents lives in Canada jedni dziadkowie mieszkają w Kanadzie; **both ~s of parents agreed with us** i jedni, i drudzy rodzice zgodzili się z nami [4] Sport (in tennis) set *m*; **'~ to Miss Wilson'** „set – Wilson" [5] (television) odbiornik *m*; **TV ~, television ~** odbiornik telewizyjny, telewizor [6] (group) krąg *m*; **aristocratic /literary ~** kręgi arystokratyczne/literackie; **the fashion/tennis ~** świat mody /tenisa; **the London ~** londyńska śmietanka towarzyska; **the smart** or **fashionable ~** modne towarzystwo; **he's not part of our ~** on nie należy do naszej paczki infml [7] Math zbiór *m* [8] GB Sch (class, group) grupa *f*; **to be in the top ~ for maths** być w klasowej czołówce z matematyki [9] Mus wiązanka *f*; **a five-song ~** wiązanka pięciu piosenek

II *vt* GB Sch po|dzielić na grupy *[pupils]*

set-aside /ˈsetəsaɪd/ *n* Agric (policy) odłogowanie *n*; (land) odłóg *m*, ugór *m*

setback /ˈsetbæk/ *n* [1] komplikacja *f* **(for sb** dla kogoś); **this would be a ~ to our plans** to by nam pokrzyżowało plany; **it was a ~ to his hopes of winning** to zmniejszyło jego szanse na zwycięstwo; **he had been recovering well, but today he suffered a ~** dochodził już do zdrowia, ale dziś nastąpiło pogorszenie [2] Fin spadek *m*; **after an early ~ prices rose steadily** Fin po początkowym spadku ceny stale rosły

set designer *n* Theat scenograf *m*, -ka *f*

set-in sleeve /ˌsetɪnˈsliːv/ *n* Sewing rękaw *m* wszywany

set piece **I** *n* [1] Sport stały fragment *m* gry [2] Mus popisowa partia *f* [3] Theat (piece of scenery) ruchoma dekoracja *f* [4] (fireworks) kompozycja *m* utworzona ze sztucznych ogni

II **setpiece** *modif [manoeuvre, offensive]* starannie zaplanowany

set play *n* zaplanowany manewr *m*

set point *n* piłka *f* setowa

set scrum *n* (in rugby) młyn *m* dyktowany

set square *n* GB Tech ekierka *f*

sett /set/ *n* (of badger) nora *f*

settee /seˈtiː/ *n* kanapa *f*

setter¹ /ˈsetə(r)/ *n* Zool seter *m*

setter² /ˈsetə(r)/ *n* (jeweller) jubiler *m*, -ka *f* *(obsadzający drogie kamienie)*

set theory *n* Math teoria *f* zbiorów

setting /ˈsetɪŋ/ *n* [1] (location) (for event, film, novel) sceneria *f*; **a historic/rural/magnificent ~** historyczna/wiejska/wspaniała sceneria; **a house in a riverside ~** dom położony nad rzeką; **the villa has a beautiful ~** willa jest pięknie położona; **it's the perfect ~ for a holiday/a wedding** to idealne miejsce na wakacje /na wesele; **Milan will be the ~ for the film** miejscem akcji tego filmu będzie Mediolan; **Dublin is the ~ for her latest novel** akcja jej ostatniej powieści rozgrywa się w Dublinie; **this street was the ~ for a riot/murder** na tej ulicy miały miejsce zamieszki/miało miejsce morderstwo; **to work in a university/an office ~** pracować na uniwersytecie/w biurze [2] (in jewellery) oprawa *f* [3] (position on dial) ustawienie *n*; **put the iron/heater on the highest ~** nastaw żelazko/grzejnik na cały regulator [4] (of jam, jelly) tężenie *n*; (of cement) twardnienie *n*; (of glue) schnięcie *n* [5] Mus oprawa *f* muzyczna **(of sth** do czegoś) [6] **the ~ of the sun** zachód słońca [7] Print skład *m*

setting lotion *n* płyn *m* do układania włosów

setting ring *n* Phot pierścień *m* przesłony

setting-up /ˌsetɪŋˈʌp/ *n* (of committee, programme, scheme) utworzenie *n*; (of business, factory) założenie *n*; (of inquiry) wszczęcie *n*

settle¹ /ˈsetl/ **I** *vt* [1] (position comfortably) usad|owić, -awiać *[person]*; **to ~ a child on one's lap** posadzić sobie dziecko na kolanach; **to get one's guests ~d** posadzić gości; **to get the children ~d for the night** położyć dzieci spać [2] (calm) uspok|oić, -ajać *[nerves]*; rozwi|ać, -ewać *[doubts, qualms]*; **to take sth to ~ one's stomach** wziąć coś na żołądek [3] (resolve) załatwi|ć, -ać *[business]*; rozstrzyg|nąć, -ać *[matter, dispute, conflict]*; rozwiąz|ać, -ywać *[problem]*; Sport rozstrzyg|nąć, -ać *[match]*; **~ it among yourselves** załatwcie to między sobą; **that's ~d!** załatwione!; **that's one thing ~d** no to mamy jedno załatwione; **that ~s it! I'm leaving tomorrow** w takim razie jutro wyjeżdżam! [4] (agree on) ustal|ić, -ać *[arrangements, terms of payment]*; **nothing's ~d yet** nic nie jest jeszcze ustalone; **we've finally ~d that...** ustaliliśmy ostatecznie, że... [5] (put in order) **to ~ one's affairs** uporządkować swoje sprawy [6] Comm (pay) u|regulować *[bill]*; spłac|ić, -ać *[debt]*; **to ~ sb's claim** *[insurance company]* zaspokoić roszczenia kogoś [7] (colonize) zasiedl|ić, -ać *[country, island]* [8] infml (deal with) **we'll soon ~ her** już my ją usadzimy infml [9] (bequeath) zapis|ać, -ywać *[money, property]* **(on sb** komuś) [10] (keep down) **spray the path to ~ the dust** skrop ścieżkę, żeby się nie kurzyło [11] US (impregnate) zapł|odnić, -adniać *[animal]*

II *vi* [1] (come to rest) *[bird, insect]* si|ąść, -adać, usiąść; *[dust, dregs, tea leaves]* osi|ąść, -adać; **the boat ~d on the bottom** łódź osiadła na dnie; **let the wine ~** poczekaj, aż wino się wyklaruje; **to let the dust ~** poczekać, aż kurz opadnie; fig poczekać, aż sytuacja trochę się wyklaruje; **to ~ over sth** *[mist, clouds]* zawisnąć nad czymś; fig *[silence]* zapaść nad czymś; *[grief]* zapanować w czymś [2] (become resident) *[family, person]* osi|ąść, -adać; *[emigrant, colonist]* osiedl|ić, -ać się [3] *[wall]* osi|ąść, -adać; *[contents, ground]* ubi|ć, -jać się [4] (calm down) *[child, baby]* uspok|oić, -ajać się; (go to sleep) us|nąć, -ypiać [5] (become stable) *[weather]* ustal|ić, -alać się [6] (take hold) *[snow, mist]* utrzym|ać, -ywać się; **it's snowing, but it's not settling** śnieg pada, ale zaraz topnieje; **his cold has ~d on his chest** z przeziębienia wywiązało się u niego zapalenie oskrzeli [7] (be digested) **let your lunch ~!** poczekaj, aż ci się ułoży w brzuchu! infml [8] Jur (agree) przysta|ć, -wać na porozumienie; **to ~ out of court** zawrzeć ugodę, załatwić sprawę polubownie

III *vr* **to ~ oneself in sth** usadowić się w czymś *[armchair]*; ułożyć się w czymś *[bed]*

■ **settle back**: **~ back** u|sadowić się wygodnie **(in sth** w czymś)

■ **settle down**: **~ down** [1] (get comfortable) (sit down) usad|owić, -awiać się **(in/on sth** na/w czymś); (lie down) u|łożyć, -kładać się **(on/in sth** na/w czymś) [2] (calm down) *[person, situation]* uspok|oić, -ajać się; **~ down, children!** dzieci, spokój! [3] (marry) ustatkować się [4] (apply oneself) **to ~ down to sth** zabrać się do czegoś; **to ~ down to doing sth** zabrać się do robienia czegoś

■ **settle for**: **~ for [sth]** zadow|olić, -alać się (czymś) *[alternative, poorer option]*; **why ~ for less?** dlaczego masz zadowalać się czymś gorszym?

■ **settle in** za|aklimatyzować się, za|adaptować się

■ **settle on**: **~ on [sth]** z|decydować się na (coś) *[name, colour]*

■ **settle to**: **~ to [sth]** zab|rać, -ierać się do (czegoś) *[work]*; **I can't ~ to anything** nie mogę się na niczym skoncentrować

■ **settle up**: **~ up** [1] (pay) za|płacić [2] (sort out who owes what) rozlicz|yć, -ać się **(with sb** z kimś); **I've already ~d up with the waiter** (in restaurant) już zapłaciłem kelnerowi

IDIOMS: **to ~ a score with sb** wyrównać z kimś rachunki; **to ~ old scores with sb** załatwić z kimś stare porachunki

settle² /ˈsetl/ *n* ława *f* ze skrzynią

settled /ˈsetld/ *adj* [1] (not moving) *[civilization, farmers]* osiadły [2] (stable) *[alliance]* trwały, stabilny; *[relationship]* trwały, stały; *[weather, future]* stabilny; *[routine, social order]* ustalony; *[way of life]* ustabilizowany; **she's a lot more ~ now** prowadzi teraz dużo bardziej ustabilizowane życie; **I feel ~ here** czuję się tu zadomowiony; **a ~ spell** kilka dni ładnej pogody

settlement /ˈsetlmənt/ *n* [1] (agreement) porozumienie *n*, ugoda *f* [2] (resolving) rozwiązywanie *n*; **~ of industrial disputes** rozwiązywanie sporów pracowniczych [3] Jur (in civil case) ugoda *f*; (of property) zapisanie *n*; **a marriage ~** majątkowa umowa małżeńska; **to make a ~ on sb** zrobić zapis na rzecz kogoś [4] Fin (of debt) spłacenie *n*; (of bill) uregulowanie *n*; (of invoice, claim) rozliczenie *n*; **prompt ~ of your account would be appreciated** bylibyśmy wdzięczni za rychłe uzupełnienie konta; **in ~ of sth** na pokrycie czegoś, w rozliczeniu czegoś *[cheque]* [5] Sociol (social work centre) ośrodek *m* pomocy społecznej [6] (dwellings) osada *f*, osiedle *n*; **Jewish ~s in the West Bank** osiedla żydowskie na Zachodnim Brzegu [7] (creation of new community) zasiedlanie *n*; **~ in the occupied territories** zasiedlanie terytoriów okupowanych [8] Constr osiadanie *n*

settlement day *n* Fin dzień *m* rozliczeniowy or obrachunkowy

settler /ˈsetlə(r)/ *n* osadni|k *m*, -czka *f*

settlor /ˈsetlə(r)/ *n* Jur testator *m*, -ka *f*

set-to /ˈsettuː/ *n* (quarrel) infml sprzeczka *f*; (fight) bójka *f*; **to have a ~ with sb** (quarrel) poprztykać się z kimś infml

set-top box /ˌsettɒpˈbɒks/ *n* TV dekoder *m*

set-up /ˈsetʌp/ infml **I** *n* [1] (of company, political system) organizacja *f*, struktura *f* [2] (trick, trap) pułapka *f* fig; **she claimed it was a ~** twierdziła, że ktoś ją wrobił infml

S

II *modif* **~ costs** koszty początkowe; **~ time** czas rozruchu

seven /ˈsevn/ **I** *n* (number) siedem; (symbol) siódemka *f*

II sevens *npl* Sport rugby *n inv* siedmioosobowe

III *adj* siedem; (male) siedmiu *(+ v sg)*; (male and female) siedmioro *(+ v sg)*; **the ~ deadly sins** siedem grzechów głównych; **the ~ wonders of the world** siedem cudów świata

seven-league boots /ˌsevnliːgˈbuːts/ *n* siedmiomilowe buty *m pl*

Seven Sisters *n* US Univ **the ~** Siedem Siόstr *(grupa uczelni żeńskich w pn.-wsch. części Stanów Zjednoczonych)*

seventeen /ˌsevnˈtiːn/ **I** *n* (number) siedemnaście; (symbol) siedemnastka *f*

II *adj* siedemnaście; (male) siedemnastu *(+ v sg)*; (male and female) siedemnaścioro *(+ v sg)*

seventeenth /ˌsevnˈtiːnθ/ **I** *n* [1] (in order) siedemnast|y *m*, -a *f*, -e *n* [2] (fraction) siedemnasta *f* (część); **two ~s** dwie siedemnaste

II *adj* siedemnasty

III *adv [come, finish]* na siedemnastym miejscu

seventh /ˈsevnθ/ **I** *n* [1] (in order) siódm|y *m*, -a *f*, -e *n* [2] (fraction) siódma *f* (część); **three ~s** trzy siódme [3] Mus septyma *f*

II *adj* siódmy

III *adv [come, finish]* na siódmym miejscu

IDIOMS: **to be in ~ heaven** być w siódmym niebie

seventies /ˈsevntɪz/ *npl* [1] **the ~** lata siedemdziesiąte [2] **to be in one's ~** mieć siedemdziesiąt kilka lat

seventieth /ˈsevntɪəθ/ **I** *n* [1] (in order) siedemdziesiąt|y *m*, -a *f*, -e *n* [2] (fraction) siedemdziesiąta *f* (część)

II *adj* siedemdziesiąty

III *adv [come, finish]* na siedemdziesiątym miejscu

seventy /ˈsevntɪ/ **I** *n* (number) siedemdziesiąt; (symbol) siedemdziesiątka *f*

II *adj* siedemdziesiąt; (male) siedemdziesięciu *(+ v sg)*; (male and female) siedemdziesięcioro *(+ v sg)*

seventy-eight /ˌsevəntɪˈeɪt/ *n* Audio **a ~ (record** or **disc)** płyta na siedemdziesiąt osiem obrotów

seven-year itch /ˌsevnjɪəˈɪtʃ, -ˈjɜːr-/ *n* kryzys *m* po siedmiu latach małżeństwa

sever /ˈsevə(r)/ *vt* [1] (cut) przeci|ąć, -nać *[rope, wire, artery]*; (cut off) odci|ąć, -nać, uci|ąć, -nać *[head, branch]*; (break off) przer|wać, -ywać *[rope, spinal cord]*; ur|wać, -ywać *[limb]* [2] fig (break off) z|erwać, -rywać *[link, relations, contact, communications]*

severability /ˌsevrəˈbɪlətɪ/ *n* Jur wypowiadalność *f*

severable /ˈsevrəbl/ *adj* Jur *[contract, liability]* wypowiadalny

several /ˈsevrəl/ **I** *pron* **~ of them** (men) kilku z nich; (women, animals, objects) kilka z nich; (men and women, children) kilkoro z nich; **~ of our group** kilka osób z naszej grupy

II *quantif* [1] (a few) kilka; **~ books** kilka książek [2] fml (respective) osobisty; **their ~ briefcases** ich własne teczki; **they went their ~ ways** każdy poszedł własną drogą fig

severally /ˈsevrəlɪ/ *adv* osobno, oddzielnie

severance /ˈsevərəns/ *n* [1] (of relations, links) zerwanie *n* [2] (redundancy) rozwiązanie *n* umowy o pracę

severance pay *n* odprawa *f*

severe /sɪˈvɪə(r)/ *adj* [1] (extreme) *[problem, damage, shortage, injury, illness, recession]* poważny; *[loss, shock, test]* ciężki; *[cold]* ostry; *[winter]* surowy, srogi; *[pain, headache]* ostry, silny [2] (harsh) *[person, punishment, criticism]* srogi, surowy **(with sb** dla kogoś**)** [3] (austere) *[haircut, clothes]* prosty, surowy

severely /sɪˈvɪəlɪ/ *adv* [1] (seriously) *[restrict, damage]* poważnie; *[shock]* ciężko; *[ill, injured]* poważnie, ciężko; **~ disabled** dotknięty ciężkim kalectwem [2] (harshly) *[treat, speak, punish]* surowo, srogo; *[beat]* bezlitośnie [3] (austerely) *[dress]* surowo

severity /sɪˈverətɪ/ *n* [1] (of situation) powaga *f*; (of damage, loss) dotkliwość *f* [2] (harshness) surowość *f*, srogość *f*

Seville /səˈvɪl/ *prn* Sewilla *f*

Seville orange *n* pomarańcza *f* gorzka

Seville orange marmalade *n* dżem *m* z gorzkich pomarańczy

sew /səʊ/ (*pt* **sewed**; *pp* **sewed, sewn**)

I *vt* u|szyć *[garment]*; zszy|ć, -wać *[seam, pieces of material]*; przyszy|ć, -wać *[patch, button]*; **to ~ sth on to sth** przyszyć coś do czegoś; **he ~ed the button back on** przyszył oderwany guzik; **she ~s all her children's clothes** sama szyje wszystkie ubrania dla swoich dzieci

II *vi* szyć

■ **sew up: ~ up [sth], ~ [sth] up** [1] zaszy|ć, -wać *[hole]*; zszy|ć, -wać *[tear, wound]* [2] infml (settle) ubi|ć, -jać infml *[deal]*; za|kończyć zwycięsko *[game]*; (control) z|dominować *[market]*; **they've got the match/election sewn up** mają już mecz/wybory w kieszeni infml; **the deal is all sewn up!** sprawa jest już zapięta na ostatni guzik infml

sewage /ˈsuːɪdʒ, ˈsjuː-/ *n* ścieki *m pl*

sewage disposal *n* odprowadzanie *n* ścieków

sewage farm *n* = **sewage works**

sewage outfall *n* odpływ *m* ścieków

sewage outlet *n* = **sewage outfall**

sewage sludge *n* szlam *m* ściekowy

sewage system *n* sieć *f* kanalizacyjna, kanalizacja *f*

sewage treatment *n* oczyszczanie *n* ścieków

sewage works *n* oczyszczalnia *f* ścieków

sewer /ˈsuːə(r), ˈsjuː-/ *n* kanał *m* ściekowy, ściek *m*; **storm ~** kanał burzowy

sewerage /ˈsuːərɪdʒ, ˈsjuː-/ *n* US = **sewage**

sewer gas *n* gaz *m* kanałowy

sewer rat *n* szczur *m* wędrowny

sewing /ˈsəʊɪŋ/ **I** *n* (activity) szycie *n*; (piece of work) szycie *n*, robótka *f*; **I hate ~** nienawidzę szyć

II *modif [scissors, thread]* krawiecki

sewing basket *n* kosz *m* na robótki

sewing bee *n* spotkanie *n* przy szyciu

sewing cotton *n* nici *f pl* bawełniane

sewing machine *n* maszyna *f* do szycia

sewing silk *n* nici *f pl* jedwabne

sewn /səʊn/ *pp* → **sew**

sex /seks/ **I** *n* [1] (gender) płeć *f*; **people of both ~es** osoby obojga płci [2] (intercourse) (one act) stosunek *m* (płciowy); (repeated) współżycie *n* seksualne, seks *m*; **to have ~ with sb** (one act) odbyć z kimś stosunek; (repeated) współżyć z kimś, uprawiać z kimś seks; **he thinks about nothing but ~** on myśli tylko o seksie, jemu tylko seks w głowie

II *modif* Biol *[chromosome, hormone, organ]* płciowy; *[education, hygiene]* seksualny

III *vt* określ|ić, -ać płeć (czegoś) *[animal]*

IV sexed *pp adj* Bot, Zool płciowy; **highly ~ed** *[person]* o silnym popędzie seksualnym

■ **sex up** US infml: **~ [sb] up** podniec|ić, -ać

sex abuse *n* wykorzystywanie *n* seksualne; (act) czyn *m* nierządny or lubieżny

sex act *n* akt *m* płciowy

sexagenarian /ˌseksədʒɪˈneərɪən/ **I** *n* sześćdziesięciolat|ek *m*, -ka *f*

II *adj* po sześćdziesiątce

Sexagesima /ˌseksəˈdʒesɪmə/ *n* Relig przedostatnia niedziela *f* przed Wielkim Postem, niedziela *f* mięsopustna

sex aid *n* artykuł *m* erotyczny; **~s** akcesoria erotyczne

sex appeal *n* seksapil *m*

sex attack *n* akt *m* przemocy seksualnej

sex attacker *n* sprawca *m* aktu przemocy seksualnej

sex change *n* zmiana *f* płci; **to have a ~** przejść operację zmiany płci

sex crime *n* przestępczość *f* na tle seksualnym; (one incident) przestępstwo *n* na tle seksualnym

sex discrimination *n* dyskryminacja *f* ze względu na płeć

sex drive *n* popęd *m* płciowy or seksualny

sex education *n* wychowanie *n* seksualne

sex fiend *n* infml hum seksoholik *m* infml

sex goddess *n* infml bogini *f* seksu

sexism /ˈseksɪzəm/ *n* seksizm *m*

sexist /ˈseksɪst/ **I** *n* seksist|a *m*, -ka *f*

II *adj* seksistowski

sex kitten *n* infml seksowny kociak *m* infml

sexless /ˈsekslɪs/ *adj* bezpłciowy, aseksualny

sex life *n* życie *n* płciowe or seksualne

sex mad *adj* infml zbzikowany na punkcie seksu infml

sex maniac *n* infml maniak *m* seksualny

sex object *n* obiekt *m* seksualny

sex offence *n* GB przestępstwo *n* seksualne

sex offender *n* winny *m* przestępstwa seksualnego

sexologist /sekˈsɒlədʒɪst/ *n* seksuolog *m*

sexology /sekˈsɒlədʒɪ/ *n* seksuologia *f*

sexpert /ˈsekspɜːt/ *n* infml ekspert *m* w sprawach erotycznych

sexploitation /ˌseksplɔɪˈteɪʃn/ *n* wykorzystywanie *n* erotyki *(w filmie, reklamie)*

sexpot /ˈsekspɒt/ *n* infml (man) seksowny facet *m* infml; (woman) seksowna babka *f* infml

sex scandal *n* Journ skandal *m* obyczajowy

sex scene *n* Cin, Theat scena *f* erotyczna

sex shop *n* sex shop *m*

sex show *n* show *m* erotyczny

sex-starved /ˈseksstɑːvd/ *adj* infml wyposzczony or wygłodzony (seksualnie)

sex symbol *n* symbol *m* seksu

sextant /ˈsekstənt/ *n* sekstant *m*, sekstans *m*

sextet /sek'stet/ *n* sekstet *m*
sex therapist *n* seksuolog *m*
sex therapy *n* terapia *f* seksualna
sexton /'sekstən/ *n* kościelny *m*
sex tourism *n* turystyka *f* erotyczna
sex tourist *n* osoba *f* uprawiająca turystykę erotyczną
sextuple /seks'tju:pl/ **I** *vt* zwiększ|yć, -ać sześciokrotnie
II *vi* zwiększ|yć, -ać się sześciokrotnie
sextuplet /'sekstjuplıt, -'tju:plıt/ *n* jedno *n* z sześcioraczków
sexual /'sekʃʊəl/ *adj [contact, experience, orientation, preference, revolution]* seksualny; *[characteristics, organ, reproduction]* płciowy
sexual abuse *n* wykorzystywanie *n* seksualne
sexual conversion *n* zmiana *f* płci
sexual harassment *n* molestowanie *n* seksualne
sexual intercourse *n* (act) stosunek *m* płciowy; (activity) współżycie *n* seksualne
sexuality /ˌsekʃʊ'ælətı/ *n* [1] (sexual orientation) seksualność *f*; **female/male ~** seksualność kobiet/mężczyzn [2] (eroticism) erotyzm *m*
sexualization /ˌsekʃʊəlaı'zeıʃn, US -lı'z-/ *n* erotyzacja *f*
sexualize /'sekʃʊəlaız/ *vt* przyda|ć, -wać (czemuś) erotyzmu
sexually /'sekʃʊəlı/ *adv [mature]* płciowo; *[attract, repel]* seksualnie; *[discriminate]* z powodów seksualnych; *[distinguish]* pod względem płciowym; *[transmit, infect]* drogą płciową; **to be ~ abused** być wykorzystywanym seksualnie
sexually transmitted disease, STD *n* choroba *f* przenoszona drogą płciową
sexual partner *n* partner *m* seksualny, partnerka *f* seksualna
sex urge *n* popęd *m* płciowy
sex worker *n* prostytutka *f*
sexy /'seksı/ infml *adj* [1] (erotic) *[book, film, show]* erotyczny; *[person, clothing]* seksowny, sexy infml [2] Advertg (appealing) *[image, product, slogan]* rajcowny infml
Seychelles /seı'ʃelz/ *prn* **the ~** Seszele *plt*; **in the ~** na Seszelach
sez /sez/ infml = **says**
SF *n* → **science fiction**
SFO *n* GB → **Serious Fraud Office**
S Glam *n* GB Post = **South Glamorgan**
SGML *n* = **Standard Generalized Markup Language** standardowy uogólniony język *m* znaczników, SGML *m*
Sgt. *n* = **sergeant**
sh /ʃ/ *excl* ciii...
shabbily /'ʃæbılı/ *adv [dressed, furnished]* nędznie; *[treat, behave]* podle
shabbiness /'ʃæbınıs/ *n* (of clothes, place) zaniedbanie *n*; (of behaviour) nikczemność *f*, podłość *f*
shabby /'ʃæbı/ *adj [person, appearance]* obdarty; *[clothes]* wytarty, sfatygowany; *[room, furnishings, building]* nędzny; *[treatment, behaviour]* podły; **what a ~ trick!** co za podła zagrywka!
shabby-genteel /ʃæbıdʒen'ti:l/ *adj* biedny, ale dumny
shabby-looking /'ʃæbılʊkıŋ/ *adj [house, car]* odrapany; **a ~ person** oberwaniec pej
shack /ʃæk/ *n* chałupa *f*, buda *f*
■ **shack up** infml: **to ~ up with sb** żyć z kimś, mieszkać z kimś *[boyfriend, lover]*
shackle /'ʃækl/ **I** *n* kajdany *plt*; fig (constraint) kajdany *plt*, pęta *n pl*; **to throw off the ~s of colonial rule/censorship** zrzucić pęta kolonializmu/cenzury
II *vt* zaku|ć, -wać w kajdany; **to ~ sb to sth** przykuć kogoś do czegoś
III **shackled** *pp adj* skuty; **~d to sth** przykuty do czegoś
shad /ʃæd/ *n* Zool aloza *f*
shade /ʃeıd/ **I** *n* [1] (shadow) cień *m*; **40° in the ~** 40° w cieniu; **in** or **under the ~ of sth** w cieniu czegoś [2] (tint) odcień *m* also fig; **a lighter/darker ~** jaśniejszy/ciemniejszy odcień; **in pastel ~s** w pastelowych odcieniach; **to turn a deep ~ of red** spurpurowieć, poczerwienieć jak burak; **varying ~s of meaning** różne odcienie znaczeniowe; **every ~ of opinion** wszystkie możliwe punkty widzenia [3] (small amount, degree) **a ~ of envy/resentment** nuta zazdrości /goryczy; **a ~ too loud** odrobinę za głośno; **he's a ~ too confident** jest odrobinę zbyt pewny siebie; **there's not a ~ of difference between them** nie ma pomiędzy nimi cienia różnicy [4] (**also lamp~**) abażur *m* → **eyeshade** [5] US (also **window ~**) roleta *f* [6] liter or arch (ghost) cień *m*
II **shades** *npl* [1] infml (sunglasses) okulary *plt* (przeciw)słoneczne [2] (undertones) echa *n pl*; **~s of Mozart/of the sixties** echa muzyki Mozarta/lat sześćdziesiątych
III *vt* [1] (protect from sun, light) *[tree, canopy, sunshade]* ocieni|ć, -ać, osł|onić, -aniać od słońca; **the garden was ~d by trees** ogród ocieniały drzewa; **to ~ one's eyes with one's hand** przysłonić oczy ręką; **~d from the sun** osłonięty od słońca [2] = **shade in**
IV *vi* (blend) *[colour, tone]* stopniowo prze|jść, -chodzić **(into sth** w coś); **the colours ~ into one another** te kolory zlewają się ze sobą; **right ~s into wrong** dobro miesza się ze złem
V **shaded** *pp adj* [1] (shady) *[place]* zacieniony [2] (covered) *[light, lamp]* przysłonięty abażurem [3] Art (**also ~d-in**) *[area, background]* zacieniony; (by hatching) zacieniowany
■ **shade in**: **~ in [sth], ~ [sth] in** *[artist]* za|cieniować *[drawing, area, map]*; *[child]* po|kolorować *[picture]*
IDIOMS: **to put sb/sth in the ~** przyćmić kogoś/coś
shadiness /'ʃeıdınıs/ *n* [1] (being in shade) cienistość *f*, zacienienie *n* [2] (dishonesty) podejrzany charakter *m*
shading /'ʃeıdıŋ/ *n* (in painting, drawing) cienie *m pl*; (hatching) cieniowanie *n*
shadow /'ʃædəʊ/ **I** *n* [1] (shade) cień *m* also fig; **in (the) ~** w cieniu; **in the ~ of sth** w cieniu czegoś *[wall, tree]*; **to live in the ~ of sth** (near) mieszkać w pobliżu czegoś *[mine, power station]*; (in fear of) żyć w obawie przed czymś *[AIDS, unemployment, war]*; **to stand in the ~s** pozostawać w cieniu; **to be afraid of one's own ~** fig bać się własnego cienia; **to live in sb's ~** fig żyć w cieniu kogoś; **to cast a ~ over sth** rzucać cień na coś also fig; **she casts a long ~** fig jej wpływ zawsze daje się odczuć; **the war casts a long ~** skutki wojny sięgają bardzo daleko; **now she's a ~ of her former self** pozostał z niej zaledwie cień; **the remake is only a pale ~ of the original** nowa wersja nie umywa się do oryginału; **to have ~s under one's eyes** mieć cienie pod oczami [2] (person who follows another) cień *m* fig; **I think we have a ~** chyba ktoś nas śledzi; **to put a ~ on sb** kazać kogoś śledzić; **to be sb's ~** chodzić za kimś jak cień [3] (on X-ray) zaciemnienie *n* [4] (hint) cień *m* fig; **not a ~ of truth** ani cienia prawdy; **a ~ of suspicion** cień podejrzenia; **without** or **beyond the ~ of a doubt** bez cienia wątpliwości
II **shadows** *npl* liter (darkness) ciemności *f pl*
III *vt* [1] (cast shadow on) *[wall, trees]* ocieni|ć, -ać, rzuc|ić, -ać cień na (coś); **this tragedy ~ed him all his life** fig ta tragedia prześladowała go przez całe życie [2] (follow) *[detective]* śledzić
shadow-box /'ʃædəʊbɒks/ *vi* Sport walczyć z cieniem
shadow-boxing /'ʃædəʊbɒksıŋ/ *n* walka *f* z cieniem also fig
shadow cabinet *n* GB Pol gabinet *m* cieni
shadow minister *n* GB Pol = **shadow secretary**
shadow play *n* teatr *m* cieni
shadow puppet *n* lalka *f* w teatrze cieni
shadow secretary *n* GB Pol minister *m* w gabinecie cieni
shadowy /'ʃædəʊı/ *adj* [1] (dark) *[path, corridor, woods]* ciemny [2] (indistinct) *[form, outline, figure]* niewyraźny, niejasny [3] (mysterious) *[past, activities]* mętny fig; **a ~ figure** zagadkowa postać
shady /'ʃeıdı/ *adj* [1] (shaded) *[place]* ocieniony [2] *[deal, business, businessman]* podejrzany
shaft /ʃɑ:ft, US ʃæft/ **I** *n* [1] (rod) (of tool) trzonek *m*; (of arrow, spear) drzewce *n*; (of sword) rękojeść *f*; (of column) trzon *m*; (in machine) wał *m*, wałek *m*; (on a cart) dyszel *m*; (of feather) stosina *f*; (of hair, bone) trzon *m* [2] (passage, vent) szyb *m* [3] fig **a ~ of light** snop światła; **a ~ of lightning** zygzak błyskawicy [4] (remark) uwaga *f*; **~ of wit/wisdom** dowcipna/mądra uwaga [5] vulg (penis) kutas *m* vulg
II *vt* [1] vulg (have sex with) ze|rżnąć vulg [2] US vinfml (cheat, treat unfairly) z|robić w balona infml; **I was ~ed over that deal/out of thousands of pounds** dałem się wykołować na tym interesie/na ładnych kilka tysięcy funtów infml
shag[1] /ʃæg/ **I** *n* (tobacco) machorka *f*
II *adj [rug]* włochaty, kosmaty
shag[2] /ʃæg/ *n* Zool kormoran *m* czubaty
shag[3] /ʃæg/ *vt* (*prp, pt, pp* **-gg-**) vulg (have sex with) ze|rżnąć vulg
shag[4] /ʃæg/ *vt* US Sport infml **to ~ baseballs** łapać piłki
shagged /ʃægd/ *adj* GB vinfml (tired) wypluty infml
shaggy /'ʃægı/ *adj [hair, beard, animal]* kudłaty; *[eyebrows]* krzaczasty; *[carpet]* kosmaty, włochaty
shaggy dog story *n rozwlekła opowieść z absurdalnym zakończeniem*
shagreen /ʃæ'gri:n/ *n* (leather) szagryn *m*; (of shark) skóra *f* rekina
Shah /ʃɑ:/ *n* szach *m*
shake /ʃeık/ **I** *n* [1] **to give sb/sth a ~** potrząsnąć kimś/czymś *[person, box, branch,*

S

dice, pillow]; wstrząsnąć coś *[bottle, mixture]*; strzepnąć coś *[cloth]*; **with a ~ of the** or **one's head** kręcąc głową; **to have a ~ in one's voice** mieć drżący głos; **to have the ~s** (from fever) mieć dreszcze; (from fear) trząść się 2 (also **milk-~**) koktajl *m* mleczny

II *vt* (*pt* **shook;** *pp* **shaken)** 1 *[person]* potrząs|nąć, -ać (kimś/czymś) *[person, branch, bag, dice]*; wstrząs|nąć, -ać *[bottle, mixture]*; strzep|nąć, -ywać *[tablecloth, thermometer]*; za|trząść (czymś) *[table, tree]*; *[blow, earthquake, explosion]* wstrząs|nąć, -ać (czymś) *[building]*; wywoł|ać, -ywać wstrząsy w (czymś) *[town, area]*; **stop it, you're shaking the table** przestań, trzęsiesz stołem; **'~ before use'** „przed użyciem wstrząsnąć"; **to ~ sth out of sth** wytrząsnąć coś z czegoś; **to ~ sth from** or **off sth** strząsnąć or strzepnąć coś z czegoś; **she shook the snow from** or **off her coat** strząsnęła or strzepnęła śnieg z płaszcza; **he shook the seeds into my hand** wysypał mi nasiona na rękę; **to ~ salt over a dish** posypać potrawę solą; **to ~ dust over the carpet** wytrząsnąć pył na dywan; **I shook him by the shoulders** złapałem go za ramiona i potrząsnąłem; **to ~ one's fist/a stick at sb** wygrażać komuś pięścią/laską; **to ~ one's head** pokręcić głową; **to ~ one's hands dry** strząsać wodę z rąk; **to ~ sb's hand, to ~ hands with sb** uścisnąć komuś dłoń; **to ~ hands** uścisnąć or podać sobie ręce; **to ~ hands on the deal** przypieczętować umowę uściskiem dłoni; **to ~ hands on it** (after argument) podać sobie ręce (na znak zgody); **to ~ sth loose** poluzować coś → **shake off** 2 fig (shock) *[event, disaster]* wstrząs|nąć, -ać (kimś) *[person]*; **an event that shook the world** wydarzenie, które wstrząsnęło światem; **it really shook me to find out that...** byłem naprawdę wstrząśnięty, kiedy się dowiedziałem, że...; **now this will really ~ you!** a teraz (prawdziwa) bomba! infml 3 (undermine) zachwiać (czymś) *[faith, confidence, belief, conviction, resolve]* → **shake out** 4 US (get rid of) = **shake off**

III *vi* (*pt* **shook;** *pp* **shaken)** 1 (tremble) *[person, hand, voice, ground, building]* za|drżeć, za|trząść się; *[leaf, grass]* porusz|yć, -ać się; **to ~ with laughter** *[person]* trząść się ze śmiechu; **to ~ with emotion/cold /fear** *[person, voice]* drżeć or trząść się z emocji/zimna/strachu 2 (shake hands) **they shook on it** uścisnęli or podali sobie ręce (na znak zgody)

IV *vr* (*pt* **shook;** *pp* **shaken) to ~ oneself** *[animal]* otrząs|nąć, -ać się; *[person]* otrzep|ać, -ywać się, otrząs|nąć, -ać się; **to ~ oneself awake** otrząsnąć się ze snu; **he shook himself free from their grasp** wyswobodził się z ich rąk

■ **shake down**: ¶ **~ down** 1 (settle down) *[contents]* utrzą|śćć, -sać się 2 infml (sleep) przespać się ¶ **~ down [sb/sth], ~ [sb /sth] down** 1 **to ~ apples down (off a tree)** strząs|ać, -nąć jabłka (z drzewa); **to ~ down the contents of a packet/jar** potrząsnąć zawartością opakowania/słoika 2 US infml (search) przetrząs|nąć, -ać *[building, apartment]* 3 US infml (get money) wydu|sić, -szać pieniądze z (kogoś) *[person]*

■ **shake off**: **~ off [sb/sth], ~ [sb/sth] off** (get rid of, escape from) pozby|ć, -wać się (kogoś/czegoś) *[cough, habit, unwanted person]*; otrząs|nąć, -ać się z (czegoś) *[depression]*; z|gubić *[pursuer]*; wygrzeb|ać, -ywać się z (czegoś) infml *[flu, cold]*

■ **shake out**: ¶ **~ out [sth], ~ [sth] out** wy|trzepać *[tablecloth, sheet, rug]*; **to ~ some tablets out of a bottle** wysypać z fiolki kilka tabletek ¶ **~ [sb] out of sth** wyr|wać, -ywać z (czegoś) *[depression, lethargy, bad mood, complacency]*

■ **shake up**: ¶ **~ up [sth], ~ [sth] up** przetrzep|ać, -ywać *[pillow, cushion]*; wstrząs|nąć, -ać *[mixture, bottle]* ¶ **~ up [sb/sth], ~ [sb/sth] up** 1 *[car ride, bumpy road]* wytrząść *[person]* 2 fig (rouse, stir, shock) wstrząsnąć (kimś) *[person]*; **they were very shaken up by the experience** to przeżycie wstrząsnęło nimi; **they're too complacent – they need shaking up** są zbyt zadowoleni z siebie, przydałby im się zimny prysznic fig 3 (reorganize) Comm z|reorganizować *[company, department, management]*; Pol z|rekonstruować *[cabinet]*

IDIOMS: **to get a fair ~** infml zostać sprawiedliwie potraktowanym; **we've got more of these than you can ~ a stick at** infml mamy tego do licha i trochę infml; **in a ~** or **two ~s** or **a couple of ~s** infml migiem infml; **in two ~s of a lamb's tail** infml w mgnieniu oka; **to be no great ~s** infml nie być niczym nadzwyczajnym; **she's no great ~s at singing** or **as a singer** infml nieszczególna z niej śpiewaczka infml

shakedown /ˈʃeɪkdaʊn/ **I** *n* 1 (place to sleep) prowizoryczne posłanie *n* 2 US infml (extortion) wymuszenie *n* pieniędzy 3 US infml (search) przetrząśnięcie *n* **(of sth** czegoś**)** 4 Aviat, Naut test *m* w warunkach rzeczywistych

II *modif* Aviat, Naut *[voyage, flight, run]* próbny

shaken /ˈʃeɪkən/ **I** *pp* → **shake**

II *adj* (shocked) wstrząśnięty

shaken baby syndrome *n* syndrom *m* dziecka potrząsanego

shake-out /ˈʃeɪkaʊt/ *n* 1 Fin, Econ (in securities market) kryzys *m* giełdowy; (recession) spowolnienie *n* rozwoju gospodarczego 2 Comm, Ind (reorganization) restrukturyzacja *f* 3 Pol (in cabinet) przetasowania *n pl* **(in sth** w czymś**)**

shaker /ˈʃeɪkə(r)/ *n* (for salt) solniczka *f*; (for pepper) pieprzniczka *f*; (for cocktails) shaker *m*; (for dice) kubek *m* do kości

Shakespearean /ʃeɪkˈspɪərɪən/ *adj* Literat szekspirowski; (Shakespear's) Szekspirowski; *[studies, research]* szekspirologiczny; **a ~ quotation** cytat z Szekspira; **a ~ production** Theat inscenizacja sztuki Szekspira; **a ~ scholar** or **expert** szekspirolog

shake-up /ˈʃeɪkʌp/ *n* Comm restrukturyzacja *f*; Pol przetasowania *n pl*

shakily /ˈʃeɪkɪlɪ/ *adv [say, speak]* drżącym głosem; *[stand, start]* niepewnie; *[walk]* chwiejnie; **to write ~** pisać drżącą ręką

shako /ˈʃeɪkəʊ/ *n* (*pl* **~s, ~es)** czako *n*

shaky /ˈʃeɪkɪ/ *adj* 1 (liable to shake) *[chair, ladder, structure]* chybotliwy; *[hand, voice]* drżący; **my hands are a bit ~** ręce mi się trochę trzęsą; **written in a ~ hand** napisany drżącą ręką; **to feel ~** czuć się słabo; **my knees felt ~** czułem, jak drżą mi kolana 2 fig (uncertain) *[relationship, evidence, knowledge, position, prospects, start]* niepewny; *[argument, premises]* wątpliwy; *[memory]* zawodny; *[democracy]* kruchy; *[regime]* słaby; **we got off to a rather ~ start** początki nie były łatwe; **my French is a bit ~** mój francuski jest dosyć kulawy infml; **to be on ~ ground** poruszać się po niepewnym gruncie

shale /ʃeɪl/ **I** *n* łupek *m* ilasty, iłołupek *m*

II *modif [beach]* łupkowy; **~ quarry** kamieniołom łupka ilastego

shale oil *n* olej *m* łupkowy

shall /ʃæl, ʃəl/ *modal aux* 1 (in future tense) **I ~** or **I'll go** pójdę; **I ~ be late** spóźnię się; **we ~ see** zobaczymy; **I ~ see you tomorrow** zobaczymy się jutro; **we ~ not** or **shan't have a reply before Friday** nie dostaniemy odpowiedzi przed piątkiem; **next month I ~ have worked here for five years** w przyszłym miesiącu minie pięć lat, jak tu pracuję 2 (in suggestions) **~ I set the table?** czy mam nakryć do stołu?; **~ he wait?** czy ma zaczekać?; **~ we go to the cinema?** może pójdziemy do kina?; **let's buy some peaches, ~ we?** kupmy trochę brzoskwiń, dobrze? 3 fml (in commands, contracts) **you ~ do as I say** zrobisz tak, jak ci każę; **the sum ~ be paid on signature of the contract** kwota zostanie wypłacona po podpisaniu kontraktu; **thou shalt not steal** Bible nie kradnij

shallot /ʃəˈlɒt/ *n* 1 GB szalotka *f* 2 US szczypior *m*

shallow /ˈʃæləʊ/ **I shallows** *npl* płycizna *f*

II *adj [container, hollow, water, grave]* płytki; *[stairs]* niski, o niskich stopniach; *[breathing, character, response, writing, conversation, wit]* płytki; *[knowledge]* powierzchowny

shallowness /ˈʃæləʊnɪs/ *n* (of water, person, conversation) płytkość *f*; (of knowledge) powierzchowność *f*

shalt /ʃælt/ *2nd pers sg* arch → **shall**

sham /ʃæm/ **I** *n* (person) oszust *m*; (ideas, views) lipa *f* infml; (organization, democracy, election, activity) cyrk *m*, szopka *f* infml

II *adj [election, democracy]* lipny infml; *[organization]* fikcyjny; *[emotion, illness]* udawany; *[fight]* pozorowany; **a ~ building** atrapa

III *vt* (*prp, pt, pp* **-mm-) to ~ sleep /illness/death** udawać sen/chorobę/umarłego

IV *vi* (*prp, pt, pp* **-mm-)** udaj|ć, -wać

shaman /ˈʃeɪmən/ *n* szaman *m*

shamanism /ˈʃeɪmənɪzəm/ *n* szamanizm *m*

shamanistic /ʃeɪməˈnɪstɪk/ *adj* szamanistyczny

shamateur /ˈʃæmətɜː(r)/ *n* GB Sport pej pseudoamator *m*, -ka *f*

shamble /ˈʃæmbl/ *vi* wlec się, iść powłócząc nogami

shambles /ˈʃæmblz/ *n* infml (of administration, organization, room) bałagan *m*; (of meeting, match) szopka *f* infml; **the accounts are a ~** or **in a ~** w księgach jest miszmasz infml

shambolic /ʃæmˈbɒlɪk/ *adj* GB infml hum *[organization, management]* chaotyczny;

[situation, administration, person] zdezorganizowany; **the kitchen is ~** w kuchni jest istne pobojowisko

shame /ʃeɪm/ **I** *n* [1] (embarrassment) wstyd *m*; **to feel ~ at sth** wstydzić się czegoś; **he felt no ~** nie było mu wstyd; **he has no (sense of) ~** on nie ma wstydu [2] (disgrace) wstyd *m*; **to my ~, I did nothing** przyznaję ze wstydem, że nic nie zrobiłem; **he confessed that, to his ~, ...** wyznał ze wstydem, że...; **it is to the ~ of the government that...** to wstyd, że rząd...; **the ~ of it!** co za wstyd!; **there's no ~ in being poor** to nie wstyd być biednym; **to bring ~ on sb** przynosić komuś wstyd; **~ on you!** wstydziłbyś się!; **'~!'** „skandal!" [3] (pity) **it's a ~ that...** szkoda, że...; **it seems a ~** to chyba szkoda; **it was a great** or **such a ~ (that) she lost** wielka szkoda, że przegrała; **it would be a ~ if...** byłoby szkoda, gdyby...; **it's a ~ about your father** przykra sprawa z twoim ojcem; **it's a terrible ~ about their baby being born blind** to straszne, że ich dziecko urodziło się niewidome; **nice costumes – ~ about the play!** infml ładne kostiumy – szkoda, że sztuka taka kiepska!; **what a ~!, isn't it a ~?** jaka szkoda!

II *vt* [1] (embarrass) zawstydz|ić, -ać; **I was ~d by her words** jej słowa mnie zawstydziły; **she ~d him into returning the stolen money** zawstydziła go tak, że zwrócił skradzione pieniądze; **he was ~d into a confession** poczucie wstydu skłoniło go do przyznania się; **she was ~d out of picking her nose** zawstydziła się i przestała dłubać w nosie [2] (disgrace) przyn|ieść, -osić wstyd (komuś/czemuś) *[family, country]* **(by doing sth** robiąc coś)

IDIOMS: **to put sb to ~** zrobić komuś wstyd; **your garden puts the others to ~** inne ogrody mogą się schować przy twoim

shamefaced /ʃeɪmˈfeɪst/ *adj [person, look, expression]* zawstydzony, skruszony

shamefacedly /ʃeɪmˈfeɪstlɪ/ *adv* **he returned/said ~** wrócił/powiedział zawstydzony or skruszony

shameful /ˈʃeɪmfl/ *adj [conduct, neglect, waste]* karygodny; *[ignorance]* żenujący; **it was ~ of her to do something like that** to wstyd, że zrobiła coś takiego; **it is ~ that...** to wstyd, że...

shamefully /ˈʃeɪmfəlɪ/ *adv [behave, act, mistreated, neglected]* karygodnie; **to be ~ ignorant** przejawiać żenującą ignorancję

shameless /ˈʃeɪmlɪs/ *adj [person, lie, greed, attitude]* bezwstydny; **to be quite ~ about sth** wcale się nie wstydzić czegoś; **she's a ~ hussy!** dat pej to bezwstydnica! pej

shamelessly /ˈʃeɪmlɪslɪ/ *adv [behave, boast, exploit, lie]* bezwstydnie

shamelessness /ˈʃeɪmlɪsnɪs/ *n* bezwstyd *m*, brak *m* wstydu

shaming /ˈʃeɪmɪŋ/ *adj [defeat]* haniebny; *[behaviour]* żenujący; **it is ~ that...** to wstyd, że...

shammy /ˈʃæmɪ/ *n* infml = **chamois**

shampoo /ʃæmˈpuː/ **I** *n* [1] (substance) szampon *m* [2] (act) **to give sb a ~** umyć komuś głowę

II *vt* (*3rd pers sg* **~s;** *pt, pp* **~ed)** u|myć głowę (komuś) *[customer]*; wy|kąpać *[pet]*; wy|czyścić szamponem *[carpet]*; **to ~ one's hair** umyć głowę

shampooer /ʃæmˈpuːə(r)/ *n* [1] (person) pomoc *f* fryzjerska [2] (carpet cleaner) odkurzacz *m* piorący

shamrock /ˈʃæmrɒk/ *n* Bot koniczyna *f* drobnogłówkowa; (as emblem) koniczynka *f*

shamus /ˈʃeɪməs/ *n* US infml (policeman) glina *f* infml; (private detective) prywatny detektyw *m*

shandy /ˈʃændɪ/ *n* piwo *n* z lemoniadą

shandygaff /ˈʃændɪgæf/ *n* = **shandy**

shanghai /ʃæŋˈhaɪ/ *vt* [1] Naut (pressgang) siłą z|werbować na statek [2] fig infml **to ~ sb into doing sth** przymusić kogoś do zrobienia czegoś

Shanghai /ʃæŋˈhaɪ/ *prn* Szanghaj *m*

Shangri-la /ˌʃæŋgrɪˈlɑː/ *n* rajski zakątek *m*; **this city is the shoppers' ~** to miasto to raj dla kupujących

shank /ʃæŋk/ *n* [1] Anat podudzie *n*, goleń *f* [2] Culin pręga *f* tylna [3] (of knife) trzonek *m*; (of screw, nail, key, drill-bit) trzpień *m*; (of golf club) rączka *f*; (of shoe) śródstopie *n*

shan't /ʃɑːnt/ = **shall not**

shantung /ʃænˈtʌŋ/ *n* Tex szantung *m*

shanty[1] /ˈʃæntɪ/ *n* buda *f*

shanty[2] /ˈʃæntɪ/ *n* (song) szanta *f*

shantytown /ˈʃæntɪtaʊn/ *n* dzielnica *f* nędzy

shape /ʃeɪp/ **I** *n* [1] (form, outline) (of object) kształt *m*; (of garment) fason *m*; (of person) figura *f*, sylwetka *f*; **a square/triangular /star ~** kwadratowy/trójkątny/gwiaździsty kształt; **what ~ is it?** jaki to ma kształt?, jakiego to jest kształtu?; **to change ~** *[substance]* zmieniać postać; **to be an odd ~** mieć dziwny kształt; **to be the right /wrong ~** *[object]* mieć odpowiedni/nieodpowiedni kształt; *[person]* mieć dobrą or zgrabną/niezgrabną sylwetkę; **this cloth is the wrong ~ for my table** ten obrus nie pasuje kształtem do mojego stołu; **I'm the wrong ~ for this jacket** mam niewłaściwą figurę do tej marynarki; **it is round/square in ~** to jest okrągłe/kwadratowe, to ma okrągły/kwadratowy kształt; **it's like a leaf in ~** to kształtem przypomina liść; **in the ~ of a star/cat** w kształcie gwiazdy/kota; **to bend /knock sth out of ~** odkształcić coś (przez zginanie/młotkiem); **to keep its ~** *[garment]* zachować fason; **to keep one's ~** zachować figurę; **to lose its ~, to go out of ~** *[garment]* stracić fason, zdefasonować się; **the hat's out of ~** kapelusz się zdefasonował; **in all ~s and sizes** we wszystkich rozmiarach i kształtach; **cookers come in all ~s and sizes** kuchenek jest do wyboru, do koloru infml; **to take ~** *[building, sculpture]* nabierać kształtu; **the prince took on the ~ of a frog** książę zamienił się w żabę [2] (condition) (of person) forma *f*; (of machine, economy) stan *m*; **to be in/out of ~** *[person]* być/nie być w formie; **to be in good/bad/poor ~** *[person]* być w dobrej/złej/kiepskiej formie; *[economy, machine]* być w dobrym/złym /kiepskim stanie; **to get into ~** nabrać formy; **to keep in ~** trzymać formę; **to get sb into ~** poprawić formę kogoś *[team]*; **to get sth into ~** dopracować *[project, plan, report]*; **to knock** or **lick sb into ~** infml nauczyć kogoś porządku [3] fig (character, nature) kształt *m*; **to give sth its final ~** nadać czemuś ostateczny kształt; **to take ~** *[plan, project, idea]* nabierać kształtu; **he determined the whole ~ of 20th century poetry** nadał kształt poezji dwudziestego wieku; **the likely ~ of currency union** prawdopodobny kształt unii walutowej; **whatever the ~ of the new government** bez względu na skład nowego rządu; **this will determine the ~ of political developments over the next decade** to określi rozwój polityki na najbliższe dziesięć lat; **developments which have influenced the ~ of our lives** wydarzenia, które wpłynęły na nasze życie; **to spell out the ~ of a proposal** dokładnie określić, na czym polega propozycja; **to take the ~ of sth** przybrać formę czegoś; **my contribution took the ~ of advising them to...** mój wkład polegał na doradzeniu im, żeby...; **her apology took the ~ of an offer to pay for the damage** jako formę przeprosin zaproponowała pokrycie szkód; **it comes in many ~s and forms to** występuje w różnych postaciach; **I don't condone violence in any ~ or form** nie aprobuję przemocy pod żadną postacią; **I wasn't involved in the matter in any way, ~ or form** nie miałem z tą sprawą nic wspólnego [4] (guise) **in the ~ of sth** w postaci or w formie czegoś; **they need financial help in the ~ of long-term loans** potrzebują pomocy finansowej w postaci pożyczek długoterminowych; **he eats a lot of fat in the ~ of chips and burgers** on zjada mnóstwo tłuszczu, opychając się chipsami i hamburgerami; **help arrived in the ~ of a policeman** z pomocą przyszedł policjant, pomoc nadeszła w postaci policjanta [5] (vague, indistinguishable form) kształt *m*; (of person) postać *f*; **the ~ under the bedclothes groaned** to coś pod kołdrą jęczało [6] Culin (mould for jelly, pastry) forma *f*

II *vt* [1] (fashion, mould) *[person]* nada|ć, -wać kształt (czemuś); *[rain, wind]* u|kształtować *[rock]*; **to ~ dough/clay into sth** ulepić coś z ciasta/gliny; **to ~ wood/stone into sth** wyrzeźbić coś z drewna/kamienia; **to ~ hair** układać or modelować włosy; **to ~ one's hair into a bob** ostrzyc się na pazia; **to ~ one's hair into layers** wycieniować sobie włosy; **rocks ~d by the action of the water** formy skalne ukształtowane przez działanie wody; **the bird ~s its nest out of mud and twigs** ten ptak buduje gniazdo z błota i gałązek; **we ~d the sand into a mound** z piasku usypaliśmy kopiec [2] fig *[event, environment]* u|kształtować *[character]*; określ|ić, -ać *[policy, future]*; **you could play a part in shaping this country's future** mógłbyś odegrać rolę w kształtowaniu przyszłości kraju [3] (tailor to fit closely) dopasow|ać, -ywać *[garment]*; **a jacket ~d at the waist** żakiet dopasowany w talii

■ **shape up** [1] (develop) *[person, team]* robić postępy; **she's really shaping up as a**

S

manager ona naprawdę robi postępy jako kierownik; **how are things shaping up at (the) head office?** jak się mają sprawy w centrali?; **this game is shaping up to be an enthralling contest** mecz robi się bardzo emocjonujący [2] (meet expectations) (at work) poprawi|ć, -ać się; (at school) podciąg|nąć, -ać się infml; **if he doesn't ~ up, fire him** jeśli się nie poprawi, zwolnij go; **~ up or ship out!** infml do roboty, albo do widzenia! infml [3] (improve one's figure) wy|szczupleć

SHAPE /ʃeɪp/ *n* = **Supreme Headquarters Allied Powers Europe** Naczelne Dowództwo *n* Połączonych Sił Zbrojnych NATO w Europie

shaped /ʃeɪpt/ **I** *adj* **to be ~ like sth** mieć kształt czegoś; **a rock ~ like a lion's head** kamień w kształcie głowy lwa

II -shaped *in combinations* **star-/V-~** w kształcie gwiazdy/litery V; **oddly-~** o dziwnym kształcie, dziwnego kształtu; **egg-~** jajowaty; **well-~** kształtny

shapeless /ˈʃeɪplɪs/ *adj* bezkształtny

shapelessness /ˈʃeɪplɪsnɪs/ *adj* bezkształtność *f*

shapeliness /ˈʃeɪplɪnɪs/ *n* kształtność *f*; **the ~ of her figure** kształtność jej figury

shapely /ˈʃeɪplɪ/ *adj [legs, figure, ankle, object]* kształtny; *[woman]* zgrabny

shard /ʃɑːd/ *n* (of pottery) czerep *m*; (of glass, metal) kawałek *m*

share[1] /ʃeə(r)/ **I** *n* [1] (of money, food, profits, blame) część *f* **(of sth** czegoś**)**; **to have a ~ in sth** mieć (swój) udział w czymś, przyczynić się do (czegoś) *[success, result, decision]*; **to have a ~ in doing sth** mieć (swój) udział w zrobieniu czegoś; **she's had more than her (fair) ~ of bad luck** ma wyjątkowego pecha; **you're not doing your ~** nie robisz tego, co do ciebie należy; **to pay one's (fair) ~** zapłacić swoją część; **you'll get your (fair) ~!** dostaniesz to, co ci się należy!; **to bear a ~ of sth** ponieść część czegoś *[responsibility, blame, expense]*; **to take** or **accept one's ~ of the responsibility** przyjąć na siebie część odpowiedzialności; **our ~ of the market** nasz udział w rynku; **to have a ~ in a company** mieć udział w firmie; **to own a half-/quarter-~ in sth** posiadać połowę/jedną czwartą czegoś *[summer house]* [2] Fin akcja *f*, udział *m*; **to have ~s in an oil company/in Grunard** mieć akcje spółki petrochemicznej/Grunarda; **to have ~s in oil** mieć udziały w przemyśle naftowym

II *modif [capital]* akcyjny; *[certificate]* udziałowy; **~ allocation** przydział akcji; **~ issue, ~ floatation** emisja akcji; **~ portfolio** portfel akcji; **~ transfer** przeniesienie akcji; **~ value** wartość akcji; **~ prices** ceny or kursy akcji

III *vt* [1] (apportion) po|dzielić *[money, food]*; **to ~ sth between** or **among people** rozdzielić coś pomiędzy ludzi [2] (use or experience together with others) dzielić *[room]* **(with sb** z kimś**)**; wspólnie korzystać z (czegoś) *[bathroom]*; wspólnie wziąć, brać *[taxi]*; wspólnie za|płacić *[bill]*; po|dzielić się (czymś) *[sandwich, news, thoughts, worries, idea]* **(with sb** z kimś**)**; dzielić *[profits, life, sorrows, joys]* **(with sb** z kimś**)**; podzielać *[opinion, belief, enthusiasm, fears, concern]*; **to ~ a house with sb** mieszkać z kimś pod jednym dachem; **to ~ the Nobel Prize with sb** otrzymać nagrodę Nobla wspólnie z kimś; **to ~ some common characteristics** mieć pewne cechy wspólne; **to ~ housework/childcare** wspólnie zajmować się domem/dziećmi; **we ~ a birthday** obchodzimy urodziny w tym samym dniu; **they ~ an interest in history** obaj interesują się historią

IV *vi* **to ~ in sth** mieć swój udział w czymś *[success, benefits]*; dołożyć się do czegoś *[expenses]*; **we ~ in your sorrow** łączymy się z tobą w smutku; **we ~ in your happiness** cieszymy się twoim szczęściem

■ **share out**: **~ out [sth], ~ [sth] out** rozdziel|ić, -ać *[food, profits, supplies]*; **we ~d the money/the cakes out between us** podzieliliśmy się pieniędzmi/ciastkami

IDIOMS: **~ and ~ alike** po równo → **halve**

share[2] /ʃeə(r)/ *n* Agric lemiesz *m*

sharecropper /ˈʃeəkrɒpə(r)/ *n* US dzierżawca *m*

sharecropping /ˈʃeəkrɒpɪŋ/ *n* US dzierżawa *f* gruntu

shared /ʃeəd/ *adj [office, room, facilities, belief, experience, interest, grief]* wspólny

shared care *n* GB Med *podział kosztów utrzymania osoby niepełnosprawnej pomiędzy rodzinę i agendę pomocy społecznej*

shared ownership *n* współwłasność *f*

shareholder /ˈʃeəhəʊldə(r)/ *n* udziałowiec *m*, akcjonariusz *m*; **the ~s** udziałowcy, akcjonariat

shareholders' equity *n* kapitał *m* akcyjny

shareholders' meeting *n* zebranie *n* udziałowców

shareholding /ˈʃeəhəʊldɪŋ/ *n* pakiet *m* akcji; **a majority ~** pakiet większościowy

share option scheme *n* system *m* akcji pracowniczych

share-out /ˈʃeəraʊt/ *n* podział *m*, rozdział *m* **(of sth** czegoś**)**

shareware /ˈʃeəweə(r)/ **I** *n* Comput shareware *m*

II *modif* sharewarowy

shark /ʃɑːk/ *n* Zool rekin *m*; **a financial ~** rekin finansowy fig pej; **a loan ~** lichwiarz pej

shark-infested /ˈʃɑːkɪnfestɪd/ *adj* rojący się od rekinów

shark's fin soup *n* zupa *f* z płetwy rekina

sharkskin /ˈʃɑːkskɪn/ *n* skóra *f* rekina

shark's tooth *adj [pattern]* w ząbki

sharp /ʃɑːp/ **I** *n* Mus krzyżyk *m*

II *adj* [1] (good for cutting) *[knife, razor, edge, blade, scissors, saw, rock]* ostry [2] (pointed) *[tooth, fingernail, end, point, pencil, needle]* ostry; *[peak]* ostry, spiczasty; *[features]* ostry; *[nose, chin]* spiczasty [3] (abrupt) *[angle, bend, turning]* ostry; *[movement, reflex, drop, incline, fall, rise, change]* nagły, gwałtowny [4] (acidic) *[taste, fruit]* cierpki; *[smell]* ostry, cierpki [5] (piercing) *[pain, frost, wind, cold]* przenikliwy, ostry; *[cry]* przeszywający; *[blow]* silny [6] fig (aggressive) *[tongue, tone, reply]* ostry; **a ~ rebuke** ostra reprymenda; **a ~ disagreement** ostra wymiana zdań [7] (alert) *[person, mind, eyesight, eye]* bystry; *[hearing, ear]* wyostrzony; **to have a ~ wit** być bardzo dowcipnym; **to keep a ~ lookout** rozglądać się **(for** or **on sth** za czymś**)**; **to have a ~ eye for sth** fig mieć nosa do czegoś fig [8] pej (clever) cwany infml pej; **~ operator** cwaniak infml [9] (clearly defined) *[image, picture, sound, contrast]* ostry; *[shape, figure, outline, difference]* wyraźny; **to bring sth into ~ focus** ustawić ostrość czegoś; fig wysunąć coś na pierwszy plan [10] GB infml (smart) *[suit, style, cut]* szykowny; **a ~ dresser** elegant [11] Mus *[note]* z krzyżykiem, podwyższony o pół tonu; **A/D/F ~** ais/dis/fis; **his high notes were ~** wyższe dźwięki śpiewał fałszywie

III *adv* [1] (abruptly) **to stop** or **pull up ~** ostro zahamować; **to turn ~ left** skręcić ostro w lewo [2] (promptly) **at 9 o'clock ~** punktualnie o dziewiątej, punkt dziewiąta [3] Mus *[sing, play]* za wysoko

IDIOMS: **to look ~** infml uwijać się; **you're so ~ you'll cut yourself** nie bądź taki sprytny, bo to się źle skończy

sharpen /ˈʃɑːpən/ **I** *vt* [1] na|ostrzyć *[blade, knife, razor, scissors, shears]*; za|ostrzyć *[stick]*; za|temperować *[pencil]*; **to ~ its claws** *[cat]* ostrzyć pazury [2] (accentuate) wyostrz|yć, -ać *[line, outline]*; zwiększ|yć, -ać *[contrast]*; wyostrz|yć, -ać, wy|regulować ostrość (czegoś) *[image, picture]*; **to ~ focus** wyregulować ostrość [3] (make stronger) s|potęgować *[anger, desire, fear, feeling, loneliness]*; **to ~ sb's appetite** zaostrzyć apetyt kogoś also fig **(for sth** na coś**)**; **to ~ sb's wits** wyostrzyć dowcip kogoś; **to ~ sb's reflexes** wyostrzyć refleks kogoś

II *vi [tone, voice, pain]* zaostrz|yć, -ać się; *[look]* sta|ć, -wać się surowszym

■ **sharpen up**: **~ up [sth]** poprawi|ć, -ać *[skills, performance]*; **to ~ oneself up for sth** przygotować się do czegoś *[race, competition]*; **to ~ up one's image** poprawić swój wizerunek

sharpener /ˈʃɑːpənə(r)/ *n* (for pencil) temperówka *f*; (for knife) ostrzałka *f*

sharper /ˈʃɑːpə(r)/ *n* [1] kancia|rz *m*, -ra *f* infml [2] (also **card ~**) szuler *m*

sharp-eyed /ʃɑːpˈaɪd/ *adj* [1] (observant) baczny, uważny [2] (with good eyesight) bystrooki liter; **to be ~** mieć bystry wzrok

sharp-featured /ʃɑːpˈfiːtʃəd/ *adj [person]* o ostrych rysach

sharpish /ˈʃɑːpɪʃ/ *adv* GB infml *[do, move, leave]* szybko

sharply /ˈʃɑːplɪ/ *adv* [1] (abruptly) *[turn, bend]* ostro; *[change, rise, fall]* gwałtownie; **to pull up ~** ostro zahamować [2] (harshly) *[say, speak, reply, criticize]* ostro; *[accuse, look, glare]* surowo [3] (distinctly) *[contrast]* ostro; *[stand out, differ]* zdecydowanie; *[defined]* jednoznacznie; **a ~ focused photograph** ostre zdjęcie; **to bring sth ~ into focus** ustawić ostrość czegoś; fig wysunąć coś na pierwszy plan; **~ differing views** diametralnie różne poglądy [4] (perceptively) *[say]* trafnie; *[observe]* wnikliwie; *[characterized, drawn]* wnikliwie; *[aware]* w pełni; **to be ~ intelligent** odznaczać się błyskotliwą inteligencją

sharpness /ˈʃɑːpnɪs/ *n* [1] (of angle, blade, knife, scissors, pencil, needle, peak, rock) ostrość *f* **(of sth** czegoś) [2] (of image, contrast) ostrość *f*; (of sound) czystość *f*; (of outline) wyrazistość *f* [3] (harshness) (of tone, criticism) ostrość *f*; (of rebuke, reproach) surowość *f* [4] (of pain) przenikliwość *f*; **the ~ of guilt** silne poczucie winy [5] (acidity) (of taste, smell, fruit, drink) cierpkość *f*

sharp practice *n* cwaniactwo *n* infml

sharp sand *n* Constr piasek *m* budowlany

sharp-shooter /ˈʃɑːpʃuːtə(r)/ *n* strzelec *m* wyborowy, snajper *m*

sharp-sighted /ʃɑːpˈsaɪtɪd/ *adj* o bystrym wzroku; bystrooki liter

sharp-tempered /ʃɑːpˈtempəd/ *adj [person]* porywczy

sharp-tongued /ʃɑːpˈtʌŋd/ *adj* złośliwy, zgryźliwy; **to be ~** mieć cięty język

sharp-witted /ʃɑːpˈwɪtɪd/ *adj [person]* bystry

shat /ʃæt/ *pt, pp* → **shit**

shatter /ˈʃætə(r)/ **I** *vt* [1] roztrzask|ać, -iwać *[window, glass]* [2] fig zakłóc|ić, -ać *[peace, silence]*; z|rujnować *[life]*; zachwiać (czymś) *[self-confidence]*; rozwi|ać, -ewać *[hopes, dream]*; z|niszczyć *[health, nerves]*; **to be ~ed by sth** być wstrząśniętym czymś

II *vi [window, glass]* roztrzask|ać, -iwać się

shattered /ˈʃætəd/ *adj* [1] (destroyed) *[dream]* rozwiany; *[illusion]* stracony; *[life]* zrujnowany; *[health, nerves]* zszargany; **~ ideal** ideał, który sięgnął bruku liter [2] *[person]* (shocked) wstrząśnięty; (devastated) zdruzgotany; (tired) infml wykończony infml

shattering /ˈʃætərɪŋ/ *adj* (shocking) *[disappointment]* straszny; *[blow, effect]* druzgocący; *[experience, news]* wstrząsający

shatterproof /ˈʃætəpruːf/ *adj [windscreen]* ze szkła bezodpryskowego

shatterproof glass *n* szkło *n* bezodpryskowe

shave /ʃeɪv/ **I** *n* **to have a ~** ogolić się; **to give sb a ~** ogolić kogoś

II *vt* (*pp* **~d, shaven)** [1] *[barber]* o|golić *[person]*; **to ~ sb's beard** zgolić komuś brodę; **to ~ one's beard** zgolić brodę; **to ~ sb's head** ogolić komuś głowę; **to ~ one's legs/head** ogolić (sobie) nogi/głowę [2] (plane) zestrug|ać, -iwać, z|heblować *[wood]* [3] fig okr|oić, -awać *[profits, costs]*; obci|ąć, -nać *[prices]*; **they ~d 0.42 seconds off the old record** poprawili poprzedni rekord o 0,42 sekundy

III *vi* (*pp* **~d, shaven)** o|golić się

IV **shaven, shaved** *pp adj [head]* ogolony; **clean ~** gładko ogolony

IDIOMS: **to have a close ~** ledwie uniknąć nieszczęścia; **that was a close ~!** mało brakowało!

shaver /ˈʃeɪvə(r)/ *n* [1] (also **electric ~)** maszynka *f* do golenia, golarka *f* [2] infml dat (boy) gołowąs *m* dat

shaver outlet *n* US = **shaver point**

shaver point *n* GB gniazdko *n* do maszynki do golenia

Shavian /ˈʃeɪvɪən/ *adj [wit, sense of humour]* w stylu G.B. Shawa; **the ~ corpus** dzieła G. B. Shawa; **a ~ scholar** badacz twórczości G.B. Shawa

shaving /ˈʃeɪvɪŋ/ *n* [1] (process) golenie *n* [2] (sliver) (of wood, metal) strużyna *f*, wiór *m*

shaving brush *n* pędzel *m* do golenia

shaving cream *n* krem *m* do golenia

shaving foam *n* pianka *f* do golenia

shaving gel *n* żel *m* do golenia

shaving kit *n* przybory *plt* do golenia

shaving mirror *n* lusterko *n* do golenia

shaving soap *n* mydło *n* do golenia

shaving stick *n* mydło *n* do golenia w sztyfcie

shawl /ʃɔːl/ *n* (long) szal *m*; (square) chusta *f*

shawl collar *n* kołnierz *m* szalowy

shawm /ʃɔːm/ *n* Mus szałamaja *f*

she /ʃiː, ʃɪ/ *pron* ona; **she's seen us** zobaczyła nas; **here she is** oto ona; **there she is** jest tam; **she's not here** nie ma jej tutaj, jej tu nie ma; **she didn't do it** ona tego nie zrobiła; **SHE didn't do it** ona tego nie zrobiła; **she's a genius** (ona) jest genialna; **it's a she** infml (of baby) to dziewczynka; (of dog) to suczka; **she who..., she that...** ta, która...; **she and I went to the cinema** poszedłem z nią do kina

shea /ʃiː/ *n* Bot masłosz *m* Parka, drzewo *n* masłowe

shea butter *n* masło *n* shea

sheaf /ʃiːf/ *n* (*pl* **sheaves)** (of corn) snop *m*, snopek *m*; (of flowers) pęk *m*; (of papers) plik *m*

shear /ʃɪə(r)/ **I** *vt* (*pt* **sheared;** *pp* **shorn)** o|strzyc *[sheep]*; wystrzy|c, -gać, strzyc *[hair, grass]*

II **shorn** *pp adj* fig pozbawiony **(of sth** czegoś)

■ **shear off**: ¶ **~ off** *[metal component]* od|erwać, -rywać się ¶ **~ off [sth], ~ [sth] off** wystrzy|c, -gać *[fleece, hair]*; *[storm]* od|erwać, -rywać *[branch, part of building]*

■ **shear through**: **~ through [sth]** przeci|ąć, -nać also fig *[metal, screw]*

shearer /ˈʃɪərə(r)/ *n* (person) postrzygacz *m*

shearing /ˈʃɪərɪŋ/ *n* strzyża *f* (owiec)

shearing shed *n* szałas *m* (w którym odbywa się strzyża)

shearling /ˈʃɪəlɪŋ/ *n* US (material) skóra *f* owcza strzyżona

shears /ʃɪəz/ *npl* Agric nożyce *plt*

sheath /ʃiːθ/ *n* [1] (condom) prezerwatywa *f* [2] Bot pochwa *f* liściowa [3] (of knife, sword) pochwa *f*; (of cable) powłoka *f*, osłona *f*

sheath dress *n* suknia *f* futerał

sheathe /ʃiːð/ *vt* s|chować do pochwy *[sword, dagger]*; s|chować *[claws]*; zwi|nąć, -jać *[wings]*; powle|c, -kać *[cable, ship's hull]* **(in sth** czymś); **~d in sth** pokryty czymś *[silk, ice]*

sheath knife *n* finka *f*

sheaves /ʃiːvz/ *npl* → **sheaf**

Sheba /ˈʃiːbə/ *prn* **the Queen of ~** królowa Saby

shebang /ʃɪˈbæŋ/ *n* US infml **the whole ~** (thing) to wszystko; (affair) cała ta afera infml; **they're taking care of the whole ~** oni się zajmują całym tym kramem infml

shebeen /ʃɪˈbiːn/ *n* Ir melina *f* pijacka infml pej

shed[1] /ʃed/ *n* szopa *f*; (bigger) (at factory site, port) hangar *m*; (with no walls) wiata *f*

shed[2] /ʃed/ (*pt, pp* **shed)** **I** *vt* [1] zrzuc|ić, -ać *[leaves, petals, blossoms, weight, antlers, clothes]*; pozby|ć, -wać się (czegoś) *[inhibitions, image]*; *[roof]* odprowadz|ić, -ać *[rainwater]*; *[waterproof]* nie przepuszczać (czegoś) *[rain]*; **the house has been ~ding tiles** z domu spadają dachówki; **to ~ tears** wylewać or ronić łzy; **to ~ hair** *[animal]* zrzucać sierść, linieć; **to ~ skin** *[snake]* zrzucać skórę, linieć; **to ~ blood** przelewać krew; **too much blood has been shed in the name of patriotism** przelano zbyt wiele krwi w imię patriotyzmu; **the company will ~ 2 000 jobs, 2 000 of its staff will be shed by the company** euph pracę w firmie straci 2 000 osób; **a truck has shed its load on the road** z ciężarówki wypadł na drogę ładunek [2] (transmit) *[lamp]* rzucać *[light]*; *[person]* roztl|oczyć, -aczać wokół siebie *[warmth, happiness]*; **to ~ light on sth** fig rzucać światło na coś fig

II *vi* (*pt, pp* **shed)** *[dog, cat]* gubić sierść, linieć

she'd /ʃiːd, ʃɪd/ = **she had, she would**

she-devil /ˈʃiːdevl/ *n* diablica *f* infml

sheen /ʃiːn/ *n* (of silk, hair) połysk *m*; **to take the ~ off sth** fig przyćmić radość z czegoś

sheep /ʃiːp/ *n* (*pl* **~)** owca *f*; **black ~** fig czarna owca fig; **lost ~** fig zbłąkana owieczka fig

IDIOMS: **to count ~** fig liczyć barany fig; **to follow sb/sth like ~** (go after) chodzić za kimś/za czymś jak cielę za krową; **to make ~'s eyes at sb** patrzeć na kogoś z cielęcym uwielbieniem; **I may as well be hung for a ~ as for a lamb** jak mam wisieć, to niech przynajmniej wiem, za co → **goat**

sheepcote /ˈʃiːpkəʊt/ *n* = **sheepfold**

sheepdip /ˈʃiːpdɪp/ *n* kąpiel *f* insektobójcza dla owiec

sheepdog /ˈʃiːpdɒg, US -dɔːg/ *n* pies *m* pasterski

sheepdog trials *npl* zawody *plt* psów pasterskich

sheep farm *n* ferma *f* owczarska

sheep farmer *n* hodowca *m* owiec

sheep farming *n* hodowla *f* owiec

sheepfold /ˈʃiːpfəʊld/ *n* owczarnia *f*

sheepherder /ˈʃiːphɜːdə(r)/ *n* US owczarz *m*

sheepish /ˈʃiːpɪʃ/ *adj [expression]* zażenowany; **to look ~** wyglądać na zmieszanego

sheepishly /ʃiːpɪʃlɪ/ *adv [answer, admit]* z zakłopotaniem

sheepishness /ˈʃiːpɪʃnɪs/ *n* zmieszanie *n*

sheepman /ˈʃiːpmæn/ *n* US (*pl* **-men)** = **sheep farmer**

sheep pasture *n* pastwisko *n* dla owiec

sheepshank /ˈʃiːpʃæŋk/ *n* Naut węzeł *m* skrótowy, skrót *m*

sheep-shearer /ˈʃiːpʃɪərə(r)/ *n* [1] (person) postrzygacz *m* owiec [2] (machine) maszynka *f* do strzyżenia owiec; (shears) nożyce *plt* do strzyżenia owiec

sheep-shearing /ˈʃiːpʃɪərɪŋ/ *n* strzyża *f* (owiec)

sheepskin /ˈʃiːpskɪn/ **I** *n* [1] (hide) owcza skóra *f* [2] (coat) kożuch *m* [3] US Univ infml dyplom *m*

II *modif* **~ gloves** rękawiczki na kożuchu; **~ jacket** kożuch

sheep's milk *n* owcze mleko *n*

sheep's milk cheese *n* ser *m* owczy

sheep station *n* gospodarstwo *n* hodowlane owiec *(w Australii)*

sheep stealing *n* kradzież *f* owiec

sheep track *n* owczy szlak *m*

S

sheer¹ /ʃɪə(r)/ **I** *adj* 1 (pure, unadulterated) *[hypocrisy, desperation, stupidity, luxury]* czysty; *[boredom]* śmiertelny; *[immorality]* zwykły; **it was ~ luck/coincidence** to był czysty zbieg okoliczności; **it was ~ panic** zapanowała autentyczna panika; **out of ~ malice/stupidity** z czystej złośliwości /głupoty; **it is ~ lunacy on his part** to czysta głupota z jego strony; **to cry out in ~ amazement** aż krzyknąć ze zdumienia; **to succeed by ~ bravery/determination/hard work** odnieść sukces jedynie dzięki odwadze/uporowi/ciężkiej pracy; **by ~ accident** czystym przypadkiem 2 (utter) **the ~ immensity/size of it is incredible** sam jego/jej ogrom/rozmiar jest niewiarygodny 3 (steep) *[cliff, rockface]* urwisty 4 (fine) *[silk]* delikatny; *[stockings]* przezroczysty, cienki
II *adv [rise, fall]* bardzo stromo, prawie pionowo

sheer² /ʃɪə(r)/ *vi*
■ **sheer away, sheer off** *[vehicle]* nagle skręc|ić, -ać

sheet¹ /ʃiːt/ **I** *n* 1 (of paper) kartka *f*; (large) arkusz *m*; **blank/loose ~** czysta/luźna kartka; **~ of wrapping paper** arkusz papieru pakowego; **~ of stamps** arkusz znaczków 2 (for bed) prześcieradło *n*; **waterproof ~** podkład nieprzemakalny na materac; **dust ~** płachta chroniąca przed kurzem 3 Journ gazeta *f*; **scandal ~** brukowiec; **fact** or **information ~** ulotka informacyjna 4 (rectangular piece of material) (of plastic, rubber) płachta *f*; (of canvas, tarpaulin) płachta *f*, plandeka *f*; (of metal) blacha *f*; (thinner) folia *f*; (of glass) tafla *f*; **baking ~** blacha *(do pieczenia)*; **cookie ~** US szeroka forma do ciast 5 (expanse) (of water) tafla *f*; (of snow) płat *m*; (of mist, fog) warstwa *f*, pasmo *n*; **a ~ of ice** (thick) tafla lodu; (thin) warstewka lodu; **a ~ of flame/rain** ściana ognia /deszczu; **the rain was coming down in ~s** widać było tylko ścianę deszczu 6 US Jur infml rejestr *m* policyjny, kartoteka *f* policyjna
II *vt* przykry|ć -wać płachtą (materiału) *[furniture]*; przykry|ć -wać plandeką *[cargo]*
IDIOMS: **as white as a ~** blady jak płótno; **to be three ~s to the wind** dat mieć w czubie infml; **to get in between the ~s with sb** pójść z kimś do łóżka infml; **to have a clean ~** Sport mieć czyste konto

sheet² /ʃiːt/ *n* Naut szot *m*

sheet anchor *n* Naut kotwica *f* zapasowa; fig ostatnia deska *f* ratunku fig

sheeting /ˈʃiːtɪŋ/ *n* (fabric) tkanina *f* pościelowa; Constr (iron) blacha *f*; **plastic/vinyl ~** pokrycie plastikowe/z PCV

sheet iron *n* cienka blacha *f* stalowa

sheet lightning *n* błyskawica *f* rozświetlająca całe niebo

sheet metal *n* Aut blacha *f* karoseryjna; Mining bandaż *m*, podkładka *f* na pęknięcia

sheet music *n* nuty *f pl*

sheik /ʃeɪk, US ʃiːk/ *n* szejk *m*

sheikdom /ˈʃeɪkdəm, US ˈʃiːk-/ *n* szejkanat *m*, szejkat *m*

sheila /ˈʃiːlə/ *n* Austral infml kobitka *f* infml

shekel /ˈʃekl/ **I** *n* 1 Bible, Hist sykl *m* 2 (currency of Israel) szekel *m*
II **shekels** *npl* infml szmal *m* infml

sheldrake /ˈʃeldreɪk/ *n* Zool samiec *m* ohara

shelduck /ˈʃeldʌk/ *n* Zool ohar *m*

shelf /ʃelf/ *n* (*pl* **shelves**) 1 półka *f*; **top /bottom ~** górna/dolna półka; **a set of shelves** regał; **a whole ~ of books** cała półka książek; **you won't find it on the supermarket ~** nie znajdziesz tego w supermarkecie 2 Geol (of rock, ice) półka *f*; **continental ~** szelf kontynentalny
IDIOMS: **to be left on the ~** (remain single) zostać starą panną; siać rutkę dat; (be abandoned) *[plan, report]* zostać odłożonym na półkę; *[present]* zostać odłożonym do lamusa

shelfful /ˈʃelfful/ *n* cała półka *f* (**of sth** czegoś)

shelf-life /ˈʃelflaɪf/ *n* 1 (of food) okres *m* przechowywania; (of other product) okres *m* trwałości 2 fig (of technology, pop music) żywotność *f*; **he's past his ~** swój najlepszy okres ma już za sobą

shelf mark *n* GB (on library book) sygnatura *f*

shell /ʃel/ **I** *n* 1 Bot, Zool (of egg) skorupka *f*; (of nut) skorupa *f*, łupina *f*; (of tortoise, shrimp) skorupa *f*, pancerz *m*; (of snail, oyster) muszla *f*; **sea~** muszla (morska); **to develop a hard ~** fig zamknąć się w sobie, zamknąć się jak ślimak w skorupie 2 Mil pocisk *m*; **to fire ~s at sb/sth** ostrzeliwać kogoś/coś 3 Ind, Tech (of vehicle, building) szkielet *m*; **body ~** Aut karoseria 4 (remains) (of building) szkielet *m* 5 Naut lekka łódź *f* wioślarska
II *vt* 1 Mil ostrzel|ać, -iwać *[town, installation]* 2 Culin obłusk|ać, -iwać, łuskać *[peas, nuts]*; wyj|ąć, -mować ze skorupki *[prawn, oyster]*
■ **shell out** infml: ¶ **~ out** wy|bulić infml; **to ~ out for sth/on sth** bulić za coś/na coś ¶ **~ out [sth]** wy|bulić infml *[sum]*
IDIOMS: **to come out of one's ~** wyjść ze swojej skorupy; **it's as easy as ~ing peas** nie ma nic łatwiejszego

she'll /ʃiːl/ = **she will**

shellac /ʃəˈlæk, ˈʃelæk/ **I** *n* (also **~ varnish**) szelak *m*
II *vt* (*prp* **-acking;** *pt, pp* **-acked)** 1 (varnish) po|lakierować 2 US infml s|prać infml

shellacking /ʃəˈlækɪŋ, ˈʃelækɪŋ/ *n* US infml lanie *n*; **to get a ~** dostać lanie also fig

shell company *n* spółka *f* podstawiona

shellfire /ˈʃelfaɪə(r)/ *n* ogień *m* artyleryjski; **to come under ~** znaleźć się pod obstrzałem artyleryjskim

shellfish /ˈʃelfɪʃ/ *npl* 1 Zool (crustacea) skorupiaki *m pl*; (molluscs) małże *m pl* 2 Culin owoce *m pl* morza

shell game *n* US gra *f* w trzy kubki; fig szachrajstwo *n*

shellhole /ˈʃelhəʊl/ *n* wyrwa *f* po pocisku; (in ground) lej *m*

shelling /ˈʃelɪŋ/ *n* Mil ostrzał *m*

shell-like /ˈʃellaɪk/ **I** *n* GB infml hum ucho *n*
II *adj* muszlowaty, w kształcie muszli

shell pink *adj* perłoworóżowy

shell-proof /ˈʃelpruːf/ *adj* opancerzony

shell shock *n* nerwica *f* frontowa

shell-shocked /ˈʃelʃɒkt/ *adj* 1 *[soldier]* cierpiący na nerwicę frontową 2 fig *[person]* w szoku; **~ by sth** zaszokowany czymś

shell suit *n* dres *m* ortalionowy

shelter /ˈʃeltə(r)/ **I** *n* 1 (protection, refuge) schronienie *n*; **in the ~ of sth** pod osłoną czegoś; **to take** or **find ~ from sb/sth** schronić się przed kimś/czymś *[people, danger, storm]*; **to give sb ~** *[person]* udzielić schronienia komuś; *[hut]* dać schronienie komuś; *[tree]* dać osłonę komuś; *[country]* udzielić azylu komuś 2 (covered place) (against bomb) schron *m*; (of branches and leaves) szałas *m*; (screen) osłona *f*; **underground ~** schron podziemny 3 (for victims, homeless) schronisko *n* (**for sb** dla kogoś); (for fugitive, refugee) kryjówka *f*
II **Shelter** *prn* GB *instytucja charytatywna zajmująca się bezdomnymi*
III *vt* 1 (protect against weather) osł|onić, -aniać (**from** or **against sth** od czegoś, przed czymś); **the garden is ~ed by walls** ogród jest otoczony murem 2 (protect from competition, criticism, reality) ochr|onić, -aniać, chronić (**from sth** przed czymś) 3 (give refuge, succour to) *[place]* da|ć, -wać schronienie (komuś); *[person]* udziel|ić, -ać schronienia (komuś) *[person in need, refugee]*; (hide) ukry|ć, -wać *[fugitive, criminal]*; (protect) kryć *[culprit]*; **to ~ sb from sb/sth** ukryć kogoś przed kimś/czymś
IV *vi* s|chronić się; **to ~ from the storm** schronić się przed burzą; **to ~ under a tree** schronić się pod drzewem

sheltered /ˈʃeltəd/ *adj* 1 *[place]* osłonięty 2 *[life, childhood, upbringing]* pod kloszem fig 3 *[work]* chroniony; **~ workshop** zakład pracy chronionej

sheltered accommodation *n mieszkania dla osób wymagających częściowej opieki, starszych lub niepełnosprawnych*

sheltered housing *n* = **sheltered accommodation**

shelve¹ /ʃelv/ *vt* 1 (postpone) od|łożyć, -kładać (na później) *[plan, project]* 2 (store on shelf) roz|łożyć, -kładać na półkach *[book, product]* 3 (provide with shelves) z|robić półki w (czymś) *[room, cupboard]*

shelve² /ʃelv/ *vi [beach, sea bottom]* opadać (**to sth** w stronę czegoś); **to ~ quickly /gently** opadać gwałtownie/łagodnie

shelves /ʃelvz/ *npl* → **shelf**

shelving /ˈʃelvɪŋ/ *n* półki *f pl*

shemozzle /ʃɪˈmɒzl/ *n* infml zamieszanie *n*

shenanigans /ʃɪˈnænɪgənz/ *npl* infml 1 (rumpus) błazenada *f* 2 (trickery) krętactwo *n*

shepherd /ˈʃepəd/ **I** *n* pasterz *m*
II *vt* 1 *[host, guide, teacher]* (to a place) zaprowadz|ić, -ać; (out of a place) wyprowadz|ić, -ać; (through a place) przeprowadz|ić, -ać *[group, guests, children]*; **to ~ sb out of the house** odprowadzić kogoś do wyjścia 2 *[herdsman, dog]* zag|nać, -aniać *[animals]*; **to ~ animals into a pen** zagnać zwierzęta do zagrody

shepherd boy *n* pastuszek *m*

shepherd dog *n* pies *m* pasterski

shepherdess /ˌʃepəˈdes, US ˈʃepərdɪs/ *n* pasterka *f*

shepherd's crook *n* kij *m* pasterski

shepherd's pie *n* potrawa *f* z mielonego mięsa i ziemniaków

shepherd's purse *n* Bot tasznik *m* pospolity

sherbet /ˈʃɜːbət/ *n* [1] GB (powder) oranżada *f* w proszku [2] US (sorbet) sorbet *m* [3] (Oriental drink) sorbet *m*

sheriff /ˈʃerɪf/ *n* [1] GB Jur (in England) szeryf *m*; (in Scotland) ≈ sędzia *m* okręgowy [2] US szeryf *m*

sheriff court *n* Jur (in Scotland) ≈ sąd *m* okręgowy

Sherpa /ˈʃɜːpə/ *n* Szerp|a *m*, -ijka *f*

sherry /ˈʃerɪ/ *n* sherry *n inv*

she's /ʃiːz/ = **she is, she has**

Shetland /ˈʃetlənd/ **I** *prn* (also **~ Islands)** Szetlandy *plt*; **in ~, in the ~s** na Szetlandach

II *modif* (also **~ wool)** *[scarf, gloves]* z wełny szetlandzkiej; **~ sweater** szetland

III *adj* szetlandzki

Shetlander /ˈʃetləndə(r)/ *n* mieszkan|iec *m*, -ka *f* Szetlandów

Shetland pony *n* kuc *m* szetlandzki

Shetland wool *n* wełna *f* szetlandzka

shew /ʃəʊ/ *vt, vi* arch = **show**

shhh /ʃ/ *excl* (cicho) sza!

Shia(h) /ˈʃiːə/ **I** *n* (religion) szyizm *m*; (person) szyit|a *m*, -ka *f*

II *adj* szyicki

shiatsu /ˌʃiːˈætsuː/ *n* siatsu *n inv*

shibboleth /ˈʃɪbəleθ/ *n* hasło *n* rozpoznawcze; szybolet *m* ra

shied /ʃaɪd/ *pt, pp* → **shy**

shield /ʃiːld/ **I** *n* [1] (of soldier, warrior) tarcza *f* [2] fig (protection) ochrona *f* **(against** or **from sth** przed czymś); **to act as a ~** stanowić ochronę [3] Herald tarcza *f* herbowa [4] Sport trofeum *n* [5] Tech (screen) (against radiation) ekran *m* ochronny; (around gun) tarcza *f* kuloodporna; (of tunnel) tarcza *f* drążąca [6] US (policeman's badge) odznaka *f* [7] Zool (of turtle) pancerz *m*, skorupa *f*; (of insect) tarcza *f*

II *vt* (from weather) osł|onić, -aniać **(from** or **against sth** przed czymś, od czegoś); (from danger, truth) ochr|onić, -aniać, chronić **(from sth** przed czymś); (from authorities) (by lying) kryć; (by harbouring) udziel|ić, -ać schronienia (komuś), ukry|ć, -wać *[criminal, suspect]*; **to ~ sb with one's body** zasłonić kogoś własnym ciałem

shieling /ˈʃiːlɪŋ/ *n* GB dial szałas *m* pasterski

shift /ʃɪft/ **I** *n* [1] (alteration) zmiana *f* **(in sth /of sth** w czymś/czegoś); **there's been a ~ in public opinion** nastąpiła zmiana w nastrojach społecznych; **a ~ of emphasis in the government's policy** przesunięcie akcentów w polityce rządu; **a ~ from agriculture to industry** przejście od rolnictwa do przemysłu; **a ~ in the wind from north to north-west** zmiana kierunku wiatru z północnego na północno-zachodni; **a ~ to the left/right** Pol przesunięcie na lewo/na prawo [2] Ind (period of time, group of workers) zmiana *f*; (in mine) szychta *f*; **to work ~s** or **be on ~s** pracować na zmiany; **to be on day/night ~s** pracować na dziennej/nocnej zmianie; **to work an eight-hour ~** pracować na ośmiogodzinnej zmianie; **the next ~ comes on at 10** następna zmiana zaczyna pracę o dziesiątej [3] (woman's dress) luźna sukienka *f*; dat (undergarment) koszula *f* [4] Ling przesuwka *f*; **a ~ in meaning** zmiana znaczenia [5] Geol uskok *m* [6] Comput zmiana *f* rejestru [7] (on keyboard) = **shift key** [8] US Aut = **gearshift**

II *vt* [1] (move) przesu|nąć, -wać, przestawi|ć, -ać *[furniture, vehicle]*; Theat zmieni|ć, -ać *[scenery]*; **will somebody help me ~ this piano?** czy ktoś może mi pomóc przesunąć ten fortepian?; **I can't ~ this lid** nie mogę odsunąć tej pokrywy; **to ~ sth away from sth** odsunąć coś od czegoś; **to ~ sth into the room/garden** przenieść coś do pokoju/ogrodu; **~ your arse! you're not wanted here!** GB vinfml zabieraj stąd swój tyłek! nikt cię tu nie chce! vinfml; **to ~ one's ground** or **position on sth** fig zmienić zdanie na temat czegoś [2] (get rid of) usu|nąć, -wać *[stain, mark]*; **I can't ~ this cold!** GB infml nie mogę się pozbyć tego kataru! infml [3] (transfer) (to another room, department, town, country) przen|ieść, -osić *[employee]*; fig zrzuc|ić, -ać *[blame, responsibility]* **(onto sb** na kogoś); **he ~ed his weight from foot to foot** przestępował z nogi na nogę; **the company is ~ing production to Asia** firma przenosi produkcję do Azji [4] US Aut **to ~ gear** zmieniać biegi

III *vi* [1] (also **~ about)** (move around) *[contents, load, cargo]* przesu|nąć, -wać się; **to ~ uneasily in one's chair** wiercić się or kręcić się na krześle; **to ~ from one foot to the other** przestępować z nogi na nogę [2] (move) **the scene ~s to Ireland** Theat, Cin akcja przenosi się do Irlandii; **the stain won't ~** ta plama nie chce zejść; **can you ~ along** or **over a little?** możesz się trochę przesunąć or posunąć?; **~!** GB infml przesuń się!, posuń się! infml [3] (change) *[opinion, attitude, wind]* zmieni|ć, -ać się; **opinion has ~ed to the right** nastąpił zwrot na prawo w nastrojach społecznych; **she won't ~** ona nie zmieni zdania [4] GB infml (go quickly) *[person]* ruszać się infml; *[vehicle]* pędzić; **~, will you!** pośpiesz się!; **get ~ing! we're late!** ruszaj się! jesteśmy spóźnieni! [5] US Aut **to ~ into second gear** wrzucić drugi bieg; **to ~ into neutral** wrzucić luz; **to ~ from first to second** zmienić z jedynki na dwójkę; **to ~ up/down** wrzucić wyższy/niższy bieg

IV *vr* **to ~ oneself** przesu|nąć, -wać się, posu|nąć, -wać się; **~ yourself !** infml przesuń się!, posuń się! infml; **you'll have to ~ yourselves to another room** będziecie się musieli przenieść do innego pokoju

IDIOMS: **to ~ for oneself** radzić sobie samemu; **to make ~ with sth** dat poradzić sobie or dać sobie radę z czymś

shiftily /ˈʃɪftɪlɪ/ *adv [behave]* podejrzanie; **to look ~** patrzeć rozbieganym wzrokiem

shiftiness /ˈʃɪftɪnɪs/ *n* (of person) chytrość *f*

shifting /ˈʃɪftɪŋ/ *adj [opinion, belief, alliances, coalitions]* zmieniający się; *[population]* przemieszczający się, migrujący

shifting cultivation *n* Agric płodozmian *m*

shifting sands *npl* ruchome piaski *m pl* also fig

shift key *n* Comput klawisz *m* zmiany rejestru

shiftless /ˈʃɪftlɪs/ *adj* [1] (lazy) gnuśny [2] (lacking initiative) nieruchawy, niezaradny

shift lock *n* Comput zamek *m* zmiany rejestru

shift register *n* Comput rejestr *m* przesuwny

shift system *n* Ind system *m* zmianowy

shift work *n* praca *f* w systemie zmianowym; **to be on ~** pracować w systemie zmianowym

shift worker *n* pracownik *m* zmianowy, pracownica *f* zmianowa

shifty /ˈʃɪftɪ/ *adj [manner]* niebudzący zaufania; **a ~ person** krętacz; **he has ~ eyes** on nigdy nie patrzy prosto w oczy, on ma rozbiegane oczy

shiitake mushroom /ʃɪˌtɑːkeɪˈmʌʃruːm, ʃɪɪ-/ *n* grzyb *m* shiitake

Shiite /ˈʃiːaɪt/ **I** *n* szyit|a *m*, -ka *f*

II *adj* szyicki

shiksa /ˈʃɪksə/ *n* US pej gojka *f*

shill /ʃɪl/ US **I** *n* wspólnik *m* podbijający cenę

II *vi* podbi|ć, -jać cenę

shillelagh /ʃɪˈleɪlə, -lɪ/ *n* Ir pałka *f*

shilling /ˈʃɪlɪŋ/ *n* szyling *m*

IDIOMS: **to be down to one's last ~** być bez grosza; **to take the King's/Queen's ~** GB zaciągnąć się do wojska; **to watch the pounds, ~s and pence** liczyć się z każdym groszem

shillyshally /ˈʃɪlɪʃælɪ/ *vi* infml zastanawiać się, nie móc się zdecydować

shillyshallying /ˈʃɪlɪʃælɪɪŋ/ *n* infml niezdecydowanie *n*, brak *m* zdecydowania

shimmer /ˈʃɪmə(r)/ **I** *n* [1] (of water) połyskiwanie *n*, migotanie *n*; (of jewels) blask *m*; (of silk) połysk *m*; **the ~ of candlelight /moonlight** blask świec/księżyca **(on sth** na czymś) [2] (of heat) drganie *n*

II *vi* [1] *[jewels, fabric, water]* mienić się [2] (in heat) *[landscape]* drgać; **the heat haze ~ed** rozgrzane powietrze drgało

shimmering /ˈʃɪmərɪŋ/ **I** *n* = **shimmer**

II *adj [water, jewels, fabric]* połyskujący; **~ heat, ~ heat haze** drgające żarem powietrze

shimmy /ˈʃɪmɪ/ **I** *n* [1] (dance) shimmy *n inv* [2] Aut chybotanie *n*

II *vi* [1] za|tańczyć shimmy [2] Aut chybotać się

shin /ʃɪn/ *n* goleń *f*; **to kick sb's ~** kopnąć kogoś w piszczel

■ **shin down**: **~ down [sth]** zejść, schodzić z (czegoś) *[tree]*

■ **shin up**: **~ up [sth]** wdrap|ać, -ywać się na (coś) *[tree]*

shinbone /ˈʃɪnbəʊn/ *n* piszczel *f*

shindig /ˈʃɪndɪg/ *n* infml [1] awantura *f*; **to kick up a ~** wszcząć awanturę [2] (party) wielkie przyjęcie *n*

shindy /ˈʃɪndɪ/ *n* = **shindig**

shine /ʃaɪn/ **I** *n* (of floor, hair, marble, metal, wood) połysk *m*; **to give sth a ~** wyfrotować coś *[floor]*; wyczyścić coś do połysku *[shoes]*; wypolerować coś *[silver]*; nadać czemuś połysk *[hair]*

II *vt* [1] (*pt, pp* **shone)** za|świecić (czymś) *[spotlight, searchlight]*; **~ your torch over here** poświeć latarką tutaj; **he shone his headlamps right in my eyes** zaświecił mi reflektorami prosto w oczy [2] (*pt, pp* **shined)** wy|polerować *[brass, silver]*; wy|glansować; wy|pucować infml *[shoes]*

III *vi* (*pt, pp* **shone)** [1] *[light, lamp, sun, moon]* świecić; *[hair]* błyszczeć; *[brass, floor]*

S

błyszczeć, lśnić, świecić się; **to ~ through sth** przeświecać przez coś *[mist, gloom]*; **his face shone with exertion** twarz świeciła mu się od wysiłku [2] fig (be radiant) *[eyes, face]* promienieć **(with sth** czymś); **her eyes shone with pleasure when she saw him** rozpromieniła się, kiedy go zobaczyła [3] (excel) błyszczeć się; **he never shone at school/in company** nigdy nie błyszczał w szkole/w towarzystwie; **to ~ at sth** wybijać się w czymś *[science, languages]* [4] (be very clean) lśnić; **the kitchen shone** kuchnia lśniła (czystością)

■ **shine in** *[light]* wpa|ść, -dać; **to ~ in through sth** wpadać przez coś *[window, chink]*

■ **shine out** *[light]* za|świecić; **the light shone out through the doorway** światło padało przez otwarte drzwi

■ **shine through** *[talent]* zabłysnąć, błyszczeć

IDIOMS: **to get** or **have a chance to ~** mieć szansę zabłysnąć; **to ~ up to sb** US infml podlizywać się komuś infml; **to take a ~ to sb** infml od razu kogoś polubić; **she's taken a ~ to you** infml przypadłeś jej do serca; **to take the ~ off sth** fig pozbawić coś uroku; **you can put it where the sun doesn't ~!** vinfml wsadź to sobie gdzieś! vinfml

shiner /ˈʃaɪnə(r)/ *n* infml [1] (black eye) podbite oko *n*; limo *n* infml [2] (fish) rybka *f*

shingle[1] /ˈʃɪŋgl/ **I** *n* [1] Constr (tile) gont *m* [2] US infml (nameplate) tabliczka *f* [3] (hairstyle) fryzura *f* na chłopaka

II *modif* Constr *[roof]* kryty gontem

III *vt* [1] Constr pokry|ć, -wać gontem *[roof]* [2] (style hair) o|strzyc na chłopaka *[person, hair]*

IV shingled *pp adj [hairstyle]* chłopięcy; *[hair]* obcięty po chłopięcemu

IDIOMS: **to hang up** or **out one's ~** US infml założyć firmę *(kancelarię adwokacką, gabinet lekarski)*

shingle[2] /ˈʃɪŋgl/ **I** *n* kamyki *m pl*

II *modif [beach]* kamienisty

shingles /ˈʃɪŋglz/ *npl* Med półpasiec *m*; **to have ~** być chorym na półpasiec

shingly /ˈʃɪŋglɪ/ *adj [beach]* kamienisty

shinguard /ˈʃɪngɑːd/ *n* Sport nagolennik *m*

shininess /ˈʃaɪnɪnɪs/ *n* połysk *m*

shining /ˈʃaɪnɪŋ/ *adj* [1] (shiny) *[car, brass, silver, hair, floor]* błyszczący, lśniący; *[bald spot]* świecący [2] (glowing) *[eyes]* błyszczący; *[face]* rozpromieniony; **with ~ eyes** z błyszczącymi oczami [3] fig *[achievement, success]* olśniewający

IDIOMS: **a ~ example of sth** wzór czegoś; **she was a ~ example to people everywhere** była wzorem dla wszystkich; **to be a ~ light** być światłem przewodnim

shinny /ˈʃɪnɪ/ **I** *n* US Sport = **shinty**

II *vi* US wdrap|ać, -ywać się **(up sth** na coś)

shinpad /ˈʃɪnpæd/ *n* = **shinguard**

Shinto(ism) /ˈʃɪntəʊ(ɪzəm)/ *n* sintoizm *m*

Shintoist /ˈʃɪntəʊɪst/ *n* wyznaw|ca *m*, -czyni *f* sintoizmu

shinty /ˈʃɪntɪ/ *n* GB Sport *odmiana hokeja*

shiny /ˈʃaɪnɪ/ *adj* [1] *[metal, coin, photographic finish, suit]* błyszczący; *[hair, shoes, parquet]* lśniący; *[bald head, nose]* świecący [2] *[seat of trousers]* wyświecony; **a ~ mac** GB błyszczący płaszcz przeciwdeszczowy

ship /ʃɪp/ **I** *n* statek *m*; Mil okręt *m*; **sailing ~** żaglowiec; **Her Majesty's ~ (HMS) Victory** Wiktoria *(okręt brytyjskiej marynarki wojennej)*; **to travel by ~** podróżować or płynąć statkiem; **to send sth by ~** wysłać coś statkiem; **to take ~ for India** dat wsiąść na statek do Indii; **a ~ of the line** Hist okręt *m* liniowy

II *vt* (*prp, pt, pp* **-pp-**) [1] (transport) przew|ieźć, -ozić; (by sea) przew|ieźć, -ozić statkiem; (send) wys|łać, -yłać; **to ~ sth by air/by rail** przewieźć coś drogą powietrzną/koleją; **can we ~ the goods tomorrow?** czy możemy wysłać towar jutro? [2] (take on board) za|ładować *[cargo, supplies]*; wciąg|nąć, -ać *[oars]*; **to ~ water** nabierać wody

■ **ship off**: **~ [sb/sth] off** wyprawi|ć, -ać; wy|ekspediować hum *[children]*; odtransportow|ać, -ywać *[patient]*

■ **ship out**: ¶ **~ out** US (go to sea) *[sailor, traveller]* wypły|nąć, -wać ¶ **~ out [sth], ~ [sth] out** (transport) odtransportow|ać, -ywać *[cattle, troops]*; (send) wys|łać, -yłać *[luggage, spare part]*

IDIOMS: **we're like ~s that pass in the night** znamy się tylko przelotnie; **the ~ of the desert** wielbłąd; **to run a tight ~** *[manager]* trzymać wszystko silną ręką; **when my ~ comes in** kiedy zbiję fortunę

shipboard /ˈʃɪpbɔːd/ *adj [activities, duties, transmitter]* pokładowy; *[ceremony, news conference]* odbywający się na pokładzie statku; **a ~ romance/encounter** romans/spotkanie na statku

shipbroker /ˈʃɪpbrəʊkə(r)/ *n* makler *m* okrętowy

shipbuilder /ˈʃɪpbɪldə(r)/ *n* (person) konstruktor *m* statków; (company) stocznia *f*

shipbuilding /ˈʃɪpbɪldɪŋ/ *n* budownictwo *n* okrętowe

ship canal *n* kanał *m* morski

shipmate /ˈʃɪpmeɪt/ *n* **we were ~s during the war** służyliśmy na tym samym okręcie podczas wojny

shipment /ˈʃɪpmənt/ *n* [1] (cargo) transport *m*, dostawa *f*; **arms ~** dostawa broni [2] (sending) wysyłka *f*

ship owner *n* armator *m*

shipper /ˈʃɪpə(r)/ *n* nadawca *m* ładunku, wysyłający *m*

shipping /ˈʃɪpɪŋ/ **I** *n* [1] (boats) żegluga *f*; **a danger to ~** zagrożenie dla żeglugi; **open/closed to ~** otwarty/zamknięty dla żeglugi; **British ~** flota brytyjska; **attention all ~!** uwaga wszystkie statki! [2] (sending) przewozy *m pl* morskie; US (nonmaritime) przewozy *m pl*

II *modif [magnate, law]* morski; *[agent, firm, office]* spedycyjny; *[documents, insurance]* przewozowy

shipping charges *n* koszty *m pl* wysyłki

shipping clerk *n* pracownik *m* spedycji

shipping company *n* (sea) towarzystwo *n* żeglugowe; (road) firma *f* przewozowa

shipping department *n* dział *m* ekspedycji

shipping forecast *n* prognoza *f* pogody dla statków

shipping lane *n* szlak *m* żeglugowy

shipping line *n* linia *f* żeglugowa

ship's biscuit *n* suchar *m*

ship's boat *n* (lifeboat) szalupa *f*

ship's chandler *n* dostawca *m* okrętowy

ship's company *n* załoga *f* statku

ship's doctor *n* lekarz *m* okrętowy

shipshape /ˈʃɪpʃeɪp/ *adj* GB w idealnym porządku; **~ and Bristol fashion** (na) tip top infml dat

ship's mate *n* pierwszy oficer *m*

ship's papers *npl* dokumenty *m pl* okrętowe

ship-to-shore radio /ʃɪptəˈʃɔːˈreɪdɪəʊ/ *n* połączenie *n* radiowe z lądem

shipwreck /ˈʃɪprek/ **I** *n* [1] (event) katastrofa *f* morska [2] (ship) wrak *m*

II *vt* **to be ~ed** rozbi|ć, -jać się; **a ~ed sailor** rozbitek

shipwright /ˈʃɪpraɪt/ *n* cieśla *m* okrętowy

shipyard /ˈʃɪpjɑːd/ **I** *n* stocznia *f*

II *modif* stoczniowy; **~ worker** stoczniowiec

shire /ˈʃaɪə(r)/ GB *n* [1] dat hrabstwo *n* [2] **the Shires** hrabstwa *n pl* środkowej Anglii

shire horse *n* Zool szajr *m*

shirk /ʃɜːk/ **I** *vt* uchyl|ić, -ać się od (czegoś); wymig|ać, -iwać się od (czegoś) infml *[duty, responsibility, work]*; przemilcz|eć, -ać *[problem]*; **to ~ doing sth** wymigać się od zrobienia czegoś

II *vi* obijać się infml

shirker /ˈʃɜːkə(r)/ *n* obibok *m*, wałkoń *m* infml

shirr /ʃɜː(r)/ **I** *vt* Sewing z|marszczyć na gumce *[cuff, skirt, bodice]*

II shirred *pp adj* [1] Culin **~ egg** jajko zapiekane [2] Sewing *[bodice]* ozdobnie marszczony na gumkach

shirring /ˈʃɜːrɪŋ/ *n* Sewing marszczenie *n* na gumce

shirt /ʃɜːt/ **I** *n* (man's) koszula *f*; (woman's) bluzka *f* (koszulowa); (for sport) koszulka *f*; **a long-/short-sleeved ~** koszula z długimi/krótkimi rękawami; **an open-necked ~** koszula z wykładanym kołnierzykiem

II *modif* **~ button/collar/cuff** guzik /kołnierz/mankiet koszuli or od koszuli

IDIOMS: **keep your ~ on!** infml nie unoś się!; **to lose one's ~** zgrać się do koszuli; **to put one's ~ on sth** infml postawić na coś; **to sell the ~ off sb's back** obedrzeć kogoś do koszuli; **to give sb the ~ of one's back** oddać komuś ostatnią koszulę

shirtdress /ˈʃɜːtdres/ *n* US = **shirtwaist(er)**

shirtfront /ˈʃɜːtfrʌnt/ *n* gors *m*

shirting /ˈʃɜːtɪŋ/ *n* materiał *m* koszulowy

shirt-sleeve /ˈʃɜːtsliːv/ **I** *n* rękaw *m*; **in one's ~** bez marynarki; **to roll up one's ~s** podwinąć rękawy; fig zakasać rękawy fig

II *adj* US (plain) *[approach]* bezpośredni, swobodny

shirttail /ˈʃɜːtteɪl/ *n* [1] (of shirt) poła *f* [2] US Journ infml dopisek *m* pod artykułem

shirttail cousin *n* US daleki krewny *m*, daleka krewna *f*

shirtwaist(er) /ˈʃɜːtweɪst(ər)/ *n* szmizjerka *f*

shirty /ˈʃɜːtɪ/ *adj* GB infml *[person]* wkurzony infml; **to get ~ (with sb)** wkurzyć się (na kogoś) infml

shish-kebab /ʃiːʃkəbæb/ *n* szaszłyk *m*

shit /ʃɪt/ **I** *n* vinfml [1] (excrement) gówno *n* vulg; **horse ~** końskie łajno [2] (act of excreting) **to have** or **take a ~** wysrać się vulg; **to have the ~s** mieć sraczkę vinfml [3] (also **bull~**) brednia *f* infml; **to talk ~** pieprzyć głupoty vinfml; **I've taken all the ~ I'm going to** mam dość tego gówna vulg [4] (nasty person) dupek *m* vinfml offensive [5] US (things) gówno *n* vulg [6] (heroin) hera *f* infml [7] (marihuana) marycha *f* infml
II *adv* (also **~-all) he knows ~ about it** on gówno wie na ten temat vulg
III *vt* (*pt, pp* **shat)** [1] (excrete in) **to ~ one's pants** zesrać się w gacie vulg [2] US (tease) robić sobie jaja z (kogoś) vinfml
IV *vi* (*pt, pp* **shat)** srać vulg
V *vr* (*pt, pp* **shat) to ~ oneself** zesrać się vulg; (feel frightened) srać w gacie ze strachu vinfml
VI *excl* jasna cholera! vinfml; **tough ~!** a to pech! iron
IDIOMS: **are you ~ting?** US pieprzysz! vinfml; **I don't give a ~ for** or **about sb /sth** mam kogoś/coś w dupie vulg; **no ~?** serio?, bez kantów? infml; **to be in the ~** or **in deep ~** tkwić po same uszy w gównie vulg; **to beat** or **kick** or **knock the ~ out of sb** dać komuś wpierdol vulg; **to scare the ~ out of sb** napędzić komuś stracha infml; **to ~ on sb** mieć kogoś w dupie vulg; **when the ~ hits the fan** kiedy zrobi się chryja infml

shit ass *n* US vinfml = **shitface**

shitbag /ˈʃɪtbæg/ *n* vinfml gnojek *m* infml offensive

shite /ʃaɪt/ *n* vinfml = **shit**

shit-eating /ˈʃɪtiːtɪŋ/ *adj* US vinfml (gloating) *[grin]* pełen samozadowolenia

shitface /ˈʃɪtfeɪs/ *n* vinfml dupek *m* vinfml offensive

shitfaced /ˈʃɪtfeɪst/ *adj* vinfml schlany vinfml

shithead /ˈʃɪthed/ *n* vinfml = **shitbag**

shit-hole /ˈʃɪthəʊl/ *n* vinfml wstrętna nora *f* infml

shit-hot /ˌʃɪtˈhɒt/ *adj* vinfml zajebisty vinfml

shithouse /ˈʃɪthaʊs/ *n* vinfml sracz *m* vinfml

shitless /ˈʃɪtlɪs/ *adj* vinfml **to scare sb ~** napędzić komuś cholernego stracha infml; **to be scared ~** cholernie się bać infml

shit list *n* vinfml czarna lista *f*

shit scared *adj* vinfml **to be ~** robić w portki ze strachu vinfml

shit-stirrer /ˈʃɪtstɜːrə(r)/ *n* vinfml rozrabiaka *m* infml

shitter /ˈʃɪtə(r)/ *n* US vinfml [1] (toilets) sracz *m* vinfml [2] (also **bull~**) picer *m* infml; **to be a ~** pieprzyć głupoty vinfml

shitty /ˈʃɪtɪ/ vinfml *adj* [1] obsrany vinfml [2] fig *[person]* zasrany vinfml; *[object]* gówniany vinfml [3] US (ill) **to feel ~** cholernie źle się czuć infml

shitwork /ˈʃɪtwɜːk/ *n* US vinfml czarna or brudna robota *f*

shiv /ʃɪv/ **I** *n* US infml majcher *m* infml
II *vt* (*prp, pt, pp* **-vv-**) (stab) dźg|nąć, -ać; (kill) zadźgać

shivaree /ˌʃɪvəˈriː/ *n* US kocia muzyka *f* fig

shiver¹ /ˈʃɪvə(r)/ **I** *n* drżenie *n*; **to give a ~** zadrżeć; **it sent a ~ down my spine** ciarki przeszły mi (od tego) po plecach
II shivers *npl* dreszcze *m pl*; fig ciarki *plt* fig; **an attack of the ~s** atak dreszczy; **to give sb the ~s** przyprawić kogoś o dreszcze or ciarki
III *vi* [1] (with cold, fever, fear, excitement) za|drżeć, za|dygotać **(with sth** z czegoś); (with disgust, anger) za|trząść się **(with sth** z czegoś) [2] liter (leaves) za|drżeć

shiver² /ˈʃɪvə(r)/ **I** *n* (splinter) kawałek *m*, odłamek *m*
II *vt* (shatter) rozbi|ć, -jać na kawałki
III *vi* (shatter) rozbi|ć, -jać się na kawałki
IDIOMS: **~ my timbers!** dat niech to diabli!

shivery /ˈʃɪvərɪ/ *adj* (feverish) drżący; **to be ~** mieć dreszcze

shoal¹ /ʃəʊl/ *n* [1] Fishg ławica *f* [2] (of people, visitors, tourists) tłum *m*; (of letters, complaints) lawina *f* fig

shoal² /ʃəʊl/ *n* (shallow water) ławica *f*

shock /ʃɒk/ **I** *n* [1] (psychological) wstrząs *m*, szok *m*; **to give sb a ~** wstrząsnąć kimś, zaszokować kogoś; **to get** or **have a ~** doznać wstrząsu or szoku; **the ~ of seeing/hearing sth** wstrząs na widok czegoś/na wieść o czymś; **it came as a bit of a ~ to me** trochę mnie to zaszokowało; **her death came as a ~ to us** jej śmierć była dla nas wstrząsem or szokiem; **recent events have been quite a ~ to the political system** ostatnie wydarzenia potężnie wstrząsnęły układem politycznym; **to recover from** or **get over the ~** otrząsnąć się z szoku; **a sense of ~** szok, wstrząs; **he is in for a nasty ~ when he gets the bill** infml jak dostanie ten rachunek, to dopiero przeżyje szok; **to express one's ~** (indignation) wyrazić swoje oburzenie; (amazement) wyrazić swoje zdziwienie or zaskoczenie; **~! horror!** journ or hum skandal! okropność! [2] Med wstrząs *m*, szok *m*; **to be in (a state of) ~** być w (stanie) szoku; **to go into ~** doznać wstrząsu or szoku; **to be suffering from ~** być w szoku; **deep ~** głęboki wstrząs, stan głębokiego szoku; **severe/mild ~** silny/lekki wstrząs [3] Elec porażenie *n* (prądem); **to receive/get a ~** zostać porażonym (prądem); **to give sb a ~** porazić kogoś (prądem) [4] (physical impact) (of collision, earthquake) wstrząs *m*; (of explosion) podmuch *m* [5] (of hair) gęsta czupryna *f*; (of corn) snopek *m*, snop *m* [6] infml = **shock absorber**
II *modif* infml *[reaction, result]* nieoczekiwany, zaskakujący
III *vt* (distress) wstrząs|nąć, -ać (kimś); (scandalize) za|szokować, z|gorszyć
IV shocked *pp adj* (distressed) wstrząśnięty; (scandalized) zaszokowany, zgorszony; **to be ~ed at** or **by sth** (distressed) być wstrząśniętym czymś; (scandalized) być zaszokowanym or zgorszonym czymś; **to be ~ed to hear** or **learn that...** być oburzonym or wstrząśniętym wiadomością, że...; **she's not easily ~ed** niełatwo ją zgorszyć or zaszokować

shock absorber *n* Tech amortyzator *m* wstrząsów

shocker /ˈʃɒkə(r)/ *n* (person) gorszyciel *m*, -ka *f*; (book, film, programme) istny skandal *m* infml

shocking /ˈʃɒkɪŋ/ *adj* [1] (upsetting) *[sight, news, event]* wstrząsający, szokujący; (scandalous) *[behaviour, news]* skandaliczny [2] infml (appalling) *[result, weather, luck, state of affairs]* tragiczny infml

shockingly /ˈʃɒkɪŋlɪ/ *adv [behave]* skandalicznie; *[expensive]* horrendalnie; **it was ~ unfair** to było okropnie niesprawiedliwe; **his work is ~ bad** cała jego praca jest skandaliczna infml

shocking pink I *n* wściekły róż *m*
II *adj* wściekle różowy

shock jock *n* Radio infml *prezenter radiowy lubiący szokować słuchaczy*

shockproof /ˈʃɒkpruːf/ *adj* wstrząsoodporny

shock resistant *adj* = **shockproof**

shock tactics *n* Mil działanie *n* przez zaskoczenie

shock therapy *n* terapia *f* wstrząsowa

shock treatment *n* Psych elektrowstrząsy *plt*; fig terapia *f* wstrząsowa

shock troops *npl* oddziały *m pl* szturmowe

shock value *n* **the ~ of the book is the attraction** ta książka szokuje i dlatego ma takie powodzenie; **it's just for ~** to tylko po to, żeby zaszokować

shock wave *n* [1] fala *f* uderzeniowa [2] fig wstrząs *m*; **the news has sent ~s through the stock market** ta wiadomość wstrząsnęła rynkiem papierów wartościowych

shod /ʃɒd/ **I** *pt, pp* → **shoe III**
II *pp adj [person]* obuty dat; *[horse]* podkuty; **well/poorly ~** w porządnych/kiepskich butach

shoddily /ˈʃɒdɪlɪ/ *adv* [1] *[made, built]* tandetnie [2] *[behave]* podle

shoddiness /ˈʃɒdɪnɪs/ *n* (of work, product) tandetność *f*

shoddy /ˈʃɒdɪ/ **I** *n* wełna *f* wtórna
II *adj* [1] *[product, workmanship]* tandetny; *[work]* byle jaki, niechlujny [2] fig (sham) tandetny, tani [3] *[behaviour]* podły; **a ~ trick** podły chwyt

shoe /ʃuː/ **I** *n* [1] (footwear) but *m*; **a pair of ~s** para butów; **to put on one's ~s** włożyć buty; **to take off one's ~s** zdjąć or ściągnąć buty [2] (for horse) podkowa *f* [3] Phot (for flash) stopka *f* [4] Aut (also **brake ~**) szczęka *f* hamulcowa [5] Civ Eng (also **pile ~**) but *m* pala, trzewik *m* pala
II *modif* **~ box** pudełko na buty; **~ brush /cream** szczotka/pasta do butów; **~ factory** fabryka obuwia
III *vt* (*prp* **shoeing;** *pt, pp* **shod)** podku|ć, -wać *[horse]*; obu|ć, -wać dat *[person]*
IDIOMS: **to wait for dead men's ~s** czekać na okazję; **to be in sb's ~s** być na miejscu kogoś; **what would you have done in my ~s?** co byś zrobił na moim miejscu?; **to save/wear out ~ leather** oszczędzać sobie chodzenia/zdzierać buty fig; **to shake** or **shiver in one's ~s** trząść się ze strachu; trząść portkami infml; **to step into** or **fill sb's ~s** zająć miejsce kogoś

shoebill /ˈʃuːbɪl/ *n* Zool trzewikodziób *m*

shoeblack /ˈʃuːblæk/ *n* = **shoeshine (boy)**

shoehorn /ˈʃuːhɔːn/ *n* łyżka *f* do butów

shoelace /ˈʃuːleɪs/ *n* sznurowadło *n*, sznurówka *f*; **to do** or **tie up one's ~s** zawiązać sznurowadła, zasznurować buty

shoemaker /ˈʃuːmeɪkə(r)/ *n* szewc *m*

shoe polish *n* pasta *f* do butów

shoe rack *n* półka *f* na buty

S

shoe repairer *n* szewc *m*
shoe repairs *n* naprawa *f* obuwia
shoe repair shop *n* zakład *m* szewski
shoeshine (boy) /ˈʃuːʃaɪn(bɔɪ)/ *n* pucybut *m*, czyścibut *m*
shoe shop *n* sklep *m* z butami
shoe size *n* rozmiar *m* obuwia, numer *m* butów; **what's your ~?** jaki nosisz numer butów?
shoestring /ˈʃuːstrɪŋ/ *n* US sznurowadło *n*, sznurówka *f*
IDIOMS: **on a ~** infml za bardzo małe pieniądze; **to live on a ~** infml ledwie wiązać koniec z końcem
shoestring budget *n* infml głodowy budżet *m*
shoe tree *n* prawidło *n*
shogun /ˈʃəʊgʊn/ *n* Hist szogun *m*; fig magnat *f* fig
shone /ʃɒn/ *pt, pp* → **shine**
shoo /ʃuː/ **I** *excl* sio!
II *vt* (also **~ away**) przegl|onić, -aniać
shoo-in /ˈʃuːɪn/ *n* US faworyt *m*, -ka *f*; **Bates is a ~ to win the election** Bates jest faworytem w wyborach
shook /ʃʊk/ *pt* → **shake**
shoot /ʃuːt/ **I** *n* [1] Bot (young growth) kiełek *m*; (offshoot) pęd *m* [2] GB Hunt (meeting) polowanie *n*; (area of land) teren *m* łowiecki [3] Cin zdjęcia *n pl* [4] (rapid) bystrze *n* [5] Geol, Mining bogata żyła *f* rudonośna
II *excl* US infml [1] (expressing disbelief) a niech to! [2] (telling sb to speak) (impatiently) no dalej, mów!; (encouragingly) wal (śmiało)! infml
III *vt* (*pt, pp* **shot**) [1] (fire) wystrzeli|ć, -wać *[bullet, missile]*; wystrzelić z (czegoś), strzel|ić, -ać z (czegoś) *[rifle]*; wypu|ścić, -szczać *[arrow]*; **to ~ sth at sb/sth** wystrzelić czymś w kogoś/coś; **to ~ one's way out of somewhere** uciec skądś, ostrzeliwując się [2] (hit with gun) postrzelić *[person, animal]*; (kill) zastrzelić *[person, animal]*; (execute) rozstrzel|ać, -iwać; **she shot him in the leg/back** postrzeliła or trafiła go w nogę /plecy; **to ~ sb for sth** rozstrzelać kogoś za coś *[desertion, spying]*; **to ~ sb dead** zastrzelić kogoś; **I could ~ him!** ja go chyba zastrzelę! fig; **to be shot to pieces** infml zostać doszczętnie zniszczonym [3] (direct) rzuc|ić, -ać *[look]* **(at sb** w kierunku kogoś); pos|łać, -yłać *[smile]* **(at sb** komuś); **to ~ questions at sb** bombardować kogoś pytaniami [4] Cin, Phot (film) na|kręcić *[film, scene]*; s|filmować *[subject]* [5] (push) **to ~ the bolt** (into a fastening) zasunąć zasuwę; (out of a fastening) odsunąć zasuwę [6] (in canoeing) **to ~ the rapids** pokonać bystrze; **the boat shot the bridge** łódka śmignęła pod mostem [7] (in golf) **to ~ 75** zdobyć 75 punktów [8] US Sport, Games za|grać w (coś) *[pool, craps, dice]* [9] Hunt polować na (coś) *[pheasant, game]*; polować na (czymś) *[moor]* [10] infml (inject) = **shoot up** infml
IV *vi* (*pt, pp* **shot**) [1] strzel|ić, -ać **(at sb** do kogoś); **to ~ to kill/wound** strzelać, żeby zabić/ranić [2] (move suddenly) **to ~ out of sth** wypaść z czegoś; **to ~ into sth** wpaść do czegoś/w coś; **to ~ forward** wyrwać się do przodu; **to ~ backwards** błyskawicznie się cofnąć; **the car shot past** samochód przemknął obok; **the pain shot down** or **along his leg** poczuł rozdzierający ból w nodze; **to ~ to fame** fig nagle stać się sławnym [3] Bot (grow) *[seed]* wy|kiełkować; *[plant]* wypu|ścić, -szczać pędy [4] Cin kręcić [5] Sport (in football, hockey) strzel|ić, -ać [6] Hunt za|polować
V *vr* (*pt, pp* **shot**) **to ~ oneself** (kill) zastrzelić się; (wound) postrzelić się; **to ~ oneself in the leg** postrzelić się w nogę
■ **shoot down**: ¶ **~ down [sb/sth], ~ [sb/sth] down** [1] Aviat, Mil zestrzeli|ć, -wać *[plane, pilot]*; **the bomber was shot down in flames** bombowiec został zestrzelony i w płomieniach spadł na ziemię [2] fig (prove wrong) s|torpedować *[idea, proposal]*; obal|ić, -ać *[theory]* ¶ **~ down [sb], ~ [sb] down** *[gunman]* zastrzelić *[person]*
■ **shoot off**: **~ [sth] off** odstrzeli|ć, -wać *[foot, arm]*
■ **shoot out**: ¶ **~ out** *[flame, water]* wystrzeli|ć, -wać; **the car shot out of a side street** samochód wypadł z bocznej ulicy ¶ **~ out [sth], ~ [sth] out** błyskawicznie wysu|nąć, -wać; **to ~ one's foot/arm out** błyskawicznie wyrzucić nogę/rękę (w górę/w bok); **the snake shot its tongue out** wąż błyskawicznie wysunął język; **to ~ it out** infml *[gunmen]* rozstrzygnąć spór za pomocą pistoletów
■ **shoot up**: ¶ **~ up** [1] *[flames, spray]* wystrzeli|ć, -wać; fig *[prices, profits]* pods|koczyć, -akiwać gwałtownie [2] (grow rapidly) *[plant]* wystrzelić w górę; **that boy has really shot up!** fig ale ten chłopak urósł! [3] infml (inject oneself) na|szprycować się infml **(with sth** czymś) ¶ **~ up [sth], ~ [sth] up** infml (inject) wstrzyk|nąć, -iwać *[heroin]* ¶ **~ up [sb], ~ [sb] up** (with bullets) strzel|ić, -ać do (kogoś) *[person]*; **he was badly shot up** został poważnie postrzelony
IDIOMS: **to ~ a line** bujać infml; **to ~ oneself in the foot** niechcący sobie zaszkodzić; **to ~ the works** US infml spłukać się doszczętnie infml; **the whole (bang) ~** wszystko → **mouth**
shoot-'em-up /ˈʃuːtəmʌp/ *n* US infml film *m* z gatunku „zabili go i uciekł"
shooting /ˈʃuːtɪŋ/ **I** *n* [1] (act) (killing) zabójstwo *n*; **the ~ of the prisoner took place at dawn** więźnia rozstrzelano o świcie [2] (firing) strzelanina *f* [3] Hunt polowanie *n*; **to go ~** pójść na polowanie [4] (at target) (sport) strzelectwo *n*; (activity) strzelanie *n* [5] Cin kręcenie *n* zdjęć; **the ~ of the film was carried out in Italy** film kręcono we Włoszech
II *prp adj [pain]* rozdzierający
shooting box *n* Hunt domek *m* myśliwski
shooting brake *n* GB Aut dat (samochód *m*) kombi *n inv*
shooting gallery *n* Sport strzelnica *f*
shooting incident *n* wymiana *f* strzałów
shooting iron *n* US infml spluwa *f* infml
shooting party *n* grupa *f* osób biorących udział w polowaniu
shooting range *n* strzelnica *f*
shooting script *n* Cin scenopis *m*
shooting star *n* Astron spadająca gwiazda *f*
shooting stick *n* stołek *m* myśliwski
shoot-out /ˈʃuːtaʊt/ *n* infml strzelanina *f*
shop /ʃɒp/ **I** *n* [1] (where goods are sold) sklep *m*; **to keep a ~** prowadzić sklep; **to go to the ~s** iść na zakupy; **he's out at the ~s** wyszedł na zakupy; **to set up ~** otworzyć sklep; fig otworzyć interes infml; **to shut up ~** zamknąć sklep; fig zwinąć interes infml [2] (workshop) warsztat *m*; **repair ~** warsztat naprawczy [3] US (in department store) stoisko *n*; **beauty ~** stoisko z kosmetykami [4] GB infml (shopping) zakupy *m pl*; **to do the weekly ~** robić cotygodniowe zakupy; **to do a big ~** obkupić się infml [5] US Sch (atelier) pracownia *f*
II *modif [bread, cake]* kupny
III *vt* (*prp, pt, pp* **-pp-**) GB infml (inform on) do|nieść, -nosić na (kogoś) *[person]*
IV *vi* (*prp, pt, pp* **-pp-**) z|robić zakupy; **to be ~ping for sth** szukać (w sklepach) czegoś; **to go ~ping** iść na zakupy; (as browser) chodzić po sklepach; **to go ~ping for sth** pójść kupować coś
■ **shop around** roz|ejrzeć, -glądać się **(for sth** za czymś); **if you ~ around, you'll find the best course** jeżeli się dobrze rozejrzysz, znajdziesz najlepszy kurs
IDIOMS: **all over the ~** GB infml fig wszędzie; **we have searched all over the ~** przetrząsnęliśmy wszystkie kąty; **to talk ~** rozmawiać o sprawach zawodowych; **you've come to the wrong ~** GB infml pomyliłeś adres infml
shopaholic /ʃɒpəˈhɒlɪk/ *n* infml mania|k *m*, -czka *f* zakupów infml
shop assistant *n* GB ekspedient *m*, -ka *f*, sprzedaw|ca *m*, -czyni *f*
shopfitter /ˈʃɒpfɪtə(r)/ *n* GB **to be a ~** zajmować się wyposażeniem sklepów
shopfitting /ˈʃɒpfɪtɪŋ/ *n* GB wyposażenie *n* sklepu
shopfloor /ˌʃɒpˈflɔː(r)/ **I** *n* GB (workshop, factory) zakład *m* (pracy); (workers) załoga *f*; **problems on the ~** problemy wśród załogi; **conditions on the ~** warunki w zakładzie (pracy)
II *modif* **~ opinion/decision** opinia /decyzja załogi
shop front *n* wystawa *f* sklepowa, witryna *f*
shop girl *n* GB sprzedawczyni *f*, ekspedientka *f*
shopkeeper /ˈʃɒpkiːpə(r)/ *n* sklepika|rz *m*, -rka *f*
shoplift /ˈʃɒplɪft/ *vi* kraść w sklepie
shoplifter /ˈʃɒplɪftə(r)/ *n* złodziej *m* sklepowy, złodziejka *f* sklepowa
shoplifting /ˈʃɒplɪftɪŋ/ *n* kradzież *f* sklepowa
shopper /ˈʃɒpə(r)/ *n* kupujący|y *m*, -a *f*, klient *m*, -ka *f*
shopping /ˈʃɒpɪŋ/ *n* [1] (activity) zakupy *plt*; **to do some/the ~** zrobić zakupy; **we are open for lunch-time ~** sklep otwarty w porze lunchu [2] (purchases) zakupy *m pl*
shopping bag *n* torba *f* na zakupy
shopping basket *n* koszyk *m* na zakupy
shopping centre GB, **shopping center** US *n* centrum *n* handlowe
shopping complex *n* kompleks *m* handlowy
shopping list *n* lista *f* zakupów
shopping mall *n* US centrum *n* handlowe
shopping precinct *n* pasaż *f* handlowy
shopping trip *n* **to go on a ~** przejść się po sklepach
shopping trolley *n* (in supermarket) wózek *m* sklepowy

shop-soiled /ˈʃɒpsɔɪld/ *adj* GB *[garment]* zleżały *(na wystawie)*
shop steward *n* przedstawiciel *m* załogi *(z ramienia związków zawodowych)*
shoptalk /ˈʃɒptɔːk/ *n* infml (conversation) rozmowa *f* o sprawach zawodowych; (jargon) żargon *m* zawodowy
shop window *n* wystawa *f* sklepowa, witryna *f*
shopworn /ˈʃɒpwɔːn/ *adj* US = **shop-soiled**
shore[1] /ʃɔː(r)/ **I** *n* [1] (coast, edge) (of sea, lake, island) brzeg *m*; **on the ~** na brzegu; **off the ~ of sth** Naut u brzegów czegoś [2] Naut (dry land) ląd *m*; **on ~** na lądzie; **from ship to ~** ze statku na ląd
II shores *npl* liter **to return to one's native ~s** wrócić do ojczystej ziemi; **events beyond our ~s** wydarzenia poza granicami kraju
shore[2] /ʃɔː(r)/ *n* (prop) (for wall, tunnel) stempel *m*, podpora *f*; (for tree) podpora *f*
■ **shore up**: **~ up [sth], ~ [sth] up** pod|eprzeć, -pierać *[building, river bank]*; fig pod|eprzeć, -pierać *[argument]*; podtrzy-m|ać, -ywać *[economy, system]*
shore-based /ˈʃɔːbeɪst/ *adj* Tourism **~ vacation** *wakacje na morzu z noclegiem i posiłkiem na lądzie*
shore leave *n* pozwolenie *n* zejścia na ląd
shoreline /ˈʃɔːlaɪn/ *n* linia *f* brzegowa
shore patrol *n* Mil, Naut patrol *m* straży przybrzeżnej
shoreward /ˈʃɔːwəd/ **I** *adj [wind, direction]* w stronę lądu
II *adv* (also **shorewards**) w kierunku lądu
shorn /ʃɔːn/ *pp* → **shear**
short /ʃɔːt/ **I** *n* [1] (alcohol) mocny alkohol *m* [2] Elec = **short-circuit** [3] Cin krótkometrażówka *f* infml [4] Fin (deficit) deficyt *m* [5] Fin (on stock exchange) krótkoterminowa obligacja *f* państwowa
II shorts *npl* (krótkie) spodenki *plt*, szorty *plt*; US (underwear) bokserki *plt*; **a pair of (tennis) ~s** spodenki or szorty (tenisowe)
III *adj* [1] (not long-lasting) *[time, stay, memory, period, course, conversation, speech, chapter]* krótki; **a ~ time ago** niedawno; **that was a ~ week/month** tydzień/miesiąc minął jak z bicza trzasnął or strzelił; **in four ~ years** w ciągu zaledwie czterech lat; **to work ~er hours** pracować krócej; **the days are getting ~er** dni robią się coraz krótsze; **the meeting was ~ and sweet** zebranie było nadspodziewanie krótkie; **let's keep it ~ (and sweet)** załatwmy to szybko; **the ~ answer is that...** odpowiem krótko: ... [2] (not of great length) *[hair, dress, distance, stick]* krótki; **the suit is too ~ in the sleeves** ten garnitur ma za krótkie rękawy; **to have one's hair cut ~** być ostrzyżonym na krótko; **to win by a ~ head** Turf wygrać o niecały łeb [3] (not tall) *[person]* niski [4] (scarce) **water/food is ~** brakuje wody/jedzenia; **food/coal is getting ~** zaczyna brakować jedzenia/węgla; **books/computers are in ~ supply here** tu jest mało książek/komputerów; **time is getting ~** jest coraz mniej czasu [5] (inadequate) *[ration]* zbyt mały, niewystarczający; **we're ~ by three** brakuje nam trzech; **he gave me ~ measure** (in shop) oszukał mnie na wadze [6] (lacking) **I am/he is ~ of sth** brakuje mi/mu czegoś; **she is ~ on talent/tact** jest pozbawiona talentu /taktu; **to go ~ of sth** nie mieć czegoś *[clothes, money, food]*; **my wages are £30 ~** dostałem o 30 funtów za mało pensji; **I don't want you to go ~** nie chcę, żeby ci czegokolwiek brakowało; **I am/we are running ~ of sth** zaczyna mi/nam brakować czegoś [7] (in abbreviation) **Tom is ~ for Thomas** Tom to zdrobnienie od Thomas; **this is Nicholas, Nick for ~!** to jest Nicholas, ale wszyscy mówią na niego Nick; **UN is ~ for United Nations** ONZ to skrót od „Organizacja Narodów Zjednoczonych" [8] (abrupt) *[person, personality]* szorstki; *[laugh]* krótki, urywany; **to be ~ with sb** potraktować kogoś szorstko [9] Ling *[vowel]* krótki [10] Fin *[bill, loan, credit]* krótkoterminowy; **~ seller** sprzedający ze zniżką [11] Culin *[pastry]* kruchy
IV *adv* (abruptly) *[stop]* nagle; **to stop ~ of doing sth** ledwie się powstrzymać od zrobienia czegoś; **I'm sure he'd stop ~ of (doing) anything illegal** jestem pewny, że nie posunie się do niczego, co byłoby niezgodne z prawem → **cut short**
V in short *adv phr* krótko mówiąc
VI short of *prep phr* [1] (just before) tuż przed (czymś); **the ball landed (just) ~ of the line** piłka wylądowała tuż przed linią [2] (just less than) blisko, bez mała; **a little ~ of £1,000** trochę mniej niż or blisko 1000 funtów; **that's nothing ~ of blackmail!** to już jest czysty szantaż!; **he would go for nothing ~ of complete independence** zgodzi się tylko na całkowitą niezależność [3] (except) oprócz (czegoś); **~ of locking him in, I can't stop him leaving** żeby go powstrzymać od wyjazdu, musiałbym go zamknąć na klucz
VII *vt, vi* Elec = **short-circuit**
IDIOMS: **to bring** or **pull sb up ~** osadzić kogoś w miejscu; **to have a ~ temper, to be ~-tempered** być w gorącej wodzie kąpanym; **to have sb by the ~ hairs** US vinfml, **to have sb by the ~ and curlies** GB infml trzymać kogoś krótko; trzymać kogoś za pysk vinfml; **to sell oneself ~** mieć niskie mniemanie o sobie; **to make ~ work of sth/sb** szybko coś/kogoś załatwić; **he was taken** or **caught ~** przypiliło go infml; **the long and ~ of it is that...** ostatecznie rzecz sprowadza się do tego, że...
short account *n* Fin konto *n* sprzedaży bez pokrycia
shortage /ˈʃɔːtɪdʒ/ *n* niedobór *m*, brak *m* **(of sth** czegoś); **a ~ of teachers/food** brak nauczycieli/żywności; **housing ~** brak mieszkań; **at a time of ~** w okresie niedostatku; **there is no ~ of applicants /opportunity** nie brakuje kandydatów /okazji
short arse *n* GB vinfml kurdupel *m* vinfml
short back and sides *n* włosy *m pl* ostrzyżone na krótko
shortbread /ˈʃɔːtbred/ *n* kruche ciastko *n*
shortcake /ˈʃɔːtkeɪk/ *n* (shortbread) kruche ciasto *n*; (dessert) ciastko *n* z owocami i bitą śmietaną
shortchange /ʃɔːtˈtʃeɪndʒ/ *vt [shop assistant]* wyda|ć, -wać za mało (komuś) *[shopper]*; fig wyrolować infml *[associate, investor]*
short circuit /ʃɔːtˈsɜːkɪt/ **I** *n* Elec zwarcie *n*, spięcie *n*
II short-circuit *vt* [1] Elec s|powodwać zwarcie w (czymś); (damage) spal|ić, -ać *[appliance]* [2] fig (damage) po|psuć *[plans]*; (avoid) ob|ejść, -chodzić *[formalities, procedure]*
III short-circuit *vi* **the appliance/lights ~ed** doszło do zwarcia w urządzeniu /oświetleniu
shortcomings /ˈʃɔːtkʌmɪŋz/ *npl* braki *m pl*, wady *f pl*
short covering *n* Fin zakup *m* w celu pokrycia sprzedaży in blanco
shortcrust pastry /ʃɔːtkrʌstˈpeɪstrɪ/ *n* kruche ciasto *n*
shortcut /ˈʃɔːtkʌt/ *n* [1] skrót *m*; **to take a ~ through the park** iść na skróty przez park [2] fig droga *f* na skróty fig; **to take ~s** iść na skróty infml
short division *n* Math proste dzielenie *n*
shorten /ˈʃɔːtn/ **I** *vt* skr|ócić, -acać *[garment, journey time, list, talk, life]*; **to ~ sail** Naut refować żagle
II *vi [wait, period of time]* skr|ócić, -acać się, sta|ć, -wać się krótszym; *[days, nights]* sta|ć, -wać się krótszym; *[odds]* zmniejsz|yć, -ać się
shortening /ˈʃɔːtnɪŋ/ *n* [1] Culin tłuszcz *m* do pieczenia [2] (of garment, journey, book) skrócenie *n*
short exchange *n* Fin krótkoterminowy papier *m* wartościowy
shortfall /ˈʃɔːtfɔːl/ *n* niedobór *m*; (in budget, exports) deficyt *m*; (in accounts) manko *n*; **the drought has caused ~s in the food supply** susza spowodowała niedobór żywności; **a ~ of energy supplies** braki w dostawach energii; **there's a ~ of £10,000 in our budget** brakuje nam w budżecie 10 000 funtów; **there is a ~ of several hundred in the expected number of applications** wpłynęło o kilkaset podań mniej niż oczekiwano; **to meet** or **make up the ~ between cost and subsidy** pokryć różnicę między kosztami a dotacją
short-haired /ʃɔːtˈheəd/ *adj [person]* krótkowłosy; *[animal]* krótkowłosy, o krótkiej sierści
shorthand /ˈʃɔːthænd/ **I** *n* [1] Comm stenografia *f*; **to take sth down in ~** zapisać coś stenograficznie, stenografować coś; **(to learn) to do ~** (nauczyć się) stenografować [2] fig (euphemism, verbal shortcut) skrót *m*; **it's a kind of ~ term for...** to jest skrótowe określenie...
II *modif* **~ course** kurs stenografii; **~ note** stenogram; **~ notebook** notes do zapisu stenograficznego
short-handed /ʃɔːtˈhændɪd/ *adj* **to be ~** *[company, hospital]* mieć za mało personelu; **they are ~ at the farm/building site** na farmie/budowie brakuje rąk do pracy
shorthand-typing /ʃɔːthændˈtaɪpɪŋ/ *n* stenotypia *f*
shorthand-typist /ʃɔːthændˈtaɪpɪst/ *n* stenotypist|a *m*, -ka *f*
short-haul /ˈʃɔːthɔːl/ *adj* Aviat, Transp *[flight, route]* krótki; *[aircraft]* przeznaczony na

S

krótkie trasy; *[business]* zajmujący się przewozami na krótkich trasach

short-haul carrier *n* przewoźnik *m* na krótkich trasach

shorthorn /ˈʃɔːthɔːn/ *n* Agric, Zool szorthorn *m*

shortie /ˈʃɔːtɪ/ *n* infml = **shorty**

shortlist /ˈʃɔːtlɪst/ **I** *n* lista *f* finalistów, krótka lista *f*

II *vt* umie|ścić, -szczać na liście kandydatów branych pod uwagę *[applicant]*; **to ~ sb for a job** umieścić kogoś na liście najpoważniejszych kandydatów na (jakieś) stanowisko

short-lived /ʃɔːtˈlɪvd, US -ˈlaɪvd/ *adj [triumph, success, happiness, effect]* krótkotrwały

shortly /ˈʃɔːtlɪ/ *adv* [1] (very soon) wkrótce; **she'll be back ~** niedługo wróci; **volume four will be published ~** wkrótce ukaże się tom czwarty [2] (a short time) **~ before** na krótko przedtem; **~ after(wards)** wkrótce potem; **~ before/after lunch** na krótko przed lunchem/po lunchu [3] (crossly) *[reply]* szorstko

shortness /ˈʃɔːtnɪs/ *n* (in time) krótkość *f*; (of letter) zwięzłość *f*; (of person) niski wzrost *m*; **~ of breath** brak tchu, zadyszka

short odds *n* (in betting) wyrównane szanse *f pl*

short-order-cook /ʃɔːtɔːdəˈkʊk/ *n* US *kucharz przygotowujący szybkie dania*

short-range /ʃɔːtˈreɪndʒ/ *adj [weather forecast]* krótkoterminowy; *[missile, aircraft]* krótkiego zasięgu

short sharp shock (treatment) *n* GB surowy reżim *m* karny *(mający na celu resocjalizację młodocianych przestępców)*

short sight *n* krótki wzrok *m*

shortsighted /ʃɔːtˈsaɪtɪd/ *adj* [1] **to be ~** być krótkowidzem, mieć krótki wzrok [2] fig (lacking foresight) *[person, policy, decision]* krótkowzroczny; **to be ~ about sth** przejawiać krótkowzroczność, jeśli chodzi o coś

shortsightedness /ʃɔːtˈsaɪtɪdnɪs/ *n* krótkowzroczność *f* also fig **(about sth** jeśli chodzi o coś)

short-sleeved /ʃɔːtˈsliːvd/ *adj* z krótkimi rękawami

short-staffed /ʃɔːtˈstɑːft, US -ˈstæft/ *adj* **to be ~** odczuwać brak personelu

short-stay /ʃɔːtˈsteɪ/ *adj [hostel]* przeznaczony na krótkie pobyty; *[housing]* tymczasowy; **~ car park** parking godzinowy

short story *n* Literat opowiadanie *n*

short-tailed /ʃɔːtˈteɪld/ *adj* Zool o krótkim ogonie

short-tempered /ʃɔːtˈtempəd/ *adj* (by nature) porywczy, wybuchowy; (temporarily) rozdrażniony

short term **I** *n* **in the ~** na krótką metę

II **short-term** *adj [use, solution, foster home]* tymczasowy; *[benefit]* krótkotrwały; Fin *[credit, liabilities]* krótkoterminowy

short time *n* (in industry) skrócony czas *m* pracy; **to be on ~** mieć skrócony czas pracy

shortwave /ʃɔːtˈweɪv/ **I** *n* fale *f pl* krótkie

II *modif* **~ radio** krótkofalówka; **~ broadcast** audycja na falach krótkich

short-winded /ʃɔːtˈwɪndɪd/ *adj* **to be ~** dostawać zadyszki

shorty /ˈʃɔːtɪ/ *n* infml pej mikrus *m* hum; konus *m* infml

shot¹ /ʃɒt/ *n* [1] (from gun) (wy)strzał *m*; **to fire** or **take a ~ at sb/sth** strzelić do kogoś/czegoś; **the government fired the opening ~ by saying that...** fig rząd rozpętał burzę twierdząc, że... [2] Sport (in tennis, golf, cricket) uderzenie *n*; (in football) strzał *m*; **to have** or **take a ~ at goal** (in football) strzelić na bramkę; **two ~s up on /behind sb** (in golf) dwa uderzenia przed/za kimś [3] Phot zdjęcie *n* **(of sb/sth** kogoś /czegoś); **a few ~s of the wedding** kilka zdjęć z wesela [4] Cin (short piece) scena *f*; (filmed by one camera) ujęcie *n*; **a dramatic action ~ of the car chase** dramatyczna sekwencja pościgu za samochodem; **to be in/out of ~** Cin być w kadrze/poza kadrem [5] (injection) zastrzyk *m* **(of sth** czegoś); **to give sb a ~** dać or zrobić komuś zastrzyk [6] (attempt) próba *f*; **a ~ at the problem /the title** próba rozwiązania problemu /zdobycia tytułu; **to have a ~ at fixing the car/making a cake** spróbować naprawić samochód/upiec ciasto; **to have a ~ at skiing/flying** spróbować jazdy na nartach/latania; **to give it one's best ~** zrobić wszystko, na co kogoś stać [7] (in shotputting) kula *f*; **to put the ~** pchnąć kulę [8] (pellet) kulka *f* ołowiana; (pellets collectively) śrut *m* [9] (person who shoots) **to be a good /poor ~** być dobrym/kiepskim strzelcem [10] infml (dose) **to have a ~ of whisky/gin** łyknąć (sobie) trochę whisky/ginu infml [11] (of rocket) wystrzelenie *n*; **a moon ~** lot na księżyc

IDIOMS: **to call the ~s** dyktować warunki; **a ~ in the arm** zastrzyk nowej energii; **the dog was after the cat like a ~** pies puścił się za kotem jak strzała; **'I don't care what you think,' was his parting ~** „nie obchodzi mnie, co myślisz", rzucił na odchodnym; **it was a ~ in the dark** to był strzał w ciemno

shot² /ʃɒt/ **I** *pt, pp* → **shoot**

II *adj* [1] (also **~ through)** (streaked) *[silk]* mieniący się; **~ (through) with gold/red** *[material]* przetykany złotą/czerwoną nicią; **her hair was ~ (through) with grey** miała włosy przyprószone siwizną [2] infml (also **~ away)** (destroyed) **his nerves were ~** miał stargane nerwy; **his confidence is ~** stracił całą pewność siebie

IDIOMS: **to get/be ~ of sb/sth** pozbyć się czegoś *[old car]*; uwolnić się od wpływu kogoś *[mother]*

shot-blasting /ˈʃɒtblɑːstɪŋ, US -blæstɪŋ/ *n* Ind śrutowanie *n*

shotgun /ˈʃɒtgʌn/ *n* śrutówka *f*

IDIOMS: **to ride ~** infml mieć baczenie na wszystko

shotgun wedding *n* ślub *m* pod przymusem

shot hole *n* otwór *m* strzałowy *(na ładunek wybuchowy)*

shot put *n* Sport pchnięcie *n* kulą

shot-putter /ˈʃɒtpʊtə(r)/ *n* Sport miotacz *m*, -ka *f*

should /ʃʊd, ʃəd/ *modal aux* [1] (ought to) **you shouldn't smoke so much** nie powinieneś tyle palić; **you ~ have told me before** powinieneś był wcześniej mi powiedzieć; **we ~ try and understand him better** powinniśmy spróbować go zrozumieć; **why shouldn't I do it?** dlaczego nie miałbym tego zrobić?; **I ~ explain that...** powinienem wytłumaczyć, że...; **we ~ be there by six o'clock** powinniśmy tam być o szóstej; **dinner ~ be ready by now** obiad powinien być już gotowy; **it shouldn't be difficult to convince them** nie powinno być trudności z przekonaniem ich; **you ~ be ashamed of yourself** powinieneś się wstydzić; **how ~ I know?** skąd mam wiedzieć?; **everything is as it ~ be** wszystko jest jak trzeba; **...which is only as it ~ be** ...co jest zupełnie normalne; **this computer isn't working as it ~** ten komputer nie działa tak, jak powinien; **his hearing is not as good as it ~ be** on ma kłopoty ze słuchem; **flowers! you shouldn't have!** kwiaty! nie trzeba było! [2] (in conditional sentences) **had he asked me, I ~ have accepted** gdyby mnie poprosił, zgodziłbym się; **if they didn't invite me, I ~ be offended** obraziłbym się, gdyby mnie nie zaprosili; **had they invited me, I ~ have gone** gdyby mnie tylko zaprosili, poszedłbym; **I don't think it will happen, but if it ~...** nie sądzę, żeby tak się stało, ale gdyby jednak...; **~ you be interested, I can give you some more information** gdyby to pana interesowało, mogę udzielić więcej informacji; **if you ~ change your mind, don't hesitate to contact me** jeżeli zmieni pan zdanie, proszę śmiało kontaktować się ze mną; **~ anybody phone, tell them I'm out** gdyby ktoś zadzwonił, powiedz, że mnie nie ma; **~ the opportunity arise** gdyby nadarzyła się okazja [3] (expressing purpose) **she simplified it in order that they ~ understand** uprościła to, żeby mogli zrozumieć; **he kept it a secret from them so that they ~ not be worried** trzymał to przed nimi w tajemnicy, żeby się nie martwili; **we are anxious that he ~ succeed** zależy nam na tym, żeby mu się powiodło [4] (in polite formulas) **I ~ like a drink** chętnie bym się czegoś napił; **I ~ like to go there** chciałbym tam pójść [5] (expressing opinion, surprise) **I ~ think so!** myślę, że tak!; **I ~ think not!** nie wydaje mi się!; **'how long will it take?' – 'an hour, I ~ think'** „ile to zajmie czasu?" – „myślę, że około godziny"; **I ~ think she must be about 40** myślę, że ona musi mieć koło czterdziestki; **'I'll pay you for it' – 'I ~ hope so!'** „zapłacę ci za to" – „mam taką nadzieję!"; **I ~ say so!** no pewnie!; **I shouldn't be surprised if she did that!** nie zdziwiłoby mnie, gdyby to zrobiła!; **I shouldn't worry about it if I were you** na twoim miejscu nie martwiłbym się tym; **who ~ walk in but Adam!** i kto się wtedy pojawił? – Adam we własnej osobie!; **and then what ~ happen, but it began to rain!** i właśnie wtedy musiało się rozpadać!

shoulder /ˈʃəʊldə(r)/ **I** *n* [1] Anat (of human) bark *m*, ramię *n*; (of animal) bark *m*; **to put a hand on sb's ~** położyć rękę na ramieniu kogoś or komuś rękę na ramieniu; **this jacket is too tight across my ~s** ta marynarka jest na mnie za ciasna w ramionach; **to have a bag on** or **over one's ~** mieć torbę na ramieniu; **to carry**

sth on one's ~s nieść coś na barkach or ramionach; **to put one's ~s back** ściągnąć łopatki; **to straighten one's ~s** wyprostować się; **to look over sb's ~** zaglądać komuś przez ramię; **to cry on sb's ~** wypłakiwać się na ramieniu kogoś; **I'm always there if you need a ~ to cry on** możesz zawsze na mnie liczyć, gdybyś chciał się przed kimś wyżalić; **her ~s shook with laughter** trzęsła się (cała) ze śmiechu; **her ~s shook with sobs** jej ramionami wstrząsał szloch; **to have round ~s** mieć okrągłe plecy; **to have broad ~s** być szerokim w ramionach or barach infml; **to look (back) over one's ~** obejrzeć się przez ramię, obejrzeć się za siebie; fig oglądać się za siebie; **the burden/responsibility falls on my ~s** ciężar/odpowiedzialność spada na moje barki; **~ to ~** ramię przy ramieniu, ramię w ramię; **the environmental groups work ~ to ~ on many campaigns** grupy ekologiczne działają ramię w ramię w wielu kampaniach [2] (on mountain) boczna grań *f* [3] (of garment) ramię *n*; **padded ~s** wywatowane ramiona [4] (on road) pobocze *n*; **at the ~ of the road** na poboczu [5] Culin łopatka *f*; **(a) ~ of lamb** łopatka jagnięca
II *vt* [1] zarzuc|ić, -ać na ramiona *[rucksack, sack]*; zarzuc|ić, -ać na ramię *[gun, bag, implement]*; **'~ arms!'** Mil „na ramię broń!" [2] fig wziąć, brać na swoje barki *[responsibility, task, burden]*; **to ~ the blame for sth** wziąć na siebie winę za coś; **to ~ the cost of sth** ponieść koszt czegoś [3] (push) pch|nąć, -ać ramieniem; **to ~ sb aside** odepchnąć kogoś ramieniem; **she ~ed her way through the crowd** przepchnęła się przez tłum
III -shouldered *in combinations* **to be round-~ed** mieć okrągłe or zaokrąglone plecy; **to be narrow-~ed** być wąskim w ramionach; **to be square-~ed** być szerokim w ramionach or barach infml
IDIOMS: **to be** or **stand head and ~s over sb** *[person]* przerastać kogoś o głowę also fig; **to have a good head on one's ~s** mieć głowę na karku; **to have an old head on young ~s** być dojrzałym jak na swój wiek; **to put one's ~ to the wheel** zabrać się do roboty; **to rub ~s with famous people** stykać się ze sławnymi ludźmi; **straight from the ~** infml prosto z mostu, bez ogródek; **to give it to sb straight from the ~** infml rąbnąć komuś prawdę prosto w oczy infml

shoulder bag *n* (handbag) torebka *f* na ramię; (other bag) torba *f* na ramię

shoulder belt *n* US Aut przekątny pas *m* ramieniowy

shoulder blade *n* Anat łopatka *f*

shoulder flash *n* Mil = **shoulder patch**

shoulder-high /ˌʃəʊldəˈhaɪ/ **I** *adj [crop, bushes]* na wysokość ramion
II *adv* **to carry sb ~** nieść kogoś na ramionach

shoulder holster *n* kabura *f (noszona pod pachą)*

shoulder joint *n* Anat staw *m* barkowy

shoulder-length /ˈʃəʊldəleŋθ/ *adj [hair, veil]* do ramion

shoulder pad *n* Fashn poduszka *f*; Sport ochraniacz *m* barku

shoulder patch *n* US Mil naszywka *f* na rękawie

shoulder strap *n* (of garment, rucksack) ramiączko *n*; (of bag) pasek *m* (na ramię)

shouldn't /ˈʃʊdnt/ = **should not**

shout /ʃaʊt/ **I** *n* [1] (cry) okrzyk *m*; **to give a ~ of joy** wydać okrzyk radości; **to give a ~ of warning** krzyknąć ostrzegawczo; **there were ~s of 'bravo!'** ludzie wołali „brawo!" [2] GB infml (round of drinks) kolejka *f* infml
II *vt* [1] (cry out) wykrzyk|nąć, -iwać *[slogans, orders]*; **'stop!' she ~ed** „stój!" krzyknęła [2] GB infml (buy) **to ~ a round (of drinks)** postawić kolejkę infml
III *vi* krzy|knąć, -czeć; **to ~ at sb** krzyczeć na kogoś; **to ~ at** or **to sb to do sth** krzyczeć do kogoś, żeby coś zrobił; **to ~ with excitement/anger** krzyczeć z podniecenia/ze złości; **to ~ for help** wołać o pomoc; **what are they ~ing about?** czemu oni krzyczą?
■ **shout down**: **~ down [sb], ~ [sb] down** zakrzy|czeć, -kiwać
■ **shout out**: ¶ **~ out** krzyknąć ¶ **~ out [sth]** wykrzyk|nąć, -iwać *[name, answer]*
IDIOMS: **to give sb a ~** dać komuś znać; **it's nothing to ~ about** to nic specjalnego

shouting /ˈʃaʊtɪŋ/ *n* krzyki *m pl*
IDIOMS: **it's all over bar the ~** wszystko już jest przesądzone

shouting match *n* infml pyskówka *f* infml

shove /ʃʌv/ infml **I** *n* **to give sb/sth a ~** mocno popchnąć kogoś/coś; **she gave me a ~ in the back** popchnęła mnie w plecy; **the door needs a good ~** te drzwi trzeba mocno pchnąć
II *vt* [1] (push) pop|chnąć, -ychać **(towards sth** w stronę czegoś); **to ~ sth through the gap/the letterbox** wepchnąć coś przez dziurę/do skrzynki; **to ~ sth about** or **around** przestawiać coś; **to ~ sb/sth back** odsunąć kogoś/coś; **to ~ sb/sth away** odepchnąć kogoś/coś; **to ~ sb aside** or **out of the way** odepchnąć kogoś na bok; **they ~d him down the stairs** zepchnęli go ze schodów; **he ~d her out of the window** wypchnął ją przez okno; **to be ~d into a room** zostać wepchniętym do pokoju; **to be ~d into the street /out of the building** zostać wyrzuconym na ulicę/z budynku; **this could ~ the country into recession** to mogłoby wpędzić kraj w recesję; **to ~ sth in sb's face** podetknąć komuś pod nos coś *[camera, microphone]*; **to ~ sth down sb's throat** fig narzucać komuś coś [2] (stuff hurriedly, carelessly) wrzuc|ić, -ać; **to ~ sth into sth** wrzucić coś do czegoś; **she ~d the clothes back in the drawer** wepchnęła ubrania z powrotem do szuflady; **~ it on the table** rzuć to na stół [3] (jostle, elbow) potrącić *[person]*; **to ~ (one's way) past sb to the front** przepchnąć się do przodu przed kogoś
III *vi* przep|chnąć, -ychać się, roz|epchnąć, -pychać się; **people were pushing and shoving** ludzie cisnęli się i przepychali or rozpychali
■ **shove off** GB [1] infml (leave) spływać infml; **(why don't you) just ~ off!** spływaj! infml [2] (in boat) odbi|ć, -jać od brzegu
■ **shove over** infml: ¶ **~ over** przep|chnąć, -ychać się ¶ **~ [sth] over, ~ over [sth]** poda|ć, -wać *[object, foodstuff]*
■ **shove up** infml przep|chnąć, -ychać się
IDIOMS: **if push comes to ~** jak przyjdzie co do czego; **tell him to ~ it** or **he can ~ it!** vinfml (powiedz mu, że) może to sobie wsadzić! vinfml

shove halfpenny /ʃʌvˈheɪpnɪ/ *n* GB *gra polegająca na trafianiu monetami w rozrysowane na planszy pola*

shovel /ˈʃʌvl/ **I** *n* [1] (spade) szufla *f*, łopata *f*; (small one) szufelka *f*, łopatka *f* [2] (machine) koparka *f*
II *vt* (*prp, pt, pp* **-ll-** GB, **-l-** US) **to ~ snow off the path/away from the door** odgarniać śnieg ze ścieżki/sprzed drzwi; **to ~ sth into sth** wrzucać coś do czegoś łopatą; **to ~ food into one's mouth** napychać się infml
■ **shovel up**: **~ up [sth], ~ [sth] up** zgarn|ąć, -iać łopatą *[dirt, leaves, snow]*

shoveler /ˈʃʌvlə(r)/ *n* Zool płaskonos *m*

shovelful /ˈʃʌvlfʊl/ *n* szufla *f*, łopata *f* **(of sth** czegoś); (small one) szufelka *f* **(of sth** czegoś)

show /ʃəʊ/ **I** *n* [1] (as entertainment) widowisko *n*, show *m inv*; Theat przedstawienie *n*; Cin pokaz *m*, seans *m*; TV program *m*, show *m inv*; Radio program *m*; (of slides) pokaz *m*; **live ~** Radio, TV program (emitowany) na żywo; US (erotic) show erotyczny; **a quiz ~** TV teleturniej; **to stage** or **put on a ~** przygotować przedstawienie; **to do** or **take in a ~** infml zaliczyć przedstawienie infml; **on with the ~!** (as introduction) zaczynamy przedstawienie!, no to zaczynamy!; (during performance) gramy dalej!; **the ~ must go on!** przedstawienie musi toczyć się dalej!; fig a życie toczy się dalej [2] Comm (of flowers, crafts) wystawa *f*; (of cars, boats) salon *m*; **a fashion ~** pokaz mody; **an air ~** pokaz lotniczy; **to be on ~** być wystawionym or eksponowanym; **to hold a ~** urządzić or zorganizować wystawę [3] (outward display) (of feelings) okazywanie *n*; (of strength, wealth) demonstracja *f* **(of sth** czegoś); **a ~ of defiance/affection** okazanie nieposłuszeństwa/uczucia; **a ~ of unity** demonstracja jedności; **to make** or **put on a (great) ~ of sth** ostentacyjnie demonstrować coś; **to put on a ~** odegrać przedstawienie fig; **it was all ~, it was all for** or **just for ~** to wszystko było tylko na pokaz; **to be fond of ~** lubić się popisywać; **the glitter and ~ of the circus** cały blichtr cyrkowego świata [4] (sight) widok *m*; **the roses are a splendid ~ this year** róże w tym roku prezentują się wspaniale [5] GB (performance) **to put up a good/poor ~** dobrze/kiepsko się spisać; **it was a poor ~ not to thank them** to niełądnie, że im nie podziękowałeś; **good ~ old chap** dat brawo, stary infml [6] infml (business, undertaking) **she runs the whole ~** ona tu rządzi; **to run one's own ~** prowadzić własny interes infml; **it's not his ~** to nie jego sprawa [7] Med krwawienie *n* surowiczo-śluzowe *(poprzedzające poród lub menstruację)*
II *vt* (*pt* **showed**; *pp* **shown**) [1] (present for

S

viewing) pokaz|ać, -ywać *[person, object, photo, fashion collection, film]*; okaz|ać, -ywać *[ticket]*; **the explosion was shown on the evening news** wybuch pokazano w wieczornych wiadomościach; **to ~ sth to sb, to ~ sb sth** pokazać coś komuś; **the painting ~s her reclining on a sofa** obraz przedstawia ją leżącą na sofie; **we'll see the film when it's shown on TV** obejrzymy ten film, kiedy go pokażą w telewizji; **the film will be shown in the spring** film będzie wyświetlany na wiosnę [2] (display competitively) wystawi|ć, -ać, pokaz|ać, -ywać *[animal, flowers, vegetables]* [3] (reveal) okaz|ać, -ywać *[feeling]*; ukaz|ać, -ywać *[fact, principle]*; *[patient]* przejawiać *[symptoms]*; **a flimsy dress that ~s her underclothes** cieniutka sukienka, przez którą widać jej bieliznę; **to ~ interest in sth** okazać zainteresowanie czymś; **to ~ that...** pokazać, że...; **to ~ how/why/when** pokazać, jak/dlaczego/kiedy [4] (indicate) wskaz|ać, -ywać *[object, direction, area]*; wykaz|ać, -ywać *[loss, profit, difficulty]*; pokaz|ać, -ywać *[time]*; **to ~ sb where to go** pokazać komuś, którędy ma iść; **the traffic lights are ~ing red** teraz jest czerwone światło [5] (demonstrate, express) *[person, action]* pokaz|ać, -ywać *[skill, principle]*; *[writing]* wykaz|ać, -ywać *[originality]*; *[reply]* wskaz|ać, -ywać na (coś) *[wit, intelligence]*; *[gesture, gift]* wyra|zić, -żać *[respect, gratitude]*; **~ what you can do** pokaż, co potrafisz; **to ~ consideration/favouritism towards sb, to ~ sb consideration /favouritism** okazać komuś troskę/przychylność; **to ~ sb that...** pokazać komuś, że...; **just to ~ there is no ill feeling** po prostu po to, żeby pokazać, że nie żywię żadnej urazy; **she's beginning to ~ her age** zaczyna wyglądać na swój wiek; **as shown in diagram 12/scene two** tak jak pokazuje wykres 12/scena druga [6] (prove) wykaz|ać, -ywać *[truth, validity, guilt]*; **to ~ that...** *[document, findings]* wykazać, że...; *[facial expression]* wskazywać na to, że...; **this ~s him to be a liar and a thief** to dowodzi, że jest kłamcą i złodziejem; **it all goes to ~ that...** to wszystko wskazuje na to, że... [7] (conduct) **to ~ sb to their seat** *[host, usher]* zaprowadzić kogoś na miejsce; **to ~ sb to their room** zaprowadzić kogoś do jego pokoju; **the maid will ~ you up (the stairs)** pokojówka zaprowadzi cię na górę; **allow me to ~ you to the door** pozwól, że odprowadzę cię do wyjścia [8] infml (teach a lesson to sb) **I'll ~ you/him!** ja ci/mu pokażę!

III *vi* (*pt* **showed;** *pp* **shown)** [1] (be visible) *[slip, petticoat, scar, label, stain]* być widocznym; **her slip was ~ing** widać było jej halkę; **stark terror ~ed on his face** na jego twarzy malowało się przerażenie [2] (exhibit) *[artist]* wystawi|ć, -ać swoje prace; *[film]* być pokazywanym; **to ~ to advantage** *[colour, object]* dobrze wyglądać; **'I did it overnight' – 'and it ~s'** „zrobiłem to z dnia na dzień" – „to widać" [3] infml (turn up) pojawi|ć, -ać się, zjawi|ć, -ać się; **I waited for him all morning, but he didn't ~** czekałem na niego przez cały ranek, ale się nie zjawił [4] US Equest (be placed) zająć punktowane miejsce; **to ~ ahead** być na czele

IV *vr* (*pt* **showed;** *pp* **shown) to ~ oneself** zaprezentować się, pokazać się; **he ~ed himself to be a great leader** pokazał or dowiódł, że jest wielkim przywódcą

■ **show in**: **~ [sb] in** wprowadz|ić, -ać

■ **show off**: ¶ **~ off** infml popis|ać, -ywać się (**to** or **in front of sb** przed kimś) ¶ **~ [sb/sth] off** popis|ać, -ywać się (czymś) *[skill, talent]*; po|chwalić się (kimś/czymś) *[figure, car, baby, boyfriend]*

■ **show out**: **~ [sb] out** odprowadz|ić, -ać do wyjścia

■ **show round**: **~ [sb] round** oprowadz|ić, -ać

■ **show through**: ¶ **~ through** *[courage, determination]* być widocznym ¶ **~ through [sth]** prześwitywać

■ **show up**: ¶ **~ up** [1] (be visible) *[dust, mark, details, colours]* pokaz|ać, -ywać się; *[pollution, signs, symptoms]* pojawi|ć, -ać się [2] infml (arrive) pojawi|ć, -ać się ¶ **~ up [sth]** ukaz|ać, -ywać ¶ **~ [sb] up** [1] (let down) z|robić wstyd (komuś) [2] (reveal truth about) **his conduct has shown him up for what he really is** jego zachowanie pokazało, jaki jest naprawdę

IDIOMS: **it just goes to ~** tak to już jest; **~ a leg!** infml pośpiesz się!; **I have nothing to ~ for it** nic z tego nie mam; **to ~ one's face** infml pokazać się (publicznie); **to ~ one's hand** odkryć karty also fig; **to ~ (sb) the way** wskazać (komuś) drogę; **to ~ the way forward** torować drogę; **to steal** or **stop the ~** skupić na sobie całą uwagę → **door**

show biz *n* infml = **show business**

showboat /ˈʃəʊbəʊt/ *n* US parowiec *m* rzeczny z teatrem na pokładzie

show business *n* przemysł *m* rozrywkowy, show-biznes *m*

showcase /ˈʃəʊkeɪs/ **I** *n* gablota *f* wystawowa; **it's a ~ for new products /inventions/ideas** fig to okazja do zaprezentowania nowych produktów/wynalazków/pomysłów; **the programme is a ~ for young talents** ten program lansuje młode talenty

II *modif [prison, village]* modelowy

III *vt* lansować *[actor, musician, band]*

showdown /ˈʃəʊdaʊn/ *n* ostateczna rozgrywka *f*

shower /ˈʃaʊə(r)/ **I** *n* [1] (for washing) prysznic *m*, natrysk *m*; **to have** or **take a ~** wziąć prysznic; **to be in the ~** być pod prysznicem [2] Meteorol (rain) przelotny deszcz *m*; **light/heavy ~s** niewielkie opady /ulewne deszcze; **~s of rain/sleet** opady deszczu/deszczu ze śniegiem; **snow ~s** opady śniegu [3] (of confetti, sparks, fragments, praise, blessings, gifts) deszcz *m* fig **(of sth** czegoś) [4] US **bridal/baby ~** *przyjęcie z okazji ślubu/narodzin dziecka, na które każdy gość przynosi prezent* [5] GB infml pej (gang) banda *f*, zgraja *f* infml pej

II *modif [cubicle, curtain]* prysznicowy; **~ head/rail** końcówka/mocowanie prysznica

III *vt* [1] (wash) u|myć pod prysznicem *[child, dog]* [2] **to ~ sth on** or **over sb /sth, to ~ sb/sth with sth** obsyp|ać, -ywać kogoś/coś czymś *[dust, sparks, confetti]*; obl|ać, -ewać kogoś czymś *[water, champagne]*; **sparks ~ed me** spadł na mnie deszcz iskier [3] fig **to ~ sb with sth, to ~ sth on sb** obsyp|ać, -ywać kogoś czymś *[gifts, blessings, compliments]*; **I was ~ed with praise** obsypano mnie pochwałami

IV *vi* [1] *[person]* wziąć, brać prysznic [2] **petals/sparks ~ed on me** spadł na mnie deszcz płatków/iskier; **ash ~ed down** opadła chmura popiołu

shower attachment *n* rączka *f* z sitkiem natryskowym

shower base *n* brodzik *m*

shower cap *n* czepek *m* pod prysznic

shower gel *n* żel *m* pod prysznic

showerproof /ˈʃaʊəpruːf/ *adj* przeciwdeszczowy

shower room *n* (private) łazienka *f* (z prysznicem); (public) prysznice *m pl*, natryski *m pl*

shower unit *n* kabina *f* prysznicowa

showery /ˈʃaʊərɪ/ *adj [day, weather]* deszczowy; **it will be ~ tomorrow** jutro będzie padać

show flat *n* GB pokazowe mieszkanie *n*

showgirl /ˈʃəʊɡɜːl/ *n* tancerka *f* rewiowa, girlsa *f*

showground /ˈʃəʊɡraʊnd/ *n* teren *m* wystawowy; Equest tereny *m pl* wyścigów, wyścigi *plt*

show house *n* pokazowy dom *m*

showily /ˈʃəʊɪlɪ/ *adv* pej (ostentatiously) *[dress, decorate]* pretensjonalnie

showing /ˈʃəʊɪŋ/ *n* [1] Cin (individual screening) seans *m*; **there are two ~s daily** w ciągu dnia są dwa seanse [2] Cin (putting on) pokaz *m* **(of sth** czegoś) [3] (achievement) osiągnięcie *n*, dokonanie *n*; (performance) występ *m*; **if his last ~ is anything to go by...** sądząc po jego ostatnim występie...

showing-off /ˌʃəʊɪŋˈɒf/ *n* infml popisy *m pl*, popisywanie się *n*

showjumper /ˈʃəʊdʒʌmpə(r)/ *n* Equest (person) jeździec *m* specjalizujący się w skokach przez przeszkody; (horse) skoczek *m*, koń *m* ułożony do skoków

show-jumping /ˈʃəʊdʒʌmpɪŋ/ *n* Equest skoki *m pl* przez przeszkody

showman /ˈʃəʊmən/ *n* (*pl* **-men)** showman *m* also fig

showmanship /ˈʃəʊmənʃɪp/ *n* umiejętność *f* zainteresowania publiczności

shown /ʃəʊn/ *pp* → **show**

show-off /ˈʃəʊɒf, US -ɔːf/ *n* infml pozer *m*, -ka *f* pej

showpiece /ˈʃəʊpiːs/ *n* [1] (exhibit) cenny eksponat *m*; (in trade fair) pokazowy egzemplarz *m*; **this picture is a real ~** ten obraz to cenny eksponat; **this hospital is a ~** fig ten szpital można stawiać za wzór; **a ~ of British industry** fig wizytówka przemysłu brytyjskiego fig [2] (popular piece of music) popularny kawałek *m* infml

showplace /ˈʃəʊpleɪs/ *n* US (for tourists) atrakcja *f* turystyczna

showroom /ˈʃəʊruːm, -rʊm/ *n* sala *f* wystawowa, salon *m* wystawowy; **to look at cars/kitchens in a ~** oglądać samochody/kuchnie w salonie wystawowym; **in ~ condition** *[furniture, car]* w idealnym stanie

showstopper /ˈʃəʊstɒpə(r)/ *n* Theat infml długo oklaskiwany fragment *m* przedstawienia

show trial *n* Jur proces *m* pokazowy

showy /ˈʃəʊɪ/ *adj* pej (ostentatious) *[dress, hairstyle, manner]* pretensjonalny

shrank /ʃræŋk/ *pt* → **shrink**

shrapnel /ˈʃræpnl/ *n* Mil szrapnel *m*; **a piece of ~** odłamek pocisku

shred /ʃred/ **I** *n* [1] fig (of emotion) strzęp *m*; (of sense, truth) krztyna *f*, odrobina *f*; (of evidence) ślad *m*, cień *m* [2] (of paper, fabric) strzęp *m*; **to be** or **hang in ~s** być or wisieć w strzępach

II *vt* (*prp, pt, pp* **-dd-**) z|niszczyć *[documents]*; po|szatkować *[vegetables]*; (cut) po|ciąć *[paper]*; (tear) po|drzeć na strzępy *[paper]*; **~ded newspaper** gazeta pocięta /podarta na strzępy

shredder /ˈʃredə(r)/ *n* [1] (for documents) niszczarka *f* dokumentów [2] (for vegetables) szatkownica *f*

shrew /ʃruː/ *n* [1] Zool ryjówka *f* [2] dat pej (woman) sekutnica *f* dat pej; **'The Taming of the Shrew'** „Poskromienie złośnicy"

shrewd /ʃruːd/ *adj [person]* bystry, sprytny; *[move]* sprytny, mądry; *[investment]* trafny; *[assessment]* przenikliwy; **I have a ~ idea** or **suspicion that...** coś mi się zdaje, że...; **to make a ~ guess** zgadnąć

shrewdly /ˈʃruːdlɪ/ *adv [say, act]* sprytnie, mądrze; *[assess]* przenikliwie; *[decide, invest]* trafnie

shrewdness /ˈʃruːdnɪs/ *n* (of person) spryt *m*; (of move, suggestion) przemyślność *f*

shrewish /ˈʃruːɪʃ/ *adj [woman]* kłótliwy, jędzowaty; *[comment, disposition]* zgryźliwy

shriek /ʃriːk/ **I** *n* [1] (of person) wrzask *m*, pisk *m*; **to let out a ~** wrzasnąć; **a ~ of delight** radosny pisk [2] (of animal) krzyk *m*

II *vt* wrzasnąć, wywrzaskiwać; **'no!' she ~ed** „nie!" wrzasnęła

III *vi* wrz|asnąć, -eszczeć; **to ~ with pain /terror** wrzasnąć z bólu/przerażenia; **to ~ in delight** piszczeć z zachwytu

IV shrieking *prp adj* piskliwy

shrift /ʃrɪft/ *n* **to give sb short ~** zbyć kogoś; **he got** or **received short ~** zbyto go byle czym; **to give sth short ~** odrzucić coś *[recommendations, criticisms]*; **to make short ~ of sb/sth** szybko się z kimś/czymś rozprawić

shrike /ʃraɪk/ *n* Zool dzierzba *f*

shrill /ʃrɪl/ **I** *adj* [1] *[tone, cry, whistle]* przenikliwy; *[voice]* ostry i nieprzyjemny [2] pej *[criticism, protest]* ostry

II *vi [bird]* za|skrzeczeć przeraźliwie; **the telephone ~ed suddenly in the silence** ciszę nagle przerwał ostry dźwięk telefonu

shrillness /ˈʃrɪlnɪs/ *n* [1] (of tone, cry, whistle) przenikliwość *f*; (of voice) wrzaskliwość *f* [2] pej (of criticism, protest) ostrość *f*

shrilly /ˈʃrɪlɪ/ *adv* [1] *[laugh, scream, shout]* przeraźliwie [2] pej *[demand, protest]* ostro, gwałtownie

shrimp /ʃrɪmp/ *n* [1] Zool, Culin krewetka *f* [2] infml (small person) konus *m* infml

shrimping /ˈʃrɪmpɪŋ/ *n* połów *m* krewetek; **to go ~** łowić krewetki

shrine /ʃraɪn/ *n* [1] (place of worship) sanktuarium *n* **(to sb** poświęcone komuś**)** [2] (alcove in church) kaplica *f*; (building) kapliczka *f* [3] (tomb) grobowiec *m* [4] (reliquary) relikwiarz *m*

shrink /ʃrɪŋk/ **I** *n* infml (psychoanalyst) psychoanalityk *m*; (psychiatrist) psychiatra *m*

II *vt* (*pt* **shrank;** *pp* **shrunk, shrunken)** s|powodować kurczenie się (czegoś) *[fabric]*; zmniejsz|yć, -ać *[budget]*

III *vi* (*pt* **shrank;** *pp* **shrunk, shrunken)** [1] *[timber, meat, old person, body, forest, area of land, boundaries, resources, funds]* s|kurczyć się; *[fabric]* s|kurczyć się, zbie|c, -gać się; *[sales]* z|maleć; **the staff has shrunk from 200 to 50** personel skurczył się z 200 do 50 osób; **the team has shrunk to nothing** z drużyny prawie nic nie zostało; **he has shrunk to nothing** została z niego skóra i kości [2] (recoil) (physically) cof|nąć, -ać się; **to ~ from the sight of blood** wzdrygnąć się na widok krwi; **to ~ from sth/doing sth** fig uchylić się przed czymś /zrobieniem czegoś; **to ~ from one's duty/the task** uchylać się od obowiązku /od wykonania zadania

■ **shrink back** cof|nąć, -ać się; **he shrank back in horror** cofnął się przerażony

shrinkage /ˈʃrɪŋkɪdʒ/ *n* (of wood, metal, forest, area, resources) kurczenie się *n*; (of fabric, clothes) kurczenie się *n*, zbieganie się *n*; (of resources, profits) zmniejszanie się *n*

shrinking /ˈʃrɪŋkɪŋ/ *adj [numbers]* spadający; *[sales, audience]* malejący; *[market, revenue, resource]* kurczący się; **~ population** coraz bardziej spadająca liczba ludności

shrinking violet *n* infml hum skromnisia *f*, trusia *f*; **she's no ~!** ona nie da sobie w kaszę dmuchać!

shrink-wrap /ˈʃrɪŋkræp/ **I** *n* kurczliwa folia *f* opakowaniowa

II *vt* (*prp, pt, pp* **-pp-**) za|pakować w folię *[food]*

shrive /ʃraɪv/ *vt* (*pt* **shrived, shrove;** *pp* **shrived, shriven)** Relig arch wy|spowiadać

shrivel /ˈʃrɪvl/ (*prp, pt, pp* GB **-ll-**, US **-l-**) **I** *vt [sun, heat]* wysusz|yć, -ać *[skin, plant, leaf]*

II *vi* (also **~ up)** *[fruit, vegetable, plant, leaf]* wys|chnąć, -ychać; *[skin]* wysusz|yć, -ać się; **profits are ~ling** fig zyski maleją

shrivelled, shriveled US /ˈʃrɪvld/ *adj [fruit]* pomarszczony; *[vegetable]* sparciały; *[plant, leaf]* zeschnięty, zwiędły; *[skin, face]* pomarszczony; *[body]* zwiędły; *[meat]* wyschnięty

shriven /ˈʃrɪvn/ *pp* → **shrive**

Shropshire /ˈʃrɒpʃə(r)/ *prn* Shropshire *n inv*

shroud /ʃraʊd/ **I** *n* [1] (cloth) całun *m* [2] fig (of fog, mist) zasłona *f* fig; **hidden beneath a ~ of secrecy** okryty mgiełką tajemnicy [3] Naut (rope) wanta *f* [4] (also **~ line)** (on parachute) linka *f* nośna

II *vt* okry|ć, -wać *[person, body]* **(in sth** czymś**)**; **~ed in darkness/gloom** pogrążony w ciemności/smutku; **~ed in fog /raindrops** spowity mgłą/deszczem; **~ed in mystery** or **secrecy** spowity mgłą tajemnicy, okryty tajemnicą

shrove /ʃrəʊv/ *pt* → **shrive**

Shrovetide /ˈʃrəʊvtaɪd/ *n* Relig zapusty *plt* dat

Shrove Tuesday *n* Relig ostatki *plt*

shrub /ʃrʌb/ *n* krzew *m*

shrubbery /ˈʃrʌbərɪ/ *n* [1] GB (in garden) krzewy *m pl* [2] (shrubs collectively) zarośla *plt*

shrub rose *n* róża *f* krzewiasta

shrug /ʃrʌg/ **I** *n* (also **~ of the shoulders)** wzruszenie *n* ramion; **to give a ~** wzruszyć ramionami; **with a ~ (of contempt /resignation)** wzruszając ramionami (z pogardą/rezygnacją)

II *vi* (*prp, pt, pp* **-gg-**) (also **~ one's shoulders)** wzrusz|yć, -ać ramionami

■ **shrug off**: **~ off [sth], ~ [sth] off** (ignore) z|lekceważyć *[problem, rumour, criticism]*

shrunk /ʃrʌŋk/ *pp* → **shrink**

shrunken /ˈʃrʌŋkən/ *adj [person, body]* skurczony; *[apple]* pomarszczony; *[budget]* skurczony, zmniejszony; **~ head** Anthrop spreparowana głowa ludzka *(zmniejszona do wielkości pomarańczy)*

shtick /ʃtɪk/ *n* US Theat infml numer *m*

shuck /ʃʌk/ US **I** *n* (of corn) łuska *f*, plewa *f*; (of maize) pochwa *f* liściowa; (of nut) łupina *f*; (of bean, pea) strąk *m*, łuszczyna *f*; (of oyster) skorupa *f*

II *vt* [1] ob|rać, -ierać *[maize]*; obłusk|ać, -iwać, łuskać *[nut, pea]*; wyj|ąć, -mować ze skorupy *[oyster]* [2] (also **~ off)** *[person]* zrzuc|ić, -ać *[clothes]*; porzuc|ić, -ać *[girlfriend, career]*

IDIOMS: **it's not worth ~s** infml to nie jest warte funta kłaków

shucks /ʃʌks/ *excl* US infml (in irritation) a niech to! infml; (in response to praise) e tam!

shudder /ˈʃʌdə(r)/ **I** *n* [1] (of person) dreszcz *m*; **to give a ~** zadrżeć, zatrząść się; **with a ~** z drżeniem; **with a ~ of disgust /distaste** wzdrygając się z obrzydzenia/z niesmakiem; **a ~ ran down my spine** dreszcz przeszedł mi po plecach [2] (of building) drganie *n*; **to give a ~** zatrząść się, zadrżeć

II *vi* [1] *[person]* za|drżeć; **to ~ with fear /pleasure/cold** drżeć ze strachu/z rozkoszy/z zimna; **to ~ at the sight/thought of sth** (of something horrifying) zadrżeć na (sam) widok czegoś/na (samą) myśl o czymś; (of something disgusting) wzdrygnąć się na (sam) widok czegoś/na (samą) myśl o czymś; **I ~ to think!** drżę na samą myśl! [2] *[vehicle]* za|trząść się; **to ~ to a halt** *[bus, train]* szarpnąć i zahamować

III shuddering *prp adj* **to come to a ~ing halt** szarpnąć i zahamować

shuffle /ˈʃʌfl/ **I** *n* [1] (way of walking) powłóczenie *n* nogami; **to walk with a ~** powłóczyć nogami [2] (sound of walking) szuranie *n* [3] Games **to give the cards a ~** potasować karty [4] Dance *rodzaj tańca* [5] US (confusion) zamieszanie *n*

II *vt* [1] (also **~ about)** (move around) przestawi|ć, -ać, poprzestawiać *[furniture, objects]*; przen|ieść, -osić, poprzenosić *[people, funds, data]*; **to ~ the personnel** zrobić przetasowanie na stanowiskach; **to ~ one's papers** przerzucać papiery [2] Games po|tasować *[cards]* [3] **to ~ one's feet (in embarrassment)** przestępować (w zakłopotaniu) z nogi na nogę

III *vi* powłóczyć nogami; **to ~ along/in** wlec się/przywlec się

■ **shuffle off**: ¶ **~ off** od|ejść, -chodzić powłócząc nogami ¶ **~ off [sth]** wymig|ać,

S

-iwać się od (czegoś) infml *[responsibility, duty]*; **to ~ sth off on(to) sb** zrzucić na kogoś coś *[responsibility, duty, blame]*

shuffleboard /ˈʃʌflbɔːd/ *n* Games [1] *gra polegająca na trafianiu krążkami w oznaczone cyframi pola* [2] *pole do gry w shuffleboard*

shufty /ˈʃʊftɪ/ *n* GB infml rzut *m* oka; **to take** or **have a ~ at sth** rzucić okiem na coś

shun /ʃʌn/ *vt* (*prp, pt, pp* **-nn-**) [1] (avoid) stronić od (kogoś/czegoś), unikać (kogoś /czegoś) *[contact, people, publicity, responsibility]*; opierać się (czemuś) *[temptation]*; wymigiwać się od (czegoś) *[work]* [2] (reject) odrzuc|ić, -ać *[job, person, offer, suggestion]*

shunt /ʃʌnt/ **I** *n* [1] Electron bocznik *m* [2] Med sztuczna przetoka *f*

II *vt* [1] infml (send) przerzuc|ić, -ać *[refugees, stuff, goods, books]*; **to be ~ed from place to place** być przerzucanym z miejsca na miejsce; **to ~ sb back and forth** odsyłać kogoś tam i z powrotem; **we were ~ed from one official to the next** odsyłano nas od jednego urzędnika do drugiego [2] infml (marginalize) odsu|nąć, -wać *[person]*; **to ~ the discussion on to sth** skierować dyskusję na coś; **to ~ sb into another department** przesunąć kogoś do innego wydziału; **to ~ sb into a siding** fig odstawić kogoś na boczny tor fig [3] Rail przet|oczyć, -aczać *[wagon, engine]* **(into sth** na coś)

III *vi [train]* zmieni|ć, -ać tor; **to ~ back and forth** manewrować

shunter /ˈʃʌntə(r)/ *n* lokomotywa *f* przetokowa or manewrowa

shunting /ˈʃʌntɪŋ/ *n* przetaczanie *n*

shunting engine *n* lokomotywa *f* przetokowa or manewrowa

shunting yard *n* stacja *f* rozrządowa

shush /ʃʊʃ/ **I** *excl* cii!, sza!

II *vt* infml ucisz|yć, -ać *[person]*

shut /ʃʌt/ **I** *adj* [1] (closed) *[door, book, box, mouth]* zamknięty; **my eyes were ~** miałem zamknięte oczy; **to slam the door ~** zatrzasnąć drzwi; **to slam ~** zatrzasnąć się; **to keep one's mouth ~** trzymać język za zębami infml [2] (of business) zamknięty; **it's ~ on Fridays** w piątki nieczynne; **sorry, we are ~ for lunch** przepraszamy, przerwa obiadowa

II *vt* (*prp* **-tt-;** *pt, pp* **shut)** [1] (close) zam|knąć, -ykać *[door, book, box, mouth]*; **she shut her eyes** zamknęła oczy; **he shut his fingers in the car door** przytrzasnął sobie palce drzwiami samochodu; **they shut the door in my face** zamknęli mi drzwi przed nosem; **~ your mouth** or **trap** or **face!** infml zamknij gębę! vinfml [2] (of business) zam|knąć, -ykać *[office, school, factory]*; **to ~ the shop for a week** zamknąć sklep na tydzień [3] (confine) = **shut up** [2]

III *vi* (*prp* **-tt-;** *pt, pp* **shut)** [1] *[door, book, box, mouth]* zam|knąć, -ykać się; **to ~ with a bang** zamknąć się z trzaskiem [2] *[office, factory]* być zamykanym; **the shop ~s at five** sklep zamykają o piątej

■ **shut away**: ¶ **~ away [sb/sth], ~ [sb /sth] away** [1] (lock up) zam|knąć, -ykać *[person, valuables, medicine]* [2] (keep at bay) trzymać z dala *[person]*; oddal|ić, -ać *[difficulties]* ¶ **~ [oneself] away** zam|knąć, -ykać się; **you can't ~ yourself away from society forever** nie możesz wciąż unikać ludzi

■ **shut down**: ¶ **~ down** *[business]* zosta|ć, -wać zamkniętym; *[machinery]* wyłącz|yć, -ać się ¶ **~ down [sth], ~ [sth] down** zam|knąć, -ykać *[business, plant]*; wyłącz|yć, -ać *[machinery, power]*

■ **shut in**: **~ in [sb/sth]** zam|knąć, -ykać (w środku) *[person, animal]*; **to feel shut in** fig czuć się jak w klatce, dusić się fig; **to ~ oneself in** zamykać się

■ **shut off**: ¶ **~ off [sth], ~ [sth] off** wyłącz|yć, -ać *[motor, oven, heater]*; odci|ąć, -nać *[supply, water, electricity]*; zam|knąć, -ykać *[access, valve]* ¶ **~ off [sb/sth], ~ [sb/sth] off** od|izolować **(from sb/sth** od kogoś/czegoś); **to ~ oneself off** odizolować się **(from sb/sth** od kogoś/czegoś)

■ **shut out**: ¶ **~ out [sb/sth], ~ [sb/sth] out** [1] (keep out) nie wpu|ścić, -szczać do środka *[animal, person]*; zabezpiecz|yć, -ać przed (czymś) *[noise, draught, water]*; uniemożliwi|ć, -ać dostęp (czegoś) *[light]*; **to be shut out** nie zostać wpuszczonym do środka [2] (keep at bay) nie dopu|ścić, -szczać do siebie (czegoś) *[thought]*; odsunąć, -wać od siebie *[memory, image]* [3] (reject) odrzuc|ić, -ać *[person, world]*; **to feel shut out** czuć się odrzuconym [4] (block) zasł|onić, -aniać *[light, sun, view]* [5] US Sport nie dopu|ścić, -szczać do zdobycia punktów przez (kogoś) *[team, pitcher]*

■ **shut up**: ¶ **~ up** infml zamknąć się vinfml; **I wish he'd ~ up!** niech on się wreszcie zamknie!; **~ up!** zamknij się!; **~ up about it!** przestań o tym gadać! ¶ **~ up [sb/sth], ~ [sb/sth] up** [1] infml (silence) ucisz|yć, -ać *[person, animal]*; **that soon shut her up!** to jej zatkało gębę! vinfml [2] (confine) zam|knąć, -ykać *[person, animal]* **(in sth** w czymś); **to ~ oneself up** zamknąć się **(in sth** w czymś) [3] (lock) zam|knąć, -ykać *[house, shop]*; **to ~ up shop** infml zamknąć kramik infml fig

IDIOMS: **put up or ~ up!** infml jeśli nie masz nic na swoją obronę, to siedź cicho!

shutdown /ˈʃʌtdaʊn/ *n* (temporary) zamknięcie *n* (czasowe); (permanent) likwidacja *f*; Nucl wyłączenie *n* (reaktora)

shut-eye /ˈʃʌtaɪ/ *n* infml drzemka *f*; **to get some ~** (short sleep) zdrzemnąć się chwilkę; (go to bed) pójść spać

shut-off valve /ˌʃʌtɒfˈvælv, US ˌʃʌtɔːf-/ *n* Tech zawór *m* zamykający

shutout /ˈʃʌtaʊt/ *n* US Sport miażdżące zwycięstwo *n (do zera)*

shutter /ˈʃʌtə(r)/ *n* [1] (on window) (folding) okiennica *f*; (rolling) żaluzja *f*; **to put up the ~s** zamykać sklep; fig zwijać interes infml [2] Phot migawka *f*

shuttered /ˈʃʌtəd/ *adj [windows]* z zamkniętymi okiennicami; **the house was ~ (up)** w domu były pozamykane okiennice

shutter release *n* Phot przycisk *m* wyzwalania migawki

shutter speed *n* Phot czas *m* naświetlania

shuttle /ˈʃʌtl/ **I** *n* [1] Transp (service) transport *m* wahadłowy; (train) pociąg *m* wahadłowy [2] Aerosp (also **space ~**) wahadłowiec *m*, prom *m* kosmiczny [3] (in sewing machine, loom) czółenko *n* [4] (in badminton) lotka *f*

II *modif* Transp *[bus, service]* wahadłowy; Tech *[movement]* wahadłowy

III *vt* przew|ieźć, -ozić *[people, goods, supplies]*

IV *vi [train, person, bus]* kursować; **the ferry ~s between the harbour and the beach** prom kursuje pomiędzy portem a plażą; **to ~ to and fro** kursować tam i z powrotem

shuttle bus *n* autobus *m* wahadłowy

shuttlecock /ˈʃʌtlkɒk/ *n* Sport lotka *f*

shuttle diplomacy *n* Pol dyplomacja *f* wahadłowa

shuttle mission *n* Aerosp misja *f* wahadłowca or promu kosmicznego

shuttle programme GB, **shuttle program** US *n* Aerosp program *m* lotów wahadłowców

shuttle service *n* transport *m* wahadłowy

shy[1] /ʃaɪ/ **I** *adj* [1] (timid) *[person, look, smile]* nieśmiały; *[animal]* płochliwy; **to be ~ with** or **of sb** *[person]* być nieśmiałym wobec kogoś; *[animal]* bać się kogoś [2] (afraid) **to be ~ of sb/of doing sth** obawiać się kogoś/zrobić coś; **to make sb feel ~** onieśmielać kogoś [3] (avoid) **to fight ~ of sth** próbować uniknąć czegoś; **to fight ~ of doing sth** bronić się przed zrobieniem czegoś [4] US (short) **I'm 10 cents ~ of a dollar** brakuje mi 10 centów do dolara

II *vi [horse]* **to ~ at sth** spłoszyć się na widok czegoś

■ **shy away**: **to ~ away from sth/doing sth** cof|nąć, -ać się przed czymś/zrobieniem czegoś

shy[2] /ʃaɪ/ *vt* **to ~ sth at sb/sth** cis|nąć, -kać czymś w kogoś/coś

shyly /ˈʃaɪlɪ/ *adv* nieśmiało

shyness /ˈʃaɪnɪs/ *n* nieśmiałość *f*

shyster /ˈʃaɪstə(r)/ *n* US infml krętacz *m* infml

si /siː/ *n* Mus [1] (in fixed-doh system) si *n* [2] (in solmization system) (nuta *f*) H *n*

SI *n* = **Système International** Międzynarodowy Układ *m* Jednostek Miar, układ *m* SI

Siam /ˌsaɪˈæm/ *prn* Hist Syjam *m*

Siamese /ˌsaɪəˈmiːz/ **I** *n* [1] (person) Syjam|czyk *m*, -ka *f* [2] Ling (język *m*) syjamski *m* [3] (cat) kot *m* syjamski

II *adj* syjamski

Siamese cat *n* kot *m* syjamski

Siamese twins *npl* Med (boys) bracia *m pl* syjamscy; (girls) siostry *f pl* syjamskie

SIB *n* GB Fin = **Securities and Investment Board** Rada *f* Papierów Wartościowych i Inwestycji

Siberia /saɪˈbɪərɪə/ *prn* Syberia *f*

Siberian /saɪˈbɪərɪən/ **I** *n* Sybira|k *m*, -czka *f*

II *adj* syberyjski

sibilant /ˈsɪbɪlənt/ **I** *n* Ling spółgłoska *f* sycząca

II *adj* [1] Ling *[consonant, sound]* syczący [2] fig **a ~ sound** syczenie

sibling /ˈsɪblɪŋ/ *n* (brother) brat *m*; (sister) siostra *f*; **~s** rodzeństwo; **I have five ~s** mam pięcioro rodzeństwa

sibling rivalry *n* rywalizacja *f* między rodzeństwem

Sibyl /ˈsɪbl/ *n* Antiq sybilla *f*

sibylline /ˈsɪbəlaɪn, sɪˈbɪlaɪn, US ˈsɪbəliːn/ *adj* sybiliński
sic[1] /sɪk/ *adv* sic!
sic[2] /sɪk/ **I** *excl* (to dog) bierz go!
II *vt* (*prp, pt, pp* **-ck-**) **to ~ a dog on sb** poszczuć kogoś psem, poszczuć psa na kogoś
Sicilian /sɪˈsɪlɪən/ **I** *n* [1] (person) Sycylij|czyk *m*, -ka *f* [2] Ling dialekt *m* sycylijski
II *adj* sycylijski
Sicily /ˈsɪsɪlɪ/ *prn* Sycylia *f*
sick /sɪk/ **I** *n* [1] **the ~** *(+ v pl)* chorzy *m pl* [2] GB infml (vomit) wymiociny *plt*
II *adj* [1] (ill) chory; **to feel ~** źle się czuć; **to fall** or **take ~ (with sth)** GB zachorować (na coś); **to be off ~** GB być nieobecnym z powodu choroby; **to go ~** infml pójść na chorobę infml [2] (nauseous) **to be ~** wymiotować; **to be violently ~** mieć gwałtowne torsje; **to feel ~** mieć mdłości; **I feel ~** jest mi niedobrze; **I suddenly felt ~** nagle zrobiło mi się niedobrze; **rhubarb makes him ~** od rabarbaru robi mu się niedobrze; **you'll make yourself ~ if you eat all that chocolate** rozchorujesz się, jeżeli zjesz całą tę czekoladę; **I have a ~ feeling in my stomach** mam mdłości, mdli mnie; **the smell of bleach always gives me a ~ feeling** zawsze mnie mdli od zapachu wybielacza [3] (tasteless) *[story, joke, sense of humour]* niesmaczny, obrzydliwy [4] (disturbed) *[mind, imagination]* chory; **what a ~ thing to do!** trzeba być chorym, żeby coś takiego zrobić! [5] (disgusted) **you make me ~!** jesteś obrzydliwy!; **it's enough to make you ~!** to wstrętne!; **it makes me ~ to think of how they treated him** wszystko się we mnie przewraca, gdy pomyślę, jak go potraktowali infml [6] (disappointed) **she'll be ~ when she finds out** załamie się, kiedy się dowie; **he was pretty ~ at failing his exam** był dość załamany z powodu oblanego egzaminu [7] infml (fed up) **to be ~ of sb/sth** mieć dosyć kogoś/czegoś; **to be ~ and tired of sb/sth** mieć kogoś/czegoś po dziurki w nosie or powyżej uszu infml; **to be ~ to death of sb/sth** mieć kogoś/czegoś serdecznie dosyć infml; **I'm ~ of the sight of him/it** niedobrze mi się robi na jego widok/na widok tego
■ **sick up** GB infml: **~ up [sth], ~ [sth] up** zwymiotować, zwr|ócić, -acać *[food]*
IDIOMS: **she was ~ at heart** była zrozpaczona; **to be worried ~ about sth** być chorym z niepokoju o coś
sick bag *n* torebka *f* chorobowa
sick bay *n* izba *f* chorych
sickbed /ˈsɪkbed/ *n* łoże *n* boleści liter or hum; **to rise from** or **leave one's ~** wstać z łoża boleści
sick building *n* toksyczny or chory budynek *m*
sick building syndrome *n* zespół *m* chorego budynku
sicken /ˈsɪkən/ **I** *vt* (disgust) wzbudz|ić, -ać odrazę w (kimś); (appal) oburz|yć, -ać; **it ~s me the way that animals are treated** nie mogę patrzeć na sposób, w jaki traktuje się zwierzęta
II *vi* [1] liter (become ill) zaniemóc liter; **I'm ~ing for a cold** jestem przeziębiony [2] fig (grow weary) **to begin to ~ of sth** zaczynać mieć czegoś dosyć
sickening /ˈsɪkənɪŋ/ *adj* [1] (nauseating) mdlący [2] (disgusting) *[sight, smell]* obrzydliwy; *[cruelty, violence]* odrażający [3] infml (annoying) *[behaviour, person]* denerwujący
sickeningly /ˈsɪkənɪŋlɪ/ *adv* **~ sweet** przesłodzony; **he is ~ smug** jest tak z siebie zadowolony, że się niedobrze robi infml
sickie /ˈsɪkɪ/ *n* US vinfml = **sicko**
sickle /ˈsɪkl/ *n* sierp *m*
sick leave *n* zwolnienie *n* lekarskie; **to be on ~** mieć zwolnienie lekarskie, być na zwolnieniu lekarskim
sickle cell anaemia *n* niedokrwistość *f* sierpowata, anemia *f* sierpowata
sickliness /ˈsɪklɪnɪs/ *n* [1] (poor health) (of person) chorowitość *f*; (of complexion) niezdrowa bladość *f* [2] (nauseousness) mdłość *f*; **the ~ of the smell/taste** zapach/smak przyprawiający o mdłości; **the ~ of colour** mdły kolor
sick list *n* **to be on the ~** być chorym
sickly /ˈsɪklɪ/ **I** *adj* [1] (often ill) chorowity, słabowity [2] (looking unhealthy) *[pallor, complexion]* niezdrowy; *[person]* słaby; *[plant]* rachityczny [3] (nauseating) *[smell, taste]* mdlący; **he gave a ~ smile** uśmiechnął się blado
II *adv* **~ sentimental** ckliwy; **~ sweet** przesłodzony
sick-making /ˈsɪkmeɪkɪŋ/ *adj* infml denerwujący
sickness /ˈsɪknɪs/ *n* [1] (illness) choroba *f*; **to be absent because of ~** być nieobecnym z powodu choroby; **there has been a lot of ~ in the school lately** w szkole ostatnio choruje wielu uczniów; **the ~ of the economy** zły stan gospodarki; **in ~ and in health** w zdrowiu i w chorobie [2] (nausea) torsje *plt*, wymioty *plt*; **a bout of ~** napad mdłości or nudności [3] (distasteful nature) (of story, joke) obrzydliwość *f*
sickness benefit *n* GB zasiłek *m* chorobowy
sickness insurance *n* ubezpieczenie *n* chorobowe
sick note *n* infml [1] (for school) usprawiedliwienie *n* [2] (for work) zwolnienie *n* lekarskie
sicko /ˈsɪkəʊ/ *n* GB vinfml czubek *m* infml
sick pay *n* wypłata *f* za czas choroby
sickroom /ˈsɪkruːm, -rʊm/ *n* (at home) pokój *m* chorego; (in school, institution) izba *f* chorych
side /saɪd/ **I** *n* [1] (part) (of person's body, animal's body, object) bok *m*; (of hill, ravine) zbocze *n*, stok *m*; (of boat) burta *f*; (of box, cube) ścianka *f*; (of lake) brzeg *m*; **the right/left ~ of the road** prawa/lewa strona jezdni; **on my right/left ~** po mojej prawej/lewej stronie; **by my/her ~** u mojego/jej boku, koło mnie/niej; **by my right/left ~** z mojej prawej/lewej strony; **~ by ~** tuż obok siebie; **he never leaves her ~** nie odstępuje jej na krok; **don't leave my ~** nie oddalaj się; **from every ~** z każdej strony, ze wszystkich stron; **on the mountain/hill ~** na zboczu góry/wzgórza; **at** or **by the ~ of a lake** na brzegu jeziora; **at** or **by the ~ of the road** na poboczu, przy drodze; **at the ~ of the building** przy or obok budynku; **go round the ~ of the building** obejdź budynek; **the south ~ of the mountain** południowe zbocze or południowy stok góry; **the north/south ~ of town** północna/południowa część miasta; **'this ~ up'** (on package, box) „góra" [2] (surface of flat object) (of paper, cloth, record) strona *f*; **the right ~** (of cloth) prawa strona; (of coin) awers; (of page) nieparzysta strona, recto; **the wrong ~** (of cloth) lewa strona; (of coin) rewers; (of page) parzysta strona, verso [3] (aspect) (of person) punkt *m* widzenia; (of argument) strona *f*; (of problem, question) aspekt *m*; (of story) wersja *f*; (of case) racja *f*; **there are two ~s to every question** na każdą sprawę można spojrzeć dwojako; **whose ~ are we to believe?** w czyją wersję mamy uwierzyć?; **try to see it from my ~** popatrz na to z mojego punktu widzenia; **the technical ~ of an operation** strona techniczna operacji; **she's on the science /arts ~** (academically) ona interesuje się przedmiotami ścisłymi/humanistycznymi; **he's on the marketing/personnel ~** (in company) on zajmuje się marketingiem/sprawami kadrowymi [4] (opposing group) strona *f*; **to change ~s** przejść na drugą stronę; **to take ~s** zajmować stanowisko; **to be on sb's ~** opowiadać się po stronie kogoś, trzymać stronę kogoś [5] Sport (team) drużyna *f*; **which ~ does he play for?** w której on gra drużynie?; **to let the ~ down** fig sprawić zawód [6] (page) strona *f* [7] (line of descent) strona *f*; **on his mother's ~** po stronie matki, ze strony matki [8] infml (TV channel) kanał *m*, program *m* [9] Sport (spin) (in snooker) **to put ~ on the ball** nadać bili rotację
II *modif [door, window, entrance]* boczny
III -sided *in combinations* **four/six-~d** czworoboczny/sześcioboczny; **a glass-~d container** pojemnik o szklanych ściankach; **a many-~d problem** złożony problem
IV on the side *adv phr* **a steak with salad on the ~** stek z sałatką; **to do sth on the ~** robić coś na boku
■ **side with: ~ with [sb]** stać po stronie (kogoś), trzymać z (kimś)
IDIOMS: **he/she is like the ~ of a house** jest gruby/gruba jak beczka; **to have a bit on the ~** infml mieć kogoś na boku infml; **time is on our ~** czas pracuje na naszą korzyść; **to be on the safe ~** na wszelki wypadek; **to be (a bit) on the big/small ~** być raczej dużym/małym; **to be on the right/wrong ~ of forty** mieć poniżej /powyżej czterdziestki infml; **to get on the wrong ~ of sb** nadepnąć komuś na odcisk infml; **to get on the right ~ of sb** pozyskać względy kogoś; **we have right on our ~** słuszność jest po naszej stronie; **to put/leave sth to one ~** odłożyć coś na bok or na później; **to take sb to one ~** wziąć or poprosić kogoś na stronę
side arm *n* broń *f* noszona u boku
sideboard /ˈsaɪdbɔːd/ *n* kredens *m*
sideboards /ˈsaɪdbɔːdz/ *npl* GB bokobrody *plt*, baki *plt*
sideburns /ˈsaɪdbɜːnz/ *npl* = **sideboards**
sidecar /ˈsaɪdkɑː(r)/ *n* Aut przyczepa *f* motocyklowa
side dish *n* Culin przystawka *f*
side drum *n* Mus bębenek *m*, werbel *m*

side effect *n* efekt *m* uboczny also fig
side elevation *n* elewacja *f* boczna
side-impact bars /ˌsaɪdɪmpækt'bɑːz/ *npl* Aut wzmocnienia *n pl* boczne
side issue *n* drugorzędna sprawa *f*
sidekick /'saɪdkɪk/ *n* infml pomagier *m* infml
sidelight /'saɪdlaɪt/ *n* [1] Aut, Naut światło *n* pozycyjne [2] (window) okno *n* boczne
sideline /'saɪdlaɪn/ **I** *n* [1] (extra) (of company) działalność *f* dodatkowa; (of person) zajęcie *n* uboczne; **he sells clothes as a ~** on dorabia sobie, sprzedając ubrania [2] Sport linia *f* boczna; **to kick the ball over the ~** wybić piłkę na aut; **to be on the ~s** fig stać z boku fig
II *vt* US Sport *[injury]* wyklucz|yć, -ać z gry *[player]*; **to be ~d** fig zostać odsuniętym na bok
sidelong /'saɪdlɒŋ/ *adj [glance]* z ukosa, ukradkowy
sideman /'saɪdmən/ *n* **(*pl* -men)** Mus muzyk *m* towarzyszący, sideman *m*
side order *n* Culin dodatek *m* do dania głównego
side plate *n* talerzyk *m* (na chleb)
sidereal /saɪ'dɪərɪəl/ *n* Astron gwiazdowy
side road *n* boczna droga *f*
side-saddle /'saɪdsædl/ **I** *n* Equest siodło *n* damskie
II *adv* **to ride ~** jeździć (konno) po damsku
side salad *n* Culin sałatka *f* podawana do dania głównego
side shoot *n* Bot boczny pęd *m*
sideshow /'saɪdʃəʊ/ *n* impreza *f* towarzysząca
sideslip /'saɪdslɪp/ **I** *n* Aut poślizg *m* boczny; Aviat ślizg *m* (boczny)
II *vi* (*prp, pt, pp* **-pp-**) *[car]* wpa|ść, -dać w poślizg; *[plane]* w|ejść, -chodzić w ślizg
sidesman /'saɪdzmən/ *n* **(*pl* -men)** (in Church of England) ≈ kościelny *m*
sidesplitting /'saɪdsplɪtɪŋ/ *adj* śmieszny, że boki zrywać
sidestep /'saɪdstep/ **I** *n* unik *m*, zwód *m*
II *vt* (*prp, pt, pp* **-pp-**) [1] (avoid) uchyl|ić, -ać się przed (czymś) *[blow, punch]* [2] (evade) unik|nąć, -ać (czegoś) *[question, issue, difficulty]*; zejść, schodzić z drogi (komuś) *[opponent]*
side street *n* boczna uliczka *f*
side stroke *n* (in swimming) styl *m* boczny
sideswipe /'saɪdswaɪp/ **I** *n* (blow) uderzenie *m* bokiem; **to take a ~ at sb** fig przy okazji skrytykować kogoś
II *vt* uderz|yć, -ać bokiem w (coś)
side table *n* stolik *m*
sidetrack /'saɪdtræk/ **I** *n* Rail boczny tor *m*
II *vt* fig odwr|ócić, -acać uwagę (kogoś) fig; **to get ~ed** (in debate) odejść od tematu
side view *n* widok *m* z boku
sidewalk /'saɪdwɔːk/ *n* US chodnik *m*
sideways /'saɪdweɪz/ **I** *adj [glance, look]* z ukosa; **a ~ move in sb's career** przejście na równorzędne stanowisko *(w innej branży)*
II *adv [move, turn, look]* w bok; *[park]* bokiem; **to be turned ~** *[person]* być odwróconym bokiem; **~ on** z profilu
IDIOMS: **to knock sb ~** fig zadziwić kogoś
side-wheel /'saɪdwiːl/ *n* Naut koło *n* napędzające bocznokołowca
side-wheeler /'saɪdwiːlə(r)/ *n* Naut bocznokołowiec *m*
side-whiskers /'saɪdwɪskəz/ *n* bokobrody *plt*; faworyty *plt* dat
sidewinder /'saɪdwaɪndə(r)/ *n* [1] Zool grzechotnik *m* rogaty [2] Mil pocisk *m* samonaprowadzający klasy powietrze-powietrze sterowany podczerwienią [3] US (in boxing) cios *m* sierpowy; sierp *m* infml; **left ~** lewy sierpowy
siding /'saɪdɪŋ/ *n* [1] Rail bocznica *f* [2] US Constr deskowanie *n* zewnętrzne, siding *m*
sidle /'saɪdl/ *vi* **to ~ into/out of the room** wślizgnąć się do/wymknąć się z pokoju; **to ~ along/past sth** przemknąć się obok czegoś chyłkiem; **to ~ up to sb** podejść do kogoś
SIDS /sɪdz/ *n* Med = **sudden infant death syndrome**
siege /siːdʒ/ *n* Mil oblężenie *n*; (by police) otoczenie *n*; **to lay ~ to sth** oblegać coś also fig; **to be** or **come under ~** być obleganym; fig być obiektem ataków
IDIOMS: **he suffers from** or **has a ~ mentality** cierpi na syndrom oblężonej twierdzy
siege warfare *n* oblężenie *n*
Siena /sɪ'enə/ *prn* Siena *f*
sienna /sɪ'enə/ *n* sjena *f*
sierra /sɪ'erə/ *n* Geog sierra *f*
Sierra Leone /sɪˌerəlɪ'əʊn/ *prn* Sierra Leone *n inv*
Sierra Leonean /sɪˌerəlɪ'əʊnɪən/ **I** *n* Sierraleo|ńczyk *m*, -nka *f*
II *adj* sierraleoński
siesta /sɪ'estə/ *n* sjesta *f*
sieve /sɪv/ **I** *n* (large, in machine) sito *n*; (small, in kitchen) sitko *n*; (for wheat) przetak *m*; **to put sth through a ~** przesiać coś przez sito
II *vt* przesi|ać, -ewać *[earth, flour, sugar, wheat]*
IDIOMS: **to have a head/memory like a ~** mieć kurzą pamięć; **to leak like a ~** być dziurawym jak sito
sift /sɪft/ *vt* [1] (sieve) przesi|ać, -ewać *[flour, soil, wheat]*; **~ some icing sugar over the top of the cake** posyp ciasto cukrem pudrem [2] fig (sort) przesi|ać, -ewać fig *[evidence]*; (search through) przeszuk|ać, -iwać *[data, information]*; **to ~ fact from fable** oddzielić fakty od fikcji
■ **sift out**: ¶ **~ [sb] out, ~ out [sb]** (dispose of) pozby|ć, -wać się (kogoś) *[troublemakers]* ¶ **~ [sth] out, ~ out [sth]** odsi|ać, -ewać *[gold]*
■ **sift through**: **~ through [sth]** przeszuk|ać, -iwać *[papers, ashes, rubble]*
sifter /'sɪftə(r)/ *n* sito *n*
sigh /saɪ/ **I** *n* westchnienie *n*; **to breathe** or **utter** or **heave a ~** westchnąć
II *vt* **'how beautiful,' she ~ed** „jak pięknie!" westchnęła
III *vi* [1] (exhale) w|estchnąć, -zdychać; **to ~ with relief** odetchnąć z ulgą [2] (pine) **to ~ for sb/sth** wzdychać za kimś/czymś [3] (complain) **to ~ over sth** narzekać na coś [4] (whisper) *[leaves]* za|szeleścić; *[tree]* za|szumieć
sight /saɪt/ **I** *n* [1] (faculty) wzrok *m*; **to have good/poor ~** mieć dobry/słaby wzrok; **her ~ is failing** pogarsza jej się wzrok [2] (act of seeing) **at first ~** na pierwszy rzut oka; **love at first ~** miłość od pierwszego wejrzenia; **at the ~ of sth** na widok czegoś *[blood, uniform, luxury, injustice]*; **at the ~ of her** na jej widok; **she felt misgivings at the ~** na ten widok tknęło ją złe przeczucie; **this was my first ~ of it** widziałem to po raz pierwszy; **to have ~ of sth** Jur mieć wgląd do czegoś or w coś *[correspondence, will, document]*; **to catch ~ of sb/sth** spostrzec kogoś/coś, zauważyć kogoś/coś; **to lose ~ of sb/sth** stracić kogoś/coś z oczu also fig; **we mustn't lose ~ of the fact that...** fig nie wolno nam zapominać, że...; **to know sb by ~** znać kogoś z widzenia; **to shoot sb on ~** strzelić do kogoś bez ostrzeżenia; **I took a dislike to him on ~** od razu mi się nie spodobał; **I can't stand the ~ of him!** nie mogę na niego patrzeć! [3] (range of vision) **to be in ~** *[town, land, border]* być w zasięgu wzroku; *[peace, victory, freedom, new era]* być blisko; **the end/our goal is in ~** koniec jest bliski/jesteśmy blisko celu; **there wasn't a soldier in ~** nie było ani jednego żołnierza w zasięgu wzroku; **the war goes on with no end in ~** wojna trwa i nie widać jej końca; **in the ~ of God** fml wobec Boga, w obliczu Boga; **to be out of ~** (hidden) być niewidocznym; (having moved) zniknąć z pola widzenia; **to do sth out of ~ of sb** zrobić coś tak, żeby ktoś nie widział; **to come into ~** ukazać się; **to keep** or **stay out of ~** nie pokazywać się; **to keep sb/sth out of ~** trzymać kogoś /coś w ukryciu; **don't let her out of your ~!** nie spuszczaj jej z oka!; **get out of my ~!** precz z moich oczu! [4] (thing seen) widok *m*; **a familiar/sorry ~** znajomy/smutny widok; **a ~ to behold** niezapomniany widok; **it was not a pretty ~** to nie był ładny or przyjemny widok [5] (a shock to see) **you're a ~!** ależ ty wyglądasz!; **I look such a ~** wyglądam fatalnie; **she looked such a ~ in that hat** koszmarnie wyglądała w tym kapeluszu
II sights *npl* [1] (places worth seeing) atrakcje *f pl* turystyczne **(of sth** czegoś); **to see the ~s** zwiedzać; **to show sb the ~s** oprowadzać kogoś [2] (on gun, telescope) przyrządy *m pl* celownicze [3] fig **to have sb/sth in one's ~s** upatrzyć sobie kogoś/coś; **to set one's ~s on sth** stawiać sobie coś za cel; **to set one's ~s too high** mierzyć za wysoko; **to raise/lower one's ~s** podnosić/obniżać sobie poprzeczkę fig
III *vt* [1] dostrze|c, -gać, spostrze|c, -gać *[person, land, ship]*; **he had ~ed land** dostrzegł ląd [2] Astron (observe) za|obserwować [3] (adjust sights) ustawi|ć, -ać celownik (czegoś) *[gun]*; (aim) wy|celować *[gun]*
IDIOMS: **a damned** or **jolly** GB **~ better /harder** o niebo lepszy/dużo trudniejszy; **out of ~, out of mind** Prov co z oczu, to z serca; **out of ~!** infml niesamowite!
sight bill *n* Fin, Comm weksel *m* płatny za okazaniem
sighted /'saɪtɪd/ **I** *npl* **the ~** *(+ v pl)* widzący *m pl*
II *adj [person]* widzący → **far-sighted, near-sighted, partially-sighted**
sighting /'saɪtɪŋ/ *n* **there have been a number of reported ~s of the animal /escaped prisoners** już kilka osób zgło-

siło, że widziało to zwierzę/zbiegłych więźniów

sight-read /ˈsaɪtriːd/ Mus *vt, vi* (play) za|grać z nut a (prima) vista

sight-reading /ˈsaɪtriːdɪŋ/ *n* (play) granie *n* z nut a (prima) vista

sight-screen /ˈsaɪtskriːn/ *n* GB Sport (in cricket) *biały ekran, na którego tle lepiej widać lecącą piłkę*

sightseeing /ˈsaɪtsiːɪŋ/ *n* zwiedzanie *n*; **to go ~** zwiedzać

sightseer /ˈsaɪtsiːə(r)/ *n* [1] (visitor) zwiedzając|y *m*, -a *f*, turyst|a *m*, -ka *f* [2] (drawn to scene of disaster) gap *m*

sight unseen *adv* Comm *[buy]* bez obejrzenia towaru

sign /saɪn/ **I** *n* [1] (symbolic mark) znak *m*; **plus/minus/multiplication/division ~** znak plus/minus/mnożenia/dzielenia [2] (object) (roadsign, billboard) znak *m* **(for sth** czegoś); (outside inn, shop) szyld *m*; (indicating opening hours) wywieszka *f* [3] (gesture) gest *m*, znak *m*; **to make a rude ~** zrobić nieprzyzwoity gest; **to make the ~ of the cross** zrobić znak krzyża [4] (signal) sygnał *m*, znak *m*; **that will be the ~ for us to leave** to będzie dla nas sygnał do wyjścia [5] (visible evidence) oznaka *f* **(of sth** czegoś); **the first ~s of global warming** pierwsze oznaki globalnego ocieplenia; **there was no ~ of any troops** nie było śladu wojska; **there was no ~ of life at the Smiths'** u Smithów nie było żywego ducha; **there was still no ~ of them at midday** w południe wciąż ich nie było [6] (indication, pointer) znak *m*, oznaka *f* **(of sth** czegoś); **it's a ~ of age** to oznaka starzenia się; **it's a good/bad ~** to dobry/zły znak; **that is a ~ that...** to znak, że...; **it's a sure ~ that...** to pewny znak, że...; **the ~s are that...** wszystko wskazuje na to, że...; **there is no ~** or **are no ~s of sth** nic nie wskazuje na coś *[improvement, recovery]*; **there is little ~ of improvement** niewiele wskazuje na poprawę; **to show ~s of sth** zdradzać oznaki czegoś *[stress, weakness, growth, talent]*; **to show no ~s of sth** nie zdradzać oznak czegoś; **she shows no ~s of changing her mind** nic nie wskazuje na to, że zmieni zdanie; **a ~ of the times** znak czasu [7] Astrol (of zodiac) znak *m*; **what ~ are you?** spod jakiego jesteś znaku?; **what's your ~?** jaki jest twój znak?

II *vt* [1] (put signature to) podpis|ać, -ywać *[agreement, letter, document]*; **to ~ one's name** podpisać się; **to ~ one's own death warrant** podpisać na siebie wyrok śmierci; **~ed, sealed and delivered** podpisany, opieczętowany i doręczony; fig *[agreement]* sfinalizowany [2] (on contract) podpis|ać, -ywać kontrakt z (kimś), za|kontraktować *[footballer, musician, band]*

III *vi* [1] *[person]* podpis|ać, -ywać; **to ~ for sth** pokwitować odbiór czegoś *[parcel, key]* [2] Sport *[player]* podpis|ać, -ywać kontrakt **(with sb/for sth** z kimś/na coś) [3] (signal) **to ~ to sb to do sth** dać komuś znak, żeby coś zrobił [4] (communicate in sign language) posłu|żyć, -giwać się językiem migowym, migać

■ **sign away: ~ away [sth], ~ [sth] away** zrze|c, -kać się (czegoś) na piśmie *[right, property, privilege]*

■ **sign in: ¶ ~ in** wpis|ać, -ywać się na listę; (at hotel) *[guest]* za|meldować się **¶ ~ in [sb], ~ [sb] in** wpis|ać, -ywać na listę; (at hotel) za|meldować *[guest]*

■ **sign off** [1] (on radio or TV show) s|kończyć; **this is John Brown ~ing off** żegna się z państwem John Brown [2] (end letter) s|kończyć list

■ **sign on: ¶ ~ on** [1] GB Soc Admin zgł|osić, -aszać się jako bezrobotny [2] (commit oneself) Mil zaciąg|nąć, -ać się; (for course of study, training) zapis|ać, -ywać się **(for sth** na coś) **¶ ~ on [sb]** zatrudni|ć, -ać *[employee]*; za|kontraktować *[player]*

■ **sign out** podpis|ać, -ywać listę (przy wyjściu); (at hotel) wymeldow|ać, -ywać się; **to ~ out a library book** GB złożyć rewers

■ **sign over: ~ over [sth], ~ [sth] over** przepis|ać, -ywać *[property, estate]* **(to sb** na kogoś)

■ **sign up: ¶ ~ up** [1] (in forces) zaciąg|nąć, -ać się, wst|ąpić, -ępować do wojska [2] (for course) zapis|ać, -ywać się **(for sth** na coś) **¶ ~ up [sb]** za|angażować *[actor]*; za|kontraktować *[player]*

signal /ˈsɪɡnl/ **I** *n* [1] (cue) sygnał *m*; **a ~ for sb to do sth** sygnał dla kogoś, żeby zrobił coś; **to be the ~ for violent protest** być sygnałem do rozpoczęcia gwałtownego protestu; **to give the ~ to leave/attack** dać sygnał do wyjścia/ataku [2] (sign, indication) sygnał *m* **(of sth** czegoś); **danger ~** sygnał ostrzegawczy; **it's a ~ that...** to sygnał, że...; **to send a ~ to sb that...** *[riot, event]* być sygnałem dla kogoś, że... [3] Rail semafor *m* [4] Radio, TV, Electron sygnał *m*; **to pick up a radar ~** wychwycić sygnał radaru [5] fig (message) **to send out conflicting ~s** wysyłać sprzeczne sygnały fig; **to read the ~s** rozumieć, o co chodzi

II *adj* fml *[achievement, success, triumph]* wspaniały; *[honour]* wielki; *[failure]* druzgocący

III *vt* (*prp, pt, pp* GB **-ll-**, US **-l-**) [1] (gesture to) **to ~ (to sb) that...** dać (komuś) znak, że...; **to ~ to sb to do sth** dać komuś znak, żeby zrobił coś; **I ~led Adam to get the car** dałem Adamowi znak, żeby przyprowadził samochód [2] fig (indicate) wskazywać na (coś) *[determination, reluctance, disapproval, support]*; **to ~ one's intention to do sth** zasygnalizować zamiar zrobienia czegoś; **to ~ one's readiness to do sth** okazać gotowość zrobienia czegoś; **to ~ that...** sygnalizować, że... [3] (mark) zapowi|edzieć, -adać; zwiastować liter *[end, beginning, decline]*

IV *vi* (*prp, pt, pp* GB **-ll-**, US **-l-**) da|ć, -wać znak or sygnał; **he turned right without ~ling** skręcił w prawo, nie dając sygnału kierunkowskazem; **he was ~ling frantically** dawał rozpaczliwe znaki; **to ~ with one's arm/head** dawać znak ruchem ręki /głowy

signal box *n* Rail nastawnia *f*

signal generator *n* Elec generator *m* sygnałów wzorcowych

signally /ˈsɪɡnəlɪ/ *adv* **to fail ~ in one's duty** rażąco nie dopełnić obowiązku

signalman /ˈsɪɡnlmən/ *n* (*pl* **-men**) [1] Rail nastawniczy *m* [2] Naut sygnalista *m*

signal strength *n* natężenie *n* sygnału

signatory /ˈsɪɡnətrɪ, US -tɔːrɪ/ **I** *n* sygnatariusz *m*; **a ~ of** or **to the treaty** sygnatariusz traktatu

II *modif* **~ states** państwa-sygnatariusze

signature /ˈsɪɡnətʃə(r)/ *n* podpis *m*; **to put** or **set one's ~ to sth** złożyć swój podpis na czymś *[letter, document]*; **please return the documents to us for ~** proszę zwrócić dokumenty do podpisu

signature dish *n* Culin specjalność *f* kuchni

signature file *n* (in e-mail) sygnatura *f*

signature tune *n* sygnał *m* dźwiękowy

signboard /ˈsaɪnbɔːd/ *n* szyld *m*

signer /ˈsaɪnə(r)/ *n* (of sign language) tłumacz *m* języka migowego

signet /ˈsɪɡnət/ *n* pieczęć *f*

signet ring /ˈsɪɡnɪtrɪŋ/ *n* sygnet *m*

significance /sɪɡˈnɪfɪkəns/ *n* [1] (importance) znaczenie *n*, waga *f*; **not of any ~, of no ~** bez znaczenia; **to be of great ~ for** or **to sb** mieć wielkie znaczenie dla kogoś [2] (meaning) znaczenie *n*

significant /sɪɡˈnɪfɪkənt/ *adj* [1] (considerable) *[amount, influence, increase, saving]* znaczny, znaczący [2] (important) *[event, aspect, role, victory]* znaczący, ważny; **statistically ~** statystycznie istotny [3] (meaningful) *[gesture, look, fact, name]* znaczący, znamienny; **it is ~ that...** znaczące jest to, że...

significantly /sɪɡˈnɪfɪkəntlɪ/ *adv* [1] (considerably) *[improve, change, increase]* znacznie, znacząco; **they're ~ different** różnią się znacznie; **not ~ bigger/faster** niewiele większy/szybszy [2] (meaningfully) *[smile, look, nod]* znacząco; **~ entitled** pod znamiennym tytułem; **~, he arrived late** co znamienne, spóźnił się

signification /ˌsɪɡnɪfɪˈkeɪʃn/ *n* znaczenie *n*

signifier /ˈsɪɡnɪfaɪə(r)/ *n* Ling element *m* oznaczający

signify /ˈsɪɡnɪfaɪ/ **I** *vt* [1] (denote) *[symbol, dream]* oznaczać; *[clouds]* zapowiadać *[rain]* [2] (imply) *[fact, gesture, statement]* oznaczać [3] (display) okaz|ać, -ywać *[affection, disapproval, joy, willingness]*; **he signified his consent** or **approval with a wave of his hand** gestem ręki dał znak, że się zgadza; **to ~ that...** pokazać, że...

II *vi* fml (matter) mieć znaczenie; **it doesn't ~** to nie ma znaczenia

signing /ˈsaɪnɪŋ/ *n* (of treaty, agreement) podpisanie *n*; (of footballer) podpisanie *n* kontraktu; **Liverpool's latest ~, James Addyman** ostatni nabytek Liverpoolu, James Addyman

sign language *n* język *m* migowy; **to talk in ~** porozumiewać się językiem migowym

signpost /ˈsaɪnpəʊst/ **I** *n* drogowskaz *m*; fig wskazówka *f*

II *vt* o|znakować *[place, direction]*; **is the road ~ed?** czy ta droga jest oznakowana?

signposting /ˈsaɪnpəʊstɪŋ/ *n* oznakowanie *n* dróg

sign test *n* Stat test *m* znaków

sign writer *n* malarz *m* szyldów

Sikh /siːk/ **I** *n* sikh *m*

II *adj* sikhijski

silage /ˈsaɪlɪdʒ/ *n* Agric kiszonka *f*

silage making *n* silosowanie *n*

S

silence /ˈsaɪləns/ **I** *n* 1 (quietness) cisza *f*; **in ~** w ciszy; **~ please!** proszę o ciszę!; **~ fell** zapadła cisza; **~ reigns** panuje cisza; **to call for ~** poprosić o ciszę; **to break the ~** przerwać ciszę; **to reduce sb to ~** uciszyć kogoś; **a two-minute ~** dwie minuty ciszy 2 (absence of communication) milczenie *n* (**about** or **on** or **over sth** na temat czegoś); **to break one's ~** przerwać milczenie; **right of ~** prawo zachowania milczenia 3 (discretion) milczenie *n*; **to buy sb's ~** kupić milczenie kogoś
II *vt* 1 (quieten) ucisz|yć, -ać *[crowd, child, critic]* 2 (gag) zmu|sić, -szać do milczenia *[press]*; zam|knąć, -ykać usta (komuś) *[critic]*
silencer /ˈsaɪlənsə(r)/ *n* Mil, GB Aut tłumik *m*
silent /ˈsaɪlənt/ *adj* 1 (quiet) *[room]* cichy; *[person]* milczący; *[engine]* cicho pracujący, bezgłośny; **to be ~** *[person]* milczeć; **to keep** or **remain** or **stay ~** zachować milczenie, nie odzywać się; **to fall ~** zamilknąć 2 (taciturn) *[person]* małomówny, cichy 3 (uncommunicative) **to be ~** *[person, official, report]* milczeć; **to remain ~ about** or **on the matter of sth** milczeć na temat czegoś; **the law is ~ on this point** w tej sprawie prawo milczy 4 (unexpressed) *[accusation, disapproval, oath, prayer]* cichy 5 Cin niemy; **the ~ screen** nieme kino 6 Ling niemy
IDIOMS: **it's (as) ~ as the grave** tu jest cicho jak w grobie
silently /ˈsaɪləntlɪ/ *adv [move]* cicho; *[leave, pray]* po cichu; *[appear]* bez słowa; *[listen]* w milczeniu; *[work, stay]* w ciszy, w milczeniu
silent majority *n* milcząca większość *f*
silent partner *n* Comm cichy wspólnik *m*
Silesia /saɪˈliːzɪə/ *prn* Śląsk *m*
silex /ˈsaɪleks/ *n* 1 (silica) krzemionka *f* 2 (glass) szkło *n* kwarcowe
silhouette /ˌsɪluːˈet/ **I** *n* (dark shape) sylwetka *f*; (contour) zarys *m*; **the ~ of a tree against the sky** sylwetka drzewa na tle nieba; **I could only see him in ~** widziałem tylko jego sylwetkę
II *vt* **to be ~d against sth** rysować się na tle czegoś
silica /ˈsɪlɪkə/ *n* krzemionka *f*
silica gel *n* sylikażel *m*, żel *m* krzemionkowy
silicate /ˈsɪlɪkeɪt/ **I** *n* krzemian *m*
II *modif* **~ rock, ~ mineral** krzemian
siliceous /sɪˈlɪʃəs/ *adj* krzemionkowy
silicon /ˈsɪlɪkən/ *n* krzem *m*
silicon chip *n* Comput (krzemowy) układ *m* scalony
silicone /ˈsɪlɪkəʊn/ *n* silikon *m*
silicone rubber *n* guma *f* silikonowa
Silicon Valley *n* Dolina *f* Krzemowa
silicosis /ˌsɪlɪˈkəʊsɪs/ *n* Med sylikoza *f*, krzemica *f*
silk /sɪlk/ **I** *n* 1 (fabric, thread) jedwab *m* 2 (clothing) jedwabie *m pl* 3 (of spider) pajęczyna *f*, nić *f* pajęcza 4 GB Jur adwokat *m (z tytułem radcy królewskiego)*; **to take ~** otrzymać tytuł radcy królewskiego
II *modif [garment, flower, shirt]* jedwabny; **~ production** produkcja jedwabiu; **the ~ industry** przemysł jedwabniczy
IDIOMS: **as soft** or **smooth as ~** jedwabisty, gładki jak jedwab

silken /ˈsɪlkən/ *adj* 1 *[hair, skin, sheen]* jedwabisty 2 (made of silk) jedwabny 3 (soft) *[voice]* (pleasant) aksamitny; pej przesłodzony
silk factory *n* przędzalnia *f* jedwabiu
silk farming *n* hodowla *f* jedwabników
silk finish *n* **a fabric/a paint with a ~** tkanina/farba z połyskiem
silk hat *n* cylinder *m*
silkiness /ˈsɪlkɪnɪs/ *n* 1 (of fabric, hair, skin) jedwabistość *f* 2 (of voice) (pleasant) łagodność *f*; pej przesłodzony ton *m*
silk route *n* jedwabny szlak *m*
silk-screen printing /ˌsɪlkskriːnˈprɪntɪŋ/ *n* druk *m* sitowy, sitodruk *m*
silk square *n* jedwabna chustka *f*
silk stocking **I** *n* 1 jedwabna pończocha *f* 2 US fig (rich person) bogacz *m*, -ka *f*
II *modif* US (rich) **~ district** zamożna dzielnica; **~ party** wytworne przyjęcie
silk weaving *n* Ind przędzalnictwo *n* jedwabne
silkworm /ˈsɪlkwɜːm/ *n* jedwabnik *m*
silky /ˈsɪlkɪ/ *adj* 1 (like silk) *[fabric, hair, skin]* jedwabisty 2 (soft) *[voice, tone]* łagodny, aksamitny; pej przesłodzony
silky smooth *adj [hair, skin]* jedwabisty
sill /sɪl/ *n* (of door, vehicle) próg *m*; (of window) parapet *m*
silliness /ˈsɪlɪnɪs/ *n* głupota *f*; **I've had enough of this ~!** dosyć mam już tych głupot!
silly /ˈsɪlɪ/ **I** *n* infml głuptas *m* infml
II *adj [person, question, idea, mistake, story, game, behaviour]* głupi, niemądry; *[clothes]* śmieszny, zabawny; *[price]* zawrotny; **don't be ~!** nie bądź niemądry!; **you ~ boy/girl!** ty głuptasie! infml; **that was a ~ thing to say, Robert** jak mogłeś, Robercie, powiedzieć coś tak głupiego?; **I'm sorry – that was a ~ thing to say** przepraszam, palnąłem głupstwo; **what a ~ thing to do!** co za głupota!; **to do something ~** zrobić coś głupiego; **I felt a bit ~ when she told me who she was** czułem się trochę głupio or było mi trochę głupio, kiedy powiedziała, kim jest; **you look ~ in that hat!** śmiesznie wyglądasz w tym kapeluszu; **you made me look ~** przez ciebie wyszedłem na głupca; **how ~ of me/of you to forget!** jak mogłem /mogłeś zapomnieć!; **~ me!** infml głupiec ze mnie!; **I know it's ~ but...** wiem, że to głupie, ale...
III *adv* (out of one's senses) **to drink oneself ~** upić się do nieprzytomności; **she knocked him ~** uderzyła go tak, że aż go zamroczyło; **to bore sb ~** nudzić kogoś śmiertelnie
silly billy *n* infml głupek *m* infml; (affectionately) głuptas *m* infml
Silly Putty® *n* US *gumiasta substancja dająca się modelować, odbijać, rozrywać*
silly season *n* GB Journ sezon *m* ogórkowy
silo /ˈsaɪləʊ/ *n* (*pl* **~s**) 1 Agric silos *m* 2 Mil podziemna wyrzutnia *f* rakietowa, podziemny silos *m*
silt /sɪlt/ **I** *n* muł *m*, szlam *m*
II *vi* (also **~ up**) *[mud, sand]* osadz|ić, -ać się; *[river]* zamul|ić, -ać się; (with sand) zapiaszcz|yć, -ać się
■ **silt up**: ¶ **~ up = silt III** ¶ **~ [sth] up, ~ up [sth]** *[mud]* zamul|ić, -ać *[estuary, river]*

Silurian /saɪˈlʊərɪən/ *adj* Geol sylurski
silver /ˈsɪlvə(r)/ **I** *n* 1 (metal) srebro *n* 2 (items) (silverware, cutlery) srebra *plt*; (coins) (of silver) srebrne monety *f pl*; (of alloy) bilon *m*; **£10 in ~** 10 funtów w bilonie 3 (colour) (kolor *m*) srebrny *m* 4 (medal) srebro *n*
II *adj* 1 *[ring, cutlery, coin]* srebrny 2 (colour) *[hair, decoration, moon, lake]* srebrzysty; *[paint]* srebrny
III *vt* posrebrz|yć, -ać
silver birch *n* brzoza *f* biała
silvered /ˈsɪlvəd/ *adj* posrebrzany
silver fir *n* jodła *f* pospolita
silverfish /ˈsɪlvəfɪʃ/ *n* Zool (insect) rybik *m*
silver foil *n* GB folia *f* aluminiowa; sreberko *n* infml
silver fox *n* 1 Zool srebrny *m* lis 2 (fur) futro *n* ze srebrnych lisów, srebrne lisy *plt*
silver-gilt /ˌsɪlvəˈgɪlt/ *n* srebro *n* pozłacane
silver-grey /ˌsɪlvəˈgreɪ/ **I** *n* (kolor *m*) srebrzystoszary *m*
II *adj* srebrzystoszary
silver-haired /ˌsɪlvəˈheəd/ *adj* siwowłosy
silver jubilee *n* jubileusz *m* dwudziestopięciolecia
silver mine *n* kopalnia *f* srebra
silver paper *n* cynfolia *f*
silver plate *n* platery *m pl*
silver-plated /ˌsɪlvəˈpleɪtɪd/ *adj* platerowany srebrem, posrebrzany
silver plating *n* posrebrzenie *n*
silver polish *n* pasta *f* do polerowania srebra
silver screen *n* Cin srebrny ekran *m*
silver service *n serwowanie potraw z półmisków*
silverside /ˈsɪlvəsaɪd/ *n* Culin zrazowa *f* dolna
silversmith /ˈsɪlvəsmɪθ/ *n* złotnik *m (wykonujący przedmioty ze srebra)*
silver-tongued /ˌsɪlvəˈtʌŋd/ *adj* elokwentny, złotousty
silverware /ˈsɪlvəweə(r)/ *n* (solid) srebro *n* stołowe; (plate) srebrne platery *m pl*
silver wedding *n* srebrne *n* wesele
silvery /ˈsɪlvərɪ/ *adj* 1 *[hair, water]* srebrzysty 2 *[voice, sound]* srebrzysty
silviculture /ˈsɪlvɪkʌltʃə(r)/ *n* gospodarka *f* leśna
SIM card /ˈsɪmkɑːd/ *n* Comput karta *f* SIM
simian /ˈsɪmɪən/ **I** *n* Zool małpa *f*
II *adj* 1 Zool *[face, features]* małpi; **~ behaviour/characteristics** zachowanie /cechy małp 2 fig *[grin, expression]* małpi
similar /ˈsɪmɪlə(r)/ *adj* 1 *[object, number, taste, problem, situation]* podobny; **something ~** coś w tym stylu; **10 ~ offences** dziesięć podobnych przestępstw; **~ to sth** podobny do czegoś; **it's ~ to riding a bike** to przypomina jazdę na rowerze; **~ in size** podobnej wielkości; **~ in price** w podobnej cenie; **it's ~ in appearance to an orange** to przypomina wyglądem pomarańczę 2 Math *[triangle]* podobny
similarity /ˌsɪmɪˈlærətɪ/ *n* 1 (fact of resembling) podobieństwo *n* (**to** or **with sb/sth** do kogoś/czegoś); **a ~ in sth** podobieństwo pod względem czegoś; **a striking ~ between the two children** uderzające podobieństwo tych dwojga dzieci; **his ~ to his father** jego podobieństwo do ojca; **there the ~ ends** na tym podobieństwa się kończą 2 (aspect of resemblance) podobień-

stwo *n* (**to** or **with sb/sth** do kogoś/czegoś); **there are certain similarities** istnieją pewne podobieństwa

similarly /ˈsɪmɪləlɪ/ *adv* (in a similar way) *[behave, react, dressed, arranged]* podobnie; **and ~, ...** i podobnie...

simile /ˈsɪmɪlɪ/ *n* Literat porównanie *n*

similitude /sɪˈmɪlɪtjuːd, US -tuːd/ *n* fml [1] (likeness) podobieństwo *n* [2] (simile) porównanie *n*

simmer /ˈsɪmə(r)/ **I** *n* gotowanie *n* na wolnym ogniu

II *vt* gotować na wolnym ogniu *[soup]*; dusić na wolnym ogniu *[stew, vegetables]*; trzymać na ogniu *[water]*

III *vi* [1] *[soup]* gotować się na wolnym ogniu; *[stew, vegetables]* dusić się na wolnym ogniu; *[water]* wrzeć lekko [2] fig *[person]* (with discontent) za|kipieć ze złości infml; (with passion, revolt, violence) wrzeć (**with sth** czymś); *[quarrel, unrest, violence]* w|ezbrać, -zbierać [3] infml (in sunshine, heat) smażyć się infml fig

■ **simmer down** infml *[person]* ochłonąć; *[riots, violence]* uspok|oić, -ajać się; *[quarrel]* u|cichnąć

simmering /ˈsɪmərɪŋ/ *adj [conflict, tension]* utrzymujący się

simnel cake /ˈsɪmnlkeɪk/ *n* GB *wielkanocne ciasto z bakaliami i marcepanem*

Simon says /ˌsaɪmənˈsez/ *n* (children's game) ≈ Ojciec Wirgiliusz

simony /ˈsaɪmənɪ/ *n* Relig świętokupstwo *n*, symonia *f*

simper /ˈsɪmpə(r)/ **I** *n* pej kokieteryjny uśmieszek *m*

II *vi* pej mizdrzyć się

simpering /ˈsɪmpərɪŋ/ **I** *n* pej minoderia *f*

II *adj* pej *[person]* mizdrzący się; *[smile]* kokieteryjny

simperingly /ˈsɪmpərɪŋlɪ/ *adv* pej *[smile]* kokieteryjnie; *[speak]* mizdrząc się

simple /ˈsɪmpl/ *adj* [1] (not complicated) *[task, method, instructions, answer, solution]* prosty, łatwy; **it's quite ~** to całkiem proste; **it's a ~ matter to change a wheel** wymiana koła to prosta sprawa; **I can't make it any ~r** już prościej nie mogę tego wyjaśnić; **the ~st thing to do would be to ask her** najprościej byłoby ją zapytać; **what could be ~r?** czy może być coś prostszego?; **it's not as ~ as that** to nie takie proste; **not as ~ as it looks** nie takie proste, jakby się zdawało; **English made ~** angielski dla wszystkich [2] (straightforward) **a ~ case of flu** zwykły przypadek grypy, po prostu grypa; **this is theft pure and ~** to po prostu zwykła kradzież; **the ~ truth is that...** prawda jest po prostu taka, że...; **for the ~ reason that I disagree** z tej prostej przyczyny, że się nie zgadzam; **it's a ~ matter of jealousy** to po prostu kwestia zazdrości; **in ~ terms, you're bankrupt** mówiąc po prostu, jesteś bankrutem [3] (plain, not elaborate) *[dress, furniture, design, lifestyle, food, taste]* prosty, zwyczajny [4] (unsophisticated) *[pleasures, people]* prosty, zwyczajny; **her parents were ~ shopkeepers** jej rodzice byli zwykłymi sklepikarzami; **I'm a ~ soul** iron ja jestem prosty człowiek hum [5] (dimwitted) ograniczony pej [6] (basic) *[life form, sentence, tense]* prosty

simple equation *n* równanie *n* proste

simple fraction *n* ułamek *m* zwykły

simple fracture *n* Med złamanie *n* zamknięte

simple-hearted /ˌsɪmplˈhɑːtɪd/ *adj* prostolinijny

simple interest *n* odsetki *plt* proste

simple-minded /ˌsɪmplˈmaɪndɪd/ *adj* pej *[person]* prostoduszny; ograniczony pej; *[view, attitude, solution]* naiwny

simple-mindedness /ˌsɪmplˈmaɪndɪdnɪs/ *n* pej (of person) prostoduszność *f*; ograniczenie *n* pej; (of view, attitude, solution) naiwność *f*

Simple Simon /ˌsɪmplˈsaɪmən/ *n* głupi Jasio *m* infml

simple time *n* metrum *n* proste

simpleton /ˈsɪmpltən/ *n* głupek *m* infml

simplicity /sɪmˈplɪsətɪ/ *n* [1] (of task, method) łatwość *f*; (of answer, solution) prostota *f*; **it's ~ itself** to dziecinnie proste or łatwe [2] (of dress, furniture, design, food, lifestyle) prostota *f*

simplification /ˌsɪmplɪfɪˈkeɪʃn/ *n* uproszczenie *n* (**of sth** czegoś)

simplify /ˈsɪmplɪfaɪ/ *vt* upr|ościć, -aszczać *[explanation, problem, process]*; **this should ~ matters** to powinno uprościć sprawę

simplistic /sɪmˈplɪstɪk/ *adj* nazbyt uproszczony

simply /ˈsɪmplɪ/ *adv* [1] (clearly) *[say, explain, write]* prosto, w prosty sposób; **~ written** prosto napisany; **to put it ~...** mówiąc po prostu... [2] (modestly) *[dress]* z prostotą; **to live ~** żyć zwyczajnie; **to eat ~** jadać proste potrawy [3] (just, merely) po prostu; **I ~ do it for money** robię to po prostu dla pieniędzy; **it's ~ a question of concentrating** to po prostu kwestia koncentracji [4] (absolutely) *[wonderful, delightful, awful]* po prostu; **I was ~ furious!** byłem po prostu wściekły!; **it is quite ~ the worst novel I've ever read** to jest po prostu najgorsza powieść, jaką kiedykolwiek czytałem

simulacrum /ˌsɪmjʊˈleɪkrəm/ *n* (*pl* **-acra**) fml podobizna *f*

simulate /ˈsɪmjʊleɪt/ *vt* [1] (feign) uda|ć, -wać *[anger, passion, interest, illness]*; symulować *[illness]* [2] (reproduce) *[scientists, experiment, model, computer]* symulować *[conditions, effect, flight]*; **computer-~d** symulowany komputerowo [3] (imitate) imitować *[background, hair, blood, sound]*

simulated /ˈsɪmjʊleɪtɪd/ *adj* [1] (fake) *[fur, pearls, leather]* sztuczny [2] (feigned) *[pleasure, relief, anger]* udawany

simulation /ˌsɪmjʊˈleɪʃn/ *n* [1] (of emotion, feeling, illness) udawanie *n*; (of illness, condition, flight) symulowanie *n*; (of background, hair, blood) imitowanie *n* [2] Comput, Med, Psych, Sci symulacja *f*; **a computer ~ of a nuclear explosion** symulacja komputerowa wybuchu jądrowego [3] Zool mimetyzm *m*

simulator /ˈsɪmjʊleɪtə(r)/ *n* Aut, Aerosp, Aviat, Comput symulator *m*; **flight ~** symulator lotu; **driving** or **road ~** symulator jazdy samochodem

simulcast /ˈsɪməlkɑːst, US -kæst/ **I** *n* program *m* nadawany jednocześnie w radiu i telewizji

II *vt* nada|ć, -wać jednocześnie w radiu i telewizji

simultaneity /ˌsɪmltəˈniːətɪ, US ˌsaɪm-/ *n* jednoczesność *f*

simultaneous /ˌsɪmlˈteɪnɪəs, US ˌsaɪm-/ *adj* jednoczesny, równoczesny; *[event, demonstration]* odbywający się jednocześnie or równocześnie; *[translation]* symultaniczny; **to be ~ with sth** odbywać się jednocześnie z czymś

simultaneous equations *n* równanie *n* równoważne

simultaneously /ˌsɪmlˈteɪnɪəslɪ, US ˌsaɪm-/ *adv* jednocześnie, równocześnie (**with sth** z czymś)

sin[1] /sɪn/ **I** *n* Relig grzech *m* also fig; **to live in ~** żyć w grzechu; **it's a ~ to waste food** marnowanie jedzenia to grzech

II *vi* (*prp, pt, pp* **-nn-**) z|grzeszyć (**against sth** przeciwko czemuś)

IDIOMS: **he was more ~ned against than ~ning** był raczej ofiarą niż winowajcą; **for my ~s** hum na moje nieszczęście

sin[2] /saɪn/ *n* Math = **sine** sinus *m*

Sinai /ˈsaɪnaɪ/ *prn* Synaj *m*; **Mount ~** Góra Synaj

Sinai desert *prn* pustynia *f* Synaj

sin-bin /ˈsɪnbɪn/ *n* infml (in ice hockey) ławka *f* kar; hum (prison) pudło *n* infml

since /sɪns/ **I** *prep* od (czegoś); **he's been in France ~ March** przebywa we Francji od marca; **she's been a teacher ~ 1965** jest nauczycielką od 1965 roku; **she's been waiting ~ 10 am** czeka od 10 rano; **I haven't spoken to her ~ yesterday** od wczoraj z nią nie rozmawiałem; **I haven't seen him ~ then** od tamtej pory go nie widziałem; **~ arriving** or **~ his arrival, he...** odkąd przyjechał or od swojego przyjazdu, on...; **~ when do you open other people's mail?** odkąd to otwiera się cudze listy?

II *conj* [1] (from the time when) odkąd, od kiedy; **~ he's been away** odkąd go nie ma, odkąd wyjechał; **ever ~ I married him** od ślubu z nim, odkąd za niego wyszłam; **I've known him ~ I was 12** poznałem go, kiedy miałem dwanaście lat; **it's 10 years ~ we last met** od naszego ostatniego spotkania minęło dziesięć lat [2] (because) ponieważ; **~ it was raining I stayed at home** ponieważ padało, zostałem w domu; **~ you're so clever, why don't you do it yourself?** skoro jesteś taki mądry, dlaczego sam tego nie zrobisz?

III *adv* (subsequently) od tej pory, od tego czasu; **she has ~ qualified** od tego czasu zrobiła dyplom; **we've kept in touch ever ~** od tamtego czasu jesteśmy w stałym kontakcie; **I haven't phoned her ~** od tamtej pory do niej nie dzwoniłem; **they've long ~ left** oni już dawno wyszli, ich już tu dawno nie ma; **not long ~** nie tak dawno temu

sincere /sɪnˈsɪə(r)/ *adj [person, apology, belief]* szczery; **~ thanks** szczere podziękowania; **to be ~ in one's wish/plan to do sth** szczerze pragnąć/naprawdę zamierzać coś zrobić; **it is my ~ belief that...** jestem głęboko przekonany, że...

sincerely /sɪnˈsɪəlɪ/ *adv* szczerze; **his beliefs are ~ held** jego przekonania są szczere; **Yours ~, Sincerely yours** US (end of letter) z poważaniem; (less formally) pozdrawiam

S

sincerity /sɪn'serətɪ/ *n* szczerość *f*; **in all ~** szczerze mówiąc; **he spoke with ~** mówił szczerze

sine /saɪn/ *n* Math sinus *m*

sinecure /'saɪnɪkjʊə(r), 'sɪn-/ *n* synekura *f*

sine die /ˌsaɪnɪ'daɪɪ, ˌsɪneɪ'diːeɪ/ *adj, adv* na czas nieokreślony, sine die

sine qua non /ˌsɪneɪkwɑː'nəʊn/ *n* warunek *m* sine qua non

sinew /'sɪnjuː/ *n* Anat ścięgno *n*

sine wave *n* Math sinusoida *f*

sinewy /'sɪnjuːɪ/ *adj* [1] *[person, animal]* muskularny [2] *[meat]* żylasty

sinfonietta /ˌsɪnfən'jetə/ *n* Mus sinfonietta *f*

sinful /'sɪnfl/ *adj [thought, pleasure, world, man, woman, act]* grzeszny; *[waste]* karygodny; **she thought that make-up was ~** uważała, że malowanie się to grzech; **a ~ man/woman** grzesznik/grzesznica

sinfully /'sɪnfəlɪ/ *adv [live]* grzesznie; *[act, behave]* niemoralnie; *[waste]* w karygodny sposób

sinfulness /'sɪnflnɪs/ *n* grzeszność *f*

sing /sɪŋ/ **I** *n* US = **sing-along**

II *vt* (*pt* **sang;** *pp* **sung)** *[person]* za|śpiewać *[song, note]*; **to ~ the part of sb** śpiewać partię kogoś; **to ~ sth to/for sb** zaśpiewać coś komuś/dla kogoś; **~ him something** zaśpiewaj mu coś; **to ~ sth in front of** or **for an audience** śpiewać coś przed publicznością; **to ~ sb to sleep** śpiewać komuś do snu; **'Happy birthday!' they sang** śpiewali „Sto lat, sto lat"; **to ~ sb's praises** wychwalać kogoś pod niebiosa

III *vi* (*pt* **sang;** *pp* **sung)** [1] *[person]* za|śpiewać; **to ~ in a choir** śpiewać w chórze; **to ~ to** or **for an audience of 10,000 people** śpiewać dla dziesięciotysięcznego tłumu or przed dziesięciotysięczną widownią; **will you ~ to me?** zaśpiewasz mi?; **you can't ~** nie umiesz śpiewać; **to ~ well** dobrze śpiewać; **to ~ in tune** śpiewać czysto; **to ~ out of tune** śpiewać fałszywie, fałszować; **to ~ to an accompaniment** śpiewać z akompaniamentem; **to ~ to a piano/guitar accompaniment** śpiewać przy akompaniamencie pianina/gitary; **he ~s about love/of his country** śpiewa o miłości/o swoim kraju [2] *[bird, violin]* za|śpiewać; *[cricket]* cykać; *[wind, kettle]* szumieć; **my ears are ~ing** w uszach mi dzwoni; **the blow made my ears ~** od uderzenia aż mi zaszumiało w uszach [3] infml (confess) wy|śpiewać infml

■ **sing along** za|śpiewać razem **(with sb** z kimś)

■ **sing out**: ¶ **~ out** (sing loud) za|śpiewać głośno; (call out) krzyknąć ¶ **~ out [sth]** (shout) wykrzyk|nąć, -iwać *[answer]*

■ **sing up** za|śpiewać głośniej

IDIOMS: **to ~ a different** or **another song** zmienić zdanie

sing. *n* = **singular**

sing-along /'sɪŋəlɒŋ/ *n* US wspólne śpiewanie *n*; **to have a ~** pośpiewać razem

Singapore /ˌsɪŋə'pɔː(r)/ *prn* Singapur *m*

Singaporean /ˌsɪŋə'pɔːrɪən/ **I** *n* Singapur|czyk *m*, -ka *f*

II *adj* singapurski

singe /sɪndʒ/ **I** *n* (also **~ mark)** ślad *m* przypalenia

II *vt* (*prp* **singeing)** [1] przypal|ić, -ać *[clothing, table top]*; **to ~ one's hair /eyebrows** przypalić sobie włosy/brwi [2] Culin opal|ić, -ać *[feathers, poultry]*

singer /'sɪŋə(r)/ *n* (of serious songs, in opera) śpiewa|k *m*, -czka *f*; (of pop music) piosenka|rz *m*, -rka *f*; **she's a good ~** ona dobrze śpiewa → **opera**

Singhalese *n, adj* = **Sinhalese**

singing /'sɪŋɪŋ/ **I** *n* [1] Mus śpiew *m*, śpiewanie *n*; **to teach ~** uczyć śpiewu; **opera ~** śpiew operowy; **I love ~** uwielbiam śpiewać; **there was ~ in the bar** w barze śpiewali [2] (sound) (of kettle, wind) szum *m*; (in ears) dzwonienie *n*, szum *m*

II *modif [role, part]* śpiewany; **~ lesson /teacher** lekcja/nauczyciel śpiewu

singing voice *n* głos *m*

single /'sɪŋgl/ **I** *n* [1] Transp (also **~ ticket)** bilet *m* w jedną stronę [2] Tourism (also **~ room)** pokój *m* jednoosobowy; jedynka *f* infml [3] Mus (record) singel *m* [4] Theat miejsce *n* pojedyncze; **we've only ~s left** zostały nam tylko pojedyncze miejsca

II *adj* [1] (sole) jeden; **he bought a ~ rose** kupił jedną różę; **a ~ vote decided the case** przesądził j[illegible]n głos; [illegible]**he put a ~ strawberry** [illegible]**ach plate** na każdym talerzyku położyła po jednej truskawce; **in a ~ day** w ciągu jednego dnia [2] (not double) *[spacing, unit, door, knot, line, sheet, duvet]* pojedynczy; *[room, bed]* pojedynczy, jednoosobowy; **a ~ portion** porcja dla jednej osoby; **a ~ price** cena za jedną osobę; **a ~ sink** zlewozmywak jednokomorowy; **a ~ cassette player** magnetofon jednokasetowy; **inflation is in ~ figures** inflacja jest na poziomie jednocyfrowym [3] (unmarried) stanu wolnego; **the ~ homeless** samotni i bezdomni [4] (used emphatically) **every ~ thing** wszystko bez wyjątku; **every ~ person** każdy bez wyjątku; **every ~ time** za każdym razem; **every ~ day** codziennie; **not a ~ thing** absolutnie nic; **not a ~ person** absolutnie nikt; **not a ~ student /car** ani jeden student/samochód; **there isn't a ~ word of truth in it** nie ma w tym źdźbła prawdy [5] (describing main cause, aspect) **the ~ most important event /factor** najważniejsze wydarzenie/najważniejszy czynnik; **heart disease is the ~ biggest killer in Britain** choroby serca są główną przyczyną zgonów w Wielkiej Brytanii

■ **single out**: **~ out [sb/sth], ~ [sb/sth] out** *[person]* wyb|rać, -ierać; **to be ~d out for praise** zebrać pochwały; **to be ~d out for special treatment** zostać szczególnie potraktowanym; **to be ~d out for criticism** stać się przedmiotem krytyki

single-action /ˌsɪŋgl'ækʃn/ *adj [gun]* jednostrzałowy

single-breasted /ˌsɪŋgl'brestɪd/ *adj [jacket]* jednorzędowy

single-celled /ˌsɪŋgl'seld/ *adj* Biol jednokomórkowy

single combat *n* walka *f* jeden na jednego

single cream *n* Culin śmietanka *f* o niskiej zawartości tłuszczu

single currency *n* jedna waluta *f*

single-decker /ˌsɪŋgl'dekə(r)/ *n* autobus *m* jednopiętrowy

single entry **I** *n* Accts księgowość *m* pojedyncza or uproszczona

II **single-entry** *modif* **single-entry bookkeeping** księgowość pojedyncza or uproszczona

single father *n* samotny ojciec *m*, ojciec *m* samotnie wychowujący dziecko/dzieci

single file *adv* (also **in ~)** *[walk, move]* jeden za drugim, gęsiego

single-handed /ˌsɪŋgl'hændɪd/ **I** *adj* **a ~ flight over the Atlantic** samotny lot przez Atlantyk; **it was a ~ effort on her part** zrobiła to w pojedynkę

II *adv [fly, sail]* samotnie; **to do sth/cope with sth ~** zrobić coś/poradzić sobie z czymś samemu or w pojedynkę

single-handedly /ˌsɪŋgl'hændɪdlɪ/ *adv* **to manage** or **cope ~** dać sobie radę samemu; **he ruined the company ~** sam jeden doprowadził firmę do ruiny

single-lens reflex, SLR /ˌsɪŋgllenz'riːfle[illegible]/ *n* Phot lustrzanka *f* jednoobiektywow[illegible]

single market *n* jednolity rynek *m*

single-minded /ˌsɪŋgl'maɪndɪd/ *adj [person]* zdeterminowany; *[pursuit]* pełen determinacji; **~ determination** pełna determinacja; **to be ~ about doing sth** robić z coś z pełną determinacją

single-mindedness /ˌsɪŋgl'maɪndɪdnɪs/ *n* determinacja *f*

single mother *n* samotna matka *f*, matka *f* samotnie wychowująca dziecko/dzieci

singleness /'sɪŋglnɪs/ *n* **~ of purpos**[illegible] wytrwałe dążenie do celu

single parent **I** *n* (mother) samo[illegible] matka *f*; (father) samotny ojciec *m*

II **single-parent** *modif* **single-pare**[illegible] **family** rodzina niepełna

single-party /ˌsɪŋgl'pɑːtɪ/ *adj [government]* jednopartyjny; *[rule, system]* monopartyjny

singles /'sɪŋglz/ **I** *n* [1] Sport (in tennis) gra *f* pojedyncza, singel *m* [2] (people) ludzie *plt* samotni

II *modif* [1] Sport *[tournament]* singlow[illegible]; **~ final** finał gry pojedynczej or singla [2] **~ club/vacation** klub/wakacje dla samotnych

singles bar *n* bar *m* dla samotnych

singles charts *npl* lista *f* najlepszych singli

single seater *n* Aviat samolot *m* jednomiejscowy

single-sex /ˌsɪŋgl'seks/ *adj* (for males) *[school]* męski; *[hostel]* dla mężczyzn; (for females) *[school]* żeński; *[hostel]* dla kobiet

single-sided disk /ˌsɪŋglsaɪdɪd'dɪsk/ *n* dyskietka *f* jednostronna

single spacing *n* pojedynczy odstęp *m*; **typed in ~** napisany z pojedynczym odstępem

single-storey /ˌsɪŋgl'stɔːrɪ/ *adj [house]* jednopiętrowy

singlet /'sɪŋglɪt/ *n* GB [1] Sport koszulka *f* [2] (vest) podkoszulek *m*

singleton /'sɪŋgltən/ *n* [1] przypadek *m* wyjątkowy [2] Math zbiór *m* jednoelementowy [3] Games (card) singel *m*

single-track /ˌsɪŋgl'træk/ *adj* [1] Rail jednotorowy; **a ~ road** Aut droga z jednym pasem ruchu [2] fig **to have a ~ mind** myśleć tylko o jednym; **a ~ approach** jednostronne podejście

single transferable vote *n* Pol głosowanie *n* w systemie pojedynczych transferów

single varietal *n* wino *n* z jednego gatunku winogron

single yellow line *n* GB pojedyncza żółta linia *f (oznaczająca zakaz parkowania w określonych godzinach)*

singly /ˈsɪŋglɪ/ *adv* [1] (one by one) pojedynczo [2] (alone) indywidualnie

singsong /ˈsɪŋsɒŋ/ **I** *n* GB wspólne śpiewanie *n*; **to have a ~** pośpiewać razem; **how about a ~?** może byśmy coś zaśpiewali?
II *adj [voice, language, dialect]* śpiewny

singular /ˈsɪŋgjʊlə(r)/ **I** *n* Ling liczba *f* pojedyncza; **in the ~** w liczbie pojedynczej
II *adj* [1] Ling *[form]* pojedynczy; *[noun, verb]* w liczbie pojedynczej [2] (strange, exceptional) niezwykły, osobliwy, wyjątkowy

singularity /ˌsɪŋgjʊˈlærətɪ/ *n* niezwykłość *f*, osobliwość *f*

singularly /ˈsɪŋgjʊləlɪ/ *adv* osobliwie, wyjątkowo

Sinhalese /ˌsɪŋhəˈliːz/ **I** *n* [1] *(pl ~)* (person) Syngalez *m*, -ka *f* [2] Ling (język *m*) syngaleski *m*
II *adj* syngaleski

sinister /ˈsɪnɪstə(r)/ *adj* [1] *[sign, silence]* złowieszczy; *[look, place]* złowrogi; *[figure]* ponury [2] Herald lewy

sink /sɪŋk/ **I** *n* [1] (basin) (in kitchen) zlew *m*, zlewozmywak *m*; (in bathroom) umywalka *f* [2] (cesspool) ustęp *m*; kloaka *f* also fig [3] Geol lej *m* krasowy
II *vt* (*pt* **sank**; *pp* **sunk**) [1] Naut zat|opić, -apiać *[ship, boat, vessel]* [2] (bore) wywierc|ić, -ać, wiercić *[oil well, shaft]*; wykop|ać, -ywać, kopać *[foundations]* [3] (embed) wbi|ć, -jać *[post, pillar]*; **to ~ one's teeth into sth** zatopić zęby w czymś; **to ~ a knife into sth** wbić nóż w coś [4] GB infml (drink) wl|ać, -ewać w siebie infml *[drink]* [5] Sport wbi|ć, -jać *[billiard ball]* [6] fig (destroy) *[scandal]* z|niszczyć *[party]*; pogrąż|yć, -ać *[person]*; (thwart) z|niweczyć *[plans]*; **without capital/a leader we're sunk** bez kapitału/przywódcy jesteśmy zgubieni [7] Fin um|orzyć, -arzać *[debt]* [8] (invest heavily) **to ~ money into sth** utopić pieniądze w czymś *[project, company]*
III *vi* (*pt* **sank**; *pp* **sunk**) [1] (fail to float) *[object, ship]* za|tonąć; *[person]* u|tonąć; **to ~ without a trace** fig *[idea, project]* zostać całkiem zapomnianym [2] (drop to lower level) *[sun]* za|jść, -chodzić; *[cake, temperature, water level, pressure]* opa|ść, -dać; **to ~ to the floor** osunąć się na podłogę; **to ~ to one's knees** osunąć się or paść na kolana; **he sank into an armchair** osunął się na fotel; **to ~ into a deep sleep/coma** zapaść w głęboki sen/w stan śpiączki [3] fig (fall) *[profits, production]* spa|ść, -dać; **he has sunk in my estimation** stracił w moich oczach; **my heart** or **spirit sank** straciłem zapał; **I wouldn't ~ so low as to beg from him** nie upadłbym tak nisko, żeby go błagać [4] (subside) *[building, wall]* osi|ąść, -adać; *[land]* zapa|ść, -dać się; **to ~ into sth** *[person, feet]* zapaść się w coś, grzęznąć w czymś *[mud]*; *[country, person]* pogrążyć się w czymś *[anarchy, apathy]*; **to ~ into obscurity** pójść w zapomnienie; **to ~ under the weight of sth** *[shelf]* uginać się po ciężarem czegoś; *[person, company]* tonąć w czymś *[debt]*
■ **sink in**: [1] *[lotion, water]* wsiąk|nąć, -ać; **let the lotion ~ in** poczekaj, aż krem wsiąknie [2] fig **it took several minutes for the news/truth to ~ in** minęło kilka minut, zanim ta wiadomość/prawda dotarła do mojej świadomości
IDIOMS: **to ~ one's differences** zapomnieć o różnicach zdań

sinker /ˈsɪŋkə(r)/ *n* [1] Fishg ciężarek *m* [2] US (cake) ≈ pączek *m*
IDIOMS: **he fell for the story hook, line, and ~** we wszystko uwierzył

sinkhole /ˈsɪŋkhəʊl/ *n* Geol lej *m* krasowy

sinking /ˈsɪŋkɪŋ/ **I** *n* [1] Naut (accidental) zatonięcie *n*; (by torpedo) zatopienie *n*; (by flooding) zalanie *n* [2] Constr, Mining (of well, of oil well) wiercenie *n*; (of piles) wbijanie *n* [3] Fin umorzenie *n*
II *adj* **a ~ heart** zamierające serce; **a ~ feeling** (because of hunger) ssanie w żołądku; (because of apprehension) złe przeczucie

sinking fund *n* Fin fundusz *m* amortyzacyjny

sink tidy *n* pojemnik *m* na przybory do zmywania

sink unit *n* zlewozmywak *m* w obudowie

sinless /ˈsɪnlɪs/ *adj* bezgrzeszny

sinner /ˈsɪnə(r)/ *n* grzeszni|k *m*, -ca *f*

Sinn Féin /ʃɪnˈfeɪn/ *prn* Sinn Féin *f (irlandzka partia republikańska, polityczne skrzydło IRA)*

Sinologist /saɪˈnɒlədʒɪst/ *n* sinolog *m*

Sinology /saɪˈnɒlədʒɪ/ *n* sinologia *f*

sin tax *n* infml akcyza *f* na wyroby alkoholowe i tytoniowe

sinuosity /ˌsɪnjʊˈɒsətɪ/ *n* (of road, river) krętość *f*; (of landscape) falistość *f*

sinuous /ˈsɪnjʊəs/ *adj* kręty, wijący się

sinuously /ˈsɪnjʊəslɪ/ *adv* kręto

sinus /ˈsaɪnəs/ *n (pl ~es)* Anat zatoka *f*; **to have ~ trouble** mieć problemy z zatokami

sinusitis /ˌsaɪnəˈsaɪtɪs/ *n* zapalenie *n* zatok

Sioux /suː/ **I** *n* [1] *(pl ~)* (person) Siuks *m* [2] Ling (język *m*) sju *m*
II *adj* **~ history/culture** historia/kultura Siuksów

sip /sɪp/ **I** *n* ły(cze)k *m*; **to have** or **take a ~ of sth** wypić ły(cze)k czegoś
II *vt* (*prp, pt, pp* **-pp-**) sączyć *[drink, wine]*

siphon /ˈsaɪfn/ **I** *n* [1] (tube) lewar *m* (wodny) [2] (also **soda ~**) syfon *m* [3] Zool syfon *m*
II *vt* [1] spu|ścić, -szczać, ściąg|nąć, -ać *[water, petrol]*; **to ~ petrol out of a car** spuścić benzynę z samochodu [2] Fin wyprowadz|ić, -ać *[money]* **(out of** or **from sth** z czegoś); pompować infml fig *[money]* **(into sth** w coś)
■ **siphon off**: **~ off [sth], ~ [sth] off** [1] ściąg|nąć, -ać, spu|ścić, -szczać *[petrol, water]* [2] fig pej wyprowadz|ić, -ać *[money, resources]*; ściąg|nąć, -ać *[workforce]*

sir /sɜː(r)/ *n* [1] (form of address) pan *m*; **can I help you, ~?** czy mogę panu pomóc?; **yes, ~** tak, proszę pana; (to president) tak jest, panie prezydencie; (to headmaster) tak jest, panie dyrektorze; (to general) Mil tak jest, panie generale; **my dear ~** iron drogi panie; **Dear Sir** (in letter) Szanowny Panie [2] GB (in titles) sir *m inv*; **Sir James** Sir James [3] US infml (emphatic) **yes ~** tak, oczywiście; **no ~** oczywiście, że nie

sire /ˈsaɪə(r)/ **I** *n* [1] (of animal) ojciec *m* [2] arch (form of address) (to king) Najjaśniejszy Panie; (to lord) Panie
II *vt* s|płodzić fml

siree /ˌsɜːˈriː/ *excl* US infml **yes/no ~** ależ tak/nie!

siren /ˈsaɪərən/ **I** *n* [1] (alarm) syrena *f* [2] Mythol syrena *f*; fig (woman) niebezpieczna kusicielka *f*
II *modif* fig *[charms, appeal]* niebezpiecznie kuszący; **~ call** or **song** syreni śpiew

sirloin /ˈsɜːlɔɪn/ *n* polędwica *f* wołowa

sirloin steak *n* befsztyk *m* z polędwicy

sirocco /sɪˈrɒkəʊ/ *n* sirocco *n inv*

sis /sɪs/ *n* infml = **sister** siostra *f*, siostrzyczka *f*

sisal /ˈsaɪsl/ **I** *n* [1] Bot (plant) agawa *f* [2] (fibre) sizal *m*
II *modif [rope, fibre]* sizalowy; **~ leaf** liść agawy

siskin /ˈsɪskɪn/ *n* Zool czyżyk *m*

sissy /ˈsɪsɪ/ infml **I** *n* pej (coward) cykor *m* infml; (effeminate) maminsynek *m* infml
II *adj* dziewczyński infml; **that's a ~ game!** to zabawa dla dziewczyn!

sister /ˈsɪstə(r)/ **I** *n* [1] (sibling) siostra *f*; **older** or **elder** or **big ~** starsza siostra; **little ~** (child) siostrzyczka; (adult) młodsza siostra; **she was like a ~ to me** była dla mnie jak siostra [2] GB Med siostra *f*; **yes, ~** dobrze, siostro [3] (also **Sister**) Relig siostra *f* (zakonna); **yes, ~** dobrze, siostro [4] (fellow woman) siostra *f* [5] US infml (form of address) **hey ~, you can't park here** hej, szanowna pani, tu się nie parkuje! infml
II *modif [city, ship, organization]* bliźniaczy, siostrzany; *[nation, state]* zaprzyjaźniony; **~ company** spółka siostrzana

sisterhood /ˈsɪstəhʊd/ *n* [1] Relig (congregation) zakon *m* żeński, zgromadzenie *n* żeńskie [2] (being sisters) siostrzane uczucia *n pl* [3] (in feminism) solidarność *f* kobiet; **the ~** ruch feministyczny

sister-in-law /ˈsɪstərɪnlɔː/ *n (pl* **sisters-in-law**) (sister of wife or husband) szwagierka *f*; (wife of brother) bratowa *f*

sisterly /ˈsɪstəlɪ/ *adj* [1] *[feelings, kiss]* siostrzany; **~ rivalry** rywalizacja między siostrami [2] (in feminism) **~ solidarity** kobieca solidarność

sister ship *n* statek *m* bliźniaczy

Sistine /ˈsɪstiːn, ˈsɪstaɪn/ *adj* **the ~ Chapel** Kaplica Sykstyńska

Sisyphus /ˈsɪsɪfəs/ *prn* Syzyf *m*

sit /sɪt/ (*prp* **-tt-**; *pt, pp* **sat**) **I** *vt* [1] (put) posadzić, sadzać *[person, child, dummy, doll]*; **to ~ oneself down** usiąść, siadać; **to ~ sb (down) on/in/at sth** posadzić kogoś na czymś/w czymś/przy czymś; **to ~ sth on /in/near sth** umieścić coś na czymś/w czymś/koło czegoś [2] GB Sch, Univ *[candidate, examinee]* zdawać *[exam, test, finals]* [3] Equest dosi|ąść, -adać (czegoś) *[horse]*
II *vi* [1] (take a seat) (u)siąść, siadać **(at sth /in sth/on sth** przy czymś/w czymś/na czymś); **to ~ on the floor** (u)siąść na

S

podłodze [2] (be seated) *[person, animal, bird]* siedzieć **(around sth/at sth/in sth/on sth** wokół czegoś/przy czymś/w czymś/na czymś); **to be ~ting reading/knitting** siedzieć i czytać/robić na drutach; **I like to ~ and read/watch TV** lubię sobie posiedzieć i poczytać/pooglądać telewizję; **to ~ over sth** siedzieć nad czymś *[accounts, books]*; **to ~ for two hours** przesiedzieć dwie godziny; **to ~ quietly /comfortably** siedzieć cicho/wygodnie; **to ~ still** siedzieć spokojnie; **to ~ at home** siedzieć w domu; **don't just ~ there!** no nie siedź tak, rusz się! [3] (meet) *[committee, parliament, court]* obradować [4] (hold office) **to ~ for a constituency** *[MP]* reprezentować w parlamencie okręg wyborczy; **to ~ as a judge** być sędzią; **to ~ on sth** zasiadać w czymś *[committee, jury]* [5] (fit) **to ~ well/badly (on sb)** *[jacket, suit]* dobrze /źle leżeć (na kimś); **the suit ~s well across the shoulders** garnitur dobrze leży w ramionach; **power ~s lightly on him** fig nie ciąży mu sprawowana władza [6] (remain untouched) **the books were still ~ting on my shelf** książki wciąż stały na półce; **the letter was ~ting unopened on his desk** list leżał nieotwarty na jego biurku; **my car is ~ting rusting in the garage** mój samochód stoi w garażu i rdzewieje [7] GB Jur **to ~ for the Bar** zdawać egzamin adwokacki [8] Agric, Zool **to ~ on sth** *[bird]* wysiadywać coś, siedzieć na czymś *[eggs]*

■ **sit around, sit about** siedzieć bezczynnie; **to ~ around waiting** siedzieć i czekać

■ **sit back**: [1] (lean back) op|rzeć, -ierać się [2] (relax) usiąść wygodnie; **to ~ back in an armchair** usiąść wygodnie w fotelu; **to ~ back on one's heels** przysiąść na piętach

■ **sit by** siedzieć bezczynnie

■ **sit down**: ¶ **~ down** usiąść, siadać **(around sth/at sth** wokół czegoś/przy czymś); **it's time we sat down and discussed your ideas** pora usiąść i przedyskutować twoje pomysły; **to ~ down to dinner** or **a meal** siąść do obiadu or posiłku ¶ **~ [sb] down** posadzić, sadzać; **he sat me down and told me what he thought of me** kazał mi usiąść i powiedział, co o mnie myśli; **to ~ oneself down** usadowić się

■ **sit in**: *[observer]* być obecnym; **to ~ in on sth** być obecnym na czymś, brać udział w czymś *[meeting]*

■ **sit on** infml: ¶ **~ on [sth]** (not deal with) przetrzym|ać, -ywać *[application form, letter]* ¶ **~ on [sb]** (bring to heel) przywoł|ać, -ywać do porządku

■ **sit out**: ¶ **~ out** siedzieć na świeżym powietrzu ¶ **~ [sth] out** [1] (stay to the end) wysi|edzieć, -adywać do końca (czegoś) *[lecture, speech]* [2] (not take part in) przesiedzieć *[game]*; fig przetrzym|ać, -ywać *[crisis, war]*; **I think I'll ~ out the tango** chyba przesiedzę to tango

■ **sit through**: **~ through [sth]** wysiedzieć na (czymś) *[concert, lecture]*

■ **sit up**: ¶ **~ up** [1] (raise oneself up) usiąść, siadać *(z pozycji leżącej)*; **to be ~ting up** siedzieć; **he was ~ting up in bed and reading** siedział w łóżku, czytając książkę; **~ up straight!** usiądź prosto! [2] (stay up late) siedzieć do późna **(doing sth** robiąc coś); **to ~ up with sb** czuwać przy kimś ¶ **~ [sb/sth] up** posadzić, sadzać

IDIOMS: **to make sb ~ up and take notice** otrzeźwić kogoś

sitar /ˈsɪtɑː(r), sɪˈtɑː(r)/ *n* Mus sitar *m*

sitcom /ˈsɪtkɒm/ *n* infml = **situation comedy** sitcom *m* *(serial komediowy nagrywany z udziałem publiczności)*

sit-down /ˈsɪtdaʊn/ **I** *n* GB **to have a ~** przysiąść sobie; **I could do with a ~** chętnie bym przysiadł

II *modif [lunch, meal]* przy stole, na siedząco

sit-down strike *n* ≈ strajk *m* okupacyjny

site /saɪt/ **I** *n* [1] Constr (also **building ~, construction ~**) (before building) teren *m* pod budowę; (during building) plac *m* budowy, budowa *f*; **on ~** na budowie [2] (land for specific activity) teren *m*; **caravan ~** pole kempingowe [3] (of building, town) położenie *n*, usytuowanie *n* [4] Archeol stanowisko *n* [5] (of recent event, accident) miejsce *n* [6] (on the Web) witryna *f*

II *vt* u|sytuować *[building]*; **to be ~d** być usytuowanym

site measuring *n* pomiar *m* geodezyjny terenu

site office *n* barak *m* biurowy *(na placu budowy)*

site-specific /ˌsaɪtspəˈsɪfɪk/ *adj* Art wkomponowany w otoczenie, in situ

sit-in /ˈsɪtɪn/ *n* strajk *m* okupacyjny

siting /ˈsaɪtɪŋ/ *n* (of building) usytuowanie *n*, lokalizacja *f*; (of weaponry) rozmieszczenie *n*

sitter /ˈsɪtə(r)/ *n* [1] Art, Phot model *m*, -ka *f* [2] (babysitter) opiekun *m*, -ka *f* do dziecka

sitting /ˈsɪtɪŋ/ **I** *n* [1] (session) Admin posiedzenie *n*; Art, Phot sesja *f*; **an all-night ~** całonocne posiedzenie; **I read this book at** or **in a single ~** przeczytałem tę książkę za jednym posiedzeniem [2] (period in which food is served) **to serve dinner in two ~s** podawać obiad w dwóch turach [3] (incubation period) wysiadywanie *n*

II sittings *npl* GB Jur sesja *f* sądowa

III *adj* [1] (seated) *[position]* siedzący [2] Agric **~ hen** kwoka siedząca na jajkach

sitting duck *n* infml łatwy cel *m*

sitting member *n* GB Pol poseł *m* obecnej kadencji

sitting room *n* salon *m*, pokój *m* dzienny

sitting target *n* nieruchomy cel *m*; fig łatwy cel *m*

sitting tenant *n* Jur stały lokator *m*

sitting trot *n* Equest kłus *m* ćwiczebny

situate /ˈsɪtjʊeɪt, US ˈsɪtʃʊeɪt/ *vt* [1] u|sytuować, z|lokalizować *[building, town, factory]*; **to be ~d** być usytuowanym, znajdować się; **conveniently ~d** dogodnie usytuowany; **well/badly ~d** korzystnie/fatalnie usytuowany [2] fig **she is rather badly ~d at the moment** w tej chwili znajduje się w dość trudnym położeniu; **to be well ~d to do sth** mieć możliwość zrobienia czegoś; **how are you ~d for money/time?** jak stoisz z pieniędzmi/czasem? [3] (put into context) u|sytuować, osadz|ić, -ać; **to ~ sth against sth** spojrzeć na coś w kontekście czegoś

situation /ˌsɪtjʊˈeɪʃn, US ˌsɪtʃʊ-/ *n* [1] (set of circumstances) sytuacja *f*; **to save the ~** ratować sytuację; **in the present economic ~** w obecnej sytuacji gospodarczej; **in an interview/exam ~** podczas rozmowy kwalifikacyjnej/egzaminu; **the housing/food ~ is worsening** sytuacja mieszkaniowa/żywnościowa się pogarsza; **he doesn't know how to behave in social ~s** nie umie się zachować w sytuacjach towarzyskich [2] (location) (of house, town) usytuowanie *n*, położenie *n*; **to be in a beautiful ~** być pięknie usytuowanym or położonym [3] fml or dat (job) posada *f*; **'~s vacant'** „oferty pracy"; **'~s wanted'** „szukam pracy"

situational /ˌsɪtjʊˈeɪʃənl, US ˌsɪtʃʊ-/ *adj* sytuacyjny

situation comedy *n* komedia *f* sytuacyjna

sit-ups /ˈsɪtʌps/ *npl* skłony *m pl* w pozycji leżącej; brzuszki *m pl* infml

SI units *npl* jednostki *f pl* w układzie SI

six /sɪks/ **I** *n* (number) sześć; (symbol) szóstka *f*

II *adj* sześć; (male) sześciu *(+ v sg)*; (male and female) sześcioro *(+ v sg)*

IDIOMS: **to be (all) at ~es and sevens** *[person]* mieć urwanie głowy; *[things, affairs]* być w stanie kompletnego chaosu; **it's ~ of one and half a dozen of the other** na jedno wychodzi infml; **to be ~ foot** or **feet under** gryźć ziemię infml; **to hit** or **knock sb for ~** GB infml zwalić kogoś z nóg; **to get ~ of the best** GB dostać rózgi dat

sixain /ˈsɪkseɪn/ *n* Literat sześciowiersz *m*

Six Counties *prn pl* **the ~** sześć hrabstw *n pl* stanowiących Irlandię Północną

Six Day War *n* wojna *f* sześciodniowa

six-eight time /ˌsɪksˈeɪttaɪm/ *n* Mus takt *m* na sześć ósmych

six-footer /ˌsɪksˈfʊtə(r)/ *n* infml **they were both ~s** obaj mieli ponad metr osiemdziesiąt wzrostu

six-gun /ˈsɪksgʌn/ *n* infml sześciostrzałowiec *m*

Six Nations Championship *n* (in rugby) turniej *m* sześciu narodów

six-pack /ˈsɪkspæk/ *n* sześciopak *m* infml

sixpence /ˈsɪkspəns/ *n* GB sześciopensówka *f*

sixpenny /ˈsɪkspənɪ/ *adj* GB **a ~ comic** komiks za sześć pensów

six-shooter /ˈsɪksʃuːtə(r)/ *n* rewolwer *m* sześciostrzałowy

sixteen /ˌsɪkˈstiːn/ **I** *n* (number) szesnaście; (symbol) szesnastka *f*

II *adj* szesnaście; (male) szesnastu *(+ v sg)*; (male and female) szesnaścioro *(+ v sg)*

IDIOMS: **she's sweet ~ (and never been kissed)** jest słodką, niewinną szesnastolatką

sixteenth /sɪkˈstiːnθ/ **I** *n* [1] (in order) szesnast|y *m*, -a *f*, -e *n*; **the ~ of May** szesnasty maja [2] (fraction) szesnasta *f* (część); **two ~s** dwie szesnaste

II *adj* szesnasty

III *adv [come, finish]* na szesnastym miejscu

sixteenth note *n* US Mus szesnastka *f*

sixth /sɪksθ/ **I** *n* [1] (in order) szóst|y *m*, -a *f*, -e *n*; **the ~ of June** szósty czerwca [2] (fraction) szósta *f* (część); **two ~s** dwie

szóste [3] Mus seksta *f* [4] GB Sch **the Lower Sixth** ≈ przedostatnia klasa; **the Upper Sixth** ≈ ostatnia klasa
II *adj* szósty
III *adv [come, finish]* na szóstym miejscu
sixth chord *n* akord *m* sekstowy
sixth form **I** *n* GB Sch (lower) ≈ przedostatnia klasa *f*; (upper) ≈ ostatnia klasa *f*
II *modif* **~ pupil** uczeń przedostatniej /ostatniej klasy
sixth form college *n* GB Sch dwuletnia szkoła *f* przygotowująca do egzaminu dojrzałości
sixth former *n* ≈ uczeń|ń *m*, -nnica *f* przedostatniej/ostatniej klasy
sixthly /ˈsɪksθlɪ/ *adv* po szóste
sixth sense *n* szósty zmysł *m*
sixth year *n* Scot Sch ≈ ostatnia klasa *f*
sixties /ˈsɪkstɪz/ *npl* [1] (decade) **the ~** lata sześćdziesiąte [2] (age) **to be in one's ~** być po sześćdziesiątce; **a man in his ~** mężczyzna sześćdziesięcioparoletni
sixtieth /ˈsɪkstɪəθ/ **I** *n* [1] (in sequence) sześćdziesiąt|y *m*, -a *f*, -e *n* [2] (fraction) sześćdziesiąta *f* (część); **two ~s** dwie sześćdziesiąte
II *adj* sześćdziesiąty
III *adv [come, finish]* na sześćdziesiątym miejscu
sixty /ˈsɪkstɪ/ **I** *n* (number) sześćdziesiąt; (symbol) sześćdziesiątka *f*
II *adj* sześćdziesiąt; (male) sześćdziesięciu *(+ v sg)*; (male and female) sześćdziesięcioro *(+ v sg)*
sixty-fourth note /ˌsɪkstɪfɔːθˈnəʊt/ *n* US Mus sześćdziesięcioczwórka *f*
sixty-four thousand dollar question *n* infml pytanie *n* za sto punktów infml
sixty-fourth rest /ˌsɪkstɪfɔːθˈrest/ *n* US Mus pauza *f* sześćdziesięcioczwórkowa
sixty-nine /ˌsɪkstɪˈnaɪn/ *n* infml miłość *f* francuska
six-yard area /ˌsɪksjɑːdˈeərɪə/ *n* (in soccer) pole *n* bramkowe
six-yard box /ˌsɪksjɑːdˈbɒks/ *n* = **six-yard area**
six-yard line /ˌsɪksjɑːdˈlaɪn/ *n* (in soccer) linia *f* pola bramkowego
sizable *adj* US = **sizeable**
size¹ /saɪz/ **I** *n* [1] (dimensions) (of person) wymiary *m pl*; (of animal, part of body, chair, egg, fruit, jewel, piece of land) wielkość *f*; (of building, room) wielkość *f*, powierzchnia *f*; (of photo, tube, carpet) rozmiar *m*; (of sum of money) wysokość *f*; (of cheque) wartość *f*; (of tree) wysokość *f*; (of problem, difference, undertaking) rozmiar *m*, skala *f*; **a town of some ~** spore miasto; **chairs of all ~s** krzesła najróżniejszej wielkości; **it's about the ~ of an egg** to jest mniej więcej wielkości jajka; **he's about your ~** jest mniej więcej twojego wzrostu; **to increase in ~** *[plant, tree]* urosnąć; *[company, town]* rozrosnąć się; **to cut sth to ~** przyciąć coś do odpowiednich wymiarów; **to be of a ~** (people) być tego samego wzrostu i tuszy; (boxes) być tej samej wielkości [2] (number) (of population, audience, reading public, class, school, company) wielkość *f*; **to increase in ~** *[population]* powiększyć się, zwiększyć się [3] Fashn (of jacket, dress, trousers, bra, gloves) rozmiar *m*; (of shirt collar, shoes) numer *m*, rozmiar *m*; **what ~ are you?, what ~ do you take?** (in jacket, trousers, dress) jaki nosisz rozmiar?; (in shoes, shirt collar) jaki nosisz numer?; **what ~ waist are you?** ile masz w pasie?; **what ~ shoes do you take?** jaki nosisz numer butów?; **to take ~ 10** nosić dziesiątkę; **I think you need a ~ bigger** chyba musisz mieć o numer większy; **that jacket is two ~s too big** ta marynarka jest o dwa numery za duża; **try this for ~** przymierz to; fig zastanów się, czy ci to odpowiada; **one-~** rozmiar uniwersalny, jeden rozmiar
II *vt* [1] (classify, grade) po|sortować według wielkości *[parts, eggs, fruit]* [2] *[jeweller]* (make bigger) powiększ|yć, -ać *[ring]*; (make smaller) zmniejsz|yć, -ać *[ring]* [3] Comput zmieni|ć, -ać rozmiar (czegoś) *[window]*
■ **size up**: ¶ **~ up [sb/sth], ~ [sb/sth] up** oceni|ć, -ać *[person, problem, situation]*; z|mierzyć wzrokiem *[room]*; **they were sizing each other up** mierzyli się wzrokiem nawzajem
IDIOMS: **that's about the ~ of it!** tak mniej więcej to wygląda!; **to cut sb down to ~** przytrzeć komuś nosa
size² /saɪz/ **I** *n* Tech grunt *m*; Tex klejonka *f*
II *vt* za|gruntować *[textile, paper, wall]*
sizeable GB, **sizable** US /ˈsaɪzəbl/ *adj [house, field]* spory; *[inheritance, sum of money, fortune]* pokaźny; *[person]* słusznego wzrostu; **to have a ~ majority** mieć sporą większość
sizeism /ˈsaɪzɪzəm/ *n* dyskryminacja *f* ze względu na tuszę
sizzle /ˈsɪzl/ **I** *n* skwierczenie *n*
II *vi* za|skwierczeć
sizzler /ˈsɪzlə(r)/ *n* infml (day) skwarny dzień *m*
sizzling /ˈsɪzlɪŋ/ *adj* [1] *[fat, sausage]* skwierczący; **~ sound** skwierczenie [2] infml (also **~ hot**) *[day]* skwarny, upalny; **~ weather** skwar, spiekota [3] infml (erotic) *[love scene, look]* namiętny; *[film]* zawierający śmiałe sceny erotyczne
SJ *n* = **Society of Jesus** SJ
sjambok /ˈʃæmbɒk/ **I** *n* bicz *m*
II *vt* (flog) wy|chłostać
ska /skɑː/ *n* Mus ska *f*
skat /skæt/ *n* skat *m*
skate¹ /skeɪt/ *n* Zool płaszczka *f*
skate² /skeɪt/ **I** *n* Sport (ice) łyżwa *f*; (roller) wrotka *f*
II *vt* wykon|ać, -ywać (na łyżwach/wrotkach) *[figure]*
III *vi* (on ice) ślizgać się, jeździć na łyżwach; (on roller scates) jeździć na wrotkach; **to ~ across** or **over a lake** przejechać (na łyżwach) przez jezioro
■ **skate over**: **~ over [sth]** fig prześlizg|nąć, -iwać się po (czymś) fig *[problem, issue, topic]*
■ **skate round, skate around**: **~ round [sth]** fig omi|nąć, -jać *[issue, requirement]*
IDIOMS: **get your ~s on!** infml pośpiesz się!; **to be skating on thin ice** stąpać po kruchym lodzie
skateboard /ˈskeɪtbɔːd/ **I** *n* deskorolka *f*
II *vi* jeździć na deskorolce
skateboarder /ˈskeɪtbɔːdə(r)/ *n* deskorolkarz *m*
skateboarding /ˈskeɪtbɔːdɪŋ/ *n* jazda *f* na deskorolce
skater /ˈskeɪtə(r)/ *n* (on ice) łyżwia|rz *m*, -rka *f*; (on roller-skates) wrotka|rz *m*, -rka *f*
skating /ˈskeɪtɪŋ/ Sport **I** *n* (on ice) łyżwiarstwo *n*; (on roller-skates) wrotkarstwo *n*; **to go ice/roller ~** pójść na łyżwy/wrotki
II *modif [club, competition]* (on ice) łyżwiarski; (on roller-skates) wrotkarski
skating boots *n* buty *m pl* do łyżew
skating rink *n* (ice) lodowisko *n*; (roller-skates) wrotkarnia *f*, wrotkowisko *n*
skedaddle /skɪˈdædl/ *n* infml zwi|ać, -ewać infml
skeet /skiːt/ *n* Sport skit *m*
skein /skeɪn/ *n* [1] (of wool) motek *m* [2] (of birds) klucz *m*
skeletal /ˈskelɪtl/ *adj* [1] Anat szkieletowy; **a ~ structure** szkielet [2] fig (emaciated) *[person]* chudy jak szkielet
skeletal code *n* Comput kod *m* szkieletowy
skeleton /ˈskelɪtn/ **I** *n* [1] Anat szkielet *m*, kościec *m*; (human remains) szkielet *m*, kościotrup *m*; **to be reduced to a ~** stać się chudym jak szkielet; **a living** or **walking ~** żywy or chodzący kościotrup [2] fig (of building, ship, model) szkielet *m*; (of novel, theory) zarys *m*, zrąb *m*
II *modif* fig *[service, crew, staff]* zredukowany do minimum; **there is only a ~ bus service at the weekends** podczas weekendów komunikacja autobusowa ograniczona jest do minimum
IDIOMS: **to have a ~ in the cupboard** GB or **in the closet** US mieć trupa w szafie
skeleton key *n* klucz *m* uniwersalny
skep /skep/ *n* (basket) kosz *m*; (beehive) koszka *f*
skeptic *n, adj* US = **sceptic**
skeptical *adj* US = **sceptical**
skeptically *adv* US = **sceptically**
skepticism *n* US = **scepticism**
sketch /sketʃ/ **I** *n* [1] (drawing, draft) szkic *m*; (hasty outline) zarys *m*; **rough ~** wstępny szkic [2] (comic scene) skecz *m*; **to write ~es** pisać skecze [3] (brief account) krótka relacja *f*; **to give a ~ of sth** przedstawić zarys czegoś; **a character ~ of the main hero** krótka charakterystyka głównego bohatera
II *vt* [1] (make drawing of) na|szkicować; **to ~ the outline of sth** naszkicować kontury czegoś [2] (describe briefly) nakreśl|ić, -ać *[plans]*; przedstawić zarys (czegoś) *[story]*
III *vi* szkicować
■ **sketch in**: ¶ **~ in [sth], ~ [sth] in** (by drawing) dorysow|ać, -ywać *[detail, background, trees]*; fig (by describing) dorzuc|ić, -ać *[detail, background, reasons]*; **to be hastily ~ed in** fig zostać pośpiesznie dodanym
■ **sketch out**: **~ out [sth], ~ [sth] out** na|szkicować *[plan, layout]*; fig przedstawi|ć, -ać w zarysie *[policy, plan, agenda]*
sketchbook /ˈsketʃbʊk/ *n* (for sketching) szkicownik *m*; (book of sketches) zbiór *m* szkiców
sketchily /ˈsketʃɪlɪ/ *adv [describe, treat]* w ogólnym zarysie, szkicowo; *[analyse]* pobieżnie; *[remember]* mgliście
sketch map *n* odręczna mapka *f*
sketchpad /ˈsketʃpæd/ *n* szkicownik *m*
sketchy /ˈsketʃɪ/ *adj [knowledge]* wyrywkowy; *[report, information]* pobieżny; *[memory]* mglisty; *[work]* niedokładny
skew /skjuː/ **I** *n* **on the ~** na skos; **this hat should be worn on the ~** ten kapelusz należy nosić na bakier

S

II *adj* przekrzywiony
III *vt* [1] (distort) *[false data, bias]* wypacz|yć, -ać *[result, survey]* [2] (angle) ustawi|ć, -ać ukosem *[object]* [3] (divert) zn|ieść, -osić (z kursu) *[vehicle, vessel]*
IV *vi* (also **~ round**) **the lorry ~ed to the right** ciężarówkę zniosło na prawo
V skewed *pp adj* [1] (distorted) *[result, research]* wypaczony (**by sth** przez coś) [2] *[object]* przekrzywiony
skew arch *n* Archit (vault) sklepienie *n* ukośne; (arch) łuk *m* ukośny
skewbald /ˈskju:bɔ:ld/ *n* koń *m* gniado-srokaty
skewer /ˈskju:ə(r)/ **I** *n* (for kebab) szpikulec *m*; (for joint) rożen *m*
II *vt* nadzi|ać, -ewać na szpikulec/rożen
skew-nail /ˈskju:neɪl/ *vt* wbi|ć, -jać krzywo
skew symmetry *n* symetria *f* skośna
skew-whiff /ˌskju:ˈwɪf/ *adj* GB infml przekrzywiony; **he had his hat on ~** miał czapkę na bakier
ski /ski:/ **I** *n* [1] Sport (for snow) narta *f*; (for water) narta *f* wodna; **downhill ~s** narty zjazdowe; **cross-country ~s** narty biegowe; biegówki infml; **to put on one's ~s** przypiąć narty [2] Aviat płoza *f*
II *vi* (*prp* **skiing;** *pt, pp* **ski'd, skied**) (as hobby) jeździć na nartach; (move on skis) jechać na nartach; **he ~ed over to the instructor** podjechał do instruktora; **to ~ across/down the slope** zjechać w skos/w dół stoku; **I ~ a lot** dużo jeżdżę na nartach
ski binding *n* wiązanie *n* narciarskie
skibob /ˈski:bɒb/ **I** *n* skibob *m*
II *vi* (*prp, pt, pp* **-bb-**) zje|chać, -żdżać na skibobie
skibobbing /ˈski:bɒbɪŋ/ *n* jazda *f* na skibobie
ski boot *n* but *m* narciarski
ski club *n* klub *m* narciarski
skid /skɪd/ **I** *n* [1] (of vehicle) poślizg *m*; **to go** or **get into a ~** wpaść w poślizg; **to correct** or **get out of a ~** wyjść z poślizgu; **front-wheel ~** poślizg przednich kół [2] fig (of prices) gwałtowny spadek *m* [3] (plank to help move sth) dźwignia *f* [4] (as brake) klocek *m* [5] (of helicopter) płoza *f*
II *vi* (*prp, pt, pp* **-dd-**) [1] *[vehicle, driver]* wpa|ść, -dać w poślizg; *[wheels]* ślizgać się; **to ~ into a wall/off the road** wpaść w poślizg i uderzyć w mur/wypaść z drogi; **the car ~ded all over the road** samochodem rzucało po całej jezdni; **to ~ to a halt** *[vehicle]* wpaść w poślizg i zatrzymać się; **to ~ across the floor** *[person, object]* przejechać po podłodze fig [2] fig *[prices]* gwałtownie spa|ść, -dać
IDIOMS: **to be on** or **hit** US **the ~s** staczać się po równi pochyłej fig; **to put the ~s under sb/sth** (make sth fail) udaremnić coś *[plan]*; (make sb hurry) popędzać kogoś
skidlid /ˈskɪdlɪd/ *n* infml dat kask *m*
skid marks *npl* ślady *m pl* hamowania
skidpan /ˈskɪdpæn/ *n* GB tor *m* do ćwiczenia poślizgu kontrolowanego
skidproof /ˈskɪdpru:f/ *adj* przeciwpoślizgowy
skid road *n* US [1] (in lumbering) droga *f* zrywkowa *(do transportu ściętych pni)* [2] = **skid row**
skid row *n* US infml dzielnica *f* biedoty; **to end up on ~** fig skończyć w rynsztoku
skier /ˈski:ə(r)/ *n* narcia|rz *m*, -rka *f*
skies /skaɪz/ *npl* → **sky**
skiff /skɪf/ *n* Naut lekka łódź *f*; Sport skif *m*
skiffle /ˈskɪfl/ *n* Mus muzyka *f* skiflowa
ski hat *n* czapka *f* narciarska
skiing /ˈski:ɪŋ/ **I** *n* narciarstwo *n*; **to go ~** wybrać się na narty; **cross-country ~** narciarstwo biegowe; **downhill ~** narciarstwo zjazdowe
II *modif [clothes, equipment]* narciarski; **~ lesson** lekcja jazdy na nartach
skiing holiday *n* wyjazd *m* na narty
skiing instructor *n* instruktor *m* narciarstwa
ski jump I *n* [1] (jump) skok *m* narciarski [2] (ramp) skocznia *f* narciarska [3] (event) konkurs *m* skoków (narciarskich)
II *vi* (once) skoczyć na nartach; (as activity) uprawiać skoki narciarskie
ski jumper *n* skoczek *m* narciarski
ski jumping *n* skoki *m pl* narciarskie
skilful GB, **skillful** US /ˈskɪlfl/ *adj* [1] (clever) *[person, driver, performer, artist, team]* sprawny; *[performance, portrayal, leadership]* zręczny; **~ at sth** sprawny w czymś; **to be ~ at doing sth** umiejętnie coś robić; **he is ~ with his hands** ma zręczne ręce [2] (requiring talent) *[operation, manoeuvre]* wymagający dużej zręczności
skilfully GB, **skillfully** US /ˈskɪlfəlɪ/ *adv* [1] (with ability) *[play]* umiejętnie; *[rule, write]* zręcznie; *[written, painted]* umiejętnie [2] (with agility) zręcznie
skilfulness GB, **skillfulness** US /ˈskɪlflnɪs/ *n* umiejętność *f*, zręczność *f* (**at sth** w czymś); **her ~ at negotiating** jej umiejętność prowadzenia negocjacji; **his ~ at riding** jego umiejętności jeździeckie; **my ~ as a negotiator/writer** moje umiejętności negocjatorskie/pisarskie
ski lift *n* wyciąg *m* narciarski
skill /skɪl/ **I** *n* [1] (flair) biegłość *f*, wprawa *f* (**at sth** w czymś); (physical) sprawność *f*; **~ in** or **at doing sth** umiejętność robienia czegoś; **to do sth with (great) ~** zrobić coś z wielką wprawą or (niezwykle) umiejętnie; **to have ~** mieć talent; **he has great ~ in making complex problems simple** ma talent do rozwiązywania złożonych problemów; **a writer of great ~** bardzo zdolny pisarz [2] (special ability) umiejętność *f*, sztuka *f*; (gift) talent *m*; **sewing is a useful ~** szycie jest pożyteczną umiejętnością; **I have no ~ at** or **in sewing/carpentry** nie umiem szyć/nie znam się na stolarstwie; nie mam drygu do szycia/stolarki infml; **your ~(s) as a politician/linguist** twoje talenty polityczne/językowe
II skills *npl* (training) **computer ~s** znajomość obsługi komputera; **management ~s** umiejętność zarządzania
Skillcentre /ˈskɪlsentə(r)/ *n* GB ≈ centrum *n* szkolenia zawodowego *(dla bezrobotnych)*
skilled /skɪld/ *adj* [1] (trained) *[worker]* wykwalifikowany; *[job, work]* wymagający kwalifikacji [2] (talented) *[negotiator, actor]* zręczny; *[actor]* zdolny; *[angler, cook]* wprawny; **to be ~ as a writer/diplomat** mieć talent pisarski/dyplomatyczny; **to be ~ at doing sth** umiejętnie robić coś; mieć dryg do czegoś infml; **to be ~ in the use of sth** umieć posługiwać się czymś *[technique, computers]*; **to be ~ at translation** być dobrym tłumaczem
skillet /ˈskɪlɪt/ *n* (frying pan) patelnia *f*; (cooking pot) rondel *m*
skillful *adj* US = **skilful**
skillfully *adv* US = **skilfully**
skillfulness *n* US = **skilfulness**
skill level *n* poziom *m* kwalifikacji
skill sharing *n* Mgmt wymiana *f* doświadczeń
skills shortage *n* brak *m* wykwalifikowanej siły roboczej
skim /skɪm/ (*prp, pt, pp* **-mm-**) **I** *vt* [1] (remove cream from) z|ebrać, -bierać śmietankę z (czegoś) *[milk]*; (remove scum from) od|szumować *[broth]*; (remove fat from) z|ebrać, -bierać tłuszcz z (czegoś) *[sauce, soup]*; **to ~ oil from the sea** usunąć wyciek or plamę ropy [2] (touch lightly) *[bird, insect]* mus|nąć, -kać *[surface]*; *[plane]* szybować or prze|lecieć tuż nad czymś *[treetops]*; **the author only ~s the surface of the problem** fig autor jedynie ślizga się po powierzchni (tego) problemu [3] (read quickly) przebie|c, -gać wzrokiem *[letter, page]* [4] (throw on water) **to ~ stones (across** or **over a pond)** puszczać kaczki (na stawie) [5] US Tax infml zata|ić, -jać *[part of income]*
II *vi* [1] *[bird, plane]* **to ~ over** or **across sth** lecieć or szybować tuż nad czymś [2] *[reader]* **to ~ over** or **through sth** prze|jrzeć, -glądać coś *[book, letter, paper]*; **in his report he ~med over the unpalatable facts** w swym sprawozdaniu tylko prześlizgnął się po przykrych faktach
■ **skim off**: **~ off [sth], ~ [sth] off** z|ebrać, -bierać *[cream, fat, scum]*; **~ off the cream from the top of the milk** zbierz śmietanę z mleka
ski mask *n* kominiarka *f* narciarska
skim(med) milk *n* chude or odtłuszczone mleko *n*
skimmer /ˈskɪmə(r)/ *n* [1] Culin łyżka *f* szumówka [2] Zool brzytwodziób *m* [3] (for oil spill) zgarniacz *m* powierzchniowy ropy naftowej
skimming /ˈskɪmɪŋ/ *n* (of milk, soup, sauce) odtłuszczanie *n*; (of broth) szumowanie *n*
ski mountaineering *n* narciarstwo *n* wysokogórskie
skimp /skɪmp/ *vi* po|żałować, po|skąpić; **to ~ on sth** żałować or skąpić czegoś *[food, material, effort, money, praise]*; oszczędzać na czymś *[food, money, material]*; **don't ~ on the paint!** nie żałuj farby!
skimpily /ˈskɪmpɪlɪ/ *adv [eat]* skąpo; *[dress]* skąpo, kuso; *[work, make]* byle jak; **a ~ stocked larder** skąpo zaopatrzona spiżarnia
skimpiness /ˈskɪmpɪnɪs/ *n* (of portion, dress, allowance, income) skąpość *f*; (of piece of work) bylejakość *f*
skimpy /ˈskɪmpɪ/ *adj [portion, allowance, income]* skąpy; *[garment]* kusy; *[work]* byle jaki
skin /skɪn/ **I** *n* [1] (of person) skóra *f*; **to have dry/greasy/sensitive ~** mieć suchą/tłustą/wrażliwą cerę; **to wear cotton next to the ~** nosić bawełnianą bieliznę [2] (of animal) skóra *f*; (small) skórka *f*; **leopard ~** skóra lamparta or lamparcia; **rabbit ~**

skórka królika [3] Culin (of fruit, vegetable, sausage) skórka *f*; (of onion, potato) łupina *f*; **remove the ~ before cooking** (of fruit, vegetable) obierz przed gotowaniem; **to cook sth in its ~** or **with its ~ on** ugotować coś w łupinie; (of potatoes) ugotować coś w mundurkach [4] (on hot milk, cocoa) kożuch *m* [5] (of ship, plane) poszycie *n*; (coat of paint, foil) powłoka *f* [6] (container) bukłak *m* [7] US infml (in handshake) graba *f*, piątka *f* infml; **give** or **slip me some ~!** daj grabę!, przybij piątkę! [8] infml (cigarette paper) bibułka *f*

II *vt* (*prp, pt, pp* **-nn-**) [1] Culin ob|edrzeć, -dzierać ze skóry *[animal]*; ob|rać, -ierać, zd|jąć, -ejmować skórkę z (czegoś) *[tomato]* [2] (graze) **to ~ one's knee/elbow** obetrzeć (sobie) kolano/łokieć [3] US infml (swindle) oskubać infml [4] US infml (cut hair) o|strzyc na zero infml

IDIOMS: **he's nothing but ~ and bones** została z niego tylko skóra i kości; **to get under sb's ~** zaleźć komuś za skórę; **I've got you under my ~** szaleję za tobą; **to have a thick ~** być gruboskórnym; **to have a thin ~** być przewrażliwionym; **to jump out of one's ~** omal nie wyskoczyć ze skóry; **to save one's (own) ~** ratować własną skórę; **to be** or **get soaked to the ~** przemoknąć do suchej nitki; **to ~ sb alive** obedrzeć kogoś ze skóry; **it's no ~ off my nose** or **back** infml to nie mój problem; **to keep one's eyes ~ned** mieć oczy szeroko otwarte; **by the ~ of one's teeth** *[manage, pass, survive]* cudem, z trudem; **to escape** or **avoid sth by the ~ of one's teeth** o włos or cudem uniknąć czegoś

skin cancer *n* rak *m* skóry

skin care **I** *n* pielęgnacja *f* skóry
II *modif* **~ products** środki do pielęgnacji skóry

skin cream *n* krem *m* do (pielęgnacji) skóry

skin-deep /ˌskɪnˈdiːp/ *adj* powierzchowny
IDIOMS: **beauty is only ~** Prov uroda rzecz nietrwała

skin disease *n* choroba *f* skórna

skin diver *n* płetwonurek *m*

skin diving *n* płetwonurkowanie *n*, nurkowanie *n* bez kombinezonu

skin flick *n* infml pornos *m* infml

skinflint /ˈskɪnflɪnt/ *n* kutwa *f*, dusigrosz *m* infml offensive

skin food *n* odżywka *f* do skóry

skinful /ˈskɪnfʊl/ *n* infml **he's had a ~** jest kompletnie zalany infml

skin game *n* US infml szwindel *m* infml

skin graft *n* [1] (also **~ grafting**) przeszczep *m* skóry [2] (grafted area) przeszczep *m* skóry

skinhead /ˈskɪnhed/ *n* [1] GB (youth) skinhead *m*; skin *m* infml [2] US (bald person) łysy *m*; (with close cropped hair) ostrzyżony *m* na zero infml

skin lotion *n* balsam *m* do skóry

skin magazine *n* infml świerszczyk *m* infml

skinner /ˈskɪnə(r)/ *n* [1] (dealer) handlarz *m* skórami [2] (processor) garbarz *m*

skinny /ˈskɪnɪ/ *adj* chudy
IDIOMS: **to get the ~ on sb** US znaleźć na kogoś haka infml

skinny-dip /ˈskɪnɪdɪp/ *vi* (*prp, pt, pp* **-pp-**) infml kąpać się na golasa infml

skinny-dipping /ˈskɪnɪdɪpɪŋ/ *n* infml kąpiel *f* na golasa infml

skinny-ribbed sweater /ˌskɪnɪrɪbdˈswetə(r)/ *n* obcisły sweter *m*

skin-popping /ˈskɪnpɒpɪŋ/ *n* infml drug addicts' sl szprycowanie się *n* infml

skint /skɪnt/ *adj* GB infml *[person]* spłukany infml

skin test *n* próba *f* skórna

skintight /ˈskɪntaɪt/ *adj* opięty

skip[1] /skɪp/ **I** *n* (jump) podskok *m*; **he gave a little ~** lekko podskoczył
II *vt* (*prp, pt, pp* **-pp-**) [1] (not attend) opu|ścić, -szczać *[meeting, lunch, class, school]* [2] (leave out) opu|ścić, -szczać *[pages, chapter]*; **you can ~ the formalities** daruj sobie ten wstęp; **~ it!** infml daj spokój! [3] infml (leave) **to ~ town/the country** zwiać z miasta/z kraju infml
III *vi* (*prp, pt, pp* **-pp-**) [1] (jump) pod-sk|oczyć, -akiwać; **to ~ out of the way of sth** or **of sth's way** odskoczyć przed czymś [2] (with rope) skakać przez skakankę [3] (travel, move) **to ~ from town to town** przenosić się z miasta do miasta; **she ~ped from London to Epsom** przeniosła się z Londynu do Epsom; **to ~ from subject to subject** przeskakiwać z tematu na temat
■ **skip over**: **~ over [sth]** opu|ścić, -szczać *[passage, paragraph]*

skip[2] /skɪp/ *n* GB (in mine) skip *m*; (rubbish container) kontener *m* na gruz

ski pants *npl* spodnie *plt* narciarskie

ski pass *n* karnet *m* na wyciągi

skipjack /ˈskɪpdʒæk/ *n* (also **~ tuna**) Zool tuńczyk *m* paskowany

ski plane *n* Aviat samolot *m* z podwoziem nartowym

ski pole *n* = **ski stick**

skipper /ˈskɪpə(r)/ **I** *n* [1] Naut (of merchant ship, fishing boat) szyper *m*; (of yacht) kapitan *m* [2] (of team) kapitan *m*
II *vt* dowodzić (czymś)

skipping /ˈskɪpɪŋ/ *n* skakanie *n* przez skakankę

skipping rhyme *n* rymowana wyliczanka *f* *(przy zabawie ze skakanką)*

skipping rope *n* skakanka *f*

ski racer *n* alpej|czyk *m*, -ka *f*

ski racing *n* narciarstwo *n* alpejskie

ski rack *n* Aut bagażnik *m* na narty

ski resort *n* ośrodek *m* narciarski

skirl /skɜːl/ *n* piskliwy dźwięk *m* *(charakterystyczny dla dud)*

skirmish /ˈskɜːmɪʃ/ **I** *n* [1] (fight) potyczka *f* [2] (argument) utarczka *f* (słowna)
II *vi* [1] (fight) st|oczyć, -aczać potyczkę **(with sb** z kimś) [2] (argue) po|sprzeczać się **(with sb** z kimś)

skirt /skɜːt/ **I** *n* [1] (garment, part of dress) spódnica *f*, spódniczka *f*; (of coat) poły *f pl*; **full/long/straight ~** szeroka/długa/prosta spódnica [2] (of vehicle, machine) fartuch *m*, osłona *f* [3] infml (woman) kobietka *f* infml; **a nice bit of ~** kobietka palce lizać infml; **to chase ~s** latać za spódniczkami dat or hum [4] GB (of beef) łata *f* [5] Equest tybinka *f*
II **skirts** *npl* = **outskirts**
III *vt* [1] *[road, path]* okrążać *[wood, village, city]* [2] omi|nąć, -jać *[problem]*; **to ~ the question** uniknąć odpowiedzi na pytanie
■ **skirt round, skirt around**: **~ round [sth]** = **skirt III**
IDIOMS: **to cling to one's mother's ~s** trzymać się matczynej spódnicy

skirting /ˈskɜːtɪŋ/ *n* [1] (in room) listwa *f* przypodłogowa [2] (fabric) materiał *m* na spódnice

skirting board *n* = **skirting** [1]

skirt length *n* (piece of fabric) kupon *m* na spódnicę; (measurement) długość *f* spódnicy

ski run *n* trasa *f* narciarska, nartostrada *f*

ski slope *n* stok *m* narciarski

ski stick *n* kijek *m* narciarski

ski suit *n* kombinezon *m* narciarski

skit /skɪt/ *n* (parody) parodia *f* **(on sb** kogoś); Literat satyra *f* **(on sb** na kogoś); Theat skecz *m* **(on** or **about sth** o czymś)

ski touring *n* turystyka *f* narciarska

ski tow *n* wyciąg *m* orczykowy

ski trousers *npl* = **ski pants**

skitter /ˈskɪtə(r)/ *vi* [1] (also **~ around, ~ about)** (scamper) *[mouse]* smyrg|nąć, -ać infml; *[person]* biegać [2] (skim) **to ~ across the water/ground** *[bird, pebble, leaf]* lecieć muskając powierzchnię wody/ziemi

skittish /ˈskɪtɪʃ/ *adj* [1] (difficult to handle) *[person]* kapryśny; *[horse]* płochliwy, narowisty; **to be ~** *[person]* nie móc usiedzieć na miejscu [2] (playful) *[person]* żywy

skittishly /ˈskɪtɪʃlɪ/ *adv* [1] (unpredictably) nerwowo [2] (playfully) wesoło

skittle /ˈskɪtl/ **I** *n* kręgiel *m*
II **skittles** *npl* (gra w) kręgle *plt*

skittle alley *n* kręgielnia *f*

skive /skaɪv/ GB infml **I** *n* (easy job) łatwizna *f* infml
II *vt* (also **~ off)** [1] (shirk) wymig|ać, -iwać się od (czegoś), migać się od (czegoś) infml [2] (be absent from) z|erwać, -rywać się z (czegoś) infml [3] (leave early) ur|wać, -ywać się z (czegoś) infml
III *vi* leserować infml pej

skiver /ˈskaɪvə(r)/ *n* GB infml obibok *m* infml

skivvy[1] /ˈskɪvɪ/ GB infml **I** *n* służąca *f*
II *vi* **to ~ for sb** wysługiwać się komuś pej

skivvy[2] /ˈskɪvɪ/ **I** *n* podkoszulek *m*
II **skivvies** *npl* US Fashn bielizna *f* męska

ski wax *n* smar *m* do nart

ski wear *n* strój *m* narciarski

skua /ˈskjuːə/ *n* Zool wydrzyk *m*; **great ~** skua; **arctic ~** wydrzyk pasożytny

skulduggery /skʌlˈdʌgərɪ/ *n* infml machlojki *f pl*; **a piece of (political) ~** polityczna machlojka

skulk /skʌlk/ *vi* (sit, hide) przycza|ić, -jać się; (move) podkra|ść, -dać się, skradać się; **she ~ed up to the window** podkradła się do okna; **to ~ in** wkraść się do środka; **to ~ out** wykraść się na zewnątrz; **to ~ off** czmychnąć
■ **skulk around, skulk about** czaić się; **what are you doing ~ing around in here?** a czego ty tu szukasz?

skull /skʌl/ *n* [1] Anat czaszka *f* [2] infml (brain) łeb *m* infml; **can't you get it into your thick ~ that...?** wbij sobie do tego zakutego łba, że...!

skull and crossbones *n* (emblem) trupia czaszka *f* i piszczele *m pl*; (flag) piracka bandera *f*

skull cap *n* (Catholic) piuska *f*; (Jewish) jarmułka *f*, mycka *f*

S

skunk /skʌŋk/ **I** *n* [1] Zool skunks *m* [2] (fur) skunksy *plt* [3] vinfml fig pej świnia *f* infml [4] infml (cannabis) *odmiana konopi bogata w substancje narkotyczne*
II *vt* US (defeat) dać tęgiego łupnia (komuś) infml *[team, opponent]*
sky /skaɪ/ **I** *n* niebo *n*; **clear ~** czyste or bezchmurne niebo; **morning ~** niebo o poranku; **night ~** nocne niebo; **to scud across the ~** pędzić po niebie; **in the ~** na niebie; **into the ~** w niebo; **a patch of blue ~** skrawek błękitnego nieba; **to sleep under the open ~** spać pod gołym niebem
II skies *npl* Meteorol niebo *n*; liter nieboskłon *m*; **summer skies** letnie niebo; **a day of rain and cloudy skies** deszczowy i pochmurny dzień; **the sunny skies of Italy** słoneczna Italia; **to take to the skies** *[plane]* wzbić się w niebo; **there are blue skies ahead** fig przed nami czysty horyzont
III *vt* Sport **to ~ the ball** posłać piłkę bardzo wysoko
IDIOMS: **out of a clear blue ~** jak grom z jasnego nieba; **reach for the ~!** infml ręce do góry!; **the ~'s the limit** infml możliwości są praktycznie nieograniczone
sky-blue /ˌskaɪˈbluː/ **I** *n* błękit *m*
II *adj* błękitny
sky-blue pink infml hum **I** *n* kolor *m* bliżej nieokreślony
II *adj* bliżej nieokreślonego koloru
skycap /ˈskaɪkæp/ *n* US bagażowy *m* na lotnisku
skydive /ˈskaɪdaɪv/ *vi* wykonywać akrobatyczne skoki na spadochronie
skydiver /ˈskaɪdaɪvə(r)/ *n* spadochronia|rz *m*, -rka *f (wykonujący skoki akrobatyczne)*
skydiving /ˈskaɪdaɪvɪŋ/ *n* akrobacje *f pl* spadochronowe
Skye /skaɪ/ *prn* Skye *f inv*
Skye terrier *n* skye terrier *m*
sky-high /ˌskaɪˈhaɪ/ **I** *adj [prices, rates]* astronomiczny, niebotyczny
II *adv* **to rise ~** *[prices]* pójść w górę; **to blow sth ~** wysadzić coś w powietrze *[building]*; obalić coś *[theory]*
skyjack /ˈskaɪdʒæk/ infml **I** *n* (also **~ing**) porwanie *n* samolotu
II *vt* por|wać, -ywać *[aircraft]*
skyjacker /ˈskaɪdʒækə(r)/ *n* infml porywacz *m*, -ka *f* (samolotu)
skylark /ˈskaɪlɑːk/ **I** *n* Zool skowronek *m* polny
II *vi* infml dokazywać
skylarking /ˈskaɪlɑːkɪŋ/ *n* infml harce *plt*; swawole *f pl* liter dat
skylight /ˈskaɪlaɪt/ *n* Constr świetlik *m*
skylight filter *n* Phot filtr *m* skylight
skyline /ˈskaɪlaɪn/ *n* (in countryside) linia *f* horyzontu; (in city) linia *f* dachów (na tle nieba)
sky marshal *n* US Aviat agent *m* federalny na pokładzie samolotu
sky pilot *n* infml dat kapelan *m* wojskowy
skyrocket /ˈskaɪrɒkɪt/ **I** *n* raca *f*
II *vi* infml *[price]* wzr|osnąć, -astać w zawrotnym tempie
skyscape /ˈskaɪskeɪp/ *n* pejzaż *m* nieba
skyscraper /ˈskaɪskreɪpə(r)/ *n* drapacz *m* chmur
Sky Television *n* Telewizja *f* Sky
skytrain /ˈskaɪtreɪn/ *n* Aviat konwój *m* szybowców na holu
skywalk /ˈskaɪwɔːk/ *n* Archit kryty pasaż *m* pomiędzy budynkami
skyward /ˈskaɪwəd/ **I** *adj* podniebny
II *adv* ku niebu, w niebo
skywards /ˈskaɪwədz/ *adv* = **skyward**
skyway /ˈskaɪweɪ/ *n* US Aviat korytarz *m* powietrzny
skywriting /ˈskaɪraɪtɪŋ/ *n* Aviat (action) pisanie *n* na niebie *(dymem wypuszczanym z samolotu)*; (words) napis *m* na niebie
S & L *n* US = **savings and loan (association)**
slab /slæb/ *n* [1] (piece) (of stone, concrete) płyta *f*; (of cake, cheese, meat) kawał *m*; (of bread) gruba pajda *f*; **a ~ of chocolate** tabliczka czekolady; **paving ~s** płyty chodnikowe; **butcher's ~** stół rzeźniczy [2] infml (operating table) stół *m* operacyjny; (in mortuary) stół *m* sekcyjny
slab cake *n* Culin placek *m*
slack[1] /slæk/ **I** *n* [1] (in rope, cable) luz *m*; **there's not enough/too much ~ in the rope** lina jest zbyt naprężona/zbyt luźna; **to take up the ~ in a rope** naciągnąć linę; **to take up the ~** fig (take over) wziąć sprawy w swoje ręce [2] fig (in schedule) luz *m* [3] (drop in trade, industry) zastój *m*, spowolnienie *n*
II slacks *npl* spodnie *plt*
III *adj* [1] (loose) *[rope, cable]* luźny, poluzowany; *[skin, muscle]* zwiotczały; **the rope went ~** lina się poluzowała [2] (careless) *[worker, work, prose, style]* niedbały; *[student]* niezbyt pilny; **security is very ~ here** niezbyt przestrzega się tu zasad bezpieczeństwa; **to be ~ about sth/about doing sth** nie dbać o coś/zaniedbywać robienie czegoś; **to get** or **grow ~** *[worker]* zrobić się niedbałym; *[discipline, surveillance]* rozluźnić się [3] (not busy) *[period, season]* martwy; *[demand, sales]* niewielki; **business is ~** nie ma ruchu w interesach; **the trading** or **market is ~** panuje zastój na rynku
IV *vi* (be careless) **to ~ on the job** opuszczać się w pracy
■ **slack off**: ¶ **~ off** *[business, trade]* zw|olnić, -alniać tempo; *[rain]* ustal|ć, -wać ¶ **~ off [sth], ~ [sth] off** poluzow|ać, -ywać *[rope, nut]*
■ **slack up** *[person]* opu|ścić, -szczać się w pracy
slack[2] /slæk/ *n* (coal) węgiel *m* odpadowy
slacken /ˈslækən/ **I** *vt* [1] (release) poluzow|ać, -ywać *[rope, cable, nut]*; popu|ścić, -szczać *[reins]*; zw|olnić, -alniać *[hold, grip]*; **he ~ed his grip on the rope** popuścił linę [2] (reduce) **to ~ speed** zwolnić; **to ~ one's pace** zwolnić kroku [3] (loosen) rozluźni|ć, -ać *[control]*; **to ~ one's rule** złagodzić kurs
II *vi* [1] (loosen) *[rope, nut]* obluzow|ać, -ywać się; *[pressure]* zmniejsz|yć, -ać się; *[hold, grip]* rozluźni|ć, -ać się; **his grip on the rope ~ed** popuścił linę [2] (ease off) *[speed, sales, trade, demand]* zmniejsz|yć, -ać się; *[pressure, interest, enthusiasm]* o|słabnąć; *[gale, rain]* usta|ć, -wać
■ **slacken down** *[driver]* zw|olnić, -alniać
■ **slacken off**: ¶ **~ off** *[demand, sales, trade]* zmniejsz|yć, -ać się; *[gale, rain]* usta|ć, -wać ¶ **~ off [sth], ~ [sth] off** poluzow|ać, -ywać *[rope, cable, nut]*
■ **slacken up** *[person]* opu|ścić, -szczać się w pracy
slackening /ˈslækənɪŋ/ *n* (of grip, discipline, tension) rozluźnienie *n*; (of rope) poluzowanie *n*; (of reins) popuszczenie *n*; (of skin) zwiotczenie *n*; (of pace) zwolnienie *n*; (of demand, trade) zmniejszenie (się) *n*; (of economy) spowolnienie *n*
slacker /ˈslækə(r)/ *n* obibok *m* infml
slackness /ˈslæknɪs/ *n* (of worker, student) rozleniwienie *n*; (in trade, business, economy) zastój *m*; (in discipline) rozluźnienie *n*; **~ in security** niedostateczna ochrona
slack side *n* Tech cięgno *n* bierne
slack water *n* (in lake, river) zastoisko *n*; (at sea) martwa woda *f*, przesilenie *n* pływu
slag /slæg/ *n* GB [1] Ind żużel *m* [2] vinfml offensive (promiscuous woman) zdzira *f* vinfml offensive
■ **slag off** GB vinfml: **~ off [sb/sth], ~ [sb/sth] off** obsmarow|ać, -ywać *[person, book, government]*
slag heap *n* hałda *f*; **it's ready for the ~** fig to się nadaje już tylko na śmietnik
slag hole *n* Tech otwór *m* spustowy żużla
slain /sleɪn/ **I** *pp* → **slay**
II *n* **the ~** *(+ v pl)* polegli *m pl*
slake /sleɪk/ *vt* [1] (quench) zaspok|oić, -ajać, u|gasić *[thirst]*; fig zaspok|oić, -ajać *[desire]* [2] Chem lasować, gasić *[lime]*
slaked lime *n* wapno *n* lasowane or gaszone
slalom /ˈslɑːləm/ *n* slalom *m*; **~ course** tor slalomowy; **giant/special ~** slalom gigant/specjalny; **~ event** zawody w slalomie, slalom
slam[1] /slæm/ **I** *n* (of door, lid, gate) trzaśnięcie *n*; **to shut the door with a ~** zamknąć drzwi z trzaskiem, trzasnąć drzwiami
II *vt* (*prp, pt, pp* **-mm-**) [1] (shut loudly) trzas|nąć, -kać (czymś); zatrzas|nąć, -kiwać *[door]*; **to ~ sth shut** zatrzasnąć coś; **to ~ the door behind one** wyjść, trzaskając drzwiami; **to ~ the door in sb's face** zatrzasnąć komuś drzwi przed nosem [2] (with violence) **to ~ one's fist onto the table** trzasnąć pięścią w stół; **to ~ a cup on(to) the table** cisnąć filiżankę na stół; **to ~ the ball into the net** wpakować piłkę w siatkę infml; **to ~ sb into a wall** rzucić kimś o ścianę; **to ~ the brakes on, to ~ on the brakes** infml ostro zahamować [3] infml (criticize) zjechać infml **(for sth** za coś); **to ~ sb as a dictator** zaatakować kogoś, nazywając go dyktatorem; **to be ~med in the press/by the press** zostać zjechanym w prasie/przez prasę infml [4] infml (defeat) rozn|ieść, -osić infml *[opponent]* [5] infml (hack into) podłącz|yć, -ać się do (czegoś) *[telephone line]*
III *vi* (*prp, pt, pp* **-mm-**) [1] *[door, window]* (make noise) trzas|nąć, -kać **(against sth** o coś); (close noisily) zatrzas|nąć, -kiwać się; **to ~ shut** zatrzasnąć się; **the wind made the door/shutters ~** wiatr trzaskał drzwiami/okiennicami [2] **to ~ into sth** *[vehicle]* uderzyć w coś
■ **slam down**: ¶ **~ down** *[heavy object, lid]* trzas|nąć, -kać **(onto sth** o coś) ¶ **~ down**

[sth], ~ [sth] down trzas|nąć, -kać (czymś) *[receiver, phone]*; zatrzas|nąć, -kiwać *[car bonnet]*; cis|nąć, -kać *[object, book]* **(on** or **onto sth** na coś)

slam² /slæm/ *n* Games szlem *m*; **grand ~** wielki szlem; **little** or **small ~** mały szlem, szlemik

slam³ /slæm/ *n* US vinfml ciupa *f*, kić *m* infml

slam-bang /ˌslæmˈbæŋ/ **I** *adj* US [1] (loud) hałaśliwy [2] (all-out) *[effort]* maksymalny
II *adv* **to walk** or **go ~ into sth** wpaść na coś z całym impetem

slam-dunk /ˈslæmdʌŋk/ *n* US Sport infml (in basketball) wsad *m*

slammer /ˈslæmə(r)/ *n* infml **the ~** ciupa *f*, kić *m* infml; **to do five years in the ~** odsiadywać pięć lat w ciupie or kiciu
→ **tequila slammer**

slander /ˈslɑːndə(r), US ˈslæn-/ **I** *n* [1] (slanderous statement) oszczerstwo *n* **(on sb** na temat kogoś); **to spread ~s about sb** rzucać na kogoś oszczerstwa [2] Jur pomówienie *n*, zniesławienie *n*; **to sue sb for ~** wytoczyć komuś proces o zniesławienie
II *vt* szkalować; Jur pom|ówić, -awiać, zniesławi|ć, -ać

slanderer /ˈslɑːndərə(r), US ˈslæn-/ *n* oszczerca *m*

slanderous /ˈslɑːndərəs, US ˈslæn-/ *adj* oszczerczy, szkalujący; Jur pomawiający, zniesławiający

slanderously /ˈslɑːndərəslɪ, US ˈslæn-/ *adv* oszczerczo

slang /slæŋ/ **I** *n* slang *m*; **prison ~** gwara więzienna; **school ~** slang or żargon szkolny or uczniowski
II *modif* **~ phrase, ~ expression** wyrażenie slangowe or żargonowe
III *vt* infml obrzuc|ić, -ać wyzwiskami

slanginess /ˈslæŋɪnɪs/ *n* (of language) charakter *m* slangowy or gwarowy

slanging match *n* GB infml pyskówka *f* infml

slangy /ˈslæŋɪ/ *adj* infml slangowy

slant /slɑːnt, US slænt/ **I** *n* [1] (perspective) spojrzenie *n* **(on sth** na coś); **to have a new ~ on a problem** prezentować nowe spojrzenie na problem; **with a European ~** z punktu widzenia Europejczyka [2] (slope) pochyłość *f*, skos *m*; **the floor has a ~** podłoga jest pochyła; **to hang at** or **on a ~** *[painting]* wisieć krzywo [3] pej (bias) skrzywienie *n*; **each of these newspapers has a particular political ~** każda z tych gazet prezentuje pewne skrzywienie polityczne; **I was shocked at the ~ that was put on the evidence** byłem wstrząśnięty, w jak tendencyjny sposób przedstawiono dowody [4] Print ukośnik *m*
II *vt* [1] (twist) przekręc|ić, -ać *[story, facts]* [2] (lean) przekrzywi|ć, -ać *[object]*
III *vi* *[floor, ground, handwriting]* być pochyłym; *[painting]* krzywo wisieć; *[rain]* zacinać; **to ~ to the right** *[handwriting, writing]* być pochylonym w prawo; **rays of sun ~ed through the window** promienie słońca wpadały ukosem przez okno
IV slanting *prp adj [floor, roof]* pochyły; *[line]* ukośny; **steeply ~ing roof** spadzisty dach; **~ing rain** zacinający deszcz; **~ing eyes** skośne oczy

slanted /ˈslɑːntɪd, US ˈslæn-/ *adj* [1] (biased) *[account, programme]* tendencyjny; **to be ~ to** or **towards sth** skłaniać się ku czemuś [2] (sloping) pochyły

slant-eyed /ˌslɑːntˈaɪd, US ˌslæn-/ *adj* infml offensive skośnooki

slantways /ˈslɑːntweɪz, US ˈslæn-/ *adv* = **slantwise**

slantwise /ˈslɑːntwaɪz, US ˈslæn-/ **I** *adj* **in a ~ direction** na ukos, po skosie
II *adv* (also **slantways**) ukośnie

slap /slæp/ **I** *n* [1] (blow) (on back, leg) klepnięcie *n*; (on buttocks) klaps *m*; (on face) policzek *m*; **to give sb a ~ on the leg /arm** klepnąć kogoś po nodze/ramieniu; **to give sb a ~ across the face** uderzyć kogoś w twarz, spoliczkować kogoś; **it was a real ~ in the face for him** fig to był dla niego prawdziwy policzek fig; **to give sb a ~ on the back** poklepać kogoś po plecach; fig pochwalić kogoś [2] (sound of blow) plaśnięcie *n*; **the ~ of the waves against sth** plusk fal o coś
II *adv* = **slap bang**
III *vt* (*prp, pt, pp* **-pp-**) [1] (hit) trzepnąć *[person, animal]*; **to ~ sb for sth/doing sth** trzepnąć kogoś za coś/za to, że coś zrobił; **to ~ sb on the arm/leg, to ~ sb's arm /leg** klepnąć kogoś po ramieniu/nodze; **to ~ sb's face, to ~ sb across the face** uderzyć kogoś w twarz, spoliczkować kogoś; **to ~ a child's bottom** dać dziecku klapsa; **to ~ sb on the back** poklepać kogoś po plecach; fig pochwalić kogoś; **to ~ one's thighs** klepnąć się po udach; **to ~ sb in the face** uderzyć kogoś w twarz; fig napluć komuś w twarz fig; **to ~ sb on the wrist** fig dać komuś po łapach fig [2] (put) **she ~ped the money (down) on the table** cisnęła pieniądze na stół; **he ~ped some paint on the wall** chlapnął trochę farby na ścianę; **she ~ped some make-up on her face** podmalowała się pośpiesznie; **they ~ped 50p on the price** infml podnieśli cenę o 50 pensów
■ **slap around** infml: **~ [sb] around** z|bić *[person]*
■ **slap down**: ¶ **~ down [sth], ~ [sth] down** cis|nąć, -kać *[money, book]*; **to ~ sth down on sth** cisnąć coś na coś *[table, counter]* ¶ **~ [sb] down** infml ochrzani|ć, -ać infml
■ **slap on** infml: **~ on [sth], ~ [sth] on** [1] (apply) chlap|nąć, -ać (czymś) *[paint]*; na|łożyć, -kładać w pośpiechu *[make-up]* [2] (add to price) **they ~ on 50p** doliczyli 50 pensów do ceny

slap bang /ˌslæpˈbæŋ/ *adv* infml [1] (directly) **~ in the middle of sth** w samym środku czegoś [2] (violently) **he ran ~ into the wall** łupnął prosto w ścianę infml

slapdash /ˈslæpdæʃ/ *adj* infml *[person]* niedbały; *[work]* byle jaki; **in a ~ way** byle jak

slaphappy /ˌslæpˈhæpɪ/ *adj* infml [1] (careless) rozbrajająco beztroski [2] (punch-drunk) oszołomiony

slaphead /ˈslæphed/ *n* infml łysa pała *f* infml

slapper /ˈslæpə(r)/ *n* infml offensive zdzira *f* vinfml offensive

slapstick /ˈslæpstɪk/ **I** *n* komedia *f* slapstickowa
II *modif [comedy, routine]* slapstickowy

slap-up /ˈslæpʌp/ *adj* GB infml *[meal]* wystawny; **to go out for a ~ meal** pójść do restauracji na wyżerkę infml

slash /slæʃ/ **I** *n* [1] (wound) cięcie *n* **(on sth** na czymś) [2] (cut) (in fabric, seat, tyre, painting) rozcięcie *n* [3] Print ukośnik *m* [4] Comm, Fin obniżka *f*; **a 10% ~ in prices** dziesięcioprocentowa obniżka cen [5] Fashn rozcięcie *n* [6] GB infml (urination) **to have a ~** odlać się vinfml; **to go for a ~** iść się odlać vinfml [7] (sword stroke) cięcie *n*
II *vt* [1] (cut) (with a single stroke) rozci|ąć, -nać *[cheek, cord]*; (with several strokes) po|ciąć *[face, painting, fabric, tyres]*; pod|erżnąć, -rzynać *[throat]*; **he ~ed me across the face** ciął mnie po twarzy; **to ~ one's wrists** podciąć sobie żyły; **to ~ one's way through sth** wycinać sobie przejście w czymś *[undergrowth]* [2] (reduce) obniż|yć, -ać *[price, costs, taxes, bill, spending]*; **to ~ 40% off the price** obniżyć cenę o 40% [3] Fashn z|robić rozcięcie w (czymś) *[skirt, sleeve]* [4] infml (criticize) zjechać infml *[book, plan]*
III *vi* **to ~ at sth** zamachnąć się na coś *[ball]*; **to ~ at sb with a sword** ciąć kogoś szablą; **to ~ through sth** przeciąć coś *[cord, fabric]*
■ **slash down**: **~ down [sth], ~ [sth] down** ści|ąć, -nać *[grass]*; powal|ić, -ać *[opponent]*
■ **slash open**: **~ open [sth], ~ [sth] open** rozci|ąć, -nać *[face, packet]*

slash-and-burn cultivation /ˌslæʃənˈbɜːnkʌltɪveɪʃn/ *n* Agric gospodarka *f* żarowa

slash-and-burn method /ˌslæʃənˈbɜːnmeθəd/ *adj* = **slash-and-burn cultivation**

slasher film /ˈslæʃəfɪlm/ *n* US infml krwawy horror *m*

slasher movie /ˈslæʃəmuːvɪ/ *n* = **slasher film**

slash pocket *n* kieszeń *f* rozcinana

slat /slæt/ *n* [1] (of shutter, blind, bed-frame, floor) listwa *f*; (of fence) sztacheta *f* [2] Aviat skrzele *n*, slot *m*

slate¹ /sleɪt/ **I** *n* [1] (rock) łupek *m* [2] (piece, tablet) (for writing on) tabliczka *f*; **roof ~** płytka łupkowa dachowa [3] US Pol lista *f* kandydatów
II *modif [roof, floor]* łupkowy; **~ mining** wydobywanie łupka
III *vt* [1] pokry|ć, -wać, kryć łupkiem *[roof]* [2] US Pol wystawi|ć, -ać *[candidate]*; **to ~ sb for the presidency** wystawić kogoś jako kandydata na prezydenta [3] US (be expected) **he is ~d to go far** wróży mu się wspaniałą przyszłość [4] (scheduled) **the election is ~d for next week** wybory mają się odbyć w przyszłym tygodniu; **they are ~d to testify on Thursday** mają zeznawać w czwartek
IDIOMS: **to put sth on sb's ~** infml dopisać coś do rachunku kogoś; **to have a clean ~** mieć czystą hipotekę infml; **to start again with a clean ~** zacząć od nowa; **to wipe the ~ clean** zapomnieć o dawnych urazach

S

slate² /sleɪt/ *vt* GB infml (criticize) *[press, critic]* z|mieszać z błotem *[play, film, politician, policy]* **(for sth** za coś); *[teacher]* z|besztać *[pupil]*
slate-blue /ˌsleɪtˈbluː/ **I** *n* kolor *m* szary z niebieskim odcieniem
II *adj* szaroniebieski
slate-coloured GB, **slate-colored** US /ˈsleɪtkʌləd/ *adj* ciemnopopielaty
slate grey GB, **slate gray** US **I** *n* kolor *m* szary z niebieskim odcieniem
II *adj* niebieskoszary
slater /ˈsleɪtə(r)/ *n* [1] (roofer) dekarz *m* [2] Zool stonoga *f*
slating¹ /ˈsleɪtɪŋ/ *n* [1] (laying slates) krycie *n* łupkiem [2] (material) płytki *f pl* łupkowe
slating² /ˈsleɪtɪŋ/ *n* GB infml (criticism) **to give sb a ~** zmieszać kogoś z błotem; **to get a ~ from sb** zostać zmieszanym z błotem
slatted /ˈslætɪd/ *adj [door, bed-frame]* z listew; *[fence]* ze sztachet
slattern /ˈslætən/ *n* dat pej (dirty woman) flejtuch *m* infml; (slut) flądra *f* infml offensive
slatternly /ˈslætənlɪ/ *adj* dat pej *[woman, appearance, clothes]* flejtuchowaty infml; *[behaviour]* ordynarny
slaty /ˈsleɪtɪ/ *adj* [1] *[colour]* ciemnopopielaty [2] (of or like slate) łupkowaty
slaughter /ˈslɔːtə(r)/ **I** *n* [1] (in butchery) ubój *m*, rzeź *f*; **cattle being sent for ~** bydło wysyłane na ubój; **to go to ~** pójść na ubój [2] (massacre) masakra *f*, rzeź *f*; **~ on the roads** masakra na drogach [3] Sport fig pogrom *m* fig
II *vt* [1] (in butchery) ubi|ć, -jać, za|rżnąć, -rzynać [2] (massacre) wymordować, dokonać masakry (kogoś) [3] Sport infml rozgr|omić, -amiać
IDIOMS: **like a lamb to the ~** jak owieczka prowadzona na rzeź
slaughterer /ˈslɔːtərə(r)/ *n* (in butchery) rzeźnik *m*
slaughterhouse /ˈslɔːtəhaʊs/ *n* rzeźnia *f*
Slav /slɑːv, US slæv/ **I** *n* Słowian|in *m*, -ka *f*
II *adj* słowiański
slave /sleɪv/ **I** *n* niewolni|k *m*, -ca *f* also fig; **a ~ of** or **to sth** niewolnik czegoś *[fashion, convention]*; **a runaway ~** zbiegły niewolnik
II *modif* [1] *[labour]* niewolniczy; **a ~ owner/revolt** właściciel/powstanie niewolników; **a ~ market** targ niewolników [2] Comput *[computer, station]* podległy
III *vi* (also **~ away**) tyrać, harować infml; **to ~ away from morning to night** tyrać od świtu to nocy; **to ~ at housework/one's job** tyrać w domu/w pracy; **to ~ over sth** ślęczeć nad czymś *[accounts]*
IDIOMS: **to work like a ~** tyrać jak wół
slave ant *n* mrówka *f* amazonka
Slave Coast *prn* Hist Wybrzeże *n* Niewolnicze
slave cylinder *n* cylinder *m* hamulcowy
slave-driver /ˈsleɪvdraɪvə(r)/ *n* Hist poganiacz *m* niewolników; fig gnębiciel *m*
slaveholder /ˈsleɪvhəʊldə(r)/ *n* właściciel *m*, -ka *f* niewolników
slave labour *n* (activity) praca *f* niewolnicza; (manpower) niewolnicza siła *f* robocza
slaver¹ /ˈsleɪvə(r)/ *n* [1] (dealer) handlarz *m* niewolników [2] (ship) statek *m* do transportu niewolników
slaver² /ˈslævə(r)/ **I** *n* ślina *f*
II *vi* (drool) ślinić się; **to ~ over sth** *[animal]* ślinić się na widok czegoś; **he was ~ing over the food/the prospect of sth** pej or hum ślinka mu ciekła na widok jedzenia/na samą myśl o czymś; **to ~ over sb** ślinić się na widok kogoś pej
slavery /ˈsleɪvərɪ/ *n* [1] (condition) niewola *f*; **to be sold into ~** zostać sprzedanym w niewolę [2] (system) niewolnictwo *n* [3] fig (devotion) **~ to sth** uleganie czemuś *[fashion, passion]*; przestrzeganie czegoś *[conventions]*
slave ship *n* statek *m* do transportu niewolników
Slave State *n* US Hist stan *m* uznający niewolnictwo
slave trade *n* handel *m* niewolnikami
slave-trader /ˈsleɪvtreɪdə(r)/ *n* handlarz *m* niewolników
slave-trading /ˈsleɪvtreɪdɪŋ/ *n* handel *m* niewolnikami
slavey /ˈsleɪvɪ/ *n* GB infml posługaczka *f*
Slavic /ˈslɑːvɪk, US ˈslæv-/ *adj [country, name]* słowiański
slavish /ˈsleɪvɪʃ/ *adj* [1] (servile) *[devotion, adherence]* niewolniczy; *[person]* służalczy [2] (unoriginal) *[copy]* wierny; *[imitation, translation]* niewolniczo trzymający się oryginału
slavishly /ˈsleɪvɪʃlɪ/ *adv [imitate]* niewolniczo
Slavonic /sləˈvɒnɪk/ **I** *n* Ling język *m* słowiański
II *adj* słowiański
slaw /slɔː/ *n* US = **coleslaw**
slay /sleɪ/ *vt* [1] **(***pt* **slew;** *pp* **slain)** liter (kill) zabi|ć, -jać *[dragon, enemy]* [2] **(***pt, pp* **slayed)** infml (amuse) rozśmiesz|yć, -ać do łez *[audience, crowd]*; (impress) rzuc|ić, -ać na kolana *[audience]*
slayer /ˈsleɪə(r)/ *n* zabój|ca *m*, -czyni *f*; **dragon ~** pogromca smoka
SLD GB Pol = **Social and Liberal Democrat** **I** *n* Socjalliberalna Partia *f* Demokratyczna; liberalni demokraci *m pl*
II *modif* **~ MP** poseł z ramienia Socjalliberalnej Partii Demokratycznej
sleaze /sliːz/ *n* infml pej brud *m* moralny
sleazebag /ˈsliːzbæg/ *n* US vinfml pej kanalia *f* infml pej
sleazeball /ˈsliːzbɔːl/ *n* vinfml = **sleazebag**
sleazy /ˈsliːzɪ/ *adj* infml pej [1] (cheap) *[place, hotel, café]* obskurny [2] (immoral) *[character]* podejrzany, ciemny; *[story, aspect]* plugawy; **a ~ joint** spelunka
sled /sled/ US **I** *n* sanie *plt*; (for children) sanki *plt*
II *vi* **(***prp, pt, pp* **-dd-)** zjeżdżać na sankach; **to go ~ding** iść na sanki
IDIOMS: **it was hard ~ding** US było ciężko
sled dog *n* US pies *m* zaprzęgowy
sledge /sledʒ/ **I** *n* sanie *plt*; GB (for children) sanki *plt*
II *vt* [1] przew|ieźć, -ozić na saniach or saniami *[goods]* [2] Austral infml fig (criticize) zjechać infml
III *vi* zjeżdżać na sankach; **to go sledging** iść na sanki
sledgehammer /ˈsledʒhæmə(r)/ *n* młot *m* dwuręczny
IDIOMS: **to take a ~ to crack a nut** strzelać z armaty do wróbla
sleek /sliːk/ *adj* [1] (glossy) *[hair, fur, feathers]* lśniący; **~ animal** zwierzę o lśniącej sierści [2] (smooth) *[shape]* foremny; *[figure, body]* kształtny; *[car, boat]* elegancki; **a beautiful ship with ~ lines** piękny statek o szlachetnej linii [3] (prosperous-looking) *[person]* reprezentacyjny
■ **sleek back: ~ back [sth], ~ [sth] back** przygładz|ić, -ać; przyliz|ać, -ywać infml *[hair]*
sleekness /ˈskiːknɪs/ *n* (of hair, fur, feathers) połysk *m*; (of line) elegancja *f*
sleep /sliːp/ **I** *n* [1] (condition) sen *m*; **to go** or **get to ~** zasnąć, usnąć; **to go back to ~** ponownie zasnąć; **to send** or **put sb to ~** *[heat, speech, tablet]* uśpić kogoś; **to sing sb to ~** śpiewać komuś do snu, usypiać kogoś kołysanką; **to rock sb to ~** ukołysać kogoś do snu; **to get some** or **have a ~** przespać się; **to get enough ~** wyspać się; **to be in a deep ~** spać głęboko; **she lay in a deep ~** była pogrążona w głębokim śnie; **to wake from ~** obudzić się, przebudzić się; **to talk in one's ~** mówić przez sen; **to walk in one's ~** chodzić we śnie; **you'll feel much better after a ~** poczujesz się dużo lepiej, kiedy się wyśpisz; **I got a good night's ~ last night** zeszłej nocy dobrze spałem; **I didn't get any** or **a wink of ~ last night** zeszłej nocy w ogóle nie spałem or nie zmrużyłem oka; **I need my ~** muszę się wyspać; **how much ~ did you get last night?** ile spałeś zeszłej nocy?; **my leg has gone to ~** infml zdrętwiała mi noga; **she's losing ~ over it** to jej spędza sen z powiek; **I'm not going to lose any ~ over that** nie będę się tym gryzł bez potrzeby; **don't lose any ~ over it!** nie przejmuj się tym!; **I could do it in my ~** mógłbym to robić z zamkniętymi oczami; **he rubbed the ~ from his eyes** przetarł zaspane oczy [2] Vet **to put an animal to ~** uśpić zwierzę
II *vt* **(***pt, pp* **slept) how many people can you ~?** ile osób możesz przenocować?; **the hotel ~s over 500 guests** hotel może przyjąć ponad 500 osób; **the caravan can ~ six of us in comfort** w przyczepie kempingowej możemy wygodnie spać w szóstkę; **'apartment, ~s 6'** (in ad) „mieszkanie dla sześciu osób"
III *vi* **(***pt, pp* **slept)** [1] (be asleep) spać; **to ~ deeply/fitfully** spać głęboko/niespokojnie; **to ~ soundly** spać mocno; (without worry) spać snem sprawiedliwego, spać spokojnie; **to ~ around the clock** przespać całą dobę; **I like to ~ (for) eight hours a night** potrzebuję ośmiu godzin snu; **to ~ on one's feet** spać na stojąco; **~ tight!** śpij dobrze!; **to ~ with one eye open** spać jak zając pod miedzą [2] (stay the night) prze|nocować, spać; **to ~ at a friend's house** przenocować or spać u znajomego; **you'll have to ~ on the sofa** będziesz musiał spać na kanapie [3] euph (have sex) **to ~ with sb** (repeatedly) sypiać z kimś infml; (once) przespać się z kimś infml
■ **sleep around** infml puszczać się na prawo i lewo infml
■ **sleep in:** [1] (stay in bed late) późno wsta|ć, -wać; (oversleep) zaspać [2] US (live in) **he has a**

house-keeper who ~s in ma gosposię na stałe
■ **sleep off**: ~ **off [sth]**, ~ **[sth] off** przespać *[headache, hangover]*; **to ~ it off** infml przespać się, żeby dojść do siebie
■ **sleep on**: ¶ ~ **on** pospać sobie; **to ~ on until ten** pospać sobie do dziesiątej; **Adam slept on for two more hours** Adam pospał sobie jeszcze dwie godziny ¶ ~ **on [sth]** przespać się z (czymś) fig *[problem, decision]*; **it's a tricky decision to make and I'd like to ~ on it** to trudna decyzja, chciałbym się najpierw dobrze zastanowić
■ **sleep out** [1] (in the open) spać pod gołym niebem [2] US (live out) **the house-keeper ~s out** gosposia jest na przychodne
■ **sleep over**: **to ~ over at sb's house** spędzić noc u kogoś, przespać się u kogoś
■ **sleep through**: **I slept through until midday** spałem aż do południa; **the baby slept through the night** dziecko przespało całą noc; **you slept (right) through the thunderstorm** przespałeś całą burzę
IDIOMS: **the big ~** sen wieczny; **she cried herself to ~** długo płakała, aż wreszcie usnęła; **to ~ like a log** or **top** spać jak zabity, spać jak suseł

sleep apnoea *n* Med bezdech *m* senny
sleeper /ˈsliːpə(r)/ **I** *n* [1] śpiąc|y *m*, -a *f*; **to be a good ~** dobrze sypiać; **to be a heavy ~** mieć mocny sen; **the baby is not a good ~** dziecko nie sypia zbyt dobrze [2] GB Rail (on railway track) podkład *m* (kolejowy) [3] Rail (berth) kuszetka *f*; (sleeping car) wagon *m* sypialny; (train) pociąg *m* z wagonami sypialnymi [4] GB (earring) kolczyk *m (zapobiegający zarastaniu przekłutej dziurki)* [5] US infml (successful book, film, piece of music) nieoczekiwany przebój *m* [6] (spy) uśpiony szpieg *m*
II sleepers *npl* US Fashn śpioszki *plt*
sleepily /ˈsliːpɪlɪ/ *adv [move]* sennie; *[say]* sennym głosem
sleepiness /ˈsliːpɪnɪs/ *n* (of person) senność *f*; (of place) senna atmosfera *f*
sleeping /ˈsliːpɪŋ/ *adj* [1] *[person, animal]* śpiący; **a ~ giant** uśpiony olbrzym; **Sleeping Beauty** śpiąca królewna [2] **the ~ accommodation** miejsce do spania; **what are the ~ arrangements for tonight?** jak wygląda sprawa noclegu?
IDIOMS: **let ~ dogs lie** nie wywołuj wilka z lasu
sleeping bag *n* śpiwór *m*
sleeping car *n* Rail wagon *m* sypialny
sleeping draught *n* Med dat środek *m* nasenny w płynie
sleeping partner *n* GB Comm cichy wspólnik *m*, cicha wspólniczka *f*
sleeping pill *n* tabletka *f* nasenna
sleeping policeman *n* GB Aut infml próg *m* zwalniający
sleeping quarters *npl* (in house) część *f* sypialna; (in barracks) kwatery *f pl*; (dormitory) sale *f pl* sypialne
sleeping sickness *n* śpiączka *f*
sleeping tablet *n* = **sleeping pill**
sleep learning *n* nauka *f* przez sen
sleepless /ˈsliːplɪs/ *adj* [1] *[night, hours]* bezsenny [2] *[person]* **to be ~** nie móc zasnąć; **to lie ~ (all night)** mieć or spędzić bezsenną noc
sleeplessly /ˈsliːplɪslɪ/ *adv* bezsennie
sleeplessness /ˈsliːplɪsnɪs/ *n* bezsenność *f*
sleepover /ˈsliːpəʊvə(r)/ *n* przyjęcie *n* z nocowaniem; **she's having a ~** urządza przyjęcie z nocowaniem
sleepwalk /ˈsliːpwɔːk/ *vi* chodzić we śnie
sleepwalker /ˈsliːpwɔːkə(r)/ *n* lunaty|k *m*, -czka *f*, somnambuli|k *m*, -czka *f*
sleepwalking /ˈsliːpwɔːkɪŋ/ *n* lunatyzm *m*, somnambulizm *m*
sleepwear /ˈsliːpweə(r)/ *n* bielizna *f* nocna
sleepy /ˈsliːpɪ/ *adj* [1] *[person, animal]* śpiący, senny; **I suddenly felt terribly ~** nagle poczułem straszną senność; **to make sb ~** *[fresh air, wine]* działać usypiająco na kogoś [2] *[look, voice, town, village]* senny
sleepyhead /ˈsliːpɪhed/ *n* infml śpioch *m* infml
sleepyheaded /ˌsliːpɪˈhedɪd/ *adj* (sleepy) śpiący; (lethargic) ospały
sleet /sliːt/ **I** *n* deszcz *m* ze śniegiem
II *v impers* **it's ~ing** pada deszcz ze śniegiem
sleety /ˈsliːtɪ/ *adj* **~ rain** deszcz ze śniegiem; **~ showers** opady deszczu ze śniegiem
sleeve /sliːv/ **I** *n* [1] (of garment) rękaw *m*; **to pull** or **tug at sb's ~** pociągnąć kogoś za rękaw; **to roll up one's ~s** podwinąć rękawy; fig zakasać rękawy fig [2] (of record) okładka *f*; (of CD) pudełko *n* [3] Tech tuleja *f*; (for joining two tubes) mufa *f*, złączka *f* rurowa; (for cable, wire) mufa *f* kablowa
II -sleeved *in combinations* **long-/short-~d shirt** koszula z długimi/krótkimi rękawami
IDIOMS: **to laugh up one's ~** śmiać się w kułak; **to have an ace up one's ~** mieć asa w rękawie fig; **to have something up one's ~** mieć coś w zanadrzu fig; **to have a few tricks up one's ~** mieć w zanadrzu kilka pomysłów; **what's he got up his ~?** co on tam trzyma w zanadrzu? fig; **to wear one's heart on one's ~** nie kryć swych uczuć
sleeve board *n* deska *f* do prasowania rękawów
sleeve coupling *n* Tech (of tubes) połączenie *n* rurowe nasuwkowe or tulejowe
sleeve design *n* projekt *m* okładki na płytę
sleeve designer *n* projektant *m*, -ka *f* okładek na płyty
sleeve joint *n* Tech połączenie *n* tulejowe
sleeveless /ˈsliːvlɪs/ *adj* bez rękawów
sleeve notes *npl* tekst *m* na okładce płyty
sleeve valve *n* Tech zawór *m* tulejowy
sleigh /sleɪ/ **I** *n* sanie *plt*
II *vi* jechać saniami
sleigh bell *n* dzwonek *m* u sań
sleigh ride *n* przejażdżka *f* saniami; (of many sleighs) kulig *m*
sleight of hand /ˌslaɪtəvˈhænd/ *n* [1] (dexterity) zręczne ręce *f pl* [2] (deception) szalbierstwo *n* [3] (trick) sztuczka *f*
slender /ˈslendə(r)/ *adj* [1] (thin) *[person]* szczupły, smukły; *[neck]* smukły; *[waist]* smukły, cienki; *[finger]* cienki; *[stem, arch, column]* wysmukły [2] (slight) *[majority]* nieznaczny; *[margin]* wąski; **to win by a ~ margin** zwyciężyć, uzyskując niewielką przewagę [3] (meagre) *[income, means]* skromny, szczupły
slenderize /ˈslendəraɪz/ **I** *vt* US wyszczupl|ić, -ać, wysmukl|ić, -ać
II *vi* ze|szczupleć
slenderly /ˈslendəlɪ/ *adv* **~ built** szczupły, o szczupłej budowie
slenderness /ˈslendənɪs/ *n* [1] (of person) szczupłość *f*, smukłość *f*; (of part of body) smukłość *f* [2] (of income) szczupłość *f*; (of margin) znikomość *f*
slept /slept/ *pt, pp* → **sleep**
sleuth /sluːθ/ *n* detektyw *m*
S-level /ˈeslevl/ *n* GB Sch = **Special Level** *dodatkowy egzamin, zdawany łącznie z egzaminem dojrzałości*
slew[1] /sluː/ *pp* → **slay**
slew[2] /sluː/ **I** *vt* obr|ócić, -acać *[vehicle, mast]*
II *vi [mast]* obrócić się; **the car ~ed from side to side** samochodem rzucało na wszystkie strony
slew[3] /sluː/ *n* (bog) moczary *plt*
slew[4] /sluː/ *n* infml (pile) masa *f*; **a ~ of questions/difficulties** masa pytań/kłopotów
slewed /sluːd/ *adj* infml zawiany infml
slice /slaɪs/ **I** *n* [1] (portion) (of bread) kromka *f*; (of tart, cake) kawałek *m*; (of meat) plaster *m*; (of cheese, lemon, cucumber) plasterek *m*; **to cut sth into ~s** pokroić coś w kromki *[loaf]*; pokroić coś w plastry *[meat]*; pokroić coś w plasterki *[cucumber, sausage]* [2] (proportion) (of income, profits, market, aid, population, territory) część *f* [3] Culin (utensil) łopatka *f*; **cake/fish ~** łopatka do ciasta/ryb [4] Sport (stroke, shot) slajs *m*; **forehand/backhand ~** slajs z forhendu/z bekhendu
II *vt* [1] (section) po|kroić (w kromki) *[loaf]*; po|kroić (w plastry) *[roast]*; po|kroić (w plasterki) *[lemon, sausage, onion]* [2] (cleave) przeci|ąć, -nać *[water, air]*; **to ~ sb's throat** poderżnąć or podciąć komuś gardło; **to ~ sb's cheek** pociąć komuś policzek [3] Sport (as tactic) podci|ąć, -nać *[ball]*
III *vi* **to ~ through sth** *[knife, axe, fin]* ciąć coś *[water, air]*; wejść w coś *[timber, meat]*; **the metal ~d into his ankle** metal wrzynał mu się w kostkę
IV sliced *pp adj* **~d meat** pokrojone mięso; **~d cucumber/salami** ogórki/salami pokrojone w plasterki; **50 g mushrooms, thinly ~d** 50 g cienko pokrojonych pieczarek
■ **slice off**: ~ **off [sth]**, ~ **[sth] off** ukroić, odkroić *[section]*; uci|ąć, -nać *[part of body]*
■ **slice up**: ~ **up [sth]**, ~ **[sth] up** po|kroić (w kromki) *[loaf]*; po|kroić (w plastry) *[roast]*; po|kroić (w plasterki) *[lemon, sausage, onion]*
slice bar *n* ożóg *m*
sliced bread *n* chleb *m* pokrojony
IDIOMS: **it's the best** or **greatest thing since ~** infml hum to najlepsza rzecz od czasu wynalezienia koła
sliced loaf *n* chleb *m* krojony
slice of life **I** *n* Cin, Theat kawałek *m* życia
II slice-of-life *modif [play]* realistyczny
slick /slɪk/ **I** *n* [1] (oil) plama *f* ropy [2] (also **~ tyre** GB, **~ tire** US) gładka opona *f* (rajdowa) [3] US (magazine) magazyn *m* ilustrowany

S

II *adj* [1] (adeptly executed) *[production, performance]* zgrabny, zręczny; *[campaign]* udany; *[operation, deal, takeover]* zręcznie przeprowadzony; **a ~ piece of work** dobra robota infml [2] pej (superficial) *[publication, production]* płytki fig [3] (smart) *[negotiator, salesman]* wygadany, sprytny; *[answer, excuse]* gładki, zgrabny; **a ~ customer** infml lepszy spryciarz infml [4] (slippery) *[road, surface]* śliski; *[hair]* przylizany
■ **slick back**: **~ back [sth], ~ [sth] back** zaczes|ać, -ywać do tyłu *[hair]*
■ **slick down**: **~ down [sth], ~ [sth] down** (with hand, comb) przygładz|ić, -ać *[hair]*; (with brillantine) wy|pomadować *[hair]*

slicker /ˈslɪkə(r)/ *n* US infml (raincoat) błyszczący płaszcz *m* przeciwdeszczowy

slickly /ˈslɪklɪ/ *adv* [1] (cleverly) *[presented, produced, worded, formulated]* zręcznie [2] (stylishly) *[dressed]* efektownie

slickness /ˈslɪknɪs/ *n* (of film, production) zgrabność *f*; (of person) spryt *m*; (of answer, style) gładkość *f*; (of magician) zręczność *f*

slid /slɪd/ *pt, pp* → **slide**

slide /slaɪd/ **I** *n* [1] (chute) (in playground) zjeżdżalnia *f*; (in factory) pochylnia *f*; (for logs) ślizg *m*; **escape ~** pochylnia ewakuacyjna; **water ~** zjeżdżalnia wodna [2] (for skating) ślizgawka *f*; **to have a ~** poślizgać się na lodzie [3] Phot slajd *m*, przeźrocze *n*; **holiday ~s** slajdy z wakacji; **a lecture with ~s** wykład z przeźroczami [4] (microscope plate) szkiełko *n* [5] GB (hairclip) wsuwka *f* [6] Mus (slur) portamento *n inv* [7] Mus (in instruments) suwak *m* [8] fig (decline) spadek *m*; **to be on the ~** zniżkować; **a ~ in sth** spadek czegoś *[prices]*; obniżenie się czegoś *[living standards]*

II *vt* (*pt, pp* **slid**) (move) **to ~ sth forward /back** przesunąć coś do przodu/do tyłu; **to ~ the cover on/off** nasunąć/odsunąć pokrywę; **to ~ a letter into an envelope/under the mat** wsunąć list do koperty/pod wycieraczkę; **they slid the boat into the water** zepchnęli łódź do wody; **to ~ the door open/shut** rozsunąć/zasunąć drzwi; **to ~ sth across the table** przesunąć coś po stole; **to ~ a sword out of its scabbard** wyciągnąć szablę z pochwy

III *vi* (*pt, pp* **slid**) 1 (also **~ about** GB, **~ around**) (slip) *[person]* pośliznąć się, ślizgać się; *[car]* wpa|ść, -dać w poślizg; **the car slid into a wall** samochód wpadł w poślizg i uderzył w mur; **to ~ off sth** zsunąć się z czegoś; (from slippery surface) ześliznąć się z czegoś; **the car slid off the road** samochód wpadł w poślizg i zjechał na pobocze [2] (move) **to ~ down the slope/bannister** zjechać w dół stoku/ po poręczy; **the drawer ~s in and out** szuflada wsuwa się i wysuwa; **the window ~s up and down** okno podnosi się i opuszcza; **to ~ open** *[door]* rozsuwać się; *[drawer]* wysuwać się; **to ~ shut** *[door]* zasuwać się; *[drawer]* wsuwać się; **to ~ into a room** wśliznąć się do pokoju; **to ~ out of a room** wyśliznąć się z pokoju [3] (decline) *[prices, shares]* spa|ść, -dać; **the economy is sliding into recession** gospodarka pogrąża się w recesji; **to ~ into bad habits** popaść w złe nawyki; **to let sth ~** infml zaniedbywać coś; **I've let things ~ in the garden** zaniedbałem or zapuściłem ogród
■ **slide away** *[person]* ul|otnić, -atniać się infml
■ **slide back**: **~ back [sth], ~ [sth] back** odsu|nąć, -wać *[car seat]*; odciąg|nąć, -ać *[bolt]*; zasu|nąć, -wać *[hatch, sunroof]*
■ **slide out** *[drawer, component]* wysu|nąć, -wać się

slide-action /ˈslaɪdækʃn/ *adj [gun]* półautomatyczny

slide fastener *n* US suwak *m*, zamek *m* błyskawiczny

slide guitar *n* gitara *f* hawajska

slide-in /ˌslaɪdˈɪn/ *adj* Tech wsuwany

slide projector *n* rzutnik *m*

slide rule GB, **slide ruler** US *n* suwak *m* logarytmiczny

slide show *n* pokaz *m* slajdów; (at lecture) demonstracja *f* przeźroczy

slide trombone *n* Mus puzon *m* (z suwakiem)

slide valve *n* zawór *m* suwakowy

sliding /ˈslaɪdɪŋ/ *adj [door, roof]* rozsuwany

sliding friction *n* Mech tarcie *n* ślizgowe

sliding scale *n* skala *f* ruchoma; **on a ~ scale** na skali ruchomej

sliding seat *n* (in car) siedzenie *n* przesuwane; (in boat) siodełko *n* ruchome

slight /slaɪt/ **I** *n* afront *n*; (more serious) zniewaga *f*; **a ~ on sb** obraza dla kogoś; **a ~ from sb** afront ze strony kogoś; **she suffered a ~** spotkał ją afront

II *adj* [1] *[change, delay, improvement, rise, risk, danger]* niewielki, nieznaczny; *[error, difference]* niewielki, drobny; *[exaggeration, shock, stroke, accent]* lekki; *[hesitation]* lekki, krótki; *[pause]* krótki; **the improvement is ~** nie ma zbyt wielkiej poprawy; **her interest is ~** nie jest zbyt zainteresowana; **the chances of it happening are ~** szanse, że tak się stanie, są niewielkie; **not to have the ~est difficulty/idea** nie mieć najmniejszych trudności/najmniejszego pojęcia; **she has a ~ temperature** ma lekką gorączkę; **she walks with a ~ limp** ona lekko utyka; **she bursts into tears at the ~est provocation** wybucha płaczem z najbłahszego powodu; **not in the ~est** ani trochę [2] *[figure, physique, person]* drobny; **to be ~ of build** być drobnej budowy [3] (lightweight) *[book, article, film]* błahy

III *vt* [1] (offend) ura|zić, -żać *[person]* [2] US (neglect) zaniedb|ać, -ywać *[work, duties]*

IV **slighted** *pp adj [person]* urażony; (stronger) upokorzony

slighting /ˈslaɪtɪŋ/ *adj [remark, reference]* obraźliwy

slightingly /ˈslaɪtɪŋlɪ/ *adv [describe, speak]* obraźliwie

slightly /ˈslaɪtlɪ/ *adv [change, fall, rise]* nieznacznie, nieco; *[more, less, better, different]* nieco; *[embarrassed, uneasy]* nieco, trochę; **'do you know him?' – '~'** „znasz go?" – „trochę"; **~ built** drobny, drobnej budowy

slightness /ˈslaɪtnɪs/ *n* [1] (of build) szczupłość *f* [2] (of argument, film, work) błahość *f* [3] (of change, chance, risk) znikomość *f*; **despite the ~ of the noise/movement/his accent** mimo, że hałas/ruch/jego akcent był ledwie zauważalny

slim /slɪm/ **I** *adj* [1] (shapely) *[person, figure, ankle, leg, finger]* szczupły; *[waist]* cienki, wąski; *[wrist]* cienki; **of ~ build** szczupłej budowy ciała; **to get ~** zeszczupleć [2] (thin) *[book, volume]* cienki; *[watch, calculator]* płaski [3] (slight) *[chance, hope]* nikły; *[resources]* szczupły; *[margin]* wąski; *[majority]* niewielki

II *vt* (*prp, pt, pp* **-mm-**) ogranicz|yć, -ać koszty (czegoś); odchudz|ić, -ać infml *[company]*; ogranicz|yć, -ać; odchudz|ić, -ać infml *[budget]*; z|redukować *[workforce]*

III *vi* (*prp, pt, pp* **-mm-**) odchudzać się; **I'm ~ming** odchudzam się
■ **slim down**: ¶ **~ down** [1] *[person]* (diet) odchudz|ić, -ać się; (lose weight) s|chudnąć [2] *[company, organization]* zmniejsz|yć, -ać koszty ¶ **~ down [sth], ~ [sth] down** ogranicz|yć, -ać koszty (czegoś); odchudz|ić, -ać infml *[company]*; ogranicz|yć, -ać; odchudz|ić, -ać infml *[budget]*; z|redukować *[workforce]*

slime /slaɪm/ *n* maź *f*; (on river bed) muł *m*, szlam *m*; (in tank) szlam *m*; (of slug, snail) śluz *m*

slimebag /ˈslaɪmbæg/ *n* US vinfml gnida *f* vinfml fig

slimeball /ˈslaɪmbɔːl/ *n* = **slimebag**

sliminess /ˈslaɪmɪnɪs/ *n* [1] (of substance) mazista konsystencja *f*; (of river bed) mulistość *f* [2] pej (of person) oślizgłość *f* fig

slimline /ˈslɪmlaɪn/ *adj* [1] *[garment]* wyszczuplający [2] *[drink]* dietetyczny [3] *[organization]* o niskich kosztach operacyjnych [4] *[dishwasher, phone]* płaski, niezajmujący wiele miejsca

slimmer /ˈslɪmə(r)/ *n* GB osoba *f* odchudzająca się; **~s' magazine** czasopismo dla odchudzających się; **~s' disease** anoreksja

slimming /ˈslɪmɪŋ/ GB **I** *n* odchudzanie (się) *n*

II *modif [diet]* odchudzający; *[pills, product, club, group]* dla odchudzających się

III *adj [garment]* wyszczuplający

slimness /ˈslɪmnɪs/ *n* [1] (of person, part of body) szczupłość *f* [2] (of book) niewielkie rozmiary *m pl* [3] (of chances, hopes) nikłość *f*; (of resources, funds) szczupłość *f*

slimy /ˈslaɪmɪ/ *adj* [1] *[creature, floor, wall]* oślizgły, oślizły; *[river bed]* mulisty, szlamowaty; *[water]* mulisty; *[substance, liquid]* mazisty; *[plate, fingers]* lepki; **the snail left a ~ trail behind it** ślimak zostawił za sobą smugę śluzu [2] GB pej *[person]* oślizły fig [3] US pej (sleazy) obleśny

sling /slɪŋ/ **I** *n* [1] (weapon) proca *f* [2] (for support) Med temblak *m*; (for carrying baby) nosidełko *n*; (for carrying a load) pas *m*; (for carrying water) nosidło *n*; **to have one's arm in a ~** mieć rękę na temblaku [3] Sport (in climbing) pętla *f* asekuracyjna

II *vt* (*pt, pp* **slung**) [1] infml (throw) cis|nąć, -kać, miotać *[object, insult]*; **he slung a stone straight at me** cisnął kamieniem prosto we mnie; **to ~ a shawl around one's shoulders** zarzucić szal na ramiona; **I'll just ~ on a few clothes** tylko coś na siebie narzucę [2] (support, hang) zawie|sić, -szać *[load, rope, hammock]*; **to ~ sth over one's shoulder** or **across one's body** przewiesić coś przez ramię *[bag, rifle]*; **to ~**

sth from sth zawiesić coś na czymś *[hook]*; przewiesić coś przez coś *[beam, branch]*
■ **sling away** infml: **~ away [sth], ~ [sth] away** wywal|ić, -ać infml *[object]*
■ **sling out**: ¶ **~ out [sth], ~ [sth] out** wywal|ić, -ać infml ¶ **~ [sb] out** wywal|ić, -ać za drzwi *[person]*
IDIOMS: **to ~ one's hook** GB infml dat odczepić się infml

slingback /ˈslɪŋbæk/ **I** *n* (also **~ shoe**) pantofel *m* bez pięty
II *modif [shoe, sandal]* bez pięty

slingshot /ˈslɪŋʃɒt/ *n* proca *f*

slink /slɪŋk/ *vi* (*pt, pp* **slunk**) (sneak) **to ~ in/out** wejść/wymknąć się chyłkiem; **to ~ off** or **away** chyłkiem się oddalić

slinkily /ˈslɪŋkɪlɪ/ *adv* infml *[move]* ponętnie; **to walk ~** chodzić kołysząc biodrami; **~ dressed** seksownie ubrany

slinky /ˈslɪŋkɪ/ *adj [woman, manner]* ponętny; *[dress]* seksowny; *[music, vocals]* zmysłowy

slip[1] /slɪp/ **I** *n* [1] (error) pomyłka *f*; (by schoolchild) błąd *m*; (gaffe) gafa *f*; **to make a ~ (in one's calculations)** pomylić się (w obliczeniach); **a ~ of the tongue** przejęzyczenie, lapsus; **a ~ of the pen** lapsus; **there were a few trivial ~s in the translation** w tłumaczeniu było kilka drobnych błędów [2] (act of slipping) poślizgnięcie się *n*, poślizgnięcie (się) *n* **(on sth** na czymś); (false step) potknięcie *n*; **one ~ and you could fall over the cliff** wystarczy, że się poślizniesz i możesz spaść ze skały [3] Fashn (petticoat) (full) halka *f*; (half) półhalka *f* [4] Sport (in cricket) biegacz *m* [5] Aviat (also **side~**) ślizg *m* [6] (landslide) osuwisko *n* [7] Geol zsuw *m* uskoku
II slips *npl* Naut **the ~s = slipway**
III *vt* (*prp, pt, pp* **-pp-**) [1] (insert) **to ~ a note/coin/book in** or **into sth** wsunąć liścik/monetę/książkę do czegoś; **to ~ a joke/remark into sth** wtrącić dowcip /uwagę do czegoś; **to ~ one's feet into one's shoes** wsunąć na nogi buty; **to ~ an object/one's hand out of sth** wysunąć przedmiot/rękę z czegoś; **she ~ped the shirt over her head** (put on) wciągnęła bluzkę przez głowę; (take off) ściągnęła bluzkę przez głowę; **to ~ a shawl around one's shoulders** otulić ramiona szalem; **to ~ a ring onto sb's finger** wsunąć komuś pierścionek na palec; **to ~ sth into place** wsunąć coś na miejsce; **she ~ped her hand through his arm** wzięła go pod ramię [2] infml (give surreptitiously) **to ~ sb sth, to ~ sth to sb** wsunąć komuś coś *[tip, money, note]*; **he ~s me a case of port now and then** od czasu do czasu podsyła mi skrzynkę porto [3] (escape from) *[dog]* z|rywać, -erwać się z (czegoś) *[leash]*; Naut *[boat]* wyluzować zupełnie, porzucić *[moorings]*; **it has ~ped my attention** or **notice that...** umknęło mojej uwadze, że...; **it had ~ped my mind /memory** wyleciało mi to z głowy/z pamięci; **to let ~ an opportunity /chance (to do sth)** przepuścić okazję /szansę (zrobienia czegoś); **he let ~ a rude remark** wyrwała mu się nieuprzejma uwaga; **to let (it) ~ that...** wygadać się, że... infml; **to let things ~** zaniedbać sprawy [4] (release) rozsupł|ać, -ywać *[knot]*; **to ~ a stitch** (in knitting) przerzucić oczko; **to ~ a (dog's) leash** spuścić psa ze smyczy [5] Aut **to ~ the clutch** jechać na półsprzęgle [6] Med **he ~ped a disc** wyskoczył mu dysk → **disc**
IV *vi* (*prp, pt, pp* **-pp-**) [1] (slide quickly) **to ~ into sth** w|łożyć, -kładać coś *[dress, costume]*; wciel|ić, -ać się w coś *[role, part]*; zapa|ść, -dać w coś *[coma]*; popa|ść, -dać w coś *[confusion, madness]*; **to ~ into bad habits** nabrać złych nawyków; **to ~ into sleep** liter zapaść w sen; **to ~ out of sth** zdjąć coś *[dress, coat, costume]* [2] (move smoothly) sunąć; **the boat ~ped through the water** łódź sunęła po wodzie; **to ~ down (sth)** zsuwać się (po czymś); **to ~ into place** or **position** wskoczyć na (swoje) miejsce [3] (pass imperceptibly) **to ~ into/out of sth** wśliznąć się do czegoś /wymknąć się z czegoś *[building, room]*; **to ~ over** or **across the border** przedostać się przez granicę [4] (slide accidentally) *[person, animal]* pośliznąć się, poślizgnąć się **(on sth** na czymś); *[vehicle]* wpa|ść, -dać w poślizg; *[razor, knife, pen]* ześliznąć się; *[strap, load, cover, snow]* zsu|nąć, -wać się; **he ~ped down the stairs** pośliznął się i spadł ze schodów; **to ~ over** pośliznąć się i upaść [5] (escape from grasp) **to ~ out** *[glass, ball, fish]* wyśliznąć się; **to ~ from** or **out of sth** wyśliznąć się z czegoś; **the glass ~ped out of my hand** szklanka wyśliznęła mi się z ręki; **to ~ through sb's fingers** (opportunity) wymknąć się komuś; (money) przeciekać komuś przez palce [6] (fail to grip) *[rope, knot]* pu|ścić, -szczać; *[wheel, clutch]* ślizgać się **(on sth** po czymś); **I must be ~ping!** infml ze mną musi być coś nie w porządku! infml
■ **slip away** [1] (leave unnoticed) wym|knąć, -ykać się; **to ~ away to Paris** wyrwać się do Paryża [2] (die) euph od|ejść, -chodzić niepostrzeżenie, z|gasnąć euph
■ **slip back**: ¶ **~ back** *[person]* wr|ócić, -acać niepostrzeżenie **(to sth** do czegoś); *[boat]* wpły|nąć, -wać z powrotem **(into** or **to sth** do czegoś); **I'll just ~ back and ask her** wrócę tylko na chwilę i zapytam ją ¶ **~ [sth] back** wsu|nąć, -wać z powrotem
■ **slip by** *[life, weeks, months]* mi|nąć, -jać; *[time]* uciekać, umykać
■ **slip down** [1] (fall over) *[person]* pośliznąć się i upaść [2] (taste good) **this wine ~s down well** to wino gładko wchodzi infml
■ **slip in**: ¶ **~ in** (enter quietly) *[person]* wślizg|nąć, -iwać się; *[animal]* wkra|ść, -dać się; **I'll just ~ in and get it** po prostu wejdę i wezmę to; **a few errors have ~ped in** wkradło się kilka błędów ¶ **~ in [sth], ~ [sth] in** wtrąc|ić, -ać *[remark, comment]*; **to ~ in the clutch** puścić sprzęgło
■ **slip off**: ¶ **~ off** [1] (leave) wym|knąć, -ykać się [2] (fall off) zsu|nąć, -wać się ¶ **~ off [sth], ~ [sth] off** zd|jąć, -ejmować *[coat, gloves, ring]*
■ **slip on**: **~ on [sth], ~ [sth] on** w|łożyć, -kładać *[coat, gloves, ring]*
■ **slip out** [1] (leave) *[person]* wym|knąć, -ykać się; **I must ~ out for a moment** muszę się wymknąć na chwilę; **he's just ~ped out to the supermarket** wyskoczył tylko do sklepu infml [2] (come out accidentally) **the words ~ped out before he could think** wymknęło mu się, nim zdążył pomyśleć; **it just ~ped out!** tak mi się wymknęło!
■ **slip over** pośliznąć się i upaść
■ **slip past = slip by**
■ **slip through**: **a few errors have ~ped through** zostało kilka błędów
■ **slip up** infml (make mistake) po|mylić się **(on** or **about sth** w czymś, co do czegoś)
IDIOMS: **to give sb the ~** infml wymknąć się komuś; zwiać komuś infml

slip[2] /slɪp/ *n* [1] (piece of paper) karteczka *f*; świstek *m* infml; (receipt) paragon *m*; (part of form) odcinek *m*; **credit card ~** rachunek dla płacącego kartą kredytową; **a salary** or **wage ~** pasek wypłaty; **a ~ of paper** kawałek papieru [2] infml dat (slender person) **a ~ of a girl/child** chuchro, chucherko [3] Hort szczepka *f*

slip[3] /slɪp/ *n* (clay) angoba *f*

slipcase /ˈslɪpkeɪs/ *n* futerał *m* na książkę

slipcover /ˈslɪpkʌvə(r)/ *n* [1] US (loose cover) pokrowiec *m* [2] (dust-jacket) obwoluta *f*

slip gauge *n* Tech płytka *f* wzorcowa

slipknot /ˈslɪpnɒt/ *n* węzeł *m* ruchomy

slipnoose /ˈslɪpnuːs/ *n* pętla *f* zaciągająca się

slip-on (shoe) /ˌslɪpɒn(ˈʃuː)/ *n* mokasyn *m*, wsuwany but *m*

slipover /ˈslɪpəʊvə(r)/ Fashn **I** *n* bezrękawnik *m* wkładany przez głowę
II *adj [jumper, sweater]* wkładany przez głowę

slippage /ˈslɪpɪdʒ/ *n* [1] (decline in value, popularity) spadek *m* **(of sth** czegoś); (delay in production) poślizg *m* infml [2] (discrepancy) rozbieżność *f* [3] Tech (power loss) straty *f pl* energii

slipped disc *n* Med dyskopatia *f*

slipper /ˈslɪpə(r)/ **I** *n* [1] (houseshoe) pantofel *m* ranny or domowy; **house ~s** kapcie; papucie infml [2] dat (evening shoe) pantofel *m*, pantofelek *m*
II *vt* infml wal|nąć, -ić pantoflem infml *[person]*

slipper baths *npl* dat łaźnia *f* publiczna

slippery /ˈslɪpərɪ/ *adj* [1] (difficult to grip) *[path, steps, road, surface]* śliski; *[fish, reptile]* oślizły [2] (difficult to deal with) *[subject, topic, situation]* śliski [3] infml (untrustworthy) szczwany; **a ~ customer** podejrzany typ
IDIOMS: **to be on the ~ slope to sth** być na prostej drodze do czegoś

slippy /ˈslɪpɪ/ *adj* infml [1] (slippery) *[path, surface]* śliski [2] GB dat (quick) **look ~ (about it)!** ruszaj się!, rusz się!

slip road *n* GB (for entering motorway) wjazd *m*; (for leaving motorway) zjazd *m*

slipshod /ˈslɪpʃɒd/ *adj [person, worker]* niedbały **(in** or **about sth** w czymś); *[appearance, work]* niedbały, niechlujny

slip stitch I *n* Sewing ścieg *n* do obrębiania
II *vt* obrębi|ć, -ać

slipstream /ˈslɪpstriːm/ **I** *n* Aut cień *m* aerodynamiczny; Aviat strumień *m* zaśmigłowy
II *vt* Sport (in motor racing) jechać w cieniu aerodynamicznym (czegoś) *[car]*

slip-up /ˈslɪpʌp/ *n* infml potknięcie *n*

S

slipware /ˈslɪpweə(r)/ *n* ceramika *f* polewana

slipway /ˈslɪpweɪ/ *n* Naut pochylnia *f* (okrętowa)

slit /slɪt/ **I** *n* [1] (in door, fence) szpara *f*; (in wall) szpara *f*, szczelina *f*; (in garment) rozcięcie *n*; **to make a ~ in sth** naciąć coś, zrobić rozcięcie w czymś; **his eyes narrowed to ~s** zmrużył oczy [2] vulg (vagina) szpara *f* vulg
II *modif* **~ eyes** oczy jak szparki; **~ skirt** spódnica z rozcięciem
III *vt* (*prp* **-tt-;** *pt, pp* **slit**) (cut open) rozci|ąć, -nać; **to ~ a letter open** rozciąć kopertę; **to ~ sb's/one's (own) throat** poderżnąć komuś/sobie gardło; **to ~ one's wrists** podciąć sobie żyły

slither /ˈslɪðə(r)/ *vi [person]* ślizgać się; *[snake]* pełzać; **to ~ about on sth** ślizgać się po czymś *[ice, surface]*; **to ~ down the bank** ześliznąć się ze skarpy; **to ~ into one's seat** wślizgnąć się na swoje miejsce

slit pocket *n* kieszeń *f* z pionowym rozcięciem

slit trench *n* Mil okop *m*

sliver /ˈslɪvə(r)/ *n* (of glass) odprysk *m*, okruch *m*; (of soap) resztka *f*; (of food) kawałeczek *m*; (of cheese) obrzynek *m*, okrawek *m*; **just a ~!** tylko kawałeczek!

Sloane /sləʊn/ *n* GB infml pej (also **~ Ranger**) *młoda kobieta (rzadko młody mężczyzna) z wyższych sfer*

slob /slɒb/ *n* infml pej (slovenly person) flejtuch *m/f* infml; (lazy person) nierób *m* infml

slobber /ˈslɒbə(r)/ **I** *n* ślina *f*
II *vi [baby, dog]* ślinić się
■ **slobber over** infml: **~ over [sb/sth]** rozpływać się nad kimś

slobbery /ˈslɒbərɪ/ *adj* pej *[kiss]* mokry

sloe /sləʊ/ *n* Bot tarnina *f*

sloe-eyed /ˌsləʊˈaɪd/ *adj* o ciemnych, migdałowych oczach

sloe gin *n* ≈ tarniówka *f*

slog /slɒg/ infml **I** *n* [1] (hard work) znój *m*, mozół *m* liter; harówa *f*, harówka *f* infml; **a hard ~** ciężka harówka; **it was a real ~** to była prawdziwa harówa; **setting the economy right will be a long hard ~** uzdrawianie gospodarki będzie długim, żmudnym procesem [2] (difficult walking) uciążliwy marsz *m*; **it's a long, hard ~ to the village** droga do wsi jest długa i mozolna [3] (hard stroke) mocne uderzenie *n*; **to have** or **take a ~ at the ball** uderzyć piłkę z całej siły
II *vt* (*prp, pt, pp* **-gg-**) [1] (hit hard) rąbnąć infml *[opponent]*; uderz|yć, -ać z całej siły *[ball]*; **to ~ it out** walczyć zaciekle also fig [2] (progress with difficulty) mozolić się; **to ~ one's way through/towards sth** mozolnie brnąć przez coś/ku czemuś
III *vi* (*prp, pt, pp* **–gg-**) [1] (work hard) mozolić się; harować infml [2] (progress with difficulty) brnąć; **we ~ged up/down the hill** mozolnie wspinaliśmy się na wzgórze /schodziliśmy ze wzgórza [3] (hit hard) **to ~ at sb** zamierzyć się na kogoś; **to ~ at sth** z całej siły uderzyć w coś
■ **slog away** ślęczeć **(at sth** nad czymś)

slogan /ˈsləʊgən/ *n* (in politics, advertising) slogan *m*

slogger /ˈslɒgə(r)/ *n* [1] (person who hits hard) **to be a ~** mieć ciężką rękę [2] (hard worker) wół *m* roboczy fig

sloop /sluːp/ *n* Naut slup *m*

sloop-rigged /ˈsluːprɪgd/ *adj [yacht]* o ożaglowaniu skośnym

slop /slɒp/ **I** *n* [1] Agric (pigswill) pomyje *plt* [2] infml pej (food) pomyje *plt*, breja *f* infml [3] infml pej (sentimentality) ckliwość *f*
II slops *npl* [1] (liquid food) papka *f*; pomyje *plt* iron [2] (dirty water) popłuczyny *plt*
III *vt* (*prp, pt, pp* **-pp-**) rozl|ać, -ewać *[liquid]* **(onto sth** na coś); wl|ać, -ewać *[liquid]* **(into sth** do czegoś)
IV *vi* (*prp, pt, pp* **-pp-**) (also **~ over**) przel|ać, -ewać się **(into sth** do czegoś)
■ **slop around, slop about**: **he ~ped around in his dressing gown all day** łaził w szlafroku cały dzień
■ **slop out** (in prison) opróżni|ć, -ać kubły infml

slop bucket *n* (in prison) kubeł *m* na nieczystości; kibel *m* infml

slop chest *n* sklepik *m (na pokładzie statku handlowego)*

slope /sləʊp/ **I** *n* [1] (incline) (of surface, road) nachylenie *n*; (of roof) nachylenie *n*, spadek *m*; (of handwriting, floor) pochyłość *f*; **to have a ~** *[surface]* być nachylonym; *[roof]* być pochyłym; **the ~ on the road** nachylenie drogi; **the floor is on a ~** podłoga jest pochyła or krzywa; **a 40° ~, a ~ of 40°** czterdziestostopniowe nachylenie; **steep /gentle ~** duże/łagodne nachylenie [2] (hillside) stok *m*, zbocze *n*; **north/south ~** północny/południowy stok, północne /południowe zbocze; **ski ~** stok narciarski; **on the ~s of Kilimanjaro** na stokach Kilimandżaro; **upward ~** wzniesienie; **downward ~** opadający stok; **halfway up/down a ~** w połowie stoku
II *vt* Mil **~ arms!** na ramię broń!
III *vi [ground, garden, roof]* opadać **(towards sth** w kierunku czegoś); **his handwriting ~s** on ma pochyłe pismo; **the ground ~s to the east** teren opada na wschód; **the path ~s up/down to the house** ścieżka wznosi się/opada w kierunku domu → **slippery**
■ **slope off** infml (go away) zmy|ć, -wać się infml

sloping /ˈsləʊpɪŋ/ *adj [surface, road, ground]* nachylony; *[handwriting]* pochyły; *[ceiling]* skośny; *[shoulders, roof]* spadzisty

slop pail *n* = **slop bucket**

sloppily /ˈslɒpɪlɪ/ *adv* (carelessly) *[dress, write]* byle jak

sloppiness /ˈslɒpɪnɪs/ *n* (of person, work, garment, appearance) niedbałość *f*, niechlujność *f*; (of workmanship) niedbalstwo *n*; (of thought, reasoning) powierzchowność *f*; **~ of discipline** rozluźniona dyscyplina; **the ~ of his appearance** jego niedbały wygląd

slopping out *n* GB (in prison) opróżnianie *n* kubła

sloppy /ˈslɒpɪ/ *adj* [1] infml (careless) *[worker, writer, housewife]* niedbały, niechlujny; *[workmanship, garment, work]* byle jaki; *[discipline, procedure]* luźny; *[management]* nieudolny; **to be a ~ dresser** nie dbać o strój; **to be a ~ eater** niechlujnie jeść; **~ thinking** powierzchowne rozumowanie [2] infml (sentimental) *[person, film, sentiment]* ckliwy [3] GB (baggy) *[sweater]* luźny, porozciągany

sloppy joe /ˌslɒpɪˈdʒəʊ/ *n* infml [1] GB (sweater) luźny sweter *m* [2] US (sandwich) kanapka *f* z mięsem e keczupem

slopwork /ˈslɒpwɜːk/ *n* tania konfekcja *f*

slosh /slɒʃ/ **I** *vt* [1] infml (spill) rozl|ać, -ewać, chlap|nąć, -ać (czymś) *[liquid]*; (pour) nal|ać, -ewać *[wine]* [2] GB vinfml (hit) zdzielić infml *[person]*
II *vi* infml (also **~ about**) chlupotać
III sloshed *pp adj* infml (drunk) zalany infml; **to get ~ed** zalać się infml

slot /slɒt/ **I** *n* [1] (slit) (for coin, ticket, letters) otwór *m* [2] (groove) rowek *m* [3] (in timetable) Radio, TV okienko *n*; Aviat przydział *m* czasu na odlot; Sch jednostka *f* lekcyjna; **a prime-time ~** okienko w porze największej oglądalności [4] (position, job) stanowisko *n*
II *vt* (*prp, pt, pp* **-tt-**) **to ~ sth into a machine/groove** wpasować coś do otworu maszyny/w rowek; **to ~ a film into a timetable** umieścić film w programie; **I decided to ~ her into the newly created position** postanowiłem zatrudnić ją na nowo utworzonym stanowisku
III *vi* (*prp, pt, pp* **-tt-**) **to ~ into** *[coin, piece, component]* pasować do (czegoś) *[groove, machine]*; **she has ~ted into her new position very well** znakomicie zaadaptowała się na nowym stanowisku; **to ~ into place** or **position** zaskoczyć; **the two parts ~ into each other** obie części pasują do siebie
■ **slot in**: ¶ **~ in** *[coin, piece, component]* pasować ¶ **~ in [sth], ~ [sth] in** w|łożyć, -kładać or wrzuc|ić, -ać do otworu *[coin]*; wpasow|ać, -ywać *[piece, component]*; zmieścić w programie *[film, programme]*; umie|ścić, -szczać na stanowisku *[person]*
■ **slot together**: ¶ **~ together** pasować do siebie ¶ **~ [sth] together** po|łączyć *[parts]*

slot aerial *n* antena *f* szczelinowa

slot antenna *n* = **slot aerial**

slot car *n* US samochodzik *m* elektryczny (jeżdżący po torze)

sloth /sləʊθ/ *n* [1] Zool leniwiec *m* [2] fml (idleness) lenistwo *n*; gnuśność *f* fml

sloth bear *n* Zool wargacz *m*

slothful /ˈsləʊθfl/ *adj* fml leniwy; gnuśny fml

slot machine *n* Games automat *m* do gier; (for vending) automat *m (z papierosami, napojami)*

slot meter *n* (for gas, electricity) licznik *m* samoinkasujący; (for parking) parkometr *m*

slotted spoon *n* łyżka *f* durszlakowa

slouch /slaʊtʃ/ **I** *n* [1] (of posture) niedbała postawa *f*; **to walk with a ~** chodzić przygarbionym; *[fashion model]* US poruszać się z (leniwą) nonszalancją; **to develop a ~** przygarbić się [2] infml (person) łajza *m/f* infml; **to be no ~ at sth** (quite competent) całkiem nieźle sobie radzić z czymś
II *vi* [1] (droop shoulders) z|garbić się [2] (also **~ around**) snuć się; łazić infml

slouch hat *n* miękki kapelusz *m*

slough¹ /slaʊ, US slaʊ, sluː/ *n* [1] fig (of despair) bezmiar *m* fml; **a ~ of despond** bagno moralne [2] (bog) bagno *n*, trzęsawisko *n*

slough² /slʌf/ *n* (of reptile) wylinka *f*
■ **slough off**: **~ off [sth], ~ [sth] off** [1] Zool zrzuc|ić, -ać *[skin]* [2] fig zarzuc|ić, -ać *[habits, old ways]*

Slovak /ˈsləʊvæk/ *n, adj* = **Slovakian**
Slovakia /sləˈvækɪə/ *prn* Słowacja *f*; **in ~** na Słowacji
Slovakian /sləˈvækɪən/ **I** *n* 1 (person) Słowa|k *m*, -czka *f* 2 Ling (język *m*) słowacki *m*
II *adj* słowacki
Slovene /ˈsləʊviːn/ **I** *n* 1 (person) Słowe-n|iec *m*, -ka *f* 2 Ling (język *m*) słoweński *m*
II *adj* słoweński
Slovenia /sləˈviːnɪə/ *prn* Słowenia *f*
Slovenian /sləˈviːnɪən/ *n, adj* = **Slovene**
slovenliness /ˈslʌvnlɪnɪs/ *n* niechlujność *f*, niechlujstwo *n*
slovenly /ˈslʌvnlɪ/ *adj* niechlujny; **to have ~ habits** być niechlujnym
slow /sləʊ/ **I** *adj* 1 (not quick) *[runner, pace, vehicle, journey, movement, process, development]* (po)wolny; **the pace of life is ~ here** życie tutaj toczy się wolno; **to fall into a ~ decline** *[economy]* powoli chylić się ku upadkowi; **to make ~ progress** czynić niewielkie postępy; **to make a ~ recovery** powoli or wolno powracać do zdrowia; **to be ~ to do sth** wolno się zabierać do robienia czegoś; **attitudes are ~ to change** postawy zmieniają się powoli; **he is ~ to anger** niełatwo go wyprowadzić z równowagi; **to be ~ in doing sth** wolno coś robić; **he was very ~ in** or **about paying me** ociągał się z zapłaceniem mi 2 (dull) *[film, novel, play, plot]* rozwlekły 3 (slack) *[market]* w zastoju; *[demand, trade]* niewielki; *[economic growth]* (po)wolny; **business is ~** interesy idą kiepsko 4 (intellectually unresponsive) *[child, learner]* mało pojętny pej; **he's rather ~ at** or **in maths** matematyka idzie mu ciężko; **he's very ~ at** or **in grasping new concepts** bardzo powoli przyswaja nowe pojęcia; **the ~ stream** Sch grupa o niższym poziomie 5 (showing incorrect time) **to be (10 minutes) ~** *[clock, watch]* spóźniać się (10 minut) 6 Sport *[pitch, court]* wolny 7 (not too hot) **a ~ oven** piekarnik nastawiony na niską temperaturę; **cook gently over a ~ fire** gotować na wolnym ogniu
II *adv [go, travel, play, drive]* wolno, powoli; **~-cooked dish** potrawa gotowana na wolnym ogniu; **to go ~** *[workers]* wolniej pracować *(w ramach protestu)*; (be less active) zwolnić tempo → **go-slow**
III *vt, vi* = **slow down**
■ **slow down**: ¶ **~ down** *[train, runner]* zw|olnić, -alniać; *[output, pulse]* spa|ść, -dać; *[economy]* zw|olnić, -alniać tempo rozwoju; **the traffic had ~ed (down) to a crawl** samochody wlokły się w żółwim tempie; **to ~ down to 20 km/h** zwolnić do 20 km /godz.; **to ~ down to 2%** spaść do 2%; **at your age you should ~ down** w twoim wieku powinieneś zwolnić tempo ¶ **~ down [sb/sth], ~ [sb/sth] down** zmniej-sz|yć, -ać prędkość (czegoś) *[car, vehicle]*; przyhamow|ać, -ywać *[progress, production]*; spow|olnić, -alniać *[runner, reaction]*; **the illness has ~ed her down** choroba zmusiła ją do zwolnienia tempa (życia)
■ **slow up** → **slow down**

slow-burning /ˌsləʊˈbɜːnɪŋ/ *adj* 1 *[fuse, wire, fuel]* wolnopalny 2 fig *[anger, rage]* tłumiony
slowcoach /ˈsləʊkəʊtʃ/ *n* GB infml ślamazara *m/f* infml
slow cooker *n* naczynie *n* do gotowania na wolnym ogniu
slowdown /ˈsləʊdaʊn/ *n* zmniejszenie *n* tempa, zastój *m* **(in sth** w czymś); **a business/sales ~** zastój w interesach/w sprzedaży
slow handclap *n* **to give sb the ~** wyklaskać kogoś
slow lane *n* (in UK, Australia) lewy pas *m* autostrady; (elsewhere) prawy pas *m* autostrady
slowly /ˈsləʊlɪ/ *adv* (not quickly) wolno, powoli; (gradually) powoli; **~ but surely** powoli, lecz systematycznie
slow march *n* Mil wolny marsz *m*
slow match *n* lont *m* wolnopalny
slow motion *n* zwolnione tempo *n*; **in ~** w zwolnionym tempie; **a slow-motion film** film w zwolnionym tempie
slow-moving /ˌsləʊˈmuːvɪŋ/ *adj* powolny
slowness /ˈsləʊnɪs/ *n* 1 (of motion, step, reaction, person, vehicle) powolność *f* 2 (of sales, journey) wolne tempo *n* 3 (of plot, film, novel) rozwlekłość *f* 4 Sport (of pitch, court) wolna nawierzchnia *f* 5 (of mind, intelligence) ograniczenie *n* umysłowe
slowpoke /ˈsləʊpəʊk/ *n* US infml = **slowcoach**
slow puncture *n* niewielkie przebicie *n* opony
slow train *n* pociąg *m* osobowy
slow-witted /ˌsləʊˈwɪtɪd/ *adj* nierozgarnięty
slowworm /ˈsləʊwɜːm/ *n* Zool padalec *m*
SLR *n* Phot = **single-lens reflex**
sludge /slʌdʒ/ *n* 1 (also **sewage ~**) osad *m* kanalizacyjny 2 (mud) szlam *m*, muł *m*, osad *m* 3 Aut, Tech (in engine) pozostałości *f pl* olejowe
sludgeworks /ˈslʌdʒwɜːks/ *n* oczyszczalnia *f* ścieków
sludgy /ˈslʌdʒɪ/ *adj* mulisty
slug[1] /slʌg/ **I** *n* 1 infml (bullet) kulka *f* 2 US infml (token) żeton *m* 3 (of alcohol) łyk *m*
II *vt* **(*prp, pt, pp* -gg-)** infml (drink) walnąć or golnąć sobie infml *[whisky]*
slug[2] /slʌg/ *n* Zool ślimak *m* nagi
slug[3] /slʌg/ **I** *n* infml (blow) rąbnięcie *n*, walnięcie *n* infml
II *vt* **(*prp, pt, pp* -gg-)** 1 vinfml (hit) walnąć, rąbnąć infml *[person]*; **to ~ sb one** infml przywalić or przyładować komuś infml 2 US Sport uderz|yć, -ać (kijem) *[ball]*
IDIOMS: **to ~ it out** vinfml załatwić porachunki
slug bait *n* trutka *f* na ślimaki
slugfest /ˈslʌgfest/ *n* US infml ostra *f* walka
sluggard /ˈslʌgəd/ *n* próżniak *m*
slugger /ˈslʌgə(r)/ *n* vinfml **he is a ~** on mocno wali infml
sluggish /ˈslʌgɪʃ/ *adj* 1 *[person]* niemrawy, ospały; *[circulation, reaction]* spowolniony; *[traffic]* wolny; *[river, water]* wolno płynący 2 Fin *[economy, demand, market, trade]* w zastoju; **after a ~ start** po niezbyt udanym starcie, po trudnym początku
sluggishly /ˈslʌgɪʃlɪ/ *adv* ospale, niemrawo
sluggishness /ˈslʌgɪʃnɪs/ *n* ospałość *f*

slug pellets *npl* = **slug bait**
sluice /sluːs/ **I** *n* 1 (also **~ way)** śluza *f* 2 = **sluice gate**
II *vt* US (float) spławi|ć, -ać *[logs]*
■ **sluice down**: **~ down [sth], ~ [sth] down** spłuk|ać, -iwać
■ **sluice out**: ¶ **~ out** *[water]* trys|nąć, -kać ¶ **~ out [sth], ~ [sth] out** spłuk|ać, -iwać
sluice gate *n* wrota *plt* śluzy
slum /slʌm/ **I** *n* 1 (poor area) dzielnica *f* nędzy, slums *m*; **the ~s** slumsy 2 infml (messy house, room) chlew *m* infml fig
II *modif* **~ area** dzielnica slumsów; **~ house** dom w slumsach; **~ children** dzieci ze slumsów
III *vi* **(*prp, pt, pp* -mm-)** infml (also **~ it)** zadowolić się byle czym
slumber /ˈslʌmbə(r)/ **I** *n* sen *m*
II *vi* 1 spać 2 fig *[revolt, protest]* być uśpionym, ledwie tlić się fig
slumber party *n* US piżamowe przyjęcie *n*
slum clearance *n* wyburzanie *n* slumsów
slum dwelling *n* rudera *f*
slumgullion /ˌslʌmˈgʌlɪən/ *n* US infml wodnista potrawka *f*
slumlord /ˈslʌmlɔːd/ *n* US infml pej właściciel *m* domów w slumsach
slummy /ˈslʌmɪ/ *adj* infml *[area, district, part of town, house, street]* obskurny; *[room, appearance]* niechlujny; **what a ~ kitchen!** ale chlew w tej kuchni! infml
slump /slʌmp/ **I** *n* 1 (fall in prices, demand, trade, profits) gwałtowny spadek *m*; **a retail /shares ~** gwałtowny spadek sprzedaży detalicznej/notowań akcji; **the worldwide ~ in oil demand** gwałtowny spadek popytu na ropę na rynkach światowych 2 (of economy, country, industry, business, company) zastój *m*, kryzys *m*; **a severe economic ~** poważny zastój w gospodarce; **to experience a ~** przeżywać okres zastoju 3 (in popularity) (of celebrity, politician, party) spadek *m* popularności; (of team, player) kryzys *m*; **the team are experiencing a ~ this season** w tym sezonie drużyna przeżywa spadek formy; **a ~ in support for the party** spadek poparcia dla partii
II *vi* 1 *[value, prices, demand, trade, sales, profits, popularity, support]* gwałtownie spa|ść, -dać 2 *[business, economy]* zna|leźć, -jdować się w zastoju 3 *[person, body]* osu|nąć, -wać się; **exhausted, she ~ed down into the armchair** wyczerpana, osunęła się na fotel; **he suddenly ~ed to the floor** nagle osunął się na podłogę 4 **to ~ to another defeat** *[player, team]* ponieść kolejną porażkę
III slumped *pp adj* **~ed over the steering wheel** pochylony nad kierownicą; **~ed across the table** rozwalony na stole infml; **~ed in an armchair** rozparty w fotelu
slung /slʌŋ/ *pt, pp* → **sling**
slunk /slʌŋk/ *pt, pp* → **slink**
slur /slɜː(r)/ **I** *n* 1 (aspersion) oszczerstwo *n*; **to cast a ~ on sb/sth** uwłaczać komuś /czemuś; **to be a ~ on sth** rzucać cień na coś; **an outrageous ~** oburzające oszczerstwo 2 Mus legato *n* 3 (indistinct utterance) mamrotanie *n*; **to speak with a ~** mówić niewyraźnie

S

II *vt* (*prp, pt, pp* **-rr-**) [1] wy|mamrotać *[remark]*; **'goodnight,' he ~red** „dobranoc", wymamrotał; **he ~s his speech** or **words** (on) połyka słowa [2] Mus za|grać legato *[notes]*

III *vi* (*prp, pt, pp* **-rr-**) *[words]* zlewać się; **his speech began to ~** zaczął mamrotać or bełkotać niezrozumiale

IV **slurred** *pp adj [voice, words, speech]* bełkotliwy

■ **slur over**: **~ over [sth]** prześliz|nąć, -giwać się po (czymś) *[issue, problem, question]*; prze|jść, -chodzić do porządku dziennego nad (czymś) *[incident, error, discrepancy]*

slurp /slɜːp/ **I** *n* (single) siorbnięcie *n*; (repeated) siorbanie *n*

II *vt* siorb|nąć, -ać *[tea, soup]*

slurry /ˈslʌrɪ/ *n* [1] maź *f*; (of cement) rzadka zaprawa *f* [2] (waste products) (from animals) gnojówka *f*; (from factory) ścieki *plt* przemysłowe

slush /slʌʃ/ *n* [1] (melted snow) breja *f* [2] infml pej (sentimentality) ckliwość *f* [3] US Culin sok *m* z kruszonym lodem

slush fund *n* fundusz *m* łapówkowy, lewa kasa *f* infml

slushy /ˈslʌʃɪ/ *adj* [1] *[snow]* topniejący; *[streets]* pokryty topniejącym śniegiem, pokryty breją [2] infml fig *[book, film]* ckliwy

slut /slʌt/ *n* [1] vinfml offensive (promiscuous woman) zdzira *f* vinfml offensive [2] infml (dirty woman) flądra *f* infml offensive

sluttish /ˈslʌtɪʃ/ *adj* [1] vinfml offensive *[woman, behaviour, appearance]* zdzirowaty vinfml offensive [2] infml (dirty) niechlujny

sly /slaɪ/ *adj* [1] (cunning) *[person, animal, trick, look]* przebiegły [2] (secretive) *[smile, look, wink]* chytry; **a ~ (old) dog** infml szczwany lis

IDIOMS: **on the ~** infml ukradkiem, po cichu

slyboots /ˈslaɪbuːts/ *n* US infml chytrus *m*, -ka *f* infml

slyly /ˈslaɪlɪ/ *adv* [1] (with cunning) *[act, behave, speak]* przebiegle; *[hide, conceal]* sprytnie [2] (secretively) *[smile, look]* chytrze

slyness /ˈslaɪnɪs/ *n* przebiegłość *f*, chytrość *f*

S&M = **sadomasochism**

smack[1] /smæk/ **I** *n* [1] (blow) (with hand) klaps *m*; (on face) policzek *m*; (with bat) trzaśnięcie *n* [2] (sound of blow) (of object) trzask *m*; (of waves) uderzenie *n*; (by hand or person) plaśnięcie *n* [3] (loud kiss) cmoknięcie *n*, cmok *m*

II *adv* infml (also **~ bang, ~ dab** US) **~ in the middle of sth** *[fall]* w sam środek czegoś; *[be]* w samym środku czegoś; **~ in front of sth** tuż przed czymś

III *excl* trzask!

IV *vt* (hit) trzasn|ąć, -kać (czymś) *[object]* **(on sth/against sth** w coś/o coś); uderz|yć, -ać (czymś); wal|nąć, -ić (czymś) infml *[car, aeroplane]* **(on sth** w coś); da|ć, -wać klapsa (komuś) *[child]*

V *vi* (hit) **to ~ into** or **against sth** trzasnąć w coś

IDIOMS: **a ~ in the eye** cios fig; **to ~ one's lips** cmoknąć

smack[2] /smæk/ **I** *n* (of garlic, chilli) smak *m*; (of humour, malice) element *m*

II *vi* (have suggestion of) **to ~ of sth** mieć posmak czegoś *[garlic, chilli]*; trącić czymś liter *[irony, incompetence]*

smack[3] /smæk/ *n* Naut kuter *m* rybacki

smack[4] /smæk/ *n* vinfml (heroin) hera *f* infml

smacker /ˈsmækə(r)/ *n* infml [1] (kiss) całus *m* infml [2] (money) US zielony *m* infml; GB funt *m*

smacking /ˈsmækɪŋ/ *n* lanie *n*; **to give sb a ~** spuścić komuś lanie; **to get a ~** dostać lanie

small /smɔːl/ **I** *n* **the ~ of the back** krzyż; **he put his hand on the ~ of her back** objął ją w pasie

II **smalls** *npl* GB infml euph bielizna *f* osobista

III *adj* [1] (not big) *[person, change, mistake]* mały, drobny; *[house, car, book, coin, dog, bag]* mały, niewielki, nieduży; *[job, matter]* drobny; *[increase, majority, proportion, quantity, amount, stake]* mały, niewielki; *[sum, number]* mały, nieduży; *[group, family]* mały, nieliczny; **a ~ child** (young) małe dziecko; **that dress is a bit ~ for her** ta sukienka jest na nią trochę za mała; **the change was ~** to była drobna zmiana; **his influence was ~** jego wpływ był niewielki; **it would cost a ~ fortune** infml to będzie kosztować ładną sumkę infml; **it is written with a ~ letter** to pisze się małą literą; **in his/her own ~ way** w miarę swoich skromnych możliwości; **a ~ amount of sth** trochę czegoś; **to fold sth up ~** złożyć coś wielokrotnie; **to cut sth up ~** pokroić coś na małe kawałki; **everybody, great and ~, will be affected** to dotknie wszystkich – wielkich i maluczkich; **the ~est room** infml euph cichy kącik, przybytek euph; **it's a ~ world!** jaki ten świat jest mały! [2] (petty) *[person]* małostkowy; *[action]* podły [3] (not much) **to have ~ cause** or **reason for worrying** or **to worry** nie mieć powodów do niepokoju; **it is of ~ consequence** to nie ma większego znaczenia; **it is of no ~ consequence** to ma znaczenie, i to niemałe; **~ comfort** or **consolation to the bereaved family** niewielkie pocieszenie dla osieroconej rodziny; **~ wonder he left!** nic dziwnego, że wyjechał! [4] (quiet) *[voice, sound]* cichy [5] (humiliated) **to feel ~** czuć się poniżonym; **to look ~** wyglądać na zawstydzonego; **to make sb feel ~** poniżyć kogoś

IV *adv [write]* drobnym pismem

IDIOMS: **he's ~ beer** GB or **potatoes** US infml on jest nikim; **it's ~ beer** GB or **potatoes** US to jest małe piwo infml

small ad *n* GB ogłoszenie *n* drobne

small arms *npl* broń *f* ręczna

small arms fire *n* ogień *m* z broni ręcznej

small business *n* drobne przedsiębiorstwo *n*

small businessman *n* drobny *m* przedsiębiorca

small change *n* drobne *plt*

small claims court *n* Jur sąd *m* rozpatrujący drobne wykroczenia

small fry *npl* infml płotki *f pl* infml fig

smallholder /ˈsmɔːlhəʊldə(r)/ *n* GB chłop *m* małorolny

smallholding /ˈsmɔːlhəʊldɪŋ/ *n* GB małe gospodarstwo *n* rolne

small hours *npl* późne godziny *f pl* nocne; **he came home in the ~** przyszedł do domu nad ranem

small intestine *n* Anat jelito *n* cienkie

smallish /ˈsmɔːlɪʃ/ *adj* niewielki

small-minded /ˌsmɔːlˈmaɪndɪd/ *adj* małostkowy

small-mindedness /ˌsmɔːlˈmaɪndɪdnɪs/ *n* małostkowość *f*

smallness /ˈsmɔːlnɪs/ *n* (of person) niski wzrost *m*; (of object) niewielki rozmiar *m*; **I couldn't believe the ~ of the sum** nie mogłem uwierzyć, że kwota jest taka mała

smallpox /ˈsmɔːlpɒks/ *n* (czarna) ospa *f*

small print *n* [1] Print drobny druk *m*, petit *m* [2] fig **to read the ~** przeczytać adnotacje drobnym drukiem; **to read the ~ of the contract** bardzo starannie przeczytać umowę

small print condition *n* adnotacja *f* drobnym drukiem

small-scale /ˌsmɔːlˈskeɪl/ *adj [model]* pomniejszony; *[map, plan]* w małej skali; *[industry]* drobny; *[manufacturing]* na małą skalę

small screen *n* mały ekran *m*

small shopkeeper *n* drobny kupiec *m*

small talk *n* rozmowa *f* towarzyska; **to make ~** prowadzić rozmowę (towarzyską)

small-time /ˈsmɔːltaɪm/ *adj [actor, performer]* drugorzędny; **a ~ crook** drobny oszust

small-town /ˈsmɔːltaʊn/ *adj* pej *[attitude, mentality]* małomiasteczkowy

smarm /smɑːm/ *vi* GB infml **to ~ (all) over sb** podliz|ać, -ywać się komuś

smarmy /ˈsmɑːmɪ/ *adj* GB infml *[manners, behaviour]* lizusowski, wazeliniarski infml; **to be ~** być lizusem or wazeliniarzem infml

smart /smɑːt/ **I** *adj* [1] (elegant) *[appearance, person, clothes]* elegancki; **to look ~** wyglądać elegancko [2] infml (intelligent) *[child]* bystry; *[decision]* mądry; (shrewd) *[politician, journalist]* sprytny; **to be ~ at doing sth** doskonale coś robić; **it was definitely a ~ choice** to był na pewno rozsądny wybór; **the ~est kid in the class** infml najbystrzejsze dziecko w tej klasie; **would he be ~ enough to spot the error?** czy jest na tyle bystry, żeby zauważyć ten błąd?; **are you trying to be ~?** nie jesteś za sprytny?; **he thinks he's so ~** wydaje mu się, że jest bardzo sprytny [3] (fashionable) *[restaurant, hotel, street]* modny, elegancki; **the ~ set** wielki świat [4] (stinging) *[blow]* silny; *[rebuke, retort]* bolesny [5] (brisk) **to set off/walk at a ~ pace** wyruszyć/iść energicznym or szybkim krokiem; **that was ~ work!** szybko się z tym uporałeś! [6] Comput *[system, terminal]* inteligentny

II *vi* [1] *[graze, cut, cheeks]* piec, szczypać; **his eyes were ~ing from the smoke** oczy piekły go od dymu; **her cheek ~ed from the slap** policzek piekł ją od uderzenia [2] fig (emotionally) odczu|ć, -wać ból; **he ~ed under** or **at the insult** boleśnie odczuł tę zniewagę; **they are ~ing over** or **from their defeat** boleśnie odczuwają swoją porażkę

smart alec(k) /ˌsmɑːtˈælɪk/ *n* infml mądrala *m/f* infml pej

smartarse /ˈsmɑːtɑːs/ **I** *n* GB vinfml (person) mądrala *m/f* infml pej; przemądrzały dupek *m* vinfml

II *modif [comment, attitude]* przemądrzały

smartass /ˈsmɑːtæs/ *n* US vinfml = **smart-arse**

smart bomb *n* inteligentna bomba *f*

smart card *n* Comput, Fin karta *f* chipowa

smart drug *n* inteligentny lek *m*

smarten /ˈsmɑːtn/ *vt*

■ **smarten up**: ¶ **~ up [sth], ~ [sth] up** poprawi|ć, -ać wygląd (czegoś) *[town, area]* ¶**~ up [sb], ~ [sb] up** odszykow|ać, -ywać; **to ~ oneself up** odszykować się, doprowadzić się do porządku

smartly /ˈsmɑːtlɪ/ *adv* [1] *[dressed]* (neatly) starannie; (elegantly) elegancko [2] (quickly) *[hit, strike]* z rozmachem; *[rebuke, retort]* ostro [3] (briskly) *[step, turn, walk, move]* energicznie [4] (cleverly) *[act, react, answer, respond]* sprytnie

smart money *n* infml (bet) **the ~ was on Desert Orchid** (koń) Desert Orchid był pewniakiem infml; (investment) **the ~ is on our shares** nasze akcje to pewna inwestycja

smartness /ˈsmɑːtnɪs/ *n* [1] (of dress, clothes, hair, person) elegancja *f* [2] (cleverness) (of person) bystrość *f* [3] (of pace, rate, motion) szybkość *f*

smarty-pants /ˈsmɑːtɪpænts/ *n* infml = **smart alec(k)**

smash /smæʃ/ **I** *n* [1] (crash) (of glass, china) brzęk *m*; (of vehicle) huk *m*; **there was a ~ of breaking glass** rozległ się brzęk rozbijanego szkła; **~! there goes another plate!** brzdęk! następny talerz rozbity! [2] infml (also **~ up**) zderzenie *n*, kolizja *f*; **rail ~** zderzenie pociągów [3] Mus, Cin infml (also **~ hit**) wielki przebój *m*, wielki hit *m* [4] Fin (collapse) plajta *f* infml; (on stock exchange) krach *m* [5] Sport (tennis) smecz *m*

II *adv* **the motorbike ran ~ into a wall** motocykl z hukiem rozbił się o mur; **to go ~** Fin splajtować infml

III *vt* [1] rozbi|ć, -jać *[glass, car]*; (more violently) roztrzask|ać, -iwać; rozwal|ić, -ać infml; **to ~ the door** rozwalić drzwi; **to ~ sb's skull** roztrzaskać komuś czaszkę; **to ~ sth to bits** or **pieces** roztrzaskać coś na kawałki; **the boat was ~ed against the rocks** łódź rozbiła się o skały; **thieves ~ed their way into the shop** złodzieje wdarli się do sklepu rozbijając wszystko po drodze; **she ~ed the car into a tree** rozbiła samochód na drzewie; **he ~ed his fist into his attacker's face** walnął pięścią napastnika w twarz infml; **he ~ed the hammer down on the vase** walnął młotkiem w wazon [2] (destroy) rozbi|ć, -jać *[drugs ring, gang]*; rozn|ieść, -osić w puch *[opponent]*; z|dławić *[protest, revolt, inflation]*; rozpędz|ić, -ać *[demonstration]*; obal|ić, -ać *[political system]* [3] Sport (break) zdecydowanie pobić *[record]* [4] Sport **to ~ the ball** ściąć piłkę

IV *vi* [1] (disintegrate) rozbi|ć, -jać się, roztrzask|ać, -iwać się **(on sth/against sth** na czymś/o coś) [2] (crash) **to ~ into sth** *[vehicle, aircraft]* uderzyć w coś *[wall, tree, vehicle]*; **the raiders ~ed through the door** napastnicy wyważyli drzwi; **the waves ~ed through the dyke** fale przerwały wał [3] Fin zrobić plajtę infml

■ **smash down**: **~ down [sth], ~ [sth] down** rozwal|ić, -ać infml *[door, fence, wall]*

■ **smash in**: **~ [sth] in** rozwal|ić, -ać infml *[door, skull]*; **I'll ~ your face** or **head in!** infml rozwalę ci mordę or łeb! vinfml

■ **smash open**: **~ open [sth], ~ [sth] open** rozwal|ić, -ać infml *[door, safe, container]*

■ **smash up**: **~ up [sth], ~ [sth] up** z|demolować *[building, furniture]*; rozwal|ić, -ać infml *[vehicle]*; **they'll ~ the place up!** wszystko zdemolują!; **he got ~ed up in a car crash** infml został mocno poturbowany w wypadku samochodowym

smash-and-grab /ˌsmæʃənˈgræb/ *n* GB infml (also **~ raid**) napad *m* rabunkowy na sklep *(po wybiciu szyby wystawowej)*

smashed /smæʃt/ *adj* [1] infml (intoxicated) (on alcohol) zalany infml; (on drugs) naćpany infml **(on sth** czymś); **to get ~** zalać się w trupa infml [2] (shattered) *[vehicle, window]* rozbity; *[limb]* zmiażdżony

smasher /ˈsmæʃə(r)/ *n* GB infml [1] (man) przystojniak *m* infml; (woman) ślicznotka *f* infml [2] (term of approval) **you're a ~!** jesteś cudowny!; **her car's a real ~!** jej wóz jest naprawdę ekstra! infml

smashing /ˈsmæʃɪŋ/ *adj* GB infml fantastyczny, kapitalny infml

smattering /ˈsmætərɪŋ/ *n* infml powierzchowna znajomość *f* **(of sth** czegoś); **to have a ~ of French** znać parę słów po francusku; **to have a ~ of culture** mieć trochę ogłady

smear /smɪə(r)/ **I** *n* [1] (mark) plama *f*; **a ~ of grease/blood** tłusta/krwawa plama [2] (defamation) oszczerstwo *n*; **a ~ on sb's character** zmaza na reputacji kogoś liter [3] Med = **smear test**

II *vt* [1] (dirty) usmarować *[glass, window]*; **to ~ the walls with paint, to ~ paint on the walls** zapaćkać ściany farbą infml; **the baby's face was ~ed with jam** dziecko miało buzię usmarowaną dżemem [2] (slander) oczerni|ć, -ać *[person]*; z|szargać *[reputation]* [3] (spread) rozsmarow|ać, -ywać *[butter, sun oil, lotion]*; rozmaz|ać, -ywać *[ink]*; **~ some grease on the cogs** nasmaruj tryby smarem [4] US infml (defeat) z|miażdżyć *[opposition, rival]*

III *vi* *[ink, paint, lipstick, make-up]* rozmaz|ać, -ywać się

smear campaign *n* kampania *f* oszczerstw **(against sb** przeciwko komuś)

smear tactics *npl* taktyka *f* oczerniania

smear test *n* Med wymaz *m*; cytologia *f* infml

smeary /ˈsmɪərɪ/ *adj* *[glass, window, face]* umazany, usmarowany

smell /smel/ **I** *n* [1] (odour) zapach *m*; (unpleasant) smród *m*; **a ~ of cooking** zapach kuchenny; **a ~ of burning** zapach spalenizny, swąd; **there's a bit of a ~ in here** coś tu nieprzyjemnie pachnie; **what a ~!** ale śmierdzi!; **this flower has no ~** ten kwiat w ogóle nie pachnie [2] (sense) węch *m*, powonienie *n*; **a good sense of ~** dobry węch [3] (action) **to have a ~ of** or **at sth** powąchać coś [4] fig **there's a ~ of treachery/fraud about it** to pachnie zdradą/oszustwem; **she's still enjoying the sweet ~ of success** wciąż upaja się sukcesem

II *vt* (*pt, pp* **smelled, smelt** GB) [1] (notice, detect) po|czuć zapach (czegoś); (sniff deliberately) po|wąchać; **I could ~ alcohol on his breath** poczułem od niego alkohol; **can you ~ lemons/burning?** czy czujesz zapach cytryn/spalenizny? [2] fig (sense) z|wietrzyć *[danger, trouble]*; rozpozna|ć, -wać *[good worker, liar, cheat]*; (have ability to sense) przeczu|ć, -wać *[change]*

III *vi* (*pt, pp* **smelled, smelt** GB) [1] (have odour) pachnieć **(of sth** czymś); (unpleasantly) śmierdzieć **(of sth** czymś); **he ~ed of alcohol** czuć było od niego alkohol, śmierdział alkoholem; **that ~s nice /horrible** to ładnie pachnie/to strasznie śmierdzi; **this flower doesn't ~** ten kwiat nie pachnie; **this gas doesn't ~** ten gaz nie ma zapachu; **it ~s like leather** to ma zapach skóry, to pachnie jak skóra; **his breath ~s** czuć mu z ust [2] (have sense of smell) mieć węch or powonienie [3] fig **this ~s of racism/corruption** to śmierdzi or trąci liter rasizmem/korupcją; **the whole thing ~s** ta cała sprawa śmierdzi

■ **smell out**: **~ out [sth], ~ [sth] out** [1] (sniff out) *[dog]* wywęszyć *[drugs, explosives]*; *[fox]* zwietrzyć *[prey]* [2] fig (discover) z|węszyć *[corruption, plot, treachery]*; z|demaskować *[spy, traitor]* [3] (cause to stink) zasmr|odzić, -adzać *[room, house]*

smelliness /ˈsmelɪnɪs/ *n* smród *m*

smelling salts *npl* Med sole *plt* trzeźwiące

smelly /ˈsmelɪ/ *adj* [1] *[animal, person, clothes, breath]* śmierdzący; **this cheese is a bit ~** ten ser trochę śmierdzi [2] infml fig *[idea, object, person]* paskudny infml

smelt[1] /smelt/ *pt, pp* → **smell**

smelt[2] /smelt/ *n* (*pl* **~, ~s**) Zool stynka *f*

smelt[3] /smelt/ *vt* wyt|opić, -apiać *[metal, ore]*

smelter /ˈsmeltə(r)/ *n* [1] (factory) huta *f*; (machine) piec *m* hutniczy [2] (worker) wytapiacz *m*

smeltery /ˈsmeltərɪ/ *n* = **smelter** [1]

smelting /ˈsmeltɪŋ/ *n* wytop *m*

SME's *n* = **small and medium enterprises** małe i średnie przedsiębiorstwa *n pl*

smidgen, smidgin /ˈsmɪdʒən/ *n* infml (of cake, cheese, food) odrobina *f* infml; (of drink) kapka *f* infml; (of emotion) nutka *f*; **just a ~** tylko odrobina

smile /smaɪl/ **I** *n* uśmiech *m*; **a happy /cheerful ~** radosny/promienny uśmiech; **a big** or **broad ~** szeroki uśmiech; **a ~ of welcome** uśmiech na powitanie; **to give a ~** uśmiechnąć się; **to give sb a ~** uśmiechnąć się do kogoś, obdarzyć kogoś uśmiechem; **with a ~** z uśmiechem; **to have a ~ on one's face** uśmiechać się; **take that ~ off your face!** przestań się uśmiechać!; **that news should wipe the ~ off her face** kiedy to usłyszy, przestanie jej być tak wesoło; **to be all ~s** rozpływać się w uśmiechu; **to crack a ~** US infml uśmiechnąć się

II *vt* **to ~ one's consent/thanks** uśmiechnąć się przyzwalająco/z wdzięcznością; **to ~ a greeting** uśmiechnąć się na powitanie; **'of course,' he ~d** „oczywiście", powiedział z uśmiechem; **to ~ a grateful/sad smile** uśmiechnąć się z wdzięcznością/ze smutkiem

III *vi* uśmiech|nąć, -ać się **(at sb** do kogoś); **we ~d at the idea** uśmiechnęliśmy na ten pomysł; **we ~d at his**

S

confusion uśmiechnęliśmy się, widząc jego zakłopotanie; **to ~ to think of sth** uśmiechnąć się na myśl o czymś; **to ~ to oneself** uśmiechnąć się do siebie; **keep smiling!** nie martw się!

■ **smile on**: **~ on [sb/sth]** *[luck, fortune]* uśmiech|nąć, -ać się do (kogoś); *[weather, person, authority]* sprzyjać (komuś); *[person, group]* przychyl|ić, -ać się do (czegoś) *[project]*

smiley /ˈsmaɪlɪ/ *n* Comput uśmieszek *m*

smiling /ˈsmaɪlɪŋ/ *adj* uśmiechnięty

smilingly /ˈsmaɪlɪŋlɪ/ *adv* z uśmiechem

smirk /smɜːk/ **I** *n* uśmieszek *m*

II *vi* (in a self-satisfied way) uśmiech|nąć, -ać się z wyższością; (knowingly) uśmiech|nąć, -ać się znacząco

smite /smaɪt/ *vt* (*pt* **smote**; *pp* **smitten**) arch [1] (strike) grzmo|tnąć, -cić [2] liter (defeat) rozgromić *[enemy]*; (punish) u|karać

smith /smɪθ/ *n* kowal *m*

smithereens /ˌsmɪðəˈriːnz/ *npl* kawałeczki *m pl*; **in ~** w kawałeczkach; **to smash sth to ~** rozbić coś w drobny mak

smithy /ˈsmɪðɪ/ *n* kuźnia *f*

smitten /ˈsmɪtn/ **I** *pp* arch → **smite**

II *adj* [1] (afflicted) **~ by sth** przytłoczony czymś *[guilt, regret]*; dotknięty czymś *[illness]* [2] (in love) zadurzony; **to be ~ with** or **by sb** być w kimś zadurzonym; **she's completely ~ with him** zupełnie straciła dla niego głowę

smock /smɒk/ **I** *n* (shirt) bluzka *f*, koszula *f*; (for protection) fartuch *m*, kitel *m*

II *vt* przymarszcz|yć, -ać *[garment, fabric]*

smocking /ˈsmɒkɪŋ/ *n* marszczenie *n*

smog /smɒg/ *n* smog *m*

smog mask *n* maska *f* ochronna *(chroniąca przed smogiem)*

smoke /sməʊk/ **I** *n* [1] (fumes) dym *m*; **full of tobacco ~** pełen dymu papierosowego; **a cloud/a wisp of ~** chmura/smuga dymu; **to vanish in a puff of ~** zniknąć w kłębach dymu; **to go up in ~** infml pójść z dymem; fig *[plan]* spalić na panewce [2] infml (cigarette) fajka *f* infml; **got any ~s?** masz fajki?; **to have a ~** zapalić; **she went out for a quick ~** wyszła na chwilę na papierosa [3] GB infml dat **the Smoke** miasto *n*; **the big Smoke** GB Londyn

II *vt* [1] (use) palić *[pipe, marijuana]*; **to ~ a cigarette** palić papierosa; **she ~s 20 cigarettes a day** wypala or pali 20 papierosów dziennie [2] Culin u|wędzić *[fish, meat]*

III *vi* [1] (use tobacco, substances) palić; **when did you start smoking?** kiedy zacząłeś palić? [2] (be smoky) *[fire, lamp, fuel]* kopcić, dymić

IV smoked *pp adj [food]* wędzony; *[glass]* dymny

■ **smoke out** ¶ **~ out [sth], ~ [sth] out** wykurz|yć, -ać *[animal]* ¶ **~ out [sb], ~ [sb] out** fig wykurz|yć, -ać infml *[fugitive, sniper]*; z|demaskować *[traitor, culprit]* ¶ **~ [sth] out** zadymi|ć, -ać *[room, house]*

IDIOMS: **there's no ~ without fire, where there's ~ there's fire** nie ma dymu bez ognia; **stick that in your pipe and ~ it!** będziesz musiał to jakoś przełknąć; **to ~ like a chimney** infml kurzyć jak komin infml

smoke alarm *n* czujnik *m* dymu

smoke bomb *n* bomba *f* dymna

smoke detector = **smoke alarm**

smoke-dried /ˌsməʊkˈdraɪd/ *adj* wędzony

smoke-dry /ˌsməʊkˈdraɪ/ *vt* u|wędzić

smoke-filled /ˈsməʊkfɪld/ *adj* zadymiony

smokeless /ˈsməʊklɪs/ *adj [fuel]* bezdymny; **a ~ zone** strefa, w której obowiązuje zakaz spalania odpadów

smoker /ˈsməʊkə(r)/ *n* [1] (person) palacz *m*, -ka *f*; **to be a heavy ~** dużo palić; **to be a light ~** palić niewiele; **a ~'s cough** kaszel nałogowego palacza [2] (on train) wagon *m* dla palących

smoke screen *n* Mil zasłona *f* dymna also fig

smoke signal *n* sygnał *m* dymny

smokestack /ˈsməʊkstæk/ *n* komin *m* (fabryczny)

smokestack industries *n* przemysł *m* ciężki

smokey = **smoky**

smoking /ˈsməʊkɪŋ/ **I** *n* palenie *n*; **'~ damages your health'** „palenie szkodzi zdrowiu"; **to give up ~** rzucić palenie; **to cut down on one's ~** ograniczyć palenie; **a ban on ~** zakaz palenia; **'no ~'** „zakaz palenia"

II *adj* [1] (emitting smoke) *[chimney, volcano, cigarette]* dymiący [2] (for smokers) *[compartment, section]* dla palących

smoking ban *n* zakaz *m* palenia

smoking car *n* US wagon *m* dla palących

smoking compartment *n* GB przedział *m* dla palących

smoking jacket *n* bonżurka *f*

smoking-related /ˈsməʊkɪŋrɪleɪtɪd/ *adj [disease]* związany z paleniem papierosów

smoking room *n* palarnia *f*

smoky /ˈsməʊkɪ/ **I** *n* US infml gliniarz *m* na motorze infml

II *adj* [1] *[atmosphere, room]* zadymiony; **it's a bit ~ here** trochę tu nadymione [2] *[lamp, candle]* kopcący, dymiący; **that fire is awfully ~** z tego ognia strasznie się dymi [3] Culin *[cheese, ham, bacon]* wędzony [4] *[glass]* przydymiony

smolder *vi* US = **smoulder**

smoldering *adj* US = **smouldering**

smooch /smuːtʃ/ infml **I** *n* [1] (kiss and cuddle) pieszczoty *f pl*; **they had a ~ on the back row of the cinema** całowali się w ostatnim rzędzie kina [2] GB (slow dance) wolny *m* kawałek infml

II *vi* [1] (kiss and cuddle) ściskać się, obściskiwać się [2] GB Dance za|tańczyć wolny kawałek infml

smoochy /ˈsmuːtʃɪ/ *adj* GB infml *[record, song, piece of music]* nastrojowy

smooth /smuːð/ **I** *adj* [1] (even, without bumps) *[surface, road, lake, stone, object, skin, face, cheek, fabric]* gładki; *[sea]* spokojny; *[breathing]* regularny; *[sauce, gravy, paste]* gładki; *[movement]* płynny; *[music, rhythm]* spokojny, płynny; *[playing]* gładki; **these tyres have worn ~** te opony są zupełnie zdarte; **to have a ~ landing** mieć miękkie lądowanie; **bring the car to a ~ stop** łagodnie zahamuj; **the engine is very ~** silnik równo pracuje [2] fig (problem-free) *[passage, transition]* gładki, bez zakłóceń; *[journey, life]* spokojny; **such a change is rarely ~** rzadko się zdarza, żeby taka zmiana przeszła gładko; **the bill had a ~ passage through Parliament** ustawa przeszła gładko w parlamencie [3] (pleasant, mellow) *[taste]* łagodny; *[whisky, wine, sherry]* gładki [4] pej (suave) *[person, appearance, manners]* gładki; **he's a ~ talker** potrafi gładko mówić → **operator**

II *vt* [1] (flatten out) wyrówn|ać, -ywać *[clothes, paper, surface]*; (get creases out of) wygładz|ić, -ać *[fabric, paper]*; przygładz|ić, -ać *[hair]*; **to ~ the creases from sth** wygładzić zagniecenia na czymś; **she ~ed her skirt over her hips** poprawiła (sobie) spódnicę na biodrach; **to ~ one's hair back** zaczesać włosy do tyłu; **~ the cream into your skin/over your face** posmaruj skórę/twarz kremem; **this cream ~s rough skin** ten krem wygładza szorstką skórę [2] fig (make easier) ułatwi|ć, -ać *[process, transition]* → **silk, baby, ruffled**

■ **smooth away**: **~ away [sth]** wygładz|ić, -ać *[wrinkles, creases]*; fig usu|nąć, -wać *[difficulties, problems]*

■ **smooth down**: **~ down [sth], ~ [sth] down** wygładz|ić, -ać *[clothes, fabric]*; przygładz|ić, -ać *[hair]*; wy|polerować, wy|gładzić *[wood]*

■ **smooth out**: **~ out [sth], ~ [sth] out** [1] (lay out) roz|łożyć, -kładać *[map, paper, cloth]*; (remove creases from) rozprostow|ać, -ywać *[paper, cloth]* [2] fig pokon|ać, -ywać *[difficulties]*; usu|nąć, -wać *[imperfections]*; **to ~ out the impact of sth** złagodzić oddziaływanie czegoś

■ **smooth over**: **~ over [sth], ~ [sth] over** fig zmniejsz|yć, -ać *[awkwardness, differences]*; usu|nąć, -wać *[difficulties, problems]*; poprawi|ć, -ać *[relationship]*; **to ~ things over** załagodzić sprawę

IDIOMS: **to take the rough with the ~** przyjmować rzeczy takimi, jakie są; **the course of true love never did run ~** w prawdziwej miłości zawsze zdarzają się wzloty i upadki

smooth-cheeked /ˌsmuːðˈtʃiːkt/ *adj* **a ~ young man** gołowąs

smooth-faced /ˌsmuːðˈfeɪst/ *adj* = **smooth-cheeked**

smoothie, smoothy /ˈsmuːðɪ/ *n* infml [1] pej (person) czaruś *m* infml [2] US (milk-shake) koktail *m* mleczny

smoothly /ˈsmuːðlɪ/ *adv* [1] (easily) *[move, flow, glide]* płynnie; *[start, stop, brake, land]* łagodnie; *[spread]* równomiernie; *[write]* gładko; **the key turned ~ in the lock** klucz łatwo przekręcił się w zamku; **to run ~** *[department, engine, machinery]* pracować bez zakłóceń; *[business]* iść gładko; *[holiday]* przebiegać bez problemów; **things are going very ~ for me** u mnie wszystko idzie pomyślnie or jak po maśle [2] (suavely) *[lie, say]* bez zająknienia; **to speak ~** mówić gładko

smoothness /ˈsmuːðnɪs/ *n* [1] (of surface, skin, hair) gładkość *f*; (of car, vehicle, engine) praca *f* bez zakłóceń; (of music, rhythm, playing, movement) płynność *f* [2] (absence of problems) (of process, transition) płynność *f*; (of journey, operation) pomyślny przebieg *m* [3] (mellowness) (of wine, whisky) gładkość *f*; (of taste) łagodność *f* [4] (suaveness) gładkość *f*

smooth running **I** *n* (of machinery, engine) praca *f* bez zakłóceń; (of organization, department) dobre funkcjonowanie *n*; (of event) gładki przebieg *m*

II **smooth-running** *adj [machinery, engine]* pracujący bez zakłóceń; *[organization, department]* dobrze funkcjonujący; *[event]* gładko przebiegający

smooth-tongued /ˌsmuːðˈtʌŋd/ *adj* wygadany

smoothy *n* infml = **smoothie**

smorgasbord /ˈsmɔːgəsbɔːd/ *n* [1] Culin szwedzki stół *m* [2] fig duży wybór *m*

smote /sməʊt/ *pt* arch → **smite**

smother /ˈsmʌðə(r)/ **I** *vt* [1] (stifle) u|dusić *[person, animal]*; s|tłumić, z|dławić, z|dusić *[fire, opposition]*; s|tłumić *[laughter, yawn, emotion]*; za|tuszować *[scandal]* [2] (cover) pokry|ć, -wać **(with sth** czymś**)**; **he ~ed the child with kisses** obsypał dziecko pocałunkami; **a cake ~ed in cream** ciastko pokryte kremem; **her face was ~ed in powder** miała twarz pokrytą grubą warstwą pudru; **they ~ed him in blankets** owinęli go w koce [3] (overwhelm) (with love, kindness) przytł|oczyć, -aczać

II *vi [person, animal]* u|dusić się

smoulder GB, **smolder** US /ˈsməʊldə(r)/ *vi* [1] *[fire, cigarette, ruins, rubble]* tlić się [2] fig *[hatred, jealousy]* nie wygasać, tlić się fig; **she ~ed with hatred** płonęła nienawiścią; **he ~ed with jealousy** zżerała go zazdrość

smouldering GB, **smoldering** US /ˈsməʊldərɪŋ/ *adj* [1] *[fire, cigarette, ruins, rubble, ashes]* tlący się [2] fig (intense) *[hatred, jealousy]* niegasnący; *[resentment, anger]* nieprzemijający [3] (sexy) *[eyes, look, expression]* uwodzicielski

smudge[1] /smʌdʒ/ **I** *n* (mark) plama *f*; **an ink ~** plama z atramentu; (on paper) kleks *m*

II *vt* rozmaz|ać, -ywać *[ink, print, paint, make-up]*; po|plamić *[paper, cloth]*

III *vi [ink, print, paint, make-up]* rozmaz|ać, -ywać się

IV **smudged** *pp adj [paint, make-up, writing]* rozmazany; *[paper, cloth]* poplamiony; **your make-up/the paint is ~d** rozmazał ci się makijaż/rozmazała się farba

smudge[2] /smʌdʒ/ *n* US Agric dymiące ognisko *n (odstraszające owady)*

smudgy /ˈsmʌdʒɪ/ *adj* [1] (marked) *[paper, page]* poplamiony; *[writing]* rozmazany; *[face]* z rozmazanym makijażem [2] (indistinct) *[painting, photograph, outline]* zamazany

smug /smʌg/ *adj* zadowolony z siebie; **don't be so ~!** nie bądź taki zadowolony!; **to be ~ about winning** triumfować; **I can't afford to be ~** nie mogę spocząć na laurach

smuggle /ˈsmʌgl/ **I** *vt* przemyc|ić, -ać, prze|szmuglować *[alcohol, cigarettes, drugs, arms, weapons, restricted material]* **(into sth** do czegoś**)**; **to ~ sb into Britain** przemycić or nielegalnie wwieźć kogoś do Wielkiej Brytanii; **to ~ sb into the club** przemycić kogoś do klubu; **to ~ sb/sth out of Poland** nielegalnie wywieźć kogoś /coś z Polski; **to ~ sth through** or **past customs** przemycić coś przez odprawę celną

II *vi* uprawiać kontrabandę

III **smuggled** *pp adj [cigarettes, diamonds]* przemycony, przeszmuglowany; **~d goods** kontrabanda, szmugiel

smuggler /ˈsmʌglə(r)/ *n* przemytni|k *m*, -czka *f*, szmugler *m*; **drug/arms ~** przemytnik narkotyków/broni

smuggling /ˈsmʌglɪŋ/ *n* przemyt *m*

smuggling ring *n* gang *m* przemytników

smugly /ˈsmʌglɪ/ *adv* **he smiled ~** uśmiechnął się zadowolony z siebie

smugness /ˈsmʌgnɪs/ *n* samozadowolenie *n*

smut /smʌt/ *n* [1] (vulgarities) sprośności *f pl*; świństwa *n pl* infml [2] (stain) zabrudzenie *n* [3] Hort, Agric śniedź *f*

smuttiness /ˈsmʌtɪnɪs/ *n* nieprzyzwoitość *f*

smutty /ˈsmʌtɪ/ *adj* [1] (crude) nieprzyzwoity, sprośny [2] (dirty) *[face]* umorusany sadzą; *[cloth, object]* pobrudzony sadzą; **~ marks /spots** ślady/plamy sadzy

snack /snæk/ **I** *n* [1] (small meal) przekąska *f*; **bar ~s** dania barowe; **to have** or **eat a ~** przekąsić coś [2] (crisps, peanuts) zakąska *f*

II *vi* podjadać; **to ~ on sth** podjadać coś *[cakes, confectionery]*

snack bar *n* bar *m* szybkiej obsługi, snack bar *m*

snaffle /ˈsnæfl/ **I** *n* Equest uzda *f* wędzidłowa; **~ bit** wędzidło

II *vt* GB infml (obtain) zgarn|ąć, -iać infml; (steal) zwędzić, podwędz|ić, -ać infml

snafu /snæˈfuː/ vinfml **I** *n* (mess) burdel *m* infml; (mistake) potknięcie *n*

II *vt* (*pres 3rd pers* **~es;** *pt, pp* **~ed)** s|chrzanić infml

III *vi* (*pres 3rd pers* **~es;** *pt, pp* **~ed)** [1] US (make a mistake) z|robić głupstwo [2] (cause havoc) z|robić pieprznik vinfml

snag /snæg/ **I** *n* [1] (hitch) szkopuł *m* **(in sth** w czymś**)**; **there's just one ~** jest tylko jeden szkopuł; **that's the ~** w tym sęk; **the (only) ~ is that...** (jedyny) szkopuł or sęk w tym, że...; **to hit** or **run into a ~** napotkać przeszkodę [2] (tear) rozdarcie *n* [3] (sharp protuberance) zadra *f* **(in sth** na czymś**)**

II *vt* (*prp, pt, pp* **-gg-)** [1] (tear) zaczepi|ć, -ać *[tights]*; nad|erwać, -rywać *[sleeve, fabric]*; nadłam|ać, -ywać *[fingernail]* **(on sth** o coś**)**; s|kaleczyć *[finger, hand]* [2] US infml (take) chwy|cić, -tać *[ball]*; dor|wać, -ywać infml *[job]*; **to ~ sth from sb** sprzątnąć komuś sprzed nosa coś infml *[prize, contract]*

III *vi* (*prp, pt, pp* **-gg-)** (catch) **to ~ on sth** *[rope, fabric, propeller]* zahaczyć (się) or zaczepić (się) o coś

snail /sneɪl/ *n* ślimak *m*; **at a ~'s pace** w ślimaczym or żółwim tempie

snail farm *n* ferma *f* hodowlana ślimaków

snail farming *n* hodowla *f* ślimaków

snail mail *n* infml poczta *f* (tradycyjna)

snail shell *n* muszla *f*

snake /sneɪk/ **I** *n* [1] Zool wąż *m* [2] fig pej (person) żmija *f* fig pej

II *vi [road]* wić się **(through sth** przez coś**)**; **the road ~d down the mountain** droga schodziła serpentynami w dół

IDIOMS: **a ~ in the grass** podstępna żmija fig

snakebite /ˈsneɪkbaɪt/ *n* [1] (injury) ukąszenie *n* węża [2] (drink) *napój z cydru i piwa*

snake charmer *n* zaklinacz *m* wężów

snake eyes *npl* Games dwie jedynki *f pl (w grze w kości)*

snakelike /ˈsneɪklaɪk/ *adj [movement, skin, eyes]* wężowy

snake oil *n* US cudowny lek *m*, panaceum *n*

snake pit *n* wężowisko *n*; fig kłębowisko *n* żmij fig

snakes and ladders *n* GB Games ≈ awantura *f* arabska

snakeskin /ˈsneɪkskɪn/ **I** *n* wężowa skór(k)a *f*

II *modif* **~ handbag/shoes** torebka/pantofle z wężowej skóry or skórki

snap /snæp/ **I** *n* [1] (cracking sound) (of branch, lid, elastic) trzask *m*; (of fingers) pstryknięcie *n*; **with a ~** z trzaskiem [2] (bite) kłapnięcie *n*; **to make a ~ at sth** chapnąć coś infml; **with a sudden ~ of its jaws, the tiger...** nagłym kłapnięciem paszczy tygrys... [3] Phot infml fotka *f* infml; **holiday ~s** fotki z wakacji [4] GB (card game) ≈ wojna *f* [5] US infml (easy thing) pestka *f* infml; **it's a ~!** to pestka! [6] infml (vigour) ikra *f* infml; **put a bit of ~ in it!** więcej życia!; **he's got plenty of ~** to gość z ikrą [7] GB infml (lunch at work) ≈ drugie śniadanie *n* [8] Sewing = **snap fastener**

II *adj [decision, judgment]* pośpieszny; **to take a ~ vote** bezzwłocznie przeprowadzić głosowanie

III *excl* [1] (in cards) ≈ wojna! [2] infml **~! you've got the same shoes as me!** ale heca! mamy takie same buty! infml

IV *vt* (*prp, pt, pp* **-pp-)** [1] (click) pstryk|nąć, -ać (czymś) *[fingers]*; kłap|nąć, -ać (czymś) *[jaws]*; strzel|ić, -ać (czymś) *[elastic]*; **he ~ped the lid of the box shut** zatrzasnęła pokrywkę pudełka [2] (break) z|łamać *[branch, spar]*; **to ~ sth off (sth)** odłamać coś (od czegoś); **to ~ sth in two** przełamać coś na dwoje [3] (say crossly) warknąć; **to ~ sth back** odburknąć coś, odwarknąć coś [4] Phot infml pstryk|nąć, -ać zdjęcie (komuś/czegoś) infml

V *vi* (*prp, pt, pp* **-pp-)** [1] (break) *[wood, branch, metal]* z|łamać się, pęk|nąć, -ać; *[elastic]* przer|wać, -ywać się; (make sound) trzasnąć; **the mast ~ped in two** maszt złamał się na dwoje [2] fig (lose control) *[person]* s|tracić panowanie nad sobą; **my patience finally ~ped** wreszcie moja cierpliwość się skończyła [3] (click) *[jaws]* kłap|nąć, -ać; **to ~ open** otworzyć się z trzaskiem; *[lid]* odskoczyć; **to ~ shut** zatrzasnąć się; **to ~ into place** zaskoczyć infml [4] (speak sharply) warczeć; **to ~ back** odburknąć

■ **snap at**: **~ at [sb/sth]** [1] (speak sharply) war|knąć, -czeć na (kogoś); **to ~ back at sb** odburknąć komuś [2] (bite) *[dog]* chwy|cić, -tać zębami

■ **snap off**: ¶ **~ off** *[branch, knob, protrusion]* odłam|ać, -ywać się ¶ **~ off [sth], ~ [sth] off** odłam|ać, -ywać

■ **snap out**: **~ out [sth]** rzuc|ić, -ać *[order, reply]*

■ **snap up**: **~ up [sth]** (seize) skwapliwie s|korzystać z (czegoś) *[opportunity]*; rozchwyt|ać, -ywać *[bargains]*

IDIOMS: **~ out of it!** infml weź się w garść! infml; **~ to it!** infml do dzieła!, do roboty! infml; **to ~ to attention** Mil stanąć na baczność

S

snapdragon /ˈsnæpdrægən/ *n* Bot lwia paszcza *f*

snap fastener *n* zatrzask *m*

snap-on /ˈsnæpɒn/ *adj [connection, lid, cover]* mocowany na wcisk; *[collar]* zapinany na zatrzaski

snapper /ˈsnæpə(r)/ *n* Zool lucjan *m*

snappily /ˈsnæpɪlɪ/ *adv* [1] (crossly) *[say]* opryskliwie [2] (smartly) *[dress]* szykownie

snappish /ˈsnæpɪʃ/ *adj [dog]* napastliwy; *[person]* opryskliwy

snappy /ˈsnæpɪ/ *adj* [1] (bad-tempered) *[animal]* agresywny; *[person]* opryskliwy [2] (lively) *[conversation, rhythm]* żywy; *[reply, response]* natychmiastowy; *[person]* pełen werwy [3] (punchy) *[slogan]* chwytliwy; *[phrase]* zgrabny [4] infml (smart) *[clothes]* szykowny; **a ~ dresser** elegant

IDIOMS: **make it ~!** infml pośpiesz się!; (answering) streszczaj się! infml

snapshot /ˈsnæpʃɒt/ *n* Phot zdjęcie *n*

snare /sneə(r)/ **I** *n* wnyki *plt*; sidła *plt* also fig

II *vt* złapać *[animal]*; zastawi|ić, -ać sidła na (kogoś) *[person]*

IDIOMS: **a ~ and a delusion** niebezpieczne złudzenie

snare drum *n* werbel *m*

snarl[1] /snɑːl/ **I** *n* [1] (growl) (of animal) warknięcie *n*; (of engine, machine) warkot *m*; **to give a ~** warknąć; **'you'd better watch out!' she said with a ~** „lepiej uważaj", warknęła [2] (grimace) wykrzywiona (w grymasie) twarz *f*

II *vt* warknąć; **to ~ a reply** warknąć w odpowiedzi; **'don't be so stupid,' he ~ed** „nie bądź głupi", warknął

III *vi [animal, person]* war|knąć, -czeć **(at sb** na kogoś**)**; **he ~s at the new recruits** opryskliwie zwraca się do nowych żołnierzy

snarl[2] /snɑːl/ *n* (in single rope, flex) supeł *m*; (of several ropes, flexes) plątanina *f*

■ **snarl up**: ¶ **~ up** *[rope, wool]* za|plątać się ¶ **~ up [sth]** za|blokować *[traffic, road]*; **to be ~ed up** *[road, traffic]* być zablokowanym; *[economy, system]* być sparaliżowanym; *[plans, negotiations]* utknąć w martwym punkcie; **I got ~ed up in the traffic** utknąłem w korku infml; **the hook got ~ed up in the net** haczyk zaplątał się w sieć

snarl-up /ˈsnɑːlʌp/ *n* (in traffic, distribution network) zator *m*

snatch /snætʃ/ **I** *n* [1] (fragment) (of conversation) strzęp *m*; (of poem, song, tune) urywek *m*; **I only caught a ~ of their conversation** dotarł do mnie tylko strzęp ich rozmowy; **brief ~es of sleep on the train** kilka krótkich chwil snu w pociągu [2] (grab) **to make a ~ at sth** schwytać or złapać coś [3] (theft) kradzież *f*; **a bag ~** kradzież torebki; **a wages ~** kradzież pieniędzy przeznaczonych na wypłatę [4] Sport (in weightlifting) rwanie *n* [5] US vulg (vulva) pizda *f* vulg

II *vt* [1] (grab) (s)chwycić, chwytać *[book, key]*; od|ebrać, -bierać *[victory, lead]*; **to ~ sth from sb** zabrać or odebrać coś komuś; **she ~ed the newspaper out of my hand** wyrwała mi z ręki gazetę; **to ~ an opportunity** skwapliwie skorzystać z okazji [2] infml (steal) wyr|wać, -ywać *[handbag]* **(from sb** komuś**)**; z|erwać, -rywać *[necklace]*; por|wać, -ywać *[baby]*; **to ~ a kiss from sb** skraść komuś całusa [3] (take hurriedly) **try to ~ a few hours' sleep** spróbuj się parę godzin przespać; **have we got time to ~ a meal?** czy mamy dość czasu, żeby coś przegryźć?; **we managed to ~ a week's holiday** udało nam się wyrwać na tydzień wakacji infml

III *vi* **she ~ed at the rope** usiłowała chwycić linę

■ **snatch away**: **~ away [sth], ~ [sth] away** wyr|wać, -ywać **(from sb** komuś**)**

■ **snatch up**: **~ up [sth], ~ [sth] up** pochwycić *[clothes, papers, child]*

snatch squad *n* GB oddział *m* interwencyjny policji

snazzy /ˈsnæzɪ/ *adj* infml *[clothing, colour, car]* odlotowy infml

sneak /sniːk/ **I** *n* infml pej [1] GB (telltale) skarżypyta *m/f* infml pej [2] (devious person) szuja *m/f* infml pej

II *modif [attack, raid]* zdradziecki; *[look]* ukradkowy; *[visit]* potajemny

III *vt* (*pp, pt* **~ed,** US **snuck)** [1] infml (have secretly) pod|jeść, -jadać *[chocolate]*; wypal|ić, -ać, palić ukradkiem *[cigarette]* [2] infml (steal) zwędzić infml **(out of** or **from sth** z czegoś**)**; **I ~ed some brandy from the cupboard** zwędziłem trochę brandy z kredensu; **they ~ed him out by the back door** wyprowadzili go ukradkiem tylnymi drzwiami; **to ~ a look at sth** zerknąć na coś ukradkiem

IV *vi* (*pp, pt* **~ed,** US **snuck)** [1] (move furtively) **to ~ around** skradać się; **to ~ away, to ~ out** wymknąć się; **to ~ in** wkraść się; **to ~ into bed** wśliznąć się do łóżka; **to ~ past sb/sth** przekraść się obok kogoś/czegoś; **to ~ up on sb** podkraść się do kogoś; **to ~ up behind sb** podkraść się do kogoś od tyłu [2] GB infml (tell tales) na|skarżyć **(on sb** na kogoś**)**

sneaker /ˈsniːkə(r)/ *n* US tenisówka *f*

sneaking /ˈsniːkɪŋ/ *adj* **I have a ~ suspicion that I've made a mistake** coś mi się zdaje, że popełniłem błąd; **I have a ~ suspicion that he's lying** odnoszę wrażenie, że kłamie; **I have a ~ admiration/respect for her** mam dla niej coś w rodzaju podziwu/szacunku

sneak preview *n* Cin pokaz *m* przedpremierowy; **to give sb a ~ of sth** pokazać coś komuś wcześniej niż innym also fig

sneak thief *n* złodziejaszek *m*

sneaky /ˈsniːkɪ/ *adj* [1] pej (cunning) *[act, behaviour, move, person, method, plan]* przebiegły, podstępny [2] (furtive) **to have a ~ look at sth** rzucić okiem na coś

sneer /snɪə(r)/ **I** *n* [1] (expression) (szyderczy) uśmieszek *m*; **to say sth with a ~** powiedzieć coś z szyderczym uśmieszkiem [2] (remark) szyderstwo *n*

II *vi* [1] (smile) uśmiech|nąć, -ać się szyderczo [2] (speak) szydzić **(at sb** z kogoś**)**; **'is that the best you can do?' he ~ed** „tylko na to cię stać?" zapytał szyderczo

sneering /ˈsnɪərɪŋ/ **I** *n* szyderstwa *n pl*, kpiny *f pl*

II *adj [remark, smile]* szyderczy

sneeringly /ˈsnɪərɪŋlɪ/ *adv [say, watch]* z szyderczym uśmieszkiem

sneeze /sniːz/ **I** *n* kichnięcie *n*

II *vi* kich|nąć, -ać

IDIOMS: **this proposal is not to be ~d at** to propozycja nie do pogardzenia

snick /snɪk/ infml **I** *n* [1] (small cut) nacięcie *n* [2] (knot) supełek *m*

II *vt* [1] (cut) naci|ąć, -nać *[wood]*; przeci|ąć, -nać *[skin, garment]*; **I ~ed my face shaving** zaciąłem się przy goleniu [2] Sport (in cricket) uderz|yć, -ać krawędzią rakiety *[ball]*

snicker /ˈsnɪkə(r)/ **I** *n* [1] (of horse) rżenie *n* [2] US = **snigger**

II *vi* [1] (neigh) *[horse]* za|rżeć [2] US = **snigger**

snide /snaɪd/ *adj* złośliwy, drwiący

sniff /snɪf/ **I** *n* [1] (of person with cold, person crying) pociągnięcie *n* nosem; (of disgust, disdain) prychnięcie *n*; **'terrible,' she said with a ~** „okropne", prychnęła [2] (inhalation) wdech *m*; **a single ~ of this substance can be fatal** wystarczy raz powąchać tę substancję, żeby umrzeć; **to take a ~ of sth** powąchać coś *[perfume, cheese]*; **let me have a ~** daj powąchać; **he took a deep ~ of the country air** wciągnął głęboko wiejskie powietrze [3] fig (slight scent) **there has never been a ~ of scandal** nigdy nie było najmniejszego skandalu; **I didn't get a ~ of that money** nawet nie powąchałem tych pieniędzy infml; **I didn't get a ~ of the ball** ani razu nie dotknąłem piłki

II *vt [dog]* obwąch|ać, -iwać *[lamppost, footprints]*; *[person]* wciąg|nąć, -ać *[air]*; po|wąchać *[perfume, food, flower]*; wąchać *[glue, cocaine]*

III *vi [person]* pociąg|nąć, -ać nosem; *[dog]* węszyć; fig *[person]* s|krzywić się; **to ~ at sth** powąchać coś *[food, liquid]*; fig kręcić nosem na coś *[suggestion, idea, dish, food]*; **a free car/a 10% pay rise is not to be ~ed at** darmowy samochód/dziesięcioprocentowa podwyżka to rzecz nie do pogardzenia

■ **sniff out**: **~ out [sth]** *[dog]* wywęszyć, wywąch|ać, -iwać *[explosives, drugs]*; fig *[journalist]* z|węszyć, wywęszyć *[scandal]*; *[police]* wytropić *[culprit]*; *[shopper]* wywęszyć *[bargain]*

sniffer dog /ˈsnɪfədɒg, US -dɔːg/ *n* pies *m* policyjny *(wyszkolony do wyszukiwania narkotyków lub materiałów wybuchowych)*

sniffle /ˈsnɪfl/ **I** *n* [1] (sniff) pociągnięcie *n* nosem [2] (slight cold) lekki katar *m*; **to have the ~s** infml być zakatarzonym

II *vi* pociąg|nąć, -ać nosem

sniffy /ˈsnɪfɪ/ *adj* infml nadęty infml pej; **to be ~ about sth** kręcić nosem na coś

snifter /ˈsnɪftə(r)/ *n* [1] infml (drink) kieliszeczek *m*, kielonek *m* infml [2] US (glass) kieliszek *m* do koniaku

snigger /ˈsnɪgə(r)/ **I** *n* chichot *m*; **with a ~** z chichotem, chichocząc

II *vi* podśmiewać się **(at sb/sth** z kogoś /czegoś**)**

sniggering /ˈsnɪgərɪŋ/ **I** *n* chichotanie *n*, podśmiewanie się *n*; **stop your ~** przestańcie się podśmiewać

II *adj [person]* chichoczący

snip /snɪp/ **I** *n* [1] (action, sound) ciachnięcie *n* infml [2] onomat ciach! [3] (piece of fabric) ścinek *m*,

skrawek *m* [4] infml (bargain) okazja *f* [5] Turf pewniak *m* infml
II *vt* (*prp, pt, pp* **-pp-**) przeci|ąć, -nać *[fabric, paper]*; przyci|ąć, -nać *[hedge, hair ends]*; wyci|ąć, -nać *[hole]*
■ **snip off**: **~ off [sth], ~ [sth] off** obci|ąć, -nać *[nail, twig, corner]*
snipe /snaɪp/ **I** *n* (*pl* **~, ~s**) Zool bekas *m*; **common ~** kszyk
II *vt* **'rubbish,' he ~d** „bzdury", wypalił
III *vi* **to ~ at sb/sth** (shoot) strzel|ać, -ić (z ukrycia) do kogoś/czegoś; **to ~ at sb** fig (criticize) dogryzać or przygadywać komuś infml
sniper /ˈsnaɪpə(r)/ *n* Mil strzelec *m* wyborowy, snajper *m*
sniper fire *n* Mil strzały *m pl* z ukrycia
sniping /ˈsnaɪpɪŋ/ *n* przycinki *m pl*
snippet /ˈsnɪpɪt/ *n* (of fabric) ścinek *m*, skrawek *m*; (of text, music) urywek *m*; (of conversation, information) strzęp *m*
snitch /snɪtʃ/ infml **I** *n* [1] (nose) nochal *m* infml [2] (telltale) (adult) donosiciel *m*, -ka *f*; (child) skarżypyta *m/f* infml
II *vt* zwędzić, buchnąć infml *[object, money]* **(from sb** komuś); ściąg|nąć, -ać infml *[idea]* **(from sb** od kogoś)
III *vi* (reveal secret) don|ieść, -osić; **to ~ on sb** zakablować na kogoś infml
snivel /ˈsnɪvl/ *vi* (*prp, pt, pp* **-ll-** GB, **-l-** US) pochlipywać
sniveller GB, **sniveler** US /ˈsnɪvlə(r)/ *n* infml beksa *m/f* infml
snivelling GB, **sniveling** US /ˈsnɪvlɪŋ/ **I** *n* (crying) pochlipywanie *n*; (complaining) biadolenie *n* infml
II *adj* płaczliwy
snob /snɒb/ **I** *n* snob *m*, -ka *f*
II *modif* **to have some ~ appeal** or **value** przemawiać do snobów
snobbery /ˈsnɒbərɪ/ *n* snobizm *m*
snobbish /ˈsnɒbɪʃ/ *adj* snobistyczny
snobbishness /ˈsnɒbɪʃnɪs/ *n* snobizm *m*
snobby /ˈsnɒbɪ/ *adj* infml snobistyczny
snog /snɒg/ infml **I** *n* pieszczoty *f pl*
II *vi* (*prp, pt, pp* **-gg-**) obcałowywać się
snogging /ˈsnɒgɪŋ/ *n* infml obcałowywanie się *n*
snood /snu:d/ *n* Hist (in Scotland) przepaska *f* na włosy *(oznaka panieństwa)*; (modern) siatka *f* na włosy
snook[1] /snu:k/ *n* (*pl* **~, ~s**) Zool żuchwik *m*
snook[2] /snu:k/ *n* **to cock a ~ at sb** zagrać komuś na nosie
snooker /ˈsnu:kə(r)/ **I** *n* [1] (game) snooker *m* [2] (shot) zablokowanie *n* bili przeciwnika
II *modif [table, balls, cue]* do snookera; **~ player** gracz w snookera; **~ champion /game/tournament** mistrz/mecz/turniej snookera
III *vt* [1] GB Sport (in snooker) za|blokować *[opponent]*; fig uniemożliwi|ć, -ać wykonanie ruchu (komuś); **I'm ~ed** fig mam związane ręce fig [2] US (deceive) wpu|ścić, -szczać w maliny infml; **we've been ~ed** daliśmy się załatwić infml
snoop /snu:p/ infml **I** *n* = **snooper**
II *vi* węszyć **(into sth** w czymś); **to ~ on sb** szpiegować kogoś
■ **snoop around** myszkować **(in sth** w czymś)
snoop around *n* infml **to have a ~** rozejrzeć się
snooper /ˈsnu:pə(r)/ *n* pej szpicel *m* offensive
snooping /ˈsnu:pɪŋ/ **I** *n* infml (by state, police, journalist) węszenie *n* infml
II *adj* wścibski; węszący infml
snoot /snu:t/ *n* Phot osłona *f* reflektora
snooty /ˈsnu:tɪ/ *adj* infml *[restaurant, club, college]* ekskluzywny; *[tone, person]* nadęty, przemądrzały
snooze /snu:z/ infml **I** *n* drzemka *f*; **to have a ~** uciąć sobie drzemkę
II *vi* zdrzemnąć się, drzemać
snooze button *n przycisk wyłączający budzik na kilka minut*
snore /snɔ:(r)/ **I** *n* chrapanie *n*
II *vi* za|chrapać
snorer /ˈsnɔ:rə(r)/ *n* infml **to be a (terrible) ~** (strasznie) chrapać
snoring /ˈsnɔ:rɪŋ/ *n* chrapanie *n*
snorkel /ˈsnɔ:kl/ **I** *n* [1] (for diver) rurka *f*, fajka *f* [2] (on submarine) chrapy *f pl*
II *vi* (*prp, pt, pp* **-ll-** GB, **-l-** US) nurkować z rurką
snorkelling GB, **snorkeling** US /ˈsnɔ:klɪŋ/ *n* Sport nurkowanie *n* z rurką
snort /snɔ:t/ **I** *n* [1] (of person) prychnięcie *n*; (of horse) parsknięcie *n*; (of pig) chrząknięcie *n*; **to give a ~** *[person]* prychnąć; *[horse]* parsknąć; *[pig]* chrząknąć [2] infml (of cocaine) niuch *m* kokainy infml [3] infml (drink) jeden głębszy *m* infml
II *vt* [1] **'utter rubbish!' he ~ed** „wierutna bzdura!", prychnął; **he ~ed some reply** prychnął coś w odpowiedzi [2] infml po|wąchać, niuchać infml *[drug]*
III *vi [person]* prych|nąć, -ać; *[horse]* parsk|nąć, -ać; *[pig]* chrząk|nąć, -ać; **to ~ with laughter** parsknąć śmiechem
snorter /ˈsnɔ:tə(r)/ *n* infml [1] (drink) **let's have a ~** napijmy się infml; **let's go and have a ~** chodźmy na jednego infml [2] (horror) makabra *f* infml; **the exam /speech was a ~** ten egzamin/ta mowa to była makabra; **yesterday was a ~** wczoraj to była makabra
snot /snɒt/ *n* infml [1] (mucus) smarki *plt*, glut *m*, gil *m* infml [2] pej (child) smarkacz *m*, smarkula *f* infml; (adult) gnojek *m* infml pej
snotty /ˈsnɒtɪ/ infml **I** *n* (in Navy) aspirant *m* marynarki wojennej
II *adj* infml [1] *[child, nose]* zasmarkany infml [2] (of person) zadzierający nosa
snout /snaʊt/ *n* [1] (of most animals) pysk *m*; (of pig) ryj *m* [2] fig hum (of person) kinol *m* infml; **keep your ~ out of this** nie wtykaj w to swojego nosa [3] infml (cigarettes) fajki *f pl* infml; szlugi *m pl* vinfml [4] infml (informer) kapuś *m* infml
IDIOMS: **to have one's ~ in the trough** być przy korycie pej
snow /snəʊ/ **I** *n* [1] Meteorol śnieg *m*; **a fall of ~** opady śniegu [2] Radio, TV śnieżenie *n* [3] infml (cocaine) biały proszek *m*, kokaina *f*
II snows *npl* śniegi *m pl*; **the ~s of Siberia** śniegi Syberii
III *vt* US infml z|bajerować infml *[person]*
IV *v impers* **it's ~ing** pada śnieg
■ **snow in, snow up**: **to be ~ed in** być zasypanym (śniegiem); **we were ~ed in for three days** byliśmy zasypani przez trzy dni
■ **snow under**: **to be ~ed under** *[car, house]* być zasypanym (śniegiem); fig (with work, letters) być zawalonym infml **(with sth** czymś)
snowball /ˈsnəʊbɔ:l/ **I** *n* [1] śnieżka *f* [2] (drink) *koktajl z lemoniady i adwokata* [3] infml (drug cocktail) koktajl *m* infml *(z kokainy i heroiny)*
II *vt* obrzuc|ić, -ać śnieżkami
III *vi* fig *[profits, support]* wzr|osnąć, -astać lawinowo; *[plan, campaign]* po|toczyć się lawinowo
IDIOMS: **he hasn't got a ~'s chance in hell** (on) nie ma najmniejszych szans
snowball fight *n* bitwa *f* na śnieżki
snowbank /ˈsnəʊbæŋk/ *n* US zaspa *f*
snowbelt /ˈsnəʊbelt/ *n* US *pas środkowozachodnich i północnowschodnich stanów, charakteryzujących się ostrymi zimami*
snow blindness *n* ślepota *f* śnieżna
snowboard /ˈsnəʊbɔ:d/ **I** *n* Sport snowboard *m*
II *vi* jeździć na snowboardzie
snowboarder /ˈsnəʊbɔ:də(r)/ *n* snowboardzist|a *m*, -ka *f*
snowboarding /ˈsnəʊbɔ:dɪŋ/ *n* snowboarding *m*
snowboot /ˈsnəʊbu:t/ *n* Fashn, Sport but *m* na po nartach
snowbound /ˈsnəʊbaʊnd/ *adj [house]* zasypany śniegiem; *[vehicle]* unieruchomiony z powodu śniegu; *[village, person]* odcięty od świata z powodu śniegu; *[country, region]* sparaliżowany z powodu śniegu
snow bunting *n* Zool śnieguła *m*
snow-capped /ˈsnəʊkæpt/ *adj [mountains]* ośnieżony
snow chains *n* Aut łańcuchy *m pl* przeciwślizgowe
Snowdon /ˈsnəʊdən/ *prn* Snowdon *m*
Snowdonia /snəʊˈdəʊnɪə/ *prn* Snowdonia *f*
snowdrift /ˈsnəʊdrɪft/ *n* zaspa *f*
snowdrop /ˈsnəʊdrɒp/ *n* Bot przebiśnieg *m*, śnieżyczka *f*
snowfall /ˈsnəʊfɔ:l/ *n* opad *m* śniegu
snowfield /ˈsnəʊfi:ld/ *n* pole *n* śniegowe
snowflake /ˈsnəʊfleɪk/ *n* płatek *m* śniegu
snow goose *n* gęś *f* śnieżyca
snow job *n* US infml mydlenie *n* oczu infml
snow leopard *n* pantera *f* śnieżna, irbis *m*
snow line *n* (dolna) linia *f* or granica *f* wiecznego śniegu
snowman /ˈsnəʊmæn/ *n* (*pl* **-men**) bałwan *m* śniegowy
snowmobile /ˈsnəʊməbi:l/ *n* Aut sanie *plt* motorowe, skuter *m* śnieżny
snow plough GB, **snow plow** US *n* Aut (vehicle) pług *m* śnieżny; Sport (in skiing) pług *m*
snow report *n* Meteorol komunikat *m* o warunkach śniegowych
snowshoe /ˈsnəʊʃu:/ *n* rakieta *f* śnieżna
snowslide /ˈsnəʊslaɪd/ *n* Meteorol obsunięcie się *n* śniegu, obryw *m* śnieżny
snowslip /ˈsnəʊslɪp/ *n* = **snowslide**
snowstorm /ˈsnəʊstɔ:m/ *n* śnieżyca *f*, zamieć *f*, zawieja *f*
snow suit *n* kombinezon *m* narciarski
snow tyre GB, **snow tire** US *n* opona *f* zimowa
Snow White *prn* królewna *f* Śnieżka
snowy /ˈsnəʊɪ/ *adj* [1] (abounding in snow) *[landscape, day, winter]* śnieżny; *[peak, slope]* ośnieżony; *[region, range]* śnieżysty; **it will be ~ tomorrow** jutro będzie padał śnieg

S

[2] fig (white) *[beard, cloth]* śnieżnobiały; **a ~-haired old man** siwowłosy starzec

snowy owl *n* sowa *f* śnieżna

SNP *n* GB Pol = **Scottish National Party**

Snr. = **Senior**

snub /snʌb/ **I** *n* afront *m*

II *vt* (*prp, pt, pp* **-bb-**) z|robić afront (komuś), z|lekceważyć *[person]*; wzgardzić (czymś) *[offer]*; **I was ~bed by Anna** spotkał mnie afront ze strony Anny

snub nose *n* zadarty nos *m*

snub-nosed /ˌsnʌbˈnəʊzd/ *adj* z zadartym nosem

snuck /snʌk/ *pt, pp* infml → **sneak**

snuff¹ /snʌf/ **I** *n* tabaka *f*

II *vt* wciąg|nąć, -ać *[air]*

snuff² /snʌf/ *vt* (extinguish) z|gasić *[candle]*

■ **snuff out**: **~ out [sth], ~ [sth] out** [1] z|gasić *[candle]* [2] fig z|gasić *[enthusiasm]*; rozwi|ać, -ewać *[hope]*; z|dusić, z|dławić *[rebellion, dissent]* [3] infml (kill) wyk|ończyć, -ańczać infml *[person]*

IDIOMS: **to ~ it** infml wykitować infml

snuffbox /ˈsnʌfbɒks/ *n* tabakiera *f*

snuffer /ˈsnʌfə(r)/ **I** *n* (also **candle-~**) gasidło *n*

II **snuffers** *npl* ucieraczka *f* dat *(szczypce do podcinania knotów świec)*

snuffle /ˈsnʌfl/ **I** *n* (of animal, person) sapnięcie *n*; **his ~s spoiled the concert** jego sapanie zepsuło cały koncert; **to have the ~s** mieć zatkany nos

II *vi [animal, person]* sap|nąć, -ać

■ **snuffle around** posapywać

snuff movie *n film pornograficzny ukazujący sceny autentycznego morderstwa*

snug /snʌg/ **I** *n* GB mała salka *f (w pubie)*

II *adj [room, cottage, atmosphere]* przytulny; *[bed]* ciepły i przytulny; **we were ~ in our new coats** w nowych paltach było nam ciepło → **rug**

snuggery /ˈsnʌgəri/ *n* GB = **snug**

snuggle /ˈsnʌgl/ *vi* przytul|ić, -ać się (**against sth** do czegoś); **to ~ into sth** wtulić się w coś; **to ~ together** przytulić się do siebie; **to ~ down in one's bed** umościć się w łóżku

■ **snuggle up** przytul|ić, -ać się (**up to** or **against sb/sth** do kogoś/czegoś)

snugly /ˈsnʌglɪ/ *adv* **the coat fits ~** płaszcz pasuje or leży jak ulał; **the lid of the box should fit ~** pokrywa pudła powinna być dobrze dopasowana; **the card fits ~ into the envelope** kartka w sam raz pasuje do tej koperty; **he's ~ tucked up in bed** leży w łóżku ciepło okryty; **the baby was ~ wrapped up in a blanket** dziecko było opatulone w kocyk

so /səʊ/ **I** *adv* [1] (so very) tak, taki; **so quickly** tak szybko; **he/she/it is so stupid** on jest taki głupi/ona jest taka głupia/to jest takie or tak głupie; **he's so fat he can't get in** jest taki or tak gruby, że się nie mieści; **what's so funny?** co w tym śmiesznego?; **she's not so thin/tall as Adam** infml nie jest taka or tak szczupła /wysoka jak Adam; **he's not so stern a father as yours** nie jest takim or tak surowym ojcem jak twój; **not so good a plumber** nie taki dobry hydraulik **not nearly so expensive as your pen** nie aż tak drogie jak twoje pióro; **I'm not feeling so good** infml nie czuję się najlepiej → **as** [2] liter (also **so much**) tak (bardzo); **she loved him so** tak (bardzo) go kochała; **she worries so** tak (bardzo) się niepokoi [3] (to limited extent) **we can only work so fast and no faster** pracujemy już najszybciej, jak możemy; **you can only do so much (and no more)** można zrobić tylko tyle [4] (in such a way) tak; **so arranged /worded that...** tak zorganizowany/sformułowany, że...; **and so on and so forth** i tak dalej, i tak dalej; **just as X is equal to Y, so A is equal to B** A równa się B tak samo, jak X równa się Y; **just as you need him, so he needs you** on potrzebuje ciebie tak samo jak ty jego; **just as in the 19th century, so today** podobnie jak w XIX wieku, tak i dzisiaj; **she likes everything to be just so** ona lubi, żeby wszystko było dokładnie tak, jak powinno [5] (for that reason) więc; **so it was that...** tak więc...; **she was young and so lacked experience** była młoda, więc brakowało jej doświadczenia; **she was tired and so went to bed** była zmęczona, więc położyła się do łóżka [6] (true) **is that so?** naprawdę?, tak?; **if (that's) so...** skoro tak, ... [7] (also) również, też; **so is she/do I** ona/ja również or też; **if they accept, so do I** jeśli się zgodzą, to ja również or też się zgodzę [8] infml (thereabouts) **20 or so** 20 czy coś koło tego; **a year or so ago** mniej więcej rok temu [9] (as introductory remark) (a) więc; **so that's the reason** (a) więc to dlatego; **so you're going, are you?** więc idziesz, tak? [10] (avoiding repetition) **he's conscientious, perhaps too much so** jest sumienny, może nawet za bardzo; **he's the owner or so he claims** jest właścicielem, a przynajmniej tak twierdzi; **he dived and as he did so...** skoczył, a wtedy...; **perhaps so** być może (tak); **I believe so** tak sądzę; **I'm afraid so** obawiam się, że tak; **so it would appear** na to by wyglądało; **so to speak** że tak powiem; **I told you so** mówiłem ci; **so I see** właśnie widzę; **I think so** tak myślę; **I don't think so** nie sądzę; myślę, że nie; **who says so?** kto tak twierdzi?; **he said so** tak powiedział; **we hope so** mamy (taką) nadzieję; **only more so** tyle że bardziej; **the question is unsettled and will remain so** sprawa jest nierozstrzygnięta i taką pozostanie [11] fml (referring forward or back) **yes, if you so wish** tak, jeżeli pan sobie (tego) życzy [12] (reinforcing a statement) **'I thought you liked it?' – 'so I do'** „myślałem, że ci się podoba" – „ależ podoba mi się"; **'it's broken' – 'so it is'** „to jest zepsute" – „rzeczywiście"; **'I'd like to go to the ball' – 'so you shall'** „chciałabym pójść na ten bal" – „no to pójdziesz"; **'I'm sorry' – 'so you should be'** „przykro mi" – „i słusznie"; **it just so happens that...** tak się składa, że... [13] infml (refuting a statement) **'he didn't hit you' – 'he did so'** „nie uderzył cię" – „właśnie że uderzył" [14] infml (as casual response) **'I'm leaving' – 'so?'** „wychodzę" – „no i...?"; **so why worry?** no to po co się martwić?

II **so (that)** *conj phr* [1] (in such a way that) tak, żeby; **she wrote the instructions so that they'd be easily understood** napisała instrukcję tak, żeby była zrozumiała [2] (in order that) (tak) żeby; **she fixed the party for 8 so that he could come** zaprosiła wszystkich na ósmą, (tak) żeby mógł przyjść; **be quiet so that I can work** bądź cicho i daj mi pracować

III **so as** *conj phr* (tak) żeby; **so as to attract attention/not to disturb people** żeby przyciągnąć uwagę/nie przeszkadzać ludziom

IV **so much** *adv phr, pron phr* [1] (also **so many**) (such large quantity) **so much money** tyle pieniędzy; **so many friends/policemen** tylu przyjaciół/policjantów; **so many women/children/cars** tyle kobiet/dzieci /samochodów; **so much of her life** taki kawał jej życia; **so many of her friends** tylu spośród jej przyjaciół → **ever** [2] (also **so many**) (in comparisons) **she behaves like so many schoolgirls** zachowuje się jak wiele uczennic [3] (also **so many**) (limited amount) **I can only make so much bread /so many loaves** mogę upiec tylko tyle chleba/bochenków; **I can pay so much** tyle mogę zapłacić [4] (to such an extent) **so much worse** o tyle gorzej; **I like/hate it so much that...** tak bardzo to lubię/tego nie cierpię, że...; **she worries so much** tak (bardzo) się niepokoi; **she was so much like her sister** była tak or taka podobna do siostry; **so much so that...** tak bardzo, że...; **thank you so much!** bardzo dziękuję! [5] (in contrasts) **it wasn't so much shocking as depressing** to było nie tyle szokujące, ile or co przygnębiające; **it doesn't annoy me so much as surprise me** to mnie nie tyle drażni, ile or co dziwi → **much**

V **so much as** *adv phr* (even) nawet; **he never so much as apologized** nawet nie przeprosił → **without**

VI **so much for** *prep phr* [1] (having finished with) **so much for that problem, now...** to tyle, jeżeli chodzi o tę sprawę, teraz... [2] infml (used disparagingly) **so much for equality/liberalism** ładna mi równość /wolność; **so much for saying you'd help** ładnie mi pomogłeś! iron

VII **so long as** *conj phr* infml → **long**

IDIOMS: **so long!** infml (goodbye) na razie! infml; **so much the better/the worse** tym lepiej/gorzej; **so so** (as adjective) taki sobie, jaki taki; (as adverb) tak sobie, jako tako; **so there!** a nie mówiłem?

soak /səʊk/ **I** *n* [1] **to give sth a ~** GB namoczyć coś; **to have a ~** *[person]* wymoczyć się [2] infml (drunk) moczymorda *m* infml

II *vt* [1] (wet) z|moczyć *[person, clothes]*; **to get ~ed** przemoknąć [2] (immerse) nam|oczyć, -aczać *[clothes, dried foodstuff]* [3] infml fig (drain) oskub|ać, -ywać infml *[customer, taxpayer]*

III *vi* [1] (be immersed) *[clothes, person]* moczyć się; **to leave sth to ~** zostawić coś, żeby się namoczyło *[clothes, beans]*; zostawić coś, żeby odmokło *[dishes]* [2] (be absorbed) wsiąk|nąć, -ać; **to ~ into sth** wsiąknąć w coś *[earth, paper, fabric]*; **to ~ through sth** *[blood]* przesiąknąć przez coś *[bandages]*

IV *vr* **to ~ oneself** (get wet) z|moknąć; (in bath) moczyć się (w kąpieli)

V **soaked** *pp adj [person, clothes, shoes]* przemoczony, przemoknięty; **to be ~ed through** być (całkowicie) przemokniętym; **to be ~ed to the skin** być przemokniętym do suchej nitki
VI **-soaked** *in combinations* **blood-~ed bandages** zakrwawione bandaże; **sweat-~ed** przepocony; **rain-~ed** *[pitch, track]* przesiąknięty wilgocią; **sun-~ed** zalany słońcem
■ **soak away** *[water]* wsiąk|nąć, -ać
■ **soak in** *[water, ink]* wsiąk|nąć, -ać
■ **soak off** ¶ **~ off** *[label, stamp]* odm|oknąć, -akać; **the label on the bottle ~s off** etykietę z butelki można odmoczyć ¶ **~ off [sth], ~ [sth] off** odm|oczyć, -aczać *[label]*
■ **soak out**: ¶ **~ out** *[dirt, stain]* odm|oknąć, -akać ¶ **~ out [sth], ~ [sth] out** odm|oczyć, -aczać *[stain]*
■ **soak up**: ¶ **~ up [sth], ~ [sth] up** *[earth, sponge]* wchł|onąć, -aniać ¶ **~ up [sth]** *[person]* napawać się (czymś) *[atmosphere]*; **to ~ up the sun** chłonąć słońce
soakaway /ˈsəʊkəweɪ/ *n* Constr studnia *f* chłonna
soaking /ˈsəʊkɪŋ/ **I** *n* GB **it was worth a ~ to see it** warto było zmoknąć, żeby to zobaczyć; **to get a ~** przemoknąć; **to give sb a ~** zmoczyć kogoś
II *adj* **~ wet** *[person, clothes]* całkowicie przemoczony; *[towel, hair]* całkiem mokry
so-and-so /ˈsəʊənˌsəʊ/ *n* infml [1] (replacing name) **Mr ~** (pan) taki a taki [2] euph **you ~!** ty taki owaki!
soap /səʊp/ **I** *n* [1] (for washing) mydło *n*; **a bar of ~** kostka mydła; **with ~ and water** wodą z mydłem [2] infml (flattery) (also **soft ~**) wazelina *f* infml fig [3] infml = **soap opera**
II *vt* namydl|ić, -ać; **will you ~ my back for me?** namydlisz mi plecy?
III *vr* **to ~ oneself** namydlić się
soapbox /ˈsəʊpbɒks/ *n* (for speeches) (prowizoryczna) mównica *f*; **to get on one's ~** wsiąść na swego konika fig
soapbox orator *n* krzykacz *m*
soapbox oratory *n* krzykactwo *n*
soap dish *n* mydelniczka *f*
soapflakes /ˈsəʊpfleɪks/ *npl* płatki *m pl* mydlane
soap opera *n* TV telenowela *f*, opera *f* mydlana
soap powder *n* proszek *m* mydlany
soap star *n* gwiazda *f* opery mydlanej
soapstone /ˈsəʊpstəʊn/ *n* Geol steatyt *m*
soapsuds /ˈsəʊpsʌdz/ *npl* (foam) piana *f* z mydła; (water) mydliny *plt*
soapy /ˈsəʊpɪ/ *adj* [1] *[water, solution, lather, taste]* mydlany; *[hands, face]* namydlony [2] (cajoling) *[voice, accent, manner, remark, compliment]* lizusowski, wazeliniarski infml
soar /sɔː(r)/ *vi* [1] (rise sharply) *[popularity]* (gwałtownie) wzr|osnąć, -astać; *[price, temperature, costs]* podsk|oczyć, -akiwać, pójść, iść w górę; *[hopes, expectations]* odży|ć, -wać; *[morale, spirits]* poprawi|ć, -ać się [2] Fin (rise) **to ~ beyond** or **above** or **through sth** przekroczyć coś; **the index ~ed through 2,000** indeks (giełdowy) przekroczył 2 000; **inflation has ~ed to a new level** inflacja wzrosła do nowego poziomu; **to ~ from X to Y** wzrosnąć od X do Y [3] (rise up) = **soar up** [4] (glide) *[bird, plane]* unosić się, szybować [5] liter *[flames]* wzbi|ć, -jać się; *[tower, cliffs]* wznosić się; *[sound]* narastać
■ **soar up** *[bird, plane]* po|szybować w górę; *[ball]* po|lecieć or po|szybować w górę
soaring /ˈsɔːrɪŋ/ *adj [inflation, demand, profits, popularity, prices, temperature]* (gwałtownie) rosnący; *[hopes]* odżywający; *[skyscraper, tower, cliffs, mountains]* strzelisty
sob[1] /sɒb/ **I** *n* szloch *m*, łkanie *n*; **'forgive me!' he said with a ~** „wybacz mi", powiedział szlochając or łkając
II *vt (prp, pt, pp* **-bb-**) **'it hurts,' she ~bed** „to boli", zaszlochała; **he ~bed himself to sleep** zasnął ukołysany płaczem
III *vi (prp, pt, pp* **-bb-**) za|szlochać, za|łkać
■ **sob out**: **~ out [sth]** powiedzieć szlochając, wyszlochać
IDIOMS: **to ~ one's heart out** wypłakiwać sobie oczy
sob[2], **SOB** /esəʊˈbiː/ *n* infml offensive = **son of a bitch** euph **you ~!** ty taki owaki! infml
sobbing /ˈsɒbɪŋ/ **I** *n* szlochanie *n*, łkanie *n*; **the sound of ~ came from the adjoining room** z sąsiedniego pokoju dobiegało szlochanie or łkanie
II *adj [child]* szlochający, łkający
sober /ˈsəʊbə(r)/ **I** *adj* [1] (not drunk) trzeźwy; **don't drive until you're ~** nie siadaj za kierownicą, dopóki nie wytrzeźwiejesz [2] (serious) *[mood, expression, occasion]* poważny; *[person]* poważny, stateczny; **I'm talking in ~ earnest** mówię całkowicie poważnie [3] (realistic) *[attitude, estimate, judgment, statement]* trzeźwy; **the ~ facts /truth** nagie fakty/naga prawda [4] (discreet) *[dress, colours, decor, pattern]* spokojny
II *vt* [1] (after alcohol) otrzeźwi|ć, -ać *[person]* [2] (make serious) *[news, reprimand]* otrzeźwi|ć, -ać *[person]* → **judge**
■ **sober up**: ¶ **~ up** [1] *[drunk person]* wy|trzeźwieć [2] (become serious) uspok|oić, -ajać się, ustatkować się ¶ **~ [sb] up** [1] *[fresh air, coffee]* otrzeźwi|ć, -ać *[drunk person]* [2] (bring back to reality) *[event, news]* otrzeźwi|ć, -ać *[person]*
sobering /ˈsəʊbərɪŋ/ *adj [thought]* otrzeźwiający; **to have a ~ effect on sb** podziałać na kogoś otrzeźwiająco; **it is a ~ thought** or **it is ~ to think that we will all be out of work soon** myśl, że wkrótce wszyscy będziemy bez pracy, działa otrzeźwiająco
soberly /ˈsəʊbəlɪ/ *adv* [1] (seriously) *[behave]* poważnie, statecznie [2] (rationally) *[estimate]* trzeźwo [3] (discreetly) *[dress, decorate]* skromnie
soberness /ˈsəʊbənɪs/ *n* [1] (seriousness) powaga *f* [2] (of decor) stonowany charakter *m*
sobersides /ˈsəʊbəsaɪdz/ *n* dat hum człowiek *m* poważny i stateczny
sobriety /səˈbraɪətɪ/ *n* [1] (moderation) trzeźwość *f*, umiarkowanie *n* [2] (seriousness) powaga *f*; **to instil a little ~ into the occasion** przydać okoliczności nieco powagi [3] (simplicity of dress, decor) stonowany charakter *m*
sobriquet /ˈsəʊbrɪkeɪ/ *n* fml przydomek *m*
sob sister *n* US Journ infml *dziennikarka opisująca wzruszające historie*
sob story *n* infml ckliwa opowieść *f* infml
sob stuff *n* infml pej ckliwe opowieści *f pl* infml; **cut out the ~ and give me the facts!** daruj sobie te melodramaty i przejdź do konkretów!
soca /ˈsəʊkə/ *n* Mus *kalipso z elementami soul*
soccer /ˈsɒkə(r)/ **I** *n* piłka *f* nożna, futbol *m*
II *modif [club, team, fan, season, pitch, boots, shorts]* piłkarski; **a ~ player** piłkarz; **a ~ star** gwiazda futbolu; **~ violence** chuligańskie ekscesy na stadionach piłkarskich
sociability /ˌsəʊʃəˈbɪlətɪ/ *n* towarzyskość *f*
sociable /ˈsəʊʃəbl/ *adj [person, group]* towarzyski; *[village]* miły
sociably /ˈsəʊʃəblɪ/ *adv [chat, behave, treat]* przyjaźnie
social /ˈsəʊʃl/ **I** *n* (party) przyjęcie *n*; (gathering) spotkanie *n* towarzyskie
II *adj* [1] (relating to human society) *[background, class, ladder, mobility, structure, system]* społeczny; **~ contract** umowa społeczna [2] (relating to conditions of living) *[benefit, spending]* socjalny [3] (in the community) *[custom, function, group, problem, status, unrest, unit]* społeczny [4] (recreational) *[activity, call, visit]* towarzyski; **he is a ~ drinker** on pije tylko w towarzystwie; **he has no ~ skills** on nie umie zachować się w towarzystwie [5] (gregarious) *[animal]* stadny
social accounting *n* Econ, Fin rachunkowość *f* narodowa
social anthropology *n* antropologia *f* społeczna
social charter *n* karta *f* socjalna
social climber *n* karierowicz *m*, -ka *f*; (at his/her peak) parweniusz *m*, -ka *f*
social club *n* klub *m* towarzyski
social column *n* rubryka *f* towarzyska
social conscience *n* wrażliwość *f* społeczna
social contact *n* kontakty *m pl* towarzyskie
social democracy *n* socjaldemokracja *f*
social democrat *n* socjaldemokrat|a *m*, -ka *f*
social democratic *adj* socjaldemokratyczny
social disease *n* euph (venereal disease) wstydliwa choroba *f* euph; (social evil) choroba *f* społeczna fig
social duty *n* obowiązek *m* społeczny
social engagement *n* umówione spotkanie *n*; **~s** obowiązki towarzyskie
social engineering *n* inżynieria *f* społeczna
social evening *n* wieczór *m* towarzyski
social event *n* wydarzenie *n* towarzyskie
Social Fund *n* GB Soc Admin fundusz *m* pomocy społecznej
social gathering *n* spotkanie *n* towarzyskie
social historian *n* historyk *m* specjalizujący się w historii społecznej
social history *n* historia *f* społeczna
social housing *n* budownictwo *n* socjalne
social insurance *n* US Soc Admin ubezpieczenia *n pl* społeczne
socialism /ˈsəʊʃəlɪzəm/ *n* socjalizm *m*
socialist /ˈsəʊʃəlɪst/ **I** *n* (also **Socialist**) socjalist|a *m*, -ka *f*
II *adj* socjalistyczny; **~ realism** realizm socjalistyczny, socrealizm
socialistic /ˌsəʊʃəˈlɪstɪk/ *adj* pej lewicujący

S

socialite /ˈsəʊʃəlaɪt/ *n* bywal|ec *m*, -czyni *f*
socialization /ˌsəʊʃəlaɪˈzeɪʃn, US -lɪˈz-/ *n* uspołecznienie *n*
socialize /ˈsəʊʃəlaɪz/ **I** *vt* (adapt to society) uspołeczni|ć, -ać *[child]*; z|resocjalizować *[ex-convict, juvenile delinquent]*
II *vi* (mix socially) udzielać się towarzysko; **to ~ with sb** utrzymywać kontakty towarzyskie z kimś
socializing /ˈsəʊʃəlaɪzɪŋ/ *n* **we don't do much ~** mało udzielamy się towarzysko
social life *n* (of person) życie *n* towarzyskie; (of town) życie *n* kulturalne
socially /ˈsəʊʃəlɪ/ *adv [meet, mix]* towarzysko; *[oriented]* społecznie; **~ acceptable** akceptowalny społecznie; **I met him ~ once at a party** zetknąłem się z nim towarzysko na jakimś przyjęciu; **to be ~ inferior/superior** mieć niższy/wyższy status społeczny; **~ concerned** wyczulony na problemy społeczne
socially excluded *n (+ v pl)* **the ~** osoby *f pl* poza nawiasem społeczeństwa
social marketing *n* Advertg marketing *m* społeczny
social misfit *n* osoba *f* nieprzystosowana społecznie
social outcast *n* wyrzutek *m* społeczeństwa
social rank *n* pozycja *f* społeczna
social realism *n* Art, Cin, Literat realizm *m* społeczny
social register *n* US rubryka *f* towarzyska
social scene *n* **she's well known on the London ~** ona jest dobrze znana wśród śmietanki towarzyskiej Londynu; **what's the Oxford ~ like?** jak wygląda życie towarzyskie Oksfordu?
social science **I** *n* nauki *f pl* społeczne
II *modif* **~ faculty** wydział nauk społecznych; **~ degree/exam** stopień/egzamin z nauk społecznych
social scientist *n* specjalist|a *m*, -ka *f* w zakresie nauk społecznych
social secretary *n* (of celebrity) osobisty sekretarz *m*, osobista sekretarka *f*; (of club) sekretarz *m* klubu
social security **I** *n* Soc Admin (benefit) zasiłek *m*; (system) opieka *f* społeczna; **to live off ~** żyć z zasiłku; **to be on ~** być na zasiłku
II *modif* **~ payment** zasiłek z opieki społecznej; **~ minister** minister spraw socjalnych; **~ claimant** pobierający zasiłek
Social Security Administration, SSA *n* US Soc Admin ≈ zakład *m* ubezpieczeń społecznych
social service *n* US = **social work**
Social Services **I** *n* GB opieka *f* społeczna
II *modif* **~ director** dyrektor do spraw socjalnych; **~ department/office** wydział /biuro do spraw opieki społecznej
social studies *n* nauka *f* o społeczeństwie
social welfare **I** *n* Soc Admin opieka *f* społeczna
II *modif* **~ system** system opieki społecznej; **~ organization/group** organizacja/grupa zajmująca się opieką społeczną
social work **I** *n* praca *f* w opiece społecznej
II *modif* **~ specialist** pracownik socjalny; **~ qualifications** kwalifikacje w zakresie pracy socjalnej
social worker *n* pracowni|k *m*, -ca *f* opieki społecznej
societal /səˈsaɪətl/ *adj* społeczny
society /səˈsaɪətɪ/ **I** *n* [1] (the human race) społeczeństwo *n* [2] (individual social system) społeczeństwo *n*; **a civilized/closed /multicultural ~** cywilizowane/zamknięte/wielokulturowe społeczeństwo [3] (group) (for social contact, shared hobbies) klub *m*, towarzystwo *n*; (for business contact) stowarzyszenie *n*; (for intellectual, religious contact) towarzystwo *n*; **a drama/music ~** (at school) kółko dramatyczne/muzyczne [4] (upper classes) (also **high ~**) towarzystwo *n*; socjeta *f* dat; **fashionable ~** wytworne towarzystwo; **London ~** śmietanka towarzyska Londynu [5] fml (company) towarzystwo *n*; **I like the ~ of young people** lubię towarzystwo młodych ludzi
II *modif [hostess]* światowy; *[column, news]* towarzyski; **~ photographer** fotograf robiący zdjęcia elicie towarzyskiej; **~ columnist** dziennikarz prowadzący kronikę towarzyską; **~ wedding** ślub w wyższych sferach; **~ gossip** plotki z życia wyższych sfer
society column *n* rubryka *f* towarzyska
Society of Friends *prn* Relig Towarzystwo *n* Przyjaciół
Society of Jesus, SJ *prn* Relig Towarzystwo *n* Jezusowe, SJ
sociobiology /ˌsəʊsɪəʊbaɪˈɒlədʒɪ/ *n* socjobiologia *f*
socioeconomic /ˌsəʊsɪəʊˌiːkəˈnɒmɪk/ *adj* społeczno-ekonomiczny
sociolinguistic /ˌsəʊsɪəʊlɪŋˈgwɪstɪk/ **I** *adj* socjolingwistyczny
II **sociolinguistics** *n (+ v sg)* socjolingwistyka *f*
sociological /ˌsəʊsɪəˈlɒdʒɪkl/ *adj* socjologiczny
sociologically /ˌsəʊsɪəˈlɒdʒɪklɪ/ *adv* socjologicznie; **~ (speaking)** z punktu widzenia socjologii
sociologist /ˌsəʊsɪˈɒlədʒɪst/ *n* socjolog *m*
sociology /ˌsəʊsɪˈɒlədʒɪ/ **I** *n* socjologia *f*
II *modif* **~ studies** nauki socjologiczne; **~ teacher** wykładowca socjologii
sociometry /ˌsəʊsɪˈɒmətrɪ/ *n* socjometria *f*
sociopath /ˈsəʊsɪəpæθ/ *n* socjopat|a *m*, -ka *f*
sociopathic /ˌsəʊsɪəˈpæθɪk/ *adj* socjopatologiczny; **~ patient** socjopata
sociopolitical /ˌsəʊsɪəʊpəˈlɪtɪkl/ *adj* społeczno-polityczny
sock /sɒk/ **I** *n* (US *pl* **~s, sox**) [1] (footwear) skarpeta *f*, skarpetka *f* [2] Aviat (also **wind-~**) rękaw *m* lotniskowy [3] infml (punch) rąbnięcie *n* infml; **to give sb a ~** rąbnąć kogoś
II *vt* infml rąbnąć infml *[person]*; **~ him one!** rąbnij go!
IDIOMS: **to put a ~ in it** infml przymknąć się infml; **~ it to them!** infml pokaż, co potrafisz!; **to pull up one's ~s** infml wziąć się w garść
socket /ˈsɒkɪt/ *n* [1] Elec (for plug) gniazdko *n*, kontakt *m*; (for bulb) oprawka *f* [2] Anat (of joint) panewka *f* (stawu); (of eye) oczodół *m*; (of tooth) zębodół *m*; **he nearly pulled my arm out of its ~** prawie wyrwał mi rękę ze stawu [3] Tech (carpentry joint) złącze *n* kielichowe; (of spanner) otwór *m* klucza
Socrates /ˈsɒkrətiːz/ *prn* Sokrates *m*
Socratic /səˈkrætɪk/ *adj* sokratyczny, sokratejski
sod¹ /sɒd/ *n* [1] (turf) darń *f*, darnina *f* [2] liter murawa *f*
sod² /sɒd/ vinfml **I** *n* (person) sukinsyn *m* vinfml; (task) pieprzona robota *f* vinfml; **you stupid ~!** ty głupi sukinsynu!; **poor ~** biedaczysko; **poor little ~s!** (of children) biedactwa!
II *excl* **~ it!** jasna cholera! infml; **~ this typewriter!** do dupy z tą maszyną do pisania! vulg
■ **sod off** vinfml odchrzanić się vinfml; **why don't you just ~ off?** odchrzań się!
soda /ˈsəʊdə/ **I** *n* [1] Chem soda *f* [2] (also **washing ~**) soda *f* do prania [3] (also **~ water**) woda *f* sodowa; **whisky and ~** whisky z wodą sodową [4] US (also **~ pop**) napój *m* gazowany
II *modif* **~ bottle** butelka napoju gazowanego; **~ crystals** kryształki sody
soda ash *n* Chem soda *f* amoniakalna or bezwodna
soda biscuit *n ciasteczko pieczone na proszku do pieczenia*
soda bread *n* chleb *m* sodowy
soda cracker *n* US = **soda biscuit**
soda fountain *n* US saturator *m*
sodality /səʊˈdælətɪ/ *n* fml bractwo *n*; Relig sodalicja *f*
sod all /ˌsɒdˈɔːl/ *n* vinfml **what did I get out of it? ~!** i co ja z tego mam? gówno! vulg; **he knows ~ about it** on gówno wie na ten temat vulg
soda siphon *n* syfon *m* (z wodą sodową)
sodden /ˈsɒdn/ *adj* [1] (wet through) *[clothes]* przemoczony; *[ground, towel]* całkiem mokry, przesiąknięty wilgocią [2] fig **~ with drink** kompletnie zalany infml
sodding /ˈsɒdɪŋ/ *adj* vinfml *[object, person]* pieprzony vinfml
sodium /ˈsəʊdɪəm/ *n* sód *m*
sodium bicarbonate *n* wodorowęglan *m* sodu, kwaśny węglan *m* sodu
sodium carbonate *n* węglan *m* sodu
sodium chloride *n* chlorek *m* sodu
sodium hydroxide *n* wodorotlenek *m* sodu
sodium hypochlorite *n* podchloryn *m* sodowy
sodium lamp *n* lampa *f* sodowa
sodium light *n* = **sodium lamp**
sodium nitrate *n* azotan *m* sodu
sodium sulphate *n* siarczan *m* sodowy
Sodom /ˈsɒdəm/ *prn* Sodoma *f*
sodomite /ˈsɒdəmaɪt/ *n osoba uprawiająca stosunki analne*
sodomize /ˈsɒdəmaɪz/ *vt* odby|ć, -wać stosunek analny
sodomy /ˈsɒdəmɪ/ *n* stosunek *m* analny
Sod's Law *n* infml hum prawo *n* Murphy'ego
sofa /ˈsəʊfə/ *n* kanapa *f*, sofa *f*; **convertible ~** rozkładana kanapa
sofa bed *n* rozkładana kanapa *f*
Sofia /ˈsəʊfɪə/ *prn* Sofia *f*
soft /sɒft, US sɔːft/ **I** *adj* [1] (yielding, not rigid or firm) *[ground, soil, rock, metal, bed, cushion, fabric, skin, leather, brush, pencil, dough, butter]* miękki; *[muscle]* wiotki; **to get ~** *[soil, ground]* rozmięknąć; *[butter, dough, leather]* zmięknąć; *[bed, mattress]* stać się miękkim; *[muscle]* zwiotczeć; **to make sth ~** rozmiękczyć *[ground]*; zmiękczyć *[fabric,*

hard water, skin]; **~ to the touch** miękki w dotyku **2** (muted) *[colour, shade]* stonowany; *[tap, knock]* delikatny; *[light, glow]* łagodny; *[steps, laugh, whisper, voice, music]* cichy **3** (gentle, mild) *[wind, breeze, climate, words, expression]* łagodny; *[impact, pressure, touch, approach]* delikatny; *[heart]* miękki; *[eyes]* łagodny; **the ~ left** umiarkowana lewica; **to take a ~ line with sb** postępować z kimś delikatnie **4** (not sharp) *[outline]* nieostry; *[shape]* niewyraźny **5** Econ *[market, prices]* zniżkujący, o tendencji zniżkowej; *[loan]* korzystny **6** (lenient) *[parent, teacher]* pobłażliwy **(on** or **with sb** w stosunku do kogoś**)** **7** infml (cowardly) *[person]* miękki **8** infml pej (stupid) *[person]* głupawy; **to be ~ in the head** być słabym na umyśle infml **9** infml (in love) **to be ~ on sb** stracić głowę dla kogoś **10** pej (idle, agreeable) *[life]* jedwabny fig; *[job]* lekki; **to have a ~ time of it** żyć wygodnie **11** Ling *[consonant]* miękki **12** Chem *[water]* miękki
II *adv* = **softly**

softback /ˈsɒftbæk, US ˈsɔːft-/ *n* Publg książka *f* w miękkiej oprawie

softball /ˈsɒftbɔːl, US ˈsɔːft-/ *n* Sport softball *m*

soft-boiled /ˌsɒftˈbɔɪld, US ˌsɔːft-/ *adj [egg]* na miękko

soft centre *n* (chocolate) czekolada *f* nadziewana

soft-centred /ˌsɒftˈsentəd, US ˌsɔːft-/ *adj [chocolate, sweet]* nadziewany

soft cheese *n* ser *m* miękki

soft copy *n* Comput kopia *f* nietrwała

soft-core /ˌsɒftˈkɔː(r), US ˌsɔːft-/ *adj [pornography]* miękki

soft currency *n* Fin waluta *f* niewymienialna

soft drink *n* napój *m* bezalkoholowy

soft drug *n* narkotyk *m* miękki

soften /ˈsɒfn, US ˈsɔːfn/ **I** *vt* **1** (make less firm or rough) zmiękcz|yć, -ać *[hard water, skin, fabric, metal]*; rozmiękcz|yć, -ać *[soil, ground]*; **to ~ butter** podgrzać masło, żeby zmiękło **2** fig z|łagodzić *[impact, blow, pain, resistance, approach, attitude, rule, view]*; **it ~ed his personality** to sprawiło, że złagodniał **3** (tone down) s|tonować *[colours]*; przytłumi|ć, -ać *[light]*; przycisz|yć,-ać *[voice, sound]*; ścisz|yć, -ać *[music]* **4** (make less sharp) rozmy|ć, -wać *[contour, form, outline]*
II *vi* **1** *[skin, substance]* z|mięknąć; *[ground]* rozmięk|ać, -nąć; *[consonant]* ule|c, -gać zmiękczeniu; *[light, colour]* przygas|nąć, -ać; *[music, sound]* przycich|nąć, -ać; *[outline, shape]* s|tracić ostrość **2** fig *[person, character, attitude, expression, views]* złagodnieć **(towards sb** w stosunku do kogoś**)**; *[heart]* z|mięknąć **3** Econ *[currency, economy]* słabnąć
■ **soften up**: ¶ **~ up** *[butter, malleable substance]* z|mięknąć ¶ **~ up [sb], ~ [sb] up** **1** osłabi|ć, -ać *[enemy, opponent]* **2** infml fig ur|obić, -abiać, zmiękcz|yć, -ać infml *[customer, person]*

softener /ˈsɒfnə(r), US ˈsɔːf-/ *n* **1** (also **fabric ~**) środek *m* do zmiękczania tkanin **2** (also **water ~**) (substance) substancja *f* zmiękczająca wodę; (device) zmiękczacz *m* wody

softening /ˈsɒfnɪŋ, US ˈsɔːf-/ *n* **1** (of substance, surface) mięknięcie *n*; fig (of light, colour) tonowanie *n*; (of outline) zacieranie się *n*; (of character, attitude, view) łagodnienie *n* **(towards sb/sth** w stosunku do kogoś/czegoś**)**; (of water, consonant) zmiękczenie *n* **2** Fin (of economy) osłabienie *n* **3** Med **~ of the brain** rozmiękanie mózgu

soft focus *n* (image) obraz *m* miękko rysowany; **in ~** rozmazany, rozmyty

soft focus lens *n* Phot obiektyw *m* miękko rysujący

soft-footed /ˌsɒftˈfʊtɪd, US ˌsɔːft-/ *adj* **to be ~** chodzić po cichu; fig **a ~ approach** delikatne podejście

soft fruit *n* owoce *m pl* miękkie *(truskawki, maliny)*

soft furnishings *npl* GB tkaniny *f pl* dekoracyjne

soft goods *npl* Comm (foods, drugs) towary *m pl* nietrwałe; US (textiles) tkaniny *f pl* dekoracyjne

soft-headed /ˌsɒftˈhedɪd, US ˌsɔːft-/ *adj* infml głupawy

soft-headedness /ˌsɒftˈhedɪdnɪs, US ˌsɔːft-/ *n* głupota *f*

soft-hearted /ˌsɒftˈhɑːtɪd, US ˌsɔːft-/ *adj* miękkiego or gołębiego serca; pobłażliwy **(with** or **to sb** wobec or dla kogoś**)**

soft-heartedness /ˌsɒftˈhɑːtɪdnɪs, US ˌsɔːft-/ *n* pobłażliwość *f*, miękkie serce *n*

softie *n* infml = **softy**

softish /ˈsɒftɪʃ, US ˈsɔːft-/ *adj* infml **1** *[consistency]* miękkawy; *[bed]* dość miękki **2** Sport *[ground]* rozmiękły

soft landing *n* Aviat, Econ miękkie lądowanie *n*

softly /ˈsɒftlɪ, US ˈsɔːft-/ *adv [speak, smile]* łagodnie; *[blow]* lekko; *[shine]* blado; *[touch, shut]* delikatnie; *[fall, tread]* miękko
IDIOMS: **~, ~, catchee monkey** dat hum ostrożność nie zawadzi

softly-softly /ˌsɒftlɪˈsɒftlɪ, US ˌsɔːftlɪˈsɔːftlɪ/ *adj [approach]* ostrożny; **to take a ~ approach** być ostrożnym

softness /ˈsɒftnɪs, US ˈsɔːft-/ *n* (of substance, skin, character, light, colour, outline, sound, touch) miękkość *f*; (of words, wind) łagodność *f*; (of attitude, view, approach) umiarkowanie *n*; (in economy) słabość *f*

soft option *n* łatwa droga *f* fig; **to take the ~** wybrać łatwe rozwiązanie, pójść po linii najmniejszego oporu

soft palate *n* Anat podniebienie *n* miękkie

soft-pedal /ˌsɒftˈpedl, US ˌsɔːft-/ **I** **soft pedal** *n* Mus lewy pedał *m* (fortepianu)
II *vi* (*prp, pt, pp* **-ll-** GB, **-l-** US) **1** Mus nacis|nąć, -kać lewy pedał **2** fig **to ~ on sth** nie naciskać na coś fig

soft porn *n* infml miękkie porno *n inv* infml

soft sell *n* namawianie *n* do dokonania zakupu nieagresywną reklamą

soft-shell crab /ˌsɒftʃelˈkræb, US ˌsɔːft-/ *n* krab *m* z miękką skorupą

soft shoulder *n* pobocze *n* nieutwardzone

soft soap **I** *n* **1** mydło *n* półpłynne **2** fig infml (flattery) wazelina *f* infml fig
II **soft-soap** *vt* infml kadzić (komuś) infml
III **soft-soap** *vi* podlizywać się infml

soft-spoken /ˌsɒftˈspəʊkn, US ˌsɔːft-/ *adj* **1** **to be ~** mieć łagodny głos **2** fig (glib) wygadany

soft spot *n* infml słabość *f*; **to have a ~ for sb** mieć do kogoś słabość

soft target *n* Mil łatwy cel *m* also fig

soft tissue *n* Med tkanka *f* miękka

soft-top /ˈsɒfttɒp, US ˈsɔːft-/ *n* Aut kabriolet *m (z dachem z materiału)*

soft touch *n* infml **she's a ~** łatwo ją naciągnąć infml

soft toy *n* pluszowa *f* zabawka, przytulanka *f*

soft verge *n* = **soft shoulder**

soft-voiced /ˌsɒftˈvɔɪst, US ˌsɔːft-/ *adj* **to be ~** cicho mówić

software /ˈsɒftweə(r), US ˈsɔːft-/ **I** *n* Comput oprogramowanie *n*, software *m*; **computer ~** oprogramowanie komputerowe, software komputerowy
II *modif* softwarowy

software developer *n* programist|a *m*, -ka *f*

software house *n* producent *m* oprogramowania

software package *n* Comput pakiet *m* oprogramowania

softwood /ˈsɒftwʊd, US ˈsɔːft-/ *n* **1** (wood) drewno *n* miękkie **2** (tree) drzewo *n* iglaste

softy /ˈsɒftɪ, US ˈsɔːftɪ/ *n* infml **1** pej (weak person) mięczak *m* **2** (indulgent person) poczciwina *m/f*

SOGAT, Sogat /ˈsəʊgæt/ *n* GB = **Society of Graphical and Allied Trades** Stowarzyszenie *n* Pracowników Poligrafii

soggy /ˈsɒgɪ/ *adj [clothes]* przemoczony; *[food]* rozmoczony; *[ground]* grząski, rozmiękły

soh, so /səʊ/ *n* Mus sol *n inv*

soil /sɔɪl/ **I** *n* **1** Agric gleba *f*, ziemia *f*; **a man of the ~** człowiek pracujący na roli; **to make one's living from the ~** utrzymywać się z pracy na roli **2** (land) ziemia *f*; **one's native ~** ojczysta ziemia; **on British/foreign ~** na brytyjskiej/obcej ziemi
II *vt* **1** za|brudzić **2** fig ze|psuć *[reputation]*; s|plamić, s|kalać liter *[honour, good name]*
IDIOMS: **not to ~ one's hand with sth/by doing sth** nie splamić się czymś/robieniem czegoś

soiled /sɔɪld/ *adj* **1** (dirty) brudny, zabrudzony **2** fig *[reputation]* zepsuty; *[honour, good name]* splamiony **3** Comm (also **shop-~**) *[clothing, stock]* zleżały

soilless culture /ˌsɔɪllɪsˈkʌltʃə(r)/ *n* Agric uprawa *f* bezglebowa

soil pipe *n* przewód *m* kanalizacyjny spustowy

soiree /ˈswɑːreɪ, US swɑːˈreɪ/ *n* wieczór *m*, wieczorek *m*

sojourn /ˈsɒdʒən, US səʊˈdʒɜːrn/ fml **I** *n* pobyt *m*
II *vi* zabawić liter

solace /ˈsɒləs/ **I** *n* fml **1** (feeling of comfort) pociecha *f*; **to bring** or **give ~ to sb** przynosić pociechę komuś; **to seek ~ in sth** szukać pociechy w czymś; **to find ~ in sth** znajdować pociechę w czymś; **to draw ~ from sth** czerpać pociechę z czegoś **2** (source of comfort) pociecha *f*; **to be a ~ to sb** być dla kogoś pociechą
II *vt* przyn|ieść, -osić pociechę (komuś) *[person]*; przyn|ieść, -osić pociechę w (czymś) *[grief, suffering]*
III *vr* **to ~ oneself** pociesz|yć, -ać się **(with sth** czymś**)**

solanum /səˈleɪnəm/ *n* Bot psianka *f*

S

solar /ˈsəʊlə(r)/ *adj [battery, energy, radiation]* słoneczny; **~ warmth/ray** ciepło /promień słońca
solar cell *n* ogniwo *n* słoneczne
solar collector *n* kolektor *m* słoneczny
solar eclipse *n* zaćmienie *n* Słońca
solar flare *n* Astron rozbłysk *m* słoneczny
solar-heated /ˌsəʊləˈhiːtɪd/ *adj* ogrzewany energią słoneczną
solar heating *n* ogrzewanie *n* energią słoneczną
solarium /səˈleərɪəm/ *n* (*pl* **-ria**) solarium *n*
solar panel *n* płytka *f* ogniwa słonecznego
solar plexus *n* (*pl* **-uses**) Anat splot *m* słoneczny
solar power *n* energia *f* słoneczna
solar-powered /ˌsəʊləˈpaʊəd/ *adj* napędzany energią słoneczną
solar system *n* Układ *m* Słoneczny
solar wind *n* Astron, Meteorol wiatr *m* słoneczny
sold /səʊld/ *pt, pp* → **sell**
solder /ˈsəʊldə(r), ˈsɒ-, US ˈsɒdər/ **I** *n* [1] (alloy) lut *m*, lutowie *n*; **soft ~** lut miękki; **brazing** or **hard ~** lut twardy [2] (join) lutowanie *n*
II *vt* przylutow|ać, -ywać (**on** or **onto sth** do czegoś)
III *vi* lutować
▪ **solder on**: **~ on [sth], ~ [sth] on** przylutow|ać, -ywać
soldering iron /ˌsəʊldərɪŋˈaɪən/ *n* lutownica *f*
soldier /ˈsəʊldʒə(r)/ **I** *n* Mil żołnierz *m*; **to play at ~s** *[kids]* bawić się w wojnę; **a common ~** zwykły żołnierz; **a private ~** szeregowiec; **an old ~** stary wojak; **a ~ of fortune** dat najemnik; **a regular ~** żołnierz zawodowy; **a woman ~** kobieta żołnierz
II *vi* służyć w wojsku
▪ **soldier on** nie podda|ć, -wać się; **to ~ on doing sth** or **with doing sth** dzielnie robić coś dalej
IDIOMS: **to come the old ~ with sb** GB musztrować kogoś; **old ~s never die** stara gwardia zawsze na posterunku
soldier ant *n* mrówka *f* żołnierz
soldier boy *n* Hist, Mil dziecko-żołnierz *n*
soldiering /ˈsəʊldʒərɪŋ/ *n* (army life) żołnierka *f*
soldierly /ˈsəʊldʒəlɪ/ *adj [person]* postawny; *[appearance, bearing]* żołnierski
soldiery /ˈsəʊldʒərɪ/ *n* (*pl* **~**) dat żołdactwo *n*, soldateska *f* pej
sole[1] /səʊl/ **I** *n* [1] Anat podeszwa *f*; **the ~ of the foot** podeszwa stopy [2] (of shoe) podeszwa *f*; (of sock) stopa *f*
II *vt* pod|zelować *[shoe]*
III **-soled** *in combinations* **rubber-/leather-~d shoes** buty na gumowych /skórzanych podeszwach
sole[2] /səʊl/ *n* Zool sola *f*
sole[3] /səʊl/ *adj* [1] (single) *[aim, concern, duty, reason, source, survivor]* jedyny; **I've come for the ~ purpose of seeing you** przyszedłem jedynie po to, żeby się z tobą zobaczyć [2] (exclusive) *[agent, distributor, importer, right]* wyłączny; **for the ~ use of sb** do wyłącznego użytku kogoś; **to have the ~ agency for sth** Comm mieć wyłączność na coś
sole beneficiary *n* Jur jedyny spadkobierca *m*
solecism /ˈsɒlɪsɪzəm/ *n* [1] Ling solecyzm *m* [2] (social) gafa *f*
solely /ˈsəʊlɪ/ *adv* [1] (wholely) całkowicie; **he's ~ responsible for causing this accident** jest całkowicie odpowiedzialny za ten wypadek [2] (exclusively) wyłącznie, jedynie; **it is ~ owned by Mr Jones** wyłącznym or jedynym właścicielem jest pan Jones; **I'm saying this ~ for your benefit** mówię to wyłącznie or jedynie dla twego dobra
solemn /ˈsɒləm/ *adj* [1] (serious) *[person, face, voice]* poważny; *[promise, oath, vow]* uroczysty; solenny liter; *[silence]* uroczysty, pełen powagi; **it's my ~ duty** to jest mój solenny or święty obowiązek [2] (reverent) *[occasion, celebration, procession, tribute]* uroczysty; *[building]* dostojny
solemnity /səˈlemnətɪ/ **I** *n* (of person, face) powaga *f*; (of occasion) powaga *f*, podniosłość *f*; **with all due ~** z całą powagą
II **solemnities** *npl* ceremoniał *m*
solemnization /ˌsɒləmnaɪˈzeɪʃn, US -nɪˈz-/ *n* fml **~ of a marriage/a treaty** uroczyste zawarcie związku małżeńskiego/traktatu
solemnize /ˈsɒləmnaɪz/ *vt* uroczyście świętować *[victory]*; **to ~ a marriage** *[priest, registrar]* udzielić ślubu
solemnly /ˈsɒləmlɪ/ *adv* [1] *[say, look, nod]* poważnie [2] *[bless]* uroczyście; *[swear, promise]* (formally) uroczyście; (sincerely) solennie liter; **I do ~ swear to tell the truth** Jur przysięgam mówić prawdę
solenoid /ˈsəʊlənɔɪd/ *n* solenoid *m*; **electrical ~** cewka cylindryczna; **motor /dynamo ~** uzwojenie silnika/prądnicy; **~ switch/valve** przełącznik/zawór elektromagnetyczny
soleus /ˈsəʊlɪəs/ *n* (*pl* **-lei**) Anat mięsień *m* płaszczkowaty
sol-fa /ˌsɒlˈfɑː, US ˌsəʊl-/ *n* solfeż *m*
solicit /səˈlɪsɪt/ **I** *vt* [1] (request) zwr|ócić, -acać się z prośbą o (coś) *[money, help, information, opinion]*; zabiegać o (coś) *[investment, orders]*; **the problem/situation ~s our closest attention** fml problem /sytuacja wymaga naszej pilnej uwagi [2] Jur *[prostitute]* nagabywać *[client]*
II *vi* [1] Jur *[prostitute]* nagabywać mężczyzn [2] (request) **to ~ for sth** zabiegać o coś *[votes, support, orders]*
solicitation /səˌlɪsɪˈteɪʃn/ *n* [1] Jur nagabywanie *n* mężczyzn w celach nierządu [2] (request) zabieganie *n* (**for sth** o coś); **~ of business** oferowanie swoich usług
soliciting /səˈlɪsɪtɪŋ/ *n* Jur nagabywanie *n* mężczyzn w celach nierządu
solicitor /səˈlɪsɪtə(r)/ *n* [1] GB Jur (for documents) ≈ notariusz *m*; (for court, police work) adwokat *m*; **the company ~** radca prawny firmy; **a firm of ~s** kancelaria adwokacka; **you'll be hearing from my ~** (menacingly) skontaktuje się z panem mój adwokat [2] US Jur (chief law officer) radca *m* prawny *(miasta, okręgu lub departamentu rządowego)* [3] US Comm akwizytor *m*, -ka *f*; **a ~ for contributions and support** osoba pozyskująca datki i poparcie
Solicitor General *n* GB ≈ zastępca *m* prokuratora generalnego; US ≈ wiceminister *m* sprawiedliwości
solicitor's fees *npl* GB Jur opłata *f* notarialna
solicitous /səˈlɪsɪtəs/ *adj* fml (concerned) *[expression]* zatroskany (**about sb/sth** o kogoś/coś); *[person]* troskliwy; *[enquiry, letter]* pełen troski; *[shop assistant, service, response]* uprzejmy; **to be ~ about** or **for** or **of sth** *[person]* troszczyć się o coś; **his letter was ~ about your health** w liście z troską pytał o twoje zdrowie
solicitously /səˈlɪsɪtəslɪ/ *adv* z troską
solicitude /səˈlɪsɪtjuːd, US -tuːd/ *n* [1] (concern) troska *f* (**for sb/sth** o kogoś/coś); **to show sb ~** okazać troskę komuś [2] fml (worry) troska *f*, niepokój *m*
solid /ˈsɒlɪd/ **I** *n* [1] Math bryła *f* [2] Phys, Chem ciało *n* stałe
II **solids** *npl* (food) pokarmy *m pl* stałe; **to be on ~s** *[baby]* jeść pokarmy stałe
III *adj* [1] (not liquid or gaseous) *[substance]* stały; **to go** or **become ~** zestalić się [2] (of one substance) *[oak, gold, marble, rock]* lity; *[tyre, rubber ball]* pełny; *[gold]* czysty, szczery [3] (dense, compact) *[crowd]* zbity; *[earth]* ubity; **a ~ bank of cloud** gęsta masa chmur [4] (unbroken) *[line]* ciągły; *[expanse]* nieprzerwany; **a ~ area of red** jednolita czerwień; **the traffic's ~ all the way from here to town** sznur samochodów ciągnie się stąd aż do samego miasta [5] (uninterrupted) **four ~ days, four days ~** bite cztery dni; **I worked for three ~ hours** pracowałem przez bite trzy godziny; **a ~ day's work** cały dzień pracy [6] (strong) *[house, bridge, foundation]* solidny; *[relationship]* trwały; *[basis, argument, knowledge]* solidny; **a ~ grounding in grammar** solidne podstawy gramatyki; **to be on ~ ground** fig stać na pewnym gruncie [7] (reliable) *[evidence, information, investment]* pewny; *[advice]* rozsądny; *[person, worker, work]* solidny, rzetelny; **to have ~ grounds for sth** mieć poważne podstawy do czegoś; **a ~ piece of work** solidna or porządna robota [8] (firm) *[grip, punch]* silny; **~ conviction** silne przekonanie; **to have the ~ support of sb** mieć pełne poparcie kogoś; **the strike has remained ~** strajk nie słabnie; **a ~ Republican area** obszar, w którym republikanie cieszą się zdecydowanym poparciem [9] (respectable) *[citizen, family, taxpayer]* porządny
IV *adv [freeze]* całkowicie; fig *[vote]* masowo; **the play is booked ~** bilety na tę sztukę są zarezerwowane do ostatniego miejsca
solid angle *n* kąt *m* przestrzenny
solidarity /ˌsɒlɪˈdærətɪ/ *n* solidarność *f*; **to feel ~ with sb** poczuwać się do solidarności z kimś; **to do sth out of** or **in ~ with sb** zrobić coś w geście solidarności z kimś; **to show ~ with** or **towards sb** zamanifestować solidarność z kimś
solidarity fund *n* fundusz *m* solidarności z potrzebującymi
solid compound *n* Ling wyraz *m* złożony pisany łącznie

solid fuel **I** *n* paliwo *n* stałe
II **solid-fuel** *modif* **solid-fuel central heating** ogrzewanie na paliwo stałe
solid geometry *n* geometria *f* przestrzenna, stereometria *f*
solidification /ˌsəlɪdɪfɪˈkeɪʃn/ *n* zestalenie *n* **(of sth** czegoś)
solidify /səˈlɪdɪfaɪ/ **I** *vt* [1] zestal|ić, -ać *[substance, gas]* [2] fig utrwal|ić, -ać *[control, rule, support, opinion]*
II *vi* [1] *[gas, liquid]* zestal|ić, -ać się; *[semiliquid, fat]* s|krzepnąć, s|twardnieć; *[honey]* scukrz|yć, -ać się; **to ~ into a jelly** zgalaretowieć, zmienić się w galaretę [2] fig *[opinion, control]* um|ocnić, -acniać się; **popular support for the idea solidified into a national movement** z powszechnego poparcia dla tego stanowiska wykrystalizował się ruch narodowy
solidity /səˈlɪdətɪ/ *n* (of substance) twardość *f*; (of construction, bank, worker, research, evidence) solidność *f*; (of relationship) trwałość *f*; (of arguments) zasadność *f*
solidly /ˈsɒlɪdlɪ/ *adv* [1] (strongly) *[fixed, grounded, made, built]* solidnie; **he's ~ built** jest dobrze zbudowany [2] (densely) **~ packed** *[crowd]* ciasno zbity; *[earth]* mocno ubity [3] (continuously) *[work, rain]* bez przerwy [4] (staunchly) *[conservative, socialist]* zdecydowanie; **they are ~ behind him** stoją za nim murem; **it's a ~ working-class area** to jest okolica, gdzie mieszkają głównie robotnicy
solid-state /ˌsɒlɪdˈsteɪt/ *adj [stereo, microelectronics]* półprzewodnikowy; **~ physics** fizyka ciała stałego
solidus /ˈsɒlɪdəs/ *n* **(***pl* **-di)** kreska *f* pochyła
solid word *n* wyraz *m* pisany łącznie
soliloquize /səˈlɪləkwaɪz/ *vi* liter monologować, wygłaszać monolog
soliloquy /səˈlɪləkwɪ/ *n* monolog *m*; Theat monolog *m*, solilokwium *n*
solipsism /ˈsɒlɪpsɪzəm/ *n* solipsyzm *m*
solitaire /ˌsɒlɪˈteə(r), ˈsɒlɪteə(r)/ *n* [1] (gem) soliter *m*; (ring) pierścionek *m* z pojedynczym kamieniem [2] US (with cards) pasjans *m*; **to play ~** kłaść or stawiać pasjansa [3] (board game) samotnik *m*
solitary /ˈsɒlɪtrɪ, US -terɪ/ **I** *n* [1] (loner) samotni|k *m*, -ca *f*, odludek *m* [2] infml (isolation) izolatka *f*, separatka *f*; **to be in ~** siedzieć w pojedynczej celi or infml w karcecie
II *adj* [1] (unaccompanied) *[occupation, walk, walker]* samotny; *[drinking]* w pojedynkę [2] (lonely) *[person]* samotny, osamotniony; (by choice) lubiący samotność [3] (isolated) *[farm]* samotny; *[village]* oddalony od świata [4] (single) *[example, incident, person, question]* jedyny, odosobniony; **with the ~ exception of sb/sth** z wyjątkiem kogoś/czegoś; **a ~ case** pojedynczy przypadek
solitary confinement *n* więzienna izolatka *f*
solitude /ˈsɒlɪtjuːd, US -tuːd/ *n* samotność *f*; **in ~** w samotności
solmization /ˌsɒlmɪˈzeɪʃn/ *n* solmizacja *f*
solo /ˈsəʊləʊ/ **I** *n* [1] Mus solo *n inv*, partia *f* solowa; (in pop music) solówka *f* infml; **a trumpet ~** solo na trąbkę [2] (flight) samotny lot *m*; (mountain climb, journey) samotna wyprawa *f*
II *adj* [1] Mus (unaccompanied) *[passage, performance]* solowy; **for ~ piano** na fortepian solo; **for ~ violin** (with orchestra) na skrzypce i orkiestrę; **a ~ piece** utwór solowy [2] (single-handed) *[album, appearance]* solowy; *[attempt, expedition, flight]* samotny; *[decision]* samodzielny
III *adv* [1] Mus *[dance, perform, play]* solo [2] *[fly, climb]* w pojedynkę
soloist /ˈsəʊləʊɪst/ *n* solist|a *m*, -ka *f*
Solomon /ˈsɒləmən/ *prn* Salomon *m*; **as wise as ~** mądry jak Salomon
Solomon Islands *prn pl* Wyspy *f pl* Salomona
solon /ˈsəʊlɒn/ *n* US prawodaw|ca *m*, -czyni *f*
solstice /ˈsɒlstɪs/ *n* przesilenie *n*; **the summer/winter ~** przesilenie letnie/zimowe
solubility /ˌsɒljuˈbɪlətɪ/ *n* Chem rozpuszczalność *f*
soluble /ˈsɒljʊbl/ *adj* [1] (dissolving) rozpuszczalny; **water-~** rozpuszczalny w wodzie [2] (having an answer) *[problem]* rozwiązywalny
solution /səˈluːʃn/ *n* [1] (answer) rozwiązanie *n* **(of** or **to sth** czegoś) [2] Chem, Pharm (act of dissolving) rozpuszczanie *n* **(in sth** w czymś); (mixture) roztwór *m* **(of sth** czegoś); **in ~** w roztworze
solvable /ˈsɒlvəbl/ *adj [problem, puzzle]* rozwiązywalny; **these problems are easily ~** te problemy da się łatwo rozwiązać
solve /sɒlv/ *vt* rozwiąz|ać, -ywać *[crossword puzzle, problem, equation, mystery, difficulty]*; wyjaśni|ć, -ać *[crime]*; zna|leźć, -jdować sposób na (coś) *[unemployment, poverty]*; Fin, Jur spłac|ić, -ać *[debt]*
solvency /ˈsɒlvənsɪ/ *n* Fin wypłacalność *f*
solvent /ˈsɒlvənt/ **I** *n* Chem rozpuszczalnik *m*; **water is a ~ for** or **of salt** sól rozpuszcza się w wodzie
II *adj* [1] Chem *[cleaner, liquid]* rozpuszczający [2] Fin *[businessman, company, country]* wypłacalny
solvent abuse *n* odurzanie się *n* rozpuszczalnikiem
soma /ˈsəʊmə/ *n* **(***pl* **~s, -ata)** Biol soma *f*
soma cell *n* komórka *f* somatyczna
Somali /səˈmɑːlɪ/ **I** *n* [1] (person) Somalij|czyk *m*, -ka *f* [2] Ling (język *m*) somali *m inv*
II *adj* somalijski
Somalia /səˈmɑːlɪə/ *prn* Somalia *f*
somatic /səˈmætɪk/ *adj* somatyczny
somber *adj* US = **sombre**
somberly *adv* US = **sombrely**
somberness *n* US = **sombreness**
sombre GB, **somber** US /ˈsɒmbə(r)/ *adj [house, clothes, day, mood, future, news]* ponury; *[face, appearance, thought]* posępny, ponury; *[rain clouds]* złowieszczy; **to be in ~ mood** być w ponurym nastroju
sombrely GB, **somberly** US /ˈsɒmbəlɪ/ *adv [stare, frown]* ponuro, posępnie; *[speak]* złowieszczo; **to dress ~** nosić ciemne kolory
sombreness GB, **somberness** US /ˈsɒmbənɪs/ *n* (of clothes, room) szarość *f*; (of face, mood, thoughts) ponurość *f*, posępność *f*
sombrero /sɒmˈbreərəʊ/ *n* **(***pl* **~s)** sombrero *n*
some /sʌm/ **I** *det, quantif* [1] (an unspecified amount or number) **~ cheese/money** trochę sera/pieniędzy; **~ apples** kilka jabłek; **we need ~ help/support/money** potrzebujemy pomocy/wsparcia/pieniędzy [2] (certain; in contrast to others) **~ shops won't sell this product** niektóre sklepy nie sprzedają tego produktu; **~ children like it** niektóre dzieci to lubią; **~ people work, others don't** jedni pracują, inni nie; **in ~ ways, I agree** w pewnej mierze się zgadzam; **in ~ cases, people have to wait 10 years** w niektórych przypadkach ludzie muszą czekać 10 lat; **~ people say that...** niektórzy twierdzą, że...; **in ~ parts of Europe** w niektórych częściach Europy [3] (a considerable amount or number) **he has ~ cause for complaint/disappointment** ma powody do narzekań/rozczarowania; **she managed it with ~ ease/difficulty** poradziła sobie z tym z łatwością/z pewnymi trudnościami; **his suggestion was treated with ~ indifference/hostility** jego propozycję potraktowano z pewną obojętnością/wrogością; **it will take ~ doing** to będzie wymagało pewnego wysiłku; **we stayed there for ~ time** zatrzymaliśmy się tam na jakiś czas; **we waited for ~ years /months/hours** czekaliśmy ładne kilka lat/miesięcy/godzin; **he hadn't seen her for ~ years** nie widział jej od ładnych kilku lat [4] (a little, a slight) **the meeting did have ~ effect** to spotkanie or zebranie przyniosło pewne rezultaty; **there must be ~ reason for it** musi być jakiś tego powód; **you must have ~ idea where the house is** musisz się mniej więcej orientować, gdzie jest ten dom; **this money will go ~ way towards compensating her for her injuries** te pieniądze chociaż w pewnym stopniu będą rekompensatą za odniesione obrażenia; **to ~ extent** do pewnego stopnia, w pewnym stopniu; **well, that's ~ consolation anyway!** to jakaś pociecha! [5] pej (an unspecified, unknown) **~ man came to the house** do domu przyszedł jakiś człowiek; **he's doing ~ course** chodzi na jakiś kurs; **she's bought ~ cottage in Spain** kupiła jakiś domek w Hiszpanii; **a car /computer of ~ sort, ~ sort of car /computer** jakiś samochód/komputer [6] infml (a remarkable) **that was ~ film/car!** to dopiero film/samochód!; **that's ~ woman/man!** to jest dopiero babka/facet! infml [7] infml (not much) **~ help you are/he is!** wielka (mi) z ciebie/z niego pomoc!; **~ mechanic/doctor he is!** wielki mi mechanik/lekarz!; **~ dictionary/pen that is!** też mi słownik/pióro!; **'I'd like the work to be finished by Monday' – '~ hope!'** „chciałbym, żeby to było skończone do poniedziałku" – „nie łudź się!"
II *pron* [1] (an unspecified amount) **I'd like ~ of those** poproszę kilka or parę tych; **(do) have ~!** weź sobie, trochę/kilka!; **(do) have ~ more!** weź sobie jeszcze! [2] (certain ones) **~ (of them) are blue** niektóre (z nich) są niebieskie; **~ (of them) are French, others Spanish** (people) niektórzy (z nich) to Francuzi, inni to Hiszpanie; **~ say that...** niektórzy mówią, że...; **I agree with ~ of what you say** częściowo się z tobą zgadzam; **~ (of them) arrived early** niektórzy przyjechali wcześniej

S

III *adv* [1] (approximately) jakieś; **~ 20 people/buses** jakieś 20 osób/autobusów; **~ 20 years ago** jakieś 20 lat temu; **~ £50** około 50 funtów; **~ 7% of the population** jakieś 7% mieszkańców [2] US infml (somewhat, a lot) trochę; **to wait/work ~** poczekać /popracować trochę

IDIOMS: **and then ~!** infml i dużo więcej; **~ people!** niektórzy to są naprawdę!

somebody /ˈsʌmbədɪ/ *pron* [1] (unspecified person) ktoś; **~ famous/important** ktoś sławny/ważny; **~ came to see me** ktoś do mnie przyszedł; **we need ~ who speaks Japanese/who can repair cars** potrzebujemy kogoś, kto zna japoński/potrafi naprawić samochód; **Mr Somebody(-or-other)** pan jakiś tam; **ask Adam or Robert or ~** zapytaj Adama albo Roberta, albo kogoś innego [2] (important person) **he (really) thinks he is ~** jemu się (naprawdę) wydaje, że jest kimś; **they think they are ~** wyobrażają sobie, że są strasznie ważni; **she's really ~ in the film industry** ona jest naprawdę kimś w przemyśle filmowym

IDIOMS: **~ up there doesn't like me** wszystko się przeciwko mnie sprzysięgło; **~ up there likes me** ktoś nade mną czuwa

somehow /ˈsʌmhaʊ/ *adv* [1] (by some means) (also **~ or other**) jakoś (tam); **we'll get there ~** jakoś tam dotrzemy; **we managed it ~** jakoś (tam) nam się udało; **he ~ broke his leg** jakoś tak się stało, że złamał sobie nogę [2] (for some reason) **~ it doesn't seem very important** to jakoś nie wydaje się bardzo ważne; **~ he never seems to get it right** jakoś nigdy nie udaje mu się to; **it was ~ shocking/amusing to see** to było na swój sposób szokujące/zabawne

someone /ˈsʌmwʌn/ *pron* = **somebody**

someplace /ˈsʌmpleɪs/ *adv* US = **somewhere**

somersault /ˈsʌməsɒlt/ **I** *n* [1] (of gymnast) przewrót *m*; przewrotka *f* infml; (of diver) salto *n*; (of child) koziołek *m*; fikołek *m* infml; **to turn ~s** *[gymnast]* wykonywać przewroty; *[child]* fikać koziołki [2] (of vehicle) dachowanie *n*; **to do** or **turn a ~** przekoziołkować

II *vi [gymnast]* wykon|ać, -ywać przewrót; *[diver]* wykon|ać, -ywać salto; *[car]* prze|koziołkować

Somerset /ˈsʌməset/ *prn* Somerset *n inv*

something /ˈsʌmθɪŋ/ **I** *pron* [1] (unspecified thing) coś; **~ to do/eat** coś do zrobienia /jedzenia; **to say ~** powiedzieć coś; **~ made him laugh** coś go rozśmieszyło; **~ new/interesting** coś nowego/ciekawego; **he's always trying to get ~ for nothing** on zawsze próbuje dostać coś za nic; **there's ~ wrong** coś jest nie tak; **there's ~ odd about her** ona jest jakaś dziwna; **there's ~ funny going on** coś się dzieje (dziwnego); **~ or other** coś (tam); **he's ~ (or other) in the army/motor trade** jest kimś tam w wojsku/handlu samochodami [2] (thing of importance, value) **it proves ~** to o czymś świadczy; **to make ~ of oneself** or **one's life** zrobić coś ze swoim życiem; **he got ~ out of it** coś z tego miał; **he is quite** or **really ~!** z niego jest naprawdę lepszy numer! infml; **that house is quite** or **really ~!** to dopiero dom!; **there's ~ in what he says** w tym, co on mówi, coś jest; **you've got ~ here!** masz tutaj rację!; **he has a certain ~** on ma w sobie coś; **'I've found the key' – 'that's ~ anyway'** „znalazłem klucz" – „to już coś"; **we gave him ~ for his trouble** (a tip) daliśmy mu coś za fatygę [3] (forgotten, unknown name, amount) **his name's Robert ~** nazywa się Robert jakiś tam; **in nineteen-sixty-~** w tysiąc dziewięćset sześćdziesiątym którymś roku; **he's six foot ~** on ma ponad sześć stóp; **she's gone shopping/swimming or ~** wyszła na zakupy/na pływalnię czy coś takiego; **are you deaf/stupid or ~?** głuchy/głupi jesteś czy co? infml

II *adv* [1] (a bit) trochę, nieco; **~ over /under £20/50 people** coś ponad/poniżej 20 funtów/50 osób; **~ around 100 kilos** coś koło 100 kilogramów [2] infml (a lot) **he was howling ~ awful** or **terrible** or **shocking** wrzeszczał jak opętany, darł się na całe gardło infml → **else, nothing**

III something of *adv phr* (rather, quite) **he is (also) ~ of an actor/a writer** jest również trochę aktorem/pisarzem; **she is ~ of an expert** jest można powiedzieć ekspertem; **it was ~ of a surprise** to było spore zaskoczenie; **it was ~ of a disaster /disappointment** to była właściwie klęska/to było właściwie rozczarowanie

sometime /ˈsʌmtaɪm/ **I** *adv* (at unspecified time) kiedyś; **we'll have to do it ~** kiedyś będziemy musieli to zrobić; **I'll pay you ~** kiedyś ci zapłacę; **all holidays have to end ~** każde wakacje kiedyś się kończą; **I'll tell you about it ~** kiedyś ci o tym opowiem; **I'll phone you ~ tomorrow /next week/next month** zadzwonię do ciebie jutro/w przyszłym tygodniu/w przyszłym miesiącu

II *adj* [1] (former) *[president, chairman, captain]* były [2] US (occasional) *[employee]* sezonowy; *[event]* odbywający się od czasu do czasu

sometimes /ˈsʌmtaɪmz/ *adv* czasami, czasem; **~ angry, ~ depressed** czasem zły, czasem nieszczęśliwy

somewhat /ˈsʌmwɒt/ *adv* nieco; **~ disturbed/discouraging** trochę zdenerwowany/zniechęcający; **~ faster** nieco szybciej; **~ happier** trochę szczęśliwszy; **things have changed ~** zaszły pewne zmiany; **~ differently/reluctantly** trochę inaczej /bez większego zapału; **~ ironically/improbably** nieco ironicznie/nieprawdopodobnie; **~ to her disappointment/surprise** ku jej pewnemu rozczarowaniu /zdziwieniu; **they were more than ~ surprised/disappointed to hear that...** byli mocno zdziwieni/rozczarowani, słysząc, że...

somewhere /ˈsʌmweə(r)/ *adv* [1] (some place) gdzieś; **she's ~ about** or **around** jest gdzieś tutaj (w pobliżu); **it's ~ in this chapter** to jest gdzieś w tym rozdziale; **I read ~ that...** gdzieś przeczytałem, że...; **~ hot** gdzieś, gdzie jest gorąco; **he needs ~ to sleep/stay** musi mieć gdzie spać /gdzie się zatrzymać; **~ or other** gdzieś tam; **~ (or other) in Asia** gdzieś (tam) w Azji; **he's often in the pub or ~** infml często przesiaduje w pubie; **they live in Manchester or ~** mieszkają w Manchesterze czy gdzieś tam [2] (at an unspecified point in a range) **~ between 80 and 100 people** jakieś 80 do 100 osób; **~ around 10 o'clock/£50** gdzieś około godziny dziesiątej/50 funtów; **they paid ~ around £20,000** zapłacili coś około 20 tysięcy funtów

IDIOMS: **now we're getting ~!** (in questioning) no, nareszcie jakaś rozsądna odpowiedź!; (making progress) no, nareszcie do czegoś doszliśmy!

Somme /sɒm/ *prn* **the ~** Somma *f*; **the (battle of the) ~** bitwa nad Sommą

sommelier /sɒˈmelɪə(r)/ *n* kelner *m* podający wino

somnambulism /sɒmˈnæmbjʊlɪzəm/ *n* fml somnambulizm *m*

somnambulist /sɒmˈnæmbjʊlɪst/ *n* fml somnambuli|k *m*, -czka *f*

somniferous /sɒmˈnɪfərəs/ *adj* fml usypiający

somnolence /ˈsɒmnələns/ *n* fml senność *f*

somnolent /ˈsɒmnələnt/ *adj* fml senny

son /sʌn/ *n* [1] (male child) syn *m* **(of sb** kogoś); **an only ~** jedyny syn; **he's an only ~** on jest jedynakiem; **he's like a ~ to me** on jest dla mnie jak syn; **he's his father's ~** to nieodrodny syn swojego ojca; **my ~ and heir** mój syn i następca [2] liter (descendant) syn *m* liter; **the ~s of this land** synowie tej ziemi [3] infml (as form of address) **what's up with you, ~?** infml co z tobą, chłopcze?; **my ~** (said by priest) synu

IDIOMS: **every mother's ~ (of them)** wszyscy jak jeden mąż

sonar /ˈsəʊnɑː(r)/ *n* sonar *m*; **~ equipment** sprzęt hydrolokacyjny

sonata /səˈnɑːtə/ *n* sonata *f*; **violin ~** sonata skrzypcowa

sonata form *n* forma *f* sonatowa

sonatina /ˌsɒnəˈtiːnə/ *n* sonatina *f*

sonde /sɒnd/ *n* Meteorol sonda *f*; (balloon) balon-sonda *m*

sone /səʊn/ *n* son *m*

son et lumière /ˌsɒneɪˈluːmjeə(r)/ *n* światło *n* i dźwięk *m*

song /sɒŋ/ *n* [1] Mus piosenka *f*; (solemn) pieśń *f*; **to sing/write a ~** zaśpiewać /napisać piosenkę; **give us a ~** zaśpiewaj nam coś; **to burst** or **break into ~** zacząć śpiewać [2] (of bird) śpiew *m*; **the ~ of the lark** śpiew skowronka [3] Literat pieśń *f*

IDIOMS: **for a ~** za bezcen, za grosze; **those pictures are going for a ~** te obrazy idą za grosze; **on ~** GB infml w świetnej formie

song and dance *n* Theat piosenka *f* z tańcem; **~ act, ~ routine** układ taneczno-muzyczny

IDIOMS: **to give sb the same old ~** US infml opowiadać komuś te same głodne kawałki infml; **to make a ~ about sth** GB infml narobić wokół czegoś szumu

songbird /ˈsɒŋbɜːd/ *n* ptak *m* śpiewający

songbook /ˈsɒŋbʊk/ *n* śpiewnik *m*

song cycle *n* cykl *m* pieśni

songfest /ˈsɒŋfest/ *n* US wspólne śpiewanie *n*

Song of Solomon *n* Pieśń *f* nad pieśniami

Song of Songs *n* Pieśń *f* nad pieśniami

songsmith /ˈsɒŋsmɪθ/ *n* dat kompozytor *m* piosenek

songster /ˈsɒŋstə(r)/ *n* dat śpiewak *m*

songstress /ˈsɒŋstrɪs/ *n* dat śpiewaczka *f*

song thrush *n* drozd śpiewak *m*

songwriter /ˈsɒŋraɪtə(r)/ *n* (of words) tekściarz *m* infml; (of music) kompozytor *m*, -ka *f* piosenek

songwriting /ˈsɒŋraɪtɪŋ/ *n* pisanie *n* piosenek

sonic /ˈsɒnɪk/ *adj* dźwiękowy; **~ interference/measurement** zakłócenie/pomiar dźwięku

sonic bang *n* GB uderzenie *n* dźwiękowe, grom *m* dźwiękowy

sonic barrier *n* bariera *f* dźwięku

sonic boom *n* US = **sonic bang**

sonic depth finder *n* echosonda *f*, sonda *f* akustyczna

sonic mine *n* Mil mina *f* akustyczna

sonics /ˈsɒnɪks/ *n* (+ *v sg*) akustyka *f* techniczna

son-in-law /ˈsʌnɪnlɔː/ *n* (*pl* **sons-in-law**) zięć *m*

sonnet /ˈsɒnɪt/ *n* sonet *m*

sonny /ˈsʌnɪ/ *n* infml synek *m*; (patronizing) **don't teach me my job, ~!** nie będziesz mi, synku, mówił, co mam robić! infml

sonny boy *n* infml **look here, ~** posłuchaj no, synku! infml

sonny Jim *n* = **sonny boy**

son-of-a-bitch /ˌsʌnəvəˈbɪtʃ/ vinfml [I] *n* US [1] pej sukinsyn *m* vinfml; skurwysyn *m*, skurwiel *m* vulg [2] (jocular) skurczybyk *m* vinfml; **how are you, you old ~?** jak się masz, ty stary skurczybyku? [3] (difficult task) **it's a ~!** co za cholerstwo! infml

[II] *excl* kurwa mać! vulg

son-of-a-gun /ˌsʌnəvəˈɡʌn/ *n* US infml dat skurczybyk *m*, sukinkot *m* vinfml

sonority /səˈnɒrətɪ, US -ˈnɔːr-/ *n* (of voice, tone) dźwięczność *f*

sonorous /ˈsɒnərəs, səˈnɔːrəs/ *adj* *[voice, note]* dźwięczny; *[bell, chime]* donośny

sonorously /ˈsɒnərəslɪ, səˈnɔːrəslɪ/ *adv* *[speak, sing]* dźwięcznie; *[chime, toll]* donośnie

sonorousness /ˈsɒnərəsnɪs, səˈnɔːrəsnɪs/ *n* dźwięczność *f*

soon /suːn/ *adv* [1] (in a short time) niedługo, wkrótce; **it will ~ be five years since we moved here** wkrótce minie pięć lat, odkąd się tutaj przeprowadziliśmy; **the book will be published ~** książka wyjdzie wkrótce; **~ there will be no snow left** wkrótce zniknie cały śnieg; **I'll have finished very ~** niedługo skończę; **see you ~!** do zobaczenia! [2] (quickly) szybko; **write ~!** napisz zaraz!; **it ~ became clear that...** (bardzo) szybko stało się jasne, że... [3] (early) wcześnie; **you've arrived far too ~** przyjechałeś dużo za wcześnie; **~ enough** dość wcześnie; **the ~er the better** im wcześniej, tym lepiej; **the ~er we leave, the ~er we'll get there** im wcześniej wyruszymy, tym wcześniej będziemy na miejscu; **as ~ as possible** jak najszybciej; **as ~ as I see him** jak tylko go zobaczę; **he didn't arrive as ~ as we had hoped** nie przyjechał tak szybko, jak na to liczyliśmy; **as ~ as you can** (najwcześniej, najszybciej) jak tylko będziesz mógł; **~er or later** prędzej czy później; **at four o'clock at the ~est** nie wcześniej niż o czwartej; **all too ~ the summer was over** lato minęło zbyt szybko; **and not a moment too ~!** najwyższa pora!, w sam czas! [4] (not long) zaraz, wkrótce; **~ afterwards** zaraz or wkrótce potem; **~ after three** tuż po trzeciej; **~ after us** zaraz or wkrótce po nas; **no ~er had I done it than...** ledwie skończyłem, kiedy... [5] (rather) **I'd (just) as ~ stay at home** wolałbym raczej zostać w domu; **I'd (just) as ~ go by rail as take the car** wolałbym raczej pojechać pociągiem niż samochodem; **I'd ~er not come** wolałbym nie przychodzić; **he'd ~er die than do it** wolałby umrzeć, niż to zrobić; **~er him than me!** dobrze, że nie ja!

IDIOMS: **least said ~est mended** Prov im mniej słów, tym lepiej; **no ~er said than done** już się robi

soot /sʊt/ *n* sadza *f*

■ **soot up**: **~ up [sth], ~ [sth] up** okopcić *[hearth, chimney]*; (block) zap|chać, -ychać sadzą *[burner, chimney]*

sooth /suːθ/ *n* arch **in ~** naprawdę

soothe /suːð/ [I] *vt* (calm) uspok|oić, -ajać *[person, crowd]*; złagodzić *[pain]*; u|koić *[nerves]*; złagodzić *[pain]*; (relieve) uśmierz|yć, -ać *[pain]*; **'don't worry,' she ~d** „nie martw się", uspokajała; **this ointment ought to ~ you** ta maść powinna przynieść ci ulgę; **to ~ a sunburn** pomóc na poparzenie (słoneczne)

[II] *vi* *[voice]* uspok|oić, -ajać, po|działać uspokajająco; *[lotion, massage]* przyn|ieść, -osić ulgę

■ **soothe away**: **~ away [sth], ~ [sth] away** złagodzić *[fear, anxiety, anger]*; uśmierz|yć, -ać *[pain]*

soothing /ˈsuːðɪŋ/ *adj* *[cream, music, presence]* kojący; *[person, speaker, tone of voice, speech]* uspokajający; *[medicine, ointment]* kojący, uśmierzający (ból)

soothingly /ˈsuːðɪŋlɪ/ *adv* *[stroke, speak]* uspokajająco

soothsayer /ˈsuːθseɪə(r)/ *n* dat wróżbit|a *m*, -ka *f* dat

soothsaying /ˈsuːθseɪɪŋ/ *n* dat wróżbiarstwo *n*

sooty /ˈsʊtɪ/ *adj* [1] (covered in soot) *[face, hands]* usmolony; *[room]* pokryty sadzą; *[air, window]* czarny od sadzy [2] (black) *[cat, fur]* czarny; **~ black** czarny jak sadza

sop /sɒp/ [I] *n* [1] (of bread) rozmoczony kawałek *m* chleba; **he lives off ~s** on je tylko papki [2] (concession) symboliczny gest *m*; ochłap *m* fig; **to throw a ~ to sb** rzucić komuś ochłap; **as a ~ to public opinion** jako ochłap rzucony opinii publicznej; **as a ~ to her pride** żeby połechtać jej dumę [3] (sissy) maminsynek *m*

[II] *vt* (*prp, pt, pp* **-pp-**) rozm|oczyć, -aczać *[bread, cake]* **(in sth** w czymś)

■ **sop up**: **~ up [sth], ~ [sth] up** (soak up) z|ebrać, -bierać *[liquid]*; **he ~ped up his soup with some bread** wytarł talerz po zupie kawałkiem chleba

sophism /ˈsɒfɪzəm/ *n* sofistyka *f*

sophist /ˈsɒfɪst/ *n* sofista *m*

sophistic(al) /səˈfɪstɪk(l)/ *adj* [1] Philos sofistyczny [2] fig (specious) *[argument, reasoning]* pokrętny, sofistyczny

sophisticate /səˈfɪstɪkət/ *n* wyrafinowany światowiec *m*

sophisticated /səˈfɪstɪkeɪtɪd/ *adj* [1] (worldly, cultured) *[person]* wyrafinowany, obyty w świecie; (elegant) *[person, clothes, fashion, restaurant, resort]* wytworny; **she thinks it's ~ to smoke** wydaje jej się, że palenie jest szczytem elegancji; **she was looking very ~ in black** w czerni wyglądała bardzo wytwornie [2] (discriminating) *[mind, taste, audience, public]* wyrobiony; **a magazine for the more ~ reader** pismo dla bardziej wyrobionych czytelników [3] (advanced) *[civilization]* zaawansowany, na wysokim stopniu rozwoju [4] (elaborate, complex) *[equipment, machinery, technology]* wysokiej klasy; *[argument, joke, style]* wyrafinowany, finezyjny

sophistication /səˌfɪstɪˈkeɪʃn/ *n* [1] (in lifestyle, habits) wyrafinowanie *n*; (in appearance) wytworność *f*; **lack of ~** prostota [2] (of audience, public) wyrobienie *n* [3] (of civilization, technology) zaawansowanie *n* [4] (complexity) (of equipment, machinery) wysoka klasa *f*; (of a argument, joke, discussion) wyrafinowanie *n*, finezja *f*

sophistry /ˈsɒfɪstrɪ/ *n* (reasoning) sofistyka *f*; (reason) sofizmat *m*

Sophocles /ˈsɒfəkliːz/ *prn* Sofokles *m*

sophomore /ˈsɒfəmɔː(r)/ *n* US Univ student *m*, -ka *f* drugiego roku; Sch uczeń|n *m*, -nnica *f* drugiej klasy

soporific /ˌsɒpəˈrɪfɪk/ [I] *n* środek *m* nasenny

[II] *adj* [1] (sleep-inducing) *[drug]* nasenny; *[event, effect]* usypiający [2] (sleepy) senny, śpiący

soppiness /ˈsɒpɪnəs/ *n* ckliwość *f*

sopping /ˈsɒpɪŋ/ *adj* (also **~ wet**) przesiąknięty wilgocią, całkiem mokry

soppy /ˈsɒpɪ/ *adj* infml pej ckliwy

sopranino /ˌsɒprəˈniːnəʊ/ [I] *n* (*pl* **~s**) sopranino *n inv*

[II] *adj* sopranino; **a ~ recorder** flet sopranino

soprano /səˈprɑːnəʊ, US -ˈpræn-/ [I] *n* (*pl* **~s**) [1] (person) sopran *m*, sopranist|a *m*, -ka *f* [2] (voice, instrument) sopran *m*

[II] *adj* *[voice, register]* sopranowy; *[part, aria]* sopranowy, na sopran

sorb /sɔːb/ *n* (tree) jarzębina *f*

Sorb /sɔːb/ *n* Serbołużyczan|in *m*, -ka *f*, Łużyczan|in *m*, -ka *f*

sorbet /ˈsɔːbeɪ, ˈsɔːbet/ *n* sorbet *m*; **lemon ~** sorbet cytrynowy

Sorbian /ˈsɔːbɪən/ [I] *n* [1] (person) Serbołużyczan|in *m*, -ka *f*, Łużyczan|in *m*, -ka *f* [2] Ling (język *m*) łużycki *m*

[II] *adj* łużycki

sorbic acid /ˌsɔːbɪkˈæsɪd/ *n* kwas *m* sorbinowy

sorbitol /ˈsɔːbɪtɒl/ *n* sorbit *m*

sorcerer /ˈsɔːsərə(r)/ *n* czarnoksiężnik *m*, czarodziej *m*

sorceress /ˈsɔːsərɪs/ *n* czarownica *f*, czarodziejka *f*

sorcery /ˈsɔːsərɪ/ *n* [1] (witchcraft) czarnoksięstwo *n*; **to practice ~** uprawiać czarnoksięstwo [2] fig czary *plt*

sordid /ˈsɔːdɪd/ *adj* pej (wicked, immoral) *[affair, story, film]* wstrętny; *[business]* brudny; *[room, town]* obskurny; **you can spare**

us the ~ details oszczędź nam tych obrzydliwych szczegółów

sordidly /ˈsɔːdɪdlɪ/ *adv* pej *[behave]* nikczemnie, podle; *[live]* nędznie

sordidness /ˈsɔːdɪdnɪs/ *n* (of motives, behaviour) nikczemność *f*, podłość *f*; (of room, town) obskurność *f*

sore /sɔː(r)/ **I** *n* [1] (wound) rana *f* [2] (cause for distress) utrapienie *n*

II *adj* [1] (sensitive) *[head, gums, muscle, arm, foot]* obolały; **I have a ~ throat/eyes** boli mnie gardło/bolą mnie oczy; **to be** or **feel ~ all over** być całym obolałym; **my leg is still a bit ~** noga ciągle mnie trochę boli; **I am ~ from all this exercise/running** wszystko mnie boli po tych ćwiczeniach/po tym bieganiu; **you'll only make it ~ by scratching** podrażnisz to miejsce, jeśli będziesz drapał [2] US infml (offended) urażony **(about** or **over sth** czymś, z powodu czegoś); (bitterly angry) rozżalony **(about** or **over sth** z powodu czegoś); **to be/feel ~** (offended) być/czuć się urażonym; (bitterly angry) być rozżalonym; **to be ~ at sb** boczyć się na kogoś; **to get ~** obrazić się [3] liter (extreme) **to be in ~ need of sth** pilnie potrzebować czegoś [4] (delicate) *[subject, point]* drażliwy

IDIOMS: **he is like a bear with a ~ head** jest zły, jakby go osa ugryzła; **a sight for ~ eyes** widok, który raduje serce

sorely /ˈsɔːlɪ/ *adv [regret]* gorzko; **~ tried, ~ tested** *[patience, friendship, person]* wystawiony na ciężką próbę; **medical aid is ~ needed** pilnie potrzebna jest pomoc medyczna; **to be ~ tempted** odczuwać silną pokusę

soreness /ˈsɔːnɪs/ *n* **do you still feel the ~ in your legs?** ciągle bolą cię nogi?

sorghum /ˈsɔːgəm/ *n* [1] (plant, foodstuff) sorgo *n* [2] (syrup) syrop *m* z sorgo

sorority /səˈrɒrətɪ, US -ˈrɔːr-/ *n* [1] US Univ korporacja *f* studentek [2] (sisterhood) żeńskie zgromadzenie *n*

sorrel[1] /ˈsɒrəl, US ˈsɔːrəl/ *n* [1] Bot, Culin (edible plant) szczaw *m* [2] (also **wood ~**) Bot szczawik *m* zajęczy

sorrel[2] /ˈsɒrəl, US ˈsɔːrəl/ **I** *n* [1] Equest (horse, colour of horse) kasztan *m* [2] (colour) (kolor *m*) kasztanowy *m*

II *adj* kasztanowy

sorrow /ˈsɒrəʊ/ **I** *n* [1] (grief) smutek *m* **(at** or **over sth** z powodu czegoś); **to feel ~** odczuwać smutek; **to express ~** wyrażać smutek; **to my ~** ku mojemu rozgoryczeniu; **it was said more in ~ than in anger** było to powiedziane bardziej z żalem niż ze złością; **in ~ and in joy** w radości i smutku [2] (misfortune) smutek *m*; **through all life's joys and ~s** przez wszystkie radości i smutki życia

II *vi* liter smucić się **(at** or **over sth** czymś)

III sorrowing *prp adj [widow, mourner]* pogrążony w smutku

IDIOMS: **one for ~, two for joy** (of magpies) jedna (sroka) zwiastuje smutek, dwie radość

sorrowful /ˈsɒrəʊfl/ *adj [person, face, smile, voice, occasion, news, memory]* smutny; **to be in ~ mood** być w płaczliwym nastroju

sorrowfully /ˈsɒrəʊfəlɪ/ *adv [look, say]* smutno, ze smutkiem

sorry /ˈsɒrɪ/ **I** *adj* [1] (apologetic) **I'm ~!** przepraszam!; **I'm terribly ~!** bardzo przepraszam!; **(I'm) ~, I haven't a clue** or **I've no idea** przepraszam, nie mam pojęcia or zielonego pojęcia infml; **I'm ~ I'm late** przepraszam za spóźnienie; **I'm ~ about the mess** przepraszam za ten bałagan; **~ about that!** przepraszam!; **I'm ~ for what I've done** przepraszam za to, co zrobiłem; **I'm ~ for breaking your vase** przepraszam, że stłukłem ci wazon; **I'm ~ for the delay** przepraszam za opóźnienie; **I'm ~ that I made you cry** przykro mi, że przeze mnie płakałeś; **I'm ~ to interrupt but...** przepraszam, że przerywam, ale...; **I'm ~ if I was impolite** przepraszam, jeśli byłem nieuprzejmy or niegrzeczny; **to say ~** przeprosić; **I can't tell you how ~ I am** nie masz pojęcia, jak mi przykro; **he didn't look the slightest bit ~!** wcale nie wyglądał na skruszonego! [2] (sympathetic) **we were ~ to hear of her plight** zmartwiły nas wieści o jej losie; **we are ~ to hear that...** zmartwiła nas wiadomość, że...; **I'm ~ about your uncle** przykro mi z powodu twojego wuja; **should I be glad or ~ at the news?** mam się ucieszyć czy zmartwić tą wiadomością? [3] (regretful) **we are ~ to inform you that...** z przykrością zawiadamiamy, że...; **I'm ~ to disappoint you, but...** nie chcę cię rozczarować, ale...; **they came back empty-handed, I'm ~ to say** przykro mi to powiedzieć, ale wrócili z pustymi rękami; **I feel ~ that she won't be there** żałuję or szkoda, że jej tam nie będzie; **later he was ~ he'd sent the letter** później żałował, że wysłał ten list; **do it now or you'll be ~!** zrób to w tej chwili, bo (inaczej) pożałujesz!; **no-one will be ~ to see him go** nikt nie będzie żałował, że odchodzi [4] (pitying) **to be** or **feel ~ for sb** współczuć komuś; pej (self-pitying) **to be** or **feel ~ for oneself** użalać się nad sobą pej [5] (pathetic, deplorable) *[sight, attempt, excuse]* żałosny; *[state]* opłakany; *[story, tale]* budzący litość or współczucie; **a ~ state of affairs** opłakany stan rzeczy; **to be in a ~ state** być w opłakanym stanie

II *excl* [1] (apologizing) przepraszam! [2] (failing to hear) **~?** słucham? [3] (contradicting) **~, I just don't agree with you** przepraszam, ale nie mogę się z tobą zgodzić [4] (interrupting someone) **~, time's up** niestety, czas minął [5] (adding a comment) **~, may I just say that...** przepraszam, chciałem tylko powiedzieć, że... [6] (correcting oneself) **his name's Walters, ~, Waters** nazywa się Walters, przepraszam, Waters [7] (requesting clarification) **~, I'm not with you** przepraszam, nie rozumiem [8] (being adamant) **~, but we don't serve children** przykro mi, ale dzieci nie obsługujemy

sort /sɔːt/ **I** *n* [1] (kind, type) rodzaj *m*, typ *m*; **this ~ of novel/fabric** ten rodzaj powieści/materiału; **this ~ of rabbit** ten gatunek królika; **this ~ of person** taka osoba; **all ~s of reasons/colours** naj(prze)różniejsze powody/kolory; **all ~s of people** naj(prze)różniejsi ludzie; **machines of all ~s** wszelkiego rodzaju urządzenia; **different ~s of cake** różne wypieki; **I like board games, backgammon, that ~ of thing** lubię gry planszowe, trik-traka, tego rodzaju gry; **that's my ~ of holiday** tak właśnie lubię spędzać urlop; **I'm not that ~ of person** nie należę do takich osób; **it's some ~ of computer** to jest rodzaj komputera; **there must be some ~ of mistake** to chyba jakaś pomyłka; **this must be some ~ of joke** to chyba jakiś żart; **he must be some ~ of madman** to chyba jakiś wariat; **I need a bag of some ~** potrzebuję jakiejś torby; **you must have some ~ of idea** musisz mieć chyba jakieś pojęcie; **an odd** or **strange ~ of chap** dziwny człowiek; **radiation of any ~ is harmful** każde promieniowanie jest szkodliwe; **any ~ of knife will do** wystarczy byle jaki nóż; **what ~ of person would do such a thing?** kto zrobiłby coś takiego?; **what ~ of person does she think I am?** za kogo ona mnie uważa?; **what ~ of thing does she like/read?** co ona lubi/czytuje?; **what ~ of a reply/an excuse is that?** cóż to jest za odpowiedź/wytłumaczenie?; **you know the ~ of thing (I mean)** wiesz, o co mi chodzi; **the same ~ of thing** to samo; **a liar of the worst ~** kłamczuch najgorszego sortu infml; **something of that** or **the ~** coś w tym rodzaju, coś takiego; **I didn't say anything of the ~!** nic takiego nie powiedziałem!; **nothing of the ~** (not in the least) nic podobnego; **'this milk is off' – 'nothing of the ~!'** „to mleko się skwasiło" – „nic podobnego!"; **'I'll pay' – 'you'll do nothing of the ~!'** „ja płacę" – „nie ma mowy!"; **'you're being awkward' – 'I'm being nothing of the ~'** „wydziwiasz" – „nic podobnego" [2] (in vague description) **some ~ of bird** jakiś ptak; **a ~ of blue uniform** coś w rodzaju niebieskiego munduru; **a ~ of elephant without a trunk** coś jakby słoń, ale bez trąby [3] (type of person) **I know your/his ~** znam takich jak ty/on; **people of her ~** ludzie jej pokroju; **he's not the ~ to betray his friends** on nie należy do takich, co zdradzają przyjaciół; **she is the ~ who would cheat** ona należy do takich, co oszukują; **we see all ~s here** różni tu się przewijają; **he/she is a good ~** to dobry człowiek [4] Comput sortowanie *n*

II of sorts, of a sort *adv phr* **a duck of ~s** or **of a ~** coś jakby kaczka; **a hero of a ~** coś w rodzaju bohatera; **progress of ~s** pewnego rodzaju postęp

III sort of *adv phrase* [1] (a bit) **~ of cute** w gruncie rzeczy słodki; **~ of eccentric /embarrassed** trochę jakby ekscentryczny/zakłopotany; **he ~ of understood** mniej więcej zrozumiał; **'is it hard?' – '~ of'** „czy to jest trudne?" – „trochę"; **'did you enjoy the film?' – '~ of'** „podobał ci się ten film?" – „raczej tak" [2] (approximately) **~ of blue-green** coś jakby niebieskawozielony; **it just ~ of happened** to się tak jakoś stało; **he was just ~ of lying there** po prostu leżał tam

IV *vt* [1] (classify, arrange) po|sortować *[data, files, stamps]*; **to ~ books into piles** poukładać książki w sterty; **to ~ buttons by colour** posortować guziki według kolo-

rów; **to ~ the apples according to size** posortować jabłka według wielkości [2] (separate) **to ~ sth from sth** oddziel|ić, -ać coś od czegoś; **to ~ the good potatoes from the bad** oddzielić dobre ziemniaki od zepsutych
■ **sort out**: ¶ **~ out [sth], ~ [sth] out** [1] (resolve) rozwiąz|ać, -ywać *[problem]*; u|porządkować *[matters]*; **to ~ out the confusion** wyjaśnić nieporozumienie; **it will take me hours to ~ this mess out** uporządkowanie tego bałaganu zabierze mi mnóstwo czasu; **I'll ~ it out** załatwię to; **they have ~ed out their differences** wyjaśnili sobie nieporozumienia; **go and ~ it out elsewhere** wyjaśniajcie to sobie gdzie indziej; **it's time to ~ this thing out** najwyższy czas wyjaśnić tę sprawę [2] (organize) ustal|ić, -ać *[details, arrangements]*; **I'll ~ something out with Adam** ustalimy coś z Adamem; **Robert will ~ something out for you** Robert coś dla ciebie wymyśli; **I'll ~ out with him what I have to do** ustalę z nim, co mam zrobić [3] (tidy up, put in order) z|robić porządek w (czymś), u|porządkować *[cupboard, cellar]*; z|robić porządek na (czymś), uporządkować *[desk, bookshelf]*; po|układać, po|sortować *[files, documents]*; u|porządkować *[finances, affairs]*; **to ~ out one's life** uporządkować swoje życie [4] (select) wyb|rać, -ierać *[photos, clothes]* [5] (find) zna|leźć, -jdować *[replacement, stand-in]* [6] (mend) naprawi|ć, -ać, z|reperować *[clutch]*; naprawi|ć, -ać *[fault]* ¶ **~ out [sth]** [1] (separate) **to ~ out the clean socks from the dirty** oddzielić czyste skarpetki od brudnych; **to ~ out the truth from the lies** oddzielić prawdę od kłamstw [2] (establish) ustal|ić, -ać; **to ~ out who is responsible** ustalić, kto jest odpowiedzialny; **we're still trying to ~ out what happened** wciąż jeszcze staramy się ustalić, co się stało ¶ **~ [sb] out** infml [1] (punish) rozprawi|ć, -ać się z (kimś); załatwić infml *[crook, trouble-maker]* [2] (help) *[representative, receptionist, organizer]* zaj|ąć, -mować się (kimś); **the doctor will soon ~ you out** lekarz wkrótce się tobą zajmie ¶ **~ [oneself] out** (get organized) z|organizować się; (in one's personal life) u|porządkować swoje sprawy; **to get oneself ~ed out** uporządkować swoje sprawy; **things will ~ themselves out** wszystko się jakoś (samo) ułoży; **the problem ~ed itself out** problem sam się rozwiązał
■ **sort through**: **~ through [sth]** prze|jrzeć, -glądać *[files, invoices]*; **~ through the cards until you find the ace of clubs** przeglądaj karty, aż znajdziesz asa treflowego

IDIOMS: **to be** or **feel out of ~s** (ill) źle się czuć; (grumpy) być nie w sosie infml; **it takes all ~s (to make a world)** Prov różni są ludzie na tym (bożym) świecie

sort code *n* kod *m* bankowy

sorted /ˈsɔːtɪd/ infml **I** *adj* [1] (supplied with drugs) **to be ~** mieć narkotyki [2] (well-balanced) zrównoważony [3] (arranged, organized) zorganizowany, załatwiony
II *excl* (yes, OK) w porządku! infml

sorter /ˈsɔːtə(r)/ *n* [1] (person) sortowacz *m*, -ka *f* [2] (machine) Agric, Mining sortownik *m*; Post, Tex sorter *m*

sortie /ˈsɔːtɪ/ *n* [1] Mil wypad *m*; **to carry out** or **make a ~** przeprowadzić or zrobić wypad [2] fig hum (to shops, beach) wypad *m*; **to make a ~ to the beach** wypuścić się na plażę infml

sorting /ˈsɔːtɪŋ/ *n* [1] sortowanie *n* [2] Post sortowanie *n* poczty

sorting machine *n* = **sorter** [2]

sorting office *n* Post sortownia *f*

sort-out /ˈsɔːtaʊt/ *n* GB infml **to have a ~** zrobić porządki; **to give sth a ~** posprzątać w (czymś) *[bedroom, cupboard]*

SOS *n* [1] Naut, Aviat SOS *n inv* [2] fig wzywanie *n* pomocy

so-so /ˈsəʊsəʊ/ infml **I** *adj* taki sobie, jako taki
II *adv* jako tako, tak sobie

sot /sɒt/ *n* GB pej opój *m* infml

sotto voce /ˌsɒtəʊˈvəʊtʃɪ/ *adv [say, add]* półgłosem; Mus sotto voce

sou' /saʊ/ *adj* Naut = **south**

soubriquet /ˈsuːbrɪkeɪ/ *n* fml = **sobriquet**

souchong /ˌsuːˈtʃɒŋ/ *n* Culin souchong *m* *(rodzaj chińskiej herbaty)*

soufflé /ˈsuːfleɪ, US suːˈfleɪ/ *n* suflet *m*

sough /sʌf, saʊ/ liter **I** *n* poszum *m* liter
II *vi [wind]* za|szumieć

soughing /ˈsʌfɪŋ, ˈsaʊɪŋ/ *n* liter (of wind, tree, sea) szum *m*

sought /sɔːt/ *pp* → **seek**

sought-after /ˈsɔːtɑːftə(r), US -æf-/ *adj [type of employee, skill, job, brand, garment]* poszukiwany; *[guest]* pożądany; *[expert, actress]* wzięty; *[village, area]* cieszący się dużym zainteresowaniem; **thatched cottages are much ~** chaty kryte strzechą cieszą się wielkim wzięciem; **the most ~ item was the portrait of Napoleon** największym zainteresowaniem cieszył się portret Napoleona

soul /səʊl/ *n* [1] (immortal) dusza *f*; **to sell one's ~ (to the devil)** zaprzedać duszę (diabłu); **he would sell his ~ to do it** fig duszę by zaprzedał, żeby móc to zrobić; **bless my ~!, upon my ~!** dat na mą duszę! dat [2] (innermost nature) dusza *f*; **a ~ in torment** liter udręczona dusza; **to have the ~ of a poet** mieć duszę poety [3] (essence, spirit) **she put her heart and ~ into the task** poświęciła się temu zajęciu duszą i ciałem [4] (personification) uosobienie *n*; **to be the ~ of kindness/discretion** być uosobieniem dobroci/dyskrecji [5] (emotional appeal or depth) **to lack ~** *[building, city]* być pozbawionym charakteru; *[performance, rendition]* być pozbawionym wyrazu; **he has no ~!** hum on nie ma artystycznej duszy! [6] (character type) **a sensitive ~** wrażliwa dusza; **she's a motherly ~** ona jest bardzo opiekuńcza [7] (person) **you mustn't tell a ~!** nie mów nikomu!; **you can drive miles without seeing a ~** możesz jechać kilometrami i nie zobaczysz żywej duszy or żywego ducha; **'many people there?' – 'not a ~'** „jest tam dużo ludzi?" – „ani żywej duszy"; **she's too old, poor ~!** jest za stara, biedaczka! [8] fml or hum **a village of some four hundred ~s** miasteczko, które ma około czterystu mieszkańców or dat czterysta dusz [9] US (black solidarity) *zbiór cech typowych dla amerykańskich Murzynów* [10] Mus (also **~ music**) soul *m inv*

IDIOMS: **it's good for the ~** hum to wyrabia charakter; **to be the life and ~ of the party** być duszą towarzystwa; **to throw oneself into sth heart and ~** oddać się czemuś duszą i sercem; **you can't call your ~ your own here** człowiek jest tu całkowicie zniewolony

soul brother *n* US brat *m (określenie oznaczające przynależność do społeczności amerykańskich Murzynów)*

soul-destroying /ˈsəʊldɪstrɔɪɪŋ/ *adj [occupation, role]* śmiertelnie nudny

soul food *n* US *tradycyjna kuchnia Murzynów z południa Stanów Zjednoczonych*

soulful /ˈsəʊlfl/ *adj* smutny, smętny

soulfully /ˈsəʊlfəlɪ/ *adv [speak]* z żałością w głosie; *[look]* smętnie

soulless /ˈsəʊllɪs/ *adj [building, office block]* pozbawiony charakteru; *[job]* monotonny; *[interpretation]* pozbawiony wyrazu; *[deed, cruelty, indifference]* bezduszny

soulmate /ˈsəʊlmeɪt/ *n* bratnia dusza *f*

soul-searching /ˈsəʊlsɜːtʃɪŋ/ *n* zastanowienie *n*; **to do some ~** zastanowić się głęboko

soul sister *n* siostra *f (określenie oznaczające przynależność do społeczności amerykańskich Murzynów)*

soul-stirring /ˈsəʊlstɜːrɪŋ/ *adj [music, speech]* wzruszający

sound[1] /saʊnd/ **I** *n* [1] Phys dźwięk *m*; **to fly at the speed of ~** lecieć z prędkością dźwięku [2] TV, Radio, Video dźwięk *m*; **he works in ~** pracuje jako realizator dźwięku or dźwiękowiec [3] (noise) (of wind, sea, storm, rain, car, machinery, footsteps) odgłos *m*; (of voice) brzmienie *n*; (of musical instrument) brzmienie *n*, dźwięk *m*; **to emit** or **produce a ~** wydać dźwięk; **to utter a ~** wydobyć z siebie głos or dźwięk; **without a ~** bezszelestnie; **don't make a ~!** tylko cicho!; **a soft** or **faint ~** delikatny or słaby odgłos; **a grating** or **rasping ~** zgrzytanie [4] (volume) głośność *f*; **to turn up/down the ~** pogłaśniać/ściszać [5] (tone quality) dźwięk *m*; **my television hasn't got very good ~** w moim telewizorze dźwięk nie jest zbyt dobry [6] Mus (distinctive style) brzmienie *n* [7] fig (impression from hearsay) **I don't like the ~ of him** z tego co słyszałem, to niezbyt ciekawa postać; **a 24-hour flight? I don't like the ~ of it** 24 godziny w samolocie? to nie brzmi zachęcająco; (when situation is threatening) **a reorganization? I don't like the ~ of that** reorganizacja? to brzmi złowrogo; **by the ~ of it, we're going to have a rough Channel crossing** wygląda na to, że przeprawa przez Kanał La Manche będzie nieprzyjemna; **he was in a bad temper that day by the ~ of it** zdaje się, że tego dnia był w złym humorze [8] (distance within which sound is heard) **they live within the ~ of Heathrow** mieszkają tak blisko Heathrow, że słyszą hałas samolotów [9] Ling dźwięk *m*; **vowel ~** samogłoska
II *modif* TV, Radio **~ engineer** inżynier dźwięku; **~ technician** technik dźwiękowiec
III *vt* [1] Mus (use) za|grać na (czymś) *[trumpet]*; za|dąć w (coś) *[bugle]*; uderzyć,

S

bić w (coś) *[bell]*; uderz|yć, -ać w (coś) *[gong]*; da|ć, -wać sygnał (czymś) *[siren]*; **a bell is ~ed every hour** biją w dzwon co godzinę; **the driver ~ed his horn** kierowca zatrąbił; **the ship ~ed its siren** statek dał sygnał syreną; **to ~ the alarm** uderzyć na alarm also fig [2] Mil **to ~ reveille** zatrąbić na pobudkę; **to ~ the retreat** odtrąbić odwrót [3] (give, express) **her words ~ed a sombre note** jej słowa zabrzmiały groźnie; **to ~ a note of caution** powiedzieć coś ku przestrodze [4] Ling wym|ówić, -awiać *[vowel, consonant]*; **the 'b' isn't ~ed** tego „b" się nie wymawia

IV *vi* [1] (seem) **it ~s good** to brzmi nieźle; **a stream in the garden – that ~s nice!** strumyk w ogrodzie? – to brzmi nieźle!; **it ~s as if he's really in trouble** wygląda na to, że ma poważne kłopoty; **it ~s like she's had enough of him** wygląda na to, że ona ma go dość; **it ~s like it might be dangerous** to brzmi niebezpiecznie; **it ~s like it should be fun!** wydaje się, że to będzie niezła zabawa!; **it doesn't ~ to me as if she's interested** nie wydaje mi się, żeby była zainteresowana; **that ~s like a good idea!** to chyba niezły pomysł!; **it may ~ silly, but...** może to zabrzmi głupio, ale...; **she calls herself Geraldine – it ~s more sophisticated** każe nazywać się Geraldine – to brzmi bardziej elegancko [2] (give impression by voice or tone) **to ~ banal/boring** brzmieć banalnie/nudno; **you make it ~ interesting** w twoich ustach to brzmi interesująco; **Anna phoned – she ~ed in good form** dzwoniła Anna – wydawała się być w dobrej formie; **you ~ fed up** chyba masz już dosyć; **you ~ as if you've got a cold** sądząc po głosie, jesteś zakatarzony; **he ~s like an American** mówi z amerykańskim akcentem; **that ~s like a flute** to brzmi jak flet; **you ~ like my mother!** zupełnie jakbym słyszał własną matkę!; **I don't want to ~ pessimistic, but...** nie chcę być pesymistą, ale...; **it spells as it ~s** pisze się tak, jak się mówi; **the dawn chorus ~ed wonderful** poranne trele (ptaków) brzmiały cudownie; **the singer did not ~ in top form** śpiewak nie był chyba w najlepszej formie; **in foggy weather, everything ~s closer** we mgle wszystkie dźwięki wydają się bliższe [3] (give a signal) *[alarm]* rozle|c, -gać się; *[trumpet, bugle, horn]* za|brzmieć; *[siren]* za|wyć; **a note of terror ~ed in her voice** w jej głosie zabrzmiała nuta przerażenia

■ **sound off** infml trąbić na prawo i lewo infml **(about sth** o czymś**)**

sound² /saʊnd/ **I** *adj* [1] (in good condition) *[teeth, foundations, roof]* mocny; *[heart, lungs]* zdrowy; *[physique, constitution]* silny; *[building]* solidny; **in** or **of ~ mind and body** zdrowy na ciele i umyśle [2] (solid, well-founded) *[step, move, judgment]* rozsądny; *[argument]* mocny; *[reasoning]* logiczny; *[basis]* solidny; *[education]* staranny; **let me give you some ~ advice** pozwól, że dam ci dobrą radę; **he has a ~ grasp of basic grammar** ma solidne podstawy gramatyki [3] (dependable) *[person]* godny zaufania; *[worker]* solidny [4] Econ *[currency, financial position]* mocny; *[investment]* pewny; *[bank, company]* solidny [5] (thorough) **to give sb a ~ thrashing** spuścić komuś porządne lanie infml; **the doctor gave him a ~ examination** lekarz go dokładnie przebadał [6] (correct, acceptable) *[player, piece of work]* przyzwoity; **that is ~ economics, that makes ~ economic sense** to bardzo rozsądne z punktu widzenia ekonomii; **our products are ecologically ~** nasze produkty są nieszkodliwe dla środowiska [7] (deep) *[sleep]* mocny; **she's a very ~ sleeper** ona ma bardzo mocny sen

II *adv* **to be ~ asleep** mocno spać

sound³ /saʊnd/ **I** *n* Med zgłębnik *m*, sonda *f*

II *vt* [1] Med osłuch|ać, -iwać *[patient's chest]*; zgłębnikować, sondować *[body cavity]* [2] Rail ostuk|ać, -iwać *[wheels]* [3] Naut sondować *[depth]*

III *vi* Zool *[whale]* zanurz|yć, -ać się w głębinę

■ **sound out**: **~ out [sb], ~ [sb] out** wybadać; **to ~ sb out about** or **on sth** wysondować opinię kogoś na temat czegoś

sound⁴ /saʊnd/ *n* Geog cieśnina *f*

sound-absorbent /ˈsaʊndəbzɔːbənt/ *adj* *[lining]* dźwiękochłonny

sound archives *npl* archiwum *n* dźwiękowe

sound barrier *n* bariera *f* dźwięku; **to break the ~** przekroczyć barierę dźwięku

sound bite *n krótki fragment wywiadu wyemitowany w wiadomościach telewizyjnych*

sound box *n* pudło *n* rezonansowe

sound card *n* Comput karta *f* dźwiękowa

sound change *n* zmiana *f* dźwięku

sound effects *npl* efekty *m pl* dźwiękowe

sound head *n* [1] Cin główka *f* dźwiękowa [2] (on tape recorder) głowica *f* zapisująca dźwięk

sound hole *n* Mus (of guitar, violin) otwór *m* rezonansowy

sounding¹ /ˈsaʊndɪŋ/ **I** *n* (of trumpet, buzzer, siren) dźwięk *m*; (of bell) odgłos *m*; (of military command) sygnał *m*; **he was awoken by the ~ of the alarm** obudził go alarm; **the ~ of the charge/the retreat** sygnał do ataku/odwrotu

II **-sounding** *in combinations* brzmiący; **an English-~ name** z angielska brzmiące nazwisko; **unlikely-~** nieprawdopodobnie brzmiący

sounding² /ˈsaʊndɪŋ/ **I** *n* [1] Med (of patient's chest) osłuchiwanie *n*; (of body cavity) zgłębnikowanie *n*, sondowanie *n* [2] Rail (of wheels) ostukiwanie *n*

II **soundings** *npl* [1] Naut (measurement of depth) sondowanie *n*; **to take ~s** sondować głębokość akwenu [2] (questioning, probing) sondaż *m*; **to take ~s** przeprowadzić sondaż

sounding-board /ˈsaʊndɪŋbɔːd/ *n* [1] Mus płyta *f* rezonansowa [2] (above stage) płyta *f* rezonująca [3] fig (person) **to use sb as a ~ for one's ideas** sprawdzać reakcje kogoś na swoje pomysły

sounding lead *n* Naut ciężarek *m* sondy

sounding line *n* Naut linka *f* sondy

sound insulation *n* izolacja *f* akustyczna or dźwiękowa

soundless /ˈsaʊndlɪs/ *adj [movement, gesture]* bezszelestny

soundlessly /ˈsaʊndlɪslɪ/ *adv [move, signal, open, shut]* bezszelestnie

sound level *n* poziom *m* głośności

sound library *n* fonoteka *f*

soundly /ˈsaʊndlɪ/ *adv* [1] (wisely) *[advise, argue]* rozsądnie [2] (deeply) *[sleep]* mocno; **we can sleep ~ in our beds, now that...** możemy teraz spać spokojnie, skoro... [3] (thoroughly) **our team was ~ beaten** or **defeated** przegraliśmy z kretesem infml [4] (firmly) *[built]* solidnie; **a ~ based argument** fig argument oparty na solidnych przesłankach

soundness /ˈsaʊndnɪs/ *n* [1] (correctness) (of argument, judgment) trafność *f* [2] (of horse) dobra forma *f*

sound post *n* Mus dusza *f (w instrumentach smyczkowych)*

sound-proof /ˈsaʊndpruːf/ **I** *adj [walls, room, studio]* dźwiękoszczelny; *[material]* dźwiękochłonny

II *vt* wytłumi|ć, -ać, wycisz|yć, -ać *[room]*

sound-proofing /ˈsaʊndpruːfɪŋ/ *n* wytłumienie *n*, wyciszenie *n*

sound recording *n* nagranie *n* dźwiękowe; (process) nagrywanie *n* dźwięku

sound shift *n* Ling przesuwka *f*

sound system *n* aparatura *f* nagłaśniająca

sound-track /ˈsaʊndtræk/ *n* Mus, TV, Cin ścieżka *f* dźwiękowa

sound truck *n* US samochód *m* z megafonem

sound wave *n* fala *f* dźwiękowa

soup /suːp/ *n* [1] Culin zupa *f*; **fish/mushroom ~** zupa rybna/pieczarkowa; **cream of** or **creamy tomato ~** zupa-krem z pomidorów [2] (messy mixture) papka *f*; paćka *f* infml **(of sth** z czegoś**)**

■ **soup up**: **~ up [sth], ~ [sth] up** podrasow|ać, -ywać infml *[car, engine]*

IDIOMS: **to be in the ~** mieć kłopoty; być w tarapatach liter

soupçon /ˈsuːpsɒn, US suːpˈsɒn/ *n* fml odrobina *f*

souped-up /ˌsuːptˈʌp/ *adj [car, engine, version]* podrasowany infml

soup kitchen *n* jadłodajnia *f* dla ubogich

soup plate *n* głęboki talerz *m*

soup spoon *n* łyżka *f* stołowa

soup tureen *n* waza *f*

soupy /ˈsuːpɪ/ *adj* [1] (dense) *[fog]* gęsty [2] US infml pej (sentimental) ckliwy pej

sour /ˈsaʊə(r)/ **I** *n* (cocktail) *drink z sokiem z cytryny lub limony*

II *adj* [1] (bitter) *[wine, taste, fruit]* cierpki; **to taste ~** być kwaśnym [2] (off) *[milk]* kwaśny, zsiadły; *[wine, taste]* skwaśniały; *[smell]* kwaśny; **to go ~** skwasić się, skwaśnieć; **to go** or **turn ~** fig *[relations, situation]* popsuć się [3] (bad-tempered) *[person]* (permanently) zgorzkniały; (temporarily) skwaszony; **to have a ~ look on one's face** mieć kwaśną or skwaszoną minę

III *vt* zatru|ć, -wać *[relations, atmosphere]*

IV *vi [friendship, relationship]* po|psuć się

source /sɔːs/ **I** *n* [1] (origin) źródło *n* **(of sth** czegoś**)**; **~ of income** or **revenue** źródło dochodów; **~s of supply** źródła zaopatrzenia; **energy/food ~s** źródła energii /pożywienie; **at ~** *[affect, cut off]* u źródła; **pension contributions are deducted at ~** składki emerytalne są odliczane od pensji [2] (cause) źródło *n*; **a ~ of sth** źródło

czegoś *[anxiety, pollution, rumour]*; przyczyna *f* czegoś *[error]* 3 Journ (informant) źródło *n*; **a ~ close to sb** źródło zbliżone do kogoś; **to hear sth from a reliable ~** dowiedzieć się czegoś z wiarygodnego źródła; **one of our ~s said that...** jeden z naszych rozmówców stwierdził, że... 4 Geog (of river) źródło *n* 5 Literat (of writer, work) źródło *n*
II sources *npl* Univ (reference materials) źródła *n pl*
III *vt* Ind zaopat|rzyć, -rywać się w (coś) *[products, energy]*; **to be ~d from sth** pochodzić z czegoś *[region, country]*

source book *n* źródło *n*, tekst *m* źródłowy
source code *n* Comput kod *m* źródłowy
source language *n* język *m* oryginału
source material *n* materiał *m* źródłowy
source program *n* Comput program *m* źródłowy
sour cream *n* śmietana *f*
sourdine /ˌsʊəˈdiːn/ *n* Mus surdyna *f*
sourdough /ˈsaʊədəʊ/ *n* US zaczyn *m*, zakwas *m*
sourdough bread *n* US chleb *m* na zakwasie
sour-faced /ˌsaʊəˈfeɪst/ *adj [person]* skwaszony
sour grapes *npl* kwaśne winogrona *n pl* fig; **it's (a touch of) ~!** to syndrom kwaśnych winogron!
sourish /ˈsaʊərɪʃ/ *adj* kwaśnawy
sourly /ˈsaʊəlɪ/ *adv [say, answer]* kwaśno
sourness /ˈsaʊənɪs/ *n* kwaśność *f*; fig (of person) rozgoryczenie *n*
sourpuss /ˈsaʊəpʊs/ *n* infml hum ponurak *m* infml
sousaphone /ˈsuːzəfəʊn/ *n* Mus suzafon *m*
souse /saʊs/ **I** *vt* 1 (soak) zanurz|yć, -ać *[person, object]* 2 Culin za|marynować *[herring]*
II soused *pp adj* 1 Culin marynowany 2 infml (drunk) zaprawiony infml
south /saʊθ/ **I** *n* południe *n*; **the ~ of England** południe Anglii; **to the ~ of London** na południe od Londynu
II South *prn* 1 US Pol, Geog, Hist **the South** Południe *n* 2 (in cards) gracz *m* S
III *adj [side, face, wall, wind, coast]* południowy
IV *adv [move]* na południe; **to lie/live ~ of sth** leżeć/mieszkać na południe od czegoś; **to go ~ of sth** ominąć coś od południa
South Africa *prn* Afryka *f* Południowa; **the Republic of ~** Republika Południowej Afryki, RPA *f inv*
South African I *n* Południowoafryka|ńczyk *m*, -nka *f*
II *adj* południowoafrykański
South America *prn* Ameryka *f* Południowa
South American I *n* mieszkaniec *m*, -ka *f* Ameryki Południowej
II *adj* południowoamerykański
South Australia *prn* Australia *f* Południowa
southbound /ˈsaʊθbaʊnd/ *adj [carriageway]* prowadzący na południe; *[traffic, tube train]* w kierunku południowym; *[passenger]* jadący w kierunku południowym; **~ platform** GB peron dla udających się w kierunku południowym

South Carolina *prn* Południowa Karolina *f*
South China Sea *prn* **the ~** Morze *n* Południowochińskie
South Dakota *prn* Południowa Dakota *f*
south-east /ˌsaʊθˈiːst/ **I** *n* południowy wschód *m*
II *adj [wall, side, wind]* południowo-wschodni
III *adv [move]* na południowy wschód; *[lie, live]* na południowym wschodzie; **to lie ~ of sth** leżeć na południowy wschód od czegoś
South-East Asia *prn* Azja *f* Południowo-Wschodnia
southeaster /ˌsaʊθˈiːstə(r)/ *n* wiatr *m* południowo-wschodni
south-easterly /ˌsaʊθˈiːstəlɪ/ **I** *n* wiatr *m* południowo-wschodni
II *adj [wind, direction]* południowo-wschodni
south-eastern /ˌsaʊθˈiːstən/ *adj [coast, boundary]* południowo-wschodni; **~ town** miasto na południowym wschodzie; **~ accent/custom** akcent/zwyczaj z południowego wschodu; **~ England** południowo-wschodnia Anglia; **~ English landscape** krajobraz Anglii południowo-wschodniej
southerly /ˈsʌðəlɪ/ **I** *n* wiatr *m* południowy
II *adj [wind, direction, latitudes]* południowy; **the most ~ point** punkt najdalej wysunięty na południe
southern /ˈsʌðən/ *adj* 1 *[hemisphere, part, coast, wall, England, accent]* południowy; **a ~ town** miasto na południu; **~ English landscape** krajobraz południa Anglii or południowej Anglii 2 US Hist (also **Southern**) **~ army/soldier** armia/żołnierz Południa
Southern Alps *prn pl* (in New Zealand) Alpy *plt* Południowe
Southern Belle *n* US piękność *f* z Południa
Southern Comfort® *n rodzaj bourbona*
Southern Cross *n* Astron Krzyż *m* Południa
southerner /ˈsʌðənə(r)/ *n* południowiec *f*; US mieszkan|iec *m*, -ka *f* Południa; **to be a ~** US pochodzić z Południa
southern-fried chicken /ˌsʌðənfraɪdˈtʃɪkɪn/ *n* US Culin smażony kurczak *m* w pikantnym sosie
southern hemisphere *n* południowa półkula *f*
Southern Lights *npl* zorza *f* południowa
southernmost /ˈsʌðənməʊst/ *adj [area, town]* położony najdalej na południe
south-facing /ˈsaʊθfeɪsɪŋ/ *adj [house]* zwrócony na południe; *[room, window, slope]* południowy
South Georgia *prn* Georgia *f* Południowa
South Glamorgan /ˌsaʊθgləˈmɔːgən/ *prn* South Glamorgan *m inv*
South Island *prn* **the ~** Wyspa *f* Południowa
South Korea *prn* Korea *f* Południowa
South Korean I *n* Korea|ńczyk *m*, -nka *f* z Korei Południowej
II *adj* południowokoreański
southpaw /ˈsaʊθpɔː/ *n* infml (left-handed person) mańkut *m*; (in boxing) leworęczny bokser *m*

South Pole *prn* biegun *m* południowy
South Sea Islands *prn pl* Oceania *f*
South Seas *prn pl* **the ~** Południowy Pacyfik *m*
South Vietnam *prn* Wietnam *m* Południowy
southward /ˈsaʊθwəd/ **I** *adj [side, wall, slope, direction]* południowy; *[journey, route]* na południe
II *adv* (also **~s**) na południe
south-west /ˌsaʊθˈwest/ **I** *n* południowy zachód *m*
II *adj [side, face, coast, wind]* południowo-zachodni
III *adv [move]* na południowy zachód; *[lie, live]* na południowym zachodzie; **to lie ~ of sth** leżeć na południowy zachód od czegoś
South West Africa *prn* Afryka *f* Południowo-Zachodnia
southwester /ˌsaʊθˈwestə(r)/ *n* wiatr *m* południowo-zachodni
south-westerly /ˌsaʊθˈwestəlɪ/ **I** *n* wiatr *m* południowo-zachodni
II *adj* południowo-zachodni
south-western /ˌsaʊθˈwestən/ *adj [coast, boundary]* południowo-zachodni; **~ town** miasto na południowym zachodzie; **~ accent/custom** akcent/zwyczaj z południowego zachodu; **~ England** południowo-zachodnia Anglia
South Yorkshire *prn* South Yorkshire *n inv*
souvenir /ˌsuːvəˈnɪə(r), US ˈsuːvənɪər/ *n* pamiątka *f* **(of sth/from sth** czegoś/z czegoś)
souvenir hunter *n* kolekcjoner *m*, -ka *f* pamiątek
souvenir shop *n* sklep *m* z pamiątkami
sou'wester /ˌsaʊˈwestə(r)/ *n* zydwestka *f*, kapelusz *m* rybacki
sovereign /ˈsɒvrɪn/ **I** *n* 1 (monarch) monarcha *m*, władca *m* 2 Hist (coin) suweren *m*
II *adj* 1 (absolute) *[state, authority, rights]* niezawisły, suwerenny; **~ power** najwyższa władza; **a ~ cure** or **remedy for sth** uniwersalne lekarstwo na coś 2 (utmost) *[contempt]* najwyższy; *[indifference]* całkowity
sovereignty /ˈsɒvrəntɪ/ *n* 1 (autonomy) suwerenność *f* 2 (rule) władza *f*, zwierzchnictwo *n*; **to establish ~ over sth** ustanowić władzę or zwierzchnictwo nad czymś *[region, country]*
soviet /ˈsəʊvɪət, ˈsɒ-/ *n* Pol rada *f (w ZSRR)*
Soviet /ˈsəʊvɪət, ˈsɒ-/ Hist **I Soviets** *npl* Rosjanie *m pl*; Sowieci *m pl* pej
II *adj [Russia, system, bloc, literature]* radziecki; sowiecki pej
sovietize /ˈsəʊvɪətaɪz/ *vt* z|sowietyzować
Soviet Union *prn* Hist **the ~** Związek *m* Radziecki
sow¹ /saʊ/ *n* locha *f*, maciora *f*
IDIOMS: **you can't make a silk purse out of a ~'s ear** Prov i w Paryżu nie zrobią z owsa ryżu
sow² /səʊ/ *vt* (*pt* **sowed**; *pp* **sowed, sown**) 1 za|siać *[seeds, corn]* 2 obsi|ać, -ewać *[field, garden]* **(with sth** czymś) 3 fig (stir up) za|siać *[discontent, discord]*; **to ~ the seeds of doubt in sb** zasiać w kimś wątpliwości
sower /ˈsəʊə(r)/ *n* (person) siewca *m*; (machine) siewnik *m*

S

sowing /ˈsəʊɪŋ/ *n* (activity) siew *m*; (field) zasiew *m*
sowing machine *n* siewnik *m*
sown /səʊn/ *pp* → **sow**
sox /sɒks/ *npl* US infml skarpety *f pl*
soy /sɔɪ/ = **soya**
soya /ˈsɔɪə/ **I** *n* soja *f*
II *modif [oil, milk, burger, flour]* sojowy; ~ **beans** soja
soya sauce *n* (also **soy sauce**) sos *m* sojowy
sozzled /ˈsɒzld/ *adj* infml spity infml; **to get** ~ spić się infml
spa /spɑː/ *n* [1] (town) uzdrowisko *n* [2] US (health club) centrum *n* odnowy biologicznej
space /speɪs/ **I** *n* [1] (room) miejsce *n*, przestrzeń *f*; **to take up a lot of** ~ zabierać dużo miejsca; **to make** ~ **for sb /sth** zrobić miejsce dla kogoś/czegoś; **a car with plenty of luggage** ~ samochód, w którym jest dużo miejsca na bagaż; **there's ample** ~ **for parking** jest mnóstwo miejsca do parkowania; **to buy/sell advertising** ~ sprzedawać/kupować przestrzeń reklamową; **this programme provides a** ~ **for the public to air their views** fig ten program stanowi forum, na którym obywatele mogą wygłaszać swoje poglądy; **to give sb** ~ fig zostawić komuś swobodę; **to need (one's own)** ~ potrzebować przestrzeni życiowej; **to invade sb's (personal)** ~ naruszyć prywatność kogoś [2] (gap, blank area) odstęp *m*; Mus pole *n (na pięciolinii)*; Print (between letters, words) odstęp *m*, spacja *f*; (between lines) odstęp *m*, interlinia *f*; **a fear of enclosed** or **confined** ~**s** lęk przed przebywaniem w zamkniętym pomieszczeniu; **in the** ~**s provided** (on application form) w odpowiednim miejscu; **'watch this** ~**!'** (in newspaper) „szukaj w tym miejscu!" [3] (area of land) teren *m*; **green** ~**s** tereny zielone; **open** ~**s** otwarta przestrzeń [4] (interval of time) odstęp *m* czasu; **after a** ~ **of fifteen minutes/two weeks** po piętnastu minutach/dwóch tygodniach; **in** or **within the** ~ **of five minutes/ten years** w ciągu pięciu minut/dziesięciu lat; **in a short** ~ **of time** w krótkim czasie [5] Math, Phys przestrzeń *f* [6] Aerosp przestrzeń *f* kosmiczna, kosmos *m*; **the exploration of** ~, ~ **exploration** badania kosmosu
II *modif* Aerosp *[research, programme, vehicle, rocket]* kosmiczny
III *vt* rozstawi|ć, -ać *[objects]*; **the pylons were** ~**d 100 metres apart** słupy były rozstawione w odległości 100 metrów od siebie
■ **space out**: ~ **out [sth],** ~ **[sth] out** rozstawi|ć, -ać *[objects, rows]*; rozstrzeli|ć, -wać *[words]*; roz|łożyć, -kładać *[events, visits, payments]*; **she began to** ~ **out her visits more and more** zaczęła przychodzić coraz rzadziej; **to** ~ **out one's days off throughout the year** rozłożyć urlop na cały rok
IDIOMS: **to stare into** ~ patrzeć w dal (przed siebie)
space age **I** *n* era *f* kosmiczna
II **space-age** *modif* **a space-age car /design** samochód/projekt na miarę dwudziestego pierwszego wieku
Space Agency *n* Agencja *f* Lotów Kosmicznych
space-bar /ˈspeɪsbɑː(r)/ *n* klawisz *m* spacji
space blanket *n* koc *m* termoizolacyjny
space cadet *n* US hum świr *m* infml
space capsule *n* Aerosp kapsuła *f*, lądownik *m* ziemski
spacecraft /ˈspeɪskrɑːft, US -kræft/ *n* (*pl* ~) Aerosp statek *m* kosmiczny
spaced out *adj* infml półprzytomny; *[after drugs]* naćpany infml
space flight *n* Aerosp [1] (activity) loty *m pl* kosmiczne [2] (single journey) lot *m* kosmiczny
space heating *n* ogrzewanie *n* wnętrza
space helmet *n* Aerosp hełm *m* kosmonauty
Space Invaders® *n* (+ *v sg*) (game) Najeźdźcy *m pl* z kosmosu
space lab *n* Aerosp laboratorium *n* kosmiczne
spaceman /ˈspeɪsmæn/ *n* (*pl* **-men**) Aerosp kosmonauta *m*, astronauta *m*
space opera *n film o podróżach kosmicznych*
spaceplane /ˈspeɪspleɪn/ *n* Aerosp samolot *m* kosmiczny
space platform *n* Aerosp stacja *f* kosmiczna
spaceport /ˈspeɪspɔːt/ *n* Aerosp kosmodrom *m*
space probe *n* Aerosp sonda *f* kosmiczna
space race *n* Aerosp, Pol wyścig *m* kosmiczny
space-saving /ˈspeɪsseɪvɪŋ/ *adj* pozwalający zaoszczędzić miejsce
space science *n* Aerosp astronautyka *f*, kosmonautyka *f*
space scientist *n* Aerosp specjalista *m* z zakresu astronautyki
spaceship /ˈspeɪsʃɪp/ *n* Aerosp statek *m* kosmiczny
space shuttle *n* Aerosp prom *m* kosmiczny, wahadłowiec *m*
space sickness *n* Aerosp, Med choroba *f* kosmiczna
space station *n* Aerosp stacja *f* kosmiczna or satelitarna
spacesuit /ˈspeɪssuːt, -sjuːt/ *n* Aerosp skafander *m* kosmiczny
space-time (continuum) /ˌspeɪsˈtaɪm(kənˈtɪnjʊəm)/ *n* Phys czasoprzestrzeń *f*
space travel *n* Aerosp podróże *f pl* kosmiczne
spacewalk /ˈspeɪswɔːk/ Aerosp **I** *n* spacer *m* w przestrzeń kosmiczną
II *vi [astronaut]* spacerować w przestrzeni kosmicznej
spacewoman /ˈspeɪswʊmən/ *n* (*pl* **-women**) astronautka *f*, kosmonautka *f*
spacey /ˈspeɪsɪ/ *adj* US infml [1] (bewildered or on drugs) nabuzowany infml [2] (odd) postrzelony infml
spacing /ˈspeɪsɪŋ/ *n* [1] Print odstępy *m pl*; **in single/double** ~ z pojedynczym/podwójnym odstępem [2] (also ~ **out**) (of objects, buildings, rows) rozmieszczenie *n*; (of visits, events, payments) rozłożenie *n*
spacious /ˈspeɪʃəs/ *adj [room, house, car]* przestronny; *[garment, sleeves]* obszerny; *[park, garden]* rozległy
spaciousness /ˈspeɪʃəsnɪs/ *n* (of room, house, car) przestronność *f*; (of garment) obszerność *f*; (of park) rozległość *f*
spade[1] /speɪd/ *n* (tool) łopata *f*, szpadel *m*; (toy) łopatka *f*
IDIOMS: **to call a** ~ **a** ~ nazywać rzecz po imieniu
spade[2] /speɪd/ *n* [1] (in cards) pik *m*; wino *n* infml; **the four of** ~**s** czwórka pik; **to play a** ~ wyjść w pika, zagrać pikiem [2] vinfml offensive (black person) czarnuch *m* infml offensive
IDIOMS: **to have energy/charm in** ~**s** mieć kupę energii/wdzięku infml
spadeful /ˈspeɪdfʊl/ *n* łopata *f*; **three** ~**s of sand** trzy łopaty piasku; **by the** ~ na kopy infml
spadework /ˈspeɪdwɜːk/ *n* fig czarna robota *f*
spaghetti /spəˈgetɪ/ *n* spaghetti *n inv*
spaghetti junction *n* GB Transp infml skrzyżowanie *n* wielopoziomowe
spaghetti western *n* infml włoski western *m*
Spain /speɪn/ *prn* Hiszpania *f*
spake /speɪk/ *pt* arch = **spoke**[1]
spam /spæm/ **I** *n* [1] **spam**® mielonka *f* konserwowa [2] reklama *f* rozsyłana pocztą elektroniczną; spam *m* infml
II *vt* (*prp, pt, pp* **-mm-**) zasyp|ać, -ywać wiadomościami elektronicznymi
spammer /ˈspæmə(r)/ *n osoba masowo rozsyłająca wiadomości elektroniczne*
spamming /ˈspæmɪŋ/ *n* masowe rozsyłanie *n* wiadomości elektronicznych
span[1] /spæn/ **I** *n* [1] (period of time) okres *m*; **the** ~ **of sb's life** długość życia kogoś; **the** ~ **of his career** cała jego kariera; **over /during a** ~ **of several years** w przeciągu kilku lat; **a short** ~ **(of time)** krótki okres; **he has a very short concentration** ~ potrafi się skupić tylko na bardzo krótko [2] (extent) (of interests, responsibility) zakres *m*; **the book covers the whole** ~ **of human history** książka obejmuje całość dziejów ludzkości; **children from the whole** ~ **of the ability-range** dzieci o bardzo różnych zdolnościach [3] (width) (across hand, arms, wings, arch) rozpiętość *f*; (of bridge) przęsło *n*; **a bridge with four** ~**s** most o czterech przęsłach; **the bridge crosses the river in a single** ~ most spina brzegi rzeki pojedynczym przęsłem [4] Meas dat piędź *f* → **wingspan**
II *vt* (*prp, pt, pp* **-nn-**) [1] Constr *[person]* przerzuc|ić, -ać most nad (czymś) *[river]*; *[bridge]* spinać brzegi (czegoś) *[river]* [2] fig (encompass) *[life, career, reign]* trwać; *[knowledge, interests, empire]* ob|jąć, -ejmować *[range, field, variety, area]*; **her life** ~**ned most of the 19th century** przeżyła prawie cały XIX wiek; **his career** ~**ned several decades** jego kariera trwała kilkadziesiąt lat; **a group** ~**ning the age range 10 to 14** grupa obejmująca przedział wiekowy od 10 do 14 lat
span[2] /spæn/ *pp* arch → **spin**
Spandex® /ˈspændeks/ *n* Tex spandeks *m*
spangle /ˈspæŋgl/ *n* cekin *m*, pajetka *f*
spangled /ˈspæŋgld/ *adj* [1] ~ **with sth** *[dress]* ozdobiony czymś *[sequins]* [2] liter roziskrzony; ~ **with sth** roziskrzony od czegoś *[frost, stars]*
Spaniard /ˈspænjəd/ *n* Hiszpan *m*, -ka *f*
spaniel /ˈspænjəl/ *n* spaniel *m*
Spanish /ˈspænɪʃ/ **I** *n* [1] (people) **the** ~ (+ *v pl*) Hiszpanie *m pl* [2] Ling (język *m*) hiszpański *m*
II *adj* hiszpański; ~ **king** król Hiszpanii or hiszpański

Spanish America *n* Ameryka *f* hiszpańskojęzyczna
Spanish American **I** *n* [1] (in Spanish America) mieszkan|iec *m*, -ka *f* hiszpańskojęzycznej Ameryki [2] (in the USA) ≈ Latynos *m*, -ka *f*
II *adj [nation, word, accent, culture]* hispanoamerykański
Spanish Armada /ˌspænɪʃɑːˈmɑːdə/ *n* **the ~** Wielka Armada *f*
Spanish chestnut *n* [1] (nut) kasztan *m* jadalny [2] (tree) kasztan *m*
Spanish Civil War *n* Hist **the ~** wojna *f* domowa w Hiszpanii
Spanish fly *n* mucha *f* hiszpańska, kantaryda *f*
Spanish guitar *n* gitara *f* klasyczna
Spanish Main *prn* arch *południowa część basenu Morza Karaibskiego*
Spanish moss *n* Bot oplątwa *f* brodaczkowata
Spanish omelette *n* omlet *m* po hiszpańsku
Spanish onion *n duża cebula o łagodnym smaku*
Spanish rice *n* ryż *m* po hiszpańsku
Spanish-speaking /ˈspænɪʃspiːkɪŋ/ *adj [country, minority]* hiszpańskojęzyczny, hispanojęzyczny
spank /spæŋk/ **I** *n* klaps *m*; **to give sb a ~** dać komuś klapsa
II *vt* da|ć, -wać klapsa (komuś) *[person]*; **to ~ sb's bottom** dać komuś (klapsa) w pupę infml
spanking[1] /ˈspæŋkɪŋ/ *n* lanie *n*; **to give sb a ~** dać or spuścić komuś lanie
spanking[2] /ˈspæŋkɪŋ/ infml **I** *adj* **at a ~ pace** bardzo szybko; szparko liter; **in ~ condition** w doskonałym stanie
II *adv* **a ~ new van/kitchen** nowiutka furgonetka/kuchnia infml; **~ good** or **fine** świetny
spanner /ˈspænə(r)/ *n* GB klucz *m* (maszynowy); **adjustable ~** klucz francuski, klucz nastawny
IDIOMS: **to put** or **throw a ~ in the works** zepsuć wszystko
spar[1] /spɑː(r)/ *n* Naut drzewce *n*
spar[2] /spɑː(r)/ *n* Geol, Miner szpat *m*
spar[3] /spɑː(r)/ *vi* **(***prp, pt, pp* **-rr-)** [1] Sport *[boxers]* (in training) odby|ć, -wać sparing **(with sb** z kimś); **the two boxers were just ~ring** bokserzy jedynie rozgrywali walkę sparingową [2] (in non-serious fight) *[children]* bić się dla zabawy; *[animals]* tarmosić się; **a father ~ring with his son** ojciec boksujący się z synem dla zabawy [3] (in dispute) zetrzeć się, ścierać się **(with sb** z kimś)
spare /speə(r)/ **I** *n* Tech (part) część *f* zapasowa or zamienna; (wheel) koło *n* zapasowe; **a set of ~s** zestaw części zapasowych; **use my pen, I've got a ~** weź mój długopis, mam zapasowy or drugi
II *adj* [1] (surplus) *[copy]* dodatkowy; *[ticket, chair, seat, land, cash, capacity]* wolny [2] (in reserve) *[part, wheel, bulb]* zapasowy [3] (free) *[time, moment, minute]* wolny; **do you have a ~ minute?** masz wolną chwilkę? [4] (lean) *[person, build]* szczupły; *[design, style]* oszczędny; *[building]* prosty w stylu [5] (meagre) *[meal, diet]* skąpy [6] GB infml (mad) rozzłoszczony, zły; **to go ~** zezłościć się; wściec się infml
III *vt* [1] **to have sth to ~** mieć coś w zapasie; **have my pen, I've got one to ~** weź mój długopis, mam zapasowy; **to have time to ~ at the airport** mieć trochę czasu przed odlotem; **to have no time to ~ for doing sth** nie mieć czasu na robienie czegoś; **I caught the train with only a couple of minutes to ~** zdążyłem na pociąg w ostatniej chwili; **the job was finished with only days to ~** pracę ukończono zaledwie na kilka dni przed terminem; **I have no energy to ~ for the housework** brak mi sił na obowiązki domowe; **enough and to ~** w nadmiarze [2] (treat leniently) oszczędz|ić, -ać *[person, animal, city]*; **to ~ sb sth** oszczędzić komuś czegoś *[trouble, worry]*; **to ~ sb's life** darować komuś życie; **mercy! ~ me!** litości! daruj mi!; **see you next year, if I'm ~d!** hum do zobaczenia w przyszłym roku, jeśli dożyję!; **I will ~ you the details** oszczędzę ci szczegółów [3] (be able to afford) móc da|ć, -wać *[money, cigarette]*; poświęc|ić, -ać *[time]*; **can you ~ a pound?** możesz mi dać funta?; **can you ~ me a cigarette?** możesz mnie poczęstować papierosem?; **could you ~ me a moment?** czy możesz mi poświęcić chwilkę?; **to ~ a thought for sb/sth** pomyśleć o kimś/o czymś [4] (manage without) po|radzić sobie bez (kogoś) *[person]*; **we can't ~ him today** dziś sobie bez niego nie poradzimy; **I can't ~ him today** nie mogę się dzisiaj bez niego obejść, jest mi dzisiaj potrzebny [5] (withhold use of) **he ~d no pains to...** zrobił wszystko, co w jego mocy, żeby...; **to ~ no expense/effort** nie szczędzić kosztów/wysiłku **(to do sth** żeby coś zrobić)
IV *vr* **to ~ oneself sth** oszczędz|ić, -ać sobie czegoś; **to ~ oneself the trouble /bother of doing sth** oszczędzić sobie kłopotu/trudu z robieniem czegoś; **to ~ oneself the expense of sth/of doing sth** oszczędzić sobie wydatków na coś/na robienie czegoś; **he doesn't ~ himself** on się nie oszczędza
spare part *n* Aut, Tech część *f* zapasowa or zamienna
IDIOMS: **to feel like a ~** czuć się zbędnym or niepotrzebnym
spare part surgery *n* (operation) przeszczep *m*
spare ribs *n* Culin żeberka *plt*
spare room *n* pokój *m* gościnny
spare time *n* wolny czas *m*; **to do sth in one's ~** robić coś w wolnym czasie
spare tyre GB, **spare tire** US [1] Aut zapasowa opona *f* [2] infml (fat) wałek *m* tłuszczu (na brzuchu)
spare wheel *n* Aut koło *n* zapasowe
sparing /ˈspeərɪŋ/ *adj [person]* oszczędny; **to be ~ with sth** oszczędzać coś *[food, rations, medicine]*; **to be ~ with help /advice** nie kwapić się or nie palić się do pomocy/do udzielania rad; **he is ~ in praise** jest oszczędny w pochwałach; **to make ~ use of sth** oszczędnie używać czegoś *[flavouring, colour]*
sparingly /ˈspeərɪŋlɪ/ *adv [use, add, live]* oszczędnie; *[eat]* niewiele
spark /spɑːk/ **I** *n* [1] iskra *f* [2] fig (hint) (of originality, enthusiasm, intelligence) przebłysk *m*; **the ~ of interest/mischief in her eyes** błysk zainteresowania/złośliwe błyski w jej oczach; **not to have a ~ of common sense** nie mieć zdrowego rozsądku za grosz; **the ~ has gone out of their relationship** w ich związku nie ma już tej iskry
II *vt* = **spark off**
III *vi [fire]* wystrzelić, strzelać iskrami; *[wire, switch]* iskrzyć
■ **spark off**: **~ off [sth]** wywoł|ać, -ywać *[interest, controversy, reaction, anger, panic, war, riot]*; zapoczątkow|ać, -ywać *[friendship, affair, growth, change]*
IDIOMS: **~s will fly!** będzie pierze leciało!
spark gap *n* Elec, Aut przerwa *f* iskrowa
sparkle /ˈspɑːkl/ **I** *n* (of light, star, tinsel, jewel) blask *m*; (in eye) błysk *m*, iskra *f*; fig (of performance) błyskotliwość *f*; **she's lost her ~** nie ma już w niej dawnej radości życia; **there was a ~ in his eye** oczy mu błyszczały; **to add ~ to sth** przydawać czemuś blasku also fig
II *vi* [1] (flash) *[flame, frost]* skrzyć się; *[jewel, water, metal, light]* lśnić; *[eyes]* błyszczeć; fig *[person]* (at party) brylować; **to ~ with sth** *[eyes]* błyszczeć z czegoś *[excitement, joy]*; fig *[conversation]* skrzyć się czymś *[anecdotes, wit]*; *[person]* promienieć czymś *[happiness]* [2] (fizz) *[drink]* musować
sparkler /ˈspɑːklə(r)/ *n* [1] (firework) zimny ogień *m* [2] infml (jewel) świecidełko *n*
sparkling /ˈspɑːklɪŋ/ **I** *adj* [1] (twinkling) *[light, flame]* iskrzący się; *[jewel, metal, water]* mieniący się; *[frost, morning]* skrzący się; **eyes ~ with joy** oczy skrzące się radością [2] (witty) *[conversation, wit]* błyskotliwy; **~ with wit/humour** *[conversation]* skrzący się dowcipem/humorem [3] *[mineral water, drink]* gazowany; *[wine]* musujący
II *adv* (for emphasis) **~ clean** lśniący czystością; **~ white** nieskazitelnie or olśniewająco biały
spark plug *n* Elec, Aut świeca *f* (zapłonowa)
sparks /spɑːks/ *n* infml [1] GB (electrician) elektryk *m* [2] Naut (radio operator) radiooficer *m*
sparky /ˈspɑːkɪ/ **I** *n* GB infml (electrician) elektryk *m*
II *adj [person, performance]* pełen życia
sparring match *n* (in boxing) sparing *m*; fig sprzeczka *f*
sparring-partner /ˈspɑːrɪŋpɑːtnə(r)/ *n* (in boxing) sparing partner *m*; fig adwersarz *m* liter
sparrow /ˈspærəʊ/ *n* wróbel *m*
sparrowhawk /ˈspærəʊhɔːk/ *n* krogulec *m*
sparse /spɑːs/ *adj [population]* rozrzucony, rozsiany; *[audience]* nieliczny; *[vegetation, furnishings, resources, information]* skąpy; *[supplies, hair, beard]* rzadki; **trading was ~** obroty na giełdzie były niewielkie
sparsely /ˈspɑːslɪ/ *adv* **~ wooded/furnished** skąpo zalesiony/umeblowany; **~ attended** *[place]* mało uczęszczany; **~ populated** (permanently) słabo zaludniony; (temporarily) wyludniony; **the meeting was ~ attended** frekwencja na zebraniu była niewielka

S

sparseness /ˈspɑːsnɪs/ *n* **~ of data** brak obszerniejszych danych; **~ of population** słabe zaludnienie

Sparta /ˈspɑːtə/ *prn* Sparta *f*

Spartan /ˈspɑːtən/ **I** *n* Spartan|in *m*, -ka *f*
II *adj* [1] (from Sparta) *[tradition, soldier]* spartański [2] fig (also **spartan**) *[life, regime]* spartański

spasm /ˈspæzəm/ *n* [1] Med kurcz *m*, spazm *m*; **muscular ~** skurcz mięśni [2] (of pain, rage) paroksyzm *m*; (of panic, rage) atak *m*, napad *m*; (of anxiety, energy) przypływ *m*

spasmodic /spæzˈmɒdɪk/ *adj* [1] (intermittent) *[activity]* podejmowany zrywami; *[effort, attempt]* ponawiany, wielokrotny [2] (occurring in spasms) *[coughing, cramp]* spazmatyczny

spasmodically /spæzˈmɒdɪklɪ/ *adv [work, operate]* zrywami

spastic /ˈspæstɪk/ **I** *n* [1] Med osoba *f* z porażeniem spastycznym [2] infml offensive połamaniec *m* infml offensive
II *adj* [1] Med spastyczny; *[person]* upośledzony ruchowo [2] infml offensive niewydarzony infml

spastic colon *n* okrężnica *f* spastyczna

spasticity /ˌspæsˈtɪsətɪ/ *n* spastyczność *f*

Spastics Society /ˌspæstɪkssəˈsaɪətɪ/ *n* *brytyjskie towarzystwo na rzecz osób z porażeniem mięśni*

spat¹ /spæt/ *pt, pp* → **spit**

spat² /spæt/ *n* (on shoe) getry *plt*; **a pair of ~s** getry, para getrów

spat³ /spæt/ *n* infml (quarrel) sprzeczka *f*; **to have a ~ with sb** posprzeczać się z kimś **(about sth** o coś**)**

spat⁴ /spæt/ *n* Zool jaja *n pl* ostrygi

spatchcock /ˈspætʃkɒk/ **I** *n* Culin drób *m* pieczony na ruszcie
II *vt* [1] Culin u|piec na ruszcie *[fowl]* [2] (interpolate) wtrąc|ić, -ać *[word, remark]*; **a lecture ~ed with anecdotes** wykład naszpikowany anegdotami

spate /speɪt/ *n* [1] **in full ~** GB *[river]* wezbrany; **he was in full ~** rozgadał się na dobre [2] **a ~ of sth** seria czegoś *[burglaries, detentions, incidents, attacks]*

spatial /ˈspeɪʃl/ *adj* przestrzenny

spatial awareness *n* postrzeganie *n* przestrzenne

spatial intelligence *n* = **spatial awareness**

spatiotemporal /ˌspeɪʃəʊˈtempərəl/ *adj* czasoprzestrzenny

spatter /ˈspætə(r)/ **I** *n* [1] (of liquid) kapka *f*; **a ~ of rain** deszczyk [2] (sound) bębnienie *n* [3] US (small amount) kapka *f* infml **(of sth** czegoś**)**
II *vt* **to ~ sb/sth with sth, to ~ sth over sb/sth** ochlapać kogoś/coś czymś
III *vi [rain]* stukać **(on** or **against sth** o coś**)**
IV spattered *pp adj* (with liquid) pochlapany; **mud-/paint-~ed** pochlapany farbą/błotem; **blood-~ed** zakrwawiony

spatula /ˈspætʃʊlə/ *n* [1] (in kitchen) łopatka *f* [2] (used by painters, decorators) szpachla *f* [3] (doctor's) szpatułka *f*

spavin /ˈspævɪn/ *n* Vet włogacizna *f*, szpat *m*

spawn /spɔːn/ **I** *n* [1] (of fish) ikra *f*; (of frog) skrzek *m* [2] (of mushroom) grzybnia *f*
II *vt* fig napłodzić (czegoś) *[books]*; namnożyć (czegoś) *[products, imitations]*
III *vi* [1] Zool *[fish]* złożyć, składać ikrę; *[frog]* złożyć, składać skrzek [2] pej (multiply) rozplenić się, namnożyć się

spawning /ˈspɔːnɪŋ/ *n* [1] Zool (by fish) tarło *n*; (by frog) składanie *n* skrzeku [2] fig pej (roz)plenienie się *n*

spawning ground *n* tarlisko *n*, ikrzysko *n*

spay /speɪ/ *vt* wy|sterylizować; **we shall have to have the cat ~ed** będziemy musieli wysterylizować naszą kotkę

SPCA *n* US = **Society for the Prevention of Cruelty to Animals** Towarzystwo *n* Opieki nad Zwierzętami

SPCC *n* US = **Society for the Prevention of Cruelty to Children** Towarzystwo *n* na rzecz Przeciwdziałania Przemocy wobec Dzieci

speak /spiːk/ **I -speak** *in combinations* żargon *m*; **computer-~** żargon komputerowy; **that's lawyer-~ for a hefty fine** w żargonie prawniczym oznacza to wysoką grzywnę
II *vt* (*pt* **spoke;** *pp* **spoken)** [1] (know) **to ~ English** mówić po angielsku, znać angielski; **he can ~ nine languages** on zna dziewięć języków; **can you ~ Spanish?** znasz hiszpański?, mówisz po hiszpańsku?; **she ~s English with a slight accent** ona mówi po angielsku z lekkim akcentem; **English is spoken all over the world** na całym świecie mówi się po angielsku; **people who ~ the same language** ludzie mówiący tym samym językiem also fig [2] (tell, utter) powiedzieć, mówić *[truth]*; wy|recytować *[poetry]*; wym|ówić, -awiać *[word, name]*; **not a word was spoken** nie padło ani jedno słowo; **he's the sort of person who ~s his mind** on zawsze mówi, co myśli
III *vi* (*pt* **spoke;** *pp* **spoken)** [1] (talk) mówić **(of** or **about sb/sth** o kimś/czymś); **to ~ to sb** mówić do kogoś; **to ~ in a loud voice/in a whisper** mówić głośno /szeptem; **to ~ in German/Russian** mówić po niemiecku/rosyjsku; **to ~ ill /well of sb** dobrze/źle mówić o kimś; **to ~ through an interpreter** rozmawiać przez tłumacza; **to ~ with one's mouth full** mówić z pełnymi ustami; **~ when you're spoken to!** odzywaj się tylko, kiedy cię pytają!; nie odzywaj się niepytany!; **I've spoken to them severely and they apologized** ostro z nimi rozmawiałem i przeprosili; **who's ~ing please?** (on the phone) kto mówi?; **(this is) Anna ~ing** mówi or tu Anna; **'is that Mr Brown?' – '~ing!'** „czy pan Brown?" – „przy telefonie!"; **I'm ~ing from a phone box** dzwonię z budki telefonicznej; **this is your captain ~ing** Aviat tu mówi kapitan; **~ing of which, have you booked a table?** skoro już o tym mowa, zarezerwowałeś stolik?; **~ of lunch, ...** à propos lunchu, ...; **she's well spoken of in academic circles** dobrze się o niej mówi w kręgach akademickich; **she spoke very highly of you** wyrażała się o tobie z wielkim uznaniem; **he spoke of selling the house/leaving the country** wspominał o sprzedaży domu/wyjeździe z kraju; **I'm ~ing now as a parent** teraz mówię jako rodzic; **~ing as a layman...** jako laik uważam, że...; **~ing personally, I hate him** jeśli o mnie chodzi, nie cierpię go; **she was ~ing personally, and not for the company** mówiła we własnym imieniu, nie w imieniu firmy; **generally** or **roughly ~ing** mówiąc ogólnie; **strictly ~ing** ściśle mówiąc; **politically/sociologically ~ing** z politycznego/socjologicznego punktu widzenia; **metaphorically ~ing** mówiąc w przenośni; **we've had no trouble to ~ of** nie mieliśmy żadnych poważniejszych problemów; **there's been no rain to ~ of** właściwie nie padało; **'what did you see?' – 'nothing to ~ of'** „co widziałeś?" – „nic szczególnego"; **not to ~ of his poor mother/the expense** nie mówiąc już o jego biednej matce /kosztach [2] (converse) rozmawiać; **to ~ to** or **with sb about** or **of sb/sth** (po)rozmawiać z kimś o kimś/o czymś; **they are not ~ing (to each other)** nie rozmawiają ze sobą; **I can't remember when we last spoke** nie pamiętam, kiedy ostatni raz rozmawialiśmy; **I know her by sight, but not to ~ to** znam ją z widzenia, ale nigdy z nią nie rozmawiałem [3] (make a speech) mówić **(about** or **on sth** o czymś, na temat czegoś); (more formally) przem|ówić, -awiać; **to ~ from the floor** Pol zabrać głos z ławy poselskiej; **permission to ~, sir!** proszę o głos!; **to ~ for sb/sth** wyrazić poparcie dla kogoś/czegoś *[view, opinion, party]* [4] liter (express) **to ~ of sth** wyrażać coś *[suffering, effort, emotion]*; **that look spoke louder than words** to spojrzenie znaczyło więcej niż słowa; **the poem/music ~s to me in a special way** ta poezja/muzyka przemawia do mnie w szczególny sposób [5] fig (make noise) *[thunder]* rozle|c, -gać się; *[gun]* od|ezwać, -zywać się; *[musical instrument]* za|brzmieć

■ **speak for: ~ for [sb/sth]** [1] (on behalf of sb) mówić w imieniu (kogoś) or za (kogoś); **I think I ~ for everyone here when I say...** myślę, że wyrażę opinię wszystkich tu zebranych, kiedy powiem, że...; **~ing for myself...** jeśli o mnie chodzi...; **~ for yourself!** mów za siebie! [2] (make obvious) **the facts ~ for themselves** fakty mówią same za siebie; **to ~ well for sb/sth** dobrze o kimś/czymś świadczyć; **it ~s well for their efficiency** to dobrze świadczy o ich skuteczności [3] (reserve) **to be spoken for** *[object]* zostać zarezerwowanym; *[person]* być zajętym; **the best pictures have already been spoken for** najlepsze obrazy już znalazły nabywców; **don't try and get off with him, he's already spoken for** nie próbuj go poderwać, on jest już zajęty infml

■ **speak out** mówić otwarcie; **don't be afraid! ~ out!** nie bój się! mów otwarcie!; **to ~ out about** or **on sth** głośno o czymś mówić; **to ~ out in favour of sb/sth** otwarcie kogoś/coś popierać; **to ~ out against sb/sth** otwarcie występować przeciwko komuś/czemuś

■ **speak to: ~ to [sth]** Admin (comment on) zab|rać, -ierać głos na temat (czegoś) *[item, motion]*; **to ~ to the point** mówić na temat

■ **speak up** [1] (louder) mówić głośniej;

please ~ up! proszę mówić głośniej! [2] (dare to speak) od|ezwać, -zywać się; **to ~ up for sb/sth** ująć się za kimś/czymś
speakeasy /ˈspiːkiːzɪ/ *n* US Hist nielegalny bar *m (w czasie prohibicji)*
speaker /ˈspiːkə(r)/ *n* [1] (person talking) mówiąc|y *m*, -a *f*; **to identify the ~** zorientować się, kto mówi [2] (public speaker) mów|ca *m*, -czyni *f*; (lecturer) prelegent *f*, -ka *f*; **a guest ~** mówca występujący gościnnie; **the previous ~** przedmówca; **a ~ from the floor** Pol głos z sali [3] (of a language) **a Spanish-/Russian-~** osoba znająca hiszpański/rosyjski [4] Pol (also **Speaker**) GB przewodniczący *m* Izby Gmin; US przewodniczący *m* Izby Reprezentantów [5] Elec, Mus (loudspeaker) głośnik *m*
Speakers' Corner *n* GB Speakers' Corner *m inv (miejsce publicznych wystąpień w Hyde Parku)*
speaking /ˈspiːkɪŋ/ **I** *n* mówienie *n*
II -speaking *in combinations* **French-~ Canadians** francuskojęzyczni Kanadyjczycy; **an English-~ country/area** kraj /obszar anglojęzyczny
speaking clock *n* zegarynka *f*
speaking engagement *n* **to have a ~** mieć zaplanowane wystąpienie; **I must cancel all my ~s** muszę odwołać wszystkie zaplanowane wystąpienia
speaking part *n* rola *f* mówiona
speaking role *n* = **speaking part**
speaking terms *npl* **we're not on ~** nie rozmawiamy ze sobą; **he's on ~ with Anna again** on i Anna znowu ze sobą rozmawiają
speaking tour *n* objazd *m* z odczytami; **to be on a ~ of the USA** objeżdżać Stany Zjednoczone, wygłaszając odczyty
speaking tube *n* telefon *m* tubowy, rura *f* głosowa
speak-your-weight machine /ˌspiːkjəˈweɪtməʃiːn/ *n* „mówiąca" waga *f*
spear /ˈspɪə(r)/ **I** *n* [1] (weapon) dzida *f*, włócznia *f*; (for catching fish) harpun *m* [2] Bot (of grass) źdźbło *n*; (of asparagus) łodyga *f*; (of broccoli) pęd *m*
II *vt* [1] przebi|ć, -jać dzidą *[person, part of body]*; zabi|ć, -jać harpunem *[fish]*; **to ~ sb to death** zakłuć kogoś dzidą or włócznią; **to be ~ed in the back** zostać ugodzonym dzidą w plecy [2] (with fork) nadzi|ać, -ewać *[food]* **(with sth** na coś)
spear-carrier /ˈspɪəkærɪə(r)/ *n* (unimportant participant) Theat statyst|a *m*, -ka *f*; halabardnik *m* infml; fig pionek *m*
spearfish /ˈspɪəfɪʃ/ **I** *n* (*pl* ~, ~es) Zool marlin *m*
II *vi* łowić z kuszą
speargun /ˈspɪəgʌn/ *n* kusza *f (do podwodnych polowań)*
spearhead /ˈspɪəhed/ **I** *n* [1] grot *m* (włóczni) [2] fig (person, group) straż *f* przednia fig; Mil szpica *f*
II *vtr* sta|ć, -wać na czele (czegoś) *[movement, offensive]*; za|inicjować *[reform]*
Spearhead Battalion *n* GB Mil oddział *m* interwencyjny
spearmint /ˈspɪəmɪnt/ **I** *n* Bot mięta *f* ogrodowa
II *modif [flavour, toffee]* miętowy
spear side *n* (in family) linia *f* męska; **on the ~** po mieczu

spec /spek/ *n* infml [1] = **specification** specyfikacja *f*; **to ~** zgodnie ze specyfikacją [2] = **speculation** spekulacja *f*; **on ~** w ciemno infml
special /speʃl/ **I** *n* [1] (in restaurant) specjalność *f* dnia; **'the chef's ~'** „szef kuchni poleca" [2] infml (discount offer in shop) promocja *f*; **to be on ~** być w promocji [3] TV, Radio, Journ (extra broadcast, issue) wydanie *n* specjalne; **an all-night election ~** specjalny całonocny program wyborczy [4] (additional transport) (bus, train) dodatkowe połączenie *n*; **a holiday ~** dodatkowe połączenie w czasie wakacji; **a football ~** (train) pociąg dla kibiców piłkarskich [5] GB = **special constable**
II *adj* [1] (for a specific purpose) *[equipment, procedure, paint, clothing, correspondent, commission, edition, envoy, meeting]* specjalny [2] (marked) *[criticism, affection, interest]* szczególny, wyjątkowy [3] (particular) *[reason, motive, significance, treatment]* szczególny, specjalny; **'why?' – 'no ~ reason'** „dlaczego?" – „bez szczególnego or specjalnego powodu"; **I've nothing ~ to report** nie mam nic ważnego do przekazania; **to pay ~ attention to sth** zwracać szczególną uwagę na coś [4] (unique) *[offer, deal, package, skill, announcement, request, guest, occasion]* specjalny; *[case, quality]* szczególny; **to be ~ to a region** być typowym dla (jakiegoś) regionu; **what's so ~ about this computer?** co jest takiego nadzwyczajnego w tym komputerze?; **I want to make this Christmas really ~** chcę, żeby to Boże Narodzenie było naprawdę wyjątkowe; **the wine is something ~** to jest wyjątkowe wino; **the wine is nothing ~** to wino to nic specjalnego or szczególnego; **going anywhere ~?** wychodzisz gdzieś?; **she has a ~ way with animals** ma wyjątkowo dobrą rękę do zwierząt; **by ~ request** na specjalne życzenie [5] (dear) *[friend]* wielki; *[chair, recipe]* ulubiony
special agent *n* agent *m* specjalny
Special Branch *n* GB wydział *m* specjalny policji
special constable *n* GB *osoba wyszkolona do pełnienia funkcji policyjnych w nadzwyczajnych sytuacjach*
special delivery *n* Post ekspres *m*; **to send sth (by) ~** wysłać coś ekspresem
special drawing rights *npl* Fin specjalne prawa *n pl* ciągnienia
special education *n* szkolnictwo *n* specjalne
special effect **I** *n* Cin, TV efekt *m* specjalny
II special effects *modif* **~s specialist /team** specjalista/zespół specjalistów od efektów specjalnych; **~s department** dział efektów specjalnych
special hospital *n* GB szpital *m* psychiatryczny zamknięty
special interest group *n* [1] Sch kółko *n* zainteresowań [2] Pol grupa *f* nacisku
special interest holiday *n* specjalny program *m* turystyczny
specialism /ˈspeʃəlɪzəm/ *n* specjalizacja *f*; **we all have our own ~s** każdy z nas w czymś się specjalizuje

specialist /ˈspeʃəlɪst/ **I** *n* [1] Med specjalist|a *m*, -ka *f*; **heart ~** kardiolog; **cancer ~** onkolog [2] (expert) specjalist|a *m*, -ka *f*; **she's our Nietzsche ~** jest naszą specjalistką od Nietzschego
II *adj [training, equipment, dictionary, knowledge, care, help, advice]* specjalistyczny; **~ staff** zespół specjalistów
speciality /ˌspeʃɪˈælətɪ/ GB **I** *n* [1] (special product, skill) specjalność *f*; **a ~ of the region** specjalność regionu; **pizza's his ~** pizza to jego specjalność; **his ~ is telling jokes** kawały to jego specjalność [2] Jur formalna umowa *f*
II *modif [store]* specjalistyczny; **~ recipe** or **dish** specjał, smakołyk
speciality act *n* GB Theat numer *m* specjalny
speciality holiday *n* GB = **special interest holiday**
specialty vacation *n* US = **special interest holiday**
specialization /ˌspeʃəlaɪˈzeɪʃn, US -lɪˈz-/ *n* [1] (act) wyspecjalizowanie się *n* **(in sth** w czymś) [2] (area) specjalizacja *f*
specialize /ˈspeʃəlaɪz/ **I** *vi* specjalizować się **(in sth** w czymś); **we ~ in training staff** specjalizujemy się w szkoleniu personelu
II specialized *pp adj [knowledge, vocabulary]* specjalistyczny; *[staff]* wyspecjalizowany
special licence *n* GB Jur specjalne zezwolenie *n (na zawarcie małżeństwa)*
specially /ˈspeʃəlɪ/ *adv* [1] (specifically) *[come, make, wait]* specjalnie; *[designed, trained, chosen, created]* specjalnie; **I made it ~ for you** zrobiłem to specjalnie dla ciebie [2] (particularly) *[interesting, kind, useful]* wyjątkowo; *[like, enjoy]* szczególnie; **I like animals, ~ dogs** lubię zwierzęta, szczególnie psy; **why do you want that one ~?** dlaczego chcesz właśnie ten?
special needs *npl* [1] Sociol problemy *m pl* [2] Sch specjalne potrzeby *f pl*; **children with ~** dzieci specjalnej troski
special needs group *n* Sch grupa *f* dzieci specjalnej troski
special pleading *n* powołanie się *n* na szczególne okoliczności
special relationship *n* Pol specjalne stosunki *m pl*
special school *n* GB szkoła *f* specjalna
specialty /ˈspeʃəltɪ/ *n* US = **speciality**
specialty number *n* US = **speciality act**
specie /ˈspiːʃiː/ *n* Fin (coins) bilon *m*; **in ~** w gotówce
species /ˈspiːʃiːz/ *n* (*pl* ~) Biol gatunek *m*; **the human ~** rodzaj ludzki
specific /spəˈsɪfɪk/ **I** *n* Med specyfik *m* **(for sth** na coś, przeciwko czemuś)
II specifics *npl* szczegóły *m pl*; **to get down to (the) ~s** przejść do szczegółów
III *adj* [1] (specified) *[case, example, aim]* konkretny, określony; **let's concentrate on this ~ group/issue** skoncentrujmy się na tej konkretnej grupie/kwestii; **the film is ~ in time and place** film rozgrywa się w określonym czasie i miejscu [2] (exact) *[instruction, information]* dokładny, szczegółowy; **he was very ~ on that point** mówił o tym bardzo wyraźnie;

S

please be more ~ proszę wyrażać się jaśniej; **he had nothing very ~ to tell me** nie miał mi nic szczególnego do powiedzenia [3] (unique) **~ to sb/sth** specyficzny dla kogoś/dla czegoś, właściwy komuś/czemuś

specifically /spəˈsɪfɪklɪ/ *adv* [1] (specially) *[designed, written]* specjalnie **(for sb** dla kogoś**)**; **a vehicle designed ~ for rough terrain** pojazd zaprojektowany specjalnie do jazdy po nierównym terenie [2] (explicitly) *[ask, demand, forbid, tell, state]* wyraźnie [3] (in particular) *[mention, criticize, address]* w szczególności; **more ~** dokładniej; **from London, more ~ from the West End** z Londynu, a dokładniej z West Endu

specification /ˌspesɪfɪˈkeɪʃn/ **I** *n* [1] (also **specifications)** (of design, building) specyfikacja *f* **(for** or **of sth** czegoś**)**; **built to sb's ~s** zbudowany zgodnie ze specyfikacją kogoś; **to comply with ~s** być zgodnym ze specyfikacją [2] (stipulation) wymogi *m pl*; **~ of the invention** (for patent) dokumentacja dołączona do wynalazku

II specifications *npl* (features of job) szczegółowy zakres *m* obowiązków; (of car, computer) szczegóły *m pl* techniczne

specification sheet *n* dokumentacja *f* techniczna

specific code *n* Comput kod *m* wewnętrzny

specific duty *n* cło *n* specyficzne, cło *n* jednostkowe

specific gravity *n* dat ciężar *m* właściwy

specific heat capacity *n* Phys pojemność *f* cieplna właściwa

specificity /ˌspesəˈfɪsətɪ/ *n* [1] (of symptom, disease, phenomenon) specyficzność *f* [2] (of detail, allegation, report) szczegółowość *f*

specific performance *n* Jur nakaz *m* spełnienia określonych zobowiązań umownych

specific volume *n* objętość *f* właściwa

specify /ˈspesɪfaɪ/ **I** *vt* [1] (define) określ|ić, -ać *[terms, reasons, numbers]*; (stipulate) *[law, contract, rule, will]* przewidywać **(that...** że...**)**; **as specified above** jak (ustalono) powyżej; **unless otherwise specified** o ile nie postanowiono inaczej [2] (state as condition) *[instruction]* wymagać **(that...** żeby...**)**; *[person]* wyraźnie stwierdzić **(that...** że...**)**

II specified *pp adj [amount, date, day, value, way]* określony

specimen /ˈspesɪmən/ **I** *n* (of species, plant) okaz *m*; (of rock, urine, blood, handwriting) próbka *f*; (of tissue) wycinek *m*; (of document, form, banknote) wzór *m*; **a fine ~ of manhood** hum wspaniały okaz męskości; **that miserable ~** ten żałosny osobnik

II *modif [page, copy]* wzorcowy; **a ~ signature** wzór podpisu

specimen charge *n* Jur zarzut *m* stanowiący podstawę wymiaru kary

specimen count *n* Jur = **specimen charge**

specimen jar *n* [1] (for urine) pojemniczek *m* na mocz [2] (on field trip) słoik *m* na okazy

specious /ˈspiːʃəs/ *adj* fml *[argument, reasoning]* pokrętny, bałamutny; *[glamour, appearance]* zwodniczy

speciously /ˈspiːʃəslɪ/ *adv* fml *[argue, reason]* pokrętnie, bałamutnie; *[convincing, attractive]* pozornie

speciousness /ˈspiːʃəsnɪs/ *n* fml zwodniczość *f*

speck /spek/ **I** *n* [1] (small piece) (of dust, soot, metal) drobina *f* **(of sth** czegoś**)** [2] (small shape) (of dirt, blood) plamka *f* **(of sth** czegoś**)**; (of ink, mud, paint) kropeczka *f* **(of sth** czegoś**)**; **a ~ of light** światełko; **a ~ on the horizon/map** punkcik na horyzoncie/na mapie

II *vt* upstrzyć *[cloth, surface]* **(with sth** czymś**)**

speckle /ˈspekl/ **I** *n* (on person's skin, egg) plamka *f*; (on bird, animal, fabric) cętka *f*

II *vt* **heavy drops of rain were speckling the pavement** ciężkie krople deszczu padały na chodnik; **his skin had been ~d by the sun** od słońca skórę miał całą w piegach; **spots ~d the feathers** pióra były upstrzone plamkami

speckled /ˈspekld/ *adj [animal, hide]* cętkowany; *[hen, egg, feather]* nakrapiany; *[skin]* piegowaty; **~ with sth** upstrzony czymś

specs /ˈspeks/ *npl* infml = **spectacles** okulary *plt*

spec sheet *n* dokumentacja *f* techniczna

spectacle /ˈspektəkl/ **I** *n* widowisko *n*; **to make a ~ of oneself** zrobić z siebie widowisko

II *modif* **~ frame** oprawka okularów; **~ lens** soczewka okularów; **~ case** etui na okulary

III spectacles *npl* okulary *plt*; **a pair of ~s** okulary

spectacled /ˈspektəkld/ *adj [person]* w okularach; *[animal]* z obwódkami wokół oczu

spectacular /spekˈtækjʊlə(r)/ **I** *n* wielkie widowisko *n*

II *adj [sight, display, success, victory, defeat]* spektakularny; *[change, fall, increase]* dramatyczny

spectacularly /spekˈtækjʊləlɪ/ *adv [win, collapse]* spektakularnie; *[rise, fail]* drastycznie; **it was ~ successful** to był olbrzymi sukces

spectate /spekˈteɪt/ *vi* być widzem; przyglądać się **(at sth** czemuś**)**

spectator /spekˈteɪtə(r)/ *n* (at a game, match) kibic *m*; (at an artistic event, in front of TV) widz *m*; (in the street) przygodny obserwator *m*, gap *m*

spectator sport *n* sport *m* widowiskowy

specter *n* US = **spectre**

spectra /ˈspektrə/ *npl* → **spectrum**

spectral /ˈspektrəl/ *adj* [1] Phys widmowy, spektralny; **~ analysis** analiza spektralna or widmowa [2] (ghostly) widmowy

spectre GB, **specter** US /ˈspektə(r)/ *n* (ghost) widmo *n*, zjawa *f*; fig widmo *n* **(of sth** czegoś**)**

spectrogram /ˈspektrəgræm/ *n* spektrogram *m*

spectrograph /ˈspektrəgrɑːf, US -græf/ *n* spektrograf *m*

spectrometer /spekˈtrɒmɪtə(r)/ *n* spektrometr *m*

spectroscope /ˈspektrəskəʊp/ *n* spektroskop *m*

spectroscopic /ˌspektrəˈskɒpɪk/ *adj* spektroskopowy, spektralny

spectroscopy /spekˈtrɒskəpɪ/ *n* spektroskopia *f*

spectrum /ˈspektrəm/ *n* (*pl* **-tra, ~s**) [1] Phys widmo *n*, spektrum *n* [2] (range) (of ideas, emotions, topics) spektrum *n*; **a broad ~ of views** szerokie spektrum poglądów; **people across the political ~** ludzie reprezentujący całe spektrum polityczne

speculate /ˈspekjʊleɪt/ **I** *vt* rozważać teoretycznie, spekulować na temat (czegoś); **to ~ that...** domyślać się, że...; **one can but ~ (as to) where he has gone** można się jedynie domyślać, dokąd się udał

II *vi* [1] spekulować **(on** or **about sth** na temat czegoś**)**; **to ~ as to why...** snuć przypuszczenia, dlaczego... [2] Fin spekulować; **to ~ in sth** spekulować czymś; **to ~ on the Stock Exchange** spekulować na giełdzie; **to ~ for** or **on a rise/fall** spekulować na zwyżkę/zniżkę

IDIOMS: **one must ~ to accumulate** nie ma zysku bez ryzyka

speculation /ˌspekjʊˈleɪʃn/ **I** *n* [1] (conjecture) spekulacje *f pl*, przypuszczenia *n pl* **(over** or **about sth** na temat czegoś**)**; **~ about** or **over who will win** spekulacje na temat tego, kto wygra; **~ as to why he did it** spekulacje dotyczące powodów, dla których to zrobił; **to give rise to** or **be the subject of ~** być tematem spekulacji [2] Fin transakcja *f* spekulacyjna; spekulacja *f* **(in sth** czymś**)**

II speculations *npl* spekulacje *f pl* **(about sth** na temat czegoś**)**

speculative /ˈspekjʊlətɪv, US ˈspekjəleɪtɪv/ *adj* [1] (conjectured) *[figures, rumours, data]* oparty na przypuszczeniach; Philos *[reasoning, thought, philosophy, conclusion]* spekulatywny [2] Fin *[buying, purchase, investment, project]* spekulacyjny

speculatively /ˈspekjʊlətɪvlɪ, US ˈspekjəleɪtɪvlɪ/ *adv [ask, think]* spekulatywnie; *[build, invest]* spekulacyjnie

speculator /ˈspekjʊleɪtə(r)/ *n* Fin spekulant *m*, -ka *f*

speculum /ˈspekjʊləm/ *n* (*pl* **-la, ~s**) [1] (mirror) zwierciadło *n* wklęsłe [2] Med wziernik *m* [3] Hunt (on feathers) zwierciadło *n*, lusterko *n*

sped /sped/ *pt, pp* → **speed**

speech /spiːtʃ/ *n* [1] (oration) przemówienie *n*, (prze)mowa *f* **(on** or **about sth** na temat czegoś**)**; Theat kwestia *f*; **farewell/opening ~** mowa pożegnalna/powitalna; **to give** or **make** or **deliver a ~** wygłosić przemówienie; **the Speech from the Throne** GB Pol mowa tronowa [2] (faculty) mowa *f*; **direct /indirect ~** Ling mowa niezależna/zależna; **in ~** w mowie; **to express oneself in ~ rather than writing** wypowiadać or wyrażać się raczej w mowie niż na piśmie [3] (language) język *m*; **everyday ~** język potoczny [4] US Sch, Univ (subject) sztuka *f* przemawiania, retoryka *f*; **to teach ~** uczyć sztuki przemawiania

speech act *n* Philos akt *m* mowy

speech and drama *n* Sch, Univ sztuka *f* aktorska

speech clinic *n* ośrodek *m* leczenia zaburzeń mowy

speech community *n* Ling społeczność *f* językowa

speech day *n* GB Sch uroczystość *f* rozdawania nagród
speech defect *n* = **speech impediment**
speech difficulty *n* problem *m* z wymową
speech disorder *n* zaburzenia *n pl* mowy
speechify /ˈspiːtʃɪfaɪ/ *vi* pej tokować fig pej
speechifying /ˈspiːtʃɪfaɪŋ/ *n* pej tokowanie *n* fig pej
speech impaired *adj* **to be ~** (not having speech) być niemową; (having a speech impediment) mieć wadę wymowy
speech impediment *n* wada *f* wymowy
speechless /ˈspiːtʃlɪs/ *adj [person]* oniemiały; *[emotion]* niewypowiedziany; **he was ~ with joy** oniemiał z radości; **he was ~ with horror** zaniemówił z przerażenia; **I was ~ at the sight/at the news** na ten widok/na tę wiadomość odjęło mi mowę; **I'm ~!** infml słów mi brak!
speech maker *n* mów|ca *m*, -czyni *f*
speech organ *n* narząd *m* mowy
speech pattern *n* Ling wzorzec *m* mowy
speech recognition *n* Comput rozpoznawanie *n* mowy
speech sound *n* Ling fonem *m*
speech synthesis *n* Comput synteza *f* mowy
speech synthesizer *n* Comput syntetyzator *m* mowy
speech therapist *n* logopeda *m*
speech therapy *n* leczenie *n* logopedyczne, terapia *f* logopedyczna
speech training *n* nauka *f* wymowy or dykcji
speechwriter /ˈspiːtʃraɪtə(r)/ *n* osoba *f* pisząca przemówienia
speed /spiːd/ **I** *n* [1] (velocity of vehicle, wind, record) prędkość *f*, szybkość *f*; (rapidity of response, reaction) szybkość *f*; **at (a) great ~** z ogromną prędkością; **at a ~ of 150 mph** z prędkością 150 mil na godzinę; **winds reaching ~s of 80 km per hour** prędkość wiatru dochodząca do 80 km na godzinę; **a car with a maximum ~ of 150 km per hour** samochód rozwijający maksymalną prędkość 150 km na godzinę; **at ~** *[go, run]* bardzo szybko; *[work, read]* w pośpiechu; **at high/low ~** szybko/wolno; **at the ~ of light** z prędkością światła; **to pick up/lose ~** zwiększyć/zmniejszyć prędkość; **to make all ~** liter śpieszyć się; **full ~ ahead!** Naut cała naprzód!; **what ~ were you doing?** z jaką prędkością jechałeś?; **reading/typing ~** szybkość czytania/pisania na maszynie [2] (gear) bieg *m*; **three-~ bicycle** rower z trzema biegami [3] Phot (of film) czułość *f*; (of shutter) czas *m* ekspozycji or naświetlania [4] infml (drug) amfa *f* infml
II *vt* (*pt, pp* **sped, speeded**) przyśpiesz|yć, -ać *[process, work, recovery]*; nada|ć, -wać płynności (czemuś) *[traffic]*; **to ~ sb on his/her way** wyprawić kogoś w drogę
III *vi* (*pt, pp* **sped**) [1] (move quickly) pędzić, mknąć; **to ~ along** pędzić, mknąć; **to ~ past sth** przemknąć obok czegoś; **to ~ away** *[car, driver]* szybko odjechać; **the months sped by** miesiące szybko mijały [2] (*pt, pp* **speeded**) (drive too fast) przekr|oczyć, -aczać dozwoloną prędkość; **he had been caught ~ing on the motorway** zatrzymano go na autostradzie za przekroczenie prędkości [3] infml (on drugs) **to be ~ing** być na haju infml
■ **speed up**: ¶ **~ up** *[person, vehicle]* przyśpiesz|yć, -ać; *[activity]* nab|rać, -ierać tempa ¶ **~ up [sth], ~ [sth] up** przyśpiesz|yć, -ać *[process, activity]*; zwiększ|yć, -ać tempo (czegoś) *[work, change, production]*; nada|ć, -wać płynności (czemuś) *[traffic]*
IDIOMS: **that's about my ~** US to coś dla mnie; **to be up to ~** być na bieżąco infml
speedball /ˈspiːdbɔːl/ *n* infml mieszanka *f* heroiny z kokainą
speedboat /ˈspiːdbəʊt/ *n* wyścigowa łódź *f* motorowa
speed bump *n* US = **speed hump**
speed camera *n* kamera *f* policyjna *(rejestrująca przypadki przekraczania dozwolonej prędkości)*
speeder /ˈspiːdə(r)/ *n* pirat *m* drogowy
speedfreak /ˈspiːdfriːk/ *n* infml osoba *f* uzależniona od amfetaminy
speed hump *n* próg *m* zwalniający
speedily /ˈspiːdɪlɪ/ *adv* szybko, prędko; **as ~ as possible** jak najszybciej
speediness /ˈspiːdɪnɪs/ *n* (of reply, decision, reaction) szybkość *f*; **we are surprised at the ~ of his recovery** jesteśmy zaskoczeni jego szybkim powrotem do zdrowia
speeding /ˈspiːdɪŋ/ *n* Aut przekroczenie *n* (dozwolonej) prędkości
speeding offence *n* przekroczenie *n* (dozwolonej) prędkości
speed limit *n* ograniczenie *n* prędkości; **to drive within the ~** jechać z dozwoloną prędkością; **to exceed** or **break the ~** przekroczyć dozwoloną prędkość
speed merchant *n* infml pej pirat *m* drogowy
speedo /ˈspiːdəʊ/ *n* infml = **speedometer**
speedometer /spɪˈdɒmɪtə(r)/ **I** *n* prędkościomierz *m*
II *modif* **a ~ cable** linka prędkościomierza
speed reading *n* szybkie czytanie *n*
speed restriction *n* ograniczenie *n* prędkości
speed skating *n* Sport łyżwiarstwo *n* szybkie
speedster /ˈspiːdstə(r)/ *n* infml (fast driver) pirat *m* drogowy
speed trap *n* Aut kontrola *f* radarowa; **to be caught in a ~** zostać złapanym przez kontrolę radarową
speed-up /ˈspiːdʌp/ *n* przyśpieszenie *n*
speedway /ˈspiːdweɪ/ *n* Sport (form of racing) żużel *m*; (track) tor *m* żużlowy
speedway racing *n* Sport wyścigi *m pl* na żużlu, żużel *m*
speedwell /ˈspiːdwel/ *n* Bot przetacznik *m*
Speedwriting® /ˈspiːdraɪtɪŋ/ *n metoda stenografowania*
speedy /ˈspiːdɪ/ *adj* szybki; **to wish sb a ~ recovery** życzyć komuś szybkiego powrotu do zdrowia
speed zone *n* US strefa *f* ograniczonej prędkości
speleologist /ˌspiːlɪˈɒlədʒɪst/ *n* speleolog *m*
speleology /ˌspiːlɪˈɒlədʒɪ/ *n* speleologia *f*
spell[1] /spel/ **I** *vt* (*pt, pp* **spelled, spelt**) [1] (aloud) prze|literować; (on paper) zapis|ać, -ywać, pisać; **the word is spelt like this** to słowo pisze się tak; **she ~s her name with/without an 'e'** jej nazwisko pisze się z „e"/bez „e"; **to ~ sth correctly** or **properly** napisać coś poprawnie; **A-N-N ~s Ann** A-N-N czyta się Ann; **will you ~ that, please?** czy może pan to przeliterować? [2] (imply) zwiastować *[danger, disaster, ruin]*; zapowiadać *[fame]*; **the defeat spelt the end of civilization/for our team** klęska oznaczała upadek cywilizacji/koniec naszej drużyny
II *vi* (*pt, pp* **spelled, spelt**) *[person]* pisać poprawnie; **he can't ~** on robi błędy ortograficzne; **he ~s well** on nie robi błędów ortograficznych; **to learn (how) to ~** nauczyć się pisać poprawnie
■ **spell out**: **~ out [sth], ~ [sth] out** [1] prze|literować *[word]* [2] fig przedstawi|ć, -ać, wyjaśni|ć, -ać *[consequences, demands, details, implications, policy]*; **I had to ~ it out to him** musiałem mu to jasno wytłumaczyć
spell[2] /spel/ *n* (magic words) zaklęcie *n*; **evil ~** zły urok; **to be under a ~** być zaklętym or zaczarowanym; **to cast** or **put a ~ on sb** rzucić urok or czary na kogoś also fig; **to break a ~** zdjąć urok; **to break the ~** fig sprawić, że czar pryska; **to be under sb's ~** fig być pod urokiem kogoś; **to fall under sb's ~** fig ulec urokowi kogoś
spell[3] /spel/ *n* (period) okres *m*; **a ~ of sth** okres czegoś; **for a ~** przez pewien czas; **for a long/short ~** przez długi/krótki czas; **a ~ as director/minister** krótki okres na stanowisku dyrektora/ministra; **she had a ~ at the wheel/on the computer** spędziła pewien czas za kierownicą/przy komputerze; **a ~ in hospital/in prison** pobyt w szpitalu/więzieniu; **a warm/cold ~** fala ciepła/chłodów; **a rainy ~** fala opadów; **a sunny ~** okres słonecznej pogody; **to go through a bad ~** mieć zły okres
spellbinder /ˈspelbaɪndə(r)/ *n* (person) charyzmatyczny mówca *m*; (book, film) urzekające dzieło *n*
spellbinding /ˈspelbaɪndɪŋ/ *adj* urzekający
spellbound /ˈspelbaʊnd/ *adj* oczarowany, zauroczony **(by sb/sth** kimś/czymś); **to hold sb ~** urzec kogoś
spellcheck(er) /ˈspeltʃek(ər)/ *n* Comput funkcja *f* sprawdzania pisowni
speller /ˈspelə(r)/ *n* [1] (person) **to be a good /bad ~** nie robić błędów ortograficznych /robić błędy ortograficzne [2] (book) słownik *m* ortograficzny
spelling /ˈspelɪŋ/ **I** *n* [1] (way a word is spelled) pisownia *f* [2] (ability to spell correctly) **her ~ is terrible** robi straszne błędy ortograficzne
II *modif [mistake]* ortograficzny; **~ test** sprawdzian z ortografii; **~ lesson** lekcja ortografii
spelling bee *n* konkurs *m* ortograficzny
spelling out *n* fig drobiazgowe wyjaśnienie *n*
spelling pronunciation *n* Ling wymowa *f* zgodna z pisownią
spelt[1] /spelt/ *pp, pp* → **spell**[1]
spelt[2] /spelt/ *n* Bot orkisz *m*
spelunker /spɪˈlʌŋkə(r)/ *n* grotołaz *m*
spelunking /spɪˈlʌŋkɪŋ/ *n* eksploracja *f* jaskiń

spencer /ˈspensə(r)/ *n* [1] (short jacket) spencer *m* [2] GB dat (vest) trykotowa koszulka *f*
spend /spend/ **I** *n* Accts wydatki *m pl* **(on sth** na coś)
II *vt* (*pt, pp* **spent)** [1] (pay out) wyda|ć, -wać *[money, salary]*; **to ~ money on clothes /food/rent** wydawać pieniądze na ubranie /jedzenie/mieszkanie; **how much do you ~ on food?** ile wydajesz na jedzenie?; **to ~ a fortune on sth** wydać na coś fortunę; **he didn't ~ a penny on his son's education** nie wydał ani grosza na naukę syna [2] (pass) spędz|ić, -ać *[time, day, holiday]*; **he spent the night with me** spędził ze mną noc; **I spent two hours on my essay** spędziłem nad wypracowaniem dwie godziny; **to ~ hours/one's life doing sth** robić coś godzinami/przez całe życie [3] (exhaust) zuży|ć, -wać *[resources, energy, supplies]*
III *vi* (*pt, pp* **spent)** wyda|ć, -wać (pieniądze)
IV *vr* (*pt, pp* **spent) to ~ itself** *[storm]* uciszyć się
spender /ˈspendə(r)/ *n* **to be a big ~** mieć szeroki gest, nie liczyć się z pieniędzmi; **to be a low ~ on sth** żałować *or* skąpić pieniędzy na coś
spending /ˈspendɪŋ/ *n* wydatki *m pl* **(on sth** na coś); **government** *or* **public ~** wydatki publiczne; **defence ~** wydatki na obronę; **credit-card ~** wydatki z karty kredytowej
spending cut *n* ograniczenie *n* wydatków **(in sth** na coś); Pol cięcia *n pl* w budżecie
spending money *n* pieniądze *plt* na przyjemności
spending power *n* Fin siła *f* nabywcza
spending spree *n* szał *m* wydawania pieniędzy; **to go on a ~** zaszaleć infml *(na zakupach)*
spendthrift /ˈspendθrɪft/ **I** *n* rozrzutni|k *m*, -ca *f*
II *adj* rozrzutny
spent /spent/ **I** *pp, pt* → **spend**
II *adj* [1] (used up) *[match, cartridge, battery, reactor fuel]* zużyty; *[bullet]* wystrzelony [2] (exhausted) *[person, patience]* wyczerpany; *[emotion, passion]* wygasły; **their passions were ~** ich namiętności wygasły; **to be a ~ force** fig stracić całą swą siłę [3] Jur **~ conviction** zatarcie skazania
sperm /spɜːm/ *n* [1] (cell) plemnik *m* [2] (semen) sperma *f*, nasienie *n*
spermaceti /ˌspɜːməˈsetɪ/ *n* olbrot *m*, spermacet *m*
spermatic /spɜːˈmætɪk/ *adj [fluid]* nasienny; **~ artery** nasieniowód
spermatozoa /ˌspɜːmətəˈzəʊə/ *npl* → **spermatozoon**
spermatozoon /ˌspɜːmətəˈzəʊɒn/ *n* (*pl* **-zoa)** plemnik *m*
sperm bank *n* bank *m* spermy
sperm count *n* ilość *f* plemników w spermie
sperm donation *n* **to make a ~** oddać spermę
sperm donor *n* dawca *m* spermy
spermicidal /ˌspɜːmɪˈsaɪdl/ *adj* plemnikobójczy
spermicide /ˈspɜːmɪsaɪd/ *n* środek *m* plemnikobójczy
sperm oil *n* olej *m* olbrotowy *or* spermacetowy
sperm whale *n* kaszalot *m*
spew /spjuː/ **I** *vt* [1] (also **~ out)** wyplu|ć, -wać fig *[smoke, lava, coins]*; **to ~ insults** bluzgać (stekiem przekleństw) infml [2] infml (also **~ up)** wyrzygać (coś), rzygać (czymś) infml *[food, drink]*
II *vi* [1] (also **~ out, ~ forth)** *[lava, smoke]* wydoby|ć, -wać się; *[insults]* syp|nąć, -ać się [2] infml (also **~ up)** porzygać się infml; **she ~ed (up) all over the floor!** zarzygała całą podłogę! infml
SPF *n* = **sun protection factor**
sphagnum /ˈsfægnəm/ *n* Bot (also **~ moss)** torfowiec *m*
sphere /sfɪə(r)/ *n* [1] (shape) kula *f* [2] Astron ciało *n* niebieskie; **the music of the ~s** muzyka sfer [3] (field) sfera *f*; **~ of activity** zakres działania; **~ of influence** sfera wpływów [4] (social circle) sfera *f*
spherical /ˈsferɪkl/ *adj* kulisty, sferyczny
spherical aberration *n* aberracja *f* sferyczna
spherical angle *n* kąt *m* sferyczny
spherical coordinate *n* współrzędna *f* sferyczna
spherical geometry *n* geometria *f* sferyczna
spherical triangle *n* trójkąt *m* sferyczny
spheroid /ˈsfɪərɔɪd/ **I** *n* sferoida *f*
II *adj* sferoidalny
sphincter /ˈsfɪŋktə(r)/ *n* Anat zwieracz *m*
sphinx /sfɪŋks/ *n* (*pl* **-es, sphinges)** [1] (statue) sfinks *m* fig [2] Mythol **the Sphinx** Sfinks *m* [3] (enigmatic person) sfinks *m* fig
sphinxlike /ˈsfɪŋkslaɪk/ *adj* sfinksowy
sphinx moth *n* Zool zawisak *m*
sphygmomanometer /ˌsfɪgməʊməˈnɒmɪtə(r)/ *n* Med tensometr *m*, sfigmomanometr *m*
spic /spɪk/ *n* US vinfml offensive latynos *m*
spice /spaɪs/ **I** *n* [1] Culin przyprawa *f* (korzenna); **herbs and ~s** przyprawy ziołowe i korzenne; **mixed ~** mieszanka przypraw [2] fig **this novel lacks ~** ta powieść jest nijaka; **to add ~ to sth** dodać czemuś pikanterii
II *modif* **a ~ jar/rack** słoik/stojak na przyprawy; **the ~ trade** handel przyprawami *or* korzeniami dat
III *vt* [1] Culin przyprawi|ć, -ać *[food]*; doda|ć, -wać przyprawy do (czegoś) *[cake]* [2] (also **~ up)** fig urozmaic|ić, -ać *[life, story]*; (stronger) doda|ć, -wać pikanterii *or* pieprzyka (czemuś) *[life, story]*
IV spiced *pp adj* Culin **~d wine/buns /apples** wino/bułeczki/jabłka z korzeniami; **~d with sth** przyprawiony czymś; **heavily ~d** bardzo pikantny, przyprawiony na ostro
IDIOMS: **variety is the ~ of life** rożnorodność nadaje życiu smak
Spice Islands *prn pl* Hist **the ~** Wyspy *f pl* Korzenne
spiciness /ˈspaɪsɪnɪs/ *n* [1] (of food) pikantność *f* [2] fig (of story) pikanteria *f*
spick /spɪk/ *n* US vinfml = **spic**
spick-and-span /ˌspɪkənˈspæn/ *adj [room, house, car]* nieskazitelnie czysty; wypucowany infml; **to get oneself/sth ~** odszykować się/coś infml; **she always manages to look ~** zawsze wygląda jak spod igły
spicy /ˈspaɪsɪ/ *adj* [1] *[food]* pikantny [2] fig *[story, detail]* pikantny
spider /ˈspaɪdə(r)/ *n* [1] Zool pająk *m* [2] GB Aut (elastic straps) gumy *f pl* (do umocowywania bagażu) [3] US (frying pan) patelnia *f* na nóżkach [4] (snooker rest) podpórka *f* na kij bilardowy [5] Comput wyszukiwarka *f*
spider crab *n* Zool nogacz *m*
spider monkey *n* Zool czepiak *m*
spider plant *n* Bot zielistka *f*
spider's web /ˈspaɪdəzweb/ *n* pajęczyna *f*
spiderweb /ˈspaɪdərweb/ *n* US = **spider's web**
spiderwort /ˈspaɪdəwɜːt/ *n* trzykrotka *f*
spidery /ˈspaɪdərɪ/ *adj* (resembling spider's web) pająkowaty; (resembling spider's web) przypominający pajęczynę; **~ handwriting** pismo z zawijasami
spiel /ʃpiːl, spiːl/ infml **I** *n* pej gadka *f* infml pej; **to give sb a ~** wcisnąć komuś gadkę **(about sth** na temat czegoś)
II *vi* pu|ścić, -szczać gadkę infml
■ **spiel off** US: **~ off [sth]** wy|recytować *[facts]*
spieler /ˈʃpiːlə(r), ˈspiːlə(r)/ *n* US infml gaduła *m/f*
spiffing /ˈspɪfɪŋ/ *adj* GB infml dat *[idea, joke]* przedni
spiffy /ˈspɪfɪ/ *n* US infml = **spiffing**
spigot /ˈspɪgət/ *n* [1] (barrel peg) czop *m*, szpunt *m* [2] US (tap) kurek *m*, kran *m*
spike[1] /spaɪk/ **I** *n* [1] (pointed object) szpic *m*, szpikulec *m*, kolec *m*; (for fastening) kołek *m*; (nail) gwóźdź *m* [2] Sport (on shoe) kolec *m*; **a set of ~s** kolce [3] Zool (antler) szpic *m* [4] Phys (variation) nagły skok *m* [5] Sport (in volleyball) ścięcie *n*
II spikes *npl* Sport (shoes) kolce *plt*
III *vt* [1] (pierce) u|kłuć *[person]*; nakłu|ć, -wać *[meat]*; (fix) nadzi|ać, -ewać **(on sth** na coś) [2] infml (with alcohol) zaprawi|ć, -ać (alkoholem); (with spices) przyprawi|ć, -ać **(with sth** czymś) [3] Journ (reject) odł|ożyć, -kładać na półkę fig *[story]* [4] (in volleyball) **to ~ the ball** ściąć piłkę [5] (thwart) udaremni|ć, -ać *[scheme]*; położyć, kłaść kres (czemuś) *[rumour]*
IV *vi* (in volleyball) ści|ąć, -nać
IDIOMS: **to hang up one's ~s** infml *[sportsman]* zawiesić buty na kołku fig; **to ~ sb's guns** pomieszać komuś szyki
spike[2] /spaɪk/ *n* Bot (of flower) grono *n*; (of corn) kłos *m*
spike heel *n* (in shoe) szpilka *f*
spike lavender *n* lawenda *f* szerokolistna
spikenard /ˈspaɪknɑːd/ *n* nard *m*
spiky /ˈspaɪkɪ/ *adj* [1] (having spikes) *[branch, object]* kolczasty; *[fence]* z kolcami; *[hair]* nastroszony [2] GB infml (short-tempered) *[person, temperament]* wybuchowy
spill[1] /spɪl/ **I** *n* [1] (action of spilling) rozlanie *n*; (of oil) wyciek *m*; (liquid spilled) rozlana ciecz *f*; (of oil) plama *f* [2] (fall) upadek *m*; **to have** *or* **take a ~** *[horse-rider]* spaść z konia; *[cyclist]* przewrócić się na rowerze
II *vt* (*pt, pp* **spilt, ~ed)** [1] (pour) rozl|ać, -ewać *[liquid]* **(on** *or* **over sth** na coś); rozsyp|ać, -ywać *[powder]* **(on** *or* **over sth** na coś); **to ~ milk from** *or* **out of a jug** wylać mleko z dzbanka [2] (disgorge) **the ship ~ed oil** ze statku wylała się ropa;

the lorry ~ed its load z ciężarówki wysypał się ładunek [3] Naut **to ~ wind from the sail** wypuścić wiatr z żagla; **the manoeuvre had ~ed the wind from the sail** po tym manewrze żagiel wszedł w łopot

III *vi* (*pt, pp* **spilt, ~ed**) [1] (empty out) *[liquid]* rozl|ać, -ewać się (**on** or **over sth** na coś); *[powder]* rozsyp|ać, -ywać się (**on** or **over sth** na coś); **to ~ from** or **out of sth** *[liquid]* wylać się z czegoś; *[powder]* wysypać się z czegoś; **tears ~ed down her cheeks** łzy spływały jej po policzkach [2] Naut **the wind ~ed from the sail** żagiel stracił wiatr

■ **spill down** *[rain]* padać wielkimi kroplami

■ **spill out**: ¶ **~ out** *[liquid]* wyl|ać, -ewać się; *[powder]* wysyp|ać, -ywać się; *[secret, story]* wy|jść, -chodzić na jaw; **to ~ out into** or **onto the street** fig *[crowds, people]* wylewać się or wysypywać się na ulicę fig ¶ **~ out [sth], ~ [sth] out** [1] **the sack ~ed out the grain** z worka wysypało się ziarno [2] fig infml wychlapać infml *[secret]*; ujawni|ć, -ać *[story]*

■ **spill over** *[liquid]* przel|ać, -ewać się (**onto sth** na coś); **to ~ over into sth** fig zalać coś fig *[street, region]*; przerodzić się w coś *[looting, hostility]*

IDIOMS: **(it's) no use crying over spilt milk** nie ma co płakać nad rozlanym mlekiem; **to ~ blood** przelewać krew; **to ~ the beans** infml puścić farbę infml

spill² /spɪl/ *n* (of wood) szczapka *f*; (of paper) zwitek *m*; fidybus *m* dat

spillage /ˈspɪlɪdʒ/ *n* (of oil) (spill) plama *f*; (spilling) wyciek *m*, rozlew *m*

spillikins /ˈspɪlɪkɪnz/ *npl* Games bierki *plt*

spillover /ˈspɪləʊvə(r)/ *n* [1] US (overflow) nadmiar *m* [2] Econ (consequence) skutek *m* uboczny (**of sth** czegoś); **to have a ~ effect on sth** oddziaływać pośrednio na coś

spillway /ˈspɪlweɪ/ *n* przelew *m* spływowy

spilt /spɪlt/ *pp, pt* → **spill¹**

spin /spɪn/ **I** *n* [1] (turn) (of wheel) obrót *m*; (of ballet dancer, skater) piruet *m*; **to give sth a ~** zakręcić czymś; **to do a ~ on the ice** zrobić piruet na lodzie [2] Sport (on ball) podkręcenie *n*; **to put ~ on a ball** podkręcić piłkę [3] (in spin-drier) **to give the washing a ~** odwirować pranie [4] Aviat korkociąg *m*; **to go into a ~** wejść w korkociąg [5] (pleasure trip) przejażdżka *f*; **to go for a ~** wybrać się na przejażdżkę [6] (interpretation) ujęcie *n*; **to put a new ~ on sth** przedstawić coś w nowy świetle

II *vt* (*prp* **-nn-**; *pt, pp* **spun**) [1] (rotate) za|kręcić (czymś); Sport *[bowler]* podkręc|ić, -ać *[ball]* [2] (flip) **to ~ a coin** zagrać w orła i reszkę; **to ~ a coin for sth** rozstrzygnąć coś rzucając monetę [3] Tex u|prząść *[thread, wool]*; **to ~ cotton into thread** prząść nić bawełnianą [4] Zool *[spider]* u|snuć *[web]* [5] (wring out) odwirow|ać, -ywać *[clothes]* [6] (tell) snuć *[tale]*; **to ~ sb a yarn** opowiadać komuś niestworzone historie; **he spun me some tale about missing his train** opowiedział mi jakąś bajeczkę o tym, że spóźnił się na pociąg

III *vi* (*prp* **-nn-**, *pt, pp* **spun**) [1] (rotate) obr|ócić, -acać się, za|kręcić się; *[dancer]* za|wirować; **to go ~ning through the air** *[ball, plate]* polecieć w powietrze; **the car spun off the road** samochód wpadł w poślizg i zjechał z drogi; **my head is ~ning** fig kręci mi się w głowie; **the room was ~ning** pokój wirował [2] (nose-dive) *[plane]* wpa|ść, -dać w korkociąg [3] (turn wildly) *[wheels]* buksować; *[compass]* obracać się w koło [4] Tex prząść się [5] Fishg łowić na spinning

■ **spin along** *[car]* mknąć, pędzić

■ **spin around** = **spin round**

■ **spin off** US Fin: ¶ **~ off** przekształc|ić, -ać *[company, business]* ¶ **~ off [sth]: to ~ off part of the business** wydzielić spółkę zależną

■ **spin out**: **~ out [sth], ~ [sth] out** przeciąg|nąć, -ać *[visit, speech]*; oszczędnie gospodarować (czymś) *[money, food]*; **he spun the whole business out** przeciągał całą sprawę

■ **spin round**: ¶ **~ round** *[person]* obr|ócić, -acać się szybko; *[dancer, skater]* za|wirować; *[car]* obr|ócić, -acać się; **she spun round in her chair** zakręciła się na krześle ¶ **~ [sb/sth] round** obr|ócić, -acać *[wheel, weathercock]*

IDIOMS: **to ~ one's wheels** US fig kręcić się w miejscu; **to be in a ~** być skołowanym

spina bifida /ˌspaɪnəˈbɪfɪdə/ **I** *n* Med rozszczep *m* kręgosłupa tylny

II *modif [baby, sufferer]* z rozszczepem kręgosłupa

spinach /ˈspɪnɪdʒ, US -ɪtʃ/ *n* szpinak *m*

spinal /ˈspaɪnl/ *adj* Anat, Med **~ injury** uraz kręgosłupa; **~ nerve** nerw rdzeniowy; **~ muscle** mięsień kolcowy; **~ disc** dysk międzykręgowy

spinal anaesthesia *n* znieczulenie *n* rdzeniowe

spinal canal *n* kanał *m* kręgowy

spinal column *n* kręgosłup *m*

spinal cord *n* rdzeń *m* kręgowy

spinal fluid *n* płyn *m* rdzeniowy

spinal meningitis *n* zapalenie *n* opon rdzenia

spinal tap *n* nakłucie *n* lędźwiowe

spin bowler *n* Sport (in cricket) zawodnik *m* rzucający podkręconą piłkę

spindle /ˈspɪndl/ *n* (on spinning wheel, machine tool) wrzeciono *n*; (in watch) wałek *m*

spindle-legged /ˈspɪndllegd/ *adj* o patykowatych nogach

spindle-shanked /ˈspɪndlʃæŋkt/ *adj* = **spindle-legged**

spindle tree *n* Bot trzmielina *f*

spindly /ˈspɪndlɪ/ *adj [legs, tree, plant]* patykowaty

spin doctor *n* Pol infml rzecznik *m* prasowy *(zwłaszcza partii)*

spin-drier /ˈspɪndraɪə(r)/ *n* wirówka *f*

spindrift /ˈspɪndrɪft/ *n* [1] (seaspray) bryzg *m* fali [2] (snow) tuman *m* śniegu

spin-dry /ˌspɪnˈdraɪ/ *vt* odwirow|ać, -ywać *[washing]*

spin dryer *n* = **spin-drier**

spine /spaɪn/ *n* [1] (spinal column) kręgosłup *m*; **it sent shivers up and down my ~** aż mi ciarki przeszły od tego po plecach; **a person who lacks ~** fig człowiek bez kręgosłupa [2] (prickle) kolec *m* [3] (of book) grzbiet *m* [4] (of hill) grzbiet *m*

spine-chiller /ˈspaɪntʃɪlə(r)/ *n* dreszczowiec *m*

spine-chilling /ˈspaɪntʃɪlɪŋ/ *adj* mrożący krew w żyłach

spineless /ˈspaɪnlɪs/ *adj* [1] Zool bezkręgowy *m* [2] pej (weak) tchórzliwy

spinelessly /ˈspaɪnlɪslɪ/ *adv* pej tchórzliwie

spinelessness /ˈspaɪnlɪsnɪs/ *n* pej tchórzostwo *n*

spinet /spɪˈnet, US ˈspɪnɪt/ *n* Mus szpinet *m*

spine-tingling /ˈspaɪntɪŋglɪŋ/ *adj [song, voice, atmosphere]* przejmujący

spinnaker /ˈspɪnəkə(r)/ *n* Naut spinaker *m*

spinner /ˈspɪnə(r)/ *n* [1] Tex (worker) (man) robotnik *m* zatrudniony w przędzalni; (woman) prządka *f* [2] (in cricket) (player) zawodnik *m* rzucający podkręconą piłkę; (ball) podkręcona piłka *f* [3] infml = **spin-drier** [4] Fishg błystka *f* obrotowa

spinneret /ˈspɪnəret/ *n* [1] Zool kądziołek *m*, brodawka *f* przędna [2] Tex dysza *f* przędzalnicza, filiera *f*

spinney /ˈspɪnɪ/ *n* GB zagajnik *m*

spinning /ˈspɪnɪŋ/ **I** *n* [1] Tex (activity) przędzenie *n*; (industrial) przędzalnictwo *n* [2] Fishg spinning *m*

II *modif* Tex *[machine]* przędzalniczy; *[yarn]* przędny, przędzalny

spinning jenny *n* Hist Tex przędzarka *f* wrzecionowa

spinning machine *n* Tex maszyna *f* przędzalnicza

spinning mill *n* Tex przędzalnia *f*

spinning mule *n* Tex przędzarka *f* wózkowa

spinning top *n* (toy) bąk *m*

spinning wheel *n* Tex kołowrotek *m*

spin-off /ˈspɪnɒf/ **I** *n* [1] (incidental benefit) dodatkowa korzyść *f*; **the new plant will have ~s for the area** nowa fabryka przyniesie regionowi dodatkowe korzyści [2] (by-product) produkt *f* uboczny, skutek *f* uboczny (**of** or **from sth** czegoś) [3] TV, Cin **a TV ~ from the film** wersja telewizyjna filmu

II *modif [effect, profit]* uboczny; *[product, technology]* wtórny; **a ~ series** TV serial stanowiący adaptację dzieła kinowego

spin setting *n* program *m* wirowania

spinster /ˈspɪnstə(r)/ *n* Jur panna *f*; pej stara panna *f* pej

spinsterish /ˈspɪnstərɪʃ/ *adj* pej *[habits, outlook]* staropanieński

spiny /ˈspaɪnɪ/ *adj [plant, animal]* kolczasty

spiny anteater *n* kolczatka *f* australijska

spiny-finned /ˌspaɪnɪˈfɪnd/ *adj [fish]* z promieniami ciernistymi or kolcami w płetwach

spiny lobster *n* langusta *f*

spiracle /ˈspaɪərəkl/ *n* Zool (of whale) nozdrza *n pl*; (of fish) szczelina *f* skrzelowa; (of insect) przetchlinka *f*

spiraea /ˌspaɪəˈriːə/ *n* Bot tawuła *f*

spiral /ˈspaɪərəl/ **I** *n* [1] Math, Aviat spirala *f*; **in a ~** *[object, spring, curl]* w kształcie spirali [2] Econ spirala *f*; **inflationary ~** spirala inflacyjna; **the wage-price ~** spirala płac i cen; **a downward/upward ~** ciągły spadek/wzrost; **a ~ of violence** eskalacja przemocy

II *adj [structure, motif, spring]* spiralny

III *vi* (*prp, pt, pp* **-ll-** GB, **-l-** US) [1] (of movement) **to ~ upwards/downwards** *[air-*

S

craft, leaf] wznosić się/opadać po spirali; *[staircase, smoke]* wznosić się/opadać spiralnie [2] Econ wzr|osnąć, -astać w szybkim tempie; **to ~ downward** spadać w szybkim tempie

IV spiralling GB, **spiraling** US *prp adj [costs, interest rates, rents]* wzrastający

spiral binding *n* oprawa *f* spiralna

spiral galaxy *n* galaktyka *f* spiralna

spiral notebook *n* notes *m* w oprawie spiralnej

spiral staircase *n* schody *plt* kręcone

spire /ˈspaɪə(r)/ *n* [1] Archit iglica *f*; **the church ~** iglica wieży kościoła [2] (of plant) strzelisty pęd *m*

spirit /ˈspɪrɪt/ **I** *n* [1] (essential nature) (of law, game, era) duch *m*; **the ~ of the original** duch oryginału; **it's not in the ~ of the agreement** to jest niezgodne z duchem tej umowy [2] (mood, attitude) duch *m*, nastrój *m* **(of sth** czegoś); **a ~ of forgiveness /reconciliation** duch przebaczenia/pojednania; **in a ~ of friendship** w duchu przyjaźni; **a ~ of optimism** optymistyczny nastrój; **community/team ~** duch wspólnoty/współpracy; **I'm in a party ~** mam ochotę się zabawić; **there is a party ~ about** dookoła panuje nastrój wielkiego święta; **he entered into the ~ of the occasion** udzielił mu się nastrój chwili; **to do sth in the right/wrong ~** zrobić coś z pozytywnym/negatywnym nastawieniem; **there was a great** or **good ~ among them** nastroje wśród nich były doskonałe; **that's the ~!** infml i o to chodzi! infml [3] (courage) odwaga *f*; (determination) charakter *m*, zapał *m*; animusz *m* liter; **to show ~** pokazać charakter; **the team played with tremendous ~** drużyna grała z wielką determinacją; **to break sb's ~** osłabić morale kogoś [4] (soul) duch *f*; **the life of the ~** życie duchowe; **evil ~** zły duch; **the Holy Spirit** Duch Święty [5] (person) **he was a courageous ~** był dzielnym człowiekiem; **he was a leading ~ in the movement** był główną sprężyną całego ruchu [6] (drink) alkohol *m* wysokoprocentowy; **wine and ~s** Comm wina i wódki [7] Chem, Pharm spirytus *m*

II spirits *npl* nastrój *m*, humor *m*; **to be in good** or **high ~s** być w dobrym nastroju; **to be in poor** or **low ~s** być w kiepskim nastroju; **to keep up one's ~s** nie tracić humoru; **to raise sb's ~s** podnieść kogoś na duchu; **my ~s rose** poprawił mi się nastrój; **my ~s sank** upadłem na duchu

III *modif [lamp, stove, burner]* spirytusowy

IV *vt* **to ~ sth/sb away** zabrać coś/kogoś niepostrzeżenie; **to ~ sth in/out** wnieść /wynieść coś niepostrzeżenie

spirited /ˈspɪrɪtɪd/ **I** *adj [performance]* pełen werwy; *[attack, defence]* odważny; *[debate]* ożywiony; *[horse]* ognisty

II -spirited *in combinations* **high-/low-~ed** pełen życia/przygnębiony

spirit guide *n* przewodnik *m* po alkoholach

spirit gum *n* klej *m* do charakteryzacji

spiritless /ˈspɪrɪtləs/ *adj* niemrawy

spirit level *n* poziomnica *f*, libella *f*

spiritual /ˈspɪrɪtʃʊəl/ **I** *n* Mus spirituals *m inv*

II *adj [life, needs]* duchowy; **~ adviser** or **director** przewodnik duchowy

spiritualism /ˈspɪrɪtʃʊəlɪzəm/ *n* [1] (occult) spirytyzm *m* [2] Philos spirytualizm *m*

spiritualist /ˈspɪrɪtʃʊəlɪst/ *n* [1] (occult) spirytyst|a *m*, -ka *f* [2] Philos spirytualist|a *m*, -ka *f*

spirituality /ˌspɪrɪtʃʊˈælətɪ/ *n* duchowość *f*

spiritually /ˈspɪrɪtʃʊəlɪ/ *adv [sick, uplifted]* na duchu; *[impoverished]* duchowo

spirituous /ˈspɪrɪtʃʊəs/ *adj* fml spirytusowy; **~ liquors** wyroby spirytusowe

spirit world *n* zaświaty *plt*

spirograph /ˈspaɪərəgrɑːf, US -græf/ *n* Med spirograf *m*

spiroid /ˈspaɪərɔɪd/ *adj* spiralny

spirometer /spaɪˈrɒmɪtə(r)/ *n* spirometr *m*

spit¹ /spɪt/ **I** *n* [1] (saliva) (in mouth) ślina *f*; (on ground) plwocina *f* [2] (expectoration) **'I hate you,' he said with a ~** „nienawidzę cię", powiedział spluwając; **to give a ~** splunąć

II *vt* (*prp* **-tt-**; *pt, pp* **spat)** [1] *[person]* wyplu|ć, -wać *[food, liquid]*; splu|nąć, -wać (czymś) *[tobacco juice]*; pluć (czymś), spluwać (czymś) *[blood]* [2] fig *[volcano]* wyrzuc|ić, -ać *[lava]*; *[pan]* strzel|ić, -ać (czymś) *[oil]* [3] (utter) wyrzuc|ić, -ać z siebie *[words]*; miotać *[curses]* **(at sb** na kogoś); **to ~ venom** tryskać jadem

III *vi* (*prp* **-tt-**; *pt, pp* **spat)** [1] *[person]* splu|nąć, -wać, pluć; **to ~ at** or **on sb/sth** splunąć na kogoś/coś, opluć kogoś/coś; **to ~ in sb's face** plunąć komuś w twarz also fig [2] (be angry) *[cat, person]* fuk|nąć, -ać, prych|nąć, -ać **(at sb** na kogoś); **to ~ with anger/rage** ziać gniewem/wściekłością [3] (crackle) *[oil, sausage]* strzel|ić, -ać; *[logs, fire]* trzas|nąć, -kać

IV *v impers* (*prp* **-tt-**; *pt, pp* **spat) it's ~ting (with rain)** kropi (deszcz), siąpi

■ **spit out**: **~ out [sth], ~ [sth] out** wyplu|ć, -wać *[food, drink]*; plu|nąć, -ć (czymś) *[blood]*; fig rzuc|ić, -ać *[phrase, word, insult]*; **~ it out!** infml no, wyduś wreszcie! infml

■ **spit up**: **~ up [sth], ~ [sth] up** *[patient]* pluć (czymś) *[blood]*; US *[baby]* zwr|ócić, -acać, ul|ać, -ewać *[milk, food]*

IDIOMS: **it needs a bit of ~ and polish** warto by to odczyścić; **to be the (dead) ~ of sb** być do kogoś podobnym jak dwie krople wody or jakby skórę zdjął

spit² /spɪt/ *n* [1] Culin (over open fire) rożen *m*; (in electrical device) szpikulec *m* rożna; **cooked on a ~** pieczony na rożnie [2] Geog mierzeja *f*, kosa *f*

spit³ /spɪt/ *n* GB (spade depth) **two ~s deep** (głęboki) na dwa sztychy infml

spite /spaɪt/ **I** *n* (malice) złośliwość *f*; (vindictiveness) mściwość *f*; **out of** or **from ~** przez złośliwość; **out of pure ~** z czystej złośliwości

II in spite of *prep phr* pomimo (czegoś), mimo (czegoś) *[circumstances, event, advice, warning]*; **in ~ of the fact that...** mimo że...; **in ~ of oneself** wbrew sobie

III *vt* **to ~ sb** z|robić na złość komuś

IDIOMS: **to cut off one's nose to ~ one's face** na złość babci odmrozić sobie uszy

spiteful /ˈspaɪtfl/ *adj* (malicious) *[person, remark, article, gossip]* złośliwy; (vindictive) *[person]* mściwy

spitefully /ˈspaɪtfəlɪ/ *adv* złośliwie

spitefulness /ˈspaɪtflnɪs/ *n* (malice) złośliwość *f*; (vindictiveness) mściwość *f*

spitfire /ˈspɪtfaɪə(r)/ *n* infml złośni|k *m*, -ca *f*

spitroast /ˈspɪtrəʊst/ *vt* u|piec na rożnie

spitting /ˈspɪtɪŋ/ *n* plucie *n*; **'~ prohibited'** „nie pluć"

IDIOMS: **to be the ~ image of sb** być do kogoś podobnym jak dwie krople wody or jakby skórę zdjął; **within ~ distance of sth** o rzut kamieniem od czegoś

spitting snake *n* kobra *f* plująca

spittle /ˈspɪtl/ *n* [1] (of person) (in mouth) ślina *f*; (on surface) plwocina *f* [2] (of animal) *lepka substancja wydzielana przez niektóre owady*

spittoon /spɪˈtuːn/ *n* spluwaczka *f*

spitz /spɪts/ *n* Zool szpic *m*

spiv /spɪv/ *n* GB infml pej kombinator *m* infml pej

spivvy /ˈspɪvɪ/ *adj* GB infml *[appearance, clothes]* tandetny infml

splash /splæʃ/ **I** *n* [1] (sound) plusk *m*; **with a ~** z pluskiem; **a ~ of publicity about sth** fig wrzawa wokół czegoś; **to make a big ~** plusnąć głośno; fig *[person]* zrobić furorę; *[news]* wzbudzić sensację [2] (drop, patch) (of mud, oil) plama *f*; (of colour) plamka *f*; (of drink) kapka *f*

II *vt* [1] (spatter, spray) ochlap|ać, -ywać *[person, surface]*; rozchlap|ać, -ywać, chlap|nąć, -ać (czymś) *[water, paint, mud]*; **to ~ sth over sb/sth** ochlapać kogoś/coś czymś; **to ~ one's way through sth** brnąć przez coś chlapiąc na wszystkie strony; **to ~ water onto one's face** chlusnąć sobie wodą w twarz; **to ~ one's face with water** ochlapać sobie twarz wodą [2] Journ **to ~ sth across the front page** umieścić coś na pierwszej stronie *[story, news, picture]*

III *vi* [1] (spatter) *[coffee, mud, paint, wine]* chlap|nąć, -ać **(onto** or **over sth** na coś); **water was ~ing from the tap** woda leciała z kranu rozpryskując się (na wszystkie strony) [2] (move) **Maria ~ed through the mud** Maria szła chlapiąc po błocie; **the jeep ~ed through the mud** jeep jechał rozbryzgując błoto [3] (in sea, pool) pluskać się **(in sth** w czymś)

■ **splash around**: ¶ **~ around** pluskać się **(in sth** w czymś) ¶ **~ [sth] around** rozchlap|ać, -ywać dookoła *[water, paint]*; **to ~ money around** infml szastać pieniędzmi

■ **splash down** Aerosp *[spacecraft]* wodować

■ **splash out** infml: (spend money) za|szaleć infml; **to ~ out on sth** szarpnąć się na coś infml *[dress, hat, book]*

splashback /ˈsplæʃbæk/ *n płyta nad zlewem lub wanną, chroniąca ścianę przed zachlapaniem*

splashboard /ˈsplæʃbɔːd/ *n* Aut błotnik *m*

splashdown /ˈsplæʃdaʊn/ *n* Aerosp wodowanie *n*

splashguard /ˈsplæʃgɑːd/ *n* = **splashboard**

splashing /ˈsplæʃɪŋ/ *n* (of sea, waves) plusk *m*; **the ~ of the shower** plusk prysznica

splat /splæt/ **I** *n* plaśnięcie *n*; **there was a ~** słychać było plaśnięcie; **he landed with a ~** wylądował z głośnym plaśnięciem

II *excl* klap!

splatter /ˈsplætə(r)/ **I** *n* (sound) (of rain, bullets) bębnienie *n*

II *vt* **to ~ sb/sth with sth, to ~ sth over sb/sth** obryzgać kogoś/coś czymś; **the car ~ed mud everywhere** samochód rozbryzgiwał błoto na wszystkie strony

III *vi* 1 *[ink, paint, mud]* **to ~ onto** or **over sth** bryzgać na coś 2 *[body, fruit]* roztrzask|ać, -iwać się **(on** or **against sth** na czymś, o coś)

IV splattered *pp adj* 1 **~ed with sth** obryzgany czymś; **blood-/mud-~ed** obryzgany krwią/błotem 2 (squashed) roztrzaskany

splay /spleɪ/ **I** *n* Archit glif *m*

II *vt* rozszerz|yć, -ać *[end of pipe]*; rozglifi|ć, -ać, z|ukosować ościeże (czegoś) *[side of window, door]*; rozstawi|ć, -ać *[legs, feet]*; rozczapierz|yć, -ać *[fingers]*

III *vi* (also **~ out**) *[end of pipe]* rozszerzać się; *[window]* rozglifić się

IV splayed *pp adj [feet, legs]* rozstawiony; *[fingers]* rozczapierzony

splayfoot /ˈspleɪfʊt/ *n* płaskostopie *n*; platfus *m* infml

splayfooted /ˌspleɪˈfʊtɪd/ *adj* **to be ~** *[person]* mieć płaskostopie

spleen /spliːn/ *n* 1 Anat śledziona *f* 2 fig (bad temper) zły humor *m*; **to vent one's ~ on sb** wyładować na kimś zły humor 3 dat (melancholy) spleen *m*, splin *m* liter

splendid /ˈsplendɪd/ *adj [building, scenery, view, holiday, ceremony, performance, achievement, victory, collection, dress]* wspaniały; *[idea, opportunity]* wspaniały, świetny; *[occasion]* doskonały; **we had a ~ time!** wspaniale or świetnie się bawiliśmy!; **she did a ~ job** wspaniale się spisała; **~!** wspaniale!, świetnie!

splendidly /ˈsplendɪdlɪ/ *adv* wspaniale, świetnie; **everything is going ~** wszystko idzie wspaniale

splendiferous /splenˈdɪfərəs/ *adj* hum *[dinner]* przewyborny liter

splendour GB, **splendor** US /ˈsplendə(r)/ *n* wspaniałość *f*, świetność *f*; **to restore sth to its former ~** przywrócić czemuś dawny splendor; **to live in ~** żyć w przepychu; **to dine in ~** jadać wystawnie; **the ~s of Venice** wspaniałości Wenecji

splenetic /splɪˈnetɪk/ *adj [person, temperament]* kłótliwy; *[letter]* pełen żółci

splice /splaɪs/ **I** *n* (in rope) splot *m*; (in magnetic tape, film) sklejenie *n*; (in carpentry) łączenie *n*

II *vt* 1 Naut spl|eść, -atać *[ropes]* 2 skle|ić, -jać *[tape, film]* 3 fig po|łączyć, po|mieszać *[styles, images]*

IDIOMS: **to ~ the mainbrace** Naut hum (have a drink) wychylić kielicha infml; **to get ~d** infml hum ochajtnąć się infml

splicer /ˈsplaɪsə(r)/ *n* sklejarka *f*

spliff /splɪf/ *n* infml skręt *m* z marihuaną

spline /splaɪn/ *n* Tech wypust *m*

splint /splɪnt/ **I** *n* 1 Med szyna *f*; **~s** (wooden) łubki; **to put sb's leg in a ~** unieruchomić nogę komuś szyną 2 (sliver of wood) drzazga *f*

II *vt* unieruchomić szyną, włożyć w łubki *[arm, leg]*

splinter /ˈsplɪntə(r)/ **I** *n* (of glass, metal, bone) odłamek *m*; (of wood) drzazga *f*; **to get a ~ in one's finger** wbić sobie drzazgę w palec

II *vt* roztrzask|ać, -iwać *[glass, windscreen, bone]*; rozłup|ać, -ywać *[wood]*; fig rozbi|ć, -jać *[party, group]*

III *vi [glass, windscreen]* rozprys|nąć, -kiwać się; *[wood]* rozszczepi|ć, -ać się; fig *[party, alliance]* rozpa|ść, -dać się

splinter group *n* odłam *m*

splinterproof glass /ˌsplɪntəpruːfˈglɑːs, US -ˈglæs/ *n* szkło *n* bezodpryskowe

split /splɪt/ **I** *n* 1 (in fabric, garment) rozdarcie *n*; (in wood, skin) pęknięcie *n*; (in rock) szczelina *f* 2 (in party, movement, alliance) rozłam *m* **(into sth** na coś); **a three-way ~ in the party** podział partii na trzy ugrupowania 3 (of money, profits, jobs) podział *m*; **a four-way ~ of the money** podział pieniędzy na cztery części 4 US (small bottle) (of soft drink) buteleczka *f*; (of wine) mała butelka *f* 5 Culin deser *m* lodowy z owocami 6 (difference) rozziew *m*; **a ~ between theory and practice** rozziew pomiędzy teorią a praktyką 7 US Fin zróżnicowanie *n*; **income ~** zróżnicowanie dochodów

II splits *npl* (in gymnastics) szpagat *m*; **to do the ~s** zrobić szpagat

III *adj [log, pole]* pęknięty; *[sleeve]* rozerwany; *[seam]* rozpruty; *[lip]* rozcięty

IV *vt* (*prp* **-tt-**; *pt, pp* **split**) 1 (cut) rozłup|ać, -ywać *[log, wood, rock, slate]*; roz|edrzeć, -dzierać also fig *[fabric, garment, silence, sky]*; rozpru|ć, -wać *[seam]*; **to ~ the atom** rozbić atom; **to ~ one's lip** rozciąć sobie wargę 2 (divide) po|dzielić *[group, area, profits]* **(into sth** na coś); rozdziel|ić, -ać *[work]*; **to ~ sth four/five ways** podzielić coś na cztery/pięć części 3 Pol (cause dissent in) po|dzielić *[party, movement, alliance]*; **to ~ the vote** podzielić elektorat; **the committee was split on** or **over this issue** zdania członków komisji na ten temat były podzielone, ta sprawa podzieliła członków komisji 4 (share) po|dzielić się (czymś) *[proceeds, cost, payment]*; **shall we ~ a bottle of wine (between us)?** wypijemy do spółki butelkę wina? 5 Ling **to ~ an infinitive** *umieścić przysłówek pomiędzy angielską partykułą „to" a bezokolicznikiem* 6 Comput po|dzielić *[window]*

V *vi* (*prp* **-tt-**; *pt, pp* **split**) 1 (break apart) *[wood, log, rock]* pęk|nąć, -ać, popękać; *[stone, flint]* rozłup|ać, -ywać się; *[fabric, garment]* roze|drzeć, -dzierać się; *[seam]* rozpru|ć, -wać się; **to ~ into two** *[road, stream]* rozdwajać się, rozwidlać się; **my head is ~ting** fig głowa mi pęka 2 Pol *[party, movement, alliance]* po|dzielić się **(on** or **over sth** w kwestii czegoś); **the vote split along party lines** głosowano zgodnie z przynależnością partyjną 3 (divide) = **split up** 4 GB infml (inform on) za|kablować infml; **she split on me to the teacher** zakablowała na mnie nauczycielowi 5 infml (leave) ul|otnić, -atniać się, zmy|ć, -wać się infml

■ **split off**: ¶ **~ off** 1 (become detached) *[branch, piece, end]* odłam|ać, -ywać się **(from sth** od czegoś) 2 (branch off) *[path, route]* odgałęzi|ć, -ać się; *[group, department, faction]* odłącz|yć, -ać się **(from sth** od czegoś) ¶ **~ off [sth], ~ [sth] off** 1 odłam|ać, -ywać *[piece, branch]* **(from sth** od czegoś) 2 odłącz|yć, -ać *[section, department]* **(from sth** od czegoś)

■ **split open**: ¶ **~ open** *[bag, fabric]* roz|edrzeć, -dzierać się; *[seam]* roz|ejść, -chodzić się, rozpru|ć, -wać się ¶ **~ open [sth], ~ [sth] open** rozci|ąć, -nać *[box]*; rozłup|ać, -ywać *[coconut]*

■ **split up**: ¶ **~ up** 1 (disperse) *[group, search party]* rozdziel|ić, -ać się; *[crowd, demonstrators]* roz|ejść, -chodzić się 2 (separate) *[company, group, federation]* po|dzielić się; **to ~ up into groups of five** podzielić się na pięcioosobowe grupy 3 (part) *[couple, partners]* rozsta|ć, -wać się; **to ~ up with sb** *[partner, husband, girlfriend]* rozstać się or rozejść się z kimś ¶ **~ up [sth/sb], ~ [sth/sb] up** po|dzielić *[money, profits, work]* **(into sth** na coś); rozdziel|ić, -ać *[partners, couple, friends]*; rozsadz|ić, -ać *[pupils]*; **to ~ a class up into groups** podzielić klasę na grupy; **to ~ sth up into its component parts** rozłożyć coś na części składowe; **to ~ up the novel into chapters** podzielić powieść na rozdziały

IDIOMS: **to ~ one's sides (laughing)** infml zrywać boki (ze śmiechu); **to ~ the difference** dojść do porozumienia krakowskim targiem

split cane I *n* trzcina *f* (*cięta na podłużne pasy*)

II *modif [basket, armchair]* trzcinowy

split decision *n* Sport niejednogłośny werdykt *m*

split ends *npl* (of hairs) rozdwojone końce *m pl*

split infinitive *n* Ling bezokolicznik *m* nieciągły (*z przysłówkiem między angielską partykułą „to" a właściwym bezokolicznikiem*)

split level I *n* **the flat is on ~s** mieszkanie zajmuje dwa poziomy

II split-level *adj [room, apartment]* dwupoziomowy; **split-level cooker** kuchenka z oddzielnym piekarnikiem

split peas *npl* groch *m* łuskany

split personality *n* rozdwojenie *n* jaźni

split pin *n* zawleczka *f*

split ring *n* kółko *n* na klucze

split screen Cin **I** *n* poliekran *m*

II split-screen *adj [technique, sequence]* poliekranowy; **split-screen facility** możliwość zastosowania poliekranu

split second I *n* ułamek *m* sekundy; **in a ~** w ułamku sekundy; **for a ~** na ułamek sekundy

II split-second *modif [decision, reflex]* błyskawiczny; **the success of the mission depends on split-second timing** powodzenie misji zależy od idealnej synchronizacji działań; **split-second timing is needed or the joke will fall flat** potrzebne jest wyczucie właściwego momentu albo położy się dowcip

split shift *n system, w którym dzień pracy podzielony jest na kilka części*; **I work ~s** mam dzień pracy podzielony na kilka części

split-site /ˌsplɪtˈsaɪt/ *adj* **~ school/factory** szkoła/fabryka mająca oddziały w różnych miejscach

split ticket *n* US Pol *jednoczesne głosowanie na kandydatów z list kilku partii*

splitting /ˈsplɪtɪŋ/ **I** *n* (division) (of wood, stone) rozłupanie *n*; (of profits, proceeds) podział *m*, rozdział *m*; (of group) rozpad *m*
II *adj* **I have a ~ headache** głowa mi pęka
split tin (loaf) *n* chleb *m* z formy
split-up /ˈsplɪtʌp/ *n* (of friends, partners) rozstanie *n*; (of married couple) rozejście się *n*; (of group, movement) rozłam *m*
splodge /splɒdʒ/ GB infml **I** *n* (of ink, paint, grease, dirt) plama *f*; **all covered in ~s** cały upaćkany infml
II *vt* **to ~ sth with paint, to ~ paint on sth** upaćkać coś farbą infml
splotch /splɒtʃ/ *n, vt* US infml = **splodge**
splurge /splɜːdʒ/ infml **I** *n* (expensive indulgence) szaleństwo *n* infml; **to go on** or **to have a ~** zaszaleć infml
II *vt* przepu|ścić, -szczać infml *[money]* **(on sth** na coś)
III *vi* (also **~ out)** (spend money) przepu|ścić, -szczać pieniądze infml **(on sth** na coś)
splutter /ˈsplʌtə(r)/ **I** *n* (spitting) (of person, engine) charkot *m*; (of fire, sparks) trzask *m*; (stutter) bełkot *m*
II *vt* (also **~ out)** wyrzuc|ić, -ać z siebie *[excuse, apology, words]*
III *vi [person]* (stutter) bełkotać; (spit) za|charczeć; *[fire, match, sparks]* trzaskać; *[candle, fat]* strzel|ić, -ać; **the engine ~ed to a stop** silnik zacharczał i zgasł
spode /spəʊd/ *n porcelana produkowana przez angielską firmę o tej samej nazwie*
spoil /spɔɪl/ **I** *n* (from excavation) odkład *m* gruntu, odwał *m*; Mining odpady *plt*
II spoils *npl* [1] (from war, victory) łup *m*, łupy *m pl*; **to get a share of the ~s** Mil mieć udział w łupach, dostać część łupów also fig [2] (political, commercial) korzyści *f pl* **(of sth** z czegoś)
III *vt* (*pt* **~ed, spoilt** GB) [1] (mar) po|psuć, ze|psuć *[event, evening, view, effect, taste, holiday]* **(by doing sth** robiąc coś); z|niszczyć *[place]* **(by doing sth** robiąc coś); **it will ~ your appetite** to ci odbierze apetyt; **to ~ sth for sb** popsuć coś komuś; **it'll ~ the film for us** to nam odbierze całą przyjemność oglądania filmu; **to ~ sb's enjoyment** popsuć komuś przyjemność; **why did you go and ~ everything?** dlaczego wszystko popsułeś?; **to ~ sb's fun** (thwart) popsuć komuś zabawę [2] (ruin) z|niszczyć *[crop, garment, toy]* **(by doing sth** robiąc coś); z|marnować *[food]* **(by doing sth** robiąc coś); **to ~ one's chances of doing sth** zmarnować swoje szanse na zrobienie czegoś; **to ~ sb's plans** pokrzyżować komuś plany [3] (pamper, indulge) rozpie|ścić, -szczać, psuć; rozpu|ścić, -szczać infml *[person, pet]* **(by doing sth** robiąc coś); **to ~ sb rotten** infml rozpuścić kogoś jak dziadowski bicz infml; **to ~ sb with sth** rozpieszczać or psuć kogoś czymś *[gift]*; **we've been ~ed living so close to the sea** rozpuściliśmy się, mieszkając tak blisko morza [4] Pol **to ~ a vote** or **ballot paper** oddać nieważny głos
IV *vi* (*pt* **~ed, spoilt** GB) *[product, foodstuff]* po|psuć się, ze|psuć się; **your dinner will ~!** obiad ci wystygnie!
V *vr* (*pt* **~ed, spoilt** GB) **to ~ oneself** z|robić sobie przyjemność, dog|adzać, -odzić sobie; **let's ~ ourselves and eat out!** zróbmy sobie święto i chodźmy do restauracji!
IDIOMS: **to be ~ing for a fight** rwać się do bitki infml
spoilage /ˈspɔɪlɪdʒ/ *n* [1] (decay) psucie się *n* [2] (wastage) odpadki *m pl*, odpady *m pl*
spoiled, spoilt GB /spɔɪld/ **I** *pt, pp* → **spoil**
II *adj* [1] *[child, dog]* rozpieszczony; rozpuszczony infml; **he's terribly ~** jest strasznie rozpieszczony or rozpuszczony; **to be ~ rotten** infml być rozpuszczonym jak dziadowski bicz infml; **a ~ brat** infml rozpuszczony bachor infml [2] Pol *[vote, ballot paper]* nieważny
IDIOMS: **to be ~ for choice** mieć zbyt wiele możliwości wyboru
spoiler /ˈspɔɪlə(r)/ *n* [1] Aut spoiler *m*; **a rear ~** tylny spoiler [2] Aviat przerywacz *m* [3] Journ *artykuł mający na celu osłabienie efektu osiągniętego przez konkurencję*
spoil heap *n* hałda *f*, wysypisko *n*
spoilsport /ˈspɔɪlspɔːt/ *n* infml pej **he's a ~** on zawsze wszystkim psuje zabawę
spoils system *n* US Pol system *m* podziału łupów *(obsadzanie stanowisk przez zwycięską partię)*
spoilt /spɔɪlt/ GB **I** *pt, pp* → **spoil**
II *adj* = **spoiled**
spoke[1] /spəʊk/ *pt* → **speak**
spoke[2] /spəʊk/ *n* (in wheel) szprycha *f*; (on ladder) szczebel *m*
IDIOMS: **to put a ~ in sb's wheel** pomieszać komuś szyki
spoken /ˈspəʊkən/ **I** *pp* → **speak**
II *adj [word, dialogue, language]* mówiony; *[command]* ustny
spokeshave /ˈspəʊkʃeɪv/ *n* Tech ośnik *m*, skrobak *m*
spokesman /ˈspəʊksmən/ *n* (*pl* **-men)** rzecznik *m*
spokesperson /ˈspəʊkspɜːsn/ *n* rzecznik *m*
spokeswoman /ˈspəʊkswʊmən/ *n* (*pl* **-women)** rzeczniczka *f*
spoliation /ˌspəʊlɪˈeɪʃn/ *n* (of goods) grabież *f*; (of environment) niszczenie *n*
spondaic /spɒnˈdeɪɪk/ *adj* Literat spondeiczny
spondee /ˈspɒndiː/ *n* Literat spondej *m*
spondulicks *n* infml = **spondulix**
spondulix /spɒnˈdjuːlɪks/ *n* infml hum forsa *f* infml
sponge /spʌndʒ/ **I** *n* [1] (for cleaning) gąbka *f*; **bath ~** gąbka kąpielowa; **to soak up water like a ~** chłonąć wodę jak gąbka; **at that age, a child's mind is like a ~** w tym wieku umysł dziecka chłonie wszystko jak gąbka [2] (material) gąbka *f*; **cushions filled with ~** poduszki wypełnione gąbką [3] Zool gąbka *f*; **to dive for ~s** łowić gąbki [4] (wipe) **to give sth a ~** przetrzeć coś gąbką [5] (also **~ cake)** biszkopt *m*; **jam /chocolate ~** biszkopt przełożony konfiturą/masą czekoladową [6] Med (pad) (of gauze) gazik *m*; (of cotton) wacik *m*
II *vt* [1] (wipe) wy|trzeć, -cierać gąbką *[material, garment, stain, surface]*; z|ebrać, -bierać gąbką *[excess liquid]*; **to ~ one's face** umyć twarz gąbką [2] Med prze|trzeć, -cierać gazikiem/wacikiem *[wound]* [3] infml pej (scrounge) **to ~ sth off** or **from sb** wycyganić coś od kogoś infml *[money, cigarette]*; naciągnąć kogoś na coś infml
III *vi* infml pej **to ~ off** or **on sb/sth** pasożytować na kimś/czymś *[family, friend, State]*
■ **sponge down**: **~ [sth] down, ~ down [sth]** wy|trzeć, -cierać gąbką *[car, surface]*; **to ~ oneself down** umyć się gąbką
■ **sponge off**: **~ [sth] off, ~ off [sth]** zetrzeć, ścierać gąbką *[mark, stain]*
sponge bag *n* GB kosmetyczka *f*
sponge bath *n* umycie *n* ciała gąbką
sponge cloth *n miękka, gąbczasta tkanina*
sponge diver *n* poławiacz *m* gąbek
sponge diving *n* poławianie *n* gąbek
sponge-down /ˈspʌndʒdaʊn/ *n* **to have a quick ~** umyć się szybko; **to give sb/sth a ~** umyć kogoś/coś gąbką
sponge finger *n* GB podłużny biszkopcik *m*
sponge mop *n* gąbka *f* na kiju
sponge pudding *n* GB biszkopt *m* parzony
sponger /ˈspʌndʒə(r)/ *n* infml pej pasożyt *m*, darmozjad *m* infml pej
sponge roll *n* GB rolada *f* biszkoptowa
sponge rubber *n* guma *f* gąbczasta
sponginess /ˈspʌndʒɪnɪs/ *n* gąbczastość *f*
spongy /ˈspʌndʒɪ/ *adj [bread, rotten wood]* gąbczasty; *[ground, moss]* gąbkowaty
sponson /ˈspɒnsən/ *n* [1] Naut (for gun) barbeta *f* burtowa [2] Aviat (of seaplane) pływak *m* przykadłubowy
sponsor /ˈspɒnsə(r)/ **I** *n* [1] Advertg, Fin (advertiser, backer) sponsor *m*, -ka *f* [2] (patron) protektor *m*, -ka *f*, mecenas *m* [3] (guarantor) poręczyciel *m*, -ka *f*, gwarant *m*, -ka *f* [4] Relig (godfather) ojciec *m* chrzestny; (godmother) matka *f* chrzestna [5] (for charity) sponsor *m*, -ka *f* [6] Pol (of bill, motion, law) wnioskodaw|ca *m*, -czyni *f*
II *vt* [1] Advertg, Fin (fund) sponsorować *[sporting event, team, TV programme]*; finansować *[student, study, course, conference, enterprise]*; **government-~ed** finansowany przez rząd [2] (support) pop|rzeć, -ierać *[violence, invasion]*; **UN-~ed** wspierany przez ONZ [3] Pol (advocate) przed|łożyć, -kładać *[bill, motion]*; przed|łożyć, -kładać projekt (czegoś) *[law]* [4] (for charity) wspom|óc, -agać *[person]*; sponsorować *[athlete]*
III sponsored *pp adj* [1] (for charity) **~ed run** bieg sponsorowany [2] Advertg, Radio, TV *[programme]* sponsorowany
sponsorship /ˈspɒnsəʃɪp/ *n* [1] Advertg, Fin (corporate funding) sponsorowanie *n*, sponsoring *m*; **he is seeking ~ for the project** poszukuje sponsora do sfinansowania tego projektu; **to seek/raise ~ for sth** poszukiwać/pozyskiwać sponsorów czegoś [2] (backing) (financial) sponsorowanie *n*; (cultural) patronat *m*, mecenat *m*; (moral, political) protektorat *m* [3] (also **~ deal)** patronat *m* [4] (by guarantor) poręczenie *n*
spontaneity /ˌspɒntəˈneɪətɪ/ *n* spontaniczność *f*
spontaneous /spɒnˈteɪnɪəs/ *adj* (impulsive) spontaniczny; (produced naturally) samorzutny
spontaneous combustion *n* samozapłon *m*
spontaneous generation *n* samorództwo *n*, abiogeneza *f*

spontaneously /spɒnˈteɪnɪəslɪ/ *adv* (impulsively) spontanicznie; (by natural process) samorzutnie

spontaneous recovery *n* Psych proces *m* samozdrowienia

spoof /spuːf/ infml **I** *n* [1] (parody) parodia *f* **(on sth** czegoś) [2] (hoax, trick) kawał *m*

II *modif* (parody) **a ~ horror film/crime novel** parodia horroru/powieści kryminalnej

III *vt* [1] (parody) s|parodiować *[book, film]* [2] (trick) z|robić w balona or w konia infml *[person]*

spook /spuːk/ infml **I** *n* [1] (ghost) widmo *n*, duch *m* [2] US (spy) szpieg *m* [3] US vinfml offensive (black person) czarnuch *m* infml offensive

II *vt* US [1] (frighten) wy|straszyć *[person, animal]* [2] (haunt) *[ghost]* nawiedz|ić, -ać

spookiness /ˈspuːkɪnɪs/ *n* nastrój *m* grozy

spooky /ˈspuːkɪ/ *adj* infml *[house, atmosphere]* straszny; *[story]* z dreszczykiem

spool /spuːl/ **I** *n* (reel) (of thread) szpulka *f*; (of tape, film) szpula *f*; (for fishing line) kołowrotek *m*

II *vt* [1] (wind on) nawi|nąć, -jać (na szpulkę) *[thread]* [2] Comput umie|ścić, -szczać w buforze *[data, file]*

spoon /spuːn/ **I** *n* [1] (utensil, measure) łyżka *f*; (for tea, coffee) łyżeczka *f*; **soup ~** łyżka stołowa; **dessert ~** łyżka deserowa; **two ~s of sugar** dwie łyżeczki cukru [2] (golf club) kij *m* golfowy numer trzy, trójka *f*

II *vt* [1] (in cooking, serving) **to ~ sth into a dish/bowl** nałożyć coś łyżką na talerz/do miseczki; **to ~ sugar into a cup** nasypać cukru do filiżanki; **to ~ sauce over sth** polać coś sosem; **to ~ sth up** zgarnąć coś łyżką [2] Sport (in golf) pod|ebrać, -bierać, podkręc|ić, -ać *[ball]*

III *vi* dat infml (kiss) obłapiać się dat

IDIOMS: **to be born with a silver ~ in one's mouth** być w czepku urodzonym

spoonbill /ˈspuːnbɪl/ *n* Zool warzęcha *f*; **roseate ~** warzęcha różowa

spoonerism /ˈspuːnərɪzəm/ *n* spuneryzm *m (przejęzyczenie polegające na przestawieniu głosek dwóch lub więcej wyrazów)*; (deliberate) gra *f* półsłówek

spoon-feed /ˈspuːnfiːd/ *vt* [1] na|karmić łyżeczką *[baby, invalid]* [2] fig pej *[teacher]* poda|ć, -wać przetrawioną papkę (komuś) infml hum *[students]*; **to ~ the public with sth** karmić opinię publiczną czymś fig

spoonful /ˈspuːnfʊl/ *n* (*pl* **~fuls, ~sful**) łyżka *f* **(of sth** czegoś); (small) łyżeczka *f* **(of sth** czegoś)

spoor /spɔː(r), US spʊər/ *n* Hunt trop *m*, ślad *m*

sporadic /spəˈrædɪk/ *adj* sporadyczny

sporadically /spəˈrædɪklɪ/ *adv* sporadycznie

spore /spɔː(r)/ *n* Bot zarodnik *m*, spora *f*

sporran /ˈspɒrən/ *n futrzana torebka, element szkockiego stroju narodowego*

sport /spɔːt/ **I** *n* [1] (physical activity) sport *m*; **to be good/bad at ~** być/nie być wysportowanym; **to do a lot of ~** prowadzić aktywny tryb życia; **he plays a lot of ~s** uprawia różne dyscypliny sportu; **team ~s** sporty drużynowe; **indoor ~s** halowe dyscypliny sportowe; **outdoor ~s** sporty uprawiane na świeżym powietrzu [2] Sch (subject) ≈ wychowanie *n* fizyczne [3] fml (fun) zabawa *f*; **to have great ~** świetnie się bawić; **to do sth for ~** robić coś dla zabawy [4] infml (person) **to be a good/bad ~** (in games) umieć/nie umieć przegrywać; (when teased) umieć/nie umieć śmiać się z żartów na własny temat [5] Austral infml (form of address) **how's it going, ~?** co u ciebie, kolego?, jak ci leci, stary? infml [6] Biol mutant *m*

II *vt* nosić *[jewellery, rosette]*; paradować w (czymś) hum *[hat]*; **to ~ a black eye** hum paradować z podbitym okiem infml hum

III *vi* liter (frolic) hasać; **lambs ~ing in the meadow** jagnięta hasające po łące

IDIOMS: **to make ~ of sb** fml stroić żarty z kogoś

sport coat *n* US = **sports jacket**

sportiness /ˈspɔːtɪnɪs/ *n* (liking sport) zamiłowanie *n* do sportu

sporting /ˈspɔːtɪŋ/ *adj* [1] (connected with sport) *[event, competition, occasion]* sportowy; *[person]* wysportowany; **the ~ year** sezon sportowy [2] (fair, generous) *[offer, gesture]* szlachetny; **it is ~ of you to do so** to szlachetnie z twojej strony, że to robisz; **to give sb/have a ~ chance of winning** dać komuś/mieć szansę na wygranie; **there is a ~ chance that they'll win** mają sporą szansę wygrać

sporting house *n* US dat (brothel) dom *m* schadzek dat; (for gambling) dom *m* gry dat

sportingly /ˈspɔːtɪŋlɪ/ *adv* szlachetnie, w sportowym duchu

sportive /ˈspɔːtɪv/ *adj* dat liter *[mood]* radosny

sports bar *n* US *bar, w którym ogląda się telewizyjne transmisje zawodów sportowych*

sports car *n* samochód *m* sportowy

sportscast /ˈspɔːtskɑːst, US -kæst/ *n* US Radio, TV transmisja *f* sportowa

sportscaster /ˈspɔːtskɑːstə(r), US -kæst-/ *n* US Radio, TV sprawozdawca *m* or komentator *m* sportowy

sports centre GB, **sports center** US *n* kompleks *m* sportowy

sports channel *n* TV kanał *m* sportowy

sports club *n* klub *m* sportowy

sports day *n* GB Sch dzień *m* sportu

sports desk *n* Journ redakcja *f* sportowa

sports ground *n* (large) stadion *m*; (in school, club) boisko *n*

sports hall *n* hala *f* sportowa

sports jacket *n* GB sportowa marynarka *f*

sportsman /ˈspɔːtsmən/ *n* (*pl* **-men**) sportowiec *m*; sportsmen *m* dat

sportsmanlike /ˈspɔːtsmənlaɪk/ *adj [attitude, gesture]* sportowy

sportsmanship /ˈspɔːtsmənʃɪp/ *n* duch *m* sportowy, sportowa postawa *f*

sports page *n* dział *m* sportowy

sports shirt *n* sportowa koszula *f*

sportswear /ˈspɔːtsweə(r)/ *n* odzież *f* sportowa

sportswoman /ˈspɔːtswʊmən/ *n* (*pl* **-women**) sportsmenka *f*

sports writer *n* dziennikarz *m* sportowy, dziennikarka *f* sportowa

sporty /ˈspɔːtɪ/ *adj* infml [1] (good at sport) wysportowany; **I'm not the ~ type** (not good at) nie jestem zbytnio wysportowany; (not fond of) nie przepadam za sportem [2] (dashing) *[trousers, shirt]* szykowny, elegancki

spot /spɒt/ **I** *n* [1] (dot) (on fabric, wallpaper) groszek *m*, kropka *f*, ciapka *f*; (on dice, domino) oczko *n*; (on animal) cętka *f*; **a red dress with white ~s** czerwona sukienka w białe groszki; **she saw ~s before her eyes** plamy latały jej przed oczami [2] (stain) plama *f*; **grease/gravy/blood ~s** plamy z tłuszczu/sosu/krwi [3] (pimple) krosta *f*, pryszcz *m*; (on fruit, leaves) plamka *f*; **to come out in ~s** pokryć się pryszczami or krostami; **chocolate brings me out in ~s** od czekolady dostaję krost [4] (place) miejsce *n*; **to be on the ~** być na miejscu; **he decided/agreed on the ~** z miejsca się zdecydował/zgodził; **on-the-~ coverage of the event** relacja na żywo z miejsca wydarzenia; **that whisky hit the ~ nicely** infml dobrze mi zrobiła ta whisky [5] infml (small amount) odrobina *f*; **a ~ of lunch** mały obiadek; **a ~ of exercise would do you good** odrobina ćwiczeń fizycznych dobrze by ci zrobiła; **to do a ~ of sightseeing** trochę pozwiedzać; **to have a ~ of bother with sth** mieć drobny problem z czymś [6] (drop) kropla *f* [7] infml (difficulty) **to be in a (tight) ~** znaleźć się w opałach liter; **to put sb on the ~** postawić kogoś w niezręcznej sytuacji [8] Advertg spot *m* (reklamowy) [9] TV, Radio (regular slot) czas *m* antenowy, wejście *n* [10] (position) miejsce *n*, pozycja *f*; (in an organization) pozycja *f*; **the top** or **number one ~ in the British charts** pierwsze miejsce or numer jeden na brytyjskiej liście przebojów [11] (moral blemish) plama *f* fig; **a ~ on sb's reputation** plama na reputacji kogoś; **without ~** bez skazy [12] Theat (light) reflektor *m* punktowy; (in home, display) światło *n* punktowe [13] Sport (in soccer) punkt *m* jedenastu metrów; (in billiards, snooker) punkt *m* (wyznaczony) [14] US infml (nightclub) nocny lokal *m*

II *vt* (*prp, pt, pp* **-tt-**) [1] (see) dostrze|c, -gać, zauważ|yć, -ać *[person, car, object]*; spostrze|c, -gać *[mistake]*; wykry|ć, -wać *[defect]*; **to ~ sb doing sth** spostrzec, jak ktoś robi coś; **she was ~ted coming out of the hotel** widziano, jak wychodzi z hotelu; **to ~ that...** spostrzec, że... [2] (observe, recognize) rozpozna|ć, -wać *[symptoms, face]*; obserwować *[birds, trains]*; **you'll ~ him by his red beard** rozpoznasz go po rudej brodzie [3] US infml (concede an advantage) **he ~ted me 10 points** dał mi dziesięć punktów dla wyrównania szans [4] (stain) po|plamić *[carpet, shirt]*; **this cloth is ~ted with grease** ten obrus ma tłuste plamy

III *v impers* (*prp, pt, pp* **-tt-**) (rain) **it's ~ting** kropi (deszcz)

IV -spot *in combinations* [1] US (banknote) **a ten/five-~** banknot dziesięciodolarowy /pięciodolarowy [2] (billiard ball) **the three /five-~** bila z numerem 3/5

IDIOMS: **to change one's ~s** zmieniać skórę fig; **to knock ~s off sb/sth** bić kogoś/coś na głowę; **this car knocks ~s off other models** infml inne modele nie umywają się do tego samochodu; **she knocked ~s off the champion** infml pobiła mistrzynię na głowę; **to hit the**

S

high ~s US skoncentrować się na najważniejszych sprawach; **a weak ~** słaby punkt; **to have a weak ~ for sth** US mieć słabość do czegoś

spot cash *n* Fin gotówka *f* natychmiast

spot check **I** *n* (unannounced) niezapowiedziana kontrola *f* **(on sb/sth** kogoś /czegoś); (random) wyrywkowa kontrola *f* **(on sb/sth** kogoś/czegoś); **to carry out a ~** przeprowadzić niezapowiedzianą/wyrywkową kontrolę

II spot-check *vt* (randomly) wyrywkowo s|kontrolować *[goods]*; (without warning) przeprowadz|ić, -ać niezapowiedzianą kontrolę (kogoś/czegoś) *[passengers]*

spot delivery *n* Fin dostawa *f* natychmiastowa

spot fine *n* grzywna *f* uiszczona na miejscu wykroczenia

spot goods *npl* Fin towar *m* do natychmiastowej dostawy

spot height *n* Geog kota *f*

spotless /ˈspɒtlɪs/ *adj [linen, kitchen]* nieskazitelnie czysty; *[reputation, name]* bez skazy

spotlessly /ˈspɒtlɪslɪ/ *adv* **~ clean** nieskazitelnie czysty

spotlessness /ˈspɒtlɪsnɪs/ *n* nieskazitelna czystość *f*

spotlight /ˈspɒtlaɪt/ **I** *n* [1] (lamp) reflektor *m* punktowy; (light) światło *n* punktowe [2] fig (focus of attention) **to be in** or **under the ~** być w centrum uwagi; **she loves the ~** ona uwielbia być w centrum uwagi; **to turn** or **put the ~ on sb/sth** skierować uwagę na kogoś/coś; **the media ~ has fallen on her** znalazła się w centrum zainteresowania mediów

II *vt* (*pt, pp* **-lighted, -lit**) [1] Theat oświetl|ić, -ać reflektorem punktowym *[actor, area of stage]* [2] fig *[programme, report]* zwr|ócić, -acać uwagę na (coś) *[problem]*

spot market *n* Fin rynek *m* transakcji natychmiastowych

spot-on /ˌspɒtˈɒn/ GB infml **I** *adj [answer, forecast]* bezbłędny; *[comment]* celny, trafny; **you were absolutely ~** trafiłeś w dziesiątkę

II *adv [guess]* bezbłędnie; bez pudła infml; **he hit the target ~** trafił w dziesiątkę

spot price *n* Fin cena *f* przy transakcjach z natychmiastową dostawą

spot rate *n* = **spot price**

spot remover *n* odplamiacz *m*, wywabiacz *m* plam

spot sale *n* Fin sprzedaż *f* natychmiastowa

spotted /ˈspɒtɪd/ *adj [tie, dress, material]* w groszki, w kropki; *[dog]* cętkowany, dropiaty; *[plumage]* nakrapiany, dropiaty

spotted dick *n* GB Culin pudding *m* z rodzynkami

spotted fever *n* gorączka *f* plamista Gór Skalistych

spotted flycatcher *n* Zool muchołówka *f* szara

spotter /ˈspɒtə(r)/ *n* Mil (for artillery fire) obserwator *m* artyleryjski; (for aircraft) obserwator *m* → **plane spotter, train spotter**

spotter plane *n* Mil Aviat samolot *m* zwiadowczy

spot test *n* niezapowiedziana kontrola *f*

spotting /ˈspɒtɪŋ/ *n* Med plamienie *n*

spot trader *n* Fin osoba *f* przeprowadzająca transakcje natychmiastowe

spot transaction *n* Fin transakcja *f* natychmiastowa

spotty /ˈspɒtɪ/ *adj* [1] (pimply) *[face, skin, adolescent]* krostowaty, pryszczaty [2] (patterned) *[fabric, tablecloth]* w groszki, w kropki; *[dog]* cętkowany, dropiaty [3] (dirty) *[garment]* poplamiony **(with sth** czymś)

spot-weld /ˈspɒtweld/ **I** *n* (action) zgrzewanie *n* punktowe; (result) zgrzeina *f* punktowa

II *vt* zgrz|ać, -ewać punktowo

spot-welding /ˈspɒtweldɪŋ/ *n* zgrzewanie *n* punktowe

spouse /spaʊz, US spaʊs/ *n* małżon|ek *m*, -ka *f*

spout /spaʊt/ **I** *n* [1] (of kettle, teapot) dziobek *m*; (of tap, hose) końcówka *f*; (of fountain) dysza *f*; (of gutter) wylot *m* [2] (spurt) (of liquid) (tryskający) strumień *m*; (of whale) fontanna *f*

II *vt* [1] (spurt) *[pipe, fountain, geyser]* trys|nąć, -kać (czymś) [2] pej (recite) wyrzuc|ić, -ać z siebie *[figures, statistics]*; wygł|osić, -aszać *[advice, theories]*; **to ~ sth at sb** zarzucać kogoś czymś *[facts, figures]*; **to ~ rubbish/nonsense** pleść głupoty infml **(about sth** na temat czegoś)

III *vi* [1] (spurt) *[liquid]* wytrys|nąć, -kiwać, trys|nąć, -kać; **to ~ from** or **out of sth** wytryskiwać z czegoś [2] GB infml pej (also **~ forth**) (talk) perorować **(about sth** o czymś); **stop ~ing at me!** skończ ten wykład! fig [3] *[whale]* wypu|ścić, -szczać fontannę wody

IDIOMS: **to be up the ~** GB infml *[plan, scheme]* wziąć w łeb; *[money]* pójść na marne; *[life]* być zmarnowanym; *[person]* znaleźć się w tarapatach liter; *[woman]* być w ciąży

sprain /spreɪn/ **I** *n* Med skręcenie *n*

II *vt* skręcić *[ankle]*; nadwerężyć *[wrist, joint]*; **to ~ one's ankle/wrist** skręcić (sobie) kostkę/nadgarstek; **to have a ~ed ankle** mieć skręconą kostkę

sprang /spræŋ/ *pt* → **spring**

sprat /spræt/ *n* szprot *m*, szprotka *f*

IDIOMS: **to use a ~ to catch a mackerel** próbować załatwić wszystko tanim kosztem

sprawl /sprɔːl/ **I** *n* (of buildings) bezładne skupisko *n*; **the ~ of Warsaw** aglomeracja warszawska; **urban ~** bezładna zabudowa miejska; **an endless ~ of suburbs** niekończące się przedmieścia

II *vi [person]* roz|łożyć, -kładać się; rozwal|ić, -ać się infml pej; **she lay ~ed across the sofa** leżała rozwalona na kanapie infml pej; **I fell ~ing** upadłem jak długi; **they sent him ~ing into the mud** wywalili go w błoto infml

sprawling /ˈsprɔːlɪŋ/ *adj [city, suburb]* rozciągnięty; *[handwriting]* zamaszysty; *[sentence]* rozwlekły; **she lay in a ~ position** leżała rozwalona infml pej

spray¹ /spreɪ/ **I** *n* [1] (seawater) mgiełka *f*; **clouds of ~** mgiełka drobnych kropelek [2] (container) rozpylacz *m*, spray *m*; **garden ~** spryskiwacz ogrodowy [3] (shower) (of sparks) snop *m*; (of bullets) grad *m*

II *modif [deodorant, paint, polish, starch]* w sprayu

III *vt* [1] rozprysk|ać, -iwać *[water, liquid]*; sprysk|ać, -iwać (kogoś/coś) *[person, hair, plants]* **(with sth** czymś); obl|ać, -ewać *[demonstrators]* **(with sth** czymś); **to ~ sth onto sth** (onto fire) polać coś czymś *[foam, water]*; (onto surface, flowers) opryskać coś czymś *[insecticide, water]*; **to ~ sth over sb/sth** oblać kogoś/coś czymś *[champagne, water]* [2] fig **to ~ sb/sth with sth** zasypać kogoś/coś gradem czegoś *[bullets]*

IV *vi* wytrysnąć, tryskać; (more violently) wystrzelić; **to ~ over/out of sth** wytrysnąć or wystrzelić nad czymś/z czegoś

spray² /spreɪ/ *n* (of flowers) (bunch) wiązanka *f*, bukiet *m*; (single flowering branch) gałązka *f*

spray attachment *n* dysza *f*

spray can *n* spray *m*, aerozol *m*

spray compressor *n* sprężarka *f* do rozpylania wody

sprayer /ˈspreɪə(r)/ *n* rozpylacz *m*, opryskiwacz *m*

spray gun *n* pistolet *m* natryskowy

spray-on /ˈspreɪɒn/ *adj [conditioner, glitter]* w sprayu

spray paint **I** *n* farba *f* w sprayu

II spray-paint *vt* po|malować farbą w sprayu *[car]*; *[graffiti artist]* namalować farbą w sprayu *[slogan]*

spread /spred/ **I** *n* [1] (dissemination) (of disease, fire, infection, ideology, religion, nuclear weapons) rozprzestrzenianie (się) *n*; (of education, knowledge, news, information) rozpowszechnianie (się) *n* **(of sth** czegoś); **~ of risk** Insur rozłożenie ryzyka [2] (extent, range) (of arch, prices, wings) rozpiętość *f*; **the ~ in terms of age is quite wide** rozpiętość wieku jest dość duża; **the ~ of the festival is enormous** program festiwalu jest niezwykle bogaty; **~ of sail** or **canvas** Naut pełna powierzchnia żagli [3] Journ **a three-column ~** artykuł trzyszpaltowy; **a double-page ~** artykuł dwustronicowy [4] Culin pasta *f*; **cheese ~** serek do smarowania; **salmon ~** pasta łososiowa; **chocolate ~** krem czekoladowy; **low-fat ~** (margarine) margaryna do chleba z niską zawartością tłuszczu; **fruit ~** dżem niskosłodzony [5] (assortment of dishes) uczta *f* fig; **they laid on a magnificent ~** przygotowali wspaniałą ucztę [6] US ranczo *n*

II *adj* Ling *[lips]* rozciągnięty

III *vt* (*pt, pp* **spread)** [1] (open out) roz|łożyć, -kładać, rozpo|strzeć, -ścierać *[cloth, sheet, map, rug, carpet]* **(on** or **over sth** na czymś); rozczapierz|yć, -ać *[fingers]*; rozpo|strzeć, -ścierać, roz|łożyć, -kładać *[wings, arms]*; zarzuc|ić, -ać *[net]*; rozstawi|ć, -ać *[legs]*; **to ~ one's arms in greeting** otworzyć szeroko ramiona w geście powitania; **the peacock spread its tail** paw rozłożył ogon; **she spread newspapers on the floor** rozłożyła gazety na podłodze; **to ~ one's wings** rozpostrzec skrzydła; fig rozwinąć skrzydła; **'~ 'em!'** infml (police command) „ręce na ścianę, rozstawić nogi!" [2] (apply in layer) rozsmarow|ać, -ywać *[jam, butter, honey, paste, glue]* **(on** or **over sth** na czymś); **~ the butter thinly on the bread** posmaruj chleb cienko masłem [3] (cover with layer) po|smarować *[bread, slice, surface, paper]* **(with sth** czymś); **she spread the bread with butter and jam**

posmarowała chleb masłem i dżemem; **a biscuit spread with honey** herbatnik posmarowany miodem; **the table was spread for lunch** stół był nakryty do obiadu; **the path had been spread with gravel** ścieżkę wysypano żwirem [4] (scatter, distribute) rozrzuc|ić, -ać *[objects, contents, compost, fertilizer]*; rozsyp|ać, -ywać *[sand, grit, salt]*; rozn|ieść, -osić *[mud]*; roz|łożyć, -kładać, rozdziel|ić, -ać *[workload, responsibility]*; po|dzielić *[resources]*; **my interests are spread over several historical periods** moje zainteresowania obejmują kilka okresów historycznych; **there were little holiday bungalows spread all around the seafront** po całym wybrzeżu rozrzucone były domki letniskowe; **we have to ~ our resources very thin(ly)** musimy bardzo oszczędnie gospodarować środkami; **the risk should be spread among all companies** ryzyko powinno się rozkładać na wszystkie firmy [5] (also **~ out**) (distribute in time) roz|łożyć, -kładać *[payments, cost, visits, meetings, course]*; **repayments spread over two years** spłaty rozłożone na dwa lata [6] (diffuse, cause to proliferate) rozprzestrzeni|ć, -ać *[fire]*; roz|nieść, -nosić *[germs, disease, infection]*; rozpowszechni|ć, -ać *[news]*; rozpowi|edzieć, -adać *[rumours, lies, stories]*; rozsi|ać, -ewać, siać *[confusion, fear, panic]*; **you're likely to ~ the infection to others** możesz zarazić innych; **wind spread the fire to neighbouring buildings** był wiatr i zajęły się sąsiednie budynki; **to ~ the word that...** rozgłosić, że...; **word had been spread among the staff that...** wśród pracowników rozeszła się wiadomość, że...; **to ~ the Word** Relig głosić słowo Boże

IV *vi* (*pt, pp* **spread**) [1] *[butter, margarine, jam, glue]* rozsmarowywać się; **butter ~s easier if it's not kept in the fridge** masło łatwiej się rozsmarowuje, jeśli nie jest przechowywane w lodówce; **this margarine ~s straight from the fridge** ta margaryna rozsmarowuje się natychmiast po wyjęciu z lodówki [2] (extend in space or time) *[forest, town]* ciągnąć się, rozciągać się; *[branches]* rozpo|strzeć, -ścierać się; **training can ~ over several months** szkolenie może się ciągnąć kilka miesięcy [3] (proliferate, become more widespread) *[fire, disease, epidemic, infection, panic, confusion]* rozprzestrzeni|ć, -ać się; *[news, rumour, gossip]* roz|ejść, -chodzić się; *[pain, strike]* rozszerz|yć, -ać się; **her fame is ~ing** zyskuje sobie coraz większą sławę; **we must stop these weeds ~ing** musimy powstrzymać rozplenianie się tych chwastów; **the epidemic spread over the whole continent** epidemia rozprzestrzeniła się na cały kontynent; **the stain/the damp has spread over the whole wall** plama/wilgoć rozeszła się po całej ścianie; **the fire spread to the houses across the street** ogień przeniósł się na domy po drugiej stronie ulicy; **the disease spread from the liver to the kidney** nastąpił przerzut choroby z wątroby na nerkę; **the excitement spread to the people in the street** podniecenie udzieliło się przechodniom; **the strike has spread to other industries** strajk rozszerzył się na inne gałęzie przemysłu; **rain will ~ to the north during the night** w ciągu nocy strefa opadów obejmie regiony północne

V *vr* (*pt, pp* **spread**) **to ~ oneself** [1] (take up space) wyciąg|nąć, -ać się; **she spread herself over the sofa** wyciągnęła się na kanapie; **to ~ oneself too thin** fig rozmieniać się na drobne [2] (talk, write at length) *[speaker, writer]* rozwodzić się **(on the subject of sth** na temat czegoś)

■ **spread around, spread about**: **~ [sth] around** rozgł|osić, -aszać, rozpowi|edzieć, -adać *[rumour, gossip]*; **he's been ~ing it around that...** rozgłasza na prawo i lewo, że...

■ **spread out**: ¶ **~ out** [1] (disperse) *[group, search party]* rozpr|oszyć, -aszać się; **~ out!** rozstąpcie się! [2] (open out, extend outwards) *[wings]* rozpo|strzeć, -ścierać się, roz|łożyć, -kładać się; *[tail]* roz|łożyć, -kładać się; *[landscape]* rozciągać się; **the woods spread out below us** pod nami rozciągał się las ¶ **~ out [sth], ~ [sth] out** [1] (extend, unfold) roz|łożyć, -kładać *[cloth, sheet, map]* **(on** or **over sth** na czymś); roz|łożyć, -kładać *[arms, legs]*; rozczapierz|yć, -ać *[fingers]*; **she lay spread out on the carpet** leżała wyciągnięta na dywanie [2] (scatter, distribute over area) rozrzuc|ić, -ać *[objects, compost]*; rozsyp|ać, -ywać *[sand, grit]*; rozprowadz|ić, -ać *[viscous substance, paint]*; rozstawi|ć, -ać *[people, sentries]*; **the houses were spread out all over the valley** domy rozrzucone były po całej dolinie; **you're too spread out, I can't get you all in the photo** stoicie za daleko od siebie, nie zmieszczę was wszystkich na zdjęciu; **~ yourselves a bit** rozsuńcie się trochę

spread eagle *n* Herald orzeł *m* z rozpostartymi skrzydłami

spread-eagled /spredˈiːgld/ *adj* **he lay ~ on the floor** leżał na podłodze z rozrzuconymi rękami i nogami

spreader /ˈspredə(r)/ *n* Agric (for fertilizer) roztrząsacz *m*, rozrzutnik *m*

spreadsheet /ˈspredʃiːt/ *n* Comput arkusz *m* kalkulacyjny

spree /spriː/ *n* **to go on a ~** (drinking) iść się napić; **to go on a shopping ~** iść zaszaleć w sklepach; **to go on a spending ~** zaszaleć; **a drinking ~** popijawa infml; **a crime/killing ~** seria przestępstw/zabójstw *(popełnionych przez te same osoby)*; **to go on a killing ~** wpaść w szał zabijania

spree killer *n* szalony morderca *m*

sprig /sprɪg/ *n* (of thyme, parsley, lavender) listek *m*; (of holly, mistletoe) gałązka *f*

sprigged /sprɪgd/ *adj* *[fabric, curtain]* we wzory roślinne

sprightliness /ˈspraɪtlɪnɪs/ *n* dziarskość *f*

sprightly /ˈspraɪtlɪ/ *adj* dziarski

spring¹ /sprɪŋ/ **I** *n* wiosna *f*; **in (the) ~** na wiosnę, wiosną; **~ is in the air** czuć wiosnę w powietrzu; **~ has come** nadeszła wiosna, zaczęła się wiosna

II *modif* *[weather, flower, day]* wiosenny; **the ~ equinox** wiosenne zrównanie dnia z nocą

spring² /sprɪŋ/ **I** *n* [1] Tech (coil) sprężyna *f*; **to be like a coiled ~** fig być napiętym jak struna fig [2] Aut resor *m* sprężynowy; **the ~s have gone** poszły resory infml [3] (leap) skok *m*; **with a ~** jednym skokiem [4] (elasticity) sprężystość *f*; **there's not much ~ in this mattress** ten materac nie jest zbyt sprężysty; **to walk with a ~ in one's step** chodzić sprężystym krokiem [5] (water source) źródło *n*; **hot ~s** gorące źródła

II *vt* (*pt* **sprang;** *pp* **sprung)** [1] (leap over) przesk|oczyć, -akiwać *[ditch, gap, wall]* [2] (set off) uruch|omić, -amiać *[trap, mechanism]*; **to ~ a leak** *[boat, tank]* zacząć przeciekać [3] (present unexpectedly) **to ~ sth on sb** zaskoczyć kogoś czymś *[idea, proposal, piece of news]*; **the plan was sprung on us at a board meeting** zostaliśmy zaskoczeni tym planem na posiedzeniu zarządu; **to ~ a surprise (on sb)** zrobić niespodziankę (komuś); **I hate to ~ this on you, but...** przykro mi, że tak nagle z tym wyskakuję, ale... infml [4] infml (liberate) wydosta|ć, -wać z więzienia *[prisoner]* [5] (provide with springs) za|łożyć, -kładać sprężyny w (czymś) *[upholstery, mattress]* [6] (cause to warp or split) s|powodować wypaczenie (czegoś) *[timber, plank]* [7] Hunt wypł|oszyć, -aszać *[bird, game]*

III *vi* (*pt* **sprang;** *pp* **sprung)** [1] (jump) sk|oczyć, -akać; **to ~ at sb** *[person, animal]* rzucić się na kogoś; **to ~ across sth** przeskoczyć przez coś; **to ~ from sth** wyskoczyć z czegoś; **she sprang onto the stage** wskoczyła na scenę; **to ~ to one's feet** zerwać się na równe nogi; **to ~ to fame** stać się sławnym z dnia na dzień [2] (move suddenly) **to ~ open/shut** *[door, panel]* otworzyć się gwałtownie/zatrzasnąć się; **to ~ into action** *[team, troops]* przystąpić do działania; **to ~ to attention** *[guards]* stanąć na baczność; **to ~ to sb's defence** stanąć w obronie kogoś; **to ~ to sb's aid** or **assistance** rzucić się na pomoc komuś; **to ~ to sb's rescue** rzucić się na ratunek komuś; **nothing ~s to mind** nic nie przychodzi mi do głowy; **tears sprang to her eyes** łzy napłynęły jej do oczu; **to ~ into** or **to life** *[motor, machine]* zacząć pracować; zaskoczyć infml; *[town]* obudzić się do życia [3] *[timber, wood]* (become warped) wypacz|yć, -ać się; (become split) pęk|nąć, -ać [4] (originate) *[person, object]* pojawić się, wziąć się; *[idea, feeling, problem]* z|rodzić się **(from sth** z czegoś); *[family, language]* wywodzić się **(from sth** z czegoś); **where did these people ~ from?** skąd się tu wzięli ci ludzie?; **hatred ~ing from fear/envy** nienawiść rodząca się ze strachu/z zazdrości

■ **spring back** [1] (step back) *[person]* odsk|oczyć, -akiwać do tyłu; **she sprang back in surprise** zaskoczona, odskoczyła do tyłu [2] (return to its position) *[panel, level]* wr|ócić, -acać na swoje miejsce; *[branch]* wyprostow|ać, -ywać się

■ **spring for** US: **~ for [sth]** za|płacić za (coś)

■ **spring up** [1] (get up) *[person]* z|erwać, -rywać się z miejsca [2] (appear) *[plants, weeds]* pu|ścić, -szczać pędy; *[building, suburb, factory]* wy|rosnąć, -rastać; *[wind,*

S

storm] z|erwać, -rywać się; *[friendship, alliance]* na|rodzić się; *[problem, difficulty]* pojawi|ć, -ać się; wysk|oczyć, -akiwać infml fig; **to ~ up from** or **out of nowhere** *[celebrity, building]* pojawić się nie wiadomo skąd

spring balance *n* waga *f* sprężynowa

spring binder *n* oprawa *f* sprężynowa

springboard /ˈsprɪŋbɔːd/ *n* [1] Sport trampolina *f* [2] fig odskocznia *f* fig **(to** or **for sth** do czegoś)

springbok /ˈsprɪŋbɒk/ *n* Zool (*pl* **~, ~s**) antylopa *f* skoczek, szpringbok *m*

spring chicken *n* Culin kurczak *m*

IDIOMS: **he's no ~** on już ma swoje lata

spring-clean /ˌsprɪŋˈkliːn/ *vt* z|robić gruntowne porządki w (czymś) *[house]*

spring-cleaning /ˌsprɪŋˈkliːnɪŋ/ *n* wiosenne or gruntowne porządki *plt*

springe /sprɪndʒ/ *n* Hunt wnyki *plt*, sidła *plt*

spring fever *n* wiosenne podniecenie *n*

spring greens *n* GB Culin młoda kapusta *f*

spring gun *n* samopał *m*

springiness /ˈsprɪŋɪnɪs/ *n* sprężystość *f*

spring-like /ˈsprɪŋlaɪk/ *adj* wiosenny

spring-loaded /ˌsprɪŋˈləʊdɪd/ *adj* sprężynowy

spring lock *n* zamek *m* z zapadką sprężynową

spring onion *n* GB Culin dymka *f*

spring roll *n* Culin sajgonka *f*

springtide /ˈsprɪŋtaɪd/ *n* liter arch wiosna *f*

spring tide *n* Naut, Meteorol pływ *m* syzygijny

springtime /ˈsprɪŋtaɪm/ *n* wiosna *f*; **in the ~** na wiosnę, wiosną

spring vegetable *n* nowalijka *f*

spring water *n* woda *f* źródlana

springy /ˈsprɪŋɪ/ *adj [mattress, seat]* sprężysty; *[floorboards, plank]* sprężynujący; **a little ~ step** krótki, sprężysty krok

sprinkle /ˈsprɪŋkl/ **I** *n* (of salt, herb, flour) szczypta *f* **(of sth** czegoś); **a ~ of rain** kilka kropel deszczu

II sprinkles *npl* Culin (decoration) posypka *f* *(do ciast, deserów)*

III *vtr* [1] **to ~ sth with sth, to ~ sth on** or **over sth** posypać coś czymś *[salt, sugar, herbs]*; **to ~ sth with water** pokropić or skropić coś wodą; **to ~ a cake with brandy** nasączyć ciasto koniakiem; **to ~ oneself with talc** talkować się; **to ~ a speech with quotations** okrasić przemowę cytatami [2] *[water]* zr|osić, -aszać *[lawn]*

IV sprinkled *pp adj* **~d with sth** posypany czymś *[salt, sugar, herbs]*; usiany czymś *[flowers, quotations]*; upstrzony czymś *[mistakes]*

sprinkler /ˈsprɪŋklə(r)/ *n* [1] (for lawn) zraszacz *m* [2] (for field) deszczownia *f* [3] (to extinguish fires) instalacja *f* tryskaczowa

sprinkler ban *n* zakaz *m* podlewania trawników

sprinkler system *n* (of building) automatyczny system *m* gaszenia pożaru

sprinkling /ˈsprɪŋklɪŋ/ *n* [1] (of salt, sugar, powder) szczypta *f*, odrobina *f* **(of sth** czegoś); (of snow) warstewka *f* śniegu; **a ~ of rain** drobny deszczyk; **we had a ~ of an audience** fig była garstka osób na widowni [2] (of lawn) zroszenie *n*; **to need a ~** wymagać zroszenia

sprint /sprɪnt/ **I** *n* (race) sprint *m*; **the 200 m ~** bieg na 200 metrów

II *vi* [1] Sport po|biec sprintem [2] (run fast) bie|c, -gać bardzo szybko; **I had to ~ to catch the bus** musiałem puścić się biegiem, żeby złapać autobus; **he ~ed past them** minął ich w pędzie

sprinter /ˈsprɪntə(r)/ *n* sprinter *m*, -ka *f*

sprit /sprɪt/ *n* Naut rozprza *f*

sprite /spraɪt/ *n* duszek *m*, chochlik *m*

spritzer /ˈsprɪtsə(r)/ *n* szprycer *m*

sprocket /ˈsprɒkɪt/ *n* [1] (also **~ wheel**) koło *n* łańcuchowe, zębatka *f*; (of cinema projector) chwytak *m* [2] (cog) ząb *m (zębatki)*

sprog /sprɒg/ *n* GB infml [1] (child) bachor *m* infml [2] (recruit) kot *m* infml

sprout /spraʊt/ **I** *n* [1] Bot (on plant, tree) pęd *m*, latorośl *f*; (of seed) kiełek *m* [2] (also **Brussels ~**) brukselka *f*

II *vt* wypu|ścić, -szczać *[buds, shoots]*; zapu|ścić, -szczać *[beard, moustache]*; **to ~ shoots** puszczać pędy; **the trees are ~ing new growth** drzewa puszczają nowe pędy; **the city has ~ed several cinemas** w mieście przybyło kilka kin

III *vi* [1] Bot, Hort *[plant, tree]* wypu|ścić, -szczać pędy; *[buds, leaves]* pojawi|ć, -ać się; *[seeds]* za|kiełkować; **buds are ~ing on the trees** na drzewach zaczynają pojawiać się pączki; **grass was ~ing out of cracks in the rock** trawa wyrastała ze szczelin w skale [2] (develop) *[antlers, horns]* wyr|osnąć, -astać; fig *[child]* szybko rosnąć; **he has hair ~ing from his ears** z uszu wyrastają mu włosy [3] fig (appear) = **sprout up**

■ **sprout up** *[plants]* wy|strzelić, strzelać w górę; *[buildings]* wyr|osnąć, -astać jak grzyby po deszczu; *[suburbs]* rozr|osnąć, -astać się

spruce¹ /spruːs/ *n* [1] (also **~ tree**) świerk *m*; **white ~** świerk biały [2] drewno *n* świerkowe, świerczyna *f*

spruce² /spruːs/ *adj [person]* elegancki, wymuskany; *[clothes]* nieskazitelny; *[house, garden]* wypielęgnowany, zadbany

■ **spruce up**: ¶ **~ up [sb/sth], ~ [sb/sth] up** wy|stroić *[person]*; ogarn|ąć, -iać infml *[house, garden]*; **to ~ oneself up** ogarnąć się infml; **you need to ~ yourself up a bit!** ogarnij się trochę! infml; **all ~d up** *[person]* wystrojony; odszykowany infml; *[house, garden]* wymuskany, wypielęgnowany

spruce beer *n* piwo *n* świerkowe

sprucely /ˈspruːslɪ/ *adv* schludnie; **~ dressed** wystrojony; odszykowany infml

spruceness /ˈspruːsnɪs/ *n* schludność *f*

spruce pine *n* sosna *f* wirginijska

sprue¹ /spruː/ *n* Tech (part of mould) wlew *m* główny; (metal or plastic residue) nadlew *m*

sprue² /spruː/ *n* Med psyloza *f*

sprung /sprʌŋ/ **I** *pp* → **spring²**

II *adj [mattress]* sprężynowy; *[chair]* na sprężynach; **a well-~ mattress** sprężysty materac

sprung rhythm *n* Literat *rodzaj miary wierszowej o nieregularnym rytmie*

spry /spraɪ/ *adj* dziarski, żwawy

SPUC *n* GB = **Society for the Protection of the Unborn Child** Towarzystwo na rzecz Obrony Dzieci Nienarodzonych

spud /spʌd/ *n* infml ziemniak *m*

spud bashing *n* GB Mil infml karne obieranie *n* ziemniaków

spume /spjuːm/ *n* (on waves) piana *f*

spun /spʌn/ **I** *pt, pp* → **spin**

II *adj* **~ gold** złote nici; **hair like ~ gold** liter złociste włosy

spun glass *n* przędza *f* szklana

spunk /spʌŋk/ *n* [1] infml (courage, spirit) ikra *f* infml fig; **he's got a lot of ~!** to chłop z ikrą! infml [2] GB vulg (semen) sperma *f*

spunky /ˈspʌŋkɪ/ *adj* infml *[man]* z ikrą infml

spun silk *n* przędza *f* jedwabna

spun sugar *n* wata *f* cukrowa

spun yarn *n* [1] nitka *f* wyczeskowa [2] Naut *lina spleciona z kilku rodzajów włókna*

spur /spɜː(r)/ **I** *n* [1] fig (stimulus) bodziec *m*; **to be the ~ for** or **of sth** być bodźcem dla czegoś; **to act as a ~ to sth** stać się bodźcem do or dla czegoś *[crime, action]* [2] (metal device) (for horse) ostroga *f*; (on cock's leg) kolec *m*, ostroga *f*; **to dig in one's ~s** spiąć konia, dać koniowi ostrogę [3] (pointed projection) szpiczasta narośl *f*; (on cock's leg, in flowers) ostroga *f* [4] Geol boczna grań *f*; (of range) boczne pasmo *n* [5] Rail (also **~ track**) bocznica *f*

II *vt* (*prp, pt, pp* **-rr-**) [1] (stimulate) pobudz|ić, -ać *[person, economic growth]*; przyśpiesz|yć, -ać *[increase, advance]*; wywoł|ać, -ywać *[reaction, response]*; **to ~ sb to sth/to do sth** pobudzić kogoś do czegoś/do zrobienia czegoś; **to ~ sb into action** pobudzić kogoś do działania; **to ~ sb out of lethargy** wyrwać kogoś z letargu; **~red by this event, ...** pod wpływem tego zdarzenia... [2] *[rider]* spi|ąć, -nać *[horse]*; **to ~ one's horse into a gallop** spiąć konia, przynaglając go do galopu

III *vi* (*prp, pt, pp* **-rr-**) liter (ride hard) **to ~ towards sth** gnać ku czemuś

■ **spur forward** = **spur on**

■ **spur on**: ¶ **~ on** dat *[rider]* gnać ¶ **~ on [sth], ~ [sth] on** zmu|sić, -szać do galopu *[horse]* **(towards** w kierunku) ¶ **~ on [sb], ~ [sb] on** *[success, good sign, legislation, government]* zachęc|ić, -ać, z|dopingować; *[fear, threat, example]* z|mobilizować; **to ~ sb on to greater efforts** zmobilizować kogoś do większego wysiłku; **~red on by their success** zachęceni sukcesem

IDIOMS: **on the ~ of the moment** pod wpływem chwili or nagłego impulsu; **a ~-of-the-moment decision** decyzja podjęta pod wpływem impulsu; **to win one's ~s** zdobyć ostrogi fig

spurge /spɜːdʒ/ *n* Bot wilczomlecz *m*

spur gear *n* przekładnia *f* zębata czołowa

spurge laurel *n* Bot wawrzynek *m*

spurious /ˈspjʊərɪəs/ *adj [argument, notion, allegation]* błędny; *[claim]* nieuzasadniony; *[excuse]* zmyślony; *[evidence, documents, credentials]* fałszywy; *[sentiment]* udawany; *[glamour, appeal]* pozorny

spuriously /ˈspjʊərɪəslɪ/ *adv* błędnie, fałszywie

spuriousness /ˈspjʊərɪəsnɪs/ *n* (of document, argument) fałszywość *f*; (of affection) nieprawdziwość *f*

spurn /spɜːn/ *vt* odrzuc|ić, -ać *[advice, offer, help]*; wzgardzić (czymś) *[gift, invitation]*; odtrąc|ić, -ać *[suitor]*

spur road *n* GB boczna droga *f*

spurt /spɜːt/ **I** *n* 1 (gush) (of water, oil, blood) wytrysk *m*, strumień *m*; (of flame, steam) słup *m*; **to come out in ~s** *[liquid]* tryskać 2 (burst) (of energy, activity, enthusiasm, emotion) przypływ *m* 3 (sudden acceleration) zryw *m*; **a sudden ~ of speed** nagłe przyśpieszenie; **a growth ~** gwałtowny wzrost; **a technological ~** szybki postęp techniczny; **to put on a ~** przyśpieszyć, zwiększyć tempo; **to do sth in ~s** robić coś zrywami
II *vt* **to ~ flames** buchnąć płomieniem; **the wound was ~ing blood** z rany tryskała krew; **the pipes are ~ing water** z rur tryska woda; **a volcano ~ing lava** wulkan wypluwający lawę
III *vi* 1 (gush) *[liquid]* wytrys|nąć, -kiwać; trys|nąć, -kać (**from** or **out of sth** z czegoś); *[flames]* buch|nąć, -ać (**from** or **out of sth** z czegoś) 2 (speed up) *[runner, cyclist]* wyr|wać, -ywać się do przodu
■ **spurt out**: ¶ **~ out** *[liquid]* wytrys|nąć, -kiwać; trys|nąć, -kać; *[flames]* buch|nąć, -ać ¶ **~ out [sth], ~ [sth] out** = **spurt III**

spur track *n* Rail bocznica *f*

spur wheel *n* koło *n* zębate czołowe

sputnik /ˈsputnɪk/ *n* sputnik *m*

sputter /ˈspʌtə(r)/ = **splutter**

sputum /ˈspjuːtəm/ *n* plwocina *f*, flegma *f*

spy /spaɪ/ **I** *n* szpieg *m*; **to act as a ~ for sb** być szpiegiem kogoś
II *modif [film, novel, network]* szpiegowski; **a ~ scandal** afera szpiegowska; **a ~ trial** proces o szpiegostwo
III *vt* dostrze|c, -gać *[figure, object]*; **she spied them approaching the window** dostrzegła ich, jak zbliżali się do okna
IV *vi* 1 Pol szpiegować; **to ~ for sb** szpiegować na rzecz kogoś; **to ~ on weapons/missile sites** zbierać i przekazywać tajne informacje na temat broni /lokalizacji pocisków 2 fig (observe) **to ~ on sb/sth** szpiegować kogoś/coś *[neighbours, colleagues]*; obserwować, śledzić *[movements]*
■ **spy out**: **~ out [sth], ~ [sth] out** odkry|ć, -wać *[plan, activity]*; **to ~ out the land** wybadać grunt

IDIOMS: **I ~ with my little eye...** (children's game) ≈ ciepło, ciepło...

spy glass *n* lunetka *f*

spyhole /ˈspaɪhəʊl/ *n* wizjer *m*, judasz *m*

spying /ˈspaɪɪŋ/ *n* szpiegostwo *n*

spy-in-the-cab /ˌspaɪɪnðəˈkæb/ *n* infml tachograf *m*

spy-in-the-sky /ˌspaɪɪnðəˈskaɪ/ *n* infml satelita *m* szpiegowski

spymaster /ˈspaɪmɑːstə(r), US -mæst-/ *n* szef *m* siatki szpiegowskiej

spy ring *n* siatka *f* szpiegowska

spy satellite *n* satelita *m* szpiegowski

spy story *n* Literat powieść *f* szpiegowska

sq *adj* = **square** Math kwadratowy, kw.; **10 sq m** 10 m²

Sq *n* (in street names) = **Square** pl.

Sqn Ldr *n* GB = **squadron leader**

squab /skwɒb/ *n* 1 Zool młody gołąb *m* 2 infml hum or pej (fat person) tłuścioch *m* infml 3 GB (cushion) poduszka *f*

squabble /ˈskwɒbl/ **I** *n* sprzeczka *f*; **to have a ~ with sb** posprzeczać się z kimś
II *vi* sprzeczać się (**over** or **about sth** o coś)

squabbler /ˈskwɒblə(r)/ *n* kłótni|k *m*, -ca *f*

squabbling /ˈskwɒblɪŋ/ *n* sprzeczki *f pl*

squad /skwɒd/ *n* 1 Mil oddział *m*, drużyna *f*; **firing ~** pluton egzekucyjny 2 (of police) oddział *m*, brygada *f*; **anti-terrorist ~** brygada antyterrorystyczna 3 Sport kadra *f*, reprezentacja *f*; **the Olympic ~** kadra olimpijska; **the England ~** reprezentacja Anglii

squad car *n* radiowóz *m*, wóz *m* patrolowy

squaddie /ˈskwɒdɪ/ *n* GB infml rekrut *m*

squadron /ˈskwɒdrən/ *n* Naut eskadra *f*; Mil (of cavalry) szwadron *m*; Aviat dywizjon *m*

squadron leader *n* GB Aviat Mil major *m* (lotnictwa)

squadroom /ˈskwɒdruːm, -rʊm/ *n* US pokój *m* odpraw w komisariacie

squalid /ˈskwɒlɪd/ *adj [house, clothes]* zaniedbany; *[street, surroundings]* zapuszczony; *[furnishings]* nędzny; *[business, affair]* podejrzany; *[story]* mroczny; **to live in ~ conditions** żyć w brudzie i nędzy

squall¹ /skwɔːl/ *n* 1 Meteorol nawałnica *f*; (at sea) szkwał *m*; **~s of driving rain** fale zacinającego deszczu 2 fig (quarrel) awantura *f*

squall² /skwɔːl/ **I** *n* (cry) wrzask *m*
II *vi [baby]* drzeć się, wrzeszczeć

squall line *n* Meteorol linia *f* szkwałów

squally /ˈskwɔːlɪ/ *adj [wind, shower]* uderzający falami; Naut szkwałowy; *[day]* z częstymi nawałnicami

squalor /ˈskwɒlə(r)/ *n* (of house, street, surroundings, life) nędza *f*; **to live in (conditions of) ~** żyć w brudzie i nędzy

squander /ˈskwɒndə(r)/ *vt* roztrw|onić, -aniać *[money, fortune, inheritance, resources]* (**on sth** na coś); s|trwonić *[time, youth, health, talent]*; zaprzepa|ścić, -szczać *[opportunities]*

squanderer /ˈskwɒndərə(r)/ *n* rozrzutnik *m*

square /skweə(r)/ **I** *n* 1 (in town) plac *m*; **town ~** rynek; **main ~** główny plac 2 (four-sided shape) Geom kwadrat *m*; (on chessboard) pole *n*; (in crossword) kwadracik *m*; (on graph paper) kratka *f*; (square piece) kwadratowy kawałek *m*; **to arrange/fold sth in a ~** ustawić/złożyć coś w kwadrat; **to cut/divide sth into ~s** pociąć/podzielić coś na kwadraty; **a pattern of blue and white ~s** wzór w niebieskie i białe kwadraty 3 Math (self-multiplied) kwadrat *m*; **9 is the ~ of 3** 9 to 3 do kwadratu 4 Tech kątownik *m* 5 infml (old-fashioned person) ≈ stary nudziarz *m* infml
II on the square *adv phr* 1 (at 90°) pod kątem prostym; **to cut sth on the ~** ciąć coś pod kątem prostym 2 infml (honest) uczciwy; **is the business on the ~?** czy to czysty interes? infml; **to do things on the ~** postępować uczciwie
III *adj* 1 (right-angled) *[shape, building, box, face, jaw]* kwadratowy; **a man of ~ build** krępy mężczyzna; **to be ~ with sth** być prostopadłym do czegoś; **to cut sth ~** uciąć coś równo 2 Math, Meas *[centimetre, metre, kilometre]* kwadratowy; **a lake covering four ~ miles** jezioro o powierzchni czterech mil kwadratowych; **an area six metres ~** powierzchnia sześciu metrów na sześć; **the Square Mile** GB Econ infml City *(centrum finansowo-handlowe w Londynie)* 3 fig (balanced, level, quits) **to be (all) ~** (books, accounts) być w porządku; (players, teams) remisować; **I'll give you £20 and we'll be ~** dam ci 20 funtów i będziemy kwita infml; **they are all ~ at two all, it's all ~ at two all** jest remis dwa do dwóch; **to get the accounts ~** zbilansować rachunki; **I'd like to get ~ with you** chciałbym się z tobą rozliczyć 4 (honest) *[person, transaction]* uczciwy (**with sb** wobec kogoś); **a ~ deal** uczciwa propozycja; **to give sb a ~ deal** sprawiedliwie kogoś potraktować 5 infml (old-fashioned) *[person]* staroświecki, nienowoczesny
IV *adv* (directly) *[fall, hit, strike]* prosto; **she looked me ~ in the eye** popatrzyła mi prosto w oczy; **he hit me ~ on the jaw** uderzył mnie prosto w szczękę
V *vt* 1 (make right-angled) ocios|ać, -ywać *[stone, timber, corner]*; uci|ąć, -nać (pod kątem prostym) *[end, section]*; **to ~ one's shoulders** wyprostować ramiona 2 (settle) spłac|ić, -ać *[debt]*; uregulow|ać, -ywać *[account]*; rozlicz|yć, -ać się z (kimś) *[creditor]*; **to ~ one's account(s) with sb** rozliczyć się z kimś; fig wyrównać z kimś rachunki 3 Sport (equalize) wyrówn|ać, -ywać *[score]* 4 (get sb to agree) (by persuasion) przekon|ać, -ywać; (by bribery) przekup|ić, -ywać; **I'll ~ him** już ja go przekonam; **go home early, I'll ~ it with the boss** możesz iść do domu wcześniej, załatwię to z szefem; **I have problems squaring this with my conscience/my beliefs** to nie bardzo się zgadza z moim sumieniem /moimi przekonaniami
VI squared *pp adj* 1 *[paper]* w kratkę, kratkowany 2 Math *[number]* do kwadratu; **6 ~d is 36** 6 do kwadratu równa się 36
■ **square off**: **~ off [sth], ~ [sth] off** uci|ąć, -nać pod kątem prostym *[piece of wood, edge, end]*
■ **square up**: ¶ **~ up** 1 (prepare to fight) sta|nąć, -wać do walki (**to sb** z kimś); **to ~ up to reality/problems** fig stawić czoło rzeczywistości/problemom; **to ~ up for sth** szykować się do czegoś *[fight, dispute]* 2 (settle accounts) rozlicz|yć, -ać się (**with sb** z kimś) ¶ **~ up [sth], ~ [sth] up** 1 (cut straight) u|ciąć prosto *[paper, wood, corner]* 2 (arrange in an orderly position) u|łożyć, -kładać *[papers]*; (align correctly) wyrówn|ać, -ywać; **~ the picture up with the mirror** powieś ten obraz równo z lustrem
■ **square with**: ¶ **~ with [sth]** (be consistent with) pokry|ć, -wać się z (czymś) *[facts, theory]*; **your theory doesn't ~ with the facts** twoja teoria nie pokrywa się z faktami

IDIOMS: **to go back to ~ one** wrócić do punktu wyjścia; **to be back at ~ one** być or znaleźć się w punkcie wyjścia; **to be on the ~** GB infml być masonem; **out of ~** pod złym kątem

square-bashing /ˈskweəbæʃɪŋ/ *n* GB Mil infml musztra *f*

square bracket *n* nawias *m* kwadratowy; **in ~s** w nawiasie kwadratowym

square dance *n taniec w cztery pary*

square dancing *n taniec w cztery pary*

square-faced /ˌskweəˈfeɪst/ *adj* o kwadratowej twarzy

S

square-jawed /ˌskweəˈdʒɔːd/ *adj* z kwadratową szczęką

square knot *n* US węzeł *m* prosty

squarely /ˈskweəlɪ/ *adv* [1] (directly) *[strike, hit, land]* prosto; **to look ~ at sth** spojrzeć trzeźwo na coś *[problem, situation]*; **to look ~ at sb** spojrzeć prosto w oczy komuś; **to position oneself ~ behind sth** ustawić się bezpośrednio za czymś [2] (honestly) *[deal with sth, win]* uczciwie [3] (fully) **the blame rests ~ on his shoulders** cała wina spada na niego; **to knock sth ~ on the head** fig zdecydowanie rozprawić się z czymś *[racism, prejudice]*; **to fit ~ into the liberal mould** or **tradition** doskonale się wpisywać w tradycję liberalną

square meal *n* pełny posiłek *m*; **three ~s a day** trzy pełne posiłki dziennie; **she hasn't had a ~ in a week** przez cały tydzień nie zjadła porządnego posiłku

square measure *n* jednostka *f* miary powierzchni

square-rigged /ˌskweəˈrɪgd/ *adj* Naut *[ship]* z osprzętem rejowym

square root *n* Math pierwiastek *m* kwadratowy; **the ~ of 36 is 6** pierwiastek kwadratowy z 36 wynosi 6

square-shouldered /ˌskweəˈʃəʊldəd/ *adj* szeroki w ramionach

square-toed /ˌskweəˈtəʊd/ *adj* **~ shoes** buty z kwadratowymi noskami

squash[1] /skwɒʃ/ **I** *n* [1] Sport (also **~ rackets**) squash *m* [2] (drink) zagęszczony sok *m* owocowy [3] (crush) ścisk *m*; **it will be a bit of a ~** będzie trochę ciasno

II *modif* Sport **~ racket/ball/court** rakieta /piłka/kort do squasha; **~ club/champion** klub/mistrz squasha; **~ player** gracz w squasha

III *vt* [1] (crush) zgni|eść, -atać *[package, insect, hat]*; przygn|ieść, -iatać *[person, car]* **(against sth/between sth and sth** do czegoś/pomiędzy czymś a czymś); wycis|nąć, -kać *[fruit]*; **to be ~ed out of shape** *[car, toy]* zostać całkowicie zgniecionym; **to ~ sth flat** rozgnieść coś [2] (force) **to ~ sb/sth into sth** upchnąć kogoś/coś w czymś *[car]* [3] (put down) s|peszyć *[person]*; s|tłumić *[revolt, uprising]*; kłaść, położyć kres (czemuś) *[rumour]*; **to feel ~ed** czuć się stłamszonym [4] (reject) utrąc|ić, -ać *[idea, proposal]*

IV *vi* [1] (become crushed) po|gnieść się; **to ~ easily** łatwo się gnieść [2] (pack tightly) *[people]* s|tłoczyć się; **to ~ through a gap** przecisnąć się przez wąską szparę

■ **squash in** infml: ¶ **~ in** ścieśni|ć, -ać się ¶ **~ in [sb/sth], ~ [sb/sth] in** wcis|nąć, -kać

■ **squash up** infml: ¶ **~ up** *[person]* przycis|nąć, -kać się **(against sb/sth** do kogoś/czegoś); *[crowd]* przeć, napierać **(against sth** na coś); **if we ~ up, you can fit in** jeśli się ścieśnimy, zmieścisz się ¶ **~ [sb] up** przygni|eść, -atać **(against sth** do czegoś); **to ~ oneself up against sb/sth** przyciskać się do kogoś/czegoś

squash[2] /skwɒʃ/ *n* (vegetable) *warzywo z rodziny dyniowatych*; US kabaczek *m*

squashy /ˈskwɒʃɪ/ *adj [fruit]* miękki; *[ground]* rozmiękły

squat /skwɒt/ **I** *n* [1] (position) kucki *plt* [2] infml (home) budynek *m* zajęty przez dzikich lokatorów

II *adj [person, structure, object]* przysadzisty

III *vt* (*prp, pt, pp* **-tt-**) samowolnie zaj|ąć, -mować *[house, building]*

IV *vi* (*prp, pt, pp* **-tt-**) [1] (crouch) kucać [2] (also **~ down**) *[person]* (przy)kucnąć; *[animal]* przypaść do ziemi [3] (inhabit) mieszkać na dziko; **to ~ in sth** mieszkać na dziko w czymś *[building]*

squatter /ˈskwɒtə(r)/ *n* [1] (in building) dziki lokator *m* [2] Austral *hodowca owiec wykorzystujący tereny wydzierżawione od rządu*

squatter's rights *npl* prawo *n* nabycia własności przez zasiedzenie

squatting /ˈskwɒtɪŋ/ **I** *n* zamieszkiwanie *n* na dziko w opuszczonych domach

II *adj* [1] *[person]* siedzący w kucki; *[position]* kuczny [2] infml *[homeless person, teenager]* mieszkający na dziko

squaw /skwɔː/ *n* [1] offensive (North American Indian woman) squaw *f*, Indianka *f* [2] infml pej (woman) kobieta *f*

squawk /skwɔːk/ **I** *n* [1] (of parrot) skrzek *m*; (of hen) gdakanie *n*; (of duck) kwakanie *n*; (of crow) krakanie *n* [2] fig pej (of person) **~s of protest** głośne okrzyki protestu

II *vt* pej *[person]* wrz|asnąć, -eszczeć; **'what?' he ~ed** „co?" wrzasnął

III *vi [parrot, crow]* za|skrzeczeć; *[duck]* za|kwakać; *[hen]* za|gdakać; *[crow]* za|krakać; *[baby, person]* roze|drzeć się

squawk box *n* infml (loudspeaker) głośnik *m*

squaw man *n* US pej *mąż Indianki, niebędący Indianinem*

squeak /skwiːk/ **I** *n* [1] (noise) (of mouse, soft toy, infant) pisk *m*; (of door, furniture, shoes, chalk, wheel, mechanism) skrzypnięcie *n*; **to let out** or **give a ~ (of delight)** pisnąć (z zachwytu); **to do sth without a ~** infml zrobić coś i nawet nie pisnąć infml; **there wasn't a ~ from her** infml nawet nie pisnęła infml [2] infml (escape) **that was a narrow ~!** mało brakowało!

II *vt* **to ~ (out)** pisnąć; **'no!' he ~ed** nie!" pisnął

III *vi* [1] (make noise) *[child, mouse, bat, soft toy]* za|piszczeć; (repeatedly) popiskiwać; *[door, chalk, shoes, furniture, wheel, mechanism]* skrzyp|nąć, -ieć, za|skrzypieć; **his pen ~ed on the paper** jego pióro skrzypiało po papierze [2] infml (with minimal success) **to ~ through sth** jakoś przebrnąć przez coś *[selection, process, trial]*

squeaky /ˈskwiːkɪ/ *adj [voice]* piskliwy; *[gate, hinge, wheel, shoes]* skrzypiący

squeaky-clean /ˌskwiːkɪˈkliːn/ *adj* infml [1] *[dishes, house]* wypucowany infml; *[hair]* świeżo umyty [2] fig *[person, company]* bez skazy

squeal /skwiːl/ **I** *n* (of animal) kwik *m*; (of brakes, tyres, person) pisk *m*; **a ~ of excitement** pisk podniecenia; **to give** or **let out a ~ of pain** *[pig]* zakwiczeć z bólu; *[person]* zawyć z bólu

II *vt* **'let go!' she ~ed** „puszczaj!" zapiszczała

III *vi* [1] *[animal]* za|kwiczeć, kwik|nąć, -ać; *[person, brakes]* za|piszczeć; **to ~ with delight** piszczeć z zachwytu; **to ~ with laughter** pokładać się ze śmiechu [2] infml (inform) za|kablować infml **(on sb** na kogoś); **someone ~ed to the police!** ktoś doniósł na policję!

squealer /ˈskwiːlə(r)/ *n* infml pej kapuś *m* infml

squeamish /ˈskwiːmɪʃ/ *adj* [1] **to be ~** (easily sickened) mieć delikatny żołądek; (by screen violence) być delikatnym, być wrażliwym; **to feel ~** mieć mdłości; **don't be so ~!** nie bądź taki delikatny!; **he's too ~ to be a surgeon** jest zbyt delikatny, żeby być chirurgiem; **not for the ~** *[film]* nie dla ludzi o słabych nerwach; **he's ~ about snakes/mice** on się brzydzi węży/myszy [2] (prudish) przeczulony na punkcie przyzwoitości

squeamishness /ˈskwiːmɪʃnɪs/ *n* [1] (quality of being easily sickened) (about unpleasant sights, topics) przesadna delikatność *f*; (about violence, bloodshed) zbytnia wrażliwość *f* [2] (prudishness) przyzwoitość *f*

squeegee /ˈskwiːdʒiː/ *n* [1] (cleaning device) (for windows) gumowa wycieraczka *f* do okien [2] Phot wałek *m* do osuszania odbitek

squeeze /skwiːz/ **I** *n* [1] (application of pressure) **to give sth a ~** ścisnąć coś *[tube]*; **she gave my hand a ~** uścisnęła mi rękę; **to give sb a ~** uścisnąć kogoś [2] (small amount) **a ~ of lemon/washing-up liquid** kilka kropli soku z cytryny/płynu do mycia naczyń; **a ~ of toothpaste/glue** odrobina pasty do zębów/kleju [3] infml (crush) ścisk *m*; **it was a dreadful ~ on the bus** w autobusie był okropny ścisk; **it will be a tight ~ with four of us on the back seat** będzie nam ciasno we czwórkę na tylnym siedzeniu [4] Econ, Fin **a credit ~** ograniczenie kredytów; **to feel the ~** *[person, company, family]* mieć trudności finansowe; **to put the ~ on sb** infml *[lenders]* naciskać kogoś *[debtor]* [5] Games impas *m*

II *vt* [1] (press) ścis|nąć, -kać *[tube, bottle]*; wycis|nąć, -kać *[tube, bottle, sponge, mop, lemon]*; uścisnąć *[hand, arm]*; nacis|nąć, -kać *[doll, toy, trigger]*; **to ~ sth dry** wyżąć coś do sucha *[mop, cloth]*; wycisnąć coś do końca *[lemon]* [2] (extract) wycis|nąć, -kać *[juice, liquid]* **(out of sth** z czegoś); fig wycisnąć *[money, contribution]* **(out of sb /sth** z kogoś/czegoś); **he ~d three meals out of one chicken** wykroił trzy posiłki z jednego kurczaka; **I ~d a couple of quid out of him** wycisnąłem z niego parę funtów; **to ~ the truth/a confession out of sb** wycisnąć z kogoś prawdę /zeznanie [3] (fit) wcis|nąć, -kać, w|epchnąć, -pychać *[people, car]* **(in** or **into sth** do czegoś); up|chać, -ychać *[things, books]* **(into** or **onto sth** w czymś); **we can ~ a few more people into the hall** do tej sali możemy wcisnąć jeszcze parę osób; **she managed to ~ the car through the gap** udało jej się przecisnąć samochodem; **I can just ~ into that dress** z trudem wciskam się w tę sukienkę [4] Econ, Fin ogranicz|yć, -ać; **small businesses are being ~d by high interest rates** wysokie oprocentowanie ogranicza działalność małych firm

III *vi* **to ~ behind/under sth** przecisnąć się za czymś/pod czymś

■ **squeeze in**: ¶ **~ in** *[person]* wcis|nąć, -kać się; **if you make room, we can ~ in** jeśli zrobicie miejsce, będziemy się mogli wcisnąć; **I ~d in between two ladies** wcisnąłem się pomiędzy jakieś dwie panie ¶ **~ in [sb], ~ [sb] in** (give appointment to) *[doctor]* zna|leźć, -jdować czas dla (kogoś); wcis|nąć, -kać infml

■ **squeeze out**: ¶ **~ [sth] out** wycis|nąć, -kać *[mop, cloth, water, juice]* ¶ **~ [sb] out (of the market)** Comm wyp|rzeć, -ierać z rynku

■ **squeeze past**: ¶ **~ past** *[car, person]* przecis|nąć, -kać się ¶ **~ past [sb/sth]** przecis|nąć, -kać się obok (kogoś/czegoś) *[person, obstacle]*

■ **squeeze up**: **~ up** *[people]* ścieśni|ć, -ać się

squeeze bottle *n* US butelka *f* z miękkiego tworzywa

squeeze box *n* Mus infml harmoszka *f* infml

squelch /skweltʃ/ **I** *n* [1] (noise) chlupot *m*, chlupotanie *n*; (single sound) chlupnięcie *n*; **to fall to the ground with a ~** plasnąć o ziemię [2] infml fig (crushing remark) **that remark was a real ~** to była miażdżąca uwaga

II *vi [water, mud]* chlup|nąć, -ać, chlupotać; **to ~ along** brnąć z chlupotem; **they ~ed through the swamp** brnęli z chlupotem przez bagno

squelchy /ˈskweltʃɪ/ *adj [ground, mud]* grząski; *[fruit, tomato]* rozmiękły; **~ noise** odgłos chlupotania

squib /skwɪb/ *n* petarda *f*

IDIOMS: **to be a damp ~** infml *[event, venture]* nie wypalić

squid /skwɪd/ *n* Zool kałamarnica *f*, kalmar *m*

squidgy /ˈskwɪdʒɪ/ *adj* GB infml maziowaty

squiffy /ˈskwɪfɪ/ *adj* GB infml podchmielony infml

squiggle /ˈskwɪgl/ **I** *n* [1] (wavy line) zawijas *m* [2] (scrawl) gryzmoły *plt*

II *vi* [1] (wriggle) wić się [2] (draw squiggles) po|robić esy-floresy; (draw or write badly) gryzmolić

squint /skwɪnt/ **I** *n* [1] Med (strabismus) zez *m*; **to have a bad ~** mieć silnego zeza [2] infml (look) **to have a** or **take a ~ at sth** zerknąć na coś

II *vi* [1] (look narrowly) z|mrużyć oczy; **to ~ at sb/sth** patrzeć na kogoś/coś spod przymrużonych powiek; **to ~ through sth** popatrzeć przez coś, przymrużywszy oko *[peephole, telescope]* [2] Med mieć zeza, zezować

squirarchy *n* = **squirearchy**

squire /ˈskwaɪə(r)/ **I** *n* [1] (country gentleman) ≈ dziedzic *m* [2] Hist (knight's retainer) giermek *m* [3] GB infml (form of address) **cheerio ~!** hum witam szanownego pana! hum [4] US (judge) sędzia *m* pokoju; (lawyer) mecenas *m*; **yes, ~** (to judge) tak, panie sędzio; (to lawyer) tak, panie mecenasie

II *vt* dat towarzyszyć (komuś) *[woman]*; **she was ~d by...** towarzyszył jej...

squirearchy /ˈskwaɪərɑːkɪ/ *n* ziemiaństwo *n*

squirm /skwɜːm/ *vi* (wriggle) *[snake, worm]* wić się; *[fish]* rzucać się; *[kitten, puppy]* tarzać się; *[person]* (in pain, agony) zwijać się; **to ~ with embarrassment** nie wiedzieć, gdzie się podziać ze wstydu; **he ~ed with revulsion** wstrząsał się z obrzydzeniem; **to make sb ~** (with embarrassment) wprawić kogoś w zakłopotanie; (with revulsion) wywołać w kimś odruch obrzydzenia; **to ~ through sth** (enter) wśliznąć się przez coś; **to ~ out of sth** fig pej wywinąć się z czegoś *[difficulty]*; **to ~ on one's chair** wiercić się na krześle

squirrel /ˈskwɪrəl, US ˈskwɜːrəl/ **I** *n* wiewiórka *f*

II *modif* **~ hat/coat** czapka/futro z wiewiórek

■ **squirrel away** infml: **~ away [sth], ~ [sth] away** chomikować infml

squirrel-cage /ˈskwɪrəlkeɪdʒ, US ˈskwɜːrəl-/ *adj [motor, rotor]* klatkowy

squirrel monkey *n* Zool sajmiri *f inv*, trupia główka *f*

squirrel(l)y /ˈskwɪrəlɪ, US ˈskwɜːrəlɪ/ *adj* US infml zwariowany infml

squirt /skwɜːt/ **I** *n* [1] (jet) (of water, oil) strumień *m*; **to give sth a ~ (here and there)** popryskać coś [2] (small amount) **a ~ of sth** kilka kropel czegoś [3] infml pej (person) gnojek *m* vinfml pej; **a cheeky little ~** bezczelny gnojek

II *vt* (shoot out) strzyk|nąć, -ać (czymś) *[liquid]* **(from** or **out of sth** z czegoś); *[police, firemen]* pu|ścić, -szczać strumień (czegoś) *[foam]* **(at sb/sth** na kogoś/coś); **she ~ed some oil into the lock** wstrzyknęła trochę smaru do zamka; **to ~ water/ink at sb** prysnąć na kogoś wodą/atramentem; **he ~ed some soda water into the glass** nalał trochę wody sodowej do szklanki; **the pressure was ~ing oil high into the air** ciśnienie wyrzucało ropę wysoko w powietrze

III *vi [liquid]* trys|nąć, -kać **(from** or **out of sth** z czegoś)

■ **squirt out**: ¶ **~ out** *[water, oil]* wytrys|nąć, -kiwać **(of** or **from sth** z czegoś) ¶ **~ out [sth], ~ [sth] out** (shoot out) **I ~ed the ketchup out (of the bottle)** wycisnąłem ketchup (z butelki)

■ **squirt up** wytrys|nąć, -kiwać

squirt gun *n* US pistolet *m* na wodę

squirting cucumber *n* Bot ośli ogórek *m*, tryskawiec *m* sprężysty

Sr [1] = **Senior** [2] = **Sister**

Sri Lanka /ˌsriːˈlæŋkə/ *prn* Sri Lanka *f*

Sri Lankan /ˌsriːˈlæŋkən/ **I** *n* Lankij|czyk *m*, -ka *f*

II *adj* lankijski

SRN *n* GB = **State Registered Nurse**

SS *n* [1] Naut = **steamship** parowiec *m*, statek *m* parowy; **the S.S. Titanic** SS Titanic [2] Mil Hist **the ~** SS *n inv* [3] Relig = **Saints** św., św.

SSA *n* US = **Social Security Administration**

SSRI *n* = **selective seratonin reuptake inhibitor** selektywny inhibitor *m* wychwytu zwrotnego serotoniny

SSSI *n* GB = **Site of Special Scientific Interest** miejsce *n* chronione ze względu na znaczenie naukowe

st *n* GB = **stone**

St *n* [1] = **Saint** św. [2] = **Street** ul.

stab /stæb/ **I** *n* [1] (act) dźgnięcie *n*; **a ~ in the back** fig nóż w plecy fig [2] fig (of jealousy) ukłucie *n*; (of anger, remorse, pity) przypływ *m* **(of sth** czegoś); **a ~ of pain** kłujący ból, ukłucie; **a ~ of fear** nagły strach [3] infml (attempt) próba *f*; **to make** or **take a ~ at sth/doing sth** spróbować czegoś/zrobić coś; **go on, have a ~ at it!** no spróbuj!

II *vt* (*prp, pt, pp* **-bb-**) [1] (pierce) *[person]* (with knife) pchnąć nożem *[person]*; wbi|ć, -jać nóż w (coś) *[meat, piece of food]*; *[knife, dagger]* przebi|ć, -jać *[hand]*; **to ~ sb to death** zakłuć kogoś; zadźgać kogoś infml; **to ~ sb in the heart** wbić komuś nóż w serce; **to ~ sb in the back** wbić komuś nóż w plecy also fig [2] (poke hard) dźg|nąć, -ać *[object, person]*; **to ~ at sth with one's finger** postukać palcem w coś *[document]*; **to ~ the keys** stukać w klawisze

III *vr* (*prp, pt, pp* **-bb-**) **to ~ oneself** (accidentally) zranić się nożem; (deliberately) pchnąć się nożem; **to ~ oneself in the arm** zranić się nożem w ramię; **to ~ oneself with a chisel** zranić się dłutem;

stabbing /ˈstæbɪŋ/ **I** *n* napad *m* z użyciem noża

II *adj [pain]* kłujący, przeszywający

stabile /ˈsteɪbaɪl, -bɪl/ **I** *n* Art stabile *n inv*

II *adj* stabilny

stability /stəˈbɪlətɪ/ *n* [1] (steadiness) stabilność *f*; (of relationship, character) stałość *f*, trwałość *f*; **to give** or **lend ~ to sth** nadać czemuś trwały or stały charakter, nadać czemuś trwałość [2] Chem trwałość *f*

stabilization /ˌsteɪbəlaɪˈzeɪʃn, US -lɪˈz-/ **I** *n* stabilizacja *f*

II *modif [measure, policy, programme]* stabilizacyjny

stabilize /ˈsteɪbəlaɪz/ **I** *vt* Med u|stabilizować; **to ~ the patient's condition** doprowadzić pacjenta do stanu stabilnego

II *vi [prices, condition, population, currency]* u|stabilizować się

III stabilizing *prp adj [effect, influence]* stabilizujący

stabilizer /ˈsteɪbəlaɪzə(r)/ *n* [1] Naut, Tech stabilizator *m*; Aviat statecznik *m*; **a horizontal ~** US Aviat statecznik wysokości or poziomy; **a vertical ~** US Aviat statecznik kierunkowy or pionowy [2] Chem substancja *f* stabilizująca

stabilizer bar *n* US Aut stabilizator *m*

stable[1] /ˈsteɪbl/ **I** *n* [1] (building) stajnia *f* [2] Turf (of racehorses) stajnia *f* [3] fig (of companies) imperium *n* fig; (of people) ekipa *f*; (of racing cars); stajnia *f* fig

II stables *npl* stajnie *f pl*; **riding ~s** stajnie wyścigowe

III *modif [yard]* stajenny; *[manners]* prostacki, ordynarny

IV *vt* trzymać (w stajni) *[horse]*

stable[2] /ˈsteɪbl/ *adj* [1] (steady) *[economy, situation, background, construction, relationship, medical condition]* stabilny; *[job]* stały [2] (psychologically) *[person, character]* zrównoważony [3] Chem *[substance, compound]* trwały, stabilny; Phys *[body]* stabilny

stable block *n* stajnia *f*

stable boy *n* stajenny *m*

stable companion *n* koń *m* z tej samej stajni

stable door *n* drzwi *plt* stajni

IDIOMS: **to close** or **lock the ~ after the horse has bolted** być mądrym po szkodzie

S

stable fly *n* bolimuszka *f*
stable girl *n* dziewczyna *f* stajenna
stable lad *n* = **stable boy**
stableman /ˈsteɪblmæn/ *n* (*pl* **-men**) stajenny *m*
stablemate /ˈsteɪblmeɪt/ *n* koń *m* z tej samej stajni; fig członek *m* tej samej organizacji
stable yard *n* dziedziniec *m* stajenny, podwórze *n* stajenne
stabling /ˈsteɪblɪŋ/ *n* stajnie *f pl*
stab wound *n* rana *f* kłuta
staccato /stəˈkɑːtəʊ/ **I** *adj* 1 Mus *[notes]* staccato 2 fig **the ~ sounds of rifle fire** trzask or grzechot strzałów karabinowych
II *adv* Mus *[play]* staccato
stack /stæk/ **I** *n* 1 (of hay) stóg *m*; (of straw) sterta *f*; (of books, papers, plates, wood, chairs) stos *m*, sterta *f*; (of rifles) kozioł *m* 2 (chimney) komin *m* 3 Geol (in sea) iglica *f* skalna 4 Comput stos *m*
II stacks *npl* 1 (in library, bookshop) regały *m pl* 2 infml (large number, quantity) kupa *f* infml; **~s of food/money** kupa jedzenia/forsy infml; **there are ~s of things to do** jest kupa roboty infml; **we've got ~s of time** mamy kupę czasu infml
III *vt* 1 Agric u|łożyć, -kładać w stóg/stogi *[hay]*; u|łożyć, -kładać w stertę/sterty *[straw]* 2 (also **~ up**) (pile up) u|łożyć, -kładać w stosy or sterty *[books, wood, boxes, bricks]*; **~ing chairs** krzesła dostawne 3 (fill) zapełni|ć, -ać *[shelves]* 4 Aviat zapewnić separację pionową (czegoś) *[planes, flight]* 5 Telecom **to ~ calls** ustawiać wywołania w kolejce 6 infml (in cards) zręcznie przetasow|ać, -ywać *[cards]* 7 US infml pej **to ~ the jury/committee against/for sb** dobrać skład ławy przysięgłych/komisji niekorzystnie/korzystnie dla kogoś
■ **stack up**: ¶ US infml **~ up** sprawdz|ić, -ać się; **how does this model ~ up against the old one?** jak ten model ma się do starego (modelu)? ¶ **~ up [sth], ~ [sth] up** u|łożyć, -kładać w stertę/sterty *[objects]*
IDIOMS: **to blow one's ~** infml dostać białej gorączki infml fig; **I have the cards** or **odds ~ed against me** jestem bez szans; **she's well ~ed** US infml ma czym oddychać infml
stacker /ˈstækə(r)/ *n* (person) układacz *m*, -ka *f*; (device) stertnik *m*, układarka *f*
stacking /ˈstækɪŋ/ *n* Aviat separacja *f* pionowa
stadium /ˈsteɪdɪəm/ *n* (*pl* **~s, -ia**) stadion *m*
staff /stɑːf, US stæf/ **I** *n* 1 (*pl* **staves** /steɪvz/, **~s**) (stick) (symbol of authority) laska *f*; (sceptre) berło *n*; (crozier) pastorał *m*; (for walking, as weapon) kij *m*; **to lean on one's ~** wesprzeć się na kiju 2 (*pl* **~s**) (employees) personel *m*, pracownicy *m pl*; **managerial** or **senior ~** kierownictwo; **administrative/office ~** personel administracyjny /biurowy; **hotel/kitchen ~** personel hotelowy/kuchenny; **airline ~** pracownicy linii lotniczej; **editorial ~** zespół redakcyjny; **medical ~** personel medyczny; **nursing ~** zespół pielęgniarski; **a small business with a ~ of ten** niewielka firma zatrudniająca dziesięciu pracowników; **to be on the ~ of a company** być pracownikiem firmy; **to join the ~** (of company) zostać pracownikiem 3 (also **teaching ~**) Sch ciało *n* pedagogiczne; Univ pracownicy *m pl* dydaktyczni, zespół *m* dydaktyczny; **Mr Jones is joining the ~ as a French teacher** pan Jones będzie pracował jako nauczyciel francuskiego; **he's on the ~ of the local school** jest nauczycielem w miejscowej szkole; **a ~ of 50** pięćdziesięciu nauczycieli 4 Mil sztab *m* 5 (*pl* **staves** /steɪvz/, **~s**) Mus pięciolinia *f*
II *vt [owner]* zatrudni|ć, -ać pracowników w (czymś) *[company, school]*; *[recruitment agency]* rekrutować pracowników do (czegoś) *[factory, company]*; **a company looking for applicants to ~ its new factory** firma poszukująca kandydatów do pracy w nowej fabryce; **how are you going to ~ your school?** w jaki sposób zamierzasz obsadzić etaty w szkole?; **the restaurant is entirely ~ed by Italians** restauracja zatrudnia wyłącznie Włochów; **to be under-~ed** *[school, company]* mieć braki kadrowe; **to be over-~ed** mieć zbyt wielu pracowników
staff association *n* stowarzyszenie *n* pracowników
staff college *n* Mil wyższa uczelnia *f* wojskowa
staff discount *n* zniżka *f* dla pracowników
staffing /ˈstɑːfɪŋ, US ˈstæf-/ *n* obsada *f* etatów; **~ problems** kłopoty z obsadą etatów or ze znalezieniem pracowników
staffing level *n* poziom *m* zatrudnienia
staff meeting *n* Sch rada *f* pedagogiczna
staff nurse *n* wykwalifikowana pielęgniarka *f*
staff officer *n* Mil oficer *m* sztabowy
staff of life *n* liter pożywienie *n* podstawowe
staff of office *n* symbol *m* urzędu
Staffordshire /ˈstæfədʃə(r)/ *prn* Staffordshire *n inv*
staff-pupil ratio /ˌstɑːfˌpjuːpɪlˈreɪʃɪəʊ, US ˌstæf-/ *n* stosunek *m* liczby uczniów do liczby nauczycieli
staff room *n* Sch pokój *m* nauczycielski
Staffs *n* GB Post = **Staffordshire**
staff sergeant *n* Mil GB ≈ starszy sierżant *m* sztabowy; US sierżant *m*
staff-student ratio /ˌstɑːfˌstjuːdntˈreɪʃɪəʊ, US ˌstæf-/ *n* stosunek *m* liczby studentów do liczby wykładowców
staff training *n* szkolenie *n* pracowników
stag /stæg/ **I** *n* 1 Zool jeleń *m*, byk *m* *(jelenia)* 2 GB Fin spekulant *m* giełdowy
II *adj* (all male) *[establishment]* tylko dla panów; *[event]* w męskim gronie
stag beetle *n* (insect) jelonek *m*
stage /steɪdʒ/ **I** *n* 1 (phase) etap *m* (**of** or **in sth** czegoś); (of illness) stadium *n* (**of** or **in sth** czegoś); **the first ~ of our journey** pierwszy etap naszej podróży; **the first ~ in the process** pierwszy etap tego procesu; **the next ~ in the project/his research** następny etap projektu/jego badań; **a difficult ~ in the negotiations** trudny etap negocjacji; **the next ~ of a baby's development** następny etap rozwoju dziecka; **the baby has reached the ~ of talking/walking** dziecko już mówi /chodzi; **I've reached the ~ where I have to decide** doszedłem do momentu, w którym muszę podjąć decyzję; **we're at a ~ where anything could happen** na tym etapie wszystko może się zdarzyć; **I can't say at this ~** jeszcze nie mogę powiedzieć; **that's all I can say at this ~** to wszystko, co na razie mogę powiedzieć; **at a late ~** w późnej fazie; **at this ~ in** or **of your career** na tym etapie twojej kariery zawodowej; **at an earlier/later ~** wcześniej/później; **at an early ~ in our history** we wczesnym okresie naszej historii; **at every ~** na każdym etapie; **she ought to know that by this ~** powinna już to wiedzieć; **by ~s** stopniowo; **~ by ~** krok po kroku; **in ~s** etapami; **in easy ~s** stopniowo, krok po kroku; **the project is still in its early ~s** projekt jest jeszcze mało zaawansowany; **we're in the late ~s of our research** to już końcowa faza naszych badań; **the project is at the halfway ~** realizacja projektu dobiegła półmetka; **the project is entering its final ~** projekt wchodzi w końcową fazę; **she's going through a difficult ~** (ona) przechodzi trudny okres; **it's just a ~!** (in babyhood, adolescence) to przejdzie! 2 (raised platform) podium *n*; Theat scena *f*; (for pop singers) estrada *f*; **he was on ~ for three hours** przez trzy godziny był na scenie; **to go on ~** *[actor]* wejść na scenę; *[play]* zostać wystawionym; **I've seen her on the ~** widziałem ją na scenie; **live from the ~ of La Scala** na żywo z La Scali; **a long career on ~ and screen** długa kariera teatralna i filmowa; **to hold the ~** skupiać na sobie uwagę; **to set the ~** Theat przygotować dekorację; **to set the ~ for sth** fig przygotować grunt pod coś; **the ~ is set for the contest** wszystko jest już przygotowane do walki 3 Theat **the ~** teatr *m*, scena *f*; **to go on the ~** zostać aktorem; **to write for the ~** pisać dla teatru; **her play never reached the ~** jej sztuka nigdy nie została wystawiona; **the decline of the English ~** upadek angielskiego teatru 4 fig (setting) (actual place) miejsce *n*; (backdrop) scena *f*; **Geneva has become the ~ for many international conferences** Genewa stała się miejscem wielu międzynarodowych konferencji; **on the ~ of politics** na scenie politycznej 5 GB Transp (on bus route) (distance) odcinek *m* trasy; (stop) przystanek *m* 6 Aerosp człon *m* 7 (on scaffolding) pomost *m* roboczy 8 (on microscope) stolik *m* przedmiotowy 9 Hist Transp = **stagecoach**
II *modif* Theat *[career]* sceniczny; *[performance, play, machinery, lighting]* teatralny
III *vt* 1 Theat wystawi|ć, -ać *[play]*; da|ć, -wać *[performance]* 2 (organize) z|organizować *[ceremony, protest, rally, strike, match]*; dokon|ać, -ywać (czegoś) *[coup]* 3 (fake) od|egrać, -grywać, zainscenizować fig *[scene, quarrel]*; **the whole thing was ~d** wszystko to było zainscenizowane
stagecoach /ˈsteɪdʒkəʊtʃ/ *n* dyliżans *m*
stagecraft /ˈsteɪdʒkrɑːft, US -kræft/ *n* (author's) kunszt *m* dramaturgiczny; (director's) kunszt *m* reżyserski
stage designer *n* scenograf *m* teatralny
stage directions *npl* didaskalia *plt*
stage door *n* wejście *n* dla aktorów

stage fright *n* trema *f*
stagehand /ˈsteɪdʒhænd/ *n* maszynista *m* teatralny
stage left *adv* Theat *[enter]* z lewej strony
stage-manage /ˌsteɪdʒˈmænɪdʒ/ *vt* fig wy|reżyserować fig *[meeting, scene, event]*
stage-management /ˌsteɪdʒˈmænɪdʒmənt/ *n* [1] Theat inspicjentura *f* [2] fig wyreżyserowanie *n* fig
stage-manager /ˌsteɪdʒˈmænɪdʒə(r)/ *n* Theat inspicjent *m*, -ka *f*
stage name *n* pseudonim *m* sceniczny
stager /ˈsteɪdʒə(r)/ *n* (also **old ~**) wyga *m/f*
stage right *adv* Theat *[enter]* z prawej strony
stage show *n* = **stage production**
stage-struck /ˈsteɪdʒstrʌk/ *adj* **to be ~** marzyć o scenie
stage whisper *n* teatralny szept *m* also fig
stagey *adj* = **stagy**
stagflation /ˌstægˈfleɪʃn/ *n* Fin, Econ stagflacja *f*
stagger /ˈstægə(r)/ **I** *n* (movement) chwiejny krok *m*; **to walk with a ~** iść, zataczając się; **to give a ~** zatoczyć się
II *vt* [1] (shock) wprawi|ć, -ać w osłupienie *[person]* [2] (spread out) roz|łożyć, -kładać w czasie *[hours, holidays, visits, payments]*; **the closure will be ~ed over 5 years** likwidacja zostanie rozłożona na 5 lat [3] (in alternating arrangement) ustawi|ć, -ać na przemian; za|łożyć, -kładać przestawnie *[welds, rivets]* [4] Aviat przodować, przesuwać *[wing]*
III *vi* (from weakness, illness) za|chwiać się na nogach, słaniać się (na nogach); (drunkenly, under load) zat|oczyć, -aczać się; **to ~ from** or **out of the room** (from weakness, illness) wyjść z pokoju, słaniając się; (drunkenly) wyjść z pokoju, zataczając się; **he ~ed along the road** szedł drogą, zataczając się; **she ~ed back and fell** zatoczyła się do tyłu i upadła; **to ~ to one's feet** wstać, chwiejąc się
IV staggered *pp adj* [1] (astonished) osłupiały; **he was ~ed to hear that...** osłupiał, usłyszawszy, że...; **they were ~ed by the news** ta wiadomość wprawiła ich w osłupienie [2] (carefully timed) **~ed hours** zróżnicowane godziny pracy; **~ed holidays** urlopy w różnych terminach; **~ed start** Sport (at different times) start w regularnych odstępach czasu [3] Transp **~ed junction** *skrzyżowanie, w którym drogi dochodzące z obu stron drogi głównej nie leżą naprzeciw siebie*
staggering /ˈstægərɪŋ/ *adj [amount, increase, loss, achievement, contrast]* olbrzymi; *[news, revelation, event, transformation]* zdumiewający; *[success]* oszałamiający; **a ~ blow** fig dotkliwy cios fig
staggeringly /ˈstægərɪŋlɪ/ *adv* zdumiewająco
staggers /ˈstægəz/ *npl* Vet wartogłowie *n*
staghorn /ˈstæghɔːn/ *n* Bot widłak *m* goździsty
stag hunt *n* polowanie *n* na jelenie
stag hunting *n* polowanie *n* na jelenie
staging /ˈsteɪdʒɪŋ/ *n* [1] Theat (of play) wystawienie *n*, inscenizacja *f* [2] Constr (scaffolding) rusztowanie *n*; (for spectators) prowizoryczne trybuny *f pl*
staging area *n* Mil punkt *m* etapowy
staging post *n* Aviat lotnisko *n* tranzytowe; fig etap *m* pośredni
stagnancy /ˈstægnənsɪ/ *n* [1] (of water, air) bezruch *m* [2] fig (of economy) zastój *m*, stagnacja *f*
stagnant /ˈstægnənt/ *adj* [1] *[water, pool]* stojący [2] *[business, trade, economy]* w stanie zastoju
stagnate /stægˈneɪt, US ˈstægneɪt/ *vi* [1] fig *[economy]* być w zastoju, nie rozwijać się; *[sales, prices]* nie wzrastać; *[person, mind, society]* pogrąż|yć, -ać się w marazmie [2] *[water]* stać w bezruchu; *[pond]* zatęchnąć
stagnation /stægˈneɪʃn/ *n* zastój *m*, stagnacja *f*
stag night *n* wieczór *m* kawalerski
stag party *n* = **stag night**
stag show *n* US infml pokaz *m* porno infml
stagy /ˈsteɪdʒɪ/ *adj* pej *[person, manner]* pretensjonalny; *[gesture, behaviour]* teatralny fig
staid /steɪd/ *adj [person, character, appearance]* stateczny; *[tastes, attitude, society]* tradycyjny
staidness /ˈsteɪdnɪs/ *n* (of character, person) stateczność *f*; (of society, attitudes) tradycyjność *f*
stain /steɪn/ **I** *n* [1] (mark) plama *f*; **a blood /coffee ~** plama z krwi/kawy; **a stubborn ~** uporczywa plama; **to remove a ~ from sth** usunąć plamę z czegoś; **it will leave a ~** zostanie po tym plama [2] fig plama *f*; skaza *f* liter; **without a ~ on one's character** *[be]* nieskazitelnej reputacji; *[emerge]* z nieskazitelną reputacją, bez skazy [3] (dye) (for wood) bejca *f*; (for fabric) barwnik *m*
II *vt* [1] (soil) po|plamić *[clothes, carpet, fingers, tablecloth]*; przebarwi|ć, -ać *[teeth]*; **the cherries had ~ed his hands red** wiśnie poplamiły mu ręce na czerwono [2] Biol, Tech zabarwi|ć, -ać, barwić *[fabric, specimen]*; za|bejcować, za|gruntować *[wood]*
III *vi [fabric]* po|plamić się
IV -stained *in combinations* **oil/ink-~ed** zaplamiony olejem/atramentem; **tear-~ed** mokry od łez
stained glass *n* (glass) szkło *n* witrażowe; (windows collectively) witraże *m pl*
stained glass window *n* okno *n* witrażowe, witraż *m*
stainless /ˈsteɪnlɪs/ *adj [reputation, past]* nieskazitelny; bez skazy liter
stainless steel I *n* stal *f* nierdzewna
II *modif [cutlery, sink]* ze stali nierdzewnej
stain remover *n* wywabiacz *m* plam, odplamiacz *m*
stain-resistant /ˈsteɪnrɪzɪstənt/ *adj* plamoodporny
stair /steə(r)/ **I** *n* [1] (step) stopień *m*, schodek *m*; **the top/bottom ~** najwyższy/najniższy stopień [2] fml (staircase) schody *plt*
II stairs *npl* (staircase) **the ~s** schody *plt*; **a flight of ~s** kondygnacja schodów; **to climb** or **go up the ~s** wspinać się or wchodzić po schodach; **to come** or **go down the ~s** schodzić po schodach; **to run up the ~s** wbiec po schodach; **to run down the ~s** zbiec ze schodów; **to fall down the ~s** spaść ze schodów
stair carpet *n* chodnik *m* na schody
staircase /ˈsteəkeɪs/ *n* schody *plt*, klatka *f* schodowa
stairgate /ˈsteəgeɪt/ *n* bramka *f* na schodach *(zamykająca dostęp dzieciom)*
stairhead /ˈsteəhed/ *n* szczyt *m* schodów
stair rod *n* pręt *m* przytrzymujący chodnik na stopniach schodów
stairway /ˈsteəweɪ/ *n* schody *plt*, klatka *f* schodowa
stairwell /ˈsteəwel/ *n* klatka *f* schodowa
stake[1] /steɪk/ **I** *n* [1] (pole) (wooden) słupek *m*, palik *m*; (thicker) słup *m*, pal *m*; (metal) pręt *m* [2] Hist (for execution) stos *m*; **to go to the ~** pójść na stos; **to be burnt at the ~** zostać spalonym na stosie
II *vt* Hort pod|eprzeć, -pierać palikiem, palikować *[plant, tree]*; **to ~ a tent** rozbić namiot
■ **stake out**: **~ out [sth], ~ [sth] out** [1] *[police]* obserwować *[hide-out]* [2] wyznacz|yć, -ać *[frontiers]*; wyznacz|yć, -ać granice czegoś *[territory]* [3] fig (claim) zaj|ąć, -mować *[place, position]*; za|anektować fig *[interest, area of study]*
IDIOMS: **to ~ one's claim to sth** fig uznać coś za swoje; **to (pull) up ~s** zabrać swoje manatki infml
stake[2] /steɪk/ **I** *n* [1] Games, Turf (amount risked) stawka *f* also fig; **to put a ~ on sth** postawić na coś *[horse]*; **high/low ~s** wysokie/niskie stawki; **to play for high ~s** grać o wysokie stawki, grać wysoko; fig grać o wysoką stawkę; **to raise the ~s** podnieść stawkę also fig; **to be at ~** fig być zagrożonym; **there is a lot at ~** fig gra idzie o nie byle co; **he has a lot at ~** fig ma dużo do stracenia; **to put sth at ~** postawić coś; fig zaryzykować utratę czegoś [2] (investment) udział *m* **(in sth** w czymś); **a large/small ~** duży/niewielki udział; **to have a ~ in sth** mieć udział w czymś; fig (be involved) być zaangażowanym w coś; **to have** or **hold a 30% ~ in sth** mieć trzydziestoprocentowy udział w czymś *[company]*
II stakes *npl* Turf pula *f*, nagroda *f*; **the Diamond Stakes** wyścig Diamond Stakes; **'President top in popularity ~'** fig journ „Prezydent prowadzi w wyścigu popularności"
III *vt* [1] (gamble) postawić, stawiać *[money, property]*; nara|zić, -żać *[reputation, life]*; **to ~ one's all on sth** postawić wszystko na coś; **I would ~ my life on it** dałbym za to głowę [2] US (back) w|esprzeć, -spierać *[person]*
stakeholder /ˈsteɪkhəʊldə(r)/ *n* Turf bukmacher *m*
stakeout /ˈsteɪkaʊt/ *n* infml obserwacja *f*; **to be on a ~ of sth** *[police]* obserwować coś
stalactite /ˈstæləktaɪt, US stəˈlæk-/ *n* stalaktyt *m*
stalagmite /ˈstæləgmaɪt, US stəˈlæg-/ *n* stalagmit *m*
stale /steɪl/ **I** *adj* [1] (old) *[bread, cake, biscuit]* czerstwy; *[beer]* zwietrzały; *[cheese]* wyschnięty; *[air, odour]* stęchły; **the smell of ~ cigarette smoke** zapach zastałego dymu z papierosów; **the food is ~** jedzenie jest nieświeże; **to go ~** *[bread]* sczerstwieć; **to taste ~** *[beer]* być zwietrzałym; *[cheese]* być wyschniętym; **to**

S

smell ~ *[room, house]* pachnieć stęchlizną [2] (hackneyed) *[ideas]* zwietrzały; *[jokes, vocabulary]* oklepany; *[style, ideal, convention]* przebrzmiały; **~ news** zdezaktualizowane wiadomości [3] (tired) *[player, performer]* wypalony fig; **to feel ~** czuć się wypalonym; **to get ~ in a job** wypalić się w pracy; **their marriage has gone ~** w ich małżeństwie miłość przygasła [4] Fin *[cheque]* przeterminowany; *[market]* w zastoju

II *vi [pleasure, delight]* s|powszednieć; *[pastime]* s|tracić urok

stalemate /ˈsteɪlmeɪt/ **I** *n* [1] (in chess) pat *m* [2] (deadlock) impas *m*, sytuacja *f* patowa **(in sth** w czymś); **military/political ~** impas militarny/polityczny; **industrial ~** sytuacja patowa w sporze pracowniczym; **to break a ~** przełamać impas; **to reach (a) ~** utknąć w martwym punkcie

II *vt* [1] (in chess) **to ~ one's opponent** doprowadzić do pata [2] (block) doprowadz|ić, -ać do impasu w (czymś) *[negotiations]*; za|hamować *[progress]*; unieszkodliwi|ć, -ać *[person]*

staleness /ˈsteɪlnɪs/ *n* [1] (of food) nieświeżość *f*; (of air) zatęchłość *f*; fig (of ideas) banalność *f* [2] (of performer, athlete) znużenie *n*; **a feeling of ~** uczucie znużenia

Stalin /ˈstɑːlɪn/ *prn* Stalin *m*

Stalinism /ˈstɑːlɪnɪzəm/ *n* stalinizm *m*

Stalinist /ˈstɑːlɪnɪst/ **I** *n* stalinist|a *m*, -ka *f*

II *adj* stalinowski

stalk[1] /stɔːk/ *n* [1] Bot, Culin (of rose, broccoli) łodyga *f*; (of grass) źdźbło *n*; (of leaf, apple, pepper) ogonek *m*; (of strawberry) szypułka *f*; (of mushroom) nóżka *f*; (of cabbage) głąb *m* [2] Zool (organ) odnóże *n*

IDIOMS: **his eyes were out on ~s** infml oczy wyszły mu z orbit infml

stalk[2] /stɔːk/ **I** *vt* [1] (hunt) *[hunter, animal]* tropić, podchodzić; *[murderer, rapist]* śledzić *[victim]*; (harass) prześladować *[victim]* [2] (affect, haunt) **to ~ a town/country** *[disease, famine]* szerzyć się w mieście /kraju; *[killer]* grasować po mieście/kraju [3] Comm, Fin (in takeover bid) próbować przejąć kontrolę nad (czymś) *[company]*

II *vi* [1] (walk) **to ~ up/down the corridor** (stiffly) iść sztywnym krokiem po korytarzu; **to ~ out of the room** wymaszerować z pokoju [2] (prowl) **to ~ through the town** *[fear]* szerzyć się w mieście; *[killer]* grasować po mieście

stalker /ˈstɔːkə(r)/ *n* prześladowca *m*

stalking horse *n* Pol *kandydat wystawiony ze względów strategicznych*

stall[1] /stɔːl/ **I** *n* [1] (in market) stragan *m*, kram *m*; (at fair, exhibition) stoisko *n*; (newspaper stand) kiosk *m*; **a fruit and vegetable ~** (in market) stragan z owocami i warzywami; **to run a ~** prowadzić stragan; **to set up a ~** ustawić stragan; **to take down a ~** zwinąć stragan; **to buy sth from a ~** kupić coś na straganie [2] (in stable, cowshed) boks *m*; **pig ~s** przegrody dla świń [3] Equest przegroda *f* startowa [4] Aviat (of aircraft) przeciągnięcie *n* [5] Archit (in church) stalle *plt* [6] (cubicle) (for shower, toilet) kabina *f* [7] US (parking place) miejsce *n* parkingowe

II stalls *npl* GB Theat parter *m*; **in the ~s** na parterze

III *vt* Aut **I ~ed the engine/car** zgasł mi silnik/samochód; **the engine was ~ed** zgasł silnik

IV *vi* [1] Aut *[engine, car]* z|gasnąć; **I ~ed at a road junction** zgasł mi silnik na skrzyżowaniu [2] Aviat *[pilot, aircraft]* s|tracić sterowność

stall[2] /stɔːl/ **I** *vt* (hold up) opóźniać, przeciągać *[talks, action, process]*; **he is trying to ~ his creditors to get more time** próbuje zwodzić swoich wierzycieli, żeby zyskać na czasie; **I managed to ~ him** udało mi się uspokoić go na jakiś czas

II *vi* [1] (play for time) za|grać na zwłokę; **to ~ for (more) time** próbować zyskać na czasie; **stop** or **quit** US **~ing and give me a straight answer!** przestań się wykręcać i odpowiedz mi! [2] (stop, stagnate) *[market, industry]* znaleźć się w zastoju; *[talks, diplomacy]* utknąć w martwym punkcie

III stalled *pp adj [negotiations]* w impasie; *[market, industry]* w stanie stagnacji or zastoju

■ **stall off**: **~ off [sb]** zwodzić *[creditors]*

stall-fed /ˌstɔːlˈfed/ *adj* Agric *[pig, cattle]* opasany w oborze

stall feed *vt* Agric opa|ść, -sać w oborze

stallholder /ˈstɔːlhəʊldə(r)/ *n* (at market) właściciel *m*, -ka *f* straganu, straganiа|rz *m*, -rka *f*; krama|rz *m*, -rka *f* dat

stalling angle *n* Aviat kąt *m* przeciągnięcia

stalling tactic *n* gra *f* na zwłokę, gra *f* na czas

stallion /ˈstælɪən/ *n* ogier *m*

stalwart /ˈstɔːlwət/ **I** *n* (of party) wierny zwolennik *m*

II *adj* (loyal) *[member, supporter]* oddany; *[support]* bezwarunkowy; *[defender, defence, resistance]* niezłomny; **to do ~ work** odwalić kawał solidnej roboty infml

stamen /ˈsteɪmən/ *n* (*pl* **~s, -mina**) Bot pręcik *m*

stamina /ˈstæmɪnə/ *n* wytrzymałość *f*, odporność *f*; **to have ~** być wytrzymałym; **he lacks ~** brak mu wytrzymałości; **to have the ~ for sth/to do sth** mieć dość siły do czegoś/żeby coś zrobić

stammer /ˈstæmə(r)/ **I** *n* jąkanie się *n*; **to have a ~** jąkać się; **to speak with a ~** jąkać się

II *vt* wyjąkać *[words, reply, answer]*

III *vi* jąkać się

stammerer /ˈstæmərə(r)/ *n* jąkała *m/f* infml

stammering /ˈstæmərɪŋ/ **I** *n* jąkanie się *n*

II *adj* jąkający się

stamp /stæmp/ **I** *n* [1] Post znaczek *m*; **a postage ~** znaczek pocztowy; **a 24 p ~** znaczek za 24 pensy; **a first/second class ~** znaczek na list ekspresowy/zwykły; **a book** or **sheet of ~s** bloczek or arkusz znaczków; **to put** or **stick a ~ on sth** nakleić znaczek na coś [2] (token) (for free gift) kupon *m*; **a TV licence ~** odcinek opłaty za abonament telewizyjny [3] (device) (for marking) pieczątka *f*; (bigger) pieczęć *f*; (for impressing or cutting) stempel *m* matrycy; **date ~** datownik [4] (mark) pieczątka *f*; (bigger) pieczęć *f*, stempel *m*; **to give sth a ~ of approval** fig zaakceptować coś [5] fig (hallmark) znamię *n*; **to bear the ~ of greatness** nosić znamiona wielkości; **to set one's ~ on sth** odcisnąć na czymś swoje piętno *[company, era]* [6] (calibre) pokrój *m*; **a man of a different ~** człowiek innego pokroju; **people of various ~s** ludzie różnego pokroju [7] (sound of feet) tupnięcie *n*; **with a ~ of one's foot** tupiąc nogą; **to give a ~ of anger/impatience** tupnąć ze złością/ze zniecierpliwieniem; **the ~ of the horse's hooves** stukot końskich kopyt [8] GB dat (contribution) składka *f* na ubezpieczenie społeczne

II *modif* **~ album** klaser; **~ collection** kolekcja znaczków

III *vt* [1] (put a mark) wbi|ć, -jać, wstemplow|ać, -ywać *[name, address, date, number]* **(on sth** do czegoś); ostemplow|ać, -ywać *[passport, book, card, ticket]*; przybi|ć, -jać pieczątkę na (czymś) *[document]*; **a document ~ed with the official seal** dokument ostemplowany oficjalną pieczęcią; **to ~ a book with the date** przybić pieczątkę z datą w książce; **the letter was ~ed 'confidential'** list nosił pieczęć „poufne"; **to ~ one's authority/personality on sth** potwierdzić coś swoim autorytetem/wywrzeć wpływ na coś; **the scene will remain ~ed on my memory** ta scena długo pozostanie mi w pamięci [2] Post (stick a stamp on) nakle|ić, -jać znaczek na (coś), o|frankować *[letter, postcard, envelope, parcel]* [3] (thump foot) **to ~ one's foot** (in anger) tupnąć nogą; **to ~ one's feet** (rhythmically, for warmth) przytupywać; **to ~ sth into the ground** wdeptać coś w ziemię *[cigarette end]*; **she ~ed the peg into the ground** wbiła nogą kołek w ziemię; **to ~ sth flat** rozdeptać coś

IV *vi* [1] (thump foot) *[person]* tup|nąć, -ać; *[horse]* grzebać nogą; **to ~ in anger/rage** tupnąć nogą ze złością/z wściekłością; **to ~ on sth** nadepnąć na coś; **you've ~ed on my foot!** nadepnąłeś mi na nogę! [2] (walk heavily) ciężko stąpać, iść ciężkim krokiem; **to ~ into/out of a room** wejść do pokoju /wyjść z pokoju ciężkim krokiem [3] (crush) **to ~ on sth** udeptać coś *[soil, ground]*; fig zdusić, zdławić *[rebellion]*; odrzucić, sprzeciwiać się (czemuś) *[suggestion, idea]*

■ **stamp off**: **~ off [sth], ~ [sth] off** (remove) **to ~ the mud off one's shoes** tupać, żeby oczyścić buty z błota

■ **stamp out**: **~ out [sth], ~ [sth] out** [1] (extinguish) s|tłumić *[fire, flames]*; przydept|ać, -ywać *[embers]*; **to ~ out the rhythm** wybijać rytm nogami [2] fig (crush) s|tłumić *[uprising, rebellion]*; położyć kres (czemuś), wyplenić *[practice, fraud, crime, terrorism]*; opanow|ać, -ywać *[disease]* [3] (cut out) wytłaczać, tłoczyć *[engine parts, components]*

stamp-collecting /ˈstæmpkəlektɪŋ/ *n* filatelistyka *f*

stamp-collector /ˈstæmpkəlektə(r)/ *n* filatelist|a *m*, -ka *f*

stamp-dealer /ˈstæmpdiːlə(r)/ *n* **to be a ~** handlować znaczkami

stamp duty *n* Jur opłata *f* stemplowa

stamped addressed envelope, sae *n* zaadresowana koperta *f* ze znaczkiem

stampede /stæmˈpiːd/ **I** *n* [1] (rush) (of people, animals) popłoch *m*; fig masowy pęd *m*; **there was a ~ for** or **towards the exit** wszyscy w popłochu rzucili się w kierunku wyjścia;

there was a virtual ~ for tickets ludzie rzucili się kupować bilety [2] US (rodeo) rodeo *n*

II *vt* [1] *[person, noise, fire]* wywoł|ać, -ywać popłoch wśród (kogoś/czegoś) *[animal, people]* [2] fig **to ~ sb into (doing) sth** przymusić kogoś do (zrobienia) czegoś

III *vi [animals, people, crowd]* pędzić w popłochu or w panice; **to ~ towards the exit** rzucić się w popłochu or panice w kierunku wyjścia; **a stampeding elephant** rozjuszony słoń

stamping ground *n* GB infml (of person) rewir *m* fig; (of animal) terytorium *n*; **this pub is one of his ~s** regularnie zagląda do tego pubu

stamping mill *n* Mining kruszarka *f* stęporowa, tłuczarka *f*

stamping press *n* Ind prasa *f* do tłoczenia, tłocznia *f*

stamp machine *n* Post automat *m* do sprzedaży znaczków

stance /stɑːns, stæns/ *n* [1] (attitude) stanowisko *n*; **to take** or **adopt a ~** zająć stanowisko; **her ~ on sth** jej stanowisko w sprawie czegoś *[defence, inflation, issue]* [2] (way of standing) postawa *f*; pozycja *f*; **to adopt a ~** przyjąć postawę [3] (in mountaineering) występ *m* skalny

stanch *vt* US = **staunch**

stanchion /ˈstænʃən, US ˈstæntʃən/ *n* słupek *m*

stand /stænd/ **I** *n* [1] (piece of furniture) (for tool, instrument, washbasin, plant) stojak *m*; (for coats, hats) wieszak *m*; (for trophy) podstawka *f*; (for sheet music) pulpit *m*; (for lamp) statyw *m* [2] Comm (stall) (on market) stragan *m*, kram *m*; (kiosk) budka *f*; (at exhibition, trade fair) stoisko *n*; **a news(paper) ~** kiosk (z gazetami); **an information ~** stanowisko informacyjne; **a hot-dog ~** budka z hot-dogami [3] Sport (in stadium) trybuna *f* [4] Jur (witness box) miejsce *n* dla świadka; **the main witness takes the ~ tomorrow** jutro składa zeznania główny świadek [5] (stance) stanowisko *n*; **to take** or **make a ~ on sth** zająć stanowisko w kwestii czegoś [6] (resistance to attack) opór *m*; **to make a last ~** Mil stoczyć bój na śmierć i życie; **to make a ~ against sth** sprzeciwiać się czemuś *[new law, proposals]* [7] (in cricket) **a ~ of 120 runs** nieprzerwana seria 120 punktów [8] (standstill) **to come to a ~** *[traffic, machines]* stanąć; **to be at a ~** *[trains, traffic]* stać; **to bring sth to a ~** spowodować całkowite zatrzymanie czegoś; **the traffic was brought to a ~** ruch został sparaliżowany [9] (area) (of crops) pole *n*; (of trees) kępa *f*

II *vt* (*pt, pp* **stood**) [1] (place) postawić, stawiać *[person, object]*; **~ it over there** postaw to tam; **to ~ sb on/in/by sth** postawić kogoś na/w/przy czymś; **to ~ sth against sth** oprzeć coś o coś [2] (bear) zn|ieść, -osić *[person, insects, food]*; **I can't ~ liars** nie znoszę kłamców; **he can't ~ to do it** or **doing it** nie znosi tego robić; **I can't ~ him snoring** nie znoszę, kiedy chrapie; **he couldn't ~ me questioning his figures** nie mógł znieść, że kwestionowałem przedstawione przez niego liczby; **she won't ~ any bad behaviour** nie będzie tolerować złego zachowania; **it won't ~ close scrutiny** przy dokładniejszym sprawdzeniu wyjdą wszystkie defekty [3] infml (pay for) postawić, stawiać *[meal, drink]*; **to ~ sb sth** postawić komuś coś [4] Jur **to ~ trial** stanąć przed sądem; **to ~ security for sb, to ~ bail for sb** złożyć poręczenie za kogoś [5] (be liable) **to ~ to lose sth** ryzykować, że się coś straci; **she ~s to gain a million pounds if the deal goes through** może zarobić milion funtów, jeśli ten interes dojdzie do skutku

III *vi* (*pt, pp* **stood**) [1] (also **~ up**) wsta|ć, -wać; **let's ~, we'll see better** wstańmy, będziemy lepiej widzieć [2] (be upright) *[person, object]* stać; **they were ~ing at the bar/in the doorway** stali przy barze /w drzwiach; **they were ~ing talking near the car** stali przy samochodzie i rozmawiali; **to remain ~ing** stać nadal; **only a few houses were left ~ing** ostało się zaledwie kilka domów; **there's not much of the cathedral still ~ing** do dziś niewiele pozostało z katedry; **don't just ~ there, do something!** nie stój tak, zrób coś! [3] (be positioned) *[building, train, cars]* stać; *[village, town]* być położonym [4] (step) **to ~ on sth** nadepnąć na coś; **you are ~ing on my foot!** stanąłeś mi na nodze! [5] (be) **the house ~s empty** dom stoi pusty; **to ~ accused of sth** być oskarżonym o coś; **to ~ ready** być gotowym; **as things ~...** w obecnej sytuacji..., w obecnym stanie rzeczy...; **I want to know where I ~** fig chciałbym wiedzieć, na czym stoję; **where do you ~ on abortion /capital punishment?** jakie jest twoje stanowisko w kwestii aborcji/kary śmierci?; **nothing ~s between me and getting the job** nic mi nie przeszkodzi w zdobyciu tej pracy; **my savings are all that ~ between us and poverty** jedynie moje oszczędności ratują nas od biedy; **to ~ in sb's way** stać komuś na drodze also fig; **to ~ in the way of progress** fig stać na drodze postępu [6] (remain valid) *[offer, agreement, statement]* obowiązywać, być aktualnym; **the record still ~s** rekord jest wciąż niepobity [7] (measure in height) **he ~s six feet** ma sześć stóp wzrostu; **the tower/hill ~s 500 metres high** wieża/wzgórze ma 500 metrów wysokości [8] (be at certain level) **the record/total ~s at 300** rekord/suma wynosi 300; **the score ~s at 3-0** wynik jest 3-0 [9] (be a candidate) kandydować; **who is ~ing as the Labour candidate?** kto jest kandydatem Partii Pracy?; **to ~ for parliament/president** kandydować do parlamentu/na prezydenta [10] (act as) **to ~ as godfather for sb** być ojcem chrzestnym kogoś; **to ~ as guarantor for sb** być poręczycielem kogoś [11] (not move) *[water]* stać; **mix the batter and then let it ~** rozmieszaj ciasto i odstaw; **let the tea ~** poczekaj, aż herbata naciągnie [12] Naut **to ~ for sth** płynąć w kierunku czegoś *[port, Dover]*

■ **stand about, stand around** stać **(doing sth** robiąc coś)

■ **stand aside** zejść, schodzić na bok **(to do sth** żeby coś zrobić)

■ **stand back**: [1] (move back) *[person, crowd]* cof|nąć, -ać się; **to ~ back from sth** odsunąć się od czegoś; fig wycofać się z czegoś [2] (be situated) **to ~ back from the road** *[house]* stać dalej od drogi

■ **stand by**: ¶ **~ by** [1] (be prepared) *[doctor, army, emergency services]* być w pogotowiu; **to be ~ing by to do sth** *[services]* być w pogotowiu, żeby coś zrobić; **to ~ by for sth** być gotowym do czegoś; **'~ by for take-off!'** Aviat „przygotować się do startu!" [2] (refuse to act) stać z boku; **how can you ~ by and let that happen?** jak możesz stać z boku i pozwolić na coś takiego? ¶ **~ by [sb/sth]** (be loyal to) stać przy (kimś) *[person]*; być wiernym (czemuś) *[principles]*; trwać przy (czymś), trzymać się (czegoś) *[decision, policy]*; dotrzym|ać, -ywać (czegoś) *[agreement, promise]*; podtrzym|ać, -ywać *[offer]*

■ **stand down** [1] (resign) *[president, chairman, candidate]* ust|ąpić, -ępować **(in favour of sb** na rzecz kogoś) [2] Jur **the witness may ~ down** świadek jest wolny

■ **stand for**: **~ for [sth]** [1] (represent) *[party, person]* opowi|edzieć, -adać się za (czymś) *[ideal]*; **this name/company ~s for quality** ta nazwa/firma jest gwarancją jakości [2] (denote) *[initials]* oznaczać; **what does OUP ~ for?** co oznacza skrót OUP? [3] (tolerate) godzić się na (coś) *[cut, reduction]*; znosić, tolerować *[insubordination]*; **I wouldn't ~ for that** nie pozwoliłbym na to; **don't ~ for him being so rude to you!** nie pozwól mu traktować się tak arogancko!

■ **stand in**: **to ~ in for sb** zast|ąpić, -ępować kogoś

■ **stand off**: ¶ **~ off** [1] (reach a stalemate) ut|knąć, -ykać w martwym punkcie [2] Naut trzymać się z daleka od brzegu ¶ **~ [sb] off, ~ off [sb]** infml (lay off) zw|olnić, -alniać *[workers]*

■ **stand out** [1] (be noticeable) *[building, person, work, achievement]* wyróżniać się; **to ~ out from** or **against sb/sth** wyróżniać się na tle kogoś/czegoś or spośród kogoś/czegoś [2] (protrude) wystawać; **veins stood out on his forehead** żyły wystąpiły mu na skroniach [3] (take a stance) **to ~ out against sth** wystąpić przeciwko czemuś *[change, decision]*; **to ~ out for sth** wystąpić w obronie czegoś *[right, principle]*; **management has offered 5% but the workers are ~ing out for 7%** kierownictwo zaproponowało 5%, ale pracownicy żądają 7%

■ **stand over**: ¶ **~ over** (be postponed) zostać odłożonym na później ¶ **~ over [sb]** (watch) stać nad kimś fig *[employee, pupil]*

■ **stand to** Mil: ¶ **~ to** być w gotowości; **to ~ to to do sth** być w gotowości do zrobienia czegoś ¶ **~ [sb] to** postawić, stawiać w stan gotowości

■ **stand up**: ¶ **~ up** [1] (rise) wsta|ć, -wać **(to do sth** żeby zrobić coś) [2] (stay upright) stać [3] (withstand investigation) *[argument, theory, story]* utrzym|ać, -ywać się; trzymać się kupy infml; **to ~ up to sth** wytrzymywać coś *[scrutiny, investigation]* [4] (resist) **to ~ up to sb** stawić czoło komuś [5] (defend) **to ~ up for sb/sth** stanąć w obronie kogoś /czegoś; **to ~ up for oneself** bronić się

S

¶ ~ **[sb/sth] up** [1] (place upright) postawić, stawiać *[person, object]* **(on sth** na czymś); **to ~ sth up against sth** oprzeć coś o coś [2] infml (fail to meet) **we were to meet at 7 o'clock, but she stood me up** mieliśmy się spotkać o 7, ale nie przyszła or infml wystawiła mnie do wiatru

IDIOMS: **to leave sb ~ing** *[athlete, student, company]* zostawić kogoś daleko w tyle; **as a cook, she leaves me ~ing** jeżeli chodzi o gotowanie, nie mam przy niej szans; **to ~ up and be counted** odważnie głosić swoje przekonania

stand-alone /ˈstændələʊn/ *adj* Comput autonomiczny, niezależny

standard /ˈstændəd/ **I** *n* [1] (level of quality) poziom *m*, standard *m*; **the ~ of hygiene /candidates is good** poziom higieny /kandydatów jest dobry; **~s of service have declined** obniżył się poziom or standard usług; **our drinking water is of a very high ~** nasza woda pitna jest bardzo wysokiej jakości; **the candidates were of a very high ~** poziom kandydatów był bardzo wysoki; **this wine is excellent by any ~s** to wino jest pod każdym względem doskonałe; **to have high/low ~s** *[person]* być człowiekiem z zasadami/bez zasad; *[school, institution]* reprezentować wysoki/niski poziom; **to have double ~s** stosować dwie różne miary [2] (official specification) standard *m*, norma *f*; **products must comply with EC ~s** produkty muszą spełniać standardy or normy Unii Europejskiej [3] (requirement) (of students) wymagany poziom *m*; (of work, safety) standard *m*; **his work is not up to ~** jego praca jest niezadowalająca; **this student is not up to ~** ten student nie jest w stanie sprostać wymaganiom; **above/below ~** powyżej/poniżej (wymaganego) poziomu; **to set the ~ for others to follow** wyznaczać innym wzór do naśladowania; **by today's ~s** zgodnie z dzisiejszymi standardami [4] (banner) sztandar *m* [5] (classical song) standard *m*; **a rock /blues ~** standard rockowy/bluesowy

II *adj* [1] (normal) *[size, plan, style, image]* typowy; *[equipment, procedure, test]* standardowy; *[rate, pay]* normalny, standardowy; *[ton, measurement]* znormalizowany; **it's ~ practice** to ogólnie przyjęta praktyka; **~ English/Polish** literacka angielszczyzna /polszczyzna; **this model includes a car radio as ~** ten model jest standardowo wyposażony w radio [2] (authoritative) *[work, sample]* wzorcowy; *[biography, text, author]* klasyczny [3] (also **~ class**) GB Rail **~ ticket/return** bilet drugiej klasy/powrotny drugiej klasy [4] Bot (not trained to support) *[tree, shrub]* rosnący samodzielnie; (grafted on a stem) *[rose, shrub]* szczepiony na łodydze

standard amenities *npl* podstawowe wygody *f pl*

Standard Assessment Task *n* GB Sch ujednolicony sprawdzian *m* wiadomości *(dla poszczególnych grup wiekowych)*

standard-bearer /ˈstændədbeərə(r)/ *n* [1] Mil chorąży *m* [2] fig przywódca *m*

standard-bred /ˈstændədbred/ *n* US Equest (kłusak *m*) standardbred *m*

standard cost *n* Accts koszty *m pl* normatywne

standard deviation *n* Stat odchylenie *n* standardowe

standard gauge *n* Rail normalna szerokość *f* torów *(1,435m)*

standard gauge railway *n* Rail kolej *m* normalnotorowa

standard-issue /ˈstændədɪʃuː, -ɪsjuː/ *adj* Mil przydziałowy

standardization /ˌstændədaɪˈzeɪʃn, US -dɪˈz-/ *n* standaryzacja *f*

standardize /ˈstændədaɪz/ **I** *vt* standaryzować, z|normalizować *[component, laws, procedures, spelling, size]*

II standardized *pp adj* znormalizowany

standard lamp *n* GB lampa *f* stojąca

standard normal distribution *n* Stat standaryzowany rozkład *m* normalny

standard of living *n* poziom *m* życia, standard *m* życiowy

standard time *n* czas *m* urzędowy

standby /ˈstændbaɪ/ **I** *n* [1] (for use in emergencies) (person) zastęp|ca *m*, -czyni *f*; (power supply) awaryjne źródło *n* zasilania; **to be a ~ for sth** *[food ingredient]* zastępować coś; **to be on ~** *[army, emergency services]* być w pogotowiu; (for airline ticket) być na liście rezerwowej; **to be put on ~** *[army, emergency services]* zostać postawionym w stan pogotowia [2] Telecom gotowość *f*, oczekiwanie *n*

II *modif* [1] (emergency) *[system, circuit, battery]* awaryjny [2] Tourism *[passenger]* będący na liście rezerwowej; **~ ticket** bilet bez rezerwacji miejsca

standee /stænˈdiː/ *n* (spectator) widz *m* mający miejsce stojące; (passenger) pasażer *m* podróżujący na stojąco

stand-in /ˈstændɪn/ **I** *n* zastęp|ca *m*, -czyni *f*; Theat, Cin dubler *m*, -ka *f*; **she sent me as her ~** wysłała mnie w zastępstwie

II *adj* **a ~ teacher** nauczyciel uczący w zastępstwie; **to find a ~ teacher/lecturer** znaleźć nauczyciela/wykładowcę na zastępstwo

standing /ˈstændɪŋ/ **I** *n* [1] (reputation, rank) pozycja *f* **(among sb** wśród kogoś); **my ~ with the boss** opinia, jaką szef ma o mnie; **academic/professional ~** pozycja naukowa/zawodowa; **social ~** pozycja społeczna; **financial ~** sytuacja finansowa; **of high/considerable ~** mający wysoką/znaczącą pozycję [2] (length of time) **of long ~** *[relationship, situation]* długotrwały; **of ten years' ~** *[situation, dispute]* trwający od dziesięciu lat; *[member]* o dziesięcioletnim stażu

II *adj* [1] (permanent) *[army, committee, force]* stały [2] (continuing) *[rule, invitation]* stały; **a ~ joke** stały temat żartów [3] Sport (from standing position) *[jump]* z miejsca; **to make a jump from a ~ start** skoczyć z miejsca

standing charge *n* opłata *f* stała

standing order *n* Fin zlecenie *n* stałe

standing ovation *n* owacja *f* na stojąco

standing room *n* miejsca *n pl* stojące

standing stone *n* stojący blok *m* kamienny

stand-off /ˈstændɒf/ *n* [1] (stalemate) impas *m*, martwy punkt *m* [2] (counterbalancing of forces) przeciwwaga *f* [3] Sport = **stand-off half**

stand-off half *n* Sport pomocnik *m* środkowego

stand-offish /ˌstændˈɒfɪʃ/ *adj* infml *[person, manner, attitude]* pełen rezerwy, nieprzystępny

stand-offishly /ˌstændˈɒfɪʃlɪ/ *adv* infml *[behave, say]* z rezerwą

stand-offishness /ˌstændˈɒfɪʃnɪs/ *n* infml rezerwa *f*, nieprzystępność *f*

stand-off missile *n* Mil, Tech pocisk *m* wystrzeliwany i kierowany z samolotu

standpipe /ˈstændpaɪp/ *n* (outlet in the street) hydrant *m*

standpoint /ˈstændpɔɪnt/ *n* punkt *m* widzenia, stanowisko *n* **(on sth** na temat czegoś); **from sb's ~** z punktu widzenia kogoś

standstill /ˈstændstɪl/ *n* [1] (stop) (in economy, business) zastój *m*; **to be at a ~** *[traffic, factory, port, rail services]* stać; **to come to a ~** *[person, car, work, production]* zatrzymać się, stanąć; *[negotiations, talks]* utknąć w martwym punkcie; **to bring sth to a ~** sparaliżować coś *[traffic, service, city]*; unieruchomić coś *[factory]* [2] (on wages, taxes) zamrożenie *n* **(on sth** czegoś)

standstill agreement *n* Fin umowa *f* o renegocjacji zadłużenia, moratorium *n*

stand-to /ˈstændtuː/ *n* Mil stan *m* gotowości

stand-up /ˈstændʌp/ **I** *n* (also **~ comedy**) występ *m* rozrywkowy jednego artysty

II *adj* [1] Theat, TV *[comedian]* występujący solo [2] (eaten standing) *[meal]* jedzony na stojąco [3] (aggressive) *[fight, argument]* wściekły

stank /stæŋk/ *pt* → **stink**

Stanley knife® /ˈstænlɪnaɪf/ *n* nóż *m* do wykładzin

stannic /ˈstænɪk/ *adj* cynowy

stannous /ˈstænəs/ *adj* cynawy

stanza /ˈstænzə/ *n* Literat zwrotka *f*, strofa *f*

stapes /ˈsteɪpiːz/ *n* (*pl* **~, -pedes)** Anat strzemiączko *n*

staphylococcus /ˌstæfɪləˈkɒkəs/ *n* (*pl* **-cocci)** gronkowiec *m*

staple¹ /ˈsteɪpl/ **I** *n* [1] (basic food) podstawowe pożywienie *n* [2] Econ (crop) podstawowa uprawa *f*; (product) podstawowy produkt *m*; (industry) podstawowa branża *f* przemysłu [3] fig (topic, theme) podstawowy temat *m* [4] Tex (fibre) stapel *m*, pasmo *n* włókna

II *adj* *[product, industry, food, crop]* podstawowy; **bread is their ~ diet** chleb stanowi podstawę ich pożywienia

staple² /ˈsteɪpl/ **I** *n* [1] (for paper) zszywka *f* [2] Constr (U-shaped) skobel *m*, klamra *f*

II *vt* [1] (attach) przypi|ąć, -nać **(to** or **onto sth** do czegoś); **to ~ sheets together** zszyć kartki papieru [2] Med **to have one's stomach ~d** poddać się operacji zmniejszenia żołądka

staple gun *n* tacker *m*

stapler /ˈsteɪplə(r)/ *n* zszywacz *m*

staple remover *n* rozszywacz *m*

star /stɑː(r)/ **I** *n* [1] Astron, Astrol gwiazda *f*; **the ~s are out** świecą gwiazdy, widać gwiazdy; **to navigate by the ~s** płynąć według gwiazd; **born under a lucky ~** urodzony pod szczęśliwą gwiazdą [2] (person) gwiazda *f*; **a ~ of the screen** gwiazda ekranu; **a film ~** gwiazda filmowa; **a tennis/soccer/rock ~** gwiazda tenisa /futbolu/rocka; **to make sb a ~** zrobić z

kogoś gwiazdę [3] Print (asterisk) gwiazdka *f* [4] (award) (to hotel, restaurant) gwiazdka *f*; (to pupil) plus *m* [5] Mil (mark of rank) gwiazdka *f*
II stars *npl* Astrol (horoscope) horoskop *m*; **I'm reading my ~s** czytam swój horoskop; **what do the ~s foretell?** co mówią gwiazdy?; **it's written in the ~s** to jest zapisane w gwiazdach
III *modif [cast, quality]* gwiazdorski; **~ role** główna rola; **~ pupil** najlepszy uczeń; **~ witness** główny świadek; **~ attraction** główna atrakcja
IV -star *in combinations* [1] Tourism **three-/four-~ hotel** hotel trzygwiazdkowy/czterogwiazdkowy [2] Mil **three-/four-~ general** ≈ generał broni/armii
V *vt* (*prp, pt, pp* **-rr-**) [1] (feature as star) **the play ~s Alan Bates and Maggie Smith as the uncle and aunt** główne role w sztuce grają Alan Bates i Maggie Smith jako wuj i ciotka; **a film ~ring John Brown** film z Johnem Brownem w roli głównej [2] (mark with star) oznacz|yć, -ać gwiazdką; **the ~red items/dishes are...** artykuły/dania oznaczone gwiazdką są... [3] (decorate) **~red with sth** usiany czymś *[flowers, dots]*
VI *vi* (*prp, pt, pp* **-rr-**) *[actor]* za|grać główną rolę **(in sth** w czymś); **Bela Lugosi ~s as Dracula/in the role of Dracula** Bela Lugosi występuje jako Drakula/w roli Drakuli
IDIOMS: **to reach for the ~s** wysoko mierzyć; **to see ~s** zobaczyć wszystkie gwiazdy fig; **→ all-star, ill-starred**

star anise /ˌstɑːrəˈniːz/ *n* badian *m*, anyż *m* gwiazdkowaty

starboard /ˈstɑːbəd/ **I** *n* [1] Naut sterburta *f*; **~!** w prawo ster!; **hard a-~!** w prawo na burtę!; **to turn to ~** zmienić kurs na prawo [2] Aviat (of aircraft) prawa burta *f*; **to bank to ~** przechylić się na prawo
II *modif* Naut, Aviat *[gun, engine, wing]* prawy; **on the ~ side** Naut z prawej burty

starch /stɑːtʃ/ **I** *n* [1] (carbohydrate) skrobia *f*; **wheat ~** skrobia zbożowa; **potato ~** skrobia ziemniaczana, mąka ziemniaczana; **corn ~** US skrobia kukurydziana [2] (for clothes) krochmal *m*; **to put ~ on sth** wykrochmalić coś
II *vt* wy|krochmalić
III starched *pp adj [sheet, collar]* wykrochmalony

Star Chamber *n* [1] GB Hist Jur *dawna rada królewska, pełniąca funkcję sądu* [2] pej (also **star chamber)** ≈ sąd *m* kapturowy fig [3] GB Pol komisja *f* rządowa do spraw wydatków

star chart *n* mapa *f* nieba

starch-reduced /ˌstɑːtʃrɪˈdjuːst/ *adj [product, food]* z obniżoną zawartością skrobi

starchy /ˈstɑːtʃɪ/ *adj* [1] *[food, diet]* bogaty w skrobię [2] *[substance]* zawierający skrobię [3] infml pej *[behaviour, person]* sztywny; *[tone]* oficjalny

star connection *n* Elec połączenie *n* w gwiazdę

star-crossed /ˈstɑːkrɒst/ *adj* liter urodzony pod nieszczęśliwą gwiazdą

stardom /ˈstɑːdəm/ *n* (status) status *m* gwiazdy; **to rise to ~** stać się gwiazdą

stardust /ˈstɑːdʌst/ *n* gwiezdny pył *m*; fig sentymentalizm *m*

stare /steə(r)/ **I** *n* (utkwione) spojrzenie *n*; **an insolent/a hard ~** bezczelne/surowe spojrzenie; **an icy/vacant ~** lodowate /nieobecne spojrzenie; **to give sb a ~** (of surprise) popatrzeć na kogoś ze zdziwieniem; **a ~ full of hostility** nieprzyjazne spojrzenie; **we received curious ~s from the passers-by** przechodnie przyglądali się nam ciekawie
II *vt* **to ~ sb into silence** zmusić kogoś wzrokiem do milczenia; **to ~ sb into submission** zmusić kogoś wzrokiem do uległości; **the solution was staring us in the face** fig rozwiązanie samo się narzucało; **the book I'd been looking for was there all the time, staring me in the face** książka, której szukałem, była tam cały czas, na samym wierzchu; **disaster was staring me in the face** nieszczęście wydawało się nieuniknione
III *vi* wpatrywać się **(at sb/sth** w kogoś /coś); gapić się infml pej **(at sb/sth** na kogoś/coś); **stop staring, it's rude!** nie gap się, to niegrzecznie!; **to ~ at sb in** or **with surprise/disbelief** patrzeć na kogoś ze zdziwieniem/z niedowierzaniem; **to ~ into space** wpatrywać się w przestrzeń; **to ~ straight ahead** patrzeć prosto przed siebie; **to make sb ~** wprawić kogoś w zdumienie; **what are you staring at?** na co tak patrzysz?; na co się gapisz? infml pej; **he ~d back at me** on też na mnie spojrzał; **he stopped and ~d** zatrzymał się i spojrzał; **to ~ up at sb** podnieść wzrok na kogoś; **to ~ down at sb/sth** spojrzeć w dół na kogoś/coś; **to ~ out of the window** wyglądać przez okno
■ **stare down = stare out**
■ **stare out**: **~ out [sb], ~ [sb] out** zmu|sić, -szać do odwrócenia wzroku *[enemy, rival]*

starfish /ˈstɑːfɪʃ/ *n* rozgwiazda *f*

starflower /ˈstɑːflaʊə(r)/ *n* Bot śniedek *m* baldaszkowaty

starfruit /ˈstɑːfruːt/ *n* Bot karambola *f*

stargazer /ˈstɑːgeɪzə(r)/ *n* infml [1] (astrologer) astrolog *m* [2] (astronomer) astronom *m*

staring /ˈsteərɪŋ/ *adj [people, crowd]* wpatrujący się; gapiący się infml pej; *[eyes]* szeroko otwarty; **to look at sb/sth with ~ eyes** patrzeć na kogoś/coś szeroko otwartymi oczami

stark /stɑːk/ *adj* [1] (bare) *[landscape, appearance, beauty, decor, conditions]* surowy [2] fig (unadorned) *[facts]* goły, nagi; *[statement]* suchy; *[warning]* poważny; **the ~ reality** brutalna rzeczywistość; **the ~ truth** naga prawda; **a ~ choice** trudny wybór [3] (total) *[poverty]* skrajny; *[madness, folly]* czysty; **~ terror** paniczne przerażenie; **to be in ~ contrast to sth** jaskrawo kontrastować z czymś
IDIOMS: **~ raving mad** infml, **~ staring mad** GB infml kompletnie stuknięty infml; **to be ~ naked** być zupełnie nagim or infml gołym

starkers /ˈstɑːkəz/ GB infml hum **I** *adj* golusieńki infml
II *adv* na golasa infml

starkly /ˈstɑːklɪ/ *adv* [1] (bluntly) *[stand out]* wyraźnie; *[clear, obvious]* zupełnie; **to contrast ~ with sth** jaskrawo z czymś kontrastować [2] (barely) *[decorated]* ascetycznie

starkness /ˈstɑːknɪs/ *n* (of landscape) surowość *f*; (of decor, room) ascetyczność *f*

starless /ˈstɑːlɪs/ *adj* bezgwiezdny

starlet /ˈstɑːlɪt/ *n* gwiazdka *f*

starlight /ˈstɑːlaɪt/ *n* światło *n* gwiazd

starling /ˈstɑːlɪŋ/ *n* szpak *m*

starlit /ˈstɑːlɪt/ *adj [night]* rozgwieżdżony

star-of-Bethlehem /ˌstɑːrəvˈbeθlɪhem/ *n* Bot = **starflower**

Star of Bethlehem *n* Relig gwiazda *f* betlejemska

Star of David *n* gwiazda *f* Dawida

starry /ˈstɑːrɪ/ *adj* [1] (with stars) *[night, sky]* gwiaździsty [2] (shining) *[eyes]* roziskrzony, błyszczący [3] (in shape of star) *[flower, leaf, design]* gwiaździsty [4] *[cast]* gwiazdorski; *[programme, occasion]* z udziałem samych gwiazd

starry-eyed /ˌstɑːrɪˈaɪd/ *adj [person]* chodzący z głową w chmurach; **~ about sb /sth** zauroczony kimś/czymś

Stars and Bars *n* US Hist (+ *v sg*) flaga *f* Konfederacji *(podczas wojny secesyjnej)*

Stars and Stripes *n* (+ *v sg*) flaga *f* Stanów Zjednoczonych

star shell *n* raca *f*

star sign *n* znak *m* zodiaku

Star-spangled Banner /ˌstɑːspæŋgldˈbænə(r)/ *n* Gwiaździsty Sztandar *m (flaga i hymn Stanów Zjednoczonych)*

starstruck /ˈstɑːstrʌk/ *adj* zafascynowany gwiazdami ekranu

star-studded /ˈstɑːstʌdɪd/ *n* **~ cast** gwiazdorska obsada

star system *n* [1] Astron układ *m* gwiezdny [2] (in films) system *m* gwiazdorski

start /stɑːt/ **I** *n* [1] (beginning) początek *m*; **at the ~ of the war/season** na początku wojny/sezonu; **(right) from the ~** od (samego) początku; **it would be a ~** to już byłby jakiś początek; **to make a ~ on doing sth** zabrać się do robienia czegoś; **to make a ~ on the gardening/one's homework/the dinner** zabrać się do pracy w ogrodzie/do odrabiania lekcji/do przygotowywania obiadu; **to make an early ~** (on journey) wcześnie wyruszyć; (on work) wcześnie zacząć; **that's a good ~** to dobry początek; iron ładnie się zaczyna iron; **it was a bad ~ to the day** ten dzień kiepsko się zaczął; **to make a fresh** or **new ~** zacząć od nowa; **from ~ to finish** od początku do końca; **at the ~, ...** z początku..., początkowo...; **for a ~** na początek; **to have a running** or **a flying ~ in life** mieć gładki start w życiu [2] (advantage) przewaga *f* na starcie; **he had an hour's ~ on me** miał nade mną godzinę przewagi na starcie; **to give sb a ~ in business** ułatwić komuś start w biznesie [3] Sport (departure line) linia *f* startu, start *m*; **lined up at the ~** ustawieni na starcie or na linii startu [4] (movement) (of surprise, fear) **he gave a ~ of surprise** podskoczył przestraszony; **to give sb a ~** przestraszyć kogoś; **she awoke with a ~** poderwała się ze snu
II *vt* [1] (begin) zacz|ąć, -ynać, rozpocz|ąć,

S

-ynać *[day, exercise, activity]*; napocz|ąć, -ynać *[bottle, packet]*; **to ~ doing** or **to do sth** zacząć robić coś; **he's just ~ed a new job** właśnie zaczął nową pracę; **the butterfly ~s life as a caterpillar** motyl rozpoczyna życie jako gąsienica; **to ~ a new page** zacząć pisać na nowej stronie; **don't ~ that again!** nie zaczynaj znowu or od nowa! [2] (put to work) **the foreman ~ed the workers at 8 o'clock** brygadzista polecił robotnikom rozpocząć pracę o ósmej; **he fired the pistol and ~ed the runners** wystrzelił i biegacze wystartowali; **to ~ sb on sth, to get sb ~ed on sth** skłonić kogoś do czegoś *[typing, cleaning]*; **a series of experiences that ~ed him on his literary career** doświadczenia, które dały początek jego pisarskiej karierze [3] (cause, initiate) *[person]* zacz|ąć, -ynać *[quarrel, war]*; *[remark, event]* zapoczątko-w|ać, -ywać *[quarrel, war, trouble, custom, fashion, rumour]*; s|powodować *[fire]*; za|ło-żyć, -kładać *[business, enterprise]*; **to ~ a family** założyć rodzinę; **his father ~ed him in the family business** ojciec wprowadził go do rodzinnej firmy; **the sight of him ~ed her laughing** na jego widok zaczęła się śmiać [4] Mech (activate) uruch|omić, -amiać *[machine, car, motor]* [5] Tech (cause to loosen) poluzow|ać, -ywać *[rivet, screw]* [6] Hunt wypł|oszyć, -aszać *[game]*; **to ~ a hare** wypłoszyć zająca; fig poruszyć nowy temat

III to start with *adv phr* [1] (firstly) najpierw [2] (at first) początkowo; **I didn't understand to ~ with** początkowo nie zrozumiałem [3] (first of all) przede wszystkim; **I should never have told her to ~ with** przede wszyskim nie powinienem był jej tego mówić

IV *vi* [1] (begin) *[person]* zacz|ąć, -ynać; *[day, work, meeting, programme, road]* zacz|ąć, -ynać się, rozpocz|ąć, -ynać się; *[fire]* wybuch|nąć, -ać; **to ~ at 8 o'clock** zacząć o ósmej; **he ~ed with the living room** zaczął od salonu; **to ~ again** or **afresh** zacząć od początku or od nowa; **to ~ with smoked salmon** zacząć od wędzonego łososia; **it all ~ed when...** to wszystko zaczęło się, kiedy...; **prices ~ at around 50 dollars** ceny od około 50 dolarów; **to ~ by doing sth** zacząć od zrobienia czegoś; **let's get ~ed** (on work) zaczynajmy; **let's get ~ed on the washing-up** zabierajmy się do zmywania; **he got ~ed in the clothes trade** zaczynał od sprzedawania odzieży; **don't ~ on me** (in argument) nie zaczynaj znowu; **the day will ~ cloudy** początek dnia będzie pochmurny; **~ing Wednesday...** począwszy od środy [2] (begin to move) rusz|yć, -ać; **she ~ed up the stairs/down the corridor** ruszyła w górę po schodach/wzdłuż korytarza; **let's get ~ed** (on journey) ruszajmy [3] (depart) *[person]* wyrusz|yć, -ać; *[coach, train]* odje|chać, -żdżać; **to ~ in good time** wyruszyć wcześnie [4] (jump nervously) pod|erwać, -rywać się, podsk|oczyć, -akiwać; **she ~ed at the sudden noise** drgnęła, usłyszawszy nagły hałas; **he ~ed in surprise** poderwał się zaskoczony [5] (bulge) **his eyes almost ~ed out of his head** oczy omal nie wyszły mu na wierzch [6] Aut, Mech (be activated) *[car, engine]* zapal|ić, -ać; *[machine]* rusz|yć, -ać [7] Tech (work loose) poluzow|ać, -ywać się się

■ **start back** [1] (begin to return) zacz|ąć, -ynać wracać [2] (step back) cof|nąć, -ać się nagle

■ **start off**: ¶ **~ off** [1] (set off) *[train, bus]* rusz|yć, -ać; *[person]* wyrusz|yć, -ać; **to ~ off for the station/for school** wyjść na dworzec/do szkoły [2] (begin) *[person]* zacz|ąć, -ynać **(with sth/by doing sth** od czegoś /od zrobienia czegoś**)**; **to ~ off as a secretary** zaczynać jako sekretarka; **he ~ed off thinking he could convince them** początkowo myślał, że ich przekona ¶ **~ off [sb/sth], ~ [sb/sth] off** [1] (begin) zacz|ąć, -ynać, rozpocz|ąć, -ynać *[visit, talk]* **(with sth** od czegoś**)** [2] GB infml (cause to do) **to ~ sb off crying** doprowadzić kogoś do łez; **don't ~ her off laughing** nie rozśmieszaj jej; **who ~ed him off on this crazy idea?** kto mu podsunął ten szalony pomysł?; **don't ~ him off** tylko go nie prowokuj [3] (put to work) uruch|omić, -amiać *[machine]*; **the company ~ed him off in shipping** na początek firma zatrudniła go w ekspedycji; **we'll ~ you off on simple equations** na początek zajmiemy się prostymi równaniami [4] Sport **he fired and ~ed the runners/the race off** wystrzelił i biegacze wystartowali/zaczął się wyścig

■ **start out** [1] (set off) (on journey) wyrusz|yć, -ać; **he ~ed out with the aim of...** fig zaczął z zamiarem..., początkowo miał zamiar...; **they ~ed out wanting a house** fig początkowo chcieli kupić dom [2] (begin) *[employee, business]* zacz|ąć, -ynać **(as sb/sth** jako ktoś/coś**)**; **he/the business ~ed out in trade** zaczynał/firma zaczynała od handlu

■ **start over** zacz|ąć, -ynać od początku or od nowa

■ **start up**: ¶ **~ up** *[engine]* zapal|ić, -ać; *[music, noise]* rozle|c, -gać się; *[person]* zacz|ąć, -ynać; **he's ~ed up on his own** sam rozkręcił interes infml ¶ **~ up [sth], ~ [sth] up** uruch|omić, -amiać *[car]*; za|łożyć, -kładać *[business]*; otw|orzyć, -ierać *[shop]*

IDIOMS: **~ as you mean to go on** od początku bądź konsekwentny; **the ~ of something big** początek czegoś wielkiego; **to ~ something** infml rozpętać burzę fig

starter /ˈstɑːtə(r)/ *n* [1] Sport (participant) startujący *m*; **to be a fast ~** mieć dobry start [2] Sport (official) starter *m*; **to be under ~'s orders** oczekiwać na sygnał startera [3] Aut, Tech starter *m*, rozrusznik *m* [4] Culin przystawka *f*, zakąska *f*; **what would you like as a ~?** co chciałabyś na przystawkę? [5] (in quiz) pierwsze pytanie *n*

IDIOMS: **for ~s** infml na początek

starter home *n małe mieszkanie lub dom dla młodych osób rozpoczynających samodzielne życie*

starting block *n* blok *m* startowy

starting gate *n* Sport maszyna *f* startowa; (in skiing) bramka *f* startowa

starting grid *n* (in motor racing) ustawienie *n* na starcie

starting handle *n* Aut korba *f* rozruchowa; (of machine) dźwignia *f* rozruchowa

starting line *n* Sport linia *f* startu, linia *f* startowa

starting pistol *n* pistolet *m* startowy

starting point *n* (of journey, race) punkt *m* startowy; (of discussion) punkt *m* wyjścia

starting price *n* Turf stawka *f* tuż przed rozpoczęciem wyścigu

starting salary *n* pensja *f* początkowa

startle /ˈstɑːtl/ *vt* [1] (take aback) *[reaction, tone, event, discovery]* zask|oczyć, -akiwać [2] (alarm) *[sight, sound, person]* wystrasz|yć, -ać, przestrasz|yć, -ać; **you ~d me!** przestraszyłeś mnie!

startled /ˈstɑːtld/ *adj* [1] (taken aback) zaskoczony **(at sth** czymś**)**; **~ to see sth** zaskoczony widokiem czegoś [2] (alarmed) *[person, animal, voice, expression]* przestraszony; **a ~ cry** okrzyk strachu

startling /ˈstɑːtlɪŋ/ *adj* (surprising) *[resemblance, contrast, achievement]* zadziwiający, zdumiewający; (alarming) *[news, rise]* alarmujący; **a ~ white** olśniewająca biel

startlingly /ˈstɑːtlɪŋlɪ/ *adv [different, similar]* zadziwiająco, zdumiewająco; **to be ~ beautiful** być olśniewająco pięknym

start-up /ˈstɑːtʌp/ *n* Comm, Econ rozpoczęcie *n* działalności

start-up costs *n* Comm koszty *m pl* początkowe

Start-Up scheme *n* GB *rządowy program pomocy w tworzeniu małych firm*

star turn *n* [1] (act) gwóźdź *m* programu [2] (person) gwiazda *f*

starvation /ˌstɑːˈveɪʃn/ **I** *n* (hunger) głód *m*; (death) śmierć *f* głodowa; **they face ~** grozi im głód; **to die of ~** umrzeć z głodu, umrzeć śmiercią głodową

II *modif [rations, wages]* głodowy

starvation diet *n* **to go on a ~** stosować głodówkę; **the soldiers were on a ~** żołnierze otrzymywali głodowe racje

starve /stɑːv/ **I** *vt* [1] (deliberately) za|głodzić *[population, prisoners]*; **it's pointless starving yourself** głodzenie się nic ci nie da; **to ~ oneself/sb to death** zagłodzić się /kogoś na śmierć; **to ~ sb into doing sth** głodem przymusić kogoś do zrobienia czegoś; **to ~ a city into submission** głodem zmusić miasto do poddania się [2] (deprive) **to be ~d of sth** cierpieć na brak czegoś *[investment, cash, light, affection]*; **we're ~d for company/conversation** bardzo nam brakuje towarzystwa/rozmowy

II *vi* (suffer) głodować, przymierać głodem; (die) um|rzeć, -ierać z głodu; **to ~ (to death)** umrzeć z głodu; **to let sb ~** pozwolić, żeby ktoś umarł z głodu

■ **starve out**: **~ out [sb], ~ [sb] out** głodem przymu|sić, -szać do wyjścia *[enemy, inhabitants]*

starveling /ˈstɑːvlɪŋ/ *n* liter zagłodzone stworzenie *n*

starving /ˈstɑːvɪŋ/ *adj* [1] infml (hungry) **I'm ~!** umieram or padam z głodu! fig [2] (hunger-stricken) *[person, animal]* głodujący; **the ~ people of the Third World** głodujący or przymierający głodem ludzie w krajach Trzeciego Świata

Star Wars, star wars *n* US Mil infml *(+ v sg)* gwiezdne wojny *f pl*

stash /stæʃ/ infml **I** *n* [1] (hiding place) schowek *m*, kryjówka *f* [2] (hidden supply) ukryty zapas *m* (**of sth** czegoś); **a ~ of money/drugs /valuables** ukryte pieniądze/narkotyki /kosztowności

II *vt* s|chować, ukry|ć, -wać *[money, drugs]*; **to ~ sth in/under sth** schować coś w czymś/pod czymś

■ **stash away** infml: **~ away [sth], ~ [sth] away** s|chować, ukry|ć, -wać; **to have money ~ed away** mieć odłożone pieniądze

stasis /ˈsteɪsɪs, ˈstæsɪs/ *n* [1] (stagnation) zastój *m* [2] (*pl* **-es**) Med zastój *m*, hipostaza *f*

state /steɪt/ **I** *n* [1] (condition) stan *m*; **~ of health/mind** stan zdrowia/umysłu; **look at the ~ of the kitchen!** popatrz, w jakim stanie jest kuchnia!; **what ~ is the car in?** w jakim stanie jest samochód?; **she left the house in a terrible ~** (untidy, dirty) zostawiła dom w okropnym stanie; **the present ~ of affairs** obecny stan rzeczy; **my financial ~** moja sytuacja finansowa; **to be in a good/bad ~** być w dobrym /złym stanie; **in a good/bad ~ of repair** w dobrym/złym stanie; **she is in a poor ~ of health** jej zdrowie szwankuje; **he is in a confused ~ of mind** jest zagubiony; **you're in no ~ to go to work** w tym stanie nie możesz iść do pracy; **I don't think you're in a ~ to understand** nie wydaje mi się, żebyś był w stanie zrozumieć; **he is not in a fit ~ to drive** nie jest w stanie prowadzić; **in a liquid/solid ~** w stanie ciekłym/stałym; **a ~ of alert /emergency/siege/war** stan alarmowy /wyjątkowy/oblężenia/wojny; **a ~ of chaos/crisis/shock** stan chaosu/kryzysu /szoku; **to be in a ~ of despair** być pogrążonym w rozpaczy; **what's the ~ of play?** jak się rzeczy mają?; (in match) jaki jest stan gry?; (in negotiations) jaki jest rezultat dotychczasowych negocjacji? [2] Pol (nation) (also **State**) państwo *n*; **the State of Israel** państwo Izrael; **the Baltic States** państwa bałtyckie; **to be a ~ within a ~** być państwem w państwie [3] Admin, Geog (region, area) stan *m*; **the ~ of Kansas** stan Kansas, Kansas [4] (government) **the State** państwo *n*, władze *plt* państwowe; **matters** or **affairs of ~** sprawy państwowe; **Church and State** Kościół i Państwo; **owned** or **run by the ~** państwowy [5] (ceremonial) pompa *f*; **in ~** z wielką pompą, uroczyście; **to live in ~** żyć w przepychu; **she will lie in ~** trumna z jej ciałem będzie wystawiona na widok publiczny; **robes of ~** uroczyste szaty [6] arch (social class) stan *m*

II States *npl* **the States** infml Stany *plt* (Zjednoczone); **to go to the States** jechać do Stanów infml; **to live in the States** mieszkać w Stanach infml

III *modif* [1] (government) *[sector, school, enterprise, pension, radio, TV, railways, subsidy, aid]* państwowy; **~ secret** tajemnica państwowa; **~ budget** budżet państwa; **~ spending** wydatki państwa; **~ election** wybory powszechne [2] US *[tax, budget, election]* stanowy [3] (ceremonial) *[opening, banquet]* uroczysty; **~ visit/funeral** wizyta państwowa/pogrzeb państwowy; **~ occasion** uroczystość państwowa

IV *vt* [1] (express, say) stwierdz|ić, -ać *[fact, truth]*; wyra|zić, -żać *[opinion, position, view]*; (provide information about) poda|ć, -wać, określ|ić, -ać *[age, income]*; **to ~ that...** oświadczyć, że...; **'I have no intention of resigning,' he ~d** „nie mam zamiaru składać rezygnacji", oświadczył; **applicants must ~ where they live** kandydaci muszą podać adres zamieszkania; **the document ~s clearly the conditions necessary for acceptance** dokument jasno określa warunki przyjęcia; **to ~ the obvious** stwierdzać oczywisty fakt; **to ~ one's case** przedstawić swoją sprawę; **to ~ the case for the defence** Jur przedstawić stanowisko obrony; **as ~d above/below** jak podano powyżej/poniżej [2] (specify) określ|ić, -ać *[amount, conditions, place, time, terms]*; **the ~d time/amount, the time/amount ~d** określony czas /określona kwota; **at ~d times/intervals** w określonym czasie/w określonych odstępach; **on ~d days** w określonych dniach, w określone dni

IDIOMS: **to be in/get oneself into a ~** być roztrzęsionym/zdenerwować się

state bank *n* US bank *m* stanowy

State capital *n* US stolica *f* stanu

state capitalism *n* kapitalizm *m* państwowy

State Capitol *n* US Pol zgromadzenie *n* stanowe

State Certified Midwife, SCM *n* położna *f* dyplomowana

state control *n* kontrola *f* państwa (**of sth** nad czymś); **to bring sth under ~** poddać coś kontroli państwa

state-controlled /ˌsteɪtkənˈtrəʊld/ *adj* kontrolowany przez państwo

statecraft /ˈsteɪtkrɑːft, US -kræft/ *n* umiejętność *f* rządzenia krajem

State Department *n* US Pol Departament *m* Stanu

State Enrolled Nurse, SEN *n* GB Med ≈ pielęgnia|rz *m*, -rka *f* (*po dwuletnim kursie*)

state-funded /ˌsteɪtˈfʌndɪd/ *n* finansowany przez państwo

statehood /ˈsteɪthʊd/ *n* państwowość *f*; **our aim is ~** naszym celem jest uzyskanie własnej państwowości; **to achieve ~** uzyskać własną państwowość

State house *n* US (for legislature) siedziba *f* zgromadzenia; (for public affairs) budynek *m* administracji państwowej; (for public events) gmach *m* państwowy

stateless /ˈsteɪtlɪs/ *adj* bezpaństwowy; **~ persons** bezpaństwowcy

statelessness /ˈsteɪtlɪsnɪs/ *n* bezpaństwowość *f*

Stateline /ˈsteɪtlaɪn/ *n* US granica *f* stanu

stateliness /ˈsteɪtlɪnɪs/ *n* (of building) okazałość *f*; (of dance, movement, person) dostojność *f*

stately /ˈsteɪtlɪ/ *adj [mansion]* okazały; *[manner, person]* dostojny, godny

stately home *n* rezydencja *f*, pałac *m*

statement /ˈsteɪtmənt/ *n* [1] (expression of view) twierdzenie *n*; **a ~ of fact** stwierdzenie faktu; **a ~ of his political ambitions** deklaracja jego ambicji politycznych [2] (formal announcement) oświadczenie *n*; **a ~ by the minister/president** oświadczenie ministra/prezydenta; **a ~ on** or **about sth** oświadczenie dotyczące czegoś or w sprawie czegoś; **a ~ to sb** oświadczenie skierowane do kogoś; **an official ~** oficjalne oświadczenie; **to make a ~** złożyć oświadczenie; **to issue** or **release a ~** wydać oświadczenie; **the Minister's ~ said that..., in a ~ the Minister said that...** w swoim oświadczeniu minister stwierdził, że... [3] Jur zeznanie *n*; **to make a false ~** złożyć fałszywe zeznanie; **to take a ~** *[police officer]* przyjąć zeznanie [4] Fin (of bank account) wyciąg *m* z konta; **a financial ~** sprawozdanie finansowe

statement of claim *n* GB Jur twierdzenie *n* powództwa

state of the art *adj [equipment, tool, device, technology]* najnowocześniejszy; *[laboratory]* supernowoczesny

State of the Union Address *n* US orędzie *n* o stanie państwa

State Opening of Parliament *n* GB uroczyste otwarcie *n* nowej sesji parlamentu

state-owned /ˌsteɪtˈəʊnd/ *adj [company]* państwowy

State police *n* US policja *f* stanowa

state prison *n* US więzienie *n* stanowe

State Registered Nurse, SRN *n* GB Med ≈ pielęgniarz *m* dyplomowany, pielęgniarka *f* dyplomowana (*o wysokich kwalifikacjach*)

State representative *n* US Pol członek *m* stanowej Izby Reprezentantów

stateroom /ˈsteɪtruːm/ *n* Naut prywatna kabina *f*

state room *n* sala *f* recepcyjna

state-run /ˌsteɪtˈrʌn/ *adj [newspaper, radio, television, company, factory]* państwowy

State's attorney *n* US Jur prokurator *m* stanowy

State senator *n* US Pol senator *m* stanowy

State's evidence *n* US Jur **to turn ~** zostać świadkiem koronnym

States General *n* [1] Pol parlament *m* Holandii [2] Hist Stany *plt* Generalne

stateside /ˈsteɪtsaɪd/ **I** *adj* amerykański **II** *adv* **to go/take sb ~** jechać/zabrać kogoś do Stanów infml

statesman /ˈsteɪtsmən/ *n* (*pl* **-men**) mąż *m* stanu

statesmanlike /ˈsteɪtsmənlaɪk/ *adj* godny męża stanu

statesmanship /ˈsteɪtsmənʃɪp/ *n* cechy *f pl* męża stanu; **an act of supreme ~** czyn godny wielkiego męża stanu

state socialism *n* socjalizm *m* państwowy

state-sponsored terrorism /ˌsteɪtspɒnsədˈterərɪzəm/ *n* terroryzm *m* państwowy

state trooper *n* US policjant *m* stanowy

State university *n* US uniwersytet *m* stanowy

statewide /ˌsteɪtˈwaɪd/ *adj, adv* US (in all of a country) w całych Stanach; (in all of a state) w całym stanie

static /ˈstætɪk/ **I** *n* [1] (also **~ electricity**) elektryczność *f* statyczna [2] Radio, TV (interference) zakłócenia *n pl* [3] US infml (trouble) awantura *f* infml

II *adj* [1] (stationary) *[scene, actor, display]* statyczny; *[traffic]* zablokowany [2] (unchanging) *[society, way of life, values, style]* niezmienny [3] (stable) *[population, prices, demand]* stały [4] Phys *[force, pressure]* sta-

S

tyczny [5] Comput *[memory, program, variable]* statyczny

statics /ˈstætɪks/ *n (+ v sg)* statyka *f*

station /ˈsteɪʃn/ **I** *n* [1] Rail stacja *f*; (big) dworzec *m*; **in** or **at the ~** na stacji/na dworcu; **the train came into the ~** pociąg wjechał na stację/na dworzec [2] Radio (buildings and equipment) radiostacja *f*; (channel) stacja *f* (radiowa); **jazz ~** stacja nadająca jazz; **commercial ~** stacja komercyjna [3] TV (channel, company) stacja *f* telewizyjna; **local/national ~** lokalna /ogólnokrajowa stacja telewizyjna [4] Mil (base) baza *f* (wojskowa); **air/naval ~** baza lotnicza/morska; **an RAF ~** baza RAF-u [5] (place of duty) pozycja *f*, stanowisko *n*; **a soldier at his ~** żołnierz na stanowisku; **factory workers will remain at their ~s** robotnicy fabryczni pozostaną na swoich stanowiskach (pracy) [6] (also **police ~**) komisariat *m*; (small) posterunek *m* policji [7] Agric farma *f*; **cattle/sheep ~** farma hodowlana bydła/owiec [8] dat (status) pozycja *f* społeczna, status *m*; **his ~ in life** jego pozycja (społeczna); **ideas above his ~** wygórowane ambicje [9] Relig **the Stations of the Cross** (individual stops) stacje *f pl* Drogi Krzyżowej, stacje *f pl* Męki Pańskiej; (as a whole) Droga *f* Krzyżowa; **to do the Stations of the Cross** odprawiać drogę krzyżową

II *modif* Rail *[facilities, buffet, car park, clock, hotel]* stacyjny; (of big station) dworcowy; **~ staff** personel stacji/dworca

III *vt* Mil *[commander, chief, inspector]* postawić, stawiać *[guard, policeman]*; rozmie|ścić, -szczać *[troops]*; ustawi|ć, -ać *[tank, ship]*; **to be ~ed in Germany/at Essen** *[forces, troops, personnel]* stacjonować w Niemczech/w Essen

IV *vr* **to ~ oneself** zająć stanowisko

stationary /ˈsteɪʃənrɪ, US -nerɪ/ *adj* [1] (not moving) *[vehicle]* nieruchomy; *[queue]* stojący w miejscu; *[traffic]* unieruchomiony [2] (not intended to be moved) *[crane, engine]* stacjonarny [3] (not changing) *[prices, condition]* niezmienny [4] Metorol *[front]* stacjonarny

station break *n* US Radio, TV reklamy *f pl*; **we're going to take a ~** teraz krótka przerwa na reklamy

stationer /ˈsteɪʃnə(r)/ *n* [1] (person) właściciel *m*, -ka *f* sklepu papierniczego [2] (also **~'s**) (shop) sklep *m* papierniczy

stationery /ˈsteɪʃnərɪ, US -nerɪ/ **I** *n* [1] (writing materials) materiały *m pl* piśmienne; (for office) materiały *m pl* biurowe [2] (writing paper) papier *m* listowy; (paper with envelopes) papeteria *f*

II *modif* **a ~ cupboard** szafka z materiałami biurowymi; **~ products** artykuły or wyroby papiernicze; **a ~ department** stoisko z artykułami papierniczymi

stationery shop *n* GB sklep *m* papierniczy

stationery store *n* US = **stationery shop**

stationmaster /ˈsteɪʃnmaːstə(r), US -mæstə(r)/ *n* Rail naczelnik *m* stacji

station wagon *n* US Aut (estate car) kombi *n inv*

statistic /stəˈtɪstɪk/ *n* (numerical value) **~s** dane *plt* liczbowe, statystyki *plt*; **official** or **government ~s** oficjalne or urzędowe statystyki; **unemployment ~s** statystyki dotyczące bezrobocia; **the ~s on crime /prices** statystyki dotyczące przestępczości/cen

statistical /stəˈtɪstɪkl/ *adj* statystyczny

statistically /stəˈtɪstɪklɪ/ *adv* statystycznie

statistician /ˌstætɪˈstɪʃn/ *n* statystyk *m*

statistics /stəˈtɪstɪks/ *npl* (subject) *(+ v sg)* statystyka *f*

stative /ˈsteɪtɪv/ *adj* Ling *[verb]* stanowy

stats /stæts/ *npl* infml = **statistics**

statuary /ˈstætʃʊərɪ/ *n* [1] (collection) rzeźby *f pl*; **a collection of garden ~** kolekcja rzeźb ogrodowych [2] (art) rzeźba *f*

statue /ˈstætʃuː/ *n* posąg *m*, statua *f*

statuesque /ˌstætʃʊˈesk/ *adj* posągowy

statuette /ˌstætʃʊˈet/ *n* statuetka *f*, posążek *m*

stature /ˈstætʃə(r)/ *n* [1] (height) postura *f*; **short/tall of** or **in ~** niskiej/wysokiej postury [2] (status) ranga *f*, pozycja *f*; **his ~ as a writer** jego renoma pisarska; **a scientist of considerable intellectual ~** naukowiec wielkiego formatu

status /ˈsteɪtəs/ *n (pl* **-uses)** [1] (position) status *m*; **social ~** status społeczny; **celebrity ~** status gwiazdy; **the ~ of women** status kobiet; **her (official) ~ as assistant** jej oficjalny status asystentki; **financial ~** sytuacja finansowa; **employment ~** sytuacja zawodowa; **professional ~** status zawodowy; **he holds the highest ~ in the company** zajmuje najwyższą pozycję w firmie; **~ as a member /refugee, member/refugee ~** status członka/uchodźcy; **marital ~** stan cywilny; **legal ~** (of person, group) status prawny; (of statement, signature) moc prawna; **the group has no official ~** grupa nie jest oficjalnie uznawana [2] (prestige) status *m*, prestiż *m*; **to have ~** cieszyć się prestiżem; **women have a very little ~ here** status kobiet jest tutaj bardzo niski

status bar *n* Comput pasek *m* stanu

status inquiry *n* Fin ustalenie *m* zdolności kredytowej

status meeting *n* zebranie *n* dla omówienia aktualnej sytuacji

status quo /ˌsteɪtəsˈkwəʊ/ *n* status quo *n inv*

status symbol *n* atrybut *m* statusu społecznego

statute /ˈstætʃuːt/ *n* [1] Jur, Pol (act) ustawa *f*; **governed/limited by ~** regulowany/ograniczony ustawą [2] Admin statut *m*; **~s of the association** statut spółki

statute book *n* zbiór *m* ustaw; **to be on the ~** obowiązywać; **to reach the ~** wejść w życie

statute law *n* prawo *n* pisane or stanowione

statute of limitations *n* Jur przepisy *m pl* o przedawnieniu

statutory /ˈstatʃʊtərɪ, US -tɔːrɪ/ *adj* Jur *[right, duty, powers, requirements, sick pay]* ustawowy; *[authority, agency, body]* oficjalny; **~ offence** GB, **~ offense** US pogwałcenie prawa

statutory instrument *n* instrument *m* prawny

statutory rape *n* US uwiedzenie *n* osoby nieletniej

staunch[1] /stɑːntʃ, stɔːntʃ/ *vt* [1] za|tamować *[flow, bleeding]* [2] fig za|hamować, powstrzym|ać, -ywać *[decline]*

staunch[2] /stɔːntʃ/ *adj [supporter, defender]* zagorzały; *[ally]* wierny, oddany

staunchly /ˈstɔːntʃlɪ/ *adv [defend, oppose]* stanowczo; **~ Communist/Conservative** *[views]* zdecydowanie komunistyczny/konserwatywny; *[person]* o zdecydowanie komunistycznych/konserwatywnych poglądach; **a ~ Catholic area** obszar zdominowany przez zdeklarowanych katolików

stave /steɪv/ *n* [1] Mus (staff) pięciolinia *f* [2] (of barrel) klepka *f* [3] (stick) kij *m* [4] (stanza) zwrotka *f*

■ **stave in** (*pt, pp* **staved, stove**): **~ in [sth], ~ [sth] in** wgi|ąć, -nać *[bodywork]*; wybi|ć, -jać dziurę (w czymś) *[barrel]*

■ **stave off** (*pt, pp* **staved**): **~ off [sth]** oszuk|ać, -iwać *[hunger, thirst]*; pokon|ać, -ywać *[fatigue]*; powstrzym|ać, -ywać *[bankruptcy, crisis]*; oddal|ić, -ać *[defeat]*; odsu|nąć, -wać *[threat]*

staves /steɪvz/ *npl* → **staff** **I** [1] [5]

stay[1] /steɪ/ **I** *n* [1] (visit, period) pobyt *m*; **a ~ in hospital** pobyt w szpitalu; **a two-week ~** dwutygodniowy pobyt; **to have an overnight ~ in Athens** zatrzymać się na noc w Atenach; **'enjoy your ~!'** „miłego pobytu!" [2] Jur zawieszenie *n*; fig (delay, reprieve) odroczenie *n*; **a ~ of execution** (of death penalty) zawieszenie wykonania wyroku śmierci; (of other sentence) zawieszenie egzekucji or postępowania wykonawczego

II *vt* [1] Jur zawie|sić, -szać *[proceedings]* [2] Turf *[horse]* wytrzym|ać, -ywać *[distance]*

III *vi* [1] (remain) zosta|ć, -wać; **to ~ a few days** zostać kilka dni; **to ~ for lunch** zostać na lunch; **to ~ in bed/at home** zostać w łóżku/w domu; **to ~ calm** zachować spokój; **to ~ faithful** pozostać wiernym; **to ~ single** *[man]* nie ożenić się; *[woman]* nie wyjść za mąż; **I'm not ~ing another minute** nie zostanę ani chwili dłużej; **to ~ in Poland** zostać w Polsce; **to ~ in teaching/nursing** zostać w zawodzie nauczycielskim/pielęgniarskim; **to ~ in business** (not go under) utrzymać się na powierzchni fig; **to ~ put** nie ruszać się; **'~ tuned!'** (on radio) „zostańcie z nami!"; **computers are here to ~** komputery zadomowiły się w naszym życiu na dobre [2] (have accommodation) zatrzym|ać, -ywać się; **where are you ~ing?** gdzie się zatrzymałeś?; **to ~ in a hotel/at a friend's house/with Anna** zatrzymać się w hotelu /u kolegi/u Anny [3] (spend the night) zatrzym|ać, -ywać się na noc, prze|nocować; **it's very late, why don't you ~?** jest bardzo pożno, może zostałbyś (na noc)?; **I had to ~ in a hotel** musiałem zatrzymać się na noc w hotelu; **to ~ overnight in Philadelphia** przenocować w Filadelfii [4] (visit for unspecified time) **to come to ~ with sb** przyjechać do kogoś; **do you like having people to ~?** lubisz mieć w domu gości? [5] Scot (live) mieszkać

■ **stay away** [1] (not come) **go away and ~ away!** idź i nie wracaj!; **to ~ away from sth** trzymać się z daleka od czegoś *[shop, town centre]*; nie zbliżać się do czegoś *[cliff*

edge, window, strangers]; **when hotels are too dear, tourists ~ away** kiedy hotele są za drogie, turyści nie przyjeżdżają; **~ away from my sister/husband!** zostaw w spokoju moją siostrę/mojego męża! [2] (not attend) **to ~ away from school /work** nie iść do szkoły/do pracy
■ **stay behind** zosta|ć, -wać; **to ~ behind after sth** zostać po czymś *[party, concert, school]*
■ **stay in** [1] (not go out) nie wy|jść, -chodzić, zosta|ć, -wać w domu [2] (remain in cavity) *[hook, nail]* trzymać się
■ **stay on** [1] GB Sch zosta|ć, -wać w szkole [2] (not leave) zosta|ć, -wać [3] (continue in post) pozost|ać, -awać; **to ~ on as sb** pozostać na stanowisku kogoś *[chief accountant, head chef]* [4] (not fall off) *[handle, label]* trzymać się
■ **stay out** [1] (remain away) być poza domem; **to ~ out late** wrócić późno; **to ~ out all night** nie wrócić do domu na noc; **to ~ out of sth** nie wchodzić do czegoś *[room, house]*; **to ~ out of sight** nie pokazywać się; **to ~ out of trouble** nie pakować się w tarapaty; nie szukać guza infml; **to ~ out of sb's way** nie wchodzić komuś w drogę; **~ out of this!** nie mieszaj się (do tego)! [2] (continue strike) kontynuować strajk
■ **stay over** zatrzym|ać, -ywać się, zosta|ć, -wać (na noc)
■ **stay up** [1] (not go to bed) nie położyć się, nie kłaść się **(to do sth** żeby zrobić coś); **I ~ed up for him until two o'clock** czekałem na niego do drugiej w nocy; **to ~ up late** nie kłaść się spać do późna; **he likes to ~ up late** lubi późno chodzić spać; **they are not allowed to ~ up late** nie wolno im siedzieć do późna w nocy [2] (not fall down) trzymać się

stay² /steɪ/ *n* Naut sztag *m*

stay-at-home /ˈsteɪəthəʊm/ *n* domator *m*, -ka *f*; **to be a ~** wiecznie siedzieć w domu

stayer /ˈsteɪə(r)/ *n* **to be a ~** *[athlete, horse]* być wytrzymałym; *[worker]* być wytrwałym

staying-power /ˈsteɪɪŋpaʊə(r)/ *n* wytrzymałość *f*; **to have ~** być wytrzymałym

stays /steɪz/ *npl* Fashn gorset *m*

stay stitching *n* fastryga *f (zabezpieczająca materiał przed rozciąganiem)*

St Bernard /səntˈbɜːnəd/ *n* Zool bernardyn *m*

St Christopher-Nevis /sənˌkrɪstəfəˈniːvɪs/ *prn* Federacja *f* St Christopher i Nevis

STD *n* [1] Med = **sexually transmitted disease** choroba *f* przenoszona drogą płciową [2] GB Telecom = **subscriber trunk dialling** połączenie *n* automatyczne

STD (area) code *n* GB numer *m* kierunkowy

St David's Day /ˌsntˈdeɪvɪdzdeɪ/ *n* dzień *m* św. Dawida *(święto narodowe Walii)*

stead /sted/ *n* **in sb's ~** zamiast kogoś; **she went in my ~** poszła zamiast mnie
IDIOMS: **to stand sb in good ~** bardzo przydać się komuś; być dla kogoś jak znalazł infml

steadfast /ˈstedfɑːst, US -fæst/ *adj [friend, supporter]* wierny, oddany; *[belief]* niezłomny, nieugięty; *[refusal]* stanowczy; *[gaze]* baczny; **to be ~ in adversity** nie poddawać się mimo przeciwności losu; **he is/remains ~ in his belief that...** jest niezachwiany w swoim przekonaniu, że...; **to be ~ in one's beliefs/principles** być wiernym swoim przekonaniom/zasadom

steadfastly /ˈstedfɑːstlɪ, US -fæstlɪ/ *adv [believe]* niezłomnie, nieugięcie; *[pursue]* z uporem; *[refuse]* stanowczo

steadfastness /ˈstedfɑːstnɪs, US -fæst-/ *n* niezłomność *f*; **~ of principle** niezłomność zasad; **~ of purpose** nieugiętość w dążeniu do celu

steadily /ˈstedɪlɪ/ *adv* [1] (gradually) *[deteriorate, increase, rise]* stale [2] (regularly) *[bang, pump, breathe]* miarowo, równo [3] (without interruption) *[work, rain]* bez przerwy; **to look ~ at sb** patrzeć na kogoś bacznie

steadiness /ˈstedɪnɪs/ *n* [1] (of table, chair) stabilność *f*; (of hand) pewność *f* [2] (of voice) pewność *f*; (of gaze) badawczość *f* [3] (in temperament) siła *f* charakteru

steady /ˈstedɪ/ **I** *adj* [1] (gradual) *[increase, accumulation, decline]* stały, ciągły [2] (even, continual) *[speed]* stały; *[pace]* równy; *[breathing, drip, thud]* miarowy; *[rain]* ciągły; **a ~ stream of cars/callers** nieprzerwany sznur samochodów/gości; **to drive at a ~ 80 kmh** jechać ze stałą prędkością 80 km/godz.; **progress has been ~** następuje stały postęp [3] (firm, unwavering) *[hand]* pewny; *[ladder, table, cup, boat]* stabilny; fig *[trust, faith]* niezachwiany; **to keep** or **hold sth ~** przytrzymać coś *[ladder]*; fig utrzymywać coś na stałym poziomie *[prices]*; **he isn't very ~ on his feet** nie trzyma się zbyt pewnie na nogach; **to hold ~** Fin *[share prices, interest rates]* utrzymywać się na stałym poziomie; **to hold ~ at 270 dollars** utrzymywać się na stałym poziomie 270 dolarów [4] (calm) *[voice]* opanowany; *[look, gaze]* spokojny; **to have ~ nerves** mieć stalowe nerwy [5] (reliable) *[job, income, boyfriend, relationship]* stały; *[company, worker]* solidny
II *excl* GB infml spokojnie!; **~ on!** (reprovingly) uspokój się!
III *vt* [1] (keep still) przytrzym|ać, -ywać, trzymać *[ladder]*; utrzym|ać, -ywać nieruchomo *[camera]*; **she tried to ~ her hand** próbowała opanować drżenie ręki [2] (control) **to ~ one's nerves** opanować nerwy, zapanować nad nerwami; **to ~ one's voice** opanować drżenie głosu
IV *vi* [1] *[boat]* odzysk|ać, -iwać równowagę; *[hand, voice]* przesta|ć, -wać drżeć; *[nerves]* uspok|oić, -ajać się [2] *[prices, interest rates]* u|stabilizować się
V *vr* **to ~ oneself** (physically) odzyskać równowagę; (mentally) uspokoić się
IDIOMS: **~ as she goes** Naut tak trzymać!; **to go ~ with sb** dat infml chodzić z kimś infml

steady state theory *n* teoria *f* stanu stacjonarnego

steak /steɪk/ *n* Culin (of beef) befsztyk *m*, stek *m*; (of pork, veal) kotlet *m*; (of fish, poultry) filet *m*; **~ and chips** stek z frytkami; **cod /turkey ~** filet z dorsza/z indyka

steak and kidney pie *n* GB *mięso i cynaderki zapiekane w cieście*

steak and kidney pudding *n mięso duszone z cynaderkami*

steakhouse /ˈsteɪkhaʊs/ *n restauracja specjalizująca się w stekach*

steak knife *n* nóż *m* do steków

steak sandwich *n* kanapka *f* z wołowiną

steal /stiːl/ **I** *n* infml (bargain) **the watch was a ~!** ten zegarek to była prawdziwa okazja!; **5 dollars, that's a ~!** 5 dolarów to prawie darmo!
II *vt* (*pt* **stole;** *pp* **stolen)** [1] (thieve) u|kraść, s|kraść *[object, idea]*; **to ~ sth from sb** ukraść komuś coś; **our luggage was stolen from the car** ukradziono nam bagaż z samochodu [2] fig (take surreptitiously) **to ~ a few minutes' sleep** zdrzemnąć się kilka minut; **to ~ a few minutes' peace** odpocząć chwilkę; **to ~ the credit for sth** przypisać sobie zasługę za coś; **to ~ a glance at sth** rzucić ukradkowe spojrzenie na coś; **to ~ a kiss** skraść całusa; **to ~ a scene from sb** Theat, Cin przyćmić kogoś
III *vi* (*pt* **stole;** *pp* **stolen)** [1] (thieve) kraść; **to ~ from sb** okraść kogoś; **to ~ from houses/cars** okradać domy/samochody [2] (creep) skradać się; **to ~ into/out of the room** zakraść or wkraść się do pokoju/wykraść się z pokoju; **to ~ up on sb** podkraść się do kogoś; fig **a sad expression stole across her face** wyraz smutku przemknął jej po twarzy; **the light stole through the curtains** światło przenikało przez zasłony
■ **steal away** *[person]* wykra|ść, -dać się; **to ~ away from the house** wymknąć się z domu
IDIOMS: **to ~ a march on sb** uprzedzić or ubiec kogoś; **to ~ the show** Theat przyćmić resztę obsady; fig ściągnąć na siebie całą uwagę

stealing /ˈstiːlɪŋ/ *n* kradzież *f*

stealth /stelθ/ *n* (of cat, prowler) ostrożność *f*; **by ~** ukradkiem, chyłkiem

Stealth bomber *n* bombowiec *m* niewidzialny dla radaru

stealthily /ˈstelθɪlɪ/ *adv* ukradkiem, chyłkiem

stealthy /ˈstelθɪ/ *adj [glance]* ukradkowy; *[steps, cat]* skradający się

steam /stiːm/ **I** *n* [1] (vapour) para *f* (wodna); **vegetables cooked in ~** warzywa gotowane na parze; **machines/trains powered by ~** maszyny/pociągi o napędzie parowym; **~ rose from the ground** ziemia parowała; **my breath turned to ~ in the cold** na zimnie mój oddech zamieniał się w parę [2] Mech Eng (from pressure) ciśnienie *n*; **to get up** or **raise ~** podnosić ciśnienie w kotłach; **the locomotive is under ~** lokomotywa jest pod parą; **full ~ ahead!** Naut cała naprzód!; fig całą or pełną parą!
II *modif [heating, whistle, turbine, railway]* parowy; **~ cooking** gotowanie na parze
III *vt* Culin u|gotować na parze *[vegetables, pudding]*; **~ed carrots** marchewka gotowana na parze
IV *vi* [1] (give off vapour) *[food, clothes, roofs]* parować; *[train]* buchać parą; *[kettle, water]* gotować się [2] Rail **the train ~ed into the station** buchając parą, pociąg wjechał na stację [3] infml (move fast) pruć, zasuwać infml
■ **steam ahead** fig **to ~ ahead in the polls** szybko iść do góry w sondażach;

she's ~ing ahead with her thesis całą or pełną parą zabrała się do pisania pracy

■ **steam off**: ¶ ~ **off** *[train]* odje|chać, -żdżać; **he ~ed off** (in anger) oddalił się wściekły ¶ ~ **off [sth],** ~ **[sth] off** odkle|ić, -jać nad parą *[stamp]*; odkle|ić, -jać przy pomocy pary *[wallpaper]*

■ **steam open**: ~ **open [sth],** ~ **[sth] open** otw|orzyć, -ierać nad parą *[envelope, letter]*

■ **steam up**: ¶ ~ **up** *[window, glasses]* zaparow|ać, -ywać ¶ ~ **[sth] up** (mist up) **the warm air has ~ed up the windows** od ciepłego powietrza szyby zaparowały; **to get ~ed up** infml *[person]* zdenerwować się **(over sth** czymś)

IDIOMS: **to get up** or **pick up** ~ *[vehicle, ship]* nabierać prędkości; *[campaign, plans]* nabierać rozpędu; **to run out of** ~ *[campaign, economy]* stracić impet; *[athlete]* opaść z sił, stracić energię; **he ran out of** ~ uszła z niego para infml; **to let** or **blow off** ~ infml (use excess energy) wyładowywać się; (lose one's temper) wściekać się; **I was given a lift by Robert, but Maria got there under her own** ~ mnie podwiózł Robert, ale Maria dotarła na miejsce sama

steam bath *n* łaźnia *f* parowa

steamboat /ˈstiːmbəʊt/ *n* parowiec *m*

steam cleaner *n* odkurzacz *m* parowy

steam engine *n* Rail parowóz *m*, lokomotywa *f* parowa; Hist maszyna *f* parowa

steamer /ˈstiːmə(r)/ *n* [1] (boat) parowiec *m* [2] Culin (pan) garnek *m* do gotowania na parze

steaming /ˈstiːmɪŋ/ *adj* [1] (hot) *[soup, bath, spring]* parujący [2] infml (furious) wściekły infml [3] infml (drunk) nabuzowany infml

steam iron *n* żelazko *n* z nawilżaczem

steam locomotive *n* = **steam engine**

steam museum *n* Hist, Rail muzeum *n* kolejnictwa

steam power *n* para *f*

steamroller /ˈstiːmrəʊlə(r)/ **I** *n* Constr walec *m* parowy

II *vt* pej z|miażdżyć *[opposition, rival]*; **they ~ed the plan through the committee** przeforsowali swój plan na posiedzeniu komisji

steam room *n* łaźnia *f* parowa

steamship /ˈstiːmʃɪp/ *n* parowiec *m*

steamship company *n* kompania *f* żeglugowa

steam shovel *n* koparka *f*

steam stripper *n* urządzenie *n* do usuwania tapet

steamy /ˈstiːmɪ/ *adj* [1] (full of vapour) *[bathroom, window]* zaparowany [2] (humid) *[day, climate]* parny; *[jungle]* wilgotny [3] infml (erotic) *[film]* erotyczny; *[scene, affair]* namiętny

steed /stiːd/ *n* arch wierzchowiec *m*

steel /stiːl/ **I** *n* [1] (metal) stal *f*; **made of** ~ ze stali, stalowy [2] (knife sharpener) pręt *m* do ostrzenia noży [3] fig **he showed his** ~ pokazał swój silny charakter; **nerves of** ~ nerwy ze stali, stalowe nerwy; **a grip of** ~ stalowy uścisk

II *modif* [1] *[bodywork, girder, pipe, bar, cutlery, pan]* stalowy; ~ **sheet** arkusz blachy stalowej [2] *[city]* hutniczy; ~ **strike** strajk hutników or w hutnictwie; ~ **production/manufacturer** produkcja/producent stali

III *vr* **to** ~ **oneself** przygotow|ać, -ywać się; **to** ~ **oneself for sth/to do sth** przygotować się na coś/żeby coś zrobić

steel band *n zespół muzyczny grający na bębnach zrobionych z blaszanych pojemników na ropę*

steel blue I *n* (kolor *m*) stalowy *m*

II *adj* stalowy

steel engraving *n* staloryt *m*

steel grey I *n* (kolor *m*) stalowoszary *m*

II *adj* stalowoszary

steel guitar *n* gitara *f* hawajska

steel industry *n* przemysł *m* stalowy

steel mill *n* stalownia *f*

steel-stringed guitar /ˌstiːlstrɪŋgdgɪˈtɑː(r)/ *n* gitara *f* z metalowymi strunami

steel tape *n* taśma *f* miernicza

steel wool *n* wełna *f* stalowa, wata *f* stalowa; (in kitchen) druciak *m*

steel worker *n* hutnik *m*

steelworks /ˈstiːlwɜːks/ *n* huta *f* stali

steely /ˈstiːlɪ/ *adj* [1] *[nerves]* stalowy; *[willpower]* żelazny; **with ~ eyes, ~-eyed** o stalowym spojrzeniu [2] *[sky, clouds]* stalowy; ~ **grey/blue** stalowoszary/stalowoniebieski

steelyard /ˈstiːljɑːd/ *n* = **steelworks**

steep¹ /stiːp/ *adj* [1] (sloping) *[slope, hill, path, stairs, roof]* stromy; ~ **ascent/climb** strome wejście/podejście; **the aircraft was making a very ~ descent** samolot schodził bardzo ostro w dół; **a ~ drop** stromy spadek [2] (sharp) *[increase, rise, fall, decline]* gwałtowny; *[recession]* głęboki [3] infml (excessive) *[price, fees, cost, bill]* wygórowany

IDIOMS: **that's a bit ~!** GB infml to chyba lekka przesada!

steep² /stiːp/ **I** *vt* (soak) na|moczyć *[fruit, fabric, laundry]* **(in sth** w czymś)

II *vi* na|moczyć się **(in sth** w czymś)

steeped /stiːpt/ *adj* **to be ~ in sth** być przesiąkniętym czymś *[history, tradition, lore]*; **a society ~ in prejudice** społeczeństwo pełne uprzedzeń; **~ in thought** pogrążony w myślach; **hands ~ in blood** ręce zbroczone krwią

steeple /ˈstiːpl/ *n* (tower) wieża *f*; (spire) iglica *f*

steeplechase /ˈstiːpltʃeɪs/ *n* Turf gonitwa *f* z przeszkodami, steeplechase *m*; (in athletics) bieg *m* z przeszkodami

steeplechasing /ˈstiːpltʃeɪsɪŋ/ *n* Turf gonitwy *f pl* z przeszkodami; (in athletics) biegi *m pl* z przeszkodami

steeplejack /ˈstiːpldʒæk/ *n* robotnik *m* wykonujący prace wysokościowe

steeply /ˈstiːplɪ/ *adv* [1] *[rise, climb, drop, fall away]* stromo [2] Econ, Fin *[rise, fall]* gwałtownie

steepness /ˈstiːpnɪs/ *n* (of slope) stromość *f*

steer¹ /stɪə(r)/ **I** *n* US infml (tip) wskazówka *f*; **a bum ~** błędna wskazówka

II *vt* [1] (control direction of) kierować (czymś) *[car]*; sterować (czymś) *[boat, ship]*; **they ~ed the boat out of the bay** wyprowadzili łódź z zatoki [2] (guide) po|prowadzić, za|prowadzić *[person]*; fig po|prowadzić, po|kierować (kimś/czymś) *[person, conversation, team, country]*; **to ~ one's way through the crowd** przeciskać się przez tłum; **she ~ed her way through the difficulties** przebrnęła przez (wszystkie) trudności; **to ~ sb round to one's way of thinking** naprowadzić kogoś na swój sposób myślenia; **to ~ a company out of its difficulties** wyprowadzić firmę z kłopotów; **to ~ a bill through parliament** przeprowadzić ustawę w parlamencie; **to ~ sb away from sth** odwieść kogoś od czegoś *[crime]*; **she had to ~ a tricky/difficult course** musiała sprytnie manewrować

III *vi* [1] **to ~ towards sth** skierować się w kierunku czegoś; **I ~ed towards the left** Auto skręciłem w lewo; **to ~ away from sth** oddalić się od czegoś; **the car ~s well/badly** samochód dobrze/źle się prowadzi [2] Naut płynąć; **to ~ towards/for sth** płynąć w kierunku/do czegoś; **to ~ south/for Cape Horn** płynąć na południe/w kierunku Przylądka Horn; **to ~ by a compass/by the stars** płynąć według kompasu/według gwiazd

IDIOMS: **to ~ clear of sb/sth** trzymać się z daleka od kogoś/czegoś; **to ~ a middle course** wybrać złoty środek

steer² /stɪə(r)/ *n* Agric, Zool wół *m* opasowy

steerage /ˈstɪərɪdʒ/ *n* Naut [1] (accommodation) **to travel ~** podróżować trzecią klasą [2] (steering) sterowanie *n*

steerageway /ˈstɪərɪdʒweɪ/ *n* Naut prędkość *f* sterowna

steering /ˈstɪərɪŋ/ *n* [1] (mechanism) układ *m* kierowniczy [2] (action) sterowanie *n*

steering column *n* Aut kolumna *f* kierownicy

steering committee *n* Admin komisja *f* nadzorująca

steering gear *n* Aut przekładnia *f* kierownicza; Naut urządzenie *n* sterowe

steering lock *n* Aut blokada *f* kierownicy

steering system *n* Aut układ *m* kierowniczy

steering wheel *n* Aut kierownica *f*

steersman /ˈstɪəzmən/ *n* (*pl* **-men**) Naut sternik *m*

stellar /ˈstelə(r)/ *adj* Astron gwiazdowy, gwiezdny; fig *[talent]* wybitny; *[cast]* gwiazdorski

St Elmo's fire /sntˌelməʊzˈfaɪə(r)/ *n* ognie *plt* św. Elma

stem¹ /stem/ **I** *n* [1] Bot (of flower) łodyga *f*; (of fungus) trzon *m*, nóżka *f*; (of leaf) ogonek *m*; (of fruit) szypułka *f* [2] (of glass, vase) nóżka *f*; (of pipe) cybuch *m*; (of feather) dutka *f*; (of note) laska *f*; (of letter) laseczka *f* [3] Ling temat *m* (fleksyjny) [4] (of ship) dziobnica *f*, stewa *f* dziobowa; **from ~ to stern** od dziobu do rufy

II *vt* (*prp, pt, pp* **-mm-**) [1] Naut **to ~ the tide/the current** poruszać się pod prąd [2] Culin odszypułkow|ać, -ywać *[fruit]*

III *vi* (*prp, pt, pp* **-mm-**) (originate) **to ~ from sth** *[problem, aggression, dissatisfaction]* wziąć, brać się z czegoś; *[tradition, law]* wywodzić się z czegoś

stem² /stem/ **I** *vt* (*prp, pt, pp* **-mm-**) (restrain) za|tamować *[bleeding, flow]*; powstrzym|ać, -ywać *[advance, tide, spread, inflation, protest]*

II *vi* (*prp, pt, pp* **-mm-**) (in skiing) oporować

stem ginger *n* (crystallized) imbir *m* w cukrze; (in syrup) imbir *m* w syropie

stemmed /stemd/ *adj [plant]* z łodygą; *[glass]* na nóżce; **thick/thin-~ plants** rośliny o grubych/cienkich łodygach; **a long-~ glass** kieliszek na wysokiej or długiej nóżce

stem stitch *n* Sewing sznureczek *m*

stem turn *n* (in skiing) kristiania *f*, łuk *m* z oporu

stemware /ˈstemweə(r)/ *n* US kieliszki *m pl*

stem winder *n* zegarek *m* nakręcany

stench /stentʃ/ *n* smród *m*, odór *m*; fig smrodek *m* fig

stencil /ˈstensɪl/ **I** *n* [1] (card) szablon *m* [2] (pattern) wzór *m* [3] (in typing) matryca *f* **II** *vt* (paint) na|malować przy pomocy szablonu; (draw) na|rysować przy pomocy szablonu *[motif, flowers]*; ozd|obić, -abiać przy pomocy szablonu *[fabric, surface]*

stencilling, stenciling US /ˈstensɪlɪŋ/ *n* (technique) malowanie *n* przez szablon; **to do (some) ~** malować przez szablon

steno /ˈstenəʊ/ *n* US infml = **stenographer, stenography**

stenographer /steˈnɒgrəfə(r)/ *n* US stenograf *m*, -ka *f*

stenography /steˈnɒgrəfɪ/ *n* US stenografia *f*

stentorian /stenˈtɔːrɪən/ *adj* fml *[voice]* stentorowy

step /step/ **I** *n* [1] (pace) krok *m*; **to take a ~** zrobić krok; **to walk** or **keep in ~** trzymać krok; **to march in ~** maszerować równo; **to keep (in) ~ with sb** dotrzymywać kroku komuś; **to change ~** zmienić krok; **I was a few ~s behind her** byłem kilka kroków za nią; **to fall into ~ with sb** dostosować się do kroku kogoś; **to break ~** gubić krok, mylić krok; **one ~ out of line and you're finished!** fig jedno wykroczenie i już po tobie! infml; **to be out of ~ with the times** nie nadążać za duchem czasu; **I hope I'm in ~ with public opinion** mam nadzieję, że jestem wyrazicielem powszechnej opinii; **watch your ~!** uważaj, gdzie idziesz!, patrz pod nogi!; **you'd better watch your ~!** infml fig lepiej uważaj!; **to be two ~s away from victory** fig być dwa kroki od zwycięstwa; **to be one ~ ahead of the competition** fig wyprzedzać konkurencję o krok; **I'm with you every ~ of the way** fig masz moje pełne poparcie [2] (sound of footsteps) krok *m*; **to hear the sound of ~s** słyszeć odgłos kroków, słyszeć kroki [3] fig (move) krok *m* **(towards sth** w kierunku czegoś); **a ~ forwards/backwards** krok do przodu/w tył; **it's a ~ in the right direction** to jest krok we właściwym kierunku; **the first ~ is the hardest** najtrudniejszy jest pierwszy krok; **to be one ~ closer to winning /finishing** przybliżyć się o jeden krok do zwycięstwa/do zakończenia; **the first ~ is to go there** po pierwsze trzeba tam pójść; **promotion to head teacher would be a ~ up for him** awans na dyrektora byłby dla niego krokiem naprzód w karierze; **to go one ~ further** posunąć się o krok dalej [4] fig (measure) krok *m*; **urgent/decisive /drastic ~s** natychmiastowe/zdecydowane/drastyczne kroki; **to take ~s to do sth** podjąć kroki zmierzające do zrobienia czegoś; **the minister took the unusual ~ of changing his decision** minister zdobył się na niezwykły krok i zmienił decyzję; **it's an unprecedented ~ to take** to jest rzecz bezprecedensowa; **to take legal ~s** podjąć kroki prawne [5] (way of walking) krok *m*; **to have a jaunty ~** chodzić raźnym krokiem [6] Dance krok *m*; **to know the ~s to the tango** umieć tańczyć tango [7] (stair) stopień *m*, schodek *m*; **'mind the ~'** „uwaga stopień"; **a flight of ~s** schody **II steps** *npl* [1] (small ladder) drabinka *f*, schodki *m pl* [2] (stairs) schody *plt* **III** *vt* (*prp, pt, pp* **-pp-**) **to ~ a few yards** z|robić kilka kroków **IV** *vi* (*prp, pt, pp* **-pp-**) **to ~ on sth** nastąpić na coś, nadepnąć na coś; **to ~ in sth** wejść w coś, wdepnąć w coś *[puddle]*; **to ~ into sth** wejść do czegoś *[house, lift, room, car]*; **to ~ into sb's office** wejść do biura kogoś; **if you would just like to ~ this way** proszę tędy; **it's like ~ping into another world/century** to tak jakby się znaleźć w innym świecie/w innym stuleciu; **to ~ off sth** wysiąść z czegoś *[bus, plane]*; zejść z czegoś *[pavement]*; **to ~ onto sth** wejść na coś *[scales, log, pavement]*; **to ~ over sth** przekroczyć coś, przestąpić coś *[log, hole]*; przejść przez coś *[fence]*; **to ~ through sth** przejść pod czymś *[arch]*; przejść między czymś *[curtains]*; **to ~ through the door** przekroczyć próg; **to ~ out of sth** wyjść z czegoś *[house, room]*; **to ~ out of line** *[soldier]* wystąpić z szeregu; fig zachować się niewłaściwie; **to ~ up to sth** podejść do czegoś *[microphone, lectern]*

■ **step aside** [1] (physically) odsu|nąć, -wać się na bok **(in order to do sth** żeby coś zrobić) [2] (in job transfer) ust|ąpić, -ępować; **to ~ aside in favour of sb** or **for sb** ustąpić na rzecz kogoś

■ **step back** [1] cof|nąć, -ać się; **to ~ back from sth** odsunąć się od czegoś *[microphone]* [2] fig nab|rać, -ierać dystansu **(from sth** do czegoś); z|dystansować się **(from sth** od czegoś)

■ **step down**: ¶ **~ down** ust|ąpić, -ępować; (as electoral candidate) wycof|ać, -ywać się ¶ **~ down [sth]** stopniowo zmniejsz|yć, -ać *[production, imports]*

■ **step forward** zrobić krok w przód; **several volunteers ~ped forward** zgłosiło się kilku ochotników

■ **step in** wkr|oczyć, -aczać fig; **to ~ in to do sth, to ~ in and do sth** wkroczyć, żeby coś zrobić

■ **step out** [1] (show talent) wybi|ć, -jać się, wyróżni|ć, -ać się [2] US dat (be courting) **to ~ out with sb** chodzić z kimś infml

■ **step outside**: ¶ **~ outside** wy|jść, -chodzić; **would you like to ~ outside?** (as threat) załatwmy to na zewnątrz ¶ **~ outside [sth]** wy|jść, -chodzić z (czegoś) *[house, room]*

■ **step up**: **~ up [sth]** zwiększ|yć, -ać *[production, spending, voltage, efforts, surveillance]*; nasil|ić, -ać *[fighting, campaign, action]*

IDIOMS: **to ~ on it** infml pośpieszyć się; **to ~ on the gas** infml dodać gazu infml; **one ~ at a time** wszystko po kolei

step aerobics *n (+ v sg)* step *m (rodzaj aerobiku)*

stepbrother /ˈstepbrʌðə(r)/ *n* syn *m* macochy, syn *m* ojczyma

step-by-step /ˌstepbaɪˈstep/ **I** *adj [description, guide]* dokładny, krok po kroku; *[policy, programme, reduction]* stopniowy **II step by step** *adv [analyse, explain]* punkt po punkcie; **to take sb through sth step by step** wytłumaczyć coś komuś krok po kroku; **to take things step by step** robić coś metodycznie

stepchild /ˈsteptʃaɪld/ *n* (stepson) pasierb *m*; (stepdaughter) pasierbica *f*

stepdaughter /ˈstepdɔːtə(r)/ *n* pasierbica *f*

step-down transformer /ˌstepdaʊntrænsˈfɔːmə(r)/ *n* Tech transformator *m* obniżający

stepfather /ˈstepfɑːðə(r)/ *n* ojczym *m*

Stephen /ˈstiːvn/ *prn* Stefan *m*

stepladder /ˈsteplædə(r)/ *n* drabina *f*

stepmother /ˈstepmʌðə(r)/ *n* macocha *f*

step-parent /ˈsteppeərənt/ *n* (stepfather) ojczym *m*; (stepmother) macocha *f*

steppe /step/ *n* step *m*

stepped-up /ˌsteptˈʌp/ *adj [production]* zwiększony; *[pace]* przyśpieszony

stepping stone *n* kamień *m (ułatwiający przejście przez strumień)*; fig szczebel *m* w karierze; **a ~ to the Presidency** fig odskocznia do prezydentury

stepsister /ˈstepsɪstə(r)/ *n* córka *f* macochy, córka *f* ojczyma

stepson /ˈstepsʌn/ *n* pasierb *m*

stereo /ˈsterɪəʊ/ **I** *n* [1] (technique) stereofonia *f*; **broadcast in ~** transmisja stereofoniczna or stereo [2] (set) zestaw *m* stereo; **car ~** zestaw samochodowy audio; **personal ~** odtwarzacz osobisty **II** *modif* stereofoniczny; **~ equipment** sprzęt stereo

stereochemistry /ˌsterɪəʊˈkemɪstrɪ/ *n* stereochemia *f*

stereogram /ˈsterɪəgræm/ *n* stereogram *m*

stereograph /ˈsterɪəgrɑːf, US -græf/ *n* = **stereogram**

stereophonic /ˌsterɪəˈfɒnɪk/ *adj* stereofoniczny

stereo radio-cassette player *n* radiomagnetofon *m* stereo

stereoscope /ˈsterɪəskəʊp/ *n* stereoskop *m*

stereoscopic /ˌsterɪəˈskɒpɪk/ *adj* stereoskopowy

stereoscopy /ˌsterɪˈɒskəpɪ/ *n* stereoskopia *f*

stereo system *n* zestaw *m* stereo

stereotype /ˈsterɪətaɪp/ **I** *n* [1] (idea) stereotyp *m* [2] Print (plate) stereotyp *m*; (process) stereotypia *f*, kliszowanie *n* **II** *vt* [1] po|traktować stereotypowo or w sposób stereotypowy *[role, behaviour]*; za|szufladkować *[person]* [2] Print s|kopiować ze stereotypu

stereotyping /ˈsterɪətaɪpɪŋ/ *n* tworzenie *n* stereotypów

stereovision /ˈsterɪəvɪʒn/ *n* stereowizja *f*

sterile /ˈsteraɪl, US ˈsterəl/ *adj* [1] (infertile) *[person, animal]* bezpłodny; *[plant]* niepłodny; *[land]* jałowy [2] (aseptic) *[bandage, dressing, instruments, conditions]* sterylny, jałowy [3] (lacking inspiration) *[debate, style]* jałowy; *[mind]* wyjałowiony

S

sterility /stəˈrɪlətɪ/ *n* [1] (infertility) (of human, animal) bezpłodność *f*; (of plant) niepłodność *f*; (of land) jałowość *f* [2] (of bandage, hospital room) sterylność *f* [3] (of debate) jałowość *f*

sterilization /ˌsterəlaɪˈzeɪʃn, US -lɪˈz-/ *n* [1] (making infertile) (of person, animal) sterylizacja *f*; (of land) wyjałowienie *n* [2] (making aseptic) sterylizacja *f*, wyjaławianie *n*

sterilize /ˈsterəlaɪz/ *vt* [1] (make infertile) wy|sterylizować *[person, animal]*; wyjał|owić, -awiać *[land]* [2] (make aseptic) wy|sterylizować, wyjał|owić, -awiać *[instrument, utensil, container]*

sterling /ˈstɜːlɪŋ/ **I** *n* Fin funt *m* szterling; **in ~** w funtach szterlingach; **~ rose/fell** wartość funta szterlinga wzrosła/spadła; **~ was up/down** funt szterling stał wysoko /nisko; **payable in ~** płatne w funtach szterlingach; **to quote ~ prices** podawać ceny w funtach szterlingach; **£100 ~** 100 funtów szterlingów

II *modif* Fin **~ payment** płatność w funtach szterlingach; **~ crisis** kryzys funta szterlinga

III *adj* (excellent) *[person]* niezawodny; *[character]* niezłomny; *[qualities, work]* znakomity; **to render ~ service** doskonale się przysłużyć; **~ work!** świetna robota!

sterling area *n* strefa *f* funtowa

sterling silver *n* srebro *n* standardowe

stern¹ /stɜːn/ *adj [face, look]* srogi; *[parent, landscape, measure, treatment]* surowy; *[challenge, message, warning]* poważny

IDIOMS: **to be made of ~er stuff** być twardym, nie poddawać się łatwo

stern² /stɜːn/ *n* Naut rufa *f*; **in** or **at the ~** na rufie

sternly /ˈstɜːnlɪ/ *adv [look, say]* srogo; *[treat]* surowo; *[oppose]* stanowczo

sternness /ˈstɜːnnɪs/ *n* surowość *f*, srogość *f*

sternum /ˈstɜːnəm/ *n* Anat mostek *m*

steroid /ˈstɪərɔɪd, ˈste-/ *n* Pharm, Med steroid *m*, steryd *m*; **to take ~s** brać sterydy; **anabolic ~s** sterydy anaboliczne, anaboliki

stertorous /ˈstɜːtərəs/ *adj* fml *[breathing]* chrapliwy, charczący; *[snoring]* głośny; **he's a ~ sleeper** on głośno chrapie

stet /stet/ *n* Print stet *m*

stethoscope /ˈsteθəskəʊp/ *n* Med stetoskop *m*, fonendoskop *m*; słuchawki *f pl* infml

stetson /ˈstetsn/ *n* Fashn stetson *m*, kapelusz *m* kowbojski

stevedore /ˈstiːvədɔː(r)/ *n* doker *m*

stew /stjuː, US stuː/ **I** *n* Culin (with beef, pork) mięso *n* duszone z jarzynami; (with chicken, veal) potrawka *f*

II *vt* u|dusić *[meat, vegetables]*; u|gotować *[fruit]*; **~ed apples** jabłka duszone; (as dessert) kompot z jabłek

III *vi* [1] Culin *[meat, vegetables]* u|dusić się; *[fruit]* u|gotować się; *[tea]* parzyć się za długo; [2] infml (in heat) *[person]* u|smażyć się infml

IDIOMS: **to be in a ~** infml zamartwiać się, denerwować się **(over sth** czymś); **to get sb in a ~** stawiać kogoś w trudnym położeniu; **let him ~ in his own juice** infml skoro narozrabiał, to niech cierpi; **to ~ in one's own juice** infml poradzić sobie samemu z problemem

steward /ˈstjʊəd, US ˈstuːərd/ *n* (on plane, ship) steward *m*; (of estate) zarządca *m*; (of club, college) intendent *m*, -ka *f*; (at races) organizator *m*, -ka *f*; (at meeting, demonstration) porządkowy *m*

stewardess /ˈstjʊədes, US ˈstuːərdəs/ *n* stewardesa *f*

stewardship /ˈstjʊədʃɪp, US ˈstuːərdʃɪp/ *n* (management) zarządzanie *n*; (leadership) zarząd *m*; **under sb's ~** pod zarządem kogoś

stg *n* = **sterling**

St Helena /ˌsnthɪˈliːnə/ *prn* Wyspa *f* Świętej Heleny; **on ~** na Wyspie Świętej Heleny

stich /stɪk/ *n* Literat wers *m*, wiersz *m*

stick¹ /stɪk/ **I** *n* [1] (piece of wood) patyk *m*; (as weapon, for punishing) kij *m*; (for ice cream, lollipop) patyczek *m* [2] (also **walking ~**) laska *f* [3] (rod-shaped piece) (of dynamite, cinnamon) laska *f*; **a ~ of chalk** kawałek kredy; **a ~ of rhubarb/celery** łodyga rabarbaru/selera; **a ~ of rock** or **candy** sopel fig; **a ~ of (French) bread** bagietka [4] Sport (in hockey, polo) kij *m* [5] (conductor's baton) pałeczka *f*, batuta *f* [6] Mil **a ~ of bombs** seria *f* bomb [7] infml (piece of furniture) mebel *m*; **a few ~s (of furniture)** kilka gratów infml; **we haven't got a ~ of furniture** nie mamy ani jednego mebla [8] GB infml (person) **an odd ~** dziwa|k *m*, -czka *f*; **he's a funny old ~** śmieszny z niego staruszek; **he's a dry old ~** straszny z niego sztywniak infml [9] infml (criticism) **to get** or **take (some) ~** dostać za swoje infml; **to give sb (some) ~** zmyć komuś głowę infml [10] Aviat drążek *m* sterowniczy [11] US Aut dźwignia *f* zmiany biegów

II sticks *npl* infml **in the ~s** na głębokiej prowincji; w zapadłej dziurze infml; **to be from the ~s** być z prowincji

IDIOMS: **to be on the ~** US infml mieć głowę na karku; **to get on the ~** US infml zabrać się do roboty; **to have** or **get hold of the wrong end of the ~** źle zrozumieć; **to up ~s and leave** infml spakować manatki i wyjechać infml

stick² /stɪk/ **I** *vt* (*pt, pp* **stuck**) [1] (stab) wbi|ć, -jać *[pin, spade, knife, fork]* **(into sth** w coś); **to ~ a pig** zarżnąć świnię; **he stuck a dagger into his victim's back** wbił sztylet w plecy ofiary; **to ~ a pin /knife through sth** przekłuć coś szpilką /nożem; **a board stuck with pins** tablica najeżona szpilkami [2] (put in) wsadz|ić, -ać; (put forward) wystawi|ć, -ać; **he stuck his head round the door/through the window** wysunął głowę przez drzwi/wystawił głowę przez okno; **she stuck her hands in her pockets** wsadziła ręce do kieszeni; **~ your coat on the chair** infml rzuć płaszcz na krzesło; **to ~ an advert in the paper** infml dać ogłoszenie do gazety; **to ~ sb in a home** infml oddać kogoś do domu opieki; **you know where you can ~ it** or **that!** vinfml wiesz, gdzie możesz sobie to wsadzić! vinfml; **~ it up your ass!** vulg wsadź to sobie w dupę! vulg [3] (fix in place) przykle|ić, -jać *[label, stamp, poster, notice]* **(in/on sth** w czymś/na czymś); **then ~ the wing to the body of the model plane** następnie doklej skrzydło do modelu samolotu; **'~ no bills'** „zakaz naklejania ogłoszeń" [4] GB infml (bear) zn|ieść, -osić *[person, situation]*; **I can't ~ him** nie trawię go infml; **I can't ~ it any longer!** nie zniosę tego dłużej! [5] infml (impose) **he stuck me with the bill** wrobił mnie w płacenie rachunku infml; **to ~ an extra £10 on the price** podnieść cenę o 10 funtów; **I was stuck with Adam** byłem skazany na towarzystwo Adama [6] infml (accuse falsely of) **to ~ a murder/a robbery on sb** wrobić kogoś w morderstwo/rabunek infml

II *vi* (*pt, pp* **stuck)** [1] (be pushed) wbi|ć, -jać się; **the nail stuck in my finger/foot** gwóźdź wbił mi się w palec/w stopę; **there was a dagger ~ing in his back** w jego plecach tkwił sztylet [2] (be fixed) *[stamp, label]* przykle|ić, -jać się; **this glue doesn't ~** ten klej nie klei; **this stamp won't ~** ten znaczek nie chce się przykleić; **to ~ to sth** przykleić się do czegoś *[page, wall, skin, surface]*; **to ~ to the pan** *[sauce, rice]* przywrzeć do dna [3] (jam) *[drawer, door, lift, key]* zaci|ąć, -nać się; fig *[price]* sta|nąć, -ć w miejscu; **the car had stuck in the mud** samochód ugrzązł w błocie; **a fish bone had stuck in his throat** ość utkwiła mu w gardle [4] (remain) *[name]* przylgnąć; *[habit]* przyj|ąć, -mować się; **they called him Lofty and the name stuck** nazwali go Lofty i to przezwisko przylgnęło do niego; **to ~ in sb's memory** or **mind** utkwić komuś w pamięci; **we've caught the murderer, but now we have to make the charges ~** złapaliśmy mordercę, ale teraz musimy udowodnić mu winę; **to ~ in the house/one's room** siedzieć w domu/w swoim pokoju [5] (in cards) nie dobierać kart

■ **stick around** infml [1] (stay) zosta|ć, -wać w pobliżu; **~ around!** zostań tu! [2] (wait) po|czekać

■ **stick at: ~ at [sth]** przy|kładać, -łożyć się do (czegoś) *[task]*; **~ at it!** nie poddawaj się!

■ **stick by:** ¶ **~ by [sb]** stać u boku (kogoś) ¶ **~ by [sth]** trzymać się (czegoś) *[decision]*

■ **stick down: ~ down [sth], ~ [sth] down** [1] (fasten) przykle|ić, -jać *[stamp]* [2] infml (write down) na|pisać *[answer, name, item]*

■ **stick on: ~ on [sth], ~ [sth] on** nakle|ić, -jać *[label, stamp]*

■ **stick out:** ¶ **~ out** [1] (protrude) *[nail, sharp object, feet]* wystawać; **his ears ~ out** ma odstające uszy; **his stomach ~s out** ma wielki brzuch; **her teeth ~ out** ma wystające zęby; **to ~ out of sth** wystawać z czegoś [2] (be noticeable) rzucać się w oczy, wyróżniać się [3] (show opposition) **to ~ out for sth** (uparcie) domagać się czegoś *[pay rise, shorter hours]* ¶ **~ out [sth], ~ [sth] out** [1] (cause to protrude) wystawi|ć, -ać, wysu|nąć, -wać; **to ~ out one's hand /foot** wystawić rękę/nogę; **to ~ out one's chest** wypiąć pierś; **to ~ one's tongue out** wystawić język [2] (cope with) **to ~ it out** infml wytrzymać

■ **stick to: ~ to [sb/sth]** [1] (keep to) trzymać się (czegoś) *[facts, plan, diet, rules, main road]*; **to ~ to the point** trzymać się tematu; **no whisky for me, I'll ~ to orange juice** dziękuję za whisky, zostanę

przy soku pomarańczowym [2] (stay close to) być przy (kimś), stać u boku (kogoś) *[husband, friend]*; trzymać się (kogoś) *[guide, group]* [3] (stay faithful to) pozostać wiernym (czemuś) *[brand, shop, principles]*
■ **stick together**: ¶ **~ together** [1] (become fixed to each other) *[pages]* skle|ić, -jać się [2] infml (remain loyal) wspierać się nawzajem [3] infml (not separate) trzymać się razem ¶ **~ together [sth], ~ [sth] together** skle|ić, -jać *[objects, pieces]*
■ **stick up**: ¶ **~ up** *[pole, mast]* wznosić się, stać; **to ~ up into the sky** wznosić się do nieba; **to ~ up out of** or **from sth** wystawać z czegoś; **his hair ~s up** włosy mu sterczą do góry; **to ~ up for sb** (defend) stanąć w obronie kogoś; (side with) stanąć po stronie kogoś; **to ~ up for oneself** bronić się; **to ~ up for one's rights** bronić swoich praw ¶ **~ up [sth], ~ [sth] up** (put up) umie|ścić, -szczać, rozwie|sić, -szać *[posters, notices]*; **to ~ up one's hand** podnieść rękę; **to ~ one's legs up in the air** podnieść nogi do góry; **~ 'em up!** infml ręce do góry!
■ **stick with** infml: **~ with [sb/sth]** trzymać się (kogoś/czegoś) *[person, job, plan]*; pozosta|ć, -wać wiernym (czemuś) *[brand]*; **I'm ~ing with my current car for now** na razie nie zmieniam samochodu

stickball /ˈstɪkbɔːl/ *n* US *podwórkowa odmiana baseballu*
sticker /ˈstɪkə(r)/ *n* naklejka *f*, nalepka *f*
sticker price *n* Comm Aut cena *f* sugerowana przez producenta
stick float *n* Fishg długi spławik *m*
stickiness /ˈstɪkɪnɪs/ *n* [1] (state of being adhesive) (of tape, plaster) przylepność *f*; (of substance) lepkość *f* [2] (of weather) parność *f* [3] (awkwardness) (of situation) niezręczność *f*; (of website) *atrakcyjność portalu wyrażona ilością czasu, który spędza w nim przeciętny użytkownik*
sticking plaster *n* plaster *m* opatrunkowy
sticking point *n* kwestia *f* sporna
stick insect *n* Zool patyczak *m*
stick-in-the-mud /ˈstɪkɪnðəmʌd/ infml **I** *n* tradycjonalist|a *m*, -ka *m* **II** *adj [notions]* skostniały
stickleback /ˈstɪklbæk/ *n* Zool ciernik *m*
stickler /ˈstɪklə(r)/ *n* [1] (person) **to be a ~ for sth** mieć bzika na punkcie czegoś infml [2] (problem) zagwozdka *f* infml
stick-on /ˈstɪkɒn/ *adj [label, tape]* samoprzylepny
stick pin *n* [1] US (tie-pin) szpilka *f* do krawata [2] (brooch) szpilka *f*
stickseed /ˈstɪksiːd/ *n* Bot lepnik *m*
stick shift *n* US Aut dźwignia *f* zmiany biegów
stick sulphur *n* siarka *f* jednoskośna
sticktight /ˈstɪktaɪt/ *n* Bot uczep *m*
stick-up /ˈstɪkʌp/ *n* napad *m* z bronią w ręku
stickweed /ˈstɪkwiːd/ *n* Bot *roślina o kwiatach w postaci czepliwych koszyczków*
sticky /ˈstɪkɪ/ *adj* [1] (tending to adhere) *[hand, floor, substance]* lepki; *[label]* samoprzylepny [2] (hot and humid) *[weather, day]* parny [3] (sweaty) *[hand, palm]* lepki; **to feel** or **be hot and ~** lepić się od potu [4] infml (difficult) *[problem]* śliski infml; *[situation]* niezręczny; *[conversation, moment, period]* trudny; **to be ~ about sth/doing sth** niechętnie odnosić się do czegoś/do zrobienia czegoś
IDIOMS: **to have ~ fingers** mieć lepkie ręce or palce fig; **to come to a ~ end** źle skończyć → **wicket**
sticky bun *n* GB lukrowana drożdżówka *f*
sticky tape *n* GB infml taśma *f* klejąca or samoprzylepna
stiff /stɪf/ **I** *n* infml [1] (corpse) umarlak *m*, truposz *m* infml [2] US (humourless person) sztywnia|k *m*, -czka *f* infml [3] US (man) **a working ~** pracuś infml; **you lucky ~!** ty szczęściarzu! [4] US (drunk) pijak *m* [5] US (hobo) menel *m* infml
II *adj* [1] (restricted in movement) sztywny; (after sport, sleeping badly) zesztywniały, zdrętwiały; **I feel ~ after riding/sleeping on the floor** jestem cały zesztywniały or zdrętwiały po jeździe konnej/spaniu na podłodze; **to have a ~ neck** mieć zesztywniały or zdrętwiały kark; **your joints get ~ as you grow older** z wiekiem stawy zaczynają sztywnieć [2] (hard to move) *[drawer, door]* zacinający się; *[gear]* sztywny; **to be ~** *[door, drawer, lock]* ciężko się otwierać, zacinać się; *[gear, lever]* ciężko chodzić; **the lid of the jar is too ~** pokrywka słoika jest za mocno zakręcona [3] (rigid) *[cardboard, collar, fabric, shoes]* sztywny; *[brush]* twardy; **to get ~** *[fabric]* zesztywnieć [4] Culin (thick) *[dough]* gęsty; *[egg white]* sztywny; **beat the egg whites until ~** ubij białka na sztywną pianę [5] (not relaxed) *[person, manner, style]* sztywny [6] (harsh) *[penalty, requirement, sentence]* surowy; *[reply, letter, warning]* ostry [7] (difficult) *[test, task, climb]* ciężki; *[competition, opposition]* silny [8] (high) *[charge, fine]* wysoki; *[price]* wygórowany; **~ cuts in public spending** poważne cięcia w wydatkach publicznych [9] (strong) *[drink]* mocny; *[breeze]* silny; **I need a ~ drink** potrzebuję kielicha infml [10] US infml (drunk) urżnięty infml
III *vt* US infml [1] (cheat) wykiwać infml *[person]* [2] (fail to tip) nie dać napiwku (komuś) *[cab driver, waiter]*
IV *adv* infml **to be bored ~** nudzić się śmiertelnie; **to bore sb ~** zanudzać kogoś na śmierć; **to be frozen ~** być zmarzniętym na kość; **to be scared ~** być sztywnym z przerażenia; **to scare sb ~** śmiertelnie kogoś przerazić; **I've been worried ~** strasznie się martwiłem
IDIOMS: **to keep a ~ upper lip** trzymać fason
stiff-arm /ˈstɪfɑːm/ *vt* US (in rugby, football) pop|chnąć, -ychać wyprostowanym ramieniem
stiffen /ˈstɪfn/ **I** *vt* [1] (make hard, firm) usztywni|ć, -ać *[collar, fabric]*; wzm|ocnić, -acniać *[card, structure]*; zagę|ścić, -szczać *[mixture]* [2] fig wzm|ocnić, -acniać *[defence]*; wzm|óc, -agać *[resistance]*; zaostrz|yć, -ać *[competition, penalty]*; **to ~ sb's resolve (to do sth)** fig umocnić kogoś w postanowieniu (zrobienia czegoś)
II *vi* [1] (grow tense) *[person]* ze|sztywnieć [2] Culin *[mixture]* z|gęstnieć; *[jelly]* s|tężeć [3] *[joint, limb]* ze|sztywnieć
stiffener /ˈstɪfnə(r)/ *n* (in collar) usztywniacz *m*, sztywnik *m*; (in waistband) gurt *m*, taśma *f* usztywniająca
stiffly /ˈstɪflɪ/ *adv* [1] *[turn, open]* ciężko, trudno [2] *[move, stand, walk, smile]* sztywno; *[say]* chłodno; **~ polite** chłodno uprzejmy
stiff-necked /ˌstɪfˈnekt/ *adj* pej uparty, nieustępliwy
stiffness /ˈstɪfnɪs/ *n* [1] (of body) zesztywnienie *n*; (of fabric) sztywność *f* [2] (of manner) sztywność *f* [3] Culin konsystencja *f*
stifle¹ /ˈstaɪfl/ **I** *vt* [1] (make breathing difficult for) dusić, dławić; (cause death of) za|dusić, u|dusić; **thick smoke may ~ you in seconds** w gęstym dymie można udusić się w ciągu kilku sekund [2] (suppress) powstrzym|ać, -ywać *[sneeze, yawn]*; s|tłumić, z|dusić *[cry, fire, laughter, revolt]*; po|hamować *[anger, impulse, urge]*; z|dławić *[opposition]*; wycisz|yć, -ać *[debate]*; z|niszczyć *[business]*
II stifled *pp adj [laughter, sigh]* stłumiony, zduszony; **to feel ~d** fig dusić się fig **(by sth** z powodu czegoś)
stifle² /ˈstaɪfl/ *n* staw *m* kolanowy *(tylnej nogi zwierzęcia)*
stifling /ˈstaɪflɪŋ/ *adj [climate, atmosphere]* duszny; **it's ~!** ale duszno!
stigma /ˈstɪgmə/ *n* **(***pl* **-mas, -mata)** [1] Bot znamię *n* słupka [2] (disgrace) piętno *n* **(of sth** czegoś)
stigmata /stɪgˈmɑːtə, ˈstɪgmətə/ *npl* stygmaty *m pl* also fig
stigmatic /stɪgˈmætɪk/ *n* Relig stygmaty|k *m*, -czka *f*
stigmatize /ˈstɪgmətaɪz/ *vt* na|piętnować; **~d as a coward** naznaczony piętnem tchórza
stile¹ /staɪl/ *n* (in wall, hedge) przełaz *m*
stile² /staɪl/ *n* Constr (in window) słupek *m*
stiletto /stɪˈletəʊ/ *n* (*pl* **~s**) [1] **(**also **~ heel)** (shoe, heel) szpilka *f* [2] (dagger) sztylet *m*
still¹ /stɪl/ *adv* [1] (up to and including a point in time) wciąż; (as before) nadal; (expected to stop) (wciąż) jeszcze; **she ~ doesn't like eggs** ona wciąż nie lubi jajek; **he's ~ as crazy as ever** jest zwariowany jak zawsze; **you're ~ too young** (wciąż) jeszcze jesteś za młody; **I ~ have some money left** (wciąż) jeszcze mam trochę pieniędzy; **he ~ hasn't come back** (wciąż) jeszcze nie wrócił; **that's ~ not good enough for you!** wciąż ci mało?; **we're ~ waiting for a reply** wciąż czekamy na odpowiedź; **they're ~ in town** nadal są w mieście; **you have to eat this bread while it's ~ fresh** ten chleb trzeba jeść, póki jest jeszcze świeży; **I ~ can't believe it!** wciąż nie mogę w to uwierzyć!; **are you ~ here?** jeszcze tu jesteś? [2] (referring to something yet to happen) jeszcze; **it has ~ to be decided** decyzja jeszcze nie zapadła; **I have four exams ~ to go** zostały mi jeszcze cztery egzaminy; **~ to come, a report on...** Radio, TV w dalszej części programu relacja na temat... [3] (expressing probability) wciąż; **you could ~ be a winner** wciąż możesz wygrać; **there is ~ a chance that...** wciąż istnieje szansa, że...; **prices are ~ expected to rise** oczekuje się, że ceny jeszcze wzrosną; **if I'm ~ alive** jeżeli jeszcze będę żył [4] (nevertheless) mimo to;

S

he's unarmed, but he's ~ dangerous nie ma broni, ale mimo to jest niebezpieczny; **it was very dear, ~ it was worth it** to było bardzo drogie, ale mimo to było warto; **it ~ doesn't explain why...** to nadal or wciąż nie wyjaśnia, dlaczego...; **~, it's the thought that counts** w końcu liczą się intencje; **~ and all** infml mimo wszystko [5] (with comparatives: even) jeszcze; **faster ~, ~ faster** jeszcze szybciej; **stranger ~ was the fact that...** jeszcze dziwniejsze było to, że...; **~ more money was spent** poszło jeszcze więcej pieniędzy; **~ less** jeszcze mniej; **better/worse ~, ...** jeszcze lepiej/co gorsze, ... [6] (emphasizing quantity, numbers: yet) jeszcze; **~ another way to do it** jeszcze jeden sposób, w jaki można to zrobić; **many died, ~ others emigrated** wielu poległo, inni emigrowali

still[2] /stɪl/ **I** *n* [1] Cin, Phot fotos *m* [2] (calmness) cisza *f*; **in the ~ of the night/the forest** w ciszy nocy/lasu

II *adj* [1] (motionless) *[air, water, hand, person]* nieruchomy; *[day]* bezwietrzny [2] (peaceful) *[countryside, house, streets]* spokojny [3] Culin, Wine *[drink, fruit juice, water]* niegazowany; *[wine]* niemusujący

III *adv* [1] (immobile) *[lie, stay]* nieruchomo; **to hold sth ~** trzymać coś nieruchomo *[camera, mirror, plate]*; **to keep ~** nie ruszać się [2] (calmly) spokojnie; **to sit/stand ~** siedzieć/stać spokojnie

IV *vt* [1] (silence) uciszy|ć, -ać *[critic, voice]* [2] (calm) uspok|oić, -ajać *[crowd]*; rozwi|ać, -ewać *[doubts, fears]*

IDIOMS: **~ waters run deep** ≈ cicha woda brzegi rwie

still[3] /stɪl/ *n* (for making alcohol) (apparatus) destylator *m*; (distillery) destylarnia *f*

stillbirth /ˈstɪlbɜːθ/ *n* Med [1] (event) urodzenie *n* martwego dziecka [2] (foetus) martwy noworodek *m*

stillborn /ˈstɪlbɔːn/ *adj* [1] Med **a ~ baby** martwy noworodek [2] fig *[idea, plan, attempt, action]* nieudany od samego początku, poroniony

still life *n* (*pl* **still lifes**) martwa natura *f*; **a ~ painting/drawing** martwa natura

still man *n* = **still(s) photographer**

stillness /ˈstɪlnɪs/ *n* (of water, lake) bezruch *m*; (of evening) spokój *m*

still(s) photographer *n* Cin fotosista *m* infml

still(s) photography *n* Cin fotografia *f* filmowa

still video camera *n* cyfrowy aparat *m* fotograficzny

stilt /stɪlt/ *n* [1] (pole) szczudło *n*; **on ~s** na szczudłach [2] Constr pal *m*

stilted /ˈstɪltɪd/ *adj* [1] (lofty) *[style]* koturnowy [2] Constr *[house]* na palach; *[arch]* podwyższony

Stilton /ˈstɪltən/ *n* (ser *m*) stilton *m*

stimulant /ˈstɪmjʊlənt/ *n* [1] (substance) środek *m* pobudzający; **a ~ to appetite** środek pobudzający apetyt [2] fig bodziec *m*, zachęta *f* **(to sth** do czegoś**)**; **tourism has acted as a ~ to economic growth** turystyka pobudziła rozwój gospodarczy

stimulate /ˈstɪmjʊleɪt/ *vt* pobudz|ić, -ać, stymulować *[nerve, cell, appetite, creativity, person, development, demand]*

stimulating /ˈstɪmjʊleɪtɪŋ/ *adj [lecture, exhibition]* inspirujący; *[properties, effect]* pobudzający, stymulujący

stimulation /ˌstɪmjʊˈleɪʃn/ *n* [1] (of growth, development) pobudzanie *n*; (of child) stymulacja *f*; **to need intellectual ~** potrzebować podniety intelektualnej [2] Med pobudzanie *n*, stymulacja *f*

stimulus /ˈstɪmjʊləs/ *n* (*pl* **-li**) [1] Physiol bodziec *m* [2] fig (incentive, boost) bodziec *m*; **to provide a ~ to the economy** dotarczyć bodźca gospodarce; **the ~ of competition** bodziec w postaci konkurencji

sting /stɪŋ/ **I** *n* [1] Zool (organ) (of insect) żądło *n*; (of scorpion) kolec *m* jadowy [2] (wound) (of insect) ślad *m* użądlenia; **bee/wasp ~** użądlenie pszczoły/osy; **nettle ~** poparzenie pokrzywą [3] (pain) piekący ból *m*, pieczenie *n* [4] US (in law enforcement) prowokacja *f* or pułapka *f* policyjna [5] US infml (rip-off) oszustwo *n* na wielką skalę

II *vt* (*pt, pp* **stung**) [1] *[insect]* u|kłuć, u|żądlić; *[nettle]* o|parzyć, poparzyć; *[antiseptic, smoke]* za|szczypać [2] *[wind, hail]* smag|nąć, -ać [3] fig *[criticism, rebuke]* dot|knąć, -ykać (do żywego) [4] infml (rip off) naciąg|nąć, -ać infml; **they really ~ you in that place** tam naprawdę zdzierają z człowieka; **to ~ sb for £10** naciągnąć kogoś na 10 funtów

III *vi* (*pt, pp* **stung**) *[eyes]* za|szczypać; *[cut, antiseptic]* za|szczypać, za|piec; **it ~s!** (to) szczypie or piecze!; **my knee ~s** szczypie or piecze mnie kolano

IDIOMS: **a ~ in the tail** przykra niespodzianka; **to ~ sb into action** pobudzić kogoś do działania; **to take the ~ out of sth** złagodzić coś *[criticism, remark, measure]*

stinger /ˈstɪŋə(r)/ *n* US infml (remark) kąśliwa uwaga *f*; szpila *f* fig

stingily /ˈstɪndʒɪlɪ/ *adv [give, allocate]* skąpo; *[behave]* jak skąpiec

stinginess /ˈstɪndʒɪnɪs/ *n* (of person) skąpstwo *n*; (of amount, portion) skąpość *f*

stinging /ˈstɪŋɪŋ/ *adj* [1] *[criticism, attack, remark]* jadowity, uszczypliwy [2] *[pain]* piekący; **~ sensation** uczucie szczypania or pieczenia

stinging nettle *n* pokrzywa *f*

stingray /ˈstɪŋreɪ/ *n* Zool ogończa *f*

stingy /ˈstɪndʒɪ/ *adj* pej *[person, firm, amount, allowance]* skąpy; **to be ~ with sth** skąpić czegoś *[money, food, paint]*

stink /stɪŋk/ **I** *n* [1] (stench) smród *m*; **the ~ of rotten fish** smród rozkładających się or zepsutych ryb; **there's an awful ~ in there** okropnie tam śmierdzi [2] infml (row) afera *f* infml; **there'll be an awful ~ over this!** będzie z tego straszna afera!; **to kick up** or **raise** or **make a ~ (about sth)** zrobić (z czegoś) aferę

II *vi* (*pt* **stank;** *pp* **stunk)** [1] (smell) śmierdzieć, cuchnąć; **to ~ of petrol/garlic** śmierdzieć or cuchnąć benzyną/czosnkiem; **this house ~s** w tym domu śmierdzi or cuchnie [2] infml fig (reek) śmierdzieć infml fig; **to ~ of corruption** śmierdzieć or zalatywać korupcją; **the contract ~s** ta umowa śmierdzi

■ **stink out**: **~ out [sth], ~ [sth] out** zasmr|odzić, -adzać infml *[room, house]*

■ **stink up** US: **~ up [sth], ~ [sth] up** zasmr|odzić, -adzać infml

IDIOMS: **to work like ~** infml wypruwać z siebie żyły or flaki infml

stink bomb *n* bomba *f* z gazem cuchnącym

stink bug *n* US pluskwiak *m*

stinker /ˈstɪŋkə(r)/ *n* infml [1] (difficult problem) zagwozdka *f* infml; **the test was a real ~** test był cholernie trudny infml [2] pej (person) (smelling badly) śmierdziel *m* infml pej; (unpleasant) gnida *f* infml pej fig; **a real little ~** (child) wstrętny bachor infml [3] GB (bad cold) paskudny katar *m* infml

stinkhorn /ˈstɪŋkhɔːn/ *n* Bot sromotnik *m*

stinking /ˈstɪŋkɪŋ/ *adj* [1] (foul-smelling) *[place, person, clothes, water, sewage]* śmierdzący, cuchnący [2] infml pej (emphatic) *[place, car, house, town]* parszywy infml; **I've got a ~ cold** mam paskudny katar infml

IDIOMS: **to be ~ rich** być obrzydliwie bogatym infml

stinkpot /ˈstɪŋkpɒt/ *n* infml dat (smelly person) śmierdziel *m* infml pej

stinkweed /ˈstɪŋkwiːd/ *n* Bot dwurząd *m*

stint /stɪnt/ **I** *n* [1] (period) **to do a three-year ~ in Africa/with a company** przepracować trzy lata w Afryce/w firmie; **to do a six-month ~ as president/as a teacher** być prezesem/nauczycielem przez sześć miesięcy; **to finish a ~ of compulsory military service** zakończyć obowiązkową służbę wojskową; **during my three-day ~ as secretary** podczas trzech dni na stanowisku sekretarza; **I've done my ~ for today** zrobiłem już swoje na dzisiaj [2] (limitation) **without ~** *[work]* nie oszczędzając się; *[give, spend]* nie żałując; **to praise sb without ~** nie szczędzić komuś pochwał

II *vt* po|skąpić (komuś), po|żałować (komuś) **(of sth** czegoś**)**

III *vi* oszczędz|ić, -ać; **to ~ on sth** oszczędzać na czymś *[food]*; skąpić na coś *[presents]*; żałować czegoś *[drink]*

IV *vr* **to ~ oneself** odm|ówić, -awiać sobie **(of sth** czegoś**)**

stipend /ˈstaɪpend/ *n* uposażenie *n*, pensja *f (zwłaszcza duchownego)*

stipendiary /staɪˈpendɪərɪ, US -dɪerɪ/ **I** *n* pobierając|y *m*, -a *f* uposażenie

II *adj [priest]* otrzymujący uposażenie; *[office, post]* płatny

stipendiary magistrate *n* GB Jur zawodowy sędzia *m* pokoju

stipple /ˈstɪpl/ *vt* Tech tepować; **a ~d effect** efekt chropowatości

stipulate /ˈstɪpjʊleɪt/ *vt* określ|ić, -ać *[condition]*; **one of the conditions ~d in the contract** jeden z warunków przewidzianych w kontrakcie; **the accord ~s the withdrawal of government troops** umowa zakłada or przewiduje wycofanie wojsk rządowych; **he ~d that...** zastrzegł (sobie), że...

stipulation /ˌstɪpjʊˈleɪʃn/ *n* warunek *m*, zastrzeżenie *n*; **on the ~ that...** pod warunkiem, że...; z zastrzeżeniem, że...; **to make a ~** postawić warunek, zrobić zastrzeżenie

stir[1] /stɜː(r)/ **I** *n* [1] (act of mixing) **to give the tea/sauce a ~** zamieszać herbatę/sos

[2] (commotion) poruszenie *n*; **to cause** or **make a ~** wywołać poruszenie

II *vt* (*prp, pt, pp* **-rr-**) [1] (mix) (to prevent sticking) za|mieszać *[liquid, sauce]*; (to make homogeneous) wy|mieszać *[paint, mixture, powder]*; **to simmer sth ~ring constantly** gotować coś na wolnym ogniu, mieszając; **to ~ sth into sth** zmieszać coś z czymś [2] (move slightly) *[breeze]* poruszyć, -ać (czymś) *[leaves, papers]* [3] (move, arouse) *[music, sight, story]* porusz|yć, -ać *[person]*; wzbudz|ić, -ać *[curiosity, passions]*; pobudz|ić, -ać *[imagination]*; przywoł|ać, -ywać *[memories]*; **to ~ sb to pity/compassion** wzbudzić w kimś litość/współczucie; **I was ~red by her story** jej historia mnie poruszyła; **to ~ the blood** wzbudzać emocje [4] (incite) **to ~ sb into doing sth** zmobilizować kogoś do zrobienia czegoś; **to ~ sb to action** pobudzić kogoś do działania; **to ~ sb to revolt** podburzyć kogoś do buntu

III *vi* (*prp, pt, pp* **-rr-**) [1] (move gently) *[leaves, papers, curtains]* porusz|yć, -ać się; **to ~ in one's sleep** poruszyć się przez sen; **the audience were ~ring uneasily in their seats** publiczność wierciła się niespokojnie na swoich miejscach [2] (awaken) o|budzić się, wsta|ć, -wać; **it was 11 o'clock and still no one was ~ring!** była jedenasta, a wszyscy jeszcze spali! [3] (budge) rusz|yć, -ać się; **don't ~ from that spot** nie ruszaj się z tego miejsca [4] liter (awake) *[love, hope, memories]* o|budzić się [5] infml (cause trouble) jątrzyć liter; **she's always ~ring** ona zawsze intryguje

IV *vr* (*prp, pt, pp* **-rr-**) **to ~ oneself** ruszyć się

■ **stir in**: **~ in [sth], ~ [sth] in** wmieszać *[flour]*; doda|ć, -wać *[eggs, milk]*

■ **stir up**: ¶ **~ up [sth], ~ [sth] up** [1] (whip up) *[wind]* wzbi|ć, -jać w górę, podn|ieść, -osić *[dust, leaves]*; *[propeller, swimmer]* porusz|yć, -ać *[mud]* [2] fig wznie|c|ić, -ać *[hatred, unrest]*; wzbudz|ić, -ać *[feelings, emotions]*; przywoł|ać, -ywać *[memories, past]*; zdoby|ć, -wać *[support]*; **to ~ things up** infml mieszać infml ¶ **~ up [sb], ~ [sb] up** podburz|yć, -ać *[person, workers, crowd]*

IDIOMS: **he's always ~ring it** infml on zawsze musi namącić infml

stir² /stɜː(r)/ *n* infml (prison) **in ~** w pudle infml

stir-crazy /ˌstɜːˈkreɪzɪ/ *adj* US infml **he's going ~** dostaje już świra (od siedzenia w więzieniu) infml

stir-fry /ˈstɜːfraɪ/ **I** *n* Culin **a beef/vegetable ~** wołowina/warzywa na sposób chiński

II *modif [beef, chicken]* podsmażony na sposób chiński

III *vt* (*pt, pp* **-fried**) szybko u|smażyć, mieszając *[beef, vegetables]*

stirrer /ˈstɜːrə(r)/ *n* infml intrygant *m*, -ka *f* pej

stirring /ˈstɜːrɪŋ/ **I** *n* [1] (feeling) **a ~ of desire** przypływ pożądania; **to feel a ~ of envy** poczuć ukłucie zazdrości; **she felt a ~ of hope** obudziła się w niej iskierka nadziei; **he felt a ~ of pride** jego serce nagle wezbrało dumą [2] (sign) **the first ~s of interest/of revolt/of nationalism** pierwsze oznaki zainteresowania/buntu /rodzącego się nacjonalizmu

II *adj [era, story]* pasjonujący; *[music, performance, speech]* porywający; **the opera was ~ stuff** infml opera poruszała do głębi

stirrup /ˈstɪrəp/ *n* [1] Equest strzemię *n*; **he lost his ~s** zgubił strzemiona; **to stand up in the ~s** stanąć or unieść się w strzemionach [2] Tech strzemię *n* [3] Anat (also **~ bone**) strzemiączko *n*

stirrup cup *n* strzemienne *n*

stirrup leather *n* Equest puślisko *n*

stirrup pump *n* pompa *f* przenośna, hydropult *m*

stitch /stɪtʃ/ **I** *n* [1] (in sewing, embroidery) ścieg *m*; (single loop in knitting, crochet) oczko *n*; (style in knitting, crotchet) ścieg *m*; **the ~es shouldn't show** szew powinien być niewidoczny; **to drop a ~** zgubić oczko; **embroidery /knitting ~** ścieg hafciarski/dziewiarski; **30 different ~es** 30 różnych ściegów [2] Med szew *m*; **he had ~es** założyli mu szwy; **he had to have twenty ~es** musieli mu założyć dwadzieścia szwów; **he needs ~es in his head** trzeba mu zszyć ranę na głowie; **I'm having my ~es out tomorrow** jutro zdejmują mi szwy [3] (pain) kolka *f*; **to have a ~** mieć kolkę; **I got a ~** dostałem kolki, chwyciła mnie kolka [4] US infml **to be a ~** *[person, film]* być bardzo zabawnym

II *vt* [1] (join) zszy|ć, -wać *[pieces of fabric, seams]*; przyszy|ć, -wać *[button]* **(to** or **onto sth** do czegoś); wszy|ć, -wać *[zip]* **(into sth** do czegoś); obszy|ć, -wać *[curtains, buttonholes]*; **hand-/machine-~ed** szyty ręcznie/maszynowo [2] Med zszy|ć, -wać *[wound, hand]*; **I had to have it ~ed** musieli mi to zszyć

■ **stitch down**: **~ down [sth], ~ [sth] down** przyszy|ć, -wać *[edge, flap]*

■ **stitch together**: **~ [sth] together** zszy|ć, -wać *[garment]*; fig zmontować naprędce *[coalition, group]*; opracować naprędce *[compromise, proposal]*

■ **stitch up**: ¶ **~ up [sth], ~ [sth] up** zszy|ć, -wać *[seam, wound, hand]*; podszy|ć, -wać *[hem]* ¶ **~ up [sb], ~ [sb] up** GB infml wrobić infml

IDIOMS: **a ~ in time saves nine** nie czekaj, aż będzie za późno; **to be in ~es** infml zrywać boki or skręcać się ze śmiechu infml; **to have sb in ~es** infml rozśmieszyć kogoś do łez; **not to have a ~ on** być zupełnie nagim; **I haven't got a ~ to wear** nie mam co na siebie włożyć

stitching /ˈstɪtʃɪŋ/ *n* szew *m*

St John Ambulance *n* GB *ochotnicza organizacja, której członkowie są wyszkoleni w udzielaniu pierwszej pomocy*

St John's wort *n* Bot dziurawiec *m*

St Lawrence Seaway *prn* Droga *f* Wodna Świętego Wawrzyńca

St Lucia /sntˈluːʃə/ *prn* Saint Lucia *f inv*

stoat /stəʊt/ n Zool gronostaj *m*

stochastic /stəˈkæstɪk/ n Stat stochastyczny

stock /stɒk/ **I** *n* [1] (in shop, warehouse) towar *m*; **to have sth in ~** (in shop) mieć coś w sprzedaży; (in warehouse) mieć coś na składzie; **to be out of ~** *[product, model]* być wyprzedanym; *[shop, warehouse]* nie mieć zapasów; **the smaller size is out of ~** nie ma już mniejszego rozmiaru [2] (supply, store, accumulation) zapas *m*; **~s of coal/food** zapasy węgla/jedzenia; **~s are running low** zapasy są na wyczerpaniu; **we need to replenish our ~s** musimy uzupełnić zapasy; **to get in** or **lay in a ~ of provisions** zaopatrzyć się w prowiant; **while ~s last** do wyczerpania zapasów; **the country's ~ of trees** zasoby leśne kraju; **a ~ of knowledge** zasób wiedzy [3] Fin (capital) kapitał *m* akcyjny [4] (descent) pochodzenie *n*; **to be of** or **from peasant ~** pochodzić z rodziny chłopskiej; **to be of** or **from Southern European/immigrant ~** pochodzić z południowej Europy/z rodziny imigrantów; **only the paternal ~ concerns us** interesuje nas tylko linia męska [5] (personal standing) notowania *n pl*; **his ~ has risen since...** jego notowania wzrosły, odkąd... [6] Culin wywar *m*, bulion *m*; **beef ~** bulion wołowy [7] (of gun) osada *f*, łoże *n* [8] Bot (plant) lewkonia *f*; **evening** or **night-scented ~** maciejka [9] Games (in cards) kupka *f*; **to draw from the ~** wziąć kartę z kupki [10] Fashn (cravat) halsztuk *m*; (part of clerical robes) plastron *m* [11] Agric, Zool (+ *v pl*) inwentarz *m*; (cattle) bydło *n*; (bloodstock) konie *m pl* pełnej krwi; **~ rearing** hodowla zwierząt [12] Hort podkładka *f (przy szczepieniu)*

II stocks *npl* [1] Hist **the ~s** dyby *plt*; **to be put in the ~s** zostać zakutym w dyby [2] (shares) akcje *f pl*; (government securities) obligacje *f*; **short/medium/long-dated ~s** obligacje krótko/średnio/długoterminowe; **government ~s** obligacje skarbu państwa; **~s closed higher/lower** na zamknięciu akcje zyskały/straciły; **~s and shares** papiery wartościowe [3] Naut podbudowa *f* pochylniowa; **to be on the ~s** *[ship]* stać na pochylni; fig *[project, product, book]* powstawać

III *adj [size]* typowy; *[answer, character, figure]* szablonowy, streotypowy; *[joke]* oklepany

IV *vt* [1] Comm (sell) prowadzić sprzedaż (czegoś); **we don't ~ sports shoes** nie prowadzimy sprzedaży butów sportowych [2] (fill with supplies) zaopat|rzyć, -rywać *[larder, fridge, shop]*; zapełni|ć, -ać *[shelves]*; **to ~ a lake with fish** zarybić jezioro; **well-~ed** *[library]* dobrze zaopatrzony

■ **stock up** zaopat|rzyć, -rywać się, z|robić zapasy; **to ~ up on** or **with sth** zaopatrzyć się w coś, zrobić zapasy czegoś

IDIOMS: **to take ~** fig zrobić bilans fig **(of sth** czegoś)

stockade /stɒˈkeɪd/ **I** *n* [1] (fence, enclosure) palisada *f*, ostrokół *m* [2] US Mil więzienie *n* wojskowe

II *vt* ot|oczyć, -aczać palisadą

stock-breeder /ˈstɒkbriːdə(r)/ *n* hodowca *m* bydła

stock-breeding /ˈstɒkbriːdɪŋ/ *n* hodowla *f* bydła

stockbroker /ˈstɒkbrəʊkə(r)/ *n* makler *m* giełdowy

stockbroker belt *n* GB **the ~** zamożna dzielnica *f* willowa *(na obrzeżu dużego miasta)*

S

stockbroker Tudor *adj* GB Archit *[style]* pseudo-elżbietański
stockbroking /ˈstɒkbrəʊkɪŋ/ **I** *n* maklerstwo *n*
II *modif [firm, group]* maklerski
stock car *n* 1 Aut samochód *m (przystosowany do wyścigów)* 2 US Rail wagon *m* bydlęcy
stock-car racing /ˈstɒkkɑːreɪsɪŋ/ *n* wyścigi *m pl* starych samochodów w terenie
stock clearance *n* Comm wyprzedaż *f*
stock company *n* Fin spółka *f* akcyjna
stock control *n* Comm zarządzanie *n* zapasami
stock-cube /ˈstɒkkjuːb/ *n* Culin kostka *f* rosołowa, rosół *m* w kostce
stock dividend *n* dywidenda *f* w formie akcji
stock exchange *n* (also **Stock Exchange) the ~** giełda *f* papierów wartościowych; **on the London/New York Stock Exchange** na giełdzie londyńskiej /nowojorskiej; **to be listed on the ~** być notowanym na giełdzie
stock exchange listing *n* Fin notowanie *n* na giełdzie
stockfish /ˈstɒkfɪʃ/ *n* sztokfisz *m*
stockholder /ˈstɒkhəʊldə(r)/ *n* akcjonariusz *m*, udziałowiec *m*
stockholders' equity *n* US kapitał *m* akcyjny, kapitał *m* własny
stockholders' report *n* sprawozdanie *n* dla akcjonariuszy
Stockholm /ˈstɒkhəʊm/ *prn* Sztokholm *m*
stockily built /ˌstɒkɪlɪˈbɪlt/ *adj [person]* mocno zbudowany
stockiness /ˈstɒkɪnɪs/ *n* (of person) krępa sylwetka *f*; (of animal) mocna budowa *f*
stockinet(te) /ˌstɒkɪˈnet/ *n* Tex tkanina *f* elastyczna *(na bandaże)*
stocking /ˈstɒkɪŋ/ *n* 1 pończocha *f*; **a pair of ~s** para pończoch; **in one's ~(ed) feet** bez butów 2 (also **Christmas ~**) skarpeta *f (do której wkłada się dzieciom prezenty gwiazdkowe)*; **what do you want in your ~?** co chcesz (dostać) pod choinkę?
stocking cap *n* wełniana czapka *f*
stocking filler *n* drobny prezent *m* gwiazdkowy
stocking mask *n* pończocha *f (maskująca twarz napastnika)*
stocking stitch *n* ścieg *m* pończoszniczy
stock-in-trade /ˌstɒkɪnˈtreɪd/ *n* (speciality) specjalność *f*; **irony is part of the ~ of any teacher** nauczyciele mają skłonność do ironii; **complaints are the ~ of a manager's job** skargi są chlebem powszednim dla osoby na kierowniczym stanowisku
stock issue *n* Fin emisja *f* akcji
stockist /ˈstɒkɪst/ *n* Comm, Fashn dystrybutor *m*; **'sole ~s'** „wyłączny dystrybutor"
stockjobber /ˈstɒkdʒɒbə(r)/ *n* Fin makler *m* giełdowy
stock list *n* Comm spis *m* towarów na stanie
stockman /ˈstɒkmən/ *n* (*pl* **-men**) 1 Agric oborowy *m* 2 US (warehouseman) magazynier *m*
stock market I *n* 1 (stock exchange) giełda *f* papierów wartościowych; **to be quoted** or **listed on the ~** być notowanym na giełdzie 2 (prices, trading activity) rynek *m* papierów wartościowych
II *modif [analyst, quotation, dealings, price]* giełdowy; **~ crash/slump** krach/gwałtowny spadek na giełdzie; **~ trading** transakcje giełdowe; **~ flotation** wprowadzenie na giełdę
stock option *n* Fin opcja *f* na zakup akcji
stockpile /ˈstɒkpaɪl/ **I** *n* zapas *m*
II *vt* z|gromadzić wielkie zapasy (czegoś) *[weapons, food, goods]*
stockpiling /ˈstɒkpaɪlɪŋ/ *n* gromadzenie *n*, składowanie *n*
stockpot /ˈstɒkpɒt/ *n* garnek *m* do gotowania bulionu
stock room *n* Comm magazyn *m*
stock sheet *n* spis *m* inwentarza
stock shortage *n* (in shop) brak *m* towaru
stock split *n* podział *m* akcji
stock-still /ˌstɒkˈstɪl/ *adv* **to stand ~** stać bez ruchu
stocktake /ˈstɒkteɪk/ *n* remanent *m*; **to do a ~** zrobić remanent
stocktaking /ˈstɒkteɪkɪŋ/ *n* 1 inwentaryzacja *f*, remanent *m*; **'closed for ~'** „inwentaryzacja"; **to do ~** zrobić remanent, przeprowadzić inwentaryzację 2 fig ocena *f* sytuacji
stock warrant *n* Fin świadectwo *n* udziałowe
stockwhip /ˈstɒkwɪp/ *n* bat *m* (do zaganiania bydła)
stocky /ˈstɒkɪ/ *adj [person]* krępy, przysadzisty; *[animal]* masywny; **of ~ build** mocno zbudowany
stockyard /ˈstɒkjɑːd/ *n* zagroda *f*
stodge /stɒdʒ/ *n* GB infml (food) zapychające jedzenie *n* infml; fig (writing) niestrawna lektura *f* pej; (book) cegła *f* infml fig; (speech) drętwa mowa *f* infml pej
stodginess /ˈstɒdʒɪnɪs/ *n* (of food) ciężkostrawność *f*; (of book) niestrawny styl *m*; (of speech, style) drętwość *f*
stodgy /ˈstɒdʒɪ/ *adj [food]* zapychający; *[person]* nudny; *[book]* niestrawny; *[style]* ciężki
stogie /ˈstəʊgɪ/ *n* US cygaretka *f*
stoic /ˈstəʊɪk/ **I** *n* stoik *m*
II *adj* stoicki
Stoic /ˈstəʊɪk/ Philos **I** *n* stoik *m*
II *adj* stoicki
stoical /ˈstəʊɪkl/ *adj* stoicki
stoically /ˈstəʊɪklɪ/ *adv* stoicko
stoicism /ˈstəʊɪsɪzəm/ *n* stoicyzm *m*
stoke /stəʊk/ *vt* (also **~ up**) do|łożyć, -kładać do (czegoś) *[fire]*; palić w (czymś) *[furnace]*; fig podsyc|ić, -ać *[enthusiasm, interest, anger]*
stokehold /ˈstəʊkhəʊld/ *n* = **stokehole** 1
stokehole /ˈstəʊkhəʊl/ *n* 1 Naut kotłownia *f* 2 Ind gardziel *f* (pieca)
stoker /ˈstəʊkə(r)/ *n* Naut, Rail palacz *m*; Ind piecowy *m*
STOL *n* = **short take-off and landing** samolot *m* skróconego startu i lądowania
stole[1] /stəʊl/ *pt* → **steal**
stole[2] /stəʊl/ *n* szal *m*; (of fur) etola *f*; Relig stuła *f*
stolen /ˈstəʊlən/ *pp* → **steal**
stolid /ˈstɒlɪd/ *adj [person]* stateczny, powściągliwy; flegmatyczny pej; *[book, style]* rozwlekły; *[product]* nijaki
stolidity /ˌstɒˈlɪdətɪ/ *n* = **stolidness**
stolidly /ˈstɒlɪdlɪ/ *adv [say, respond]* obojętnie, beznamiętnie
stolidness /ˈstɒlɪdnɪs/ *n* (of person) niezmącony spokój *m*; (of speech, behaviour) powściągliwość *f*
stollen /ˈstɒlən/ *n* US strucla *f* z bakaliami
stoma /ˈstəʊmə/ *n* Med sztuczna przetoka *f*
stomach /ˈstʌmək/ **I** *n* (organ) żołądek *m*; (belly) brzuch *m*; **I have a pain in my ~** boli mnie żołądek or brzuch; **to lie on one's ~** leżeć na brzuchu; **to do sth on a full/empty ~** robić coś z pełnym/pustym żołądkiem; **that horrid feeling in the pit of your ~** to okropne uczucie ściskania w dołku; **to be sick to one's ~ (of sth)** mieć dość (czegoś); **I'm sick to my ~ of politics** polityka budzi we mnie odrazę; **to have a strong ~** mieć odporny żołądek; fig mieć żelazne nerwy; **the sight of blood turned his ~** na widok krwi zrobiło mu się niedobrze
II *modif* **~ ulcer** wrzód żołądka; **~ operation** operacja żołądka; **~ cancer** rak żołądka; **to have ~ trouble** mieć kłopoty z żołądkiem; **I have (a) ~ ache** boli mnie żołądek or brzuch
III *vt* s|trawić *[food]*; fig zn|ieść, -osić; s|trawić infml *[person, attitude, behaviour, violence]*; **I can't ~ oysters** nie znoszę ostryg; **I can't ~ that guy!** nie trawię tego faceta! infml
IDIOMS: **an army marches on its ~** żołnierze przede wszystkim muszą mieć co jeść; **I have no ~ for a fight** nie mam ochoty się bić; **your eyes are bigger than your ~** popie oczy, wilcze gardło (co zobaczy, to by żarło)
stomach powder *n* lekarstwo *n* na trawienie
stomach pump *n* sonda *f* do odsysania treści żołądkowej
stomach stapling *n* chirurgiczne zmniejszenie *n* żołądka
stoma patient *n* pacjent *m*, -ka *f* ze sztuczną przetoką
stomatologist /ˌstəʊməˈtɒlədʒɪst/ *n* stomatolog *m*
stomatology /ˌstəʊməˈtɒlədʒɪ/ *n* stomatologia *f*
stomp /stɒmp/ **I** *n* 1 (of feet) tupot *m* 2 US (jazz tune, dance) stomp *m*
II *vi* (walk heavily) **to ~ in/out** wejść/wyjść głośno tupiąc; **he ~ed off in a rage** odszedł wściekły
stomper /ˈstɒmpə(r)/ *n* US infml bucior *m*; Mus (musician) stompers *m*
stomping ground *n* ulubione miejsce *n*
stone /stəʊn/ **I** *n* 1 (material) kamień *m*; **(made) of ~** z kamienia; **a slab of ~** płyta kamienna; **to turn into ~** zamienić się w kamień, skamienieć; **to have a heart of ~** fig mieć serce z kamienia; **to be as hard as ~** być twardym jak skała; fig być jak kamień 2 (small rock) kamień *m*; (pebble) kamyk *m*; **a hail of ~s** grad kamieni 3 (for particular purpose) kamień *m*; (standing vertically) pionowy blok *m* kamienny; (tombstone) kamień *m* nagrobny; **to lay the foundation ~** położyć kamień węgielny; **to erect a ~** postawić kamień nagrobny; **not a ~ was left standing** nie został kamień na kamieniu 4 (also **precious ~**) kamień *m* (szlachetny); **set with ~s** wysadzany kamieniami 5 Bot (in fruit) pestka *f*; **to take**

the ~ out of a peach wyjąć pestkę z brzoskwini [6] Med kamień *m*; **kidney ~** kamień nerkowy [7] GB Meas = *6,35 kg*
II *modif* [1] *[wall, statue, floor, building, step]* kamienny [2] *[pottery, jar, pot]* kamionkowy
III *vt* [1] (throw stones at) obrzuc|ić, -ać kamieniami *[person, vehicle]*; (as punishment) u|kamienować; **to ~ sb to death** ukamienować kogoś [2] (remove stone from) wy|drylować, wy|pestkować *[cherry, olive, plum]*; usu|nąć, -wać pestkę z (czegoś) *[peach]*
IDIOMS: **~ me!** GB dat niech mnie kule biją! dat; **to leave no ~ unturned** poruszyć niebo i ziemię; **it's a ~'s throw from here** to dwa kroki stąd; to zaledwie o rzut kamieniem stąd infml; **to be set in (tablets of) ~** być ustalonym na wieki; **to cast the first ~** rzucić pierwszy kamień fig; **he cast the first ~ at Adam** on pierwszy potępił Adama; **to sink like a ~** iść na dno jak kamień → **glasshouse**

Stone Age **I** *n* **the ~** epoka *f* kamienia
II *modif* (also **stone age)** *[tool, village, society, man]* z epoki kamienia

stonechat /ˈstəʊntʃæt/ *n* Zool kląskawka *f*

stone circle *n* kamienny krąg *m*

stone-cold /ˌstəʊnˈkəʊld/ **I** *adj [meal, boiler]* zupełnie zimny
II *adv* **~ sober** zupełnie trzeźwy

stonecrop /ˈstəʊnkrɒp/ *n* Bot rozchodnik *m*

stone curlew *n* Zool kulon *m*

stoned /stəʊnd/ *adj* infml nawalony vinfml; **to get ~** nawalić się vinfml

stone-dead /ˌstəʊnˈded/ *adj* martwy

stone-deaf /ˌstəʊnˈdef/ *adj* głuchy jak pień

stone fruit *n* owoc *m* pestkowy, pestkowiec *m*

stoneground /ˈstəʊngraʊnd/ *adj [flour]* mielony na żarnach

stonemason /ˈstəʊnmeɪsn/ *n* kamieniarz *m*

stone saw *n* piła *f* do kamienia

stonewall /ˌstəʊnˈwɔːl/ **I** *vt* za|blokować *[negotiation]*; **to ~ sb** unikać odpowiedzi na pytania kogoś
II *vi* [1] (filibuster) prowadzić obstrukcję [2] Sport grać defensywnie

stonewalling /ˌstəʊnˈwɔːlɪŋ/ *n* Pol obstrukcja *f*

stoneware /ˈstəʊnweə(r)/ **I** *n* wyroby *m pl* kamionkowe
II *adj* kamionkowy

stonewashed /ˈstəʊnwɒʃt/ *adj* Fashn *[jeans]* uprany z naturalnym pumeksem

stonework /ˈstəʊnwɜːk/ *n* kamieniarka *f*

stonily /ˈstəʊnɪlɪ/ *adv [look at, stare]* lodowato; *[say, answer]* lodowatym tonem

stonking /ˈstɒŋkɪŋ/ *adj* infml (also **~ great**) super infml

stony /ˈstəʊnɪ/ *adj* [1] (rocky) *[ground, path, river bed, beach]* kamienisty [2] (of or resembling stone) *[texture]* kamienny; **~ colour** kolor (szarego) kamienia [3] fig (cold) *[silence, heart, look]* kamienny
IDIOMS: **to fall on ~ ground** trafić w próżnię

stony-broke /ˌstəʊnɪˈbrəʊk/ *adj* GB infml kompletnie spłukany infml

stony-faced /ˌstəʊnɪˈfeɪst/ *adj* z kamienną twarzą

stood /stʊd/ *pt, pp* → **stand**

stooge /stuːdʒ/ **I** *n* [1] infml pej pachołek *m*, sługus *m* pej [2] Theat obiekt *m* żartów komika
II *vi* [1] infml pej wysługiwać się **(for sb** komuś**)** [2] Theat **to ~ for sb** być obiektem żartów kogoś
■ **stooge about, stooge around** łazić z kąta w kąt infml

stook /stuːk, stʊk/ GB **I** *n* (of straw) kopka *f*
II *vt* ustawi|ć, -ać w kopki *[sheaves of wheat]*

stool /stuːl/ **I** *n* [1] (furniture) stołek *m*, taboret *m*; **a high/bar ~** wysoki stołek/stołek barowy; **a piano ~** taboret (przy fortepianie) [2] (faeces) stolec *m* [3] Bot podstawa *f* łodygi [4] US (toilet) sedes *m*
II *vi* infml za|kablować infml **(on sb** na kogoś**)**
IDIOMS: **it falls between two ~s** to jest takie ni to, ni owo

stoolie /ˈstuːlɪ/ *n* infml = **stool pigeon**

stool pigeon *n* infml kapuś *m* infml

stoop[1] /stuːp/ **I** *n* [1] (curvature) **to have a ~** garbić się; **he walks with a ~** chodzi zgarbiony [2] (of hawk) lot *m* pikujący
II *vi* [1] (be bent over) garbić się, być przygarbionym [2] (lean forward) nachyl|ić, -ać się, pochyl|ić, -ać się; **to ~ down** schylić się; **to ~ over sth** pochylić się nad czymś; **to ~ to do sth** schylić się, żeby coś zrobić [3] (debase oneself) **to ~ to sth** zniż|yć, -ać się do czegoś *[blackmail, lies]*; **I didn't think she would ~ so low as to sell the story to the newspapers** nie sądziłem, że upadnie aż tak nisko, żeby sprzedać te informacje prasie [4] (plunge) *[bird]* rzuc|ić, -ać się w dół, pikować
III *prp adj* **stooping** *[person]* przygarbiony; **~ing shoulders** zgarbione plecy

stoop[2] /stuːp/ *n* US weranda *f*, ganek *m*

stoop labour *n* US *praca na roli wykonywana w pozycji pochylonej lub w kucki*

stop /stɒp/ **I** *n* [1] (halt, pause) przerwa *f*; (short stay) postój *m*, przystanek *m*; **to have** or **make a ten-minute ~ for coffee** (on the way) zrobić dziesięciominutowy postój na kawę; (in work) zrobić dziesięciominutową przerwę na kawę; **to drive/work without a ~** jechać/pracować bez przerwy; **to make an overnight ~** zatrzymać się na noc; **the train makes three ~s before London** pociąg zatrzymuje się trzy razy przed Londynem; **our next ~ will be (in) Paris** (on tour, trip) nasz następny przystanek to Paryż; **there are ~s in Warsaw and Cracow** zatrzymujemy się w Warszawie i Krakowie; **we've had too many ~s and starts on this project** zbyt wiele razy już przerywaliśmy i wznawialiśmy pracę nad tym projektem; **to be at a ~** *[traffic, production]* stać; **to bring sth to a ~** zatrzymać coś; **to come to a ~** *[vehicle, work]* zatrzymać się, stanąć; **to put a ~ to sth** skończyć z czymś, położyć kres czemuś; **I'll soon put a ~ to that!** już ja to ukrócę! [2] (stopping place) (for bus) przystanek *m*; (for train, tube) stacja *f*; **it's three ~s away from here** to trzy przystanki stąd; **I've missed my ~** (on bus) przegapiłem mój przystanek; (on train) przegapiłem moją stację [3] (punctuation mark) (in telegram) stop *m*; (in dictation) kropka *f* [4] (device) (for door) odbojnik *m*; (on window, for drawer) ogranicznik *m* [5] Mus (on organ) (pipes) rejestr *m* organowy; (knob) klucz *m* rejestrowy [6] Phot (aperture) przesłona *f* [7] Ling głoska *f* zwarta
II *modif* **~ button** przycisk „stop"; (on clock) przycisk wyłączania budzika; **~ lever** dźwignia zatrzymania; (on accordion) klawisz rejestru; **~ signal** sygnał zatrzymania
III *vt* (*prp, pt, pp* **-pp-**) [1] (cease) *[person]* przer|wać, -ywać *[work, activity, game]*; **~ what you're doing** przerwij to, co robisz; **~ that noise!** przestań hałasować!; **~ it!** przestań!; **to ~ doing sth** przestać robić coś; **to ~ smoking** przestać palić; **he never ~s talking** usta mu się nie zamykają; **he couldn't ~ laughing** nie był w stanie przestać się śmiać; **it's ~ped raining** przestało padać; **~ writing please** (in exam) proszę przerwać pisanie [2] (bring to a halt) *[person, mechanism]* zatrzym|ać, -ywać *[person, vehicle]*; przer|wać, -ywać *[match, trial]*; *[strike, power cut]* s|powodować przerwę w (czymś) *[activity, production]*; **rain ~ped play** deszcz przerwał grę; **~ the clock!** (in quiz) czas minął!; **give me something to ~ the bleeding** daj mi coś, żeby zatamować krwawienie; **to ~ a bullet, to ~ one** infml oberwać kulkę infml; **the pistol will ~ a man at 30 metres** z tego pistoletu można trafić człowieka z odległości 30 metrów [3] (prevent) powstrzym|ać, -ywać, zatrzym|ać, -ywać *[person]*; wstrzym|ać, -ywać *[publication]*; zapobie|c, -gać (czemuś), powstrzym|ać, -ywać *[war]*; nie dopu|ścić, -szczać do (czegoś) *[event, ceremony]*; **I'm leaving and you can't ~ me!** odchodzę i nie zatrzymasz mnie!; **what's to ~ you?, what's ~ping you?** co cię powstrzymuje?; **to ~ sb (from) doing sth** powstrzymać kogoś przed zrobieniem czegoś or od zrobienia czegoś; **she ~ped me (from) making a fool of myself** gdyby nie ona, zrobiłbym z siebie durnia; **the plastic tablecloth ~s the table (from) getting scratched** ten plastikowy obrus zabezpiecza stół przed porysowaniem; **you won't be able to ~ the marriage (from taking place)** nie uda ci się zapobiec temu małżeństwu; **there's nothing to ~ you (from) doing it** nic nie stoi na przeszkodzie, żebyś to zrobił [4] (refuse to provide) wstrzym|ać, -ywać *[grant, allowance]*; przer|wać, -ywać or wstrzym|ać, -ywać dostawy (czegoś); odci|ąć, -inać infml *[gas, electricity, water]*; **to ~ a cheque** wstrzymać wypłatę czeku; **to ~ £50 out of sb's pay** GB potrącić komuś 50 funtów z pensji; **all leave has been ~ped** wstrzymano wszystkie urlopy [5] (plug) zat|kać, -ykać *[gap, hole, bottle]*; **to ~ a leak** zatkać przeciek; **to ~ one's ears** zatkać sobie uszy [6] Mus nacis|nąć, -kać *[string]*; zat|kać, -ykać *[hole]*
IV *vi* (*prp, pt, pp* **-pp-**) [1] (come to a standstill, halt) *[person, vehicle, clock, machine, heart]* zatrzym|ać, -ywać się, sta|nąć, -wać; **to ~ somewhere for lunch** zatrzymać się gdzieś na lunch; **everything ~ped** wszystko stanęło; **to ~ for pedestrians** zatrzymać się, żeby przepuścić pieszych [2] (cease) (permanently) *[person]* s|kończyć;

S

[discussion] ur|wać, -ywać się, za|kończyć się; *[bleeding, breathing, pain, rain]* usta|ć, -wać; *[noise, music]* u|cichnąć; *[worry, enjoyment, battle]* s|kończyć się; (temporarily) *[person]* przer|wać, -ywać; **he ~ped for questions** przerwał, żeby odpowiedzieć na pytania; **he doesn't know when to ~** nie wie, kiedy przestać; **this is going to have to ~** to się musi skończyć; **without ~ping** bez przerwy; **to ~ to do sth** (while working) przerwać, żeby coś zrobić; (while walking, driving) zatrzymać się, żeby coś zrobić; **you didn't ~ to think** nawet przez chwilę nie pomyślałeś [3] GB infml (stay) zosta|ć, -wać; **to ~ for dinner** zostać na obiad; **to ~ the night with sb** zostać na noc u kogoś

V *vr* (*prp, pt, pp* **-pp-**) **to ~ oneself** powstrzym|ać, -ywać się; **I nearly fell but I ~ped myself** byłbym upadł, ale jakoś złapałem równowagę; **to ~ oneself (from) doing sth** powstrzymać się od zrobienia czegoś or przed zrobieniem czegoś or żeby czegoś nie zrobić

■ **stop away** GB infml: **~ away** (not go) nie pójść, nie iść; (not come) nie przy|jść, -chodzić; **to ~ away from sth** nie przyjść na coś, nie pojawić się na czymś

■ **stop behind** GB infml zosta|ć, -wać (dłużej); **I had to ~ behind after school** musiałem zostać po szkole

■ **stop by** infml: ¶ **~ by** wst|ąpić, -ępować; **he ~ped by at Adam's place** wstąpił do Adama ¶ **~ by [sth]** wst|ąpić, -ępować do (czegoś) *[bookshop, café]*

■ **stop down** Phot przym|knąć, -ykać przesłonę, da|ć, -wać większą przesłonę

■ **stop in** GB infml (stay in) zosta|ć, -wać w domu; **I ~ped in specially to listen to the concert on the radio** zostałem specjalnie, żeby wysłuchać koncertu w radiu

■ **stop off** zatrzym|ać, -ywać się; **to ~ off in Bristol** zatrzymać się w Bristolu; **we ~ped off at Robert's for tea** wstąpiliśmy do Roberta na herbatę

■ **stop on** GB infml zosta|ć, -wać; **to ~ on at school** kontynuować naukę w szkole

■ **stop out** GB infml **to ~ out late** wrócić późno; **to ~ out all night** nie wrócić na noc

■ **stop over** (at sb's house) zatrzym|ać, -ywać się; **to ~ over in Athens** zatrzymać się w Atenach; Aviat mieć międzylądowanie w Atenach

■ **stop up**: ¶ **~ up** GB infml nie położyć się, nie kłaść się; **don't ~ up, because I'll be late home** nie czekaj na mnie, bo wrócę późno ¶ **~ up [sth], ~ [sth] up** zat|kać, -ykać *[hole, gap]*; za|plombować *[tooth]*

IDIOMS: **to pull out all the ~s** wypruwać z siebie żyły **(to do sth** żeby coś zrobić**)**; **to ~ at nothing** nie cofnąć się przed niczym **(to do sth** żeby coś zrobić**)**

stop bath *n* Phot kąpiel *f* płucząca

stopcock /ˈstɒpkɒk/ *n* zawór *m* odcinający

stop consonant *n* spółgłoska *f* zwarta

stopgap /ˈstɒpgæp/ **I** *n* (thing) tymczasowe rozwiązanie *n*; (person) tymczasowa wyręka *f*; zapchajdziura *m/f* infml

II *modif [leader, measure]* tymczasowy

stop-go /ˌstɒpˈgəʊ/ *adj* Econ **~ policy** polityka oscylacji pomiędzy napędzaniem a chłodzeniem gospodarki

stop lamp *n* US = **stop light**

stop light *n* (on vehicle) światło *n* stopu; (traffic light) czerwone światło *n*

stop-off /ˈstɒpɒf/ *n* przystanek *m*, postój *m*

stop order *n* Fin zlecenie *n* stop

stopover /ˈstɒpəʊvə(r)/ *n* przystanek *m*; Transp, Aviat przerwa *f* w podróży; **you're allowed two ~s on this ticket** ten bilet zezwala na dwie przerwy w podróży

stoppage /ˈstɒpɪdʒ/ *n* [1] Ind (strike) przerwa *f* w pracy, przestój *m*; **a 24-hour ~** dwudziestoczterogodzinna przerwa w pracy [2] GB (deduction from wages) potrącenie *n* (z pensji) [3] (blocking) wstrzymanie *n*; **the ~ of the flow of cash** zatrzymanie przepływu gotówki

stop payment *n* Fin wstrzymanie *n* wypłaty (czeku)

stop payment order *n* polecenie *n* wstrzymania wypłaty

stopper /ˈstɒpə(r)/ **I** *n* (for bottle, jar) korek *m*; (for bath, basin) korek *m*, zatyczka *f*

II *vt* zakorkow|ać, -ywać *[bottle]*

stopping /ˈstɒpɪŋ/ **I** *n* **'no ~'** „zakaz zatrzymywania się"; **this ~ and starting is a waste of petrol** to stawanie i ruszanie to strata benzyny

II *modif* Aut **~ time/distance** czas/droga hamowania

stopping place *n* (on route) miejsce *n* postoju

stopping train *n* pociąg *m* osobowy

stop-press /ˌstɒpˈpres/ Journ **I** *n* „z ostatniej chwili"

II *modif [news, item]* z ostatniej chwili

stop sign *n* stop *m*, znak *m* stopu

stopwatch /ˈstɒpwɒtʃ/ *n* stoper *m*

storage /ˈstɔːrɪdʒ/ **I** *n* [1] (keeping) (of food, fuel, goods) przechowywanie *n*, magazynowanie *n*, składowanie *n* **(of sth** czegoś**)**; (of document, file, furniture) przechowywanie *n* **(of sth** czegoś**)**; (of heat, energy, electricity) magazynowanie *n* **(of sth** czegoś**)**; **to be in ~** być przechowywanym or magazynowanym; **to put sth into ~** złożyć coś do magazynu *[goods]*; oddać coś na przechowanie *[furniture]*; **to spoil in ~** zepsuć się w trakcie przechowywania [2] Comm (space) powierzchnia *f* magazynowa [3] Comput (facility) pamięć *f*; (process) zapamiętywanie *n*

II *modif* **~ problems** Comm problemy ze składowaniem; **~ area** Comm skład; **~ compartment** schowek; **~ container** zbiornik; **~ costs** koszty składowania; **~ space** Comm powierzchnia magazynowa

storage battery *n* akumulator *m*

storage capacity *n* Comput pojemność *f* pamięci

storage device *n* Comput urządzenie *n* pamięciowe

storage heater *n* piec *m* akumulacyjny

storage jar *n* pojemnik *m*

storage tank *n* (for oil, chemicals) zbiornik *m*

storage unit *n* [1] (cupboard) szafka *f* [2] Comm (area of storage space) jednostka *f* powierzchni magazynowej

store /stɔː(r)/ **I** *n* [1] (shop) sklep *m* [2] (supply) (of food, fuel, paper) zapas *m* **(of sth** czegoś**)**; (of knowledge, information) zasób *m* **(of sth** czegoś**)**; **to have/lay in a ~ of sth** trzymać/zrobić zapas czegoś [3] (place of storage) magazyn *m*; (for fuel, nuclear waste) skład *m* [4] (storage) **to put sth in(to) ~** dać coś na przechowanie *[furniture]*; złożyć coś w magazynie *[goods]*; fig **there's a surprise/a nasty shock in ~ for him** czeka go niepodzianka/przykry wstrząs; **I wonder what the future has in ~ (for us)** zastanawiam się, co nas czeka

II stores *npl* [1] (supplies) zapasy *m pl*; **to take on ~s** Naut uzupełnić zapasy [2] (storage area) magazyn *m*

III *vt* [1] (put away) przechow|ać, -ywać *[food, objects, information, crops, grain]*; składować *[nuclear waste, chemicals]* [2] (accumulate) z|robić zapas (czegoś) *[food, supplies, fuel]*; z|magazynować *[energy, heat]*; z|ebrać, -bierać, z|gromadzić *[water]* [3] (hold) *[cupboard, fridge, freezer]* po|mieścić *[food, objects]* [4] Comput (enter) zapamięt|ać, -ywać **(on sth** na czymś**)**; (retain) przechow|ać, -ywać **(on sth** na czymś**)**

IV stored *pp adj [food, supplies]* zgromadzony; Comm zmagazynowany; fig *[hatred, resentment]* zapiekły

■ **store away**: **~ away [sth], ~ [sth] away** s|chować, od|łożyć, -kładać *[clothes, objects]*; odda|ć, -wać na przechowanie *[furniture]*

■ **store up**: **~ up [sth]** z|gromadzić *[food, supplies]*; z|magazynować *[energy, heat]*; fig trwać w (czymś) *[hatred]*; chować *[resentment]*; **you're storing up trouble/problems for yourself** w ten sposób twoje kłopoty/problemy tylko się nawarstwiają

IDIOMS: **to set great ~ by sth** przywiązywać wielką wagę do czegoś; **not to set great ~ by sth, to set little ~ by sth** nie przywiązywać większej wagi do czegoś

storecard /ˈstɔːkɑːd/ *n* Comm Fin karta *f* kredytowa *(wydawana przez sklep)*

store cupboard *n* szafka *f*

store detective *n* detektyw *m* sklepowy

storefront /ˈstɔːfrʌnt/ *n* US Comm witryna *f* sklepowa

storehouse /ˈstɔːhaʊs/ *n* skład *m*, magazyn *m*

storekeeper /ˈstɔːkiːpə(r)/ *n* US właściciel *m*, -ka *f* sklepu

storeman /ˈstɔːmæn/ *n* (*pl* **-men**) Comm magazynier *m*

store manager *n* Comm (of shop) kierowni|k *m*, -czka *f* sklepu

storeroom /ˈstɔːruːm/ *n* (in factory, shop, school, office) magazyn *m*; (in house) (for food) spiżarnia *f*; (for unnecessary things) schowek *m*, składzik *m*

storey GB, **story** US /ˈstɔːrɪ/ *n* (*pl* **-reys** GB, **-ries** US) piętro *n*; kondygnacja *f* fml; **on the top ~** na najwyższym piętrze, na najwyższej kondygnacji; **on the third ~** GB na trzecim piętrze; US na drugim piętrze; **a single-~ building** parterowy dom; **a three-storeyed building** GB**, a three-storied building** US trzypiętrowy budynek

IDIOMS: **he is a bit weak in the top ~** infml on ma nierówno pod sufitem infml

stork /stɔːk/ *n* bocian *m*

storksbill /ˈstɔːksbɪl/ *n* Bot iglica *f*

storm /stɔːm/ **I** *n* [1] (violent weather) burza *f*; (at sea) sztorm *m*; **we were caught in a ~** złapała nas burza; **a ~ is gathering** zbiera się na burzę, nadchodzi burza; **the ~ broke** zerwała się burza; (at sea) zerwał się sztorm; **to weather a ~** stawić czoło burzy; fig przeżyć trudny okres [2] Meteorol (gale) nawałnica *f*, burza *f* [3] (irresistible attack) szturm *m*; **to take a town by ~** Mil wziąć or zdobyć miasto szturmem; **she took Broadway by ~** fig podbiła or zawojowała Broadway fig [4] (outburst) (of cheering, applause, protests) burza *f* fig **(of sth** czegoś**)**; (of anger, indignation) wybuch *m*; (of laughter) ryk *m* **(of sth** czegoś**)**; (of abuse) grad *m* **(of sth** czegoś**)**; (of tears) potok *m* **(of sth** czegoś**)**; **a ~ of violence** gwałtowna fala przemocy; **his new book has created a ~** jego nowa książka wywołała or rozpętała burzę; **to bring a ~ down about one's ears** ściągnąć na swoją głowę burzę; **Storm and Stress** Literat Sturm und Drang

II *modif* Naut *[signal, sail]* sztormowy

III *vt* [1] (try to capture) szturmować *[castle, stronghold]*; (capture) wziąć, brać szturmem *[castle, stronghold]*; **they ~ed their way across the bridge** przedarli się przez most; **to ~ one's way into sth** wedrzeć się do (środka) czegoś [2] (roar) ry|knąć, -czeć, za|grzmieć; **'get out!' he ~ed** „wynocha stąd!" ryknął

IV *vi* [1] *[wind, gale]* szaleć; *[rain]* lać; **it was ~ing last night** wczoraj w nocy była burza [2] (move violently) **to ~ into/out of sth** wpaść do czegoś/wypaść z czegoś jak burza [3] (get angry) pieklić się infml; **to ~ at sb** grzmieć na kogoś; **to shout and ~** głośno się awanturować

IDIOMS: **a ~ in a teacup** burza w szklance wody

storm belt *n* Geog pas *m* sztormów

stormbound /ˈstɔːmbaʊnd/ *adj [ship]* unieruchomiony przez sztorm; *[island, lighthouse]* odcięty od świata przez sztorm

storm cellar *n* schron *m* przeciwsztormowy

storm centre GB, **storm center** US *n* Meteorol oko *n* burzy; fig sedno *n* problemu

stormcloud /ˈstɔːmklaʊd/ *n* Meteorol chmura *f* burzowa; fig (czarna) chmura *f* fig

storm damage *n* straty *f pl* spowodowane przez burzę/sztorm

storm door *n* dodatkowe drzwi *plt (zabezpieczające przed wichurą)*

storm drain *n* kanał *m* burzowy, burzowiec *m*

storm-force wind /ˌstɔːmfɔːsˈwɪnd/ *n* Meteorol huragan *m*

storming /ˈstɔːmɪŋ/ **I** *n* (of building) szturm *m*, szturmowanie *n*; **the ~ of the palace** szturm na pałac

II *adj* infml fantastyczny infml

storm lantern *n* latarnia *f* sztormowa

storm-lashed /ˈstɔːmlæʃt/ *adj* smagany burzą

storm petrel *n* Zool nawałnik *m* burzowy

storm-tossed /ˈstɔːmtɒst/ *adj [sea, waters]* wzburzony; *[ship]* miotany przez sztorm

storm trooper *n* żołnierz *m* oddziału szturmowego

storm troops *npl* Mil oddziały *m pl* szturmowe

storm warning *n* Meteorol, Naut ostrzeżenie *n* sztormowe

storm window *n* dodatkowe okno *n (zabezpieczające przed wichurą)*

stormy /ˈstɔːmɪ/ *adj* [1] *[weather, sky, day]* (on land) burzowy; (at sea) sztormowy; *[sea, waves]* wzburzony [2] (turbulent) *[meeting, discussion, debate, period, relationship]* burzliwy; *[temperament, nature]* porywczy; **~ scenes** gwałtowne sceny

stormy petrel *n* = **storm petrel**

story[1] /ˈstɔːrɪ/ *n* [1] (account) opowieść *f*, historia *f* **(about** or **of sb/sth** o kimś /czymś**)**; **the ~ of Elvis Presley** historia życia Elvisa Presleya; **to tell a ~** opowiedzieć historię; **tell us a ~ about when you lived in London** opowiedz nam o tym, jak mieszkałeś w Londynie; **it's a true ~** to prawdziwa historia; **based on a true ~** oparty na prawdziwych wydarzeniach or na faktach [2] (version) wersja *f* (wydarzeń); **conflicting stories** sprzeczne wersje; **to change one's ~** zmienić swoją wersję; **to stick to one's ~** podtrzymywać swoją wersję wydarzeń; **what is the real ~?** jak było naprawdę?; **they all have similar stories, they all tell the same ~** wszyscy mówią to samo; **according to his own ~** według jego własnych słów; **that's his ~** tak on twierdzi [3] (tale) historia *f* **(about** or **of sb/sth** o kimś/czymś**)**; (less serious) historyjka *f* **(about sb/sth** o kimś /czymś**)**; Literat opowiadanie *n* **(of sb/sth** o kimś/czymś**)**; **a detective/ghost ~** opowiadanie kryminalne/o duchach; **read us a bedtime ~!** poczytaj nam do poduszki or na dobranoc! [4] Journ (printed) artykuł *m* **(on** or **about sb/sth** o kimś/czymś**)**; (piece of news) temat *m*; **exclusive ~** artykuł drukowany na prawach wyłączności; **to carry** or **run a ~** zamieścić artykuł; **to kill a ~** wycofać artykuł; **to make a good ~** być dobrym tematem, stanowić dobry temat; **a front-page ~** artykuł na pierwszą stronę or z pierwszej strony; **an inside ~** kulisy (sprawy); **today's main stories** (in TV announcement) tematy dnia [5] (lie) historyjka *f*, bajeczka *f*; **to make up a ~** wymyślić historyjkę or bajeczkę **(about sth** o czymś**)**; **she made up a ~ about her train being late** wymyśliła bajeczkę, że pociąg się spóźnił [6] (rumour) pogłoska *f* **(about sb /sth** o kimś/czymś**)**; **all sorts of stories are going round the office** po biurze krążą najrozmaitsze pogłoski; **the ~ goes that...** fama głosi, że... [7] (also **~ line)** (of novel, play, film) fabuła *f*; **the ~ was taken from a French novel** fabuła została zaczerpnięta z francuskiej powieści; **there was no ~ to it!** nic się w tym nie działo! [8] (unfolding of plot) akcja *f*; **the ~ is set in Normandy** akcja rozgrywa się w Normandii

IDIOMS: **but that's another ~** ale to już całkiem inna historia; **to cut a long ~ short** krótko mówiąc; **that's not the whole ~, that's only half the ~** to jeszcze nie wszystko; **that's the ~ of my life!** taki już mój los!, widać tak jest mi pisane!; **it's always the same ~, it's the same old ~** zawsze to samo; **every picture tells a ~** wszystko ma swoją historię; **a likely ~!** iron akurat! infml; **the ~ goes** or **has it that...** podobno...; **or so the ~ goes** przynajmniej tak mówią; **what's the ~?** infml o co chodzi? → **two**

story[2] /ˈstɔːrɪ/ *n* US (floor) piętro *n*; kondygnacja *f* fml; **first ~** parter; **second ~** pierwsze piętro

storyboard /ˈstɔːrɪbɔːd/ *n* Cin, TV rozrysowanie *n* kadrów

storybook /ˈstɔːrɪbʊk/ *n* zbiór *m* opowiadań; (for children) historyjki *f pl* dla dzieci

IDIOMS: **it's a ~ ending** to zakończenie jak z bajki

storyteller /ˈstɔːrɪtelə(r)/ *n* [1] (writer) autor *m*, -ka *f* opowiadań [2] (who tells stories) gawędzia|rz *m*, -rka *f* [3] (liar) blagier *m*, -ka *f* liter

stoup /stuːp/ *n* [1] Relig kropielnica *f* [2] dat (drinking vessel) puchar *m*

stout /staʊt/ **I** *n* (drink) (mocny) porter *m*

II *adj* [1] (fat) *[person]* tęgi, korpulentny; *[animal]* gruby; **to grow ~** utyć, nabrać ciała [2] (strong) *[fence, shoe]* mocny; *[branch, stick, wall]* gruby; *[ship]* potężny [3] (valiant) *[defence, resistance]* zacięty; *[support]* silny; *[defender]* niezłomny

stout-hearted /ˌstaʊtˈhɑːtɪd/ *adj* liter niezłomny, mężny

stoutly /ˈstaʊtlɪ/ *adv* [1] (strongly) *[made]* solidnie; *[built, constructed]* mocno [2] (valiantly) *[defend, fight]* zaciekle, mężnie; *[deny, maintain]* stanowczo; **~ held beliefs** niezachwiane przekonania

stoutness /ˈstaʊtnɪs/ *n* [1] (of person, animal) tusza *f*, otyłość *f*; (of object) masywność *f* [2] (of defence, resistance) zaciekłość *f*, zaciętość *f* [3] (of intention, purpose) zdecydowanie *n*

stove[1] /stəʊv/ **I** *n* [1] (cooker) (electric, gas) kuchenka *f*; (solid fuel) kuchnia *f* [2] (heater) piec *m*; (small) piecyk *m* [3] Ind piec *m*

II *vt* Ind wypal|ić, -ać *[ceramics]*

IDIOMS: **to slave over a hot ~** hum harować przy garach infml hum

stove[2] /stəʊv/ *pt, pp* → **stave**

stove enamel *n* emalia *f* żaroodporna

stove-enamelled /ˈstəʊvɪnæmld/ *adj* pokryty emalią żaroodporną

stovepipe /ˈstəʊvpaɪp/ **I** *n* [1] (flue) rura *f* od pieca [2] (also **~ hat)** wysoki cylinder *m*

II **stovepipes** *npl* GB infml (spodnie) rurki *f pl* infml

stovetop /ˈstəʊvtɒp/ *n* US płyta *f* kuchenna

stoving /ˈstəʊvɪŋ/ *n* Ind wypalanie *n*

stow /stəʊ/ *vt* [1] (pack out of sight) s|chować *[clothes, sheets, luggage]*; (pack neatly) za|pakować *[trunk]*; zwi|nąć, -jać *[sail, ropes, tarpaulin]*; **to ~ cargo in the hold** Naut sztauować ładunek w ładowni [2] GB infml (cease) **~ your noise, will you!** przestań hałasować, dobrze?; **~ it!** dosyć tego!, przestań!

■ **stow away**: ¶ **~ away** *[passenger]* podróżować na gapę; *[escapee]* podróżować w ukryciu ¶ **~ away [sth], ~ [sth] away** s|chować *[money, baggage, equipment, provisions]*; Naut z|rolować, zwi|nąć, -jać *[sail]*; s|klarować, zwi|nąć, -jać *[rope]*

stowage /ˈstəʊɪdʒ/ *n* [1] (of luggage, load) załadowanie *n* [2] Naut (action) sztauowanie *n*, ładowanie *n* [3] (place) Naut przestrzeń *f* ładunkowa; Aut miejsce *n* na bagaż [4] Comm opłata *f* za sztauowanie

stowaway /ˈstəʊəweɪ/ *n* pasażer *m*, -ka *f* na gapę infml

S

St Patrick's Day /snt'pætrɪksdeɪ/ *prn* dzień *m* św. Patryka

str *n* GB = **street** ul.

Str *n* = **Strait** cieśn.

strabismus /strə'bɪzməs/ *n* Med zez *m*

straddle /'strædl/ **I** *n* (also **~ jump**) Sport skok *m* wzwyż techniką przerzutową

II *vt* [1] *[person]* (be in position) (sit) siedzieć okrakiem na (czymś) *[horse, bike, chair]*; (stand) stać okrakiem nad (czymś) *[ditch, stream]*; (take position) (sit) usiąść okrakiem na (czymś), siadać okrakiem na (czymś) *[horse, bike, chair]*; (stand) sta|nąć, -wać okrakiem nad (czymś) *[ditch, stream]*; **he was straddling his bike** siedział na rowerze; **he was straddling the ditch** stał okrakiem nad rowem [2] (extend over, across) *[bridge]* być przerzuconym przez (coś) *[river, road]*; *[town, country]* leżeć na granicy (czegoś) *[counties, continents]*; leżeć po obu stronach (czegoś) *[road, border]* [3] fig (in debate) **to ~ the line between two things** nie opowiadać się wyraźnie za żadną opcją; **to ~ (both sides of) an issue** pej lawirować, nie zajmując zdecydowanego stanowiska

strafe /strɑːf, streɪf/ *vt* [1] Aviat (by gunfire) ostrzel|ać, -iwać; (with bombs) z|bombardować [2] infml fig (punish) surowo s|karcić

strafing /'strɑːfɪŋ, streɪf-/ *n* [1] Aviat Mil (by gunfire) ostrzeliwanie *n* z powietrza; (with bombs) bombardowanie *n* [2] infml fig (punishment) surowa nagana *f*

straggle /'strægl/ **I** *n* (loose group) (of people) gromad(k)a *f*; **a ~ of houses** kilka rozrzuconych domów

II *vi* [1] (spread untidily) *[houses]* być rozrzuconym, być rozsianym; **to ~ along a road /beach** ciągnąć się wzdłuż drogi/plaży; **houses ~d down the hillside** domy były porozrzucane or rozsiane na zboczu [2] (grow irregularly) **I don't like my hair straggling down my back** nie lubię, jak włosy opadają mi na kark; **his hair was ~d over his eyes** włosy opadały mu na oczy [3] (dawdle) wlec się **(behind sb** za kimś)

III straggling *prp adj* *[beard, hair]* rozwichrzony, potargany; *[plant]* wybujały; **a straggling village/suburb** wieś/przedmieście o rozproszonej zabudowie

■ **straggle in** *[latecomers]* zejść, schodzić się (powoli); *[runners]* przyby|ć, -wać pojedynczo

■ **straggle off** *[crowd, group]* roz|ejść, -chodzić się powoli

straggler /'stræglə(r)/ *n* maruder *m*

straggly /'stræglɪ/ *adj* *[hair, beard]* rozwichrzony, potargany; *[eyebrows]* krzaczasty; *[bush, hedge]* wybujały

straight /streɪt/ **I** *n* [1] Sport prosta *f*; **back ~** tylna prosta; **finishing** or **home ~** ostatnia prosta; **into the ~** na prostą [2] Games (in poker) strit *m* [3] infml (heterosexual) heteroseksualista *m*; hetero *m* infml

II *adj* [1] (not bent or curved) *[line, cut, edge, road, stretch, hair]* prosty; **a ~ chair** krzesło o prostym oparciu; **dead ~** prosty jak drut; **in a ~ line** w linii prostej [2] (level, upright) *[hem, edge]* prosty, równy; *[wall, post]* (upright) prosty; (level, even) równy; *[bedclothes, rug]* równo położony; **is the picture/shelf ~ now?** czy obraz/półka wisi teraz prosto or równo?; **your tie isn't ~** masz przekrzywiony krawat; **to put** or **set sth ~** wyprostować or wyrównać coś *[mirror, tie, hat]*; **to have a ~ back** *[person]* mieć proste plecy; **a ~(-sided) glass** szklanka o prostych ściankach [3] (tidy, in order) uporządkowany; **is everything ~ in here?** czy wszystko jest tutaj w porządku?; **to get** or **put sth ~** uporządkować coś also fig; **I must get the house ~ before Sunday** do niedzieli muszę doprowadzić dom do porządku; **the lawyer will put things ~** prawnik uporządkuje sprawy [4] (clear) **to get sth ~** zrozumieć coś; **have you got that ~?** czy to jest dla ciebie jasne?; **let's get this ~, you're paying half** żebyśmy się dobrze zrozumieli, ty płacisz połowę; **now, let's get one thing ~** wyjaśnijmy sobie jedną rzecz; **to put** or **set sb ~ about sth** wyjaśnić komuś coś; **to set matters ~** wyjaśnić sprawę; **to put** or **set the record ~** wyjaśnić nieporozumienia [5] (honest, direct) *[person]* uczciwy; *[answer, question]* szczery; *[advice, tip]* dobry; **to be ~ with sb** być szczerym wobec kogoś; **I want a ~ answer to a ~ question** chcę jasnej odpowiedzi na jasno postawione pytanie; **it's time for ~ talking** czas porozmawiać otwarcie or szczerze [6] (unconditional) *[choice, answer]* prosty; *[majority]* zdecydowany; *[profit]* czysty; *[denial, refusal, rejection]* kategoryczny; *[contradiction]* oczywisty; *[dishonesty, sexism]* zwykły; **to do a ~ swap** po prostu się zamienić; **a ~ fight** GB Pol walka między dwoma kandydatami [7] (undiluted) *[spirits, drink]* czysty [8] (consecutive) **a run of ~ wins/defeats** nieprzerwana seria zwycięstw/porażek; **she's got ~ 'A's'** Sch ma same szóstki; **to win in ~ sets** wygrać bez straty seta; **to lose in ~ sets** przegrać do zera w setach; **to vote a ~ ticket** US głosować na listę kandydatów [9] Theat *[theatre, play, role]* tradycyjny [10] (quits) **to be ~** być kwita infml; **to get oneself ~** uregulować swoje długi [11] infml **he's ~** (conventional) on jest normalny; (not on drugs) on nie bierze (narkotyków); (heterosexual) on nie jest gejem

III *adv* [1] (not obliquely or crookedly) *[walk, stand up, grow, fly, steer, hang, cut, throw, hit, shoot]* prosto; **stand up/sit up ~!** stań /usiądź prosto!; **to go/look ~ ahead** iść /patrzeć prosto przed siebie; **to look sb ~ in the eye/face** spojrzeć komuś prosto w oczy/w twarz; **can you see ~?** czy widzisz wyraźnie?; **he headed ~ for the bar** skierował się prosto do baru; **he went ~ for me** rzucił się prosto na mnie; **the car was coming ~ at** or **towards me** samochód jechał prosto na mnie; **~ above our heads** dokładnie nad naszymi głowami; **to shoot ~ up in the air** wystrzelić prosto do góry; **the road runs ~ through the centre of town** droga przechodzi przez samo centrum miasta; **we went ~ through the book** przeczytaliśmy całą książkę; **they drove ~ through the red light** przejechali na czerwonym świetle; **they drove ~ past me** przejechali tuż obok mnie; **she drove ~ into a tree** wjechała prosto w drzewo; **keep ~ on, it's on the left** jedź dalej prosto, to będzie po lewej stronie; **his poems speak ~ to our hearts** jego wiersze trafiają wprost do serca [2] (without delay) prosto, bezpośrednio; **to go ~ home/to bed** iść prosto do domu /do łóżka; **she went ~ back to Paris** wróciła prosto do Paryża; **she wrote ~ back** od razu odpisała; **to come ~ to the point** przejść od razu do sedna; **~ after sth** zaraz po czymś; **I went out ~ after phoning you** wyszedłem zaraz po telefonie do ciebie; **~ away, ~ off** od razu, z miejsca; **I saw ~ away** or **off that it was impossible** od razu wiedziałem, że to niemożliwe; **he sat down and played it ~ off** usiadł i od razu to zagrał; **I can tell you the dates/prices ~ off** mogę ci z miejsca podać daty/ceny; **she told him ~ out that...** powiedziała mu z miejsca, że...; **it seemed like something ~ out of a horror film/the Middle Ages** to wyglądało zupełnie jak z horroru/ze średniowiecza [3] (frankly) wprost; **I'll tell you ~** powiem ci wprost; **I'll give it to you ~** infml powiem ci to prosto z mostu; **give it to me ~** infml powiedz szczerze; **I told him ~ out that he was wrong** powiedziałem mu wprost, że się myli; **to play ~ with sb** fig grać z kimś fair fig [4] Theat *[act, produce]* tradycyjnie [5] (neat) **to drink one's whisky ~** pić czystą whisky

IDIOMS: **with a ~ face** z poważną miną; **to keep a ~ face** zachować powagę; **I just couldn't keep a ~ face** po prostu nie mogłem powstrzymać się od śmiechu; **to keep to the ~ and narrow** iść uczciwą drogą; **to stray from the ~ and narrow** zejść na złą drogę; **to go ~** infml *[criminal]* wrócić do uczciwego życia; **~ up?** GB infml serio? infml

straight arrow *n* US porządny człowiek *m*

straightaway /'streɪtəweɪ/ **I** *n* US (part of racetrack, highway) prosta *f*, prosty odcinek *m*

II *adv* od razu, z miejsca

straightedge /'streɪtedʒ/ *n* liniał *m*

straighten /'streɪtn/ **I** *vt* [1] wy|prostować *[arm, leg, road]*; poprawi|ć, -ać *[picture, tie, hair, hat]*; **to ~ one's back/shoulders** wyprostować plecy/ramiona; **she had her nose ~ed** zrobiła sobie operację prostowania nosa [2] (also **~ up**) (tidy) u|porządkować *[room]*; z|robić porządek na (czymś) *[desk]*

II *vi* [1] = **straighten out** [2] *[person]* wy|prostować się

■ **straighten out**: ¶ **~ out** *[road]* sta|ć, -wać się prostym ¶ **~ out [sth], ~ [sth] out** [1] wy|prostować *[crooked object, road]* [2] fig (clarify) wyjaśni|ć, -ać *[misunderstanding]*; załatwi|ć, -ać *[problem, matter]*; u|porządkować *[life]*; **to ~ things out** uporządkować sprawy

■ **straighten up**: ¶ **~ up** [1] *[person]* wy|prostować się [2] fig (tidy up) z|robić porządek ¶ **~ up [sb/sth], ~ [sb/sth] up** [1] wy|prostować *[leaning object, crooked object]* [2] (tidy) u|porządkować *[objects, room]*; **go and ~ yourself up** infml idź i doprowadź się do porządku

IDIOMS: **to ~ up and fly right** US wrócić na drogę cnoty

straight-faced /ˌstreɪt'feɪst/ *adj* poważny

straight flush *n* (hand of cards) poker *m*

straightforward /ˌstreɪtˈfɔːwəd/ *adj* [1] (honest) *[person]* prostolinijny, bezpośredni; *[answer]* jasny; *[business]* uczciwy [2] (simple) *[explanation, case, question, procedure]* prosty; *[rudeness, abuse]* zwykły; *[performance, production]* nieudziwniony; *[version]* wierny

straightforwardly /ˌstreɪtˈfɔːwədlɪ/ *adv* [1] (honestly) *[reply, speak]* szczerze, uczciwie; *[deal]* uczciwie [2] (simply) *[describe, explain]* prosto, w prosty sposób; Mus, Theat *[play, perform, produce]* bez udziwnień

straightforwardness /ˌstreɪtˈfɔːwədnɪs/ *n* [1] (frankness) (of reply) szczerość *f*, uczciwość *f*; (of character) prostolinijność *f* [2] (simplicity) prostota *f*

straight-laced /ˌstreɪtˈleɪst/ *adj* zasadniczy

straight left *n* Sport lewy prosty *m*

straight-line depreciation /ˌstreɪtlaɪndɪˌpriːʃɪˈeɪʃn/ *n* Fin amortyzacja *f* liniowa

straight man *n* Theat *postać stanowiąca obiekt żartów komika*

straightness /ˈstreɪtnɪs/ *n* [1] (honesty) (of reply) szczerość *f*; (of character) prostolinijność *f* [2] (of hair, shoulders) prosta linia *f* **(of sth** czegoś**)**

straight-out /ˌstreɪtˈaʊt/ *adj* (frank) *[answer]* szczery

straight right *n* Sport prawy prosty *m*

straightway /ˈstreɪtweɪ/ *adv* liter dat od razu

strain[1] /streɪn/ **I** *n* [1] (weight) obciążenie *n*, nacisk *m* **(on sth** czegoś**)**; (from pulling) naprężenie *n* **(on sth** czegoś**)**; **to put a ~ on sth** obciążyć coś *[beam, bridge, heart, lungs, muscle]*; **to be under ~** *[bridge, structure]* być obciążonym; **to grimace /sweat under the ~** wykrzywić twarz /pocić się z wysiłku; **the rope/shelf can't take the ~** ta lina/półka nie wytrzyma takiego obciążenia [2] (pressure) obciążenie *n*; (tension, stress) napięcie *n*; (on person) napięcie *n*, stres *m*; **mental** or **nervous ~** napięcie nerwowe; **to put a ~ on sth** obciążyć coś *[system, network, economy, finances]*; wystawiać coś na ciężką próbę *[relationship, patience, goodwill]*; **to be under ~** *[person]* być narażonym na stres; *[relations]* być napiętym; *[network, system]* być bardzo obciążonym; **to take the ~** *[person]* (more duties, work) wytrzymać obciążenie; (stress) wytrzymać napięcie; **he can't take the ~** nie wytrzymuje napięcia or stresu; **he cracked under the ~** nie wytrzymał stresu i załamał się; **to take the ~ out of sth** ułatwiać coś *[climb, management, organization]*; **to show signs of ~** *[person]* przejawiać oznaki zmęczenia; **the ~ (on him) was beginning to tell** widać już było po nim, że jest zmęczony; **the ~s within the coalition** napięcia wewnątrz koalicji; **it's a ~ talking to him** rozmowa z nim to męka; **it's getting to be a ~** to zaczyna się robić męczące [3] (injury) nadwyrężenie *n*; **eye/back ~** nadwyrężenie oka/pleców; **a calf/thigh ~** nadwyrężenie or naciągnięcie łydki/uda [4] (recurring theme) powracający motyw *m* **(of sth** czegoś**)** [5] (style) ton *m*; **the rest of the speech was in the same ~** reszta przemówienia była w tym samym tonie

II strains *npl* (tune) liter (of piece of music, song) dźwięki *m pl*; **to the ~s of sth** przy dźwiękach czegoś

III *vt* [1] (stretch) napręż|yć, -ać *[rope, cable]*; **to ~ one's eyes/ears** wytężyć wzrok /słuch; **to ~ one's muscles** naprężyć mięśnie; **to ~ one's muscles** or **every muscle to do sth** wytężyć siły, żeby coś zrobić; **to ~ one's imaginative powers** wysilić wyobraźnię → **nerve** [2] fig obciąż|yć, -ać *[resources, finances, economy, system]*; wystawi|ć, -ać na próbę *[relationship, alliance, patience, goodwill]*; **it would be ~ing the truth (a little) to say that...** byłoby (lekką) przesadą twierdzić, że...; **you're allowed to ~ normal syntax a little for poetic effect** można trochę nagiąć zwykłą składnię dla efektu poetyckiego [3] (injure) nadwyręż|yć, -ać *[ankle, shoulder, back, heart, eyes, voice]*; nadwyręż|yć, -ać, naciąg|nąć, -ać *[muscle, thigh]* [4] (sieve) przecedz|ić, -ać *[tea, sauce]*; odcedz|ić, -ać *[vegetables, pasta, rice]*

IV *vi* **to ~ against sth** z całej siły napierać na coś; **to ~ at the rope** z całej siły ciągnąć za sznur; **to ~ at the leash** *[dog]* szarpać się na smyczy; **to ~ to do sth** wysilać się, żeby zrobić coś; **to ~ to see sth** wytężać wzrok, żeby zobaczyć coś; **to ~ to hear sth** wytężać słuch, żeby usłyszeć coś; **to ~ forward** wychylać się, wyciągać szyję

V *vr* **to ~ oneself** [1] (injure) nadwyrężyć się [2] (tire) **don't ~ yourself!** iron żebyś się tylko nie przemęczył! iron

■ **strain off:** **~ off [sth], ~ [sth] off** odcedz|ić, -ać *[water, liquid]*; z|ebrać, -bierać *[fat]*

strain[2] /streɪn/ *n* [1] (breed) (of animal, plant) odmiana *f*; (of virus, bacterium) szczep *m* [2] (streak) (in family, nation, group) tendencja *f*

strained /streɪnd/ *adj* [1] (tense) *[atmosphere, relations]* napięty; *[voice, silence]* pełen napięcia; *[smile]* wymuszony; **to look ~** wyglądać na przemęczonego [2] (injured) *[eyes, ankle, shoulder]* nadwyrężony; *[muscle]* nadwyrężony, naciągnięty [3] (sieved) *[baby food]* przetarty; *[soup, sauce]* przecedzony

strainer /ˈstreɪnə(r)/ *n* sitko *n*

strait /streɪt/ **I** *n* Geog cieśnina *f*; **the Straits of Gibraltar** Cieśnina Gibraltarska

II straits *npl* kłopoty *m pl*; tarapaty *plt* liter; **to be in difficult/dire ~s** być w poważnych tarapatach

III *adj* arch [1] (cramped) ciasny [2] (severe) surowy, srogi

straitened /ˈstreɪtnd/ *adj* **in ~ circumstances** w trudnej sytuacji finansowej

straitjacket /ˈstreɪtdʒækɪt/ **I** *n* [1] kaftan *m* bezpieczeństwa; **to put sb in(to) a ~** założyć komuś kaftan bezpieczeństwa [2] fig gorset *m* fig; **the ideological ~ of Marxism** ideologiczny gorset marksizmu

II *vt* [1] za|łożyć, -kładać (komuś) kaftan bezpieczeństwa [2] fig ogranicz|yć, -ać

strait-laced /ˌstreɪtˈleɪst/ *adj* zasadniczy; **to be ~ about sth** mieć purytański stosunek do czegoś

strand[1] /strænd/ **I** *n* [1] (of hair) kosmyk *m*, pasmo *n*; (of fibre, web) nitka *f*; (of cable) żył(k)a *f*; (of beads) sznur *m* [2] fig (of story, thought) wątek *m*; (of activity, life) aspekt *m*; **to draw the ~s of a story together** spleść (wszystkie) wątki opowiadania

II *vt* spl|eść, -atać *[fibres, wires]*

strand[2] /strænd/ **I** *n* arch or liter (shore) plaża *f*

II *vt* **to be ~ed** *[ship]* osiąść na mieliźnie; fig być pozostawionym własnemu losowi; **to leave sb ~ed** pozostawić kogoś własnemu losowi; **an air-traffic control strike left hundreds of tourists ~ed at airports** z powodu strajku kontrolerów ruchu setki turystów utknęły na lotniskach

III stranded *pp adj [tourists, climber]* zdany na własne siły

strange /streɪndʒ/ *adj* [1] (unfamiliar) obcy, nieznany; **don't talk to ~ men** nie rozmawiaj z nieznajomymi mężczyznami; **I never sleep well in a ~ bed** nigdy nie śpię dobrze w obcym łóżku [2] (odd) dziwny, osobliwy; **it is** or **feels ~ to be back again** to dziwne uczucie być tu z powrotem; **it is ~ (that)...** to dziwne, że...; **to get ~ (with age)** dziwaczeć (z wiekiem); **there's something ~ about her/this place** jest w niej/w tym miejscu coś dziwnego; **~ as that might seem** choć to może się wydać dziwne; **~ but true** dziwne, ale prawdziwe; **~ to say, we never met again** to dziwne, ale nigdy więcej się nie spotkaliśmy [3] (unwell) **to look/feel ~** wyglądać/czuć się nieswojo; **my stomach feels a bit ~** mam coś z żołądkiem infml [4] fml (new) **to be ~ to sth** być nieobeznanym z czymś *[work]*; **he is ~ to city life/this place** mieszka w mieście /tutaj od niedawna

strangely /ˈstreɪndʒlɪ/ *adv* dziwnie, osobliwie; **~ shaped** o dziwnym kształcie; **she looks ~ familiar** wygląda dziwnie znajomo; **~ enough...** o dziwo..., co dziwne...

strangeness /ˈstreɪndʒnɪs/ *n* (oddity) dziwność *f*, osobliwość *f*; (unfamiliarity) obcość *f*

stranger /ˈstreɪndʒə(r)/ *n* [1] (unknown person) nieznajom|y *m*, -a *f*, obc|y *m*, -a *f*; **a complete** or **perfect** or **total ~** zupełnie obcy człowiek; **she's a complete ~ to us** ona jest dla nas kimś zupełnie obcym; **I'm a ~ in my own home** we własnym domu czuję się jak obcy; **don't take lifts from ~s** nie wsiadaj do samochodu z nieznajomymi; **you're quite a ~** hum rzadko się pokazujesz; **hello, ~!** infml kopę lat! infml [2] (newcomer) obc|y *m*, -a *f*, przybysz *m*; **I'm a ~ here** (in company) nikogo tu nie znam; (in town) jestem nietutejszy, nie jestem stąd; **they are no ~s to Thailand** oni dobrze znają Tajlandię; **he's no ~ to poverty** on (dobrze) wie, co to bieda

strangers' gallery *n* GB galeria *f* dla publiczności *(w parlamencie)*

strangle /ˈstræŋgl/ *vt* [1] (throttle) dusić **(with sth** czymś**)**; (kill) zadusić, udusić **(with sth** czymś**)**; **to ~ an idea at birth** fig zdusić pomysł w zarodku; **I could cheerfully have ~d him** hum chętnie bym go udusił hum [2] (choke) *[collar]* cisnąć *[person]*; *[weeds]* zagłusz|yć, -ać *[plants]* [3] (curb) za|hamować *[development, growth]*; za|hamować rozwój (czegoś) *[economy]* [4] (repress) s|tłumić, z|dławić *[creativity, cry, protest, sob]*; **in a ~d voice** zdławionym or zduszonym głosem

S

stranglehold /ˈstræŋɡlhəʊld/ *n* 1 (in combat) morderczy uścisk *m*; **to have sb in a ~** trzymać kogoś w morderczym uścisku 2 fig (control) kontrola *f* **(on sth** nad czymś); **to break the ~ of sb** wyzwolić się spod kontroli kogoś; **to tighten one's ~ on sth** wzmocnić kontrolę nad czymś 3 fig (curb) **to put a ~ on sth** zdusić or zdławić coś *[growth, inflation]*

strangler /ˈstræŋɡlə(r)/ *n* dusiciel *m*, -ka *f*

strangles /ˈstræŋɡlz/ *n (+ v sg)* Vet zołzy *plt*

strangling /ˈstræŋɡlɪŋ/ *n* uduszenie *n*

strangulate /ˈstræŋɡjʊleɪt/ *vt* 1 Med zadzierzg|nąć, -ać, zapętl|ić, -ać 2 (strangle) za|dusić, u|dusić

strangulation /ˌstræŋɡjʊˈleɪʃn/ *n* 1 (of person) uduszenie *n*, zaduszenie *n* 2 Med strangulacja *f* 3 fig (of activity, economy) zahamowanie *n*, zdławienie *n*

strap /stræp/ **I** *n* 1 (band of cloth) pas *m*, pasek *m*; (of leather) pas *m*, pasek *m*, rzemień *m*, rzemyk *m*; (on bus, train) uchwyt *m* 2 Fashn (on dress, bra) ramiączko *n*; (on trousers) strzemiączko *n*; **the ~ has broken** (on dress) ramiączko urwało się 3 Tech pas *m*; **to tighten a ~** napiąć pas 4 Med (band of material) opaska *f* uciskowa; **a wrist-/an ankle-~** opaska elastyczna na nadgarstek /na kostkę 5 dat (punishment) **the ~** lanie *n*; **to get the ~** dostać lanie

II *vt* (*prp, pt, pp* **-pp-**) 1 (secure) **to ~ sth to sth** przypiąć coś do czegoś *[surface, roof, seat, wing]*; **to have a pistol ~ped to one's waist** mieć pistolet przypięty do pasa; **to ~ sb into sth** przypiąć kogoś do czegoś *[seat, cockpit, pram]*; **to ~ up one's sandals** zapiąć sandały 2 Med, Sport (bandage) za|bandażować; **to ~ sb's ankle (up)** zabandażować komuś kostkę; **to have one's thigh ~ped (up)** mieć zabandażowane udo 3 dat (punish) spu|ścić, -szczać lanie (komuś)

■ **strap down**: **~ down [sb/sth], ~ [sb /sth] down** przywiąz|ać, -ywać *[patient, prisoner, equipment]*

■ **strap in**: **~ in [sb], ~ [sb] in** przypi|ąć, -nać *[passenger, child]*; **to ~ oneself in** zapiąć pasy

■ **strap on**: **~ on [sth], ~ [sth] on** przypi|ąć, -nać *[skis]*; za|łożyć, -kładać *[watch]*

strap fastening *n* (on shoes) zapięcie *n* na paski

straphang /ˈstræphæŋ/ *vi* infml (on bus, tube) jechać na stojąco

straphanger /ˈstræphæŋə(r)/ *n* infml stojący pasażer *m*

strap hinge *n* zawias *m* pasowy

strapless /ˈstræplɪs/ *adj [bra, dress]* bez ramiączek

strapped /stræpt/ *adj* infml **to be ~ for sth** odczuwać brak czegoś *[cash, staff]*; **I'm a bit ~ for cash** trochę krucho u mnie z gotówką infml

strapping /ˈstræpɪŋ/ **I** *n* 1 (beating) lanie *n* (pasem) 2 (straps) taśmy *f pl*

II *adj* hum **a ~ fellow** kawał chłopa infml; **a big ~ girl** kawał baby infml hum

strapwork /ˈstræpwɜːk/ *n* plecionka *f*

Strasbourg /ˈstræzbɜːɡ/ *prn* Strasburg *m*, Sztrasburg *m*

strata /ˈstrɑːtə, US ˈstreɪtə/ *npl* → **stratum**

stratagem /ˈstrætədʒəm/ *n* (trick) podstęp *m*, fortel *m*; (piece of strategy) metoda *f*, strategia *f*; **to use/employ a ~** uciec się do podstępu or fortelu, użyć podstępu or fortelu

strategic(al) /strəˈtiːdʒɪk(l)/ *adj* strategiczny

Strategic Air Command *n* US Mil Dowództwo *n* Strategicznych Sił Powietrznych

strategically /strəˈtiːdʒɪklɪ/ *adv* strategicznie; **~ relevant** mający znaczenie strategiczne

strategics /strəˈtiːdʒɪks/ *n (+ v sg)* strategia *f*

strategist /ˈstrætədʒɪst/ *n* strateg *m*; **an armchair ~** pej domorosły strateg iron

strategy /ˈstrætədʒɪ/ *n* strategia *f*; **to adopt a ~** przyjąć strategię; **company/business ~** strategia firmy; **financial/marketing ~** strategia finansowa/marketingowa

Strathclyde /stræθˈklaɪd/ *prn* (also **~ Region)** region *m* Strathclyde

stratification /ˌstrætɪfɪˈkeɪʃn/ *n* 1 Soc rozwarstwienie *n*, stratyfikacja *f* 2 Geol uwarstwienie *n*, stratyfikacja *f*

stratificational /ˌstrætɪfɪˈkeɪʃənl/ *adj* Ling stratyfikacyjny

stratify /ˈstrætɪfaɪ/ **I** *vt* 1 Soc rozwarstwi|ć, -ać; **a stratified society** społeczeństwo rozwarstwione 2 Geol uwarstwi|ć, -ać

II *vi* 1 Soc *[society]* rozwarstwi|ć, -ać się 2 Geol *[rock]* uwarstwi|ć, -ać się

stratocumulus /ˌstrætəʊˈkjuːmjʊləs/ *n* (*pl* **-li**) chmura *f* kłębiasto-warstwowa, stratocumulus *m*

stratosphere /ˈstrætəsfɪə(r)/ *n* **the ~** stratosfera *f*

stratospheric /ˌstrætəˈsferɪk/ *adj* stratosferyczny

stratum /ˈstrɑːtəm, US ˈstreɪtəm/ *n* (*pl* **-ta**) warstwa *f*

straw /strɔː/ **I** *n* 1 (substance) słoma *f*; (single stem) źdźbło *n* słomy; **bedding ~** ściółka, podściółka 2 (for thatching) słoma *f* 3 (for drinking) słomka *f*; **to drink sth through** or **with a ~** pić coś przez słomkę

II *modif [bag, hat]* słomkowy; *[mat, roof]* słomiany

IDIOMS: **a man of ~** figurant; **to draw ~s** ciągnąć zapałki; **to draw the short ~** wyciągnąć krótką zapałkę; fig mieć pecha; **to grasp** or **clutch at ~s** chwytać się wszelkich sposobów (jak tonący brzytwy); **it's not worth a ~** to nie jest warte funta kłaków; **I don't care a ~** infml guzik mnie to obchodzi infml; **to be the last** or **final ~** dopełnić miary liter; **that's the last ~!** tego już za wiele!; **a ~ in the wind** zapowiedź, zwiastun; **to make bricks without ~** robić coś z niczego

strawberry /ˈstrɔːbrɪ, US -berɪ/ **I** *n* Bot, Culin truskawka *f*; **a wild ~** poziomka; **strawberries and cream** truskawki ze śmietaną; **strawberries and cream complexion** cera jak krew z mlekiem

II *modif [jam, liqueur, tart]* truskawkowy; **a ~ crop/field** zbiór/pole truskawek

strawberry bed *n* grządka *f* truskawek

strawberry blonde **I** *n* kobieta *f* o jasnorudych włosach

II *adj [hair]* rudoblond

strawberry bush *n* Bot trzmielina *f*

strawberry mark *n* (czerwonawe) znamię *n*

strawberry roan Equest **I** *n* deresz *m*

II *adj* dereszowaty

strawboard /ˈstrɔːbɔːd/ *n* tektura *f* słomowa

straw-coloured /ˈstrɔːkʌləd/ *adj* słomkowy

straw man *n* US figurant *m* fig

straw mat *n* słomiana mata *f*; (to wipe feet) słomianka *f*

straw poll *n* Pol sondaż *m* opinii publicznej

straw wine *n* wino *n* deserowe *(z winogron suszonych na słomie)*

straw-yellow /ˌstrɔːˈjeləʊ/ *adj* słomkowy

stray /streɪ/ **I** *n* 1 (animal) zabłąkane zwierzę *n*; (dog) bezpański pies *m*; (cat) bezdomny, dziki kot *m* 2 (bullet) zabłąkana kula *f*

II *adj* 1 (lost) *[animal, child]* zabłąkany; *[dog, cat]* bezpański 2 (isolated) *[bullet]* zabłąkany; *[car, tourist]* pojedynczy; *[coin, pencil, crumb]* poniewierający się; *[thought, sentence]* oderwany

III *vi* 1 (wander) *[animal, person]* błąkać się; **to ~ from the road** zboczyć z drogi; **to ~ from sb/the house** oddalić się od kogoś /od domu; **to ~ off course** zboczyć z kursu; **to ~ onto the road** *[animal, child]* wejść na drogę; **to ~ into a shop** wstąpić przypadkiem do sklepu 2 fig *[hand, eyes, mind, thoughts]* błądzić; **to ~ to sth** *[hand, eyes, mind, thoughts]* powędrować ku czemuś; **to let one's thoughts ~ to sth** przenieść się myślami do czegoś; **to ~ from the point** *[person]* zboczyć z tematu; **to ~ onto sth** (in telling) zboczyć z tematu i zacząć mówić o czymś; **the conversation ~ed to less serious topics** rozmowa zeszła na mniej poważne tematy 3 Relig z|błądzić, pobłądzić; **to ~ from the path of righteousness** zejść z drogi cnoty

strays /streɪz/ *npl* Elec trzaski *m pl* atmosferyczne

streak /striːk/ **I** *n* 1 (in character) element *m* **(of sth** czegoś); **he has a cruel ~, he has a ~ of cruelty** ma w sobie coś okrutnego; **to reveal a ~ of vanity** okazać się próżnym 2 (period) okres *m*, passa *f*; **to be on a winning/losing ~** mieć dobrą /złą passę 3 (mark) (of dirt, light, paint, water) smuga *f*; (of light) promień *m*; **a ~ of lightning** zygzak błyskawicy; **like a ~ of lightning** fig jak błyskawica, błyskawicznie; **fatty ~s** żyłki tłuszczu 4 Cosmet (in hair) pasemko *n*; **to have ~s done** zrobić sobie pasemka

II *vt* 1 (mark) pokry|ć, -wać smugami; **tears ~ed her face** łzy spływały jej po twarzy; **his clothes were ~ed with paint** ubranie miał ubrudzone farbą; **the rocks were ~ed with ore** skały poprzecinane były żyłkami rudy 2 Cosmet **to ~ sb's hair** zrobić komuś pasemka; **to get one's hair ~ed** zrobić sobie pasemka

III *vi* 1 (move fast) po|mknąć; **to ~ past** przemknąć; **to ~ across** or **through sth** przemknąć przez coś; **to ~ in/out** *[person]* wpaść/wypaść 2 infml (run naked) biegać na golasa infml *(w miejscu publicznym)*

IV **streaked** *pp adj* **~ed with sth** zalany

czymś *[tears]*; poplamiony czymś *[dirt]*; pochlapany, zachlapany czymś *[mud]*; **hair ~ed with grey** włosy przyprószone siwizną; **his face was tear-~ed** twarz miał zalaną łzami; **sweat-~ed** zlany potem

streaker /ˈstriːkə(r)/ *n* infml golas *m* infml *(biegający w miejscu publicznym)*

streak lightning *n* piorun *m* liniowy

streaky /ˈstriːkɪ/ *adj [surface]* cały w smugach; *[pattern]* w postaci nieregularnych smug; *[paint]* pozostawiający smugi; **the window has dried all ~** po wyschnięciu szyby są całe w smugach; **~ mark** smuga

streaky bacon *n* GB boczek *m*

stream /striːm/ **I** *n* [1] (small river) strumień *m*, potok *m*; **underground ~** strumień or potok podziemny; **trout ~** potok pstrągowy [2] (flow) **a ~ of sth** potok *m* czegoś *[insults, invective]*; strumień *m* czegoś *[lava, light, people, water]*; lawina *f* czegoś *[questions]*; rzeka *f* czegoś *[cars]*; **in a ~** or **~s** potokami, strumieniami; **a ~ of abuse** stek przekleństw [3] (current) prąd *m*; **to drift with the ~** płynąć z prądem [4] GB Sch grupa *f*; **the top/middle/bottom ~** grupa najwyższa/średnia/najniższa; **the A ~** grupa najbardziej zaawansowana; **to divide a class into ~s** podzielić klasę na grupy *(w zależności od poziomu)*

II *vt* GB Sch po|dzielić na grupy *[class, children]*

III *vi* [1] (flow) *[tears, blood, water]* płynąć; *[light]* lać się; **to ~ out of sth** wypływać z czegoś; **blood was ~ing from the wound** rana broczyła krwią; **water was ~ing down the walls** po ścianach spływała woda; **tears were ~ing down her face** łzy ciurkiem spływały jej po twarzy; **sunlight was ~ing into the room** do pokoju wlewało się słoneczne światło; **the rain was ~ing down** deszcz lał strumieniami [2] (move) **the audience was ~ing out of the concert hall** publiczność wylewała się z sali koncertowej; **the delegates were ~ing in** delegaci wchodzili tłumnie; **cars ~ed along the coast** (nieprzerwany) sznur samochodów ciągnął wzdłuż wybrzeża; **the crowd ~ed towards the exits at the end of the match** po zakończeniu meczu tłum popłynął w kierunku wyjść [3] (flutter, blow) *[banners]* powiewać; *[hair]* rozwiewać się; **to ~ in the wind** powiewać/rozwiewać się na wietrze [4] *[face, wall]* ociekać, spływać **(with sth** czymś); **her eyes were ~ing** oczy jej łzawiły, z oczu leciały jej łzy; **my nose has been ~ing all week** od tygodnia cieknie mi z nosa

IDIOMS: **to come on ~** *[factory]* rozpocząć produkcję; **to go with/against the ~** fig iść z prądem/pod prąd fig

streamer /ˈstriːmə(r)/ **I** *n* [1] (flag) chorągiewka *f* [2] (ribbon) wstęga *f*; (on hat) wstążka *f*; (of paper) serpentyna *f* [3] Journ (headline) nagłówek *m* na szerokość strony [4] Astron korona *f* słoneczna

II streamers *npl* Astron zorza *f*

streaming /ˈstriːmɪŋ/ **I** *n* GB Sch podział *m* uczniów na grupy *(w zależności od poziomu)*

II *adj* infml **a ~ cold** silny katar

streamline /ˈstriːmlaɪn/ *vt* [1] Aut, Aviat, Naut (give shape to) nada|ć, -wać opływowy kształt (czemuś) *[aircraft, car, boat, train]* [2] (make efficient) usprawni|ć, -ać *[procedure, organization, production]*; euph (cut back) z|redukować personel (czegoś) *[company]*

streamlined /ˈstriːmlaɪnd/ *adj* [1] *[cooker, bathroom, furniture]* o nowoczesnej linii [2] Aut, Naut, Aviat *[hull, body]* opływowy, aerodynamiczny [3] fig (efficient) *[procedures, production, system]* usprawniony

streamlining /ˈstriːmlaɪnɪŋ/ *n* [1] (of vehicles, boats) nadanie *n* opływowego kształtu [2] (of procedures, organization, production) usprawnianie *n*; (of company) euph redukcja *f* personelu

stream of consciousness *n* strumień *m* świadomości

street /striːt/ **I** *n* ulica *f*; **my address is 16 Elms Street** mieszkam na or przy Elms Street 16; **take the first ~ to** or **on the left** skręć w pierwszą ulicę w lewo; **in** or **on the ~** na ulicy; **to live across** or **over the ~** mieszkać po drugiej stronie ulicy; **to go across** or **over the ~** przejść przez ulicę or jezdnię; **to put** or **turn sb out on the ~** wyrzucić kogoś na ulicę or na bruk; **to be on the** or **walk the ~s** *[homeless person]* nie mieć dachu nad głową; *[prostitute]* czekać na klientów na ulicy; **to keep people off the ~s** nie dopuścić do wyjścia ludzi na ulicę; **to keep trouble off the ~s** pilnować porządku publicznego w mieście; **to take to the ~s** *[rioters]* wyjść na ulicę; *[prostitute]* pójść na ulicę; **the man in the ~** szary człowiek, przeciętny obywatel

II *modif [accident, musician, trading]* uliczny; **~ directory** spis ulic; **~ map** plan miasta; **~ culture/style** kultura/styl ulicy

IDIOMS: **it's right up my/your ~** infml to coś dla mnie/ciebie; **they are ~s apart** GB dzieli ich wiele; **to be in Queer Street** GB infml dat mieć kłopoty finansowe; **to be ~s ahead** GB infml być o niebo lepszym **(of sb /sth** od kogoś/czegoś)

street Arab *n* infml dat dziecko *n* ulicy

streetcar /ˈstriːtkɑː(r)/ *n* US tramwaj *m*

street cleaner *n* (person) zamiatacz *m*, -ka *f* ulic; (machine) zamiatarka *f*

street cleaning *n* GB zamiatanie *n* or sprzątanie *n* ulic

street cleansing *n* GB = **street cleaning**

street clothes *npl* US ubranie *n* na co dzień

street cred /ˌstriːtˈkred/ *n* akceptacja *f* grupy rówieśniczej; **to do sth to gain ~** zrobić coś, żeby zyskać akceptację; **it gives him ~** to mu daje mocną pozycję wśród rówieśników

street credibility *n* = **street cred**

street door *n* drzwi *plt* frontowe

street fighting *n* walki *f pl* uliczne

street furniture *n* „meble" *m pl* uliczne *(skrzynki pocztowe, ławki, znaki drogowe)*

street guide *n* plan *m* miasta

street lamp *n* latarnia *f* uliczna

street level I *n* poziom *m* ulicy; **at ~** na poziomie ulicy

II *adj* **~ exit** wyjście bezpośrednio na ulicę; **~ parking** parking na poziomie ulicy

street light *n* latarnia *f* uliczna

street lighting *n* oświetlenie *n* ulic

street market *n* targ or bazar *m* uliczny

street newspaper *n gazeta wydawana przez bezdomnych*

street plan *n* = **street guide**

street-smart /ˈstriːtsmɑːt/ *adj* US = **streetwise**

street sweeper *n* = **street cleaner**

street theatre GB, **street theater** US *n* teatr *m* uliczny

street value *n* cena *f* detaliczna (narkotyku)

streetwalker /ˈstriːtwɔːkə(r)/ *n* prostytutka *f*; ulicznica *f* dat

streetwise /ˈstriːtwaɪz/ *adj* infml *[person]* cwany infml pej; *[ways, image]* cwaniacki infml pej

strength /streŋθ/ *n* [1] (physical) (of person) siła *f*; **he has great ~** on jest bardzo silny; **to find/have the ~ to do sth** znaleźć /mieć dość siły, żeby zrobić coś; **to build up one's ~** (by exercise) rozwijać mięśnie; (after illness) odzyskiwać siły, powracać do sił; **his ~ failed him** zabrakło mu sił or siły; **to save one's ~** oszczędzać siły; **to summon up one's ~** wytężać wszystkie siły; **with all one's ~** z całej siły, ze wszystkich sił; **a show of ~** (by athlete) popis siły; Pol demonstracja siły [2] (operative) (of bulb, lens) moc *f*; (of electric current) natężenie *n*; (of wind, tide) siła *f* [3] (toughness) (of material, structure) wytrzymałość *f* [4] (concentration) stężenie *n*; (of coffee, drink) moc *f*; (of sauce) esencjonalność *f*; **taste the ~ of the coffee** spróbuj, czy kawa jest dostatecznie mocna; **the alcoholic ~ of a drink** zawartość alkoholu w napoju [5] (intensity) (of bond, feeling, reaction) siła *f*, moc *f* [6] (resolution) siła *f*; **inner/moral ~** siła wewnętrzna/moralna; **~ of character** siła charakteru; **~ of purpose** determinacja; **~ of will** siła woli [7] (capability) siła *f*, potencjał *m*; **economic/military ~** potencjał gospodarczy/militarny; **the combined ~ of the two parties** połączone siły obu partii; **the economic recovery is gathering ~** wzrasta tempo rozwoju gospodarczego; **to be in a position of ~** mieć silną pozycję; **to negotiate from a position of ~** prowadzić negocjacje z pozycji siły [8] Fin siła *f* nabywcza, wartość *f*; **the ~ of the pound against the dollar** wartość funta w stosunku do dolara; **to gain ~** zyskać na wartości, umocnić się [9] (credibility) (of argument, evidence) ciężar *m*, siła *f*; (of case, claim) zasadność *f*; **to give** or **lend ~ to sth** potwierdzić słuszność czegoś *[argument, theory]*; **on the ~ of sth** na mocy czegoś, mocą czegoś *[law, agreement]*; **he was convicted on the ~ of the evidence** został skazany na podstawie dowodów; **I got the job on the ~ of my research/his recommendation** dostałem tę pracę z racji moich badań /dzięki jego rekomendacji [10] (asset) mocna strona *f*, atut *m*; **his patience is his greatest ~** cierpliwość jest jego największym atutem [11] (total size) **the team is below ~** drużyna jest osłabiona; **the staff is at full ~** personel jest w pełnym składzie or w komplecie; **to bring a team up to ~** skompletować ekipę; **protesters arrived in ~** protestujący przybyli tłumnie

IDIOMS: **give me ~!** infml już nie mam siły!; **to go from ~ to ~** odnosić coraz większe sukcesy

S

strengthen /ˈstreŋθn/ **I** *vt* [1] (give strength to) wzm|ocnić, -acniać *[building, machine, material, muscle, party, argument]*; um|ocnić, -acniać *[bond, currency, defences, economy, government, position]*; potwierdz|ić, -ać słuszność (czegoś) *[argument, case, claim]*; **to ~ sb's hand** fig zapewnić komuś silniejszą pozycję; **to ~ one's grip on sth** umocnić swoją kontrolę nad czymś; **to ~ one's lead** umocnić swoją czołową pozycję [2] (increase) um|ocnić, -acniać *[belief, determination]*; **this only ~ed my resolve not to give in** to tylko umocniło mnie w postanowieniu, żeby się nie poddawać
II *vi [patient]* odzysk|ać, -iwać siły; *[current, wind]* wzm|óc, -agać się; *[economy]* rozwi|nąć, -jać się; *[eyesight]* poprawi|ć, -ać się, polepsz|yć, -ać się; *[currency, position]* um|ocnić, -acniać się; *[conviction, feeling, influence]* wzr|osnąć, -astać; **the dollar has ~ed against the pound** dolar umocnił się w stosunku do funta

strengthening /ˈstreŋθnɪŋ/ **I** *n* (of building, equipment, team) wzmocnienie *n*; (of solution) zwiększenie *n* stężenia; **the rioting called for a ~ of the police presence** w związku z zamieszkami konieczne stało się zwiększenie sił policyjnych
II *adj [tide, wind]* wzmagający się; *[currency]* umacniający się; *[belief, conviction]* rosnący; **the dollar fell today against a ~ pound** wartość dolara spadła dziś w stosunku do rosnącej wartości funta

strenuous /ˈstrenjʊəs/ *adj* [1] (demanding) *[activity, job, work]* żmudny, mozolny; *[day, itinerary, schedule]* ciężki; *[exercise, walk]* forsowny, wyczerpujący; **to avoid taking ~ exercise** starać się nie forsować or nie przemęczać [2] (determined) *[campaigner]* niestrudzony; *[opposition]* zdecydowany; *[resistance]* zacięty; *[effort]* usilny; **to put up ~ opposition to sth** zdecydowanie sprzeciwić się czemuś; **to make ~ efforts to do sth** usilnie starać się coś zrobić; **despite our ~ efforts** mimo naszych usilnych starań

strenuously /ˈstrenjʊəslɪ/ *adv [try]* z wysiłkiem; *[work]* ciężko; *[deny, oppose]* uparcie; *[protest]* stanowczo

strenuousness /ˈstrenjʊəsnɪs/ *n* (of work) trud *m*; znój *m* liter; (of protest) stanowczość *f*; **the ~ of the work proved too much for him** praca okazała się dla niego zbyt wyczerpująca

streptococcal /ˌstreptəˈkɒkl/ *adj* Med paciorkowcowy

streptococcus /ˌstreptəˈkɒkəs/ *n* (*pl* **-cci**) paciorkowiec *m*

streptomycin /ˌstreptəʊˈmaɪsɪn/ *n* streptomycyna *f*

stress /stres/ **I** *n* [1] (nervous) stres *m*, napięcie *n*; **emotional/mental ~** napięcie emocjonalne/psychiczne; **signs of ~** oznaki stresu; **to suffer from ~** być zestresowanym; **to put sb under ~, to put ~ on sb** stresować kogoś, wywoływać stresy u kogoś; **to be under ~** być narażonym na stres; **in times of ~** w sytuacjach stresowych; **the ~es and strains of modern life** stresy życia codziennego [2] (emphasis) nacisk *m* **(on sth** na coś); **to lay** or **put ~ on sth** kłaść nacisk na coś *[aspect, point, fact, feature]*; **there is not enough ~ (laid) on vocational skills** za mały nacisk kładzie się na umiejętności praktyczne [3] Civ Eng, Phys (pressure) obciążenie *n*; (tension) naprężenie *n*; **subject to high ~es** poddawany dużym naprężeniom; **a ~ of 500 kg** pięciusetkilogramowe obciążenie; **to put** or **impose ~ on sth** obciążyć coś; **the ~ on the fuselage** siły działające na kadłub; **to be in ~** podlegać naprężeniom; **the ~ produced in a structure** naprężenie w konstrukcji [4] Ling, Mus akcent *m*; **primary /secondary ~** akcent główny/poboczny; **the ~ falls on the penultimate syllabe** akcent pada na przedostatnią sylabę; **to put** or **place the ~ on sth** zaakcentować coś
II *vt* [1] (emphasize) podkreśl|ić, -ać *[commitment, issue, difficulty, advantage]*; **to ~ the importance of sth** podkreślić wagę czegoś; **to ~ the need for sth/to do sth** podkreślić konieczność czegoś/zrobienia czegoś; **to ~ the point that...** podkreślić, że... [2] Ling, Mus za|akcentować *[syllable, note]* [3] Civ Eng, Tech podda|ć, -wać naprężeniu
■ **stress out** infml: **~ [sb] out** ze|stresować

stressed /strest/ *adj* [1] (also **~ out**) (emotionally) zestresowany; **to feel ~** czuć się zestresowanym [2] Mech, Phys, Tech *[components, covering, structure]* pracujący [3] Ling akcentowany

stress factor *n* Med czynnik *m* stresu

stress fracture *n* Med złamanie *n* przeciążeniowe; Civ Eng pęknięcie *n* spowodowane zmęczeniem materiału

stress-free /ˌstresˈfriː/ *adj* bezstresowy

stressful /ˈstresfl/ *adj [lifestyle, situation, period, work]* stresujący; **it's very ~ living with them** mieszkanie z nimi jest bardzo stresujące

stress limit *n* Mech dopuszczalne naprężenie *n*

stress mark *n* znak *m* akcentu, akcent *m*

stress-related /ˌstresrɪˈleɪtɪd/ *adj [illness]* związany ze stresem

stress relief *n* Mech odprężanie *n*

stress unit *n* jednostka *f* naprężenia

stretch /stretʃ/ **I** *n* [1] (extending movement) **to have a ~** *[person, animal]* wyciągnąć się; (when tired, sleepy) przeciągnąć się; **to give sth a ~** rozprostować coś *[arm, leg]*; rozciągnąć coś *[elastic]*; **to be at full ~** *[rope, elastic]* być maksymalnie naciągniętym; **to work at full ~** *[factory, machine, person]* pracować na pełnych obrotach; **at a ~** (in extreme circumstances) w ostateczności; **at a ~ we could extend the deadline** w ostateczności moglibyśmy przedłużyć termin [2] (elasticity) rozciągliwość *f*; **this fabric has plenty of ~ in it, there's plenty of ~ in this fabric** ta tkanina jest bardzo elastyczna [3] (section) (of road, track, coastline, river) odcinek *m*; **a dangerous ~ of road** niebezpieczny odcinek drogi; **a six-mile ~ of the M42** sześciomilowy odcinek drogi M42; **to be on the home** or **finishing ~** *[athlete, racehorse]* być na ostatniej prostej; **as the campaign hits the home ~** fig gdy kampania wchodzi w ostatni etap [4] (expanse) (of woodland, countryside) obszar *m*, połać *f*; **the largest landlocked ~ of water on the continent** największy na kontynencie zbiornik wód śródlądowych; **a ~ of land** połać ziemi [5] (period) okres *m*; **a short/long ~ (of time)** krótki/długi okres; **a process extending over vast ~es of time** proces ciągnący się przez długi czas; **he was often left alone for long ~es** często na długo zostawiano go samego; **a three-hour ~** trzy godziny; **I did an 18-month ~ in Tokyo** pracowałem przez 18 miesięcy w Tokio; **at a ~** bez przerwy, jednym ciągiem; **to work for 12 hours at a ~** pracować 12 godzin bez przerwy [6] infml (prison sentence) wyrok *m*; **a five-year ~** pięcioletnia odsiadka infml; **to do a ten-year ~** odsiadywać dziesięć lat infml; **to do a long ~** odsiadywać długoletni wyrok infml
II *adj [fabric, pants]* elastyczny; **slacks with a ~ waist** spodnie na gumce; **a ~ limousine** limuzyna o wydłużonej karoserii
III *vt* [1] (extend) rozciąg|nąć, -ać *[rope, net]* **(between sth and sth** pomiędzy czymś a czymś); **to ~ one's neck/arms** wyciągnąć szyję/ręce; **to ~ one's legs** rozprostować nogi also fig; **to ~ one's wings** rozpostrzeć skrzydła; fig rozwinąć skrzydła; **the fabric was ~ed tight across his shoulders /buttocks** tkanina opinała mu ramiona /pośladki [2] (increase the size of) rozciąg|nąć, -ać, naciąg|nąć, -ać *[spring, elastic, fabric]*; (deliberately) powiększ|yć, -ać *[shoe]*; (distort) roz|epchnąć, -pychać *[shoe]*; rozciąg|nąć, -ać, wyciąg|nąć, -ać *[garment]*; **they ~ed their lead to 5-0** fig podwyższyli wynik na 5:0 [3] (bend) nagi|ąć, -nać *[truth, rules, regulations]*; **to ~ a point** (make concession) zrobić wyjątek; (exaggerate) przesadzić [4] (push to the limit) wystawi|ć, -ać na próbę *[patience, tolerance]*; wymagać od (kogoś) *[pupil, employee]*; zmu|sić, -szać do wysiłku *[competitor]*; **the budget is ~ed to the limit** budżet jest bardzo napięty; **the system is ~ed to the limit** system jest maksymalnie obciążony; **to be fully ~ed** *[person, company]* pracować na pełnych obrotach; **she isn't ~ed at school** w szkole nie wymagają od niej zbyt wiele; **isn't that ~ing it a bit?** infml czy to nie jest lekka przesada? [5] (eke out, make go further) oszczędz|ić, -ać *[money, resources]*; **to ~ water/food to last five days** oszczędzać wodę/jedzenie, tak żeby wystarczyło na pięć dni
IV *vi* [1] (extend one's limbs) przeciąg|nąć, -ać się; (to reach sth) wyciąg|nąć, -ać się [2] (spread) *[road, track]* ciągnąć się; *[forest, water, beach, moor]* ciągnąć się, rozciągać się; **the road/track ~es for 200 km** droga /linia kolejowa ciągnie się przez 200 km; **his land ~es from the river to the mountains** jego ziemia ciągnie się or rozciąga się od rzeki do gór; **the empire ~ed over Europe** imperium rozciągało się na całą Europę; **to ~ over two weeks** ciągnąć się (przez) dwa tygodnie; **to ~ into next month/year** *[work, project]* przeciągnąć się na następny miesiąc/rok; **the weeks ~ed into months** mijały tygodnie i miesiące; **to ~ to sth** or **as far as sth** *[flex, cord]* sięgać do czegoś

[socket]; **how far does the queue/traffic jam ~?** jak daleko ciągnie się ta kolejka /ten korek? [3] (become larger) *[elastic, fabric, garment]* rozciąg|nąć, -ać się; **this fabric ~es** (deforms) ta tkanina się wyciąga [4] infml (afford) **I think I can ~ to a bottle of wine** chyba mogę się szarpnąć na butelkę wina infml; **the budget won't ~ to a new computer** nie starczy pieniędzy na nowy komputer

V *vr* **to ~ oneself** przeciąg|nąć, -ać się; fig wysil|ić, -ać się

■ **stretch back**: **the queue ~es back for 100 metres/to the corner** kolejka ciągnie się przez 100 metrów/do rogu; **the tradition ~es back more than 200 years** ta tradycja ma ponad 200 lat; **the dispute ~es back to 1970** spór ciągnie się już od 1970 roku

■ **stretch out**: ¶ **~ out** [1] (lie down) wyciąg|nąć, -ać się [2] (extend) *[road]* ciągnąć się; *[plain, countryside]* ciągnąć się, rozciągać się ¶ **~ out [sth], ~ [sth] out** (extend) wyciąg|nąć, -ać *[hand, arm, leg]*; rozciąg|nąć, -gać *[net]*; roz|łożyć, -kładać *[sheet]*; **they ~ed out the discussion unnecessarily** niepotrzebnie przeciągali dyskusję

stretcher /ˈstretʃə(r)/ *n* [1] Med nosze *plt* [2] (for hat) forma *f*; (for shoes) prawidło *n*; (for canvas) blejtram *m*, krosna *plt* malarskie [3] (strut) (on chair) rozpórka *f*; (on umbrella) drut *m*; (in rowing-boat) podnóżek *m* [4] Constr (brick) cegła *f* wozówkowa; (beam) rozpora *f*

■ **stretcher off**: **~ [sb] off** Sport wyn|ieść, -osić na noszach *[injured player]*

stretcher-bearer /ˈstretʃəbeərə(r)/ *n* noszow|y *m*, -a *f*

stretcher case *n* ciężko rann|y *m*, -a *f*

stretch mark *n* Med rozstęp *m*

stretchy /ˈstretʃɪ/ *adj* rozciągliwy

strew /struː/ *vt* (*pt* **strewed;** *pp* **strewed, strewn)** rozrzuc|ić, -ać, porozrzucać *[clothes, litter, paper, wreckage]* **(on** or **over sth** na czymś, po czymś); rozsyp|ać, -ywać, porozsypywać *[sand, sawdust, flowers]* **(on** or **over sth** na czymś, po czymś); **he ~ed sand on the patches of oil** posypał plamy oleju piaskiem; **to ~ the floor with clothes** porozrzucać ubrania po podłodze; **rubble-strewn** zawalony gruzem; **trash-strewn** US zaśmiecony; **leaf-strewn** zasypany liśćmi

strewth /struːθ/ *excl* GB infml psiakrew! infml

stria /ˈstraɪə/ *n* (*pl* **-ae**) [1] Geol rysa *f* [2] Biol prążek *m* [3] Archit żłobkowanie *n*, kanelura *f*

striate /straɪˈeɪt, US ˈstraɪeɪt/ *vt* Geol po|żłobić, po|rysować; Archit pokry|ć, -wać żłobieniami

striation /straɪˈeɪʃn/ *n* Archit żłobkowanie *n*; Biol prążkowanie *n*

stricken /ˈstrɪkən/ *adj* [1] (afflicted) *[face, look, voice]* zbolały [2] (affected) *[region, industry]* zagrożony; **~ with** or **by sth** dotknięty czymś *[disaster, illness, poverty, war, epidemic, famine]*; ogarnięty czymś *[fear, panic]*; pogrążony w czymś *[despair, grief]*; nękany (czymś) *[doubt, guilt]*; **drought-/famine-~** dotknięty suszą/głodem; **guilt-~** dręczony wyrzutami sumienia [3] (incapacitated) *[plane, ship]* uszkodzony

strict /strɪkt/ *adj* [1] (not lenient) *[discipline, law, upbringing, view]* surowy; *[person]* surowy, wymagający; *[Catholic, Methodist]* ortodoksyjny; **to be ~ with/towards sb** byś surowym dla/wobec kogoś; **he is very ~ about discipline** jest bardzo wymagający, jeżeli chodzi o dyscyplinę [2] (precise) *[instruction, limit, meaning, observance]* ścisły; *[precision]* ogromny; **they have to work to ~ deadlines** muszą ściśle przestrzegać terminów; **in the ~ sense of the word** w ścisłym tego słowa znaczeniu [3] (absolute) *[confidence, privacy, secrecy]* bezwzględny, całkowity; **in ~ confidence** w wielkim zaufaniu; **in ~ secrecy** w wielkiej tajemnicy; **(to do sth) on the ~ understanding that...** (zrobić coś) tylko pod warunkiem, że...

strict liability *n* Jur odpowiedzialność *f* całkowita

strictly /ˈstrɪktlɪ/ *adv* [1] (not leniently) *[bring up, deal with, treat]* surowo [2] (absolutely) *[confidential, defined, private]* ściśle; *[enforced]* rygorystycznie; *[forbidden]* surowo; **'photography is ~ prohibited'** „fotografowanie surowo wzbronione"; **admission ~ for ticket holders** wstęp wyłącznie dla posiadaczy biletów; **that is not ~ true** to niezupełnie prawda; **~ speaking** ściśle mówiąc; **~ between ourselves** mówiąc między nami

strictness /ˈstrɪktnɪs/ *n* (of person, discipline, regime, upbringing) surowość *f*; (of rule) rygorystyczność *f*

stricture /ˈstrɪktʃə(r)/ *n* [1] (censure) ostra krytyka *f* **(against** or **on sth** czegoś); **to pass ~s on sb/sth** poddać kogoś/coś ostrej krytyce [2] (restriction) ograniczenie *n* [3] Med zwężenie *n*

stridden /ˈstrɪdn/ *pp* → **stride**

stride /straɪd/ **I** *n* [1] (long step) krok *m*; **to cross a room in two ~s** przejść przez pokój dwoma długimi krokami; **a few ~s from sth** kilka kroków od czegoś; **to take a ~ over/across sth** przekroczyć coś *[stream]* [2] (gait) krok *m*; **to have a confident/vigorous ~** chodzić zdecydowanym/sprężystym krokiem; **to have a long ~** stawiać wielkie kroki; **to lengthen one's ~** wydłużyć krok

II strides *npl* Austral infml portki *plt* infml

III *vt* (*pt* **strode;** *pp* ra **stridden)** (cover) prze|jść, -chodzić *[distance]*

IV *vi* (*pt* **strode;** *pp* ra **stridden)** [1] **to ~ in/out** wejść/wyjść zamaszystym krokiem; **to ~ across sth** przejść przez coś wielkimi krokami; **he strode up and down the platform** maszerował tam i z powrotem po peronie; **he strode away** or **off angrily** wściekły, oddalił się wielkimi krokami [2] (cross in a stride) **to ~ over** or **across sth** przekroczyć coś *[ditch, stream]*

IDIOMS: **to get into one's ~** odnaleźć właściwy rytm; **to make great ~s** robić wielkie postępy; **to put sb off his/her ~** wybić kogoś z rytmu; **to take sth in one's ~** nie przejąć się czymś, podejść do czegoś spokojnie

stridency /ˈstraɪdnsɪ/ *n* [1] (of sound, voice) ostrość *f* [2] (of protest) ostrość *f*; (of demands) natarczywość *f*

strident /ˈstraɪdnt/ *adj* [1] (harsh) *[sound, voice]* ostry; **in a voice ~ with anger** głosem nabrzmiałym złością [2] (vociferous) *[protest, language, article]* ostry; *[group]* wojowniczy

stridently /ˈstraɪdntlɪ/ *adv* [1] (harshly) *[speak]* ostrym głosem; *[play]* hałaśliwie [2] (vociferously) *[protest]* ostro; *[demand]* natarczywie

stridulate /ˈstrɪdjʊleɪt, US ˈstrɪdʒʊleɪt/ *vi* *[cricket]* cykać

strife /straɪf/ *n* [1] (conflict) konflikty *m pl*; **internal/ethnic ~** konflikty wewnętrzne /narodowościowe; **to be in a state of ~** być rozdartym konfliktami [2] (dissent) spory *m pl*; **domestic ~** kłótnie or niesnaski rodzinne

IDIOMS: **my trouble and ~** GB infml (wife) moja stara *f* infml

strife-ridden /ˈstraɪfrɪdn/ *adj* targany konfliktami

strife-torn /ˈstraɪftɔːn/ *adj* = **strife-ridden**

strike /straɪk/ **I** *n* [1] Ind, Comm strajk *m*; **to be on ~** strajkować; **to come out** or **go (out) on ~** zastrajkować [2] (attack) atak *m*, uderzenie *n*; **a ~ on** or **against sth** atak na coś or przeciw czemuś; **an air/a pre-emptive ~** atak powietrzny/prewencyjny; **to be the target of a missile ~** być celem ataku rakietowego [3] Mining (discovery) odkrycie *n*; **an oil ~** odkrycie złóż ropy naftowej; **to make a ~** trafić na złoże; **a lucky ~** fig szczęśliwy traf [4] Sport (in baseball) *piłka nietrafiona przez pałkarza*; (in tenpin bowling) *zbicie wszystkich kręgli pierwszą kulą* [5] Fishg zacięcie *n* ryby

II *modif* Ind, Comm *[committee]* strajkowy; **~ notice** zawiadomienie o strajku; **a ~ leader** przywódca strajkujących; **to take ~ action** podjąć strajk

III *vt* (*pt, pp* **struck)** [1] (hit) uderz|yć, -ać *[person]*; uderz|yć, -ać w (coś) *[object, ball]*; *[torpedo, missile]* trafi|ć, -ać w (coś) *[target, vessel]*; *[ship, car, person]* uderz|yć, -ać w (coś) *[rock, tree]*; **he was struck by a bullet** trafiła go kula; **to ~ sb on the head/in the face** uderzyć kogoś w głowę /w twarz; **to ~ sth with sth** uderzyć w coś czymś *[stick, hammer]*; **he struck the table with his fist** uderzył pięścią w stół; **he struck his head on the table** uderzył się głową o stół; **lightning struck the house** piorun uderzył w dom; **to ~ sb to the ground** powalić kogoś na ziemię; **to ~ sb a blow** wymierzyć komuś cios; fig być ciosem dla kogoś; **to ~ the first blow** uderzyć (jako) pierwszy; **who struck the first blow?** kto zaczął?; **to ~ sb dead** *[God]* zesłać na kogoś śmierć; *[lightning]* porazić kogoś śmiertelnie; *[person]* położyć kogoś trupem; **to be struck blind/dumb** nagle oślepnąć/stracić mowę; **he was struck dumb with amazement** ze zdumienia odjęło mu mowę [2] (afflict) *[quake, famine, disease, disaster]* dotk|nąć, -ykać *[area, people]*; **'earthquake ~s San Francisco'** „trzęsienie ziemi w San Francisco"; **the pain ~s when I bend down** boli mnie, kiedy się schylam; **her death struck me hard** jej śmierć była dla mnie ciosem; **to ~ terror into sb** or **sb's heart** napełnić kogoś lękiem [3] (make impression on) *[idea, thought]* przy|jść, -chodzić (komuś) do

S

głowy *[person]*; *[resemblance, beauty]* uderz|yć, -ać *[person]*; **an awful thought struck me** przyszła mi do głowy straszna myśl; **to ~ the eye** rzucać się w oczy; **a terrible sight struck my eyes** nagle ujrzałem potworny widok; **a dull moan struck her ear** liter uszu jej dobiegł głuchy jęk; **it ~s me as funny/odd/absurd that...** wydaje mi się (to) śmieszne/dziwne/absurdalne, że...; **it ~s me as mean of them to do so** według mnie to bardzo podłe z ich strony; **he ~s me as an intelligent man** sprawia na mnie wrażenie inteligentnego; **we were struck by how little she cared** zdumiało nas to, jak mało jej zależy; **did anything ~ you as odd?** czy coś cię nie zdziwiło?; **how does the idea ~ you?** co sądzisz o tym pomyśle?; **how did he ~ you?** jakie zrobił na tobie wrażenie?; **it ~s me (that)...** według mnie...; **it struck him that here was the opportunity** nagle uświadomił sobie, że to była szansa; **I was struck with him/it** infml zrobił/to zrobiło na mnie wrażenie; **she wasn't very struck with it** infml nie zrobiło to na niej większego wrażenia; **to be struck on sb** GB infml być kimś zauroczonym [4] (discover, come upon) (na)trafi|ć, -ać na (coś) *[oil, gold, rock, concrete, obstacle]*; zna|leźć, -jdować *[road]*; **some people have struck gold by investing in this town** fig niektórzy trafili na prawdziwą żyłę złota, inwestując w tym mieście [5] (achieve) **to ~ an accord** dojść do porozumienia; **to ~ a deal** *[buyer and seller]* dobić targu; **to ~ a balance** znaleźć złoty środek **(between sth and sth** pomiędzy czymś a czymś**)** [6] (ignite) zapal|ić, -ać *[match]*; **to ~ a spark from a flint** wykrzesać iskrę z krzemienia [7] *[clock]* wybi|ć, -jać *[time]*; **the clock struck six** zegar wybił szóstą; **it had just struck two** właśnie wybiła druga [8] (delete) skreśl|ić, -ać, wykreśl|ić, -ać *[word, sentence, comment]*; **to order sth to be struck from the record** nakazać wykreślenie or usunięcie czegoś z protokołu [9] (dismantle) roz|ebrać, -bierać *[scaffolding]*; zwi|nąć, -jać *[tent, sail]*; **to ~ camp** zwinąć obóz; **to ~ one's colours** Mil opuścić flagę; **to ~ the set** Theat rozebrać dekoracje [10] Fin (mint) wy|bić *[coin]* [11] Hort za|sadzić *[cutting]*; **to ~ root** zapuścić korzenie [12] Fishg *[fisherman]* zaci|ąć, -nać *[fish]*; *[fish]* poł|knąć, -ykać *[bait]*

IV *vi* (*pt, pp* **struck)** [1] (deliver blow) *[person]* uderz|yć, -ać; (collide) *[shell]* uderz|yć, -ać, spa|ść, -dać; *[bomb]* spa|ść, -dać; **to ~ short of the target** chybić celu; **my head struck against a beam** uderzyłem (się) głową o belkę; **to ~ at sb** zaatakować kogoś; **to ~ at sb with sth** rzucić się na kogoś z czymś *[stick, knife]* [2] (attack) *[army, police]* uderz|yć, -ać, za|atakować; *[killer, rapist, disease]* za|atakować; **the terrorists have struck again** terroryści znów zaatakowali; **disaster struck** stała się tragedia; **when pain ~s, take Calmaways** w razie bólu, weź Calmaways; **to ~ at sth** uderzyć w coś, zaatakować coś *[target]*; **this ~s at the heart of the democratic system** to godzi w podstawy systemu demokratycznego; **to ~ at the root of the problem** dotknąć istoty problemu; **Robert ~s again!** infml hum znów ten Robert! [3] Ind, Comm za|strajkować; **to ~ for/against sth** strajkować domagając się czegoś/w proteście przeciwko czemuś [4] *[match]* zapal|ić, -ać się [5] *[clock]* bić; *[six o'clock, midnight]* wybi|ć, -jać [6] (proceed) **to ~ north/inland** ruszyć na północ/w głąb lądu; **to ~ across country** ruszyć na przełaj przez pola [7] Hort *[cutting, plant]* (wy)pu|ścić, -szczać korzenie [8] Fishg *[fish]* poł|knąć, -ykać haczyk

■ **strike back** (retaliate) *[army, country]* odpowi|edzieć, -adać atakiem na atak; za|atakować w odpowiedzi **(at sth** coś**)**; *[person, team]* z|rewanżować się **(at sb** komuś**)**

■ **strike down**: **~ down [sb], ~ [sb] down** *[person]* powal|ić, -ać; **to be struck down by sth** zapaść na coś *[illness]*; zginąć od czegoś *[bullet]*

■ **strike off**: ¶ **~ off** odbi|ć, -jać **(towards sth** w kierunku czegoś**)**; **to ~ off from the main road** odbić od głównej drogi; **to ~ off across the field** skręcić i pójść dalej przez pole ¶ **~ off [sth], ~ [sth] off** [1] (delete) skreśl|ić, -ać, wykreśl|ić, -ać *[item on list, name]* [2] Print wy|drukować, odbi|ć, -jać *[copy]* [3] fml (cut off) ści|ąć, -nać *[branch, flower head]* ¶ **~ [sb] off** pozbawi|ć, -ać prawa wykonywania zawodu *[doctor, solicitor]*; **to be struck off the roll** *[doctor, barrister]* zostać wykreślonym z rejestru

■ **strike out**: ¶ **~ out** [1] (hit out) uderz|yć, -ać; **he struck out blindly** uderzał or bił na oślep; **to ~ out at sb** zaatakować kogoś also fig [2] (proceed) **to ~ out towards sth** ruszyć w stronę czegoś; **to ~ out for the summit/home** ruszyć na szczyt/w kierunku domu; **to ~ out in new directions** fig *[company]* rozwinąć działalność; **to ~ out on one's own** (in business) założyć własną firmę [3] US (in baseball) *[batter]* wypa|ść, -dać z gry po trzech chybionych piłkach [4] US infml (fail) dozna|ć, -wać niepowodzenia ¶ **~ out [sth], ~ [sth] out** *[delete]* skreśl|ić, -ać, wykreśl|ić, -ać *[name, mention, paragraph]*

■ **strike up**: ¶ **~ up** *[band, orchestra]* zacz|ąć, -ynać grać, zagrać; *[singer, choir]* zacz|ąć, -ynać śpiewać, zaintonować; **the band struck up with a waltz** na początek orkiestra zagrała walca ¶ **~ up [sth]** (start) *[band, orchestra]* zacz|ąć, -ynać grać, zagrać *[tune, piece]*; *[singer, choir]* zacz|ąć, -ynać śpiewać *[song, tune]*; **~ up the band!** orkiestra, grać!; **to ~ up an acquaintance with sb** zawrzeć znajomość z kimś; **to ~ up a conversation with sb** zacząć rozmowę z kimś; **to ~ up a friendship with sb** zaprzyjaźnić się z kimś; **to ~ up a relationship with sb** (as boyfriend, girlfriend) związać się z kimś

[IDIOMS:] **to have two ~s against one** US być w niekorzystnej sytuacji

strike ballot *n* głosowanie *n* nad przystąpieniem do strajku

strikebound /ˈstraɪkbaʊnd/ *adj [factory, area]* sparaliżowany przez strajk

strikebreaker /ˈstraɪkbreɪkə(r)/ *n* łamistrajk *m* infml

strikebreaking /ˈstraɪkbreɪkɪŋ/ *n* odmowa *f* udziału w strajku

strike force *n* Mil oddział *m* uderzeniowy

strike fund *n* fundusz *m* strajkowy

strike pay *n* zasiłek *m* strajkowy

striker /ˈstraɪkə(r)/ *n* [1] Ind, Comm strajkując|y *m*, -a *f* [2] Sport (in football) napastnik *m* [3] Mech (in clock) młoteczek *m*; (in gun) iglica *f*

striking /ˈstraɪkɪŋ/ **I** *n* [1] (of clock) bicie *n* [2] (of coin) bicie *n*

II *adj* [1] *[similarity, resemblance, contrast]* uderzający; *[pattern, colour]* rzucający się w oczy; *[woman]* uderzająco piękna; *[man]* niezwykle przystojny; *[example, feature]* znamienny; **he/she/the picture is certainly very ~** on/ona/ten obraz z pewnością robi duże wrażenie [2] *[clock]* wybijający godziny [3] Ind, Comm *[worker]* strajkujący

striking distance *n* **to be within ~ (of sth)** *[army, troops]* być w polu rażenia (czegoś); **agreement/success is within ~** porozumienie/sukces jest w zasięgu ręki; **we are within ~ of winning** zwycięstwo jest w naszym zasięgu

strikingly /ˈstraɪkɪŋlɪ/ *adv [beautiful, similar]* uderzająco; *[original, handsome]* niezwykle; *[stand out, differ]* zdecydowanie; **~ different** zupełnie inny

string /strɪŋ/ **I** *n* [1] (twine) sznurek *m*; **a ball/a piece of ~** kłębek/kawałek sznurka; **to tie sth up with ~** związać coś sznurkiem [2] (length of cord) (for packaging) sznurek *m*; (on garment) tasiemka *f*; (on bow) cięciwa *f*; (on racket) struna *f*; (on puppet) sznurek *m*; **hanging on a ~** (wiszący) na sznurku; **to tie a ~ round sth** obwiązać coś sznurkiem; **to pull the ~s** pociągać za sznurki also fig [3] (series) (of visitors, ministers, boyfriends) sznur *m* **(of sb** kogoś**)**; (of crimes, scandals, novels) seria *f* **(of sth** czegoś**)**; (of victories, successes) pasmo *n* **(of sth** czegoś**)**; (of shops, businesses) sieć *f* **(of sth** czegoś**)**; (of insults, curses) potok *m* **(of sth** czegoś**)** [4] (set) **a ~ of onions/garlic** warkocz cebuli /czosnku; **a ~ of pearls** sznur pereł; **a ~ of beads** sznurek paciorków or koralików; **a ~ of light bulbs** girlanda z żarówek; **a ~ of islands** łańcuch wysp [5] Equest **a ~ of racehorses** stajnia *f* [6] Mus (on instrument) struna *f*; **C-~** struna C; **to tighten/break a ~** naciągnąć/zerwać strunę [7] Comput łańcuch *m*; **a numeric/character ~** łańcuch numeryczny/alfanumeryczny [8] Bot, Culin (in bean-pod) włókno *n* [9] Ling ciąg *m* [10] (also **~board)** Constr policzek *m* schodów

II strings *npl* Mus **the ~s** instrumenty *m pl* smyczkowe; smyczki *m pl* infml

III *vt* (*pt, pp* **strung)** [1] Mus za|łożyć, -kładać strunę w (czymś) *[guitar, violin]*; Sport za|łożyć, -kładać naciąg w (czymś) *[racket]*; za|łożyć, -kładać cięciwę w (czymś) *[bow]*; **a tightly/loosely strung racket** rakieta o mocnym/o luźnym naciągu [2] (thread) na|nizać, nawle|c, -kać *[pearls, beads]* **(on sth** na coś**)** [3] (hang) zawie|sić, -szać, rozwie|sić, -szać; **to ~ lights above the street** zawiesić girlandy świateł nad ulicą; **to ~ sth up on a lamppost/pole** zawiesić coś na latarni/słupie; **to ~ sth between trees** rozwiesić coś pomiędzy drzewami

IV *vi* (*pt, pp* **strung)** Journ **to ~ for a**

newspaper współpracować z gazetą jako niezależny korespondent
V **-stringed** *in combinations* **a six-~ed instrument** instrument sześciostrunowy
■ **string along** GB infml: ¶ **to ~ along with sb** zabrać się z kimś ¶ **~ [sb] along** pej nab|rać, -ierać infml
■ **string out**: ¶ **~ out** rozstawi|ć, -ać się ¶ **~ out [sth], ~ [sth] out** rozmie|ścić, -szczać, rozstawi|ć, -ać; **to be strung out along the road** *[vehicles, groups]* być porozstawianym wzdłuż drogi; **to be strung out across the field/zone** *[people]* być porozstawianym po całym polu/w całej strefie
■ **string together**: ¶ **~ together [sth], ~ [sth] together** złożyć, składać *[words, sentences, rhymes]*; **unable to ~ two sentences together** niepotrafiący sklecić dwóch zdań
■ **string up** infml: **~ [sb] up** powiesić, wieszać; **he was strung up by the heels** powiesili go za nogi
IDIOMS: **to have sb on a ~** wodzić kogoś na sznurku or na pasku; **to pull ~s** infml użyć wpływów; **to pull ~s for sb** protegować kogoś; **without ~s** or **with no ~s attached** infml bez żadnych zobowiązań → **bow**[1]

string bag *n* siatka *f* na zakupy
string band *n* orkiestra *f* smyczkowa
string bass *n* kontrabas *m*
string bean *n* fasolka *f* szparagowa
string course *n* Archit gzyms *m* kordonowy
stringed instrument *n* = **string instrument**
stringency /ˈstrɪndʒənsɪ/ *n* [1] (of criticism, law, measure) surowość *f* [2] (of control, regulation, test) rygorystyczność *f*
stringent /ˈstrɪndʒənt/ *adj [measure, standard]* rygorystyczny, surowy; *[ban, order]* kategoryczny
stringently /ˈstrɪndʒəntlɪ/ *adv [observe, apply, examine, test]* rygorystycznie, skrupulatnie; *[treat]* surowo; *[critical]* bardzo
stringer /ˈstrɪŋə(r)/ *n* [1] Journ niezależny dziennikarz *m* [2] Archit belka *f* podłużna [3] Aviat podłużnica *f* [4] Naut wzdłużnik *m*
string instrument *n* instrument *m* strunowy
string orchestra *n* orkiestra *f* smyczkowa
string player *n* muzyk *m* grający na instrumencie strunowym
string-pulling /ˈstrɪŋpʊlɪŋ/ *n* infml zakulisowe machinacje *plt* infml
string puppet *n* marionetka *f*
string quartet *n* kwartet *m* smyczkowy
string variable *n* Comput zmienna *f* łańcuchowa
string vest *n* siatkowy podkoszulek *m*
stringy /ˈstrɪŋɪ/ *adj* [1] Culin *[meat, beans, celery]* włóknisty [2] pej **~ hair** włosy jak strąki [3] (wiry) liter *[person, build]* żylasty
strip[1] /strɪp/ **I** *n* [1] (striptease) striptiz *m* [2] Sport (clothes) barwy *f pl*; **the England ~** barwy drużyny angielskiej; **our team are playing in blue ~** nasza drużyna gra w niebieskich strojach
II *vt* (*prp, pt, pp* **-pp-**) [1] (also **~ off**) (remove) zd|jąć, -ejmować, ścig|nąć, -ać *[clothes]*; z|erwać, -rywać *[bark]*; z|edrzeć, -dzierać *[wallpaper, paint]* (**from** or **off sth** z czegoś); **the gale ~ped all the leaves from** or **off the trees** wichura zerwała wszystkie liście z drzew [2] (remove everything from) roz|ebrać, -bierać do naga *[person]*; *[person]* opróżni|ć, -ać *[room, house, flat]*; *[thief]* ogoł|ocić, -acać *[house]*; *[wind, animal]* ogoł|ocić, -acać *[tree, plant]*; *[person]* zd|jąć, -ejmować pościel z (czegoś) *[bed]*; (remove paint or varnish from) z|edrzeć, -dzierać farbę /lakier z (czegoś) *[window, door, table]*; (dismantle) roz|łożyć, -kładać na części *[gun, engine]*; **to ~ a room of furniture** opróżnić pokój z mebli; **to ~ sb of sth** pozbawić kogoś czegoś *[belongings, rights]*; **to ~ sb of his/her rank** zdegradować kogoś *[soldier, civil servant]*; **he was ~ped of his medals/his title** odebrano mu medale/tytuł [3] (damage) przekręc|ić, -ać gwint w (czymś) *[nut, screw]*; **to ~ the gears** Aut rozwalić skrzynię biegów infml
III *vi* (*prp, pt, pp* **-pp-**) (take off one's clothes) roz|ebrać, -bierać się; **to ~ for one's medical examination/a body-search** rozebrać się do badania lekarskiego/kontroli osobistej; **to ~ to the waist** rozebrać się do pasa; **to ~ naked** rozebrać się do naga
IV **stripped** *pp adj [pine, wood]* oczyszczony z farby/lakieru
■ **strip down**: ¶ **~ down** roz|ebrać, -bierać się; **to ~ down to one's underwear** rozebrać się do bielizny ¶ **~ down [sth], ~ [sth] down** (dismantle) roz|ebrać, -bierać *[motor, gearbox, clock]*; (remove linen from) zd|jąć, -ejmować pościel z (czegoś) *[bed]*; (remove paint or varnish from) z|edrzeć, -dzierać farbę/lakier z (czegoś) *[door, window, woodwork]*
■ **strip off**: ¶ **~ off** *[person]* rez|ebrać, -ierać się ¶ **~ off [sth], ~ [sth] off** (remove) z|edrzeć, -dzierać *[paint, wallpaper]*; zd|jąć, -ejmować *[clothes]*; z|erwać, -rywać *[leaves]*
■ **strip out**: ¶ **~ out [sth], ~ [sth] out** [1] Fin, Stat (disregard) pomi|nąć, -jać *[information, data, factors]* [2] (remove everything from) wyr|wać, -ywać *[plants, vegetation]*; zd|jąć, -ejmować *[fixtures, fittings]* [3] Comput usu|nąć, -wać *[tags, data]*
strip[2] /strɪp/ *n* (narrow piece) (of material, paper, land, water) pas *m*; (smaller) pasek *m*; **a centre** GB or **median** US **~** (on motorway) pas rozdzielczy; **a ~ of beach** długa, wąska plaża
IDIOMS: **to tear sb off a ~, to tear a ~ off sb** infml obsztorcować kogoś infml
strip cartoon *n* komiks *m*
strip club *n* lokal *m* ze striptizem
stripe /straɪp/ **I** *n* [1] (band) (on fabric, wallpaper, crockery) pas *m*; (narrower) pasek *m*, prążek *m*; **a blind with blue and white ~s** żaluzja w niebieskie i białe pasy; **plates with a blue ~ round the rim** talerze z niebieską obwódką; **a tie with ~s** krawat w paski or prążki [2] (on animal) pas *m*, pręga *f*; (smaller) pasek *m*, prążek *m*; **an animal with black and white ~s** zwierzę w czarne i białe pasy [3] Mil (badge) naszywka *f*, galon *m*; (band-like) belka *f*; **a sergeant's ~s** naszywki sierżanta; **to win one's ~(s)** dostać awans; **to lose one's ~(s)** zostać zdegradowanym
II **striped** *pp adj [cloth, sheet, shirt, suit]* pasiasty, w pasy; (with narrow patterns) prążkowany, w paski; *[animal]* pręgowany, w pręgi; (with narrow patterns) prążkowany; **blue ~d** w niebieskie paski or prążki
strip joint *n* infml = **strip club**
strip light *n* świetlówka *f*
strip lighting *n* oświetlenie *n* jarzeniowe
stripling /ˈstrɪplɪŋ/ *n* liter pej młokos *m* liter
strip mining *n* eksploatacja *f* odkrywkowa
stripped-down /ˌstrɪptˈdaʊn/ *adj [décor, style]* prosty
stripper /ˈstrɪpə(r)/ *n* striptizer *m*, -ka *f*; **a male ~** striptizer
stripping /ˈstrɪpɪŋ/ *n* [1] (striptease) striptiz *m* [2] Med (of veins) stripping *m*, operacja *f* Babcocka
strip poker *n* rozbierany poker *m*
strip-search /ˈstrɪpsɜːtʃ/ **I** *n* rewizja *f* osobista
II *vt* podda|ć, -wać rewizji osobistej
strip show *n* striptiz *m*
striptease /ˈstrɪptiːz/ *n* striptiz *m*
striptease artist *n* striptizer *m*, -ka *f*
strip-wash /ˈstrɪpwɒʃ/ **I** *n* u|mycie *n* całego ciała
II *vt* u|myć (od stóp do głów) *[patient]*
stripy /ˈstraɪpɪ/ *adj* pasiasty, prążkowany
strive /straɪv/ *vi* (*pt* **~d, strove**; *pp* **striven**) [1] (try) **to ~ to do sth** usiłować coś zrobić; **to ~ for** or **after sth** dążyć do czegoś [2] (fight) zmagać się **(against sb/sth** z kimś/czymś)
strobe /strəʊb/ *n* (also **~ light**) światło *n* stroboskopowe
strobe lighting *n* oświetlenie *n* stroboskopowe
stroboscope /ˈstrəʊbəskəʊp/ *n* stroboskop *m*
strode /strəʊd/ *pt* → **stride**
stroke /strəʊk/ **I** *n* [1] (blow) cios *m*, uderzenie *n*; Sport (in tennis, golf) uderzenie *n*; **to have a 3-~ lead** prowadzić trzema uderzeniami; **to win by 2 ~s** wygrać dwoma uderzeniami; **to be 4 ~s behind** przegrywać czterema uderzeniami; **20 ~s of the cane** dwadzieścia uderzeń trzcinką [2] fig (touch) pociągnięcie *m*, posunięcie *n*; **it was a brilliant/master ~** to było znakomite/mistrzowskie posunięcie; **at one** or **a single ~** za jednym zamachem, jednym pociągnięciem; **a ~ of luck** uśmiech losu; **a ~ of bad luck** pech; **a ~ of genius** przebłysk geniuszu [3] Sport (swimming movement) ruch *m*; (style) styl *m*; **Adam can swim a few ~s** Adam umie trochę pływać [4] Sport (in rowing) (movement) pociągnięcie *n*; (person) szlakowy *m* [5] Art (mark of pen) kreska *f*; (mark of brush) pociągnięcie *n*; (stroking action) pociągnięcie *n* pędzlem [6] (in punctuation) kreska *f* pochyła, ukośnik *m* [7] (of clock) uderzenie *n*; **on the ~ of four** z wybiciem czwartej; **at the ~ of midnight** z wybiciem północy, dokładnie o północy; **at the third ~ the time will be...** przy trzecim uderzeniu zegara będzie godzina... [8] Med udar *m* [9] Tech (in engine, pump) suw *m*; **a 2-~ engine** silnik dwusuwowy [10] (caress) **he gave her hand a ~** pogłaskał ją po ręce
II *modif* Med **~ victim, ~ patient** chory na udar
III *vt* [1] (caress) po|głaskać *[person, animal]*; **to ~ sb's back** pogłaskać kogoś po plecach; **to ~ one's beard** gładzić brodę

S

[2] Sport (in rowing) kierować załogą wioślarską; **to ~ an eight** być szlakowym ósemki
IV *vi* Sport (in rowing) być szlakowym
IDIOMS: **not to do a ~ of work** nic nie zrobić; **to put sb off his ~** zbić kogoś z tropu or z pantałyku liter

strokeplay /ˈstrəʊkpleɪ/ **I** *n* (at golf) strokeplay *m*, gra *f* na uderzenia
II *modif* **a ~ tournament** turniej według punktacji na uderzenia

stroll /strəʊl/ **I** *n* przechadzka *f*, spacer *m*; **to go for** or **take a ~** pójść się przejść; **to take sb for a ~** wziąć kogoś na spacer or przechadzkę
II *vi* [1] (also **~ about, ~ around**) (walk) przechadzać się, spacerować; **to ~ along the beach** przechadzać się or spacerować po plaży; **to ~ in/out** wkroczyć/wyjść wolnym krokiem [2] infml (also **~ home**) (win easily) wygr|ać, -ywać z łatwością

stroller /ˈstrəʊlə(r)/ *n* [1] (person) spacerowicz *m*, -ka *f* [2] US (pushchair) wózek *m* spacerowy; spacerówka *f* infml

strolling /ˈstrəʊlɪŋ/ *adj [shopper, tourist]* pieszy

strolling minstrel *n* minstrel *m*

strolling players *npl* Hist wędrowni aktorzy *m pl*

stroma /ˈstrəʊmə/ *n* (*pl* **-mata**) Anat zrąb *m*; Biol stroma *f*

strong /strɒŋ, US strɔːŋ/ *adj* [1] (powerful) *[arm, person, lens, magnet, current, wind]* silny, mocny; *[army, country, state]* silny [2] (solid) *[fabric, rope, shoes, table]* mocny; *[heart, nerves]* silny, mocny; fig *[bond, relationship]* silny, mocny; *[alibi, argument, evidence]* mocny; *[cast, team]* dobry; *[candidate]* poważny; *[industry, currency]* silny; **the pound remained ~ against the dollar** Fin funt utrzymał wysoki kurs w stosunku do dolara [3] (concentrated) *[bleach, glue, coffee, tea]* mocny; *[medicine, painkiller]* silny, mocny [4] (alcoholic) **would you like tea or something ~er?** napijesz się herbaty czy czegoś mocniejszego? [5] (noticeable) *[smell, taste]* wyraźny; *[light]* mocny; *[colour]* żywy [6] (heartfelt) *[conviction, desire, feeling, opposition]* silny; *[criticism]* ostry; *[supporter, socialist]* żarliwy; *[view, reaction]* zdecydowany; *[objections, reservations]* poważny; **to have a ~ belief in sth** głęboko wierzyć w coś; **the article aroused ~ feelings** artykuł wzbudził silne emocje; **I have a ~ feeling that she won't come** mam silne przeczucie, że (ona) nie przyjdzie; **I told him so in the ~est possible terms** powiedziałem mu to bardzo dobitnie [7] (resolute) *[ruler, leadership]* silny; *[measure]* zdecydowany; *[sanction]* ostry; **to take ~ action** podjąć zdecydowane kroki [8] (pronounced) *[accent]* silny; *[rhythm]* mocny; *[resemblance]* duży [9] (brave) *[person]* silny; **you must be ~, try to be ~** musisz być silny [10] (definite) *[chance]* duży; **there is a ~ possibility that it's true** bardzo możliwe, że to prawda [11] (good) **she's a ~ swimmer/runner** ona dobrze pływa/biega; **to be ~ on military history/physics** być mocnym w historii wojskowości/w fizyce; **he finished the race a ~ second** ukończył wyścig na drugim miejscu z minimalną stratą do zwycięzcy; **spelling is not my ~ point** or **suit** ortografia nie jest moją mocną stroną; **what are your ~ points?** jakie są twoje mocne strony?; **maths is my ~ subject** jestem dobry z matematyki [12] (immoderate) **~ language** mocne słowa [13] Ling *[verb]* nieregularny; *[syllable]* akcentowany [14] (in number) **the workforce is 500 ~** załoga liczy 500 osób; **a 100-~ choir** stuosobowy chór; **an army 5,000 ~** pięciotysięczna armia
IDIOMS: **to be still going ~** *[person, company]* wciąż dobrze się trzymać; **to come on ~** infml (make sexual advances) ostro się przystawiać infml; (be severe) być stanowczym

strong-arm /ˈstrɒŋɑːm, US ˈstrɔːŋ-/ **I** *adj [measure, method]* brutalny; **~ tactics** taktyka silnej ręki
II *vt* s|terroryzować *[person]*; **to ~ sb into doing sth** siłą zmusić kogoś do zrobienia czegoś

strongbox /ˈstrɒŋbɒks, US ˈstrɔːŋ-/ *n* sejf *m*, kasa *f* pancerna

stronghold /ˈstrɒŋhəʊld, US ˈstrɔːŋ-/ *n* (fortress) twierdza *f*; fig bastion *m*; **a socialist/nationalist ~** bastion socjalistów/nacjonalistów

strongly /ˈstrɒŋlɪ, US ˈstrɔːŋlɪ/ *adv* [1] (with force) *[push, pull, beat]* mocno, silnie; *[blow]* mocno; *[defend oneself]* zaciekle; *[criticize, attack, object, oppose, protest]* ostro; *[deny]* stanowczo; *[advise, recommend]* bardzo, gorąco; *[believe]* głęboko; **~ held beliefs** głębokie przekonania; **I ~ disagree** absolutnie się nie zgadzam; **I feel very ~ about it** to jest dla mnie bardzo ważne; **he feels ~ that he is not appreciated** jest głęboko przekonany, że się go nie docenia; **to be ~ in favour of/against sth** być zdecydowanie za czymś/przeciwnym czemuś [2] (solidly) *[fixed, tied]* mocno; *[made, reinforced]* porządnie, solidnie; **a ~ built man** dobrze zbudowany mężczyzna [3] (in large numbers) *[represented]* silnie; **to be ~ supported** mieć silne poparcie [4] (intensely, greatly) **I am ~ tempted to say yes** bardzo mnie korci, żeby powiedzieć tak; **the kitchen smells ~ of fish/garlic** w kuchni bardzo śmierdzi rybą/czosnkiem; **~ flavoured** mocno aromatyzowany

strongly-worded /ˌstrɒŋlɪˈwɜːdɪd, US ˌstrɔːŋlɪ-/ *adj* ostro sformułowany

strongman /ˈstrɒŋmæn, US ˈstrɔːŋ-/ *n* (*pl* **-men**) [1] (in circus) siłacz *m* [2] fig (leader) dyktator *m*

strong-minded /ˌstrɒŋˈmaɪndɪd, US ˌstrɔːŋ-/ *adj* twardy, nieugięty

strong-mindedness /ˌstrɒŋˈmaɪndɪdnɪs, US ˌstrɔːŋ-/ *n* twardość *f*, nieugiętość *f*

strongroom /ˈstrɒŋruːm, US ˈstrɔːŋ-/ *n* skarbiec *m*

strong-willed /ˌstrɒŋˈwɪld, US ˌstrɔːŋ-/ *adj* uparty

strontium /ˈstrɒntɪəm/ *n* stront *m*; **~ 90** stront 90

strop /strɒp/ **I** *n* pasek *m* (do ostrzenia brzytwy)
II *vt* (*prp, pt, pp* **-pp-**) na|ostrzyć *[razor]*
IDIOMS: **to be in a ~** być w złym humorze

strophe /ˈstrəʊfɪ/ *n* strofa *f*

strophic /ˈstrəʊfɪk/ *adj* stroficzny

stroppy /ˈstrɒpɪ/ *adj* GB infml zrzędliwy, kłótliwy; **to be** or **get ~** złościć się **(about sth/with sb** z powodu czegoś/na kogoś**)**

strove /strəʊv/ *pt* → **strive**

struck /strʌk/ *pt, pp* → **strike**

structural /ˈstrʌktʃərəl/ *adj* [1] (fundamental) *[problem, change, reform]* strukturalny; *[problem]* zasadniczy [2] Anat, Bot, Geol, Psych strukturalny [3] Ling strukturalny [4] Econ *[unemployment]* strukturalny [5] Constr *[defect]* konstrukcyjny; **~ alterations** przebudowa

structural analysis *n* analiza *f* strukturalna

structural engineer *n* inżynier *m* budowlany

structural engineering *n* inżynieria *f* budowlana

structural formula *n* Chem wzór *m* strukturalny

structuralism /ˈstrʌktʃərəlɪzəm/ *n* strukturalizm *m*

structuralist /ˈstrʌktʃərəlɪst/ **I** *n* strukturalista *m*
II *adj* strukturalistyczny

structural linguistics *n (+ v sg)* językoznawstwo *n* strukturalne

structurally /ˈstrʌktʃərəlɪ/ *adv* Anat, Bot, Geol, Chem, Psych, Ling pod względem struktury or budowy; Constr pod względem konstrukcji or budowy; **a ~ sound building** budynek o solidnej konstrukcji

structural steel *n* stal *f* konstrukcyjna

structural survey *n* GB ekspertyza *f* budowlana

structural unemployment *n* bezrobocie *n* strukturalne

structure /ˈstrʌktʃə(r)/ **I** *n* [1] Anat, Bot, Geol, Chem, Psych, Ling (overall shape, organization) struktura *f*; **political/social ~** struktura polityczna/społeczna; **wage ~** struktura płac; **price ~** struktura cen; **career ~** etapy kariery zawodowej → **power structure** [2] Constr konstrukcja *f*
II *vt* [1] (organize) s|konstruować *[argument, essay, novel]*; z|organizować *[day, life, schedule]* [2] Constr z|budować, s|konstruować

structured /ˈstrʌktʃəd/ *adj [essay, play]* skonstruowany; *[course, activity]* zorganizowany

structuring /ˈstrʌktʃərɪŋ/ *n* konstruowanie *n*

struggle /ˈstrʌgl/ **I** *n* [1] (battle, fight) walka *f* also fig **(against sb/sth** z kimś/czymś**)**; **the ~ over the border** walka o granice; **the ~ to qualify for tomorrow's semi-final** walka o zakwalifikowanie się do jutrzejszego półfinału; **the ~ for democracy/for survival** walka o demokrację/o przetrwanie; **armed ~** walka zbrojna; **non-violent ~** walka bez użycia przemocy; **class ~** walka klas or klasowa; **power ~** walka o władzę; **to give up** or **abandon the ~** poddać się; **to put up a (fierce) ~** walczyć (zaciekle); **they gave up without a ~** poddali się bez walki also fig [2] (scuffle) bójka *f*; **two people were injured in** or **during the ~** dwie osoby zostały ranne w bójce [3] (difficult task, effort) **it was a ~ but it was worth it** było ciężko, ale się opłaciło; **learning to read was a great ~ for him** nauka czytania nie przychodziła mu łatwo; **he finds everything a real ~**

wszystko przychodzi mu z wielkim trudem; **I find it a real ~ to make ends meet** or **making ends meet** bardzo trudno mi związać koniec z końcem; **to succeed after years of ~** odnieść sukces po latach zmagań; **after a long ~ he managed to contact her** po wielu usiłowaniach udało mu się z nią skontaktować; **she managed it but not without a ~** udało jej się, ale nie bez trudności

II *vi* [1] (put up a fight) szamotać się **(with sb /for sth** z kimś/o coś); **they ~d with each other** szamotali się ze sobą; **to ~ to get free** usiłować się uwolnić; **to ~ free** uwolnić się [2] fig (try hard) **a young artist struggling for recognition** młody artysta walczący o uznanie; **to ~ to do sth** walczyć, żeby coś zrobić; **they had to ~ to make ends meet** z wielkim wysiłkiem wiązali koniec z końcem; **to ~ with a problem/one's conscience** borykać się z problemem/z własnym sumieniem; **to ~ to understand sth** usiłować coś zrozumieć; **she eventually succeeded, but she had to ~ hard** ostatecznie jej się udało, ale musiała się nieźle namęczyć [3] (have difficulty) (at school, with job, in market) *[person, company]* mieć trudności; **to ~ to keep up/with one's homework** usiłować nadążyć/mieć trudności z odrobieniem lekcji [4] (move with difficulty) **she ~d into her tight jeans** z trudnością wcisnęła się w ciasne dżinsy; **to ~ to one's feet** ciężko podnieść się z miejsca; **we ~d up the steep path** z trudem wspinaliśmy się stromą ścieżką

■ **struggle along** z trudem posuwać się naprzód; fig z trudem dawać sobie radę

■ **struggle back** z trudem dotrzeć z powrotem; fig **to ~ back to profitability** z trudem odzyskać rentowność

■ **struggle on** (go) posuwać się krok za krokiem also fig; (in job) pracować dalej mimo trudności

■ **struggle through**: ¶ **~ through** da|ć, -wać sobie jakoś radę ¶ **~ through [sth]** prze|drzeć, -dzierać się przez (coś) *[jungle, crowd]*; prze|brnąć przez (coś) *[snow, book]*; da|ć, -wać sobie jakoś radę z (czymś) *[task]*; **the bill ~d through Parliament** ustawa z trudnością przeszła w parlamencie

struggling /ˈstrʌɡlɪŋ/ *adj [writer, artist]* walczący o uznanie

strum /strʌm/ **I** *vt* **(***prp, pt, pp* **-mm-)** brz(d)ąkać na (czymś) *[guitar]*; brząkać *[tune]*; **he ~med his guitar gently** delikatnie trącał struny gitary

II *vi* (*prp, pt, pp* **-mm-)** brz(d)ąkać **(on sth** na czymś)

strumming /ˈstrʌmɪŋ/ *n* brz(d)ąkanie *n*

strumpet /ˈstrʌmpɪt/ *n* arch ladacznica *f* arch

strung /strʌŋ/ *pt, pp* → **string**

strung out *adj* infml [1] (addicted) **to be ~ on sth** brać coś infml *[drug]* [2] (physically wasted) **to be ~** być wycieńczonym; (by drugs) być wyniszczonym (przez narkotyki)

strung up *adj* infml spięty infml

strut /strʌt/ **I** *n* [1] Tech rozpórka *f* [2] (swagger) **a dignified ~** dostojny krok

II *vi* (also **~ about, ~ around)** (*prp, pt, pp* **-tt-)** kroczyć dumnie; **to ~ along** kroczyć naprzód

IDIOMS: **to ~ one's stuff** infml pokazać, co się potrafi

strychnine /ˈstrɪkniːn/ *n* strychnina *f*

stub /stʌb/ **I** *n* [1] (end, stump) (of stick) koniec *m*; (of lipstick) końcówka *f*; (of pencil) ogryzek *m* fig; (of cigarette) niedopałek *m*; (of tail) kikut *m* [2] (counterfoil) (of cheque, ticket) odcinek *m*

II *vt* (*prp, pt, pp* **-bb-)** **to ~ one's toe** uderzyć się w palec (u nogi); **to ~ one's toe against sth** uderzyć palcem (u nogi) o coś

■ **stub out**: **~ out [sth], ~ [sth] out** z|gasić *[cigarette]*

stubble /ˈstʌbl/ *n* [1] (straw) ściernisko *n*, rżysko *n* [2] (on face) kilkudniowy zarost *m*; szczecina *f* fig

stubbly /ˈstʌblɪ/ *adj* [1] *[chin, face]* pokryty kilkudniowym zarostem, nieogolony [2] *[hair]* szczeciniasty, szczecinowaty

stubborn /ˈstʌbən/ *adj [person, animal]* uparty **(about** or **over sth** w kwestii czegoś); *[determination]* niezachwiany; *[resistance]* nieugięty; *[door, lock]* oporny; *[affection, stain]* trwały, uporczywy; *[cough, fever]* uporczywy

stubbornly /ˈstʌbənlɪ/ *adv [refuse, deny, resist]* uparcie; **to behave ~** być upartym

stubbornness /ˈstʌbənnɪs/ *n* upór *m* **(about sth** w kwestii czegoś)

stubby /ˈstʌbɪ/ *adj [tail, pencil, finger]* krótki; *[person]* przysadzisty

stucco /ˈstʌkəʊ/ **I** *n* (*pl* **~s, ~es)** (outside plasterwork) tynk *m*; (decorative work) sztukateria *f*, stiuki *m pl*

II *vt* (cover) o|tynkować; (decorate) ozd|obić, -abiać sztukaterią

stuck /stʌk/ **I** *pt, pp* → **stick**

II *adj* [1] (unable to move) *[lift, door]* zablokowany, zaklinowany; **we were ~ in the mud/in the traffic jam** utknęliśmy w błocie/w korku; **to be ~ at home** nie móc się ruszyć z domu; **to be ~ with sb** być skazanym na kogoś; **to be ~ with sth** nie móc się czegoś pozbyć; **I was ~ with the job of washing up** zostałem ze zmywaniem [2] infml (at a loss) **to be ~** mieć problem; **if he hadn't offered to help we'd be ~** gdyby nie zaproponował pomocy, bylibyśmy uziemieni infml; **to be ~ for a babysitter/cash** pilnie potrzebować opiekunki do dziecka/gotówki; **to be ~ for something to say/do** nie wiedzieć, co powiedzieć/zrobić; **I was ~ for an answer** kompletnie mnie zatkało infml

IDIOMS: **to be ~ on sb** infml być zadurzonym w kimś po uszy; **to squeal like a ~ pig** kwiczeć jak zarzynane prosię; **to get ~ into sb** infml (verbally) wsiąść na kogoś infml; (physically) dobrać się komuś do skóry

stuck-up /ˌstʌkˈʌp/ *adj* infml *[person]* nadęty infml

stud¹ /stʌd/ **I** *n* [1] (metal) (on jacket, door) ćwiek *m* [2] (earring) kolczyk *m* [3] (for grip) (on football boot) kołek *m*, korek *m* [4] (fastener) **collar ~** spinka do kołnierzyka; **press-~** GB zatrzask [5] Transp (in road) sygnalizator *m* odblaskowy [6] Aut (wheel bolt) śruba *f* mocująca koła; (in tyre) kolec *m* (przeciwślizgowy) [7] Constr (for wall) słupek *m* [8] Tech (bolt) śruba *f* dwustronna

II **studded** *pp adj* [1] *[jacket, door, beam]* nabijany ćwiekami; **~ded boots, ~ded shoes** Sport korki, buty z kołkami; **~ded tyres** Aut opony z kolcami [2] (sprinkled) **~ded with sth** usiany czymś *[stars, flowers, islands]*; wysadzany czymś *[diamonds, jewels]*

stud² /stʌd/ *n* [1] (also **~ farm)** stadnina *f* [2] (for breeding) **he's now at ~** teraz jest reproduktorem; **to put a horse out to ~** przeznaczyć konia do rozpłodu [3] infml (man) ogier *m* infml fig [4] = **stud poker**

studbook /ˈstʌdbʊk/ *n* księga *f* hodowlana (stadniny)

student /ˈstjuːdnt, US ˈstuː-/ **I** *n* [1] Univ student *m*, -ka *f*; US Sch ucze|ń *m*, -nnica *f* szkoły średniej; **foreign** or **overseas ~s** studenci zagraniczni; **a medical/law ~** student medycyny/prawa [2] (person interested in a subject) **a ~ of sth** badacz czegoś *[history, literature]*; **he's a ~ of human nature** on zgłębia tajniki ludzkiej natury

II *modif* Univ *[life, unrest, population]* studencki

student driver *n* US uczestnik *m* kursu prawa jazdy

student grant *n* Univ stypendium *n*

student ID card *n* US Univ legitymacja *f* studencka

student loan *n* Univ kredyt *m* studencki

student nurse *n* uczennica *f* szkoły pielęgniarskiej

studentship /ˈstjuːdntʃɪp, US ˈstuː-/ *n* Univ stypendium *n*

student teacher *n* praktykant *m*, -ka *f* w szkole

student union *n* [1] (union) zrzeszenie *n* studentów [2] (also **~ building)** klub *m* studencki

stud fee *n* opłata *f* za krycie

studhorse /ˈstʌdhɔːs/ *n* ogier *m* rozpłodowy

studied /ˈstʌdɪd/ *adj [casualness, pose]* wystudiowany; *[writing style]* wyszukany

studio /ˈstjuːdɪəʊ, US ˈstuː-/ *n* (*pl* **~s)** [1] (of photographer, dancer, film or record company) studio *n*; (of sculptor, painter) pracownia *f*, atelier *n inv* [2] (also **~ apartment, ~ flat)** GB ≈ kawalerka *f* [3] (film company) wytwórnia *f* filmowa

studio audience *n* publiczność *f* w studiu; **recorded in front of a ~** nagrane przy udziale publiczności zaproszonej do studia

studio couch *n* rozkładana kanapa *f*

studio portrait *n* Phot fotografia *f* portretowa

studio recording *n* nagranie *n* studyjne

studio set *n* dekoracje *f pl* w studio

studio theatre GB, **studio theater** US *n* teatr *m* studyjny

studious /ˈstjuːdɪəs, US ˈstuː-/ *adj* [1] (hardworking) *[person, student]* pilny, pracowity [2] (deliberate) *[calm]* zamierzony; *[avoidance, indifference]* umyślny [3] (meticulous) *[inspection, examination]* staranny, uważny

studiously /ˈstjuːdɪəslɪ, US ˈstuː-/ *adv [avoid, ignore]* umyślnie; **to be ~ indifferent** udawać obojętność

studiousness /ˈstjuːdɪəsnɪs, US ˈstuː-/ *n* staranność *f*, pilność *f*

stud mare *n* klacz *f* rozpłodowa

S

stud poker *n* stud poker *m*, poker *m* otwarty

study /ˈstʌdɪ/ **I** *n* [1] (gaining of knowledge) nauka *f* [2] (examination, analysis) badania *n pl* **(of sth** czegoś); **to make a ~ of sth** prowadzić badania nad czymś [3] (book, thesis) praca *f*, studium *n*; **a ~ of bird habits** praca na temat zachowań ptaków [4] (room) gabinet *m* [5] Art studium *n*, szkic *m* [6] Mus etiuda *f* [7] (model) **a ~ in incompetence/bigotry** przykład niekompetencji/bigoterii

II studies *npl* studia *plt*; **legal studies** studia prawnicze; **computer studies** informatyka

III *modif [group, visit]* naukowy; **~ leave** urlop naukowy; **~ period** okres studiów; **~ tour** or **trip** podróż naukowa

IV *vt* [1] (acquire knowledge of) studiować *[Law, Physics, English]*; **to ~ to be a teacher /lawyer/nurse** kształcić się na nauczyciela/prawnika/pielęgniarkę; **she's ~ing to be a doctor** ona studiuje medycynę [2] (examine) z|badać *[effects, phenomenon, changes]*; prze|studiować *[map, photograph, features]*

V *vi* [1] (learn, revise) uczyć się; **to ~ for an exam** uczyć się do egzaminu [2] (get one's education) studiować; **to ~ under sb** studiować pod kierunkiem kogoś

IDIOMS: **his face was a ~!** trzeba było zobaczyć jego twarz!

study aid *n* pomoc *f* naukowa

study hall *n* US [1] (room) sala *f* do nauki własnej [2] (hours) godziny *f pl* nauki własnej

study hall teacher *n* US nauczyciel *m* dyżurujący w sali do nauki własnej

stuff /stʌf/ **I** *n* [1] (unnamed substance) coś *n*; **what's that ~ in the bottle/on the table?** co to jest (to coś) w butelce/na stole?; **there's some black ~ stuck to my shoe** coś czarnego przykleiło mi się do buta; **I don't eat pre-packaged ~** nie jadam gotowych dań; **this ~ stinks!** to śmierdzi!; **have we got any more of that cement ~?** mamy jeszcze trochę tego cementu?; **she loves the ~** ona to uwielbia; **gin? never touch the ~** infml gin? nie biorę (tego) do ust; **expensive ~, caviar** kawior to droga rzecz; **it's strong ~** (of drink, drug) to jest naprawdę mocne; **we've sold lots of the ~** sprzedaliśmy tego mnóstwo [2] infml (unnamed objects) rzeczy *f pl*; **what's all this ~ in the hall?** co to za rzeczy w korytarzu?; **don't leave your ~ all over the floor** nie zostawiaj swoich rzeczy porozrzucanych po całej podłodze; **we've got all our ~ in the back of the car** mamy wszystkie swoje rzeczy w bagażniku [3] (written or verbal content) rzeczy *f pl*; **the sort of ~ you read in the newspapers** rzeczy, o których czyta się w gazetach; **who wrote this ~?** kto to napisał?; **there's some good ~ in this article** w tym artykule jest sporo ciekawych rzeczy; **this poem is good ~** to dobry wiersz; **this ~ is excellent/absolute rubbish** to jest doskonałe/to kompletna bzdura; **it's romantic/terrifying ~** to romantyczna/przerażająca historia; **have you read much of her ~?** czy czytałeś dużo jej rzeczy?; **I sent him a tape of my ~** posłałem mu taśmę z moimi rzeczami; **what was that ~ about going away?** o co chodziło z tym wyjazdem?; **do you believe all that ~ about his private life?** czy wierzysz w te wszystkie historie z jego życia prywatnego?; **there was a lot of ~ about the new legislation in his speech** w jego przemówieniu było wiele o nowej ustawie; **he likes painting and drawing and ~ like that** infml lubi malować, rysować i w ogóle takie rzeczy infml; **the book's all about music and ~** infml książka jest o muzyce i tym podobnych rzeczach [4] liter (main content) esencja *f*, treść *f*; **to be the (very) ~ of sth** stanowić esencję or treść czegoś; **he is the ~ that heroes/traitors are made of** ma zadatki na bohatera/zdrajcę; **the ~ that dreams are made of** coś, co można sobie tylko wymarzyć; **he was made of somewhat coarser/finer ~** miał naturę nieco bardziej prostacką/subtelną [5] infml (drugs) prochy *m pl* infml [6] infml (stolen goods) towar *m* infml

II *vt* [1] (fill, pack) wyp|chać, -ychać *[cushion, pocket, suitcase]* **(with sth** czymś); wy|słać, -ścielać *[furniture]* **(with sth** czymś); zap|chać, -ychać *[crack, hole]* **(with sth** czymś); **a book ~ed with useful information** książka pełna pożytecznych informacji; **to ~ sb's head with useless information** pakować komuś do głowy bezużyteczne informacje; **to ~ one's head with silly ideas** nabić sobie głowę głupimi pomysłami; **to ~ one's face** infml opchać się infml; **doctors ~ their patients full of drugs** lekarze faszerują pacjentów lekami infml; **get ~ed!, ~ you!** vinfml wypchaj się! infml; **~ that!** vinfml do dupy z tym! vulg [2] (pack in) w|epchnąć, -pychać, w|etknąć, -tykać *[clothes, objects, papers]* **(in** or **into sth** do czegoś); (cram) up|chnąć, -ychać **(in** or **into sth** w czymś); **we ~ed paper into the cracks** zapchaliśmy szpary papierem; **she ~ed some clothes /books into a bag** wepchnęła do torby trochę ubrań/parę książek; **to ~ one's hands in one's pockets** wsadzić ręce do kieszeni; **to ~ sth under one's jumper** wepchnąć coś pod sweter; **to ~ sth under the bed** wepchnąć or wetknąć coś pod łóżko; **to ~ food into one's mouth** napchać sobie usta jedzeniem; **you know where you can ~ it!** vinfml wiesz, gdzie możesz to sobie wsadzić! vinfml; **tell him he can take his precious plan and ~ it!** vinfml powiedz mu, żeby sobie wsadził swój wspaniały plan! vinfml [3] Culin na|faszerować, nadzi|ać, -ewać *[turkey, tomato, olives]* **(with sth** czymś) [4] (in taxidermy) wyp|chać, -ychać *[animal, bird]*

III stuffed *pp adj [chicken, tomato, olive]* nadziewany, faszerowany; *[toy animal]* pluszowy; *[bird, fox]* wypchany

IV *vr* infml **to ~ oneself** (eat) op|chać, -ychać się infml; ob|eżreć, -żerać się vinfml

■ **stuff up**: **~ up [sth], ~ [sth] up** zap|chać, -ychać *[crack, hole]* **(with sth** czymś); **I'm all ~ed up, my nose is ~ed up** mam zapchany nos

IDIOMS: **a bit of ~** infml (woman) niezły towar *m* vinfml; **to do one's ~** infml zrobić swoje; **go on, do your ~!** infml no dalej, rób, co do ciebie należy!; **to know one's ~** infml znać się na rzeczy; **that's the ~ (to give them** or **to give to the troops)** infml o to właśnie chodzi!; **I don't give a ~** infml guzik mnie to obchodzi infml; **~ and nonsense!** infml kompletna bzdura! infml

stuffed shirt *n* infml pej nadęty nudziarz *m* infml pej

stuffily /ˈstʌfɪlɪ/ *adv* pej *[behave]* sztywno; *[say, refuse]* wyniośle

stuffiness /ˈstʌfɪnɪs/ *n* [1] (airlessness) zaduch *m*, duchota *f* [2] (staidness) (of place) drętwa atmosfera *f* infml; (of person) sztywność *f*, wyniosłość *f*

stuffing /ˈstʌfɪŋ/ *n* [1] Culin farsz *m*, nadzienie *n*; **sage and onion ~** nadzienie z szałwii i cebuli [2] (of pillow, stuffed animal) wypełniacz *m*; (of furniture) warstwa *f* wyściełająca

IDIOMS: **to knock the ~ out of sb** infml (weaken) *[illness]* ściąć kogoś z nóg; *[punch]* odebrać komuś ochotę do walki; *[defeat, bad experience]* załamać kogoś

stuffy /ˈstʌfɪ/ *adj* [1] *[room, atmosphere]* duszny; **it's very ~ in here** tu jest bardzo duszno [2] (staid) *[person]* wyniosły, sztywny; *[remark]* oficjalny; *[institution]* zaskorupiały [3] (blocked) *[nose]* zatkany, zapchany

stultify /ˈstʌltɪfaɪ/ *vt* (make dull) ogłupi|ć, -ać *[people]*; wyjał|owić, -awiać *[brain]*; przytępi|ć, -ać *[senses]*

stultifying /ˈstʌltɪfaɪɪŋ/ *adj* ogłupiający

stumble /ˈstʌmbl/ **I** *n* [1] (while walking) potknięcie się *n*; (in speech) zająknięcie się *n*; **without a ~** (while walking) bez potknięcia; (in speech) bez zająknięcia [2] (blunder) potknięcie *n*

II *vi* [1] (trip, fall) pot|knąć, -ykać się **(against** or **on** or **over sth** o coś) [2] (stagger) **to ~ about** or **around** zataczać się; **to ~ along /in/out** przejść/wejść/wyjść niepewnym krokiem; **he ~d down the stairs** zszedł po schodach niepewnym krokiem [3] (in speech) zająk|nąć, -iwać się, zaci|ąć, -nać się; **to ~ over a word/phrase** zająknąć się or zaciąć się na (jakimś) słowie/zwrocie; **he ~d through his speech** jąkając się or zacinając się, przebrnął przez swoje przemówienie

■ **stumble across**: **~ across [sb/sth]** nat|knąć, -ykać się na (kogoś/coś) *[person, item, fact]*

■ **stumble on**: ¶ **~ on** *[walkers, travellers]* iść potykając się; fig *[undertaking, leadership]* posuwać się do przodu mimo potknięć ¶ **~ on [sb/sth], ~ upon [sb/sth]** natknąć się przypadkiem na (kogoś/coś) *[person, item, place]*

stumblebum /ˈstʌmblbʌm/ *n* US infml niezgrabiasz *m* infml

stumbling block *n* przeszkoda *f* fig; **the main ~ is...** główną przeszkodą jest...; **to be** or **prove the main ~** stanowić główną przeszkodę

stump /stʌmp/ **I** *n* [1] (of tree) pniak *m* [2] (of cigar, candle) ogarek *m*; (of tail, limb) kikut *m*; (of pencil) ogryzek *m* fig [3] (in cricket) palik *m* (bramki) [4] US Pol (rostrum) mównica *f*

II *vt* [1] infml (perplex) *[person]* zabić klina (komuś) *[person, expert]*; *[question]* zbi|ć, -jać z tropu or z pantałyku liter *[person, expert]*;

to be ~ed by sth nie potrafić poradzić sobie z czymś; **to be ~ed for an answer/a solution** nie potrafić znaleźć odpowiedzi /rozwiązania; **the question had me ~ed** utknąłem na tym pytaniu; **I'm ~ed** (in quiz) jestem w kropce; (nonplussed) zatkało mnie infml [2] Sport (in cricket) wy|eliminować *[batsman]* [3] US Pol obje|chać, -żdżać *(w ramach kampanii wyborczej) [country, region]*
III *vi* [1] (stamp) **to ~ about** or **around** stąpać ciężko; **to ~ in/out** wejść/wyjść ciężkim krokiem; **to ~ off** oddalić się ciężkim krokiem [2] US Pol prowadzić kampanię wyborczą w terenie; **to ~ for sb/sth** prowadzić kampanię na rzecz kogoś/czegoś
■ **stump up** GB infml: ¶ **~ up** wy|łożyć, -kładać forsę infml **(for sth** na coś) ¶ **~ up [sth], ~ [sth] up** wy|łożyć, -kładać *[money, amount]*
IDIOMS: **to be on the ~** US uczestniczyć w kampanii wyborczej w terenie; **to be up a ~** US infml być w opałach; **to stir one's ~s** infml zasuwać infml

stumpy /ˈstʌmpɪ/ *adj* klocowaty

stun /stʌn/ *vt* **(***prp, pt, pp* **-nn-)** [1] (physically) *[blow, impact]* ogłusz|yć, -ać; *[injection]* odurz|yć, -ać, osz|ołomić, -ałamiać [2] (shock, amaze) *[news, death]* za|szokować; *[beauty, view]* olśni|ć, -ewać

stung /stʌŋ/ *pt, pp* → **sting**

stun grenade *n* granat *m* ogłuszający

stun gun *n* paralizator *m*

stunk /stʌŋk/ *pp* → **stink**

stunned /stʌnd/ *adj* [1] (dazed) (with blow) ogłuszony; (with injection) odurzony [2] (amazed, shocked) *[person]* (with news, death) zaszokowany; (with beauty) olśniony

stunner /ˈstʌnə(r)/ *n* infml **to be a ~** *[woman, car]* być fantastycznym infml

stunning /ˈstʌnɪŋ/ *adj* [1] (beautiful) olśniewający [2] (amazing) szokujący [3] (blow) ogłuszający

stunningly /ˈstʌnɪŋlɪ/ *adv* **~ attractive** olśniewającej urody; **she dresses ~** znakomicie się ubiera; **he has ~ beautiful eyes** (on) ma niezwykle piękne oczy

stunt[1] /stʌnt/ **I** *n* [1] (for attention) chwyt *m* fig; **publicity ~** chwyt reklamowy [2] (with risk) (in car, on motorbike, in film) wyczyn *m* kaskaderski; (in plane) figura *f* w akrobacji lotniczej; **an actor who does his own ~s** aktor, który sam bierze udział w niebezpiecznych ujęciach [3] US infml numer *m* infml
II *vi* (in film) pracować jako kaskader; (flier) uprawiać akrobację lotniczą
IDIOMS: **to pull a ~** infml wyciąć numer infml

stunt[2] /stʌnt/ *vt* za|hamować *[growth, development, progress]*

stunted /ˈstʌntɪd/ *adj* [1] (deformed) *[tree, plant]* skarłowaciały; *[body]* zdeformowany [2] (blighted) *[personality, mentality]* opóźniony w rozwoju; *[growth]* opóźniony; **~ life** życie w prymitywnych warunkach

stuntman /ˈstʌntmæn/ *n* **(***pl* **-men)** kaskader *m*

stunt pilot *n* pilot akrobata *m*

stunt rider *n* kaskader *m* motocyklowy

stuntwoman /ˈstʌntwʊmən/ *n* **(***pl* **-women)** kaskaderka *f*

stupefaction /ˌstjuːpɪˈfækʃn/ *n* (by drink, work) otępienie *n*; (by blow, news, sight) oszołomienie *n*; **to my ~** ku mojemu najwyższemu zdumieniu

stupefy /ˈstjuːpɪfaɪ, US ˈstuː-/ *vt* [1] (make dull) otępi|ć, -ać *[mind]*; stępi|ć, -ać *[senses]*; osz|ołomić, -ałamiać *[person]*; **the blow left him stupefied** ten cios go oszołomił [2] (astonish) *[news, sight]* wprawi|ć, -ać w osłupienie *[person]*; **we were stupefied by the news** ta wiadomość wprawiła nas w osłupienie

stupefying /ˈstjuːpɪfaɪɪŋ, US ˈstuː-/ *adj* [1] (causing dullness) *[effect]* otępiający; *[blow]* oszałamiający [2] (causing astonishment) *[sight, news, results]* zaskakujący; (stronger) szokujący

stupendous /stjuːˈpendəs, US stuː-/ *adj [size, amount, building]* ogromny; *[view, achievement]* wspaniały, zdumiewający; *[film, book, performance, actor]* znakomity; *[loss, stupidity, folly]* niewiarygodny

stupendously /stjuːˈpendəslɪ, US stuː-/ *adv [successful, powerful, wealthy]* niewiarygodnie

stupid /ˈstjuːpɪd, US ˈstuː-/ **I** *n* infml głupek *m* infml; **don't do that, ~!** nie rób tego, głupku!
II *adj* [1] (unintelligent, foolish) *[person, animal, behaviour, idea, plan, remark, mistake]* głupi; **you were ~ to do that** głupio zrobiłeś; **it was ~ of you not to go there** głupio zrobiłeś, że tam nie poszedłeś; **I've done something ~** zrobiłem coś głupiego; **don't be ~!** nie bądź głupi!; **the ~ car wouldn't start!** ten głupi samochód nie chce zapalić! infml; **he was very ~ about that job** głupio zrobił z tą pracą; **you ~ idiot!** ty głupi idioto! infml [2] (in a stupor) otępiały **(with sth** od czegoś); **I was knocked ~ by the impact** uderzenie oszołomiło mnie; **to drink oneself ~** upić się do nieprzytomności

stupidity /stjuːˈpɪdətɪ, US stuː-/ *n* [1] (foolishness) (of person, idea, remark, action) głupota *f* [2] (stupid act, remark) głupota *f* infml; **that was plain ~ on her part** to była czysta głupota z jej strony

stupidly /ˈstjuːpɪdlɪ, US ˈstuː-/ *adv [ask, behave, smile]* głupio

stupor /ˈstjuːpə(r), US ˈstuː-/ *n* otępienie *n*; Med osłupienie *n*, stupor *m*; **in a drunken ~** w zamroczeniu alkoholowym

sturdily /ˈstɜːdɪlɪ/ *adv [built]* mocno; *[constructed]* solidnie

sturdiness /ˈstɜːdɪnɪs/ *n* (of person, animal) mocna budowa *f* ciała; (of object, vehicle) solidna konstrukcja *f*; (of character) siła *f*

sturdy /ˈstɜːdɪ/ *adj [person, animal]* mocnej budowy; *[plant]* mocny; *[object]* solidny; *[character]* silny; *[loyalty, independence]* niezachwiany

sturgeon /ˈstɜːdʒən/ *n* Zool jesiotr *m*

stutter /ˈstʌtə(r)/ **I** *n* [1] (in speech) jąkanie się *n*; **to have a ~** jąkać się [2] (of machine) terkot *m*
II *vt* (also **~ out**) wy|jąkać *[word, phrase]*
III *vi* jąkać się

stutterer /ˈstʌtərə(r)/ *n* jąkała *m/f* infml

stuttering /ˈstʌtərɪŋ/ **I** *n* jąkanie się *n*
II *adj [person, voice]* jąkający się

STV *n* = **single transferable vote**

St Valentine's Day *n* walentynki *plt*

St Vincent and the Grenadines /səntˌvɪnsntəndəˈgrenədiːnz/ *prn* Saint Vincent *m inv* i Grenadyny *plt*

St Vitus's dance /səntˈvaɪtəsəzdɑːns, US -dæns/ *n* pląsawica *f*; taniec *m* św. Wita dat

sty[1] /staɪ/ *n* (for pigs) chlew *m*

sty[2] /staɪ/ *n* **(**also **stye)** Med jęczmyk *m*, jęczmień *m*

Stygian /ˈstɪdʒɪən/ *adj* [1] Mythol styksowy [2] liter **~ gloom/darkness** egipskie ciemności

style /staɪl/ **I** *n* [1] (manner) styl *m*; **a building in the neoclassical ~** budynek w stylu neoklasycznym; **in the ~ of Van Gogh** w stylu Van Gogha; **an opera in the Italian ~** opera w stylu włoskim; **his paintings are very individual in ~** jego obrazy mają bardzo indywidualny styl; **a ~ of teaching** sposób nauczania; **a ~ of living** styl życia; **my writing ~** mój styl pisania; **my driving ~** mój sposób prowadzenia samochodu; **telling lies is not his ~** kłamać to nie w jego stylu; **that's the ~!** brawo!, doskonale! [2] Literat styl *m*; **he has a very good ~** on ma bardzo dobre pióro fig [3] (elegance) styl *m*, klasa *f*; **he/she has ~** on/ona ma styl or klasę; **to bring a touch of ~ to sth** przydać czemuś klasy; **to travel in ~** podróżować luksusowo; **to marry in ~** wziąć ślub z (wielką) pompą; **to live in ~** żyć wystawnie; **you handled the situation with ~** rozegrałeś to w doskonałym stylu; **to win in ~** zwyciężyć w doskonałym stylu; **the performance had great ~** to był występ w wielkim stylu; **she likes to do things in ~** lubi działać z fantazją [4] (design) (of clothing) fason *m*; (of car) model *m*; (of house, carpet, lamp) typ *m*; **to come in several ~s** być dostępnym w kilku modelach [5] (fashion) moda *f*; **to keep up with the latest ~s** być na bieżąco z modą; **to wear the newest ~s** ubierać się według nakazów najnowszej mody; **to be in ~** być w modzie; **to go out of ~** wyjść z mody; **in the ~ of the 1950s** w stylu lat 50.; **to have no sense of ~** nie mieć wyczucia stylu [6] (hairstyle) fryzura *f* [7] Publg, Journ styl *m* prezentacji [8] Bot szyjka *f* słupka
II -style *in combinations* **alpine/Californian-~** w stylu alpejskim/kalifornijskim; **Chinese/Italian-~** *[dish]* po chińsku/po włosku; **leather-~ case** teczka skóropodobna
III *vt* [1] (design) za|projektować *[car, kitchen, building, dress, collection]*; **a superbly ~d car** znakomicie zaprojektowany samochód [2] (of hair) (cut) ści|ąć, -nać; (set) u|łożyć, -kładać; **her hair is ~d by Giorgio** czesze się u Giorgia
IV *vr* **to ~ oneself doctor** tytułować się doktorem

style book *n* Publg instrukcja *f* pracy nad książką

style guide *n* = **style book**

style manual *n* = **style book**

style sheet *n* Comput arkusz *m* stylów

styling /ˈstaɪlɪŋ/ **I** *n* [1] (design) projekt *m* [2] (contours) (of car) sylwetka *f*; (of suit) linia *f*, fason *m* [3] (in hairdressing) strzyżenie *n* i czesanie *n*

S

II *modif* ~ **gel/mousse** żel/pianka do układania włosów; ~ **equipment** przybory fryzjerskie

styling brush *n* szczotka *f* do modelowania włosów

styling tongs *n* US lokówka *f*

stylish /ˈstaɪlɪʃ/ *adj* [1] (smart) *[person, car, coat, flat, resort]* elegancki; *[restaurant]* stylowy [2] (accomplished) *[director, player]* dużej klasy; *[thriller, performance]* zręczny; *[writer]* oryginalny, mający swój styl

stylishly /ˈstaɪlɪʃlɪ/ *adv* [1] (fashionably) *[designed, dressed]* stylowo [2] (with panache) *[perform, write]* błyskotliwie

stylishness /ˈstaɪlɪʃnɪs/ *n* (of dress, person) elegancja *f*; (of performance) klasa *f*

stylist /ˈstaɪlɪst/ *n* [1] (hairdresser) fryzjer *m*, -ka *f* [2] (writer) stylist|a *m*, -ka *f* [3] Fashn stylist|a *m*, -ka *f* [4] Ind, Advertg designer *m*

stylistic /staɪˈlɪstɪk/ *adj* [1] Literat *[variety, detail]* stylistyczny [2] Archit, Art ~ **similarity/development/detail** podobieństwo /rozwój/szczegół stylu

stylistically /ˌstaɪˈlɪstɪklɪ/ *adv* stylistycznie; (sentence adverb) ~ **(speaking), ...** z punktu widzenia stylu...

stylistic device *n* Literat środek *m* stylistyczny

stylistic marker *n* Ling kwalifikator *m* stylu

stylistics /staɪˈlɪstɪks/ *n (+ v sg)* Literat stylistyka *f*

stylized /ˈstaɪlaɪzd/ *adj* stylizowany

stylus /ˈstaɪləs/ *n* (*pl* **-li, -luses**) [1] Audio igła *f* [2] (for writing) rylec *m*

stymie /ˈstaɪmɪ/ **I** *n* [1] infml (difficult situation) utrudnienie *n*, przeszkoda *f* [2] (in golf) *sytuacja, w której piłka przeciwnika utrudnia dostęp do dołka*

II *vt* [1] infml (hamper, thwart) udaremni|ć, -ać *[plan, attempt]*; po|krzyżować szyki (komuś) *[person]* [2] (in golf) za|blokować piłkę (kogoś)

stymied /ˈstaɪmɪd/ *adj* (thwarted) *[project, growth]* utrudniony; **we're really** ~ jesteśmy w kropce

styptic /ˈstɪptɪk/ Med **I** *n* środek *m* ściągający

II *adj* ściągający

styptic pencil *n* sztyft *m* do tamowania krwi

Styrofoam® /ˈstaɪrəfəʊm/ n styropian *m*

suave /swɑːv/ *adj [manner]* układny; *[smile]* uprzejmy; *[person]* gładki w obyciu, układny

suavely /ˈswɑːvlɪ/ *adv [talk]* gładko; *[smile]* uprzejmie; **to dress** ~ ubierać się z wyszukaną elegancją

suaveness /ˈswɑːvnɪs/ *n* (of manner) gładkość *f*, układność *f*

sub /sʌb/ **I** *n* [1] Sport = **substitute** [2] Naut = **submarine** [3] = **subscription** [4] US = **substitute teacher**

II *vi* infml (*prp, pt, pp* **-bb-**) (as teacher) zastępować **(for sb** kogoś); mieć zastępstwo **(for sb** za kogoś)

subagent /ˈsʌbeɪdʒənt/ *n* subagent *m*

subalpine /ˌsʌbˈælpaɪn/ *adj* subalpejski

subaltern /ˈsʌbltən, US səˈbɔːltərn/ **I** *n* [1] GB Mil młodszy oficer *m* [2] (subordinate) podwładn|y *m*, -a *f*

II *adj [rank]* niższy; *[officer]* młodszy rangą

subaqua /ˌsʌbˈækwə/ *adj [club]* płetwonurkowy

subaqueous /ˌsʌbˈeɪkwɪəs/ *adj* podwodny

subarctic /ˌsʌbˈɑːktɪk/ *adj* subarktyczny

subassembly /ˌsʌbəˈsemblɪ/ *n* Mech podzespół *m*

subatomic /ˌsʌbəˈtɒmɪk/ *adj* subatomowy

subclass /ˈsʌbklɑːs, US -klæs/ *n* podklasa *f*

subcommittee /ˈsʌbkəmɪtɪ/ *n* podkomisja *f*

subconscious /ˌsʌbˈkɒnʃəs/ **I** *n* **the** ~ podświadomość *f*

II *adj* podświadomy

subconsciously /ˌsʌbˈkɒnʃəslɪ/ *adv* podświadomie

subcontinent /ˌsʌbˈkɒntɪnənt/ *n* subkontynent *m*

subcontract **I** /ˈsʌbkɒntrækt/ *n* kontrakt *m* na prace podwykonawcze

II /ˌsʌbkənˈtrækt/ *vt* zlec|ić, -ać podwykonanie (czegoś); **the work has been ~ed to a local company** pracę zlecono miejscowemu podwykonawcy

subcontracting /ˌsʌbkənˈtræktɪŋ/ **I** *n* zlec|enie, -anie *n* podwykonania

II *prp adj* ~ **firm** podwykonawca

subcontractor /ˌsʌbkənˈtræktə(r)/ *n* podwykonawca *m*

subculture /ˈsʌbkʌltʃə(r)/ *n* [1] Sociol subkultura *f* [2] Biol podkultura *f*

subcutaneous /ˌsʌbkjuːˈteɪnɪəs/ *adj* podskórny

subdeacon /ˌsʌbˈdiːkən/ *n* subdiakon *m*

subdivide /ˌsʌbdɪˈvaɪd/ **I** *vt* po|dzielić (na mniejsze części) *[land, site, lot, house]*; rozdziel|ić, -ać, przydziel|ić, -ać *[work]*

II *vi* po|dzielić się dalej

subdivision /ˌsʌbdɪˈvɪʒn/ *n* [1] (process) dalszy podział *m* [2] (part) mniejsza jednostka *f* [3] US (housing development) osiedle *n*

subdominant /ˌsʌbˈdɒmɪnənt/ *n* [1] Mus subdominanta *f* [2] Ecol subdominant *m*

subdue /səbˈdjuː, US -ˈduː/ *vt* [1] (conquer) podporządkow|ać, -ywać sobie *[people, nation]*; s|tłumić *[rebellion]*; poskr|omić, -amiać *[rioters]* [2] (hold in check) opanow|ać, -ywać, poskr|omić, -amiać *[anger, fear]*; po|hamować *[delight]*

subdued /səbˈdjuːd, US -ˈduːd/ *adj* [1] (downcast) *[person, mood]* przygaszony, przybity, przygnębiony [2] (muted) *[reaction]* powściągliwy; *[excitement, enthusiasm]* powściągany; *[conversation, voices]* przytłumiony; *[lighting]* przytłumiony, przyciemniony; *[colour]* przygaszony

subedit /ˌsʌbˈedɪt/ *vt* GB Publg, Journ z|adiustować *[text]*

subeditor /ˌsʌbˈedɪtə(r)/ *n* GB Publg, Journ adiustator *m*, -ka *f*

subentry /ˈsʌbentrɪ/ *n* (in account) podpozycja *f*

subfamily /ˈsʌbfæmɪlɪ/ *n* podrodzina *f*

subfield /ˈsʌbfiːld/ *n* Comput podpole *n*

subgroup /ˈsʌbgruːp/ *n* podgrupa *f*

subheading /ˈsʌbhedɪŋ/ *n* (in text) podtytuł *m*

subhuman /ˌsʌbˈhjuːmən/ *adj [behaviour]* nieludzki

subject **I** /ˈsʌbdʒɪkt/ *n* [1] (topic) temat *m*; **let's go back to the** ~ wróćmy do tematu; **to change** or **drop the** ~ zmienić temat; **I raised the** ~ **of the changes** poruszyłem temat zmian; **while we are on the** ~ **of bonuses...** skoro mowa o premiach...; **we are getting off the** ~ zbaczamy z tematu [2] (branch of knowledge) (at school, college) przedmiot *m*; (for research, study) temat *m*; **my favourite** ~ **is English** moim ulubionym przedmiotem jest angielski; **her** ~ **is genetics** specjalizuje się w genetyce [3] Art, Phot temat *m*; **that's not a good** ~ **for a play** to nie jest dobry temat na sztukę [4] Sci (in experiment) badan|y *m*, -a *f* [5] (focus) obiekt *m*, przedmiot *m*; **to be the** ~ **of an inquiry** być przedmiotem śledztwa; **it has become a** ~ **for complaints** stało się to przedmiotem skarg [6] Ling podmiot *m* [7] (citizen) obywatel *m*, -ka *f*; Hist poddan|y *m*, -a *f*; **British ~s** obywatele brytyjscy; **~s of the king** poddani króla

II /ˈsʌbdʒɪkt/ *adj* [1] (subservient) *[people, race]* podległy; zniewolony liter [2] (obliged to obey) podlegający; ~ **to British law/rule** podlegający prawu brytyjskiemu/pod brytyjskim panowaniem; **to be** ~ **to sth** podlegać czemuś [3] (affected) *[area, person]* podatny, narażony **(to sth** na coś); **the area is** ~ **to earthquakes** ten obszar jest narażony na trzęsienia ziemi; **she is** ~ **to violent migraines** miewa gwałtowne ataki migreny [4] (liable) *[prices, goods]* podlegający; **all prices are** ~ **to alteration** wszystkie ceny mogą ulec zmianie; **gifts** ~ **to tax** darowizny podlegające opodatkowaniu [5] (dependent) *[plan, decision, offer, approval]* zależny, uzależniony **(to sb /sth** od kogoś/czegoś); **you will be granted membership** ~ **to producing certain documents** przyznanie panu członkostwa uzależnione jest od przedłożenia odpowiednich dokumentów; ~ **to availability** (of flights, tickets) do wyczerpania wolnych miejsc; (of goods) w zależności od ilości towaru

III /səbˈdʒekt/ *vt* [1] (expose) wystawi|ć, -ać, nara|zić, -żać **(to sth** na coś); **to** ~ **sb to stress/insults** narazić kogoś na stres /zniewagi; **to** ~ **sb to torture** poddać kogoś torturom; **to be ~ed to noise** być narażonym na hałas; **to be ~ed to attacks** być wystawionym na ataki; **to** ~ **sth to heat/light** wystawić coś na działanie wysokiej temperatury/światła [2] liter (subjugate) podporządkow|ać, -ywać *[race, country]*; zniew|olić, -alać liter

subject heading *n* tytuł *m*

subject index *n* (in book) indeks *m* tematyczny; (in library) katalog *m* tematyczny

subjection /səbˈdʒekʃn/ *n* podporządkowanie *n*; **to keep sb in a state of utter** ~ całkowicie podporządkować sobie kogoś

subjective /səbˈdʒektɪv/ **I** *n* Ling przypadek *m* podmiotu, mianownik *m*; **in the** ~ w mianowniku

II *adj* [1] (personal or biased) subiektywny [2] Ling ~ **case** przypadek podmiotu; ~ **genitive** dopełniacz podmiotu

subjectively /səbˈdʒektɪvlɪ/ *adv* subiektywnie

subjectivism /səbˈdʒektɪvɪzəm/ *n* subiektywizm *m*

subjectivity /ˌsʌbdʒekˈtɪvətɪ/ *n* subiektywność *f*

subject matter *n* temat *m*, tematyka *f*

subject pronoun *n* Ling zaimek *m* w funkcji podmiotu

sub judice /ˌsʌbˈdʒuːdɪsɪ, sʊbˈjuːdɪkeɪ/ *adj* Jur *[case]* w toku, w trakcie rozpatrywania przez sąd

subjugate /ˈsʌbdʒʊgeɪt/ *vt* [1] (oppress) ujarzmi|ć, -ać *[country, people]* [2] (suppress) opanow|ać, -ywać *[desire, feeling]*; **she ~d her will to his** podporządkowała się jego woli

subjugation /ˌsʌbdʒʊˈgeɪʃn/ *n* (of country, desire) ujarzmienie *n*; (of interests) podporządkowanie *n*; **to reduce sth to ~** ujarzmić coś *[country]*

subjunctive /səbˈdʒʌŋktɪv/ **I** *n* tryb *m* łączący; **in the ~** w trybie łączącym

II *adj [mood]* łączący; **a ~ form** forma trybu łączącego; **a ~ verb** czasownik w trybie łączącym

subkingdom /ˌsʌbˈkɪŋdəm/ *n* Biol podkrólestwo *n*

sublease /ˈsʌbliːs/ *n* = **sublet**

sublet **I** /ˈsʌblet/ *n* (of estate) podnajem *m*; (of land) poddzierżawa *f*

II /ˌsʌbˈlet/ *vt, vi* (*prp* **-tt-**; *pt, pp* **-let**) *[owner, tenant]* podnaj|ąć, -mować *[room]*; poddzierżawi|ć, -ać *[land]*

sublibrarian /ˌsʌblaɪˈbreərɪən/ *n* asystent *m*, -ka *f* bibliotekarza

sublieutenant /ˌsʌblefˈtenənt, US -luːˈt-/ *n* GB porucznik *m* marynarki

sublimate /ˈsʌblɪmeɪt/ **I** *n* Chem produkt *m* sublimacji

II *adj* sublimowany

III *vt* Chem, Psych sublimować

sublimation /ˌsʌblɪˈmeɪʃn/ *n* Chem, Psych sublimacja *f*

sublime /səˈblaɪm/ **I** *n* **the ~** rzeczy *f pl* wzniosłe

II *adj* [1] *[beauty]* niezrównany, wspaniały; *[genius]* najwyższego lotu; *[heroism]* najwyższy; *[art]* wysublimowany, wzniosły [2] infml *[food, person, hat]* cudowny, boski [3] *[contempt]* najwyższy; *[indifference, egoism]* wyjątkowy

III *vt* Chem wy|sublimować

IDIOMS: **to go from the ~ to the ridiculous** przejść od wzniosłości do śmieszności

sublimely /səˈblaɪmlɪ/ *adv* [1] *[play, perform, sing]* cudownie, bosko; **~ beautiful /heroic** nad wyraz piękny/heroiczny liter [2] *[indifferent, confident]* w najwyższym stopniu, całkowicie; **~ contemptous of others' opinions** odnoszący się z najwyższą pogardą do opinii innych

subliminal /səbˈlɪmɪnl/ *adj [message, level, advertising]* podprogowy

subliminally /səbˈlɪmɪnəlɪ/ *adv* podprogowo

sublimity /səbˈlɪmətɪ/ *n* (of poem, style) wzniosłość *n*, podniosłość *n*; (of scenery) piękno *n*

sublingual /ˌsʌbˈlɪŋgwəl/ *adj* Anat podjęzykowy

submachine gun /ˌsʌbməˈʃiːngʌn/ *n* pistolet *m* maszynowy

submarine /ˌsʌbməˈriːn, US ˈsʌb-/ **I** *n* [1] Naut (warship) okręt *m* podwodny, łódź *f* podwodna [2] (also **~ sandwich**) US kanapka *f (z podłużnej bułki)*

II *modif* **~ base** baza okrętów podwodnych; **~ warfare** wojna podwodna; **~ captain** kapitan okrętu podwodnego

III *adj [plant, life]* podwodny, podmorski; *[cable]* podmorski

submarine chaser *n* ścigacz *m* okrętów podwodnych

submarine pen *n* schron *m* dla okrętów podwodnych

submariner /ˌsʌbˈmærɪnə(r), US ˈsʌb-/ *n* marynarz *m* służący na okręcie podwodnym, podwodniak *m*

submaxillary /ˌsʌbmækˈsɪlərɪ/ *adj* Anat podżuchwowy

submediant /ˌsʌbˈmiːdɪənt/ *n* Mus submedianta *f*

submenu /ˈsʌbmenjuː/ *n* Comput podmenu *n inv*

submerge /səbˈmɜːdʒ/ **I** *vt [sea, flood, tide]* zat|opić, -apiać *[field, rock, wreck]*; *[person]* zanurz|yć, -ać (**in sth** w czymś); fig ukry|ć, -wać *[feelings]*; **to remain ~d for several days** *[submarine]* pozostawać pod wodą przez kilka dni

II *vi [submarine, whale]* zanurz|yć, -ać się

III **submerged** *pp adj [wreck]* zatopiony; *[person]* zanurzony; **to be ~d in sth** fig być pochłoniętym czymś *[work, role]*

IV *vr* **to ~ oneself in sth** pogrąż|yć, -ać się w czymś *[work]*

submergence /səbˈmɜːdʒəns/ *n* (of field, rocks) zatopienie *n*; (of ship) zanurzenie *n*

submersible /səbˈmɜːsəbl/ **I** *n* statek *m* zanurzalny

II *adj* zanurzalny

submersion /səbˈmɜːʃn, US -ˈmɜːrʒn/ *n* (going under water) zanurzenie *n*; (flooding) zatopienie *n*

submission /səbˈmɪʃn/ *n* [1] (obedience, subjection) uległość *f*, posłuszeństwo *n* (**to sb/sth** wobec kogoś/czegoś); (act of submitting) poddanie się *n* (**to sb/sth** komuś /czemuś); kapitulacja *f* also Sport; **to beat /frighten/starve sb into ~** biciem/groźbami/głodem zmusić kogoś do uległości [2] (presenting) (of plan, proposal) przedłożenie *n* (**to sb** komuś); (of report, resignation) złożenie *n* (**to sb** komuś); (of accounts, samples) przedstawienie *n* (**to sb** komuś) [3] (report) raport *m* [4] Jur (final argument) konkluzja *f*, wniosek *m*; **the ~ that the case be dismissed** wniosek o oddalenie powództwa; **her lawyer made a ~ that...** jej obrońca argumentował, że... [5] fml (opinion) opinia *f*; **in my ~** w moim mniemaniu fml

submissive /səbˈmɪsɪv/ *adj [person]* uległy, posłuszny (**to sb/sth** wobec kogoś/czegoś); *[attitude, behaviour]* pełen uległości

submissively /səbˈmɪsɪvlɪ/ *adv [behave, accept]* ulegle, posłusznie; *[respond, say]* pokornie

submissiveness /səbˈmɪsɪvnɪs/ *n* uległość *f*

submit /səbˈmɪt/ (*prp, pt, pp* **-tt-**) **I** *vt* [1] (present, send) przedstawi|ć, -ać *[budget, accounts, samples]* (**to sb/sth** komuś/w czymś); złożyć, składać *[resignation, application, report]* (**to sb/sth** na ręce kogoś/w czymś); przed|łożyć, -kładać *[proposal, plan]* (**to sb/sth** komuś/w czymś); wn|ieść, -osić *[claim]* (**to sth** do czegoś) [2] fml (propose) **to ~ that...** twierdzić, że...; **I would ~ that...** pozwalam sobie zasugerować, że...

II *vi* podda|ć, -wać się; **to ~ to sth** poddać się czemuś *[medical examination, treatment]*; podporządkować się czemuś *[decision, jurisdiction, discipline, will]*; ulec wobec czegoś *[injustice, demand]*; zgodzić się na coś *[humiliation]*

III *vr* **to ~ oneself to sth** Jur podporządkow|ać, -ywać się czemuś *[jurisdiction, decision]*; podda|ć, -wać się czemuś *[medical examination]*

subnormal /sʌbˈnɔːml/ *adj* [1] pej *[person]* niedorozwinięty, opóźniony w rozwoju [2] *[temperature, level]* poniżej normy

suborder /ˈsʌbɔːdə(r)/ *n* Biol podrząd *m*

subordinate **I** /səˈbɔːdɪnət, US -dənət/ *n* podwładn|y *m*, -a *f*; (in army) podkomendn|y *m*, -a *f*

II /səˈbɔːdɪnət/ *adj* [1] *[official, officer, associate]* niższy rangą; *[position]* podrzędny; *[rank]* niższy; **to be ~ to sb** podlegać komuś [2] *[issue, matter, question]* podrzędny (**to sth** w stosunku do czegoś)

III /səˈbɔːdɪneɪt/ *vt* podporządkow|ać, -ywać *[desires, interests]* (**to sth** czemuś); **subordinating conjunction** Ling spójnik podrzędny

subordinate clause *n* Ling zdanie *n* podrzędne

subordination /səˌbɔːdɪˈneɪʃn/ *n* podporządkowanie *n* (**to sth** czemuś)

suborn /səˈbɔːn/ *vt* (bribe) przekup|ić, -ywać

subparagraph /ˈsʌbpærəgrɑːf, US -græf/ *n* podpunkt *m*

S

subplot /ˈsʌbplɒt/ *n* wątek *m* poboczny

subpoena /səˈpiːnə/ **I** *n* wezwanie *n* do sądu; **to serve a ~ on sb** doręczyć komuś wezwanie do sądu

II *vt* (*3rd person sg pres* **~s**; *pt, pp* **~ed**) w|ezwać, -zywać do sądu; **to ~ sb as a witness** wezwać kogoś na świadka

subpopulation /ˌsʌbpɒpjʊˈleɪʃn/ *n* Stat subpopulacja *f*

sub-post office /ˌsʌbˈpəʊstɒfɪs/ *n* GB mały urząd *m* pocztowy

subregion /ˈsʌbriːdʒən/ *n* podregion *m*, subregion *m*

subrogation /ˌsʌbrəˈgeɪʃn/ *n* Jur podstawienie *n*, subrogacja *f*

sub rosa /ˌsʌbˈrəʊzə/ *adv [given, told]* w tajemnicy; *[meet]* potajemnie

subroutine /ˈsʌbruːtiːn/ *n* Comput podprogram *m*

subscribe /səbˈskraɪb/ **I** *vt* [1] (pay) wpła-c|ić, -ać *[sum, amount]* (**to sth** na coś) [2] fml (sign) podpis|ać, -ywać; **to ~ one's name to sth** złożyć swój podpis pod czymś fml

II *vi* [1] (agree with) **to ~ to sth** zg|odzić, -adzać się z czymś; podpis|ać, -ywać się pod czymś fig *[opinion]*; uzna|ć, -wać coś *[principle, theory, doctrine, value]* [2] (buy) **to ~ to sth** za|prenumerować coś *[magazine]*; za|abonować coś *[TV, channel]* [3] Fin (apply) **to ~ for sth** subskrybować coś *[shares]* [4] (contribute) **to ~ to sth** łożyć na coś *[charity, fund]*

subscriber /səbˈskraɪbə(r)/ *n* [1] Comm, Journ (to periodical) prenumerator *m*, -ka *f* (**to sth** czegoś) [2] Telecom abonent *m*, -ka *f* [3] (to fund) ofiarodaw|ca *m*, -czyni *f* (**to sth** łożący /łożąca na coś) [4] Fin (to shares) subskrybent *m* [5] (to doctrine) wyznaw|ca *m*, -czyni *f*

subscript /ˈsʌbskrɪpt/ *adj* **a ~ x** x w indeksie dolnym

subscription /səbˈskrɪpʃn/ *n* [1] (to magazine) prenumerata *f* **(to sth** czegoś); **to take out/cancel/renew a ~** wykupić/anulować/przedłużyć prenumeratę [2] GB (fee) (to association, scheme) składka *f* **(to sth** na coś); (TV) abonament *m* **(to sth** za coś); **annual /membership ~** składka roczna/członkowska [3] (to fund) datek *m* **(to sth** na coś); **paid for by public ~** ufundowany z datków publicznych [4] (system) subskrypcja *f*; **by ~** w drodze subskrypcji; **available on ~** dostępny w subskrypcji [5] Fin (to share issue) subskrypcja *f* **(to sth** czegoś, na coś)

subscription concert *n* koncert *m* dla posiadaczy karnetów

subscription fee *n* cena *f* prenumeraty

subscription magazine *n* czasopismo *n* dostępne tylko w prenumeracie

subscription rate *n* = **subscription fee**

subscription service *n* prenumerata *f*

subsection /ˈsʌbsekʃn/ *n* (of organization) podsekcja *f*; Jur (of document) podpunkt *m*

subsequent /ˈsʌbsɪkwənt/ *adj* (following) dalszy, następny, kolejny; (in time) późniejszy; **on a ~ visit** podczas następnej wizyty; **~ to our discussions I contacted him again** fml po naszych rozmowach ponownie się z nim skontaktowałem; **incidents ~ to her departure** fml wydarzenia, które miały miejsce po jej odejściu

subsequently /ˈsʌbsɪkwəntlɪ/ *adv* później

subserve /səbˈsɜːv/ *vt* fml służyć (czemuś) *[purpose]*

subservience /səbˈsɜːvɪəns/ *n* uległość *f*; służalczość *f* pej **(to sb** wobec kogoś)

subservient /səbˈsɜːvɪənt/ *adj* [1] pej służalczy pej **(to sb** w stosunku do kogoś) [2] (subordinate) drugorzędny **(to sth** w stosunku do czegoś) [3] fml (useful) **to be ~ to sth** służyć czemuś

subset /ˈsʌbset/ *n* Math podzbiór *m*

subside /səbˈsaɪd/ *vi* [1] (die down) *[storm, wind, applause, laughter, noise]* u|cichnąć; *[fever, excitement]* opa|ść, -dać; *[pain, anger, terror]* ust|ąpić, -ępować; *[threat]* o|słabnąć; *[flames]* przygas|nąć, -ać [2] (sink) *[water, river, flood]* opa|ść, -dać; *[building]* osi|ąść, -adać; *[road]* zapa|ść, -dać się; *[land]* osu|nąć, -wać się [3] (sit heavily) *[person]* **to ~ into** or **onto sth** opaść na coś *[chair, sofa]*

subsidence /səbˈsaɪdns, ˈsʌbsɪdns/ *n* (of building) osiadanie *n*; (of ground) osuwanie się *n*; (of road) zapadanie się *n*

subsidiarity /səbˌsɪdɪˈærətɪ/ *n* Pol (in EC) zasada *f* subsydiarności

subsidiary /səbˈsɪdɪərɪ, US -dɪerɪ/ **I** *n* (also **~ company)** jednostka *f* zależna, filia *f*; **insurance ~** filia agencji ubezpieczeniowej

II *adj* [1] (serving to aid) *[role]* pomocniczy; *[course, subject]* dodatkowy, uzupełniający [2] (less important) *[reason, question]* drugorzędny **(to sth** w stosunku do czegoś); *[subject, matter]* uboczny; *[stream, summit]* boczny

subsidize /ˈsʌbsɪdaɪz/ *vt* dotować, subsydiować

subsidy /ˈsʌbsɪdɪ/ *n* dotacja *f*, subwencja *f*; subsydium *n* fml **(to** or **for sth** na coś)

subsist /səbˈsɪst/ *vi* przetrwać, utrzym|ać, -ywać się przy życiu; **to ~ on bread and water** przeżyć o chlebie i wodzie

subsistence /səbˈsɪstəns/ *n* utrzymywanie się *n* przy życiu; **a ~ existence** minimum potrzebne do przeżycia

subsistence allowance *n* GB Admin (for expenses while on business) dieta *f*, zwrot *m* kosztów utrzymania

subsistence farming *n* Agric produkcja *f* rolna na własne potrzeby

subsistence level *n* minimum *n* socjalne; **to live at ~** żyć na granicy ubóstwa

subsistence wage *n* minimum *n* socjalne

subsoil /ˈsʌbsɔɪl/ *n* podglebie *n*

subsonic /ˌsʌbˈsɒnɪk/ *adj* poddźwiękowy

subspecies /ˈsʌbspiːʃiːz/ *n* podgatunek *m*

substance /ˈsʌbstəns/ *n* [1] Chem (matter) substancja *f*; **illegal ~s** niedozwolone substancje [2] (essence) (of argument, talks, protest) istota *f* **(of sth** czegoś); (of book) główne przesłanie *n* **(of sth** czegoś); **the ~ of what he says** istota tego, co on mówi; **in ~** w istocie [3] (solidity, reality) (of argument, point) ciężar *m*, waga *f* fig; (of claim, accusation) podstawa *f*; (of play, book) treść *f*; **to lack ~** *[argument]* być pozbawionym podstaw; *[book]* być pozbawionym głębi; *[food]* być mało treściwym; **there is no ~ to the allegations** te twierdzenia są bezpodstawne; **is there any ~ to these claims?** czy te roszczenia są uzasadnione?; **to lend ~ to sth** uzasadniać coś *[claim, allegation, threat]* [4] fml (significance) waga *f*; **talks /matters of ~** rozmowy/sprawy wielkiej wagi; **the meeting yielded little of ~** spotkanie nie przyniosło istotnych rezultatów [5] (tangible quality) realność *f* [6] fml dat (wealth) majątek *m*; **a man of ~** człowiek majętny or zamożny

substance abuse *n* nadużywanie *n* środków odurzających

substandard /ˌsʌbˈstændəd/ *adj* [1] *[goods, workmanship]* niskiej jakości; *[housing]* o niskim standardzie; *[essay, performance]* poniżej normy [2] Ling *[language, usage]* niezgodny z normą językową

substantial /səbˈstænʃl/ *adj* [1] (in amount) *[sum, income, fee, quantity, loss, majority, number]* znaczny; pokaźny liter; *[meal]* obfity; **~ damages** Jur wysokie odszkodowanie [2] (in degree) *[change, improvement, difference, impact]* istotny, znaczny; *[increase, fall, risk, damage]* znaczny; *[role]* znaczący; **to be in ~ agreement** zgadzać się w istotnych kwestiach [3] (solid) *[chair, lock, wall]* solidny; *[evidence, proof]* mocny [4] (wealthy) *[business, company]* poważny; *[businessman, landowner]* zamożny [5] fml (tangible) *[being]* materialny

substantially /səbˈstænʃəlɪ/ *adv* [1] (considerably) *[increase, change, fall, reduce]* znacznie; *[higher, lower, better, less]* znacznie; **her account is not ~ different** jej wersja nie różni się w istotny sposób [2] (mainly) *[true, correct, unchanged]* zasadniczo, w zasadzie; **the team will not be ~ different from last year's** skład drużyny nie będzie się wiele różnić od zeszłorocznego

substantiate /səbˈstænʃɪeɪt/ *vt* fml *[person]* pop|rzeć, -ierać dowodami, uzasadni|ć, -ać *[charge, statement, claim, view]*; *[evidence, figures]* potwierdz|ić, -ać *[allegation, statement, charge]*

substantiation /səbˌstænʃɪˈeɪʃn/ *n* fml uzasadnienie *n*

substantival /ˌsʌbstænˈtaɪvl/ *adj* Ling rzeczownikowy

substantive /ˈsʌbstəntɪv/ **I** *n* Ling rzeczownik *m*

II *adj* [1] fml (significant) *[discussion, talks, measures]* konkretny; *[change, decision, progress, issue]* istotny [2] Ling rzeczownikowy

substantive law *n* Jur prawo *n* materialne

substation /ˈsʌbsteɪʃn/ *n* Elec podstacja *f*

substitute /ˈsʌbstɪtjuːt, US -tuːt/ **I** *n* [1] (person) zastęp|ca *m*, -czyni *f*; Sport rezerwow|y *m*, -a *f*; **Jones came on as a ~** rezerwowy Jones wszedł na boisko; **their dog is a child ~** pies zastępuje im dziecko [2] (product, substance) substytut *m*; namiastka *f* pej; **chocolate ~** wyrób czekoladopodobny; **sugar ~** słodzik; **there is no ~ for real leather/a good education** nic nie zastąpi prawdziwej skóry /dobrego wykształcenia; **to be a poor ~ for sth** być kiepską namiastką czegoś, nie umywać się do czegoś [3] Ling substytut *m*, symbol *m* nieterminalny or pomocniczy

II *modif [device, family]* zastępczy; Sport *[player]* rezerwowy; **~ teacher** US nauczyciel na zastępstwie; **to work as a ~ teacher** US zastępować innych nauczycieli

III *vt* zast|ąpić, -ępować; **to ~ sb/sth for sb/sth** zastąpić kogoś/coś kimś/czymś; **an understudy was ~d when the star broke a leg** kiedy gwiazda złamała nogę, zastąpiła ją dublerka; **honey can be ~d for sugar in this recipe** w tym przepisie cukier można zastąpić miodem

IV *vi* **to ~ for sb/sth** zast|ąpić, -ępować kogoś/coś

substitute's bench *n* Sport ławka *f* rezerwowych

substitution /ˌsʌbstɪˈtjuːʃn, US -ˈtuː-/ *n* zastępowanie *n*; Chem, Math, Ling podstawianie *n*; Sport zmiana *f*; **the ~ of rail services for buses** zastąpienie komunikacji autobusowej kolejową

substratum /ˈsʌbstrɑːtəm, US ˈsʌbstreɪtəm/ *n* (*pl* **-trata)** [1] (basis) podstawa *f* [2] Geol podłoże *n* [3] Sociol baza *f* (społeczna) [4] Ling, Philos substrat *m*

substructure /ˈsʌbstrʌktʃə(r)/ *n* Math podstruktura *f*

subsume /səbˈsjuːm, US -ˈsuːm/ *vt* podciąg|nąć, -ać infml **(under** or **into sth** pod coś)

subsystem /ˈsʌbsɪstəm/ *n* Comput podsystem *m*

subteen /ˈsʌbtiːn/ *n* US dziecko *n* do 13 roku życia

subtemperate /ˌsʌbˈtempərət/ *adj* umiarkowanie chłodny

subtenancy /ˈsʌbtenənsɪ/ *n* (of rooms) podnajem *m*; (of land) poddzierżawa *f*

subtenant /ˈsʌbtenənt/ *n* (of rooms) podnajemca *m*; (of land) podzierżawca *m*

subtend /səbˈtend/ *vt* [1] Geom **to ~ an angle/arc** odpowiadać kątowi/łukowi [2] Bot *[stem]* mieć w kącikach rozgałęzień *[bud]*

subterfuge /ˈsʌbtəfjuːdʒ/ *n* wybieg *m*, podstęp *m*; **by ~** podstępem

subterranean /ˌsʌbtəˈreɪnɪən/ *adj* podziemny
subtext /ˈsʌbtekst/ *n* podtekst *m* also fig
subtilize /ˈsʌtɪlaɪz/ fml **I** *vt* wy|sublimować
II *vi* Literat wda|ć, -wać się w subtelności or w niuanse
subtitle /ˈsʌbtaɪtl/ **I** *n* (of book) podtytuł *m*
II subtitles *npl* Cin, TV napisy *m pl*; **an English film with Polish ~s** angielski film z polskimi napisami
III *vt* **to be ~d 'A Fable'** *[book]* mieć or nosić podtytuł „Przypowieść"; **is the film dubbed** or **is it ~d?** czy film jest dubbingowany, czy ma napisy?
subtitling /ˈsʌbtaɪtlɪŋ/ *n* Cin napisy *m pl*
subtle /ˈsʌtl/ *adj* [1] (barely perceptible) *[distinction]* subtelny; *[pressure, shift, change]* nieznaczny, minimalny [2] (finely tuned) *[humour, irony, allusion, analysis, argument]* subtelny; *[strategy, tactic, plot]* misterny; *[decision]* wyważony; **in a ~ way** w subtelny sposób; **you weren't very ~ about it** nie zachowałeś się zbyt subtelnie [3] (perceptive) *[person, observer, analyst, mind]* subtelny, wnikliwy [4] (delicate) *[blend, colour, fragrance, lighting]* subtelny, delikatny
subtlety /ˈsʌtltɪ/ *n* [1] (of expression, feeling, tone) subtelność *f*; (of music, plot) misterność *f* [2] (fine point) subtelność *f* [3] (of approach, manner) subtelność *f*, delikatność *f*; (of flavour, lighting) subtelność *f*, delikatność *f*
subtly /ˈsʌtlɪ/ *adv* [1] (imperceptibly) *[change, alter, shift]* nieznacznie, minimalnie; *[humorous, different]* odrobinę [2] (in a complex way) *[argue, analyse]* wnikliwie; *[mock, evoke, act]* subtelnie [3] (delicately) subtelnie, delikatnie
subtonic /ˌsʌbˈtɒnɪk/ *n* Mus subtonika *f*
subtopic /ˈsʌbtɒpɪk/ *n* podtemat *m*
subtotal /ˈsʌbtəʊtl/ *n* suma *f* częściowa
subtract /səbˈtrækt/ **I** *vt* Math od|jąć, -ejmować **(from sth** od czegoś**)**
II *vi* od|jąć, -ejmować
subtraction /səbˈtrækʃn/ *n* odejmowanie *n*
subtropical /ˌsʌbˈtrɒpɪkl/ *adj* podzwrotnikowy, subtropikalny
subtropics /ˌsʌbˈtrɒpɪks/ *n* obszary *m pl* podzwrotnikowe
suburb /ˈsʌbɜːb/ **I** *n* dzielnica *f* podmiejska; **inner ~** dzielnica mieszkaniowa położona blisko centrum
II suburbs *npl* **the ~s** przedmieścia *n pl*; **the outer ~s** peryferie; **the ~s of London** przedmieścia Londynu
suburban /səˈbɜːbən/ *adj* [1] *[street, train, development]* podmiejski; **a ~ shopping mall** US centrum handlowe za miastem; **~ sprawl** (phenomenon) rozrastanie się przedmieść; (one suburb) wielka dzielnica podmiejska [2] pej *[outlook, values]* drobnomieszczański pej
suburbanite /səˈbɜːbənaɪt/ *n* mieszkan|iec *m*, -ka *f* dzielnicy podmiejskiej; pej drobnomieszczan|in *m*, -ka *f* pej
suburbanize /səˈbɜːbənaɪz/ *vt* przekształc|ić, -ać w przedmieście
suburbia /səˈbɜːbɪə/ *n* przedmieścia *n pl*, peryferie *plt*; **to live in ~** mieszkać na peryferiach
subvention /səbˈvenʃn/ *n* [1] (subsidy) subwencja *f*, dotacja *f* [2] (financing) subwencjonowanie *n*
subversion /səbˈvɜːʃn, US -ˈvɜːrʒn/ *n* [1] (attempts) działalność *f* wywrotowa [2] (overthrow) obalenie *n* **(of sth** czegoś**)**
subversive /səbˈvɜːsɪv/ **I** *n* wywrotowiec *m*
II *adj* wywrotowy
subvert /səbˈvɜːt/ *vt* obali|ć, -ać *[government]*; zada|ć, -wać kłam (czemuś) liter *[belief, idea, ideology]*; doprowadz|ić, -ać do zerwania (czegoś) *[negotiations, talks]*; s|korumpować *[diplomat, agent]*; **the best intentions can be ~ed if...** najlepsze zamiary mogą spełznąć na niczym, jeśli...
subway /ˈsʌbweɪ/ **I** *n* [1] GB (for pedestrians) przejście *n* podziemne [2] US (underground railway) metro *n*
II *modif* US **~ station** stacja metra; **~ train** metro
sub-zero /ˌsʌbˈzɪərəʊ/ *adj [temperature]* ujemny, poniżej zera
succeed /səkˈsiːd/ **I** *vt* nast|ąpić, -ępować po (czymś) *[event]*; **to ~ sb as king** objąć tron po kimś; **she ~ed him as president** objęła po nim urząd prezydenta; **the drought was ~ed by rain** po suszy nastąpiły deszcze
II *vi* [1] (achieve success) *[person]* osiąg|nąć, -ać cel; (go far in life) odn|ieść, -osić sukces; *[technique]* okaz|ać, -ywać się skutecznym; *[plan]* powieść się, udać się; **she tried, but she did not ~** próbowała, ale jej się nie udało; **he/she ~ed in ending the conflict** udało mu się/jej się or zdołał/zdołała zakończyć konflikt; **to ~ as an actor** odnieść sukces jako aktor; **to ~ in business/life** odnieść sukces w interesach/życiu; **he did not ~ in his exams** nie powiodło mu się na egzaminach [2] (accede) (to the throne) ob|jąć, -ejmować tron; (to an office) ob|jąć, -ejmować urząd or stanowisko
IDIOMS: **nothing ~s like success** sukces rodzi sukces
succeeding /səkˈsiːdɪŋ/ *adj [day, year, generation]* kolejny, następny; *[confusion, chaos]* wynikły
success /səkˈses/ *n* [1] sukces *m*, powodzenie *n*; **without ~** bez powodzenia; **to meet with ~** zakończyć się powodzeniem; **this candidate stands the best chance of ~** ten kandydat ma największe szanse powodzenia or na sukces; **to make a ~ of it** odnieść sukces; **he's determined to make a ~ of his new venture** zrobi wszystko, żeby nowe przedsięwzięcie mu się powiodło; **he's made a ~ of this dish** udało mu się to danie; **his/her ~ in the exam** jego/jej powodzenie na egzaminie; **his/her ~ in the election** jego/jej sukces wyborczy; **despite the government's ~ in reducing unemployment** pomimo, że rządowi udało się zmniejszyć bezrobocie; **he never had much ~ with women** nigdy nie miał dużego powodzenia u kobiet; **wishing you every ~** życząc sukcesów [2] (thing that succeeds) sukces *m*; **to be a huge ~** *[party, film]* być olbrzymim sukcesem, odnieść olbrzymi sukces; **to be a ~ with sb** podobać się komuś *[critics, children]*; **to be a ~ as sb** odnieść sukces jako ktoś *[actor, politician]*
IDIOMS: **to enjoy the sweet smell of ~** napawać się sukcesem; **he could scent the sweet smell of ~** czuł, że mu się powiedzie
successful /səkˈsesfl/ *adj* [1] (that achieves its aim) *[attempt, operation, summit]* udany, pomyślnie zakończony; *[treatment, policy]* skuteczny; **to be ~** *[operation, plan, campaign, summit]* powieść się, zakończyć się sukcesem or powodzeniem; **he was ~ in** or **at convincing everybody** udało mu się wszystkich przekonać [2] (that does well) *[career]* udany; (person) odnoszący sukcesy; **a ~ film/writer** film/pisarz, który odniósł sukces; **to be (very) ~** odnieść (duży) sukces; **to be ~ in business/in a profession** odnosić sukcesy w interesach /w zawodzie; **the film was less ~** film nie odniósł takiego sukcesu [3] (that wins, passes) *[team, contestant]* zwycięski; **to be ~ in an exam** zdać egzamin; **her application was not ~** jej kandydatura została odrzucona; **they congratulated the ~ candidate** pogratulowali kandydatowi, który został przyjęty [4] (happy) *[marriage, partnership]* udany; *[outcome]* szczęśliwy
successfully /səkˈsesfəlɪ/ *adv [perform, complete, end]* z powodzeniem; *[argue, campaign]* skutecznie
succession /səkˈseʃn/ *n* [1] (sequence) seria *f*; **a ~ of attempts/events** seria następujących po sobie prób/wydarzeń; **a ~ of poor leaders** kolejni nieudolni przywódcy; **in ~** kolejno, z rzędu; **for five years in ~** przez pięć lat z rzędu; **in close** or **quick** or **swift ~** jeden za drugim; **three explosions in rapid ~** trzy eksplozje jedna za drugą; **the days followed each other in quick ~** dni szybko mijały jeden za drugim [2] (right of inheriting) dziedziczenie *n* **(to sth** czegoś**)**; sukcesja *f* fml **(to sth** czegoś**)**; (line of descent) sukcesorzy *m pl* fml; **to be fifth in ~ to the throne** być piątym w kolejności do tronu; **she took over the factory in ~ to her father** przejęła fabrykę po ojcu; **order of ~** kolejność dziedziczenia; **law of ~** prawo spadkowe
successive /səkˈsesɪv/ *adj [attempt, victory, generation, government, day]* kolejny; **for five ~ years** przez pięć kolejnych lat; **with each ~ victory...** z każdym kolejnym or nowym zwycięstwem...
successively /səkˈsesɪvlɪ/ *adv* kolejno
successor /səkˈsesə(r)/ *n* [1] następ|ca *m*, -czyni *f*; sukcesor *m* fml; **the ~ to the throne** następca tronu; **his ~ as monarch** jego następca na tronie; **his ~ as minister/director** jego następca na stanowisku ministra/dyrektora; **a worthy ~ to sb** godny następca kogoś [2] (invention, concept) następca *f* fig; **it is a possible ~ to silicon** to mogłoby zastąpić krzem
success rate *n* (of treatment, method) skuteczność *f*
success story *n* sukces *m* życiowy
succinct /səkˈsɪŋkt/ *adj [statement, phrase]* zwięzły; *[person]* konkretny
succinctly /səkˈsɪŋktlɪ/ *adv* zwięźle, pokrótce
succinctness /səkˈsɪŋktnɪs/ *n* zwięzłość *f*
succor *n* US = **succour**
succotash /ˈsʌkətæʃ/ *n* US Culin potrawa *f* z kukurydzy i fasoli

S

succour GB, **succor** US /ˈsʌkə(r)/ fml **I** *n* pomoc *f*, ratunek *m*; **to give ~ to sb** przyjść komuś w sukurs liter

II *vt* przy|jść, -chodzić z pomocą (komuś)

succulence /ˈsʌkjʊləns/ *n* soczystość *f*

succulent /ˈsʌkjʊlənt/ **I** *n* Bot roślina *f* gruboszowata, sukulent *m*

II *adj* [1] *[fruit, meat]* soczysty [2] Bot *[plant]* gruboszowaty; *[leaves]* mięsisty

succumb /səˈkʌm/ *vi* ule|c, -gać, podda|ć, wać się; **to ~ to sth** ulec czemuś *[persuasion, charm, temptation]*; **to ~ to a disease/one's injuries** umrzeć na skutek choroby/odniesionych obrażeń

such /sʌtʃ/ **I** *pron* [1] (this) **~ is life** takie jest życie; **she's a good singer and recognized as ~** jest dobrą śpiewaczką i za taką się ją uznaje; **he was a great leader and he will be remembered as ~** był wielkim przywódcą i takim pozostanie w ludzkiej pamięci; **dolphins don't possess a language as ~** delfiny nie posługują się językiem jako takim → **as** [2] = **suchlike**

II *det* [1] (of kind previously mentioned) taki; (similar) podobny; (of similar sort) tego typu; **there's no ~ person** nie ma takiej osoby or kogoś takiego; **there was ~ a man, I believe** wydaje mi się, że był taki człowiek; **there's no ~ thing** nie ma czegoś takiego, coś takiego nie istnieje; **I've never heard of ~ a thing** nigdy o czymś takim nie słyszałem; **I've been waiting for just ~ an opportunity** czekałem właśnie na taką okazję; **~ individuals** takie jednostki; **in ~ a situation** w takiej or podobnej sytuacji; **at ~ a time** w takim momencie; **many ~ proposals** wiele takich or podobnych or tego typu propozycji; **and other ~ arguments** i inne argumenty tego typu or podobne argumenty; **potatoes, bread and all ~ basic foods** ziemniaki, chleb i wszyskie podobne or tego typu podstawowe produkty spożywcze; **doctors, dentists and all ~ people** lekarze, dentyści i tym podobni or tego typu ludzie; **a mouse or some ~ animal** mysz, czy jakieś podobne zwierzę; **he said 'so what!' or some ~ remark** powiedział „no i co z tego?", czy coś w tym rodzaju; **there was some ~ case last year** w zeszłym roku był podobny przypadek; **I didn't say any ~ thing** nic takiego or podobnego nie powiedziałem; **you'll do no ~ thing!** niczego takiego or podobnego nie zrobisz! [2] (of specific kind) **to be ~ that...** być takim, że...; **my hours are ~ that I usually miss the last train** pracuję w takich godzinach, że zwykle spóźniam się na ostatni pociąg; **in ~ a way that...** w taki sposób, że... [3] (so great) tak; **I was in ~ pain (that) I couldn't sleep** tak mnie bolało, że nie mogłem spać; **~ was his admiration that...** jego podziw był tak wielki, że..; **~ was his anger that...** był tak wściekły, że...; **his fear was ~ that...** tak się bał, że... [4] (unspecified) **the letter tells you to go to ~ a house on ~ a date** w tym liście jest napisane, że masz iść do takiego a takiego domu, tego i tego dnia; **until ~ time as we are notified** do czasu, kiedy zostaniemy powiadomieni [5] (the little, the few) **~ money as I earn I give to my parents** wszystkie zarobione pieniądze oddaję rodzicom [6] (indicating lack of quantity, quality) **the evidence, ~ as it is, seems to point to his guilt** dowody, jakie by one nie były, zdają się świadczyć o jego winie; **my wages, ~ as they are, go mainly on food** te grosze, które zarabiam, starczają mi w zasadzie tylko na jedzenie; **dinner's ready, ~ as it is** obiad gotowy, jeśli to można nazwać obiadem; **we picked up the apples, ~ as they were** zebraliśmy te parę jabłek, które leżały na ziemi

III **such as** *det phr, conj phr* taki jak; **~ a house as this, a house ~ as this** taki dom jak ten, dom taki jak ten; **it was on just ~ a night as this that...** w taką właśnie noc jak dzisiaj...; **~ cities as** or **cities ~ as Manchester and Birmingham** takie miasta or miasta takie jak Manchester i Birmingham; **a person ~ as her** ktoś taki jak ona; **'I've read many of his books' – '~ as?'** „czytałem wiele jego książek" – „na przykład (jakie)?"; **there's no ~ thing as the perfect crime** nie ma czegoś takiego jak zbrodnia doskonała; **would you have ~ a thing as a calculator on you?** czy masz przy sobie coś takiego jak kalkulator?; **there's ~ a thing as a comb, you know** iron istnieje przecież coś takiego jak grzebień iron; **inflation ~ as occurred last year** inflacja taka jak w zeszłym roku

IV *adv* (emphasizing degree, extent) (with adjectives) tak, taki; (with nouns) taki; **in ~ a persuasive way** w tak or taki przekonujący sposób; **~ a nice boy!** taki miły chłopak!; **I woke up with ~ a headache!** obudziłem się z potwornym bólem głowy!; **I haven't seen ~ a good film in years** tak dobrego filmu nie widziałem od lat; **don't be ~ an idiot!** nie bądź idiotą!; **she's not ~ an idiot as she seems** nie jest taką idiotką, na jaką wygląda; **only ~ an idiot (as him) would do it** tylko taki idiota (jak on) zrobiłby to; **~ a lot of problems /people** tyle problemów/ludzi; **thanks ever ~ a lot** infml wielkie dzięki infml

such and such *det* **by ~ a date** do tego i tego dnia; **at ~ a time** o tej i o tej godzine

suchlike /ˈsʌtʃlaɪk/ infml **I** *pron* **and ~** (of people) i tym podobni; **lions, tigers and ~** lwy tygrysy i tym podobne

II *adj* **caviar, smoked salmon and ~ delicacies** kawior, łosoś wędzony i tym podobne przysmaki

suck /sʌk/ **I** *n* **to give sth a ~** possać coś; **to have a ~ of sth** pociągnąć łyk czegoś; **to give ~ to sb/sth** dat *[woman]* dać piersi komuś *[baby]*; *[animal]* na|karmić coś *[young animal]*

II *vt* [1] (drink in) *[person, animal]* ssać *[liquid]* **(from sth** z czegoś); *[machine]* zasysać *[air]*; (extract) *[person, machine]* wys|sać, -ysać *[liquid, air]* **(from sth** z czegoś); **to ~ juice through a straw** pić sok przez słomkę; **to ~ poison from a wound** wyssać truciznę z rany; **to ~ blood** wysysać krew; **to ~ sb dry** fig wykończyć kogoś infml fig; **I felt ~ed dry of energy** byłem kompletnie wypompowany infml [2] (hold in mouth) ssać *[bottle, breast, pencil, pipe, thumb, toffee]*; **to ~ one's teeth** cmokać (na znak niezadowolenia) [3] (pull) *[current, mud]* wciąg|nąć, -ać; **to be ~ed down** or **under** zostać wciągniętym or wessanym; **to get ~ed into sth** dać się wciągnąć or wplątać w coś

III *vi* [1] *[baby]* ssać; **to ~ at sth** ssać coś *[bottle, ice]*; **to ~ on sth** pociągać *[cigarette, pipe]* [2] US vinfml **it ~s!** to jest do dupy! vulg

IV **sucking** *prp adj* **~ing noise** odgłos ssania

■ **suck in**: **~ in [sth], ~ [sth] in** *[sea]* wciąg|nąć, -ać; *[machine, pump]* w|essać, -sysać *[air, liquid, dirt]*; **to ~ in one's cheeks/stomach** wciągnąć policzki/brzuch

■ **suck off**: **~ off [sb], ~ [sb] off** vinfml obciąg|nąć, -ać druta (komuś) vulg *[man]*; lizać bobra or cipę vulg *[woman]*

■ **suck out**: **~ out [sth], ~ [sth] out** *[person, machine]* wys|sać, -ysać *[juice, poison, blood, air, liquid, dirt]* **(from sth** z czegoś)

■ **suck up**: ¶ **~ up** infml podliz|ać, -ywać się infml; **to ~ up to sb** podlizywać się komuś ¶ **~ up [sth], ~ [sth] up** zas|sać, -ysać *[liquid, petrol]*; w|essać, -sysać *[dirt]*

IDIOMS: **~s to you!** GB infml chrzań się! vinfml; **to ~ it up** US infml stawić czoła or czoło trudnej sytuacji

sucker /ˈsʌkə(r)/ **I** *n* [1] infml (dupe) frajer *m*, -ka *f* infml; **he's a ~ for compliments** on jest łasy na komplementy [2] (animal's pad, rubber pad) przyssawka *f* [3] Bot, Hort odrost *m*, odrośl *f*

II *vt* (dupe) infml wy|rolować infml

III *vi* Bot, Hort pu|ścić, -szczać odrosty

sucking pig *n* warchlak *m*, prosię *n* ssące

suckle /ˈsʌkl/ **I** *vt* na|karmić piersią *[baby]*

II *vi* ssać

suckling /ˈsʌklɪŋ/ **I** *n* [1] (act) ssanie *n* [2] dat (baby) osesek *m*

II *adj [animal]* ssący

IDIOMS: **out of the mouths of babes and ~s** nawet małe dziecko potrafi czasem powiedzieć coś bardzo mądrego

suckling pig *n* warchlak *m*, prosię *n* ssące

sucrase /ˈsuːkreɪz/ *n* sacharaza *f*

sucrose /ˈsuːkrəʊz, -rəʊs/ *n* sacharoza *f*

suction /ˈsʌkʃn/ *n* ssanie *n*; **by ~** poprzez ssanie or zasysanie

suction pad *n* przyssawka *f*

suction pump *n* pompa *f* ssąca

suction valve *n* zawór *m* ssania

Sudan /suːˈdɑːn/ *prn* (also **the ~**) Sudan *m*

Sudanese /ˌsuːdəˈniːz/ **I** *n* (person) Suda|ńczyk *m*, -nka *f*

II *adj* sudański

Sudanic /suːˈdænɪk/ **I** *n* Ling (język *m*) sudański *m*

II *adj* sudański

sudden /ˈsʌdn/ *adj [impulse, death, movement, decision]* nagły; (unexpected) niespodziewany; **all of a ~** nagle; (unexpectedly) niespodziewanie; ni z tego, ni z owego; **it's all a bit ~** to wszystko spadło tak nagle; **it was all very ~** to wszystko stało się tak nagle

sudden death overtime *n* Sport US *dogrywka rozgrywana do zdobycia pierwszego punktu*; (in soccer) nagła śmierć *f (dogrywka zgodnie z regułą złotej bramki)*

sudden death play-off *n* GB Sport (in golf) *dogrywka rozgrywana do zdobycia pierwszego punktu*

sudden infant death syndrome, SIDS *n* Med zespół *m* nagłej śmierci niemowląt

suddenly /ˈsʌdnlɪ/ *adv* nagle; (unexpectedly) niespodziewanie; **it all happened very ~** to wszystko wydarzyło się tak nagle

suddenness /ˈsʌdnnɪs/ *n* nagłość *f*, raptowność *f*

suds /sʌdz/ *npl* [1] (also **soap ~**) mydliny *plt* [2] US infml (beer) piwo *n*; (foam) piana *f* (na piwie)

sudsy /ˈsʌdzɪ/ *adj [water]* mydlany

sue /suː, sjuː/ **I** *vt* Jur poz|wać, -ywać, poda|ć, -wać do sądu; zaskarż|yć, -ać (**for sth** za coś); **to ~ sb for libel/damages** pozwać kogoś za zniesławienie/dochodzić od kogoś odszkodowania; **to ~ sb for divorce** wnieść sprawę rozwodową przeciwko komuś

II *vi* [1] Jur wn|ieść, -osić sprawę do sądu, wst|ąpić, -ępować na drogę sądową; **to ~ for divorce** wystąpić o rozwód; **to ~ for damages** wystąpić o odszkodowanie na drodze sądowej [2] liter **to ~ for pardon /peace** prosić o wybaczenie/pokój

suede /sweɪd/ **I** *n* zamsz *m*; **imitation ~** imitacja zamszu

II *modif [shoe, glove]* zamszowy

suet /ˈsuːɪt, ˈsjuːɪt/ *n* łój *m*; **~ pudding** GB pudding z dodatkiem łoju

Suez /ˈsuːɪz/ *prn* [1] Geog Suez *m*; **the ~ Canal** Kanał Sueski [2] Pol, Hist (also **the ~ crisis**) kryzys *m* sueski

suffer /ˈsʌfə(r)/ **I** *vt* [1] (undergo) pon|ieść, -osić *[punishment, loss, consequences]*; cierpieć *[hunger, torture]*; dozna|ć, -wać (czegoś) *[injury]*; **to ~ defeat** ponieść klęskę; **she ~ed a great deal of pain** bardzo się nacierpiała; **to ~ pains** mieć bóle; **to ~ a heart attack/a stroke** mieć atak serca /wylew; **the roof ~ed storm damage** dach ucierpiał podczas burzy; **ports have ~ed a drop in trade** porty odczuwają spadek aktywności handlowej; **the region has ~ed severe job losses** liczba miejsc pracy w regionie poważnie zmalała; **their support has ~ed a decline** poparcie dla nich spadło [2] fml (tolerate) ś|cierpieć; **I won't ~ this a moment more** dłużej tego nie ścierpię

II *vi* [1] (with illness) **to ~ from sth** cierpieć na coś *[malnutrition, rheumatism, agoraphobia]*; mieć coś *[depression, headache]*; cierpieć coś *[hunger]*; **to ~ from blood pressure** mieć problemy z ciśnieniem; **to ~ from the heat** źle znosić upał; **to ~ from a cold** być przeziębionym; **to ~ from a limp/stammer** kuleć/jąkać się; **to ~ from shock** być w szoku; **to ~ from the effects of sth** odczuwać skutki czegoś *[poisoning, drug abuse]* [2] (experience pain) cierpieć; **I hate to see him ~ like that** nie mogę patrzeć, jak on cierpi; **they ~ed a lot in the war** wiele wycierpieli podczas wojny; **to ~ for one's beliefs** cierpieć za przekonania; **to ~ for one's sins** cierpieć za grzechy; **you'll ~ for it later** później będziesz tego żałował; **you'll ~ for this!** jeszcze pożałujesz! [3] (do badly) *[company, profits, popularity]* u|cierpieć; **his health will ~** ucierpi na tym jego zdrowie; **you'll be the first to ~** ty pierwszy na tym ucierpisz or odczujesz tego skutki; **the country ~s from its isolation** kraj odczuwa skutki izolacji; **she keeps late hours and her work is beginning to ~** chodzi późno spać i jej praca zaczyna na tym cierpieć; **the project ~s from a lack of funds** projekt jest niedofinansowany

sufferance /ˈsʌfərəns/ *n* **he was only allowed to do it on ~** z łaski pozwolono mu to zrobić; **I'm only here on ~** jestem tutaj ledwie tolerowany

sufferer /ˈsʌfərə(r)/ *n* **the families are the worst ~s** najbardziej na tym cierpią rodziny; **~s from chronic disease** osoby cierpiące na przewlekłe schorzenia; **a leukemia ~, a ~ from leukemia** chory na białaczkę

suffering /ˈsʌfərɪŋ/ **I** *n* cierpienia *n pl*

II *adj* cierpiący

suffice /səˈfaɪs/ **I** *vt* fml wystarcz|yć, -ać, starcz|yć, -ać (komuś); **£20 will ~ us** 20 funtów nam wystarczy

II *vi* wystarcz|yć, -ać, starcz|yć, -ać; **it will ~ to let them know** wystarczy ich powiadomić; **~ it to say (that)...** dość powiedzieć, że...

sufficiency /səˈfɪʃnsɪ/ *n* (adequate quantity) wystarczająca ilość *f*

sufficient /səˈfɪʃnt/ *adj [amount, number]* wystarczający; *[evidence]* dostateczny; **~ money/time/books** wystarczająca ilość or wystarczająco dużo pieniędzy/czasu/książek; **to be ~** wystarczać, być wystarczającym; **this food will be ~** wystarczy tego jedzenia; **an hour will be ~** wystarczy godzina; **to be more than ~** być w zupełności wystarczającym, w zupełności wystarczyć; **one match was ~ to show her talent** wystarczył jeden mecz, żeby jej talent zabłysnął; **to have ~ to drink/live on** mieć co pić/z czego żyć; **this salary isn't ~ for me to live on** ta pensja nie wystarcza mi na życie; **to be ~ unto oneself** fml być samowystarczalnym

IDIOMS: **~ unto the day (is the evil thereof)** wystarczy już nieszczęść na jeden dzień

sufficiently /səˈfɪʃntlɪ/ *adv* wystarczająco, dostatecznie; **~ clever/mature to do sth** wystarczająco bystry/dojrzały, żeby zrobić coś

suffix **I** /ˈsʌfɪks/ *n* przyrostek *m*, sufiks *m*

II /səˈfɪks/ *vt* dod|ać, -wać przyrostek or sufiks do (czegoś) *[word]*

suffocate /ˈsʌfəkeɪt/ **I** *vt* [1] *[fumes, smoke]* dusić, dławić; *[person, pillow]* u|dusić; **the smoke almost ~d me** prawie się udusiłem dymem [2] fig *[fear]* s|paraliżować; **rage practically ~d me** dosłownie zatkało mnie z wściekłości; **she felt ~d by her family** czuła się stłamszona przez rodzinę

II *vi* [1] (by smoke, fumes, pillow) u|dusić się [2] fig dusić się; **I felt myself suffocating with indignation** nie posiadałem się z oburzenia

suffocating /ˈsʌfəkeɪtɪŋ/ *adj [fumes, smoke]* duszący; *[atmosphere]* duszny; **~ heat** duszący upał; **a ~ rage** obezwładniająca wściekłość

suffocation /ˌsʌfəˈkeɪʃn/ *n* uduszenie *n*

Suffolk /ˈsʌfək/ *prn* Suffolk *n inv*

suffragan /ˈsʌfrəgən/ **I** *n* sufragan *m*

II *adj* **~ bishop** biskup sufragan, biskup pomocniczy

suffrage /ˈsʌfrɪdʒ/ *n* prawo *n* wyborcze; **women's ~** prawo wyborcze dla kobiet; **universal ~** powszechne prawo wyborcze

suffragette /ˌsʌfrəˈdʒet/ **I** *n* sufrażystka *f*

II *modif* **the ~ movement** ruch sufrażystek

suffragist /ˈsʌfrədʒɪst/ *n* zwolennik *m* przyznania kobietom prawa wyborczego

suffuse /səˈfjuːz/ fml **I** *vt* obl|ać, -ewać, zal|ać, -ewać

II **suffused** *pp adj* **~d with sth** *[style, writing]* przesycony czymś; *[person]* przepełniony czymś *[joy, melancholy]*; skąpany w czymś *[light]*; nasycony czymś *[colour]*

sugar /ˈʃʊgə(r)/ **I** *n* [1] Culin cukier *m*; **brown/white ~** cukier brązowy/biały; **do you take ~ (in your tea)?** czy słodzisz herbatę?; **how many ~s?** ile słodzisz?; **no ~, thanks** dziękuję, nie słodzę [2] Chem cukier *m* [3] infml (as endearment) złotko infml

II *modif [industry]* cukrowniczy; **~ production/price** produkcja/cena cukru; **~ spoon** łyżeczka do cukru; **~ refinery** cukrownia

III *excl* infml psiakrew!, cholera! infml

IV *vt* o|słodzić, po|słodzić, po|cukrzyć *[tea, coffee]*

IDIOMS: **to ~ the pill for sb** osłodzić komuś gorzką pigułkę

sugar beet *n* burak *m* cukrowy

sugar bowl *n* cukiernica *f*, cukierniczka *f*

sugar cane *n* trzcina *f* cukrowa

sugar-coated /ˌʃʊgəˈkəʊtɪd/ *adj [cake]* cukrzony, cukrowy, posypany cukrem; *[pill]* powlekany; fig lukrowany fig

sugar content *n* zawartość *f* cukru

sugar cube *n* kostka *f* cukru

sugar daddy *n* podtatusiały lowelas *m* infml

sugar diabetes *n* Med cukrzyca *f*

sugared almond *n* migdał *m* w cukrze

sugar-free /ˌʃʊgəˈfriː/ *adj [food]* bez cukru; *[diet]* bezcukrowy

sugariness /ˈʃʊgərɪnɪs/ *n* fig ckliwość *f*, cukierkowość *f*

sugarless /ˈʃʊgəlɪs/ *adj [food]* bez cukru; *[diet]* bezcukrowy

sugar loaf *n* głowa *f* cukru

sugar lump *n* kostka *f* cukru

sugar maple *n* Bot klon *m* cukrowy

sugar mouse *n* myszka *f* z cukru *(cukierek)*

sugar pea *n* groch *m* cukrowy

sugar plantation *n* plantacja *f* trzciny cukrowej

sugarplum /ˈʃʊgəplʌm/ *n* [1] (candy) cukierek *m* [2] (as endearment) kotku infml

sugarplum fairy *n* wieszczka *f* cukrowa

sugar sifter *n* przesiewacz *m* do cukru pudru

sugar soap *n* mydło *n* alkaliczne

sugar sprinkler *n* = **sugar sifter**

sugar tongs *n* szczypce *plt* do cukru

sugary /ˈʃʊgərɪ/ *adj* [1] *[food, taste]* słodki [2] fig *[person, image, smile]* cukierkowy, przesłodzony

suggest /səˈdʒest, US səgˈdʒ-/ *vt* [1] (put forward for consideration) za|sugerować, za|pro-

S

ponować *[solution, possibility]*; **to ~ that...** sugerować or proponować, żeby...; **can you ~ how/why/where?** jak/dlaczego/gdzie według ciebie?; **why, do you ~, did he do it?** dlaczego, według ciebie, to zrobił?; **he did it, I ~, because...** według mnie zrobił to ponieważ...; **did she ~ anything to you?** czy sugerowała ci cokolwiek?; **to ~ otherwise is ludicrous** twierdzenie, że jest inaczej, jest niedorzeczne; **what are you ~ing?** co sugerujesz?, co chcesz przez to powiedzieć?; **I venture to ~ that...** zaryzykuję twierdzenie, że... [2] (recommend, advise) za|proponować; **can you ~ a place to eat?** czy możesz polecić jakąś restaurację?; **where do you ~ we go?** gdzie proponujesz pójść?; **I ~ that you leave at once** uważam, że powinieneś natychmiast wyjść; **the committee ~s that steps be taken** komitet proponuje podjęcie odpowiednich kroków; **I ~ waiting** proponuję czekać; **an idea ~ed itself to me** przyszedł mi do głowy pewien pomysł [3] (indicate) *[evidence, test, result, poll, calculation]* wskaz|ać, -ywać na (coś); **there is nothing to ~ that...** nic nie wskazuje na to, że...; **it was more difficult than the result might** or **would ~** było trudniej, niż wskazywałby na to wynik [4] (evoke) *[image, painting, sound]* przyw|ieść, -odzić na myśl; **what does it ~ to you?** z czym ci się to kojarzy?

suggestible /səˈdʒestəbl, US səgˈdʒ-/ *adj* łatwo ulegający wpływom

suggestion /səˈdʒestʃn, US səgˈdʒ-/ *n* [1] (proposal) propozycja *f*, sugestia *f* **(about** or **as to sth** dotycząca czegoś**)**; **to make** or **put forward a ~** wysunąć propozycję; **if I may make a ~** jeśli mógłbym coś zaproponować or zasugerować; **any ~s?** jakieś propozycje or sugestie?; **my ~ is that...** proponuję, żeby...; **at** or **on sb's ~** zgodnie z propozycją or sugestią kogoś; **there was some ~ that...** sugerowano, że... [2] (hint) (of cruelty, racism, pathos) element *m* **(of sth** czegoś**)**; (of smile) cień *m* **(of sth** czegoś**)**; **there is no ~ that...** nic nie wskazuje na to, że...; **there is no ~ of fraud** nic nie wskazuje na oszustwo [3] Psych sugestia *f*; **the power of ~** siła sugestii

suggestion box *n* skrzynka *f* wniosków i zapytań

suggestive /səˈdʒestɪv, US səgˈdʒ-/ *adj* [1] (with sexual connotations) *[joke, remark, smile]* dwuznaczny [2] (evocative) **~ of sth** przypominający coś; **to be ~ of sth** przypominać coś, przywodzić coś na myśl [3] (conveying a suggestion) **~ of sth** sugerujący coś

suggestively /səˈdʒestɪvlɪ, US səgˈdʒ-/ *adv* wymownie, znacząco

suggestiveness /səˈdʒestɪvnɪs, US səgˈdʒ-/ *n* wymowność *f*, dwuznaczność *f*

suicidal /ˌsuːɪˈsaɪdl, ˌsjuː-/ *adj [mood, tendencies, policy, move]* samobójczy also fig; *[person]* o skłonnościach samobójczych; **to feel ~** być w samobójczym nastroju; **that would be ~!** fig to byłoby samobójstwo!

suicidally /ˌsuːɪˈsaɪdəlɪ, ˌsjuː-/ *adv [drive, behave]* jak samobójca; **to be ~ depressed** być w samobójczym nastroju

suicide /ˈsuːɪsaɪd, ˈsjuː-/ **I** *n* (action) samobójstwo *n* also fig; (person) samobój|ca *m*, -czyni *f*; **attempted ~** próba samobójcza; **to commit ~** popełnić samobójstwo; **it would be political ~ to do that** zrobienie tego byłoby politycznym samobójstwem

II *modif [attempt, bid]* samobójczy; **~ rate** liczba samobójstw

suicide bomber *n* (person) pilot samobójca *m*

suicide mission *n* misja *f* samobójcza

suicide note *n* list *m* pożegnalny *(samobójcy)*

suicide pact *n* zamiar *m* popełnienia zbiorowego samobójstwa

suicide sale *n* GB Comm gigantyczna wyprzedaż *f*

suit /suːt, sjuːt/ **I** *n* [1] Fashn (man's) garnitur *m*; (woman's) kostium *m*; **a two-/three-piece ~** garnitur dwu/trzyczęściowy; **to be wearing a ~ and tie** być w garniturze i krawacie; **a ~ of clothes** ubranie, strój; **a ~ of armour** zbroja → **bathing suit, diving suit** [2] Jur (lawsuit) proces *m*; **a civil /libel ~** proces cywilny/o zniesławienie; **to file ~ against sb** wytoczyć proces or sprawę komuś; **to file a ~ for damages** wytoczyć proces or sprawę o odszkodowanie [3] (in cards) kolor *m*; **long** or **strong ~** silny kolor; **short ~** słaby kolor; **to be sb's strong ~** fig być mocną stroną kogoś fig; **to follow ~** dodać do koloru; fig pójść za przykładem kogoś

II *vt* [1] (flatter) **that dress ~s you** do twarzy ci w tej sukience; **does it ~ me?** dobrze w tym wyglądam?; **red doesn't ~ her complexion** czerwony nie pasuje do jej karnacji; **short hair really ~ed her** naprawdę dobrze jej było z krótkimi włosami [2] (be convenient) *[date, arrangement]* odpowiadać (komuś); pasować (komuś) infml; **does Monday ~ you?** czy poniedziałek ci odpowiada?; **it ~s me fine** to mi odpowiada; **~s me!** infml to mi pasuje! infml; **she's liberal when it ~s her** jest liberalna, kiedy jej wygodnie; **we stay here because it ~s us** mieszkamy tu, bo nam to odpowiada; **I'll go when it ~s me!** pójdę, kiedy mi się spodoba!; **it ~s me that...** odpowiada mi, że...; **it ~s him to live alone** odpowiada mu, że mieszka sam; **to ~ sb down to the ground** infml *[arrangements, job]* całkowicie komuś odpowiadać, całkowicie kogoś zadowalać [3] (be appropriate) *[job, part]* być odpowiednim dla (kogoś), odpowiadać (komuś); **the role didn't ~ me** to nie była odpowiednia rola dla mnie; **the loan that ~s your needs** pożyczka odpowiadająca twoim potrzebom; **you should find something to ~ you** powinieneś znaleźć coś odpowiedniego dla siebie; **the house ~ed me fine** dom w zupełności mi odpowiadał [4] (be beneficial) *[sea air, change]* służyć (komuś) *[person]* [5] (adapt) **to ~ sth to sth** dostosow|ać, -ywać coś do czegoś; **to ~ the action to the word** zamienić or obrócić słowo w czyn

III *vi* odpowiadać; **does that ~?** czy to ci odpowiada?

IV *vr* **~ yourself!** rób, jak uważasz!; **they twist the facts to ~ themselves** przekręcają fakty tak, jak im wygodnie

suitability /ˌsuːtəˈbɪlətɪ, ˌsjuːt-/ *n* nadawanie się *n*; (of person) predyspozycja *f* **(for sth** do czegoś**)**; (of place, route) dogodność *f*; **she questioned his ~ for the job** miała wątpliwości, czy on nadaje się do tej pracy; **its ~ for a particular purpose** nadawanie się do określonego celu

suitable /ˈsuːtəbl, ˈsjuː-/ *adj* odpowiedni, nadający się; *[time]* dogodny; **did you find anything ~?** znalazłeś coś odpowiedniego?; **the most ~ person for the job/the role** najodpowiedniejsza osoba do tej pracy/tej roli; **clothes ~ for a hot climate/the occasion** ubrania stosowne or odpowiednie na gorący klimat/na tę okazję; **potatoes ~ for baking** ziemniaki nadające się do pieczenia; **not ~ for human consumption** niezdatny do spożycia; **to be a ~ model for sb** być odpowiednim przykładem dla kogoś; **the book isn't ~ to use with beginners** ta książka nie nadaje się dla początkujących; **now seems a ~ time to discuss it** teraz chyba jest odpowiedni moment, żeby o tym porozmawiać

suitably /ˈsuːtəblɪ, ˈsjuː-/ *adv* [1] (appropriately) *[dressed, equipped]* odpowiednio, stosownie [2] (to the right degree) *[chastened, impressed, austere]* jak należy, stosownie

suitcase /ˈsuːtkeɪs, ˈsjuː-/ *n* walizka *f*

IDIOMS: **to be living out of a ~** żyć na walizkach

suite /swiːt/ *n* [1] (furniture) komplet *m* mebli; **dining-room ~** komplet mebli do jadalni; **bathroom ~** pełne wyposażenie łazienki [2] (rooms) apartament *m*; **a ~ of rooms** apartament· [3] Mus suita *f* [4] liter (retinue) świta *f* [5] Comput (of programs) pakiet *m*

suited /ˈsuːtɪd, ˈsjuː-/ *adj* **to be ~ to sth** *[place, vehicle, person]* nadawać się do czegoś; *[class, clothes, conditions]* być odpowiednim do czegoś; *[format, style]* pasować do czegoś; **they are ideally ~ (to each other)** są dla siebie stworzeni; **to be ideally ~ for a post** doskonale nadawać się na (jakieś) stanowisko

suiting /ˈsuːtɪŋ, ˈsjuː-/ *n* Tex materiał *m* garniturowy

suitor /ˈsuːtə(r), ˈsjuː-/ *n* [1] dat (admirer) konkurent *m*, zalotnik *m* dat [2] Fin (company) zainteresowany *m (kupnem, przejęciem, wejściem we współpracę z firmą)*

sulcus /ˈsʌlkəs/ *n (pl* **-ci)** Anat bruzda *f*

sulfa *n* US = **sulpha**

sulfate *n* US = **sulphate**

sulfide *n* US = **sulphide**

sulfonamide *n* US = **sulphonamide**

sulfur *n* US = **sulphur**

sulfureous *adj* US = **sulphureous**

sulfuric *adj* US = **sulphuric**

sulfurous *adj* US = **sulphurous**

sulk /sʌlk/ **I** *n* **to be in a ~** dąsać się, stroić fochy; **to go into a ~** nadąsać się

II sulks *npl* dąsy *plt*, fochy *plt*; **to have (a fit of) the ~s** dąsać się, stroić fochy

III *vi* dąsać się **(about** or **over sth** z powodu czegoś**)**

sulkily /ˈsʌlkɪlɪ/ *adv [say, reply]* chmurnie

sulkiness /ˈsʌlkɪnɪs/ *n* [1] (characteristic) (of reply) markotność *f* [2] (behaviour) dąsy *plt*, fochy *plt*

sulky /ˈsʌlkɪ/ *adj [person]* nadąsany; *[mood, voice]* ponury; **to look ~** mieć chmurną i obrażoną minę

sullen /ˈsʌlən/ *adj* ponury, posępny

sullenly /ˈsʌlənlɪ/ *adv [watch, stare]* z ponurą miną; *[reply]* obrażonym tonem

sullenness /ˈsʌlənnɪs/ *n* posępność *f*

sully /ˈsʌlɪ/ *vt* liter s|kalać liter

sulpha drug GB, **sulfa drug** US /ˈsʌlfədrʌg/ *n* sulfonamid *m*, sulfamid *m*

sulphate GB, **sulfate** US /ˈsʌlfeɪt/ *n* siarczan *m* **(of sth** czegoś); **copper ~** siarczan miedziowy

sulphide GB, **sulfide** US /ˈsʌlfaɪd/ *n* siarczek *m*; **hydrogen ~** siarkowodór; **silver ~** siarczek srebrowy

sulphonamide GB, **sulfonamide** US /sʌlˈfɒnəmaɪd/ *n* sulfonamid *m*

sulphur GB, **sulfur** US /ˈsʌlfə(r)/ *n* siarka *f*

sulphur dioxide *n* dwutlenek *m* siarki

sulphureous GB, **sulfureous** US /sʌlˈfjʊərɪəs/ *adj* siarkowy

sulphuric GB, **sulfuric** US /sʌlˈfjʊərɪk/ *adj* siarkowy

sulphuric acid *n* kwas *m* siarkowy

sulphurous GB, **sulfurous** US /ˈsʌlfərəs/ *adj* siarkowy; **~ smell/fumes** zapach /opary siarki; **~ acid** kwas siarkawy

sulphur spring *n* źródło *n* siarczane

sultan /ˈsʌltən/ *n* sułtan *m*

sultana /sʌlˈtɑːnə, US -ˈtænə/ *n* [1] Culin sułtanka *f* [2] (wife of sultan) sułtanka *f* dat

sultanate /ˈsʌltəneɪt/ *n* sułtanat *m*

sultriness /ˈsʌltrɪnɪs/ *n* [1] (of weather) parność *f* [2] (of woman) zmysłowość *f*

sultry /ˈsʌltrɪ/ *adj* [1] *[day, place, weather]* parny, duszny [2] *[voice, look, woman]* zmysłowy

sum /sʌm/ *n* [1] (amount of money) suma *f*, kwota *f*; **a considerable/paltry ~** znaczna/mizerna suma or kwota; **a large/small ~ of money** duża/niewielka suma or kwota [2] (calculation) rachunek *m*, obliczenie *n*; **to be good at ~s** być dobrym w rachunkach; **it's a simple ~** to prosty rachunek; **to do one's ~s** fig zrobić rachunki [3] (total) suma *f*; **the ~ of our experience/happiness** całe nasze doświadczenie/szczęście; **the whole is greater than the ~ of its parts** całość jest czymś więcej niż sumą części [4] (summary) **in ~** w sumie, ogólnie (rzecz) biorąc

■ **sum up**: ¶ **~ up** *[person]* podsumow|ać, -ywać; z|reasumować fml; **to ~ up, I'd like to say that...** podsumowując or reasumując, chciałbym powiedzieć, że... ¶ **~ up [sth]** [1] (summarize) podsumow|ać, -ywać *[argument, debate]*; **that ~s it up exactly** tak to właśnie wygląda [2] (assess) oceni|ć, -ać *[situation, person]*

IDIOMS: **the ~ and substance of sth** istota czegoś

sumac(h) /ˈʃuːmæk, ˈsuː-, ˈsjuː-/ *n* Bot sumak *m*

Sumatra /sʊˈmɑːtrə/ *prn* Sumatra *f*

summa cum laude /ˌsʊməkʊmˈlaʊdeɪ/ *adj* US Univ *[degree, diploma]* z wyróżnieniem

summarily /ˈsʌmərəlɪ, US səˈmerəlɪ/ *adv* [1] (promptly) natychmiast [2] Jur w trybie doraźnym or przyśpieszonym

summarize /ˈsʌməraɪz/ *vt* stre|ścić, -szczać *[book, speech, problem, argument]*; (sum up) podsumow|ać, -ywać

summary /ˈsʌmərɪ/ **I** *n* (of plot) streszczenie *n*; (of main points) podsumowanie *n*; **news ~** skrót wiadomości

II *adj* [1] Jur *[methods]* doraźny; *[execution]* przyśpieszony; *[fine]* wymierzony w trybie doraźnym or przyśpieszonym; *[dismissal]* ze skutkiem natychmiastowym; **~ justice** doraźny tryb sądzenia; **~ conviction** rozstrzygnięcie w trybie uproszczonym [2] (brief) skrótowy, sumaryczny

summary jurisdiction *n* Jur orzecznictwo *n* uproszczone

summary offence GB, **summary offense** US *n* Jur występek *m (rozpatrywany w trybie uproszczonym)*

summat /ˈsʌmət/ *n* GB infml dial = **something**

summation /səˈmeɪʃn/ *n* fml [1] (summary) streszczenie *n*, podsumowanie *n* [2] (sum, total) zsumowanie *n* [3] US Jur podsumowanie *n (przedstawiane przez strony przed ogłoszeniem werdyktu)*

summer /ˈsʌmə(r)/ **I** *n* lato *n*; **in ~** w lecie, latem; **in the ~ of 1991** latem 1991 roku; **a lovely ~('s) day** śliczny, letni dzień; **a youth of 16 ~s** liter młodzian liczący sobie 16 wiosen liter

II *modif [weather, evening, clothes, vacation]* letni; **~ tourist** or **visitor** letnik

III *vt* US Agric **they ~ their cattle on the mountain slopes** latem wypasają bydło na stokach górskich

IV *vi* spędz|ić, -ać lato

IDIOMS: **the ~ of discontent** *lato 1982, okres zamieszek w wielu miastach Anglii*; fig zły okres

summer camp *n* US obóz *m* letni

summer holiday *n* GB wakacje *plt* (letnie)

summerhouse /ˈsʌməhaʊs/ *n* altana *f*

summer lightning *n* (one flash) błyskawica *f (bez grzmotu)*; (storm) letnia burza *f (bez grzmotu)*

summer pudding *n* GB ciasto *n* z owocami *(zwykle malinami lub porzeczkami)*

summer resort *n* miejscowość *f* letniskowa

summer sausage *n* US kiełbasa *f* sucha wędzona

summer school *n* szkoła *f* letnia, letni kurs *m*

summer solstice *n* przesilenie *n* letnie

summer squash *n* młody kabaczek *m*

summer term *n* Sch, Univ semestr *m* letni

summertime /ˈsʌmətaɪm/ **I** *n* [1] (period) lato *n* [2] GB **summer time** (by clock) czas *m* letni

II *modif* letni

summer vacation *n* US = **summer holiday**

summery /ˈsʌmərɪ/ *adj [dress]* letni; **it's quite ~** mogłoby się wydawać, że jest lato

summing-up /ˌsʌmɪŋˈʌp/ *n* podsumowanie *n*, rekapitulacja *f*; Jur rekapitulacja *f* wyników postępowania

summit /ˈsʌmɪt/ **I** *n* [1] Pol szczyt *m*, spotkanie *n* na szczycie **(on sth** na temat czegoś); **Paris ~** szczyt paryski or w Paryżu; **Nato ~** szczyt NATO; **economic/peace ~** szczyt gospodarczy/pokojowy [2] (of mountain) szczyt *m*, wierzchołek *m* [3] fig (of career, influence, power) szczyt *m*; apogeum *n* liter; **to be at the ~ of one's career** być u szczytu kariery

II *modif* Pol *[conference, meeting, talks]* na szczycie

summiteer /ˌsʌmɪˈtɪə(r)/ *n* Pol uczestni|k *m*, -czka *f* szczytu

summitry /ˈsʌmɪtrɪ/ *n* US dyplomacja *f* na szczycie

summon /ˈsʌmən/ *vt* [1] (call for) w|ezwać, -zywać *[doctor, employee, servant, police]*; za|wołać *[waiter]*; **to ~ sb to one's office/to a meeting** wezwać kogoś do swego gabinetu/na zebranie; **to ~ sb in** kazać komuś wejść; **to ~ sb to do sth** wezwać kogoś do zrobienia czegoś; **the general ~ed them to surrender** generał wezwał ich do poddania się; **to ~ help** wzywać pomocy; **to ~ a taxi** wezwać taksówkę [2] (to court) w|ezwać, -zywać; **to be ~ed (to appear) before the court for doing sth** zostać pozwanym do sądu w związku ze zrobieniem czegoś [3] (convene) zwoł|ać, -ywać *[parliament, meeting, conference]* [4] = **summon up**

■ **summon up**: **~ up [sth]** [1] (gather) z|ebrać, -bierać *[energy, strength, support, resources]*; **to ~ up the courage** zebrać się na odwagę [2] (evoke) przywoł|ać, -ywać *[memory, thought, image]*; **to ~ up spirits** wywoływać duchy

summons /ˈsʌmənz/ **I** *n* [1] Jur wezwanie *n* do sądu; **a ~ to appear** wezwanie do stawienia się; **to serve a ~ on sb, to serve sb with a ~** doręczyć komuś urzędowe wezwanie [2] (order) wezwanie *n* **(from sb** od kogoś); **a ~ to do sth** wezwanie do zrobienia czegoś; **to answer sb's ~** odpowiedzieć na wezwanie kogoś

II *vt* Jur w|ezwać, -zywać do stawienia się w sądzie; **he was ~ed for reckless driving** został wezwany na kolegium za wykroczenie drogowe

sumo /ˈsuːməʊ/ *n* (also **~ wrestling)** sumo *n inv*; **~ wrestler** zapaśnik sumo

sump /sʌmp/ *n* [1] (for draining water) zbiornik *m* ściekowy [2] Aut miska *f* olejowa

sump oil *n* olej *m* w misce olejowej

sumptuary /ˈsʌmptʃʊərɪ/ *adj* fml **~ tax** podatek od luksusu

sumptuous /ˈsʌmptʃʊəs/ *adj [meal]* wystawny; *[room]* urządzony z przepychem; *[costume, scene]* wspaniały

sumptuously /ˈsʌmptʃʊəslɪ/ *adv [dine, feast]* wystawnie; *[decorate, design]* z przepychem; *[attired, arrayed]* bogato, wspaniale

sumptuousness /ˈsʌmptʃʊəsnɪs/ *n* (of meal) wystawność *f*; (of rooms) przepych *m*; (of dress) wspaniałość *f*, bogactwo *n*

sum total *n* (of money) ogólna or łączna suma *f*; (of achievements, life) całość *f*; **is that the ~ of your achievements?** iron i to już wszystkie twoje osiągnięcia?

sun /sʌn/ **I** *n* [1] Astron (also **the Sun)** Słońce *n* [2] (light, warmth) słońce *n*; **the ~'s rays** promienie słoneczne; **in the August /summer ~** w sierpniowym/letnim słońcu; **the ~ was shining** świeciło słońce; **I have the ~ in my eyes** słońce świeci mi prosto w twarz; **in the ~** w or na słońcu; **don't sit in the ~** nie siedź na słońcu;

you should come out of the ~ powinieneś schować się przed słońcem; **a place in the ~** (position) nasłonecznione miejsce; fig miejsce na ziemi; **to catch the ~** *[person]* złapać trochę słońca; **it's the most beautiful place under the ~** to najpiękniejsze miejsce pod słońcem; **there's no reason under the ~** nie ma żadnych powodów; **they sell everything under the ~** można tam dostać absolutnie wszystko; **to rise with the ~** wstawać ze słońcem; **to be up before the ~** wstawać przed świtem
II *vi* (*prp, pt, pp* **-nn-**) US wygrzewać się na słońcu
III *vr* (*prp, pt, pp* **-nn-**) **to ~ oneself** wygrzewać się na słońcu
IDIOMS: **there's nothing new under the ~** nic nowego pod słońcem
Sun = Sunday
sunbaked /ˈsʌnbeɪkt/ *adj [road, earth]* spalony słońcem
sunbath /ˈsʌnbɑːθ, US -bæθ/ *n* kąpiel *f* słoneczna; **I'm going to the beach for a ~** idę na plażę opalać się
sunbathe /ˈsʌnbeɪð/ **I** *n* GB = **sunbath**
II *vi* opalać się
sunbather /ˈsʌnbeɪðə(r)/ *n* plażowicz *m*, -ka *f*
sunbathing /ˈsʌnbeɪðɪŋ/ *n* opalanie się *n*
sunbeam /ˈsʌnbiːm/ *n* promień *m* słoneczny or słońca; fig (child) promyczek *m* słońca
sunbed /ˈsʌnbed/ *n* 1 (lounger) leżak *m* 2 (with sunlamp) łóżko *n* opalające or do opalania
Sunbelt /ˈsʌnbelt/ *n* US **the ~** *południowa część Stanów Zjednoczonych*
sunblind /ˈsʌnblaɪnd/ *n* GB (venetian blind) żaluzja *f*; (awning) markiza *f*
sunblock /ˈsʌnblɒk/ *n* krem *m* z filtrem przeciwsłonecznym
sunbonnet /ˈsʌnbɒnɪt/ *n* kapelusik *m* od słońca
sunburn /ˈsʌnbɜːn/ *n* oparzenie *n* słoneczne
sunburned, sunburnt /ˈsʌnbɜːnt/ *adj [person, skin, arms, face]* (burnt) poparzony przez słońce; (tanned) GB opalony; **to get ~** (burn) spalić się (na słońcu); (tan) opalić się
sunburst /ˈsʌnbɜːst/ *n* 1 (of sunshine) rozbłysk *m* słońca 2 (piece of jewellery) broszka *f* w kształcie słońca
sunburst clock *n* zegar *m* z tarczą w kształcie słońca
sun cream *n* = **suntan cream**
sundae /ˈsʌndeɪ, US -diː/ *n* deser *m* lodowy
sun dance *n* taniec *m* słońca
Sunday /ˈsʌndeɪ, -dɪ/ **I** *n* niedziela *f*; **on ~** w niedzielę
II Sundays *npl* **the ~s** prasa niedzielna
III *modif [service, Mass, newspaper, edition, walk, rest]* niedzielny; **a ~ painter** malarz amator, niedzielny malarz
IDIOMS: **he'll never do it, not in a month of ~s** nigdy w życiu tego nie zrobi
Sunday best *n* **(dressed) in one's ~** odświętnie ubrany
Sunday driver *n* niedzielny kierowca *m*
Sunday-go-to-meeting /ˌsʌndeɪgəʊtəˈmiːtɪŋ/ *adj* US infml hum *[dress, suit]* odświętny
Sunday observance *n* święcenie *n* niedzieli
Sunday opening *n* handel *m* w niedzielę
Sunday school *n* szkółka *f* niedzielna
Sunday school teacher *n* nauczyciel *m*, -ka *f* w szkółce niedzielnej
Sunday trading *n* handel *m* w niedzielę
Sunday trading laws *n* przepisy *m pl* regulujące handel w niedzielę
sundeck /ˈsʌndek/ *n* (on ship) pokład *m* słoneczny; (in house) taras *m*
sunder /ˈsʌndə(r)/ liter **I** *n* **in ~** *[be]* w kawałkach; *[hew]* na kawałki
II *vt* rozdziel|ić, -ać *[people]*; roz|erwać, -rywać *[ties]*
sundial /ˈsʌndaɪəl/ *n* zegar *m* słoneczny
sundown /ˈsʌndaʊn/ *n* = **sunset**
sundowner /ˈsʌndaʊnə(r)/ *n* 1 GB infml (drink) wieczorny drink *m* 2 Austral infml (tramp) włóczęga *m*
sundrenched /ˈsʌndrentʃt/ *adj [street, beach]* zalany słońcem
sundress /ˈsʌndres/ *n* letnia sukienka *f* na ramiączkach
sun-dried /ˈsʌndraɪd/ *adj [fruit, tomatoes]* suszony na słońcu
sundry /ˈsʌndrɪ/ **I sundries** *npl* rozmaitości *plt*, różności *plt*; Accts wydatki *m pl* różne
II *adj [items, objects, occasions]* rozmaity, różny; **all and ~** wszyscy bez wyjątku; (critical) byle kto
sun-filled /ˈsʌnfɪld/ *adj* nasłoneczniony
sunfish /ˈsʌnfɪʃ/ *n* Zool (salt-water) samogłów *m*, mola *f*; (freshwater) bass *m*
sunflower /ˈsʌnflaʊə(r)/ **I** *n* słonecznik *m*
II *modif [oil, margarine]* słonecznikowy; **~ seeds** pestki słonecznika
sung /sʌŋ/ *pp* → **sing**
sunglasses /ˈsʌnglɑːsɪz, US -glæsɪz/ *npl* okulary *plt* (przeciw)słoneczne
sun-god /ˈsʌngɒd/ *n* bóg *m* słońca
sun-goddess /ˈsʌngɒdɪs/ *n* bogini *f* słońca
sun hat *n* kapelusz *m* od słońca
sunk /sʌŋk/ *pp* → **sink**
sunken /ˈsʌŋkən/ *adj* 1 (under water) *[treasure, wreck, ship]* zatopiony; *[rock]* podwodny 2 (recessed) *[cheek, eye]* zapadnięty 3 (low) *[bath]* wpuszczony w podłogę; *[garden, living area]* (położony) na niższym poziomie
Sun King *n* **the ~** Król *m* Słońce
sun-kissed /ˈsʌnkɪst/ *adj* liter *[beach, slope, water]* skąpany w słońcu liter; *[face, limb]* opalony; *[hair]* spłowiały od słońca
sunlamp /ˈsʌnlæmp/ *n* lampa *f* kwarcowa, kwarcówka *f*
sunless /ˈsʌnlɪs/ *adj [place, area]* zacieniony; *[depths]* mroczny
sunlight /ˈsʌnlaɪt/ *n* światło *n* słoneczne; **in the ~** w słońcu; **in direct ~** w pełnym słońcu; **exposure to the ~** wystawienie na działanie promieni słonecznych
sunlit /ˈsʌnlɪt/ *n* nasłoneczniony
sun lotion *n* = **suntan lotion**
sun lounge *n* GB oszklona weranda *f*
sunlounger /ˈsʌnlaʊndʒə(r)/ *n* leżak *m*
Sunni /ˈsʌnɪ/ *n* Relig 1 (branch of Islam) sunnizm *m* 2 **(**also **~ Muslim)** (adherent) sunnit|a *m*, -ka *f*
sunny /ˈsʌnɪ/ *adj* 1 *[weather, day]* słoneczny; *[spot, side, garden, room]* (sunlit) nasłoneczniony; (facing the sun) słoneczny; **~ intervals** or **periods** przejaśnienia; **it's going to be ~** będzie słonecznie; **the outlook is ~** zgodnie z prognozą powinno być słonecznie 2 fig *[person, nature, temperament]* pogodny; **to look on the ~ side (of things)** widzieć jasne strony życia; **Robert's on the ~ side of 50** Robert jeszcze nie przekroczył pięćdziesiątki
sunny side up *adj [egg]* sadzony
sun oil *n* = **suntan oil**
sun parlor *n* US = **sun lounge**
sun porch *n* weranda *f*
sun protection factor, SPF *n* faktor *m* *(współczynnik ochrony przed promieniowaniem słonecznym)*
sunray lamp /ˈsʌnreɪlæmp/ *n* Med = **sunlamp**
sunray treatment /ˈsʌnreɪtriːtmənt/ *n* Med helioterapia *f*
sunrise /ˈsʌnraɪz/ *n* wschód *m* słońca; **at ~** o wschodzie słońca
sunrise industry *n* US branża *f* wschodząca
sunroof /ˈsʌnruːf/ *n* Aut szyberdach *m*
sun room *n* US = **sun lounge**
sunscreen /ˈsʌnskriːn/ *n* filtr *m* (przeciw)słoneczny
sunseeker /ˈsʌnsiːkə(r)/ *n* amator *m*, -ka *f* opalania się
sunset /ˈsʌnset/ **I** *n* zachód *m* słońca; fig zmierzch *m*; **at ~** o zachodzie słońca
II *adj* 1 US Admin, Jur *[law, bill, clause]* o określonym okresie obowiązywania 2 fig **in one's ~ years** u schyłku życia
sunset industry *n* branża *f* zachodząca
sunshade /ˈsʌnʃeɪd/ *n* 1 (parasol) parasol *m* od słońca; (woman's) parasolka *f* od słońca; (awning) markiza *f* 2 (in car) osłona *f* przeciwsłoneczna 3 (eye-shade) daszek *m*
sunshield /ˈsʌnʃiːld/ *n* Aut osłona *f* przeciwsłoneczna
sunshine /ˈsʌnʃaɪn/ **I** *n* 1 słońce *n*; **in the morning/summer ~** w porannym/letnim słońcu; **several hours of ~** kilka godzin słońca or słonecznej pogody; **a ray of ~** promień słońca also fig; **you're a real ray of ~!** iron ale z ciebie ponurak! 2 infml (form of address) słonko, słoneczko infml; **hi, ~!** cześć, słoneczko!
II *modif* US Admin, Jur *[law, bill, clause]* dotyczący jawności życia publicznego
IDIOMS: **life is not all ~ and roses** życie nie jest usłane różami
sunshine roof *n* = **sunroof**
sunspecs /ˈsʌnspeks/ *npl* infml = **sunglasses**
sunspot /ˈsʌnspɒt/ *n* Astron plama *f* na słońcu
sunstroke /ˈsʌnstrəʊk/ *n* udar *m* słoneczny, porażenie *n* słoneczne; **to get ~** dostać udaru słonecznego
sunsuit /ˈsʌnsuːt, -sjuːt/ *n* letnie ubranie *n*
suntan /ˈsʌntæn/ *n* opalenizna *f*; **to get a ~** opalić się; **to have a good** or **nice ~** być ładnie opalonym
suntan cream *n* krem *m* do opalania
suntan lotion *n* emulsja *f* do opalania
suntanned /ˈsʌntænd/ *adj* opalony; **to get ~** opalić się
suntan oil *n* olejek *m* do opalania
suntrap /ˈsʌntræp/ *n* osłonięte, silnie nasłonecznione miejsce *n*
sun umbrella *n* parasol *m* od słońca; (woman's) parasolka *f* od słońca
sunup /ˈsʌnʌp/ *n* US infml = **sunrise**

sun visor *n* (in car) osłona *f* przeciwsłoneczna; (for eyes) daszek *m*
sun worship *n* kult *m* słońca
sun worshipper *n* Relig czciciel *m*, -ka *f* słońca; fig amator *m*, -ka *f* opalania się
sup[1] /sʌp/ **I** *n* łyk *m*
II *vt* (*prp, pt, pp* **-pp-**) [1] (drink slowly) sączyć [2] GB dial infml (drink) pić *[drink]*
■ **sup up** GB dial infml: **~ up [sth]** wypi|ć, -jać
sup[2] /sʌp/ *vi* (*prp, pt, pp* **-pp-**) US z|jeść kolację
super /ˈsuːpə(r), ˈsjuː-/ **I** *n* [1] US (petrol) paliwo *n* wysokooktanowe [2] infml = **superintendent**
II *adj* infml super infml; **it's ~ to see you** fajnie, że cię widzę infml
III *excl* infml super!, ekstra! infml
IV **super-** *in combinations* nad-, super-
superabundance /ˌsuːpərəˈbʌndəns, ˌsjuː-/ *n* nadmiar *m*; **in ~** w nadmiarze
superabundant /ˌsuːpərəˈbʌndənt, ˌsjuː-/ *adj* przeobfity
superannuate /ˌsuːpərˈænjʊeɪt, ˌsjuː-/ **I** *vt* przen|ieść, -osić na emeryturę *[employee]*
II **superannuated** *pp adj [person]* przeniesiony na emeryturę; fig *[equipment]* przestarzały; fig *[hippy, dolly-bird]* podstarzały
superannuation /ˌsuːpərˌænjʊˈeɪʃn, ˌsjuː-/ **I** *n* [1] (pension) emerytura *f* [2] (contribution) składka *f* emerytalna
II *modif* **~ fund** fundusz emerytalny; **~ plan, ~ scheme** system emerytalny
superb /suːˈpɜːb, sjuː-/ *adj* (excellent) *[player, style]* znakomity; *[view]* wspaniały; (imposing) *[mansion]* wspaniały
superbly /suːˈpɜːblɪ, sjuː-/ *adv* znakomicie, wspaniale
Super Bowl *n* US Sport **the ~** *finał mistrzostw w futbolu amerykańskim*
superbug /ˈsuːpəbʌg, ˈsjuː-/ *n* Med superbakteria *f*
supercargo /ˈsuːpəkɑːgəʊ, ˈsjuː-/ *n* Naut supercargo *m inv*
supercharged /ˈsuːpətʃɑːdʒd, ˈsjuː-/ *adj* Tech, Aut *[engine]* doładowany
supercharger /ˈsuːpətʃɑːdʒə(r), ˈsjuː-/ *n* sprężarka *f* doładowująca
supercilious /ˌsuːpəˈsɪlɪəs, ˌsjuː-/ *adj* wyniosły
superciliously /ˌsuːpəˈsɪlɪəslɪ, ˌsjuː-/ *adv* wyniośle
superciliousness /ˌsuːpəˈsɪlɪəsnɪs, ˌsjuː-/ *n* wyniosłość *f*
superclass /ˈsuːpəklɑːs, ˈsjuː-, US -klæs/ *n* Bot nadklasa *m*; Zool nadgromada *f*
supercomputer /ˈsuːpəkəmpjuːtə(r), ˈsjuː-/ *n* superkomputer *m*
superconducting /ˌsuːpəkənˈdʌktɪŋ, ˌsjuː-/ *adj* nadprzewodzący
superconductive /ˌsuːpəkənˈdʌktɪv, ˌsjuː-/ *adj* = **superconducting**
superconductivity /ˌsuːpəˌkɒndʌkˈtɪvətɪ, ˌsjuː-/ *n* nadprzewodnictwo *n*
super-duper /ˌsuːpəˈduːpə(r), ˌsjuː-/ *adj, excl* infml super-hiper infml
superego /ˈsuːpəregəʊ, ˈsjuː-, US -iːgəʊ/ *n* superego *n inv*, nadjaźń *f*
supererogation /ˌsuːpərˌerəˈgeɪʃn, ˌsjuː-/ *n* dobry uczynek *m*

superficial /ˌsuːpəˈfɪʃl, ˌsjuː-/ *adj [wound, burn, resemblance, knowledge]* powierzchowny; *[inspection]* powierzchowny, pobieżny; *[person, mind, book]* płytki fig
superficiality /ˌsuːpəˌfɪʃɪˈælətɪ, ˌsjuː-/ *n* powierzchowność *f*; płytkość *f* fig
superficially /ˌsuːpəˈfɪʃəlɪ, ˌsjuː-/ *adv [damage, injure]* powierzchownie; *[study, examine]* powierzchownie, pobieżnie; **~ similar/different** na pierwszy rzut oka podobny/różny
superficies /ˌsuːpəˈfɪʃiːz, ˌsjuː-/ *n* (*pl* **~**) powierzchnia *f*
superfine /ˈsuːpəfaɪn, ˈsjuː-/ *adj* [1] (in size) *[flour]* bardzo drobno zmielony; *[needle]* bardzo cienki; (in quality) *[chocolate]* wyśmienity; **~ sugar** US cukier puder [2] **a ~ distinction** bardzo subtelna różnica
superfluity /ˌsuːpəˈfluːətɪ, ˌsjuː-/ *n* [1] (overabundance) nadmiar *m* [2] = **superfluousness**
superfluous /suːˈpɜːflʊəs, sjuː-/ *adj* fml zbyteczny, zbędny; **to feel (rather) ~** czuć się niepotrzebnym; **~ hair(s)** zbędne owłosienie
superfluously /suːˈpɜːflʊəslɪ, sjuː-/ *adv [add, remark]* niepotrzebnie
superfluousness /suːˈpɜːflʊəsnɪs, sjuː-/ *n* zbyteczność *f*, zbędność *f*
supergiant /ˈsuːpədʒaɪənt, ˈsjuː-/ *n* Astron nadolbrzym *m*
superglue® /ˈsuːpəgluː, ˈsjuː-/ **I** *n* superklej *m*
II *vt* skle|ić, -jać superklejem
supergrass /ˈsuːpəgrɑːs, ˈsjuː-, US -græs/ *n* infml informator *m* policyjny; megakapuś *m* infml
superhighway /ˈsuːpəhaɪweɪ, ˈsjuː-/ *n* US autostrada *f*
superhuman /ˌsuːpəˈhjuːmən, ˌsjuː-/ *adj* nadludzki
superimpose /ˌsuːpərɪmˈpəʊz, ˌsjuː-/ *vt* na|łożyć, -kładać *[picture, soundtrack]* **(on sth** na coś); **~d images** nałożone obrazy
superintend /ˌsuːpərɪnˈtend, ˌsjuː-/ *vt* nadzorować *[person, work, research]*; kierować (czymś) *[organization]*
superintendent /ˌsuːpərɪnˈtendənt, ˌsjuː-/ *n* [1] (supervisor) kierownik *m*, dyrektor *m*; (in charge of department, institution) dyrektor *m*; (of park, project) nadzorca *m* [2] (also **police ~**) ≈ komisarz *m* [3] US (in apartment house) dozorca *m* [4] (also **school ~**) US kurator *m*
superior /suːˈpɪərɪə(r), sjuː-, sʊ-/ **I** *n* przełożon|y *m*, -a *f*, zwierzchni|k *m*, -czka *f*; Relig przełożon|y *m*, -a *f*, superior *m*; **as a painter he has few ~s** niewielu malarzy jest od niego lepszych; **a social ~** osoba o wyższej pozycji społecznej
II *adj* [1] (better than average) *[intelligence, power, knowledge, person]* ponadprzeciętny, wybitny; *[candidate, team]* wyróżniający się; *[product]* pierwszorzędny; *[whisky]* wyborowy [2] (better than another) lepszy **(to sth** od czegoś); **the enemy's ~ numbers** przewaga liczebna wroga; **we were ~ in numbers but they were ~ in strength** my mieliśmy przewagę liczebną, ale oni byli silniejsi [3] (higher in rank) *[officer]* starszy, wyższy rangą **(to sb** od kogoś) [4] (condescending) *[person, look, smile, air]* wyniosły [5] Biol, Bot górny [6] Print podniesiony, w indeksie górnym

superior court *n* [1] (court of appeals) ≈ sąd *m* apelacyjny [2] US (lower court) ≈ sąd *m* okręgowy
superiority /suːˌpɪərɪˈɒrətɪ, sjuː-, US -ˈɔːr-/ *n* [1] (in quality) (of product, method, standards) wyższość *f* **(over sb/sth** nad kimś/czymś) [2] (in amount, number) przewaga *f* **(to sb** nad kimś) [3] (in rank) wyższa ranga *f* **(to sb** od kogoś) [4] (self-importance) wyniosłość *f*
superiority complex *n* kompleks *m* wyższości
superjacent /ˌsuːpəˈdʒeɪsənt, ˌsjuː-/ *adj* leżący bezpośrednio powyżej
superlative /suːˈpɜːlətɪv, sjuː-/ **I** *n* [1] Ling stopień *m* najwyższy; **in the ~** w stopniu najwyższym [2] fig superlatyw *m*; **a review full of ~s** recenzja składająca się z samych superlatywów
II *adj* doskonały, znakomity
superlatively /suːˈpɜːlətɪvlɪ, sjuː-/ *adv* doskonale, znakomicie; **a ~ polished performance** występ na najwyższym poziomie; **a ~ fit athlete** sportowiec w doskonałej formie
superman /ˈsuːpəmæn, ˈsjuː-/ *n* (*pl* **-men**) [1] Philos nadczłowiek *m* [2] fig superman *m*
supermarket /ˈsuːpəmɑːkɪt, ˈsjuː-/ *n* supermarket *m*
supermodel /ˈsuːpəmɒdl, ˈsjuː-/ *n* supermodelka *f*
supernal /suːˈpɜːnl, sjuː-/ *adj* liter boski, niebiański
supernatural /ˌsuːpəˈnætʃrəl, ˌsjuː-/ **I** *n* **the ~** siły *f pl* nadprzyrodzone
II *adj [being, power, phenomenon]* nadprzyrodzony; (extraordinary) *[beauty]* nieziemski; *[power]* nadnaturalny
supernaturally /ˌsuːpəˈnætʃrəlɪ, ˌsjuː-/ *adv [calm, serene]* nieziemsko
supernormal /ˌsuːpəˈnɔːml, ˌsjuː-/ *adj [rate, increase]* wyjątkowo wysoki
supernova /ˌsuːpəˈnəʊvə, ˌsjuː-/ *n* (*pl* **~s, -vae**) Astron supernowa *f*
supernumerary /ˌsuːpəˈnjuːmərərɪ, ˌsjuː-, US -ˈnuːmərerɪ/ **I** *n* [1] Admin pracownik *m* nieetatowy [2] Cin, Theat (extra) statyst|a *m*, -ka *f*
II *adj* [1] (extra) dodatkowy [2] (redundant) zbyteczny, zbędny
superorder /ˈsuːpərɔːdə(r), ˈsjuː-/ *n* Biol nadrząd *m*
superordinate /ˌsuːpərˈɔːdɪnət, ˌsjuː-/ **I** *n* [1] fml (person) przełożon|y *m*, -a *f* [2] Ling hiperonim *m*
II *adj* [1] fml *[person]* na wyższym stanowisku **(to sb** niż ktoś) [2] Ling nadrzędny **(to sth** w stosunku do czegoś)
superphosphate /ˌsuːpəˈfɒsfeɪt, ˌsjuː-/ *n* superfosfat *m*
superpose /ˌsuːpəˈpəʊz, ˌsjuː-/ *vt* na|łożyć, -kładać **(on sth** na coś)
superpower /ˈsuːpəpaʊə(r), ˈsjuː-/ **I** *n* supermocarstwo *n*
II *modif* **~ summit/talks** spotkanie na szczycie/rozmowy supermocarstw
supersaturated /ˌsuːpəˈsætʃəreɪtɪd, ˌsjuː-/ *adj* przesycony
superscript /ˈsuːpəskrɪpt, ˈsjuː-/ *adj* Print *[letter, number]* podniesiony, w indeksie górnym
supersede /ˌsuːpəˈsiːd, ˌsjuː-/ *vt* (replace) zast|ąpić, -ępować *[model, service, agree-*

S

ment]; (set aside as inferior) wyp|rzeć, -ierać *[model, technology, belief, theory]*

supersensitive /ˌsu:pəˈsensətɪv, ˌsju:-/ *adj* [1] Med nadwrażliwy [2] Tech bardzo czuły

supersonic /ˌsu:pəˈsɒnɪk, ˌsju:-/ *adj* (po)naddźwiękowy

supersonically /ˌsu:pəˈsɒnɪklɪ, ˌsju:-/ *adv [fly, travel]* z prędkością (po)naddźwiękową

superstar /ˈsu:pəstɑ:(r), ˈsju:-/ **I** *n* megagwiazda *f*; **a pop/football ~** megagwiazda muzyki pop/futbolu

II *modif* GB **a ~ designer** wielki projektant mody; **a ~ footballer** wielka gwiazda futbolu

superstition /ˌsu:pəˈstɪʃn, ˌsju:-/ *n* przesąd *m*; zabobon *m* pej

superstitious /ˌsu:pəˈstɪʃəs, ˌsju:-/ *adj* przesądny; zabobonny pej

superstitiously /ˌsu:pəˈstɪʃəslɪ, ˌsju:-/ *adv* przesądnie; zabobonnie pej

superstore /ˈsu:pəstɔ:(r), ˈsju:-/ *n* [1] (large supermarket) hipermarket *m* [2] (specialist shop) market *m*; **a furniture ~** market meblowy

superstratum /ˈsu:pəstrɑ:təm, ˈsju:-/ *n* (*pl* **-tums, -ta**) [1] Geol warstwa *f* górna or stropowa [2] Ling superstrat *m*

superstructure /ˈsu:pəstrʌktʃə(r), ˈsju:-/ *n* Constr nadbudowa *f*; Naut nadbudówka *f*

supertanker /ˈsu:pətæŋkə(r), ˈsju:-/ *n* Naut supertankowiec *m*

supertax /ˈsu:pətæks, ˈsju:-/ *n* Fin podatek *m* wyrównawczy

supervene /ˌsu:pəˈvi:n, ˌsju:-/ *vi* fml *[change, decision, reduction, illness]* nast|ąpić, -ępować; *[symptoms]* wyst|ąpić, -ępować

supervention /ˌsu:pəˈvenʃn, ˌsju:-/ *n* (of illness) wystąpienie *n*, pojawienie się *n*; (of disaster) nadejście *n*; (of event) nastąpienie *n*

supervise /ˈsu:pəvaɪz, ˈsju:-/ **I** *vt* [1] (watch over) nadzorować *[activity, area, workers, work]*; opiekować się (kimś), być opiekunem (kogoś) *[student]*; pilnować (kogoś) *[child]*; doglądać (kogoś) *[patient]*; **to ~ a thesis** być promotorem pracy naukowej [2] (control) kierować (kimś/czymś) *[department, investigation, project]*

II *vi* sprawować nadzór

III **supervised** *pp adj [facility, playground]* strzeżony

supervision /ˌsu:pəˈvɪʒn, ˌsju:-/ *n* [1] (of staff, work) (superintendence) nadzór *m*; (management) kierownictwo *n*; **under sb's ~** pod nadzorem kogoś; **with/without the ~ of sb** pod nadzorem/bez nadzoru kogoś; **she is responsible for the ~ of two students** Univ ma pod opieką dwoje studentów [2] (of child, patient, prisoner) nadzór *m* **(of sb** nad kimś**)**; **the boy/patient should not be left without ~** nie powinno się tego chłopca/pacjenta pozostawiać bez nadzoru

supervisor /ˈsu:pəvaɪzə(r), ˈsju:-/ *n* [1] (overseer) nadzorca *m*; (manager) kierowni|k *m*, -czka *f*; (foreman in factory, on building site) brygadzist|a *m*, -ka *f*; **canteen/shop ~** kierownik stołówki/sklepu; **site ~** kierownik budowy [2] GB Univ (for thesis) promotor *m* [3] US Sch przewodniczący|y *m*, -a *f* zespołu przedmiotowego

supervisory /ˈsu:pəvaɪzərɪ, ˈsju:-, US ˌsu:pəˈvaɪzərɪ/ *adj [body, committee]* nadzorczy; *[staff, post, duties, role]* (controlling) nadzorczy; (managerial) kierowniczy; **she is a ~ officer** jest członkiem kadry kierowniczej; **the work is mainly ~** ta praca polega głównie na nadzorze; **he is here in a ~ capacity** sprawuje tu nadzór

superwoman /ˈsu:pəwʊmən, ˈsju:-/ *n* (*pl* **-women**) mocna kobieta *f*, superwoman *f inv*

supine /ˈsu:paɪn, ˈsju:-/ **I** *n* Ling supinum *n inv*

II *adj* [1] (lying face upwards) *[person]* leżący na wznak; **to be ~** leżeć na wznak [2] fig *[submission]* bierny, bezwolny; *[complacency]* leniwy

III *adv [lie]* na wznak

supper /ˈsʌpə(r)/ *n* [1] (evening meal) kolacja *f*; **to have** or **eat ~** jeść kolację; **to have sth for ~** zjeść coś na kolację; **what's for ~?** co jest na kolację?; **do you fancy a bite of ~?** miałbyś ochotę coś zjeść przed spaniem? [2] Relig **the Last Supper** Ostatnia Wieczerza *f*

IDIOMS: **to sing for one's ~** zasłużyć na nagrodę; **you'll have to sing for your ~** nie ma nic za darmo

supper club *n* US klub *m* nocny

supper licence *n* GB Jur *pozwolenie na sprzedaż alkoholu poza dozwolonymi godzinami*

supper time *n* pora *f* kolacji

supplant /səˈplɑ:nt, US -ˈplænt/ *vt* zaj|ąć, -mować miejsce (kogoś/czegoś) *[lover, rival, doctrine, method, product]*; **my fear had been ~ed by joy** strach ustąpił miejsca radości

supple /ˈsʌpl/ *adj [person, body, movements]* gibki; *[limbs, fingers, mind]* giętki; *[leather]* miękki; *[skin]* jędrny

supplement **I** /ˈsʌplɪmənt/ *n* [1] (to diet) uzupełnienie *n*, suplement *m*; (to income) uzupełnienie *n* **(to sth** czegoś**)**; **a vitamin ~** suplement witaminowy [2] Tourism dopłata *f* **(for sth** za coś**)**; **a first class /single room ~** dopłata za pierwszą klasę/za pokój jednoosobowy; **a ~ of £20** dopłata w wysokości 20 funtów; **balcony available for** or **at a ~** pokój z balkonem za dopłatą [3] Journ dodatek *m*; **the Friday /business ~** dodatek piątkowy/ekonomiczny; **the job ~** dodatek „praca" [4] (to book, dictionary) suplement *m*

II /ˈsʌplɪment/ *vt* uzupełni|ć, -ać *[diet, knowledge, resources, staff]*; **to ~ sth with sth** uzupełnić coś czymś; **he is ~ing his income by working in a bar** dorabia, pracując w barze

supplementary /ˌsʌplɪˈmentrɪ, US -terɪ/ **I** *n* GB Pol dodatkowe pytanie *n*

II *adj* [1] *[income, charge, heating, staff]* dodatkowy; *[report, supply, comment, evidence, vitamins]* dodatkowy, uzupełniający; **to be ~ to sth** być uzupełnieniem czegoś [2] Math *[angle]* dopełniający **(to sth** w stosunku do czegoś**)**; **~ angles** kąty dopełniające się

supplementary benefit *n* GB Soc Admin zasiłek *m* wyrównawczy

supplementation /sʌplɪmenˈteɪʃn/ *n* uzupełnienie *n*; **vitamin ~** uzupełnienie niedoboru witamin

suppleness /ˈsʌplnɪs/ *n* (of person, body) gibkość *f*; (of limbs, mind) giętkość *f*; (of leather) miękkość *f*; (of skin) jędrność *f*

suppletion /səˈpli:ʃn/ *n* Ling supletywizm *m*

suppletive /səˈpli:tɪv/ *adj* Ling supletywny

suppliant /ˈsʌplɪənt/ fml **I** *n* petent *m*; suplikant *m* dat; Relig wznoszący *m* modły; **I come as a ~ begging a favour** przychodzę z pokorną prośbą

II *adj [attitude]* błagalny; *[person]* pokorny

supplicant /ˈsʌplɪkənt/ *n, adj* fml = **suppliant**

supplicate /ˈsʌplɪkeɪt/ fml **I** *vt* błagać; **to ~ sb for sth** błagać kogoś o coś

II *vi* błagać; (pray to God) zanosić prośby or błagania; **to ~ for sth** błagać o coś

supplication /ˌsʌplɪˈkeɪʃn/ *n* błaganie *n* **(for sth** o coś**)**; suplika *f* dat; **in ~** błagalnie, pokornie

supplier /səˈplaɪə(r)/ *n* dostawca *m* **(of sth** czegoś**)**

supply /səˈplaɪ/ **I** *n* [1] (stock) zapas *m*; **a plentiful ~ of bullets/money** duży zapas amunicji/znaczne zasoby finansowe; **cherries are in short/in plentiful ~** jest mało or brakuje wiśni/jest mnóstwo wiśni; **to get in a ~ of sth** zaopatrzyć się w coś; **the world food/water ~** światowe zasoby żywności/wody; **win a year's ~ of wine!** wygraj zapas wina na cały rok! [2] (source) źródło *n* zaopatrzenia **(of sth** w coś**)**; **~ of sth** (process of providing) dostarczanie czegoś, zaopatrywanie w coś; (act of providing) dostawa *f*; **the ~ has been cut off** odcięto źródło zaopatrzenia; **the blood ~ to the legs/the brain** dopływ krwi do nóg/do mózgu; **the ~ of oxygen to the tissues** dostarczanie tlenu do tkanek; **the fuel ~ (to an engine)** dopływ paliwa (do silnika); **the quality of the water ~** jakość wody dostarczanej do mieszkań; **the house has a gas and a hot water ~** w domu jest gaz i gorąca woda [3] GB Sch = **supply teacher**

II **supplies** *npl* [1] (equipment) zaopatrzenie *n*; (food) prowiant *m*, zapasy *m pl* żywności; (of natural resources) zasoby *m pl*; **we can cut off their supplies** możemy odciąć im zaopatrzenie [2] (for office, household) **office supplies** materiały biurowe; **household supplies** artykuły gospodarstwa domowego [3] GB Pol, Admin przydział *m* pieniędzy z budżetu

III *modif [truck]* dostawczy; *[train, ship]* zaopatrzeniowy; **~ problems** kłopoty zaopatrzeniowe; **~ company** dostawca

IV *vt* [1] (provide) dostarcz|yć, -ać *[goods, arms, fuel, water, oxygen, calories, drugs]* **(to sb/sth** komuś/do czegoś**)**; poda|ć, -wać *[answer, recipe]*; podpowi|edzieć, -adać *[word, phrase]*; zapewni|ć, -ać *[love, companionship, affection]*; **to ~ arms to sb, to ~ sb with arms** dostarczać broń komuś, zaopatrywać w broń kogoś; **to ~ names /details to the police, to ~ the police with names/details** podać policji nazwiska/szczegóły; **to keep sb supplied with sth** zapewniać komuś dostawy czegoś *[parts, equipment]*; **to keep a machine supplied with fuel** zapewnić stały dopływ paliwa do maszyny; **to keep sb supplied with information/gossip** przekazywać komuś na bieżąco informacje/plotki; **to be supplied with sth** (equipped) *[car, holiday cottage]* być wyposażonym w coś *[sunroof, TV]*; **they are not supplied with running water** nie mają bieżącej wody

[2] (provide food, fuel, raw materials for) zaopat|rzyć, -rywać *[area, town, family, factory, company]* **(with sth** w coś) [3] (satisfy, fulfil) zaspok|oić, -ajać *[need, demand]*

supply and demand *n* podaż *f* i popyt *m*

supply line *n* linia *f* zaopatrzenia

supply-side economics /səˌplaɪsaɪdˌiːkəˈnɒmɪks/ *n (+ v sg)* ekonomia *f* aktywizacji produkcji

supply teacher *n* nauczyciel *m*, -ka *f* na zastępstwie

support /səˈpɔːt/ **I** *n* [1] (backing) poparcie *n* **(for sb/sth** dla kogoś/czegoś); **there is considerable/little public ~ for the strikers** strajkujący mają znaczne/niewielkie poparcie społeczne; **~ for the party is increasing** rośnie poparcie dla partii; **Labour/Green Party ~** poparcie dla laburzystów/zielonych; **to get ~ from sb** zyskać poparcie kogoś; **to give sb/sth (one's) ~** udzielić poparcia komuś/czemuś, poprzeć kogoś/coś; **to have the ~ of sb** cieszyć się poparciem kogoś, być popieranym przez kogoś; **to campaign in ~ of sb/sth** prowadzić kampanię popierającą kogoś/coś; **to intervene in ~ of sb/sth** interweniować w sprawie kogoś/czegoś; **he spoke in ~ of the motion** wypowiedział się za wnioskiem; **the workers went on strike in ~ of their demands** robotnicy przystąpili do strajku, domagając się spełnienia swoich żądań; **the students demonstrated in ~ of the strikers** studenci demonstrowali na znak poparcia dla strajkujących; **to lend ~ to a theory** przemawiać za teorią; **in ~ of a theory** na poparcie teorii; **with sb's ~, with ~ from sb** przy poparciu kogoś; **a letter of ~** list popierający or z wyrazami poparcia [2] (help) (financial, political) wsparcie *n*, pomoc *f*; (moral) wsparcie *n*; **state ~** wsparcie ze strony państwa, pomoc państwa; **air/land/sea ~** Mil wsparcie lotnicze/lądowe/morskie; **~ for sb/sth** wsparcie dla kogoś/czegoś; **to give sb a lot of ~** (morally) wspierać kogoś; **a collection in ~ of war victims** zbiórka na rzecz ofiar wojny; **the appeal attracted a lot of ~ from the public** (financial) apel spotkał się z szerokim odzewem społeczeństwa; **to need ~ to do sth** potrzebować wsparcia, żeby coś zrobić [3] (subsistence) utrzymanie *n*; **he is dependent on his father for ~** jest na utrzymaniu ojca; **means of ~** środki utrzymania [4] (sth to lean on) oparcie *f*, podparcie *f*; fig (person) podpora *f*, oparcie *n* **(to sb** dla kogoś); **Adam was a great ~ to me when she died** Adam był dla mnie wielkim oparciem po jej śmierci; **he had to lean on a chair for ~** musiał oprzeć się o krzesło (żeby nie upaść); **he used his stick as a ~** podpierał się laską [5] (thing bearing weight) podpora *f*; (small) podpórka *f* [6] Med (truss) pas *m* przepuklinowy; (for broken limb) opatrunek *m* unieruchamiający; **athletic ~** suspensorium; **knee ~** opaska elastyczna (na kolano); **neck ~** kołnierz ortopedyczny [7] (singer) wykonaw|ca *m*, -czyni *f* supportów; (band) zespół *m* grający supporty

II *vt* [1] (back) pop|rzeć, -ierać *[local business, party, reform]*; **the motion was ~ed by 256 votes to 11** wniosek przeszedł 256 głosami, przy 11 głosach przeciwko [2] (help) (financially, morally) w|esprzeć, -spierać; **to ~ an organization by raising money** wspierać organizację, zbierając fundusze; **the museum is ~ed by public funds** muzeum jest dotowane z kasy publicznej [3] Sport kibicować (komuś/czemuś) *[team, sportsman]*; **who will you be ~ing in the finals?** komu będziesz kibicować w finałach? [4] (bear weight) podtrzym|ać, -ywać, utrzym|ać, -ywać ciężar (czegoś); **to be ~ed by sth** opierać się na czymś; **he was so weak, his legs would no longer ~ him** był taki słaby, że nie mógł utrzymać się na nogach [5] (validate) potwierdz|ić, -ać *[statement]*; przem|ówić, -awiać za (czymś) *[argument, theory]* [6] (maintain) *[person]* utrzym|ać,- ywać *[wife, children]*; *[land, farm]* wy|żywić *[inhabitants]*; **he has a wife and ten children to ~** ma na utrzymaniu żonę i dziesięcioro dzieci; **the desert is too dry to ~ life** pustynia jest zbyt sucha, żeby mogło się na niej rozwijać życie; **how do they manage to ~ their expensive lifestyle?** skąd mają pieniądze na tak wystawne życie?; **she ~ed her son through college** utrzymywała syna w czasie jego studiów [7] fml (put up with) zn|ieść, -osić *[adverse conditions, bad behaviour]*; **I will no longer ~ that kind of behaviour** nie będę dłużej znosić or tolerować takiego zachowania [8] Comput *[computer, system]* obsługiwać *[device]*; **my computer doesn't ~ this program/system** ten program/system nie działa na moim komputerze

III *vr* **to ~ oneself** (financially) utrzym|ać, -ywać się; **I ~ed myself with freelance journalism** utrzymywałem się, pracując jako niezależny dziennikarz

supportable /səˈpɔːtəbl/ *adj [behaviour]* dopuszczalny; **such behaviour is not ~** takie zachowanie jest niedopuszczalne

support act *n* Mus support *m*

support area *n* Mil zaplecze *n*, tyły *plt*

support band *n* Mus zespół *m* grający supporty

supporter /səˈpɔːtə(r)/ *n* zwolenni|k *m*, -czka *f*, stronni|k *m*, -czka *f*; Sport kibic *m*; **football/Arsenal ~** kibic piłkarski/Arsenalu

support group *n* Soc Admin grupa *f* wsparcia

support hose *n* = **support stockings**

supporting /səˈpɔːtɪŋ/ *adj* [1] Cin, Theat *[part, role]* drugoplanowy; *[actor]* grający rolę drugoplanową; **'best ~ actor/actress'** „najlepsza rola drugoplanowa"; **'with full ~ cast'** (on posters) „z doskonałą obsadą w rolach drugoplanowych"; **~ programme** Cin dodatek *m* [2] Constr *[wall, beam]* nośny

supporting document *n* załącznik *m*

supporting evidence *n* dowody *m pl* potwierdzające

supportive /səˈpɔːtɪv/ *adj [person]* oddany, ofiarny; *[role]* wspomagający; **to be very ~ to sb** okazać komuś wiele serca

support personnel *n* Mil personel *m* pomocniczy

support scheme *n* GB Soc Admin system *m* samopomocy

support services *n* obsługa *f* techniczna

support slot *n* Mus występ *m* zespołu grającego supporty

support staff *n* pracownicy *m pl* obsługi technicznej

support stockings *npl* (against varicose veins) pończochy *f pl* elastyczne przeciwżylakowe

support system *n* system *m* wspomagający also Comput

support team *n* ekipa *f* posiłkowa

support tights *npl* (against varicose veins) rajstopy *plt* elastyczne przeciwżylakowe

support troops *npl* Mil posiłki *plt*

support vessel *n* okręt *m* wspomagający

suppose /səˈpəʊz/ **I** *vt* [1] (think) **to ~ (that)...** sądzić, że...; **I ~ (that) she knows** sądzę or przypuszczam, że ona wie; **I don't ~ (that) she knows** nie sądzę, żeby wiedziała; **do you ~ (that) he's guilty?** sądzisz, że jest winny?; **I ~d him to be a friend** uważałem go za przyjaciela [2] (assume) za|łożyć, -kładać *[existence, possibility]*; **to ~ (that)...** zakładać, że...; **I ~ (that) you've checked** zakładam, że sprawdziłeś; **let us ~ that it's true** załóżmy, że to prawda; **I ~ it's too late now?** pewnie teraz jest już za późno?; **it's generally ~d that...** powszechnie uważa się, że...; **I ~ so/not** chyba tak/nie; przypuszczam or sądzę, że tak/nie; **even supposing he's there...** nawet zakładając, że on tam jest... [3] (admit) **I ~ you're right** chyba masz rację; **I ~ that if I'm honest...** muszę uczciwie przyznać, że... [4] (imagine) **when do you ~ (that) he'll arrive?** jak sądzisz, kiedy przyjedzie?; **who do you ~ I saw yesterday?** jak myślisz, kogo wczoraj widziałem?; **~ that it's true, what will you do?** przypuśćmy, że to prawda – co zrobisz?; **~ (that) he doesn't come?** a jeśli nie przyjdzie?; **I don't ~ you can do it?** (as polite request) czy nie mógłbyś tego zrobić? [5] (making a suggestion) **~ we go to a restaurant?** może pójdziemy do restauracji?; **~ we take the car?** a może weźmiemy samochód?

II supposed *pp adj* [1] *[father, owner, witness, advantage, benefit]* domniemany, rzekomy [2] (expected, required) **what are you doing here? you're ~d to be on holiday!** co ty tu robisz? przecież miałeś być na wakacjach!; **I'm ~d to be at work now!** powinienem być teraz w pracy!; **there was ~d to be a room for us** miał być dla nas pokój; **you're not ~d to enter this room** (expected not to do) nie powinieneś wchodzić do tego pokoju; (obliged not to do) nie wolno ci wchodzić do tego pokoju; **what's that ~d to mean?** co to ma znaczyć? [3] (alleged) **this machine is ~d to turn on automatically** ta maszyna podobno sama się włącza; **it's ~d to be a good hotel** to jest podobno dobry hotel

supposedly /səˈpəʊzɪdlɪ/ *adv [intelligent, wealthy]* ponoć; **he's ~ rich** ponoć jest bogaty; **the ~ developed countries** tak zwane kraje rozwinięte; **a ~ wealthy widow** wdowa ponoć bardzo bogata

supposing /səˈpəʊzɪŋ/ *conj* przypuśćmy, że; **~ (that) he says no?** a jeśli powie

S

nie?; **~ your income is X, you pay Y** przypuśćmy, że twój dochód wynosi X – wówczas zapłacisz Y

supposition /ˌsʌpəˈzɪʃn/ *n* [1] (guess, guesswork) przypuszczenie *n* [2] (assumption) założenie *n*; **to be based on the ~ that...** być opartym na założeniu, że...

suppositious /ˌsʌpəˈzɪʃəs/ *adj* (hypothetical) hipotetyczny; (false) *[name, will]* fałszywy

suppository /səˈpɒzɪtrɪ, US -tɔːrɪ/ *n* Med czopek *m*

suppress /səˈpres/ *vt* [1] (prevent) powstrzy|mać, -ywać *[activity, excitement, smile]*; opanow|ać, -ywać, poskr|omić, -amiać *[anger, yawn, sexuality, urge]*; s|tłumić w sobie *[doubt]*; zata|ić, -jać, ukry|ć, -wać *[evidence, truth]*; wycof|ać, -ywać *[report, information]*; zam|knąć, -ykać *[newspaper]*; rozwiąz|ać, -ywać *[party, group]*; s|tłumić *[opposition, riot, rebellion]*; za|tuszować *[scandal]*; **to ~ a cough/sneeze** powstrzymać się od kaszlu/kichnięcia [2] (reduce, weaken) opóźni|ć, -ać, za|hamować *[growth]*; osłabi|ć, -ać *[immune system]*; wypleni|ć, -ać *[weeds]* [3] Med osłabi|ć, -ać *[symptoms, reaction]* [4] Radio, Electron tłumić *[frequency]*

suppressant /səˈpresənt/ *n* inhibitor *m*

suppression /səˈpreʃn/ *n* [1] (of party) zakazanie *n* działalności; (of truth) zatajenie *n*; (of newspaper) zamknięcie *n*; (of activity) powstrzymanie *n*; (of revolt, demonstration) stłumienie *n*; (of scandal) zatuszowanie *n*; Psych (of feeling) stłumienie *n*, supresja *f* [2] (retardation) (of growth, development) opóźnienie *n*, zahamowanie *n* [3] Radio, Electron (of wave, frequency) stłumienie *n*

suppressive /səˈpresɪv/ *adj [environment]* nieprzyjazny

suppressor /səˈpresə(r)/ *n* Radio, Electron tłumik *m*, eliminator *m*

suppurate /ˈsʌpjʊreɪt/ *vi [wound, infected sore]* za|ropieć

suppuration /ˌsʌpjʊˈreɪʃn/ *n* (discharging of pus) ropienie *n*; (pus) ropa *f*

supranational /ˌsuːprəˈnæʃənl/ *adj* ponadnarodowy

suprarenal /ˌsuːprəˈriːnl/ *adj* Anat nadnerczowy

suprasegmental /ˌsuːprəsegˈmentl/ *adj* suprasegmentalny

supremacist /suːˈpreməsɪst, sjuː-/ *n* Pol zwolenni|k *m*, -czka *f* supremacji danej grupy lub rasy

supremacy /suːˈpreməsɪ, sjuː-/ *n* [1] (power) zwierzchnictwo *n*, supremacja *f* [2] (greater ability) wyższość *f*, przewaga *f*

supreme /suːˈpriːm, sjuː-/ *adj [ruler, power, courage, importance]* najwyższy; *[achievement]* największy; *[arrogance, stupidity]* wyjątkowy; **to reign ~** fig panować; **to make the ~ sacrifice** ponieść największą ofiarę fig

Supreme Being *n* Relig Istota *f* Najwyższa

Supreme Commander *n* Mil głównodowodzący *m*

Supreme Court *n* US Jur Sąd *m* Najwyższy

supremely /suːˈpriːmlɪ, sjuː-/ *n [important, difficult, happy]* niezwykle; *[confident]* absolutnie

Supreme Soviet *n* Pol Hist (in the Soviet Union) Rada *f* Najwyższa

supremo /suːˈpriːməʊ, sjuː-/ *n* (*pl* **-mos**) GB infml boss *m* infml; **the political ~s** tuzy życia politycznego; **a tennis ~** mistrz tenisa

Supt *n* = **Superintendent**

sura /ˈsʊərə/ *n* Relig sura *f*

surcharge /ˈsɜːtʃɑːdʒ/ **I** *n* [1] (additional charge) dopłata *f* **(on sth** za coś**)** [2] Post nadruk *m* zmieniający wartość znaczka [3] Elec (excessive burden) przeciążenie *n*

II *vt* obciąż|yć, -ać (kogoś) dopłatą; **to ~ sb 10% (on sth)** pobrać od kogoś dziesięcioprocentową dopłatę (za coś)

surd /sɜːd/ *n* [1] Math wyrażenie *n* niewymierne [2] Ling spółgłoska *f* bezdźwięczna

sure /ʃɔː(r), US ʃʊər/ **I** *adj* [1] (certain) pewny, pewien **(about** or **of sth** czegoś**)**; **to feel ~ that...** być pewnym, że...; **I'm quite ~ (that) I'm right** jestem całkowicie pewien, że mam rację; **'are you ~?' – 'yes, I'm ~'** „jesteś pewien?" – „oczywiście"; **I'm not ~ when he's coming/how old he is** nie jestem pewien, kiedy przyjdzie /ile ma lat; **I'm not ~ if** or **whether he's coming or not** nie jestem pewien, czy przyjdzie; **I'm not ~ that he'll be able to do it** nie jestem pewien, czy będzie w stanie to zrobić; **(are you) ~ you are all right?** na pewno dobrze się czujesz?; **he is ~ of his facts** jest pewien tego, co mówi; **you can be ~ of a warm welcome /success** możesz liczyć na serdeczne przyjęcie/sukces; **she'll be on time, of that you can be ~** będzie na czas, możesz być tego pewien; **one thing you can be ~ of...** jednego możesz być pewien...; **I couldn't be ~ I had locked the door** nie byłem pewien, czy zamknąłem drzwi; **I'm ~ I don't know, I don't know I'm ~** naprawdę nie wiem; **we can never be ~** nigdy nie ma pewności; **I wouldn't be so ~ (about that)!** nie byłbym (tego) taki pewny!; **for ~** z całą pewnością, na pewno; **I won't invite them again, and that's for ~** infml z całą pewnością nigdy więcej już ich nie zaproszę; **we'll be there next week for ~!** na pewno będziemy w przyszłym tygodniu!; **we can't say for ~** nie możemy powiedzieć na pewno; **nobody knows for ~** nikt nie wie na pewno; **to find out for ~** upewnić się; **he is, to be ~, a charming man** jest niewątpliwie czarującym człowiekiem; **to make ~ that...** (ascertain) upewnić się, że...; (see to it) dopilnować, żeby...; **make ~ all goes well** dopilnuj, żeby wszystko poszło dobrze; **make ~ you phone me** koniecznie do mnie zadzwoń; **be** or **make ~ to tell him that...** koniecznie mu powiedz, że...; **she made ~ to lock the door behind her** sprawdziła, czy dobrze zamknęła za sobą drzwi; **in the ~ and certain knowledge that...** w głębokim przekonaniu, że...; **he's a ~ favourite (to win)** Sport on jest pewniakiem infml [2] (bound) **he's ~ to fail** na pewno mu się nie uda; **she's ~ to be there** na pewno tam będzie; **if I'm in the shower, the phone is ~ to ring** ilekroć biorę prysznic, zawsze dzwoni telefon [3] (confident) pewny; **to be** or **feel ~ of oneself** być pewnym siebie; **to be ~ of sb** być pewnym kogoś [4] (reliable) *[friend, method, remedy]* pewny, niezawodny; **the ~st route to success** najlepsza droga do sukcesu; **the ~st way to do sth** najlepszy sposób zrobienia czegoś; **she was chain-smoking, a ~ sign of agitation** paliła jednego papierosa za drugim, co było nieomylną oznaką wzburzenia; **to have a ~ eye for details/colours** mieć dobre oko do szczegółów/kolorów [5] (steady) *[hand, footing]* pewny; **with a ~ hand** pewną ręką; **to have a ~ aim** celnie mierzyć, mieć pewną rękę

II *adv* [1] infml (yes) **'you're coming?' – '~!'** „idziesz?" – „(no) pewnie!" [2] infml (certainly) faktycznie, rzeczywiście; **it ~ is cold** faktycznie jest zimno; **'is it cold?' – 'it ~ is!'** „czy jest zimno?" – „jeszcze jak!" infml; **that ~ smells good!** US to naprawdę nieźle pachnie! [3] **~ enough** faktycznie, rzeczywiście; **I said he'd be late and ~ enough he was!** powiedziałem, że się spóźni i faktycznie tak się stało

IDIOMS: **~ thing!** US infml (no) jasne! infml; **to be ~!** dat oczywiście!; **as ~ as eggs is eggs** infml, **as ~ as fate, as ~ as I'm standing here** (pewne) jak dwa razy dwa cztery

sure-fire /ˈʃɔːfaɪə(r), US ʃʊər-/ *adj [method]* niezawodny; *[success]* pewny

sure-footed /ʃɔːˈfʊtɪd, US ʃʊər-/ *adj* zwinny; fig kompetentny, operatywny

sure-footedness /ʃɔːˈfʊtɪdnɪs, US ʃʊər-/ *n* zwinność *f*; fig operatywność *f*

sure-handed /ʃɔːˈhændɪd, US ʃʊər-/ *adj* wprawny

surely /ˈʃɔːlɪ, US ˈʃʊərlɪ/ *adv* [1] (expressing certainty) na pewno, z pewnością; **I'm ~ right** na pewno mam rację; **~ we've met before!** jestem pewien, że już się kiedyś spotkaliśmy!; **you noted his phone number, ~?** oczywiście zapisałeś jego numer telefonu; **~ you can understand that?** z pewnością potrafisz to zrozumieć!; **'it was in 1991' – '1992, ~'** „to było w 1991 roku" – „z całą pewnością w 1992" [2] (expressing surprise, doubt) chyba; **you're ~ not going to eat that!** chyba nie zamierzasz tego jeść!; **~ you don't think that's true!** chyba w to nie wierzysz!; **~ not!** niemożliwe!; **~ to God** or **goodness you've written that letter by now** na litość boską, chyba napisałeś już ten list! [3] (yes) pewnie, oczywiście; **'can I borrow your car?' – '~'** „czy mogę pożyczyć twój samochód?" – „oczywiście or proszę bardzo" [4] ra (in sure manner) *[move]* pewnie

sureness /ˈʃɔːnɪs, US ˈʃʊərnɪs/ *n* (of intent) pewność *f*; (of technique) niezawodność *f*; **~ of touch** pewna ręka; fig znajomość rzeczy

surety /ˈʃɔːrətɪ, US ˈʃʊərtɪ/ *n* Fin Jur [1] (guarantee) poręczenie *n*, zabezpieczenie *n*; (in money) kaucja *f*; **he was bailed on a ~ of $5,000** został zwolniony za kaucją 5 000 dolarów; **what can you provide as a ~?** jakie możesz dać poręczenie? [2] (guarantor) poręczyciel *m*, -ka *f*; **to stand ~ for sb** poręczyć za kogoś

surf /sɜːf/ **I** *n* [1] (waves) fale *f pl* przyboju [2] (foam) morska piana *f*

II *vt* Comput **to ~ the Internet** surfować po Internecie

III *vi* [1] Sport uprawiać surfing, surfować [2] Comput surfować po Internecie

surface /ˈsɜːfɪs/ **I** *n* [1] (of water, land, object) powierzchnia *f*; (of road) nawierzchnia *f*; **on the ~ of sth** na powierzchni czegoś; **to work at the ~** Mining pracować na powierzchni; **to come** or **rise to the ~** *[diver, submarine]* wynurzyć się, wypłynąć na powierzchnię [2] fig **to skim the ~ of the problem** ledwie dotknąć sedna sprawy; **on the ~ it was a simple problem** z pozoru sprawa była prosta; **beneath the ~ he's very shy** wbrew pozorom jest bardzo nieśmiały; **anger bubbling never far below the ~** gniew, który może w każdej chwili wybuchnąć; **to come** or **rise to the ~** *[tensions, feelings, emotions]* uzewnętrznić się [3] Math (of solid, cube) bok *m*, ściana *f* [4] (worktop) powierzchnia *f* do pracy

II *modif* [1] *[vessel, fleet]* nawodny; *[transport]* naziemny; *[wound]* powierzchowny; **~ works** roboty naziemne; **~ measurements** wymiary powierzchni [2] fig *[problem, resemblance]* pozorny [3] Ling *[structure, grammar, analysis]* powierzchniowy

III *vt* pokry|ć, -wać nawierzchnią *[road]*; **to ~ a road with cement/asphalt** wybetonować/wyasfaltować jezdnię

IV *vi* [1] *[object, animal, person, submarine]* wynurz|yć, -ać się, wypły|nąć, -wać na powierzchnię [2] fig (come to surface) *[tension, anxiety, racism]* ujawni|ć, -ać się; *[problem, evidence, scandal]* wy|jść, -chodzić na światło dzienne [3] (reappear) *[person]* (after a long absence) pojawi|ć, -ać się; (from bed) wsta|ć, -wać; zwle|c, -kać się infml; *[object]* pojawi|ć, -ać się

surface air missile, SAM *n* pocisk *m* ziemia-powietrze

surface area *n* pole *n* powierzchni, powierzchnia *f*

surface mail *n* poczta *f* lądowa

surface noise *n* (in recording) trzaski *m pl*, szmery *m pl*

surface tension *n* Phys napięcie *n* powierzchniowe

surface-to-air /ˌsɜːfɪstʊˈeə(r)/ *adj* Mil *[missile]* ziemia-powietrze

surface-to-surface /ˌsɜːfɪstʊˈsɜːfɪs/ *adj* Mil *[missile]* ziemia-ziemia

surfactant /sɜːˈfæktənt/ *n* substancja *f* powierzchniowo czynna

surfboard /ˈsɜːfbɔːd/ *n* deska *f* surfingowa

surfboarder /ˈsɜːfbɔːdə(r)/ *n* surfingowiec *m*

surfboarding /ˈsɜːfbɔːdɪŋ/ *n* surfing *m*

surfboat /ˈsɜːfbəʊt/ *n łódź przystosowana do pływania na dużej fali*

surfcasting /ˈsɜːfkɑːstɪŋ, US -kæstɪŋ/ *n* łowienie *n* (ryb) z plaży

surfeit /ˈsɜːfɪt/ **I** *n* nadmiar *m* **(of sth** czegoś)

II *vt* **to be ~ed with food** być przejedzonym; **to be ~ed with pleasure** mieć przyjemności aż do przesytu

III *vr* **to ~ oneself with food** przejadać się; **to ~ oneself with pleasure** używać wszelkich przyjemności

surfer /ˈsɜːfə(r)/ *n* surfingowiec *m*

surfing /ˈsɜːfɪŋ/ *n* surfing *m*

surf'n'turf *n* US Culin danie *n* mięsno-rybne

surfride /ˈsɜːfraɪd/ *vi* uprawiać surfing, surfować

surfrider /ˈsɜːfraɪdə(r)/ *n* surfingowiec *m*

surfriding /ˈsɜːfraɪdɪŋ/ *n* surfing *m*

surge /sɜːdʒ/ **I** *n* [1] (rush) (of water) spiętrzona fala *f*; (of blood, energy, adrenalin, anger, enthusiasm, optimism) nagły przypływ *m* **(of sth** czegoś); **a ~ of pity/relief** nagły przypływ litości /nagłe uczucie ulgi [2] Fin, Pol (increase) (in demand, unemployment, immigration, imports) gwałtowny wzrost *m* **(in sth** czegoś); (in prices, inflation) skok *m* **(in sth** czegoś) [3] Elec (also **power ~)** skok *m* napięcia [4] Sport (increase in speed) przyśpieszenie *n*

II *vi* [1] (rise) *[waves]* przewal|ić, -ać się; *[water, energy]* w|ezbrać, -zbierać; fig *[emotion]* w|ezbrać, -zbierać **(in sb** w kimś); **the blood ~d to his cheeks** policzki nabiegły mu rumieńcem; **the crowd ~d (out) onto the streets/the square** tłum wylał się na ulice/plac; **to ~ forward** *[crowd]* ruszyć do przodu; *[car]* gwałtownie ruszyć [2] Fin (increase) *[prices, profits, demands]* gwałtownie wzr|osnąć, -astać; *[shares]* zwyżkować [3] Sport (increase speed) *[runner, swimmer, team]* gwałtownie przyśpiesz|yć, -ać; **to ~ through (to win)** przyśpieszyć (żeby sięgnąć po zwycięstwo)

III surging *prp adj* Fin *[market, rates, prices]* gwałtownie zwyżkujący

surgeon /ˈsɜːdʒən/ *n* chirurg *m*

surgeon general *n* [1] Med Mil naczelny lekarz *m* wojskowy [2] US ≈ minister *m* zdrowia

surgery /ˈsɜːdʒərɪ/ *n* [1] Med (treatment) operacja *f*; (skill, study) chirurgia *f*; **to have ~** mieć operację; **to undergo ~** poddać się operacji; **to need ~** wymagać operacji [2] GB Med (room) gabinet *m*; (building) przychodnia *f*; **a doctor's/dentist's ~** (room) gabinet lekarski/stomatologiczny or dentystyczny; (building) przychodnia lekarska/stomatologiczna or dentystyczna [3] GB (of doctor, MP) godziny *f pl* przyjęć; Med dyżur *m*; **to take afternoon ~** przyjmować po południu [4] US (operating room) sala *f* operacyjna

surgical /ˈsɜːdʒɪkl/ *adj [mask, instruments, treatment]* chirurgiczny; *[boot]* ortopedyczny; *[stocking]* przeciwżylakowy; **with ~ precision** z zegarmistrzowską dokładnością or precyzją

surgical appliance *n* aparat *m* ortopedyczny

surgical clamp *n* zacisk *m* chirurgiczny

surgical dressing *n* opatrunek *m*

surgically /ˈsɜːdʒɪklɪ/ *adv [treat]* chirurgicznie; **to remove sth ~** usunąć coś operacyjnie

surgical shock *n* Med szok *m* pooperacyjny

surgical spirit *n* spirytus *m (używany do dezynfekcji)*

surgical strike *n* Mil precyzyjne uderzenie *n*

surgical ward *n* oddział *m* chirurgii

Surinam /ˌsʊərɪˈnæm/ *prn* Surinam *m*

Surinamese /ˌsʊərɪnəˈmiːz/ **I** *n* Surinam|czyk *m*, -ka *f*

II *adj* surinamski

surliness /ˈsɜːlɪnɪs/ *n* gburowatość *f*, opryskliwość *f*

surly /ˈsɜːlɪ/ *adj* gburowaty, opryskliwy

surmise /səˈmaɪz/ fml **I** *n* domysł *m*, przypuszczenie *n*

II *vt* domyślać się, wy|wnioskować **(that...** że...); **to ~ that...** domyślać się, że..., przypuszczać, że...

surmount /səˈmaʊnt/ *vt* [1] (be on top of) *[cross, statuette]* zwieńcz|yć, -ać *[tower, column]*; **to be ~ed by sth** być zwieńczonym czymś [2] fig (overcome) przezwycięż|yć, -ać *[difficulty, problem]*; pokon|ać, -ywać *[obstacle]*

surmountable /səˈmaʊntəbl/ *adj [difficulty, problem]* (możliwy) do przezwyciężenia; *[obstacle]* (możliwy) do pokonania

surname /ˈsɜːneɪm/ *n* nazwisko *n*

surpass /səˈpɑːs, US -ˈpæs/ **I** *vt* (be better or greater than) przewyższ|yć, -ać; (go beyond) przekr|oczyć, -aczać, prze|jść, -chodzić *[expectations]*; **to ~ sb/sth in sth** przewyższać kogoś/coś w czymś; **to ~ sb in height** przewyższać kogoś wzrostem; **to ~ sth in height/size** być wyższym/większym od czegoś; **to ~ sb/sth in numbers** być liczniejszym niż ktoś/coś, mieć przewagę liczebną nad kimś/czymś

II *vr* **to ~ oneself** prze|jść, -chodzić samego siebie

surpassing /səˈpɑːsɪŋ, US -ˈpæs-/ *adj* fml niedościgniony, niezrównany

surplice /ˈsɜːplɪs/ *n* komża *f*

surplus /ˈsɜːpləs/ **I** *n* (*pl* **~es)** nadmiar *m*; Econ, Comm nadwyżka *f*; **the account is in ~** saldo rachunku jest dodatnie; **oil/food ~** nadwyżka paliwa/żywności; **trade ~** nadwyżka w handlu; **budget ~** nadwyżka budżetowa

II *adj* **~ money/food/labour** nadwyżka pieniędzy/żywności/siły roboczej; **items that are ~ to requirements** artykuły, których jest w nadmiarze

surplus value *n* wartość *f* dodatkowa

surprise /səˈpraɪz/ **I** *n* [1] (unexpected event) zaskoczenie *n*, niespodzianka *f*; **there are more ~s in store** or **to come** to jeszcze nie koniec niespodzianek; **the result came as** or **was no ~** wynik nie był żadnym zaskoczeniem; **that's a bit of a ~** to trochę zaskakujące; **it comes as** or **is no ~ that...** nie jest niczym zaskakującym, że...; **it came as something of a ~ that people were so pleased** to było trochę zaskakujące, że ludzie tak się cieszyli; **it would come as no ~ if...** nie byłoby to żadnym zaskoczeniem, gdyby...; **it comes as** or **is a ~ to hear/to see that...** ze zdziwieniem dowiadujemy się /widzimy, że...; **it came as no ~ to us to hear that...** nie byliśmy zaskoczeni wiadomością, że...; **it came as** or **was a complete ~ to me** to było dla mnie kompletne zaskoczenie; **to spring a ~ on sb** zaskoczyć kogoś, zrobić niespodziankę komuś; **~, ~!** niespodzianka!; **is he in for a ~!** ale się zdziwi!; **and, ~, ~, they agreed** iron i, o dziwo, zgodzili się! [2] (experience, gift) niespodzianka *f*; **what a nice ~** co za miła niespodzianka!; **she wants it to be a ~** chce, żeby to była niespodzianka [3] (astonishment) zaskoczenie *n*, zdziwienie *n*; **there was some ~ at the news** wiadomość ta wywołała pewne zaskoczenie; **to express ~ at sth** wyrazić zaskoczenie czymś; **to express ~ that...** wyrazić zdziwienie, że...; **to my (great) ~,**

S

(much) to my ~ ku mojemu (wielkiemu) zaskoczeniu or zdziwieniu; **with ~** ze zdziwieniem; **'are you sure?' she said in ~** „jesteś pewien?" zapytała zaskoczona [4] (as tactic) zaskoczenie *n*; **the element of ~** element zaskoczenia; **to take sb by ~** zaskoczyć kogoś

II *modif* (unexpected) *[announcement, closure, result, visit, guest, holiday, attack, invasion]* niespodziewany; **~ party** przyjęcie-niespodzianka; **~ tactics** taktyka zaskoczenia also fig; **to pay sb a ~ visit** przyjść do kogoś bez uprzedzenia

III *vt* [1] (astonish) zask|oczyć, -akiwać, z|dziwić; **he ~d everyone by winning** jego wygrana zaskoczyła wszystkich; **to be ~d by sth** być zaskoczonym or zdziwionym czymś; **what ~s me most is...** mnie najbardziej dziwi to, że...; **it ~d them that...** zaskoczyło or zdziwiło ich, że...; **it wouldn't ~ me if...** nie zdziwiłbym się, gdyby...; **it might ~ you to know that...** być może nie wiesz o tym, że...; może się zdziwisz, ale...; **nothing ~s me any more!** nic mnie już nie dziwi!; **you (do) ~ me !** iron a to mnie zaskoczyłeś!; **go on, ~ me!** no powiedz! [2] (come upon) zask|oczyć, -akiwać *[intruder, thief, garrison]*; **mother ~d him helping himself to vodka** matka nakryła go, jak nalewał sobie wódki

surprised /sə'praɪzd/ *adj [person, expression, look]* zaskoczony, zdziwiony; **I was really ~** byłem naprawdę zaskoczony; **I'm not ~** to mnie nie dziwi; **don't look so ~** nie rób takiej zdziwionej miny; **I was ~ to hear/to see that...** byłem zaskoczony, kiedy się dowiedziałem/zobaczyłem, że...; **to be ~ at sth** być zaskoczonym czymś; **I would/wouldn't be ~ if...** zdziwiłbym się/nie zdziwiłbym się, gdyby...; **don't be ~ if...** nie zdziw się, jeśli...; **you'd be ~ (at) how many cars there are/how expensive they are** zdziwiłbyś się, ile tu jest samochodów/jakie są drogie; **'there'll be no-one' – 'oh, you'd be ~'** „nie będzie nikogo" – „no, to czeka cię niespodzianka"; **I'm ~ at him!** nie spodziewałem się tego po nim!

surprising /sə'praɪzɪŋ/ *adj* (unusual) zadziwiający, zaskakujący; (unexpected) niespodziewany, zaskakujący; **it would be ~ if...** byłoby dziwne, gdyby...; **it's ~ that...** to zaskakujące, że...; **I find it ~ that...** to dla mnie zaskakujące, że...; **it's hardly ~ that...** nic dziwnego or trudno się dziwić, że...; **it is ~ to see/find that...** to zaskakujące, że...; **what is even more ~ is that he...** a jeszcze dziwniejsze jest to, że...

surprisingly /sə'praɪzɪŋlɪ/ *adv* zadziwiająco, zaskakująco, niespodziewanie; **~ few people know about it** zadziwiająco mało osób wie o tym; **~, they lost** niespodziewanie przegrali; **they didn't know her, ~ enough** o dziwo nie znali jej; **not ~, they rejected the offer** jak można było się spodziewać, odrzucili ofertę; **more ~, ...** i co dziwniejsze...

surreal /sə'rɪəl/ *adj* surrealistyczny

surrealism, Surrealism /sə'rɪəlɪzəm/ *n* surrealizm *m*, nadrealizm *m*

surrealist /sə'rɪəlɪst/ **I** *n* surrealist|a *m*, -ka *f*, nadrealist|a *m*, -ka *f*

II *adj* surrealistyczny, nadrealistyczny

surrealistic /ˌsərɪə'lɪstɪk/ *adj* surrealistyczny

surrender /sə'rendə(r)/ **I** *n* [1] Mil (of army, town) kapitulacja *f* **(to sb** przed kimś); (of soldier) poddanie się *n* **(to sb** komuś); **no ~!** nie poddamy się! [2] (renouncing, giving up) (of territory, power) oddanie *n* **(to sb** komuś); (of liberties, rights) zrzeczenie się *n* **(to sb** na rzecz kogoś); (of insurance policy) wykupienie *n* [3] (handing over) oddanie *n* **(to sb/sth** komuś /do czegoś); (of weapons) złożenie *n*; (of ticket, document) zwrot *m* [4] fig (of self) (to joy, despair) poddanie się *n* **(to sth** czemuś)

II *vt* [1] Mil podda|ć, -wać *[town, garrison]* **(to sb** komuś) [2] (give up) odda|ć, -wać *[power]* **(to sb** komuś); zrze|c, -kać się (czegoś) *[rights, liberty]* **(to sb** na rzecz kogoś); wykup|ić, -ywać *[insurance policy]*; **to ~ a lease/one's claims** zrezygnować z wynajmu/z roszczeń [3] (hand over) złożyć, składać *[firearm]* **(to sb** w ręce kogoś); odda|ć, -wać *[ticket]* **(to sb** komuś)

III *vi* [1] (give up) *[army, soldier, country]* podda|ć, -wać **(to sb** komuś); **I ~** poddaję się also fig; **the escaped prisoner ~ed to the police** zbiegły więzień oddał się w ręce policji [2] (give way) podda|ć, -wać się (czemuś) *[despair]*; **to ~ to sb's demands** ulec żądaniom kogoś

IV *vr* **to ~ oneself to sth** podda|ć, -wać się czemuś *[despair]*; odda|ć, -wać się czemuś *[joy]*; **to ~ oneself to sb** (sexually) ule|c, -gać komuś

surrender value *n* (of policy) wartość *f* wykupu

surreptitious /ˌsʌrəp'tɪʃəs/ *adj [glance, gesture]* ukradkowy; *[search, exit]* dyskretny

surreptitiously /ˌsʌrəp'tɪʃəslɪ/ *adv [look, examine, take, put]* ukradkiem

Surrey /'sʌrɪ/ *prn* Surrey *n inv*

surrogacy /'sʌrəgəsɪ/ *n* macierzyństwo *n* zastępcze

surrogate /'sʌrəgeɪt/ **I** *n* [1] (substitute) substytut *m* **(for sb/sth** kogoś/czegoś); surogat *m*, namiastka *f* pej [2] GB Relig oficjał *m* [3] US Jur *sędzia do spraw spadkowych i opiekuńczych* [4] (also **~ mother)** matka *f* zastępcza

II *adj [material, religion]* zastępczy; **he's become a ~ father to me** zastąpił mi ojca

surrogate motherhood *n* macierzyństwo *n* zastępcze

surround /sə'raʊnd/ **I** *n* GB obramowanie *n*

II *vt [trees, fence]* ot|oczyć, -aczać, ok|olić, -alać *[garden, village]*; *[police, troops]* ot|oczyć, -aczać, okrąż|yć, -ać *[building, village]*; osacz|yć, -ać *[person]*; *[admirers]* oble|c, -gać *[idol]*; *[confusion]* panować wokół (czegoś) *[event]*; **~ed by** or **with secrecy** fig *[plan]* otoczony tajemnicą

III *vr* **to ~ oneself with sth** ot|oczyć, -aczać się czymś

surrounding /sə'raʊndɪŋ/ *adj [countryside, hills, villages]* okoliczny; **the ~ area** or **region** okolica

surroundings /sə'raʊndɪŋz/ *npl* otoczenie *n*; (area) okolica *f*; **animals in their natural ~** zwierzęta w ich naturalnym środowisku

surround sound *n* dźwięk *m* przestrzenny

surtax /'sɜːtæks/ *n* (on income) podatek *m* wyrównawczy; (additional tax) domiar *m* podatkowy

surveillance /sɜː'veɪləns/ **I** *n* nadzór *f*; (of spy, criminal) obserwacja *f*, inwigilacja *f*; **to keep sb under ~** inwigilować kogoś

II *modif [equipment, device]* do prowadzenia obserwacji; *[officer, team]* prowadzący inwigilację; **~ camera** kamera monitorująca; **~ photographs/film** zdjęcia/film z kamery monitorującej

survey I /'sɜːveɪ/ *n* [1] (of trends, prices, reasons) badanie *n* **(of sth** czegoś); (by questioning people) sonda *f*, sondaż *m*; (overview of work) przegląd *m* **(of sth** czegoś); **to carry out** or **conduct** or **do a ~** przeprowadzić badania; (by questioning people) przeprowadzić sondaż; **a ~ of five products** badanie porównawcze pięciu produktów; **a ~ of 500 young mothers** sondaż przeprowadzony wśród pięciuset młodych matek [2] GB (in housebuying) (inspection) oględziny *plt*, inspekcja *f* **(on sth** czegoś); (report) ekspertyza *f* **(on sth** czegoś); **to do** or **carry out a ~** dokonać ekspertyzy; **to get a ~ done** zlecić wykonanie ekspertyzy [3] Geog, Geol pomiary *plt* [4] Geog, Geol (map) (of land) mapa *f* topograficzna; (of sea) mapa *f* hydrograficzna; (photo) zdjęcie *n* pomiarowe [5] (rapid examination) **a ~ of sth** rzut oka na co *[crowd, faces, room]*

II /sə'veɪ/ *vt* [1] (investigate) z|badać *[ma prices, trends, opinions, intentions]*; occ -ać *[prospects]*; przeprowadz|ić, -ać so wśród (kogoś) *[people]* [2] GB (in housebuying) przeprowadz|ić, -ać oględziny (czegoś) *[property, house]* [3] Geog, Geol przeprowadz|ić, -ać pomiary (czegoś) *[area, sea]* [4] (look at) z|lustrować wzrokiem *[scene, picture, audience]*

survey course *n* US Univ kurs *m* p... glądowy

surveying /sə'veɪɪŋ/ **I** *n* [1] (in housebuying) (inspection) oględziny *plt*; (report) ek...pertyza *f* [2] Geog, Geol (science) (for land) miernictwo *n*; (for sea) hydrografia *f*

II *modif [instrument* ...land) mierniczy; (for sea) hydrograficzny

surveyor /sə'veɪə(r)/ *n* [1] GB (of building) rzeczoznawca *m* budowlany; (of land) mierniczy *m* [2] Geog, Geol geodeta *m*

survey ship *n* Naut statek *m* hydrograficzny

survival /sə'vaɪvl/ **I** *n* [1] (act, condition) (of animal, plant, government, custom, belief) przetrwanie *n*; (of person) przeżycie *n*; **the struggle for ~** walka o przetrwanie or byt; **the ~ of the fittest** dobór naturalny also fig [2] (remaining custom, practice, belief, object) relikt *m* **(of sth** czegoś); pozostałość *f* **(from sth** czegoś, po czymś); **the last remaining ~ from the original cabinet** ostatni członek pierwotnego gabinetu

II *modif* **~ kit/equipment** zestaw/sprzęt umożliwiający przetrwanie w trudnych warunkach; **~ course** szkoła przetrwania

survive /sə'vaɪv/ **I** *vt* [1] (live through) *[person]* przeżyć *[accident, operation, heart attack]*; przetrzym|ać, -ywać, przetrwać *[crisis, reces-*

sion, winter]; *[furniture, painting, building]* ocaleć z (czegoś) *[fire, explosion, flood]*; *[government, politician]* przetrwać *[vote]* [2] (live longer than) przeży|ć, -wać *[person]*; **she is ~d by a husband and three daughters** pozostawiła męża i trzy córki; **to ~ sb by 10 years** przeżyć kogoś o dziesięć lat

II *vi [person, animal, plant]* przeży|ć, -wać; *[government, company]* przetrwać; *[furniture, painting, building]* ocaleć, zachować się; **to ~ on £50 a week** żyć za 50 funtów tygodniowo; **I can ~ on one meal a day** wystarcza mi jeden posiłek dziennie; **'don't worry, I'll ~'** „nie martw się, jakoś przeżyję"

surviving /sə'vaɪvɪŋ/ *adj* żyjący; **his only ~ relative** jego jedyny żyjący krewny; **the longest ~ patient** najdłużej żyjący pacjent

survivor /sə'vaɪvə(r)/ *n* [1] (of accident, attack) **he's the only ~** tylko on ocalał; **the ~s of the accident** osoby, które przeżyły wypadek [2] (resilient person) **he's a ~** on jest twardy [3] Jur spadkobierca *m*, spadkobierczyni *f*

susceptibility /səˌseptə'bɪlətɪ/ **I** *n* [1] (vulnerability) (to infection, disease, advertising, flattery) podatność *f* **(to sth** na coś**)** [2] (impressionability) podatność *f* na wpływy

II susceptibilities *npl* wrażliwość *f*, uczucia *n pl*

susceptible /sə'septəbl/ *adj* [1] (vulnerable) (to cold, heat, pressure) wrażliwy **(to sth** na coś**)**; (to persuasion) łatwo ulegający **(to sth** czemuś**)**; (to flattery, disease) podatny **(to sth** na coś**)** [2] (impressionable) podatny na wpływy [3] fml **~ of proof/analysis** dający się udowodnić/przeanalizować; **facts ~ of various interpretations** fakty, które można różnie interpretować

sushi /'suːʃɪ/ *n* Culin sushi *n inv*, suszi *n inv*

sus law /'sʌslɔː/ *n* GB infml *prawo zezwalające na zastosowanie aresztu prewencyjnego*

suspect I /'sʌspekt/ *n* podejrzan|y *m*, -a *f*

II /'sʌspekt/ *adj [person, vehicle, foodstuff, smell, notion, enthusiasm]* podejrzany; *[claim, evidence, authenticity]* wątpliwy, budzący wątpliwości

III /sə'spekt/ *vt* [1] (believe) podejrzewać *[murder, plot, sabotage, fraud]*; **to ~ that...** podejrzewać, że...; **I ~ she didn't want to agree** podejrzewam, że nie chciała się zgodzić; **there's reason to ~ that...** można podejrzewać, że...; **we strongly ~ that...** mamy poważne powody, żeby podejrzewać, że...; **it isn't, I ~, a very difficult task** nie wydaje mi się, żeby to było bardzo trudne zadanie [2] (doubt) wątpić w (coś), powątpiewać w (coś) *[truth, validity, sincerity, motives]*; **she ~s nothing** ona niczego nie podejrzewa [3] (have under suspicion) podejrzewać *[person, organization]* **(of sth** o coś**)**; **she was ~ed of stealing money** była podejrzana o kradzież pieniędzy, podejrzewano ją o kradzież pieniędzy

IV suspected *pp adj* **it's ~ed sabotage** podejrzewa się, że to sabotaż; **'and what did the doctor say?' – '~ed food-poisoning'** „co powiedział lekarz?" – „podejrzenie zatrucia"; **he has ~ed pneumonia** lekarze podejrzewają u niego zapalenie płuc; **a ~ed war criminal /terrorist** podejrzany o zbrodnie wojenne/terroryzm

suspend /sə'spend/ *vt* [1] (hang) zawie|sić, -szać; **to ~ a hook from the ceiling** zawiesić hak u sufitu; **platforms ~ed by ropes from the roof** pomosty zawieszone na linach spuszczonych z dachu; **to be ~ed in midair/time** być zawieszonym w powietrzu/w czasie [2] (float) **to be ~ed in sth** *[smoke, sound, balloon]* unosić się w czymś *[air]*; *[particles]* być zawieszonym w czymś *[gel]* [3] (call off) zawie|sić, -szać *[negotiations, payments, bus service]*; wstrzym|ać, -ywać *[aid, production, hostilities]*; przer|wać, -ywać *[meeting]*; **to ~ play** Sport przerwać grę [4] (reserve) powstrzym|ać, -ywać się od (czegoś) *[comment]*; **to ~ (one's) judgment** wstrzymać się z wydaniem opinii; **to ~ disbelief** zapomnieć o całym świecie [5] (remove from activities) zawie|sić, -szać *[employee, official, footballer, pupil]*; **to be ~ed from duty** zostać zawieszonym w czynnościach; **to ~ sb from school** zawiesić kogoś w prawach ucznia [6] Fin **to ~ shares** zawiesić notowania akcji [7] Jur **her sentence was ~ed** dostała wyrok w zawieszeniu; **he was given an 18-month sentence ~ed for 12 months** został skazany na półtora roku z zawieszeniem na rok

suspended animation *n* Med śmierć *f* pozorna, zawieszenie *n* czynności życiowych; **to be in a state of ~** fig *[service, business]* przechodzić okres stagnacji

suspended sentence *n* Jur wyrok *m* w zawieszeniu; **to give sb a two-year ~** skazać kogoś na dwa lata więzienia w zawieszeniu

suspender belt /sə'spendəbelt/ *n* GB pas *m* do pończoch

suspenders /sə'spendəz/ *npl* [1] GB (for stockings, socks) podwiązki *f pl* [2] US (for trousers) szelki *f pl*

suspense /sə'spens/ *n* [1] stan *m* napięcia or niepewności, napięcie *n*; Cin suspens *m*; **to wait in ~ for sth** oczekiwać czegoś or na coś or w napięciu; **to break the ~** rozładować napięcie; **to keep/leave sb in ~** trzymać/pozostawić kogoś w niepewności; **there's a gradual build-up of ~** napięcie stopniowo rośnie; **the ~ is killing me!** ta niepewność mnie dobija! [2] Comm, Fin **to be/remain in ~** być /pozostawać w zawieszeniu

suspense account *n* konto *n* przejściowe, rachunek *m* przejściowy

suspense drama *n* film *m* z suspensem

suspenseful /sə'spensfl/ *adj* pełen napięcia

suspense thriller *n* = **suspense drama**

suspension /sə'spenʃn/ *n* [1] (postponement) (of bus service, payments, negotiations, hostilities) zawieszenie *n*; (of meeting, trial) odroczenie *n*; (of aid, production) wstrzymanie *n*; **~ of play** Sport przerwanie gry [2] (temporary dismissal) (of employee, athlete, pupil) zawieszenie *n*; **~ from school** zawieszenie w prawach ucznia; **~ from duty** zawieszenie w czynnościach; **to be under ~** być zawieszonym; **to receive a ~** zostać zawieszonym; **she wants to appeal against her ~** ona chce się odwołać od decyzji o zawieszeniu [3] Aut zawieszenie *n* [4] Chem zawiesina *f*; **in ~** w postaci zawiesiny

suspension bridge *n* most *m* wiszący

suspension cable *n* lina *f* nośna

suspension points *npl* wielokropek *m*

suspensory /sə'spensərɪ/ *adj* Anat *[ligament, muscle]* wieszadłowy; **~ bandage** suspensorium

suspicion /sə'spɪʃn/ *n* [1] (mistrust) podejrzliwość *f*; **~ of sb's motives** podejrzliwość co do motywów kogoś; **to view sb/sth with ~** odnosić się z podejrzliwością or podejrzliwie do kogoś/czegoś; **to arouse ~** wzbudzać podejrzenia [2] (of guilt) podejrzenie *n*; **to be arrested on ~ of murder /theft** zostać aresztowanym pod zarzutem morderstwa/kradzieży; **to be under ~** być podejrzanym; **he fell under ~** podejrzenie padło na niego; **to be above ~** być poza wszelkimi podejrzeniami [3] (idea, feeling) podejrzenie *n*, przypuszczenie *n*; **to have a ~ that...** podejrzewać, że...; **I have a strong ~ that she is lying** nie mogę się oprzeć wrażeniu, że ona kłamie; **to have ~s about sb/sth** mieć podejrzenia co do kogoś/czegoś; **to share sb's ~s** podzielać wątpliwości kogoś; **our worst ~s were confirmed** potwierdziły się nasze najgorsze przypuszczenia; **the ~ grew in his mind that...** nabrał podejrzeń, że... [4] fig (hint) **a ~ of doubt/a smile** cień wątpliwości/uśmiechu; **a ~ of garlic** odrobina czosnku

suspicious /sə'spɪʃəs/ *adj* [1] (wary) *[person, look, attitude]* podejrzliwy; **to be ~ of sb /sth** odnosić się podejrzliwie do kogoś /czegoś; **to be ~ that...** podejrzewać, że...; **we became ~ when...** zaczęliśmy coś podejrzewać, kiedy... [2] (suspect) *[person, character, object, vehicle, incident, death, circumstances, behaviour, activity]* podejrzany; **it is/I find it ~ that...** to (jest)/wydaje mi się podejrzane, że...; **a ~-looking individual** podejrzanie wyglądający osobnik; **you should report anything ~** należy zgłaszać wszystko, co wydaje się podejrzane

suspiciously /sə'spɪʃəslɪ/ *adv* [1] (warily) *[say, ask, watch, stare, approach]* podejrzliwie [2] (oddly) *[behave, act]* podejrzanie; *[quiet, heavy, keen, clean, tidy]* podejrzanie; **it looks ~ like a plot** to dziwnie przypomina spisek; **it sounded ~ like a heart attack** to wyglądało na atak serca

suspiciousness /sə'spɪʃəsnɪs/ *n* podejrzliwość *f* **(of sb/sth** wobec kogoś/czegoś**)**

suss /sʌs/ GB infml **I** *vt* załapać infml; **to have it ~ed** połapać się infml; **to have sb ~ed** rozgryźć kogoś, przejrzeć kogoś na wylot

II sussed *pp adj* cwany infml

■ **suss out** infml: ¶ **~ out [sth], ~ [sth] out** (understand) **can you ~ it out?** czy jesteś w stanie się w tym połapać? infml; **to ~ out where/how...** połapać się, gdzie /jak... infml ¶ **~ out [sb], ~ [sb] out** rozgryźć kogoś

sustain /sə'steɪn/ **I** *vt* [1] (maintain) podtrzym|ać, -ywać *[interest, mood, growth]*; utrzym|ać, -ywać *[quality]*; kontynuować *[campaign, policy, war]* [2] Mus przedłuż|yć, -ać *[note]* [3] (provide strength) (physically) doda|ć, -wać sił (komuś), wzm|ocnić, -acniać; (mor-

S

ally) podtrzym|ać, -ywać na duchu, pokrzepi|ć, -ać [4] (support) podtrzym|ać, -ywać *[regime, economy, market, system]*; **to ~ life** stwarzać warunki do życia [5] (suffer) odn|ieść, -osić *[injury]*; pon|ieść, -osić *[defeat, loss]*; otrzym|ać, -ywać *[blow]*; dozna|ć, -wać (czegoś) *[burn]*; **to ~ severe damage** zostać poważnie uszkodzonym [6] (bear) utrzym|ać, -ywać *[weight]* [7] Jur (uphold) podtrzym|ać, -ywać *[claim, objection]*; **objection ~ed!** sprzeciw podtrzymany!

II sustained *pp adj [criticism, effort]* ustawiczny; *[attack, development]* nieustanny, nieustający, nieprzerwany; *[applause, period]* długotrwały; *[note]* przedłużony

III sustaining *prp adj [drink, meal]* krzepiący

sustainable /səˈsteɪnəbl/ *adj* [1] Ecol *[development]* zrównoważony; *[forestry]* nienaruszający równowagi ekologicznej; *[resource]* odnawialny [2] Econ *[growth]* trwały

sustained-release /səˌsteɪndrɪˈliːs/ *adj [drug, vitamin]* o przedłużonym uwalnianiu

sustaining pedal *n* Mus (in piano) prawy pedał *m*

sustenance /ˈsʌstɪnəns/ *n* [1] (nourishment) wartości *f pl* odżywcze; **there isn't much ~ in those meals** te posiłki nie są zbyt pożywne [2] (food) pożywienie *n*; **to provide ~ for sb** *[foodstuff]* stanowić pożywienie dla kogoś; **the slaughter of animals for ~** zabijanie zwierząt dla celów spożywczych; **I need some ~!** hum muszę się posilić!; **spiritual ~** fig strawa duchowa

suttee /sʌˈtiː, ˈsʌtɪ/ *n* Relig Hist [1] (custom) sati *n inv* [2] (widow) sati *f inv*

suture /ˈsuːtʃə(r)/ *n* Med szew *m*

suzerain /ˈsuːzərən/ *n* Hist suzeren *m*, zwierzchnik *m* feudalny

svelte /svelt/ *adj* smukły, wysmukły

SW *n* [1] Geog = **southwest** płd.-zach. [2] Radio = **short wave** fale *f pl* krótkie

swab /swɒb/ **I** *n* [1] Med (for cleaning) (made of cotton) wacik *m*, tampon *m*; (made of gauze) gazik *m* [2] Med (specimen) wymaz z czegoś *m*; **to take a ~ of sth** pobrać wymaz [3] (mop) szmata *f* na kiju do zmywania podłogi; Naut szczotka *f (do szorowania pokładu)*

II *vt* (*prp, pt, pp* **-bb-**) [1] Med oczy|ścić, -szczać, tamponować *[wound]* [2] Naut (also **~ down**) zmy|ć, -wać *[floor, decks]*

swaddle /ˈswɒdl/ *vt* [1] (in swaddling bands) zawi|nąć, -jać w powijaki *[baby]* [2] (wrap up) opatul|ić, -ać *[child, person]* **(in sth** czymś) zakutać infml **(in sth** w coś)

swaddling bands /ˈswɒdlɪŋbændz/ *npl* powijaki *plt* dat

swaddling clothes /ˈswɒdlɪŋkləʊðz, US -kləʊz/ *npl* = **swaddling bands**

swag /swæg/ **I** *n* [1] infml dat (stolen property) łup *m* [2] Austral infml tobołek *m* [3] (on curtains) lambrekin *m* [4] US = **swag lamp**

II *vt* (*prp, pt, pp* **-gg-**) upi|ąć, -nać *[curtain]*

III swagged *pp adj [curtain]* upięty

swagger /ˈswægə(r)/ **I** *n* (gait) dumny krok *m*; (manner) pewność *f* siebie, buta *f*; **with a ~** butnie

II *vi* [1] (walk) kroczyć dumnie, paradować; **to ~ in/out** wkroczyć/wymaszerować [2] (boast) puszyć się **(about sth** z powodu czegoś)

III swaggering *prp adj* dumny, butny

swagger cane *n* GB Mil laseczka *f (noszona do munduru galowego)*

swagger coat *n* krótki płaszcz *m*

swagger stick *n* Mil = **swagger cane**

swag lamp *n* US lampa *f* wisząca

swagman /ˈswægmæn/ *n* (*pl* **-men**) Austral infml włóczęga *m*

Swahili /swəˈhiːlɪ/ *n* [1] Ling (język *m*) suahili *m* [2] (people) **the ~s** lud *m* Suahili

swain /sweɪn/ *n* arch or hum (lover) luby *m* dat or hum

swallow[1] /ˈswɒləʊ/ *n* Zool jaskółka *f*

IDIOMS: **one ~ doesn't make a summer** Prov jedna jaskółka wiosny nie czyni

swallow[2] /ˈswɒləʊ/ **I** *n* (of drink) łyk *m*; (of food) kęs *m*; **in one ~** *[drink]* jednym haustem; *[eat]* za jednym zamachem

II *vt* [1] (eat) poł|knąć, -ykać, przeł|knąć, -ykać *[food, drink, medicine, pill]* [2] (believe) da|ć, -wać wiarę (czemuś) *[story, tale, excuse]*; **I find that hard to ~** trudno mi w to uwierzyć [3] (suffer) przeł|knąć, -ykać *[insult, criticism, disappointment]*; zapom|nieć, -inać o (czymś) *[anger, doubts]*; **to ~ one's pride** schować dumę do kieszeni fig [4] fig (consume) = **swallow up**

III *vi* przeł|knąć, -ykać; **to ~ hard** przełknąć ślinę

■ **swallow back**: **~ back [sth], ~ [sth] back** z|dusić w sobie *[anger]*; powstrzym|ać, -ywać *[vomit]*

■ **swallow down**: **~ down [sth], ~ [sth] down** poł|knąć, -ykać, przeł|knąć, -ykać *[drink, medicine, meal]*

■ **swallow up**: **~ up [sth], ~ [sth] up** wchł|onąć, -aniać *[villages, countryside, small organization]*; pochł|onąć, -aniać *[savings, reserves]*; **to be ~ed up in the crowd** zniknąć w tłumie; **I wanted the ground to ~ me up** chciałem się zapaść pod ziemię

swallow dive *n* GB Sport skok *m* do wody z rozłożonymi ramionami

swallowtail (butterfly) /ˈswɒləʊteɪlˈ(bʌtəflaɪ)/ *n* Zool paź *m* królowej

swallowtailed coat /ˌswɒləʊteɪldˈkəʊt/ *n* frak *m*

swam /swæm/ *pt* → **swim**

swami /ˈswɑːmɪ/ *n* swamin *m*

swamp /swɒmp/ **I** *n* bagno *n*, trzęsawisko *n*, moczary *plt*

II *vt [water, waves]* zal|ać, -ewać; **to be ~ed with** or **by sth** być zasypywanym czymś *[applications, mail]*; być zawalonym czymś infml *[work]*; **to be ~ed with** or **by tourists** być pełnym turystów

swamp buggy *n* amfibia *f*

swampy /ˈswɒmpɪ/ *adj [region, area]* bagienny; *[land, banks]* bagnisty

swan /swɒn/ **I** *n* łabędź *m*

II *vi* (*prp, pt, pp* **-nn-**) GB infml **to ~ around** or **about** obijać się infml; **to ~ in** wejść, jak gdyby nigdy nic; **she ~ned off to a conference** jak gdyby nigdy nic wyjechała sobie na konferencję

swan dive *n* US = **swallow dive**

swank /swæŋk/ infml **I** *n* [1] (boastful behaviour) poza *f*, pozerstwo *n* infml [2] GB (boastful person) zarozumialec *m*, bufon *m* [3] US (style) klasa *f*

II *adj* US = **swanky**

III *vi* popisywać się **(about sth** czymś)

swanky /ˈswæŋkɪ/ *adj* [1] infml (posh) *[car, hotel]* elegancki [2] (boastful) *[person]* zarozumiały

Swan Lake *n* Jezioro *n* łabędzie

swan neck *n* Tech **a pipe with a ~** rura w kształcie litery S

swan-necked /ˌswɒnˈnekt/ *adj* **a ~ woman** kobieta o łabędziej szyi

swannery /ˈswɒnərɪ/ *n* kolonia *f* lęgowa łabędzi

swansdown /ˈswɒnzdaʊn/ *n* (feathers) puch *m* łabędzi; (fabric) molton *m*

swansong /ˈswɒnsɒŋ/ *n* fig łabędzi śpiew *m* fig

swan-upping /ˌswɒnˈʌpɪŋ/ *n* GB *coroczne znakowanie łabędzi pływających po Tamizie przez nacięcie ich dziobów*

swap /swɒp/ infml **I** *n* zamiana *f*, wymiana *f*; **to do a ~** zrobić zamianę, zamienić się

II *vt* (*prp, pt, pp* **-pp-**) zamieni|ć, -ać, wymieni|ć, -ać; **to ~ sth for sth** zamienić or wymienić coś na coś; **to ~ sth with sb** zamienić się or wymienić się czymś z kimś; **to ~ places (with sb)** zamienić się miejscami (z kimś); **they have ~ped jobs/cars** zamienili się stanowiskami /samochodami; **if you like this one better, I'll ~ you** jeśli ten ci się bardziej podoba, zamienię się z tobą; **to ~ sb A for B** dać komuś A (w zamian) za B; **to ~ jokes** opowiadać sobie dowcipy, przerzucać się dowcipami

■ **swap around**: **~ around [sth], ~ [sth] around** przestawi|ć, -ać, poprzestawiać *[things, furniture]*

■ **swap over** GB: ¶ **~ over** zamieni|ć, -ać się ¶ **~ over [sth], ~ [sth] over** przestawi|ć, -ać *[players, objects]*; zmieni|ć, -ać *[jobs]*

SWAPO /ˈswɑːpəʊ/ *n* Pol = **South-West Africa People's Organization** Organizacja *f* Ludu Afryki Południowo-Zachodniej, SWAPO *n inv*

sward /swɔːd/ *n* Agric, liter murawa *f*

swarm[1] /swɔːm/ **I** *n* (of bees, flies, locusts) rój *m*, chmara *f*; **a ~ of people, ~s of people** mrowie or chmara ludzi

II *vi* [1] (move in swarm) *[bees]* wyr|oić, -ajać się [2] *[people]* mrowić się, roić się; **to ~ into sth** wlewać się tłumnie do czegoś; **to ~ out of sth** wylewać się z czegoś; **reporters ~ed round her** zaroiło się wokół niej od reporterów; **to be ~ing with sb/sth** roić się od kogoś/czegoś *[tourists, ants]*

swarm[2] /swɔːm/ *vi* (climb) **to ~ up sth** wspiąć się na coś *[hill, cliff]*

swarthy /ˈswɔːðɪ/ *adj* śniady, smagły

swashbuckling /ˈswɒʃbʌklɪŋ/ *adj [adventure, tale]* awanturniczy; *[appearance]* zawadiacki; **a ~ film** film płaszcza i szpady

swastika /ˈswɒstɪkə/ *n* swastyka *f*

swat /swɒt/ **I** *n* [1] (object) packa *f* (na muchy) [2] (action) **to give sth a ~** pacnąć coś

II *vt* (*prp, pt, pp* **-tt-**) pacnąć *[fly, wasp]* **(with sth** czymś)

SWAT /swɒt/ *n* (also **~ team**) = **Special Weapons and Tactics** US brygada *f* antyterrorystyczna

swatch /swɒtʃ/ *n* (sample) próbka *f*

swath(e) /swɔːθ, sweɪð/ *n* [1] (band) (of grass, corn) pokos *m* [2] (of land, cloth) pas *m*
IDIOMS: **to cut a ~ through sth** *[person]* torować sobie drogę pośród czegoś *[obstacles, difficulties]*
swathe /sweɪð/ *vt* owi|nąć, -jać **(in sth** czymś); **~d in sth** owinięty czymś *[bandages, scarf]*; (for warmth) opatulony czymś or w coś *[blankets, clothes]*
sway /sweɪ/ **I** *n* [1] (of train, boat) kołysanie *n*, huśtanie *n*; (of tower, bridge) chwianie się *n* [2] (power) **under the ~ of sb** zdominowany przez kogoś; **to hold ~** dzierżyć władzę; **to hold ~ over sb/sth** mieć kontrolę nad kimś/czymś *[person, country]*
II *vt* [1] (influence) **to ~ sb** wpły|nąć, -wać na kogoś *[person, jury, voters]*; **to ~ sb in favour of doing sth** skłonić kogoś do zrobienia czegoś; **to ~ the outcome in sb's favour** przechylić szalę na stronę kogoś; **she would not be ~ed** nie ulegała naciskom; **the jury are likely to be ~ed by their arguments** ich argumenty prawdopodobnie przekonają ławę przysięgłych; **I was almost ~ed by his promises** niewiele brakowało, a zmieniłbym zdanie pod wpływem jego obietnic [2] (rock) za|kołysać (czymś) *[trees, building]*; **to ~ one's hips** kołysać biodrami; **to ~ one's body** kołysać się
III *vi [tree, vessel, carriage]* za|kołysać się; *[building, bridge]* za|chwiać się; *[person]* (from weakness, inebriation) za|chwiać się na nogach, słaniać się; (to music) kołysać się; *[robes]* falować; **to ~ from side to side** kołysać się z boku na bok; **to ~ along the path** toczyć się po ścieżce chwiejnym krokiem
IV swaying *prp* kołyszący się, chwiejący się
swayback /ˈsweɪbæk/ *n* Equest łękowatość *f*
Swazi /ˈswɑːzɪ/ *n* [1] Ling (język *m*) suazi *m inv* [2] Suazyj|czyk *m*, -ka *f*
Swaziland /ˈswɑːzɪlænd/ *n* Suazi *n inv*
swear /sweə(r)/ **I** *vt* **(***pt* **swore;** *pp* **sworn)** [1] Jur (promise) przysi|ąc, -ęgać *[loyalty, allegiance, revenge]*; **to ~ (an oath of) allegiance to sb** złożyć przysięgę wierności komuś; **I ~!, I ~ it!** fml przysięgam!; **I ~ to God, I didn't know** jak Boga kocham, nie wiedziałem; **to ~ that...** przysiąc, że...; **he swore he'd never write again** or **never to write again** przysiągł sobie, że nigdy więcej nie napisze; **I could have sworn she was there** mógłbym przysiąc, że tam była; **to ~ to sb that...** przysiąc or przyrzec komuś, że...; **I ~ by all that I hold dear that...** przysięgam na wszystko, co jest mi drogie, że...; **to ~ blind (that)...** infml zarzekać się, że... [2] (by solemn oath) zaprzysi|ąc, -ęgać *[person]*; **to ~ sb to secrecy** zobowiązać kogoś do dochowania tajemnicy; **she had been sworn to secrecy** zobowiązano ją do dochowania tajemnicy; **we are sworn to do it** przysięgaliśmy, że to zrobimy; **to be sworn into office** zostać zaprzysiężonym [3] (curse) za|kląć, przekl|ąć, -inać; **'damn!' he swore** „a niech to!", zaklął
II *vi* **(***pt* **swore;** *pp* **sworn)** [1] (curse) za|kląć, przekl|ąć, -inać; **she swore loudly** zaklęła głośno; **he never ~s** on nigdy nie klnie or przeklina; **to ~ in front of sb** kląć przy kimś; **stop ~ing!** przestań kląć!; **to ~ at sb/sth** kląć na kogoś/coś; **to be** or **get sworn at** zostać obrzuconym obelgami [2] (attest) przysi|ąc, -ęgać; **he swore to having never been unfaithful to her** przysięgał, że nigdy jej nie zdradził; **would he ~ to having seen them?** czy zezna pod przysięgą, że ich widział?; **I wouldn't** or **couldn't ~ to it, but...** nie przysiągłbym, ale...; **to ~ on sth** przysięgać na coś *[Bible, honour]*
■ **swear by** infml: **~ by [sb/sth]** ręczyć za (kogoś/coś) *[person, firm]*; święcie wierzyć w (coś) *[remedy]*
■ **swear in**: **~ in [sb], ~ [sb] in** zaprzysi|ąc, -ęgać *[jury, witness]*; **to be sworn in** zostać zaprzysiężonym
■ **swear off**: **~ off [sth]** wyrze|c, -kać się (czegoś) *[alcohol, smoking]*
■ **swear out** US Jur **to ~ out a warrant for sb's arrest** oskarżyć kogoś pod przysięgą, żeby uzyskać nakaz aresztowania
swearing /ˈsweərɪŋ/ *n* (curses) przekleństwa *n pl*
swearing-in ceremony /sweərɪŋˈɪnserɪmənɪ, US -serɪməʊnɪ/ *n* ceremonia *f* zaprzysiężenia
swearword /ˈsweəwɜːd/ *n* przekleństwo *n*; brzydkie słowo *n* euph
sweat /swet/ **I** *n* [1] (perspiration) pot *m*; **to be in a ~** być spoconym, pocić się; **to be covered in ~** być zlanym potem; **to be dripping** or **pouring with ~** ociekać potem; **to break out into a ~** oblać się potem; **to work up a (good) ~** wyciskać z siebie siódme poty; **in a cold ~** zlany zimnym potem; **I was in a (cold) ~ about it** zimny pot mnie oblał na myśl o tym; **beads** or **drops of ~** krople potu; **night ~s** Med nocne pocenie się [2] (hard work) **by the ~ of his brow** w pocie czoła [3] infml (old soldier) stary wiarus *m*
II sweats *npl* US dres *m*, dresy *plt*
III *vt* [1] Culin poddusić *[vegetables]* [2] infml (interrogate) przycis|nąć, -kać infml *[suspect]*
IV *vi* [1] *[person, animal, hands]* s|pocić się; *[cheese]* zapocić się; **~ing horses/runners** spocone konie/spoceni biegacze [2] fig infml (wait anxiously) **let him ~** niech się podenerwuje, niech się pomartwi
■ **sweat off**: **~ off [sth], ~ [sth] off** wyp|ocić, -acać *[beer]*; zrzuc|ić, -ać *[weight]*; spal|ić, -ać *[calories]*
■ **sweat out**: **to ~ it out** Med wypocić się; fig infml uzbroić się w cierpliwość
■ **sweat over** infml: **~ over [sth]** na|pocić się nad (czymś) *[task, letter, essay]*
IDIOMS: **no ~!** infml nie ma sprawy! infml; **to get in a ~** infml strasznie się zdenerwować; **to ~ blood** fig zaharowywać się infml; harować infml **(over sth** nad czymś)
sweatband /ˈswetbænd/ *n* [1] Sport (on forehead) opaska *f* na czoło; (on wrist) frotka *f* [2] (on hat) potnik *m*
sweat bath *n* kąpiel *f* parowa, parówka *f*
sweat duct *n* kanalik *m* potny
sweated goods *npl* towary *m pl* wyprodukowane przez wyzyskiwaną siłę roboczą
sweated labour *n* wyzyskiwana siła *f* robocza
sweater /ˈswetə(r)/ *n* sweter *m*, pulower *m*
sweat gland *n* gruczoł *m* potowy
sweat pants *npl* spodnie *plt* od dresu
sweatshirt /ˈswetʃɜːt/ *n* bluza *f* sportowa
sweatshop /ˈswetʃɒp/ *n* zakład *m* wyzyskujący siłę roboczą
sweat-soaked /ˌswetˈsəʊkt/ *adj* przepocony
sweatstained /ˈswetsteɪnd/ *adj* poplamiony potem
sweatsuit /ˈswetsuːt, -sjuːt/ *n* dres *m*, dresy *plt*
sweaty /ˈswetɪ/ *adj* [1] (sweat-stained) *[person, hand]* spocony; *[clothing]* przepocony; *[cheese]* potniejący [2] (hot) *[atmosphere, place, climate]* duszny; *[clothes]* nieprzewiewny; *[climb, work]* wyciskający siódme poty
swede /swiːd/ *n* GB brukiew *f*
Swede /swiːd/ *n* Szwed *m*, -ka *f*
Sweden /ˈswiːdn/ *prn* Szwecja *f*
Swedish /ˈswiːdɪʃ/ **I** *n* [1] Ling (język *m*) szwedzki *m* [2] (people) **the ~** Szwedzi *m pl*
II *adj* szwedzki
sweep /swiːp/ **I** *n* [1] (also **~ out**) zamiatanie *n*; **to give a room a (good /quick) ~** (porządnie/szybko) zamieść pokój [2] (movement) (of arm, paintbrush, scythe) szeroki ruch *m*; (of axe, sword) zamach *m*; (of tail) machnięcie *n*; (of telescope) ruch *m* omiatający; **with a ~ of the arm** szerokim gestem; **with one ~ of the sword** jednym cięciem [3] (curve) łuk *m*; **the river flows in a broad ~** rzeka płynie szerokim łukiem; **the road makes a wide ~** droga zatacza szeroki łuk; **to make a wide ~ south to avoid the mountains** skręcić szerokim łukiem na południe, żeby ominąć góry [4] (stretch) (of land, woods, lawn) rozległa przestrzeń *f*, połać *f*; (of hills, cliffs) rozległy obszar *m* [5] (scope, range) (of opinion) spektrum *n*; (of events) zakres *m*, zasięg *m*; (of telescope) pole *n*; (of gun) pole *n* rażenia; (of film, novel) szerokie ujęcie *n*; (of history) panorama *f* fig; **the broad ~ of leftwing opinion** szerokie spektrum poglądów lewicowych; **the scale and ~ of events** skala i zasięg wydarzeń [6] (search) przeszukanie *n*; (on land, sky) przeczesanie *n*; **to make a ~ of sth** przeszukać coś *[room, building]*; przeczesać coś *[area, sky]*; **a ~ for bugs** przeszukanie w celu wykrycia urządzeń podsłuchowych; **a ~ for mines** trałowanie; **a ~ for drug dealers** obława na handlarzy narkotyków [7] (also **chimney ~**) kominiarz *m* [8] (of electron beam) odchylanie *n* [9] = **sweepstake**
II *vt* **(***pt, pp* **swept)** [1] (clean) zami|eść, -atać *[floor, path, room]*; (with vacuum cleaner) odkurz|yć, -ać *[carpet]*; przeczy|ścić, -szczać *[chimney]*; **to ~ a channel clear (of sth)** oczyścić kanał (z czegoś); **to ~ sth free of mines** oczyścić coś z min, rozminować coś [2] (remove with brush) zmi|eść, -atać *[dust, glass, leaves]*; **to ~ sth away** wymieść coś; **to ~ leaves into a corner/a heap** zmieść liście do kąta/na kupę; **to ~ the crumbs onto the floor/from the table** zmieść okruszki na podłogę/ze stołu [3] (move, push) **to ~ sth off the table** zmieść ze stołu coś fig; **to ~ sb into one's arms** wziąć kogoś w ramiona; **to ~ sb off their feet** *[sea, wave]* zwalić kogoś z nóg, powalić kogoś; (romantically) zawrócić komuś w głowie; **to ~ sb overboard** zmieść kogoś z pokładu; **to**

S

~ sb out to sea porwać kogoś na pełne morze; **a wave of nationalism which ~s all before it** triumfalny pochód nacjonalizmu fig; **a wave of public euphoria swept him into office** na urząd wyniosła go fala powszechnej euforii; **to be swept into power** dojść do władzy przy powszechnym poparciu [4] (spread through) *[disease, panic, fashion, craze, fire]* ogarn|ąć, -iać *[town, country]*; *[storm]* rozszaleć się nad (czymś), szaleć nad (czymś); *[rumour]* roz|ejść, -chodzić się po (czymś); **cold winds are ~ing the country** przez kraj przechodzi fala zimnych wiatrów; **the party swept the country** Pol partia odniosła wielki sukces w całym kraju [5] (search, survey) *[beam, searchlight]* omi|eść, -atać *[sky, area]*; *[police, minesweeper]* przeczes|ać, -ywać *[town, neighbourhood, sea]*; **her eyes swept the room** omiotła spojrzeniem pokój; **to ~ a channel for mines** szukać min w kanale; **to ~ a room for bugs** szukać urządzeń podsłuchowych w pokoju

III *vi* (*pt, pp* **swept)** [1] (clean) zami|eść, -atać, po|zamiatać; **have you swept in here?** czy zamiatałeś tutaj?; **this broom doesn't ~ well** tą szczotką źle się zamiata [2] (move with sweeping movement) **to ~ in/out** *[person]* (quickly) wpaść/wypaść; (majestically) wkroczyć/wyjść dostojnym krokiem; **the plane swept (down) low over the fields** samolot przeleciał nisko nad polami; **the wind swept in from the east** wiatr powiał od wschodu; **the enemy swept into the region** nieprzyjaciel wtargnął na te tereny; **to ~ (in)to power** dojść do władzy przy powszechnym poparciu; **to ~ to victory** odnieść miażdżące zwycięstwo; **to ~ through sth** *[disease, panic, fashion, rumour, fire]* szerzyć się or rozprzestrzeniać się w czymś; *[storm]* przetoczyć się nad czymś; **to ~ over sth** *[beam, searchlight]* omieść coś; **to ~ over sb** *[fear, feeling]* ogarnąć kogoś; **pain swept over me** poczułem ból; **the feeling swept over me that...** odniosłem wrażenie, że... [3] (extend) *[road, mountains, river]* ciągnąć się łukiem, zat|oczyć, -aczać łuk; **the road ~s north/around the lake** droga zatacza łuk na północ/wokół jeziora; **the river ~s around the town** rzeka zatacza łuk wokół miasta; **the mountains ~ down to the sea** góry schodzą do morza; **a flight of steps ~s up to the entrance** do wejścia prowadzą schody

■ **sweep along**: **~ [sb/sth] along** *[current, water, crowd]* por|wać, -ywać; **the crowd were swept along by the speaker's words** słowa mówcy porwały tłum

■ **sweep aside**: **~ aside [sb/sth], ~ [sb/sth] aside** odsu|nąć, -wać na bok; fig z|lekceważyć, z|ignorować *[person, objection, protest]*; zapom|nieć, -inać o (czymś) *[inhibition]*

■ **sweep away**: **~ away [sb/sth], ~ [sb/sth] away** [1] *[river, flood]* zmi|eść, -atać *[bridge]*; un|ieść, -osić, por|wać, -ywać *[person]* [2] fig zn|ieść, -osić *[restrictions, limits]*; usu|nąć, -wać *[obstacle, difficulty]*; **he was swept away by enthusiasm /optimism** ogarnął go entuzjazm/optymizm; **he was swept away by passion** owładnęła nim namiętność

■ **sweep out**: **~ out [sth], ~ [sth] out** zami|eść, -atać, po|zamiatać *[room, garage]*; wymi|eść, -atać, powymiatać *[dirt]*

■ **sweep up**: ¶ **~ up** zami|eść, -atać, pozamiatać ¶ **~ up [sth], ~ [sth] up** [1] (with broom) zami|eść, -atać *[room]*; wymi|eść, -atać *[dirt, litter]* [2] fig **to be swept up in sth** zostać ogarniętym przez coś *[revolution, wave of nationalism, enthusiasm]* ¶ **~ up [sb/sth], ~ [sb/sth] up** (with arms) wziąć, brać w ramiona *[person]*; z|ebrać, -bierać, pozbierać *[papers]*; fig sprzątnąć infml fig *[medals, prizes]*

IDIOMS: **to ~ sth under the carpet** GB or **rug** US zatuszować coś

sweepback /ˈswiːpbæk/ *n* Aviat skos *m* dodatni or do tyłu

sweeper /ˈswiːpə(r)/ *n* [1] (person) zamiatacz *m*, -ka *f*; (machine) zamiatarka *f* [2] Sport (in soccer) libero *m inv*

sweeper system *n* Sport ustawienie *n* z zawodnikiem na pozycji libero

sweep hand *n* wskazówka *f* sekundowa

sweeping /ˈswiːpɪŋ/ **I sweepings** *npl* zmiecione śmieci *m pl*

II *adj* [1] (wide, far-reaching) *[change]* szeroko zakrojony, gruntowny; *[cut, reduction]* radykalny; *[gains, losses]* poważny, znaczny; *[victory]* walny, miażdżący; **the ~ narrative of a novel** wartka akcja powieści [2] (over-general) *[statement, assertion]* ogólnikowy; **~ generalization** pochopne uogólnienie [3] *[movement, gesture, curve]* szeroki; *[bow, curtsy]* głęboki; *[skirt, glance]* powłóczysty

sweepstake /ˈswiːpsteɪk/ *n* zakłady *m pl* pieniężne

sweet /swiːt/ **I** *n* [1] GB (candy) cukierek *m*; (dessert) deser *m*; **~s** słodycze [2] infml (term of endearment) skarbie

II *adj* [1] *[food, fruit, tea, wine, taste]* słodki; *[scent, perfume]* (pleasant) słodki; (sickly) mdły; **to have a ~ tooth** lubić słodycze [2] (kind, agreeable) *[person]* miły, kochany; *[smile, voice]* uroczy; **a ~ face** słodka twarzyczka; **to be ~ to sb** być miłym dla kogoś; **it was ~ of him to do it** to miłe z jego strony, że to zrobił [3] (pure, fresh) *[water]* czysty; *[breath, smell]* świeży; *[sound, song, note]* słodki [4] (pretty, cute) *[baby, animal]* słodki; *[cottage, old person]* uroczy [5] (pleasurable) *[revenge, hope, solace]* słodki [6] iron (for emphasis) **go your own ~ way** zrób, jak ci się podoba; rób, co chcesz; **he'll do it in his own ~ time** zrobi to, kiedy mu się spodoba; **all he cares about is his own ~ self** on się martwi tylko o siebie

III *adv* **to taste ~** mieć słodki smak, być słodkim; **to smell ~** ładnie pachnieć

IDIOMS: **I know ~ f.a.** or **~ Fanny Adams about it** vinfml nic o tym nie wiem; **to be ~ on sb** dat mieć do kogoś feblik dat; **to whisper ~ nothings into sb's ear** szeptać komuś do uszka słodkie słówka; **to keep sb ~** przymilać się do kogoś, starać się komuś przypodobać

sweet-and-sour /ˌswiːtənˈsaʊə(r)/ *adj* słodko-kwaśny

sweet basil *n* bazylia *f*

sweetbread /ˈswiːtbred/ *n* Culin [1] (of veal) grasica *f* cielęca; (of lamb) grasica *f* jagnięca [2] (also **stomach ~)** (of veal) trzustka *f* cielęca; (of lamb) trzustka *f* jagnięca

sweetbriar /ˈswiːtbraɪə(r)/ *n* róża *f* rdzawa

sweetbrier *n* = **sweetbriar**

sweet chestnut *n* [1] (nut) kasztan *m* jadalny [2] (tree) kasztan *m*

sweetcorn /ˈswiːtkɔːn/ *n* kukurydza *f* cukrowa

sweet course *n* GB deser *m*

sweeten /ˈswiːtn/ *vt* [1] po|słodzić, o|słodzić *[food, drink]* **(with sth** czymś) [2] odświe|żyć, -ać *[air, room]* [3] Comm uatrakcyjni|ć, -ać *[offer, deal]* [4] = **sweeten up**

■ **sweeten up**: **~ up [sb], ~ [sb] up** przymilać się do (kogoś), starać się (komuś) przypodobać

sweetener /ˈswiːtnə(r)/ *n* [1] słodzik *m* [2] Comm, Fin (legal) odstępne *n*; (incentive) zachęta *f*; (illegal) łapówka *f*

sweetening /ˈswiːtnɪŋ/ **I** *n* substancja *f* słodząca

II *modif* **~ agents** substancje słodzące

sweet factory *n* GB fabryka *f* wyrobów cukierniczych

sweetheart /ˈswiːthɑːt/ *n* ukochan|y *m*, -a *f*; **her childhood ~** jej ukochany z dzieciństwa; **hello, ~!** cześć, kochanie!; **you're a real ~** jesteś naprawdę kochany

sweetie /ˈswiːtɪ/ *n* infml [1] GB (to eat) cukiereczek *m* [2] (person) **hello, ~!** cześć, skarbie!

sweetly /ˈswiːtlɪ/ *adv [say, smile]* mile; *[sing]* słodko; *[dressed, decorated]* ślicznie; **the engine's running ~** silnik pracuje gładko

sweet marjoram *n* majeranek *m*

sweetmeal /ˈswiːtmiːl/ *adj* GB *[biscuit]* z mąki razowej

sweetmeat /ˈswiːtmiːt/ *n* dat słodki przysmak *m*; **~s** wety dat

sweet-natured /ˌswiːtˈneɪtʃəd/ *adj* = **sweet-tempered**

sweetness /ˈswiːtnɪs/ *n* [1] (sugary taste) (of food, drink) słodkość *f*, słodycz *f* [2] (pleasantness, charm) (of person) wdzięk *m*; (of character) słodycz *f*; (of sound, music, voice) melodyjność *f*; (of air) świeżość *f*; **~ of perfume** słodki zapach perfum

IDIOMS: **to be all ~ and light** *[person]* być słodziutkim, być samą słodyczą; **it hasn't been all ~ and light recently** ostatnio nie wszystko szło gładko

sweet pea *n* groszek *m* pachnący

sweet potato *n* batat *m*

sweet shop *n* GB sklep *m* ze słodyczami

sweet-smelling /ˌswiːtˈsmelɪŋ/ *adj* słodko pachnący

sweet-talk /ˈswiːttɔːk/ infml **I** *n* słodkie słówka *n pl*

II *vt* przymilać się do (kogoś), przypochlebiać się (komuś) *[person]*; **to ~ sb into doing sth** wdzięczyć się do kogoś, żeby zrobił coś

sweet-tempered /ˌswiːtˈtempəd/ *n* dobry, łagodny

sweet trolley *n* GB wózek *m* z deserami

sweet william *n* goździk *m* brodaty

swell /swel/ **I** *n* [1] (of waves) falowanie *n*; (wave) martwa fala *f*; **a heavy ~** duża fala [2] Mus narastanie *n* dźwięku [3] (of organ) pudło *n* ekspresyjne [4] infml dat (fashionable person) elegant *m*; galant *m* dat; **the ~s** eleganckie towarzystwo [5] (bulge) (of belly, chest) krągłość *f*, wypukłość *f*; (of muscles) wybrzuszenie *n*

II *adj* US infml [1] (smart) *[person, outfit, car, restaurant]* szykowny; **to look ~** wyglądać szykownie [2] (great) świetny; **he's a ~ guy** to świetny facet infml; **we had a ~ time** bawiliśmy się świetnie

III *vt* (*pt* **swelled;** *pp* **swollen, swelled)** [1] (increase) powiększ|yć, -ać *[membership, population, number, bank balance, funds]*; **students ~ed the ranks of the demonstrators** studenci zasilili szeregi demonstrantów [2] (fill) *[wind]* wyd|ąć, -ymać *[sail]*; *[floodwater]* s|powodować wezbranie (czegoś) *[river]*

IV *vi* (*pt* **swelled;** *pp* **swollen, swelled)** [1] (expand) *[bud, fruit, wood]* na|pęcznieć, s|pęcznieć; *[ankle, face]* s|puchnąć, obrzmie|ć, -wać; *[gland]* powiększ|yć, -ać się; *[river]* w|ezbrać, -zbierać; *[sail, tyre]* wyd|ąć, -ymać się; *[balloon]* nad|ąć, -ymać się; *[stomach]* wzd|ąć, -ymać się; **her heart ~ed with pride** jej serce wezbrało dumą, jej serce przepełniła duma [2] (increase) *[crowd, population, membership]* powiększ|yć, -ać się; *[demand, prices]* wzr|osnąć, -astać; **to ~ to 20,000** wzrosnąć do 20 000 [3] (grow louder) *[music, sound, note]* nasil|ić, -ać się; *[cry]* wzm|óc, -agać się; **the cheers ~ed to a roar** wiwaty przeszły w ryk [4] (ooze) *[blood, liquid]* wypły|nąć, -wać **(from** or **out of sth** z czegoś)

■ **swell out**: **~ out [sth], ~ [sth] out** *[wind]* wyd|ąć, -ymać *[sail]*

■ **swell up** *[ankle, finger]* s|puchnąć, obrzmie|ć, -wać

IDIOMS: **to have a swollen head** infml mieć przewrócone w głowie; **you'll make his head ~** przewrócisz mu w głowie

swell box *n* Mus pudło *n* ekspresyjne

swellhead /ˈswelhed/ *n* US infml zarozumialec *m*

swell headed *adj* US infml nadęty infml

swelling /ˈswelɪŋ/ **I** *n* [1] (bump) opuchlizna *f*, obrzęk *m*; (on head) guz *m*; **I have a ~ on my ankle** mam spuchniętą kostkę [2] (enlarging) (of limb, skin) puchnięcie *n*; (of fruit) pęcznienie *n*; (of sails) wydymanie się *n*; (of crowd, population) powiększanie się *n*; (of sound) nasilanie się *n*

II *adj [river]* wzbierający; *[crowd, minority, number]* powiększający się, rosnący; **the ~ sound** or **note of the horns** crescendo rogów

swelter /ˈsweltə(r)/ *vi* infml zl|ać, -ewać się potem

sweltering /ˈsweltərɪŋ/ *adj [day]* duszny, parny; *[climate]* gorący i wilgotny; **~ conditions** duchota infml; **it's ~ in here!** tu się można ugotować! infml

swept /swept/ *pt, pp* → **sweep**

swept-back /ˌsweptˈbæk/ *adj [hair]* zaczesany do tyłu; Aviat *[wing]* skośny

swept-wing /ˌsweptˈwɪŋ/ *adj [aircraft]* o skośnych skrzydłach

swerve /swɜːv/ **I** *n* gwałtowny skręt *m*

II *vt* **to ~ a vehicle** gwałtownie skręcić

III *vi* [1] *[person, vehicle]* gwałtownie skręc|ić, -ać; **to ~ around sb/sth** gwałtownie skręcić, żeby ominąć kogoś/coś; **to ~ into a ditch** gwałtownie skręcić i wjechać do rowu; **to ~ off the road** zjechać z drogi [2] fig **to ~ from sth** odstąpić od czegoś *[plan, course of action]*

swift /swɪft/ **I** *n* Zool jerzyk *m*

II *adj* [1] *[reaction, development]* prędki, szybki; *[decision]* błyskawicznie podjęty; *[river, current]* bystry; **to be ~ to do sth** or **in doing sth** szybko zrobić coś; **to have a ~ half** GB infml wypić piwko infml [2] US infml (shrewd) bystry

swiftly /ˈswɪftlɪ/ *adv* prędko, szybko

swiftness /ˈswɪftnɪs/ *n* (of change, movement) prędkość *f*, szybkość *f*; **to respond with ~** zareagować błyskawicznie

swig /swɪg/ infml **I** *n* haust *m*, łyk *m* **(of sth** czegoś); **to take a ~** pociągnąć łyk infml

II *vt* (*prp, pt, pp* **-gg-)** pociągać, golić infml *[whisky]*; **to ~ sth from a bottle** pociągnąć czegoś z butelki; **don't ~ it all!** nie wyżłop wszystkiego! infml

■ **swig down, swig back ¶ ~ down [sth], ~ [sth] down** opróżnić *[bottle]*; wyżłopać infml *[drink]*

swill /swɪl/ **I** *n* [1] (food) pomyje *plt* [2] (act of swilling) spłukanie *n*, opłukanie *n*; **to give sth a ~** opłukać or spłukać coś

II *vt* infml (drink) żłopać infml

■ **swill around** *[liquid]* rozl|ać, -ewać się

■ **swill down**: **~ down [sth], ~ [sth] down** [1] infml (drink) wyżłopać infml [2] (wash) spłuk|ać, -iwać

swim /swɪm/ **I** *n* **to go for a ~** iść popływać; **to have a ~** popływać sobie; **we had a lovely ~** świetnie nam się pływało; **shall we have another ~?** pójdziemy jeszcze popływać?; **a good ~ by Brown** Sport dobry występ Browna

II *vt* (*prp* **-mm-;** *pt* **swam;** *pp* **swum)** przepły|nąć, -wać *[mile, length, river, Channel]*; płynąć (czymś) *[backstroke, breaststroke]*; po|płynąć w (czymś) *[race]*; **the race is swum over 10 lengths** wyścig pływacki odbywa się na dystansie 10 długości basenu

III *vi* (*prp* **-mm-;** *pt* **swam;** *pp* **swum)** [1] *[person, fish, animal]* (habitually, without purpose) pływać; (in specific direction) po|płynąć; **she can ~** ona umie pływać; **to ~ on one's back** płynąć na wznak; **to ~ across sth** przepłynąć (przez) coś; **to ~ away** odpłynąć; **to ~ out to sea/the island** wypłynąć w morze/popłynąć w kierunku wyspy; **to ~ for shore** płynąć do brzegu; **to ~ in the relay team** płynąć w sztafecie [2] (be floating, bathed) **to be ~ming in sth** pływać w czymś *[cream, syrup, sauce]*; **the kitchen was ~ming in water** kuchnia tonęła w wodzie; **her eyes were ~ming in** or **with tears** miała oczy pełne łez [3] (wobble) *[room, scene]* wirować przed oczami; *[mirage]* falować; **my head is ~ming** kręci mi się w głowie

IDIOMS: **to be in the ~** trzymać rękę na pulsie; **sink or ~** wóz albo przewóz, raz kozie śmierć; **to leave sb to sink or ~** rzucić kogoś na głęboką wodę

swim bladder *n* Zool pęcherz *m* pławny

swimmer /ˈswɪmə(r)/ *n* pływa|k *m*, -czka *f*; **to be a strong/poor ~** dobrze/słabo pływać

swimming /ˈswɪmɪŋ/ **I** *n* pływanie *n*; **I love ~** uwielbiam pływać; **to go ~** (in sea, river) iść popływać; (in pool) iść na basen

II *modif [gala, contest, event]* pływacki; **~ lesson** lekcja pływania

swimming baths *npl* basen *m*, pływalnia *f*

swimming cap *n* GB czepek *m* kąpielowy

swimming costume *n* GB kostium *m* kąpielowy

swimming instructor *n* instruktor *m*, -ka *f* pływania

swimmingly /ˈswɪmɪŋlɪ/ *adv* dat **to go ~** iść jak po maśle

swimming pool *n* basen *m*, pływalnia *f*

swimming trunks *npl* kąpielówki *plt*; **a pair of ~** kąpielówki

swimsuit /ˈswɪmsuːt, -sjuːt/ *n* kostium *m* kąpielowy

swindle /ˈswɪndl/ **I** *n* oszustwo *n*; szwindel *m* infml; **a tax ~** oszustwo podatkowe

II *vt* oszuk|ać, -iwać *[person, company]*; wyłudz|ić, -ać *[money]*; **to ~ sb out of sth** wyłudzić coś od kogoś; oskubać kogoś z czegoś infml *[money, savings]*

swindler /ˈswɪndlə(r)/ *n* oszust *m*, -ka *f*

swine /swaɪn/ *n* [1] (pig) (*pl* **~)** świnia *f* [2] vinfml (person) (*pl* **~s)** świnia *f* infml

IDIOMS: **to cast pearls before ~** rzucać perły przed wieprze

swineherd /ˈswaɪnhɜːd/ *n* świnia|rz *m*, -rka *f*

swing /swɪŋ/ **I** *n* [1] (action, movement) (of needle, pointer) drgnięcie *n*, drganie *n*; (of pendulum) ruch *m*, wahnięcie *n*; (of hips, body) kołyszący ruch *m*; (of fist, sword, axe) zamach *m*; (in golf) wymach *m*; (in boxing) sierpowy *m*; **to aim** or **take a ~ at sb/sth** zamierzyć się na kogoś/coś **(with sth** czymś); **to take a ~ at sb's head/stomach** zamierzyć się na kogoś, celując w głowę/brzuch; **to take a wild ~ at the ball** zamachnąć się, próbując trafić w piłkę [2] (fluctuation, change) (in mood, prices, business activity) gwałtowna zmiana *f* **(in sth** czegoś); **a ~ to the left/right** Pol zwrot na lewo/na prawo; **a 10% ~ (to the Democratic Party)** dziesięcioprocentowy wzrost (na korzyść Partii Demokratycznej); **market ~s** wahania rynkowe; **a ~ away from/towards sth** (in opinion) odwrócenie się od czegoś /zwrot w kierunku czegoś; (in behaviour, buying habits) odrzucenie/zaakceptowanie czegoś; **a ~ away from/towards religion** odwrócenie się od/powrót do religii; **to get a bigger ~ than the poll predicted** zyskać większe poparcie, niż przewidywały sondaże [3] (in playground, garden) huśtawka *f*; **to give sb a ~** rozhuśtać kogoś [4] Mus swing *m* [5] (drive, rhythm) rytm *m*; **a piece of music with (a) ~ to it** rytmiczny kawałek infml

II *modif* Mus *[band, music]* swingowy; **~ era** era swingu

III *vt* (*pt, pp* **swung)** [1] (move to and fro) mach|nąć, -ać (czymś), wymachiwać (czymś) *[stick, axe, arm]*; za|kołysać (czymś) *[hips]*; za|dyndać (czymś) *[legs]*; (on rope, from fixed point) rozhuśtać, huśtać (czymś), rozkołysać, kołysać (czymś) *[object]*; **he went down the street ~ing his arms** szedł ulicą wymachując rękami; **the current swung the boat** prąd kołysał łodzią

S

[2] (move in a curve) **to ~ sb onto the ground** postawić kogoś na ziemi (zamaszystym ruchem); **to ~ one's bag onto one's back** zarzucić torbę na plecy; **he swung the child into the saddle** posadził dziecko w siodle; **he swung the car around** zawróciła (samochodem); **to ~ a car around a corner** zakręcić gwałtownie na rogu; **she swung him around to face her** gwałtownym ruchem obróciła go twarzą ku sobie; **he swung his chair around** gwałtownie obrócił się na krześle; **she swung the telescope through 180°** obróciła teleskop o 180°; **to ~ oneself up /down a rope** podciągać/opuszczać się na linie; **to ~ one's bat at the ball** zamachnąć się kijem na piłkę; **the wind swung the window shut/open** wiatr zatrzasnął/otworzył okno [3] (cause to change) zmieni|ć, -ać, odmieni|ć, -ać; **to ~ a match/trial sb's way** or **in sb's favour** zmienić przebieg meczu/procesu na korzyść kogoś; **to ~ the voters** *[speech, incident]* wpłynąć na zmianę decyzji wyborców; **to ~ the voters towards/against sb** skłonić/zniechęcić wyborców do głosowania na kogoś; **this will ~ public opinion against the government** przez to opinia publiczna zwróci się przeciwko rządowi [4] infml (cause to succeed) przesądz|ić, -ać o pomyślnym zakończeniu (czegoś); **to ~ a deal** doprowadzić do sfinalizowania transakcji; **can you ~ it for me?** czy możesz mi to załatwić?; **I'll see if I can ~ it for my wife to come with me** zobaczę, czy uda mi się załatwić, żeby żona pojechała ze mną

IV *vi* (*pt, pp* **swung**) [1] (move to and fro) *[standing object]* za|kołysać się; *[hanging object]* roz|bujać się, roz|huśtać się; *[person]* (for fun) roz|bujać się, roz|huśtać się; *[pendulum]* za|kołysać się; **she sat on the branch with her legs ~ing** siedziała na gałęzi machając or dyndając nogami; **to ~ on the gate** huśtać się or bujać się na furtce; **to ~ by one's hands from the branch** huśtać się or bujać się, trzymając się gałęzi; **to ~ backwards and forwards/from side to side** kołysać się w tył i w przód/z boku na bok; **to ~ at anchor** Naut łukować na kotwicy [2] (move along, around) **to ~ from branch to branch** przeskakiwać z gałęzi na gałąź; **to ~ onto the ground** zeskoczyć na ziemię; **to ~ along a rope (hand over hand)** przesuwać się po linie; **to ~ up into the saddle** zwinnie wskoczyć na siodło; **to ~ back to zero** *[needle]* gwałtownie wrócić do pozycji zero; **to ~ open/shut** otworzyć się/zamknąć się; **the car swung into the drive** samochód zakręcił na podjazd; **the camera swung to the actor's face** kamera najechała na twarz aktora; **to ~ around (in one's chair)** *[person]* obrócić się gwałtownie (na krześle); **the road ~s around the mountain/towards the east** droga omija górę /skręca na wschód; **the army swung towards the east** armia skręciła na wschód [3] (attempt to hit) **to ~ at sb/sth** zamachnąć się or zamierzyć się na kogoś /na coś [4] fig (oscillate) *[mood, opinion]* wahać się, oscylować **(between sth and sth** między czymś a czymś); (change) zmieniać się; **to ~ from euphoria to despair** wpadać raz w euforię, raz w rozpacz; **the party has swung to the left** partia obrała kurs na lewo; **opinion is ~ing against the government** opinia publiczna zwraca się przeciwko rządowi; **public support has swung in favour of the Democrats** większość społeczeństwa zaczęła popierać demokratów [5] *[musician, music]* swingować [6] infml (be lively) *[place, club]* tętnić życiem; **the party was ~ing** zabawa była na medal infml [7] infml or dat zadyndać infml **(for sth** za coś); **the boss will make sure I ~ for that!** fig szef mnie za to powiesi! fig

IDIOMS: **to be in full ~** *[party]* trwać w najlepsze; *[inquiry]* być w pełnym toku; *[work]* posuwać się pełną parą; **the party went with a ~** infml zabawa była na medal infml; **to get into the ~ of things** infml wciągnąć się; **they soon got into the ~ of the competition** infml szybko udzielił im się nastrój współzawodnictwa

swingbin /ˈswɪŋbɪn/ *n* pojemnik *m* na śmieci z klapą

swingboat /ˈswɪŋbəʊt/ *n* huśtawka *f* w kształcie łódki

swing bridge *n* most *m* obrotowy

swing door *n* GB drzwi *plt* wahadłowe

swingeing /ˈswɪndʒɪŋ/ *adj [cuts, increases, sanctions]* drastyczny; *[attack]* gwałtowny; *[criticism]* druzgocący, miażdżący

swinger /ˈswɪŋə(r)/ *n* infml dat (trendy) hulaka *m* dat; **an ageing ~** podstarzały lowelas dat

swinging /ˈswɪŋɪŋ/ *adj [music, musician, band]* swingujący; *[rhythm]* swingowy; *[party]* szampański; *[club]* fantastyczny; **the ~ sixties** swingujące lata sześćdziesiąte

swinging door *n* US = **swing door**

swingometer /ˌswɪŋˈɒmɪtə(r)/ *n urządzenie demonstrujące na bieżąco wahania opinii publicznej*

swing shift *n* US popołudniowa zmiana *f*

swing wing *n* Aviat skrzydło *n* o zmiennym skosie

swipe /swaɪp/ **I** *n* **to take a ~ at sb/sth** (try to hit) zamachnąć się or zamierzyć się na kogoś/coś; (criticize) zaatakować kogoś/coś

II *vt* [1] infml (steal) rąbnąć, podwędzić infml [2] (validate) w|łożyć, -kładać do czytnika *[credit card, ID card]*

III *vi* **to ~ at sb/sth** [1] (try to hit) zamachnąć się or zamierzyć się na kogoś /coś [2] (criticize) zaatakować kogoś/coś *[person, government]*

swirl /swɜːl/ **I** *n* [1] (shape) zawijas *m*; (of dust, smoke) kłąb *m* **(of sth** czegoś); (of air, water) wir *m* [2] (motion) (of skirts) wirowanie *n*; (of mist) kłębienie się *n*

II *vi [water, skirt]* wirować; *[snow, fog, dust]* kłębić się

III **swirling** *prp adj [skirt, water]* wirujący; *[snow, fog, sea]* kłębiący się; *[pattern]* w zawijasy

swish /swɪʃ/ **I** *n* (of whip, golf club, racket) świst *m*; (of tail) chlaśnięcie *n*; (of skirt, grass) szelest *m*; (of water) szmer *m*

II *adj* infml elegancki, szykowny

III *vt [person]* świs|nąć, -tać (czymś) *[whip, cane, golf club]*; *[animal]* chlas|nąć, -tać (czymś); majt|nąć, -ać (czymś) infml *[tail]*; *[person, wind]* za|szeleścić (czymś) *[skirt, branch, leaves, grass]*

IV *vi* [1] *[skirt, fabric]* za|szeleścić [2] *[sword, whip, racket]* świs|nąć, -tać; **to ~ through the air** ciąć powietrze ze świstem

swishy /ˈswɪʃɪ/ *adj* infml = **swish II**

Swiss /swɪs/ **I** *n* Szwajcar *m*, -ka *f*; **the ~** Szwajcarzy

II *adj* szwajcarski

Swiss Alps *prn pl* Alpy *plt* szwajcarskie

Swiss Army knife *n* szwajcarski scyzoryk *m*

Swiss bank account *n* konto *n* w banku szwajcarskim

Swiss chard *n* boćwina *f*, botwina *f*

Swiss cheese *n* ser *m* szwajcarski

Swiss French *adj* szwajcarskofrancuski

Swiss German **I** *n* [1] niemieckojęzyczny Szwajcar *m*, niemieckojęzyczna Szwajcarka *f* [2] Ling szwajcarska odmiana *f* niemieckiego

II *adj* szwajcarskoniemiecki

Swiss Guard *n* (corps) Gwardia *f* Szwajcarska; (person) członek *m* Gwardii Szwajcarskiej

Swiss Italian *adj* szwajcarskowłoski

Swiss roll *n* GB (cake) rolada *f*

Swiss steak *n* US *stek oprószony mąką i duszony z warzywami*

switch /swɪtʃ/ **I** *n* [1] (change) (in policy, weather, behaviour, method, practice, allegiance) zmiana *f* **(in sth** czegoś); **a ~ (away) from sth** odejście od czegoś; **the ~ (away) from gas to electricity** przejście z gazu na elektryczność; **a ~ to the Conservatives** przejście na stronę konserwatystów [2] Elec (for light) włącznik *m*, wyłącznik *m*; kontakt *m* infml; (on radio, appliance) (to turn on or off) włącznik *m*, wyłącznik *m*; (to change options) przełącznik *m*; **ignition ~** Aut stacyjka; **an on/off ~** włącznik/wyłącznik; **the ~ is on/off** (on radio) radio jest włączone/wyłączone [3] US Rail (points) zwrotnica *f*; (junction) rozjazd *m* [4] (twig) rózga *f*, witka *f*; **(riding) ~** szpicruta [5] (hairpiece) treska *f*

II *vt* [1] (shift) zmieni|ć, -ać *[topic, brand, party]* **(to sth** na coś); przen|ieść, -osić *[bank account]* **(to sth** do czegoś); przen|ieść, -osić *[attention, support]* **(to sb/sth** na kogoś/coś); przesu|nąć, -wać *[emphasis]* **(to sth** na coś); **to ~ lanes** Aut zmienić pas; **to ~ the conversation to another topic** skierować rozmowę na inny temat; **they ~ed their support to the Conservatives** przenieśli swe poparcie na konserwatystów; **he ~ed his allegiance back to Labour** znów zaczął popierać laburzystów; **could you ~ the TV over?** czy możesz zmienić kanał? [2] (exchange) *[two persons]* zamieni|ć, -ać się (czymś) *[seats, glasses, roles]*; **to ~ sth with sb** zamienić się czymś z kimś [3] (also **~ round)** (change position or order of) przestawi|ć, -ać, poprzestawiać *[objects]*; **I've ~ed the furniture round** poprzestawiałem meble; **to ~ the players (round) at half-time** zmienić graczy po przerwie; **the two letters have been ~ed** te dwie litery zostały przestawione [4] (whip) smag|nąć, -ać szpicrutą *[horse]* [5] Rail zmieni|ć, -ać tor (czegoś) *[train]*; **to ~ a train into a siding** skierować pociąg na bocznicę

III *vi* (change) 1 **to ~ from sth to sth** przejść z czegoś na coś, przerzucić się z czegoś na coś; **to ~ between two languages/brands** przerzucać się z jednego języka na drugi/z jednej marki na drugą; **I can't ~ from German to French easily** sprawia mi trudność przechodzenie z niemieckiego na francuski; **we have ~ed (over) from oil to gas** przerzuciliśmy się or przeszliśmy z ropy na gaz; **he has ~ed (over) from Labour to the Green Party** przeniósł swe poparcie z laburzystów na Partię Zielonych; **in the end she ~ed back to teaching** ostatecznie powróciła do zawodu nauczycielskiego; **can we ~ back to BBC2?** czy możemy przełączyć z powrotem na BBC2?; **I ~ed from shopping on Mondays to shopping on Saturdays** zamiast w poniedziałek, robię teraz zakupy w sobotę 2 (also **~ over** or **round**) (change position or scheduling) *[people]* zamieni|ć, -ać się **(with sb** z kimś); **I'm tired, can we ~ (over** or **round)?** jestem zmęczony, czy możemy się zamienić? 3 Comput **to ~ to sth** przełączyć się na coś

■ **switch off**: ¶ **~ off** 1 Elec *[appliance, supply]* wyłącz|yć, -ać się; *[light]* wyłącz|yć, -ać się, z|gasnąć; *[person]* wyłącz|yć *(radio, światło, maszynę)* 2 infml (stop listening) wyłącz|yć, -ać się infml; **as he waffles on, I ~ off** kiedy tak gada i gada, wyłączam się ¶ **~ off [sth], ~ [sth] off** 1 Aut, Elec wyłącz|yć, -ać, z|gasić *[appliance, light, car engine]*; przer|wać, -ywać *[supply]*; **the kettle ~es itself off** ten czajnik sam się wyłącza 2 fig **to ~ off the charm** przestać być miłym

■ **switch on**: ¶ **~ on** *[appliance]* włącz|yć, -ać się; *[light]* włącz|yć, -ać się, zapal|ić, -ać się; *[person]* włącz|yć, -ać *(radio, światło, maszynę)* ¶ **~ on [sth], ~ [sth] on** 1 Aut, Elec włącz|yć, -ać *[appliance]*; włącz|yć, -ać, zapal|ić, -ać *[light, car engine]* 2 fig **to ~ on the charm** roztaczać cały swój urok 3 **to be ~ed on** (excited) być podekscytowanym; (on drugs) być na haju infml

■ **switch over** Radio, TV zmieni|ć, -ać program; **to ~ over to sth** przełączyć na coś

switchback /ˈswɪtʃbæk/ **I** *n* 1 GB (rollercoaster) kolejka *f* górska *(w wesołym miasteczku)*; fig (on road) droga *f* wznosząca się i gwałtownie spadająca w dół 2 (twisty) (road) serpentyna *f*; (railway track) szlak *m* wijący się zakosami; (bend) wiraż *m*

II *modif [road, track]* kręty, z ostrymi zakosami

switchblade /ˈswɪtʃbleɪd/ *n* US nóż *m* sprężynowy

switchboard /ˈswɪtʃbɔːd/ *n* 1 Telecom centrala *f* telefoniczna; **you have to go through the ~** musisz łączyć się przez centralę 2 Elec tablica *f* rozdzielcza

switchboard operator *n* telefonist|a *m*, -ka *f*

switcheroo /ˈswɪtʃəruː/ *n* US infml nagła zmiana *f*

switch-hitter /ˈswɪtʃhɪtə(r)/ *n* US infml (in baseball) oburęczny gracz *m*; fig (bisexual) biseks *m* infml

switchover /ˈswɪtʃəʊvə(r)/ *n* przejście *n*, przerzucenie się *n* **(from sth to sth** z czegoś na coś); **the ~ to computers** przejście na komputery

switch-yard /ˈswɪtʃjɑːd/ *n* US Rail stacja *f* rozrządowa

Switzerland /ˈswɪtzəlænd/ *prn* Szwajcaria *f*; **French/German/Italian-speaking ~** francuskojęzyczna/niemieckojęzyczna/włoskojęzyczna część Szwajcarii

swivel /ˈswɪvl/ **I** *n* 1 Fishg krętlik *m* 2 (movement) obrót *m*

II *modif [mechanism]* obrotowy

III *vt* (*prp, pt, pp* **-ll-** GB, **-l-** US) obr|ócić, -acać *[chair, camera, telescope, head]*; przewr|ócić, -acać (czymś) *[eyes]*; **to ~ one's hips** kołysać biodrami

IV *vi* (*prp, pt, pp* **-ll-** GB, **-l-** US) *[person, head, chair, gun]* obr|ócić, -acać się; **to ~ on sth** obracać się na czymś

■ **swivel round**: ¶ **~ round** obr|ócić, -acać się ¶ **~ round [sth], ~ [sth] round** obr|ócić, -acać

swivel chair *n* fotel *m* obrotowy, krzesło *n* obrotowe

swivel seat *n* = **swivel chair**

swiz(z) /swɪz/ *n* GB infml (swindle) kant *m* infml

swizzle /ˈswɪzl/ *n* GB infml = **swiz(z)**

swizzle stick *n* pałeczka *f* do mieszania koktajli

swollen /ˈswəʊlən/ **I** *pp* → **swell**

II *adj [ankle, fingers]* spuchnięty; *[eyes]* zapuchnięty, zapuchły; *[gland]* powiększony; *[river]* wezbrany; **her eyes were ~ with crying** miała oczy zapuchnięte od płaczu

IDIOMS: **he has a ~ head, he is ~headed** infml ma przewrócone w głowie

swoon /swuːn/ **I** *n* liter omdlenie *n*; **in a ~** w omdleniu

II *vi* 1 ze|mdleć, omdle|ć, -wać; **to ~ with fright** zemdleć ze strachu; **to ~ at the sight/the news of sth** zemdleć na widok czegoś/na wieść o czymś; **to ~ to the floor** osunąć się na podłogę 2 fig wpa|ść, -dać w uniesienie **(over sb/sth** nad kimś/czymś); **to ~ with delight at the sight of sb** mdleć z zachwytu na widok kogoś

swoop /swuːp/ **I** *n* 1 (of bird, plane) lot *m* nurkowy, pikowanie *n*; **to fly in ~s** *[planes]* pikować 2 (police raid) nalot *m* infml **(on sth** na coś); **arrested in a ~** aresztowany podczas policyjnej obławy

II *vi* 1 (also **~ down)** *[bird, bat, plane]* za|nurkować, pikować; **to ~ down on sth** *[bird]* spaść na coś *[prey]* 2 *[police]* z|robić nalot infml **(on sth** na coś); *[raiders]* napa|ść, -dać **(on sth** na coś); *[army]* uderz|yć, -ać **(on sth** na coś)

swoosh /swʊʃ/ **I** *n* szum *m*

II *vi [tall grass, leaves]* za|szumieć

swop /swɒp/ *n, vt* = **swap**

sword /sɔːd/ **I** *n* szpada *f*; (curved) szabla *f*; (heavy) miecz *m*; **the whole town was put to the ~** wycięto w pień całą ludność miasta; **to put up one's ~** schować miecz do pochwy

II *modif* **~ blade/hilt** ostrze/głownia miecza

IDIOMS: **it's a double-edged** or **two-edged ~** to jest obosieczna broń; **he who lives by the ~ will die by the ~** kto mieczem wojuje, ten od miecza ginie; **to cross ~s with sb** skrzyżować z kimś miecz/szpadę; **to cross ~s over sth** kruszyć kopie o coś

sword belt *n* rapcie *plt*

sword dance *n* taniec *m* z szablami

swordfish /ˈsɔːdfɪʃ/ *n* Zool miecznik *m*

swordplay /ˈsɔːdpleɪ/ *n* szermierka *f*; fig szermierka *f* słowna

swordsman /ˈsɔːdzmən/ *n* (*pl* **-men)** szermierz *m*, fechmistrz *m*

swordsmanship /ˈsɔːdzmənʃɪp/ *n* sztuka *f* władania białą bronią; fechtunek *m* dat

swordstick /ˈsɔːdstɪk/ *n* laska *f* z ukrytą szpadą

sword swallower *n* połykacz *m* mieczy or mieczów

swore /swɔː(r)/ *pt* → **swear**

sworn /swɔːn/ **I** *pp* → **swear**

II *adj* 1 Jur (under oath) *[statement]* złożony pod przysięgą; **he said in ~ evidence** or **testimony that...** zeznał pod przysięgą, że... 2 (avowed) *[enemy]* zaprzysięgły; *[ally]* wierny, zdeklarowany

swot /swɒt/ infml **I** *n* kujon *m* infml

II *vi* (*prp, pt, pp* **-tt-)** wku|ć, -wać, kuć infml; **to ~ for an exam** kuć do egzaminu

■ **swot up**: ¶ **~ up [sth], ~ [sth] up** wku|ć, wać ¶ **~ up on [sth]** wku|ć, -wać

swum /swʌm/ *pp* → **swim**

swung /swʌŋ/ *pt, pp* → **swing**

swung dash *n* tylda *f*

sybarite /ˈsɪbəraɪt/ *n* fml sybaryt|a *m*, -ka *f*

sybaritic /ˌsɪbəˈrɪtɪk/ *adj* fml sybarycki

sycamore /ˈsɪkəmɔː(r)/ *n* (fig tree) sykomora *f*; (maple) jawor *m*

sycophancy /ˈsɪkəfənsɪ/ *n* czołobitność *f*, pochlebstwa *n pl*

sycophant /ˈsɪkəfænt/ *n* pochlebca *m*, cmokier *m*

sycophantic /ˌsɪkəˈfæntɪk/ *adj* pochlebczy, czołobitny

Sydney /ˈsɪdnɪ/ *prn* Sydney *n inv*

syllabary /ˈsɪləbərɪ, US -berɪ/ *n* Ling sylabariusz *m*

syllabic /sɪˈlæbɪk/ *adj* sylabiczny

syllabification /sɪˌlæbɪfɪˈkeɪʃn/ *n* Ling podział *m* na sylaby

syllabify /sɪˈlæbɪfaɪ/ *vt* (divide) po|dzielić na sylaby; (read) prze|sylabizować

syllable /ˈsɪləbl/ *n* sylaba *f*, zgłoska *f*; **in words of one ~** fig prostymi słowami; **not one ~** ani słowa

syllabub /ˈsɪləbʌb/ *n* Culin (dessert) *deser ze śmietanki ubitej z winem i żółtkami*

syllabus /ˈsɪləbəs/ *n* (*pl* **-buses, -bi)** program *m* nauczania; **on the ~** w programie nauczania

syllogism /ˈsɪlədʒɪzəm/ *n* sylogizm *m*

syllogistic /ˌsɪləˈdʒɪstɪk/ *adj* sylogistyczny

syllogize /ˈsɪlədʒaɪz/ *vi* wnioskować sylogistycznie

sylph /sɪlf/ *n* (fairy) sylf *m*, -ida *f*; fig (slender woman) sylfida *f* fig

sylphlike /ˈsɪlflaɪk/ *adj [woman]* zwiewny; *[movements]* wdzięczny; **~ figure** also hum eteryczna postać

sylvan /ˈsɪlvən/ *adj* liter leśny

sylviculture /ˈsɪlvɪkʌltʃə(r)/ *n* = **silviculture**

symbiosis /ˌsɪmbaɪˈəʊsɪs, ˌsɪmbɪ-/ *n* symbioza *f*; **in ~** w symbiozie

symbiotic /ˌsɪmbaɪˈɒtɪk, ˌsɪmbɪ-/ *adj* symbiotyczny

symbol /ˈsɪmbl/ *n* symbol *m* **(of** or **for sth** czegoś); **chemical/phallic ~** symbol chemiczny/falliczny
symbolic(al) /sɪmˈbɒlɪk(l)/ *adj* symboliczny; **to be ~ of sth** być symbolem czegoś
symbolically /sɪmˈbɒlɪklɪ/ *adv* symbolicznie
symbolism /ˈsɪmbəlɪzəm/ *n* [1] (use of symbols) symbolizm *m* [2] (symbolic quality) symbolizm *m*, symbolika *f* [3] (system of symbols) symbolika *f* [4] (also **Symbolism)** (movement) symbolizm *m*
symbolist /ˈsɪmbəlɪst/ **I** *n* symbolista *m*
II *adj* symbolistyczny
symbolization /ˌsɪmbəlaɪˈzeɪʃn/ *n* [1] (being a symbol of) symbolizowanie *n* [2] (symbolic representation) symboliczne przedstawienie *n* [3] (symbolic interpretation) symboliczne potraktowanie *n*
symbolize /ˈsɪmbəlaɪz/ *vt* [1] (be a symbol of) symbolizować; **power ~d by an eagle** władza symbolizowana przez orła [2] (represent) przedstawi|ć, -ać symbolicznie
symmetric(al) /sɪˈmetrɪk(l)/ *adj* symetryczny
symmetrically /sɪˈmetrɪklɪ/ *adv* symetrycznie
symmetry /ˈsɪmətrɪ/ *n* symetria *f*
sympathetic /ˌsɪmpəˈθetɪk/ *adj* [1] (compassionate) *[person, smile, words, gesture]* pełen współczucia **(to** or **towards sb** dla kogoś); (understanding) *[person, smile, words, gesture]* pełen zrozumienia **(to** or **towards sb** dla kogoś); (kindly) *[person, smile, words, gesture]* życzliwy **(to** or **towards sb** wobec kogoś); **to be ~ about sb's problems** okazać wiele zrozumienia dla problemów kogoś [2] (well-disposed) *[person, government, audience, response]* przychylny **(towards sb/sth** komuś/czemuś); życzliwie nastawiony **(to** or **towards sb/sth** do kogoś/czegoś); **he is ~ to their cause** sympatyzuje z nimi, jest do nich życzliwie nastawiony [3] (pleasant, friendly) *[person, manner]* miły, sympatyczny [4] (environmentally) *[building, development]* harmonizujący z otoczeniem [5] Med sympatyczny, współczulny; **~ nervous system** układ nerwowy sympatyczny or współczulny; **~ pregnancy** ciąża urojona
sympathetically /ˌsɪmpəˈθetɪklɪ/ *adv* [1] (compassionately) współczująco, ze współczuciem [2] (kindly) życzliwie [3] (favourably) przychylnie; **the committee was ~ disposed to our request** komisja była przychylnie nastawiona do naszej prośby
sympathize /ˈsɪmpəθaɪz/ *vi* [1] (feel compassion) współczuć **(with sb** komuś); **they called to ~ with the widow** przyszli złożyć jej wyrazy współczucia w związku ze śmiercią męża; **I ~ with you in your grief** proszę przyjąć wyrazy współczucia [2] (understand) rozumieć; **we ~ with your feelings, but...** rozumiemy twoje uczucia, ale...; **I fully ~, I used to be a teacher** doskonale rozumiem, też byłem nauczycielem [3] (support) sympatyzować, solidaryzować się **(with sb/sth** z kimś/czymś); **to ~ with sb's views** podzielać przekonania kogoś; **to ~ with sb's aims** popierać dążenia kogoś
sympathizer /ˈsɪmpəθaɪzə(r)/ *n* [1] (supporter) sympaty|k *m*, -czka *f*; **they are Communist ~s** oni sympatyzują z komunistami [2] (at funeral) żałobni|k *m*, -ca *f*, uczestni|k *m*, -czka *f* pogrzebu
sympathy /ˈsɪmpəθɪ/ **I** *n* [1] (compassion) współczucie *n* **(for sb** dla kogoś); **to feel ~ for sb** współczuć komuś; **to do sth out of ~** zrobić coś ze współczucia; **he pressed my hand in ~** na znak współczucia uścisnął mi dłoń; **she could show a bit more ~!** mogłaby okazać odrobinę więcej współczucia!; **'with deepest ~'** „z wyrazami najgłębszego współczucia" [2] (solidarity) solidarność *f*, poparcie *n*; **to be in ~ with sb** solidaryzować się z kimś; **I am in ~ with their aims** popieram ich dążenia; **I have some ~ with her views** do pewnego stopnia podzielam jej poglądy; **I have little ~ for their cause** nie solidaryzuję się z nimi; **the workers have come out on strike in ~ with the students** robotnicy zastrajkowali na znak solidarności ze studentami [3] (affinity, empathy) wzajemne zrozumienie *n*; **a profound ~ with nature** pełna harmonia z naturą
II sympathies *npl* sympatie *f pl*; **what are her political sympathies?** jakie są jej sympatie polityczne?; **strong left-wing sympathies** silne sympatie lewicowe; **my sympathies lie entirely with the workers** całkowicie solidaryzuję się z robotnikami
sympathy strike *n* strajk *m* solidarnościowy
symphonic /sɪmˈfɒnɪk/ *adj* symfoniczny
symphonic poem *n* poemat *m* symfoniczny
symphonist /ˈsɪmfənɪst/ *n* symfonik *m*, symfonista *m*
symphony /ˈsɪmfənɪ/ *n* symfonia *f* also fig
symphony orchestra *n* orkiestra *f* symfoniczna
symposium /sɪmˈpəʊzɪəm/ *n* (*pl* **-sia)** [1] (conference) sympozjum *n* [2] (collection) zbiór *m*, kolekcja *f*
symptom /ˈsɪmptəm/ *n* [1] Med objaw *m*, symptom *m*; **the patient shows** or **manifests ~s of anaemia** u pacjenta występują objawy anemii [2] fig (of discontent, poverty) przejaw *m*, symptom *m*, oznaka *f*
symptomatic /ˌsɪmptəˈmætɪk/ *adj* znamienny; symptomatyczny fml **(of sth** dla czegoś)
synagogue /ˈsɪnəgɒg/ *n* synagoga *f*
sync(h) /sɪŋk/ *n* = **synchronization** synchronizacja *f*; **in/out of ~** *[watch, system, machine]* zsynchronizowany/niezsynchronizowany; **to be in/out of ~ with sb/sth** *[government]* znajdować wspólny język/nie znajdować wspólnego języka z kimś *[public opinion]*; mieć rozeznanie/nie mieć rozeznania co do czegoś *[general feeling]*; *[player]* być/nie być zgranym z kimś *[team]*; **the soundtrack is out of ~ with the picture** ścieżka dźwiękowa nie jest zsynchronizowana z obrazem
synchromesh /ˈsɪŋkrəʊmeʃ/ *adj* **a ~ gearbox** synchronizowana skrzynia biegów
synchronic /sɪŋˈkrɒnɪk/ *adj* [1] Ling synchroniczny [2] = **synchronous**
synchronicity /sɪŋˌkrɒnˈɪsətɪ/ *n* synchronia *f*
synchronism /ˈsɪŋkrənɪzəm/ *n* [1] synchroniczność *f* [2] Hist tablica *f* synchronistyczna
synchronization /ˌsɪŋkrənaɪˈzeɪʃn/ *n* synchronizacja *f*; **in ~** zsynchronizowany; **out of ~** niezsynchronizowany
synchronize /ˈsɪŋkrənaɪz/ **I** *vt* z|synchronizować
II *vi* być zsynchronizowanym
III synchronized *pp adj* zsynchronizowany
synchronized swimming *n* pływanie *n* synchroniczne
synchronous /ˈsɪŋkrənəs/ *adj* synchroniczny
synchronous converter *n* konwerter *m* synchroniczny
synchronous motor *n* silnik *m* synchroniczny
synchronous orbit *n* orbita *f* synchroniczna
syncline /ˈsɪŋklaɪn/ *n* synklina *f*
syncopate /ˈsɪŋkəpeɪt/ *vt* [1] Mus synkopować [2] Ling skr|ócić, -acać *[word]*
syncopation /ˌsɪŋkəˈpeɪʃn/ *n* Mus, Ling synkopa *f*
syncope /ˈsɪŋkəpɪ/ *n* [1] Med omdlenie *n* [2] Ling synkopa *f*
syncretism /ˈsɪŋkrətɪzəm/ *n* synkretyzm *m*
syncretize /ˈsɪŋkrətaɪz/ *vt* po|łączyć synkretycznie
syndeton /sɪnˈdiːtən/ *n* Ling łączenie *n* spójnikowe
syndic /ˈsɪndɪk/ *n* GB Univ ≈ dyrektor *m* administracyjny
syndicalism /ˈsɪndɪkəlɪzəm/ *n* syndykalizm *m*
syndicalist /ˈsɪndɪkəlɪst/ *n* syndykalista *m*
syndicate **I** /ˈsɪndɪkət/ *n* [1] Comm, Fin konsorcjum *n*, syndykat *m*; **to form a ~** stworzyć konsorcjum; **a financial/banking ~** konsorcjum finansowe/bankowe [2] Journ (agency) agencja *f* dziennikarska [3] US (association) (of criminals) grupa *f* przestępcza; (for lottery) spółka *f* graczy; **a crime ~** syndykat zbrodni; **a drug(s) ~** kartel narkotykowy
II /ˈsɪndɪkeɪt/ *vt* [1] Journ sprzeda|ć, -wać za pośrednictwem agencji *[column, photograph, comic strip]*; **~d in over 50 newspapers** opublikowany jednocześnie w ponad 50 gazetach [2] US Radio,TV (sell) sprzeda|ć, -wać do kilku stacji *[programme]* [3] (assemble) zrzesz|yć, -ać *[workers]*; z|organizować w konsorcjum *[bankers]*
III syndicated *pp adj* Journ *[columnist]* agencyjny; Fin *[loan, shares]* konsorcjalny
syndrome /ˈsɪndrəʊm/ *n* [1] Med zespół *m*, syndrom *m* [2] fig syndrom *m*
synecdoche /sɪˈnekdəkɪ/ *n* synekdocha *f*
synergy /ˈsɪnədʒɪ/ *n* synergia *f*, synergizm *m*
synod /ˈsɪnəd/ *n* synod *m*; **the General Synod** Synod Generalny
synonym /ˈsɪnənɪm/ *n* synonim *m* **(of** or **for sth** czegoś)
synonymous /sɪˈnɒnɪməs/ *adj* synonimiczny; **to be ~ with sth** być synonimem czegoś, być równoznacznym z czymś also fig
synonymy /sɪˈnɒnəmɪ/ *n* synonimia *f*
synopsis /sɪˈnɒpsɪs/ *n* (*pl* **-ses)** streszczenie *n*

synoptic /sɪˈnɒptɪk/ *adj [outline]* ogólny; Meteorol synoptyczny
synovia /saɪˈnəʊvɪə/ *n* maź *f* stawowa
synovial /saɪˈnəʊvɪəl/ *adj* maziowy
syntactic(al) /sɪnˈtæktɪk(l)/ *adj* składniowy, syntaktyczny
syntactically /sɪnˈtæktɪklɪ/ *adv* składniowo
syntactics /sɪnˈtæktɪks/ *n (+ v sg)* syntaktyka *f*
syntagm(a) /sɪnˈtægm(ə)/ *n* syntagma *f*
syntagmatic /ˌsɪntægˈmætɪk/ *adj* syntagmatyczny
syntax /ˈsɪntæks/ *n* składnia *f*, syntaksa *f*
synth /sɪnθ/ *n* Mus = **synthesizer** syntezator *m*
synthesis /ˈsɪnθəsɪs/ *n* (*pl* **-ses**) synteza *f*; fig synteza *f*, kombinacja *f*
synthesize /ˈsɪnθəsaɪz/ *vt* syntetyzować
synthesizer /ˈsɪnθəsaɪzə(r)/ *n* syntezator *m*
synthetic /sɪnˈθetɪk/ **I** *n* syntetyk *m* **II** *adj* [1] (man-made) syntetyczny [2] pej (false) *[smile]* sztuczny; *[emotion]* udawany; *[smell, taste]* syntetyczny
synthetically /sɪnˈθetɪklɪ/ *adv* syntetycznie
S Yorkshire *n* GB Post = **South Yorkshire**
syphilis /ˈsɪfɪlɪs/ *n* kiła *f*, syfilis *m*
syphilitic /ˌsɪfɪˈlɪtɪk/ **I** *n* syfility|k *m*, -czka *f* **II** *adj* syfilityczny
syphon *n* = **siphon**
Syria /ˈsɪrɪə/ *prn* Syria *f*
Syrian /ˈsɪrɪən/ **I** *n* Syryj|czyk *m*, -ka *f* **II** *adj* syryjski
syringa /sɪˈrɪŋgə/ *n* [1] (mock orange) jaśminowiec *m* [2] (lilac) bez *m*
syringe /sɪˈrɪndʒ/ **I** *n* [1] Med strzykawka *f* [2] Dent **multi-purpose ~** przewód wielofunkcyjny [3] Hort (for spraying) szpryca *f* **II** *vt* [1] Med przepłuk|ać, -iwać *[wound]*; **to have one's ears ~d** przepłukać (sobie) uszy [2] Hort prysk|ać, -iwać **(with sth** czymś**)**
syrup /ˈsɪrəp/ *n* [1] Culin, Med syrop *m*; **cough ~** syrop na kaszel [2] fig **to have too much ~** *[novel]* być zbyt ckliwym
syrup of figs *n* syrop *m* figowy
syrupy /ˈsɪrəpɪ/ *adj* lepki; fig ckliwy
system /ˈsɪstəm/ *n* [1] Admin (way of organizing) system *m*; **filing/classification ~** system archiwizacji/klasyfikacji; **what is the ~ for marking these tests?** jakie są zasady poprawiania tych testów?; **we need a ~** potrzebny jest jakiś system; **to lack ~** być źle zorganizowanym [2] Comput system *m* **(for doing sth, to do sth** robienia czegoś**)**; **to store sth in the ~** przechowywać coś w systemie [3] Econ, Jur, Ling, Philos (set of principles) system *m*; Pol ustrój *m*; **a banking/an educational ~** system bankowy /edukacji; **a gambling ~** system *(w grach hazardowych lub losowych)*; **under the communist ~** w komunizmie, w ustroju komunistycznym [4] (electrical, mechanical) układ *m*, system *m*; **a public address ~** aparatura nagłaśniająca; **a stereo ~** aparatura stereofoniczna; **a braking ~** układ hamulcowy [5] Pol (established structures) **the ~** system *m*; **to work within the ~** działać w ramach systemu; **to beat the ~** przechytrzyć system [6] (network) sieć *f*; **a telephone/road ~** sieć telefoniczna/dróg; **a traffic ~** organizacja ruchu drogowego [7] Anat, Med (digestive, nervous, respiratory, reproductive) układ *m* [8] Physiol (human, animal) organizm *m*; **to damage the ~** zniszczyć organizm; **to get into the ~** dostać się do organizmu; **to get sth out of one's ~** wydalić coś z organizmu; fig infml zapomnieć o czymś, uwolnić się od czegoś [9] Geog, Geol, Meterol (of features) formacja *f*; **a high-pressure ~** wyż atmosferyczny; **a river ~** sieć wodna [10] Chem, Math, Meas (for classification, measurement) system *m*
systematic /ˌsɪstəˈmætɪk/ *adj* [1] (efficient) *[person, approach, training, planning]* systematyczny [2] (deliberate) *[abuse, torture, destruction]* planowy [3] Biol, Bot, Zool systematyczny
systematically /ˌsɪstəˈmætɪklɪ/ *adv* [1] (in ordered way) *[list, work, process, arrange, study]* systematycznie [2] (deliberately) *[destroy, undermine, spoil, cut]* systematycznie, planowo
systematize /ˈsɪstəmətaɪz/ *vtr* u|systematyzować
systemic /sɪˈstemɪk/ **I** *n* środek *m* systemiczny **II** *adj* [1] Econ, Pol systemowy [2] Physiol *[poison, disease]* ogólnoustrojowy [3] Agric, Hort *[pesticide, insecticide]* systemiczny, układowy [4] Ling systemowy
systemic circulation *n* Med krążenie *n* ogólne
systemic grammar *n* gramatyka *f* systemowa
systemic infection *n* Med infekcja *f* ogólnoustrojowa
systems analysis *n* analiza *f* systemowa
systems analyst *n* analityk *m* systemowy
systems design *n* projektowanie *n* systemów
systems disk *n* dysk *m* systemowy
systems diskette *n* dyskietka *f* systemowa
systems engineer *n* projektant *m* systemów
systems engineering *n* projektowanie *n* systemów
system(s) software *n* oprogramowanie *n* systemowe
systems programmer *n* programista *m* systemowy
systems theory *n* teoria *f* systemów
systole /ˈsɪstəlɪ/ *n* skurcz *m* serca

T

t, T /tiː/ *n* (letter) t, T *n*

IDIOMS: **that's Robert to a T** to cały Robert; **it suits me to a T** *[job, situation, role]* w pełni mi to odpowiada; *[garment]* pasuje jak ulał

t. *n* = **tempo**

ta /tɑː/ *excl* GB infml dzięki!

TA *n* 1 GB → **Territorial Army** 2 = **transactional analysis** 3 US Univ = **teaching assistant**

TAB *n* = **typhoid-paratyphoid A and B (vaccine)** szczepionka *f* durowo-paradurowa A i B, TAB

tab /tæb/ **I** *n* 1 (on garment) (decorative) naszywka *f*; (flap) klapka *f*; (loop) pętelka *f*; (for hanging) wieszak *m*; (on military uniform) naszywka *f*; GB (on shoelace) skuwka *f* 2 (on can) uszko *n* 3 (on files) zakładka *f* indeksująca 4 (for identification) etykietka *f* 5 Aviat (on wing) klapa *f* 6 US (bill) rachunek *m*; **to pick up the ~** zapłacić rachunek; **put it on my ~** proszę dopisać to do mojego rachunku 7 infml (tablet) tabletka *f* LSD 8 Comput (tabulator) tabulator *m* 9 (of word processor, typewriter) (device) tabulator *m*; (setting) pozycja *f* tabulacyjna; **to set ~s** ustawić tabulatory 10 Theat kurtyna *f* francuska 11 infml (cigarette) fajka *f* infml

II *modif [character]* tabulacyjny; **~ stop /key** pozycja/przycisk tabulacji

III *vt* (*prp, pr, pp* **-bb-**) 1 (label) oznacz|yć, -ać *[garment, file]* 2 US (single out) **to ~ sb as sb** przyczepić komuś etykietę kogoś; **to ~ sth for sth** przeznaczyć coś na coś

IDIOMS: **to keep ~s on sb/sth** infml mieć kogoś/coś na oku

tabard /ˈtæbəd/ *n* tabard *m*

Tabasco® /təˈbæskəʊ/ *n* sos *m* tabasco

tabbouleh /təˈbuːleɪ, ˈtæbuːleɪ/ *n* Culin tabbula *f (potrawa libańska ze śruty pszenicznej)*

tabby (cat) /ˈtæbɪ/ *n* kot *m* pręgowany

tabernacle /ˈtæbənækl/ *n* 1 Relig (on altar) tabernakulum *n* 2 Bible przybytek *m*, Namiot *m* Spotkania 3 US (church) zbór *m*

table /ˈteɪbl/ **I** *n* 1 (piece of furniture) stół *m*; (small) stolik *m*; **garden/kitchen ~** stolik ogrodowy/stół kuchenny; **at ~** przy stole; **to lay** or **set the ~** nakryć do stołu; **to put sth on the ~** fig GB (propose) przedłożyć coś *[proposal, offer]*; US (postpone) odłożyć coś *[proposal, offer]*; **the proposal is now on the ~** GB propozycja jest aktualnie rozważana; **the offer is still on the ~** oferta jest wciąż brana pod uwagę; **the UN is trying to get the warring parties round the ~** ONZ próbuje doprowadzić do spotkania stron konfliktu przy stole negocjacyjnym; **he keeps a good ~** fig można u niego dobrze zjeść 2 (list) tabela *f*; **to present sth in ~ form** przedstawić coś w tabeli 3 Math tablica *f*; **conversion ~** tablica przeliczeniowa; **multiplication ~** tabliczka mnożenia; **the six-times ~** tabliczka mnożenia przez sześć; **to learn one's ~s** uczyć się tabliczki mnożenia 4 Sport (also **league ~**) tabela *f*; **to be at the top/bottom of the ~** być na szczycie /dole tabeli; **to be second in the ~** zajmować drugie miejsce w tabeli 5 Geog płaskowyż *m* 6 Hist (tablet) tablica *f*; **the ~s of the Decalogue** tablice dziesięciu przykazań; **the Twelve Tables** dwanaście tablic (prawa rzymskiego)

II *vt* 1 GB (present) zgł|osić, -aszać *[bill, amendment, proposal]*; **to ~ sth for discussion** poddać coś pod dyskusję 2 US (postpone) odł|ożyć, -kładać *[motion, bill, amendment]*

IDIOMS: **I can drink you under the ~** mam mocniejszą głowę niż ty; **she drank everyone under the ~** przetrzymała wszystkich w piciu; **to do sth under the ~** robić coś po cichu fig; **to lay** or **put one's cards on the ~** wyłożyć karty na stół; **to turn the ~s** odwrócić sytuację; **to turn the ~s on sb** odwrócić sytuację na niekorzyść kogoś

tableau /ˈtæbləʊ/ *n* (*pl* **~x, ~s**) 1 Theat (also **~ vivant**) żywy obraz *m* 2 (scene) scenka *f*; obrazek *m* fig

tablecloth /ˈteɪblklɒθ, US -klɔːθ/ *n* obrus *m*

table d'hôte /ˌtɑːblˈdəʊt/ *n* zestaw *n* dań (po stałej cenie)

table football *n* piłka *f* nożna *(dziecięca gra w piłkarzy)*; **to play ~** grać w piłkarzy infml

table-hop /ˈteɪblhɒp/ *vi* US wędrować od stolika do stolika

table lamp *n* lampa *f* na stół; (on desk) lampa *f* na biurko

tableland /ˈteɪblland/ *n* Geog płaskowyż *m*

table leg *n* noga *f* stołowa

table linen *n* bielizna *f* stołowa

table manners *npl* **to have good/bad ~** umieć/nie umieć zachować się przy stole

table mat *n* (under plate) mata *f*; (under serving-dish) podkładka *f*

Table Mountain *prn* Góra *f* Stołowa

table napkin *n* serwetka *f*

table salt *n* sól *f* stołowa

tablespoon /ˈteɪblspuːn/ *n* 1 (object) łyżka *f* stołowa 2 Meas, Culin (also **~ful**) łyżka *f* stołowa *(GB = 18 ml, US = 15 ml)*

tablet /ˈtæblɪt/ *n* 1 (medicine) tabletka *f*, pigułka *f* (**for sth** na coś); **sleeping ~s** środki nasenne; **a ~ for the relief of pain** tabletka przeciwbólowa 2 (commemorative) tablica *f* (pamiątkowa) 3 Archeol (for writing) tabliczka *f* 4 (bar) (of chocolate) tabliczka *f*; **a ~ of soap** kostka mydła 5 Comput (pad) rysownica *f* 6 US (writing pad) blok *m* 7 (detergent block) tabletka *f (do prania, zmywania)*

IDIOMS: **engraved in ~s of stone** niewzruszony, niepodważalny

table talk *n* luźna rozmowa *f* przy jedzeniu

table tennis **I** *n* tenis *m* stołowy; pingpong *m* infml; **to play ~** grać w tenisa stołowego or ping-ponga

II **table-tennis** *modif [ball, table]* pingpongowy; **~ bat** rakietka do pingponga; **~ player** pingpongista

table top *n* blat *m* (stołu)

table-turning /ˈteɪbltɜːnɪŋ/ *n* wirowanie *n* stolika *(podczas seansu spirytystycznego)*

tableware /ˈteɪblweə(r)/ *n* zastawa *f* stołowa

table wine *n* wino *n* stołowe

tabloid /ˈtæblɔɪd/ **I** *n* 1 (also **~ newspaper**) gazeta *f* brukowa, brukowiec *m*; **the ~s** prasa bulwarowa or brukowa 2 (format) tabloid *m*

II *modif* 1 pej *[press, journalism]* brukowy, bulwarowy 2 **~ format/size** format/wielkość tabloidu

taboo /təˈbuː/ **I** *n* 1 (ban, prohibition) zakaz *m* (**on sth** czegoś); (topic, object, word) tabu *n inv*; **there's a ~ on discussing sex** seks jest tematem tabu 2 Anthrop tabu *n inv*

II *adj* zakazany; **~ subject** temat tabu

tabour /ˈteɪbɔː(r)/ *n* tamburyn *m* prowansalski, bębenek *m*

tabu *n* = **taboo**

tabular /ˈtæbjʊlə(r)/ *adj* tabelaryczny

tabulate /ˈtæbjʊleɪt/ *vt* 1 (present) zestawi|ć, -ać w tabeli *[figures, data, results]* 2 (in typing) wyrówn|ać, -ywać tabulatorem

tabulation /ˌtæbjʊˈleɪʃn/ *n* 1 (of data, results) zestawienie *n* tabelaryczne 2 (in typing) tabulacja *f*

tabulator /ˈtæbjʊleɪtə(r)/ *n* 1 (device) tabulator *m* 2 (person) osoba *f* zestawiająca dane w tabeli

tache /tæʃ, tɑːʃ/ *n* GB infml wąs *m*

tacheometer /ˌtækeɪˈɒmɪtə(r)/ *n* tachymetr *m*

tachograph /ˈtækəgrɑːf, US -græf/ *n* tachograf *m*

tachometer /təˈkɒmɪtə(r)/ *n* tachometr *m*

tachycardia /ˌtækɪˈkɑːdɪə/ *n* częstoskurcz *m*, tachykardia *f*

tachycardiac /ˌtækɪˈkɑːdɪæk/ *adj* częstoskurczowy

tachymeter /təˈkɪmɪtə(r)/ *n* tachymetr *m*

tacit /ˈtæsɪt/ *adj* [1] cichy, milczący; **by ~ agreement** przy milczącej zgodzie [2] Ling **~ knowledge** bierna znajomość języka
tacitly /ˈtæsɪtlɪ/ *adv [consent, admit, agree]* po cichu
taciturn /ˈtæsɪtɜːn/ *adj [person]* małomówny
taciturnity /ˌtæsɪˈtɜːnətɪ/ *n* małomówność *f*
taciturnly /ˈtæsɪtɜːnlɪ/ *adv [stare, sit]* milcząco, w milczeniu
Tacitus /ˈtæsɪtəs/ *prn* Tacyt *m*
tack¹ /tæk/ **I** *n* [1] (nail) ćwieczek *m*; (for upholstery) gwóźdź *m* tapicerski [2] US (drawing pin) pinezka *f* [3] (approach) taktyka *f*; **to take** or **try another ~** zmienić kurs fig; **to change ~** zmienić taktykę; **to start off on a different ~ in mid-sentence** w połowie zdania przeskoczyć na inny temat [4] (in sewing) fastryga *f* [5] Naut hals *m*; **a ~ to starboard/port** prawy/lewy hals; **on the starboard/port ~** prawym/lewym halsem
II *vt* [1] (nail) **to ~ sth to sth** przybić coś do czegoś; (with drawing pin) przypiąć coś do czegoś *[wall, door]*; **to ~ sth down** przybić coś [2] (in sewing) s|fastrygować
III *vi [sailor, yacht]* halsować; **to ~ to port /starboard** płynąć lewym/prawym halsem; **they ~ed towards the mainland** halsując, popłynęli w stronę lądu
■ **tack on**: **~ on [sth], ~ [sth] on** (in sewing) przyfastrygować; fig dołącz|yć, -ać *[clause, ending]* **(to sth** do czegoś); dobudow|ać, -ywać *[porch]* **(to sth** do czegoś)
■ **tack up**: **~ up [sth], ~ [sth] up** przypi|ąć, -nać *[poster]*
tack² /tæk/ *n* Equest uprząż *f*; rząd *m* dat
tack hammer *n* młotek *m* tapicerski
tacking /ˈtækɪŋ/ *n* (in sewing) (joining) fastrygowanie *n*; (stitches) fastryga *f*
tacking stitch *n* fastryga *f (ścieg)*
tacking thread *n* fastryga *f (nitka)*
tackle /ˈtækl/ **I** *n* [1] Sport (in soccer, hockey) blokowanie *n* **(on sb** kogoś); wejście *n* infml **(on sb** w kogoś); (in rugby, American football) szarża *f* **(on sb** na kogoś) [2] (equipment) (for sport) sprzęt *m*; (for machinery) osprzęt *m*; (for fishing) sprzęt *m* wędkarski; **shaving ~** przybory do golenia [3] Naut (rigging) takielunek *m*; (for lifting) talia *f* [4] Tech wielokrążek *m*, wyciąg *m* [5] US Sport (player) tackler *m (zawodnik linii ataku)*
II *vt* [1] (handle) wziąć, brać się do (czegoś) *[work, painting, food]*; stawić czoło (czemuś) *[challenge, problem]*; opanow|ać, -ywać *[fire]*; **to ~ sth head-on** śmiało zabrać się do czegoś [2] (approach) **to ~ sb** zagadnąć kogoś; **to ~ sb about sth** zagadnąć kogoś o coś, zwrócić się do kogoś w związku z czymś *[subject, problem]* [3] Sport (intercept) (in soccer, hockey) za|blokować; w|ejść, -chodzić w (kogoś) infml; (in rugby, American football) chwy|cić, -tać [4] (take on) *[person, dog]* rzuc|ić, -ać się na (kogoś) *[intruder, criminal]*
III *vi* (in soccer, hockey) blokować; (in rugby, American football) szarżować
tackle block *n* blok *m*
tackler /ˈtæklə(r)/ *n* zawodnik *m* ostro blokujący
tackling /ˈtæklɪŋ/ *n* (in rugby) szarżowanie *n*; (in soccer) blokowanie *n*
tack room *n* siodlarnia *f*
tack weld I *n* spoina *f* punktowa
II *vt* ze|spawać punktowo
tack welding *n* spawanie *n* punktowe
tacky¹ /ˈtækɪ/ *adj* (sticky) *[surface, putty]* lepki; **the paint is still ~** farba jeszcze nie wyschła
tacky² /ˈtækɪ/ *adj* infml pej *[garment, object]* tandetny; *[remark, film, place]* w złym guście; *[person]* pospolity
taco /ˈtɑːkəʊ/ *n* Culin taco *n inv*
tact /tækt/ *n* takt *m*; **to have ~** być taktownym; **to have the ~ to do sth** mieć dość taktu, żeby zrobić coś
tactful /ˈtæktfl/ *adj* taktowny; **be a bit more ~** wykaż odrobinę więcej taktu; **to be ~ with sb** zachowywać się taktownie wobec kogoś; **it wasn't very ~ to laugh** śmiech był nie na miejscu
tactfully /ˈtæktfəlɪ/ *adv* taktownie
tactfulness /ˈtæktfʊlnɪs/ *n* takt *m*
tactic /ˈtæktɪk/ *n* metoda *f*, taktyka *f*; Mil **~s** taktyka *f*; **a scare ~** metoda zastraszania; **a delaying ~** gra na zwłokę; **bullying /questionable ~s** brutalne/kontrowersyjne metody; **surprise ~s** taktyka zaskoczenia; **strong-arm ~s** pej metody silnej ręki; **to change ~s** zmienić taktykę; **his ~** or **~s of blaming other people** jego taktyka polegająca na zrzucaniu winy na innych
tactical /ˈtæktɪkl/ *adj* taktyczny
tactically /ˈtæktɪklɪ/ *adv [vote, proceed]* taktycznie; *[astute, unwise, successful]* z punktu widzenia taktyki; **~ the plan was perfect** plan był taktycznie doskonały
tactical voting *n* głosowanie *n* taktyczne
tactician /tækˈtɪʃn/ *n* taktyk *m*
tactile /ˈtæktaɪl, US -tl/ *adj [organ, sense]* dotykowy; *[material]* przyjemny w dotyku
tactile feedback *n* wrażenia *n pl* dotykowe
tactile keyboard *n* klawiatura *f* dotykowa
tactless /ˈtæktlɪs/ *adj* nietaktowny; **it was ~ of him to ask such questions** zadawanie takich pytań było z jego strony nietaktem
tactlessly /ˈtæktlɪslɪ/ *adv [behave, act, speak]* nietaktownie; *[worded, phrased]* w sposób nietaktowny
tactlessness /ˈtæktlɪsnɪs/ *n* (quality) brak *m* taktu; (act) nietakt *m*
tad /tæd/ *n* US infml [1] (quantity) **a ~** odrobina *f* [2] (child) brzdąc *m*, smyk *m* infml hum
tadpole /ˈtædpəʊl/ *n* Zool kijanka *f*
Tadzhik /tɑːdʒiːk/ **I** *n* Tadży|k *m*, -jka *f*
II *adj* tadżycki
Tadzhiki /tɑːˈdʒiːkiː/ *n* (język *m*) tadżycki *m*
Tadzhikistan /tɑːˌdʒiːkɪˈstɑːn/ *prn* Tadżykistan *m*
tae kwon do /ˌtaɪkwɒnˈdəʊ/ *n* taekwondo *n inv*
taffeta /ˈtæfɪtə/ **I** *n* tafta *f*
II *modif [dress, gown, curtains]* taftowy
taffrail /ˈtæfreɪl/ *n* Naut reling *m* rufowy
taffy /ˈtæfɪ/ *n* US ≈ ciągutka *f*
Taffy /ˈtæfɪ/ *n* GB infml offensive Walij|czyk *m*, -ka *f*
tag¹ /tæg/ **I** *n* [1] (label) (on goods) metka *f*; (on luggage) przywieszka *f*; (on cat, dog) znaczek *m*; (on pigeon) obrączka *f*; (on file) fiszka *f*; **luggage ~** przywieszka bagażowa; **name ~** identyfikator; **price ~** metka z ceną; **to put a ~ on sth** przyczepić przywieszkę do czegoś *[luggage]*; przyczepić metkę do czegoś *[coat]* [2] (for hanging) pętelka *f*, wieszak *m*; **hang the coat up by the ~** powieś płaszcz za pętelkę [3] Ling operator *m* metatekstowy tworzący pytanie [4] (quotation) sentencja *f*; (hackneyed) frazes *m*; **a Latin ~** łacińska sentencja [5] (signature of graffiti artist) tag *m (sygnatura autora)* [6] Jur lokalizator *m*; **electronic ~** lokalizator elektroniczny [7] US infml (registration plate) tablica *f* (rejestracyjna) [8] (name) miano *n*, etykieta *f*; **his book earned him the ~ 'subversive'** jego książka sprawiła, że przyczepiono or przypięto mu etykietkę wywrotowca [9] (on shoelace) skuwka *f* [10] Comput znacznik *m*, wyróżnik *m* [11] Fishg błystka *f*
II *vt* (*prp, pt, pp* **-gg-**) [1] (label) oznacz|yć, -ać *[file, document]*; metkować *[goods, clothes]*; za|obrączkować *[pigeon]* [2] Jur zaopat|rzyć, -rywać w lokalizator *[criminal]* [3] (name) za|szufladkować; **the film was ~ged 'surreal'** film został zaszufladkowany jako surrealistyczny [4] US Aut infml wlepi|ć, -ać mandat (komuś) infml *[driver]*; **to be ~ged for speeding** dostać mandat za przekroczenie prędkości [5] Comput znaczyć, znakować *[data, item]*
III *vi* (*prp, pt, pp* **-gg-**) (follow) **to ~ after sb** podążać za kimś; *[detective]* śledzić kogoś *[suspect]*
■ **tag along** infml wlec się z tyłu infml; **to ~ along behind** or **after sb** wlec się za kimś
■ **tag on**: ¶ **~ on** *[person]* przyłącz|yć, -ać się; przyczepić się infml; **whenever I go out, he ~s on** kiedy tylko wychodzę, idzie za mną jak cień ¶ **~ [sth] on** doda|ć, -wać *[paragraph, phrase, sum]* **(to sth** do czegoś); **to ~ sth onto sth** przyczepić coś do czegoś *[label, note]*
tag² /tæg/ **I** *n* Games berek *m*; **to play ~** bawić się w berka
II *vt* (*prp, pt, pp* **-gg-**) Games z|łapać *[player]*; **~!** berek!; US (in baseball) = **tag out**
■ **tag out** US: **~ [sb] out** (in baseball) wy|eliminować z gry *(przez dotknięcie piłką)*
tag board *n* karton *m*
tag day *n* US dzień *m* kwesty
tag end *n* US końcówka *f*
tagging /ˈtægɪŋ/ *n* [1] Jur zakładanie *n* przestępcy lokalizatora [2] Comput znakowanie *n*
tagine /təˈʒiːn, təˈdʒiːn/ *n* Culin tagin *m (potrawa marokańska z mięsa jagnięcego lub kurczaka)*
tagliatelle /ˌtæljəˈtelɪ, ˌtæglɪəˈtelɪ/ *n* makaron *m* wstążki
tag line *n* (of entertainer) powiedzonko *n* infml; (in play, poem) puenta *f*
tagmeme /ˈtægmiːm/ *n* Ling tagmem *m*
tagmemics /tægˈmiːmɪks/ *n* (+ *v sg*) Ling tagmemika *f*
tag question *n* Ling pytanie *n* rozłączne
Tagus /ˈteɪgəs/ *prn* **the ~** Tag *m*
tag wrestler *n* zapaśnik *m* walczący w zapasach parami
tag wrestling *n* zapasy *plt* parami
tahina /təˈhiːnə/ *n* = **tahini**
tahini /təˈhiːniː/ *n* Culin pasta *f* sezamowa
Tahiti /tɑːˈhiːtɪ/ *prn* Tahiti *n inv*; **in/to ~** na Tahiti
Tahitian /təˈhiːʃn/ **I** *n* Tahita|ńczyk *m*, -nka *f*
II *adj* tahitański

t'ai chi (ch'uan) /ˌtaɪˈdʒiː(tʃwɑːn)/ *n* tai chi (chuan) *n inv*

tail /teɪl/ **I** *n* [1] Zool (of mammal, bird, fish) ogon *m*; (of fox, squirrel) kita *f* [2] (end piece) (of aircraft, kite) ogon *m*; (of comet) ogon *m*, warkocz *m*; **at the ~ of the procession** na końcu pochodu; (of coat, shirt) poła *f* [3] infml (police observer) **to put a ~ on sb** zlecić śledzenie kogoś [4] infml (buttocks) pupa *f* infml

II tails *npl* [1] (tailcoat) frak *m*; **wearing ~s** ubrany we frak; **white tie and ~s** frak [2] (of coin) reszka *f*; **heads or ~s?** orzeł czy reszka?; **~s you win** jeśli reszka, ty wygrywasz

III *vt* infml śledzić *[suspect, car]*; **we're being ~ed** jesteśmy śledzeni

■ **tail away** *[voice, noise, rain]* słabnąć; **her voice ~ed away to a whisper** ściszyła głos do szeptu

■ **tail back** GB: **to ~ back from/to sth** *[traffic jam]* ciągnąć się od/do czegoś; **the traffic jam ~s back for miles** korek ciągnie się kilometrami infml

■ **tail off** [1] (reduce) *[percentage, figures]* zmniejszać się; *[acceleration, demand]* maleć [2] (fade) *[remarks]* u|cichnąć; *[voice]* zam|rzeć, -ierać, u|cichnąć; **he ~ed off into silence** zamilkł

IDIOMS: **I can't make head (n)or ~ of this** nic z tego nie rozumiem; nie mogę się w tym zupełnie połapać infml; **we couldn't make head or ~ of his reply** nie mogliśmy zrozumieć, o co mu chodzi; **to be on sb's ~** siedzieć komuś na ogonie infml; **to go off with one's ~ between one's legs** odejść jak niepyszny or z podwiniętym ogonem infml; **to turn ~** pej wziąć nogi za pas

tail assembly *n* usterzenie *n* ogonowe

tailback /ˈteɪlbæk/ *n* GB zator *m*; korek *m* infml

tailboard /ˈteɪlbɔːd/ *n* (of lorry) klapa *f* tylna; (of estate car) pokrywa *f* bagażnika

tailbone /ˈteɪlbəʊn/ *n* kość *f* guziczna, kość *f* ogonowa

tailcoat /ˈteɪlkəʊt/ *n* frak *m*

tail end *n* [1] (last piece) (of joint, roast) ostatni kawałek *m*; (of film, conversation) końcówka *f*; **to catch the ~ of the film** zobaczyć tylko zakończenie filmu [2] infml (buttocks) zadek *m*, tyłek *m* infml

tail feather *n* pióro *n* z ogona

tail fin *n* Zool płetwa *f* ogonowa

tailgate /ˈteɪlgeɪt/ **I** *n* (of lorry) klapa *f* tylna; (of estate car) pokrywa *f* bagażnika

II *vt* infml siedzieć (czemuś) na ogonie infml *[car]*

III *vi* US infml **do not ~** zachowaj odstęp

tailgate party *n* US piknik *m* z bufetem w samochodzie

tail-heavy /ˌteɪlˈhevɪ/ *adj [aircraft]* ciężki na ogon

taillight /ˈteɪllaɪt/ *n* światło *n* tylne

tail-off /ˈteɪlɒf, US -ɔːf/ *n* zmniejszanie się *n* **(in sth** czegoś)

tailor /ˈteɪlə(r)/ **I** *n* krawiec *m*

II *vt* [1] (adapt) **to ~ sth to sth** dostosować coś do czegoś *[needs, requirements, circumstances]*; **to ~ sth for sth/sb** przystosować coś do czegoś/dostosować coś dla kogoś; **a programme ~ed to meet specific needs** program spełniający określone potrzeby [2] (make) u|szyć

III tailored *pp adj [garment]* dopasowany

tailorbird /ˈteɪləbɜːd/ *n* Zool krawczyk *m*

tailoring /ˈteɪlərɪŋ/ *n* [1] (workmanship, occupation) krawiectwo *n* [2] (clothing) wyroby *m pl* krawieckie; krawieczyzna *f* arch [3] (cut, style) krój *m*

tailor-made /ˌteɪləˈmeɪd/ *adj* [1] (perfectly suited) *[machine, system, building]* dostosowany do potrzeb; **to be ~ for sth/sb** być dostosowanym do czegoś/dla kogoś; **the part is ~ for her** to rola specjalnie dla niej; **you're ~ for the job** jesteś stworzony do tej pracy [2] (made to measure) *[suit, jacket]* szyty na miarę

tailor's chalk *n* kreda *f* krawiecka, mydełko *n* krawieckie

tailor's dummy *n* manekin *m* krawiecki

tailor's tack *n* fastryga *f*

tailpiece /ˈteɪlpiːs/ *n* [1] (in book) finalik *m* [2] Mus (on viola, violin) strunnik *m*, strunociąg *m* [3] (extension) końcówka *f*

tailpipe /ˈteɪlpaɪp/ *n* rura *f* wydechowa

tailplane /ˈteɪlpleɪn/ *n* statecznik *m* poziomy

tailrace /ˈteɪlreɪs/ *n* kanał *m* odpływowy

tail rotor *n* śmigło *n* ogonowe

tail section *n* Aviat część *f* tylna

tailskid /ˈteɪlskɪd/ *n* płoza *f* ogonowa

tailspin /ˈteɪlspɪn/ *n* [1] Aviat korkociąg *m*; **to go into a ~** wejść w korkociąg [2] fig chaos *m*; **in a ~** *[person]* skołowaciały infml; *[economy]* w chaosie, zdezorganizowany

tail wheel *n* koło *n* ogonowe

tail wind *n* wiatr *m* w plecy

tain /teɪn/ *n* cynfolia *f (tworząca wewnętrzną warstwę lustra)*

taint /teɪnt/ **I** *n* [1] (defect) (of crime, corruption, cowardice) piętno *n*; zmaza *f* liter; (of insanity, heresy) piętno *n*; **free from** or **of ~** bez zmazy i skazy [2] (trace) (of contamination, infection, bias) ślad *m*

II *vt* [1] (sully) s|plamić dobre imię (kogoś /czegoś) *[person, organization]*; nadszarp|nąć, -ywać *[reputation]*; s|kalać, s|plamić *[lineage]*; z|dyskredytować *[motive]* [2] (poison) zanieczy|ścić, -szczać *[air, water]*; ska|zić, -żać *[meat, food]*

tainted /ˈteɪntɪd/ *adj* [1] (poisoned) *[meat, food, water, air]* skażony **(with sth** czymś) [2] (sullied) *[reputation, organization]* splamiony fig **(with sth** czymś); *[money]* brudny fig; *[motives]* nieczysty

Taiwan /taɪˈwɑːn/ *prn* Tajwan *m*

Taiwanese /ˌtaɪwəˈniːz/ **I** *n* Tajwa|ńczyk *m*, -nka *f*

II *adj* tajwański

Tajik *n, adj* = **Tadzhik**

Tajiki *n* = **Tadzhiki**

Tajikistan *prn* = **Tadzhikistan**

take /teɪk/ **I** *n* [1] Cin ujęcie *n* (filmowe); **it's a ~!** świetne ujęcie! [2] Fishg połów *m*; Hunt zdobycz *f* [3] Comm infml (amount received) utarg *m*

II *vt* (*pt* **took**; *pp* **taken**) [1] (take hold of) wziąć, brać, zab|rać, -ierać *[object, money]*; chwy|cić, -tać *[rope]*; **to ~ sb by the hand /arm** wziąć kogoś za rękę/pod ramię; **to ~ sb by the throat** chwycić kogoś za gardło; **to ~ sb's arm/hand** wziąć kogoś za rękę; **to ~ sth from sth** wziąć coś z czegoś *[shelf, table]*; wyjąć coś z czegoś *[pocket, box]*; **to ~ sth out of sth** wyjąć coś z czegoś; **the passage is taken from his latest book** ten fragment pochodzi z jego najnowszej książki; **would you ~ the bag for a moment?** czy mógłbyś potrzymać przez chwilę torbę? [2] (use violently) **to ~ a knife /an axe to sb** zamierzyć się na kogoś nożem/siekierą [3] (have by choice) wziąć, brać *[bath, shower]*; z|robić sobie *[holiday, break]*; **to ~ lessons** brać lekcje **(in sth** czegoś); **to ~ a newspaper/2 litres of milk every day** brać codziennie gazetę/dwa litry mleka; **we ~ Newsweek** kupujemy „Newsweek"; **I'll ~ a pound of apples, please** poproszę funt jabłek; **~ a seat!** proszę usiąść!; **to ~ a wife/a husband** dat ożenić się/wyjść za mąż [4] (carry along) zab|rać, -ierać *[object, person]*; **to ~ sb to school/to work/to the hospital** zabrać kogoś do szkoły/do pracy/do szpitala; **to ~ a letter/a cheque to the post office** zanieść list/czek na pocztę; **to ~ chairs into the garden** wynieść krzesła do ogrodu; **to ~ the car to the garage** odstawić or odprowadzić samochód do warsztatu; **the book? he's taken it with him** książka? zabrał ją ze sobą; **to ~ sb sth, to ~ sth to sb** zanieść komuś coś; **to ~ sb skiing/dancing** zabrać kogoś na narty/na tańce; **to take sth upstairs /downstairs** zanieść coś na górę/znieść coś na dół; **you can't ~ him anywhere!** hum z nim nigdzie nie można się pokazać! hum [5] (lead, guide) **I'll ~ you through the procedure** zapoznam cię z procedurą; **to ~ the actors through the scene** przerabiać scenę z aktorami; **I'll ~ you up to the second floor/to your room** zaprowadzę cię na drugie piętro/do twojego pokoju [6] (transport) **to ~ sb to sth** *[bus]* zawieźć kogoś do czegoś *[place]*; *[path, road]* zaprowadzić kogoś do czegoś *[place]*; **his work ~s him to many different countries** w pracy podróżuje do wielu różnych krajów; **what took you to Brussels?** po co pojechałeś do Brukseli? [7] (use to get somewhere) po|jechać (czymś) *[bus, taxi, road]*; po|lecieć (czymś) *[plane]*; *[walker]* pójść, iść (czymś) *[path, road]*; **~ the first turn on the right/left** skręć w pierwszą ulicę w prawo/w lewo [8] (negotiate) *[car, driver]* wziąć, brać *[bend, corner]*; *[horse]* wziąć, brać, przesk|oczyć, -akiwać *[fence]* [9] (accept) przyj|ąć, -mować *[bribe, money, patients, pupils]*; pod|jąć, -ejmować *[job]*; od|ebrać, -bierać *[phone call]*; *[machine]* przyj|ąć, -mować *[coin]*; *[shop, restaurant]* honorować *[credit card, cheque]*; *[union, employee]* zg|odzić, -adzać się na (coś) *[reduction, cut]*; **will you ~ £10 for the radio?** sprzedasz to radio za 10 funtów?; **that's my last offer, ~ it or leave it!** to moje ostatnie słowo – decydujesz się czy nie?; **whisky? I can ~ it or leave it** whisky? mogę bez niej żyć [10] (require) *[activity, course of action]* wymagać (czegoś) *[time, patience, skill, courage]*; **it ~s patience/courage to do sth** zrobienie czegoś wymaga cierpliwości/odwagi; **it ~s three hours/years to do sth** na zrobienie czegoś potrzeba trzech godzin/lat; **it won't ~ long** to nie potrwa długo; **it took her**

10 minutes to repair it naprawiła to w 10 minut; **the wall won't ~ long to build** postawienie muru nie zabierze wiele czasu; **it won't ~ long to do the washing-up** zmywanie pójdzie szybko; **how long will it ~?** ile czasu to zajmie or zabierze?; **it would ~ a genius/a strong person to do that** potrzeba geniusza/kogoś silnego, żeby tego dokonać; **she has what it ~s (to succeed)** ma wszystko, czego potrzeba (żeby osiągnąć sukces); **typing all those letters in two hours will ~ some doing!** napisanie na maszynie tych wszystkich listów w dwie godziny nie będzie łatwe!; **he didn't ~ much persuading** nie trzeba go było długo przekonywać [11] Ling *[verb, preposition]* wymagać (czegoś) *[object, case]* [12] (endure) przyj|ąć, -mować *[punishment, opinions]*; zn|ieść, -osić *[pain, criticism]*; **I find their attitude hard to ~** trudno mi pogodzić się z ich stanowiskiem; **he can't ~ being criticized** on nie znosi krytyki; **she just sat there and took it!** po prostu siedziała i nic nie powiedziała na swoją obronę; **he can't ~ a joke** on nie zna się na żartach; **go on, tell me, I can ~ it!** no dalej, mów, jakoś to zniosę!; **I can't ~ any more!** dłużej nie wytrzymam! [13] (react to) przyj|ąć, -mować *[news, matter, criticism, comments]*; **to ~ sth well /badly** znosić coś dobrze/źle; **to ~ sth seriously/lightly** potraktować coś poważnie/niepoważnie; **to ~ things one** or **a step at a time** robić wszystko po kolei [14] (assume) **I ~ it that...** zakładam, że...; **to ~ sb for** or **to be sb/sth** wziąć kogoś za kogoś/za coś; **what do you ~ me for?** za kogo ty mnie bierzesz?; **I took him to be honest** uważałem go za uczciwego człowieka; **what do you ~ this poem to mean?** jak rozumiesz ten wiersz? [15] (consider as example) wziąć, brać *[person, example, case]*; **~ John (for example), he has brought up a family by himself** weźmy Johna (na przykład) – sam wychował dzieci; **let us** or **if we ~ the situation in France** weźmy na przykład sytuację we Francji; **~ Stella, she never complains!** popatrz na Stellę, ona nigdy się nie skarży! [16] (adopt) przyj|ąć, -mować *[view]*; pod|jąć, -ejmować *[measures, steps]*; zaj|ąć, -mować *[attitude]*; **to ~ a tough/soft line on sb /sth** podejść do kogoś/czegoś surowo /łagodnie; **to ~ the view** or **attitude that...** stanąć na stanowisku, że... [17] (record) zapis|ać, -ywać, za|notować *[statement, address]*; z|robić *[notes]*; *[doctor, nurse]* z|mierzyć *[pulse, temperature, blood pressure]*; **to ~ sb's measurements** (for clothes) zdjąć z kogoś miarę; **to ~ a reading** dokonać odczytu [18] (hold) *[bus, tank, container, hall]* po|mieścić *[50 people, passengers, clothes, quantity]*; **the tank will ~ 20 gallons** w baku zmieści się 20 galonów; **we can ~ up to 50 passengers** możemy zabrać do 50 pasażerów; **the suitcase won't ~ any more clothes** w walizce nie zmieści się już więcej ubrań [19] (consume) z|jeść *[food]*; wy|pić *[milk, drink]*; wziąć, brać, zaży|ć, -wać *[pills]*; za|stosować *[remedy]*; **to ~ tea /lunch with sb** GB fml wypić z kimś herbatę/zjeść z kimś lunch → **drug** [20] (wear) (in clothes) nosić *[size]*; **to ~ a size 4** (in shoes) nosić rozmiar buta 37 [21] Phot z|robić *[photograph]* [22] Math (subtract) od|jąć, -ejmować *[number, quantity]* **(from sth** od czegoś) [23] (study) studiować *[subject]*; pójść, iść na (coś) *[course]* [24] Sch, Univ (sit) zdawać, przyst|ąpić, -ępować do (czegoś) *[exam, test]* [25] (teach) *[teacher]* uczyć (kogoś) *[pupils]*; *[lecturer]* prowadzić zajęcia z (kimś) *[students]*; **to ~ sb for Geography/French** uczyć kogoś geografii/języka francuskiego [26] (officiate at) *[priest]* odprawi|ć, -ać *[service, prayers, mass]*; udziel|ić, -ać *[wedding]* [27] (capture) *[army, enemy, person]* zdoby|ć, -wać *[fortress, city, prize]*; (in chess) *[player]* zbi|ć, -jać *[piece]*; (in cards) wziąć, brać *[trick]* → **hostage, prisoner** [28] infml (have sex with) wziąć, brać infml *[woman]*

III *vi* (*pt* **took**; *pp* **taken**) [1] (have desired effect) *[drug]* za|działać; *[dye, glue]* chwy|cić, -tać [2] (grow successfully) *[plant]* przyj|ąć, -mować się [3] Fishg *[fish]* wziąć, brać

■ **take aback**: **~ [sb] aback** zask|oczyć, -akiwać *[person]*

■ **take after**: **~ after [sb]** być podobnym do (kogoś) *[father, mother]*

■ **take against**: **~ against [sb]** zra|zić, -żać się do (kogoś) *[person]*

■ **take along**: **~ along [sb/sth], ~ [sb/sth] along** zab|rać, -ierać ze sobą *[person, object]*

■ **take apart**: ¶ **it ~s apart** można to rozłożyć na części; **does it ~ apart?** czy to się da rozłożyć? ¶ **~ [sb/sth] apart** [1] (separate into parts) roz|ebrać, -bierać, roz|łożyć, -kładać (na części) *[car, machine]* [2] infml fig (defeat) rozprawi|ć, -ać się z (kimś) *[opponent]*; rozgr|omić, -amiać *[team]* [3] infml (criticize) schlastać, zjechać infml *[essay, film, book]*

■ **take aside**: **~ [sb] aside** wziąć, brać na stronę

■ **take away**: ¶ **~ away [sb/sth], ~ [sb/sth] away** [1] (remove) zab|rać, -ierać, wyn|ieść, -osić *[object]* **(from sth** z czegoś); zab|rać, -ierać *[person]* **(from sth** z czegoś); z|łagodzić *[pain, grief, fear]*; **and what ~s you away so early?** czemu tak wcześnie wychodzisz?; **'two hamburgers to ~ away, please'** GB „poproszę dwa hamburgery na wynos"; **to ~ away sb's appetite** odebrać komuś apetyt [2] fig (diminish) **that doesn't ~ away anything from your achievement** to w niczym nie umniejsza twoich zasług [3] (subtract) od|jąć, -ejmować *[number]* **(from sth** od czegoś); **ten ~ away four is six** od dziesięciu odjąć cztery równa się sześć

■ **take back**: ¶ **~ back [sth], ~ [sth] back** [1] (return to shop) *[person, customer]* zwr|ócić, -acać *[goods]* **(to sth** do czegoś) [2] (retract) cof|nąć, -ać, odwoł|ać, -ywać *[words, statement]*; **I ~ it back** cofam to, co powiedziałem ¶ **~ [sb] back** (cause to remember) wywoł|ać, -ywać wspomnienia u (kogoś); **this song ~s me back to my childhood** ta piosenka przypomina mi dzieciństwo ¶ **~ back [sb/sth], ~ [sb /sth] back** (accept again) przyj|ąć, -mować z powrotem *[partner, employee, gift, ring]*; *[shop]* przyj|ąć, -mować zwrot (czegoś) *[goods]*

■ **take down**: **~ down [sth], ~ [sth] down** [1] (remove) zd|jąć, -ejmować *[book, vase, box, picture, curtains]* [2] (lower) opu|ścić, -szczać *[skirt, pants]* [3] (dismantle) roz|ebrać, -bierać *[scaffolding, barricade]*; zwi|nąć, -jać *[tent]* [4] (write down) za|notować *[statement, name, details]*

■ **take hold** *[disease, epidemic]* za|panować; *[idea, ideology]* rozprzestrzeni|ć, -ać się; *[influence]* zakorzeni|ć, -ać się; **to ~ hold of sb/sth** (grasp) chwy|cić, -tać coś *[object, hand]*; z|łapać *[person]*; fig (overwhelm) *[feeling, anger, idea]* owładnąć kimś *[person]*

■ **take in**: ¶ **~ in [sb], ~ [sb] in** [1] (deceive) oszuk|ać, -iwać *[person]*; **he was taken in** dał się oszukać; **don't be taken in by appearances!** nie daj się zwieść pozorom!; **I wasn't taken in by him** przejrzałem go [2] (allow to stay) przyj|ąć, -mować pod swój dach *[person, refugee]*; przyj|ąć, -mować *[lodger]*; przygarn|ąć, -iać *[orphan, stray dog]* ¶ **~ in [sth]** [1] (understand) poj|ąć, -mować *[situation]*; **I can't ~ it in!** nie mogę tego pojąć! [2] (observe) zauważ|yć, -ać *[detail]*; ogarn|ąć, -iać *[scene]* [3] (encompass) ob|jąć, -ejmować *[place, developments]* [4] (absorb) *[root, person, animal]* pob|rać, -ierać *[nutrients, oxygen]*; fig chłonąć *[atmosphere]* [5] Naut *[boat]* nab|rać, -ierać (czegoś) *[water]* [6] (in sewing) zwę|zić, -żać, z|ebrać, -bierać *[dress, skirt]* [7] (accept for payment) wziąć, brać do domu *[washing, mending]* [8] infml (visit) pójść na (coś) *[play, exhibition]*

■ **take off**: ¶ **~ off** [1] (leave the ground) *[plane]* wy|startować [2] fig *[idea, fashion, product]* przyj|ąć, -mować się; chwycić infml; *[sales]* pójść, iść w górę [3] infml (leave hurriedly) po|gnać ¶ **~ [sth] off** [1] (deduct) **to ~ £10 off (the price)** obniżyć cenę o 10 funtów [2] (have as holiday) **to ~ two days off** wziąć dwa dni wolnego infml; **I'm ~ing next week off** w przyszłym tygodniu robię sobie wolne [3] (make look younger) **that hairstyle ~s 15 years off you!** to uczesanie odmładza cię o 15 lat! ¶ **~ off [sth], ~ [sth] off** [1] (remove) zd|jąć, -ejmować *[clothing, shoes, lid]*; zab|rać, -ierać *[hands, feet]* **(from sth** z czegoś); skreśl|ić, -ać z karty *[dish]*; **to ~ sth off the market** wycofać coś ze sprzedaży *[product]* [2] (amputate) amputować *[limb]* [3] (withdraw) zd|jąć, -ejmować *[play, show]* ¶ **~ off [sb], ~ [sb] off** [1] infml (imitate) naśladować *[person]* [2] (remove) **to ~ sb off the case** *[police]* odebrać komuś sprawę; **to ~ oneself off** zab|rać, -ierać się infml; **he took himself off to London** wyjechał do Londynu

■ **take on**: ¶ **~ on** (get upset) **don't ~ on so** nie denerwuj się tak ¶ **~ on [sb/sth], ~ [sb/sth] on** [1] (employ) przyj|ąć, -mować, zatrudni|ć, -ać *[staff, worker]* [2] (compete against) *[player, team]* zmierzyć się z (kimś /czymś) *[player, team]*; (fight) sta|nąć, -wać do walki z (kimś) *[person, opponent]*; **to ~ sb on at chess/at tennis** zagrać z kimś w szachy/w tenisa [3] (accept) wziąć, brać na siebie *[responsibility]*; pod|jąć, -ejmować się (czegoś) *[task, work]* [4] (acquire) nab|rać, -ierać (czegoś) *[significance, meaning]*; przyb|rać, -ierać, nab|rać, -ierać (czegoś) *[look, colour]*

T

■ **take out**: ¶ **~ out** wyjmować się; **does this ~ out?** czy to da się wyjąć? ¶ **~ out [sb/sth], ~ [sb/sth] out** [1] (remove) wyj|ąć, -mować *[object]* **(from** or **of sth** z czegoś); *[dentist]* usu|nąć, -wać, wyr|wać, -ywać *[tooth]*; *[doctor]* wyci|ąć, -nać *[appendix]*; (from bank) wyb|rać, -ierać *[money]* **(of sth** z czegoś); **~ your hands out of your pockets!** wyjmij ręce z kieszeni! [2] (go out with) wy|jść, -chodzić z (kimś) *[person]*; **to ~ sb out to dinner/for a walk** zabrać kogoś na kolację/na spacer [3] (eat elsewhere) wziąć, brać na wynos *[fast food]*; **'two hamburgers to ~ out, please!'** „poproszę dwa hamburgery na wynos!" [4] (deduct) potrąc|ić, -ać *[contributions, tax]* **(of sth** z czegoś) [5] infml (kill, destroy) z|likwidować infml *[person]*; z|niszczyć *[target, installation]* [6] **to ~ out one's anger/frustration** wyładować or odreagować złość/frustrację; **to ~ it out on sb** wyładowywać się na kimś; **don't ~ it out on me!** nie wyżywaj się na mnie!

■ **take over**: ¶ **~ over** [1] (take control) (of country, town, party) *[army, party, faction]* przej|ąć, -mować władzę; **he's always trying to ~ over** zawsze się rządzi [2] (be successor) *[person]* przej|ąć, -mować obowiązki **(as sb** na stanowisku kogoś); **to ~ over from sb** przejąć obowiązki po kimś *[predecessor]* ¶ **~ over [sth]** [1] (take control of) opanow|ać, -ywać *[town, country]*; przej|ąć, -mować *[business, company]*; **shall I ~ over the driving for a while?** może teraz ja trochę poprowadzę? [2] Fin przej|ąć, -mować kontrolę nad (czymś) *[company]*

■ **take part** wziąć, brać udział; **to ~ part in sth** brać udział w czymś *[production, activity]*

■ **take place** mieć miejsce; *[event]* odby|ć, -wać się

■ **take to**: **~ to [sb/sth]** [1] (develop liking for) polubić, przekon|ać, -ywać się do (kogoś /czegoś); **he has really taken to Maria /to his new job** naprawdę polubił Marię /swoją nową pracę [2] (begin) **to ~ to doing sth** infml zacząć robić coś; **he's taken to smoking/wearing a hat** zaczął palić /nosić kapelusz [3] (go to) schronić się w (czymś) *[forest, jungle]*; **to ~ to one's bed** położyć się do łóżka; **to ~ to the streets** *[strikers]* wyjść na ulice

■ **take up**: ¶ **~ up** [1] (continue) **to ~ up where sb/sth left off** zacząć od miejsca, w którym ktoś skończył/coś się skończyło [2] (become friendly) **to ~ up with sb** zaprzyjaźnić się z kimś *[person, group]* ¶ **~ up [sth]** [1] (lift up) podn|ieść, -osić *[carpet, pavement, track]*; chwy|cić, -tać *[pen]* [2] (start) zainteresować się (czymś) *[golf, guitar, gardening]*; pod|jąć, -ejmować *[job]*; **to ~ up a career as an actor** zacząć pracować jako aktor; **to ~ up one's duties** or **responsibilities** zacząć pełnić swoje obowiązki [3] (continue) pod|jąć, -ejmować *[story, narrative, discussion, refrain, cry]* [4] (accept) przyj|ąć, -mować *[offer, invitation]*; pod|jąć, -ejmować, przyj|ąć, -mować *[challenge]*; **to ~ up sb's case** Jur podjąć się obrony kogoś [5] **to ~ sth up with sb** zainteresować kogoś czymś *[matter]* [6] (occupy) zab|rać, -ierać, zaj|ąć, -mować *[space, time]*; pochł|onąć, -aniać *[energy]* [7] (adopt) zaj|ąć, -mować *[position, stance]* [8] Sewing (shorten) skr|ócić, -acać *[skirt, curtains]* [9] (absorb) *[sponge, material, paper]* wchł|onąć, -aniać *[water]* ¶ **~ [sb] up** [1] fig (adopt) zaopiekować się (kimś); **she was taken up by a famous conductor** zajął się nią słynny dyrygent [2] **I must ~ you up on your last remark** (challenge) nie mogę się zgodzić z twoją ostatnią uwagą; **to ~ sb up on an offer** (accept) skorzystać z propozycji kogoś; **I'll ~ you up on your invitation next time** następnym razem skorzystam z twojego zaproszenia

IDIOMS: **I'll ~ it from here** fig ja się zajmę resztą; **to be on the ~** infml brać (łapówki) infml; **to ~ it** or **to ~ a lot out of sb** wyczerpywać kogoś; **to ~ it upon oneself to do sth** wziąć na siebie zrobienie czegoś; **to ~ sb out of himself** pozwolić komuś zapomnieć o problemach; **you can ~ it from me** możesz mi wierzyć

take-away /ˈteɪkəweɪ/ **I** *n* GB (meal) jedzenie *n* na wynos; (restaurant) restauracja *f* sprzedająca dania na wynos

II *modif [food]* na wynos

takedown /ˈteɪkdaʊn/ *adj* US rozkładany

take-home pay /ˈteɪkhəʊmpeɪ/ *n* płaca *f* netto

taken /ˈteɪkən/ **I** *pp* → **take**

II *adj* [1] (occupied) **to be ~** *[seat, room]* być zajętym [2] (impressed) **to be ~ with sb/sth** być pod wrażeniem kogoś/czegoś *[idea, person]*; **she's quite/very ~ with him** zrobił na niej spore/ogromne wrażenie

take-off /ˈteɪkɒf/ *n* [1] Aviat start *m* [2] infml (imitation) parodia *f* **(of sb/sth** kogoś/czegoś)

take-out /ˈteɪkaʊt/ **I** *n* GB infml (from pub) jedzenie *n* na wynos

II *adj* [1] US *[pizza, food, meal]* na wynos [2] (in bridge) **~ bid** zniesienie

takeover /ˈteɪkəʊvə(r)/ *n* [1] Fin przejęcie *n* [2] Pol (of country) przejęcie *n* władzy

takeover bid *n* Fin oferta *f* przejęcia or wykupu

taker /ˈteɪkə(r)/ *n* chętn|y *m*, -a *f*; **any ~s?** czy są jacyś chętni?

take-up /ˈteɪkʌp/ *n* [1] (claiming) (of benefit, rebate, share) popyt *m* **(of sth** na coś) [2] (number of claimants) (also **~ rate) an increase in ~ of shares/unemployment benefit** wzrost liczby chętnych do zakupu akcji/uprawnionych do pobierania zasiłku dla bezrobotnych

take-up spool *n* GB cewka *f* odbiorcza

taking /ˈteɪkɪŋ/ **I** *n* (act) (of object, bribe) branie *n* **(of sth** czegoś); (of alcohol) spożywanie *n* **(of sth** czegoś); **it's his for the ~** może to mieć w każdej chwili; **the money was there for the ~** pieniądze nie stanowiły problemu; **the game was his for the ~** miał zwycięstwo w kieszeni

II takings *npl* wpływy *m pl* kasowe

talc /tælk/ *n* talk *m*

talcum (powder) /ˈtælkəmpaʊdə(r)/ *n* = **talc**

tale /teɪl/ *n* [1] (story, narrative) opowieść *f* **(about sb/sth** o kimś/czymś); (written) opowiadanie *n* **(about sb/sth** o kimś /czymś); (account) historia *f* **(about sb/sth** kogoś/czegoś); (fantasy story, legend) baśń *f*, bajka *f* **(about sb/sth** o kimś/czymś); **to tell a ~** opowiedzieć historię/bajkę; **to tell a ~ of woe** (about oneself) opowiadać o swoich nieszczęściach; (about others) opowiadać smutną historię; **the figures tell the same/another ~** cyfry mówią to samo/coś innego; **the recent events tell their own ~** ostatnie wypadki mówią same za siebie [2] (hearsay) historyjka *f*; (gossip) plotka *f*; **to spread** or **tell ~s about sb** rozpuszczać plotki o kimś, obmawiać kogoś

IDIOMS: **a likely ~!** bujda na resorach! infml; **to live to tell the ~** przeżyć, żeby o tym opowiedzieć

talebearer /ˈteɪlbeərə(r)/ *n* plotka|rz *m*, -rka *f*; papla *m/f* infml

talebearing /ˈteɪlbeərɪŋ/ *n* plotkarstwo *n*

talent /ˈtælənt/ *n* [1] (gift) talent *m*, dar *m*; **her ~(s) as a speaker/teacher** jej talent oratorski/pedagogiczny; **to have a ~** mieć talent **(for doing sth** do robienia czegoś); **she has a remarkable ~ for music** jest obdarzona niezwykłym talentem muzycznym; **a man of many ~s** człowiek wszechstronnie uzdolniony; **a musician /painter of ~** utalentowany muzyk/malarz [2] (people with ability) talenty *m pl*; (person with ability) talent *m*; **there's a lot of ~ in that team** w tej drużynie jest wiele talentów; **employers on the look-out for new ~** pracodawcy poszukujący nowych talentów; **a scheme to encourage young ~** program promujący młode talenty [3] GB infml (sexually attractive people) (girls) lalunie *f pl* infml; (boys) przystojniacy *m pl* iron; **to eye up the (local) ~** (female) taksować wzrokiem (miejscowe) lalunie infml; (male) taksować wzrokiem (miejscowych) przystojniaków infml [4] Hist (unit of money) talent *m*

talent contest *n* konkurs *m* młodych talentów

talented /ˈtæləntɪd/ *adj [person]* utalentowany, uzdolniony

talentless /ˈtæləntlɪs/ *adj [person]* pozbawiony talentu

talent scout *n* łowca *m* talentów

talent show *n* = **talent contest**

talent spotter *n* = **talent scout**

talent-spotting /ˈtæləntspɒtɪŋ/ *n* odkrywanie *n* talentów

taleteller /ˈteɪltelə(r)/ *n* = **talebearer**

taletelling /ˈteɪltelɪŋ/ *n* = **talebearing**

tali /ˈteɪlaɪ/ *npl* → **talus**

Taliban /ˈtælibæn/ **I** *n* **the ~** talibowie *m pl*

II *modif* talibski

talisman /ˈtælɪzmən, ˈtælɪs-/ *n* talizman *m*

talismanic /ˌtælɪzˈmænɪk, ˌtælɪs-/ *adj* magiczny

talk /tɔːk/ **I** *n* [1] (talking) mówienie *n*; gadanie *n* infml; (gossip) plotki *f pl*; **there is ~ about sth/of doing sth** mówi się o czymś/o zrobieniu czegoś; **there is ~ of me retiring** krążą plotki, że przechodzę na emeryturę; **there is ~ that...** mówi się, że...; **there is (a lot of) ~ about sth** (dużo) mówi się o czymś; **he's all ~ (and no action)** on tylko dużo mówi (ale nic nie robi); **it's nothing but** or **a lot of ~** to tylko słowa; **it's just ~** to tylko czcza gadanina; **such ~ is dangerous/ridiculous** takie uwagi są niebezpieczne/śmieszne; **he dismissed ~ of problems/defeat** nie chciał rozmawiać o problemach/o porażce; **they are the ~ of the town** całe miasto mówi o nich; **the ~ was all about the wedding** mówiono wyłącznie o ślubie [2] (conversation) rozmowa *f* **(about sb /sth** o kimś/o czymś); (informal) pogawędka *f*; **to have a ~ with sb** porozmawiać z kimś; odbyć z kimś rozmowę fml; **to have a ~ about sb/sth** rozmawiać o kimś/czymś **(with sb** z kimś) [3] (speech) wykład *f*; (informal) pogadanka *f*; (on travels, pottery) prelekcja *f* **(about/on sth** na temat czegoś); **to give a ~** (formal) wygłosić prelekcję; (informal) wygłosić pogadankę; **radio ~** pogadanka radiowa

II talks *npl* (formal discussions) rozmowy *f pl* **(between sb and sb** pomiędzy kimś a kimś); **to hold ~s** prowadzić rozmowy; **arms/pay ~s** negocjacje rozbrojeniowe /płacowe; **trade ~s** rozmowy handlowe; **~s about ~s** rozmowy wstępne

III *vt* [1] (discuss) **to ~ business/politics /sport** rozmawiać o interesach/polityce /sporcie; **to ~ shop** rozmawiać o sprawach służbowych; **we're ~ing £2 million /three years** infml to kwestia dwóch milionów funtów/trzech lat; **we're ~ing a huge investment/a major project** infml to ogromna inwestycja/ważny projekt [2] (speak) **to ~ French/English** mówić po francusku/po angielsku; **to ~ nonsense/sense** mówić bzdury/mówić do rzeczy [3] (persuade) **to ~ sb into doing sth** namówić kogoś do zrobienia czegoś; **to ~ sb out of doing sth** wyperswadować komuś zrobienie czegoś; **you've ~ed me into it!** to ty mnie do tego namówiłeś!; **to ~ one's way out of doing sth** wymówić się zręcznie od zrobienia czegoś

IV *vi* [1] (converse) rozmawiać, mówić; **to ~ to** or **with sb** rozmawiać z kimś; **to ~ to oneself** mówić do siebie; **to ~ about sth /about doing sth** mówić o czymś/o zrobieniu czegoś; **can we ~?** możemy porozmawiać?; **to ~ at sb** mówić do kogoś, nie słuchając go; **will you please stop ~ing at me like that!** może byś tak posłuchał, co ja mam do powiedzenia!; **to keep sb ~ing** zajmować kogoś rozmową; **I'm not ~ing to him** (out of pique) nie rozmawiam z nim; **~ing of films /tennis...** skoro mowa o filmach/o tenisie; à propos filmów/tenisa...; **he knows/he doesn't know what he's ~ing about** on wie/on nie ma pojęcia, o czym mówi; **it's easy** or **all right for you to ~, but you don't have to do it!** łatwo ci mówić, ale to nie ty musisz to robić!; **who am I to ~?** cóż ja mogę powiedzieć?; **look** or **listen who's ~ing!, you're a fine one to ~!, you can ~!** i kto to mówi!; **now you're ~ing!** to rozumiem!; **~ about stupid /expensive!** infml ale głupota/drożyzna!; **~ about work!** infml to ci dopiero robota! infml [2] (gossip) plotkować; gadać infml; **to give people sth to ~ about** dostarczać innym tematów do rozmów [3] (give information) *[person, prisoner, suspect]* zacząć mówić

■ **talk back** odpowi|edzieć, -adać niegrzecznie; odszczekiwać się infml **(to sb** komuś)

■ **talk down**: ¶ **to ~ down to sb** mówić do kogoś protekcjonalnie or z wyższością ¶ **~ [sb/sth] down** [1] Aviat sprowadz|ić, -ać na ziemię drogą radiową *[pilot, plane]* [2] (denigrate) pomniejsz|yć, -ać *[achievements]* [3] (be louder than) zakrzy|czeć, -kiwać *[person]*

■ **talk out**: **~ out [sth], ~ [sth] out** [1] (discuss) om|ówić, -awiać szczegółowo, rozważ|yć, -ać *[matter]* [2] GB Pol (prevent passing of) **to ~ out a bill** przeciągać dyskusję nad projektem ustawy *(żeby nie dopuścić do głosowania)*

■ **talk over**: ¶ **~ [sth] over** (discuss) przedyskutow|ać, -ywać *[matter, issue]* ¶ **~ [sb] over** (persuade) przekon|ać, -ywać

■ **talk round**: ¶ **~ round [sth]** krążyć wokół (czegoś) *[subject]* ¶ **~ [sb] round** przekon|ać, -ywać

■ **talk through**: **~ [sth] through** om|ówić, -awiać; **to ~ it through** przedyskutować sprawę

■ **talk up**: **~ up [sb/sth], ~ [sb/sth] up** zachwalać *[product]*; wychwalać *[candidate]*

talkathon /ˈtɔːkəθɒn/ *n* US debata *f* maraton

talkative /ˈtɔːkətɪv/ *adj* rozmowny, gadatliwy

talkativeness /ˈtɔːkətɪvnɪs/ *n* rozmowność *f*, gadatliwość *f*

talkback /ˈtɔːkbæk/ *n* Radio, TV interkomunikacja *f*

talkbox /ˈtɔːkbɒks/ *n* Anat krtań *f*

talked-about /ˈtɔːktəbaʊt/ *adj* **the much ~ love affair/resignation** szeroko omawiany romans/dyskutowana dymisja

talker /ˈtɔːkə(r)/ *n* **he is a good ~** (speaker) jest dobrym mówcą; (conversationalist) z nim dobrze się rozmawia; **he's not a great ~** nie jest wielkim mówcą; **to be a slow /fluent ~** mówić powoli/płynnie

talkie /ˈtɔːkɪ/ *n* Cin infml dat film *m* dźwiękowy

talking /ˈtɔːkɪŋ/ **I** *n* mówienie *n*; gadanie *n* infml; **I'll do the ~** ja będę mówił; **'no ~'** „cisza!"

II *adj [doll, bird]* mówiący; *[film]* dźwiękowy

talking book *n* książka *f* do słuchania *(na taśmie lub płycie)*

talking heads *n* gadające głowy *f pl* pej

talking point *n* przedmiot *m* rozmów

talking shop *n* miejsce *n* gdzie prowadzi się jałowe dyskusje

talking-to /ˈtɔːkɪŋtuː/ *n* reprymenda *f*; bura *f* infml; **to give sb a ~** zbesztać kogoś

talk radio *n* program *m* z telefonicznym udziałem radiosłuchaczy

talk show *n* talk show *m inv*

tall /tɔːl/ *adj [person, building, mast]* wysoki; **how ~ are you?** ile masz wzrostu?; **he's six feet ~** ≈ ma 183 cm wzrostu; **this tree is 20 feet ~** ≈ to drzewo ma 6 m wysokości; **she's four inches ~er than me** jest 10 cm wyższa ode mnie; **to get** or **grow ~(er)** rosnąć; **she wears high heels to make herself look ~** nosi wysokie obcasy, żeby wyglądać na wyższą

IDIOMS: **it's a ~ order** to ciężka sprawa; **that's a bit of a ~ order!** z tym będzie problem!; **a ~ story** or **tale** niewiarygodna historia; **to stand ~** nosić wysoko głowę; **to walk ~** kroczyć z podniesionym czołem; **to feel (about) ten feet ~** rosnąć z dumy

tallboy /ˈtɔːlbɔɪ/ *n* (wysoka) komoda *f*

tall drink *n* koktajl *m*

tallness /ˈtɔːlnɪs/ *n* (of person) wysoki wzrost *m*; (of building, chimney, mast, tree) wysokość *f*

tallow /ˈtæləʊ/ *n* łój *m*

tallow candle *n* łojówka *f*, świeca *f* łojowa

tall ship *n* wielki żaglowiec *m*

tally /ˈtælɪ/ **I** *n* [1] (record) rejestr *m*, zapis *m*; **to keep a ~ (of sth)** prowadzić rejestr (czegoś); **to keep a ~ of the number of sb/sth** rejestrować liczbę kogoś/czegoś; **to make a ~** sporządzić rejestr [2] (amount accumulated) (całkowita) liczba *f*; Sport (score) wynik *m*; **to keep the ~ of points** prowadzić punktację [3] (identification ticket) (in garden, greenhouse) tabliczka *f*; (miner's) znaczek *m* obecności [4] (double, counterpart) odpowiednik *m* [5] Hist (stick) karbownica *f* *(laska z karbami)*

II *vt* (also **~ up**) prowadzić rachunki (czegoś) *[expenses]*; prowadzić rejestr (czegoś) *[goods]*; po|liczyć *[points]*; **will you ~ (up) what I owe you?** czy możesz podliczyć, ile ci jestem winien?

III *vi [stories, amounts, figures]* zgadzać się **(with sth** z czymś); *[plans, descriptions, views]* pokrywać się **(with sth** z czymś)

tally clerk liczman *m*

tally-ho /ˌtælɪˈhəʊ/ *excl* Hunt wyczha!

tally keeper *n* = **tally clerk**

Talmud /ˈtælmʊd, US ˈtɑːl-/ *prn* Talmud *m*

talmudic /tælˈmʊdɪk, US tɑːl-/ *adj* talmudyczny

talon /ˈtælən/ *n* [1] Zool (of bird) szpon *m*; (of animal) pazur *m* [2] Archit cyma *f*, esownica *f* [3] Games *kupka kart pozostała po rozdaniu kart grającym*

talus /ˈteɪləs/ *n* (*pl* **tali**) Anat kość *f* skokowa

tamarin /ˈtæmərɪn/ *n* tamaryna *f*

tamarind /ˈtæmərɪnd/ *n* [1] (tree) tamaryndowiec *m* [2] (fruit) owoc *m* tamaryndowca [3] (wood) drewno *n* tamaryndowca

tamarisk /ˈtæmərɪsk/ *n* tamaryszek *m*

tambour /ˈtæmbʊə(r)/ *n* [1] (embroidery frame) tamborek *m* [2] (drum) bęben *m* [3] Archit bęben *m*, tambur *m*

tambourine /ˌtæmbəˈriːn/ *n* bębenek *m* baskijski, tamburyn *m*

tame /teɪm/ **I** *adj* [1] *[animal]* (made tractable) oswojony; obłaskawiony liter; (naturally unafraid) niepłochliwy; *[person]* hum potulny, uległy; **to become** or **grow ~** *[animal]* oswoić się [2] (unadventurous) *[story, party, contest]* nudnawy; *[reply, remark, conclusion]* banalny; *[performance, film]* grzeczny fig; *[reform, decision]* nieśmiały, ostrożny; *[scenery]* monotonny; *[acquiescence, acceptance]* potulny, pokorny

II *vt* [1] (domesticate) osw|oić, -ajać *[animal, bird]* [2] (train) poskr|omić, -amiać *[lion, tiger]*; u|łożyć, -kładać *[dog, horse]* [3] fig (curb) poskr|omić, -amiać *[passions, temper, aggression]*; ujarzmi|ć, -ać *[nature, river, country]*; z|dławić *[opposition]*; u|temperować *[person]*; opanow|ać, -ywać *[inflation]*; kontrolować *[interest rates]*; przygładz|ić, -ać *[hair]*

tamely /ˈteɪmlɪ/ *adv [abandon, accept, submit]* potulnie; *[end, reply]* banalnie; *[worded, phrased]* łagodnie

T

tameness /ˈteɪmnɪs/ *n* 1 (domestication) (of animal) łagodność *f*, potulność *f* 2 (lack of initiative) (of story, party, contest) przeciętność *f*, bezbarwność *f*; (of reform, decision) połowiczność *f*; (of reply, remark, conclusion) banalność *f*; (of acquiescence, acceptance) bierność *f*

tamer /ˈteɪmə(r)/ *n* (of lions, tigers) pogrom|ca *m*, -czyni *f*, poskramiacz *m*, -ka *f*

Tamil /ˈtæmɪl/ **I** *n* 1 (person) Tamil *m*, -ka *f* 2 Ling (język *m*) tamil *m*, tamilski *m*
II *adj* tamilski

taming /ˈteɪmɪŋ/ *n* 1 (making less wild) (of animals) oswajanie *n*; obłaskawianie *n* liter; (of person) poskramianie *n* 2 (training) (of lion, tiger) tresura *f*, poskramianie *n*; (of dog, horse) układanie *n*, tresura *f* 3 fig (of river, land, nature, people, country) ujarzmianie *n*; (of opposition) dławienie *n*; (of inflation) opanowywanie *n*; (interest rates) kontrola *f*

Tammany /ˈtæmənɪ/ *adj* US Pol korupcyjny

tam-o'-shanter /ˌtæməˈʃæntə(r)/ *n* beret *m* szkocki *(z pomponem)*

tamp /tæmp/ *vt* 1 ubi|ć, -jać *[earth, soil, tobacco]*; zat|kać, -ykać *[drill hole]* **(with sth** czymś); nabi|ć, -jać *[pipe]* 2 Mining za|łożyć, -kładać przybitkę w (czymś) *[hole]*
■ **tamp down**: **~ down [sth], ~ [sth] down** ubi|ć, -jać *[tobacco, earth]* **(in/into sth** w czymś)

tamper /ˈtæmpə(r)/ *vi* **to ~ with sth** majstrować przy czymś *[car, safe, machinery, lock]*; ingerować w coś *[text, nature]*; grzebać w czymś *[accounts, records, collection]*; zafałszować coś *[evidence, fact, food]*

tampering /ˈtæmpərɪŋ/ *n* **food/product ~** fałszowanie żywności/produktów

tamper-proof /ˈtæmpəpruːf/ *adj [lock, machine]* zabezpieczony; *[jar, ballot box]* zaplombowany

tampon /ˈtæmpɒn/ *n* tampon *m*

tan[1] /tæn/ **I** *n* 1 (also **sun~**) opalenizna *f*; (weather-beaten) ogorzałość *f*; **to get a ~** opalić się 2 (colour) jasny brąz *m*
II *adj* jasnobrązowy
III *vt* (*prp, pt, pp* **-nn-**) 1 *[sun]* opal|ić, -ać; **the wind has ~ned his face** miał twarz ogorzałą od wiatru; **to ~ one's back/face** opalić sobie plecy/twarz 2 wy|garbować *[animal hide]* 3 infml (beat) spu|ścić, -szczać (komuś) lanie; sprać infml *[person]*; **to ~ sb's hide** wygarbować komuś skórę
IV *vi* (*prp, pt, pp* **-nn-**) opal|ić, -ać się

tan[2] /tæn/ *n* Math = **tangent** tangens *m*, tg

tandem /ˈtændəm/ **I** *n* tandem *m*; **in ~** *[work, operate]* wspólnie; **in ~ with sth** (at the same time) równocześnie z czymś
II *adv [ride]* jeden za drugim

tandoori /tænˈdʊərɪ/ **I** *n* Culin *potrawa indyjska przyrządzana w glinianym piecu*
II *modif* **~ chicken** kurczak tandoori

tang /tæŋ/ *n* 1 (taste) cierpki smak *m*; (smell) ostry or cierpki zapach *m*; **the salty ~ of the sea** słony zapach morskiego powietrza; **with a ~ of lemon** z wyraźnym smakiem cytryny 2 (of knife, chisel) trzpień *m*

tanga /ˈtæŋgə/ *n* Fashn figi *plt* tanga

Tanganyika /ˌtæŋgəˈniːkə/ *prn* Hist Tanganika *f*; **Lake ~** (jezioro *n*) Tanganika *f*

tangent /ˈtændʒənt/ **I** *n* 1 (line, surface) styczna *f*; **to fly off at a ~** *[object, ball]* skręcić w bok; Math uciekać po stycznej; **to go off at a** or **on a ~** (in speech) przeskoczyć na inny temat 2 Math (function) tangens *m*
II *adj* styczny **(to sth** do czegoś)

tangential /tænˈdʒenʃl/ *adj* 1 Math styczny 2 fig *[role]* mało znaczący, drugoplanowy; *[talk]* odbiegający od tematu; **to be ~ to sth** mieć luźny związek z czymś

tangerine /ˈtændʒəriːn/ **I** *n* 1 (fruit) mandarynka *f* 2 (colour) (kolor *m*) pomarańczowy *m*
II *adj* pomarańczowy

tangibility /ˌtændʒəˈbɪlətɪ/ *n* namacalność *f*

tangible /ˈtændʒəbl/ *adj* 1 fml (perceptible by touch) namacalny, dotykalny 2 (real, definite) *[advantage, benefit, reward]* konkretny; *[proof, evidence]* namacalny

tangible assets *npl* aktywa *plt* materialne

tangibly /ˈtændʒəblɪ/ *adv* 1 fml *[detect]* namacalnie, dotykowo 2 (clearly) *[demonstrate, prove, show]* wyraźnie

Tangier /tænˈdʒɪə/ *prn* Tanger *m*

tangle /ˈtæŋgl/ **I** *n* 1 (of string, wire, weeds, streets) plątanina *f*; (of clothes, sheets) kłąb *m*; (of hair) kołtun *m*; **in a ~** splątany; **to get in** or **into a ~** splątać się; **to brush the ~s out of one's hair** rozczesywać splątane włosy 2 fig (political, legal, emotional) zamęt *m*, mętlik *m*; **a ~ of problems** gmatwanina problemów; **in a ~** *[accounts]* w nieładzie; *[personal affairs]* pogmatwany; **to get in** or **into a ~** *[affairs]* pogmatwać się; *[person]* pogubić się; **to get into a ~ with sth** uwikłać się w coś; **his brain got all in a ~** miał zupełny mętlik w głowie 3 (quarrel) konflikt *m*
II *vt* = **tangle up**
III *vi* 1 *[hair, string, cable]* po|plątać się; **to ~ around sth** zaplątać się wokół czegoś 2 (become involved) = **tangle up**
■ **tangle up**: ¶ **~ up** u|wikłać się ¶ **~ up [sth], ~ [sth] up** po|plątać; **to get ~d up** *[hair, string, wires]* splątać się; *[clothes]* pozwijać się; **to get ~d up in sth** *[hair, string, clothes]* zaplątać się w coś; *[person]* fig uwikłać się w coś
■ **tangle with**: **~ with [sb/sth]** wda|ć, -wać się w konflikt z (kimś/czymś)

tangled /ˈtæŋgld/ *adj* 1 *[hair, wool, wires, brambles]* splątany; *[wreckage]* poskręcany 2 *[situation]* zagmatwany
IDIOMS: **what a ~ web we weave (when first we practise to deceive)** życie natychmiast komplikuje się, gdy tylko człowiek zacznie oszukiwać

tangly /ˈtæŋglɪ/ *adj* splątany

tango /ˈtæŋgəʊ/ **I** *n* tango *n*
II *vi* za|tańczyć tango
IDIOMS: **it takes two to ~** do tanga trzeba dwojga

tangy /ˈtæŋɪ/ *adj* (acid) cierpki; (spicy) pikantny also fig

tank /tæŋk/ **I** *n* 1 (container) (for storage, water) zbiornik *m*; (metallic container) cysterna *f*; (basin) basen *m*; (for processing) kuweta *f*; (for fish) akwarium *n*; (in fish-farming) basen *m*; Aut zbiornik *m*, bak *m*; **fuel ~** GB, **petrol ~** GB, **gas ~** US zbiornik paliwa; **fill the ~!** proszę do pełna! 2 (contents) (of water) pełna cysterna *f* **(of sth** czegoś); (of petrol) (pełny) bak *m* **(of sth** czegoś) 3 Mil czołg *m*
II *modif [regiment, warfare]* pancerny; **~ battle/offensive** bitwa/ofensywa z udziałem czołgów; **~ column/tracks** kolumna /ślady czołgów
■ **tank up** 1 US Aut za|tankować (zbiornik) do pełna 2 infml **to get ~ed up** zalać się infml

tankard /ˈtæŋkəd/ *n* metalowy kufel *m* z przykrywką

tank car *n* cysterna *f* kolejowa

tank engine *n* tendrzak *m*

tanker /ˈtæŋkə(r)/ *n* 1 Naut tankowiec *m*, zbiornikowiec *m*; **oil ~, petrol ~** tankowiec 2 (lorry) samochód cysterna *m*; (railway) wagon cysterna *m*, cysterna *f* kolejowa; (horse-drawn) beczkowóz *m*

tanker aircraft *n* samolot cysterna *m*

tanker lorry *n* samochód cysterna *m*

tank farming *n* Agric hydroponika *f*, kultura *f* wodna

tankful /ˈtæŋkfʊl/ *n* 1 (of petrol) bak *m* **(of sth** czegoś); **this car does 500 km on a ~ of petrol** ten samochód zużywa bak benzyny na 500 km 2 (of water) cysterna *f* **(of sth** czegoś)

tank locomotive *n* = **tank engine**

tank top *n* bezrękawnik *m*

tank trap *n* Mil rów *m* przeciwczołgowy

tank truck *n* US samochód cysterna *m*

tanned /tænd/ *adj* (also **sun-~**) opalony; (weather-beaten) ogorzały

tanner[1] /ˈtænə(r)/ *n* (person) garbarz *m*

tanner[2] /ˈtænə(r)/ *n* GB Hist infml (sixpence) sześciopensówka *f*

tannery /ˈtænərɪ/ *n* garbarnia *f*

tannic /ˈtænɪk/ *adj* taninowy

tannic acid *n* kwas *m* taninowy

tannin /ˈtænɪn/ *n* tanina *f*

tanning /ˈtænɪŋ/ **I** *n* 1 (by sun) opalanie *n*; **skin exposed to ~ by the sun** skóra wystawiona na działanie promieni słonecznych 2 (of hides) garbowanie *n* 3 infml (beating) lanie *n* infml; **to give sb a (good) ~** wygarbować komuś skórę infml
II *modif [lotion, product]* do opalania; **~ center** US, **~ salon** GB solarium

Tannoy® /ˈtænɔɪ/ *n* GB **the ~** megafon *m*; **the ~ system** system nagłaśniający; **over the ~** przez megafon

tansy /ˈtænzɪ/ *n* wrotycz *m* pospolity

tantalite /ˈtæntəlaɪt/ *n* tantalit *m*

tantalize /ˈtæntəlaɪz/ *vt* mamić, zwodzić **(with sth** czymś)

tantalizing /ˈtæntəlaɪzɪŋ/ *adj [smell, possibility, suggestion, smile, glimpse]* nęcący, kuszący; *[thought]* złudny, zwodniczy

tantalizingly /ˈtæntəlaɪzɪŋlɪ/ *adv [slow, slowly]* drażniąco; *[close, near]* zwodniczo; **to be ~ close to victory** być o krok od zwycięstwa; **the truth was ~ elusive** prawda była wciąż nieuchwytna

tantalum /ˈtæntələm/ *n* tantal *m*

tantalus /ˈtæntələs/ *n* GB oszklony barek *m (zamykany na klucz)*

Tantalus /ˈtæntələs/ *prn* Mythol Tantal *m*

tantamount /ˈtæntəmaʊnt/ *adj* **to be ~ to sth** być równoznacznym z czymś

tantrum /ˈtæntrəm/ *n* napad *m* złości; **to throw** or **have a ~** *[child]* dostać napadu złości; *[adult]* wpaść we wściekłość

Tanzania /ˌtænzəˈnɪə/ *prn* Tanzania *f*

Tanzanian /ˌtænzəˈnɪən/ **I** *n* Tanza|ńczyk *m*, -nka *f*
II *adj* tanzański

Tao /taʊ, tɑːəʊ/ *n* tao *n inv*

Taoiseach /ˈtiːʃəx/ *n* premier *m* Republiki Irlandii
Taoism /ˈtaʊɪzəm, ˈtɑːəʊ-/ *n* taoizm *m*
Taoist /ˈtaʊɪst/ **I** *n* taoista *m*
II *adj* taoistyczny
tap[1] /tæp/ **I** *n* [1] (device to control flow) kurek *m*; (in sink, bath) kran *m*; **the hot/cold ~** kran z ciepłą/zimną wodą; **to run one's hands under the ~** przepłukać ręce pod kranem; **to leave the ~ running** zostawić odkręcony kran; **to turn the ~ on/off** odkręcić/zakręcić kurek or kran; **on ~** *[beer, wine]* z beczki; fig *[information, resources]* dostępny fig [2] (listening device) **to put a ~ on a phone** założyć podsłuch telefoniczny [3] Tech (also **screw ~**) gwintownik *m* [4] US Elec zaczep *m*
II *vt* (*prt, pt, pp* **-pp-**) [1] (breach) odszpuntow|ać, -ywać *[barrel]*; przebi|ć, -jać otwór spustowy w (czymś) *[furnace]* [2] (draw off) u|toczyć (czegoś) liter *[beer, wine]*; spu|ścić, -szczać z pieca *[iron, steel]* [3] (make use of) wykorzyst|ać, -ywać *[resources, market, talent, energy]*; **to ~ sb for money/information** infml wyciągać z kogoś forsę/informacje infml; **to ~ sb for a loan** infml naciągnąć kogoś na pożyczkę infml [4] (cut the bark of) naci|ąć, -nać *[tree]* (**for sth** dla pozyskania czegoś); **to ~ pines for resin** żywicować sosny [5] (draw sap) ściąg|nąć, -ać *[sap, latex]* (**from sth** z czegoś) [6] (install listening device) **to ~ the telephone (line)** założyć podsłuch telefoniczny; **to ~ the embassy** założyć podsłuch telefoniczny w ambasadzie; **my phone is being ~ped** mój telefon jest na podsłuchu [7] Tech (cut thread of) na|gwintować
tap[2] /tæp/ **I** *n* [1] (blow) stuknięcie *n*; (with hand) klepnięcie *n*; **he felt a ~ on the shoulder** poczuł klepnięcie w ramię or po ramieniu; **she heard a ~ at the door** usłyszała stukanie do drzwi; **a soft/sharp ~** delikatne/mocne stukanie; **to give sth a ~** stuknąć w coś [2] Dance (also **~ dancing**) stepowanie *n*
II taps *npl (+ v sg)* (bugle call) (for lights out) capstrzyk *m*; (at funeral) sygnał *m* ku czci poległych
III *vt* (*prp, pt, pp* **-pp-**) [1] (knock) stuk|nąć, -ać w (coś) *[window, drum, floor, nail]*; **to ~ sth against sth** stuknąć czymś o coś; **to ~ sth on sth** stuknąć czymś w coś; **to ~ sb on the shoulder/the arm** klepnąć kogoś w ramię/w rękę; **to ~ one's finger against one's forehead** puknąć się w czoło; **to ~ one's fingers on the table** bębnić palcami w stół; **to ~ one's feet (to the music)** przytupywać (w rytm muzyki); **to ~ a rhythm** wystukiwać rytm (**with sth** czymś); **to ~ data into the computer** wprowadzać or wklepywać infml dane do komputera [2] US (designate) wyznacz|yć, -ać (**for sth** do czegoś); **to ~ sb to do sth** wyznaczyć kogoś do zrobienia czegoś
IV *vi* (*prp, pt, pp* **-pp-**) *[person, finger, foot]* stuk|nąć, -ać (**against sth/at** or **on sth** o coś/w coś)
■ **tap in**: **~ in [sth], ~ [sth] in** wbi|ć, -jać *[nail, peg]*; Comput wprowadz|ić, -ać do komputera; wklep|ać, -ywać infml *[data]*
■ **tap out**: **~ out [sth], ~ [sth] out** [1] (knock out) wybi|ć, -jać *[nail, peg]* [2] (type) wystuk|ać, -iwać *[letter]*
tap dance **I** *n* stepowanie *n*
II *vi* stepować
tap dancer *n* stepujący tancerz *m*, stepująca tancerka *f*
tap dancing *n* stepowanie *n*
tape /teɪp/ **I** *n* [1] (for recording) taśma *f*; **to put sth on ~** nagrać coś na taśmę [2] (cassette) kaseta *f*; (reel) taśma *f*; (for computer) taśma *f* magnetyczna; (for video) kaseta *f* wideo; **to play a ~** włączyć kasetę; **he liked to play ~s when he was driving** prowadząc samochód lubił słuchać kaset; **on ~** na kasecie [3] (recording) nagranie *n*; **to make a ~ of sth** nagrać coś; **to edit a ~** zmontować nagranie; **a ~ of his new symphony** nagranie jego nowej symfonii [4] (strip of material) taśma *f*; (narrow) tasiemka *f*; **tied with ~** przewiązany taśmą or tasiemką [5] (for sticking) (also **adhesive ~, sticky ~**) taśma *f* klejąca, taśma *f* samoprzylepna; (for parcels) taśma *f* opakowaniowa; **a roll of ~** rolka taśmy [6] (marking off something) (in race, put by police) taśma *f*; (in ceremony) wstęga *f*; **to cut the ~** przeciąć wstęgę [7] (for teleprinter) taśma *f* do dalekopisu [8] = **tape measure**
II *vt* [1] (on cassette, video) nagr|ać, -ywać; **to ~ an interview from sth** nagrać wywiad z czegoś *[radio, TV]* [2] (stick) zakle|ić, -jać taśmą *[parcel, article]*; (wrap) okle|ić, -jać taśmą; **to ~ sb's hands together** skrępować komuś ręce taśmą; **to ~ sb's mouth shut** zakleić komuś usta taśmą; **to ~ sth to sth** przykleić coś taśmą do czegoś
III taped *pp adj [message, conversation]* nagrany
■ **tape up**: **~ up [sth], ~ [sth] up** zaklei|ć, -jać taśmą *[parcel, box]*; **to ~ sth up with sth** okleić coś czymś
IDIOMS: **to have sb ~d** infml znać kogoś jak zły szeląg; **to have sth ~d** infml znać coś od podszewki
tape cassette *n* kaseta *f* (magnetofonowa)
tape deck *n* deck *m*, magnetofon *m* kasetowy *(bez wzmacniacza)*
tape drive *n* napęd *m* taśmy
tape-edit /ˈteɪpedɪt/ *n* montaż *m* nagrania
tape-editing /ˈteɪpedɪtɪŋ/ *n* montowanie *n* nagrania
tape head *n* głowica *f* magnetyczna odczytująca
tape machine *n* dalekopis *m*
tape measure *n* taśma *f* miernicza; Sewing centymetr *m*
tapenade /ˈtæpənɑːd/ *n* Culin *pasta z kaparów, anchois i czarnych oliwek*
taper /ˈteɪpə(r)/ **I** *n* [1] (spill) knot *m (do zapalania świec, latarni)* [2] (candle) cienka świeczka *f* [3] (narrow part) zwężenie *n*; **to have a ~** *[trousers]* zwężać się ku dołowi; *[column, spire]* zwężać się ku górze; *[blade]* zwężać się (ku końcowi)
II *vt* zwę|zić, -żać ku końcowi *[wing, belt, sleeve, stick]*; zwę|zić, -żać ku dołowi *[trouser leg]*
III *vi [sleeve, trouser leg, column]* zwężać się; **to ~ to a point** zwężać się w szpic
■ **taper off**: ¶ **~ off** zmniejsz|yć, -ać się; **to ~ off to nothing** spadać do zera ¶ **~ off [sth], ~ [sth] off** zmniejsz|yć, -ać stopniowo
tape-record /ˈteɪprɪkɔːd/ *vt* nagr|ać, -ywać (na taśmie)
tape recorder *n* magnetofon *m*
tape recording *n* nagranie *n*
tapered /ˈteɪpəd/ *adj* = **tapering**
tapering /ˈteɪpərɪŋ/ *adj [trousers, sleeves]* zwężany; *[belt, wing]* zwężający się (ku końcowi); *[column, spire, tree]* strzelisty; *[finger]* smukły, szczupły; **a ~ flame** język ognia
taper pin *n* kołek *m* stożkowy
tapestry /ˈtæpəstrɪ/ *n* (heavy textile) gobelin *m*, arras *m*; (imitation) tkanina *f* dekoracyjna
IDIOMS: **it's all part of life's rich ~** to są uroki życia
tapeworm /ˈteɪpwɜːm/ *n* tasiemiec *m*
taphole /ˈtæphəʊl/ *n* Ind otwór *m* spustowy
tapioca /ˌtæpɪˈəʊkə/ *n* [1] (cereal) tapioka *f* [2] (also **~ pudding**) pudding *m* z tapioki
tapir /ˈteɪpə(r)/ *n* Zool tapir *m*
tappet /ˈtæpɪt/ *n* popychacz *m*
tapping /ˈtæpɪŋ/ *n* [1] (knocking) stukanie *n* [2] Telecom (also **telephone ~**) zakładanie *n* podsłuchu [3] GB Elec odczep *m*
taproom /ˈtæpruːm/ *n* dat bar *m*
taproot /ˈtæpruːt/ *n* Bot korzeń *m* palowy
tap water *n* woda *f* bieżąca
tar /tɑː(r)/ **I** *n* [1] (material) smoła *f*; (tobacco smoke) substancje *f pl* smoliste; (Tarmac) smołobeton *m* [2] infml arch (sailor) marynarz *m*
II *modif [road, paper]* smołowany; **~ content** (of cigarette) zawartość substancji smolistych; **low-/high-~ cigarette** papieros o niskiej/wysokiej zawartości substancji smolistych
III *vt* (*prp, pt, pp* **-rr-**) smołować *[road, roof, fence, timber]*
IDIOMS: **to ~ and feather sb** wysmarować kogoś smołą i wytarzać w pierzu *(jako forma kary)*; **to ~ everyone with the same brush** mierzyć wszystkich jedną miarą; **they're ~red with the same brush** jeden jest wart drugiego; **to spoil the ship for a ha'p'orth of ~** przez groszową oszczędność ponieść wielką stratę
taramasalata /ˌtærəməsəˈlɑːtə/ *n* kremowa pasta *f* z ikry
tarantella /ˌtærənˈtelə/ *n* tarantela *f*
tarantula /təˈræntjʊlə, US -tʃələ/ *n* tarantula *f*
tarboosh, tarbush /tɑːˈbuːʃ/ *n* tarbusz *m*
tardily /ˈtɑːdɪlɪ/ *adv* liter (slowly) opieszale; (belatedly) poniewczasie
tardiness /ˈtɑːdɪnɪs/ *n* liter [1] (slowness) opieszałość *f* (**in doing sth** w robieniu czegoś) [2] (lateness) spóźnienie *n*
tardy /ˈtɑːdɪ/ *adj* liter [1] (slow) opieszały; **to be ~ in doing sth** ociągać się ze zrobieniem czegoś [2] (late) *[arrival, letter]* spóźniony
tardy slip *n* US Sch spóźnienie *n*
tare[1] /teə(r)/ *n* Bot wyka *f*
tare[2] /teə(r)/ *n* Meas tara *f*
target /ˈtɑːgɪt/ **I** *n* [1] (in archery, shooting practice) tarcza *f* [2] Mil (of bomb, missile) cel *m* (ataku); **to be a soft ~** być łatwym celem; **to be right on ~** trafić prosto w cel; **a terrorist ~** cel ataku terrorystycznego [3] (goal, objective) cel *m*; (level) planowany poziom *m*; (date) planowana data *f*; **production ~** docelowa produkcja; **to meet**

T

one's ~ osiągnąć zamierzony cel; **to be on ~** *[output, sales]* osiągać zakładany poziom; **the figures are way off** or **below ~** cyfry bardzo odbiegają od zakładanych [4] (butt) obiekt *m* (ataku); **to be the ~ of sth** być obiektem czegoś *[abuse, ridicule]*; **his views made him an easy ~ for mockery** z powodu swych poglądów był wystawiony na drwiny; **to be right on ~** *[jibe, criticism]* być celnie wymierzonym
II *modif [figure]* docelowy; *[date]* planowany; **the ~ audience for the TV series are young people** serial telewizyjny jest adresowany do młodej publiczności
III *vt* [1] Mil (aim) wy|celować (czymś) *[weapon, missile]* **(at** or **on sth** w coś); (choose as objective) wyb|rać, -ierać za cel ataku *[city, site, factory]*; **he was ~ed as the next victim** miał być następną ofiarą [2] fig (in marketing) *[management]* zwracać się do (kogoś/czegoś); *[advertisement]* być kierowanym do (kogoś/czegoś) *[group, sector]*; **to be ~ed at sb/sth** *[product, publication]* być adresowanym do kogoś/czegoś *[group]*
target group *n* docelowa grupa *f* odbiorców
targeting /ˈtɑːgɪtɪŋ/ *n* [1] Comm kierowanie *n* do określonego odbiorcy **(of sth** czegoś**)** [2] Mil celowanie *n*; **the ~ of enemy bases** celowanie w bazy wroga
target language *n* język *m* przekładu or docelowy
target man *n* GB Sport (wysunięty) środkowy napastnik *m*
target practice *n* ćwiczenia *n pl* na strzelnicy
target price *n* cena *f* docelowa
tariff /ˈtærɪf/ **I** *n* [1] (price list) cennik *m* [2] (on imported goods) (list of duties) taryfa *f* celna; (duty) cło *n* [3] Jur rozpiętość *f* kar
II *modif [agreement, barrier, union]* celny; **~ reform/cut** zmiana/obniżka stawek; **~ exemption** zwolnienie od cła
tarmac /ˈtɑːmæk/ **I** *n* [1] (also **Tarmac**®) ≈ asfalt *m*, smołobeton *m*, tłuczeń *m* smołowany [2] GB (of airfield) pas *m* kołowania
II *modif [road, path]* smołobetonowy, o nawierzchni smołobetonowej
III *vt* (*prp, pt, pp* **-ck-**) wy|asfaltować *[road]*
tarn /tɑːn/ *n* staw *m* górski; (formed by glacier) oczko *n* lodowcowe
tarnation /tɑːˈneɪʃn/ *n* US infml **what in ~ is that?** a cóż to takiego?; **what in ~ are you doing?** cóż ty do licha wyprawiasz? infml
tarnish /ˈtɑːnɪʃ/ **I** *n* [1] (discoloration) nalot *m*; (on copper) patyna *f*, śniedź *f* [2] fig plama *f*, skaza *f* fig
II *vt* [1] pokry|ć, -wać nalotem *[metal]* [2] fig s|plamić, szargać *[reputation, memory, good name]*
III *vi* [1] *[mirror, metal]* z|matowieć; *[brass, copper]* za|śniedzieć [2] fig dozna|ć, -wać uszczerbku
IV tarnished *pp adj [metal]* zmatowiały; *[reputation]* zaszargany
taro /ˈtɑːrəʊ/ *n* Bot kolokazja *f*
tar oil *n* olej *m* smołowy
tarot /ˈtærəʊ/ *n* tarok *m*, tarot *m*; **~ cards** karty do taroka
tarpaulin /tɑːˈpɔːlɪn/ *n* [1] (material, sheet) brezent *m* [2] (sheet) plandeka *f*
tarpon /ˈtɑːpɒn/ *n* Zool tarpon *m*
tarragon /ˈtærəgən/ **I** *n* estragon *m*
II *modif [vinegar, sauce]* estragonowy; **~ leaf** listek estragonu
tarring /ˈtɑːrɪŋ/ *n* smołowanie *n*
tarry¹ /ˈtɑːrɪ/ *adj [substance]* smolisty; *[beach, feet, rock]* pokryty smołą
tarry² /ˈtærɪ/ *vi* arch or liter [1] (delay) ociągać się **(about sth** z czymś**)** [2] (stay) zatrzym|ać, -ywać się na dłużej
tarsal /ˈtɑːsl/ **I** *n* kość *f* stępu
II *adj* (of ankle) stępowy
tarsi /ˈtɑːsaɪ/ *npl* → **tarsus**
tarsus /ˈtɑːsəs/ *n* (*pl* **tarsi**) (of foot) stęp *m*
Tarsus /ˈtɑːsəs/ *prn* Tarsus *m*; (in antiquity) Tars *m*
tart¹ /tɑːt/ *adj [flavour]* kwaśny, cierpki; fig *[remark]* cierpki, zgryźliwy
tart² /tɑːt/ *n* [1] (individual pie) tarteletka *f* [2] GB (large pie) tarta *f*
tart³ /tɑːt/ *n* vinfml pej (woman) dziwka *f* vinfml
■ **tart up** GB infml: ¶ **~ up [sth], ~ [sth] up** odpicow|ać, -ywać infml *[room, house]*; okra|sić, -szać *[brochure]*; przystr|oić, -ajać *[food]*; **to be ~ed up** *[person]* być odpicowanym ¶ **~ oneself up** wy|stroić się, wysztafirować się, odpicować się infml
tartan /ˈtɑːtn/ **I** *n* (cloth) tartan *m*; (pattern) szkocka krata *f*; **to wear the ~** nosić strój szkocki
II *adj [rug, kilt, dress, skirt]* w szkocką kratę
tartar¹ /ˈtɑːtə(r)/ *n* [1] Dent kamień *m* nazębny [2] Wine kamień *m* winny
tartar² /ˈtɑːtə(r)/ *n* (man) dzierżymorda *m* infml pej; (woman) herod-baba *f* infml
Tartar /ˈtɑːtə(r)/ **I** *n* [1] (person) Tatar *m*, -ka *f* [2] (language) (język *m*) tatarski *m*
II *adj* tatarski
tartaric /tɑːˈtærɪk/ *adj* winowy
tartaric acid *n* kwas *m* winowy
tartar sauce *n* sos *m* tatarski
tartly /ˈtɑːtlɪ/ *adv [say, reply]* cierpko, zgryźliwie
tartness /ˈtɑːtnɪs/ *n* (of taste, fruit) kwaśność *f*, cierpkość *f*; fig (of remark) cierpkość *f*, zgryźliwość *f*
Tashkent /tæʃˈkent/ *prn* Taszkient *m*
task /tɑːsk, US tæsk/ **I** *n* zadanie *n*; **the ~ of doing sth** zadanie wykonania czegoś; **to have the ~ of doing sth** mieć za zadanie zrobić coś; **a hard ~** ciężkie zadanie; **he finds writing reports a hard ~** pisanie sprawozdań jest dla niego ciężką pracą; **no easy ~** niełatwe zadanie; **painting the ceiling will be no easy ~** nie będzie łatwo pomalować sufit; **to carry out the ~** wykonać zadanie; **a Herculean ~** praca herkulesowa
II *vt* **to ~ sb with doing sth** wyznaczyć komuś zadanie zrobienia czegoś; **to be ~ed with doing sth** otrzymać zadanie zrobienia czegoś
IDIOMS: **to take sb to ~** przywołać kogoś do porządku; zganić kogoś **(about** or **for** or **over sth** za coś**)**
taskbar /ˈtɑːskbɑː(r), US ˈtæsk-/ *n* Comput pasek *m* zadań
task-based learning /ˌtɑːskbeɪstˈlɜːnɪŋ, US ˌtæsk-/ *n* nauka *f* praktyczna
task force *n* [1] Mil siły *f pl* ekspedycyjne [2] (of police) oddziały *m pl* specjalne [3] (committee) grupa *f* robocza
taskmaster /ˈtɑːskmɑːstə(r), US ˈtæskmæstər/ *n* wymagający przełożony *m*; fig tyran *m* fig; **to be a hard ~** być bardzo wymagającym
Tasmania /tæzˈmeɪnɪə/ *prn* Tasmania *f*
Tasmanian /tæzˈmeɪnɪən/ **I** *n* Tasma|ńczyk *m*, -nka *f*
II *adj* tasmański
Tasmanian devil *n* Zool diabeł *m* tasmański
Tasman Sea /ˌtæzmənˈsiː/ *prn* **the ~** Morze *n* Tasmana
tassel /ˈtæsl/ *n* [1] (ornamental) frędzel *m*; chwast *m* dat; kutas *m* arch [2] Bot kitka *f*
tasselled /ˈtæsld/ *adj* z frędzlami
Tasso /ˈtæsəʊ/ *prn* Tasso *m*
taste /teɪst/ **I** *n* [1] (flavour) smak *m*; **a strong ~ of garlic** wyraźny smak czosnku; **a delicate ~** delikatny smak; **to leave a bad** or **nasty ~ in the mouth** pozostawić nieprzyjemny smak w ustach; fig pozostawić niesmak; **I was left with a nasty ~ in the mouth** fig pozostał niesmak [2] (sense) smak *m*; **the sense of ~** zmysł smaku; **to be bitter/sweet to the ~** być gorzkim/słodkim w smaku; **this cold has taken my (sense of) ~ away** przez to przeziębienie zupełnie straciłem smak [3] (small quantity) odrobina *f*; **have a ~ of this** skosztuj tego; **add just a ~ of brandy** dodaj odrobinę brandy do smaku [4] fig (brief experience) smak *m* fig; (foretaste) przedsmak *m* fig; **a ~ of life in a big city** smak życia w wielkim mieście; **they were experiencing their first ~ of freedom** po raz pierwszy zakosztowali wolności fig; **this was just a ~ of the disaster to come** to był tylko przedsmak zbliżającej się katastrofy; **a ~ of things to come** przedsmak tego, co ma nadejść; **the ~ of freedom** smak wolności; **she's not used to the ~ of defeat/success** nie wie jeszcze, jak smakuje porażka/sukces [5] (liking, preference) smak *m*, upodobanie *n*; **to acquire** or **develop a ~ for sth** zasmakować w czymś; **he has strange ~s** or **a strange ~ in music/clothes** ma osobliwe upodobania muzyczne/ubiera się niekonwencjonalnie; **it wasn't to her ~** to było jej nie w smak; **is this to your ~?** czy to ci odpowiada?; **it was too pretentious for my ~(s)** to było zbyt pretensjonalne jak na mój gust; **the resort has something to suit all ~s** ta miejscowość wypoczynkowa zadowoli najwybredniejsze gusta; **sweeten/add salt to ~** osłodzić /osolić do smaku [6] (sense of beauty, appropriateness) smak *m*, gust *m*; **she has exquisite/awful ~ in clothes** ubiera się z wyjątkowym smakiem/bez smaku; **to have good ~ in sth** mieć poczucie smaku or odznaczać się dobrym smakiem, jeżeli chodzi o coś; **the room had been furnished in** or **with excellent ~** pokój był urządzony z wyjątkowym smakiem; **the joke was in poor ~** dowcip był niesmaczny; **that's a matter of ~** to kwestia gustu; **it would be in bad** or **poor ~ to do sth** zrobienie czegoś byłoby w złym guście
II *vt* [1] (perceive flavour of) czuć smak (czegoś); **I can ~ the brandy in this coffee** czuję (smak) brandy w tej kawie; **I**

can't ~ a thing with this cold zupełnie straciłem smak przez to przeziębienie [2] (eat or drink) (to taste flavour) s|próbować (czegoś); s|kosztować (czegoś); **would you like to ~ the wine?** spróbuje Pan wina?; **that's the best coffee I've ever ~d** to najlepsza kawa, jaką kiedykolwiek piłem; **he's never ~d meat** nigdy nawet nie skosztował mięsa [3] fig (experience) posmakować (czegoś), zasmakować (czegoś) *[freedom, success, power]*; poznać smak (czegoś) *[failure, defeat, hardship]*
III *vi* [1] (have flavour) **to ~ sweet/salty** mieć słodki/słony smak; **to ~ horrible/good** być okropnym w smaku/smacznym; **the milk ~s off to me** moim zdaniem to mleko się skwasiło; **to ~ like sth** smakować jak coś; **what does it ~ like?** jaki to ma smak?; **to ~ of sth** mieć smak czegoś, smakować jak coś; **it ~s of pineapple** to smakuje jak ananas [2] (perceive flavour) mieć smak; **I can't ~** nie mam smaku
IDIOMS: **there is no accounting for ~s!** są gusta i guściki! → **medicine**
taste bud *n* kubek *m* smakowy; **a menu /meal to tempt the ~s** menu/posiłek, że aż ślinka cieknie
tasteful /ˈteɪstfl/ *adj* gustowny; *[room, house]* gustownie urządzony
tastefully /ˈteɪstfəlɪ/ *adv [furnish, dress, decorated]* gustownie, z gustem, ze smakiem
tastefulness /ˈteɪstfəlnɪs/ *n* dobry gust *m*, dobry smak *m* **(in sth** w czymś); gustowność *f* **(of sth** czegoś)
tasteless /ˈteɪstlɪs/ *adj* [1] *[remark, joke]* niesmaczny; *[garment, furnishings]* niegustowny, w złym guście; **a delightfully ~ black comedy** czarna komedia zachwycająca niewybrednym humorem [2] (without flavour) *[food, drink, medicine, powder]* bez smaku, pozbawiony smaku
tastelessly /ˈteɪstlɪslɪ/ *adv [decorate, dress, furnish]* niegustownie, bez gustu
tastelessness /ˈteɪstlɪsnɪs/ *n* [1] (of joke, remark, behaviour) niewybredność *f*; (of decor) brak *m* smaku; bezguście *n* infml [2] (of food, drink) brak *m* smaku
taster /ˈteɪstə(r)/ *n* [1] (person) (to check quality) degustator *m*, -ka *f*; (of wine, tea) kiper *m*; (to check for poison) *osoba próbująca potrawy przed podaniem władcy* [2] (foretaste) przedsmak *m* **(of** or **for sth** czegoś)
tastiness /ˈteɪstɪnɪs/ *n* smakowitość *f*
tasting /ˈteɪstɪŋ/ **I** *n* degustacja *f*; **cheese /wine ~** degustacja sera/wina
II -tasting *in combinations* **sweet-~** słodki; **pleasant-~** przyjemny w smaku
tasty /ˈteɪstɪ/ *adj* [1] (full of flavour) *[food, dish]* smaczny, smakowity; **a ~ morsel** smakowity kąsek [2] infml (attractive) *[price, discount]* atrakcyjny; *[garment]* gustowny; *[person]* apetyczny
tat[1] /tæt/ (*prp, pt, pp* **-tt-**) **I** *vt* **to ~ lace** robić koronki; robić frywolitki dat
II *vi* robić koronki; robić frywolitki dat
tat[2] /tæt/ *n* GB infml [1] (junk) tandeta *f* [2] (clothing) szmaty *f pl* infml
ta-ta /təˈtɑː/ *excl* baby talk pa, pa!
Tatar *n, adj* = **Tartar**
tattered /ˈtætəd/ *adj [coat, clothes, person]* obszarpany; *[book, document]* porwany; *[reputation]* zaszargany, nadszarpnięty; **my hopes are ~** moje nadzieje prysły (jak bańka mydlana); **~ and torn** w strzępach
tatters /ˈtætəz/ *npl* (clothes) łachmany *m pl*; (paper) strzępy *m pl*; **to be in ~** *[clothing]* być w strzępach; *[career, life, reputation]* walić się w gruzy; *[hopes]* prysnąć
tattersall /ˈtætəsɔːl/ *n* materiał *m* w wielobarwną kratę
tatting /ˈtætɪŋ/ *n* [1] (lace) frywolitki *plt* [2] (process) wykonywanie *n* frywolitek
tattle /ˈtætl/ **I** *n* (also **tittle-tattle**) paplanina *f*
II *vt* wypaplać *[secret]*
III *vi* paplać **(about sb/sth** o kimś /czymś); **to ~ on sb** infml donieść na kogoś zakapować kogoś infml
tattler /ˈtætlə(r)/ *n* papla *m/f*
tattletale /ˈtætlteɪl/ *n* donosiciel *m*, -ka *f*; skarżypyta *m/f* infml
tattoo[1] /təˈtuː, US tæˈtuː/ **I** *n* (on skin) tatuaż *m*
II *vt* wy|tatuować **(on sth** na czymś)
III tattooed *pp adj [forearm, chest, eagle]* wytatuowany
tattoo[2] /təˈtuː, US tæˈtuː/ *n* [1] Mil (on drum, bugle) capstrzyk *m*; **to beat/sound the ~** grać capstrzyk [2] (parade) capstrzyk *m* [3] fig (drumming noise) bębnienie *n*, stukot *n*; **to beat a ~ (on sth)** *[rain]* bębnić (w coś); *[hoofs]* stukotać (po czymś); **he was beating a ~ on the table with his fingers** bębnił palcami po stole
tattoo artist *n* tatuażyst|a *m*, -ka *f*
tattooist /təˈtuːɪst, US tæˈtuːɪst/ *n* = **tattoo artist**
tatty /ˈtætɪ/ *adj* infml *[appearance]* niechlujny; *[carpet, garment, curtain, book]* sfatygowany; szmatławy infml; *[shoes]* zdarty; *[house, area, furniture]* zapuszczony
taught /tɔːt/ *pt, pp* → **teach**
taunt /tɔːnt/ **I** *n* szyderstwo *n*, drwina *f*
II *vt* szydzić or drwić z (kogoś) *[person]*; **they ~ed him about** or **over his weight** naśmiewali się z jego tuszy; **to ~ sb into doing sth** szyderstwem sprowokować kogoś do zrobienia czegoś
taunting /ˈtɔːntɪŋ/ **I** *n* szyderstwa *n pl*
II *adj [remark, criticism]* szyderczy
tauntingly /ˈtɔːntɪŋlɪ/ *adv* szyderczo
Taurean /ˈtɔːrɪən/ **I** *n* byk *m* (zodiakalny); **to be a ~** być spod znaku Byka
II *modif [trait]* typowy dla Byka
taurine /ˈtɔːriːn, -raɪn/ *adj* fml *[blood, hide]* byczy; *[man]* silny jak byk; *[creature]* o wyglądzie byka
tauromachy /tɔːˈrɒməkɪ/ *n* fml walka *f* byków; tauromachia *f* dat
Taurus /ˈtɔːrəs/ *n* Astron Byk *m*, gwiazdozbiór *m* Byka; Astrol (sign) Byk *m*; (person) Byk *m*
taut /tɔːt/ *adj* naprężony, napięty
tauten /ˈtɔːtn/ **I** *vt* napi|ąć -nać, napręż|yć, -ać
II *vi* napi|ąć, -nać się, napręż|yć, -ać się
tautly /ˈtɔːtlɪ/ *adv [stretch, contract]* mocno; *[speak, reply]* z napięciem; **a ~-strung tennis racket** mocno naciągnięta rakieta tenisowa
tautness /ˈtɔːtnɪs/ *n* (of rope, cable) naprężenie *n*, naciąg *m*; (of nerves, muscles, voice) napięcie *n*; (of racket) naciąg *m*
tautological /ˌtɔːtəˈlɒdʒɪkl/ *adj* tautologiczny
tautology /tɔːˈtɒlədʒɪ/ *n* tautologia *f*
tavern /ˈtævən/ *n* liter or dat karczma *f*; oberża *f* arch; (Mediterranean) tawerna *f*
taverna /təˈvɜːnə/ *n* tawerna *f* grecka
TAVR *n* GB = **Territorial and Army Volunteer Reserve** ochotnicza służba *f* obrony kraju
tawdriness /ˈtɔːdrɪnɪs/ *n* [1] (of clothes, jewellery) jarmarczność *f*; (of furnishings, house, pub) kiczowatość *f* [2] fig (of motives) małość *f*, niskość *f*
tawdry /ˈtɔːdrɪ/ *adj* [1] *[jewellery, clothes]* jarmarczny, tandetny; *[furnishings, house]* kiczowaty [2] fig *[motives]* niski; *[affair, methods]* żałosny
tawny /ˈtɔːnɪ/ **I** *n* (kolor *m*) płowy *m*
II *adj* płowy
tawny owl *n* [1] Zool puszczyk *m* [2] (Brownie leader) ≈ drużynowy *m*
tawse /tɔːz/ *n* Scot kańczug *m*; (used to punish schoolchildren) dyscyplina *f*
tax /tæks/ **I** *n* podatek *m* **(on sth** od czegoś); **sales ~** podatek od sprzedaży; **to collect/levy a ~** ściągać/nakładać podatek; **to increase** or **raise ~es** podnieść podatki; **to cut ~es** obniżyć podatki; **before ~** przed opodatkowaniem; **after ~** po opodatkowaniu; **~ is deducted at source** podatek jest pobierany u źródła; **to pay ~** płacić podatek; **to be liable for ~** podlegać opodatkowaniu; **to pay £1,000 in ~** zapłacić 1 000 funtów podatku; **to pay a substantial sum in ~** zapłacić wysoki podatek; **to pay ~ on one's earnings** płacić podatek od dochodów
II *vt* [1] opodatkow|ać, -ywać *[profits, earnings]*; obciąż|yć, -ać podatkiem *[person]*; **to be ~ed at a rate of 18%** *[person]* podlegać podatkowi w wysokości 18%; *[sum, income, profit]* być obłożonym 18% podatkiem; **luxury goods are heavily ~ed** towary luksusowe są wysoko opodatkowane; **to be ~ed at a higher/lower rate** być obłożonym wyższym/niższym podatkiem [2] Aut **to ~ a vehicle** zapłacić podatek drogowy od pojazdu; **the car is ~ed till November** podatek drogowy za samochód jest opłacony do listopada [3] fig (strain, stretch) wystawi|ć, -ać na próbę *[goodwill, patience]*; stanowić obciążenie dla (czegoś) *[resources]*; zmu|sić, -szać do dużego wysiłku *[person]*; **this will ~ your wits!** będziesz musiał ruszyć głową!
■ **tax with: to ~ sb with sth** zarzuc|ić, -ać komuś coś *[misdeed]*
taxable /ˈtæksəbl/ *adj [earnings, profit]* podlegający opodatkowaniu
tax accountant *n* doradca *m* podatkowy
tax adjustment *n* korekta *f* wysokości podatku
tax advantage *n* odliczenie *n* od podatku
tax allowance *n* kwota *f* zwolniona od podatku
tax arrears *n* zaległości *f pl* podatkowe
taxation /tækˈseɪʃn/ *n* [1] (imposition of taxes) opodatkowanie *n*; **to lower ~** obniżyć wysokość opodatkowania [2] (revenue from taxes) wpływy *m pl* z podatków
tax avoidance *n* obchodzenie *n* przepisów podatkowych
tax band *n* = **tax bracket**

T

tax base *n* podstawa *f* opodatkowania
tax bite *n* kwota *f* podatku do zapłacenia
tax bracket *n* grupa *f* podatkowa, przedział *m* podatkowy
tax break *n* US czasowe zwolnienie *n* podatkowe
tax burden *n* obciążenie *n* podatkowe
tax code *n* kod *m* podatkowy *(określający kwotę dochodu zwolnioną od podatku)*
tax collection *n* ściąganie *n* podatków
tax collector *n* poborca *m* podatkowy
tax credit *n* kredyt *m* podatkowy
tax cut *n* obniżka *f* podatku
tax-deductible /ˌtæksdɪˈdʌktəbl/ *adj* odliczalny od podatku
tax demand *n* wezwanie *n* do zapłacenia podatku
tax disc *n* Aut *nalepka na szybie świadcząca o opłaceniu podatku drogowego*
tax dodge *n* infml przekręt *m* podatkowy infml
tax dodger *n* osoba *f* uchylająca się od płacenia podatków
taxeme /ˈtæksiːm/ *n* Ling taksem *m*
tax evader *n* = **tax dodger**
tax evasion *n* uchylanie się *n* od płacenia podatków
tax-exempt /ˌtæksɪgˈzempt/ *adj* zwolniony z opodatkowania
tax exemption *n* zwolnienie *n* od podatku
tax exile *n* emigrant *m* podatkowy
tax form *n* druk *m* zeznania podatkowego
tax fraud *n* oszustwo *n* podatkowe
tax-free /ˌtæksˈfriː/ *adj [income]* wolny od podatku
tax haven *n* raj *m* podatkowy
taxi /ˈtæksɪ/ **I** *n* taksówka *f*; taxi *n inv* infml; **by ~** taksówką; **we took a ~ to the station** pojechaliśmy na dworzec taksówką **II** *vi [aeroplane]* kołować; **the plane was ~ing along the runway** samolot kołował po pasie startowym
taxicab /ˈtæksɪkæb/ *n* = **taxi**
taxi dancer *n* fordanser *m*, -ka *f*
taxidermist /ˈtæksɪdɜːmɪst/ *n* wypychacz *m* zwierząt
taxidermy /ˈtæksɪdɜːmɪ/ *n* wypychanie *n* zwierząt
taxi driver *n* taksówkarz *m*
taxi fare *n* opłata *f* za kurs
taxi man *n* infml = **taxi driver**
taximeter /ˈtæksɪmiːtə(r)/ *n* taksometr *m*, licznik *m*
tax immunity *n* niepodleganie *n* opodatkowaniu
tax incentive *n* bodziec *m* podatkowy
taxing /ˈtæksɪŋ/ *adj [job, role]* wymagający wysiłku, ciężki
tax inspector *n* inspektor *m* podatkowy
taxiplane /ˈtæksɪpleɪn/ *n* US awionetka *f* (z pilotem) do wynajęcia
taxi rank *n* GB postój *m* taksówek
taxi stand *n* US = **taxi rank**
taxiway /ˈtæksɪweɪ/ *n* droga *f* do kołowania
tax levy *n* ściąganie *n* podatków
tax liability *n* (personal position) zobowiązanie *n* podatkowe; (amount payable) należność *f* z tytułu podatków
tax loophole *n* luka *f* podatkowa or w prawie podatkowym
taxman /ˈtæksmæn/ *n* infml **the ~** fiskus *m* infml; **to owe the ~ £500** mieć do zapłacenia fiskusowi 500 funtów
tax office *n* urząd *m* skarbowy
taxonomist /tækˈsɒnəmɪst/ *n* taksonomista *m*
taxonomy /tækˈsɒnəmɪ/ *n* taksonomia *f*
taxpayer /ˈtækspeɪə(r)/ *n* podatnik *m*, płatnik *m* podatku
tax purposes *npl* **for ~** dla celów podatkowych; **to declare a sum for ~** zgłosić kwotę w urzędzie skarbowym; **his income for ~ is £20,000** jego dochód zgłoszony w urzędzie skarbowym wynosi 20 000 funtów
tax rate *n* stawka *f* podatkowa
tax rebate *n* zwrot *m* nadpłaconego podatku
tax relief *n* ulga *f* podatkowa
tax return *n* (form) druk *m* zeznania podatkowego; (declaration) zeznanie *n* podatkowe; **to file a ~** złożyć zeznanie podatkowe
tax shelter *n* (place) raj *m* podatkowy; (stratagem) schronienie *n* podatkowe
tax year *n* rok *m* podatkowy
Tayside /ˈteɪsaɪd/ *prn* (also **~ Region**) region *m* Tayside
TB *n* = **tuberculosis**
T-bar /ˈtiːbɑː(r)/ *n* (for skiers) orczyk *m*
T-bone steak /ˌtiːbəʊnˈsteɪk/ *n* Culin stek *m* z kostką
tbsp *n* = **tablespoon**
TCE *n* = **ton coal equivalent** energetyczny równoważnik *m* tony węgla
Tchaikovsky /tʃaɪˈkɒfskɪ/ *prn* Czajkowski *m*
TCP® *n* środek *m* dezynfekcyjny
TD *n* [1] US = **touchdown** [2] US → **Treasury Department** [3] → **technical drawing**
te /tiː/ *n* Mus (also **ti**) si *n inv*
tea /tiː/ *n* [1] (drink, substance, shrub) herbata *f*; **jasmine ~** herbata jaśminowa; **I'll make a pot of ~** zaparzę herbatę [2] (cup of tea) herbata *f*; **two ~s please** poproszę dwie herbaty [3] GB (in the afternoon) podwieczorek *m*; (evening meal) kolacja *f*; **they had ~ in the garden** podwieczorek zjedli w ogrodzie
IDIOMS: **it's not my cup of ~** nie przepadam za tym; **he's not my cup of ~** nie przepadam za nim; **that's just his cup of ~** to coś w jego guście; **to give sb ~ and sympathy** hum pocieszyć kogoś
tea bag *n* torebka *f* herbaty ekspresowej
tea ball *n* US zaparzaczka *f* do herbaty
tea break *n* GB krótka przerwa *f (na herbatę)*
tea caddy *n* pojemnik *m* na herbatę
tea cake *n* GB bułeczka *f* z rodzynkami
tea cart *n* US = **tea-trolley**
teach /tiːtʃ/ **I** *vt* (*pt, pp* **taught**) [1] (instruct) na|uczyć *[children, adults]*; **to ~ sb about sth** uczyć kogoś czegoś; **to ~ a dog obedience** uczyć psa posłuszeństwa; **to ~ sb (how) to do sth** nauczyć kogoś robić coś; **he taught me (how) to drive** nauczył mnie prowadzić samochód; **to ~ sb what to do** nauczyć kogoś, co ma robić [2] (impart) uczyć (czegoś) *[subject, skill]*; **to ~ Russian/biology** uczyć rosyjskiego/biologii; **to ~ sth to sb, to ~ sb sth** uczyć kogoś czegoś; **to ~ adults French** uczyć dorosłych francuskiego; **to ~ sb the basics of sth** uczyć kogoś podstaw czegoś; **she could ~ us a thing or two about marketing** mogłaby nas niejednego nauczyć z dziedziny marketingu [3] (as career) uczyć, nauczać (czegoś) *[knowledge, skill]*; **he ~es junior classes French** uczy francuskiego w młodszych klasach; **she ~es swimming** jest instruktorką pływania; **to ~ school** US być nauczycielem [4] infml (as correction) **to ~ sb a lesson** *[person]* dać komuś nauczkę; **it taught him a lesson** to była dla niego nauczka; **he needs to be taught a lesson** trzeba mu dać nauczkę; **that'll ~ him to listen carefully** to go nauczy słuchać uważnie; **I'll ~ you!** już ja cię nauczę!; **I'll/that will ~ you to lie!** już ja cię oduczę kłamać/to oduczy cię kłamać! [5] (advocate) głosić *[doctrine]*; głosić, krzewić *[creed, belief]*; uczyć (czegoś), nauczać (czegoś) *[virtue, forgiveness]*; **to ~ that...** uczyć, że...; **to ~ sb to do sth** uczyć kogoś robić coś
II *vi* uczyć; nauczać dat
III *vr* **to ~ oneself to do sth** nauczyć się robić coś; **he taught himself Spanish/to swim** sam nauczył się hiszpańskiego /pływać
IDIOMS: **you can't ~ an old dog new tricks** trudno jest zmieniać stare przyzwyczajenia
teacher /ˈtiːtʃə(r)/ **I** *n* nauczyciel *m*, -ka *f*; **women ~s** nauczycielki; **Polish/music ~** nauczyciel polskiego/muzyki; **to be a qualified** or **certified** US **~** być dyplomowanym nauczycielem; **to be a ~ of English** być nauczycielem angielskiego
II *modif* **~ recruitment/numbers** rekrutacja/liczba nauczycieli; **~ shortage** niedobór kadry nauczycielskiej
teacher certification *n* US dyplom *m* nauczycielski
teacher education *n* US kształcenie *n* nauczycieli
teacher evaluation *n* ocena *f* pracy nauczyciela
teacher-pupil ratio /ˌtiːtʃəˈpjuːpɪlreɪʃɪəʊ/ *n* liczba *f* uczniów przypadających na nauczyciela
teacher's aide *n* US pomocnik *m* nauczyciela
teachers' centre GB, **teachers' center** US *n* ≈ ośrodek *n* kształcenia nauczycieli
teacher's pet *n* infml pej pupil|ek *m*, -ka *f* nauczyciela
teacher training *n* kształcenie *n* nauczycieli
teacher-training college /ˌtiːtʃəˈtreɪnɪŋkɒlɪdʒ/ *n* kolegium *n* nauczycielskie
tea chest *n* skrzynia *f* do transportu herbaty
Teach for America *n program edukacyjny wyrównujący szanse młodzieży z zaniedbanych środowisk*
teach-in /ˈtiːtʃɪn/ *n* (debate) zebranie *n* dyskusyjne; (for disseminating information) spotkanie *n* informacyjne

teaching /ˈtiːtʃɪŋ/ **I** *n* [1] (instruction) nauczanie *n*; **the ~ of history, history ~** nauczanie historii; **to go into** or **enter ~** zostać nauczycielem; **to have 22 hours ~ per week** mieć 22 godziny lekcyjne tygodniowo; **to do some ~ in the evenings** dawać lekcje wieczorami [2] (doctrine) nauka *f*; **the ~s of Gandhi** nauki Gandhiego
II *modif [career, qualification]* nauczycielski; *[ability, skill]* pedagogiczny; *[materials, method]* dydaktyczny; **~ union** związek nauczycielstwa; **~ post** posada nauczyciela; **~ staff** Sch ciało pedagogiczne; Univ pracownicy dydaktyczni
teaching aid *n* pomoc *f* dydaktyczna
teaching assistant, TA *n* [1] US Univ asystent *m* prowadzący zajęcia [2] GB Sch pomocnik *m* nauczyciela
teaching fellow *n* stypendysta *m* prowadzący zajęcia
teaching fellowship *n stypendium przyznawane studentom studiów podyplomowych w zamian za prowadzenie zajęć*
teaching hospital *n* klinika *f*
teaching practice *n* GB praktyka *f* nauczycielska; **to be on** or **be doing ~** odbywać praktykę nauczycielską
teaching profession *n* **the ~** nauczycielstwo *n*
teachware /ˈtiːtʃweə(r)/ *n* Comput program *m* edukacyjny
tea cloth *n* GB (for drying) ścierka *f* do naczyń; (for table) obrus *m*; (for tray) serweta *f*
tea cosy *n* GB ocieplacz *m* na dzbanek z herbatą
tea cozy *n* US = **tea cosy**
teacup /ˈtiːkʌp/ *n* filiżanka *f* (do herbaty)
IDIOMS: **a storm in a ~** burza w szklance wody
tea dance *n* wieczorek *m* taneczny
tea garden *n* [1] (café) ogródek *m* kawiarniany [2] (plantation) plantacja *f* herbaty
tea gown *n* suknia *f* popołudniowa *(noszona na początku XX wieku)*
teahouse /ˈtiːhaʊs/ *n* pawilon *f* herbaciany, herbaciarnia *f*
tea infuser *n* zaparzaczka *f* do herbaty
teak /tiːk/ **I** *n* [1] (wood) drewno *n* tekowe, teczyna *f* [2] (tree) drzewo *n* tekowe
II *modif [furniture, cabinet, fittings]* z drewna tekowego
tea kettle *n* czajnik *m*; imbryk *m* dat
teal /tiːl/ *n* cyranka *f*
tea lady *n* GB herbaciarka *f* infml
tea leaf **I** *n* liść *m* herbaty
II tea leaves *npl* (used) fusy *plt*; **to read the tea leaves** wróżyć z fusów; **to read sb's tea leaves** wróżyć komuś z fusów
team /tiːm/ **I** *n* [1] (of people) Sport drużyna *f*, ekipa *f*; Mgmt zespół *m*; **rugby/hockey ~** drużyna rugby/hokejowa; **relay ~** sztafeta; **management ~** zespół kierowniczy; **a ~ of advisers/doctors** zespół doradców /lekarzy; **to work well as a ~** dobrze pracować w zespole; **to make the ~** US Sport zapewnić sobie miejsce w drużynie [2] (of horses, oxen, huskies) zaprzęg *m*
II *modif [effort, games]* zespołowy; *[competition, event]* drużynowy; **~ captain/colours** kapitan/barwy drużyny
III *vt* [1] (coordinate) po|łączyć *[garment]* **(with sth** z czymś) [2] (bring together) = **team up**
■ **team up**: ¶ **~ up** *[people]* (form a team) stworzyć zespół **(with sb** z kimś); (join forces, efforts) połączyć siły **(against sth** przeciw czemuś); *[organizations]* zjednoczyć się **(with sth** z czymś) ¶ **~ [sb] up** przydziel|ić, -ać do zespołu; **to ~ Adam up with Robert** stworzyć zespół z Adama i Roberta
team manager *n* kierownik *m* zespołu; Sport menedżer *m* drużyny
team-mate /ˈtiːmmeɪt/ *n* Sport kole|ga *m*, -żanka *f* z drużyny
team member *n* członek *m* zespołu
team spirit *n* duch *m* współpracy
teamster /ˈtiːmstə(r)/ *n* US kierowca *m* ciężarówki
team teaching *n* nauczanie *n* prowadzone przez zespół nauczycieli
teamwork /ˈtiːmwɜːk/ *n* praca *f* zespołowa
tea party *n* herbata *f*; (for children) podwieczorek *m*
tea plant *n* herbata *f*; (shrub) krzew *m* herbaciany
tea plantation *n* plantacja *f* herbaty
tea planter *n* plantator *m* herbaty
tea plate *n* talerzyk *m*
teapot /ˈtiːpɒt/ *n* dzbanek *m* do herbaty
IDIOMS: **a tempest in a ~** US burza w szklance wody
tear[1] /teə(r)/ **I** *n* [1] (from strain) rozdarcie *n*; (done on nail, hook) rozdarcie *n*, dziura *f* **(in sth** w czymś); **to make a ~ in sth** rozedrzeć coś [2] Med **(perineal) ~** pęknięcie *n* krocza
II *vt* (*pt* **tore**; *pp* **torn**) [1] (rip) po|drzeć *[garment, paper]*; (on nail, hook) roz|edrzeć, -dzierać **(on sth** na czymś); roz|erwać, -rywać *[prey, flesh]*; **to ~ sth from** or **out of sth** wyrywać coś z czegoś *[book, notepad]*; **to ~ a hole in sth** zrobić dziurę w czymś; **I've torn a hole in my coat** zrobiłem sobie dziurę w płaszczu; **to ~ sth in half** or **in two** przedrzeć coś na dwie części or na pół *[paper]*; **to ~ sth in(to) pieces /strips** podrzeć coś na kawałki/paski; **to ~ sth to pieces** or **bits** or **shreds** rozszarpać coś na strzępy *[fabric, object]*; fig nie zostawić suchej nitki na czymś *[book, film]*; zdyskwalifikować coś *[argument, proposal]*; **to ~ sb to pieces** rozerwać kogoś na strzępy; fig nie zostawić suchej nitki na kimś; **to ~ one's hair (out)** rwać włosy z głowy also fig; **to ~ a muscle/ligament** zerwać mięsień/wiązadło; **'~ along the dotted line'** „oderwać wzdłuż kropkowanej linii" [2] (remove by force) **to ~ sth from** or **off sth** zerwać coś z czegoś *[roof, surface, object]*; **to ~ sth from sb's hands** or **grasp** wyrwać coś komuś z rąk; **he was torn from his mother's arms** wyrwano go z objęć matki; **to ~ sth out of sth** wyrywać coś z czegoś *[ground]*; **you nearly tore my arm out of its socket!** o mało co nie wyrwałeś mi ręki! [3] (emotionally) **to be torn between sth and sth/sb and sb** być rozdartym (wewnętrznie) pomiędzy czymś a czymś/kimś a kimś *[options, persons]*; **she's torn between keeping on her job and going to college** jest w rozterce, czy dalej pracować, czy też iść do college'u [4] (divided) **to be torn by war/racial conflicts** być rozdartym wojną/konfliktami na tle rasowym
III *vi* (*pt* **tore;** *pp* **torn)** [1] (rip) po|drzeć się; **to ~ into sth** rozrywać coś *[flesh, cloth]* [2] (rush) gnać; **to ~ up/down the stairs** pognać schodami w górę/w dół; **he went ~ing past** przeleciał jak burza; **she came ~ing into the yard/house** wpadła jak bomba na dziedziniec/do domu; **she went ~ing (off) down the street** pognała ulicą; **they were ~ing along at 150 km/h** gnali z szybkością 150 km/godz.; **the car came ~ing around the corner** samochód wypadł zza zakrętu; **they tore out of town on their motorbikes** wypadli z miasta na motorach; **I tore through the book in two days** połknąłem tę książkę w dwa dni fig [3] (pull forcefully) **to ~ at sth** *[animal, person]* szarpać coś *[flesh, prey, rubble]* [4] infml (criticize) **to ~ into sb/sth** napa|ść, -dać na kogoś *[person]* **(about sth** za coś); schlastać or zjechać coś infml *[play, film, book]*
IV tearing *prp adj* [1] **~ing sound** odgłos darcia [2] infml **to be in a ~ing hurry** GB bardzo się śpieszyć **(to do sth** żeby zrobić coś)
■ **tear apart**: ¶ **~ apart [sth], ~ [sth] apart** [1] (destroy) rozszarp|ać, -ywać *[prey, game]*; rozn|ieść, -osić *[building]*; fig rozbi|ć, -jać *[relationship, organization, country]*; schlastać, zjechać infml *[film, book]*; **she tore the room apart** fig przewróciła pokój do góry nogami [2] (separate) roz|erwać, -rywać *[connected items]* ¶ **~ [sb] apart** [1] fig (torment) z|martwić; **to be torn apart** być rozdartym wewnętrznie [2] infml (criticize) nie zostawić suchej nitki na (kimś) [3] (dismember) rozerwać na strzępy; (separate) rozdziel|ić, -ać *[two people]*
■ **tear away**: ¶ **~ away** *[paper, tape]* od|erwać, -rywać się ¶ **~ away [sth]** z|erwać, -rywać *[wrapping, bandage]* ¶ **~ [sb] away** od|erwać, -rywać *[person]* **(from sth** od czegoś); **to ~ one's gaze away** oderwać wzrok; **to ~ oneself away from sth** oderwać się od czegoś *[television]*; niechętnie opuścić coś *[party]*; **to ~ oneself away from sb** niechętnie rozstawać się z kimś
■ **tear down**: **~ down [sth], ~ [sth] down** z|burzyć *[building, wall, statue]*; **to ~ sth down from sth** zerwać coś z czegoś *[wall, lamppost]*
■ **tear off**: ¶ **~ off [sth], ~ [sth] off** [1] (remove) (carefully) od|erwać, -rywać *[coupon, strip, petal]*; (violently) z|erwać, -rywać *[aerial, wiper, wrapping paper]*; **to ~ sb's clothes off** zedrzeć ubranie z kogoś; **to ~ one's clothes off** zrzucić z siebie ubranie [2] infml (write) na|pisać naprędce *[letter, memo]*
■ **tear open**: **~ open [sth], ~ [sth] open** roz|erwać, -rywać *[envelope]*
■ **tear out**: **~ out [sth], ~ [sth] out** od|erwać, -rywać *[coupon, cheque]*; wyr|wać, -ywać *[page, picture]*; **to ~ sb's eyes out** wydrapać komuś oczy
■ **tear up**: ¶ **~ up [sth], ~ [sth] up** [1] (destroy) po|drzeć *[page, letter, document]*; **to ~ sth up in(to) little pieces** podrzeć coś na kawałeczki [2] (remove) wyr|wać, -ywać

T

[tree]; z|erwać, -rywać *[tracks, pavement]* [3] fig (reject) odrzuc|ić, -ać *[treaty, legislation, contract]*

IDIOMS: **that's torn it!** GB infml to już koniec!

tear² /tɪə(r)/ *n* łza *f*; **to be close to ~s** być bliskim łez; **in ~s** we łzach; **to burst into ~s** wybuchnąć płaczem; **to dissolve into ~s** zalać się łzami; **to reduce sb to ~s** doprowadzić kogoś do łez; **to shed ~s of rage/laughter** płakać z wściekłości/radości; **I won't shed (any) ~s** nie uronię jednej łzy; **it brings ~s to the eyes** fig łza się w oku kręci; **it brought ~s to her eyes, it moved her to ~s** wzruszyła się do łez; **there were ~s in her eyes** miała łzy w oczach; **Polish/gardening without ~s** język polski/ogrodnictwo bez stresu

IDIOMS: **to end in ~s** *[game, party]* skończyć się płaczem; *[campaign, experiment]* mieć smutny koniec

tearaway /ˈteərəweɪ/ *n* narwaniec *m* infml; (hooligan) łobuziak *m* infml

teardrop /ˈtɪədrɒp/ *n* łza *f*

tear duct *n* kanalik *m* łzowy

tearful /ˈtɪəfl/ *adj* [1] (weepy) *[person, face]* zapłakany; *[voice]* płaczliwy, łzawy; **I feel ~** chce mi się płakać; **to be ~** *[child]* być płaczliwym [2] (marked by tears) *[speech, conversation, farewell]* smutny, smętny; *[story]* łzawy; **a ~ reunion** wzruszające spotkanie

tearfully /ˈtɪəfəlɪ/ *adv [say, tell]* ze łzami w oczach

tear gas *n* gaz *m* łzawiący

tear-jerker /ˈtɪədʒɜːkə(r)/ *n* hum pej wyciskacz *m* łez pej

tear-off /ˈteərɒf/ *adj [coupon, slip]* do oderwania; **~ perforations** Comput perforacje

tear-off calendar *n* kalendarz *m* bloczkowy; zdzierak *m* infml

tearoom /ˈtiːruːm/ *n* herbaciarnia *f*

tea rose *n* róża *f* herbaciana

tear-stained /ˈtɪəsteɪnd/ *adj [face, cheeks]* ze śladami łez; *[pillow, letter]* mokry od łez

teary /ˈtɪərɪ/ *adj* US = **tearful**

tease /tiːz/ **I** *n* [1] (joker) żartowni|ś *m*, -sia *f*, kpiarz *m* [2] (woman) pej flirciara *f* infml

II *vt* [1] (annoy, pester) dokuczać (komuś) *[person]* **(about sth** z powodu czegoś); (make fun of) naśmiewać się z (kogoś) *[person]*; (arouse hope, curiosity in) drażnić się z (kimś) *[person]*; drażnić *[animal]* [2] Tex (separate) rozczes|ać, -ywać; (brush) drapać [3] (backcomb) tapirować *[hair]*

III *vi [person]* droczyć się; **they were only teasing** oni tylko żartowali

■ **tease out**: **~ out [sth], ~ [sth] out** [1] rozpląt|ać, -ywać *[tangle, strand, knots]*; po|wyciągać *[threads]* [2] fig wydoby|ć, -wać *[information, significance]*

teasel /ˈtiːzl/ *n* [1] Bot szczeć *f* (sukiennicza) [2] Tex zgrzeblarka *f*, gręplarka *f*

teaser /ˈtiːzə(r)/ *n* [1] infml (puzzle) łamigłówka *f* [2] (person) kpiarz *m*, żartowni|ś *m*, -sia *f* [3] Comm, TV (ad) reklama *f* „drażniąca"

tea service *n* serwis *m* do herbaty

tea set *n* = **tea service**

tea shop *n* GB herbaciarnia *f*

teasing /ˈtiːzɪŋ/ **I** *n* [1] (joking) przekomarzanie się *n*; (malicious) dokuczanie *n*; (of animal) drażnienie *n* [2] (in advertising) wabienie *n*

II *adj* przekorny, żartobliwy

teasingly /ˈtiːzɪŋlɪ/ *adv* przekornie, żartobliwie

Teasmade® /ˈtiːzmeɪd/ *n* ekspres *m* do (parzenia) herbaty

Teasmaid® *n* = **Teasmade**

teaspoon /ˈtiːspuːn/ *n* łyżeczka *f* (do herbaty)

teaspoonful /ˈtiːspuːnfʊl/ *n* łyżeczka *f*

tea strainer *n* sitko *n* do herbaty

teat /tiːt/ *n* [1] sutek *m*, brodawka *f* sutkowa; (of cow, goat, ewe) dójka *m* [2] GB (on baby's bottle) smoczek *m*

tea table *n* stolik *m (do podwieczorku lub kolacji)*; **they were sitting around the ~** siedzieli przy stoliku

teatime /ˈtiːtaɪm/ *n* (in the afternoon) pora *f* podwieczorku; (in the evening) pora *f* kolacji

tea towel *n* GB ścierka *f* do naczyń

tea tray *n* taca *f* (do podawania herbaty)

tea tree *n* drzewo *n* herbaciane

tea-trolley /ˈtiːtrɒlɪ/ *n* GB stolik *m* na kółkach

tea urn *n* termos *m* bufetowy

TEC /tek/ *n* GB = **Training and Enterprise Council** *lokalne centrum szkolenia zawodowego*

tech /tek/ *n* GB infml = **technical college**

techie /ˈtekɪ/ *n* infml entuzjast|a *m*, -ka *f* postępu technicznego

technetium /tekˈniːʃəm/ *n* technet *m*

technical /ˈteknɪkl/ *adj* [1] (mechanical, technological) techniczny; *[process]* technologiczny; **a ~ hitch** usterka techniczna; **the ~ staff** personel techniczny [2] (specialist) fachowy, techniczny; **~ terms** terminologia techniczna [3] Jur (in law) *[point, detail, defect]* formalny; **~ offence** przestępstwo formalne [4] Mus, Sport techniczny; **~ fault** Sport przewinienie techniczne

technical college *n* uczelnia *f* or wyższa szkoła *f* techniczna

technical drawing *n* rysunek *m* techniczny

technicality /ˌteknɪˈkælətɪ/ *n* [1] (technical detail) szczegół *m* techniczny **(of sth** czegoś); (term) termin *m* fachowy [2] Admin szczegół *m* formalny; **a mere ~** nieistotny szczegół; Jur (also **legal ~**) szczegół *m* prawny; **the case was dismissed on a ~** sprawa została oddalona ze względów formalnych [3] (technical nature) charakter *m* techniczny

technical knock-out *n* Sport nokaut *m* techniczny

technically /ˈteknɪklɪ/ *adv* [1] (strictly speaking) formalnie rzecz biorąc; (according to the letter of the law) zgodnie z literą prawa; **~ speaking** w zasadzie [2] (technologically) *[advanced, backward]* pod względem technicznym; *[possible, difficult]* technicznie [3] (in technique) *[good, bad]* technicznie

technical sergeant *n* US ≈ sierżant *m* sztabowy (lotnictwa)

technician /tekˈnɪʃn/ *n* [1] Ind, Tech (worker) technik *m*; **laboratory ~** laborant [2] (performer) technik *m*

Technicolor® /ˈteknɪkʌlə(r)/ *n* technikolor *m*

technicolour GB, **technicolor** US /ˈteknɪkʌlə(r)/ *adj* hum *[world, sunset]* w technikolorze fig

technique /tekˈniːk/ *n* [1] (method) metoda *f*, technika *f*; **~ for doing sth** metoda robienia czegoś; **marketing/printing ~s** techniki marketingowe/druku [2] (skill) technika *f*

techno Mus /ˈteknəʊ/ **I** *n* muzyka *f* techno, techno *n inv*

II *adj* techno

technobabble /ˈteknəʊbæbl/ *n* żargon *m* techniczny

technocracy /tekˈnɒkrəsɪ/ *n* technokracja *f*

technocrat /ˈteknəkræt/ *n* technokrata *m*

technocratic /ˌteknəˈkrætɪk/ *adj* technokratyczny

technological /ˌteknəˈlɒdʒɪkl/ *adj* (of science) techniczny; (of method) technologiczny; **~ revolution** rewolucja techniczna

technologically /ˌteknəˈlɒdʒɪklɪ/ *adv* technologicznie

technologist /tekˈnɒlədʒɪst/ *n* technolog *m*

technology /tekˈnɒlədʒɪ/ *n* [1] (applied science) technika *f*; **information ~** informatyka; **science and ~** nauka i technika [2] (method) technologia *f*; **new technologies** nowe technologie

technology park *n* kompleks *m* naukowo-badawczy dla potrzeb przemysłu

technophile /ˈteknəʊfaɪl/ *n* entuzjast|a *m*, -ka *f* postępu technicznego

technophobe /ˈteknəʊfəʊb/ *n* przeciwni|k *m*, -czka *f* postępu technicznego

tectonic /tekˈtɒnɪk/ *adj* tektoniczny

tectonics /tekˈtɒnɪks/ *n (+ v sg)* tektonika *f*

ted¹ /ted/ *n* GB infml = **teddy boy**

ted² /ted/ *vt* **(***prp, pt, pp* **-dd-)** Agric przetrząs|nąć, -ać *[hay, straw]*

tedder /ˈtedə(r)/ *n* Agric przetrząsacz *m*

teddy /ˈtedɪ/ *n* [1] (also **~ bear**) (toy) miś *m* pluszowy [2] (garment) body *n inv* na ramiączkach

teddy boy *n* GB *w latach 50-tych chłopak noszący się jak gwiazdy rock'n'rolla*

tedious /ˈtiːdɪəs/ *adj [conversation, lecture, work, job]* nużący; *[person]* uciążliwy

tediously /ˈtiːdɪəslɪ/ *adv [say, play]* w sposób nużący, nudno; *[repeat]* do znudzenia; **a ~ repetitive task** praca powtarzana do znudzenia; **~ familiar** nużąco banalny

tediousness /ˈtiːdɪəsnɪs/ *n* monotonia *f*

tedium /ˈtiːdɪəm/ *n* [1] (boredom) nuda *f* [2] (tediousness) monotonia *f*; nudność *f* ra

tee /tiː/ **I** *n* [1] (peg) podkładka *f*, kołek *m* [2] (on golf course) rzutnia *f*; **on the sixth ~** na szóstym polu

II *vt* = **tee up**

■ **tee off**: ¶ **~ off** Sport uderz|yć, -ać piłkę z podkładki; fig zacz|ąć, -ynać ¶ **~ [sb] off** US infml z|irytować **(with sth** czymś); **to look ~d off** wyglądać na zirytowanego infml

■ **tee up** ustawi|ć, -ać na podkładce

tee-hee /tiːˈhiː/ **I** *excl* hi, hi!

II *vi* za|chichotać

teem¹ /tiːm/ **I** *vi* **to ~ with sth, to be ~ing with sth** obfitować w coś *[wildlife, game, fish]*; **the museum was ~ing with tourists** w muzeum roiło się od turystów; **his brain ~ed with ideas** głowę miał pełną pomysłów

II teeming *prp adj* (swarming) *[city, street]* rojny; *[continent]* ludny; *[masses, crowds]* niezliczony, nieprzebrany; **~ing with sth/sb** obfitujący w coś *[wildlife]*; pełen kogoś *[people]*

teem² /tiːm/ **I** *v impers* **it was ~ing (with rain)** lało jak z cebra
II teeming *prp adj* (pouring) *[rain]* ulewny
■ **teem down**: **the rain was ~ing down** deszcz lał jak z cebra
teen /tiːn/ *adj* infml *[fashion, magazine]* dla nastolatków, młodzieżowy; **~ idol** bożyszcze nastolatków; **the ~ years** szczenięce lata infml
teenage /ˈtiːneɪdʒ/ *adj [boy, girl, brother]* nastoletni, kilkunastoletni; *[actor, player]* nastoletni; *[fashions, magazine]* dla nastolatków, młodzieżowy; *[illiteracy, drug-taking]* wśród nastolatków; **~ boy/girl** nastolatek /nastolatka; **the ~ years** szczenięce lata hum
teenager /ˈtiːneɪdʒə(r)/ *n* nastolat|ek *m*, -ka *f*
teens /tiːnz/ *npl* **to be in one's ~** mieć naście lat; **while still in her ~** jeszcze jako nastolatka; **a girl barely out of her ~** dziewczyna, która dopiero skończyła dwadzieścia lat; **to be in one's early ~** mieć ledwo kilkanaście lat; **to be in one's late ~** nie mieć jeszcze dwudziestu lat; **children in their mid-~** szesnastolatki
teensy (weensy) /ˌtiːnzɪ(ˈwiːnzɪ)/ *adj* infml = **teeny (weeny)**
teeny-bopper /ˈtiːnɪbɒpə(r)/ *n* infml pej małolat *m*, -a *f* infml
teeny (weeny) /ˌtiːnɪ(ˈwiːnɪ)/ *adj* infml tyci infml; **a ~ bit** ociupinka; **not a ~ bit jealous** ani trochę zazdrosny
teepee /ˈtiːpiː/ *n* tipi *n inv*
tee-shirt /ˈtiːʃɜːt/ *n* koszulka *f* bawełniana; T-shirt *m* infml
teeter /ˈtiːtə(r)/ *vi* za|chwiać się; **to ~ on the edge** or **brink of sth** fig stać na krawędzi czegoś *[ruin, disaster]*
teeter-totter /ˈtiːtətɒtə(r)/ *n* US huśtawka *f*
teeth /tiːθ/ *npl* → **tooth**
teethe /tiːð/ *vi* ząbkować
teething /ˈtiːðɪŋ/ *n* ząbkowanie *n*
teething ring *n* gryzak *m*
teething troubles *npl* fig początkowe problemy *m pl*
teetotal /tiːˈtəʊtl, US ˈtiːtəʊtl/ *adj [person, family]* niepijący; **I'm ~** nie piję alkoholu
teetotaler *n* US = **teetotaller**
teetotalism /tiːˈtəʊtəlɪzəm/ *n* abstynencja *f*
teetotaller /tiːˈtəʊtələ(r)/ *n* GB abstynent *m*, -ka *f*, niepijąc|y *m*, -a *f*
TEFL /ˈtefl/ *n* = **Teaching of English as a Foreign Language** nauczanie *n* angielskiego jako języka obcego
Teflon® /ˈteflɒn/ **I** *n* teflon *m*
II *modif* teflonowy
Teheran /ˌteəˈrɑːn/ *prn* Teheran *m*
tel *n* = **telephone** tel.
Tel Aviv /ˌteləˈviːv/ *prn* Tel Awiw *m*
tele+ /ˈtelɪ-/ *in combinations* tele-
tele-ad /ˈtelɪæd/ *n* ogłoszenie *n* zamieszczane telefonicznie
telebanking /ˈtelɪbæŋkɪŋ/ *n* system *m* telebanking *(usługi bankowe przez telefon)*
telecamera /ˈtelɪkæmrə, -mərə/ *n* kamera *f* telewizyjna
telecast /ˈtelɪkɑːst, US -kæst/ **I** *n* program *m* telewizyjny
II *vt* (*pt, pp* **telecast, ~ed**) nada|ć, -wać (w telewizji) *[programme]*; transmitować *[concert, match]*

telecommunications /ˌtelɪkəˌmjuːnɪˈkeɪʃnz/ **I** *n* (+ *v sg/pl*) telekomunikacja *f*
II *modif [industry, firm, satellite]* telekomunikacyjny; **~ expert** specjalista w dziedzinie telekomunikacji
telecommute /ˌtelɪkəˈmjuːt/ *vi* pracować zawodowo przy domowym terminalu
telecommuter /ˌtelɪkəˈmjuːtə(r)/ *n* pracujący *m* zawodowo przy domowym terminalu
telecommuting /ˌtelɪkəˈmjuːtɪŋ/ *n* telepraca *f*
telecoms /ˈtelɪkɒmz/ *n* = **telecommunications**
teleconference /ˈtelɪkɒnfərəns/ *n* telekonferencja *f*
teleconferencing /ˌtelɪˈkɒnfərənsɪŋ/ *n* telekonferencja *f*
telecottage /ˈtelɪkɒtɪdʒ/ *n* centrum *n* komputerowe
telefacsimile /ˌtelɪfækˈsɪməlɪ/ *n* telefaks *m*
telefax /ˈtelɪfæks/ *n* telefaks *m*, faks *m*; **by ~** faksem
telefilm /ˈtelɪfɪlm/ *n* film *m* telewizyjny
telegenic /ˌtelɪˈdʒenɪk/ *adj* telegeniczny
telegram /ˈtelɪɡræm/ *n* telegram *m*, depesza *f*
telegraph /ˈtelɪɡrɑːf, US -ɡræf/ **I** *n* [1] Telecom telegraf *m* [2] Naut telegraf *m* maszynowy
II *modif [pole, wire, office]* telegraficzny
III *vt* [1] przetelegrafować *[message]* [2] (signal) za|sygnalizować *[intention, throw]*
IV *vi* za|telegrafować, za|depeszować
telegrapher /tɪˈleɡrəfə(r)/ *n* telegrafist|a *m*, -ka *f*
telegraphese /ˌtelɪɡrəˈfiːz/ *n* styl *m* telegraficzny
telegraphic /ˌtelɪˈɡræfɪk/ *adj* telegraficzny
telegraphically /ˌtelɪˈɡræfɪklɪ/ *adv* telegraficznie
telegraphist /tɪˈleɡrəfɪst/ *n* telegrafist|a *m*, -ka *f*
telegraphy /tɪˈleɡrəfɪ/ *n* telegrafia *f*
telekinesis /ˌtelɪkaɪˈniːsɪs, -kɪˈniːsɪs/ *n* telekineza *f*
telekinetic /ˌtelɪkaɪˈnetɪk, -kɪˈnetɪk/ *adj* telekinetyczny
telemarketer /ˈtelɪmɑːkɪtə(r)/ *n* osoba *f* zajmująca się telemarketingiem
telemarketing /ˈtelɪmɑːkɪtɪŋ/ *n* telemarketing *m*
telematics /ˌtelɪˈmætɪks/ *n* (+ *v sg*) telematyka *f*
telemessage /ˈtelɪmesɪdʒ/ *n* GB (by phone) faks *m*; (by telex) teleks *m*
telemeter /ˈtelɪmiːtə(r), təˈlemɪtə(r)/ *n* urządzenie *n* telemetryczne
telemetric /ˌtelɪˈmetrɪk/ *adj* telemetryczny
telemetry /təˈlemətrɪ/ *n* telemetria *f*
teleological /ˌtelɪəˈlɒdʒɪkl, ˌtiː-/ *adj* teleologiczny
teleology /ˌtelɪˈɒlədʒɪ, ˌtiː-/ *n* teleologia *f*
telepath /ˈtelɪpæθ/ *n* osoba *f* o zdolnościach telepatycznych
telepathic /ˌtelɪˈpæθɪk/ *adj [communication, powers]* telepatyczny; *[person]* o zdolnościach telepatycznych
telepathist /təˈlepəθɪst/ *n* = **telepath**
telepathy /təˈlepəθɪ/ *n* telepatia *f*
telephone /ˈtelɪfəʊn/ **I** *n* telefon *m*; **on** or **over the ~** przez telefon; **to be on the ~** (connected) mieć telefon; (talking) rozmawiać przez telefon; **to book sth by ~** rezerwować coś telefonicznie; **an interview conducted by ~** wywiad przeprowadzony telefonicznie; **to answer the ~** odebrać telefon; **to reach sb on the ~** skontaktować się z kimś telefonicznie; **'Get Mr Smith on the ~ for me, would you?'** „proszę połączyć mnie z panem Smithem"
II *modif [conversation, bill, survey, equipment]* telefoniczny; **~ engineer** inżynier łączności
III *vt* za|telefonować do (kogoś/czegoś), za|dzwonić do (kogoś/czegoś) *[person, office]*; przekaz|ać, -ywać telefonicznie *[message, order]*; **he ~d her/Poland** zadzwonił do niej/do Polski; **to ~ sb to do sth** US zadzwonić do kogoś, żeby zrobił coś; **to ~ sb that...** przekazać komuś telefonicznie, że...
IV *vi* za|telefonować, za|dzwonić infml
telephone answering machine *n* sekretarka *f* automatyczna
telephone banking *n* Fin = **telebanking**
telephone book *n* = **telephone directory**
telephone booth *n* (in the street) budka *f* telefoniczna; (inside a building) kabina *f* telefonicza
telephone box *n* GB = **telephone booth**
telephone call *n* rozmowa *f* telefoniczna; telefon *m* infml; **to make a ~** zatelefonować, zadzwonić
telephone directory *n* książka *f* telefoniczna
telephone exchange *n* centrala *f* telefoniczna
telephone kiosk *n* GB = **telephone booth**
telephone line *n* linia *f* telefoniczna
telephone number *n* numer *m* telefonu
telephone operator *n* telefonist|a *m*, -ka *f*
telephone service *n* usługi *f pl* telefoniczne
telephone set *n* aparat *m* telefoniczny
telephone subscriber *n* abonent *m* telefoniczny
telephone-tapping /ˈtelɪfəʊntæpɪŋ/ *n* podsłuch *m* telefoniczny
telephonic /ˌtelɪˈfɒnɪk/ *adj* telefoniczny
telephonist /tɪˈlefənɪst/ *n* GB telefonist|a *m*, -ka *f*
telephony /tɪˈlefənɪ/ *n* telefonia *f*
telephotographic /ˌtelɪˌfəʊtəˈɡræfɪk/ *adj* telefotograficzny; **~ lens** teleobiektyw
telephotography /ˌtelɪfəˈtɒɡrəfɪ/ *n* telefotografia *f*
telephoto lens /ˌtelɪfəʊtəʊˈlenz/ *n* teleobiektyw *m*
teleplay /ˈtelɪpleɪ/ *n* sztuka *f* telewizyjna
Telepoint /ˈtelɪpɔɪnt/ *n* Telecom przyłącze *n* telefonu bezprzewodowego
teleprint /ˈtelɪprɪnt/ *vt* przes|łać, -yłać dalekopisem
teleprinter /ˈtelɪprɪntə(r)/ *n* dalekopis *m*
teleprocessing /ˌtelɪˈprəʊsesɪŋ/ *n* teleprzetwarzanie *n*
teleprompter /ˈtelɪprɒmptə(r)/ *n* teleprompter *m*, wyświetlacz *m* tekstu
telerecording /ˈtelɪrɪkɔːdɪŋ/ *n* telerecording *m*

T

telesales /ˈtelɪseɪlz/ *n (+ v sg)* telesprzedaż *f*
telesales operator *n* osoba *f* prowadząca sprzedaż przez telefon
telescope /ˈtelɪskəʊp/ **I** *n* (for astronomy) teleskop *m*; (hand-held) luneta *f*; **visible through a ~** widzialny przez teleskop
II *vt* złożyć, składać *[rod, stand]*; fig s|kondensować *[content, series]* **(into sth** do czegoś)
III *vi [umbrella, stand]* złożyć, składać się teleskopowo; *[railway carriages, cars]* (in accident) wbi|ć, -jać się w siebie; **to ~ into sth** wbić się w coś
telescopic /ˌtelɪˈskɒpɪk/ *adj [aerial, umbrella, stand]* składany (teleskopowo); *[lens]* teleskopowy; **~ sight** (on gun) celownik lunetowy
teleshopping /ˈtelɪʃɒpɪŋ/ *n* telezakupy *plt*
Teletex® /ˈtelɪteks/ *n* Teletex *m (elektroniczny system przesyłania tekstu)*
teletext /ˈtelɪtekst/ **I** *n* teletekst *m*, telegazeta *f*
II *modif* **~ service** transmisja teletekstu; **~ equipment** urządzenia do transmisji teletekstu
telethon /ˈtelɪθɒn/ *n* wielogodzinna akcja *f* dobroczynna w telewizji
Teletype® /ˈtelɪtaɪp/ **I** *n* dalekopis *m*
II *vt* przes|łać, -yłać dalekopisem
teletypewriter /ˌtelɪˈtaɪpraɪtə(r)/ *n* dalekopis *m*
televangelism /ˌtelɪˈvændʒəlɪzəm/ *n* ewangelizacja *f* przez telewizję
televangelist /ˌtelɪˈvændʒəlɪst/ *n* kaznodzieja *m* telewizyjny
televise /ˈtelɪvaɪz/ **I** *vt* wy|emitować w telewizji *[programme]*; transmitować *[match, ceremony]*
II televised *pp adj [programme]* emitowany przez telewizję; *[match]* transmitowany przez telewizję
television /ˈtelɪvɪʒn, -ˈvɪʒn/ **I** *n* [1] (medium) telewizja *f*; **on ~** w telewizji; **for ~** dla telewizji; **a job in ~** praca w telewizji; **to watch ~** oglądać telewizję; **live on ~** na żywo w telewizji; **it makes good ~** to się dobrze ogląda w telewizji [2] (set) telewizor *m*
II *modif* telewizyjny
television cabinet *n* szafka *f* na telewizor
television dinner *n gotowy posiłek do spożywania w czasie oglądania telewizji*
television licence *n* abonament *m* telewizyjny
television listing *n* program *m* telewizyjny *(w gazecie, internecie)*
television lounge *n* sala *f* telewizyjna
television picture *n* obraz *m* telewizyjny
television programme *n* program *m* telewizyjny
television room *n* = **television lounge**
television schedule *n* (in newspaper) program *m* telewizyjny
television screen *n* ekran *m* telewizyjny
television set *n* telewizor *m*, odbiornik *m* telewizyjny
televisual /ˌtelɪˈvɪʒʊəl/ *adj* telewizyjny
teleworker /ˈtelɪwɜːkə(r)/ *n* pracujący *m* zawodowo przy domowym terminalu
telex /ˈteleks/ **I** *n* teleks *m*; **by ~** teleksem
II *modif* **~ number** numer teleksu; **~ machine** teleks; **~ operator** teletypista
III *vt* prze|teleksować *[message, order]*; teleksować do (kogoś/czegoś) *[person, company]*
tell /tel/ **I** *vt* (*pt, pp* **told**) [1] (give information to) *[person]* powiedzieć, mówić; *[manual, instruction]* informować; *[thermometer, gauge]* wskaz|ać, -ywać; **to ~ sb sth, to ~ sth to sb** *[person]* powiedzieć komuś coś *[truth, goodbye]*; powiedzieć komuś o czymś *[problems]*; *[map, instructions]* poinformować kogoś o czymś; **to ~ sb how to do sth /what to do** *[person]* powiedzieć komuś, jak coś zrobić/co zrobić; **the instructions ~ you how to do it** z instrukcji dowiesz się, jak to zrobić; **she told me what had happened/where to go** powiedziała mi, co się stało/dokąd pójść; **he told me how unhappy he was** opowiedział mi o swoim nieszczęściu; **to ~ the time** *[clock]* wskazywać czas; **she can ~ the time** ona zna się na zegarze; **can you ~ me the time, please?** czy możesz mi powiedzieć, która godzina?; **something ~s me he won't come** coś mi mówi, że nie przyjdzie; **his behaviour ~s me a lot about his character** jego zachowanie wiele mówi o jego charakterze; **I can't ~ you how happy I am to...** nie masz pojęcia, jaki jestem szczęśliwy, że...; **I am pleased to ~ you that...** miło mi poinformować cię, że...; **(I'll) ~ you what, let's get a video out** wiesz co? wypożyczmy jakąś kasetę wideo; **I told you so!, what did I ~ you about?** a nie mówiłem?!; **you're ~ing me!** nie musisz mi tego mówić!; **don't ~ me you've changed your mind!** tylko mi nie mów, że zmieniłeś zdanie!; **you'll regret this, I can ~ you!** pożałujesz tego, ja ci to mówię!; **it's true, I ~ you!** mówię ci, że to prawda!; **I won't stand for it, I ~ you!** nie pozwolę na to, ostrzegam cię!; **stress? ~ me about it!** stres? mogę coś na ten temat powiedzieć [2] (narrate, recount) opowi|edzieć, -adać *[joke, story]*; **to ~ sb sth, to ~ sth to sb** opowiedzieć coś komuś; **to ~ sb of** or **about sth** opowiedzieć komuś o czymś; **from what the newspapers ~ us, she's likely to win the election** z tego, co piszą w gazetach wynika, że prawdopodobnie wygra wybory; **~ me all about it!** opowiedz mi wszystko dokładnie!; **~ me about it!** iron mnie to mówisz?; **~ me more about yourself** powiedz mi coś więcej o sobie; **I told him the news** przekazałem mu nowinę; **their victims ~ a different story** ich ofiary mówią co innego; **he's very handsome – or so I've been told** on jest bardzo przystojny – przynajmniej tak słyszałem; **'my life as a slave girl,' as told to Celia Irving** Journ „moje życie niewolnicy" – notowała Celia Irving; **I could ~ you a thing or two about her!** mógłbym ci niejedno o niej opowiedzieć! [3] (ascertain, deduce) **you could/can ~ (that)...** widać było/widać, że...; **I/he can ~ (that)...** widzę/widzi, że...; **who can ~ what will happen next?** kto wie, co się jeszcze wydarzy?; **you can ~ a lot from the clothes people wear** ubiór wiele mówi o człowieku; **I could ~ that he was in love from the look in his eyes** widziałem po jego oczach, że jest zakochany [4] (distinguish) odróżni|ć, -ać, rozróżni|ć, -ać; **to ~ sb/sth from sb/sth** odróżnić kogoś/coś od kogoś /czegoś; **he can't ~ right from wrong** nie odróżnia dobra od zła; **to ~ the difference** dostrzec różnicę; **how can you ~ which is which?, how can you ~ them apart?** jak ich odróżniasz?; **the dog can ~ him from his footsteps** pies rozpozna go po krokach [5] (order) polec|ić, -ać, kazać; **to ~ sb to do sth** kazać komuś zrobić coś; **to ~ sb not to do sth** zabronić komuś zrobienia czegoś or zrobić coś; **do as you are told!** rób, co ci każą!; **he just won't be told!** nie słucha tego, co się do niego mówi!; **you can't ~ me what to do!** nie będziesz mi mówił, co mam robić!; **he didn't need ~ing twice** GB, **he didn't need to be told twice** nie trzeba mu było dwa razy powtarzać [6] dat (count, enumerate) po|liczyć *[votes]*; **to ~ one's beads** Relig odmawiać różaniec
II *vi* [1] (reveal secret) **promise me you won't ~!** obiecaj, że nikomu nie powiesz!; **that would be ~ing!** tego nie mogę wyjawić! [2] (be evidence of) **to ~ of sth** świadczyć o czymś; **the lines on his face told of years of hardship** poorana bruzdami twarz świadczyła o latach ciężkich przejść [3] (know for certain) **it's hard to ~** trudno powiedzieć; **as** or **so far as I can ~** o ile mi wiadomo; **how can you ~?** skąd wiesz?; **you never can ~** nigdy nie wiadomo [4] (produce an effect) **her age is beginning to ~** teraz już zaczyna wyglądać na swoje lata; **as the boxers grew tired, every blow told** im bardziej bokserzy byli zmęczeni, tym gorzej znosili każdy cios; **her inexperience told against her** jej brak doświadczenia przemawiał przeciw niej
III *vr* **to ~ oneself** powiedzieć sobie, mówić sobie **(that...** że...)
■ **tell off**: **~ [sb] off** (scold) z|besztać infml *[person]*; **she got told off for leaving early/arriving late** dostało się jej za to, że wyszła wcześniej/późno przyszła
■ **tell on**: **~ on [sb]** [1] (reveal information about) don|ieść, -osić na (kogoś), na|skarżyć na (kogoś) **(to sb** komuś); **he's always ~ing on people!** ciągle donosi na innych! [2] (have visible effect on) odbi|ć, -jać się na (czymś) *[health]*; **the strain is beginning to ~ on him** widać już po nim skutki zmęczenia; **her age is beginning to ~ on her** teraz już zaczyna wyglądać na swoje lata

IDIOMS: **~ me another!** infml nie bujaj! infml; **to ~ sb where to get off** or **where he gets off** infml powiedzieć komuś, żeby się odczepił infml; **you ~ me!** infml to ja mam wiedzieć?! infml; **to ~ it like it is** mówiąc wprost; **to ~ the world about sth** rozgłosić coś wszem i wobec; **don't ~ the world about it!** nie rozgłaszaj tego!; **more than words can ~** tak bardzo, że nie sposób tego wyrazić; **time (alone) will ~** Prov czas pokaże; **time will ~ which of us is right** czas pokaże, kto z nas ma rację; **to ~ one's love** liter dat wyznać miłość

teller /ˈtelə(r)/ *n* [1] (in bank) kasjer *m*, -ka *f* [2] (in election) członek *m* komisji skrutacyjnej [3] (also **story-~**) narrator *m*, -ka *f*

telling /ˈtelɪŋ/ **I** *n* opowiadanie *n*; **a funny story that lost nothing in the ~** zabawna historyjka, która nie straciła nic w opowiadaniu; **his adventures grew more and more fantastic in the ~** każda kolejna wersja jego przygód była bardziej fantastyczna

II *adj* [1] (effective) *[blow]* solidny; *[remark, observation]* trafny, celny; *[argument, statement]* przekonujący; ważki liter [2] (revealing) *[remark, detail, omission]* znamienny

IDIOMS: **there's no ~ what will happen next** nie wiadomo, co się jeszcze wydarzy

tellingly /ˈtelɪŋlɪ/ *adv* [1] (effectively) *[speak, argue]* przekonująco [2] (revealingly) **~, he did not allude to her** wymowne było to, że nie wspomniał o niej; **most ~ of all, no money had been taken** najbardziej znamienne było to, że nie zabrano pieniędzy

telling-off /ˌtelɪŋˈɒf/ *n* reprymenda *f*; bura *f* infml; **to give sb a (good) ~** powiedzieć komuś kilka słów do słuchu, zbesztać kogoś infml

telltale /ˈtelteɪl/ **I** *n* pej skarżypyta *m/f* infml pej

II *adj [blush, stain]* znamienny, charakterystyczny; *[sign]* widomy; **the ~ signs of a violent struggle** ślady wskazujące na brutalną walkę

tellurium /teˈlʊərɪəm/ *n* tellur *m*

telly /ˈtelɪ/ *n* GB infml telewizja *f*; (TV set) telewizor *m*; **on (the) ~** w telewizji

temerity /tɪˈmerətɪ/ *n* śmiałość *f*, zuchwałość *f*; **to have the ~ to do sth** ośmielić się coś zrobić, mieć czelność coś zrobić

temp /temp/ **I** *n* GB infml (while another person is absent) (tymczasowy) zastępca *m*, (tymczasowa) zastępczyni *f*; (temporary) pracownik *m* tymczasowy, pracownica *f* tymczasowa

II *modif* **~ agency** agencja pośrednictwa pracy tymczasowej

III *vi* pracować dorywczo

temper /ˈtempə(r)/ **I** *n* [1] (mood) nastrój *m*, humor *m*; **to be in a good/bad ~** być w dobrym/złym humorze; **to be in a ~** być złym or rozzłoszczonym; **to have a ~** łatwo wpadać w złość; **to keep** or **control one's ~** panować nad sobą; **to lose one's ~** stracić panowanie nad sobą; **she lost her ~ with them** wyprowadzili ją z równowagi; **to fly into a ~** wpaść w złość; **~s flared** or **frayed** atmosfera zrobiła się gorąca **(over sth** z powodu czegoś**)**; **in a fit of ~** w przypływie złości; **you'll only put him into a worse ~** tylko jeszcze bardziej go rozzłościsz; **~!, ~!** tylko spokojnie! [2] (nature) usposobienie *n*, charakter *m*; **to have an even/sweet ~** mieć spokojny charakter/miłe usposobienie; **to have a hot** or **quick ~** być porywczym; **to have a nasty ~** mieć paskudny charakter [3] Ind stopień *m* twardości

II *vt* [1] (moderate) z|łagodzić *[effects, rigours]*; powściąg|nąć, -ać *[language, emotion]*; ostudz|ić, -ać *[joy, enthusiasm]* [2] Ind odpu|ścić, -szczać *[hardened steel, cast iron]*; (harden) za|hartować *[steel, cast iron]*; **~ed steel** stal odpuszczona

tempera /ˈtempərə/ *n* tempera *f*

temperament /ˈtemprəmənt/ *n* [1] (nature) temperament *m*, usposobienie *n*; **calm by ~** spokojny z usposobienia; **the artistic ~** temperament artystyczny [2] (excitability) temperament *m*; **an outburst** or **display of ~** napad złości; **he's got so much ~ that...** jest tak pełen temperamentu, że... [3] Mus temperacja *f*; **equal ~** temperacja równomierna

temperamental /ˌtemprəˈmentl/ *adj* [1] (volatile) *[person, animal, machine]* kapryśny, chimeryczny [2] (natural) *[aversion]* organiczny; *[affinity, inclination]* naturalny; *[inability]* wewnętrzny; **~ differences** różnice w usposobieniu

temperamentally /ˌtemprəˈmentəlɪ/ *adv* [1] (by nature) z natury; **they were ~ unsuited** nie pasowali do siebie charakterem; **he was ~ unsuited to teaching** z jego usposobieniem nie nadawał się na nauczyciela [2] (in volatile manner) *[behave]* kapryśnie

temperance /ˈtempərəns/ **I** *n* [1] (moderation) umiar *m*, wstrzemięźliwość *f* **(in sth** w czymś**)** [2] (teetotalism) abstynencja *f*

II *modif [league, society]* antyalkoholowy; *[meeting, party]* bezalkoholowy; **a ~ restaurant** restauracja, w której nie podaje się napojów alkoholowych

temperate /ˈtempərət/ *adj [climate, zone]* umiarkowany; *[person, reply]* powściągliwy

temperature /ˈtemprətʃə(r), US ˈtempərtʃʊər/ **I** *n* [1] Meteorol, Phys temperatura *f*; **high/low ~** wysoka/niska temperatura; **storage ~** temperatura przechowywania; **at a ~ of 100°C** w temperaturze 100°C; **at room ~** w temperaturze pokojowej [2] Med temperatura *f*; **to be running** or **have a ~** mieć temperaturę or gorączkę; **to have a ~ of 39°** mieć 39° gorączki; **to take sb's ~** zmierzyć komuś temperaturę; **to have a high/slight ~** mieć wysoką/lekko podwyższoną temperaturę [3] fig (of debate, meeting) temperatura *f* fig; **to raise/lower the political ~** podgrzać /ostudzić nastroje polityczne

II *modif [change, graph, gauge]* temperaturowy; **~ chart** Med karta gorączkowa; **~ level** temperatura

temperature-controlled /ˌtemprətʃəkənˈtrəʊld, US ˌtempərtʃʊər-/ *adj* o stałej temperaturze

temper tantrum *n* napad *m* złości, humory *plt*; **to throw** or **have a ~** *[child]* dostać napadu histerii; *[adult]* wpaść w złość

tempest /ˈtempɪst/ *n* liter burza *f* also fig

tempestuous /temˈpestʃʊəs/ *adj [relationship, argument, quarrel, sea, time]* burzliwy; *[person]* porywczy, wybuchowy, gwałtowny; *[music]* żywiołowy; *[wind]* porywisty

tempestuously /temˈpestʃʊəslɪ/ *adv* [1] liter (of wind, sea) dziko, wściekle [2] fig (of person) *[behave, say]* porywczo; *[throw]* w porywie gniewu

tempi /ˈtempiː/ *npl* → **tempo**

temping /ˈtempɪŋ/ *n* praca *f* dorywcza

temping job *n* praca *f* dorywcza

Templar /ˈtemplə(r)/ *n* (also **Knight ~**) Hist templariusz *m*

template /ˈtempleɪt/ *n* [1] Tech, Sewing, Comput szablon *m* [2] Constr podkładka *f (pod belkę, dźwigar)*

temple¹ **I** *n* /ˈtempl/ Archit świątynia *f*

II **Temple** *prn* GB Jur *siedziba czterech londyńskich korporacji adwokackich*

temple² *n* /ˈtempl/ Anat skroń *f*

tempo /ˈtempəʊ/ *n* (*pl* **~s, tempi**) Mus tempo *n* also fig; **at a fast ~** w szybkim tempie

tempo marking *n* Mus oznaczenie *n* tempa

temporal¹ *adj* /ˈtempərəl/ [1] (secular) świecki [2] (concerning time) *[existence]* doczesny; **~ adverb** Ling przysłówek czasu

temporal² *adj* /ˈtempərəl/ Anat skroniowy

temporarily /ˈtempərərəlɪ, US -pərerɪlɪ/ *adv* (for a limited time) chwilowo; (provisionally) tymczasowo

temporary /ˈtemprərɪ, US -pererɪ/ *adj [accommodation, certificate, manager, secretary]* tymczasowy; *[replacement, loss of memory, improvement]* chwilowy; *[job]* dorywczy; *[building, repair]* prowizoryczny; *[solution]* doraźny; **on a ~ basis** tymczasowo

temporize /ˈtempəraɪz/ *vi* za|grać na zwłokę

tempt /tempt/ *vt* [1] (attract, provoke) s|kusić **(to do sth** do zrobienia czegoś**)**; **to be** or **feel ~ed to do sth** mieć ochotę zrobić coś; **to be ~ed by sth** dać się skusić czemuś; **I'm ~ed to say yes** kusi mnie, żeby się zgodzić; **to ~ sb with sth** kusić kogoś czymś; **can I ~ you to a cigarette?** dasz się skusić na papierosa?; **don't ~ me!** nie kuś mnie!; **the fine weather ~ed us outside** skuszeni ładną pogodą, wyszliśmy z domu; **to be sorely ~ed** czuć przemożną pokusę; **he was half ~ed** już prawie dał się skusić [2] (persuade) nakł|onić, -aniać **(into sth** do czegoś**)**; **to ~ sb back to work** nakłonić kogoś do powrotu do pracy; **try and ~ him to eat a little more** spróbuj go nakłonić, żeby zjadł jeszcze trochę

IDIOMS: **to ~ fate** or **providence** kusić los

temptation /tempˈteɪʃn/ *n* (act) kuszenie *n* **(of sb** kogoś**)**; (sth tempting) pokusa *f* **(to do sth** zrobienia czegoś or żeby coś zrobić**)**; (in prayer) pokuszenie *n*; **to resist/give in to ~** oprzeć się/ulec pokusie; **I felt a ~ to walk out** brała mnie pokusa, żeby wyjść; **to put ~ in sb's way** wystawić kogoś na pokusę; **lead us not into ~** nie wódź nas na pokuszenie

tempter /ˈtemptə(r)/ *n* kusiciel *m*

tempting /ˈtemptɪŋ/ *adj [offer, proposal, prospects, idea, discount]* kuszący, nęcący; *[food, smell]* apetyczny; **it's ~ to assume that...** aż korci, żeby przyjąć, że...; **it's ~ to think that...** kusząca jest myśl, że...

temptingly /ˈtemptɪŋlɪ/ *adv [describe, speak]* kusząco; **~ cheap** kuszący ceną

temptress /ˈtemptrɪs/ *n* kusicielka *f*

tempura /ˈtempʊrə/ *n* Culin tempura *f (japońska potrawa z ryb, skorupiaków i jarzyn)*

ten /ten/ **I** *n* [1] dziesięć; (symbol) dziesiątka *f*; **~ o'clock** (godzina) dziesiąta; **in ~s** *[sell]* po dziesięć (sztuk); **~s of thousands** dziesiątki tysięcy [2] US infml (also **~-dollar bill)** banknot *m* dziesięciodolarowy, dziesięciodolarówka *f*

T

II *adj* dziesięć; (male) dziesięciu *(+ v sg)*; (male and female) dziesięcioro *(+ v sg)*
IDIOMS: **~ to one (it'll rain/he'll forget)** mogę się założyć, że będzie padać/że zapomni

tenable /ˈtenəbl/ *adj* 1 (valid) *[position, theory]* możliwy do obrony; **not ~** nie do obrony 2 (available) **~ for a year** *[scholarship]* przysługujący przez okres jednego roku; *[position]* powierzany na okres jednego roku

tenacious /tɪˈneɪʃəs/ *adj* (persisting) *[person]* nieustępliwy, wytrwały; *[memory]* doskonały; (strong) *[jaws, fists]* mocno zaciśnięty; *[grip]* mocny

tenaciously /tɪˈneɪʃəslɪ/ *adv* nieustępliwie, uporczywie

tenacity /tɪˈnæsətɪ/ *n* nieustępliwość *f*, uporczywość *f*

tenancy /ˈtenənsɪ/ *n* dzierżawa *f*, najem *m*; **life/six-month ~** dzierżawa dożywotnia /na okres sześciu miesięcy; **to take on** or **over a ~ of sth** wziąć coś w dzierżawę, wynająć coś; **to give up a ~** wypowiedzieć umowę dzierżawy or najmu; **terms of ~** warunki najmu or dzierżawy

tenancy agreement *n* Jur umowa *f* najmu, umowa *f* dzierżawy

tenant /ˈtenənt/ *n* (of land, building) dzierżawca *m*, najemca *m*; (of apartment) lokator *m*, -ka *f*; najemca *m* fml

tenant farmer *n* dzierżawca *m* gruntów rolnych

tenant farming *n* dzierżawa *f* gruntów rolnych

tenantry /ˈtenəntrɪ/ *n* dzierżawcy *m pl*

ten-cent store /ˌtensentˈstɔː(r)/ *n* US sklep *m* z tanimi towarami

tench /tentʃ/ *n* Zool lin *m*

tend[1] /tend/ *vi* (incline) *[person]* skłaniać się **(towards sth** ku czemuś); *[event, evolution]* zmierzać **(to** or **towards sth** ku czemuś); **to ~ to do sth** *[person]* na ogół robić coś; *[event]* przejawiać tendencję do czegoś; **I ~ to think that...** sądzę raczej, że...; **he ~s not to forget an insult** on raczej nie zapomina urazy; **I ~ to wake up early** zazwyczaj wstaję wcześnie; **we ~ to get cold winters in this part of the country** w naszej części kraju zimy zazwyczaj są mroźne; **to ~ upwards/downwards** mieć tendencję zwyżkową/zniżkową; **things are ~ing in that direction** wszystko zmierza w tym kierunku

tend[2] /tend/ **I** *vt* (look after) opiekować się (kimś) *[patient]*; doglądać (czegoś) *[animals]*; zajmować się (kimś/czymś) *[store, customer, garden]*; pilnować (czegoś) *[fire, machine]*; opat|rzyć, -rywać *[wounds]*
II *vi* **to ~ to sb** opiekować się kimś *[patient]*; zajmować się kimś *[guests, clients]*; **to ~ to sb's needs** zaspokajać potrzeby kogoś
III **-tended** *in combinations* **well-~ed** *[garden]* zadbany; *[plant]* wypielęgnowany

tendency /ˈtendənsɪ/ *n* 1 (inclination) skłonność *f* **(to** or **towards sth** do czegoś); (habit) zwyczaj *m* **(to do sth** robienia czegoś); **to have/show a ~ to do sth** mieć skłonność/przejawiać tendencję do robienia czegoś; **there is a ~ for people to arrive late** ludzie zazwyczaj się spóźniają; **artistic tendencies** ciągoty artystyczne infml 2 (trend) tendencja *f* **(for sth** do czegoś); **upward/downward ~** tendencja zwyżkowa/zniżkowa

tendentious /tenˈdenʃəs/ *adj* tendencyjny

tendentiously /tenˈdenʃəslɪ/ *adv* tendencyjnie

tender[1] /ˈtendə(r)/ *adj* 1 (soft) *[food]* miękki, kruchy; *[blossom]* delikatny, kruchy 2 (loving) *[embrace, kiss, smile, farewell, heart]* czuły; **~ care** troskliwa opieka; **she needs ~ loving care** ona potrzebuje czułości; **to leave sb to the ~ mercies of the jury** iron pozostawić kogoś na łasce sprawiedliwości 3 (sensitive) *[arm]* obolały; *[skin]* wrażliwy; *[spot]* czuły; *[subject]* fig drażliwy 4 liter (young) **at a ~ age** w młodym wieku; **at the ~ age of two** w wieku zaledwie dwóch lat; **a child of ~ years** malutkie dziecko

tender[2] /ˈtendə(r)/ **I** *n* 1 (currency) → **legal tender** 2 Econ, Fin oferta *f* przetargowa **(for sth** na coś); **to put work/a contract out to ~** ogłosić przetarg na wykonanie prac /na realizację zlecenia; **to put in** or **make a ~ for a contract** złożyć ofertę na realizację zlecenia; **to invite ~s** zapraszać do składania ofert; **to sell by ~** sprzedać w drodze przetargu; **to offer a contract for ~** ogłosić przetarg na realizację zlecenia
II *vt* przekaz|ać, -ywać *[money]*; złożyć, składać *[thanks, resignation, excuses, apology]*; przed|łożyć, -kładać *[document, permit]*
III *vi* sta|nąć, -wać do przetargu; **an invitation to ~** zaproszenie do składania ofert; **to ~ for a contract** stanąć do przetargu na realizację zlecenia

tender[3] /ˈtendə(r)/ *n* 1 Rail tender *m* 2 Naut (for supplies) tender *m*; (for people) łódź *f* towarzysząca 3 (fire engine) wóz *m* strażacki

tenderer /ˈtendərə(r)/ *n* Fin oferent *m (w przetargu)*; **successful ~** zwycięzca przetargu

tenderfoot /ˈtendəfʊt/ *n* (*pl* **-foots, -feet**) US (beginner, newcomer) nowicjusz *m*, -ka *f*

tenderhearted /ˌtendəˈhɑːtɪd/ *adj* wrażliwy; **to be ~** mieć czułe serce

tenderheartedness /ˌtendəˈhɑːtɪdnɪs/ *n* wrażliwość *f*

tendering /ˈtendərɪŋ/ *n* Fin składanie *n* ofert; **the contract was awarded by ~ procedure** kontrakt przyznano w drodze przetargu

tenderize /ˈtendəraɪz/ *vt* zmiękcz|yć, -ać; (with mallet) z|bić tłuczkiem; **leave the meat to ~ it** zostaw mięso, żeby zmiękło

tenderizer /ˈtendəraɪzə(r)/ *n* (mallet) tłuczek *m* do mięsa; (substance) środek *m* zmiękczający

tenderloin /ˈtendəlɔɪn/ *n* Culin polędwica *f*

tenderloin district *n* US podejrzana dzielnica *f*

tenderly /ˈtendəlɪ/ *adv* czule, delikatnie

tenderness /ˈtendənɪs/ *n* 1 (gentleness) czułość *f* 2 (soreness) wrażliwość *f* 3 (texture) (of shoot) delikatność *f*; (of meat) kruchość *f*

tender offer *n* US Fin przetargowa sprzedaż *f* papierów wartościowych

tendon /ˈtendən/ **I** *n* ścięgno *n*
II *modif* **~ injury/operation** naderwanie /operacja ścięgna

tendril /ˈtendrəl/ *n* 1 (of plant) wąs *m* 2 (of hair) kosmyk *m*

tenebrous /ˈtenɪbrəs/ *adj* liter mroczny

tenement /ˈtenəmənt/ *n* (also **~ block** or **building** GB, **~ house** US) kamienica *f* czynszowa; czynszówka *f* infml

tenement flat *n* GB mieszkanie *n* w kamienicy czynszowej

Tenerife /ˌtenəˈriːf/ *prn* Teneryfa *f*

tenet /ˈtenɪt/ *n* założenie *n*, zasada *f*

tenfold /ˈtenfəʊld/ **I** *adj* dziesięciokrotny
II *adv* dziesięciokrotnie

ten four **I** *n* US **that's a ~** zgadza się
II *excl* zrozumiałem!

ten-gallon hat /ˌtengælənˈhæt/ *n* duży kapelusz *m* kowbojski

ten-metre line GB, **ten-meter line** US /ˌtenˈmiːtəlaɪn/ *n* linia *f* dziesięciu metrów

tenner /ˈtenə(r)/ *n* infml GB (note) banknot *m* dziesięciofuntowy; dycha *f* infml; **I got it for a ~** dostałem to za dychę

Tennessee /ˌtenəˈsiː/ *prn* Tennessee *n inv*

tennis /ˈtenɪs/ **I** *n* tenis *m*; **a game of ~** mecz tenisowy; **men's ~** tenis mężczyzn
II *modif* *[club, tournament, racket, ball, match]* tenisowy; *[skirt]* do tenisa; **~ player** tenisista, -ka

tennis court *n* kort *m* tenisowy

tennis elbow *n* Med łokieć *m* tenisisty

tennis shoe *n* tenisówka *f*; **a pair of ~s** para tenisówek

tennis whites *npl* biały strój *m* do tenisa

tenon /ˈtenən/ *n* Tech czop *m*

tenon saw *n* Tech grzbietnica *f*; (for cutting tenons) czopnica *f*

tenor /ˈtenə(r)/ **I** *n* 1 Mus (singer, voice) tenor *m*; **he's a ~** jest tenorem 2 (part) partia *m* tenorowa; **he sings (the) ~** śpiewa partię tenorową 3 (tone) ton *m* 4 (course) tok *m* 5 (general sense) wydźwięk *m*, wymowa *f* 6 Jur (exact wording) dokładne brzmienie *n* **(of sth** czegoś); (copy) odpis *m* 7 Fin okres *m* przed terminem płatności
II *modif* Mus *[recorder, saxophone, voice, aria, part]* tenorowy

tenpin bowling /ˌtenpɪnˈbəʊlɪŋ/ *n* GB kręgle *plt*, gra *f* w kręgle *(dziesięcioma kręglami)*

tenpins /ˈtenpɪnz/ *n* US = **tenpin bowling**

TENS *n* = **transcutaneous electrical nerve stimulation** przezskórna elektryczna stymulacja *f* nerwów

tense[1] /tens/ *n* Ling czas *m*; **the present ~** czas teraźniejszy; **the past ~ of 'write'** (czasownik) „write" w czasie przeszłym; **in the future ~** w czasie przyszłym

tense[2] /tens/ **I** *adj* 1 (strained) *[relations, situation, atmosphere]* napięty; *[person]* spięty; *[silence, expression]* pełen napięcia; *[smile]* wymuszony, nerwowy; **~ moments** or **seconds** chwile napięcia; **~ with fear** zesztywniały ze strachu; **I get ~ easily** łatwo się denerwuję; **it makes me ~** to mnie stresuje 2 (exciting) *[match]* trzymający w napięciu 3 (taut) naprężony, napięty
II *vt* napi|ąć, -nać, napręż|yć, -ać *[muscles]*; **to ~ one's body** naprężyć się; **to ~ oneself** naprężyć się; **she ~d herself, preparing to leap** sprężyła się do skoku
III *vi* napręż|yć, -ać się, napi|ąć, -nać się
■ **tense up**: 1 (stiffen) *[muscle]* napi|ąć, -nać się, napręż|yć, -ać się; *[body]* napręż|yć, -ać

się [2] (become nervous) *[person]* z|denerwować się; **you're all ~d up!** cały jesteś spięty!
tensely /ˈtenslɪ/ *adv [listen, remain, sit, wait, watch]* w napięciu; **to smile ~** uśmiechać się nerwowo
tenseness /ˈtensnɪs/ *n* (of person, moment, situation) napięcie *n*; (of muscles, cable) naprężenie *n*
tensile /ˈtensaɪl, US ˈtensl/ *adj [material, plastic, rubber]* rozciągliwy; *[metal]* (ductile) ciągliwy
tensile strength *n* Phys wytrzymałość *f* na rozciąganie
tension /ˈtenʃn/ *n* [1] (unease) napięcie *n* **(over sth** wywołane czymś); **~ in the family** napięte stosunki w rodzinie; **racial ~s** napięcia na tle rasowym [2] Civ Eng, Mech naprężenie *n*; **there is not enough ~ in the wires** druty nie są dość naprężone [3] Elec napięcie *n*; **high ~ wires** przewody wysokiego napięcia [4] (suspense) napięcie *n*
tension headache *n* napięciowy ból *m* głowy
tent /tent/ *n* namiot *m*; **a four-man ~** namiot czteroosobowy
tentacle /ˈtentəkl/ *n* [1] Zool (of squid, octopus) macka *m*; (of snail, polyp) czułek *m*; Bot włosek *m* [2] (influence) macka *f* fig pej **(of sb/sth** kogoś/czegoś)
tentative /ˈtentətɪv/ *adj* [1] (hesitant) *[person, gesture, steps]* niepewny; *[word, suggestion]* nieśmiały [2] (provisional) *[offer, conclusion, proposal, draft, plan]* wstępny
tentatively /ˈtentətɪvlɪ/ *adv* [1] (provisionally) *[agree, plan, schedule]* wstępnie [2] (cautiously) *[suggest, smile, step]* niepewnie; *[decide]* z wahaniem; *[taste]* ostrożnie
tentativeness /ˈtentətɪvnɪs/ *n* [1] (provisional nature) charakter *m* wstępny [2] (hesitancy) brak *m* pewności, wahanie *n*
tenterhooks /ˈtentəhʊks/ *npl*
IDIOMS: **to be on ~** siedzieć jak na szpilkach; **to keep sb on ~** trzymać kogoś w niepewności
tenth /tenθ/ **I** *n* [1] (in order) dziesiąt|y *m*, -a *f*, -e *n*; **the ~ of July** dziesiąty lipca [2] (fraction) dziesiąta *f* (część); **seven ~s** siedem dziesiątych; **nine ~s of sth** dziewięćdziesiąt procent czegoś *[work, information]*; **it's nine-~s finished** to jest prawie ukończone [3] Mus decyma *f*
II *adj* dziesiąty
III *adv [come, finish]* na dziesiątym miejscu
tenth-rate /ˌtenθˈreɪt/ *adj* infml podły infml
tent peg *n* kołek *m* do namiotu, śledź *m*
tent pole *n* GB maszt *m* namiotu
tent stake *n* US = **tent pole**
tenuous /ˈtenjʊəs/ *adj* [1] (thin) *[thread, bond]* cienki, wątły also fig [2] (unconvincing) *[argument, evidence]* słaby, wątły; *[theory, logic]* naciągnięty; *[distinction]* subtelny; *[connection]* luźny, słaby [3] (precarious) *[position, situation]* niewyraźny, niepewny
tenuously /ˈtenjʊəslɪ/ *adv [connected, linked]* luźno
tenuousness /ˈtenjʊəsnɪs/ *n* (of thread) cienkość *f*; (of connection, argument) słabość *f*; (of evidence) kruchość *f*; (of position, situation) niepewność *f*
tenure /ˈtenjʊə(r), US ˈtenjər/ **I** *n* [1] (right of occupancy) **~ of land/property** tytuł prawny do ziemi/własności; **to grant security of ~** przyznać tytuł prawny posiadania; **tenants do not have security of ~** najemcy nie mają gwarancji ciągłości najmu [2] Univ (job security) stały etat *m*, stałe zatrudnienie *n*; **to have/get ~** mieć /dostać stały etat [3] (period of office) urzędowanie *n*, kadencja *f*; **a four-year ~** czteroletnia kadencja
II tenured *adj* Univ *[job]* stały; *[teacher, lecturer]* zatrudniony na etacie
tenure-track position /ˌtenjətrækpəˈzɪʃn/ *n* US Univ stanowisko *n* z możliwością stałego zatrudnienia
tepee *n* = **teepee**
tepid /ˈtepɪd/ *adj* [1] *[water, tea]* letni [2] fig *[reception, reaction]* chłodny
tepidity /tɪˈpɪdətɪ/ *n* [1] (of water) letnia temperatura *f* [2] fig (of reaction) oziębłość *f*, obojętność *f*
tepidly /ˈtepɪdlɪ/ *adv* chłodno, ozięble
tepidness *n* /ˈtepɪdnɪs/ = **tepidity**
tequila *n* tequila *f*
tequila slammer *n* tequila *f* z napojem musującym *(mieszana w shakerze)*
tercentenary /ˌtɜːsenˈtiːnərɪ, tɜːˈsentənerɪ/ *n* trzechsetlecie *n*
tercet /ˈtɜːsɪt/ *n* trójwiersz *m*
Teresa /təˈriːzə/ *prn* Teresa *f*
term /tɜːm/ **I** *n* [1] (period of time) okres *m*; Pol kadencja *f*; Sch, Univ (one of three) trymestr *m*; (one of two) semestr *m*; Jur (period when courts are in session) sesja *f*; (duration of lease) okres *m* (najmu); **he was elected for a four-year ~** wybrano go na cztery lata; **during the president's first ~ of office** za pierwszej kadencji prezydenta; **~ of imprisonment** okres pozbawienia wolności; **to receive a prison ~** or **a ~ of imprisonment** zostać skazanym na karę więzienia; **in** or **during ~(-time)** Sch, Univ w ciągu semestru; **autumn/spring/summer ~** Sch, Univ trymestr jesienny/wiosenny/letni [2] (word, phrase) termin *m*; (expression) określenie *m*; **technical/legal ~** termin techniczny /prawniczy; **~ of abuse** obelga; **she condemned their action in the strongest possible ~s** w bardzo ostrych słowach potępiła ich czyn; **a slang ~ for sth** slangowe określenie czegoś [3] Math (in ratio, series) wyraz *m*; (addend) składnik *m* [4] (limit) kres *m*, koniec *m*; **to set** or **put a ~ to sth** położyć kres czemuś [5] (of pregnancy) termin *m* rozwiązania; **to have reached (full) ~** być bliskim rozwiązania; **a ~ baby, a baby born at ~** dziecko urodzone w terminie
II terms *npl* [1] (conditions) (of agreement, treaty, contract) warunki *m pl*; (of will) zapisy *m pl*; Comm warunki *f pl* płatności; **under** or **by the ~s of the agreement/of the contract** zgodnie z warunkami umowy/kontraktu; **under the ~s of the will** Jur na mocy testamentu; **to name one's own ~s** przedstawić swoje warunki; **on my (own) ~s** na moich warunkach; **on equal/the same ~s** na równych/takich samych warunkach; **~s and conditions** warunki; **~s of payment/sale** warunki płatności /sprzedaży; **~s of trade** Comm, Econ stosunek cen importowych do eksportowych; **credit ~s** warunki kredytu; **on easy ~s** Comm na dogodnych warunkach; **peace ~s** Pol warunki pokoju; **~s of surrender** Pol warunki kapitulacji; **~s of reference** (of report, enquiry) zakres; (of person, committee) zakres kompetencji; **that question is not within our ~s of reference** ta sprawa nie leży w naszej gestii [2] **to come to ~s (with sb)** dojść do porozumienia (z kimś); **to come to ~s with sth** (accept) pogodzić się z czymś *[death, defeat, failure, past]*; (deal with) załatwić coś *[issue]*; **to come to ~s with the idea that...** pogodzić się z myślą, że...; **she is still trying to come to ~s with what happened** wciąż jeszcze nie może się pogodzić z tym, co się stało [3] (relations) stosunki *plt*; **to be on good/bad ~s with sb** być z kimś w dobrych/złych stosunkach; **they are on friendly ~s** są ze sobą zaprzyjaźnieni; **they are on first-name ~s** są ze sobą na ty [4] (point of view) **in his/their ~s** według niego/nich
III in terms of *prep phr* [1] (as expressed by) **to express sth in ~s of money** przeliczyć coś na pieniądze; **to express sth in ~s of percentage/of costs** przedstawić coś w procentach/w funkcji kosztów [2] (from the point of view of) pod względem (czegoś); **they are equals in ~s of age and experience** są równi pod względem wieku i doświadczenia; **the novel is weak in ~s of plot/of style** książka jest słaba pod względem prowadzenia akcji/stylu; **they own very little in ~s of real property** niewiele posiadają, jeżeli chodzi o nieruchomości; **I was thinking in ~s of how much it would cost** brałem pod uwagę, ile by to kosztowało; **think of it in ~s of investment** potraktuj to jako inwestycję
IV *vt* określ|ić, -ać; **to ~ sth a success** określić coś jako sukces
termagant /ˈtɜːməgənt/ *n* liter sekutnica *f* liter
term deposit *n* lokata *f* terminowa
terminal /ˈtɜːmɪnl/ **I** *n* [1] Transp, Aviat terminal *m*; **air ~** terminal lotniczy; **rail ~** stacja końcowa; **container/ferry ~** terminal kontenerowy/promowy; **oil ~** instalacja odbiorcza ropy [2] Comput terminal *m* [3] Elec końcówka *f*; (of battery) zacisk *m*
II *adj* [1] Med *[disease]* (causing death) śmiertelny, nieuleczalny; (at final stage) w terminalnym stadium; *[patient]* (incurable) nieuleczalnie chory; (approaching death) umierający; fig *[boredom]* śmiertelny fig; **she is suffering from ~ cancer** jest nieuleczalnie chora na raka [2] (last) *[stage, point, effect, velocity]* końcowy; Bot *[bud]* wierzchołkowy; **to be in ~ decline** nieuchronnie chylić się ku upadkowi; **the ~ crisis** ostateczny kryzys [3] (occurring each term) Sch trymestralny, semestralny; Comm kwartalny [4] Ling *[string, symbol]* terminalny
terminally /ˈtɜːmɪnəlɪ/ *adv* **the ~ ill** nieuleczalnie chorzy
terminal point *n* Rail stacja *f* końcowa
terminal station *n* Rail = **terminal point**
terminal ward *n* Med oddział *m* opieki paliatywnej
terminate /ˈtɜːmɪneɪt/ **I** *vt* [1] (put an end to) zak|ończyć, -ańczać *[arrangement, discussion, meeting, phase, relationship]*; rozwiąz|ać, -ywać *[contract]*; wypowi|edzieć, -adać *[agreement]*; przer|wać, -ywać *[pregnancy]*

T

[2] US (make redundant) wypowi|edzieć, -adać (komuś) pracę, zw|olnić, -alniać *[employee]* [3] US infml (kill) z|likwidować infml *[person]*
II *vi* [1] (end) *[agreement, contract, offer]* wygas|nąć, -ać; *[meeting, relationship, employment, programme]* za|kończyć się; *[speaker]* za|kończyć **(with sth** czymś); *[path, route]* s|kończyć się [2] (end route) *[train]* s|kończyć bieg; *[bus]* s|kończyć trasę; **'this train ~s here'** „pociąg skończył bieg"; **'this train ~s in Oxford'** „stacja końcowa Oksford"

termination /ˌtɜːmɪˈneɪʃn/ *n* [1] (ending) (of contract) wygaśnięcie *n*; (of service, discussion, relationship) zakończenie *n* [2] Med zabieg *m* przerwania ciąży [3] Ling końcówka *f*

termini /ˈtɜːmɪnaɪ/ *npl* → **terminus**

terminological /ˌtɜːmɪnəˈlɒdʒɪkl/ *adj* terminologiczny

terminologist /ˌtɜːmɪˈnɒlədʒɪst/ *n* terminolog *m*

terminology /ˌtɜːmɪˈnɒlədʒɪ/ *n* terminologia *f*

term insurance *n* ubezpieczenie *n* terminowe

terminus /ˈtɜːmɪnəs/ *n* (*pl* **-ni, -nuses**) GB (of bus) przystanek *m* końcowy; (of train) stacja *f* końcowa

termite /ˈtɜːmaɪt/ *n* termit *m*

term loan *n* pożyczka *f* terminowa

termly /ˈtɜːmlɪ/ *adj* Sch, Univ trymestralny, semestralny

term paper *n* US Sch, Univ praca *f* trymestralna/semestralna

termtime /ˈtɜːmtaɪm/ *n* **in** or **during ~** w ciągu trymestru/semestru

tern /tɜːn/ *n* rybitwa *f*

ternary /ˈtɜːnərɪ/ *adj* [1] Chem *[alloy, mixture, system]* trójskładnikowy [2] Math trójkowy; **~ logarithm** logarytm przy podstawie 3 [3] Mus *[form]* trzyczęściowy

terrace /ˈterəs/ **I** *n* [1] (of café, house) taras *m* [2] (on hillside) terasa *f* [3] Archit szeregowiec *m*
II terraces *npl* (in stadium) trybuny *plt* (stojące)
III *vt* u|kształtować tarasowo *[hillside, garden]*
IV terraced *pp adj [hillside, garden]* tarasowy

terrace cultivation *n* uprawa *f* tarasowa

terrace(d) house *n* segment *m* (*w zabudowie szeregowej*)

terrace garden *n* ogródek *m* na tarasie

terracotta /ˌterəˈkɒtə/ **I** *n* [1] (earthenware) terakota *f* [2] (colour) kolor *m* terakoty
II *modif [pot, tile]* terakotowy; *[hue, paint]* w kolorze terakoty

terra firma /ˌterəˈfɜːmə/ *n* stały ląd *m*

terrain /təˈreɪn/ *n* teren *m* also Mil; **all-~ vehicle/tyre** pojazd terenowy/opona do jazdy terenowej

terrapin /ˈterəpɪn/ *n* [1] Zool żółw *m* słodkowodny [2] (also **Terrapin**) (building) barak *m* z prefabrykatów

terrarium /təˈreərɪəm/ *n* (*pl* **-iums, -ia**) [1] (for plants) ogródek *m* w szklanym naczyniu [2] (for animals) terrarium *n*

terrazzo /təˈrætsəʊ/ *n* lastryko *n*

terrestrial /təˈrestrɪəl/ *adj [globe, intelligence]* ziemski; *[animal, mammal]* lądowy; Radio, TV *[broadcasting]* naziemny

terrible /ˈterəbl/ *adj* [1] (awful) straszny, okropny; *[performance, cook, player]* beznadziejny; tragiczny infml; **to be ~ at sth** nie mieć pojęcia o czymś *[football, maths]*; **to be ~ at writing/driving** pisać/prowadzić beznadziejnie or tragicznie infml; **they had a ~ time getting home in the fog** powrót do domu we mgle był mordęgą infml [2] (guilty) **to feel ~** czuć się okropnie; **to feel ~ about sth** czuć się winnym czegoś *[accident, mistake]* [3] (ill) **I feel ~** czuję się okropnie [4] (ugly) **you look ~ in that hat** w tym kapeluszu wyglądasz okropnie [5] (for emphasis) *[liar, shame, fool]* straszny, okropny; *[optimist]* niepoprawny; *[fool]* beznadziejny

terribly /ˈterəblɪ/ *adv* [1] (very) *[flattered, pleased, clever, easy, polite]* szalenie; *[sad, ashamed, hot, painful, cold]* strasznie, okropnie; **I'm ~ sorry** strasznie mi przykro; **~ well** świetnie, znakomicie; **not ~ well** nie najlepiej; **~ badly** beznadziejnie; tragicznie infml [2] (badly) *[play, sing, write, act, sleep, boring]* okropnie; *[deformed, injured, suffer]* straszliwie; *[worry]* okropnie

terrier /ˈterɪə(r)/ *n* Zool terier *m*

terrific /təˈrɪfɪk/ *adj* [1] (huge) *[amount, noise]* niesamowity; *[pleasure]* ogromny; *[pain]* przejmujący; *[incentive]* potężny; *[accident, problem, worry, shock]* straszny; *[speed]* zawrotny; *[struggle]* straszliwy; *[argument]* bardzo burzliwy [2] infml (wonderful) wspaniały, niesamowity; **to feel ~** czuć się wspaniale; **to look ~** (healthy) wyglądać świetnie; (attractive) wyglądać wspaniale; **we had a ~ time** było wspaniale

terrifically /təˈrɪfɪklɪ/ *adv* [1] (extremely) *[difficult, gifted, large, hot]* niesamowicie [2] infml *[sing, write]* rewelacyjnie, kapitalnie

terrified /ˈterɪfaɪd/ *adj [animal, face, person]* przerażony; **~ scream** okrzyk przerażenia; **to be ~ of sth** panicznie bać się czegoś *[heights, spiders]*; **he's ~ of what might happen** przeraża go myśl o tym, co może się wydarzyć; **to be ~ that...** bardzo bać się, że...; **to be ~ to do sth** czuć strach przed zrobieniem czegoś; **to be too ~ to do sth** być zbyt przerażonym, żeby zrobić coś

terrify /ˈterɪfaɪ/ *vt* przera|zić, -żać; **guns /threats do not ~ me** nie przerażają mnie karabiny/groźby
IDIOMS: **to ~ the life out of sb** infml przerazić kogoś śmiertelnie

terrifying /ˈterɪfaɪɪŋ/ *adj* [1] (frightening) przerażający [2] (awesome, tremendous) niesamowity

terrifyingly /ˈterɪfaɪɪŋlɪ/ *adv [real, normal, pragmatic]* przerażająco; *[close, fast, dangerous, addictive]* strasznie; *[tilt, shake]* niepokojąco; **to come ~ close to death** otrzeć się o śmierć

territorial /ˌterəˈtɔːrɪəl/ *adj* [1] Geog, Pol terytorialny [2] Zool terytorialny; **to be (very) ~** mieć (silny) instynkt terytorialny

Territorial /ˌterəˈtɔːrɪəl/ *prn* GB Mil członek *m* ochotniczej służby obrony kraju

Territorial Army *n* GB Mil ochotnicza służba *f* obrony kraju

territorial waters *npl* Jur, Naut wody *f pl* terytorialne

territory /ˈterətrɪ, US ˈterɪtɔːrɪ/ *n* [1] (land, terrain) teren *m* [2] Pol (dependency) terytorium *n* [3] (of team, inhabitant) teren *m*; (of animal) terytorium *n*; **on their own ~** na swoim terenie [4] (of salesperson) rewir *m* [5] (area of influence, knowledge) obszar *m*, teren *m* fig; **to be on familiar ~** być na dobrze sobie znanym terenie [6] US Sport (of pitch) strefa *f* obronna
IDIOMS: **to go with the ~** być nieodłącznym

terror /ˈterə(r)/ **I** *n* [1] (fear) przerażenie *n*; **frozen by** or **with ~** struchlały z przerażenia; **to flee** or **run away in ~** uciec w przerażeniu; **to scream with ~** krzyczeć z przerażenia; **to live** or **go in ~ of sb/sth** żyć w ciągłym strachu przed kimś/czymś *[muggers, blackmail]*; **to be** or **go in ~ of one's life** lękać się or drżeć o własne życie; **to have a ~ of sb/sth** panicznie bać się kogoś/czegoś; **the very thought of it strikes ~ into her/her heart** na samą myśl o tym serce zamiera jej z przerażenia [2] (unruly person) postrach *m*; **a little** or **holy ~** infml hultaj, diabelec infml [3] Hist **the Terror** okres *m* terroru w czasie Rewolucji Francuskiej
II *modif [gang, bombing]* terrorystyczny; **a ~ campaign** fala terroru; **~ tactics** taktyka zastraszania

terrorism /ˈterərɪzəm/ *n* terroryzm *m*; **an act of ~** akt terroru

terrorist /ˈterərɪst/ **I** *n* terroryst|a *m*, -ka *f*
II *modif [organization, plot, attack, bombing]* terrorystyczny; **a ~ bomb** bomba podłożona przez terrorystów

terrorize /ˈterəraɪz/ *vt* (coerce) s|terroryzować, zastrasz|yć, -ać; (fill with terror) przera|zić, -żać, napełni|ć, -ać przerażeniem; **they were ~d into staying at home** byli tak zastraszeni, że nie wychodzili z domu

terror-stricken /ˈterəstrɪkən/ *adj* przerażony, zdjęty przerażeniem

terry /ˈterɪ/ **I** *n* frotté *n inv*
II *modif [nappy, bathrobe]* frotowy infml

terry cloth *n* US = **terry I**

terry towelling *n* GB = **terry I**

terse /tɜːs/ *adj [style]* lapidarny; *[answer, article]* krótki, zwięzły; *[person]* oszczędny w słowach; lakoniczny liter

tersely /ˈtɜːslɪ/ *adv [state, describe]* zwięźle; lapidarnie liter; *[say]* krótko

terseness /ˈtɜːsnɪs/ *n* zwięzłość *f*; lapidarność *f* liter

tertiary /ˈtɜːʃərɪ, US -ʃɪerɪ/ *adj [education, college]* wyższy; *[sector]* usługowy; *[burn]* trzeciego stopnia; *[syphilis]* w trzecim stadium; *[rock]* trzeciorzędowy; **~ industry** usługi

Tertiary /ˈtɜːʃərɪ, US -ʃɪerɪ/ *n* Geol **the ~** trzeciorzęd *m*

Terylene® /ˈterəliːn/ **I** *n* ≈ elana *f*
II *modif [trousers, shirt]* z elany

TESL /ˈtesl/ *n* = **Teaching English as a Second Language** nauczanie *n* angielskiego jako drugiego języka

Tessa /ˈtesə/ *n* GB Fin = **Tax Exempt Special Savings Account** rachunek *m* oszczędnościowy wolny od podatku

tessellated /ˈtesəleɪtɪd/ *adj* Constr *[floor, pavement]* mozaikowy

tessellation /ˌtesəˈleɪʃn/ *n* Constr mozaika *f*

test /test/ **I** *n* [1] (of person, endurance, reliability) próba *f*; (of person's abilities) sprawdzian *m*; (of means) badanie *n*; Psych test *m*; Sch, Univ (written) sprawdzian *m* pisemny; (multiple-choice) test *m*; (oral) sprawdzian *m* ustny; Univ kolokwium *n*; **to put sb/sth to the ~** poddać kogoś/coś próbie; **a ~ of strength** próba sił; **to stand the ~ (of time)** wytrzymać próbę (czasu); **a method that has stood the ~ of time** metoda, która się sprawdziła; **intelligence/personality ~** test na inteligencję/test osobowości; **it was a severe ~ of his patience** jego cierpliwość została wystawiona na ciężką próbę; **it was a severe ~ of her physical strength** to był trudny sprawdzian jej siły fizycznej; **the crisis was a real ~ of their love** kryzys wystawił ich miłość na prawdziwą próbę; **tomorrow's match should be a good ~ of the team's capabilities** jutrzejszy mecz powinien być dobrym sprawdzianem możliwości drużyny; **Tuesday's by-election should be a good ~ of popular opinion** wtorkowe wybory uzupełniające powinny dać dobre pojęcie o nastrojach społecznych; **the best ~ of a good novel/car is...** najlepszy sprawdzian tego, czy książka jest dobra /samochód jest dobry, to... [2] Comm, Tech, Ind (of equipment, machine, new model) test *m*, próba *f* [3] Med (of blood, urine) analiza *f*, badanie *n*; (of organ) badanie *n*; **eye/hearing ~** badanie wzroku/słuchu; **blood ~** analiza or badanie krwi; **Aids ~** test na AIDS; **to have a blood ~** zrobić badanie krwi; **the iodine ~ for starch** test jodowy na obecność skrobi [4] Aut (also **driving ~**) egzamin *m* na prawo jazdy; **to fail/pass one's ~** nie zdać egzaminu/zdać egzamin na prawo jazdy [5] GB Sport = **test match**

II *vt* [1] (assess, examine) sprawdz|ić, -ać *[intelligence, efficiency]*; Sch (in classroom) przepyt|ać, -ywać *[student]* **(on sth** z czegoś); (at exam time) prze|egzaminować *[student]*; Psych podda|ć, -wać testom *[person]*; **they ~ed him on his knowledge of French/current affairs** sprawdzili jego znajomość francuskiego/aktualnej problematyki; **to ~ sb's intelligence** sprawdzać poziom inteligencji kogoś; (formally) poddać kogoś testom na inteligencję [2] Tech, Comm prze|testować *[vehicle, product]*; Med, Pharm z|badać *[blood, urine]*; prze|badać *[new drug, vaccine]*; Chem dokon|ać, -ywać analizy (czegoś); **to have one's eyes ~ed** zbadać sobie wzrok; **to ~ sb for steroids** poddać kogoś testom na obecność sterydów; **he was ~ed for Aids/leukemia** zbadano, czy nie jest chory na AIDS /na białaczkę; **the water was ~ed for pollution** zbadano poziom zanieczyszczenia wody; **to ~ drugs on animals** testować leki na zwierzętach; **the new equipment has been ~ed for faults** nowy sprzęt został przetestowany; **to ~ the water** *[swimmer]* sprawdzić temperaturę wody; Chem badać skład chemiczny wody; fig badać grunt or teren fig; **well-~ed** *[method, formula, model]* sprawdzony [3] (tax, strain) wystawi|ć, -ać na próbę *[endurance, patience, courage, effectiveness]*; **his patience was severely ~ed** jego cierpliwość została wystawiona na ciężką próbę

III *vi* **to ~ for starch/for alcohol** określać poziom skrobi/alkoholu; **to ~ for an infection/allergy** przeprowadzać testy w celu określenia przyczyny infekcji /alergii; **his blood ~ed negative** (jego) wynik badania krwi był ujemny; **'one, two, three, ~ing!'** (when trying out microphone) „raz, dwa, trzy, próba mikrofonu!"

testament /ˈtestəmənt/ *n* [1] Jur testament *m*; **last will and ~** ostatnia wola [2] (proof) świadectwo *n* **(to sth** czegoś); **to stand as a ~ to sth** stanowić świadectwo czegoś [3] (tribute) uznanie *n* **(to sb/sth** dla kogoś /czegoś) [4] liter (legacy) testament *m* liter [5] Relig **Testament** Testament *m*; **the Old/the New Testament** Stary/Nowy Testament

testamentary /ˌtestəˈmentrɪ, US -terɪ/ *adj* Jur *[disposition, bequest]* testamentowy

testamentary capacity *n* zdolność *f* testamentowa

testator /teˈsteɪtə(r), US ˈtesteɪtər/ *n* Jur testator *m*

testatrix /teˈsteɪtrɪks/ *n* Jur (*pl* **-trices**) testatorka *f*

test ban *n* zakaz *m* prób jądrowych

test bay *n* Aut stanowisko *n* do prób samochodu

test-bed /ˈtestbed/ *n* = **test-bench**

test-bench /ˈtestbentʃ/ *n* stanowisko *n* pomiarowe

test bore *n* odwiert *m* próbny

test card *n* GB TV obraz *m* kontrolny

test case *n* Jur precedens *m* sądowy

test data *n* wyniki *m pl* testu

test drill *n* wiercenie *n* próbne

test-drive /ˈtestdraɪv/ **I** *n* jazda *f* próbna

II *vt* odby|ć, -wać jazdę próbną (czymś) *[car]*

tester[1] /ˈtestə(r)/ *n* [1] (person) kontroler *m*; (device) tester *m* [2] Cosmet (sample) próbka *f*

tester[2] /ˈtestə(r)/ *n* (bed canopy) baldachim *m*

testes /ˈtestiːz/ *npl* → **testis**

test flight *n* lot *m* próbny

test-fly /ˈtestflaɪ/ *vt* oblat|ać, -ywać *[plane]*

testicle /ˈtestɪkl/ *n* Anat jądro *n*

testify /ˈtestɪfaɪ/ **I** *vt* **to ~ that...** Jur (state solemnly) zezna|ć, -wać, że...; (confirm) zaświadcz|yć, -ać, że...; (declare) oświadcz|yć, -ać, że...

II *vi* [1] *[person]* (state solemnly) za|świadczyć; Jur zezna|ć, -wać; **to ~ for/against sb** świadczyć za kimś/przeciw komuś; **to ~ in court/under oath** zeznawać w sądzie/pod przysięgą; **to ~ to sth** poświadczyć coś *[fact, hostility, presence]* [2] (prove) **to ~ to sth** świadczyć o czymś

testily /ˈtestɪlɪ/ *adv [say, reply]* cierpko

testimonial /ˌtestɪˈməʊnɪəl/ *n* [1] dat (reference) referencje *plt* [2] (tribute) dowód *m* uznania; **as a ~ to sth** w dowód uznania dla czegoś *[courage, loyalty]* [3] GB Sport (also **~ match** or **game**) ≈ benefis *m* *(mecz rozgrywany dla uhonorowania zawodnika)*

testimony /ˈtestɪmənɪ, US -məʊnɪ/ *n* [1] (true statement) świadectwo *n*; Jur zeznanie *n*; **to give ~** złożyć zeznania [2] (evidence) świadectwo *n* **(to sth** czegoś); **to be a ~ to sb's talent/courage** być świadectwem talentu /odwagi kogoś, świadczyć o talencie/o odwadze kogoś; **to bear ~ to sth** świadczyć o czymś

testing /ˈtestɪŋ/ **I** *n* (of vehicle, equipment, machine, system, drug, cosmetic) testowanie *n*; (of blood, water) analiza *f*; (of person) sprawdzanie *n*; Med badanie *n*; Psych przeprowadzanie *n* testów; Sch, Univ sprawdzanie *n* wiadomości; **nuclear (bomb) ~** próby jądrowe

II *adj [period, question, situation]* trudny; *[work]* wymagający dużego wysiłku; **a ~ time** czas próby; **~ times** ciężkie czasy

testing-bench /ˈtestɪŋbentʃ/ *n* stanowisko *n* pomiarowe

testing ground *n* Mil poligon *m* doświadczalny also fig; Ind, Tech teren *m* prób

testis /ˈtestɪs/ *n* (*pl* **testes**) Anat jądro *n*

test market **I** *n* próbny rynek *m*

II *vt* prze|testować na rynku *[product]*

test marketing *n* testowanie *n* rynku *(poprzez próbną sprzedaż)*

test match *n* (in cricket, rugby) mecz *m* reprezentacji narodowych

testosterone /teˈstɒstərəʊn/ *n* testosteron *m*

test paper *n* [1] Chem papierek *m* wskaźnikowy or odczynnikowy [2] GB Sch, Univ sprawdzian *m* pisemny

test pattern *n* US TV obraz *m* kontrolny

test piece *n* Mus (obowiązkowy) utwór *m* konkursowy

test pilot *n* oblatywacz *m*

test run *n* rozruch *m* próbny

test strip *n* Phot pasek *m* testowy

test tube *n* probówka *f*

test-tube baby /ˌtesttjuːbˈbeɪbɪ, US -tuːb-/ *n* dziecko *n* z probówki

testy /ˈtestɪ/ *adj [person]* drażliwy; *[remark, reply]* cierpki; **to make sb ~** zirytować kogoś

tetanus /ˈtetənəs/ **I** *n* tężec *m*

II *modif [injection, vaccine]* przeciwtężcowy; *[symptoms, spasm]* tężcowy

tetchily /ˈtetʃɪlɪ/ *adv [comment, reply]* zgryźliwie; *[insist, refuse]* ze zniecierpliwieniem

tetchiness /ˈtetʃɪnɪs/ *n* irytacja *f*, rozdrażnienie *n*

tetchy /ˈtetʃɪ/ *adj [person]* drażliwy, humorzasty; *[comment]* zgryźliwy; *[mood]* kwaśny; *[voice]* poirytowany

tête-à-tête /ˌteɪtɑːˈteɪt/ **I** *n* (*pl* **-têtes, -tête**) rozmowa *f* w cztery oczy; **a little ~** małe tête-à-tête

II *adv [discuss, meet]* sam na sam; *[dine, sit]* tête-à-tête

tether /ˈteðə(r)/ **I** *n* (rope) postronek *m*; (chain) łańcuch *m*; **the balloon broke free of its ~** balon zerwał się z uwięzi

II *vt* uwiąz|ać, -ywać; przywiąz|ać, -ywać **(to sth** do czegoś); **I've been ~ed to my desk all day** fig siedziałem przykuty do biurka przez cały dzień fig

IDIOMS: **to be at the end of one's ~** być u kresu wytrzymałości; (tired) gonić resztkami sił

tetherball /ˈteðəbɔːl/ *n* US Sport piłka *f* na uwięzi

tetragon /ˈtetrəgən, US -gɒn/ *n* czworokąt *m*

tetrahedron /ˌtetrəˈhiːdrən, -ˈhedrən/ *n* czworościan *m*

tetrameter /təˈtræmɪtə(r)/ *n* tetrametr *m*

Teutonic /tjuːˈtɒnɪk, US tuː-/ *adj* germański; teutoński liter; **~ Knights** Hist Krzyżacy

Texan /ˈteksn/ **I** *n* Teksa|ńczyk *m*, -nka *f*

II *adj* teksaski, teksański

T

Texas /ˈteksəs/ *prn* Teksas *m*
Tex Mex /ˈteksmeks/ *adj* infml teksańsko-meksykański *(łączący wpływy meksykańskie i teksańskie)*
text /tekst/ *n* tekst *m*; **a set ~** Sch, Univ lektura obowiązkowa
textbook /ˈtekstbʊk/ **I** *n* Sch podręcznik *m* **(about** or **on sth** czegoś); **a German ~** podręcznik (do) niemieckiego
II *adj [example, case]* podręcznikowy, książkowy; *[style]* podręcznikowy; (very good) *[landing]* wzorcowy; **~ pregnancy** podręcznikowy przypadek ciąży
text editor *n* Comput edytor *m* tekstu
textile /ˈtekstaɪl/ **I** *n* tkanina *f*
II textiles *npl* tekstylia *plt*, wyroby *m pl* włókiennicze; **to work in ~s** Comm pracować w dziale włókienniczym
III *modif [industry, sector, factory]* włókienniczy, tekstylny; **~ exporter/manufacturer** eksporter/producent materiałów włókienniczych; **~ worker** włókiennik
text message *n* (on mobile) wiadomość *f* tekstowa
text processing *n* Comput przetwarzanie *n* tekstu
textual /ˈtekstʃʊəl/ *adj [error]* w tekście; **~ analysis** analiza tekstu
textually /ˈtekstʃʊəlɪ/ *adv [alter, analyse]* pod względem tekstu
texture /ˈtekstʃə(r)/ *n* [1] (of paint, cream, mixture) konsystencja *f*; (of cake, sponge, soil) struktura *f*; (of mineral) tekstura *f*; (of cloth, stone, wall) faktura *f*; **skin of fine/coarse ~** skóra gładka/szorstka [2] fig (of writing) budowa *f*; faktura *f* liter; (of music) faktura *f*; (of life) charakter *m*
textured /ˈtekstʃəd/ *adj [fabric, wallpaper, paint]* z fakturą; **rough-~** z gruboziarnistą fakturą
textured vegetable protein, TVP *n* Culin białko *n* roślinne upostaciowane
TGWU *n* GB = **Transport and General Workers' Union** *jedna z dwóch największych organizacji związkowych w Wielkiej Brytanii*
Thai /taɪ/ **I** *n* [1] (person) Tajland|czyk *m*, -ka *f* [2] Ling (język *m*) tajski *m* or taj *m inv*
II *adj* (of Thailand) tajlandzki
Thailand /ˈtaɪlænd/ *prn* Tajlandia *f*
thalamus /ˈθæləməs/ *n* Anat wzgórze *n*
thalassemia /θæləˈsiːmɪə/ *n* talasemia *f*
thalidomide /θəˈlɪdəmaɪd/ **I** *n* talidomid *m*
II *modif [scandal]* talidomidowy; **~ victim** ofiara talidomidu; **~ baby** dziecko będące ofiarą talidomidu
thallium /ˈθælɪəm/ *n* Chem tal *m*
Thames /temz/ **I** *prn* **the (river) ~** Tamiza *f*
II *modif* **the ~ estuary/bank** ujście/brzeg Tamizy; **the ~ docks** doki nad Tamizą
IDIOMS: **he'll never set the ~ on fire** GB (on) prochu nie wymyśli
than /ðæn, ðən/ **I** *prep* niż; **taller ~ me** wyższy niż ja; **he has more ~ me** on ma więcej niż ja; **I was more surprised ~ annoyed** byłem bardziej zaskoczony niż zły; **it's more difficult for us ~ for them** to jest trudniejsze dla nas niż dla nich; **more/less ~ 100** więcej/mniej niż 100; **more ~ half** ponad połowa; **temperatures lower ~ 30 degrees** temperatury poniżej 30 stopni
II *conj* [1] (in comparison, expressing preferences) niż; **he's older ~ I am** jest starszy niż ja, jest starszy ode mnie; **it took us longer ~ we thought it would** zajęło nam to więcej czasu niż przypuszczaliśmy; **there's nothing better/worse ~ going for a swim at 5 in the morning** nie ma to jak/nie ma nic gorszego niż kąpiel o 5 rano; **I'd sooner** or **rather do X ~ Y** wolałbym zrobić X niż Y [2] (when) **no sooner had he left ~ the phone rang** ledwo wyszedł, jak zadzwonił telefon [3] US (from) **to be different ~ sth** różnić się od czegoś
thank /θæŋk/ *vt* po|dziękować (komuś) *[person, God]* **(for sth/for doing sth** za coś/za zrobienie czegoś); **please ~ your parents for me** podziękuj, proszę, ode mnie rodzicom; **we've got your father to ~ for that** podziękowania za to należą się twojemu ojcu; iron możemy za to podziękować twojemu ojcu; **you've only got yourself to ~ for losing your job!** sobie podziękuj za to, że straciłeś pracę!; **I'll ~ you to be quiet/not to touch that** mógłbyś łaskawie być cicho/nie dotykać tego; **he won't ~ you for coming late** nie będzie zadowolony, jeśli się spóźnisz; **~ God, ~ goodness** or **heavens!** dzięki Bogu!; **~ God that's over!** dzięki Bogu już po wszystkim!; **there's the bus, ~ goodness** całe szczęście, jest autobus
thankful /ˈθæŋkfl/ *adj* (grateful) wdzięczny; (relieved) rad **(for sth** z czegoś); **to be ~ to sb for sth** być wdzięcznym komuś za coś; **I'm just ~ that...** cieszę się, że...; **we ought to be ~ that...** powinniśmy się cieszyć, że...; **that's something to be ~ for!** co za ulga!
thankfully /ˈθæŋkfəlɪ/ *adv* [1] (luckily) na szczęście, szczęśliwie [2] (with relief) *[acknowledge, sit down]* z ulgą; (with gratitude) *[smile]* z wdzięcznością
thankfulness /ˈθæŋkflnɪs/ *n* wdzięczność *f*
thankless /ˈθæŋklɪs/ *adj [task, job, person]* niewdzięczny; *[duty]* niemiły
thanks /θæŋks/ **I** *npl* podziękowania *n pl*; **~ to sb for sth** podziękowania dla kogoś za coś; **with ~** z podziękowaniem; **'received with ~'** Comm „dziękujemy, zapraszamy"; **~ be to God** Bogu niech będą dzięki; **this is the ~ I get!** ładna mi wdzięczność!; **a letter of ~** list z podziękowaniem
II thanks to *prep phr* **~ to sb/sth** dzięki komuś/czemuś; **we did it, no ~ to you** infml udało nam się, bynajmniej nie dzięki tobie
III *excl* infml dzięki! infml; **~ for your letter/for supporting me** dzięki za list/za poparcie; **~ a lot** bardzo dziękuję; **~ a lot, ~ a bunch** or **a bundle!** iron wielkie dzięki!; **no ~** nie, dziękuję
thanksgiving /ˈθæŋksgɪvɪŋ, US θæŋksˈgɪvɪŋ/ *n* Relig dziękczynienie *n*
Thanksgiving (Day) *n* US Święto *n* Dziękczynienia
thanks offering *n* ofiara *f* dziękczynna
thank you /ˈθæŋkjuː/ **I** *n* (also **thank-you, thankyou)** podziękowanie *n*; **to say ~ to sb, to say one's ~s to sb** dziękować komuś
II *modif* (also **thank-you, thankyou)** *[letter]* z podziękowaniem; *[gift]* w podzięce
III *adv* dziękuję; **~ for that/for washing the dishes** dziękuję za to/za pozmywanie; **~ very much** dziękuję bardzo also iron; **no ~** nie, dziękuję
that I /ðæt, ðət/ *det* (*pl* **those)** ten, ta, to; **~ chair/~ man over there** to krzesło/ten mężczyzna tam; **I said THAT dress!** mówiłem o tamtej sukience!; **I prefer ~ colour to this one** wolę ten kolor od tego; **not ~ one!** nie ten!; **~ same day** tego samego dnia; **you can't do it ~ way** nie możesz tego robić w ten sposób; **he went ~ way** poszedł w tę stronę; **those patients (who are) able to walk** pacjenci, którzy mogą chodzić; **~ train crash last year** ta zeszłoroczna katastrofa kolejowa; **~ lazy son of yours/theirs** ten twój/ich leniwy syn; **~ car of his is always breaking down** ten jego samochód ciągle się psuje; **it's ~ Mr Jones from down the road** to ten pan Jones, który mieszka na końcu ulicy; **at ~ moment** w tym momencie; **at ~ time** w tym czasie, wtedy
II /ðæt/ *dem pron* (*pl* **those)** [1] (not this) tamten; **we prefer this to ~** wolimy ten od tamtego; **~ over there** tamten; **'which boys?' – 'those over there'** „którzy chłopcy?" – „tamci" or „ci tam" infml; **not this, THAT!** nie ten, tamten!; **it's a more expensive wine than ~ produced by X** to droższe wino od produkowanego przez X [2] (the thing or person observed or mentioned) to; **what's ~?** co to (jest)?; **who's ~?** kto to (jest)?; (on phone) kto mówi?; **is ~ Robert?** czy to Robert?; **is ~ you, Adam?** Adam, czy to ty?; **who told you ~?** kto ci to powiedział?; **~'s not true/fair** to nie prawda/to nie w porządku; **~'s what he said** to właśnie powiedział; **~'s how/why he did it** w ten właśnie sposób/właśnie dlatego to zrobił; **what did he mean by ~?** co chciał przez to powiedzieć?; **~'s bureaucrats for you!** tacy są biurokraci!; **~'s the man I was talking about/to** to ten człowiek, o którym mówiłem/z którym rozmawiałem; **~'s the house we used to live in** to w tym domu mieszkaliśmy; **those are the books I wanted** to te książki, o które mi chodziło; **before ~, he had always lived in London** przedtem zawsze mieszkał w Londynie; **he never went there again after ~** nigdy już potem tam nie był; **after ~ we had lunch** potem zjedliśmy lunch; **I might just do ~!** chyba tak zrobię!; **he's not as greedy as (all) ~!** nie jest aż taki zachłanny! [3] (before relative pronoun) **those who...** ci, którzy...
III /ðət/ *rel pron* któr|y, -a, -e; **the woman ~ won** kobieta, która wygrała; **the book ~ I bought** książka, którą kupiłem; **the house ~ we live in** dom, w którym mieszkamy; **the reason ~ I phoned** powód, dla którego zadzwoniłem; **the man ~ I received the letter from** człowiek, od którego otrzymałem ten list; **the way ~ she works** sposób, w jaki ona pracuje; **the day ~ she arrived** dzień, w którym przybyła; **and fool ~ I am, I**

believed him i ja głupi uwierzyłem mu **IV** /ðət/ *conj* [1] że; **he said ~ he had finished** powiedział, że skończył; **it's likely ~ they are out** prawdopodobnie nie ma ich w domu; **it's important ~ they should realize** ważne jest, żeby zrozumieli; **it's just ~ I'm a bit scared** ja po prostu trochę się boję [2] (expressing wish) **oh ~ I could fly!** gdybym tak potrafił latać!; **oh ~ he would come** żeby on przyszedł; (expressing surprise) **~ I ever lived to see this day** że też dożyłem tego dnia; **~ it should come to this!** że też musiało do tego dojść!

V /ðæt/ *adv* [1] (to the extent shown) (aż) tak, (aż) taki; **it's about ~ thick** to jest mniej więcej takiej grubości; **he's ~ tall** jest taki (wysoki); **she's ~ much smaller than me** jest o tyle niższa ode mnie; **I can't work ~ much** nie mogę aż tyle pracować; **he can't swim ~ far** nie potrafi przepłynąć tak daleko; **you're not ~ stupid** nie jesteś taki głupi [2] GB dial (so very) tak bardzo; **he was ~ ill that he had to go into hospital** był tak bardzo chory, że musiał pójść do szpitala

IDIOMS: **...and (all) ~** ...i tym podobne; **...and he's very nice at ~!** ...i do tego or i przy tym jest bardzo miły!; **I might well go at ~!** może i pójdę; **at ~, he got up and left** na to wstał i wyszedł; **with ~, he got up and left** po czym wstał i wyszedł; **~ is (to say)...** to jest, ...; to znaczy...; **~'s it!** (that's right) o to chodzi!; (that's enough) to wszystko!; (angrily) dość tego!; **I'll give you £10 but ~'s all!** dam ci 10 funtów i na tym koniec!; **I don't want to see you again and ~'s ~!** nie chcę cię już więcej widzieć i tyle!; **well, ~'s it then!** (that's all) i to by było na tyle! infml; (resignedly) to już koniec!

thatch /θætʃ/ **I** *n* [1] Constr strzecha *f* [2] fig (of hair) strzecha *f* włosów

II *vt* po|kryć strzechą *[roof, cottage]*; **a roof ~ed with reeds** dach kryty trzciną

III *vi* położyć, kłaść strzechę

IV **thatched** *pp adj* kryty strzechą

thatched cottage /ˌθætʃt'kɒtɪdʒ/ *n* dom *m* kryty strzechą

thatched roof /ˌθætʃt'ruːf/ *n* strzecha *f*

thatcher /'θætʃə(r)/ *n* rzemieślnik *m* kryjący domy strzechą

Thatcherism /'θætʃərɪzəm/ *n* Pol thatcheryzm *m*

thaw /θɔː/ **I** *n* [1] Meteorol odwilż *f*; **the ~ had set in** nadeszła odwilż [2] fig (detente) (political) odwilż *f* fig; **there has been a ~ in her attitude towards me** (social) zaczęła odnosić się do mnie bardziej życzliwie

II *vt* [1] *[heat, sun]* rozt|opić, -apiać *[snow, ice]* [2] *[person]* rozmr|ozić, -ażać *[frozen food]*

III *vi* [1] *[snow, ice]* s|tajać, rozt|opić, -apiać się, roztajać; *[ground, river]* rozmarz|nąć, -ać; *[frozen food]* rozmr|ozić, -ażać się [2] fig *[person]* rozluźni|ć, -ać się; *[atmosphere, relations]* ociepl|ić, -ać się

IV *v impers* **it's ~ing today** dziś jest odwilż

■ **thaw out**: ¶ **~ out [sth]** *[frozen food, ground]* rozmr|ozić, -ażać się; *[person, fingers]* odtajać ¶ **~ out [sth], ~ [sth] out** rozmr|ozić, -ażać *[frozen food, ground]*

the /ðiː, ðɪ, ðə/ *def art* [1] (particular) **two chapters of ~ book** dwa rozdziały książki; **I met them at ~ supermarket** spotkałem ich w supermarkecie; **where are ~ toilets?** gdzie są toalety?; **what's ~ time?** która godzina?; **put ~ cat out** wypuść (na dwór) kota [2] (identifying) ten; **I've seen ~ man before** już gdzieś widziałem tego człowieka [3] (best) **she's THE violinist of the century** jest skrzypaczką stulecia; **~ book of the year** książka roku; **THE French restaurant** najlepsza francuska restauracja; **THE way of losing weight** najlepszy sposób na zrzucenie kilku kilogramów; **do you mean THE William Blake?** masz na myśli tego Williama Blake'a? [4] (with names) **~ Hapsburgs/Browns** Habsburgowie /Brownowie; **Charles ~ First/Elizabeth ~ Second** Karol I/Elżbieta II [5] (with generic use) **~ opera/ballet** opera/balet; **to play ~ flute/~ piano** grać na flecie/na fortepianie; **to learn ~ piano** uczyć się grać na fortepianie; **~ computer has revolutionized office work** komputery zrewolucjonizowały pracę biurową [6] (enough) **he hadn't ~ courage to refuse** brakło mu odwagi, żeby odmówić; **we don't have ~ money for a holiday** nie mamy dość pieniędzy na wakacje; **can you spare ~ time to help me?** czy znajdziesz trochę czasu, żeby mi pomóc? [7] (with era) **~ fifties** lata pięćdziesiąte [8] (with dates) **Monday is ~ tenth of April** w poniedziałek jest dziesiąty kwietnia; **May ~ 6th** szósty maja [9] (with weights and measures) **two pounds ~ yard** dwa funty za jard; **to be sold by ~ metre** być sprzedawanym na metry; **to get paid by ~ hour** otrzymywać wynagrodzenie od godziny [10] (with adjectives) **~ impossible** rzecz niemożliwa; **she buys only ~ best** kupuje tylko to, co najlepsze [11] (with adjectives forming group) **~ French** Francuzi; **~ wounded/handicapped** ranni/niepełnosprawni [12] (with comparative adjectives) **the news made her all ~ sadder** na wieść o tym jeszcze bardziej posmutniała → **all, better, more, none, wise, worse** [13] (in double comparatives) **~ more I learn ~ less I understand** im więcej się uczę, tym mniej rozumiem; **~ longer I do it ~ more difficult it becomes** im dłużej to robię, tym staje się to trudniejsze; **~ sooner ~ better** im prędzej, tym lepiej [14] (with superlatives) **~ fastest train** najszybszy pociąg; **~ prettiest house in the village** najładniejszy dom w wiosce

theatre, theater US /'θɪətə(r)/ **I** *n* [1] (place) teatr *m*; **what's on at the ~?** co grają w teatrze?; **to go to the ~** iść do teatru [2] (art form) teatr *m*; **the ~ of cruelty/the absurd** teatr okrucieństwa /absurdu; **he works in ~** on pracuje w teatrze; **her tears were pure ~** fig (not sincere) jej łzy były wyłącznie na pokaz [3] US (cinema) kino *n* [4] (large room) sala *f* amfiteatralna; **lecture ~** amfiteatralna aula wykładowa [5] GB (also **operating ~**) sala *f* operacyjna; **to be in ~** być na sali operacyjnej [6] Mil **~ of operations/war** teatr działań/wojny

II *modif* [1] Theat *[audience, critic, workshop, production, programme]* teatralny; **~ ticket /trip** bilet/wyjście do teatru; **~ seat/visit** miejsce/wizyta w teatrze; **~ manager /lover** dyrektor/miłośnik teatru; GB Med *[nurse, equipment]* operacyjny [2] US (cinema) **~ owner/manager** właściciel/dyrektor kina; **~ seat** miejsce w kinie

theatregoer /'θɪətəgəʊə(r)/ *n* bywalec *m* teatralny, bywalczyni *f* teatralna; (lover) teatroman *m*, -ka *f*

theatre group *n* zespół *m* teatralny

theatre-in-the-round /ˌθɪətərɪnðə'raʊnd/ *n* (*pl* **theatres-in-the-round**) Theat (building) teatr *m* ze sceną arenową or en round; (production) przedstawienie *n* na scenie en round

theatreland /'θɪətəlænd/ *n* dzielnica *f* teatrów

theatre weapon *n* Mil broń *f* średniego zasięgu

theatrical /θɪ'ætrɪkl/ *adj* teatralny also fig

theatricality /θɪˌætrɪ'kælətɪ/ *n* teatralność *f* also fig

theatrically /θɪ'ætrɪklɪ/ *adv* [1] Theat *[effective, striking]* pod względem teatralnym or dramatycznym; **~ talented** or **gifted student** student z talentem aktorskim [2] (dramatically) *[gesture, sob, laugh]* teatralnie; *[wave]* teatralnym gestem; *[enter]* w teatralny sposób

theatricals /θɪ'ætrɪklz/ *npl* przedstawienia *n pl* sceniczne; fig komedie *f pl* fig; **amateur ~** teatr amatorski

Thebes /θiːbz/ *prn* Teby *plt*

thee /ðiː/ *pron* arch = **you**

theft /θeft/ *n* kradzież *f* (**of sth** czegoś); **~s from tourists/cars** okradanie turystów /samochodów; **~s from shops** kradzieże sklepowe; **art/car ~** kradzież dzieł sztuki /samochodów

their /ðeə(r)/ *det* ich, swój; **he gave them ~ coats** podał im (ich) płaszcze; **~ concern for her** ich troska o nią; **children brush ~ teeth** dzieci myją zęby; **they are wasting ~ time** marnują (swój) czas; **has everyone got ~ passport?** czy wszyscy mają (swoje) paszporty?

theirs /ðeəz/ *pron* ich; **the green hats are ~** zielone kapelusze są ich; **~ are the ones in blue envelopes** ich są te w niebieskich kopertach; **which house is ~?** który dom jest ich?; **I'm a relation of ~** jestem ich krewnym; **it's not ~** to nie jest ich; **the money wasn't ~ to give away** to nie były ich pieniądze, żeby mogli je rozdawać; **~ was not an easy task** nie mieli łatwego zadania; **that dog is ~** to jest ich pies; **I saw them with that dog of ~** pej widziałem ich z tym ich psem

theism /'θiːɪzəm/ *n* teizm *m*

theist /'θiːɪst/ *n* teista *m*

theistic /θiː'ɪstɪk/ *adj* teistyczny

them /ðem, ðəm/ *pron* (as direct object) je; (males) ich; (in negative sentence) ich; (as indirect object) im; **I know ~** znam je/ich; **I don't like ~** nie lubię ich; **I told ~** powiedziałem im; **I phoned ~** zadzwoniłem do nich; **for ~** dla nich; **with ~** z nimi; **after /about ~** po/o nich; **some of ~** niektó-

T

rzy/niektóre z nich; **take ~ all** weź wszystkich/wszystkie; **none of ~ wants it** nikt z nich nie chce tego; **every single one of ~** każdy/każda z nich

thematic /θɪˈmætɪk/ *adj* tematyczny

theme /θiːm/ *n* [1] (topic, motif) temat *m*; **on the ~ of sth** na temat czegoś [2] Mus (melodic unit) temat *m* [3] Radio, TV (also **~ song, ~ tune**) sygnał *m (radiowy, stacji telewizyjnej)*; dżingiel *m* infml [4] Ling temat *m* [5] US (essay) wypracowanie *n*

theme park *n* park *m* tematyczny, tematyczny park *m* rozrywki

theme restaurant *n* „restauracja *f* tematyczna"

theme song *n* [1] Cin temat *m* przewodni, motyw *m* przewodni [2] TV, Radio sygnał *m (radiowy, stacji telewizyjnej)* [3] fig znana śpiewka *f* infml

theme tune *n* = **theme song**

themselves /ðəmˈselvz/ *pron* [1] (reflexive) **they washed ~** umyli/umyły się; **they've got ~ a new dog** sprawili sobie nowego psa [2] (emphatic) same; (men) sami; **they ~ say that...** sami/same mówią, że...; **they saw it ~** sami to widzieli, widzieli to na własne oczy [3] (after preposition) **(all) by ~** (całkiem or zupełnie) sami/same; **for ~** dla siebie; **they don't get much time to ~** nie mają zbyt wiele czasu dla siebie; **they can be proud of ~** mogą być z siebie dumni/dumne; **these facts are unimportant in ~** same w sobie te fakty nie są istotne

then /ðen/ **I** *adv* [1] (at that point in time) wtedy; wówczas liter; (implying more distant past) w tamtych czasach; w owych czasach liter; **I was living in Dublin ~** mieszkałem wtedy w Dublinie; **her books were ~ enjoying a lot of success** w tamtych czasach jej książki cieszyły się ogromną popularnością; **X, ~ leader of the party** X, ówczesny przywódca partii; **I thought so ~ and I still think so** tak myślałem wtedy i dalej tak myślę; **the company will ~ receive funding** wówczas przedsiębiorstwo otrzyma dofinansowanie; **what ~?** i co?; **just ~ she heard a noise** w tym momencie usłyszała jakiś hałas; **a large sum of money even ~** nawet w tamtych czasach duża suma pieniędzy; **people were idealistic ~** wtedy ludzie byli idealistami; **from ~ on, life became easier** od tego czasu or od tamtej pory życie stało się łatwiejsze; **since ~ there has been little news** od tej pory prawie nie było wiadomości; **by ~ the damage had been done** wtedy było już za późno; **he was by ~ running his own company** w tym czasie prowadził już własne przedsiębiorstwo; **they will let us know by ~** do tego czasu dadzą nam znać; **if things haven't changed by ~** jeżeli do tego czasu nic się nie zmieni; **we won't be in contact until ~** do tego czasu nie będziemy się kontaktować → **there** [2] (in sequences: afterwards, next) następnie, potem; **~ came the thunder** potem rozległ się grzmot; **she was an editor, ~ a teacher** była redaktorem, a następnie nauczycielką; **wash, ~ slice finely** umyć, a następnie cienko pokroić; **we will ~ start the next project** potem rozpoczniemy następny projekt; **~ after that...** potem..., następnie...; **and ~ what?** (with bated breath) i co dalej? [3] (in that case) w takim razie, wobec tego; **I saw them if, not yesterday, ~ the day before** widziałem ich, jak nie wczoraj, to przedwczoraj; **if it's a problem for you ~ say so** jeżeli to dla ciebie problem, powiedz; **keep it, ~, if you want to** w takim razie, jeśli chcesz, zatrzymaj to; **if x = 3, ~ 6x = 18** jeżeli x = 3, to 6x = 18; **when we know what the problem is ~ we can find a solution** kiedy będziemy wiedzieć, w czym tkwi problem, poszukamy rozwiązania; **~ why did you tell her?** więc dlaczego jej powiedziałeś?; **how about tomorrow ~?** to może jutro?; **well ~ we'll have to start again** w takim razie or no to infml będziemy musieli zacząć od nowa; **~ what DO they want?** w takim razie czego właściwie chcą? [4] (summarizing statement: therefore) a więc; (a) zatem fml; **these ~ are the results of the policy** takie są więc efekty tej polityki; **overall ~ it would seem that...** zatem w sumie wyglądałoby na to, że... [5] (in addition, besides) ponadto; **and ~ there is the interest to be paid** ponadto do zapłacenia są jeszcze odsetki; **and ~ there's the fare to consider** i jeszcze trzeba wziąć pod uwagę opłatę za przejazd [6] (modifying previous statement: on the other hand) z drugiej strony; **she's good but ~ so is he** ona jest dobra, ale on też nie jest zły; **they said it would rain but ~ they're often wrong** powiedzieli, że będzie padać, ale oni często się mylą; **but ~ again if you're too quiet, no-one will notice you** ale z drugiej strony, jeżeli siedzisz zbyt cicho, nikt cię nie zauważa; **he looks anxious but ~ he always does** wygląda na zaniepokojonego, ale on zawsze tak wygląda [7] (rounding off a topic: so) a więc; (a) zatem fml; **it's all arranged ~?** a więc wszystko załatwione?; **that's all right ~** a więc wszystko w porządku; **till Tuesday ~** zatem or no to infml do wtorku; **do you think they'll stay here ~?** czy sądzisz więc, że tu zostaną?; **someone told him already ~** a więc ktoś już mu powiedział [8] (focusing on topic) (no) więc; **now ~, what's all this fuss about?** no więc o co to całe zamieszanie?; **all right ~, who'd like some coffee?** dobrze, więc kto chce kawy?; **what's the problem ~?** w czym więc problem?

II *adj* **the ~ prime minister/chairman** ówczesny premier/przewodniczący; **they took over the ~ state-owned sugar factory** przejęli cukrownię, będącą wówczas własnością skarbu państwa

thence /ðens/ *adv* dat or fml [1] (from there) stamtąd [2] (therefore) zatem fml

thenceforth /ðensˈfɔːθ/ *adv* fml od tego czasu

thenceforward /ðensˈfɔːwəd/ *adv* fml = **thenceforth**

theocracy /θɪˈɒkrəsɪ/ *n* teokracja *f*

theocratic /θɪəˈkrætɪk/ *adj* teokratyczny

theodolite /θɪˈɒdəlaɪt/ *n* Civ Eng teodolit *m*

theologian /ˌθɪəˈləʊdʒɪən/ *n* teolog *m*

theological /ˌθɪəˈlɒdʒɪkl/ *adj [argument, debate, issue, faculty, study]* teologiczny; **~ student** student teologii

theology /θɪˈɒlədʒɪ/ **I** *n* teologia *f*

II *modif [lecture, exam]* z teologii; **~ faculty/lecturer** wydział/wykładowca teologii

theorem /ˈθɪərəm/ *n* twierdzenie *n*; (in logic) teoremat *m*

theoretical /ˌθɪəˈretɪkl/ *adj* teoretyczny; **~ physicist** fizyk teoretyk

theoretically /ˌθɪəˈretɪklɪ/ *adv* teoretycznie, w teorii; **~ speaking, ...** teoretycznie...; **you are, ~, responsible** teoretycznie to ty jesteś odpowiedzialny

theoretician /ˌθɪərɪˈtɪʃn/ *n* teoretyk *m*; **socialist ~** teoretyk socjalizmu

theorist /ˈθɪərɪst/ *n* = **theoretician**

theorize /ˈθɪəraɪz/ *vi* teoretyzować, snuć teorie **(about sth** na temat czegoś**)**

theory /ˈθɪərɪ/ *n* [1] (general principles) teoria *f*; **scientific/political ~** teoria naukowa /polityczna; **music ~** teoria muzyki; **in ~** teoretycznie, w teorii [2] (hypothesis) teoria *f*; **I have a ~ that..., my ~ is that...** mam taką teorię, że...

theosophical /ˌθiːəˈsɒfɪkl/ *adj* teozoficzny

theosophist /θiːˈɒsəfɪst/ *n* teozof *m*, -ka *f*

theosophy /θiːˈɒsəfɪ/ *n* teozofia *f*

therapeutic /ˌθerəˈpjuːtɪk/ *adj [effect, dose]* leczniczy; *[exercise]* terapeutyczny; **to be ~** *[work, walking]* mieć działanie terapeutyczne

therapeutics /ˌθerəˈpjuːtɪks/ *n (+ v sg)* terapia *f*; terapeutyka *f* dat

therapist /ˈθerəpɪst/ *n* terapeut|a *m*, -ka *f*; **dance/music ~** specjalista w zakresie terapii tańcem/muzyką

therapy /ˈθerəpɪ/ **I** *n* Med, Psych terapia *f*, leczenie *n*; **to have** or **be in ~** być poddanym terapii; **to write as a form of ~** traktować pisanie jako formę terapii; **music/relaxation ~** terapia muzyką /relaksująca

II *modif [group, session]* terapeutyczny

there /ðeə(r)/ **I** *pron* (as impersonal subject) **~ seems** or **appears to be some mistake** wygląda na to, że to omyłka; **~ is/are** jest /są; **~ are many reasons** jest wiele powodów; **~ is some left** trochę zostało; **once upon a time ~ was a princess** dawno, dawno temu była sobie królewna; **~'ll be a meeting tomorrow** jutro będzie zebranie; **~'s no denying that...** nie da się zaprzeczyć, że...; **suddenly ~ appeared a fairy** liter nagle pojawiła się wróżka; **~ arose cries from the audience** wśród publiczności podniosły się okrzyki

II *adv* [1] (that place or point) tam; **from ~** stamtąd; **near ~** w pobliżu; **up to ~, down to ~** do tego miejsca; **put it in ~** połóż to tam; **in ~ please** (ushering sb) proszę do środka; **we left ~ on Thursday** wyjechaliśmy stamtąd w czwartek [2] (at or to that place) tam; **stop ~** zatrzymaj się tam; **sign ~ please** proszę się tu podpisać; **stand ~** stój tam; **go over ~** idź tam; **are you still ~?** (on phone) jesteś tam jeszcze?; **since we were last ~** odkąd byliśmy tam po raz ostatni; **it's ~ that...** to tam...; **to go ~ and back in an hour** obrócić tam i z powrotem w godzinę; **take the offer while**

it's ~ fig korzystaj z okazji, póki można [3] (to draw attention) **what have you got ~?** co tam masz?; **~ they go** idą; **~ goes the coach** jedzie autokar; **~ you go again** fig i znowu to samo; **~ you are** (seeing sb arrive) jesteś; (giving object) proszę; (that's done) i sprawa załatwiona; (I told you so) a widzisz, a nie mówiłem; (accepting something unlucky) tak to już jest, mówi się trudno; **~ is a hammer/are some nails** tu jest młotek /są gwoździe; **~'s a bus coming** nadjeżdża autobus; **look, ~'s my sister waving at us** zobacz, to moja siostra macha do nas; **that paragraph/sales assistant ~** ten akapit/sprzedawca; **my colleague ~ will show you round** oprowadzi pana mój kolega; **which one? this one or that one ~?** który? ten czy tamten?; **what does it say ~?** co tam jest napisane?; **~'s why!** to dlatego! [4] (indicating arrival) **will she be ~ now?** czy ona już jest na miejscu?; **when do they get ~?** kiedy dotrą na miejsce?; **~ I was at last** w końcu dotarłem (na miejsce); **the train won't be ~ yet** pociągu jeszcze nie będzie; **we get off ~** tam wysiadamy [5] (indicating juncture) tu; **~ we must finish** tu musimy skończyć; **I'd like to interrupt you ~** tu chciałbym ci przerwać; **~ was our chance** to była nasza szansa; **I think you're wrong ~** sądzę, że tu się mylisz; **so ~ we were in the same cell** tak więc znaleźliśmy się w tej samej celi [6] infml (emphatic) **that ~ contraption** to całe urządzenie infml; **hello ~!** cześć! infml; **hey you ~!** hej, ty tam! infml

III there and then *adv phr* z miejsca, od razu

IV there again *adv phr* (on the other hand) z drugiej strony

V *excl* **~ ~!** (soothingly) no już dobrze, dobrze; **~!** (triumphantly) proszę bardzo!; **~, I told you!** no proszę, a nie mówiłem?!; **~, you've woken the baby!** no widzisz, obudziłeś dziecko! → **so**

thereabout /ˌðeərəˈbaʊt/ *adv* US = **thereabouts**

thereabouts /ˌðeərəˈbaʊts/ *adv* GB [1] (in the vicinity) gdzieś (tam) w pobliżu [2] (roughly) **100 dollars or ~** 100 dolarów, albo coś koło tego

thereafter /ðeərˈɑːftə(r)/ *adv* następnie; **shortly ~** wkrótce potem

thereat /ðeərˈæt/ *adv* arch [1] (at that place) tam [2] (at that event) **astonished ~** zdumiony tym

thereby /ðeəˈbaɪ, ˈðeə-/ *conj* tym samym, w ten sposób; **~ avoiding interest charges** tym samym unikając odsetek; **the patient is ignored, ~ adding to his distress** nikt nie interesuje się pacjentem, co jeszcze powiększa jego cierpienie

IDIOMS: **~ hangs a tale** z tym wiąże się dłuższa historia

there'd /ðeəd/ = **there had, there would**

therefore /ˈðeəfɔː(r)/ *adv* dlatego

therein /ðeərˈɪn/ *adv* [1] (in that) **~ lies the cause** w tym leży przyczyna; **~ lies its greatest attraction** na tym polega jego główny walor; **the aircraft and the persons ~** samolot ze znajdującymi się w nim ludźmi [2] Jur (in contract) **contained ~** tu zawarty

there'll /ðeəl/ = **there will**

thereof /ˌðeərˈɒv/ *adv* [1] (of that) tego; **the problem and the solution ~** problem i jego rozwiązanie [2] arch (from that) z tego

thereon /ˌðeərˈɒn/ *adv* arch = **thereupon**

there's /ðeəz/ = **there is, there has**

thereto /ˌðeəˈtuː/ *adv* do tego; **fitting ~** pasujący do tego; **the matters pertaining ~** odnośne kwestie

theretofore /ˌðeətʊˈfɔː(r)/ *adv* uprzednio, do tego czasu

thereunder /ˌðeərˈʌndə(r)/ *adv* fml zgodnie z powyższym

thereupon /ˌðeərəˈpɒn/ *adv* fml po czym, zaraz potem

therewith /ˌðeəˈwɪð/ *adv* [1] fml (attached) z tym, do tego [2] liter (at once) po czym

therm /θɜːm/ *n* [1] (1000 kcal) termia *f* [2] GB (100000 BTU) therm *m*

thermal /ˈθɜːml/ **I** *n* prąd *m* termiczny; **~s** termika *f*

II *adj [reactor, analysis]* termiczny; *[barrier, energy, insulation]* cieplny; *[vest, underwear]* termoaktywny; **a ~ unit** jednostka ciepła

thermal baths *n* termy *f pl*, kąpiele *f pl* cieplne

thermal efficiency *n* wydajność *f* cieplna

thermal imaging *n* termografia *f*

thermal spring *n* cieplica *f*, terma *f*, gorące źródło *n*

thermic /ˈθɜːmɪk/ *adj* Sci, Tech termiczny, cieplny

thermionic /ˌθɜːmɪˈɒnɪk/ *adj [current, emission]* termoelektronowy

thermionics /ˌθɜːmɪˈɒnɪks/ *n* (+ *v sg*) termoelektronika *f*

thermionic tube *n* US = **thermionic valve**

thermionic valve *n* GB lampa *f* elektronowa z termokatodą

thermocouple /ˈθɜːməʊkʌpl/ *n* ogniwo *n* termoelektryczne; termopara *f* dat

thermodynamic /ˌθɜːməʊdaɪˈnæmɪk/ *adj* termodynamiczny

thermodynamics /ˌθɜːməʊdaɪˈnæmɪks/ *n* (+ *v sg*) termodynamika *f*

thermoelectric /ˌθɜːməʊɪˈlektrɪk/ *adj* termoelektryczny

thermograph /ˈθɜːməgrɑːf, US -græf/ *n* termograf *m*

thermography /θəˈmɒgrəfɪ/ *n* termografia *f*

thermoluminescence /ˌθɜːməʊˌluːmɪˈnesns/ *n* termoluminescencja *f*

thermoluminescence dating *n* datowanie *n* metodą termoluminescencji

thermometer /θəˈmɒmɪtə(r)/ *n* termometr *m*

thermonuclear /ˌθɜːməʊˈnjuːklɪə(r), US -ˈnuː-/ *adj* termojądrowy

thermopile /ˈθɜːməʊpaɪl/ *n* stos *m* termoelektryczny

thermoplastic /ˌθɜːməʊˈplæstɪk/ **I** *n* termoplast *m*

II *adj* termoplastyczny

Thermopylae /θɜːˈmɒpɪliː/ *prn* Termopile *plt*

Thermos® /ˈθɜːməs/ *n* termos *m*

thermosetting /ˌθɜːməʊˈsetɪŋ/ *adj* termoutwardzalny

thermos flask *n* termos *m*

thermosiphon /ˌθɜːməʊˈsaɪfən/ *n* termosyfon *m*

thermostat /ˈθɜːməstæt/ *n* termostat *m*

thermostatic /ˌθɜːməˈstætɪk/ *adj* termostatyczny

thesaurus /θɪˈsɔːrəs/ *n* (*pl* **-sauri, -sauruses**) [1] (of synonyms) słownik *m* synonimów or wyrazów bliskoznacznych [2] (of particular field) słownik *m* terminów, tezaurus *m*

these /ðiːz/ *npl* → **this**

theses /ˈθiːsiːz/ *npl* → **thesis**

Theseus /ˈθiːsjuːs, ˈθiːsjəs/ *prn* Tezeusz *m*

thesis /ˈθiːsɪs/ *n* (*pl* **theses**) [1] Univ praca *f* naukowa, rozprawa *f*; (doctoral) praca *f* doktorska **(on sth** na temat czegoś); (master's) praca *f* magisterska **(on sth** na temat czegoś) [2] (theory) teza *f*

thespian /ˈθespɪən/ dat or hum **I** *n* aktor *m*, -ka *f*; **~s** ludzie sceny

II Thespian *adj* dramatyczny

Thessalonians /ˌθesəˈləʊnɪənz/ *npl* (+ *v sg*) Bible List *m* do Tesaloniczan

they /ðeɪ/ *pron* one; (including men) oni; **~'ve seen us** zobaczyli/zobaczyły nas; **here ~ are** oto oni/one; **there ~ are** są tam; **~ are not here** nie ma ich tutaj, ich tu nie ma; **they didn't do it** nie zrobili/zrobiły tego; **THEY didn't do it** oni tego nie zrobili/one tego nie zrobiły; **where are my papers? ~ were on the table just now** gdzie są moje papiery? przed chwilą były na stole; **~ say that...** (people in general) mówi się, że...; **~'re putting up oil prices again** (people in authority) znowu podnoszą ceny ropy

they'd /ðeɪd/ = **they had, they would**

they'll /ðeɪl/ = **they will**

they're /ðeə(r)/ = **they are**

they've /ðeɪv/ = **they have**

thiamine /ˈθaɪəmɪn, -miːn/ *n* tiamina *f*

thick /θɪk/ **I** *adj* [1] *[piece, layer, garment, material, book, lips, features]* gruby; *[forest, liquid, hair, eyebrows, beard, snow, paste, fog, soup]* gęsty; *[vegetation, foliage]* bujny, gęsty; *[accent]* silny; *[print]* gruby, tłusty; *[voice]* (from sore throat, cold) zachrypły; (from alcohol) bełkotliwy; **~ make-up/mud** gruba warstwa makijażu/błota; **a ~ German accent** silny akcent niemiecki; **to be 6 cm ~** mieć 6 cm grubości; **how ~ is the wall/this piece of steel?** jakiej grubości jest ta ściana/ten kawałek stali?; **6-cm-~ piece of wood** drewniany klocek grubości 6 cm; **6-cm-~ steel** sześciocentymetrowa stal; **to make sth ~er** zagęścić coś *[soup, sauce]*; **~ with sth** pokryty grubą warstwą czegoś *[dust, dirt]*; przepełniony czymś *[emotions]*; **a river ~ with rubbish** bardzo zaśmiecona rzeka; **fields ~ with poppies** pola pełne maków; **the ground was ~ with ants** na ziemi było gęsto od mrówek; **the air was ~ with smoke /aeroplanes** w powietrzu było gęsto od dymu/od samolotów; **the air was ~ with insults** gęsto padały wyzwiska; **to have a ~ head** mieć ciężką głowę; **a fog so ~ you could cut it with a knife** mgła tak gęsta, że można ją kroić nożem fig [2] infml (stupid) tępy; **I can't get it into his ~ head** or **skull** infml **that...** nie mogę wbić mu do

T

tej jego tępej głowy, że... [3] infml (friendly) **they're very ~ (with each other)** są bardzo blisko ze sobą; **Tom is very ~ with Anna** Tom jest bardzo blisko z Anną [4] infml (unreasonable) **it's a bit ~ (expecting me to do that)!** to lekka przesada (oczekiwać, że to zrobię)!

II *adv [spread, slice, cut]* grubo; **the bread was sliced ~** chleb był grubo pokrojony; **her hair fell ~ and straight to her shoulders** gęste, proste włosy opadały jej na ramiona; **the snow lay ~ on the ground** śnieg okrywał ziemię grubą warstwą

IDIOMS: **to lay it on ~** infml grubo przesadzać; **offers are coming in ~ and fast** oferty napływają nieprzerwanym strumieniem; **his tears fell ~ and fast** łzy lały mu się ciurkiem; **through ~ and thin** na dobre i na złe; **to be in the ~ of sth** być w wirze czegoś fig *[battle, fighting]*; znajdować się w samym środku czegoś *[crowd]*; **when the riots broke out I found myself in the ~ of things** kiedy wybuchły zamieszki, znalazłem się w samym centrum wydarzeń → **blood, brick, ground, plank, thief**

thicken /ˈθɪkən/ **I** *vt* pogrubi|ć, -ać *[layer, wall]*; zagę|ścić, -szczać *[soup, sauce]*; **overeating had ~ed his waist** przez obżarstwo przytył w pasie; **his cold ~ed his voice** miał ochrypły głos z powodu przeziębienia

II *vi [forest, fog, snow, sauce, soup]* z|gęstnieć; *[accent]* sta|ć, -wać się silniejszym; **her waist ~ed** przytyła w talii; **his voice ~ed** (with emotion) głos mu się zaczął łamać; **the traffic ~ed** ruch się wzmagał

IDIOMS: **the plot ~s!** sprawa się komplikuje!

thickening /ˈθɪkənɪŋ/ *n* zagęszczacz *m* also Culin

thicket /ˈθɪkɪt/ *n* gąszcz *m*, zarośla *plt*

thickhead /ˈθɪkhed/ *n* infml tępak *m*, tuman *m* infml

thick-headed /ˌθɪkˈhedɪd/ *adj* infml tępy

thickie /ˈθɪkɪ/ *n* infml tępak *m*, tuman *m* infml

thickly /ˈθɪklɪ/ *adv [spread, cut, populated]* grubo; *[say, speak]* niewyraźnie; **the snow was falling ~** padał gęsty śnieg; **the grass grew ~** trawa była gęsta; **the books were ~ covered in** or **with dust** książki były pokryte grubą warstwą kurzu; **bread ~ spread with jam** chleb grubo posmarowany dżemem; **a ~-wooded landscape** okolica porośnięta gęstym lasem

thickness /ˈθɪknɪs/ *n* [1] (of piece, material, features) grubość *f*; (of snow, liquid, hair, fog) gęstość *f*; (of vegetation) bujność *f*; **6 cm in ~** (o) grubości 6 cm; **the ~ of his accent made him hard to understand** przez jego silny akcent trudno go było zrozumieć [2] (layer) warstwa *f*

thicko /ˈθɪkəʊ/ *n* infml tępak *m* infml

thickset /ˌθɪkˈset/ *adj [person]* krępy, przysadzisty; *[hedge]* gęsty

thick-skinned /ˌθɪkˈskɪnd/ *adj* odporny na krytykę, niewrażliwy

thick-skulled /ˌθɪkˈskʌld/ *adj* infml = **thick-witted**

thick-witted /ˌθɪkˈwɪtɪd/ *adj* infml tępy, ciężko myślący infml

thicky *n* infml = **thickie**

thief /θiːf/ *n* (*pl* **thieves**) złodziej *m*, -ka *f*; **jewel/car ~** złodziej kosztowności/samochodów; **stop ~!** łapać złodzieja!

IDIOMS: **a den of thieves, a thieves' kitchen** złodziejska melina *f*; **set a ~ to catch a ~** ≈ przechytrzyć oszusta można tylko jego własną bronią; **to be as thick as thieves** infml znać się jak łyse konie infml; **like a ~ in the night** cichaczem

thieve /θiːv/ **I** *vt* u|kraść

II *vi* kraść

thievery /ˈθiːvərɪ/ *n* (act) kradzież *f*; (practice) złodziejstwo *n*

thieving /ˈθiːvɪŋ/ **I** *n* złodziejstwo *n*

II *adj* złodziejski; **~ children** mali złodzieje; **get your ~ hands out!** ręce przy sobie, ty złodzieju!

thigh /θaɪ/ **I** *n* udo *n*

II *modif* **~ injury/muscle** uraz/mięsień uda

thighbone /ˈθaɪbəʊn/ *n* kość *f* udowa

thighboot /ˈθaɪbuːt/ *n* but *m* za kolana

thimble /ˈθɪmbl/ *n* naparstek *m* → **hunt the thimble**

thimbleful /ˈθɪmblfʊl/ *n* (of liquor) naparstek *m* **(of sth** czegoś**)**

thin /θɪn/ **I** *adj* [1] (in width, depth) *[nose, lips, strip, stripe, stream]* wąski; *[wall, layer, slice, stick, cord, line, ice]* cienki [2] (in consistency) *[mud, mixture, liquid]* rzadki; *[soup, gravy]* rzadki; cienki infml; (watery) wodnisty [3] (lean) *[person, arm, leg, face]* chudy; **she looks ~ and haggard** jest taka chuda i wymizerowana; **to get ~** chudnąć [4] (fine) *[card, paper, fabric]* cienki, cieniutki; *[smoke, fog]* rzadki; **the mist is getting ~ner** mgła rzednie [5] (in tone) (high-pitched) cienki; (weak) słaby [6] Fin **~ trading** niskie obroty *plt* giełdowe [7] (sparse) *[hair, beard]* rzadki; *[audience]* nieliczny; **the crowd is getting ~** tłum się przerzedza [8] fig (unconvincing) *[plot, excuse]* słaby, kiepski; *[argument, alibi]* nieprzekonujący; **to wear ~** *[joke, excuse]* spowszednieć; **my patience is wearing ~** moja cierpliwość jest na wyczerpaniu [9] *[air]* (at altitude) rozrzedzony

II *adv* infml *[slice]* cienko; *[spread]* cienką warstwą

III *vt* (*prp, pt, pp* **-nn-**) [1] (also **~ down**) (dilute) rozcieńcz|yć, -ać *[paint]*; rozrzedz|ić, -ać *[sauce, soup]* [2] (disperse) = **thin out**

IV *vi* (*prp, pt, pp* **-nn-**) (also **~ out**) *[fog, mist, crowd, hair, forest]* przerzedz|ić, -ać się

V **thinning** *prp adj [hair, crowd]* rzednący

■ **thin down** US s|chudnąć

■ **thin out**: **~ out [sth], ~ [sth] out** przerz|wać, -ywać, przerzedz|ić, -ać *[seedlings, plants]*; przerzedz|ić, -ać *[hair, hedge, population]*

IDIOMS: **as ~ as a rake** or **lath** chudy jak patyk or jak szczapa; **to be ~ on the ground** być rzadkością; **to get ~ on top** (bald) wy|łysieć; **to have a ~ time of it** przechodzić trudny okres; (financially) cienko prząść infml

thine /ðaɪn/ arch **I** *pron* = **yours**

II *det* = **your**

thing /θɪŋ/ **I** *n* [1] (object) rzecz *f*; **she was wearing an old yellow ~** miała na sobie stary, żółty ciuch infml; **it's a ~ you use for opening envelopes** to jest coś, co służy do otwierania kopert; **any old ~ will do** byle co się nada; **what's that ~?** co to jest?; **what's that ~ on the table?** co to jest, to na stole?; **what's this ~ for?** do czego to służy?; **there isn't a ~ to eat in the house!** w domu nie ma nic do jedzenia!; **I haven't got a ~ to wear!** nie mam co na siebie włożyć!; **the one ~ he wants for his birthday is a bike** jedyne czego chce na urodziny, to rower; **it was a big box ~** to było takie duże pudełko [2] (action, task, event) rzecz *f*; **I've got ~s to do** mam coś do załatwienia; **he'll do great ~s in life** wiele dokona w życiu; **I wouldn't dream of such a ~** przez myśl mi to nie przeszło; **who would do such a ~?** któż mógł zrobić or któż zrobiłby coś takiego?; **how could you do such a ~?** jak mogłeś zrobić coś takiego?; **an awful ~ happened to me** przytrafiło mi się coś okropnego; **that's the worst ~ you could have done/said** to najgorsze, co mogłeś zrobić/powiedzieć; **the best ~ (to do) would be to go and see her** najlepiej byłoby pójść się z nią zobaczyć; **that was a silly/dangerous ~ to do** to było głupie /niebezpieczne; **that was the wrong ~ to do** nie należało tego robić; **it was a difficult ~ to do** to nie było łatwe (do zrobienia); **there wasn't a ~ I could do** nic nie mogłem zrobić; **it's a good ~ you came** dobrze, że przyszedłeś; **the ~ to do is to listen carefully to him** należy go uważnie wysłuchać; **I'm sorry but I haven't done a ~ about it yet** przykro mi, ale nic jeszcze nie zrobiłem w tej sprawie; **the heat does funny ~s to people** przez ten upał ludzie dziwnie się zachowują [3] (matter, fact) rzecz *f*, sprawa *f*; **we talked about lots of ~s** rozmawialiśmy o wielu sprawach; **we talked about politics and ~s (like that)** rozmawialiśmy o polityce i tym podobnych rzeczach; **the ~ to remember is that...** należy pamiętać, że...; **I couldn't hear a ~ (that) he said** zupełnie nie słyszałem, co mówi; **I said no such ~!** nic podobnego nie powiedziałem!; **I did no such ~!** wcale tego nie zrobiłem!; **I couldn't think of a ~ to say** zupełnie nie wiedziałem, co powiedzieć; **one ~ is obvious/certain** jedno jest jasne/pewne; **the first ~ we must consider is...** po pierwsze musimy wziąć pod uwagę...; **if there is one ~ I hate, it's...** nade wszystko nie znoszę...; **I found the whole ~ a bore** wszystko to mnie znudziło; **the whole ~ is crazy!** to czyste szaleństwo!; **the ~ is (that)...** rzecz w tym, że...; **the only ~ is, ...** chodzi tylko o to, że...; **the funny/amazing ~ is that...** najśmieszniejsze/najdziwniejsze jest to, że...; **the good ~ (about it) is...** tak się szczęśliwie składa, że...; **the best/worst ~ (about it) is...** najlepsze/najgorsze jest to, że...; **the ~ about him is that he's very honest** chodzi o to, że jest bardzo uczciwy; **the ~ about him is that he can't be trusted** rzecz w tym, że nie można mu ufać; **the worst/good/best ~ about him is (that)...** w jego przypadku najgorsze

/dobre/najlepsze jest to, że... [4] (person, animal) stworzenie *n*; **she's a pretty little ~** jest taka słodka; **he's a funny little ~** śmieszny z niego człowieczek; **poor ~** biedactwo; **how are you, old ~?** infml jak się masz staruszku? infml; **you lucky ~ !** infml szczęściarz z ciebie! infml; **you stupid ~!** infml ty głupku! infml; **(the) stupid ~** infml (of object) cholerstwo infml; **there wasn't a living ~ to be seen** nie było wokół żywej duszy

II things *npl* [1] (personal belongings) rzeczy *f pl*; (equipment) przybory *f pl*; **have you tidied your ~s?** posprzątałeś swoje rzeczy?; **~s to be washed/ironed** rzeczy do prania/do prasowania; **to wash up the breakfast ~s** pozmywać po śniadaniu [2] (situation, circumstances, matters) sprawy *f pl*; **to take ~s too seriously/too lightly** brać wszystko zbyt poważnie/zbyt lekko; **to see ~s as they really are** patrzeć trzeźwo na świat; **to take ~s as they come** brać życie takim, jakie jest; **~s don't look too good** sprawy nie wyglądają najlepiej; **~s are getting better/worse** jest coraz lepiej/gorzej; **how are ~s with you?, how are ~s going?** co (u ciebie) słychać?; **what are ~s like at work?** co słychać w pracy?; **why do you want to change ~s?** dlaczego chcesz wszystko zmieniać?; **to spoil ~s** wszystko popsuć; **to worry about ~s** zamartwiać się; **as ~s are** or **stand** w tej sytuacji; **as ~s turned out** jak się okazało; **all ~s considered** w sumie; **in all ~s** pod każdym względem; **he's fascinated by ~s Chinese** fascynuje go wszystko, co chińskie; **~s eternal and ~s temporal** sprawy wieczne i doczesne [3] Jur majątek *m*

IDIOMS: **it's not the done ~** to nie wypada, tak się nie robi; **it's not the done ~ to smoke during a meal** nie wypada palić papierosa podczas posiłku; **it's the in ~** infml to jest teraz w modzie; **she was wearing the latest ~ in hats** jej kapelusz był ostatnim krzykiem mody; **she's got the latest ~ in stereos** ma najnowszy sprzęt stereo; **it's all right if you like that sort of ~** może być, jeżeli gustujesz w czymś takim; **that's just the ~** or **the very ~!** o to właśnie chodzi!; **it's become quite the ~ (to do)** to się stało ostatnio bardzo modne; **it was a close** or **near ~** niewiele brakowało; **he's on to a good ~** infml dobrze się ustawił infml; **to do one's own ~** robić swoje; **he likes to do his own ~** infml lubi chodzić własnymi drogami; **for one ~ ... (and) for another ~ ...** po pierwsze..., a po drugie...; **to have a ~ about sb/sth** infml (like) mieć słabość do kogoś *[blondes, bearded men]*; mieć fioła na punkcie czegoś infml *[emeralds, fast cars]*; (hate) nie cierpieć or nie znosić czegoś *[dogs]*; **he's got a ~ about flying** on nie cierpi latać samolotem; **it's a girl/guy ~** infml to babska infml/męska rzecz; **to make a big ~ (out) of sth** infml robić z czegoś wielkie halo infml; **we certainly showed them a ~ or two** infml pokazaliśmy im, co potrafimy; **she can tell you a ~ or two about car engines** infml niejednego możesz się od niej dowiedzieć o silnikach samochodowych; **to know a ~ or two about sth** infml znać się nieźle na czymś; **I could tell you a ~ or two about her!** infml mogę ci o niej powiedzieć to i owo!; **he gave her a snake, of all ~s!** podarował jej ni mniej, ni więcej tylko węża!; **and then, of all ~s, she broke off their engagement** i wtedy, nie do wiary, zerwała zaręczyny; **I must be seeing /hearing ~s!** chyba mam przywidzenia /chyba się przesłyszałem!; **it's** or **it was (just) one of those ~s** tak to już bywa; **it's one (damned) ~ after another** infml nieszczęścia chodzą parami; **one ~ led to another** jedno pociągnęło za sobą drugie; (in discussion, argument) od słowa do słowa; **taking one ~ with another** biorąc wszystko pod uwagę; **what with one ~ and another, I haven't had time to read it** tak się więc złożyło, że nie miałem czasu tego przeczytać; **~s aren't what they used to be** nic już nie jest jak dawniej; **(to try) to be all ~s to all men** (starać się) wszystkim dogodzić

thingumabob /ˈθɪŋəməbɒb/ *n* infml jak mu tam; **Mr ~** ten, jak mu tam

thingumajig /ˈθɪŋəmədʒɪɡ/ *n* infml = **thingumabob**

thingummy /ˈθɪŋəmɪ/ *n* infml = **thingumabob**

thingy /ˈθɪŋɪ/ *n* infml = **thingumabob**

think /θɪŋk/ **I** *n* **to have a ~ about sth** GB przemyśleć coś, zastanowić się nad czymś; **I'll have another ~ and let you know** przemyślę to jeszcze raz i powiadomię cię

II *vt* (*pt, pp* **thought**) [1] (hold view, believe) sądzić, myśleć **(that...** że...); **I ~ this is their house** to chyba ich dom; **when do you ~ he'll arrive?** jak sądzisz, kiedy przyjdzie?; **we'd better be going, don't you ~?** nie sądzisz, że powinniśmy już iść?; **I ~ so** myślę or sądzę, że tak; **I don't ~ so, I ~ not** nie sądzę; **'the wine is free, isn't it?' – 'I don't ~ so!'** „wino jest gratis, prawda?" – „nie sądzę!"; **'can I stay out till midnight?' – 'no, I ~ not!'** „czy mogę wrócić o północy?" – „nie ma mowy!"; **'is he reliable?' – 'I'd like to ~ so but...'** „czy można mu zaufać?" – „chciałbym, żeby tak było, ale..."; **to ~ it best/better to do sth** sądzić, że najlepiej /lepiej zrobić coś; **I ~ it better to wait, what do you ~?** chyba lepiej poczekać, jak myślisz or sądzisz?; **'it's going to rain, I ~'** „chyba będzie padać"; **what do you ~ it will cost?** jak sądzisz, ile to będzie kosztować?; **him, a millionaire? I don't ~!** iron on milionerem? wykluczone!; **he was happy to work in the evenings – or so I thought** odpowiadała mu praca wieczorami – tak przynajmniej myślałem or sądziłem [2] (imagine) pomyśleć; **just ~! yesterday we were slaving away in the office and today...** tylko pomyśl! jeszcze wczoraj harowaliśmy w biurze, a dziś...; **just ~ what might happen!** tylko pomyśl, co może się zdarzyć!; **who'd have thought it!** hum któż mógł się spodziewać!; **I'd never have thought it!** nawet mi przez myśl nie przeszło!; **I never thought you meant it!** nie sądziłem, że mówisz poważnie!; **I can't ~ how/why/where** nie mam pojęcia, jak/dlaczego/gdzie; **I can't ~ who did it/what it's all about** nie mam pojęcia, kto to zrobił/o co tu chodzi; **I really don't know what to ~** naprawdę nie wiem, co myśleć; **who do you ~ you are?** za kogo ty się uważasz?; **what on earth do you ~ you're doing?** co ty wyprawiasz?; **I thought as much!** tak też myślałem or sądziłem!; **six weeks' holiday! that's what you ~!** sześciotygodniowe wakacje! chyba żartujesz!; **and to ~ that I believed him/that I once thought him charming!** GB pomyśleć, że mu ufałem/że kiedyś uważałem go za uroczego człowieka [3] (have thought, idea) po|myśleć **(to do sth** żeby zrobić coś); **I didn't ~ to phone/check** nie pomyślałem, żeby zadzwonić/sprawdzić; **did you ~ to bring a corkscrew/to ring him to confirm?** czy pomyślałeś, żeby przynieść korkociąg/żeby zadzwonić do niego i potwierdzić?; **I ~ I'll take the car/go for a swim** chyba pojadę samochodem/pójdę popływać; **to ~ beautiful thoughts** myśleć o rzeczach przyjemnych; **to ~ deep thoughts** być pogrążonym w zadumie; **I was just ~ing: suppose we sold the car?** tak sobie pomyślałem: gdybyśmy tak sprzedali samochód?; **we are ~ing money/sex here** infml chodzi tu o pieniądze/seks; **let's ~ Green/thin!** infml pomyśl ekologicznie/o zachowaniu szczupłej sylwetki!; **'what a horrible man,' she thought** „cóż za straszny człowiek", pomyślała [4] (rate, assess) **to ~ a lot/not much of sb/sth** cenić/nie cenić kogoś/coś *[person, work]*; **what do you ~ of him/his work?** co o nim sądzisz/co sądzisz o jego pracy?; **many ~ him a genius** wielu uważa go za geniusza [5] (remember) pamiętać **(to do sth** żeby zrobić coś); **to ~ where/how** przypomnieć sobie gdzie/jak; **I'm trying to ~ just where the house was/what her husband's called** próbuję przypomnieć sobie, gdzie jest ten dom/jak nazywa się jej mąż

III *vi* (*pt, pp* **thought**) [1] (engage in thought) po|myśleć **(about** or **of sb/sth** o kimś /czymś); **animals cannot ~** zwierzęta nie potrafią myśleć; **I'll have to ~ about it** muszę się nad tym zastanowić; **to ~ constructively** myśleć konstruktywnie; **~ before you act** zastanów się or pomyśl, zanim coś zrobisz; **what are you ~ing about?** o czym myślisz?; **I was ~ing of you** myślałem o tobie; **let me ~ a moment** daj mi się chwilę zastanowić; **his remarks made us all ~** jego uwagi dały nam wszystkim do myślenia; **to ~ hard** dobrze się zastanowić; **to ~ clearly** or **straight** rozumować jasno or logicznie; **to ~ for oneself** myśleć samodzielnie; **I'm sorry, I wasn't ~ing** przepraszam, nie zastanowiłem się; **we are ~ing in terms of economics** myślimy w kategoriach ekonomicznych; **let's ~** zastanówmy się; **come to ~ of it...** po zastanowieniu...; **now I come to ~ about it, ...** teraz uzmysłowiłem sobie, że... [2] (take into account) **to ~ about** or **of sb/sth** myśleć o kimś /czymś; **I can't ~ of everything!** nie mogę myśleć o wszystkim!; **~ of your family/about the future** pomyśl o rodzi-

T

nie/o przyszłości; **she only ~s of herself** ona myśli tylko o sobie [3] (consider) **to ~ of sb as sb** uważać kogoś za kogoś *[brother, friend, ally]*; **he ~s of himself as an expert** uważa się za eksperta [4] (have in mind) **to ~ of** or **about sth/doing sth** myśleć o czymś/o zrobieniu czegoś; **he's ~ing of resigning** myśli o złożeniu rezygnacji; **he's ~ing of computing as a career/about a career in the Navy** myśli o (pracy w) informatyce/marynarce; **whatever were you ~ing of?** co ci przyszło do głowy? [5] (imagine) **to ~ of sth** pomyśleć o czymś; **just ~ of the expense!** tylko pomyśl o kosztach!; **a million pounds, ~ of that!** milion funtów!, wyobrażasz to sobie?; **earlier than I thought** wcześniej niż sądziłem; **to ~ of his not knowing all about it!** i pomyśleć, że on o tym nic nie wie [6] (tolerate idea) **not to ~ of doing sth** nie pomyśleć o zrobieniu czegoś; **I couldn't ~ of letting you pay/of making an exception for her** nie ma mowy, żebyś zapłacił/o robieniu dla niej wyjątków [7] (remember) **to ~ of sb/sth** przypomnieć sobie o kimś/czymś; **I just can't ~ of his name** nie mogę przypomnieć sobie, jak się nazywa; **if you ~ of anything else** jeżeli coś jeszcze sobie przypomnisz

■ **think again** (reflect more) zastan|owić, -awiać się poważnie **(about sth** nad czymś); (change mind) zmienić zdanie; **if that's what you ~, you can ~ again** jeśli tak sądzisz, grubo się mylisz

■ **think ahead** po|myśleć zawczasu; **you need to ~ ahead and plan what you're going to do** musisz najpierw zastanowić się i zaplanować, co chcesz zrobić; **~ing ahead to our retirement...** z myślą o przejściu na emeryturę...; **in tennis it is essential to ~ ahead** w tenisie niezmiernie ważna jest umiejętność przewidywania

■ **think back** sięg|nąć, -ać pamięcią wstecz; **to ~ back to sth** powrócić myślami do czegoś

■ **think out**: **~ out [sth], ~ [sth] out** przemyśl|eć, -iwać; **you must ~ out what you're going to do** musisz dobrze zastanowić się nad tym, co chcesz robić; **well/badly thought out** dobrze/źle przemyślany

■ **think over**: **~ over [sth], ~ [sth] over** rozważ|yć, -ażać *[proposal]*; **I'd like time to ~ it over** potrzebuję czasu na zastanowienie się

■ **think through**: **~ through [sth], ~ [sth] through** dobrze się zastanowić nad (czymś)

■ **think up**: **~ up [sth], ~ [sth] up** wymyśl|ić, -ać *[plan, excuse]*; **what can we ~ up for her 21st birthday?** co by tu wymyślić na jej 21. urodziny?

IDIOMS: **he thought better of it** po zastanowieniu się zmienił zdanie; **to have another ~ coming** GB infml być w błędzie, grubo się mylić; **to ~ on one's feet** szybko podejmować decyzję; **to ~ well of sb** dobrze o kimś myśleć, mieć o kimś dobre mniemanie

thinkable /ˈθɪŋkəbl/ *adj* do pomyślenia; **it is hardly/not ~ that...** trudno sobie wyobrazić/to nie do pomyślenia, żeby...

thinker /ˈθɪŋkə(r)/ *n* myśliciel *m*, -ka *f*

thinking /ˈθɪŋkɪŋ/ **I** *n* [1] (thought, reflection) myślenie *n*, zastanowienie *n*; **this is going to need some ~** to wymaga zastanowienia się; **to do some (hard) ~** (poważnie) zastanowić się [2] (way one thinks) zapatrywania *plt*; **to influence sb's ~** GB wpływać na zapatrywania kogoś; **what's your ~ on immigration?** GB co sądzisz o imigracji?; **current ~ is that...** GB obecnie uważa się, że...; **to my way of ~** moim zdaniem

II *adj [person]* myślący; **the ~ person's pin-up/sports car** symbol seksu/sportowy samochód dla człowieka inteligentnego

IDIOMS: **to put on one's ~ cap** hum wysilić swoje szare komórki hum

think-tank /ˈθɪŋktæŋk/ *n* zespół *m* doradców

thin-lipped /ˌθɪnˈlɪpt/ *adj* (having thin lips) *[person]* o wąskich wargach; (because of emotion) *[stay, watch, smile]* z zaciśniętymi ustami

thinly /ˈθɪnlɪ/ *adv* [1] (sparingly) *[cut, slice, butter]* cienko; *[dress]* lekko; *[cover, spread]* cienką warstwą; **to slice bread ~** pokroić chleb cienko or na cienkie kromki; **'apply paint ~'** „farbę nakładać cienką warstwą" [2] (weakly) **to smile ~** uśmiechnąć się blado [3] (sparsely) **a ~ inhabited/wooded area** teren słabo zaludniony/zalesiony [4] fig (scarcely) **~ disguised/veiled** ledwie skrywany

thinner /ˈθɪnə(r)/ **I** *comp adj* → **thin**

II *n* (also **~s**) rozcieńczalnik *m*; **paint ~(s)** rozcieńczalnik do farb

thinness /ˈθɪnnɪs/ *n* (of body) chudość *f*; (of plant, fabric, slice, layer) cienkość *f*; (of argument, idea) słabość *f*; (of joke, excuse) kiepskość *f*

thin-skinned /ˌθɪnˈskɪnd/ *adj [fruit]* z cienką skórką; fig (oversensitive) nadwrażliwy

third /θɜːd/ **I** *n* [1] (in order) trzeci *m*, -a *f*, -e *n*; **the ~ of May, May the ~** trzeci maja [2] (fraction) trzecia *f* (część); **two ~s** dwie trzecie [3] Mus tercja *f* [4] (also **~ gear**) Aut trzeci bieg *m*; trójka *f* infml [5] (also **~-class degree**) GB Univ ≈ dyplom *m* z oceną dostateczną

II *adj* trzeci

III *adv* [1] (in sequence) *[come, finish]* na trzecim miejscu [2] (in list) po trzecie [3] Tourism **to go/travel ~** jechać/podróżować trzecią klasą

IDIOMS: **~ time lucky** do trzech razy sztuka

third-class /ˌθɜːdˈklɑːs, US -ˈklæs/ **I** *adj* [1] (carriage, ticket) trzeciej klasy; (hotel, restaurant) trzeciej kategorii; **~ mail** Post przesyłka zwykła [2] GB Univ **~ degree** = **third I5**

II third class *adv* (travel) trzecią klasą; **to send sth ~** wysłać coś zwykłą pocztą

third degree *n* infml wymuszenie *n* zeznań; **to give sb the ~** *[interrogator, captor]* przesłuchać kogoś z użyciem przemocy; fig *[father, headteacher]* wymaglować kogoś infml

third-degree burns /ˌθɜːddɪgriːˈbɜːnz/ *npl* oparzenia *n pl* trzeciego stopnia

Third Estate *n* trzeci stan *m*

thirdhand /ˌθɜːdˈhænd/ **I** *adj* [1] (not new) *[vehicle, car]* używany [2] (indirect) *[report, evidence]* pochodzący z trzeciej ręki

II *adv [hear, learn]* z trzeciej ręki

thirdly /ˈθɜːdlɪ/ *adv* po trzecie

third party /ˌθɜːdˈpɑːtɪ/ **I** *n* Insur, Jur osoby *f pl* trzecie

II third-party *modif* Insur **~ insurance** ubezpieczenie od odpowiedzialności cywilnej; **~ liability** odpowiedzialność cywilna; **cover for ~, fire and theft** ubezpieczenie od odpowiedzialności cywilnej

third person *n* Ling trzecia osoba *f*; **in the ~ singular/plural** w trzeciej osobie liczby pojedynczej/mnogiej

third-rate /ˌθɜːdˈreɪt/ *adj* pej *[actor, hotel]* trzeciorzędny; *[work]* kiepski

Third Way *n* Pol trzecia droga *f*

Third World **I** *n* **the ~** kraje *m pl* trzeciego świata, Trzeci Świat *m*

II *modif* **~ country** kraj trzeciego świata; **~ economy/politics** gospodarka/polityka krajów trzeciego świata

thirst /θɜːst/ **I** *n* [1] pragnienie *n*; **in their ~ for water...** spragnieni wody...; **to quench one's ~** ugasić pragnienie; **it's given me a ~** chciało mi się po tym pić [2] fig (for knowledge, education, affection) pragnienie *n*; głód *m* fig **(for sth** czegoś); (for blood, revenge) żądza *f* **(for sth** czegoś)

II *vi* dat or liter łaknąć liter **(after** or **for sth** czegoś)

thirstily /ˈθɜːstɪlɪ/ *adv [drink]* wielkimi łykami

thirst quencher *n* napój *m* orzeźwiający

thirsty /ˈθɜːstɪ/ *adj* [1] *[person, animal]* spragniony; **to feel ~** odczuwać pragnienie; **aren't you ~?** nie chce ci się pić?; **I'm ~!** chce mi się pić!; **I am ~ for cool beer** napiłbym się zimnego piwa; **it's ~ work!** przy tej pracy chce się pić!; **to make sb ~** wywoływać u kogoś pragnienie [2] fig *[land, soil]* wysuszony; spragniony liter; **to be ~ for sth** *[person]* być spragnionym czegoś *[peace, affection]*; być żądnym czegoś *[vengeance, blood]*; odczuwać głód czegoś *[knowledge]*

thirteen /ˌθɜːˈtiːn/ **I** *n* trzynaście; (symbol) trzynastka *f*; **at ~ hours** o (godzinie) trzynastej; **at five ~** o piątej trzynaście

II *adj* trzynaście; (male) trzynastu *(+ v sg)*; (male and female) trzynaścioro *(+ v sg)*

Thirteen Colonies *npl* US Hist trzynaście kolonii *f pl (które utworzyły Stany Zjednoczone)*

thirteenth /ˌθɜːˈtiːnθ/ **I** *n* [1] (in order) trzynast|y *m*, -a *f*, -e *n*; **Friday the ~** piątek trzynastego [2] (fraction) trzynasta *f* (część); **seven ~s** siedem trzynastych

II *adj* trzynasty

III *adv [finish]* na trzynastym miejscu

thirtieth /ˈθɜːtɪəθ/ **I** *n* [1] (in order) trzydziest|y *m*, -a *f*, -e *n*; **Friday the ~** piątek trzydziestego [2] (fraction) trzydziesta *f* (część); **seven ~s** siedem trzydziestych

II *adj* trzydziesty

III *adv [finish]* na trzydziestym miejscu

thirty /ˈθɜːtɪ/ **I** *n* trzydzieści; (symbol) trzydziestka *f*; **a man of ~** mężczyzna trzydziestoletni; **at five ~** o piątej trzydzieści

II *adj* trzydzieści; (male) trzydziestu *(+ v sg)*; (male and female) trzydzieścioro *(+ v sg)*; **the Thirty Years' War** Hist Wojna Trzydziestoletnia

thirty-second note /ˌθɜːrtɪsekənd'nəʊt/ *n* US Mus trzydziestodwójka *f*

thirty something *n* yuppie *m* po trzydziestce infml

this /ðɪs/ (*pl* **these**) **I** *det* ten; **~ man /woman/child** ten mężczyzna/ta kobieta /to dziecko; **these people/children** ci ludzie/te dzieci; **~ lamp/paper** ta lampa/ten papier; **all these books** te wszystkie książki; **do it ~ way, not that way** rób to tak, a nie tak; **~ woman came up to me** infml podeszła do mnie jakaś kobieta **II** *pron* to; **what's ~?** co to (jest)?; **who's ~?** kto to (jest)?; (on telephone) kto mówi?; **whose is ~?** czyje to (jest)?; **~ is the dining room** to (jest) jadalnia; **where's ~?** (on photo) gdzie to było?; **after ~ we'll have lunch** potem zjemy lunch; **perhaps he'll be more careful after ~** może teraz będzie bardziej ostrożny; **before ~ he'd never been out of France** nigdy przedtem nie wyjeżdżał z Francji; **you should have told me before ~** trzeba mi było wcześniej powiedzieć; **~ is Anna** (introduction, on photo) to (jest) Anna; (on telephone) mówi Anna; **~ is the book I was talking about** to ta książka, o której mówiłem; **~ is not the right one** ten nie jest odpowiedni; **what did you mean by ~?** co chciałeś przez to powiedzieć?; **~ was not what she had intended** nie taki miała zamiar; **who did ~?** kto to zrobił?; **we'll need more than ~** będziemy potrzebować więcej; **it happened like ~** to było tak; **what's all ~ about?** o co chodzi?; **what's all ~ about Adam resigning?** o co chodzi z tą rezygnacją Adama?; **at ~ he got up and left** na to wstał i wyszedł; **hold it like ~** trzymaj to w ten sposób; **I never thought it would come to ~** nigdy nie myślałem, że dojdzie do tego; **~ is what happens when you press the red button** oto co się dzieje po naciśnięciu czerwonego przycisku; **~ is what happens when you disobey your parents!** takie są skutki niesłuchania rodziców **III** *adv* tak, taki; **it's ~ big** to jest takie duże; **when she was only ~ high** gdy była taka mała; **having got ~ far it would be a pity to stop now** skoro zaszliśmy już tak daleko, szkoda byłoby zatrzymywać się also fig; **I can't eat ~ much** nie mogę tak dużo jeść; **I didn't realize it was ~ serious/difficult** nie zdawałem sobie sprawy z tego, że to tak poważne/trudne → **much**

IDIOMS: **to talk about ~ and that** or **~, that and the other** rozmawiać o tym i owym; **'what have you been up to?' – 'oh, ~ and that'** „co porabiałeś?" – „to i owo"

thistle /'θɪsl/ *n* (weed) oset *m*

thistledown /'θɪsldaʊn/ *n* puch *m* ostu

thistly /'θɪslɪ/ *adj [ground]* porosły ostami

thither /'ðɪðə(r)/ *adv* dat tam

tho' = **though**

tholepin /'θəʊlpɪn/ *n* dulka *f*

Thomas /'tɒməs/ *prn* Tomasz *m*

thong /θɒŋ/ **I** *n* [1] (of leather) rzemień *m* [2] (on shoe, garment) rzemyk *m* [3] (underwear) figi *plt* tanga **II thongs** *npl* US (sandals) klapki *m pl*

thoracic /θɔː'ræsɪk/ *n [cage, duct]* piersiowy; **~ cavity/surgery** jama/operacja klatki piersiowej

thorax /'θɔːræks/ *n* (*pl* **-axes, -aces**) klatka *f* piersiowa; (of insect) tułów *m*

thorium /'θɔːrɪəm/ *n* Chem tor *m*

thorn /θɔːn/ *n* [1] (on flower, shrub) cierń *m*, kolec *m*; **crown of ~s** Relig korona cierniowa [2] (bush) ciernisty krzew *m*; (hawthorn) głóg *m*

IDIOMS: **to be a ~ in sb's flesh** or **side** być komuś solą w oku

thorn apple *n* bieluń *m* dziędzierzawa

thornbush /'θɔːnbʊʃ/ *m* (hawthorn) krzak *m* głogu; (other) ciernisty krzak *m*

thorn hedge *m* żywopłot *m* głogowy

thornless /'θɔːnlɪs/ *adj* bez kolców, pozbawiony kolców

thornproof /'θɔːnpruːf/ *adj* odporny na rozdarcie

thorny /'θɔːnɪ/ *adj* kolczasty, ciernisty; fig *[problem, question]* drażliwy

thorough /'θʌrə, US 'θʌrəʊ/ *adj* [1] (detailed) *[research, knowledge]* gruntowny; *[analysis, examination]* dokładny; *[work, preparation]* staranny; *[plan]* szczegółowy; *[investigation]* drobiazgowy; **to give sth a ~ cleaning** gruntownie wysprzątać coś *[house, room]*; **he did a ~ job on the repair work** naprawił wszystko co trzeba; **to have a ~ grasp of sth** znać coś gruntownie [2] (meticulous) *[person]* skrupulatny; gruntowny ra [3] (absolute) *[rogue, idiot]* skończony; *[waste of time]* całkowity; **to make a ~ nuisance of oneself** być zupełnie nie do wytrzymania

thoroughbred /'θʌrəbred/ **I** *n* koń *m* czystej krwi **II** *adj* rasowy

thoroughfare /'θʌrəfeə(r)/ *n* arteria *f*; **main ~** główna ulica; **public ~** droga publiczna; **'no ~'** „droga zamknięta"

thoroughgoing /'θʌrəgəʊɪŋ/ *adj [analysis, search]* dogłębny; *[revision, investigation]* gruntowny; *[conviction]* głęboki

thoroughly /'θʌrəlɪ, US 'θʌrəʊlɪ/ *adv* [1] (meticulously) *[examine, check, search]* gruntownie; *[wash, disinfect, prepare, read]* dokładnie [2] (completely) *[clean, reliable, contented, convincing]* zupełnie; *[cooked]* do miękkości; *[dangerous, depressing, confusing, unpleasant]* na wskroś, całkiem; *[beaten]* dotkliwie; **~ nice** przemiły; **~ nasty** przeokropny; **to ~ enjoy sth/doing sth** w pełni cieszyć się czymś/z robienia czegoś [3] (without reservation) *[understand]* dogłębnie; *[agree, approve, sympathize]* w pełni; *[recommend]* gorąco; **to be ~ in favour of sth** popierać coś w pełni

thoroughness /'θʌrənɪs, US 'θʌrəʊnɪs/ *n* (of preparation) gruntowność *f*; (of search) staranność *f*; (of analysis) dokładność *f*

those /ðəʊz/ *npl* → **that**

thou[1] /θaʊ/ *n* US infml = **thousand**

thou[2] /ðaʊ/ *pron* arch or dial ty

though /ðəʊ/ **I** *conj* [1] (emphasizing contrast: although) chociaż, mimo że; **she hasn't phoned, (even) ~ she said she would** nie zadzwoniła, chociaż or mimo że obiecała; **~ she's clever** or **clever ~ she is, she's not what we're looking for** chociaż jest inteligentna, nie jest jednak osobą, jakiej poszukujemy; **strange ~ it may seem** chociaż może wydawać się to dziwne; **talented ~ he is, I don't like him** to prawda, że jest utalentowany, ale ja go nie lubię [2] (modifying information: but) chociaż, jednak; **I think she knows, ~ I can't be sure** wydaje mi się, że ona wie, chociaż nie mam pewności; **you can still cancel, ~ you'll be charged £10** może pan jeszcze zrezygnować, jednak w takim wypadku będzie musiał pan zapłacić 10 funtów; **the house was small ~ well-designed** dom był mały, aczkolwiek dobrze rozplanowany; **a foolish ~ courageous act** czyn odważny, niemniej jednak głupi; **that was delicious ~ I say so myself!** nie chwaląc się, to było pyszne! → **even[1]** **II** *adv* jednak; **fortunately, ~, they survived** na szczęście jednak ocaleli; **in all, ~, we had a good time** w sumie jednak dobrze się bawiliśmy; **she's probably not home, I'll keep trying ~** pewnie nie ma jej w domu, ale będę dalej próbował; **'travelling abroad's expensive' – 'it's worth it, ~'** „podróże zagraniczne dużo kosztują" – „jednak warto"

thought /θɔːt/ **I** *pt, pp* → **think** **II** *n* [1] (mental activity) myśl *f*, myślenie *n*; (reflexion) namysł *m*, zastanowienie *n*; **he's lost/deep in ~** jest pogrążony/zatopiony w myślach; **after much ~** po długim namyśle; **with little ~** nie zastanawiając się specjalnie; **after a moment's ~** po chwili namysłu; **without ~ of the consequences** nie myśląc o konsekwencjach; **with no ~ for her own life** nie dbając o własne życie; **to give ~ to sth** zastanowić się nad czymś; **little ~ has been given to how/why...** nie zastanowiono się specjalnie nad tym, jak/dlaczego...; **more ~ should have been given to it** należało się nad tym głębiej zastanowić; **we never gave it much ~** nigdy się nad tym specjalnie nie zastanawialiśmy; **don't give it another ~** nie myśl już o tym; **she doesn't give any ~ to her appearance** zupełnie nie przejmuje się swoim wyglądem; **spare a ~ for him** pomyśl o nim; **he put a lot of ~ into the gift** długo zastanawiał się nad wyborem prezentu [2] (idea) myśl *f*, pomysł *m*; **happy/nice ~** szczęśliwy/miły pomysł; **passing/intriguing ~** przelotna/intrygująca myśl; **the ~ of doing sth** pomysł zrobienia czegoś; **at the ~ of doing sth** na myśl o zrobieniu czegoś; **the mere ~ of it makes me feel ill** na samą myśl o tym robi mi się niedobrze; **the ~ has just occurred to me** przyszło mi (to) właśnie do głowy; **the ~ that...** myśl, że...; **what a ~!** co za pomysł!; **that's a ~!** to jest myśl!; **it was just a ~** tak tylko pomyślałem; **what a kind ~!** jakie to miłe! [3] (intention) zamiar *m*; **to have no ~ of doing sth** nie mieć zamiaru czegoś zrobić; **I have no ~ of marrying her** nie mam zamiaru żenić się z nią, ani myślę się z nią żenić; **I've given up all ~s of moving** porzuciłem wszelką myśl o przeprowadzce; **it's the ~ that counts** liczą się intencje [4] Philos (thinking) myśl *f*; **freedom of ~** wolność myśli

III thoughts *npl* [1] (mind) myśli *f pl* **(about sth** o czymś); **to read sb's ~s** czytać w myślach kogoś; **to collect** or **gather one's ~s** pozbierać myśli; **alone with one's ~s** sam ze swymi myślami; **our ~s turn to the future** nasze myśli kierują się ku przyszłości; **my ~s were elsewhere** myślami byłem zupełnie gdzie indziej; **my ~s were still on the film** ciągle myślałem o tym filmie [2] (opinions) zdanie *n*, przemyślenia *plt* **(about/on sth** na temat czegoś); **I'd like to hear your ~s** chciałbym usłyszeć twoje zdanie; **to express one's ~** wyrazić swoje zdanie; **to have some ~s on how the system could be improved** mieć parę pomysłów, jak udoskonalić system

thoughtful /ˈθɔːtfl/ *adj* [1] (pensive) *[person, expression, look, smile]* zamyślony, zadumany; (disposed to think) *[person]* myślący; **~ silence** cisza pełna zadumy; **what are you so ~ about?** nad czym tak się zamyśliłeś?; **to look ~** wyglądać na zamyślonego [2] (considerate) *[person]* troskliwy, życzliwy; *[letter, gift, gesture]* świadczący o życzliwości; **he is ~ of others** on myśli o innych; **it was ~ of her to remember my birthday** to ładnie, że pamiętała o moich urodzinach [3] (well thought-out) *[analysis, study]* głęboki; *[research]* wnikliwy

thoughtfully /ˈθɔːtfəlɪ/ *adv* [1] (considerately) *[treat]* życzliwie; *[act]* zapobiegliwie; *[chosen, worded]* roztropnie; **tea was ~ provided** zadbano o przygotowanie herbaty [2] (pensively) *[look, glance, smile]* w zamyśleniu [3] (reflectively) *[write, describe]* refleksyjnie

thoughtfulness /ˈθɔːtflnɪs/ *n* [1] (kindness) życzliwość *f*, troskliwość *f*; **~ towards sb** życzliwość wobec kogoś [2] (of person, character) rozwaga *f*

thoughtless /ˈθɔːtlɪs/ *adj [person, remark, act]* bezmyślny; **it was ~ of him to leave broken glass lying around** postąpił bezmyślnie, zostawiając potłuczone szkło; **to be ~ towards sb** nie dbać o kogoś, nie myśleć o kimś; **how can you be so ~?** jak możesz być taki bezmyślny?

thoughtlessly /ˈθɔːtlɪslɪ/ *adv* bezmyślnie; **he behaves ~ towards his family** nie dba o swoją rodzinę

thoughtlessness /ˈθɔːtlɪsnɪs/ *n* (lack of forethought) bezmyślność *f*; (lack of consideration) nieodpowiedzialność *f*

thought-out /ˌθɔːtˈaʊt/ *adj* **well/badly ~ plan** przemyślany/nieprzemyślany plan

thought process *n* proces *m* myślowy; **I can't follow your ~** nie nadążam za tokiem twego rozumowania

thought-provoking /ˌθɔːtprəˈvəʊkɪŋ/ *adj [film, essay]* skłaniający do refleksji; **it's very ~** to daje do myślenia

thought-reading /ˈθɔːtriːdɪŋ/ *n* czytanie *n* w (cudzych) myślach

thought transference *n* przekazywanie *n* myśli na odległość, telepatia *f*

thousand /ˈθaʊznd/ **I** *n* (figure) tysiąc *m*; **three ~** trzy tysiące; **a ~ and two** tysiąc dwa; **by the ~** (exactly) po tysiąc; (roughly) tysiącami; **about a ~** około tysiąca; **~-year-old** tysiącletni; **one in a ~** jeden na tysiąc

II thousands *npl* (large numbers, amounts) tysiące *m pl* **(of sb/sth** kogoś/czegoś); **~s of books** tysiące książek; **in their ~s** tysiącami; **to earn/lose ~s** zbić/stracić majątek; **a cast of ~s** wielotysięczna obsada

III *adj* tysiąc; **five ~ pounds** pięć tysięcy funtów; **a ~ thanks** stokrotne dzięki; **about a ~ people** około tysiąca ludzi; **a ~ times** tysiąc razy; **a ~ times better** tysiąc razy lepszy

IDIOMS: **to die a ~ deaths** umierać fig *(z zażenowania, ze wstydu)*

thousandfold /ˈθaʊzndfəʊld/ **I** *adj [increase]* tysiąckrotny

II *adv* tysiąckrotnie; **a ~** tysiąc razy; **a three ~** trzy tysiące razy

Thousand Island dressing *n* sos *m* majonezowy *(z chili, papryką, pomidorami i oliwkami)*

thousandth /ˈθaʊzndθ/ **I** *n* [1] (fraction) tysięczna *f* (część); **three ~s of sth** trzy tysięczne czegoś [2] (in order) tysięczn|y *m*, -a *f*, tysięczn|y *m*, -a *f*

II *adj* tysięczny, tysięczny

Thrace /θreɪs/ *prn* Tracja *f*

Thracian /ˈθreɪʃn/ **I** *n* [1] (person) mieszkan|iec *m*, -ka *f* Tracji, Trak *m*; **the ~s** (ancient) Trakowie [2] (language) (język *m*) tracki *m*

II *adj [culture, myths]* tracki

thraldom GB, **thralldom** US /ˈθrɔːldəm/ *n* liter niewola *f*

thrall /θrɔːl/ *n* liter **to hold sb in ~** zniewolić kogoś; **to be in ~ to sth** ulec or poddać się czemuś

thrash /θræʃ/ **I** *n* [1] GB infml (party) balanga *f* infml [2] Mus thrash *m*

II *vt* [1] (beat) z|bić; z|lać infml [2] (defeat) pobić *[opponent, enemy, competitor]*; rozbi|ć, -jać *[attack]*

■ **thrash about, thrash around**: ¶ **~ about, ~ around** rzucać się ¶ **~ [sth] around** wymachiwać (czymś); **to ~ one's arms/legs around** wymachiwać rękami /wierzgać nogami

■ **thrash out**: **~ out [sth], ~ [sth] out** rozpracow|ać, -ywać *[problem]*; wypracow|ać, -ywać *[compromise, plan]*; om|ówić, -awiać dokładnie *[difference, difficulties]*

IDIOMS: **to ~ the living daylights out of sb** sprać kogoś na kwaśne jabłko

thrashing /ˈθræʃɪŋ/ *n* lanie *n* also fig; **to give sb a ~** sprawić komuś lanie

thread /θred/ **I** *n* [1] (in sewing) nić *f*, nitka *f*; **gold/silver ~** złota/srebrna nitka; **silk /cotton ~** nić jedwabna/bawełniana; **to be hanging by a ~** trzymać się na jednej nitce; fig wisieć na włosku fig [2] fig (of argument, story) wątek *m*; nić *f* liter; (of smoke, light) smużka *f*; **to lose/follow the ~** stracić/śledzić wątek; **central/common ~** główny/wspólny wątek; **to pull all the ~s together** powiązać wszystko w jedną całość; **to pick up the ~ of sth** podjąć wątek czegoś *[story, conversation]*; **to pick up the ~s of sth** podjąć na nowo coś *[career]*; **to pick up the ~s of a relationship with sb** odnowić znajomość z kimś [3] Tech (of screw) gwint *m* [4] (on Internet) wątek *m*

II threads *npl* US infml (clothes) ciuchy *m pl* infml

III *vt* [1] nawle|c, -kać *[needle]*; nawle|c, -kać, na|nizać *[beads]* **(onto sth** na coś); zał|ożyć, -kładać *[film, tape]* **(into sth** do czegoś); przewle|c, -kać *[rope]* [2] fig (move) **to ~ one's way through sth** lawirować wśród czegoś *[tables]*; omijać coś *[obstacles]*; **she ~ed her way through the crowd** przecisnęła się przez tłum

IV *vi [tape, film]* przewi|nąć, -jać się; **they ~ easily** *[needles]* łatwo je nawlec; *[beads]* łatwo je nanizać; **the machine ~s from behind** igłę w maszynie nawleka się od tyłu

■ **thread up**: **~ up [sth]** zał|ożyć, -kładać nici w (czymś) *[sewing machine]*

threadbare /ˈθredbeə(r)/ *adj [clothes, blanket]* wytarty; *[joke, saying]* fig oklepany

threadlike /ˈθredlaɪk/ *adj [form, shape]* nitkowaty

threadworm /ˈθredwɜːm/ *n* owsik *m*

threat /θret/ *n* [1] (verbal abuse) groźba *f*, pogróżka *f*; **to make ~s against sb** wygrażać or grozić komuś; **to give in to ~s** ustąpić wobec gróźb [2] (danger) zagrożenie *n* **(to sb/sth** dla kogoś/czegoś); **to pose a ~ to sb/sth** stanowić zagrożenie dla kogoś/czegoś; **to be under ~** być zagrożonym; **under ~ of sth** pod groźbą czegoś *[punishment, death]* [3] (risk, possibility) niebezpieczeństwo *n*, groźba *f* **(of sth** czegoś); **because of the ~ of more rain** w związku z niebezpieczeństwem wystąpienia dalszych opadów

threaten /ˈθretn/ **I** *vt* [1] (warn) za|grozić (komuś) *[person]* **(to do sth** zrobieniem czegoś); **he was ~ed with death/a knife** grożono mu śmiercią/nożem [2] (endanger) zagr|ozić, -ażać (czemuś), stanowić zagrożenie dla (czegoś) *[planet, wildlife, stability, peace]*; **the village is ~ed with flooding** wiosce zagraża powódź

II *vi [danger, bad weather]* grozić; **famine /rain ~s** grozi głód/grożą opady deszczu; **they ~ed to kill him** zagrozili, że go zabiją

III threatened *pp adj* zagrożony; **to feel ~ed** czuć się zagrożonym

threatening /ˈθretnɪŋ/ *adj [atmosphere, look, landscape, gesture]* groźny; *[letter, phone call]* z pogróżkami; **in a ~ manner** groźnie

threateningly /ˈθretnɪŋlɪ/ *adv [gesture, look, speak]* groźnie; *[approach]* niebezpiecznie

three /θriː/ **I** *n* trzy; (symbol) trójka *f*; **to play the best of ~** Sport grać do dwóch

II *adj* trzy; (male) trzech *(+ v sg)*; (male and female) troje *(+ v sg)*

three-card monte /ˌθriːkɑːdˈmɒntɪ/ *n* ≈ gra *f* w trzy karty

three-card trick /ˌθriːkɑːdˈtrɪk/ *n* gra *f* w trzy karty

three-colour GB, **three-color** US /ˌθriːˈkʌlə(r)/ *adj [artwork, printing]* triadowy

three-cornered /ˌθriːˈkɔːnəd/ *adj [object]* trójkątny; *[hat]* trójgraniasty; fig *[discussion]* trójstronny

three-D /ˌθriːˈdiː/ **I** *n* **in ~** trójwymiarowo

II *adj* trójwymiarowy

three-day event /ˌθriːdeɪˈvent/ *n* Equest wszechstronny konkurs *m* konia wierzchowego, WKKW

three-day eventing /ˌθriːdeɪˈventɪŋ/ *n* = three-day event

three-decker /ˌθriːˈdekə(r)/ **I** *n* (boat) trójpokładowiec *m*

II *modif [boat]* trójpokładowy; *[sandwich]* trzywarstwowy

three-dimensional /ˌθriːdaɪˈmenʃnl/ *adj* trójwymiarowy

threefold /ˈθriːfəʊld/ **I** *adj* [1] (triple) *[purpose, meaning]* potrójny [2] (three times as numerous) *[increase]* trzykrotny

II *adv* (three times) trzykrotnie; (triply) potrójnie

three-four time /ˌθriːˈfɔːtaɪm/ *n* Mus takt *m* na trzy czwarte; **in ~** na trzy czwarte

three-lane /ˌθriːˈleɪn/ *adj [roadway, motorway]* trzypasmowy

three-legged /ˌθriːˈlegɪd/ *adj* trójnożny; **~ race** wyścig parami *(w którym prawa noga jednego uczestnika jest związana z lewą nogą drugiego)*

threepence /ˈθrepəns/ *n* GB trzy pensy

threepenny /ˈθrəpənɪ, ˈθrʌpənɪ/ *adj* GB *[piece]* trzypensowy; *[stamp]* za trzy pensy; **the Threepenny Opera** „Opera za trzy grosze"

threepenny bit *n* GB dat moneta *f* trzypensowa

three-phase /ˌθriːˈfeɪz/ *adj* trójfazowy

three-piece suit /ˌθriːpiːsˈsuːt, -ˈsjuːt/ *n* (for men) garnitur *m* trzyczęściowy; (for women) kostium *m* trzyczęściowy

three-piece suite /ˌθriːpiːsˈswiːt/ *n* komplet *m* wypoczynkowy *(kanapa i dwa fotele)*

three-ply (wool) /ˌθriːˈplaɪ(wʊl)/ *n* włóczka *f* potrójna

three-point landing /ˌθriːpɔɪntˈlændɪŋ/ *n* lądowanie *n* na trzy koła

three-point turn /ˌθriːpɔɪntˈtɜːn/ *n* Aut zawracanie *n* na trzy

three-quarter /ˌθriːˈkwɔːtə(r)/ **I** *n* Sport środkowy *m* ataku

II *adj [sleeve]* trzyćwierciowy; **~ portrait** portret w trzech czwartych

three-quarter-length /ˌθriːˈkwɔːtəleŋθ/ *adj [coat]* trzyćwierciowy

three-quarter line *n* Sport linia *f* ataku

three-quarters /ˌθriːˈkwɔːtəz/ **I** *npl* trzy czwarte; **~ of an hour** trzy kwadranse; **~ of all those who...** trzy czwarte tych, którzy...

II *adj [empty, full, done]* w trzech czwartych

three-ring circus /ˌθriːrɪŋˈsɜːkəs/ *n* US cyrk *m* o trzech arenach; fig pej istny cyrk *m* infml fig

three R's *npl* Sch trzy podstawowe umiejętności *f pl (czytanie, pisanie, rachunki)*

threescore /ˌθriːˈskɔː(r)/ *n, adj* arch sześćdziesiąt *n*; kopa *f* ra; **~ and ten** siedemdziesiąt

three-sided /ˌθriːˈsaɪdɪd/ *adj [object]* trójboczny; *[discussion]* trójstronny

threesome /ˈθriːsəm/ *n* trójka *f*; (for sex) orgietka *f* we troje infml; **to go in a/as a ~** iść w trójkę

three-star /ˌθriːˈstɑː(r)/ *adj* Tourism trzygwiazdkowy

three-way /ˌθriːˈweɪ/ *adj [discussion]* trójstronny; *[loudspeaker]* trójdrożny; **a ~ junction** skrzyżowanie trzech dróg; **a ~ split** podział na trzy części

three-wheeler /ˌθriːˈwiːlə(r)/ *n* (car, tricycle) trójkołowiec *m*; (motorcycle with side-car) motocykl *m* z koszem

three-year-old /ˌθriːjɪəˈəʊld, -jɜː-/ *n* trzylat|ek *m*, -ka *f*

threnody /ˈθrenədɪ/ *n* tren *m*

thresh /θreʃ/ **I** *vt* wy|młócić

II *vi* wy|młócić zboże

thresher /ˈθreʃə(r)/ *n* [1] (machine) młockarnia *f*, młocarnia *f* [2] (worker) młocarz *m*

threshing /ˈθreʃɪŋ/ *n* młócka *f*

threshing floor *n* klepisko *n*

threshing machine *n* młockarnia *f*, młocarnia *f*

threshold /ˈθreʃəʊld, -həʊld/ *n* [1] próg *m*; **to cross the ~** przestąpić próg; **to stand on the ~** stać w progu [2] fig próg *m*; **pain ~** próg bólu; **on the ~ of sth** u progu czegoś *[career, new era, discovery]* [3] Fin, Tax próg *m*; **tax ~** próg podatkowy; **wage ~** GB próg płacowy

threshold price *n* Agric, EC cena *f* progowa

threw /θruː/ *pt* → **throw**

thrice /θraɪs/ *adv* arch trzykrotnie; trzykroć arch

thrift /θrɪft/ **I** *n* [1] (frugality) oszczędność *f*, gospodarność *f* [2] Bot zawciąg *m*

II thrifts *npl* US Fin (also **~ institutions**) kasy *f pl* oszczędnościowe

thriftiness /ˈθrɪftɪnɪs/ *n* gospodarność *f*, oszczędność *f*

thriftless /ˈθrɪftlɪs/ *adj [person, lifestyle]* niegospodarny

thriftlessness /ˈθrɪftlɪsnɪs/ *n* niegospodarność *f*, marnotrawstwo *n*

thrift shop *n* sklep *m* z artykułami używanymi *(z którego dochody przekazywane są na cele dobroczynne)*

thrifty /ˈθrɪftɪ/ *adj [person]* gospodarny; oszczędny (**in sth** w czymś); *[meal, lifestyle]* skromny

thrill /θrɪl/ **I** *n* [1] (sensation) dreszcz *m*, dreszczyk *m* (**of sth** czegoś); **a ~ of pleasure** dreszcz(yk) rozkoszy; **to feel** or **experience a ~ (of joy)** zadrżeć (z radości) [2] (pleasure) emocjonujące przeżycie *n*; ogromna przyjemność *f* (**of doing sth** z robienia czegoś); **it was a ~ to meet her** spotkanie z nią było emocjonującym przeżyciem; **he gets a ~** or **his ~s from gambling/out of driving fast** emocjonuje go hazard/szybka jazda; **his victory gave me a ~** jego zwycięstwo sprawiło mi ogromną radość; **journey full of ~s** podróż pełna wrażeń; **what a ~!** ależ to emocjonujące!

II *vt* (excite greatly) przyprawi|ć, -ać o dreszczyk emocji, ekscytować; (give great pleasure to) u|radować; **to ~ sb with horror** budzić dreszcz grozy w kimś

III *vi [person]* za|drżeć (z emocji); **to ~ at seeing sth/at the sound of sb's voice** zadrżeć na widok czegoś/na dźwięk głosu kogoś; **we ~ed to the magic of his music** daliśmy się porwać jego cudownej muzyce; **to ~ with fear** zadygotać ze strachu

IV thrilled *pp adj* (delighted) zachwycony (**with sth** czymś); (excited) podekscytowany (**with sth** czymś); **to be ~ed to do sth** z entuzjazmem coś robić; **~ed that...** zachwycony tym, że...; **to be ~ed with joy** nie posiadać się z radości; **she was ~ed to get your letter** ogromnie się ucieszyła z twojego listu

IDIOMS: **the ~s and spills of sth** emocje towarzyszące czemuś; **to be ~ed to bits** infml być w siódmym niebie fig; **to be ~ed to bits with sth** infml być zachwyconym czymś

thriller /ˈθrɪlə(r)/ *n* [1] Cin, Literat, TV thriller *m*, dreszczowiec *m*; **political ~** thriller polityczny; **comedy ~** komedia sensacyjna; **crime ~** kryminał infml; **spy ~** (film) film szpiegowski; (novel) powieść szpiegowska [2] (exciting event) **the match was a ~** mecz był pasjonujący

thrilling /ˈθrɪlɪŋ/ *adj [film, story, match]* pasjonujący; *[news]* elektryzujący; *[journey]* pełny wrażeń; *[victory, concert]* porywający; *[moment, sensation]* fascynujący

thrive /θraɪv/ *vi* (*pt* **throve, thrived**; *pp* **thriven, thrived**) [1] *[person]* mieć się świetnie; kwitnąć fig; *[child, plant, animal]* dobrze się rozwijać; *[virus]* rozwijać się; **failure to ~** (of plant) obumieranie; (of child) brak prawidłowego rozwoju; **she failed to ~ after the accident** po wypadku przestała się prawidłowo rozwijać [2] fig *[market, economy, community, business]* (dobrze) prosperować; kwitnąć fig; **he ~s on stress/hard work** stres/ciężka praca mu służy

thriving /ˈθraɪvɪŋ/ *adj [business, community, economy, industry]* (dobrze) prosperujący; kwitnący fig; *[person, town]* kwitnący; *[child, plant, animal]* doskonale rozwijający się; **'how are the children?' – '~'** „co słychać u dzieci?" – „po prostu kwitną"

throat /θrəʊt/ **I** *n* [1] Anat gardło *m*; **a sore ~** ból gardła; **I have a sore ~** boli mnie gardło; **to clear one's ~** odchrząknąć; (by coughing) odkaszlnąć; **to cut/slit sb's ~** podciąć or poderżnąć komuś gardło; **I had a lump in my ~** coś mnie ściskało w gardle; **to stick in sb's ~** utkwić komuś w gardle; fig stawać komuś kością w gardle; fig **the words stuck in my ~** słowa uwięzły mi w gardle; **it sticks in my ~ that...** nie mogę się pogodzić z tym, że... [2] Tech gardziel *f*; (of chimney) wlot *m*

II *modif [medicine]* na ból gardła; **~ infection/disease** infekcja/choroba gardła

IDIOMS: **my belly** or **stomach thinks my ~'s cut** infml kiszki mi marsza grają infml; **to be at each other's** or **one another's ~s** infml skakać sobie do gardeł infml; **to cut one's own ~** kopać sobie grób fig; **to jump down sb's ~** infml naskoczyć na kogoś infml; **to ram** infml or **thrust sth down sb's ~** zanudzać kogoś czymś; wciskać coś komuś infml

throaty /ˈθrəʊtɪ/ *adj* [1] (husky) *[voice, laugh]* gardłowy; *[roar]* chrapliwy [2] infml (with sore throat) **I'm ~** boli mnie gardło

throb /θrɒb/ **I** *n* [1] (of heart, pulse) (gwałtowne) bicie *n*, walenie *n*; (of pain) rwanie *n*, pulsowanie *n* [2] (of engine, machine) warkot *m*; (of music, drum) dudnienie *n*

II *vi* (*prp, pt, pp* **-bb-**) [1] *[heart, pulse]* mocno bić; *[finger]* rwać; **my head is ~bing** głowa mi pęka [2] *[machine]* warko-

T

tać; *[music, rhythm]* pulsować; *[building]* drżeć; **~bing with life** tętniący życiem

throbbing /ˈθrɒbɪŋ/ **I** *n* [1] (of heart, pulse) (gwałtowne) bicie *n*; (of blood, pain) pulsowanie *n* [2] (of machine) warkot *m*; (of music, drums) dudnienie *n*

II *adj* [1] *[ache, pain, sound, music]* pulsujący; **to have a ~ finger** czuć rwanie w palcu [2] *[engine, motor]* warkoczący

throes /θrəʊz/ *npl* [1] **death ~** drgawki *f pl* przedśmiertne; fig agonia *f*; **to be in one's /its death ~** dogorywać also fig [2] **in the ~ of sth** w ferworze czegoś *[battle, argument]*; **to be in the ~ of sth** zmagać się z czymś *[recession, famine, revolution]*; **to be in the ~ of doing sth** być ogarniętym gorączką robienia czegoś

thrombocyte /ˈθrɒmbəsaɪt/ *n* trombocyt *m*

thrombosis /θrɒmˈbəʊsɪs/ *n* Med zakrzepica *f*

throne /θrəʊn/ *n* tron *m*; **to ascend** or **come to the ~** wstąpić na tron; **to be on the ~** zasiadać na tronie

IDIOMS: **the power behind the ~** szara eminencja

throne room *n* sala *f* tronowa

throng /θrɒŋ, US θrɔːŋ/ **I** *n* chmara *f* **(of sb/sth** kogoś/czegoś**)**

II *vt* wypełni|ć, -ać *[street, room, town, bus]*

III *vi [people, crowd, spectators]* (be present) s|tłoczyć się, z|gromadzić się; (flock) przyby|ć, -wać tłumnie; **to ~ around sb** tłoczyć się wokół kogoś; **to ~ to** or **towards sth** cisnąć się w kierunku czegoś; **to ~ to do sth** zgromadzić się, żeby zrobić coś

IV thronged *pp adj [street, room]* zatłoczony; **~ed with people** pełen ludzi

V thronging *prp adj [people]* tłoczący się; *[crowd]* kłębiący się; *[street, town]* zatłoczony; **~ing with people** pełen ludzi

throttle /ˈθrɒtl/ **I** *n* [1] **(**also **~ valve)** przepustnica *f*, zawór *m* dławiący [2] (accelerator) gaz *m*; **give it a bit more ~** dodaj trochę gazu; **at full ~** na pełnym gazie; fig na pełnych obrotach fig

II *vt* u|dusić **(with sth** czymś**)**; fig z|dławić *[initiative, effort]*; za|hamować *[growth, development]*

■ **throttle back, throttle down: ~ back [sth], ~ [sth] back** dławić *[engine]*

through /θruː/ **I** *prep* [1] (from one side to the other) przez (coś); **to see ~ the curtain /mist** widzieć przez zasłonę/we mgle; **to feel the stones ~ one's shoes** czuć kamienie przez podeszwy butów; **to cut ~ the fields** przeciąć pola; **the nail went right ~ the wall** gwóźdź przeszedł przez ścianę na wylot; **to drive ~ the forest /desert** jechać przez las/pustynię; **to stick one's finger ~ the slit** wsadzić palec w szparę; **to poke sth ~ a hole** wcisnąć coś przez dziurę; **to drill ~ a cable** przewiercić kabel; **he was shot ~ the head** dostał kulę w głowę; **the oars cut ~ the water** wiosła cięły wodę; **it has a crack running ~ it** to jest pęknięte [2] (via, by way of) przez (coś); **to go ~ a tunnel** jechać tunelem; **to go ~ London/the town centre** jechać przez Londyn/centrum miasta; **to travel ~ Germany to Poland** jechać przez Niemcy do Polski; **the path goes ~ the woods** ścieżka biegnie przez las; **to come in ~ the hole** wejść przez dziurę; **to come in ~ the door** wejść przez drzwi or drzwiami; **to jump ~ the window** wyskoczyć przez okno; **to look ~ sth** patrzeć przez coś *[binoculars, hole, window]*; **to hear sth ~ the wall** słyszeć coś przez ścianę; **you have to go ~ her secretary** musisz najpierw porozumieć się z jej sekretarką [3] (past) przez (coś); **to go ~ a red light** *[driver]* przejechać na czerwonym świetle; *[pedestrian]* przejść na czerwonym świetle; **to get** or **go ~ sth** przedostać się przez coś *[barrier]*; przejść przez coś *[customs]*; **to push one's way ~ sth** torować sobie drogę przez coś *[crowd, undergrowth]*; **the water poured ~ the roof** woda przeciekała przez dach [4] (among) **to fly ~ the clouds** lecieć w chmurach; **to leap ~ the trees** skakać z drzewa na drzewo; **to fly ~ the air** *[acrobat]* lecieć w powietrzu; *[arrow, bullet]* przecinać or ciąć powietrze; **a walk ~ the rain** spacer w deszczu → **go, search, sort** [5] (expressing source or agency) **I heard ~ a friend** dowiedziałem się od znajomego; **I met my husband ~ her** dzięki niej poznałam mojego przyszłego męża; **it was ~ her that I got this job** to dzięki niej dostałem tę pracę; **~ a newspaper advertisement** z ogłoszenia w gazecie; **to speak ~ an interpreter** rozmawiać przez tłumacza; **to send sth ~ the post** wysłać coś pocztą; **to book sth ~ a travel agent** rezerwować coś przez biuro podróży; **to order sth ~ a mail order firm** zamówić coś przez firmę wysyłkową; **I only know her ~ her writings** znam ją tylko z jej twórczości pisarskiej [6] (because of) **~ carelessness /inexperience** przez nieuwagę/brak doświadczenia; **~ illness** z powodu choroby; **it was all ~ you** to wszystko przez ciebie; **~ no fault of mine** nie z mojej winy [7] (until the end of) **to work ~ the night** pracować (przez) całą noc; **all** or **right ~ the day** (przez) cały dzień; **he talked right ~ the film** przez cały film nie przestawał mówić; **to stay ~ Sunday** zostać do niedzieli; **to work ~ the lunchhour** pracować w porze lunchu → **live, see, sleep** [8] (up to and including) aż do; **from Friday ~ Sunday** od piątku do soboty; **1939 ~ 1945** US od 1939 do 1945 roku; **open April ~ September** US otwarty od kwietnia do (końca) września

II *adj* [1] infml (finished) skończony; **I'm ~** skończyłem; **I'm not ~ with you yet!** jeszcze z tobą nie skończyłem! infml; **are you ~ with the paper?** przeczytałeś już gazetę?; **I should be ~ in an hour** powinienem skończyć za godzinę; **I'm ~ with men!** mam dość mężczyzn!; **we're ~** (of a couple) między nami wszystko skończone; **Anna and I are ~** wszystko skończone między mną i Anną [2] (direct) *[train, bill of lading, freight]* bezpośredni; **'no ~ road'** „ślepa ulica"; **'~ traffic'** (on road sign) „ruch tranzytowy"; **~ traffic uses the bypass** ruch tranzytowy odbywa się obwodnicą [3] (successful) **to be ~ to the next round** przejść do następnej rundy → **get, go** [4] GB (worn) **your trousers are ~ at the knees** masz dziury na kolanach

III *adv* [1] (from one side to the other) **the water went right ~** woda przeszła na drugą stronę; **to let sb ~** przepuścić kogoś; **can you squeeze/get ~?** przeciśniesz się /przedostaniesz się? → **pass** [2] (completely) **wet** or **soaked ~** *[coat, cloth]* zupełnie przemoczony; *[person]* przemoknięty do suchej nitki; **mouldy right ~** zupełnie spleśniały [3] (from beginning to end) **to read /play sth right ~** przeczytać/zagrać coś od początku do końca; **I'm halfway ~ the article** jestem w połowie artykułu → **carry, get, go, run, see** [4] Telecom **I'll put you ~ to Mr Wilkins** połączę pana z panem Wilkinsem; **you're ~** ma pan połączenie; **we were cut off halfway ~** rozłączono nas w połowie rozmowy → **get, go, put**

IV through and through *adv phr* **to know sth ~ and ~** znać coś jak własną kieszeń *[area, city]*; **I know him ~ and ~** znam go na wylot; **selfish ~ and ~** na wskroś samolubny; **he is English ~ and ~** jest Anglikiem w każdym calu

IDIOMS: **to have been ~ a lot** wiele przejść; **you really put her ~ it** infml nieźle dałeś jej w kość infml → **hell**

throughout /θruːˈaʊt/ **I** *prep* [1] (all over) **~ Europe/Poland** w całej Europie/Polsce; **~ the country** w całym kraju; **~ the world** na całym świecie; **scattered ~ the house** rozrzucony po całym domu [2] (for the duration of) przez cały czas; **~ her career** przez cały okres życia zawodowego; **~ his life** przez całe (jego) życie; **~ the year /April** przez cały rok/kwiecień; **~ history** w całej historii

II *adv* **printed in italics ~** w całości wydrukowany kursywą; **repainted ~** cały odmalowany; **dressed ~ in black** cały ubrany na czarno; **the offices are carpeted ~** w pokojach biurowych wszędzie jest wykładzina podłogowa

throughput /ˈθruːpʊt/ *n* [1] Comput przepustowość *f* (informacyjna), zdolność *f* przepustowa [2] Ind (of machinery) przerób *m*; (of work) wydajność *f*; **the plant has a ~ of 10 tonnes per day** zakład przetwarza 10 ton dziennie

through-ticketing /ˌθruːˈtɪkɪtɪŋ/ *n* Transp system *m* sprzedaży biletów przesiadkowych

throughway /ˈθruːweɪ/ *n* US Transp droga *f* szybkiego ruchu

throve /θrəʊv/ *pt* → **thrive**

throw /θrəʊ/ **I** *n* [1] Sport, Games rzut *m*; **a ~ of 70 m** rzut na odległość 70 m; **a record ~** rekordowy rzut; **he won with a ~ of six** wygrał, wyrzucając szóstkę; **whose ~ is it?** (in ball game) czyja piłka?; (with dice) czyj rzut? [2] infml (each) **CDs £5 a ~** kompakty po 5 funtów [3] US (blanket, rug) narzuta *f*, kapa *f* [4] US (scarf) szal *m*

II *vt* (*pt* **threw;** *pp* **thrown)** [1] (send through the air) rzuc|ić, -ać (czymś) *[ball, stone, spear]* **(at sth** w coś); rzuc|ić, -ać *[article of clothing, letter]* **(onto sth** na coś); *[explosion, impact]* rzuc|ić, -ać (kimś) *[person]*; **to ~ sth at sb/sth** rzucić czymś w kogoś/coś; **to ~ sth to sb** rzucić coś do kogoś; **to ~ sb sth** rzucić komuś coś; **to ~ the ball/rope**

over sth przerzucić piłkę/linę przez coś; **to ~ a sheet over the sofa** zarzucić prześcieradło na kanapę; **to ~ sth into sth** wrzucić coś do czegoś *[basket]*; **she threw the ball in(to) the air/across the pitch** rzuciła piłkę w powietrze/na drugą stronę boiska; **he threw the javelin 80 m** rzucił oszczepem na odległość 80 m; **~ the ball up high** wyrzuć piłkę wysoko; **~ the ball back to me!** odrzuć piłkę do mnie!; **he was thrown across the street/to the floor by the explosion** siła wybuchu rzuciła nim na drugą stronę ulicy/na podłogę; **he threw a log on the fire** dorzucił polano do ognia; **she threw her apron over her head** zarzuciła sobie fartuch na głowę; **she threw her arms around my neck** zarzuciła mi ręce na szyję; **the police threw a cordon around the house** fig policja otoczyła dom kordonem; **two jockeys were thrown** dwóch dżokejów spadło z koni; **he threw his opponent in the third round** w trzeciej rundzie rzucił swego przeciwnika na matę; **to ~ a six** (in dice) wyrzucić szóstkę [2] fig (direct) rzuc|ić, -ać *[question, smile, look]* **(at sb** komuś**)**; pos|łać, -yłać *[kiss]* **(at sb** komuś**)**; zada|ć, -wać *[punch]* **(at sb** komuś**)**; rzuc|ić, -ać *[image, light, shadow]* **(on sth** na coś**)**; **we are ready for all the challenges that Europe can ~ at us** fig jesteśmy przygotowani na wszelkie wyzwania, jakie może rzucić nam Europa; **to ~ money at a project/problem** pakować pieniądze w projekt/w rozwiązanie problemu infml; **there's no point in just ~ing money at it** nie ma sensu wyrzucać na to pieniędzy; **to ~ suspicion on sb/sth** rzucić podejrzenie na kogoś/coś; **to ~ doubt on sb/sth** wzbudzić wątpliwości co do kogoś/czegoś; **the company has thrown the full weight of its publicity machine behind the case** firma zaangażowała w tę sprawę całą machinę reklamową [3] fig (disconcert) *[question, action]* wprawi|ć, -ać w zakłopotanie; *[news]* porusz|yć, -ać; **the question completely threw me** to pytanie zupełnie mnie zdeprymowało; **I was thrown by the news** byłem poruszony tą wiadomością; **to ~ sb/sth into confusion** or **disarray** zdezorganizować coś *[meeting]*; wywołać zamęt wśród kogoś /w czymś *[people, group]* [4] Tech (activate) włącz|yć, -ać *[switch, machine]*; przerzuc|ić, -ać *[lever]*; wrzuc|ić, -ać *[gear]*; **the operator threw the machine into gear /reverse** operator włączył bieg w maszynie/wrzucił wsteczny bieg [5] infml (indulge in) **to ~ a fit/tantrum** dostać napadu szału /histerii [6] infml (organize) **to ~ a party** wydać przyjęcie [7] (in pottery) wyt|oczyć, -aczać *[jug, vase]* [8] Archit, Constr przerzuc|ić, -ać *[bridge]* **(over sth** przez coś**)** [9] Vet (give birth to) u|rodzić *[young]*; **to ~ a calf** *[cow]* ocielić się

III *vi* (*pt* **threw;** *pp* **thrown)** rzuc|ić, -ać

IV *vr* (*pt* **threw;** *pp* **thrown) to ~ oneself** rzucić się **(onto sth** na coś**)** *[floor, ground, bed, chair]*; **to ~ oneself off the top of the building/in front of a train** rzucić się z dachu budynku/pod pociąg; **to ~ oneself at sb's feet** rzucić się komuś do stóp; **to ~ oneself at sb** rzucić się na kogoś; fig infml narzucać się komuś; **to ~ oneself into sth** rzucić się do czegoś *[river, sea]*; rzucić się na coś *[chair]*; fig rzucić się w wir czegoś *[work]*; zabrać się energicznie do czegoś *[project]*

■ **throw around, throw about**: ¶ **~ [sth] around** [1] **to ~ a ball around** rzucać piłkę do siebie [2] rozrzuc|ić, -ać *[litter]* [3] fig rzucać (czymś) *[ideas, names, references]*; **to ~ money around** szastać pieniędzmi ¶ **~ [oneself] around** rzucać się

■ **throw aside**: ¶ **~ aside [sth], ~ [sth] aside** [1] odrzuc|ić, -ać na bok *[books, documents]* [2] fig odrzuc|ić, -ać *[moral standards, principles]* ¶ **~ [sb] aside** od|epchnąć, -pychać

■ **throw away**: ¶ **~ away** Games rzucić kartę ¶ **~ away [sth], ~ [sth] away** [1] wyrzuc|ić, -ać *[rubbish, unwanted article]* [2] fig (waste) z|marnować, zaprzepa|ścić, -szczać *[chance, opportunity, life]*; roz|trwonić *[money]*; **he threw away any advantage he might have had** nie wykorzystał swojej potencjalnej przewagi; **she's really thrown herself away on him** przez niego zupełnie zmarnowała sobie życie [3] fig (utter casually) rzuc|ić, -ać od niechcenia *[remark, information]*

■ **throw back**: **~ back [sth], ~ [sth] back** wrzuc|ić, -ać z powrotem *[fish]*; odrzuc|ić, -ać *[ball]*; odrzuc|ić, -ać do tyłu *[hair, head]*; **she threw all his failures back in his face** fig wyrzucała mu wszystkie jego błędy; **we have been thrown back on our own resources** fig odtąd byliśmy zdani tylko na siebie; **~ your shoulders back** wyprostuj plecy

■ **throw in**: **~ in [sth], ~ [sth] in** [1] Comm (give free) do|łożyć, -kładać *[extra product]*; **a vacuum cleaner with the attachments thrown in** odkurzacz z akcesoriami gratis [2] (add) dorzuc|ić, -ać; **~ in a few herbs** Culin dodaj trochę przypraw [3] (contribute) dorzuc|ić, -ać, wtrą|cić, -ać *[remark, suggestion]*

■ **throw off**: ¶ **~ off [sth], ~ [sth] off** [1] (take off) zrzuc|ić, -ać *[clothes]*; odrzuc|ić, -ać *[bedclothes]* [2] fig (cast aside) pozby|ć, -wać się (czegoś) *[cold]*; z|gubić *[pursuers]*; odrzuc|ić, -ać *[handicap, tradition]*; zrzuc|ić, -ać *[burden]*; wyzby|ć, -wać się (czegoś), otrząsnąć się z (czegoś) *[depression]* [3] fig (compose quickly) napisać naprędce *[music, poem]* ¶ **~ off [sb], ~ [sb] off** (eject from train, bus, plane) wyrzuc|ić, -ać *[person]*

■ **throw on**: **~ on [sth], ~ [sth] on** (put on) narzuc|ić, -ać *[clothing]*

■ **throw open**: **~ open [sth], ~ [sth] open** [1] otw|orzyć, -ierać szeroko *[door, window]* [2] fig (to public) otw|orzyć, -ierać *[facility, discussion, tourist attraction]*

■ **throw out**: ¶ **~ out [sb/sth], ~ [sb/sth] out** (eject) wyrzuc|ić, -ać *[rubbish, person]* **(of sth** z czegoś**)**; (from membership, office) usu|nąć, -wać *[person]* **(of sth** z czegoś**)**; **to be thrown out of work** zostać wyrzuconym z pracy ¶ **~ out [sth], ~ [sth] out** [1] (extend) **~ your arms out in front of you** wyrzuć ręce do przodu; **~ your chest out** wypnij pierś [2] (reject) odrzuc|ić, -ać *[application, case, decision, plan, bill]* [3] (utter) rzuc|ić, -ać *[idea, comment, suggestion]* ¶ **~ [sb] out** (mislead) mieszać (komuś) w głowie; **that's what threw me out** to mnie zmyliło

■ **throw over** GB infml: **~ over [sb], ~ [sb] over** rzuc|ić, -ać; **she's thrown him over for another man** rzuciła go dla innego

■ **throw together**: ¶ **~ [sb] together** *[fate, circumstances]* zetknąć, stykać *[people]* ¶ **~ [sth] together** s|klecić *[artefact]*; przygotow|ać, -ywać naprędce *[entertainment, meal]*; z|mieszać *[ingredients]*

■ **throw up**: ¶ **~ up** infml z|wymiotować ¶ **~ up [sth], ~ [sth] up** [1] (abandon) porzuc|ić, -ać *[job, post]* [2] (reveal, bring forth) uwypukl|ić, -ać *[fact]*; uwid|ocznić, -aczniać *[statistics, obstacle, problem]*; z|rodzić *[idea, question]*; przyn|ieść, -osić *[findings]* [3] (emit) buch|nąć, -ać (czymś) *[smoke]*; rozpyl|ić, -ać *[spray]*; wyrzuc|ić, -ać *[lava]* [4] (toss into air) *[car]* wyrzuc|ić, -ać (spod kół) *[stone]*; *[person]* wyrzuc|ić, -ać *[arms]*; wyrzuc|ić, -ać do góry *[ball]* [5] (open) otw|orzyć, -ierać szeroko *[window]* [6] (vomit) zwr|ócić, -acać *[meal]*

IDIOMS: **it's ~ing it down!** GB infml leje jak z cebra!; infml; **to ~ in one's lot with sb** związać swój los z kimś; **to ~ in the sponge** or **towel** poddać się; (in boxing) rzucić ręcznik

throwaway /ˈθrəʊəweɪ/ *adj* [1] (discardable) *[packaging]* jednorazowy; *[goods, object]* jednorazowego użytku [2] (wasteful) *[society]* rozrzutny [3] (casual) *[remark]* rzucony mimochodem or od niechcenia; *[humour]* błyskotliwy; *[style]* luźny

throw-back /ˈθrəʊbæk/ *n* [1] Anthrop, Zool relikt *m* also fig [2] fig cofanie się *n*; **a ~ to sth** powrót do czegoś

thrower /ˈθrəʊə(r)/ *n* Sport miotacz *m*, -ka *f*; **a stone ~** rzucający kamieniami; **a javelin ~** oszczepnik

throw-in /ˈθrəʊɪn/ *n* Sport wrzut *m* z autu

throwing /ˈθrəʊɪŋ/ *n* (of stones, knives) rzucanie *n*; Sport rzut *m*; **'the ~ of litter is forbidden'** „nie śmiecić"

thrown /θrəʊn/ *pp* → **throw**

thru *prep* US = **through**

thrum /θrʌm/ **I** *n* (of musical instrument) brzdąkanie *n*; (of engine, rain) dudnienie *n*

II *vt, vi* (*prp, pt, pp* **-mm-)** = **strum**

thrush[1] /θrʌʃ/ *n* Zool drozd *m*

thrush[2] /θrʌʃ/ *n* Med kandydoza *f*; (aphtha) pleśniawka *f*

thrust /θrʌst/ **I** *n* [1] (push) (with weapon) pchnięcie *n*; (of body) ruch *m* do przodu; **sword/dagger ~** pchnięcie mieczem/sztyletem; **he gave it a ~ with a stick** pchnął to patykiem [2] (main aim) (of argument, article, narrative) zasadnicza myśl *f*, główna idea *f* [3] Mil (incursion) wtargnięcie *n*; (attack) uderzenie *n*, natarcie *n*; **we'll make our ~ at midnight** uderzymy o północy [4] Tech ciąg *m*, siła *f* ciągu [5] Archit parcie *n*

II *vt* (*pt, pp* **thrust) to ~ sth towards** or **at sb** pchnąć mocno coś w stronę kogoś; **to ~ sth into sth** wepchnąć coś do czegoś; **he thrust the dagger into her heart** pchnął ją sztyletem w serce, wbił jej sztylet w serce; **he thrust a letter/a glass into my hands** wetknął mi list/kieliszek do rąk; **to ~ one's head through the**

window/round the door wytknąć głowę z okna/zza drzwi; **to ~ sb/sth away** or **out of the way** odtrącić kogoś/coś na bok; **to ~ sth under sb's nose** podetknąć coś komuś pod nos; **to ~ sb out of the room /towards the door** wypchnąć kogoś z pokoju/pchnąć kogoś w kierunku drzwi; **to ~ one's way to the front of the queue** przepchnąć się na początek kolejki
III *vi* (*pt, pp* **thrust**) [1] (force one's way) przep|chać, -ychać się [2] (pierce, stab) **he thrust at me with a knife** zamierzył się na mnie nożem
IV *vr* (*pt, pp* **thrust**) **he thrust himself to the front of the crowd** przepchnął się or wysunął się przed tłum; **to ~ oneself forward** pchać się do przodu also fig; **to ~ oneself on** or **onto sb** (impose oneself) narzucać się komuś; (pounce on) rzucać się na kogoś
■ **thrust aside**: **~ aside [sth/sb], ~ [sth /sb] aside** (push aside) od|epchnąć, -pychać *[object, person]*; fig (reject) odrzuc|ić, -ać *[protest, objections, argument]*
■ **thrust back**: **~ back [sth], ~ [sth] back** od|epchnąć, -pychać (od siebie) *[object, person]*; od|eprzeć, -pierać *[enemy]*
■ **thrust forward**: ¶ **~ forward** *[person, animal, crowd]* rzuc|ić, -ać się do przodu ¶ **~ forward [sth], ~ [sth] forward** wysu|nąć, -wać do przodu *[head]*; po-p|chnąć, -ychać do przodu *[chair]*
■ **thrust on, thrust onto = thrust upon**
■ **thrust out**: **~ out [sth], ~ [sth] out** wysu|nąć, -wać *[implement, part of body]* ¶ **~ [sb] out** wyp|chnąć, -ychać
■ **thrust upon**: **~ [sth] upon sb** obar-cz|yć, -ać kogoś (czymś) *[job, task]*; zrzuc|ić, -ać na kogoś *[responsibility]*; narzuc|ić, -ać komuś *[idea]*; **some have greatness thrust upon them** niektórzy są skazani na wielkość
■ **thrust up** *[seedling, plant, tower]* strzel|ić, -ać (w górę)

thrust bearing *n* łożysko *n* oporowe

thrust block *n* = **thrust bearing**

thruster /ˈθrʌstə(r)/ *n* [1] Aerosp silnik *m* sterujący [2] pej (person) (fiercely ambitious) ambicjoner *m* pej; Sport ostry zawodnik *m*

thrust fault *n* Geol uskok *m* odwrócony or wsteczny

thrusting /ˈθrʌstɪŋ/ *adj [person]* (aggressive) agresywny, bezwzględny; (fiercely ambitious) chorobliwie ambitny; *[ambition]* chory; *[campaign]* nachalny, agresywny

thrust stage *n* Theat scena *f* otwarta

thruway /ˈθruːweɪ/ *n* US droga *f* szybkiego ruchu

thud /θʌd/ **I** *n* głuchy odgłos *m*
II *vi* (*prp, pt, pp* **-dd-**) wyda|ć, -wać głuchy odgłos; (fall) upa|ść, -dać ciężko (**to sth** na coś); (strike) wal|nąć, -ić infml (**on sth** w coś); (knock) za|łomotać (**on sth** w coś) *[door]*; **he ~ded up the stairs/into the room** głośno tupiąc wszedł po schodach/do pokoju; **her heart was ~ding** serce waliło jej jak młotem; **his head ~ded against the wall** walnął głową o ścianę

thug /θʌg/ *n* zbir *m*, oprych *m*

thuggery /ˈθʌgərɪ/ *n* pej bandytyzm *m*

thuja /ˈθuːjə/ *n* tuja *f*

Thule /ˈθjuːliː/ *prn* Geog, Hist Thule *n inv*

thulium /ˈθjuːlɪəm/ *n* Chem tul *m*

thumb /θʌm/ **I** *n* kciuk *m*
II *vt* [1] przekartkow|ać, -ywać, kartkować *[book, magazine]*; **a well ~ed book** mocno sfatygowana książka [2] infml (hitchhiking) **to ~ a lift** or **a ride** złapać okazję infml; **I ~ed a lift from** or **with a lorry driver** podrzucił mnie kierowca ciężarówki infml; **to ~ a lift home** złapać okazję do domu infml
III *vi* [1] **to ~ at** or **towards sth** wskaz|ać, -ywać coś kciukiem [2] infml po|jechać (auto)stopem infml
■ **thumb through**: **~ through [sth]** prze|kartkować *[book, magazine]*
IDIOMS: **to be all ~s** mieć dwie lewe ręce; **to be under sb's ~** chodzić u kogoś na pasku; (of husband) siedzieć u kogoś pod pantoflem hum; **to ~ one's nose** zagrać palcami na nosie; **to ~ one's nose at sb** fig zagrać komuś na nosie infml; **to ~ one's nose at sth** lekceważyć coś; **to stick out like a sore ~** pasować jak pięść do nosa or wół do karety

thumb index *n* (in side of book) *indeks w postaci wcięć na marginesie książki*; (tags) przekładki *f pl* indeksujące

thumb-indexed /ˈθʌmɪndekst/ *adj [book]* z indeksem w postaci wcięć na marginesie

thumbnail /ˈθʌmneɪl/ *n* paznokieć *m* kciuka

thumbnail sketch *n* (drawing) odręczny szkic *m*; fig (description) (of person) pobieżna charakterystyka *f*; (of event, situation) pobieżny opis *m*

thumbscrew /ˈθʌmskruː/ *n* [1] Hist (for torture) narzędzie *n* do miażdżenia kciuków [2] Tech śruba *f* skrzydełkowa

thumbs down /ˌθʌmzˈdaʊn/ *n* infml **to give sb/sth the ~** odrzucić kogoś/coś *[candidate, proposal, idea]*; **to get the ~** *[candidate, proposal, new product]* nie znaleźć uznania (**from sb** u kogoś); **as soon as I give you the ~, stop the machine** jak tylko dam ci znak, zatrzymaj maszynę

thumbstall /ˈθʌmstɔːl/ *n* osłona *f* na kciuk

thumbsucker /ˈθʌmsʌkə(r)/ *n* **to be a ~** ssać kciuk

thumbs up /ˌθʌmzˈʌp/ *n* infml **to give sb /sth the ~** zaakceptować kogoś/coś *[candidate, suggestion, idea]*; **to get the ~** *[candidate, suggestion, idea]* znaleźć uznanie (**from sb** u kogoś); **start the car when I give you the ~** zapal silnik, kiedy dam ci znak; **she gave me the ~ as she came out of the exam** wychodząc z egzaminu podniosła kciuk na znak, że dobrze jej poszło

thumbtack /ˈθʌmtæk/ **I** *n* pinezka *f*
II *vt* przypi|ąć, -nać pinezką

thump /θʌmp/ **I** *n* [1] (blow) walnięcie *n* infml; **to give sb a ~** walnąć kogoś infml (**on sth** w coś) [2] (sound) głuchy odgłos *m*, łomot *m*; **~!** łup!; **to fall with a ~** upaść z hukiem
II *vt* wal|nąć, -ić infml *[person]*; wal|nąć, -ić w (coś) *[head, table, door]*; **to ~ sb in the jaw** walnąć kogoś w szczękę; **he ~ed the ball into the net** wbił piłkę do siatki; **do it again and I'll ~ you!** zrób tak jeszcze raz, a ci przywalę! infml
III *vi* [1] (pound) *[rhythm, music]* huczeć infml; *[heart]* walić, łomotać; **my head is ~ing** łupie mnie w głowie; **to ~ on sth** walić w coś *[door, piano]*; **her heart ~ed with joy** serce waliło jej z radości [2] (stump) **to ~ upstairs** tupiąc, wejść po schodach; **to ~ along the corridor** iść korytarzem, głośno tupiąc
■ **thump out**: **~ out [sth]** wybi|ć, -jać, wy|bębnić *[tune, rhythm]*

thumping /ˈθʌmpɪŋ/ **I** *n* [1] (of percussion) łomot *m*; (of drums) łoskot *m* [2] infml (whacking) lanie *n*; wciry *plt* infml; **to get a ~** dostać lanie
II *adj* [1] *[rhythm, sound]* dudniący; **a ~ headache** łupanie w głowie [2] infml *[majority]* miażdżący; *[book, pay rise]* ogromny
III *adv* infml (emphatic) **~ big, ~ great** olbrzymi

thunder /ˈθʌndə(r)/ **I** *n* [1] Meteorol grzmot *m*; **a clap** or **peal of ~** trzask pioruna; **there is ~ in the air** burza wisi w powietrzu [2] (noise) (of cannon) grzmot *m*, huk *m* (**of sth** czegoś); (of traffic, hooves) huk *m* (**of sth** czegoś); (of applause) burza *f* (**of sth** czegoś)
II *vt* (shout) (also **~ out**) rzuc|ić, -ać *[order, command]*; **'silence!' he ~ed** „cisza!" zagrzmiał; **the crowd ~ed their applause** tłum zareagował gromkimi brawami
III *vi* [1] (roar) *[person, cannon]* za|grzmieć; **their hooves ~ed on the frozen ground** ich kopyta zadudniły na zamarzniętej ziemi; **to ~ at** or **against sb/sth** ciskać na kogoś/coś gromy [2] (rush) **to ~ along** or **past** *[train, cars]* przeje|chać, -żdżać z hukiem; **to ~ out of a room** wypaść z hukiem z pokoju; **he came ~ing down the stairs** z hukiem zbiegł po schodach
IV *v impers* grzmieć
IDIOMS: **to steal sb's ~** ubiec kogoś; **with a face as black as ~** z wściekłością w oczach

thunderbolt /ˈθʌndəbəʊlt/ *n* Meteorol piorun *m*; fig grom *m* z jasnego nieba

thunderbox /ˈθʌndəbɒks/ *n* GB infml klozet *m* przenośny

thunderclap /ˈθʌndəklæp/ *n* trzask *m* pioruna

thundercloud /ˈθʌndəklaʊd/ *n* chmura *f* burzowa

Thunderer /ˈθʌndərə(r)/ *n* Mythol **the ~** gromowładny *m*

thundering /ˈθʌndərɪŋ/ **I** *adj* [1] (angry) *[rage, fury]* dziki [2] infml (huge) *[success, nuisance]* niesamowity, ogromny; *[noise, shout]* ogłuszający
II *adv* GB infml (intensifier) **a ~ great skyscraper** ogromniasty drapacz chmur infml; **a ~ good book/film** bombowa książka/bombowy film infml

thunderous /ˈθʌndərəs/ *adj* [1] (loud) *[applause, acclaim]* gromki; *[welcome]* huczny; *[crash, noise, music]* ogłuszający [2] (powerful) *[punch, kick]* potężny [3] (angry) *[expression, look]* piorunujący; *[tone, face]* wściekły

thunderstorm /ˈθʌndəstɔːm/ *n* burza *f* (z piorunami)

thunderstruck /ˈθʌndəstrʌk/ *adj* fig jak rażony gromem fig

thundery /ˈθʌndərɪ/ *adj [weather, season]* burzowy; **it is ~** zanosi się na burzę

Thur *n* = **Thursday**

thurible /ˈθjʊərəbl/ *n* Relig kadzielnica *f*; trybularz *m* ra

thurifer /ˈθjʊərɪfə(r)/ *n* Relig ministrant *m* niosący kadzielnicę

Thurs *n* = **Thursday**

Thursday /ˈθɜːzdeɪ, -dɪ/ **I** *n* czwartek *m*; **on ~** w czwartek

II *modif* *[papers, opening, train, flight]* czwartkowy

thus /ðʌs/ *adv* [1] (in this way) w ten sposób, tak oto; **she summed it up ~** podsumowała to w ten sposób; **it was ever ~** zawsze tak było [2] (consequently) stąd, tak więc [3] **~ far** (of time) (jak) dotąd, dotychczas; (of place) dotąd, do tego miejsca; (of degree) do tego stopnia

thwack /θwæk/ **I** *n* (blow) trzaśnięcie *n*; (sound) trzask *m*; **~!** trach!

II *vt* trzas|nąć, -kać *[person, animal]*; uderz|yć, -ać mocno w (coś) *[ball, object, hedge]*

thwart /θwɔːt/ **I** *n* Naut ławka *f (wioślarza)*

II *vt* udaremni|ć, -ać *[efforts]*; po|krzyżować *[plan]*; po|psuć szyki (komuś) *[person]*; za|blokować *[candidature, nomination, bid]*; **to ~ sb in sth** przeszkodzić komuś w czymś

III **thwarted** *pp adj [plan, ambition]* udaremniony; **to be ~ed in one's ambitions** musieć zrezygnować ze swoich ambicji; **to be ~ed in love** doznać zawodu miłosnego

thy /ðaɪ/ *det* arch = **your**

thyme /taɪm/ **I** *n* [1] (also **garden ~**) Bot, Culin (herb) tymianek *m*; **a sprig of ~** gałązka tymianku [2] Bot (plant) macierzanka *f*; **wild ~** macierzanka piaskowa

II *modif [sauce, stuffing, dressing]* tymiankowy; **~ leaf/flower** listek/kwiat tymianku

thymus /ˈθaɪməs/ *n* (*pl* **~es, thymi**) (also **~ gland**) grasica *f*

thyroid /ˈθaɪrɔɪd/ **I** *n* (also **~ gland**) tarczyca *f*, gruczoł *m* tarczowy

II *modif [gland, artery]* tarczowy; *[cartilage]* tarczowaty; **~ cancer/hormone** rak/hormon tarczycy

thyroxin /ˌθaɪˈrɒksɪn/ *n* tyroksyna *f*

thyself /ðaɪˈself/ *pron* arch = **yourself**

ti /tiː/ *n* Mus si *n inv*

tiara /tɪˈɑːrə/ *n* (woman's) diadem *m*; (pope's) tiara *f*

Tiber /ˈtaɪbə(r)/ **I** *prn* **the ~** Tyber *m*

II *modif* tybrzański

Tiberias /taɪˈbɪərɪəs/ *prn* **Lake ~** Jezioro *n* Tyberiadzkie, Genezaret *m*

Tiberius /taɪˈbɪərɪəs/ *prn* Tyberiusz *m*

Tibet /tɪˈbet/ *prn* Tybet *m*; **in ~** w Tybecie

Tibetan /tɪˈbetn/ **I** *n* [1] (person) Tybeta|ńczyk *m*, -nka *f* [2] Ling (język *m*) tybetański *m*

II *adj* tybetański

tibia /ˈtɪbɪə/ *n* (*pl* **~e, ~s**) piszczel *f*, kość *f* piszczelowa

tic /tɪk/ *n* tik *m*; **a nervous ~** tik nerwowy

tichy *adj* GB = **titchy**

tick¹ /tɪk/ **I** *n* [1] (of clock) tykanie *n* [2] (mark on paper) ptaszek *m* infml; **to put a ~ against sth** postawić ptaszka przy czymś, odhaczyć coś infml [3] GB infml (short time) sekunda *f* fig; **just a ~!** chwileczkę!; **in a ~** or **two ~s** za momencik infml; **I won't be a ~** zajmie mi to sekundę; **it won't take a ~/two ~s** to zajmie sekundę/dwie sekundy

II *vt* (make mark against) zaznacz|yć, -ać; odhacz|yć, -ać infml *[box, name, answer]*

III *vi [bomb, clock, watch]* tykać; **I know what makes him ~** wiem, co nim powoduje

■ **tick away** *[hours, minutes, time]* mijać; *[clock, meter]* tykać; **do hurry! the meter's ~ing away** pośpiesz się! licznik bije! infml

■ **tick by** *[hours, minutes]* przemijać, upływać

■ **tick off**: **~ off [sb/sth], ~ [sb/sth] off** [1] (mark) odhacz|yć, -ać, odfajkow|ać, -ywać infml *[name, item]* [2] GB infml (reprimand) obje|chać, -żdżać infml *[person]* [3] US infml (annoy) wkurz|yć, -ać infml *[person]*

■ **tick over** GB: [1] *[car, engine]* pracować na biegu jałowym [2] fig *[company, business]* kręcić się na pół gwizdka infml fig; *[mind, brain]* pracować na zwolnionych obrotach fig

tick² /tɪk/ *n* Vet, Zool kleszcz *m*

tick³ /tɪk/ *n* GB infml (credit) **on ~** na krechę infml

ticker /ˈtɪkə(r)/ *n* [1] US (on stock exchange) dalekopis *m* [2] infml (heart) serduszko *n* infml [3] infml (watch) chronometr *m* hum

ticker tape *n* taśma *f* do dalekopisu; **to give sb a ~ welcome** or **reception** rzucać serpentyny na przywitanie kogoś

ticker tape parade *n* pochód *m* z serpentynami i konfetti

ticket /ˈtɪkɪt/ **I** *n* [1] (as proof of entitlement) (for travel, admission, participation) bilet *m*; (for cloakroom) numerek *m*; (for laundry, left luggage, pawn shop) kwit *m*; **lottery ~** los, bilet loteryjny; **theatre/cinema ~** bilet do teatru/kina; **football/rugby ~** bilet na mecz piłkarski /rugby; **a ~ for an exhibition** bilet na wystawę; **dry cleaning ~** kwit z pralni chemicznej; **library ~** karta biblioteczna; **admission by ~ only** wstęp za okazaniem biletu; **for him, tennis was a ~ to a better life** fig tenis był dla niego przepustką do lepszego życia fig [2] (tag, label) etykietka *f* [3] Aut infml (for fine) mandat *m*; **a parking/speeding ~** mandat za nieprawidłowe parkowanie/przekroczenie dozwolonej prędkości [4] US Pol (of political party) lista *f* wyborcza; (platform) program *m* wyborczy; **to run on the Republican ~** startować z listy wyborczej republikanów; **to be elected on an environmental ~** zostać wybranym jako reprezentant programu ochrony środowiska [5] Aviat, Naut (licence) licencja *f*; **to get one's ~** dostać licencję

II *modif* **~ prices** ceny biletów

III *vt* [1] (label) etykietować *[goods]*; oznacz|yć, -ać *[luggage]* [2] US (fine) **to be ~ed (for sth)** dostać mandat (za coś)

IDIOMS: **that is (just) the ~!** infml o to właśnie chodzi!; **that's just the ~ for you!** tego właśnie ci trzeba!

ticket agency *n* agencja *f* sprzedaży biletów

ticket agent *n* przedstawiciel *m*, -ka *f* agencji sprzedaży biletów

ticket booth *n* kasa *f* biletowa

ticket clerk *n* GB Rail kasjer *m* biletowy, kasjerka *f* biletowa

ticket collector *n* GB Rail bileter *m*, -ka *f*

ticket holder *n* (customer) posiadacz *m*, -ka *f* biletu; **'~s only'** „tylko dla posiadaczy biletów"

ticket inspector *n* kontroler *m*, -ka *f* biletów

ticket machine *n* automat *m* biletowy

ticket office *n* (office) biuro *n* sprzedaży biletów; (booth) kasa *f* biletowa

ticket punch *n* kasownik *m*

ticket tout *n* konik *m* infml

tickety-boo /ˌtɪkətɪˈbuː/ *adj* GB infml dat *[thing, machine, day]* klawy infml dat; **everything is ~** wszystko gra infml

tick fever *n* kleszczowe zapalenie *n* mózgu

ticking¹ /ˈtɪkɪŋ/ *n* Tex (material) inlet *m*; (cover) wsypa *f*; **mattress ~** powłoka materaca; **pillow ~** wsypa na poduszkę

ticking² /ˈtɪkɪŋ/ **I** *n* (of clock) tykanie *n*

II *adj [clock, mechanism]* tykający; **~ noise** or **sound** tykanie

ticking-off /ˌtɪkɪŋˈɒf/ *n* GB infml bura *f* infml; **to give sb a ~** dać komuś burę

tickle /ˈtɪkl/ **I** *n* łaskotanie *n*; **to give sb a ~** połaskotać kogoś; **I've got a ~ in my throat** swędzi mnie w gardle

II *vt* [1] *[person, feather]* po|łaskotać *[person, animal]*; **to ~ sb in the ribs/on the tummy** połaskotać kogoś pod pachami/w brzuch; **to ~ sb under the chin** połaskotać kogoś pod brodą [2] *[wool, garment]* gryźć fig; **the jumper ~s my neck** ten sweter gryzie mnie w szyję [3] infml fig (tease) po|łechtać fig *[person, vanity, palate]*; pobudz|ić, -ać *[senses, appetite]*; (please) u|cieszyć *[person]*; (amuse) rozśmiesz|yć, -ać *[person]*; **that ~s my fancy** to mi się podoba

III *vi [blanket, garment, wool]* gryźć fig; *[feather]* łaskotać

IDIOMS: **~d pink** or **to death** wniebowzięty fig; **to have a (bit of) slap and ~** GB infml dat (womanize) flirtować; wdawać się w amory infml

tickling /ˈtɪklɪŋ/ **I** *n* [1] (act) łaskotanie *n* [2] (feeling) łaskotanie *n*, łaskotki *plt*

II *adj [touch]* łaskotliwy; *[garment, blanket]* gryzący fig; **a ~ sensation** or **feeling** uczucie łaskotania

ticklish /ˈtɪklɪʃ/ *adj* [1] *[person]* łaskotliwy; **to be ~** mieć łaskotki; **to have ~ feet** mieć łaskotki w stopach [2] (delicate) *[problem, situation]* delikatny; *[person]* przewrażliwiony

tickly /ˈtɪklɪ/ *adj* [1] *[cough]* drażniący [2] *[garment, fabric]* gryzący fig

tick-over /ˈtɪkəʊvə(r)/ *n* GB Aut (state) bieg *m* jałowy; (speed) prędkość *f* obrotowa biegu jałowego

ticktack /ˈtɪktæk/ *n* GB *język gestów używany przez bukmacherów*

ticktack man *n* pomocnik *m* bukmachera

tick-tack-toe /ˌtɪktækˈtəʊ/ *n* US (gra *f* w) kółko i krzyżyk

tick-tock /ˈtɪktɒk/ *n* tykanie *n*; onomat tik-tak

ticky-tacky /ˈtɪkɪtækɪ/ **I** *n* US infml pej (building material) tandetne materiały *m pl*

II *adj [building, furniture]* tandetny

tidal /ˈtaɪdl/ *adj [current, flow]* pływowy; **the river/estuary is ~** w rzece/w ujściu występują pływy

tidal basin *n* basen *m* pływowy

T

tidal power station *n* elektrownia *f* pływowa
tidal waters *npl* wody *f pl* fal pływowych
tidal wave *n* (of water) fala *f* pływowa; fig ogromna fala *f* **(of sth** czegoś)
tidbit /ˈtɪdbɪt/ *n* US = **titbit**
tiddler /ˈtɪdlə(r)/ *n* GB [1] Zool (stickleback) ciernik *m*; (any small fish) rybka *f* [2] infml hum (person) maluch *m*, pędrak *m*
tiddly /ˈtɪdlɪ/ *adj* GB infml [1] (drunk) *[person]* podchmielony, podochocony infml [2] (tiny) maciupki
tiddlywinks /ˈtɪdlɪwɪŋks/ *n (+ v sg)* pchełki *f pl*; **to play ~** grać w pchełki
tide /taɪd/ *n* [1] (in sea) pływ *m*; **rising ~** przypływ; **falling ~** odpływ; **the ~ is in/out** jest przypływ/odpływ; **at high/low ~** w czasie przypływu/odpływu; **the ~ is on the turn, the ~ is turning** (moving in) zaczyna się przypływ; (moving out) zaczyna się odpływ; **the ~ is going out/coming in** morze cofa się/przypływ narasta [2] fig (trend) (of emotion) fala *f*, przypływ *m*; (of events, history) bieg *m*; **a rising ~ of sympathy/nationalism** rosnąca fala współczucia/nacjonalizmu; **to stem the ~ of pessimism/anarchy** powstrzymać falę pesymizmu/anarchii; **the ~ of public opinion is turning against the government** opinia publiczna odwraca się od rządu; **the ~ has turned** los się odwrócił; **the ~ has turned against him/in his favour** szczęście się od niego odwróciło/do niego uśmiechnęło; **to turn the ~ of history** odwrócić bieg historii; **to go/swim with the ~** fig iść/płynąć z prądem fig; **to go/swim against the ~** iść/płynąć pod prąd [3] fig (of letters, complaints, refugees) napływ *m*
■ **tide over**: **~ [sb] over** pozw|olić, -alać przetrwać (komuś), pomóc komuś
IDIOMS: **time and ~ wait for no man** nie da się zatrzymać czasu
tide gate *n* śluza *f* basenu pływowego
tide gauge *n* mareograf *m*, pływomierz *m*
tideland /ˈtaɪdlænd/ *n* obszar *m* zalewany przez przypływ
tideless /ˈtaɪdlɪs/ *adj* bez pływów
tide line *n* linia *f* zasięgu wód przypływu
tide lock *n* śluza *f* basenu pływowego
tidemark /ˈtaɪdmɑːk/ *n* [1] linia *f* zasięgu wód przypływu [2] GB fig (line of dirt) brudna obwódka *f (w wannie)*
tide race *n* silny prąd *m* pływu
tide table *n* tablica *f* pływów
tidewater /ˈtaɪdwɔːtə(r)/ *n* wody *f pl* przypływu
tideway /ˈtaɪdweɪ/ *n* Geog, Naut kanał *m* pływowy
tidily /ˈtaɪdɪlɪ/ *adv [put away, arrange, fold, write]* starannie; *[dress]* schludnie; *[fit]* zgrabnie
tidiness /ˈtaɪdɪnɪs/ *n* (of desk, room, house) porządek *m*; (of person, appearance) schludność *f*; (of work, handwriting) staranność *f*; (of habits, character) dbałość *f* o porządek; **~ of a desk/a house** porządek na biurku/w domu
tidings /ˈtaɪdɪŋz/ *npl* liter wieści *f pl* liter; **good/bad ~** dobre/złe wieści
tidy /ˈtaɪdɪ/ **I** *n* [1] (container) pojemnik *m (na drobiazgi)* [2] GB = **tidy-up**
II *adj* [1] (neat) *[house, room, appearance, person]* schludny; *[writing, work, layout]* staranny; *[hair]* starannie uczesany; *[category, division]* jasno określony; **to have a ~ desk/drawer** mieć porządek na biurku/w szufladzie; **to have ~ habits** or **a ~ nature** mieć zamiłowanie do porządku; **to get a room ~** posprzątać w pokoju; **to make oneself ~** doprowadzić się do porządku; **to have a ~ mind** mieć metodyczny umysł; mieć dobrze poukładane w głowie infml [2] infml (satisfactory) *[sum, portion, share]* ładny, przyzwoity infml
III *vt* = **tidy up**
IV *vi* = **tidy up**
■ **tidy away**: **~ away [sth], ~ [sth] away** uprząt|nąć, -ać *[books, clothes]*
■ **tidy out**: **~ out [sth], ~ [sth] out** uprząt|nąć, -ać, u|porządkować *[cupboard, drawer]*
■ **tidy up**: ¶ **~ up** z|robić porządki, po|sprzątać; **to ~ up after sb** posprzątać po kimś ¶ **~ up [sth], ~ [sth] up** [1] po|sprzątać *[house, room, objects]*; z|robić porządek w (czymś) *[garden, town, area]*; poprawi|ć, -ać *[hair, handwriting, appearance]* [2] fig wyjaśni|ć, -ać *[problem]*; u|porządkować *[finances]* ¶ **~ oneself up** doprowadz|ić, -ać się do porządku
tidy-minded /ˌtaɪdɪˈmaɪndɪd/ *adj [person]* skrupulatny, metodyczny
tidy-out /ˈtaɪdɪaʊt/ *n* GB porządki *plt*; **to have a ~** robić porządki
tidy-up /ˈtaɪdɪʌp/ *n* GB = **tidy-out**
tie /taɪ/ **I** *n* [1] (piece of clothing) (also **neck ~**) krawat *m*; **regimental/school ~** GB krawat w barwach pułku/szkoły → **old school tie** [2] (fastener) (for bags, plants) wiązadło *n*; Constr ściąg *m*; Rail podkład *m* [3] (bond) więź *f*; **family ~s** więzy rodzinne; **to strengthen ~s with sb/sth** zacieśniać więzy z kimś/czymś; **to sever ~s with sb/sth** zerwać więzy łączące z kimś/czymś; **you must try to cut the ~s with your past** musisz spróbować zerwać z przeszłością [4] (constraint) zawada *f*; kula *f* u nogi fig [5] (draw) Sport wynik *m* nierozstrzygnięty, remis *m*; **to end in a ~** *[game]* zakończyć się remisem; **there was a ~ for second place** drugie miejsce przyznano ex aequo; **there was a ~ between the candidates** kandydaci otrzymali taką samą ilość głosów [6] Sport (arranged match) spotkanie *n*; **cup/first round ~** spotkanie pucharowe/w pierwszej rundzie [7] Mus ligatura *f*, łącznik *m*
II *vt* (*prp* **tying**) [1] (attach, fasten closely) przywiąz|ać, -ywać *[label, animal, prisoner]* **(to sth** do czegoś); (secure) związ|ać, -ywać *[parcel, hands, ankles, chicken]* **(with sth** czymś); **~ the apron round your waist** przewiąż się fartuchem [2] (join in knot) zawiąz|ać, -ywać, wiązać *[scarf, laces, tie]*; **~ a bow in the ribbon** zawiąż wstążkę na kokardę; **~ a knot in the string** zawiąż or zrób węzeł na sznurku [3] fig (link) **to ~ sb/sth to sth** związać kogoś z czymś/powiązać coś z czymś; **to be ~d to sth** (linked to) mieć związek z czymś *[belief, growth, activity]*; Fin być uwarunkowanym czymś *[inflation, interest rate]*; (constrained by) *[person]* być uzależnionym od czegoś *[party, group]*; być związanym (kontraktem) z czymś *[company]*; nie móc rozstać się z czymś *[job]*; nie móc ruszyć się z czegoś *[house]*; być przykutym do czegoś fig *[bed]*; *[person, business]* podlegać czemuś *[limitations, market forces]* [4] Mus po|łączyć *[notes]*
III *vi* (*prp* **tying**) [1] (fasten) **the ribbons ~ at the back** wstążki wiąże się z tyłu; **the laces/rope won't ~** nie można zawiązać sznurowadeł/liny [2] (draw) (in match) z|remisować **(with sb/sth** z kimś/czymś); (in race) osiąg|nąć, -ać ten sam rezultat **(with sb** co ktoś); (in vote) *[candidates]* uzysk|ać, -iwać taką samą ilość głosów; **to ~ for second/third place** zająć ex aequo drugie/trzecie miejsce; **to ~ on 20 points** uzyskać po 20 punktów
IV *vr* (*prp* **tying**) **to ~ oneself to sth** przywiąz|ać, -ywać się do czegoś *[railings]*; fig związ|ać, -ywać się z czymś *[job]*; przyj|ąć, -mować na siebie coś *[commitment]*
■ **tie back**: **~ back [sth], ~ [sth] back** związ|ać, -ywać z tyłu *[hair]*; podwiąz|ać, -ywać *[curtain]*
■ **tie down**: ¶ **~ down [sb/sth], ~ [sb/sth] down** (hold fast) przywiąz|ać, -ywać *[hot air balloon]*; związ|ać, -ywać, s|krępować *[hostage]*; **she feels ~d down** fig odczuwa brak swobody; **to ~ sb down to sth** (limit) narzucić komuś coś; **to ~ sb down to an exact date/price** związać kogoś dokładnym terminem/ściśle określoną ceną ¶ **to ~ oneself down** wiązać się **(to sth** z czymś)
■ **tie in with**: ¶ **~ in with [sth]** [1] (tally) pokrywać się z (czymś), zg|odzić, -adzać się z (czymś) *[fact, event]*; **it all ~s in with what we've been saying** to wszystko pokrywa się z tym, co mówiliśmy [2] (have link) być powiązanym z (czymś); **does this fact ~ in with the murder?** czy ten fakt ma związek z morderstwem? ¶ **~ in sth with [sth], ~ sth in with [sth]** [1] (combine) po|łączyć coś z (czymś) [2] (connect) po|wiązać coś z (czymś) *[fact, information]*
■ **tie on**: **~ on [sth], ~ [sth] on** przywiąz|ać, -ywać *[label, ribbon, bauble]*
■ **tie together**: ¶ **~ together** *[facts, information]* wiązać się ze sobą ¶ **~ together [sth], ~ [sth] together** związ|ać, -ywać razem *[bundles, objects]*; **we ~d his hands together** związaliśmy mu ręce
■ **tie up**: **~ up [sb/sth], ~ [sb/sth] up** [1] (secure) związ|ać, -ywać *[prisoner]*; zawiąz|ać, -ywać *[sack, parcel]*; uwiąz|ać, -ywać *[animal, boat]* [2] Fin (freeze) zamr|ozić, -ażać *[capital]* **(in sth** w czymś); za|blokować *[shares]* [3] (finalize) dopracow|ać, -ywać *[details]*; dopi|ąć, -nać *[matter]*; s|finalizować *[deal, undertaking]*; **to ~ up the loose ends** (explain) wyjaśnić wszystkie szczegóły [4] (hinder) za|blokować *[procedure]*; US za|blokować *[traffic, route]*; US wstrzym|ać, -ywać *[production]*; **to get ~d up** *[traffic, route]* zostać zablokowanym; *[production]* zostać wstrzymanym; *[person]* być zajętym; **to be ~d up** (be busy) być zajętym; **he's ~d up in a meeting/with a client** jest na zebraniu/jest zajęty rozmową z klientem; **I'm a bit ~d up right now** teraz jestem trochę zajęty
IDIOMS: **my hands are ~d** mam związane ręce fig

tieback /ˈtaɪbæk/ *n* (for curtain) opaska *f* do zasłon
tie break(er) *n* (in tennis) tie-break *m*; (in quiz) runda *f* pytań dodatkowych
tie clasp *n* spinka *f* do krawata
tie clip *n* = **tie clasp**
tied /taɪd/ *adj [accommodation]* dla pracowników, pracowniczy
tied agent *n* Insur agent *m* pełnomocny; Aut dealer *m* autoryzowany
tied house *n* GB (pub) pub *m* należący do browaru
tie-dye /ˈtaɪdaɪ/ **I** *n* farbowanie *n* nierównomierne *(przez wcześniejsze wiązanie materiału)*
II *vt* za|farbować nierównomiernie
tie-in /ˈtaɪɪn/ *n* [1] (link) powiązanie *n*, związek *m* [2] US Comm (sale) sprzedaż *f* wiązana; (item) towar *m* w sprzedaży wiązanej
tie line *n* Telecom łącze *n* bezpośrednie
tie pin *n* szpilka *f* do krawata
tier /tɪə(r)/ **I** *n* (of cake, sandwich) warstwa *f*; (of organization) szczebel *m*; (of system) poziom *m*; (of seating) rząd *m*; (of shelves) kondygnacja *f*; **to rise in ~s** *[benches]* wznosić się rzędami → **two-tier**
II *vt* u|łożyć, -kładać warstwami *[cake]*; po|dzielić na szczeble *[organization]*; po|dzielić na poziomy *[system]*; ustawi|ć, -ać rzędami *[seating]*
III tiered *pp adj [cake]* warstwowy; *[seating]* ustawiony rzędami; *[system]* wielopoziomowy
tie rack *n* wieszak *m* na krawaty
tie rod *n* [1] Aut drążek *m* (kierowniczy) poprzeczny [2] Archit ściąg *m*
Tierra del Fuego /tɪˌerədelˈfweɪgəʊ/ *prn* Ziemia *f* Ognista
tie tack *n* US = **tie pin**
tie-up /ˈtaɪʌp/ *n* [1] (link) powiązanie *n*, związek *m*; (merger) połączenie się *n* [2] US (stoppage) (of work) przestój *m*; (of traffic) zator *m*; korek *m* infml [3] US infml (mooring) miejsce *n* do cumowania
tiff /tɪf/ *n* sprzeczka *f*; **a lovers' ~** sprzeczka zakochanych; **to have a ~** posprzeczać się
tig /tɪg/ *n* Games berek *m*
tiger /ˈtaɪgə(r)/ *n* tygrys *m*
IDIOMS: **to fight like a ~** *[man]* walczyć jak tygrys; *[woman]* walczyć jak lwica
tiger beetle *n* Zool trzyszcz *m*
tiger cub *n* tygrysiątko *n*
tiger economy *n* prężna gospodarka *f* azjatyckich tygrysów
tigerish /ˈtaɪgərɪʃ/ *adj [creature]* podobny do tygrysa; *[colouring, behaviour]* tygrysi; *[defence, attack]* fig zażarty
tiger lily *n* lilia *f* tygrysia
tiger moth *n* Zool niedźwiedziówka *f*
tiger's eye *n* Miner tygrysie oko *n*
tiger shark *n* Zool żarłacz *m* tygrysi
tight /taɪt/ **I tights** *npl* (worn by women) rajstopy *plt*; (worn by acrobats, dancers) trykot *m*; Hist rajtuzy *plt*
II *adj* [1] (firm) *[fist, knot]* zaciśnięty; *[screw, nut, lid]* mocno dokręcony; *[grip, grasp, embrace]* mocny; **to hold sb in a ~ embrace** mocno kogoś trzymać, trzymać kogoś w mocnym uścisku [2] (taut) *[rope, string, straps]* naciągnięty, napięty, naprężony; *[voice]* ściśnięty; **~ as a drum** *[fabric]* bardzo mocno napięty; fig *[nerves]* jak postronki; **~ chest** ucisk w klatce piersiowej [3] (constrictive) *[space, clothing, shoes]* ciasny; (closefitting) *[jacket, shirt]* obcisły, opinający; **the trousers are a ~ fit** spodnie są mocno dopasowane; **a pair of ~ jeans** obcisłe dżinsy; **it was a ~ squeeze in the car** w samochodzie było bardzo ciasno; **this dress is rather a ~ squeeze** ta suknia jest trochę przyciasna [4] (strict) *[security, discipline]* surowy, ostry; *[deadline, budget]* napięty; *[commodity]* deficytowy; *[credit]* drogi; *[control]* ścisły; **to be ~ (with one's money)** mieć węża w kieszeni fig; **money is a bit ~ these days** (one's own) ostatnio krucho u mnie z pieniędzmi infml; Econ obecnie mamy do czynienia z niską podażą pieniądza; **~ money** Econ trudny pieniądz [5] (limited) *[time]* ograniczony; (packed) *[schedule, timetable]* napięty; **I'm ~ for time** mam mało czasu [6] Sport (close) *[finish, match, competition]* zacięty; (compact) *[group, bunch]* zbity, zwarty; **they were sitting in a ~ circle around her** siedzieli wokół niej ciasnym kręgiem [7] (not leaky) *[ship, container, joint]* szczelny [8] infml hum (drunk) wstawiony infml; **to get ~** wstawić się infml [9] (displeased) *[smile, expression]* cierpki, kwaśny [10] (sharp, oblique) *[angle]* ostry; *[turn, bend]* ostry; ciasny infml
III *adv* [1] (firmly) *[hold, grip]* mocno; *[fasten]* dokładnie; *[close]* szczelnie; **you've screwed the lid too ~** zbyt mocno zakręciłeś wieczko; **to hold sth ~ against one's chest** przyciskać coś mocno do piersi; **he shut his eyes ~** zacisnął powieki [2] (closely) *[knit, weave]* ciasno; **to be packed ~** *[commuters]* być ciasno stłoczonym; *[bag]* być wypakowanym; **she pulled the collar ~ about her throat** otuliła szyję kołnierzem; **stand ~ against the wall** oprzyj się mocno o ścianę [3] (fast) **hold ~!** trzymaj się mocno!; **to sit ~** fig twardo obstawać przy swoim; **sit ~!** nie ruszaj się!; **I just sat ~ and waited for the scandal to pass** fig siedziałem cicho i czekałem, aż skandal ucichnie
IDIOMS: **to be in a ~ spot** or **situation** or **corner** być w trudnej sytuacji; **to run a ~ ship** mieć wszystko na oku
tight-arsed /ˈtaɪtɑːst/ *adj* GB vinfml pej *[person, behaviour]* sztywny; (stingy) sknerowaty vinfml
tight-assed /ˈtaɪtæst/ *adj* US = **tight-arsed**
tighten /ˈtaɪtn/ **I** *vt* docis|nąć, -kać *[lid, spring]*; dokręc|ić, -ać *[screw]*; naciąg|nąć, -ać, napręż|yć, -ać, napi|ąć, -inać *[rope, strings, chain]*; zacieśni|ć, -ać *[grip]*; zacis|nąć, -kać *[belt, tie]*; zaciąg|nąć, -ać *[strap]*; zwiększ|yć, -ać *[tension]*; napręż|yć, -ać, napi|ąć, -nać *[muscles]*; (in sewing) zwę|zić, -żać *[waist]*; fig ogranicz|yć, -ać *[budget]*; zaostrz|yć, -ać *[security, restrictions]*; obostrz|yć, -ać *[legislation, policy]*; **she ~ed her embrace on the child** mocniej objęła dziecko
II *vi* [1] (contract) *[lips]* zacis|nąć, -kać się; *[muscle]* napręż|yć, -ać się, napi|ąć, -nać się; **her mouth ~ed** zacisnęła usta; **she felt her throat ~** poczuła, jak coś ją ściska w gardle [2] *[screw, rope]* zacis|nąć, -kać się [3] (become strict) *[laws, credit control]* zostać zaostrzonym
■ **tighten up**: **~ up [sth], ~ [sth] up** docis|nąć, -kać *[screw, hinge]*; zaostrz|yć, -ać *[security]*; obostrz|yć, -ać *[legislation]*; **to ~ up on sth** wprowadzić obostrzenia w zakresie czegoś *[immigration, fiscal policy]*
IDIOMS: **to ~ one's belt** fig zaciskać pasa fig
tight end *n* US (in football) skrzydłowy *m* formacji ataku
tightening /ˈtaɪtnɪŋ/ *n* (of screw) dokręcenie *n*; (of lid) dociśnięcie *n*; (of belt, grip, fist) zaciśnięcie *n*; (of rope) naciągnięcie *n*; fig (also **~ up**) (of control, restrictions) zaostrzenie *n*; **to feel a ~ of one's stomach muscles** czuć, jak napinają się mięśnie brzucha
tight-fisted /ˌtaɪtˈfɪstɪd/ *adj* infml pej skąpy
tight-fitting /ˌtaɪtˈfɪtɪŋ/ *adj* Fashn obcisły
tight-knit /ˌtaɪtˈnɪt/ *adj* fig *[family]* zżyty; *[community]* zintegrowany; (programme, schedule) szczegółowo opracowany
tight-lipped /ˌtaɪtˈlɪpt/ *adj* [1] (in anger) *[person]* z zaciśniętymi wargami [2] (silent) **I shall remain ~ about that** nic na ten temat nie powiem; **they are remaining ~** nabrali wody w usta
tightly /ˈtaɪtlɪ/ *adv* [1] (firmly) *[grasp, grip, hold, tied, fastened]* mocno; *[closed]* dokładnie, szczelnie; **her hair was drawn back ~ in a bun** włosy miała mocno ściągnięte w kok [2] (closely) **the ~ packed crowd** zbity tłum; **the sweets are packed ~ in the box** czekoladki są ciasno ułożone w pudełku; **~ fitting dress/shoes** obcisła sukienka/ciasne buty [3] (taut) **a ~ stretched rope** mocno naciągnięta lina [4] (precisely) *[controlled, scheduled, coordinated]* ściśle
tightness /ˈtaɪtnɪs/ *n* [1] (contraction) (of muscles) naprężenie *n*; (of belt, rope, fabric) napięcie *n*; (in chest) ucisk *m* [2] (strictness) (of restrictions, security) surowość *f* [3] (smallness) (of space) szczupłość *f*; (of clothing) obcisłość *f*; **because of the ~ of his shoes** ponieważ buty go cisnęły
tightrope /ˈtaɪtrəʊp/ *n* lina *f (do akrobacji)*; **to walk the ~** chodzić po linie; **to be on a ~** fig balansować **(between sth and sth** pomiędzy czymś a czymś)
tightrope walker *n* linoskoczek *m*
tightwad /ˈtaɪtwɒd/ *n* US infml pej kutwa *m/f* pej
tigress /ˈtaɪgrɪs/ *n* tygrysica *f*
Tigris /ˈtaɪgrɪs/ *prn* **the ~** Tygrys *m*
tilde /ˈtɪldə/ *n* Ling, Print tylda *f*
tile /taɪl/ **I** *n* (for roof) dachówka *f*; (for wall, floor) kafelek *m*, płytka *f* ceramiczna
II *vt* pokry|ć, -wać dachówką *[roof]*; wy|łożyć, -kładać kafelkami; wy|kafelkować infml *[wall, floor, room]*
III tiled *pp adj [roof]* pokryty dachówką; *[wall, floor]* wyłożony płytkami ceramicznymi
IDIOMS: **to go out** or **have a night on the ~s** GB infml zabalować infml
tiler /ˈtaɪlə(r)/ *n* (of roofs) dekarz *m*; (of walls, floors) glazurnik *m*
tiling /ˈtaɪlɪŋ/ *n* [1] (covering of tiles) (of roof) dachówka *f*; (of wall, floor) płytki *f pl* ceramiczne; (glazed) glazura *f* [2] (process) (for roof) układanie *n* dachówki; (for wall, floor) układanie *n* kafelków; kafelkowanie *n* infml

T

till[1] /tɪl/ → **until**

till[2] /tɪl/ *n* (in shop) kasa *f* sklepowa
IDIOMS: **to have one's hand in the ~** podkradać pieniądze

till[3] /tɪl/ *vt* Agric uprawiać *[land, field]*

tillage /ˈtɪlɪdʒ/ *n* dat uprawa *f*

tiller[1] /ˈtɪlə(r)/ *n* Agric (machine) kultywator *m*

tiller[2] /ˈtɪlə(r)/ *n* Naut rumpel *m*; **at the ~** przy sterze

till receipt *n* paragon *m*

tilt[1] /tɪlt/ **I** *n* [1] (incline) przechylenie *n*, nachylenie *n*; (of earth) odchylenie *n*; (sloping surface) pochyłość *f*; **to have a (slight) ~** być (lekko) pochyłym; **to have a ~ to the left/to the North** pochylać or odchylać się na lewo/na północ; **at a ~** *[hat]* na bakier [2] Hist (in jousting) (contest) turniej *m* rycerski; (thrust) natarcie *n* (pochyloną kopią); **to take a ~ at sb** natrzeć na kogoś *[opponent, competitor]* [3] fig (attack) atak *m* **(at sb/sth** na kogoś/coś); **to have** or **take a ~ at sb/sth** zaatakować kogoś/coś *[person, trend, organization]*; spróbować swoich sił w czymś *[championship, event]*; zmierzyć się z kimś *[champion]*
II *vt* [1] (slant) przechyl|ić, -ać *[table, chair, head]*; przekrzywi|ć, -ać *[hat, cap]*; **to ~ one's head back/forward/to the left** odchylić głowę do tyłu/pochylić głowę do przodu/przechylić głowę na lewo; **to ~ one's cap over one's eyes/to the back of one's head** zsunąć czapkę na oczy/na tył głowy [2] fig (influence) **to ~ the balance in favour of sb/sth** przechylić szalę na korzyść kogoś/czegoś; **to ~ the balance away from sb/sth** przechylić szalę na niekorzyść kogoś/czegoś
III *vi* [1] (slant) *[rock, table, tower, building]* przechyl|ić, -ać się; *[ground, floor]* mieć nachylenie; **to ~ to the left/to one side/forward** przechylać się na lewo/na jedną stronę/do przodu [2] Hist (joust) *[person]* sta|nąć, -wać w szranki; **to ~ at sb/sth** Hist stanąć w szranki z kimś *[opponent]*; fig zaatakować kogoś/coś *[person, organization]*; **to ~ at windmills** walczyć z wiatrakami

tilt[2] /tɪlt/ *n* Aut, Naut plandeka *f*

tilt-and-turn window /ˌtɪltənˈtɜːnwɪndəʊ/ *n* okno *n* uchylno-obrotowe

tilt angle *n* kąt *m* pochylenia

tilted /ˈtɪltɪd/ *adj [tree, wall, table, spire]* pochyły; *[head]* przechylony; **~ to one side/to the right** przechylony na jedną stronę/na prawo; **his head was ~ back /forward** głowę miał odchyloną do tyłu/do przodu

tilt hammer *n* młot *m* dźwigniowy

tilthead /ˈtɪlthed/ *n* Phot ruchoma głowica *f* statywu

tilt-top table /ˌtɪlttɒpˈteɪbl/ *n* stół *m* z regulowanym nachyleniem blatu

tilt-yard /ˈtɪltjɑːd/ *n* Hist szranki *plt*

timbal /ˈtɪmbl/ *n* Mus kocioł *m*

timber /ˈtɪmbə(r)/ **I** *n* [1] (wood) drewno *n*, tarcica *f*; **seasoned/unseasoned ~** drewno sezonowane/niesezonowane [2] (trees) drzewa *n pl (przeznaczone do wycinki)*; (forest) las *m*; **to fell ~** wycinać drzewa; **'Timber!'** (warning) „Uwaga, drzewo!"; **land under ~** uprawy leśne [3] (beam) belka *f* drewniana; **roof ~s** belki stropowe
II *modif [frame, building]* drewniany; *[preservative]* do drewna; **~ importer/exorter** importer/eksporter drewna; **~ trade** handel drewnem; **~ plantation** uprawa leśna
III timbered *pp adj [house]* drewniany; *[slope]* zalesiony; **~ed ceiling** sufit z odsłoniętym belkowaniem; **half-~ed house** dom z pruskiego muru

timber-clad /ˈtɪmbəklæd/ *adj* odeskowany

timber-cladding /ˈtɪmbəklædɪŋ/ *n* odeskowanie *n*

timber-framed /ˌtɪmbəˈfreɪmd/ *adj [building]* o drewnianej konstrukcji

timbering /ˈtɪmbərɪŋ/ *n* belkowanie *n*

timberland /ˈtɪmbəlænd/ *n* US obszar *m* leśny *(z drzewami na budulec)*

timber line *n* Geog granica *f* lasu

timber merchant *n* GB handlarz *m* drewnem

timber wolf *n* wilk *m* amerykański

timber yard *n* skład *m* drewna

timbre /ˈtɪmbə(r), ˈtæmbrə/ *n* barwa *f*, brzmienie *n*, timbre *m*

Timbuktu /ˌtɪmbʌkˈtuː/ *prn* Timbuktu *n inv*

time /taɪm/ **I** *n* [1] (continuum) czas *m*; **~ and space** czas i przestrzeń; **in** or **with ~** z czasem; **in the course of ~** z biegiem czasu; **as ~ goes/went by** w miarę upływu czasu; **at this point in ~** w tym okresie; **for all ~** na wieki; **the biggest drugs haul of all ~** największy (udaremniony) przerzut narkotyków w dziejach [2] (specific duration) czas *m*; **most of the ~** (przez) większość czasu; **he was ill for some of the ~** przez pewien czas był chory; **she talked (for) some of the ~, but most of the ~ she was silent** trochę mówiła, ale przez większość czasu milczała; **all the ~** (przez) cały czas; **I was waiting for you here all the ~** (przez) cały czas czekałem tu na ciebie; **you've got all the ~ in the world, you've got plenty of ~** masz mnóstwo czasu; **to find /have/take the ~ to do sth** znaleźć/mieć /poświęcić czas na zrobienie czegoś; **to spend one's ~ doing sth** spędzać czas robiąc coś; **to take one's ~** nie śpieszyć się; **take your ~ over it!** nie śpiesz się z tym!; **writing a novel takes ~, it takes ~ to write a novel** napisanie powieści zajmuje trochę czasu; **do I have (enough) ~ to go to the shops?** czy zdążę pójść na zakupy?; **half the ~ he isn't even listening** przez większość czasu nawet nie słucha; **some ~ before/after** jakiś czas wcześniej/później; **that's the best film I've seen for a long ~** to najlepszy film, jaki widziałem od dłuższego czasu; **it'll be a long ~ before I go back there!** nieprędko tam wrócę!; **you took a long ~!, what a (long) ~ you've been!** ależ to długo trwało!; **we had to wait for a long ~** musieliśmy długo czekać; **I've been living in this country for a long ~** mieszkam tu od dawna; **it takes a long ~ for the car to start** uruchomienie samochodu zajmuje dużo czasu; **she would regret this for a long ~ to come** długo jeszcze będzie tego żałować; **a long ~ ago** dawno temu; **a short ~ ago** niedawno; **some ~ ago** jakiś czas temu; **we haven't heard from her for some ~** od jakiegoś czasu nie mamy od niej żadnej wiadomości; **it continued for some (considerable) ~** ciągnęło się to dość długo; **it won't happen for some ~ yet** to się jeszcze przez jakiś czas nie zdarzy; **she did it in half the ~ it had taken her colleagues** zajęło jej to dwa razy mniej czasu niż jej kolegom; **in no ~ at all, in next to no ~** bardzo szybko, błyskawicznie; **in five days'/weeks' ~** za pięć dni /tygodni; **within the agreed ~** w uzgodnionym czasie; **in your own ~** (at your own pace) we własnym tempie; (outside working hours) po pracy; **on company ~** w godzinach pracy; **my ~ is/isn't my own** jestem/nie jestem panem swego czasu [3] (hour of the day, night) godzina *f*; **what ~ is it?, what's the ~?** która godzina?; **she looked at the ~** spojrzała na zegarek; sprawdziła, która jest godzina; **the ~ is 11 o'clock** jest godzina jedenasta; **10 am Polish/Greenwich ~** godzina dziesiąta w Polsce/czasu Greenwich; **tomorrow, at the same ~** jutro o tej samej godzinie; **this ~ next week/next year** w przyszłym tygodniu/za rok o tej porze; **this ~ last week/year** o tej porze tydzień/rok temu; **by this ~ next week/year** za tydzień/rok; **on ~** na czas; **the trains are running on** or **to ~** pociągi jeżdżą zgodnie z rozkładem jazdy; **the bus/train ~** godzina odjazdu autobusu/pociągu; **the ~s of trains to Montreal** godziny odjazdu pociągów do Montrealu; **it's ~ to go!** czas już iść!; **it's ~ for school/bed** czas do szkoły/do łóżka; **it's ~ for breakfast** czas na śniadanie; **it's ~** już czas; **~'s up!** czas minął!; **it's ~ he got a job/she learned a few manners** już czas, żeby znalazł sobie pracę/nabrała trochę ogłady; **it's ~ we started** czas zaczynać; **to lose ~** *[clock]* spóźniać się; **that clock keeps good ~** ten zegar dobrze chodzi; **about ~ too!** najwyższy czas!; **not before ~!** rychło w czas!; **you're just in ~ for lunch/a drink** przyszedłeś w samą porę na lunch/żeby wypić drinka; **to arrive in good ~** przybyć wcześniej; **to be in plenty of ~** or **in good ~ for the train** być sporo wcześniej przed odjazdem pociągu; **I want to have everything ready in ~ for Christmas** chcę mieć wszystko gotowe na Boże Narodzenie; **to be behind ~** spóźnić się; **twenty minutes/six months ahead of ~** dwadzieścia minut/sześć miesięcy przed czasem [4] (era, epoch) czas *m*; **in Victorian/Roman ~s** w czasach wiktoriańskich/rzymskich; **in Dickens' ~s** w czasach or za czasów Dickensa; **at the ~ of the French Revolution** w czasach Rewolucji Francuskiej; **at the ~** wtedy; **at that ~** wówczas, w tamtych czasach; **~ was** or **there was a ~ when...** kiedyś było tak, że...; **to be ahead of** or **in advance of the ~s** *[person, invention]* wyprzedzać swoją epokę; **to be behind the ~s** być zacofanym; **to keep up** or **move with the ~s** iść z duchem czasu; **~s are hard** czasy są ciężkie; **those were difficult ~s** to były ciężkie czasy; **in ~s past, in former ~s** w dawnych czasach, dawniej; **in happier ~s** w lepszych czasach; **it's just like old ~s**

jest jak za dawnych czasów; **in ~s of war /peace** w czasie wojny/pokoju; **peace in our ~** pokój w czasach, w których żyjemy; **at my ~ of life** w moim wieku; **I've seen a few tragedies in my ~** widziałem w swoim życiu niejedną tragedię; **she was a beautiful woman in her ~** w swoim czasie or swego czasu była piękną kobietą; **it was before my ~** (before my birth) jeszcze mnie wtedy nie było na świecie; (before I came here) to było nie za moich czasów; **I don't remember the Beatles – they were before my ~** jestem za młody, żeby pamiętać Beatlesów; **if I had my ~ over again** gdybym mógł cofnąć czas, gdybym mógł jeszcze raz przeżyć życie; **to die before one's ~** umrzeć przedwcześnie; **to be nearing one's ~** dat *[pregnant woman]* oczekiwać rozwiązania [5] (moment) chwila *f*; **at ~s** chwilami; **it's a good/bad ~ to do sth** teraz jest odpowiednia/nieodpowiednia chwila, żeby zrobić coś; **the house was empty at the ~** w tym czasie dom był pusty; **at the ~ I didn't notice** wówczas nie zwróciłem uwagi; **at the right ~** w odpowiednim momencie; **at this ~ of the year** o tej porze roku; **for the ~ of year** jak na tę porę roku; **this is no ~ for jokes** nie czas na żarty; **at all ~s** przez cały czas; **at any ~** w każdej chwili; **at any ~ of the day or night** o każdej porze dnia i nocy; **we're expecting him any ~ now** spodziewamy się go lada chwila; **at no ~ did I agree** ani przez chwilę nie zgodziłem się; **come any ~ you want** przyjdź, kiedy tylko zechcesz; **the ~ has come for change/action** przyszedł czas na zmiany/na działanie; **at ~s like these you need your friends** w takich właśnie chwilach człowiek potrzebuje przyjaciół; **by the ~ I finished the letter/we reached home it was dark** zanim skończyłem list/dotarliśmy do domu, zrobiło się ciemno; **by this ~ most of them were dead** do tego czasu większość z nich już nie żyła; **some ~ this week/next month** któregoś dnia w tym tygodniu/w przyszłym miesiącu; **for the ~ being** na razie; **from that** or **this ~ on** od tego czasu; **from the ~ (that) I was 15** od kiedy skończyłem 15 lat; **there are ~s when...** są takie chwile, kiedy...; **when the ~ comes** kiedy nadejdzie czas; **in ~s of danger** w chwilach zagrożenia; **in ~s of crisis/high inflation** w czasach kryzysu /wysokiej inflacji; **no more than 12 people at any one ~** nie więcej niż 12 osób na raz; **until such ~ as he does the work** dopóki nie skończy pracy; **at the same ~** (simultaneously) w tym samym czasie, jednocześnie; **I can't be in two places at the same ~** nie mogę być w dwóch miejscach naraz; **now's our ~ to act!** teraz pora działać! [6] (occasion) raz *m*; **nine ~s out of ten** dziewięć razy na dziesięć; **three ~s a month/day** trzy razy w miesiącu/dziennie; **hundreds of ~s** setki razy; **the last/next ~** ostatnim /następnym razem; **for the first ~** po raz pierwszy; **~ after ~, ~ and ~ again** wiele razy, wielokrotnie; **each** or **every ~ that...** za każdym razem, kiedy...; **some other ~ perhaps** może innym razem; **three at a ~** trzy na raz; **there were ~s when...** bywało tak, że...; **many's the ~ that we've danced until dawn** wiele razy tańczyliśmy do świtu; **she passed her driving test first/third ~ round** zdała egzamin na prawo jazdy za pierwszym /trzecim razem; **do you remember the ~ when...?** czy pamiętasz, jak...?; **from ~ to ~** od czasu do czasu; **10 dollars a ~** 10 dolarów za jeden raz; **for months at a ~** całymi miesiącami; **(in) between ~s** tymczasem [7] (experience) **to have a tough** or **hard ~ doing sth** namęczyć się nad zrobieniem czegoś; **they gave him a rough** or **hard** or **tough ~ of it** dali mu w kość or do wiwatu infml; **he's having a rough** or **hard** or **tough ~** przeżywa ciężkie chwile; **I'm having a bad ~ at work** mam teraz problemy w pracy; **we had a good ~** świetnie się bawiliśmy; **have a good ~!** baw się dobrze!; **to have an easy ~ (of it)** nie mieć problemów; **the good/bad ~s** szczęśliwe/trudne chwile; **she enjoyed her ~ in Canada** była bardzo zadowolona z pobytu w Kanadzie; **during his ~ as ambassador** w okresie, gdy był ambasadorem [8] Admin, Ind (hourly rate) **to work/be paid ~** pracować na godziny/być opłacanym od godziny; **to be paid ~ and a half** dostawać półtorej stawki godzinowej; **on Sundays we get paid double ~** za niedziele płacą nam podwójnie [9] (length of period) czas *m*; **cooking ~** czas gotowania; **flight/journey ~** czas lotu/podróży [10] Mus (number of beats in a bar) takt *m*; (tempo) tempo *n*; **to beat** or **mark ~** wybijać takt; **to stay in** or **keep ~** trzymać tempo; **in/out of ~** w takt/nie w takt; **in waltz/march ~** w rytmie walca /marsza [11] Sport czas *m*; **a fast ~** dobry czas; **in record ~** w rekordowym czasie; **to keep ~** mierzyć czas [12] Math **one ~s two (is two)** jeden razy dwa (równa się dwa); **ten ~s longer/stronger** dziesięć razy dłuższy/silniejszy; **eight ~s as much** osiem razy tyle

II *vt* [1] (schedule) za|planować godzinę (czegoś) *[attack]*; ustal|ić, -ać termin (czegoś) *[holidays, meeting, visit]*; wyb|rać, -ierać *[moment]*; **to ~ sth for Sunday/March** zaplanować coś na niedzielę/marzec; **you've ~d your visit just right** wybrałeś odpowiednią porę na wizytę; **the demonstration is ~d to coincide with the ceremony** termin demonstracji został tak wybrany, żeby zbiegła się ona z uroczystością; **we ~ our trips to fit in with school holidays** tak planujemy nasze wyjazdy, żeby wypadały w okresie wakacji szkolnych; **the bomb is ~d to go off at midday** bomba ma eksplodować w południe; **the attack was well-/badly-~d** atak nastąpił w odpowiednim/nieodpowiednim momencie; **the announcement was perfectly ~d** oświadczenie złożono w idealnym momencie; **the plane is ~d to arrive at 16:00** przylot samolotu jest zaplanowany na 16:00 [2] (judge) uderz|yć, -ać w odpowiednim momencie *[ball]*; **to ~ one's shot/stroke** uderzać w odpowiednim momencie; **to ~ a remark/joke** wybrać moment na zrobienie uwagi/żartu; **a well-/badly-~d remark** uwaga zrobiona w odpowiednim/nieodpowiednim momencie [3] (measure speed, duration of) z|mierzyć czas (komuś/czegoś) *[athlete, cyclist, journey, speech]*; z|mierzyć czas gotowania (czegoś) *[egg]*; **to ~ sb over 100 metres** zmierzyć komuś czas na 100 metrów

III *vr* **to ~ oneself** z|mierzyć sobie czas

IDIOMS: **from ~ out of mind** od niepamiętnych czasów; **there is a ~ and place for everything** każda rzecz ma swój czas i miejsce; **there's always a first ~** zawsze jest ten pierwszy raz; **there's a first ~ for everything** wszystko robi się kiedyś pierwszy raz; **he'll tell you in his own good ~** powie ci, kiedy uzna za stosowne; **all in good ~** wszystko w swoim czasie; **only ~ will tell** czas pokaże; **to pass the ~ of day with sb** zamienić z kimś kilka słów; **I wouldn't give him the ~ of day** nie podałbym mu ręki; **to have ~ on one's hands** (for brief period) dysponować wolnym czasem; (longer) mieć dużo wolnego czasu; **~ hangs heavy** czas wlecze się; **~ hung heavy on his hands** czas mu się dłużył; **to have a lot of ~ for sb** bardzo cenić sobie kogoś; **I've got no ~ for pessimists/that sort of attitude** nie znoszę pesymistów/takiego podejścia; **to do ~** infml (in prison) odsiadywać wyrok infml; **to make ~ with sb** US infml (chat up) podrywać kogoś infml; (have sex) iść do łóżka z kimś infml; **give me classical music/the Mediterranean climate every ~!** nie ma (to) jak muzyka klasyczna/klimat śródziemnomorski!; **long ~ no see!** infml kopę lat! infml; **~ please!** GB (in pub) zamykamy!

time-and-motion expert /ˌtaɪmənˈməʊʃnekspɜːt/ *n* specjalista *m* do spraw efektywności pracy

time-and-motion study /ˌtaɪmənˈməʊʃnstʌdɪ/ *n* badania *n pl* nad efektywnością pracy

time bomb *n* (bomb) bomba *f* zegarowa; fig bomba *f* z opóźnionym zapłonem fig

time capsule *n* puszka *f* z dokumentami epoki *(zakopywana lub wmurowywana)*

time-card /ˈtaɪmkɑːd/ *n* karta *f* kontrolna *(pracownika)*

time check *n* Radio podanie *n* dokładnej godziny

time clause *n* Ling zdanie *m* okolicznikowe czasu

time clock *n* zegar *m* kontrolny *(w pracy)*

time code *n* Audio, TV, Video kod *m* czasu

time-consuming /ˌtaɪmkənˈsjuːmɪŋ, US -ˈsuː-/ *adj* czasochłonny

time constant *n* Electron stała *f* czasowa

time delay *n* opóźnienie *n*

time deposit *n* US Fin wkład *m* terminowy

time difference *n* różnica *f* czasowa

time dilatation *n* Sci dylatacja *f* czasu

time dilation *n* = **time dilatation**

time draft *n* US Fin weksel *m* terminowy

time exposure *n* Phot zdjęcie *n* na czas

time-frame /ˈtaɪmfreɪm/ *n* ramy *plt* czasowe; **in** or **within a long/short ~** w krótkim/długim okresie

time fuse *n* zapalnik *m* czasowy

T

time-honoured /ˈtaɪmɒnəd/ *adj [practice, custom]* uświęcony tradycją; *[tradition]* uświęcony zwyczajem
timekeeper /ˈtaɪmkiːpə(r)/ *n* [1] Sport sędzia *m* czasowy [2] (punctual person) **he's a good ~** jest bardzo punktualny [3] (watch, clock) **this watch is a good ~** ten zegarek dobrze chodzi
time-keeping /ˈtaɪmkiːpɪŋ/ *n* [1] (punctuality) punktualność *f* [2] Sport mierzenie *n* czasu
time-lag /ˈtaɪmlæg/ *n* zwłoka *f*, przesunięcie *n* w czasie
time lapse photography *n* ekspozycja *f* poklatkowa
timeless /ˈtaɪmlɪs/ *adj [beauty, value, quality, book]* ponadczasowy; *[laws]* wieczny; *[countryside, question]* niezmienny
time-limit /ˈtaɪmlɪmɪt/ *n* [1] (deadline) termin *m* (ostateczny); **to set a ~ for sth** wyznaczyć termin czegoś *[work, completion, delivery]*; **within the ~** w terminie [2] (maximum duration) limit *m* czasu; **to set a ~ on sth** ustalić limit czasu na coś *[work, test]*; **there's a 20 minute ~ on speeches** przemówienia nie mogą trwać dłużej niż 20 minut
timeliness /ˈtaɪmlɪnɪs/ *n* stosowna pora *f* **(of sth** czegoś); **a sense of ~** wyczucie chwili
time loan *n* Fin pożyczka *f* terminowa, kredyt *m* terminowy
time lock *n* zamek *m* z regulatorem czasowym
timely /ˈtaɪmlɪ/ *adj [arrival, intervention]* w (samą) porę; **thanks to your ~ reminder, ...** dzięki temu, że przypomniałeś mi w samą porę, ...
time machine *n* wehikuł *m* czasu
time off *n* [1] (leave, free time) czas *m* wolny; wolne *n* infml; **ask your boss for ~** poproś szefa, żeby dał ci wolne; **to take ~** wziąć wolne; **to take ~ from work to go to the dentist's** zwolnić się z pracy, żeby pójść do dentysty; **to take ~ from teaching** zrobić sobie przerwę w nauczaniu; **how much ~ do you get a week?** ile masz wolnego w tygodniu?; **what do you do in your ~?** co robisz, kiedy masz wolne? [2] Jur **to get ~ for good behaviour** mieć skrócony wyrok za dobre sprawowanie
timeout /ˌtaɪmˈaʊt/ *n* Comput przekroczenie *n* maksymalnego dozwolonego czasu, timeout *m*
time-out /ˌtaɪmˈaʊt/ *n* Sport czas *m*; (break) krótka przerwa *f*
timepiece /ˈtaɪmpiːs/ *n* czasomierz *m* dat; (watch) zegarek *m*; (clock) zegar *m*
time policy *n* Insur polisa *f* terminowa
timer /ˈtaɪmə(r)/ *n* (for cooking) minutnik *m*; (on bomb) urządzenie *n* zegarowe, zegar *m*; (for controlling equipment) regulator *m* czasowy, timer *m*
timesaver /ˈtaɪmseɪvə(r)/ *n* **a dishwasher is a real ~** zmywarka naprawdę pozwala zaoszczędzić czas
time-saving /ˈtaɪmseɪvɪŋ/ *adj* pozwalający zaoszczędzić czas
time-scale /ˈtaɪmskeɪl/ *n* okres *m* (czasu); **within a 6-month ~** w okresie sześciu miesięcy; **over a 2-year ~** przez okres dwóch lat; **what's the ~ for this?** ile jest na to czasu?
time series *n* Stat szereg *m* czasowy

time-served /ˈtaɪmsɜːvd/ *adj* wykwalifikowany
time-server /ˈtaɪmsɜːvə(r)/ *n* pej oportunista *m*
time-serving /ˈtaɪmsɜːvɪŋ/ *n* pej oportunizm *m*
timeshare /ˈtaɪmʃeə(r)/ **I** *n* (house) dom *m* we współwłasności; (apartment) mieszkanie *n* we współwłasności
II *modif [apartment, complex, studio]* będący współwłasnością
time-sharing /ˈtaɪmʃeərɪŋ/ *n* [1] Comput podział *m* czasu [2] Tourism *korzystanie z mieszkania lub domu będącego współwłasnością*
time-sheet /ˈtaɪmʃiːt/ *n* karta *f* kontrolna *(pracownika)*
time-signal /ˈtaɪmsɪgnl/ *n* sygnał *m* czasu
time signature *n* znak *m* metryczny
time-slice /ˈtaɪmslaɪs/ *n* Comput kwant *m* czasu
time slot *n* Telecom szczelina *f* czasowa
timespan /ˈtaɪmspæn/ *n* okres *m*, czas *m*; **over a 600-year ~** na przestrzeni 600 lat
time-switch /ˈtaɪmswɪtʃ/ *n* wyłącznik *m* czasowy or zegarowy
timetable /ˈtaɪmteɪbl/ **I** *n* [1] (agenda, schedule) Univ rozkład *m* zajęć; Sch plan *m* lekcji; (for plans, negotiations) kalendarz *m*, terminarz *m*; **to set up a ~ of meetings /negotiations** ustalić kalendarz spotkań /negocjacji; **a ~ for monetary union /reform** kalendarz wprowadzania unii monetarnej/reformy; **to work to a strict ~** trzymać się ściśle terminarza prac [2] Transp rozkład *m* jazdy; **bus/train ~** rozkład jazdy autobusów/pociągów
II *vt* ustal|ić, -ać godzinę (czegoś) *[class, lecture]*; ustal|ić, -ać termin (czegoś) *[meeting, negotiations]*; **~ the meeting for 9 am** ustal termin spotkania na 9 rano; **the meeting is ~d for Friday** zebranie ma odbyć się w piątek; **the bus is ~d to leave at 11.30 am** zgodnie z rozkładem jazdy, autobus ma odjechać o 11.30
time travel *n* podróż *f* w czasie
time trial *n* Sport (in cycling) jazda *f* na czas; czasówka *f* infml; (in athletics) sprawdzian *m* szybkościowy
time value *n* wartość *f* (rytmiczna)
time warp *n* (in science fiction) zakrzywienie *n* czasoprzestrzeni; **the village seems to be caught in a 1950s ~** ta wioska wygląda tak, jakby czas zatrzymał się w niej w latach 50.
time-waster /ˈtaɪmweɪstə(r)/ *n* [1] (idle person) obibok *m* [2] (casual inquirer) **'no ~s'** (in advert) „tylko poważne oferty"
time-wasting /ˈtaɪmweɪstɪŋ/ **I** *n* marnotrawstwo *n* czasu
II *adj [practice, procedure]* marnujący czas; **~ tactics/play** Sport gra na czas
time work *n* praca *f* na godziny
time-worn /ˈtaɪmwɔːn/ *adj [carpet, rug, table]* wysłużony; (hackneyed) *[expression]* oklepany
time zone *n* strefa *f* czasu
timid /ˈtɪmɪd/ *adj [animal]* płochliwy; *[person, smile, reform, request]* nieśmiały
timidity /tɪˈmɪdətɪ/ *n* nieśmiałość *f*; płochliwość *f* liter
timidly /ˈtɪmɪdlɪ/ *adv [speak, ask, answer]* nieśmiało

timing /ˈtaɪmɪŋ/ *n* [1] (scheduling) wybrany termin *m*; **the ~ of the announcement was unfortunate** wybrano niefortunny moment na złożenia oświadczenia; **there is speculation about the ~ of the election** termin wyborów jest przedmiotem spekulacji; **to get one's ~ right /wrong** wybrać odpowiedni/nieodpowiedni moment [2] Theat (art, practice) wyczucie *n* czasu; **to have a good sense of ~** mieć wyczucie czasu [3] Aut ustawienie *n* zapłonu [4] Mus wyczucie *n* rytmu
timorous /ˈtɪmərəs/ *adj* bojaźliwy
Timothy /ˈtɪməθɪ/ *prn* Tymoteusz *m*
timothy grass *n* Bot tymotka *f* (łąkowa)
timpani /ˈtɪmpənɪ/ *npl* Mus kotły *m pl*
timpanist /ˈtɪmpənɪst/ *n* Mus kotlista *m*
tin /tɪn/ **I** *n* [1] Chem, Miner (metal) cyna *f* [2] GB (can) puszka *f*; **a ~ of soup** puszka zupy; **the soup came out of a ~** zupa była z puszki; **to eat out of ~s** odżywiać się konserwami [3] (container) (for biscuits, cake) pudełko *n* metalowe; (for paint) puszka *f*; **a biscuit ~** (for biscuits) pudełko na herbatniki; (originally with biscuits) pudełko po herbatnikach; **a ~ of biscuits** pudełko herbatników [4] Culin forma *f*; (small) foremka *f* [5] GB (for donations) puszka *f*
II *modif* cynowy, blaszany
III *vt* GB (*prp, pt, pp* **-nn-**) puszkować *[food, fish]*
IV tinned *pp adj* GB *[meat, fruit]* puszkowy, w puszce
IDIOMS: **he has a ~ ear** słoń mu na ucho nadepnął
tin can *n* puszka *f* blaszana
tincture /ˈtɪŋktʃə(r)/ **I** *n* [1] Pharm nalewka *f*, tynktura *f*; **~ of iodine** jodyna [2] fml (tinge) (of colour, rainbow) odcień *m*; (of smell, flavour) ślad *m* [3] Herald tynktura *f*, barwa *f*
II *vt* (add colour) zabarwi|ć, -ać **(with sth** czymś); (add flavour) zaprawi|ć, -ać **(with sth** czymś)
tinder /ˈtɪndə(r)/ *n* podpałka *f*; hubka *f* dat; **to be the ~ for sth** fig być zarzewiem czegoś fig
IDIOMS: **as dry as ~** suchy jak pieprz
tinderbox /ˈtɪndəbɒks/ *n* [1] (box) pudełko *n* na hubkę i krzesiwo; **the barn was a (real) ~** fig stodoła mogła spłonąć w jednej chwili [2] fig (tense situation, area) beczka *f* prochu fig
tine /taɪn/ *n* (of fork, rake) ząb *m*; (of antler) odnoga *f*
tinfoil /ˈtɪnfɔɪl/ *n* folia *f* aluminiowa, cynfolia *f*
ting /tɪŋ/ **I** *n* dzwonek *n*; **to give a ~** zadzwonić; **'~, ~!'** „dzyń, dzyń!"
II *vt* za|dzwonić (czymś) *[bell]*
III *vi [clock, bell]* za|dzwonić
ting-a-ling /ˈtɪŋəˈlɪŋ/ *n* onomat dzyń-dzyń
tinge /tɪndʒ/ **I** *n* (of colour) odcień *m* **(of sth** czegoś); (of emotion) cień *m*, domieszka *f* **(of sth** czegoś)
II *vt* (tint) **to ~ sth with colour** zabarwić coś; **to ~ sth with silver/gold** nadać czemuś srebrny/złoty odcień; **~d with sth** fig *[smile, words]* z domieszką czegoś, zabarwiony czymś *[envy, admiration]*
tingle /ˈtɪŋgl/ **I** *n* (physical) mrowienie *n*; (psychological) dreszcz *m*
II *vi* [1] (physically) **my fingers/feet are**

tingling czuję mrowienie w palcach/w stopach [2] (psychologically) **to ~ with sth** drżeć z czegoś *[excitement, fear]*; **my spine ~s** mrówki chodzą mi po plecach fig
tingling /ˈtɪŋglɪŋ/ *n* mrowienie *n*
tingly /ˈtɪŋglɪ/ *adj* **my fingers/legs have gone all ~** czuję mrowienie w palcach/w nogach
tin god *n* pej ważniak *m* infml pej
tin hat *n* Mil hełm *m*
tinker /ˈtɪŋkə(r)/ **I** *n* [1] dat (repairer of pots) druciarz *m* dat; GB dial (traveller) włóczęga *m*, cygan *m* [2] GB infml (child) urwis *m* [3] (attempt to mend) **to have a ~ with sth** pomajstrować przy czymś
II *vi* (also **~ about**, **~ around**) (try to mend, tamper) *[person]* po|majstrować infml; **to ~ with sth** majstrować przy czymś *[car, machine, pen, watch]*; poprawiać coś *[document, wording]*; (illegally) grzebać w czymś *[document, contract, things on desk]*; **who's been ~ing with the computer?** kto majstrował przy komputerze?; **I was ~ing about in the garden** dłubałem w ogródku
IDIOMS: **I don't give a ~'s curse** or **damn!** infml guzik mnie to obchodzi! infml; **it's not worth a ~'s curse** or **damn!** infml to funta kłaków niewarte! infml
tinkle /ˈtɪŋkl/ **I** *n* [1] (of glass, bell, piano, telephone) brzękanie *n*; (of water) plusk *m*; **give us a ~ (on the piano)** hum zagraj nam coś (na fortepianie); **to give sb a ~** GB infml (phone) przekręcić do kogoś infml [2] infml baby talk siusiu *n inv* infml; **to go for a ~** iść zrobić siusiu infml
II *vt* za|dzwonić (czymś) *[bell, ice]*; *[clock, bells]* wydzw|onić, -aniać *[hours]*
III *vi [bell, ice, glass, telephone]* za|dzwonić; *[water]* za|pluskać
IDIOMS: **to ~ the ivories** hum dat brzdąkać na fortepianie infml
tinkling /ˈtɪŋklɪŋ/ *n* (of glass, bell, telephone) dzwonienie *n*; (of water) pluskanie *n*; (of piano) brzękanie *n*
tin mine *n* kopalnia *f* cyny
tinned food /ˌtɪndˈfuːd/ *n* GB konserwy *f pl*
tinnitus /tɪˈnaɪtəs/ *n* szum *m* uszny
tinny /ˈtɪnɪ/ *adj* [1] *[sound, music, piano]* brzękliwy; *[radio]* brzęczący [2] (badly made) *[car, machine]* tandetny
tin opener *n* GB otwieracz *m* do konserw
Tin Pan Alley *n* infml dat światek *m* muzyki popularnej
tinplate /ˈtɪnpleɪt/ *n* blacha *f* biała
tinplated /ˈtɪnpleɪtɪd/ *adj* ocynowany
tinpot /ˈtɪnpɒt/ *adj* GB infml pej *[regime, dictator]* operetkowy infml
tinsel /ˈtɪnsl/ **I** *n* [1] (decoration) lameta *f* [2] fig (sham brilliance) blichtr *m*
II *modif [material, costume]* krzykliwy
Tinseltown /ˈtɪnsltaʊn/ *n* infml Hollywood *m inv*
tinsmith /ˈtɪnsmɪθ/ *n* blacharz *m*
tin soldier *n* ołowiany żołnierzyk *m*
tint /tɪnt/ **I** *n* [1] (trace of colour) odcień *m*; **with a pink/blue ~** z różowym/niebieskim odcieniem [2] (pale colour) (blady) kolor *m* pastelowy [3] (hair dye) szampon *m* koloryzujący
II *vt* [1] podbarwi|ć, -ać *[paint, colour, glass]*; **to ~ sth blue/pink** podbarwić coś na niebiesko/różowo [2] Cosmet u|farbować *[hair]*; **to ~ one's hair blond** lekko rozjaśnić sobie włosy; **to ~ one's hair brown** ufarbować sobie włosy na brązowo; **to get one's hair ~ed** ufarbować sobie włosy szamponem koloryzującym
III tinted *pp adj* [1] *[paint, colour]* podbarwiony; *[glass, window, spectacles]* przyciemniony; **blue-~ed glass, glass ~ed with blue** szkło barwione na niebiesko [2] *[hair]* ufarbowany
tin whistle *n* blaszana fujarka *f*
tiny /ˈtaɪnɪ/ *adj [person, object, house]* maleńki; *[budget, improvement]* niewielki
tip[1] /tɪp/ **I** *n* [1] (end) (of umbrella, blade, pencil, spire) szpic *m*; (of nose, tongue, finger) czubek *m*, koniuszek *m*; (of shoe) czubek *m*, nosek *m*; (of island, wing, shoot, stick) koniec *m*, koniuszek *m*; (of mountain, tree) czubek *m*, wierzchołek *m*; (of ski) dziób *m*; **to stand on the ~s of one's toes** stać na czubkach palców; **at the southernmost ~ of Italy** na najbardziej na południe wysuniętym końcu Włoch [2] (protective cover on end) (of cane, walking stick, umbrella) okucie *n*; (of shoe heel) blaszka *f*
II *vt* (*prp, pt, pp* **-pp-**) **to ~ sth with sth** (cover) pokry|ć, -wać koniec czegoś czymś; (put a tip on) zak|ończyć, -ańczać czymś coś *[stick]*; podkuć czymś coś *[heel]*; **to ~ sth with red paint** pomalować koniec czegoś na czerwono; **to be ~ped with red paint** mieć koniec pomalowany na czerwono; **they ~ their arrows with poison** zatruwają groty swoich strzał
III -tipped *in combinations* **red-/pink-~ped** z czerwonym/różowym końcem; **a silver-~ped cane** laska ze srebrnym okuciem; **steel-~ped heels** obcasy podkute blaszkami; **filter-~ped cigarettes** papierosy z filtrem
tip[2] /tɪp/ **I** *n* GB [1] (waste dump) (for rubbish) wysypisko *n* (śmieci); (at mine) hałda *f* [2] infml (mess) chlew *m* infml fig; **his office is a ~** jego biuro wygląda jak chlew
II *vt* (*prp, pt, pp* **-pp-**) [1] (tilt) przechyl|ić, -ać *[cup, chair, car seat]*; (overturn) przewr|ócić, -acać; **to ~ sth forward/back/to one side** przechylić coś do przodu/do tyłu/na bok; **to ~ sth onto its side** położyć coś na boku; **to ~ one's chair back** odchylić się z krzesłem do tyłu; **to ~ sb off his/her chair** zrzucić kogoś z krzesła; **to ~ one's hat** uchylić kapelusza **(to sb** przed kimś); **the baby ~ped the scales at 4 kg** niemowlę ważyło 4 kg [2] (pour, empty) wyl|ać, -ewać *[dirty water, tea]*; wysyp|ać, -ywać *[sweets, fruit, logs]*; **to ~ sth into/onto/out of sth** wylać/wysypać coś do czegoś/na coś/z czegoś; **to ~ sth upside down** odwrócić coś do góry dnem; **to ~ sth down the sink** wylać coś do zlewu; **to ~ sth away** wyrzucić coś [3] fig (push, overbalance) **to ~ sth over 50%** podnieść coś powyżej 50%; **to ~ the economy into recession** spowodować recesję gospodarczą; **to ~ sb over the edge** (mentally) wytrącić kogoś z równowagi; **to ~ the balance** or **scales** przechylić szalę **(in favour of sb/sth** na korzyść kogoś/czegoś); **to ~ the result the other way** zmienić wynik [4] (throw away, dump) *[person, lorry]* wysyp|ać, -ywać *[rubbish, load]*; **to ~ sth by the roadside** wysypać coś przy drodze; **to ~ sth into a pit** wysypać coś do dołu
III *vi* (*prp, pt, pp* **-pp-**) [1] (tilt) przechyl|ić, -ać się; (overturn) przewr|ócić, -acać się; **to ~ forward/back/onto one side** przechylić się do przodu/do tyłu/na bok [2] fig *[balance, scales]* przechyl|ić, -ać się **(in favour of sb, in sb's favour** na korzyść kogoś)
■ **tip down** GB infml: **it** or **the rain is ~ping (it) down** (deszcz) leje jak z cebra infml
■ **tip out**: **~ out [sth], ~ [sth] out** wysyp|ać, -ywać *[contents]*; wysyp|ać, -ywać zawartość (czegoś) *[drawer]*
■ **tip over**: ¶ **~ over** *[chair, cupboard, cup, pile]* wywr|ócić, -acać się, przewr|ócić, -acać się ¶ **~ over [sth], ~ [sth] over** wywr|ócić, -acać, przewr|ócić, -acać
■ **tip up**: ¶ **~ up** *[table]* przechyl|ić, -ać się; *[seat, bunk]* podnosić się ¶ **~ up [sth], ~ [sth] up** przechyl|ić, -ać *[box, bucket]*; podn|ieść, -osić *[seat]*
tip[3] /tɪp/ **I** *n* [1] (gratuity) napiwek *m*; **to give /leave a ~** dać/zostawić napiwek; **to give a £5 ~** dać pięć funtów napiwku [2] (hint) wskazówka *f*, rada *f*; **a ~ for doing** or **on how to do sth** wskazówka, jak zrobić coś; **cookery/sewing ~s** porady kulinarne /krawieckie; **I'll give you a ~, let me give you a ~** dam ci wskazówkę; **take a ~ from me, take my ~** posłuchaj mojej rady; **take a ~ from your sister** posłuchaj siostry [3] (in betting) typ *m*; **a hot ~ (for the Grand National)** pewniak *m* (do Wielkiej Narodowej) infml
II *vt* (*prp, pt, pp* **-pp-**) [1] (give money to) da|ć, -wać napiwek (komuś) *[waiter]*; **to ~ sb £5** dać komuś pięć funtów napiwku; **how much should I ~ (the waitress)?** ile mam dać napiwku (kelnerce)? [2] (forecast, predict) **to ~ sb/sth to win** typować kogoś /coś na zwycięzcę; **to ~ sb as the next president** typować kogoś na przyszłego prezydenta; **to ~ sb for a job** typować kogoś na stanowisko; **to be ~ped as a future champion/for promotion** być uważanym za przyszłego mistrza/pewnego kandydata do awansu; **she is ~ped for the top** uważa się, że zajdzie bardzo wysoko [3] (hit, touch) trąc|ić, -ać; **to ~ the ball over the net/past the goalkeeper** lekko skierować piłkę nad siatką/obok bramkarza; **the truck ~ped its trailer onto the car** ciężarówka zawadziła przyczepą o samochód
■ **tip off**: **~ off [sb], ~ [sb] off** da|ć, -wać znać (komuś); da|ć, -wać cynk (komuś) infml *[police, person, customs]*; **to ~ sb off about sth** dać komuś znać o czymś; **to be ~ped off** dostać cynk infml
tip cart *n* wóz *m* wywrotka
tip-off /ˈtɪpɒf/ *n* infml poufna informacja *f*; cynk *m* infml; **to give/receive a ~** dać /dostać cynk; **to act on a ~** działać na podstawie poufnej informacji
tipper /ˈtɪpə(r)/ *n* [1] Transp = **tipper lorry** [2] (person leaving a tip) **to be a generous /mean ~** dawać sute napiwki/nie dawać dużych napiwków
tipper lorry *n* GB wywrotka *f*
tipper truck *n* US = **tipper lorry**

T

tippet /ˈtɪpɪt/ *n* (worn by women) etola *f*; (of judge) pelerynka *f*; (of clergyman) (stole) stuła *f*
Tipp-Ex® GB /ˈtɪpeks/ **I** *n* korektor *m*
II *vt* (also **~ over, ~ out**) zamalow|ać, -ywać korektorem *[word, mistake]*
tipple /ˈtɪpl/ **I** *n* [1] infml (drink) trunek *m*; **to have a quiet ~** popijać w spokoju; **his favourite ~** jego ulubiony trunek [2] US Mining wywrotnica *f*
II *vi* infml *[person]* popijać
tippler /ˈtɪplə(r)/ *n* infml dat **to be a bit of a ~** lubić sobie wypić infml
tipsily /ˈtɪpsɪlɪ/ *adv [walk]* chwiejnie; *[say, announce]* podpitym głosem
tipstaff /ˈtɪpstɑːf, US -stæf/ *n* Jur pomocnik *m* szeryfa
tipster /ˈtɪpstə(r)/ *n* prognosta *m* na wyścigach konnych
tipsy /ˈtɪpsɪ/ *adj [person]* podchmielony, wstawiony infml
tipsy cake *n* GB ciastko *n* ponczowe z owocami kandyzowanymi
tiptoe /ˈtɪptəʊ/ **I** *n* **on ~** na czubkach palców; (quietly) na paluszkach
II *vi* chodzić na paluszkach; **to ~ in/out** wejść/wyjść na paluszkach
tip-top /ˌtɪpˈtɒp/ *adj* doskonały; tip-top infml; **to be in ~ condition** być w doskonałym stanie; *[athlete, horse]* być w doskonałej formie
tip-up seat /ˌtɪpʌpˈsiːt/ *n* siedzenie *n* podnoszone; strapontén *m* ra
tip-up truck /ˌtɪpʌpˈtrʌk/ *n* wywrotka *f*
tirade /taɪˈreɪd, US ˈtaɪreɪd/ *n* tyrada *f*
tire[1] /ˈtaɪə(r)/ **I** *vt* (make tired) z|męczyć *[person, animal]*
II *vi* [1] (get tired) *[person, animal]* z|męczyć się [2] (get bored) **to ~ of sth** znudzić się czymś *[place, activity]*; **to ~ of sb** mieć dość kogoś; **he quickly ~s of his new toys** szybko nudzą mu się nowe zabawki; **as they never ~ of telling us** jak nam bezustannie powtarzają
■ **tire out: ~ [sb] out** wyczerp|ać, -ywać; wyk|ończyć, -ańczać infml; **to be ~d out** być wykończonym; **to ~ oneself out** zmęczyć się **(doing sth** robieniem czegoś**)**
tire[2] /ˈtaɪə(r)/ *n* US opona *f*
tired /ˈtaɪəd/ *adj* [1] (weary) *[person, animal, eyes, face, voice]* zmęczony; **to make sb ~** męczyć kogoś; **she looks ~** wygląda na zmęczoną; **~ of protesting, she agreed** zgodziła się, nie mając już siły dalej protestować; **~ and emotional** infml euph hum ululany infml [2] (bored) **to be ~ of sth /of doing sth** mieć dosyć czegoś/robienia czegoś; **to get** or **grow ~** zaczynać mieć dosyć **(of sth** czegoś**)** [3] (hackneyed) *[phrase, joke, idea, formula]* oklepany; wyświechtany infml; **the same ~ faces** te same, aż za dobrze znane twarze [4] (worn out) *[sofa, clothes]* podniszczony, sfatygowany; *[machine]* wysłużony [5] (wilted) *[lettuce, cabbage]* przywiędły
tiredly /ˈtaɪədlɪ/ *adv [say, reply]* zmęczonym głosem; *[gaze, look]* zmęczonym wzrokiem
tiredness /ˈtaɪədnɪs/ *n* zmęczenie *n*
tireless /ˈtaɪəlɪs/ *adj* niestrudzony, niezmordowany
tirelessly /ˈtaɪəlɪslɪ/ *adv* niestrudzenie, niezmordowanie
tiresome /ˈtaɪəsəm/ *adj [child]* nieznośny; *[job, task]* męczący, nużący; *[habit, business]* denerwujący; *[problem]* dokuczliwy; **how ~!** to takie denerwujące!
tiresomely /ˈtaɪəsəmlɪ/ *adv [behave]* nieznośnie; *[long]* nużąco
tiring /ˈtaɪərɪŋ/ *adj [job, activity, journey]* męczący, nużący; **it's ~ to do it** robienie tego jest męczące
tiro *n* = **tyro**
Tirol *prn* = **Tyrol**
tisane /tɪˈzæn/ *n* herbata *f* ziołowa; ziółka *plt* infml
tissue /ˈtɪʃuː/ *n* [1] Anat, Bot tkanka *f* [2] (handkerchief) chusteczka *f* higieniczna [3] (also **~ paper**) bibułka *f* [4] fig (of errors) pasmo *n*; **a ~ of lies** stek kłamstw
tissue culture *n* Biol, Med hodowla *f* komórkowa
tissue sample *n* wycinek *m* tkanki
tit[1] /tɪt/ *n* Zool sikorka *f*, sikora *f*
tit[2] /tɪt/ *n* **~ for tat** wet za wet; **~ for tat killing** morderstwo w odwecie
tit[3] /tɪt/ *n* vinfml [1] (breast) cycek *m* vinfml [2] (idiot) palant *m* infml
Titan /ˈtaɪtn/ *n* [1] Mythol tytan *m* also fig [2] Astron Tytan *m*
titanic /taɪˈtænɪk/ *adj* [1] *[force, effort]* tytaniczny; *[scale]* gigantyczny; *[figure]* wielki [2] Chem tytanowy
titanium /tɪˈteɪnɪəm/ *n* Chem tytan *m*
titbit /ˈtɪtbɪt/ *n* GB [1] (of food) smakowity kąsek *m*; (for birds) okruch *m* [2] fig (of gossip) ciekawostka *f*
titch /tɪtʃ/ *n* GB infml mikrus *m* infml
titchy /ˈtɪtʃɪ/ *adj* GB infml tyci infml
titfer /ˈtɪtfə(r)/ *n* GB infml dat kapelusz *m*
tithe /taɪð/ *n* Hist dziesięcina *f*
tithe barn *n* Hist spichrz *m* na dziesięcinę
titian /ˈtɪʃn/ *adj* liter *[hair]* złotorudy; tycjanowski liter
titillate /ˈtɪtɪleɪt/ *vt* podniec|ić, -ać, rozpal|ić, -ać wyobraźnię (kogoś)
titillating /ˈtɪtɪleɪtɪŋ/ *adj* podniecający
titillation /ˌtɪtɪˈleɪʃn/ *n* przyjemne podniecenie *n*
titivate /ˈtɪtɪveɪt/ *vt* upiększ|yć, -ać; **to ~ oneself** wysztafirować się infml
title /ˈtaɪtl/ **I** *n* [1] (of book, film, poem, song) tytuł *m*; **a book with the ~ 'A Cat'** książka zatytułowana „Kot"; **under the ~ of 'A Cat'** pod tytułem „Kot"; **to give sth a ~** zatytułować coś [2] Publg (publication) tytuł *m* [3] (of nobility) tytuł *m* (szlachecki); **a man with a ~** człowiek z tytułem szlacheckim; **to have a ~** mieć tytuł szlachecki; **to be given/take a ~** otrzymać /przyjąć tytuł szlachecki [4] (status) tytuł *m*; (of academic merit) tytuł *m* naukowy, stopień *m* naukowy; **what's her ~?** jak należy ją tytułować?; **it earned him the ~ 'King of Rock'** dzięki temu zyskał tytuł „Króla Rocka" [5] Sport (championship) tytuł *m* mistrzowski; **to win the ~** zdobyć tytuł mistrzowski; **world ~** tytuł mistrza świata; **1500m ~** tytuł mistrzowski na 1500 m [6] Jur tytuł *m* prawny **(to sth** do czegoś**)**
II titles *npl* Cin napisy *m pl*
III *modif [song, track]* tytułowy
IV *vt* za|tytułować *[book, play]*
titled /ˈtaɪtld/ *adj [ladies, classes]* utytułowany; **a film ~ 'Rebecca'** film zatytułowany or pod tytułem „Rebeka"
title deed *n* tytuł *m* własności
title fight *n* walka *f* o tytuł mistrzowski
titleholder /ˈtaɪtlhəʊldə(r)/ *n* Sport posiadacz *m*, -ka *f* tytułu mistrzowskiego
title page *n* strona *f* tytułowa
title role *n* rola *f* tytułowa
titmouse /ˈtɪtmaʊs/ *n* (*pl* **-mice**) sikora *f*, sikorka *f*
titrate /ˈtaɪtreɪt, ˈtɪ-/ *vt* miareczkować
titter /ˈtɪtə(r)/ **I** *n* chichot *m*; **a nervous ~** nerwowy chichot
II *vt* **'oh!' she ~ed** „och!" zachichotała nerwowo
III *vi [class, girl, boy]* za|chichotać
tittle /ˈtɪtl/ *n* [1] Print (sign) znak *m* diakrytyczny [2] (small amount) odrobina *f* **(of sth** czegoś**)**
IDIOMS: **to change sth not one jot or ~** nie zmienić czegoś ani na jotę
tittle-tattle /ˈtɪtltætl/ **I** *n* plotki *f pl*; paplanina *f* infml **(about sb** na temat kogoś**)**
II *vi [person]* plotkować; paplać infml **(about sb** na temat kogoś**)**
titular /ˈtɪtjʊlə(r), US -tʃʊ-/ *adj [professor, status, president]* tytularny; *[possession, ruler, power]* nominalny
tizzy /ˈtɪzɪ/ *n* infml **to be in a ~** być rozgorączkowanym **(over sth** czymś**)**; **to get into a ~** wpaść w panikę **(over sth** z powodu czegoś**)**; **don't get into a ~** nie panikuj infml
T-junction /ˈtiːdʒʌŋkʃn/ *n* skrzyżowanie *n* *(w kształcie litery T)*
TM *n* [1] = **trademark** [2] = **transcendental meditation**
TN *n* US Post = **Tennessee**
TNT *n* = **trinitrotoluene** TNT *m*
to /tə, before a vowel tʊ, tuː, emphatic tuː/ **I** *infinitive particle* [1] (expressing purpose) żeby, aby; **to do sth to impress one's friends** zrobić coś, żeby zrobić wrażenie na znajomych; **he's gone into town to buy a shirt** wybrał się do miasta, żeby kupić koszulę [2] (simple infinitive) **to go/find** iść /znaleźć [3] (expressing wish) żeby; **oh to be in England** liter żeby tak być w Anglii; **oh to be able to stay in bed!** hum żeby tak można było poleżeć w łóżku! [4] (linking consecutive acts) **he looked up to see...** spojrzał w górę i zobaczył... [5] (after superlatives) który; **the youngest to do sth** najmłodszy, który zrobił coś [6] (avoiding repetition of verb) **'did you go?' – 'no, I promised not to'** „poszedłeś?" – „nie, obiecałem, że tego nie zrobię"; **'are you staying?' – 'I want to but...'** „zostajesz?" – „chciałbym, ale..."; **I don't want to** nie chcę [7] (following impersonal verb) **it's difficult to understand** trudno to zrozumieć; **it's easy to lose one's way** łatwo zabłądzić; **it's hard to understand why he did it** trudno zrozumieć, czemu to zrobił
II *prep* [1] (in direction of) do (kogoś/czegoś) *[shops, school, doctor's, dentist's]*; **she's gone to Mary** poszła do Mary; **to London /Poland/town** do Londynu/Polski/miasta; **to the country** na wieś; **the road to the village** droga (prowadząca) do wioski; **trains to and from London** pociągi przyjeżdżające do i odjeżdżające z Londynu; **to your positions!** na miejsca!; **children to the front, adults to the**

back dzieci do przodu, dorośli do tyłu [2] (facing towards) do (kogoś/czegoś); **turned to the wall** odwrócony do ściany; **with his back to them** plecami do nich [3] (against) **holding the letter to his chest** przyciskając list do piersi; **shoulder to shoulder** ramię przy ramieniu [4] (up to) do (czegoś); **to count to 100** liczyć do 100; **to the end/this day** do końca/do dnia dzisiejszego; **from this post to that tree it's 100 metres** od tego słupa do tamtego drzewa jest 100 metrów; **50 to 60 people** od 50 do 60 osób; **in five to ten minutes** w ciągu pięciu do dziesięciu minut; **to Manchester, it takes 20 minutes** droga do Manchesteru zajmuje 20 minut; **cheque to the value of £100** czek do wysokości 100 funtów [5] (used as dative) **give the book to Anna** daj tę książkę Annie; **she's given the meat to the dog/dogs** dała mięso psu/psom; **'give the letter to her' – 'to who?' – 'to her over there!'** „daj jej ten list" – „komu?" – „tej tam dziewczynie/kobiecie" [6] (with respect to) **personal assistant to the director** asystent dyrektora; **ambassador to Japan** ambasador w Japonii [7] (in attitude to) **be nice to your brother** bądź miły dla brata [8] (in the opinion of) **to me/my daughter it's just a minor problem** dla mnie/dla mojej córki to żaden problem; **it looks to me like rain** wydaje mi się, że będzie padać [9] (in toasts) za (kogoś/coś); (in dedications) dla (kogoś); **to prosperity** za pomyślność; (on tombstone) **to our dear son** naszemu drogiemu synowi [10] (in accordance with) **is it to your taste?** czy ci smakuje?; **to dance to the music** tańczyć w takt muzyki [11] (in relationships, comparisons) **to win by three goals to two** wygrać trzy (bramki) do dwóch; **50 miles to the gallon** galon na 50 mil; **five persons to the square metre** pięć osób na metr kwadratowy; **perpendicular to the ground** prostopadły do ziemi; **next door to the school** zaraz obok szkoły; **X is to Y as A is to B** Math X ma się do Y tak jak A do B [12] (showing accuracy) **three weeks to the day** trzy tygodnie co do dnia; **to scale** w skali; **to time** na czas [13] (showing reason) **to invite sb to dinner/a wedding** zaprosić kogoś na obiad/ślub; **to sit down to a game of bridge** zasiąść do brydża [14] (belonging to) **the key to the safe** klucz do sejfu; **a room to myself** pokój wyłącznie dla mnie; **there's no sense to it** nie ma w tym sensu [15] (on to) *[tied, pinned]* do (czegoś) *[noticeboard, lapel]* [16] (showing reaction) **to his surprise/horror** ku jego zaskoczeniu/przerażeniu; **to the sound of the drums** w rytm bębnów

III /tuː/ *adv* infml (closed) **to push the door to** przymknąć drzwi; **when the curtains are to** gdy zasłony są zaciągnięte

IDIOMS: **that's all there is to it** to byłoby wszystko; **there's nothing to it** w tym nie ma nic trudnego; **what a to-do?** infml ale afera! infml; **they made such a to-do** infml narobili wielkiego zamieszania; **what's it to you?** infml co ty masz do tego? infml

toad /təʊd/ *n* [1] Zool ropucha *f* [2] infml (term of insult) gadzina *f* infml

toad-in-the-hole /ˌtəʊdɪnðəˈhəʊl/ *n* Culin kiełbaski *f pl* zapiekane w cieście

toadstool /ˈtəʊdstuːl/ *n* muchomor *m*

toady /ˈtəʊdɪ/ pej **I** *n* lizus *m*, -ka *f*, wazeliniarz *m* infml pej

II *vi* **to ~ to sb** podliz|ać, -ywać się komuś pej *[minister, boss]*

toadying /ˈtəʊdɪɪŋ/ *n* pej wazeliniarstwo *n* infml pej

to and fro /ˌtuːənˈfrəʊ/ *adv* tam i z powrotem; wte i wewte infml; **to go ~** *[person]* chodzić tam i z powrotem

toast /təʊst/ **I** *n* [1] (grilled bread) tost *m*, grzanka *f*; **a piece** or **slice of ~** grzanka, tost; **cheese on ~** tost or grzanka z serem; **to make (some) ~** robić tosty or grzanki [2] (tribute) toast *m*; **to drink a ~** wychylić toast; **to drink a ~ to sb/sth** wypić za kogoś/coś; **to propose a ~** wznieść toast **(to sb/sth** na cześć kogoś/za coś); **'join me in a ~ to the bride and groom'** „wypijmy zdrowie młodej pary" [3] (popular person) **the ~ of sb/sth** bożyszcze kogoś /czegoś *[group]*; **she's the ~ of the town** jest na ustach całego miasta

II *vt* [1] Culin opie|c, -kać *[bread, roll]*; zapie|c, -kać *[sandwich]*; przypie|c, -kać *[cheese, topping, mushrooms]*; wy|prażyć *[sesame seeds, nuts]*; **to ~ one's fingers in front of the fire** ogrzewać sobie ręce przy ogniu [2] (propose a toast to) wzn|ieść, -osić toast za (kogoś/coś) *[person, success, victory]*; (drink a toast to) wypić za (kogoś/coś) *[person, success, victory]*

III *vr* **to ~ oneself in front of the fire** grzać się przy ogniu

IV toasted *pp adj [bread]* opiekany; *[cheese, mushrooms]* zapieczony; *[nuts, sesame seeds]* prażony; **a ~ed sandwich** zapiekanka

IDIOMS: **we were as warm as ~** było nam bardzo ciepło; **the room was as warm as ~** w pokoju było bardzo ciepło

toaster /ˈtəʊstə(r)/ *n* toster *m*, opiekacz *m*

toastie /ˈtəʊstɪ/ *n* GB zapiekanka *f*

toasting fork /ˌtəʊstɪŋˈfɔːk/ *n* długi widelec *m* do opiekania grzanek

toastmaster /ˈtəʊstmɑːstə(r), US -mæstər/ *n* mistrz *m* ceremonii

toast rack *n* stojak *m* do podawania tostów

tobacco /təˈbækəʊ/ **I** *n* (*pl* **~s, ~es**) (plant, product) tytoń *m*

II *modif [company, smoke, industry]* tytoniowy; **a ~ leaf/plantation** liść/plantacja tytoniu; **~ advertising** reklamowanie wyrobów tytoniowych; **a ~ plant** tytoń; **a ~ tin** GB, **~ can** US (with tobacco) puszka tytoniu; (originally for tobacco) puszka po tytoniu

tobacco brown I *n* (kolor *m*) tabaczkowy *m*

II *adj* tabaczkowy

tobacconist /təˈbækənɪst/ *n* GB (owner) właściciel *m*, -ka *f* sklepu tytoniowego; **~'s (shop)** sklep tytoniowy; trafika dat; **at the ~'s** w sklepie tytoniowym

Tobago /təˈbeɪgəʊ/ *prn* Tobago *n inv*

toboggan /təˈbɒgən/ **I** *n* (for sliding, sport) sanki *plt*; (for mountain rescue) tobogan *m*

II *modif* Sport *[race, racing]* saneczkarski

III *vi* (for fun) zje|chać, -żdżać na sankach; **to ~ down a hill** zjeżdżać z górki na sankach

tobogganist /təˈbɒgənɪst/ *n* Sport saneczka|rz *m*, -rka *f*

tobogganing /təˈbɒgənɪŋ/ *n* Sport saneczkarstwo *n*; **to go ~** pójść na sanki

toboggan run *n* tor *m* saneczkowy

toby jug /ˈtəʊbɪdʒʌg/ *n* kubek *m (w kształcie człowieka w trójgraniastym kapeluszu)*

toccata /təˈkɑːtə/ *n* toccata *f*

tocsin /ˈtɒksɪn/ *n* (bell) dzwon *m* alarmowy; (signal) sygnał *m* alarmowy also fig

tod /tɒd/ *n* GB infml

IDIOMS: **(all) on one's ~** sam jeden

today /təˈdeɪ/ **I** *n* [1] dziś *n inv*, dzisiaj *n inv*; **~ is Tuesday** dziś or dzisiaj jest wtorek; **~ is my birthday** dziś są moje urodziny; **what's ~'s date ?** który dzisiaj jest?; którego dzisiaj mamy? infml; **~ was dreadful!** dzisiejszy dzień był straszny!; **~'s newspaper** dzisiejsza gazeta [2] fig dzisiaj *n inv*, obecne czasy *plt*; **the young people of ~** dzisiejsza młodzież; **~'s society** dzisiejsze społeczeństwo

II *adv* [1] dziś, dzisiaj; **we're going home ~** dziś or dzisiaj jedziemy do domu; **~ week, a week from ~** od dziś za tydzień; **30 years/a month ago ~** dokładnie 30 lat/miesiąc temu; **it's the fifth of April ~** dzisiaj jest piąty kwietnia; **all day ~** cały dzisiejszy dzień; **earlier/later ~** wcześniej/później w ciągu dnia [2] fig (nowadays) dziś, dzisiaj, w dzisiejszych czasach

IDIOMS: **he is here ~, gone tomorrow** dziś jest tu, jutro tam; **these fashions are here ~, gone tomorrow** mody przychodzą i odchodzą

toddle /ˈtɒdl/ **I** *n* infml **to go for a ~** iść się przejść

II *vi* [1] (walk) *[baby]* po|dreptać niepewnym krokiem; **when your child first starts to ~** kiedy twoje dziecko zaczyna chodzić; **to ~ to the door** podreptać do drzwi [2] infml (go) **to ~ into town** wybrać się do miasta; **to ~ over to see Mum and Dad** przejść się do rodziców; **to ~ down to the shop** pójść do sklepu

■ **toddle about, toddle around** *[child]* dreptać

■ **toddle off** infml zmyć się infml; **I've got to ~ off now** muszę lecieć infml

toddler /ˈtɒdlə(r)/ *n* dziecko *n* uczące się chodzić

toddy /ˈtɒdɪ/ *n* grog *m*; **hot ~** grog z whisky

toe /təʊ/ *n* [1] Anat palec *m* u nogi; **big ~** paluch, duży palec; **little ~** mały palec; **to bang one's ~** uderzyć się w palec u nogi; **to stand on sb's ~s** nadepnąć komuś na nogę; **to tread on sb's ~s** fig nadepnąć komuś na odcisk, wchodzić komuś w paradę; **the ~ of Italy** Geog czubek włoskiego buta [2] (of sock) palce *m pl*; (of shoe) czubek *m*, nosek *m*

IDIOMS: **to keep sb on their ~s** trzymać kogoś w karbach or ryzach; **to ~ the line** podporządkować się; **to ~ the party /management line** trzymać się ściśle linii partii/zaleceń dyrekcji; **from top to ~, from the top of one's head to the tip of one's ~** od stóp do głów

TOE *n* = **ton oil equivalent** energetyczny równoważnik *m* tony ropy

toe cap *n* wzmocnienie *n* czubka buta

T

toe clip *n* (on bicycle) nosek *m*
TOEFL /ˈtəʊfl/ *n* = **Test of English as a Foreign Language** test *m* TOEFL
toehold /ˈtəʊhəʊld/ *n* [1] (in climbing) stopień *m* [2] fig (access) **to get** or **gain a ~ in sth** zaczepić się w czymś infml *[organization]*; fig wejść na coś *[market]*; **a ~ to a career** odskocznia do kariery
toenail /ˈtəʊneɪl/ *n* paznokieć *m* u nogi
toe piece *n* (on ski) przód *m* wiązania
toerag /ˈtəʊræg/ *n* GB infml offensive gnojek *m* infml offensive
toff /tɒf/ *n* GB infml dat osoba *f* z wyższych sfer; **the ~s** wyższe sfery; **they're ~s** należą do wyższych sfer
toffee /ˈtɒfɪ, US ˈtɔːfɪ/ *n* toffi *n inv*
IDIOMS: **he can't sing/write for ~** GB infml on nie ma pojęcia o śpiewaniu/pisaniu
toffee apple *n* jabłko *n* w polewie *(na patyku)*
toffee-nosed /ˈtɒfɪnəʊzd/ *adj* GB infml pej *[person]* zadzierający nosa, pyszałkowaty infml pej; **to be ~** zadzierać nosa
tofu /ˈtəʊfuː/ *n* Culin tofu *n inv*
tog /tɒg/ **I** *n* (also **~ rating**) GB Tex wskaźnik *m* własności izolacyjnych *(kołder i śpiworów)*
II togs *npl* GB infml strój *m*; **swimming ~s** strój kąpielowy
■ **tog out** GB infml (*prp, pt, pp* **-gg-**): **~ [sb] out** ub|rać, -ierać (kogoś) **(in sth** w coś); **they were (all) ~ged out in tennis gear** mieli na sobie stroje tenisowe; **to ~ oneself out** ubrać, ubierać się
toga /ˈtəʊgə/ *n* toga *f*
together /təˈgeðə(r)/ **I** *adv* [1] (as pair or group) razem; **they're always ~** zawsze są razem; **we were in school ~** chodziliśmy do tej samej szkoły; **let's go there ~** chodźmy tam razem; **they're not married but they're living ~** nie są małżeństwem, ale mieszkają razem; **to get back ~ again** zejść się ponownie; **to be close ~** *[objects, trees, plants]* być blisko siebie; **his eyes are too close ~** ma zbyt blisko osadzone oczy; **she's cleverer than all the rest of them put ~** jest mądrzejsza niż oni wszyscy razem wzięci; **acting ~, they could have prevented the invasion** mogli zapobiec inwazji, gdyby działali wspólnie; **she kept the family ~ during the war** to dzięki niej w czasie wojny rodzina trzymała się razem; **we're all in this ~** wszyscy jesteśmy w to wplątani; **they belong ~** *[objects]* stanowią całość; *[people]* są stworzeni dla siebie; **these two documents, taken ~, provide crucial evidence** te dwa dokumenty łącznie stanowią kluczowy dowód; **these findings, taken ~, indicate that...** te wnioski, razem wziąwszy, wskazują na to, że... [2] (so as to be joined) razem; **he nailed the two planks ~** zbił razem dwie deski; **his argument doesn't hold ~ very well** jego argumentacja jest niespójna; jego argumentacja nie trzyma się kupy infml [3] (in harmony) **those colours don't go ~** te kolory nie pasują do siebie; **the talks brought the two sides ~** rozmowy zbliżyły do siebie dwie strony; **the soprano and the orchestra weren't quite ~** sopran nie współbrzmiał z orkiestrą [4] (at the same time) razem, naraz; **they were all talking ~** wszyscy mówili razem or naraz; **all my troubles seem to come ~** wszystko się wali na mnie naraz; **all ~ now!** wszyscy razem! [5] (without interruption) **for days/weeks ~** całymi dniami/tygodniami; **for four days/three weeks ~** przez cztery dni/trzy tygodnie z rzędu
II *adj* infml zorganizowany; **he's a very ~ guy** to bardzo zorganizowany facet infml
III together with *prep phr* (as well as) razem z (kimś/czymś), wraz z (kimś/czymś); (in the company of) razem z (kimś/czymś); **he put his wallet, ~ with his passport, in his pocket** włożył portfel wraz z paszportem do kieszeni; **I went there ~ with George** poszedłem tam razem z George'm; **taken ~ with the rest of the evidence, this proves that he is guilty** łącznie z resztą dowodów świadczy to o jego winie
IDIOMS: **to get one's act ~, to get it ~** infml pozbierać się, wziąć się w garść infml
togetherness /təˈgeðənɪs/ *n* więź *f*
toggle /ˈtɒgl/ *n* przetyczka *f*
toggle joint *n* dźwignia *f* kolankowa
toggle switch *n* Comput, Electr przełącznik *m* dwustabilny
Togo /ˈtəʊgəʊ/ *prn* Togo *n inv*
toil /tɔɪl/ **I** *n* trud *m*, znój *m*; **years of ~** lata mozolnej pracy
II *vi* [1] (also **~ away**) (work) *[person]* mozolić się, trudzić się **(at sth** nad czymś); **to ~ to do sth** mozolić się or trudzić się, żeby coś zrobić [2] (move) **to ~ up the hill** *[person, animal, vehicle]* wspinać się mozolnie pod górę
toilet /ˈtɔɪlɪt/ **I** *n* [1] (fixture) sedes *m*, klozet *m*; **to sit on the ~** siedzieć na sedesie; **to throw sth down the ~** wrzucić coś do sedesu; **to flush the ~** spuścić wodę [2] (room, building) toaleta *f*, ubikacja *f*; **to go to the ~** pójść do toalety or ubikacji; **public ~** toaleta publiczna; **men's/women's ~** toaleta męska/damska [3] arch (washing and dressing) toaleta *f*
II *modif [brush, bowl]* klozetowy
toilet bag *n* kosmetyczka *f*
toilet cistern *n* spłuczka *f*
toilet paper *n* papier *m* toaletowy
toiletries /ˈtɔɪlɪtrɪz/ *npl* przybory *plt* toaletowe
toilet roll *n* [1] (roll) rolka *f* papieru toaletowego [2] (tissue) papier *m* toaletowy
toilet seat *n* deska *f* sedesowa
toilet soap *n* mydło *n* toaletowe
toilette /twɑːˈlet/ *n* arch toaleta *f*
toilet tissue *n* = **toilet paper**
toilet-train /ˈtɔɪlɪttreɪn/ *vt* **to ~ a child** na|uczyć dziecko siadać na nocniku; **he's not yet ~ed** nie umie jeszcze załatwiać się do nocnika
toilet training *n* przyzwyczajanie *n* dziecka do załatwiania się do nocnika
toilet water *n* woda *f* toaletowa
toils /tɔɪlz/ *npl* liter (snares) sidła *plt* fig; **to be caught in the ~ of the law** utknąć w zawiłościach prawnych
toing and froing /ˌtuːɪŋənˈfrəʊɪŋ/ *n* kursowanie *n* tam i z powrotem; **all this ~** ta cała bieganina
toke /təʊk/ infml **I** *n* sztach *m* infml
II *vi* **to ~ on sth** sztach|nąć, -ać się czymś infml *[cigarette, joint]*
token /ˈtəʊkən/ **I** *n* [1] (symbol) symbol *m*, znak *m*; **a ~ of sth** znak czegoś *[esteem, affection, gratitude]*; **as a ~ of my gratitude, in ~ of my gratitude** w dowód wdzięczności; **by the same ~** (in the same way) tak samo; (thereby) tym samym; (for the same reason) z tego samego powodu [2] (for machine, phone) żeton *m*, szton *m* [3] (on package) kupon *m*; (for product) talon *m*; **a book /record ~** talon na książki/płyty; **'collect 12 Luxa ~s'** „zbierz 12 kuponów Luxy" [4] Ling okaz *m*
II *adj [resistance, payment, punishment]* symboliczny; *[strike]* ostrzegawczy; **~ offer/gesture** zdawkowa propozycja/zdawkowy gest; **she's the ~ woman/Left winger in the Cabinet** infml wchodzi w skład gabinetu, gdyż jedno miejsce wypadało przyznać kobiecie/komuś z lewicy
tokenism /ˈtəʊkənɪzəm/ *n* pej symboliczne gesty *m pl (na rzecz grup dyskryminowanych)*; **policy of ~** polityka drobnych ustępstw; **he has been accused of ~** zarzucano mu, że nie wysila się
token money *n* Fin pieniądz *m* zdawkowy
Tokyo /ˈtəʊkjəʊ/ *prn* Tokio *n inv*
told /təʊld/ *pt, pp* → **tell**
tolerable /ˈtɒlərəbl/ *adj* [1] (bearable) *[pain]* do zniesienia, *[heat, conditions]* znośny; *[difficulties]* umiarkowany [2] (adequate, passable) *[mark, result, knowledge, meal]* przyzwoity
tolerably /ˈtɒlərəblɪ/ *adv* w miarę, stosunkowo
tolerance /ˈtɒlərəns/ *n* [1] (broad-mindedness) tolerancja *f* **(for** or **of sb/sth** dla kogoś /czegoś); (understanding, patience) wyrozumiałość *f* **(towards sb/sth** dla kogoś/czegoś); **to show ~** okazywać tolerancję/wyrozumiałość [2] (resistance) (of person) odporność *f*, wytrzymałość *f* **(of** or **to sth** na coś); **my ~ to alcohol seems to decrease** coraz gorzej znoszę alkohol [3] Med (of body) tolerancja *f* **(to sth** na coś); **drug ~** tolerancja na lek [4] Tech, Math, Stat (variation) tolerancja *f*
tolerant /ˈtɒlərənt/ *adj* [1] (in attitude) tolerancyjny **(towards** or **of sb/sth** wobec kogoś/czegoś); **a racially ~ society** społeczeństwo pozbawione uprzedzeń rasowych [2] (resilient) *[plant, substance, patient]* odporny, wytrzymały **(of sth** na coś)
tolerantly /ˈtɒlərəntlɪ/ *adv [behave, treat]* tolerancyjnie; *[accept]* z wyrozumiałością; *[smile]* pobłażliwie
tolerate /ˈtɒləreɪt/ *vt* [1] (permit) tolerować *[behaviour, opinion, rudeness, opposition]* [2] (put up with) zn|ieść, -osić *[temperature, isolation, trait, treatment]* [3] Med tolerować *[drug, therapy]* [4] Hort (withstand) być odpornym na (coś) *[frost]*
toleration /ˌtɒləˈreɪʃn/ *n* tolerancja *f*
toll[1] /təʊl/ *n* [1] (charge) opłata *f* (za przejazd); Hist myto *n*; **to pay a ~** zapłacić za przejazd; **to collect ~s** pobierać opłaty [2] (number) **the ~ of sth/sb** liczba czegoś /kogoś *[victims, accidents, cases]*; **the death ~** liczba ofiar śmiertelnych; **accident ~** liczba wypadków [3] US Telecom opłata *f* za połączenie międzymiastowe
IDIOMS: **to take a heavy ~** (on lives) zebrać obfite żniwo fig; (on industry, environment)

spowodować ogromne straty; **to take a heavy ~ on sth** odbić się bardzo niekorzystnie na czymś *[health, environment, industry]*; **to take its/their ~** *[earthquake, disease, economic factors]* być tragicznym w skutkach; **to take its ~ on sb** *[travel, experience]* dać się komuś we znaki

toll² /təʊl/ **I** *n* (of bell) (sound) bicie *n* (dzwonu); (action of tolling) bicie *n* w dzwon
II *vt [person]* bić w (coś) *[bell]*; *[bell]* wybi|ć, -jać *[hour]*
III *vi [bell]* bić; **the bell ~ed for the dead** dzwon opłakiwał zmarłych liter

tollbooth /ˈtəʊlbuːð, US -buːθ/ *n* punkt *m* pobierania opłat *(przy wjeździe na autostradę)*

toll bridge *n* most *m* płatny

toll call *n* US rozmowa *f* międzymiastowa

toll-free /ˌtəʊlˈfriː/ **I** *adj [call, number]* bezpłatny; *[journey, crossing]* darmowy
II toll free *adv [phone]* za darmo

toll gate *n* bramka *f* przy wjeździe na autostradę

tollhouse /ˈtəʊlhaʊs/ *n* punkt *m* pobierania opłat *(przy wjeździe na autostradę)*; Hist rogatka *f*

toll keeper *n* Hist poborca *m* myta

toll road *n* GB droga *f* płatna

tollway /ˈtəʊlweɪ/ *n* US = **toll road**

Tolstoy /ˈtɒlstɔɪ/ *prn* Tołstoj *m*

tom /tɒm/ *n* [1] Zool (cat) kot *m*, kocur *m*; (turkey) indor *m* [2] US offensive (black person) czarnuch *m* infml offensive

Tom /tɒm/ *prn*
IDIOMS: **every ~, Dick and Harry** infml byle kto pej; **to go out with every ~, Dick and Harry** infml chodzić z pierwszym lepszym infml

tomahawk /ˈtɒməhɔːk/ *n* tomahawk *m*

tomato /təˈmɑːtəʊ, US təˈmeɪtəʊ/ **I** *n* (*pl* **~es**) [1] (fruit) pomidor *m* [2] (also **~ plant**) pomidor *m*
II *modif [sauce, juice, purée, soup]* pomidorowy; *[sandwich]* z pomidorem; *[salad]* z pomidorów; **~ seeds/skins** nasiona/skórki pomidora; **~ ketchup** keczup

tomb /tuːm/ *n* grobowiec *m*

tombac /ˈtɒmbæk/ *n* tombak *m*

tombola /tɒmˈbəʊlə/ *n* loteria *f* fantowa; tombola *f* dat

tomboy /ˈtɒmbɔɪ/ *n* chłopczyca *f*; **to be a bit of a ~** mieć w sobie coś z chłopczycy

tomboyish /ˈtɒmbɔɪɪʃ/ *adj [behaviour, clothes]* chłopięcy; *[haircut]* na chłopczycę; **she is ~** ma naturę chłopczycy

tombstone /ˈtuːmstəʊn/ *n* nagrobek *m*, płyta *f* nagrobkowa

tomcat /ˈtɒmkæt/ **I** *n* [1] Zool kocur *m* [2] infml (promiscuous man) pies *m* na baby infml
II *vi* (*prp, pt, pp* **-tt-**) US infml latać za spódniczkami hum

tome /təʊm/ *n* fml wolumin *m*; hum tomisko *n* hum

tomfool /ˌtɒmˈfuːl/ *adj [idea, plan, behaviour]* głupawy

tomfoolery /tɒmˈfuːlərɪ/ *n* wygłupy *m pl* infml

Tommy /ˈtɒmɪ/ *n* GB infml dat szeregowiec *m* *(armii brytyjskiej)*

Tommy gun *n* infml dat pistolet *m* maszynowy

tommyrot /ˌtɒmɪˈrɒt/ *n* infml dat duby *plt* smalone dat; **to talk ~** pleść duby smalone

tomodensitometry /ˌtəʊməʊdensɪˈtɒmɪtrɪ, ˌtɒm-/ *n* Med badania *n pl* densytometryczne

tomography /təˈmɒgrəfɪ/ *n* tomografia *f*

tomorrow /təˈmɒrəʊ/ **I** *n* [1] jutro *n*; **~'s Saturday** jutro jest sobota; **~'s newspaper** jutrzejsza gazeta; **what's ~'s date?** który jest jutro?; którego jutro mamy? infml; **~ will be a difficult day** jutro będzie ciężki dzień; **who knows what ~ may bring?** kto wie, co przyniesie jutro?; **I'll do it by ~** zrobię to do jutra; **the day after ~** pojutrze [2] fig jutro *n* fig; **~'s cities/world** miasta/świat jutra
II *adv* [1] jutro; **see you ~!** do jutra!; **it's her birthday ~** jutro są jej urodziny; **~ week, a week ~** od jutra za tydzień; **they got married a month ago ~** jutro minie miesiąc, odkąd się pobrali; **all day ~** cały jutrzejszy dzień; **early/late ~** jutro rano /wieczorem; **as from ~** od jutra; **I'll do it first thing ~** zrobię to jutro z samego rana [2] fig w przyszłości
IDIOMS: **~ is another day** życie nie kończy się dzisiaj; **never put off till ~ what can be done today** Prov nie odkładaj do jutra tego, co możesz zrobić dzisiaj; **to live like there was no ~** żyć, jakby świat się miał zaraz skończyć

tomorrow afternoon **I** *n* jutrzejsze popołudnie *n*
II *adv* jutro po południu

tomorrow evening **I** *n* jutrzejszy wieczór *m*
II *adv* jutro wieczorem

tomorrow morning **I** *n* jutrzejsze rano *n*
II *adv* jutro rano

Tom Thumb /ˌtɒmˈθʌm/ *prn* Tomcio *m* Paluch

tomtit /ˈtɒmtɪt/ *n* GB sikorka *f*

tom-tom /ˈtɒmtɒm/ *n* tam-tam *m*

ton /tʌn/ *n* [1] (in weight) GB (also **gross** or **long ~**) tona *f* angielska (*= 1016 kg*); US (also **net** or **short ~**) tona *f* amerykańska (*= 907 kg*); **metric ~** tona; **a three-~ truck** trzytonowa ciężarówka; **to weigh a ~, to be a ~ weight** fig ważyć tonę fig [2] Naut (in volume) tona *f*; **freight/register ~** tona frachtowa/rejestrowa; **displacement ~** tona wypornościowa [3] infml (a lot) **a ~ of sth** masa czegoś *[books, papers]*; **~s of sth** masa czegoś *[food, paper, time]*; **we've got ~s left** została nam cała masa; **to be ~s better** być sto razy lepszym
IDIOMS: **to do a ~** GB infml jechać stówą infml *(160 km na godzinę)*; **to come down on sb like a ~ of bricks** rozprawić się z kimś

tonal /ˈtəʊnl/ *adj* [1] Mus tonalny [2] Phon toniczny

tonality /təˈnælətɪ/ *n* [1] Mus tonalność *f* [2] (of picture) tonacja *f*

tonally /ˈtəʊnəlɪ/ *adv* [1] Mus w sposób tonalny [2] Phon w sposób toniczny

tondo /ˈtɒndəʊ/ *n* (*pl* **tondi**) tondo *n*

tone /təʊn/ **I** *n* [1] (quality of sound) ton *m*; (of radio, TV) barwa *f* dźwięku [2] (character of voice) ton *m*; **his ~ of voice** ton jego głosu; **in a defiant/threatening ~** wyzywającym /groźnym tonem; **don't speak to me in that ~ (of voice)** nie mów do mnie tym tonem; **in serious ~s** tonem pełnym powagi [3] (character) (of letter, speech, meeting) ton *m*; **to set the ~** nadawać ton **(for sth** czemuś); **to lower the ~ of sth** obniżyć poziom czegoś *[conversation]*; psuć wizerunek czegoś *[area]* [4] (colour) ton *m*, odcień *m* [5] Telecom sygnał *m* [6] Physiol tonus *m*, napięcie *n* mięśniowe [7] Mus (interval) ton *m* [8] Ling ton *m*
II *vt* [1] Physiol (also **~ up**) wzm|ocnić, -acniać *[body, muscle, thigh]* [2] Cosmet ujędrni|ć, -ać, uelastyczni|ć, -ać *[skin]*
III *vi* (also **~ in**) (blend) *[colours]* współgrać, harmonizować **(with sth** z czymś); pasować **(with sth** do czegoś)
■ **tone down**: **~ down [sth], ~ [sth] down** s|tonować *[colour, light, attitude]*; fig z|łagodzić *[criticism, remark, policy]*; z|łagodzić ton (czegoś) *[letter, statement]*

tone arm *n* Audio ramię *n* gramofonu

tone colour GB, **tone color** US *n* Mus barwa *f* dźwięku

tone control (button) *n* Audio regulator *m* barwy dźwięku

toned-down /ˌtəʊndˈdaʊn/ *adj* stonowany also fig

tone-deaf /ˌtəʊnˈdef/ *adj* Mus niemuzykalny; **to be ~** nie mieć słuchu (muzycznego)

tone language *n* język *m* toniczny

toneless /ˈtəʊnlɪs/ *adj [voice]* bezbarwny

tonelessly /ˈtəʊnlɪslɪ/ *adv [say]* bezbarwnym głosem

tone poem *n* Mus poemat *m* symfoniczny

toner /ˈtəʊnə(r)/ *n* [1] (for photocopier) toner *m* [2] Cosmet tonik *m*

Tonga /ˈtɒŋgə/ *prn* Tonga *n inv*; **the ~ Islands** Wyspy Tonga

Tongan /ˈtɒŋgən/ **I** *n* [1] (native) Tongij|czyk *m*, -ka *f* [2] Ling (język *m*) tongański *m*
II *adj* tongijski

tongs /tɒŋz/ *npl* szczypce *plt*; **a pair of coal ~** szczypce do węgla
IDIOMS: **to go at it hammer and ~** (argue) dyskutować zawzięcie; (fight) walczyć zażarcie

tongue /tʌŋ/ **I** *n* [1] Anat język *m* also fig; **to poke** or **stick out one's ~ at sb** pokazać komuś język; **with his/its ~ hanging out** z wywieszonym językiem; **to click one's ~** mlasnąć językiem; **the tip of the ~** koniuszek języka; **to lose/find one's ~** zapomnieć języka w gębie infml/odzyskać mowę [2] (language) język *m*; **mother/native ~** język ojczysty; mowa ojczysta liter; **to speak in ~s** Relig mówić językami; **to speak in a foreign ~** mówić obcym językiem [3] Culin ozór *m*; **ox ~** ozór wołowy [4] (flap) (on shoe) język *m* [5] (of flame, glacier) język *m*; (of land) cypel *m*; (of bell) serce *n*
II *vt* Mus za|grać z zadęciem *[note, passage]*
IDIOMS: **to bite one's ~** ugryźć się w język fig; **has the cat got your ~?** infml mowę ci odjęło?; **to get the rough side** or **edge of sb's ~** wysłuchać ostrych słów kogoś; **to give sb a ~-lashing** natrzeć komuś uszu; objechać kogoś infml; **to have sth on the tip of one's ~** mieć coś na końcu języka; **to trip off the ~** *[name, lie]* z łatwością przechodzić przez usta; **to loosen sb's ~** rozwiązywać komuś język; **I can't get my ~ round it** nie potrafię tego wymówić; **a**

T

slip of the ~ przejęzyczenie, lapsus; **hold your ~!** infml przymknij się! infml; **watch your ~!** uważaj, co mówisz!; **keep a civil ~ in your head!** dat wyrażaj się grzeczniej!

tongue-and-groove /ˌtʌŋən'gruːv/ *adj* na wpust i pióro

tongue-in-cheek /ˌtʌŋɪn'tʃiːk/ **I** *adj* ironiczny, żartobliwy
II *adv* ironicznie, żartobliwie

tongue stud *n* kolczyk *m* na języku

tongue-tied /'tʌŋtaɪd/ *adj* oniemiały; **to get** or **find oneself ~** nie móc wykrztusić słowa

tongue-twister /'tʌŋtwɪstə(r)/ *n* łamaniec *m* językowy

tongue-twisting /'tʌŋtwɪstɪŋ/ *adj* trudny do wymówienia

tonic /'tɒnɪk/ **I** *n* [1] (drink) tonik *m*; **gin and ~** gin z tonikiem [2] Med lek *m* tonizujący [3] fig (rest) pokrzepienie *n*; balsam *n* fig; **he's a real ~** on potrafi podnieść człowieka na duchu; **to be a ~ for sb** *[news, praise]* podnosić kogoś na duchu, być balsamem na duszę kogoś [4] (for hair, skin) tonik *m* [5] Mus tonika *f* [6] Ling akcent *f* toniczny
II *adj* Med, Mus toniczny; fig pokrzepiający; **~ wine** lekkie wino

tonicity /tə'nɪsətɪ/ *n* Med napięcie *n* mięśniowe

tonic sol-fa *n* Mus tonic sol-fa *n inv* *(metoda solfeżu)*

tonic water *n* tonik *m*

tonight /tə'naɪt/ **I** *n* dzisiejszy wieczór *m*; **~'s concert/programme** dzisiejszy koncert/program wieczorny
II *adv* (this evening) dziś wieczorem; (after bedtime) dziś w nocy; **you'll sleep well ~!** będziesz dzisiaj dobrze spać!; **I'll see you ~** do zobaczenia wieczorem

toning /'təʊnɪŋ/ **I** *adj [colours, furniture, clothes]* dopasowany, współgrający ze sobą
II *modif [gel, cream]* tonizujący

toning-down /ˌtəʊnɪŋ'daʊn/ *n* tonowanie *n*

tonnage /'tʌnɪdʒ/ *n* Naut [1] (ship's capacity) tonaż *m* **(of sth** czegoś); **register ~** tonaż rejestrowy; **gross (register) ~** tonaż rejestrowy brutto [2] (amount of shipping) tonaż *m* [3] (weight of cargo) waga *f* ładunku

tonnage dues *npl* opłaty *f pl* tonażowe

tonne /tʌn/ *n* tona *f* metryczna

tonneau /'tɒnəʊ/ *n* (*pl* **~s, ~x**) (also **~ cover)** pokrowiec *m* ochronny *(na tylne siedzenia w kabriolecie)*

-tonner /'tʌnə(r)/ *in combinations* [1] Naut **a one-~** jacht jednotonowy; **a 1,000/8,000-~** statek tysiąctonowy/ośmiotysięcznik [2] Transp **a 40-~** ciężarówka czterdziestotonowa

tonometer /tə'nɒmɪtə(r)/ *n* [1] Mus kamerton *m* chromatyczny [2] Med tonometr *m*

tonsil /'tɒnsl/ *n* Anat migdałek *m*; **he had his ~s out** wycięto mu migdałki

tonsillectomy /ˌtɒnsɪ'lektəmɪ/ *n* usunięcie *n* migdałków

tonsillitis /ˌtɒnsɪ'laɪtɪs/ *n* zapalenie *n* migdałków

tonsorial /tɒn'sɔːrɪəl/ *adj* hum fryzjerski

tonsure /'tɒnsʃə(r)/ *n* Relig tonsura *f*

tonsured /'tɒnʃəd/ *adj [monk, head]* z wygoloną tonsurą

tontine /tɒn'tiːn/ *n* tontyna *f*

Tony /'təʊnɪ/ *n* US nagroda *f* Tony *(za wybitne osiągnięcia teatralne)*

too /tuː/ *adv* [1] (also, as well) też, także; również fml; **you ~ could be a winner!** ty też możesz być zwycięzcą!; **'I love you' – 'I love you ~'** „kocham cię" – "ja też cię kocham"; **have you been to India ~?** (like me) czy ty też byłeś w Indiach?; (as well as other countries) czy byłeś też w Indiach?; **he speaks French, German ~** mówi po francusku, a także po niemiecku; **the town has changed, so ~ have the inhabitants** miasto zmieniło się, jak również jego mieszkańcy; **'have a nice evening' – 'you ~'** „baw się dobrze" – „ty również"; **she's kind but she's strict ~** jest dobra, ale zarazem surowa [2] (reinforcing an opinion) **you should talk to someone – and soon ~** musisz z kimś porozmawiać – i to szybko; **Maria cooked the meal – and very tasty it is ~!** Maria przygotowała posiłek – i to bardzo smaczny!; **'she was very annoyed and quite right ~!'** „była bardzo zdenerwowana, nie bez powodu!"; **they sacked him and quite right ~!** wyrzucili go, i bardzo słusznie! [3] (expressing indignation, annoyance) **'they're here' – 'about time ~'** „są tutaj" – „najwyższy czas"; **'I'm sorry' – 'I should think so ~!'** „przykro mi" – „no myślę!"; **it was such a smart jacket, expensive ~** to była taka elegancka marynarka, a jaka droga; **...and in front of your mother ~!** ...i do tego w obecności matki! [4] (excessively) za, zbyt; **the coat is ~ big for him** ten płaszcz jest na niego za duży; **just ~ big/nosy** po prostu za duży /zbyt wścibski; **it's ~ early to leave** jest za wcześnie, żeby wychodzić; **it's ~ early for them to leave** jeszcze za wcześnie, żeby wychodzili; **the tray was ~ heavy for me to carry** taca była dla mnie za ciężka; **it's ~ easy (for them) to criticize** łatwo (im) krytykować; **I was ~ shocked to speak** byłem zbyt wstrząśnięty, żeby coś powiedzieć; **it's ~ hot a day for walking** jest zbyt gorąco na spacer; **~ many/~ few people** zbyt dużo/zbyt mało ludzi; **~ much money** zbyt wiele pieniędzy; **~ much traffic** zbyt duży ruch; **I ate ~ much** za dużo zjadłem; **it's ~ much of a strain** to zbyt duży wysiłek; **she's ~ much of a diplomat to do it** jest taką dyplomatką, że nigdy by tego nie zrobiła; **he was in ~ much of a hurry to talk** zbytnio się spieszył, żeby rozmawiać; **~ silly for words** niewypowiedzianie głupi; tak głupi, że szkoda gadać infml; **the measures were ~ little ~ late** środki były niewystarczające i podjęte zbyt późno [5] (emphatic, very) zbyt; **you're ~ kind!** to zbytnia uprzejmość also hum, iron; **they'll be only ~ pleased to help** pomogą z największą ochotą; **he's only ~ ready to criticize** nic tylko by krytykował; **she hasn't been ~ well recently** nie czuła się ostatnio zbyt dobrze; **that's ~ bad!** (a pity) jaka szkoda!; (tough) to przykre!; **'so you're annoyed' – '~ right (I am)!'** „więc jesteś zły" – „jeszcze jak!" → **all, only** [6] (in negatives) zbytnio; **he's not ~ mad about jazz** nie przepada za jazzem; **he didn't do ~ bad a job** nie sprawił się tak źle; **it wasn't ~ bad** *[film, trip]* to nie było takie złe; **you weren't ~ bad at all!** zupełnie nieźle ci poszło!; **he wasn't ~ bad** (in health) nie czuł się tak źle; (in appearance) wyglądał nieźle; (in his reactions) zachował się nieźle; **we're not ~ thrilled** nie jesteśmy specjalnie zachwyceni; **I'm not ~ sure about that** nie jestem tego zbyt pewien; **it's not ~ far removed from blackmail** to wygląda na szantaż; **'they've arrived' – 'none ~ soon!'** „przyjechali" – „wreszcie!" [7] infml (contradicting: so) **'you don't know how to swim' – 'I do ~!'** „nie umiesz pływać" – „właśnie, że umiem!"; **'he didn't pinch you' – 'he did ~!'** „wcale cię nie uszczypnął" – „właśnie, że tak!"

took /tʊk/ *pt* → **take**

tool /tuːl/ **I** *n* [1] (instrument, device) narzędzie *n* also Comput; **a set of ~s** zestaw narzędzi; **garden ~s** narzędzia ogrodnicze [2] fig (aid in job) narzędzie *n* pracy; (in planning, management) instrument *m* **(of sth** czegoś); **an essential ~ in the classroom** element niezbędnego wyposażenia klasy [3] fig pej (puppet) narzędzie *m* fig; **to be a mere ~ in the hands of sb** być zwykłym narzędziem w rękach kogoś [4] vinfml (penis) interes *m* infml
II *vt* wytł|oczyć, -aczać wzory na (czymś) *[leather]*
III *vi* (also **~ along)** infml dat (travel) jechać powoli or wolno
IV tooled *pp adj [leather, metal]* wytłaczany
■ **tool up**: ¶ **~ up** zaopat|rzyć, -rywać się w narzędzia **(to do sth** do zrobienia czegoś) ¶ **~ up [sth], ~ [sth] up** wyposaż|yć, -ać *[factory, plant]*
IDIOMS: **the ~s of the trade** narzędzia pracy; **to down ~s** GB (go on strike, take break) przerwać pracę

tool bag *n* torba *f* na narzędzia

toolbox /'tuːlbɒks/ *n* skrzynka *f* na narzędzia

tool case *n* walizeczka *f* na narzędzia

tool chest *n* skrzynia *f* na narzędzia

tool house *n* US = **tool shed**

tooling /'tuːlɪŋ/ *n* (on leather, book cover) tłoczenia *n pl*

tool kit *n* komplet *m* narzędzi

toolmaker /'tuːlmeɪkə(r)/ *n* ślusarz *m* narzędziowy

toolmaking /'tuːlmeɪkɪŋ/ *n* ślusarstwo *n* narzędziowe

toolroom /'tuːlruːm/ *n* (for storing tools) magazyn *m* narzędzi; (for making tools) narzędziownia *f*

tool shed *n* szopa *f* na narzędzia

toot /tuːt/ **I** *n* [1] (sound) (of car-horn) klakson *m*, trąbienie *n*; (of train whistle) gwizd *m*; **to give a ~ on one's horn** zatrąbić [2] onomat **~! ~!** tit tit! [3] US infml (drinking spree) biba *f* infml; **to go on a ~** pójść w kurs infml [4] US infml (snort of cocaine) działka *f* kokainy infml
II *vt* **to ~ one's horn** nacis|nąć, -kać klakson, za|trąbić; **to ~ sb, to ~ one's horn at sb** zatrąbić na kogoś; **to ~ one's whistle** *[engine driver]* za|gwizdać
III *vi [car driver, car-horn]* za|trąbić; *[train]* za|gwizdać

tooth /tuːθ/ **I** *n* (*pl* **teeth)** (of person, animal, comb, zip, saw) ząb *m*; **set of teeth** (one's own) uzębienie; (false) sztuczna szczęka; **to bare** or **show one's teeth** obnażyć or odsłonić zęby; fig pokazać zęby or pazury fig; **to mutter between one's teeth** mamrotać przez zęby; **to flash one's teeth at sb** uśmiechnąć się do kogoś szeroko; **she is cutting a ~** wyrzyna się jej ząb; **to cut one's teeth on sth** fig zjeść zęby na czymś fig

II **-toothed** *in combinations* **black-~ed** z czarnymi zębami; **fine-~ed comb** gęsty grzebień; **wide-~ed comb** grzebień o dużych zębach

IDIOMS: **to be a bit long in the ~** infml mieć swoje lata; **to be fed up to the back teeth** mieć dosyć; **to be fed up to the back teeth with sth** mieć czegoś po dziurki w nosie or powyżej uszu; **to do sth in the teeth of sb/sth** zrobić coś wbrew komuś/czemuś; **to have teeth** być skutecznym; **to give sth teeth** podnieść skuteczność czegoś; **to get one's teeth into sth** zabrać się do czegoś poważnie; **it's a job she can get her teeth into** to praca, która ją naprawdę interesuje; **to lie through one's teeth** kłamać w żywe oczy; **to set sb's teeth on edge** działać komuś na nerwy; **to throw sth in sb's teeth** rzucić coś komuś w twarz

toothache /ˈtuːθeɪk/ *n* ból *m* zęba; **I have (a) ~** boli mnie ząb

toothbrush /ˈtuːθbrʌʃ/ *n* szczoteczka *f* do zębów

tooth decay *n* próchnica *f* zębów

tooth fairy *n dobra wróżka, która zabiera mleczny ząb, a zostawia pieniążek*

tooth glass *n* szklanka *f* do mycia zębów

toothless /ˈtuːθlɪs/ *adj* [1] (grin, person) bezzębny [2] fig (ineffectual) *[law, organization]* bezsilny, nieskuteczny

tooth mug *n* = **tooth glass**

toothpaste /ˈtuːθpeɪst/ *n* pasta *f* do zębów

toothpick /ˈtuːθpɪk/ *n* wykałaczka *f*

toothpowder /ˈtuːθpaʊdə(r)/ *n* proszek *m* do zębów

toothsome /ˈtuːθsəm/ *adj* apetyczny also fig

toothy /ˈtuːθɪ/ *adj* **to give a ~ grin** wyszczerzyć zęby w uśmiechu

tootle /ˈtuːtl/ *vi* infml [1] GB (go) *[person]* iść spacerkiem; *[car]* jechać z wolna; **I'll just ~ into town/down to the shops** przespaceruję się do miasta/sklepu; (by car) przejadę się do miasta/sklepu [2] (on musical instrument) za|grać **(on sth** na czymś**)**

toots /tʊts/ *n* US infml (form of address) laleczko

tootsy, tootsie /ˈtʊtsɪ/ *n* infml [1] baby talk (toe) paluszek *m*; (foot) stópka *f* [2] = **toots**

top[1] /tɒp/ **I** *n* [1] (highest or furthest part) (of ladder, stairs, wave, wall) szczyt *m*; (of hill, mountain) szczyt *m*, wierzchołek *m*; (of head) czubek *m*; (of tree) wierzchołek *m*, czubek *m*; (of page, list) góra *f*; (of street, garden, field) (drugi) koniec *m*; **eight lines from the ~** osiem linijek od góry; **at the ~ of sth** u góry czegoś *[page, scale]*; na początku czegoś *[list]*; na końcu czegoś *[street]*; na szczycie czegoś *[hill]*; u szczytu czegoś *[stairs]*; **at the ~ of the building** na ostatnim piętrze; **at the ~ of the table** na honorowym miejscu; **to be at the ~ of one's list** fig być dla kogoś sprawą najważniejszą; **to be at the ~ of the agenda** fig być sprawą priorytetową; **to fill the glasses to the very ~** napełnić kieliszki po same brzegi [2] fig (highest echelon, position) **to aim for the ~** mierzyć bardzo wysoko; **to be at the ~ of one's profession** być u szczytu kariery zawodowej; **life can be tough at the ~** życie na górze nie zawsze jest łatwe fig; **to get to** or **make it to the ~** zrobić wielką karierę; **her talent will take her to the ~** ze swoim talentem zrobi wielką karierę; **to be ~ of the class** być najlepszym w klasie; **the team finished ~ of the league** drużyna ukończyła rozgrywki ligowe na pierwszym miejscu; **to be ~ of the bill** Theat być gwiazdą [3] (surface) (of box, chest) wierzch *m*; (of water, sea) powierzchnia *f*; (of table) blat *m*; **to float to the ~** wypłynąć na powierzchnię [4] (upper part) (of façade, building) górna część *f* **(of sth** czegoś**)**; (of milk) kożuch *m* [5] (cap, lid) (of pen) skuwka *f*; (of bottle) zakrętka *f*; (with serrated edge) kapsel *m*; (of paint-tin, jar, box) wieczko *n*; (of saucepan) pokrywka *f* [6] Fashn góra *f*; **a sleeveless summer ~** góra or top bez rękawów na lato [7] Aut (also **~ gear)** najwyższy bieg *m*; **to be in ~** jechać na najwyższym biegu [8] Bot (of vegetable) nać *f*; **carrot ~s** nać marchewki

II *adj* [1] (highest) *[floor, step, shelf, gear]* najwyższy; *[layer, coat]* wierzchni; *[division]* Sport pierwszy; *[concern]* główny; *[priority]* absolutny; **in the ~ left-hand corner** w lewym górnym rogu; **the ~ corridor** korytarz na najwyższym piętrze; **the ~ notes** Mus najwyższe tony; **the ~ tax band** najwyższa grupa podatkowa; **to pay the ~ price for sth** *[buyer]* zapłacić maksymalną cenę za coś; **'we pay the ~ prices'** „oferujemy najwyższe ceny"; **to be in the ~ class at primary school** być w ostatniej klasie szkoły podstawowej; **to get ~ marks** Sch dostawać najlepsze stopnie; **~ marks to the company for its initiative** fig wyrazy najwyższego uznania dla przedsiębiorstwa za inicjatywę [2] (furthest away) *[bed, part, section]* ostatni; **at the ~ end of the room** na samym końcu pokoju [3] (leading) *[authority, agency]* największy; *[player]* czołowy; *[adviser]* główny; *[job]* najważniejszy; **one of their ~ chefs/soloists** jeden z ich najlepszych szefów kuchni/solistów; **it's one of the ~ jobs** to jedno z najważniejszych stanowisk; **~ people** najważniejsi ludzie; (bureaucrats) góra *f* fig infml; **to be in the ~ three** znaleźć się w pierwszej trójce [4] (best) *[wine, choice, restaurant, buy]* najlepszy [5] (upper) *[lip]* górny; **the ~ half of the body** górna część ciała; **on her ~ half, she wore...** na górze miała na sobie... [6] (maximum) *[speed]* maksymalny; **we'll have to work at ~ speed** będziemy musieli pracować na najwyższych obrotach fig

III **on top of** *prep phr* [1] na (czymś) *[cupboard, fridge, layer]* [2] fig (close to) **the car was suddenly right on ~ of me** infml nagle samochód znalazł się tuż, tuż; **to live on ~ of each other** mieszkać w ciasnocie [3] fig (in addition to) jako dodatek do (czegoś) *[salary, workload]*; **on ~ of that...** na dodatek...; **on ~ of everything else I have to do** oprócz tego wszystkiego, co muszę zrobić [4] fig (in control of) **to be on ~ of a situation** panować nad sytuacją; **to get on ~ of inflation** opanować inflację; **you can never really feel on ~ of this job** w tej pracy człowiek nigdy nie jest pewny swego; **things are getting on ~ of her** (she's depressed) sytuacja ją przerasta; (she can't cope) ona nie może sobie poradzić

IV *vt* (*prp, pt, pp* **-pp-**) [1] (head) zna|leźć, -jdować się na czele (czegoś) *[league, pools, charts]* [2] (exceed) przewyższ|yć, -ać *[sum, figure, contribution]* [3] (cap) przebi|ć, -jać infml *[story, anecdote]* [4] (finish off) zwieńcz|yć, -ać *[building, church]* **(with sth** czymś**)**; zakończyć *[performance]* **(with sth** czymś**)**; Culin pokry|ć, -wać *[cake, dish, layer]* **(with sth** czymś**)**; **cake ~ped with frosting** lukrowane ciasto; **each cake was ~ped with a cherry** każde ciastko było przybrane wisienką; **a mosque ~ped with three domes** meczet zwieńczony trzema kopułami [5] (remove the top of) przyci|ąć, -nać czubek (czegoś) *[plant, tree]* [6] infml (kill) wyk|ończyć, -ańczać infml; (by hanging) powiesić *[person]*

V *vr* (*ptp, pt, pp* **-pp-**) infml **to ~ oneself** skończyć ze sobą

■ **top off: ~ off [sth], ~ [sth] off** za|kończyć *[meal, weekend, outing, creation]* **(with sth** czymś**)**; **shall we ~ off our evening with a glass of champagne?** może napijemy się szampana na zakończenie wieczoru?

■ **top out: ~ out [sth]** zwieńcz|yć, -ać *[building]* **(with sth** czymś**)**

■ **top up: ¶ to ~ up with petrol** nalać paliwa do pełna **¶ ~ up [sth], ~ [sth] up** dopełni|ć -ać *[tank, glass]* **(with sth** czymś**)**; nal|ać, -ewać wodę do (czegoś) *[battery]*; **may I ~ you up?** infml czy mogę ci dolać?

IDIOMS: **on ~ of all this, to ~ it all** do tego wszystkiego; (after misfortune) na domiar złego; **from ~ to bottom** *[torn, zipped, drawn]* z góry do dołu; *[clean, search]* dokładnie, wszędzie; **not to have very much up ~** infml mieć pusto w głowie infml; **to be over the ~** or **OTT** infml *[reaction, comment, decoration]* być przesadnym; *[person]* przesadzać; **to be the ~s** infml dat być na medal infml; **to be/stay on ~** być górą /górować; **to be ~ dog** wieść prym; **to come out on ~** *[person]* dopiąć swego; *[element]* brać górę; **to feel on ~ of the world** być w siódmym niebie; **to go over the ~** Mil ruszyć do ataku; **to say things off the ~ of one's head** (without thinking) mówić, co komuś ślina na język przyniesie; **I'd say £5,000, but that's just off the ~ of my head** (without checking) powiedzmy 5 000 funtów, ale tak z głowy; **to shout at the ~ of one's voice** krzyczeć na cały głos or na całe gardło

top[2] /tɒp/ *n* (toy) bąk *m*, bączek *m*

IDIOMS: **to sleep like a ~** spać jak suseł

top-and-tail /ˌtɒpənˈteɪl/ *vt* odszypułkow|ać, -ywać *[currants, gooseberries]*; ob|rać, -ierać *[beans]*

topaz /ˈtəʊpæz/ **I** *n* topaz *m*

II *adj* [1] (made of topaz) topazowy; (with a topaz) z topazem; (with topazes) z topazami [2] *[eyes]* topazowy

T

top banana *n* US infml główny komik *m*
top-boot /ˌtɒpˈbuːt/ *n* but *m* z cholewą
top-box /ˌtɒpˈbɒks/ *n* (on motorbike) kufer *m*
top brass *n* infml *(+ v pl)* wierchuszka *f* infml
top class *adj [race, athletics, professional]* najwyższej klasy
topcoat /ˈtɒpkəʊt/ *n* [1] (of paint) wierzchnia warstwa *f* [2] Fashn dat palto *n*
top copy *n* oryginał *m*
top-down /ˈtɒpdaʊn/ *adj* [1] Comput *[design]* zstępujący [2] *[management]* odgórny; *[operation]* zarządzany odgórnie
top-drawer /ˌtɒpˈdrɔː(r)/ *adj* infml dat *[family]* z wyższych sfer; **to be ~** być z wyższych sfer
top-dress /ˌtɒpˈdres/ *vt* naw|ieźć, -ozić na powierzchni *[soil]*
topdressing /ˌtɒpˈdresɪŋ/ *n* (substance) nawóz *m* pogłówny; (process) nawożenie *n* pogłówne
tope[1] /təʊp/ *n* Zool żarłacz *m* szary
tope[2] /təʊp/ *vi* arch or liter (drink) pić ponad miarę
toper /ˈtəʊpə(r)/ *n* infml dat pija|k *m*, -czka *f*; pijaczyna *m* infml
top-flight /ˌtɒpˈflaɪt/ *adj* pierwszorzędny
top hat *n* cylinder *m*
top-heavy /ˌtɒpˈhevɪ/ *adj* [1] *[structure, object]* zbyt ciężki u góry, źle wyważony; *[wagon]* przeładowany [2] fig *[bureaucracy]* rozbudowany; *[firm]* z rozbudowaną administracją [3] infml *[woman]* piersiasty infml
top-hole /ˌtɒpˈhəʊl/ *adj* GB infml dat pierwsza klasa infml
topiary /ˈtəʊpɪərɪ, US -ɪerɪ/ **I** *n* (work, art) kształtowanie *n* roślinności ogrodowej; (garden) ogród *m* ze sztucznie kształtowaną roślinnością
II *modif [bush, conifer]* formowany; *[garden, park]* ze sztucznie kształtowaną roślinnością
topic /ˈtɒpɪk/ *n* (of conversation, conference, research, essay) temat *m*
topical /ˈtɒpɪkl/ *adj [issue, question, matters, subject]* aktualny; *[debate, play, programme]* dotyczący aktualnych problemów; **of ~ interest** aktualny; **she made a ~ allusion to the situation** celnie nawiązała do aktualnej sytuacji
topicality /ˌtɒpɪˈkælətɪ/ *n* aktualność *f*
topic sentence *n* US zdanie *n* wprowadzające
topknot /ˈtɒpnɒt/ *n* (tuft of hair) czub *m*; (knot of hair) kok *m*; (ribbon) kokarda *f* na czubku głowy
topless /ˈtɒplɪs/ *adj [model, waitress]* w stroju toples; *[bar]* z kelnerkami w strojach toples; **to go/sunbathe ~** chodzić/opalać się toples; **~ swimsuit** toples
top-level /ˌtɒpˈlevl/ *adj [talks, negotiations]* na najwyższym szczeblu
top-loader /ˌtɒpˈləʊdə(r)/ *n* pralka *f* ładowana od góry
top management *n* ścisłe kierownictwo *n*
top mast *n* stenga *f*
topmost /ˈtɒpməʊst/ *adj [branch, fruit]* najwyższy
top-notch /ˌtɒpˈnɒtʃ/ *adj [business, executive, person, performance]* pierwszorzędny
top-of-the-range /ˌtɒpəvðəˈreɪndʒ/ *adj [model]* najwyższej klasy
topographer /təˈpɒɡrəfə(r)/ *n* topograf *m*
topographic(al) /ˌtɒpəˈɡræfɪk(l)/ *adj* topograficzny
topography /təˈpɒɡrəfɪ/ *n* topografia *f*
topper /ˈtɒpə(r)/ *n* infml [1] (hat) cylinder *m* [2] (success) **chart ~** numer jeden na liście przebojów [3] US (joke, remark) **that's a ~!** a to dopiero numer! infml
topping /ˈtɒpɪŋ/ **I** *n* (of jam, cream) przybranie *n*; (icing) lukier *m*; **a flan with a cream ~** placek z kremem na wierzchu; **with a ~ of breadcrumbs** posypany bułką tartą; **a pizza with tomato and cheese ~** pizza z pomidorami i serem
II *adj* GB infml dat wdechowy infml
topple /ˈtɒpl/ **I** *vt* [1] wywr|ócić, -acać, przewr|ócić, -acać *[object]*; s|powodować zawalenie się (czegoś), zniszczyć *[building]*; **to ~ sth from sth** strącić coś z czegoś *[shelf]* [2] fig obal|ić, -ać *[government, dictatorship]*; doprowadz|ić, -ać do upadku (czegoś) *[empire]*; **to ~ the leader (from power)** obalić przywódcę
II *vi* [1] (sway) *[vase, pile of books]* za|chwiać się; (fall) (also **~ over)** *[person, vase, pile of books, plant]* wywr|ócić, -acać się, przewr|ócić, -acać się; **to ~ over the edge of sth** spaść z czegoś *[cliff, table]*; **she ~d over the edge** runęła w przepaść [2] fig *[government, regime]* upa|ść, -dać
top-ranking /ˌtɒpˈræŋkɪŋ/ *adj* wysoki, wysoko postawiony; *[player]* wysoko notowany
topsail /ˈtɒpseɪl/ *n* marsel *m*
top secret *adj* ściśle tajny
top security *adj [building]* ściśle strzeżony; *[prison, wing]* o zaostrzonym rygorze
topside /ˈtɒpsaɪd/ *n* Culin zrazówka *f* wołowa
topsoil /ˈtɒpsɔɪl/ *n* warstwa *f* urodzajna, górna warstwa *f* gleby
top spin *n* topspin *m*
topsy-turvy /ˌtɒpsɪˈtɜːvɪ/ infml **I** *adj* bez ładu i składu, postawiony na głowie infml; *[house, room]* przewrócony do góry nogami infml; **it's a ~ world** cały świat stanął na głowie
II *adv* do góry nogami infml; **our plans have been thrown ~** nasze plany wzięły w łeb infml
top ten *n* pierwsza dziesiątka *f* listy przebojów
top-up /ˈtɒpʌp/ infml *n* **who's ready for a ~?** kto się jeszcze napije?, komu dolać?
top-up loan *n* kredyt *m* wyrównawczy
toque /təʊk/ *n* toczek *m*
tor /tɔː(r)/ *n* tor *m*, skaliste wzgórze *n*
torch /tɔːtʃ/ **I** *n* (burning) (on a stick) pochodnia *f*; (oil lamp) znicz *m*; GB (flashlight) latarka *f*; **shine the ~ into this corner!** poświeć w ten kąt!; **she shone the ~ into the room** oświetliła pokój pochodnią/latarką; **the Olympic ~** znicz olimpijski; **to be turned into a human ~** zamienić się w żywą pochodnię
II *vt* podpal|ić, -ać, pod|łożyć, -kładać ogień pod (coś) *[building]*
IDIOMS: **to carry a ~ for sb** wzdychać do kogoś; **to carry the ~ for democracy /freedom** być rzecznikiem demokracji /wolności; **to put sth to the ~** puścić coś z dymem *[castle, city]*
torchbearer /ˈtɔːtʃbeərə(r)/ *n* niosący *m* pochodnię
torchlight /ˈtɔːtʃlaɪt/ **I** *n* **by ~** (burning torches) przy świetle pochodni; GB (electric) przy świetle latarki
II *modif* (also **torchlit)** *[vigil, walk]* przy świetle pochodni/latarki; **~ procession** procesja z pochodniami
torch song *n* US piosenka *f* o nieszczęśliwej miłości
tore /tɔː(r)/ *pt* → **tear**[1]
toreador /ˈtɒrɪədɔː(r), US ˈtɔːr-/ *n* toreador *m*
torero /tɒˈreərəʊ/ *n* torero *m inv*
torment **I** /ˈtɔːment/ *n* męczarnie *f pl*, udręka *f*; **to ease sb's ~** ulżyć cierpieniu kogoś; **to be in ~ (over sth)** cierpieć (z powodu czegoś); **to suffer ~s of jealousy /remorse** przeżywać katusze zazdrości /wyrzutów sumienia
II /tɔːˈment/ *vt* (cause suffering to) dręczyć, znęcać się nad (kimś/czymś); (annoy, tease) *[heat, insects]* dokuczać (komuś/czemuś) *[person, animal]*; *[child]* zamęczać *[parent, nanny]*; **he was ~ed by guilt/remorse** dręczyło go poczucie winy/dręczyły go wyrzuty sumienia; **we were ~ed by mosquitoes** dokuczały nam komary
III /tɔːˈment/ *vr* **to ~ oneself** zadręczać się
tormentor /tɔːˈmentə(r)/ *n* dręczyciel *m*, -ka *f*, prześladow|ca *m*, -czyni *f*
torn /tɔːn/ **I** *pp* → **tear**[1]
II *adj* rozdarty
tornado /tɔːˈneɪdəʊ/ *n* (*pl* **~s, ~es**) [1] Meteorol tornado *n*, trąba *f* powietrzna [2] (also **Tornado)** Mil Aviat samolot *m* Tornado
Toronto /təˈrɒntəʊ/ *prn* Toronto *n inv*
torpedo /tɔːˈpiːdəʊ/ **I** *n* (*pl* **~es**) [1] Mil torpeda *f* [2] Zool drętwa *f* [3] US infml (gunman) zawodowy morderca *m* [4] US Culin duża kanapka *f (z bagietki)*
II *modif [attack]* torpedowy
III *vt* [1] (attack) s|torpedować *[ship]* [2] fig (spoil) z|niweczyć *[plans, chance]*; s|torpedować *[negotiations, agreement]*
torpedo boat *n* torpedowiec *m*, ścigacz *m* torpedowy
torpedo tube *n* wyrzutnia *f* torpedowa
torpid /ˈtɔːpɪd/ *adj* fml *[person]* odrętwiały, niemrawy; *[place]* senny
torpidly /ˈtɔːpɪdlɪ/ *adv* fml ospale, niemrawo
torpor /ˈtɔːpə(r)/ *n* fml (inactivity, insensibility) odrętwienie *n*, otępienie *n*; (in movements) niemrawość *f*
torque /tɔːk/ **I** *n* [1] Phys, Aut moment *m* obrotowy [2] Hist (also **torc)** torques *m (naszyjnik celtycki)*
II *vt* Tech przy|łożyć, -kładać moment obrotowy do (czegoś)
torque converter *n* Aut, Mech przekładnia *f* momentu obrotowego; (hydraulic) przekładnia *f* hydrokinetyczna
torque wrench *n* klucz *m* dynamometryczny
torrent /ˈtɒrənt, US ˈtɔːr-/ *n* [1] (of water, rain) potoki *m pl*, strugi *f pl*; **the rain was falling in ~s** potoki deszczu lały się z nieba [2] fig (of abuse, words) potok *m* fig; (of questions) grad *m* fig
torrential /təˈrenʃl/ *adj [rain]* ulewny; *[storm]* gwałtowny
torrid /ˈtɒrɪd, US ˈtɔːr-/ *adj [day, weather]* upalny, skwarny; *[sun]* palący; *[climate,*

area] gorący; fig *[love affair, love scene]* namiętny; *[rhythm]* gorący

torsion /ˈtɔːʃn/ *n* skręcanie *n*

torsion balance *n* waga *f* skręceń, waga *f* torsyjna

torsion bar *n* drążek *m* skrętny

torsion test *n* próba *f* skręcania

torso /ˈtɔːsəʊ/ *n* (*pl* **~s**) [1] (trunk) tułów *m*, tors *m* [2] (of statue) tors *m*

tort /tɔːt/ *n* Jur delikt *m*

tortilla /tɔːˈtiːjə/ *n* Culin tortilla *f*

tortoise /ˈtɔːtəs/ *n* żółw *m* lądowy

tortoiseshell /ˈtɔːtəsʃel/ **I** *n* [1] (shell) szylkret *m* [2] (cat) kot *m* szylkretowy [3] (butterfly) rusałka *f*

II *modif [comb, clip, frame]* szylkretowy; **~ turtle** żółw szylkretowy

tortuous /ˈtɔːtʃʊəs/ *adj* [1] *[path, road]* kręty, wijący się [2] fig *[argument, explanation, logic]* pokrętny; *[process, plot]* zawiły

tortuously /ˈtɔːtʃʊəslɪ/ *adv* fig pokrętnie

torture /ˈtɔːtʃə(r)/ **I** *n* [1] (infliction of pain) tortury *f pl*; **under ~** na torturach [2] fig tortura *f*, katusze *plt* liter; **to suffer the ~s of jealousy** przeżywać męki or katusze zazdrości; **the long wait was absolute ~** długie oczekiwanie było nie do zniesienia

II *vt* [1] (subject to torture) torturować [2] fig *[person, guilt, anxiety, jealousy]* męczyć, dręczyć; **to ~ sb to death** zadręczać kogoś na śmierć fig; **~d by guilt** dręczony poczuciem winy

III *vr* **to ~ oneself** dręczyć się, zadręczać się **(with sth** czymś)

IV tortured *pp adj* fig *[country, mind]* udręczony; *[existence, past]* pełen udręki

torture chamber *n* izba *f* tortur

torturer /ˈtɔːtʃərə(r)/ *n* kat *m*; oprawca *m* also fig

Tory /ˈtɔːrɪ/ **I** *n* GB torys *m*, konserwatyst|a *m*, -ka *f*; **the Tories** torysi, partia konserwatywna

II *modif [government, party, MP]* torysowski, konserwatywny; **~ attack/supporter** atak/stronnik torysów

Toryism /ˈtɔːrɪɪzəm/ *n* GB toryzm *m*, konserwatyzm *m*

tosh /tɒʃ/ GB infml **I** *n* bzdury *f pl* infml

II *excl* bzdury! GB infml

toss /tɒs, US tɔːs/ **I** *n* [1] (turn) **to give sth a ~** wymieszać coś *[salad]*; przerzucić na drugą stronę *[pancake]* [2] (of coin) rzut *m* monetą; **to win/lose the ~** wygrać/przegrać losowanie (grając w orła i reszkę); **to decide sth on the ~ of a coin** postanowić or rozstrzygnąć coś rzucając monetę [3] (throw) rzut *m* [4] (jerky movement) nagły ruch *m*; **with a disdainful ~ of one's head** pogardliwie odrzucając głowę (do tyłu) [5] Equest infml (fall) **to take a ~** spaść z konia

II *vt* [1] (throw) rzuc|ić, -ać *[ball, stick]*; (throw aloft) podrzuc|ić, -ać *[person, object]*; **to ~ sth into the air** rzucić coś w górę, podrzucić coś; **to ~ sb sth** rzucić coś komuś; **to ~ sth towards/into/over sth** rzucić coś w kierunku czegoś/do czegoś /przez coś [2] infml (chuck) **~ me the newspaper** rzuć mi gazetę infml [3] (flip) przerzuc|ić, -ać na drugą stronę *[pancake]*; rzuc|ić, -ać (czymś) *[dice]*; **to ~ a coin** rzucić monetę, zagrać w orła i reszkę; **I'll ~ you for the last piece of cake** zagrajmy w orła i reszkę o ostatni kawałek tortu [4] Culin (stir) wy|mieszać *[salad]*; obt|oczyć, -aczać *[meat, vegetables]* **(in sth** w czymś); **vegetables ~ed in a cream dressing** jarzyny w sosie śmietanowym [5] (throw back) *[animal]* rzuc|ić, -ać (czymś) *[head, mane]*; **to ~ one's head** *[person]* odrzucić głowę (do tyłu); **to ~ one's hair back** odrzucić włosy w tył [6] (unseat) *[horse]* zrzuc|ić, -ać *[rider]* [7] (move violently) *[wind]* targać (czymś) *[branches, trees, flowers]*; *[waves]* miotać (czymś), rzucać (czymś) *[boat]*; **the boat was ~ed about** or **to and fro** rzucało or miotało łodzią na wszystkie strony; **a storm-~ed sea** liter wzburzone morze

III *vi* [1] (turn restlessly) *[person]* przewracać się; **to ~ and turn, to ~ from side to side** przewracać się z boku na bok [2] (flip a coin) *[referee]* rzuc|ić, -ać monetę; **to ~ for the first turn/service** rzutem monetą ustalać, kto będzie zaczynał/pierwszy serwował; **let's ~ for it** zagrajmy w orła i reszkę

■ **toss about, toss around**: ¶ **~ about** *[boat]* kołysać się gwałtownie; *[person in bed]* rzucać się ¶ **~ [sth] around** *[people]* rzucać do siebie *[ball]*; fig rozważać *[idea]*; **the plane was ~ed about** samolotem rzucało; **to get ~ed around** (in vehicle) wytrząść się infml

■ **toss aside**: **~ aside [sth], ~ [sth] aside** odrzuc|ić, -ać *[rules]*

■ **toss away**: **~ away [sth], ~ [sth] away** wyrzuc|ić, -ać *[rubbish]*; fig nie s|korzystać z (czegoś) *[opportunity]*; przepu|ścić, -szczać infml *[money]*

■ **toss back**: **~ back [sth], ~ [sth] back** odrzuc|ić, -ać *[ball, object]*

■ **toss off**: ¶ **~ off** vulg brandzlować się vulg ¶ **~ off [sth], ~ [sth] off** infml mach|nąć, -ać infml *[letter, article]*; golnąć (sobie) infml *[drink]*

■ **toss out**: ¶ **~ out [sth], ~ [sth] out** wyrzuc|ić, -ać *[empty bottles, newspaper]* ¶ **~ [sb] out** wyrzuc|ić, -ać **(from sth** z czegoś)

■ **toss up** (flip a coin) za|grać w orła i reszkę, rzuc|ić, -ać monetę **(for sth** o coś); **to ~ up whether/when/where...** rozstrzygnąć (rzucając monetę), czy/kiedy/gdzie...

IDIOMS: **I'm not prepared to argue the ~** nie mam zamiaru dyskutować; **I don't** or **couldn't give a ~** infml guzik mnie to obchodzi infml; **she doesn't give a ~ about his kids/if you're tired** infml guzik ją obchodzą jego dzieci/obchodzi, że jesteś zmęczony infml; **who gives a ~?** infml kogo to obchodzi?

tosser /ˈtɒsə(r), US ˈtɔːs-/ *n* vinfml kapcan *m* infml

toss-up /ˈtɒsʌp, US ˈtɔːs-/ *n* infml [1] (flip of a coin) rzut *m* monetą; **let's have a ~ to decide who...** zagrajmy w orła i reszkę (o to), kto... [2] (two-way choice) **it's/it was a ~ between a pizza and a sandwich** jest /była do wyboru pizza lub kanapka [3] (even chance) **'who'll win?' – 'it's a ~!'** „kto wygra?" – „to prawdziwa loteria!"; **it's a ~ who will be chosen** każdy ma równe szanse być wybranym

tot¹ /tɒt/ *n* [1] infml (toddler) brzdąc *m*, maluch *m* infml [2] GB (of whisky, rum) kapka *f*, kropelka *f*

tot² /tɒt/ *vt*

■ **tot up** GB (*prp, pt, pp* **-tt-**): ¶ **~ up** *[person]* doda|ć, -wać; **to ~ up to £20** *[bill, expenses]* wynieść (w sumie) 20 funtów ¶ **~ up [sth], ~ [sth] up** zsumow|ać, -ywać

total /ˈtəʊtl/ **I** *n* (of figures) (całkowita) suma *f*; (of people, things) ogólna liczba *f*; **the ~ comes to £41** suma wynosi 41 funtów; **it comes to a ~ of £200** w sumie wynosi to 200 funtów; **a ~ of 364 people voted** w sumie głosowały 364 osoby; **in ~** w sumie, ogółem

II *adj* [1] (added together) *[number, cost, amount, loss, profit]* całkowity, ogólny; **his ~ debts come to £3,000** jego długi w sumie sięgają 3 000 funtów [2] (absolute) *[eclipse, attention, lack of movement]* całkowity; *[failure, ignorance, disregard, silence]* zupełny; *[war, disaster]* totalny; *[effect]* ogólny; **a plane crash which resulted in ~ loss of life** katastrofa lotnicza, w której wszyscy zginęli; **a ~ waste of time** zupełna strata czasu

III *vt* (*prp, pt, pp* **-ll-** GB, **-l-** US) [1] (add up) zsumow|ać, -ywać, doda|ć, -wać *[figures, column, amounts]*; oblicz|yć, -ać *[votes]* [2] (reach) *[debts, sales, costs, income]* wyn|ieść, -osić, sięg|nąć, -ać (czegoś) *[sum]*; **their votes ~led two million** liczba oddanych głosów wyniosła dwa miliony [3] US infml (destroy) s|kasować infml *[car]*

total allergy syndrome *n* Med alergia *f* na wiele czynników uczulających

totalitarian /ˌtəʊtælɪˈteərɪən/ **I** *n* zwolenni|k *m*, -czka *f* totalitaryzmu

II *adj* totalitarny

totalitarianism /ˌtəʊtælɪˈteərɪənɪzəm/ *n* totalitaryzm *m*, totalizm *m*

totality /təʊˈtælətɪ/ *n* całość *f*; **in its ~** jako całość

totalizator /ˈtəʊtəlaɪzeɪtə(r), US -lɪz-/ *n* Turf totalizator *m* wyścigów konnych

totalize /ˈtəʊtəlaɪz/ *vt* (add up) zsumow|ać, -ywać

totalizer /ˈtəʊtəlaɪzə(r)/ *n* = **totalizator**

totally /ˈtəʊtəlɪ/ *adv* zupełnie, całkowicie

total quality management *n* zarządzanie *n* przez jakość, TQM *(zaangażowanie wszystkich pracowników w zapewnienie jakości)*

total recall *n* Psych pamięć *f* nadzwyczajna, pamięć *f* absolutna

tote¹ /təʊt/ *n* infml Turf = **totalizator**

tote² /təʊt/ *vt* infml taszczyć infml *[bag, gun]*; **gun-toting hooligans** uzbrojeni chuligani; **to ~ along sth** taszczyć coś ze sobą

tote bag *n* US torba *f* na zakupy

tote board *n* Turf tablica *f* wyników

totem /ˈtəʊtəm/ *n* [1] (pole, animal, natural object) totem *m* [2] (symbol) symbol *m*

totemic /təʊˈtemɪk/ *adj* totemiczny

totem pole *n* totem *m*, słup *m* totemiczny

totter /ˈtɒtə(r)/ *vi [person, child]* iść chwiejnym krokiem; (drunkenly) zataczać się; *[building, pile of books]* za|chwiać się; fig *[government, regime]* chwiać się fig; **to ~ in/out** wejść/wyjść chwiejnym krokiem; **a country ~ing on the brink of civil war** kraj balansujący na krawędzi wojny domowej

tottering /ˈtɒtərɪŋ/ *adj [steps, movement]* chwiejny, niepewny; *[person]* poruszający się chwiejnym krokiem; *[drunk]* zataczający się; *[building, pile of books]* chybotliwy,

T

chwiejący się; fig *[government, regime]* na krawędzi upadku

toucan /ˈtuːkæn, -kən, US also tuˈkɑːn/ *n* Zool tukan *m*, pieprzojad *m*

touch /tʌtʃ/ **I** *n* 1 (physical contact) dotknięcie *m*, dotyk *m*; **the ~ of her hand** dotyk jej dłoni; **at the slightest ~** (of hand, button) przy najlżejszym dotknięciu; **the engine started at a ~** silnik z miejsca zapalił; **I felt a ~ on my shoulder** poczułem na ramieniu czyjś dotyk; **I felt the soft ~ of her dress as she passed** gdy przechodziła, poczułem lekkie muśnięcie jej sukni; **to long for/dread sb's ~** pragnąć/obawiać się bliskości kogoś; **he managed to get a ~ on the ball** (in football) udało mu się sięgnąć piłki infml 2 (sense) dotyk *m*; **a highly developed sense of ~** bardzo dobrze rozwinięty zmysł dotyku; **by ~** (read) za pomocą dotyku; (feel) przez dotyk; **soft to the ~** miękki w dotyku 3 (communication) kontakt *m*; **to get/stay in ~ (with sb)** nawiązać kontakt/pozostawać w kontakcie (z kimś); **to lose ~ with sb** stracić z kimś kontakt; **to put sb in ~ with sb** skontaktować kogoś z kimś; **we are in daily ~ with our office** codziennie kontaktujemy się z naszym biurem; **to be in /out of ~ with the political situation** orientować się/nie orientować się w sytuacji politycznej; **he's completely out of ~ with reality** jest zupełnie oderwany od rzeczywistości; **she's out of ~ with the times** dla niej czas się jakby zatrzymał 4 (tiny amount, trace) (of salt, sugar, paint) odrobina *f* **(of sth** czegoś); (of sarcasm, sadness, gaiety, irony) nutka *f* **(of sth** czegoś); (of spring, autumn) powiew *m* **(of sth** czegoś); **a few ~es** (of brush) kilka pociągnięć pędzlem; **there was a ~ of frost in the air** w powietrzu wyczuwało się lekki mróz; **it was a ~ of genius** (action, idea) to było genialne; **there's a ~ of class/of genius about her** czuje się w niej klasę/geniusza; **there's a ~ of class about everything he does** we wszystkim, co robi, widać klasę; **to have a ~ of flu** mieć lekką grypę; **she has a ~ of sun** trochę się opaliła; **to put** or **add the finishing ~es to sth** nadać czemuś ostateczny szlif fig; **a humorous/clever/nice ~** (in speech) humorystyczny/błyskotliwy/miły akcent 5 (little) **a ~ colder/heavier** odrobinę chłodniejszy/cięższy; **a ~ more/less (sth)** troszkę więcej/mniej (czegoś) 6 (style, skill) podejście *n*; ręka *f* fig; **the ~ of a master** ręka mistrza; **he lacks the human ~** jest sztywny w kontaktach z ludźmi; **this room needs the feminine ~** w tym pokoju przydałaby się kobieca ręka; **a wonderful ~ at the net** (in tennis) wspaniała gra przy siatce; **to have the (right) ~ with sb/sth** mieć (odpowiednie) podejście do kogoś/czegoś; **he handles the children with a firm ~** trzyma dzieci twardą ręką; **the Spielberg ~** styl Spielberga; **a ~ player** dobry technicznie gracz 7 Sport (area) aut *m*; **in(to) ~** *[go, kick]* na aut; **the ball's in ~** piłka wyszła na aut

II *vt* 1 (come into contact with) dot|knąć, -ykać (kogoś/czegoś) *[object, person]*; przylegać do (czegoś) *[garden, property, land]*; **we ~ed ground at 8 o'clock** wylądowaliśmy o godzinie ósmej; **their garden ~es their neighbour's** ich ogród przylega do ogrodu sąsiadów; **to ~ sb on the shoulder/hand** dotknąć ramienia/ręki kogoś; **to ~ one's hat (to sb)** uchylić (przed kimś) kapelusza; **I ~ed the other car when I was parking** parkując, otarłem się o inny samochód 2 (interfere with) rusz|yć -ać *[object]*; tknąć *[person]*; **don't ~ that/my things** nie ruszaj tego/moich rzeczy; **the police can't ~ me** policja nic mi nie zrobi; **I never ~ed him** nawet go nie tknąłem; **she wouldn't let him ~ her** nie pozwala mu zbliżyć się do siebie 3 (consume) t|knąć, -ykać *[food, drink, cigarettes]*; **you've hardly ~ed your food** prawie nie tknąłeś jedzenia; **I never ~ alcohol** nigdy nie biorę do ust alkoholu 4 (affect) dotyczyć (czegoś); (move) porusz|yć, -ać; (with sadness, sympathy) wzrusz|yć, -ać; (adversely) dot|knąć, -ykać *[person]*; ura|zić, -żać *[feelings, self-esteem]*; **matters which ~ us all** sprawy dotyczące nas wszystkich; **inflation has not ~ed the well-off** inflacja nie dotknęła ludzi zamożnych; **to ~ sb deeply** or **profoundly** głęboko kogoś wzruszyć; **to ~ the hearts** chwytać za serce; **to be ~ed by remorse** odczuwać wyrzuty sumienia 5 (injure) *[war, fire]* dot|knąć -ykać *[town, community]*; *[pests, water, frost]* wpły|nąć, -wać niekorzystnie na (coś) *[flowers, plants]*; *[event]* wpły|nąć, -wać na (coś) *[security]*; **this product won't ~ the stains** ten produkt jest odporny na plamy; **the paintings were not ~ed by the fire** obrazy ocalały z pożaru 6 (deal in) wziąć, brać się za (coś); **he'll sell most things but won't ~ drugs** sprzeda prawie wszystko, ale za nic nie weźmie się za narkotyki; **to ~ something illegal/dishonest** zająć się czymś nielegalnym/nieuczciwym 7 infml (ask for) **to ~ sb for sth** naciągnąć kogoś na coś infml *[loan, money]* 8 (equal) dorówn|ać -ywać (komuś/czemuś) **(at sth** w czymś); **when it comes to cooking, no-one can ~ her** jeżeli chodzi o gotowanie, nikt jej nie dorówna 9 (reach) *[price, temperature]* osiąg|nąć -ać *[level]*

III *vi* 1 (come together) *[wires, areas, hands]* zetknąć, stykać się 2 (with hand) dot|knąć, -ykać; **'do not ~'** (in museum) „nie dotykać eksponatów"

■ **touch down**: ¶ **~ down** 1 Aviat, Aerosp wy|lądować 2 Sport (in rugby) zdoby|ć, -wać przyłożenie ¶ **~ down [sth], ~ [sth] down** Sport **he ~ed the ball down** zdobył przyłożenie

■ **touch off**: **~ off [sth], ~ [sth] off** odpal|ić -ać *[firework]*; wywoł|ać -ywać *[explosion]*; fig wywoł|ać -ywać *[riot, debate]*

■ **touch (up)on**: **~ (up)on [sth]** dot|knąć, -ykać (czegoś), porusz|yć -ać *[subject, matter]*

■ **touch up**: **~ up [sb/sth], ~ [sb/sth] up** 1 (redo) wy|retuszować, podretuszow|ać, -ywać *[painting, photograph]*; zamalow|ać, -ywać *[scratch]*; u|farbować *[hair roots]*; poprawi|ć, -ać *[lipstick]* 2 infml (touch sexually) obmacywać infml *[person]*

IDIOMS: **he is an easy** or **soft ~** infml łatwo go naciągnąć infml; **it's ~ and go** na dwoje babka wróżyła; **to lose one's ~** stracić umiejętności or biegłość

touché /tuːˈʃeɪ, ˈtuːʃeɪ, US tuːˈʃeɪ/ *excl* (in fencing) trafienie!; fig właśnie!

touchdown /ˈtʌtʃdaʊn/ *n* 1 Aviat, Aerosp lądowanie *n*; **the ~ zone** strefa lądowania 2 Sport przyłożenie *n*

touched /tʌtʃt/ *adj* 1 (emotionally) wzruszony; **~ by sth** wzruszony czymś *[kindness, letter]*; **~ to hear sth** wzruszony na wieść o czymś 2 (mad) infml stuknięty, puknięty, szurnięty infml

touch football *n* Sport *rekreacyjna odmiana futbolu amerykańskiego*

touchhole /ˈtʌtʃhəʊl/ *n* Hist (in cannon) otwór *m* zapałowy

touchily /ˈtʌtʃɪlɪ/ *adv [answer]* z rozdrażnieniem; *[react]* drażliwie

touchiness /ˈtʌtʃɪnɪs/ *n* (of person) drażliwość *f*; (of issue) delikatność *f*

touching /ˈtʌtʃɪŋ/ *adj* wzruszający; **a ~ faith** rozbrajająca ufność

touchingly /ˈtʌtʃɪŋlɪ/ *adv* wzruszająco

touch judge *n* Sport sędzia *m* liniowy *(w rugby)*

touch line *n* Sport linia *f* boczna, linia *f* autowa

touch-me-not /ˈtʌtʃmɪnɒt/ *n* Bot niecierpek *m*

touch pad *n* Comput panel *m* dotykowy

touchpaper /ˈtʌtʃpeɪpə(r)/ *n* papier *m* nasączony saletrą potasową

touch screen *n* Comput ekran *m* dotykowy

touch-sensitive /ˌtʌtʃˈsensətɪv/ *adj* Comput *[screen, key]* dotykowy

touchstone /ˈtʌtʃstəʊn/ *n* kamień *m* probierczy; fig probierz *m*

touch system *n* (typing) maszynopisanie *n* metodą bezwzrokową

touch-tone /ˈtʌtʃtəʊn/ *adj* US **~ telephone** telefon z klawiaturą

touch-type /ˈtʌtʃtaɪp/ *vi* pisać na maszynie metodą bezwzrokową

touch-typing /ˈtʌtʃtaɪpɪŋ/ *n* pisanie *n* na maszynie metodą bezwzrokową

touch-typist /ˈtʌtʃtaɪpɪst/ *n* maszynistka *f* pisząca metodą bezwzrokową

touchwood /ˈtʌtʃwʊd/ *n* hubka *f*

touchy /ˈtʌtʃɪ/ *adj* 1 (edgy) *[person]* drażliwy **(about sth** na punkcie czegoś) 2 (difficult) *[subject, issue]* drażliwy, delikatny

tough /tʌf/ **I** *n* (person) (thug) oprych *m* infml; (rowdy) awanturnik *m*

II *adj* 1 (ruthless) *[businessman, character]* nieustępliwy, twardy; *[criminal]* zatwardziały, bezwzględny; **a ~ guy** or **customer** infml twardziel *m* infml 2 (severe) *[competition, sport, conditions, measures, law, policy]* twardy; *[treatment, penalty, criticism]* surowy; *[stance, opposition]* nieustępliwy, twardy; **to take a ~ line** zająć twarde stanowisko **(on sth** wobec czegoś); **to take a ~ line with sb** zająć twarde stanowisko wobec kogoś; **you were a bit ~ on him** trochę zbyt ostro go potraktowałeś; **to get ~ with sb** zabrać się za kogoś infml; **to talk ~** (in bargaining) być nieustępliwym; **~ talk** mocne słowa **(about** or **on sth** na temat czegoś) 3 (difficult) *[way of life, conditions, situation, existence, task]* trudny, ciężki; *[problem, game, contest, decision]* trudny; *[challenge]* poważny; **to have a ~ time doing sth**

mieć kłopoty ze zrobieniem czegoś; **she's having a ~ time** ona przeżywa ciężkie chwile; **they'll be a ~ team to beat** trudno będzie pokonać ich drużynę [4] (hardy) *[person, child, plant]* odporny, mocny [5] (durable) *[material, leather, layer]* mocny, wytrzymały; pej *[skin, vegetable]* twardy; *[meat]* łykowaty, twardy [6] (rough) *[area, place]* niebezpieczny; **a ~ school** szkoła zdominowana przez chuliganów [7] infml (unfortunate) **~ break** cholerny pech infml; **that's ~!, ~ luck!, ~ shit!** vinfml a to pech! also iron; **it was ~ luck on them** mieli pecha! [8] US infml (great) super infml

III *excl* infml trudno!

■ **tough out** infml: **~ [sth] out** przetrzy|mać, -ywać *[crisis, recession, winter]*; poradzić sobie z (czymś) *[opposition]*; **to ~ it out** wytrzymać

IDIOMS: **this meat is as ~ as old boots** infml to mięso jest twarde jak podeszwa; **she's as ~ as old boots** infml twarda z niej sztuka infml; **to hang ~** US infml nie dawać się infml; **hang ~!** trzymaj się! infml

toughen /ˈtʌfn/ *vt* [1] (make stronger) wzm|ocnić, -acniać *[material, wall]*; za|hartować *[glass, person, character]*; uelastyczni|ć, -ać *[skin]* [2] (make stricter) (also **~ up**) zaostrz|yć, -ać *[law, regulation, penalty]*; **to ~ one's stance** or **position** usztywnić stanowisko

■ **toughen up**: ¶ **~ up** *[person]* za|hartować się ¶ **~ up [sb], ~ [sb] up** za|hartować ¶ **~ up [sth], ~ [sth] up** zaostrz|yć, -ać *[legislation]*

toughie /ˈtʌfɪ/ *n* infml [1] (person) rozrabiaka *m* infml [2] (also **toughy**) (question) trudne pytanie *n*; (problem) zagwozdka *f* infml

tough love *n* mądra miłość *f*; Pol polityka *f* polegająca na uczeniu samodzielności; **to practise ~** kochać mądrze

toughly /ˈtʌflɪ/ *adv* *[made]* mocno; *[enforced]* bezwzględnie; **the firm is ~ run** firma jest prowadzona twardą ręką

toughly-worded /ˌtʌflɪˈwɜːdɪd/ *adj* ostro sformułowany

tough-minded /ˌtʌfˈmaɪndɪd/ *adj* twardy, bezkompromisowy

toughness /ˈtʌfnɪs/ *n* [1] (ruthlessness) (of businessman, criminal) bezwzględność *f* [2] (severity) (of law, measure, penalty) surowość *f*; (of competition) zaciętość *f*; (of opposition) nieustępliwość *f* [3] (harshness) **~ of conditions** ciężkie warunki [4] (robustness) (of person, animal, plant) odporność *f* [5] (durability) (of material, glass, leather) wytrzymałość *f*; pej (of meat, vegetable) twardość *f* [6] (difficulty) (of work, question) trudność *f*

tough-talking /ˌtʌfˈtɔːkɪŋ/ *adj* *[person]* twardy, zdecydowany

toupee /ˈtuːpeɪ, US tuːˈpeɪ/ *n* peruczka *f*; tupet *m*, tupecik *m* dat

tour /tʊə(r), tɔː(r)/ **I** *n* [1] Tourism (of country, city, trip in bus) wycieczka *f* **(of sth** po czymś); (longer) podróż *f* **(of sth** po czymś); (of building, castle) zwiedzanie *n* **(of sth** czegoś); **bus ~, coach ~** wycieczka autokarowa; **cycling/walking ~** wycieczka rowerowa /piesza; **to go on a ~ of Norway** pojechać na wycieczkę po Norwegii; **we went on a ~ of the cathedral** poszliśmy zwiedzać katedrę; **to take sb on a ~ of sth** zabrać kogoś na wycieczkę po czymś; **he took me on a ~ of his house** oprowadził mnie po swoim domu; **a round-the-world ~** podróż dookoła świata; **a two-week ~** dwutygodniowa wycieczka; **a ~ of inspection** inspekcja; **'on ~'** (sign on bus) „Wycieczka"; **the Grand Tour** Hist Wielki Objazd [2] Mus, Theat tournée *n inv*, objazd *m*, trasa *f* objazdowa; Sport cykl *m* spotkań; **a cricket/football ~** cykl spotkań krykietowych/piłkarskich; **to do a concert ~ of Cornwall** odbywać tournée koncertowe po Kornwalii; **to go on/be on ~** Mus, Theat wyjeżdżać na tournée/odbywać tournée; **the team is on ~ in Pakistan** drużyna rozgrywa cykl spotkań w Pakistanie; **to take a play on ~** zabrać sztukę w objazd [3] (business, military, academic trip) podróż *f*; **lecture ~** cykl wykładów; **the Queen is making a ~ of Australia** Królowa przebywa z wizytą w Australii; **she's away on a lecture ~** jeździ z wykładami; **a ~ of duty** Mil okres służby; **a six-month ~ of duty** sześciomiesięczna służba

II *vt* [1] Tourism zwiedz|ić, -ać *[building, country, gallery]* [2] Mus, Theat *[theatre company, orchestra, rock band]* odby|ć, -wać tournée po (czymś), ruszyć w objazd po (czymś) *[country]*; Sport *[team]* roz|egrać, -grywać cykl spotkań w (czymś) *[country]*; *[politician]* odwiedz|ić, -ać *[country]*; **the play will ~ the country** sztuka będzie wystawiana w całym kraju

III *vi* [1] Tourism podróżować; **to go ~ing** wybrać się na wycieczkę; **we've decided to go ~ing in central France** postanowiliśmy zwiedzić środkową Francję [2] Mus, Theat *[theatre company, orchestra, rock band]* odby|ć, -wać tournée; Sport *[team]* roz|egrać, -grywać cykl spotkań; **to go ~ing** Mus, Theat wyruszyć w objazd or trasę; *[team]* wyjechać na cykl spotkań

tour de force /ˌtʊədəˈfɔːs/ *n* majstersztyk *m*

tourer /ˈtʊərə(r), ˈtɔːrə(r)/ *n* (sports car) kabriolet *m*; GB (caravan) samochód *m* kempingowy; (bicycle) rower *m* turystyczny

tour guide *n* przewodni|k *m*, -czka *f*

touring /ˈtʊərɪŋ, ˈtɔːr-/ **I** *n* [1] Tourism podróżowanie *n*; (in city) zwiedzanie *n*; **I like ~** lubię podróżować [2] Theat, Mus tournée *n inv*, objazd *m*, trasa *f*

II *modif* [1] Tourism **a ~ holiday** turystyczny wyjazd wakacyjny; **~ public** turyści [2] Art, Theat *[exhibition, company]* objazdowy; *[production, show]* pokazywany w trakcie tournée [3] Sport **a ~ rugby team** drużyna rugby rozgrywająca cykl spotkań

touring bindings *npl* (skiing) wiązania *n pl* turystyczne

touring car *n samochód przystosowany do podróży turystycznych*

tourism /ˈtʊərɪzəm, ˈtɔːr-/ *n* turystyka *f*; **increased ~** wzmożony ruch turystyczny

tourist /ˈtʊərɪst, ˈtɔːr-/ **I** *n* [1] Tourism turyst|a *m*, -ka *f* [2] Sport zawodni|k *m*, -czka *f* drużyny gości; **the ~s** goście; **the ~s won** wygrała drużyna gości

II *modif* turystyczny; **the ~ trade** branża turystyczna; **a ~ destination** cel wycieczek turystycznych

tourist bus *n* autokar *m* turystyczny

tourist class *n* Aviat klasa *f* turystyczna

tourist (information) office *n* biuro *n* informacji turystycznej

tourist trap *n* mekka *f* turystów *(nastawiona na zysk z turystyki)*

touristy /ˈtʊərɪstɪ, ˈtɔːr-/ *adj* infml pej nastawiony na turystów infml

tournament /ˈtɔːnəmənt, US ˈtɜːrn-/ *n* turniej *m*

tourney /ˈtʊənɪ/ *n* [1] Hist arch turniej *m* rycerski [2] US Sport turniej *m*

tourniquet /ˈtʊənɪkeɪ, US ˈtɜːrnɪkət/ *n* opaska *f* uciskowa, krępulec *m*

tour operator *n* organizator *m* imprez turystycznych, biuro *n* turystyczne

tousle /ˈtaʊzl/ **I** *vt* z|mierzwić *[hair]*

II tousled *pp adj* *[hair]* zmierzwiony, potargany; *[person, appearance]* niechlujny; rozmamłany infml

tout /taʊt/ **I** *n* [1] GB (selling tickets) konik *m* infml [2] Comm (person soliciting custom) naganiacz *m* infml [3] Turf sprzedający *m* typy *(na wyścigach konnych)*

II *vt* [1] *[street merchant]* głośno zachwalać [2] GB (illegally) sprzeda|ć, -wać *[tickets]* *(na czarnym rynku)* [3] (publicize) natarczywie zachwalać; trąbić o (czymś) infml *[product, invention, service]*; rozgł|osić, -aszać *[good results]*; roz|propagować *[idea]*; **much ~ed** bardzo zachwalany; **to be ~ed as sth** zostać okrzyczanym czymś

III *vi* (solicit) łapać klientów infml; **to ~ for business/votes** zabiegać o klientów/głosy

tow[1] /təʊ/ **I** *n* [1] Aut, Naut (rope, cable) hol *m*; (act of towing) (of broken-down vehicle, ship) holowanie *n*; (of caravan, trailer) ciągnięcie *n*; **to take a ship/car in ~** wziąć na hol statek/samochód; **to give sb a ~** wziąć kogoś na hol; **to give sb a ~ to the nearest garage** doholować kogoś do najbliższego warsztatu samochodowego; **to have a vehicle in ~** holować pojazd; **a car with a caravan in ~** samochód ciągnący przyczepę kempingową [2] Naut (vessel in tow) holowany statek *m*; (string of barges) pociąg *m* holowniczy [3] fig hum (following) **he usually has his family in ~** zazwyczaj towarzyszy mu jego rodzina; **a father with three kids in ~** ojciec z trójką dzieci; **she arrived at the party with a tall man in ~** na przyjęcie przyszła w towarzystwie wysokiego mężczyzny [4] (ski lift) wyciąg *m* zaczepowy

II *vt* holować *[vehicle, boat]*; ciągnąć *[caravan, trailer]*

■ **tow away**: **~ away [sth], ~ [sth] away** *[police, recovery service]* od|holować

tow[2] /təʊ/ *n* Tex pakuły *plt*

towage /ˈtəʊɪdʒ/ *n* (charges) opłata *f* za holowanie; (act) holowanie *n*

toward(s) /təˈwɔːd(z), tɔːd(z)/ *prep* [1] (in the direction of) w kierunku (kogoś/czegoś), w stronę (kogoś/czegoś); **~ the east/west** na wschód/zachód; **she ran ~ him** pobiegła do niego; **he was standing with his back ~ me** stał odwrócony do mnie tyłem; **the first steps ~ sth** fig pierwsze kroki na drodze do czegoś *[solution, system]*; **the country is moving ~ democracy/independence** kraj zmierza ku demokracji /niepodległości; **he is moving ~ the idea that...** zaczyna skłaniać się ku pomysłowi, żeby... [2] (near) **~ the end of sth** pod koniec czegoś *[day, month, life]*; ~ **noon** około południa; ~ **the rear of the plane** z tyłu samolotu; ~ **the front of the queue** na początku kolejki; ~ **the edges** przy brzegach [3] (in relation to) wobec (kogoś /czegoś), względem (kogoś/czegoś); **their attitude/policy ~ Europe** ich stosunek do/polityka wobec Europy; **to be friendly /hostile ~ sb** zachowywać się przyjaźnie /wrogo wobec kogoś [4] (as a contribution to) na (coś); fml na rzecz (czegoś) fml; **the money will go ~ the cost of a new roof** pieniądze pójdą na nowy dach; **we are saving ~ a holiday** oszczędzamy na wakacje; **you should put the money ~ the children's education** powinieneś przeznaczyć pieniądze na edukację dzieci; **new hostels have gone some way ~ easing the accommodation problem** nowe schroniska w pewnym stopniu zmniejszyły problem zakwaterowania; **management have gone some way ~ meeting the strikers' demands** zarząd poczynił pewne ustępstwa w celu zaspokojenia żądań strajkujących

towaway zone /ˈtəʊəweɪzəʊn/ *n* strefa *f* ograniczonego parkowania *(z której pojazdy są usuwane na koszt właściciela)*

tow bar *n* (on recovery vehicle) dyszel *m* holowniczy; (on caravan, trailer) dyszel *m* przyczepy

towboat /ˈtəʊbəʊt/ *n* holownik *m*

towel /ˈtaʊəl/ **I** *n* (for hands, body) ręcznik *m*; (for dishes) ścierka *f*; (paper) ręcznik *m* → **bath towel, tea towel**

II *vt* (*prp, pt, pp* **-ll-** GB, **-l-** US) wy|trzeć, -cierać (ręcznikiem); **to ~ sth dry** wytrzeć coś do sucha

IDIOMS: **to throw** or **chuck** infml **in the ~** poddać się

towelette /ˌtaʊəˈlet/ *n* US chusteczka *f* odświeżająca *(do przemywania twarzy i rąk)*

towelling /ˈtaʊəlɪŋ/ **I** *n* [1] Tex materiał *m* ręcznikowy, tkanina *f* frotté [2] (rubbing) **to give sb a good ~ (down)** natrzeć kogoś dobrze ręcznikiem

II *modif [robe, gown]* frotté; frotowy infml

towel rail *n* wieszak *m* na ręczniki

towel ring *n* wieszak *n* na ręczniki *(w kształcie kółka)*

tower /ˈtaʊə(r)/ **I** *n* wieża *f*

II *vi* [1] (dominate) **to ~ above** or **over sth** górować nad czymś *[village, countryside]*; **to ~ above** or **over sb** być wyższym od kogoś, górować nad kimś [2] (outstrip) **to ~ above sb** przewyższać kogoś *[rival, peer]*

IDIOMS: **to be a ~ of strength** być twardym jak stal; **she's been a ~ of strength to me** jest dla mnie oparciem or podporą or opoką

tower block *n* GB wieżowiec *m*

towering /ˈtaʊərɪŋ/ *adj* [1] *[cliff, building]* strzelisty, wyniosły [2] (tremendous) *[performance]* nadzwyczajny; *[figure]* wybitny; **to be in a ~ rage** nie posiadać się ze złości

Tower of Babel /ˌtaʊərəvˈbeɪbl/ *prn* Wieża *f* Babel

tow-haired /ˌtəʊˈheəd/ *adj* pej **a ~ man** świński blondyn infml

tow-headed /ˌtəʊˈhedɪd/ *adj* = **tow-haired**

towline /ˈtəʊlaɪn/ *n* lina *f* holownicza

town /taʊn/ *n* miasto *n*; (small) miasteczko *n*; **to go into ~** wybrać się do miasta; **the whole ~ knows about it** całe miasto o tym wie; **she's out of ~ at the moment** nie ma jej teraz w mieście; **he comes from out of ~** US on nie jest stąd; **to leave** or **skip** infml **~** US wyjechać z miasta; **guess who's back in ~!** infml zgadnij, kto wrócił!; **look me up next time you're in ~** wpadnij do mnie, kiedy znowu przyjedziesz; **she's in ~ to publicize her film** przyjechała, żeby reklamować swój film

IDIOMS: **to go out on the ~, to have a night (out) on the ~** pójść się zabawić; **to go to ~ on sth** (be extravagant with) wykosztować się na coś, nie oszczędzać na czymś *[decor, catering]*; (make much of) rozdmuchać coś infml *[story, scandal]*; **he's the talk of the ~** wszyscy o nim mówią

town-and-country planning /ˌtaʊnənˌkʌntrɪˈplænɪŋ/ *n* planowanie *n* przestrzenne

town and gown *n miasto i środowisko uniwersyteckie*

town centre *n* centrum *n* miasta

town clerk *n* GB urzędnik *m* miejski

town council *n* GB rada *f* miejska

town councillor *n* GB radn|y *m*, -a *f* miasta

town crier *n* herold *m* miejski

townee *n* US = **townie**

town hall *n* ratusz *m*

town house *n* [1] (as opposed to country seat) rezydencja *f* miejska [2] (urban terrace) dom *m* jednorodzinny *(w zabudowie szeregowej)*

townie /ˈtaʊnɪ/ *n* infml pej mieszczuch *m* pej

town meeting *n* US zgromadzenie *n* mieszkańców miasta

town planner *n* GB urbanista *m*

town planning *n* GB urbanistyka *f*

townscape /ˈtaʊnskeɪp/ *n* pejzaż *m* miejski

townsfolk /ˈtaʊnzfəʊk/ *npl* dat or dial = **townspeople**

township /ˈtaʊnʃɪp/ *n* [1] (inhabitants) społeczność *f* miejska [2] (in South Africa) getto *n* ludności kolorowej [3] US ≈ powiat *m* *(jednostka podziału terytorialnego hrabstwa)*

townspeople /ˈtaʊnzpiːpl/ *npl* ludność *f* miejska; Hist mieszczanie *m pl*; (of specific town) mieszkańcy *m pl* miasta

towpath /ˈtəʊpɑːθ, US -pæθ/ *n* ścieżka *f* holownicza, ścieżka *f* flisacka

towrope /ˈtəʊrəʊp/ *n* = **towline**

tow-start /ˈtəʊstɑːt/ *n* Aut uruchamianie *n* pojazdu przez holowanie; **he gave me a ~** pociągnął mnie, żebym mógł zapalić

tow truck *n* US samochód *m* pomocy drogowej *(z wózkiem holowniczym)*

toxaemia, toxemia US /tɒkˈsiːmɪə/ *n* toksemia *f*

toxic /ˈtɒksɪk/ *adj* toksyczny

toxicity /tɒkˈsɪsətɪ/ *n* toksyczność *f*

toxicological /ˌtɒksɪkəˈlɒdʒɪkl/ *adj* toksykologiczny

toxicologist /ˌtɒksɪˈkɒlədʒɪst/ *n* toksykolog *m*

toxicology /ˌtɒksɪˈkɒlədʒɪ/ *n* toksykologia *f*

toxic shock syndrome, TSS *n* Med zespół *m* wstrząsu toksycznego

toxic waste *n* odpady *plt* toksyczne

toxin /ˈtɒksɪn/ *n* toksyna *f*

toxocara /ˌtɒksəˈkɑːrə/ *n* (in dogs) glista *f* psia; (in cats) glista *f* kocia

toxocariasis /ˌtɒksəʊkəˈraɪəsɪs/ *n* Med toksokaroza *f*

toxoplasmosis /ˌtɒksəʊplæsˈməʊsɪs/ *n* toksoplazmoza *f*

toy /tɔɪ/ **I** *n* zabawka *f*

II *modif* (miniature) *[house, farm, boat]* miniaturowy, malutki; ~ **telephone/watch /plane** telefon/zegarek/samolot zabawka; ~ **car** samochodzik

III *vi* **to ~ with sth** bawić się czymś *[object]*; zabawiać się czymś *[feelings]*; rozważać coś *[idea]*; **to ~ with one's food** ledwie skubnąć jedzenia

toybox /ˈtɔɪbɒks/ *n* pudło *n* na zabawki

toy boy *n* GB infml pej młody kochanek *m*

toy dog *n* piesek *m* miniaturka

toy poodle *n* pudel *m* miniaturowy

toyshop /ˈtɔɪʃɒp/ *n* sklep *m* z zabawkami

toy soldier *n* żołnierzyk *m*

toy spaniel *n* spaniel *m* miniaturowy

toytown /ˈtɔɪtaʊn/ **I** *n* (plaything) makieta *f* miasta; fig (insignificant town) mieścina *f*

II *modif [village]* miniaturowy; pej *[intellectual, politician, politics]* małomiasteczkowy pej

toy train *n* kolejka *f (zabawka)*

trace[1] /treɪs/ **I** *n* [1] (evidence, mark) ślad *m*; **to find ~s of sth** odnaleźć ślady czegoś; **to remove all ~(s) of sth** usunąć wszelkie ślady czegoś; **no ~ remains** or **there is no ~ of sth** nie pozostał żaden ślad po czymś; **without ~** *[disappear, sink]* bez śladu; **they found no ~ of the money/of him** nie znaleźli ani śladu pieniędzy/nie znaleźli po nim ani śladu; **I/they lost all ~ of him** wszelki ślad po nim zaginął; **to put a ~ on the call** ustalić, skąd telefonowano [2] (hint) (of feeling, irony) cień *m*; (of garlic, flavour) odrobina *f*; (of chemical, drug) ślad *m*; **with a ~ of irony/a smile** z lekką ironią/z lekkim uśmiechem; **without a ~ of irony/a smile** bez cienia ironii/uśmiechu; **without a ~ of make-up** zupełnie bez makijażu; **a ~ of grey in his hair** (jego) włosy lekko przyprószone siwizną

II *vt* [1] (locate) wy|śledzić *[thief, fugitive]*; odna|leźć, -jdować *[witness, weapon, car, file]*; z|lokalizować *[fault, malfunction]*; odna|leźć, -jdywać ślady (czegoś) *[chemical]*; **to ~ sb to sth** odnaleźć kogoś w czymś *[hideout, city]*; **to ~ the cause of sth** ustalić przyczynę czegoś; **to ~ the whereabouts of sb** ustalić miejsce pobytu kogoś; **to ~ the call** ustalić, skąd telefonowano; **the call was ~d to a London number** ustalono, że telefonowano z londyńskiego numeru [2] (follow development) *[person]* prześledzić *[history, growth, development]*; prześledzić przebieg (czegoś) *[events]*; wyw|ieść, -odzić *[ancestry, origin]* **(to sb/sth** od kogoś/z czegoś); *[book, film, study]* przedstawi|ć, -ać *[history, growth, course]*; przedstawi|ć, -ać przebieg (czegoś) *[events]*; **the party ~s its origins to the Democratic Party** ta partia wywodzi się z Partii Demokratycznej [3] (draw) = **trace out**

■ **trace back**: **~ back [sth], ~ [sth] back** wyw|ieść, -odzić **(to sb/sth** od kogoś /z czegoś); **the practice can be ~d back to festivals in ancient China** zwyczaj wywodzi się z tradycji starożytnych Chin

▪ **trace out**: **~ out [sth], ~ [sth] out** [1] (copy) przekalkow|ać, -ywać *[map, outline]* **(on sth** na coś) [2] (draw) wykreśl|ić, -ać *[pattern, letters]* **(in/on sth** na czymś)

trace² /treɪs/ *n* [1] (of harness) postronek *m* [2] (in angling) przypon *m*

IDIOMS: **to kick over the ~s** *[person]* wyrwać się spod kontroli

traceability /treɪsəˈbɪlətɪ/ *n* wykrywalność *f*

traceable /ˈtreɪsəbl/ *adj [connection, relationship]* możliwy do ustalenia; *[inscription]* możliwy do odczytania; **telephone calls should be ~** powinna istnieć możliwość ustalenia z jakiego numeru telefonowano; **easily ~** *[fault]* łatwy do wykrycia; *[file]* łatwy do odnalezienia; *[sb's movements]* łatwy do ustalenia; **to be ~ to sth** mieć swoją przyczynę w czymś *[malfunction]*; wywodzić się z czegoś *[work, theory]*

trace element *n* pierwiastek *m* śladowy

trace mineral *n* = **trace element**

tracer /ˈtreɪsə(r)/ **I** *n* [1] Mil (bullet, shell) pocisk *m* smugowy [2] Med, Chem (substance) wskaźnik *m* [3] (of pattern) (person) kreślarz *m* *(przenoszący rysunki na materiał)*; Tech traser *m*; (instrument) (steel punch) rysik *m*; (tracing wheel) radełko *n*

II *modif [bullet, shell]* smugowy

tracery /ˈtreɪsərɪ/ *n* [1] Archit (of window) maswerk *m* [2] (of pattern, frost, foliage, veins) siateczka *f*

trachea /trəˈkiːə, US ˈtreɪkɪə/ *n* (*pl* **-cheae, -cheas**) tchawica *f*

tracheotomy /ˌtrækɪˈɒtəmɪ/ *n* tracheotomia *f*

tracheotomy tube *n* rurka *f* tracheotomijna

trachoma /trəˈkəʊmə/ *n* jaglica *f*, trachoma *f*

tracing /ˈtreɪsɪŋ/ *n* [1] (of map, motif, diagram) kalka *f*; **to make a ~ of sth** przekalkować coś [2] (procedure) kalkowanie *n* [3] (graph) wykres *m*

tracing paper *n* kalka *f* kreślarska

tracing wheel *n* radełko *n*

track /træk/ **I** *n* [1] (print) (of person, vehicle) ślad *m*; (of animal) ślad *m*, trop *m*; **we followed his ~(s) to the bank of the river** podążyliśmy jego śladami or śladem na brzeg rzeki; **the (tyre) ~s led to the lake** ślady (opon) prowadziły do jeziora; **she left a ~ of damp footprints on the carpet** zostawiła mokre ślady stóp na dywanie [2] (course, trajectory) (of person) trop *m* also fig; (of missile, aircraft) tor *m*; (of storm) droga *f*; **to be on the ~ of sb/sth** być na tropie kogoś/czegoś *[person, discovery]*; **she knew the police were on her ~** wiedziała, że policja jest na jej tropie; **to cover one's ~s** zacierać za sobą ślady; **the negotiations were on ~** negocjacje były w toku; **to be on the right ~** być na właściwym tropie; **to put sb on the right ~** naprowadzić kogoś na właściwy trop; **to be on the wrong ~** pobłądzić; **to set sb on the wrong ~** wprowadzić kogoś w błąd; **to keep ~ of sth/sb** *[person]* śledzić coś *[developments, events]*; śledzić przebieg czegoś *[conversation]*; kontrolować na bieżąco coś *[costs]*; *[company]* nie tracić kontaktu z kimś *[customer]*; *[authority]* orientować się w sytuacji kogoś *[taxpayer]*; *[police]* mieć kogoś na oku *[criminal]*; *[race official]* obserwować kogoś *[competitor]*; *[computer]* uaktualniać na bieżąco *[bank account, figures]*; uaktualniać na bieżąco dane o kimś *[person]*; **I keep ~ of all the money I spend** dokładnie wiem, na co wydaję pieniądze; **we have to keep ~ of the houses we rent out** musimy na bieżąco prowadzić rejestr wynajmowanych domów; **it's hard to keep ~ of all one's old colleagues** trudno jest śledzić losy wszystkich kolegów z dawnych lat; **I must keep ~ of the time** muszę wiedzieć, ile czasu upłynęło; **we're getting off the ~ here** (when talking) zbaczamy z tematu; **to lose ~ of sb/sth** stracić kogoś/coś z oczu *[friend, aircraft]*; zgubić trop kogoś *[suspect]*; pogubić się w czymś *[conversation]*; **he lost ~ of his friend** stracił swego przyjaciela z oczu; **I've lost ~ of the number of times he's asked me** straciłem już rachubę, ile razy mnie prosił; **to lose ~ of (the) time** stracić poczucie czasu; **to make ~s for sth** (towards sth) zmierzać do czegoś; **we'd better be making ~s** lepiej już się zbierajmy; **to stop dead in one's ~** zatrzymać się w miejscu; **the storm left devastation in its ~** burza pozostawiła zniszczenia na swej drodze [3] (path) ścieżka *f*; (rough road) droga *f (gruntowa)* [4] Sport (racing, speedway) tor *m*; (athletics) bieżnia *f*; **16 laps of the ~** 16 okrążeń toru or bieżni; **athletics ~** bieżnia; **(motor-)racing ~** (open-air) tor wyścigowy; (enclosed) autodrom; **cycling ~** tor kolarski; **dog-racing ~** tor wyścigów psów [5] Rail tor *m* (kolejowy); US (platform) peron *m*; **to leave the ~(s)** *[train]* wykoleić się [6] Mus (of record, tape, CD) utwór *m*; **a 16-~ CD** płyta kompaktowa z 16 utworami [7] Audio, Comput (band) ścieżka *f* [8] Aut (on wheel of tank, tractor) gąsienica *f* [9] Aut (distance between wheels) rozstaw *m* kół [10] (rail) (for curtain) szyna *f*; (for sliding door) prowadnica *f* [11] US Sch (stream) grupa *f (utworzona z uczniów o określonym poziomie)*; **the top /middle/bottom ~** grupa na najwyższym /średnim/najniższym poziomie; **the first ~** ≈ grupa zaawansowana; **to place students in ~s** przydzielać uczniów do grup w zależności od poziomu

II *modif* Sport *[championship]* w konkurencjach biegowych; *[race]* (odbywający się) na bieżni; **~ star** gwiazda bieżni; **~ meet** US mityng lekkoatletyczny

III *vt* (follow path of) wy|tropić *[person, animal]*; obserwować *[hurricane, storm]*; śledzić tor (czegoś) *[rocket, plane, comet, satellite]*; **the police ~ed the terrorists to their hideout** policja wytropiła kryjówkę terrorystów

IV *vi* [1] Cin robić travelling; **to ~ in/out** robić najazd/odjazd [2] Electron *[circuit, VCR]* dostr|oić, -ajać się

▪ **track down**: **~ down [sb/sth], ~ [sb /sth] down** wytropić *[criminal, animal]*; odna|leźć, -jdywać *[file, person]*; **they finally ~ed the gang down to their hideout** w końcu wytropili bandę w jej kryjówce

IDIOMS: **to come from the wrong side of the ~s** pochodzić z biednej dzielnicy; **three years down the ~** (in future) za trzy lata; (in present) trzy lata później

track and field events *npl* konkurencje *f pl* lekkoatletyczne, lekkoatletyka *f*

trackball /ˈtrækbɔːl/ *n* Comput, Tech manipulator *m* kulowy, trackball *m*

tracked /trækt/ *adj [vehicle]* gąsienicowy

tracker /ˈtrækə(r)/ *n* tropiciel *m*

tracker ball *n* = **track-ball**

tracker dog *n* pies *m* tropiciel

track event *n* Sport konkurencja *f* biegowa

tracking /ˈtrækɪŋ/ **I** *n* [1] US Sch podział *m* na grupy o określonym poziomie [2] (monitoring) (of person) tropienie *n*; (of satellite, plane) śledzenie *n*; (of storm) obserwacja *f* [3] Video zestrajanie *n*

II *modif [device, equipment, system]* obserwacyjny

tracking shot *n* Cin ujęcie *n* z wózka

tracking station *n* Aerosp stacja *f* śledzenia

tracklayer /ˈtrækleɪə(r)/ *n* US Rail torowiec *m* *(robotnik pracujący przy układaniu i naprawie torów)*

tracklaying /ˈtrækleɪɪŋ/ *adj [vehicle]* gąsienicowy

trackless /ˈtræklɪs/ *adj* [1] (trolley, train) bezszynowy; (having no caterpillar tracks) niewyposażony w gąsienice [2] liter *[desert, waste]* bezdrożny; *[forest]* dziewiczy; **the ~ wilderness** dzikie bezdroża

track lighting *n* szynowy system *m* oświetlenia

track maintenance *n* Rail konserwacja *f* torów

trackman /ˈtrækmən/ *n* (*pl* **-men)** US [1] Rail = **tracklayer** [2] Sport biegacz *m*

trackpad /ˈtrækpæd/ *n* Comput trackpad *m*

track record *n* (of government, company) osiągnięcia *n pl*; (of professional person) życiorys *m* zawodowy; **to have a good ~** mieć na swoim koncie osiągnięcia; **to have a poor ~** nie mieć osiągnięć na swoim koncie; **the team's ~ has been poor so far this year** w tym roku drużyna nie zanotowała jeszcze żadnych sukcesów; **a candidate with a proven ~ in sales** kandydat z dużym doświadczeniem w handlu

track rod *n* GB Aut drążek *m* poprzeczny

track shoe *n* kolec *m*

tracksuit /ˈtræksuːt, -sjuːt/ *n* dres *m*

track system *n* US Sch system *m* podziału na grupy o określonym poziomie

tract¹ /trækt/ *n* [1] (of land, forest) obszar *m* [2] Anat **respiratory ~** drogi *f pl* oddechowe; **digestive ~** przewód *m* pokarmowy [3] US (housing development) teren *m* pod zabudowę

tract² /trækt/ *n* (pamphlet) traktat *m*, rozprawa *f*

tractable /ˈtræktəbl/ *adj [person]* uległy, posłuszny; *[animal]* posłuszny, łagodny; *[substance]* łatwy w obróbce; *[problem]* możliwy do rozwiązania; *[engine]* niesprawiający trudności

Tractarian /trækˈteərɪən/ **I** *n* zwolenni|k *m*, -czka *f* traktarianizmu

II *adj* traktariański

Tractarianism /trækˈteərɪənɪzəm/ *n* ruch *m* oksfordzki, traktarianizm *m*

traction /ˈtrækʃn/ *n* [1] (pulling power) trakcja *f*; **steam ~** trakcja parowa; **in ~** Med na wyciągu [2] (of wheel on surface) przyczepność *f*

traction control system *n* regulacja *f* sieci trakcyjnej
traction engine *n* silnik *m* trakcyjny
tractive /ˈtræktɪv/ *adj* (of pulling or drawing) *[force]* pociągowy; **~ power** (on surface, snow) przyczepność **(on sth** na czymś)
tractor /ˈtræktə(r)/ **I** *n* [1] (in mowing, farming) traktor *m*, ciągnik *m*; (driving section of lorry) ciągnik *m* [2] Comput = **tractor feed**
II *modif* **~ engine** silnik traktora or ciągnika; **~ driver** (in farming) traktorzysta; (of lorry) kierowca *m* ciężarówki
tractor feed *n* Comput traktor *m*
tractor mower *n* kosiarka *f* ciągnikowa
tractor-trailer /ˈtræktətreɪlə(r)/ *n* US ciągnik *m* siodłowy z naczepą
trad /træd/ GB Mus infml **I** *n* jazz *m* tradycyjny
II *adj* tradycyjny
tradable /ˈtreɪdəbl/ *adj* Fin *[asset, security, currency]* zbywalny
trade /treɪd/ **I** *n* [1] (activity) handel *m* **(in sth** czymś); **to engage in ~** zajmować się handlem; **to do ~ with sb** handlować z kimś; **to do a good ~** prowadzić korzystne interesy handlowe; **~ is declining/expanding** handel upada/rozwija się [2] (sector of industry) branża *f*; **car/book ~** branża samochodowa/wydawnicza; **she's in the furniture ~** pracuje w branży meblarskiej [3] (profession) zawód *m*; (manual) fach *m*; **to put sb to a ~** wyuczyć kogoś fachu; **he's a carpenter by ~** z zawodu jest stolarzem; **in the ~ we call it...** my to nazywamy...; **as we say in the ~** jak to się mówi w naszym fachu [4] (swap) wymiana *f*; **to do** GB or **make** US **a ~ with sb** wymieniać się z kimś [5] Meteorol pasat *m* [6] vinfml (male prostitute) męska dziwka *f* vinfml
II *modif [negotiations, route, agreement, credit, war]* handlowy; *[sanctions]* gospodarczy; *[press, journal]* branżowy, fachowy; **~ embargo** embargo
III *vt* (swap) wymieni|ć, -ać *[objects, insults, blows]*; **the two countries ~d hostages** oba kraje wymieniły zakładników; **to ~ sth for sth** wymienić coś na coś; **I'll ~ you my CD collection for a ticket to the cup final** dam ci moją kolekcję płyt kompaktowych za bilet na mecz finałowy
IV *vi* [1] Comm (buy and sell) handlować; prowadzić handel fml **(with sb/sth** z kimś /czymś); **to ~ in sth (with sb/sth)** handlować or prowadzić handel czymś (z kimś /czymś); **the company ~s as X** przedsiębiorstwo prowadzi działalność handlową pod nazwą X; **to ~ at a profit/loss** handlować z zyskiem/ze stratą; **to cease trading** zaprzestać działalności handlowej [2] Fin (on financial markets) *[share, commodity]* sprzeda|ć, -wać się; **to ~ at $10** sprzedawać się po 10 dolarów [3] US (buy regularly) kupować **(with sb** u kogoś) [4] (exploit) **to ~ on sth** wykorzyst|ać, -ywać *[name, image, sympathy]*
■ **trade in**: **~ in [sth], ~ [sth] in** Comm da|ć, -wać w rozliczeniu; **he ~d in his Jeep for a Mercedes** kupił mercedesa, w rozliczeniu oddając swojego jeepa
■ **trade off**: ¶ **~ off [sth] against sth, ~ [sth] off against sth** [1] (exchange) wymie|nić, -ać na coś [2] (weigh up) z|decydować się na coś kosztem (czegoś)
■ **trade up** US = **trade in**
trade acceptance *n* Comm akcept *m* handlowy
Trade and Industry Secretary *n* GB Pol ≈ minister *m* handlu i przemysłu
trade association *n* zrzeszenie *n* branżowe producentów
trade balance *n* Econ bilans *m* handlowy
trade barriers *npl* Comm bariery *f pl* handlowe
trade cycle *n* Econ cykl *m* koniunkturalny
trade deficit *n* Econ deficyt *m* bilansu handlowego
trade description *n* Comm (handlowy) opis *m* towaru
Trade Descriptions Act *n* GB Comm Jur *ustawa regulująca zasady opisu i reklamy towaru*
trade discount *n* Comm rabat *m* hurtowy
trade dispute *n* spór *m* pracowniczy
trade fair *n* Comm targi *plt* (handlowe)
trade figures *npl* statystyka *f* handlu zagranicznego
trade gap *n* Econ deficyt *m* bilansu handlowego
trade-in /ˈtreɪdɪn/ Comm **I** *n* [1] (merchandise) towar *m* dawany w rozliczeniu [2] (transaction) wymiana *f* używanego towaru na nowy za dopłatą; **to take sth as a ~** przyjąć coś w rozliczeniu
II *adj [value]* wymienny; **we got a good ~ price for our old television** uzyskaliśmy dobrą cenę za stary telewizor, który daliśmy w rozliczeniu
trademark /ˈtreɪdmɑːk/ **I** *n* [1] Comm znak *m* fabryczny or firmowy [2] (also **Trademark, Registered Trademark)** znak *m* towarowy (zastrzeżony) [3] fig (of person) cecha *f* charakterystyczna; **the professionalism which is his ~** cechujący go profesjonalizm
II *vt* Comm (label) umie|ścić, -szczać znak fabryczny na (czymś) *[product]*; (register) za|rejestrować znak towarowy (czegoś) *[product]*
Trade Minister *n* GB Pol minister *m* handlu
trade mission *n* przedstawicielstwo *n* handlowe
trade name *n* [1] (of article) nazwa *f* handlowa [2] (of business) nazwa *f* firmowa
trade-off /ˈtreɪdɒf/ *n* [1] (balance) kompromis *m* **(between sth and sth** pomiędzy czymś a czymś); **to make a ~** znaleźć kompromis [2] (exchange) wymiana *f*
trade pattern *n* Comm struktura *f* handlu
trader /ˈtreɪdə(r)/ *n* [1] Comm handlowiec *m*; **street ~** handlarz uliczny [2] Fin (at Stock Exchange) spekulant *m* giełdowy [3] Naut statek *m* handlowy
tradescantia /ˌtrædɪˈskæntɪə/ *n* Bot trzykrotka *f*
trade secret *n* sekret *f* zawodowy; Comm tajemnica *f* handlowa; fig tajemnica *f*
Trade Secretary *n* GB Pol = **Trade Minister**
trade show *n* wystawa *f* przemysłowa
tradesman /ˈtreɪdzmən/ *n* (*pl* **-men**) [1] (delivery man) dostawca *m* [2] (shopkeeper) handlowiec *m*, właściciel *m* sklepu [3] (craftsman) rzemieślnik *m*
tradesman's entrance *n* wejście *n* służbowe, wejście *n* dla dostawców
trades union *n* GB = **trade union**
Trades Union Congress, TUC *n* GB Kongres *m* Związków Zawodowych
trade union Ind **I** *n* związek *m* zawodowy
II *modif [headquarters, leader, movement]* związkowy; **~ member** członek związku zawodowego
trade-unionist /treɪdˈjuːnɪənɪst/ *n* związkowiec *m*
trade wind *n* Meteorol pasat *m*
trading /ˈtreɪdɪŋ/ *n* [1] Comm handel *m* [2] Fin (at Stock Exchange) transakcje *f pl*; **~ was quiet/heavy** na giełdzie panował spokój /panowało ożywienie; **at the end of ~** pod koniec notowań; **most favoured nation ~ status** klauzula największego uprzywilejowania
trading account *n* Accts rachunek *m* obrotowy
trading card *n* obrazek *m* tematyczny (dla kolekcjonerów)
trading company *n* przedsiębiorstwo *n* handlowe
trading day *n* Fin sesja *f* (giełdy)
trading estate *n* GB strefa *f* przemysłowa
trading loss *n* Accts straty *f pl*
trading nation *n* naród *m* kupców
trading partner *n* partner *m* handlowy
trading post *n* [1] (shop) placówka *f* handlowa; Hist faktoria *f* [2] Fin (at Stock Exchange) *miejsce na parkiecie przeznaczone do handlu określonymi akcjami*
trading profit *n* Accts zyski *m pl*
trading stamp *n* Comm kupon *m* premiowy *(w handlu detalicznym)*
Trading Standards Department *n* ≈ inspektorat *m* Państwowej Inspekcji Handlowej
Trading Standards Officer *n* ≈ inspektor *m*, -ka *f* Państwowej Inspekcji Handlowej
tradition /trəˈdɪʃn/ *n* tradycja *f* **(of sth/of doing sth** czegoś/robienia czegoś); (story) podanie *n*; **according to ~** jak podaje tradycja; **by ~** zgodnie z tradycją; **to break with ~** zerwać z tradycją; **in the ~ of sb** w manierze kogoś *[painter]*; **in the ~ of sth** w konwencji or tradycji czegoś *[commedia dell'arte]*; **to follow the old ~ (of sth)** kultywować or podtrzymywać starą tradycję (czegoś)
traditional /trəˈdɪʃənl/ *adj* tradycyjny; *[person]* tradycjonalistyczny; **it's ~ to do sth** do tradycji należy robienie czegoś
traditionalism /trəˈdɪʃənəlɪzəm/ *n* tradycjonalizm *m*
traditionalist /trəˈdɪʃənəlɪst/ **I** *n* tradycjonalist|a *m*, -ka *f*
II *adj* tradycjonalistyczny
traditionally /trəˈdɪʃənəlɪ/ *adv* tradycyjnie
traduce /trəˈdjuːs, US -ˈduːs/ *vt* fml zniesławi|ć, -ać
traducer /trəˈdjuːsə(r), US -ˈduː-/ *n* fml oszczerca *m*
traffic /ˈtræfɪk/ **I** *n* [1] (road vehicles in street, town) ruch *m* uliczny; **to direct the ~** kierować ruchem; **heavy ~** duże natężenie ruchu; duży ruch infml; **the volume of ~ has doubled** natężenie ruchu zwiększyło się dwukrotnie; **~ into/out of London** pojazdy zmierzające do Londynu/wyjeż-

dżające z Londynu; **~ is being diverted** wyznaczono objazd; **to hold up the ~** wstrzymywać ruch uliczny [2] (movement of planes, ships, cars, people) ruch *m*; **freight /passenger/air ~** ruch towarowy/pasażerski/lotniczy; **cross-Channel ~** żegluga przez kanał La Manche [3] (dealings) (in drugs, arms, slaves, goods) handel *m* **(in sth** czymś); (in ideas) wymiana *f* **(in sth** czegoś); **a one-way/two-way ~** handel jednostronny /dwustronna wymiana handlowa [4] Electron, Comput, Telecom ruch *m*

II *modif [accident]* drogowy; *[noise]* uliczny; **~ problems** problemy związane z ruchem ulicznym; **~ hold-up, ~ tailback** zator uliczny; korek infml; **~ flow** ruch uliczny

III *vi* (*prp, pt, pp* **-ck-) to ~ in sth** handlować czymś *[drugs, cocaine, arms, stolen goods]*

traffic calming **I** *n* ograniczenie *n* (natężenia) ruchu

II *modif* **~ measures/scheme** środki służące ograniczeniu ruchu/program ograniczenia natężenia ruchu

traffic circle *n* US rondo *n*

traffic cop *n* US funkcjonariusz *m*, -ka *f* policji drogowej; policjant *m*, -ka *f* z drogówki infml

traffic court *n* US sąd *m* do spraw wykroczeń drogowych

traffic duty *n* **to be on ~** kierować ruchem

traffic engineer *n* inżynier *m* ruchu drogowego

traffic engineering *n* inżynieria *f* ruchu

traffic-free /ˌtræfɪkˈfriː/ *adj* wolny od ruchu drogowego

traffic island *n* Transp wysepka *f*

traffic jam *n* zator *m* drogowy; korek *m* infml

trafficker /ˈtræfɪkə(r)/ *n* handla|rz *m*, -rka *f*; (of illicit goods) handla|rz *m*, -rka *f* nielegalnym towarem

traffic light *n* światło *n* sygnalizatora; **~ lights** sygnalizacja świetlna; światła infml

traffic offence *n* wykroczenie *n* drogowe

traffic pattern *n* US Aviat koło *n* nadlotniskowe

traffic police *n* policja *f* drogowa; drogówka *f* infml

traffic policeman *n* funkcjonariusz *m*, -ka *f* policji drogowej; policjant *m*, -ka *f* z drogówki infml

traffic regulations *npl* przepisy *m pl* ruchu drogowego

traffic report *n* Radio, TV komunikat *m* dla kierowców

traffic signal *n* = **traffic light**

traffic system *n* organizacja *f* ruchu drogowego

traffic warden *n* GB funkcjonariusz *m* kontrolujący, funkcjonariuszka *f* kontrolująca prawidłowość parkowania

tragedian /trəˈdʒiːdɪən/ *n* [1] (author) tragediopisarz *m*, tragik *m* [2] (actor) tragik *m*

tragedienne /trəˌdʒiːdɪˈen/ *n* tragiczka *f*

tragedy /ˈtrædʒədɪ/ *n* tragedia *f* also Theat; **it's a ~ that...** to prawdziwa tragedia, że...; **the ~ of it is that...** tragiczne jest to, że...; **the ~ of war is that...** tragizm wojny polega na tym, że...; **it led to the ~ of the Second World War** doprowadziło to do tragedii, jaką była druga wojna światowa

tragic /ˈtrædʒɪk/ *adj* tragiczny

tragically /ˈtrædʒɪklɪ/ *adv* tragicznie

tragicomedy /ˌtrædʒɪˈkɒmədɪ/ *n* Theat tragikomedia *f* also fig

tragicomic /ˌtrædʒɪˈkɒmɪk/ *adj* tragikomiczny

trail /treɪl/ **I** *n* [1] (path) szlak *m*; **to break a ~** przecierać szlak; **to set off on the ~ to the famous ruins** wyruszyć szlakiem prowadzącym do słynnych ruin; **to hit the ~** US infml ruszać w drogę [2] (trace, mark) (of dust, smoke, slime, blood) smuga *f* **(of sth** czegoś); (of destruction, storm) ślady *m pl* **(of sth** czegoś); **jet ~** smuga kondensacyjna; **he left a ~ of clues behind him** pozostawił za sobą ślady; **to leave a ~ of destruction behind one** pozostawić zniszczenie na swej drodze; **to bring sth in one's ~** pociągać za sobą coś [3] (trace) trop *m*, ślad *m* **(of sb/sth** kogoś/czegoś); **to be on sb's ~** być na tropie kogoś; **to lose the ~ (of sb/sth)** zgubić trop (kogoś /czegoś); **to pick up the ~ (of sb/sth)** *[person]* wpaść na trop (kogoś/czegoś); *[dog]* zwęszyć trop (kogoś/czegoś); **they went to the Bahamas, on the ~ of a sunken galleon** wyruszyli na Bahamy w poszukiwaniu zatopionego galeonu; **the police are on his ~** policja jest na jego tropie; **they were hot on our ~** deptali nam po piętach [4] (circuit) **to be on the campaign ~** Pol prowadzić kampanię wyborczą; **to follow the hippy ~ to Nepal** podążyć szlakiem hipisów do Nepalu

II *vt* [1] (follow) *[animal, person]* podąż|yć, -ać tropem (kogoś/czegoś), tropić; *[car]* jechać za (czymś); **they are being ~ed by the police** śledzi ich policja; **we ~ed him to his front door** szliśmy za nim do drzwi jego domu; **the hounds ~ed the fox to its den** psy szły tropem lisa aż do jego nory [2] (drag along) ciągnąć za sobą; **to ~ sth along the ground** ciągnąć or wlec coś po ziemi; **to ~ one's hand in the water** trzymać rękę w wodzie *(siedząc w płynącej łodzi)* [3] (publicize, announce) zapowi|edzieć, -adać *[film, policy]*

III *vi* [1] *[garment, hair]* (hang) opadać; (extend) ciągnąć się; *[smoke]* snuć się; *[plant]* płożyć się; **to ~ over sth** *[garment]* wlec się po czymś; *[plant]* płożyć się po czymś *[ground]*; *[hair]* opadać na coś *[eyes]*; **to ~ in the mud** *[skirt]* ciągnąć or wlec się po błocie; **cast-off clothes ~ed all over the floor** rozrzucone ubrania walały się po całej podłodze; **your belt is ~ing along the ground** pasek wlecze ci się po ziemi [2] (move slowly, trudge) wlec się; **they ~ed back after dark** przywlekli się z powrotem po zmroku; **to ~ in one by one** ściągać powoli jeden po drugim; **the children ~ed back into the classroom** dzieci powoli wracały do klasy; **I've been ~ing all round the town** łaziłem po całym mieście infml; **to ~ around after sb** łazić za kimś infml [3] (fall behind) **to ~ behind** wlec się z tyłu; **he was ~ing far behind the rest of the group** wlókł się daleko z tyłu za grupą; **to ~ badly** *[racehorse, team]* wlec się w ogonie; **our team were ~ing by 3 goals to 1/by 2 points** Sport nasza drużyna przegrywała trzy do jednego/dwoma punktami; **they are ~ing in the polls** Pol pozostają w tyle w sondażach opinii publicznej; **the company is ~ing behind its European competitors** firma pozostaje w tyle za konkurentami z Europy

■ **trail away, trail off** *[sound, voices]* zanik|nąć, -ać, niknąć; *[person]* za|milknąć; *[signature, writing]* sta|ć, -wać się niewyraźnym; *[smoke]* roz|ejść, -chodzić się; **his voice ~ed off in fear** ze strachu odjęło mu mowę; **her speech ~ed off into gibberish** jej mowa przeszła w bełkot

trail bike *n* motocykl *m* terenowy

trailblazer /ˈtreɪlbleɪzə(r)/ *n* pionier *m*; fig pomysłodawca *m*

trailblazing /ˈtreɪlbleɪzɪŋ/ *adj [discovery, film]* pionierski; **~ scientist** naukowiec torujący nowe drogi

trailer /ˈtreɪlə(r)/ *n* [1] Transp (transport vehicle) przyczepa *f*; (light) przyczepka *f*; (rear section of lorry) naczepa *f* [2] US (caravan) przyczepa *f* kempingowa [3] Cin zwiastun *m* **(of/for sth** czegoś) [4] Phot rozbiegówka *f* [5] (hound) tropowiec *m* [6] (tracker) tropiciel *m*

trailer park *n* US kemping *n (karawaningowy)*

trailer tent *n* GB przyczepa *f* z namiotem

trailer trash *n* US offensive biedota *f* mieszkająca w przyczepach samochodowych

trail hound *n* Hunt tropowiec *m*

trailing /ˈtreɪlɪŋ/ *adj* **~ plant/branches** płożąca się roślina/płożące się gałęzie

train /treɪn/ **I** *n* [1] Rail pociąg *m*; **on** or **in the ~** w pociągu; **fast/slow ~** pociąg pośpieszny/osobowy; **the London/Paris ~** pociąg do Londynu/Paryża; **a ~ to London** pociąg do Londynu; **the morning/9 o'clock ~** ranny pociąg/pociąg o dziewiątej; **an up/down ~** GB (in commuter belt) pociąg do centrum/z centrum (Londynu); **to take/miss the ~** jechać pociągiem/spóźnić się na pociąg; **to catch the ~** zdążyć na pociąg; złapać pociąg infml; **she takes the ~ to work every morning** każdego ranka dojeżdża do pracy pociągiem; **to send sth by** or **on the ~** wysyłać coś pociągiem; **to go to Warsaw by ~** jechać pociągiem do Warszawy; **it's five hours by ~ to Geneva** pociągiem do Genewy jedzie się pięć godzin; **the ~ now standing at platform 5** pociąg stojący na peronie piątym; **the ~ is running late** pociąg ma opóźnienie [2] (succession) (of events) łańcuch *m*; (of ideas) seria *f*; **to set off a ~ of events** zapoczątkować łańcuch wydarzeń; **a ~ of thought** bieg myśli [3] (procession) (of animals, vehicles, people) sznur *m*; Mil kolumna *f* [4] (of gunpowder) podsypka *f* prochowa [5] (motion) **to be in ~** toczyć się; **to set** or **put sth in ~** zapoczątkować coś [6] dat (retinue) orszak *m*; **the war brought famine in its ~** fig wojna pociągnęła za sobą klęskę głodu [7] (on dress) tren *m* [8] Tech **a ~ of gears** przekładnia *m*

II *modif* Rail *[service, station, ticket]* kolejowy; **~ crew** załoga pociągu; **~ timetable** rozkład jazdy pociągów; **~ strike** strajk na kolei or pracowników kolei; **~ crash** katastrofa kolejowa; **~ driver** maszynista

III *vt* [1] (instruct professionally) wy|szkolić

[staff, worker, soldier] **(to do sth** w robieniu czegoś); wy|kształcić *[engineer, doctor, teacher]*; (instruct physically) wy|trenować *[athlete, player]*; wy|tresować *[circus animal, dog]*; Comput przystosow|ać, -ywać *[software]*; **to ~ the memory** ćwiczyć pamięć; **these men are ~ed to kill** ci ludzie są wyszkoleni w zabijaniu; **he was ~ed by the most famous singing teachers** kształcił się u najsłynniejszych nauczycieli śpiewu; **to be ~ed on the job** odbywać przeszkolenie w trakcie pracy; **to ~ sb in sth** szkolić kogoś w czymś *[use of sth, art of doing sth]*; **to ~ sb for sth** przygotowywać kogoś do czegoś *[Olympics, race]*; przygotowywać kogoś do objęcia czegoś *[post]*; **she is being ~ed in sales techniques** przechodzi przeszkolenie w zakresie technik sprzedaży; **to ~ sb as a pilot/an engineer** szkolić kogoś na pilota/kształcić kogoś na inżyniera; **she was ~ed as a linguist** studiowała językoznawstwo; **to ~ oneself to do sth** nauczyć się robić coś; **a Harvard-~ed economist** ekonomista wykształcony na Uniwersytecie Harvarda; **an Irish-~ed horse** koń trenowany w Irlandii; **he's ~ing his dog to sit up and beg** uczy swego psa siadać i prosić; **she has her husband well-~ed** hum nieźle wyszkoliła sobie męża hum [2] (aim, focus) wy|mierzyć z (czegoś) *[gun]* **(on sb/sth** w kogoś/coś); nakierow|ać, -ywać *[hose, telescope]* **(on sb/sth** na kogoś/coś); **their rifles were all ~ed on me** ich karabiny były wymierzone we mnie; **he ~ed the jet of water on the fire** skierował strumień wody na ogień [3] Hort kształtować *[plant, tree]*; **to ~ branches along the wall/over the archway** puścić gałęzie po ścianie/nad łukiem przejścia

IV *vi* [1] (for profession) *[student]* kształcić się; *[worker]* szkolić się; **to ~ at sth** kształcić się na czymś *[polytechnic, university]*; kształcić się w czymś *[institute, school, London]*; **he's ~ing for the ministry** kształci się na pastora; **to ~ for the stage** uczyć się aktorstwa; **I ~ed on a different type of machine** szkoliłem się na maszynie innego typu; **he's ~ing to be/he ~ed as a doctor** kształci się/kształcił się na lekarza [2] Sport trenować; **to ~ for sth** przygotowywać się do czegoś *[Olympics, marathon]*; **I ~ by running 15 km** trenuję biegając 15 km

■ **train up** infml: **~ up [sb], ~ [sb] up** wyszkolić *[employee, staff, soldier]*; wytrenować *[athlete]*

trainbearer /ˈtreɪnbeərə(r)/ *n* osoba *f* niosąca tren; **to be a ~** nieść tren

trained /treɪnd/ *adj [staff, workforce, worker]* wykwalifikowany; *[professional]* wykształcony; *[mind]* wyćwiczony; *[voice]* szkolony; *[singer, actor]* zawodowy; *[animal]* tresowany; **~ nurse** pielęgniarka dyplomowana; **highly ~** *[professional]* o wysokich kwalifikacjach; **superbly ~** *[soldier]* świetnie wyszkolony; **well** or **properly ~** *[staff]* dobrze wyszkolony; *[dog]* dobrze wytresowany; **to the ~ ear/eye** dla wyrobionego ucha/oka; **~ in the use of explosives** znający się na materiałach wybuchowych; **when will you be fully ~?** kiedy ukończysz szkolenie?

trainee /ˌtreɪˈniː/ **I** *n* praktykant *m*, -ka *f*; **graduate ~** stażysta; **management ~** osoba szkolona w zakresie zarządzania

II *modif [manager, pilot]* odbywający szkolenie; *[electrician, dentist]* na praktyce

traineeship /ˌtreɪˈniːʃɪp/ *n* praktyka *f*

trainer /ˈtreɪnə(r)/ *n* [1] Sport, Turf (of athlete, horse) trener *m*, -ka *f*; (of circus animal, dogs) treser *m*, -ka *f* [2] Aviat (simulator) symulator *m* lotu; (aircraft) samolot *m* szkoleniowy [3] GB (shoe) ≈ adidas *m*

trainer pants *npl* majtki *plt* ceratkowe

train ferry *n* prom *m* kolejowy

training /ˈtreɪnɪŋ/ **I** *n* [1] (instruction) szkolenie *n*; (as doctor, engineer) kształcenie *n*; (of mind) ćwiczenie *n*; **staff/secretarial ~** szkolenie personelu/pracowników sekretariatu; **skills/technical ~** szkolenie specjalistyczne/techniczne; **on-the-job ~** szkolenie w trakcie pracy; **~ in medicine/publishing** szkolenie medyczne/w zakresie działalności wydawniczej; **his ~ as an economist** jego przygotowanie ekonomiczne; **he's an engineer by ~** z wykształcenia jest inżynierem; **three months' ~ as a pilot** trzymiesięczne szkolenie w pilotażu; **a good ~ for life/for running one's own business** dobre przygotowanie do życia/do prowadzenia własnego interesu; **'~ will be given'** (job advertisement) „zapewniamy szkolenie na miejscu" [2] Sport, Equest trening *m*; **to be in ~** (undergoing training) trenować; (fit) być w formie; **to be in ~ for sth** przygotowywać się do czegoś; **to break ~** przerwać treningi; **to be out of ~** (no longer training) nie trenować; (physically unfit) nie być w formie; **the horse/athlete recorded an excellent time in ~** na treningu koń/zawodnik osiągnął doskonały czas [3] Mil szkolenie *n*; **to be in ~** przechodzić szkolenie

II *modif* [1] (instruction) *[course, scheme, method, package, manual]* szkoleniowy; **~ requirements** wymagane kwalifikacje [2] Sport *[exercise, method, facilities]* treningowy [3] Mil *[mission, method, facilities]* szkoleniowy

training camp *n* Sport obóz *m* treningowy; Mil obóz *m* szkoleniowy

training centre *n* ośrodek *m* szkoleniowy

training college *n* GB wyższa szkoła *f* zawodowa; (for teachers) kolegium *n* nauczycielskie

training ground *n* Sport teren *m* treningowy; fig poligon *m* fig

training-plane /ˈtreɪnɪŋpleɪn/ *n* samolot *m* szkoleniowy

training ship *n* statek *m* szkolny

training shoe *n* ≈ adidas *m*

trainman /ˈtreɪnmən/ *n* (*pl* **-men**) US kolejarz *m*

train oil *n* tran *m* wielorybi

train set *n* kolejka *f (zabawka)*

train spotter *n hobbista zapisujący numery widzianych lokomotyw*

train spotting *n hobby polegające na obserwowaniu i rozpoznawaniu pociągów*

train surfing *n* jazda *f* na dachu wagonu kolejowego

traipse /treɪps/ *vi* włóczyć się; **to ~ around the world/round the shops** włóczyć się po świecie/po sklepach; **I've ~d round every shop in town** obszedłem wszystkie sklepy w mieście; **to ~ in and out** wchodzić i wychodzić

trait /treɪ, treɪt/ *n* cecha *f*; **personality ~** cecha charakteru; **a genetic/national ~** cecha genetyczna/narodowa

traitor /ˈtreɪtə(r)/ *n* zdraj|ca *m*, -czyni *f* **(to sth** czegoś) *[country, idea]*; **to be a ~ to sb/sth** zdradzić kogoś/coś; **to turn ~** okazać się zdrajcą; **to be a ~ to oneself** zdradzić samego siebie

traitorous /ˈtreɪtərəs/ *adj* fml zdradziecki; *[person]* wiarołomny liter

traitorously /ˈtreɪtərəslɪ/ *adv* fml *[act]* zdradziecko

traitress /ˈtreɪtrɪs/ *n* fml zdrajczyni *f*

trajectory /trəˈdʒektərɪ/ **I** *n* (of projectile, rocket) trajektoria *f*; (of ball, object) tor *m*; (of career) przebieg *m*; **inflation is on a downward ~** inflacja spada

II *modif* **~ calculation/reconstruction** obliczanie/odtwarzanie trajektorii

tram /træm/ **I** *n* [1] GB Transp (also **tramcar** dat) tramwaj *m*; **on the ~** w tramwaju; **to work on the ~s** pracować w tramwajach [2] Mining wagonik *m* [3] Tech (adjustment) mechanizm *m* nastawczy

II *modif [rail, route, stop]* tramwajowy; **~ passenger** pasażer tramwaju

III *vt* (*prp, pt, pp* **-mm-**) Tech wy|regulować

tram driver *n* motorniczy *m*

tramline /ˈtræmlaɪn/ **I** *n* Transp (track) tor *m* tramwajowy; (route) linia *f* tramwajowa

II tramlines *npl* (in tennis) linie *f pl* deblowe

trammel /ˈtræml/ **I** *n* [1] (for horse) pęta *n pl* [2] (fishnet) drygawica *f*, dryga *f*

II trammels *npl* [1] (hindrance) jarzmo *n*, pęta *n pl* fig **(of sth** czegoś) [2] Tech (for adjustment) mechanizm *m* nastawczy [3] (beam compass) cyrkiel *m* drążkowy; (for drawing ellipses) cyrkiel *m* eliptyczny, elipsograf *m*

III *vt* (*prp, pt, pp* **-ll-** GB, **-l-** US) [1] (hamper) s|pętać *[horse]*; fig s|krępować **(with sth** czymś) [2] Tech nastawi|ć, -ać

tramp /træmp/ **I** *n* [1] (vagrant) (rural) włóczęga *m*; (urban) kloszard *m* [2] (sound of feet) tupot *m*; **I heard the ~ of feet** słyszałem ciężkie kroki; **the ~ of soldiers' feet** łomot żołnierskich butów [3] (hike) włóczęga *f*, wędrówka *f*; **to go for a ~** wybrać się na wędrówkę [4] infml offensive ulicznica *f* offensive [5] Naut (also **~ steamer)** tramp *m*

II *vt* przemierz|yć, -ać *[forest, town, streets]*

III *vi* [1] (hike) wędrować, włóczyć się [2] (walk heavily) iść ciężkim krokiem; **to ~ up/down the stairs** wchodzić/schodzić po schodach ciężkim krokiem; **to ~ through the snow** brnąć przez śnieg

trample /ˈtræmpl/ **I** *vt* [1] (stamp, tramp on) *[person]* po|deptać; *[crowd, animal]* s|tratować; **to ~ sth underfoot** zdeptać coś; **to ~ sth into the ground** wdeptać coś w ziemię; **to be ~d to death** zostać stratowanym na śmierć [2] fig po|deptać fig *[feelings, rights]*; z|deptać fig *[nation]*

II *vi* [1] (tread) **to ~ on sb/sth** *[person]* po|deptać kogoś/coś; *[crowd, animal]* s|tratować kogoś/coś [2] fig **to ~ on sb/sth** po|deptać fig *[feelings, rights]*; z|deptać fig *[nation]*

trampoline /ˈtræmpəliːn/ **I** *n* batut *m* **II** *vi* ćwiczyć na batucie

trampolining /ˈtræmpəliːnɪŋ/ *n* ćwiczenia *n pl* na batucie

tramway /ˈtræmweɪ/ *n* (route) linia *f* tramwajowa; (track) tor *m* tramwajowy

trance /trɑːns, US træns/ *n* trans *m* also fig; **to be in a ~** być w transie; **to go into a ~** wpaść w trans; **to put sb into a ~** wprowadzić kogoś w trans

trance-like /ˈtrɑːnslaɪk, US ˈtræns-/ *adj [calm, silence]* hipnotyczny, niezwykły; **to be in a ~ state** być jak w transie

tranche /trɑːnʃ/ *n* Fin transza *f*

trannie, tranny /ˈtrænɪ/ *n* GB infml dat = **transistor** (radio) tranzystor *m* infml

tranquil /ˈtræŋkwɪl/ *adj [sleep, life, surface, neighbourhood]* spokojny; *[house, setting, hour]* cichy

tranquillity, tranquility US /ˌtræŋˈkwɪlətɪ/ *n* spokój *m*; **in undisturbed ~** w niezmąconym spokoju

tranquillize, tranquilize US /ˈtræŋkwɪlaɪz/ *vt* poda|ć, -wać środek uspokajający (komuś); **to have a tranquillizing effect on sb** działać na kogoś uspokajająco

tranquillizer, tranquilizer US /ˈtræŋkwɪlaɪzə(r)/ *n* środek *m* uspokajający; **to be on ~s** być na środkach uspokajających

tranquillizer dart *n* Vet pocisk *m* ze środkiem uspokajającym

tranquilly /ˈtræŋkwɪlɪ/ *adv* spokojnie

transact /trænˈzækt/ *vt* załatwi|ć, -ać *[business, matter]*; wy|negocjować *[terms]*; zaw|rzeć, -ierać *[deal]*; przeprowadz|ić, -ać *[sale]*

transaction /trænˈzækʃn/ **I** *n* [1] Comm, Fin transakcja *f*; (on Stock Exchange) transakcja *f*, operacja *f*; **legal ~** legalna transakcja; **cash/credit card ~** transakcja gotówkowa/dokonywana za pomocą karty kredytowej; **foreign exchange ~** operacja dewizowa [2] (negotiating) **the ~ of business** prowadzenie *n* spraw [3] Comput transakcja *f* **II transactions** *npl* (proceedings) (of society, business) sprawozdania *n pl*

transactional /trænˈzækʃənl/ *adj* **~ problems** problemy związane z transakcją or transakcyjne

transactional analysis, TA *n* analiza *f* transakcyjna

transalpine /trænzˈælpaɪn/ *adj* transalpejski

transatlantic /ˌtrænzətˈlæntɪk/ *adj [countries, flora]* zaatlantycki; *[flight, crossing, cable]* transatlantycki; *[visitor, influences, accent]* zza Atlantyku; **a ~ ship** transatlantyk

Transcaucasia /ˌtrænzkɔːˈkeɪzjə/ *prn* Zakaukazie *n*; **in ~** na Zakaukaziu

Transcaucasian /ˌtrænzkɔːˈkeɪzjən/ *adj* zakaukaski

transceiver /trænˈsiːvə(r)/ *n* aparat *m* nadawczo-odbiorczy

transcend /trænˈsend/ *vt* [1] (go beyond) wykr|oczyć, -aczać poza (coś) *[barrier, reason]* [2] (surpass) przewyższ|yć, -ać *[performance, quality]*; **to ~ sb in sth** przewyższać kogoś pod względem czegoś [3] Relig, Philos być transcendentnym wobec (czegoś) *[material world, human experience]*

transcendence /trænˈsendəns/ *n* transcendencja *f*

transcendent /trænˈsendənt/ *adj* [1] Relig, Philos transcendentny [2] (supreme) *[authority, importance]* najwyższy [3] (obscure) nieokreślony

transcendental /ˌtrænsenˈdentl/ *adj* [1] Relig, Philos transcendentalny [2] Math *[number, function]* przestępny

transcendentalism /ˌtrænsenˈdentəlɪzəm/ *n* transcendentalizm *m*

transcendentalist /ˌtrænsenˈdentəlɪst/ *n* transcendentalista *m*

transcendental meditation, TM *n* medytacja *f* transcendentalna

transcontinental /ˌtrænzkɒntɪˈnentl/ *adj* transkontynentalny

transcribe /trænˈskraɪb/ *vt* [1] (by writing) (make a copy) przepis|ać, -ywać; (record) spis|ać, -ywać [2] Phon prze|transkrybować [3] Mus dokon|ać, -ywać transkrypcji (czegoś) **(for sth** na coś) [4] Radio (by recording) za|rejestrować *[concert, speech]* [5] Comput przen|ieść, -osić **(onto sth** na coś)

transcript /ˈtrænskrɪpt/ *n* [1] (copy) kopia *f* [2] US Univ ≈ wyciąg *m* z indeksu; Sch wykaz *m* ocen

transcription /ˌtrænˈskrɪpʃn/ *n* [1] (act of transcribing) przepisywanie *n* [2] Mus, Phon transkrypcja *f* [3] Radio, TV nagranie *n*

transcutaneous /ˌtrænzkjuːˈteɪnɪəs/ *adj* przezskórny

transdermal patch /trænzˌdɜːmlˈpætʃ/ *n* plaster *m* przezskórny

transduce /trænsˈdjuːs, US -ˈduːs/ *vt* przen|ieść, -osić *[genetic material]* **(into sth** do czegoś)

transducer /trænsˈdjuːsə(r), US -ˈduː-/ *n* Elec przetwornik *m*

transduction /trænsˈdʌkʃn/ *n* Biol transdukcja *f*

transect /trænˈsekt/ *vt* przeci|ąć, -nać (w poprzek)

transept /ˈtrænsept/ *n* transept *m*

transfer **I** /ˈtrænsfɜː(r)/ *n* [1] (transmission) (of information, technology) transfer *m*, przepływ *m* **(from sth/to sth** z czegoś/do czegoś); (of power, skills) przekazanie *n* **(to sb/sth** komuś/czemuś); (of shares, file, funds) transfer *m*; (telegraphic order) przelew *m*; (of property, debt) cesja *f*; (of a right) transfer *m*, przeniesienie *n* **(to sb/sth** na kogoś/coś); (of goods) (by means of transport) przewóz *m*, przewożenie *n*; (by hand) przenoszenie *n* **(from sth/to sth** z czegoś/do czegoś); **heat ~** wymiana ciepła [2] (relocation) (of employee, patient, civil servant) przeniesienie *n* **(from sth/to sth** z czegoś/do czegoś); (of proceedings) przekazanie *n* **(from sth/to sth** z czegoś/do czegoś) [3] Sport (conveyance) transfer *m*; (player) zakupiony zawodnik *m*, zakupiona zawodniczka *f*, nowy nabytek *m* infml; **a ~ from Liverpool** zawodnik kupiony z Liverpoolu [4] GB Art, Fashn (on skin, china, paper) kalkomania *f*; (on T-shirt) nadruk *m* [5] (in sewing) wzór *m* [6] Tourism przejazd *m* *(z lotniska do hotelu)*; **bus ~** przejazd autobusem [7] US Rail bilet *m* z przesiadką [8] Psych transfer *m*

II /trænsˈfɜː(r)/ *vt* (*prp, pt, pp* **-rr-**) [1] (move) przen|ieść, -osić *[data, prisoner]* **(from sth/to sth** z czegoś/do czegoś); (by means of transport) prze|transportować *[goods, luggage]*; (by hand) prze|łożyć, -kładać *[object, luggage, gun]* **(from sth/to sth** z czegoś/do czegoś); **to ~ data onto hard disk** przenieść dane na twardy dysk; **the passengers were ~red to coaches** pasażerów przesadzono do autokarów [2] (convey) przen|ieść, -osić *[design, details, information]* **(from sth/to sth** z czegoś/do czegoś); **to ~ one's ideas/emotions onto paper** przelać myśli/uczucia na papier [3] (hand over) przekaz|ać, -ywać *[land, ownership, power]*; przel|ać, -ewać *[money]*; dokon|ać, -ywać cesji (czegoś) Jur *[property]*; przen|ieść, -osić *[right, allegiance, support, affections]* **(to sb/sth** na kogoś/coś); zrzuc|ić, -ać *[blame]* **(to sb** na kogoś) [4] (relocate) przen|ieść, -osić *[employee, office, civil servant]*; **to ~ staff every two years** przeprowadzać rotację personelu co dwa lata [5] Telecom przełącz|yć, -ać *[call]*; **if you ring me please ~ the charges** jeżeli będziesz do mnie telefonował, to dzwoń na mój koszt; **I'm ~ring you to reception** przełączam pana do recepcji [6] Sport dokon|ać, -ywać transferu (kogoś) *[player]*; **to be ~red to Manchester United for a fee of £1,000,000** przejść or zostać sprzedanym infml do Manchester United za milion funtów [7] Math przen|ieść, -osić *[term]*

III /trænsˈfɜː(r)/ *vi* (*prp, pt, pp* **-rr-**) [1] (relocate) *[employee, player, student]* przen|ieść, -osić się; **I'm ~ring to the Boston office** przenoszę się do biura w Bostonie; **to ~ from Bath to York** przenieść się z Bath do Yorku [2] Aviat *[traveller]* przesi|ąść, -adać się [3] (adapt) **the novel didn't ~ well to the stage** adaptacja sceniczna powieści nie wypadła zbyt dobrze

transferable /trænsˈfɜːrəbl/ *adj* [1] *[pension]* z możliwością przekazania; *[expertise, skill]* możliwy do przekazania; Jur *[right]* zbywalny, przenoszalny; **tickets are not ~** biletów nie można odstępować innym osobom; **~ vote** głos wyborczy jednorazowo przenoszony [2] Fin *[security, value, debt]* zbywalny

transfer certificate *n* potwierdzenie *n* transferu

transfer deed *n* akt *m* przekazania prawa własności

transfer desk *n* Aviat miejsce *n* odpraw pasażerów tranzytowych

transfer duty *n* ≈ notarialna opłata *f* za przepisanie

transferee /ˌtrænsfɜːˈriː/ *n* [1] Jur (of goods, property) cesjonariusz *m* [2] (of letter of credit) beneficjent *m*

transference /ˈtrænsfərəns, US trænsˈfɜːrəns/ *n* [1] (transfer) (of blame, responsibility) zrzucenie *n*; (of power, thought) przekazywanie *n* [2] Psych przeniesienie *n*

transfer fee *n* Sport wartość *f* transferu

transfer form *n* Fin akt *m* przeniesienia prawa własności

transfer income *n* dochód *m* ze świadczeń transferowych *(zasiłki, emerytury, renty itp.)*

transfer list *n* Sport lista *f* transferowa

transfer-listed /ˈtrænsfəlɪstɪd/ *adj* Sport **to be ~** być wpisanym na listę transferową

transfer lounge *n* Aviat hala *f* tranzytowa

transferor /trænsˈfɜːrə(r)/ *n* Jur cedent *m*

T

transfer passenger *n* pasażer *m* tranzytowy
transfer payment *n* świadczenia *n pl* transferowe *(wypłacane emerytury, renty, zasiłki itp.)*
transferred charge call *n* Telecom rozmowa *f* „R" *(płatna przez wzywanego)*
transfer season *n* Sport sezon *m* transferowy
transfer time *n* Tourism czas *m* przejazdu
transfiguration /ˌtrænsfɪgəˈreɪʃn, US -gjəˈr-/ *n* fml przemiana *f* **(of sth** w czymś); transfiguracja *f* ra; Relig przemienienie *n*
transfigure /trænsˈfɪgə(r), US -gjər/ *vt* odmieni|ć, -ać *[person, face]*
transfix /trænsˈfɪks/ *vt* [1] (render motionless) *[horror, fear]* s|paraliżować **(by/with sth** czymś); *[beauty, gaze, speech]* pora|zić, -żać [2] (pierce) przebi|ć, -jać; **to ~ sth on sth** nadziać coś na coś
transform /trænsˈfɔːm/ **I** *vt* [1] odmieni|ć, -ać *[person, life, room]*; **to ~ sth (from sth) into sth** przemienić coś (z czegoś) w coś [2] Chem, Phys przemieni|ć, -ać *[element, energy]* [3] Elec prze|transformować *[current, voltage]* [4] Maths przekształc|ić, -ać *[equation, expression]*; prze|transformować *[configuration]* [5] Ling dokon|ać, -ywać transformacji (czegoś) *[form of word]*
II *vr* **to ~ oneself** przemien|ić, -ać się **(into sth** w coś)
transformation /ˌtrænsfəˈmeɪʃn/ *n* [1] (in situation, weather, appearance) zmiana *f* **(from sth/into sth** z czegoś/na coś); (in person) transformacja *f*; (of land, city) przekształcenie *n*, przeobrażenie *n* **(from sth/into sth** z czegoś/w coś); (economic, political) transformacja *f* [2] Maths (of equation, expression) przekształcenie *n*; (of configuration, coordinates) transformacja *f* [3] Ling transformacja *f*
transformational /ˌtrænsfəˈmeɪʃənl/ *adj* transformacyjny
transformational grammar *n* gramatyka *f* transformacyjna
transformer /trænsˈfɔːmə(r)/ *n* transformator *m*
transformer station *n* stacja *f* transformatorowa
transfuse /trænsˈfjuːz/ *vt* [1] Med przet|oczyć, -aczać, dokon|ać, -ywać transfuzji (czegoś) *[blood]*; z|robić transfuzję (komuś) *[person]* [2] fig **to be ~d with sth** być przepełnionym czymś *[sorrow, joy]*; być przesyconym czymś *[light]*; **he was ~d with pain** dręczył go przejmujący ból
transfusion /trænsˈfjuːʒn/ *n* transfuzja *f*; **to give sb a ~** zrobić komuś transfuzję
transgenic /trænsˈdʒenɪk/ *adj* transgeniczny
transgress /trænzˈgres/ **I** *vt* przekr|oczyć, -aczać
II *vi* [1] Jur popełni|ć, -ać wykroczenie **(against sth** przeciw czemuś) [2] Relig z|grzeszyć
transgression /trænzˈgreʃn/ *n* [1] Jur wykroczenie *n* **(against sth** przeciw czemuś); **~ of sth** naruszenie czegoś *[law, rule]* [2] Relig grzech *m*
transgressor /trænzˈgresə(r)/ *n* [1] Jur przestępca *m*; **a ~ against sth** osoba naruszająca coś *[law]* [2] Relig wiarołomca *m*
tranship *vt* = **transship**
transhipment *n* = **transshipment**
transience /ˈtrænzɪəns/ *n* przemijalność *f*
transient /ˈtrænzɪənt, US ˈtrænʃnt/ **I** *n* US przejezdny *m*
II *adj [phase, population]* przejściowy; *[emotion, beauty]* przemijający; *[relationship, moment]* przelotny
transistor /trænˈzɪstə(r), -ˈsɪstə(r)/ **I** *n* [1] (also **~ radio**) radio *n* tranzystorowe; tranzystor *m* infml [2] Electron (semiconductor) tranzystor *m*
II *modif [radio, set]* tranzystorowy
transistorize /trænˈzɪstəraɪz, -ˈsɪst-/ **I** *vt* wyposaż|yć, -ać w tranzystory
II **transistorized** *pp adj [device, circuit, system]* tranzystorowy
transit /ˈtrænzɪt, -sɪt/ **I** *n* [1] (of goods, people) przewóz *m*; (through a country) tranzyt *m*; (of ideas, signals) przekazywanie *n*; **in ~** *[goods]* w trakcie przewozu; *[people]* w podróży, przejazdem; **messages are in ~ between sb and sb** wiadomości przepływają pomiędzy kimś a kimś [2] Astron kulminacja *f*
II *modif [camp]* przejściowy; *[passenger]* tranzytowy, w tranzycie; *[visa]* tranzytowy; **~ lounge** hala tranzytowa
transition /trænˈzɪʃn, -ˈsɪʃn/ **I** *n* [1] (passage) przejście *n* **(from sth/to sth** od czegoś/do czegoś); **period of ~** okres przejściowy; **in a state of ~** w stadium przejściowym; **to make a ~ from sth to sth** przerzucić się z czegoś na coś [2] Mus (between keys) modulacja *f*; (between sections) przejście *n (pomiędzy częściami kompozycji)*
II *modif [period, point]* przejściowy
transitional /trænˈzɪʃənl, -ˈsɪʃənl/ *adj [arrangement, measure, period]* przejściowy; **~ economy** gospodarka okresu przejściowego
transitive /ˈtrænzətɪv/ *adj* Ling przechodni
transitively /ˈtrænzətɪvlɪ/ *adv* Ling *[use]* jako czasownika przechodniego
transitivity /ˌtrænzəˈtɪvətɪ/ *n* Ling przechodniość *f*
transitoriness /ˈtrænsɪtrɪnɪs, US -tɔːrɪnɪs/ *n* przemijalność *f*
transitory /ˈtrænsɪtrɪ, US -tɔːrɪ/ *adj [stage]* przejściowy, przemijający; *[pain, hope]* krótkotrwały
transit van *n* samochód *m* dostawczy
Transkei /trænsˈkaɪ/ *prn* **the ~** Transkei *n inv*
translatable /trænzˈleɪtəbl/ *adj* przekładalny
translate /trænzˈleɪt/ **I** *vt* [1] Ling prze|tłumaczyć, prze|łożyć, -kładać; fig z|interpretować, od|ebrać, -bierać *[gesture, remark]* **(as sth** jako coś); prze|transponować *[theory, idea, principle]* **(into sth** na coś); **to ~ sth from English/into Polish** przetłumaczyć or przełożyć coś z (języka) angielskiego/na polski; **to ~ sth into reality** urzeczywistnić coś; **to ~ theory into practice** zastosować teorię w praktyce; **to ~ a play to the screen** przenieść sztukę na ekran; **to ~ a book into film terms** przełożyć książkę na język filmu [2] (convert) przelicz|yć, -ać *[measurement, temperature]* **(into sth** na coś) [3] Math, Phys dokon|ać, -ywać przesunięcia równoległego (czegoś)
II *vi* [1] *[person]* (work as a translator) zajmować się tłumaczeniami; (make a translation) dokon|ać, -ywać tłumaczenia; *[word, text, phrase]* da|ć, -wać się przetłumaczyć; **his poetry does not ~ well** jego poezja jest trudna do tłumaczenia; **this word does not ~** to jest słowo nieprzetłumaczalne [2] Comput dokon|ać, -ywać tłumaczenia
translation /trænzˈleɪʃn/ *n* (act) tłumaczenie *n*; (version) tłumaczenie *n*, przekład *m* **(of sth** czegoś); **~ from French/into Spanish** tłumaczenie or przekład z (języka) francuskiego/na hiszpański; **in ~** w przekładzie; **the play loses a lot in ~** ta sztuka dużo traci w tłumaczeniu
translator /trænzˈleɪtə(r)/ *n* [1] (person) tłumacz *m*, -ka *f* [2] Radio translacja *f*
transliterate /trænzˈlɪtəreɪt/ *vt* transliterować, dokon|ać, -ywać transliteracji (czegoś)
transliteration /ˌtrænzlɪtəˈreɪʃn/ *n* transliteracja *f*
translucence /trænzˈluːsns/ *n* półprzezroczystość *f*, półprzejrzystość *f*
translucent /trænzˈluːsnt/ *adj [glass, mist]* półprzezroczysty, półprzejrzysty; *[sky, cloud, pearl]* przejrzysty; *[light]* przeświecający
transmigrate /ˌtrænzmaɪˈgreɪt, US -ˈmaɪgreɪt/ *vi [people, animals]* migrować; *[soul]* wędrować
transmigration /ˌtrænzmaɪˈgreɪʃn/ *n* (of people, animals) migracja *f*; (of souls) transmigracja *f*
transmissible /trænzˈmɪsəbl/ *adj [disease]* zaraźliwy; *[information, idea]* możliwy do przekazania; *[energy]* przekazywalny; **sexually ~ diseases** choroby przenoszone drogą płciową
transmission /trænzˈmɪʃn/ *n* [1] (of disease) przenoszenie (się) *n*; (of data, energy, knowledge, message) przekazywanie *n*; (of energy, light) przesyłanie *n*; (of TV programme) transmitowanie *n* [2] (broadcast) transmisja *f*; **a live ~** transmisja na żywo [3] Aut (gearbox) skrzynia *f* biegów
transmission belt *n* pas *m* transmisyjny
transmission cable *n* kabel *m* przesyłowy
transmission chain *n* łańcuch *m* pędny
transmission line *n* linia *f* przesyłowa
transmission shaft *n* wał *m* pędny
transmission tunnel *n* tunel *m* transmisyjny
transmit /trænzˈmɪt/ (*prp, pt, pp* **-tt-**) **I** *vt* [1] (send, convey) przen|ieść, -osić *[disease]*; przekaz|ać, -ywać *[energy, message, report, skill]*; **to ~ sth to sb** przekazać coś komuś; **your fear ~s itself to your horse** twój strach udziela się koniowi [2] Radio, TV nada|ć, -wać, transmitować *[programme]*; **to ~ sth live** transmitować coś na żywo [3] Phys (convey) przewodzić *[heat, sound, electricity]*; (allow to pass) przepu|ścić, -szczać *[light]*; (send) przes|łać, -yłać *[data, energy, image, signal]*; wys|łać, -yłać *[waves]*
II *vi* Radio, TV nada|ć, -wać
transmittance /trænzˈmɪtns/ *n* Phys transmitacja *f*
transmitter /trænzˈmɪtə(r)/ *n* [1] Telecom wkładka *f* mikrofonowa [2] Radio, TV (electronic device) nadajnik *m*; (aerial, satellite) przekaźnik *m*; **radio ~** nadajnik radiowy; **short wave ~** nadajnik krótkofalowy [3] (telegraphic instrument) transmiter *m*

transmogrification /trænzˌmɒgrɪfɪˈkeɪʃn/ *n* fml or hum (cudowna) przemiana *f*; (cudowne) przeobrażenie *n* **(into sb/sth** w kogoś/coś)

transmogrify /trænzˈmɒgrɪfaɪ/ **I** *vt* fml or hum przemieni|ć, -ać, przeobra|zić, -żać (w cudowny sposób) **(into sb/sth** w kogoś /coś)

II *vr* **to ~ oneself** przemieni|ć, -ać się, przeobra|zić, -żać się **(into sb/sth** w kogoś /coś)

transmutable /trænzˈmjuːtəbl/ *adj* fml **to be ~ into sth** zamieniać or przemieniać się w coś

transmutation /ˌtrænzmjuːˈteɪʃn/ *n* (of element, metal, species) transmutacja *f*; (of substance) przemiana *f*; (of light, colour, emotion) zmiana *f*

transmute /trænzˈmjuːt/ **I** *vt* przemieni|ć, -ać, przeobra|zić, -żać *[landscape, beauty]* **(into sth** w coś); zamieni|ć, -ać *[metal, energy, matter]* **(into sth** w coś)

II *vi* przemieni|ć, -ać się, przeobra|zić, -żać się **(into sb/sth** w kogoś/coś); *[metal, energy]* zamieni|ć, -ać się **(into sth** w coś)

transom /ˈtrænsəm/ *n* [1] Archit szczeblina *f* *(w skrzydle okiennym)* [2] Naut pawęż *f* [3] US (fanlight) naświetle *n*

transonic *adj* = **transsonic**

transparency /trænsˈpærənsɪ/ *n* [1] (of glass) przezroczystość *f*; (of sky, eye) przejrzystość *f* [2] fig (of policy, statement) jasność *f*, klarowność *f*; (of lie) oczywistość *f* [3] Phot przezrocze *n*, slajd *m* [4] (for overhead projector) foliogram *m*

Transparency International *n* *międzynarodowa organizacja do walki z korupcją*

transparent /trænsˈpærənt/ *adj* [1] *[glass, fabric, box]* przezroczysty; *[atmosphere, water]* przejrzysty; fig *[style]* klarowny [2] (obvious) *[meaning, instructions]* jasny, przejrzysty; *[lie]* oczywisty, ewidentny [3] (frank) *[honesty, sincerity]* autentyczny, niekłamany; *[person]* prostolinijny

transparently /trænsˈpærəntlɪ/ *adv* (obviously) *[untruthful, wrong]* ewidentnie, w sposób oczywisty; **~ obvious** absolutnie oczywisty; **it was ~ clear that he was lying** nietrudno było dostrzec, że kłamie

transpierce /trænsˈpɪəs/ *vt* liter przeszy|ć, -wać

transpiration /ˌtrænsˈpɪreɪʃn/ *n* [1] Bot transpiracja *f* [2] Physiol pocenie się *n*

transpire /trænˈspaɪə(r), trɑː-/ *vi* [1] (be revealed) okaza|ć, -wać się; *[secret]* wy|jść, -chodzić na jaw; **it ~s that...** okazuje się, że... [2] (occur) nast|ąpić, -ępować [3] Bot, Physiol transpirować

transplant **I** /ˈtrænsplɑːnt, -plænt/ *n* (operation) transplantacja *f*, przeszczep *m*; (organ, tissue transplanted) przeszczep *m*; **to have a heart/liver ~** mieć przeszczepione serce /przeszczepioną wątrobę

II /ˈtrænsplɑːnt, -plænt/ *modif* **~ operation** transplantacja; **~ patient** pacjent z przeszczepem; **heart ~ patient** pacjent z przeszczepionym sercem

III /trænsˈplɑːnt, US -ˈplænt/ *vt* [1] Med przeszczepi|ć, -ać *[organ]* [2] Hort przesadz|ić, -ać *[plant, tree]*; (from glasshouse, nursery) wysadz|ić, -ać *[seedling]* [3] fig przesiedl|ić, -ać *[person, population]*; przen|ieść, -osić *[person, business, custom]*; **the tradition has been ~ed to Europe** zwyczaj został przeniesiony do Europy

transplantation /ˌtrænsplɑːnˈteɪʃn, US -plænt-/ *n* transplantacja *f*, przeszczepienie *n*

transponder /trænˈspɒndə(r)/ *n* Electron transponder *m*

transport **I** /ˈtrænspɔːt/ *n* [1] (system) transport *m*; **air/rail/road/sea ~** transport powietrzny/kolejowy/samochodowy/morski; **public ~** transport publiczny; **to travel by public ~** korzystać ze środków transportu publicznego; **he went by public ~** (by bus) pojechał autobusem; (by train) pojechał pociągiem; **town ~** komunikacja miejska; **Transport Secretary, Secretary of State for Transport** GB minister transportu; **Ministry** GB or **Department of Transport** ministerstwo transportu [2] (conveyance) (of goods, prisoners) transport *m* **(of sth** czegoś); (of passengers) przewóz *m* **(of sb** kogoś) [3] (means of conveyance) środek *m* transportu or lokomocji; **his only ~ is a battered car** jego jedynym środkiem lokomocji jest zdezelowany samochód; **I'm without ~ at the moment** chwilowo jestem bez środka lokomocji [4] Mil (aircraft, ship) transportowiec *m* [5] liter (rapture) (of joy) uniesienie *n*; (of rage) wybuch *m*; **to be in ~s of joy/rage** nie posiadać się z radości/z wściekłości; **to go into ~s of delight /rage** wpaść w zachwyt/w złość; **to send sb into ~s of delight/rage** wprawić kogoś w zachwyt/w złość

II /ˈtrænspɔːt/ *modif [facilities, industry, ship]* transportowy; **~ costs/system** koszty /system transportu; **~ strike** strajk transportowców

III /trænsˈpɔːt/ *vt* [1] przew|ieźć, -ozić *[passengers, goods]*; prze|transportować *[goods, prisoner]*; *[pipeline]* przen|ieść, -osić; **the goods were ~ed from Europe to East Africa** towary zostały przewiezione z Europy do Afryki Wschodniej; **the film ~ed us back to the 1950's** fig film przeniósł nas w lata 50. [2] Hist (deport) deportować, z|esłać, -syłać [3] liter (enrapture) por|wać, -ywać; **to be ~ed with joy /rapture** nie posiadać się z radości/z zachwytu; **to be ~ed with anger** unieść się gniewem

transportable /trænsˈpɔːtəbl/ **I** *n* Telecom urządzenie *n* przenośne

II *adj [gun, rocket launcher]* przewoźny; *[computer, TV set]* przenośny

transportation /ˌtrænspɔːˈteɪʃn/ *n* [1] US = **transport I** [1] [3] **III** [2] (of goods) transport *m*; (of passengers) przewóz *m* [3] Hist deportacja *f* [4] US (ticket) bilet *m*; (fare) opłata *f* *(za przejazd środkami transportu publicznego)*

transport café *n* GB zajazd *m* przydrożny *(dla kierowców ciężarówek)*

transporter /trænsˈpɔːtə(r)/ *n* [1] Mil (ship, plane) transportowiec *m*; **~ tank** transporter *m* [2] **→ car transporter**

Transport Police *n* GB ≈ straż *f* kolejowa

transport worker *n* transportowiec *m*

transpose /trænˈspəʊz/ *vt* [1] po|przestawiać *[letters, words]*; zamieni|ć, -ać *[pages, arguments]* [2] Mus, Theat prze|transponować [3] Math przen|ieść, -osić

transposition /ˌtrænspəˈzɪʃn/ *n* [1] (of pages, arguments) zamiana *f*; (of letters, words) przestawienie *n* [2] Mus, Theat transpozycja *f* [3] Math przeniesienie *n*

transputer /trænsˈpjuːtə(r), -zˈpjuːtə(r)/ *n* Electron transputer *m*

transsexual /trænzˈsekʃʊəl/ **I** *n* transseksualist|a *m*, -ka *f*

II *adj* transseksualny

transsexualism /trænzˈsekʃʊəlɪzəm/ *n* transseksualizm *m*

transship /trænˈʃɪp/ *vt* przeładow|ać, -ywać

transshipment /trænˈʃɪpmənt/ *n* przeładunek *m*

Trans-Siberian /ˌtrænsaɪˈbɪərɪən/ *adj* transsyberyjski

transsonic /trænˈsɒnɪk/ *adj* okołodźwiękowy

transubstantiate /ˌtrænsəbˈstænʃɪeɪt/ **I** *vt* przeist|oczyć, -aczać

II *vi* przeist|oczyć, -aczać się

transubstantiation /ˌtrænsəbˌstænʃɪˈeɪʃn/ *n* przeistoczenie *n*; Relig transsubstancjacja *f*

Transvaal /ˈtrænzvɑːl/ *prn* **the ~** Transwal *m*

transversal /trænzˈvɜːsl/ **I** *n* linia *f* poprzeczna; Math sieczna *f*

II *adj* poprzeczny

transversally /trænzˈvɜːsəlɪ/ *adv* poprzecznie

transverse /ˈtrænzvɜːs/ **I** *n* element *m* poprzeczny

II *adj* poprzeczny

transversely /trænzˈvɜːslɪ/ *adv* poprzecznie; **~ across sth** w poprzek czegoś

transvestism /trænzˈvestɪzəm/ *n* transwestytyzm *m*

transvestite /trænzˈvestaɪt/ *n* transwesty|ta *m*, -ka *f*

Transylvania /ˌtrænsɪlˈveɪnɪə/ *prn* Siedmiogród *m*; Transylwania *f* ra

Transylvanian /ˌtrænsɪlˈveɪnɪən/ *adj* siedmiogrodzki; transylwański ra

trap /træp/ **I** *n* [1] Hunt pułapka *f*, potrzask *m* also fig; **to set a ~ for sb/sth** zastawić pułapkę na kogoś/na coś; **to fall into a ~** wpaść w pułapkę or w potrzask; **I fell into the ~ of accepting uncritically everything he wrote** popełniłem błąd bezkrytycznie przyjmując wszystko, co napisał [2] (vehicle) dwukółka *f* [3] (in plumbing) syfon *m* [4] Sport (in shooting) wyrzutnia *f* *(do rzutków)* [5] (in dog racing) boks *m* startowy [6] vinfml (mouth) jadaczka *f*, gęba *f* vinfml; **shut your ~!** zamknij jadaczkę!; stul pysk! vulg

II *vt* (*prp, pt, pp* **-pp-**) [1] Hunt złapać w pułapkę *[animal]* [2] (catch, immobilize) uwięzić *[person]*; **to be ~ped in a lift** zostać uwięzionym w windzie; **my foot is ~ped between the bars** noga uwięzła mi między prętami; **he ~ped his finger in the door** przytrzasnął sobie palec drzwiami; **to be ~ped in a traffic jam** ugrzęznąć w korku infml; **he ~ped a nerve in his back** Med coś mu uciska nerw w okolicy kręgosłupa [3] (prevent from escaping) zatrzym|ać, -ywać *[dust, gas, water]*; **there's air ~ped in the pipe** rura jest zapowietrzona [4] fig (imprison) z|łapać w pułapkę; **to**

T

~ sb into doing sth zmusić kogoś podstępem do zrobienia czegoś; **to be/feel ~ped** znaleźć się w potrzasku/czuć się jak w potrzasku; **to be ~ped into a situation/marriage** wpakować się w sytuację /zostać zmuszonym do małżeństwa infml; **he felt ~ped in a marriage** czuł się w małżeństwie jak w więzieniu
III *vi (prp, pt, pp* **-pp-**) Hunt zastawi|ć, -ać potrzaski
trapdoor /ˈtræpdɔː(r)/ *n* (in ceiling, floor) klapa *f*; Theat zapadnia *f*; Mining klapa *f* śluzowa
trapeze /trəˈpiːz, US træ-/ *n* [1] (also **flying ~**) (in circus) trapez *m*; **to perform on a ~** występować na trapezie [2] Naut trapez *m*
trapeze act *n* numer *m* na trapezie
trapeze artist *n* akrobata *m* występujący na trapezie, akrobatka *f* występująca na trapezie
trapezist /trəˈpiːzɪst, US træ-/ *n* = **trapeze artist**
trapezium /trəˈpiːzɪəm/ *n (pl* **-peziums, -pezia**) [1] GB Math trapez *m* [2] Anat kość *f* czworoboczna większa [3] US Math trapezoid *m*
trapezius /trəˈpiːzɪəs/ *n (pl* **~es**) mięsień *m* czworoboczny
trapezoid /ˈtræpɪzɔɪd/ *n* [1] US Math trapez *m* [2] Anat kość *f* czworoboczna mniejsza [3] GB Math trapezoid *m*
trapezoidal /ˌtræpɪˈzɔɪdl/ *adj* trapezoidalny
trapper /ˈtræpə(r)/ *n* traper *m*
trappings /ˈtræpɪŋz/ *npl* [1] pej (outer signs) oznaki *f pl*; **the ~ of sth** oznaki czegoś *[power, success, wealth]*; otoczka czegoś *[event, ceremony, democracy]* [2] (harness) rząd *m* [3] (ceremonial dress) uroczysty strój *m*
Trappist /ˈtræpɪst/ **I** *n* trapista *m*
II *adj* **~ monk** trapista; **~ monastery** klasztor trapistów
traps /træps/ *npl* (belongings) manatki *plt*; **to pack one's ~** spakować manatki
trap shooting *n* Sport trap *m*
trash /træʃ/ **I** *n* [1] US (refuse) śmieci *m pl*; (plant trimmings) obrzynki *m pl*; **to put the ~ out** wyrzucić śmieci [2] infml pej (goods) chłam *m* infml pej [3] infml pej (nonsense) bzdury *f pl* infml; (literary, artistic) szmira *f* infml; **to talk ~** pleść bzdury [4] infml offensive (person) miernota *f*; (group of people) hołota *f* offensive
II *vt* US infml [1] (vandalize) z|demolować *[vehicle, building]* [2] (criticize) schlastać infml *[performance]*; zmieszać z błotem infml *[person]*
trashcan /ˈtræʃkæn/ *n* US pojemnik *m* na śmieci, kosz *m* na śmieci
trashed /træʃt/ *adj* infml zalany (w pestkę), nawalony infml; **to get ~** zalać się w pestkę infml
trash heap *n* śmietnisko *n*; **to throw sb /sth on the ~** fig wyrzucić kogoś za burtę fig/wyrzucić coś na szmelc fig infml
trash man *n* US śmieciarz *m*
trashy /ˈtræʃɪ/ *adj* infml pej szmirowaty infml pej
trauma /ˈtrɔːmə, US ˈtraʊ-/ *n* [1] *(pl* **~s, ~ta**) Med uraz *m*, trauma *f*; Psych uraz *m* psychiczny [2] *(pl* **~s**) fig koszmar *m*; **what a ~!** co za koszmar!
trauma centre *n* ośrodek *m* psychoterapeutyczny *(dla ofiar wypadków)*
traumatic /trɔːˈmætɪk, US traʊ-/ *adj* [1] Med traumatyczny; Psych *[hysteria, neurosis]* pourazowy; *[event, experience]* powodujący uraz [2] fig koszmarny, szokujący
traumatism /ˈtrɔːmətɪzəm, US ˈtraʊ-/ *n* traumatyzm *m*
traumatize /ˈtrɔːmətaɪz, US ˈtraʊ-/ *vt* [1] Med, Psych s|powodować uraz u (kogoś) [2] fig **15 years in prison is likely to ~ the most normal person** 15 lat w więzieniu może zniszczyć psychicznie zupełnie normalnego człowieka; **the whole experience left him ~d** nie mógł otrząsnąć się z szoku po tym przeżyciu
travail /ˈtræveɪl, US trəˈveɪl/ liter **I** *n* [1] (of childbirth) bóle *m pl* porodowe [2] (work) mozół *m* liter; **the ~s of British industry** kłopoty przemysłu brytyjskiego
II *vi* [1] *[person]* mozolić się [2] *[woman]* mieć bóle porodowe
travel /ˈtrævl/ **I** *n* [1] (travelling) podróżowanie *n*, podróże *f pl*; (trip) podróż *f*; **air/sea /space ~** podróże powietrzne/morskie /kosmiczne; **business/holiday ~** podróże służbowe/wakacyjne; **overseas/foreign ~** podróże zamorskie/zagraniczne; **~ by train/car/road** podróżowanie pociągiem /samochodem/drogą lądową; **~ to Italy /Canada/the Far East** podróże do Włoch /do Kanady/na Daleki Wschód; **after 27 hours' ~, he was exhausted** po 27 godzinach podróży był wyczerpany; **~ is easy in those parts** łatwo podróżuje się w tych rejonach; **~ is expensive/dangerous/not easy in those parts** w tych rejonach podróżowanie jest kosztowne /niebezpieczne/utrudnione; **the job involves a lot of ~** ta praca wymaga ciągłych podróży [2] Tech przesunięcie *n*; (of piston) skok *m*
II travels *npl* podróże *f pl*; **on** or **in the course of my ~s** w trakcie moich podróży; **he's off on his ~s again** znów wyruszył w podróż
III *modif [service, brochure, company, magazine, business]* turystyczny; *[grant]* wyjazdowy; *[book]* podróżniczy; **~ expenses/plans** koszty/plany podróży; **~ allowance** diety podróżne; **~ voucher** talon na przejazd; **~ ban** zakaz podróżowania; **~ regulations** przepisy o ruchu turystycznym; **~ writer** autor książek podróżniczych; **'~ time: 3 hours'** „czas podróży: 3 godziny"
IV *vt (prp, pt, pp* **-ll-**, US **-l-**) przeby|ć, -wać *[distance]*; przemierz|yć, -ać *[country, district, road]*; **to ~ the world** podróżować po świecie
V *vi (prp, pt, pp* **-ll-**, US **-l-**) [1] (journey) *[person]* podróżować; **to ~ by car/plane** podróżować samochodem/samolotem; **to ~ first class** podróżować pierwszą klasą; **their teacher is ~ling with them** jedzie z nimi nauczyciel; **he ~s widely** on dużo podróżuje; **to ~ on a season ticket /German passport** podróżować z biletem okresowym/niemieckim paszportem; **to ~ to work by train** dojeżdżać do pracy pociągiem; **to ~ in style** podróżować z klasą; **they had to ~ a long way** musieli odbyć długą podróż; **they were ~ling abroad** byli w podróży zagranicznej; **to ~ abroad/to Brazil** jechać za granicę/do Brazylii; **to ~ across Africa/around the world** podróżować przez Afrykę/dookoła świata; **to ~ light** podróżować z niewielkim bagażem; **an artist should ~ light** fig artysta powinien zachować niezależność; **this is the way to ~!** to się nazywa jazda! [2] (move) *[person, car, plane, object]* poruszać się; *[news, light, sound, wave]* roz|ejść, -chodzić się; *[moving part]* przemie|ścić, -szczać się; **bad news ~s fast** złe wieści szybko się rozchodzą; **the washing machine ~s when it spins** pralka przemieszcza się podczas odwirowywania; **to ~ at 50 km/h** poruszać się z prędkością 50 km/godz.; **the train was ~ling through a tunnel/up a hill** pociąg przejeżdżał przez tunel/wspinał się na wzgórze; **the car/motorbike was really ~ling** infml samochód/motocykl nieźle zasuwał infml; **to ~ faster than the speed of sound** przekraczać prędkość dźwięku; **how fast does light ~?** z jaką prędkością rozchodzi się światło?; **a bullet ~s at a tremendous speed** pocisk porusza się z zawrotną prędkością; **to ~ a long way** *[arrow]* polecieć daleko; *[sound]* rozchodzić się daleko; *[person]* przebyć długą drogę; **to ~ back in time** cofać się w czasie; **to ~ forward in time** przenieść się w przyszłość; **her mind ~led back to her youth** powróciła myślami do czasów młodości; **his eye ~led along the line of men** przesunął wzrokiem po szeregu mężczyzn [3] Comm (as sales rep) być przedstawicielem handlowym; **to ~ in sth** handlować czymś *[product]*; **to ~ for sth** być przedstawicielem handlowym czegoś *[company, firm]* [4] **to ~ well** *[cheese, fruit, vegetable, wine]* dobrze znosić transport [5] Sport (in basketball) popełni|ć, -ać błąd kroków
VI -travelled GB, **-traveled** US *in combinations* **much-** or **well-~led** *[road, route]* bardzo uczęszczany; **much-** or **widely-~led person** obieżyświat
IDIOMS: **~ broadens the mind** podróże kształcą
travel agency *n* biuro *n* podróży
travel agent *n* pracowni|k *m*, -czka *f* biura podróży
travel agent's *n* biuro *n* podróży
travelator /ˈtrævəleɪtər/ *n* chodnik *m* ruchomy
travel bureau *n* = **travel agency**
travel card *n* GB bilet *m* wieloprzejazdowy *(ważny na określone środki transportu i na określonym obszarze)*; **weekly/monthly /one-day ~** tygodniowy/miesięczny /dzienny bilet wieloprzejazdowy
travel flash *n* TV, Radio informacje *f pl* dla podróżujących
travel insurance *n* ubezpieczenie *n* na czas podróży
traveller GB, **traveler** US /ˈtrævlə(r)/ *n* [1] (voyager) podróżn|y *m*, -a *f*; (to distant places) podróżni|k *m*, -czka *f*; **~s to Moscow /Russia** podróżni udający się do Moskwy /Rosji; **air/rail ~** osoba podróżująca samolotem/koleją; **a frequent ~ by air** osoba często podróżująca samolotem [2] (commercial) przedstawiciel *m* handlowy; komiwoja-

żer *m* dat [3] GB (gypsy) Cygan *m*, -ka *f*; fig koczownik *m* fig
traveller's cheque GB, **traveler's check** US *n* czek *m* podróżny
traveller's joy *n* Bot powojnik *m* pnący
traveller's tale *n* opowieść *f* o wojażach
travelling GB, **traveling** US /ˈtrævlɪŋ/ **I** *n* (activity) podróżowanie *n*; (on single occasion) podróż *f*; **~ is tiring** podróżowanie jest męczące; **to go ~** wybrać się w podróż; **the job involves ~** w tej pracy trzeba podróżować; **~ in Britain is expensive** podróżowanie po Wielkiej Brytanii jest kosztowne
II *adj* [1] (mobile) *[actor, company, circus]* wędrowny; *[exhibition, bank]* objazdowy; **the ~ public** podróżni [2] (for travellers) *[bag, rug]* podróżny; *[chess set, game]* turystyczny; **~ companion** towarzysz podróży; **~ conditions** (on road) warunki na drogach [3] (for travel purposes) *[grant, fellowship, scholarship]* wyjazdowy; **~ expenses** koszty podróży; **~ allowance** diety
travelling clock *n* budzik *m* portfelowy
travelling library *n* bibliobus *m*, bibliowóz *m*
travelling salesman *n* przedstawiciel *m* handlowy; komiwojażer *m* dat
travelogue GB /ˈtrævəlɒɡ/, **travelog** US /ˈtrævəlɔːɡ/ *n* (film) film *m* podróżniczy; (book) książka *f* podróżnicza; (talk) prelekcja *f* o podróżach
travel-sick /ˈtrævlsɪk/ *adj* **to be** or **get ~** cierpieć na chorobę lokomocyjną
travel-sickness /ˈtrævlsɪknɪs/ *n* choroba *f* lokomocyjna
travel-sickness pills *npl* tabletki *f pl* przeciw chorobie lokomocyjnej
travel warrant *n* Mil rozkaz *m* podróży
traverse I /ˈtrævɜːs/ *n* [1] (in climbing, skiing) trawers *m* [2] Jur (formalne) zaprzeczenie *n* [3] Constr poprzecznica *f* [4] Mil szaniec *m* poprzeczny
II /trəˈvɜːs/ *vt* [1] fml przemierz|yć, -ać *[ocean, desert]*; *[comet, route]* przeci|ąć, -nać [2] (in climbing, skiing) s|trawersować [3] Jur zaprzecz|yć, -ać (czemuś)
III /trəˈvɜːs/ *vi* (in climbing) z|robić trawers; (in skiing) zje|chać, -żdżać trawersem
travesty /ˈtrævəstɪ/ **I** *n* [1] Art, Literat trawestacja *f* [2] (distortion) farsa *f*; **a ~ of sth** karykatura czegoś; **the trial was a ~ of justice** to była parodia procesu
II *vt* trawestować
trawl /trɔːl/ **I** *n* [1] Fishg (also **~-net**) włok *m*, trał *m* [2] US Fishg (also **~-line**) sznur *m* haczykowy [3] fig (search) poszukiwania *n pl*
II *vt* [1] Fishg trałować na (czymś) *[sea]*; z|łowić włokiem *[fish]* [2] fig (also **~ through**) przetrząs|nąć, -ać *[place]*; prze|jrzeć, -glądać *[papers, list, data]*
III *vi* [1] Fishg trałować; **to ~ for herring** prowadzić połowy śledzia z trałowca [2] fig **to ~ for information/people** poszukiwać informacji/ludzi
trawler /ˈtrɔːlə(r)/ **I** *n* trawler *m*
II *modif* **~ crew** załoga trawlera; **~ fleet** flotylla trawlerów
trawlerman /ˈtrɔːləmən/ *n* (*pl* **-men**) rybak *m* pływający na trawlerze
trawling /ˈtrɔːlɪŋ/ *n* trałowanie *n*
tray /treɪ/ *n* (for serving) taca *f*; (for baking) blacha *f*; **baking ~** blacha do pieczenia; **ice ~** pojemnik na kostki lodu; **in-/out-~** tacka na korespondencję przychodzącą /wychodzącą; **seed ~** kiełkownik
traycloth /ˈtreɪklɒθ, US -klɔːθ/ *n* serweta *f*
treacherous /ˈtretʃərəs/ *adj [plot, action]* zdradziecki; *[person]* podstępny; *[ice, weather, currents, quicksands]* zdradliwy; *[memory]* zawodny; *[road, driving conditions, slope, cliffs]* niebezpieczny
treacherously /ˈtretʃərəslɪ/ *adv [act, desert]* zdradziecko; *[betray]* podstępnie; *[changeable, uncertain]* zdradliwie
treacherousness /ˈtretʃərəsnɪs/ *n* zdradliwość *f*
treachery /ˈtretʃərɪ/ *n* zdrada *f* (**to sb/sth** kogoś/czegoś)
treacle /ˈtriːkl/ **I** *n* GB (black) melasa *f*; (golden syrup) syrop *m* z melasy
II *modif [cake, pudding, tart]* nasycony syropem
treacly /ˈtriːklɪ/ *adj* GB [1] *[fingers, varnish]* lepki [2] fig *[film]* ckliwy; *[compliments]* przesłodzony
tread /tred/ **I** *n* [1] (footstep) krok *m* [2] (of stair) podnóżek *m* (stopnia) [3] (of tyre) (pattern) bieżnik *m*; (outer surface) powierzchnia *f* toczna; **there's almost no ~ left** bieżnik jest prawie zupełnie starty
II *vt* (*pt* **trod**; *pp* **trodden**) kroczyć (czymś) *[path, road]*; przemierz|yć, -ać *[area]*; **these stones were trodden by Thomas Becket** po tych kamieniach stąpał Tomasz Becket; **to ~ grapes** deptać winogrona; **to ~ water** pływać w miejscu; fig dreptać w miejscu fig; **to ~ sth underfoot** zadeptać coś; **to ~ mud into the house** nanieść błota do domu; **to ~ mud into the carpet** wdeptać błoto w dywan; **to ~ a path across the hillside** wydeptać ścieżkę na zboczu wzgórza; **to ~ the same path as sb** fig iść w ślady kogoś; **a well-trodden path** utarta ścieżka also fig
III *vi* (*pt* **trod**; *pp* **trodden**) (walk) stąpać; **to ~ on sth** (walk) stąpać po czymś; (squash) nadepnąć na coś; **to ~ carefully** or **warily** fig postępować ostrożnie; **to ~ on sb's heels** deptać komuś po piętach
■ **tread down**: **~ down [sth], ~ [sth] down** udept|ać, -ywać *[earth]*; z|deptać *[plant]*
■ **tread in**: **~ in [sth], ~ [sth] in** udept|ać, -ywać ziemię wokół (czegoś) *[plant, root]*
■ **tread out**: **~ out [sth], ~ [sth] out** zadept|ać, -ywać *[fire, burning object]*
treadle /ˈtredl/ **I** *n* pedał *m*
II *modif [sewing machine, loom]* pedałowy
III *vi* naciskać na pedał; pedałować infml
treadmill /ˈtredmɪl/ *n* [1] (for hamster, mouse) karuzela *f* [2] Hist (worked by animal) kierat *m*; (worked by people) deptak *m* [3] fig (dull routine) kołowrót *m* fig; (which one can't break) kierat *m* fig; **the ~ of daily life** kołowrót codziennych spraw [4] (exercise device) bieżnia *f* (ruchoma)
treas *n* = **treasurer**
treason /ˈtriːzn/ *n* zdrada *f*; **~ against ideals** zdrada ideałów; **high ~** zdrada stanu
treasonable /ˈtriːzənəbl/ *adj [act, offence]* stanowiący zdradę stanu; (seditious) wywrotowy
treasure /ˈtreʒə(r)/ **I** *n* skarb *m* also fig; **to find buried ~** znaleźć zakopany skarb; **art/national ~s** skarby sztuki/narodowe
II *vt* [1] (cherish) przechowywać pieczołowicie *[keepsake, gift]*; pielęgnować *[memories]*; **I shall always ~ it** (of object) będzie to dla mnie cenną pamiątką; (of act) nigdy tego nie zapomnę [2] (prize) cenić wysoko *[independence, friendship, object]*; uważać za skarb *[person]*
III treasured *pp adj [memory, possession]* bardzo cenny; **it is one of my most ~d possessions** to jedna z najcenniejszych rzeczy, jakie mam
treasure house *n* (building) skarbiec *m*; fig skarbnica *f* (**of sth** czegoś)
treasure hunt *n* poszukiwanie *n* skarbów
treasure hunter *n* poszukiwacz *m*, -ka *f* skarbów
treasurer /ˈtreʒərə(r)/ *n* [1] (on committee) skarbnik *m*; **to act** or **serve as ~** pełnić funkcję skarbnika [2] US Comm, Fin (in company) dyrektor *m* finansowy
treasure trove *n* [1] Jur skarb *m*; **to declare sth ~** ≈ uznać coś za skarb narodowy [2] fig skarb *m*; **a ~ of history** skarbnica wiedzy historycznej
treasury /ˈtreʒərɪ/ *n* [1] (state, company revenues) finanse *plt* [2] fig (anthology) skarbnica *f* [3] (room, building) skarbiec *m*
Treasury /ˈtreʒərɪ/ **I** *n* Fin, Pol ≈ ministerstwo *n* finansów
II *modif* **~ figures/policy** dane/polityka ministerstwa finansów
Treasury bench *n* GB ława *f* rządowa
Treasury bill *n* bon *m* skarbowy
Treasury bond *n* obligacja *f* skarbowa
Treasury Department *n* US ≈ ministerstwo *n* finansów
Treasury Minister *n* US ≈ minister *m* finansów
Treasury note *n* US bilet *m* skarbowy
Treasury Secretary *n* US ≈ minister *m* finansów
Treasury warrant *n* gwarancja *f* skarbu państwa
treat /triːt/ **I** *n* [1] (pleasure) przyjemność *f*; (food) smakołyk *m*; **to give sb a ~** sprawić komuś przyjemność; **I gave myself a ~** zrobiłem sobie przyjemność; **I had a real ~ this morning** dziś rano spotkała mnie prawdziwa przyjemność; **I took them to the museum as a ~** zabrałem ich do muzeum, żeby zrobić im przyjemność; **it was a ~ to see you looking so well/to get your letter** to była prawdziwa radość widzieć cię w tak dobrej formie/otrzymać list od ciebie; **oysters! what a ~!** ostrygi! co za uczta!; **she gets lots of ~s from her grandmother** babcia dogadza jej, jak może; **a special ~ for all Beatles' fans** specjalna gratka dla wszystkich fanów Beatlesów; **as a special ~ he was allowed to stay up late** wyjątkowo pozwolono mu położyć się później; **her birthday ~ was a trip to the zoo** na urodziny zabrano ją do zoo; **a ~ in store** miła niespodzianka; **you've got a ~ in store, there is a ~ in store for you** czeka cię miła niespodzianka [2] infml **it's my /Adam's ~** ja płacę/Adam płaci; (for food, drink) ja stawiam/Adam stawia infml; **to**

T

stand sb a ~ zapłacić za kogoś; **he stood us a ~ in the pub/the restaurant** postawił nam w pubie/restauracji infml
II a treat *adv phr* GB infml **the plan worked a ~** plan powiódł się wyśmienicie; **the car works a ~ now** teraz samochód chodzi jak złoto; **the cake went down a ~** tort był doskonały; **the present/show went down a ~ with children** dzieci były zachwycone prezentem/przedstawieniem; **the room looks a ~ now you've redecorated it** po odmalowaniu pokój wygląda świetnie
III *vt* [1] (act towards, handle) po|traktować *[person, animal, topic]*; ob|ejść, -chodzić się z (czymś) *[object]*; **to ~ sb well/badly** traktować kogoś dobrze/źle; **that's no way to ~ a child!** tak nie postępuje się z dziećmi!; **to ~ sb/sth with sth** traktować kogoś/coś z czymś *[kindness, respect, cruelty, seriousness, contempt]*; **to ~ sth with suspicion/caution** podejść do czegoś or traktować coś podejrzliwie/ostrożnie; **to ~ sb like a child/fool** traktować kogoś jak dziecko/głupca; **we were ~ed as if...** potraktowano nas, jak gdyby...; **to ~ sb as an enemy** traktować kogoś jak wroga; **they ~ the house like a hotel** traktują dom jak hotel; **to ~ a remark as a joke** potraktować uwagę jako żart; **to ~ the whole thing as a joke** nie potraktować całej sprawy poważnie [2] Med leczyć *[patient, disease]*; udziel|ić, -ać pomocy medycznej (komuś) *[casualty]*; **to ~ sb /sth with sth** leczyć kogoś/coś czymś *[drug, method]*; **to ~ sb for cancer** leczyć kogoś na raka [3] Chem po|traktować *[chemical]* **(with sth** czymś) [4] Constr, Ind **to ~ sth with sth** poddawać coś działaniu czegoś; **to ~ sth against sth** zabezpieczać coś przed czymś *[damp, rust, rot]*; **heat-~ed** poddany obróbce cieplnej; **the fabric's been ~ed to make it fire-resistant** tkanina ma wykończenie ognioodporne [5] (pay for) za|fundować (komuś) *[person]*; **go on, have it, I'll ~ you** śmiało, zamów to, ja płacę or stawiam infml; **to ~ sb to sth** fundować komuś coś; **he ~ed us to the concert/ice creams all round** zafundował nam koncert/nam wszystkim lody; **he ~ed us to a lecture on personal hygiene** iron uraczył nas wykładem na temat higieny osobistej iron; **we were ~ed to the unusual spectacle** mieliśmy okazję zobaczyć niecodzienne zjawisko
IV *vi* **to ~ of sth** *[book, article]* traktować o czymś
V *vr* **to ~ oneself** z|robić sobie przyjemność; **to ~ oneself to sth** pozw|olić, -alać sobie na coś *[holiday, trip]*; sprawi|ć, -ać sobie coś *[clothing, hairdo]*

treatise /ˈtriːtɪs, -ɪz/ *n* traktat *m* **(on sth** o czymś)

treatment /ˈtriːtmənt/ *n* [1] (of person) traktowanie *n* **(of sb** kogoś); (of thing) obchodzenie się *n* **(of sth** z czymś); **preferential/special ~** preferencyjne /specjalne traktowanie; **the ~ handed out to the prisoners was brutal** więźniów traktowano brutalnie; **it won't stand up to rough ~** należy się z tym obchodzić delikatnie; **her husband's ~ of her was cruel** okrutnie traktował żonę; **her ~ of her staff was appalling** sposób, w jaki traktowała personel, był wprost skandaliczny [2] (analysis) **the question gets** or **is given a more extended ~ in...** tę kwestię szerzej potraktowano w...; **an in-depth ~ of the topic** dogłębne potraktowanie tematu [3] Med (by specific drug, method) leczenie *n*; (general care) opieka *f* medyczna; **a course of ~** leczenie; **cancer ~** leczenie raka; **dental/hospital/preventive ~** leczenie stomatologiczne/szpitalne/zapobiegawcze; **veterinary ~** opieka weterynaryjna; **medical ~** opieka medyczna; **drug ~** leczenie farmakologiczne; **urgent ~** leczenie or postępowanie w nagłych wypadkach; **people requiring ~ should...** osoby wymagające leczenia powinny...; **to receive ~ for sth** być leczonym na coś; **to undergo ~** przechodzić kurację; **the infection is/isn't responding to ~** infekcja poddaje/nie poddaje się leczeniu; **there are various ~s for sth** istnieją różne metody leczenia czegoś [4] Chem traktowanie *n* **(with sth** czymś) [5] Constr obróbka *f* **(with sth** przy użyciu czegoś); **~ against sth** zabezpieczenie przed czymś; **timber ~** obróbka drewna
IDIOMS: **to give sb the full ~** infml (indulge, flatter) traktować kogoś z wszystkimi szykanami infml; (grill, chide) wziąć się za kogoś infml

treatment plant *n* (of timber) zakład *m* przeróbki; (against rust, rot) zakład *m* zabezpieczenia

treatment room *n* gabinet *m* zabiegowy

treaty /ˈtriːtɪ/ **I** *n* [1] Pol traktat *m*, układ *m*; **a peace ~** traktat pokojowy; **the Treaty of Versailles** Traktat Wersalski; **to conclude/sign a ~** zawierać/podpisywać traktat; **a ~ banning chemical weapons** układ o zakazie broni chemicznej; **bilateral ~** układ bilateralny [2] Comm, Jur umowa *f* (prawna); **to sell by private ~** sprzedawać z wolnej ręki
II *modif* **~ signatories** sygnatariusze traktatu; **~ provisions/obligations** Pol postanowienia traktatu/zobowiązania wynikające z traktatu; Comm, Jur postanowienia umowy/zobowiązania wynikające z umowy

treble /ˈtrebl/ **I** *n* [1] Audio tony *m pl* wysokie [2] Mus (voice) sopran *m*; (voice of boy) dyszkant *m*; (singer) sopranista *m* [3] Sport, Turf potrójna korona *f* fig; (in darts) trafienie *n* potrójne [4] (drink) (whisky) potrójna whisky *f inv*; (brandy) potrójna brandy *f inv*
II *adj* [1] (three times) potrójny; **~ nine five six (99956)** dziewięćset dziewięćdziesiąt dziewięć pięćdziesiąt sześć; **to reach ~ figures** osiągnąć liczbę trzycyfrową [2] Mus *[voice]* dyszkantowy; **~ part** partia sopranu/dyszkantu
III *det* trzy razy, trzykrotnie; **~ the amount...** trzy razy tyle, co...; **~ the size** trzy razy taki; **~ the size of mine** trzy razy taki jak mój
IV *vt* potr|oić, -ajać *[salary, score, output]*; **the current was ~d from 6 to 18 amps** natężenie prądu zostało trzykrotnie zwiększone z 6 do 18 amperów
V *vi* potr|oić, -ajać się; **to ~ in size** *[town, heap, swelling]* powiększyć się trzykrotnie

treble chance *n* GB zakład *m* zwykły *(w totalizatorze piłkarskim)*

treble clef *n* Mus klucz *m* wiolinowy

trebly /ˈtreblɪ/ *adv [difficult, demanding]* trzy razy bardziej; **to work ~ hard** pracować trzy razy ciężej

tree /triː/ **I** *n* drzewo *n*; **an apple/a pear ~** jabłoń/grusza; **the ~ of life** drzewo życia; **the ~ of knowledge** Relig drzewo wiadomości dobrego i złego → **cherry, rubber**
II *vt* US (force up a tree) zag|onić, -aniać na drzewo *[animal]*; fig postawić, stawiać w niezręcznej sytuacji *[person]*
IDIOMS: **he can't see the wood** GB or **forest** US **for the ~s** szczegóły przesłaniają mu istotę rzeczy; **money doesn't grow on ~s** pieniądze nie leżą na ulicy; **to be out of one's ~** infml być szurniętym infml; **to be up a ~** US mieć kłopoty; **to get to/be at the top of the ~** dotrzeć na szczyt/być u szczytu kariery

tree-covered /ˈtriːkʌvəd/ *adj* zadrzewiony

treecreeper /ˈtriːkriːpə(r)/ *n* Zool pełzacz *m*

tree diagram *n* Admin schemat *m* organizacyjny; Ling drzewko *n*

tree fern *n* paproć *f* drzewiasta

tree frog *n* rzekotka *f* drzewna

treehouse /ˈtriːhaʊs/ *n* (also **tree house**) domek *m* na drzewie *(do zabawy)*

tree hugger *n* infml pej zwariowany ekolog *m* infml

treeless /ˈtriːlɪs/ *adj* bezdrzewny

tree line *n* (górna) granica *f* lasu

tree-lined /ˈtriːlaɪnd/ *adj* wysadzany drzewami

tree of heaven *n* Bot bożydrzew *m* gruczołowaty

tree ring *n* słój *m (rocznego przyrostu)*

tree rose *n* US róża *f* drzewkowata, róża *f* pienna *(szczepiona na pniu)*

tree snake *n* Zool wąż *m* nadrzewny

tree stump *n* pniak *m*

tree surgeon *n* chirurg *m* drzew

tree surgery *n* pielęgnacja *f* drzew

treetop /ˈtriːtɒp/ *n* wierzchołek *m* drzewa

tree trunk *n* pień *m* (drzewa)

trefoil /ˈtrefɔɪl/ *n* [1] Bot koniczyna *f* [2] Archit trójliść *m*

trek /trek/ **I** *n* [1] (long journey) wędrówka *f*; **to make a ~** odbyć wędrówkę; **mule ~** podróż na grzbietach mułów [2] (laborious trip) wyprawa *f* fig; **it's a bit of a ~** infml to cała wyprawa [3] Hist (migration) wędrówka *f* Burów
II *vt* (*prp, pt, pp* **-kk-**) **to ~ 12 kilometres/the same distance** przewędrować 12 kilometrów/taką samą odległość
III *vi* (*prp, pt, pp* **-kk-**) [1] (journey) wędrować; **to ~ across/through sth** przewędrować coś, wędrować przez coś *[desert, jungle]* [2] infml (go far) **to ~ to sth** wędrować do czegoś infml *[shop, office]*; **I had to ~ into town** musiałem powędrować aż do miasta

trekking /ˈtrekɪŋ/ *n* wędrówka *f*; (in Peru, Himalayas) trekking *m*; **to go ~** wybrać się na wędrówkę/trekking

trellis /ˈtrelɪs/ **I** *n* treliaż *m*, krata *f*, kratownica *f*
II *vt* (train) pu|ścić, -szczać po treliażu; (support) op|rzeć, -ierać na treliażu *[vine]*
III trellised *pp adj [wall]* z kratą; *[pattern]* w formie kraty

trelliswork /ˈtrelɪswɜːk/ *n* treliaż *m*

tremble /ˈtrembl/ **I** *n* drżenie *n*; **I'm all of a ~ (at the prospect of sth)** cały drżę (na myśl o czymś)
II *vi [person, leaves, voice, lip, building]* za|drżeć **(with sth** z czegoś); **a smile ~d on her lips** fig na jej ustach pojawił się drżący uśmiech; **how much does he owe? – I ~ to think!** ile jest winien? – drżę na samą myśl!; **to ~ for sb's safety** drżeć o bezpieczeństwo kogoś

trembling /ˈtremblɪŋ/ **I** *n* drżenie *n*
II *adj [person, leaves, voice, hand, lip]* drżący; *[building]* drgający

tremendous /trɪˈmendəs/ *adj* [1] (huge) *[building, crowd, success, effort, improvement, contrast, pleasure]* olbrzymi, ogromny; *[storm, blow, explosion]* potężny; *[speed]* zawrotny; *[liar, talker]* niesamowity; **a ~ amount of noise** olbrzymi hałas; **a ~ amount of money** ogromnie dużo pieniędzy; **it costs a ~ amount** to kosztuje potwornie dużo; **a ~ feeling of relief** uczucie olbrzymiej ulgi; **she's been a ~ help** wiele nam pomogła [2] infml (marvellous) wspaniały; **it's ~ to be back home** wspaniale być z powrotem w domu

tremendously /trɪˈmendəslɪ/ *adv [important, proud, enjoy, vary]* ogromnie; *[exciting, rich, loud, bad]* niesamowicie; **I was ~ impressed by his arguments** jego argumenty zrobiły na mnie ogromne wrażenie; **to try/work ~ hard** ogromnie starać się /pracować bardzo ciężko

tremolo /ˈtreməlәʊ/ *n* tremolo *n*

tremor /ˈtremə(r)/ *n* [1] (in body, voice) drżenie *n*; (of delight, fear) dreszcz *m*; (of sound, light, machine part) drganie *n* [2] fig (in organization, system) wstrząs *m* fig [3] Geol wstrząs *m*

tremulous /ˈtremjʊləs/ *adj* [1] (trembling) *[hand, voice, sound]* drżący [2] (timid) *[person, smile, glance, hope]* trwożliwy

tremulously /ˈtremjʊləslɪ/ *adv [say]* drżącym głosem; **she smiled ~** uśmiech zadrgał na jej ustach

trench /trentʃ/ **I** *n* rów *m*; Mil okop *m*; **to dig a ~** kopać rów/okop; **in the ~es** Mil w okopach
II *vi* (dig trenches) kopać rowy; Mil kopać okopy; (dig a trench) kopać rów; Mil kopać okop

trenchant /ˈtrentʃənt/ *adj* cięty

trenchantly /ˈtrentʃəntlɪ/ *adv [speak]* ostrym tonem; **to retort ~** dać ciętą odpowiedź

trench coat *n* trencz *m*

trencher /ˈtrentʃə(r)/ *n* [1] (machine) koparka *f* do kopania rowów; (person) kopacz *m* rowów [2] Hist (for food) deseczka *f (do krojenia lub podawania jedzenia)*

trencherman /ˈtrentʃəmən/ *n* (*pl* **-men**) łakomczuch *m*

trench fever *n* gorączka *f* okopowa

trench warfare *n* wojna *f* okopowa

trend /trend/ **I** *n* [1] (tendency) (of behaviour, attitude) tendencja *f*, trend *m*; (of events, thoughts) bieg *m*; (of prices, Stock Exchange) tendencja *f*; **an upward/downward ~** tendencja zwyżkowa/spadkowa; **if the present ~ continues** jeżeli utrzyma się obecna tendencja; **a ~ in sth** tendencja w dziedzinie czegoś *[legislation, medicine, education]*; **a ~ towards doing sth** tendencja do robienia czegoś; **the ~ towards democracy** dążność do demokracji; **a ~ towards having children in the early thirties** moda na to, żeby mieć dzieci dopiero po trzydziestce; **a ~ away from sth** odchodzenie od czegoś *[party, arts studies]* [2] (fashion) trend *m*; **fashion ~** trend w modzie; **a ~ for sth** moda na coś; **to set a new ~** wylansować nową modę; **to follow the ~** być na bieżąco z modą; **the latest ~ in modern dance** najnowsze trendy w tańcu nowoczesnym
II *vi* [1] Econ, Fin (tend) **to ~ up/lower** mieć tendencję zwyżkową/spadkową [2] (of river, coast) **to ~ northwards** ciągnąć się w kierunku północnym

trendiness /ˈtrendɪnɪs/ *n* infml pej (of dress, district, shops) nowomodny styl *m*

trendsetter /ˈtrendsetə(r)/ *n* prekursor *m*, -ka *f*; **to be a ~** lansować modę

trend-setting /ˈtrendsetɪŋ/ *adj [film, album]* prekursorski

trendy /ˈtrendɪ/ **I** *n* infml pej modni|ś *m*, -sia *f* infml
II *adj [clothes, film, opinion]* modny; **~ politician/lecturer** polityk/wykładowca hołdujący modzie

trepan /trɪˈpæn/ **I** *n* [1] Med trepan *m* [2] Tech świder *m*
II *vt* (*prp, pt, pp* **-nn-**) [1] Med trepanować, wykon|ać, -ywać trepanację (czegoś) *[skull]* [2] Tech wy|borować otwór w (czymś)

trephine /trɪˈfiːn, US -ˈfaɪn/ **I** *n* Med trepan *m*
II *vt* trepanować, wykon|ać, -ywać trepanację (czegoś) *[skull]*

trepidation /ˌtrepɪˈdeɪʃn/ *n* niepokój *m*, trwoga *f*; **it was with some ~ that I confronted the examiner** z niepokojem stanąłem przed egzaminatorem

trespass /ˈtrespəs/ **I** *n* [1] (unlawful entry) wtargnięcie *n*; Jur naruszenie *n* własności [2] (unlawful act) naruszenie *n* prawa, występek *m* [3] Relig (sin) przewina *f*
II *vi* [1] (enter unlawfully) wkr|oczyć, -aczać na teren prywatny; Jur narusz|yć, -ać własność; **to ~ on sth** bezprawnie wkraczać na coś *[land]*; Jur naruszyć coś *[property]*; **'no ~ing!'** „wstęp wzbroniony!" [2] (commit unlawful act) dopu|ścić, -szczać się wykroczenia [3] fml fig **to ~ on sth** naduży|ć, -wać czegoś *[time, generosity, hospitality]*; narusz|yć, -ać coś *[rights, liberty]* [4] Relig **to ~ against sth** z|grzeszyć przeciw czemuś

trespasser /ˈtrespəsə(r)/ *n* intruz *m*; Jur osoba *f* winna naruszenia własności; **'~s will be prosecuted'** „wstęp wzbroniony pod karą"

tress /tres/ **I** *n* liter pukiel *m* liter
II tresses *npl* pukle *m pl*

trestle /ˈtresl/ **I** *n* kozioł *m*, kobyłka *f*; (for carrying a road) estakada *f*
II *modif* **~ table** stół na kozłach

trews /truːz/ *npl* [1] Scot *wąskie spodnie w szkocką kratę* [2] hum portki *plt*

triad /ˈtraɪæd/ *n* [1] (group of three) trójka *f* [2] Literat triada *f* stroficzna [3] Mus trójdźwięk *m* [4] Chem (element) pierwiastek *m* trójwartościowy

Triad /ˈtraɪæd/ *n* mafia *f* chińska, Triada *f*

trial /ˈtraɪəl/ **I** *n* [1] Jur rozprawa *f*, proces *m*; **murder/embezzlement ~** proces o morderstwo/o sprzeniewierzenie; **to be on ~** być sądzonym **(for sth/for doing sth** za coś/za zrobienie czegoś); **to go to ~** *[case]* stanąć na wokandzie; **to bring sb for ~** postawić kogoś przed sądem; **to go on ~, to stand ~** stanąć przed sądem; **to come up for ~** *[person]* odpowiadać przed sądem; *[case]* wchodzić na wokandę; **to put sb on ~** osądzić kogoś also fig; **to send sb for ~, to commit sb to ~** postawić kogoś w stan oskarżenia; **without ~** bez sądu; **to conduct a ~** prowadzić rozprawę; **to be awaiting ~** oczekiwać na rozprawę; **~ by jury** rozprawa przed sądem przysięgłych; **~ by media** osąd w mediach [2] (test) (of machine, vehicle, drug, process) próba *f*; (of applicant) okres *m* próbny; **to put sth through ~s** poddać coś próbom; **(to be) on ~** *[machine]* (być) testowanym; *[person]* (być) w okresie próbnym; **take it on ~** weź to na próbę; **to carry out** or **conduct** or **run ~s** przeprowadzać próby **(on sth** czegoś); **to undergo ~s** przechodzić próby; **to give sb a ~** poddać kogoś próbie; **medical/clinical ~s** próby medyczne/kliniczne; **by ~ and error** metodą prób i błędów [3] Sport (football, athletics) sprawdzian *m*; (horse, dog) zawody *plt* kwalifikacyjne; **football/horse ~** sprawdzian piłkarzy/zawody jeździeckie; **a ~ of strength** próba sił; **to hold ~s** organizować sprawdzian/zawody kwalifikacyjne [4] Mus **voice ~s** przesłuchania *n pl* [5] (trouble, difficulty) udręka *f*; (less strong) problem *m*; **the ~s of old age/of being a mother** udręki or problemy starości /związane z macierzyństwem; **to be a ~** *[person]* być uciążliwym **(to sb** dla kogoś); **what a ~ you are!** ależ jesteś męczący!
II *modif [arrangement, flight, offer, period, separation]* próbny; **~ sample** próbka; **for ~ purposes** celem przeprowadzenia prób; **on a ~ basis** tytułem próby; **for a ~ period** na okres próbny
III *vt* prze|testować *[method, system]*

trial attorney *n* US adwokat *m*

trial balance *n* Fin bilans *m* próbny

trial balloon *n* US Meteorol balonik *m* pilotowy; fig testowanie *n* reakcji

trial court *n* sąd *m* pierwszej instancji

trial division *n* = **trial court**

trial judge *n* sędzia *m*

trial jury *n* US Jur sąd *m* przysięgłych

trial run *n* [1] Aut, Tech, Ind próba *f*; **to give sth a ~** przeprowadzić próbę czegoś; **to take a car for a ~** odbyć jazdę próbną samochodem [2] Theat seria *f* przedstawień przedpremierowych [3] Sport (before Olympics) próba *f* przedolimpijska

triangle /ˈtraɪæŋgl/ *n* [1] (figure, shape) trójkąt *m*; **(red) warning ~** trójkąt ostrzegawczy [2] Mus trójkąt *m*, triang(i)el *m*
→ **eternal triangle**

triangular /traɪˈæŋgjʊlə(r)/ *adj* trójkątny; **~ in shape** w kształcie trójkąta; **a ~ contest** Sport trójmecz

triangular file *n* pilnik *m* trójkątny

triangulate /traɪˈæŋgjʊleɪt/ *vt* dokon|ać, -ywać pomiarów triangulacyjnych (czegoś) *[territory]*; wyznacz|yć, -ać metodą triangulacji *[distance]*

triangulation /traɪˌæŋgjʊˈleɪʃn/ *n* [1] (technique) triangulacja *f* [2] (network) sieć *f* triangulacyjna

triangulation station *n* (on hill) stanowisko *n* triangulacyjne; (on map) punkt *m* triangulacyjny
Triassic /traɪˈæsɪk/ Geol **I** *n* **the ~** trias *m* **II** *adj* triasowy
triathlon /traɪˈæθlɒn/ *n* Sport triatlon *m*, trójbój *m*
triatomic /ˌtraɪəˈtɒmɪk/ *adj* trójatomowy
tribal /ˈtraɪbl/ *adj* [1] *[system, dance, wars, divisions]* plemienny; **~ chief** wódz plemienia [2] fig *[loyalty]* wobec własnej grupy; *[customs]* środowiskowy
tribalism /ˈtraɪbəlɪzəm/ *n* [1] Anthrop organizacja *f* plemienna; (culture) kultura *f* plemienna [2] fig lojalność *f* wobec własnej grupy
tribe /traɪb/ *n* [1] Anthrop (group of families) plemię *n*; (one family) ród *m* [2] Zool rodzaj *m*; **the cat ~** koty [3] fig (of professionals) brać *f* liter; (of children, criminals) banda *f* infml
tribesman /ˈtraɪbzmən/ *n* (*pl* **-men**) Anthrop członek *m* plemienia; (of family) członek *m* rodu; **Zulu tribesmen** Zulusi
triboelectricity /ˌtrɪbəʊˌɪlekˈtrɪsətɪ, ˌtraɪbəʊ-/ *n* tryboelektryczność *f*
triboluminescence /ˌtrɪbəʊˌluːmɪˈnesns, ˌtraɪ-/ *n* tryboluminescencja *f*
tribulation /ˌtrɪbjʊˈleɪʃn/ **I** *n* udręka *f* **II** **tribulations** *npl* fml or iron zgryzoty *f pl*; **trials and ~s** zgryzoty
tribunal /traɪˈbjuːnl/ *n* trybunał *m*
tribune /ˈtrɪbjuːn/ *n* [1] Antiq (person) trybun *m* also fig; **~ of the people** trybun ludowy [2] (platform) trybuna *f*
tributary /ˈtrɪbjʊtərɪ, US -terɪ/ **I** *n* [1] Geog dopływ *m* [2] fml (owing tribute) hołdownik *m*; (state) kraj *m* zależny
II *adj* [1] *[river, stream]* dopływowy; *[road]* dojazdowy [2] fml *[nation]* hołdowniczy, lenny
tribute /ˈtrɪbjuːt/ *n* [1] (praise, compliments) wyrazy *m pl* uznania; (homage) hołd *m*; **to pay ~ to sb/sth** złożyć hołd komuś /czemuś; **as a ~ to sb/sth** na cześć kogoś/czegoś; **floral ~** kwiaty; (spray) wiązanka (kwiatów); (wreath) wieniec [2] (credit) **it is a ~ to their determination that we have succeeded** to dzięki ich determinacji odnieśliśmy sukces; **he's a ~ to you!** możesz być z niego dumny! [3] (payment) danina *f*; trybut *m* Hist
trice /traɪs/ **I** *n* **in a ~** w mig, migiem **II** *vt* Naut podn|ieść, -osić *[sail]*
Tricel® /ˈtraɪsel/ *n* Tex Tricel® *m* *(tkanina syntetyczna z trójoctanu celulozy)*
tricentenary /ˌtraɪsenˈtiːnərɪ/ **I** *n* trzechsetlecie *n*
II *adj* trzechsetletni; **~ celebration** uroczystość trzechsetlecia
tricentennial US /ˌtraɪsenˈtenɪəl/ **I** *n* trzechsetlecie *n*
II *adj* trzechsetletni
triceps /ˈtraɪseps/ *n* (*pl* **~**) mięsień *m* trójgłowy
trichinosis /ˌtrɪkɪˈnəʊsɪs/ *n* włośnica *f*, trychinoza *f*
trichloride /traɪˈklɔːraɪd/ *n* trójchlorek *m*
trick /trɪk/ **I** *n* [1] (action to deceive, outwit) podstęp *m*, trik *m*; **it's all a ~!** to podstęp!; **a mean ~** draństwo; **a clever ~** sprytny podstęp; **it's the oldest ~ in the book** to podstęp stary jak świat; **I've tried every ~ in the book** próbowałem już wszystkiego; **a ~ of the light** złudzenie optyczne [2] (mischievous act) figiel *m*, sztuczka *f*; **to play a ~ on sb** spłatać komuś figla; **my memory plays ~s on me** pamięć płata mi figle; **he/the computer is up to his /its old ~s again** on/komputer znowu wyprawia swoje sztuczki; **don't you ever try this ~ with me** nigdy nie próbuj ze mną takich sztuczek; **he is always pulling that ~** to jego stały numer or chwyt infml [3] (by magician, animal) sztuczka *f*; **to do /perform ~s** robić sztuczki; **my dog does ~s** mój pies potrafi robić sztuczki; **the scarf ~** sztuczka z chustkami [4] (knack, secret) sztuczka *f*; **a ~ of the trade** sekret zawodowy; **a sales ~** chwyt handlowy; **the ~ is to divide the work up** sztuka polega na tym, żeby podzielić się pracą; **the ~ in making a good presentation is to be concise** żeby prezentacja była dobra, musi być zwięzła; **there's no special ~ to it** w tym nie ma żadnych cudów; **to have a ~ of doing sth** mieć talent do robienia czegoś; **to know a ~ or two, to know a few ~s** znać się na rzeczy; **to know a ~ or two about sth** wiedzieć co nieco o czymś; **to know a ~ worth two of that** znać dużo lepszy sposób; **what's the ~ of getting this chair to fold up?** jak się to krzesło składa? [5] (habit, mannerism) zwyczaj *m*, nawyk *m*; **to have a ~ of doing sth** mieć zwyczaj robienia czegoś; **history has a ~ of repeating itself** historia lubi się powtarzać [6] (in cards) lewa *f*; **to win** or **take a ~** wziąć lewę [7] infml (prostitute's client) klient *m*; **to turn ~s** załatwiać klientów infml [8] infml (bout of casual sex) numerek *m* infml
II *modif [photo, shot]* trikowy; **~ pack of cards** karty do robienia sztuczek; **~ photography** or **camerawork** zdjęcia trikowe
III *vt* oszuk|ać, -iwać; **to ~ sb into (doing) sth** podstępem skłonić kogoś do (zrobienia) czegoś; **to ~ sb into giving money** wyłudzić od kogoś pieniądze; **to ~ sb out of sth** postępem pozbawić kogoś czegoś; **I've been ~ed!** dałem się oszukać!
■ **trick out:** **~ out [sb], ~ [sb] out** wystroić kogoś **(in sth** w coś); **to be ~ed out** być wystrojonym
IDIOMS: **how's ~s?** infml jak leci? infml; **to do the ~** załatwić sprawę; **not/never to miss a ~** infml nie przepuścić żadnej okazji
trick cyclist *n* akrobata *m* rowerowy, akrobatka *f* rowerowa
trickery /ˈtrɪkərɪ/ *n* oszustwo *n*; **by ~** podstępem; **political ~** szachrajstwa polityczne
trickiness /ˈtrɪkɪnɪs/ *n* [1] (of operation, manoeuvre) trudność *f*; (of problem) złożoność *f*; (of question) podchwytliwość *f* [2] (of person) przebiegłość *f*
trickle /ˈtrɪkl/ **I** *n* [1] (of liquid, powder) strużka *f*; **the stream is reduced to a ~** strumyk zmienił się w wąską strużkę [2] (tiny amount) (of investment, orders) niewielka ilość *f*; (of people) niewielka liczba *f*; **a ~ of information** szczątkowe informacje; **a steady ~ of orders** stała, choć niewielka liczba zamówień; **the ~ of refugees became a flood** początkowo niewielka liczba uchodźców radykalnie się zwiększyła; **the number of refugees is down to** or **has slowed to a ~** bardzo stopniała liczba napływających uchodźców
II *vt* lać powoli *[liquid]*; **to ~ sth into sth** powoli wlewać coś do czegoś; **to ~ sth onto sth** powoli nalewać coś na coś
III *vi [water, blood]* sączyć się; *[people, orders]* napływać powoli; **to ~ down sth** spływać po czymś *[wall, cheek]*; **to ~ from sth** cieknąć z czegoś *[tap, spout]*; **to ~ into sth** *[liquid]* spływać do czegoś *[container, channel]*; *[people]* powoli napływać do czegoś *[organization, country]*; *[ball]* wtoczyć się do czegoś *[net, hole]*; **to ~ out of sth** *[liquid]* sączyć się z czegoś *[wound, crack]*; *[people]* wychodzić jeden po drugim z czegoś *[building]*
■ **trickle away** *[water]* wycie|c, -kać; *[people]* roz|ejść, -chodzić się powoli; *[enthusiasm]* opa|ść, -dać
■ **trickle back** *[people]* wr|ócić, -acać jeden po drugim **(to sth** do czegoś)
■ **trickle in** napły|nąć, -wać powoli
■ **trickle out** *[information, rumours]* przecie|c, -kać
trickle charger *n* ładowarka *f* *(do ładowania małym prądem)*; (for car batteries) prostownik *m*
trickle-down theory /ˌtrɪkldaʊnˈθɪərɪ/ *n* *teoria, że bogacenie się jednostek podnosi poziom życia społeczeństwa*
trick or treat *n* *w święto Halloween dziecięcy zwyczaj zbierania słodyczy pod groźbą psikusów*; **'~!'** *dziecięce zawołanie używane przy tej okazji*
trick question *n* podchwytliwe pytanie *n*
trickster /ˈtrɪkstə(r)/ *n* oszust *m*, -ka *f*
tricky /ˈtrɪkɪ/ *adj* [1] *[decision, business, job, task]* trudny **(for sb** dla kogoś); *[problem]* złożony; *[exam question]* podchwytliwy; *[situation]* delikatny; **it was ~ finding somewhere to park** znalezienie miejsca do zaparkowania było wielką sztuką; **it is ~ to make** to jest trudne do wykonania; **to be ~ to operate** być trudnym w obsłudze [2] (sly, wily) *[person]* cwany, szczwany; **~ customer** szczwany lis
tricolour GB, **tricolor** US /ˈtrɪkələ(r), US ˈtraɪkʌlə(r)/ *n* flaga *f* trójkolorowa; **the Tricolour** flaga Francji; **the Irish ~** trójkolorowa flaga Irlandii
tricorn(e) /ˈtraɪkɔːn/ *n* trójgraniasty kapelusz *m*, tricorne *n inv*
tricot /ˈtrɪkəʊ, ˈtriː-/ **I** *n* Tex trykot *m* **II** *modif [shirt, fabric]* trykotowy
trictrac /ˈtrɪktræk/ *n* tryktrak *m*
tricuspid /traɪˈkʌspɪd/ *adj* Anat *[valve]* trójdzielny; *[tooth]* trójguzkowy
tricycle /ˈtraɪsɪkl/ *n* [1] (cycle) rower *m* trójkołowy; trycykl *m* dat; **a children's ~** rowerek na trzech kółkach [2] (for invalid) wózek *m* (inwalidzki) trójkołowy
trident /ˈtraɪdnt/ *n* trójząb *m*
Trident /ˈtraɪdnt/ **I** *n* Mil Trident *m* **II** *modif* **~ missile/submarine** pocisk /okręt podwodny Trident
tridimensional /ˌtraɪdɪˈmenʃənl/ *adj* trójwymiarowy

tried /traɪd/ I *pt, pp* → **try**
II *pp adj* **a ~ and tested** or **a ~ and trusted remedy/method** niezawodne lekarstwo/niezawodna metoda
triennial /traɪˈenɪəl/ I *n* (anniversary) trzecia rocznica *f*; (event) triennale *n inv*
II *adj [festival]* odbywający się co trzy lata
triennially /traɪˈenɪəlɪ/ *adv [occur]* co trzy lata
trier /ˈtraɪə(r)/ *n* infml **he's a real ~** on tak łatwo nie daje za wygraną
Trieste /trɪˈest/ *prn* Triest *m*
trifle /ˈtraɪfl/ I *n* 1 **a ~** (slightly) odrobinę, nieco; **a ~ dull/long** nieco nudny/przydługi; **a ~ breathlessly** z lekką zadyszką; **to speed up/slow down a ~** odrobinę przyśpieszyć/zwolnić 2 (triviality) (gift, money) drobiazg *m*, drobnostka *f*; (matter, problem) błahostka *f*; **to waste time on ~s** tracić czas na drobiazgi 3 GB Culin biszkopt *m* z owocami i bitą śmietaną
II *vi* **to ~ with sth** bawić się czymś *[feelings, affection]*; **to ~ with sb** stroić sobie żarty z kogoś; **she's not someone to be ~d with!** z nią nie ma żartów!
trifling /ˈtraɪflɪŋ/ *adj [sum, error]* drobny; *[detail]* nieistotny; *[concern, cost]* znikomy; **~ matters** błahostki
trifocal /traɪˈfəʊkl/ I **trifocals** *npl* okulary *plt* trójogniskowe
II *adj [lens, spectacles]* trójogniskowy
trifoliate /traɪˈfəʊlɪət/ *adj* trójlistny
triforium /traɪˈfɔːrɪəm/ *n* tryforium *n*
triform /ˈtraɪfɔːm/ *adj* potrójny, trojaki
trigger /ˈtrɪgə(r)/ I *n* 1 (on gun) spust *m*, języczek *m* spustowy; cyngiel *m* infml; **to pull/squeeze the ~** pociągnąć za/nacisnąć spust; **to be quick on the ~** fig szybko reagować 2 (in fusion bomb) ładunek *m* jądrowy 3 (on machine) dźwignia *f* 4 fig **to act as** or **to be the ~ for sth** wywołać coś
II *vt* = **trigger off**
■ **trigger off**: **~ off [sth]** uruch|omić, -amiać *[mechanism, system, alarm]*; wywoł|ać, -ywać *[debate, explosion, process, reaction]*; s|powodować *[headache, arrest]*; doprowadz|ić, -ać do (czegoś) *[strike, war]*; odpal|ić, -ać *[bomb]*
trigger-happy /ˈtrɪgəhæpɪ/ *adj* infml 1 **to be ~** nazbyt szybko chwytać za broń 2 fig impulsywny
trigonometrical /ˌtrɪgənəˈmetrɪkl/ *adj* trygonometryczny
trigonometry /ˌtrɪgəˈnɒmətrɪ/ *n* trygonometria *f*
trigram /ˈtraɪgræm/ *n* trójznak *m*
trigraph /ˈtraɪgrɑːf, US -græf/ *n* trójznak *m*
trike /traɪk/ *n* infml = **tricycle**
trilateral /ˌtraɪˈlætərəl/ *adj* trójstronny
trilby /ˈtrɪlbɪ/ *n* GB kapelusz *m* filcowy
trilingual /ˌtraɪˈlɪŋgwəl/ *adj* trójjęzyczny, trzyjęzyczny
trilith /ˈtraɪlɪθ/ *n* trylit *m*
trilithic /ˌtraɪˈlɪθɪk/ *adj [structure, monument]* w formie trylitu
trilithon /ˈtraɪlɪθən/ *n* trylit *m*
trill /trɪl/ I *n* 1 Mus tryl *m*; (of blackbird) trel *m* 2 Ling drżące „r" *n inv*
II *vt* 1 Mus (sing) za|śpiewać z wibracją; (speak) za|piszczeć; **to ~ one's aria** śpiewać arię głosem wibrującym 2 Ling **to ~ one's r's** grasejować
III *vi* Mus wykon|ać, -ywać tryle; *[bird]* wyśpiewywać trele
trillion /ˈtrɪlɪən/ *n* 1 GB trylion *m* 2 US bilion *m*
trilobite /ˈtraɪləbaɪt/ *n* trylobit *m*
trilogy /ˈtrɪlədʒɪ/ *n* trylogia *f*
trim /trɪm/ I *n* 1 (cut) (of hair, hedge) przycięcie *n*, podstrzyżenie *n*; **to have a ~** podciąć sobie włosy; **to give sb** or **sb's hair a ~** przyciąć komuś włosy; **to give one's beard a ~** przyciąć (sobie) brodę; **to give the lawn a ~** przyciąć or przystrzyc trawnik; **the hedge needs a ~** trzeba przystrzyc żywopłot 2 (good condition) forma *f*; **to be in (good) ~** być w (dobrej) formie; **to keep oneself in ~** zachowywać formę; **to get the garden in ~** doprowadzić ogród do porządku 3 (border) (on clothing) wykończenie *n*; (band of lace) lamówka *f*; (strip of wood) listwa *f* wykończeniowa, profil *m* 4 Aut wykończenie *f*; **exterior ~** wykończenie zewnętrzne; **interior ~** wykończenie wnętrza; **side ~** listwa boczna 5 Naut (of ship) trym *m*; (of sails) trym *m* żagli; **to be out of ~** nie być strymowanym
II *adj* 1 (neat) *[appearance, person]* schludny; *[boat, house]* zadbany, starannie utrzymany; *[pleats, curls]* starannie ułożony; *[outline]* wyraźny; **to be neat and ~** być schludnym i zadbanym 2 (slender) *[figure, waistline]* szczupły
III *vt* (*prp, pt, pp* **-mm-**) 1 (cut) przyci|ąć, -nać *[branch, hair, paper, hedge, plank, lawn, wood]*; **to ~ (the wick of) a lamp** przyciąć knot w lampie 2 (reduce) obniż|yć, -ać *[budget, expenditure, workforce]* **(by sth** o coś); skr|ócić, -acać *[article, speech]* **(by sth** o coś); **to ~ 5% off the budget** zmniejszyć budżet o 5% 3 Culin oprawi|ć, -ać *[meat, fish]*; oczy|ścić, -szczać *[vegetable]* 4 (decorate) przybr|ać, -ierać *[tree, furniture]* **(with sth** czymś); wyk|ończyć, -ańczać *[dress, curtain, handkerchief]* **(with sth** czymś) 5 Naut s|trymować *[ship]*; ustawi|ć, -ać *[sail]* 6 (modify) z|modyfikować *[opinion, utterance]*; **to ~ sth to sth** dostosować coś do czegoś
■ **trim away, trim off**: **~ away [sth], ~ [sth] away** obci|ąć, -nać *[hair, fabric, branches]*; odci|ąć, -nać *[fat]*
■ **trim down**: **~ down [sth]** zmniejsz|yć, -ać *[budget, spending, workforce]*; ogranicz|yć, -ać *[estimate, plans]*
trimaran /ˈtraɪməræn/ *n* trimaran *m*
trimester /traɪˈmestə(r)/ *n* US trymestr *m*
trimmer /ˈtrɪmə(r)/ *n* 1 (cutting tool) (for timber) przycinarka *f*; (for hedges, carpets) nożyce *plt* do przystrzygania; (for lawn) podkaszarka *f*; (for hair) maszynka *f* do strzyżenia; Print gilotyna *f* 2 (expedient person) kameleon *m*, chorągiewka *f* fig 3 Electron (also **~ capacitor**) trymer *m* 4 Constr wymian *m*, przejma *f*
trimming /ˈtrɪmɪŋ/ I *n* 1 (on clothing) przybranie *n*; (band of lace) lamówka *f*; (on soft furniture) pasmanteria *f* 2 US infml (beating) manto *n* infml; **to give sb a ~** sprawić komuś manto
II **trimmings** *npl* 1 Culin (typowe) dodatki *m pl*; **with all the ~s** ze wszystkimi dodatkami 2 infml (extra items) bajery *m pl* infml; **the basic car without the ~s** wersja podstawowa (samochodu) bez dodatkowego wyposażenia or bez bajerów infml; **a church wedding with all the ~s** ślub kościelny ze wszystkimi szykanami infml 3 (offcuts) (of fabric, paper) ścinki *m pl*; (of fish, meat, pastry) skrawki *m pl*
trimness /ˈtrɪmnɪs/ *n* 1 (neatness) schludność *f* 2 (slimness) szczupłość *f*
trim size *n* Print, Publg format *m* po obcięciu
trinary /ˈtraɪnərɪ/ *adj* 1 (threefold) potrójny 2 Math trójkowy
Trinidad /ˈtrɪnɪdæd/ *prn* Trynidad *m*
Trinidad and Tobago /ˌtrɪnɪdædəntəˈbeɪgəʊ/ *prn* Trynidad *m* i Tobago *n inv*
Trinidadian /ˌtrɪnɪˈdædɪən/ I *n* Trynidad|czyk *m*, -ka *f*
II *adj* trynidadzki
trinitrotoluene /traɪˌnaɪtrəˈtɒljʊiːn/ *n* trójnitrotoluen *m*, trotyl *m*
trinity /ˈtrɪnətɪ/ *n* trójka *f*
Trinity /ˈtrɪnətɪ/ *n* **the ~** Trójca *f*; **the Holy** or **Blessed ~** Trójca Święta
Trinity Sunday *n* święto *n* Trójcy Przenajświętszej
Trinity term *n* GB Univ trzeci trymestr *m*
trinket /ˈtrɪŋkɪt/ *n* (ornament) ozdóbka *f*; (piece of jewellery) świecidełko *n*
trinomial /traɪˈnəʊmɪəl/ Math I *n* trójmian *m*
II *adj* **~ expression** trójmian
trio /ˈtriːəʊ/ *n* 1 Mus (instrumentalists, composition for instruments) trio *n*; (singers, composition for three voices) tercet *m*; **piano/jazz ~** trio fortepianowe/jazzowe 2 Mus (section) trio *n* 3 (of people) trójka *f*; **~ of missiles/cards** trzy pociski/karty
triode /ˈtraɪəʊd/ *n* trioda *f*
triolet /ˈtriːəlɪt/ *n* triolet *m*
trio sonata *n* sonata *f* triowa
trioxide /traɪˈɒksaɪd/ *n* Chem trójtlenek *m*
trip /trɪp/ I *n* 1 (journey) podróż *f*; (excursion) wycieczka *f*; **to go on** or **take a ~** wybrać się w podróż/na wycieczkę; **a fishing /skiing ~** wyjazd na ryby/na narty; **a ~ to the seaside** wyjazd nad morze; **a boat ~** wycieczka statkiem; **a business ~** podróż służbowa; **to be away on a ~** być w podróży; **a 12 day/200 km ~** dwunastodniowa/200 kilometrowa podróż; **we did the ~ in five hours** podróż zajęła nam pięć godzin; **it's only a short ~ into London** do Londynu jest bardzo blisko; **it's a two hour ~ from here** to dwie godziny drogi stąd 2 (visit) wyjazd *m*; (on foot) wyjście *n*; **a ~ to the toilet/bar** wyjście do toalety/baru; **to make a ~ into town** wybrać się do miasta; **to make three ~s a week to London** trzy razy w tygodniu bywać w Londynie 3 Elec wyłącznik *m* samoczynny 4 infml (drug experience) odlot *m* infml; **to have a good/bad ~** mieć ekstra/fatalny odlot; **to be on a ~** odlatywać infml; **an acid ~** odlot po LSD; **to be on a power ~** fig zachłystywać się władzą
II *vt* (*prp, pt, pp* **-pp-**) 1 (cause to stumble) podci|ąć, -nać (komuś) nogę or nogi; (with foot) podstawi|ć, -ać (komuś) nogę *[person]*; **you ~ped me!** przez ciebie się potknąłem!; **her long skirt ~ped her** zaplątała się w swoją długą suknię i straciła równo-

wagę [2] Electron *[person]* przełącz|yć, -ać *[device]*; zw|olnić, -alniać *[switch]*; *[power surge]* s|powodować włączenie się (czegoś) *[circuit breaker]*

III *vi* (*prp, pt, pp* **-pp-**) [1] (stumble) pot|knąć, -ykać się; **to ~ on** or **over sth** potknąć się o coś *[step, rock, scarf]*; **to ~ over one's own feet** potykać się o własne nogi; **you can't move in here without ~ping over a celebrity** nie można się tu obrócić, żeby nie natknąć się na jakąś znaną osobistość [2] (move jauntily) **to ~ along** iść lekkim or skocznym krokiem; **to ~ into/out of the room** wejść do/wyjść z pokoju lekkim krokiem [3] infml (experience hallucination) od-l|ecieć, -atywać, mieć odlot infml

■ **trip over**: ¶ **~ over** przewr|ócić, -acać się ¶ **~ [sb] over** wywr|ócić, -acać; (with one's foot) podstawi|ć, -ać (komuś) nogę

■ **trip out** infml mieć odlot infml

■ **trip up**: ¶ **~ up** [1] (stumble) pot|knąć, -ykać się [2] (make an error) pot|knąć, -ykać się fig ¶ **~ [sb] up, ~ up [sb]** [1] (cause to stumble) podci|ąć, -nać (komuś) nogę or nogi; (with foot) podstawi|ć, -ać (komuś) nogę [2] (catch out) zbi|ć, -jać z tropu *[witness, candidate]*; **that final question ~ped me up** potknąłem się na tym ostatnim pytaniu

tripartite /ˌtraɪˈpɑːtaɪt/ *adj* [1] *[alliance, agreement, talks]* trójstronny [2] *[document, study]* trzyczęściowy

tripe /traɪp/ *n* [1] GB Culin flaki *plt*, flaczki *plt* [2] infml (nonsense) bzdury *f pl*; bzdety *m pl* infml

triphase /ˈtraɪfeɪz/ *adj* trójfazowy

triphthong /ˈtrɪfθɒŋ/ *n* tryftong *m*

triplane /ˈtraɪpleɪn/ *n* trójpłatowiec *m*

triple /ˈtrɪpl/ **I** *n* [1] (quantity) potrójna ilość *f*; (number) trzykrotna wartość *f* [2] (group of three) trójka *f*

II *adj* [1] *[thickness, gin]* potrójny; *[value, champion]* trzykrotny; *[purpose, function, role]* trojaki; **the triathlon is a ~ contest** trójbój obejmuje trzy konkurencje [2] Mus *[time, beat]* trójdzielny; **in ~ time** w rytmie trójdzielnym

III *vt* potr|oić, -ajać

IV *vi* potr|oić, -ajać się; **to ~ in volume /value** potroić swoją wielkość/wartość; **to ~ in height/width** potroić (swoją) wysokość/szerokość; **to ~ in size** *[town, heap, swelling]* powiększyć się trzykrotnie; *[workforce, population]* wzrosnąć trzykrotnie, potroić się

triple A *n* US Aut = **American Automobile Association** Amerykański Związek *m* Motorowy

Triple Alliance *n* **the ~** Trójprzymierze *n*

triple digit *adj* trzycyfrowy

triple-drug therapy /ˌtrɪpldrʌgˈθerəpɪ/ *n* leczenie *n* trójlekiem

triple jump *n* trójskok *m*

triple jumper *n* trójskoczek *m*

triple somersault *n* salto *n* potrójne

triplet /ˈtrɪplɪt/ *n* [1] (child) jedno *n* z trojaczków; **~s, a set of ~s** trojaczki [2] Mus triola *f* [3] Literat trójwiersz *m*

triplex /ˈtrɪpleks/ *n* US (flat) mieszkanie *n* trzypoziomowe; (house) dom *m* dla trzech rodzin

Triplex® /ˈtrɪpleks/ **I** *n* szkło *n* klejone trójwarstwowo, Triplex® *m*

II *adj [glass]* trójwarstwowy; *[windscreen]* ze szkła trójwarstwowego

triplicate **I** /ˈtrɪplɪkət/ *n* (copy) trzecia kopia *f*; **in ~** w trzech egzemplarzach

II /ˈtrɪplɪkət/ *adj [document]* w trzech egzemplarzach; *[copy]* trzeci; **~ samples** trzy takie same próbki

III /ˈtrɪplɪkeɪt/ *vt* [1] sporządz|ić, -ać w trzech egzemplarzach *[document]* [2] (multiply by three) potr|oić, -ajać

triploid /ˈtrɪplɔɪd/ *n* (also **~ organism**) triploid *m*

triply /ˈtrɪplɪ/ *adv* potrójnie

trip meter *n* Aut licznik *m* kilometrów

tripod /ˈtraɪpɒd/ *n* Chem, Phot trójnóg *m*

Tripoli /ˈtrɪpəlɪ/ *prn* Trypolis *m*

tripper /ˈtrɪpə(r)/ *n* wycieczkowicz *m*, -ka *f*, turyst|a *m*, -ka *f*

trip switch *n* Electron przełącznik *m* wyłącznika automatycznego

triptych /ˈtrɪptɪk/ *n* tryptyk *m*

trip wire *n* drut *m* rozciągnięty nisko nad ziemią

trireme /ˈtraɪriːm/ *n* triera *f*, tryrema *f*

trisect /traɪˈsekt/ *vt* po|dzielić na trzy równe części; Math dokon|ać, -ywać trysekcji (czegoś) *[angle]*

trisyllabic /ˌtraɪsɪˈlæbɪk/ *adj* trzysylabowy, trzyzgłoskowy

trisyllable /ˌtraɪˈsɪləbl/ *n* (word) wyraz *m* trzysylabowy; (foot) stopa *f* trzyzgłoskowa

trite /traɪt/ *adj [words]* wyświechtany; *[design, greeting card]* sztampowy; **a ~ comment** banał; **I don't want to sound ~ but...** nie chciałbym, żeby to zabrzmiało banalnie, ale...

tritely /ˈtraɪtlɪ/ *adv* w sposób banalny

triteness /ˈtraɪtnɪs/ *n* szablonowość *f*

tritium /ˈtrɪtɪəm/ *n* tryt *m*

triton /ˈtraɪtn/ *n* [1] Phys tryton *m* [2] Zool (mollusc, newt) tryton *m*

Triton /ˈtraɪtn/ *prn* Mythol Tryton *m*

tritone /ˈtraɪtəʊn/ *n* Mus tryton *m*

triturate /ˈtrɪtjʊreɪt/ *vt* s|proszkować, roz|etrzeć, -cierać na proszek

trituration /ˌtrɪtjʊˈreɪʃn/ *n* [1] (action) proszkowanie *n* [2] Pharm (preparation) proszek *m*

triumph /ˈtraɪʌmf/ **I** *n* [1] (satisfaction) uczucie *n* tryumfu or triumfu; **in ~** tryumfalnie [2] (victory) tryumf *m*, triumf *m* **(over sth** nad czymś); **a ~ for a military regime/democracy** tryumf reżimu wojskowego/demokracji; **a personal ~ of his** jego osobisty sukces [3] Hist (Roman ceremony) tryumf *m*, triumf *m*

II *vi* za|tryumfować, za|triumfować **(over sb/sth** nad kimś/czymś)

triumphal /traɪˈʌmfl/ *adj [entry, tour, procession]* tryumfalny, triumfalny; **~ arch** Archit łuk tryumfalny

triumphalism /traɪˈʌmfəlɪzəm/ *n* pej puszenie się *n*, triumfalizm *m*

triumphalist /traɪˈʌmfəlɪst/ *n* pej pyszałek *m*; **to be a ~** pysznić się swoimi osiągnięciami

triumphant /traɪˈʌmfnt/ *adj [person, team]* tryumfujący, triumfujący; *[return, shout]* tryumfalny, triumfalny; *[success]* absolutny; *[production]* święcący tryumfy; **~ expression** wyraz tryumfu; **to feel ~** tryumfować; **to return ~** powrócić tryumfalnie

triumphantly /traɪˈʌmfntlɪ/ *adv* tryumfalnie, triumfalnie

triumvirate /traɪˈʌmvɪrət/ *n* (in ancient Rome) triumwirat *m* also fig

triune /ˈtraɪjuːn/ *adj [God, deity]* w trzech osobach

trivet /ˈtrɪvɪt/ *n* (at fire) trójnóg *m*; (on table) podstawka *f* na nóżkach *(pod gorący garnek)*

IDIOMS: **to be as right as a ~** czuć się świetnie

trivia /ˈtrɪvɪə/ *npl* (+ *v sg/pl*) (details) drobiazgi *m pl*; (problems) błahostki *f pl*

trivial /ˈtrɪvɪəl/ *adj* [1] (unimportant) *[matter, error]* błahy; *[scale, offence, wage]* niewielki; *[film]* przeciętny [2] (of no interest) *[argument, conversation, person]* banalny, trywialny

triviality /ˌtrɪvɪˈælətɪ/ *n* [1] (banality) banalność *f*, trywialność *f* [2] (irrelevance) błahostka *f*; **to waste time on trivialities** tracić czas na błahostki

trivialization /ˌtrɪvɪəlaɪˈzeɪʃn, US -lɪˈz-/ *n* banalizowanie *n*, trywializacja *f*

trivialize /ˈtrɪvɪəlaɪz/ *vt* z|banalizować, s|trywializować

trivially /ˈtrɪvɪəlɪ/ *adv* w sposób banalny

Trivial Pursuit® *n gra planszowa z pytaniami z wiedzy ogólnej*

trivia quiz *n* quiz *m* z wiedzy ogólnej

triweekly /ˌtraɪˈwiːklɪ/ **I** *adj* [1] (thrice weekly) *[visit, meeting]* (odbywający się) trzy razy w tygodniu; *[publication]* wychodzący trzy razy w tygodniu [2] (every three weeks) (odbywający się) co trzy tygodnie

II *adv* (thrice weekly) trzy razy w tygodniu; (every three weeks) co trzy tygodnie

trochaic /trəʊˈkeɪɪk/ *adj* trocheiczny

trochee /ˈtrəʊkiː, -kɪ/ *n* trochej *m*

trod /trɒd/ *pt* → **tread**

trodden /ˈtrɒdn/ *pp* → **tread**

troglodyte /ˈtrɒglədaɪt/ *n* [1] (caveman) troglotyda *m* [2] fig (hermit) odludek *m*; (unprogressive person) troglodyta *m* fig

troika /ˈtrɔɪkə/ *n* [1] (carriage) trojka *f* [2] Pol (three people) trójka *f*

Trojan /ˈtrəʊdʒən/ **I** *n* [1] Hist Trojan|in *m*, -ka *f* [2] **Trojan**® US (condom) prezerwatywa *f*

II *adj* trojański; **the ~ War** wojna trojańska

IDIOMS: **to work like a ~** GB pracować jak wół

Trojan horse *n* Hist koń *m* trojański also fig Comput

troll[1] /trəʊl/ *n* Mythol troll *m*

troll[2] /trəʊl/ **I** *n* (line in fishing) węda *f* ciągniona

II *vt* (sing) za|śpiewać (beztrosko)

III *vi* [1] (sing) wyśpiewywać [2] infml (stroll) (also **~ along)** przechadzać się

trolley /ˈtrɒlɪ/ *n* [1] (for shopping, luggage) wózek *m*; (table) stolik *m* na kółkach; **drinks ~** barek na kółkach; **luggage ~** wózek bagażowy [2] Mining wagonik *m* [3] GB (also **~ bus)** trolejbus *m* [4] (pulley) odbierak *m* drążkowy prądu; (pantograph) pantograf *m* [5] US (tram) tramwaj *m*

IDIOMS: **to be off one's ~** infml mieć nie po kolei w głowie infml

trolley bus *n* trolejbus *m*

trolley car *n* US tramwaj *m*

trolley pole *n* drążek *m* odbieraka prądu

trolley wheel *n* krążek *m* jezdny

trollop /ˈtrɒləp/ *n* vinfml pej ladacznica *f* pej

trombone /trɒmˈbəʊn/ *n* puzon *m*

trombonist /trɒmˈbəʊnɪst/ *n* puzonista *m*

troop /truːp/ **I** *n* [1] (of people) gromada *f*, grupa *f*; (of animals) gromada *f*, stado *n* [2] Mil oddział *m*

II *modif* **~ movements/withdrawal** ruchy/wycofywanie wojsk; **~ train/plane** pociąg/samolot transportujący wojska

III troops *npl* Mil wojsko *n*, wojska *n pl*; **ground ~s** wojska lądowe; **220,000 American ~s** 220 000 żołnierzy amerykańskich

IV *vt* **to ~ the colour** GB odbywać paradę ze sztandarem

V *vi* **to ~ in/out/off** wejść/wyjść/odejść gromadnie; **to ~ over to** or **towards sth** skierować się gromadnie ku czemuś

troop carrier *n* (vehicle) transporter *m* opancerzony; (aircraft) transportowiec *m*

trooper /ˈtruːpə(r)/ *n* [1] Mil (cavalryman) kawalerzysta *m*; (of armoured unit) pancerny *m*, pancerniak *m* [2] US (policeman) policjant *m*

IDIOMS: **to swear like a ~** kląć jak szewc

trooping /ˈtruːpɪŋ/ *n* **the Trooping of the Colour** GB uroczysta parada *f* wojskowa ze sztandarem

troopship /ˈtruːpʃɪp/ *n* Naut transportowiec *m*

trope /trəʊp/ *n* Literat, Mus trop *m*

trophy /ˈtrəʊfɪ/ *n* trofeum *n* also fig

trophy wife *n* młoda żona *f (jako oznaka statusu społecznego)*

tropic /ˈtrɒpɪk/ *n* [1] (parallel of latitude) zwrotnik *m*; **the ~ of Cancer/Capricorn** Zwrotnik Raka/Koziorożca [2] (region) tropik *m*; **in the ~s** w tropikach

tropical /ˈtrɒpɪkl/ *adj* tropikalny

tropism /ˈtrəʊpɪzəm/ *n* tropizm *m*

troposphere /ˈtrɒpəsfɪə(r), US ˈtrəʊ-/ *n* troposfera *f*

trot /trɒt/ **I** *n* [1] (of horse) kłus *m*; (jogging pace) trucht *m*; **at a** or **the ~** kłusem /truchtem; **to break into a ~** *[animal]* przejść w kłus; *[person]* puścić się kłusem; **her children followed at a ~** dzieci potruchtały za nią; **to have a ~ round the shops** infml oblecieć sklepy infml [2] infml (run of luck) **to have** or **be on a good/bad ~** mieć dobrą/złą passę [3] US Sch, Univ infml bryk *m*

II the trots *npl* infml rozwolnienie *n*; sraczka *f* vinfml

III *vt* (*prp, pt, pp* **-tt-**) pu|ścić, -szczać kłusem *[horse]*

IV *vi* (*prp, pt, pp* **-tt-**) [1] *[horse, animal, rider]* kłusować; **to ~ away/past** odjechać kłusem/przekłusować [2] *[person]* (run, move along) biec truchtem; *[child, woman in heels]* truchtać; **to ~ along/away** przebiec/odbiec truchtem; **to ~ down the road** pognać ulicą; **~ next door and borrow some tea!** infml skocz do sąsiadów i pożycz (trochę) herbaty! infml

■ **trot out** infml: **~ out [sth]** powtarzać w kółko *[excuse, explanation, argument]*; wyliczać *[names, facts]*

IDIOMS: **to be on the ~** infml nie mieć chwili wytchnienia; **to keep sb on the ~** infml nie dawać komuś chwili wytchnienia; **on the ~** infml jednym ciągiem

Trot /trɒt/ *n* infml pej trockist|a *m*, -ka *f*

troth /trəʊθ, US trɔːθ/ *n* arch (oath) parol *m* dat; (fidelity) wiara *f*; **by my ~!** na mą duszę! dat

Trotsky /ˈtrɒtskɪ/ *prn* Trocki *m*

Trotskyism /ˈtrɒtskɪɪzəm/ *n* trockizm *m*

Trotskyist /ˈtrɒtskɪɪst/ **I** *n* trockist|a *m*, -ka *f*

II *adj* trockistowski

Trotskyite /ˈtrɒtskɪaɪt/ **I** *n* pej trockist|a *m*, -ka *f*

II *adj* trockistowski

trotter /ˈtrɒtə(r)/ *n* [1] (of animal) nóżka *f*; **pigs'/sheep's ~s** nóżki wieprzowe/baranie [2] Equest (horse) kłusak *m*

trotting /ˈtrɒtɪŋ/ *n* Equest wyścigi *m pl* kłusaków w zaprzęgu; **bred for ~** przyuczony do szybkiego kłusa

trotting race *n* Equest wyścig *m* kłusaków w zaprzęgu, wyścig *m* w sulkach

troubadour /ˈtruːbədɔː(r), US -dʊər/ *n* trubadur *m*

trouble /ˈtrʌbl/ **I** *n* [1] (problems) kłopoty *m pl*; (specific) kłopot *m*, problem *m*; **that's the ~** w tym tkwi problem; **engine ~** problemy z silnikiem; **to cause** or **give sb ~** *[exam question]* sprawić komuś kłopot; *[person]* przysporzyć komuś kłopotów; **his leg/car is giving him ~** ma problemy z nogą/z samochodem; **this car has been nothing but ~** z tym samochodem są same kłopoty; **to get sb into ~** wplątać or wpakować kogoś w kłopoty; **to get** or **run into all sorts of ~** *[person, business]* popaść w różnego rodzaju kłopoty; **to make ~ for oneself** narobić sobie kłopotów; **to be asking for ~** narażać się na kłopoty; szukać kłopotów infml; **the ~ is that...** kłopot w tym, że...; **my/his ~ is that...** mój/jego problem polega na tym, że...; **the ~ with you/him is (that)...** kłopot w tym, że ty/on...; **heart/stomach ~** dolegliwości sercowe/żołądkowe; **back/kidney ~** problemy z kręgosłupem/nerkami; **what's the ~?** w czym problem?; (to a patient) co panu /pani dolega?; **to have man** or **woman ~** infml mieć kłopoty sercowe infml [2] (difficulties) tarapaty *plt* liter; (specific) trudność *f*; **without too much ~** bez specjalnych trudności; **to be in/get into ~** *[person]* być w tarapatach/wpaść w tarapaty; *[company, business]* przeżywać trudności/znaleźć się w ciężkiej sytuacji; **to have ~ doing sth** mieć trudności ze zrobieniem czegoś; **she'll have no ~ finding a job** bez trudności znajdzie pracę; **to get out of ~** wybrnąć z kłopotów; **to get sb out of ~** wydobyć kogoś z tarapatów; **to stay out of ~** unikać kłopotów; **in times of ~** w trudnych chwilach [3] (effort, inconvenience) trud *m*; **it's not worth the ~** szkoda trudu or zachodu; **to take the ~ to do sth, to go to the ~ of doing sth** zadać sobie trud zrobienia czegoś; **to save sb /oneself the ~ of doing sth** oszczędzić komuś/sobie trudu zrobienia czegoś; **he put me to the ~ of doing sth** przez niego musiałem zrobić coś; **to go to a lot of ~** zadać sobie wiele trudu; **I don't want to put you to any ~** nie chcę ci sprawiać kłopotu; **it's no ~** to żaden kłopot; **no ~!** infml nie ma sprawy! infml; **they are more ~ than they're worth** więcej z nimi kłopotu niż pożytku; **not to be any ~** *[child, animal]* nie sprawiać kłopotów; *[task]* nie sprawiać trudności; **all that ~ for nothing!** cały wysiłek na marne!; **it was a lot of ~** nie było łatwo; **it's less/more ~ to do it this way** łatwiej/trudniej to zrobić w ten sposób; **nothing is too much ~ for him** jest zawsze skory do pomocy; **leave it, it's too much ~** zostaw to, za dużo z tym zachodu; **if it's too much ~, say so** jeśli miałoby ci to sprawić kłopot, to powiedz [4] (discord) niesnaski *plt*; (in family) awantura *f*; (between groups) konflikt *m*; (disturbances) zamieszki *plt*; **to cause ~ between the two factions** skłócić dwie frakcje; **I don't want any ~** nie chcę żadnych kłopotów; **there'll be ~** będzie bieda; **to expect ~** *[police, pub landlord]* spodziewać się kłopotów; **it will lead to ~** to się źle skończy; **to get into ~** *[schoolchild, employee]* wpaść w kłopoty; **to make ~** (cause disturbance) wywołać zamieszki; **here comes ~!** hum będą kłopoty!; **he looks like ~** infml źle mu z oczu patrzy; **to be looking for ~** *[agitator, thug]* szukać zaczepki; **to get into ~ with sb/sth** mieć kłopoty z kimś/czymś *[police, authority, taxman]*; **at the first sign of ~** jak tylko zaczęło robić się niebezpiecznie; **there's ~ brewing** zanosi się na kłopoty

II troubles *npl* (worries) zmartwienia *n pl*, kłopoty *m pl*; **to tell sb one's ~s** opowiadać komuś o swoich zmartwieniach; **tell me your ~s** powiedz mi, co cię trapi; **your ~s are over** skończyły się twoje zmartwienia; **it's the least of my ~s** to najmniejszy kłopot; **money ~s** kłopoty finansowe

III *vt* [1] (bother) *[person]* przeszk|odzić, -adzać (komuś) *[person]*; **sorry to ~ you** przepraszam, że przeszkadzam; **to ~ sb for sth** prosić kogoś o coś; **may I ~ you for the butter?** czy mogę prosić o masło?; **may** or **could I ~ you to close the window?** czy mógłbym pana/panią poprosić o zamknięcie okna?; **to ~ sb with sth** niepokoić kogoś czymś *[questions, problem]*; **I won't ~ you with the details** oszczędzę ci szczegółów; **to ~ to do sth** zadać sobie trud zrobienia czegoś; **don't ~ to knock, will you?** iron może byś tak zapukał? iron [2] (worry) niepokoić *[person]*; zaprząt|nąć, -ać *[mind]*; **don't let that ~ you** nie kłopocz się tym [3] (harass) *[person]* prześladować *[person]* [4] (cause discomfort to) *[tooth, cough, leg]* dokuczać (komuś) *[person]*; **he's been ~d by** or **with a cough/pain** dokucza mu kaszel/ból [5] liter (agitate) *[breeze, wake]* wzburz|yć, -ać *[water]*

IV *vr* **to ~ oneself to do sth** zada|ć, -wać sobie trud zrobienia czegoś; **don't ~ yourself!** iron nie fatyguj się! iron

IDIOMS: **to get a girl into ~** infml euph zrobić dziewczynie dziecko infml

troubled /ˈtrʌbld/ *adj* [1] (worried) *[person, mind, expression]* zatroskany, zmartwiony; **to be ~ about sth** martwić się or trapić się czymś *[problem, concern]*; martwić się o coś *[future]*; **to be ~ in spirit** liter być chorym na duszy liter [2] (disturbed) *[sleep]* niespokojny; *[times]* burzliwy; *[area, country]* niespokojny, targany konfliktami; *[waters]* wzburzony [3] (having problems) *[company, economy]* przeżywający trudności; **he's ~ by a knee injury** dokucza mu kontuzja kolana

T

troublefree /ˌtrʌblˈfriː/ *adj [period, operation]* bezproblemowy; **to be ~** *[machine]* działać bez zarzutu; *[meeting]* przebiegać bez zakłóceń; **the school has been ~ since** odtąd w szkole skończyły się problemy

troublemaker /ˈtrʌblmeɪkə(r)/ *n* wichrzyciel *m*; **to be a ~** sprawiać kłopoty

Troubles *npl* **the ~** Hist *okres niepokojów w Irlandii Północnej w latach 1919-23 i od 1968 roku*

troubleshoot /ˈtrʌblʃuːt/ *vi* rozwiąz|ać, -ywać problemy; Tech usu|nąć, -wać usterki; **she ~s for an electronics company** pracuje w firmie elektronicznej jako specjalistka od usuwania usterek

troubleshooter /ˈtrʌblʃuːtə(r)/ *n* (dealing with people) rozjemca *m*, mediator *m*; Tech specjalista *m*; (in business, industry) konsultant *m*

troubleshooting /ˈtrʌblʃuːtɪŋ/ *n* rozwiązywanie *n* problemów; Tech usuwanie *n* usterek; **to do some ~** zająć się rozwiązywaniem problemów; **hints for ~** porady, jak usuwać usterki

troubleshooting guide *n* instrukcja *f* naprawy

troublesome /ˈtrʌblsəm/ *adj [person, child]* nieznośny; *[pain, cough]* dokuczliwy; *[aspect, negotiations, problem]* kłopotliwy; **to be ~ for sb** przysparzać komuś kłopotów

trouble spot *n* punkt *m* zapalny

trough /trɒf, US trɔːf/ *n* [1] (for feed, water) koryto *n*; (manger) żłób *m*; (for plants) korytko *n* [2] (channel) koryto *n* [3] (depression) (of river) koryto *n*; (ocean deep) rów *m*; (between waves) dolina *f* (fali); (between hills) łęk *m*, synklina *f*; (on graph) minimum *n*; Econ dołek *m* koniunkturalny; **to have peaks and ~s** mieć wzloty i upadki [4] Meteorol niż *m*, zatoka *f* niskiego ciśnienia [5] fig (supply of money) żłób *m* infml fig → **snout**

trounce /traʊns/ *vt* infml sprawi|ć, -ać baty (komuś/czemuś) infml *[team, competitor]*; **to get ~d** dostać baty infml

troupe /truːp/ *n* trupa *f*

trouper /ˈtruːpə(r)/ *n* **an old ~** Theat rutynowany aktor *m*, rutynowana aktorka *f*; (reliable person) stary wyga *m*, wyjadacz *m*

trouser /ˈtraʊzə(r)/ **I** *modif* **~ belt** pasek do spodni; **~ leg** nogawka spodni; **~ pocket** kieszeń w spodniach

II trousers *npl* spodnie *plt*; **long/short ~s** długie/krótkie spodnie

IDIOMS: **to catch sb with their ~s down** przyłapać kogoś; **to be caught with one's ~s down** dać się zaskoczyć; **to wear the ~s** GB rządzić; nosić spodnie infml

trouser press *n* prasownica *f* do spodni

trouser suit *n* GB spodnium *m*

trousseau /ˈtruːsəʊ/ *n* wyprawa *f* (ślubna)

trout /traʊt/ **I** *n* [1] (*pl* **~, ~s**) (fish) pstrąg *m* [2] (*pl* **~s**) GB pej (woman) wiedźma *f* infml pej; **an old ~** stara wiedźma

II *modif* **~ farm** hodowla pstrągów; **~ fishing** połów pstrąga; **~ stream** strumień obfitujący w pstrągi

trove /trəʊv/ *n* → **treasure trove**

trowel /ˈtraʊəl/ *n* (bricklayer's) kielnia *f*; (plasterer's) packa *f*; (gardener's) rydel *m* ogrodniczy

IDIOMS: **to lay it on with a ~** infml popadać w przesadę; **to lay sth on with a ~** infml nie szczędzić czegoś *[flattery, criticism]*

troy /trɔɪ/ *n* (also **~ weight**) system *m* wagowy troy *(stosowany w obrocie kamieniami szlachetnymi)*

Troy /trɔɪ/ *prn* Troja *f*

truancy /ˈtruːənsɪ/ *n* (being absent) nieobecność *f*; (playing truant) wagary *plt*

truant /ˈtruːənt/ *n* (child) wagarowicz *m*; **to play ~** pójść na wagary; (regularly) wagarować

truant officer *n* Sch osoba *f* ścigająca wagarowiczów

truce /truːs/ *n* rozejm *m*; **to call a ~** ogłosić rozejm

truck /trʌk/ **I** *n* [1] (lorry) samochód *m* ciężarowy, ciężarówka *f* [2] (rail wagon) wagon *m* towarowy [3] (in warehouse, freight yard) wózek *m*

II *modif [deliveries]* (by road) transportem samochodowym; (by rail) drogą kolejową

III *vt* przew|ieźć, -ozić transportem samochodowym

IV *vi* US jeździć ciężarówką

■ **truck on down** US infml pójść, iść sobie infml **(to sth** do czegoś**)**

IDIOMS: **to have no ~ with sb/sth** GB nie mieć z kimś/czymś nic wspólnego; **keep on ~ing!** US infml dawaj dalej! infml

truckage /ˈtrʌkɪdʒ/ *n* transport *m* samochodowy

truck driver *n* kierowca *m* ciężarówki; **she's a ~** ona jest kierowcą ciężarówki

trucker /ˈtrʌkə(r)/ *n* [1] infml (lorry driver) kierowca *m* ciężarówki [2] US Agric właściciel *m*, -ka *f* gospodarstwa warzywnego

truck farm *n* US gospodarstwo *n* warzywne

truck farmer *n* US właściciel *m*, -ka *f* gospodarstwa warzywnego

truck farming *n* US uprawa *f* warzyw na sprzedaż

trucking /ˈtrʌkɪŋ/ **I** *n* [1] (transporting) przewóz *m* samochodami ciężarowymi [2] US Agric uprawa *f* warzyw na sprzedaż

II *modif [company]* przewozowy

truckle /ˈtrʌkl/ *vi* poniż|yć, -ać się **(to sb** wobec kogoś**)**

truckle bed /ˈtrʌklbed/ *n* łóżko *n* wysuwane

truckload /ˈtrʌkləʊd/ *n* ładunek *m* na ciężarówce; **~ of sth** ciężarówka pełna czegoś *[goods, produce]*; **~ of sb** ciężarówka z kimś *[soldiers, refugees]*; **by the ~** masowo

truck stop *n* zajazd *m* dla kierowców ciężarówek

truculence /ˈtrʌkjʊləns/ *n* zadzierzystość *f*

truculent /ˈtrʌkjʊlənt/ *adj* zadzierzysty

truculently /ˈtrʌkjʊləntlɪ/ *adv* zadzierzyście

trudge /trʌdʒ/ **I** *n* mozolny marsz *m*; **it's quite a ~ to my house** do mojego domu jest kawał drogi

II *vi* iść noga za nogą, wlec się; **to ~ through the snow** brnąć przez śnieg; **to ~ up the stairs** mozolnie wspinać się po schodach; **to ~ round the shops** łazić po sklepach

true /truː/ **I** *adj* [1] (based on facts, not a lie) *[account, news, story, rumour, fact]* prawdziwy; **is this ~?** czy to prawda?; **~ or false?** prawda czy fałsz?; **historically ~** *[presentation]* wierny pod względem historycznym; **~, but...** to prawda, ale...; **it is quite/only too ~ that...** rzeczywiście to prawda/to niestety prawda, że...; **it is simply not ~ that...** to po prostu nieprawda, że...; **it is ~ to say that...** prawdą jest, że...; **to ring ~** brzmieć prawdziwie; **the same is** or **holds ~ of the new party** to samo odnosi się do nowej partii; **what is ~ of adults is ~ of children** to, co jest prawdziwe w wypadku dorosłych, odnosi się również do dzieci; **that remains/is no longer ~** to się nie zmieniło/to się zmieniło; **to prove ~** okazać się prawdziwym; **this allegation, if ~...** ten zarzut, jeżeli okaże się prawdziwy, ...; **it can't be ~!** to nie może być prawdą!; **that's ~** (when agreeing) (to) prawda; **too ~!** infml niestety, nie ma wątpliwości!; **~, we shall miss her, but...** to prawda, że będzie nam jej brakować, ale... [2] (real, genuine) *[god, democracy, American, worth, meaning, age]* prawdziwy; *[identity, extent, nature, cost]* faktyczny, rzeczywisty; **to come ~** *[dream, wish]* spełnić się; *[prediction]* sprawdzić się; **it was a dream come ~** to było spełnienie marzeń; **it is hard to get the ~ picture** trudno uzyskać rzeczywisty obraz; **in ~ Hollywood style** w prawdziwie hollywoodzkim stylu; **so handsome it's not ~** niewiarygodnie przystojny; **an artist in the ~ sense of the word** artysta w pełnym tego słowa znaczeniu [3] (heartfelt, sincere) *[feeling, repentance, understanding, love, patriot]* prawdziwy; *[believer]* żarliwy; **to feel ~ remorse** odczuwać szczery żal [4] (accurate) *[copy]* wierny; *[assessment]* sprawiedliwy; **is the photo a ~ likeness of your wife?** czy twoja żona w rzeczywistości wygląda tak jak na tym zdjęciu?; **to be ~ to life** *[book, film, novel]* wiernie oddawać rzeczywistość [5] (faithful, loyal) *[servant, knight, lover]* wierny; **to be ~ to sb/sth** być wiernym komuś/czemuś *[person, principles, ideas]*; **to be ~ to one's word/promise** dotrzymywać słowa/obietnicy; **to be ~ to oneself** być wiernym sobie [6] Constr **to be ~** *[window, post, frame, wheel]* być prostym; **to be out of ~** *[window, post, frame]* być krzywym; *[wheel]* być scentrowanym [7] Mus *[note, instrument]* czysto brzmiący [8] Geog **~ north** północ geograficzna

II *adv* [1] (straight) *[aim, fire]* precyzyjnie [2] liter dat **to speak ~** mówić szczerze

IDIOMS: **it is too good to be ~** to zbyt piękne, żeby było prawdziwe; **~ to form, he...** jak to zwykle on, ...; **to be/remain ~ to type** *[person]* zachowywać się w sposób typowy dla siebie

true-blue /ˌtruːˈbluː/ *adj [conservative, loyalist]* zaprzysięgły; *[patriot, Englishman]* prawdziwy; *[friend]* oddany

true-born /ˌtruːˈbɔːn/ *adj [Pole]* rodowity

True Cross *n* **the ~** drzewo *n* Krzyża świętego

true-false test /ˌtruːˈfɔːlstest/ *n* US test *m* wyboru *(z możliwością odpowiedzi tak lub nie)*

true-life /ˌtruːˈlaɪf/ *adj [adventure, saga, story]* z życia wzięty

truelove /ˈtruːlʌv/ *n* arch or liter ukochan|y *m*, -a *f*; prawdziwa miłość *f (o osobie)*

truffle /ˈtrʌfl/ *n* Bot, Culin trufla *f*

trug /trʌg/ *n* płytki koszyk *m (na kwiaty, owoce)*

truism /ˈtruːɪzəm/ *n* truizm *m*

truly /ˈtruːlɪ/ *adv* [1] (extremely) *[amazing, delighted, sorry, horrendous]* naprawdę; **he's a ~ great photographer** jest naprawdę doskonałym fotografem; **a ~ dreadful piece of news** naprawdę straszna wiadomość [2] (really, in truth) *[be, belong, think]* naprawdę; **really and ~?** naprawdę?; **well and ~** całkowicie; **it is ~ a celebration/a great leap forward** to jest prawdziwa uroczystość/prawdziwy krok naprzód; **England is where I ~ belong** moją prawdziwą ojczyzną jest Anglia; **tell me ~** powiedz mi szczerze [3] (in letter) **yours ~** z poważaniem; szczerze oddany dat; **and who got it all wrong? yours ~!** hum (referring to oneself) i kto się pomylił? oczywiście ja!

trump[1] /trʌmp/ **I** *n* [1] Games atu *n inv*; karta *f* atutowa, atut *m* also fig; **the ace of ~s** as atutowy [2] infml (reliable man) równy gość *m* infml; (reliable woman) równa babka *f* infml

II trumps *npl* Games atu *n inv*, atut *m*, kolor *m* atutowy; **what's ~s?** co jest atutem?; **spades are ~s** piki są atu

III *vt* [1] Games przebi|ć, -jać atutem *[card]*; wziąć, brać atutem *[trick]* [2] (beat) przebi|ć, -jać *[offer, person, rival]*

IDIOMS: **to come** or **turn up ~s** spisać się na medal

trump[2] /trʌmp/ *n* Mus arch or liter trąba *f*; **the last ~** trąby Sądu Ostatecznego

trump card *n* (card) karta *f* atutowa; fig (advantage) atut *m* fig; **to hold all the ~s** mieć wszystkie atuty w ręku; **to play one's ~** zagrać atutem; fig wykorzystać swój atut

trumped-up /ˌtrʌmptˈʌp/ *adj [charge, trial]* sfingowany; *[doctor, lawyer]* rzekomy

trumpery /ˈtrʌmpərɪ/ **I** *n* [1] (trinket) bibeloty *m pl*, błyskotki *f pl* [2] (nonsense) bzdury *f pl*

II *adj* [1] (showy) *[furniture, goods]* efekciarski [2] (useless) *[sum, excuses]* marny

trumpet /ˈtrʌmpɪt/ **I** *n* [1] Mus (instrument) trąbka *f*; (person) trębacz *m*; **Woody Shaw on ~** Woody Shaw na trąbce; **to play the ~** grać na trąbce [2] (elephant call) trąbienie *n*; **to give a ~** zatrąbić [3] liter (of daffodil) kielich *m* (rurkowaty)

II *modif* **~ solo** solo na trąbce; **~ concerto** koncert na trąbkę; **~ call** sygnał trąbki; fig wezwanie

III *vt* rozgł|osić, -aszać; roztrąbić (coś), trąbić o (czymś) infml *[victory, success]*; wychwalać *[lifestyle]*

IV *vi [elephant]* za|trąbić; **the sound of elephants ~ing** trąbienie słoni

IDIOMS: **to blow one's own ~** chełpić się, chwalić się

trumpeter /ˈtrʌmpɪtə(r)/ *n* trębacz *m*

trumpeter swan *n* łabędź *m* trębacz

trumpeting /ˈtrʌmpɪtɪŋ/ *n* trąbienie *n*

trumpet major *n* trębacz *m* pułkowy

trumpet player *n* trębacz *m*

truncate /trʌŋˈkeɪt, US ˈtrʌŋ-/ *vt* [1] ścią|ć, -nać wierzchołek (czegoś) *[cone, pyramid]*; skr|ócić, -acać *[process, journey, event]*; okr|oić, -awać *[text]*; przyci|ąć, -nać *[beam]* [2] Math, Comput obci|ąć, -nać

truncated /trʌŋˈkeɪtɪd, US ˈtrʌŋ-/ *adj* [1] *[process, journey]* skrócony; *[text]* okrojony; *[pyramid]* ścięty; *[beam]* przycięty [2] Math, Comput obcięty

truncation /ˌtrʌŋˈkeɪʃn/ *n* [1] (of text, process) skrócenie *n* [2] (of word) obcięcie *n*; (terminal) katalaksja *f* [3] Math, Comput obcięcie *n*

truncheon /ˈtrʌntʃən/ *n* pałka *f*

trundle /ˈtrʌndl/ **I** *vt* toczyć *[barrow, trolley]*; **to ~ sth in/out** wtoczyć/wytoczyć coś

II *vi [vehicle]* toczyć się; **the lorries were trundling up and down the street** ulicą przetaczały się ciężarówki; **he ~d off to the station** infml hum potoczył się na dworzec infml hum

trundle-bed /ˈtrʌndlbed/ *n* US łóżko *n* wysuwane

trunk /trʌŋk/ **I** *n* [1] (of tree) pień *m*; (of body) tułów *m* [2] (of elephant) trąba *f* [3] (for travel) kufer *m* [4] US (car boot) bagażnik *m* [5] (duct) kanał *m*; (shaft) szyb *m*

II trunks *npl* (also **swimming ~s**) spodenki *plt* kąpielowe, kąpielówki *plt*

trunk call *n* dat połączenie *n* międzymiastowe

trunking /ˈtrʌŋkɪŋ/ *n* system *m* kanałów

trunk line *n* [1] Transp magistrala *f* [2] Telecom linia *f* międzymiastowa

trunk road *n* Transp arteria *f*

trunnion /ˈtrʌnjən/ *n* czop *m (łożyska, zawieszenia)*

truss /trʌs/ **I** *n* [1] (of hay, flowers) wiązka *f*; (of fruit) kiść *f* [2] Med pas *m* przepuklinowy [3] Constr kratownica *f*

II *vt* [1] (bind) = **truss up** [2] Constr op|rzeć, -ierać na kratownicy *[bridge, roof]*

■ **truss up**: **~ up [sth]** obwiąz|ać, -ywać *[chicken]*; z|wiązać *[person]*; po|wiązać *[hay]*

trust /trʌst/ **I** *n* [1] (faith) zaufanie *n*; **to betray his ~** zawieść jego zaufanie; **a breach of ~** nadużycie zaufania; **a position of ~** odpowiedzialne stanowisko; **to have (complete) ~ in sb** mieć (pełne) zaufanie do kogoś; **to have ~ in sth** polegać na czymś; **to put/place one's ~ in sb** obdarzać kogoś zaufaniem/pokładać zaufanie w kimś; **to gain sb's ~** zyskać zaufanie kogoś [2] Jur (set up by donor, testator) (arrangement) zarząd *m* powierniczy; (property) majątek *m* powierniczy; **to set up a ~ for sb** ustanowić zarząd powierniczy na rzecz kogoś; **to hold sth in ~ for sb** zarządzać czymś powierniczo w imieniu kogoś; **to leave a sum in ~ for sb** przekazać pewną kwotę pod zarząd powierniczy na rzecz kogoś [3] Fin (group of companies) trust *m* [4] Fin → **investment trust**

II *vt* [1] (believe) za|ufać (komuś/czemuś) *[person, judgment]*; **who can we ~?** komu możemy zaufać? [2] (rely on) za|ufać (komuś/czemuś) *[person, promise]*; polegać na (czymś) *[device, method]*; **she's not to be ~ed** jej nie można ufać; **~ me** zaufaj mi; **they ~ each other** mają do siebie zaufanie; **to ~ sb to do sth** uwierzyć, że ktoś zrobi coś; **~ her!** (amused or annoyed) zaufaj tu takiej!; **I wouldn't ~ him anywhere near my car** nie pozwoliłbym mu zbliżyć się do mojego samochodu; **she doesn't ~ air travel** ona boi się podróżować samolotem; **children cannot be ~ed with matches** nie można zostawiać zapałek w rękach dzieci [3] (entrust) **to ~ sb with sth** powierz|yć, -ać komuś coś; **I would ~ you with my life** mam do ciebie bezgraniczne zaufanie [4] (hope) mieć nadzieję; ufać ra **(that... że...)**; **I ~ not/so** mam nadzieję, że nie/że tak

III *vi* **to ~ in sb/sth** zaufać komuś /czemuś *[person, fortune]*; **to ~ to sth** zaufać czemuś *[luck, memory, instinct]*; **to ~ in God** pokładać nadzieję w Bogu

IV trusted *pp adj [friend, servant]* zaufany; *[method]* niezawodny, pewny; **a ~ed colleague** dobry kolega

V *vr* **to ~ oneself to do sth** wierzyć, że coś się potrafi zrobić; **I couldn't ~ myself not to cry** obawiałem się, że nie będę w stanie powstrzymać się od płaczu; **I couldn't ~ myself to speak** bałem się otworzyć usta

IDIOMS: **to take sth on ~** przyjąć coś na wiarę; **you'll have to take it on ~** będziesz musiał uwierzyć na słowo; **I wouldn't ~ him further than I could throw him** nie mam do niego za grosz zaufania

trust account *n* rachunek *m* powierniczy

trustbuster /ˈtrʌstbʌstə(r)/ *n* US *urzędnik federalny działający na mocy prawa antytrustowego*

trust company *n* spółka *f* powiernicza

trust deed *n* umowa *f* powiernicza

trustee /trʌsˈtiː/ *n* [1] (who administers property in trust) powiernik *m* [2] (board member) członek *m* zarządu **(of sth** czegoś**)** [3] Pol (of trust territory) państwo *n* sprawujące powiernictwo

trusteeship /trʌsˈtiːʃɪp/ *n* [1] (of inheritance) powiernictwo *f*; **~ of sth** zarządzanie czymś [2] Pol (of territory) powiernictwo *n*; **to be under the ~ of the UN** być terytorium powierniczym ONZ

trustful /ˈtrʌstfl/ *adj* = **trusting**

trust fund *n* fundusz *m* powierniczy

trusting /ˈtrʌstɪŋ/ *adj [person, nature]* ufny

trust instrument *n* dokument *m* ustanawiający powiernictwo

trust territory *n* terytorium *n* powiernicze

trustworthiness /ˈtrʌstwɜːðɪnɪs/ *n* (of company, source, evidence) wiarygodność *f*; (of employee) solidność *f*

trustworthy /ˈtrʌstwɜːðɪ/ *adj [person, staff]* godny zaufania; *[source, witness]* wiarygodny; *[firm, company]* solidny, wiarygodny

trusty /ˈtrʌstɪ/ **I** *n* więzień *m* uprzywilejowany, więźniarka *f* uprzywilejowana

II *adj* hum dat wierny hum

truth /truːθ/ *n* [1] (real facts) **the ~** prawda *f* **(about sb/sth** o kimś/czymś**)**; **to face the ~** spojrzeć prawdzie w oczy; **to tell the ~** mówić prawdę; **the whole ~** cała prawda; **'to tell the ~, the whole ~ and nothing but the ~'** Jur „mówić prawdę, całą prawdę i tylko prawdę"; **the ~ is beginning to dawn** zaczyna wyłaniać się prawdziwy obraz; **in ~** fml w istocie rzeczy; **the ~ is that...** prawda wygląda tak, że...; **~ to tell** prawdę mówiąc; **whatever the ~ of the matter** jak by nie było; **to tell you the ~, I've no idea** infml prawdę mówiąc, nie mam pojęcia; **nothing could be further from the ~** to oczywista nieprawda; **I can't take one more day of this, and that's the ~!** infml dłużej już tego nie zniosę i tyle! infml [2] (accuracy) (of alibi, statement, representation) prawdziwość *f* **(of sth** czegoś); **to confirm/deny the ~ of sth** potwierdzić prawdziwość czegoś/zaprzeczyć prawdziwości czegoś [3] Philos, Relig prawda *f*; **a universal ~** prawda uniwersalna [4] (foundation) **there is no ~ in that** nie ma w tym za grosz prawdy; **there is not a word** or **shred of ~ in that** nie ma w tym słowa or ani krzty prawdy; **there's a grain of ~ in that** tkwi w tym ziarno prawdy; **there is some/a great deal of ~ in that** jest w tym nieco/sporo prawdy

IDIOMS: **~ will out** prawda wyjdzie na jaw; **~ is stranger than fiction** rzeczywistość przerasta fikcję; **to tell sb a few home ~s** powiedzieć komuś kilka słów prawdy

truth drug *n* serum *n* prawdy

truthful /ˈtru:θfl/ *adj [person]* prawdomówny, szczery; *[account, version]* prawdziwy; **to be absolutely** or **perfectly ~** być całkowicie szczerym; **give me a ~ answer** odpowiedz mi szczerze; **are you being ~ with me?** czy jesteś ze mną szczery?

truthfully /ˈtru:θfəlɪ/ *adv [answer, testify]* zgodnie z prawdą; **~, I don't know what happened** prawdę mówiąc, nie wiem co się stało

truthfulness /ˈtru:θflnɪs/ *n* (of person) prawdomówność *f*; (of account) prawdziwość *f*

truth serum *n* = **truth drug**

truth value *n* Philos wartość *f* logiczna

try /traɪ/ **I** *n* [1] (attempt) próba *f*; **after three /a few tries** po trzech/kilku próbach; **to have a ~ at doing sth** spróbować zrobić coś; **I'll give it a ~** spróbuję; **to have a ~ at the question** spróbować odpowiedzieć na pytanie; **I had a ~ at water skiing** próbowałem pływać na nartach wodnych; **it's worth a ~** warto spróbować; **nice ~, but...** iron wszystko to pięknie, ale... iron; **to have a good ~** bardzo się starać [2] Sport (in rugby) przyłożenie *n*; **to score a ~** zdobyć punkty z przyłożenia

II *vt* (*pt, pp* **tried)** [1] (attempt) s|próbować odpowiedzieć na (coś) *[exam question]*; **to ~ doing** or **to do sth** próbować zrobić coś; **~ telling that to the judge/my wife!** iron powiedz to sędziemu/mojej żonie! iron; **to ~ hard to do sth** bardzo starać się zrobić coś; **to ~ one's hardest** or **best to do sth** starać się ze wszystkich sił zrobić coś; **to ~ one's luck with sth** spróbować szczęścia w czymś; **it's ~ing to rain/snow** zanosi się na deszcz/śnieg [2] (test out) wypróbow|ać, -ywać *[method, recipe, person]*; s|próbować (czegoś) *[different solution, approach, plan]*; *[thief]* s|próbować otworzyć *[door, window]*; przekręc|ić, -ać *[door knob]*; **she tried the back door** próbowała otworzyć tylne drzwi; **let's ~ the table in a different position** spróbujmy inaczej ustawić stół; **we tried the scene through several times** Theat próbowaliśmy tę scenę kilka razy; **have you tried sleeping pills?** czy próbowałeś brać środki nasenne?; **you should ~ it for yourself** sam powinieneś to wypróbować; **to ~ one's hand at pottery/weaving** spróbować swoich sił w garncarstwie/tkactwie; **to ~ sth on sb/sth** sprawdzić na kimś/czymś coś *[idea, possiblity]*; dać komuś/czemuś coś do spróbowania *[food]*; **~ the meat on the dog** zobacz, czy pies zje to mięso; **~ that for size** or **length** sprawdź, czy pasuje; **I'll ~ anything once** wszystkiego trzeba kiedyś spróbować; **'I bet you don't know the answer' – '~ me!'** „na pewno nie znasz odpowiedzi" – „założymy się?" [3] (taste, sample) s|próbować *[food, wine]*; s|kosztować (czegoś) liter; **~ a piece/the carrots** spróbuj kawałek/marchewkę; **go on, ~ some** proszę bardzo, skosztuj [4] (consult) za|pytać *[person]*; sprawdz|ić, -ać w (czymś) *[book]*; **~ the library/the house next door** zapytaj w bibliotece/w sąsiednim domu; **we tried all the shops** pytaliśmy we wszystkich sklepach; **~ the encyclopaedia** sprawdź w encyklopedii [5] (subject to stress) wystawi|ć, -ać na próbę *[patience, tolerance]*; **to ~ sb's patience to the very limit** wystawić cierpliwość kogoś na ciężką próbę; **my patience has been sorely tried** moja cierpliwość jest na wyczerpaniu [6] Jur rozpat|rzyć, -rywać *[case]*; o|sądzić *[criminal]*; **to ~ sb for murder/fraud** sądzić kogoś za morderstwo/oszustwo

III *vi* (*pt, pp* **tried)** [1] s|próbować; **you didn't even ~** nawet nie spróbowałeś; **you must ~ harder** musisz się bardziej starać; **please ~ to be home by eleven o'clock** postaraj się być w domu o jedenastej; **to ~ again** (to perform task) spróbować jeszcze raz or ponownie; (to see somebody) przyjść później; (to phone) zadzwonić później; **to ~ and do sth** spróbować zrobić coś; **~ and relax** spróbuj się odprężyć; **to ~ for sth** starać się o coś *[loan, university place, promotion]*; próbować pobić *[world record]*; **we have tried for a baby** staraliśmy się mieć dziecko; **just you ~!** (as threat) tylko spróbuj!; **just let him ~!** niech sam spróbuje!; **keep ~ing!** nie rezygnuj!; **I'd like to see you ~!** iron chciałbym to widzieć! iron; **she did it without even ~ing!** zrobiła to bez najmniejszego wysiłku; **at least you tried** przynajmniej starałeś się [2] (enquire) s|pytać; **I've tried at the news agent's** pytałem w kiosku

■ **try on**: **~ on [sth], ~ [sth] on** przymierz|yć, -ać *[dress, hat]*; **to ~ it on** infml fig blefować; **don't ~ anything on with me** infml nie próbuj ze mną żadnych sztuczek infml; **to ~ it on with sb's husband/wife** infml podrywać męża/żonę komuś infml

■ **try out**: ¶ **~ out** *[player]* brać udział w sprawdzianie; *[actor]* uczestniczyć w przesłuchaniach; **to ~ out for sth/sb** *[player]* starać się dostać do czegoś *[team]*; *[actor]* ubiegać się o rolę kogoś *[Othello, Don Juan]* ¶ **~ out [sth], ~ [sth] out** wypróbow|ać, -ywać *[machine, recipe, theory, drug]* **(on sth/sb** na czymś/kimś) ¶ **~ out [sb], ~ [sb] out** wystawi|ć, -ać na próbę; Sport wy|próbować *[new player]*

IDIOMS: **these things are sent to ~ us** hum cierpienie uszlachetnia hum iron

trying /ˈtraɪɪŋ/ *adj [person]* męczący; *[week, experience, task]* ciężki; **it's all terribly ~** to jest strasznie denerwujące

try-on /ˈtraɪɒn/ *n* infml **it's a ~** to blef

try-out /ˈtraɪaʊt/ *n* [1] Sport sprawdzian *m* kwalifikacyjny; **she's having a ~ with a professional team** sprawdza w drużynie zawodowej, na co ją stać; **we gave him a ~** przyjęliśmy go na próbę [2] US Theat (of actor) przesłuchanie *n*; (of play) przedstawienie *n* przedpremierowe

tryst /trɪst/ *n* liter schadzka *f* liter

tsar /zɑ:(r)/ *n* car *m*

tsarevitch /ˈzɑ:rəvɪtʃ/ *n* carewicz *m*

tsarina /zɑ:ˈri:nə/ *n* (ruler) carowa *f*, caryca *f*, cesarzowa *f*; (wife) carowa *f*, cesarzowa *f*

tsarism /ˈzɑ:rɪzəm/ *n* carat *m*

tsarist /ˈzɑ:rɪst/ *adj* carski

TSE *n* = **transmissible spongiform encephalopathy** pasażowalna encefalopatia *f* gąbczasta, TSE *f inv*

tsetse fly /ˈtsetsɪ flaɪ/ *n* mucha *f* tse-tse

T-shaped /ˈti:ʃeɪpt/ *adj* w kształcie litery T

T-shirt /ˈti:ʃɜ:t/ *n* koszulka *f* bawełniana; T-shirt *m* infml

tsp *n* = **teaspoonful**

T-square /ˈti:skweə(r)/ *n* przykładnica *f*

TSS *n* → **toxic shock syndrome**

tsunami /tsu:ˈnɑ:mɪ/ *n* tsunami *n inv*

TT *adj* = **teetotal**

tub /tʌb/ *n* [1] (large) (for flowers) donica *f*; (for water) ceber *m*; (for washing clothes) balia *f*; (small) (for ice cream) kubek *m*; (for margarine) pudełko *m* [2] (contents) (of ice cream) kubek *m* **(of sth** czegoś); (of margarine, butter) kostka *f* **(of sth** czegoś) [3] US (bath) wanna *f*; **she's in the ~** ona bierze kąpiel [4] infml (boat) łajba *f* infml

tuba /ˈtju:bə, US ˈtu:-/ *n* Mus tuba *f*

tubal /ˈtju:bl, US ˈtu:-/ *adj* **~ pregnancy** ciąża jajowodowa

tubby /ˈtʌbɪ/ *adj* infml *[person]* przysadzisty

tube /tju:b, US tu:b/ **I** *n* [1] (cylinder) rura *f*; (small) rurka *f* [2] (container for toothpaste, glue) tubka *f*; (large) tuba *f* [3] GB Transp infml **the ~** metro *n* (londyńskie) [4] (in tyre) (also **inner ~**) dętka *f* [5] US infml (TV) **the ~** telewizor *m*; **what's on the ~ tonight?** co dziś w telewizji? [6] Electron lampa *f*; (in TV set) kineskop *m* [7] Fashn (dress) wąska, prosta sukienka *f*

II tubes *npl* Med infml (fallopian) jajowody *m pl*; (bronchial) oskrzela *n pl*; **she's had her ~s tied** ma podwiązane jajowody

III *modif* **~ line/station** linia/stacja metra; **~ ticket** bilet na metro

IDIOMS: **to go down the ~s** infml *[efforts]* pójść na marne; *[plans]* zawalić się infml; *[economy]* zejść na psy infml

tube-feeding /ˈtju:bfi:dɪŋ, US ˈtu:b-/ *n* karmienie *n* przez zgłębnik; karmienie *n* przez rurkę infml

tubeless /ˈtju:blɪs, US ˈtu:b-/ *adj [tyre]* bezdętkowy

tuber /ˈtju:bə(r), US ˈtu:-/ *n* bulwa *f*

tubercle /ˈtju:bəkl, US ˈtu:-/ *n* [1] Med (on bone) guzek *m*; (in lungs) gruzełek *m* [2] Bot bulwa *f*

tubercular /tju:ˈbɜ:kjʊlə(r), US tu:-/ *adj* [1] (of or with tubercles) gruzełkowaty [2] (of or with tuberculosis) gruźliczy

tuberculin /tju:ˈbɜ:kjʊlɪn, US tu:-/ *n* tuberkulina *f*

tuberculin-tested /tju:ˌbɜ:kjʊlɪnˈtestɪd, US tu:-/ *adj [cattle, milk]* przebadany pod kątem gruźlicy

tuberculosis /tju:ˌbɜ:kjʊˈləʊsɪs, US tu:-/ **I** *n* gruźlica *f*; tuberkuloza *f* dat

II *modif [hospital, ward]* przeciwgruźliczy; *[patient]* chory na gruźlicę; **~ sufferer** gruźlik
tuberculous /tjuːˈbɜːkjʊləs, US tuː-/ *adj* [1] (of or with tubercles) gruzełkowaty [2] (of tuberculosis) gruźliczy; *[patient]* chory na gruźlicę
tube top *n* Fashn obcisły top *m* bez ramiączek
tube train *n* metro *n*, kolej *f* podziemna
tubing /ˈtjuːbɪŋ, US ˈtuː-/ *n* rury *f pl*, rurki *f pl*
tub-thumper /ˈtʌbθʌmpə(r)/ *n* krzykacz *m* pej
tub-thumping /ˈtʌbθʌmpɪŋ/ **I** *n* krzykactwo *n* pej
II *adj [orator]* krzykliwy, robiący wiele szumu
tubular /ˈtjuːbjʊlə(r), US ˈtuː-/ *adj [frame, chassis, scaffolding]* rurowy; *[calyx]* rurkowaty; **~ furniture** meble z rurek
tubular bells *npl* Mus dzwony *m pl* rurowe
tubular steel chair *n* krzesło *n* z rurek stalowych
tubule /ˈtjuːbjuːl, US ˈtuː-/ *n* kanalik *m*
TUC *n* → **Trades Union Congress**
tuck /tʌk/ **I** *n* (in sewing) zakładka *f*
II *vt* **to ~ sth between/into/under /behind sth** (of flat object) wsu|nąć, -wać or wł|ożyć, -kładać coś pomiędzy/w/pod/za coś; **to ~ a card into a pocket** wsunąć kartę do kieszeni; **to ~ sb's arm into one's own** wziąć kogoś pod rękę; **to ~ one's shirt into one's trousers** włożyć koszulę do spodni; **to ~ one's trousers into one's boots** wsunąć spodnie do butów; **to ~ one's hands into one's sleeves** schować ręce w rękawy; **to ~ a blanket under sb** wsunąć koc pod kogoś; **to ~ one's hair under one's hat** schować włosy pod kapelusz; **she ~ed her feet up under her** podwinęła nogi pod siebie; **the bird ~ed its head under its wing** ptak wsunął głowę pod skrzydło; **to ~ a flower behind one's ear** zatknąć sobie kwiatek za ucho; **to ~ a blanket around sb** otulić kogoś kocem; **to ~ one's foot behind one's neck** założyć nogę za głowę; **to ~ a revolver into one's waistband** zatknąć rewolwer za pas
III tucked *pp adj* Fashn marszczony, plisowany
■ **tuck away**: ¶ **~ away [sth], ~ [sth] away** [1] (safely, in reserve) s|chować, ukry|ć, -wać *[object]*; odł|ożyć, -kładać w bezpieczne miejsce *[money, valuables]*; **to have £5,000 ~ed away** mieć odłożone 5000 funtów [2] (hard to find) **to be ~ed away** *[object]* być głęboko schowanym; *[person]* siedzieć w ukryciu; *[village]* leżeć na uboczu
■ **tuck in**: ¶ **~ in** (consume) wsu|nąć, -wać infml; **to ~ into a meal** zacząć wcinać infml; **~ in, everybody!** no to wcinamy! infml ¶ **~ in [sth], ~ [sth] in** (into trousers) w|łożyć, -kładać do spodni *[shirt]*; (into skirt) w|łożyć, -kładać do spódnicy *[blouse]*; wsu|nąć, -wać pod materac *[bedclothes]*; **to ~ the chair in** wsunąć krzesło pod stół; **to ~ the flap in** włożyć skrzydełko koperty do środka; **to ~ one's tummy in** wciągnąć brzuch ¶ **~ [sb] in, ~ in [sb]** otul|ić, -ać
■ **tuck up**: **~ up [sb], ~ [sb] up** otul|ić, -ać; **to be ~ed up in bed** leżeć w ciepłym łóżku
tuck box *n* GB Sch dat pudełko *n* na smakołyki *(ucznia w internacie)*
tucker /ˈtʌkə(r)/ *n* Austral, NZ infml (food) żarcie *n* infml
■ **tucker out** infml: **~ [sb] out** wyk|ończyć, -ańczać infml; **to be ~ed out** być wypompowanym infml
IDIOMS: **in one's best bib and ~** w odświętnym ubraniu
tuck jump *n* Sport skok *m* w pozycji kucznej
tuck shop *n* GB Sch sklepik *m* szkolny
Tudor /ˈtjuːdə(r), US ˈtuː-/ **I** *prn* Tudor *m*
II *adj* **~ times/rose** czasy/róża Tudorów
Tue(s) *n* = **Tuesday**
Tuesday /ˈtjuːzdeɪ, -dɪ, US ˈtuː-/ **I** *n* wtorek *m*; **on ~** we wtorek
II *modif* wtorkowy
tufa /ˈtjuːfə, US ˈtuː-/ *n* Geol tuf *m*
tuffet /ˈtʌfɪt/ *n* liter kępka *f*
tuft /tʌft/ *n* (of grass, feathers, hair) kępka *f*; (of cotton, wool, silk) kłaczek *m*
tufted /ˈtʌftɪd/ *adj [grass]* kępkowy; *[bird]* czubaty; *[carpet]* tuftowany
tufted duck *n* Zool czernica *f*
tug /tʌg/ **I** *n* [1] (pull) szarpnięcie *n*; **to give sth a ~** szarpnąć or pociągnąć (za) coś; **the ~ of old habits** fig siła przyzwyczajenia; **to feel a ~ of loyalties** przeżywać wewnętrzne rozdarcie (spowodowane poczuciem lojalności) [2] Naut (also **~ boat**) holownik *m*
II *vt* (*prp, pt, pp* **-gg-**) [1] (pull) szarp|nąć, -ać *[hair, sleeve]*; **the wind ~ged the umbrella out of my hand** wiatr wyszarpnął mi parasol z ręki [2] (drag) po|ciągnąć *[object]* [3] Naut holować *[boat]*
III *vi* (*prp, pt, pp* **-gg-**) **to ~ at** or **on sth** szarpać or ciągnąć za coś; **to ~ at sb's sleeve** szarpać kogoś za rękaw; **to ~ at one's moustache** szarpać wąsa; **to ~ at one's lip** skubać wargę
tug-of-love /ˌtʌgəvˈlʌv/ **I** *n* (*pl* **tugs-of-love**) GB Jur spór *m* o prawo opieki nad dzieckiem *(między rodzicami)*
II *modif* **a ~ child** dziecko, którego rodzice walczą o prawo opieki nad nim; **a ~ case** sprawa o przyznanie opieki nad dzieckiem
tug-of-war /ˌtʌgəvˈwɔː(r)/ *n* (*pl* **tugs-of-war**) [1] Sport przeciąganie *n* liny; **a ~ competition** zawody w przeciąganiu liny [2] fig zażarta rywalizacja *f*
tuition /tjuːˈɪʃn, US tuː-/ *n* [1] (teaching) nauka *f*; **to receive ~** pobierać nauki; **private ~ (in sth)** prywatne lekcje (z czegoś); **to give private ~** udzielać prywatnych lekcji; **under the ~ of sb** pod kierunkiem kogoś [2] US = **tuition fees**
tuition fees *npl* czesne *n*; (for private tuition) opłaty *f pl* za lekcje
tulip /ˈtjuːlɪp, US ˈtuː-/ *n* tulipan *m*
tulip tree *n* tulipanowiec *m*
tulle /tjuːl, US tuːl/ *n* tiul *m*
tum /tʌm/ *n* infml baby talk brzuszek *m* infml
tumble /ˈtʌmbl/ **I** *n* [1] (fall) upadek *m*; **to take a ~** wywrócić się, upaść; fig *[prices, shares]* spadać na łeb, na szyję; *[market]* załamać się; **shares took a 50-point ~** odnotowano pięćdziesięciopunktowy spadek kursu akcji; **a ~ in the hay** igraszki na sianie; **they had a ~ in the hay** zabawiali się na sianie [2] (of clown, acrobat) fikołek *m* infml [3] (jumble) kłębowisko *n*
II *vi* [1] (fall) *[object]* spa|ść, -dać, upa|ść, -dać; *[person]* przewr|ócić, -acać się, wywr|ócić, -acać się; **to ~ several metres** zlecieć kilka metrów; **to ~ out of the boat** wypaść z łodzi; **to ~ out of bed** (rush helter-skelter) wyskoczyć z łóżka; **to ~ over** or **off sth** spaść z czegoś *[cliff, roof]*; **to ~ down the stairs** *[ball, barrel]* sturlać się ze schodów; **to ~ down sth** *[water, stream, waterfall]* spływać kaskadami po czymś; **curls ~d down her shoulders** na ramiona opadały jej loki [2] Fin *[price, share, currency]* spa|ść, -dać na łeb, na szyję [3] (perform acrobatic feats) *[acrobat, clown, child]* fikać koziołki; *[rocket]* koziołkować [4] infml **to ~ to sth** (understand) poj|ąć, -mować *[fact, plan]*
■ **tumble down** *[wall, building]* zawal|ić, -ać się, walić się; **the walls came tumbling down** ściany zawaliły się
■ **tumble out** *[contents]* wypa|ść, -dać; *[words]* płynąć ciurkiem; **all her worries /bitterness came tumbling out** wylała z siebie wszystkie żale/całą gorycz
tumbledown /ˈtʌmbldaʊn/ *adj* walący się
tumble-drier /ˌtʌmblˈdraɪə(r)/ *n* suszarka *f* bębnowa
tumble-dry /ˌtʌmblˈdraɪ/ *vt* wy|suszyć w suszarce (bębnowej); **'do not ~'** „nie suszyć w suszarce"
tumble-dryer *vt* = **tumble-drier**
tumbler /ˈtʌmblə(r)/ *n* [1] (glass) (short) szklaneczka *f*; (long) szklanka *f* [2] (acrobat) akrobat|a *m*, -ka *f* [3] (of lock) zapadka *f* [4] (drier) suszarka *f* bębnowa
tumbler drier *n* = **tumble-drier**
tumblerful /ˈtʌmbləfʊl/ *n* szklanka *f* (**of sth** czegoś)
tumbler pigeon *n* gołąb *m* koziołkujący, fajfer *m*
tumbleweed /ˈtʌmblwiːd/ *n* (amaranth) szarłat *m*; (any plant) *roślina oderwana od podłoża i niesiona przez wiatr*
tumbling /ˈtʌmblɪŋ/ **I** *n* Sport gimnastyka *f* akrobatyczna
II *adj [water]* spadający kaskadą; fig *[prices, shares]* spadający; **a mass of ~ curls** burza loków fig
tumbrel /ˈtʌmbrəl/ *n* wóz *m* dwukołowy *(ze skrzynią przechylną)*
tumbril *n* = **tumbrel**
tumefaction /ˌtjuːmɪˈfækʃn, US ˌtuː-/ *n* obrzmienie *n*, nabrzmienie *n*
tumescence /tjuːˈmesns, US tuː-/ *n* obrzmienie *n*, nabrzmienie *n*
tumescent /tjʊˈmesnt/ *adj* obrzmiały
tumid /ˈtjuːmɪd, US ˈtuː-/ *adj* [1] *[body part]* nabrzmiały, opuchnięty [2] fig *[style]* napuszony, bombastyczny
tummy /ˈtʌmɪ/ *n* infml baby talk brzuszek *m* infml
tummyache /ˈtʌmɪeɪk/ *n* infml ból *m* brzucha
tummy tuck *n* infml korekcja *f* brzucha; **to have a ~** mieć operację plastyczną brzucha
tumour GB, **tumor** US /ˈtjuːmə(r), US ˈtuː-/ *n* guz *m*; **secondary ~** przerzut

T

tumuli /ˈtju:mjʊlaɪ/ *npl* → **tumulus**
tumult /ˈtju:mʌlt, US ˈtu:-/ *n* [1] (noisy chaos) tumult *m*, wrzawa *f*; **the house/meeting was in ~** w domu panował rwetes/na zebraniu zapanowała wrzawa; **the ~ of the battle** zgiełk bitewny [2] (disorder) zamieszanie *n*; **my thoughts were in ~** myśli kłębiły mi się w głowie
tumultuous /tju:ˈmʌltjʊəs, US ˈtu:-/ *adj [meeting, applause, protest, period]* burzliwy; *[crowd, emotions]* wzburzony
tumultuously /tju:ˈmʌltjʊəslɪ, US tu:-/ *adv [greet, cheer]* żywiołowo; *[protest]* gwałtownie
tumulus /ˈtju:mjʊləs/ *n* (*pl* **-li**) tumulus *m*, kurhan *m*
tun /tʌn/ *n* (cask) beka *f*; (fermentation vat) kadź *f* fermentacyjna
tuna /ˈtju:nə, US ˈtu:-/ **I** *n* (*pl* **~, ~s**) Zool, Culin tuńczyk *m*
II *modif* **~ fishing** połów tuńczyka; **~ salad** sałatka z tuńczyka; **~ sandwich** kanapka z tuńczykiem
tuna fish *n* Culin tuńczyk *m*
tundra /ˈtʌndrə/ *n* tundra *f*
tune /tju:n, US tu:n/ **I** *n* [1] Mus melodia *f*; **to dance to the ~ of sth** tańczyć w rytm czegoś; **to sing sth to the ~ of sth** śpiewać coś na melodię czegoś [2] (accurate pitch) strój *m*; **to be in/out of ~** być nastrojonym/rozstrojonym; fig współgrać /nie współgrać; **to be in/out of ~ with sth** Mus być dostrojonym/nie być dostrojonym do czegoś; fig (in agreement, disagreement) przystawać/nie przystawać do czegoś; (knowing, not knowing) być świadomym/nieświadomym czegoś; **to sing in/out of ~** śpiewać czysto/fałszować; **an out-of-~ piano** rozstrojony fortepian [3] infml (amount) **to the ~ of sth** w wysokości czegoś; **to be in debt to the ~ of £50,000** mieć długi/koszty w wysokości 50 000 funtów
II *vt* nastr|oić, -ajać, stroić *[musical instrument]*; dostr|oić, -ajać *[radio, TV, signal]*; wy|regulować *[engine]*; **to ~ the radio to sth** nastawić radio na coś; **stay ~d!** zostańcie (państwo) z nami!
■ **tune in**: ¶ **~ in** włącz|yć, -ać odbiornik; **to ~ in to sth** (listen) słuchać czegoś; (watch) oglądać coś *[programme]*; nastawić odbiornik na coś *[channel]* ¶ **~ [sth] in** nastawi|ć, -ać (**to sth** na coś)
■ **tune out** US infml: ¶ **~ out** wyłącz|yć, -ać się infml ¶ **~ [sb] out** z|ignorować
■ **tune up**: ¶ *[musician]* nastr|oić, -ajać instrument; *[orchestra]* nastr|oić, -ajać instrumenty ¶ **~ up [sth], ~ [sth] up** nastr|oić, -ajać *[musical instrument]*; wy|regulować *[engine]*
IDIOMS: **to call the ~** grać pierwsze skrzypce; **to change one's ~, to sing a different ~** zacząć inaczej śpiewać; **we have to dance to their ~** musimy tańczyć, jak nam zagrają
tuneful /ˈtju:nfl, US ˈtu:-/ *adj* melodyjny
tunefully /ˈtju:nfəlɪ, US ˈtu:-/ *adv* melodyjnie
tuneless /ˈtju:nlɪs, US ˈtu:-/ *adj [song]* niemelodyjny; *[sound]* fałszywy
tunelessly /ˈtju:nlɪslɪ, US ˈtu:-/ *adv [sing, whistle]* fałszywie
tuner /ˈtju:nə(r), US ˈtu:-/ *n* [1] Mus stroiciel *m*, -ka *f*; **organ/piano ~** stroiciel organów/fortepianów [2] Audio (unit) tuner *m*; (knob) regulator *m* strojenia
tuner amplifier *n* amplituner *m*, tuner *m* ze wzmacniaczem
tungsten /ˈtʌŋstən/ **I** *n* wolfram *m*
II *modif [filament, steel]* wolframowy
tunic /ˈtju:nɪk, US ˈtu:-/ *n* [1] (classical, fashion, for gym) tunika *f* [2] (uniform) (for nurse, schoolgirl) fartuch *m*; (for policeman, soldier) bluza *f* mundurowa ze stójką
tuning /ˈtju:nɪŋ, US ˈtu:-/ **I** *n* (of musical instrument, radio) strojenie *n*; (of engine) regulacja *f*; (of car) tuning *m*
II *modif* [1] Mus *[key, pin]* do naciągania strun [2] Audio, TV **~ dial/knob** pokrętło /gałka strojenia
tuning fork *n* Mus kamerton *m*
Tunis /ˈtju:nɪs/ *prn* Tunis *m*
Tunisia /tju:ˈnɪzɪə, US tu:-/ *prn* Tunezja *f*
Tunisian /tju:ˈnɪzɪən, US tu:-/ **I** *n* Tunezyj|czyk *m*, -ka *f*
II *adj* tunezyjski
tunnel /ˈtʌnl/ **I** *n* tunel *m*; **to use a ~** *[train]* przejeżdżać przez tunel
II *vt* (*prp, pt, pp* **-ll-** GB, **-l-** US) wy|drążyć *[passage, hole]*; **to ~ a route** prowadzić drogę tunelem; **to ~ one's way through sth** *[person]* przekopywać się przez coś; **the river ~s its way through the rock** rzeka drąży tunel w skale
III *vi* (*prp, pt, pp* **-ll-** GB, **-l-** US) drążyć tunel; *[rabbit]* drążyć korytarz podziemny
IDIOMS: **to see (the) light at the end of the ~** widzieć światło w tunelu
tunnel effect *n* zjawisko *n* tunelowe
tunnel vision *n* [1] Med widzenie *n* lunetowe [2] fig **to have ~** mieć klapki na oczach fig
tunny /ˈtʌnɪ/ *n* = **tuna**
tuppence /ˈtʌpəns/ *n* GB dwa pensy *m pl*; **it's not worth ~** infml to nie jest warte złamanego grosza
IDIOMS: **I don't care ~ for sb/sth** ktoś/coś guzik mnie obchodzi infml
tuppenny /ˈtʌpənɪ/ *adj* = **twopenny**
tuppeny-ha'penny /ˌtʌpənɪˈheɪpənɪ/ *adj* GB infml pej lichy pej
turban /ˈtɜ:bən/ *n* turban *m*, zawój *m*
turbaned /ˈtɜ:bənd/ *adj* w turbanie, w zawoju
turbid /ˈtɜ:bɪd/ *adj* liter [1] *[river, stream]* mętny; *[cloud]* mglisty [2] fig *[images, thoughts]* mglisty
turbidity /tɜ:ˈbɪdətɪ/ **I** *n* [1] (of river, water) mętność *f*, zmętnienie *n* [2] fig mglistość *f*
II *modif [current]* zawiesinowy
turbine /ˈtɜ:baɪn/ *n* turbina *f*; **gas/steam ~** turbina gazowa/parowa
turbo /ˈtɜ:bəʊ/ *n* (engine) silnik *m* turbo, silnik *m* z turbosprężarką; (car) samochód *m* z silnikiem turbo
turbocharged /ˌtɜ:bəʊˈtʃɑ:dʒd/ *adj* **~ engine/car** silnik/samochód z turbosprężarką
turbocharger /ˈtɜ:bəʊtʃɑ:dʒə(r)/ *n* turbosprężarka *f*
turbofan /ˈtɜ:bəʊfæn/ *n* turbodmuchawa *f*
turbogenerator /ˌtɜ:bəʊˈdʒenəreɪtə(r)/ *n* turbogenerator *m*
turbojet /ˈtɜ:bəʊdʒet/ **I** *n* turboodrzutowiec *m*
II *modif [plane]* turboodrzutowy
turboprop /ˈtɜ:bəʊprɒp/ **I** *n* turbośmigłowiec *m*
II *modif [plane]* turbośmigłowy
turbot /ˈtɜ:bət/ **I** *n* (*pl* **~, ~s**) turbot *m*, skarp *m*
II *modif* **~ dish** danie z turbota; **~ fishing** połów turbotów
turbotrain /ˈtɜ:bəʊtreɪn/ *n* pociąg *m* turbinowy
turbulence /ˈtɜ:bjʊləns/ *n* [1] Meteorol, Tech turbulencja *f* [2] (political, cultural, in economics) zawirowania *n pl*; (social, public) wzburzenie *n*, niepokoje *n pl*
turbulent /ˈtɜ:bjʊlənt/ *adj* [1] *[water, waves]* wzburzony; *[flow, air current]* turbulentny [2] *[times, career, history]* burzliwy; *[situation, times]* niespokojny; *[mood, group, character]* (causing unrest) buntowniczy
turbulently /ˈtɜ:bjʊləntlɪ/ *adv* (violently) burzliwie; (riotously) buntowniczo
turd /tɜ:d/ *n* [1] infml (faeces) balas *m*, balasek *m* infml [2] vulg (person) gnojek *m*, dupek *m* vinfml pej
tureen /təˈri:n/ *n* waza *f*
turf /tɜ:f/ **I** *n* (*pl* **~s, turves**) [1] (grass) darń *f*; (peat) torf *m*; (piece of peat) bryła *f* torfu; **to lay ~** darniować [2] (horseracing) **the ~** wyścigi *m pl* konne [3] infml (territory) (of gang) teren *m*; (of prostitute) rejon *m*; **they won on home ~** Sport wygrali na własnym boisku
II *vt* [1] pokry|ć, -wać darnią, darniować *[lawn, patch, pitch]* [2] infml (throw) **~ that dog off the sofa** zrzuć tego psa z kanapy
■ **turf out**: **~ out [sb/sth], ~ [sb/sth] out** wyrzuc|ić, -ać
turf accountant *n* bukmacher *m*
turf war *n* wojna *f* terytorialna (gangów); fig wojna *f* o wpływy fig
Turgenev /tɜ:ˈgeɪnjev/ *prn* Turgieniew *m*
turgid /ˈtɜ:dʒɪd/ *adj* fml *[limb]* obrzmiały; *[style]* napuszony, górnolotny; *[prose]* podniosły; liter *[water]* wezbrany
turgidity /tɜ:ˈdʒɪdətɪ/ *n* (of limb) obrzmienie *n*; (of style) napuszoność *f*, górnolotność *f*; (of prose) podniosłość *f*
Turin /tjʊˈrɪn/ *prn* Turyn *m*
Turin shroud *n* całun *m* turyński
Turk /tɜ:k/ *n* [1] (person) Tur|ek *m*, -czynka *f* [2] infml pej (brute) okrutnik *m* → **Young Turk**
turkey /ˈtɜ:kɪ/ *n* [1] Culin indyk *m* [2] US Theat, Cin infml pej (failure) klapa *f* infml; (bad film) chała *f* infml [3] US infml (person) bęcwał *m* infml pej
IDIOMS: **to talk ~** infml mówić bez ogródek
Turkey /ˈtɜ:kɪ/ *prn* Turcja *f*
turkey buzzard *n* urubu *m inv* różowogłowy
turkey cock *n* [1] (bird) indor *m* [2] infml (young man) pyszałek *m*, bufon *m*
turkey trot *n* Hist *taniec towarzyski w rytmie ragtime'u*
turkey vulture *n* = **turkey buzzard**
Turkish /ˈtɜ:kɪʃ/ **I** *n* Ling (język *m*) turecki *m*
II *adj* turecki
Turkish bath *n* łaźnia *f* turecka
Turkish coffee *n* kawa *f* po turecku
Turkish delight *n* rachatłukum *n inv*
Turkish tobacco *n* tytoń *m* turecki
Turkish towel *n* ręcznik *m* frotté

Turkish towelling *n* tkanina *f* frotté na ręczniki

Turkmen /ˈtɜːkmən/ **I** *n* 1 (inhabitant) Turkmen *m*, -ka *f* 2 Ling (język *m*) turkmeński *m*
II *adj* turkmeński

Turkmenistan /ˌtɜːkmenɪˈstɑːn/ *prn* Turkmenistan *m*

Turkoman /ˈtɜːkəʊmən/ **I** *n* 1 (person) Turkmen *m*, -ka *f* 2 Ling (język *m*) turkmeński *m*
II *adj* turkmeński

turmeric /ˈtɜːmərɪk/ *n* 1 Bot ostryż *m*, kurkuma *f* 2 (spice) kurkuma *f*, szafran *m* indyjski

turmoil /ˈtɜːmɔɪl/ *n* (political) wrzawa *f*; (emotional) podniecenie *n*; **the ~s of war** zawierucha wojenna; **a revolutionary ~** wrzenie rewolucyjne; **the country is in ~** w kraju panuje wrzenie; **my mind was in ~** nie mogłem zebrać myśli; **to throw sth into ~** wprowadzić zamieszanie do czegoś *[management, company]*; zdezorganizować coś *[life]*

turn /tɜːn/ **I** *n* 1 (opportunity, in rotation) kolej *f*; **to wait one's ~** czekać na swoją kolej; **it's my ~** teraz moja kolej; **whose ~ is it?** czyja (teraz) kolej?; **'miss a ~'** „tracisz kolejkę"; **it's your ~ to make the coffee** teraz twoja kolej na zrobienie kawy; **it was his ~ to feel rejected** teraz on z kolei czuł się odrzucony; **to have a ~ at** or **on** or **with the computer** korzystać z komputera po kolei; **it was my ~ at driving when...** ja prowadziłem, kiedy...; **to take ~s at doing sth, to take it in ~s to do sth** robić coś na zmianę, zmieniać się przy robieniu czegoś; **to do sth ~ and ~ about** robić coś na zmianę; **take it in ~s!** po kolei!; **by ~s** na przemian, na zmianę; **to feel happy and depressed by ~s** być na zmianę szczęśliwym i przygnębionym; **to speak out of ~** fig odezwać się nie w porę; wyrwać się jak filip z konopii infml; **I hope I haven't spoken out of ~** mam nadzieję, że nie powiedziałem niczego niestosownego 2 (circular movement) obrót *m*; **to give sth a ~** przekręcić or obrócić coś; **to give sth half a ~ to the left** przekręcić coś o pół obrotu w lewo; **to do a ~** *[dancer]* zrobić obrót; **to take a ~ in the park** przejść się po parku 3 (in vehicle, on ski) skręt *m*; **a 90° ~** skręt o 90°; **to make** or **do a right/left ~** skręcić w prawo/lewo; **to do a ~ in the road** zawracać na drodze; **'no right ~'** „zakaz skrętu w prawo" 4 (bend) zakręt *m*; **there's a left ~ ahead** zaraz będzie zakręt w lewo; **brake before you go into the ~** zwolnij przed zakrętem; **take the next left ~, take the next ~ on the left** skręcić w pierwszą (drogę) w lewo 5 (change, development) obrót *m*; (in weather) zmiana *m*; **the ~ of events** obrót spraw; **this is an extraordinary ~ of events** sprawy przybrały nieoczekiwany obrót; **to take an encouraging/a worrying ~** *[events]* przybrać pomyślny/niepomyślny obrót; **to take a ~ for the better** *[situation, things, events]* zmienić się na lepsze; *[person]* poczuć się lepiej; **to take a ~ for the worse** *[situation]* zmienić się na gorsze; *[health]* pogorszyć się; **she has taken a ~ for the worse** jej stan pogorszył się; **to be on the ~** *[milk]* kwaśnieć; *[luck]* odwracać się fig; *[tide]* zmieniać się; **at the ~ of the century** na przełomie wieków or wieku 6 GB infml (attack) atak *m*; **she's had one of her ~s again** znowu miała atak; **a dizzy** or **giddy ~** zawroty głowy; **to have a funny ~** poczuć się dziwnie; **it gave me quite a ~, it gave me a nasty ~** to był dla mnie prawdziwy szok 7 (act) numer *m*; **a comic /variety ~** zabawny numer/numer z variétés; **to do a/one's ~** wystąpić
II in turn *adv phr* 1 (in rotation) *[answer, speak]* po kolei; **she spoke to each of us in ~** rozmawiała z każdym z nas po kolei 2 (linking sequence) z kolei; **this in ~ leads to higher inflation** to z kolei prowadzi do wyższej inflacji; **I invited Adam who in ~ invited Robert** zaprosiłem Adama, a on z kolei zaprosił Roberta
III *vt* 1 (rotate) *[person, mechanism]* przekręc|ić, -ać, obr|ócić, -acać *[knob, screw, handle, wheel]*; **to ~ sth to the right/left** przekręcić coś w prawo/w lewo; **to ~ sth to 'on'/'off'** włączyć/wyłączyć coś; **to ~ a switch through 90°** przekręcić wyłącznik o 90°; **to ~ sth halfway/the wrong way** przekręcić coś do połowy/w złą stronę; **to ~ the key in the door/lock** przekręcić klucz w drzwiach/w zamku; **to ~ the key on sb** zamknąć kogoś na klucz 2 (turn over, reverse) odwr|ócić, -acać *[mattress, person]*; przewr|ócić, -acać *[page, steak]*; wywr|ócić, -acać *[collar, pillowcase]*; **to ~ sb onto his side/back** odwrócić or przewrócić kogoś na bok/na plecy; **to ~ one's ankle** skręcić sobie nogę w kostce; **it ~s my stomach** robi mi się od tego niedobrze 3 (change direction of) obr|ócić, -acać *[head, face, chair]*; **to ~ a picture to the wall** odwrócić obraz do ściany; **to ~ one's face towards sth /sb** obrócić się twarzą do czegoś/kogoś; **to ~ one's steps towards sb/sth** zwrócić swoje kroki w stronę kogoś/czegoś; **to ~ one's attention** or **mind to sth** skupić się na czymś; **to ~ one's back on sb/sth** odwrócić się plecami do kogoś/czegoś also fig; **as soon as my back is ~ed** jak tylko się odwrócę; **to ~ one's back on the past** zapomnieć o tym, co było; **to ~ sb from one's door** odprawić kogoś z kwitkiem 4 (focus direction of) **to ~ sth on sb** skierować coś w stronę kogoś *[gun, hose, torch]* ; fig wylać na kogoś coś *[anger, scorn]* 5 (transform) **to ~ sth white/black** pobielić/poczernić coś; **it ~s the solution milky/opaque** to sprawia, że roztwór staje się mleczny/mętnieje; **to ~ sth into sth** zamienić coś w coś *[office, car park, desert]*; **to ~ water into wine** przemienić wodę w wino; **to ~ a book into a film** zekranizować książkę; **~ your old newspapers into cash!** zamień stare gazety na gotówkę!; **to ~ sb into sth/sb** *[magician]* zamienić kogoś w coś *[frog]*; *[experience]* zmienić kogoś w kogoś *[extrovert, maniac]*; **it ~ed him from a normal child into a delinquent** to sprawiło, że z normalnego dziecka stał się młodocianym przestępcą; **he stood there as if ~ed to stone** stał jak wryty 6 (deflect) **to ~ the conversation towards** or **onto sth** skierować rozmowę na coś *[topic]*; **to ~ sb from sth** odwieść kogoś od czegoś; **to ~ events from their course** odwrócić bieg wydarzeń 7 infml (pass the age of) **she's just ~ed 20/30** właśnie skończyła 20/30 lat; stuknęła jej dwudziestka/trzydziestka infml; **as soon as I ~ 18** jak tylko skończę 18 lat; **it's just ~ed five o'clock** właśnie minęła piąta 8 Ind wyt|oczyć, -aczać, toczyć *[wood, spindle]* 9 fig (give graceful form to) **to ~ an elegant sentence** ułożyć zgrabne zdanie 10 (in espionage) s|kaperować infml *[spy, agent]*
IV *vi* 1 (change direction) *[person, vehicle, ship, road, river, wind]* skręc|ić, -ać, zakręc|ić, -ać; **to ~ (to the) left/right** skręcić w lewo /prawo; **to ~ to the east/the west** skręcić na wschód/zachód; **to ~ down** or **into sth** skręcić w coś *[street, alley]*; **to ~ off sth** skręcić z czegoś *[road, main street]*; **to ~ towards sth** skręcić w stronę czegoś *[village, mountains]*; **her thoughts ~ed to her family** zaczęła rozmyślać o rodzinie; **the conversation ~ed to Adam** rozmowa zeszła na Adama; **he later ~ed to painting/teaching** później zajął się malowaniem/został nauczycielem 2 (reverse direction) *[vehicle, person]* zawr|ócić, -acać; *[tide]* zmieni|ć, -ać się; *[luck]* odwr|ócić, -acać się; **'no ~ing'** (in driveway) „teren prywatny, zakaz wjazdu"; **there's not room for the bus to ~** autobus ma za mało miejsca, żeby zawrócić → **turn around** 3 (revolve) *[wheel, key, person, planet]* obr|ócić, -acać się **(to sb/sth, towards sb/sth** do kogoś /czegoś, w kierunku kogoś/czegoś); **to ~ on its axis** obracać się wokół własnej osi; **to ~ on one's toes** obrócić się na palcach; **a key ~ed in the lock** słychać było, jak klucz obraca się w zamku; **to ~ in one's chair** obrócić się na krześle; **to ~ and face the camera** obrócić się twarzą do kamery; **to ~ to face sb/sth** odwrócić się twarzą do kogoś/czegoś; **to ~ and fight** odwrócić się i stanąć do walki; **to ~ to do sth** odwrócić się, żeby coś zrobić; **to ~ to lie on one's side** przewrócić się na bok; **I ~ed once again to my book/work** powróciłem do książki/pracy 4 fig (hinge) **to ~ on sth** *[argument, plot, discussion]* obracać się wokół czegoś *[point, issue]*; *[outcome]* zależeć od czegoś *[factor]* 5 (spin round angrily) **to ~ on sb** *[dog, person]* rzuc|ić, -ać się na kogoś 6 fig (resort to, rely on) **to ~ to sb/sth** zwr|ócić, -acać się do kogoś/ku czemuś *[person, religion]*; **to ~ to drink /drugs** zacząć pić/zażywać narkotyki; **to ~ to sb for sth** zwrócić się do kogoś o coś *[help, advice, money]*; **I don't know who to ~ to for advice** nie wiem, gdzie szukać rady; **I don't know where** or **which way to ~** nie wiem, co mam robić 7 (change) **to ~ into sb/sth** *[situation, evening]* zmieni|ć, -ać się w coś *[farce, disaster]*; *[conversation]* zamieni|ć, -ać się w coś *[shouting match]*; (magically) *[person]* zmieni|ć, -ać się w coś *[animal, prince]*; *[tadpole]* przeobra|zić, -żać się w coś *[frog]*; **the sofa ~s into a bed** kanapa po rozłożeniu zamienia się w łóżko; **to ~ to sth** *[substance]* zamienić się w coś *[ice, gold]*; *[fear, surprise]* przejść w coś *[horror, relief]*; **his hopes had ~ed to**

dust jego nadzieje obróciły się wniwecz liter [8] (become by transformation) **to ~ white /green/red** zbieleć/zzielenieć/poczerwienieć; Chem zmienić kolor na biały/zielony /czerwony; **to ~ grey** *[person, beard]* posiwieć; **he ~ed nasty** zrobił się nieprzyjemny; **he ~ed pale** pobladł, zbladł; **his face ~ed pale** pobladł na twarzy; **the weather is ~ing cold/warm** robi się chłodno/ciepło; **events ~ed tragic** wypadki przybrały tragiczny obrót [9] infml (have change of heart) **to ~ Conservative /Communist** stać się konserwatystą/komunistą; **to ~ Catholic/Muslim** przejść na katolicyzm/islam; **pop star ~ed politician** niegdysiejsza gwiazda muzyki pop, a obecnie polityk; **to ~ traitor** okazać się zdrajcą [10] (go sour) *[milk]* s|kwaśnieć [11] *[leaves, trees]* po|żółknąć

■ **turn about** odwr|ócić, -acać się; **about ~!** Mil w tył zwrot!

■ **turn against**: ¶ **~ against [sb/sth]** zwr|ócić, -acać się przeciwko (komuś/czemuś) ¶ **~ sb against [sb/sth]** nastawi|ć, -ać kogoś przeciwko (komuś/czemuś)

■ **turn around**: ¶ **~ around** [1] (to face other way) *[person]* odwr|ócić, -acać się **(to do sth** żeby zrobić coś); *[vehicle, bus]* zawr|ócić, -acać [2] fig **you can't just ~ around and say you've changed your mind** nie możesz ot tak zmieniać zdania; **what if he just ~s around and says no?** a co będzie, jeśli nagle zmieni zdanie i nie zgodzi się? [3] (revolve, rotate) *[object, windmill, dancer]* obr|ócić, -acać się, kręcić się; **to ~ around and around** kręcić się w kółko [4] (change trend) **the market has ~ed around** sytuacja na rynku zmieniła się diametralnie; **sales have ~ed around** nastąpiło odwrócenie tendencji w sprzedaży [5] Transp (unload and reload) rozładować i załadować ¶ **~ around [sth], ~ [sth] around** [1] (to face other way) odwr|ócić, -acać *[object, chair, head, baby]*; nawr|ócić, -acać (czymś) *[vehicle]* [2] (reverse decline in) uzdr|owić, -awiać fig *[company, economy, situation]*; poprawi|ć, -ać sytuację w (czymś) *[political party]* [3] Transp (unload and reload) rozładować i przygotować do drogi *[ship, plane]*; **the plane can be ~ed around in an hour** samolot może być rozładowany i gotowy do lotu w ciągu godziny [4] (rephrase) inaczej s|formułować *[question, sentence]*; zmieni|ć, -ać *[word order]*

■ **turn aside** zb|oczyć, -aczać **(from sth** z czegoś)

■ **turn away**: ¶ **~ away** odwr|ócić, -acać się; **to ~ away in disgust** odwrócić się z obrzydzeniem; **to ~ away from sb** odwrócić się od kogoś; **to ~ away from sth** porzucić coś *[bad habits]*; nie zauważać czegoś *[facts]* ¶ **~ away [sth], ~ [sth] away** odwr|ócić, -acać *[head, face]* ¶ **~ away [sb], ~ [sb] away** odprawi|ć, -ać *[applicant, salesman, beggar]*; **I was ~ed away from the Ritz/at the entrance** nie wpuszczono mnie do Ritza/do środka

■ **turn back**: ¶ **~ back** [1] (turn around) zawr|ócić, -acać; **it's too late to ~ back** za późno, żeby zawrócić; fig za późno, żeby się wycofać; **there's no ~ing back** fig nie ma odwrotu [2] (in book) cof|nąć, -ać się **(to sth** do czegoś) *[page, chapter]* ¶ **~ back [sth], ~ [sth] back** [1] (rotate backwards) cof|nąć, -ać *[dial, clock]*; **to ~ one's watch back five minutes** cofnąć zegarek o pięć minut [2] (fold back) odwi|nąć, -jać *[sheet, coverlet, lapel]*; podwi|nąć, -jać *[sleeve]*; odgi|ąć, -nać, zagi|ąć, -nać *[page, corner]* ¶ **~ back [sb/sth], ~ [sb/sth] back** zawr|ócić, -acać *[marchers, refugees, heavy vehicles]*; **we were ~ed back at the border** zawrócono nas na granicy

■ **turn down**: ¶ **~ down** *[graph, curve]* opa|ść, -dać; **his mouth ~s down at the corners** ma opuszczone kąciki ust ¶ **~ down [sth], ~ [sth] down** [1] (reduce) przyga|sić, -szać *[volume, heating, gas]*; przycisz|yć, -ać *[radio]*; przyciemni|ć, -ać *[light]* [2] (fold over) odwi|nąć, -jać *[collar, sheet]*; zagi|ąć, -nać *[page, corner of page]* ¶ **~ down [sb/sth], ~ [sb/sth] down** odrzuc|ić, -ać *[request, offer, application]*; nie przyj|ąć, -mować *[applicant]*; *[woman]* odtrąc|ić, -ać *[suitor]*; **they ~ed him down** nie został przyjęty

■ **turn in**: ¶ **~ in** [1] infml (go to bed) położyć, kłaść się spać [2] (point inwards) **his toes ~ in** stawia stopy do środka; **to ~ in on itself** *[leaf, page]* zwijać się do wewnątrz; **to ~ in on oneself** fig zamykać się w sobie ¶ **~ in [sth], ~ [sth] in** infml [1] (hand in) zwr|ócić, -acać *[badge, homework, equipment]* [2] (produce) **to ~ in a profit** przynieść zysk; **to ~ in a good performance** *[player]* dobrze zagrać; *[company]* mieć dobre wyniki; *[currency, share]* zwyżkować [3] infml (give up, stop) rzuc|ić, -ać *[job]*; dać sobie spokój z (czymś) infml *[activity]*; z|rezygnować z (czegoś) *[membership]* ¶ **~ in [sb], ~ [sb] in** wydać; don|ieść, -osić na (kogoś) *[suspect]* **(to sb/sth** komuś/czemuś) ¶ **~ [oneself] in** ujawnić się; **he went to the police station and ~ed himself in** poszedł na komisariat i oddał się w ręce policji

■ **turn off**: ¶ **~ off** [1] (leave road) skręc|ić, -ać; **~ off at the next exit** skręć na następnym zjeździe [2] *[motor, fan]* wyłącz|yć, -ać się; **where does the light ~ off?** gdzie się wyłącza światło? ¶ **~ off [sth], ~ [sth] off** wyłącz|yć, -ać *[light, oven, radio, computer, electricity, gas]*; zakręc|ić, -ać *[tap, water, gas]*; **the plumber ~ed the water off at the mains** hydraulik zakręcił główny zawór wody; **~ that rubbish off!** infml wyłącz to dziadostwo! infml ¶ **~ [sb] off** infml odrzuc|ić, -ać, zra|zić, -żać; **to ~ sb off sth** obrzydzić komuś coś *[sex, food]*

■ **turn on**: ¶ **~ on** *[oven, device]* włącz|yć, -ać się ¶ **~ on [sth], ~ [sth] on** włącz|yć, -ać *[light, oven, radio, gas, electricity]*; odkręc|ić, -ać *[tap, water, gas]*; **to ~ the water back on** z powrotem puścić wodę; **to ~ the electricity back on** z powrotem włączyć prąd; **to ~ a smile on like a tap** fig uśmiechnąć się na zawołanie; **to ~ on the pressure** fig zwiększyć nacisk → **charm, heat** ¶ **~ on [sb], ~ [sb] on** infml pociągać; (sexually) podniecać; **heavy metal doesn't ~ me on** heavy metal mnie nie bierze infml; **to be ~ed on** (sexually) być podnieconym **(by sth** czymś); (stimulated, fascinated) być pod wrażeniem **(by sth** czegoś); **to ~ sb on to sth** infml zainteresować kogoś czymś *[music]*; zachęcić kogoś do czegoś *[drugs]*

■ **turn out**: ¶ **~ out** [1] (be eventually) *[things]* u|łożyć, -kładać się; **to ~ out well/badly** skończyć się dobrze/źle; **it ~ed out differently** stało się inaczej; **to ~ out all right** udać się; **it depends how things ~ out** zależy, jak sprawy się ułożą or potoczą; **that child will ~ out badly** z tego dziecka nic dobrego nie wyrośnie; **to ~ out to be sth** (prove to be) okazać się czymś; **she ~ed out to be wrong** okazało się, że się myli; **the job ~ed out (to be) difficult** okazało się, że praca jest trudna; **it ~ed out to be a good decision** okazało się, że była to słuszna decyzja; **she ~s out to have gone to school with him** okazuje się, że chodziła z nim do szkoły; **it ~s out that...** okazuje się, że...; **it ~ed out (that) she knew him** okazało się, że ona go zna; **as it ~ed out** jak się okazało [2] (come out) *[crowd, people]* przyby|ć, -wać **(for sth** na coś) *[match]*; wziąć, brać udział **(for sth** w czymś) *[election]*; **crowds ~ed out to watch them play** przybyły tłumy, żeby obejrzeć, jak grają; **we had to ~ out at six** GB mieliśmy być o szóstej [3] (point outwards) **his toes** or **feet ~ out** stawia stopy na zewnątrz ¶ **~ out [sth], ~ [sth] out** [1] (turn off) wyłącz|yć, -ać *[light, gas]* [2] (empty) opróżni|ć, -ać *[cupboard, bag]*; wywr|ócić, -acać *[pocket]*; Culin wy|łożyć, -kładać (z formy) *[mousse, mould]* [3] (produce) wy|produkować *[goods]*; wy|kształcić *[scientists, graduates]*; na|pisać *[novel, script, poem]* [4] **to ~ one's toes** or **feet out** stawiać stopy na zewnątrz ¶ **~ out [sb], ~ [sb] out** [1] (evict) wyrzuc|ić, -ać **(of sth** z czegoś); **to ~ sb out into the street** wyrzucić kogoś na bruk [2] GB (send) wys|łać, -yłać *[guard, police, troops]*

■ **turn over**: ¶ **~ over** [1] (roll over) *[person]* przewr|ócić, -acać się na drugi bok; *[car]* przewr|ócić, -acać się na dach, dachować; *[boat]* wywr|ócić, -acać się (do góry dnem); **to ~ over and over** *[person, object]* staczać się, turlać się; *[car]* koziołkować [2] (turn page) odwr|ócić, -acać stronę [3] *[engine]* pracować ¶ **~ over [sth/sb], ~ [sth/sb] over** [1] (turn) odwr|ócić, -acać *[page, card, object, mattress, soil]*; przewr|ócić, -acać (na drugi bok) *[patient, baby]*; wywr|ócić, -acać *[boat]*; **he ~ed the car over** miał dachowanie [2] (hand over) przekaz|ać, -ywać *[object, money, business, person, control]* **(to sb/sth** komuś/czemuś); **I'm ~ing the new recruits over to you** przekazuję or oddaję nowoprzyjętych w twoje ręce [3] (reflect) rozważ|yć, -ać *[idea, proposition]*; **I've been ~ing it over in my mind** dużo nad tym myślałem [4] GB infml (rob) obr|obić, -abiać infml *[shop, place]*; **I have been ~ed over** obrabowano mnie [5] Fin (have turnover of) **the company ~s over 150 million dollars a year** roczny obrót firmy wynosi 150 milionów dolarów [6] *[battery, starter motor]* uruch|omić, -amiać *[engine]*

■ **turn round** GB = **turn around**

■ **turn to** GB dat zab|rać, -ierać się do pracy

■ **turn up**: ¶ **~ up** [1] (arrive, show up) pojawi|ć, -ać się, przy|jść, -chodzić; **to ~**

up to sth pojawić się na czymś *[rehearsal]*; **to ~ up for sth** pojawić się na czymś *[appointment]*; **to ~ up at home/in London** pojawić się w domu/w Londynie; **to ~ up (half an hour) late** spóźnić się (pół godziny); **to ~ up in jeans** przyjść w dżinsach; **she didn't ~ up** nie pojawiła się, nie przyszła; **he ~ed up drunk at** or **for work** przyszedł do pracy pijany; **guess who ~ed up at the station** zgadnij, kto przyszedł na dworzec [2] (be found) *[lost object]* odnaleźć, -jdować się; **don't worry – it will ~ up** nie martw się, na pewno się znajdzie [3] (present itself) *[opportunity]* nadarz|yć, -ać się; *[job]* znaleźć się; **something will ~ up (for me/for you)** (of job, house) coś się znajdzie; (of opportunity) coś się pojawi [4] (point up) *[corner, edge]* wygi|ąć, -nać się ku górze; **his nose ~s up** ma zadarty nos [5] (take upturn) *[economy, market]* popraw|ić, -ać się; *[investment, sales, profits]* zwiększ|yć, -ać się ¶ **~ up [sth], ~ [sth] up** [1] (increase, intensify) podkręc|ić, -ać *[heating, volume, gas, radio, TV]*; pogł|ośnić, -aśniać *[music]* [2] (point up) postawić, stawiać *[collar]*; **a ~ed-up nose** zadarty nos → **nose** [3] (discover) wykop|ać, -ywać, odkop|ać, -ywać *[buried object]*; *[person]* wygrzeb|ać, -ywać *[information]*; ujawni|ć, -ać *[discovery]*; **facts ~ed up by the enquiry** fakty ujawnione w śledztwie

IDIOMS: **at every ~** na każdym kroku; **one good ~ deserves another** Prov przysługa za przysługę; **to be done to a ~** być w sam raz; **to do sb a good ~** oddać or wyświadczyć komuś przysługę; **to give another ~ of the screw** przykręcić śrubę fig

turnabout /ˈtɜːnəbaʊt/ *n* całkowity zwrot *m*, całkowita zmiana *f*

turnaround /ˈtɜːnəraʊnd/ *n* [1] (reversal of attitude) zwrot *m*, zmiana *f* stanowiska [2] (reversal of fortune) odmiana *f* **(in sth** w czymś); (for better) zmiana *f* na lepsze; poprawa *f* **(in sth** czegoś) [3] (of ship, plane) rozładunek *m* i ponowny załadunek *m*

turnaround time *n* Transp, Mil czas *m* rozładunku i ponownego załadunku; Admin czas *m* oczekiwania

turncoat /ˈtɜːnkəʊt/ *n* zdrajca *m*

turncock /ˈtɜːnkɒk/ *n* kurek *m*, zawór *m*

turndown /ˈtɜːndaʊn/ **I** *n* [1] (of proposal) odrzucenie *n* [2] (in demand, profits) spadek *m*
II *adj [collar]* wykładany

turned-out /ˌtɜːndˈaʊt/ *adj* **to be well ~** być elegancko ubranym; **to be immaculately ~** być ubranym z nieskazitelną elegancją

turner /ˈtɜːnə(r)/ *n* tokarz *m*; **metal/wood ~** tokarz obróbki metalu/drewna

turnery /ˈtɜːnərɪ/ *n* [1] (finished articles) wyroby *m pl* toczone [2] (also **turning)** tokarstwo *n* [3] (workshop) warsztat *m* tokarski

turning /ˈtɜːnɪŋ/ *n* [1] GB (in road) zakręt *m*; **to take a ~ too quickly** zbyt szybko skręcić; **to take a wrong ~** źle skręcić; **a ~ off the main street** przecznica głównej ulicy; **the second next ~ on the right** druga w prawo; **I've missed my ~** przegapiłem miejsce, gdzie miałem skręcić infml; **here's our ~** tu skręcamy [2] (work on lathe) tokarstwo *n*

turning circle *n* promień *m* skrętu

turning lathe *n* tokarka *f*

turning point *n* punkt *m* zwrotny **(in** or **of sth** w czymś); **to be at a ~** znaleźć się w punkcie zwrotnym

turnip /ˈtɜːnɪp/ *n* rzepa *f*; **Swedish ~** brukiew, karpiel

turnip cabbage *n* kalarepa *f*

turnip moth *n* Zool rolnica *f*

turnkey /ˈtɜːnkiː/ **I** *n* arch strażnik *m* więzienny, strażniczka *f* więzienna
II *modif* Civ Eng, Comput *[contract, project, system]* (realizowany) pod klucz

turnoff /ˈtɜːnɒf/ *n* [1] (in road) odgałęzienie *n*; (from motorway) wyjazd *m*, zjazd *m*; **the Slough ~** droga do Slough, zjazd na Slough [2] infml (passionkiller) **to be a real ~** budzić odrazę; **to find sth a ~** czuć obrzydzenie do czegoś

turn of mind *n* usposobienie *n*

turn of phrase *n* (expression) wyrażenie *n*; (way of expressing oneself) sposób *m* wyrażania się

turn-on /ˈtɜːnɒn/ *n* infml **to be a real ~** działać podniecająco

turnout /ˈtɜːnaʊt/ *n* [1] (attendance) frekwencja *f* **(for sth** na czymś); **a 75% ~** 75% frekwencja; **a high/low ~ for the election** wysoka/niska frekwencja wyborcza; **there was a magnificent ~ for the parade** na defiladzie zjawiło się mnóstwo ludzi; **what sort of ~ do you expect?** jakiej frekwencji spodziewasz się? [2] (clear-out) porządki *plt*, sprzątanie *n*; **this room needs a good ~** trzeba porządnie wysprzątać ten pokój [3] infml (appearance) wygląd *m*

turnover /ˈtɜːnəʊvə(r)/ *n* [1] Accts obrót *m* [2] (rate of replacement) (of stock) obrót *m* towarowy; (of staff) fluktuacja *f*; **the staff ~ in this school is 25%** fluktuacja kadr w tej szkole wynosi 25% [3] Culin ≈ ciastko *n* zawijane *(z owocami lub dżemem)*; **apple ~** jabłko w cieście [4] Sport strata *f* (piłki)

turnpike /ˈtɜːnpaɪk/ *n* [1] Hist (tollgate) rogatka *f* [2] US (toll expressway) autostrada *f* płatna

turn signal *n* kierunkowskaz *m*

turnstile /ˈtɜːnstaɪl/ *n* kołowrót *m*

turntable /ˈtɜːnteɪbl/ *n* [1] (on record player) talerz *m* (obrotowy); (record player) gramofon *m* [2] Rail, Aut obrotnica *f*

turntable ladder *n* drabina *f* obrotowa

turnup /ˈtɜːnʌp/ *n* GB (of trousers) mankiet *m*
IDIOMS: **that's a ~ for the books!** GB a to dopiero! infml

turpentine /ˈtɜːpəntaɪn/ *n* terpentyna *f*

turpitude /ˈtɜːpɪtjuːd, US -tuːd/ *n* fml niegodziwość *f*, nikczemność *f*

turps /tɜːps/ *n* infml = **turpentine**

turquoise /ˈtɜːkwɔɪz/ **I** *n* [1] (stone) turkus *m* [2] (colour) (kolor *m*) turkusowy *m*
II *adj* turkusowy

turret /ˈtʌrɪt/ *n* [1] Archit wieżyczka *f* [2] Mil wieża *f*, wieżyczka *f* [3] Mech głowica *f* rewolwerowa

turreted /ˈtʌrɪtɪd/ *adj* z wieżyczkami

turret lathe *n* tokarka *f* rewolwerowa

turret-mounted /ˌtʌrɪtˈmaʊntɪd/ *adj [gun]* wmontowany w wieżę

turtle /ˈtɜːtl/ *n* GB żółw *m* wodny; US żółw *m*
IDIOMS: **to turn ~** wywrócić się do góry dnem

turtle dove *n* turkawka *f*

turtle neck *n* (collar, sweater) golf *m*

turtle-necked /ˈtɜːtlnekt/ *adj [sweater]* z golfem

turtle soup *n* zupa *f* żółwiowa

turves /tɜːvz/ *npl* → **turf**

Tuscan /ˈtʌskən/ **I** *n* [1] (person) Toska|ńczyk *m*, -nka *f* [2] Ling dialekt *m* toskański
II *adj* toskański

Tuscany /ˈtʌskənɪ/ *prn* Toskania *f*

tush¹ /tʊʃ/ *n* US infml (buttocks) zadek *m* infml

tush² /tʌʃ/ *excl* arch *syknięcie wyrażające zniecierpliwienie*

tusk /tʌsk/ *n* kieł *m*; (of elephant) cios *m*; (of wild boar) fajka *f*

tusker /ˈtʌskə(r)/ *n* (elephant) dorosły słoń *m (z ciosami)*; (wild boar) dorosły dzik *m (z kłami)*

tussle /ˈtʌsl/ **I** *n* [1] (struggle) bójka *f* **(for sth** o coś) [2] (wrangle) spór *m*; **verbal/legal ~** spór słowny/prawny **(over sth** o coś)
II *vi* [1] (wrangle) spierać się **(over** or **for sth** o coś) [2] (struggle) bić się **(over** or **for sth** o coś) [3] fig (with idea, figures, budget) zmagać się **(with sth** z czymś)

tussock /ˈtʌsək/ *n* kępa *f* (trawy)

tut /tʌt/ **I** *excl cmoknięcie wyrażające zniecierpliwienie*
II *vi* (*prp, pt, pp* **-tt-**) cmok|nąć, -ać z niezadowoleniem

Tutankhamen, Tutankhamun /ˌtuːtəŋˈkɑːmən/ *prn* Hist Tutanchamon *m*, Tutenchamon *m*

tutee /tjuːˈtiː, US tuː-/ *n* (pupil) ucze|ń *m*, -nnica *f*; Univ student *m*, -ka *f*

tutelage /ˈtjuːtɪlɪdʒ, US ˈtuː-/ *n* fml [1] (instruction) nauczanie *n*; **under the ~ of sb** (instruction) pod kierunkiem or okiem kogoś; (influence) pod wpływem kogoś [2] (guardianship) kuratela *f* fml

tutelary /ˈtjuːtɪlərɪ, US ˈtuː-/ *adj* fml *[god, goddess]* opiekuńczy

tutor /ˈtjuːtə(r), US ˈtuː-/ **I** *n* [1] (private teacher) nauczyciel *m* prywatny, nauczycielka *f* prywatna; korepetytor *m*, -ka *f*; guwern|er *m*, -antka *f* dat [2] GB Univ (teacher) ≈ opiekun *m* naukowy; (for general welfare) opiekun *m* grupy [3] US Univ (teaching assistant) asystent *m*, -ka *f* [4] GB Sch (of class) wychowaw|ca *m*, -czyni *f*; (of year group) opiekun *m*, -ka *f* rocznika; (for general welfare) pedagog *m* szkolny [5] Mus (instruction book) podręcznik *m* gry *(na instrumencie)*
II *vt* prowadzić zajęcia dla (kogoś) **(in sth** z czegoś); (privately) dawać lekcje (komuś) **(in sth** czegoś); udzielać korepetycji (komuś) **(in sth** z czegoś)
III *vi* prowadzić zajęcia **(in sth** z czegoś)

tutor group *n* Univ grupa *f* seminaryjna

tutorial /tjuːˈtɔːrɪəl, US tuː-/ **I** *n* Univ (group) seminarium *n*; (individual) konsultacje *f pl*; (private) lekcje *f pl* prywatne, korepetycje *plt*
II *modif* **~ system** Univ system nauczania oparty na seminariach; **~ duties** obowiązki opiekuna

tutoring /ˈtjuːtərɪŋ, US ˈtuː-/ *n* [1] Univ zajęcia *plt* w małych grupach [2] (private) lekcje *f pl* prywatne, korepetycje *plt*

tutor period *n* Sch, Univ godziny *f pl* indywidualnych zajęć z uczniami/ze studentami

T

tutti-frutti /ˌtuːtɪˈfruːtɪ/ **I** *n* (also **~ ice cream**) lody *plt* tutti frutti
II *adj* tutti frutti
tutu /ˈtuːtuː/ *n* tutu *n inv (spódniczka baletnicy)*
Tuvalu /ˌtuːvəˈluː/ *prn* Tuwalu *n inv*
tu-whit tu-whoo /tʊˌwɪtˌtʊˈwuː/ *n* onomat uhu-uhu
tuxedo /tʌkˈsiːdəʊ/ *n* US smoking *m*
tuyère /twiːˈjeə(r), tuː-/ *n* dysza *f* powietrzna
TV I *n* infml = **television** telewizja *f*; (set) telewizor *m*
II *adj* telewizyjny
TV dinner *n gotowy posiłek do spożywania podczas oglądania telewizji*
TVEI *n* GB Sch = **Technical and Vocational Educational Initiative** *reforma szkolnictwa zawodowego ukierunkowana na umiejętności praktyczne*
TVP *n* = **textured vegetable protein**
TV screen *n* ekran *m* telewizyjny
twaddle /ˈtwɒdl/ *n* infml banialuki *plt*, głupoty *plt* infml
twain /tweɪn/ *npl* arch **the ~** para *f*, dwójka *f*; **never the ~ shall meet** tej pary nie da się pogodzić
twang /twæŋ/ **I** *n* [1] (of string, wire) brzdęknięcie *n*, brzęk *m* [2] (of tone) nosowe brzmienie *n*; **to speak with a ~** mówić przez nos
II *vt* brzd|ęknąć, -ąkać na (czymś) *[instrument]*
III *vi [string, wire]* brzdąk|nąć, -ać
twangy /ˈtwæŋɪ/ *adj* infml *[instrument]* brzękliwy; *[accent]* nosowy
'twas /twɒz, twəz/ liter or dial = **it was**
twat /twɒt/ *n* vulg [1] (female genitals) cipa *f* vulg [2] pej (person) (woman) cipa *f* vulg; (man) ciul *m* vulg
tweak /twiːk/ **I** *n* [1] (tug) szarpnięcie *n*; **a ~ of the nose/ear** uszczypnięcie w nos /wykręcenie ucha [2] Comput ulepszenie *n*
II *vt* [1] **to ~ sb's ear** pociągnąć kogoś za ucho; **to ~ sb's nose** złapać kogoś za nos; **to ~ sb's hair** pociągnąć kogoś za włosy; **to ~ out a grey hair** wyrwać siwy włos; **to ~ off sb's spectacles** zerwać komuś okulary [2] (in car racing) podrasować infml *[engine, car]*
III *vi* [1] Comput wprowadz|ić, -ać ulepszenie w oprogramowaniu [2] infml drug addicts' sl mieć drżączkę infml *(spowodowaną głodem narkotykowym)*
twee /twiː/ *adj* GB infml pej *[house, decor]* cukierkowaty; *[manner]* pretensjonalny
tweed /twiːd/ **I** *n* (cloth) tweed *m*
II tweeds *npl* (clothes) ubrania *n pl* tweedowe
III *modif [clothing]* tweedowy
tweedy /ˈtwiːdɪ/ *adj* [1] *[material]* tweedowy [2] hum or pej ≈ ziemiański
'tween /twiːn/ *prep* liter pomiędzy
tweenie /ˈtwiːnɪ/ *n* infml małolata *f* infml *(w wieku 15-18 lat)*
tweet /twiːt/ **I** *n* (chirp) ćwierkanie *n*, ćwierk *m*
II *excl* onomat **~ ~** ćwir, ćwir!
III *vi* za|ćwierkać; kwilić liter
tweeter /ˈtwiːtə(r)/ *n* Audio głośnik *m* wysokotonowy, tweeter *m*
tweeze /twiːz/ *vt* Cosmet wyskub|ać, -ywać *[eyebrows]*
tweezers /ˈtwiːzəz/ *npl* pinceta *f*, pęseta *f*
twelfth /twelfθ/ **I** *n* [1] (in order) dwunast|y *m*, -a *f*, -e *n*; **the ~ of May** dwunasty maja; **the glorious ~** GB Hunt dwunasty sierpnia *(otwarcie sezonu polowań)* [2] (fraction) dwunasta *f* (część); **seven ~s** siedem dwunastych [3] Mus duodecyma *f*
II *adj* dwunasty
III *adv [finish]* na dwunastym miejscu
twelfth man *n* (in cricket) zawodnik *m* rezerwowy
Twelfth Night *n* (eve of Epiphany) wigilia *f* Trzech Króli; (Epiphany) święto *n* Trzech Króli
twelve /twelv/ **I** *n* (numeral) dwanaście; (symbol) dwunastka *f*
II *adj* dwanaście; (male) dwunastu *(+ v sg)*; (male and female) dwanaścioro *(+ v sg)*; **the Twelve** Bible dwunastu apostołów
twelve mile limit *n* dwunastomilowa strefa *f* wód terytorialnych
twelvemonth /ˈtwelvmʌnθ/ *n* arch rok *m*
twelve tone *adj* Mus dodekafoniczny, dwunastotonowy, dwunastodźwiękowy
twentieth /ˈtwentɪəθ/ **I** *n* [1] (in order) dwudziest|y *m*, -a *f*, -e *n*; **the ~ of June** dwudziesty czerwca [2] (fraction) dwudziesta *f* (część); **seven ~s** siedem dwudziestych
II *adj* dwudziesty
III *adv [come, finish]* na dwudziestym miejscu
twenty /ˈtwentɪ/ **I** *n* (numeral) dwadzieścia; (symbol) dwudziestka *f*
II twenties *npl* **the twenties** lata *m pl* dwudzieste; **she's in her twenties** ma dwadzieścia kilka lat; **the temperature is in the twenties** temperatura jest powyżej dwudziestu stopni
III *adj* dwadzieścia; (male) dwudziestu *(+ v sg)*; (male and female) dwadzieścioro *(+ v sg)*
twenty-one /ˌtwentɪˈwʌn/ *n* Games (in cards) oczko *n*
twenty twenty *adj* **~ vision** pełna ostrość wzroku
twenty-two metre line /ˌtwentɪtuːmiːtəˈlaɪn/ *n* (in rugby) linia *f* dwudziestu dwóch metrów
twerp /twɜːp/ *n* infml pej neptek *m* infml
twice /twaɪs/ *adv* dwa razy, dwukrotnie; **~ daily/a day** dwa razy dziennie; **~ weekly /monthly, ~ a week/month** dwa razy w tygodniu/miesiącu or na tydzień/miesiąc; **she has visited India ~** była w Indiach dwa razy; **he's ~ as big as you** jest dwa razy większy od ciebie; **she's ~ his age** jest dwa razy starsza od niego; **~ as much, ~ as many** dwa razy więcej; **she earns ~ as much as me** zarabia dwa razy więcej ode mnie; **~ as many people** dwa razy więcej ludzi; **to be ~ as likely to be elected** mieć dwukrotnie większe szanse na wybór; **~ over** (do sth) dwa razy; **you should think ~ about it** powinieneś zastanowić się nad tym dwa razy; **you need to be ~ as careful/vigilant** powinieneś podwoić ostrożność/czujność
IDIOMS: **once bitten, ~ shy** Prov kto się na gorącym sparzył, ten na zimne dmucha
twice-laid /ˌtwaɪsˈleɪd/ *adj* przerobiony; *[rope]* spleciony ze starej liny
twiddle /ˈtwɪdl/ **I** *n* [1] (slight twist) **to give sth a ~** lekko przekręcić coś, lekko pokręcić czymś [2] (twirled mark) zakrętas *m*
II *vt* po|kręcić (czymś) *[knob]*; bawić się (czymś) *[ring, hair]*; **to ~ one's thumbs** kręcić młynka palcami; fig zbijać bąki infml
III *vi* [1] (move twirlingly, aimlessly) kręcić się w kółko fig [2] (trifle) **to ~ with sth** bawić się czymś *[pen, hair]*
twiddly /ˈtwɪdlɪ/ *adj* infml **~ bits** ozdobniki
twig¹ /twɪg/ *n* gałązka *f*, witka *f*
twig² /twɪg/ infml *(prp, pt, pp* **-gg-**) *vt, vi* z|rozumieć; chwy|cić, -tać infml
twilight /ˈtwaɪlaɪt/ **I** *n* (dusk) zmierzch *m* also fig; **at ~** o zmierzchu; **in the ~** w półmroku; **the ~ of sth** fig zmierzch czegoś *[gods, Middle Ages]*; **the ~ of history** pomroka dziejów liter; **in the ~ of his career** u schyłku kariery
II *modif* [1] **~ hours** godziny zmierzchu [2] fig *[period, years]* końcowy; *[world]* mroczny
twilight sleep *n* Med półsen *m*
twilight zone *n* [1] (undefined area) strefa *f* cienia fig; (situation) stan *m* zawieszenia; **the ~ between life and death** pogranicze życia i śmierci [2] (urban area) podupadająca dzielnica *f*
twill /twɪl/ **I** *n* (fabric) diagonal *m*; (weave) splot *m* skośny
II twills *npl* spodnie *plt* z diagonalu
III *modif [clothing]* z diagonalu
twilled /twɪld/ *adj [fabric, tape]* o skośnym splocie
twin /twɪn/ **I** *n* [1] (one of two children) bliźnię *n*; (boy) bliźniak *m*; (girl) bliźniaczka *f*; **a pair** or **set of ~s** bliźnięta [2] (one of two objects) drugi *m* od pary; **this candlestick has lost its ~** były kiedyś dwa takie świeczniki; **this vase is the ~ to yours** ten wazon stanowi parę z twoim [3] (room) pokój *m* z dwoma łóżkami
II twins *npl* [1] (pair of children) bliźnięta *n pl*; (boys, boy and girl) bliźniaki *m pl*; (girls) bliźniaczki *f pl* [2] Astrol **the Twins** Bliźnięta *n pl*
III *modif* [1] (related) *[brother, sister, lamb]* bliźniaczy; **my ~ sons/daughters** moje bliźniaki/bliźniaczki; **my ~ brother** mój brat bliźniak [2] (two) *[masts, propellers, speakers, taps]* bliźniaczy; **a boat with ~ propellers** statek z dwiema śrubami napędowymi [3] (combined) podwójny; **the ~ aims/roles of sth** podwójny cel/podwójna rola czegoś
IV *vt (prp, pt, pp* **-nn-**) (link) po|łączyć w parę (**with sb** z kimś); zesp|olić, -alać (**with sth** z czymś); **Oxford is ~ned with Bonn** Oksford jest miastem bliźniaczym or partnerskim Bonn
twin-bedded /ˌtwɪnˈbedɪd/ *adj [room]* z dwoma (pojedynczymi) łóżkami
twin beds *npl* dwa łóżka *n pl* pojedyncze
twin bill *n* US (of films) seans *m* złożony z dwóch filmów fabularnych; (of games) *dwa mecze rozgrywane jeden po drugim*
twine /twaɪn/ **I** *n* szpagat *m*
II *vt* [1] (coil) owi|nąć, -jać *[rope]* (**around sth** wokół czegoś); **she ~d her arms around him** oplotła go ramionami [2] (interweave) przepl|eść, -atać *[flowers, ribbon]* (**through sth** przez coś); **to ~ sth together** splatać coś *[threads]*

III *vi* wić się **(around sth** wokół czegoś)
IV *vr* **to ~ itself** *[snake, vine]* owi|nąć, -jać się **(around sth** wokół czegoś)

twin-engined /ˌtwɪnˈendʒɪnd/ *adj [plane]* dwusilnikowy

twinge /twɪndʒ/ *n* (of pain, jealousy, regret) ukłucie *n*; **a ~ of doubt** pewne wątpliwości; **a ~ of conscience** wyrzut sumienia

twining /ˈtwaɪnɪŋ/ *adj* Bot *[plant]* wijący się

twinkle /ˈtwɪŋkl/ **I** *n* (of light, jewel) migotanie *n*; (of eyes) błysk *m*, iskierka *f*; **with a ~ in his/her eye** z błyskiem w oku
II *vi [light, star, jewel]* migotać; *[eye]* błyszczeć, skrzyć się; **her eyes ~d with joy** oczy skrzyły jej się radością
IDIOMS: **when you were just** or **still a ~ in your daddy's eye** zanim przyszedłeś na świat

twinkling /ˈtwɪŋklɪŋ/ **I** *n* (of light, star) migotanie *n*; **in a ~, in the ~ of an eye** w mgnieniu oka
II *adj [light, star]* migoczący; *[eyes]* błyszczący, skrzący się

twinning /ˈtwɪnɪŋ/ *n* 1 (of towns) łączenie *n* miast bliźniaczych 2 (of crystals) tworzenie *n* kryształów bliźniaczych

twin set *n* GB Fashn bliźniak *m*

twin town *n* miasto *n* bliźniacze

twin-track recorder /ˌtwɪntrækrɪˈkɔːdə(r)/ *n* magnetofon *m* dwuścieżkowy

twin tub *n* pralka *f* z dwoma bębnami

twirl /twɜːl/ **I** *n* 1 (spin) obrót *m*; **to do a ~** *[person]* zakręcić się, okręcić się; **to give sth a ~** zakręcić czymś 2 (spiral) (of vine, on shell) zwój *m*; (written flourish) zakrętas *m*
II *vt* 1 (spin) za|kręcić (czymś) *[lasso, baton, cane]*; obr|ócić, -acać; za|kręcić (kimś) infml *[partner]* 2 (twist) skręc|ić, -ać, zwi|nąć, -jać *[hair, vine]*; podkręc|ić, -ać *[moustache]*; **to ~ sth around sth** okręcić coś wokół czegoś
III *vi* 1 (spin) *[dancer, wheel]* (one turn) zakręcić się; (set of turns) za|wirować; **to ~ round and round** wirować 2 (twist) *[vine, rope]* okręc|ić, -ać się **(around sth** wokół czegoś)
■ **twirl round** (turn round) *[person]* obr|ócić, -acać się (na pięcie); (move quickly) za|wirować; **he ~ed round to face her** obrócił się twarzą do niej

twirler /ˈtwɜːlə(r)/ *n* US infml dziewczyna *f* tamburmajor

twist /twɪst/ **I** *n* 1 (action) **he gave the cap a ~** przekręcił nakrętkę; **with a couple of ~s she unscrewed the lid** kilkoma ruchami odkręciła wieczko; **he gave his ankle a nasty ~** skręcił nogę w kostce; **to give the rope a ~** skręcić linę 2 (bend, kink) (in rope, cord, wool) skręt *m*; (in road) zakos *m*, ostry zakręt *m*; (in river) kolano *n*; **the road is full of ~s and turns** droga jest bardzo kręta; **there's a ~ in the hosepipe** wąż jest skręcony; **I've got my wool into a real ~** zupełnie poplątałem wełnę; **to get the ~s out of the rope** rozplątać linę 3 fig (unexpected change of direction) (in play, story) (zaskakujący) zwrot *m* akcji; (episode in crisis, events) zwrot *m*, moment *m* zwrotny; (of rules) zmiana *f* **(of sth** czegoś); **a strange ~ of fate** dziwne zrządzenie losu; **the ~s and turns of the argument/the plot** zawiłość argumentacji/fabuły; **to give sth a new ~** nadać czemuś nowy charakter; **events took an unexpected ~** wydarzenia przybrały niespodziewany obrót 4 (small amount) **a ~ of yarn/thread** kawałek skręconej przędzy/nitki; **a ~ of hair** pukiel włosów; **a newspaper ~** rożek zwinięty z gazety; **a ~ of paper** (zwinięty) papierek; **a ~ of lemon** cienki plasterek cytryny 5 Sport **to put some ~ on the ball** podkręcić piłkę 6 Sewing (thread) nić *f* skręcona 7 Dance **the ~** twist *m*; **to do the ~** tańczyć twista
II *vt* 1 (turn) przekręc|ić, -ać *[knob, top, cap, lid]*; (open) odkręc|ić, -ać *[top, cap, lid]*; (close) zakręc|ić, -ąć *[top, cap, lid]*; **to ~ sth off** odkręcić coś *[cap, top, lid]*; ukręcić coś *[branch, piece]*; **he ~ed round/his neck to look at the photograph** obrócił się /obrócił głowę, żeby spojrzeć na fotografię; **to ~ one's head around** obrócić głowę; **to ~ one's head away** odwrócić głowę; **he ~ed around in his chair** obrócił się na krześle; **~ it round sideways to get it through the door** obróć bokiem, żeby przeszło przez drzwi; **to ~ sb's arm** wykręcić komuś rękę; fig przycisnąć kogoś infml fig 2 (wind, twine) skręc|ić, -ać; **to ~ sth and sth together** skręcać coś z czymś; **to ~ the threads together** skręcać nitki; **to ~ sth round sth** okręcać coś wokół czegoś; **to ~ a rope around sth** okręcić coś liną; **they ~ed the sheet (up) into a rope** skręcili linę z prześcieradła; **to ~ one's hair up into a bun** związać włosy w kok 3 (bend, distort) wykrzywi|ć, -ać *[metal, rod, branch]*; **his face was ~ed with pain /rage** miał twarz wykrzywioną bólem /wściekłością; **she ~ed her mouth into a smile** skrzywiła usta w uśmiechu 4 fig przekręc|ić, -ać *[words, statement, facts]*; **you're trying to ~ my meaning** próbujesz wypaczyć sens moich słów 5 (injure) **to ~ one's ankle/wrist** skręcić nogę w kostce/nadgarstek; **to ~ one's neck** skręcić kark 6 Sport podkręc|ić, -ać *[ball]*
III *vi* 1 *[person]* **he ~ed free of her grasp** wywinął się z jej uścisku; **the wounded man lay ~ing and writhing on the ground** ranny mężczyzna leżał na ziemi i zwijał się z bólu; **his face ~ed into a smile** wykrzywił twarz w uśmiechu; **to ~ round** (turn around) odwrócić się 2 *[rope, flex, coil]* skręc|ić, -ać się; *[river, road]* wić się; **the road ~s and turns going up the hillside** droga pnie się zakosami or serpentyną po zboczu 3 Dance za|tańczyć twista 4 (in cards) (deal) poda|ć, -wać odwróconą kartę; (be dealt) otrzym|ać, -ywać odwróconą kartę
IDIOMS: **a ~ in the tail** niespodziewane zakończenie; **to have a ~ in the tail** kończyć się zaskakująco; **to get oneself into a ~** infml gryźć się **(about sth** czymś); **to be round the ~** infml mieć nie po kolei w głowie infml; **to drive sb round the ~** infml doprowadzać kogoś do szału; **to go round the ~** infml dostać kręćka infml

twist drill *n* wiertło *n* kręte

twisted /ˈtwɪstɪd/ *adj* 1 *[wire, rope, metal rod]* poskręcany; *[ankle, wrist]* skręcony 2 pej *[logic, argument]* pokrętny; *[outlook, viewpoint]* wykrzywiony; **to have a ~ mind** mieć wynaturzony umysł; **a ~ sense of humour** specyficzne poczucie humoru euph; **a bitter and ~ person** człowiek zgorzkniały

twister /ˈtwɪstə(r)/ *n* infml 1 (dishonest) krętacz *m*; (swindling) kanciarz *m* infml 2 US (tornado) tornado *n*

twist grip *n* pokrętło *n* regulacji przepustnicy

twisting /ˈtwɪstɪŋ/ *adj [road, path, course]* kręty

twist-off /ˈtwɪstɒf/ *adj [cap, top, lid]* odkręcany

twisty /ˈtwɪstɪ/ *adj* = **twisting**

twit /twɪt/ *n* infml cymbał *m* infml

twitch /twɪtʃ/ **I** *n* 1 (tic) tik *m*; **he has a ~ in the corner of his eye/mouth** drga mu powieka/kącik ust 2 (spasm) drgnięcie *n* **(of sth** czegoś); **a muscle ~** skurcz mięśni; **to give a ~** drgnąć 3 (sudden jerk) szarpnięcie *n*; **to give sth a ~** szarpnąć coś *[curtain, fabric]*
II *vt* 1 (tug) szarp|nąć, -ać *[curtain, fabric]*; **to ~ sth away** wyszarpnąć coś 2 (cause to quiver) **to ~ one's nose** *[person]* zmarszczyć nos; *[animal]* ruszać nosem
III *vi* 1 (quiver) *[person, animal]* za|drżeć; *[eye, limb, muscle, fishing line]* drg|nąć, -ać; **the dog's nose ~ed with excitement** psu z podniecenia drgały nozdrza; **to ~ in one's sleep** wzdrygać się przez sen 2 (tug) **to ~ at sth** *[person]* szarpać coś *[curtain, tablecloth]*; *[fish]* chwy|cić, -tać *[bait]*

twitcher /ˈtwɪtʃə(r)/ *n* infml 1 (fidgety person) nerwus *m* 2 GB (birdwatcher) obserwator *m*, -ka *f* ptaków

twitchiness /ˈtwɪtʃɪnɪs/ *n* podenerwowanie *n*, niepokój *m*

twitchy /ˈtwɪtʃɪ/ *adj* podenerwowany, niespokojny

twitter /ˈtwɪtə(r)/ **I** *n* świergotanie *n*, świergot *m*; **to be all of a ~** hum być bardzo przejętym
II *vi* 1 *[bird]* za|świergotać 2 *[person]* trajkotać
■ **twitter on** pej trajkotać bez końca infml **(about sth** o czymś)

twittery /ˈtwɪtərɪ/ *adj* infml *[person]* podniecony, przejęty; **~ state** stan podniecenia

'twixt /twɪkst/ *prep* liter arch pomiędzy
IDIOMS: **there's many a slip ~ cup and lip** Prov nie mów hop, póki nie przeskoczysz; (wiele się może zdarzyć) między ustami a brzegiem pucharu

two /tuː/ **I** *n* dwa; (symbol) dwójka *f*; **in ~s** dwójkami; **in ~s and threes** po dwa, trzy naraz; **at ~ o'clock** o drugiej; **book ~, chapter ~** księga druga, rozdział drugi
II *pron* (male) dwaj; dwóch; (+ *v sg*); (female) dwie; (male and female) dwoje; (animals, objects) dwie *f*, dwa *m*; **I bought ~ of them** kupiłem dwa; **to break/cut sth in ~** przełamać/przeciąć coś na dwoje; **in a day or ~** za dzień lub dwa
IDIOMS: **that makes ~ of us** to już jest nas dwóch; **'I'm fed up!'** infml – **'that makes ~ of us'** „mam dość!" – „ja też"; **to be in ~ minds about doing sth** wahać się, czy coś zrobić; **to be in ~ minds about sth** nie móc się zdecydować co do czegoś; **to**

T

put ~ and ~ together skojarzyć fakty; **to put ~ and ~ together and make five** wyciągnąć fałszywe wnioski; **~ hearts that beat as one** dwa serca bijące zgodnym rytmem; **there are ~ sides to every story** każda sprawa ma dwie strony

two-bit /ˈtuːbɪt/ *adj* US infml pej (worth very little) *[person, film]* lichy; (insignificant) *[rancher, gangster]* drobny

two bits *npl* US infml ćwierć *f* dolara

two-by-four /ˌtuːbəˈfɔː(r)/ *n* ≈ kantówka *f* *(o przekroju 2 na 4 cale)*

two-chamber system /ˌtuːˈtʃeɪmbəsɪstəm/ *n* Pol system *m* dwuizbowy

twocker /ˈtwɒkə(r)/ *n* GB infml złodziej *m* samochodów

twocking /ˈtwɒkɪŋ/ *n* GB infml kradzież *f* samochodów

two-dimensional /ˌtuːdaɪˈmenʃnl/ *adj* *[drawing]* dwuwymiarowy; fig *[story, film]* płytki fig; *[character]* powierzchowny, płaski

two-edged /ˌtuːˈedʒd/ *adj* [1] *[sword, knife]* obosieczny [2] fig *[weapon, argument]* obosieczny fig; *[comment, remark]* dwuznaczny

two-faced /ˌtuːˈfeɪst/ *adj* pej dwulicowy

twofold /ˈtuːfəʊld/ **I** *adj* [1] (twice as great) *[increase]* dwukrotny [2] (of two parts) podwójny

II *adv* dwukrotnie

two-four time /ˌtuːˈfɔːtaɪm/ *n* Mus takt *m* na dwie czwarte; **in ~** na dwie czwarte

two-handed /ˌtuːˈhændɪd/ *adj* [1] *[sword, saw, backhand]* dwuręczny; *[saw]* z dwiema rączkami [2] (ambidextrous) *[person]* oburęczny

two-hander /ˌtuːˈhændə(r)/ *n* Theat sztuka *f* dla dwóch aktorów

two-party system /ˌtuːˈpɑːtɪsɪstəm/ *n* Pol system *m* dwupartyjny

twopence /ˈtʌpəns/ *n* GB (sum) dwa pensy; (coin) moneta *f* dwupensowa → **tuppence**

twopenny /ˈtʌpənɪ/ *adj* *[stamp]* za dwa pensy; *[piece]* dwupensowy

twopenny-halfpenny /ˌtʌpənɪˈheɪpnɪ/ *adj* GB infml pej lichy pej

two-phase /ˌtuːˈfeɪz/ *adj* Elec dwufazowy

two-piece /ˌtuːˈpiːs/ *n* [1] (also **~ suit**) (woman's) kostium *m* (dwuczęściowy); (man's) garnitur *m* (dwuczęściowy) [2] (also **~ swimsuit**) dwuczęściowy kostium *m* kąpielowy

two-pin /ˌtuːˈpɪn/ *adj* *[plug]* z dwoma bolcami; *[socket]* na dwa bolce

two-ply /ˈtuːplaɪ/ *adj* *[wool, yarn]* podwójny; *[rope]* pleciony z dwóch włókien; *[tissue, wood]* dwuwarstwowy

two-seater /ˌtuːˈsiːtə(r)/ **I** *n* Aut samochód *m* dwumiejscowy; Aviat samolot *m* dwumiejscowy

II *adj* dwumiejscowy

two-sided /ˌtuːˈsaɪdɪd/ *adj* [1] *[tablemat, covering]* dwustronny [2] (debatable) *[argument]* dyskusyjny

twosome /ˈtuːsəm/ *n* (two people) para *f*, dwójka *f*; (game) gra *f* dla dwóch osób

two-star hotel /ˌtuːstɑːhəʊˈtel/ *n* hotel *m* dwugwiazdkowy

two-star (petrol) /ˌtuːstɑːˈpetrəl/ *n* GB etylina *f* (normalna)

two-step /ˈtuːstep/ *n* Mus two-step *m*

two-storey /ˌtuːˈstɔːrɪ/ *adj* dwupiętrowy

two-stroke /ˈtuːstrəʊk/ *adj [engine, cycle]* dwusuwowy

two-tier /ˌtuːˈtɪə(r)/ *adj [bureaucracy, health service]* dwupoziomowy; *[society]* dwuwarstwowy

two-time /ˈtuːtaɪm/ infml **I** *vt* zdradz|ić, -ać *[partner]*

II *vi* być niewiernym

two-timer /ˈtuːtaɪmə(r)/ *n* infml (double-crosser) oszust *m*; **to be a ~** *[partner]* być niewiernym

two-timing /ˈtuːtaɪmɪŋ/ *adj* niewierny

two-tone /ˈtuːtəʊn/ *adj* (in hue) w dwóch odcieniach; (in sound) o dwóch wysokościach dźwięku

two-way /ˌtuːˈweɪ/ *adj* [1] *[street, traffic]* dwukierunkowy [2] *[communication, process, exchange]* dwustronny; **friendship should be a ~ thing** przyjaźń powinna obowiązywać obie strony [3] Elec (switch) dwupozycyjny; *[loudspeaker]* dwudrożny; *[wiring]* dwukierunkowy

two-way mirror *n* lustro *n* weneckie

two-way radio *n* aparat *m* nadawczo-odbiorczy

two-way switch *n* przełącznik *m* dwupozycyjny

two-wheeler /ˌtuːˈwiːlə(r)/ *n* infml (cab, hansom) dwukółka *f*; (bicycle) rower *m*

TX US Post = **Texas**

tycoon /taɪˈkuːn/ *n* [1] (business magnate) potentat *m*, -ka *f*, magnat *m*; **an industrial/a newspaper ~** potentat przemysłowy/prasowy [2] Hist (shogun) taikun *m*

tyke /taɪk/ *n* infml [1] pej (boor) cham *m* pej [2] (mongrel) kundel *m* [3] US (child) urwis *m*, nicpoń *m*

tymbal *n* = **timbal**

tympan /ˈtɪmpən/ *n* [1] (membrane) membrana *f* [2] Print płyta *f* dociskowa [3] Archit = **tympanum**

tympani *npl* = **timpani**

tympanic /tɪmˈpænɪk/ *adj* Anat bębenkowy; **~ membrane** błona bębenkowa

tympanist *n* Mus = **timpanist**

tympanum /ˈtɪmpənəm/ *n* (*pl* **~s, pana**) [1] Anat (eardrum) bębenek *m* uszny; (middle ear) ucho *n* środkowe [2] Archit tympanon *m* [3] Mus tympanon *m*

Tyne and Wear /ˌtaɪnənˈwɪə(r)/ *prn* hrabstwo *n* Tyne and Wear

type /taɪp/ **I** *n* [1] (variety, kind) typ *m*, rodzaj *m* **(of sb/sth** kogoś/czegoś); **hair/skin ~** rodzaj włosów/skóry; **what ~ of car do you drive/of washing powder do you use?** jakim samochodem jeździsz/jakiego proszku do prania używasz?; **what ~ of problem?** jaki problem?; **he's an army ~** jest typem wojskowego; **you're not my ~** nie jesteś w moim typie; **they're our ~ of people** to ludzie w naszym typie; **I'm not the** or **that ~** nie jestem takim człowiekiem; **I don't go in for that ~ of thing** mnie nie bawią tego typu rzeczy; **is she the right ~ for this job?** czy ona jest odpowiednią osobą na to stanowisko?; **he's all right if you like that ~** nie jest taki zły, jeżeli ktoś lubi ludzi tego typu; **he's the introspective ~** jest typem introwertyka; **she's not the ~ to fuss** ona nie z tych or nie należy do tych, którzy się przejmują; **they're the ~ who...** należą do tych, którzy...; **he's one of those pretentious university ~s** to jeden z tych pretensjonalnych typów z uniwersytetu; **a very special ~ of person** bardzo szczególny typ człowieka; **I know his ~** pej znam ludzi jego pokroju; **her ~ always get what they want** pej ludzie jej pokroju zawsze dostają to, czego chcą; **you know the ~ of thing I mean** wiesz, co mam na myśli [2] (archetype) typowy przykład *m*; **the characters in this novel are only ~s** postacie w tej powieści tylko symbolizują określone typy ludzi; **he's/she's reverted to ~** wyszła jego/jej prawdziwa natura; **to play** or **be cast against ~** Cin, Theat zostać obsadzonym w nieodpowiedniej dla siebie roli [3] Print czcionka *f*; **bold/large ~** tłusty /duży druk; **italic ~** kursywa; **metal ~** metalowe czcionki; **printed in small ~** wydrukowany małą czcionką; **to set up ~** robić skład; **to set sth in bold ~** złożyć coś tłustą czcionką [4] Ling typ *m*

II *modif* [1] Bot, Med **~ A and B cells** komórki A i komórki B [2] infml **a documentary-~ film** film z gatunku dokumentu; **a Graham Greene-~ plot** fabuła w stylu Grahama Greene'a

III *vt* [1] (on typewriter, computer) na|pisać *[text, word, letter, line]*; **to ~ 60 words a minute** pisać (na maszynie) z szybkością 60 słów na minutę; **shall I have it ~d?** czy mam to dać do przepisania?; **a ~d letter** list napisany na maszynie [2] (classify) określ|ić, -ać grupę (czegoś) *[blood sample]*; za|szufladkować *[person]*; **he was ~d as an avant-garde poet** zaszufladkowano go jako poetę awangardowego

IV *vi* pisać na maszynie

■ **type in**: **~ in [sth], ~ [sth] in** wpis|ać, -ywać *[word, character]*

■ **type out**: **~ out [sth], ~ [sth] out** na|pisać na maszynie *[letter, invoice]*; przepis|ać, -ywać na maszynie *[handwritten notes]*

■ **type over**: **~ over [sth]** (erase) popraw|ić, -ać; **I've ~d over my error** poprawiłem błąd maszynowy

■ **type up** przepis|ać, -ywać na maszynie

typecast /ˈtaɪpkɑːst, US -kæst/ *vt* (*pt, pp* **-cast**) Theat (cast) obsadz|ić, -ać (kogoś) w typowej dla niego roli; (classify) za|szufladkować **(as sb/sth** jako kogoś/coś)

typecasting /ˈtaɪpkɑːstɪŋ, US -kæstɪŋ/ *n* zaszufladkowanie *n*

typeface /ˈtaɪpfeɪs/ *n* krój *m* pisma

typescript /ˈtaɪpskrɪpt/ *n* maszynopis *m*; **several pages of ~** kilka stron napisanych na maszynie

typeset /ˈtaɪpset/ *vt* (*prp* **-tt-**; *pt, pp* **~**) z|robić skład (czegoś)

typesetter /ˈtaɪpsetə(r)/ *n* (person) zecer *m*, składacz *m*; (machine) składarka *f*

typesetting /ˈtaɪpsetɪŋ/ *n* skład *m*

typewriter /ˈtaɪpraɪtə(r)/ **I** *n* maszyna *f* do pisania; **electronic/portable ~** elektroniczna/przenośna maszyna do pisania

II *modif* **~ keyboard** klawiatura maszyny do pisania; **~ ribbon** taśma do maszyny do pisania

typewritten /ˈtaɪprɪtn/ *adj* napisany na maszynie

typhoid /ˈtaɪfɔɪd/ *n* (also **~ fever**) dur *m* brzuszny, tyfus *m* brzuszny

Typhoid Mary *n* US infml ognisko *n* zarazy fig

typhoon /taɪˈfuːn/ *n* tajfun *m*

typhus /ˈtaɪfəs/ *n* (also **~ fever**) dur *m* plamisty, tyfus *m* plamisty

typical /ˈtɪpɪkl/ *adj [case, example, day, village]* typowy; *[tactlessness, compassion]* charakterystyczny, typowy; **he's a ~ civil servant** to typowy urzędnik państwowy; **a ~ feature** typowa cecha; **to be ~ of sb /sth** być typowym dla kogoś/czegoś *[period, species]*; **that's ~ of him** to dla niego typowe, to cały on; **it's (all too) ~ of him to be late** spóźnić się to do niego podobne; **with (his) ~ modesty/arrogance he replied...** z typową dla siebie skromnością/arogancją odpowiedział...; **'I've left my keys behind' – '~!'** infml „zapomniałem kluczy" – „jak zwykle!" infml

typically /ˈtɪpɪklɪ/ *adv* (representatively) *[behave]* w sposób charakterystyczny dla siebie; (usually) zwykle, zazwyczaj; **in a ~ evasive reply, he said that...** jak zwykle wykręcając się od odpowiedzi powiedział, że...; **that was a ~ inept remark from Anna** była to typowa dla Anny niestosowna uwaga; **they assumed, ~, that...** przyjęli jak zwykle, że...; **~ English** *[place, atmosphere, behaviour]* typowo angielski; **she's ~ English** jest typową Angielką; **it's ~ Australian to address everyone as 'mate'** zwracanie się do wszystkich „kolego" jest typowe dla Australijczyków; **it was a ~ warm, sunny day** to był zwyczajny ciepły, słoneczny dzień; **~, it was left to us to organize everything** jak zwykle, my musieliśmy wszystko zorganizować; **~, the doctor will see thirty patients a day** zwykle lekarz przyjmuje trzydziestu pacjentów dziennie

typify /ˈtɪpɪfaɪ/ *vt [quality, feature, condition, work]* być charakterystycznym dla (kogoś /czegoś); *[person]* być uosobieniem (czegoś); *[institution]* symbolizować; **as typified by the EC** czego przykładem jest Wspólnota Europejska

typing /ˈtaɪpɪŋ/ **I** *n* [1] (skill) pisanie *n* na maszynie, maszynopisanie *n*; **to learn ~** uczyć się pisać na maszynie; **'good ~ essential'** „wymagana umiejętność pisania na maszynie"; **my ~ is slow** wolno piszę na maszynie [2] (typed material) **two pages of ~** dwie strony maszynopisu; **check the ~** sprawdź maszynopis; **I've got some ~ to do** muszę coś napisać na maszynie; **she does academic ~** ona przepisuje na maszynie teksty uniwersyteckie

II *modif* **~ course** kurs maszynopisania

typing error *n* błąd *m* maszynowy

typing paper *n* papier *m* maszynowy

typing pool *n* hala *f* maszyn; **she works in the ~** ona pracuje w zespole maszynistek

typing skills *n* umiejętność *f* pisania na maszynie

typing speed *n* szybkość *f* pisania na maszynie; **she has a ~ of 80** pisze z szybkością 80 słów na minutę

typist /ˈtaɪpɪst/ *n* osoba *f* pisząca na maszynie; (female) maszynistka *f*

typo /ˈtaɪpəʊ/ *n* Print infml błąd *m* drukarski

typographer /taɪˈpɒgrəfə(r)/ *n* typograf *m*

typographic(al) /ˌtaɪpəˈgræfɪk(l)/ *adj [layout]* typograficzny; *[error]* drukarski

typography /taɪˈpɒgrəfɪ/ *n* typografia *f*

typology /taɪˈpɒlədʒɪ/ *n* typologia *f*

tyrannic(al) /tɪˈrænɪk(l)/ *adj* tyrański

tyrannically /tɪˈrænɪklɪ/ *adv [act]* okrutnie, bezwzględnie; *[cruel, strict]* tyrańsko

tyrannicide /tɪˈrænɪsaɪd/ *n* (act) tyranobójstwo *n*; (killer) tyranobójca *m*

tyrannize /ˈtɪrənaɪz/ **I** *vt* tyranizować **II** *vi* (rule) rządzić despotycznie; (behave cruelly) być tyranem; **to ~ over sb** tyranizować kogoś

tyrannosaurus (rex) /tɪˌrænəˈsɔːrəs/ *n* tyranozaur *m*

tyrannous /ˈtɪrənəs/ *adj* = **tyrannic(al)**

tyrannously /ˈtɪrənəslɪ/ *adv* = **tyrannically**

tyranny /ˈtɪrənɪ/ *n* [1] (despotism) tyrania *f* [2] (tyrannical act) przejaw *m* tyranii; **to submit to the tyrannies of sth** poddać się rygorom czegoś [3] (country) kraj *m* pod rządami tyranii

tyrant /ˈtaɪərənt/ *n* tyran *m*

tyre GB, **tire** US /ˈtaɪə(r)/ *n* opona *f*; **back /front ~** tylna/przednia opona; **burst ~** pęknięta opona; **flat ~** kapeć infml; **your back ~ is flat!** złapałeś gumę w tylnym kole! infml; **spare ~** koło zapasowe; fig fałdy tłuszczu w pasie

tyre centre *n* zakład *m* wulkanizacyjny i sprzedaż opon

tyre lever *n* łyżka *f* do opon

tyre pressure *n* ciśnienie *n* w oponach or w ogumieniu

tyre pressure gauge *n* wskaźnik *m* ciśnienia w oponach

tyro /ˈtaɪərəʊ/ *n* nowicjusz *m*, -ka *f*, początkując|y *m*, -a *f*; **I'm a ~ at chess** jestem początkującym szachistą

Tyrol /tɪˈrəʊl/ *prn* **the ~** Tyrol *m*

Tyrolean /ˌtɪrəˈliːən/ **I** *n* Tyrol|czyk *m*, -ka *f* **II** *adj* tyrolski

Tyrone /tɪˈrəʊn/ *prn* hrabstwo *n* Tyrone

Tyrrhenian Sea /tɪˌriːnɪənˈsiː/ *prn* **the ~** Morze *n* Tyrreńskie

tzar *n* = **tsar**

tzarina *n* = **tsarina**

T

U

u, U /juː/ *n* [1] (letter) u, U *n* [2] **U** GB Cin = **universal** bez ograniczeń (wiekowych), b.o.
UAE *prn* = **United Arab Emirates** ZEA *m pl*
UB40 *n* GB = **unemployment benefit 40** *karta rejestracyjna bezrobotnego*
U-bend /ˈjuːbend/ *n* (in pipe) kolanko *n*; Aut ostry zakręt *m*
ubiquitous /juːˈbɪkwɪtəs/ *adj* wszechobecny
ubiquity /juːˈbɪkwətɪ/ *n* wszechobecność *f*
U bolt *n* śruba *f* w kształcie litery U
UCCA /ˈʌkə/ *n* GB = **Universities Central Council on Admissions** *rada koordynująca przyjęcia na studia uniwersyteckie*
UDA *n* → **Ulster Defence Association**
UDC *n* GB → **Urban District Council**
udder /ˈʌdə(r)/ *n* wymię *n*
UDI *n* = **unilateral declaration of independence** jednostronna deklaracja *f* niepodległości
UDR *n* → **Ulster Defence Regiment**
UEFA /juːˈiːfə/ *n* = **Union of European Football Associations** UEFA *f inv*
UFF *n* → **Ulster Freedom Fighters**
UFO *n* = **unidentified flying object** UFO *n inv*
ufologist /juːˈfɒlədʒɪst/ *n* ufolog *m*, badacz *m* UFO
ufology /juːˈfɒlədʒɪ/ *n* ufologia *f*
Uganda /juːˈgændə/ *prn* Uganda *f*
Ugandan /juːˈgændən/ **I** *n* Ugandyj|czyk *m*, -ka *f*
II *adj* ugandyjski
ugh /ʌg/ *excl* fu!, fuj!
ugli (fruit) /ˈʌglɪ(fruːt)/ *n* *skrzyżowanie grejpfruta z mandarynką*
uglify /ˈʌglɪfaɪ/ *vt* ze|szpecić, oszpecić
ugliness /ˈʌglɪnɪs/ *n* (of person, object, place) brzydota *f*, szpetota *f*
ugly /ˈʌglɪ/ *adj* [1] (hideous) *[person, appearance, furniture, building, place]* brzydki, szpetny; *[sound]* nieprzyjemny; **to be an ~ sight** wyglądać paskudnie [2] (vicious) *[conflict, tactics, campaign, situation]* groźny; *[news]* złowróżbny; *[accusation]* podły; *[passion, violence]* potworny; *[laugh, look, expression]* złowrogi; *[habit, lie]* wstrętny; **the situation turned ~** sytuacja zrobiła się niewesoła; **to give sb an ~ look** spojrzeć na kogoś złym wzrokiem; **to be in an ~ mood** *[group, mob]* być groźnie nastawionym; *[individual]* być w podłym or ponurym nastroju; **the ~ face of sth** ponure oblicze czegoś fig [3] (repugnant) *[incident, scene]* paskudny, okropny; *[crime]* potworny, ohydny
IDIOMS: **an ~ customer** infml wstrętny typ infml; **as ~ as sin** brzydki jak noc; **racism again rears its ~ head** rasizm znowu daje o sobie znać
ugly duckling *n* fig brzydkie kaczątko *n* fig
UHF *n* = **ultra-high frequency** UHF *n inv*
uh-huh /ˈʌhʌ/ *excl* (affirming, agreeing) uhm, aha
UHT *adj* = **ultra-heat treated** UHT
UHT milk *n* mleko *n* UHT
UK **I** *prn* = **United Kingdom** Zjednoczone Królestwo *n*; **in the ~** w Zjednoczonym Królestwie; **to the ~** do Zjednoczonego Królestwa
II *modif* **~ citizen/passport** obywatel /paszport Zjednoczonego Królestwa
uke /juːk/ *n* infml → **ukulele**
Ukraine /juːˈkreɪn/ *prn* (also **the ~**) Ukraina *f*; **in ~** na Ukrainie; **to ~** na Ukrainę
Ukrainian /juːˈkreɪnɪən/ **I** *n* [1] (person) Ukrain|iec *m*, -ka *f* [2] Ling (język *m*) ukraiński *m*
II *adj* ukraiński
ukulele /ˌjuːkəˈleɪlɪ/ *n* ukulele *n inv*
ulcer /ˈʌlsə(r)/ *n* wrzód *m*; **stomach ~** wrzód żołądka
ulcerate /ˈʌlsəreɪt/ **I** *vt* s|powodować owrzodzenie (czegoś)
II *vi [stomach lining]* o|wrzodzieć
ulceration /ˌʌlsəˈreɪʃn/ *n* owrzodzenie *n*
ulcerative /ˈʌlsərətɪv/ *adj* wrzodziejący
ulcerous /ˈʌlsərəs/ *adj* wrzodowy
ulna /ˈʌlnə/ *n* (*pl* **-nae, -s**) kość *f* łokciowa
Ulster /ˈʌlstə(r)/ **I** *prn* Ulster *m*
II *adj* ulsterski
Ulster Defence Association, UDA *n* Stowarzyszenie *n* Obrony Ulsteru
Ulster Defence Regiment, UDR *n* Regiment *m* Obrony Ulsteru *(posiłkowe oddziały pod kontrolą wojska)*
Ulster Freedom Fighters, UFF *n* Bojownicy *m pl* o Wolność Ulsteru
Ulsterman /ˈʌlstəmən/ *n* (*pl* **-men**) Ulsterczyk *m*
Ulster Volunteer Force, UVF *n* Ochotnicze Siły *f pl* Ulsteru
Ulsterwoman /ˈʌlstəwʊmən/ *n* (*pl* **-women**) Ulsterka *f*
ult. *adv* Admin dat = **ultimo** ubiegłego miesiąca
ulterior /ʌlˈtɪərɪə(r)/ *adj* [1] (hidden) *[motive, purpose]* ukryty; **without any ~ motive** bez żadnego ukrytego motywu [2] (subsequent) dalszy
ultimata /ˌʌltɪˈmeɪtə/ *npl* → **ultimatum**
ultimate /ˈʌltɪmət/ **I** *n* **the ~** szczyt *m*; **the ~ in luxury/bad taste** szczyt luksusu/złego smaku; **the ~ in computer technology** szczytowe osiągnięcie techniki komputerowej
II *adj* [1] (final) *[accolade, achievement, authority]* najwyższy; *[challenge, deterrent, power, sacrifice, ambition, responsibility, success]* największy; *[victory, weapon, aim, conclusion, decision, defeat, destination, effect, failure, purpose, result]* ostateczny; *[hope]* ostatni; **the ~ loser/beneficiary is...** tym, który ostatecznie straci/zyska, jest...; **carried to the ~ extreme** posunięty do ostatecznych granic [2] (fundamental) *[principle, purpose, question, task, truth]* podstawowy, fundamentalny; *[origin, cause, source]* pierwotny [3] (unsurpassed) *[car, product, holiday]* jedyny w swoim rodzaju; *[insult]* największy; *[luxury, refinement]* niebywały, nadzwyczajny
ultimate constituent *n* Ling składnik *m* ostateczny
ultimately /ˈʌltɪmətlɪ/ *adv* ostatecznie, w końcu
ultimate strength *n* Tech wytrzymałość *f*
ultima Thule /ˌʌltɪməˈθuːliː/ *n* ultima Thule *inv*
ultimatum /ˌʌltɪˈmeɪtəm/ *n* (*pl* **-s, -mata**) ultimatum *n inv*; **to issue** or **deliver** or **give an ~ to sb** postawić ultimatum komuś; **cease-fire ~** kategoryczne żądanie zawieszenia broni
ultra /ˈʌltrə/ **I** *n* infml ekstremist|a *m*, -ka *f*, ultras *m*
II **ultra+** *in combinations* [1] (exceedingly, excessively) super-, ultra-, naj- [2] (beyond) ponad-, poza-
ultraconservative /ˌʌltrəkənˈsɜːvətɪv/ *adj* ultrakonserwatywny
ultra-heat treated /ˌʌltrəˈhiːttriːtɪd/ *adj* *[milk]* sterylizowany w wysokiej temperaturze
ultrahigh /ˌʌltrəˈhaɪ/ *adj [risk, crime rates]* niezwykle wysoki
ultra-high frequency /ˌʌltrəhaɪˈfriːkwənsɪ/ *n* częstotliwość *f* 300 do 3000 MHz
ultra-left /ˌʌltrəˈleft/ **I** *n* **the ~** ultralewica *f*
II *adj* ultralewicowy
ultramarine /ˌʌltrəməˈriːn/ **I** *n* ultramaryna *f*
II *adj* w kolorze ultramaryny, intensywnie niebieski
ultramodern /ˌʌltrəˈmɒdən/ *adj* ultranowoczesny, supernowoczesny
ultramontane /ˌʌltrəˈmɒnteɪn/ Relig **I** *n* ultramontan|in *m*, -ka *f*
II *adj* ultramontański
ultramontanism /ˌʌltrəˈmɒntənɪzəm/ *n* Relig ultramontanizm *m*

ultra-right /ˌʌltrəˈraɪt/ **I** *n* **the ~** ultraprawica *f*
II *adj* ultraprawicowy

ultrasonic /ˌʌltrəˈsɒnɪk/ *adj* ultradźwiękowy

ultrasonics /ˌʌltrəˈsɒnɪks/ *n (+ v sg)* ultraakustyka *f*

ultrasound /ˈʌltrəsaʊnd/ *n* ultradźwięk *m*; **he received** or **was given ~ (treatment)** Med przeszedł ultrasonoterapię

ultrasound scan *n* ultrasonografia *f*, USG *n*; **to give sb an ~** zrobić komuś USG; **to have an ~** zrobić sobie USG

ultrasound scanner *n* ultrasonograf *m*

ultraviolet /ˌʌltrəˈvaɪələt/ *adj* ultrafioletowy, nadfioletowy

ultra vires /ˌʌltrəˈvaɪəriːz, ˌʊltrɑːˈviːreɪz/ **I** *adj* **to be ~** *[individual, proclamation, action]* przekraczać kompetencje or uprawnienia; *[company]* wykraczać poza cele określone w statucie
II *adv* **to act ~** przekroczyć kompetencje or uprawnienia

ululate /ˈjuːljʊleɪt/ *vi* fml *[mourner]* zawodzić, lamentować

ululation /ˌjuːljʊˈleɪʃn/ *n* fml zawodzenie *n*, lament *m*

Ulysses /ˈjuːlɪsiːz/ *prn* Ulisses *m*

umber /ˈʌmbə(r)/ *n* Art umbra *f*

umbilical /ʌmˈbɪlɪkl, ˌʌmbɪˈlaɪkl/ **I** *n* = **umbilical cord**
II *adj* Anat, Physiol pępkowy; **~ ties** fig silne związki

umbilical cord *n* [1] Anat pępowina *f* also fig; **to tie the ~** zawiązać pępowinę; **to cut the ~** przeciąć pępowinę also fig [2] Aerosp przewód *m* startowy; Naut przewód *m* łączący nurka ze statkiem

umbilicus /ʌmˈbɪlɪkəs, ˌʌmbɪˈlaɪkəs/ *n* (*pl* **-lici**) Anat pępek *m*

umbrage /ˈʌmbrɪdʒ/ *n* uraza *f*; **to take ~** poczuć się urażonym (**at sth** czymś); **to give ~ to sb** urazić kogoś

umbrella /ʌmˈbrelə/ *n* [1] parasol *m*; (woman's) parasolka *f*; **folding ~** parasol składany [2] fig (protection) parasol *m* ochronny; **under the ~ of sth** (authority) pod patronatem czegoś, pod egidą czegoś [3] Zool parasol *m* meduzy

umbrella bird *n* strojnoczub *m*

umbrella group *n* organizacja *f* patronacka

umbrella organization *n* = **umbrella group**

umbrella stand *n* stojak *m* na parasole

umbrella term *n* określenie *n* zbiorowe, nazwa *f* zbiorowa

umbrella tree *n* [1] (Australian) szeflera *f* [2] (North American) magnolia *f* parasolowata

Umbria /ˈʌmbrɪə/ *prn* Umbria *f*

Umbrian /ˈʌmbrɪən/ **I** *n* (person) Umbryj|czyk *m*, -ka *f*; Hist **the ~s** Umbrowie
II *adj* umbryjski

umlaut /ˈʊmlaʊt/ *n* umlaut *m*

ump /ʌmp/ *n* US infml → **umpire**

umpire /ˈʌmpaɪə(r)/ **I** *n* Sport sędzia *m*; arbiter *m* also fig; **to act as an ~ between two parties** być arbitrem or rozjemcą w sporze między dwiema stronami
II *vt* Sport sędziować *[match, game]*; fig rozstrzyg|nąć, -ać *[dispute]*
III *vi* Sport sędziować; **to ~ at a match** sędziować w meczu

umpteen /ʌmpˈtiːn/ infml **I** *adj* ileś tam infml; **I've told you ~ times** mówiłem ci setki or iks razy
II *pron* **I have ~ at home** mam (ich) mnóstwo or multum w domu; **there are ~ of us** jest nas masa; **I've got ~ different things to do** mam mnóstwo najrozmaitszych rzeczy do zrobienia

umpteenth /ʌmpˈtiːnθ/ *adj* infml po raz któryś z rzędu; po raz enty infml

'un /ən/ *pron* = **one**; **come here, little ~!** podejdź tu, mały!; **that's a good ~!** (joke) dobre! infml; **he caught a big ~** (fish) złowił dużą sztukę, złapał taaką rybę infml

UN **I** *n* = **United Nations** ONZ *m*
II *modif* **~ conference/resolution** konferencja/rezolucja ONZ(-u); **~ forces** siły ONZ or oenzetowskie; **~ ambassador** ambasador ONZ; **~ Security Council /General Assembly** Rada Bezpieczeństwa/Zgromadzenie Ogólne ONZ

unabashed /ˌʌnəˈbæʃt/ *adj [curiosity]* niepohamowany, nieposkromiony; *[celebration]* szalony; **~ by their indifference, he proceeded to...** nie zważając na ich obojętność, przystąpił do...; **he seemed quite ~** zdawał się wcale niespeszony

unabated /ˌʌnəˈbeɪtɪd/ *adj [storm, fighting, enthusiasm, interest]* niesłabnący; **to continue ~** *[industrial growth]* utrzymywać się na tym samym poziomie; *[fighting, storm]* nie słabnąć; **the discussion continued ~** trwała zacięta dyskusja

unable /ʌnˈeɪbl/ *adj* [1] (lacking the means or opportunity) **to be ~ to do sth** nie móc or nie być w stanie czegoś zrobić; **I wanted to come, but I was ~ (to)** chciałem przyjść, ale nie byłem w stanie [2] (lacking the knowledge or skill) **to be ~ to do sth** nie umieć or nie potrafić czegoś zrobić; **children ~ to read** dzieci, które nie umieją czytać [3] (incapable, not qualified) **to be ~ to do sth** nie potrafić or nie być w stanie czegoś zrobić; **she tried to answer, but she was ~ to** próbowała odpowiedzieć, lecz nie była w stanie

unabridged /ˌʌnəˈbrɪdʒd/ *adj* pełny, nieskrócony, bez skrótów; **the ~ version of his diaries** pełne wydanie jego dzienników

unaccented /ˌʌnækˈsentɪd/ *adj [syllable]* nieakcentowany; *[English, French]* bez (obcego) akcentu

unacceptable /ˌʌnəkˈseptəbl/ *adj [terms, argument, suggestion]* nie do przyjęcia; *[degree, extent, level, behaviour]* niedopuszczalny; **it is ~ that we should be blamed** to niedopuszczalne, żeby nas obciążać winą; **the ~ face of capitalism** to, co w kapitalizmie budzi sprzeciw

unacceptably /ˌʌnəkˈseptəblɪ/ *adv [high, low, long, expensive, dangerous, risky]* zbyt; *[classify, describe]* w sposób nie do przyjęcia

unaccompanied /ˌʌnəˈkʌmpənɪd/ *adj* [1] (alone) *[person]* sam, bez towarzystwa; **~ children/minors** dzieci/osoby niepełnoletnie bez opieki; **an ~ young woman** samotna młoda kobieta [2] Mus *[cello suite]* solo; *[song, singing]* bez akompaniamentu, a cappella

unaccomplished /ˌʌnəˈkʌmplɪʃt/ *adj* [1] (not finished) *[work, task]* niedokończony, nieukończony; *[project]* niezrealizowany [2] **an ~ performer** miernota

unaccountable /ˌʌnəˈkaʊntəbl/ *adj* [1] *[phenomenon, feeling]* niewytłumaczalny; **for some ~ reason** z niewiadomego powodu [2] (not answerable) **to be ~ to sb** *[employee, dictator]* nie odpowiadać przed kimś

unaccountably /ˌʌnəˈkaʊntəblɪ/ *adv [vanish, appear]* z niewyjaśnionych przyczyn; *[late, absent]* z niewiadomego powodu; **quite ~** ni stąd, ni zowąd; z jakiegoś or z niewiadomego powodu

unaccounted /ˌʌnəˈkaʊntɪd/ *adj* **the rest of the money is ~ for** brakuje reszty pieniędzy; **two of the crew are still ~ for** nadal nieznany jest los dwóch członków załogi

unaccustomed /ˌʌnəˈkʌstəmd/ *adj* [1] (unusual) *[generosity, silence, speed]* niezwykły; *[luxury, position]* niecodzienny [2] (unused) nienawykły, nieprzyzwyczajony (**to sth** do czegoś); **to be ~ to sth/to doing sth** być nienawykłym do czegoś /robienia czegoś; **~ as I am to public speaking...** hum choć nie nawykłem do publicznych wystąpień...

unacknowledged /ˌʌnəkˈnɒlɪdʒd/ *adj [genius, inventor, artist]* nieuznany, niedoceniony; zapoznany fml; *[leader]* nieuznawany oficjalnie; *[epidemic]* niepotwierdzony przez oficjalne źródła; **~ gift/contribution** dar/datek, za który nie podziękowano; **her letter remained ~** jej list pozostał bez odpowiedzi

unacquainted /ˌʌnəˈkweɪntɪd/ *adj* **to be ~ with sb/sth** nie znać kogoś/czegoś; **he's ~ with computing** (on) nie zna się na informatyce; **to be ~ with the facts** nie znać faktów; **to be ~ with the situation** nie orientować się w sytuacji; **to be ~ with one another** nie znać się nawzajem

unadapted /ˌʌnəˈdæptɪd/ *adj* bez przeróbek; *[eye]* nieprzystosowany

unaddressed /ˌʌnəˈdrest/ *adj* niezaadresowany, bez adresu

unadopted /ˌʌnəˈdɒptɪd/ *adj* [1] GB **~ road** *droga, której utrzymaniem zajmują się władze lokalne* [2] **~ child** dziecko przez nikogo niezaadoptowane

unadorned /ˌʌnəˈdɔːnd/ *adj [walls]* goły; *[building]* surowy; *[manner, style]* prosty; **the plain ~ facts** gołe fakty

unadulterated /ˌʌnəˈdʌltəreɪtɪd/ *adj* [1] (pure) *[water]* czysty, nieskażony; *[honey, food]* naturalny; *[wine]* nierozcieńczony, niefałszowany [2] (emphatic) *[pleasure, bliss]* czysty; **~ misery** prawdziwa rozpacz; **this is ~ nonsense/rubbish** to jest czysty nonsens/wierutna bzdura

unadventurous /ˌʌnədˈventʃərəs/ *adj [meal, menu, decor]* banalny; *[production, person, clothes, style, choice]* konwencjonalny

unadventurously /ˌʌnədˈventʃərəslɪ/ *adv [dressed, presented]* konwencjonalnie, tradycyjnie; *[play, perform]* bez polotu

unadvertised /ʌnˈædvətaɪzd/ *adj [goods, model, sale]* niereklamowany; *[visit, meeting]* nienagłośniony, nienagłaśniany; **it was an ~ post** nie było ogłoszenia (w prasie) o tej posadzie

unaesthetic GB, **unesthetic** US /ˌʌniːsˈθetɪk/ *adj [thing]* nieestetyczny; *[person]* pozbawiony zmysłu estetycznego

unaffected /ˌʌnəˈfektɪd/ *adj* 1 (untouched) *[rights, condition, object]* nienaruszony; **to be ~ by sth** nie odczuwać czegoś; **the microbes were ~ by it** na drobnoustroje nie miało to wpływu 2 (natural, spontaneous) *[person, behaviour, style]* bezpretensjonalny, naturalny; *[pleasure]* nieudawany, niekłamany; *[smile]* niewymuszony

unaffectedly /ˌʌnəˈfektɪdlɪ/ *adv [behave, dress]* bezpretensjonalnie, naturalnie; *[speak]* prosto, bez afektacji; *[pleased, delighted]* szczerze

unaffiliated /ˌʌnəˈfɪlɪeɪtɪd/ *adj* nieafiliowany **(to sth** do czegoś); **to be ~ to sth** nie podlegać czemuś *[university]*

unafraid /ˌʌnəˈfreɪd/ *adj [person]* nieustraszony; **to be ~ of (doing) sth/to do sth** nie bać się czegoś/zrobić coś

unaided /ʌnˈeɪdɪd/ **I** *adj [work]* własny, samodzielny; *[intuition]* własny, osobisty; **he was ~** nikt mu nie pomagał; **~ by sth** bez pomocy czegoś; **to do sth by one's ~ efforts** zrobić coś bez niczyjej pomocy or własnym wysiłkiem

II *adv [sit, stand, walk, achieve]* bez pomocy

unaired /ʌnˈeəd/ *adj* 1 *[room, clothes, bed, sheets]* nieprzewietrzony, niewywietrzony, niewietrzony 2 (undiscussed) **to remain ~** *[objections, issues]* nie zostać poruszonym (w dyskusji)

unalike /ˌʌnəˈlaɪk/ *adj* niepodobny; **they're ~ each other** są do siebie niepodobni

unalloyed /ˌʌnəˈlɔɪd/ *adj* 1 *[happiness, joy]* niezmącony; *[pleasure, delight]* czysty; *[success]* pełny 2 *[metal]* czysty, bez domieszek

unalterable /ʌnˈɔːltərəbl/ *adj* niezmienny; *[decision]* ostateczny

unaltered /ʌnˈɔːltəd/ *adj* niezmieniony; **to remain ~** pozostawać w niezmienionym stanie, nie ulegać zmianom; **to be ~ in appearance/in one's habits** nie zmienić się z wyglądu/nie zmienić nawyków

unambiguous /ˌʌnæmˈbɪgjʊəs/ *adj* jednoznaczny, niedwuznaczny

unambiguously /ˌʌnæmˈbɪgjʊəslɪ/ *adv [interpret]* jednoznacznie; *[deny]* stanowczo

unambitious /ˌʌnæmˈbɪʃəs/ *adj [person, plan, reform, novel]* mało ambitny

un-American /ˌʌnəˈmerɪkən/ *adj* 1 (untypical) nieamerykański, nie w amerykańskim duchu 2 Pol antyamerykański

unamused /ˌʌnəˈmjuːzd/ *adj* **he was ~ by your joke** twój dowcip go nie ubawił

unanimity /ˌjuːnəˈnɪmətɪ/ *n* jednomyślność *f* **(in sth** w czymś, co do czegoś); **~ among the members of the committee** jednomyślność (wśród) członków komisji; **to be based on ~** opierać się na zasadzie jednomyślności; **to reach ~** osiągnąć jednomyślność

unanimous /juːˈnænɪməs/ *adj [members, agreement, support, decision, vote]* jednomyślny; **to be ~ in sth/doing sth** być jednomyślnym w czymś/robieniu czegoś; **to be ~ that...** jednomyślnie uznać, że...

unanimously /juːˈnænɪməslɪ/ *adv [agree, condemn, approve]* jednogłośnie, jednomyślnie; **to be ~ against/in favour of sth** jednomyślnie sprzeciwiać się czemuś/popierać coś

unannounced /ˌʌnəˈnaʊnst/ **I** *adj [visit, changes]* niezapowiedziany

II *adv [arrive, call]* bez uprzedzenia

unanswerable /ʌnˈɑːnsərəbl, US ˌʌnˈæn-/ *adj* US *[question]* pozostający bez odpowiedzi; *[case]* oczywisty; *[argument]* niezbity

unanswered /ʌnˈɑːnsəd, US ʌnˈæn-/ *adj [letter, question, query]* pozostawiony bez odpowiedzi; *[telephone call]* nieodebrany; *[request, prayer]* niewysłuchany

unappealing /ˌʌnəˈpiːlɪŋ/ *adj [person, place, mannerism]* nieprzyjemny; *[idea, prospect]* niezbyt zachęcający, mało pociągający; *[food]* nieapetyczny; *[title]* niepociągający

unappetizing /ʌnˈæpɪtaɪzɪŋ/ *adj* nieapetyczny

unappreciated /ˌʌnəˈpriːʃɪeɪtɪd/ *adj [work of art, status, value]* niedoceniony

unappreciative /ˌʌnəˈpriːʃətɪv/ *adj [person]* niewdzięczny; *[audience, public]* chłodno nastawiony **(of sb/sth** do kogoś/czegoś); niechętny **(of sb/sth** komuś/czemuś); **to be ~ of sth** nie doceniać czegoś

unapproachable /ˌʌnəˈprəʊtʃəbl/ *adj [person]* nieprzystępny

unappropriated /ˌʌnəˈprəʊprɪeɪtɪd/ *adj [funds]* nierozdysponowany, będący do dyspozycji; *[profits]* nierozdzielony

unapt /ʌnˈæpt/ *adj* fml (unsuitable) *[candidate, strategy, material]* nieodpowiedni, nienadający się **(for sth** do czegoś, na coś)

unarguable /ʌnˈɑːgjʊəbl/ *adj [sovereignty, rights]* niekwestionowany; *[fact]* niepodlegający dyskusji, bezsprzeczny; Jur *[defence]* niepodważalny

unarguably /ʌnˈɑːgjʊəblɪ/ *adv [true, best]* bezsprzecznie, niewątpliwie; **they were ~ the winners** nie ulega wątpliwości, że to oni zwyciężyli

unarmed /ʌnˈɑːmd/ *adj [police, civilians]* nieuzbrojony; **~ combat** walka wręcz

unary /ˈjuːnərɪ/ *adj* Comput jednoargumentowy

unashamed /ˌʌnəˈʃeɪmd/ *adj [person]* pozbawiony wstydu; *[behaviour]* bezwstydny; *[greed]* nieokiełznany, niepohamowany; **to be ~ of sth** nie wstydzić się czegoś; **to be an ~ admirer/supporter of sb** otwarcie kogoś podziwiać/popierać

unashamedly /ˌʌnəˈʃeɪmɪdlɪ/ *adv* otwarcie; *[cheat, deny, plot]* bezwstydnie, bez cienia wstydu; **to lie ~** kłamać w żywe oczy

unasked /ʌnˈɑːskt, US ʌnˈæskt/ *adv [come, attend]* bez zaproszenia; **to do sth ~** zrobić coś z własnej inicjatywy

unaspirated /ʌnˈæspəreɪtɪd/ *adj* Phon nieaspirowany

unassailable /ˌʌnəˈseɪləbl/ *adj* 1 *[fortress, position]* niezdobyty, nie do zdobycia 2 fig *[argument]* niezbity, nie do obalenia; *[right, dignity]* niepodważalny; *[reputation, virtue, integrity]* nieskazitelny; *[optimism]* niezachwiany; **to have an ~ lead** Sport zdecydowanie prowadzić; (in market, elections) mieć zdecydowaną przewagę

unassisted /ˌʌnəˈsɪstɪd/ **I** *adj* samodzielny; **it's her own ~ work** to jest jej całkowicie samodzielna praca

II *adv [stand, walk, do sth]* bez (niczyjej) pomocy

unassuming /ˌʌnəˈsjuːmɪŋ, US ˌʌnəˈsuː-/ *adj [person, manner]* skromny; *[building]* bezpretensjonalny

unassumingly /ˌʌnəˈsjuːmɪŋlɪ, US ˌʌnəˈsuː-/ *adv [speak, behave]* skromnie

unattached /ˌʌnəˈtætʃt/ *adj* 1 (single) samotny, stanu wolnego 2 (not connected) *[part, element]* luźny; *[building]* wolno stojący; *[organization]* niezależny

unattainable /ˌʌnəˈteɪnəbl/ *adj [aim, perfection]* nieosiągalny; *[ambition]* wygórowany

unattended /ˌʌnəˈtendɪd/ *adj* 1 (unwatched, unsupervised) *[vehicle, luggage, parcel, child]* niepilnowany, pozostawiony bez nadzoru; **patrons are advised not to leave their baggage ~** goście/klienci proszeni są o niepozostawianie bagażu bez opieki 2 (not dealt with) **the casualities were left ~ for hours** przez wiele godzin nikt nie zajął się poszkodowanymi

unattractive /ˌʌnəˈtræktɪv/ *adj* 1 (ugly) *[person]* nieatrakcyjny, mało pociągający; *[character]* nieprzyjemny; *[furniture, building]* brzydki, nieładny; **I find him ~** on mi się nie podoba; (sexually) on mnie nie pociąga 2 (not appealing) *[career, idea]* nieciekawy, mało interesujący; **economically ~** niezbyt atrakcyjny z ekonomicznego punktu widzenia; **an ~ prospect** niezbyt kusząca perspektywa

unattractiveness /ˌʌnəˈtræktɪvnɪs/ *n* (of building, landscape) brzydota *f*, szpetota *f*; **the ~ of his appearance** jego mało pociągający wygląd

unauthenticated /ˌʌnɔːˈθentɪkeɪtɪd/ *adj [document, signature]* nieuwierzytelniony; *[evidence]* niewiarygodny; *[story]* niepotwierdzony

unauthorized /ʌnˈɔːθəraɪzd/ *adj [reproduction]* nielegalny; *[phone tapping]* bezprawny; *[disclosure]* ze źródeł nieoficjalnych; **~ building work** samowola budowlana, budowa bez zezwolenia; **no ~ access** nieupoważnionym wstęp wzbroniony; **~ access** Comput brak prawa dostępu

unavailable /ˌʌnəˈveɪləbl/ *adj* nieosiągalny, niedostępny; **if they are ~ leave a message** jeżeli nie uda ci się z nimi skontaktować, zostaw wiadomość; **Mr Hill was ~ for comment** nie udało się uzyskać komentarza pana Hilla; **medical treatment/information is ~** nie ma możliwości leczenia/uzyskania informacji

unavailing /ˌʌnəˈveɪlɪŋ/ *adj [efforts, search, battle, attempt]* daremny, próżny

unavailingly /ˌʌnəˈveɪlɪŋlɪ/ *adv* fml daremnie, na próżno, bezskutecznie

unavoidable /ˌʌnəˈvɔɪdəbl/ *adj* nieunikniony, nieuchronny

unavoidably /ˌʌnəˈvɔɪdəblɪ/ *adv* **I shall be ~ detained** coś mnie z całą pewnością zatrzyma; **he was ~ absent** z przyczyn obiektywnych nie mógł być obecny; **their failure was ~ public** ich niepowodzenia nie udało się utrzymać w tajemnicy

unaware /ˌʌnəˈweə(r)/ *adj* 1 (not informed) **to be ~ of sth** nie wiedzieć o czymś; **to be ~ that...** nie wiedzieć, że... 2 (not conscious) **to be ~ of sth** nie zdawać sobie sprawy z czegoś, nie być świadomym czegoś; **she was ~ of all the noise around her** nie była świadoma panującej dookoła niej wrzawy; **she was ~ of his presence** nie zdawała sobie sprawy z jego obecności; **to be politically ~** nie orientować się w polityce; **he is socially ~** brak mu ogłady towarzyskiej; **to be blissfully ~ of sth** trwać w błogiej nieświadomości czegoś

unawares /ˌʌnəˈweəz/ *adv* [1] (by surprise) znienacka; **to catch** or **take sb ~** zaskoczyć kogoś [2] liter (without noticing) nieświadomie, niechcący; **to sleep all ~** spać, nie mając o niczym pojęcia

unbacked /ʌnˈbækt/ *adj* Fin *[account]* niezabezpieczony, niepokryty, nieindosowany

unbalance /ʌnˈbæləns/ *vt* doprowadz|ić, -ać do zachwiania równowagi (czegoś) *[economy]*; wytrąc|ić, -ać z równowagi *[person]*

unbalanced /ʌnˈbælənst/ *adj* [1] *[person, mind]* niezrównoważony; **mentally ~** niezrównoważony psychicznie [2] (biased) *[reporting]* nieobiektywny, tendencyjny [3] (uneven) *[diet]* niezrównoważony; *[economy]* chwiejny; *[load]* nierówno rozłożony [4] *[accounts]* niezbilansowany

unbaptized /ˌʌnbæpˈtaɪzd/ *adj* nieochrzczony, nieochrzczony

unbearable /ʌnˈbeərəbl/ *adj [pain, heat]* nieznośny, nie do zniesienia or wytrzymania

unbearably /ʌnˈbeərəblɪ/ *adv* [1] *[hurt, tingle]* nieznośnie [2] (emphatic) *[hot, cynical, tedious]* nieznośnie, nie do wytrzymania

unbeatable /ʌnˈbiːtəbl/ *adj* [1] (excellent) *[price, offer, quality]* bezkonkurencyjny, nie do przebicia; **we offer ~ value!** oferujemy najwyższą jakość po najniższej cenie!; **the food is ~** jedzenie jest bezkonkurencyjne [2] *[team, opponent]* nie do pokonania; *[record, time]* nie do pobicia

unbeaten /ʌnˈbiːtn/ *adj [player, team]* niepokonany; *[score, record]* (dotychczas) niepobity

unbecoming /ˌʌnbɪˈkʌmɪŋ/ *adj* fml *[colour, garment]* (unflattering) nietwarzowy; (unseemly) *[language, behaviour]* niewłaściwy, niestosowny; **conduct ~ (to) an officer** zachowanie, które nie przystoi oficerowi; **it's ~ to do** nie wypada tego robić

unbeknown /ˌʌnbɪˈnəʊn/ *adv* **~ to sb** bez wiedzy kogoś; **~ to me** bez mojej wiedzy

unbelief /ˌʌnbɪˈliːf/ *n* Relig niewiara *f*

unbelievable /ˌʌnbɪˈliːvəbl/ *adj* niewiarygodny; **it is ~ that...** to nie do wiary, że...

unbelievably /ˌʌnbɪˈliːvəblɪ/ *adv* niewiarygodnie

unbeliever /ˌʌnbɪˈliːvə(r)/ *n* (for Christians) niewierzący|y *m*, -a *f*; (for Muslims) niewiern|y *m*, -a *f*

unbelieving /ˌʌnbɪˈliːvɪŋ/ *adj* [1] niedowierzający; **in ~ tone** or **voice** z niedowierzaniem w głosie; **to look with ~ eyes** popatrzeć z niedowierzaniem [2] Relig niewierzący

unbelievingly /ˌʌnbɪˈliːvɪŋlɪ/ *adv [stare, exclaim]* niedowierzająco, z niedowierzaniem

unbend /ʌnˈbend/ **I** *vt* (*pt, pp* **unbent**) (straighten) wy|prostować *[pipe, wire]*
II *vi* (*pt, pp* **unbent**) [1] (straighten) wy|prostować się [2] (become less reserved) odpręż|yć, -ać się; (become less strict) z|łagodnieć

unbending /ʌnˈbendɪŋ/ *adj [person]* nieugięty; *[attitude, beliefs]* niezachwiany, nieugięty; **an ~ will** żelazna or nieugięta wola

unbent /ʌnˈbent/ *pt, pp* → **unbend**

unbias(s)ed /ʌnˈbaɪəst/ *adj [advice, newspaper, person]* bezstronny; **to be ~ in one's opinions** być bezstronnym w swoich sądach

unbidden /ʌnˈbɪdn/ *adj* liter *[come, enter, walk in]* nieproszony, bez zaproszenia; **it comes ~ into one'mind** to mimo woli przychodzi na myśl

unbind /ʌnˈbaɪnd/ *vt* (*pt, pp* **unbound**) rozwiąz|ać, -ywać *[string, rope, prisoner]*

unbleached /ʌnˈbliːtʃt/ *adj [cloth, paper]* niebielony; *[hair]* nietleniony, nierozjaśniany; *[nappies, coffee filters]* niewybielany chemicznie

unblemished /ʌnˈblemɪʃt/ *adj [reputation, record]* nieskalany, nieskazitelny; *[character]* nieposzlakowany

unblinking /ʌnˈblɪŋkɪŋ/ *adj* **to stare ~ at sb** utkwić w kimś nieruchome spojrzenie; **he stood there ~** stał tam bez ruchu

unblinkingly /ʌnˈblɪŋkɪŋlɪ/ *adv* **to stare at sb ~** utkwić w kimś nieruchome spojrzenie

unblock /ʌnˈblɒk/ *vt* przetk|ać, -ykać *[pipe, sink]*; odblokow|ać, -ywać *[funds]*

unblushing /ʌnˈblʌʃɪŋ/ *adj* fml *[lie, admission]* bezwstydny, bezczelny

unblushingly /ʌnˈblʌʃɪŋlɪ/ *adv* fml *[lie, deny]* bezczelnie, w żywe oczy

unbolt /ʌnˈbəʊlt/ **I** *vt* odryglow|ać, -ywać; **to ~ a door** odsunąć zasuwę/otworzyć zatrzask u drzwi
II unbolted *pp adj* odryglowany; **to be ~ed** nie być zamkniętym na zasuwę /zatrzask

unborn /ʌnˈbɔːn/ *adj* [1] **~ child** nienarodzone dziecko [2] fig **yet ~** *[party, idea]* jeszcze nieistniejący; **generations yet ~** pokolenia, które przyjdą po nas

unbosom /ʌnˈbʊzəm/ *vr* liter **to ~ oneself** otworzyć serce liter **(to sb** przed kimś); zwierz|yć, -ać się **(to sb** komuś)

unbound[1] /ʌnˈbaʊnd/ *adj [book]* nieoprawiony, nieoprawny

unbound[2] /ʌnˈbaʊnd/ *pt, pp* → **unbind**

unbounded /ʌnˈbaʊndɪd/ *adj [joy, curiosity, optimism, gratitude, love]* bezgraniczny; *[ambition]* niepohamowany; *[relief]* niewysłowiony

unbowed /ʌnˈbaʊd/ *adj* liter **she remains ~** pozostaje nieugięta; **the nation remains ~** naród pozostaje niepokonany; **with head ~** z podniesioną głową

unbreakable /ʌnˈbreɪkəbl/ *adj [glass]* nietłukący; *[toy]* niezniszczalny; *[spirit]* niezłomny; *[code]* nie do złamania

unbreathable /ʌnˈbriːðəbl/ *adj* **this air is ~** tym powietrzem nie da się oddychać

unbribable /ʌnˈbraɪbəbl/ *adj* nieprzekupny, nie dający się przekupić

unbridle /ʌnˈbraɪdl/ *vt* rozkiełzn|ać, -ywać *[horse]*

unbridled /ʌnˈbraɪdld/ *adj [passion]* nieposkromiony, niepohamowany; *[imagination]* wybujały; *[sexuality]* nieokiełznany; *[power]* nieograniczony; *[optimism]* bezgraniczny; **to speak with an ~ tongue** dat gadać, co (komuś) ślina na język przyniesie

unbroken /ʌnˈbrəʊkən/ *adj* [1] (uninterrupted) *[series, sequence]* nieprzerwany; *[peace, silence]* niezmącony; *[view]* otwarty; *[rest]* niczym niezakłócony; *[curve]* idealny; **in an ~ line** w linii prostej [2] (intact) *[pottery]* nieuszkodzony; *[seal]* nienaruszony; **the ~ surface of the lake** niezmącona tafla jeziora [3] (unsubdued) *[spirit]* niezłomny; *[pride]* nieugięty; *[horse]* nieujeżdżony [4] (unsurpassed) *[record]* niepobity; **it's an ~ record** nikt jeszcze nie pobił tego rekordu

unbuckle /ʌnˈbʌkl/ *vt* rozpi|ąć, -nać *[belt, trousers, strap]*; rozpi|ąć, -nać sprzączkę or klamrę przy czymś *[shoe]*

unbuilt /ʌnˈbɪlt/ *adj [house]* niewybudowany; *[land]* niezabudowany

unbundle /ʌnˈbʌndl/ *vt* [1] Comput sprzedawać osobno; **~d software** dodatkowe oprogramowanie [2] Fin, Econ po|dzielić *[company, group]*

unburden /ʌnˈbɜːdn/ **I** *vt* (relieve) **to ~ one's heart** or **mind** or **conscience** zrzucić ciężar z serca
II *vr* fml (relieve) **to ~ oneself** ulżyć sobie; **to ~ oneself of worries** wyżalić się; **to ~ oneself of a secret** zwierzyć się; **to ~ oneself of guilt** zrzucić z siebie ciężar winy

unburied /ʌnˈberɪd/ *adj [body]* niepogrzebany, niepochowany; **the ~ dead** umarli, których nie pochowano

unbusinesslike /ʌnˈbɪznɪslaɪk/ *adj [attitude, methods, conduct]* nieprofesjonalny

unbutton /ʌnˈbʌtn/ **I** *vt* rozpi|ąć, -nać
II *vi* infml wyluzow|ać, -ywać się infml
III unbuttoned *pp adj* fig *[attitude]* wyluzowany infml

uncalled-for /ʌnˈkɔːldfɔː(r)/ *adj [behaviour]* (niczym) nieusprawiedliwiony; *[remark]* nie na miejscu

uncannily /ʌnˈkænɪlɪ/ *adv* (very much) niezwykle; (surprisingly) zadziwiająco; **he looks ~ like his father** on jest niesamowicie podobny do ojca; **her answers were ~ accurate** jej odpowiedzi były zadziwiająco dokładne

uncanny /ʌnˈkænɪ/ *adj* [1] (strange) *[resemblance, way]* osobliwy, przedziwny; *[accuracy, success]* niezwykły, niesamowity; **she has an ~ knack of knowing exactly what I'm thinking** ona ma niesamowitą zdolność czytania w moich myślach [2] (frightening) niepokojący, niesamowity

uncap /ʌnˈkæp/ *vt* (*prp, pt, pp* **-pp-**) zd|jąć, -ejmować skuwkę z czegoś *[pen]*; zd|jąć, -ejmować kapsel (z czegoś) *[beer bottle]*

uncared-for /ʌnˈkeədfɔː(r)/ *adj [house, child]* zaniedbany; **an ~ look** niedbały wygląd

uncaring /ʌnˈkeərɪŋ/ *adj* pej *[world, society]* obojętny; *[person]* nieczuły

uncarpeted /ʌnˈkɑːpɪtɪd/ *adj [floor]* goły

uncashed /ʌnˈkæʃt/ *adj [cheque]* niezrealizowany

uncatalogued /ʌnˈkætəlɒgd/ *adj* nieskatalogowany

unceasing /ʌnˈsiːsɪŋ/ *adj* nieustanny, nieustający

unceasingly /ʌnˈsiːsɪŋlɪ/ *adv* nieustannie

uncensored /ʌnˈsensəd/ *adj [film, book]* nieocenzurowany; fig *[version]* pełny

U

unceremonious /ˌʌnserɪˈməʊnɪəs/ *adj [refusal, dismissal]* bezceremonialny, obcesowy; **to leave in ~ haste** wyjść w pośpiechu, nie dbając o formy

unceremoniously /ˌʌnserɪˈməʊnɪəslɪ/ *adv [dismiss]* bezceremonialnie, w obcesowej formie

uncertain /ʌnˈsɜːtn/ **I** *adj* 1 (unsure) niepewny; **to be ~ about sth/about what to do** nie być pewnym czegoś/co robić; **to be ~ whether to stay or to leave** nie wiedzieć, czy zostać, czy wyjść 2 (not predictable, not known) *[future, market, outcome]* niepewny; **it is ~ who will win** nie wiadomo, kto wygra; **whether he'll come or not remains ~** nie wiadomo, czy przyjdzie, czy nie; **a woman of ~ age** kobieta w nieokreślonym wieku 3 (changeable) *[weather, economic conditions]* niepewny; *[temper, mood]* zmienny

II in no ~ terms *adv phr [state]* jasno i wyraźnie; *[express oneself]* dosadnie, bez ogródek

uncertainly /ʌnˈsɜːtnlɪ/ *adv [approach, smile, look]* niepewnie

uncertainty /ʌnˈsɜːtntɪ/ *n* 1 (state) niepewność *f* **(about sth** czegoś); **there is some ~ surrounding the project** nie ma jasności co do losu projektu 2 (matter) niewiadoma *f*; **the uncertainties of life /of the market** niewiadome w życiu/w sytuacji na rynku

uncertainty principle *n* zasada *f* nieokreśloności Heisenberga

uncertified /ʌnˈsɜːtɪfaɪd/ *adj* Admin *[document]* nieuwierzytelniony

unchain /ʌnˈtʃeɪn/ *vt* rozku|ć, -wać z kajdanów *[person]*; spu|ścić, -szczać z łańcucha *[animal]*; **he ~ed his bicycle from the railings** odczepił swój rower od barierki; **~ the door** zdejmij łańcuch z drzwi

unchallengeable /ʌnˈtʃælɪndʒəbl/ *adj [power, authority]* niekwestionowany; *[judgment, argument, reason]* niepodważalny

unchallenged /ʌnˈtʃælɪndʒd/ *adj* 1 (unopposed) **to go ~** *[doctrine, assumption]* nie wzbudzać sprzeciwu; *[statement, decision]* nie zostać zakwestionowanym; **his remarks cannot go ~** jego uwag nie można pozostawić bez komentarza; **if we let his proposal go ~, it could set a precedent** jeśli pozwolimy, żeby jego propozycja przeszła bez dyskusji, stworzymy precedens 2 (undisputed, unrivalled) *[leader, master]* niekwestionowany; **to win ~** wygrać bezapelacyjnie, zostać niekwestionowanym zwycięzcą 3 (undisturbed) **they walked ~ into a hospital** niezaczepieni przez nikogo weszli do szpitala

unchangeable /ʌnˈtʃeɪndʒəbl/ *adj [routine, existence]* niezmienny; *[system]* niereformowalny

unchanged /ʌnˈtʃeɪndʒd/ *adj* niezmieniony, niezmieniający się; **to remain ~** *[landscape, system]* pozostać niezmienionym; *[team, medical condition, orders]* pozostać bez zmian

unchanging /ʌnˈtʃeɪndʒɪŋ/ *adj [beliefs, customs, beauty]* niezmienny

uncharacteristic /ˌʌnkærɪktəˈrɪstɪk/ *adj [behaviour, generosity]* nietypowy; **it was ~ of him to leave like that** odejście w taki sposób było zupełnie nie w jego stylu

uncharacteristically /ˌʌnkærɪktəˈrɪstɪklɪ/ *adv* **she was ~ quiet /irritable** jak na nią była wyjątkowo milcząca/podenerwowana

uncharitable /ʌnˈtʃærɪtəbl/ *adj [act, person]* nieżyczliwy; *[remark, comment]* uszczypliwy; **I don't like to appear ~, but...** nie chciałbym być niemiły, ale...

uncharted /ʌnˈtʃɑːtɪd/ *adj* 1 (not explored) *[territory, island]* niezbadany; **to sail in ~ waters** wypłynąć na nieznane wody; fig poruszać się po nieznanym terenie fig 2 (not mapped) *[island]* niezaznaczony na mapach

unchaste /ʌnˈtʃeɪst/ *adj [thought, deed]* nieczysty, brudny

unchecked /ʌnˈtʃekt/ **I** *adj* 1 (uncontrolled) *[development, proliferation]* niekontrolowany; *[advance, spread]* niepowstrzymany; *[anger, rage]* niepohamowany; **the wave of crime which had gone ~** fala przestępczości, której nie udało się opanować 2 (unverified) *[figures, accounts]* niesprawdzony

II *adv [develop, grow, spread]* w sposób niekontrolowany

unchivalrous /ʌnˈʃɪvəlrəs/ *adj [act, behaviour]* niehonorowy; *[person]* nierycerski

unchristian /ʌnˈkrɪstʃən/ *adj* 1 (uncharitable) *[person, attitude, life]* moralnie naganny 2 (not Christian) niechrześcijański

uncial /ˈʌnsɪəl, -ʃl/ **I** *n* Print uncjała *f*

II *adj* uncjalny

uncircumcised /ʌnˈsɜːkəmsaɪzd/ **I** *n* **the ~** *(+ v pl)* nieobrzezani *m pl*

II *adj* nieobrzezany

uncivil /ʌnˈsɪvɪl/ *adj* niegrzeczny, nieuprzejmy **(to sb** wobec kogoś)

uncivilized /ʌnˈsɪvɪlaɪzd/ *adj* 1 (inhumane) *[treatment]* nieludzki; **in ~ conditions** w nieludzkich warunkach 2 (uncouth, rude) *[person]* prymitywny; *[behaviour]* prostacki 3 (barbarous) *[people, nation]* niecywilizowany; **at an ~ hour** o nieludzkiej porze

unclad /ʌnˈklæd/ *adj* fml nagi

unclaimed /ʌnˈkleɪmd/ *adj [lost property, reward]* nieodebrany; po który nikt się nie zgłosił; **an ~ allocation** niepodjęty przydział pieniędzy; **to go** or **remain ~** nie zostać odebranym

unclasp /ʌnˈklɑːsp, US -ˈklæsp/ *vt* odpi|ąć, -nać *[brooch, necklace]*; **to ~ one's hands** rozpleść dłonie

unclassified /ʌnˈklæsɪfaɪd/ *adj* 1 (not classified) *[document, information, waste]* niepposegregowany; *[road]* lokalny; **to get an ~ grade** GB Sch (in an examination) otrzymać ocenę niedostateczną; GB Univ otrzymać dyplom bez wyróżnienia 2 (not secret) *[document, information]* jawny, nieopatrzony klauzulą tajności 3 Sport *[football results]* nieoficjalny

uncle /ˈʌŋkl/ *n* 1 wuj *m*; (paternal) stryj *m* 2 infml dat (pawnbroker) właściciel *m* lombardu; **to go to see ~** iść do lombardu

IDIOMS: **Bob's your ~!** GB raz-dwa or ciach-mach i po wszystkim; **to cry** or **say ~** US poddać się

unclean /ʌnˈkliːn/ *adj* 1 *[water, beaches]* brudny, zanieczyszczony 2 Relig nieczysty

unclear /ʌnˈklɪə(r)/ *adj* 1 (not evident) *[motive, reason, circumstances]* niejasny; *[future]* niepewny; **it is ~ whether the government will support him** nie jest jasne or nie jest do końca wiadomo, czy rząd go poprze; **it is ~ how successful the reforms will be** nie wiadomo, na ile te reformy się powiodą; **it is ~ how he managed to escape** nie jest całkiem jasne or nie wiadomo dokładnie, w jaki sposób udało mu się uciec 2 (not comprehensible) *[instructions, answer]* niejasny; *[voice, handwriting]* niewyraźny 3 (uncertain) *[person]* **to be ~ about sth** nie być pewnym czegoś; **I'm ~ about (as to) what I should do** nie bardzo wiem, co powinienem zrobić

uncleared /ʌnˈklɪəd/ *adj [cheque]* nierozliczony; *[goods]* nieodprawiony na cle; *[table]* niesprzątnięty; *[refuse, snow]* nieuprzątnięty; *[road]* (after snow) nieodśnieżony

unclench /ʌnˈklentʃ/ *vt* przestać zaciskać *[teeth, jaw]*; **to ~ one's fingers** rozewrzeć zaciśniętą pięść

Uncle Sam *n* Wuj *m* Sam *(naród amerykański lub rząd USA)*

Uncle Tom *n* US pej *Murzyn zachowujący się uniżenie w stosunku do białych*

unclimbed /ʌnˈklaɪmd/ *adj [mountain, peak]* niezdobyty

uncloak /ʌnˈkləʊk/ *vt* fml z|demaskować *[person, plot]*; ujawni|ć, -ać *[mystery]*

unclog /ʌnˈklɒg/ *vt* (*prp, pt, pp* **-gg-**) przet|kać, -ykać, od|etkać, -tykać *[pipe]*; odblokow|ać, -ywać *[mechanism]*

unclothe /ʌnˈkləʊð/ *vt* roz|ebrać, -bierać *[person]*

unclothed /ʌnˈkləʊðd/ *adj* fml nagi; nieprzyodziany liter

unclouded /ʌnˈklaʊdɪd/ *adj* 1 *[sky]* bezchmurny; *[liquid]* klarowny, przejrzysty; *[mirror]* niezaparowany 2 fig *[happiness]* niezmącony; *[future]* pogodny; *[outlook]* jasny

uncoded /ʌnˈkəʊdɪd/ *adj [message]* niezakodowany, niezaszyfrowany; *[TV, radio signal]* niekodowany

uncoil /ʌnˈkɔɪl/ **I** *vt* rozwi|nąć, -jać *[wire, rope]*

II *vi [spring]* rozciąg|nąć, -ać się; *[rope, snake]* rozwi|nąć, -jać się

uncollected /ˌʌnkəˈlektɪd/ *adj [mail, luggage, lost property]* nieodebrany; *[benefits]* niepobrany; *[tax]* nieściągnięty; *[refuse]* niewywieziony

uncombed /ʌnˈkəʊmd/ *adj [hair]* nieuczesany; *[yarn, wool]* nieczesany

uncomely /ʌnˈkʌmlɪ/ *adj* arch *[person]* nieurodziwy liter; *[sight]* niezbyt piękny

uncomfortable /ʌnˈkʌmftəbl, US -fərt-/ *adj* 1 (physically) *[shoes, garment, seat, accommodation, position]* niewygodny; *[heat, journey, conditions]* uciążliwy; **we spent an ~ few days there** spędziliśmy tam kilka mało przyjemnych dni; **I'm ~ sitting here** jest mi niewygodnie tu siedzieć, niewygodnie mi się tu siedzi; **it's ~ standing like that** niewygodnie się tak stoi; **you look ~ in those clothes/in that chair** chyba jest ci niewygodnie w tym ubraniu/na tym krześle; **the bed feels ~** to łóżko jest niewygodne, na tym łóżku niewygodnie się śpi 2 (emotionally) *[silence,* *situation, presence]* krępujący; *[feeling]* przykry, nieprzyjemny; **to be/feel ~** być/czuć się skrępowanym or nieswojo; **she made him (feel) ~** sprawiła, że poczuł się skrępowany or nieswojo; **to be ~ about sth** czuć się nieswojo w związku z czymś *[role, decision, fact]*; **to be ~ with sth** czuć się skrępowanym czymś *[situation, attitude, behaviour]*; **to be ~ with sb** czuć się nieswojo przy kimś or w towarzystwie kogoś; **I feel ~ talking about it** krępuje mnie mówienie o tym; **to make life** or **things ~ for sb** uprzykrzać komuś życie [3] (unpalatable) *[position]* trudny; *[reminder, issue, thought]* przykry

uncomfortably /ʌnˈkʌmftəblɪ, US -fərt-/ *adv* [1] (unpleasantly) *[cramped]* niewygodnie; *[loud, bright]* nieprzyjemnie; **it's ~ hot** jest nieznośny upał; **~ seated** siedzący niewygodnie [2] (awkwardly) *[say, glance, laugh]* z zażenowaniem; **to be ~ aware of sth** mieć przykrą świadomość czegoś; **the exam is ~ close** or **near** nieubłaganie zbliża się termin egzaminu; **to sit ~ with sth** nie móc się przyzwyczaić do czegoś *[belief, position]*

uncommitted /ˌʌnkəˈmɪtɪd/ *adj* [1] *[attitude, point of view, position, stance]* neutralny; *[voter]* niezdecydowany; *[delegate, member]* niezdeklarowany [2] *[funds]* nieprzeznaczony na żaden (konkretny) cel [3] *[person]* niezaangażowany uczuciowo

uncommitted logic *n* Comput logika *f* programowalna

uncommon /ʌnˈkɒmən/ *adj* [1] (rare, unusual) *[occurrence, word, plant]* rzadki; **it's ~ to find her here** rzadko zdarza się ją tu zastać; **it is not ~ for him to spend whole days in the library** nierzadko zdarza mu się spędzać całe dni w bibliotece [2] (exceptional) *[capacity, gift, intelligence, beauty]* nieprzeciętny, wyjątkowy

uncommonly /ʌnˈkɒmənlɪ/ *adv* [1] (very) *[gifted, intelligent, stupid]* nieprzeciętnie; *[kind, generous, advanced]* niezwykle; **~ well** wyjątkowo dobrze [2] (rarely) **not ~** nierzadko

uncommunicative /ˌʌnkəˈmjuːnɪkətɪv/ *adj [person]* nierozmowny, małomówny, niekomunikatywny; **to be ~ about sth** nie chcieć rozmawiać o czymś or wypowiadać się na temat czegoś

uncomplaining /ˌʌnkəmˈpleɪnɪŋ/ *adj [person]* nieskarżący się; *[patience, acceptance]* pełen rezygnacji; **years of ~ devotion** lata poświęcenia bez słowa skargi

uncomplainingly /ˌʌnkəmˈpleɪnɪŋlɪ/ *adv* bez narzekania, bez słowa skargi

uncompleted /ˌʌnkəmˈpliːtɪd/ *adj* nieukończony

uncomplicated /ʌnˈkɒmplɪkeɪtɪd/ *adj [person]* prostolinijny; *[plot, meal]* nieskomplikowany, prosty; **my life is ~** moje życie jest nieskomplikowane; **totally ~** zupełnie nieskomplikowany

uncomplimentary /ˌʌnkɒmplɪˈmentrɪ, US -terɪ/ *adj* niepochlebny

uncomprehending /ˌʌnkɒmprɪˈhendɪŋ/ *adj [person]* nierozumiejący; *[reaction, response]* świadczący o niezrozumieniu; **she gave him an ~ stare** spojrzała na niego (nic) nierozumiejącym wzrokiem

uncomprehendingly /ˌʌnkɒmprɪˈhendɪŋlɪ/ *adv [listen, stare]* (nic) nie rozumiejąc

uncompromising /ʌnˈkɒmprəmaɪzɪŋ/ *adj [person, stance]* bezkompromisowy, nieustępliwy; *[attitude]* bezkompromisowy, bezwzględny; *[commitment, honesty, sincerity]* bewzględny, całkowity, bezwarunkowy; *[standards, system]* surowy; *[terms, reply]* kategoryczny

uncompromisingly /ʌnˈkɒmprəmaɪzɪŋlɪ/ *adv [reply, state]* kategorycznie; *[harsh]* bezwzględnie, bezlitośnie; **~ loyal/honest** bezwzględnie lojalny /uczciwy

unconcealed /ˌʌnkənˈsiːld/ *adj [emotion, appetite]* nieukrywany, nieskrywany

unconcern /ˌʌnkənˈsɜːn/ *n* (lack of care) niefrasobliwość *f*; (lack of interest) obojętność *f* **(for sb/sth** wobec or dla or względem kogoś/czegoś); brak *m* zainteresowania **(for sb/sth** kimś/czymś); **she heard the news of his illness with apparent ~** wysłuchała wieści o jego chorobie, jakby jej to w ogóle nie obchodziło

unconcerned /ˌʌnkənˈsɜːnd/ *adj* [1] (uninterested) obojętny **(with sth** na coś); **totally ~, quite ~** zupełnie or całkowicie obojętny; **she's ~ with her own image** własny image jej nie obchodzi or jest jej obojętny [2] (not caring) *[person, attitude]* beztroski, niefrasobliwy [3] (untroubled) niewzruszony, nieporuszony **(by** or **at sth** czymś); **he seems ~ about the debt** on wydaje się nie przejmować tym długiem; **he went on reading, ~** czytał dalej jak gdyby nigdy nic

unconditional /ˌʌnkənˈdɪʃənl/ *adj [surrender, withdrawal]* bezwarunkowy; *[obedience]* bezwarunkowy, bezwzględny; *[refusal]* bezwzględny; *[credit, offer]* bez żadnych warunków; **to be released on ~ bail** Jur zostać zwolnionym za kaucją

unconditionally /ˌʌnkənˈdɪʃənəlɪ/ *adv [surrender, promise]* bezwarunkowo; *[support, obey]* bezwzględnie; *[accept, agree]* bez zastrzeżeń

unconditioned /ˌʌnkənˈdɪʃnd/ *adj* Psych bezwarunkowy

unconfined /ˌʌnkənˈfaɪnd/ *adj [space]* nieograniczony; *[joy]* bezgraniczny; *[spirit]* nieskrępowany

unconfirmed /ˌʌnkənˈfɜːmd/ *adj [fact, report, rumour]* niepotwierdzony

unconformity /ˌʌnkənˈfɔːmətɪ/ *n* Geol niezgodność *f* zalegania warstw

uncongenial /ˌʌnkənˈdʒiːnɪəl/ *adj [atmosphere, surroundings]* nieprzyjazny; *[job]* nieprzyjemny; *[person]* niesympatyczny

unconnected /ˌʌnkəˈnektɪd/ *adj* [1] *[incidents, facts]* niepowiązany ze sobą; **the two events are ~** nie ma żadnego związku między tymi dwoma wydarzeniami; **to be ~ with sth** *[event, fact]* nie mieć związku z czymś; *[person]* nie mieć powiązań z czymś; **not to be ~ with sth** nie pozostawać bez związku z czymś [2] Elec, Telecom *[appliance]* niepodłączony

unconquerable /ʌnˈkɒŋkərəbl/ *adj [army, people, adversary, spirit]* niezwyciężony, niepokonany; *[mountain, peak]* nie do zdobycia

unconquered /ʌnˈkɒŋkəd/ *adj [army, people, adversary, spirit]* niezwyciężony, niepokonany; *[mountain, peak]* niezdobyty

unconscionable /ʌnˈkɒnʃənəbl/ *adj* fml [1] (excessive) nadmierny, przesadny [2] (unprincipled) *[liar]* bez skrupułów

unconscious /ʌnˈkɒnʃəs/ **I** *n* Psych **the ~** nieświadomość *f*; **deep in her ~** głęboko w jej nieświadomości

II *adj* [1] (insensible) nieprzytomny; **to knock sb ~** (uderzeniem) pozbawić kogoś przytomności; **he was knocked ~ by a stone** uderzony kamieniem stracił przytomność; **to lie ~** leżeć nieprzytomnym; **to fall ~** stracić przytomność; **she remained ~ for several hours** przez kilka godzin nie odzyskiwała przytomności [2] (unaware) nieświadomy; **to be ~ of sth/of doing sth** być nieświadomym czegoś/zrobienia czegoś [3] (unintentional) *[bias, impulse, hostility]* nieświadomy

unconsciously /ʌnˈkɒnʃəslɪ/ *adv [conform, absorb, cause]* nieświadomie; *[desire, resent]* podświadomie; **she patted his arm ~** machinalnie poklepała go po ramieniu

unconsciousness /ʌnˈkɒnʃəsnɪs/ *n* [1] (comatose state) nieprzytomność *f*; **to be in a state of ~** być nieprzytomnym; **to fall** or **lapse into ~** stracić przytomność [2] (unawareness) nieświadomość *f*

unconsidered /ˌʌnkənˈsɪdəd/ *adj* [1] (hasty) *[words, remark, course of action]* nierozważny, nieprzemyślany [2] (disregarded) *[species, aspect]* pominięty

unconstitutional /ˌʌnkɒnstɪˈtjuːʃənl/ *adj [law, act]* niekonstytucyjny; *[proposal, action]* niezgodny z konstytucją; *[strike]* nielegalny

unconstitutionally /ˌʌnkɒnstiːˈtjuːʃənəlɪ/ *adv [behave, act]* niezgodnie z konstytucją; *[strike]* nielegalnie

unconstrained /ˌʌnkənˈstreɪnd/ *adj* (spontaneous) *[expression, generosity]* spontaniczny; (uncontrolled) *[emotions, violence]* niepohamowany

uncontaminated /ˌʌnkənˈtæmɪneɪtɪd/ *adj* nieskażony also fig

uncontested /ˌʌnkənˈtestɪd/ *adj [statement, evidence, will]* niezakwestionowany; *[leader]* niekwestionowany; *[candidature]* jedyny; *[seat]* Pol bez kontrkandydata

uncontrollable /ˌʌnkənˈtrəʊləbl/ *adj [child, dog]* niesforny, nieposłuszny; *[temper]* nieokiełznany; *[rage, laugh, desire]* niepohamowany; *[epidemic, fire]* nie do opanowania; **~ tears** łzy, których nie można powstrzymać

uncontrollably /ˌʌnkənˈtrəʊləblɪ/ *adv [laugh, sob]* spazmatycznie; *[increase, decline]* w niekontrolowany sposób; **his hand shook ~** nie mógł opanować drżenia ręki

uncontrolled /ˌʌnkənˈtrəʊld/ *adj* [1] (not supervised) *[drainage, felling, use]* niekontrolowany [2] (unrestrained) *[price rises, immigration]* wymykający się spod kontroli; *[costs]* niekontrolowany; *[anger, fear]* nieopanowany

uncontroversial /ˌʌnkɒntrəˈvɜːʃl/ *adj* niekontrowersyjny

unconventional /ˌʌnkənˈvenʃənl/ *adj* niekonwencjonalny

unconventionality /ˌʌnkənˌvenʃəˈnælətɪ/ *n* niekonwencjonalność *f*, nieszablonowość *f*

U

unconventionally /ˌʌnkənˈvenʃənəlɪ/ *adv [live, behave, dress]* niekonwencjonalnie
unconverted /ˌʌnkənˈvɜːtɪd/ *adj* [1] Relig nienawrócony [2] *[building]* niezaadaptowany [3] Sport (in rugby) *[try]* zmarnowany
unconvinced /ˌʌnkənˈvɪnst/ *adj* nieprzekonany; **to be ~ of sth** nie być przekonanym do czegoś; **to be ~ that...** nie być przekonanym, że...
unconvincing /ˌʌnkənˈvɪnsɪŋ/ *adj* nieprzekonujący, nieprzekonywający
unconvincingly /ˌʌnkənˈvɪnsɪŋlɪ/ *adv* nieprzekonująco, nieprzekonywająco
uncooked /ʌnˈkʊkt/ *adj* niegotowany
uncool /ʌnˈkuːl/ *adj* infml drętwy infml
uncooperative /ˌʌnkəʊˈɒpərətɪv/ *adj* niechętny do współpracy
uncooperatively /ˌʌnkəʊˈɒpərətɪvlɪ/ *adv [respond, behave]* w sposób świadczący o braku chęci do współpracy
uncoordinated /ˌʌnkəʊˈɔːdɪneɪtɪd/ *adj [effort, performance, service]* nieskoordynowany; *[person]* (clumsy) niezgrabny, niezborny; **to be ~** *[person]* poruszać się niezgrabnie or niezbornie
uncork /ʌnˈkɔːk/ *vt* [1] (draw the cork from) odkorkow|ać, -ywać *[bottle, wine]* [2] fig (release) da|ć, -wać upust (czemuś) *[emotions, rage]*
uncorrected /ˌʌnkəˈrektɪd/ *adj [error, proofs]* niepoprawiony; *[meter reading]* nieskorygowany; **the errors went ~** pozostawiono niepoprawione błędy
uncorroborated /ˌʌnkəˈrɒbəreɪtɪd/ *adj* niepotwierdzony; **~ evidence** Jur niepotwierdzony dowód
uncorrupted /ˌʌnkəˈrʌptɪd/ *adj [morals, mind]* niezepsuty; *[person, official]* nieskorumpowany
uncountable /ʌnˈkaʊntəbl/ *adj* [1] Ling *[noun]* niepoliczalny [2] (innumerable) niezliczony
uncounted /ʌnˈkaʊntɪd/ *adj* [1] (not counted) *[money, votes]* niepoliczony [2] (innumerable) niezliczony
uncount noun /ʌnˈkaʊntnaʊn/ *n* rzeczownik *m* niepoliczalny
uncouple /ʌnˈkʌpl/ *vt* odczepi|ć, -ać, odpi|ąć, -nać *[wagon]*; odłącz|yć, -ać *[locomotive]*; Hunt spu|ścić, -szczać *[dogs]*
uncouth /ʌnˈkuːθ/ *adj [person, manner]* nieokrzesany, prostacki; *[accent]* prostacki; *[behaviour, language]* ordynarny
uncover /ʌnˈkʌvə(r)/ *vt* [1] (expose) wykry|ć, -wać *[plot, fraud, scandal]* [2] (discover) odkry|ć, -wać *[evidence, treasure, weapons]* [3] (remove covering from) odkry|ć, -wać, odsł|onić, -aniać *[face, body]*
uncovered /ʌnˈkʌvəd/ *adj* odkryty; **leave the saucepan ~** nie przykrywaj rondla
uncritical /ʌnˈkrɪtɪkl/ *adj [person, attitude, view]* bezkrytyczny; **to be ~ of sb/sth** być bezkrytycznym wobec kogoś/czegoś
uncritically /ʌnˈkrɪtɪklɪ/ *adv [accept, endorse]* bez zastrzeżeń; *[regard]* bezkrytycznie
uncross /ʌnˈkrɒs, US -ˈkrɔːs/ *vt* **to ~ one's arms** opuścić ręce; **to ~ one's legs** zdjąć nogę z nogi
uncrowded /ʌnˈkraʊdɪd/ *adj* niezatłoczony
uncrowned /ʌnˈkraʊnd/ *adj [king, queen]* niekoronowany; **he's the ~ king of jazz** fig on jest niekoronowanym królem jazzu
uncrushable /ʌnˈkrʌʃəbl/ *adj [fabric]* niemnący
UNCTAD /ˈʌŋktæd/ *n* = **United Nations Conference on Trade and Development** UNCTAD *f*
unction /ˈʌŋkʃn/ *n* [1] (unctuousness) namaszczenie *n* [2] Relig → **extreme unction**
unctuous /ˈʌŋktjʊəs/ *adj [tone, flattery]* nadskakujący
unctuously /ˈʌŋktjʊəslɪ/ *adv* nadskakująco; obłudnie
unctuousness /ˈʌŋktjʊəsnɪs/ *n* nadskakiwanie *n*, podlizywanie się *n* pej
uncultivated /ʌnˈkʌltɪveɪtɪd/ *adj* [1] Agric nieuprawny, leżący odłogiem [2] fig *[person]* bez ogłady, nieogładzony; nieokrzesany pej; *[accent, voice]* prostacki; *[mind]* prymitywny
uncultured /ʌnˈkʌltʃəd/ *adj [person, society]* o niskim poziomie kultury; *[classes]* niewykształcony; *[voice, accent]* zdradzający brak wykształcenia; *[manners, tastes, palate]* niewyrobiony
uncurl /ʌnˈkɜːl/ **I** *vt* rozkręc|ić, -ać, rozwi|nąć, -jać *[wire, tendrils]*; rozprostow|ać, -ywać *[fingers, legs]*
II *vi [person, cat, hair]* rozprostow|ać, -ywać się; *[snake, leaf]* rozwi|nąć, -jać się
III *vr* **to ~ oneself** *[person, animal]* rozprostow|ać, -ywać się
uncut /ʌnˈkʌt/ *adj* [1] *[hair]* niestrzyżony; *[crops, grass]* nieskoszony; *[wood]* nieporąbany; *[branches, hedge]* nieprzycięty [2] *[film]* w pełnej wersji; *[version, text]* oryginalny, pełny [3] *[book]* z nieporozcinanymi stronami; *[page]* nierozcięty [4] *[gem]* nieoszlifowany [5] US infml (not circumcised) nieobrzezany
undamaged /ʌnˈdæmɪdʒd/ *adj [crops]* niezniszczony; *[vehicle, building]* nieuszkodzony, niezniszczony; **his confidence /reputation was ~** jego pewność siebie /reputacja nie ucierpiała or nie doznała szwanku; **psychologically ~** bez śladów na psychice
undated /ʌnˈdeɪtɪd/ *adj [letter, painting]* niedatowany; *[bond]* Fin bezterminowy
undaunted /ʌnˈdɔːntɪd/ *adj* niezrażony; **~ by her fall/by criticism, she...** niezrażona upadkiem/krytyką, ...
undeceive /ˌʌndɪˈsiːv/ **I** *vt* wyprowadz|ić, -ać z błędu
II undeceived *pp adj* [1] (freed from error) wyprowadzony z błędu [2] (not deceived) niedający się zwieść; **to be ~d by sth** nie dać się zwieść czemuś
undecided /ˌʌndɪˈsaɪdɪd/ *adj [person]* niezdecydowany; *[outcome]* nierozstrzygnięty; **the ~ voters** niezdecydowani wyborcy; **the ~ fixture dates** Sport nieustalone terminy spotkań; **they're ~ as to whether he is a genius** nie mogą się zdecydować, czy on jest geniuszem; **I'm ~ about which dress to wear** nie mogę się zdecydować, którą sukienkę włożyć; **to be ~ whether to go abroad** nie móc się zdecydować, czy wyjechać za granicę; **the jury is ~** przysięgli nie podjęli decyzji
undeclared /ˌʌndɪˈkleəd/ *adj* [1] (illegal) *[income, payments, imports]* niezadeklarowany [2] (unspoken) *[ambition]* cichy; *[love]* niewyznany
undefeated /ˌʌndɪˈfiːtɪd/ *adj* niepokonany
undefended /ˌʌndɪˈfendɪd/ *adj* [1] *[frontier, citizens, chess piece]* niebroniony [2] Jur *[case]* niebroniony; *[person]* niemający obrońcy
undefiled /ˌʌndɪˈfaɪld/ *adj* liter *[altar, temple]* niezbezczeszczony, niesprofanowany; **~ morals** zdrowe zasady moralne
undefined /ˌʌndɪˈfaɪnd/ *adj* [1] *[work, powers, objective, space, nature, feeling, sensation, fear]* nieokreślony; *[word]* niezdefiniowany [2] Comput *[error]* nieokreślony; *[term, macro, symbol]* niezdefiniowany
undelete /ʌndɪˈliːt/ *vt* Comput przywr|ócić, -acać *(usunięty tekst)*
undelivered /ˌʌndɪˈlɪvəd/ *adj [mail]* niedostarczony
undemanding /ˌʌndɪˈmɑːndɪŋ, US -ˈmænd-/ *adj [job, task]* niewymagający wysiłku; *[relative, pupil, colleague]* niewymagający uwagi, mało absorbujący; **he was ~ of her attention/affection** nie domagał się od niej uwagi/czułości
undemocratic /ˌʌndeməˈkrætɪk/ *adj* niedemokratyczny
undemonstrative /ˌʌndɪˈmɒnstrətɪv/ *adj [manner]* skryty; **she's very ~** ona nie zdradza się ze swoimi uczuciami
undeniable /ˌʌndɪˈnaɪəbl/ *adj [truth, fact]* niezaprzeczalny; *[feeling, affection]* niewątpliwy, bezsprzeczny; **it is ~ that...** (irrefutable) nie sposób zaprzeczyć, że...; (clear) jest niewątpliwe, że...; **that they have charm is ~** nie można im odmówić wdzięku
undeniably /ˌʌndɪˈnaɪəblɪ/ *adv* [1] *[deserve, need]* bezsprzecznie, niewątpliwie; *[superb, powerful, beautiful]* niezaprzeczalnie [2] (as sentence adverb) niewątpliwie
undependable /ˌʌndɪˈpendəbl/ *adj* zawodny; **he/this car is ~** na nim/na tym samochodzie nie można polegać
under /ˈʌndə(r)/ **I** *prep* [1] (beneath) (location) pod (czymś); (movement) pod (coś); **have you looked ~ the cupboard?** zajrzałeś pod kredens?; **~ the starry sky** pod rozgwieżdżonym niebem; **~ a magnifying glass** pod lupą [2] (less than) poniżej (czegoś), mniej niż (coś); **~ £10/two hours** poniżej dziesięciu funtów/dwóch godzin, mniej niż dziesięć funtów/dwie godziny; **in ~ an hour** w mniej niż godzinę; **children ~ five** dzieci (w wieku) poniżej 5 lat; **a number ~ ten** liczba mniejsza od dziesięciu; **temperatures ~ 10°C** temperatury poniżej 10°C; **those ~ the rank of sergeant** żołnierze w stopniu niższym od sierżanta [3] (subject to) pod (czymś); **~ his gaze** pod jego spojrzeniem; **to be ~ construction/observation** być w budowie/obserwowanym; **~ police escort** pod eskortą policji; **to be ~ sb's charm** być pod urokiem kogoś; **to be ~ suspicion** być podejrzanym; **to be ~ the impression that...** odnosić wrażenie, że... [4] (according to) według (czegoś), zgodnie z (czymś); **~ the law/clause 5** zgodnie z prawem/klauzulą piątą [5] (subordinate to) pod (kimś); **I have 50 people ~ me** mam pod sobą 50 osób, podlega mi 50 osób; **~ this regime** w tym systemie; **he served ~ General Baldwin** służył pod generałem Baldwinem [6] (in classification) **look ~ 'textiles'** szukaj pod „tekstylia"

[7] Comput **the program runs ~ DOS /Windows** ten program działa w środowisku DOS/Windows; ten program działa pod DOS-em/pod Windowsami infml [8] Agric **fields ~ wheat** pola obsiane pszenicą

II *adv* [1] (physically beneath or below something) **to go/stay ~** *[diver, swimmer]* zniknąć /pozostawać pod wodą [2] (less) mniej; **£10 and ~** 10 funtów i mniej; **children of six and ~** sześciolatki i młodsze (dzieci); **to run five minutes ~** *[event, programme]* trwać pięć minut krócej, niż przewidywano [3] (anaesthetized) pod narkozą; **to put sb ~** podać komuś narkozę; uśpić kogoś infml; **to stay ~ for fifteen minutes** pozostawać pod narkozą przez piętnaście minut [4] (subjugated) **to keep sb ~** ciemiężyć or uciskać kogoś [5] (below, later in text) poniżej, w dalszej części tekstu; **see ~** patrz niżej

underachieve /ˌʌndərəˈtʃiːv/ *vi* Sch osiąg|nąć, -ać wyniki poniżej swoich możliwości; *[team, player]* wypa|ść, -dać poniżej oczekiwań

underachiever /ˌʌndərəˈtʃiːvə(r)/ *n* Sch uczeń *m* osiągający wyniki poniżej swoich możliwości; (generally) osoba *f* niewykorzystująca w pełni swoich możliwości

underage /ˌʌndərˈeɪdʒ/ *adj* niepełnoletni, nieletni; **~ drinker** niepełnoletni pijący alkohol; **~ driver** młodociany kierowca

underarm /ˈʌndərɑːm/ **I** *adj* [1] *[deodorant]* do stosowania pod pachami; **~ hair /perspiration** owłosienie/pocenie się pod pachami; **~ odour** zapach potu spod pachy [2] *[service, throw]* od dołu, dolny

II *adv* Sport *[serve, throw]* od dołu

underbelly /ˈʌndəbelɪ/ *n* [1] podbrzusze *n* [2] fig (vulnerable part) newralgiczny punkt *m*; (unattractive part) **the ~ of show-business** show-biznes od podszewki; **the (soft) ~ of sth** czuły punkt czegoś

underbid **I** /ˈʌndəbɪd/ *n* [1] (in cards) niedolicytowany or za niski kontrakt *m* [2] Comm oferta *f* konkurencyjna

II /ˌʌndəˈbɪd/ *vt* (*prp* **-dd-**; *pt, pp* **-bid**) [1] Comm złożyć, składać niższą ofertę niż (ktoś) [2] (in cards) **to ~ one's hand** za|licytować za nisko

III /ˌʌndəˈbɪd/ *vi* (*prp* **-dd-**; *pt, pp* **-bid**) [1] Comm złożyć, składać niższą ofertę [2] (in cards) niedolicytow|ać, -ywać

underbody /ˈʌndəbɒdɪ/ *n* Aut podwozie *n*

underbrush /ˈʌndəbrʌʃ/ *n* US = **undergrowth**

undercapitalize /ˌʌndəˈkæpɪtəlaɪz/ *vt* nie dokapitalizow|ać, -ywać (czegoś)

undercapitalized /ˌʌndəˈkæpɪtəlaɪzd/ *adj* niedokapitalizowany

undercarriage /ˈʌndəkærɪdʒ/ *n* Aviat podwozie *n*

undercharge /ˌʌndəˈtʃɑːdʒ/ **I** *vt* policzyć (komuś) za mało; **she ~d me (by) £1** policzyła mi o jednego funta za mało; **the shop ~d me for the wine** w sklepie policzyli mi za mało za wino

II *vi* policzyć za mało; **he ~d for the wine** za mało policzył za wino

underclass /ˈʌndəklɑːs, US -klæs/ *n* margines *m* społeczny

underclassman /ˈʌndəklɑːsmən, US -klæs-/ *n* (*pl* **-men**) US Univ, Sch student *m* pierwszego lub drugiego roku

underclothes /ˈʌndəkləʊðz/ *npl* bielizna *f* *(osobista)*

undercoat /ˈʌndəkəʊt/ **I** *n* [1] (of paint, varnish) podkład *m* [2] US Aut farba *f* antykorozyjna do podwozia

II *vt* położyć, kłaść podkład na (coś)

undercook /ˌʌndəˈkʊk/ **I** *vt* nie dogoto-w|ać, -ywać

II undercooked *pp adj* niedogotowany

undercover /ˌʌndəˈkʌvə(r)/ **I** *adj [activity, organization]* tajny; **~ agent** tajny agent

II *adv* potajemnie, tajnie

undercurrent /ˈʌndəkʌrənt/ *n* [1] (in water, sea) prąd *m* głębinowy [2] fig (in situation, conversation, relationship) podtekst *m*

undercut **I** /ˈʌndəkʌt/ *n* [1] GB Culin polędwica *f* [2] Sport podcięta piłka *f*

II /ˌʌndəˈcʌt/ *vt* (*prp* **-tt-**; *pt, pp* **-cut**) [1] Comm (set prices lower than) sprzeda|ć, wać po niższej cenie niż (ktoś) *[competitors]*; **to ~ prices** stosować dumpingowe ceny; **we have undercut our competitors by 50p** nasza cena jest o 50 pensów niższa niż cena konkurencji [2] (cut away) **to ~ a bank/cliff** *[machine]* podkop|ać, -ywać brzeg/klif; *[current]* podmy|ć, -wać brzeg/klif [3] fig (undermine) podkop|ać, -ywać *[position, image]*; niweczyć *[efforts]*; podci|ąć, -nać skrzydła (komuś) fig *[person]* [4] Econ za|hamować *[inflation]* [5] Sport podci|ąć, -nać *[ball]*

III /ˌʌndəˈkʌt/ *adj [cliff]* podmyty

underdeveloped /ˌʌndədɪˈveləpt/ *adj* [1] *[country, economy]* słabo rozwinięty, zacofany [2] *[person, physique, muscles]* słabo rozwinięty; Phot niedowołany

underdog /ˈʌndədɒg, US -dɔːg/ *n* [1] (in society) **the ~** najsłabsze jednostki *f pl*; **to side with the ~** opowiedzieć się po stronie słabszych [2] (in game, contest) (loser) przegran|y *m*, -a *f*

underdone /ˌʌndəˈdʌn/ *adj [food]* niedogotowany, niedopieczony; *[steak]* GB lekko krwisty

underdrawers /ˈʌndədrɔːz/ *npl* US [1] (men's) (long) kalesony *plt*; (short) kalesonki *plt* [2] dat (women's) reformy *plt*

underdressed /ˌʌndəˈdrest/ *adj* ubrany nie dość elegancko

underemphasize /ˌʌndərˈemfəsaɪz/ *vt* świadomie umniejsz|yć, -ać wagę or znaczenie (czegoś)

underemployed /ˌʌndərɪmˈplɔɪd/ *adj [person]* zatrudniony poniżej swoich kwalifikacji; *[resources, equipment]* nie w pełni wykorzystany

underemployment /ˌʌndərɪmˈplɔɪmənt/ *n* [1] (of people) niepełne wykorzystanie *n* siły roboczej; (of person) zatrudnienie *n* poniżej kwalifikacji [2] (of resources, equipment, building) niepełne wykorzystanie *n*

underequipped /ˌʌndərɪˈkwɪpt/ *adj [hospital, soldier]* słabo or źle wyposażony

underestimate **I** /ˌʌndərˈestɪmət/ *n* zbyt niska wycena *f*, zbyt niski szacunek *m*

II /ˌʌndərˈestɪmeɪt/ *vt* nie doceni|ć, -ać (kogoś/czegoś); zbyt nisko o|szacować; **don't ~ him!** nie lekceważ go!

underestimation /ˌʌndərestɪˈmeɪʃn/ *n* (of person, qualities, potential) niedocenienie *n*; (of cost, loss) zbyt niskie oszacowanie *n*

underexpose /ˌʌndərɪkˈspəʊz/ *vt* Phot nie doświetl|ić, -ać

underexposed /ˌʌndərɪkˈspəʊzd/ *adj* Phot niedoświetlony

underexposure /ˌʌndərɪkˈspəʊʒə(r)/ *n* Phot niedoświetlenie *n*

underfed /ˌʌndəˈfed/ **I** *pt, pp* → **underfeed**

II *adj* niedożywiony

underfeed /ˌʌndəˈfiːd/ *vt* (*pt, pp* **-fed**) niedostatecznie odżywiać

underfeeding /ˌʌndəˈfiːdɪŋ/ *n* niedożywienie *n*

underfelt /ˈʌndəfelt/ *n* Tex podściółka *f* filcowa (pod dywan)

underfinanced /ˌʌndəˈfaɪnænst/ *adj* niedofinansowany

underfloor /ˈʌndəflɔː(r)/ *adj [duct, ventilation]* podpodłogowy; *[pipes, wiring]* umieszczony pod podłogą; **~ heating** ogrzewanie podłogowe

underflow /ˈʌndəfləʊ/ *n* [1] = **undercurrent** [2] Comput niedomiar *m*

underfoot /ˌʌndəˈfʊt/ *adv* [1] pod stopami; **the ground was wet ~** ziemia pod stopami była wilgotna; **to trample sb ~** stratować kogoś; **to trample sth ~** stratować coś, zadeptać coś; fig (destroy) zniszczyć coś [2] fig (in the way) **the last thing she wanted was a child ~** brakowało jej tylko dziecka plączącego się pod nogami fig iron

underframe /ˈʌndəfreɪm/ *n* Rail ostoja *f*; Aut rama *f* podwozia

underfunded /ˌʌndəˈfʌndɪd/ *adj* niedofinansowany

underfunding /ˌʌndəˈfʌndɪŋ/ *n* niedofinansowanie *n*

undergarment /ˈʌndəgɑːmənt/ *n* dat sztuka *f* bielizny

undergo /ˌʌndəˈgəʊ/ *vt* (*pt* **-went;** *pp* **-gone)** prze|jść, -chodzić *[change, test, alteration, torture, training]*; podda|ć, -wać się (czemuś) *[operation, treatment]*; zaznać (czegoś) *[hardships, suffering]*; **to ~ training** przejść szkolenie/trening; **to be ~ing renovations/repairs** być w renowacji/w naprawie

undergraduate /ˌʌndəˈgrædʒʊət/ **I** *n* student *m*, -ka *f* na studiach licencjackich

II *modif [course, studies]* licencjacki; *[club, society, life, accommodation]* studencki

underground **I** /ˈʌndəgraʊnd/ *n* [1] GB Transp kolej *f* podziemna, metro *n*; **to go on the** or **by ~** jechać metrem [2] (secret movement) **the ~** podziemie *n* [3] Art, Mus, Theat underground *m*

II /ˈʌndəgraʊnd/ *modif* GB Transp **~ network** sieć połączeń metra; **~ train** kolej podziemna, metro; **~ station/map/staff** stacja/plan/obsługa metra; **~ strike** strajk pracowników metra

III /ˈʌndəgraʊnd/ *adj* [1] (below ground) *[tunnel, shelter, explosion]* podziemny [2] (secret) *[newspaper, movement, activity]* podziemny [3] Art, Mus, Theat **~ film/artist** film/artysta undergroundu

IV /ˌʌndəˈgraʊnd/ *adv* [1] (below ground) *[lie, live, tunnel, work]* pod ziemią; **it's ten metres ~** to jest dziesięć metrów pod ziemią [2] (secretly) **to go ~** zejść do podziemia; **to stay ~** ukrywać się; **to drive sb ~** zmusić kogoś do zejścia do podziemia

U

underground railroad *n* US Hist *tajna organizacja pomagająca zbiegłym niewolnikom murzyńskim*

undergrowth /ˈʌndəgrəʊθ/ *n* zarośla *plt*; (in forest) podszycie *n*, podszyt *m*

underhand /ˌʌndəˈhænd/ **I** *adj* [1] pej *[person, method, behaviour]* krętacki, pokrętny; **an ~ trick** oszustwo; **~ dealings** mętne or ciemne interesy [2] (in tennis) **to have an ~ serve** serwować od dołu

II *adv* Sport *[throw, serve]* od dołu

underhanded /ˌʌndəˈhændɪd/ *adj* US = **underhand I** [1]

underhandedly /ˌʌndəˈhændɪdlɪ/ *adv* podstępnie, perfidnie

underinsure /ˌʌndərɪnˈʃɔː(r), US -ɪnˈʃʊər/ **I** *vt* ubezpiecz|yć, -ać poniżej wartości *[object]*; ubezpiecz|yć, -ać nisko *[person]*

II *vr* **to ~ oneself** ubezpiecz|yć, -ać się na niską sumę

underinsured /ˌʌndərɪnˈʃɔːd, US -ɪnˈʃʊərd/ *adj [house, vehicle]* ubezpieczony poniżej wartości

underinvest /ˌʌndərɪnˈvest/ *vi* za mało or niedostatecznie za|inwestować **(in sth** w coś)

underinvestment /ˌʌndərɪnˈvestmənt/ *n* niedoinwestowanie *n*

underlay I /ˌʌndəˈleɪ/ *pt* → **underlie**

II /ˈʌndəleɪ/ *n* Constr warstwa *f* wyrównawczo-izolacyjna

III /ˌʌndəˈleɪ/ *vt* (*pt, pp* **-laid**) **to be underlaid by sth** mieć jako podłoże coś or warstwę czegoś *[gravel, rock]*

underlie /ˌʌndəˈlaɪ/ *vt* (*prp* **-lying;** *pt* **-lay;** *pp* **-lain**) [1] *[rock]* leżeć pod (czymś), stanowić podłoże dla (czegoś) *[topsoil]* [2] fig *[philosophy, theory]* stanowić podłoże (czegoś), leżeć u podłoża (czegoś) *[principle, view, work]*; **underlying these terms is...** za tymi warunkami kryje się...; **underlying these beliefs is...** u podłoża tych przekonań leży...

underline /ˌʌndəˈlaɪn/ *vt* podkreśl|ić, -ać *[word, importance, need]*

underling /ˈʌndəlɪŋ/ *n* pej podwładn|y *m*, -a *f*; **hired ~s** (of mafia boss) żołnierze infml; **nobody important, just an ~** nikt ważny, zwykła płotka

underlining /ˌʌndəˈlaɪnɪŋ/ *n* podkreślenie *n*

underlying /ˌʌndəˈlaɪɪŋ/ **I** *prp* → **underlie**

II *adj [inflation, problem, tension, trend]* (concealed) ukryty; (basic) podstawowy; Fin **to have the ~ claim to sth** mieć pierwszeństwo roszczeń do czegoś; **he bears the ~ liability for it** podstawowa odpowiedzialność za to spada na niego

undermanager /ˈʌndəmænɪdʒə(r)/ *n* zastępca *m* dyrektora or kierownika

undermanned /ˌʌndəˈmænd/ *adj [factory, industry, service]* mający niedobór rąk do pracy; *[ship]* z niepełną załogą; **many hospitals/factories are ~** w wielu szpitalach/fabrykach brakuje rąk do pracy

undermanning /ˌʌndəˈmænɪŋ/ *n* niedobór *m* personelu

undermentioned /ˌʌndəˈmenʃnd/ **I** *n* **the ~** niżej wymienion|y *m*, -a *f*

II *adj [item, list, person, name]* niżej wymieniony, poniższy

undermine /ˌʌndəˈmaɪn/ *vt* [1] Civ Eng podkop|ać, -ywać *[cliff, foundations, wall]* [2] fig (shake, subvert) podkop|ać, -ywać, podważ|yć, -ać *[authority, efforts, foundations]*; nadszarp|nąć, -ywać *[reputation]*; osłabi|ć, -ać *[confidence, organization, position, value]*; **stop undermining me!** nie podważaj moich słów!

undermost /ˈʌndəməʊst/ *adj* [1] (lowest) *[part, layer]* najniższy, najniżej położony [2] (last) *[sheet, layer]* ostatni

underneath /ˌʌndəˈniːθ/ **I** *n* **the ~** spód *m*, dolna część *f*

II *adj [layer]* spodni; **the apartment ~** mieszkanie piętro niżej

III *adv* poniżej; **they dug a tunnel ~** pod spodem wykopali tunel; **if you lay a newspaper ~** jeśli (pod spód) podłożysz gazetę; **~, she's very insecure** w głębi duszy nie wierzy w siebie

IV *prep* (location) pod (czymś); (direction) pod (coś); **she took out some papers from ~ the pile of books** spod stosu książek wyciągnęła jakieś papiery

undernourish /ˌʌndəˈnʌrɪʃ/ *vt* nie dożywi|ć, -ać

undernourished /ˌʌndəˈnʌrɪʃt/ *adj [children, animals]* niedożywiony

undernourishment /ˌʌndəˈnʌrɪʃmənt/ *n* niedożywienie *n*

underpaid /ˌʌndəˈpeɪd/ **I** *pt, pp* → **underpay**

II *adj [person, worker]* niedostatecznie wynagr|odzony, -adzany

underpants /ˈʌndəpænts/ *npl* (men's) slipy *plt*; **a pair of ~** para slipów

underpart /ˈʌndəpɑːt/ *n* dolna część *f*

underpass /ˈʌndəpɑːs, US -pæs/ *n* [1] (for traffic) przejazd *m* dołem *(na skrzyżowaniu dwupoziomowym)* [2] (for pedestrians) przejście *n* podziemne

underpay /ˌʌndəˈpeɪ/ *vt* (*pt, pp* **-paid**) [1] (pay badly) płacić za mało (komuś) *[employee]* [2] (pay too little) zapłacić zbyt mało (komuś); **I was underpaid this month** w tym miesiącu nie otrzymałem pełnego wynagrodzenia; **you have underpaid me by £5** zapłaciłeś mi 5 funtów za mało

underperform /ˌʌndəpəˈfɔːm/ *vi* Fin *[stock]* osiąg|nąć, -ać wyniki gorsze od spodziewanych; **~ing businesses** mało rentowne firmy

underpin /ˌʌndəˈpɪn/ *vt* (*prp, pt, pp* **-nn-**) [1] Constr (with props) pod|eprzeć, -pierać, podstemplow|ać, -ywać; (with masonry) podmurow|ać, -ywać *[wall, building]* [2] fig (strengthen) *[honesty, morality]* stanowić podstawę or fundament (czegoś) *[religion, society]*; wzm|ocnić, -acniać *[currency, economy, power]*; pop|rzeć, -ierać *[theory]*

underpinning /ˌʌndəˈpɪnɪŋ/ **I** *n* Civ Eng (foundation) podmurówka *f*

II underpinnings *npl* fig podstawy *f pl*, fundamenty *m pl*

underplay /ˌʌndəˈpleɪ/ *vt* [1] z|bagatelizować *[aspect, impact, severity]* [2] Theat za|grać blado or mało wyraziście *[role]*

underpopulated /ˌʌndəˈpɒpjʊleɪtɪd/ *adj* słabo zaludniony

underpowered /ˌʌndəˈpaʊəd/ *adj [vehicle]* z silnikiem o zbyt małej mocy

underprice /ˌʌndəˈpraɪs/ *vt* Comm zaniż|yć, -ać cenę (czegoś) *[goods, product]*

underpriced /ˌʌndəˈpraɪst/ *adj [goods]* po zaniżonej cenie; **their petrol is ~** sprzedają benzynę po zaniżonej cenie; **this car is ~** ten samochód jest wart więcej

underprivileged /ˌʌndəˈprɪvəlɪdʒd/ **I** *n* **the socially/economically ~** (+ *v pl*) grupy *f pl* społecznie/ekonomicznie upośledzone

II *adj* **socially/economically ~** *[area, background, person]* społecznie/ekonomicznie upośledzony

underproduce /ˌʌndəprəˈdjuːs, US -ˈduːs/ **I** *vt* Mus **to ~ a record** *wyprodukować płytę surową w brzmieniu lub robiącą wrażenie niedopracowanej*

II *vi* Comm, Ind wy|produkować w niedostatecznej ilości

underproduction /ˌʌndəprəˈdʌkʃn/ *n* niewystarczająca produkcja *f*

underrate /ˌʌndəˈreɪt/ *vt* nie doceni|ć, -ać (kogoś/czegoś)

underrated /ˌʌndəˈreɪtɪd/ *adj [poet, role, contribution]* niedoceniony

underreact /ˌʌndərɪˈækt/ *vi* nie zwr|ócić, -acać większej uwagi **(to sth** na coś)

underripe /ˌʌndəˈraɪp/ *adj [fruit, cheese]* niedojrzały

underscore /ˌʌndəˈskɔː(r)/ *vt* podkreśl|ić, -ać also fig

underscoring /ˌʌndəˈskɔːrɪŋ/ *n* podkreślenie *n* also fig **(of sth** czegoś)

undersea /ˈʌndəsiː/ *adj [currents, operations]* podmorski

underseal /ˈʌndəsiːl/ Aut **I** *n* powłoka *f* antykorozyjna

II *vt* zabezpiecz|yć, -ać przed korozją

undersealing /ˈʌndəsiːlɪŋ/ *n* = **underseal I**

under-secretary /ˌʌndəˈsekrətrɪ, US -terɪ/ *n* (also **~ of state)** GB Pol podsekretarz *m* stanu; **~ at the Foreign Office** podsekretarz stanu w Ministerstwie Spraw Zagranicznych

undersell /ˌʌndəˈsel/ (*pt, pp* **-sold) I** *vt* [1] (undercut) sprzeda|ć, -wać taniej niż (ktoś) *[competitors]*; zaniż|yć, -ać cenę (czegoś) *[goods]*; **we ~ our competitors by £10 a crate** sprzedajemy po 10 funtów na skrzynce taniej niż konkurencja; **our goods cannot be undersold** u nas najniższe ceny [2] (sell discreetly) sprzeda|ć, -wać bez większej reklamy *[product]*

II *vi* sprzeda|ć, -wać po niskiej cenie

III *vr* **to ~ oneself** nie umieć się dobrze sprzedać fig

undersexed /ˌʌndəˈsekst/ *adj* **he is ~** seks go (w ogóle) nie interesuje

undershirt /ˈʌndəʃɜːt/ *n* US podkoszulek *m*

undershoot /ˌʌndəˈʃuːt/ (*pt, pp* **-shot) I** *vt [aircraft, pilot]* wy|lądować przed początkiem (czegoś) *[runway]*

II *vi [pilot, aircraft]* wylądować przed początkiem pasa

undershorts /ˈʌndəʃɔːts/ *npl* US krótkie kalesonki *plt*

undershot /ˌʌndəˈʃɒt/ **I** *pt, pp* → **undershoot**

II *adj* [1] *[jaw]* wystający [2] *[water wheel]* podsiębierny

underside /ˈʌndəsaɪd/ *n* [1] (bottom) spód *m* [2] fig (dark side) ciemna strona *f* **(of sth** czegoś)

undersigned /ˌʌndəˈsaɪnd/ **I** *n* **the ~** niżej podpisan|y *m*, -a *f*; **the ~ confirms that...** niżej podpisany potwierdza, że...; **we, the ~** my, niżej podpisani
II *adj [person]* niżej podpisany; *[name, signatures]* znajdujący się poniżej
undersized /ˌʌndəˈsaɪzd/ *adj [person, plant, animal]* niewyrośnięty; *[portion, ration]* chudy, mizerny
underskirt /ˈʌndəskɜːt/ *n* (pół)halka *f*
underslung /ˌʌndəˈslʌŋ/ *adj [chassis]* podwieszany; *[load]* podwieszony
undersoil /ˈʌndəsɔɪl/ *n* = **subsoil**
undersold /ˌʌndəˈsəʊld/ *pt, pp* → **undersell**
underspend /ˌʌndəˈspend/ *vi* (*pt, pp* **-spent)** Admin, Fin wyda|ć, -wać mniej niż przewiduje budżet
underspending /ˌʌndəˈspendɪŋ/ *n* Admin, Fin niewykorzystywanie *n* dostępnych środków finansowych
understaffed /ˌʌndəˈstɑːft, US -ˈstæft/ *adj [hospital, department]* cierpiący na niedobór personelu
understaffing /ˌʌndəˈstɑːfɪŋ, US -ˈstæfɪŋ/ *n* niedobory *m pl* kadrowe
understand /ˌʌndəˈstænd/ (*pt, pp* **-stood)** **I** *vt* [1] (intellectually) z|rozumieć *[question, language, concept]*; **is that understood?** czy to jest jasne?, zrozumiano?; **it must be understood that...** musi być dla wszystkich jasne, że...; **I just don't ~ it** ja tego po prostu nie rozumiem; **to ~ that...** rozumieć, że...; **to ~ how/why...** rozumieć jak/dlaczego...; **I can't ~ why...** nie potrafię zrozumieć, dlaczego...; **to make oneself understood** (using a foreign language) porozumieć się, dogadać się; (make oneself clear) wyrazić się jasno [2] (emotionally) z|rozumieć *[person, feelings]*; **I don't ~ you** nie rozumiem cię; **I can ~ her being upset /not wanting to get involved** rozumiem, że może być przygnębiona/że nie chce się angażować [3] (interpret) z|rozumieć *[person, statement]*; **do I ~ you correctly?** czy dobrze cię rozumiem?; **what do you ~ by this?** co przez to rozumiesz?; **as I ~ it...** (tak) jak ja to rozumiem...; **I understood him to say** or **as saying that...** z tego co zrozumiałem, powiedział, że...; **I think we ~ each other** myślę, że się rozumiemy; chyba się rozumiemy [4] (believe) sądzić; **to ~ that...** sądzić, że...; **I understood (that) I was to wait** sądziłem, że mam czekać; **it is/was understood that...** sądzi się/sądzono, że...; **he was/they were given to ~ that...** dano mu/im do zrozumienia, że...; **she has let it be understood that...** dała do zrozumienia, że...; **you won I ~** domyślam się or rozumiem, że wygrałeś; **'he's dead' – 'so I ~'** „nie żyje" – „tak też sądziłem"; **it's generally understood that he will win** powszechnie uważa się, że on wygra [5] (accept mutually) **it was understood that they would go first** mieli pójść pierwsi; **it must be understood that...** musi być jasne, że... [6] Ling (imply) **to be understood** *[subject]* być domyślnym
II *vi* [1] (comprehend) z|rozumieć; **no slip-ups, do you ~?** bez żadnych wpadek, rozumiesz? [2] (sympathize) z|rozumieć; **I quite/fully ~** zupełnie/w pełni rozumiem
understandable /ˌʌndəˈstændəbl/ *adj [objection, mistake, language, instruction]* zrozumiały; **it is ~ that he should have doubts** to zrozumiałe, że ma wątpliwości
understandably /ˌʌndəˈstændəblɪ/ *adv* **he is ~ disappointed/angry** to zupełnie zrozumiałe, że jest rozczarowany/zły
understanding /ˌʌndəˈstændɪŋ/ **I** *n* [1] (grasp of subject, issue) rozumienie *n*, pojmowanie *n*; **a child's ~ is limited** dziecko ma ograniczone możliwości rozumienia; **he has little ~ of the issue** on bardzo mało orientuje się w tym zagadnieniu; **to show an ~ of sth** *[person]* wykazywać (dobrą) orientację w czymś; *[essay]* dowodzić zrozumienia czegoś; **it's beyond my/our ~ how...** jest dla mnie /dla nas niepojęte, jak... [2] (perception, interpretation) **to my ~** w moim rozumieniu or pojęciu; **our ~ was that we would be exempt from the charge** sądziliśmy, że zostaniemy zwolnieni z tej opłaty; **to have a different ~ of sth** inaczej coś rozumieć [3] (arrangement) porozumienie *n* **(about sth** co do czegoś); **there is an ~ between us that...** umówiliśmy się, że...; **on the ~ that...** przy założeniu, że...; **on that ~** przy tym założeniu [4] (sympathy) zrozumienie *n*; **love and ~** miłość i zrozumienie; **a better ~ between our two nations** lepsze wzajemne zrozumienie między naszymi narodami [5] (powers of reason) rozum *m*; **to pass human ~** przekraczać możliwości ludzkiego rozumu
II *adj [person, tone, glance]* wyrozumiały **(about sth** dla czegoś)
understandingly /ˌʌndəˈstændɪŋlɪ/ *adv [smile, reply]* ze zrozumieniem
understate /ˌʌndəˈsteɪt/ *vt* [1] (say with reserve) wyra|zić, -żać w powściągliwy sposób *[feeling, opinion]* [2] (play down) zaniż|yć, -ać *[cost, quantity]*; z|bagatelizować *[danger, severity]*
understated /ˌʌndəˈsteɪtɪd/ *adj [charm, effect, tone]* subtelny, dyskretny; *[design, style, dress]* pełen prostoty; *[performance]* powściągliwy, oszczędny w środkach
understatement /ˈʌndəsteɪtmənt/ *n* [1] (remark) niedopowiedzenie *n*, niedomówienie *n*; **that's an ~!, that's the ~ of the year!** oględnie powiedziane! [2] (style) (of person) powściągliwość *f*; **he said with typical ~ that...** z typową dla siebie powściągliwością powiedział, że... [3] (subtlety) (of dress, decor) pełna prostoty elegancja *f*
understood /ˌʌndəˈstʊd/ *pt, pp* → **understand**
understudy /ˈʌndəstʌdɪ/ **I** *n* [1] Theat dubler *m*, -ka *f*; **an ~ to R. Burton /Hamlet** dubler R. Burtona/Hamleta [2] fig zastęp|ca *m*, -czyni *f* **(to sb** kogoś)
II *vt* Theat dublować *[role, actor]*
undertake /ˌʌndəˈteɪk/ *vt* (*pt* **-took;** *pp* **-taken)** [1] (take upon oneself) pod|jąć, -ejmować się (czegoś) *[task, job, research, mission]*; (carry out) pod|jąć, -ejmować *[task, research]*; przedsię|wziąć, -brać *[journey]*; przyst|ąpić -ępować do (czegoś) *[offensive]*; **to ~ a function** podjąć się pełnienia funkcji [2] (guarantee) **to ~ to do sth** podjąć się zrobienia czegoś
undertaker /ˈʌndəteɪkə(r)/ *n* [1] (person) przedsiębiorca *m* pogrzebowy [2] (company) zakład *m* pogrzebowy; **at the ~'s** w zakładzie pogrzebowym
undertaking /ˌʌndəˈteɪkɪŋ/ *n* [1] (venture) przedsięwzięcie *n*; **a joint ~** wspólne przedsięwzięcie [2] (promise) zobowiązanie *n* **(from sb** ze strony kogoś); **to give a written ~ to do sth** zobowiązać się na piśmie do zrobienia czegoś [3] (company) przedsiębiorstwo *n* [4] (funeral business) usługi *f pl* pogrzebowe
undertax /ˌʌndəˈtæks/ *vt* Fin *[tax office]* pob|rać, -ierać za niski podatek od (kogoś) *[tax payer]*; **~ed goods** towary za nisko opodatkowane
under-the-counter /ˌʌndəðəˈkaʊntə(r)/ **I** *adj [goods, supply]* nielegalny; lewy infml; *[trade]* pokątny; *[deal]* nieczysty; *[payment]* nieoficjalny, z ręki do ręki
II under the counter *adv [buy, obtain, sell]* na lewo, spod lady infml
undertone /ˈʌndətəʊn/ *n* [1] (low voice) ściszony głos *m*; **to speak in an ~** mówić półgłosem [2] (undercurrent) **an ~ of jealousy** nuta zazdrości; **the situation had certain comic/tragic ~s** wyczuwało się pewien komizm/tragizm tej sytuacji; **the music has African/classical ~** w tej muzyce pobrzmiewają afrykańskie/klasyczne echa [3] (hint) odcień *m*, niuans *m*
undertow /ˈʌndətəʊ/ *n* [1] (of wave) prąd *m* powrotny przyboju [2] (at sea) prąd *m* przeciwny podpowierzchniowy [3] fig **an emotional ~** podłoże emocjonalne
underuse /ˌʌndəˈjuːz/ *vt* nie wykorzyst|ać, -ywać w pełni *[equipment, facility, land]*; rzadko używać *[expression]*
underused /ˌʌndəˈjuːzd/ *adj [land, equipment, facility, resource, technique]* słabo or mało wykorzystywany; *[expression]* rzadko używany
underutilize /ˌʌndəˈjuːtəlaɪz/ *vt* = **underuse**
undervalue /ˌʌndəˈvæljuː/ *vt* [1] Fin, Insur zbyt nisko wyceni|ć, -ać *[painting, building, company]*; nie doszacow|ać, -ywać (czegoś) *[currency]*; **to ~ sth by £1,000** zaniżyć wartość czegoś o 1000 funtów [2] (not appreciate) nie doceni|ć, -ać *[employee, friend, honesty, patience, opinion, theory]*
undervalued /ˌʌndəˈvæljuːd/ *adj* [1] Fin *[artwork, company, building]* zbyt nisko wyceniony; *[contribution, share]* zbyt nisko określony; *[currency]* niedoszacowany [2] (not appreciated) *[person, quality, opinion, theory]* niedoceniany
undervest /ˈʌndəvest/ *n* podkoszulek *m*
undervoltage /ˈʌndəvəʊltɪdʒ/ *n* Elec obniżone napięcie *n*; **~ protection** zabezpieczenie podnapięciowe
underwater /ˌʌndəˈwɔːtə(r)/ **I** *adj [exploration, world, explosion, cave]* podwodny; *[lighting, swimmer]* znajdujący się pod wodą; *[cable, test]* przeprowadzony pod wodą; *[birth]* w wodzie
II *adv [swim, keep, dive]* pod wodą; **the entire village was ~** cała wioska znalazła się pod wodą

U

underway /ˌʌndəˈweɪ/ *adj* **to be ~** *[vehicle]* jechać; *[ship]* płynąć; *[filming, rehearsals, talks, work]* być w toku, trwać; **to get ~** *[vehicle, ship]* wyruszyć w drogę; *[preparation, show, season, work]* rozpocząć się; **to get talks/work ~** rozpocząć rozmowy/pracę

underwear /ˈʌndəweə(r)/ *n* bielizna *f*; **a change of ~** bielizna na zmianę, zmiana bielizny

underweight /ˌʌndəˈweɪt/ *adj [baby, person]* z niedowagą; **this child is four kilos ~** to dziecko ma cztery kilo niedowagi

underwent /ˌʌndəˈwent/ *pt* → **undergo**

underwhelm /ˌʌndəˈwelm/ **I** *vt* hum **to be ~ed** być rozczarowanym
II underwhelming *pp adj* rozczarowujący

underwired /ˌʌndəˈwaɪəd/ *adj* (bodice, bra) z fiszbinami

underworld /ˈʌndəwɜːld/ **I** *n* [1] (criminals) **the criminal ~** świat *m* przestępczy [2] Mythol **the ~** kraina *f* cieni
II *modif* **~ activity** działalność przestępcza; **~ killing** zabójstwo dokonane w ramach porachunków w świecie przestępczym

underwrite /ˌʌndəˈraɪt/ *vt* (*pt* **-wrote;** *pp* **-written)** [1] Insur asekurować *[policy]*; ubezpiecz|yć, -ać, przyj|ąć, -mować do ubezpieczenia *[boat, property]*; ubezpiecz|yć, -ać od (czegoś) *[risk, danger]* [2] Fin subskrybować *[share issue]*; (cover) pokry|ć, -wać koszt (czegoś) *[project, scheme]*; pokry|ć, -wać *[cost, expense, loss]* [3] (approve) pop|rzeć, -ierać *[decision, proposal, theory]*

underwriter /ˈʌndəraɪtə(r)/ *n* [1] Fin (of share issue) gwarant *m* emisji; **a company of ~s** spółka gwarant emisji papierów wartościowych; **to act as an ~ for sth** być gwarantem czegoś [2] Insur ubezpieczyciel *m*; **marine ~** ubezpieczyciel morski

underwriting /ˈʌndəraɪtɪŋ/ *n* [1] Fin (of share issue) gwarancja *f* emisji papierów wartościowych [2] Insur ubezpieczenie *n*, przyjęcie *n* do ubezpieczenia

underwriting agent *n* Insur ubezpieczyciel *m*

underwriting contract *n* Fin umowa *f* w sprawie emisji, umowa *f* konsorcjalna; Insur umowa *f* ubezpieczeniowa

underwriting syndicate *n* Fin konsorcjum *n* emisyjne; Insur konsorcjum *n* ubezpieczeniowe

underwritten /ˌʌndəˈrɪtn/ *pp* → **underwrite**

undeserved /ˌʌndɪˈzɜːvd/ *adj* niezasłużony

undeservedly /ˌʌndɪˈzɜːvɪdlɪ/ *adv [blame, punish, praise, reward, win]* niezasłużenie

undeserving /ˌʌndɪˈzɜːvɪŋ/ *adj* **~ of attention/praise/support** niewart uwagi /pochwały/poparcia; **he was an ~ winner** wygrał niezasłużenie

undesirable /ˌʌndɪˈzaɪərəbl/ **I** *n* (person) niepożądany element *m*
II *adj [aspect, effect, practice, result, influence]* niepożądany; *[friend, company]* nieodpowiedni; *[habit]* uciążliwy dla otoczenia; **it is ~ for him to do it** jest niewskazane, żeby on to robił; **it is ~ that he should know** jest rzeczą niepożądaną, żeby się dowiedział; **it is ~ to use force against them** niepożądane jest użycie siły przeciw nim; **~ alien** Jur niepożądany cudzoziemiec

undesirably /ˌʌndɪˈzaɪərəblɪ/ *adv [hot, long, obvious, small]* nazbyt

undetected /ˌʌndɪˈtektɪd/ **I** *adj [intruder, observer]* niezauważony; *[cancer, fracture, crime, fraud]* niewykryty; *[bug, error, flaw, movement]* niedostrzeżony
II *adv [break in, listen, steal, watch]* niepostrzeżenie, niezauważenie; **to go** or **remain ~** *[crime, error]* nie wyjść na jaw; *[person]* pozostać niezauważonym; *[cancer]* pozostać niewykrytym

undetermined /ˌʌndɪˈtɜːmɪnd/ *adj* [1] (unknown) nieznany, nieokreślony [2] (unresolved) *[matter, problem]* nierozstrzygnięty; *[outcome]* niejasny

undeterred /ˌʌndɪˈtɜːd/ **I** *adj* niezrażony, niezniechęcony; **to be ~** nie dać się zniechęcić **(by sb/sth** komuś/czemuś); **~, she resumed her speech** niezrażona, wróciła do przerwanej przemowy
II *adv [continue, persevere, set out]* nieugięcie, niezłomnie

undeveloped /ˌʌndɪˈveləpt/ *adj [person]* wątły; *[fruit]* nierozwinięty; *[organ, limb]* niewykształcony; *[muscle]* niewyrobiony; *[country]* nierozwinięty, zacofany; *[idea, theory]* nierozwinięty, w postaci zalążkowej; *[land]* nieuprawny; *[area]* niezagospodarowany; *[resources]* niewykorzystany; *[film]* niewywołany

undeviating /ʌnˈdiːvɪeɪtɪŋ/ *adj [course, path]* prosty; fig *[belief, loyalty]* niezachwiany

undiagnosed /ʌnˈdaɪəgnəʊzd/ *adj* niezdiagnozowany; **to be** or **go ~** nie zostać zdiagnozowanym

undid /ʌnˈdɪd/ *pt* → **undo**

undies /ˈʌndɪz/ *npl* infml bielizna *f (zwłaszcza damska)*

undigested /ˌʌndaɪˈdʒestɪd/ *adj [food]* niestrawiony

undignified /ʌnˈdɪgnɪfaɪd/ *adj [behaviour, fate, failure, position]* niegodny; *[name]* śmieszny; *[person]* bez godności; *[language]* nieprzyzwoity; **it is ~ to behave like that** nie godzi się tak zachowywać

undiluted /ˌʌndaɪˈljuːtɪd/ *adj [liquid, solution]* nierozcieńczony; *[pleasure, nonsense]* czysty; *[admiration]* niekłamany; *[contempt, hostility, passion]* jawny; *[Christianity, Marxism]* czysty, w czystej formie

undiminished /ˌʌndɪˈmɪnɪʃt/ *adj [courage, strength, power, enthusiasm, hope, appeal]* niesłabnący; **he remains ~ by criticism** krytyka go nie zraża

undimmed /ʌnˈdɪmd/ *adj [beauty]* nadal jaśniejący pełnym blaskiem; *[memory, mind]* nadal żywy; *[eyesight]* niezamglony; **her beauty is ~ by age/time** wiek/czas nie przyćmił jej urody

undiplomatic /ˌʌndɪpləˈmætɪk/ *adj [person]* nietaktowny; *[behaviour, action, comment]* niedyplomatyczny; **it was very ~ of you to say that** powiedzenie tego było bardzo niedyplomatyczne z twojej strony

undipped /ʌnˈdɪpt/ *adj* Aut **on** or **with ~ headlights** na długich światłach

undiscerning /ˌʌndɪˈsɜːnɪŋ/ *adj* niewyrobiony; **an ~ audience** niewyrobiona publiczność

undischarged /ˌʌndɪsˈtʃɑːdʒd/ *adj [debt]* niespłacony; *[fine]* nieuiszczony

undischarged bankrupt *n* Jur dłużnik *m* w stosunku do którego nie uchylono upadłości

undisciplined /ʌnˈdɪsɪplɪnd/ *adj* niezdyscyplinowany

undisclosed /ˌʌndɪsˈkləʊzd/ *adj [evidence, facts, report]* nieujawniony

undisclosed principal *n* Jur nieujawniony zleceniodawca *m*

undiscovered /ˌʌndɪˈskʌvəd/ *adj [secret, identity]* nieujawniony; *[crime]* niewykryty; *[document, hiding place, area, land, genius, talent]* nieodkryty

undiscriminating /ˌʌndɪˈskrɪmɪneɪtɪŋ/ *adj [observer, reader, customer]* niewybredny

undisguised /ˌʌndɪsˈgaɪzd/ *adj [anger, curiosity, envy, passion]* nieukrywany, nieskrywany; **his envy/contempt was ~** nie ukrywał zazdrości/pogardy

undismayed /ˌʌndɪsˈmeɪd/ *adj* niezniechęcony, niezrażony **(by** or **at sth** czymś); **to be ~ at** or **by sth** nie zniechęcać się czymś; **~, she continued to speak** niezrażona, mówiła dalej

undisputed /ˌʌndɪˈspjuːtɪd/ *adj [capital, champion, winner, leader]* niekwestionowany; *[fact, right]* bezsporny, niepodważalny

undistinguished /ˌʌndɪˈstɪŋgwɪʃt/ *adj [achievement, career, building]* niewyróżniający się; *[appearance, person]* przeciętny, niczym się niewyróżniający

undistributed /ˌʌndɪˈstrɪbjuːtɪd/ *adj* Comm, Fin nierozdzielony

undisturbed /ˌʌndɪˈstɜːbd/ **I** *adj* [1] (untouched) *[countryside]* dziewiczy; *[village, night]* spokojny; **the ship had lain** or **remained ~ for many years** wrakiem statku przez wiele lat nikt się nie interesował; **everything was left ~** niczego nie ruszono [2] (peaceful) *[sleep]* niezakłócony; *[quiet]* niezmącony; **to work/play ~ by the noise** pracować/bawić się, nie zwracając uwagi na hałas
II *adv [play, sleep, work]* spokojnie

undivided /ˌʌndɪˈvaɪdɪd/ *adj [profits]* niepodzielony; *[loyalty]* bezwzględny; *[opposition]* jednomyślny; **to give sb one's ~ attention** poświęcić komuś całą swoją uwagę

undo /ʌnˈduː/ *vt* (*3rd pers sg pres* **-does;** *pt* **-did;** *pp* **-done)** [1] (unfasten) rozwiąz|ać, -ywać *[knot, lace]*; rozpi|ąć, -nać *[button, zip, fastening]*; rozpru|ć, -wać *[sewing]*; otw|orzyć, -ierać *[lock, parcel, envelope]* [2] (cancel out) z|marnować; z|niweczyć fml *[good, work, effort]*; napraw|ić, -ać *[harm]* [3] (be downfall of) z|gubić, z|rujnować *[person]* [4] Comput cof|nąć, -ać
IDIOMS: **what's done cannot be undone** co się stało, to się nie odstanie

undocumented /ʌnˈdɒkjumentɪd/ *adj* [1] *[event]* nieudokumentowany [2] US *[alien]* bez dokumentów

undoing /ʌnˈduːɪŋ/ *n* liter (downfall) zguba *f*; **it proved to be his ~** to go zgubiło

undone /ʌnˈdʌn/ **I** *pp* → **undo**
II *adj* [1] (not fastened) *[button, clasp, zip]* niezapięty, rozpięty; *[lock]* niezamknięty; *[knot]* rozwiązany; *[laces]* rozwiązany, niezawiązany; **to come ~** *[lace, knot]* roz-

wiązać się; *[button, zip]* rozpiąć się [2] (not done) *[work, task]* nieskończony, niedokończony; **to leave sth ~** zostawić coś niedokończone [3] arch or liter (ruined) **I am ~!** jestem zgubiony!

undoubted /ʌnˈdaʊtɪd/ *adj [skill, ability, success]* niewątpliwy, niezaprzeczalny

undoubtedly /ʌnˈdaʊtɪdlɪ/ *adv [true, false, brave]* niewątpliwie, bez wątpienia

undramatic /ˌʌndrəˈmætɪk/ *adj* [1] (lacking the qualities of drama) mało dramatyczny, niesceniczny [2] (unexciting) pozbawiony dramatyzmu

undreamed-of /ʌnˈdriːmdɒv/ *adj [wealth, success]* niewyobrażalny; **an ~ opportunity** okazja, o jakiej się nie śniło

undress /ʌnˈdres/ **I** *n* [1] negliż *m*; **in a state of ~** nieubrany; w negliżu, w dezabilu hum or dat; **women in various states of ~** porozbierane kobiety [2] Mil mundur *m* polowy

II *vt* roz|ebrać, -bierać *[person, doll]*

III *vi* roz|ebrać, -bierać się

undressed /ʌnˈdrest/ *adj* [1] *[person]* rozebrany; **to get ~** rozebrać się [2] Culin *[salad]* nieprzyprawiony [3] Constr *[stone, metal]* nieoszlifowany

undrinkable /ʌnˈdrɪŋkəbl/ *adj* [1] (unpleasant) nienadający się do picia, niedobry [2] (dangerous) niezdatny do picia

undue /ʌnˈdjuː, US -ˈduː/ *adj [haste, delay, concern]* nadmierny, zbytni

undue influence *n* Jur bezprawny nacisk *m*

undulate /ˈʌndjʊleɪt, US -dʒʊ-/ **I** *vi* falować

II undulating *prp adj [movement, plants]* falujący; *[surface, landscape]* pofałdowany; *[line]* falisty

undulation /ˌʌndjʊˈleɪʃn, US -dʒʊ-/ *n* [1] (bump) falistość *f* [2] (wavy motion) falowanie *n*

undulatory /ˈʌndjʊlətərɪ, US ˈʌndʒʊlətɔːrɪ/ *adj* falisty, wijący się

unduly /ʌnˈdjuːlɪ, US -ˈduːlɪ/ *adv [affected, concerned, optimistic, surprised, inclined]* nadmiernie, przesadnie; *[flatter, favour, neglect, worry]* zbytnio

undying /ʌnˈdaɪɪŋ/ *adj [love, hate, gratitude]* dozgonny; *[glory, fame]* nieśmiertelny

unearned /ʌnˈɜːnd/ *adj* [1] (undeserved) *[praise, reward, success]* niezasłużony [2] Tax **~ income** dochód niezarobiony or niewypracowany

unearth /ʌnˈɜːθ/ *vt* [1] Archeol odkop|ać, -ywać *[remains, pottery]* [2] fig (find) odna|leźć, -jdywać *[person, object]*; wydoby|ć, -wać na światło dzienne, odgrzeb|ać, -ywać *[fact, evidence]*

unearthly /ʌnˈɜːθlɪ/ *adj* [1] (weird) *[apparition, sight, light]* niesamowity; nie z tej ziemi infml; *[silence]* niesamowity; *[cry]* nieludzki; *[beauty]* nieziemski [2] (unreasonable) **at an ~ hour** o nieludzkiej porze

unease /ʌnˈiːz/ *n* [1] (worry) niepokój *m* **(at** or **about sb/sth** o kogoś/coś) [2] (dissatisfaction) rozruchy *plt*, zamieszki *plt*, niepokoje *plt*; **social/economic ~** niepokoje społeczne /niepokoje wywołane sytuacją gospodarczą

uneasily /ʌnˈiːzɪlɪ/ *adv* [1] (anxiously) niespokojnie, nerwowo [2] (uncomfortably) z zażenowaniem [3] (with difficulty) z trudem

uneasiness /ʌnˈiːzɪnɪs/ *n* [1] (worry) niepokój *m* **(about sb/sth** o kogoś/coś) [2] (dissatisfaction) niezadowolenie *n* **(about sth** z powodu czegoś)

uneasy /ʌnˈiːzɪ/ *adj* [1] (worried) *[person]* zaniepokojony **(about** or **at sth** czymś); niespokojny **(about** or **at sb/sth** o kogoś /coś); *[conscience]* niespokojny; **to grow ~** niepokoić się; **to look ~** wyglądać na zaniepokojonego [2] (precarious) *[alliance, compromise, peace, balance]* niepewny; *[silence]* kłopotliwy; *[combination, mixture]* niewłaściwy [3] (worrying) *[feeling, suspicion, thought]* niepokojący; *[sleep, night]* niespokojny; **an ~ feeling** or **sense of danger** niejasne przeczucie nadciągającego niebezpieczeństwa [4] (ill at ease) zażenowany, skrępowany

uneatable /ʌnˈiːtəbl/ *adj* niejadalny, nienadający się do jedzenia

uneaten /ʌnˈiːtn/ *adj [food]* niezjedzony

uneconomic /ˌʌniːkəˈnɒmɪk, -ekə-/ *adj [industry, business]* nieopłacalny, nierentowny

uneconomical /ˌʌniːkəˈnɒmɪkl, -ekə-/ *adj* [1] (wasteful) *[method, use]* nieekonomiczny; *[person]* nieoszczędny [2] (not profitable) nierentowny, nieopłacalny

unedifying /ʌnˈedɪfaɪɪŋ/ *adj [experience]* mało budujący

unedited /ʌnˈedɪtɪd/ *adj* [1] (rough) nieopracowany, niezredagowany [2] (unpublished) nieopublikowany, niewydany

uneducated /ʌnˈedʒʊkeɪtɪd/ *adj* [1] (without education) *[person]* niewykształcony, bez wykształcenia [2] (vulgar) pej *[person]* bez ogłady; *[tastes]* pospolity; *[accent, speech]* zdradzający brak wykształcenia

unemotional /ˌʌnɪˈməʊʃənl/ *adj [person]* powściągliwy; *[approach, attitude, voice]* pozbawiony emocji; chłodny fig; *[account]* beznamiętny; *[analysis, reunion]* chłodny fig; *[face]* kamienny fig

unemotionally /ˌʌnɪˈməʊʃənəlɪ/ *adv [say, behave]* powściągliwie; *[describe]* beznamiętnie, bez emocji; *[analyse]* chłodno fig

unemployable /ˌʌnɪmˈplɔɪəbl/ *adj* bez szans na zatrudnienie *(z powodu braku kwalifikacji)*

unemployed /ˌʌnɪmˈplɔɪd/ **I** *n* **the ~** *(+ v pl)* bezrobotni *m pl*

II *adj* [1] (out of work) bezrobotny; **~ people** bezrobotni; **to register oneself as ~** zarejestrować się jako bezrobotny [2] Fin *[capital]* niewykorzystany, martwy

unemployment /ˌʌnɪmˈplɔɪmənt/ *n* bezrobocie *n*; **seasonal/youth ~** bezrobocie sezonowe/wśród młodzieży; **with ~ at 20%** przy 20% bezrobociu

unemployment benefit GB *n* zasiłek *m* dla bezrobotnych

unemployment compensation *n* US = **unemployment benefit**

unemployment figures *npl* liczba *f* bezrobotnych

unemployment level *n* poziom *m* bezrobocia

unemployment rate *n* stopa *f* bezrobocia

unencumbered /ˌʌnɪnˈkʌmbəd/ *adj [person]* nieskrępowany, nieobciążony **(by** or **with sth** czymś)

unending /ʌnˈendɪŋ/ *adj* niekończący się, nieustający

unendorsed /ˌʌnɪnˈdɔːst/ *adj [cheque]* nieindosowany, nieżyrowany

unendurable /ˌʌnɪnˈdjʊərəbl, US -ˈdʊər-/ *adj [pain, suffering, noise]* nieznośny, nie do zniesienia, nie do wytrzymania

unenforceable /ˌʌnɪnˈfɔːsəbl/ *adj [regulation, law]* martwy

un-English /ʌnˈɪŋglɪʃ/ *adj* mało angielski, nieangielski

unenlightened /ˌʌnɪnˈlaɪtnd/ *adj* [1] *[person, opinion, attitude]* (backward) nieoświecony, zachowawczy; (prejudiced) ograniczony [2] (uninformed) *[public, viewer, reader]* nieprzygotowany

unenterprising /ʌnˈentəpraɪzɪŋ/ *adj [person]* mało przedsiębiorczy, mało rzutki; *[organization, company]* mało prężny; *[decision, policy]* ostrożny

unenthusiastic /ˌʌnɪnˌθjuːzɪˈæstɪk, US -ˌθuːz-/ *adj* nastawiony niezbyt entuzjastycznie **(about** or **over sb/sth** wobec kogoś/czegoś)

unenthusiastically /ˌʌnɪnˌθjuːzɪˈæstɪklɪ, US -ˌθuːz-/ *adv* bez entuzjazmu

unenviable /ʌnˈenvɪəbl/ *adj [task, position]* nie do pozazdroszczenia

unequal /ʌnˈiːkwəl/ *adj* [1] (not equal) *[amount, part, size, contest, struggle, division]* nierówny; **to be ~ in height/length** różnić się wysokością/długością [2] (inadequate) **he's ~ to this task** to zadanie go przerasta

unequalled GB, **unequaled** US /ʌnˈiːkwəld/ *adj [achievement, quality, person]* niezrównany; *[record]* nie do pobicia; **she was ~ as a dancer** jako tancerka nie miała sobie równych

unequally /ʌnˈiːkwəlɪ/ *adv* nierówno

unequivocal /ˌʌnɪˈkwɪvəkl/ *adj [attitude, answer, support]* niedwuznaczny, jednoznaczny; *[person, declaration]* zdecydowany; *[meaning]* wyraźny

unequivocally /ˌʌnɪˈkwɪvəkəlɪ/ *adv [say, praise, condemn]* jednoznacznie; *[orthodox, holistic]* wyraźnie

unerring /ʌnˈɜːrɪŋ/ *adj [judgment, taste, instinct]* nieomylny, niezawodny; *[blow, aim]* celny

unerringly /ʌnˈɜːrɪŋlɪ/ *adv [judge]* nieomylnie; *[accurate, precise]* bezbłędnie; *[aim, head for, go]* prosto

UNESCO /juːˈneskəʊ/ *n* = **United Nations Educational, Scientific and Cultural Organization** UNESCO *n inv*

unescorted /ˌʌnɪˈskɔːtɪd/ *adj [person]* sam; *[ship, aircraft]* bez eskorty; **an ~ woman** samotna kobieta; **she went there ~** poszła tam sama

unesthetic US *adj* → **unaesthetic**

unethical /ʌnˈeθɪkl/ *adj* [1] *[behaviour, conduct, practice, action]* nieetyczny [2] Med niezgodny z etyką lekarską

unethically /ʌnˈeθɪklɪ/ *adv* nieetycznie

uneven /ʌnˈiːvn/ *adj* [1] (variable) *[surface, hem, teeth, pulse, performance, contest]* nierówny; *[colouring]* niejednolity; *[pattern]* nieregularny; *[voice]* łamiący się [2] Sport **~ bars** poręcze asymetryczne

unevenly /ʌnˈiːvnlɪ/ *adv [distribute, affect, cover, hang]* nierówno

unevenness /ʌnˈiːvənnɪs/ *n* (of surface, edge) nierówność *f*; (of rhythm, pulse) nierównomierność *f*; (of voice) drżenie *n*

U

uneventful /ˌʌnɪ'ventfl/ *adj [day, career]* spokojny; *[journey]* bez przygód; *[life]* zwyczajny; *[period]* nieciekawy; *[place]* w którym nic się nie dzieje, spokojny

uneventfully /ˌʌnɪ'ventfəlɪ/ *adv [pass, go by, end]* spokojnie, bez zakłóceń

unexcelled /ˌʌnɪk'seld/ *adj [person, organization]* bezkonkurencyjny, niezrównany, niedościgły **(at** or **in sth** w czymś)

unexceptionable /ˌʌnɪk'sepʃənəbl/ *adj [behaviour, attitude]* nienaganny, bez zarzutu; *[remark]* niebudzący sprzeciwu; *[dress]* stosowny

unexceptionably /ˌʌnɪk'sepʃənəblɪ/ *adv* nienagannie, bez zarzutu

unexceptional /ˌʌnɪk'sepʃənl/ *adj [book, play, standard, quality]* zwyczajny, przeciętny

unexciting /ˌʌnɪk'saɪtɪŋ/ *adj [prospect, job]* nieciekawy; *[diet, food]* mało urozmaicony; *[life]* monotonny

unexpected /ˌʌnɪk'spektɪd/ **I** *n* **be prepared for the ~** bądź przygotowany na niespodzianki; **he had a knack for saying the ~** potrafił mówić rzeczy zaskakujące or nieoczekiwane
II *adj [guest, event, question, outcome]* niespodziewany, nieoczekiwany; *[expense]* nieprzewidziany; *[death, illness]* nagły

unexpectedly /ˌʌnɪk'spektɪdlɪ/ *adv [happen]* niespodziewanie, nieoczekiwanie; *[large, small]* nadspodziewanie; **~, the telephone rang** ni stąd, ni zowąd zadzwonił telefon

unexplained /ˌʌnɪk'spleɪnd/ *adj* niewyjaśniony

unexploded /ˌʌnɪk'spləʊdɪd/ *adj* **an ~ shell/bomb** niewybuch

unexploited /ˌʌnɪk'splɔɪtɪd/ *adj [resources]* nieeksploatowany; *[talents]* niewykorzystany

unexplored /ˌʌnɪk'splɔːd/ *adj [country, regions, depths]* niezbadany

unexposed /ˌʌnɪk'spəʊzd/ *adj* [1] *[corruption, secret]* nieujawniony [2] Phot *[film]* nienaświetlony

unexpressed /ˌʌnɪk'sprest/ *adj [emotions]* niewyrażony; *[words, thoughts]* niewypowiedziany

unexpurgated /ʌn'ekspəgeɪtɪd/ *adj [book, text]* pełny, nieocenzurowany

unfading /ʌn'feɪdɪŋ/ *adj [memory]* niezatarty; *[glory, hope, light]* niegasnący

unfailing /ʌn'feɪlɪŋ/ *adj [support, remedy]* niezawodny; *[patience, optimism, good temper, energy, source, supply]* niewyczerpany; *[effort]* nieustający, niesłabnący

unfair /ʌn'feə(r)/ *adj [person, action, verdict]* niesprawiedliwy **(to** or **on sb** dla kogoś); *[advantage]* nieuczciwy **(to** or **on sb** wobec kogoś); *[comparison, decision]* krzywdzący **(to sb** kogoś/dla kogoś); *[play, tactics]* nieprzepisowy; Comm *[trading, competition]* nieuczciwy; **it's ~ that he should go** or **for him to go** to niesprawiedliwe, że musi odejść

unfair dismissal *n* Jur nieuzasadnione zwolnienie *n* (z pracy)

unfairly /ʌn'feəlɪ/ *adv [condemn, judge, treat]* niesprawiedliwie; *[play]* nieprzepisowo, nieczysto; *[critical]* niesłusznie; **rates are ~ high** opłaty są zbyt wygórowane; **to be ~ dismissed** Jur zostać niesłusznie zwolnionym (z pracy)

unfairness /ʌn'feənɪs/ *n* (of person, decision, treatment) niesprawiedliwość *f*; (of play, tactics) nieprzepisowość *f*

unfaithful /ʌn'feɪθfl/ *adj [partner]* niewierny **(to sb** komuś); *[servant, subject]* nielojalny **(to sb** wobec kogoś)

unfaithfully /ʌn'feɪθfəlɪ/ *adv [act, behave]* nielojalnie

unfaithfulness /ʌn'feɪθflnɪs/ *n* (of partner) niewierność *f*; (of subject, servant) nielojalność *f*

unfaltering /ʌn'fɔːltərɪŋ/ *adj [step, voice]* pewny; *[loyalty, devotion]* niesłabnący

unfalteringly /ʌn'fɔːltərɪŋlɪ/ *adv [walk, speak]* pewnie, bez wahania

unfamiliar /ˌʌnfə'mɪlɪə(r)/ *adj* [1] (strange) *[face, name, place, surroundings, problem, situation, feeling, concept]* nieznany **(to sb** komuś); *[artist, book, music, subject]* mało znany; **it's not ~ to me** coś mi to mówi [2] (without working knowledge) *[person]* nieobeznany, nieobznajomiony; **to be ~ with sth** być z czymś nieobeznanym, nie znać się na czymś

unfamiliarity /ˌʌnfəmɪlɪ'ærətɪ/ *n* [1] (strangeness) (of place, sight, face) obcość *f* [2] (lack of knowledge) nieznajomość *f* **(with sth** czegoś)

unfashionable /ʌn'fæʃənəbl/ *adj* (clothes) niemodny; (district) nieelegancki; **it is ~ to do it** robienie tego nie jest dziś w modzie; **it is ~ for young people to have short hair** krótkie włosy są niemodne wśród młodzieży

unfasten /ʌn'fɑːsn, US -'fæsn/ *vt* rozwiąz|ać, -ywać *[rope]*; rozpi|ąć, -nać *[buttons, zip, clothes]*; otw|orzyć, -ierać *[door, lock, bag]*; **to ~ sb/sth from sth** wyplątać kogoś/coś z czegoś; **to come ~ed** *[rope]* rozwiązać się; *[button, zip]* rozpiąć się; *[bag, door]* otworzyć się

unfathomable /ʌn'fæðəməbl/ *adj* liter niezgłębiony liter

unfathomed /ʌn'fæðəmd/ *adj [ocean]* niezgłębiony liter; *[motive]* niewytłumaczony, niewyjaśniony; *[mystery]* niezbadany, nieprzenikniony, niezgłębiony

unfavourable GB, **unfavorable** US /ʌn'feɪvərəbl/ *adj* [1] (adverse) *[conditions]* niekorzystny; *[wind]* przeciwny; **terms ~ to the purchaser** warunki niekorzystne dla nabywcy [2] (negative) *[reply, report, comparison]* nieprzychylny, niepochlebny

unfavourably GB, **unfavorably** US /ʌn'feɪvərəblɪ/ *adv [comment, speak, review]* niepochlebnie; *[end, develop]* niepomyślnie; **to be ~ impressed** odnieść niekorzystne wrażenie

unfazed /ʌn'feɪzd/ *adj* infml niewzruszony; **to be ~ by sth** nie przejąć się czymś

unfeeling /ʌn'fiːlɪŋ/ *adj [person]* nieczuły, bezduszny **(towards sb** w stosunku do kogoś); *[attitude, behaviour]* zimny, nieczuły; *[remark]* nietaktowny

unfeelingly /ʌn'fiːlɪŋlɪ/ *adv [speak, behave]* bezdusznie

unfeigned /ʌn'feɪnd/ *adj [pleasure, joy, sympathy]* niekłamany

unfeignedly /ʌn'feɪnɪdlɪ/ *adv [delighted, pleased, distressed]* niekłamanie, szczerze

unfeminine /ʌn'femənɪn/ *adj* mało kobiecy, niekobiecy

unfettered /ʌn'fetəd/ *adj [liberty, right]* nieograniczony; *[competition, market]* wolny; *[emotion, passion]* niepohamowany, nieskrępowany

unfilial /ʌn'fɪlɪəl/ *adj [feeling, behaviour]* niegodny syna/córki

unfilled /ʌn'fɪld/ *adj [post]* nieobsadzony, wakujący; **~ vacancy** wolna posada

unfinished /ʌn'fɪnɪʃt/ *adj [work, product, novel, music, matter]* niedokończony, nieskończony; **we still have some ~ business** mamy jeszcze parę spraw do dokończenia

unfit /ʌn'fɪt/ **I** *adj* [1] (unhealthy) (ill) chory; (out of condition) nie w formie, w słabej kondycji [2] (sub-standard) *[housing, road, pitch]* w złym stanie; **~ for (human) habitation/consumption** nienadający się do zamieszkania/spożycia; **the field is ~ for play** to boisko nie nadaje się do gry; **~ to eat** (dangerous) niejadalny [3] (unsuitable) *[person]* niezdolny **(for sth** do czegoś); **~ parent** niezdolny do pełnienia obowiązków rodzicielskich; **she's a totally ~ mother** ona kompletnie nie nadaje się na matkę; **~ for work/military service** niezdolny do pracy/służby wojskowej; **~ to run the country** niezdolny do rządzenia państwem; **she is ~ to be a teacher** ona nie nadaje się na nauczycielkę [4] Jur **to be ~ to plead/give evidence** być niezdolnym do obrony/składania zeznań
II *vt (prp, pt, pp* **-tt-)** fml **to ~ sb for sth** uczynić kogoś niezdolnym do czegoś

unfitness /ʌn'fɪtnɪs/ *n* [1] (of person) (for job) niezdolność *f*; (of food) (for consumption) niezdatność *f* [2] (physical) słaba kondycja *f* fizyczna

unfitted /ʌn'fɪtɪd/ *adj* fml **to be ~ for sth** nie nadawać się do czegoś

unfitting /ʌn'fɪtɪŋ/ *adj* fml *[language, behaviour]* niestosowny; **it is ~ that they should come without an invitation** nie wypada, żeby przyszli bez zaproszenia

unflagging /ʌn'flægɪŋ/ *adj [energy, attention, support, interest]* niesłabnący

unflaggingly /ʌn'flægɪŋlɪ/ *adv [work, pursue]* niestrudzenie, niezmordowanie

unflappable /ʌn'flæpəbl/ *adj* infml niewzruszony; **he's completely ~** jego nic nie wyprowadzi z równowagi

unflattering /ʌn'flætərɪŋ/ *adj [description, opinion]* niepochlebny; *[portrait]* niekorzystny; *[clothes, haircut]* nietwarzowy

unflatteringly /ʌn'flætərɪŋlɪ/ *adv [describe, portray]* niepochlebnie

unfledged /ʌn'fledʒd/ *adj* [1] *[bird]* nieopierzony [2] fig *[person]* niedoświadczony; nieopierzony fig hum; *[movement, project]* w stadium początkowym

unflinching /ʌn'flɪntʃɪŋ/ *adj* [1] (steadfast) *[stare]* nieruchomy; *[courage, determination, commitment, person]* niezachwiany [2] (merciless) *[account]* bezlitosny

unflinchingly /ʌn'flɪntʃɪŋlɪ/ *adv [fight]* nieugięcie; **to be ~ determined** trwać w mocnym postanowieniu

unflyable /ʌn'flaɪəbl/ *adj* **this plane is ~ by night** tym samolotem nie można latać w nocy

unfold /ʌn'fəʊld/ **I** *vt* [1] (open) roz|łożyć, -kładać *[paper, tablecloth]*; rozwi|nąć, -jać *[wings]*; roz|łożyć, -kładać *[arms]*; rozstawi|ć,

-ać *[chair]* [2] fig (reveal) odsł|onić, -aniać *[plan, intention]*; odkry|ć, -wać, ujawni|ć, -ać *[secret]*
II *vi* [1] *[deckchair, map]* roz|łożyć, -kładać się; *[flower, leaf]* rozwi|nąć, -jać się [2] fig *[scene, event]* roz|egrać, -grywać się; *[plot, mystery]* odsł|onić, -aniać się; *[story, inquiry]* rozwi|nąć, -jać się

unforced /ʌnˈfɔːst/ *adj [style, humour]* niewymuszony

unforeseeable /ˌʌnfɔːˈsiːəbl/ *adj* nieprzewidywalny, nie do przewidzenia

unforeseen /ˌʌnfɔːˈsiːn/ *adj* nieprzewidziany

unforgettable /ˌʌnfəˈgetəbl/ *adj* niezapomniany

unforgettably /ˌʌnfəˈgetəblɪ/ *adv* w niezapomniany sposób

unforgivable /ˌʌnfəˈgɪvəbl/ *adj* niewybaczalny; **it was ~ of them to leave** to było niewybaczalne z ich strony, że wyjechali

unforgivably /ˌʌnfəˈgɪvəblɪ/ *adv [forget, attack]* w niewybaczalny sposób; **~ rude /biased** niewybaczalnie grubiański/stronniczy

unforgiven /ˌʌnfəˈgɪvn/ *adj* niewybaczony

unforgiving /ˌʌnfəˈgɪvɪŋ/ *adj* bezlitosny, bezwzględny

unforgotten /ˌʌnfəˈgɒtn/ *adj* niezapomniany

unformed /ʌnˈfɔːmd/ *adj [character]* nieuformowany, nieukształtowany; *[idea, belief]* nie w pełni ukształtowany, niewykrystalizowany

unforthcoming /ˌʌnfɔːθˈkʌmɪŋ/ *adj* [1] (reserved) *[person]* powściągliwy; *[reply]* powściągliwy, oględny; **to be ~ about sth** udzielać skąpych informacji o czymś *[changes, money]* [2] (unhelpful) niezbyt skłonny do pomocy

unfortified /ʌnˈfɔːtɪfaɪd/ *adj* nieobwarowany, nieufortyfikowany

unfortunate /ʌnˈfɔːtʃənət/ **I** *n* nieszczęśni|k *m*, -ca *f*
II *adj* [1] (pitiable) *[person]* nieszczęsny; *[situation]* godny pożałowania [2] (regrettable) *[incident, choice, remark, matter]* niefortunny; **it was ~ that the weather was so bad** szkoda, że była taka zła pogoda; **how ~** jaka szkoda [3] (unlucky) *[person, attempt]* nieszczęśliwy, pechowy; *[expedition, start, loss]* niefortunny; **she has been ~** nie wiedzie jej się; **I was ~ enough to lose my way** miałem pecha i zabłądziłem

unfortunately /ʌnˈfɔːtʃənətlɪ/ *adv [begin, end]* niefortunnie; *[worded]* nieszczęśliwie; **~, she forgot** niestety zapomniała; **~ not** niestety nie

unfounded /ʌnˈfaʊndɪd/ *adj [suspicion, accusation, belief]* bezpodstawny

unframed /ʌnˈfreɪmd/ *adj [picture]* nieoprawiony, bez ram

unfreeze /ʌnˈfriːz/ (*pt* **-froze**; *pp* **-frozen**) **I** *vt* [1] rozmr|ozić, -ażać *[frozen food]*; odmr|ozić, -ażać *[pipes, lock]* [2] Fin uw|olnić, -alniać *[prices]*; odblokow|ać, -ywać *[assets, loan]* [3] Comput odmr|ozić, -ażać, odblokow|ać, -ywać
II *vi [pipe, lock]* rozmr|ozić, -ażać się

unfreezing /ʌnˈfriːzɪŋ/ *n* Fin (of prices) uwolnienie *n*; (of assets, loan) odblokowanie *n*

unfrequented /ˌʌnfrɪˈkwentɪd/ *adj* mało uczęszczany

unfriendliness /ʌnˈfrendlɪnɪs/ *n* (of person) nieżyczliwość *f*, wrogość *f* **(towards sb** wobec kogoś); (of place) nieprzyjazny charakter *m*

unfriendly /ʌnˈfrendlɪ/ **I** *adj [attitude, place, climate]* nieprzyjazny; *[person, behaviour, reception, remark]* nieżyczliwy, nieprzyjemny; *[product, innovation]* szkodliwy; **it was ~ of him not to wait** nieładnie się zachował, że nie poczekał; **to be ~ towards sb** odnosić się nieżyczliwie do kogoś, okazywać komuś niechęć
II -unfriendly *in combinations* **environmentally-~** nieprzyjazny dla środowiska; **user-~** skomplikowany w obsłudze

unfrock /ʌnˈfrɒk/ *vt* = **defrock**

unfroze /ʌnˈfrəʊz/ *pt* → **unfreeze**

unfrozen /ʌnˈfrəʊzn/ *pp* → **unfreeze**

unfruitful /ʌnˈfruːtfl/ *adj* [1] *[attempt, meeting, talks]* bezowocny [2] liter *[land]* jałowy; *[womb]* bezpłodny

unfruitfully /ʌnˈfruːtfəlɪ/ *adv* bezowocnie

unfruitfulness /ʌnˈfruːtflnɪs/ *n* (of discussion, land) jałowość *f*

unfulfilled /ˌʌnfʊlˈfɪld/ *adj [ambition, desire]* niespełniony, niezaspokojony; *[need]* niezaspokojony; *[condition, prophecy]* niespełniony; *[potential]* niewykorzystany; **to feel ~** *[person]* czuć się niespełnionym

unfulfilling /ˌʌnfʊlˈfɪlɪŋ/ *adj [occupation]* niewdzięczny, niedający satysfakcji

unfunny /ʌnˈfʌnɪ/ *adj [joke, humour, comedian]* mało zabawny; **I find that distinctly ~** jakoś zupełnie mnie to nie bawi

unfurl /ʌnˈfɜːl/ **I** *vt* rozwi|nąć, -jać *[banner, sail]*; roz|łożyć, -kładać *[umbrella]*
II *vi [banner, sail]* rozwi|nąć, -jać się; *[umbrella]* roz|łożyć, -kładać się

unfurnished /ʌnˈfɜːnɪʃt/ *adj [accommodation, house]* nieumeblowany; **the house is ~** dom nie jest umeblowany

unfussy /ʌnˈfʌsɪ/ *adj [person]* mało wybredny; *[decor, design]* prosty

ungainliness /ʌnˈgeɪnlɪnɪs/ *n* niezgrabność *f*

ungainly /ʌnˈgeɪnlɪ/ *adj [person, movement]* niezgrabny

ungallant /ʌnˈgælənt/ *adj [person, gesture]* mało szarmancki

ungenerous /ʌnˈdʒenərəs/ *adj* [1] (mean) *[person]* niezbyt hojny **(to sb** dla kogoś); *[allowance]* skromny, niezbyt hojny; **~ attitude** skąpstwo [2] (unsympathetic) *[person, attitude]* małoduszny **(to sb** wobec kogoś)

ungenerously /ʌnˈdʒenərəslɪ/ *adv* [1] (meanly) *[contribute]* niezbyt hojnie [2] (unkindly) *[behave]* małodusznie; *[remark]* nieżyczliwie

ungentlemanly /ʌnˈdʒentlmənlɪ/ *adj [person, behaviour]* niedżentelmeński

unget-at-able /ˌʌngetˈætəbl/ *adj* infml *[place, person]* niedostępny

unglazed /ʌnˈgleɪzd/ *adj* [1] *[window]* nieoszklony [2] *[pottery]* nieszkliwiony

unglue /ʌnˈgluː/ *vt* [1] (unstick) rozkle|ić, -jać *[envelope]*; odkle|ić, -jać *[stamp]*; **to come ~d** rozkleić/odkleić się [2] US infml (upset) **to come ~d** rozkleić się infml fig

ungodliness /ʌnˈgɒdlɪnɪs/ *n* bezbożność *f*; **despite the ~ of the hour** hum pomimo nieludzkiej pory

ungodly /ʌnˈgɒdlɪ/ *adj [person, act, behaviour]* bezbożny; **at some ~ hour** o jakiejś nieludzkiej porze

ungovernable /ʌnˈgʌvənəbl/ *adj* [1] Pol **~ country/people** kraj/naród, którym nie da się rządzić [2] *[desire, anger]* nieopanowany

ungracious /ʌnˈgreɪʃəs/ *adj [person, behaviour]* nieuprzejmy, niemiły; **it was ~ of him** to było nieuprzejme z jego strony

ungraciously /ʌnˈgreɪʃəslɪ/ *adv* nieuprzejmie, w przykry sposób

ungraciousness /ʌnˈgreɪʃəsnɪs/ *n* nieuprzejmość *f*, niegrzeczność *f*

ungrammatical /ˌʌngrəˈmætɪkl/ *adj* niegramatyczny

ungrammatically /ˌʌngrəˈmætɪklɪ/ *adv* niegramatycznie

ungrateful /ʌnˈgreɪtfl/ *adj* niewdzięczny **(towards sb** w stosunku do kogoś)

ungratefully /ʌnˈgreɪtfəlɪ/ *adv* niewdzięcznie

ungreen /ʌnˈgriːn/ *adj* Ecol *[person]* obojętny na problemy środowiska; *[product]* szkodliwy dla środowiska

ungrudging /ʌnˈgrʌdʒɪŋ/ *adj [support]* pełny; *[enthusiasm, praise]* szczery, niekłamany

ungrudgingly /ʌnˈgrʌdʒɪŋlɪ/ *adv [give]* szczodrze, hojnie; *[support]* w pełni; *[help]* chętnie; **she praised her rival ~** nie szczędziła pochwał rywalowi

unguarded /ʌnˈgɑːdɪd/ *adj* [1] (unprotected) *[prisoner]* niepilnowany, bez nadzoru; *[frontier, camp]* niepilnowany, niestrzeżony [2] (careless) *[remark, criticism]* nieopatrzny, nierozważny; **in an ~ moment** w chwili nieuwagi

unguent /ˈʌŋgwənt/ *n* liter maść *f*

ungulate /ˈʌŋgjʊlət, -leɪt/ **I** *n* zwierzę *n* kopytne, kopytowiec *m*
II *adj* kopytny

unhallowed /ʌnˈhæləʊd/ *adj [ground]* niepoświęcony; *[union]* nieuświęcony

unhampered /ʌnˈhæmpəd/ *adj [narrative]* swobodny, nieskrępowany; *[movement]* swobodny; **newspapers ~ by government censorship** prasa nieskrępowana rządową cenzurą; **~ by luggage** nieobciążony bagażem; **shopping is easier when one is ~ by children** łatwiej jest robić zakupy, kiedy nie ma się ze sobą dzieci

unhand /ʌnˈhænd/ *vt* also hum pu|ścić, -szczać; **'unhand me, sir!' she cried** „niech mnie pan puści!" krzyknęła

unhappily /ʌnˈhæpɪlɪ/ *adv* [1] (miserably) *[say, stare, walk]* smutno; **~ married** nieszczęśliwy w małżeństwie [2] (unfortunately) na nieszczęście, niestety [3] (inappropriately) niefortunnie

unhappiness /ʌnˈhæpɪnɪs/ *n* [1] (misery) nieszczęście *n*, zgryzota *f* [2] (dissatisfaction) niezadowolenie *n* **(at** or **about** or **with sth** z czegoś)

unhappy /ʌnˈhæpɪ/ *adj* [1] (miserable) *[person, childhood]* nieszczęśliwy; *[face, occasion]* smutny [2] (dissatisfied) *[person, company, government]* niezadowolony; **to be ~ about** or **with sth** być niezadowolonym z czegoś [3] (concerned) **to be ~ about sth** niepokoić się czymś; **I'm ~ about the idea/sugestion** nie podoba mi się ten pomysł/ta sugestia; **I was ~ about the children being left alone** niepokoiłem się, że

U

dzieci zostały same; **I'm ~ about sneaking away like this** przykro mi, że muszę się wymknąć po cichu [4] (unfortunate) *[coincidence, choice, decision]* nieszczęśliwy; *[remark, comment]* niefortunny; *[circumstances, situation]* przykry

unharmed /ʌnˈhɑːmd/ *adj [person]* zdrowy i cały; *[building]* nieuszkodzony; **to be ~** *[person]* nie doznać obrażeń; **to escape ~** wyjść cało

unharness /ʌnˈhɑːnɪs/ *vt* wyprz|ąc, -ęgać *[horse]* **(from sth** z czegoś)

UNHCR *n* = **United Nations High Commission for Refugees** Wysoka Komisja *f* Narodów Zjednoczonych do spraw Uchodźców

unhealthy /ʌnˈhelθɪ/ *adj* [1] Med *[person]* chory; *[complexion, economy, climate, diet, conditions]* niezdrowy also fig; *[cough]* chorobliwy; **it's getting a bit ~ round here** infml (dangerous) zaczyna się tu robić trochę niebezpiecznie [2] (unwholesome) *[interest, desire]* niezdrowy, chorobliwy

unheard /ʌnˈhɜːd/ *adv* **we entered/left ~** nikt nie słyszał, kiedy weszliśmy/wyszliśmy; **her pleas went ~** jej prośby pozostawały bez echa

unheard-of /ʌnˈhɜːdɒv/ *adj* [1] (shocking) *[behaviour, suggestion]* niesłychany [2] (previously unknown) *[levels, proportions, price]* niesłychany, niespotykany; *[actor, brand, firm]* nieznany; **previously ~** dotychczas nieznany

unheated /ʌnˈhiːtɪd/ *adj* nieogrzewany

unhedged /ʌnˈhedʒd/ *adj* bez żywopłotu

unheeded /ʌnˈhiːdɪd/ *adj* **to go ~** *[warning, advice]* zostać zlekceważonym; **her advice went ~** nikt nie słuchał jej rad

unheeding /ʌnˈhiːdɪŋ/ *adj [world, crowd]* obojętny; **they went by, ~** przechodzili obojętnie; **~ of all criticism** nie bacząc na krytykę

unhelpful /ʌnˈhelpfl/ *adj [assistant, employee, witness]* nieskory do pomocy, mało pomocny; *[advice, remark]* bezużyteczny; *[intervention]* bezskuteczny; *[attitude]* nieżyczliwy

unhelpfully /ʌnˈhelpfəlɪ/ *adv* mało pomocnie

unheralded /ʌnˈherəldɪd/ **I** *adj [person, arrival]* niezapowiedziany
II *adv [arrive]* bez zapowiedzi

unhesitating /ʌnˈhezɪteɪtɪŋ/ *adj [person, response]* stanowczy, zdecydowany; *[faith]* niezachwiany

unhesitatingly /ʌnˈhezɪteɪtɪŋlɪ/ *adv* bez wahania

unhide /ʌnˈhaɪd/ *vt* (*pt* **-hid;** *pp* **-hidden**) Comput odkry|ć, -wać, odsł|onić, -aniać *[window]*

unhindered /ʌnˈhɪndəd/ **I** *adj [freedom, access]* nieograniczony, niczym nieograniczony; **to be ~** *[movement]* odbywać się bez przeszkód; **~ by sth** nieskrępowany czymś *[rules, regulations]*
II *adv [work, continue]* nie napotykając przeszkód

unhinge /ʌnˈhɪndʒ/ *vt* (*prp* **-hingeing**) [1] zdj|ąć, -ejmować z zawiasów *[door]* [2] infml fig rozstr|oić, -ajać, wytrąc|ić, -ać z równowagi *[person]*; pomieszać *[mind]*

unhinged /ʌnˈhɪndʒd/ *adj* infml *[person]* stuknięty infml; **his mind is ~** pomieszało mu się w głowie

unhitch /ʌnˈhɪtʃ/ *vt* [1] wyprz|ąc, -ęgać *[horse]* [2] odczepi|ć, -ać *[rope]*

unholy /ʌnˈhəʊlɪ/ *adj* [1] (shocking) *[alliance, pact]* niecny liter [2] (horrendous) *[din, mess, row]* potworny [3] (profane) *[behaviour, thought]* bezbożny

unhook /ʌnˈhʊk/ *vt* rozpi|ąć, -nać *[bra, skirt]*; zd|jąć, -ejmować *[picture, coat]* **(from sth** z czegoś); **to come ~ed** *[clothing]* rozpi|ąć, -nać się; *[picture]* spa|ść, -dać

unhoped-for /ʌnˈhəʊptfɔː(r)/ *adj* niespodziewany, nieoczekiwany

unhopeful /ʌnˈhəʊpfl/ *adj [person]* pozbawiony nadziei; *[situation]* mało zachęcający; *[outlook, start]* mało obiecujący

unhorse /ʌnˈhɔːs/ *vt* zrzuc|ić, -ać z konia *[rider]*

unhurried /ʌnˈhʌrɪd/ *adj [manner, journey, pace, meal]* nieśpieszny; *[person, voice]* spokojny

unhurriedly /ʌnˈhʌrɪdlɪ/ *adv [walk]* nieśpiesznie; *[discuss, prepare]* bez pośpiechu

unhurt /ʌnˈhɜːt/ *adj* bez szwanku; **to be ~** nie odnieść (żadnych) obrażeń

unhygienic /ˌʌnhaɪˈdʒiːnɪk/ *adj* niehigieniczny

unhyphenated /ʌnˈhaɪfəneɪtɪd/ *adj* bez łącznika or dywizu; (closed) pisany łącznie; (open) pisany rozdzielnie

unicameral /ˌjuːnɪˈkæmərəl/ *adj* Pol jednoizbowy

UNICEF /ˈjuːnɪsef/ *n* = **United Nations Children's Fund** UNICEF *m*

unicellular /ˌjuːnɪˈseljʊlə(r)/ *adj* jednokomórkowy

unicorn /ˈjuːnɪkɔːn/ *n* jednorożec *m*

unicycle /ˈjuːnɪsaɪkl/ *n* monocykl *m*

unidentified /ˌʌnaɪˈdentɪfaɪd/ *adj* niezidentyfikowany, nieokreślony

unidentified flying object *n* niezidentyfikowany obiekt *m* latający

unidirectional /ˌjuːnɪdɪˈrekʃənl, ˌjuːnɪdaɪ-/ *adj* jednokierunkowy

unification /ˌjuːnɪfɪˈkeɪʃn/ *n* (of a country) zjednoczenie *n*; (of a system) unifikacja *f*, ujednolicenie *n*; (of prices) ujednolicenie *n*

uniform /ˈjuːnɪfɔːm/ **I** *n* Mil mundur *m*; (of a particular profession) uniform *m*; (for school) mundurek *m*; **in full ~** Mil w pełnym umundurowaniu; **out of ~** w zwykłym ubraniu; Mil po cywilnemu
II *adj* [1] *[acceleration, temperature]* stały [2] *[size, shape, colour]* jednakowy; **to be ~ in appearance** wyglądać jednakowo; **to make sth ~** ujednolicić coś
III *modif* **~ jacket/trousers** marynarka /spodnie od munduru/uniformu/mundurka

uniformed /ˈjuːnɪfɔːmd/ *adj* umundurowany, w mundurze

uniformity /ˌjuːnɪˈfɔːmətɪ/ *n* (of terraces, landscape) jednostajność *f*, monotonia *f*; (of shape, colour, standards) jednolitość *f*, uniformizm *m*; (of attitudes, behaviour) jednakowość *f*

uniformly /ˈjuːnɪfɔːmlɪ/ *adv [dressed, painted]* jednakowo

uniform resource locator, URL *n* Comput jednolity identyfikator *m* or lokalizator *m* zasobu

unify /ˈjuːnɪfaɪ/ *vt* (unite) z|jednoczyć *[country, groups]*; po|łączyć *[parts, groups]*; (make uniform) ujednolic|ić, -ać *[system]*

unifying /ˈjuːnɪfaɪɪŋ/ *adj [factor, feature, principle]* jednoczący

unilateral /ˌjuːnɪˈlætrəl/ *adj [decision, declaration, action]* jednostronny

unilateralism /ˌjuːnɪˈlætrəlɪzəm/ *n* unilateralizm *m*

unilateralist /ˌjuːnɪˈlætrəlɪst/ **I** *n* zwolenni|k *m*, -czka *f* polityki unilateralnej
II *adj* unilateralny; **~ policy** polityka unilateralna

unilaterally /ˌjuːnɪˈlætrəlɪ/ *adv* unilateralnie, jednostronnie

unilingual /ˌjuːnɪˈlɪŋgwəl/ *adj* jednojęzyczny

unimaginable /ˌʌnɪˈmædʒɪnəbl/ *adj* niewyobrażalny, nie do pomyślenia

unimaginably /ˌʌnɪˈmædʒɪnəblɪ/ *adv* niewyobrażalnie

unimaginative /ˌʌnɪˈmædʒɪnətɪv/ *adj [person]* pozbawiony wyobraźni, bez wyobraźni; *[writing, style]* bez polotu; *[style, programme]* mało oryginalny, niewyszukany

unimaginatively /ˌʌnɪˈmædʒɪnətɪvlɪ/ *adv [write, talk]* banalnie, bez polotu; *[captain, manage]* bez inwencji

unimaginativeness /ˌʌnɪˈmædʒɪnətɪvnɪs/ *n* (of person) brak *m* wyobraźni; (of programme, proposals) brak *m* inwencji

unimpaired /ˌʌnɪmˈpeəd/ *adj* nienaruszony, nieosłabiony; **his mind is ~** (on) ma jasny umysł; **he has ~ vision** (on) ma znakomity wzrok; **the quality is ~** jakość nie ucierpiała

unimpeachable /ˌʌnɪmˈpiːtʃəbl/ *adj [morals, character]* nieskazitelny, bez zarzutu; *[logic, certitude]* niepodważalny; Jur *[witness]* wiarygodny

unimpeded /ˌʌnɪmˈpiːdɪd/ *adj [access, influx]* wolny; *[flow]* niezakłócony; *[progress, advance]* niczym niehamowany; *[view]* niczym nieprzesłonięty; **the work continued ~** prace kontynuowano bez przeszkód

unimportant /ˌʌnɪmˈpɔːtnt/ *adj [feature, question]* mało ważny, nieistotny **(for** or **to sb** dla kogoś)

unimposing /ˌʌnɪmˈpəʊzɪŋ/ *adj [person, personality]* skromny; *[building]* zwyczajny

unimpressed /ˌʌnɪmˈprest/ *adj* (by person, performance) niewzruszony, nieporuszony; (by argument) nieprzekonany; **he was ~ by the sight** widok nie zrobił na nim wrażenia

unimpressive /ˌʌnɪmˈpresɪv/ *adj [sight, person, building]* nijaki; *[figures, start, performance]* przeciętny

unimproved /ˌʌnɪmˈpruːvd/ *adj* [1] (not better) **to be** or **remain ~** *[situation, health, outlook]* nie poprawiać się; *[team, work]* pozostawać na przeciętnym poziomie [2] Agric *[land, pasture]* nieuprawny

unincorporated /ˌʌnɪnˈkɔːpəreɪtɪd/ *adj [society, business]* niezarejestrowany

uninfluential /ˌʌnɪnflʊˈenʃl/ *adj [person, viewpoint]* nieliczący się

uninformative /ˌʌnɪnˈfɔːmətɪv/ *adj [report, reply]* zawierający niewiele informacji; **she was very ~** trudno było czegokolwiek się od niej dowiedzieć

uninformed /ˌʌnɪnˈfɔːmd/ **I** *n* (+ *v pl*) **the ~** laicy *m pl*

II *adj [person, public]* niedoinformowany (**about sth** na temat czegoś); **the ~ reader** niespecjalista
uninhabitable /ˌʌnɪnˈhæbɪtəbl/ *adj* nienadający się do zamieszkania
uninhabited /ˌʌnɪnˈhæbɪtɪd/ *adj* niezamieszkany, niezamieszkały
uninhibited /ˌʌnɪnˈhɪbɪtɪd/ *adj [attitude]* nieskrępowany; *[person]* pozbawiony kompleksów (**about sth** na punkcie czegoś); *[dance, performance]* swobodny; *[sexuality]* bez zahamowań; *[outburst]* niekontrolowany; *[desire, impulse]* niepohamowany; **to be ~ about doing sth** nie mieć żadnych oporów przed zrobieniem czegoś
uninhibitedly /ˌʌnɪnˈhɪbɪtɪdlɪ/ *adv* bez zahamowań
uninitiated /ˌʌnɪˈnɪʃɪeɪtɪd/ **I** *n (+ v pl)* **the ~** niewtajemniczeni *m pl*
II *adj [person]* niewtajemniczony (**into sth** w coś)
uninjured /ʌnˈɪndʒəd/ *adj [driver, passenger]* bez obrażeń; **to escape ~ (from sth)** wyjść (z czegoś) bez obrażeń or bez szwanku
uninspired /ˌʌnɪnˈspaɪəd/ *adj [approach, performance]* sztampowy; *[actor, preacher]* bez polotu; *[team, syllabus]* pozbawiony inwencji; *[times]* nieciekawy; *[budget]* bez wyobraźni; **to be ~** *[writer]* nie mieć weny or natchnienia; **the strategy was ~** strategii brakowało polotu
uninspiring /ˌʌnɪnˈspaɪərɪŋ/ *adj [performance]* bezbarwny, bez wyrazu; *[prospect]* ponury; *[person]* nieciekawy
uninstal(l) /ˌʌnɪnˈstɔːl/ *vt* Comput odinstalow|ać, -ywać *[software]*
uninsured /ˌʌnɪnˈʃɔːd, US ˌʌnɪnˈʃʊərd/ *adj* nieubezpieczony
unintelligent /ˌʌnɪnˈtelɪdʒənt/ *adj* nieinteligentny, mało inteligentny
unintelligently /ˌʌnɪnˈtelɪdʒəntlɪ/ *adv* niezbyt inteligentnie
unintelligible /ˌʌnɪnˈtelɪdʒəbl/ *adj [lecturer, jargon]* niezrozumiały (**to sb** dla kogoś); *[handwriting]* nieczytelny, niewyraźny; *[whisper]* niewyraźny
unintelligibly /ˌʌnɪnˈtelɪdʒəblɪ/ *adv [gabble, mutter, scream]* niezrozumiale, niewyraźnie; *[write]* nieczytelnie, niewyraźnie
unintended /ˌʌnɪnˈtendɪd/ *adj [irony, slur]* mimowolny; *[consequence]* niezamierzony
unintentional /ˌʌnɪnˈtenʃənl/ *adj [pun, compliment]* niezamierzony; *[mistake, slip]* mimowolny
unintentionally /ˌʌnɪnˈtenʃənəlɪ/ *adv* niechcący, nieumyślnie, mimo woli
uninterested /ʌnˈɪntrəstɪd/ *adj [person]* niezainteresowany (**in sth** czymś); *[expression]* obojętny
uninteresting /ʌnˈɪntrəstɪŋ/ *adj* nieciekawy, mało interesujący
uninterrupted /ˌʌnɪntəˈrʌptɪd/ *adj* nieprzerwany, ciągły
uninterruptedly /ˌʌnɪntəˈrʌptɪdlɪ/ *adv* nieprzerwanie, bezustannie
uninvited /ˌʌnɪnˈvaɪtɪd/ **I** *adj* [1] (unsolicited) *[attentions]* nieprowokowany; *[remark, criticism]* nieproszony [2] (without invitation) *[guest]* nieproszony
II *adv [arrive]* bez zaproszenia; **to do sth ~** zrobić coś z własnej inicjatywy
uninviting /ˌʌnɪnˈvaɪtɪŋ/ *adj [place]* niezbyt zachęcający; *[prospect]* niezbyt atrakcyjny; *[food]* nieapetyczny
union /ˈjuːnɪən/ **I** *n* [1] (also **trade ~**) Ind związek *m* zawodowy; **to join a ~** wstąpić do związku [2] Pol unia *f*; **political /economic ~** unia polityczna/gospodarcza [3] (uniting) zjednoczenie *n*; (marriage) związek *m* [4] (also **student ~**) GB Univ (organization) zrzeszenie *n* studentów; (building) siedziba *f* organizacji studenckiej, centrum *n* studenckie [5] Tech złącze *n*
II Union *prn* US Pol Stany Zjednoczone *plt*; US Hist (in civil war) Unia *f*
III *modif* Ind **~ leader/movement** przywódca/ruch związkowy; **~ headquarters** siedziba związku; **~ membership** przynależność do związku; **~ card** legitymacja związkowa
union bashing *n* Ind infml batalia *f* antyzwiązkowa
union catalog *n* US katalog *m* połączony *(zbiorów kilku bibliotek)*
union dues *npl* składki *f pl* członkowskie
unionism /ˈjuːnɪənɪzəm/ *n* Ind ruch *m* związkowy
Unionism /ˈjuːnɪənɪzəm/ *n* [1] GB Pol (in Northern Ireland) *opowiadanie się za związkiem Irlandii Północnej z Wielką Brytanią* [2] Hist (in Great Britain) *opowiadanie się za zachowaniem unii brytyjsko-irlandzkiej z 1800 roku*; (in US) *popieranie jedności unii, zwłaszcza w okresie wojny secesyjnej*
unionist /ˈjuːnɪənɪst/ *n* Ind związkowiec *m*
Unionist /ˈjuːnɪənɪst/ *n* [1] GB Pol (in Northern Ireland) unionista *m* [2] US Hist unionista *m*
unionization /ˌjuːnɪənaɪˈzeɪʃn, US -nɪˈz-/ *n* Ind zakładanie *n* związków zawodowych
unionize /ˈjuːnɪənaɪz/ **I** *vt* Ind za|łożyć, -kładać związek zawodowy w (czymś) *[plant, factory]*; przyj|ąć, -mować do związku zawodowego *[workers]*
II *vi* za|łożyć, -kładać związek zawodowy
Union Jack *n* GB flaga *f* brytyjska
union member *n* Ind członek *m* związku
union membership *n* [1] (members) członkowie *m pl* związku [2] (state of being member) członkostwo *n* w związku [3] (number of members) liczba *f* członków związku
Union of European Football Associations *n* Europejskie Zrzeszenie *n* Związków Piłki Nożnej
Union of Soviet Socialist Republics, USSR *prn* Hist Związek *m* Socjalistycznych Republik Radzieckich, ZSRR *m*
union shop *n* US *zakład pracy zatrudniający wyłącznie członków związku zawodowego*
union suit *n* US dat męska bielizna *f* jednoczęściowa *(z długimi rękawami i nogawkami)*
uniparous /juːˈnɪpərəs/ *adj* Zool rodzący (zasadniczo) jedno młode
unique /juːˈniːk/ *adj* [1] (sole) *[ability, characteristic]* wyjątkowy; *[instance, example]* jedyny w swoim rodzaju, niepowtarzalny; **to be ~ in doing sth** być jedynym, który coś robi; **to be ~ to sb/sth** być wyłączną cechą kogoś/czegoś [2] (remarkable) *[opportunity]* jedyny; *[performance]* jedyny w swoim rodzaju, wyjątkowy; *[skill, knowledge]* rzadki, wyjątkowy, niespotykany
uniquely /juːˈniːklɪ/ *adv* [1] (exceptionally) wyjątkowo [2] (only) wyłącznie
uniquely abled *adj* niepełnosprawny; sprawny inaczej euph
uniqueness /juːˈniːknɪs/ *n* [1] (singularity) wyjątkowość *f*, niepowtarzalność *f* [2] (special quality) oryginalność *f*
unique selling point *n* = **unique selling proposition**
unique selling proposition, USP *n* unikatowa cecha *f* wyrobu *(wyróżniająca go od konkurencji)*
unisex /ˈjuːnɪseks/ *adj* uniseks
unison /ˈjuːnɪsn, ˈjuːnɪzn/ *n* **in ~** *[say, recite]* jednym głosem; Mus *[sing]* w unisonie, unisono; **to act in ~** działać jednomyślnie
unit /ˈjuːnɪt/ *n* [1] (whole) całość *f*, jedność *f*; **as a ~** jako całość [2] (group with specific function) komórka *f*; (in army, police) jednostka *f*; **research ~** komórka badawcza [3] (building, department) oddział *m*, blok *m*; **casualty /intensive care ~** oddział urazowy/intensywnej opieki medycznej; **operating ~** blok operacyjny; **manufacturing/production ~** blok produkcyjny [4] Math, Meas jednostka *f*; **a ~ of measurement** jednostka miary; **monetary ~** jednostka monetarna or pieniężna [5] (part of machine) mechanizm *m*, zespół *m*, urządzenie *n* [6] (piece of furniture) segment *m*; **storage /kitchen ~** szafka kuchenna [7] Educ (credit) punkt *m* [8] Sch (in textbook) jednostka *f* [9] US (apartment) **accommodation ~** mieszkanie *n*
Unitarian /ˌjuːnɪˈteərɪən/ *adj* unitarian|in *m*, -ka *f*
Unitarianism /ˌjuːnɪˈteərɪənɪzəm/ *n* unitarianizm *m*
unitary /ˈjuːnɪtrɪ, US -terɪ/ *adj* jednolity
unit cost *n* Comm koszt *m* jednostkowy
unite /juːˈnaɪt/ **I** *vt* z|jednoczyć (**with sb /sth** z kimś/czymś)
II *vi* z|jednoczyć się (**with sb/sth** z kimś /czymś); **to ~ to do sth** zjednoczyć się, żeby zrobić coś; **to ~ in doing sth** połączyć wysiłki na rzecz zrobienia czegoś; **workers of the world, ~!** proletariusze wszystkich krajów, łączcie się!
united /juːˈnaɪtɪd/ *adj [nation]* zjednoczony; *[front]* jednolity; *[family]* zgodny; *[attempt, effort]* wspólny
IDIOMS: **~ we stand, divided we fall** Prov zgoda buduje, niezgoda rujnuje
United Arab Emirates *prn pl* Zjednoczone Emiraty *m pl* Arabskie
United Kingdom (of Great Britain and Northern Ireland) *prn* Zjednoczone Królestwo *n* (Wielkiej Brytanii i Irlandii Północnej)
United Nations Children's Fund *n* Fundusz *m* Narodów Zjednoczonych Pomocy Dzieciom
United Nations Conference on Trade and Development *n* Konferencja *f* Organizacji Narodów Zjednoczonych do spraw Handlu i Rozwoju
United Nations Educational, Scientific and Cultural Organization *n* Organizacja *f* Narodów Zjednoczonych do spraw Oświaty, Nauki i Kultury
United Nations (Organization) *n* Organizacja *f* Narodów Zjednoczonych
United States (of America) *prn* Stany *m pl* Zjednoczone (Ameryki)

U

unit furniture *n* ≈ meblościanka *f*
unit price *n* Comm cena *f* jednostkowa
unit rule *n* US Pol *zasada głosowania całej delegacji stanu na jednego kandydata*
unit trust *n* GB Fin fundusz *m* powierniczy
unit value *n* średnia cena *f* jednostki produktu
unity /ˈjuːnətɪ/ *n* [1] (agreement) jedność *f*, wspólnota *f*; **~ of purpose** wspólnota celu; **church/national ~** jedność Kościoła/narodowa [2] (wholeness, oneness) jedność *f*; **the three unities** Theat trzy jedności (dramatu klasycznego) [3] Math jedność *f*, liczba *f* jeden
IDIOMS: **in ~ is strength** Prov w jedności siła
Univ = University
univalent /ˌjuːnɪˈveɪlənt/ *adj* Chem jednowartościowy
univalve /ˈjuːnɪvælv/ **I** *n* mięczak *m* jednoskorupowy
II *adj* jednoskorupowy, jednomuszlowy
universal /ˌjuːnɪˈvɜːsl/ **I** *n* Philos powszechnik *m*, pojęcie *n* ogólne, nazwa *f* ogólna
II universals *npl* Philos uniwersalia *plt*, powszechniki *m pl*
III *adj* [1] (general) *[acclaim, complaint, reaction]* powszechny; *[education, health care]* powszechny, dla wszystkich; *[principle, law, truth, remedy, message, solution]* uniwersalny; *[use]* wszechstronny; **~ suffrage** głosowanie powszechne; **the suggestion gained ~ acceptance** propozycja została przyjęta przez wszystkich; **the practice is becoming ~ among doctors** ta praktyka staje się powszechna wśród lekarzy; **his type of humour has ~ appeal** prezentowany przez niego typ humoru trafia do wszystkich [2] Ling ogólny
universal coupling *n* sprzęgło *n* przegubowe or Cardana
universality /ˌjuːnɪvɜːˈsælətɪ/ *n* uniwersalność *f*
universalize /ˌjuːnɪˈvɜːsəlaɪz/ *vt* upowszechni|ć, -ać
universal joint *n* przegub *m* uniwersalny or Cardana
universally /ˌjuːnɪˈvɜːsəlɪ/ *adv [believed, accepted, perceived, criticized, known, loved]* powszechnie; **this system is ~ used throughout the country/company** ten system jest powszechnie używany w całym kraju/w całej firmie
universal motor *n* Tech silnik *m* uniwersalny
Universal Product Code *n* US Comm kod *m* kreskowy
universal serial bus, USB *n* Comput uniwersalny interfejs *m* szeregowy
universal time *n* czas *m* uniwersalny, czas *m* średni południka zerowego (Greenwich)
universe /ˈjuːnɪvɜːs/ *n* wszechświat *m*
university /ˌjuːnɪˈvɜːsətɪ/ **I** *n* uniwersytet *m*
II *modif [lecturer, degree, town]* uniwersytecki; **~ place** miejsce na uniwersytecie; **~ entrance** przyjęcie na uniwersytet; **~ education** wykształcenie uniwersyteckie or wyższe
unjust /ʌnˈdʒʌst/ *adj [person, criticism, law]* niesprawiedliwy; **to be ~ to sb** być niesprawiedliwym dla or wobec kogoś
unjustifiable /ʌnˈdʒʌstɪfaɪəbl/ *adj* niczym nieusprawiedliwiony, nieuzasadniony
unjustifiably /ʌnˈdʒʌstɪfaɪəblɪ/ *adv [claim, condemn]* niesłusznie, bezpodstawnie; *[act]* niesłusznie, w sposób niesłuszny; **to be ~ anxious** niepokoić się bez powodu; **to be ~ critical** niesłusznie coś krytykować
unjustified /ʌnˈdʒʌstɪfaɪd/ *adj* nieuzasadniony, bezpodstawny
unjustly /ʌnˈdʒʌstlɪ/ *adv [condemn, favour]* niezasłużenie, niesłusznie; **~ accused /slandered** niesłusznie oskarżony/niezasłużenie oszkalowany
unkempt /ʌnˈkempt/ *adj [person, appearance, home]* zaniedbany; *[garden]* zapuszczony; *[beard, hair]* rozczochrany
unkind /ʌnˈkaɪnd/ *adj [person]* (unpleasant) niemiły, nieuprzejmy; (cruel) niedobry; *[act, attitude, remark]* nieuprzejmy; *[thought, fate]* nieżyczliwy; *[environment]* nieprzyjazny; *[climate]* ostry, surowy; *[fate]* liter okrutny; **it was a bit ~** to było niezbyt uprzejme; **it is/was ~ of her to criticize** krytykowanie jest/było nieuprzejme z jej strony; **to be ~ to sb** być dla kogoś niedobrym
IDIOMS: **the ~est cut of all** najgorsze, co może być
unkindly /ʌnˈkaɪndlɪ/ *adv [say, behave]* nieprzyjemnie, nieuprzejmie; *[think, compare]* nieżyczliwie; **my advice was not meant ~** moja rada wypływała z życzliwości
unkindness /ʌnˈkaɪndnɪs/ *n* (of person, remark, act) nieżyczliwość *f*, nieuprzejmość *f*; liter (of fate) nieprzychylność *f*
unknot /ʌnˈnɒt/ *vt* (*prp, pt, pp* **-tt-**) rozsupł|ać, -ywać *[rope, string]*
unknowable /ʌnˈnəʊəbl/ *adj* niepoznawalny
unknowing /ʌnˈnəʊɪŋ/ *adj [person, victim, cause]* nieświadomy
unknowingly /ʌnˈnəʊɪŋlɪ/ *adv* nieświadomie
unknown /ʌnˈnəʊn/ **I** *n* [1] (unfamiliar place or thing) nieznane *n*; **journey into the ~** podróż w nieznane [2] (person not famous) **the director gave the part to a complete ~** reżyser powierzył rolę komuś zupełnie nieznanemu [3] Math niewiadoma *f*
II *adj [actor, band, force, threat, country]* nieznany; *[effect, result, outcome]* nieznany, niewiadomy; **this man/place was ~ to me** nie znałem tego człowieka/miejsca; **~ to me, they had already left** nie wiedziałem, że oni już wyszli; **it's not ~ for him to lose temper** zdarza mu się stracić panowanie nad sobą; **it is virtually ~ for anyone to refuse** właściwie nie zdarza się, żeby ktoś odmówił; **~ quantity** Math niewiadoma; **he/she is an ~ quantity** fig on/ona jest jedną wielką niewiadomą; **murder by person/persons ~** Jur morderstwo popełnione przez nieznanego sprawcę/nieznanych sprawców; **Mr X, address ~** Pan X, adres nieznany; **Stephen King, whereabouts ~** Stephen King, miejsce pobytu nieznane
Unknown Soldier *n* Nieznany Żołnierz *m*
Unknown Warrior *n* = **Unknown Soldier**
unlace /ʌnˈleɪs/ *vt* rozsznurow|ać, -ywać
unladen /ʌnˈleɪdn/ *adj [ship, vehicle]* bez ładunku; *[weight]* wyładowany, rozładowany
unladylike /ʌnˈleɪdɪlaɪk/ *adj [manners, behaviour, pose]* niegodny damy; **to be ~** *[woman, girl]* nie zachowywać się jak dama; **it's ~ to swear** damie nie wypada or liter nie przystoi kląć
unlamented /ˌʌnləˈmentɪd/ *adj* fml *[person, death, passing]* nieopłakiwany; **her death was ~** nikt nie płakał po jej śmierci
unlatch /ʌnˈlætʃ/ **I** *vt* otw|orzyć, -ierać (z zatrzasku) *[door, gate]*; **to leave the door /window ~ed** zostawić drzwi/okno niezamknięte
II *vi [door, window]* otw|orzyć, -ierać się
unlawful /ʌnˈlɔːfl/ *adj [activity, possession]* nielegalny, niedozwolony; *[violence]* bezprawny, sprzeczny z prawem; *[contract]* niemający mocy prawnej
unlawful arrest *n* Jur (without cause) bezprawne pozbawienie *n* wolności; (with incorrect procedure) aresztowanie *n* z pogwałceniem procedury prawnej
unlawful assembly *n* Jur nielegalne zgromadzenie *n*
unlawful detention *n* Jur bezprawne zatrzymanie *n*
unlawfully /ʌnˈlɔːfəlɪ/ *adv* [1] Jur niezgodnie z prawem; **~ detained** bezprawnie zatrzymany [2] nielegalnie, bezprawnie
unlawfulness /ʌnˈlɔːflnɪs/ *n* bezprawność *f*, niezgodność *f* z prawem
unleaded /ʌnˈledɪd/ *adj [petrol]* bezołowiowy
unlearn /ʌnˈlɜːn/ *vt* (*pt, pp* **-learned, -learnt**) wyrzuc|ić, -ać z pamięci *[fact, outdated information]*; oducz|yć, -ać się *[habit]*
unleash /ʌnˈliːʃ/ *vt* [1] (release) spu|ścić, -szczać ze smyczy *[animal]*; uw|olnić, -alniać *[market]*; wyzw|olić, -alać *[aggression, violence, passion]* [2] (trigger) rozpęt|ać, -ywać *[war]*; wywoł|ać, -ywać *[wave, boom]* [3] (launch) rzuc|ić, -ać *[force]*; rozpocz|ąć, -ynać *[campaign, attack]* **(against sb/sth** przeciwko komuś/czemuś**)**
unleavened /ʌnˈlevnd/ *adj [bread, biscuits]* przaśny
unless /ənˈles/ *conj* [1] (except if) (between clauses) chyba że, jeżeli nie; (in initial clauses) jeżeli nie, o ile nie; **he won't come ~ you invite him** nie przyjdzie, chyba że go zaprosisz or jeśli go nie zaprosisz; **she can't take the job ~ she finds a nanny** (ona) nie może podjąć pracy, chyba że znajdzie nianię; **I'll have the egg, ~ anyone else wants it?** zjem to jajko, chyba że ktoś ma na nie ochotę or o ile nikt inny nie ma na nie ochoty; **she wouldn't go ~ she was accompanied by her mother** nie chciała iść, chyba że z matką; **~ I get my passport back, I can't leave the country** jeśli nie odzyskam paszportu, nie będę mógł wyjechać z kraju; **he threatened that ~ they agreed to pay him he'd reveal the truth** zagroził, że jeśli nie zgodzą się mu zapłacić, wyjawi prawdę; **it won't work ~ you plug it in!** to urządzenie nie będzie działało, jeśli go nie podłączysz do prądu!; **~ I'm very**

much mistaken, that's Jim** jeśli się nie mylę, to (jest) Jim; **~ I hear to the contrary** o ile nie dowiem się o zmianie decyzji; **~ otherwise agreed/stated** o ile nie postanowiono inaczej [2] (except when) chyba że; **we eat out on Fridays ~ one of us is working late** w piątki jadamy w restauracji, chyba że jedno z nas zostaje dłużej w pracy

unlettered /ʌn'letəd/ *adj* arch *[masses, person]* niepiśmienny

unliberated /ʌn'lɪbəreɪtɪd/ *adj* nieuwolniony

unlicensed /ʌn'laɪsnst/ *adj [sale, activity]* bez zezwolenia; *[vehicle]* niezarejestrowany; *[production]* nielicencjonowany, niedozwolony; **~ transmitter** nielegalny nadajnik

unlicensed premises *npl* GB lokal *m* bez wyszynku

unlikable *adj* = **unlikeable**

unlike /ʌn'laɪk/ **I** *prep* [1] (in contrast to) w odróżnieniu od (kogoś/czegoś), w przeciwieństwie do (kogoś/czegoś); **~ me, he likes sport** w przeciwieństwie do mnie on lubi sport [2] (different from) niepodobny do (kogoś/czegoś); **the house is (quite) ~ any other** dom jest niepodobny do innych; **they are quite ~ (each other)** są zupełnie niepodobni do siebie [3] (uncharacteristic of) **such behaviour is quite ~ her** takie zachowanie jest zupełnie do niej niepodobne; **how ~ Adam!** to zupełnie nie w stylu Adama!

II *adj* niepodobny; **the two brothers are ~ in every way** bracia są zupełnie niepodobni (do siebie); **they seemed totally ~, despite being twins** mimo że byli bliźniakami, różnili się pod każdym względem

unlikeable /ʌn'laɪkəbl/ *adj [person]* niesympatyczny; (stronger) antypatyczny; *[place]* nieprzyjemny

unlikelihood /ʌn'laɪklɪhʊd/ *n* nikłe or znikome prawdopodobieństwo *n* **(of sth** czegoś)

unlikely /ʌn'laɪklɪ/ *adj* [1] (unexpected) mało prawdopodobny; **highly** or **most ~** niezwykle mało prawdopodobny; **it is unlikely that...** jest mało prawdopodobne, że/żeby...; **they are ~ to succeed** raczej mało prawdopodobne, żeby im się powiodło; **it is not ~ that...** niewykluczone, że...; **in the ~ event of a breakdown/of his refusing...** gdyby przypadkiem miało dojść do awarii/gdyby przypadkiem miał odmówić... [2] (odd) niezwykły, dziwny; **they make an ~ couple** tworzą przedziwną parę [3] (probably untrue) *[story]* nieprawdopodobny; *[excuse, explanation]* mało prawdopodobny

unlimited /ʌn'lɪmɪtɪd/ *adj* [1] *[time, amount, funds]* nieograniczony; *[patience]* bezgraniczny; *[travel]* bez ograniczeń [2] Econ *[partnership, liability]* nieograniczony

unlined /ʌn'laɪnd/ *adj* [1] *[garment]* bez podszewki; *[curtains]* niepodszyty [2] *[paper]* gładki, nieliniowany [3] *[face]* gładki, bez zmarszczek

unlisted /ʌn'lɪstɪd/ *adj* [1] *[campsite]* niezarejestrowany; dziki infml; *[hotel]* niższej kategorii [2] Fin *[company]* nienotowany na giełdzie; *[shares]* niedopuszczony do obrotu giełdowego; *[account]* ukryty [3] Telecom *[number]* zastrzeżony [4] Constr, Jur *[building]* niewpisany do rejestru zabytków

Unlisted Securities Market *n* pozagiełdowy rynek *m* papierów wartościowych

unlit /ʌn'lɪt/ *adj* [1] (without light) *[room, street, area]* nieoświetlony [2] *[cigarette, fire]* niezapalony

unload /ʌn'ləʊd/ **I** *vt* [1] Transp wyładow|ać, -ywać, rozładow|ać, -ywać *[goods, materials, vessel]* [2] Tech rozładow|ać, -ywać *[gun]*; **how do you ~ this camera?** jak się wyjmuje film z tego aparatu? [3] Comm (get rid of) pozby|ć, -wać się (czegoś) *[stockpile, goods]*; **some companies have been ~ing excess stocks abroad** niektóre firmy pozbywają się nadwyżek towarów, sprzedając je za granicą [4] Fin **to ~ shares** pozbywać się akcji [5] fig **to ~ one's problems on(to) sb** zwierzyć się komuś ze swoich problemów, wywnętrzyć się przed kimś

II *vi [truck, ship]* być rozładowywanym

unloaded /ʌn'ləʊdɪd/ *adj [cargo, goods]* wyładowany; *[vehicle, ship]* niezaładowany; *[gun]* nienaładowany, nienabity; **the camera was ~** aparat nie miał założonego filmu

unloading /ʌn'ləʊdɪŋ/ *n* [1] (of goods, ship, gun) rozładowanie *n*; **ready for ~ing** *[ship, truck]* gotowy do rozładunku [2] (of camera) wyjęcie *n* filmu

unlock /ʌn'lɒk/ *vt* [1] (with key) otw|orzyć, -ierać *[door, casket]*; **to be ~ed** nie być zamkniętym na zamek/na klucz [2] fig otw|orzyć, -ierać *[heart]*; odkry|ć, -wać *[secrets, mysteries]*; uw|olnić, -alniać *[emotions]*

unlooked-for /ʌn'lʊktfɔː(r)/ *adj [success, compliment, difficulties]* nieoczekiwany, niespodziewany

unlovable /ʌn'lʌvəbl/ *adj [person, personality]* antypatyczny; *[habits]* odstręczający

unloved /ʌn'lʌvd/ *adj [product, practice]* niepopularny; **to look ~** *[house, room]* wyglądać na zaniedbany; **to feel ~** *[person]* czuć się niekochanym

unlovely /ʌn'lʌvlɪ/ *adj [building, façade, exterior]* brzydki

unloving /ʌn'lʌvɪŋ/ *adj [person]* niekochający; *[attitude]* pozbawiony uczucia; *[behaviour]* obojętny

unluckily /ʌn'lʌkɪlɪ/ *adv* niestety; **~ for sb** na nieszczęście dla kogoś

unluckiness /ʌn'lʌkɪnɪs/ *n* pech *m*

unlucky /ʌn'lʌkɪ/ *adj* [1] (unfortunate) *[person]* nieszczęśliwy, pechowy; *[day]* pechowy; *[coincidence, event, moment]* niefortunny; **to be ~ (at sth)** *[person]* mieć pecha or nie mieć szczęścia (w czymś); **I was ~ enough to bump into her** miałem pecha, że wpadłem na nią; **it was ~ for you that they rejected the offer** miałeś pecha, że odrzucili tę ofertę; **he is ~ in love** on nie ma szczęścia w miłości [2] (causing bad luck) *[number, colour, combination]* feralny; **it is ~ to walk under a ladder** przechodzenie pod drabiną przynosi pecha

IDIOMS: **lucky at cards, ~ in love** kto ma szczęście w kartach, nie ma szczęścia w miłości

unmade /ʌn'meɪd/ **I** *pt, pp* → **unmake**

II *adj [bed]* nieposłany; *[road]* nieutwardzony

unmake /ʌn'meɪk/ *vt* (*pt, pp* **-made**) [1] (undo) **Parliament can make and ~ any law whatever** parlament może uchwalać i odwoływać ustawy według uznania; **he made the mess and is now trying to ~ it** narobił bałaganu i teraz stara się przywrócić ład [2] (from office, rank, authority) odwoł|ać, -ywać, zd|jąć, -ejmować *[person]*

unmanageable /ʌn'mænɪdʒəbl/ *adj [child, dog]* nieposłuszny; *[horse]* narowisty; *[hair]* niesforny; *[problem]* nie do rozwiązania; **this prison/system is ~** tym więzieniem/systemem nie da się (w żaden sposób) zarządzać; **all this data would be ~ without a computer** bez komputera nie można byłoby przetworzyć tych wszystkich danych; **the stairs are becoming ~ for him** schody stają się dla niego przeszkodą nie do pokonania

unmanly /ʌn'mænlɪ/ *adj* [1] (not masculine) *[person, behaviour]* niemęski, mało męski [2] (ignoble) niegodny mężczyzny

unmanned /ʌn'mænd/ *adj [flight, rocket]* bezzałogowy; *[crossing, train]* sterowany automatycznie; **they left the reception desk ~** zostawili recepcję bez obsługi

unmannerliness /ʌn'mænəlɪnəs/ *n* brak *m* (dobrych) manier

unmannerly /ʌn'mænəlɪ/ *adj [person]* nieokrzesany; *[behaviour]* prostacki

unmapped /ʌn'mæpt/ *adj [territory, area]* nieopisany or niezaznaczony na mapach

unmarked /ʌn'mɑːkt/ *adj* [1] (not labelled) *[police car, container]* nieoznakowany; *[linen]* nieznaczony [2] (unblemished) *[skin]* bez skaz [3] (uncorrected) *[work, essay]* niesprawdzony [4] Ling nienacechowany [5] Sport *[player]* niekryty, niepilnowany

unmarketable /ʌn'mɑːkɪtəbl/ *adj* trudny do sprzedania; niechodliwy infml

unmarried /ʌn'mærɪd/ *adj [woman]* niezamężna; *[man]* nieżonaty; **~ mother** samotna matka; **the ~ state** stan wolny

unmask /ʌn'mɑːsk, US -'mæsk/ **I** *vt* [1] fig z|demaskować *[culprit, villainy]*; odsł|onić, -aniać *[past]*; ujawni|ć, -ać *[plot]* [2] zd|jąć, -ejmować maskę (komuś)

II *vi* zd|jąć, -ejmować maskę

unmatched /ʌn'mætʃt/ *adj* niezrównany

unmeant /ʌn'ment/ *adj [insult, offence]* niezamierzony

unmentionable /ʌn'menʃənəbl/ **I unmentionables** *npl* dat hum (underwear) inexprymable *plt* dat hum; niewymowne *plt* hum euph

II *adj* (improper to mention) *[topic]* zakazany, tabu; *[word]* niecenzuralny; **his name is ~ in some circles** w pewnych kręgach nie wymienia się jego imienia/nazwiska

unmerciful /ʌn'mɜːsɪfl/ *adj* bezlitosny **(towards sb/sth** dla kogoś/czegoś)

unmercifully /ʌn'mɜːsɪfəlɪ/ *adv [beat, scold]* bezlitośnie

unmerited /ʌn'merɪtɪd/ *adj [award, praise, criticism]* niezasłużony

unmet /ʌn'met/ *adj [need]* niezaspokojony; *[condition, requirement]* niespełniony

unmindful /ʌn'maɪndfl/ *adj* **~ of sth** (not heeding) nie bacząc na coś *[noise, conven-*

U

tions]; (not caring) nietroszcząc się o coś *[appearance]*

unmistakable /ˌʌnmɪˈsteɪkəbl/ *adj* [1] (recognizable) *[voice, writing, accent, building]* charakterystyczny; **the ~ smell of sb /sth** charakterystyczny zapach kogoś/czegoś [2] (unambiguous) *[message, meaning]* jednoznaczny, nie pozostawiający żadnych wątpliwości; *[honesty]* niewątpliwy [3] (marked) *[atmosphere, desire]* wyraźny

unmistakably /ˌʌnmɪˈsteɪkəblɪ/ *adv [smell, hear]* wyraźnie; *[his, hers]* niewątpliwie

unmitigated /ʌnˈmɪtɪgeɪtɪd/ *adj [disaster, boredom, nonsense]* kompletny, totalny; *[harshness, cruelty]* bezwzględny; *[liar, rogue]* skończony; *[grief]* bezbrzeżny; **~ admiration** absolutne uwielbienie

unmixed /ʌnˈmɪkst/ *adj [feeling]* czysty; **~ blessing** pełnia szczęścia; **it was not an ~ blessing** to miało też swoje ciemne strony

unmodified /ʌnˈmɒdɪfaɪd/ *adj [version]* niezmieniony; *[machine]* niezmodyfikowany

unmolested /ˌʌnməˈlestɪd/ *adj* **to do sth ~** zrobić coś bez przeszkód; **to leave sb ~** dać komuś spokój, pozostawić kogoś w spokoju

unmortgaged /ʌnˈmɔːgɪdʒd/ *adj [property]* nieobciążony hipoteką

unmotivated /ʌnˈməʊtɪveɪtɪd/ *adj* [1] (lacking motive) *[crime]* bez motywu; *[act]* niczym nieumotywowany [2] (lacking motivation) *[person]* bez motywacji

unmounted /ʌnˈmaʊntɪd/ *adj [painting, gem]* nieoprawiony; *[stamp]* niewłożony do klasera

unmourned /ʌnˈmɔːnd/ *adj* fml *[person, death]* nieopłakiwany; **she died ~** nikt jej nie opłakiwał

unmoved /ʌnˈmuːvd/ *adj* [1] (unperturbed) obojętny; **she was ~ by their tears** pozostała obojętna na ich łzy, ich łzy nie zrobiły na niej wrażenia [2] (not moved emotionally) nieczuły; **how can you be** or **remain ~ by such a tragedy?** jak możesz być obojętny wobec takiego nieszczęścia?

unmusical /ʌnˈmjuːzɪkl/ *adj* [1] *[sound, voice]* niemelodyjny [2] *[person]* niemuzykalny

unnameable /ʌnˈneɪməbl/ *adj [horror, monster]* nieopisany; *[disease]* nieokreślony

unnamed /ʌnˈneɪmd/ *adj* [1] (name not divulged) *[spokesman, representative]* niewymieniony z nazwiska; *[source]* nieujawniony; *[buyer, donor]* anonimowy [2] (without name) *[club, virus]* **as yet ~** jeszcze nienazwany

unnatural /ʌnˈnætʃrəl/ *adj* [1] (affected) *[style, laugh, voice]* nienaturalny, sztuczny [2] (unusual, not normal) *[silence]* niezwykły; *[colour]* nienaturalny; **it is ~ for a child to be so quiet** to nienormalne, żeby dziecko było takie spokojne; **his reaction is not ~ in these circumstances** w tych okolicznościach jego reakcja nie dziwi [3] (depraved) *[lust, love]* chorobliwy, sprzeczny z naturą; *[crime, murder]* bestialski

unnaturally /ʌnˈnætʃrəlɪ/ *adv [laugh, smile, quiet, dark, low]* nienaturalnie; **not ~, I refused** naturalnie or oczywiście odmówiłem

unnavigable /ʌnˈnævɪgəbl/ *adj [river, channel]* nieżeglowny

unnecessarily /ˌʌnˈnesəsərəlɪ, US ˌʌnnesəˈserəlɪ/ *adv [prolonged, offensive, delayed]* niepotrzebnie, zbytecznie; *[expensive]* przesadnie

unnecessary /ʌnˈnesəsrɪ, US -serɪ/ *adj* [1] (not needed) *[expense, effort, treatment, remark]* niepotrzebny; *[superfluous]* zbędny; **it was ~ to buy a ticket** nie było potrzeby kupowania biletu; **it is ~ for you to do it** nie ma potrzeby, żebyś to robił; **it is ~ to add that...** nie trzeba dodawać, że... [2] (uncalled for) *[remark, jibe]* nie na miejscu

unneighbourly GB, **unneighborly** US /ʌnˈneɪbəlɪ/ *adj* [1] (unhelpful) *[person, attitude]* nieżyczliwy [2] (unlike good neighbour) *[act, behaviour]* niesprzyjający podtrzymywaniu stosunków dobrosąsiedzkich fml

unnerve /ʌnˈnɜːv/ *vt* wytrąc|ić, -ać z równowagi; **I was ~d by the creaking sounds** to skrzypienie działało mi na nerwy

unnerving /ʌnˈnɜːvɪŋ/ *adj [person, encounter, calm]* działający na nerwy; *[experience, accident, incident]* wytrącający z równowagi

unnervingly /ʌnˈnɜːvɪŋlɪ/ *adv [reply, smile]* w irytujący sposób; **~ calm/accurate** irytująco spokojny/dokładny

unnoticed /ʌnˈnəʊtɪst/ *adj* niezauważony, niedostrzeżony; **to go** or **pass ~** przejść niezauważonym; **your absence didn't go ~** zauważono twoją nieobecność; **to slip in ~** wślizgnąć się niepostrzeżenie

unnumbered /ʌnˈnʌmbəd/ *adj* [1] *[house]* bez numeru; *[page, ticket, seat]* nienumerowany [2] liter (countless) niezliczony

UNO /ˈjuːnəʊ/ *n* = **United Nations Organization** ONZ *f*

unobjectionable /ˌʌnəbˈdʒekʃənəbl/ *adj [person, book, speech]* bez zarzutu; **to be ~** *[proposal, idea]* nie wywoływać sprzeciwu

unobservant /ˌʌnəbˈzɜːvənt/ *adj* mało spostrzegawczy

unobserved /ˌʌnəbˈzɜːvd/ *adj* niezauważony; **to go** or **pass ~** *[theft]* nie zostać zauważonym; *[person]* przejść niezauważonym; **to slip out ~** wymknąć się niepostrzeżenie

unobstructed /ˌʌnəbˈstrʌktɪd/ *adj [road, exit]* przejezdny; *[pipe]* drożny, niezatkany; *[view]* niczym nieprzesłonięty; **we had an ~ view of the sea** mieliśmy otwarty widok na morze

unobtainable /ˌʌnəbˈteɪnəbl/ *adj* [1] Comm *[item]* niedostępny na rynku; *[supplies]* nieosiągalny; **oysters are ~ in summer** latem nie można dostać ostryg [2] Telecom **the number is ~** połączenie nie może być zrealizowane

unobtrusive /ˌʌnəbˈtruːsɪv/ *adj [site, smell]* dyskretny; *[object]* nierzucający się w oczy, nierażący; *[person]* niezwracający na siebie uwagi, skromny

unobtrusively /ˌʌnəbˈtruːsɪvlɪ/ *adv* dyskretnie, w nienarzucający się sposób

unobtrusiveness /ˌʌnəbˈtruːsɪvnɪs/ *n* dyskrecja *f*

unoccupied /ʌnˈɒkjʊpaɪd/ *adj* [1] *[house, block]* niezamieszkany; *[shop]* niewynajęty; *[seat]* wolny, niezajęty [2] Mil *[territory]* nieokupowany

unofficial /ˌʌnəˈfɪʃl/ *adj [result, figure, movement, statement, biography]* nieoficjalny; *[report, announcement]* niepotwierdzony; *[industrial action]* nielegalny

unofficially /ˌʌnəˈfɪʃəlɪ/ *adv [tell, estimate]* nieoficjalnie

unopened /ʌnˈəʊpənd/ *adj [bottle, packet, book]* nieotwarty; *[package]* nierozpakowany; **to return a letter ~** odesłać list nie otwierając go

unopposed /ˌʌnəˈpəʊzd/ *adj* Pol **to go through ~** *[bill]* przejść bez sprzeciwu; **the bill was given an ~ second reading** w drugim czytaniu nikt nie zgłosił zastrzeżeń do projektu ustawy; **to be elected ~** *[candidate]* nie mieć kontrkandydatów

unorganized /ʌnˈɔːgənaɪzd/ *adj* [1] *[worker, labour]* niezrzeszony w związku zawodowym [2] (disorganized) *[event]* źle zorganizowany; *[person, group]* niezorganizowany [3] Biol niezorganizowany

unoriginal /ˌʌnəˈrɪdʒənl/ *adj [idea, plot, style]* mało oryginalny, banalny

unorthodox /ʌnˈɔːθədɒks/ *adj* (unconventional) *[approach, opinion]* nieszablonowy; *[teacher]* niekonwencjonalny; **he's rather ~ in his dress** ubiera się dość niekonwencjonalnie

unostentatious /ˌʌnɒstenˈteɪʃəs/ *adj [person, style]* bezpretensjonalny, skromny

unpack /ʌnˈpæk/ **I** *vt* rozpakow|ać, -ywać *[luggage, clothes, belongings]*
II *vi* rozpakow|ać, -ywać się

unpacking /ʌnˈpækɪŋ/ *n* **to start the ~** zacząć się rozpakowywać; **to do the ~** rozpakować się

unpaid /ʌnˈpeɪd/ *adj [bill, tax]* niezapłacony; *[debt]* niespłacony; *[work]* nieodpłatny; **to be ~** *[volunteer, assistant]* nie pobierać wynagrodzenia; **~ leave** urlop bezpłatny

unpainted /ʌnˈpeɪntɪd/ *adj [wall, wood]* niemalowany

unpalatable /ʌnˈpælətəbl/ *adj* [1] fig *[truth, statistic, advice]* trudny do przełknięcia fig [2] *[food]* niesmaczny

unparalleled /ʌnˈpærəleld/ *adj* [1] (unequalled) *[strength, wisdom, success, achievement, luxury]* niezrównany; *[ferocity, brutality]* niebywały, niespotykany [2] (unprecedented) *[rate, scale]* niesłychany, niespotykany

unpardonable /ʌnˈpɑːdənəbl/ *adj [behaviour, rudeness]* niewybaczalny; **it was ~ of you to do that** to było niewybaczalne z twojej strony

unpardonably /ʌnˈpɑːdənəblɪ/ *adv [behave, insult]* w sposób niewybaczalny; *[rude, arrogant]* niedopuszczalnie

unparliamentary /ˌʌnpɑːləˈmentrɪ, US -terɪ/ *adj [behaviour, language]* nie do zaakceptowania w parlamencie; fig *[expression]* nieparlamentarny

unpasteurized /ʌnˈpɑːstʃəraɪzd/ *adj [milk]* niepasteryzowany; *[cheese]* z mleka niepasteryzowanego

unpatented /ʌnˈpeɪtəntɪd, ʌnˈpæt-/ *adj [device, invention]* nieopatentowany

unpatriotic /ˌʌnpætrɪˈɒtɪk, US ˌʌnpeɪt-/ *adj [person]* pozbawiony uczuć patriotycznych; *[attitude, act]* niepatriotyczny

unpatriotically /ˌʌnpætrɪˈɒtɪklɪ, US ˌʌnpeɪt-/ *adv [behave, react]* niepatriotycznie
unpaved /ʌnˈpeɪvd/ *adj [road, surface]* niebrukowany
unperceived /ˌʌnpəˈsiːvd/ *adj [lapse, error]* niedostrzeżony
unperforated /ʌnˈpɜːfəreɪtɪd/ *adj [tape, sheet of stamps]* nieperforowany, bez perforacji
unperturbed /ˌʌnpəˈtɜːbd/ *adj [person]* nieporuszony; **he was ~ by their hostility** ich wrogość nie robiła na nim wrażenia
unpick /ʌnˈpɪk/ *vt* [1] (undo) s|pruć *[stitching, seam]*; odpru|ć, -wać *[hem]* [2] (sort out) oddziel|ić, -ać **(from sth** od czegoś); **to ~ truth** oddzielić prawdę od fikcji; **to ~ facts** oddzielić fakty od fikcji
unpin /ʌnˈpɪn/ *vt* (*prp, pt, pp* **-nn-**) [1] (remove pins from) wyciąg|nąć, -ać szpilki z (czegoś) *[hair, sewing]* [2] (unfasten) odpi|ąć, -nać *[brooch]* **(from sth** od czegoś)
unplaced /ʌnˈpleɪst/ *adj* **to be ~** *[competitor]* nie zdobyć miejsca punktowanego; *[horse, dog]* nie być w pierwszej trójce
unplanned /ʌnˈplænd/ *adj [stoppage, increase]* nieprzewidziany; *[pregnancy, baby]* nieplanowany
unplayable /ʌnˈpleɪəbl/ *adj* [1] Sport *[ball, serve]* nie do odebrania; *[pitch]* nienadający się do gry [2] Mus *[composition, piece]* niewykonalny, trudny do wykonania
unpleasant /ʌnˈpleznt/ *adj [experience, weather, habit, remark, situation, person]* nieprzyjemny, niemiły; *[fact, truth, surprise]* przykry
unpleasantly /ʌnˈplezntlɪ/ *adv* nieprzyjemnie; **it was ~ hot** było nieznośnie gorąco
unpleasantness /ʌnˈplezntnɪs/ *n* [1] (disagreeable nature) (of remark, experience) przykry charakter *m* [2] (bad feeling) nieprzyjemności *f pl*; **there has been some ~ between them** między nimi doszło do jakiejś sprzeczki; **in order to avoid ~** żeby uniknąć przykrych nieporozumień
unpleasing /ʌnˈpliːzɪŋ/ *adj [atmosphere]* niemiły; *[appearance]* niezachęcający; *[effect]* niezadowalający; **~ to the eye** nieprzyjemny or niemiły dla oka
unplug /ʌnˈplʌg/ *vt* wyłącz|yć, -ać z sieci *[appliance]*; przet|kać, -ykać *[pipe, sink]*
unplugged /ʌnˈplʌgd/ Mus **I** *adj* akustyczny
II *adv* na sprzęcie akustycznym
unplumbed /ʌnˈplʌmd/ *adj [depths, mysteries]* niezgłębiony
unpoetic(al) /ˌʌnpəʊˈetɪk(l)/ *adj* mało poetyczny
unpolished /ʌnˈpɒlɪʃt/ *adj* [1] *[floor]* niewypastowany; *[shoes]* niewypastowany, niewyczyszczony; *[silver]* niewyczyszczony; *[glass]* niewypolerowany; *[gem]* nieoszlifowany, niewypolerowany [2] fig *[person]* bez ogłady, nieokrzesany; *[manners]* nieokrzesany; *[work, form]* niewygładzony
unpolluted /ˌʌnpəˈluːtɪd/ *adj [water, air]* niezanieczyszczony, czysty; *[mind]* nieskażony
unpopular /ʌnˈpɒpjʊlə(r)/ *adj* niepopularny; **to be ~ (with sb)** *[government, leader, decision]* nie cieszyć się popularnością (wśród kogoś); *[colleague, employee]* nie cieszyć się sympatią (kogoś); **to make oneself ~ (with sb)** narazić się (komuś); **I am rather ~ with the boss at the moment** ostatnio nie jestem w łaskach u szefa
unpopularity /ˌʌnpɒpjʊˈlærətɪ/ *n* niepopularność *f*, brak *m* popularności
unpopulated /ʌnˈpɒpjʊleɪtɪd/ *adj* niezaludniony
unpractised /ʌnˈpræktɪst/ *adj [person]* niedoświadczony; *[ear]* niewprawny, niewyrobiony
unprecedented /ʌnˈpresɪdentɪd/ *adj [event]* bezprecedensowy; *[slaughter, cruelty]* bezprzykładny; *[prosperity, wealth]* niespotykany; *[frankness, scale]* niespotykany, niesłychany
unprecedentedly /ʌnˈpresɪdentɪdlɪ/ *adv* **~ brave** bezprzykładnie odważny; **~ large** niespotykanie duży
unpredictability /ˌʌnprɪˌdɪktəˈbɪlətɪ/ *n* nieprzewidywalność *f*, nieobliczalność *f*
unpredictable /ˌʌnprɪˈdɪktəbl/ *adj [event, result, weather]* nieprzewidywalny; *[person]* nieobliczalny; **he's ~** nigdy nie wiadomo, czego się można po nim spodziewać
unpredictably /ˌʌnprɪˈdɪktəblɪ/ *adv* w sposób nieprzewidywalny
unprejudiced /ʌnˈpredʒʊdɪst/ *adj [person]* bez uprzedzeń; *[opinion, judgment]* bezstronny
unpremeditated /ˌʌnpriːˈmedɪteɪtɪd/ *adj [act, attack]* nierozmyślny
unprepared /ˌʌnprɪˈpeəd/ *adj* [1] (not ready) *[person]* nieprzygotowany **(for sth** na coś); **to be ~ to do sth** nie być gotowym do zrobienia czegoś; **to catch sb ~** zaskoczyć kogoś; **they were ~ financially** nie byli przygotowani finansowo [2] *[speech, lesson, performance]* zaimprowizowany; *[translation]* na żywo
unpreparedness /ˌʌnprɪˈpeərɪdnɪs/ *n* brak *m* gotowości **(for sth** do czegoś) *[battle, compromise]*; brak *m* przygotowania **(for sth** do czegoś) *[exam]*
unprepossessing /ˌʌnpriːpəˈzesɪŋ/ *adj* nieatrakcyjny, mało pociągający
unpresentable /ˌʌnprɪˈzentəbl/ *adj* nie do pokazania
unpresuming /ˌʌnprɪˈzjuːmɪŋ, US -ˈzuːm-/ *adj* skromny
unpretentious /ˌʌnprɪˈtenʃəs/ *adj* bezpretensjonalny
unpretentiously /ˌʌnprɪˈtenʃəslɪ/ *adv* bezpretensjonalnie
unpretentiousness /ˌʌnprɪˈtenʃəsnɪs/ *n* bezpretensjonalność *f*
unpriced /ʌnˈpraɪst/ *adj [item, goods]* bez podanej ceny, nieometkowany; **certain items were ~** na niektórych towarach nie było ceny
unprincipled /ʌnˈprɪnsəpld/ *adj [person]* bez zasad; *[behaviour]* bez skrupułów
unprintable /ʌnˈprɪntəbl/ *adj* [1] (unpublishable) *[reply, letter]* nienadający się do druku [2] (outrageous) *[words, language]* niecenzuralny fig; **her answer was ~** odpowiedziała w sposób niecenzuralny
unprivileged /ʌnˈprɪvəlɪdʒd/ *adj* nieuprzywilejowany
unproductive /ˌʌnprəˈdʌktɪv/ *adj [work]* bezproduktywny, nieproduktywny; *[capital]* martwy; *[discussion]* bezproduktywny, bezowocny, jałowy; *[land]* jałowy
unproductively /ˌʌnprəˈdʌktɪvlɪ/ *adv* bezproduktywnie
unprofessional /ˌʌnprəˈfeʃənl/ *adj* [1] (improper) *[conduct]* sprzeczny z etyką zawodową [2] (amateur) niefachowy, nieprofesjonalny
unprofessionally /ˌʌnprəˈfeʃənəlɪ/ *adv [behave]* w sposób sprzeczny z etyką zawodową
unprofitable /ʌnˈprɒfɪtəbl/ *adj* [1] Fin *[company]* nierentowny, niedochodowy; *[venture]* nieopłacalny [2] fig *[discussion]* bezproduktywny; *[investigation]* bezskuteczny, bezowocny
unprofitably /ʌnˈprɒfɪtəblɪ/ *adv* [1] *[trade]* niedochodowo, nierentownie [2] (uselessly) *[continue, drag on]* bezproduktywnie
unpromising /ʌnˈprɒmɪsɪŋ/ *adj [situation, beginning]* mało obiecujący
unpromisingly /ʌnˈprɒmɪsɪŋlɪ/ *adv [begin]* niezbyt obiecująco
unprompted /ʌnˈprɒmptɪd/ *adj* [1] (spontaneous) *[gesture]* spontaniczny; *[offer]* samorzutny; **she came to me ~** przyszła do mnie sama z siebie [2] (without help) *[reply]* bez podpowiedzi
unpronounceable /ˌʌnprəˈnaʊnsəbl/ *adj* nie do wymówienia; **this word is ~** na tym słowie można sobie język połamać
unprotected /ˌʌnprəˈtektɪd/ *adj* [1] (unsafe) *[person, town, area]* niechroniony **(from sth** przed czymś); *[sex]* bez zabezpieczenia; **it would leave the country ~ in time of war** w czasie wojny kraj pozostałby bez obrony [2] (bare) *[wood, metal, skin]* niezabezpieczony
unprotesting /ˌʌnprəˈtestɪŋ/ *adj [person, crowd]* niestawiający oporu
unprovable /ʌnˈpruːvəbl/ *adj* nie do udowodnienia
unprovided-for /ˌʌnprəˈvaɪdɪdfɔː(r)/ *adj* **to leave sb ~** pozostawić kogoś bez środków do życia
unprovoked /ˌʌnprəˈvəʊkt/ **I** *adj [assault, aggression]* nieuzasadniony; **the attack was entirely ~** atak był niczym nie sprowokowany
II *adv* **to flare up ~** ni stąd, ni zowąd wybuchnąć złością
unpublishable /ʌnˈpʌblɪʃəbl/ *adj [material, book, allegations]* nienadający się do wydania drukiem
unpublished /ʌnˈpʌblɪʃt/ *adj [diary, manuscript, author]* niepublikowany
unpunctual /ʌnˈpʌŋktʃʊəl/ *adj [person, arrival]* niepunktualny
unpunctuality /ˌʌnpʌŋktʃʊˈælətɪ/ *n* niepunktualność *f*
unpunished /ʌnˈpʌnɪʃt/ *adj [crime, person]* nieukarany; **to go** or **remain ~** *[mistake, incident]* ujść bezkarnie
unputdownable /ˌʌnpʊtˈdaʊnəbl/ *adj* infml **an ~ book** książka, od której nie można się oderwać; książka, którą czyta się jednym tchem
unqualified /ʌnˈkwɒlɪfaɪd/ *adj* [1] (without qualifications) *[staff]* niewykwalifikowany; *[doctor, teacher, assistant]* nieposiadający pełnych kwalifikacji; **to be ~** nie mieć or nie posiadać odpowiednich kwalifikacji **(for sth/to do sth** do czegoś/żeby zrobić coś); **medically ~ people** osoby bez

U

przygotowania medycznego; **I feel ~ to judge/decide** nie czuję się kompetentny, żeby sądzić/decydować [2] (total) *[support, ceasefire]* bezwarunkowy; *[respect]* bezwzględny; *[denial]* zdecydowany, kategoryczny; *[disaster]* totalny; **the evening was an ~ success/failure** wieczór okazał się pełnym sukcesem/kompletnym fiaskiem

unquenchable /ʌnˈkwentʃəbl/ *adj [fire, thirst]* niedający się ugasić; fig *[thirst for knowledge]* nienasycony, niezaspokojony

unquenched /ʌnˈkwentʃt/ *adj* nieugaszony; fig niezaspokojony

unquestionable /ʌnˈkwestʃənəbl/ *adj [honesty, sincerity]* niewątpliwy, bezsprzeczny, niekwestionowany; *[fact]* niezaprzeczalny

unquestionably /ʌnˈkwestʃənəblɪ/ *adv* niewątpliwie, bezsprzecznie

unquestioned /ʌnˈkwestʃənd/ *adj* niekwestionowany, bezsprzeczny

unquestioning /ʌnˈkwestʃənɪŋ/ *adj [obedience, faith]* ślepy fig

unquestioningly /ʌnˈkwestʃənɪŋlɪ/ *adv [follow, accept, obey]* ślepo; *[submissive, obedient]* całkowicie, ślepo

unquiet /ʌnˈkwaɪət/ **I** *n* niepokój *m*
II *adj [spirit]* niespokojny

unquote /ʌnˈkwəʊt/ *vi* zam|knąć, -ykać cudzysłów → **quote**

unquoted /ʌnˈkwəʊtɪd/ *adj* Fin *[shares, company]* nienotowany na giełdzie

unravel /ʌnˈrævl/ **I** *vt* (*prp, pt, pp* **-ll-** GB, **-l-** US)
II *vt* s|pruć *[knitting]*; rozpląt|ać, -ywać *[thread, ball of string]*; fig rozwiąz|ać, -ywać, rozwikł|ać, -ywać *[mystery, puzzle]*
III *vi [knitting]* s|pruć się; *[thread]* rozpląt|ać, -ywać się; fig *[mystery]* rozwikł|ać, -ywać się; *[plot]* rozwiąz|ać, -ywać się

unread /ʌnˈred/ *adj [book, newspaper]* nieprzeczytany; **she returned the book ~** zwróciła książkę nie przeczytawszy jej

unreadable /ʌnˈriːdəbl/ *adj* [1] *[novel, prose, author]* niedający się czytać; *[style]* niestrawny fig [2] *[writing]* nieczytelny

unreadiness /ʌnˈredɪnɪs/ *n* (lack of preparation) [1] nieprzygotowanie *n* [2] (unwillingness) niechęć *f*

unready /ʌnˈredɪ/ *adj* [1] (not ready) niegotowy, nieprzygotowany **(to do sth/for sth** do zrobienia czegoś/na coś); **to be ~ for sth** być nieprzygotowanym na coś [2] (not willing) **to be ~ to do sth** nie być skłonnym zrobić coś; **she was ~ to compromise** nie była skłonna pójść na kompromis

unreal /ʌnˈrɪəl/ *adj* [1] (not real) *[situation, conversation]* nierealny, nierzeczywisty; **it all seemed a bit ~ to me** to wszystko wydawało mi się odrobinę nierzeczywiste [2] (artificial) *[flowers]* sztuczny; *[politeness]* sztuczny, udawany [3] infml pej (unbelievable in behaviour) nie z tej ziemi infml fig; **he's ~!** to facet nie z tej ziemi! [4] infml (amazingly good) fenomenalny; **the experience was ~** to było niesamowite przeżycie

unrealistic /ˌʌnrɪəˈlɪstɪk/ *adj [aim, project, demand]* nierealny; *[expectations, character, presentation]* nierealistyczny; *[person]* niepraktyczny, oderwany od rzeczywistości; **it is ~ to expect changes to be made overnight** oczekiwanie, że zmiany dokonają się z dnia na dzień, świadczy o braku realizmu

unrealistically /ˌʌnrɪəˈlɪstɪklɪ/ *adv [talk, write]* w oderwaniu od rzeczywistości; *[optimistic, demanding]* nazbyt; **~ high expectations** nadmierne oczekiwania

unreality /ˌʌnrɪˈælətɪ/ *n* nierzeczywistość *f* liter; **to have a sense of ~** mieć poczucie nierzeczywistości

unrealizable /ʌnˈrɪəlaɪzəbl/ *adj [goal]* nie do zrealizowania, niewykonalny; *[expectations]* nie do spełnienia

unrealized /ʌnˈrɪəlaɪzd/ *adj* (unfulfilled) *[ambition, dream]* niespełniony; *[objective, intention]* niezrealizowany; *[potential, talent]* niewykorzystany

unreason /ʌnˈriːzn/ *n* fml brak *m* rozsądku

unreasonable /ʌnˈriːznəbl/ *adj* [1] (not rational) *[person, attitude]* nierozsądny, niemądry; *[views, expectations, demands]* niedorzeczny, bezsensowny; **it's not ~** nie ma w tym niczego niedorzecznego; **you're being totally ~** zachowujesz się niedorzecznie; **it's not ~ to expect prices to remain static** z dużą dozą prawdopodobieństwa można oczekiwać, że ceny się nie zmienią [2] (excessive) *[price, level, demand]* wygórowany; **at this ~ hour** o tej nieprawdopodobnej porze

unreasonableness /ʌnˈriːznəblnɪs/ *n* (of person) brak *m* rozsądku; (of behaviour, demand) niedorzeczność *f*

unreasonably /ʌnˈriːznəblɪ/ *adv* [1] (excessively) *[expensive, strict]* nadmiernie, zbyt; **~ high rents/prices** wyśrubowane czynsze /ceny [2] (wrongly, irrationally) *[behave, act]* nierozsądnie, niemądrze; **they claim, quite ~ in my view, that...** twierdzą, moim zdaniem zupełnie niesłusznie, że...; **not ~** całkiem słusznie, nie bez racji

unreasoning /ʌnˈriːzənɪŋ/ *adj [panic]* irracjonalny; *[fury]* ślepy fig; *[person]* bezrozumny; *[response]* bezmyślny

unreceptive /ˌʌnrɪˈseptɪv/ *adj* **to be ~ to sth** być mało otwartym na coś *[new ideas]*

unreclaimed /ˌʌnrɪˈkleɪmd/ *adj [land, marsh]* niezmeliorowany

unrecognizable /ʌnˈrekəgnaɪzəbl/ *adj* (zmieniony) nie do poznania

unrecognized /ʌnˈrekəgnaɪzd/ *adj* [1] *[consequence, significance]* niedostrzeżony; *[genius, talent]* nierozpoznany **(by sb** przez kogoś); zapoznany dat; **to go ~** pozostawać niedostrzeżonym or nieznanym [2] *[person]* nierozpoznany [3] Pol *[regime, government]* nieuznawany

unreconstructed /ˌʌnriːkənˈstrʌktɪd/ *adj* [1] fig *[Marxist]* niereformowalny; **~ Communists** komunistyczny beton infml pej [2] *[building]* nieodbudowany, niezrekonstruowany

unrecorded /ˌʌnrɪˈkɔːdɪd/ *adj* [1] (not registered) nieodnotowany; **to go ~** przeminąć bez śladu [2] *[piece of music]* nienagrany, niezarejestrowany *(na taśmie, płycie)*

unredeemed /ˌʌnrɪˈdiːmd/ *adj* [1] Relig nieodkupiony; hum *[sinner]* zatwardziały [2] Comm, Fin *[mortgage, debt]* niespłacony; *[pledge]* niewykupiony [3] *[promise, obligation]* niespełniony [4] *[stupidity]* skończony; *[ugliness]* kompletny, absolutny

unreel /ʌnˈriːl/ **I** *vt* rozwi|nąć, -jać *[film, hose]*; odwi|nąć, -jać *[thread, line]*
II *vi [thread, line, film]* rozwi|nąć, -jać się

unrefined /ˌʌnrɪˈfaɪnd/ *adj* [1] *[oil, sugar]* nierafinowany; *[flour, ore]* nieoczyszczony; *[beans]* niepolerowany [2] *[person]* nieokrzesany, bez ogłady; *[style, manners]* niewyszukany; *[behaviour, speech]* prymitywny

unreflecting /ˌʌnrɪˈflektɪŋ/ *adj [person]* nieskłonny do refleksji; *[act]* nieprzemyślany, bez zastanowienia

unreformed /ˌʌnrɪˈfɔːmd/ *adj* [1] *[character, person]* niepoprawny [2] *[church]* niereformowany; *[system, institution]* niezreformowany

unregarded /ˌʌnrɪˈgɑːdɪd/ *adj [person, art, work]* niezbyt ceniony, niecieszący się uznaniem; **to pass** or **go ~** pozostawać niedostrzeżonym

unregenerate /ˌʌnrɪˈdʒenərət/ *adj* [1] (unrepentant) niepoprawny, zatwardziały [2] (obstinate) nieprzejednany

unregistered /ʌnˈredʒɪstəd/ *adj [vehicle, firm, animal]* niezarejestrowany; *[claim]* nieodnotowany; *[birth]* niezgłoszony; *[letter, mail]* zwykły; *[securities]* na okaziciela, nieimienny; **to go ~** przejść niezauważonym

unregretted /ˌʌnrɪˈgretɪd/ *adj [action, past]* niegodny wspomnienia; **he will die ~** umrze i nikt go nie będzie żałował

unrehearsed /ˌʌnrɪˈhɜːst/ *adj [speech, response]* nieprzygotowany, zaimprowizowany; *[incident, action]* spontaniczny; *[play]* nieprzepoprzedzony próbami

unrelated /ˌʌnrɪˈleɪtɪd/ *adj* [1] (not logically connected) *[events, arguments]* niepowiązany; **to be ~ to sth** nie mieć związku z czymś; **his success is not ~ to the fact that he has money** jego sukces nie pozostaje bez związku z tym, że ma pieniądze [2] (as family) niespokrewniony **(to sb** z kimś); **the two families/girls are ~** te dwie rodziny /dziewczynki nie są ze sobą spokrewnione

unrelenting /ˌʌnrɪˈlentɪŋ/ *adj [person]* nieubłagany; *[heat, stare]* bezlitosny; *[pressure, zeal]* niesłabnący

unreliability /ˌʌnrɪˌlaɪəˈbɪlətɪ/ *n* (of person) niesolidność *f*; (of machine, method, technique) zawodność *f*

unreliable /ˌʌnrɪˈlaɪəbl/ *adj [machine, method, scheme]* zawodny; *[evidence, figures, map, source]* niepewny; *[person, company]* niesolidny; *[weather]* zmienny, niepewny; **she is a bit ~** na niej raczej nie można polegać

unrelieved /ˌʌnrɪˈliːvd/ *adj [substance, colour]* jednolity; *[darkness]* kompletny; *[misery, gloom, boredom]* beznadziejny; *[anxiety, pain]* nieukojony; **the ~ grey of the walls** monotonna szarość ścian; **a grey sky ~ by any hint of sunlight** szare niebo nierozświetlone ani jednym przebłyskiem słońca

unremarkable /ˌʌnrɪˈmɑːkəbl/ *adj [building, picture, book, style, person]* nijaki, niczym się nie wyróżniający

unremarked /ˌʌnrɪˈmɑːkt/ *adj [leave, enter, slip]* niezauważony; **to go** or **pass ~** przejść niezauważonym

unremitting /ˌʌnrɪˈmɪtɪŋ/ *adj [boredom, drudgery, pressure, struggle]* nieustanny; *[effort, fight, hostility]* nieustający; *[flow]* nieprzerwany; **she was ~ in her hostility towards him** miała do niego nieprzejednanie wrogi stosunek

unremittingly /ˌʌnrɪˈmɪtɪŋlɪ/ *adv* nieustannie, bezustannie

unremunerative /ˌʌnrɪˈmju:nərətɪv/ *adj [work, investment]* mało intratny

unrepaid /ˌʌnrɪˈpeɪd/ *adj* Fin *[loan, debt, sum]* niespłacony

unrepealed /ˌʌnrɪˈpi:ld/ *adj* Jur *[legislation]* nieuchylony

unrepeatable /ˌʌnrɪˈpi:təbl/ *adj* [1] (unique) *[sight]* niepowtarzalny; *[bargain, offer]* wyjątkowy, jedyny w swoim rodzaju [2] (vulgar) *[language]* nie do powtórzenia; **his comment was ~** jego komentarz nie nadawał się do powtórzenia

unrepentant /ˌʌnrɪˈpentənt/ *adj* nieskruszony, zatwardziały; **to remain ~ about sth** nie odczuwać skruchy z powodu czegoś

unreported /ˌʌnrɪˈpɔ:tɪd/ *adj [incident, attack]* niezgłoszony; *[scandal, event]* nieodnotowany; **to go ~** nie zostać zgłoszonym /odnotowanym

unrepresentative /ˌʌnreprɪˈzentətɪv/ *adj [view, sample]* niereprezentatywny **(of sth** dla czegoś)

unrepresented /ˌʌnreprɪˈzentɪd/ *adj [person, area]* niereprezentowany; **some areas were ~** niektóre rejony nie były reprezentowane or nie miały swojego przedstawiciela; **the accused appeared before the bench ~** oskarżony stanął przed sądem bez obrońcy

unrequited /ˌʌnrɪˈkwaɪtɪd/ *adj [love]* nieodwzajemniony

unreserved /ˌʌnrɪˈzɜ:vd/ *adj* [1] (free) *[seat]* niezarezerwowany [2] (wholehearted) *[support]* nieograniczony, całkowity, pełny; *[admiration]* bezgraniczny, szczery; *[welcome]* gorący [3] (outgoing) *[person]* otwarty

unreservedly /ˌʌnrɪˈzɜ:vɪdlɪ/ *adv [accept, approve]* w pełni, całkowicie; *[apologize]* szczerze

unresisting /ˌʌnrɪˈzɪstɪŋ/ *adj* niestawiający oporu

unresolved /ˌʌnrɪˈzɒlvd/ *adj* nierozwiązany

unresponsive /ˌʌnrɪˈspɒnsɪv/ *adj* [1] (unmoved) *[person, expression]* obojętny; *[pupil]* oporny; **a thoroughly ~ audience** publiczność, z którą nie można nawiązać kontaktu [2] (physically) niewrażliwy; **he was ~ to any stimulus** nie reagował na żadne bodźce

unrest /ʌnˈrest/ *n* [1] Pol (dissatisfaction) niepokój *m*; (active) rozruchy *plt*, zamieszki *plt*, niepokoje *m pl*; **civil ~** niepokoje społeczne; **industrial ~** akcje protestacyjne robotników [2] (uneasiness) wewnętrzny niepokój *m*

unrestrained /ˌʌnrɪˈstreɪnd/ *adj [growth, proliferation]* niepowstrzymany; *[delight]* bezgraniczny; *[emotion, joy, laugh]* niepohamowany; *[freedom]* nieograniczony

unrestricted /ˌʌnrɪˈstrɪktɪd/ *adj [access, power]* nieograniczony; *[testing, disposal]* niekontrolowany; *[roadway]* niezagrodzony, wolny

unrevealed /ˌʌnrɪˈvi:ld/ *adj* [1] (undetected) nieznany [2] (kept secret) nieujawniony; **~ religion** religia nieobjawiona

unrevised /ˌʌnrɪˈvaɪzd/ *adj [text, draft, version]* nieprzejrzany, niepoprawiony

unrewarded /ˌʌnrɪˈwɔ:dɪd/ *adj* **to be ~** *[patience, effort]* nie zostać nagrodzonym; *[research]* nie przynieść rezultatów; **to go ~** *[patience, talent]* pozostać niedocenionym

unrewarding /ˌʌnrɪˈwɔ:dɪŋ/ *adj [job, task]* niedający satysfakcji, niewdzięczny; **financially ~** niesatysfakcjonujący finansowo

unrighteous /ʌnˈraɪtʃəs/ **I** *n* **the ~** (+ *v pl*) niesprawiedliwi *m pl*

II *adj* Relig bezbożny

unripe /ʌnˈraɪp/ *adj* niedojrzały

unrivalled /ʌnˈraɪvld/ *adj [person, power, collection]* niezrównany; *[splendour]* niedościgniony

unroadworthy /ʌnˈrəʊdwɜ:ðɪ/ *adj [vehicle]* niesprawny, niedopuszczony do ruchu drogowego

unroll /ʌnˈrəʊl/ **I** *vt* rozwi|nąć, -jać *[carpet, sleeping-bag]*

II *vi [film, reel]* rozwi|nąć, -jać się

unromantic /ˌʌnrəˈmæntɪk/ *adj* nieromantyczny; **to be ~** nie mieć w sobie ani odrobiny romantyzmu

unrope /ʌnˈrəʊp/ *vi* (in climbing) odpi|ąć, -nać się od liny

UNRRA *n* = **United Nations Relief and Rehabilitation Administration** Organizacja *f* Narodów Zjednoczonych do Spraw Pomocy i Odbudowy, UNRRA *f*

unruffled /ʌnˈrʌfld/ *adj* [1] (calm) *[person, demeanour]* niewzruszony, nieporuszony; **to be ~** zachować niewzruszony spokój **(by sth** wobec czegoś) [2] (smooth) *[water]* spokojny; *[surface]* gładki; *[hair]* gładko zaczesany

unruled /ʌnˈru:ld/ *adj [paper]* gładki, nieliniowany

unruly /ʌnˈru:lɪ/ *adj [crowd]* niezdyscyplinowany; *[hair, child, behaviour]* niesforny

unsaddle /ʌnˈsædl/ *vt* [1] rozsiodł|ać, -ywać *[horse]* [2] (unseat) wysadz|ić, -ać z siodła also fig *[person]*

unsafe /ʌnˈseɪf/ *adj* [1] (dangerous) *[environment]* niezdrowy; *[working conditions]* niebezpieczny, szkodliwy dla zdrowia; *[drinking water]* niezdatny do picia; *[sex]* bez zabezpieczenia; **that car is ~ to drive** niebezpiecznie jest jechać tym samochodem; **the building was declared ~** uznano, że ten budynek stanowi zagrożenie [2] (threatened) zagrożony; **to feel ~** czuć się zagrożonym, nie czuć się bezpiecznie [3] Jur *[conviction, verdict]* niepewny; **~ and unsatisfactory** bez solidnych podstaw

unsaid /ʌnˈsed/ **I** *pp* → **unsay**

II *adj* niedopowiedziany, przemilczany; **to be** or **go ~** zostać przemilczanym; **to leave sth ~** przemilczeć coś

unsalaried /ʌnˈsælərɪd/ *adj [post, position]* bez wynagrodzenia; *[staff]* nieotrzymujący wynagrodzenia, niepłatny

unsaleable /ʌnˈseɪləbl/ *adj [product, item]* niechodliwy, niepokupny infml

unsalted /ʌnˈsɔ:ltɪd/ *adj* niesolony

unsatisfactorily /ˌʌnsætɪsˈfæktərəlɪ/ *adv [start, end]* niezadowalająco

unsatisfactory /ˌʌnsætɪsˈfæktərɪ/ *adj* niezadowalający, niesatysfakcjonujący

unsatisfied /ʌnˈsætɪsfaɪd/ *adj [person]* niezadowolony, nieusatysfakcjonowany; *[need, desire]* niezaspokojony; **she remains ~** wciąż jest niezadowolona **(with sth** z czegoś)

unsatisfying /ʌnˈsætɪsfaɪɪŋ/ *adj* niezadowalający

unsaturated /ʌnˈsætʃəreɪtɪd/ *adj [fat, oil]* nienasycony

unsavoury GB, **unsavory** US /ʌnˈseɪvərɪ/ *adj [business, individual]* podejrzany; *[smell]* nieprzyjemny, nieapetyczny; *[food]* niesmaczny; **it's all very ~** to wszystko budzi niesmak

unsay /ʌnˈseɪ/ *vt* (*pt, pp* **unsaid**) cof|nąć, -ać, odwoł|ać, -ywać *[words]*; **what's said cannot be unsaid** raz wypowiedzianych słów nie da się cofnąć

unscathed /ʌnˈskeɪðd/ *adj* bez szwanku; **the accident left her ~** wyszła z wypadku bez szwanku; **he emerged ~ from the affair** cała ta sprawa nie zaszkodziła mu

unscented /ʌnˈsentɪd/ *adj* nieperfumowany; *[cosmetics, detergents]* bezzapachowy

unscheduled /ʌnˈʃedju:ld, US ʌnˈskedʒʊld/ *adj [appearance, speech, performance]* nieplanowany, poza programem; *[stop, break, event]* nieprzewidziany; *[flight]* pozarozkładowy, dodatkowy

unscholarly /ʌnˈskɒləlɪ/ *adj [approach, work, analysis]* nienaukowy; *[person]* niewykształcony

unschooled /ʌnˈsku:ld/ *adj* [1] *[person]* niewykształcony; *[ear]* niewprawny; *[taste]* niewyrobiony; **to be ~ in sth** nie zostać nauczonym czegoś *[courtly manners, art of conversation]* [2] (instinctive) spontaniczny [3] Equest *[horse]* nieułożony

unscientific /ˌʌnsaɪənˈtɪfɪk/ *adj [approach, experiment]* nienaukowy; **to be ~** *[method, theory]* być w sprzeczności z nauką; *[person]* (lacking knowledge) być dyletantem; (lacking interest in science) nie mieć naukowego zacięcia

unscramble /ʌnˈskræmbl/ *vt* [1] (decipher) rozszyfrow|ać, -ywać *[code, message, words]* [2] (sort out) po|układać, u|porządkować *[thoughts, ideas]*; **~ the letters to give the name of a bird** z podanych liter ułóż nazwę ptaka

unscratched /ʌnˈskrætʃt/ *adj [car, paintwork]* niezadraśnięty, niezadrapany

unscrew /ʌnˈskru:/ **I** *vt* odkręc|ić, -ać *[nut, lid, top]*

II *vi [lid, top]* odkręc|ić, -ać się

unscripted /ʌnˈskrɪptɪd/ *adj [broadcast]* nadawany na żywo; *[speech]* zaimprowizowany

unscrupulous /ʌnˈskru:pjʊləs/ *adj [person]* pozbawiony skrupułów; *[tactic, method]* bez skrupułów

unscrupulously /ʌnˈskru:pjʊləslɪ/ *adv [behave, treat]* bez skrupułów

unscrupulousness /ʌnˈskru:pjʊləsnɪs/ *n* brak *m* skrupułów

unseal /ʌnˈsi:l/ *vt* odplombow|ać, -ywać, rozplombow|ać, -ywać *[container]*; odpieczętow|ać, -ywać, rozpieczętow|ać, -ywać *[envelope, packet]*

unsealed /ʌnˈsi:ld/ *adj [envelope]* niezapieczętowany; **by ~ writing** Jur bez zachowania formy szczególnej

unseasonable /ʌnˈsi:znəbl/ *adj [weather]* nietypowy; *[clothing]* nieodpowiedni do pory roku

U

unseasonably /ʌn'si:znəblɪ/ *adv* **it is ~ hot/cold** jest zbyt ciepło/zimno jak na tę porę roku
unseasoned /ʌn'si:znd/ *adj* [1] Culin *[food]* nieprzyprawiony [2] *[wood]* niesezonowany; *[person]* fig niedoświadczony
unseat /ʌn'si:t/ *vt* [1] Equest zrzuc|ić, -ać, wysadz|ić, -ać z siodła *[rider]* [2] Pol pozbawi|ć, -ać urzędu; **the MP was ~ed at the last election** ten poseł przepadł w ostatnich wyborach
unseaworthy /ʌn'si:wɜ:ðɪ/ *adj [boat, ship]* niezdatny do żeglugi
unsecured /ˌʌnsɪ'kjʊəd/ *adj* Fin *[loan, creditor]* niezabezpieczony
unseeded /ʌn'si:dɪd/ *adj* [1] Sport nierozstawiony [2] *[fruit]* bezpestkowy
unseeing /ʌn'si:ɪŋ/ **I** *adj [eyes]* niewidzący **II** *adv [gaze]* niewidzącym wzrokiem
unseemliness /ʌn'si:mlɪnɪs/ *n* fml niestosowność *f*, niewłaściwość *f* **(of sth** czegoś**)**
unseemly /ʌn'si:mlɪ/ *adj* fml *[conduct, language, dress]* niestosowny, niewłaściwy
unseen /ʌn'si:n/ **I** *n* GB Sch tłumaczenie *n* na żywo, bez przygotowania
II *adj* [1] (invisible) *[figure, orchestra, assistant]* niewidoczny; *[hand]* niewidzialny [2] (unnoticed) *[escape]* niezauważony [3] Sch *[translation]* na żywo, bez przygotowania
III *adv [escape, slip away]* niepostrzeżenie, niezauważenie
unselfconscious /ˌʌnself'kɒnʃəs/ *adj [person]* (natural, spontaneous) nieskrępowany; (uninhibited) bez kompleksów; **he was quite ~ about his weight** nic sobie nie robił ze swojej tuszy
unselfconsciously /ˌʌnself'kɒnʃəslɪ/ *adv [talk, act, behave]* śmiało, bez skrępowania
unselfconsciousness /ˌʌnself'kɒnʃəsnɪs/ *n* śmiałość *f*, brak *m* skrępowania
unselfish /ʌn'selfɪʃ/ *adj [person]* niesamolubny, pozbawiony egoizmu; *[act]* bezinteresowny
unselfishly /ʌn'selfɪʃlɪ/ *adv* bezinteresownie
unselfishness /ʌn'selfɪʃnɪs/ *n* bezinteresowność *f*
unsentimental /ˌʌnsentɪ'mentl/ *adj [speech, account, documentary]* beznamiętny, rzeczowy; *[film, novel]* nieodwołujący się do uczuć; *[person]* chłodny, mało uczuciowy
unserviceable /ʌn'sɜ:vɪsəbl/ *adj [machine, tool]* zużyty, niezdatny do użytku
unsettle /ʌn'setl/ *vt* porusz|yć, -ać, za|niepokoić, wywoł|ać, -ywać niepokój (kogoś) *[person, audience]*; zakłó|cić, -cać *[discussion, economy, process]*; **melon ~s my stomach** melon szkodzi mi na żołądek
unsettled /ʌn'setld/ *adj* [1] (troubled, restless) *[period]* nerwowy; **~ childhood** trudne dzieciństwo; **she's ~ and nervous** jest niespokojna i podenerwowana; **I feel ~ in my new job** w nowej pracy czuję się niezbyt pewnie; **to have an ~ stomach** mieć rozstrój żołądka [2] (unstable) *[economy]* nieustabilizowany; (changeable, unpredictable) *[weather]* zmienny [3] (undecided) *[issue, question, dispute]* nierozstrzygnięty; *[future]* niepewny [4] (unpaid) *[bill, account]* nieuregulowany [5] (unpopulated) niezamieszkany
unsettling /ʌn'setlɪŋ/ *adj [question, implication, experience, news]* niepokojący; *[effect]* destabilizujący; *[work of art]* intrygujący, niepokojący; **her arrival had a very ~ effect on him** jej przyjazd kompletnie wytrącił go z równowagi; **psychologically ~** traumatyczny
unsexed /ʌn'sekst/ *adj [animal]* o nieokreślonej płci; fig bezpłciowy
unsexy /ʌn'seksɪ/ *adj* nieseksowny, mało seksowny
unshackle /ʌn'ʃækl/ *vt* rozku|ć, -wać *[prisoner]*; fig (free) wyzw|olić, -alać *[energies, talent]*
unshaded /ʌn'ʃeɪdɪd/ *adj* [1] *[bulb]* nieosłonięty; *[lamp]* bez abażura; *[place]* nieocieniony [2] Art *[drawing]* niezacieniowany
unshak(e)able /ʌn'ʃeɪkəbl/ *adj [belief, conviction, certainty]* niewzruszony, niezachwiany
unshak(e)ably /ʌn'ʃeɪkəblɪ/ *adv [convinced, firm]* niezachwianie, niewzruszenie
unshaken /ʌn'ʃeɪkən/ *adj [person]* niewzruszony; *[belief, trust]* niezachwiany
unshaven /ʌn'ʃeɪvn/ *adj* nieogolony
unsheathe /ʌn'ʃi:ð/ *vt* wyj|ąć, -mować z pochwy *[knife]*; doby|ć, -wać (czegoś), obnaż|yć, -ać liter *[sword]*
unship /ʌn'ʃɪp/ *vt* (*prp, pt, pp* **-pp-**) Naut [1] (unload) wyładow|ać, -ywać ze statku *[goods, cargo]* [2] (remove) z|demontować *[oars, mast]*
unshockable /ʌn'ʃɒkəbl/ *adj* **she's quite ~** nic nie jest w stanie jej zaszokować
unshod /ʌn'ʃɒd/ *adj [person]* bez butów; *[horse]* niepodkuty
unshrinkable /ʌn'ʃrɪŋkəbl/ *adj [fabric, garment]* niekurczliwy, niezbiegający się
unsighted /ʌn'saɪtɪd/ *adj* Sport **to be ~** mieć zasłonięte pole widzenia **(by sb/sth** przez kogoś/coś**)**
unsightliness /ʌn'saɪtlɪnɪs/ *n* szpetota *f*, brzydota *f*
unsightly /ʌn'saɪtlɪ/ *adj [blemish, scar]* szpecący; *[building]* szpetny
unsigned /ʌn'saɪnd/ *adj [letter, document]* niepodpisany
unsinkable /ʌn'sɪŋkəbl/ *adj* [1] (unable to be sunk) *[ship, object]* niezatapialny [2] fig hum *[person]* nie do zdarcia infml fig
unskilful GB, **unskillful** US /ʌn'skɪlfl/ *adj* nieporadny, niewprawny
unskilfully GB, **unskillfully** US /ʌn'skɪlfəlɪ/ *adj* nieporadnie, niewprawnie
unskilled /ʌn'skɪld/ *adj [worker, labour]* niewykwalifikowany; *[job, work]* niewymagający kwalifikacji
unskimmed /ʌn'skɪmd/ *adj [milk]* nieodtłuszczony, pełnotłusty
unsliced /ʌn'slaɪst/ *adj [loaf]* niepokrojony
unsmiling /ʌn'smaɪlɪŋ/ *adj [person]* nieuśmiechnięty, bez uśmiechu; *[face, eyes]* poważny
unsmoked /ʌn'sməʊkt/ *adj [bacon]* surowy; *[fish]* niewędzony
unsnarl /ʌn'snɑ:l/ *vt* rozpląt|ać, -ywać *[threads]*; rozładow|ać, -ywać *[traffic jam]*
unsociability /ʌnˌsəʊʃə'bɪlətɪ/ *n* nietowarzyskość *f*
unsociable /ʌn'səʊʃəbl/ *adj [person]* nietowarzyski; **to work ~ hours** pracować w nietypowych godzinach *(wieczorami, w weekendy)*
unsocial /ʌn'səʊʃl/ *adj* **~ hours** nietypowe godziny pracy *(wieczorem, nocą, w weekendy)*
unsold /ʌn'səʊld/ *adj* niesprzedany
unsolicited /ˌʌnsə'lɪsɪtɪd/ *adj [goods, service]* niezamawiany; *[advice]* nieproszony; *[violence]* niesprowokowany; **~ junk mail** reklamy przesyłane pocztą
unsolvable /ʌn'sɒlvəbl/ *adj [mystery, problem]* nierozwiązywalny
unsolved /ʌn'sɒlvd/ *adj [problem]* nierozwiązany; *[murder, mystery]* niewyjaśniony
unsophisticated /ˌʌnsə'fɪstɪkeɪtɪd/ *adj* [1] (not refined) *[person]* prosty, niewyrobiony; *[mind]* nieskomplikowany; *[taste]* niewyszukany [2] (not complicated or highly developed, basic) *[tool, device, method, analysis]* nieskomplikowany, prosty
unsought /ʌn'sɔ:t/ *adj [opinion]* nieproszony; *[presence]* niepożądany
unsound /ʌn'saʊnd/ *adj [foundations, floorboards, roof]* niesolidny, słaby; *[argument]* oparty na błędnych przesłankach; *[health]* słaby, wątły; Fin *[credit, investment, loan]* niepewny, ryzykowny; **politically/economically ~** błędny z punktu widzenia polityki/ekonomii; **to be ~ of mind** Jur być nie w pełni władz umysłowych
unsparing /ʌn'speərɪŋ/ *adj* [1] (profuse) *[generosity, devotion]* bezgraniczny; **to be ~ in one's efforts to do sth** nie szczędzić wysiłków, żeby coś zrobić [2] (merciless) *[person, demands]* bezlitosny, bezwzględny; **she was ~ in her criticism of the project** nie zostawiła na tym projekcie suchej nitki
unsparingly /ʌn'speərɪŋlɪ/ *adv* [1] (generously) *[give, devote oneself]* bezgranicznie [2] (mercilessly) *[critical, harsh]* bezlitośnie, bezwzględnie
unspeakable /ʌn'spi:kəbl/ *adj* [1] (dreadful) *[pain, sorrow]* niewypowiedziany, niewysłowiony; *[noise]* nie do opisania; **what he did was ~** brak słów na to, co zrobił [2] (inexpressible) *[joy, delight]* niewypowiedziany, nieopisany
unspeakably /ʌn'spi:kəblɪ/ *adv* [1] (dreadfully) okropnie [2] (inexpressibly) niewypowiedzianie, niewysłowienie; **~ beautiful/romantic** niewysłowienie piękny/romantyczny
unspecific /ˌʌnspə'sɪfɪk/ *adj* ogólnikowy; nieswoisty fml; **to be ~ about sth** ograniczyć się do ogólników na temat czegoś
unspecifically /ˌʌnspə'sɪfɪklɪ/ *adv* ogólnikowo
unspecified /ʌn'spesɪfaɪd/ *adj* nieokreślony, nieustalony, niesprecyzowany
unspectacular /ˌʌnspek'tækjʊlə(r)/ *adj [achievement, success]* mało spektakularny; *[performance]* mało efektowny
unspent /ʌn'spent/ *adj* [1] *[money]* niewydany; **the grant remains ~** subwencja pozostaje niewykorzystana [2] fig *[rage]* niewyładowany
unspoiled /ʌn'spɔɪld/ *adj [landscape]* zachowany w naturalnym stanie; *[village]* zachowany w nienaruszonym stanie; *[content]* nieuszkodzony; *[person]* niezepsuty **(by sth** czymś**)**; **she was ~ by fame** sława nie zawróciła jej w głowie
unspoilt /ʌn'spɔɪlt/ *adj* = **unspoiled**
unspoken /ʌn'spəʊkən/ *adj* [1] (secret) *[desire, question, fear]* niewypowiedziany [2] (implicit) *[agreement, threat, plea]* milczący

unsporting /ʌn'spɔ:tɪŋ/ *adj [behaviour]* niesportowy; **it was ~ of you to complain about the decision** zachowałeś się niesportowo, skarżąc się na tę decyzję
unsportsmanlike /ʌn'spɔ:tsmənlaɪk/ *adj* Sport **~ conduct** niesportowe zachowanie
unspotted /ʌn'spɒtɪd/ *adj* liter (morally blameless) *[character, reputation]* nieskalany, nieskazitelny
unstable /ʌn'steɪbl/ *adj* (unsteady) *[structure, foundation]* chwiejny; (not secure) *[government]* niestabilny; *[relations]* nieustabilizowany; (changeable) *[prices]* niestabilny; *[weather]* zmienny, nieustabilizowany; *[pulse]* nieregularny; (mentally or emotionally unbalanced) *[person]* niezrównoważony
unstained /ʌn'steɪnd/ *adj* [1] (not coloured) *[glass]* niebarwiony, nielazurowany; *[wood]* niegruntowany, niebejcowany; *[material]* niepoplamiony [2] fig (unsullied) *[character, reputation]* bez skazy
unstamped /ʌn'stæmpt/ *adj [passport, form]* nieostemplowany; *[envelope]* bez znaczka
unstated /ʌn'steɪtɪd/ *adj [conviction]* cichy; *[assumption]* milczący; *[violence]* tłumiony
unstatesmanlike /ʌn'steɪtsmənlaɪk/ *adj* niegodny męża stanu
unsteadily /ʌn'stedɪlɪ/ *adv [walk, stand, rise]* niepewnie, chwiejnie; **she swayed ~ forwards** zachwiała się do przodu; **the candle was burning dimly and ~** świeca paliła się słabym i nierównym płomieniem
unsteadiness /ʌn'stedɪnɪs/ *n* (of structure) niestabilność *f*; (of walk) chwiejność *f*, niepewność *f*; (of hand, voice) drżenie *n*
unsteady /ʌn'stedɪ/ *adj* [1] (wobbly) *[legs, ladder, structure]* chwiejny; *[voice, hands]* drżący; **to be ~ on one's feet** chwiać się na nogach [2] (irregular) *[pulse, speed]* nierówny [3] (erratic) *[behaviour, person]* niezdecydowany
unstick /ʌn'stɪk/ *vt* (*pt, pp* **-stuck**) odkle|ić, -jać, odlepi|ć, -ać
unstinted /ʌn'stɪntɪd/ *adj [generosity, praise]* bezgraniczny, niezmierny; *[effort]* niezmordowany
unstinting /ʌn'stɪntɪŋ/ *adj [effort]* niezmordowany; *[support]* bezgraniczny; **to be ~ in one's praise of sb** nie szczędzić komuś pochwał; **to be ~ in one's efforts to do sth** nie ustawać w dążeniach, żeby coś zrobić
unstitch /ʌn'stɪtʃ/ *vt* rozpru|ć, -wać *[seam]*; **to come ~ed** rozpruć się
unstop /ʌn'stɒp/ *vt* (*prp, pt, pp* **-pp-**) przet|kać, -ykać *[pipe, sink]*; odkorkow|ać, -ywać *[bottle]*
unstoppable /ʌn'stɒpəbl/ *adj [force, momentum]* nie do zatrzymania; *[athlete, leader]* nie do pobicia; *[progress, growth]* niepowstrzymany
unstrap /ʌn'stræp/ (*prp, pt, pp* **-pp-**) **I** *vt* [1] (undo) odpi|ąć, -nać pas(y) z (czegoś) *[suitcase]* [2] (detach) odpi|ąć, -nać *[bike, case]* **(from sth** od czegoś)
II *vi* **to ~ oneself** rozpiąć pasy bezpieczeństwa
unstressed /ʌn'strest/ *adj* Ling *[vowel, word]* nieakcentowany
unstring /ʌn'strɪŋ/ *vt* (*pt, pp* **-strung**) [1] (remove) zd|jąć, -ejmować naciąg z (czegoś) *[racket]*; zd|jąć, -ejmować struny z (czegoś) *[instrument]*; zd|jąć, -ejmować z nitki/żyłki *[beads, pearls]* [2] (weaken emotionally) rozstr|oić, -ajać *[person, nerves]*
unstructured /ʌn'strʌktʃəd/ *adj [article, speech, day, work]* bez dokładnego planu; *[programme]* luźny; *[data]* nieuporządkowany
unstrung /ʌn'strʌŋ/ **I** *pp* → **unstring**
II *adj [racket]* bez naciągu; *[instrument]* bez strun; **to come ~** *[racket]* mieć przerwany naciąg; *[instrument]* mieć pękniętą strunę; *[beads]* rozsypać się
unstuck /ʌn'stʌk/ **I** *pp* → **unstick**
II *adj* [1] **to come ~** *[stamp, glue]* odkleić się [2] infml fig **to come ~** *[person, organization]* ponieść porażkę; *[plan, system]* zawieść; **to come ~ in one's exams** zawalić egzaminy infml
unstudied /ʌn'stʌdɪd/ *adj [elegance, charm]* naturalny, niewymuszony
unsubdued /ˌʌnsəb'dju:d, US -'du:d/ *adj [rebellion]* niestłumiony; **to remain ~** *[person]* nie poddawać się
unsubsidized /ʌn'sʌbsɪdaɪzd/ *adj [performance, activity]* niesubwencjonowany
unsubstantial /ˌʌnsəb'stænʃl/ *adj* (not well founded) *[argument, claim]* bezpodstawny; (flimsy) *[material, garment]* powiewny; *[structure]* lekki; (not nourishing) *[meal]* niepełnowartościowy
unsubstantiated /ˌʌnsəb'stænʃɪeɪtɪd/ *adj [claim, rumour]* niepotwierdzony; *[accusation]* bezpodstawny
unsuccessful /ˌʌnsək'sesfl/ *adj* [1] *[attempt, bid, campaign, love affair, novel, production]* nieudany; *[effort, search]* daremny; **to be ~** *[attempt]* nie powieść się, nie udać się; *[effort]* pójść na marne, nie zdać się na nic [2] *[candidate]* (for job) odrzucony; (in elections) przegrany; *[business person]* pechowy; *[bidder]* przegrany; *[artist]* niepopularny; zapoznany dat; **to be ~ in doing sth** nie zdołać czegoś zrobić; **she was ~ with her application** jej podanie zostało odrzucone
unsuccessfully /ˌʌnsək'sesfəlɪ/ *adv [try, urge]* daremnie; *[bid]* bez powodzenia
unsuitability /ʌnˌsu:tə'bɪlətɪ/ *n* (of clothing, language) niestosowność *f*, niewłaściwość *f*; (of location, site) nieodpowiedniość *f*; **her ~ for the job** jej brak predyspozycji do tej pracy
unsuitable /ʌn'su:təbl/ *adj [location, equipment, accommodation, date, time, film]* nieodpowiedni, niewłaściwy; *[clothing, moment]* niestosowny, nieodpowiedni; *[friend]* nieodpowiedni; **to be ~ for sth** nie nadawać się do czegoś; **~ for young children** nieodpowiedni dla małych dzieci; **she's ~ for the job** ona nie nadaje się do tej pracy
unsuitably /ʌn'su:təblɪ/ *adv* nieodpowiednio, niestosownie; **he was ~ dressed** był niestosownie or nieodpowiednio ubrany; **~ matched** *[people]* niedobrani, źle dobrani
unsuited /ʌn'su:tɪd/ *adj* niedostosowany; **posts ~ to their talents** stanowiska nieodpowiadające ich zdolnościom; **she is ~ to country life/teaching children** ona nie nadaje się do życia na wsi/uczenia dzieci; **they're ~ (to each other/as a couple)** tworzą niedobraną parę
unsullied /ʌn'sʌlɪd/ *adj* liter *[person, character]* bez skazy; *[reputation]* nieskalany, nieskazitelny, bez skazy
unsung /ʌn'sʌŋ/ *adj* liter *[hero, achievements]* niedoceniony
unsupervised /ʌn'su:pəvaɪzd/ *adj [staff, workers]* nienadzorowany; *[child]* bez opieki, bez nadzoru; *[activity]* bez nadzoru
unsupported /ˌʌnsə'pɔ:tɪd/ **I** *adj* [1] *[hypothesis, allegation, claim]* nieuzasadniony [2] Mil *[troops]* bez wsparcia [3] *[structure]* niepodparty, niepodtrzymywany [4] *[person, family, activity]* bez wsparcia finansowego
II *adv [stand]* bez podparcia; *[fight, advance, stay]* bez wsparcia
unsupportive /ˌʌnsə'pɔ:tɪv/ *adj* niedający wsparcia; **his colleagues were ~** koledzy go nie wspierali
unsure /ʌn'ʃɔ:(r), US -'ʃʊər/ *adj* niepewny; **to be ~ of sth** nie być pewnym or być niepewnym czegoś; **to be ~ of whether...** nie być pewnym, czy...; **to be ~ about how/where to do sth** nie być pewnym, jak/gdzie coś zrobić; **to be ~ about going/staying** nie wiedzieć, czy pójść /czy zostać; **to be ~ of oneself** nie mieć pewności siebie; **he was ~ of the reception he would get** nie był pewny, jak zostanie przyjęty
unsurpassable /ˌʌnsə'pɑ:səbl, US -'pæst/ *adj* nieprześcigniony, niezrównany
unsurpassed /ˌʌnsə'pɑ:st, US -'pæst/ *adj [beauty]* niezrównany; *[mastery]* niedościgniony; **to be ~** nie mieć sobie równych **(in sth** w czymś)
unsurprising /ˌʌnsə'praɪzɪŋ/ *adj* **it is ~ that...** nie jest rzeczą zaskakującą, że...; **an ~ reaction** reakcja, której można się było spodziewać
unsurprisingly /ˌʌnsə'praɪzɪŋlɪ/ *adv* jak można było się spodziewać
unsuspected /ˌʌnsə'spektɪd/ *adj* [1] (hidden) *[talent, implications, difficulties]* niespodziewany, nieoczekiwany [2] (not under suspicion) *[person]* niepodejrzewany
unsuspecting /ˌʌnsə'spektɪŋ/ *adj [person, public]* niczego niepodejrzewający; **the stranger, ~...** niczego nie podejrzewając, nieznajomy...
unswayed /ʌn'sweɪd/ *adj* **to be ~ by sth** pozostawać głuchym na coś *[suggestions, pleas]*
unsweetened /ʌn'swi:tnd/ *adj [juice]* bez dodatku cukru; *[tea, coffee]* gorzki, bez cukru
unswept /ʌn'swept/ *adj [floor, leaves]* niezamieciony; *[chimney]* nieoczyszczony
unswerving /ʌn'swɜ:vɪŋ/ *adj [resolve]* niezachwiany, niezłomny; *[loyalty, devotion]* bezgraniczny
unswervingly /ʌn'swɜ:vɪŋlɪ/ *adv [continue, persist]* niezachwianie, niezłomnie; *[loyal, faithful]* bezgranicznie
unsymmetrical /ˌʌnsɪ'metrɪkl/ *adj* niesymetryczny, asymetryczny
unsympathetic /ˌʌnsɪmpə'θetɪk/ *adj* [1] (uncaring) *[person, attitude, tone, manner]* obojętny, nieczuły; **to be ~ to sb** nie okazać komuś współczucia/zrozumienia [2] (unattractive) *[person, character]* niesympatyczny, antypatyczny; *[environment, building]* odpychający [3] (unsupportive) **to be ~ to sth** być nieprzychylnym czemuś *[cause,*

U

movement, policy] [4] Ecol *[policy, measure]* szkodliwy dla środowiska

unsympathetically /ˌʌnsɪmpəˈθetɪklɪ/ *adv* obojętnie

unsystematic /ˌʌnsɪstəˈmætɪk/ *adj* niesystematyczny

unsystematically /ˌʌnsɪstəˈmætɪklɪ/ *adv* niesystematycznie

untainted /ʌnˈteɪntɪd/ *adj [food]* niezepsuty; *[water]* nieskażony; *[reputation]* nieskalany; *[mind]* nieskażony

untamable /ʌnˈteɪməbl/ *adj* [1] *[lion, tiger, bird, fox]* niedający się oswoić [2] fig *[passion, spirit]* niedający się poskromić

untamed /ʌnˈteɪmd/ *adj [lion, bird, fox]* nieoswojony; fig *[passion, person]* nieposkromiony, nieokiełznany; *[wilderness]* dziewiczy

untangle /ʌnˈtæŋgl/ **I** *vt* rozpląt|ać, -ywać *[threads]*; rozwikł|ać, -ywać *[difficulty, mystery]*

II *vi* **to ~ oneself** (from net, wire, situation) wypląt|ać, -ywać się

untanned /ʌnˈtænd/ *adj* [1] *[arms, legs, face]* nieopalony [2] *[hide]* niewygarbowany

untapped /ʌnˈtæpt/ *adj [reserve, talent, skills]* niewykorzystany

untarnished /ʌnˈtɑːnɪʃt/ *adj [sheen, reputation]* nieskazitelny, bez skazy

untasted /ʌnˈteɪstɪd/ *adj [food]* nietknięty; **she left the food ~** nie tknęła jedzenia

untaught /ʌnˈtɔːt/ *adj [genius, skill]* wrodzony, naturalny

untaxable /ʌnˈtæksəbl/ *adj [income, goods]* niepodlegający opodatkowaniu

untaxed /ʌnˈtækst/ *adj* Tax *[goods, income]* nieopodatkowany

unteachable /ʌnˈtiːtʃəbl/ *adj [person]* niewyuczalny; *[subject, skill]* nie do nauczenia

untempered /ʌnˈtempəd/ *adj* [1] *[steel]* niehartowany [2] fig *[justice]* niezłagodzony **(by sth** czymś, przez coś); *[pleasure]* niezmącony **(by sth** czymś)

untenable /ʌnˈtenəbl/ *adj [standpoint, argument]* nie do obrony

untenanted /ʌnˈtenəntɪd/ *adj [flat]* niewynajęty

untended /ʌnˈtendɪd/ *adj [flock]* niepilnowany; *[garden]* zaniedbany; *[patient]* pozostawiony bez opieki

untested /ʌnˈtestɪd/ *adj* [1] *[theory, assertion, method, system]* niesprawdzony, niewypróbowany; *[drug]* nietestowany [2] Psych *[person]* nietestowany

unthinkable /ʌnˈθɪŋkəbl/ *adj [prospect, action]* nieprawdopodobny; **it is ~ that...** to nie do pomyślenia, żeby...

unthinking /ʌnˈθɪŋkɪŋ/ *adj [person, remark, criticism]* bezmyślny

unthinkingly /ʌnˈθɪŋkɪŋlɪ/ *adv [behave, react, drop]* bezmyślnie, bezrozumnie; *[cruel, stupid]* w sposób bezmyślny

unthought-of /ʌnˈθɔːtɒv/ *adj* niewyobrażalny, niesłychany; **hitherto ~** wcześniej nie do pomyślenia

unthread /ʌnˈθred/ *vt* wywle|c, -kać nitkę z (czegoś) *[needle]*; zd|jąć, -ejmować z nitki /żyłki *[pearls]*

untidily /ʌnˈtaɪdɪlɪ/ *adv [kept, strewn, scattered]* nieporządnie; **to be ~ dressed** być niedbale ubranym

untidiness /ʌnˈtaɪdɪnɪs/ *n* nieporządek *m*, bałagan *m*, nieład *m*

untidy /ʌnˈtaɪdɪ/ *adj [person]* nieporządny; (in appearance) niechlujny, niedbały; *[habits, clothes, hair]* niechlujny; *[room]* nieposprzątany; **he looks very ~** wygląda bardzo niechlujnie; **his clothes lay in an ~ heap** jego ubranie leżało rzucone byle jak

untie /ʌnˈtaɪ/ *vt* (*prp* **-tying**) rozwiąz|ać, -ywać *[knot, rope, lace, parcel, hands, hostage]*; **to come ~d** *[laces, parcel]* rozwiązać się

until /ənˈtɪl/ **I** *prep* [1] (*also* **till**) (up to a given point) do (czegoś); (after negative verbs) dopiero; **~ Tuesday** do wtorku; **~ the sixties** do lat sześćdziesiątych; **~ very recently** do bardzo niedawna; **~ a year ago** jeszcze rok temu; **~ now** dotychczas; **~ then** do tego czasu; **(up) ~ 1901** do 1901 roku; **valid (up) ~ April 1993** ważny do kwietnia 1993 roku; **you have ~ the end of the month** masz czas do końca miesiąca; **~ the day he died** do dnia (jego) śmierci; **~ well after midnight** jeszcze dobrze po północy; **to wait ~ after Easter** czekać aż minie Wielkanoc; **from Monday ~ Saturday** od poniedziałku do soboty; **put it off ~ tomorrow** odłóż to do jutra; **~ such time as you find work** do czasu, kiedy znajdziesz pracę; **it won't be ready ~ next week** to będzie gotowe dopiero w przyszłym tygodniu; **I won't know ~ Tuesday** dowiem się dopiero we wtorek; **they didn't ring ~ the following day** zadzwonili dopiero następnego dnia; **it wasn't ~ the 50's that...** dopiero w latach pięćdziesiątych...; **nothing changed ~ after the war** zmiany nastąpiły dopiero po wojnie [2] (as far as) **stay on the bus ~ Egham** wysiądź dopiero w Egham

II *conj* (*also* **till**) (to a given point) aż; (before fulfilment of condition) dopóki nie, zanim; **we'll stay ~ a solution is reached** zostaniemy, aż znajdziemy rozwiązanie; **and so it continued ~ they left** i tak trwało, dopóki nie wyszli; **let's watch TV ~ they arrive** poglądajmy telewizję, dopóki nie przyjdą; poglądajmy telewizję do ich przyjścia; **things won't improve ~ we have democracy** dopóki nie zaprowadzimy demokracji, sytuacja się nie polepszy; **stir the mixture ~ (it is) smooth** Culin mieszaj aż do uzyskania gładkiej masy; **~ you are dead** Jur aż do śmierci; **I'll wait ~ I get back (before doing sth)** poczekam (ze zrobieniem czegoś), aż wrócę; **wait ~ I get back** poczekaj, aż wrócę; poczekaj do mojego powrotu; **wait ~ I tell you!** czekaj! coś ci powiem!; **she waited ~ she was alone/they were alone** poczekała, aż zostanie sama/zostaną sami; **don't look ~ I tell you to** nie patrz, dopóki ci nie powiem; **you can't leave ~ you have completed the course** nie możesz wyjechać, dopóki nie ukończysz kursu; **don't ring me ~ you know for sure** nie dzwoń do mnie, dopóki nie będziesz wiedział na pewno; **we can't decide ~ we know the details** nie możemy podjąć decyzji, dopóki nie poznamy szczegółów; **not ~ then did she realize that...** dopiero wówczas zdała sobie sprawę, że... → **death**

untilled /ʌnˈtɪld/ *adj [land, field]* nieuprawny; **to be left ~** leżeć odłogiem

untimely /ʌnˈtaɪmlɪ/ *adj* [1] (inopportune) liter *[arrival, announcement, intervention]* nie w porę, w nieodpowiednim momencie; niewczesny liter; *[moment]* niedogodny, niefortunny [2] (premature) *[death, end]* przedwczesny; **to come to an ~ end** *[activity]* zakończyć się przed czasem; *[enterprise]* upaść; *[person]* umrzeć przedwcześnie

untiring /ʌnˈtaɪərɪŋ/ *adj [person, enthusiasm]* niestrudzony, niezmordowany

untiringly /ʌnˈtaɪərɪŋlɪ/ *adv* niestrudzenie, niezmordowanie

unto /ˈʌntʊ/ *prep* dat = **to**

untold /ʌnˈtəʊld/ *adj* [1] (not quantifiable) niezliczony; **~ millions** wiele milionów; **~ damage** nieobliczalne straty [2] (endless) *[joy, misery]* nieopisany [3] liter (not told) przemilczany; **no event is left ~** żadne zdarzenie nie zostanie przemilczane; **the ~ story of sth** kulisy czegoś fig

untouchable /ʌnˈtʌtʃəbl/ **I** *n* Relig **the ~s** niedotykalni *m pl*

II *adj* (beyond control, criticism) nietykalny; (out of reach) *[sportsman]* niedościgniony

untouched /ʌnˈtʌtʃt/ *adj* [1] (unchanged) *[façade, structure]* nienaruszony, nietknięty [2] (unscathed) *[person]* bez szwanku [3] (unaffected) nieczuły, obojętny **(by sth** na coś) [4] (uneaten) *[meal, food]* nietknięty; **to leave a meal ~** nie tknąć jedzenia

untoward /ˌʌntəˈwɔːd, US ʌnˈtɔːrd/ *adj* [1] (unforeseen) *[happening, discovery]* nieprzewidziany; **I'll come if nothing ~ happens** przyjdę, jeśli nie wydarzy się nic nieprzewidzianego [2] (unpleasant) *[events, effects]* niefortunny, niemiły; (unseemly) *[glee, remark]* niewłaściwy, niestosowny

untraceable /ʌnˈtreɪsəbl/ *adj* niewykrywalny

untraced /ʌnˈtreɪst/ *adj [source, cause]* niewykryty; *[missing person, letter, record]* nieodnaleziony

untrained /ʌnˈtreɪnd/ *adj* [1] *[workers, school-leavers]* nieprzyuczony do zawodu, nieprzeszkolony [2] *[voice]* nieszkolony; *[eye, ear]* niewprawny; *[artist, actor]* niedoświadczony; **to be ~ in sth** nie mieć doświadczenia w czymś [3] *[dog, horse]* nieułożony

untrammelled GB, **untrammeled** US /ʌnˈtræmld/ *adj [person, mind, life]* nieskrępowany

untranslatable /ˌʌntrænzˈleɪtəbl/ *adj [word, idiom]* nieprzetłumaczalny; **~ into English** nieprzetłumaczalny na angielski

untravelled GB, **untraveled** US /ʌnˈtrævld/ *adj [person]* nieznający świata; *[road, area]* nieuczęszczany; **largely ~** bardzo mało uczęszczany

untreatable /ʌnˈtriːtəbl/ *adj [disease]* nieuleczalny

untreated /ʌnˈtriːtɪd/ *adj [sewage, water]* nieoczyszczony; *[illness]* nieleczony; *[road]* nieutwardzony

untried /ʌnˈtraɪd/ *adj* [1] *[recruit, beginner]* niedoświadczony; *[technology, method]* niewypróbowany, niesprawdzony; *[product]* nie(prze)testowany [2] Jur *[prisoner]* nieosądzony

untrodden /ʌn'trɒdn/ *adj* liter *[snow, territory]* dziewiczy, nietknięty ludzką stopą; *[path]* niewydeptany

untroubled /ʌn'trʌbld/ *adj [face, life, appearance, person]* beztroski, spokojny; *[water]* niezmącony; **to be ~ by sth** nie przejąć się czymś *[news, threat]*; **to be ~ by doubt** nie mieć żadnych wątpliwości

untrue /ʌn'tru:/ *adj* [1] (false) *[allegation, rumour]* nieprawdziwy; *[report]* niezgodny z prawdą [2] (inaccurate) *[tool, instrument]* nieprecyzyjny; **it is ~ (to say) that...** to nieprawda or nieprawdą jest, że... [3] liter (unfaithful) *[sweetheart]* niewierny; **to be ~ to one's principles** złamać wyznawane przez siebie zasady

untrustworthy /ʌn'trʌstwɜ:ðɪ/ *adj [information, source, witness]* niewiarogodny, niewiarygodny; *[person]* niegodny zaufania

untruth /ʌn'tru:θ/ *n* kłamstwo *n*; (less strong) nieprawda *f*

untruthful /ʌn'tru:θfl/ *adj [person]* kłamliwy; *[account]* kłamliwy, niezgodny z prawdą

untruthfully /ʌn'tru:θfəlɪ/ *adv [say, report]* kłamliwie, fałszywie

untruthfulness /ʌn'tru:θflnɪs/ *n* (of remark) kłamliwość *f*, nieprawdziwość *f*; (of person) skłonność *f* do kłamstwa

untutored /ʌn'tju:təd, US -'tu:-/ *adj [ear, eye]* niewprawny, niewyrobiony; *[mind]* niewykształcony

untwine /ʌn'twaɪn/ **I** *vt* rozpląt|ać, -ywać *[threads, rope]*
II *vi* rozpląt|ać, -ywać się

untwist /ʌn'twɪst/ **I** *vt* odkręc|ić, -ać *[top, lid]*; rozpląt|ać, -ywać *[rope, wool]*
II *vi [ribbon]* rozwi|nąć, -jać się

untypical /ʌn'tɪpɪkl/ *adj [behaviour]* nietypowy **(of sb/sth** dla kogoś/czegoś); **it is ~ of her to behave like that** takie zachowanie jest do niej niepodobne

unusable /ʌn'ju:zəbl/ *adj* nienadający się do użytku

unused¹ /ʌn'ju:st/ *adj* (unaccustomed) nieprzyzwyczajony, nienawykły; **to be ~ to sth/doing sth** być nieprzyzwyczajonym or nienawykłym do czegoś/robienia czegoś

unused² /ʌn'ju:zd/ *adj* (not used, new) *[furniture, machine]* nieużywany; *[clothes]* nienoszony, nieużywany; (not made use of) *[site, building, talent]* niewykorzystany

unusual /ʌn'ju:ʒl/ *adj [colour, animal, flower, skill, feature]* niezwykły, niespotykany; *[case, circumstance, occurrence]* niecodzienny, niezwykły; *[dish, dress, jewellery, mixture, person]* nietuzinkowy, oryginalny; **of ~ beauty** rzadkiej urody; **of ~ intelligence/charm** o niespotykanej inteligencji/niespotykanym uroku (osobistym); **to have an ~ way of doing sth** robić coś w niespotykany or oryginalny sposób; **to take the ~ step of doing sth** zdobyć się na nieoczekiwany krok i zrobić coś; **it is/it is not ~ to find/see** rzadko/całkiem często można to znaleźć/zobaczyć; **it is ~ for Adam to do things like that** Adamowi nieczęsto zdarza się robić coś takiego; **there's nothing ~ in it** nie ma w tym niczego niezwykłego

unusually /ʌn'ju:ʒəlɪ/ *adv* [1] (exceptionally) *[large, difficult, talented]* niezwykle [2] (surprisingly, untypically) wyjątkowo; **~ for this time of year, the streets are very crowded** jak na tę porę roku ulice są wyjątkowo zatłoczone; **~, they have been awarded damages** wyjątkowo przyznano im odszkodowanie; **~ for her, she made several mistakes** zrobiła kilka błędów, co jej się bardzo rzadko zdarza

unutterable /ʌn'ʌtərəbl/ *adj* niewysłowiony, niewyrażalny

unutterably /ʌn'ʌtərəblɪ/ *adv* niewysłowienie

unvaried /ʌn'veərɪd/ *adj [routine, diet]* monotonny; *[style]* jednostajny

unvarnished /ʌn'vɑ:nɪʃt/ *adj* [1] (not varnished) *[wood]* nielakierowany [2] fig (straightforward) *[account, truth]* nieupiększony

unvarying /ʌn'veərɪɪŋ/ *adj [routine, habits]* jednostajny, monotonny; *[goodness, patience]* niezmienny

unvaryingly /ʌn'veərɪɪŋlɪ/ *adv* niezmiennie

unveil /ʌn'veɪl/ *vt* odsł|onić, -aniać *[statue]*; odkry|ć, -wać, ujawni|ć, -ać *[details]*

unveiled /ʌn'veɪld/ *adj* Relig **to go ~** nie zasłaniać twarzy

unveiling /ʌn'veɪlɪŋ/ *n* [1] (of statue) odsłonięcie *n* [2] (of official ceremony) otwarcie *n* [3] (of latest model) zaprezentowanie *n*; (of details) podanie *n* do publicznej wiadomości

unventilated /ʌn'ventɪleɪtɪd/ *adj [room, area]* bez wentylacji, pozbawiony wentylacji

unverifiable /ʌn'verɪfaɪəbl/ *adj [hypothesis]* nie do sprawdzenia, nie do zweryfikowania

unverified /ʌn'verɪfaɪd/ *adj [rumour, allegation, fact]* niepotwierdzony

unversed /ʌn'vɜ:st/ *adj* **to be ~ in sth** być nieobeznanym z czymś

unvoiced /ʌn'vɔɪst/ *adj* [1] (private) *[opinion, suspicion]* niewypowiedziany, nieujawniony [2] Ling *[consonant]* bezdźwięczny

unwaged /ʌn'weɪdʒd/ **I** *n* euph **the ~** (+ *v pl*) bezrobotni *m pl*
II *adj [worker]* nieotrzymujący wynagrodzenia; *[work]* niepłatny

unwanted /ʌn'wɒntɪd/ *adj [pregnancy, child]* niechciany; *[appliance, furniture, goods]* niepotrzebny, zbędny; *[pet]* porzucony; *[visitor]* niepożądany; **removal of ~ hair** usuwanie zbędnego owłosienia; **to feel ~** czuć się zbędnym or niepotrzebnym

unwarlike /ʌn'wɔ:laɪk/ *adj* niewojowniczy, pokojowo nastawiony

unwarrantable /ʌn'wɒrəntəbl, US -'wɔ:r-/ *adj [interference]* niedający się usprawiedliwić, nieusprawiedliwiony; **it is ~ that he should do it** nic nie usprawiedliwia jego postępowania

unwarrantably /ʌn'wɒrəntəblɪ, US -'wɔ:r-/ *adv [interfere]* bez uzasadnienia; *[late, expensive]* bez powodu

unwarranted /ʌn'wɒrəntɪd, US -'wɔ:r-/ *adj [concern, action, abuse]* nieuzasadniony, nieusprawiedliwiony

unwary /ʌn'weərɪ/ **I** *n* **the ~** (+ *v pl*) nieroztropni *m pl*
II *adj [person]* nieuważny, nieostrożny

unwashed /ʌn'wɒʃt/ *adj [clothes]* niewyprany, nieuprany; *[hands, feet, person]* nieumyty; *[dishes]* niepozmywany; **the Great Unwashed** pej hum lud

unwavering /ʌn'weɪvərɪŋ/ *adj [loyalty, devotion]* niezachwiany; *[gaze]* uporczywy

unwaveringly /ʌn'weɪvərɪŋlɪ/ *adv [follow, stare]* uporczywie; **~ loyal** niezłomnie lojalny; **~ determined** z niezłomnym postanowieniem

unweaned /ʌn'wi:nd/ *adj [baby]* karmiony piersią, przy piersi; *[animal]* karmiony mlekiem matki

unwearable /ʌn'weərəbl/ *adj [clothes]* (not suitable) nienadający się do noszenia; (uncomfortable) niewygodny

unwearied /ʌn'wɪərɪd/ *adj* liter *[person, effort]* niestrudzony, niezmordowany **(by sth/in sth** czymś/w czymś)

unwearying /ʌn'wɪərɪɪŋ/ *adj [fighter]* niezmordowany; *[patience]* niewyczerpany

unwelcome /ʌn'welkəm/ *adj* [1] *[visitor, guest]* nieproszony, niemile widziany; **to make sb feel ~** potraktować kogoś jak intruza; **she felt most ~** czuła się jak intruz [2] *[news, gift]* niemiły; *[attention, bid, proposition]* niepożądany; *[fact, truth]* niewygodny

unwelcoming /ʌn'welkəmɪŋ/ *adj [atmosphere]* niezachęcający; **most ~** odstręczający

unwell /ʌn'wel/ *adj* niezdrów; **he's feeling ~** nie czuje się dobrze; **are you ~?** źle się czujesz?

unwholesome /ʌn'həʊlsəm/ *adj* [1] (unhealthy) *[diet, climate]* niezdrowy [2] (unpleasant) *[smell, appearance, person]* nieprzyjemny [3] (immoral, corrupting) *[influence, pastime]* szkodliwy, niezdrowy

unwieldy /ʌn'wi:ldɪ/ *adj [weapon, tool, parcel]* nieporęczny; *[bureaucracy, organization]* niesprawny, niewydolny

unwilling /ʌn'wɪlɪŋ/ *adj [person]* niechętny; *[attention, departure, cooperation]* wymuszony, narzucony; **he is ~ to do it** nie ma ochoty tego zrobić; (stronger) nie chce tego zrobić; **~ accomplice** mimowolny współsprawca

unwillingly /ʌn'wɪlɪŋlɪ/ *adv* niechętnie

unwillingness /ʌn'wɪlɪŋnɪs/ *n* niechęć *f* **(to sth/to do sth** do czegoś/do zrobienia czegoś)

unwind /ʌn'waɪnd/ (*pt, pp* **-wound**) **I** *vt* rozwi|nąć, -jać *[bandage, rope]*
II *vi* [1] (undo) *[tape, cable, scarf]* rozwi|nąć, -jać się; **to ~ from sth** odwinąć się z czegoś [2] (relax) *[person]* odpręż|yć, -ać się, rozluźni|ć, -ać się

unwise /ʌn'waɪz/ *adj [act, decision, choice]* niemądry, nierozsądny; *[person]* nierozsądny, nieroztropny; **it would be ~ to invest now** niemądrze byłoby teraz inwestować

unwisely /ʌn'waɪzlɪ/ *adv* niemądrze, nierozsądnie

unwished-for /ʌn'wɪʃtfɔ:(r)/ *adj* niepożądany

unwitting /ʌn'wɪtɪŋ/ *adj [accomplice, error]* mimowolny

unwittingly /ʌn'wɪtɪŋlɪ/ *adv* [1] (innocently) *[remark]* nieświadomie [2] (without wanting to) *[contribute, provide, reveal]* niechcący, mimowolnie, bezwiednie [3] (accidentally) *[stumble upon]* przypadkowo

unwomanly /ʌn'wʊmənlɪ/ *adj [behaviour, appearance, voice]* mało kobiecy

unwonted /ʌn'wəʊntɪd/ *adj* liter niecodzienny, niezwykły

unworkable /ʌnˈwɜːkəbl/ *adj [idea, plan, suggestion]* niewykonalny; **to prove ~** okazać się nie do wykonania or nie do zrealizowania

unworkmanlike /ʌnˈwɜːkmənlaɪk/ *adj* (badly done or made) niefachowy, nieprofesjonalny

unworldly /ʌnˈwɜːldlɪ/ *adj* [1] (not materialistic) *[person, existence]* oderwany od życia [2] (naive) *[person, argument]* naiwny [3] (spiritual) *[beauty]* nieziemski; *[being]* pozaziemski

unworthiness /ʌnˈwɜːðɪnɪs/ *n* (lack of merit) marność *f*; (lack of worth) bezwartościowość *f*

unworthy /ʌnˈwɜːðɪ/ *adj* [1] (undeserving) *[person, cause]* niegodny **(of sth** czegoś); **to be ~ of sth** nie zasługiwać na coś *[attention, honour]* [2] (not befitting) *[conduct, thoughts]* niegodny **(of sb** kogoś)

unwound /ʌnˈwaʊnd/ *pt, pp* → **unwind**

unwrap /ʌnˈræp/ *(prp, pt, pp* **-pp-**) *vt* rozpakow|ać, -ywać *[parcel]* **(from sth** z czegoś); **to come ~ped** odwinąć się

unwritten /ʌnˈrɪtn/ *adj* [1] (tacit) *[rule, law, agreement]* niepisany [2] (not written) *[story, song]* niezapisany, niespisany; *[tradition]* ustny

unyielding /ʌnˈjiːldɪŋ/ *adj* [1] (firm) *[person, opposition]* nieugięty, nieustępliwy; *[rule]* sztywny fig [2] *[surface]* (not soft) twardy; *[barrier, structure]* sztywny, mocny

unyoke /ʌnˈjəʊk/ *vt* [1] wyprz|ąc, -ęgać *[animal]* [2] fig uw|olnić, -alniać **(from sth** z czegoś); wybawi|ć, -ać *[people, nation]* **(from sth** od czegoś)

unzip /ʌnˈzɪp/ *(prp, pt, pp* **-pp-**) **I** *vt* [1] rozpi|ąć, -nać *[dress, trousers]*; **could you ~ me?** czy mógłbyś rozpiąć mi zamek? **you're ~ped!** rozpiął ci się zamek! [2] Comput rozpakow|ać, -ywać *[file]*
II *vi [dress, trousers]* rozpi|ąć, -nać się

up /ʌp/ **I** *adj* [1] (out of bed) **she's up** już wstała (z łóżka); **they're often up early /late** często wstają wcześnie/późno; **we were up very late last night** wczoraj siedzieliśmy do późna w nocy or do późnej nocy; **they were up all night** w ogóle się nie kładli (spać); **she was up all night waiting for them** całą noc się nie kładła, czekając na nich; **I was still up at 2 am** o drugiej nad ranem byłem jeszcze na nogach; **Robert isn't up yet** Robert jeszcze nie wstał; **we arrived before anyone was up** przyjechaliśmy, kiedy wszyscy jeszcze spali [2] (higher in amount, level) **prices/interest rates are up (by 10%)** ceny/stopy procentowe wzrosły (o 10%); **numbers of students are up** wzrosła liczba studentów; **his temperature is up 2 degrees** gorączka podniosła mu się o dwa stopnie; **oranges/carrots are up again** znowu zdrożały pomarańcze /zdrożała marchew; **sales are 10% up on last year** sprzedaż wzrosła o 10% w porównaniu z ubiegłym rokiem; **I came out of the deal £5,000 up** na tej transakcji zarobiłem 5 000 funtów [3] infml (wrong) **what's up?** co się dzieje?; **what's up with him?** co mu jest?; **is there something up?** czy coś się dzieje?; **there's something up** na coś się zanosi, coś się święci; **there's something up with him/your dad** coś jest z nim nie tak/coś jest nie tak z twoim ojcem; **what's up with the TV?** co jest z tym telewizorem?; **what's up with your arm?** co ci się stało or co ci jest w rękę?; **there's something up with the brakes** coś jest nie w porządku z hamulcami; **there's something up with my back** krzyż mi dokucza [4] (erected, affixed) **the notice is up on the board** ogłoszenie wisi na tablicy; **is the tent up?** czy namiot jest rozbity?; **the building will be up in three months time** budynek stanie w trzy miesiące; **how long have those curtains been up?** jak długo już wiszą te zasłony?; **he had his hand up for five minutes** przez pięć minut trzymał podniesioną rękę or rękę w górze [5] (open) **he had his umbrella up** miał otwarty or rozłożony parasol; **the hood** GB **of the car was up** samochód miał podniesiony dach; **the blinds were up** żaluzje były podniesione; **when the barrier is up you can go through** kiedy barierka jest podniesiona, można przechodzić [6] (finished) **'time's up!'** „kończymy!"; **his leave/military service is almost up** jego urlop/służba wojskowa dobiega końca; **when the four days /months were up** po upływie czterech dni/miesięcy; **it's all up with the government** infml to już koniec tego rządu; **it's all up with him** infml koniec z nim infml [7] (facing upwards) **'this side up'** (on parcel, box) „góra"; **he was lying/floating face up** leżał/płynął na plecach; **the bread landed with the buttered side up** kromka chleba upadła posmarowaną stroną do góry [8] (rising) **the river is up** rzeka wezbrała; **the wind is up** wiatr nasilił się; **his colour's up** (on) nabiera kolorów; **his blood's up** fig krew w nim zawrzała [9] (pinned up) **her hair was up** miała upięte (wysoko) włosy [10] (elated) **he's up at the moment** jest w świetnym nastroju [11] (being repaired) **the road is up** droga jest w remoncie; **'Road up'** (on sign) „Roboty drogowe" [12] (in upward direction) **the up escalator** winda (jadąca) do góry [13] (on trial) **to be up before a judge** stanąć przed sądem; **he's up for murder/fraud** jest sądzony za morderstwo/oszustwo [14] (in tennis, badminton) Sport **up!** błąd! [15] (ready) GB infml **tea up!** herbata gotowa!
II *adv* [1] (high) **up here/there** tu/tam w górze; **up on the wardrobe/the top shelf/the hill** na szafie/na najwyższej półce/na wzgórzu; **up in the tree/the clouds** na drzewie/w chmurach; **up at the top of the house** na samej górze (domu); **up on top of the mountain** na szczycie góry; **four floors up from here** cztery piętra wyżej; **he lives ten floors up from her** (on) mieszka dziesięć pięter nad nią; **on the second shelf up** na drugiej półce od dołu; **I'm on my way up** idę na górę; **I'll be right up** zaraz przyjdę na górę; **he's on his way up to see you/to the fifth floor** właśnie idzie do ciebie na górę /na piąte piętro; **it needs to be a bit further up** (picture, shelf) trzeba to powiesić odrobinę wyżej; **all the way up** na samą górę [2] (in or toward north) **up to/in Scotland** do Szkocji/w Szkocji; **up to Aberdeen** do Aberdeen; **up North** na północ(y) [3] GB (in or toward major centre) **up in London** w Londynie [4] GB (at or to university) **to go up to Oxford** iść do Oksfordu; **to be up at Oxford** studiować w Oksfordzie [5] (ahead) **to be four points up (on sb)** mieć przewagę czterech punktów (nad kimś); **she's 40-15 up** (in tennis) ona prowadzi 40-15 [6] (upwards) **T-shirts from £2 up** podkoszulki od dwóch funtów; **from (the age of) 14 up** od lat 14; **everyone in the company from the cleaning lady up** wszyscy w firmie od sprzątaczki wzwyż [7] (at, to high status) **to be up with** or **among the best/the leaders** być wśród najlepszych/w gronie przywódców; **up the workers!** niech żyje lud pracujący!; **'up with Manchester United!'** „niech żyje Manchester United!"
III *prep* [1] (at, to higher level) **up the tree/a ladder** na drzewie/drabinie; **the library is up the stairs** biblioteka jest na piętrze; **he ran up the stairs** wbiegł po schodach; **the road up the mountain** droga na szczyt góry; **a spider crawled up my back** pająk łaził mi po plecach; **the pipe runs up the front of the house** rura ciągnie się wzwyż przez całą fasadę [2] (in direction) **the shops are up the road** sklepy są trochę dalej; **she lives up that road there** ona mieszka trochę dalej przy tej ulicy; **he lives just up the road** on mieszka kilka domów stąd; **the boathouse is further up the river** hangar na łodzie znajduje się (dalej) w górę rzeki; **his office is up the corridor from mine** jego gabinet jest dalej (za moim) w tym samym korytarzu; **he walked up the road singing** szedł ulicą i śpiewał; **the car drove up the road** samochód przejechał ulicą; **I saw him go up that road there** widziałam, jak poszedł tamtą ulicą; **she's got water up her nose** naleciało jej wody do nosa; **he put it up his sleeve** wsunął to do rękawa [3] (at, to) GB infml **he's up the pub** (on) jest w pubie
IV **up above** *adv phr, prep phr* powyżej, w górze; Relig w niebie; **up above sth** ponad czymś
V **up against** *prep phr* **up against the wall** (oparty) o ścianę; fig **to be up** or **come up against difficulties/opposition** napotkać trudności/sprzeciw; **they're up against a very strong team** za przeciwników mają bardzo silny zespół; **it helps to know what you are up against** dobrze wiedzieć, z czym się ma do czynienia; **we are really up against it** mamy nie lada problem
VI **up and about** *adv phr [be]* na nogach
VII **up and down** *adv phr, prep phr* [1] (to and fro) tam i z powrotem; **to walk** or **pace up and down** chodzić tam i z powrotem; **he was walking up and down the garden** przechadzał się po ogrodzie; **they travelled up and down the country** zjeździli kraj wzdłuż i wszerz; **she's been up and down all night** (in and out of bed) w nocy kilkakrotnie wstawała; **he's a bit up and down at the moment** fig (depressed) (on) trochę podupadł na duchu; (ill) (on) nienajlepiej się czuje [2] (throughout) **up and**

down the country/region w całym kraju /regionie

VIII **up and running** *adj phr, adv phr* **to be up and running** *[company]* prosperować; *[project]* rozwijać się; *[system]* dobrze funkcjonować; **to get sth up and running** rozkręcić coś infml

IX **up for** *prep phr* **he's up for election** (on) kandyduje w wyborach; **the subject up for discussion/consideration is...** temat przedstawiony do dyskusji/rozpatrzenia to...

X **up to** *prep phr* [1] (to particular level) do (czegoś); **up to here** do tego miejsca, dotąd; **up to there** do tamtego miejsca; **I was up to my knees in water** woda sięgała mi do kolan [2] (as many as) **up to 20 people/50 dollars** do 20 osób/50 dolarów; **up to 500 people arrive every day** codziennie przyjeżdża do pięciuset osób; **reduction of up to 50%** obniżka sięgająca 50%; **tax on profits of up to £150,000** podatek od zysków do 150 tysięcy funtów; **to work for up to 12 hours a day** pracować do dwunastu godzin dziennie; **a hotel for up to 500 people** hotel przyjmujący do 500 gości [3] (until) do (czegoś); **up to 1964** do 1964 roku; **up to 10.30 pm** do wpół do jedenastej wieczorem; **up to now** do tej pory, dotąd; **up to chapter two** do rozdziału drugiego [4] (good enough for) **I'm not up to it** (not capable) to przekracza moje możliwości; (not well enough) to ponad moje siły; **I'm not up to going to London/going back to work** nie czuję się na siłach, żeby jechać do Londynu /wrócić do pracy; **I'm not up to writing a book** nie potrafię napisać książki; **the play wasn't up to much** sztuka nie była wiele warta; **this piece of work wasn't up to your usual standard** tym razem gorzej się spisałeś [5] (expressing responsibility) **it's up to you/her to make the next move** następny krok należy do ciebie/do niej; **'shall I leave?' – 'it's up to you'** „mam wyjść?" – „jak chcesz"; **if it were up to me/him** gdyby to zależało ode mnie/od niego [6] (doing) **what is he up to?** co on robi?; **what are those children up to?** co te dzieci kombinują? infml; **they're up to something** oni coś szykują infml

XI *vt* (*prp, pt, pp* **-pp-**) (increase) podn|ieść, -osić *[price, interest rate, wages]*

XII *vi* (*prp, pt, pp* **-pp-**) infml **he upped and left/hit him** wstał i wyszedł/uderzył go; **she upped and married someone else** wzięła i wyszła za mąż za innego infml

IDIOMS: **the company is on the up and up** firma coraz lepiej prosperuje; **to be one up on sb** mieć nad kimś przewagę; być o oczko lepszym od kogoś infml; **to be up for it** infml być gotowym na wszystko; **the ups and downs** wzloty i upadki **(of the sth** czegoś); **to be (well) up on sth** znać się (dobrze) na czymś *[art, history]*; dobrze się w czymś orientować *[news, developments, changes]*; **up yours!** vinfml goń się! vinfml

up-and-coming /ˌʌp(ə)n(d)ˈkʌmɪŋ/ *adj [person, company]* dobrze się zapowiadający

upbeat /ˈʌpbiːt/ **I** *n* Mus przedtakt *m*

II *adj* fig optymistyczny

up-bow /ˈʌpbəʊ/ *n* Mus ruch *n* smyczkiem z dołu do góry

upbraid /ʌpˈbreɪd/ *vt* fml z|ganić, s|karcić **(for** or **about sth** za coś)

upbringing /ˈʌpbrɪŋɪŋ/ *n* wychowanie *n*

upchuck /ˈʌptʃʌk/ **I** *n* US infml rzygowiny *plt* vinfml

II *vt* wyrzygać vinfml

III *vi* porzygać się vinfml

upcoming /ˌʌpˈkʌmɪŋ/ *adj* (forthcoming) zbliżający się, nadchodzący

upcountry /ʌpˈkʌntrɪ/ **I** *adj [town, place]* w głębi kraju; *[person, custom]* prowincjonalny

II *adv [return, come]* w głąb kraju

update **I** /ˈʌpdeɪt/ *n* aktualizacja *f* **(on sth** czegoś); **news ~** wiadomości z ostatniej chwili

II /ʌpˈdeɪt/ *vt* [1] (revise) uaktualni|ć, -ać *[database, information, catalogue, figures, price]* [2] (modernize) z|modernizować *[method, machinery]*; unowocześni|ć, -ać *[image, style]* [3] przekaz|ać, -ywać najświeższe nowiny (komuś) *[person]* **(on sth** na temat czegoś)

updraft *n* US = **updraught**

updraught /ˈʌpdrɑːft, ˈʌpdræft/ *n* GB prąd *m* wstępujący

upend /ʌpˈend/ *vt* [1] (turn upside down) odwr|ócić, -acać do góry dnem *[box, container]*; (knock down) przewr|ócić, -acać *[person]* [2] (stand upright) ustawi|ć, -ać pionowo *[bench, chest]* [3] (upset) z|niweczyć *[plan, idea]*

upfront /ʌpˈfrʌnt/ **I** *adj* infml [1] (frank) *[person]* otwarty, szczery [2] (conspicuous) wyraźny [3] (paid in advance) *[money]* płatny z góry

II *adv [pay]* z góry

upgrade **I** /ˈʌpgreɪd/ *n* [1] (upward gradient) wzniesienie *n*; **to be on the ~** poprawiać się; *[sick person]* wracać do zdrowia; *[prices]* rosnąć [2] Tourism podniesienie *n* standardu [3] Comput nowsza wersja *f*

II /ˈʌpgreɪd/ *adv* US = **uphill**

III /ʌpˈgreɪd/ *vt* [1] (modernize) z|modernizować, unowocześni|ć, -ać *[machinery]*; (improve) podn|ieść, -osić jakość (czegoś) *[product]* [2] Comput rozszerz|yć, -ać *[memory]*; wprowadz|ić, -ać nową wersję (czegoś) *[system, software, hardware]* [3] (raise) awansować *[person]*; podn|ieść, -osić *[position, status, skill]* [4] Tourism podn|ieść, -osić standard usługi (komuś) *[passenger]*

upheaval /ʌpˈhiːvl/ *n* [1] (disturbance) (emotional) wstrząs *m*; (political) zmiany *f pl*; (physical) (in house) zamieszanie *n* [2] (instability) (emotional, political) wstrząs *m*, wrzenie *n*; **political ~** wstrząsy polityczne; **social ~** wrzenie społeczne [3] Geol wypiętrzenie *n*, wyniesienie *n*

uphill /ʌpˈhɪl/ **I** *adj* [1] *[road, path]* (biegnący) pod górę [2] fig (difficult) *[task, effort]* żmudny, ciężki; **it will be an ~ struggle** or **battle** to nie będzie łatwe

II *adv [go, walk]* pod górę, w górę; **the path led** or **ran ~** ścieżka prowadziła or pięła się w górę; **she can't walk ~** ona nie może iść pod górę; **the house is ~ from there** dom znajduje się powyżej; **it's ~ all the way** cały czas jest pod górę; fig cały czas będziemy mieli pod górkę infml fig

uphold /ʌpˈhəʊld/ (*pt, pp* **-held**) *vt* [1] (maintain) stać na straży (czegoś) *[law, principle, belief]* [2] Jur utrzym|ać, -ywać w mocy *[sentence, decision]*

upholder /ʌpˈhəʊldə(r)/ *n* obroń|ca *m*, -czyni *f*, strażni|k *m*, -czka *f* **(of sth** czegoś)

upholster /ʌpˈhəʊlstə(r)/ **I** *vt* obi|ć, -jać (tapicerką) *[chair, sofa]*

II **upholstered** *pp adj* [1] *[furniture]* obity (tapicerką), tapicerski [2] infml hum **well ~ed** *[person]* nabity infml

upholsterer /ʌpˈhəʊlstərə(r)/ *n* tapicer *m*

upholstery /ʌpˈhəʊlstərɪ/ *n* [1] (covering) obicie *n* [2] (stuffing) tapicerka *f* [3] (technique) tapicerstwo *n*

upkeep /ˈʌpkiːp/ *n* [1] (running, maintenance) (of house) utrzymanie *n*; (of garden, animal) utrzymanie *n*, pielęgnacja *f* **(of sth** czegoś) [2] (costs) koszt *m* utrzymania

upland /ˈʌplənd/ **I** *n* **the ~s** wyżyny *f pl*

II *adj [area]* wyżynny; *[farm]* wysoko położony

uplift **I** /ˈʌplɪft/ *n* [1] (spiritual) (of person) podniesienie *n* na duchu, otucha *f*; (of spirits, living standard) poprawa *f* [2] (of prices) podwyżka *f*; (of career) awans *m*; (of living standards) poprawa *f* [3] Geol wypiętrzenie *n*, wyniesienie *n*

II /ʌpˈlɪft/ *vt* doda|ć, -wać otuchy (komuś), podn|ieść, -osić na duchu *[person]*

uplift bra *n* stanik *m* podnoszący biust

uplifted /ʌpˈlɪftɪd/ *adj [face, limb]* uniesiony; **to feel ~** fig być podbudowanym

uplifting /ʌpˈlɪftɪŋ/ *adj* podnoszący na duchu

uplighter /ˈʌplaɪtə(r)/ *n* klosz *m* kierujący światło ku górze

upload /ˈʌpləʊd/ *vt* Comput przes|łać, -yłać *[data]*

up-market /ʌpˈmɑːkɪt/ *adj [clothes, car, hotel, restaurant]* drogi, ekskluzywny; *[district, area]* bogaty, ekskluzywny

upmost /ˈʌpməʊst/ *adj* = **uppermost**

upon /əˈpɒn/ *prep* = **on** **I**

upper /ˈʌpə(r)/ **I** *n* [1] (of shoe) wierzch *m*, cholewka *f*; **leather ~** skórzana cholewka [2] US Rail infml górna kuszetka *f* [3] US infml narkotyk *m* pobudzający

II *adj* [1] (in location) *[cupboard, shelf, jaw, teeth, eyelid, floor, deck]* górny; **the ~ body** górna połowa ciała [2] (in rank) wyższy [3] (on scale) górny; **the ~ limit (on sth)** maksimum (czegoś); **the temperatures are in the ~ twenties** temperatury przekraczają 25 stopni [4] Geog *[valley, region]* północny, leżący dalej na północ; **the ~ (reaches of the) Thames** górny bieg Tamizy [5] Archeol, Geol *[period]* górny, młodszy

IDIOMS: **to be on one's ~s** infml klepać biedę; **to have the ~ hand** mieć przewagę; **to get the ~ hand** zyskać przewagę → **stiff**

upper arm *n* Anat ramię *n*; Tech ramię *n* główne

upper atmosphere *n* górne warstwy *f pl* atmosfery

upper case **I** *n* górna kaszta *f*; **in ~** dużymi literami, wersalikami

II *adj* **~ letters** wersaliki

upper circle *n* Theat drugi balkon *m*

upper class **I** *n* **the ~, the ~es** warstwa *f* or klasa *f* wyższa

U

II upper-class *adj [accent, background, person]* arystokratyczny; **in upper-class circles** w wyższych sferach
upper classman *n* US Univ uczeń *m* wyższych klas college'u
upper crust I *n* infml hum **the ~** śmietanka *f* iron or hum
II upper-crust *adj [accent, family]* z wyższych sfer
uppercut /ˈʌpəkʌt/ *n* Sport hak *m*
Upper Egypt *prn* Górny Egipt *m*
Upper House *n* wyższa izba *f* parlamentu
upper-income bracket /ˌʌpərˈɪŋkʌmbrækɪt/ *n* grupa *f* zarabiająca powyżej średniej krajowej
upper middle class I *n* **the ~, the ~es** wyższa warstwa *f* klasy średniej
II *adj* z wyższych warstw klasy średniej
uppermost /ˈʌpəməʊst/ **I** *adj* [1] (highest) *[peak, branch, position]* najwyższy [2] (to the fore) **to be ~** być najważniejszym or pierwszym; **there were two thoughts ~ in my mind** myślałem przede wszystkim o dwóch rzeczach
II *adv* (on top) na wierzchu, u góry; (upwards) do góry, w górę
upper school *n* GB Sch [1] (school) *szkoła dla uczniów w wieku 13-18 lat* [2] (within school) **the ~** starsze klasy *f pl*
Upper Silesia *prn* Górny Śląsk *m*
upper sixth *n* US Sch ostatnia klasa *f*
Upper Volta /ˌʌpəˈvɒltə/ *prn* Górna Wolta *f*
uppish /ˈʌpɪʃ/ *adj* GB infml bezczelny
uppity /ˈʌpətɪ/ *adj* infml [1] zadzierający nosa; **to get ~ about sth** wywyższać się w związku z czymś [2] = **uppish**
uprate /ʌpˈreɪt/ *vt* podn|ieść, -osić *[value]*; z|rewaloryzować *[pension]*; ulepsz|yć, -ać *[version, performance]*; Phot przewoł|ać, -ywać *[film]*
uprating /ʌpˈreɪtɪŋ/ *n* (of benefit) podwyżka *f*, rewaloryzacja *f*
upright /ˈʌpraɪt/ **I** *n* [1] Constr wspornik *m* pionowy, belka *f* pionowa [2] (in football) (of goal) słupek *m* [3] Mus (also **~ piano**) pianino *n*
II *adj* [1] (vertical) *[post, position]* pionowy; *[posture]* wyprostowany; **to have an ~ bearing** trzymać się prosto; **to stay ~** *[person]* stać, nie siadać; **'keep ~'** (on package) „transportować w pozycji pionowej" [2] (honest) *[person, character]* prawy liter; *[dealings]* uczciwy
III *adv* **to stand ~** stać prosto; **to sit ~** (action) usiąść prosto, wyprostować się na krześle
upright chair *n* krzesło *n* (z oparciem)
upright freezer *n* szafa *f* chłodnicza
uprightly /ˈʌpraɪtlɪ/ *adv* uczciwie, przyzwoicie
uprightness /ˈʌpraɪtnɪs/ *n* [1] (honesty) prawość *f*, uczciwość *f* [2] (verticality) pion *m*
upright piano *n* pianino *n*
upright vacuum cleaner *n* odkurzacz *m* stojący (pionowo)
uprising /ˈʌpraɪzɪŋ/ *n* powstanie *n* **(against sb/sth** przeciwko komuś/czemuś)
upriver /ˌʌpˈrɪvə(r)/ **I** *adj* w górze rzeki, w górnym biegu rzeki
II *adv [sail]* w górę rzeki

uproar /ˈʌprɔː(r)/ *n* [1] (violent indignation) oburzenie *n*; **to cause an international ~** wywołać oburzenie opinii międzynarodowej [2] (noisy reaction) wrzawa *f*, rwetes *m*; **to cause (an) ~** wywołać poruszenie [3] (chaos) **to be in ~** pogrążyć się w chaosie
uproarious /ʌpˈrɔːrɪəs/ *adj* [1] (rowdy) *[behaviour, laughter, meeting]* hałaśliwy; *[success]* oszałamiający [2] (funny) przezabawny
uproariously /ʌpˈrɔːrɪəslɪ/ *adv [laugh, shout]* na całe gardło; **~ funny** śmieszny, że boki zrywać infml
uproot /ʌpˈruːt/ *vt* [1] wyr|wać, -ywać (z korzeniami) *[plant, flower]* [2] (displace) wysiedl|ić, -ać *[person]*
upsa-daisy /ˌʌpsəˈdeɪzɪ/ *excl* hopla!
upscale /ʌpˈskeɪl/ *adj* US ekskluzywny
upset I /ˈʌpset/ *n* [1] (setback) niepowodzenie *n*; **to suffer an ~** Sport, Pol ponieść porażkę; **big Conservative ~** Journ niespodziewana porażka konserwatystów [2] (upheaval) zamieszanie *n*, zamęt *m*; **to cause an ~** wprowadzić zamieszanie or zamęt [3] (distress) wstrząs *m*; **emotional ~** wstrząs emocjonalny [4] Med **to have a stomach ~** mieć rozstrój żołądka
II /ʌpˈset/ *vt* (*prp* **-tt-**; *pt, pp* **-set**) [1] *[person, sight, news]* (distress) z|martwić, zasmuc|ić, -ać; (annoy, make angry) z|denerwować [2] fig (throw into disarray) po|krzyżować *[plan]*; ze|psuć *[calculation, pattern, situation]* [3] (destabilize) zachwiać *[balance]*; (knock over) przewr|ócić, -acać *[container]*; wyl|ać, -ewać *[water]*; Pol obal|ić, -ać *[party in power, leader]*; Sport pokon|ać, -ywać *[rival]* [4] Med *[food, drink]* rozstr|oić, -ajać, rozregulować *[stomach]*
III /ʌpˈset/ *vr* (*prp* **-tt-**; *pt, pp* **-set**) **to ~ oneself** zadręczać się
IV /ʌpˈset/ *pp adj* **to be** or **feel upset** (distressed) martwić się, niepokoić się **(at** or **about sth** czymś); (annoyed) denerwować się **(at** or **about sth** czymś, z powodu czegoś); **to get upset** (angry) zdenerwować się; (distressed) zmartwić się **(about sth** czymś, z powodu czegoś)
upset price *n* US Comm cena *f* wywoławcza
upsetting /ʌpˈsetɪŋ/ *adj* (distressing) *[news, sight]* przykry, przygnębiający; (annoying) *[behaviour, sound]* denerwujący, irytujący
upshift /ˈʌpʃɪft/ **I** *n* [1] (increase) wzrost *m* [2] US Aut przejście *n* na wyższy bieg
II *vi* [1] US Aut prze|jść, -chodzić na wyższy bieg [2] (increase) wzr|osnąć, -astać
upshot /ˈʌpʃɒt/ *n* rezultat *m*, wynik *m* **(of sth** czegoś); **in the ~** w rezultacie; **the ~ is that...** skutek jest taki, że...
upside /ˈʌpsaɪd/ **I** *n* [1] góra *f*, górna część *f* [2] (of share prices) potencjał *m* wzrostu
II *adj* zwyżkowy, zwyżkujący
upside down /ˌʌpsaɪdˈdaʊn/ **I** *adj [picture, newspaper]* do góry nogami fig; *[glass, cup]* (postawiony) do góry dnem; fig w nieładzie, w (największym) nieporządku; **~ cake** Culin placek *m* biszkoptowy z owocami
II *adv* [1] do góry nogami; **bats hang ~** nietoperze wiszą głową w dół [2] fig **to turn the house ~** przetrząsnąć wszystkie kąty, przewrócić dom do góry nogami fig; **to turn sb's life ~** wprowadzić zamęt w życie kogoś

upsize /ˈʌpsaɪz/ *vi [company]* rozr|astać, -osnąć się
upsizing /ˈʌpsaɪzɪŋ/ *n* zwiększanie *n* zatrudnienia
upstage /ʌpˈsteɪdʒ/ **I** *adj* [1] Theat *[entrance]* w głębi sceny [2] infml *[person, attitude]* zarozumiały
II *adv* Theat *[stand]* w głębi sceny; *[move]* w głąb sceny; **to be ~ of sb/sth** znajdować się za kimś/czymś
III *vt* przyćmi|ć, -ewać *[person, actor]*
upstairs I /ʌpˈsteəz/ *n* góra *f*, piętro *n*; **the ~ is much nicer** na piętrze or na górze jest o wiele przyjemniej; **there's no ~ in this house** ten dom ma tylko parter; **~ and downstairs** fig (masters and servants) państwo i służba dat
II /ˈʌpsteəz/ *modif* **~ room/flat** pokój /mieszkanie na piętrze or na górze; **~ neighbours** sąsiedzi z góry
III /ʌpˈsteəz/ *adv* na górze, na piętrze; **to go ~** iść na górę; **a noise came from ~** z góry dobiegał hałas
IDIOMS: **he hasn't got much ~** infml nie jest zbyt lotny; **to be kicked ~** infml dostać kopa w górę infml
upstanding /ʌpˈstændɪŋ/ *adj* [1] (honest, respectable) szlachetny; prawy liter [2] (erect) stojący; **to be ~** fml powstać fml
upstart /ˈʌpstɑːt/ **I** *n* pej (one suddenly risen to wealth) nowobogacki *m*, parweniusz *m*, -ka *f*; (one suddenly risen to high position) karierowicz *m*, -ka *f*
II *adj* nowobogacki, parweniuszowski, karierowiczowski
upstate /ˈʌpsteɪt/ **I** *adj* **~ New York** północna część stanu Nowy Jork
II *adv* **to come from ~** (north) pochodzić z północy stanu; (rural) pochodzić z głębi stanu; **to go ~** (north) pojechać na północ stanu; (rural) pojechać w głąb stanu
upstream I /ˈʌpstriːm/ *adj [journey, trip]* w górę rzeki; *[town, village]* w górze rzeki
II /ʌpˈstriːm/ *adv [travel]* w górę rzeki, pod prąd; *[live]* w górze rzeki; **it's five miles ~ from here** to pięć mil stąd w górę rzeki
upstretched /ʌpˈstretʃt/ *adj [arms]* uniesiony, wyciągnięty w górę **(towards sb/sth** ku komuś/czemuś)
upstroke /ˈʌpstrəʊk/ *n* [1] (in handwriting, art) (movement of pen, brush) pociągnięcie *n* z dołu do góry [2] Tech (in machine) suw *m* w górę; (in engine) suw *m* odkorbowy
upsurge /ˈʌpsɜːdʒ/ *n* (of anger, enthusiasm) przypływ *m* **(of sth** czegoś); (of violence) fala *f* **(of sth** czegoś); (in debt, demand, industrial activities) wzrost *m* **(in sth** czegoś)
upswept /ˈʌpswept/ *adj [hair]* zaczesany do góry; *[tail, fin]* uniesiony w górę
upswing /ˈʌpswɪŋ/ *n* (improvement) poprawa *f* **(in sth** czegoś); (increase) wzrost *m* **(in sth** czegoś)
uptake /ˈʌpteɪk/ *n* [1] Tech (shaft) kanał *m* dymowy główny, czopuch *m* [2] Biol asymilacja *f* [3] Chem absorpcja *f*
IDIOMS: **to be quick/slow on the ~** szybko/wolno się orientować; szybko/wolno chwytać infml
up-tempo /ʌpˈtempəʊ/ *adj* Mus tempo *n* przyśpieszające
upthrust /ˈʌpθrʌst/ *n* [1] Tech wypór *m* hydrostatyczny [2] Geol wypiętrzenie *n*

uptick /ˈʌptɪk/ *n* US niewielki wzrost *m*
uptight /ʌpˈtaɪt/ *adj* infml (tense) *[person]* spięty; pej (reserved) skryty, zamknięty w sobie
up-to-date /ˌʌptəˈdeɪt/ *adj* [1] (modern, fashionable) *[music, clothes]* modny; *[equipment]* nowoczesny [2] (containing latest information) *[brochure, records, accounts, map, timetable]* aktualny; *[news, information]* najświeższy; **to bring sth up to date** uaktualnić coś; **to keep sth up to date** uaktualniać coś na bieżąco *[records, list, accounts]* [3] (informed) *[person]* dobrze poinformowany; **to keep up to date with sth** być na bieżąco z czymś *[developments, gossip]*; **to keep sb up to date** informować kogoś na bieżąco; **to bring sb up to date** udzielić komuś aktualnych informacji **(about sth** o czymś)
up-to-the-minute /ˌʌptəðəˈmɪnɪt/ *adj* *[information, account]* z ostatniej chwili, najświeższy
uptown US /ˈʌptaʊn/ **I** *adj* **in the ~ section of New York** w zamożnych dzielnicach mieszkalnych Nowego Jorku; fig (smart) *[restaurant, girl]* modny, szykowny
II /ʌpˈtaʊn/ *adv* [1] (upmarket) **to move ~** *[person]* przeprowadzić się do lepszej dzielnicy; *[shop]* przenieść się do lepszej dzielnicy; fig *[person]* podwyższyć swój status społeczny [2] (away from the centre) **to go ~** wyjechać z centrum
upturn /ˈʌptɜːn/ **I** *n* poprawa *f*, zmiana *f* na lepsze
II *vt* (turn upwards) zwr|ócić, -acać ku górze *[face, eyes]*; (turn upside down) odwr|ócić, -acać *[soil]*; odkry|ć, -wać *[cards]*
III upturned *pp adj [brim]* odgięty; *[nose]* zadarty; *[soil]* odwrócony
upward /ˈʌpwəd/ **I** *adj [glance, push, movement]* do góry; *[path, road]* pod górę; **an ~ slope** pagórek; **an ~ trend** Fin tendencja zwyżkowa
II *adv* → **upwards**
upwardly mobile /ˌʌpwədlɪˈməʊbaɪl, US -bl/ *adj* pnący się po szczeblach drabiny społecznej
upward mobility *n* awans *m* społeczny
upwards /ˈʌpwədz/ **I** *adv* [1] *[look, point]* w górę, do góry; **to go** or **move ~** wznosić się; **to glide ~** szybować w górę; **she was lying face ~** leżała na plecach [2] fig **to push prices ~** podnosić ceny; **to revise one's forecasts ~** zmienić swoje prognozy na bardziej optymistyczne; **from 5 years/£20 ~** od pięciu lat/dwudziestu funtów wzwyż; **she's moving ~ in her profession** robi karierę w swym zawodzie
II upwards of *prep phr* **~ of £50/20%** ponad 50 funtów/20%
upwind /ʌpˈwɪnd/ **I** *adj* pod wiatr; **to be ~ of sth** znajdować się pod wiatr od czegoś
II *adv [sail]* pod wiatr
uraemia GB, **uremia** US /jʊˈriːmɪə/ *n* uremia *f*, mocznica *f*
Urals *prn* **the ~** (also **the Ural Mountains)** Ural *m*
uranium /jʊˈreɪnɪəm/ **I** *n* uran *m*
II *modif [bomb, ore]* uranowy; **~ reserves** zasoby uranu
uranium series *n* szereg *m* (promieniotwórczy) uranowo-radowy
Uranus /ˈjʊərənəs, jʊˈreɪnəs/ *prn* [1] Mythol Uranos *m* [2] Astron Uran *m*
urban /ˈɜːbən/ *adj [landscape, life, transport, environment, area, school]* miejski; **~ dweller** mieszkaniec miasta
urban blight *n* degradacja *f* zabudowy miejskiej
urban conservation area *n* GB rejon *m* miasta objęty opieką konserwatora zabytków
urban decay *n* degradacja *f* miast
urban development zone *n* strefa *f* miejska przeznaczona do rozbudowy
Urban District Council, UDC *n* GB okręgowa rada *f* miejska
urbane /ɜːˈbeɪn/ *adj [person]* grzeczny, dobrze wychowany; *[manners]* wytworny
urbanism /ˈɜːbənɪzəm/ *n* US [1] (way of life) miejski styl *m* życia [2] (urban studies, town planning) urbanistyka *f*
urbanist /ˈɜːbənɪst/ *n* US urbanista *m*
urbanite /ˈɜːbənaɪt/ *n* US mieszkan|iec *m*, -ka *f* miasta
urbanity /ɜːˈbænətɪ/ *n* ogłada *f*, dobre wychowanie *n*
urbanization /ˌɜːbənaɪˈzeɪʃn, US -nɪˈz-/ *n* urbanizacja *f*
urbanize /ˈɜːbənaɪz/ *vt* z|urbanizować; **to become ~d** zurbanizować się
urban myth *n* anegdota *f (stanowiąca część folkloru miejskiego)*
urban planner *n* urbanista *m*
urban planning *n* urbanistyka *f*
urban renewal *n* rewaloryzacja *f* zabudowy miejskiej
urban sprawl *n* pej (phenomenon) niekontrolowany rozwój *m* miast *(kosztem terenów wiejskich)*; (buildings) aglomeracja *f* miejska
urban studies *npl* urbanistyka *f*
urchin /ˈɜːtʃɪn/ **I** *n* łobuziak *m*, urwis *m*; **street ~** ulicznik
II *modif [smile, haircut]* łobuzerski, urwisowski
Urdu /ˈʊəduː/ *n* (język *m*) urdu *m inv*
urea /ˈjʊərɪə, US ˈjʊrɪə/ *n* mocznik *m*
uremia *n* US = **uraemia**
ureter /jʊəˈriːtə(r)/ *n* moczowód *m*
urethra /jʊəˈriːθrə/ *n* (*pl* **-thrae, -thras)** cewka *f* moczowa
urge /ɜːdʒ/ **I** *n* [1] pragnienie *n*, chęć *f*; **to feel** or **have an ~ to do sth** odczuwać pragnienie zrobienia czegoś [2] (sexual) popęd *m*
II *vt* [1] (encourage) zalec|ić, -ać *[caution, restraint]*; nakł|onić, -aniać do (czegoś), nam|ówić, -awiać do (czegoś) *[resistance]*; **to ~ sb to do sth** namawiać or nakłaniać kogoś do zrobienia czegoś; (stronger) popychać kogoś do zrobienia czegoś; **we ~d her to go to the police** gorąco namawialiśmy ją, żeby poszła na policję; **I ~d them not to go** nalegałem, żeby nie szli; **to ~ that sth (should) be done** nalegać na zrobienie czegoś; **'go and ask him again,' she ~d** „idź i zapytaj go jeszcze raz", nalegała; **to ~ patience on sb** zalecać komuś cierpliwość; **they needed no urging** nie trzeba ich było przekonywać [2] (goad) popędz|ić, -ać *[horse]*; pędzić, zag|onić, -aniać *[herd]*; **he ~d the sheep through the gate** zapędził owce przez bramę
■ **urge on: ~ on [sb], ~ [sb] on** [1] (encourage) zachęc|ić, -ać *[person, team]*; **to ~ sb on to do sth** nakłaniać kogoś do zrobienia czegoś [2] (make go faster) popędz|ić, -ać *[horse]*; ponagl|ić, -ać *[crowd]*
urgency /ˈɜːdʒənsɪ/ *n* (state) krytyczna sytuacja *f*; (need) pilna or nagląca potrzeba *f* **(to do sth** zrobienia czegoś); (of tone, voice) niecierpliwość *f*, zaniepokojenie *n*; **the ~ of a situation** nagląca sytuacja; **the ~ of an appeal/a request** naglący apel/usilna prośba; **a matter of ~** sprawa niecierpiąca zwłoki; **as a matter of ~** w trybie pilnym; **there's no ~** nie ma pośpiechu; **there was a note of ~ in his voice** w jego głosie dało się wyczuć niecierpliwość or zaniepokojenie
urgent /ˈɜːdʒənt/ *adj* [1] (pressing) *[need]* naglący; palący fig; *[letter, demand]* ponaglający; *[case, message, meeting, investigation]* pilny; *[measures]* podjęty w trybie nagłym; **to be in ~ need of sth** pilnie czegoś potrzebować; **it is ~ that you (should) leave as soon as possible** musisz koniecznie wyruszyć jak najszybciej; **it is most ~ that we (should) find a solution** musimy szybko znaleźć jakieś rozwiązanie; **it's ~!** to pilne!; **it requires your ~ attention** musisz się czym prędzej tym zająć [2] (desperate) *[plea, entreaty, request]* usilny; *[note, tone]* naglący
urgently /ˈɜːdʒəntlɪ/ *adv [need, require]* pilnie; *[plead, request]* natarczywie; **books are ~ needed** pilnie potrzebne są książki; **staff ~ needed** pilnie poszukujemy pracowników
urging /ˈɜːdʒɪŋ/ *n* namowa *f*; **to do sth at sb's ~** zrobić coś z namowy kogoś or za namową kogoś
uric /ˈjʊərɪk/ *adj* moczowy
uricaemia GB, **uricemia** US /ˌjʊərɪˈsiːmɪə/ *n* Med hiperurykemia *f*
urinal /jʊəˈraɪnl, ˈjʊərɪnl/ *n* pisuar *m*
urinalysis /ˌjʊərɪˈnæləsɪs/ *n* (also **uranalysis)** analiza *f* moczu
urinary /ˈjʊərɪnərɪ, US -nerɪ/ *adj* moczowy
urinate /ˈjʊərɪneɪt/ *vi* odda|ć, -wać mocz; siusiać infml
urine /ˈjʊərɪn/ *n* mocz *m*
urinogenital /ˌjʊərɪnəʊˈdʒenɪtl/ *adj* moczopłciowy, moczowo-płciowy
URL *n* = **uniform resource locator** URL *m*
urn /ɜːn/ *n* [1] (for ashes) urna *f*, popielnica *f* [2] (for making tea, coffee) termos *m* bufetowy
urological /ˌjʊərəˈlɒdʒɪkl/ *adj* urologiczny
urologist /jʊəˈrɒlədʒɪst/ *n* urolog *m*
urology /jʊəˈrɒlədʒɪ/ *n* urologia *f*
Ursa Major /ˌɜːsəˈmeɪdʒə(r)/ *prn* Wielka Niedźwiedzica *f*
Ursa Minor /ˌɜːsəˈmaɪnə(r)/ *prn* Mała Niedźwiedzica *f*
urticaria /ˌɜːtɪˈkeərɪə/ *n* Med pokrzywka *f*
Uruguay /ˈjʊərəgwaɪ/ *prn* Urugwaj *m*
Uruguayan /ˌjʊərəˈgwaɪən/ **I** *n* Urugwaj|czyk *m*, -ka *f*
II *adj* urugwajski
us /ʌs, əs/ *pron* [1] **they don't like us** oni nas nie lubią; **they gave it to us** dali to nam; **they bought us flowers** kupili nam kwiaty; **for us** dla nas; **with us** z nami; **without us** bez nas; **people like us** ludzie tacy jak my; **every single one of us**

U

każdy/każda/każde z nas; **some of us** niektórzy/niektóre z nas; **she's one of us** ona jest jedną z nas; **give us a hand, will you!** infml może byś pomógł!; **give us a look!** infml popatrz na mnie! [2] (emphatic) **it was us who did it** to my to zrobiliśmy [3] US infml (for ourselves) sobie; **we'd better get us something to eat** weźmy sobie lepiej coś do jedzenia

US **I** *n* = **United States** USA *m pl inv* **II** *adj* amerykański

USA *n* [1] = **United States of America** USA *m pl inv* [2] = **United States Army** siły *plt* lądowe Stanów Zjednoczonych

usable /ˈju:zəbl/ *adj [information]* użyteczny, przydatny; *[material, tool]* nadający się do użytku; **to be no longer ~** nie nadawać się już do użytku

USAF *n* US = **United States Air Force** siły *plt* powietrzne Stanów Zjednoczonych

usage /ˈju:sɪdʒ, ˈju:zɪdʒ/ *n* [1] (custom) zwyczaj *m* [2] Ling użycie *n*; uzus *m* językowy fml; **in ~** w użyciu [3] (way sth is used) użytkowanie *n*; **it's had rough ~** obchodzono się z tym bardzo nieostrożnie [4] (amount used) zużycie *n*

USB *n* = **universal serial bus** USB *m*

USCG *n* US = **United States Coast Guard** (body) Morska Straż *f* Graniczna Stanów Zjednoczonych

USDA *n* US = **United States Department of Agriculture** Ministerstwo *n* Rolnictwa Stanów Zjednoczonych

USDAW *n* GB = **Union of Shop, Distributive and Allied Workers** Związek *m* Zawodowy Pracowników Handlu

USDI *n* US = **United States Department of the Interior** ≈ Ministerstwo *n* Ochrony Środowiska, Zasobów Naturalnych i Leśnictwa Stanów Zjednoczonych

use **I** /ju:s/ *n* [1] (act of using) (of substance, object, machine) wykorzystanie *n*, zastosowanie *n* **(of sth** czegoś); (of word, expression) użycie *n* **(of sth** czegoś); **the ~ of force** użycie siły; **the ~ of diplomacy** podjęcie kroków dyplomatycznych; **the ~ of sth for sth** wykorzystanie czegoś do *or* dla czegoś; **for ~ as/in sth** do użytku *or* do wykorzystania jako coś/w czymś; **for the ~ of sb, for ~ by sb** (customer, staff) do użytku kogoś; **for my own ~** do mojego użytku, na mój własny użytek; **to make ~ of sth** wykorzystać coś; **to make good/better /the best ~ of sth** dobrze/lepiej/najlepiej wykorzystać coś; **to get** *or* **have good** *or* **a lot of ~ out of sth** mieć dużo pożytku z czegoś; **I've had very good ~ out of those gardening gloves** te rękawice ogrodnicze bardzo dobrze mi służą; **to put sth to good ~** zrobić dobry użytek z czegoś, dobrze wykorzystać coś; **the car /machine gets regular ~** to auto/to urządzenie jest regularnie używane; **the room is in ~ at the moment** ten pokój jest w tej chwili zajęty; **the photocopier is in ~ at the moment** w tej chwili ktoś korzysta z kserokopiarki; **while the machine is in ~** podczas pracy urządzenia; **for external ~ only** Pharm do użytku zewnętrznego; **a word in common** *or* **general ~** wyraz powszechnie używany; **to be out of ~** *or* **no longer in ~** *[machine]* (broken) nie działać; (because obsolete) *[machine]* zostać wycofanym z użycia, przestać być używanym; *[word, expression]* wyjść z użycia; **worn/stained with ~** zniszczony/poplamiony od częstego używania; **this machine came into ~ in the 1950s** to urządzenie zaczęto stosować w latach pięćdziesiątych; **the bridge comes into ~ next year** most zostanie oddany do użytku w przyszłym roku; **the new system comes into ~ next year** nowy system zostanie wdrożony w przyszłym roku [2] (way of using) (of resource, object, material) zastosowanie *n*; (of term) użycie *n*; **the many ~s of a hairpin** liczne zastosowania wsuwki do włosów; **she has her ~s** bywa pożyteczna, czasem jest z niej pożytek; **to find a ~ for sth** znaleźć dla czegoś zastosowanie; **to have no further ~ for sb/sth** już więcej nie potrzebować kogoś /czegoś; **I've no ~ for that sort of talk /people** fig nie znoszę takiego gadania /takich ludzi [3] (right to use) **to have the ~ of sth** móc korzystać z czegoś *[house, car, kitchen, garden]*; **to let sb have the ~ of sth** pozwolić komuś korzystać z czegoś; **to lose/still have the ~ of one's legs** stracić/zachować władzę w nogach; **with ~ of sth** z używalnością czegoś *[kitchen, bathroom]* [4] (usefulness) **to be of ~ to sb /sth** przydać się komuś/do czegoś; **to be (of) no ~** *[object]* być bezużytecznym; *[person]* być niepotrzebnym *or* zbędnym; **to be (of) no ~ to sb** być nieprzydatnym dla kogoś; **can I be of any ~?** przydam się na coś?; **he's no ~ at cards** infml w grze w karty jest do niczego; **what ~ is a wheel without a tyre?** co za pożytek z koła bez opony?; **what's the ~ of crying?** łzy na nic się nie zdadzą, płacz na nic się nie zda; **oh, what's the ~?** no i co to da?; **is it any ~ asking him?** czy jest sens go prosić?; **it's no ~ asking me** (about sth) nawet mnie nie pytaj; (for sth) nawet mnie nie proś; **it's no ~ (he won't listen)** to na nic (on nie zechce słuchać); **it's no ~, we'll have to start** nie ma rady, będziemy musieli zaczynać

II /ju:z/ *vt* (employ) [1] wykorzyst|ać, -ywać, za|stosować, uży|ć, -wać (czegoś), posłu|żyć, -giwać się (czymś), s|korzystać z (czegoś); **to ~ sb/sth as sth** posłużyć się kimś /czymś jako czymś, użyć kogoś/czegoś jako czegoś; **to ~ sth for sth/to do sth** użyć czegoś do czegoś/do zrobienia czegoś, wykorzystać coś do czegoś/do zrobienia czegoś; **to be ~d for sth/to do sth** służyć do czegoś/do robienia czegoś; **we only ~ local suppliers** korzystamy jedynie z usług miejscowych dostawców; **somebody's using the toilet** ktoś jest w toalecie, ktoś korzysta z toalety; **can I use you** *or* **your name as a reference?** czy mogę się na ciebie powołać?; **~ your initiative!** wykaż trochę inicjatywy!; **~ your head** *or* **loaf** infml**!** rusz głową *or* mózgownicą infml!; **I could ~ a drink** infml napiłbym się; **I could ~ a bath** infml przydałaby mi się kąpiel [2] (*also* **~ up**) (consume) zuży|ć, -wać *[fuel, food]*; **he's ~d all the water** zużył całą wodę; **~ the leftovers** wykorzystaj resztki [3] pej (exploit) wykorzyst|ać, -ywać *[person]* [4] (take habitually) zażywać, brać *[drugs]* [5] arch (treat) **to ~ sb well/ill** dobrze/źle traktować kogoś

III /ju:z/ *vi* (take drugs) zażywać narkotyki; brać infml

IV **used** *pp adj [car]* używany; *[container]* pusty; *[crockery, cutlery]* brudny; *[condom]* zużyty

■ **use up**: **~ up [sth], ~ [sth] up** zuży|ć, -wać *[remainder, supplies, energy]*; wyda|ć, -wać *[money, savings]*; **I'm all ~d up** infml jestem wykończony infml

use-by date /ˈju:zbaɪdeɪt/ *n* (on food) termin *m* przydatności do spożycia; (on medicine, film) data *f* ważności

used[1] /ju:st/ **I** *modal aux* **I ~ to do it** dawniej *or* kiedyś to robiłem; **what did he use to** *or* **what ~ he to look like then?** jak wówczas wyglądał?; **he didn't use to** *or* **he ~ not to smoke** dawniej nie palił; **didn't she use to smoke?** czy dawniej nie paliła?; **she ~ to smoke, didn't she?** dawniej paliła, prawda?; **she doesn't smoke now, but she ~ to** teraz nie pali, ale kiedyś paliła; **it ~ to be thought that...** kiedyś uważano, że...; **there ~ to be a pub here** kiedyś był tu pub; **didn't there use to be** *or* **~ there not to be a pub here?** czy tutaj nie było kiedyś pubu?; **things aren't what they ~ to be** teraz to nie to, co dawniej

II /ju:st/ *adj* (accustomed) **to be ~ to sb/sth** być przyzwyczajonym do kogoś/czegoś; **I'm not ~ to this sort of treatment** nie jestem przyzwyczajony do takiego traktowania; **to get ~ to sb/sth** *[person, eyes, stomach]* przyzwyczaić się do kogoś /czegoś; **to be ~ to doing sth** być przyzwyczajonym do robienia czegoś; **to get ~ to doing sth** przyzwyczaić się do robienia czegoś; **she's been ~ to having her own room** jest przyzwyczajona do tego, że ma własny pokój; **to be ~ to sb doing sth** być przyzwyczajonym do tego, że ktoś coś robi; **I'm not ~ to it** nie jestem do tego przyzwyczajony; **you'll get ~ to it** przyzwyczaisz się, przywykniesz; **it takes a bit/a lot of getting ~ to** to trochę/to długo trwa, zanim się człowiek przyzwyczai

used[2] /ju:zd/ *pt, pp, pp adj* → **use II, III, IV**

useful /ˈju:sfl/ *adj* [1] (helpful) *[object]* użyteczny, przydatny; *[information, book, contact]* pożyteczny, przydatny; *[work, discussion, meeting]* pożyteczny; **~ for doing sth** przydatny do robienia czegoś; **to be ~ to sb** przydać się komuś, być użytecznym dla kogoś; **it is ~ to do sth** dobrze jest coś robić; **to make oneself ~** starać się być użytecznym; **to feel ~** czuć się potrzebnym; **to come in ~** przydać się; **a ~ life** Comm okres użytkowania, żywotność [2] infml (competent) *[footballer, cook]* niezły; **to be ~ with a gun/paintbrush** być niezłym strzelcem/malarzem; **to be ~ at cooking /football** nieźle gotować/kopać piłkę

usefully /ˈju:sfəlɪ/ *adv* pożytecznie

usefulness /ˈju:sflnɪs/ *n* użyteczność *f*, przydatność *f*; **this law has outlived its ~** to prawo się przeżyło

useless /ˈju:slɪs/ *adj* [1] (not helpful) *[machine, information]* nieprzydatny, bezużyteczny; **it's ~ to argue** *or* **arguing** nie ma sensu

się spierać [2] (not able to be used) *[object]* niezdatny do użytku; *[limb]* niesprawny; **his arm hung ~ by his side** jego ramię zwisało bezwładnie [3] (futile) *[attempt, discussion, protest]* bezcelowy; *[waste]* niepotrzebny [4] infml (incompetent) *[person]* do niczego, beznadziejny; **to be ~ at sth /doing sth** być beznadziejnym w czymś /robieniu czegoś; **he's a ~ cook/driver** jest beznadziejnym kucharzem/kierowcą
uselessly /ˈju:slɪslɪ/ *adv* bezużytecznie
uselessness /ˈju:slɪsnɪs/ *n* [1] (lack of practical use) (of object, machine, information) bezużyteczność *f*, nieprzydatność *f* [2] (pointlessness) (of resistance, effort, argument) bezcelowość *f* [3] (incompetence) brak *m* kompetencji
usen't /ˈju:snt/ GB = **used not**
user /ˈju:zə(r)/ *n* [1] (person who makes use of) (of road, public transport, credit card, service) użytkowni|k *m*, -czka *f*; (of electricity) odbiorca *m*; **library ~** czytelnik [2] (also **drug ~**) narkoman *m*, -ka *f*; **is she a ~?** czy ona bierze? infml; **cocaine ~** kokainista; **heroin ~** heroinista [3] US (exploiter) wyzyskiwacz *m*, -ka *f*
user-defined key /ˌju:zədɪfaɪndˈki:/ *n* Comput klawisz *m* zdefiniowany przez użytkownika
user-friendliness /ˌju:zəˈfrendlɪnɪs/ *n* Comput łatwość *f* w obsłudze
user-friendly /ˌju:zəˈfrendlɪ/ *adj* przyjazny dla użytkownika
user group *n* grupa *f* użytkowników
user interface *n* Comput interfejs *m* użytkownika
username /ˈju:zəneɪm/ *n* Comput nazwa *f* użytkownika
USES *n* US = **United States Employment Service** Federalny Urząd *m* do spraw Zatrudnienia
U-shaped /ˈju:ʃeɪpt/ *adj* w kształcie litery U
usher /ˈʌʃə(r)/ **I** *n* (in court) woźny *m* sądowy; (in theatre, cinema) ≈ bileter *m (wskazujący widzom miejsca)*; (at ceremony) osoba *f* anonsująca gości
II *vt* **to ~ sb to his/her seat** zaprowadzić kogoś na miejsce; **to ~ sb in/out** wprowadzić/wyprowadzić kogoś; **to ~ sb to the door** odprowadzić kogoś do drzwi
■ **usher in**: **~ in [sth]** zapoczątkow|ać, -ywać *[era, negotiations]*; zapoczątkow|ać, -ywać, wprowadz|ić, -ać *[scheme, reforms]*
usherette /ˌʌʃəˈret/ *n* ≈ bileterka *f*
USIA *n* US = **United States Information Agency** Ministerstwo *n* Informacji Stanów Zjednoczonych
USM *n* US [1] = **United States Mint** mennica *f* państwowa Stanów Zjednoczonych [2] = **underwater to surface missile** pocisk *m* klasy głębina wodna-powierzchnia
USMC *n* US = **United States Marine Corps** Korpus *m* Piechoty Morskiej Stanów Zjednoczonych
USN *n* US = **United States Navy** siły *plt* morskie Stanów Zjednoczonych
USNG *n* US = **United States National Guard** Gwardia *f* Narodowa Stanów Zjednoczonych
USO *n* US = **United Service Organizations** *organizacja zajmująca się wojskowymi stacjonującymi poza Stanami Zjednoczonymi oraz ich rodzinami*
USP *n* → **unique selling proposition, unique selling point**
USPS *n* US = **United States Postal Service** Poczta *f* Stanów Zjednoczonych
USS *n* US [1] = **United States Ship** okręt *m* marynarki Stanów Zjednoczonych [2] = **United States Senate** Senat *m* Stanów Zjednoczonych
USSR *n* Hist = **Union of Soviet Socialist Republics** ZSRR *m inv*
usual /ˈju:ʒl/ **I** *n* infml **the ~** to co zwykle; **'what did he say?' – 'oh, the ~'** „co powiedział?" – „to co zwykle"; **my** or **the ~, please** (in bar) dla mnie to co zawsze, proszę
II *adj [attitude, behaviour, form, procedure, place, time, route]* zwykły; *[word, term]* zwykle używany; **available at the ~ price** dostępny po zwykłej cenie; **roast beef with all the ~ trimmings** pieczeń wołowa z tradycyjnymi dodatkami; **this haste was not ~ for her** ten pośpiech nie był dla niej typowy; **it's ~ for him to be late** on zawsze się spóźnia; **they left earlier than was ~ for them** wyszli wcześniej niż zwykle; **it is ~ to tip the waiter, the ~ practice is to tip the waiter** zwykle daje się kelnerowi napiwek; **they did/said all the ~ things** zrobili /powiedzieli to, co zwykle wypada; **she was her ~ cheerful self** była pogodna jak zawsze; **as ~** jak zwykle; **'business as ~'** „pracujemy jak zwykle"; **it was business as ~ at the school** był to zwykły dzień nauki w szkole, w szkole był to kolejny dzień jak codzień; **as ~ with such accidents** jak zwykle bywa w tego rodzaju wypadkach; **as is ~ at this time of year /at these events** jak zwykle o tej porze roku/przy takich okazjach; **more/less than ~** więcej/mniej niż zwykle; **he is better prepared/less hungry than ~** jest lepiej przygotowany/mniej głodny niż zwykle; **as ~ with Adam, everything has to be perfect!** jak to zwykle u Adama, wszystko musi być doskonałe!
usually /ˈju:ʒəlɪ/ *adv* zazwyczaj, zwykle; **'does he eat here ?' – 'not ~'** „czy on się tutaj stołuje?" – „zazwyczaj nie"; **more ~** najczęściej; **he was more than ~ friendly** był bardziej przyjacielski niż zwykle; **I ~ arrive at seven** zazwyczaj przyjeżdżam o siódmej
usufruct /ˈju:zjʊfrʌkt/ *n* Jur użytkowanie *n*
usufructary /ˈju:zjʊfrʌktrɪ, US -terɪ/ **I** *n* Jur użytkowni|k *m*, -czka *f*
II *adj* **~ right** prawo użytkowania
usurer /ˈju:ʒərə(r)/ *n* lichwia|rz *m*, -rka *f* pej
usurious /ju:ˈʒʊərɪəs/ *adj* fml lichwiarski pej
usurp /ju:ˈzɜ:p/ *vt* uzurpować sobie fml pej
usurpation /ˌju:zəˈpeɪʃn/ *n* fml uzurpacja *f* fml pej
usurper /ju:ˈzɜ:pə(r)/ *n* uzurpator *m*, -ka *f* fml pej
usurping /ju:ˈzɜ:pɪŋ/ *adj* uzurpatorski fml pej
usury /ˈju:ʒərɪ/ *n* Fin lichwa *f*
UT *n* US Post = **Utah**
Utah /ˈju:tɑ:/ *prn* (stan *m*) Utah *m inv*
utensil /ju:ˈtensl/ *n* przyrząd *m*, narzędzie *n*; **kitchen ~s** sprzęt kuchenny
uterine /ˈju:təraɪn/ *adj* maciczny
uterus /ˈju:tərəs/ *n* Anat macica *f*
utilitarian /ˌju:tɪlɪˈteərɪən/ **I** *n* Philos utylitaryst|a *m*, -ka *f*
II *adj* [1] Philos *[ideal, doctrine]* utylitarystyczny [2] (practical) *[object, clothing]* praktyczny; *[building, furniture]* funkcjonalny
utilitarianism /ˌju:tɪlɪˈteərɪənɪzəm/ *n* Philos utylitaryzm *m*
utility /ju:ˈtɪlətɪ/ **I** *n* [1] (usefulness) użyteczność *f*, przydatność *f* [2] (also **public ~**) (service) usługa *f* komunalna [3] Comput program *m* narzędziowy
II utilities *npl* US Fin akcje *f pl* zakładów użyteczności publicznej
III *modif* [1] (functional) *[vehicle]* funkcjonalny; *[object]* praktyczny [2] (multi-skilled) *[player, actor]* wszechstronny [3] Agric *[breed, animal]* użytkowy
utility bond *n* obligacja *f* zakładu użyteczności publicznej
utility company *n* zakład *m* użyteczności publicznej
utility furniture *n* GB standardowe meble *m pl*
utility programme GB, **utility program** US *n* Comput program *m* narzędziowy
utility room *n* pomieszczenie *n* gospodarcze
utilizable /ˈju:təlaɪzəbl/ *adj [equipment]* nadający się do użytku; *[information]* nadający się do wykorzystania, użyteczny
utilization /ˌju:təlaɪˈzeɪʃn/ *n* wykorzystanie *n*, zużytkowanie *n*
utilize /ˈju:təlaɪz/ *vt* wykorzyst|ać, -ywać *[idea, object, materials]*; wy|eksploatować *[resources]*
utmost /ˈʌtməʊst/ **I** *n* **to do** or **try one's ~ to come/help** starać się ze wszystkich sił, żeby przyjść/pomóc; **she did it to the ~ of her abilities** zrobiła to najlepiej, jak potrafiła; **at the ~** (co) najwyżej, w najlepszym razie; **to the ~** do maksimum; **to try sb's patience to the ~** wystawiać cierpliwość kogoś na ciężką próbę; **that's the ~ we can do** to naprawdę wszystko, co możemy zrobić
II *adj* [1] (greatest) *[caution, discretion]* najwyższy; *[ease, secrecy]* największy; *[limit]* maksymalny; **a matter of the ~ importance** sprawa najwyższej or pierwszorzędnej wagi; **it is of the ~ importance that she should come** jest niezmiernie ważne, żeby przyszła; **with the ~ haste** w największym pośpiechu [2] (farthest) najdalszy; **the ~ ends of the earth** najodleglejsze krańce ziemi
Utopia /ju:ˈtəʊpɪə/ *n* utopia *f*
Utopian /ju:ˈtəʊpɪən/ **I** *n* utopist|a *m*, -ka *f*
II *adj* utopijny
Utopianism /ju:ˈtəʊpɪənɪzəm/ *n* utopizm *m*
utricle /ˈju:trɪkl/ *n* Anat łagiewka *f*
utter[1] /ˈʌtə(r)/ *adj [failure, disaster, amazement]* kompletny; *[boredom]* śmiertelny; *[despair]* bezdenny, beznadziejny; *[honesty, sincerity]* pełny, całkowity; *[fool, scoundrel]* skończony; **~ stranger** zupełnie obcy człowiek; **~ rubbish!** wierutne brednie!
utter[2] /ˈʌtə(r)/ *vt* [1] wypowi|edzieć, -adać *[word, curse, warning]*; wyda|ć, -wać z siebie *[cry, sound]*; **I couldn't ~ a word** nie

U

mogłem wydobyć z siebie ani słowa [2] Jur pu|ścić, -szczać w obieg *[forged banknotes]*; **to ~ slander** rzucać pomówienia

utterance /ˈʌtərəns/ *n* [1] (statement, remark) wypowiedź *f*; **public ~s** publiczne wypowiedzi [2] fml (word, remark) sformułowanie *n*; (of opinion) wyrażenie *n*; **to give ~ to sth** wyrazić słowami coś *[feelings, thoughts]* [3] Ling wypowiedzenie *n*

utterly /ˈʌtəlɪ/ *adv* całkowicie, zupełnie; **we ~ condemn this action** całkowicie potępiamy ten czyn; **I ~ detest her** szczerze jej nie znoszę

uttermost /ˈʌtəməʊst/ *n, adj* dat → **utmost**

U-turn /ˈjuːtɜːn/ *n* [1] Aut zawracanie *n*; **'no ~s'** „zakaz zawracania" [2] fig zwrot *m* o 180 stopni; **they did a ~ on taxation** w sprawie podatków zrobili zwrot o 180 stopni; **there will be no ~s over education policy** nie będzie żadnych radykalnych zwrotów w polityce edukacyjnej

UV *adj* = **ultraviolet** *[light, ray, radiation]* ultrafioletowy

UVF *n* = **Ulster Volunteer Force**

uvula /ˈjuːvjʊlə/ *n* (*pl* **-lae**) Anat, Phon języczek *m*

uvular /ˈjuːvjʊlə(r)/ *adj* [1] Phon języczkowy, uwularny [2] Anat języczkowy

uxorious /ʌkˈsɔːrɪəs/ *adj* hum or pej **~ husband** pantoflarz *m* infml hum

uxoriousness /ʌkˈsɔːrɪəsnɪs/ *n* hum or pej pantoflarstwo *n* infml hum

Uzbek /ˈʌzbek, ˈʊz-/ **I** *n* [1] (person) Uzbe|k *m*, -czka *f* [2] Ling (język *m*) uzbecki *m*
II *adj [culture, land]* uzbecki

Uzbekistan /ˌʌzbekɪˈstɑːn, ˌʊz-/ *prn* Uzbekistan *m*

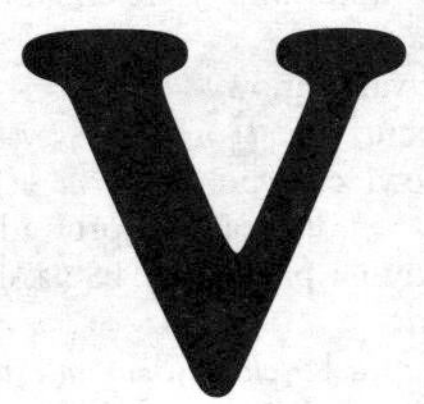

v, V /viː/ *n* [1] (letter) v, V *n* [2] = **versus** [3] = **vide** zob. [4] **V** Elec = **volt** wolt *m*, w [5] (*pl* **vv.**) wiersz *m*, werset *m*, w.

VA US [1] Mil → **Veterans' Administration** [2] Post = **Virginia**

vac /væk/ *n* GB infml = **vacation** wakacje *plt*; **the long ~** wakacje letnie

vacancy /ˈveɪkənsɪ/ *n* [1] (free room) wolny pokój *n*; **'vacancies'** „wolne pokoje"; **'no vacancies'** „brak wolnych miejsc" [2] (on campsite) wolne miejsce *n* [3] (unfilled job, place) nieobsadzone stanowisko *n*, wolny etat *m*, wakat *m*; **a ~ for an accountant** wolny etat księgowego; **to fill a ~ for a receptionist** zatrudnić recepcjonistkę; **her leaving created a ~** w związku z jej odejściem zwolnił się etat or zwolniła się posada; **to advertise a ~** dać ogłoszenie o pracy; **'no vacancies'** (on sign) „wolnych miejsc pracy nie ma" [4] (dreaminess) rozmarzenie *n*, rozmarzony wyraz *m* twarzy [5] (stupidity) bezmyślność *f*

vacancy rate *n* Tourism wskaźnik *m* niewykorzystania pokojów

vacant /ˈveɪkənt/ *adj* [1] (unoccupied) *[seat, place, toilet]* wolny; *[flat, room, office]* pusty; (on toilet door) „wolne" [2] (available) *[post]* wolny, wakujący; **to become** or **fall ~** *[post]* zwolnić się; **'situations ~'** (in newspaper) „oferty pracy" [3] (dreamy) *[look, stare, expression, smile]* nieobecny; **he gave me a ~ stare** or **look** spojrzał na mnie nieobecnym wzrokiem [4] (stupid) *[look, expression]* bezmyślny; **~ mind** pusta głowa

vacant lot *n* niezabudowana działka *f* or parcela *f*

vacantly /ˈveɪkəntlɪ/ *adv* [1] (absently) *[stare, answer]* z nieobecnym wyrazem twarzy [2] (stupidly) *[stare, look]* bezmyślnie

vacant possession *n* GB Jur **house/flat with ~** dom/mieszkanie do natychmiastowego objęcia

vacate /veɪˈkeɪt, US ˈveɪkeɪt/ *vt* zw|olnić, -alniać *[post, room, seat]*; wyprowadz|ić, -ać się z (czegoś) *[house, flat]*; **to ~ a job** zwolnić etat

vacation /vəˈkeɪʃn, US veɪ-/ **I** *n* [1] (from studies) wakacje *plt*; **Easter ~** przerwa *f* wielkanocna, ferie *plt* wielkanocne; **the long ~** GB, **the summer ~** wakacje letnie [2] US (from work) urlop *m*; **to take a ~** wziąć urlop; **to go on ~** pojechać na urlop; **did you have a good ~?** udał ci się urlop?; **during** or **over** or **in the ~** podczas urlopu; **they are on (their) ~ in Florida** są na urlopie na Florydzie, spędzają urlop na Florydzie [3] Jur przerwa *f* wakacyjna

II *modif [course, job, trip]* wakacyjny

III *vi* US spędz|ić, -ać wakacje; **they are ~ing in Miami** są na wakacjach w Miami

IV vacationing *prp adj* US *[tourist]* wakacyjny

vacationer /vəˈkeɪʃənə(r), US veɪ-/ *n* US urlopowicz *m*, -ka *f*

vaccinate /ˈvæksɪneɪt/ *vt* za|szczepić **(against sth** przeciwko czemuś)

vaccination /ˌvæksɪˈneɪʃn/ *n* szczepienie *n* **(against** or **for sth** przeciwko czemuś); **smallpox ~** szczepienie przeciwko ospie; **to have a ~** mieć szczepienie; **~clinic** punkt szczepień

vaccine /ˈvæksiːn, US vækˈsiːn/ *n* szczepionka *f* **(against** or **for sth** przeciwko czemuś); **tetanus/smallpox ~** szczepionka przeciwtężcowa/przeciwko ospie

vaccinology /ˌvæksɪˈnɒlədʒɪ/ *n* nauka *f* o szczepionkach, wakcynologia *f*

vacillate /ˈvæsəleɪt/ *vi* wahać się, nie móc się zdecydować; zastanawiać się **(over sth** nad czymś); **his mood ~d between hope and despair** na zmianę ogarniał go nastrój nadziei i rozpacz; **he ~s between resigning and applying for promotion** nie może się zdecydować, czy ma odejść z pracy, czy prosić o awans

vacillating /ˈvæsəleɪtɪŋ/ *adj* niezdecydowany

vacillation /ˌvæsəˈleɪʃn/ *n* niezdecydowanie *n*, wahanie *n*

vacuity /vəˈkjuːətɪ/ *n* fml [1] (inanity) bezmyślność *f* [2] (empty space) pustka *f*

vacuous /ˈvækjʊəs/ *adj* fml *[person, look, expression]* bezmyślny; *[optimism, escapism]* bezsensowny

vacuum /ˈvækjʊəm/ **I** *n* [1] Phys próżnia *f*; **partial ~** podciśnienie, zmniejszone ciśnienie; **to create a ~** wytworzyć próżnię; **to observe an effect in a ~** obserwować zjawisko w próżni [2] (lonely place) pustka *f*, próżnia *f*; **emotional/spiritual ~** pustka emocjonalna/duchowa; **he left a ~ in our lives** pozostawił po sobie pustkę w naszym życiu; **I'm in a ~** jestem zawieszony w próżni; **his departure created a power ~** po jego odejściu nie było dobrego kandydata na jego stanowisko [3] (also **~ cleaner)** odkurzacz *m* [4] (also **~ clean) to give (sth) a ~** odkurzyć (coś) *[sofa, carpet]*; poodkurzać w (czymś) *[room]*

II *vt* (also **~-clean)** odkurz|yć, -ać, poodkurzać *[carpet, upholstery]*; odkurz|yć, -ać w (czymś) *[room, house]*

vacuum bottle *n* US = **vacuum flask**

vacuum brake *n* hamulec *m* próżniowy

vacuum cleaner *n* odkurzacz *m*; elektroluks *m* dat

vacuum flask *n* termos *m*

vacuum gauge *n* próżniomierz *m*, wakuometr *m*, manometr *m* próżniowy

vacuum pack I *n* opakowanie *n* próżniowe

II *vt* o|pakować próżniowo

III vacuum packed *pp adj* pakowany próżniowo

vacuum pump *n* pompa *f* próżniowa

vacuum sweeper *n* US = **vacuum cleaner**

vacuum tube *n* lampa *f* próżniowa

vade mecum /ˌvɑːdɪˈmeɪkʊm, ˌveɪdɪˈmiːkəm/ *n* vademecum *n inv*, wademekum *n inv*

vagabond /ˈvægəbɒnd/ **I** *n* włóczęga *m*; wagabunda *m* liter

II *adj [tribe]* wędrowny; *[lifestyle]* włóczęgowski

vagal /ˈveɪgl/ *adj* Anat odnoszący się do nerwu błędnego

vagary /ˈveɪgərɪ/ *n* fml (whim) kaprys *m*; (eccentricity) dziwactwo *n*; **the vagaries of the weather** kaprysy pogody

vagi /ˈveɪgaɪ/ *npl* → **vagus**

vagina /vəˈdʒaɪnə/ *n* (*pl* **-nas, -nae**) Anat pochwa *f*

vaginal /vəˈdʒaɪnl/ *adj* pochwowy; **~ discharge** upławy; **~ smear** wymaz z pochwy

vagrancy /ˈveɪgrənsɪ/ **I** *n* włóczęgostwo *n*

II *modif [law, act]* dotyczący włóczęgostwa

vagrant /ˈveɪgrənt/ **I** *n* włóczęga *m*

II *adj [beggar, gypsy]* bezdomny; *[habit, lifestyle]* włóczęgowski

vague /veɪg/ *adj* [1] (imprecise) *[account, rumour]* mętny; *[idea, memory]* mglisty; *[term]* niejednoznaczny; *[person]* mało precyzyjny; **I haven't the ~st idea** nie mam najmniejszego pojęcia; **there was ~ talk of a change of plans** mówiło się ogólnie o zmianie planów [2] (evasive) **to be ~ about sth** mówić ogólnikowo or mało konkretnie o czymś *[plans, intentions, past]* [3] (distracted) *[person, smile, expression, gesture]* roztargniony; **to look ~** być nieobecnym myślami [4] (faint, slight) *[smell, taste]* lekki; *[fear, embarrassment, unease]* niejasny, nieokreślony; *[doubt, feeling]* niejasny; *[outline]* niewyraźny; **a ~ sense of guilt** niejasne poczucie winy; **there's a ~ likeness between them** są do siebie trochę podobni, jest między nimi pewne podobieństwo [5] (unsure) **I am a bit ~ about what happened next** nie jestem pewien or nie bardzo wiem, co potem nastąpiło; **we're rather ~ about his plans** niewiele wiemy o jego planach

vaguely /ˈveɪglɪ/ *adv* [1] (faintly) *[resemble]* trochę, nieco; *[sinister, amusing, embarrassed]* z lekka; **it seems ~ familiar** to wydaje się jakby znajome; **I ~ remember him** pamiętam go jak przez mgłę; **I know him ~** mało go znam, prawie go nie znam; **he looks ~ like his father** trochę przypomina ojca; **he hates anything ~ foreign** nienawidzi wszystkiego, co obce [2] (distractedly) *[smile, gaze, say]* z roztargnieniem; *[gesture]* odruchowo; *[wander, move about]* bez wyraźnego celu [3] (evasively) *[reply]* wymijająco; (imprecisely) *[define, formulate]* ogólnikowo; *[describe, imagine]* niejasno, mętnie

vagueness /ˈveɪgnɪs/ *n* [1] (imprecision) (of wording, proposals) ogólnikowość *f*; (of thinking) brak *m* jasności; (of outline, image) mglistość *f* [2] (absent-mindedness) roztargnienie *n*

vagus /ˈveɪgəs/ *n* (*pl* **-gi**) Anat (also **~ nerve**) nerw *m* błędny

vain /veɪn/ **I** *adj* [1] (conceited) próżny, zadufany (w sobie); **to be ~ about sth** pysznić się or chlubić się czymś [2] (futile) *[attempt]* daremny, nadaremny; *[promise, words, threats]* czczy, pusty; *[hope]* płonny, próżny; *[demonstration, show]* bezowocny; **in a ~ attempt** or **effort to do sth** podejmując daremną próbę zrobienia czegoś **II in vain** *adv phr* na próżno; **it was all in ~** wszystko (było) na próżno

IDIOMS: **not to take God's name in ~** nie wzywać imienia Pana Boga nadaremno; **to take sb's name in ~** hum plotkować o kimś, obgadywać kogoś

vainglorious /ˌveɪnˈglɔːrɪəs/ *adj* liter *[person]* pyszałkowaty, zadufany (w sobie); *[ambition]* próżny; *[assessment]* chełpliwy; *[boast]* butny

vainglory /ˌveɪnˈglɔːrɪ/ *n* liter pycha *f*, próżność *f*

vainly /ˈveɪnlɪ/ *adv* [1] (futilely) na próżno, (na)daremnie [2] (conceitedly) *[look, stare]* zarozumiale, chełpliwie; *[admire oneself]* z dumą

valance /ˈvæləns/ *n* (on bed base, round canopy, above curtains) lambrekin *m*; (round fitted sheet) falbana *f*

vale /veɪl/ *n* liter dolina *f*; **this ~ of tears** padół łez or płaczu liter

valediction /ˌvælɪˈdɪkʃn/ *n* fml [1] (farewell) pożegnanie *n* [2] (farewell speech) mowa *f* pożegnalna; **funeral ~** mowa pogrzebowa

valedictorian /ˌvælɪdɪkˈtɔːrɪən/ *n* US Sch, Univ *celujący uczeń lub student wygłaszający mowę na zakończenie nauki*

valedictory /ˌvælɪˈdɪktərɪ/ fml **I** *n* mowa *f* pożegnalna **II** *adj* pożegnalny

valence /ˈveɪləns/ *n* [1] Chem wartościowość *f*, walencyjność *f* [2] Ling walencja *f*

Valencia /vəˈlensɪə/ *prn* Walencja *f*

Valencian /vəˈlensɪən/ *adj* walencki

valency /ˈveɪlənsɪ/ *n* [1] Chem wartościowość *f*, walencyjność *f* [2] Ling walencja *f*, wartościowość *f* syntaktyczna

valentine /ˈvæləntaɪn/ *n* [1] (also **~ card**) walentynka *f* [2] (person) *adresat walentynki*; **'be my ~'** (written on card) „pokochaj mnie"

Valentine('s) Day *n* dzień *m* świętego Walentego, dzień *m* zakochanych

valerian /væˈlɪərɪən/ **I** *n* [1] Bot kozłek *m* lekarski, waleriana *f* lekarska [2] Pharm waleriana *f* **II** *modif* walerianowy

valet /ˈvælɪt, -leɪ/ **I** *n* [1] (employee) służący *m*; pokojowiec *m*, pokojowy *m* arch [2] GB (in hotel) boy *m*; (for cars) odprowadzający *m* samochody na parking [3] US (rack) stojak *m* na ubrania **II** *vt* wy|czyścić *[clothes, car interior]* **III** *vi* być służącym, służyć **(for sb** u kogoś)

valet parking *n* odstawianie *n* samochodów na parking przez obsługę

valet service *n* [1] (car cleaning) czyszczenie *n* tapicerki [2] (clothes repair) czyszczenie *n* i prasowanie *n* ubrań *(w hotelu)*

valetudinarian /ˌvælɪtjuːdɪˈneərɪən/ **I** *n* fml [1] (hypochondriac) hipochondry|k *m*, -czka *f* [2] (invalid) osoba *f* słabego zdrowia **II** *adj* hipochondryczny

Valhalla /vælˈhælə/ *prn* Walhalla *f*

valiant /ˈvælɪənt/ *n [hero]* mężny, dzielny; *[soldier]* waleczny; *[effort]* śmiały; *[deed]* bohaterski; *[smile, wave]* dziarski, dzielny; **to make a ~ effort to smile** zmuszać się do uśmiechu

valiantly /ˈvælɪəntlɪ/ *adv [fight, try]* mężnie, dzielnie; *[attack, defend]* walecznie

valid /ˈvælɪd/ *adj* [1] (still usable) *[passport, licence, ticket, offer]* ważny; **your ticket is ~ for three months** twój bilet jest ważny na trzy miesiące [2] (well-founded, reasonable) *[reason, complaint, objection, protest]* uzasadniony; *[argument, point, interpretation]* słuszny; *[comparison, method]* sensowny; **his remarks are still ~ today** jego uwagi są nadal aktualne; **that's a very ~ point** to bardzo słuszna uwaga [3] (in law) *[consent]* prawomocny; *[defence]* uzasadniony [4] (in logic) *[inference, proposition]* właściwy

validate /ˈvælɪdeɪt/ *vt* [1] potwierdz|ić, -ać, uzasadni|ć, -ać *[theory, conclusion, claim]* [2] (give legal force to) nada|ć, -wać ważność (czemuś) *[document]*; uprawomocni|ć, -ać *[contract]*; poświadcz|yć, -ać zasadność (czegoś) *[claim]*; (stamp) o|stemplować *[ticket, passport]*

validation /ˌvælɪˈdeɪʃn/ *n* (of document) uprawomocnienie *n*; (of claim) uzasadnienie *n*

validity /vəˈlɪdətɪ/ *n* [1] Jur (of ticket, document) ważność *f*; (of consent) prawomocność *f* [2] (of argument, method) słuszność *f*; (of claim, excuse) zasadność *f*

valise /vəˈliːz, US vəˈliːs/ *n* dat sakwojaż *m* dat

Valium® /ˈvælɪəm/ *n* valium *n inv*

Valkyrie /vælˈkɪərɪ/ *n* (*pl* **~s, ~**) walkiria *f*

valley /ˈvælɪ/ *n* dolina *f*; **the Vistula ~** dolina Wisły

valor *n* US = **valour**

valorous /ˈvælərəs/ *adj* liter dzielny; (in battle) waleczny

valour GB, **valor** US /ˈvælə(r)/ *n* liter męstwo *n*, dzielność *f*; (in battle) waleczność *f*; **for ~** Mil za waleczność

IDIOMS: **discretion is the better part of ~** Prov ≈ odwaga winna iść w parze z rozwagą

valuable /ˈvæljʊəbl/ *adj* [1] *[commodity, asset]* cenny, wartościowy; *[ring]* kosztowny, drogocenny [2] *[advice, information, lesson]* cenny; *[ally]* nieoceniony; **to be ~ in treating cancer** być nieocenionym w leczeniu raka

valuables /ˈvæljʊəblz/ *npl* kosztowności *plt*, przedmioty *m pl* wartościowe; **'do not leave ~ in your car'** „prosimy nie zostawiać w samochodzie przedmiotów wartościowych"

valuation /ˌvæljʊˈeɪʃn/ *n* [1] (act) (of price) wycena *f*, oszacowanie *n*; (of quality) ocena *f*; **to make a ~ of sth** wycenić coś, oszacować coś; **to have a ~ done on sth** oddać coś do wyceny, zlecić wycenę czegoś [2] (value given) wartość *f*, szacunek *m*; **to put a ~ on sth** wycenić or oszacować coś, określić wartość czegoś; **he put a ~ of £250 on it** wycenił to na 250 funtów

valuator /ˈvæljʊeɪtə(r)/ *n* taksator *m*

value /ˈvæljuː/ **I** *n* [1] (monetary worth) wartość *f*; **of great ~** (o) wielkiej wartości; **of little ~** (o) małej wartości, małowartościowy; **of no ~** bezwartościowy; **have you anything of ~ in your bag?** czy masz w torbie coś wartościowego?; **it has a ~ of £50** to jest warte 50 funtów; **to lose/gain (in) ~** stracić/zyskać na wartości; **books to the ~ of £100** książki o wartości do 100 funtów; **insured against loss to a ~ of £5,000** ubezpieczony od strat do wysokości 5 000 funtów; **he set** or **put a ~ of £500 on the picture** wycenił obraz na 500 funtów; **you can't put a ~ on human life** życie ludzkie jest bezcenne [2] (usefulness, worth) wartość *f*, znaczenie *n*, waga *f*; **nutritional ~** wartość odżywcza; **novelty /entertainment ~** walor nowości/walory rozrywkowe; **to have** or **be of educational ~** mieć znaczenie or walory wychowawcze; **the information may be of ~ to the police** te informacje mogą okazać się cenne dla policji; **I'm well aware of his ~ to the company** dobrze wiem, jak wiele znaczy dla firmy; **to set great ~ on sth** wysoko cenić coś; **don't place too much ~ on what he says** nie przywiązuj zbyt wielkiej wagi do tego, co mówi [3] (worth relative to cost) **to be good/poor ~** być/nie być wartym swej ceny; **it's good ~ at £5** pięć funtów to (za to) niedrogo; **you get good ~ at this shop** w tym sklepie opłaca się robić zakupy; **he's always good ~ for columnists** jest stałym źródłem tematów dla felietonistów; **the set menu offers good ~** opłaca się zamówić zestaw dań; **to get ~ for money** dostać towar wart swej ceny; **a ~-for-money product** towar wart swej ceny [4] (standard, ideal) wartość *f*; **puritan/family ~s** wartości purytańskie /rodzinne [5] Maths wartość *f*, wielkość *f* [6] Art walor *m* [7] Music, Ling wartość *f* **II** *vt* [1] (assess worth of) wyceni|ć, -ać, o|szacować *[assets, property, antique, jewel, painting]*; **to have sth ~d** oddać coś do wyceny; **to ~ sth at £150** wycenić coś na 150 funtów [2] (regard highly) cenić (sobie) *[friendship, freedom, advice, opinion, gift, memory]*; **if you ~ your life** jeśli drogie ci życie; **to ~ sb as a friend** cenić sobie przyjaźń kogoś

value-added tax, VAT /ˌvæljuːˈædɪdtæks/ *n* podatek *m* od wartości dodanej, VAT *m*

valued /ˈvæljuːd/ *adj [friend, colleague]* nieoceniony; *[expert]* ceniony; *[comment, opinion, contribution]* cenny
value date *n* Fin waluta *f*, data *f* walutowania
value engineering *n* analiza *f* wartości, inżynieria *f* wartości
value-free /ˌvæljuːˈfriː/ *adj* obiektywny, bezstronny
value judgment *n* ocena *f* wartościująca
value-laden /ˈvæljuːleɪdn/ *adj* wartościujący
valueless /ˈvæljʊlɪs/ *adj* bez wartości; **to be quite ~** nie mieć w zasadzie żadnej wartości
value-neutral /ˌvæljuːˈnjuːtrəl, US -ˈnuː-/ *adj* obiektywny
value pack *n* Comm duże opakowanie *n*
valuer /ˈvæljʊə(r)/ *n* rzeczoznawca *m*, taksator *m*
valve /vælv/ *n* [1] (in machine, engine) zawór *m*; (on tyre, football) wentyl *m*; (of pumping plant) zasuwa *f* [2] Anat zastawka *f* [3] (of mollusc) połówka *f* muszli; (of fruit) połówka *f* łupiny [4] (on brass instrument) wentyl *m* [5] GB Electron lampa *f* elektronowa
valve gear *n* mechanizm *m* rozrządu zaworowego; (in steam engine) stawidło *n*
valve house *n* komora *f* zasuw *(w śluzie)*
valve-in-head engine /ˌvælvɪnˈhedendʒɪn/ *n* US silnik *m* spalinowy górnozaworowy
valve spring *n* sprężyna *f* zaworu
valvular /ˈvælvjʊlə(r)/ *adj* Med zastawkowy; **~ insufficiency** niedomykalność zastawki
vamoose /vəˈmuːs/ *vi* US infml wyn|ieść, -osić się, spływać infml
vamp[1] /væmp/ dat **I** *n* (woman) wamp *m*
II *vt* (exploit) wykorzyst|ać, -ywać, omot|ać, -ywać *[man]*
III *vi* (seduce) uwodzić
vamp[2] /ˈeksməs/ **I** *n* [1] (on shoe) przyszwa *f* [2] Mus improwizowana przygrywka *f*
II *vi* Mus improwizować, przygrywać
■ **vamp up**: **~ up [sth], ~ [sth] up** odszykow|ać, -ywać infml *[clothing]*; uatrakcyjni|ć, -ać, ożywi|ć, -ać *[story]*; wystylizować *[written notes]*
vampire /ˈvæmpaɪə(r)/ *n* wampir *m*
vampire bat *n* Zool nietoperz wampir *m*
van[1] /væn/ *n* [1] Aut (small, for deliveries) furgonetka *f*; (larger, for removals) furgon *m* [2] GB Rail wagon *m*; **baggage ~** wagon bagażowy [3] US (camper) przyczepa *f* kempingowa
van[2] /væn/ *n* [1] (forefront) awangarda *f*; **to be in the ~ of sth** należeć do awangardy czegoś *[movement, progress]* [2] Mil straż *f* przednia, awangarda *f*
vanadium /vəˈneɪdɪəm/ Chem **I** *n* wanad *m*
II *modif [compound, steel]* wanadowy
Vancouver /vænˈkuːvə(r)/ *prn* Vancouver *m*
V and A *prn* = **Victoria and Albert Museum** Muzeum *n* Wiktorii i Alberta *(w Londynie)*
vandal /ˈvændl/ **I** *n* (hooligan) wandal *m*
II Vandal *prn* Hist Wandal *m*; **the Vandals** Wandalowie
vandalism /ˈvændəlɪzəm/ *n* wandalizm *m*
vandalize /ˈvændəlaɪz/ *vt* z|dewastować, z|niszczyć

van driver *n* kierowca *m* furgonetki
vane /veɪn/ *n* [1] (also **weather ~**) chorągiewka *f* kierunkowa, wiatrowskaz *m* [2] (blade) (of windmill) skrzydło *n*, śmiga *f*; (on turbine, pump) łopatka *f*, łopata *f*; (on projectile) brzechwa *f* [3] (of feather) chorągiewka *f* [4] (of quadrant, compass) przeziernik *m*
vanguard /ˈvæŋɡɑːd/ *n* [1] awangarda *f*; **to be in the ~ of sth** należeć do awangardy czegoś *[movement, progress]* [2] Mil straż *f* przednia, awangarda *f*
vanilla /vəˈnɪlə/ **I** *n* Bot, Culin wanilia *f*
II *modif* [1] *[ice cream, sauce]* waniliowy [2] infml (basic) zwykły
vanilla bean *n* Bot strąk *m* wanilii; Culin laska *f* wanilii
vanilla essence *n* esencja *f* waniliowa, olejek *m* waniliowy
vanilla-flavoured /vəˈnɪləfleɪvəd/ *adj* o smaku waniliowym
vanilla pod *n* = **vanilla bean**
vanilla sugar *n* cukier *m* waniliowy
vanillin /vəˈnɪlɪn/ *n* Chem wanilina *f*
vanish /ˈvænɪʃ/ *vi* znik|nąć, -ać; *[doubt, fear, worry]* pierzch|nąć, -ać; *[pain]* mi|nąć, -jać; *[species]* wym|rzeć, -ierać, wyginąć; **to ~ into the distance** zniknąć w oddali; **to ~ without trace** zniknąć bez śladu; **to ~ off the face of the earth** zniknąć z powierzchni ziemi; **all my savings ~ed into nothing** po moich oszczędnościach nie zostało nic
IDIOMS: **to ~ into thin air** zniknąć or ulotnić się jak kamfora, wyparować infml
vanishing /ˈvænɪʃɪŋ/ **I** *n* zniknięcie *n*
II *adj [animal species]* wymierający; *[plant species, environment]* zanikający
IDIOMS: **to do a ~ act** ulotnić się fig infml
vanishing cream *n* Cosmet krem *m* na dzień
vanishing point *n* Art punkt *m* zbiegu
vanishing trick *n* kuglarska sztuczka *f*; **he always does his ~ when my mother comes** fig zawsze się gdzieś ulatnia, kiedy przychodzi moja matka infml
vanity /ˈvænətɪ/ *n* [1] (conceit) próżność *f*; **to flatter** or **tickle sb's ~** schlebiać próżności kogoś, łechtać próżność kogoś [2] (worthlessness) marność *f*; **~ of vanities, all is ~** Bible marność nad marnościami, i wszystko marność; **the vanities of the world** marności tego świata [3] (basin) = **vanity unit** [4] (dresing table) toaletka *f*
vanity bag *n* = **vanity case**
vanity case *n* kosmetyczka *f*; (part of luggage) neseser *m* na kosmetyki
vanity mirror *n* Aut lusterko *n* przed siedzeniem pasażera
vanity plate *n* Aut tablica *f* rejestracyjna indywidualna *(z kombinacją liter i cyfr wybraną przez właściciela, często jego imieniem lub inicjałami)*
vanity press *n* wydawnictwo *n* publikujące na koszt autora
vanity publisher *n* = **vanity press**
vanity table *n* US toaletka *f*
vanity unit *n* umywalka *f* obudowana szafką
vanload /ˈvænləʊd/ *n* (pełna) furgonetka *f* **(of sth** czegoś**)**
vanquish /ˈvæŋkwɪʃ/ *vt* liter rozgr|omić, -amiać, pokon|ać, -ywać *[enemy]*; pokon|ać, -ywać, przezwycięż|yć, -ać *[doubt, prejudice, fear]*
vanquisher /ˈvæŋkwɪʃə(r)/ *n* pogrom|ca *m*, -czyni *f*
vantage /ˈvɑːntɪdʒ, US ˈvæn-/ *n* arch (condition) przewaga *f*; (position) korzystna pozycja *f*
vantage point *n* [1] (for view) punkt *m* obserwacyjny; **from my ~ I could see...** z miejsca, gdzie się znajdowałem, widziałem...; **from the ~ of the hill** z wysokości wzgórza [2] fig punkt *m* widzenia
Vanuatu /ˌvænuːˈɑːtuː/ *prn* Vanuatu *n inv*
vapid /ˈvæpɪd/ *adj [person, style]* bezbarwny, nieciekawy; *[expression, gaze]* pozbawiony wyrazu; *[smile]* mdły; *[remark, plot, conversation]* banalny, nudny
vapor *n* US = **vapour**
vaporization /ˌveɪpəraɪˈzeɪʃn/ *n* parowanie *n*, odparowywanie *n*
vaporize /ˈveɪpəraɪz/ **I** *vt* s|powodować parowanie (czegoś) *[liquid]*
II *vi [liquid]* wyparow|ać, -ywać, parować
vaporizer /ˈveɪpəraɪzə(r)/ *n* [1] Chem, Ind aparat *m* wyparny, wyparka *f* [2] Med spray *m*, aerozol *m* [3] (in humidifier) parownik *m* [4] (spray) rozpylacz *m*
vaporous /ˈveɪpərəs/ *adj [mist, fog, cloud, fabric]* zwiewny; *[marsh, bog]* spowity oparami mgły; *[light, twilight]* mglisty
vapour GB, **vapor** US /ˈveɪpə(r)/ **I** *n* para *f*; **water ~** para wodna; **a noxious ~** szkodliwe opary or wyziewy; **exhaust ~** spaliny
II vapours *npl* dat or hum wapory *plt* dat or hum; **to have a fit of the ~s** mieć wapory
vapour lock *n* korek *m* parowy
vapour pressure *n* prężność *f* pary
vapour trail *n* smuga *f* kondensacyjna
variability /ˌveərɪəˈbɪlətɪ/ *n* zmienność *f*
variable /ˈveərɪəbl/ **I** *n* Comput, Math zmienna *f*; **dependent/free/random ~** zmienna zależna/swobodna/losowa
II *adj* (likely to change) zmienny; (able to be changed) regulowany
variable pitch propeller *n* Naut śruba napędowa *f* o zmiennym skoku
variable star *n* Astron gwiazda *f* zmienna
variance /ˈveərɪəns/ *n* [1] niezgodność *f*, sprzeczność *f*; **a ~ between his words and his deeds** niezgodność (jego) słów z czynami, rozbieżność (jego) słów i czynów; **to be at ~ (with sth)** *[opinion]* różnić się (od czegoś); **to be at ~ with sth** być sprzecznym z czymś, nie zgadzać się z czymś *[evidence, facts]*; **to be at ~ with sb** nie zgadzać się z kimś; **that is at ~ with what you said yesterday** to się nie zgadza z tym, co pan powiedział wczoraj [2] Math, Stat wariancja *f*; Phys liczba *f* stopni swobody [3] Jur (discrepancy) rozbieżność *f*, niezgodność *f*
variance analysis *n* Stat analiza *f* wariancji
variant /ˈveərɪənt/ **I** *n* wariant *m* **(of** or **on sth** czegoś); Zool, Bot odmiana *f* **(of sth** czegoś**)**
II *adj [interpretation]* inny, odmienny; *[pronunciation, spelling]* alternatywny; **~ form** Bot odmiana
variation /ˌveərɪˈeɪʃn/ *n* [1] (fluctuation) zmiany *f pl*, wahania *n pl* **(in** or **of sth** czegoś); **to be subject to considerable/slight ~** podlegać znacznym/nieznacznym zmia-

V

nom *or* wahaniom [2] (difference) różnica *f* **(in sth** w czymś); **~ between A and B** różnica pomiędzy A i B; **there was little ~ in opinion** opinie niewiele się różniły [3] (version) wersja *f*, odmiana *f*; **he painted several ~s on this theme** namalował kilka wersji tego samego tematu; **her numerous complaints are all ~s on a theme** nieustannie skarży się na to samo; **what he said was just a ~ on the same theme** nie powiedział niczego nowego, powtarzał swą starą śpiewkę [4] Mus wariacja *f*; **~s on a theme by Paganini** wariacje na temat Paganiniego

varicoloured GB, **varicolored** US /ˈveərɪkʌləd/ *adj* wielobarwny, różnokolorowy

varicose /ˈværɪkəʊs/ *adj* Med żylakowaty, żylakowy; **~ ulcers** owrzodzenie żylakowe

varicose veins *npl* żylaki *m pl*

varied /ˈveərɪd/ *adj* (of different types) różnorodny, rozmaity; (showing variety) urozmaicony

variegated /ˈveərɪgeɪtɪd/ *adj* [1] *[assortment]* zróżnicowany, różnorodny; *[landscape]* urozmaicony [2] Bot, Zool *[leaf, animal's coat]* różnobarwny, pstry, pstrokaty

variegation /ˌveərɪˈgeɪʃn/ *n* [1] (diversity) różnorodność *f* [2] Bot, Zool różnobarwność *f*

variety /vəˈraɪətɪ/ **I** *n* [1] (diversity) różnorodność *f*, rozmaitość *f* **(in** *or* **of sth** czegoś); (differences) urozmaicenie *m*; **to give** *or* **add ~ to sth** urozmaicić coś; **we need ~ in our diet** musimy urozmaicać pożywienie [2] (range, assortment) wybór *m*, bogactwo *n*; **a wide ~ of goods** wielki wybór *or* wielkie bogactwo towarów; **the dresses come in a ~ of sizes/colours** te sukienki są w różnych rozmiarach/kolorach; **for a ~ of reasons** z różnych powodów; **he helped me in a ~ of ways** pomagał mi na różne sposoby [3] (type, sort) rodzaj *m*, typ *m*; Bot odmiana *f*; **varieties of behaviour** różne typy zachowań; **lighters of the disposable ~** zapalniczki jednorazowe [4] Theat, TV rewia *f*

II *modif* Theat, TV *[artist, act, show]* rewiowy

IDIOMS: **~ is the spice of life** różnorodność nadaje życiu smak

variety meats *npl* US podroby *plt*

variety show *n* rewia *f*, program *m* rewiowy

variety store *n* US tani sklep *m* wielobranżowy

variola /vəˈraɪələ/ *n* Med ospa *f* wietrzna

various /ˈveərɪəs/ *adj* (different) różny; (diverse) rozmaity; **at ~ times** (at different times) o różnych porach; (several times) wiele razy; **on ~ occasions** przy różnych okazjach, wielokrotnie; **in ~ ways** na różne sposoby; **her excuses are many and ~** ma wiele różnych wymówek

variously /ˈveərɪəslɪ/ *adv [used, arranged, estimated, called]* różnie; **a man ~ described as a fool and a martyr** mężczyzna określany czasem jako głupiec, a czasem jako męczennik

varlet /ˈvɑːlət/ *n* arch [1] (servant) pachołek *m* [2] (rascal) psubrat *m* dat

varmint /ˈvɑːmɪnt/ *n* dat łapserdak *m* dat

varnish /ˈvɑːnɪʃ/ **I** *n* (for wood, fingernails) lakier *m*; (for paintings) werniks *m*

II *vt* po|lakierować *[woodwork]*; werniksować, powle|c, -kać werniksem *[picture]*; **to ~ one's nails** GB polakierować sobie paznokcie; **to ~ the truth** fig starać się ukryć niemiłą prawdę

III varnished *pp adj [woodwork, nail]* polakierowany

varnishing /ˈvɑːnɪʃɪŋ/ *n* Art werniksowanie *n*; **~ day** wernisaż

varsity /ˈvɑːsətɪ/ **I** *n* [1] GB dat uniwersytet *m (zwykle Oxford lub Cambridge)* [2] US Sport reprezentacja *f* uczelni

II *modif [match, competition]* międzyuczelniany; **~ team** US reprezentacja uczelni

vary /ˈveərɪ/ **I** *vt* urozmaic|ić, -ać *[food, menu, programme]*; zmieni|ć, -ać *[approach, method, pace, route]*; regulować *[flow, temperature]*

II *vi* [1] (change, fluctuate) zmieni|ć, -ać się, wahać się; **to ~ according to sth** zmieniać się w zależności od czegoś; **the price varies from week to week** cena zmienia się z tygodnia na tydzień; **rainfall varies with altitude** poziom opadów zmienia się zależnie od wysokości; **the temperature varies between 10° and 14°** temperatura waha się *or* oscyluje pomiędzy 10° i 14°; **'when do you finish work?' – 'it varies'** „kiedy kończysz pracę?" – „różnie (bywa)" [2] (differ) *[accounts, standards, prices]* różnić się **(from sth** od czegoś); **to ~ greatly** bardzo się różnić; **to ~ in price/quality/size** różnić się ceną/jakością/rozmiarem, różnić się pod względem ceny/jakości/rozmiaru; **opinions on this subject ~** są różne opinie na ten temat, zdania na ten temat są podzielone; **'showing daily, times ~'** (cinema notice) „seanse codziennie o różnych porach"; **it varies from one town to another** to się różni w zależności od miasta

varying /ˈveərɪɪŋ/ *adj [amounts, degrees, opinions, circumstances]* różny; **with ~ (degrees of) success** z większym lub mniejszym powodzeniem

vascular /ˈvæskjʊlə(r)/ *adj* Anat, Bot naczyniowy

vase /vɑːz, US veɪs, veɪz/ *n* (for flowers) wazon *m*, flakon *m*; (for decoration) waza *f*

vasectomy /vəˈsektəmɪ/ *n* Med wazektomia *f*, wycięcie *n* nasieniowodu

Vaseline® /ˈvæsɪliːn/ *n* wazelina *f*

vasoconstrictor /ˌveɪzəʊkənˈstrɪktə(r)/ *n* Anat nerw *m* zwężający naczynia; Med środek *m* powodujący zwężenie naczyń

vasodilator /ˌveɪzəʊdaɪˈleɪtə(r)/ *n* Anat nerw *m* rozszerzający naczynia; Med środek *m* na rozszerzenie naczyń

vasomotor /ˌveɪzəʊˈməʊtə(r)/ *adj* Anat, Med naczynioruchowy

vasopressor /ˌveɪzəʊˈpresə(r)/ *n* Med wazopresor *m*, środek *m* wywołujący skurcz naczyń

vaso-vagal episode /ˌveɪzəʊveɪglˈepɪsəʊd/ *n* Med utrata *f* przytomności, omdlenie *n*

vassal /ˈvæsl/ *n* Hist wasal *m* also fig

vassalage /ˈvæsəlɪdʒ/ *n* wasalstwo *n*, lennictwo *n*, podległość *f* lenna

vast /vɑːst, US væst/ *adj* [1] *[amount, sum, difference, size]* ogromny; *[knowledge, experience]* bardzo rozległy, ogromny; *[wealth]* nieprzebrany; *[repertoire]* bardzo bogaty; **we consume ~ quantities of meat** jemy mnóstwo mięsa; **the ~ majority of people** ogromna większość ludzi; **~ mineral resources** nieprzebrane bogactwa mineralne; **a ~ amount of money** zawrotna suma, bajońskie sumy [2] (spatially) *[room, area]* olbrzymi, ogromny; *[plain, desert]* bezkresny

vastly /ˈvɑːstlɪ, US ˈvæstlɪ/ *adv [better, superior]* daleko, bez porównania; *[complex, popular]* ogromnie; *[different, mistaken]* całkowicie; **~ in excess of legal limits** w ilościach znacznie przekraczających dozwolony limit; **we were ~ outnumbered** było nas bez porównania mniej; **a ~ overrated player** zdecydowanie przereklamowany gracz

vastness /ˈvɑːstnɪs, US ˈvæstnɪs/ *n* (of area) bezkres *m*, bezmiar *m*; (of quantity) ogrom *m*

vat /væt/ *n* kadź *f*

VAT /væt/ = **value added tax** GB **I** *n* VAT *m*

II *modif* **~ rate** stawka VAT-u; **~ return** deklaracja VAT-owska

Vatican /ˈvætɪkən/ *prn* **the ~** Watykan *m*; **~ II** Sobór Watykański Drugi

Vatican City *prn* Watykan *m*

Vatican Council *n* **the ~** Sobór *m* Watykański

vaudeville /ˈvɔːdəvɪl/ **I** *n* Theat (revue) rewia *f*; (light play) wodewil *m*, śpiewogra *f*

II *modif* rewiowy, wodewilowy

vaudevillian /ˌvɔːdəˈvɪlɪən/ **I** *n* (performer) artysta *m* rewiowy, artystka *f* rewiowa

II *adj [style]* rewiowy, wodewilowy

vault[1] /vɔːlt/ *n* [1] Archit (roof) sklepienie *n*; **the ~ of heaven** fig sklepienie niebieskie, firmament [2] (basement) (of house, hotel) piwnica *f*; (of church) podziemia *n pl*; (for burial, relics) krypta *f*; **wine ~** piwnica na wino; **family ~** krypta rodzinna [3] (in bank) skarbiec *m* [4] Anat sklepienie *n*; **cranial ~** sklepienie czaszki

vault[2] /vɔːlt/ **I** *n* (jump) skok *m*

II *vt* przesk|oczyć, -akiwać przez (coś), przesk|oczyć, -akiwać *[barrier, fence, bar]*; **to ~ 5 metres** skoczyć 5 metrów

III *vi* sk|oczyć, -akać **(over sth** przez coś)

vaulted /ˈvɔːltɪd/ *adj* Archit sklepiony

vaulting[1] /ˈvɔːltɪŋ/ *n* Archit sklepienie *n*

vaulting[2] /ˈvɔːltɪŋ/ **I** *n* Sport (in gymnastics) skoki *m pl*; Equest woltyżerka *f*

II *adj [ambition]* niepohamowany; *[arrogance]* niesłychany

vaulting horse *n* Sport koń *m*, kozioł *m*

vaulting pole *n* Sport tyczka *f*

vaunt /vɔːnt/ *vt* szczycić się (kimś/czymś), chlubić się (kimś/czymś)

vaunted /ˈvɔːntɪd/ *adj* okrzyczany, osławiony; **much ~** tak bardzo okrzyczany

VC *n* [1] = **vice-chairman** wiceprzewodniczący *m*, wiceprezes *m* [2] GB Univ = **vice-chancellor** ≈ rektor *m* [3] = **vice-consul** wicekonsul *m* [4] GB Mil → **Victoria Cross** [5] US Mil = **Vietcong** Wietkong *m*

VCR = **video cassette recorder** **I** *n* kamera *f* wideo

II *vt* US zapis|ać, -ywać na taśmie wideo

VD = **venereal disease** **I** *n* choroba *f* weneryczna
II *modif [clinic]* wenerologiczny
VDT *n* = **visual display terminal** = **VDU**
VDU = **visual display unit** **I** *n* monitor *m* ekranowy, ekranopis *m*
II *modif* ~ **screen** ekran monitora; ~ **operator** operator systemu VDU
veal /vi:l/ **I** *n* cielęcina *f*; **roast** ~ pieczeń cielęca
II *modif [cutlet, stew]* cielęcy; *[pie]* z cielęciną
veal calf *n* cielę *n* rzeźne
veal crate *n* boks *m* do przewożenia cieląt rzeźnych
vector /ˈvektə(r)/ **I** *n* [1] Math wektor *m* [2] Biol wektor *m*, nosiciel *m* pośredni; (in genetics) wektor *m* [3] Aviat tor *m*
II *modif* Math *[field, product, sum]* wektorowy
vectorial /vekˈtɔ:rɪəl/ *adj [analysis, function]* wektorowy
VE-Day *n* = **Victory in Europe Day** Dzień *m* Zwycięstwa *(rocznica zakończenia II wojny światowej w Europie 8 maja 1945)*
veep /vi:p/ *n* US infml wiceprezydent *m*
veer[1] /vɪə(r)/ **I** *vt* Naut (alter direction of) obr|ócić, -acać rufą do wiatru *[boat]*
II *vi* [1] (change direction) *[boat]* obr|ócić, -acać się rufą do wiatru; *[person, car]* skręc|ić, -ać gwałtownie; *[road]* zakręc|ić, -ać ostro; *[wind]* zmieni|ć, -ać gwałtownie kierunek; **the road ~s to the left** droga zakręca or skręca na lewo; **the car ~ed off the road** samochód zjechał z drogi; **the ship ~ed off course** statek zboczył z kursu; **to ~ away from sth** skręcić, żeby ominąć coś; **the car ~ed across the road** samochód obrócił się w poprzek drogi [2] fig *[opinion, emotion]* zmieni|ć, -ać się; *[person]* zmieni|ć, -ać zdanie; **to ~ (away) from sth** odchodzić od czegoś; **to ~ towards sth** skłaniać się ku czemuś; **to ~ between depression and elation** raz popadać w depresję, raz w nastrój uniesienia
veer[2] /vɪə(r)/ *vt* Naut (slacken) poluzow|ać, -ywać, luzować *[rope]*
veg[1] /vedʒ/ *n* GB infml = **vegetables** jarzyny *f pl*, warzywa *n pl*
veg[2] /vedʒ/ *vi* infml **to ~ out** byczyć się infml
vegan /ˈvi:gən/ **I** *n* wegan|in *m*, -ka *f*
II *adj* wegański
veganism /ˈvi:gənɪzəm/ *n* weganizm *m*
vegeburger /ˈvedʒɪbɜ:gə(r)/ *n* hamburger *m* wegetariański
Vegemite® /ˈvedʒɪmaɪt/ *n* Culin *pasta do chleba na bazie drożdży*
vegetable /ˈvedʒtəbl/ **I** *n* [1] (edible plant) warzywo *n*, jarzyna *f* [2] (as opposed to mineral, animal) roślina *f*; **the ~ kingdom** królestwo roślin [3] infml fig **to become a ~** popaść w całkowitą demencję
II *modif [soup, salad]* jarzynowy; *[dish]* jarski; *[knife]* do warzyw or jarzyn; *[fat, oil, matter]* roślinny; ~ **patch** warzywni(a)k, ogródek warzywny
vegetable garden *n* warzywni(a)k *m*, ogród *m* warzywny
vegetable marrow *n* GB Bot, Culin kabaczek *m*
vegetable peeler *n* nożyk *m* do obierania jarzyn
vegetarian /ˌvedʒɪˈteərɪən/ **I** *n* wegetaria|n|in *m*, -ka *f*, jarosz *m*
II *adj* wegetariański
vegetarianism /ˌvedʒɪˈteərɪənɪzəm/ *n* wegetarianizm *m*
vegetate /ˈvedʒɪteɪt/ *vi* [1] *[person]* wegetować [2] *[plant]* rosnąć
vegetation /ˌvedʒɪˈteɪʃn/ *n* [1] (plants) roślinność *f* [2] (existence) wegetacja *f*
vegetative /ˈvedʒɪtətɪv/ *adj* [1] Biol *[growth, reproduction]* wegetatywny [2] (of plant life) roślinny, wegetacyjny
veggie /ˈvedʒɪ/ *n* infml [1] (vegetarian) wegetarian|in *m*, -ka *f*, jarosz *m* [2] (vegetable) jarzynka *f* infml
vehemence /ˈvi:əməns/ *n* gwałtowność *f*
vehement /ˈvi:əmənt/ *adj [gesture, attack, dislike, response]* gwałtowny; *[defence]* zaciekły, zacięty; *[tirade]* żarliwy; *[disapproval]* ostry
vehemently /ˈvi:əməntlɪ/ *adv [argue, defend]* zajadle, zaciekle, zażarcie; *[attack, shake one's head]* gwałtownie; *[desire, hate]* gorąco, żarliwie; *[speak]* z żarem; **to be ~ opposed to sth** ostro się sprzeciwiać czemuś
vehicle /ˈvɪəkl, US ˈvi:hɪkl/ *n* [1] Transp pojazd *m*; **'closed to ~s'** „zamknięte dla ruchu kołowego"; **'unsuitable for ~s over 3.5 m'** „zakaz ruchu pojazdów powyżej 3,5 m" [2] (medium, means) narzędzie *n* fig; **art as a ~ for propaganda** sztuka jako narzędzie propagandy; **the column was a ~ for his prejudices** w felietonach dawał upust swym uprzedzeniom; **the movie was a ~ for the young actor** ten film dał młodemu aktorowi okazję do zaprezentowania swoich umiejętności [3] Chem, Pharm nośnik *m* [4] Art środek *m* wyrazu
vehicular /vɪˈhɪkjʊlə(r), US vi:-/ *adj [traffic]* kołowy; *[accident]* drogowy; **'no ~ access', 'no ~ traffic'** „zakaz wjazdu", „zakaz ruchu kołowego"
veil /veɪl/ **I** *n* [1] Fashn welon *m*; (on hat) woalka *f*, woal *m*; **to take the ~** Relig *[woman]* wstąpić do zakonu; (in Islamic countries) zakrywać twarz [2] fig (of mist, cloud) zasłona *f*; woal *m* liter; **a ~ of silence** zasłona milczenia; **a ~ of mystery** mgła tajemnicy; **under a ~ of secrecy** w tajemnicy, w sekrecie; **let's draw a ~ over that episode** spuśćmy zasłonę na ten incydent
II *vt* [1] zasł|onić, -aniać *[face, head]*; **the hills were ~ed in mist** wzgórza spowijała mgła [2] fig ukry|ć, -wać *[facts, truth, feelings]*; **to be ~ed in secrecy** być otoczonym or okrytym tajemnicą
III veiled *pp adj* [1] *[face, woman]* zawoalowany [2] fig *[hint, threat]* zawoalowany; **a thinly ~ed allusion** wyraźna aluzja
vein /veɪn/ *n* [1] (blood vessel) żyła *f* [2] (on leaf) żyłka *f*, nerw *m*; (on insect wing) żyłka *f* [3] (thread of colour) żyłka *f* [4] Geol żyła *f*; **to work a ~** eksploatować żyłę [5] (mood, style) ton *m*, nuta *f*; **a ~ of irony/lyricism** ironiczna/liryczna nuta; **to continue in a similar ~** kontynuować w podobnym duchu; **a ~ of nostalgia runs through his work** w całym jego dziele pobrzmiewa nostalgiczna nuta, całe jego dzieło przenika nuta nostalgii; **in a lighter ~, did you know that...** przechodząc do lżejszych tematów, czy wiecie, że...
veined /veɪnd/ *adj [hand]* żylasty; *[leaf, wing, marble]* żyłkowany; **a gemstone ~ with black** kamień ozdobny z czarnymi żyłkami
veinule /ˈveɪnju:l/ *n* Anat żyłka *f*
velar /ˈvi:lə(r)/ *adj* [1] Ling miękkopodniebieniowy, welarny [2] Anat podniebieniowy, welarny
Velcro® /ˈvelkrəʊ/ **I** *n* rzep *m*
II *modif* ~ **fastener** zapięcie na rzep
veld(t) /velt/ *n* **the ~** veld(t) *m (trawiasty obszar w południowej Afryce)*
vellum /ˈveləm/ *n* (parchment) welin *m*; (writing paper) papier *m* welinowy
velocipede /vɪˈlɒsɪpi:d/ *n* Hist welocyped *m*
velocity /vɪˈlɒsətɪ/ *n* [1] Tech prędkość *f* [2] fml (high speed) prędkość *f*, szybkość *f*; **we were moving with such ~ that...** poruszaliśmy się z taką prędkością, że...
velocity of circulation *n* US Fin szybkość *f* obiegu
velodrome /ˈvelədrəʊm/ *n* welodrom *m*
velour(s) /vəˈlʊə(r)/ **I** *n* Tex welur *m*
II *modif* welurowy
velum /ˈvi:ləm/ *n* (*pl* **-la**) Anat podniebienie *n* miękkie
velvet /ˈvelvɪt/ **I** *n* [1] Tex aksamit *m* [2] (on antler) scypuł *m*, mech *m*
II *modif [garment, curtain]* aksamitny, z aksamitu
III *adj [skin, voice, eyes]* aksamitny; *[tread]* koci, miękki
IDIOMS: **to be in ~** dat mieć jak u Pana Boga za piecem, mieć drogę usłaną różami
velveteen /ˌvelvɪˈti:n/ **I** *n* welwet *m*
II *modif* welwetowy
velvet glove *n* fig pozorna łagodność *f*; **an iron fist** or **hand in a ~** żelazna ręka w aksamitnej rękawiczce fig
velvet revolution *n* aksamitna rewolucja *f*
velvety /ˈvelvətɪ/ *adj [skin, surface, voice]* aksamitny; *[wine]* o aksamitnym, delikatnym smaku
vena cava /ˌvi:nəˈkeɪvə/ *n* (*pl* **venae cavae**) Anat żyła *f* główna
venal /ˈvi:nl/ *adj [judge, police officer]* przekupny, skorumpowany; *[practices]* korupcyjny; *[regime, ruler]* skorumpowany
venality /vi:ˈnælətɪ/ *n* sprzedajność *f*, korupcja *f*
vend /vend/ *vt* Jur or dat sprzeda|ć, -wać *[property, land]*
vendee /venˈdi:/ *n* Jur nabywca *m*
vendetta /venˈdetə/ *n* (feud) wojna *f* fig **(against sb** przeciwko komuś); (revenge) wendet(t)a *f*; **a gangland/personal ~** wojna gangów/prywatna wojna; **to carry on a ~ against sb** prowadzić wojnę przeciwko komuś
vending /ˈvendɪŋ/ *n* sprzedaż *f* **(of sth** czegoś); handel *m* **(of sth** czymś)
vending machine *n* automat *m (z papierosami, napojami)*
vendor /ˈvendə(r)/ *n* [1] (in street, kiosk) sprzedaw|ca *m*, -czyni *f*, handla|rz *m*, -rka *f*; **ice-cream ~** lodziarz, sprzedawca lodów; **street ~** handlarz uliczny, przekupień [2] (as opposed to buyer) sprzedając|y *m*, -a *f* [3] US = **vending machine**

V

veneer /vɪˈnɪə(r)/ **I** *n* 1 (on wood) fornir *m*, okleina *f* 2 fig **a ~ of sth** pozory *m pl* czegoś *[self-confidence, gentility]*
II *vt* fornirować **(with** or **in sth** czymś)
venerable /ˈvenərəbl/ *adj* 1 (old) sędziwy; (respectable) czcigodny 2 Relig (in Church of England) *tytuł przysługujący archidiakonowi*; **to announce sb Venerable** (in Roman Catholic Church) ogłosić kogoś sługą Bożym
venerate /ˈvenəreɪt/ *vt* czcić, ot|oczyć, -aczać czcią
veneration /ˌvenəˈreɪʃn/ *n* cześć *f* **(of sb /sth** oddawana komuś/czemuś); **to have a ~ for sth** otaczać coś czcią; **their memory/name was held in ~** czczono ich pamięć/imię; **in ~ of sb** ku czci kogoś
venereal /vəˈnɪərɪəl/ *adj* weneryczny; **~ disease** choroba weneryczna
venereology /vəˌnɪərɪˈɒlədʒɪ/ *n* wenerologia *f*
Venetian /vɪˈniːʃn/ **I** *n* wenecjan|in *m*, -ka *f*
II *adj* wenecki
Venetian blind *n* żaluzja *f (w oknie)*
Venetian glass *n* szkło *n* weneckie
Venezuela /ˌvenɪˈzweɪlə/ *prn* Wenezuela *f*
Venezuelan /ˌvenɪˈzweɪlən/ **I** *n* Wenezuel|czyk *m*, -ka *f*
II *adj* wenezuelski
vengeance /ˈvendʒəns/ *n* zemsta *f*; **to take ~ (up)on sb** zemścić się na kimś **(for sth** za coś); **with a ~** *[work, study]* z wielkim zapałem; **it rained with a ~** lało jak z cebra; **winter has set in with a ~** zima zagościła na dobre; **mini skirts are back with a ~** spódniczki mini są znów szalenie modne
vengeful /ˈvendʒfl/ *adj* fml *[person, act]* mściwy; **~ desire** pragnienie zemsty
vengefully /ˈvendʒfəlɪ/ *adv* fml mściwie
venial /ˈviːnɪəl/ *adj* fml *[fault, failing, mistake]* wybaczalny; *[offence]* drobny
Venice /ˈvenɪs/ *prn* Wenecja *f*
venison /ˈvenɪsn, -zn/ **I** *n* sarnina *f*
II *modif [pie, pâté]* z sarniny, z sarny
Venn diagram /ˌvenˈdaɪəgræm/ *n* diagram *m* Venna
venom /ˈvenəm/ *n* jad *m* also fig
venomous /ˈvenəməs/ *adj* jadowity also fig; **~ wound/bite** rana/ślad po ukąszeniu; **he has a ~ tongue** fig ma złośliwy or jadowity język
venomously /ˈvenəməslɪ/ *adv* jadowicie
venous /ˈviːnəs/ *adj* 1 Anat *[blood]* żylny 2 *[leaf]* unerwiony; *[rock]* pożyłkowany
vent[1] /vent/ **I** *n* 1 (in building, tunnel) (shaft) przewód *m* wentylacyjny; (grille) otwór *m* wentylacyjny; (in chimney) przewód *m* dymowy; **air ~** odpowietrznik; Aut wlot powietrza; **to give ~ to sth** fig dać upust czemuś *[anger, feelings]* 2 (in volcano) komin *m*; (in earth's crust) otwór *m* termiczny 3 Zool otwór *m* stekowy
II *vt* 1 fig (release) da|ć, -wać upust (czemuś) *[feeling, rage, frustration]*; **don't ~ your anger on the children** nie wyładowuj swojej złości na dzieciach 2 fig (air) roztrząsać publicznie *[question, topic]* 3 (let out) wypu|ścić, -szczać *[gas, smoke]*
vent[2] /vent/ *n* Fashn rozcięcie *n (z tyłu lub z boków marynarki, żakietu)*
ventilate /ˈventɪleɪt/ **I** *vt* 1 (provide with air) przewietrz|yć, -ać, wietrzyć *[room, office]*; Tech wentylować 2 Med dotleni|ć, -ać *[blood, lungs, patient]*; (artificially) dostarcz|yć, -ać tlen (komuś) 3 fig (air) publicznie przedstawi|ć, -ać *[idea, view]*; da|ć, -wać wyraz (czemuś) *[anger, grievance]*
II ventilated *pp adj* 1 *[room, building, tunnel]* z systemem wentylacyjnym; **well /badly ~d** z dobrą/słabą cyrkulacją powietrza 2 Aut *[disc brakes]* wentylowany
ventilation /ˌventɪˈleɪʃn/ *n* 1 (system) wentylacja *f* 2 Med (of patient) sztuczna wentylacja *f*
ventilation shaft *n* szyb *m* wentylacyjny
ventilation system *n* system *m* wentylacyjny; Aut układ *m* przewietrzania
ventilator /ˈventɪleɪtə(r)/ *n* 1 Constr (opening) wietrznik *m*, wywietrznik *m*; (fan) wentylator *m* 2 Med respirator *m*
ventricle /ˈventrɪkl/ *n* Anat (of heart, brain) komora *f*
ventriloquism /venˈtrɪləkwɪzəm/ *n* brzuchomówstwo *n*
ventriloquist /venˈtrɪləkwɪst/ *n* brzuchomówca *m*; **~'s dummy** lalka brzuchomówcy
ventriloquy /venˈtrɪləkwɪ/ *n* = **ventriloquism**
venture /ˈventʃə(r)/ **I** *n* 1 Comm, Fin (undertaking) śmiałe przedsięwzięcie *n*, operacja *f*; **a risky ~** ryzykowne przedsięwzięcie; **a publishing/media ~** przedsięwzięcie w dziedzinie wydawniczej/mediów; **the company has launched ~s in Asia** firma zaczęła działać w Azji; **he was involved in a number of dubious ~s** był zamieszany w kilka podejrzanych przedsięwzięć; **her first ~ into marketing** jej pierwsze kroki w dziedzinie marketingu 2 (experiment) próba *f*; **his first ~ into children's literature** jego pierwsze próby w dziedzinie literatury dziecięcej 3 fml (journey) wyprawa *f*
II *vt* 1 (offer) za|ryzykować *[opinion, suggestion]*; **might I ~ a suggestion?** czy wolno mi coś zaproponować?; **I would ~ that you misled us** ośmielam się twierdzić, że wprowadził nas pan w błąd; **to ~ to do sth** ośmielić się or odważyć się coś zrobić; **I ~ to suggest that..., I would ~ that...** fml pozwolę sobie zauważyć, że...; **'maybe she's right,' he ~d** „może ona ma rację”, zauważył 2 (gamble) nara|zić, -żać, za|ryzykować *[life, money, reputation]*; **to ~ a wager on sth** postawić na coś
III *vi* 1 (go) **to ~ into the street** (odważyć się) wyjść na ulicę; **to ~ out (doors)** (odważyć się) wyjść z domu; **to ~ downstairs** (odważyć się) zejść na dół; **have you ~d outside today?** czy wychodziłeś dzisiaj? 2 Comm **to ~ into publishing** wziąć się za działalność wydawniczą infml; **to ~ into new markets** podjąć próbę wejścia na nowe rynki
■ **venture forth** liter wyrusz|yć, -ać, wypu|ścić, -szczać się
IDIOMS: **nothing ~d nothing gained** Prov kto nie ryzykuje, ten nie ma
venture capital *n* Econ kapitał *m* wysokiego ryzyka
venture capitalist *n* inwestor *m* dostarczający kapitału wysokiego ryzyka
venture scout *n* GB skaut *m (w wieku 15-20 lat)*
venturesome /ˈventʃəsəm/ *adj* liter *[person]* śmiały; *[businessman]* przedsiębiorczy; *[action]* ryzykowny
venue /ˈvenjuː/ *n* 1 miejsce *n (spotkania, koncertu)*; **the ~ for today's recital is Ely cathedral** dzisiejszy recital odbędzie się w katedrze w Ely; **the match will be played at a neutral ~** mecz zostanie rozegrany na gruncie neutralnym; **there's been a change of ~** (for a meeting) spotkanie odbędzie się gdzie indziej; **at every ~** wszędzie 2 Jur miejsce *n* rozprawy
Venus /ˈviːnəs/ *prn* (planet) Wenus *f*; (goddess) Wenera *f*, Wenus *f inv*
Venus fly-trap *n* Bot muchołówka *f*
Venusian /vɪˈnjuːzɪən/ *adj* Astron wenusjański
veracious /vəˈreɪʃəs/ *adj* fml *[statement]* zgodny z prawdą; *[person]* prawdomówny, godny zaufania
veracity /vəˈræsətɪ/ *n* fml (of evidence, statement) prawdziwość *f*, zgodność *f* z prawdą; (of person) prawdomówność *f*, wiarygodność *f*
veranda(h) /vəˈrændə/ *n* weranda *f*; **on the ~** na werandzie
verb /vɜːb/ *n* czasownik *m*; **modal/auxiliary ~** czasownik modalny/posiłkowy
verbal /ˈvɜːbl/ *adj* 1 (spoken) *[agreement]* ustny, słowny; **~ skills** umiejętność wysławiania się 2 (using words) *[attack, confrontation]* słowny, werbalny 3 Ling *[suffix, form]* czasownikowy, werbalny; *[noun]* odczasownikowy, odsłowny
verbal abuse *n* Jur obelgi *f pl* słowne, znieważenie *n*
verbalize /ˈvɜːbəlaɪz/ **I** *vt* wyra|zić, -żać słowami *[idea, feeling]*; werbalizować fml
II *vi [child, patient]* mówić
verbally /ˈvɜːbəlɪ/ *adv* 1 (in words) *[attack]* słownie; *[confirm]* ustnie 2 (as verb) czasownikowo
verbal reasoning *n* wyjaśnienie *n*
verbatim /vɜːˈbeɪtɪm/ **I** *adj [report, quotation]* dosłowny
II *adv [describe, record]* dosłownie; *[repeat, remember]* słowo w słowo
verbena /vɜːˈbiːnə/ *n* werbena *f*
verbiage /ˈvɜːbɪɪdʒ/ *n* fml wielomówność *f*, werbalizm *m*
verbless /ˈvɜːblɪs/ *adj* Ling bez orzeczenia; **~ sentence** równoważnik zdania
verbose /vɜːˈbəʊs/ *adj* fml *[person]* wielomówny; *[article, style]* rozwlekły
verbosity /vɜːˈbɒsətɪ/ *n* fml (of person) wielomówność *f*; (of article, style) rozwlekłość *f*
verb phrase, VP *n* Ling grupa *f* czasownikowa, fraza *f* werbalna
verdant /ˈvɜːdnt/ *adj* liter *[meadow]* zielony; *[slopes]* pokryty bujną zielenią; **the ~ freshness of the fields** soczysta zieleń pól
verdict /ˈvɜːdɪkt/ *n* 1 Jur (of court) wyrok *m*, orzeczenie *n*; (of jury) werdykt *m*; **a ~ of guilty/not guilty** orzeczenie skazujące /uniewinniające, wyrok skazujący/uniewinniający; **to return** or **bring in a ~** wydać wyrok/werdykt; **to deliver a ~** *[magistrate]* ogłosić wyrok; **the jury failed to reach a ~** ława przysięgłych nie uzgodniła werdyktu; **the ~ was suicide**

/accidental death orzeczono samobójstwo/zgon wskutek nieszczęśliwego wypadku [2] fig (opinion) opinia *f*; **the popular ~ is that...** powszechnie uważa się, że...; **well then, what's your ~?** no i co o tym myślisz or sądzisz?; **to give one's ~ on sb /sth** wydać sąd o kimś/czymś, wygłosić swoje zdanie na temat kogoś/czegoś

verdigris /ˈvɜːdɪɡrɪs, -ɡriːs/ *n* grynszpan *m* szlachetny, śniedź *f*, patyna *f*

verdure /ˈvɜːdʒə(r)/ *n* [1] liter bujna roślinność *f*, soczysta zieleń *f* [2] (tapestry) werdiura *f*

verge /vɜːdʒ/ *n* [1] GB (of road, path) skraj *m*; Aut pobocze *n*; **grass/soft ~** trawiaste /nieutwardzone pobocze [2] (brink) skraj *m*, próg *m*; **on the ~ of sth** na progu czegoś *[adolescence, old age]*; **on the ~ of tears /success/death** bliski łez/sukcesu/śmierci; **on the ~ of doing sth** bliski zrobienia czegoś; **to bring** or **drive sb to the ~ of sth** niemal doprowadzić kogoś do czegoś *[despair, suicide, revolt]*; **to bring sb to the ~ of bankruptcy** przywieść kogoś na skraj bankructwa; **to bring** or **drive sb to the ~ of doing sth** niemal doprowadzić kogoś do zrobienia czegoś

■ **verge on: ~ on [sth]** graniczyć z (czymś) *[stupidity, contempt]*; **this is verging on the impossible** to jest prawie niemożliwe; **this is verging on the illegal** to jest na granicy prawa

verger /ˈvɜːdʒə(r)/ *n* Relig kościelny *m*, zakrystian *m*

verifiable /ˈverɪfaɪəbl/ *adj [facts]* potwierdzalny; *[statement, evidence]* wiarygodny, znajdujący potwierdzenie w faktach; **is his statement ~ ?** czy jego oświadczenie znajduje potwierdzenie w faktach?

verification /ˌverɪfɪˈkeɪʃn/ *n* (of claim, facts) potwierdzenie *n*, weryfikacja *f*; Mil weryfikacja *f (zasobów broni)*

verifier /ˈverɪfaɪæ(r)/ *n* Comput weryfikator *m*

verify /ˈverɪfaɪ/ *vt* [1] (confirm) potwierdz|ić, -ać *[doubts, fears, statement, theory]*; **her suspicions were verified when she found the letter** jej podejrzenia potwierdziły się, kiedy znalazła list [2] (check) sprawdz|ić, -ać, z|weryfikować *[facts, information, details]*

verily /ˈverɪlɪ/ *adv* arch zaiste, zaprawdę dat

verisimilitude /ˌverɪsɪˈmɪlɪtjuːd, US -tuːd/ *n* fml (probability) prawdopodobieństwo *n*; (resemblance) podobieństwo *n*; (apparent) pozory *m pl* rzeczywistości

veritable /ˈverɪtəbl/ *adj* fml or hum istny; **a ~ disaster!** istna katastrofa!

veritably /ˈverɪtəblɪ/ *adv* fml or hum prawdziwie

verity /ˈverətɪ/ *n* liter (truthfulness) prawdziwość *f*, autentyczność *f*; (belief) prawda *f*; **the eternal verities** odwieczne prawdy

vermicelli /ˌvɜːmɪˈselɪ, -ˈtʃelɪ/ *n* Culin [1] (pasta) makaron *m* nitki, wermiszel *m* [2] (chocolate) posypka *f* czekoladowa

vermicide /ˈvɜːmɪsaɪd/ *n* środek *m* przeciw robakom

vermifugal /ˌvɜːmɪˈfjuːɡl/ *adj* czerwiopędny

vermifuge /ˈvɜːmɪfjuːdʒ/ *n* środek *m* czerwiopędny

vermilion /vəˈmɪlɪən/ **I** *n* cynober *m*

II *adj* cynobrowy

vermin /ˈvɜːmɪn/ *n* [1] (small animals) szkodniki *m pl*; (insects) robactwo *n* [2] pej (person) kanalia *f*; (people) drańtwo *n*, hołota *f*

verminous /ˈvɜːmɪnəs/ *adj* [1] (infested) (with rats) zaszczurzony; (with insects) zarobaczony; (with lice) zawszony; (with fleas) zapchlony [2] *[disease]* roznoszony przez robactwo

Vermont /vɜːˈmɒnt/ *prn* Vermont *m*

vermouth /ˈvɜːməθ, US vərˈmuːθ/ *n* wermut *m*

vernacular /vəˈnækjʊlə(r)/ **I** *n* [1] (native language) **the ~** język *m* narodowy; (local dialect) dialekt *m* miejscowy; **in the ~** (not Latin) w języku narodowym; (local dialect) w miejscowym dialekcie; **he told me, in the ~, to go away** hum powiedział mi w dosadnych słowach, żebym sobie poszedł [2] (everyday language) język *m* potoczny [3] (parlance) żargon *m* [4] (common name) nazwa *f* potoczna; (of plant, animal) nazwa *f* zwyczajowa

II *modif [architecture]* regionalny; *[building]* w stylu regionalnym; *[writing]* w języku narodowym/w miejscowym dialekcie; *[literature]* narodowy; *[speech]* potoczny

vernal /ˈvɜːnl/ *adj* liter wiosenny

vernal equinox *n* zrównanie *n* wiosenne, równonoc *f* wiosenna

Verona /vəˈrəʊnə/ *prn* Werona *f*

veronica /vəˈrɒnɪkə/ *n* Bot przetacznik *m*

Veronica /vəˈrɒnɪkə/ *prn* Weronika *f*

verruca /vəˈruːkə/ *n* (*pl* **-cae, -cas**) Med, Bot brodawka *f*

versa → vice versa

versatile /ˈvɜːsətaɪl/ *adj* [1] (flexible) *[person, mind]* wszechstronny [2] (with many uses) *[equipment, tool]* uniwersalny, wielofunkcyjny

versatility /ˌvɜːsəˈtɪlətɪ/ *n* [1] (of person, mind) wszechstronność *f* [2] (of equipment) wielofunkcyjność *f*

verse /vɜːs/ **I** *n* [1] (poems) poezja *f*; **a book of ~** tomik poezji; **to write ~** pisać poezje or wiersze [2] (poem) wiersz *m*; **in ~** wierszem; **blank ~** wiersz biały [3] (part of poem) zwrotka *f*, strofa *f* [4] (line) wiersz *m*, linijka *f*, wers *m* [5] Bible werset *m*

II *modif* **~ drama** dramat wierszem; **in ~ form** wierszowany

versed /vɜːst/ *adj* (also **well-~**) **to be (well-)~ in sth** znać się na czymś, być dobrze zorientowanym w czymś

versification /ˌvɜːsɪfɪˈkeɪʃn/ *n* wersyfikacja *f*

versifier /ˈvɜːsɪfaɪə(r)/ *n* rymopis *m*, wierszokleta *m* infml

versify /ˈvɜːsɪfaɪ/ **I** *vt* przer|obić, -abiać na wiersz *[prose tale]*

II *vi* pisać wiersze

version /ˈvɜːʃn, US -ʒn/ *n* wersja *f* **(of sth** czegoś); **an updated ~ of the opera** nowa wersja opery; **what was his ~ of events?** jaka była jego wersja wydarzeń?; **automatic ~** Aut wersja or model z automatyczną skrzynią biegów

verso /ˈvɜːsəʊ/ *n* (*pl* **~s**) (of page) verso *n inv*; (of coin, medal) rewers *m*

versus /ˈvɜːsəs/ *prep* [1] Sport, Pol przeciwko (komuś/czemuś), kontra (komuś/czemuś); Jur przeciwko (komuś/czemuś); **Brazil ~ Argentina** Brazylia przeciwko Argentynie, Brazylia kontra Argentyna; **Crane ~ Conroy** Jur Crane przeciwko Conroy'owi [2] (as opposed to) a (coś), w porównaniu do (czegoś), w przeciwieństwie do (czegoś); **city life ~ country life** życie w mieście a życie na wsi; **state ~ private education** szkolnictwo państwowe a prywatne

vertebra /ˈvɜːtɪbrə/ *n* (*pl* **-brae, -bras**) Anat kręg *m*

vertebral /ˈvɜːtɪbrəl/ *adj* Anat kręgowy; **the ~ column** kręgosłup; **~ disc** dysk

vertebrate /ˈvɜːtɪbreɪt/ **I** *n* Zool kręgowiec *m*

II *adj* **~ animals** zwierzęta kręgowe

vertex /ˈvɜːteks/ *n* (*pl* **-tices, -texes**) Math wierzchołek *m*; Anat szczyt *m*, wierzchołek *m* also fig

vertical /ˈvɜːtɪkl/ **I** *n* **the ~** pion *m*; (line) linia *f* pionowa; **out of the ~** odchylający się od pionu

II *adj* [1] *[line, column]* pionowy; wertykalny ra; *[cliff, descent, drop]* stromy; **there was a ~ drop to the sea below** brzeg opadał pionową ścianą ku morzu; **~ take-off** Aviat start pionowy [2] Comm *[monopoly, amalgamation]* pionowy

vertical blind *n* żaluzja *f* verticale

vertical hold *n* TV, Comput synchronizacja *f* pionowa

vertical integration *n* Comm integracja *f* pionowa

vertically /ˈvɜːtɪklɪ/ *adv* pionowo

vertices /ˈvɜːtɪsiːz/ *npl* **→ vertex**

vertiginous /vəˈtɪdʒɪnəs/ *adj* [1] Med *[patient]* cierpiący na zawroty głowy; **~ symptoms** zawroty głowy [2] fig przyprawiający o zawrót głowy

vertigo /ˈvɜːtɪɡəʊ/ *n* zawroty *m pl* głowy; **to get ~** dostać zawrotów głowy

verve /vɜːv/ *n* werwa *f*, energia *f*

very /ˈverɪ/ **I** *adj* [1] (actual, exact, ideal) właśnie ten; **the ~ words** właśnie te słowa; **at that ~ moment** w tej właśnie chwili; **'not Robert?' – 'yes, the ~ man (himself)'** „chyba nie Robert" – „tak, właśnie on (we własnej osobie)"; **the ~ thing I need** właśnie tego mi potrzeba; **ah! the ~ person I wanted to see!** to właśnie osoba, z którą chciałem porozmawiać!; o wilku mowa, a wilk tuż! [2] (ultimate) sam; **at the ~ beginning** na samym początku; **to the ~ end** do samego końca; **in the ~ heart of the jungle** w samym sercu dżungli; **she's at the ~ peak of her career** jest u szczytu kariery [3] (mere) sam; **the ~ mention of her name** sam dźwięk jej imienia; **the ~ thought of food makes me ill** na samą myśl o jedzeniu robi mi się niedobrze; **walk out without paying? the ~ idea!** wyjść bez zapłacenia? cóż za pomysł!

II *adv* [1] (intensifier) *[hot, cold, good, bad]* bardzo; **'was she upset?' – '~'** „czy się zmartwiła?" – „bardzo"; **'are you hungry?' – 'no, not ~'** „głodny jesteś?" – „nie bardzo"; **I'm ~ sorry** bardzo mi przykro; **how ~ sad!** jakie to smutne!; **you know ~ well why** bardzo dobrze wiesz, czemu; **she couldn't ~ well refuse** ona naprawdę or po prostu nie mogła odmówić; **that's all ~ well but...** no dobrze, ale przecież...; **to like sth ~ much** bardzo coś lubić; **to**

V

feel ~ **much better** czuć się dużo lepiej; **I didn't eat ~ much** nie zjadłem dużo; **thank you ~ much** bardzo dziękuję; **'did you enjoy the play?' 'yes, ~ much indeed'** „podobała ci się sztuka?" „bardzo"; **he's ~ much his mother's favourite** on jest zdecydowanie ulubieńcem matki; **it's ~ much a question of taste** to zdecydowanie kwestia smaku; **the Very Reverend** Relig Przewielebny [2] (absolutely) **the ~ best/worst hotels** najlepsze/najgorsze hotele; **in the ~ best of health** w jak najlepszym zdrowiu; **at the ~ latest /earliest** najpóźniej/najwcześniej; **at the ~ least** przynajmniej; **it's the ~ least I can do** przynajmniej tyle mogę zrobić; **the ~ first/last** pierwszy/ostatni [3] (emphatic) **the ~ same words** dokładnie te same słowa; **the ~ next day** od razu następnego dnia; **I did the ~ same thing myself** zrobiłem dokładnie to samo; **the ~ next person I met** pierwsza osoba, którą potem spotkałem; **did you do it on your ~ own** czy zrobiłeś to zupełnie sam?; **how do you like having a car of your ~ own?** cieszysz się, że masz swój własny samochód?

very high frequency, VHF I *n* bardzo wielka częstotliwość *f*, VHF
II *modif [broadcast]* na falach VHF

Very light *n* Naut rakieta *f* oświetlająca

very low frequency I *n* bardzo niska częstotliwość *f*, VLF
II *modif [broadcast]* na bardzo niskich częstotliwościach

Very pistol *n* Naut pistolet *m* sygnałowy, rakietnica *f*

vesicle /ˈvesɪkl/ *n* Anat pęcherzyk *m*

vespers /ˈvespəz/ *n (+ v sg/pl)* Relig (in RC Church) nieszpory *plt*; (in Church of England) nabożeństwo *n* wieczorne

vessel /ˈvesl/ *n* [1] Naut, Transp (ship) statek *m*; Mil okręt *m*; (large boat) łódź *f* [2] Anat naczynie *n*; **blood ~s** naczynia krwionośne [3] (container) naczynie *n*; **laboratory/liturgical ~s** naczynia laboratoryjne/liturgiczne
IDIOMS: **empty ~s make most noise** or **sound** Prov krowa, która dużo ryczy, mało mleka daje; dlatego dzwon głośny, że wewnątrz próżny

vest¹ /vest/ *n* [1] (underwear) podkoszulek *m* [2] (for sport) koszulka *f* [3] US (waistcoat) kamizelka *f* [4] (as protection) kamizelka *f*

vest² /vest/ *vt* nada|ć, -wać *[authority, power]* **(in sb** komuś); **to ~ the ownership of sth in sb** nadać komuś prawo własności czegoś; **to ~ a right in sb** nadać komuś prawo do (czegoś); **he was ~ed with special powers** miał specjalne uprawnienia

vestal /ˈvestl/ *adj* liter westalski ra

vestal virgin *n* westalka *f*

vested interest *n* [1] (personal) własny or osobisty interes *m*; **to have a ~ in sth** być osobiście or żywotnie zainteresowanym czymś; **to protect one's ~** dbać o swój własny interes [2] Jur nabyte prawo *n* majątkowe; Fin ulokowany or włożony kapitał *m*

vestibular /veˈstɪbjʊlə(r)/ *adj* Anat przedsionkowy

vestibule /ˈvestɪbjuːl/ *n* [1] Anat przedsionek *m* [2] Archit hol *m*, westybul *m*

vestige /ˈvestɪdʒ/ *n* [1] (trace) (of civilization, system) pozostałość *f* **(of sth** czegoś, po czymś); (of emotion, truth, stammer) ślad *m* **(of sth** czegoś) [2] Anat, Zool pozostałość *f*, szczątek *m*

vestigial /veˈstɪdʒɪəl/ *adj* [1] (marginally remaining) *[traces]* szczątkowy; **he retains some ~ authority** zachował jeszcze jakieś resztki autorytetu; **a ~ memory** mętne wspomnienie [2] Anat, Zool szczątkowy

vestment /ˈvestmənt/ *n* szata *f*; Relig szata liturgiczna

vest pocket US I *n* kieszonka *f* kamizelki
II **vest-pocket** *adj [calculator, dictionary]* kieszonkowy

vestry /ˈvestrɪ/ *n* Relig (room) zakrystia *f*; (meeting) zebranie *n* rady parafialnej; (members) rada *f* parafialna

vesture /ˈvestʃə(r)/ *n* liter szata *f*

Vesuvius /vɪˈsuːvɪəs/ *prn* Wezuwiusz *m*

vet¹ /vet/ *n* = **veterinary surgeon** weterynarz *m*; **to take a cat to the ~'s** wziąć kota do weterynarza

vet² /vet/ *vt* (*prp, pt, pp* **-tt-**) sprawdz|ić, -ać, prześwietl|ić, -ać *[person]*; sprawdz|ić, -ać, z|weryfikować *[application, proposal]*; podda|ć, -wać cenzurze *[films, teaching material]*; przeprowadz|ić, -ać kontrolę (czegoś) *[accommodation]*; **he has been ~ted for the Civil Service** po sprawdzeniu uznano, że może pracować w służbie państwowej

vet³ /vet/ *n* US Mil infml kombatant *m*, -ka *f*, weteran *m*, -ka *f*

vetch /vetʃ/ *n* Bot wyka *f*

veteran /ˈvetərən/ I *n* Mil weteran *m*, -ka *f* also fig; (of war) kombatant *m*, -ka *f*
II *modif [politician]* wytrawny; *[soldier]* zaprawiony w boju; *[ship, bicycle]* stary; **a ~ animal rights campaigner** weteran ruchu na rzecz praw zwierząt

veteran car *n* weteran *m* szos fig *(samochód wyprodukowany przed 1905 rokiem)*

Veterans Administration, VA *n* US ≈ Urząd *m* do spraw Kombatantów

Veterans Day *n* US ≈ Dzień *m* Kombatanta *(Rocznica zakończenia I wojny światowej 11 listopada)*

veterinarian /ˌvetərɪˈneərɪən/ *n* US = **veterinary surgeon**

veterinary /ˈvetrɪnrɪ, US ˈvetərɪnerɪ/ I *n* = **veterinary surgeon**
II *adj* weterynaryjny; **~ medicine** or **science** weterynaria

veterinary surgeon *n* weterynarz *m*; lekarz *m* weterynarii fml

veterinary surgery *n* (for consultation) klinika *f* weterynaryjna

vetiver /ˈvetɪvə(r)/ *n* Bot wetiweria *f* pachnąca

veto /ˈviːtəʊ/ I *n* (*pl* **-toes)** [1] (ban) weto *n*, veto *n* **(over** or **on sth** w sprawie czegoś); (practice) zawetowanie *n* **(on** or **over sth** czegoś); **to put a ~ on sth** zawetować coś [2] (also **the right of ~)** prawo *n* weta; **to use** or **exercise one's ~** skorzystać z prawa weta [3] US Pol (also **~ message)** oficjalne uzasadnienie *n* prezydenckiego weta
II *vt* (*prt* **-toes;** *pt, pp* **-toed)** za|wetować *[bill, proposal]*; **his wife has ~ed smoking in the kitchen** jego żona wprowadziła zakaz palenia w kuchni

vetting /ˈvetɪŋ/ *n* (of application, proposal) sprawdzenie *n*, weryfikacja *f*; (of person) sprawdzenie *n*, prześwietlenie *n*; **to give sb a ~** sprawdzić or prześwietlić kogoś; **security ~** sprawdzenie przez służby odpowiedzialne za bezpieczeństwo

vex /veks/ *vt* (annoy) drażnić, irytować; (worry) męczyć, dręczyć

vexation /vekˈseɪʃn/ *n* [1] (state) rozdrażnienie *n*, zdenerwowanie *n* [2] (annoying thing) utrapienie *n*; **the ~s of everyday life** utrapienia dnia codziennego

vexatious /vekˈseɪʃəs/ *adj* irytujący, dokuczliwy

vexed /vekst/ *adj* [1] (annoyed) zirytowany **(at** or **with sb** na kogoś); **to be ~ at** or **with sth** być zirytowanym z powodu czegoś [2] (problematic) *[question, issue]* dręczący; *[situation]* kłopotliwy

vexing /ˈveksɪŋ/ *adj* = **vexatious**

V-formation /ˈviːfɔːmeɪʃn/ *n* (of birds, planes) klucz *m*

VFR *n* Aviat = **Visual Flight Rules** przepisy *m pl* lotu z widocznością ziemi

vg = **very good** Sch bd, bdb

VG *n* Relig = **vicar general**

VHF *n, adj* = **very high frequency**

VI *npl* → **Virgin Islands**

via /ˈvaɪə/ *prep* [1] (by way of) przez (coś); **we flew ~ London** lecieliśmy przez Londyn; **we went ~ John's house** wstąpiliśmy po drodze do Johna; **we came ~ the motorway** przyjechaliśmy trasą szybkiego ruchu [2] (by means of) poprzez (coś), przez (coś), za pośrednictwem (czegoś); **transmitted ~ satellite** transmitowany przez satelitę; **send it ~ Maria** przekaż to przez Marię; **he got into politics ~ the trade unions** wszedł do świata polityki poprzez związki zawodowe

viability /vaɪəˈbɪlətɪ/ *n* [1] (feasibility) (of company) rentowność *f*; (of product) zdolność *f* utrzymania się na rynku; (of plan) wykonalność *f* [2] Biol, Med, Zool (of egg, foetus, plant) zdolność *f* do życia

viable /ˈvaɪəbl/ *adj* [1] (feasible) *[idea, plan, project]* realny, wykonalny; *[alternative, plan]* realny; *[company]* rentowny; *[product]* opłacalny; **economically/scientifically ~** realny z gospodarczego/naukowego punktu widzenia [2] Biol, Med, Zool *[egg, foetus, seed]* zdolny do życia

viaduct /ˈvaɪədʌkt/ *n* wiadukt *m*

Viagra® /vaɪˈægrə/ *n* Pharm Viagra *f*

vial /ˈvaɪəl/ *n* (of medicine) fiolka *f*; (of perfume) flakonik *m*

viands /ˈviːəndz/ *npl* arch wiktuały *plt*, specjały *m pl* dat

viaticum /vaɪˈætɪkəm/ *n* Relig wiatyk *m*

vibe /vaɪb/ infml I *n* (of place) atmosfera *f*, aura *f*; (from music, group) wibracje *f pl* infml
II **vibes** *npl* infml [1] (feeling) **to have good /bad ~s** wysyłać dobre/złe fluidy [2] Mus wibrafon *m*

vibrancy /ˈvaɪbrənsɪ/ *n* [1] (liveliness) (of person) żywiołowość *f*, energia *f*; (of colour) jaskrawość *f*, żywość *f*; (of enthusiasm) żywiołowość *f*; **the ~ of the city centre** tętniące życiem śródmieście [2] (of voice, instrument) dźwięczność *f*

vibrant /ˈvaɪbrənt/ *adj* [1] *[public place, city]* tętniący życiem; *[person]* tryskający energią; *[personality, images, performance]* żywy, pełen życia; *[colour]* jaskrawy, intensywny, żywy; **to be ~ with health** tryskać zdrowiem [2] (resonant) *[voice, tone]* dźwięczny; *[instrument]* dźwięcznie brzmiący; **a voice ~ with emotion** głos nabrzmiały wzruszeniem

vibrantly /ˈvaɪbrəntlɪ/ *adv [say, speak]* dźwięcznym głosem; *[smile]* promiennie

vibraphone /ˈvaɪbrəfəʊn/ *n* wibrafon *m*

vibrate /vaɪˈbreɪt, US ˈvaɪbreɪt/ **I** *vt* wprawi|ć, -ać w drganie

II *vi [machine, device]* drgać; *[voice, air, building, earth]* drżeć; *[note, air]* wibrować

vibration /vaɪˈbreɪʃn/ *n* drganie *n*; (of building, earth) drżenie *n*; (of air) drganie *n*, drżenie *n*, wibrowanie *n*

vibrato /vɪˈbrɑːtəʊ/ *n* (*pl* **-tos**) vibrato *n inv*, vibrando *n inv*; **to play/sing (with) ~** grać/śpiewać vibrato or vibrando

vibrator /vaɪˈbreɪtə(r)/ *n* wibrator *m*

vibratory /vaɪˈbreɪtərɪ, US -tɔːrɪ/ *adj* wibracyjny, drganiowy

viburnum /vaɪˈbɜːnəm/ *n* Bot kalina *f*

vicar /ˈvɪkə(r)/ *n* Relig (Anglican) pastor *m*

vicarage /ˈvɪkərɪdʒ/ *n* plebania *f*

vicar apostolic *n* Relig wikariusz *m* apostolski

vicar general, VG *n* Relig wikariusz *m* generalny

vicarious /vɪˈkeərɪəs, US vaɪˈk-/ *adj* [1] (indirect) *[knowledge]* z drugiej ręki; **he got ~ pleasure/a ~ thrill from** or **out of watching car racing** emocjonował się wyścigami samochodowymi, jakby w nich uczestniczył [2] (delegated) *[authority, power]* sprawowany w zastępstwie, delegowany; **~ liability** Jur odpowiedzialność za cudze czyny

vicariously /vɪˈkeərɪəslɪ, US vaɪˈk-/ *adv* (indirectly) *[enjoy, experience]* pośrednio; **to experience joy ~** cieszyć się szczęściem innych; **they live ~ through their children** ich całym życiem są dzieci; **~ liable** Jur odpowiedzialny za cudze czyny

Vicar of Christ *n* Relig Namiestnik *m* Chrystusowy

vice¹ /vaɪs/ **I** *n* [1] (failing) wada *f*, przywara *f*; (weakness) słabość *f*, słabostka *f* [2] (corruption) występek *m* *(zwłaszcza związany z narkotykami, prostytucją, hazardem)* [3] (defect) wada *f*, defekt *m*

II *modif [laws]* dotyczący nierządu, pornografii, narkotyków i hazardu; *[scandal]* obyczajowy; **~ ring** grupa przestępcza

vice² /vaɪs/ *n* (also **vise** US) Tech (clamp) imadło *n*

vice³ /vaɪs/ *prefix* (also **vice-**) wice

Vice-Admiral /ˌvaɪsˈædmərəl/ *n* wiceadmirał *m*

vice-captain /ˌvaɪsˈkæptɪn/ *n* Sport zastępca *m* kapitana drużyny

vice-chair /ˌvaɪsˈtʃeə(r)/ *n* = **vice-chairperson**

vice-chairman /ˌvaɪsˈtʃeəmən/ *n* (*pl* **-men**) (of union, meeting) wiceprzewodniczący *m*; (of company) wiceprezes *m*

vice-chairmanship /ˌvaɪsˈtʃeəmənʃɪp/ *n* (of union, meeting) funkcja *f* wiceprzewodniczącego; (of company) wiceprezesostwo *n*, wiceprezesura *f*

vice-chairperson /ˌvaɪsˈtʃeəpɜːsn/ *n* (of union, meeting) wiceprzewodnicząc|y *m*, -a *f*

vice-chairwoman /ˌvaɪsˈtʃeəwʊmən/ *n* (*pl* **-women**) (of union, meeting) wiceprzewodnicząca *f*; (of company) wiceprezes *m*

vice-chancellor /ˌvaɪsˈtʃɑːnsələ(r), US -ˈtʃæn-/ *n* [1] GB Univ ≈ rektor *m* [2] US Jur ≈ zastępca *m* przewodniczącego sądu

vice-chancellorship /ˌvaɪsˈtʃɑːnsələʃɪp, US -ˈtʃæn-/ *n* GB Univ ≈ funkcja *f* rektora

vice-chief /ˌvaɪsˈtʃiːf/ *n* zastępca *m* szefa

vice-consul /ˌvaɪsˈkɒnsl/ *n* wicekonsul *m*

vice-director /ˌvaɪsdaɪˈrektə(r)/ *n* wicedyrektor *m*, zastępca *m* dyrektora

vice-like GB, **vise-like** US /ˈvaɪslaɪk/ *adj* **a ~ grip** żelazny uścisk

vice-presidency /ˌvaɪsˈprezɪdənsɪ/ *n* (of country) wiceprezydentura *f*; (of company) wiceprezesostwo *n*, wiceprezesura *f*; (of assembly, meeting) wiceprzewodnictwo *n*

vice-presidential /ˌvaɪsprezɪˈdenʃl/ *adj* Pol **~ candidate** kandydat na wiceprezydenta; **~ race** wyścig do fotela wiceprezydenckiego

vice-president, VP /ˌvaɪsˈprezɪdənt/ *n* (of country) wiceprezydent *m*; (of company) wiceprezes *m*; (of meeting) wiceprzewodnicząc|y *m*, -a *f*

vice-principal /ˌvaɪsˈprɪnsəpl/ *n* Sch zastępca *m* dyrektora

viceregal /ˌvaɪsˈriːgl/ *adj* namiestnikowski

viceroy /ˈvaɪsrɔɪ/ *n* wicekról *m*, namiestnik *m*

vice squad *n* policja *f* obyczajowa; obyczajówka *f* infml

vice versa /ˌvaɪsɪˈvɜːsə/ *adv* vice versa, odwrotnie

vichyssoise /ˌviːʃiːˈswɑːz/ *n* Culin zupa *f* z porów *(podawana na zimno)*

vicinity /vɪˈsɪnətɪ/ *n* [1] (area) sąsiedztwo *n*, pobliże *n*, okolica *f*; **in the ~** w sąsiedztwie, w pobliżu **(of sth** czegoś**)**; **in the immediate ~ of Oxford** w bezpośrednim sąsiedztwie Oksfordu, tuż pod Oksfordem; **there are few shops in this ~** tu w okolicy jest niewiele sklepów; **in the ~ of £30,000/20,000 people** około 30 000 funtów/20 000 ludzi [2] (closeness) bliskość *f* **(of sth** czegoś**)**

vicious /ˈvɪʃəs/ *adj* [1] (savage, violent) *[dog]* zły; *[thug, criminal]* bezwzględny, brutalny, bestialski; *[crime]* krwawy; *[attack, blow]* wściekły; *[storm, criticism, price cut]* gwałtowny; *[horse]* narowisty; *[wind]* porywisty, przejmujący; *[pain]* straszny, przejmujący; **their home-made vodka is pretty ~ stuff** ta ich nalewka jest piekielnie mocna [2] (malicious) *[lie, rumour]* podły, nikczemny; *[sarcasm, words]* złośliwy, zjadliwy; *[look]* nienawistny; **she was very ~ about Adam** była bardzo cięta na Adama infml; **a ~ smear campaign** bezwzględna kampania oszczercza; **he has a ~ tongue** on ma wyjątkowo złośliwy or cięty język [3] liter (depraved) zepsuty; znieprawiony liter

vicious circle *n* błędne koło *n*

viciously /ˈvɪʃəslɪ/ *adv* [1] (savagely) brutalnie [2] (maliciously) złośliwie, zjadliwie

viciousness /ˈvɪʃəsnɪs/ *n* [1] (physical) brutalność *f* [2] (verbal) złośliwość *f*, zjadliwość *f*

vicissitude /vɪˈsɪsɪtjuːd, US -tuːd/ *n* fml zmienność *f*, zmienne koleje *f pl*

victim /ˈvɪktɪm/ *n* ofiara *f* also fig; **a ~ of rape/one's own success** ofiara gwałtu /własnego sukcesu; **murder/earthquake ~** ofiara morderstwa/trzęsienia ziemi; **polio ~** ofiara paraliżu dziecięcego; **to fall ~ to sth** paść ofiarą czegoś *[disease, disaster, charm, unscrupulousness]*

victimization /ˌvɪktɪmaɪˈzeɪʃn/ *n* (persecution) prześladowanie *n*; (in revenge) represjonowanie *n*; **to suffer from ~** być represjonowanym or prześladowanym

victimize /ˈvɪktɪmaɪz/ *vt* (persecute) prześladować; (in revenge) represjonować

victimless /ˈvɪktɪmlɪs/ *adj [crime]* bez ofiar

victimology /vɪktɪˈmɒlədʒɪ/ *n* wiktymologia *f*

Victim Support *n* GB organizacja *f* pomocy ofiarom zbrodni

victor /ˈvɪktə(r)/ *n* zwycię|zca *m*, -żczyni *f*; **to emerge the ~** zwyciężyć

victoria /vɪkˈtɔːrɪə/ *n* Hist Transp wiktoria *f* *(rodzaj powozu)*

Victoria /vɪkˈtɔːrɪə/ *prn* [1] (name) Wiktoria *f*; **Queen ~** królowa Wiktoria; **Lake ~** Jezioro Wiktorii [2] (state) Wiktoria *f (stan w Australii)*

Victoria Cross, VC *n* GB Mil Krzyż *m* Królowej Wiktorii

Victoria Falls *npl* Wodospad *m* Wiktorii

Victorian /vɪkˈtɔːrɪən/ **I** *n* (author) pisarz *m* wiktoriański

II *adj* wiktoriański

Victoriana /vɪkˌtɔːrɪˈɑːnə/ *n* wiktoriana *plt*

victorious /vɪkˈtɔːrɪəs/ *adj* zwycięski; **to be ~ in one's struggle** zwyciężyć w walce; **to be ~ over sb** zwyciężyć kogoś

victoriously /vɪkˈtɔːrɪəslɪ/ *adv* zwycięsko, triumfalnie

victory /ˈvɪktərɪ/ *n* zwycięstwo *n*; **to win a ~ over sb** odnieść zwycięstwo nad kimś; **to lead sb to ~** poprowadzić kogoś do zwycięstwa

victual /ˈvɪtl/ **I victuals** *npl* wiktuały *plt* dat or hum; (for fort, ship, journey) prowiant *m*

II *vt* (*prp, pt, pp* **-ll-, -l-** US) za|prowiantować, za|aprowidować

victualler, victualer US /ˈvɪtlə(r)/ *n* dostawca *m*; **licensed ~** GB posiadacz koncesji na sprzedaż alkoholu

vid /vɪd/ *n* US infml wideo *n inv*

vide /ˈvɪdeɪ, ˈvaɪdiː/ *v imper* fml (in book) patrz, zobacz, vide

videlicet /vɪˈdiːlɪset/ *adv* fml to jest, to znaczy, mianowicie

video /ˈvɪdɪəʊ/ **I** *n* (*pl* **~s**) [1] (also **~ recorder**) magnetowid *m*, wideomagnetofon *m*; wideo *n inv* infml [2] (also **~ cassette**) kaseta *f* wideo, wideokaseta *f*; **on ~** na (kasecie) wideo [3] (also **~ film**) (film *m*) wideo *n inv*; **promotional/training ~** film reklamowy/szkoleniowy na wideo; **the use of ~ in schools** wykorzystanie techniki wideo w szkołach [4] US (television) telewizja *f*

II *modif [footage, interview]* na wideo; **~ distributor/producer** dystrybutor/producent kaset wideo; **~ equipment/channel** sprzęt/kanał wideo; **~ arcade** salon gier komputerowych

III *vt* (*prt* **~s**; *pt, pp* **~ed**) (from TV) nagr|ać, -ywać (na wideo); (on camcorder) s|filmować (na wideo)

video art *n* video-art *f*, sztuka *f* wideo

V

video book *n* książka *f* wideo
video camera *n* kamera *f* wideo
video card *n* karta *f* wideo
video cassette *n* kaseta *f* wideo, wideokaseta *f*
video clip *n* wideoklip *m*, teledysk *m*
video club *n* klub *m* wideo
video-conference /ˈvɪdɪəʊkɒnfərəns/ *n* wideokonferencja *f*
video diary *n* „pamiętnik" *m* na taśmie wideo
videodisc /ˈvɪdɪəʊdɪsk/ *n* wideodysk *m*
video frequency *n* częstotliwość *f* sygnału wizyjnego
video game *n* gra *f* wideo or komputerowa
videography /ˌvɪdɪˈɒgrəfɪ/ *n* wideografia *f*
video jock, VJ *n* US disc jockey *m* *(prezentujący nagrania wideo w dyskotece lub TV)*
video library *n* wideoteka *f*
video nasty *n* GB film *m* wideo zawierający drastyczne sceny
video-on-demand, VOD /ˌvɪdɪəʊɒndɪˈmɑːnd, US -ˈmænd/ *n* system *m* video-on-demand *(zamawiania filmu przez indywidualnego telewidza)*
videophone /ˈvɪdɪəʊfəʊn/ *n* Telecom wideofon *m*, wideotelefon *m*
video player *n* odtwarzacz *m* wideo
video RAM *n* pamięć *f* obrazu wideo
videorecording /ˈvɪdɪəʊrɪkɔːdɪŋ/ *n* nagranie *n* wideo
video shop *n* GB sklep *m* wideo
video store *n* US = **video shop**
video surveillance *n* monitoring *m*
videotape /ˈvɪdɪəʊteɪp/ **I** *n* taśma *f* wideo or magnetowidowa
II *vt* nagr|ać, -ywać or zapis|ać, -ywać na taśmie wideo
videotape recording *n* nagranie *n* wideo
videotaping /ˈvɪdɪəʊteɪpɪŋ/ *n* nagrywanie *n* na taśmie wideo
videotex® /ˈvɪdɪəʊteks/ *n* wideoteks *m*
videotext /ˈvɪdɪəʊtekst/ = **videotex**
vie /vaɪ/ *vi* (*prp* **vying**) *[person, organization, group]* rywalizować **(with sb** z kimś); ubiegać się **(for sth** o coś); **we were vying with two other companies for the contract** o kontrakt rywalizowaliśmy z dwiema innymi firmami; **Smith was vying with Jones in popularity** Smith i Jones rywalizowali ze sobą pod względem popularności; **children vying (with each other) for attention** dzieci, starające się jedno przez drugie zwrócić na siebie uwagę; **to ~ to obtain funds** ubiegać się o fundusze
Vienna /vɪˈenə/ *prn* Wiedeń *m*
Viennese /ˌvɪəˈniːz/ **I** *npl* wiede|ńczyk *m*, -nka *f*
II *modif* wiedeński
Vietcong /ˌvjetˈkɒŋ/ *prn* **the ~** Vietcong *m*, Wietkong *m*
Vietnam /ˌvjetˈnæm/ *prn* Wietnam *m*; **the ~ war** wojna wietnamska
Vietnamese /ˌvɪetnəˈmiːz/ **I** *n* [1] (person) Wietnam|czyk *m*, -ka *f* [2] Ling (język *m*) wietnamski *m*
II *adj* wietnamski
view /vjuː/ **I** *n* [1] (scene, vista) widok *m*; **a sea/mountain ~** krajobraz morski/górski; **a room with a ~ (of the sea)** pokój z widokiem (na morze); **a ~ over the lake** widok jeziora or na jezioro [2] (picture, postcard) widok *m*, widoczek *m*; (on film) ujęcie *n*; **ten ~s of the Tatras** dziesięć widoków or widoczków Tatr [3] (sight) widok *m*; **you're blocking my ~** zasłaniasz mi (widok); **we had a good ~ of the stage from our seats** z naszych miejsc dobrze widzieliśmy scenę; **he stood up to get a better ~** wstał, żeby lepiej widzieć; **all I got was a back ~ of somebody's head** widziałem jedynie tył czyjejś głowy; **to have a front/back ~ of sth** widzieć coś od przodu/od tyłu, widzieć przód/tył czegoś; **she painted a side ~ of the palace** namalowała widok pałacu z boku [4] (range of vision) zasięg *m* wzroku, pole *n* widzenia; **there wasn't a single house in ~** w zasięgu wzroku or jak okiem sięgnąć nie było ani jednego domu; **the lake was within ~ of the house** jezioro było widać z domu; **as we turned right, the castle came into ~** gdy skręciliśmy na prawo, naszym oczom ukazał się zamek; **we soon came in ~ of the bay** wkrótce zobaczyliśmy zatokę; **to disappear from ~** zniknąć (z pola widzenia); **to be hidden from ~** być niewidocznym, być zasłoniętym; **to keep sth in ~** nie tracić czegoś z pola widzenia also fig; **to do sth in (full) ~ of sb** zrobić coś na oczach kogoś; **in full ~ of the neighbours' windows** tuż pod oknami sąsiadów [5] fig (of situation) ocena *f*; spojrzenie *n* fig; (prospect) perspektywa *f*, widoki *plt*; **an overall ~ of the situation** ogólna ocena sytuacji, ogólne spojrzenie na sytuację; **an inside ~ of the situation** ocena sytuacji od wewnątrz, spojrzenie na sytuację od wewnątrz; **to take the long (-term)/short(-term) ~ of sth** patrzeć na coś dalekowzrocznie/krótkowzrocznie; **to have sth in ~** (as prospect) mieć coś na widoku; (as aim) mieć coś na uwadze; **let's have a look at what's in ~ for the week ahead** spójrzmy, co mamy na następny tydzień; **there is no end in ~** nie widać końca; **with this in ~** mając to na uwadze, z myślą o tym; **this car is designed with safety in ~** samochód zaprojektowano z myślą o bezpieczeństwie jazdy; **their original aims were soon lost from ~** wkrótce zapomnieli o swych pierwotnych celach [6] (personal opinion, attitude) opinia *f*, zdanie *n*, pogląd *m* **(on** or **about sb/sth** o kimś/czymś, na temat kogoś /czegoś); **the generally accepted ~** powszechna opinia, powszechny pogląd; **the majority ~** opinia or zdanie większości; **the official/government ~** oficjalne stanowisko/stanowisko rządu; **point of ~** punkt widzenia; **what's your ~?** co sądzisz?, jakie jest twoje zdanie?; **his ~ is that...** on uważa, że...; **he took the ~ that...** uznał, że...; uważał, że...; **the medical/legal ~ is that...** zgodnie z opinią lekarzy/prawników..., zdaniem lekarzy/prawników...; **in my ~** według mnie, moim zdaniem; **in the ~ of many experts** według wielu ekspertów, zdaniem wielu ekspertów; **to hold ~s on** or **about sth** mieć poglądy na temat czegoś; **to take a dim** or **poor ~ of sth** nie mieć najlepszego zdania na temat czegoś, mieć złe mniemanie o czymś [7] (visit, inspection) (of exhibition) wizyta *f*; (of film, clothes collection) pokaz *m*; (of house) obejrzenie *n*, oglądanie *n*; **to be on ~** być prezentowanym, być wystawionym na widok publiczny; **the exhibition is on ~ until the end of May** wystawa będzie czynna do końca maja, wystawę można oglądać do końca maja; **the house will be on ~ the day before the sale** dom można oglądać dzień przed licytacją
II **in view of** *prep phr* (considering) wobec (czegoś), z uwagi na (coś), biorąc pod uwagę (coś); **in ~ of what's happened** z uwagi na to, co się stało; **in ~ of the fact that...** wobec tego, że...; biorąc pod uwagę, że...
III **with a view to** *prep phr* **with a ~ to sth** mając na uwadze coś; **with a ~ to doing sth** mając zamiar coś zrobić, mając na celu zrobienie czegoś
IV *vt* [1] (look at) o|bejrzeć, -glądać *[castle, exhibition, document]*; (from inside) zwiedz|ić, -ać *[exhibition, castle]*; (from outside) przy|jrzeć, -glądać się (czemuś), spo|jrzeć, -glądać na (coś) *[scene]*; **we ~ed the scene with amusement** przyglądaliśmy się tej scenie z rozbawieniem; **~ed from the side, he resembles his brother** z profilu jest podobny do brata [2] (examine) rozpat|rzyć, -rywać *[matter, subject]*; z|badać *[document, figures]*; **~ed from the financial standpoint** z finansowego punktu widzenia [3] (regard, consider) patrzeć na (kogoś/coś); **to ~ the future with optimism** z optymizmem patrzeć w przyszłość; **how do you ~ the situation?** co sądzisz o tej sytuacji?, jak się zapatrujesz na tę sytuację?; **to ~ sb with suspicion** traktować kogoś podejrzliwie; **she ~ed the job as a challenge** traktowała tę pracę jako wyzwanie; **the show was ~ed as a success** przedstawienie uznano za sukces; **she ~ed him as an enemy** uważała go za wroga; **the reforms are ~ed as not going far enough** uważa się, że reformy są niewystarczające [4] (watch) o|bejrzeć, -glądać *[TV, programme]*
V *vi* TV oglądać telewizję
viewdata /ˈvjuːdeɪtə/ *n* Comput wideotekst *m*
viewer /ˈvjuːə(r)/ *n* [1] (of TV) (tele)widz *m*; (of exhibition) zwiedzając|y *m*, -a *f*; (of property) zainteresowan|y *m*, -a *f*, reflektant *m*, -ka *f* [2] (for slides) przeglądarka *f* [3] Phot = **viewfinder**
viewership /ˈvjuːəʃɪp/ *n* US widownia *f* telewizyjna
viewfinder /ˈvjuːfaɪndə(r)/ *n* Phot wizjer *m*, celownik *m*
viewing /ˈvjuːɪŋ/ **I** *n* [1] TV **we plan our ~ ahead** z góry planujemy, co będziemy oglądać (w telewizji); **'and that concludes Saturday night's ~'** „na tym kończymy nasz sobotni program"; **a programme scheduled for late night /prime time ~** program przeznaczony do emisji w późnych godzinach/w porze największej oglądalności; **the film makes compulsive ~** film ogląda się z ogromnym zainteresowaniem; **the series is just**

as funny on a second ~ oglądany po raz drugi, ten serial jest równie zabawny; **essential ~ for teachers** coś, co nauczyciele powinni koniecznie obejrzeć [2] (of exhibition, castle) zwiedzanie *n*; (of film, clothes collection) pokaz *m*; **private ~** (of film) pokaz zamknięty; (of art exhibition) wernisaż; **'~ by appointment'** (of castle, exhibition) „wstęp po uprzednim uzgodnieniu" [3] (of house, items to be auctioned) oglądanie *n*; **'early ~ recommended'** (estate agent's notice) „radzimy się pośpieszyć"; **'~ by appointment only'** „dom można oglądać po uprzednim uzgodnieniu terminu"
II *modif* TV **~ trends/patterns** tendencje /schematy oglądalności; **~ habits/preferences** zwyczaje/preferencje widzów; **~ figures** dane dotyczące oglądalności; **the ~ public** widownia telewizyjna

viewing panel *n* = **viewing window**

viewing window *n* (in oven, washing machine) okienko *n*

viewphone /ˈvjuːfəʊn/ *n* wideofon *m*, wideotelefon *m*

viewpoint /ˈvjuːpɔɪnt/ *n* punkt *m* obserwacyjny; fig punkt *m* widzenia; **from the ~ of the ordinary voter** z punktu widzenia przeciętnego wyborcy

vigil /ˈvɪdʒɪl/ *n* czuwanie *n* also Relig; Pol milcząca manifestacja *f*; **police ~** obserwacja policyjna; **an all-night ~** całonocne czuwanie; **to keep (a) ~ (over sb)** czuwać przy kimś; **we must keep a constant ~** musimy być stale czujni; **to hold** or **stage a ~** Pol manifestować w milczeniu

vigilance /ˈvɪdʒɪləns/ *n* czujność *f*; **nothing escapes her ~** nic nie umknie jej uwagi

vigilance committee *n* US straż *f* obywatelska

vigilant /ˈvɪdʒɪlənt/ *adj [person]* czujny; *[eye, watch]* baczny; **to be ~ against sth** pilnie baczyć na coś

vigilante /ˌvɪdʒɪˈlæntɪ/ **I** *n* członek *m* samozwańczej straży obywatelskiej
II *modif* **~ group** straż obywatelska; **~ protection** samoobrona obywatelska

vigilantism /ˌvɪdʒɪˈlæntɪzəm/ *n* ruch *m* samoobrony obywatelskiej

vigilantly /ˈvɪdʒɪləntlɪ/ *adv* czujnie, bacznie

vignette /viːˈnjet/ *n* [1] (illustration) winieta *f* [2] Cin, Literat, Theat obrazek *m*; **a charming ~ of life in the 1920's** czarujący obrazek z życia w latach 20. [3] Art, Phot *rysunek, fotografia o cieniowanych brzegach*

vigor *n* US = **vigour**

vigorous /ˈvɪgərəs/ *adj [person]* pełen wigoru, energiczny; *[plant]* silny, bujnie rosnący; *[attempt, exercise, campaign, campaigner]* energiczny; *[defender, supporter]* żarliwy; *[denial]* kategoryczny, stanowczy; *[opposition]* ostry

vigorously /ˈvɪgərəslɪ/ *adv [push, stir, exercise]* energicznie; *[grow]* wspaniale, bujnie; *[defend, campaign]* żarliwie; *[deny]* kategorycznie, stanowczo

vigour GB, **vigor** US /ˈvɪgə(r)/ *n* (of person) wigor *m*, werwa *f*, energia *f*; (of plant) żywotność *f*; (of argument, tempest) gwałtowność *f*; (of denial) kategoryczność *f*, stanowczość *f*; (of campaign) dynamiczność *f*; (of economy) prężność *f*; (of efforts) energiczność *f*

Viking /ˈvaɪkɪŋ/ **I** *n* wiking *m*
II *adj* wikiński

vile /vaɪl/ *adj* [1] (wicked) *[traitor]* nikczemny; *[slander]* plugawy; *[behaviour]* haniebny; *[crime]* ohydny, potworny [2] (unpleasant) *[smell, taste, food]* obrzydliwy, ohydny, wstrętny; *[language, epithets]* plugawy; *[mood, temper]* paskudny; **to be ~ to sb** potraktować kogoś okropnie

vilely /ˈvaɪllɪ/ *adv [exploited, treated]* nikczemnie; *[murder, torture]* okrutnie

vileness /ˈvaɪlnɪs/ *n* [1] (of person) nikczemność *f*; (of crime) ohyda *f*, potworność *f* [2] (of weather, smell) potworność *f*; (of language) plugawość *f*; (of place) ohyda *f*

vilification /ˌvɪlɪfɪˈkeɪʃn/ *n* szkalowanie *n* **(of sb** kogoś)

vilify /ˈvɪlɪfaɪ/ *vt* o|szkalować

villa /ˈvɪlə/ *n* [1] Hist willa *f* [2] (in the country) rezydencja *f* wiejska; (holiday house) dom *m* letni *(zwłaszcza na południu Europy)*

village /ˈvɪlɪdʒ/ **I** *n* (place, community) miasteczko *n*; (smaller) osada *f*; (of farmers) wieś *f*, wioska *f*; **a fishing/mining ~** osada rybacka/górnicza; **the Olympic ~** wioska olimpijska
II *modif [fête, pub, school]* miejscowy, lokalny

village green *n* błonia *plt (w środku miasteczka, osady, wsi)*

village hall *n* ≈ dom *m* ludowy

village idiot *n* wiejski półgłówek *m*

villager /ˈvɪlɪdʒə(r)/ *n* mieszkan|iec *m*, -ka *f* miasteczka or osady; (farmer) wieśnia|k *m*, -czka *f* dat

villain /ˈvɪlən/ *n* (scoundrel) drań *m*, łajdak *m*, łotr *m*; (criminal) złoczyńca *m*; (child) łobuz *m*, łobuziak *m*; (in book, film) czarny charakter *m*; **the ~ of the piece** fig hum główny winowajca

villainous /ˈvɪlənəs/ *adj [person, behaviour, action, plot]* nikczemny; *[expression, look, smile]* łajdacki, drański

villainously /ˈvɪlənəslɪ/ *adv [treat, behave]* nikczemnie; *[smile]* łajdacko

villainy /ˈvɪlənɪ/ *n* (knavery) łotrostwo *n*; (wickedness) nikczemność *f*, drańsrwo *n*

villein /ˈvɪleɪn/ *n* Hist chłop *m* pańszczyźniany, chłopka *f* pańszczyźniana

villus /ˈvɪləs/ *n* (*pl* **-li**) Biol kosmek *m*

Vilnius /ˈvɪlnɪəs/ *prn* Wilno *n*

vim /vɪm/ *n* zapał *m*

vinaigrette /ˌvɪnɪˈgret/ *n* (also **~ dressing**) Culin winegret *m*

Vincent /ˈvɪnsənt/ *prn* Wincenty *m*

vindaloo /ˌvɪndəˈluː/ *n* (also **~ curry**) Culin *rodzaj bardzo pikantnego curry*

vindicate /ˈvɪndɪkeɪt/ *vt* [1] (justify) potwierdz|ić, -ać słuszność (czegoś), dow|ieść, -odzić słuszności (czegoś) *[action, claim, decision]*; **his decision was fully ~d** jego decyzja okazała się całkowicie słuszna [2] Jur oczy|ścić, -szczać z zarzutów, z|rehabilitować *[person]* [3] Jur rewindykować *[property]*

vindication /ˌvɪndɪˈkeɪʃn/ *n* [1] (of warnings, claim) potwierdzenie *n*; (of action) usprawiedliwienie *n*; **in ~ of sth** na potwierdzenie słuszności czegoś [2] Jur (of person) oczyszczenie *n* z zarzutów, rehabilitacja *f*; (of property) rewindykacja *f*

vindictive /vɪnˈdɪktɪv/ *adj [person, behaviour, decision, action]* mściwy; **to be ~ towards sb** mścić się na kimś

vindictively /vɪnˈdɪktɪvlɪ/ *adv* mściwie

vindictiveness /vɪnˈdɪktɪvnɪs/ *n* mściwość *f*

vine /vaɪn/ Bot **I** *n* [1] (producing grapes) winorośl *f*, winna latorośl *f* [2] (climbing plant) pnącze *m*
II *modif [leaf, plant]* winogronowy; **~ grower/growing** plantator/uprawa winorośli

vinegar /ˈvɪnɪgə(r)/ *n* Culin ocet *m*; **wine ~** ocet winny; **(as) sour as ~** kwaśny jak ocet

vinegar fly *n* muszka *f* owocowa; drozofila *f*

vinegary /ˈvɪnɪgərɪ/ *adj [smell, taste, reply, tone]* cierpki, kwaśny; *[temper]* kwaśny, zjadliwy

vinery /ˈvaɪnərɪ/ *n* (vineyard) winnica; (hothouse) szklarnia *f (do uprawy winorośli)*

vine stock *n* szczep *m* winny

vineyard /ˈvɪnjəd/ *n* winnica *f*

viniculture /ˈvɪnɪkʌltʃə(r)/ *n* uprawa *f* winorośli i produkcja *f* wina

vino /ˈviːnəʊ/ *n* infml wino *n*

vinous /ˈvaɪnəs/ *adj* fml *[taste, smell]* winny; *[complexion]* wskazujący na nadużywanie alkoholu hum

vintage /ˈvɪntɪdʒ/ **I** *n* [1] (season's wine) rocznik *m*; (season's grapes, harvest) zbiór *m* [2] fig (era, date) okres *m*; **England's best player of recent ~** najlepszy gracz Anglii w ostatnim okresie; **music of 1940s ~** muzyka z lat 40.; **of modern ~** świeżej daty [3] (quality wine) szlachetne wino *n*, wino *n* (z) dobrego rocznika
II *adj* [1] (wine) (z) dobrego rocznika; (port, whisky) stary; **a ~ year for claret** dobry rok dla bordo [2] (classic) *[comedy, film]* klasyczny; **it's ~ Cole Porter** to Cole Porter w najlepszym wydaniu; **the ~ years of the British film industry** najlepsze lata kinematografii brytyjskiej; **to be in** or **on ~ form** być w świetnej formie [3] infml (ancient) *[machine, model]* stary; zabytkowy hum; **a ~ Rolls-Royce** stary model rolls-royce'a

vintage car *n* stary samochód *m (z lat 1917-1930)*; weteran *m* szos hum

vintage year *n* dobry rocznik *m*; fig dobry rok *m*

vintner /ˈvɪntnə(r)/ *n* kupiec *m* winny

vinyl /ˈvaɪnl/ **I** *n* [1] (plastic) winyl *m*; Tex włókno *n* winylowe [2] (record) płyta *f* gramofonowa
II *modif* winylowy

viol /ˈvaɪəl/ *n* Mus wiola *f*

viola¹ /vɪˈəʊlə/ *n* Mus altówka *f*, wiola *f*

viola² /ˈvaɪələ/ *n* Bot (genus) fiołek *m*; (flower) bratek *m*, fiołek *m*

viola da gamba /vɪˌəʊlədəˈgæmbə/ *n* Mus viola *f* da gamba

viola d'amore /vɪˌəʊlədæˈmɔːreɪ/ *n* Mus viola *f* d'amore, altówka *f* miłosna

viola player *n* alcist|a *m*, -ka *f*, altowiolist|a *m*, -ka *f*, altowiolinist|a *m*, -ka *f*

violate /ˈvaɪəleɪt/ *vt* [1] (infringe) narusz|yć, -ać *[law, agreement, right, privacy]*; pogwałc|ić, -ać *[liberties, rights, rule]*; narusz|yć, -ać, z|erwać, -rywać *[cease-fire]*; z|łamać *[tabu, promise]*; sprzeniewierz|yć, -ać się (czemuś)

V

[duty] [2] (desecrate) z|bezcześcić, s|profanować *[shrine, grave]*; (disturb) narusz|yć, -ać, zakłóc|ić, -ać *[peace]* [3] fml or dat z|gwałcić *[woman]*

violation /ˌvaɪəˈleɪʃn/ *n* [1] (of law, agreement, constitution, right, privacy) naruszenie *n*; (of liberties) pogwałcenie *n*; (of cease-fire) zerwanie *n*, naruszenie *n*; (of taboo, promise) złamanie *n*; (of duty) sprzeniewierzenie się *n*; **human rights ~s** przypadki łamania praw człowieka; **a border ~** incydent graniczny, naruszenie granicy; **to be in ~ of sth** naruszać coś, łamać coś; **in ~ of the Geneva Convention** z naruszeniem or wbrew Konwencji Genewskiej [2] (desecration) (of sacred place) zbezczeszczenie *n*, profanacja *f* [3] Jur (minor offence) wykroczenie *n*; **traffic ~** wykroczenie drogowe; **parking ~** nieprawidłowe parkowanie; **signal ~** niezastosowanie się do sygnalizacji świetlnej; **safety ~** nieprzestrzeganie przepisów bezpieczeństwa [4] fml or dat gwałt *m*

violator /ˈvaɪəleɪtə(r)/ *n* [1] Jur spraw|ca *m*, -czyni *f* (wykroczenia) [2] (profaner) profanator *m* [3] (rapist) gwałciciel *m*

violence /ˈvaɪələns/ *n* [1] (physical aggression) przemoc *f* (**against sb** wobec or w stosunku do kogoś); (by police) użycie *n* siły; **to use ~** użyć przemocy/siły; **an outbreak of ~** wybuch zamieszek, zamieszki; **two days of ~** dwa dni zamieszek; **football ~** bójki wśród kibiców piłki nożnej; **threats of terrorist ~** groźba zamachów terrorystycznych; **robbery with ~** kradzież rozbójnicza, rozbój [2] (of storm, feeling, reaction) gwałtowność *f* [3] (distortion) **to do ~ to sth** zniekształc|ić, -ać coś *[text, truth]*; pogwałc|ić, -ać coś *[principles]*

violent /ˈvaɪələnt/ *adj* [1] (physical force) *[person, behaviour, temper]* agresywny; *[death]* gwałtowny; *[crime]* brutalny; **a ~ scene/film** scena przemocy/film pełen przemocy; **a ~ attack** agresywny or gwałtowny atak [2] (sudden) *[acceleration, braking, change]* gwałtowny [3] (powerful) *[storm, wind, explosion, emotion, movement, fit]* gwałtowny; *[headache, grief]* przejmujący; *[argument]* burzliwy; *[contrast]* uderzający; **she took a ~ dislike to him** poczuła do niego gwałtowną niechęć [4] (harsh) *[colour, light]* jaskrawy, ostry

violently /ˈvaɪələntlɪ/ *adv [push]* silnie, mocno; *[attack, brake, cough, react]* gwałtownie; *[struggle]* wściekle; **they quarrelled ~** doszło między nimi do gwałtownej kłótni; **the storm raged ~** szalała burza; **he is ~ opposed to the proposal** jest zdecydowanie przeciwny tej propozycji; **he was ~ ill** or **sick** GB dostał gwałtownych wymiotów or torsji

violet /ˈvaɪələt/ **I** *n* [1] Bot fiołek *m*; **sweet ~** fiołek wonny [2] (colour) (kolor *m*) fiołkowy *m*, fiolet *m*; **a shrinking ~** fig infml skromnisia, trusia infml

II *adj* fiołkowy, fioletowy

violin /ˌvaɪəˈlɪn/ Mus **I** *n* skrzypce *plt*; **the first/second ~** pierwsze/drugie skrzypce

II *modif [concerto, sonata]* skrzypcowy; **~ teacher** nauczyciel gry na skrzypcach; **~ case** futerał na skrzypce

violinist /ˌvaɪəˈlɪnɪst/ *n* skrzyp|ek *m*, -aczka *f*

violin player *n* = **violinist**

violist /ˈvaɪəlɪst/ *n* [1] US (viola player) alcist|a *m*, -ka *f*, altowiolist|a *m*, -ka *f* [2] (viol player) wiolist|a *m*, -ka *f*

violoncellist /ˌvaɪələnˈtʃelɪst/ *n* Mus wiolonczelist|a *m*, -ka *f*

violoncello /ˌvaɪələnˈtʃeləʊ/ *n* wiolonczela *f*

VIP = **very important person** **I** *n* VIP *m* *(bardzo ważna osoba)*

II *adj [area, lounge]* dla VIP-ów; **~ guest** ważna osobistość, ważny gość; **to give sb (the) ~ treatment** przyjąć kogoś z honorami

viper /ˈvaɪpə(r)/ *n* Zool żmija *f* also fig

IDIOMS: **to nurse a ~ in one's bosom** wyhodować sobie żmiję na własnym łonie or na własnej piersi; **a nest of ~s, a ~s' nest** kłębowisko żmij, gniazdo żmij

viperish /ˈvaɪpərɪʃ/ *adj* pej żmijowaty; **~ tongue** kąśliwy język

virago /vɪˈrɑːgəʊ/ *n* (*pl* **-goes, -gos**) pej jędza *f*, megiera *f* pej

viral /ˈvaɪərəl/ *adj* wirusowy

Virgil /ˈvɜːdʒɪl/ *prn* Wergiliusz *m*

virgin /ˈvɜːdʒɪn/ **I** *n* (woman) dziewica *f*; (man) prawiczek *m* infml

II Virgin *prn* Relig **the Virgin, the Virgin Mary** Maryja Dziewica *f*, Najświętsza Maria Panna *f*; **the Virgin and Child** Matka Boska z Dzieciątkiem

III *adj* [1] (chaste) *[innocence, modesty]* dziewiczy; **the Virgin Birth** Relig narodziny Jezusa Chrystusa z Maryi Dziewicy; **~ birth** Biol dzieworództwo [2] (unspoilt) *[territory]* dziewiczy; *[page, snow]* nieskalany; *[purity]* niepokalany; **this subject is ~ territory to me** fig ten temat to dla mnie terra incognita [3] (unprocessed) *[metal, wool]* pierwotny; **~ olive oil** oliwa pierwszego tłoczenia

virginal[1] /ˈvɜːdʒɪnl/ *n* Mus wirginał *m*

virginal[2] /ˈvɜːdʒɪnl/ *adj [smile, expression, woman]* niewinny; *[white, innocence]* dziewiczy

virginals *npl* Mus = **virginal**[1]

virgin forest *n* las *m* dziewiczy

Virginia /vəˈdʒɪnɪə/ *prn* [1] Geog Wirginia *f* [2] = **Virginia tobacco**

Virginia creeper *n* Bot winobluszcz *m* pięciolistkowy, dzikie wino *n*

Virginian /vəˈdʒɪnɪən/ **I** *n* mieszkan|iec *m*, -ka *f* Wirginii

II *modif* wirgiński

Virginia tobacco *n* (tytoń *m*) wirginia *f*

Virgin Islands *n* Wyspy *f pl* Dziewicze

virginity /vəˈdʒɪnətɪ/ *n* dziewictwo *n*; **to lose one's ~** stracić dziewictwo or cnotę

Virgo /ˈvɜːgəʊ/ *n* Astrol, Astron Panna *f*; **he's ~** on jest spod znaku Panny

Virgoan /vɜːˈgəʊən/ *n* Astrol **he's a ~** on jest spod znaku Panny

virgule /ˈvɜːgjuːl/ *n* Print ukośnik *m* w prawo

virile /ˈvɪraɪl, US ˈvɪrəl/ *adj* [1] jurny, męski [2] fig (forceful, vigorous) *[group, leadership]* prężny; *[prose]* jędrny; *[performance, dancing]* dynamiczny

virility /vɪˈrɪlətɪ/ *n* jurność *f*, męskość *f*

virologist /vaɪəˈrɒlədʒɪst/ *n* wirusolog *m*

virology /vaɪəˈrɒlədʒɪ/ *n* wirusologia *f*

virtual /ˈvɜːtʃʊəl/ *adj* [1] (almost complete) **the building is a ~ ruin** budynek jest dosłownie ruiną; **it's a ~ impossibility** to praktycznie niemożliwe; **traffic is at a ~ standstill** ruch został dosłownie sparaliżowany; **he was a ~ dictator /prisoner** był faktycznie więźniem/dyktatorem [2] Comput, Phys *[memory, storage]* wirtualny; *[image, height, cathode]* pozorny

virtual campus *n* uniwersytet *m* wirtualny

virtually /ˈvɜːtʃʊəlɪ/ *adv* praktycznie, w zasadzie; **~ anywhere** praktycznie or w zasadzie wszędzie; **it's ~ impossible** to jest praktycznie or w zasadzie niemożliwe; **~ every household has a TV** praktycznie w każdym domu jest telewizor

virtual office *n* biuro *n* wirtualne

virtual pet *n* Games zwierzak *m* wirtualny

virtual reality *n* rzeczywistość *f* wirtualna

virtue /ˈvɜːtʃuː/ **I** *n* [1] (goodness, chastity) cnota *f*; **to lose/preserve one's ~** stracić /zachować cnotę; **a woman of easy ~** liter or hum kobieta lekkich obyczajów liter or hum [2] (good quality, merit) cnota *f*; **Christian ~s** cnoty chrześcijańskie; **tolerance is a ~** tolerancja jest cnotą [3] (advantage) zaleta *f*; **this model has the ~ of being light** ten model ma tę zaletę, że jest lekki; **to extol the ~s of sth** zachwalać zalety czegoś

II by virtue of *prep phr* z racji (czegoś), ze względu na (coś); **by ~ of her age** z racji (jej) wieku

IDIOMS: **~ is its own reward** Prov cnota sama w sobie jest nagrodą; **I decided to make a ~ of necessity and...** rad nierad postanowiłem...

virtuosity /ˌvɜːtʃʊˈɒsətɪ/ *n* wirtuozeria *f*, mistrzostwo *n*

virtuoso /ˌvɜːtjʊˈəʊsəʊ, -zəʊ/ **I** *n* (*pl* **-sos, -si**) wirtuoz *m*, -ka *f* (**of sth** czegoś); **piano/violin ~** wirtuoz fortepianu/skrzypiec

II *modif* wirtuozerski, wirtuozowski; **a ~ display of diplomacy** mistrzowski popis dyplomacji

virtuous /ˈvɜːtʃʊəs/ *adj* [1] (moral) prawy, cnotliwy [2] (self-satisfied) pełen samozadowolenia; **~ indignation** święte oburzenie; **I feel quite ~ having written all those letters** jestem dumny z siebie, że napisałem te wszystkie listy

virtuously /ˈvɜːtʃʊəslɪ/ *adv* [1] (morally) *[behave, live]* cnotliwie; *[help, act]* szlachetnie [2] (self-righteously) z poczuciem wyższości, z samozadowoleniem

virulence /ˈvɪrʊləns/ *n* [1] Med (of microorganism) zjadliwość *f*, wirulencja *f*; (of disease) złośliwość *f* [2] fig (of criticism) zjadliwość *f*, napastliwość *f*; (of attack) zajadłość *f*

virulent /ˈvɪrʊlənt/ *adj* [1] Med *[virus]* zjadliwy, wirulentny; *[disease]* złośliwy; *[poison]* silny [2] fig *[criticism]* zjadliwy, napastliwy; *[attack, hatred]* zajadły

virulently /ˈvɪrʊləntlɪ/ *adv* zjadliwie, napastliwie

virus /ˈvaɪərəs/ *n* (*pl* **~es**) Med, Comput wirus *m*; **a flu/Aids ~** wirus grypy/AIDS; **she came down with a ~** infml złapała infekcję infml

virus checker *n* Comput oprogramowanie *n* wykrywające wirusy

visa /ˈviːzə/ *n* wiza *f*; **an entry/transit /tourist ~** wiza wjazdowa/tranzytowa /turystyczna

visage /ˈvɪzɪdʒ/ *n* dat or liter oblicze *n* liter
vis-à-vis /ˌviːzɑːˈviː/ **I** *n* 1 (person) odpowiedni|k *m*, -czka *f*; **his ~ in the British Cabinet** jego odpowiednik w brytyjskim gabinecie 2 (meeting) spotkanie *n* w cztery oczy
II *prep* (in relation to) wobec (kogoś/czegoś), w porównaniu z (kimś/czymś); (concerning) co do (czegoś), względem (czegoś)
viscera /ˈvɪsərə/ *n* Anat trzewia *plt*, wnętrzności *plt*
visceral /ˈvɪsərəl/ *adj* Anat trzewny; fig (instinctive) *[feeling, reaction]* instynktowny; **his ~ performance as Hamlet** jego ekspresywna interpretacja Hamleta
viscid /ˈvɪsɪd/ *adj* lepki
viscose /ˈvɪskəʊz, -kəʊs/ **I** *n* tkanina *f* wiskozowa, wiskoza *f*
II *modif* Tex wiskozowy
viscosity /vɪˈskɒsətɪ/ *n* lepkość *f*
viscount /ˈvaɪkaʊnt/ *n* wicehrabia *m*
viscountcy /ˈvaɪkaʊntsɪ/ *n* godność *f* wicehrabiego
viscountess /ˈvaɪkaʊntɪs/ *n* wicehrabina *f*
viscounty /ˈvaɪkaʊntɪ/ *n* = **viscountcy**
viscous /ˈvɪskəs/ *adj* kleisty
vise /vaɪs/ *n* US = **vice²**
visé /ˈviːzeɪ/ *n* wiza *f*
visibility /ˌvɪzəˈbɪlətɪ/ *n* 1 (clarity, ability to see) widoczność *f*, widzialność *f*; **~ is poor /good** widoczność jest dobra/słaba; **~ is below 150 m** widoczność spadła poniżej 150 m; **to have restricted ~** mieć ograniczoną widoczność 2 (ability to be seen) widoczność *f*; **light clothes improve your ~** w jasnym ubraniu jest się lepiej widocznym; **sports sponsorship gives the company greater ~** fig sponsorowanie imprez sportowych jest dobrą reklamą firmy
visible /ˈvɪzəbl/ *adj* 1 (able to be seen) widoczny, widzialny; **clearly** or **plainly ~** wyraźnie widoczny; **~ with the naked eye** widoczny gołym okiem; **the church is ~ from the road** kościół widać z drogi; **the castle is ~ for miles around** zamek jest widoczny w promieniu wielu mil; **a highly ~ politician** fig polityk z pierwszych stron gazet 2 (concrete) *[improvement, sign]* widoczny; *[change, development, difference]* dostrzegalny; *[evidence]* namacalny; **her distress was ~** widać było, że jest zdenerwowana; **this trend is already ~ in many European countries** tę tendencję zauważa się już w wielu krajach europejskich
visibly /ˈvɪzəblɪ/ *adv* wyraźnie, najwyraźniej, w sposób widoczny; **she was ~ moved** była najwyraźniej wzruszona; **these remedies are ~ not working** te środki najwyraźniej nie skutkują
Visigoth /ˈvɪzɪgɒθ/ *n* Hist Wizygot *m*
vision /ˈvɪʒn/ **I** *n* 1 (ability to see) wzrok *m*; **to have poor/good ~** mieć słaby/dobry wzrok; **to have blurred ~** źle widzieć; **she has very little ~ in her right eye** ona bardzo słabo widzi na prawe oko; **to come into ~** ukazać się, pojawić się 2 (imaginative foresight) wyobraźnia *f*, dalekowzroczność *f*; **to have/lack ~** mieć wyobraźnię/nie mieć wyobraźni; **a man of ~** człowiek dalekowzroczny or z wyobraźnią 3 (conception, idea) wizja *f*; **her ~ of Europe in the 21st century** jej wizja Europy XXI wieku; **to have ~s of sth** wyobrażać sobie coś 4 (mental picture, hallucination) wizja *f*, widzenie *n*; **to have a ~** mieć widzenie; **to appear to sb in a ~** ukazać się komuś 5 (visual image, sight) widok *m*, obraz *m*; (beautiful sight) zjawisko *n*; **she was a ~ of loveliness** była zjawiskowo piękna 6 TV wizja *f*, obraz *m*; **we apologize for the temporary loss of ~** przepraszamy za chwilowy brak wizji or obrazu
II *vt* US wyobra|zić, -żać sobie
visionary /ˈvɪʒənrɪ, US ˈvɪʒənerɪ/ **I** *n* wizjoner *m*, -ka *f*
II *adj* wizjonerski; **~ artist** artysta wizjoner
vision mixer *n* (person) mikser *m* obrazu; (equipment) mikser *m* or mieszacz *m* obrazu
visit /ˈvɪzɪt/ **I** *n* 1 (call) wizyta *f*; (to see friend, family) odwiedziny *plt*; **an official/a state ~** wizyta oficjalna/państwowa; **a home ~** (by doctor) wizyta domowa; **a flying ~** krótka wizyta; **a ~ to Canada/the dentist** wizyta w Kanadzie/u dentysty; **he is on an official ~ to Poland** składa oficjalną wizytę w Polsce; **to pay a ~ to sb, to pay sb a ~** (to friend) odwiedzić kogoś; (more official) złożyć komuś wizytę; **I'll have to pay a ~ to the dentist** będę musiał pójść do dentysty; **I must go and pay a ~** GB euph muszę pójść w ustronne miejsce euph; **to make a ~ to a school** wizytować szkołę; **to make home ~s** *[doctor]* odbywać wizyty domowe; **we had a ~ from my parents** odwiedzili nas or byli u nas moi rodzice 2 (stay) wizyta *f*, pobyt *m*; **a ~ to Poland** wizyta or pobyt w Polsce; **it's my first ~ to this country** jestem w tym kraju po raz pierwszy, to moja pierwsza wizyta w tym kraju; **to go on a ~ to Delhi** pojechać do Delhi; **on her first /last ~ to China, she...** podczas pierwszego/ostatniego pobytu w Chinach, (ona)...
II *vt* 1 (call on, spend time) odwiedz|ić, -ać *[family, friend, patient, country]*; (more official) złożyć, składać wizytę (komuś); pójść, iść do (kogoś) *[doctor, solicitor]*; **you should ~ me more often** powinieneś odwiedzać mnie częściej; **they ~ us often** często nas odwiedzają, często u nas bywają; **we were ~ing Robert** byliśmy u Roberta; **they're ~ing us for the summer** przyjeżdżają do nas na lato 2 (see) zwiedz|ić, -ać *[castle, exhibition, region]*; zobaczyć *[monument]* 3 (inspect) przeprowadz|ić, -ać inspekcję (czegoś), dokon|ać, -ywać wizytacji (czegoś) *[workplace, premises]* 4 fml (affect) nawiedz|ić, -ać, dot|knąć, -ykać *[country, family]*; **the country was ~ed by a plague** kraj nawiedziła zaraza 5 dat (inflict) **to ~ sth (up)on sb** spu|ścić, -szczać or z|esłać, -syłać coś na kogoś; **the punishment ~ed on them by the gods** kara zesłana na nich przez bogów
III *vi* US (socially) **to ~ with sb** odwiedz|ić, -ać kogoś *[family, friend]*; **stay and ~ (with me) for a while** odwiedź mnie na dłużej
visitation /ˌvɪzɪˈteɪʃn/ **I** *n* 1 (appearance) zjawa *f*, duch *m* 2 (act of God) dopust *m* 3 (official call) wizyta *f* **(from sb** kogoś); (inspection) wizytacja *f*, inspekcja *f*
II Visitation *prn* **the Visitation** Relig Nawiedzenie *n* Najświętszej Marii Panny
visitation rights *npl* Jur prawo *n* widywania dziecka
visiting /ˈvɪzɪtɪŋ/ **I** *n* **I've got some ~ to do when I'm in London** muszę odwiedzić kilka osób or muszę złożyć kilka wizyt fml, kiedy będę w Londynie
II *adj* **~ orchestra** orkiestra występująca gościnnie; **~ statesman** polityk składający oficjalną wizytę
visiting card *n* wizytówka *f* bilet *m* wizytowy
visiting fireman *n* US fig ważny gość *m*
visiting hours *npl* godziny *f pl* odwiedzin
visiting lecturer *n* wizytujący wykładowca *m*
visiting nurse *n* US ≈ pielęgniarz *m* środowiskowy, pielęgniarka *f* środowiskowa
visiting professor *n* wizytujący profesor *m*
visiting room *n* rozmównica *f*
visiting teacher *n* US Sch ≈ hospitant *m*, -ka *f*
visiting team *n* drużyna *f* gości
visiting time *n* = **visiting hours**
visitor /ˈvɪzɪtə(r)/ *n* 1 (caller) gość *m*; (to hospital) odwiedzając|y *m*, -a *f*; **we have ~s** mamy gości; **they were frequent ~s to our house** często nas odwiedzali, często u nas bywali; **only two ~s per patient are allowed** jednego pacjenta mogą odwiedzać najwyżej dwie osoby jednocześnie; **a surprise victory for the ~s** Sport niespodziewane zwycięstwo (drużyny) gości 2 (tourist) (to town, museum) zwiedzając|y *m*, -a *f*, gość *m*; **open to ~s from 10 am to 5 pm** otwarte dla zwiedzających od 10 do 17; **the museum has 10,000 ~s a year** muzeum odwiedza rocznie 10 000 osób; **I've been a regular ~ to this country/to the museum** często bywam w tym kraju/muzeum; **we're just ~s here** jesteśmy nietutejsi 3 (bird) ptak *m* wędrowny; **summer ~s** ptaki przylatujące na lato
visitor centre *n* informacja *f* turystyczna
visitors' book *n* księga *f* gości
visor /ˈvaɪzə(r)/ *n* 1 (of helmet) osłona *f* (oczu); Hist przyłbica *f*, zasłona *f* 2 (eyeshade) daszek *m* przezroczysty; Aut osłona *f* przeciwsłoneczna 3 US (peak) daszek *m* czapki
vista /ˈvɪstə/ *n* widok *m*, panorama *f*; fig widoki *plt* **(of sth** na coś); perspektywa *f* **(of sth** czegoś); **to open up new ~s for sb** otworzyć przed kimś nowe widoki or perspektywy
visual /ˈvɪʒʊəl/ **I visuals** *npl* (photographs, pictures) ilustracje *f pl*, materiał *m* ilustracyjny; Cin (visual effects) efekty *m pl* wizualne; Sch (visual aids) pomoce *f pl* wizualne
II *adj [image, representation, effect]* wizualny; *[nerve, perception, memory]* wzrokowy
visual aid *n* pomoc *f* wizualna
visual artist *n* artysta plastyk *m*
visual arts *npl* sztuki *f pl* plastyczne
visual display terminal, VDT *n* Comput monitor *m* ekranowy, ekranopis *m*
visual display unit, VDU *n* Comput = **visual display terminal**
visual field *n* pole *n* widzenia
visualize /ˈvɪʒʊəlaɪz/ *vt* wyobra|zić, -żać sobie; **she had ~d the house as more**

V

modern wyobrażała sobie, że dom jest bardziej nowoczesny; **I met him once, but I can't ~ his face** spotkałem go raz, ale nie przypominam sobie jego twarzy

visually /ˈvɪʒʊəlɪ/ *adv [present]* wizualnie; *[perceive]* wizualnie, wzrokowo

visually handicapped **I** *n* **the ~** *(+ v pl)* (partially-sighted) niedowidzący *m pl*; (non-sighted) niewidomi *m pl*
II *adj* (partially-sighted) niedowidzący; (non-sighted) niewidomy

visually impaired **I** *n* **the ~** *(+ v pl)* niedowidzący *m pl*
II *adj* niedowidzący

vital /ˈvaɪtl/ **I** **vitals** *npl* **the ~s** dat organy *m pl* or narządy *m pl* wewnętrzne; wątpia *plt* arch; euph or hum (male genitals) męskość *f*, przyrodzenie *n* hum
II *adj* [1] (essential) *[research, industry, need]* podstawowy; (indispensable) *[service, help, supplies]* niezbędny; (very important) *[issue]* żywotny; (decisive) *[role, factor, support, match, importance]* decydujący; **it is ~ that he be found** koniecznie trzeba go znaleźć; **it is ~ to send the drugs without delay** lekarstwa muszą być wysłane bezzwłocznie; **is it absolutely ~ for you to go today?** czy naprawdę musisz jechać dziś?; **to be ~ to sb/sth** mieć podstawowe or decydujące znaczenie dla kogoś/czegoś; **a matter of ~ importance** sprawa najwyższej wagi; **at the ~ moment** w decydującym momencie [2] (essential to life) *[organ]* niezbędny do życia; *[function]* życiowy; *[force]* witalny [3] (lively) *[person]* pełen życia, pełen sił witalnych; *[music]* pełen życia, pełen wigoru; *[culture]* nadal żywy

vitality /vaɪˈtælətɪ/ *n* witalność *f*, witalizm *m*; **full of ~** pełen życia

vitally /ˈvaɪtəlɪ/ *adv [necessary, needed]* absolutnie; *[important]* niezmiernie, niezwykle

vital statistics *n* [1] Stat dane *plt* demograficzne [2] hum podstawowe informacje *f pl*; (woman's) podstawowe wymiary *m pl* *(obwód biustu, talii, bioder)*

vitamin /ˈvɪtəmɪn, US ˈvaɪt-/ **I** *n* witamina *f*; **~ A/B/C** witamina A/B/C; **with added ~s, ~ enriched** witaminizowany
II *modif [complex]* witaminowy; **~ requirement** zapotrzebowanie na witaminy; **to have a high/low ~ content** być bogatym/ubogim w witaminy, zawierać dużo /mało witamin

vitamin deficiency *n* niedobór *m* witamin; **~ disease** awitaminoza

vitaminize /ˈvaɪtəmɪnaɪz/ *vt* witaminizować

vitamin pill *n* = **vitamin tablet**

vitamin tablet *n* witamina *f (w tabletce)*

vitamin therapy *n* kuracja *f* witaminowa

vitiate /ˈvɪʃɪeɪt/ *vt* [1] fml (spoil) osłabi|ć, -ać znaczenie (czegoś) [2] Jur unieważni|ć, -ać *[contract, agreement]*

viticulture /ˈvɪtɪkʌltʃə(r)/ *n* nauka *f* o uprawie winorośli i produkcji wina

vitreous /ˈvɪtrɪəs/ *adj* [1] Tech *[enamel]* szklisty; *[china]* nieporowaty; *[silica]* kwarcowy [2] Anat *[body, humour]* szklisty

vitrification /ˌvɪtrɪfɪˈkeɪʃn/ *n* zeszklenie *n*, witryfikacja *f*

vitrify /ˈvɪtrɪfaɪ/ **I** *vt* zeszklić
II *vi* zeszklić się

vitriol /ˈvɪtrɪəl/ *n* [1] Chem dat witriol *m* dat [2] fig jad *m* fig

vitriolic /ˌvɪtrɪˈɒlɪk/ *adj* fig jadowity, pełen jadu

vitriolize /ˈvɪtrɪəlaɪz/ *vt* Chem zamieni|ć, -ać w witriol

vitro → **in vitro**

vituperate /vɪˈtjuːpəreɪt, US vaɪˈtuː-/ **I** *vt* pomstować na (kogoś/coś)
II *vi* złorzeczyć **(against sb/sth** komuś /czemuś)

vituperation /vɪˌtjuːpəˈreɪʃn, US vaɪˌtuː-/ *n* złorzeczenia *n pl*

vituperative /vɪˈtjuːpərətɪv, US vaɪˈtuːpəreɪtɪv/ *adj* potępiający

viva **I** /ˈvaɪvə/ *n* GB Univ egzamin *m* ustny
II /viːvə/ *excl* wiwat!, niech żyje!; **~ freedom!** niech żyje wolność!

vivacious /vɪˈveɪʃəs/ *adj [person, performance, manner]* żywy, pełen życia

vivaciously /vɪˈveɪʃəslɪ/ *adv [speak, behave]* z życiem, z ożywieniem

vivacity /vɪˈvæsətɪ/ *n* żywość *f*, żwawość *f*, żywy temperament *m*

vivarium /vaɪˈveərɪəm, vɪ-/ *n* (*pl* **-riums, -ria**) wiwarium *n*

viva voce /ˌvaɪvəˈvəʊtʃɪ, -ˈvəʊsɪ/ **I** *n* GB = **viva**
II *adv* Jur *[testify]* ustnie

vivid /ˈvɪvɪd/ *adj* [1] (bright) *[colour, garment, light, sunset]* jaskrawy [2] (graphic) *[description, imagination, memory]* żywy; *[detail, description, impression]* barwny; *[imagination]* bujny; *[language, imagery]* obrazowy; *[dream]* sugestywny; **to describe sth in ~ detail** opisać coś barwnie i drobiazgowo; **to have a ~ memory of sth** doskonale coś pamiętać, mieć coś żywo w pamięci

vividly /ˈvɪvɪdlɪ/ *adv [colour, dress, shine]* jaskrawo; *[remember]* doskonale, dokładnie; *[describe]* barwnie, obrazowo; **~ coloured birds** jaskrawo ubarwione ptaki; **I remember it ~** doskonale to pamiętam

vividness /ˈvɪvɪdnɪs/ *n* (of colour, dress, light) jaskrawość *f*; (of description, language, style) barwność *f*, obrazowość *f*; (of dream) sugestywność *f*

vivify /ˈvɪvɪfaɪ/ *vt* ożywi|ć, -ać *[life, picture, play]*; z|aktywizować, uaktywni|ć, -ać *[organization, people]*

viviparous /vɪˈvɪpərəs, US vaɪ-/ *adj* Biol żyworodny

vivisect /ˈvɪvɪsekt/ *vt* dokon|ać, -ywać wiwisekcji na (czymś)

vivisection /ˌvɪvɪˈsekʃn/ *n* wiwisekcja *f*

vivisectionist /ˌvɪvɪˈsekʃənɪst/ *n* (practicer) dokonując|y *m*, -a *f* wiwisekcji; (supporter) zwolenni|k *m*, -czka *f* przeprowadzania wiwisekcji

vixen /ˈvɪksn/ *n* [1] Zool lisica *f* [2] pej (spiteful woman) jędza *f*, megiera *f* pej

viz /vɪz/ *adv* fml = **videlicet** tzn. *(to znaczy)*

vizier /vɪˈzɪə(r)/ *n* Hist wezyr *m*

VJ *n* → **video jockey**

VJ-Day *n* = **Victory in Japan Day** dzień *m* zwycięstwa aliantów nad Japonią *(15 sierpnia 1945)*

VLF *n, adj* = **very low frequency**

v-neck /ˈviːnek/ *n* (neck) dekolt *m* w szpic or serek; (sweater) sweter *m* z dekoltem w szpic or serek

v-necked /ˈviːnekt/ *adj* z dekoltem w szpic or serek

vocabulary /vəˈkæbjʊlərɪ, US -lerɪ/ **I** *n* [1] (of person, group, language) słownictwo *n*; (of person) zasób *m* słów [2] (list, glossary) słowniczek *m*
II *modif* **~ test** test na znajomość słownictwa

vocal /ˈvəʊkl/ **I** **vocals** *npl* śpiew *m*; wokal *m* infml; **'with Mick Jagger on ~s'** „z wokalami Micka Jaggera"; **to do the backing ~s** robić podkład wokalny
II *adj* [1] *[organs]* głosowy; *[music, part]* wokalny; **~ range/power** skala/siła głosu [2] (vociferous) *[person, group]* głośno wyrażający opinię; *[criticism, demands, support]* otwarcie wyrażany; *[campaign]* hałaśliwy pej; **an increasingly ~ minority** mniejszość coraz śmielej zabierająca głos; **one of her most ~ critics** jeden z jej najbardziej konsekwentnych krytyków

vocal c(h)ords *n* struny *f pl* głosowe

vocalic /vəˈkælɪk/ *adj* samogłoskowy, wokaliczny

vocalist /ˈvəʊkəlɪst/ *n* wokalist|a *m*, -ka *f*

vocalization /ˌvəʊkəlaɪˈzeɪʃn/ *n* Ling wokalizacja *f*; Mus wokaliza *f*

vocalize /ˈvəʊkəlaɪz/ **I** *vt* [1] (in phonetics) wokalizować [2] Ling zaznacz|yć, -ać samogłoski w (czymś) *[text]* [3] fig wypowi|edzieć, -adać, wyra|zić, -żać *[thought, emotion]*; wy|artykułować *[sound]*
II *vi* Mus wokalizować

vocally /ˈvəʊkəlɪ/ *adv* [1] głosowo, wokalnie [2] (vociferously) *[express]* dobitnie; *[protest, campaign]* głośno

vocal organs *n* Anat, Ling narządy *m pl* or organy *m pl* mowy

vocal tract *m* Anat, Ling aparat *m* głosowy

vocation /vəʊˈkeɪʃn/ *n* powołanie *n*; **to find one's ~** znaleźć swoje powołanie; **to miss one's ~** minąć się z powołaniem; **to have a ~ for sth** mieć powołanie do czegoś; **by ~** z powołania

vocational /vəʊˈkeɪʃənl/ *adj* zawodowy; *[approach]* profesjonalny; **the course is directly ~** kurs przygotowuje do zawodu

vocational course *n* szkolenie *n* zawodowe

vocational education *n* przygotowanie *n* zawodowe

vocational guidance *n* poradnictwo *n* zawodowe

vocational training *n* przyuczenie *n* do zawodu

vocative /ˈvɒkətɪv/ Ling **I** *n* wołacz *m*; **in the ~** w wołaczu
II *adj* **~ form** forma wołacza

vociferate /vəˈsɪfəreɪt, US vəʊ-/ fml **I** *vt* wykrzy|czeć, -kiwać
II *vi* podn|ieść, -osić rwetes or gwałt

vociferous /vəˈsɪfərəs, US vəʊ-/ *adj [person, protest]* krzykliwy, hałaśliwy

vociferously /vəˈsɪfərəslɪ, US vəʊ-/ *adv* krzykliwie, hałaśliwie

vodka /ˈvɒdkə/ *n* wódka *f*; **to order two ~s** zamówić dwie wódki

vogue /vəʊg/ **I** *n* moda *f* **(for sth** na coś); **the ~ was for the gypsy style** panowała moda na styl cygański; **to be in/out of ~** być modnym/niemodnym; **to come into ~** zrobić się modnym; **to go out of ~** wyjść z mody, stać się niemodnym
II *modif [word, expression]* modny

voice /vɔɪs/ **I** *n* 1 (speaking sound) głos *m*; **to hear a ~** usłyszeć głos; **in a loud/low ~** głośno/cicho, donośnym/cichym głosem; **in a cross ~** gniewnym głosem; **to have a high/low(-pitched) ~** mieć wysoki /niski głos; **to raise/lower one's ~** podnieść/zniżyć głos; **they raised their ~s in protest** głośno zaprotestowali; **keep your ~ down!** mów ciszej!; **his ~ is breaking/has broken** przechodzi/przeszedł mutację; **he lost his ~** (when ill) stracił głos; (when surprised) odebrało or odjęło mu mowę; **don't speak to me in that tone of ~** nie mów do mnie tym tonem; **at the top of one's ~** na cały głos, na całe gardło 2 Mus głos *m*; **to have a good ~** mieć dobry głos; **to have a tenor ~** *[singer]* śpiewać tenorem; **to be in good /poor ~** być/nie być przy głosie; **for four ~s** na cztery głosy 3 (opinion, expression) głos *m*; **the ~ of reason/dissent** głos rozsądku/sprzeciwu; **the ~ of the people** głos ludu; **~s have been raised against the new price rises** podniosły się głosy przeciwko nowym podwyżkom cen; **to have a ~ in a matter** mieć coś do powiedzenia w (jakiejś) sprawie; **to add one's ~ to sth** przyłączyć się do czegoś; **to give ~ to sth** dać wyraz czemuś, wyrazić coś *[thoughts, feelings, fears]*; **to reply with one ~** odpowiedzieć jednogłośnie or zgodnym chórem; **to demand sth with one ~** zażądać czegoś jednogłośnie 4 (agency, instrument) organ *m*; **the ~ of the party** organ partii 5 Literat (of writer, poet) styl *m*; **narrative ~** głos narratora 6 Ling (of verb) strona *f*; **in the active /passive ~** w stronie czynnej/biernej 7 Ling (sound) głoska *f* dźwięczna

II -voiced *in combinations* **hoarse-/deep-~d** o zachrypniętym/głębokim głosie; **'yes', came the shaky-~d reply** „tak", odpowiedział drżący głos

III *vt* 1 (express) wyra|zić, -żać *[concern, fears, reservations]* 2 Ling wym|ówić, -awiać dźwięcznie *[consonant]*

IDIOMS: **to like the sound of one's own ~** upajać się własnym głosem; **the still small ~ of conscience** mgliste wyrzuty sumienia

voice box *n* Anat krtań *f*

voiced consonant *n* Ling spółgłoska *f* dźwięczna

voiceless /ˈvɔɪslɪs/ *adj* 1 Ling bezdźwięczny 2 *[minority, group]* pozbawiony (prawa) głosu 3 liter (silent) **to be ~** nic nie mówić, milczeć

Voice of America *n* (rozgłośnia) Głos *m* Ameryki

voice-over /ˈvɔɪsəʊvə(r)/ *n* Cin, TV głos *m* lektora; **to do a ~** podłożyć głos

voice print *n* Ling spektrogram *m*, sonogram *m*

voice recognition *n* Comput rozpoznawanie *n* mowy

voice training *n* ćwiczenie *n* głosu

voice vote *n* US głosowanie *n* przez aklamację *(oklaskami, okrzykami)*

void /vɔɪd/ **I** *n* próżnia *f*; (deep) otchłań *f*; fig pustka *f*; **to fill the ~** wypełnić pustkę; **his death left a ~ in my life** jego śmierć pozostawiła pustkę w mym życiu

II *adj* 1 Jur *[agreement, contract, cheque]* nieważny; **to make** or **render sth ~** unieważnić coś 2 liter (empty) **~ of sth** pozbawiony czegoś; **she felt ~ of all emotion** czuła kompletną pustkę emocjonalną 3 (in card games) **he was ~ in hearts** nie miał kierów, miał renons w kierach

III *vt* 1 Jur anulować *[cheque]*; unieważni|ć, -ać *[contract, card]* 2 Med opróżni|ć, -ać *[bladder]*

voidable /ˈvɔɪdəbl/ *adj [contract, policy, marriage]* podlegający unieważnieniu

voile /vɔɪl/ **I** *n* Tex woal *m*

II *modif [garment]* z woalu

vol /vɒl/ *n* (*pl* **~s**) = **volume** tom *m*

volatile /ˈvɒlətaɪl, US -tl/ *adj* 1 Chem lotny 2 fig *[person]* wybuchowy; *[mood]* zmienny; *[situation]* nieprzewidywalny; *[market, exchange rate]* niestabilny

volatility /ˌvɒləˈtɪlətɪ/ *n* 1 Chem lotność *f* 2 fig (of person) wybuchowość *f*; (of situation) nieprzewidywalność; *f*; (of market, exchange rate) niestabilność *f*

volatilize /vəˈlætɪlaɪz/ **I** *vt* przeprowadz|ić, -ać w stan lotny

II *vi* prze|jść, -chodzić w stan lotny, ul|otnić, -atniać się

vol-au-vent /ˈvɒləuvɒŋ/ *n* Culin pasztecik *m*

volcanic /vɒlˈkænɪk/ *adj* 1 *[ash, island, rock]* wulkaniczny 2 fig *[period, era]* burzliwy; *[temper]* gwałtowny, wybuchowy; **~ rage/outburst** wybuch wściekłości

volcano /vɒlˈkeɪnəʊ/ *n* (*pl* **-noes, -nos**) wulkan *m*

volcanologist /ˌvɒlkəˈnɒlədʒɪst/ *n* wulkanolog *m*

volcanology /ˌvɒlkəˈnɒlədʒɪ/ *n* wulkanologia *f*

vole[1] /vəʊl/ *n* Zool nornik *m*

vole[2] /vəʊl/ *n* (in card games) szlem *m*

Volga /ˈvɒlgə/ *prn* **the ~** Wołga *f*

volition /vəˈlɪʃn, US vəʊ-/ *n* fml wola *f*; **of one's own ~** z własnej woli

volley /ˈvɒlɪ/ **I** *n* 1 Sport wolej *m*; **to miss a ~** (in tennis) zepsuć woleja; **to practice one's ~s** ćwiczyć woleja; **to hit** or **kick the ball on the ~** uderzyć z woleja 2 Mil (of shots) salwa *f*; (of missiles) seria *f* 3 fig **a ~ of questions/words/stones** grad pytań /słów/kamieni; **a ~ of applause** burza oklasków; **a ~ of insults** stek obelg

II *vt* Sport uderz|yć, -ać z woleja *[ball]*

volleyball /ˈvɒlɪbɔːl/ **I** *n* Sport (game) siatkówka *f*; (ball) piłka *f* do gry w siatkówkę

II *modif* **~ court** boisko do siatkówki; **~ player** siatkarz

volleyer /ˈvɒlɪə(r)/ *n* (in tennis) grając|y *m*, -a *f* dobrze z woleja

volt /vəʊlt/ *n* wolt *m*; **nine-~ battery** bateria dziewięciowoltowa

voltage /ˈvəʊltɪdʒ/ *n* napięcie *n* prądu elektrycznego; **high-/low-~ cable** kabel wysokiego/niskiego napięcia; **~ regulator** regulator napięcia

voltage surge *n* udar *m* napięciowy, przepięcie *n*

voltaic /vɒlˈteɪɪk/ *adj* galwaniczny

voltaic pile *n* ogniwo *n* galwaniczne

volte-face /ˌvɒltˈfɑːs/ *n* zmiana *f* frontu; **to do** or **make a ~** zmienić front

voltmeter /ˈvəʊltmiːtə(r)/ *n* woltomierz *m*

volubility /ˌvɒljʊˈbɪlətɪ/ *n* (of speaker) swada *f*, elokwencja *f*

voluble /ˈvɒljʊbl/ *adj [speaker]* elokwentny, mówiący ze swadą; *[style]* potoczysty; *[speech, account]* obszerny; **he becomes very ~ after a few drinks** po kilku kieliszkach robi się bardzo elokwentny or wymowny

volubly /ˈvɒljʊblɪ/ *adv [speak]* elokwentnie; **to write ~** rozpisywać się

volume /ˈvɒljuːm, US -jəm/ **I** *n* 1 (book) książka *f*; (in library) wolumin *m* fml; (part of complete work) tom *m*; (set of journals published in a year) rocznik *m*; **a three-~ set** wydanie trzytomowe; **in ten ~s** w dziesięciu tomach; **a ~ of poetry** tomik poezji 2 Meas, Phys (of gas, liquid, object) objętość *f* **(of sth** czegoś**)**; (of container) pojemność *f* 3 (bulk) **the ~ of sth** wielkość *f* or rozmiar *m* czegoś *[production, sales, trade]*; ilość *f* czegoś *[water, work]*; objętość *f* czegoś *[manuscript]*; natężenie *n* czegoś *[traffic]*; **he has received a substantial ~ of support** uzyskał znaczne poparcie; **~s of smoke** kłęby dymu 4 Audio (switch) (also **~ control)** regulator *m* głosu 5 (sound quantity) głośność *f*, natężenie *n* dźwięku; **to turn the ~ up/down** pogłośnić/przyciszyć; **radios blaring at full ~** radia ryczące na cały regulator infml

II volumes *npl* (a great deal) mnóstwo *n*; **to speak ~s (about sth)** wiele mówić (o czymś) fig; **to speak ~s for sth** wymownie świadczyć o czymś

III *modif [production]* seryjny; *[purchase, sales]* hurtowy

volume control *n* regulator *m* głosu

volume discount *n* Comm rabat *m* udzielany przy dużym zamówieniu

volumetric /ˌvɒljʊˈmetrɪk/ *adj* objętościowy, wolumetryczny

voluminous /vəˈluːmɪnəs/ *adj* 1 *[blouse, cloak]* luźny, obszerny; *[skirt]* suto marszczony; *[drapery]* fałdzisty, suty 2 *[correspondence]* obfity; *[file, tome]* gruby; *[notes, account]* szczegółowy, bardzo obszerny 3 *[author, composer]* płodny

voluntarily /ˈvɒləntrəlɪ/ *adv* dobrowolnie, na ochotnika

voluntary /ˈvɒləntrɪ, US -terɪ/ **I** *n* Mus solo *n* organowe

II *adj* 1 (unforced) *[agreement, consent, contribution]* dobrowolny; *[recruit]* ochotniczy; *[participation, attendance]* nieobowiązkowy; *[ban]* wprowadzony za zgodą zainteresowanych; **on a ~ basis** na zasadzie dobrowolności; **to resolve sth by ~ means** rozstrzygnąć coś polubownie 2 (unpaid) *[organization, work]* społeczny, ochotniczy; **~ worker** działacz społeczny; **to do ~ work for the Red Cross** pracować społecznie dla Czerwonego Krzyża; **she works on a ~ basis** ona pracuje ochotniczo 3 (done by will) *[movement]* świadomy

voluntary hospital *n* US ≈ szpital *m* prywatny utrzymywany z dobrowolnych składek

voluntary liquidation *n* Comm likwidacja *f* dobrowolna

voluntary manslaughter *n* Jur zabójstwo *n* umyślne

V

voluntary redundancy *n* GB odejście *n* z pracy na własną prośbę
voluntary repatriation *n* dobrowolna repatriacja *f*
voluntary school *n* GB ≈ szkoła *f* wybudowana ze składek prywatnych
volunteer /ˌvɒlənˈtɪə(r)/ **I** *n* [1] ochotni|k *m*, -czka *f* [2] (unpaid worker) wolontariusz *m*, -ka *f*
II *modif* [1] (unpaid) *[worker, helper]* pracujący społecznie; *[work]* społeczny; *[fire brigade]* ochotniczy [2] Mil *[force, troops]* ochotniczy
III *vt* [1] (offer willingly) za|proponować, za|oferować *[help, services]*; służyć (czymś), udziel|ić, -ać (czegoś) *[advice]*; **to ~ to do sth** podjąć się (dobrowolnie) coś zrobić; **she ~ed to wash the dishes** zaproponowała, że pozmywa naczynia [2] (divulge willingly) po|śpieszyć z (czymś) *[information, advice, explanation]*; **he's not going to ~ the information** sam z siebie nic nie powie; **'Robert's gone,' she ~ed** „Robert poszedł", powiedziała niepytana
IV *vi* zgł|osić, -aszać się na ochotnika; **to ~ for the Navy** zgłosić się na ochotnika do marynarki wojennej
voluptuary /vəˈlʌptʃʊərɪ/ *n* fml sybaryta *m*
voluptuous /vəˈlʌptʃʊəs/ *adj* [1] *[woman]* ponętna, odznaczająca się bujnymi kształtami [2] *[pleasure, caress, tastes, music]* zmysłowy
voluptuously /vəˈlʌptʃʊəslɪ/ *adv* zmysłowo, ponętnie
voluptuousness /vəˈlʌptʃʊəsnɪs/ *n* zmysłowość *f*
volute /vəˈluːt/ *n* [1] (spiral) Archit woluta *f*, ślimacznica *f*, esownica *f*; (on shell) skręt *m*, zwój *m* [2] Zool (mollusc) zwójka *f*
voluted /vəˈluːtɪd/ *adj* Archit ślimakowy; Zool skręcony
vomit /ˈvɒmɪt/ **I** *n* wymiociny *plt*
II *vt* z|wymiotować *[food, meal]*; wymiotować (czymś) *[bile, blood]*
III *vi* z|wymiotować, mieć torsje; **the smell made me ~** zapach przyprawił mnie o torsje
vomiting /ˈvɒmɪtɪŋ/ *n* wymioty *plt*
voodoo /ˈvuːduː/ *n* wudu *n inv*, voodoo *n inv*
voracious /vəˈreɪʃəs/ *adj* [1] (rapacious) *[person, animal]* żarłoczny; *[appetite, hunger]* nienasycony; **he is a ~ eater** on ma wilczy apetyt [2] fig (insatiable) *[appetite, lust]* nienasycony; **she's a ~ reader** ona bardzo dużo czyta, ona pochłania książkę za książką
voraciously /vəˈreɪʃəslɪ/ *adv [eat]* żarłocznie; *[devour]* łapczywie; *[read]* zachłannie; **to be ~ hungry** być głodnym jak wilk
voracity /vəˈræsətɪ/ *n* żarłoczność *f*; fig zachłanność *f*
vortex /ˈvɔːteks/ *n* (*pl* **~es, -tices**) wir *m* also fig
Vosges /vəʊʒ/ *prn* **the ~** Wogezy *plt*
votary /ˈvəʊtərɪ/ *n* Relig wyznaw|ca *m*, -czyni *f*
vote /vəʊt/ **I** *n* [1] (choice) głos *m*; **to cast one's ~** oddać głos; **to get 100 ~s** dostać 100 głosów; **to win by two ~s** wygrać dwoma głosami; **I gave my ~ to the Green Party** oddałem głos or głosowałem na Partię Zielonych; **the motion was carried by 187 ~s to 93** propozycja przeszła 187 głosami przeciw 93; **there were many spoiled ~s** było wiele głosów nieważnych; **one man one ~** głosowanie równe; **that gets my ~!** fig jestem za (tym)! [2] (right to vote) **the ~** czynne prawo *n* wyborcze; **to get the ~** uzyskać prawo do głosowania [3] (ballot) głosowanie *n* **(on sth** w sprawie czegoś); **to have a ~** głosować; **to take a ~ on sth, to put sth to a ~** przegłosować coś, poddać coś pod głosowanie; **to pass a ~ of confidence/no confidence** przegłosować wotum zaufania/nieufności [4] (body of voters) głosy *m pl*, poparcie *n*; **the teenage/women's ~** głosy or poparcie młodzieży/kobiet; **to receive 60% of the ~** otrzymać 60% wszystkich głosów; **to increase one's ~ by 10%** zdobyć o 10% głosów więcej; **by a majority ~** większością głosów; **the Liberal share of the ~** procent głosów oddanych na liberałów
II *vt* [1] (affirm choice of) za|głosować na (kogoś/coś); **~ Stevenson!** głosujcie na Stevensona!; **I've ~d Conservative all my life** przez całe życie głosowałem na konserwatystów; **what** or **how do you ~?** jak głosujesz?; **to ~ sb into/out of office** wybrać kogoś/nie wybrać kogoś ponownie na stanowisko; **we ~d her treasurer** wybraliśmy ją na skarbnika; **she was ~d onto the board** została wybrana do zarządu [2] (decide) postan|owić, -awiać; (declare, judge) uzna|ć, -wać; (approve) przyzna|ć, -wać; **members ~d to raise subscriptions** członkowie postanowili podnieść składkę; **the programme was ~d complete failure/success** program uznano za kompletne fiasko/wielki sukces; **they ~d themselves a pay rise** przyznali sobie podwyżkę [3] infml (suggest) za|proponować; **I ~ that we go by taxi** proponuję, żeby wziąć taksówkę
III *vi* głosować; **to ~ for** or **in favour of sb/sth** głosować za kimś/czymś; **to ~ against sth** głosować przeciwko czemuś; **to ~ on sth** głosować w sprawie czegoś; **to ~ to increase foreign aid** głosować za zwiększeniem pomocy dla innych krajów
■ **vote down**: **~ down [sb/sth], ~ [sb/sth] down** przegłosow|ać, -ywać *[person, group]*; odrzuc|ić, -ać w głosowaniu *[motion, bill]*
■ **vote in**: **~ in [sb], ~ [sb] in** wyb|rać, -ierać w głosowaniu
■ **vote out**: **~ out [sb/sth], ~ [sb/sth] out** odsu|nąć, -wać od władzy (w głosowaniu) *[person, group]*; odrzuc|ić, -ać w głosowaniu *[motion, amendment]*
■ **vote through**: **~ through [sth], ~ [sth] through** przegłosow|ać, -ywać, przyj|ąć, -mować *[bill, motion]*
IDIOMS: **to ~ with one's feet** dać wyraz dezaprobacie *(opuszczając salę, wycofując się, rezygnując z czegoś)*
vote-catching /ˈvəʊtkætʃɪŋ/ *adj* przysparzający głosów
vote of censure *n* Pol głosowanie *n* nad wotum nieufności
vote of confidence *n* Pol wotum *n inv* zaufania also fig **(in sb** do kogoś); **to pass a ~** przegłosować wotum zaufania
vote of no confidence *n* Pol wotum *n inv* nieufności
vote of thanks *n* podziękowania *plt*; **to propose a ~ to sb** złożyć komuś publiczne podziękowania
voter /ˈvəʊtə(r)/ *n* Pol wyborca *m*, elektor *m*; **he's a life-long Liberal ~** całe życie głosuje na liberałów
voter registration *n* US rejestracja *f* wyborców
voter registration card *n* US karta *f* uprawniająca do głosowania
voting /ˈvəʊtɪŋ/ **I** *n* głosowanie *n*; **second round of ~** druga tura głosowania; **~ is by secret ballot** głosowanie jest tajne
II *modif [rights]* wyborczy; **~ intentions** nastroje elektoratu; **she has a good ~ record on civil-rights issues** US podczas głosowań (w Kongresie) zasłynęła jako obrończyni praw obywatelskich
voting age *n* wiek *m* uprawniający do głosowania
voting booth *n* kabina *f* do głosowania
voting machine *n* US komputer *m* rejestrujący wyniki głosowania
voting paper *n* karta *f* do głosowania
voting precinct *n* US obwód *m* wyborczy
voting share *n* Fin udział *m* uprawniający do głosowania
votive /ˈvəʊtɪv/ *adj* Relig wotywny
vouch /vaʊtʃ/ *vt* **to ~ that...** ręczyć or zaręczać, że...; **I can ~ that what he says is true** ręczę, że to, co mówi, jest prawdą
■ **vouch for**: **~ for [sb/sth]** po|ręczyć za (kogoś), zaręcz|yć, -ać za (kogoś) *[person]*; zaręcz|yć, -ać za (coś) *[fact]*
voucher /ˈvaʊtʃə(r)/ *n* [1] (cash substitute) kupon *m*, bon *m*, talon *m*; Tourism voucher *m* [2] (receipt) dowód *m* wpłaty, kwit *m*
vouchsafe /vaʊtʃˈseɪf/ *vt* fml [1] (grant) zaszczyc|ić, -ać (czymś) *[glimpse, reply]*; łaskawie powierz|yć, -ać, raczyć powierzyć *[secret, information]*; **he didn't deign to ~ an explanation** nie raczył udzielić wyjaśnienia, nie raczył się wytłumaczyć; **we have been ~d a glimpse** łaskawie pozwolono nam spojrzeć [2] (promise) obiec|ać, -ywać (uroczyście) *[support, safety, help]*; za|gwarantować *[peace]*; **she ~d to return the book on the following day** zobowiązała się zwrócić książkę następnego dnia
vow /vaʊ/ **I** *n* śluby *m pl*, ślubowanie *n*; **a ~ of silence/poverty** śluby milczenia /ubóstwa; **to take** or **make a ~** złożyć ślubowanie, ślubować; **to make a ~ to do sth** ślubować coś zrobić; **to be under a ~ of silence** (secrecy) być związanym tajemnicą, zobowiązać się do zachowania tajemnicy
II vows *npl* [1] Relig śluby *m pl* zakonne; **to take (one's) ~s** złożyć śluby [2] **marriage** or **wedding ~s** przysięga *f* małżeńska
III *vt* ślubować, przysi|ąc, -ęgać *[love, allegiance]*; poprzysi|ąc, -ęgać *[revenge]*; **I ~ed to avenge my brother** poprzysiągłem pomścić brata; **he ~ed that he would never return** przysięgał, że nigdy nie wróci; **I ~ed never to rest until...** poprzysiągłem sobie, że nie spocznę dopóki...

vowel /ˈvaʊəl/ Ling **I** *n* samogłoska *f*
II *modif [sound]* samogłoskowy; ~ **shift** przesuwka samogłoskowa

vox pop /ˌvɒksˈpɒp/ *n* infml [1] (also **vox populi**) opinia *f* publiczna [2] TV, Radio (street interviews) sonda *f* uliczna

voyage /ˈvɔɪɪdʒ/ **I** *n* podróż *f* morska, rejs *m*; fig wojaż *m* hum or dat; **on the** ~ podczas podróży or rejsu; **to set out on a** ~ wyruszyć w podróż or rejs; **a** ~ **of discovery** or **exploration** wyprawa or ekspedycja odkrywcza; **the outward /homeward** ~ Naut rejs docelowy/powrotny
II *vi* liter odbywać dalekie podróże; wojażować hum

voyager /ˈvɔɪɪdʒə(r)/ *n* liter podróżni|k *m*, -czka *f*; (explorer) odkryw|ca *m*, -czyni *f*; ~**s in space** zdobywcy kosmosu

voyeur /vwaɪˈɜː(r), vɔɪ-/ *n* voyeur *m/f*; podglądacz *m*, -ka *f* infml

voyeurism /vwaɪˈɜːrɪzəm, vɔɪ-/ *n* voyeuryzm *m*, oglądactwo *n*, podglądanie *n*

voyeuristic /ˌvwaɪəˈrɪstɪk, ˌvɔɪ-/ *adj* dotyczący oglądactwa

VP *n* [1] Pol → **vice-president** [2] Ling → **verb phrase**

VPL *n* infml = **visible panty line** odznaczające się majtki *plt*

vs *prep* → **versus**

V-shaped /ˈviːʃeɪpt/ *adj* w kształcie litery V

V-sign /ˈviːsaɪn/ *n* [1] (victory sign) znak *m* wiktorii [2] GB (offensive gesture) obsceniczny gest *m (z dwóch palców ułożonych w literę V)*; **to give sb a** ~ pokazać komuś dwa palce (w obscenicznym geście)

VSO *n* GB = **Voluntary Service Overseas** *organizacja wysyłająca wolontariuszy do pracy w krajach rozwijających się*; **to do** ~ odbywać służbę w VSO

VSOP = **very special** or **superior old pale** wysokogatunkowa stara czysta *(napis umieszczany na etykietach koniaków)*

Vt, VT = **Vermont**

VTOL *n* = **vertical takeoff and landing** (plane) pionowzlot *m*, samolot *m* pionowego startu i lądowania

Vulcan /ˈvʌlkən/ *prn* Wulkan *m*

vulcanite /ˈvʌlkənaɪt/ *n* ebonit *m*

vulcanize /ˈvʌlkənaɪz/ *vt* wulkanizować

vulcanologist /ˌvʌlkəˈnɒlədʒɪst/ *n* = **volcanologist**

vulcanology /ˌvʌlkəˈnɒlədʒɪ/ *n* = **volcanology**

vulgar /ˈvʌlgə(r)/ *adj* [1] (tasteless) *[person]* nieokrzesany, prostacki; *[furniture, clothes]* w złym guście, pozbawiony gustu; *[behaviour]* prostacki; *[taste]* niewybredny; **it's** ~ **to talk with your mouth full** niegrzecznie jest mówić z pełnymi ustami [2] (rude) wulgarny, ordynarny [3] Ling ~ **Latin** łacina *f* ludowa

vulgar fraction *n* Math ułamek *m* zwykły

vulgarism /ˈvʌlgərɪzəm/ *n* Ling wulgaryzm *m*

vulgarity /vʌlˈgærətɪ/ *n* [1] (tastelessness) (of furniture, clothes) bezguście *n* infml; (of behaviour) prostactwo *m*; (of person) brak *m* ogłady [2] (rudeness) wulgarność *f*

vulgarization /ˌvʌlgəraɪˈzeɪʃn, US -rɪˈz-/ *n* wulgaryzacja *f*

vulgarize /ˈvʌlgəraɪz/ *vt* [1] (make popular) s|popularyzować, upowszechni|ć, -ać *[art, activity, place]* [2] (make rude) z|wulgaryzować *[situation, story]*

vulgarly /ˈvʌlgəlɪ/ *adv* [1] (tastelessly) *[dressed, finished]* niegustownie, bez gustu; *[behave]* po prostacku, po chamsku [2] (rudely) *[say, gesture, express oneself]* wulgarnie, ordynarnie

vulgate /ˈvʌlgeɪt/ **I** *n* [1] (version) tekst *m* powszechnie przyjęty [2] (common speech) mowa *f* potoczna
II Vulgate *prn* Bible Wulgata *f*

vulnerability /ˌvʌlnərəˈbɪlətɪ/ *n* [1] (likelihood of being affected) (to change, frost) wrażliwość *f* **(to sth** na coś); (to infection) podatność *f* **(to sth** na coś); (to depression) skłonność *f* **(to sth** do czegoś) [2] (defencelessness) bezbronność *f* **(to sth** wobec czegoś) [3] Mil stopień *m* narażenia na atak

vulnerable /ˈvʌlnərəbl/ *adj* [1] (likely to be badly affected) *[old person]* bezradny, bezbronny; *[cyclist]* narażony na niebezpieczeństwo; ~ **to sth** narażony na coś *[bad event, attack]*; wrażliwy na coś *[frost, change]*; podatny na coś *[infection]*; skłonny do czegoś *[depression]*; **a** ~ **position** niepewna pozycja [2] (unable to defend itself) bezbronny **(to sth** wobec czegoś); **this is the point on which he is** ~ to jest jego słaby punkt [3] Mil (exposed to attack) *[tank, frontier]* narażony na atak

vulpine /ˈvʌlpaɪn/ *adj* fml lisi; fig (cunning) przebiegły, chytry

vulture /ˈvʌltʃə(r)/ *n* Zool sęp *m*; fig sęp *m*, szakal *m* fig

vulva /ˈvʌlvə/ *n* (*pl* **-vae, -vas**) Anat srom *m*

vying /ˈvaɪɪŋ/ *prp* → **vie**

V

w, W /ˈdʌbljuː/ *n* [1] (letter) w, W *n* [2] **W** Elec = **watt** w [3] **W** Geog = **West** zach., W

WA *n* US Post = **Washington**

wack /wæk/ *adj* US infml kiepski infml

wacko /ˈwækəʊ/ *adj* US = **wacky**

wacky /ˈwækɪ/ *adj* US infml stuknięty, kopnięty, szurnięty infml

wacky baccy *n* GB infml hum marihuana *f*; marycha *f*, trawka *f* infml

wacky tabacky /ˌwækɪtəˈbækɪ/ *n* US = **wacky baccy**

wad /wɒd/ **I** *n* [1] (of banknotes, money, papers) plik *m*, zwitek *m* **(of sth** czegoś); **a ~ of cotton wool** wacik; **a ~ of tobacco** prymka tytoniu; **a ~ of chewing gum** kulka gumy do żucia [2] infml (large amount of money) kupa *f* forsy infml [3] (for gun, shotgun) przybitka *f*

II wads *npl* US **~s of sth** kupa czegoś infml

III *vt* (*prp, pt, pp* **-dd-**) (also **~ up**) wy|watować, podwatow|ać, -ywać *[garment]*; obi|ć, -jać, wyście|lić, -łać *[walls]*

IDIOMS: **to shoot one's ~s** US vulg spuścić się vulg

wadding /ˈwɒdɪŋ/ *n* [1] (padding) (of garment) watolina *f*, watowanie *n*; (for packing) wyściółka *f* [2] (for gun) przybitka *f*

waddle /ˈwɒdl/ **I** *n* kaczy chód *m*; **to walk with a peculiar ~** chodzić jak kaczka

II *vi* dreptać; **to ~ in/out** wtoczyć /wytoczyć się infml

wade /weɪd/ *vi* [1] (in water) **to ~ into the water** wejść do wody; **to ~ ashore** wyjść na brzeg; **to ~ across the river** przejść przez rzekę; **to go wading** *[child]* pluskać się; taplać się infml [2] US (paddle) brodzić [3] (proceed with difficulty) brnąć; **to ~ through the mud/weeds** brnąć przez błoto/zielsko [4] fig **I managed to ~ through the book** jakoś przebrnąłem przez tę książkę; **he was wading through his work/a long novel** z mozołem wykonywał swoje zajęcia/czytał grubą powieść

■ **wade in** infml: [1] (start with determination) zab|rać, -ierać się do dzieła [2] (attack) przyst|ąpić, -ępować do ataku

■ **wade into** infml: ¶ **~ into [sth]** zab|rać, -ierać się za (coś), wziąć, brać się do (czegoś) ¶ **~ into [sb]** za|atakować, rzuc|ić, -ać się na (kogoś) *[person, crowd]*

wader /ˈweɪdə(r)/ *n* Zool ptak *m* brodzący

waders /ˈweɪdəz/ *npl* wodery *plt (buty wędkarskie)*

wadge *n* GB infml = **wodge**

wadi /ˈwɒdɪ/ *n* (*pl* **~s**) wadi *inv*, ued *m*

wading bird *n* ptak *m* brodzący

wading pool *n* US brodzik *m*

wafer /ˈweɪfə(r)/ *n* [1] Culin wafel *m* [2] Relig opłatek *m*, hostia *f* [3] Electron płytka *f* krzemowa; wafel *m* infml [4] (on letter, document) pieczęć *f* opłatkowa dat [5] Pharm ra opłatek *m*

wafer-thin /ˌweɪfəˈθɪn/ *adj [slice, piece]* cienki jak opłatek; *[walls]* bardzo cienki

wafery /ˈweɪfərɪ/ *adj* (thin) cieniutki; (fragile) kruchy jak opłatek

waffle¹ /ˈwɒfl/ *n* Culin gofr *m*

waffle² /ˈwɒfl/ infml **I** *n* pej wodolejstwo *n*, słowolejstwo *n* infml

II *vi* (also **~ on)** (when speaking) ględzić **(about sth** o czymś); (in writing) rozwodzić się **(about sth** na temat czegoś)

waffled /ˈwɒfld/ *pp adj* US gofrowany

waffle iron *n* gofrownica *f*

waffler /ˈwɒflə(r)/ *n* GB infml ględa *m/f*, gaduła *m/f* infml

waffly /ˈwɒflɪ/ *adj* infml *[person]* gadulski infml; *[article]* przegadany

waft /wɒft, US wæft/ **I** *n* (smell) zapach *m*; (current) powiew *m*, podmuch *m*, tchnienie *n*

II *vt* **a gentle breeze ~ed the smell of the sea towards us** łagodny wietrzyk przywiewał w naszą stronę zapach morza; **the wind ~ed all my papers about/off the desk** wiatr porozwiewał mi papiery na biurku/zwiał papiery z biurka; **birdsong ~ed through the trees** spośród drzew dochodził śpiew ptaków

III *vi [smell, sound]* rozchodzić się, unosić się w powietrzu; *[sound]* rozchodzić się; *[curtains]* lekko poruszać się; *[grass]* kołysać się; *[boat]* unosić się na wodzie; **delicious smells ~ed out of the kitchen** z kuchni dolatywały smakowite zapachy; **sounds of children's voices ~ed up from the garden** z ogrodu dochodziły or dobiegały głosy dzieci; **the smell of roses ~ed through the house** po całym domu rozchodził się zapach róż

wag¹ /wæg/ **I** *n* (movement) (of tail) machnięcie *n*; (of finger, head) kiwnięcie *n*

II *vt* (*prp, pt, pp* **-gg-**) mach|nąć, -ać (czymś), pomachać (czymś), merdać (czymś) *[tail]*; kiw|nąć, -ać (czymś) *[head]*; **to ~ one's finger at sb** pogrozić komuś palcem

III *vi* (*prp, pt, pp* **-gg-**) *[tail, finger, head]* porusz|yć, -ać się; **tongues will ~** ludzie zaczną gadać or strzępić sobie języki; **this will set tongues ~ging** dopiero zacznie się gadanie

IDIOMS: **it's the tail ~ging the dog** ≈ to jest postawione na głowie

wag² /wæg/ *n* infml dat (joker) dowcipniś *m*, wesołek *m*

wage /weɪdʒ/ **I** *n* (also **~s)** zarobki *m pl*, płaca *f (zwykle tygodniowa)*; **high ~(s)** wysokie zarobki, wysoka płaca; **low ~(s)** niskie zarobki, niska płaca; **my ~s are £140 a week** zarabiam 140 funtów tygodniowo; **an hourly ~ of £3.50** stawka 3,50 funta za godzinę; **a fair ~** uczciwy zarobek; **~s and conditions** warunki pracy or zatrudnienia

II *modif [agreement, claim, negotiations, policy, settlement]* płacowy; **~ increase** or **rise** podwyżka płac; **~ freeze/restraint** zamrożenie/ograniczenie płac

III *vt* prowadzić *[campaign]*; **to ~ (a) war against sb/sth** prowadzić wojnę przeciwko komuś/czemuś also fig; **to ~ war on crime** zwalczać przestępczość

IDIOMS: **the ~s of sin is death** Bible zapłatą za grzech jest śmierć

wage bargaining *n* negocjacje *plt* płacowe

wage bill, wages bill *n* fundusz *m* płac

wage costs *npl* koszty *m pl* płac

waged /weɪdʒd/ **I** *n* **the ~** *(+ v pl)* zatrudnieni *m pl*

II *adj* zatrudniony

wage differentials *npl* rozpiętość *f* płac

wage earner *n* [1] (person earning a wage) pracownik *m* najemny [2] (breadwinner) żywiciel *m* rodziny

wage packet *n* (envelope) wypłata *f* w kopercie; fig (money) wypłata *f*

wager /ˈweɪdʒə(r)/ **I** *n* zakład *m*; **to make** or **lay a ~ that...** pójść o zakład, że...; **she made a cash ~ of £50 on a horse** postawiła 50 funtów na jakiegoś konia; **he did it for a ~** zrobił to, bo się założył

II *vt* postawić, stawiać *[money, property]* **(on sth** na coś); za|łożyć, -kładać się o (coś) *[money]*; **I'd ~ that he likes you** założę się, że cię lubi; **I'll ~ you £10 that they'll win** założę się z tobą o 10 funtów, że wygrają

wage round *n* regulacja *f* płac

wage(s) clerk *n* kasjer *m* wypłacający zarobki, kasjerka *f* wypłacająca zarobki

wages council *n* komisja *f* płacowa

wage sheet *n* = **wage slip**

wage slip *n* pasek *m* wypłaty

wage structure *n* struktura *f* płac

wage worker *n* US = **wage earner**

waggish /ˈwægɪʃ/ *adj [comment]* żartobliwy; *[behaviour, trick]* szelmowski

waggishly /ˈwægɪʃlɪ/ *adv [smile, say]* po szelmowsku; *[say]* żartobliwie, kpiąco

waggle /ˈwægl/ **I** *vt* machać (czymś), merdać (czymś) *[tail]*; ruszać (czymś) *[finger, ears, eyebrows]*; porusz|yć, -ać (czymś) *[screw]*; obrusz|yć, -ać *[tooth]*; (shake) potrząs|nąć, -ać (czymś) *[object]*

II *vi* (also **~ around, ~ about)** ruszać się

waggon *n* GB = **wagon**

Wagnerian /vɑːgˈnɪərɪən/ *adj* (Wagner's) Wagnerowski; (Wagner style) wagnerowski
wagon /ˈwægən/ *n* [1] (horse-drawn, ox-drawn) wóz *m*, fura *f*, furmanka *f* [2] GB Rail wagon *m* towarowy; (open) platforma *f*; lora *f* dat [3] GB Aut infml samochód *m* ciężarowy, ciężarówka *f* [4] US = **station wagon** [5] US (toy) wózek *m* do zabawy
IDIOMS: **to be on the ~** odstawić alkohol; **to fix sb's ~** US infml wrobić kogoś, urządzić kogoś, dać komuś popalić infml
wagoner /ˈwægənə(r)/ *n* woźnica *f*
wagonette /ˌwægəˈnet/ *n* brek *m*
wagonload /ˈwægənləʊd/ *n* [1] (in horse-drawn vehicle) (pełen) wóz *m*, (pełna) fura *f* **(of sth** czegoś) [2] GB Rail (pełen) wagon *m*, (pełna) platforma *f* **(of sth** czegoś)
wagon train *n* US Hist wozy *m pl* osadników
wagtail /ˈwægteɪl/ *n* Zool pliszka *f*; **white ~** pliszka siwa; **yellow ~** pliszka żółta
waif /weɪf/ *n* porzucone, bezdomne dziecko *n*; **~s and strays** (children) bezdomne dzieci; (animals) bezdomne zwierzęta
waif-like /ˈweɪflaɪk/ *adj* *[person, looks]* zabiedzony, wybiedzony
wail /weɪl/ **I** *n* (of person, musical instrument) zawodzenie *n*; (of siren, wind) wycie *n*; **a plaintive ~** jęk skargi
II *vt* **'oh, no!' he ~ed** „o nie!" jęknął
III *vi* *[person, musical instrument, wind]* zawodzić; *[siren]* za|wyć; fig lamentować
wailing /ˈweɪlɪŋ/ **I** *n* (of person) zawodzenie *n*, lament *m*; (of wind, siren) zawodzenie *n*, wycie *n*; (of music) żałosne or pełne żałości tony *m pl*
II *adj* *[voice, sound]* jękliwy, płaczliwy; *[music, instrument, siren]* zawodzący
Wailing Wall *n* **the ~** Ściana *f* Płaczu
wain /weɪn/ *n* liter wóz *m*; **Charles's Wain** Astron Wielki Wóz
wainscot /ˈweɪnskət/ **I** *n* = **wainscot(t)ing**
II *vt* wy|łożyć, -kładać boazerią
wainscot(t)ing /ˈweɪnskətɪŋ/ *n* boazeria *f*
waist /weɪst/ *n* [1] Anat pas *m*; Fashn pas *m*, talia *f*, stan *m*; kibić *f* liter; **to have a 70-cm ~** *[skirt, person]* mieć 70 cm w pasie or w talii; **to be tight around the ~** być ciasnym w pasie; **a dropped ~** obniżona talia, obniżony stan; **to put/have one's arm around sb's ~** objąć/trzymać kogoś wpół; **to be ~-deep in water** być po pas w wodzie; **we waded ~-deep through the river** przeszliśmy przez rzekę po pas w wodzie [2] (of insect) przewężenie *n* [3] (of ship) śródokręcie *n* [4] (of violin) talia *f*
waistband /ˈweɪstbænd/ *n* pasek *m* wszywany
waistcoat /ˈweɪstkəʊt/ *n* kamizelka *f*
waisted /ˈweɪstɪd/ *adj* *[jacket, coat]* wcięty w talii; **a high/low-~ dress** sukienka z podwyższoną/obniżoną talią; **a narrow-~ girl** dziewczyna o szczupłej talii
waist-high /ˌweɪstˈhaɪ/ *adj* *[grass, fence]* do pasa, po pas
waistline /ˈweɪstlaɪn/ *n* talia *f*; **I'm watching my ~** dbam o linię
waist measurement *n* obwód *m* w talii
waist slip *n* (pół)halka *f*
wait /weɪt/ **I** *n* oczekiwanie *n*, okres *m* oczekiwania; **an hour's ~** godzina czekania or oczekiwania; **to have a two-hour ~** czekać dwie godziny; **you'll have a long ~, you're in for a long ~** długo będziesz czekał; **it will only be a short ~** trzeba będzie trochę poczekać; **this was worth the ~** warto było czekać
II *vt* czekać na (coś), czekać (czegoś) *[chance, turn]*; **don't ~ dinner for me** infml nie czekaj na mnie z kolacją; **to ~ tables** podawać do stołu, obsługiwać stoliki
III *vi* [1] (remain patiently) czekać, poczekać; **please ~ here** poczekaj tu, proszę; proszę tu poczekać; **to keep sb ~ing** kazać komuś czekać; **~ a minute!** chwileczkę!; **I'll ~ until tomorrow** poczekam do jutra; **~ until he asks** poczekaj, aż zapyta; **I ~ed (for) hours** czekałem godzinami; **to ~ for sb/sth** czekać na kogoś/coś; **it was worth ~ing for** warto było czekać; **what are you ~ing for?** na co czekasz?; **to ~ for sb to do sth** czekać, aż ktoś coś zrobi; **they are just ~ing for him to die** czekają, aż umrze; **we'll just have to ~ and see** będziemy musieli uzbroić się w cierpliwość; **I'll win; just you ~ and see** wygram, przekonasz się or zobaczysz; **she can't ~ to go on vacation** nie może się doczekać wyjazdu na wakacje; **I can hardly ~ to see him** nie mogę się doczekać, kiedy go zobaczę; **just you ~!** (as threat) zobaczysz, jeszcze się doczekasz!; **~ for it!** (before telling something funny or surprising) zaraz coś usłyszysz!, zaraz coś ci powiem!; **'shoe repairs while you ~'** (notice) „naprawa obuwia na poczekaniu" [2] (be left until later) *[action, meal]* czekać, poczekać; **it can/can't ~** to może poczekać/to nie może czekać; **is it urgent, or can it ~?** czy to pilne, czy może poczekać?; **the goods are ~ing to be collected** towar czeka na odbiór [3] (serve) **to ~ at** or **on table** podawać do stołu; **who's ~ing on table 16?** kto obsługuje stolik 16?
■ **wait around, wait about** GB czekać **(for sb** na kogoś); **to ~ around** or **about for sb to do sth** czekać, aż ktoś coś zrobi
■ **wait behind** zosta|ć, -wać, zaczekać; **to ~ behind for sb** zaczekać na kogoś
■ **wait in** GB zosta|ć, -wać w domu, zaczekać w domu; **to ~ in for sb** czekać na kogoś w domu
■ **wait on:** ¶ **~ on** GB poczekać; **~ on!** poczekaj! ¶ **~ on [sb]** [1] (serve) obsłu|żyć, -giwać; **don't expect to be ~ed on in this house!** w tym domu nikt cię nie będzie obsługiwał!; **to ~ on sb hand and foot** skakać koło kogoś, starać się dogodzić komuś; **I'm tired of ~ing on you hand and foot!** mam dość skakania koło ciebie or dogadzania ci! [2] dat fml (visit) złożyć, składać (komuś) wizytę ¶ **~ on [sb/sth]** infml czekać na (kogoś/coś); **I'm ~ing on my boss to retire** czekam, aż mój szef przejdzie na emeryturę
■ **wait out:** **~ out [sth], ~ [sth] out** przeczek|ać, -iwać *[storm, crisis, recession]*
■ **wait up:** [1] (stay awake) nie kłaść się spać; **to ~ up for sb** czekać na kogoś (do późna) [2] US (pause) **~ up!** zaczekaj!, chwileczkę!
■ **wait upon** = **wait on**
IDIOMS: **everything comes to him who ~s** ≈ kto czeka, doczeka się; **to lie in ~** *[ambushers, attacker]* czyhać, czaić się **(for sb** na kogoś); *[unpleasantness]* czekać **(for sb** kogoś)
wait-and-see /ˌweɪtnˈsiː/ *modif* *[attitude, policy]* (obliczony) na przeczekanie
waiter /ˈweɪtə(r)/ *n* kelner *m*; **~!** kelner!
waiter service *n* obsługa *f* *(w restauracji)*
waiting /ˈweɪtɪŋ/ **I** *n* [1] (staying) czekanie *n*; **'no ~'** Aut „zakaz postoju" [2] fml **to be in ~ on sb** towarzyszyć komuś
II *adj* *[crowd, spectators, taxi]* czekający, oczekujący; *[ambush]* zastawiony; *[attacker]* czyhający; **his ~ arms** (friendly) jego szeroko rozwarte ramiona; **to run into sb's ~ arms** *[criminal]* wpaść komuś w łapy
waiting game *n* gra *f* na przeczekanie or przetrzymanie
waiting list *n* lista *f* oczekujących **(for sth** na coś)
waiting room *n* poczekalnia *f*
wait-list /ˈweɪtlɪst/ *vt* US wpis|ać, -ywać na listę oczekujących; **to be ~ed for a flight** być na liście rezerwowej na lot
waitress /ˈweɪtrɪs/ *n* kelnerka *f*
waive /weɪv/ *vt* [1] (not apply) uchyl|ić, -ać *[regulation, rule]*; odst|ąpić, -ępować od (czegoś) *[condition]* [2] (renounce) odst|ąpić, -ępować od (czegoś) *[claim, demand]*; zrze|c, -kać się (czegoś) *[right, privilege]*; z|rezygnować z (czegoś) *[fee]*; zaniechać wykonania (czegoś) *[penalty]*
waiver /ˈweɪvə(r)/ *n* [1] Jur zrzeczenie się *n*, odstąpienie *n*; **visa ~** zwolnienie z obowiązku posiadania wizy [2] Insur odstąpienie *n*
waiver clause *n* klauzula *f* zrzeczenia się or rezygnacji
wake[1] /weɪk/ **I** *n* (over dead person) czuwanie *n* przy zwłokach
II *vt* (*pt* **woke, waked** dat; *pp* **woken, waked** dat) (also **~ up**) o|budzić *[person]*; fig o|budzić *[desires, memories, feelings]*; **to ~ sb from sleep** obudzić kogoś (ze snu), wyrwać kogoś ze snu; **to ~ sb from a dream** przerwać komuś sen; **I was woken by a noise** obudził mnie hałas; **they were making enough noise to ~ the dead!** robili tyle hałasu, że umarłego by zbudzili!
III *vi* (*pt* **woke, waked** dat; *pp* **woken, waked** dat) (also **~ up**) (from sleep) o|budzić się; (from stupor, trance) ocknąć się; **to ~ (up) from a deep sleep** obudzić się z głębokiego snu; **I woke (up) to find her gone** kiedy się obudziłem, jej już nie było; **they woke (up) to a change of government** fig zostali zaskoczeni zmianą rządu; **she finally woke (up) from her illusions/to her responsibilities** fig wreszcie pozbyła się złudzeń/wreszcie zajęła się swoimi obowiązkami
■ **wake up:** ¶ **~ up** o|budzić się; **~ up!** obudź się!, zbudź się!; fig obudź się!, ocknij się!, otwórz oczy! fig; **it's about time you woke up and realized the damage you are doing!** najwyższy czas, żebyś przejrzał na oczy i zdał sobie sprawę, ile robisz złego!; **to ~ up to sth** uświadomić sobie coś, zdać sobie sprawę z czegoś ¶ **~ up [sb], ~ [sb] up = wake**[1] **III**
wake[2] /weɪk/ *n* Naut kilwater *m*; fig ślad *m*; **in the ~ of sth** fig w ślad za czymś, w

W

następstwie czegoś; **to follow in sb's ~** podążać za kimś, podążać śladem kogoś also fig; **to bring sth in its ~** fig sprowadzić coś; **to leave sth in its ~** fig pozostawić coś (za sobą)

wakeful /ˈweɪkfl/ *adj* [1] (unable to sleep) **to be ~** nie móc usnąć; **to have a ~ night** spędzić bezsenną noc [2] (vigilant) czujny; **to stay ~** zachować czujność

wakefulness /ˈweɪkflnɪs/ *n* (insomnia) bezsenność *f*; (vigilance) czujność *f*

waken /ˈweɪkən/ **I** *vt* fml (also **~ up**) o|budzić

II *vi* fml (also **~ up**) o|budzić się

waker /ˈweɪkə(r)/ *n* **to be an early/late ~** wstawać wcześnie/późno

wake-up call /ˈweɪkʌpkɔːl/ *n* budzenie *n* telefoniczne

wakey-wakey /ˌweɪkɪˈweɪkɪ/ *excl* infml pobudka!

waking /ˈweɪkɪŋ/ **I** *n* stan *m* czuwania; **between ~ and sleeping** pomiędzy snem a jawą; **~ or sleeping** we śnie czy na jawie; **~ or sleeping, it's always on my mind** przez cały czas o tym myślę, to mi spędza sen z powiek

II *adj* **during one's ~ hours** w ciągu dnia; **she spends most of her ~ hours at work** spędza większość dnia w pracy; **his face haunted her every ~ moment** przez cały czas miała jego twarz przed oczami; **it was a ~ nightmare** to był koszmar na jawie

Waldorf salad /ˌwɔːldɔːfˈsæləd/ *n* Culin sałatka *f* Waldorf *(z jabłek, selera i orzechów)*

wale /weɪl/ *n* US = **weal**[1]

Wales /weɪlz/ *prn* Walia *f*

walk /wɔːk/ **I** *n* [1] (stroll) spacer *m*; (hike) piesza wycieczka *f*; **a short/long ~** krótki /dłuższy spacer; **a morning/evening ~** spacer poranny/wieczorny; **it's a short /long ~ back to the hotel** z powrotem do hotelu jest parę kroków/jest kawał drogi; **a hotel five minutes' ~ away from the station** hotel pięć minut spacerem od stacji; **it's about ten minutes' ~/four hours' ~ to the castle** do zamku jest dziesięć minut/cztery godziny drogi piechotą; **on the ~ home** w drodze do domu; **a ~ beside the sea** spacer wzdłuż morskiego brzegu; **a ~ to the sea** spacer/wycieczka nad morze; **to go for** or **on a ~, to take** or **have a ~** pójść na spacer, przespacerować się; **I've been out for a ~** byłem na spacerze; **to take sb for a ~** pójść z kimś na spacer; **to take a dog for a ~** wyjść z psem na spacer, wyprowadzić psa; **has the dog had his ~?** czy pies był na spacerze?, czy pies był wyprowadzany? [2] (gait) chód *m*; **I knew him by his ~** poznałem go po chodzie [3] (pace) (of person) spacerowy krok *m*; (of horse) stęp *m*; **at a brisk/slow ~** szybkim/wolnym krokiem; **to slow to a ~** *[person]* zwolnić kroku; fig zwolnić tempo [4] Sport chód *m* sportowy; **the 10-km ~** chód na dystansie 10 km [5] (route) trasa *f* spacerowa; **a beautiful ~ along the coast** piękna trasa wzdłuż wybrzeża [6] (broad path) aleja *f*; (narrow path) alejka *f*, ścieżka *f*; (promenade) promenada *f*, deptak *m* [7] fig **people from all ~s of life** ludzie ze wszystkich środowisk (społecznych i zawodowych) [8] (of postman, forester, tradesman) rewir *m* [9] (enclosure for animals) wybieg *m*

II *vt* [1] (cover on foot) prze|jść, -chodzić (pieszo) *[distance]*; iść, prze|jść, -chodzić (czymś) *[road, path, corridor]*; chodzić po (czymś) *[district, countryside, town, corridor]*; **to ~ the streets** *[tourist, beggar]* włóczyć się ulicami or po ulicach; *[prostitute]* wystawać pod latarnią fig; **to ~ it** pójść piechotą or pieszo or na piechotę; infml fig (win easily) wygrać bez trudu; **shall we take the bus or ~ it?** jedziemy autobusem, czy idziemy piechotą? [2] (patrol) ob|ejść, -chodzić, patrolować *[ramparts, walls, beat]*; **to ~ one's round(s)** zrobić obchód [3] (accompany) odprowadz|ić, -ać *[person]*; wyprowadz|ić -ać (na spacer) *[dog]*; **to ~ sb home/to the station** odprowadzić kogoś do domu/na dworzec; **to ~ sb all over a city** oprowadzić kogoś po mieście [4] (lead) prowadzić *[patient, horse, bicycle]*; **they ~ed him up and down to sober him up** prowadzali go tam i z powrotem, żeby wytrzeźwiał

III *vi* [1] iść, chodzić; (for pleasure or exercise) po|spacerować; (not run) iść spacerkiem; (not drive or ride) iść na piechotę; **the baby's learning to ~** dziecko uczy się chodzić; **you should be ~ing again soon** niedługo będziesz znów chodził; **he'll never ~ again** on już nigdy nie będzie chodził; **to ~ with a stick/on crutches** chodzić o lasce/o kulach; **to ~ with a limp** utykać, kuleć; **to ~ with a swing** chodzić zamaszyście; **don't run, ~!** idź (normalnie), nie biegnij!; **~/don't ~** US (at traffic lights) idź/stój; **it's not very far, let's ~** to nie jest daleko, chodźmy piechotą; **to be out ~ing** być na spacerze, pójść na spacer; **I love to go ~ing in the countryside** lubię piesze wycieczki za miasto; **to ~ by** przejść obok; **to ~ down/up the street** iść ulicą; **we've been ~ing round in circles for hours** od kilku godzin kręcimy się w kółko; **there's no lift, you'll have to ~ up** nie ma windy, musisz wejść po schodach; **suddenly in ~ed my father** a tu nagle zjawia się mój ojciec; **to ~ in one's sleep** chodzić we śnie; **to ~ on the sand/lawn** chodzić po piasku/po trawniku; **we'll be ~ing past the post office** będziemy przechodzili obok poczty; **she ~s to work/home** ona chodzi do pracy /wraca do domu na piechotę; **shall I ~ with you to the bus?** czy odprowadzić cię do autobusu?; **I'll ~ some of the way with you** przejdę z tobą kawałek drogi; **I can't ~ another step** nie mogę już iść (ani kroku) dalej; **to ~ up and down (a room)** chodzić tam i z powrotem (po pokoju); **he ~ed under a bus** on wpadł pod autobus; **the ghost ~s at midnight** duch ukazuje się o północy [2] infml hum (disappear) ul|otnić, -atniać się infml fig; **my cufflinks seem to have ~ed** moje spinki gdzieś się ulotniły [3] *[horse]* iść stępa or stępem

■ **walk across**: ¶ **~ across** prze|jść, -chodzić; **to ~ across to sb/sth** podejść do kogoś/czegoś ¶ **~ across [sth]** prze|jść, -chodzić przez (coś); **she ~ed across France** przemierzyła pieszo Francję

■ **walk around**: ¶ **~ around** (stroll) po|spacerować, przechadzać się; (aimlessly) po|wałęsać się; **you can't ~ around in the rain without an umbrella** nie możesz chodzić po deszczu bez parasola ¶ **~ [sb] around** oprowadz|ić, -ać; **I'll ~ you around the town/museum** oprowadzę cię po mieście/muzeum ¶ **~ around [sth]** (to and fro) chodzić po (czymś), prze|jść, -chadzać się po (czymś), prze|spacerować się po (czymś) *[city, garden]*; (make circuit of) ob|ejść, -chodzić wkoło *[building, space]*; **we ~ed around London for hours** godzinami chodziliśmy po Londynie; **to ~ around the streets of York** przechadzać się ulicami Yorku; **he ~ed around the lake** zrobił spacer wokół jeziora

■ **walk away**: [1] od|ejść, -chodzić; **to ~ away from sb/sth** odchodzić or oddalać się od kogoś/czegoś [2] fig (avoid involvement) **to ~ away from a fight/quarrel** nie mieszać się do bójki/kłótni; **to ~ away from a problem** uciekać od problemu fig; **to ~ away from one's responsibilities** zlekceważyć swoje obowiązki [3] fig (survive unscathed) wy|jść, -chodzić cało or bez szwanku **(from sth** z czegoś); **to ~ away from an accident** wyjść cało z wypadku; **the driver ~ed away with a few scratches** kierowca wyszedł z wypadku tylko z kilkoma zadrapaniami [4] **to ~ away with sth** (win easily) zostać zwycięzcą czegoś, wygr|ać, -ywać coś *[game, tournament, election]*; (carry off) wygr|ać, -ywać coś *[prize, medal, money]*; zgarn|ąć, -iać coś infml; **the coalition will ~ away with the election** koalicja z łatwością wygra wybory; **she ~ed away with a fat pay rise** zgarnęła niezłą podwyżkę → **walk off** [5] Sport **to ~ away from sb** wyprzedz|ić, -ać kogoś

■ **walk back** wr|ócić, -acać na piechotę; **we ~ed back (home)** wróciliśmy do domu na piechotę

■ **walk in** w|ejść, -chodzić; **he simply ~ed in as if he owned the place** wparował, jakby to wszystko do niego należało; **who should ~ in but my husband!** i kto się nagle pojawił? – mój mąż we własnej osobie!; **'please ~ in'** (notice) „proszę wchodzić bez pukania"

■ **walk into**: **~ into [sth]** [1] (enter) w|ejść, -chodzić do (czegoś) *[room, house]*; **she ~ed into that job** fig (acquire easily) bez problemu dostała tę pracę [2] (become victim of) wpa|ść, -dać w (coś) *[trap, ambush]*; **to ~ into a tricky situation** wpakować się w zawiłą sytuację; wpakować się kabałę infml; **you ~ed right into that one** infml wpadłeś jak śliwka w kompot infml [3] (collide with) wpa|ść, -dać na (kogoś/coś) *[wall, door, person]*; **she ~ed into a tree** wpadła na drzewo

■ **walk off**: ¶ **~ off** [1] od|ejść, -chodzić nagle [2] fig infml (take) **to ~ off with sth** zab|rać, -ierać coś, od|ejść, -chodzić, zabierając coś z sobą; (steal) podwędzić coś, ściągnąć coś infml [3] (carry off) → **walk away** ¶ **~ off [sth], ~ [sth] off** pozby|ć, -wać się (czegoś) podczas spaceru *[headache, hang-*

over, disquiet]; **she ~ed off eight pounds** zrzuciła osiem funtów dzięki spacerom; **we went out to ~ off our lunch** wyszliśmy na spacer, żeby zrzucić wagę po lunchu
■ **walk on**: [1] (continue) iść dalej [2] Theat za|grać epizodyczną rolę
■ **walk out**: [1] (leave) wy|jść, -chodzić **(of sth** z czegoś) [2] (desert) *[spouse, partner, employee, servant]* od|ejść, -chodzić; **to ~ out on sb** *[lover, partner, spouse]* odejść od kogoś, porzucić kogoś; **to ~ out on a deal /contract** odstąpić od umowy/kontraktu; **to ~ out on one's responsibilities /obligations** zlekceważyć (swoje) obowiązki [3] (as protest) *[negotiator, delegation]* opu|ścić, -szczać salę, wy|jść, -chodzić na znak protestu; (on strike) *[workers]* za|strajkować; **to ~ out of a meeting/conference** opuścić zebranie/konferencję na znak protestu; **to ~ out of a lecture/picture** wyjść (z sali) podczas wykładu/filmu [4] GB dat *[lovers]* spotykać się; chodzić ze sobą infml; **to be ~ing out with sb** spotykać się z kimś; chodzić z kimś infml
■ **walk over**: ¶ **~ over** (a few steps) pod|ejść, -chodzić **(to sb/sth** do kogoś/czegoś); (a short walk) przespacerować się, przejść się **(to sb/sth** do kogoś/czegoś); **he ~ed over to her/to the window** podszedł do niej/do okna; **he ~ed over to see her/to the park** przespacerował się do niej/do parku ¶ **~ over [sb]** infml [1] (defeat) po|bić (na głowę) *[opponent]* [2] (humiliate) wchodzić (komuś) na głowę; pomiatać (kimś) infml; **he'll ~ all over you if you let him** jeśli mu pozwolisz, wlezie ci na głowę infml
■ **walk round**: ¶ **~ round** pójść, iść; **no-one answered so I ~ed round to the garden** nikt nie odpowiadał, poszedłem więc do ogrodu ¶ **~ round [sth]** (round edge of) przespacerować się wokół (czegoś), ob|ejść, -chodzić naokoło *[lake, stadium, garden, building]*; (through) zwiedz|ić, -ać *[exhibition, historic building]*
■ **walk through**: ¶ **~ through** prze|jść, -chodzić ¶ **~ through [sth]** [1] prze|jść, -chodzić przez (coś) *[town, field, forest]*; prze|brnąć przez (coś) *[deep snow, mud]* [2] Theat prze|ćwiczyć ruch sceniczny w (czymś) *[scene, act]*; **to ~ sb through a scene** przećwiczyć z kimś ruch w scenie
■ **walk up**: **~ up to [sb/sth]** pod|ejść, -chodzić do (kogoś/czegoś) *[person, building, object]*; **~ up, ~ up!** (in market place, fairground) do mnie, proszę, do mnie!
IDIOMS: **in a ~** US infml bez trudu; **take a ~!** US infml zmywaj się! infml; **that was a ~!** US infml to była łatwizna!, to było proste jak drut! infml; **to ~ sb off their feet** przegonić kogoś infml; **to be ~ed off one's feet** padać z nóg; **you must ~ before you can run** Prov ≈ pierwej niźli biegać, nauczcie się chodzić

walkabout /ˈwɔːkəbaʊt/ *n* [1] (among crowd) wmieszanie się *n* w tłum; **to go on (a) ~** wmieszać się w tłum [2] Austral wędrówka *f (australijskich aborygenów)*; **to go ~** udać się na wędrówkę; fig hum (disappear) *[person, object]* zapaść się pod ziemię; wyparować infml

walkathon /ˈwɔːkəθɒn/ *n* marsz *m (w ramach akcji dobroczynnej)*

walkaway /ˈwɔːkəweɪ/ *n* US infml łatwa wygrana *f*

walker /ˈwɔːkə(r)/ *n* [1] (for pleasure) spacerowicz *m*, -ka *f*; (for exercise) piechur *m*; (tourist) turysta *m* pieszy, turystka *f* piesza; Sport chodziarz *m*; **she's a fast ~** ona szybko chodzi [2] (for baby) chodzik *m*; (for invalid) balkonik *m*

Walkyrie *n* = **Valkyrie**

walkies /ˈwɔːkɪz/ *npl* GB infml spacerek *m (z dzieckiem, psem)*; **to go ~** pójść na spacerek; **'~!'** „idziemy na spacerek"

walkie-talkie /ˌwɔːkɪˈtɔːkɪ/ *n* radiotelefon *m* przenośny, krótkofalówka *f* przenośna, walkie-talkie *n inv*

walk-in /ˈwɔːkɪn/ **I** *n* US przypadkowy klient *m*
II *adj* [1] **~ closet** or **wardrobe** garderoba; **~ cupboard** kredens, pokój kredensowy [2] US *[apartment]* z wejściem bezpośrednio z ulicy; **~ clinic** przychodnia *(przyjmująca pacjentów bez zapisu)*

walking /ˈwɔːkɪŋ/ **I** *n* [1] (strolling) spacerowanie *n*; (excursion) piesze wycieczki *f pl*; **there's some lovely ~ around here** w okolicy są malownicze trasy spacerowe; **I enjoy ~** lubię spacerować or chodzić [2] Sport (also **race ~**) chód *m*
II *adj* **she's a ~ encyclopaedia** hum ona jest chodzącą encyklopedią

walking boots *npl* buty *m pl* turystyczne

walking distance *n* bliska odległość *f (możliwa do pokonania na piechotę)*; **to be within ~ (of the cinema)** być kilka minut marszu od kina; **the station is 20 minutes ~ away** stacja jest w odległości 20 minut piechotą

walking frame *n* Med balkonik *m (używany przy rehabilitacji chorych)*

walking holiday *n* piesze or wędrowne wakacje *plt*

walking leaf *n* Zool liściec *m*

walking pace *n* **at a ~** spacerowym krokiem

walking papers *npl* US infml wymówienie *n*; **to get** or **be given one's ~** dostać wymówienie

walking race *n* Sport zawody *plt* w chodzie

walking shoes *npl* = **walking boots**

walking stick *n* [1] (for support) laska *f* [2] US Zool patyczak *m*

walking tour *n* piesza wycieczka *f* or wędrówka *f*

walking wounded *npl* **the ~** Mil ranni *m pl* chodzący; (in accident) poszkodowani *m pl* nie wymagający hospitalizacji

walkman® /ˈwɔːkmən/ *n* (*pl* **~s**) walkman *m*

walk-on /ˈwɔːkɒn/ **I** *n* Theat (part) epizod *m*, rola *f* epizodyczna; (actor) odtwór|ca *m*, -czyni *f* roli epizodycznej
II *modif [part, role]* epizodyczny

walkout /ˈwɔːkaʊt/ *n* (from conference, meeting) opuszczenie *n* sali (na znak protestu); (strike) strajk *m* protestacyjny; **to stage a ~** *[delegates]* opuścić salę (na znak protestu); *[workers]* rozpocząć strajk

walkover /ˈwɔːkəʊvə(r)/ *n* Sport walkower *m*; infml (easy victory) łatwe zwycięstwo *n*

walk-up /ˈwɔːkʌp/ *n* US (building) budynek *m* bez windy; **a fourth-floor ~** mieszkanie na czwartym piętrze bez windy

walkway /ˈwɔːkweɪ/ *n* (for pedestrian use) przejście *n*, pasaż *m*; (over machinery) pomost *m*

wall /wɔːl/ **I** *n* [1] Constr, Archit (of building, room) ściana *f*; (of castle, town, around an area) mur *m*; **on the ~** (on vertical face) na ścianie, na murze; (on top) na szczycie muru; **prison /factory ~** mur więzienia/fabryki; **bathroom/cell ~** ściana łazienki/celi; **the back/front ~** (of house) ściana tylna/frontowa; **within these four ~s** tu, w tych czterech ścianach; **my secret must not go beyond these four ~s** mój sekret nie może wyjść poza te cztery ściany; **he'd put them up against a ~ and shot them** postawił ich pod murem or ścianą i zastrzelił [2] (of cave, tunnel) ściana *f* [3] Anat, Biol ściana *f*, ścianka *f*; **the cell/stomach ~** ściana or ścianka komórki/żołądka [4] Aut (of tyre) ścianka *f* [5] (rock face) ściana *f* [6] fig **a ~ of water/flames** ściana wody/ognia; **a ~ of silence/incomprehension** mur milczenia/niezrozumienia; **an impenetrable ~ of prejudice** bariera uprzedzeń nie do pokonania; **a tight ~ of security around the President** ścisła ochrona wokół osoby prezydenta
II *modif [heater, clock, lamp]* ścienny; *[light, lighting]* boczny
■ **wall in**: ¶ **~ in [sth], ~ [sth] in** ot|oczyć, -aczać murem *[area, garden]*; **the valley is ~ed in by mountains** dolinę otaczają góry ¶ **~ in [sb], ~ [sb] in** (entomb) zamurow|ać, -ywać; **to feel ~ed in** czuć się osaczonym
■ **wall off**: **~ off [sth], ~ [sth] off** odgr|odzić, -adzać murem *[room, wing, area]*
■ **wall up**: **~ up [sb/sth], ~ [sb/sth] up** zamurow|ać, -ywać
IDIOMS: **I wish I could be a fly on the ~ during their conversation** chciałbym mieć czapkę niewidkę i być obecnym przy ich rozmowie; **to be off the ~** infml *[person]* być szurniętym infml; *[comment]* być zaskakującym; **to drive sb up the ~** infml doprowadzać kogoś do szału infml; **to go to the ~** *[company]* plajtować infml; **to have one's back to the ~** być przypartym do muru; **to push** or **drive sb to the ~, to have sb up against the ~** przyprzeć kogoś do muru; **~s have ears** ściany mają uszy

wallaby /ˈwɒləbɪ/ *n* Zool walabia *f*

wallah /ˈwɒlə/ *n* dat **tea ~** służący *m* zajmujący się przygotowywaniem herbaty; **kitchen ~** kucharz *m*; **the medical ~s** medycy; **the bank ~** szef banku

wallbars /ˈwɔːlbɑːz/ *npl* Sport drabinki *f pl*

wallboard /ˈwɔːlbɔːd/ *n* płyta *f* ścienna okładzinowa

wall chart *n* plansza *f*

wall covering *n* ścienny materiał *m* wykończeniowy

wall cupboard *n* szafka *f* ścienna or wisząca

walled /wɔːld/ *adj [garden, city]* otoczony murem; **a white-~ house** dom o białych ścianach

wallet /ˈwɒlɪt/ *n* (for banknotes) portfel *m*; (for credit cards) etui *n inv*; (for documents) aktówka

f; **kind to your ~** Advertg przyjazny dla kieszeni infml
wall-eyed /ˈwɔːlaɪd/ *adj* infml **to be ~** mieć rozbieżnego zeza; mieć jedno oko na Maroko (a drugie na Kaukaz) infml
wallflower /ˈwɔːlflaʊə(r)/ *n* Bot lak *m*
IDIOMS: **to be a ~** podpierać ściany *(podczas zabawy tanecznej)*
wall hanging *n* tkanina *f* ścienna, makata *f*
wall light *n* kinkiet *m*
wall-mounted /ˌwɔːlˈmaʊntɪd/ *adj [radiator, television]* umocowany na ścianie
Walloon /wɒˈluːn/ **I** *n* [1] (person) Wallo|ńczyk *m*, -nka *f* [2] Ling dialekt *m* waloński **II** *adj* waloński
wallop /ˈwɒləp/ infml **I** *n* [1] (punch) cios *m*; **to give sb a ~** przywalić komuś, rąbnąć kogoś infml; **to give sth a ~** rąbnąć w coś; **this vodka packs a ~** ta wódka może zwalić człowieka z nóg [2] (loud noise) łomot *m*; **to hit sth with a ~** rąbnąć w coś z hukiem infml [3] (speed) **to go at a tremendous ~** zasuwać z zawrotną prędkością infml [4] GB (beer) piwsko *n* infml
II *vt* [1] (hit) przywal|ić, -ać (komuś) infml *[person]*; grzmo|tnąć, -cić w (coś), wal|nąć, -ić w (coś) *[ball, punchbag]*; **to ~ sb in the stomach** rąbnąć kogoś w żołądek infml; **to get ~ed** oberwać infml [2] (defeat) rozprawi|ć, -ać się z (kimś); do|łożyć, -kładać (komuś) infml *[opponent, team]*; **to get ~ed** zebrać cięgi
walloping /ˈwɒləpɪŋ/ infml **I** *n* cięgi *plt*; **to get a ~** zebrać cięgi; **to give sb a ~** dołożyć komuś infml
II *adj* (huge) *[building]* olbrzymi; *[mistake, headache]* potworny
III *adv* **~ great** or **big** niesamowicie wielki
wallow /ˈwɒləʊ/ **I** *n* [1] (action) **to have a ~** *[person, animal]* pławić się [2] (place) bajoro *n*
II *vi* [1] **to ~ in sth** wylegiwać się w czymś, taplać się w czymś *[mud, morass]*; pławić się w czymś, rozkoszować się czymś *[bath, sea]* [2] fig **to ~ in sth** pławić się w czymś, rozkoszować się czymś *[luxury, fame]*; pogrążać się w czymś, oddawać się czemuś *[nostalgia]*; **to ~ in self-pity** rozczulać się nad sobą [3] Naut *[ship]* kołysać się
wall painting *n* malowidło *n* ścienne
wallpaper /ˈwɔːlpeɪpə(r)/ **I** *n* tapeta *f*
II *vt* wy|tapetować
wallpaper stripper *n* urządzenie *n* do usuwania tapet
Wall Street /ˈwɔːlstriːt/ *prn* US Fin Wall Street *f inv*; **on ~** na Wall Street
wall-to-wall /ˌwɔːltəˈwɔːl/ *adj* [1] **~ carpet** wykładzina dywanowa [2] fig **the ~ silence of large art galleries** niczym nie zmącona cisza dużych galerii sztuki; **we don't want ~ junk food outlets** nie chcemy barów fast-food na każdym kroku
wally /ˈwɒlɪ/ *n* GB infml głupek *m*, baran *m* infml
walnut /ˈwɔːlnʌt/ **I** *n* [1] (nut, tree) orzech *m* włoski [2] (wood) orzech *m*
II *modif* orzechowy
Walpurgis Night /vælˈpʊəgɪsnaɪt/ *n* sabat *m* czarownic, Noc *f* Walpurgii
walrus /ˈwɔːlrəs/ *n* Zool mors *m*; **~ moustache** sumiaste wąsy

Walter Mitty /ˌwɔːltəˈmɪtɪ/ *prn* marzyciel *m*, fantasta *m*; **to be a ~ (character)** żyć w nierealnym świecie
waltz /wɔːls, US wɔːlts/ **I** *n* [1] walc *m*; **to do** or **dance a ~** tańczyć walca; **she did a little ~ around the room** fig zakręciła się po pokoju [2] infml betka *f*, łatwizna *f* infml
II *vt* **to ~ sb around a room** zawirować z kimś w walcu wokół pokoju
III *vi* [1] (dance) za|tańczyć walca **(with sb** z kimś); walcować dat [2] (walk jauntily) **to ~ into/out of a room** wejść do pokoju/wyjść z pokoju jak gdyby nigdy nic; **to ~ up to sb** podejść do kogoś jak gdyby nigdy nic [3] (skip happily) skakać z radości [4] infml (get easily) **to ~ off with a prize** bez trudu zdobyć nagrodę; **to ~ into a job** z łatwością znaleźć pracę; **to ~ through an exam** zdać egzamin śpiewająco
wampum /ˈwɒmpəm/ *n* [1] (beads) wampum *m (muszelki nanizane na sznurek, używane przez Indian jako środek płatniczy)* [2] US infml hum (money) grosiwo *n* infml
wan /wɒn/ *adj [person, complexion, face]* blady, wymizerowany; *[expression, look]* niewyraźny; *[smile, light]* blady, nikły
WAN *n* Comput → **wide area network**
wand /wɒnd/ **I** *n* różdżka *f*; **magic ~** czarodziejska or czarnoksięska różdżka
II wands *npl* (in tarot) buławy *f pl*
wander /ˈwɒndə(r)/ **I** *n* spacer *m*, przechadzka *f*; **a ~ round the park** spacer or przechadzka po parku; **to have** or **take a ~, to go for a ~** spacerować, przechadzać się, wybrać się na spacer or przechadzkę; **to have a ~ round the shops** przejść się po sklepach
II *vt* **to ~ the world/the hills** wędrować po świecie/po górach; **to ~ the town** spacerować po mieście; **to ~ the streets** pej wałęsać się po ulicach
III *vi* [1] (walk, stroll) przechadzać się, spacerować; pej wałęsać się; **the patients /the chickens are free to ~** pacjenci /kury mogą chodzić po całym terenie; **to ~ around town/in the park/along the beach** spacerować po mieście/w parku/po plaży; **to ~ in and out of shops** łazić po sklepach infml [2] (stray) *[animal, lost person]* błąkać się; **to ~ into the next field** wleźć na sąsiednie pole infml; **to ~ off** or **from the path** zejść or zboczyć ze ścieżki; **to ~ away from the group** odłączyć się od grupy; **I had ~ed into the wrong room** pomyliłem pokoje [3] (arrive nonchalantly) **to ~ in** wejść jakby nigdy nic; **he ~ed into work two hours late** zjawił się w pracy jakby nigdy nic z dwugodzinnym opóźnieniem; **to ~ over to** or **up to sb** podejść do kogoś bez większych ceremonii [4] (drift) *[mind, thoughts, gaze]* błądzić; *[senile person, mentally disturbed]* bredzić, majaczyć; *[speaker]* zb|oczyć, -aczać z tematu; **the students' attention is ~ing** studenci nie potrafią się skoncentrować; **her mind ~ed back to her youth** powróciła myślami do czasów swej młodości; **let your mind ~** nie myśl o niczym konkretnym; **to ~ off the subject** or **point** zboczyć z tematu; **her eyes ~ed along the crowd** błądziła wzrokiem po tłumie
■ **wander about, wander around** (stroll) spacerować, przechadzać się; (roam) wędrować; (when lost) błąkać się, błądzić
■ **wander off**: [1] *[child, animal]* oddal|ić, -ać się; (from group) odłącz|yć, -ać się [2] hum *[object, belongings]* znik|nąć, -ać; wyparow|ać, -ywać infml
wanderer /ˈwɒndərə(r)/ *n* wędrowiec *m*, wędrownik *m*; **the ~ returns!** nareszcie jest nasz Jaś Wędrowniczek! hum
wandering /ˈwɒndərɪŋ/ *adj* [1] (nomadic) *[lifestyle, tribe, minstrel, animal]* wędrowny; (roaming) *[lifestyle]* tułaczy [2] (roving) *[eyes, gaze]* błąkający się; *[attention]* rozproszony; *[thoughts]* chaotyczny; **if you sit next to him, beware of ~ hands** hum jeśli siądziesz obok niego, pamiętaj, że nie potrafi trzymać rąk przy sobie
wandering Jew *n* [1] Literat Żyd *m* Wieczny Tułacz [2] Bot trzykrotka *f*
wanderings /ˈwɒndərɪŋz/ *n pl* [1] (journeys) podróże *f pl*; (roaming) tułaczka *f* [2] (of sick person) majaczenie *n*, bredzenie *n*
wanderlust /ˈwɒndəlʌst/ *n* zamiłowanie *n* do podróży
wane /weɪn/ **I** *n* **to be on the ~** *[popularity]* maleć, zmniejszać się; *[influence, power]* słabnąć; **the moon is on the ~** księżyca ubywa
II *vi* [1] Astron **the moon will be waning next week** księżyca będzie ubywać w przyszłym tygodniu [2] *[popularity, interest]* z|maleć, zmniejsz|yć, -ać się; *[enthusiasm, influence, support]* o|słabnąć; **her strength was waning fast** szybko traciła siły; **his popularity is waning** on traci popularność
wangle /ˈwæŋgl/ infml **I** *n* (trick) sztuczka *f*, wybieg *m*
II *vt* wycyganić, wydębić infml *[gift, leave]*; załatwi|ć, -ać sobie *[meeting]*; **he ~d £10 out of me** wycyganił ode mnie 10 funtów; **can you ~ it for me?** czy możesz mi to załatwić?; **he ~d his way into the club** wkręcił się do klubu infml; **he ~d his way out of doing this job** wykręcił się or wymigał się od zrobienia tego infml; **I managed to ~ it for us all to go** załatwiłem to tak, że wszyscy idziemy
wangler /ˈwæŋglə(r)/ *n* infml kombinator *m*, -ka *f*, cwania|k *m*, -czka *f* infml
waning /ˈweɪnɪŋ/ **I** *n* [1] Astron ubywanie *n* księżyca [2] (of influence, power) słabnięcie *n* **(of sth** czegoś)
II *adj* [1] Astron *[moon]* ubywający [2] *[enthusiasm, popularity]* słabnący
wank /wæŋk/ GB vulg **I** *n* [1] (masturbation) **to have a ~** onanizować się; ciągnąć druta vulg [2] (rubbish) bzdety *m pl* infml; **a load of ~** stek bzdur
II *vi* onanizować się; ciągnąć druta, trzepać kapucyna or konia vulg
■ **wank off** vulg: ¶ **~ off** spu|ścić, -szczać się vulg ¶ **~ off [sb], ~ [sb] off** ciągnąć (komuś) druta vulg
wanker /ˈwæŋkə(r)/ *n* GB vulg pej onanista *m*; fig palant *m* infml
wanking /ˈwæŋkɪŋ/ *n* GB vulg onanizowanie się *n*; trzepanie *n* kapucyna or konia vulg
wanly /ˈwɒnlɪ/ *adv [smile, shine]* blado; *[say]* żałośnie
wanna /ˈwɒnə/ infml = **want to, want a**

wannabe(e) /ˈwɒnəbiː/ infml **I** *n* kiepski naśladowca *m*, kiepska naśladowczyni *f*
II *modif* ~ **American/star** niedoszły Amerykanin/gwiazdor
wanness /ˈwɒnnɪs/ *n* bladość *f*
want /wɒnt/ **I** *n* [1] (need) potrzeba *f*; (requirement) wymaganie *n*; **my ~s are few** mam niewielkie potrzeby/wymagania; **to be in ~ of sth** fml *[person, animal, plant]* potrzebować czegoś; **the house is in ~ of repair** dom wymaga remontu [2] (lack) brak *m*, niedostatek *m*; **to feel the ~ of sth** odczuwać brak or niedostatek czegoś; **there is no ~ of candidates** nie brakuje kandydatów; **for ~ of sth** z (powodu) braku czegoś; **for ~ of a better word** z braku lepszego słowa; **for ~ of anything better to do** z braku czegoś lepszego do roboty; **if she doesn't become champion, it won't be for ~ of trying** jeśli nie zdobędzie mistrzostwa, to nie dlatego, że nie starała się [3] liter (destitution) ubóstwo *n*, niedostatek *m*; **to live in ~** żyć w ubóstwie or niedostatku
II *vt* [1] (wish for) chcieć (czegoś); **they don't ~ any trouble** nie chcą żadnych kłopotów; **what do you ~?** czego chcesz?; **what do you ~ this for?** po co ci to?, do czego ci to potrzebne?; **(it's) just what I('ve) always ~ed!** zawsze o tym marzyłem!; **what do you ~ as a birthday present /for Christmas?** co chcesz dostać na urodziny/na gwiazdkę?; **I ~ it done today** to musi zostać zrobione dzisiaj; **she ~s it ready tomorrow** chce, żeby to było gotowe na jutro; **I ~ my steak rare** poproszę o krwisty befsztyk; **I wouldn't ~ him for a father-in-law** nie chciałbym mieć takiego teścia; **I ~ you off my property!** wynoś się stąd!; **when do you ~ the book back?** kiedy mam ci oddać książkę?; **where do you ~ this desk?** gdzie postawić to biurko?; **what** or **how much do you ~ for this chair?** ile pan chce za to krzesło?; **to ~ to do sth** chcieć coś zrobić; **do you ~ to come with us?** chcesz z nami pójść?; **she can be charming when she ~s (to be)** kiedy zechce, potrafi być czarująca; **the car doesn't ~ to start** samochód nie chce zapalić; **when do you ~ me to come?** kiedy chcesz, żebym przyszedł?; **what do you ~ me to do/say?** co mam powiedzieć/zrobić?; **we ~ the party to be a success** chcemy, żeby przyjęcie się udało; **he doesn't ~ them snooping around** nie chce, żeby tu węszyli; **I ~ the computer working by 11 o'clock** do godziny 11 komputer ma być zreperowany [2] infml (need) *[person]* potrzebować (czegoś); *[object]* wymagać (czegoś); **you won't ~ your umbrella** parasol nie będzie ci potrzebny; **you won't be ~ed at the meeting** twoja obecność na zebraniu nie jest konieczna; **all that's ~ed is your signature** potrzebny jest tylko twój podpis; **the garage ~s a coat of paint** przydałoby się pomalować garaż; **that child ~s a good thrashing** temu dzieciakowi przydałoby się dobre lanie; **we all like to feel ~ed** każdy lubi czuć się potrzebnym; **you ~ a number 65 bus** musisz pojechać autobusem 65; **you ~ the second door on the right** to będą drugie drzwi na prawo; **'there's Adam' – 'that's all I ~ed'** „jest Adam" – „tylko tego mi było trzeba"; **you ~ to see a doctor/to stop smoking** powinieneś pójść do lekarza/przestać palić; **you ~ to watch out** musisz uważać, lepiej uważaj; **what do you ~ with all those machines?** po co ci te wszystkie maszyny?; **what do you ~ with me?** czego chcesz ode mnie?; **tell me what ~s doing** powiedz mi, co trzeba zrobić or co jest do zrobienia [3] (require presence of) potrzebować (kogoś); **if anyone ~s me...** jeśli ktoś mnie będzie potrzebował...; **the boss ~s you** woła cię szef; **you're ~ed on the phone** jest do ciebie telefon; **I ~ my daddy!** chcę do tatusia!; **'gardener ~ed'** (in ad) „zatrudnię ogrodnika", „potrzebny ogrodnik"; **to be ~ed by the police** być poszukiwanym przez policję; **I know when I'm not ~ed** widzę, że przeszkadzam [4] (sexually) pragnąć (kogoś), pożądać (kogoś) [5] fml (lack) odczuwać brak (czegoś); **he ~s the courage** brakuje mu odwagi; **it ~s but a very little of perfection** dat niewiele temu brakuje do doskonałości
III *vi* fml (be destitute) cierpieć biedę or niedostatek; **the Lord is my shepherd: I shall not ~** Pan jest pasterzem moim, niczego mi nie zabraknie; **you will never ~ for anything** niczego ci nie zabraknie
→ **waste**
■ **want in** infml: [1] (asking to enter) chcieć wejść [2] (asking to participate) chcieć wziąć udział, chcieć się przyłączyć; w|ejść, -chodzić infml; **my firm won't ~ in on those terms** na tych warunkach moja firma rezygnuje z udziału; **do you ~ in on the deal?** wchodzisz w to? infml
■ **want out** infml: [1] (asking to exit) chcieć wyjść [2] (discontinuing participation) chcieć się wycofać **(of sth** z czegoś**)**; **I ~ out of this relationship** chcę zakończyć ten związek; **several countries ~ out of the alliance** kilka państw chce zerwać z sojuszem
want ad *n* US ogłoszenie *n* drobne, anons *m*; **to put a ~ in the paper** zamieścić ogłoszenie w gazecie
wanted /ˈwɒntɪd/ *adj* [1] (by police) *[criminal, terrorist]* poszukiwany (przez policję); **'~ for armed robbery'** „poszukiwany za napad z bronią w ręku"; **~ notice** or **poster** list gończy [2] (loved) *[baby]* chciany, upragniony
wanted list *n* lista *f* poszukiwanych przez policję; **to be on a ~** być poszukiwanym przez policję
wanting /ˈwɒntɪŋ/ *adj* [1] (lacking) **she's ~ in experience** brak jej doświadczenia; **he's not ~ in intelligence** nie brak mu inteligencji; **her good taste was ~ on that occasion** tym razem wykazała się brakiem dobrego smaku; **a speech ~ in fervour** przemówienie pozbawione żaru [2] (inadequate) nieodpowiedni; **she's ~ as a leader** nie nadaje się na przywódcę [3] infml euph (simple-minded) przygłupi infml
wanton /ˈwɒntən, US ˈwɔːn-/ **I** *n* dat wszeteczni|k *m*, -ca *f* dat
II *adj* [1] (malicious) *[cruelty, damage, waste]* bezsensowny, niczym nieusprawiedliwiony [2] liter (playful) *[mood, breeze]* swawolny, figlarny [3] dat (immoral) rozwiązły, rozpustny, wyuzdany; **a ~ woman** wszetecznica, jawnogrzesznica dat [4] fml (uncontrolled) *[growth, vegetation]* wybujały, bujny
wantonly /ˈwɒntənlɪ, US ˈwɔːn-/ *adv* [1] (unnecessarily) *[destroy, attack]* bez skrupułów; *[destructive, cruel]* bezsensownie [2] liter (playfully) swawolnie, figlarnie [3] dat (provocatively) *[act, pose, smile]* lubieżnie, nieprzystojnie dat
wantonness /ˈwɒntənnɪs, US ˈwɔːn-/ *n* [1] (gratuitousness) bezmyślność *f*, bezsensowność *f* [2] (playfulness) swawolność *f*, figlarność *f* [3] dat (provocativeness) rozwiązłość *f*, wyuzdanie *n*
WAP /wæp/ *n* = **wireless application protocol** bezprzewodowy dostęp *m* do internetu; **~ technology** technologia WAP; **~ phone** telefon komórkowy WAP
war /wɔː(r)/ **I** *n* [1] (armed conflict) wojna *f*; **World War I/II, the First/Second World War** pierwsza/druga wojna światowa; **a holy ~** święta wojna; **between the ~s** (world wars) w okresie międzywojennym; **the day ~ broke out** dzień wybuchu wojny; **people killed in/during the ~** ludzie, którzy zginęli na wojnie/podczas wojny; **a state of ~ now exists between our two countries** nasze kraje są obecnie w stanie wojny; **to declare ~ on sb/sth** wypowiedzieć wojnę komuś/czemuś; **to win/lose a ~** wygrać/przegrać wojnę; **to wage ~** prowadzić or toczyć wojnę; **to be at ~ with a country** prowadzić or toczyć wojnę z (jakimś) krajem; **to go off to the ~** wyruszyć na wojnę; **to go to ~ against sb/sth** wszcząć wojnę przeciwko komuś /czemuś; **a ~ over** or **about sth** wojna o coś *[land, independence]*; **a ~ over borders** wojna o granice [2] fig (fierce competition) wojna *f* fig; **price/trade ~** wojna cenowa/handlowa; **a state of ~ now exists between the two companies** pomiędzy dwiema firmami trwa wojna, te dwie firmy są w stanie wojny; **a ~ of words** wojna na słowa; **a ~ of nerves** wojna nerwów [3] (to eradicate sth) walka *f* **(against sb/sth** z kimś/czymś**)**; kampania *f* **(against sb/sth** przeciwko komuś/czemuś**)**; **the ~ against drug traffickers** walka z handlarzami narkotyków; **to wage ~ on** or **against sth** zwalczać coś, prowadzić walkę z czymś *[poverty, crime]*
II *modif [debts, correspondent, effort, film, medal, cemetery, hero, wound]* wojenny; **~ leader** przywódca okresu wojny; **~ grave** grób z czasów wojny; **~ zone** strefa działań wojennych; **~ widow** wdowa wojenna; **~ deaths** ofiary wojny; **he has a good ~ record** on ma piękną kartę wojenną
III *vi* (*prp, pt, pp* **-rr-)** *[country, neighbours]* prowadzić wojnę, walczyć **(with sb** z kimś**)**; **to ~ over sth** prowadzić wojnę o coś
IDIOMS: **you look as if you've been in the ~s** wyglądasz jak ofiara wojenna
warble¹ /ˈwɔːbl/ **I** *n* (of bird) świergot *m*, szczebiot *m*, trele *m pl*
II *vi* [1] *[bird]* kwilić, szczebiotać; *[nightingale]* kląskać [2] pej *[singer]* zawodzić pej
warble² /ˈwɔːbl/ *n* Vet (on cattle) guz *m*

warbler /ˈwɔːblə(r)/ *n* [1] (bird) ptak *m* z rodziny gajówek [2] pej (singer) śpiewa|k *m*, -czka *f*

war bond *n* obligacja *f* pożyczki wojennej

war cabinet *n* gabinet *m* okresu wojny

war chest *n* fundusz *m* *(na prowadzenie kampanii wyborczej)*

war crime *n* zbrodnia *f* wojenna

war criminal *n* zbrodniarz *m* wojenny

war cry *n* okrzyk *m* wojenny; fig (in a contest) okrzyk *m*; Pol hasło *n*, slogan *m*

ward /wɔːd/ *n* [1] (in hospital) (unit) oddział *m*; (room) sala *f*; **he's in ~ 3** on jest or leży w sali nr 3; **maternity/pediatric ~** oddział położniczy/pediatryczny [2] Pol okręg *m* wyborczy [3] (also **~ of court**) Jur *osoba nieletnia znajdująca się pod kuratelą*; **she was made a ~ of court** wyznaczono jej kuratora; **a child in ~** dziecko pod opieką kuratora

■ **ward off**: **~ off [sth]** zapobie|c, -gać (czemuś), ustrzec się przed (czymś) *[bankruptcy, disaster, illness]*; od|eprzeć, -pierać *[attack, accusation, criticism]*; powstrzym|ać, -ywać *[attack]*; od|egnać, -ganiać, odpędz|ić, -ać *[evil, predator]*

war dance *n* taniec *m* wojenny

warden /ˈwɔːdn/ *n* (of institution, college) ≈ dyrektor *m* administracyjny; (of castle, museum, park) strażni|k *m*, -czka *f*; (of estate) administrator *m*; zarządca *m* dat; (of game reserve) gajowy *m*; US (of prison) naczelnik *m* więzienia → **traffic warden**

warder /ˈwɔːdə(r)/ *n* GB strażnik *m* więzienny, strażniczka *f* więzienna

ward heeler *n* US Pol pej partyjny naganiacz *m*

wardress /ˈwɔːdrəs/ *n* strażniczka *f* więzienna

wardrobe /ˈwɔːdrəʊb/ *n* [1] (piece of furniture) szafa *f*; **built-in** or **fitted ~** szafa w ścianie; **double ~** szafa dwudrzwiowa [2] (set of clothes) garderoba *f*; **I need a new ~** muszę sprawić sobie nową garderobę [3] Theat kostiumy *m pl*

wardrobe assistant *n* garderobian|y *m*, -a *f*

wardrobe director *n* kostiumer *m*

wardrobe mistress *n* garderobiana *f*

wardrobe trunk *n* kufer *m* na ubrania

wardroom /ˈwɔːdruːm/ *n* Mil Naut mesa *f* oficerska

ward round *n* Med obchód *m*

wardship /ˈwɔːdʃɪp/ *n* Jur kuratela *f*, opieka *f*

ward sister *n* GB Med siostra *f* oddziałowa

ware /weə(r)/ **I** *n* artykuły *m pl*, wyroby *m pl*; **leather/wooden ~** artykuły or wyroby ze skóry/z drewna

II wares *npl* towary *m pl*; **to advertise /display one's ~s** reklamować/wystawiać towary

warehouse /ˈweəhaʊs/ **I** *n* magazyn *m*, skład *m*; (wholesale store) hurtownia *f*

II *vt* składować

warehouseman /ˈweəhaʊsmən/ *n* (*pl* **-men**) (employee) magazynier *m*; (wholesaler) hurtownik *m*

warehousing /ˈweəhaʊzɪŋ/ *n* składowanie *n*

warfare /ˈwɔːfeə(r)/ *n* wojna *f*, działania *n pl* wojenne; **the art of ~** sztuka wojenna; **modern ~** nowoczesna wojna; **chemical ~** wojna chemiczna

war game *n* Mil, Games gra *f* wojenna

war games *npl* Mil gry *f pl* wojenne

warhead /ˈwɔːhed/ *n* głowica *f* bojowa

war horse *n* koń *m* używany w bitwie; (campaigner) stary wiarus *m*; **an old ~** fig (soldier, politician) stary wyga infml

warily /ˈweərɪlɪ/ *adv* [1] (cautiously) ostrożnie [2] (mistrustfully) z rezerwą, nieufnie

wariness /ˈweərɪnɪs/ *n* [1] (caution) ostrożność *f* [2] (mistrust) rezerwa *f*, nieufność *f* **(of sb/sth** w stosunku do kogoś/czegoś)

Warks GB Post = **Warwickshire**

warlike /ˈwɔːlaɪk/ *adj [leader, people, tribe, mood]* wojowniczy; *[preparations]* wojenny; *[words, stance]* buńczuczny

warlock /ˈwɔːlɒk/ *n* czarownik *m*, czarnoksiężnik *m*

warlord /ˈwɔːlɔːd/ *n* gubernator *m* wojskowy *(w Chinach)*; fig watażka *m*

warm /wɔːm/ **I** *n* infml [1] GB **the ~** (warm place) ciepło *n*; **to sit in the ~** siedzieć w cieple; **come here into the ~** chodź tu, gdzie jest cieplej [2] **to give sth a ~** podgrzać coś *[dish, plate]*; rozgrzać coś *[part of body]*

II *adj* [1] (not cold) *[water, day, climate, wind, bed, clothing]* ciepły; **it's ~ today** ciepło dziś; **it's nice and ~ here** miło tu i ciepło; **are you ~ enough?** ciepło ci?, nie zimno ci?; **will you be ~ enough in this jacket?** nie zmarzniesz w tej kurtce?; **to get ~** *[weather]* ocieplić się; *[person]* rozgrzać się, ogrzać się; **it's getting ~er** (weather) robi się (coraz) cieplej; **sit by the fire and get yourself ~** usiądź przy kominku i ogrzej się; **she had the electric fire on to get the room ~** włączyła grzejnik elektryczny, żeby ogrzać pokój; **to keep oneself ~** (wrap up) ciepło się ubrać; (take exercise) rozgrzać się; (stay indoors) siedzieć w cieple; **the blanket will keep you ~** pod kocem będzie ci ciepło, pod kocem nie zmarzniesz; **shut the door to keep the room ~** zamknij drzwi, żeby ciepło nie uciekało; **to keep the dinner ~ in the oven** trzymać obiad w piekarniku, żeby nie wystygł; **eat it while it's still ~** zjedz (to) zanim wystygnie, zjedz (to) póki ciepłe; **'serve ~'** Culin „podawać na ciepło"; **this soup is only ~, not hot** ta zupa jest zaledwie ciepła, nie gorąca; **chopping wood is ~ work** rąbanie drewna to rozgrzewające zajęcie [2] (cordial, enthusiastic) *[person, atmosphere, congratulations]* serdeczny; *[applause, thanks]* gorący; *[feeling, reception, smile, welcome]* ciepły, serdeczny; *[admiration, support]* entuzjastyczny; **to have a ~ heart** mieć gorące serce, być serdecznym; **~est regards** serdeczne pozdrowienia; **to give sb a ~ welcome** powitać kogoś serdecznie or ciepło [3] (mellow) *[colour]* ciepły; *[sound]* melodyjny [4] (in riddles) **'Spain?' – 'no!' – 'Poland?' – 'you're getting ~er!'** „Hiszpania?" – „nie!" – „Polska?" – „ciepło, coraz cieplej!"; **am I getting ~?** czy idę dobrym tropem? [5] (fresh) *[scent, trail]* świeży

III *vt* podgrz|ać, -ewać *[water, milk, plate]*; rozgrz|ać, -ewać, ogrz|ać, -ewać *[part of body]*; ogrz|ać, -ewać *[house, room]*; **she was ~ing her hands by the fire** rozgrzewała or grzała sobie ręce przy kominku; **it ~ed my heart** zrobiło mi się ciepło koło serca

IV *vi [food, liquid]* podgrz|ać, -ewać się; *[object]* rozgrz|ać, -ewać się

V *vr* **to ~ oneself** rozgrz|ać, -ewać się, grzać się

■ **warm to, warm towards**: ¶ **~ to [sb]** polubić, poczuć sympatię do (kogoś), nab|rać, -ierać sympatii do (kogoś); **I didn't ~ to him** nie przypadł mi do gustu ¶ **~ to [sth]** przekon|ać, -ywać się do (czegoś); (stronger) (roz)entuzjazmować się (czymś), emocjonować się (czymś); **'and then', he said, ~ing to the theme,...** „a potem", ciągnął z coraz większym zapałem, ...

■ **warm up**: ¶ **~ up** [1] (become warmer) *[food, water]* podgrz|ać, -ewać się, grzać się, zagrz|ać, -ewać się; *[place]* ogrz|ać, -ewać się; *[person]* rozgrz|ać, -ewać się; *[car, engine]* nagrz|ać, -ewać się, rozgrz|ać, -ewać się; *[weather]* ocieplić, -ać się [2] fig (become lively) *[discussion, party, audience]* ożywi|ć, -ać się; rozkręc|ić, -ać się infml; **things ~ed up when the band arrived** atmosfera się ożywiła, kiedy pojawił się zespół [3] (for action) *[athlete]* rozgrz|ać, -ewać się, z|robić rozgrzewkę; *[orchestra, player]* przygotow|ać, -ywać się ¶ **~ up [sth], ~ [sth] up** [1] (heat) ogrz|ać, -ewać *[room, bed]*; podgrz|ać, -ewać, zagrz|ać, -ewać, grzać *[food, water]*; rozgrz|ać, -ewać *[person]*; **have a hot drink to ~ you up** napij się czegoś gorącego na rozgrzewkę [2] (make ready) rozgrz|ać, -ewać *[engine, machine]* [3] (make lively) ożywi|ć, -ać *[atmosphere, audience]* [4] (for action) rozgrz|ać, -ewać *[athlete, player, voice]*; rozruszać *[muscles]*; stroić *[instrument]*

IDIOMS: **to make things ~ for sb** dać komuś wycisk infml

warm-blooded /ˌwɔːmˈblʌdɪd/ *adj* Zool stałocieplny, ciepłokrwisty; fig *[person]* z temperamentem

war memorial *n* pomnik *m* ku czci poległych w czasie wojny

warm front *n* Meteorol front *m* ciepły

warm-hearted /ˌwɔːmˈhɑːtɪd/ *adj* serdeczny, o czułym sercu

warming /ˈwɔːmɪŋ/ **I** *n* Ecol ocieplenie (się) *n*

II *adj [drink, bath]* rozgrzewający; fig *[relations]* coraz cieplejszy, coraz serdeczniejszy

warming oven *n* piec *m* do podgrzewania

warming pan *n* szkandela *f* *(płaskie naczynie napełnione żarem, do ogrzewania pościeli)*

warming-up exercises /ˌwɔːmɪŋˈʌpeksəsaɪzɪz/ *n* rozgrzewka *f*, ćwiczenia *n pl* rozgrzewające

warmly /ˈwɔːmlɪ/ *adv* [1] *[dress, wrap up]* ciepło; **the sun shone ~** słońce przygrzewało [2] fig *[smile, greet, welcome]* serdecznie, ciepło; *[recommend]* gorąco

warmonger /ˈwɔːmʌŋgə(r)/ *n* podżegacz *m* wojenny

warmongering /ˈwɔːmʌŋgərɪŋ/ **I** *n* podżeganie *n* do wojny
II *adj [person, article]* podżegający do wojny
warmth /wɔːmθ/ *n* [1] (heat) ciepło *n*; **they huddled together for ~** przytulili się do siebie, żeby im było cieplej [2] fig serdeczność *f*, ciepło *n*; **he replied with some ~ that...** dość żywo zareagował, mówiąc, że...
warm-up /ˈwɔːmʌp/ **I** *n* Sport rozgrzewka *f*; **today's game is a ~ for the final next week** dzisiejszy mecz jest rozgrzewką przed finałami w przyszłym tygodniu
II *modif [exercise, routine]* rozgrzewający
warn /wɔːn/ **I** *vt* [1] (caution) ostrze|c, -gać, przestrze|c, -gać; **to ~ (sb) that...** ostrzec or przestrzec (kogoś), że...; **to ~ sb about /against sth** ostrzec kogoś o czymś/przed czymś; **I ~ed them to be careful** ostrzegałem ich, żeby byli ostrożni; **we'd been ~ed to expect trouble** ostrzegano nas, że będą kłopoty; **I ~ed her not to walk home alone** ostrzegałem ją, żeby nie wracała do domu sama; **we were ~ed against swimming in the river** przestrzegano nas przed kąpielą w rzece [2] (admonish) ostrze|c, -gać, napom|nieć, -inać; **I'm ~ing you!** ostrzegam cię!; **I shan't be ~ing you again!** to moje ostatnie ostrzeżenie!; **you have been ~ed!** nie mów, że nie wiedziałeś! [3] (inform, advise) zapowi|edzieć, -adać, uprzedz|ić, -ać; **I did ~ you (that) I might be back late** uprzedzałem, że mogę wrócić późno; **you were ~ed of the risk involved** uprzedzono cię o ryzyku
II *vi* **to ~ of sth** ostrze|c, -gać or przestrze|c, -gać przed czymś
■ **warn away**: **~ away [sb], ~ [sb] away** (advise against) odradz|ić, -ać (komuś); **they ~ed him away from the club** radzili mu trzymać się z dala od klubu
■ **warn off**: **~ off [sb], ~ [sb] off** [1] (frighten away) odstrasz|yć, -ać [2] (advise against) odradz|ić, -ać, przestrze|c, -gać przed (czymś); **to ~ sb off alcohol/drugs** przestrzegać kogoś przed piciem alkoholu/zażywaniem narkotyków; **to ~ sb off doing sth** odradzać komuś robienie czegoś
warning /ˈwɔːnɪŋ/ **I** *n* [1] (threat) ostrzeżenie *n* **(against sth** przed czymś); (advice) przestroga *f* **(against sth** przed czymś); (by an authority) upomnienie *n*; (by light, siren) sygnał *m* ostrzegawczy; **let that be a ~ to you!** niech to będzie dla ciebie przestrogą!; **gale/flood ~** ostrzeżenie sztormowe/powodziowe, alert sztormowy/powodziowy; **without ~** niespodziewanie, bez ostrzeżenia; **the storm started without ~** burza zerwała się niespodziewanie; **to be attacked without ~** zostać zaatakowanym bez ostrzeżenia; **to give sb ~ (of sth)** ostrzec kogoś (o czymś); **to give sb a ~ not to do sth** przestrzec kogoś przed robieniem czegoś; **he sounded a note of ~** w jego głosie zabrzmiała ostrzegawcza nuta; **the police let her off with a ~** policjanci puścili ją, udzielając jedynie upomnienia; **'~! fire risk!'** „uwaga! zagrożenie pożarowe!" [2] (prior notice) uprzedzenie *n*, zapowiedź *f*; **without ~** bez uprzedzenia, bez zapowiedzi; **to give sb ~ (of sth)** uprzedzić kogoś o czymś; **I gave you plenty of ~** uprzedziłem cię dostatecznie wcześnie; **we need three days' written ~** musimy zostać uprzedzeni na piśmie trzy dni wcześniej
II *modif* [1] (giving notice of danger) *[notice, light, shot, signal]* ostrzegawczy; **~ sign** or **signal** fig ostrzeżenie, niepokojący symptom [2] (threatening) *[glance, gesture, tone, voice]* ostrzegający, ostrzegawczy; (stronger) groźny
War Office *n* GB Hist Ministerstwo *n* Wojny
War of Independence *n* US Hist wojna *f* o niepodległość Stanów Zjednoczonych
warp /wɔːp/ **I** *n* [1] Tex **the ~** osnowa *f* [2] fig (essence) **the ~ (and woof) of sth** istota *f* czegoś [3] (deformity) (in wood) wypaczenie *n*; (in metal) odkształcenie *n*; (in record) zwichrowanie *n* [4] Naut lina *f* holownicza
II *vt* [1] (deform) wypacz|yć, -ać *[wood]*; odkształc|ić, -ać *[metal]*; z|wichrować *[record]* [2] fig (distort) spaczyć, wypacz|yć, -ać *[character, personality]*; skazić *[mind]*; wykoślawi|ć, -ać *[outlook]*
III *vi* wypacz|yć, -ać się, z|wichrować się
warpaint /ˈwɔːpeɪnt/ *n* Mil barwy *f pl* wojenne; hum makijaż *m*; **she's just putting on her ~** właśnie się tapetuje infml
warpath /ˈwɔːpɑːθ, US -pæθ/ *n*
IDIOMS: **to be on the ~** być na wojennej ścieżce fig
warped /wɔːpt/ *adj* [1] (deformed) *[wood]* spaczony, wypaczony; *[record, metal sheet]* zwichrowany; **to become ~** wypaczyć się /zwichrować się [2] fig (distorted) *[personality, character]* spaczony, wypaczony; *[humour]* osobliwy, swoisty iron; *[judgment, view]* wypaczony; *[account]* przeinaczony
warplane /ˈwɔːpleɪn/ *n* samolot *m* wojskowy
warp thread *n* Tex nitka *f* osnowy
warrant /ˈwɒrənt, US ˈwɔːr-/ **I** *n* [1] Jur nakaz *m*; **arrest/search ~** nakaz aresztowania/rewizji; **to issue a ~ (for sb's arrest)** wydać nakaz (aresztowania kogoś) [2] Fin (for shares) świadectwo *n* udziałowe; **dividend ~** kupon dywidendowy [3] GB Comm (receipt) kwit *m* [4] (legitimate right) tytuł *m* prawny; **to be without ~** nie mieć prawnego uzasadnienia [5] Mil mianowanie *n*; patent *m* fml
II *vt* [1] (justify) da|ć, -wać podstawy do (czegoś), uzasadni|ć, -ać *[action, investigation, measure]*; **the case ~s/does not ~ further action** są podstawy/nie ma podstaw do dalszych działań; **nothing can ~ such severe punishment** nic nie uzasadnia or usprawiedliwia takiej surowej kary [2] (assure) za|gwarantować, zaręcz|yć, -ać; **I'll ~ you (that) they'll accept the offer** zaręczam or gwarantuję, że przyjmą ofertę; **he'll be back, I ~ you** wróci, gwarantuję; ręczę, że wróci [3] (guarantee) za|gwarantować or zapewni|ć, -ać odpowiednią jakość (czegoś) *[equipment, goods]*
III warranted *pp adj* [1] (justified) uzasadniony [2] (guaranteed) gwarantowany, z gwarancją
warrantable /ˈwɒrəntəbl, US ˈwɔːr-/ *adj* usprawiedliwiony, uzasadniony
warrant card *n* legitymacja *f* policyjna
warrantee /ˌwɒrənˈtiː, US ˌwɔːr-/ *n* Comm posiadacz *m* gwarancji
warranter /ˈwɒrəntə(r), US ˈwɔːr-/ *n* Comm gwarant *m*
warrant officer, WO *n* Mil chorąży *m*; Naut bosman *m*
warranty /ˈwɒrəntɪ, US ˈwɔːr-/ *n* [1] Comm gwarancja *f*; **under ~** na gwarancji; **a 12-month ~** roczna gwarancja; **it is out of ~** termin gwarancji już minął [2] Jur rękojmia *f*, poręczenie *n* [3] Insur zastrzeżenie *n*
warren /ˈwɒrən, US ˈwɔːrən/ *n* [1] królicza kolonia *f* [2] (maze, building) labirynt *m*
warring /ˈwɔːrɪŋ/ *adj [interests, ideologies]* sprzeczny; **the ~ factions/tribes** walczące ze sobą frakcje/plemiona
warrior /ˈwɒrɪə(r), US ˈwɔːr-/ **I** *n* żołnierz *m*; (of tribe) wojownik *m*
II *adj* waleczny
Warsaw /ˈwɔːsɔː/ **I** *prn* Warszawa *f*
II *modif* warszawski
Warsaw Pact *n* Hist Pol Układ *m* Warszawski
warship /ˈwɔːʃɪp/ *n* okręt *m* wojenny
wart /wɔːt/ *n* brodawka *f*
IDIOMS: **to describe sb ~s and all, to give a ~s-and-all description of sb** opisać kogoś realistycznie
warthog /ˈwɔːthɒg/ *n* Zool guziec *m*
wartime /ˈwɔːtaɪm/ **I** *n* czas *m* or okres *m* wojny; **during** or **in ~** w czasie wojny, podczas wojny
II *modif [economy, experiences, memories]* wojenny; **a story set in ~ Berlin** opowieść, której akcja rozgrywa się w Berlinie podczas wojny
war-torn /ˈwɔːtɔːn/ *adj* pustoszony przez wojnę, nawiedzony przez wojnę
war-weary /ˈwɔːwɪərɪ/ *adj* umęczony wojną
Warwickshire /ˈwɒrɪkʃə(r)/ *prn* Warwickshire *n inv*
wary /ˈweərɪ/ *adj* (cautious) ostrożny; (distrustful) nieufny; **to be ~** mieć się na baczności **(of sb/sth** przed kimś/czymś); nie ufać **(of sb/sth** komuś/czemuś); **I'd be ~ of him/his motives** nie ufałbym mu/jego motywom; **the government is ~ of military involvement** rząd nie chce się angażować militarnie; **be ~ of giving offence** uważaj, żeby kogoś nie obrazić; **to keep a ~ eye on sb/sth** przyglądać się nieufnie komuś/czemuś

was /wɒz, wəz/ *pt* → **be**
wash /wɒʃ, US wɔːʃ/ **I** *n* [1] (of body, object) umycie *n*, obmycie *n*; **to give sb/sth a ~** umyć or wymyć kogoś/coś *[hands, hair, car, floor, windows]*; **to have a ~** wymyć się, umyć się; **you need a good ~** musisz się porządnie wymyć or umyć; **frequent ~ shampoo** szampon do częstego użycia [2] (laundry process) pranie *n*; (dirty clothes) brudy *plt*; **weekly ~** cotygodniowe pranie; **after only two ~es** zaledwie po dwóch praniach; **I do a ~ every Monday** piorę or robię pranie co poniedziałek; **your shirt is in the ~** (being washed) twoja koszula jest w praniu or pierze się; (with dirty clothes) twoja koszula jest w brudach; **the colours ran in the ~** kolory spłały się; **the curtains need a ~** te zasłony trzeba wyprać or uprać [3] (sound of waves) plusk *m*; **the gentle**

~ of the waves against the side of the boat łagodny plusk fal o burty łodzi [4] (left by boat) ślad *m* na wodzie; Naut kilwater *m*; (left by aircraft) strumień *m* zaśmigłowy [5] (coating) cienka powłoka *f* farby [6] Art lawowanie *n*; **a pen and ~ drawing** rysunek lawowany [7] Pharm (lotion) płyn *m* do przemywania [8] (for pigs) pomyje *plt* also fig

II *vt* [1] (clean) (with soap, detergent) u|myć, wy|myć *[hands, hair, floor, window]*; u|prać, wy|prać *[clothes, carpet, curtains]*; wy|myć, po|zmywać *[dishes]*; wy|kąpać *[dog]*; (without soap) obmy|ć, -wać *[hands, walls]*; (rinse) wy|płukać *[mouth]*; przemy|ć, -wać *[wound, eye]*; **to ~ one's face/hands** umyć (sobie) twarz/ręce; **to ~ the dishes** zmywać naczynia; **to ~ everything by hand/in the washing machine** prać wszystko ręcznie/w pralce; **what do you ~ your woollens in?** w czym pierzesz rzeczy wełniane?, czego używasz do prania wełny?; **to ~ sth clean** wymyć coś do czysta [2] (carry away) *[running water]* zn|ieść, -osić, nieść; *[rain]* spłuk|ać, -iwać; (carry along) un|ieść, -osić; **the body had been ~ed ashore by the tide** przypływ wyrzucił ciało na brzeg; **the dinghy was ~ed downstream** prąd uniósł ponton w dół rzeki; **the wave nearly ~ed him overboard** fala o mało go nie zmyła z pokładu za burtę [3] (lap against) obmy|ć, -wać *[shore, bank, island]*; **the sound of the waves ~ing the shore** szum fal obmywających brzeg [4] (dig out) wypłuk|ać, -iwać, wymy|ć, -wać *[furrow, channel, gravel, mud]*; **the water ~ed a hole in the bank** woda wyżłobiła dziurę w brzegu [5] Chem, Miner, Mining (purify) wypłuk|ać, -iwać *[gold, diamonds]*; przepłuk|ać, -iwać *[gravel, sand]*; płukać *[ore, gas]* [6] (coat) po|malować cienką powłoką; (with whitewash) po|bielić; Art lawować; **to ~ a wall in pink** pomalować ścianę na różowo

III *vi* [1] (clean oneself) u|myć się, wy|myć się; **she prefers to ~ in cold water** woli się myć w zimnej wodzie [2] (do laundry) prać, z|robić pranie; (do dishes) po|zmywać (naczynia); **Whizzo ~es whiter** Advertg Whizzo pierze lepiej, bielsze pranie z Whizzo [3] (come clean) **this shirt ~es easily** ta koszula dobrze się pierze [4] liter (lap) *[wave, water]* chlup|nąć, -ać, chlupotać, pluskać; **the waves ~ed against the side of the boat** fale chlupotały o burtę łodzi

IV *vr* **to ~ oneself** u|myć się, wy|myć się

■ **wash away**: ¶ **~ away [sth], ~ [sth] away** [1] (clean) zmy|ć, -wać *[dirt, stains]*; fig zmy|ć, -wać, zmaz|ać, -ywać *[guilt]*; oczy|ścić, -szczać się z (czegoś) *[sins]* [2] (carry off) zn|ieść, -osić *[bridge, hut, pier]*; un|ieść, -osić, por|wać, -ywać *[debris]*; (by erosion) rozmy|ć, -wać *[road, bank]*; podmy|ć, -wać *[cliff]*; **villages were ~ed away in the flood** powódź zniosła wsie ¶ **~ away [sb], ~ [sb] away** *[wave, tide]* por|wać, -ywać, un|ieść, -osić

■ **wash down**: **~ down [sth], ~ [sth] down** [1] (clean) zmy|ć, -wać, spłuk|ać, -iwać *[paintwork, wall, car, driveway]* [2] (help to swallow) popi|ć, -jać *[food, pill]*; **a good steak ~ed down with a glass of claret** dobry stek z kieliszkiem bordo

■ **wash off**: ¶ **~ off** (on fabric) *[stain]* sp|rać, -ierać się; (on woodwork, car) *[dust, mud]* zmy|ć, -wać się; **the stain won't ~ off** plama nie chce się sprać ¶ **~ off [sth], ~ [sth] off** [1] (clean) (on fabric) sp|rać, -ierać *[stain, dirt]*; (on woodwork, car) zmy|ć, -wać *[dust, dirt]*; **go and ~ that dirt off your face** idź i umyj sobie twarz [2] (carry off) rozmy|ć, -wać *[topsoil]*

■ **wash out**: ¶ **~ out** [1] (disappear) *[stain, colour]* sp|rać, -ierać się; **stains that won't ~ out** plamy, które trudno sprać [2] US infml **she ~ed out of college** zrezygnowała z nauki w college'u ¶ **~ out [sth], ~ [sth] out** [1] (remove) sp|rać, -ierać *[stain, colour]* [2] (clean, rinse) wy|płukać, przepłuk|ać, -iwać *[cloth, sink, bottle]* [3] Miner wypłuk|ać, -iwać *[sand, gold]* [4] (prevent, spoil) **heavy rain ~ed out most of the games** z powodu ulewnego deszczu większość meczów odwołano

■ **wash over**: **~ over [sb/sth]** *[water]* spły|nąć, -wać po (czymś) *[deck]*; **everything I say just ~es over him** wszystko, co mówię, po prostu po nim spływa; **a great feeling of relief ~ed over me** poczułem wielką ulgę, ogarnęło mnie uczucie wielkiej ulgi

■ **wash through**: **~ through [sth], ~ [sth] through** przep|rać, -ierać (ręcznie)

■ **wash up**: ¶ **~ up** [1] GB (do dishes) po|zmywać (naczynia) [2] US (clean oneself) wy|myć się; (clean one's hands) wy|myć ręce ¶ **~ up [sth], ~ [sth] up** [1] (clean) zmyć, po|zmywać, po|myć *[dishes, cutlery]*; u|myć *[plate, pan]* [2] (bring to shore) wyrzuc|ić, -ać na brzeg *[body, debris]*

IDIOMS: **I ~ my hands of the whole affair** umywam ręce od tej całej sprawy; **I ~ my hands of them** przestaję się nimi przejmować; **it will all come out in the ~** infml okaże się or sprawdzi się or wyjdzie w praniu infml; **that won't ~** infml to nie przejdzie infml; **his explanation won't ~ with the electorate** jego wyjaśnień wyborcy nie kupią, na jego wyjaśnienia wyborcy się nie nabiorą infml

Wash = **Washington**

washable /ˈwɒʃəbl, US ˈwɔːʃ-/ *adj [wallpaper, paint]* zmywalny; **~ fabric** tkanina, którą można prać w wodzie; **this pullover is machine-~** ten pulower można prać w pralce

wash-and-wear /ˌwɒʃənˈweə(r), US ˌwɔːʃ-/ *adj* niewymagający prasowania

washbasin /ˈwɒʃbeɪsn, US ˈwɔːʃ-/ *n* umywalka *f*

washboard /ˈwɒʃbɔːd, US ˈwɔːʃ-/ *n* tara *f*

washbowl /ˈwɒʃbəʊl, US ˈwɔːʃ-/ *n* US = **washbasin**

washcloth /ˈwɒʃklɒθ, US ˈwɔːʃklɔːθ/ *n* US myjka *f*

washday /ˈwɒʃdeɪ, US ˈwɔːʃ-/ *n* dzień *m* prania

wash down *n* infml **to give sth a ~** wymyć or spłukać coś

washed-out /ˌwɒʃtˈaʊt, US ˌwɔːʃ-/ *adj* [1] (faded) *[colour, jeans]* sprany [2] infml (tired) wykończony infml; **the ~ look on his face** jego zmęczona twarz

washed-up /ˌwɒʃtˈʌp, US ˌwɔːʃ-/ *adj* infml [1] (finished) skończony infml fig [2] (exhausted) wykończony infml

washer /ˈwɒʃə(r), US ˈwɔːʃər/ *n* [1] Tech (flat ring) podkładka *f* [2] infml (washing machine) pralka *f*; (dish-washer) zmywarka *f* (do naczyń)

washer-dryer /ˌwɒʃəˈdraɪə(r), US ˌwɔːʃ-/ *n* pralka *f* z suszarką

washer-up(per) /ˌwɒʃəˈʌp, -ˈʌpə(r), US ˌwɔːʃ-/ *n* GB infml (in restaurant) pomywacz *m*, -ka *f*; **who's going to be the ~?** hum kto pozmywa (naczynia)?

washerwoman /ˈwɒʃəwʊmən, US ˈwɔːʃ-/ *n* (*pl* **-women**) praczka *f*

wash-hand basin /ˈwɒʃhændbeɪsn, US ˈwɔːʃ-/ *n* = **washbasin**

washhouse /ˈwɒʃhaʊs, US ˈwɔːʃ-/ *n* pralnia *f*

washing /ˈwɒʃɪŋ, US ˈwɔːʃɪŋ/ *n* [1] (act) (of oneself) u|mycie się *n*; (of clothes) pranie *n*; (of car, walls) umycie *n*; **after repeated ~s, the fabric faded** po wielokrotnym praniu tkanina wyblakła [2] (laundry) pranie *n*; **clean/dirty ~** rzeczy wyprane/do prania; **to do the ~** zrobić pranie; **to hang out the ~** wywiesić pranie; **to take in ~** brać pranie

washing day *n* dzień *m* prania

washing facilities *npl* sanitariaty *m pl*

washing line *n* sznur *m* do (wieszania) bielizny

washing machine *n* pralka *f*

washing powder *n* GB proszek *m* do prania

washing soda *n* soda *f*; Chem węglan *m* sodu

Washington /ˈwɒʃɪŋtən, US ˈwɔːʃ-/ **I** *prn* (city, state) Waszyngton *m*

II *modif* waszyngtoński

washing-up /ˌwɒʃɪŋˈʌp, US ˌwɔːʃ-/ *n* GB (action) zmywanie *n* or mycie *n* naczyń; (dishes) brudne naczynia *n pl*, naczynia *n pl* do mycia; **to do the ~** pozmywać naczynia

washing-up bowl *n* GB miska *f* do mycia naczyń

washing-up cloth *n* GB zmywak *m*

washing-up liquid *n* GB płyn *m* do mycia naczyń

washing-up water *n* GB brudna woda *f*, pomyje *plt*

wash leather *n* ściereczka *f* z irchy

wash load *n* porcja *f* bielizny do prania

washout /ˈwɒʃaʊt, US ˈwɔːʃ-/ *n* (failure) klapa *f*, niewypał *m* infml

washrag /ˈwɒʃræg, US ˈwɔːʃ-/ *n* US myjka *f*

washroom /ˈwɒʃruːm, US ˈwɔːʃ-/ *n* (in office, factory) umywalnia *f*; US euph (toilet) toaleta *f*, ubikacja *f*

wash sale *n* US Fin (on Stock Exchange) sprzedaż *f* fikcyjna

wash-stand /ˈwɒʃstænd, US ˈwɔːʃ-/ *n* US (washbasin) umywalka *f* obudowana; (table) toaletka *f (z przyborami do mycia)*

wash symbol *n* symbol *m* sposobu prania

wash trough *n* (for gold) koryto *n* do wypłukiwania złota

washtub /ˈwɒʃtʌb, US ˈwɔːʃ-/ *n* balia *f*

wash-wipe /ˌwɒʃˈwaɪp, US ˌwɔːʃ-/ *n* Aut spryskiwacz *m* szyb

washy /ˈwɒʃɪ, US ˈwɔːʃɪ/ *adj [liquid, coffee]* wodnisty; *[colour]* rozmyty

wasn't /ˈwɒznt/ = **was not**

wasp /wɒsp/ *n* osa

WASP /wɒsp/ *n* US = **White Anglo-Saxon Protestant** *członek amerykańskiej białej elity pochodzenia anglosaskiego*

waspie /ˈwɒspɪ/ *n* Fashn gorset *m*, sznurówka *f*

waspish /ˈwɒspɪʃ/ *adj [person, remark]* uszczypliwy, kąśliwy

waspishly /ˈwɒspɪʃlɪ/ *adv* uszczypliwie, kąśliwie

wasp-waisted /ˌwɒspˈweɪstɪd/ *adj [woman]* o talii cienkiej jak osa

wassail /ˈwɒseɪl/ arch **I** *n* (merry-making) pohulanka *f* dat *(zwłaszcza w okresie świąt Bożego Narodzenia)*

II *vi* GB **to go ~ing** kolędować, chodzić po kolędzie

wastage /ˈweɪstɪdʒ/ *n* [1] (inefficient use) (of resources, energy) marnotrawstwo *n*; (of talent, opportunity, materials) marnowanie *n*; **energy lost through ~** straty energii wskutek marnotrawstwa [2] (also **natural ~**) Sociol, Econ **the reduction in staff numbers by natural ~** zmniejszanie liczby zatrudnionych z przyczyn naturalnych [3] Econ, Ind (loss) (through inefficiency) strata *f*; (through drying, shrinking) ubytek *m* (naturalny)

waste /weɪst/ **I** *n* [1] (careless, extravagant use) (of food, materials, resources, money, time) marnowanie *n*, marnotrawienie *n*, marnotrawstwo *n*, trwonienie *n*; **it's a ~ of time and money** to strata czasu i pieniędzy; **it's a ~ of time trying to explain it** szkoda marnować czas na wyjaśnianie; **it's a ~ of effort** szkoda wysiłku; **that was a complete ~ of an afternoon** to było zupełnie zmarnowane popołudnie; **don't you think it's a ~ of space?** czy nie szkoda miejsca?; **don't throw it away, it's a ~** nie wyrzucaj tego, szkoda tego or to marnotrawstwo; **it's a ~ of her talent** to marnowanie jej talentu; **it's a ~ of breath** or **words** szkoda słów; **what a ~!** cóż za marnotrawstwo!; **to go to ~** *[food, materials]* marnować się; **that's another good opportunity gone to ~** to kolejna zmarnowana szansa; **he let his talent go to ~** zmarnował or roztrwonił talent; **the ~ of food here is dreadful** tutaj marnuje się mnóstwo jedzenia; **there is no ~, every part is used** nic się nie marnuje, wykorzystuje się wszystko [2] (refuse) odpady *m pl*; **chemical/industrial/nuclear ~** odpady chemiczne/przemysłowe/nuklearne; **kitchen** or **household ~** odpady kuchenne; **human ~** ekskrementy, odchody ludzkie; **~ from factories** odpady z fabryk [3] (empty area) pustkowie *n*, pustynia *f*; (barren area) odłóg *m*; **the snowy ~s of Siberia** mroźne syberyjskie pustkowia

II wastes *npl* US = **waste I** [2]

III *adj* [1] *[heat, energy]* odpadowy, odpadkowy; *[water]* ściekowy, brudny; **~ food** odpadki, resztki jedzenia; **~ gases** gazy odlotowe, spaliny; **~ materials** or **matter** Med końcowe produkty przemiany materii; **~ products** Ind produkty odpadowe, odpady; Med końcowe produkty przemiany materii; **little scraps of ~ leather/carpet** skrawki skóry/wykładziny [2] *[ground, land]* (uncultivated) leżący odłogiem, nieuprawiany; (barren) jałowy; (not utilized) niezagospodarowany; **to lie ~** (uncultivated) leżeć odłogiem; **to lay sth ~, to lay ~ to sth** spustoszyć coś; obrócić coś w perzynę liter

IV *vt* [1] (misuse) z|marnować; (squander) roztrw|onić, -aniać, trwonić; z|marnotrawić liter; (lose) s|tracić; **there's no time to ~** nie ma czasu do stracenia; **I won't ~ my time on her** nie będę marnował na nią czasu; **we ~d a lot of time arguing** zmarnowaliśmy mnóstwo czasu na spory; **you're wasting my time** przez ciebie tracę czas; **she didn't ~ any time in trying to explain** (pointless) nie zawracała sobie głowy wyjaśnieniami; **he ~d no time in contacting the police** nie zwlekając, zawiadomił policję; **he certainly didn't ~ any time!** iron najwyraźniej nie marnował czasu!; **he has ~d his life** zmarnował życie; **all our efforts /sacrifices were ~d** wszystkie nasze trudy/poświęcenia poszły na marne; **don't ~ your chance** nie zmarnuj szansy; **your work won't be ~d** twoja praca nie pójdzie na marne; **he didn't ~ words** nie przebierał w słowach; **you're wasting your breath!** oszczędź sobie słów!; **good wine is ~d on him** szkoda dla niego dobrego wina, on nie zna się na winie; **the irony was ~d on her** nie dostrzegła ironii [2] (enfeeble) wyniszcz|yć, -ać *[person, body]*; **limbs ~d by disease** kończyny wychudzone chorobą [3] US infml (kill) sprzątnąć infml

V *vi* z|marnować się; **it'd be a pity to let it ~** szkoda, żeby się zmarnowało

■ **waste away** *[person]* z|marnieć, z|mizernieć; **his health and strength were gradually wasting away** stopniowo opuszczało go zdrowie i siły; **he's not exactly wasting away** hum nie można powiedzieć, żeby mizernie wyglądał hum

IDIOMS: **~ not want not** Prov kto nie marnuje, temu nie brakuje

wastebasket /ˈweɪstbɑːskɪt, US -bæskɪt/ *n* kosz *m* na śmieci

wastebin /ˈweɪstbɪn/ *n* pojemnik *m* or kubeł *m* na śmieci

wasted /ˈweɪstɪd/ *adj* [1] (fruitless) *[energy, time]* zmarnowany, stracony; *[life]* zmarnowany; *[effort, care, journey]* daremny; (not used) *[chance]* niewykorzystany; **the work you've done won't be ~** twoja praca nie pójdzie na marne; **another ~ opportunity** kolejna zmarnowana okazja [2] (haggard) *[person, face]* wymizerowany, zmizerniały; (emaciated) *[person, body, limb]* wychudzony, wychudły [3] infml (drunk) nawalony, urżnięty infml

waste disposal I *n* (removal) usuwanie *n* or wywóz *m* odpadów; (storing) składowanie *n* odpadów; (management) zagospodarowanie *n* odpadów, gospodarka *f* odpadami

II *modif* **~ company/system** przedsiębiorstwo/system utylizacji odpadów

waste disposal unit *n* GB kuchenny rozdrabniacz *m* odpadków, młynek *m* zlewozmywakowy

waste dump *n* wysypisko *n* odpadów or śmieci

wasteful /ˈweɪstfl/ *adj [person, use]* rozrzutny, nieoszczędny; marnotrawny liter; *[machinery, process]* nieekonomiczny; **a ~ use of resources** nieoszczędne gospodarowanie zasobami; **a ~ way of life** rozrzutny styl życia; **to be ~ of sth** marnować or marnotrawić coś *[resources, energy]*; **to be ~ with money** trwonić pieniądze

wastefully /ˈweɪstfəlɪ/ *adv* rozrzutnie; marnotrawnie liter; **to use time/money ~** trwonić or marnować czas/pieniądze

wastefulness /ˈweɪstflnɪs/ *n* (of person) rozrzutność *f*; (of machinery) nieekonomiczność *f*

wasteland /ˈweɪstlænd/ *n* (urban) teren *m* niezagospodarowany; (desolate place) pustynia *f*, pustkowie *n*; (uncultivated land) nieużytek *m*, ugór *m*; fig pustynia *f* fig; **a cultural ~** pustynia kulturalna

waste management *n* utylizacja *f* or zagospodarowanie *n* odpadów

wastepaper /ˈweɪstpeɪpə(r)/ *n* makulatura *f*

wastepaper basket *n* kosz *m* na śmieci; **another good idea that has ended up in the ~** fig jeszcze jeden dobry pomysł, który skończył w koszu fig

wastepaper bin *n* GB = **wastepaper basket**

waste pipe *n* rura *f* ściekowa

waster /ˈweɪstə(r)/ *n* infml marnotrawca *m*, rozrzutnik *m*; **old wardrobes are terrible ~s of space** stare szafy zabierają strasznie dużo miejsca; **the worst ~s of natural resources are...** najwięcej surowców naturalnych marnują...

waste recycling *n* recycling *m*, odzysk *m*

waste service *n* wywóz *m* śmieci

wasting /ˈweɪstɪŋ/ *adj [disease]* wyniszczający

wasting assets *npl* Fin aktywa *plt* zużywalne

wastrel /ˈweɪstrəl/ *n* dat (spendthrift) utracjusz *m*, -ka *f* liter; (idler) nicpoń *m* liter

watch /wɒtʃ/ **I** *n* [1] (timepiece) zegarek *m*; **my ~ is slow/fast** mój zegarek spóźnia się/śpieszy się; **by my ~ it's five** na moim zegarku jest piąta; **to set one's ~** nastawić zegarek; **you can set your ~ by him** on jest jak zegarek [2] (wakefulness) czuwanie *n*; (lookout) czatowanie *n*, czaty *plt*; (surveillance) pilnowanie *n*, obserwacja *f pl*; **to keep ~** dat (stay awake) czuwać; **to keep ~ for sb** czatować na kogoś; **keep a close ~ on expenditure** dokładnie kontroluj wydatki; **to keep (a) ~ over sb/sth** pilnować kogoś/czegoś; **you should keep a closer ~ on those children** musisz lepiej pilnować tych dzieci; **I keep a strict ~ on what I eat** ściśle przestrzegam diety; **to be on the ~** czuwać, być czujnym; **to be on the ~ for sb/sth** wypatrywać kogoś/czegoś; **she was on the ~ for the postman** wypatrywała listonosza; **police have warned people to be on the ~ for burglars** policja ostrzegła ludzi, żeby uważali na włamywaczy; **the mother is constantly on the ~ for possible danger** matka musi stale baczyć na ewentualne zagrożenia; **to set a ~ on sb/sth** wziąć kogoś/coś pod obserwację; **a radio/radar ~** nasłuch radiowy/radarowy [3] (guard duty) warta *f*, czaty *f pl*; Naut wachta *f*; **to be/go on ~** stać na warcie or pełnić wartę/obejmować wartę; Naut stać na wach-

W

cie/obejmować wachtę; **to come off ~** zakończyć wartę; Naut zejść z wachty; **I took the first ~** objąłem pierwszą wartę /wachtę [4] Mil Hist **the ~** (person) strażnik *m*; (group) straż *f*, straże *f pl*

II *modif* [1] *[officer, bell]* Naut wachtowy; *[box]* strażniczy; *[boat]* patrolowy [2] **~ strap /glass/battery** pasek/szkiełko/bateria do zegarka

III *vt* [1] (look at) o|bejrzeć, -glądać *[game, TV, film, ceremony]*; przy|jrzeć, -glądać się (komuś/czemuś) *[event, ceremony, person]*; patrzyć, popatrzyć na (kogoś/coś) *[person, object]*; obserwować *[birds, game, person]*; **she ~es three hours of television a day** ogląda codziennie telewizję przez trzy godziny; **is there anything worth ~ing on TV tonight?** czy jest dziś coś ciekawego w telewizji?; **the event was ~ed by millions** wydarzenie obejrzały miliony ludzi; **I ~ed the birds with binoculars** obserwowałem ptaki przez lornetkę; **I can't work with you ~ing me** nie potrafię pracować, kiedy mi się przyglądasz; **now, ~ this carefully** patrz uważnie; **we ~ed the children open their presents** przyglądaliśmy się, jak dzieci rozpakowują prezenty; **I've ~ed these children grow up** widziałem, jak te dzieci dorastają; **he ~ed them go** or **going into the building** patrzył, jak wchodzą do budynku; **she's a pleasure to ~** przyjemnie na nią popatrzeć [2] fig (monitor) obserwować, prze|śledzić *[career, progress, development, situation]*; prze|studiować *[newspapers, advertisements]*; **a young artist to ~** młody artysta, którego karierę warto śledzić; **a name to ~** nazwisko, które warto zapamiętać; **we had to sit by and ~ the collapse of all our hopes** musieliśmy biernie przyglądać się, jak wszystkie nasze nadzieje obracają się wniwecz liter; **~ the local press/this notice board for further details** dalszych szczegółów szukaj w prasie lokalnej/na tablicy ogłoszeń [3] (keep under surveillance) obserwować, prowadzić obserwację (kogoś/czegoś) *[suspect, house, situation]*; śledzić *[person]*; **I think I'm being ~ed** wydaje mi się, że ktoś mnie obserwuje or śledzi; **we're having him ~ed** obserwujemy or śledzimy go; **to ~ the clock** fig spoglądać raz po raz na zegarek [4] (pay attention to) uważać na (kogoś /coś) *[obstacle, dangerous object]*; kontrolować *[weight]*; pilnować (czegoś), przestrzegać (czegoś) *[diet]*; **~ that car/that child!** uważaj na ten samochód/na to dziecko!; **~ your language!** uważaj, jak się wyrażasz!; **~ your manners!** zachowuj się jak należy!; **~ your head!** uważaj na głowę!; **~ it!** infml uważaj!; **~ your step!** patrz pod nogi!; fig lepiej się pilnuj!; **I must ~ my weight these days** ostatnio muszę pilnować, żeby nie przytyć; **I've got to ~ the time** muszę pilnować, która godzina; **the staff are always ~ing the clock** pracownicy pilnie baczą, żeby nie siedzieć w pracy dłużej; **~ what you're doing!** uważaj, co robisz!; **~ where you're going!** uważaj or patrz, gdzie idziesz!; **~ that you don't spill it!** uważaj, nie rozlej tego! [5] (look after) po|pilnować (czegoś) *[property, child, dog]* [6] (await) wypatrywać (czegoś), czekać na (coś) *[chance, opportunity]*

IV *vi* [1] (look on) (po)patrzeć, (po)przyglądać się; **we ~ed carefully as she did it** przyglądaliśmy się uważnie, jak ona to robi; **the whole country ~ed as the events unfolded** cały kraj obserwował rozwój wypadków; **as she ~ed the plane exploded** samolot wybuchł na jej oczach; **he could only ~ helplessly as the disease advanced** mógł tylko bezsilnie się przyglądać, jak choroba rozwija się [2] dat (keep vigil) czuwać; **to ~ at sb's bedside** czuwać przy łóżku kogoś or przy kimś

V *vr* **to ~ oneself** [1] (on film, TV) o|bejrzeć, -glądać siebie samego [2] fig (be careful) pilnować się, uważać; **~ yourself on that ladder!** uważaj, żebyś nie spadł z tej drabiny!

■ **watch for: ~ for [sb/sth]** wyczekiwać (kogoś), wyglądać (kogoś), czekać na (kogoś) *[person]*; czekać na (coś), oczekiwać na (coś), wyczekiwać (czegoś) *[chance, moment]*; mieć się na baczności przed (czymś) *[danger]*

■ **watch out:** [1] (be careful) uważać; (beware) strzec się; **to ~ out for sth** uważać na coś, strzec się czegoś; **~ out!** uwaga! [2] (look carefully) pilnować; **to ~ out for sb/sth** rozglądać się za kimś/czymś; **~ out for Maria, I want a word with her** rozejrzyj się, czy nie ma gdzieś Marii, chcę z nią pogadać; **~ out for our next issue!** nie przegap naszego następnego numeru!

■ **watch over: ~ over [sb/sth]** (protect) strzec (kogoś/czegoś); czuwać nad (kimś /czymś); (guard) po|pilnować (kogoś/czegoś)

IDIOMS: **the long ~es of the night** liter nocna pora

watchable /ˈwɒtʃəbl/ *adj [performer, programme, film]* wart obejrzenia

watchband /ˈwɒtʃbænd/ *n* US (strap) pasek *m* do zegarka; (bracelet) bransoletka *f* do zegarka

watch-chain /ˈwɒtʃtʃeɪn/ *n* dewizka *f*, łańcuszek *m* od zegarka

watchdog /ˈwɒtʃdɒg/ **I** *n* [1] (dog) pies *m* obronny; (kept outside) pies *m* podwórzowy [2] (person) obserwator *m*; (organization) ciało *n* nadzorujące; **consumer ~** organizacja obrony praw konsumentów

II *modif [body, group]* nadzorujący

watcher /ˈwɒtʃə(r)/ *n* (at event, entertainment) widz *m*; (of TV programme) telewidz *m*; (of events, political scene) obserwator *m*, -ka *f*; **China ~s** obserwatorzy chińskiej sceny politycznej; **badger ~s** obserwatorzy życia borsuków

watch fire *n* ogień *m* sygnałowy; (for sentinel) ognisko *n*

watchful /ˈwɒtʃfl/ *adj* czujny; **to keep a ~ eye on sb/sth** patrzeć na kogoś/coś czujnym okiem; **under the ~ eyes of sb** pod czujnym okiem kogoś; **nothing escapes his ~ eye** przed jego czujnym okiem nic się nie ukryje; **to be ~ for sb /sth** wypatrywać kogoś/czegoś

watchmaker /ˈwɒtʃmeɪkə(r)/ *n* zegarmistrz *m*

watchmaking /ˈwɒtʃmeɪkɪŋ/ *n* zegarmistrzostwo *n*

watchman /ˈwɒtʃmən/ *n* (*pl* **-men**) Hist (**night ~**) straż *f* nocna; (guard) stróż *m*

watch-night service /ˌwɒtʃnaɪtˈsɜːvɪs/ *n* Relig (on New Year's Eve) nabożeństwo *n* odprawiane w ostatnią noc roku; (on Christmas Eve) pasterka *f*

watchstrap /ˈwɒtʃstræp/ *n* pasek *m* do zegarka

watchtower /ˈwɒtʃtaʊə(r)/ *n* wieża *f* strażnicza or obserwacyjna

watchword /ˈwɒtʃwɜːd/ *n* (slogan) dewiza *f*, hasło *n* przewodnie; Mil (password) hasło *n*

water /ˈwɔːtə(r)/ **I** *n* [1] woda *f*; **holy ~** woda święcona; **running/tap ~** woda bieżąca/z kranu; **drinking/washing-up ~** woda pitna/do zmywania; **by ~** drogą wodną; **under ~** (submerged) pod wodą; (flooded) zalany (wodą), zatopiony; **to let in ~** *[shoe]* przemakać; *[boat]* przeciekać; **to make ~** Naut *[ship]* nabierać wody; **to turn the ~ on/off** (from tap) odkręcić /zakręcić kran; (at main) otworzyć/zamknąć dopływ wody [2] (body of water) **to fall in the ~** wpaść do wody; **to spend a day on the ~** spędzić dzień na wodzie; **to swim /breathe under ~** pływać/oddychać pod wodą; **to live over** or **across the ~** mieszkać na drugim brzegu or po drugiej stronie *(rzeki, jeziora, morza)* [3] Naut **high /low ~** przypływ/odpływ; **at high ~** w czasie przypływu [4] (bodily fluid) **to make** or **pass ~** Med oddawać mocz; **the thought of oysters brought (the) ~ to his mouth** na myśl o ostrygach ślin(k)a napłynęła mu do ust; **a rap on the nose brought (the) ~ into his eyes** dostał w nos, aż łzy pociekły mu z oczu

II waters *npl* [1] Naut wody *f pl*; **in international/foreign ~s** na wodach międzynarodowych/obcych; **enemy ~s** wody terytorialne wroga; **the ~s of the Nile** wody Nilu [2] (spa water) wody *f pl* mineralne or zdrojowe; **to go to the ~s** dat pojechać do wód dat; **to drink the ~s** pić wodę zdrojową or mineralną; **to take the ~s** przechodzić kurację wodną; leczyć się u wód dat [3] Med (in obstetrics) wody *f pl* płodowe; **her ~s have broken** odeszły jej wody (płodowe) [4] (flood) **the ~s are out** woda wystąpiła z brzegów; **the ~s have fallen** woda opadła [5] fig (situation) **to be in troubled/stormy ~s** wejść w trudny /burzliwy okres

III *modif [jug, glass, tank]* na wodę; *[plant, animal]* wodny; **~ molecule/purification** cząsteczka/oczyszczanie wody

IV *vt* [1] (sprinkle water on) zr|osić, -aszać *[lawn, plants]*; (pour water on) podl|ać, -ewać *[lawn, plant]*; pol|ać, -ewać (wodą) *[road]* [2] (irrigate) naw|odnić, -adniać *[field, crop]* [3] (provide water for) na|poić *[horse, livestock]* [4] Geog naw|odnić, -adniać *[region, plain]*; **a country ~ed by many rivers** kraj nawadniany przez wiele rzek [5] Tex morować *[fabric]*

V *vi* **the smell from the kitchen made my mouth ~** ślin(k)a nabiegła mi do ust, gdy poczułem zapach z kuchni; **the smoke/onion made my eyes ~** oczy zaczęły mi łzawić or łzy mi popłynęły od dymu/zapachu cebuli

VI watered *pp adj* = **watered-down**

■ **water down**: **~ down [sth], ~ [sth] down** [1] (dilute) rozw|odnić, -adniać *[milk, beer]*; rozcieńcz|yć, -ać (wodą) *[milk, paint, syrup]*; rozrzedz|ić, -ać wodą *[paint]* [2] fig z|łagodzić ton (czegoś) *[article, criticism, speech]*; z|łagodzić *[legislation, policy]*; osła-bi|ć, -ać *[effect]*; s|tonować *[description, vividness]* [3] Fin rozw|odnić, -adniać *[capital, stock]*

IDIOMS: **to spend money like ~** szastać pieniędzmi na prawo i lewo; **the wine was flowing like ~** wino lało się strumieniami; **not to hold ~** nie mieć sensu; nie trzymać się kupy infml; **with him it's like ~ off a duck's back** spływa po nim jak woda po gęsi or kaczce; **to walk on ~** infml czynić cuda fig; **I can't walk on ~!** nie jestem cudotwórcą!; **to keep one's head above ~** utrzymywać się na powierzchni; **to cast one's bread upon the ~s** Bible rzucać chleb swój na wody płynące; fig ≈ wspierać szczodrze ubogich w nadziei, że ofiara zwróci się stokrotnie; **to fish in troubled ~s** łowić ryby w mętnej wodzie; **it's all ~ under the bridge** or **over the dam** było, minęło (zapomnijmy o tym); **he's a cheat/liar of the first ~** on jest oszustem/łgarzem czystej or pierwszej wody

waterage /ˈwɔːtərɪdʒ/ *n* (transport) transport *m* drogą wodną; (cost) przewoźne *n* drogą wodną

water authority *n* przedsiębiorstwo *n* wodociągowe

water bag *n* bukłak *m*

water bailiff *n* GB strażnik *m* wód *(zajmujący się zwłaszcza ochroną zasobów wód przed kłusownikami)*

water bath *n* (process) kąpiel *f* wodna; (vessel) bemar *m (naczynie do przechowywania potraw w cieple)*

Water Bearer *n* Astrol, Astron Wodnik *m*

water-bearing /ˈwɔːtəbeərɪŋ/ *adj* Geol (stratum) wodonośny

water bed *n* materac *m* wodny, łóżko *n* wodne

water beetle *n* Zool chrząszcz *m* wodny, pływak *m*

water bird *n* ptak *m* wodny

water biscuit *n* sucharek *m* z mąki i wody

water blister *n* pęcherz *m*

water board *n* przedsiębiorstwo *n* wodociągowe

water boatman *n* Zool grzbietopławek *m*, pluskolec *m*

waterbody /ˈwɔːtəbɒdɪ/ *n* akwen *m*

water bomb *n plastikowa torba wypełniona wodą, rzucana z góry dla żartu*

water-borne /ˈwɔːtəbɔːn/ *adj* [1] Med, Biol *[virus, disease]* przenoszony przez wodę [2] Transp *[goods]* przewożony drogą wodną [3] Naut *[ship]* pływający; **to be ~** być na wodzie

water bottle *n* (for traveller) manierka *f*; (for cyclist) bidon *m*; (of leather) bukłak *m*; (in bedroom) karafka *f* na wodę → **hot water bottle**

waterbrash /ˈwɔːtəbræʃ/ *n* Med zgaga *f*

water buffalo *n* bawół *m* domowy

water bus *n* hydrobus *m*, tramwaj *m* wodny

water butt *n* beczka *f* na deszczówkę

water caltrop *n* Bot = **water chestnut** [1]

water cannon *n* armatka *f* wodna, działko *n* wodne

water carrier *n* [1] (person) nosiciel *m* wody, nosiwoda *m* [2] (container) zbiornik *m* or pojemnik *m* na wodę

Water Carrier *n* Astrol, Astron Wodnik *m*

water-cart /ˈwɔːtəkɑːt/ *n* [1] GB dat (for sprinkling street) polewaczka *f (do zmywania ulic)* [2] (for carrying water) beczkowóz *m*

water chestnut *n* Bot [1] kotewka *f* orzech wodny [2] (also **Chinese ~**) ponikło *n* słodkie

water chute *n* zjeżdżalnia *f (na basenie kąpielowym)*

water clock *n* zegar *m* wodny, klepsydra *f* wodna

water closet *n* GB dat ustęp *m*, klozet *m*

watercolor *n* US = **watercolour**

watercolour GB, **watercolor** US /ˈwɔːtəkʌlə(r)/ **I** *n* Art [1] (paint) farba *f* wodna, akwarela *f*; **a landscape painted in ~s** pejzaż namalowany akwarelami, pejzaż akwarelą [2] (painting) akwarela *f*

II *modif [landscape]* akwarelowy

watercolourist GB, **watercolorist** US /ˈwɔːtəkʌlərɪst/ *n* akwarelist|a *m*, -ka *f*

water-cooled /ˈwɔːtəkuːld/ *adj* Ind, Nucl chłodzony wodą

water-cooler /ˈwɔːtəkuːlə(r)/ *n* US automat *m* z chłodzoną wodą

water-cooling /ˈwɔːtəkuːlɪŋ/ *n* Ind, Nucl chłodzenie *n* wodne

watercourse /ˈwɔːtəkɔːs/ *n* [1] Geog (stream of water) ciek *m* wodny, wodociek *m*; (navigable) droga *f* wodna, szlak *m* wodny [2] (river bed) koryto *n*, łożysko *n*

water cracker *n* US sucharek *m* z mąki z wodą

watercress /ˈwɔːtəkres/ *n* Bot rukiew *f* wodna; Culin rzeżucha *f*

water cure *n* kuracja *f* wodna

water diviner *n* różdżka|rz *m*, -rka *f*

water divining *n* różdżkarstwo *n*

water-drinker /ˈwɔːtədrɪŋkə(r)/ *n* hum abstynent *m*, -ka *f*

watered-down /ˌwɔːtədˈdaʊn/ *adj* [1] (diluted) *[beer, milk]* rozwodniony; *[milk, paint, syrup]* rozcieńczony wodą [2] fig (scaled-down) *[criticism, language, policy, version]* złagodzony

watered silk /ˌwɔːtədˈsɪlk/ *n* Tex mora *f*

watered stock /ˌwɔːtədˈstɒk/ *n* Fin kapitał *m* rozwodniony

waterfall /ˈwɔːtəfɔːl/ *n* wodospad *m*

water fern *n* Bot paproć *f* wodna

water filter *n* filtr *m* do wody

water finder *n* US = **water diviner**

water finding *n* US = **water divining**

water flea *n* Zool dafnia *f*, rozwielitka *f*

water fountain *n* [1] (for decoration) fontanna *f* [2] (for drinking) wodotrysk *m* z wodą pitną

waterfowl /ˈwɔːtəfaʊl/ *n* (*pl* **~**) ptak *m* wodny; (collectively) ptactwo *n* wodne

waterfree /ˈwɔːtəfriː/ *adj [substance]* Chem odwodniony; *[area]* bezwodny; *[container]* pusty

waterfront /ˈwɔːtəfrʌnt/ **I** *n* (on harbour) nabrzeże *n*; (by lakeside, riverside) nadbrzeże *n*; **to stroll along the ~** (by lake, riverside) spacerować wzdłuż brzegu or nad wodą

II *modif [housing development, site]* nadbrzeżny

water gas *n* gaz *m* wodny

watergate /ˈwɔːtəgeɪt/ *n* (sluice) stawidło *n*, zastawka *f* wodna

Watergate /ˈwɔːtəgeɪt/ *prn* [1] *siedziba Partii Demokratycznej w Waszyngtonie* [2] fig wielka afera *f (zwłaszcza polityczna)*

water gauge *n* wodowskaz *m*

water glass *n* [1] (substance) szkło *n* wodne [2] (decorative vase) szklany wazon *m*; (for drinking) szklanka *f* do wody [3] (clock) zegar *m* wodny, klepsydra *f* wodna

water gruel *n* kasza *f* na wodzie

water-heater /ˈwɔːtəhiːtə(r)/ *n* terma *f*, grzejnik *m* na wodę

water hemlock *n* Bot szalej *m* jadowity, cykuta *f*

water hen *n* Zool kokoszka *f* or kurka *f* wodna

water hole *n* wodopój *m*; (in desert) oaza *f*

water ice *n* sorbet *m*

watering /ˈwɔːtərɪŋ/ *n* (by sprinkling) zraszanie *n*; (by pouring) podlewanie *n*; (of race course, street) polewanie *n*; (irrigation) nawadnianie *n*

watering can *n* konewka *f*, polewaczka *f*

watering hole *n* [1] Geog, Zool wodopój *m* [2] infml hum (bar) knajpa *f* infml

watering place *n* [1] dat (resort) kurort *m* [2] (in river, lake) wodopój *m* [3] infml (bar) knajpa *f* infml

watering pot *n* konewka *f*, polewaczka *f*

water jacket *n* Tech płaszcz *m* wodny; (in engine) koszulka *f* wodna

water jump *n* Sport rów *m* z wodą

water level *n* **the ~** poziom *m* wody

water lily *n* Bot (white) lilia *f* wodna, grzybień *m* biały; (yellow) grążel *m*, nenufar *m*

water line *n* [1] Naut **the ~** linia *f* wodna, wodnica *f* [2] Print znak *m* wodny *(w formie linii)*

water-logged /ˈwɔːtəlɒgd/ *adj* [1] *[ground, pitch, soil]* rozmokły; *[carpet, shoes]* przesiąknięty wodą [2] Naut *[ship]* pełen wody *(bliski zatonięcia)*

Waterloo /ˌwɔːtəˈluː/ *prn* Waterloo *n inv*; **the battle of ~** bitwa pod Waterloo

IDIOMS: **to meet one's ~** ponieść klęskę; **he met his ~** noga mu się powinęła

water main *n* główny przewód *m* wodociągowy, magistrala *f* wodociągowa

watermark /ˈwɔːtəmɑːk/ **I** *n* [1] Print znak *m* wodny, filigran *m* [2] (indication of highest level) linia *f* poziomu wody; **the high ~** znak wysokiej wody [3] Naut linia *f* wodna, wodnica *f*

II *vt* Print filigranować

water meadow *n* łęg *m*

watermelon /ˈwɔːtəmelən/ *n* arbuz *m*, kawon *m*

water meter *n* wodomierz *m*

water milfoil *n* Bot wywłócznik *m*

water mill *n* młyn *m* wodny

water nymph *n* nimfa *f* wodna

water on the brain *n* Med wodogłowie *n*

water on the knee *n* Med woda *f* w kolanie

water ouzel *n* Zool pluszcz *m*

water paint *n* farba *f* rozcieńczana wodą

water parting *n* dział *m* wodny, wododział *m*

water pipe *n* [1] Constr rura *f* wodociągowa [2] (hookah) fajka *f* wodna, nargile *plt*
water pipit *n* Zool siwerniak *m*
water pistol *n* pistolet *m* na wodę
water-plane /ˈwɔːtəpleɪn/ *n* Aviat dat hydroplan *m* dat
water polo *n* Sport piłka *f* wodna, waterpolo *n inv*
water power *n* energia *f* wodna, hydroenergia *f*
water pressure *n* ciśnienie *n* wody
waterproof /ˈwɔːtəpruːf/ **I** *n* (coat) płaszcz *m* nieprzemakalny
II **waterproofs** *npl* Clothg ubranie *n* nieprzemakalne, odzież *f* nieprzemakalna
III *adj [coat]* nieprzemakalny; *[fabric, make-up]* wodoodporny; *[watch, wall]* wodoszczelny
IV *vt* impregnować
waterproofing /ˈwɔːtəpruːfɪŋ/ *n* impregnacja *f* wodoodporna
water purifying tablet *n* tabletka *f* do odkażania wody
water rail *n* Zool wodnik *m*
water rat *n* Zool karczownik *m*
water rate *n* GB Admin opłata *f* za wodę *(obliczana w stosunku do wartości domu)*
water-repellent /ˌwɔːtərɪˈpelənt/ *adj [fabric]* nieprzemakalny; *[paint, finish]* wodoodporny; *[spray]* impregnacyjny; Chem hydrofobowy
water-resistant /ˌwɔːtərɪˈzɪstənt/ *adj [fabric]* nieprzemakalny; *[paint, ointment]* wodoodporny; *[surface]* wodoszczelny; *[resin]* impregnujący
water retention *n* Med (inability to pass water) zatrzymanie *n* moczu; (bloating) zatrzymywanie *n* wody w organizmie
water sapphire *n* kordieryt *m*
waterscape /ˈwɔːtəskeɪp/ *n* Art pejzaż *m* z widokiem rzeki/jeziora; (seascape) marina *f*
watershed /ˈwɔːtəʃed/ *n* Geog dział *m* wodny, wododział *m*; fig przełom *m*, okres *m* przełomowy
watershed hour *n* GB TV *godzina, przed którą telewizja zwyczajowo nie pokazuje programów zawierających sceny drastyczne*
water-shrew /ˈwɔːtəʃruː/ *n* Zool rzęsorek *m*
waterside /ˈwɔːtəsaɪd/ **I** *n* **the ~** nadbrzeże *n*; **by** or **at the ~** na brzegu, nad wodą; **on the ~** na nadbrzeżu
II *modif [street, housing development]* nadbrzeżny; *[plants, insects]* nabrzeżny, nadwodny
water-ski /ˈwɔːtəskiː/ Sport **I** *n* narta *f* wodna; **a pair of ~s** para nart wodnych
II *vi* jeździć na nartach wodnych
water-skier /ˈwɔːtəskiːə(r)/ *n* Sport narciarz *m* wodny, narciarka *f* wodna
water-skiing /ˈwɔːtəskiːɪŋ/ Sport **I** *n* narciarstwo *n* wodne; **to be good/bad at ~** dobrze/słabo jeździć na nartach wodnych
II *modif* **~ champion/fan** mistrz/miłośnik jazdy na nartach wodnych; **~ lesson** lekcja jazdy na nartach wodnych
water slide *n* zjeżdżalnia *f (na basenie kąpielowym)*
water snake *n* Zool wąż *m* wodny
Water Snake *n* Astron Wąż *m* Morski
water softener *n* (substance) substancja *f* zmiękczająca wodę; (apparatus) urządzenie *n* do zmiękczania wody
water soldier *n* Bot osoka *f* aloesowata
water-soluble /ˌwɔːtəˈsɒljʊbl/ *adj* rozpuszczalny w wodzie
water spaniel *n* spaniel *m* wodny
water spider *n* Zool topik *m*, wodnik *m*
water sports *npl* sporty *m pl* wodne
waterspout /ˈwɔːtəspaʊt/ *n* [1] Meteorol trąba *f* wodna [2] Constr wylot *m* rynny dachowej
water strike *n* strajk *m* pracowników wodociągów
water supply *n* [1] (in an area) zaopatrzenie *n* w wodę; (to a building) dopływ *m* wody; **chemicals have contaminated the ~** chemikalia skaziły wodę; **the ~ (to the building) has been cut off** dopływ wody do budynku został odcięty [2] (ration) zapasy *m pl* wody; **they set out without an adequate ~** wyruszyli bez dostatecznych zapasów wody
water system *n* [1] Geog system *m* wodny [2] (network of pipes) (for town) sieć *f* wodociągowa; (for house) instalacja *f* wodociągowa
water table *n* Geog poziom *m* or zwierciadło *n* wód gruntowych
watertight /ˈwɔːtətaɪt/ *adj* [1] *[container, joint, seal]* wodoszczelny [2] fig (perfect) *[defence, security]* szczelny [3] (irrefutable) *[alibi]* niezbity; *[argument, case, theory]* niepodważalny; *[plan, agreement]* nie do zakwestionowania
watertight compartment *n* Naut gródź *f* wodoszczelna
water tower *n* wieża *f* ciśnień
water treatment *n* hydroterapia *f*, wodolecznictwo *n*
water trough *n* koryto *n (do pojenia zwierząt)*
water vapour *n* para *f* wodna
water vole *n* Zool karczownik *m*
water wagon *n* US (for hauling water) beczkowóz *m*; (for sprinkling) polewaczka *f (do polewania ulic)*
waterway /ˈwɔːtəweɪ/ *n* Geog, Transp droga *f* wodna
water weed *n* roślina *f* wodna
water wheel *n* koło *n* wodne
water wings *npl* pływaczki *m pl (zakładane na ramiona)*
water worker *n* pracownik *m* wodociągów
waterworks /ˈwɔːtəwɜːks/ *n* [1] *(pl ~)* wodociąg *m*; **the ~ was** or **were built in 1920** wodociągi wybudowano w 1920 roku [2] infml euph drogi *f pl* moczowe [3] US (distribution network) sieć *f* wodociągowa
IDIOMS: **to turn on the ~** infml zalać się łzami, uderzyć w płacz
watery /ˈwɔːtərɪ/ *adj* [1] (too dilute) *[coffee, paint, consistency]* wodnisty [2] (insipid) *[sunshine, moon]* blady; *[colours]* rozmyty; *[smile]* blady, mdły [3] (full of tears) *[eyes]* pełen łez, załzawiony [4] (secreting liquid) *[eyes]* łzawiący; *[wound]* ślimaczący się; **my eyes were ~** oczy mi łzawiły [5] (badly drained) *[vegetables]* źle odcedzony [6] (soaked with water) *[ground]* mokry, podmokły [7] (relating to water) *[environment, world]* wodny
watt /wɒt/ **I** *n* Phys, Elec wat *m*
II *modif* **a 100-~ bulb** żarówka stuwatowa
wattage /ˈwɒtɪdʒ/ *n* moc *f* w watach; **what ~ is this bulb?** ile watów ma ta żarówka?
wattle[1] /ˈwɒtl/ *n* [1] Hist Constr plecionka *f* z prętów i witek [2] Bot (tree) akacja *f* australijska
wattle[2] /ˈwɒtl/ *n* Zool (of turkey) korale *plt*
wattle and daub **I** *n* Hist Constr plecionka *f* obrzucana gliną *(do budowy ścian domów)*
II *modif [wall, roof, dwelling]* z plecionki pokrytej gliną
wave /weɪv/ **I** *n* [1] (of water) fala *f*; **to make ~s** *[wind]* podnosić fale; fig (cause a stir) rozrabiać infml [2] (in hair) fala *f*; **she has a natural ~ to her hair** włosy same się jej układają; **permanent ~** trwała (ondulacja) [3] (surge, movement) fala *f*; (of feeling) przypływ *m*; (of attacking soldiers) uderzenie *n*; **a ~ of arrests/strikes/settlers** fala aresztowań/strajków/osadników; **a ~ of heat/interest** fala ciepła/zainteresowania; **a ~ of nausea came over him** zrobiło mu się niedobrze; **to occur in ~s** występować falami [4] (gesture) skinienie *n*, kiwnięcie *n*, machnięcie *n*; **to give sb a ~** pomachać do kogoś; **she gave him a ~ from the bus** pomachała mu z autobusu; **to greet sb with a ~** skinąć komuś ręką na powitanie; **to dismiss objections with a ~** zbyć obiekcje machnięciem ręki; **with a ~ of his wand** (jednym) skinieniem or machnięciem różdżki [5] Phys fala *f*; **radio /light ~s** fale radiowe/świetlne
II **waves** *npl* liter **the ~** morskie przestworza *n pl* liter; **to ride the ~s** pływać po morzach
III *vt* [1] (shake, swing) mach|nąć, -ać (czymś), pomachać (czymś), zamachać (czymś), wymachiwać (czymś) *[piece of paper, flag, handkerchief]*; potrząs|nąć, -ać (czymś), wymachiwać (czymś) *[umbrella, stick]*; **she ~d her hand sadly** zasmucona machnęła ręką; **stop waving those papers under my nose!** przestań mi wymachiwać przed nosem tymi papierami!; **to ~ sth in the air** wymachiwać or potrząsać czymś w powietrzu; **she ~d the letter at him** machnęła listem w jego kierunku; **he ~d his stick at them** wygrażał im laską; **to ~ sb goodbye** pomachać komuś na pożegnanie; **you can ~ goodbye to your chances of winning** fig możesz pożegnać się z wygraną [2] (direct) **he ~d us to his table** skinieniem dłoni przywołał nas do swego stolika; **the policeman ~d our car on/to one side** gestem dłoni policjant kazał nam jechać dalej/zjechać na bok [3] (at hairdresser's) zakręc|ić, -ać, u|łożyć, -kładać w fale *[hair]*; **I had my hair ~d** uczesałam się (u fryzjera)
IV *vi* [1] (signal) **to ~ at** or **to sb** po|machać komuś or do kogoś, za|machać do kogoś, skinąć na kogoś; **he ~d at** or **to me from the window** pomachał mi or do mnie z okna; **he ~d at** or **to me to come over** przywołał mnie gestem ręki [2] (move gently) *[flag, washing]* powiewać; *[corn]* za|falować, za|kołysać się; *[branches]* za|kołysać się [3] *[hair]* układać się w fale
■ **wave around, wave about**: ¶ **~ around** *[flag, washing]* powiewać, za|trzepotać ¶ **~ [sth] around** wymachiwać (czymś) *[stick, umbrella]*; **to ~ one's arms around** wymachiwać rękami
■ **wave aside**: ¶ **~ [sth] aside, ~ aside**

[sth] zbyć (machnięciem ręki), odrzuc|ić, -ać *[suggestion, objection, offer]* ¶ **~ [sb] aside** (signal to move to one side) gestem nakazać (komuś) odsunąć się
■ **wave down**: **~ down [sb/sth], ~ [sb /sth] down** zatrzym|ać, -ywać ruchem ręki *[taxi]*; **we were ~d down by a policeman** policjant kazał nam się zatrzymać
■ **wave off**: **~ off [sb], ~ [sb] off** po|machać (komuś) na pożegnanie

wave action *n* Geol działanie *n* fal

waveband /ˈweɪvbænd/ *n* Radio zakres *m* or pasmo *n* częstotliwości

wave energy *n* = **wave power**

wave form *n* kształt *m* fali

wavelength /ˈweɪvleŋθ/ *n* (size) długość *f* fali; (distance) częstotliwość *f*
IDIOMS: **to be on the same ~ as sb** doskonale się z kimś rozumieć; **to be on a different ~** nie potrafić się porozumieć or dogadać infml

wavelet /ˈweɪvlɪt/ *n* liter zmarszczka *f* (na wodzie)

wave mechanics *n (+ v sg)* mechanika *f* fal

wave power *n* Ecol energia *f* fal

waver /ˈweɪvə(r)/ *vi* [1] (falter) *[person]* za|wahać się; *[voice]* za|drżeć, rwać się; *[courage, determination, love]* o|słabnąć; *[faith]* załam|ać, -ywać się; **her steady gaze did not ~** nawet na chwilę nie spuściła wzroku; **he never ~ed in his loyalty** zawsze był lojalny; **he's ~ing in his determination to see the job through** zaczyna tracić zapał do tej pracy; **the party will not ~ from its strategy** partia nie odstąpi od swej strategii [2] (flicker) *[flame, light]* za|migotać; *[needle]* za|drżeć, za|drgać [3] (hesitate) *[person]* za|wahać się, nie móc się zdecydować; **to ~ over a decision** wahać się przed podjęciem decyzji; **he ~ed between accepting and refusing this offer** nie mógł się zdecydować, czy przyjąć, czy odrzucić tę propozycję; **without ~ing for a moment** bez chwili wahania [4] (change) *[weather, fortunes]* być zmiennym; *[health]* być kruchym; **to ~ between A and B** oscylować pomiędzy A i B

waverer /ˈweɪvərə(r)/ *n* człowiek *m* niezdecydowany

wavering /ˈweɪvərɪŋ/ **I** *n* [1] (hesitation) wahanie *n*, chwiejność *f* [2] (of flame) migotanie *n*; (of voice) drżenie *n*
II *adj [person]* niezdecydowany; *[resolve, steps]* chwiejny; *[confidence, courage, faith]* słabnący; *[voice]* drżący; *[flame]* migoczący

wavy /ˈweɪvɪ/ *adj [hair]* falujący; *[line]* falisty

wax¹ /wæks/ **I** *n* [1] (for candles, modelling, polishing) wosk *m*; (for skis) parafina *f*; **to put sth on ~** dat (record) wydać coś na płycie (gramofonowej) [2] (paraffin wax) parafina *f*; (earwax) woskowina *f*, woszczyna *f*; (sealing wax) lak *m*, wosk *m* [3] Chem, Tech (mineral wax) wosk *m* ziemny, ozoketryt *m*
II *modif [candle, figure, polish]* woskowy; *[seal]* lakowy, woskowy
III *vt* [1] (polish) na|woskować *[floor, table, thread, car]*; na|smarować *[skis]* [2] Cosmet wy|depilować woskiem *[legs]*
IV **waxed** *pp adj [fabric, paper, thread, moustache]* (na)woskowany; *[floor, table]* wywoskowany; **~ed jacket** GB kurtka impregnowana

wax² /wæks/ *vi* [1] Astron **the moon ~es and then wanes** księżyca przybywa, a potem ubywa; **to ~ and wane** fig *[interest, popularity]* zwiększać się i zmniejszać [2] (speak) **to ~ eloquent/indignant** zrobić się elokwentnym/pełnym wyniosłej pogardy; **to ~ nostalgic/elegiac** popaść w nostalgię/w ton elegijny; **to ~ lyrical over** or **about sth** rozpływać się nad czymś

wax bean *n* US fasola *f* szparagowa

waxen /ˈwæksn/ *adj [face, skin]* woskowy

waxing /ˈwæksɪŋ/ *n* [1] (of floor, table, car) woskowanie *n*; (of skis) smarowanie *n* [2] Cosmet depilacja *f* woskiem

wax museum *n* muzeum *n* or gabinet *m* figur woskowych

wax paper *n* papier *m* woskowany

waxwing /ˈwækswɪŋ/ *n* Zool jemiołuszka *f*

waxwork /ˈwækswɜːk/ *n* figura *f* woskowa

waxworks /ˈwækswɜːks/ *n (+ v sg/pl)* gabinet *m* figur woskowych

waxy /ˈwæksɪ/ *adj [skin, texture]* woskowaty; *[potatoes]* wodnisty

way /weɪ/ **I** *n* [1] (road) droga *f*; (route) trasa *f*, szlak *m*; **a paved ~** droga brukowana; **a pedestrian ~** droga dla pieszych; **they live over the ~ (from us)** infml mieszkają po drugiej stronie drogi; **we took the shortest/quickest ~ to town** pojechaliśmy do miasta najkrótszą/najszybszą trasą; **if we go this ~ we avoid the traffic** jeśli pojedziemy tą trasą, unikniemy korków; **to ask the ~ to Oxford/the museum** zapytać o drogę do Oksfordu/do muzeum; **which is the best ~ to the station?** jak najłatwiej dostać się na dworzec; **can you tell me the ~ to the museum?** czy może mi pan/pani powiedzieć, jak dostać się do muzeum?; **to find one's ~** znaleźć drogę; **how did this book find its ~ in here?** skąd się tu wzięła ta książka?; **the ~ ahead** droga przede mną/przed nimi; **I can see many obstacles on the ~ ahead** fig po drodze widzę jeszcze wiele przeszkód; **we tried to find a ~ around the obstacle** próbowaliśmy ominąć przeszkodę; **there's no ~ around the problem** fig tego problemu nie da się obejść; **to take the long ~ round** wybrać dłuższą drogę okrężną; **the ~ back** droga powrotna; **on the ~ back from the meeting** w drodze (powrotnej) ze spotkania; **I telephoned them on the ~ back** zatelefonowałem do nich w drodze powrotnej; **the ~ down** (on slope) droga w dół; **the ~ up** (on slope) droga w górę or pod górę; **I slipped on my ~ down/up the ladder** poślizgnąłem się schodząc z drabiny/wchodząc na drabinę; **the actress is on her ~ up** fig ta aktorka jest na najlepszej drodze do zrobienia kariery; **the ~ forward** fig dalsza droga fig; **the ~ in** wejście **(to sth** do czegoś); (for vehicles) wjazd **(to sth** do czegoś); **the ~ out** wyjście **(of sth** z czegoś); (for vehicles) wyjazd **(of sth** z czegoś); **the quickest ~ out is through here** najkrótsza droga do wyjścia prowadzi tędy; **there's no ~ out** fig nie ma wyjścia; **a ~ out of our difficulties** wyjście z naszych kłopotów; **on the ~** po drodze, w drodze; **we stopped off a few times on the ~** po drodze zatrzymaliśmy się kilka razy; **I bumped into Adam on the ~ home** w drodze do domu wpadłem na Adama; **I'll tell you on the ~** powiem ci po drodze; **I'm on my ~!** (leaving) już wychodzę!; (be soon) zaraz będę!; **the doctor is on his ~** lekarz jest w drodze; **the goods are on their ~** towar jest w drodze; **don't worry, help is on the ~** nie martw się, pomoc jest już w drodze; **winter's on the ~** zbliża się zima; **they have two children and another one on the ~** mają dwoje dzieci, a trzecie jest w drodze; **his house is on your ~ to town** w drodze do miasta mijasz jego dom; **it's not on my ~** to mi nie po drodze; **I must be on my ~** muszę ruszać w drogę; **to go on one's ~** ruszyć w drogę; **to send sb on his ~** (tell to go away) przegonić kogoś; **she sent him on his ~ with an apple** dała mu na drogę jabłko; **to be on one's ~ to victory** być na najlepszej drodze do zwycięstwa; **to be on the ~ to disaster** zmierzać ku katastrofie; **to be well on the ~** or **one's ~ to being successful** być na najlepszej drodze do osiągnięcia sukcesu; **to be on the ~ out** fig wychodzić z mody, wychodzić z użycia; **to be out of sb's ~** być komuś nie po drodze; **sorry to have taken you out of your ~** przepraszam, że przeze mnie musiałeś zboczyć z drogi; **they went out of their ~ to be helpful** dołożyli starań, żeby pomóc; zrobili wszystko, żeby pomóc; **they are helpful, without going out of their ~** są skłonni do pomocy, ale bez przesady; **don't go out of your ~ (to do it)** nie zawracaj sobie głowy (robieniem tego); **she doesn't go out of her ~ to praise people** ona nie jest skora do pochwał; **out of the ~** (isolated) (położony) na uboczu; (unusual) przedziwny, niezwykły; **their house is rather out of the ~** ich dom stoi na uboczu; **along the ~** po drodze also fig; **by ~ of sth** (via) przez coś; **we came by ~ of Reading** jechaliśmy przez Reading; **to go one's own ~** fig pójść własną drogą fig; **there we went our separate ~s** tam nasze drogi się rozeszły; **they decided to go their separate ~s** (of couple) postanowili się rozstać; postanowili, że każde pójdzie swoją drogą; **to go the ~ of sb** pójść w ślady kogoś; **to go the ~ of sth** skończyć tak samo jak coś; **to make one's ~ towards the exit** posuwać się do wyjścia, zmierzać ku wyjściu; **the procession makes its solemn ~ through London** pochód uroczyście sunie ulicami Londynu; **I made my own ~ home** sam dostałem się do domu; **she had to make her own ~ in life** sama musiała borykać się z życiem, sama musiała sobie radzić w życiu; **to push one's ~ to the front/through the crowd** przepchnąć się or przecisnąć się do przodu/przez tłum; **to argue/lie one's ~ out of trouble** wykłócaniem się/kłamstwem wybrnąć z kłopotu; **he plodded his ~ through all this paperwork** uporał się z całą papierkową robotą [2] (direction) strona *f*, kierunek *m*; **which ~ did they go?** w którą poszli stronę?; **which ~ for** or **to the**

dining room? którędy do jadalni?; **London is that ~** Londyn jest w tamtą stronę or w tamtym kierunku; **come** or **step this ~** proszę tędy; **can we get to the park this ~?** czy tędy dojdziemy do parku?; **'this ~ for the zoo'** (sign) „do zoo"; **he's heading this ~** on zmierza w tę stronę; **look/turn this ~** popatrz/obróć się w tę stronę; **'this way up'** (notice on box) „góra"; **to run this ~ and that** biegać tam i z powrotem; **to look this ~ and that** rozglądać się na wszystkie strony; **look both ~s before you cross the road** spójrz w obie strony, zanim przejdziesz przez ulicę; **to look the other ~** (to see) patrzeć w drugą or inną stronę; (to avoid seeing) odwrócić wzrok; fig (to ignore wrongdoing) przymykać oczy fig; **every which ~** (in all directions) na wszystkie strony; **the other ~ round** odwrotnie; **turn the table the other ~ around** obróć stół w drugą stronę; **to do sth the other ~ around** zrobić coś inaczej or odwrotnie; **she didn't invite me, it was the other ~ around** to nie ona mnie zaprosiła, tylko ja ją; **the other ~ up** drugą stroną do góry; **you're going the right/wrong ~** zmierzasz w dobrą/złą stronę or w dobrym/złym kierunku; **to put one's skirt on the wrong ~ around** włożyć spódnicę tył do przodu or odwrotnie; **you're Adam and you're Robert, have I got that the right ~ around?** ty nazywasz się Adam, a ty Robert, czy dobrze pamiętam?; **you're going the right ~ to get a smack** jak tak dalej będzie, dostaniesz klapsa; **are you going my ~?** czy idziesz/jedziesz w moim kierunku?; **if you're ever down our ~...** jeżeli kiedyś będziesz w naszych stronach...; **over** or **around Bristol ~** (in the direction of) w stronę or w kierunku Bristolu; (in the area of) w okolicy Bristolu; **she's coming our ~** ona idzie w naszą stronę; **an opportunity came my ~** nadarzyła mi się okazja; **to put sth sb's ~** infml zaproponować coś komuś; **everything's going my/his ~** wszystko idzie po mojej/jego myśli [3] (space to proceed) (wolna) droga *f*; (affording passage) przejście *n*; (for vehicle) przejazd *m*; **to bar/block sb's ~** przegrodzić/zatarasować or zablokować komuś drogę; **to be in the ~** zawadzać; **to be in sb's ~** zawadzać komuś; *[person, large object]* stać komuś na drodze; **am I in your ~ here?** czy tu ci zawadzam?; **to get in sb's ~** *[hair, clothing]* przeszkadzać komuś; *[children]* plątać się komuś pod nogami; **anyone who gets in his ~ is likely to be knocked down** fig każdy, kto wejdzie mu w paradę, dostanie za swoje; **she won't let anything get in the ~ of her ambition** nie dopuści, żeby coś stanęło na przeszkodzie jej dążeniom; **if only he were out of the ~...** gdyby tylko można było się go pozbyć...; **once the election is out of the ~...** gdy już będzie po wyborach...; **to get out of the ~** usunąć się or zejść z drogi; **to get out of sb's ~** zejść komuś z drogi; **(get) out of the** or **my ~!** (zejdź mi) z drogi!; **put that somewhere out of the ~** połóż to gdzieś tak, żeby nie przeszkadzało; **he couldn't get out of the ~ in time** nie zdążył uskoczyć w porę; **get your arm out of the ~, I can't see** zabierz rękę, nic nie widzę; **let me just get lunch out of the ~** pozwól mi tylko uporać się z lunchem; **to keep out of the ~** nie przeszkadzać, trzymać się z dala; **to keep out of sb's ~** nie wchodzić komuś w drogę, schodzić komuś z drogi; **to keep sb/sth out of sb's way** trzymać kogoś/coś z dala od kogoś; **to shove/pull sb out of the ~** odepchnąć /odciągnąć kogoś (z drogi); **to make ~ (for sb/sth)** zrobić miejsce (dla kogoś /czegoś); **make ~ for the mayor!** przejście dla pana burmistrza!; **make ~! make ~!** z drogi! z drogi!; **spring made ~ for summer** wiosna ustąpiła miejsca latu; **it's time she made ~ for someone younger** już czas, żeby ustąpiła miejsca komuś młodszemu [4] (distance) droga *f*, odległość *f*; **it's a long/short ~** to daleko/niedaleko; **it's a long/short ~ into town** do miasta jest daleko/niedaleko; **it's not a very long ~** to nie jest tak daleko; **80 kilometres, that's quite a ~** 80 kilometrów to szmat or kawał drogi; **a short ~ off** (in space) niedaleko; (in time) niedługo; **my birthday is still some ~ off** do moich urodzin jest jeszcze sporo czasu; **we still have some ~ to go before we reach agreement** minie jeszcze trochę czasu, zanim osiągniemy porozumienie; **to go all the ~ on foot/by bus** przebyć całą drogę pieszo /autobusem; **the bus takes you all the ~** autobus zawiezie cię na miejsce; **all the ~ there and all the ~ back** (przez) całą drogę tam i z powrotem; **to go all the ~ to China with sb** pojechać z kimś aż do Chin; **I'm with** or **behind you all the ~** możesz na mnie w pełni polegać; **to go all the ~** infml (have sex) *[two people]* przespać się ze sobą infml; **to go all the ~ with sb** infml pójść z kimś do łóżka, przespać się z kimś infml [5] (manner of doing sth) sposób *m*; **do it this/that ~** zrób to w ten sposób; **you won't convince her that ~** w ten sposób jej nie przekonasz; **which ~ shall I do it?** jak or w jaki sposób mam to zrobić?; **let me explain it another ~** może wyjaśnię to inaczej; **to do sth the French ~** robić coś na sposób francuski; **to do sth the right/wrong ~** robić coś dobrze/źle or we właściwy/w niewłaściwy sposób; **you're going about it the wrong ~** źle się do tego zabierasz; **in a friendly/hostile ~** w przyjacielski/wrogi sposób, przyjaźnie or po przyjacielsku/wrogo; **in the usual ~** w zwykły sposób, jak zwykle; **let her do it her ~** niech robi to po swojemu; **that's not her ~** to nie w jej stylu; **try to see it my ~** spróbuj spojrzeć na to z mojej strony; **they are nice people in their own ~** na swój sposób to mili ludzie; **to have a ~ with sth** znać się na czymś; **to have a ~ with children** mieć dobre podejście do dzieci; **she certainly has a ~ with her** infml ona potrafi postępować z ludźmi; **there are other ~s of doing it** to można zrobić inaczej; **there are several ~s of approaching it** do tego można podejść na kilka sposobów; **she's got her own ~ of doing things** ona robi wszystko po swojemu; **to my ~ of thinking** moim zdaniem; **that's one ~ of looking at it** to tylko jeden punkt widzenia; **there's no ~ of knowing/judging** nie wiadomo/nie sposób ocenić; **what a horrible ~ to die!** cóż za straszna śmierć!; **that's the ~ to do it!** tak to się robi!, tak należy to zrobić!; **that's the ~!** doskonale!; **~ to go!** US infml ekstra! infml; **that's no ~ to treat a child** tak się dziecka nie traktuje; **what a ~ to run a company!** cóż to za metody prowadzenia przedsiębiorstwa!; **I like the ~ she dresses** podoba mi się jej styl ubierania się; **I like the ~ you blame me!** iron i ty mnie jeszcze obwiniasz!; **that's not the ~ we do things here** tutaj nie załatwia się spraw w ten sposób; **whichever ~ you look at it** jakby na to nie spojrzeć; **either ~, she's wrong** jakby na to nie spojrzeć, ona nie ma racji; **one ~ or another** tak czy inaczej, tak czy owak; **one ~ or the other** tak czy inaczej; tak czy siak infml; **I don't care one ~ or the other** mnie jest wszystko jedno; **no two ~s about it** bez dwóch zdań; **you can't have it both ~s** nie można mieć jednego i drugiego, musisz wybrać: albo – albo; **no ~!** infml nie ma mowy!; **no ~ am I doing that!** infml ani mi się śni to robić! infml [6] (respect, aspect) sens *m*; **in a ~ it's sad** w pewnym sensie to smutne; **can I help in any ~?** czy mogę jakoś pomóc?; **would it make things easier in any ~ if...** czy to by w jakiś sposób pomogło, gdyby...; **without wanting to criticize in any ~, I must say that...** bynajmniej nie chcę krytykować, ale muszę powiedzieć, że...; **in every ~** pod każdym względem; **in many ~s** z wielu względów, pod wieloma względami; **in some ~s** pod pewnymi względami; **in more ~s than one** pod wieloma względami; **in that ~ you're right** pod tym względem masz rację; **in no ~, not in any ~** pod żadnym względem, w żadnym razie; **in no ~ are you to blame** w żadnym wypadku nie można ciebie winić; **this is not in any ~ a criticism** to nie jest w żadnym razie krytyka; **not much in the ~ of news/work** niewiele wiadomości/pracy; **what have you got in the ~ of drinks?** co macie do picia?; **in a general ~** (generally) ogólnie rzecz biorąc; **in the ordinary ~** (ordinarily) zwykle, w normalnych okolicznościach [7] (custom, manner) zwyczaj *m*, obyczaj *m*; (person's) przyzwyczajenie *n*, nawyk *m*; **you'll soon get used to our ~s** wkrótce przywykniesz do naszych zwyczajów; **his stingy ~s** jego skąpstwo; **the old ~s** dawne zwyczaje; **that's the modern ~** to nowoczesny zwyczaj; **I know all her little ~s** znam jej wszystkie przyzwyczajenia; **he's rather strange in his ~s** on ma dość dziwne obyczaje or nawyki; **she has a ~ of looking you straight in the eye** ona ma zwyczaj patrzeć człowiekowi prosto w oczy; **that's just his ~** on taki już jest; **they could have compromised, but that's not their ~** mogli dojść do porozumienia, ale to nie w ich stylu; **it's not my ~ to complain, but...** nie mam zwyczaju narzekać, ale...; **it's the ~ of the**

world tak to w życiu bywa [8] (will, desire) to get one's own ~, to have one's own ~ postawić na swoim; she likes (to have) her own ~ ona lubi stawiać na swoim; if I had my ~... gdyby to ode mnie zależało...; have it your (own) ~ niech ci będzie; they didn't have it all their own ~ nie wszystko szło po ich myśli, nie do końca udało im się postawić na swoim; Leeds had things all their own ~ in the first half Sport w pierwszej połowie Leeds dominowało na boisku; to have one's (wicked) ~ with sb dat or hum uwieść kogoś; zbałamucić kogoś dat or hum [9] (indicating the scale) in a big/small ~ na dużą/niewielką skalę; they're fruit importers in quite a big ~ importują owoce na dość dużą skalę; he's interested in cars in a big ~ bardzo interesuje się samochodami; to go for sth in a big ~ infml szaleć na punkcie czegoś; in her own small ~ she does a great deal of good w miarę swoich skromnych możliwości robi wiele dobrego; each of us in our small ~ can contribute to the final result każdy z nas może mieć swój skromny wkład w efekt końcowy [10] (forward motion, impetus) to have ~ on Naut płynąć pełną parą; to gather/lose ~ Naut nabierać szybkości/tracić szybkość; to be under ~ *[meeting, discussion]* toczyć się, być w toku, trwać; the negotiations now under ~ in Washington trwające w Waszyngtonie negocjacje; the project is well under ~ projekt jest bardzo zaawansowany; to get under ~ *[meeting, work]* rozpocząć się; to get sth under ~ rozpocząć coś *[meeting, discussion, project]*

II ways *npl* Naut ruszt *m* pochylniowy

III *adv* the price was ~ above what we could afford cena była dla nas o wiele za wysoka; to be ~ ahead być daleko w przodzie; ~ back in February/the 60s jeszcze w lutym/w latach 60.; we've been friends from ~ back przyjaźnimy się od lat; they're ~ behind the times są bardzo staroświeccy; to live ~ beyond one's means żyć ponad stan; to go ~ beyond what is necessary wykraczać daleko poza granice tego, co konieczne; to be ~ out in one's calculations grubo się pomylić w obliczeniach; that's ~ out of order to za wiele, to za dużo powiedziane; we went ~ over our budget poważnie przekroczyliśmy budżet; it's ~ past midnight jest dawno po północy; to be ~ more expensive/dangerous być dużo droższym/niebezpieczniejszym

IV by the way *adv phr [tell, mention]* mimochodem; by the ~, ... à propos; oh, by the ~, there's a letter for you à propos, jest do ciebie list; Mr Thompson, who, by the ~, is one of our best customers pan Thompson, który, nawiasem mówiąc, jest jednym z naszych najlepszych klientów; but that's all by the ~; what I really wanted to say was... ale to tylko na marginesie, bo faktycznie chciałem powiedzieć, że...

V by way of *pre phr* [1] (via) przez (coś); we went to Rome by ~ of Milan do Rzymu pojechaliśmy przez Mediolan [2] (as a form of) jako (coś), tytułem (czegoś); by ~ of introduction jako wprowadzenie, tytułem wprowadzenia [3] (for the purpose of) dla (czegoś); by ~ of illustration dla zilustrowania

waybill /ˈweɪbɪl/ *n* (of goods) list *m* przewozowy; (of passengers) lista *f* pasażerów

wayfarer /ˈweɪfeərə(r)/ *n* liter wędrowiec *m*

wayfaring /ˈweɪfeərɪŋ/ liter **I** *n* wędrówka *f*
II *adj [minstrel]* wędrowny

wayfaring tree *n* Bot kalina *f* hordowina

waylay /ˌweɪˈleɪ/ *vt (pt, pp* **-laid)** [1] (stop) zatrzym|ać, -ywać *[person, vehicle]*; I got waylaid by family problems zatrzymały mnie sprawy rodzinne; she must have been waylaid coś ją musiało zatrzymać [2] (attack) napa|ść, -dać na (kogoś) *[person]*

way of life *n* styl *m* życia

Way of the Cross *n* Droga *f* Krzyżowa

way-out /ˌweɪˈaʊt/ *adj* infml [1] (unconventional) obłędny infml [2] dat (great) klawy dat infml

ways and means *npl* środki *m pl*; the ~ to solve the problem sposoby i środki potrzebne do rozwiązania tego problemu

Ways and Means Committee *n* Pol ≈ komisja *f* budżetowa

wayside /ˈweɪsaɪd/ **I** *n* the ~ skraj *m* drogi; at or by the ~ przy drodze
II *modif [inn, flowers]* przydrożny

IDIOMS: to fall by the ~ (stray morally) zejść na złą drogę or na manowce; (fail, not stay the course) *[candidate]* odpaść; *[project]* nie udać się; *[marriage]* nie ułożyć się; to go by the ~ (be cancelled) *[undertaking, project]* upaść

way station [1] Rail przystanek *m* [2] fig etap *m* fig; a ~ for drug dealers punkt przerzutowy narkotyków

wayward /ˈweɪwəd/ *adj [person, child, nature]* (headstrong) krnąbrny; (capricious) niesforny; *[horse]* narowisty; *[bullet]* zbłąkany; *[husband, wife]* niestały (w uczuciach)

waywardness /ˈweɪwədnɪs/ *n* (obstinacy) krnąbrność *f*; (capriciousness) niesforność *f*; (of horse) narowistość *f*

wazzock /ˈwæzək/ *n* GB infml kretyn *m*, jełop *m* infml

WC *n* GB = water closet WC *n*

WCC *n* = World Council of Churches ŚRK *f*

we /wiː, wɪ/ *pron* my; we saw her yesterday widzieliśmy ją wczoraj; we won't be here nie będzie nas tutaj; we didn't do it nie zrobiliśmy tego; WE didn't do it my tego nie zrobiliśmy; we Scots like the sun my, Szkoci, lubimy słońce; we four agreed that... uzgodniliśmy we czwórkę, że...; we all make mistakes wszyscy popełniamy błędy

WEA *n* GB = Workers' Educational Association ≈ Towarzystwo *n* Wiedzy Powszechnej

weak /wiːk/ **I** *n* the ~ (+ *v pl*) słabi *m pl*
II *adj* [1] (in bodily functions) *[person, animal, muscle, limb, heart]* słaby; (temporarily) osłabiony; *[health, eye, nerves]* słaby; *[chest, bladder, stomach]* delikatny; *[ankle]* nadwyrężony; *[memory]* słaby; to have a ~ heart chorować na serce, mieć słabe serce; he has a ~ constitution on jest wątły; she was ~ with or from hunger/fear słabo jej było z głodu/ze strachu, zrobiło się jej słabo z głodu/ze strachu; to grow or become ~(er) osłabnąć; I went ~ at the knees kolana się pode mną ugięły; to have a ~ head for alcohol mieć słabą głowę (do alkoholu); the ~er sex dat słaba płeć [2] Constr *[beam, support, structure]* słaby; don't sit on this chair, it has a ~ leg nie siadaj na tym krześle, może się pod tobą załamać [3] (ineffectual) *[government, team, president, army, character]* słaby; (not firm) *[parent, teacher]* mało stanowczy; *[argument, evidence, excuse, protest]* niedostateczny; *[argument, excuse]* nieprzekonujący; I'm so ~, I can't resist chocolate mam taki słaby charakter, nie mogę się oprzeć, żeby nie zjeść czekolady; his logic is a bit ~ rozumuje mało logicznie; ~ link or point or spot słabe ogniwo, słaby punkt; in a ~ moment w chwili słabości; he has a very ~ chin ma cofnięty or słabo zarysowany podbródek [4] (not competent) *[pupil, actor, essay, novel, performance]* słaby, kiepski; he's ~ in or at Maths, his Maths is ~ on jest słaby z matematyki or w matematyce [5] (faint, lacking substance) *[light, sound, current, signal, lens, concentration, acid, solution, tea, coffee]* słaby; *[laugh]* lekki, zdławiony; to give a ~ smile uśmiechnąć się blado [6] Econ, Fin *[economy, dollar]* słaby; *[market, shares]* zniżkujący; *[demand]* niski; their shares are ~ kurs ich akcji jest niski; the pound is ~ against the DM funt jest słaby w stosunku do marki [7] Ling (regular) *[verb, conjugation, form]* regularny; (unaccented) *[syllable, ending]* nieakcentowany [8] Games (in cards) *[hand, suit]* słaby, *[card]* niski

weaken /ˈwiːkən/ **I** *vt* [1] osłabi|ć, -ać *[person, heart, stamina, resistance]* [2] osłabi|ć, -ać, nadwątl|ić, -ać, nadwyręż|yć, -ać *[structure, beam, joint, bank]* [3] osłabi|ć, -ać pozycję (kogoś/czegoś) *[government, president]*; osłabi|ć, -ać *[team, authority, resolve, defence, influence, will]*; zmniejsz|yć, -ać *[support, power]*; źle wpły|nąć, -wać na (coś) *[morale]* [4] (dilute) rozcieńcz|yć, -ać *[solution, concentration]* [5] Econ, Fin osłabi|ć, -ać *[economy, currency]*; s|powodować spadek (czegoś) *[prices, demand]*; s|powodować spadek ceny (czegoś) *[shares]*
II *vi* [1] (physically) *[person]* opa|ść, -dać z sił; *[muscles, grip]* o|słabnąć [2] (lose power) *[government, president, country]* u|tracić silną pozycję; *[resistance, resolve, support, alliance, friendship, love]* o|słabnąć; I finally ~ed and let her go wreszcie zmiękłem i pozwoliłem jej pójść; don't ~ in your resolve nie daj się odwieść od swego postanowienia [3] Econ, Fin *[economy, market, currency]* wykazywać tendencję zniżkową, zniżkować; the pound has ~ed against the dollar wartość funta spadła w porównaniu z dolarem

W

weakening /ˈwiːkənɪŋ/ *n* osłabienie *n*; (of ties) rozluźnienie *n*; ~ of health pogorszenie się stanu zdrowia

weak-kneed /ˌwiːkˈniːd/ *adj* (lacking in resistance) uległy; (lacking in courage) bojaźliwy

weakling /ˈwiːklɪŋ/ *n* (in body) słabeusz *m*, chuchro *n*, cherlak *m*; (in character) słabeusz *m*, mięczak *m*

weakly /ˈwiːklɪ/ *adv* [1] (without physical force) *[move, struggle]* z trudem, ledwo; *[struggle]* bezsilnie [2] (ineffectually) *[say, agree]* słabym głosem; *[smile]* blado; *[protest]* słabo; **the sun shone ~ through the branches** słońce rzucało nikłe światło poprzez gałęzie

weak-minded /ˌwiːkˈmaɪndɪd/ *adj* [1] (lacking resolve) niezdecydowany, bez charakteru [2] euph (simple) niedorozwinięty umysłowo

weakness /ˈwiːknɪs/ *n* [1] (weak point) słaby punkt *m* [2] (liking) słabostka *f*, słabość *f*; **to have a ~ for sb/sth** mieć słabość do kogoś/czegoś; **chocolate is one of my ~es** czekolada jest jedną z moich słabostek or słabości [3] (physical) (of person, muscle) osłabienie *n*, niemoc *f*; (of heart, stomach, digestion) niedomaganie *n*; (of beam, structure) słabość *f* [4] (lack of authority) słabość *f* [5] Econ, Fin (of dollar, pound) niski kurs *m*

weak-willed /ˌwiːkˈwɪld/ *adj* **to be ~** mieć słaby charakter

weal[1] /wiːl/ *n* (mark) ślad *m* po uderzeniu, obrzęk *m*

weal[2] /wiːl/ *n* arch **the public/common ~** dobro *n* publiczne/wspólne

wealth /welθ/ *n* [1] (possessions) bogactwo *n*, majątek *m*; **a man of great ~** bardzo bogaty człowiek; **national ~** bogactwo narodowe, majątek narodowy; **'The Wealth of Nations'** „Bogactwo narodów" [2] (prosperity) bogactwo *n*, dobrobyt *m* [3] (resources) zasoby *m pl*, bogactwa *n pl*; **Britain's North Sea oil ~** brytyjskie zasoby ropy naftowej na Morzu Północnym [4] (large amount) **a ~ of sth** bogactwo czegoś *[detail, colours, illustrations, ideas, experience]*; obfitość czegoś *[detail, information]*; mnogość czegoś *[ideas, contacts, documents]*

wealth tax *n* GB podatek *m* od majątku

wealthy /ˈwelθɪ/ **I** *n* **the ~** *(+ v pl)* ludzie *plt* bogaci or zamożni

II *adj* bogaty, zamożny

wean /wiːn/ *vt* [1] odstawi|ć, -ać od piersi *[baby]*; **to ~ a baby onto solids** przestawić dziecko na pokarmy stałe [2] fig **to ~ sb away from** or **off sth** odzwyczaić kogoś od czegoś, oduczyć kogoś czegoś *[bad habit]*; odwieść kogoś od czegoś *[idea, belief]*; **to be ~ed on sth** wychować się na czymś

weaning /ˈwiːnɪŋ/ *n* odstawienie *n* od piersi

weapon /ˈwepən/ **I** *n* broń *f*, oręż *m* also fig; **biological/nuclear ~s** broń biologiczna /nuklearna; **to use sth as a ~** or **~s** użyć czegoś jako broni

II *modif* (also **~s**) *[capability, system]* o-bronny; **~(s) factory/manufacturer** fabryka/producent broni

weaponry /ˈwepənrɪ/ *n* broń *f*

wear /weə(r)/ **I** *n* [1] (clothing) odzież *f*, stroje *m pl*; **children's/ladies' ~** odzież dziecięca/damska; **beach/sports ~** stroje plażowe/sportowe; **the correct ~ for such an occasion** odpowiedni strój na taką okazję [2] (use) **clothes for evening/everyday ~** stroje or ubiory na wieczór/na co dzień; **to stretch with ~** *[shoes]* rozciągnąć się w noszeniu, rozchodzić się; **you should get a good ten years' ~ out of that coat** ponosisz to palto dobre dziesięć lat; **I've had three years' ~ out of these shoes** te buty dobrze mi służą od trzech lat; **there's still some ~ left in these tyres** te opony jeszcze trochę posłużą [3] (damage) zużycie *n*; **normal ~ and tear** normalne zużycie *(w trakcie eksploatacji)*; **the shirts have some ~ at the cuffs** te koszule są nieco poprzecierane na mankietach; **this part of the carpet gets a lot of ~** w tym miejscu wykładzina najbardziej się wyciera; **to stand up to ~** być trwałym; być nie do zdarcia infml; **the sofa's already showing signs of ~** kanapa jest już nieco zniszczona; **he was showing signs of ~ after his long journey** widać było po nim zmęczenie długą podróżą; **the curtains /chairs are looking the worse for ~** widać, że te zasłony/krzesła mają już swoje lata; **she looked very much the worse for ~ after the sleepless night** po bezsennej nocy wyglądała fatalnie, po bezsennej nocy widać było na jej twarzy ślady zmęczenia

II *vt* (*pt* **wore**; *pp* **worn**) [1] (be dressed in) być ubranym w (coś), mieć na sobie *[garments]*; mieć na sobie *[jewellery]*; (habitually) nosić *[garment, jewellery]*; (put on) za|łożyć, -kładać, ub|rać, -ierać się w (coś) *[garment]*; za|łożyć, -kładać *[ornament]*; **to ~ black** być ubranym/ubierać się na czarno; **she was ~ing a red dress** miała na sobie czerwoną sukienkę, była ubrana w czerwoną sukienkę; **why don't you ~ your ring?** dlaczego nie nosisz obrączki?; **to ~ one's skirts long** nosić długie spódnice; **to ~ one's clothes loose** nosić luźne rzeczy; **to ~ a ribbon in one's hair** nosić or mieć wstążkę we włosach; **to ~ one's hair long/short** mieć długie/krótkie włosy; **to ~ one's hair in a bun/pony tail** czesać się w kok/koński ogon; **to ~ a beard** nosić or mieć brodę; **he ~s size 44 shoes** nosi buty nr 44; **what are you ~ing to the party?** co założysz or w co się ubierzesz na przyjęcie?; **I've got nothing to ~** nie mam co na siebie włożyć, nie mam w co się ubrać [2] (use) nosić *[make-up, glasses]*; używać (czegoś) *[perfume, suncream]*; **what perfume are you ~ing?** jakich perfum używasz?; **she doesn't ~ mascara** ona nie maluje sobie oczu [3] (display) **he wore a happy smile** uśmiechał się radośnie; **he** or **his face wore a puzzled frown** na jego twarzy malował się wyraz zaskoczenia; **he wore an air of self-congratulation** wyglądał na bardzo zadowolonego z siebie; **to ~ one's age** or **years well** fig dobrze się trzymać jak na swoje lata or na swój wiek, dobrze wyglądać jak na swoje lata or swój wiek [4] (damage by use) wy|trzeć, -cierać *[step]*; wy|trzeć, -cierać, prze|trzeć, -cierać, poprzecierać *[clothes, carpet]*; z|edrzeć, -dzierać *[shoes, tyres]*; zuż|yć, -ywać *[clutch, component]*; **to be worn to a thread** *[carpet, sheets]* przetrzeć się; **to ~ a hole in sth** przetrzeć coś na wylot; **the stones have been worn smooth by the flow of water** woda wygładziła kamienie; **to ~ a groove in sth** wyżłobić rowek w czymś; **they have worn a path across the field** wydeptali ścieżkę przez pole; **to ~ oneself to a shadow** or **frazzle** fig zmachać się, zmordować się infml [5] infml (accept) zn|ieść, -osić, ś|cierpieć *[behaviour, attitude]*; przyj|ąć, -mować do wiadomości *[excuse]*

III *vi* (*pt* **wore**; *pp* **worn**) [1] (become damaged) *[carpet, clothes]* wy|trzeć, -cierać się, prze|trzeć, -cierać się, poprzecierać się; *[shoes, tyre]* z|edrzeć, -dzierać się; *[part, component]* zuży|ć, -wać się; **my patience is ~ing thin** fig moja cierpliwość jest na wyczerpaniu [2] (withstand use) **to ~ well** być trwałym or wytrzymałym; **these tiles will ~ for years** te kafelki wytrzymają lata; **he's worn very well** fig on się doskonale trzyma [3] liter (pass) **the day was ~ing towards its close** dzień chylił się ku końcowi; **autumn wore into winter** jesień przechodziła w zimę

■ **wear away**: ¶ **~ away** *[inscription, pattern]* za|trzeć, -cierać się; *[rock, bank]* ule|c, -gać erozji; *[metal, stone]* zetrzeć, ścierać się ¶ **~ away [sth], ~ [sth] away** *[person, friction, use]* za|trzeć, -cierać *[inscription, pattern]*; wy|trzeć, -cierać *[steps]*; *[sea, water]* wymy|ć, -ywać *[stone]*; podmy|ć, -wać *[bank]*

■ **wear down**: ¶ **~ down** *[tread, linings, heel]* z|edrzeć, -dzierać się; *[steps]* zetrzeć, ścierać się ¶ **~ down [sth], ~ [sth] down** [1] (damage) *[person, friction, use]* z|edrzeć, -dzierać *[tread, linings, heels]*; zetrzeć, ścierać *[wood, metal, stone, steps]*; *[sea, water]* wymy|ć, -wać *[stone]* [2] fig (weaken) osłabi|ć, -ać *[resolve, will]*; **to ~ down the enemy's resistance** złamać opór wroga ¶ **~ [sb] down** *[overwork, strain]* wycieńczyć, ściąć z nóg

■ **wear off**: ¶ **~ off** [1] (lose effect) *[anaesthetic, drug]* przesta|ć, -wać działać; *[pain, feeling, sensation]* ust|ąpić, -ępować; **the novelty will soon ~ off** nowość szybko się opatrzy [2] (come off) *[paint, gold plate]* zetrzeć, ścierać się ¶ **~ off [sth], ~ [sth] off** za|trzeć, -cierać *[inscription]*; zetrzeć, ścierać *[paint, glaze]*

■ **wear on** *[time, year, evening]* ciągnąć się; **as the evening wore on** w miarę jak mijał wieczór; **to ~ on towards the end** or **close** powoli dobiegać końca

■ **wear out**: ¶ **~ out** *[clothes, shoes, equipment]* zuży|ć, -wać się, z|niszczyć się; *[batteries]* wyczerp|ać, -ywać się; **my patience is beginning to ~ out** zaczynam tracić cierpliwość ¶ **~ out [sth], ~ [sth] out** z|niszczyć *[equipment, clothes]*; z|edrzeć, -dzierać *[shoes]*; **to ~ out one's welcome** nadużyć (czyjejś) gościnności ¶ **~ [sb] out** wyczerp|ać, -ywać, wycieńcz|yć, -ać *[person, animal]*

■ **wear through**: ¶ **~ through** (get hole in) (elbow, trousers, fabric, soles) prze|trzeć, -cierać się na wylot, poprzecierać się; *[metal, glaze]* zetrzeć, ścierać się; **the jacket had worn through at the elbows** kurtka poprzecierała się na łokciach ¶ **~ through [sth], ~ [sth] through** *[corrosion, rust]* przeż|reć, -erać *[metal]*; **she had worn through the knees of her jeans** poprzecierała sobie dżinsy na kolanach

wearable /ˈweərəbl/ *adj* nadający się do noszenia; **dresses that are both affordable and ~** sukienki ładne i po przystępnych cenach

wearer /ˈweərə(r)/ *n* **this fashion doesn't flatter the ~** to nietwarzowa moda; **~s**

of glasses/wigs osoby noszące okulary /peruki

wearily /ˈwɪərɪlɪ/ *adv [sigh, smile, gesture, say]* ze znużeniem; **she got ~ to her feet** wstała ociężale; **they trudged ~ home** wlekli się do domu

weariness /ˈwɪərɪnɪs/ *n* znużenie *n*

wearing /ˈweərɪŋ/ *adj* [1] (exhausting) *[day, journey]* męczący; *[job]* nużący [2] (irritating) *[behaviour, person]* denerwujący; **it's very ~ on the nerves** to działa na nerwy

wearing course *n* warstwa *f* ścieralna nawierzchni

wearing plate *n* warstwa *f* ochronna

wearisome /ˈwɪərɪsəm/ *adj* fml *[child, day]* męczący; *[complaints, demands, task]* nużący; *[process]* żmudny; **collecting the evidence is a ~ business** zbieranie dowodów to żmudna praca

weary /ˈwɪərɪ/ **I** *adj* [1] (physically, mentally) *[person, mind]* znużony, zmęczony; *[eyes, limbs]* zmęczony; **she was feeling ~** odczuwała zmęczenie or znużenie; **she was ~ of waiting** zmęczyło or znużyło ją czekanie; **I had grown ~ of her complaints** zmęczyły mnie jej narzekania; **they are ~ from lack of sleep** są umęczeni brakiem snu [2] (showing fatigue) *[smile, sigh, voice, gesture]* znużony [3] (tiresome) *[journey, day]* męczący; *[task, routine]* nużący

II *vt* [1] (tire) z|męczyć, z|nużyć [2] (annoy) dokuczyć (komuś), naprzykrzać się (komuś)

III *vi* znudzić się, znużyć się **(of sth /doing sth** czymś/robieniem czegoś); **he soon wearied of city life** szybko mu się znudziło wielkomiejskie życie; **as experts never ~ of reminding us** jak nam do znudzenia przypominają eksperci

weasel /ˈwiːzl/ **I** *n* [1] Zool łasica *f* [2] pej (sly person) gnida *f* vinfml

II *modif* (also **weaselly** /ˈwiːzlɪ/) *[face, features]* szczurzy; **~ words** pokrętne wyjaśnienia

III *vt* (*prp, pt, pp* **-ll-** GB, **-l-** US) **to ~ one's way into sb's affections** starać się przypodobać komuś; **to ~ sth out of sb** wycyganić coś od kogoś infml

IV *vi* (*prp, pt, pp* **-ll-** GB, **-l-** US) **to ~ out of a responsibility** wykręcić się od odpowiedzialności; **to ~ out of doing sth** wykręcić się od robienia czegoś

weather /ˈweðə(r)/ **I** *n* pogoda *f*; **good /bad ~** ładna/brzydka pogoda; **the ~ is hot/windy today** dziś jest upalnie/wietrznie, mamy dziś upalny/wietrzny dzień; **in hot/wet ~** w upał/deszcz; **surely you're not going out in this ~!** chyba nie zamierzasz wychodzić w taką pogodę!; **what's the ~ like?** jaka dziś pogoda?; **what's the ~ like in Mexico?** jaki klimat ma Meksyk?; **a change in the ~** zmiana pogody; **when the good ~ comes** kiedy pogoda się poprawi; **if the ~ breaks/holds** jeśli pogoda się zmieni /utrzyma; **if the ~ clears up** jeśli się przejaśni or wypogodzi; **perfect ~ for a picnic** idealna pogoda na piknik; **~ permitting** jeśli będzie (ładna) pogoda; **in all ~s, whatever the ~** bez względu na pogodę

II *modif [conditions]* pogodowy; *[pattern, satellite, station, study]* meteorologiczny; *[map]* synoptyczny; **~ report** komunikat meteorologiczny or o pogodzie

III *vt* [1] (withstand, survive) przetrwać, przetrzymać *[gale, storm, crisis, recession, upheaval]*; **to ~ the storm** fig dać sobie radę, przetrwać najgorsze [2] (wear) *[elements, wind]* s|powodować erozję or wietrzenie (czegoś) *[rock, surface]*; **the wind and rain have ~ed the castle walls** ściany zamku uległy zwietrzeniu wskutek działania wiatru i deszczu; **his face has been ~ed by the sun and wind** miał twarz ogorzałą od słońca i wiatru

IV *vi [timber]* suszyć się, schnąć; *[rocks]* z|wietrzeć, ule|c, -gać erozji; *[bricks, stone]* okrywać się nalotem, przebarwiać się; **this stone will ~ to a mellow golden colour** ten kamień z czasem nabierze złotawego koloru; **he has not ~ed well** fig nieładnie się zestarzał

V weathered *pp adj [face, skin]* ogorzały; *[wood]* wysuszony; *[stone, rock]* omszały, pokryty nalotem; *[building]* podniszczony

IDIOMS: **to be under the ~** (slightly ill) czuć się kiepsko; **you look a bit under the ~** nie wyglądasz najlepiej; **to be ~-wise** potrafić przepowiedzieć pogodę, znać się na pogodzie; fig wiedzieć or czuć, skąd wiatr wieje; potrafić przewidzieć, skąd wiatr powieje fig; **to keep a ~ eye on sb/sth** mieć oko na kogoś/coś; **to keep a** or **one's ~ eye open** mieć oczy szeroko otwarte, pilnie baczyć; **you're making very heavy ~ of it** coś kiepsko ci to idzie; **she's making very heavy ~ of sewing that button on** kiepsko jej idzie przyszywanie tego guzika

weather balloon *n* balon *m* meteorologiczny

weatherbeaten /ˈweðəbiːtn/ *adj [face, skin]* ogorzały; *[person]* o ogorzałej twarzy, zahartowany; *[stone, brick]* skruszały, kruszejący; *[rocks, cliffs]* zwietrzały; *[landscape]* surowy

weatherboard /ˈweðəbɔːd/ *n* [1] (clapboard) deska *f* poszycia ściany; **~ing** szalowanie, szalunek [2] (fitted to door) okap *m* drzwiowy

weathercock /ˈweðəkɒk/ *n* wiatrowskaz *m*, kurek *m* na dachu; (changeable person) kurek *m* na kościele, chorągiewka *f* fig

weather forecast *n* prognoza *f* pogody, komunikat *m* meteorologiczny

weather forecaster *n* (on TV) prezenter *m*, -ka *f* prognozy pogody; (in weather centre) meteorolog *m*, synoptyk *m*

weatherglass /ˈweðəglɑːs, US -glæs/ *n* barometr *m*

weatherman /ˈweðəmæn/ *n* (*pl* **-men**) infml (on TV) = **weather forecaster**

weatherproof /ˈweðəpruːf/ **I** *adj [door, window]* szczelny; *[shelter, tent]* wodoszczelny; *[jacket, boots]* nieprzemakalny; *[product]* odporny na czynniki atmosferyczne

II *vt* za|impregnować *[fabric, garment]*; uszczelni|ć, -ać *[window, door]*

weather report *n* = **weather forecast**

weather ship *n* statek *m* meteorologiczny

weatherstrip /ˈweðəstrɪp/ **I** *n* US taśma *f* uszczelniająca *(do okien, drzwi)*

II *vt* uszczelni|ć, -ać *[door, window]*

weather vane *n* wiatrowskaz *m*

weave /wiːv/ **I** *n* splot *m* (tkaniny); **open ~, loose ~** luźny splot; **close ~, fine ~** gęsty splot

II *vt* (*pt* **wove, weaved;** *pp* **woven, weaved)** [1] Tex u|tkać *[fabric, blanket, carpet]*; **to ~ sth on a loom** tkać coś na warsztacie tkackim; **to ~ silk into cloth, to ~ cloth out of silk** tkać materiał z jedwabiu [2] (make by interlacing) u|pleść, wyplatać *[garland, basket, wreath]*; spl|eść, -atać *[garland, flowers]*; *[spider]* u|tkać, snuć *[web]*; **to ~ sth out of sth** upleść or spleść coś z czegoś; **to ~ flowers into a garland** upleść girlandę z kwiatów; **she wove ribbons into her hair** wplotła sobie we włosy wstążki [3] fig (create) snuć, spl|eść, -atać *[plot, story, narrative]*; **she wove the novel around these events** na tych wydarzeniach osnuła powieść; **the film ~s the two stories together** film splata ze sobą te dwie opowieści; **he ~s a good deal of personal experience into his novels** w swoje powieści wplata własne przeżycia; **he ~s these anecdotes into his lectures** przeplata swoje wykłady takimi anegdotami; **the writer ~s a spell** autor trzyma czytelnika w napięciu [4] (move) **to ~ one's way through the crowd/between the tables** *[person]* lawirować w tłumie/między stolikami; **the river ~s its course along the valley** rzeka wije się przez dolinę, rzeka płynie zakolami przez dolinę

III *vi* (*pt* **wove, weaved;** *pp* **woven, weaved)** *[road, river]* wić się **(across** or **through sth** przez coś); **the cyclist was weaving in and out of the traffic** rowerzysta lawirował wśród samochodów; **the car was weaving in and out of the traffic** samochód zmieniał pasy; **she wove off towards the door** (avoiding obstacles) przemknęła się w stronę drzwi; (drunk) zataczając się, dotarła do drzwi; **he was weaving unsteadily** zataczał się

IV woven *pp adj [fabric]* tkany; *[mat]* pleciony

IDIOMS: **to get weaving on** or **with sth** zabrać się do czegoś or za coś infml; **get weaving!** ruszaj się!

weaver /ˈwiːvə(r)/ *n* [1] Tex tkacz *m*, -ka *f* [2] Zool = **weaverbird**

weaverbird /ˈwiːvəbɜːd/ *n* Zool wikłacz *m*

weaving /ˈwiːvɪŋ/ **I** *n* (of cloth) tkactwo *n*; **basket ~** koszykarstwo

II *modif* tkacki

web /web/ *n* [1] (also **spider's ~**) pajęczyna *f* [2] fig **a ~ of ropes/lines** pajęczyna lin /linii; **a ~ of laws/regulations** gmatwanina praw/przepisów; **a ~ of lies/intrigue** plątanina kłamstw/sieć intryg [3] (on bird's, frog's foot) błona *f* pławna or pływna [4] Med płetwa *f* skórna *(łącząca palce)* [5] (woven fabric) tkanina *f* [6] (of feather) chorągiewka *f* pióra [7] Print rola *f* papieru [8] (also **Web)** Comput sieć *f*

webbed /webd/ *adj [foot, toes]* z błoną pławną or pływną

webbing /ˈwebɪŋ/ *n* [1] (material) taśma *f* tapicerska [2] Mil pasy *m pl* parciane [3] (of bird, animal) błona *f* pławna or pływna

web-fed /ˌwebˈfed/ *adj* Print *[machine]* rolowy; *[paper]* rotacyjny
web foot *n* noga *f* z palcami połączonymi błoną pławną
web-footed /ˌwebˈfʊtɪd/ *adj* płetwonogi
web offset *n* Print offset *m* rolowy
web press *n* Print maszyna *f* drukarska rolowa
web-toed /ˌwebˈtəʊd/ *adj* = **web-footed**
wed /wed/ **I** *n* **the newly ~s** nowożeńcy *plt*, państwo *plt* młodzi
II *vt* (*prp* **-dd-;** *pt, pp* **wedded, wed**) [1] (get married to) poślubić *[man, woman]*; **to get wed** pobrać się, wziąć ślub; **she was ~ded to a rich farmer** była żoną bogatego farmera [2] (marry) *[priest]* da|ć, -wać ślub (komuś), udziel|ić, -ać ślubu (komuś) *[couple]* [3] fig (unite) po|łączyć *[qualities]*; **in him are ~ded charm and ambition** łączy w sobie urok i ambicję; **to ~ sth with sth** łączyć coś z czymś; **to be ~ded to an idea/party** być oddanym idei/partii; **the government is firmly ~ded to a policy of privatization** rząd zdecydowanie popiera politykę prywatyzacji
III *vi* (*prp* **-dd-;** *pt, pp* **wedded, wed**) pob|rać, -ierać się
IV wedded *pp adj [man]* żonaty; *[woman]* zamężna; **~ded bliss** hum szczęście małżeńskie; **my lawful ~ded wife/husband** moja ślubna małżonka/mój ślubny małżonek liter or hum; moja ślubna/mój ślubny infml hum
we'd /wiːd/ = **we had, we would**
Wed = **Wednesday**
wedding /ˈwedɪŋ/ **I** *n* [1] (marriage) ślub *m*; **to have a church/registry-office ~** mieć ślub kościelny/cywilny, wziąć ślub w kościele/w urzędzie stanu cywilnego [2] (also **~ anniversary) silver/golden ~** srebrne /złote wesele *n* or gody *plt*
II *modif [present, ceremony]* ślubny; *[cake, feast]* weselny; **~ anniversary** rocznica ślubu
wedding band *n* dat = **wedding ring**
wedding bells *npl* dzwony *m pl* weselne; **I can hear ~ ringing** fig niedługo będziemy tańczyć na weselu fig
wedding breakfast *n* poczęstunek *m* weselny
wedding day *n* dzień *m* ślubu
wedding dress *n* suknia *f* ślubna
wedding gown *n* = **wedding dress**
wedding guest *n* gość *m* weselny
wedding invitation *n* zaproszenie *n* na ślub
wedding march *n* marsz *m* weselny
wedding night *n* noc *f* poślubna
wedding reception *n* przyjęcie *n* weselne, wesele *n*
wedding ring *n* obrączka *f*
wedding vows *npl* przysięga *f* małżeńska
wedge /wedʒ/ **I** *n* [1] (block) klin *m*; (in rockclimbing) hak *m* wspinaczkowy [2] (shape) (of cake, cheese, lemon) (trójkątny) kawałek *m*; **a ~ of geese** klucz gęsi; **a ~ of high pressure** Meteorol klin wysokiego ciśnienia [3] Sport (in golf) kij *m* z klinowatą główką [4] Fashn (heel) koturn *m*; (shoe) pantofel *m* na koturnie
II *modif* [1] Fashn **~** or **~-heeled shoe** pantofel na koturnie [2] *[shape]* klinowaty
III *vt* [1] (make firm) **to ~ sth in** or **into place** umocow|ać, -ywać coś, unieruch|omić, -amiać coś; **to ~ a door open /shut** zaklinować drzwi, żeby się nie zamykały/otwierały; **the door is ~d shut** (stuck) drzwi się zaklinowały [2] (jam) **to ~ sth into a hole** wcis|nąć, -kać coś do dziury; **she was standing ~d between two fat men** stała ściśnięta między dwoma grubasami; **there were five of them ~d together in the back of the car** w pięciu siedzieli ściśnięci z tyłu (samochodu)
IV *vr* **to ~ oneself** wcis|nąć, -kać się; **I got myself ~d in between two cars and couldn't pull out** zaklinowałem się między dwoma samochodami i nie mogłem wyjechać
■ **wedge in**: **~ in [sb/sth], ~ [sb/sth] in** wcis|nąć, -kać
IDIOMS: **to drive a ~ between X and Y** wbić klin pomiędzy X a Y; **it's (only) the thin end of the ~!** to dopiero początek!; **this time he's asking for £50, but beware: that's only the thin end of the ~** tym razem prosi o 50 funtów, ale uważaj: daj mu palec, a on całą rękę chwyci
wedlock /ˈwedlɒk/ *n* dat związek *m* małżeński; **to enter into ~** zawrzeć związek małżeński; **to be born in/out of ~** być ślubnym/nieślubnym dzieckiem; być z prawego/nieprawego łoża dat; **to have a child out of ~** mieć nieślubne dziecko; mieć dziecko z nieprawego łoża dat
Wednesday /ˈwenzdeɪ, -dɪ/ **I** *n* środa *f*; **on ~** we środę
II *modif [concert, afternoon]* środowy
wee¹ /wiː/ GB infml **I** *n* siusiu *n inv*, psipsi *n inv* infml; **to do** or **have a ~** zrobić siusiu or psipsi
II *vi* z|robić siusiu or psipsi infml; **he ~d in his pants** zsiusiał się w majtki infml
wee² /wiː/ *adj* (very small) maleńki, tyci; **will you have a ~ drink?** napijesz się kapkę or kropelkę?; **we'll be a ~ bit late** odrobinę się spóźnimy; **'are you nervous?' – 'a ~ bit'** „denerwujesz się" – „odrobinkę"; **in the ~ small hours** przed świtem; **the ~ folk** krasnoludki
weed /wiːd/ **I** *n* [1] (wild plant) chwast *m*, zielsko *n*; **overgrown with ~s** zachwaszczony, zarośnięty chwastami or zielskiem; **to get overgrown with ~s** zarosnąć chwastami or zielskiem; **to pull up ~s** wyrywać chwasty or zielsko [2] (in water) wodorosty *m pl* [3] GB infml pej (weakling) cherlak *m*, chuchro *n* infml pej [4] infml hum (tobacco) **the ~** tytoń *m*; **to give up the ~** rzucić palenie [5] infml (marijuana) trawka *f* infml → **widow's weeds**
II *vt* o|pleć, opielać; o|pielić infml *[garden, strawberries]*
III *vi* pleć, opielać; pielić infml
■ **weed out**: ¶ **~ out [sth], ~ [sth] out** wyplenić|ć, -ać, wyplewi|ć, -ać *[unwanted plants]*; (thin out) przer|wać, -ywać *[plants]*; przeb|rać, -ierać *[stock, items]*; wy|rugować *[error, fault]* ¶ **~ out [sb], ~ [sb] out** odsi|ać, -ewać *[candidate]*; pozby|ć, -wać się (kogoś) *[employee]*
weeder /ˈwiːdə(r)/ *n* (implement) opielacz *m*
weed-grown /ˌwiːdˈgrəʊn/ *adj* zachwaszczony, zarośnięty zielskiem or chwastami
weedhead /ˈwiːdhed/ *n* US infml ćpun *m*, -ka *f* infml
weeding /ˈwiːdɪŋ/ *n* pielenie *n*, opielanie *n*; **to do some ~** pleć, opielać
weedkiller /ˈwiːdkɪlə(r)/ *n* środek *m* chwastobójczy
weedy /ˈwiːdɪ/ *adj* [1] (full of weeds) *[garden]* zachwaszczony, zarośnięty zielskiem or chwastami; *[pond]* zarośnięty [2] infml pej *[person, horse]* chuderlawy, cherlawy infml pej; *[build]* rachityczny; *[character]* słaby; *[shoot, plant]* rachityczny
week /wiːk/ *n* tydzień *m*; **what day of the ~ is it?** który dzisiaj dzień tygodnia?; **last /next ~** w zeszłym/w przyszłym tygodniu; **this ~** w tym tygodniu; **I'll do it some time this ~** zrobię to w tym tygodniu; **the ~ before last** dwa tygodnie temu, przed dwoma tygodniami; **the ~ after next** za dwa tygodnie; **every ~** co tydzień; **every other ~** co dwa tygodnie; **twice a ~** dwa razy na tydzień; **for ~s** (całymi) tygodniami; **~s and ~s** całe tygodnie, całymi tygodniami; **~ in ~ out** co tydzień, tydzień w tydzień; **a ~ today/on Monday** GB, **a ~ from today/from Monday** US od dziś/od poniedziałku za tydzień; **he went away a ~ last Monday** or **last Monday ~** w ubiegły poniedziałek minął tydzień, jak wyjechał; **she arrived a ~ (ago) yesterday** wczoraj minął tydzień od jej przyjazdu; **six ~s ago** sześć tygodni temu; **~s ago** całe tygodnie temu; **in three ~s' time** za trzy tygodnie; **a six-~-old baby** sześciotygodniowe niemowlę; **a six-~ contract** sześciotygodniowy kontrakt; **a ~'s rent** czynsz tygodniowy or za tydzień; **a ~'s wages** tygodniowe zarobki; **to pay by the ~** płacić raz na tydzień; **during the ~** (7 days) w ciągu tygodnia; (Monday to Friday) w ciągu tygodnia pracy, w dni robocze; **the working** or **work** US **~** tydzień roboczy; **a 40-hour ~** czterdziestogodzinny tydzień pracy; **we work a forty-hour ~** pracujemy czterdzieści godzin w tygodniu; **the ~ ending June 10** tydzień kończący się 10 czerwca; **it's ~s since we heard from him** od tygodni nie mieliśmy od niego wiadomości
IDIOMS: **he doesn't know what day of the ~ it is** (be confused) ma w głowie kompletny mętlik infml; **he got such a beating that he didn't know what day of the ~ it was** dostał taki łomot, że zapomniał, jak się nazywa infml; **to knock sb into the middle of next ~** porachować komuś kości; poprzetrącać komuś gnaty vinfml
weekday /ˈwiːkdeɪ/ **I** *n* dzień *m* powszedni, dzień *m* roboczy; **on ~s** w dni powszednie, w tygodniu
II *modif [morning, evening]* zwykły, powszedni; *[train, bus]* kursujący w dni powszednie or robocze; **~ performance /timetable** program/rozkład jazdy w dni powszednie or robocze
weekend /ˌwiːkˈend, US ˈwiːk-/ **I** *n* weekend *m*; **last/next ~** (w) miniony/następny weekend; **what are you doing this ~?** jakie masz plany na ten weekend?; **at the**

~ GB, **on the ~** US w weekend; **at ~s** GB, **on ~s** US w weekendy; **to go to the seaside for the ~** pojechać nad morze na weekend

II *modif [break, excursion, performance]* weekendowy; **~ bag** nieduża torba podróżna; **~ cottage** domek letniskowy; **~ programme** program na weekend; **~ ticket** bilet wycieczkowy

III *vi* spędz|ić, -ać weekend, weekendować

weekender /ˌwiːkˈendə(r), US ˈwiːk-/ *n* [1] (person) weekendowicz *m*, -ka *f* [2] US (bag) nieduża torba *f* podróżna

weekly /ˈwiːklɪ/ **I** *n* tygodnik *m*

II *adj [contract, payment, instalment]* tygodniowy; *[trip, meeting, shopping]* cotygodniowy; *[break]* całotygodniowy; *[flight, bus, ferry]* kursujący raz na tydzień; **to rent a room on a ~ basis** wynajmować pokój na podstawie tygodniowej umowy

III *adv* (every week) co tydzień; (once a week) raz na tydzień; **~ on Saturday** co sobotę

weeknight /ˈwiːknaɪt/ *n* (evening) wieczór *m* dnia powszedniego

week-old /ˌwiːkˈəʊld/ *adj [chicks, kittens, baby]* tygodniowy; *[newspaper, article, bread]* sprzed tygodnia

ween /wiːn/ *n* US infml pej kujon *m* infml pej

weenie /ˈwiːnɪ/ *n* infml [1] US (weak person) mięczak *m* infml [2] baby talk (penis) siusiaczek *m* infml

weeny /ˈwiːnɪ/ infml **I** *n* US = **weenie** [1]

II *adj* (tiny) maciupeńki, tyci

weep /wiːp/ **I** *n* **to have a good ~** popłakać sobie, wypłakać się; **a little ~ will do you good** popłacz sobie, dobrze ci to zrobi

II *vt* (*pt, pp* **wept**) **to ~ tears of joy** płakać ze szczęścia; **she wept bitter tears** zalewała się gorzkimi łzami; **to ~ one's eyes** or **heart out** dat wypłakać oczy liter

III *vi* (*pt, pp* **wept**) [1] (cry) za|płakać, za|szlochać, rozpłakać się; **I could have wept** płakać mi się chciało, o mało się nie rozpłakałem; **to ~ for sb** (for dead person) opłakiwać kogoś; (for absent person) płakać za kimś; (for unhappy person) płakać or użalać się nad kimś; **to ~ over sth** płakać nad czymś; **to ~ with** or **for joy/rage** płakać z radości/wściekłości [2] (ooze) **the wound is ~ing** sączy się z rany; **the walls are ~ing with damp** ściany ociekają wilgocią

weepie /ˈwiːpɪ/ *n* infml (film) wyciskacz *m* łez infml

weeping /ˈwiːpɪŋ/ **I** *n* płacz *m*

II *adj [person]* płaczący; *[wound]* sączący się; *[wall]* wilgotny

weeping willow *n* wierzba *f* płacząca

weepy /ˈwiːpɪ/ **I** *n* = **weepie**

II *adj [person, mood, voice]* płaczliwy; *[book, film]* łzawy; **don't go all ~** nie roztkliwiaj się

weever /ˈwiːvə(r)/ *n* Zool ostrosz *m*; **lesser ~** żmijka

weevil /ˈwiːvɪl/ *n* Zool chrząszcz *m* ryjkowiec; **grain ~** wołek zbożowy

weewee /ˈwiːwiː/ *n, vi* baby talk = **wee**[1]

weft /weft/ *n* Tex **the ~** wątek *m*

weigh /weɪ/ **I** *vt* [1] (be particular weight) ważyć; **to ~ 10 kilos** ważyć 10 kilo; **how much** or **what do you ~?** ile ważysz? [2] (measure the weight of) z|ważyć *[object, person]*; odważ|yć, -ać *[quantity]*; **to ~ sth in one's hand** ważyć coś w dłoni [3] (consider carefully) rozważ|yć, -ać *[arguments, evidence, factors]*; **to ~ one's words** ważyć słowa; **to ~ the pros and cons** rozważyć wszystkie za i przeciw; **to ~ sth against sth** porównać coś z czymś, zestawić coś z czymś; **to ~ sth in the balance** wnikliwie coś ocenić; **to be ~ed in the balance and found wanting** zostać ocenionym i nie uzyskać pełnej akceptacji [4] Naut **to ~ anchor** podnieść kotwicę

II *vi* [1] (have influence) **to ~ with sb** mieć znaczenie dla kogoś, liczyć się dla kogoś; **my views don't ~ much with him** moje poglądy niewiele go obchodzą; **to ~ against sb** przemawiać przeciwko komuś, przemawiać na niekorzyść kogoś; **to ~ in sb's favour** przemawiać na korzyść kogoś [2] (be a burden) **to ~ on sb** *[responsibility]* ciążyć komuś; **to ~ on sb's conscience** ciążyć or leżeć komuś na sumieniu; **to ~ on sb's mind** leżeć komuś na sercu

III *vr* **to ~ oneself** z|ważyć się

■ **weigh down**: ¶ **~ down on [sb/sth]** przygni|eść, -atać *[person, object]*; **his guilt ~s down on him** odczuwa ciężar winy ¶ **~ down [sth/sb], ~ [sth/sb] down** [1] obciąż|yć, -ać, przeciąż|yć, -ać *[vehicle, boat]*; przycis|nąć, -kać *[papers]*; **my bag was ~ing me down** miałem bardzo ciężką torbę, torba mi ciążyła; **to be ~ed down with parcels/gifts** *[person]* być obładowanym paczkami/prezentami; **branches ~ed down with fruit** gałęzie uginające się od owoców [2] fig *[responsibility, anxiety]* przytłaczać, przygniatać *[person]*; **she was ~ed down with grief** smutek przytłaczał jej serce

■ **weigh in**: [1] *[boxer, wrestler, jockey]* z|ważyć się, z|weryfikować wagę; **to ~ in at 60 kg** zaważyć 60 kg [2] (in discussion, conversation) wtrąc|ić, -ać się, dorzuc|ić, -ać; **to ~ in with one's own opinion** dorzucić własne zdanie; **she ~ed in with harsh criticism of our methods** wystąpiła z ostrą krytyką naszych metod [3] (help, support) włącz|yć, -ać się; **to ~ in with help /money** włączyć się, oferując pomoc/pieniądze; **to ~ in with offers of help** zaproponować pomoc

■ **weigh out** odważ|yć, -ać *[ingredients, quantity]*

■ **weigh up**: **~ up [sth/sb], ~ [sth/sb] up** [1] fig rozważ|yć, -ać, ocen|ić, -ać *[prospects, situation]*; rozważ|yć, -ać, porówn|ać, -ywać *[options, benefits, risks]*; z|mierzyć (wzrokiem) *[stranger, opponent]*; **after ~ing things up, I decided...** rozważywszy wszystko, postanowiłem... [2] po|rozważać *[fruit, coal]*

weighbridge /ˈweɪbrɪdʒ/ *n* waga *f* pomostowa

weigh-in /ˈweɪɪn/ *n* Sport ważenie *n*

weighing machine /ˈweɪɪŋməʃiːn/ *n* waga *f*

weighing scales /ˈweɪɪŋskeɪlz/ *n* waga *f*

weight /weɪt/ **I** *n* [1] (heaviness) waga *f*, ciężar *m*; **to lose/put on ~** stracić /przybrać na wadze; **to be under/over 10 kilos in ~** ważyć poniżej/ponad 10 kilogramów; **to sell sth by ~** sprzedawać coś na wagę; **what is your ~?, what ~ are you?** ile ważysz?; **to be twice sb's ~** ważyć dwa razy tyle co ktoś or dwa razy więcej od kogoś; **they are the same ~** oni ważą tyle samo; **to put one's full ~ against the door** naprzeć na drzwi całym ciężarem ciała; **to put one's full ~ on a lever** nacisnąć na dźwignię całym ciężarem ciała; **to put one's full ~ behind a blow** uderzyć z całej siły; **don't put any ~ on this table** nie kładź na tym stole niczego ciężkiego; **the chair won't take your ~** to krzesło załamie się pod tobą; **it's quite a ~** to waży całkiem sporo [2] (system of measurement) waga *f*; **unit of ~** jednostka wagi; **~s and measures** miary i wagi [3] (for scales) odważnik *m*; (for clocks) ciężarek *m*; **a 25-gramme ~** odważnik dwudziestopięciogramowy [4] (heavy object) ciężar *m*; (to press paper down) przycisk *m*; **what a ~!** co za ciężar!; **you mustn't lift heavy ~s** nie wolno ci podnosić ciężarów; **the ~ of responsibility** fig ciężar odpowiedzialności; **to carry ~** *[horse]* mieć handicap [5] fig (credibility, influence) waga *f*, znaczenie *n*; **an author of some intellectual ~** autor o pewnym ciężarze intelektualnym; **to add** or **give** or **lend ~ to sth** nadać wagę czemuś, podkreślić wagę czegoś; **his views don't carry much ~ with her** ona nie liczy się specjalnie z jego poglądami, jego poglądy nie mają dla niej większego znaczenia; **what she says carries ~ with them** oni liczą się z jej słowami; **to throw one's ~ behind sb /sth** poprzeć kogoś/coś; **to add one's ~ to sth** poprzeć coś własnym autorytetem [6] fig (importance, consideration) waga *f*, ranga *f*, doniosłość *f*; **to give due ~ to a proposal** potraktować propozycję z należytą powagą; **to give equal ~ to sth** przywiązywać taką samą wagę do czegoś [7] (in statistics) waga *f*

II *vt* [1] (make heavier) obciąż|yć, -ać *[net, dart, arrow, boat]* [2] (bias) **the evidence was ~ed against/in favour of the accused** dowody przemawiały na niekorzyść/na korzyść oskarżonego; **a pay increase heavily ~ed in favour of the lower paid staff** podwyżki wyraźnie faworyzowały gorzej zarabiających pracowników [3] (in statistics) wy|ważyć, określ|ić, -ać *[index, variable, average, figure]*

■ **weight down**: **~ down [sth], ~ [sth] down** przycis|nąć, -kać *[paper, sheet]* **(with sth** czymś); obciąż|yć, -ać *[body]*

IDIOMS: **by** or **through (sheer) ~ of numbers** dzięki (zwykłej) przewadze liczebnej; **that's a ~ off my mind!** kamień spadł mi z serca!; **to pull one's ~** przykładać się do pracy; **to take the ~ off one's feet** przysiąść sobie; **to throw one's ~ about** or **around** rządzić się, panoszyć się, szarogęsić się

weightiness /ˈweɪtɪnɪs/ *n* waga *f*, doniosłość *f* **(of sth** czegoś)

weighting /ˈweɪtɪŋ/ *n* (of index, variable) wyważenie *n*, określenie *n*; **London ~** *dodatek specjalny, rekompensujący wyższe koszty utrzymania w Londynie*

weightless /ˈweɪtlɪs/ *adj* [1] *[body, object in space]* (znajdujący się) w stanie nieważ-

W

kości; ~ **state** stan nieważkości [2] fig *[grace, movement]* lekki, zwiewny

weightlessness /ˈweɪtlɪsnɪs/ *n* [1] (in space) nieważkość *f* [2] (of dancer, dance) zwiewna lekkość *f*

weight-lifter /ˈweɪtlɪftə(r)/ *n* Sport ciężarowiec *m*

weight-lifting /ˈweɪtlɪftɪŋ/ *n* Sport podnoszenie *n* ciężarów

weight loss *n* spadek *m* wagi; Comm ubytek *m* wagi

weight machine *n* przyrząd *m* do ćwiczeń siłowych

weight problem *n* kłopoty *m pl* z nadwagą

weight training *n* ćwiczenia *n pl* siłowe

weightwatcher /ˈweɪtwɒtʃə(r)/ *n* (figure-conscious) osoba *f* dbająca o linię; strażni|k *m*, -czka *f* wagi infml

weighty /ˈweɪtɪ/ *adj* [1] (serious) *[problem, reason]* ważki, doniosły [2] (large) *[book]* opasły; *[treatise]* obszerny [3] (heavy) *[object, responsibility]* ciężki; *[burden]* ogromny

weir /wɪə(r)/ *n* [1] (dam) jaz *m*, tama *f* [2] (for trapping fish) jaz *m*

weird /wɪəd/ *adj* [1] (strange) *[person, idea]* dziwny, dziwaczny, cudaczny; **he's got a ~ sense of humour** ma swoiste poczucie humoru [2] (eerie) niesamowity, upiorny

weirdly /ˈwɪədlɪ/ *adv* [1] (strangely) dziwacznie, cudacznie [2] (eerily) niesamowicie, upiornie

weirdo /ˈwɪədəʊ/ *n* infml dziwadło *n*, odmieniec *m* infml

welcome /ˈwelkəm/ **I** *n* powitanie *n*; **to give sb a warm ~, to extend a warm ~ to sb** fml powitać kogoś serdecznie, zgotować komuś serdeczne powitanie; **the proposal had a frosty ~ from the union** propozycja została bardzo chłodno przyjęta przez związek

II *modif [speech]* powitalny

III *adj* [1] (gladly received) *[relief, news]* upragniony; *[initiative]* mile widziany; *[boost]* pożądany; **that's a ~ sight/sound!** miło to widzieć/słyszeć!; **nothing could be more ~!** to miła niespodzianka!; **an extra pair of hands is always ~** dodatkowa para rąk jest zawsze mile widziana; **the extra money will be most ~** te dodatkowe pieniądze bardzo się przydadzą; **thank you for your most ~ gift** fml bardzo dziękuję za prezent, który sprawił mi wiele radości [2] (warmly greeted) *[guest]* mile widziany; **to be ~, to be a ~ guest/visitor** być mile widzianym (gościem); **'children ~'** (on sign) „zapraszamy również dzieci"; **I never feel ~ in their house** w ich domu czuję się jak intruz; **to make sb ~** (on arrival) powitać kogoś serdecznie; **they always make me feel ~** u nich zawsze się czuję jak u siebie w domu [3] (freely permitted) **you're ~ to use the phone** telefon jest do twojej dyspozycji; **you're ~ to borrow my racket** chętnie pożyczę ci rakietę; **you're very ~ to stay the night** będzie mi/nam bardzo miło, jeśli zostaniesz na noc; **you're ~ to these books** możesz sobie wziąć te książki; **if you want to finish my fries you're ~ to them** jeśli chcesz dokończyć moje frytki, to proszę bardzo; **if you want to watch such rubbish you're ~ to it!** (rudely) jeśli chcesz oglądać takie bzdury, to twoja sprawa!; **she's ~ to try** może sobie próbować [4] (responding to thanks) **you're ~!** proszę bardzo!

IV *excl* **~!** (to respected guest) serdecznie witamy!; (greeting friend) witaj!; **~ back!, ~ home!** witaj (z powrotem) w domu!; **~ on board/to Poland!** witamy na pokładzie/w Polsce!

V *vt* przy|witać, po|witać *[person]*; przyj|ąć, -mować or po|witać z zadowoleniem *[change, contribution, move]*; przyklas|nąć, -kiwać (czemuś) liter *[decision, initiative]*; **he was warmly ~d by her family** jej rodzina przyjęła or powitała go serdecznie; **they said they would ~ a meeting** powiedzieli, że chętnie spotkaliby się; **we would ~ your view on the matter** chętnie wysłuchalibyśmy pańskiego zdania na ten temat; **I ~ this opportunity to express my thanks** korzystając z okazji chcę wyrazić podziękowania; **'please ~ our guest tonight, Willie Mays'** „powitajmy naszego dzisiejszego gościa, Williego Maysa"; **I'd ~ a hot drink** chętnie napiłbym się czegoś gorącego

■ **welcome back**: **~ back [sb], ~ [sb] back** po|witać po powrocie; z|gotować (komuś) powitanie liter

■ **welcome in**: **~ in [sb], ~ [sb] in** zapr|osić, -aszać do środka

IDIOMS: **to put out the ~ mat for sb** powitać kogoś z honorami; **to wear out one's ~** nadużyć gościnności (kogoś); **to ~ sb with open arms** powitać kogoś z otwartymi ramionami

welcoming /ˈwelkəmɪŋ/ *adj* [1] (warm) *[atmosphere, person, smile]* serdeczny, ciepły; *[room]* przyjemny, miły [2] (reception) *[ceremony, committee]* powitalny

weld /weld/ **I** *n* spaw *m*, spoina *f*

II *vt* [1] ze|spawać *[metal, joint]*; zgrz|ać, -ewać *[plastic]*; **this bit has to be ~ed on** tę część trzeba przyspawać; **to ~ two pipes together** zespawać dwie rury [2] fig zesp|olić, -alać *[team, workforce]*; z|jednoczyć *[nation]*; **to ~ the various political groups together** zjednoczyć różne ugrupowania polityczne

III *vi [metal, joint]* da|ć, -wać się zespawać

welded /ˈweldɪd/ *adj* zespawany, przyspawany; fig zespolony, zjednoczony

welder /ˈweldə(r)/ *n* [1] (person) spawacz *m* [2] (tool) spawarka *f*

welding /ˈweldɪŋ/ **I** *n* [1] spawanie *n* [2] fig zespalanie *n*, jednoczenie *n*

II *modif [torch]* spawalniczy

welfare /ˈwelfeə(r)/ **I** *n* [1] (well-being) dobro *n*; (interest) interes *m*; **national ~** dobro narodu, interes narodowy; **to look after student ~** dbać o interesy studentów; **to be concerned about sb's ~** troszczyć się or dbać o dobro kogoś; **to be responsible for sb's ~** być odpowiedzialnym za kogoś [2] (state assistance) opieka *f* społeczna [3] US (money) zasiłek *m* z opieki społecznej; **to go on ~** przejść na zasiłek; **to be (living) on ~** żyć z zasiłku

II *modif [meal]* darmowy; **~ cuts/spending** redukcja wydatków/wydatki na cele socjalne; **~ system** system opieki społecznej

welfare adviser *n* US = **welfare rights adviser**

welfare assistant *n* GB Sch pracownik *m* socjalny

welfare benefit *n* zasiłek *m* z opieki społecznej

welfare department *n* wydział *m* spraw socjalnych

welfare hotel *n* US pensjonat *m* socjalny

welfare mother *n* US matka *f* korzystająca z zasiłku

welfare officer *n* GB pracownik *m* socjalny; US pracownik *m* opieki społecznej

welfare payment *n* = **welfare benefit**

welfare recipient *n* osoba *f* korzystająca z zasiłku

welfare rights adviser *n* GB doradca *m* w sprawach socjalnych

welfare services *npl* opieka *f* społeczna

welfare state *n* (as concept) państwo *n* opiekuńcze; (stressing state assistance) rozbudowany system *m* ubezpieczeń społecznych; **to be dependent on the ~** żyć na koszt państwa; **a ~ mentality** pej postawa roszczeniowa

welfare work *n* pomoc *f* socjalna

welfare worker *n* pracowni|k *m*, -ca *f* opieki społecznej

welfarism /ˈwelfeərɪzəm/ *n* US doktryna *f* państwa opiekuńczego

welfarist /ˈwelfeərɪst/ *n* zwolenni|k *m*, -czka *f* doktryny państwa opiekuńczego

welfarite /ˈwelfeəraɪt/ *n* US infml pej osoba *f* żyjąca na koszt państwa

welkin /ˈwelkɪn/ *n* liter sklepienie *n* niebieskie

well[1] /wel/ **I** *n* [1] (for water) studnia *f*; **to get one's water from a ~** czerpać wodę ze studni; **to sink a ~** wykopać studnię; **to be a ~ of information** fig być kopalnią or skarbnicą informacji [2] (for oil, gas) szyb *m* (naftowy/gazowy); **to sink an oil ~** wywiercić szyb naftowy [3] (pool) sadzawka *f* ze źródlaną wodą [4] (shaft) (for lift, ventilation) szyb *m*; (for stairs) klatka *f* schodowa [5] GB Jur (in law court) *miejsce w sali sądowej, w którym zasiadają adwokaci*

II *vi* = **well up**

■ **well up** *[water]* pod|ejść, -chodzić w górę, z|ebrać, -bierać się; **tears ~ed up in her eyes** łzy zakręciły jej się w oczach, oczy zaszkliły jej się łzami; **I could feel hatred ~ing up inside me** czułem, jak wzbiera we mnie nienawiść; **pity ~ed up in her heart** jej serce wezbrało litością

well[2] /wel/ **I** *adj* (*comp* **better;** *superl* **best**) [1] (in good health) **to feel ~** dobrze się czuć; **are you ~?** czy dobrze się czujesz?; **I'm very ~, thank you** dziękuję, czuję się doskonale; **she's not ~ enough to go to school** ona nie czuje się na tyle dobrze, żeby iść do szkoły; **he's not a ~ man** on ma kłopoty ze zdrowiem, on nie jest zdrowy; **she doesn't look at all ~** ona dobrze nie wygląda; **to get ~** powrócić do zdrowia, wyzdrowieć; **'get ~ soon!'** (on card) „szybkiego powrotu do zdrowia"; **'how is he?' – 'as ~ as can be expected'** „jak on się czuje?" – „biorąc pod uwagę wszystkie okoliczności, nie najgorzej" [2] (in satisfactory state, condition) **all is ~**

wszystko jest dobrze or w porządku; **she began to fear that all was not ~** zaczęła się obawiać, że coś jest nie w porządku; **all is not ~ in their marriage** nie układa się w ich małżeństwie; **I hope all is ~ with you** mam nadzieję, że u ciebie wszystko w porządku; **all being ~, I'll be home before six** jeśli wszystko będzie dobrze or w porządku, wrócę do domu przed szóstą; **that's all very ~, but...** wszystko to ładnie, ale...; **it's all very ~ to go on strike, but...** można oczywiście strajkować, ale...; **it's all very ~ for you to laugh, but...** dobrze ci się śmiać, ale...; **that's all very ~ for him, but some of us have to work** jemu to dobrze, ale niektórzy z nas muszą pracować; **if you think you can cope on your own, ~ and good** jeśli sądzisz, że sam sobie poradzisz, to w porządku [3] (advisable, prudent) **it would be just as ~ to check** nie zaszkodzi or nie zawadzi sprawdzić; **it would be as ~ for you not to get involved** dla ciebie byłoby lepiej, gdybyś się nie mieszał; **it might be as ~ to telephone first** byłoby nie od rzeczy najpierw zatelefonować [4] (fortunate) **it's just as ~ I've got some money on me** całe szczęście, że mam trochę pieniędzy przy sobie; **it was just as ~ for him that the shops were still open** miał szczęście, że sklepy były jeszcze otwarte; **it's just as ~ you're not hungry, because I didn't buy any food** dobrze, że nie jesteś głodny, bo nie kupiłem nic do jedzenia; **the flight was delayed, which was just as ~** odlot się opóźnił, na całe szczęście

II *adv* (*comp* **better;** *superl* **best)** [1] (satisfactorily) *[behave, treat, eat, feed, sleep, repair, perform]* dobrze; *[accepted, acted, planned, written]* dobrze; *[pleased, satisfied, respected]* bardzo; **I can't play the piano as ~ as he can** nie gram na fortepianie tak dobrze jak on; **'can you swim?' – 'yes, but not very ~'** „potrafisz pływać?" – „tak, ale niezbyt dobrze"; **I explained it as ~ as I could** wyjaśniłem to najlepiej jak potrafiłem; **to work ~** *[person]* dobrze pracować; *[system]* dobrze działać; **he isn't eating very ~** on za mało je; **fresh fish doesn't keep very ~** świeże ryby szybko się psują; **shake ~ before using** przed użyciem mocno wstrząsnąć; **the ethnic minorities are ~ represented** mniejszości narodowe są licznie reprezentowane; **the food was ~ cooked, but not very ~ presented** jedzenie było smaczne, ale niezbyt ładnie podane; **~ played!** dobre zagranie!; **~ done!** brawo!, dobra robota!; **that boy will do ~** ten chłopak daleko zajdzie; **he hasn't done as ~ as he could** mógł wypaść dużo lepiej; **mother and baby are both doing ~** matka i dziecko czują się dobrze; **to do ~ at school** dobrze sobie radzić w szkole; **she did ~ in history** historia dobrze jej poszła; **you did ~ to tell me** dobrze zrobiłeś, że mi powiedziałeś; **he would do ~ to remember that** dobrze byłoby, żeby sobie to zapamiętał; **we'll be doing ~ if we get there on time** dobrze będzie, jeśli dotrzemy tam na czas; **he has done very ~ for himself since he became self-employed** od kiedy pracuje na własny rachunek, świetnie or bardzo dobrze mu się powodzi; **to do oneself ~** dogadzać sobie; **to do ~ by sb** zadbać o kogoś, pamiętać o kimś; **they're doing quite ~ out of the mail-order business** całkiem dobrze wychodzą na sprzedaży wysyłkowej; **to go ~** *[operation]* udać się; *[performance]* dobrze wypaść; **if all goes ~...** jeśli wszystko dobrze pójdzie...; **all went ~ until...** wszystko szło dobrze do momentu, kiedy...; **she didn't come out of it very ~** (of situation) niezbyt dobrze na tym wyszła; (in article, programme) niezbyt dobrze (w tym) wypadła [2] (appropriately) *[qualified, matched]* dobrze, odpowiednio; **they're ~ matched** (of couple) dobrali się jak w korcu maku; **~ said!** dobrze powiedziane!, święta racja! [3] (favourably) *[speak, received]* dobrze; **to think ~ of sb** mieć o kimś dobre mniemanie; **to take sth ~** dobrze coś znieść; **to wish sb ~** dobrze komuś życzyć; **I wish you ~ of it!** iron życzę powodzenia! iron [4] (as intensifier) *[above, below, under, past]* grubo, dużo, dobrze, znacznie; **to be ~ over the speed limit** znacznie przekroczyć dozwoloną prędkość; **she looks ~ over 30** wygląda dobrze po trzydziestce; **there were ~ over a hundred people** było dobrze ponad sto osób; **she was active ~ into her eighties** prowadziła aktywny tryb życia jeszcze dobrze po osiemdziesiątce; **the weather remained fine ~ into September** ładna pogoda utrzymywała się prawie przez cały wrzesień; **temperatures are ~ up in the twenties** temperatura znacznie przekracza 20 stopni; **profits are ~ above/below average** zyski są znacznie powyżej/poniżej przeciętnej; **I got there ~ before them** dotarłem tam dużo wcześniej niż oni; **it was ~ after midnight** było już dawno po północy; **the meeting went on until ~ after midnight** zebranie ciągnęło się jeszcze długo po północy; **the party went on ~ into the night** zabawa przeciągnęła się do późna w nocy; **lean ~ forward** pochyl się mocno do przodu; **stand ~ back from the kerb** odsuń się od krawężnika; **the house is situated ~ back from the road** dom jest sporo oddalony od drogi [5] (thoroughly) *[understand, know, cope]* doskonale, bardzo dobrze; *[wash]* dobrze, dokładnie; **shake ~ before using** przed użyciem mocno wstrząsnąć; **I can ~ understand your concern** doskonale rozumiem twój niepokój; **I'm only too ~ aware of the danger** aż nazbyt dobrze zdaję sobie sprawę z niebezpieczeństwa; **he knows only too ~ that...** wie aż nazbyt dobrze, że...; **I can ~ believe it!** wcale mnie to nie dziwi!; **the museum is ~ worth seeing** stanowczo warto zwiedzić to muzeum; **it was ~ worth waiting for** warto było poczekać [6] (with good reason, with justification) **you may ~ say you feel sick, after eating all the chocolate** nic dziwnego, że się źle czujesz, skoro zjadłeś całą czekoladę; **he's feeling ashamed of himself, as ~ he might** czuje się zawstydzony, i trudno się temu dziwić or i słusznie; **we didn't panic, as ~ we might (have done)** nie wpadliśmy w panikę, chociaż mieliśmy ku temu powody; **'how did they get in?' – 'you may ~ ask!'** „jak oni weszli?" – „dobre pytanie!"; **one might ~ ask why the police were not informed** można by spytać or nasuwa się pytanie, czemu nie zawiadomiono policji; **we can't very ~ refuse** nie możemy tak sobie po prostu odmówić; **'are you going with us?' – 'I may as ~'** „idziesz z nami?" – „czemu nie?"; **we might just as ~ have stayed at home** równie dobrze mogliśmy zostać w domu; **we may as ~ go home** równie dobrze możemy iść do domu [7] (in all likelihood) **you may ~ be right** pewnie masz rację; **I might ~ change my mind** nie wykluczone, że zmienię zdanie; **the concert might very ~ be cancelled** bardzo możliwe, że koncert zostanie odwołany; **it may ~ be that...** bardzo możliwe, że... [8] **as ~** (also) też, także, również; **'do you want soup instead of pâté?' – 'no, I want soup as ~'** „czy chcesz zupę zamiast pasztetu?" – „nie, chcę jedno i drugie"; **and she lied to me as ~!** a do tego nakłamała mi! [9] **as ~ as** (in addition) zarówno ... jak (i)...; i ... i; **I told Anna as ~ as Maria** powiedziałem zarówno Annie jak i Marii; **as ~ as German, he is studying Italian** poza niemieckim, uczy się także or również włoskiego; **I worked on Saturday as ~ as on Sunday** pracowałem i w sobotę, i w niedzielę; **they have a house in the country as ~ as an apartment in London** mają dom na wsi, a także mieszkanie w Londynie; **you know as ~ as I do why he left** wiesz równie dobrze jak ja, dlaczego odszedł [10] GB infml (very) *[busy, hard]* bardzo; **it was ~ good** or **wicked!** (in approval) to było super! infml

III *excl* [1] (introducing topic, continuing) tak więc, a więc, no więc, no to; **~, shall we get started?** no to może zaczniemy?; **~ now** or **then, what's the problem?** no więc, o co chodzi?; **~, as I was saying...** a więc, jak już mówiłem...; **~, do you like it?** no i jak ci się to podoba?; **'I thought you knew' – '~ I didn't!'** „sądziłem, że wiesz" – „ale nie wiedziałem!"; **~, that's all for today** a więc na dzisiaj to wszystko, no to tyle na dzisiaj [2] (expressing hesitation) no cóż; **~, I'll have to think about it** no cóż, będę musiał się nad tym zastanowić; **he's a bit, ~, you know, stupid** on jest, jakby tu powiedzieć, głupawy [3] (expressing surprise) no proszę; **~, ~, ~! look who's here!** proszę, proszę or no, no, kogóż my tu widzimy!; **~, ~, ~, if it isn't my aunt Anna!** niech mnie, jeżeli to nie moja ciotka Anna!; **~, I never (did)!** dat nigdy bym się nie spodziewał?; **~, I'll be!** US a niech mnie! infml; **~, what do you know?** kto by się spodziewał?; **~, what do you know: it's stopped raining** i co ty na to? – przestało padać [4] (expressing indignation) no nie!; **~, that's the last straw** no nie, tego już za wiele [5] (expressing relief) **~, thank goodness that's over** uff, dzięki Bogu już po wszystkim [6] (expressing resignation, scepticism) no cóż; **oh ~, there's nothing I can**

do about it no cóż or trudno, nic na to nie poradzę

IDIOMS: **all's ~ that ends ~** Prov wszystko dobre, co się dobrze kończy; **(all) ~ and good** wszystko to pięknie (ale); **to be ~ in with sb** infml być z kimś za pan brat, być z kimś w dobrej komitywie; **to be ~ up in sth** infml być oblatanym w czymś infml; **to leave ~** GB **alone** or **~ enough alone** US (not get involved) dać sobie spokój; **I would leave ~ alone if I were you** na twoim miejscu dałbym sobie spokój; **you're ~ out of it!** infml dobrze, że nie masz z tym już nic do czynienia; **~ and truly** z całą pewnością; **~ and truly drunk** pijany jak bela infml

we'll /wi:l/ = we shall, we will

well-adjusted /ˌweləˈdʒʌstɪd/ *adj* Psych *[person]* zrównoważony, przystosowany

well-advised /ˌweləd'vaɪzd/ *adj [action, decision]* rozważny

well-appointed /ˌweləˈpɔɪntɪd/ *adj [room, house]* porządnie urządzony

well-attended /ˌweləˈtendɪd/ *adj* **the meeting was ~** na zebraniu było dużo osób; **the concert was ~** publiczność na koncercie dopisała

well-baby clinic /ˌwelˈbeɪbɪklɪnɪk/ *n* GB przychodnia *f* pediatryczna

well-balanced /ˌwelˈbælənst/ *adj [person]* zrównoważony; *[diet, meal]* racjonalny, prawidłowo skomponowany; *[report, approach]* wyważony

well-behaved /ˌwelbɪˈheɪvd/ *adj [child]* dobrze wychowany, grzeczny; *[dog, horse]* dobrze ułożony; *[crowd]* spokojny

well-being /ˌwelˈbi:ɪŋ/ *n* dobro *n*; **(a sense of) physical/emotional ~** dobre samopoczucie fizyczne/psychiczne; **the economic ~ of the nation** pomyślność gospodarcza or dobrobyt kraju

well-born /ˌwelˈbɔ:n/ *adj [person]* dobrze urodzony dat

well-bred /ˌwelˈbred/ *adj* [1] *[person]* (of good birth) dobrze urodzony dat; (having good manners) dobrze wychowany [2] *[manners, behaviour]* kulturalny [3] *[animal]* rasowy; *[dog]* rodowodowy

well-built /ˌwelˈbɪlt/ *adj* [1] *[person]* dobrze zbudowany [2] *[building]* solidnej konstrukcji

well-chosen /ˌwelˈtʃəuzn/ *adj [metaphor, quotation]* trafny; **I gave him a few ~ words!** powiedziałem or przemówiłem mu do słuchu!; **he told them, in a few ~ words, what he thought of it** powiedział im, nie owijając w bawełnę, co o tym myśli

well-connected /ˌwelkəˈnektɪd/ *adj [person]* ustosunkowany

well-defined /ˌweldɪˈfaɪnd/ *adj [shape, outline, image]* wyraźny; *[role, boundary]* wyraźnie określony

well-developed /ˌweldɪˈveləpt/ *adj* [1] Anat dobrze rozwinięty [2] *[instinct]* rozwinięty; *[structure, system]* rozbudowany; *[plan]* dobrze opracowany; *[argument]* mocny

well-disposed /ˌweldɪˈspəuzd/ *adj* przychylnie nastawiony **(towards sb/sth** do kogoś/czegoś**)**

well-done /ˌwelˈdʌn/ *adj* [1] Culin *[cake, toast]* dobrze wypieczony; *[steak]* dobrze wysmażony; *[vegetables]* ugotowany do miękkości [2] (well performed) *[task, job]* dobrze wykonany

well-dressed /ˌwelˈdrest/ *adj* dobrze ubrany

well-earned /ˌwelˈɜ:nd/ *adj [rest, break, holiday]* zasłużony

well-educated /ˌwelˈedʒukeɪtɪd/ *adj* (having a good education) wykształcony; (cultured) kulturalny

well-favoured /ˌwelˈfeɪvəd/ *adj* dat or hum ponętny, urodziwy

well-fed /ˌwelˈfed/ *adj* dobrze odżywiony

well-fixed /ˌwelˈfɪkst/ *adj* US infml = **well-heeled**

well-formed /ˌwelˈfɔ:md/ *adj* [1] *[mouth, nose, features]* kształtny [2] Ling *[expression]* poprawny gramatycznie

well-founded /ˌwelˈfaundɪd/ *adj [suspicion, opinion]* uzasadniony

well-groomed /ˌwelˈgru:md/ *adj [person, animal, appearance]* zadbany; **her hair is always ~** jest zawsze starannie uczesana

wellhead /ˈwelhed/ *n* źródło *n* also fig

well-heeled /ˌwelˈhi:ld/ *adj* infml (na)dziany infml

well-hung /ˌwelˈhʌŋ/ *adj* vinfml hum *[man]* dobrze wyposażony przez naturę infml euph

well-informed /ˌwelɪnˈfɔ:md/ *adj [person]* (on specific subject) dobrze poinformowany; **teachers need to be very ~** nauczyciele powinni posiadać bardzo rozległą wiedzę; **to be ~ about sth** mieć pełne informacje na temat czegoś; **the story comes from a ~ source** wiadomość pochodzi z dobrze poinformowanego źródła

Wellington /ˈwelɪŋtən/ *prn* Geog Wellington *n inv*

wellington (boot) *n* GB gumowiec *m*, kalosz *m* do kolan; gumiak *m* infml

well-intentioned /ˌwelɪnˈtenʃnd/ *adj [person]* pełen dobrych chęci or intencji; *[effort, remark]* (zrobiony) w dobrej or najlepszej wierze

well-judged /ˌwelˈdʒʌdʒd/ *adj [statement, performance]* (dobrze) przemyślany; *[estimate]* dobrze wyliczony

well-kept /ˌwelˈkept/ *adj [house, garden, hands]* starannie utrzymany; *[secret]* pilnie strzeżony

well-knit /ˌwelˈnɪt/ *adj [body]* jędrny; *[frame]* silny; fig *[argument, plan, plot]* starannie obmyślony, przemyślany

well-known /ˌwelˈnəun/ *adj [person, place, work of art]* słynny, powszechnie znany; **she's not very ~** ona nie jest bardzo znana; **to be ~ for sth** słynąć z czegoś, być znanym z czegoś; **she's not very ~ for her patience** iron cierpliwość nie należy do jej cnót, ona nie grzeszy cierpliwością; **to be ~ to sb** być dobrze znanym komuś; **she's not ~ to me** nie znam jej zbyt dobrze; **it is ~ that..., it is a ~ fact that...** powszechnie wiadomo, że...; **a fact that is ~ to anyone** fakt (dobrze) znany wszystkim

well-liked /ˌwelˈlaɪkt/ *adj [person]* powszechnie lubiany

well-made /ˌwelˈmeɪd/ *adj [person, animal]* dobrze zbudowany; *[object]* solidnie wykonany

well-mannered /ˌwelˈmænəd/ *adj [person]* dobrze wychowany; **that was not a very ~ thing to do** to nie było zbyt grzeczne

well-meaning /ˌwelˈmi:nɪŋ/ *adj [person]* pełen najlepszych intencji; *[act, remark, warning]* (zrobiony) w dobrej wierze; *[act, remark, warning]* pełen najlepszych intencji; **he's ~, but...** nie ma złych intencji, ale...

well-meant /ˌwelˈment/ *adj [act, suggestion, offer]* (zrobiony) w dobrej wierze; **I'm sorry I offended you; my remarks were ~** przykro mi, że cię uraziłem, nie miałem złych intencji

well-nigh /ˌwelˈnaɪ/ *adv* fml niemal; **~ impossible** niemal niemożliwe

well-off /ˌwelˈɒf/ **I** *n* **the ~** *(+ v pl)* ludzie *plt* zamożni or dobrze sytuowani; **the less ~** ludzie niezamożni or źle sytuowani

II *adj* [1] (wealthy) *[person, family, neighbourhood]* zamożny [2] (fortunate) **you don't know when you're ~** nie zdajesz sobie sprawy, jak ci się dobrze powodzi [3] (having plenty of sth) **to be ~ for sth** mieć dużo czegoś, mieć pod dostatkiem czegoś *[space, provisions]*

well-oiled /ˌwelˈɔɪld/ *adj* [1] *[machine, hinge]* dobrze naoliwiony [2] fig (smooth-running) *[department, organization]* sprawnie działający [3] infml (drunk) na gazie, na bani infml

well-padded /ˌwelˈpædɪd/ *adj* infml hum *[person]* tęgi, przy kości

well-paid /ˌwelˈpeɪd/ *adj [person]* dobrze opłacany; *[job, work]* dobrze płatny

well-preserved /ˌwelprɪˈzɜ:vd/ *adj [building, statue, corpse]* dobrze zachowany, w dobrym stanie; fig hum *[person]* dobrze zakonserwowany hum; **he's ~** on się dobrze trzyma

well-read /ˌwelˈred/ *adj [person]* oczytany; **she's extremely ~ in English literature** ona zna doskonale literaturę angielską

well-respected /ˌwelrɪˈspektɪd/ *adj [person]* ogólnie or powszechnie szanowany

well-rounded /ˌwelˈraundɪd/ *adj* [1] *[education]* pełny; *[life, programme]* urozmaicony; *[sentence]* okrągły; *[person]* gruntownie wykształcony [2] *[hips, figure, cheeks]* pełny, zaokrąglony

well-set /ˌwelˈset/ *adj [person]* dobrze zbudowany

well-spoken /ˌwelˈspəukən/ *adj [person]* mówiący poprawnym językiem; **to be ~** wyrażać się poprawnie

well-spoken-of /ˌwelˈspəukənɒv/ *adj [person, place]* cieszący się dobrą opinią; **he's very ~** ma bardzo dobrą reputację, bardzo dobrze się o nim mówi

wellspring /ˈwelsprɪŋ/ *n* liter źródło *n* also fig

well-tempered /ˌwelˈtempəd/ *adj* Mus równomiernie temperowany

well-thought-of /ˌwelˈθɔ:tɒv/ *adj [person, product]* ceniony

well-thought-out /ˌwelθɔ:tˈaut/ *adj [scheme, theory]* dobrze przemyślany; *[plot]* zgrabnie pomyślany

well-timed /ˌwelˈtaɪmd/ *adj [remark, suggestion]* na miejscu, na czasie; *[arrival, sale]* w odpowiednim momencie; **that was ~!** (of entrance, phone call) w samą porę!, o wilku mowa!

well-to-do /ˌweltəˈduː/ **I** *n* **the ~** *(+ v pl)* ludzie *plt* zamożni or dobrze sytuowani **II** *adj* zamożny, dobrze sytuowany
well-tried /ˌwelˈtraɪd/ *adj [method, remedy]* wypróbowany, sprawdzony
well-trodden /ˌwelˈtrɒdn/ *adj [path]* wydeptany
well-turned /ˌwelˈtɜːnd/ *adj* [1] *[phrase, compliment]* zgrabny [2] dat *[ankle, leg]* kształtny
well-upholstered /ˌwelʌpˈhəʊlstəd/ *adj* infml = **well-padded**
well-wisher /ˈwelwɪʃə(r)/ *n* osoba *f* życzliwa; Pol sympaty|k *m*, -czka *f*; **'from a ~'** (as signature) „życzliwy" *(podpis na anonimowym liście)*
well-woman clinic /ˌwelˈwʊmənklɪnɪk/ *n* poradnia *f* zdrowia dla kobiet
well-worn /ˌwelˈwɔːn/ *adj [carpet, clothes]* wytarty; *[shoes]* zdarty; *[path]* wydeptany; fig *[phrase, joke, theme]* wyświechtany, oklepany
welly /ˈwelɪ/ *n* GB infml [1] = **wellington (boot)** [2] fig (acceleration) energia *f*
IDIOMS: **give it some ~!** infml do roboty!, z życiem! infml
welsh /welʃ/ *vi* **to ~ on sb** wykiwać kogoś, wystrychnąć kogoś na dudka infml; **to ~ on sth** nie dotrzymać czegoś *[promise]*; nie wywiązać się z czegoś *[contract]*; nie oddać czegoś *[debts]*
Welsh /welʃ/ **I** *n* [1] (nation) **the ~** *(+ v pl)* Walijczycy *m pl* [2] Ling (język *m*) walijski *m*; **in ~** po walijsku
II *adj* walijski
Welsh dresser *n* GB kredens *m*
Welsh harp *n* harfa *f* walijska
Welshman /ˈwelʃmən/ *n* (*pl* **-men**) Walijczyk *m*
Welsh mountain pony *n* górski konik *m* walijski
Welsh Office *n* Ministerstwo *n* do spraw Walii
Welsh rabbit *n* = **Welsh rarebit**
Welsh rarebit *n* grzanka *f* z serem
Welsh Secretary *n* GB Pol minister *m* do spraw Walii
Welsh terrier *n* terier *m* walijski
Welshwoman /ˈwelʃwʊmən/ *n* (*pl* **-women**) Walijka *f*
welt /welt/ *n* [1] (on shoe) sztuper *m* [2] (knitted) ściągacz *m* [3] (on skin) obrzęk *m*, ślad *m* po uderzeniu
welter /ˈweltə(r)/ **I** *n* **a ~ of sth** gąszcz *m* czegoś *[rules]*; masa *f* czegoś *[facts, details]*; kałuża *f* czegoś *[blood, water]*; natłok *m* or pomieszanie *n* czegoś *[thoughts, ideas]*
II *vi* **to ~ in sth** nurzać się w czymś *[water, blood]*; pławić się w czymś *[emotions]*
welterweight /ˈweltəweɪt/ Sport **I** *n* waga *f* półśrednia
II *modif* **~ boxer/champion** bokser /mistrz wagi półśredniej; **~ fight/competition** walka/zawody w wadze półśredniej
wen /wen/ *n* Med torbiel *f* łojowa; **the great ~** fig hum Londyn
wench /wentʃ/ arch or hum **I** *n* dziewka *f*, dziewoja *f* arch
II *vi* **to go ~ing** chodzić na dziwki vinfml dat
wend /wend/ *vt* **to ~ one's way (to /towards sth)** s|kierować się (do/w kierunku czegoś), zmierzać (do/w kierunku czegoś); **they ~ed their way home** skierowali się w stronę domu, zmierzali w stronę domu
Wendy house /ˈwendɪhaʊs/ *n* GB domek *m (do zabawy dla dzieci)*
went /went/ *pt* → **go**
wept /wept/ *pt, pp* → **weep**
were /wɜː(r), wə(r)/ *pt* → **be**
we're /wɪə(r)/ = **we are**
weren't /wɜːnt/ = **were not**
werewolf /ˈwɪəwʊlf/ *n* (*pl* **-wolves**) wilkołak *m*
Wesleyan /ˈwezlɪən/ *n zwolennik doktryny Johna Wesleya, twórcy metodyzmu*
west /west/ **I** *n* zachód *m*; **the ~ of the village/county** zachodnia część miasteczka/hrabstwa; **to the ~ of Oxford** na zachód od Oksfordu
II West *n* [1] Pol, Geog **the West** Zachód *m* *(zwłaszcza Europa Zachodnia i Stany Zjednoczone)*; US zachodnie stany *m pl* USA [2] (in cards) gracz *m* W
III *adj [side, coast, wall, wind]* zachodni
IV *adv [move]* na zachód; **to live/lie ~ of sth** mieszkać/leżeć na zachód od czegoś; **to go ~ of sth** mijać coś od zachodu
IDIOMS: **to go ~** (die) euph przenieść się na tamten świat; (get lost) przepaść; **there's another glass gone ~!** poszła jeszcze jedna szklanka! infml
West Africa *prn* Afryka *f* Zachodnia
West African *adj [person]* z Afryki Zachodniej; **~ culture** kultura Afryki Zachodniej
West Bank *prn* **the ~** zachodni brzeg *m* Jordanu, Cisjordania *f*
West Bengal *prn* Bengal *m* Zachodni
West Berlin *prn* Pol, Hist Berlin *m* Zachodni
westbound /ˈwestbaʊnd/ *adj [carriageway]* prowadzący na zachód; *[traffic, train]* w kierunku zachodnim; **the ~ platform** GB peron dla udających się w kierunku zachodnim
West Country *prn* GB **the ~** południowo-zachodnia część *f* Anglii *(Kornwalia, Devon i Somerset)*
West End *prn* **the ~** West End *m* *(dzielnica eleganckich sklepów i teatrów w zachodniej części Londynu)*
westerly /ˈwestəlɪ/ **I** *n* (wind) wiatr *m* zachodni or od zachodu
II *adj [wind, breeze]* zachodni, wiejący od zachodu; *[area]* zachodni, leżący na zachodzie; **to travel in a ~ direction** jechać w kierunku zachodnim or na zachód; **the most ~ part of the country** część kraju położona najdalej na zachód
western /ˈwestən/ **I** *n* Cin western *m*
II *adj [coast, border, Europe]* zachodni; **they have a cottage in ~ Poland** mają domek na zachodzie Polski
Western Australia *prn* Australia *f* Zachodnia
westerner /ˈwestənə(r)/ *n* (of western origin) człowiek *m* z Zachodu; (representing western culture) człowiek *m* Zachodu
Western Europe *prn* Europa *f* Zachodnia
Western Isles *prn pl* Hebrydy *plt* Zewnętrzne
westernization /ˌwestənaɪˈzeɪʃn, US -nɪˈz-/ *n* (adopting) przyjmowanie *n* kultury Zachodu; (influencing) szerzenie *n* kultury Zachodu; narzucanie *n* kultury Zachodu pej
westernize /ˈwestənaɪz/ *vt* narzuc|ić, -ać zachodnią kulturę (komuś/czemuś) *[country, people]*; **to become ~d** ulegać wpływom Zachodu
westernmost /ˈwestənməʊst/ *adj [area, town]* położony najdalej na zachód
Western (omelet) *n* US Culin omlet *m* z szynką, papryką i cebulą
western roll *n* Sport skok *m* wzwyż techniką obrotową
Western saddle *n* US kulbaka *f*
Western Sahara *prn* Sahara *f* Zachodnia
Western Samoa *prn* Samoa *n inv* Zachodnie
west-facing /ˈwestfeɪsɪŋ/ *adj [window, room]* wychodzący na zachód; *[slope]* zachodni
West German **I** *n* Niem|iec *m*, -ka *f* z byłych Niemiec Zachodnich
II *adj* zachodnioniemiecki
West Germany *prn* Pol Hist Niemcy *plt* Zachodnie
West Glamorgan /ˌwestgləˈmɔːgən/ *prn* West Glamorgan *n inv*
West Indian **I** *n* Antyl|czyk *m*, -ka *f*
II *adj* antylski
West Indies /ˌwestˈɪndiːz/ *prn pl* **the ~** Indie *plt* Zachodnie
West Midlands /ˌwestˈmɪdləndz/ *prn* West Midlands *n inv*
Westminster /ˈwestmɪnstə(r)/ *n* GB Westminster *m (siedziba parlamentu brytyjskiego)*; **to be elected to ~** zostać deputowanym
West Point *prn* US West Point *m (amerykańska akademia wojskowa)*
West Sussex /ˌwestˈsʌsɪks/ *prn* West Sussex *n inv*
West Virginia *prn* Wirginia *f* Zachodnia
westward /ˈwestwəd/ **I** *adj [side, wall, slope]* zachodni; *[journey, route, movement]* na zachód; **in a ~ direction** w kierunku zachodnim
II *adv* (also **~s**) *[go]* na zachód
West Yorkshire *prn* West Yorkshire *n inv*
wet /wet/ **I** *n* [1] (dampness) wilgoć *f*; **this plant is tolerant of the ~** ta roślina dobrze znosi wilgoć; **there was a patch of ~ on the mattress** na materacu była wilgotna plama; **ducks like the ~** kaczki lubią wodę; **the car won't start in the ~** samochód nie chce zapalić, kiedy jest wilgotno [2] (rainy weather) deszczowa pogoda *f*; **come in out of the ~** schowaj się przed deszczem [3] GB infml (feeble person) mięczak *m* fig infml [4] GB Pol **a Tory ~** umiarkowany konserwatysta
II *adj* [1] (damp) *[clothing, hair, hand, grass, road, surface, patch]* mokry; (not yet dry) wilgotny; **~ with rain/urine** wilgotny od deszczu/moczu; **his shirt was ~ with sweat** jego koszula była mokra od potu, miał koszulę mokrą od potu; **her face was ~ with tears** miała twarz mokrą od łez; **to get ~** *[person]* przemoknąć, zmoknąć; **to get one's feet/clothes ~** przemoczyć nogi/ubranie; **to get the floor ~** nachlapać na podłogę; **don't let your camera get ~** uważaj, żeby nie zamoczyć aparatu;

I got ~ through przemokłem do suchej nitki; **your clothes are ~ through** masz przemoczone ubranie [2] (freshly applied) *[paint, plaster, clay, ink]* wilgotny, mokry; **'~ paint'** „uwaga! świeżo malowane"; **the ink is still ~** atrament jeszcze nie wysechł [3] (rainy) *[weather, day, season]* deszczowy; *[area, climate]* wilgotny; **it's too ~ to go out** jest zbyt mokro, żeby wychodzić; **it's been very ~** ostatnio dużo pada; **tomorrow, the North will be ~** jutro na północy będzie padać [4] GB pej *[person, manner]* bezwolny; *[remark, action]* głupawy; *[story, film]* kiepski; **don't be so ~!** nie bądź mięczakiem! infml [5] GB Pol *[Tory, MP, cabinet]* umiarkowany [6] infml (where alcohol is sold) **~ state/country** stan/państwo, w którym nie obowiązuje prohibicja

III *vt* (*prp, pt, pp* **-tt-**) [1] (dampen) z|moczyć, zwilż|yć, -ać *[hair, rag]*; zachlap|ać, -ywać *[floor]*; **to ~ one's lips** zwilżyć wargi [2] (urinate in or on) **to ~ one's pants/the bed** *[adult]* zmoczyć się/zmoczyć się w nocy; *[child]* zrobić siusiu w majtki/do łóżka infml

IV *vr* **to ~ oneself** z|moczyć się → **ear, whistle**

IDIOMS: **to ~ the baby's head** opijać pępkówkę infml

wetback /ˈwetbæk/ *n* US infml *meksykański robotnik rolny, pracujący nielegalnie w Stanach Zjednoczonych*

wet blanket *n* infml smutas *m* infml *(psujący innym nastrój)*

wet cell (battery) *n* ogniwo *n* mokre

wet dream *n* (dream) sen *m* erotyczny; (emission) zmaza *f* nocna

wet fish *n* GB świeże ryby *f pl*

wether /ˈweðə(r)/ *n* skop *m*, wykastrowany baran *m*

wetland /ˈwetlənd/ **I** *n* tereny *m pl* podmokłe, bagna *n pl*

II *modif [bird, plant, wildlife]* błotny, bagienny; *[area, site]* podmokły

wet-look /ˈwetlʊk/ *adj* Fashn *[plastic, leather]* lśniący; *[hair gel, lipstick]* dający efekt wet-look

wetly /ˈwetlɪ/ *adv [glisten, gleam]* połyskliwie

wetness /ˈwetnɪs/ *n* wilgotność *f*, wilgoć *f*

wetnurse /ˈwetnɜːs/ **I** *n* mamka *f*

II wet-nurse *vt* [1] wykarmi|ć, -ać *[baby]* [2] fig hołubić, dopie|ścić, -szczać, niańczyć *[person]*; chodzić koło (czegoś) *[project]*

wet rot *n* grzyb *m* piwniczny

wet suit *n* strój *m* piankowy, pianka *f (do nurkowania)*

wetting /ˈwetɪŋ/ *n* **to get a ~** zmoknąć, przemoknąć; **to give sb/sth a ~** zmoczyć or przemoczyć kogoś/coś

wetting agent *n* środek *m* zwilżający, zwilżacz *m*

wetting solution *n* płyn *m* do szkieł kontaktowych

we've /wiːv/ = **we have**

W Glam GB Post = **West Glamorgan**

whack /wæk, US hwæk/ **I** *n* [1] (blow) grzmotnięcie *n*, huknięcie *n* infml; **to give sb/sth a ~** grzmotnąć or huknąć kogoś/coś [2] infml (share) działka *f*, dola *f* infml; **to get one's ~** dostać swoją działkę or dolę; **to do one's ~** zrobić swoje; **to pay one's ~** płacić swoją działkę or dolę [3] infml (try) przymiarka *f* infml; **to have** or **take a ~ at (doing) sth** przymierzyć się do (zrobienia) czegoś; **have another ~ at it!** spróbuj raz jeszcze! [4] GB infml (sum) **to earn top ~** zarabiać kupę szmalu infml; **you don't have to pay (the) full ~ now** nie musisz płacić teraz całej sumy

II *excl* buch!, ryms!

III *vt* [1] (hit) huknąć, grzmotnąć, przywalić (komuś/czemuś) infml *[person, dog, horse]*; rąbnąć, walnąć infml *[ball]*; **I ~ed the ball into the air** z całej siły wybiłem piłkę w powietrze [2] GB infml (defeat) spuś|cić, -szczać (komuś) łomot infml [3] fig **to ~ £10 off the price** opuścić 10 funtów z ceny

■ **whack off** vulg trzepać or walić kapucyna vulg

IDIOMS: **out of ~** US vinfml *[cupboard, arm, leg]* rozwalony infml

whacked /wækt, US hwækt/ *adj* infml (tired) wykończony, skonany infml; (stoned) US naćpany infml

whacking /ˈwækɪŋ, US ˈhwæk-/ infml **I** *n* łomot *m* infml; **to give sb a ~** spuścić komuś łomot

II *adj* GB kolosalny

III *adv* GB **~ great, ~ big** kolosalny

whacky /ˈwækɪ, US ˈhwækɪ/ *adj* infml *[person]* kopnięty, stuknięty, szurnięty infml; *[sense of humour]* dziwaczny; *[party, clothes]* wariacki infml

whale[1] /weɪl, US hweɪl/ *n* [1] Zool wieloryb *m* [2] infml **a ~ of a difference** kolosalna różnica; **a ~ of a story** fantastyczna opowieść; **we had a ~ of a time** doskonale bawiliśmy się

whale[2] /weɪl, US hweɪl/ *vt* US infml (thrash) wy|grzmocić, da|ć, -wać (komuś) łupnia infml

whaleboat /ˈweɪlbəʊt, US ˈhweɪl-/ *n* welbot *m*

whalebone /ˈweɪlbəʊn, US ˈhweɪl-/ *n* fiszbin *m*

whale calf *n* młode *n* wieloryba

whaleman /ˈweɪlmən, US ˈhweɪl-/ *n* (*pl* **-men**) wielorybnik *m*

whale oil *n* tran *m*

whaler /ˈweɪlə(r), US ˈhweɪlər/ *n* [1] (ship) statek *m* wielorybniczy [2] (person) wielorybnik *m*

whaling[1] /ˈweɪlɪŋ, US ˈhweɪlɪŋ/ *n* (whale fishing) wielorybnictwo *n*; **to go ~** łowić wieloryby

whaling[2] /ˈweɪlɪŋ, US ˈhweɪlɪŋ/ *n* US infml (thrashing) manto *n* infml

wham /wæm, US hwæm/ **I** *n* grzmot *m*, huk *m*

II *excl* bum!, łup!

III *vt* (*prp, pt, pp* **-mm-**) rąbnąć, gruchnąć infml

whammy /ˈwæmɪ, US ˈhwæmɪ/ *n* US infml (evil influence) zły urok *m*; **to put the ~ on sb** rzucić na kogoś zły urok

whang /wæŋ, US hwæŋ/ infml **I** *n* grzmotnięcie *n*, huknięcie *n* infml

II *vt* grzmotnąć, huknąć infml

wharf /wɔːf, US hwɔːf/ **I** *n* (*pl* **wharves**) nabrzeże *n*, keja *f*

II *vi [boat]* przy|cumować

wharfage /ˈwɔːfɪdʒ, US ˈhwɔːfɪdʒ/ *n* [1] (accommodation) miejsce *n* przy nabrzeżu [2] (fee) opłata *f* brzegowa

wharves /wɔːvz, US hwɔːvz/ *npl* → **wharf**

what /wɒt, US hwɒt/ **I** *pron* [1] (in questions) co; **~'s that?** co to?; **~ caused the accident?** co spowodowało wypadek?; **~'s upstairs?** co jest na górze?; **~ are you doing?** co robisz?; **~'s her address /telephone number?** jaki jest jej adres /numer telefonu?; **~'s his name?** jak on ma na imię?; **~'s the problem?** o co chodzi?; **~'s that machine?** co to za maszyna?; **~ is to be done?** co należy zrobić?; **~ does it matter?** jakie to ma znaczenie?; **~ do six and four add up to?** ile to sześć dodać cztery?; **~ did it cost?** ile to kosztowało?; **and ~ else?** i co jeszcze?; **or ~?** czy co?; **are you stupid, or ~?** zgłupiałeś, czy co?; **about ~?** o czym?; **with ~?** czym?, z czym?; **~ for?** po co?, czemu?; **~'s that button for?** do czego służy ten guzik?; **~ did he do it for?** po co or czemu on to zrobił?; **'I'm going to the shops' – '~ for?'** „idę na zakupy" – „po co?"; **~'s this called in Russian?, ~'s the Russian for this?** jak to się nazywa po rosyjsku?; **~'s it like?** (weather) jak jest na dworze?, jaka pogoda?; **~'s it like having an older brother?** jak to jest, kiedy się ma starszego brata?; **'~ do you do?' – 'I'm a teacher'** „czym się zajmujesz?" – „jestem nauczycielem"; **~'s this shirt made of?** z czego jest ta koszula? [2] (in rhetorical questions) **~'s life without love?** czymże jest życie bez miłości?; **~'s the use?** (enquiringly) po co to?; (exasperatedly) i po co to wszystko?, to wszystko na nic!; **~ does he care?** i cóż go to obchodzi?; **~ can anyone do?** i cóż tu można zrobić? [3] (in clauses) co; **tell me ~ happened** powiedz mi, co się stało; **she knows ~ to do** ona wie, co zrobić; **they had everything except ~ I wanted** mieli wszystko poza tym, co było mi potrzebne; **this is ~ is called a 'monocle'** to się nazywa „monokl"; **do you know ~ that device is?** czy wiesz, co to za urządzenie?; **~ I don't understand is why...** nie rozumiem tylko, dlaczego...; **a hammer, a drill and I don't know ~** młotek, wiertarka i nie wiem, co jeszcze; **he was drinking ~ looked like whisky** pił coś, co wyglądało na whisky; **guess ~, I'm going to Italy!** nigdy nie zgadniesz, jadę do Włoch!; **(do) you know ~? I'll ask him for a rise!** wiesz co? poproszę go o podwyżkę!; **I know ~: let's give him a call!** już wiem! zadzwońmy do niego!; **(I'll) tell you ~: you pay for the food and I'll get the drinks** wiesz co? zapłać za jedzenie, a ja załatwię drinki; **and ~'s more** a co więcej; **~'s worse/better** co gorsze/na szczęście [4] (whatever) co (tylko); **do ~ you want/have to** rób, co chcesz /musisz [5] infml (when guessing) **it'll cost, ~, £50** to będzie kosztować jakieś 50 funtów [6] (inviting repetition) **~'s that?, ~ did you say?** co takiego?, co powiedziałeś?; **he earns ~?** ile (powiedziałeś, że) zarabia?; **he did ~?** co zrobił?; **Adam ~?** Adam, a jak dalej? [7] (expressing surprise) **and ~ it**

must have cost! ale to musiało kosztować! [8] GB dat (as question tag) **a good dinner, ~?** dobry obiad, no nie? infml

II *det* [1] (which) który, jaki; **~ book are you reading?** jaką książkę czytasz?; **~ colour are the walls?** jakiego koloru są ściany?; **~ time is it?** która godzina?; **she didn't know ~ language they were speaking** nie wiedziała, w jakim języku mówią; **do you know ~ train he took?** czy wiesz, którym pociągiem pojechał? [2] (in exclamations) ale, co za, cóż za; **~ a surprise!** cóż za niespodzianka!; **~ a lovely dress/apartment!** jaka śliczna sukienka/jakie śliczne mieszkanie!; **~ bad luck!** cóż za pech!; **~ a lot of people!** jakie tłumy ludzi!; **~ a strange thing to do!** co za pomysł!; **~ a fool I am!** ale ze mnie głupiec!; **~ a friend you've turned out to be!** iron ładny z ciebie przyjaciel!; **~ use is that?** i po co to? also fig [3] (the amount of) **~ belongings they had were confiscated** wszystko, co mieli, zostało skonfiskowane; **~ few hotels there were were full** we wszystkich hotelach, a było ich niewiele, zabrakło miejsc; **~ little she owned, she left to her son** wszystko co posiadała, a nie było tego wiele, pozostawiła synowi

III **what about** *prh* [1] (when drawing attention) **~ about the letter they sent?** a co z przesłanym przez nich listem?; **~ about the children?** a co z dziećmi? [2] (when making suggestion) **~ about spending the night here?** a może by tutaj zatrzymać się na noc?; **~ about a cup of coffee?** co powiesz na filiżankę kawy?; **~ about Tuesday? OK?** może we wtorek, dobrze? → **about** [3] (in reply) **'you know Maria's boyfriend? – 'yes, ~ about him?'** „znasz chłopaka Marii?" – „tak, a co?"

IV **what if** *phr* **~ if she finds out?** co będzie, jeśli ona się dowie?; **'he said you owed him money' – '~ if I do?'** „powiedział, że jesteś mu winien pieniądze" – „no to co?"; **~ if I bring the dessert?** może podam już deser?

V **what of** *phr* **but ~ of the consequences?** ale pomyśl o konsekwencjach; **~ of it?** infml i co z tego?

VI **what with** *phr* **~ with her shopping bags and her bike, she could hardly open the door** mając torby pełne zakupów i rower, nie mogła otworzyć drzwi; **~ with the depression and unemployment** przy depresji i bezrobociu; **~ with one thing and another, I haven't had time** tyle było spraw, że nie miałem czasu

VII *excl* co?!, co takiego?!

IDIOMS: **to give sb ~ for** GB infml dać komuś nauczkę, nauczyć kogoś rozumu; **to know ~'s ~** znać się na rzeczy; **this is my assistant, he'll tell you ~'s ~** to mój asystent, powie ci, co i jak; **he's hopeless, he's got no idea ~'s ~** on jest beznadziejny, o niczym nie ma zielonego pojęcia; **well, ~ do you know?** coś podobnego!; **~ do you think I am?** infml za kogo ty mnie masz?; **~'s it to you?** infml co to ciebie właściwie obchodzi?; **~'s yours?** infml co pijesz?; **you know ~ he/she is!** znasz ją/jego!, wiesz, jaki on/jaka ona jest!

whatchamacallit /ˈwɒtʃəməkɔːlɪt, US ˈhwɒtʃ-/ *n* infml = **what-d'yer-call-it**

what-d'yer-call-her /ˈwɒtdjəkɔːlə(r), US ˈhwɒt-/ *n* infml jak jej tam infml

what-d'yer-call-him /ˈwɒtdjəkɔːlɪm, US ˈhwɒt-/ *n* infml jak mu tam infml

what-d'yer-call-it /ˈwɒtdjəkɔːlɪt, US ˈhwɒt-/ *n* infml ten interes *m* infml

whate'er /wɒtˈeə(r), US hwɒt-/ = **whatever**

whatever /wɒtˈevə(r), US hwɒt-/ **I** *pron* [1] (that which) wszystko (to) co, co tylko; **to do ~ is expedient/required** zrobić wszystko, co można/potrzeba, zrobić, co tylko można/potrzeba [2] (anything that) cokolwiek; **do ~ you like** rób, co chcesz; **~ you can afford to give is welcome** datki, nawet najskromniejsze, mile widziane; **~ he says goes** on decyduje; **~ you say** (as you like) jak chcesz [3] (no matter what) cokolwiek; **~ happens** cokolwiek się stanie; **~ I do, it's wrong** cokolwiek zrobię, jest nie tak; **~ he says, don't pay any attention** nie zwracaj uwagi, cokolwiek powie; **~ it costs, it doesn't matter** cena nie gra roli [4] (what on earth) **~'s the matter?** o co chodzi?; **~ do you mean?** co masz właściwie na myśli?; **~'s that?** a cóż to takiego?; **'let's go' – '~ for?'** „chodźmy" – „a po co właściwie?"; **~ next?** i co jeszcze?! [5] infml (the like) coś w tym stylu infml; **curtains, cushions and ~** zasłony, poduszki i temu podobne; **let's go to the cinema or ~** chodźmy do kina lub coś w tym stylu; **you add it or subtract it or ~** dodajesz to, odejmujesz lub coś w tym stylu

II *det* [1] (any) jakikolwiek (bądź), obojętnie jaki; **~ hopes he once had must be fading now** jeśli miał kiedyś jakieś nadzieje, to teraz je traci; **they eat ~ food they can get** jedzą to, co mogą zdobyć; **~ items you've bought, return them** cokolwiek kupiłeś, zwróć to [2] (no matter what) **~ route you choose, you won't avoid the traffic** bez względu na to, którą trasę wybierzesz, nie unikniesz korków; **don't give up, ~ doubts you may have** nie rezygnuj, bez względu na wątpliwości; **~ the reason** bez względu na powód; **if, for ~ reason, you decide to resign** jeśli z jakichkolwiek powodów postanowisz zrezygnować; **all people, of ~ race or creed** wszyscy ludzie bez względu na rasę lub wyznanie [3] (expressing surprise) **~ idiot forgot the key?** co to za idiota zapomniał klucza?; **~ film was that?** co to był za film?

III *adv* (at all) **none/nothing ~** absolutnie żaden/nic; **no evidence ~** absolutnie żadnych dowodów; **to have no idea ~** nie mieć najmniejszego pojęcia; **anything ~** cokolwiek; **is there any hope ~ of a settlement?** czy istnieje jakakolwiek szansa ugody

whatnot /ˈwɒtnɒt, US ˈhwɒt-/ *n* [1] (furniture) etażerka *f* [2] infml (unspecified thing) takie coś infml; (unspecified person) taki jeden infml [3] infml (and so on) **...and ~** ...i wszystko inne, ...i cały majdan, ...i Bóg wie co jeszcze

what's-her-name /ˈwɒtsənem, US ˈhwɒt-/ *n* infml = **what-d'yer-call-her**

what's-his-name /ˈwɒtsɪznem, US ˈhwɒt-/ *n* infml = **what-d'yer-call-him**

whatsit /ˈwɒtsɪt, US ˈhwɒt-/ *n* infml (thingummy) ten interes *m* infml; **Mr/Mrs Whatsit** pani jak jej tam/pan jak mu tam infml

what's-its-name /ˈwɒtsɪtsnem, US ˈhwɒt-/ *n* infml = **what-d'yer-call-it**

whatsoever /ˌwɒtsəʊˈevə(r), US ˌhwɒt-/ arch **I** *pron* = **whatever I**

II *adv* = **whatever III**

wheat /wiːt, US hwiːt/ **I** *n* pszenica *f*

II *modif [bread, flour]* pszenny; *[field, land]* pszeniczny

IDIOMS: **to separate the ~ from the chaff** oddzielić ziarno od plew or plewy

wheat belt *n* region *m* uprawy pszenicy

wheatear /ˈwiːtɪə(r), US ˈhwiːt-/ *n* Zool białorzytka *f*

wheaten /ˈwiːtn, US ˈhwiːtn/ *adj [bread, flour]* pszenny

wheatflakes /ˈwiːtfleɪks, US ˈhwiːt-/ *npl* płatki *m pl* pszenne

wheatgerm /ˈwiːtdʒɜːm, US ˈhwiːt-/ *n* zarodek *m* pszenicy

wheatmeal /ˈwiːtmiːl, US ˈhwiːt-/ *n* mąka *f* pszenna razowa

wheatmeal bread *n* chleb *m* pszenny razowy

wheat rust *n* rdza *f* źdźbłowa *(zbóż i traw)*

wheat-worm /ˈwiːtwɜːm, US ˈhwiːt-/ *n* Zool węgorek pszenicznik *m*

wheedle /ˈwiːdl, US ˈhwiːdl/ *vt* **to ~ sth out of sb** wyłudz|ić, -ać coś od kogoś; **to ~ sb into doing sth** nakł|onić, -aniać kogoś do zrobienia czegoś; **he ~d me into paying for lunch** naciągnął mnie na lunch

wheedling /ˈwiːdlɪŋ, US ˈhwiːdlɪŋ/ *n* pochlebstwa *n pl*; kadzenie *n* infml

wheel /wiːl, US hwiːl/ **I** *n* [1] (of vehicle) koło *n*; (on trolley, piece of furniture) kółko *n*, kółeczko *n*; **front/back ~** przednie/tylne koło; **on ~s** na kołach/kółkach [2] (for steering) (in vehicle) kierownica *f*; Naut koło *n* sterowe; **at** or **behind the ~** Aut za kierownicą; Naut przy sterze; **to take the ~** Aut usiąść za kierownicą; Naut stanąć przy sterze or u steru; **there's a new director at the ~** fig nowy dyrektor przejął ster [3] (in watch, mechanism, machine) kółko *n*, kółeczko *n*; **the ~s of government** tryby maszyny państwowej [4] (for pottery) koło *n* garncarskie [5] Hist (in torture) **the ~** koło *n*, kołowrót *m*; **to break sb on** or **at the ~** łamać kogoś kołem [6] (also **roulette ~**) koło *n* ruletki

II **wheels** *npl* infml cztery kółka *n pl* infml; **are these your new ~s?** czy to twój nowy samochód?; **have you got ~s?** czy jesteś zmotoryzowany? infml

III *vt* pchać, popychać *[wheelbarrow, pram, trolley]*; prowadzić, pchać *[bicycle]*; **to ~ a child in a pram** pchać wózek z dzieckiem; **to ~ a bicycle into the garage** wprowadzić rower do garażu; **she ~ed in a trolley laden with drinks** weszła, pchając barek na kółkach; **they ~ed me into the operating theatre** wwieźli mnie na salę operacyjną

IV *vi* [1] *[person]* odwr|ócić, -acać się gwałtownie; *[regiment]* z|robić zwrot o 180 stopni; *[car]* zawrócić; **to ~ to the right** *[person, regiment]* wykonać zwrot w prawo;

W

right/left ~! Mil w tył zwrot (przez prawe /lewe ramię)! [2] (also **~ round)** *[bird]* krążyć; *[windmill]* kręcić się

V -wheeled *in combinations* **a three-/four-~ed vehicle** pojazd trójkołowy/czterokołowy, pojazd na trzech/czterech kołach

■ **wheel in**: **~ in [sb], ~ [sb] in** wprowadz|ić, -ać *[expert, witness]*; **'Miss Smith is here' – 'OK, ~ her in'** hum „przyszła pani Smith" – „doskonale, dawać ją tu" infml

■ **wheel out**: ¶ **~ out [sth], ~ [sth] out** wyt|oczyć, -aczać *[argument]*; przyt|oczyć, -aczać, powoł|ać, -ywać się na (coś) *[story, statistics]*; zasł|onić, -aniać się (czymś) *[pretext]*

IDIOMS: **to ~ and deal** kombinować infml **(with sb** z kimś); **the ~ of fortune** koło fortuny; **it's ~s within ~s** to bardziej skomplikowane, niż się wydaje; **to reinvent the ~** odkrywać Amerykę infml; **to be fifth ~** US być piątym kołem u wozu

wheel alignment *n* Aut osiowanie *n* kół

wheelbarrow /ˈwiːlbærəʊ, US ˈhwiːl-/ *n* taczka *f*, taczki *plt*

wheelbase /ˈwiːlbeɪs, US ˈhwiːl-/ *n* Aut rozstaw *m* osi

wheelchair /ˈwiːltʃeə(r), US ˈhwiːl-/ *n* wózek *m* inwalidzki

wheelclamp /ˈwiːlklæmp, US ˈhwiːl-/ **I** *n* Aut blokada *f (zakładana na koła pojazdu)*

II *vt* zał|ożyć, -kładać blokadę na koła (czegoś) *[car]*

wheeled /wiːld, US hwiːld/ *adj [vehicle, transport]* kołowy, drogowy

-wheeler /ˈwiːlə(r), US ˈhwiːlər/ *in combinations* **a two-/three-~** pojazd dwukołowy /czterokołowy, pojazd na dwóch/trzech kołach

wheeler dealer *n* infml pej (businessman) kombinator *m*, -ka *f* infml; (politician) manipulator *m*, -ka *f*

wheelhouse /ˈwiːlhaʊs, US ˈhwiːl-/ *n* Naut sterownia *f*, sterówka *f*

wheelie bin /ˈwiːlɪbɪn, US ˈhwiːlɪ-/ *n* pojemnik *m* na śmieci na kółkach

wheeling and dealing *n (+ v sg)* pej machinacje *plt*

wheel reflector *n* (on bike) światło *n* odblaskowe na kole

wheelwright /ˈwiːlraɪt, US ˈhwiːl-/ *n* kołodziej *m*

wheeze /wiːz, US hwiːz/ **I** *n* [1] (breathing) świszczący oddech *m* [2] GB infml dat **a good ~** świetny pomysł *m* [3] US (cliché) oklepane powiedzonko *n*; (joke) dowcip *m* z brodą infml

II *vt* wy|dyszeć *[words]*

III *vi [person]* oddychać chrapliwie; *[engine, machine]* rzęzić

wheezy /ˈwiːzɪ, US ˈhwiːzɪ/ *adj [person]* chrapliwie oddychający; *[voice]* chrapliwy; *[cough]* astmatyczny; **my chest is ~** rzęzi mi w płucach

whelk /welk, US hwelk/ *n* Zool trąbik *m*

whelp /welp, US hwelp/ **I** *n* [1] (young animal) szczenię *n (psa, wilka)* [2] infml pej dat (young man) młokos *m* pej

II *vi [dog, wolf]* o|szczenić się

when /wen, US hwen/ **I** *pron* [1] (with prepositions) kiedy?; **by ~?** do kiedy?; **from ~ until ~?** od kiedy do kiedy?; **since ~ have you been an expert?** iron od kiedy to z ciebie taki znawca? iron [2] (the time when) **that was ~ it all started** to właśnie wtedy wszystko się zaczęło; **that's ~ I was born** właśnie wtedy się urodziłem; **now is ~ we must act** musimy działać właśnie teraz; **he spoke of ~ he was a child** mówił o czasach, kiedy był dzieckiem

II *adv* [1] (in questions, indirect questions) kiedy; **~ did you arrive?** kiedy przyjechałeś?; **~ is the concert?** kiedy jest koncert?; **~ was it that you spoke to her?** kiedy z nią rozmawiałeś?; **~ is it possible to say...?** kiedy można powiedzieć or mówi się...?; **I wonder ~ the film starts** ciekawe, kiedy się zaczyna film; **I asked him ~ the next train was** zapytałem go, kiedy jest następny pociąg; **I forgot exactly ~** (time) zapomniałem, o której; (date) zapomniałem, kiedy; **tell me ~, say ~** (pouring drink) mów, ile (nalać); mów, kiedy (będzie dość) [2] (as relative) **the year ~ we got married** rok, w którym pobraliśmy się; **in December, ~ we were on holiday** w grudniu, kiedy byliśmy na wakacjach; **a date ~ everyone can come** dzień, w którym wszyscy mogą przyjść; **at the time ~...** (precise moment) w chwili, kiedy...; (during same period) w okresie, kiedy...; **there are times ~...** czasami bywa, że...; **it's times like that ~...** w takich właśnie chwilach...; **it's the time of year ~...** to pora roku, kiedy...; **on those rare occasions ~...** w tych rzadkich przypadkach, kiedy... [3] (then) **she resigned in May, since ~ we've had no applicants** zrezygnowała w maju, a od tego czasu nie mieliśmy żadnych chętnych; **until ~ we must stay calm** do tego czasu musimy zachować spokój; **by ~ we will have received the information** do tego czasu otrzymamy te informacje [4] (whenever) (za każdym razem) kiedy; **he's only happy ~ he's alone** jest szczęśliwy tylko, kiedy jest sam; **~ on holiday you should relax** podczas wakacji powinieneś odpoczywać; **~ I sunbathe, I get freckles** kiedy się opalam, robią mi się piegi; **~ necessary** w razie konieczności; **~ possible** kiedy tylko możliwe

III *conj* [1] (temporal sense) kiedy, gdy; **~ she reaches 18** kiedy skończy 18 lat; **~ he was at school/a student** kiedy był w szkole/studentem; **~ you're in your teens** gdy się ma naście lat infml; **~ sailing, always wear a lifejacket** żeglując, zawsze noś kamizelkę ratunkową; **~ he arrives, I'll tell him** powiem mu, kiedy przyjedzie; **~ drawn up, the plan will be presented** kiedy plan będzie gotowy, przedstawi się go; **I was in the bath ~ the phone rang** kąpałem się, kiedy zadzwonił telefon; **I was strolling along ~ all of a sudden...** szedłem spacerkiem, kiedy nagle...; **hardly** or **scarcely** or **barely had I sat down ~...** ledwo usiadłem, kiedy... [2] (if) jeśli, jeżeli; **these results aren't bad ~ you compare them with...** te wyniki nie są złe, jeśli je porównać z...; **~ you've been to Scotland, you'll want to go again and again** jeśli raz byłeś w Szkocji, będziesz wciąż chciał tam wracać [3] (since, considering that) skoro, jeśli; **how do you know you don't like it ~ you've never tried it?** skąd wiesz, że tego nie lubisz, skoro nigdy nie próbowałeś?; **why go to a hotel ~ you can stay here?** po co iść do hotelu, skoro możesz tu przenocować? [4] (although) podczas gdy; **he said he was 18 ~ in fact he's only 15** powiedział, że ma 18 lat, podczas gdy faktycznie ma 15; **he refused ~ I would have gladly accepted** odmówił, podczas gdy ja bym się zgodził

whence /wens, US hwens/ arch **I** *adv* skąd; **~ came this woman?** skąd przybyła ta kobieta?; **the place ~ they came** miejsce, skąd przybyli

II *conj* (before clauses) skąd; (before nouns) stąd; **~ it followed that...** skąd wynikało, że...; **the book was written in New England, ~ the title** książka została napisana w Nowej Anglii, stąd jej tytuł

whene'er /wenˈeə(r), US hwen-/ *adv* liter = **whenever**

whenever /wenˈevə(r), US hwen-/ **I** *adv* [1] (emphatic interrogative) kiedyż, kiedy wreszcie; **~ will he arrive?** kiedyż wreszcie przyjdzie?; **~ do you find the time to do it?** kiedy masz na to wszystko czas?, skąd bierzesz na to czas? [2] (no matter when) kiedykolwiek, obojętnie kiedy; **do it at the weekend or ~** zrób to w weekend, a właściwie obojętnie kiedy; **'how long are you staying?' – 'till ~'** „jak długo zostaniesz?" – „jak długo mi się zechce"; **last Monday, Tuesday or ~** w ubiegły poniedziałek, wtorek czy kiedy to było; **~ you want** kiedy (ze)chcesz

II *conj* [1] (every time that) ilekroć, zawsze kiedy; **~ I hear that song, I think of you** ilekroć or zawsze kiedy słyszę tę piosenkę, myślę o tobie [2] (any time that) kiedy tylko, gdy tylko; **~ (it is) possible /necessary** kiedy tylko (jest to) możliwe /konieczne; **I'd like to see you ~ it's convenient** chciałbym się z tobą spotkać, kiedy tylko będzie ci to odpowiadać; **we'll go ~ you're ready** pójdziemy, kiedy tylko będziesz gotów [3] (at whatever time) **~ the election is, I won't be voting** bez względu na to, kiedy są wybory, nie będę głosować; **last week or ~ it was that I wrote** w zeszłym tygodniu, czy kiedy tam pisałem [4] (expressing doubt) **she promised to return them soon, ~ that may be** obiecała oddać je szybko, ale kiedy to będzie?...

where /weə(r), US hweər/ **I** *pron* [1] (with prepositions) **from ~?** skąd?; **near ~?** koło czego?; **I went up to ~ she was standing** podszedłem tam, gdzie stała; **she went past ~ I was standing** przeszła obok mnie; **not far from ~ I'm standing** niedaleko od miejsca, w którym stoję; **not from ~ I'm standing** fig nie z mojego punktu widzenia [2] (the place or point where) (here) tu (właśnie); (there) tam (właśnie); **this is ~ it happened** to tu się wydarzyło; **that is ~ he's mistaken** tu właśnie się myli; **put the scissors back ~ they belong** odłóż nożyczki na miejsce or tam, gdzie ich miejsce; **France is ~ you'll find good wine** po dobre wino, to (tylko) do Francji

II *adv* [1] (in questions, indirect questions) (in or at what place) gdzie; (to what place) gdzie, dokąd; (from what place) skąd; (which way) którędy; **~'s my coat?** gdzie mój płaszcz?; **~ shall I put it?** gdzie mam to położyć?; **~ are you going for your holiday?** gdzie or dokąd jedziesz na wakacje?; **~ are you from?** skąd jesteś?; **~ did you get that information?** skąd masz te informacje?; **~ are we going from here?** którędy teraz idziemy?; **~ would I be without you?** co by ze mną było, gdyby nie ty?; **~ was I?** fig o czym to mówiłem?; **~'s the harm (in it)?** i cóż w tym złego?; **~'s the problem?** w czym problem?; **~ have you got to in your book?** ile już przeczytałeś?, dokąd już doczytałeś?; **~ do we go from here?** fig co dalej powinniśmy zrobić?; **~ will they be if...?** co z nimi będzie, jeśli...?; **~ will it all end?** do czego to wszystko doprowadzi?; **she asked us ~ we lived** zapytała nas, gdzie mieszkamy; **I wonder ~ he's going** ciekawe, gdzie or dokąd idzie; **I told him ~ he could put** or **stick it** fig vinfml powiedziałem mu, gdzie może sobie to wsadzić vinfml; **I know ~ I'm going** fig wiem, co robię [2] (as relative) **the house ~ I was born** dom, w którym się urodziłem; **near ~ she lived** niedaleko miejsca, gdzie mieszkała; **to reach the stage ~...** osiągnąć etap, w którym...; **in several cases ~...** w kilku przypadkach, w których... [3] (the place or point where) (here) tu gdzie; (there) tam gdzie; **stay/go ~ it's dry** zostań/idź tam, gdzie sucho; **it's cold ~ we live** tam, gdzie mieszkamy, jest zimno; **that is ~ you are wrong** tu się mylisz; **the book wasn't ~ I expected it to be** książki nie było tam, gdzie spodziewałem się ją znaleźć [4] (wherever) **put it /go ~ you want** połóż to/idź, gdzie chcesz [5] (whenever) **~ necessary/possible** tam, gdzie to konieczne/możliwe; **she's stupid ~ he's concerned** zawsze, kiedy chodzi o niego, jest nierozsądna; **~ children are at risk** zawsze, kiedy coś zagraża dzieciom; **~ there's a scandal there's a reporter** gdzie tylko zdarzy się skandal, zaraz pojawiają się reporterzy

III *conj* = **whereas**

whereabouts **I** /ˈweərəbaʊts, US ˈhweər-/ *n* **nobody knows his ~** nikt nie zna miejsca jego pobytu; **her present ~ is** or **are unknown** nie wiadomo, gdzie aktualnie przebywa; **he refused to reveal the ~ of the document** odmówił wyjawienia, gdzie znajduje się dokument

II /ˌweərəˈbaʊts, US ˌhweər-/ *adv* gdzie, w którym miejscu; **~ in Austria do you come from?** z której części Austrii pochodzisz?; **~ did you drop the key?** w którym miejscu upuściłeś klucze?

whereas /ˌweərˈæz, US ˌhweər-/ *conj* [1] (while, on the other hand) podczas gdy; **she likes dogs ~ I prefer cats** ona lubi psy, podczas gdy or natomiast ja wolę koty; **~ she's an extrovert, he's very quiet** podczas gdy ona jest ekstrawertyczką, on jest bardzo spokojny [2] Jur (since) zważywszy na to, że...

whereat /ˌweərˈæt, US ˌhweər-/ *conj* = **whereupon**

whereby /weəˈbaɪ, US hweər-/ *conj* (according to which) na mocy którego, zgodnie z którym; (by means of which) za pomocą którego, dzięki któremu; (as a result of which) wskutek czego, przez co; **a regulation ~ all staff will carry identification** przepis, na mocy którego personel będzie miał obowiązek noszenia identyfikatorów; **there are other means ~ agreement may be reached** istnieją inne sposoby, dzięki którym można osiągnąć porozumienie; **criteria ~ allowances are allocated** kryteria, zgodnie z którymi przyznaje się fundusze

where'er /weərˈeə(r), US hweər-/ *adv* liter = **wherever**

wherefore /ˈweəfɔː(r), US ˈhweər-/ **I** *adv* liter (as interrogative) dlaczego, z jakiego powodu; (as relative) dlatego (też), z tego powodu

II *conj* arch zatem fml

IDIOMS: **the whys and ~s** wyjaśnienia; **I'm not interested in the whys and ~s** nie interesuje mnie, jak i dlaczego

wherein /weərˈɪn, US hweər-/ *adv, pron* fml (as interrogative) w czym; (as relative) w którym

whereof /weərˈɒv, US hweər-/ *pron* Jur **in witness ~** na dowód czego

wheresoever /ˌweəsəʊˈevə(r), US ˌhweər-/ *adv* liter = **wherever**

whereupon /ˌweərəˈpɒn, US ˌhweər-/ *conj* liter po czym, na co; **I told him he was unreasonable, ~ he left the room** powiedziałem mu, że jest nierozsądny, na co wyszedł z pokoju

wherever /weərˈevə(r), US hweər-/ *adv* [1] (as interrogative) gdzie(ż); (where to) dokąd; **~ can that be?** gdzież to może być?; **~ has he got to?** gdzież on się podział?; **~ did she get that from?** skąd ona to wzięła? [2] (no matter where) gdzie(kolwiek), obojętnie gdzie; (no matter where to) dokąd(kolwiek), obojętnie dokąd; (no matter where from) skądkolwiek, obojętnie skąd; **~ she goes I'll go** gdziekolwiek pójdzie, tam pójdę i ja; **you can sit ~ you like** usiądź, gdzie chcesz; **~ you put the painting it won't look right** obojętnie gdzie powiesisz ten obraz, nie będzie wyglądać dobrze; **we'll meet ~'s convenient for you** spotkamy się gdzie ci wygodnie; **she lives in Potwitch, ~ that may be** ona mieszka w Potwitch, gdziekolwiek to jest [3] (whenever) **you can use your card ~ you see this sign** możesz korzystać ze swej karty, jeśli zobaczysz ten znak; **~ necessary/possible** tam, gdzie jest to konieczne/możliwe [4] infml (somewhere) **or ~** albo gdzieś tam infml

wherewithal /ˈweəwɪðɔːl, US ˈhweər-/ *n* **the ~** środki *m pl* (finansowe) **(to do sth** na zrobienie czegoś)

whet /wet, US hwet/ *vt* (*prp, pt, pp* **-tt-**) [1] (stimulate) zaostrz|yć, -ać *[appetite]*; podsyc|ić, -ać *[curiosity, interest]*; wzm|óc, -agać *[desire]*; **the book ~ted her appetite for foreign travel** książka zaostrzyła jej apetyt na zagraniczne podróże [2] arch (sharpen) na|ostrzyć *[tool, knife]*

whether /ˈweðə(r), US ˈhweðər/ *conj* czy; **I wonder ~ it's true** ciekawe, czy to prawda; **I doubt ~ she knows** wątpię, czy wie; **can you check ~ it's cooked?** możesz sprawdzić, czy się już ugotowało?; **I wasn't sure ~ to answer or not** or **~ or not to answer** nie byłem pewny, czy mam odpowiedzieć, czy nie; **tell me ~ you need us or not** powiedz, czy jesteśmy ci potrzebni, czy nie; **~ you like it or not** czy ci się to podoba, czy nie; **~ by chance or design** przypadkiem czy z premedytacją; **everyone, ~ students or townspeople, celebrates** świętują wszyscy, czy to studenci, czy mieszkańcy miasta

whetstone /ˈwetstəʊn, US ˈhwet-/ *n* osełka *f (do ostrzenia)*

whew /fjuː/ *excl* (in relief) uff!; (in surprise) fiu, fiu!

whey /weɪ, US hweɪ/ *n* serwatka *f*

whey-faced /ˌweɪˈfeɪst, US ˌhweɪ-/ *adj* (unhealthy) o ziemistej twarzy or cerze; (with fear) pobladły

whey powder *n* serwatka *f* w proszku

which /wɪtʃ, US hwɪtʃ/ **I** *pron* [1] (as interrogative) (also **~ one**) który; **~ do you want, the red skirt or the green one?** którą spódnicę chcesz, czerwoną czy zieloną?; **~ of these is yours?** który z tych należy do ciebie?; **~ of you...?** które or kto z was...?; **of the 25 paintings, ~ were sold?** które z 25 obrazów zostały sprzedane?; **~ is the best/the shortest of the routes?** która z tras jest najlepsza/najkrótsza?; **do you know ~ she chose?** czy wiesz, który wybrała?; **I don't mind ~** mnie wszystko jedno (który); **I can never remember ~ is ~** nigdy nie pamiętam, który jest który [2] (relative to preceding noun) który; **the painting ~ hangs in the drawing room** obraz, który wisi w salonie; **the newspaper in ~ the article appeared** gazeta, w której ukazał się artykuł; **a lot of information, most of ~ is useless** mnóstwo informacji, z których większość jest bezużyteczna; **the contract ~ he's spoken about** or **about ~ he's spoken** umowa, o której mówił [3] (relative to preceding clause or concept) co; **he said it was an accident, ~ may be true/~ he can't prove** powiedział, że to był wypadek, co może być prawdą/czego nie może udowodnić; **from ~ they inferred that...** z czego wywnioskowali, że...; **~ reminds me...** co mi przypomina...; **upon ~ she disappeared** liter po czym zniknęła; **we'll be moving, before ~ we need...** będziemy się przeprowadzać, a zanim to nastąpi, musimy...

II *det* [1] (as interrogative) który; **~ books?** które książki?; **~ medals did he win?** jakie medale zdobył?; **in ~ European city is it?** w którym z europejskich miast to się znajduje?; **ask her ~ chapters we have to read** zapytaj jej, które rozdziały mamy przeczytać; **~ one of the children...?** które z dzieci...? [2] (as relative) **he left the room, during ~ time...** wyszedł z pokoju, a w tym czasie...; **we arrived at two, by ~ time they had gone** przyjechaliśmy o drugiej, ale oni już wyszli; **she may wish to come, in ~ case...** ona może zechcieć przyjść, a w tym przypadku...; **he failed to apologize, for ~ mistake he paid dearly** fml nie usprawiedliwił się, za co

W

przyszło mu drogo zapłacić; **he refused, ~ decision proved disastrous** odmówił, co okazało się tragiczną w skutkach decyzją

whichever /wɪtʃ'evə(r), US hwɪtʃ-/ **I** *pron* [1] (the one that) (ten) który; **buy ~ is cheapest** kup ten, który jest najtańszy; **'which restaurant?' – '~ is nearest /you prefer'** „która restauracja?" – „ta, która jest najbliżej/którą wolisz"; **come at 2 or 2.30, ~ suits you best** przyjdź o 2 lub 2.30, jak ci wygodniej [2] (no matter which one) którykolwiek, obojętnie który; **there are several options, but ~ you choose...** jest kilka możliwości, ale którąkolwiek wybierzesz...; **~ of the techniques is used, the result will be the same** bez względu na zastosowaną technikę, wynik będzie ten sam; **'do you want the big piece or the small piece?' – '~'** „chcesz duży, czy mały kawałek?" – „obojętnie (który)" [3] (which on earth) któryż liter; **~ did he choose in the end?** któryż ostatecznie wybrał?

II *det* [1] (the one that) ten który, ta która, to które; **let's go to ~ station is nearest** pójdźmy na tę stację, która jest najbliżej; **you can write about ~ subject you know best** napisz na temat, który znasz najlepiej; **underline ~ answer you consider correct** podkreśl tę odpowiedź, którą uważasz za poprawną [2] (no matter which) którykolwiek, obojętnie który; **it won't matter ~ hotel we stay at** nie ma znaczenia, w którym hotelu się zatrzymamy; **~ date you decide on, let me know in advance** bez względu na to, który dzień wybierzesz, uprzedź mnie; **~ way you look at things** bez względu na to, jak patrzeć na sprawę [3] (which on earth) któryż liter; **~ one do you mean?** któryż masz na myśli?

whiff /wɪf, US hwɪf/ *n* [1] (smell) zapach *m*, woń *f* **(of sth** czegoś); **to catch a ~ of sth** poczuć coś or zapach czegoś; **have a ~ of this milk** infml powąchaj to mleko [2] fig (of danger, failure, controversy, scandal) (warning) zapowiedź *f* **(of sth** czegoś); (trace) posmak *m* **(of sth** czegoś)

whiffy /'wɪfɪ, US 'hwɪfɪ/ *adj* GB infml śmierdzący, cuchnący; **your feet are ~** nogi ci śmierdzą or cuchną; **it's a bit ~ in here** czymś tu zalatuje infml

whig /wɪg, US hwɪg/ Pol, Hist **I** *n* wig *m*

II *adj* **~ party/politics** partia/polityka wigów

while /waɪl, US hwaɪl/ **I** *conj* [1] (although) chociaż, choć; **~ the house is big, it is not in a very good state** chociaż or choć dom jest duży, jego stan nie jest dobry; **the situation, ~ tense, seems unlikely to lead to war** sytuacja, chociaż napięta, prawdopodobnie nie doprowadzi do wojny [2] (as long as) dopóki, tak długo jak; **~ I live, you need not worry about it** dopóki żyję, nie musisz się tym martwić; **~ there's life there's hope** dopóki życia, dopóty nadziei [3] (during the time that) (before clause) podczas gdy; (before noun) podczas (czegoś); **sit there ~ I speak to Adam** posiedź tu, a ja porozmawiam z Adamem; **he made a sandwich ~ I phoned** zrobił kanapkę, podczas gdy ja rozmawiałem przez telefon; **~ in Spain I visited Madrid** będąc w Hiszpanii, zwiedziłem Madryt; **he met her ~ on holiday** spotkał ją podczas wakacji; **he collapsed ~ mowing the lawn** zemdlał podczas koszenia trawy [4] (at the same time as) podczas (czegoś); **I fell asleep ~ watching TV** usnąłem, oglądając telewizję; **they like to sing ~ they work** lubią sobie pośpiewać podczas pracy; **this eliminates draughts ~ allowing air to circulate** to zapobiega przeciągom, a jednocześnie pozwala na cyrkulację powietrza; **close the door ~ you're about** or **at it** zamknij drzwi, skoro już tam jesteś; **'keys cut ~ you wait'** „dorabianie kluczy na poczekaniu" [5] (whereas) natomiast, podczas gdy; **I'm Catholic, ~ Maria is Protestant** jestem katolikiem, natomiast or podczas gdy Maria jest protestantką

II *n* jakiś or pewien czas *m*; (a very short period) chwila *f*; **a ~ ago** or **back** jakiś czas temu /chwilę temu or przedtem; **a ~ later** jakiś czas potem/chwilę potem; **a good** or **long ~ ago** dawno temu; **a short** or **little ~ ago** przed chwilą; **a short ~ later, after a short ~** po chwili, chwilę potem; **it will be** or **take a ~** to trochę potrwa; **it may take a ~** to może potrwać; **it took us quite a ~ to find it** znalezienie tego zabrało nam sporo czasu; **wait a ~ longer** poczekaj jeszcze trochę; **to stop/rest for a ~** zatrzymać się na chwilę/odpocząć przez chwilę; **after a ~ he fell asleep** po chwili usnął; **after a ~ I started to trust him** po jakimś czasie zacząłem mu ufać; **he worked, humming all the ~** or **the whole ~** pracował, przez cały czas nucąc sobie pod nosem; **and all the ~** or **the whole ~, he was cheating on her** i przez cały czas oszukiwał ją; **in between ~s** tymczasem

■ **while away: ~ away [sth]** skr|ócić, -acać sobie, umi|lić, -ać sobie *[hours, minutes]* **(doing sth** or **by doing sth** robiąc coś); **we had a game of chess to ~ away the time** zagraliśmy partię szachów, żeby skrócić sobie czas; **she ~d away the hours by reading 'Anna Karenina'** skracała sobie długie godziny, czytając „Annę Kareninę"

whilst /waɪlst, US hwaɪlst/ *conj* = **while** [1]

whim /wɪm, US hwɪm/ *n* kaprys *m*, zachcianka *f*; **she indulges his every ~** dogadza wszystkim jego zachciankom or kaprysom; **at sb's ~** na życzenie kogoś; **I went to see her on a ~** ni z tego, ni z owego poszedłem ją odwiedzić

whimper /'wɪmpə(r), US 'hwɪm-/ **I** *n* (of baby) kwilenie *n*; (of dog) skomlenie *n*, skowyt *m*

II *vt* **'I'm cold,' she ~ed** „zimno mi", jęknęła

III *vi* [1] *[person]* za|jęczeć, pojękiwać; *[baby]* za|kwilić; *[puppy]* za|skomleć [2] pej (whinge) *[person]* lamentować, zawodzić

IDIOMS: **it ended, not with a bang, but a ~** góra urodziła mysz

whimpering /'wɪmpərɪŋ, US 'hwɪm-/ **I** *n* (of baby) kwilenie *n*; (of puppy) skomlenie *n*, skowyt *m*; (of person) jęki *m pl*

II *adj [voice]* płaczliwy, jękliwy; *[person]* płaczliwy

whimsical /'wɪmzɪkl, US 'hwɪm-/ *adj* *[person]* kapryśny, zmienny; *[smile, glance]* (enigmatic) zagadkowy, tajemniczy; (playful) żartobliwy, figlarny; *[mood]* niefrasobliwy; *[play, tale, manner, idea]* (strange) dziwaczny, wymyślny; Fin *[market]* zmienny

whimsicality /ˌwɪmzɪ'kælətɪ, US ˌhwɪm-/ *n* (of person) zmienność *f*; (of plot) dziwaczność *f*, wymyślność *f*

whimsically /'wɪmzɪklɪ, US 'hwɪm-/ *adv* *[remark, suggest]* ni stąd, ni zowąd; *[decide]* pod wpływem kaprysu; *[smile, glance]* (enigmatically) tajemniczo, zagadkowo; (playfully) żartobliwie, figlarnie

whimsy /'wɪmzɪ, US 'hwɪm-/ *n* liter [1] (fanciful humour) fantazja *f* [2] (whim) kaprys *m*

whimwhams /'wɪmwæms, US 'hwɪm-/ *npl* US infml gęsia skórka *f*; **to get the ~** dostać gęsiej skórki (ze strachu)

whin /wɪn, US hwɪn/ *n* Bot kolcolist *m* zachodni

whine /waɪn, US hwaɪn/ **I** *n* [1] (of person) jęk *m*; (of baby) łkanie *n*, kwilenie *n*; (of dog) skomlenie *n*, skowyt *m*; (of siren) wycie *n*; (of bullet) świst *m*; **her voice had a nasal ~** mówiła nosowym głosem, mówiła przez nos [2] pej (complaint) jęczenie *n* infml

II *vt* **'I'm hungry,' she ~d** „jeść mi się chce", jęknęła

III *vi* [1] *[person]* za|jęczeć, pojękiwać; *[baby]* za|kwilić, za|łkać; *[dog]* za|skomleć; *[siren]* za|wyć; *[bullet]* świs|nąć, -tać [2] pej (complain) marudzić, labiedzić; utyskiwać **(about sb/sth** na kogoś/coś); (snivel) pochlipywać; (louder) zawodzić

whinge /wɪndʒ/ *vi* infml biadolić infml **(about sb /sth** na kogoś/coś)

whingeing /'wɪndʒɪŋ/ GB infml **I** *n* biadolenie *n*, lamenty *m pl* infml

II *adj [person]* marudny

whining /'waɪnɪŋ, US 'hwaɪn-/ **I** *n* [1] (of engine) wycie *n*; (of dog) skomlenie *n*, skowyt *m* [2] (complaints) lamentowanie *n*, lamenty *m pl* infml

II *adj* (complaining) *[voice]* płaczliwy, jękliwy; *[child]* marudny; *[letter]* płaczliwy

whinny /'wɪnɪ, US 'hwɪnɪ/ **I** *n* ciche rżenie *n*

II *vi [horse]* za|rżeć cicho; fig pej *[person]* za|rżeć infml

whinnying /'wɪnɪɪŋ, US 'hwɪnɪɪŋ/ **I** *n* (of horse) ciche rżenie; fig pej (of person) rżenie *n* infml

II *adj* pej *[voice, sound]* rżący

whip /wɪp, US hwɪp/ **I** *n* [1] (for horse, ox) bat *m*, bicz *m*; (in horseriding) pejcz *m*; (for punishment) dyscyplina *f* dat; **to crack a ~** strzelić z bicza; **the new boss is really cracking the ~** fig nowy szef naprawdę goni do roboty [2] GB Pol (official) *deputowany odpowiedzialny za dyscyplinę partyjną*; (notice, summons) wezwanie *n* członków klubu do udziału w głosowaniu *(z instrukcją, jak należy głosować)*; **three-line ~** wezwanie do bezwzględnego zachowania dyscypliny [3] Culin mus *m*; **strawberry ~** mus truskawkowy; **instant ~** mus w proszku

II *vt* **(prp, pt, pp -pp-)** [1] (lash) smag|nąć, -ać, wysmagać batem *[horse]*; wy|chłostać *[person]*; **the wind ~ped our faces** wiatr smagał nam twarze [2] Culin ubi|ć, -jać *[cream, egg whites]* 3 infml (remove quickly) **she ~ped the newspaper from under his nose** zabrała mu gazetę sprzed nosa; **I ~ped the key out of his hand** wyrwałem mu klucz z ręki; **he ~ped the plates off the table** migiem zebrał talerze ze stołu infml; **they ~ped him to the airport** zawieziono go pośpiesznie na lotnisko 4 GB infml (steal) capnąć, ściąg|nąć, -ać infml; **to ~ sth from sb** ściągnąć coś komuś 5 obrzuc|ić, -ać *[fabric, seam]*; owi|nąć, -jać *[rope] (żeby zabezpieczyć przed rozplataniem się)* 6 US infml (defeat) da|ć, -wać (komuś) cięgi

III *vi* (*prp, pt, pp* **-pp-**) 1 (move fast) **to ~ in/out** *[person]* wpaść/wypaść; **I'll just ~ out and get some cigarettes** wyskoczę na chwilę kupić papierosy; **she's just ~ped over** or **round to the neighbours** wyskoczyła na chwilę do sąsiadów; **he ~ped round and glared at her** odwrócił się gwałtownie i spojrzał na nią groźnie 2 (beat, strike) *[branches]* za|chwiać się, za|kołysać się; **~ping tail** bijący (na wszystkie strony) ogon

■ **whip away**: **~ away [sth]** *[person]* szybko zab|rać, -ierać *[plate, book]*; ściąg|nąć, -ać *[tablecloth]*; *[wind]* z|erwać, -rywać, por|wać, -ywać *[hat, scarf]*

■ **whip back**: ¶ **~ back** *[branch, wire, boom, swing door]* odsk|oczyć, -akiwać; **the branches ~ped back into my face** gałęzie smagały mnie po twarzy ¶ **~ back [sth], ~ [sth] back** wyr|wać, -ywać *[object]*; **I wanted to read the letter, but he ~ped it back** chciałem przeczytać list, ale mi go wyrwał

■ **whip in**: ¶ **~ in** Hunt być dojeżdżaczem dat ¶ **~ in [sth], ~ [sth] in** 1 Hunt zapędz|ić, -ać *[hounds]* 2 Culin doda|ć, -wać (ubijając) *[cream, egg]*; **~ in the beaten egg whites** dodaj ubite białka ¶ **~ in [sb], ~ [sb] in** US Pol utrzym|ać, -ywać jedność wśród (kogoś), z|jednoczyć *[party members]*

■ **whip off**: **~ off [sth], ~ [sth] off** z|erwać, -rywać (z siebie), ściąg|nąć, -ać *[garment]*; ściąg|nąć, -ać *[shoes]*

■ **whip on**: **~ on [sth], ~ [sth] on** 1 narzuc|ić, -ać na siebie *[garment]* 2 (urge) pog|onić, -aniać *[horse]*

■ **whip out**: **~ out [sth]** błyskawicznie wyciąg|nąć, -ać *[wallet, gun]*

■ **whip through**: **~ through [sth]** odwal|ić, -ać infml *[task, homework]*; prze|czytać pobieżnie *[book, notes]*

■ **whip up**: **~ up [sth]** 1 (incite) podsyc|ić, -ać, rozpal|ić, -ać *[hatred, hostility]*; rozpal|ić, -ać *[enthusiasm]*; rozbudz|ić, -ać *[interest]*; wzbudz|ić, -ać *[fear, indignation]*; zdoby|ć, -wać *[support]*; podżegać do (czegoś) *[unrest, strike]*; **to ~ the crowd up into a frenzy** porwać or rozemocjonować tłum; **I can't ~ up any enthusiasm for this plan** nie potrafię się zdobyć na entuzjazm, jeśli chodzi o ten plan; **she couldn't ~ up any enthusiasm for literature in her students** nie udawało się jej rozbudzić entuzjazmu studentów dla literatury 2 Culin ubi|ć, -jać *[cream, eggs]* 3 (prepare quickly) przygotow|ać, -ywać na prędce *[snack]*; u|pichcić infml *[meal]*; wysmaż|yć, -ać infml *[report]*; **she can ~ up a dress in one afternoon** potrafi uszyć sukienkę w ciągu jednego popołudnia 4 *[wind]* podn|ieść, -osić *[waves]*; burzyć *[sea]*; wzbi|ć, -jać *[dust]*

whipcord /ˈwɪpkɔːd, US ˈhwɪp-/ *n* 1 Tex whipcord *m (tkanina diagonalna na mundury, odzież sportową)* 2 (part of whip) rzemień *m* bata

whip hand *n* **to have the ~** rej wodzić, dzierżyć ster; **they are trying to gain the ~ in the organization** starają się przechwycić ster organizacji

whiplash /ˈwɪplæʃ, US ˈhwɪp-/ *n* smagnięcie *n* batem

whiplash injury *n* Med uraz *m* kręgosłupa szyjnego spowodowany szarpnięciem

whipped cream *n* bita śmietana *f*

whipper-in /ˌwɪpərˈɪn, US ˌhwɪp-/ *n* Hunt dojeżdżacz *m*

whippersnapper /ˈwɪpəsnæpə(r), US ˈhwɪpər-/ *n* dat pętak *m* infml hum

whippet /ˈwɪpɪt, US ˈhwɪpɪt/ *n* Zool whippet *m (rasa charta)*

whipping /ˈwɪpɪŋ, US ˈhwɪp-/ *n* 1 chłosta *f*; **to give sb a ~** wychłostać kogoś 2 (stitching) obrzucenie *n*

whipping boy *n* chłopiec *m* do bicia fig

whipping cream *n* śmietana *f* kremówka

whipping post *n* pręgierz *m*

whipping top *n* bąk *m (zabawka)*

whippoorwill /ˈwɪpʊəwɪl, US ˈhwɪp-/ *n* Zool lelek *m*

whip-round /ˈwɪpraʊnd, US ˈhwɪp-/ *n* GB infml zrzutka *f* infml; **to have a ~ for sth** zrobić zrzutkę or zrzucić się na coś

whipsaw /ˈwɪpsɔː, US ˈhwɪp-/ *n* Tech piła *f* kabłąkowa or taśmowa

whipsnake /ˈwɪpsneɪk, US ˈhwɪp-/ *n* Zool wąż *m* z rodziny połozów

whipstitch /ˈwɪpstɪtʃ, US ˈhwɪp-/ *n* ścieg *m* dziergany

whir *n, vi* = **whirr**

whirl /wɜːl, US hwɜːl/ **I** *n* 1 fig (of activity) wir *m*; **the social ~** wir życia towarzyskiego; **a ~ of excitement/emotion** wir podniecających wrażeń/kalejdoskop emocji; **he was in a ~** był rozgorączkowany; **my head was in a ~** w głowie miałem mętlik, w głowie mi się mąciło 2 (of air, sand) wir *m*; (of dust, leaves) wirujący kłąb *m* 3 (spiral motif) spiralny wzór *m*

II *vt* 1 (swirl, turn) za|kręcić (czymś) *[propeller]*; wywi|nąć, -jać (czymś), za|kręcić młynka (czymś) *[sword, flag]*; wzbi|ć, -jać w powietrze *[snowflakes, dust, leaves]*; **the boat was ~ed around by the current** prąd wody obracał łódkę wkoło; **the wind ~ed the dust in the air** wiatr wzbił w powietrze wirujący tuman kurzu 2 (convey quickly) **he ~ed us off to a nightclub** porwał nas do nocnego klubu; **the guide ~ed them round the cathedral** przewodnik przegonił ich po katedrze infml

III *vi* 1 (swirl) *[dancer, blade, propeller]* za|wirować, za|kręcić się; *[snowflakes, dust, leaves]* za|wirować; *[thoughts]* kłębić się; **my head was giddy, the room was ~ing** w głowie mi się kręciło, pokój wirował; **the water ~ed under the bridge** pod mostem tworzyły się wiry; **my mind is ~ing** mąci mi się w głowie, jestem skołowany 2 (move fast) **to ~ in/out** wpaść/wypaść; **to ~ along** pędzić; **she ~ed past on her bike** przemknęła obok na rowerze

■ **whirl round**: ¶ **~ round** *[person]* odwr|ócić, -acać się gwałtownie; *[blade, rotor, clock hand]* obr|ócić, -acać się szybko, wirować ¶ **~ [sth] round** za|kręcić or wywi|nąć, -jać młynka (czymś) *[sword, rope]*

IDIOMS: **to give sth a ~** infml spróbować czegoś

whirligig /ˈwɜːlɪɡɪɡ, US ˈhwɜːl-/ *n* 1 (merry-go-round) karuzela *f* (podłogowa) 2 (toy) (spinning top) bąk *m*; (windmill) wiatraczek *m* 3 (for washing) suszarka *f* ogrodowa 4 fig (whirl) wir *m* fig; **the ~ of social life** wir życia towarzyskiego

whirligig beetle *n* Zool krętak *m*

whirlpool /ˈwɜːlpuːl, US ˈhwɜːl-/ *n* wir *m* (wodny)

whirlpool bath *n* wanna *f* do kąpieli z masażem wodnym

whirlwind /ˈwɜːlwɪnd, US ˈhwɜːl-/ **I** *n* trąba *f* powietrzna; **a ~ of meetings, parties and interviews** fig wir spotkań, przyjęć i wywiadów; **a ~ of activity** fig rozgardiasz; **she came in like a ~** fig wpadła jak burza

II *modif* fig *[tour]* odbywający się w zawrotnym tempie; **it was a ~ romance** to był szalony romans

whirlybird /ˈwɜːlɪbɜːd, US ˈhwɜːl-/ *n* helikopter *m*, śmigłowiec *m*

whirr /wɜː(r), US hwɜːr/ **I** *n* (of machine, propeller) warkot *m*; (of toy) terkot *m*; (of camera) szum *m*; (of bird's wings) furkot *m*, trzepot *m*; (of insects) brzęk *m*

II *vi [motor, propeller]* warkotać, za|warczeć; *[toy]* za|terkotać; *[camera]* za|szumieć; *[fan, wings]* za|furkotać, furczeć; *[insect]* za|brzęczeć

whisk /wɪsk, US hwɪsk/ **I** *n* 1 Culin (**also egg ~**) (manual) trzepaczka *f* do jaj; (mechanical, electric) mikser *m* 2 (brush) miotełka *f*, zmiotka *f* 3 (**also fly ~**) packa *f* na muchy 4 (brisk movement) śmignięcie *n*; **the horse gave me a ~ with his tail** koń śmignął mnie ogonem; **to give a room a quick ~ round** infml ogarnąć pokój infml

II *vt* 1 Culin (**also ~ up**) ubi|ć, -jać *[cream, eggs, sauce]*; **~ the eggs and cream together** ubij jajka ze śmietaną 2 (flick) śmig|nąć, -ać (czymś), mach|nąć, -ać (czymś) *[brush, tail]*; **she ~ed the fly away with her hand** odgoniła ręką muchę; **he ~ed the breadcrumbs off the table with his napkin** strzepnął serwetką okruchy ze stołu 3 (move, transport quickly) **the lift ~ed them up** winda szybko poniosła ich w górę; **I was ~ed into the operating theatre** błyskawicznie przewieziono mnie na salę operacyjną; **he ~ed the papers under the cushion** szybkim ruchem schował papiery pod poduszkę; **he ~ed the plates off the table** błyskawicznie zebrał talerze ze stołu

III *vi [vehicle]* po|mknąć; **to ~ in/out** *[person]* wpaść/wypaść; **nurses ~ed along the corridor** pielęgniarki przemykały korytarzem; **he ~ed around the room with a duster** uwijał się po pokoju ze ściereczką do kurzu; **I'll ~ round next door** wpadnę do sąsiadów; **the rat ~ed into its hole** szczur czmychnął do norki

W

whisker /ˈwɪskə(r), US ˈhwɪ-/ **I** *n* (of animal) włos *m* czuciowy; **to come within a ~ of victory** or **of winning** fig być o włos od zwycięstwa; **to loose/win by a ~** fig o mały włos nie wygrać/nie przegrać

II whiskers *npl* [1] (of animal) wąsy *m pl* [2] (of man) (sideburns) bokobrody *plt*, baczki *plt*; (beard) broda *f*; (moustache) wąsy *m pl*

III whiskered *pp adj* = **whiskery**

whiskery /ˈwɪskərɪ, US ˈhwɪ-/ *adj [chin, face, man]* zarośnięty; (having sideburns) z bokobrodami or baczkami; (bearded) brodaty; (moustached) wąsaty; *[animal]* wąsaty

whisky GB, **whiskey** US, Ir /ˈwɪskɪ, US ˈhwɪ-/ **I** *n* (*pl* **-kies** GB, **~s** US, Ir) whisky *f inv*; **~ and soda** whisky z wodą sodową **II** *modif* **~ glass** szklanka do whisky; **~ bottle** butelka whisky

whisky mac *n* whisky *f inv* z winem imbirowym

whisky priest *n* infml ksiądz *m* pijaczyna

whisky voice *n* infml przepity głos *m*

whisper /ˈwɪspə(r), US ˈhwɪs-/ **I** *n* [1] (soft voice) szept *m*; **to speak in a ~** or **in ~s** mówić szeptem; **'yes,' she said in a ~** „tak", szepnęła or powiedziała szeptem; **her voice hardly rose above a ~** mówiła niemal szeptem; **his voice dropped to a ~** zniżył głos do szeptu; **I can't get a ~ out of him** fig nie mogę z niego wydobyć ani słowa; **I don't want to hear a ~ out of you** nie waż się odezwać [2] fig (rumour) plotka *f*; szepty *m pl* fig; **there's a ~** or **there are ~s going round that...** krążą plotki or szepcze się, że...; **not a ~!** (nikomu) ani mru-mru! infml [3] fig (wind) szum *m*; (of leaves, trees) szum *m*, szelest *m*; (of water) szmer *m*; szept *m* liter

II *vt* szep|nąć, -tać **(to sb** komuś); wyszeptać **(to sb** do kogoś); **she ~ed something in my ear** szepnęła mi coś do ucha; **to ~ sweet nothings** szeptać czułe słówka; **to ~ sth to sb** wyszeptać coś do kogoś; **'she's asleep,' he ~ed** „usnęła", szepnął; **it is ~ed that...** fig szepcze się, że... fig

III *vi* [1] *[person]* szep|nąć, -tać; **to ~ to sb** szeptać do kogoś; **stop ~ing!** przestańcie szeptać! [2] liter *[wind]* za|szumieć; *[leaves, trees]* za|szumieć, za|szeleścić; *[water]* za|szemrać

whispering /ˈwɪspərɪŋ, US ˈhwɪ-/ **I** *n* [1] (of voices) szept *m* [2] fig szept *m* liter; (of wind) szum *m*; (of leaves, trees) szum *m*, szelest *m*; (of water) szmer *m* [3] fig (rumours) plotki *f pl*; szeptanina *f* fig

II *adj [person, voice]* szepczący; *[leaves, trees]* szeleszczący, szumiący; *[water]* szemrzący

whispering campaign *n* szeptana propaganda *f*

whispering gallery *n* galeria *f* szeptów *(o wyjątkowych właściwościach akustycznych)*

whist /wɪst, US hwɪst/ *n* Game wist *m*; **to play ~** grać w wista

whist drive *n* turniej *m* wista

whistle /ˈwɪsl, US ˈhwɪ-/ **I** *n* [1] (small pipe) gwizdek *m*; (siren) syrena *f*; **the factory ~ goes at 5 pm** syrena fabryczna rozlega się o siedemnastej; **to blow the** or **one's ~** zagwizdać; **to blow the ~ for half time** odgwizdać pierwszą połowę (meczu) [2] (sound) (made by person, kettle, train, wind, bird, bullet) gwizd *m*, świst *m*; (made with a small pipe) gwizdek *m*; **to give a ~ of surprise** zagwizdać ze zdziwienia [3] Muz flażolet *m*

II *vt* za|gwizdać *[tune, melody]*; **he ~d the dog over** zagwizdał na psa

III *vi* [1] (make sound) *[bird, person, kettle, train, wind]* gwizd|nąć, -ać, zagwizdać, świs|nąć, -tać, zaświstać; **to ~ for half time** zagwizdać na przerwę, odgwizdać przerwę; **to ~ to a dog** zagwizdać na psa; **he ~d for us to follow him** zagwizdał na nas, żebyśmy szli za nim [2] (move fast) **to ~ past** or **by** *[arrow, bullet]* śmignąć obok, przelecieć obok ze świstem; **shells went whistling overhead** nad głowami ze świstem przelatywały pociski

■ **whistle up** infml: **~ up [sth]** z|organizować infml *[volunteers]*; **can you ~ up a few cups of coffee?** zorganizujesz kilka kaw?

IDIOMS: **to blow the ~ on sb** donieść na kogoś; **to blow the ~ on sth** położyć kres czemuś; **to wet one's ~** infml przepłukać sobie gardło infml; **(as) clean as a ~** czysty jak łza; **to ~ in the dark** dodawać sobie otuchy; **you can ~ for it!** infml twoje niedoczekanie!

whistle-blower /ˈwɪslbləʊə(r), US ˈhwɪsl-/ *n* informator *m*, -ka *f*; **who was the ~ on that tax dodge?** kto ujawnił to oszustwo podatkowe?

whistle-stop /ˈwɪslstɒp, US ˈhwɪsl-/ **I** *n* US Rail przystanek *m* na żądanie

II *vi* (*prp, pp, pt* **-pp-**) zatrzym|ać, -ywać się na żądanie

whistle-stop tour *n* objazd *m (kraju lub części kraju, zwłaszcza w ramach kampanii wyborczej)*; **the ~ of Texas** objazd po Teksasie

whit /wɪt, US hwɪt/ *n* dat krzta *f*, ociupina *f*; **not a ~** ani trochę

Whit /wɪt, US hwɪt/ *n* = **Whitsun**

white /waɪt, US hwaɪt/ **I** *n* [1] biel *f*, (kolor *m*) biały *m*; **I like ~** lubię (kolor) biały; **(dressed) in ~** (ubrany) na biało; **I've seen it in ~** widziałem to w kolorze białym; **the ~ of the snow** biel śniegu [2] (part of egg, eye) białko *n*; **the ~s of sb's eyes** białka oczu (kogoś) [3] (also **White**) (Caucasian) biał|y *m*, -a *f* [4] (wine) białe wino *n* [5] (in billiards) biała bila *f* [6] (in chess, draughts) białe *plt*; **I'll be ~** ja gram białymi; **~ wins** białe wygrywają [7] Pol (also **White**) (reactionary) człowiek *m* o poglądach zachowawczych; (in Russia) Pol biał|y *m*, -a *f*

II whites *npl* [1] (clothes) **cricket/tennis ~s** biały strój *m* do krykieta/tenisowy; **chef's ~s** strój kucharza [2] Med (leucorrhoea) upławy *plt*

III *adj* [1] *[paint, fabric, flower]* biały; *[hair]* biały, siwy; **bright ~** olśniewająco biały; **to paint sth ~** pomalować coś na biało; **his hair turned ~** włosy mu posiwiały or pobielały; **the frost turned the leaves ~** szron pobielił liście; **as ~ as snow** biały jak śnieg [2] (pale) *[person, face]* blady; **to be ~ with rage** być bladym z wściekłości; **to go** or **turn ~ with fear** zblednąć or pobladnąć ze strachu; **as ~ as a sheet** or **ghost** blady jak płótno or ściana; **to look ~** wyglądać blado [3] (Caucasian) *[race, child, skin]* biały; **a ~ man/woman** biały mężczyzna/biała kobieta; **an all-~ jury** ława przysięgłych złożona z samych białych; **a ~ area** obszar zamieszkany przez białych; **~ culture/prejudice** kultura/uprzedzenia rasowe białych [4] (innocent) niewinny, czysty

■ **white out**: **~ out [sth], ~ [sth] out** zamaz|ać, -ywać, zamalow|ać, -ywać (korektorem) *[error]*

IDIOMS: **to swear black was ~** upierać się przy swoim wbrew rozsądkowi; **the men in ~ coats** hum łapiduchy od czubków hum; **~r than ~** *[person]* kryształowy, bez skazy; *[reputation]* nieskazitelny; **two blacks don't make a ~** odpłacając złem za zło, niczego się nie osiągnie

whitebait /ˈwaɪtbeɪt, US ˈhwaɪt-/ *n* Culin *drobne szprotki lub śledzie smażone we fryturze*

whitebeam /ˈwaɪtbiːm, US ˈhwaɪt-/ *n* Bot jarząb *m* mączny, mąkinia *f*

white blood cell *n* krwinka *f* biała

white blood corpuscle *n* = **white blood cell**

whiteboard /ˈwaɪtbɔːd, US ˈhwaɪt-/ *n* tablica *f* biała (suchościeralna)

white book *n* US biała księga *f* **(on sth** w sprawie czegoś)

white bread *n* biały chleb *m*, białe pieczywo *n*

white-bread /ˌwaɪtˈbred, US ˌhwaɪt-/ *adj* US pej *[person]* z białej klasy średniej; *[attitudes, lifestyle]* białej klasy średniej

whitecap /ˈwaɪtkæp, US ˈhwaɪt-/ *n* grzywa *f* (fali)

white cedar *n* Bot żywotnik *m* zachodni

White Christmas *n* białe Boże Narodzenie *n*, Boże Narodzenie *n* w śnieżnej szacie liter

white coffee *n* biała kawa *f*, kawa *f* z mlekiem

white-collar /ˌwaɪtˈkɒlə(r), US ˌhwaɪt-/ *adj [job, staff, work]* biurowy, urzędniczy; *[job]* umysłowy; *[neighbourhood]* zamieszkany przez urzędników

white-collar crime *n* przestępstwo *n* urzędnicze

white-collar union *n* związek *m* zawodowy pracowników umysłowych

white-collar worker *n* pracownik *m* umysłowy, pracownica *f* umysłowa

whited sepulchre *n* Bible grób *m* pobielany; pej hipokryt|a *m*, -ka *f*, obłudni|k *m*, -ca *f*

white dwarf *n* Astron biały karzeł *m*

white elephant *n* [1] (knick-knack) bibelot *m*; rupieć *m* pej [2] (building) gmaszysko *n*; (plan, project) kosztowne przedsięwzięcie *n*

white elephant stall *n* stoisko *n* z różnościami *(na kiermaszu dobroczynnym)*

White Ensign *n* **the ~** biała bandera *f (brytyjskiej marynarki wojennej)*

white-faced /ˌwaɪtˈfeɪst, US ˌhwaɪt-/ *adj [person]* pobladły; *[animal]* biały na pysku, z białym pyskiem

white feather *n* białe piórko *n (symbol poddania się, tchórzostwa)*

IDIOMS: **to show the ~** stchórzyć

white fish *n* ryba *f* morska o białym mięsie

white flag *n* biała flaga *f*

whitefly /ˈwaɪtflaɪ, US ˈhwaɪt-/ *n* Zool mączlik *m*

white fox *n* (animal) lis *m* biały or polarny; (fur) białe lisy *m pl*
white friar *n* karmelita *m*
white gasoline *n* US benzyna *f* wysokooktanowa
white gold *n* białe złoto *n*
white goods *npl* [1] (appliances) sprzęt *m* elektryczny *(w gospodarstwie domowym)* [2] (linen) bielizna *f* pościelowa i stołowa
white-haired /ˌwaɪtˈheəd, US ˌhwaɪt-/ *adj* siwowłosy, białowłosy
Whitehall /ˈwaɪthɔːl, US ˈhwaɪt-/ *prn* GB Pol rząd *m* brytyjski *(od nazwy ulicy w Londynie, przy której znajdują się główne budynki rządowe)*
Whitehall farce *n* Theat *rodzaj komedii spopularyzowanej przez Whitehall Theatre w Londynie*
white-headed /ˌwaɪtˈhedɪd, US ˌhwaɪt-/ *adj [person]* siwowłosy, białowłosy; *[animal]* z białą głową; **~ boy** fig pupilek
white heat *n* [1] Phys biały żar *m*; **to a ~** (rozżarzony) do białości [2] (intense heat) żar *m*, skwar *m* [3] (of emotion) gorączka *f* fig; **to work at ~** pracować pełną parą
white hope *n* nadzieja *f* fig; **the ~ of our tennis club** nadzieja naszego klubu tenisowego
white horse *n* (wave) grzywacz *m*
white-hot /ˌwaɪtˈhɒt, US ˌhwaɪt-/ *adj* [1] *[metal]* rozżarzony do białości [2] fig *[passion]* dziki
White House **I** *n* **the ~** Biały Dom *m*
II *modif* **~ spokesman/adviser** rzecznik /doradca Białego Domu
white information *n* pozytywne informacje *f pl* dotyczące sytuacji finansowej klienta
white knight *n* [1] fig zbawca *m*, wybawiciel *m* [2] Fin biały rycerz *m (firma ratująca inną przed przejęciem)*
white-knuckle /ˌwaɪtˈnʌkl, US ˈhwaɪt-/ *adj* zatrważający; **~ ride** (in fairground) szaleńcza or opętańcza jazda *(na karuzeli)*
white lead *n* biel *f* ołowiana
white lie *n* niewinne kłamstwo *n*; pobożne kłamstwo *n* ra
white light *n* Phys światło *n* białe
white line *n* Sport, Transp biała linia *f*
white-livered /ˌwaɪtˈlɪvəd, US ˌhwaɪt-/ *adj* tchórzem podszyty
white magic *n* biała magia *f*
White Man's Burden *n* **the ~** brzemię *n* białego człowieka *(odpowiedzialność moralna Europejczyków wobec ludów kolonialnych)*
white matter *n* (in brain) istota *f* biała
white meat *n* białe mięso *n*
white metal *n* biały metal *m (stop do produkcji łożysk)*
white meter *n* GB Elec licznik *m* elektryczny odnotowujący zużycie energii poza godzinami szczytu
white mouse *n* Zool biała mysz *f*
whiten /ˈwaɪtn, US ˈhwaɪtn/ **I** *vt* wybiel|ić, -ać, bielić *[linen]*; pobiel|ić, -ać, bielić *[wall, step, shoes, belt]*; u|bielić *[face, skin]*
II *vi [person, face, sky]* po|blednąć; *[linen]* z|bieleć
whitener /ˈwaɪtnə(r), US ˈhwaɪt-/ *n* [1] (for clothes) wybielacz *m*; (for shoes) środek *m* do bielenia [2] (for coffee) zabielacz *m*
whiteness /ˈwaɪtnɪs, US ˈhwaɪt-/ *n* biel *f*, białość *f*

White Nile *prn* **the ~** Nil *m* Biały
whitening /ˈwaɪtnɪŋ, US ˈhwaɪt-/ *n* [1] (of linen, walls) bielenie *n* [2] (substance) wybielacz *m*
white noise *n* Elec biały szum *m*
white oak *n* Bot dąb *m* biały
whiteout /ˈwaɪtaʊt, US ˈhwaɪt-/ *n* Meteorol sadź *f*
White Paper *n* GB Pol biała księga *f* **(on sth** w sprawie czegoś**)**
white pepper *n* pieprz *m* biały
white pine *n* Bot sosna wejmutka *f*
white plague *n* US gruźlica *f* płuc
white poplar *n* Bot topola *f* biała
white rhino(ceros) *n* Zool nosorożec *m* afrykański or biały
white room *n* Ind *sterylnie czysta hala, w której montuje się rakiety kosmiczne*
White Russia *prn* Geog, Hist Białoruś *f*
White Russian **I** *n* [1] (Byelorussian) Białorus *m*, Białorusin *m*, -ka *f* [2] Hist (tsarist) biał|y *m*, -a *f*
II *adj* (Byelorussian) białoruski
white sale *n* biały tydzień *m (kiermasz bielizny pościelowej i stołowej)*
white sauce *n* sos *m* biały
white shark *n* Zool żarłacz ludojad *m*
white-skinned /ˌwaɪtˈskɪnd, US ˌhwaɪt-/ *adj* o białej karnacji; białoskóry dat
white slave *n* biały niewolnik *m*, biała niewolnica *f (ofiara handlu żywym towarem)*
white slavery *n* handel *m* żywym towarem fig
white slave trade *n* handel *m* żywym towarem
whites-only /ˌwaɪtsˈəʊnlɪ, US ˌhwaɪts-/ *adj [bar]* tylko dla białych
white spirit *n* benzyna *f* lakiernicza or lakowa
white stick *n* biała laska *f (niewidomego)*
white supremacist *n* zwolenni|k *m*, -czka *f* supremacji białych
white supremacy *n* supremacja *f* białych
white-tail /ˈwaɪtteɪl, US ˈhwaɪt-/ *n* Zool jeleń *m* wirgiński
white-tailed deer /ˌwaɪtteɪldˈdɪə(r), US ˌhwaɪt-/ *n* = **white-tail**
white-tailed eagle /ˌwaɪtteɪldˈiːgl, US ˌhwaɪt-/ *n* Zool orzeł bielik *m*
white tea *n* herbata *f* z mlekiem
whitethorn /ˈwaɪtθɔːn, US ˈhwaɪt-/ *n* Bot głóg *m* jednoszyjkowy
whitethroat /ˈwaɪtθrəʊt, US ˈhwaɪt-/ *n* Zool cierniówka *f*; **lesser ~** piegża
white tie **I** *n* [1] (bowtie) biała muszka *f* [2] (formal dress) **(**also **~ and tails)** frak *m*
II **white-tie** *modif* **a white-tie dinner** kolacja, na której obowiązuje frak
white trash *n (+ v pl)* US pej biała biedota *f*
whitewall (tyre) GB, **whitewall (tire)** US /ˌwaɪtwɔːlˈtaɪə(r), US ˌhwaɪt-/ *n* biała opona *f*
whitewash /ˈwaɪtwɒʃ, US ˈhwaɪtwɔːʃ/ **I** *n* [1] mleko *n* wapienne, wapno *n (do bielenia ścian)*; **to cover sth with ~** pobielić coś [2] fig (cover-up) wybielanie *n* fig; (of mistakes) tuszowanie *n* [3] Sport infml przegrana *f* do zera
II *vt* [1] pobiel|ić, -ać, bielić *[wall, building]* [2] **(**also **~ over)** fig pej (conceal) za|tuszować *[action, incompetence, scandal]*; wybiel|ić, -ać *[person, character]* [3] Sport infml pokonać *[opponent]* [4] Fin oddłuż|yć, -ać *[company]*
white water **I** *n* górska rzeka *f (o bystrym nurcie)*
II **white-water** *modif* **~ canoeing** spływ kajakowy górskimi szlakami
white wedding *n* ślub *m* w bieli
white whale *n* Zool białucha *f*, wal *m* biały
white wine *n* białe wino *n*
white-winged scoter /ˌwaɪtwɪŋdˈskəʊtə(r), US ˌhwaɪt-/ *n* Zool uhla *f*
white witch *n* dobra wróżka *f*
whitewood /ˈwaɪtwʊd, US ˈhwaɪt-/ *n* jasne drewno *n*
whitey /ˈwaɪtɪ, US ˈhwaɪtɪ/ **I** *n* infml pej biał|y *m*, -a *f*; białas *m* infml
II *adj* białawy; **~ blue** mlecznoniebieski
whither /ˈwɪðə(r), US ˈhwɪðər/ *adv* arch liter dokąd; **~ goest thou?** dokąd idziesz?; **~ now for the arts?** Journ dokąd zmierza sztuka?
whiting[1] /ˈwaɪtɪŋ, US ˈhwaɪt-/ *n* **(***pl* **~)** Zool witlinek *m (ryba dorszowata)*
whiting[2] /ˈwaɪtɪŋ, US ˈhwaɪt-/ *n* (whitener) bielidło *n*
whitish /ˈwaɪtɪʃ, US ˈhwaɪt-/ *adj* białawy
whitlow /ˈwɪtləʊ, US ˈhwɪt-/ *n* zastrzał *m*
Whit Monday *n* drugi dzień *m* Zielonych Świątek
Whitsun /ˈwɪtsn, US ˈhwɪ-/ *n* **(**also **Whitsuntide** /ˈwɪtsntaɪd, US ˈhwɪ-/**)** Zielone Świątki *plt*, Zesłanie *n* Ducha Świętego
Whit Sunday *n* pierwszy dzień *m* Zielonych Świątek
whittle /ˈwɪtl, US ˈhwɪt-/ *vt* ostrug|ać, -iwać, strugać *[stick, piece of wood]*; wystrug|ać, -iwać, strugać *[figure, walking stick]*
■ **whittle away**: ¶ **~ away [sth]** uszczupl|ić, -ać *[savings, resources]*; zmniejsz|yć, -ać *[advantage, lead, influence]*; podkop|ać, -ywać *[confidence]*; nara|zić, -żać na szwank, nadszarpnąć *[reputation]* ¶ **~ away at [sth]** zestrug|ać, -iwać *[stick]*; fig zmniejsz|yć, -ać *[advantage, lead, profits]*; podkop|ać, -ywać *[confidence]*; narusz|yć, -ać *[funds]*
■ **whittle down**: **~ down [sth], ~ [sth] down** z|redukować *[number, expenses]*; **we've ~d the applicants down to five** zredukowaliśmy liczbę kandydatów do pięciu
whiz *n* infml = **whizz**
whizz /wɪz, US hwɪz/ **I** *n* [1] infml (expert) spec *m* infml **(at sth** od czegoś**)**; **he's a computer ~** jest specem od komputerów, wie wszystko o komputerach [2] (whistling sound) gwizd *m*, świst *m*; (buzzing sound) bzyk *m*, bzyczenie *n* [3] infml (quick trip) **to go for a ~ around sth** (on foot) przelecieć się po czymś infml; (by car) objechać coś [4] Culin infml **give the mixture a ~ in the blender** ubij mieszaninę w mikserze
II *vt* infml błyskawicznie dostarcz|yć, -ać; **I'll ~ round the contract to you** zaraz podrzucę ci ten kontrakt infml
III *vi* **to ~ by** or **past** (move fast) śmig|nąć, -ać; (make noise) *[bullet, arrow]* przel|ecieć, -atywać ze świstem, świs|nąć, -tać; **time ~ed by** czas szybko upływał; **a bullet /arrow ~ed through the air** powietrze przeszyła kula/strzała; **I ~ed down the hill on my bike** pomknąłem w dół na

rowerze; **I ~ed through my homework** błyskawicznie odrobiłem lekcje

■ **whizz up** Culin: **~ up [sth]** z|miksować

whizz-bang /ˈwɪzbæŋ, US ˈhwɪz-/ infml **I** *n* (shell) małokalibrowy pocisk *m* armatni *(z okresu pierwszej wojny światowej)*; (firework) petarda *f*

II *adj* super infml

whizz-kid /ˈwɪzkɪd, US ˈhwɪz-/ *n* infml cudowne dziecko *n* fig

whizzo /ˈwɪzəʊ, US ˈhwɪz-/ *excl* infml dat byczo, fajnie infml

who /huː/ *pron* [1] (interrogative) kto; **~ is it?** kto to?; **~ are they?** kim są ci ludzie?; **~ knows the answer?** kto potrafi odpowiedzieć?, kto zna odpowiedź?; **~ did you invite?** kogo zaprosiłeś?; **~ are you writing to?** do kogo piszesz?; **~ was she with?** z kim ona była?; **~ did you buy it for?** dla kogo to kupiłeś?; **~ did you get it from?** od kogo to dostałeś?; **'I gave it away' – '~ to?'** „oddałem to" – „komu?"; **~ are we to criticize them?** jakie mamy prawo ich krytykować?; **Robert ~?** Robert, a jak dalej or a jak na nazwisko?; **I don't know ~ you're talking about** nie wiem, o kim mówisz; **guess ~ I met today!** zgadnij, kogo dziś spotkałem!; **I was strolling along when ~ should I see but Maria** szedłem sobie i nagle kogo widzę – Marię; **~ shall I say is calling?** (on phone) kogo mam zaanonsować? fml; **a letter from you know ~** list od pewnej osoby; **do you know ~'s ~ here?** wiesz, kim są ci ludzie? [2] (relative) (after noun) który; (after pronoun) kto; **the boy ~ won the prize** chłopak, który zdobył nagrodę; **this is Adam, ~ I told you about** to Adam, o którym ci mówiłem; **there are blankets for those ~ want them** są koce dla tych, którzy ich potrzebują; **he/she ~ follows the path of righteousness** ten, kto podąża drogą cnoty [3] (whoever) **bring ~ you like** przyprowadź, kogo chcesz; **~ do you think you are?** za kogo właściwie się uważasz?; **~ do you think you're talking to?** jak śmiesz tak do mnie się odzywać?; **~'s he to tell you what to do?** kimże on jest, żeby ci rozkazywać?; **~ dares wins** kto ryzykuje, ten wygrywa

WHO *n* = **World Health Organization** ŚOZ *f*

whoa /wəʊ/ *excl* (to horse) prr!; **~, slow down!** hola, nie tak prędko! or zwolnij nieco!

who'd /huːd/ = **who had, who would**

whodun(n)it /ˌhuːˈdʌnɪt/ *n* infml kryminał *m* infml

whoe'er /huːˈeə(r)/ *pron* liter = **whoever**

whoever /huːˈevə(r)/ *pron* [1] (no matter who) ktokolwiek; **she's not coming in here, ~ she is** ona tu nie wejdzie, kimkolwiek by była; **come out ~ you are** wychodź, kimkolwiek jesteś; **~ you ask** kogokolwiek zapytasz; **write to the prime minister or ~** pisz do premiera, albo do kogoś takiego [2] (the one that) ten, kto; **~ did it must be insane** ten, kto to zrobił, musi być szalony [3] (anyone that) (as subject) każdy, kto; (other uses) kto; **~ comes will be welcome** każdy, kto przyjdzie, będzie mile widziany; **~ saw the accident should contact the police** (as appeal) świadków wypadku prosimy o skontaktowanie się z policją; **I'll invite ~ I like** zaproszę, kogo (tylko) zechcę; **show it to ~ you like** pokaż to, komu ci się podoba [4] (all who) wszyscy, którzy; **tell ~ you know** powiedz wszystkim, których znasz; **they are providing cars for ~ comes** zapewniają samochody wszystkim, którzy przyjadą [5] (who on earth) **~ told you that?** któż ci to powiedział?; **~ did he speak to?** z kimże on rozmawiał?; **~ do you think you are?** za kogo ty się właściwie uważasz?

whole /həʊl/ **I** *n* [1] (total unit) całość *f*; **to consider the ~** wziąć pod uwagę wszystko; **as a ~** (not in separate parts) jako całość; (overall) w całości; **the collection will be sold as a ~** kolekcja zostanie sprzedana jako całość; **taken as a ~** w całości, w sumie; **for the country as a ~** dla całego kraju; **this will benefit society as a ~** to przyniesie korzyści całemu społeczeństwu [2] (all) **the ~ of the weekend/August** cały weekend/sierpień; **the ~ of the time** przez ten cały czas; **the ~ of London is talking about it** mówi o tym cały Londyn

II *adj* [1] (entire) cały; **his ~ body/life** jego całe ciało/życie; **I've never been so insulted in my ~ life!** jeszcze nigdy nikt mnie tak nie obraził!; **a ~ day/hour** cały dzień/cała godzina; **for three ~ weeks** przez całe trzy tygodnie; **a ~ sentence** całe or pełne zdanie; **the ~ truth** cała prawda; **in the ~ world** na całym świecie; **to search the ~ country** przeszukać cały kraj, przeszukać kraj wzdłuż i wszerz; **she drank a ~ bottle of gin** wypiła całą butelkę ginu; **I've been here the ~ time** byłem tu przez cały czas; **let's forget the ~ thing!** zapomnijmy o całej sprawie!; **she made the ~ thing up** ona wszystko to zmyśliła; **that's the ~ point!** o to właśnie chodzi! [2] (emphatic use) **I'm feeling a ~ lot better** czuję się dużo or o wiele lepiej; **she's a ~ lot nicer** ona jest znacznie milsza; **there were a ~ lot of them** było ich masę; **that goes for the ~ lot of you!** to dotyczy was wszystkich!; **a ~ lot of money** całe mnóstwo pieniędzy; **a ~ new way of life** zupełnie inny tryb życia; **a ~ new era** zupełnie nowa epoka; **that's the ~ point (of the exercise)!** o to właśnie chodzi (w tym wszystkim)!; **the ~ idea is to...** chodzi o to, żeby...; **I find this ~ idea totally absurd** cały ten pomysł wydaje mi się zupełnie niedorzeczny [3] (intact) cały, nienaruszony, nieuszkodzony; **there wasn't a single glass left ~** nie została ani jedna cała szklanka [4] fml (healthy) zdrów, zdrowy; **to make sb ~** uzdrowić kogoś

III *adv* *[swallow, cook]* w całości; **to swallow a story ~** uwierzyć we wszystko od początku do końca

IV on the whole *adv phr* ogólnie rzecz biorąc, w zasadzie; **on the ~ I agree** w zasadzie zgadzam się; **the film is on the ~ good** film jest ogólnie rzecz biorąc dobry

whole blood *n* [1] Med krew *f* pełna or całkowita [2] Jur **of the ~** spokrewniony w linii prostej

wholefood /ˈhəʊlfuːd/ *n* GB zdrowa żywność *f*

wholefood shop *n* GB sklep *m* ze zdrową żywnością

whole gale *n* Meteorol silna wichura *f* (10° w skali Beauforta)

wholegrain /ˈhəʊlgreɪn/ *adj* pełnoziarnisty

wholehearted /ˌhəʊlˈhɑːtɪd/ *adj [agreement]* całkowity; *[approval, support]* gorący; **to be in ~ agreement with sb/sth** zgadzać się całkowicie z kimś/czymś

wholeheartedly /ˌhəʊlˈhɑːtɪdlɪ/ *adv [approve, support]* gorąco, całym sercem

whole holiday *n* US wolny dzień *m*

wholemeal /ˈhəʊlmiːl/ *adj [bread, flour]* razowy

whole milk *n* mleko *n* pełne or pełnotłuste

whole note *n* US Mus cała nuta *f*

whole number *n* Math liczba *f* całkowita

wholesale /ˈhəʊlseɪl/ **I** *n* hurt *m*, sprzedaż *f* hurtowa; **by ~** hurtowo, hurtem

II *adj* [1] Comm *[price, market, trade, business]* hurtowy [2] (large-scale) *[destruction, attack, alteration]* masowy, na ogromną skalę; *[acceptance, rejection, commitment, adoption]* całkowity, pełny

III *adv* [1] Comm *[buy, sell]* hurtem, hurtowo; **I can get it for you ~** mogę załatwić ci to po cenach hurtowych [2] (fig) *[accept, reject, copy]* całkowicie; **the same rule cannot be applied ~ to every case** tej samej reguły nie da się zastosować automatycznie we wszystkich przypadkach

wholesale price index *n* wskaźnik *m* cen hurtowych

wholesaler /ˈhəʊlseɪlə(r)/ *n* hurtownik *m*; **wine ~** hurtownik win

wholesome /ˈhəʊlsəm/ *adj* [1] (healthy) *[diet, food, climate, appearance]* zdrowy; **good ~ home cooking** dobra, zdrowa domowa kuchnia [2] (morally good) *[advice]* zdrowy; *[entertainment, literature]* godziwy

whole step *n* US Mus = **whole tone**

whole tone *n* Mus cały ton *m*

whole-tone scale /ˌhəʊltəʊnˈskeɪl/ *n* Mus skala *f* całotonowa

wholewheat /ˈhəʊlwiːt/ *n* = **wholemeal**

who'll /huːl/ = **who will, who shall**

wholly /ˈhəʊllɪ/ *adv* całkowicie, w pełni

wholly-owned subsidiary /ˌhəʊlɪəʊndsəbˈsɪdɪərɪ/ *n* Econ spółka *f* całkowicie zależna

whom /huːm/ *pron* [1] (interrogative) kto; **~ did she marry?** za kogo ona wyszła?; **to ~ are you referring?** kogo masz na myśli?; **the article is by ~?** kto napisał ten artykuł?; **she didn't know ~ to trust** nie wiedziała, komu może zaufać [2] (relative) który; **the cousin ~ I mentioned earlier** kuzyn, o którym wcześniej wspominałem; **the person to ~ I spoke** osoba, z którą rozmawiałem; **his friends, none of ~ had any money** jego przyjaciele, z których żaden nie miał pieniędzy; **she pointed to the boys, one of ~ was laughing** wskazała na chłopców, z których jeden śmiał się [3] (whoever) kto; **you may invite ~ you wish** możesz zaprosić, kogo chcesz

whomp /wɒmp, US hwɒmp/ *vt* US infml [1] (hit) przywal|ić, -ać (komuś), grzmotnąć infml [2] (beat in game) załatwi|ć, -ać infml

whom(so)ever /huːmˈevə(r), huːmsəʊˈevə(r)/ *pron* fml [1] (no matter who) **~ you ask** kogokolwiek zapytasz [2] (the one, ones who) **I'll support ~ I wish** poprę, kogo mi się spodoba; **for ~ shall find them** dla tego, kto je znajdzie; **to ~ it may concern** do wszystkich zainteresowanych

whoop /huːp, wuːp, US hwuːp/ **I** *n* [1] (shout) okrzyk *m* [2] Med zanoszenie się *n* kaszlem **II** *vi* [1] (shout) **to ~ with joy/delight** wyda|ć, -wać okrzyk radości/zachwytu; za|piać z radości/zachwytu infml [2] Med zanosić się kaszlem
■ **whoop it up** infml zaszaleć, wyszaleć się infml

whoopee /ˈwʊpiː, US ˈhwʊ-/ infml **I** *n* **to make ~** hum (make love) robić bara-bara or figo-fago vinfml hum; (have fun) poszaleć, pobalować infml **II** *excl* ju-hu!

whoopee cushion *n* poduszka pierdziawka *f* vulg

whooper swan /ˈhuːpəswɒn, ˈwuː-, US ˈhwuː/ *n* Zool łabędź *m* krzykliwy

whooping cough /ˌhuːpɪŋˈkɒf, ˌwuː-, US ˌhwuːpɪŋˈkɔːf/ *n* Med krztusiec *m*, koklusz *m*

whoops /wʊps, US hwʊps/ *excl* oj!, ojej!

whoosh /wʊʃ, US hwʊʃ/ infml **I** *n* szust *m*; (of car, train) świst *m* **II** *excl* szust! **III** *vi* **the car ~ed past** samochód śmignął obok; **the train ~ed into the tunnel** pociąg wpadł w tunel ze świstem powietrza

whop /wɒp, US hwɒp/ *vt* (*prp, pt, pp* **-pp-**) infml [1] (hit) przywal|ić, -ać (komuś) infml; **she ~ped him with the newspaper** trzepnęła go gazetą infml [2] (beat in game) da|ć, -wać łupnia (komuś) infml *[team]*

whopper /ˈwɒpə(r), US ˈhwɒpər/ *n* infml [1] (large thing) kolos *m*; **a ~ of a bump** olbrzymi guz; **our gas bill is a ~** dostaliśmy olbrzymi rachunek za gaz [2] (lie) łgarstwo *n*; **he told me a ~** nałgał mi

whopping /ˈwɒpɪŋ, US ˈhwɒpɪŋ/ infml **I** *n* (beating) manto *n* infml **II** *adj* (also **~ great**) gigantyczny

whore /hɔː(r)/ **I** *n* offensive dziwka *f* vinfml offensive **II** *vi [man]* zadawać się z dziwkami vinfml; *[woman]* pu|ścić, -szczać się infml; **to ~ around** infml puszczać się na prawo i lewo infml

who're /ˈhuːə(r)/ = **who are**

whorehouse /ˈhɔːhaʊs/ *n* burdel *m* infml

whoremonger /ˈhɔːmʌŋgə(r)/ *n* arch pej (lecher) dziwkarz *m* vinfml; (pimp) alfons *m* infml

whorish /ˈhɔːrɪʃ/ *adj* offensive *[conduct, style of dressing]* dziwkarski vinfml

whorl /wɜːl, US hwɜːl/ *n* (on fingerprint) wzór *m* wirowy; (of petals, leaves) okółek *m*; (of shell, spiral) zwój *m*; (of smoke) skręt *m*; (of cream, chocolate) zawijas *m*

whortleberry /ˈwɜːtlberɪ, US ˈhwɜːrtlberɪ/ **I** *n* Bot (czarna) jagoda *f*, (borówka *f*) czernica *f* **II** *modif [pie, tart, sauce]* jagodowy

who's /huːz/ = **who is, who has**

whose /huːz/ **I** *pron* czyj; **~ is this?** czyje to jest?; **we don't know ~ it is** nie wiemy, czyje to jest **II** *adj* [1] (interrogative) czyj; **~ book is this?** czyja to książka?; **~ keys are these?** czyje to klucze?; **do you know ~ house that is?** czy wiesz, czyj to dom; **with ~ permission?** za czyją zgodą? [2] (relative) który; **the boy ~ father works here** chłopak, którego ojciec tu pracuje; **the woman ~ daughter he was married to** kobieta, z której córką się ożenił; **a colleague ~ children go to that school** kolega, którego dzieci chodzą do tej szkoły

whosoe'er, whosoever /huːsəʊˈeə(r), ˌhuːsəʊˈevə(r)/ *pron* dat liter = **whoever**

Who's Who *n* kto jest kim *(almanach biograficzny)*

who've /huːv/ = **who have**

why /waɪ, US hwaɪ/ **I** *adv* [1] (in question) (about reason) dlaczego, czemu; (to what purpose) po co; **~ do you ask?** czemu or dlaczego pytasz?; **~ didn't she tell us?** czemu or dlaczego nam nie powiedziała?; **'I'm annoyed' – '~ is that?'** „jestem zirytowany" – „czemu?"; **~ the delay?** skąd to opóźnienie?; **~ me? ~ not somebody else?** czemu ja? czemu nie kto inny?; **'it's not possible' – '~ not?'** „to niemożliwe" – „czemu or dlaczego (nie)?"; **'will you be interested?' – '~ not?'** „czy cię to interesuje?" – „czemu nie?"; **'can I apply?' – 'I don't see ~ not'** „czy ja mogę się zgłosić?" – „nie widzę przeszkód"; **ask her ~ she refused** zapytaj jej, dlaczego or czemu się nie zgodziła; **~ risk everything?** po co wystawiać się na ryzyko?; **~ all the fuss?** po co te całe ceregiele?; **~ do it yourself when you can get somebody else to do it?** po co robić samemu, skoro można to komuś zlecić [2] (when making suggestions) dlaczego, czemu; **~ don't you apply for the job?** dlaczego nie zgłosisz się do tej pracy?; **~ don't we go away for the weekend?** może wyjechalibyśmy na weekend?; **~ don't I invite them for dinner?** może zaprosić ich na kolację?; **~ not sell the car?** może warto sprzedać samochód?; **~ not send off now for our brochure?** warto już teraz zamówić nasz folder [3] (expressing irritation, annoyance) dlaczego, czemu; (to what purpose) po co; **~ don't they mind their own business?** czemu nie zajmują się własnymi sprawami?; **~ can't you be quiet?** czy nie możesz się uciszyć?; **~ should they get all the praise?** dlaczego im ma przypaść cała chwała?; **~ do I bother?** i po co się w ogóle przejmuję?; **'tell them' – '~ should I?'** „powiedz im" – „a po co?" [4] (also **~ever**) (expressing surprise) dlaczego, czemuż; (to what purpose) po cóż; **~ever not?** GB dlaczegóż by nie?, czemuż by nie?; **whyever did you say that?** dlaczego to powiedziałeś? **II** *conj* dlatego; **that's ~ they came** dlatego właśnie przyszli; **that's not ~ I asked** nie dlatego pytałem; **is that ~ she telephoned?** czy to dlatego or po to dzwoniła?; **so that's ~!** a więc to dlatego!; **'~?' – 'because you're stubborn, that's ~!'** „dlaczego?" – „dlatego że jesteś uparty!"; **one of the reasons ~ they left the country** jeden z powodów, dla których wyjechali z kraju; **I need to know the reason ~** muszę wiedzieć dlaczego, muszę znać powód → **reason** **III** *n* **the ~** powód *m*, przyczyna *f*; **the ~ and the how** powód i sposób → **wherefore** **IV** *excl* (expressing indignation) jak to!; (expressing surprise) przecież; (emphatic) ależ; **~, if it isn't Adam!** przecież to Adam!; **~, of course!** ależ oczywiście!; **~, I do believe you're right!** wiesz, że chyba masz rację!

whyever /ˌwaɪˈevə(r), US ˌhwaɪ-/ *adv* → **why I 4**

WI *n* [1] GB → **Women's Institute** [2] US Post = **Wisconsin** [3] = **West Indies**

wick /wɪk/ *n* (of candle, lamp) knot *m*
IDIOMS: **to get on sb's ~** GB vinfml wkurzać kogoś infml

wicked /ˈwɪkɪd/ *adj* [1] (evil) *[person]* nikczemny, niegodziwy, podły; *[intention, lie]* niecny; *[deed, plot]* haniebny; *[heart]* okrutny; (malicious) *[person, deed]* złośliwy; **the ~ fairy/stepmother** zła wróżka/macocha; **it was ~ of her** to było podłe z jej strony; **that was a ~ thing to do** to było podłe [2] (mischievous) *[grin, wink, stare]* szelmowski [3] (naughty) *[thoughts]* grzeszny; **his ~ ways** hum jego grzeszki hum; **go on, be ~!** hum no już, nie żałuj sobie! [4] (nasty, vicious) *[wind, weather, temper]* paskudny; *[weapon]* groźny; *[sarcasm]* złośliwy; **a ~ tongue** cięty język [5] infml (terrible) straszny, potworny; **it's ~ what they charge!** to skandal, że żądają aż takiej ceny! [6] infml (great) wspaniały, doskonały; **he plays a ~ game of chess** on jest świetny w szachach
IDIOMS: **no peace** or **rest for the ~** Bible nie ma pokoju dla bezbożników; hum taka już nasza ludzka dola

wickedly /ˈwɪkɪdlɪ/ *adv* [1] (mischievously) *[smile, say, wink]* po szelmowsku; (maliciously) *[describe, suggest]* złośliwie; **~ satirical** dowcipny i złośliwy [2] *[act, plot]* niegodziwie, podle; *[lie]* niecnie

wickedness /ˈwɪkɪdnɪs/ *n* [1] (evil) (of person, deed) nikczemność *f*, niegodziwość *f*, perfidia *f*; (of heart, regime) okrucieństwo *n*; **the ~ of all that waste** potworne marnotrawstwo [2] (of grin, wink, joke) złośliwość *f*; **the ~ of chocolate cake** hum nieodparty urok czekoladowego ciasta

wicker /ˈwɪkə(r)/ **I** *n* [1] (twigs) wiklina *f* [2] (also **~work**) (articles) wyroby *m pl* z wikliny **II** *adj [basket, furniture]* wiklinowy

wicket /ˈwɪkɪt/ *n* [1] (also **~ gate**) furtka *f* (w bramie), bramka *f* [2] (sluice gate) wrota *plt* śluzowe [3] US (transaction window) okienko *n* kasowe [4] (in cricket) (stumps) bramka *f*; (pitch) *teren pomiędzy bramkami*; (player) *gracz drużyny przeciwnej wyeliminowany z gry* [5] (in croquet) bramka *f*
IDIOMS: **to be on a sticky ~** infml być w niezręcznym położeniu

wicket keeper *n* (in cricket) łapacz *m*, zawodnik *m* broniący

wickiup /ˈwɪkɪʌp/ *n* US infml szałas *m* *(w kształcie stożka)*

wide /waɪd/ **I** *adj* [1] (broad) *[river, opening, mouth, margin]* szeroki; **how ~ is your garden?** jak szeroki jest twój ogród?; **the belt is 30 cm ~** pasek ma 30 cm szerokości; **the river is 1 km across at its ~st** rzeka ma 1 km szerokości w najszerszym miejscu; **to get ~r** rozszerzać się; **to make sth ~r** poszerzać coś; **her eyes were ~ with fear** oczy rozszerzyły się jej ze strachu [2] (immense) *[ocean, desert, sky]* bezkresny; *[panorama]* szeroki, rozległy; **he had no-one to talk to in the whole ~ world** jak świat szeroki, nie miał nikogo, z kim mógłby porozmawiać [3] (extensive) *[variety, range, powers, support, interest]* szeroki; *[experience, choice, selection]* bogaty; *[publicity]* szeroko zakrojony; *[knowledge, area]* rozległy; *[market]* duży; **a woman of ~ interests** kobieta o szerokich zainteresowaniach; **a ~ range of products** szeroki wachlarz wyrobów; **a ~ range of opinions** szeroki wachlarz opinii; **in the ~r European context** w szerszym kontekście europejskim; **in the ~st sense of the word** w najszerszym tego słowa znaczeniu; **~r debate on this subject is essential** konieczna jest szersza dyskusja na ten temat; **the newspaper with the ~st circulation** gazeta o największym nakładzie; **there is ~ agreement among academics that...** wśród naukowców panuje powszechna zgoda, że...; **their style of music has ~ appeal** ich muzyka cieszy się dużą popularnością [4] Sport *[ball, shot]* niecelny
II *adv* szeroko; **to open one's eyes /mouth ~** otworzyć szeroko oczy/usta; **open ~!** szeroko otwórz buzię!; **his eyes are set ~ apart** on ma szeroko rozstawione oczy; **they are ~ apart in age and interests** bardzo się różnią wiekiem i zainteresowaniami; **to be ~ of the mark** *[ball, dart]* być daleko od celu, nie trafić do celu; **your guess is ~ of the mark** zupełnie nie trafiłeś fig
III -wide *in combinations* **a country-~ search** poszukiwania prowadzone w całym kraju; **a nation-~ survey** ogólnokrajowy sondaż

wide-angle lens /ˌwaɪdæŋglˈlenz/ *n* obiektyw *m* szerokokątny

wide area network, WAN *n* Comput rozległa sieć *f* komputerowa

wide awake *adj* [1] (not asleep) **she was ~** nie spała [2] fig **you have to be ~ in this business** w tej branży musisz mieć oczy szeroko otwarte or musisz się mieć na baczności; **to be ~ to new ideas** być otwartym na nowe pomysły; **he's ~ to all the dangers** zdaje sobie sprawę ze wszystkich niebezpieczeństw

wideboy /ˈwaɪdbɔɪ/ *n* GB infml pej (drobny) kombinator *m* infml

wide-eyed /ˌwaɪdˈaɪd/ *adj* **to be ~** (out of fear, surprise) wybałuszyć oczy

widely /ˈwaɪdlɪ/ *adv* [1] (commonly) *[acknowledged, accepted, used, available]* powszechnie; **it is ~ believed that...** istnieje powszechne przekonanie, że...; **this product is now ~ available** ten produkt jest obecnie powszechnie dostępny; **to be ~ known** być powszechnie znanym; **she is ~ regarded as an expert in the field** jest powszechnie uważana za eksperta w tej dziedzinie; **these are not ~ held views** to nie są popularne poglądy [2] (at a distance) *[planted]* szeroko, w dużych odstępach; **~ spaced farms** szeroko rozrzucone gospodarstwa [3] (over a large area) **she is ~ travelled** dużo podróżowała; **copies of the magazine circulate ~** czasopismo ma duży zasięg [4] (significantly) *[differ, vary]* bardzo, znacznie; *[different]* bardzo

widely-read /ˌwaɪdlɪˈred/ *adj [student]* oczytany; *[author]* poczytny

widen /ˈwaɪdn/ **I** *vt* [1] poszerz|yć, -ać *[road, path]*; zwiększ|yć, -ać *[gap]* [2] fig rozszerz|yć, -ać, poszerz|yć, -ać *[scope, range, debate]*; zwiększ|yć, -ać *[powers]*; **this has ~ed their lead in the opinion polls** to zwiększyło ich przewagę w sondażach
II *vi* [1] *[river, road]* rozszerz|yć, -ać się, poszerz|yć, -ać się; **his eyes ~ed** wybałuszył oczy [2] (increase) *[lead, gap]* powiększ|yć, -ać się, zwiększ|yć, -ać się; **the gap is ~ing between rich and poor** przepaść pomiędzy bogatymi i biednymi zwiększa się
III widening *prp adj [division, gap]* powiększający się; **the ~ing perception that...** coraz powszechniejsze przekonanie, że...

wide open *adj* [1] *[door, window]* szeroko otwarty, otwarty na oścież; **her eyes were ~** miała oczy szeroko otwarte; **with my eyes ~** fig z pełną świadomością; **the game is ~** Sport jeszcze wszystko może się zdarzyć [2] (open to all) *[competition]* otwarty

wide-ranging /ˌwaɪdˈreɪndʒɪŋ/ *adj [poll, report, enquiry]* szeroko zakrojony; *[discussion, interview]* obejmujący szeroki wachlarz tematów; *[interests]* szeroki; *[effects]* różnorodny

wide screen *n* Cin szeroki ekran *m*

widespread /ˈwaɪdspred/ *adj [epidemic]* szerzący się; *[devastation]* rozległy; *[belief]* rozpowszechniony, powszechny

widgeon /ˈwɪdʒən/ *n* Zool świstun *m*

widget /ˈwɪdʒɪt/ *n* infml hum wihajster *m*, dings *m* infml

widow /ˈwɪdəʊ/ **I** *n* [1] wdowa *f*; **she was left a ~ at 26** owdowiała w wieku 26 lat; **Mr Jones' ~** wdowa po panu Jonesie; **war ~** wdowa wojenna; **she's a golf ~** hum jest ciągle sama, bo jej mąż świata nie widzi poza golfem [2] Print bękart *m*
II *vt* **to be ~ed** owdowieć; **she/he has been ~ed for two years** jest wdową /wdowcem od dwóch lat; **my ~ed mother /sister** moja owdowiała matka/siostra

widower /ˈwɪdəʊə(r)/ *n* wdowiec *m*; **an eligible ~** wdowiec „do wzięcia"

widowhood /ˈwɪdəʊhʊd/ *n* wdowieństwo *n*

widow's mite *n* Bible, fig wdowi grosz *m*

widow's peak *n wąskie pasmo włosów pomiędzy głębokimi zatokami*

widow's pension *n* renta *f* wdowia

widow's walk *n* US taras *m* na dachu domu *(głównie na wybrzeżu Nowej Anglii)*

widow's weeds *npl* dat żałobne szaty *f pl*

widow woman *n* dat wdowa *f*

width /wɪdθ, wɪtθ/ *n* szerokość *f*; **the garden is 40 metres in ~** ogród ma 40 metrów szerokości; **the skirt needs 3 ~s of cloth** na tę spódnicę potrzeba 3 szerokości; **I can swim a ~ underwater** potrafię przepłynąć szerokość basenu pod wodą

widthways /ˈwɪdθweɪz, ˈwɪtθ-/ *adv* na szerokość

widthwise /ˈwɪdθwaɪz, ˈwɪtθ-/ *adv* = **widthways**

wield /wiːld/ *vt* [1] (handle) dzierżyć *[weapon, tool]*; (know how to use) władać (czymś), posługiwać się (czymś); **I taught him how to ~ a knife and fork** nauczyłem go posługiwać się nożem i widelcem [2] fig (exercise) dzierżyć, sprawować *[authority]*; mieć *[influence, power]*

wiener /ˈwiːnə(r)/ *n* US [1] (also **~wurst** /ˈwiːnəwɜːst/) Culin frankfurter *m* [2] infml baby talk siusiak *m* infml

wiener schnitzel *n* Culin sznycel *m* po wiedeńsku

wienie /ˈwiːnɪ/ *n* US infml = **wiener**

wife /waɪf/ *n* (*pl* **wives**) [1] (spouse) żona *f*; małżonka *f* fml; **he had three children by his first ~** miał trójkę dzieci z pierwszego małżeństwa; **she will make him a good ~** będzie dla niego dobrą żoną; **many wives would disagree** wiele kobiet zamężnych nie zgodzi się z tym; **the baker's/butcher's ~** żona piekarza/rzeźnika, piekarzowa/rzeźnikowa; **to take sb as one's ~** fml, **to take sb to ~** arch wziąć or pojąć kogoś za żonę liter; **the ~** hum (moja) ślubna *f*, (moja) połowica *f* infml hum [2] arch (woman) białogłowa *f* arch; **'The Merry Wives of Windsor'** „Wesołe kumoszki z Windsoru"; **old wives' tale** mądrość *f* ludowa

wife batterer *n* mąż *m*, który bije żonę; damski bokser *m* infml

wife battering *n* przemoc *f* fizyczna wobec żony; **the problem of ~** problem kobiet maltretowanych przez mężów

wifely /ˈwaɪflɪ/ *adj* fml or hum *[responsibility, loyalty, affection]* małżeński; **she has all the ~ virtues** ma wszystkie cnoty dobrej żony

wife's equity *n* US Jur część *f* wspólnego majątku należna żonie po rozwodzie

wife-swapper /ˈwaɪfswɒpə(r)/ *n mężczyzna praktykujący zamienianie się żonami w celach erotycznych*

wife-swapping /ˈwaɪfswɒpɪŋ/ *n* zamienianie się *n* żonami; **~ party** orgietka z wymianą żon infml

wig /wɪg/ **I** *n* [1] (false hair) (whole head) peruka *f*; (partial) (man's) tupet *m*; (woman's) treska *f* [2] infml pej (hairdo) siano *n* (na głowie) infml
II *modif* **~ maker** perukarz *m*

wigeon *n* = **widgeon**

wigging /ˈwɪgɪŋ/ *n* infml dat ruga *f* infml; **to give sb a ~** zrugać kogoś infml; **to get a ~** dostać rugę

wiggle /ˈwɪgl/ infml **I** *n* [1] (movement) **a ~ of the hips** lekki ruch bioder; **to walk with a ~** iść kręcąc or kołysząc biodrami; **give the screw a ~** porusz śrubą, obluzuj śrubę [2] (in road) zakręt *m*
II *vt* poruszyć (czymś) *[tooth, wedged object]*; kręcić (czymś), kołysać (czymś) *[hips]*; ruszać (czymś) *[ears]*; kiwać (czymś) *[tail, toe]*
III *vi [snake, worm, road, river]* wić się; **she ~d past in her tight dress** przeszła

obok w obcisłej sukience, kręcąc or kołysząc biodrami

wiggly /ˈwɪglɪ/ *adj* infml *[road]* wijący się; *[line]* wężykowaty; *[tail]* ruchliwy; *[tooth]* ruszający się

wight /waɪt/ *n* arch człek *m* liter

wigwam /ˈwɪgwæm, US -wɑːm/ *n* wigwam *m*

wilco /ˈwɪlkəʊ/ *excl* Telecom zrozumiałem

wild /waɪld/ **I** *n* **to live in the ~** *[animal]* żyć na swobodzie or w naturalnym środowisku; **to grow in the ~** *[plant]* rosnąć dziko; **how to survive in the ~** jak przeżyć z dala od cywilizacji; **the call of the ~** zew natury

II wilds *npl* **the ~s of Arizona** dzikie obszary Arizony; **they live out in the ~s** mieszkają na odludziu or pustkowiu

III *adj* [1] (in natural state) *[animal, plant, person]* dziki; **~ beast** dzikie zwierzę, dzika bestia; **the pony is still quite ~** kucyk jest jeszcze ciągle narowisty [2] (desolate) *[landscape, country, coastline]* dziki, w pierwotnym stanie [3] (uncivilized) *[tribe]* dziki; **a ~ man** dziki, dzikus [4] (turbulent) *[wind, storm]* gwałtowny; *[sea]* wzburzony, burzliwy; *[day, month]* burzliwy [5] (unrestrained) *[party]* szalony; *[imagination, laughter]* niepohamowany, nieokiełznany; *[lifestyle]* hulaszczy, szalony; *[person]* rozhukany; **he led a ~ life in his youth** w młodości prowadził hulaszczy tryb życia; **we had some ~ times together** nieźle kiedyś razem szaleliśmy; **his hair was ~ and unkempt** miał niesforne, potargane włosy; **~ mood swings** gwałtowne zmiany nastroju [6] (frantic) *[fury, excitement]* dziki; *[dancing, shouting]* szaleńczy; **to go ~** *[fans, audience]* szaleć; **there was a ~ look in her eyes** patrzyła błędnym wzrokiem; **her perfume was driving him ~** zapach jej perfum doprowadzał go do szaleństwa [7] infml (furious) wściekły; **he'll go** or **be ~!** wścieknie się! infml [8] infml (enthusiastic) **to be ~ about sb/sth** mieć bzika na punkcie kogoś/czegoś infml; **I'm not ~ about him /it** nie przepadam za nim/za tym [9] (outlandish) *[idea, plan, scheme]* szalony; *[claim, promise, accusation]* niedorzeczny, absurdalny; *[story]* nieprawdopodobny; **all this ~ talk** ta cała niedorzeczna gadanina [10] infml (very good) super, ekstra infml; **the concert was really ~!** koncert był naprawdę super!

IV *adv [grow]* dziko; **the garden had run ~** ogród zarósł; **those children are allowed to run ~** te dzieci są puszczane samopas; **to let one's imagination run ~** popuścić wodze wyobraźni

IDIOMS: **to walk on the ~ side** zachowywać się niekonwencjonalnie

wild boar *n* Zool dzik *m*

wild brier *n* Bot = **wild rose**

wild card *n* [1] (in cards) dżoker *m*, joker *m* [2] fig (unpredictable element) niewiadoma *f* [3] Sport fig dzika karta *f*; (person) zawodni|k *m*, -czka *f* z dziką kartą; (team) drużyna *f* z dziką kartą [4] (also **wildcard**) Comput znak *m* or symbol *m* wieloznaczny

wildcat /ˈwaɪldkæt/ **I** *n* [1] Zool żbik *m* [2] fig (woman) tygrysica *f* fig [3] (oil well) odwiert *m* próbny na terenach niezbadanych [4] US infml (unsound business scheme) ryzykowne przedsięwzięcie *n*

II *adj* US *[scheme, venture]* ryzykowny

III *vi* (*prp, pt, pp* **-tt-**) (drill for oil) z|robić odwiert próbny

wildcat strike *n* dziki strajk *m*

wild cherry *n* Bot czereśnia *f*

wild dog *n* Zool pies dingo *m*

wild duck *n* dzika kaczka *f*

wildebeest /ˈwɪldɪbiːst/ *n* Zool antylopa *f* gnu

wilderness /ˈwɪldənɪs/ *n* [1] (barren area, wasteland) pustkowie *n*; Bible pustynia *f* fig; **a ~ of factories/streets** pustynny pejzaż fabryczny/miasta fig [2] Ecol (uncultivated, wild area) dzikie obszary *m pl*, dzicz *f*; (jungle) puszcza *f*; **there are still pockets of true ~ in Scotland** w Szkocji nadal można znaleźć dzikie obszary; **the garden has become a ~** ogród zupełnie zdziczał or zarósł

IDIOMS: **to be in the ~** *[person]* pozostawać w cieniu; **she spent many years in the literary ~** przez wiele lat nie odgrywała większej roli w kręgach literackich; **when they come out of the political ~** kiedy wyłonią się z politycznego niebytu; **to be a voice crying in the ~** być głosem wołającego na puszczy

wild-eyed /ˌwaɪldˈaɪd/ *adj [fanatic]* o szalonym wzroku, o oczach szaleńca; (with fear, enthusiasm) oszalały (**with sth** z czegoś); *[scheme]* niedorzeczny, bezsensowny

wildfire /ˈwaɪldfaɪə(r)/ *n* **to spread like ~** *[news, rumours]* rozchodzić się lotem błyskawicy; *[disease]* szerzyć się w zastraszającym tempie

wild flower *n* kwiat *m* polny

wildfowl /ˈwaɪldfaʊl/ *n* [1] dziki ptak *m*; (collectively) dzikie ptactwo *n* [2] Hunt ptactwo *n* łowne

wildfowler /ˈwaɪldfaʊlə(r)/ *n* myśliwy *m* polujący na ptaki

wildfowling /ˈwaɪldfaʊlɪŋ/ *n* polowanie *n* na ptaki

wild-goose chase /ˌwaɪldˈguːstʃeɪs/ *n* szukanie *n* wiatru w polu; **to lead sb on a ~** naprowadzić kogoś na fałszywy ślad; **to send sb on a ~** wpuścić kogoś w maliny infml

wild hyacinth *n* Bot endymion *m*

wildlife /ˈwaɪldlaɪf/ *n* (animals) fauna *f*; (animals and plants) fauna *f* i flora *f*

wildlife conservation *n* ochrona *f* przyrody

wildlife park *n* rezerwat *m* przyrody

wildlife reserve *n* = **wildlife park**

wildlife sanctuary *n* = **wildlife park**

wildly /ˈwaɪldlɪ/ *adv* [1] (recklessly) *[invest, spend]* lekkomyślnie; *[fire, shoot]* na oślep; **to hit out ~** zadawać ciosy na prawo i lewo or na oślep; **to run ~** biec na oślep; **to talk ~ of revenge** poprzysięgać zemstę [2] (energetically) *[wave, gesture]* gwałtownie; *[applaud]* burzliwie, hucznie; **to fluctuate ~** gwałtownie się zmieniać; **her heart was beating ~** serce biło jej jak szalone [3] (extremely) *[enthusiastic, happy, optimistic]* szalenie; **I'm not ~ excited by the prospect** mojego entuzjazmu to nie budzi; **the news is not ~ encouraging** wiadomość nie jest zbyt zachęcająca

wildness /ˈwaɪldnɪs/ *n* [1] (of landscape, mountains) dzikość *f* [2] (of sea, weather) burzliwość *f*; (of wind) gwałtowność *f*, porywistość *f* [3] (disorderliness) (of person) rozhukanie *n*; (of behaviour) brak *m* umiaru; (of evening, party) huczność *f*; **~ of appearance** szokujący wygląd; **to have a reputation for ~** *[person]* słynąć ze swych wybryków [4] (extravagance) (of scheme, plan, idea) bezsens *m*, absurdalność *f*; (of imagination) wybujałość *f*

wild rice *n* Bot ryż *m* dziki, zyzania *f* wodna

wild rose *n* Bot róża *f* polna or dzika

wild water rafting *n* spływ *m* wartkimi rzekami górskimi

Wild West *n* **the ~** Dziki Zachód *m*

Wild West show *n* US *popisy w strzelaniu, jeździe konnej*

wiles /waɪlz/ *npl* sztuczki *f pl*

wilful GB, **willful** US /ˈwɪlfl/ *adj* [1] (headstrong) *[person]* uparty, nieposłuszny; *[behaviour]* samowolny [2] (deliberate) *[damage, disobedience]* umyślny, rozmyślny [3] Jur *[murder, misconduct]* popełniony z premedytacją

wilfully GB, **willfully** US /ˈwɪlfəlɪ/ *adv* [1] (obstinately) uparcie, z uporem [2] (deliberately) umyślnie, rozmyślnie

wilfulness GB, **willfullness** US /ˈwɪlflnɪs/ *n* [1] (of character) upór *m* [2] (of act) umyślność *f*

wiliness /ˈwaɪlɪnɪs/ *n* (of character) przebiegłość *f*, spryt *m*; (of plot) podstępność *f*

will[1] /wɪl, əl/ *modal aux* (*pt* **would**) [1] (to express the future) **she'll help you** ona ci pomoże; **the results ~ be announced on Monday** wyniki zostaną ogłoszone w poniedziałek; **I haven't read it yet, but I ~** jeszcze tego nie przeczytałem, ale to zrobię; **I've said I'll pay you and I ~** powiedziałem, że ci zapłacę, i dotrzymam słowa; **he said he would come on Friday** powiedział, że przyjdzie w piątek; **~ you be staying at Adam's?** czy zatrzymasz się u Adama?; **you won't leave without me, ~ you?** nie wyjdziesz beze mnie, prawda?; **must I phone him or ~ you?** czy mam do niego dzwonić, czy ty to zrobisz?; **you'll live to regret it** jeszcze tego pożałujesz [2] (expressing consent, willingness) **'~ you help me?' – 'yes, I ~'** „pomożesz mi?" – „tak"; **he won't agree** on się nie zgodzi; **she won't tell us what happened** ona nie chce nam powiedzieć, co się stało; **'have a chocolate' – 'thank you, I ~'** „weź czekoladkę" – „dziękuję, chętnie"; **I ~ not be talked to like that** nie pozwolę zwracać się do siebie w ten sposób; **I won't have it said of me that I'm mean** nie pozwolę, żeby się o mnie mówiło, że jestem skąpy; **~ you or won't you?** tak czy nie?; **do what** or **as you ~** rób, co or jak chcesz; **ask who you ~** pytaj, kogo chcesz; **call it what you ~** nazwij to, jak sobie chcesz; **try as he ~, he can't do it** żeby nie wiadomo jak się starał, nie uda mu się; **it can be compared, if you ~, to a detective novel** można to porównać, powiedzmy, z kryminałem; **~ do!** infml zgoda! [3] (in commands, requests) **~ you pass the salt, please?** czy możesz podać sól?; **open the**

door, ~ you otwórz, proszę, drzwi; **'I can give the speech' – 'you ~ not!'** „mogę wygłosić to przemówienie" – „wykluczone!"; **you ~ say nothing to anybody** masz nikomu nic nie mówić; **'I'll do it' – 'no, you won't'** „zrobię to" – „o, nie!"; **~ you please listen to me!** czy możesz mnie wysłuchać?; **wait a minute, ~ you!** poczekaj chwilę! [4] (in offers, invitations) **~ you have a cup of tea?** napijesz się herbaty?; **~ you marry me?** czy wyjdziesz za mnie?; **won't you come in?** może wejdziesz (do środka)?; **you'll have another cake, won't you?** zjesz jeszcze jedno ciastko, prawda? [5] (expressing custom or habit) **they ~ usually ask for a deposit** zwykle proszą o zaliczkę; **any teacher ~ tell you that** każdy nauczyciel ci to powie; **don't worry, these things ~ happen** nie przejmuj się, to się zdarza [6] (in exasperation) **she ~ keep repeating the same old joke** stale powtarza ten sam stary dowcip; **what do you expect, if you ~ keep spoiling him?** a czegóż się spodziewasz, skoro go ciągle rozpieszczasz? [7] (expressing a conjecture or assumption) **'there's a package for you' – 'that'll be the books I ordered'** „jest dla ciebie paczka" – „to pewnie książki, które zamówiłem"; **won't they be having lunch now?** a czy nie jedzą teraz lunchu?; **that ~ have been last month** to było chyba w zeszłym miesiącu; **he'll be about 30 now** będzie miał teraz ze 30 lat; **you'll be tired, I expect** jesteś pewnie zmęczony; **you ~ have gathered that...** jak się domyślasz, ... [8] (expressing ability or capacity to do) **the lift ~ hold 12** winda może pomieścić 12 osób; **that jug won't hold a litre** w tym dzbanku nie zmieści się litr; **the car ~ do 120 km/h** ten samochód może rozwinąć szybkość 120 km/godz.; **this chicken won't feed six** tego kurczaka jest za mało dla sześciu osób; **the car won't start** samochód nie chce zapalić; **oil ~ float on water** oliwa unosi się na powierzchni wody

will[2] /wɪl/ **I** *n* [1] (mental power) wola *f*; **to have a strong/weak ~** mieć silną/słabą wolę; **she has a ~ of her own** do niczego się jej nie zmusi; **battle** or **clash of ~s** konflikt charakterów; **freedom of ~** wolna wola; **strength of ~** siła woli, silna wola → **effort, free will, iron** [2] (wish, desire) wola *f*, chęć *f*, ochota *f*; **the ~ to live** wola życia, chęć do życia; **to lose the ~ to live** stracić chęć do życia or wolę życia; **the ~ to fight** wola walki; **it's the ~ of the people** taka jest wola ludu; **it's the ~ of the nation that...** życzeniem narodu jest, żeby...; **it's my ~ that...** życzę sobie, żeby...; **Thy ~ be done** bądź wola Twoja; **to impose one's ~ on sb** narzucić komuś własną wolę; **to do sth against one's/sb's ~** zrobić coś wbrew własnej woli/woli kogoś; **to do sth with a ~** zrobić coś ochoczo or z ochotą; **with the best ~ in the world** nawet przy najlepszych chęciach → **goodwill, ill will** [3] Jur ostatnia wola *f*, testament *m*; **the last ~ and testament** testament, ostatnia wola; **to make one's ~** spisać ostatnią wolę or testament; **to leave sb sth in one's ~** zostawić komuś coś w testamencie; **to mention sb in one's ~** zrobić zapis na rzecz kogoś w testamencie

II at will *adv phr* [1] (as much as one likes) *[select, take]* do woli [2] (whenever you like, freely) na życzenie; **to cry at ~** płakać na zawołanie [3] (freely) **they can wander about at ~** mogą chodzić, gdzie chcą

III *vt* (*pt, pp* **willed**) [1] (urge mentally) **to ~ sb's death** gorąco pragnąć śmierci kogoś; **to ~ sb to do sth** siłą woli zmusić kogoś do zrobienia czegoś; **I was ~ing her to get the answer right** w myślach podpowiadałem jej odpowiedź; **she ~ed him to live** modliła się, żeby przeżył [2] (wish, desire) chcieć; **fate/God ~ed it** los/Bóg tak chciał [3] Jur zapis|ać, -ywać (w testamencie) *[house, fortune]* **(to sb** komuś)

IV *vr* **to ~ oneself to do sth** siłą woli zmusić się do zrobienia czegoś; **she ~ed herself to finish the race** ostatkiem sił ukończyła wyścig

■ **will on**: **~ [sb/sth] on** kibicować (komuś), marzyć o zwycięstwie (kogoś/czegoś)

IDIOMS: **where there's a ~ there's a way** Prov dla chcącego nie ma nic trudnego

willful *adj* US = **wilful**

William /ˈwɪlɪəm/ *prn* Wilhelm *m*; **~ the Conqueror** Wilhelm Zdobywca

willie /ˈwɪlɪ/ *n* infml baby talk (penis) siusiak *m*, ptaszek *m* infml

willies /ˈwɪlɪz/ *npl* infml

IDIOMS: **to have** or **get the ~** mieć or dostać pietra infml; **to give sb the ~** przerażać kogoś; **it gives me the ~ to even think about it** na samą myśl o tym dostaję gęsiej skórki

willing /ˈwɪlɪŋ/ *adj* [1] (prepared) skłonny **(to do sth** coś zrobić); **I'm more than ~ to help** bardzo chętnie pomogę; **if he were ~ to try** gdyby zechciał spróbować; **I'm quite ~** bardzo chętnie; **if she's ~** jeśli zechce; **whether he's ~ or not** czy chce, czy nie chce; **God ~** jeśli Bóg pozwoli, jak Bóg da [2] (eager) *[pupil, helper]* chętny, pełen zapału, ochoczy; (compliant) *[accomplice, servant]* uległy; **to show ~** wykazać dobre chęci; **we need some ~ hands to clean up** potrzeba nam chętnych do posprzątania; **you were a ~ accomplice in the deception** z własnej woli wziąłeś udział w tym oszustwie [3] (voluntary) *[donation, sacrifice]* dobrowolny

IDIOMS: **the spirit is ~ but the flesh is weak** duch wprawdzie ochoczy, ale ciało mdłe

willingly /ˈwɪlɪŋlɪ/ *adv* [1] (gladly) *[accept, help, work, study]* chętnie; (eagerly) *[work]* ochoczo, z ochotą; **'will you come?' – '~'** „przyjdziesz?" – „chętnie" [2] (voluntarily) dobrowolnie, z własnej woli; **did she go ~, or did you have to call the police?** poszła dobrowolnie or z własnej woli, czy musiałeś wezwać policję?

willingness /ˈwɪlɪŋnɪs/ *n* [1] (readiness) chęć *f*, gotowość *f* **(to do sth** zrobienia czegoś); ochota *f* **(to do sth** żeby coś zrobić) [2] (helpfulness) dobre chęci *plt*

will-o'-the-wisp /ˌwɪləðəˈwɪsp/ **I** *n* [1] błędny ognik *m* [2] fig mrzonka *f*; **she's a bit of a ~** ona ma dość chimeryczne usposobienie

II *modif [person]* chimeryczny; *[tendency]* zmienny, nieprzewidywalny

willow /ˈwɪləʊ/ **I** *n* [1] (also **~ tree**) wierzba *f*; **goat ~** iwa; **grey ~** łoza [2] (wood) wierzbina *f*, drewno *n* wierzbowe [3] (for weaving) wiklina *f*, łozina *f* [4] (cricket bat) rakieta *f* or kij *m* z wierzbiny

II *modif [leaf, twig]* wierzbowy; *[bat, inlay]* z drewna wierzbowego; *[basket]* wiklinowy, łozowy; **~ grove** wierzbina; **~ plantation** plantacja wikliny

willow grouse *n* Zool (*pl* **~**) pardwa *f*

willowherb /ˈwɪləʊhɜːb/ *n* (also **rosebay ~**) Bot wierzbówka *f* kiprzyca

willow pattern **I** *n* wzór *m* chiński *(niebieski na białej ceramice)*

II *modif* **~ service/plate** serwis/talerz ozdobiony chińskim wzorem

willow tit *n* Zool czarnogłówka *f*

willow warbler *n* Zool piecuszek *m*

willowy /ˈwɪləʊɪ/ *adj* [1] (slender) smukły; (lithe) gibki [2] *[grove]* wierzbowy; *[place]* porośnięty wierzbami

will power *n* siła *f* woli, silna wola *f*; **to have the ~ to do sth** mieć dość silnej woli, żeby coś zrobić

willy /ˈwɪlɪ/ *n* infml = **willie**

willy-nilly /ˌwɪlɪˈnɪlɪ/ *adv* [1] (regardless of choice) chcąc nie chcąc; **to marry sb ~** chcąc nie chcąc poślubić kogoś; **~, we'll make them all collaborate** czy chcą, czy nie chcą, wszystkich zmusimy do współpracy [2] (haphazardly) gdzie popadnie

wilt[1] /wɪlt/ arch *2nd person sing prt* → **will**

wilt[2] /wɪlt/ **I** *n* Bot, Hort choroba *f* grzybowa roślin, fuzarioza *f*

II *vt* s|powodować więdnięcie (czegoś); **bushes ~ed by the drought/disease** krzewy zwiędłe na skutek suszy/zarazy

III *vi [plant, flower, leaves]* z|więdnąć, z|marnieć; fig *[person]* (from heat, fatigue) opa|ść, -dać z sił; (at daunting prospect) upa|ść, -dać na duchu

IV wilted *pp adj [leaves, lettuce]* zwiędły, przywiędły

Wilts *n* GB Post = **Wiltshire**

Wiltshire /ˈwɪltʃə(r)/ *prn* Wiltshire *n inv*

wily /ˈwaɪlɪ/ *adj [person, animal]* chytry, przebiegły; *[plot]* podstępny; **~ old bird** or **fox** infml szczwany lis

IDIOMS: **as ~ as a fox** chytry jak lis

wimp /wɪmp/ *n* infml pej mięczak *m*, oferma *f/m* infml

■ **wimp out** spietrać się infml

wimpish /ˈwɪmpɪʃ/ *adj* mięczakowaty infml

wimple /ˈwɪmpl/ *n* barbet *m*; (veil) kwef *m*

wimpy /ˈwɪmpɪ/ *adj* infml = **wimpish**

win /wɪn/ **I** *n* [1] (victory) zwycięstwo *n*; **to have a ~ over sb/sth** odnieść zwycięstwo nad kimś/czymś, zwyciężyć kogoś/coś [2] Games, Turf (successful bet) wygrana *f*; **to have a ~ on the horses** wygrać na wyścigach konnych

II *vt* (*prp* **-nn-**; *pt, pp* **won**) [1] (be victorious or successful in) wygr|ać, -ywać *[battle, competition, match, election, bet]*; zdoby|ć, -wać *[votes, parliamentary seat]*; odn|ieść, -osić zwycięstwo wyborcze w (czymś) *[region, city]*; **to ~ a victory** odnieść zwycięstwo; **they won the election from the Conservatives** w wyborach odnieśli zwycięstwo nad konserwatystami, pokonali konserwatystów w wyborach; **to ~ a (parliamentary) seat from sb** odebrać komuś mandat (w wyborach) [2] (gain) wygr|ać, -ywać, zdoby|ć, -wać *[prize, medal, holiday, car]*; dosta|ć, -wać *[scholarship, promotion, pay increase]*; zdoby|ć, -wać *[friendship, heart]*; uzysk|ać, -iwać *[reprieve, approval]*; zysk|ać, -iwać *[sympathy, support]*; **it took me a while to ~ their confidence** zdobycie ich zaufania zajęło mi sporo czasu; minęło sporo czasu, zanim zdobyłem ich zaufanie; **her first novel won the acclaim of the critics** jej pierwsza powieść została wysoko oceniona przez krytyków; **their perseverance won them universal admiration** swą wytrwałością zdobyli sobie powszechny podziw; **to ~ sb's love/respect** zdobyć miłość/uznanie kogoś; **to ~ one's way to sth** dojść do czegoś *[top position]*; **to ~ sb's hand** dat or liter zdobyć rękę kogoś

III *vi* (*prp* **-nn-;** *pt, pp* **won)** wygr|ać, -ywać, zwycięż|yć, -ać; **to ~ against sb** wygrać or zwyciężyć z kimś; **to ~ by a length** zwyciężyć o jedną długość; **to ~ by two goals** wygrać or zwyciężyć dwiema bramkami; **to play to ~** walczyć do zwycięstwa; **go up there and ~!** pokaż wszystkim, co potrafisz!; **you ~!** (in argument) niech ci będzie! infml; **I've done my best to please her, but you just can't ~** zrobiłem, co mogłem, żeby ją zadowolić, ale wszystko na próżno; **you just can't ~ with these people** z nimi nigdy człowiek nie wygra; **~ or lose, I shall enjoy the game** tak czy owak cieszę się na ten mecz; **it's a ~ or lose situation** od tego wszystko zależy, wóz albo przewóz

■ **win back**: **~ back [sth], ~ [sth] back** odzysk|ać, -iwać *[support, affection, title]*; odbi|ć, -jać, odzysk|ać, -iwać *[territory]*; **to ~ sth back from sb** odebrać komuś coś *[title]*; odbić z rąk kogoś coś *[territory]*

■ **win out** zwycięż|yć, -ać, odn|ieść, -osić sukces; **to ~ out over sth** pokonać coś

■ **win over, win round**: **~ over [sb], ~ [sb] over** przekon|ać, -ywać, pozysk|ać, -iwać; **to ~ sb over to sth** przekonać kogoś do czegoś *[point of view]*; pozyskać kogoś dla czegoś *[cause]*; **can we ~ her over to our side?** czy możemy ją przeciągnąć na naszą stronę?

■ **win through** (ostatecznie) zwycięż|yć, -ać; **to ~ through to the third round** Sport przejść do trzeciej rundy

IDIOMS: **~ some, lose some** raz na wozie, raz pod wozem

wince /wɪns/ **I** *n* grymas; **to give a ~ of pain** skrzywić się z bólu

II *vi [person]* (change expression) s|krzywić się; (feel uncomfortable) wzdryg|nąć, -ać się; **to ~ with pain/disgust** skrzywić się z bólu/ze wstrętem; **to ~ at the sight/thought of sth** wzdrygnąć się na widok czegoś/na myśl o czymś

winch /wɪntʃ/ **I** *n* (for hoisting) wciągarka *f*; (for hauling) wyciągarka *f*

II *vt* [1] = **winch down** [2] = **winch up**

■ **winch down**: **~ down [sb/sth], ~ [sb/sth] down** spu|ścić, -szczać (na wciągarce)

■ **winch up**: **~ up [sb/sth], ~ [sb/sth] up** podciąg|nąć, -ać (wciągarką)

Winchester /ˈwɪntʃɪstə(r)/ *n* [1] Comput (also **~ disk)** dysk *m* twardy; Winchester *m* infml [2] ® Mil (also **~ rifle)** winczester *m* [3] Chem (also **winchester bottle)** Chem butla *f (do przewożenia substancji chemicznych)*

wind¹ /wɪnd/ **I** *n* [1] Meteorol wiatr *m*; **North/East ~** wiatr północny/wschodni; **the ~ is blowing** wieje wiatr; **which way is the ~ blowing?** skąd wieje wiatr?; **a high ~** silny wiatr; **to have the ~ at one's back, to have the ~ behind one** poruszać się z wiatrem [2] Naut wiatr *m*; **fair ~** pomyślny or sprzyjający wiatr; **to sail** or **run before the ~** płynąć z wiatrem; fig płynąć z prądem fig; **to sail into the ~** płynąć pod wiatr; fig płynąć pod prąd fig; **to sail close to the ~** płynąć ostro na wiatr; fig igrać z ogniem fig [3] (breath) oddech *m*, dech *m*; **the news knocked the ~ out of him** ta wiadomość poraziła go; **to get one's ~** złapać oddech; **to get one's second ~** fig złapać drugi oddech fig [4] fig (current) powiew *m*; **the ~ of freedom** powiew wolności; **the cold ~s of recession** widmo recesji; **a ~ of change** zapowiedź zmian; **there is something in the ~** coś wisi w powietrzu [5] (flatulence) wiatry *m pl*; **to break ~** puszczać wiatry; **to suffer from ~** mieć wzdęcia; **to bring up ~** beknąć infml; **that's a lot of ~!** infml brednie!, puste słowa! [6] Mus **the ~(s)** instrumenty *m pl* dęte [7] Hunt zapach *m*; **to get ~ of sth** zwietrzyć coś also fig

II *vt* [1] (make breathless) zap|rzeć, -ierać (komuś) dech w piersi [2] (burp) **she put the baby against her shoulder to ~ him** przełożyła sobie dziecko przez ramię, żeby mu się odbiło [3] Hunt (scent) z|wietrzyć *[hare, fox]*

IDIOMS: **to get the ~ up** infml mieć pietra infml **(about sth** na myśl o czymś, przed czymś**)**; **to put the ~ up sb** infml napędzić komuś strachu; **to go** or **run like the ~** pędzić z wiatrem w zawody; **it's (like) pissing** vinfml or **whistling in the ~** to jak wodę nosić przetakiem; **to see which way the ~ blows** patrzeć or uważać, skąd wiatr wieje; **you'll be stuck like that if the ~ changes!** (to child pulling faces) przestań robić miny, bo ci taka buzia zostanie

wind² /waɪnd/ **I** *n* [1] (bend) (of road) zakręt *m* [2] (movement) (of handle) obrót *m*; **to give a clock a ~** nakręcić zegar

II *vt* (*pt, pp* **wound)** [1] (coil up) nawi|nąć, -jać *[hair, rope, string, tape, wire]* **(on** or **onto sth** na coś); **to ~ sth round sth** owinąć or okręcić coś wokół czegoś; **he wound a scarf round his neck** owinął sobie szyję szalikiem; **she wound her arms around him** objęła go or oplotła go ramionami; **to ~ wool** zwijać or nawijać wełnę [2] (set in motion) (also **~ up)** nakręc|ić, -ać *[watch, clock, toy]* [3] (turn) przekręc|ić, -ać *[handle]* [4] (move sinuously) **to ~ one's** or **its way** *[road, river]* wić się; *[procession]* posuwać się (krętą drogą)

III *vi* (*pt, pp* **wound)** *[river, road, procession]* wić się; *[stairs]* zakręcać; **a queue ~ing round the theatre** kolejka ciągnąca się wokół teatru

■ **wind down**: ¶ **~ down** [1] (end) *[organization]* kończyć swoją działalność; *[activity, production]* dobiegać końca; *[person]* (relax) odprężać się, relaksować się [2] *[clockwork]* stawać ¶ **~ down [sth], ~ [sth] down** [1] (open) otw|orzyć, -ierać *[car window]* [2] (prepare for closure) rozpocz|ąć, -ynać likwidację (czegoś) *[organization]*; kończyć *[activity]*; **the business is being wound down** firma jest w trakcie likwidacji

■ **wind in**: **~ in [sth], ~ [sth] in** zwi|nąć, -jać *[cable, line]*; wyciąg|nąć, -ać *[fish]*

■ **wind off**: **~ off [sth], ~ [sth] off** przewi|nąć, -jać *[thread, rope]*

■ **wind on**: ¶ **~ on** *[film]* nawi|nąć, -jać się ¶ **~ on [sth], ~ [sth] on** nawi|nąć, -jać *[thread, rope, film]*

■ **wind up**: ¶ **~ up** [1] (finish) *[event]* za|kończyć się, s|kończyć się **(with sth** czymś); *[speaker]* podsumow|ać, -ywać [2] (end up) s|kończyć; **we wound up at Louise's house** w końcu wylądowaliśmy u Luizy infml; **they wound up sleeping in a barn** skończyło się na tym, że spali w stodole; **the car wound up in the ditch** samochód wylądował w rowie; **she wound up as a dancer in Tokyo** ostatecznie została tancerką w Tokio ¶ **~ up [sth], ~ [sth] up** [1] (terminate) z|likwidować *[business, account, club]*; za|kończyć *[campaign, career, debate, meeting, project, tour]*; **to ~ up the estate** zakończyć postępowanie spadkowe [2] (cause to move) nakręc|ić, -ać *[clock, watch, toy]*; zam|knąć, -ykać *[car window]* ¶ **~ up [sb], ~ [sb] up** [1] (annoy) z|denerwować; **to be wound up about sth** denerwować się czymś [2] (tease) drażnić się z (kimś)

windbag /ˈwɪndbæg/ *n* infml gaduła *m/f* infml

windblown /ˈwɪndbləʊn/ *adj [hair]* rozwiany przez wiatr; *[tree]* targany wiatrem

windborne /ˈwɪndbɔːn/ *adj [seeds, pollen]* przenoszony or roznoszony przez wiatr

windbound /ˈwɪndbaʊnd/ *adj [ship]* zatrzymany przez niesprzyjające wiatry

windbreak /ˈwɪndbreɪk/ *adj* (natural) wiatrochron *m*; (on beach) parawan *m* plażowy

Windbreaker® /ˈwɪndbreɪkə(r)/ *n* US Fashn wiatrówka *f*

windburn /ˈwɪndbɜːn/ *n* zaczerwienienie *n* skóry od wiatru

windcheater /ˈwɪndtʃiːtə(r)/ *n* GB Fashn wiatrówka *f*

wind chest *n* (in organ) wiatrownica *f*

wind-chill factor /ˈwɪndtʃɪlfæktə(r)/ *n* wychłodzenie *n* spowodowane wiatrem

wind chimes *n* dzwoneczki *m pl* wietrzne

wind cone *n* rękaw *m* lotniskowy

wind deflector *n* Aut deflektor *m* dachowy

wind energy *n* energia *f* or siła *f* wiatru

winder /ˈwaɪndə(r)/ *n* [1] (for watch) pokrętło *n*; (for wool, thread) (device) nawijarka *f*; (bobbin) nawijak *m*; (for window) wyciąg *m* [2] Ind (person) nawijacz *m*, -ka *f*

windfall /ˈwɪndfɔːl/ **I** *n* [1] (fruit) spad *m* [2] fig nieoczekiwany przypływ *m* gotówki

II *modif [apple]* ze spadów

windfall profit *n* nieoczekiwany zysk *m*

wind farm *n* farma *f* wiatrowa

windflower /ˈwɪndflaʊə(r)/ *n* zawilec *m*, anemon *m*

wind gap *n* Geog przełęcz *f*

W

wind gauge *n* wiatromierz *m*, anemometr *m*
wind generator *n* wytwornica *f* or generator *m* wiatru
wind harp *n* harfa *f* eolska
windhover /ˈwɪndhɒvə(r)/ *n* GB liter or dial pustułka *f*
winding /ˈwaɪndɪŋ/ **I** *n* [1] (of road) zakręt *m*; (of river) zakole *n*, meander *m* [2] Elec uzwojenie *n*
II *adj [path, road, stairs]* kręty; *[river, valley]* wijący się; **the river follows a ~ course** rzeka płynie zakolami or meandrami
winding coil *n* Elec zwój *m*
winding drum *n* bęben *m* wyciągarki
winding gear *n* Tech urządzenie *n* wyciągowe
winding sheet *n* całun *m*
winding-up /ˌwaɪndɪŋˈʌp/ **I** *n* (of business, affairs) likwidacja *f*
II *modif* **~ order** polecenie likwidacji; **~ petition** wniosek o otwarcie postępowania likwidacyjnego
wind instrument *n* instrument *m* dęty
windjammer /ˈwɪnddʒæmə(r)/ *n* [1] Naut żaglowiec *m* handlowy [2] GB Fashn wiatrówka *f*
windlass /ˈwɪndləs/ *n* kołowrót *m*; Naut winda *f* kotwiczna, kabestan *m*
windless /ˈwɪndləs/ *adj* bezwietrzny
wind machine *n* Theat, Cin wiatrownica *f*
windmill /ˈwɪndmɪl/ *n* [1] wiatrak *m* [2] (toy) wiatraczek *m*
IDIOMS: **to tilt at ~s** walczyć z wiatrakami
window /ˈwɪndəʊ/ *n* [1] (of house, room, car, train) okno *n*; (stained-glass) okno *n* witrażowe, witraż *m*; **to sit at** or **by the ~** siedzieć przy oknie; **to look out of** or **through the ~** wyglądać przez okno; **to lean out of a ~** wychylić się przez okno; **'do not lean out of the ~'** (in train) „nie wychylać się"; **to break a ~** zbić szybę w oknie; **to clean** or **wash the ~s** myć okna; **a ~ on the world** fig okno na świat fig; **to provide a ~ on what goes on behind the scenes** dać wgląd w to, co odbywa się za kulisami [2] (of shop) witryna *f*, wystawa *f*; **how much is the skirt in the ~?** ile kosztuje ta spódnica na wystawie? [3] (for service) okienko *n* [4] (of envelope) okienko *n* [5] Comput okno *n* [6] (convenient gap) dogodna chwila *f*, dogodny moment *m*; (in diary) okienko *n* infml; **we've missed our ~** przegapiliśmy dogodny moment; **a ~ of opportunity** szansa, okazja; **launch ~** *czas wystrzelenia rakiety, zapewniający dotarcie do celu w określonym momencie*
IDIOMS: **the eyes are the ~s of the soul** Prov oczy są zwierciadłem duszy
window blind *n* (roller shutter) roleta *f* okienna; (Venetian) żaluzja *f*
window box *n* skrzynka *f* na kwiaty
window cleaner *n* (person) osoba *f* myjąca okna; (product) płyn *m* do mycia szyb
window cleaning *n* mycie *n* okien
window display *n* Comm wystawa *f* sklepowa, witryna *f*
window dresser *n* dekorator *m*, -ka *f* wystaw sklepowych
window dressing *n* [1] (activity) dekorowanie *n* wystaw sklepowych [2] (display) dekoracja *f* wystawy sklepowej [3] fig **it's all ~** fig pej to tylko pozory, to tylko mydlenie oczu; **don't be taken in by the ~** nie daj się zwieść pozorom [4] Fin dekoracja *f* witryny *(„upiększanie" sytuacji finansowej przedsiębiorstwa)*
window envelope *n* koperta *f* z okienkiem
window frame *n* futryna *f* or rama *f* okienna
window glass *n* szkło *n* okienne
window ledge *n* parapet *m* okienny, podokiennik *m*
windowpane /ˈwɪndəʊpeɪn/ *n* szyba *f*
window seat *n* [1] (in room) ławeczka *f* w oknie *(w oknie wykuszowym)* [2] (in plane, bus, train) miejsce *n* przy oknie
window-shopping /ˈwɪndəʊʃɒpɪŋ/ *n* oglądanie *n* wystaw sklepowych; **to go ~** oglądać wystawy
windowsill /ˈwɪndəʊsɪl/ *n* parapet *m* okienny, podokiennik *m*
window winder *n* Aut rączka *f* do opuszczania i podnoszenia szyby
windpipe /ˈwɪndpaɪp/ *n* Anat tchawica *f*
wind-pollinated /ˌwɪndˈpɒləneɪtəd/ *adj* wiatropylny
windpower /ˈwɪndpaʊə(r)/ *n* siła *f* or energia *f* wiatru
windproof /ˈwɪndpru:f/ *adj [jacket, trousers]* nieprzepuszczający wiatru
windscreen /ˈwɪndskri:n/ *n* GB Aut przednia szyba *f*
windscreen washer *n* GB Aut spryskiwacz *m* przedniej szyby
windscreen wiper *n* GB Aut wycieraczka *f* przedniej szyby
wind section *n* (in composition) partia *f* instrumentów dętych; (in orchestra) sekcja *f* instrumentów dętych
windshield /ˈwɪndʃi:ld/ *n* US Aut = **windscreen**
wind sleeve *n* rękaw *m* lotniskowy
wind sock *n* = **wind sleeve**
windspeed /ˈwɪndspi:d/ *n* prędkość *f* wiatru
windspeed indicator *n* wiatromierz *m*, anemometr *m*
windstorm /ˈwɪndstɔ:m/ *n* huragan *m*, wichura *f*
windsurf /ˈwɪndsɜ:f/ *vi* pływać na desce surfingowej
windsurfer /ˈwɪndsɜ:fə(r)/ *n* (person) żeglarz *m* deskowy, windsurfer *m*; (board) deska *f* surfingowa
windsurfing /ˈwɪndsɜ:fɪŋ/ *n* windsurfing *m*
wind surge *n* wysoka fala *f* spowodowana silnym wiatrem
windswept /ˈwɪndswept/ *adj* [1] *[moor, hillside, coast]* wystawiony na działanie wiatru; smagany wiatrem liter [2] *[hair]* potargany
wind tunnel *n* [1] Tech tunel *m* aerodynamiczny [2] (windy gap or passage) przejście *n*, gdzie zawsze wieje wiatr
wind turbine *n* silnik *m* wiatrowy
windward /ˈwɪndwəd/ **I** *n* (strona *f*) nawietrzna *f*; **to sail to ~** płynąć pod wiatr
II *adj [side, quarter]* nawietrzny
III *adv [move, travel]* pod wiatr
Windward Islands *prn pl* Wyspy *f pl* Zawietrzne
Windward Passage *prn* Cieśnina *f* Zawietrzna
windy /ˈwɪndɪ/ *adj* [1] *[day, weather]* wietrzny; *[place]* wystawiony na działanie wiatru; **it** or **the weather was very ~** było bardzo wietrznie, wiał silny wiatr [2] pej (verbose) *[speech, words]* szumny, górnolotny; *[person]* nadęty, napuszony [3] GB infml dat (scared) **to get ~ about sth** infml dostać pietra przed czymś infml
Windy City *prn* US Chicago *n inv*
wine /waɪn/ **I** *n* [1] (drink) wino *n* [2] (colour) kolor *m* starego wina, (kolor *m*) bordowy *m*, bordo *n inv*
II *modif [cellar]* winny; **~ cask** beczka na wino; **~ production** produkcja wina
III *adj* (also **~-coloured**) w kolorze wina, bordowy, bordo
■ **wine up** US infml doprawi|ć, -ać się, urżnąć się infml
IDIOMS: **to ~ and dine sb** podejmować kogoś wystawnie; **to ~ and dine** jadać wystawnie
wine bar *n* winiarnia *f*
winebibber /ˈwaɪnbɪbə(r)/ *n* hum amator *m* wina
wine bottling *n* butelkowanie *n* wina
wine box *n* karton *m* wina
wine cooler *n* [1] (ice bucket) kubełek *m* z lodem do chłodzenia wina [2] US (drink) napój *m* niskoalkoholowy
wined (up) /ˌwaɪnd(ˈʌp)/ *pp adj* US infml zalany infml
wine glass *n* kieliszek *m* do wina
wine grower *n* hodowca *m* winorośli
wine growing **I** *n* uprawa *f* winorośli
II *modif* **~ region** region uprawy winorośli
wine gum *n* GB żelka *f* owocowa
wine list *n* karta *f* win
wine merchant *n* handlarz *m* winami; kupiec *m* winny dat
wine press *n* prasa *f* or tłocznia *f* do winogron
wine producer *n* producent *m* wina
wine rack *n* stelaż *m* na butelki z winem
winery /ˈwaɪnərɪ/ *n* US wytwórnia *f* win
wine shop *n* sklep *m* z winami
wineskin /ˈwaɪnskɪn/ *n* bukłak *m* na wino
wine taster *n* (person) kiper *m*, -ka *f*; (cup) naczynie *n* do degustacji wina
wine tasting *n* degustacja *f* win
wine vinegar *n* ocet *m* winny
wine waiter *n* kelner *m* podający wino
wing /wɪŋ/ **I** *n* [1] Zool (of bird, insect) skrzydło *n*; **to be on the ~** lecieć, frunąć; **to catch a butterfly on the ~** złapać motyla w locie [2] (of building, plane) skrzydło *n*; (of car) błotnik *m*; (of armchair) uszak *m* [3] Mil, Pol (of army) skrzydło *n*, flanka *f*; (of party) skrzydło *n*; (unit in air force) skrzydło *n* [4] Sport (player) skrzydłow|y *m*, -a *f*; (side of pitch) skrzydło *n*; **to play on the right ~** grać na prawym skrzydle
II **wings** *npl* [1] Theat **the ~s** kulisy *plt*; **to be waiting in the ~s** Theat czekać za kulisami; fig być w pogotowiu [2] Aviat **to get one's ~s** otrzymać odznakę pilota
III *vt* [1] **to ~ one's way to a destination** *[plane, passenger, letter]* być w drodze do celu; **the news had already ~ed its way across the Atlantic** wiadomość dotarła już na drugą stronę Atlantyku [2] (injure) *[bullet]* postrzelić w rękę *[person]*; postrzelić w skrzydło *[bird]*

IV *vi* (fly) *[bird]* lecieć, szybować; fig *[thoughts]* po|szybować

IDIOMS: **to clip sb's ~s** podciąć komuś skrzydła; **to spread one's ~s** rozwinąć skrzydła (do lotu); **to take sb under one's ~(s)** wziąć kogoś pod swoje skrzydła; **to take ~** liter *[thoughts]* ulatywać; **to ~ it** US infml improwizować, zdać się na los

wing case *n* Zool pokrywa *f* skrzydłowa *(u owadów)*

wing chair *n* fotel *m* z uszakami

wing collar *n* kołnierzyk *m* koszuli frakowej

wing commander *n* Aviat ≈ podpułkownik *m* lotnictwa

wing-ding /ˈwɪŋdɪŋ/ *n* US infml feta *f* infml

winge *vi* = **whinge**

winged /wɪŋd/ *adj* [1] *[cupid, horse, creature]* skrzydlaty, uskrzydlony; **a blue-~ bird** ptak o niebieskich skrzydłach [2] liter (lofty) wzniosły

winger /ˈwɪŋə(r)/ *n* [1] GB Sport skrzydłow|y *m*, -a *f* [2] Pol **a Conservative right-~** konserwatysta związany z prawym skrzydłem swojej partii; **left-/right-~** zwolennik lewicy/prawicy

wing flap *n* Aviat lotka *f*

wing-footed /ˌwɪŋˈfʊtɪd/ *adj* liter (swift) chyży liter

wing forward *n* (in rugby) napastnik *m* flankowy

wing half *n* (in soccer) boczny pomocnik *m*

wing mirror *n* GB lusterko *n* boczne

wing nut *n* nakrętka *f* skrzydełkowa or motylkowa

wingspan /ˈwɪŋspæn/ *n* rozpiętość *f* skrzydeł

wing three-quarter *n* (in rugby) skrzydłowy *m*

wing tip *n* czubek *m* skrzydła

wink /wɪŋk/ **I** *n* mrugnięcie *n* oka; **to give sb a ~** mrugnąć do kogoś; puścić do kogoś oko infml; **we didn't get a ~ of sleep all night** całą noc nie zmrużyliśmy oka

II *vt* **to ~ one's eye** mrugnąć okiem; **he ~ed his eye at me** mrugnął do mnie; puścił do mnie oko infml

III *vi* [1] mrug|nąć, -ać; **to ~ at sb** mrugnąć do kogoś; puścić do kogoś oko infml; **to ~ at sth** fig przymykać oczy na coś [2] *[light, star]* mrug|nąć, -ać, za|migotać; *[jewellery]* skrzyć się, migotać

IDIOMS: **a nod is as good as a ~ to a blind horse** or **man** mądrej głowie dość dwie słowie Prov; **as quick as a ~, in the ~ of an eye** w mgnieniu oka; **to tip sb the ~** infml dać komuś cynk infml

winker /ˈwɪŋkə(r)/ *n* GB Aut infml (on car) migacz *m*; (on road) migające światło *n* ostrzegawcze

winking /ˈwɪŋkɪŋ/ **I** *n* (of eye) mruganie *n*; puszczanie *n* oka infml; (of light) mruganie *n*, migotanie *n*

II *adj [light]* mrugający, migoczący

IDIOMS: **as easy as ~** infml proste jak drut infml; **in the ~ of an eye** w mgnieniu oka

winkle /ˈwɪŋkl/ *n* (also **peri~**) Zool pobrzeżek *m*

■ **winkle out** infml: **~ out [sth/sb], ~ [sth/sb] out** wyciąg|nąć, -ać *[person, object]* **(of sth** z czegoś); wydoby|ć, -wać *[truth, confession]* **(of sb** z kogoś)

winkle-pickers /ˈwɪŋklpɪkəz/ *n* spiczaste buty *m pl*

winner /ˈwɪnə(r)/ *n* [1] (victor) zwycię|zca *m*, -żczyni *f*; **to be the ~(s)** Sport, Turf zwyciężyć; **to be on to a ~** Sport typować zwycięzcę; fig postawić na właściwego konia; **to back the ~** postawić na właściwego konia; **he certainly backed a ~ when he married her** z pewnością wygrał na tym, że się z nią ożenił; **to pick** or **spot the ~** Turf obstawiać zwycięzcę, postawić na zwycięzcę; **~ takes all** Games zwycięzca bierze wszystko; **that shot was a ~!** to był zwycięski strzał! [2] (success) **to be a ~** *[film, book, play, design, song]* odnieść olbrzymi sukces; **he's a ~** wszystko mu się udaje

winning /ˈwɪnɪŋ/ **I** *n* wygrana *f*, zwycięstwo *n*

II winnings *npl* (money, things won) wygrana *f*

III *adj* [1] (victorious) *[competitor, car, horse, team, entry, shot]* zwycięski [2] (charming) *[smile]* ujmujący; **to have a ~ way** or **~ ways** być ujmującym; **to have a ~ way** or **~ ways with sb** potrafić sobie kogoś zjednać

winningly /ˈwɪnɪŋlɪ/ *adv* ujmująco

winning post *n* meta *f*

winning streak *n* dobra passa *f*; **to be on a ~** mieć dobrą passę

winnow /ˈwɪnəʊ/ *vt* Agric wiać, przewi|ać, -ewać *[grain]*; **to ~ truth from lies** fig oddzielić prawdę od fałszu; **to ~ sense from sb's words** wyłowić sens ze słów kogoś

■ **winnow down**: **~ down [sb/sth], ~ [sb/sth] down** wy|selekcjonować; przesi|ać, -ewać fig

winnower /ˈwɪnəʊə(r)/ *n* Agric (machine) wialnia *f*

wino /ˈwaɪnəʊ/ *n* (pl **~s)** infml pej pijacz|ek *m*, -ka *f* infml

winsome /ˈwɪnsəm/ *adj [smile]* ujmujący; *[person]* czarujący

winsomely /ˈwɪnsəmlɪ/ *adv* ujmująco

winsomeness /ˈwɪnsəmnɪs/ *n* czar *m*, urok *m*

winter /ˈwɪntə(r)/ **I** *n* zima *f*; **in (the) ~** zimą, w zimie; **last ~** zeszłej zimy; **a ~'s day** zimowy dzień

II *modif [activity, clothes, weather]* zimowy

III *vt* Agric, Hort przetrzym|ać, -ywać przez zimę *[animal]*; przechow|ać, -ywać przez zimę *[plant]*

IV *vi [person]* spędz|ić, -ać zimę, prze|zimować; *[animal]* prze|zimować

winter aconite *n* Bot ziele *n* jaskrowate

winter cherry *n* Bot miechunka *f* rozdęta

winter feed *n* Agric pasza *f* na zimę

winter garden *n* Hort ogród *m* zimowy

wintergreen /ˈwɪntəgriːn/ *n* Bot gaulteria *f*, golteria *f*

winterize /ˈwɪntəraɪz/ *vt* US zabezpiecz|yć, -ać przed mrozem *[house, car]*

winter jasmine *n* Bot jaśmin *m* nagokwiatowy

winterkill /ˈwɪntəkɪl/ *n* US przemarznięcie *n*

Winter Olympics *npl* Olimpiada *f* Zimowa

winter quarters *npl* kwatera *f* zimowa; leże *n* zimowe dat

winter sleep *n* sen *m* zimowy

winter sports *n* sporty *m pl* zimowe

wintertime /ˈwɪntətaɪm/ *n* zima *f*; **in the ~** zimą, w zimie

winter wheat *n* pszenica *f* ozima

wintry /ˈwɪntrɪ/ *adj* [1] *[weather, temperature, wind]* mroźny; *[landscape, conditions]* zimowy [2] fig *[smile, welcome]* chłodny, lodowaty

win-win /ˌwɪnˈwɪn/ *adj* **to be in a ~ situation** znaleźć się w sytuacji, w której nie ma przegranych

wipe /waɪp/ **I** *n* [1] (act of wiping) wytarcie *n*, przetarcie *n*; **to give sth a ~** wytrzeć or przetrzeć coś *[table, work surface]*; wyczyścić coś *[bath, sink]*; **give your nose a ~** wytrzyj sobie nos [2] Cosmet chusteczka *f* odświeżająca; Med tampon *m*; **antiseptic ~** tampon ze środkiem odkażającym; **baby ~s** chusteczki pielęgnacyjne dla niemowląt [3] Cin roletka *f (stopniowe przenikanie się obrazów)*

II *vt* [1] (mop) wy|trzeć, -cierać *[part of body]* **(on sth** czymś, w coś); wy|trzeć, -cierać, prze|trzeć, -cierać *[crockery, surface]* **(with sth** czymś); **she ~d her eyes** wytarła (sobie) oczy; **to ~ one's nose** wytrzeć (sobie) nos; **to ~ one's bottom** podetrzeć się; **she ~d the baby's bottom** wytarła dziecku pupę infml; **to ~ sth clean/dry** wytrzeć coś do czysta/do sucha; **'please ~ your feet'** (sign) „proszę wycierać buty" [2] (remove) wy|trzeć, -cierać, o|trzeć, -cierać *[tears, sweat]*; zetrzeć, ścierać *[dirt]*; **he ~d the sweat from his eyes** starł pot zalewający mu oczy; **she completely ~d the incident from her memory** wymazała ten incydent z pamięci; **this species has been ~d from** or **off the face of the earth** ten gatunek całkowicie zniknął z powierzchni ziemi; **~ that smile/grin off your face!** przestań się uśmiechać/szczerzyć zęby!; **that will ~ the smile off his face!** mina mu na to zrzednie! [3] (rub) przeciąg|nąć, -ać (czymś) *[cloth, rag]*; **he ~d a handkerchief over his face** przetarł twarz chusteczką [4] Cin, Comput, Radio, TV wymaz|ać, -ywać, zmaz|ać, -ywać, s|kasować *[recording, program]*

■ **wipe away**: **~ away [sth], ~ [sth] away** o|trzeć, -cierać *[tears, sweat]*; zetrzeć, ścierać *[dirt, mark]*

■ **wipe down**: **~ down [sth], ~ [sth] down** wy|trzeć, -cierać, prze|trzeć, -cierać *[wall, floor]*

■ **wipe off**: **~ off [sth], ~ [sth] off** [1] zetrzeć, ścierać *[dirt, mark]*; **she ~d off what was on the blackboard** starła to, co było napisane na tablicy [2] Audio, Cin, Comput, Video zmaz|ać, -ywać, s|kasować *[recording]*

■ **wipe out**: ¶ **~ out [sth], ~ [sth] out** [1] (clean) wy|trzeć, -cierać, prze|trzeć, -cierać *[container, cupboard]* [2] Audio, Cin, Comput, Video wymaz|ać, -ywać, s|kasować *[recording, memory]* [3] fig (cancel) wymaz|ać, -ywać *[memory, past]*; anulować *[debt]*; sprowadz|ić, -ać do zera *[chances, inflation, gains, losses]*; (kill) zmi|eść, -atać z powierzchni ziemi *[species, enemy, population]* [4] Sport infml (defeat) zetrzeć w proch *[team]* ¶ **~ out [sb], ~ [sb] out** infml (exhaust) wypompować, wyk|ończyć, -ańczać infml

▪ **wipe up**: ¶ **~ up** po|wycierać naczynia ¶ **~ up [sth], ~ [sth] up** wy|trzeć, -cierać

wipe-clean /ˌwaɪpˈkliːn/ *adj* łatwy w czyszczeniu

wipe-down /ˈwaɪpdaʊn/ *n* wytarcie *n*, przetarcie *n*; **to give sth a ~** wytrzeć or przetrzeć coś

wiper /ˈwaɪpə(r)/ *n* [1] Aut (also **windscreen ~** GB, **windshield ~** US) wycieraczka *f* [2] (cloth) ścierka *f*

wiper arm *n* Aut ramię *n* wycieraczki

wiper blade *n* Aut pióro *n* wycieraczki

wiper motor *n* Aut silnik *m* wycieraczki

wire /ˈwaɪə(r)/ **I** *n* [1] (length of metal) drut *m*; (in plastic) przewód *m*, kabel *m*; **copper ~** drut miedziany; **a length/coil of ~** kawałek/zwój drutu; **loose ~s** wystające druty/przewody [2] US (telegram) telegram *m*, depesza *f*; **to get a ~ from sb** dostać od kogoś telegram or depeszę; **to send sb a ~** wysłać komuś telegram or depeszę, zadepeszować or zatelegrafować do kogoś [3] US (in horse racing) **the ~** linia *f* mety

II *modif [fence]* druciany, z drutu; **~ entanglements** Mil zasieki

III *vt* [1] **to ~ a house** za|łożyć, -kładać w domu instalację elektryczną; **to ~ a plug /lamp** podłączyć gniazdko/lampę; **the oven had been incorrectly ~d** piekarnik został źle podłączony; **the house is ~d for cable television** dom jest wyposażony w instalację do odbioru telewizji kablowej [2] (send telegram to) za|depeszować do (kogoś), za|telegrafować do (kogoś); **they ~d me the news, they ~d the news to me** przesłali mi wiadomość telegraficznie [3] (fasten) odrutow|ać, -ywać; (fasten to) przydrutow|ać, -ywać **(to sth** do czegoś); (stiffen) usztywni|ć, -ać drutem; **the parts are ~d in place** części są przymocowane drutem

▪ **wire up**: **~ [sth] up to sth** podłącz|yć, -ać do czegoś; **the TV is ~d up to the speakers** telewizor jest podłączony do głośników

IDIOMS: **down to the ~** US do ostatniej chwili; **to get in under the ~** US zdążyć w ostatniej chwili; **to pull ~s** US użyć swoich wpływów; **~d up** infml napięty; **to get one's ~s crossed** infml nie móc się dogadać

wire brush *n* szczotka *f* druciana; Mus miotełka *f*

wire cloth *n* siatka *f* druciana

wire cutters *npl* szczypce *plt* do cięcia drutu

wired /ˈwaɪəd/ *adj* infml [1] (edgy) podminowany [2] (high) na haju infml [3] Comput skomputeryzowany

wire gauge *n* (device) przymiar *m* do drutu; (size) grubość *f* drutu

wire gauze *n* siatka *f* z cienkiego drutu

wire glass *n* szkło *n* zbrojone drutem

wire-haired /ˌwaɪəˈheəd/ *adj [dog breed]* ostrowłosy

wireless /ˈwaɪəlɪs/ *n* [1] dat (also **~ set**) odbiornik *m* radiowy, radioodbiornik *m*; **on the ~** w radiu [2] (transmitter, receiver) radiostacja *f*; **by ~** drogą radiową, przez radio; **to receive a message over the ~** otrzymać wiadomość drogą radiową [3] *[programme, wave, entertainer]* radiowy

wireless message *n* komunikat *m* radiowy

wireless operator *n* radiotelegrafist|a *m*, -ka *f*

wireless room *n* kabina *f* radiotelegrafisty

wireless telegraphy *n* radiotelegrafia *m*; telegraf *m* bez drutu dat

wireman /ˈwaɪəmən/ *n* (*pl* **-men**) US (electrician) elektromonter *m*; (phone tapper) specjalista *m* od podsłuchu telefonicznego

wire mesh *n* ogrodzeniowa siatka *f* druciana

wire netting *n* = **wire mesh**

wirepuller /ˈwaɪəpʊlə(r)/ *n* US infml manipulator *m*, -ka *f*; **he's a ~** on wie, jak pociągać za sznurki

wire service *n* (agency) agencja *f* prasowa; (facility) serwis *m* prasowy

wire tap **I** *n* (device) urządzenie *n* podsłuchowe; (occurrence) podsłuch *m*

II *vt* (*prp, pt, pp* **-pp-**) za|łożyć, -kładać podsłuch w (czymś) *[telephone, room]*; za|łożyć, -kładać podsłuch (komuś) *[person]*

wire tapping *n* podsłuch *m* telefoniczny

wirewalker /ˈwaɪəwɔːkə(r)/ *n* US linoskoczek *m*, ekwilibryst|a *m*, -ka *f*

wire wool *n* wata *f* stalowa

wireworm /ˈwaɪəwɜːm/ *n* Zool, Agric larwa *f* sprężyka

wiriness /ˈwaɪərɪnɪs/ *n* (of build) żylastość *f*; (of dog's hair) szorstkość *f*

wiring /ˈwaɪərɪŋ/ *n* (in house) instalacja *f* elektryczna; (in appliance) oprzewodowanie *n*; **to redo the ~** przerobić instalację; **faulty ~** (in house) niesprawna instalacja; (in appliance) wadliwy układ elektryczny; **the ~ in the oven is faulty** instalacja elektryczna kuchenki jest niesprawna

wiry /ˈwaɪərɪ/ *adj* [1] *[person, body, arms, legs]* żylasty [2] (hair, grass) szorstki; **to have a ~ coat** *[animal]* mieć szorstką sierść

Wisconsin /ˌwɪsˈkɒnsɪn/ *prn* Wisconsin *m inv*

wisdom /ˈwɪzdəm/ *n* [1] (of person) mądrość *f*, rozsądek *m*; (of action, decision) sensowność *f*, mądrość *f*; **a person of great ~** wyjątkowo mądra osoba; **I'd question the ~ of this decision** kwestionuję sensowność tej decyzji; **in his ~** iron w całej swojej mądrości; **with the ~ of hindsight** po fakcie [2] (saying) mądrość *f*, sentencja *f*; **folk ~s** mądrości ludowe

wisdom tooth *n* ząb *m* mądrości

wise[1] /waɪz/ *adj* [1] (prudent) *[person, action, advice, choice, decision, precaution]* rozsądny, roztropny; **it was ~ of her to report it** postąpiła rozsądnie or mądrze informując o tym; **you would be ~ to see the doctor** byłoby dobrze, gdybyś poszedł do lekarza; **she was ~ enough to call the taxi** była na tyle rozsądna, że wezwała taksówkę; **the ~st thing (to do) would be to ignore him** najrozsądniej or najmądrzej byłoby zignorować go; **was that ~?** czy to było mądre or rozsądne? [2] (learned) *[academic, book, speech]* uczony, mądry; (experienced) *[person]* mądry, doświadczony; **to be ~ after the event** być mądrym po szkodzie; **to be none the ~r** (understand no better) nadal nie rozumieć, nie być ani na jotę mądrzejszym; (not realize) nie mieć pojęcia, nie wiedzieć **(about sth** o czymś); **having heard his speech, are you any the ~r?** czy dowiedziałeś się czegoś z jego przemówienia?; **put it back, and no-one will be any the ~r** odłóż to i nikt się nie dowie; **to be sadder and ~r** dostać nauczkę i nabrać rozumu [3] infml (aware) **to be ~ to sth** znać coś, być obznajomionym z czymś *[facts]*; **to get ~ to sth** zorientować się w czymś, poznać coś *[situation]*; **to get ~ to sb** przejrzeć kogoś; **to put sb ~ to sb/sth** oświecić kogoś co do kogoś/czegoś

▪ **wise up**: ¶ **~ up** zorientować się; połapać się infml; **to ~ up to sth** zorientować się or połapać się w czymś; **~ up, Adam, she's cheating you!** spójrz prawdzie w oczy, Adamie, ona cię nabiera! infml ¶ **~ [sb] up** poinformować, otworzyć (komuś) oczy; **to ~ sb up to sth** otworzyć komuś oczy na coś

IDIOMS: **a word to the ~** słowo przestrogi

wise[2] /waɪz/ **I** *n* fml dat (way) sposób *m*; **in no ~** w żaden sposób, żadną miarą

II **-wise** *in combinations* [1] (direction) **clock~** zgodnie z ruchem wskazówek zegara; **width-~** wszerz; **length-~** wzdłuż [2] (with regard to) pod względem (czegoś), jeśli chodzi o (coś); **time-/work-~** pod względem czasu/pracy, jeśli chodzi o czas/pracę [3] (in particular way) (tak) jak; **ostrich-~** jak struś

wiseacre /ˈwaɪzeɪkə(r)/ *n* dat mądrala *m/f*, mędrek *m* infml

wise-ass /ˈwaɪzæs/ *n* US vinfml przemądrzały dupek *m* vinfml

wisecrack /ˈwaɪzkræk/ **I** *n* dowcip *m*, żart *m*; dowcipas *m* infml

II *vi* dowcipkować

wisecracking /ˈwaɪzkrækɪŋ/ *adj* dowcipny

wise guy *n* infml mądrala *m/f* infml; **OK, ~, what's the answer?** no, mądralo, odpowiedz!

wisely /ˈwaɪzlɪ/ *adv [choose, decide]* mądrze, rozsądnie; **~, he decided to sell the car** bardzo mądrze zdecydował sprzedać samochód

Wise Men *npl* **the three ~** Trzej Mędrcy *m pl* ze Wschodu, Trzej Królowie *m pl*

wise woman *n* wróżka *f*, kabalarka *f*

wish /wɪʃ/ **I** *n* (desire) pragnienie *n* **(for sth** czegoś); (request, instruction) życzenie *n* **(for sth** czegoś); **her ~ came true** jej życzenie spełniło or ziściło się; **the fairy gave her three ~es** wróżka obiecała spełnić jej trzy życzenia; **to cherish a ~** odczuwać pragnienie; **to make a ~** wypowiedzieć życzenie; **he expressed a ~ to be alone** wyraził życzenie, żeby pozostawiono go samego; **I have no ~ to talk to you** fml nie mam zamiaru z tobą rozmawiać; **I've no great ~ to see the play** nie mam specjalnej chęci oglądać tej sztuki or ochoty na oglądanie tej sztuki; **to grant sb's ~** *[monarch, official, authority]* przychylić się do prośby kogoś; *[fairy]* spełnić życzenie kogoś; **to go along with sb's ~es** spełnić życzenia kogoś, wysłuchać życzeń kogoś; **at sb's ~** na życzenie kogoś, zgodnie z życzeniem kogoś; **against sb's ~es** wbrew życzeniu kogoś, wbrew woli kogoś; **they got married against her father's ~es**

pobrali się wbrew woli jej ojca; **to go against sb's ~es** *[things]* być wbrew życzeniom kogoś; *[person]* postąpić wbrew życzeniom kogoś; **it is my dearest ~ to visit Capri** gorąco pragnę pojechać na Capri; **you will get your ~** twoje pragnienia or życzenia spełnią się

II wishes *npl* życzenia *n pl* (pomyślności); **good** or **best ~es** najlepsze or najserdeczniejsze życzenia; (ending letter) serdeczne pozdrowienia; **best ~es on your birthday/engagement** najlepsze życzenia z okazji urodzin/zaręczyn; **best ~es for a speedy recovery** serdeczne życzenia szybkiego powrotu do zdrowia; **to offer/give /send good ~es** złożyć/przekazać/przesłać serdeczne życzenia; **please give him my best ~es** przekaż mu moje najserdeczniejsze życzenia; **(with) all good ~es for Christmas** wszystkiego najlepszego z okazji Bożego Narodzenia

III *vt* [1] (expressing longing) **I ~ he were/had been here** żałuję or szkoda, że go tutaj nie ma/nie było; **I just ~ we lived closer** szkoda, że nie mieszkamy bliżej; **I ~ you hadn't told me that** szkoda, że mi o tym powiedziałeś; **he ~ed he had written** żałował, że nie napisał; **he ~es his mother would write** chciałby, żeby matka napisała; **he bought a new car and then ~ed he hadn't** kupił nowy samochód, a potem żałował; **I ~ him dead** życzę mu śmierci; **I ~ myself single again** chciałbym znów być kawalerem [2] (express congratulations, greetings) życzyć (komuś); **I ~ you a pleasant journey /happiness** życzę przyjemnej podróży /szczęścia; **I ~ you Happy Birthday** najlepsze życzenia urodzinowe; **~ me good luck!** życz mi powodzenia!; **to ~ sb joy with sth/sb** iron życzyć komuś powodzenia z czymś/u kogoś iron; **to ~ sb well** dobrze komuś życzyć; **he ~ed her good day** dat pozdrowił ją; **to ~ sb good night** życzyć komuś dobrej nocy; **we ~ed each other goodbye and good luck** pożegnaliśmy się, życząc sobie wzajemnie powodzenia [3] (want) chcieć, pragnąć (czegoś); życzyć sobie (czegoś) fml; **he ~es an audience with you** fml życzy sobie pana /panią widzieć fml; **that was what your father would have ~ed** tego życzyłby sobie twój ojciec; **you'll do it because I ~ it** zrobisz to, bo ja tak chcę; **to ~ to do sth** chcieć or pragnąć coś zrobić; **I ~ to be informed as soon as possible** proszę mnie powiadomić możliwie jak najszybciej; **she ~es to be alone** ona chce być sama; **he ~es to be excused** on prosi o wybaczenie; **I do not ~ to seem unkind but...** nie chciałbym być nieuprzejmy, ale...; **I ~ you to leave** proszę wyjść; **I ~ it to be clear that...** chciałbym, żeby było jasne, że...

IV *vi* [1] (desire, want) chcieć, pragnąć **(for sth** czegoś); życzyć sobie fml **(for sth** czegoś); **just as you ~** jak sobie życzysz; **spend this money as you ~** wydaj te pieniądze na co chcesz; **they ~ed for the end of the war** pragnęli końca wojny, marzyli o końcu wojny; **what more could one ~ for?** czegóż więcej można jeszcze chcieć?; **you couldn't ~ for a better husband** lepszego męża ze świecą szukać [2] (in fairy story or rituals) wypowi|edzieć, -adać życzenie

■ **wish away**: **~ away [sth], ~ [sth] away** życzyć sobie, żeby (coś) zniknęło; **you can't just ~ the problem away** samymi pobożnymi życzeniami nie sprawisz, że problem zniknie

■ **wish on**: **~ [sth] on sb** życzyć komuś (czegoś); **it's a job I wouldn't ~ on anyone** nikomu nie życzyłbym takiej pracy

IDIOMS: **your ~ is my command** twoje życzenie jest dla mnie rozkazem

wishbone /ˈwɪʃbəʊn/ *n* (in chicken) mostek *m*

wishbone boom *n* Naut Sport bom *m* windsurfingowy

wish fulfilment *n* Psych zaspokojenie *n* pragnień

wishful thinking /ˌwɪʃflˈθɪŋkɪŋ/ *n* pobożne życzenia *n pl*

wishing well /ˌwɪʃɪŋˈwel/ *n źródełko, do którego wrzuca się pieniążek wypowiadając życzenie*

wish list *n* lista *f* życzeń

wishy-washy /ˈwɪʃɪwɒʃɪ/ *adj* infml [1] pej *[person]* niewydarzony, nijaki; *[argument]* miałki, mętny [2] *[colour]* rozmyty, wyblakły

wisp /wɪsp/ *n* (of hair) kosmyk *m*; (of hay, straw) wiązka *f*; (of smoke, fog) smuga *f*, pasmo *n*; (of flame) język *m*; **a ~ of a girl** chucherko, chudzina infml

wispy /ˈwɪspɪ/ *adj [hair, beard]* rzadki i rozwichrzony; *[cloud, smoke]* strzępiasty; *[piece, straw]* cienki

wisteria, wistaria /wɪˈstɪərɪə/ *n* Bot wisteria *f*, wistaria *f*, glicynia *f*

wistful /ˈwɪstfl/ *adj* (sad) smutny; (nostalgic) tęskny

wistfully /ˈwɪstfəlɪ/ *adv* (sadly) smutno; (nostalgically) tęsknie

wistfulness /ˈwɪstflnɪs/ *n* (sadness) smutek *m*; (nostalgia) tęsknota *f*

wit¹ /wɪt/ **I** *n* [1] (humour, sense of humour) dowcip *m*; **to have a quick** or **ready ~** nie tracić rezonu; **to have a dry ~** mieć cięty dowcip or humor [2] (witty person) kpiarz *m*; **he is a ~** jest bardzo dowcipny

II wits *npl* (intelligence) rozum *m*, rozsądek *m*; **to have the ~s to do sth** mieć na tyle rozumu, żeby coś zrobić; **no-one had the ~s to call the police** nikomu nie przyszło do głowy, żeby wezwać policję; **to have** or **keep (all) one's ~s about one** (vigilant) mieć się na baczności; (level-headed) zachować trzeźwość umysłu or zimną krew; **to collect** or **gather one's ~s** pozbierać się, przyjść do siebie, zebrać myśli; **to sharpen one's ~s** wykazać większą roztropność, ruszyć rozumem; **to frighten** or **scare sb out of their ~s** śmiertelnie kogoś przestraszyć or przerazić; **to pit one's ~s against sb** zmierzyć się z kimś intelektualnie; **to live by one's ~s** kombinować, nabrać sprytu or rozumu; **to lose one's ~s** stracić rozum, zgłupieć; **a battle of ~s** (argument) walka słowna; (rivalry) próba przechytrzenia się nawzajem

IDIOMS: **to be at one's ~s' end** odchodzić od zmysłów

wit² /wɪt/ **to wit** *adv phr* (a) mianowicie

witch /wɪtʃ/ *n* czarownica *f*, wiedźma *f*; fig (bewitching woman) czarodziejka *f*; pej **(old) ~** wiedźma *f*, jędza *f* pej

witchcraft /ˈwɪtʃkrɑːft, US -kræft/ *n* czary *plt*

witch doctor *n* szaman *m*

witchery /ˈwɪtʃərɪ/ *n* czary *plt*

witches' brew *n* czarnoksięski napój *m*

witches' Sabbath *n* sabat *m* czarownic

witch hazel *n* Bot oczar *m* wirgiński

witch-hunt /ˈwɪtʃhʌnt/ *n* polowanie *n* na czarownice also fig

witch-hunter /ˈwɪtʃhʌntə(r)/ *n* polujący *m* na czarownice

witch-hunting /ˈwɪtʃhʌntɪŋ/ *n* polowanie *n* na czarownice

witching hour /ˈwɪtʃɪŋaʊə(r)/ *n* liter godzina *f* duchów

witchlike /ˈwɪtʃlaɪk/ *adj* czarnoksięski

with /wɪð, wɪθ/ *prep* [1] (accompanied by, in the presence of) z (kimś); **she went ~ him /them/me/you** poszła z nim/z nimi/ze mną/z tobą; **to dance ~ sb** tańczyć z kimś; **who did you go ~?** z kim poszedłeś?; **she's got her brother ~ her** (on one occasion) jest z nią jej brat; (staying with her) jest u niej brat; **to live ~ sb** (in one's own house) mieszkać z kimś; (in their house) mieszkać u kogoś; **I'll be ~ you in a second** zaraz przychodzę; **take your umbrella ~ you** weź ze sobą parasol; **bring the books back ~ you** przynieś ze sobą te książki; **gin ~ or without tonic?** dżin z tonikiem czy bez? [2] (in descriptions) z (czymś); **a house ~ a red roof** dom z czerwonym dachem; **a black shirt ~ white stripes/a large collar** czarna koszula w białe prążki/z dużym kołnierzem; **a room ~ a sea view** pokój z widokiem na morze; **a girl ~ long hair** dziewczyna z długimi włosami; **a child ~ blue eyes** dziecko o niebieskich oczach; **a boy ~ a broken leg** chłopak ze złamaną nogą; **a room furnished ~ antiques** pokój umeblowany antykami; **covered ~ mud** pokryty błotem, zabłocony; **wet ~ dew** wilgotny od rosy; **filled/loaded ~ sth** pełen czegoś/obładowany czymś [3] (indicating manner, attitude) z (czymś); **~ tears in her eyes** ze łzami w oczach, z oczami pełnymi łez; **~ difficulty/pleasure** z trudnością /przyjemnością; **~ care** ostrożnie; **the proposal was greeted ~ enthusiasm /indifference** propozycję przyjęto z entuzjazmem/z obojętnością or entuzjastycznie/obojętnie; **to be patient ~ sb** traktować kogoś cierpliwie; **'OK,' he said ~ a smile/sigh** „w porządku", powiedział z uśmiechem/z westchnieniem; **to be delighted/satisfied ~ sth** być zachwyconym czymś/zadowolonym z czegoś; **to lie ~ one's eyes closed** leżeć z zamkniętymi oczami; **to stand ~ one's arms folded** stać z założonymi rękami [4] (by means of, using) **~ sth** czymś; **to hit sb ~ sth** uderzyć kogoś czymś; **to open/cut something ~ a penknife** otworzyć/przeciąć coś scyzorykiem; **to eat sth ~ one's fingers** jeść coś palcami; **to walk ~ a stick** chodzić o lasce [5] (because of) z (czegoś); **green ~ envy** zielony z zazdroś-

W

ci; **white ~ fear** pobladły ze strachu; **to blush ~ embarrassment** zaczerwienić się ze wstydu; **to tremble ~ fear** trząść się ze strachu; **he can see better ~ his glasses on** w okularach widzi lepiej; **~ six kids, it's impossible** z szóstką dzieci or przy szóstce dzieci to niemożliwe; **I can't do it ~ you watching** nie potrafię tego zrobić, kiedy mi się przyglądasz; **I can't go out ~ all this work to do** nie mogę wyjść z powodu tej całej pracy; **~ summer coming** z nadejściem lata → **what** [6] (according to) z (czymś), w zależności od (czegoś); **to increase ~ time** wzrastać w miarę upływu czasu; **~ time the pain grows less acute** w miarę upływu czasu ból ustępuje; **this wine improves ~ age** z wiekiem wino nabiera smaku; **to expand ~ heat** rozszerzać się wraz ze wzrostem temperatury; **to vary ~ the temperature** zmieniać się w zależności od temperatury [7] (owning, bringing) **passengers ~ tickets** pasażerowie z biletami; **people ~ qualifications** ludzie o odpowiednich kwalifikacjach; **somebody ~ your experience** ktoś z twoim doświadczeniem; **~ a CV** GB or **résumé** US **like yours you're sure to find a job** z takim życiorysem na pewno znajdziesz pracę; **have you got your passport ~ you?** masz ze sobą or przy sobie paszport? [8] (despite) pomimo (czegoś); **~ all her experience, she still can't find a job** pomimo doświadczenia nadal nie może znaleźć pracy [9] (in relation to, as regards) z (kimś/czymś); **the frontier ~ Germany** granica z Niemcami; **problems ~ the computer** kłopoty z komputerem; **the trouble ~ Adam is that...** problem z Adamem polega na tym, że...; **remember what happened ~ Bob's kids** pamiętaj, co się przytrafiło dzieciom Boba; **how are things ~ you?** co u ciebie?, jak ci się wiedzie?; **what's up ~ you/him today?** US co ci/mu się dzisiaj stało?; **what do you want ~ another car?** po co ci jeszcze jeden samochód?; **it's a habit/an obsession ~ her** taki ma zwyczaj/to u niej obsesja; **it's a custom ~ us to begin the New Year...** mamy obyczaj zaczynać Nowy Rok... → **matter, trouble, what, wrong** [10] (showing consent, support) **I'm ~ you on this matter** (consent) zgadzam się z tobą w tej sprawie; (support) masz moje poparcie w tej sprawie; **I'm ~ you 100%** or **all the way** całkowicie się z tobą zgadzam [11] (remaining) **~ only two days to go before the election** na dwa dni przed wyborami; **he pulled out of the race ~ only 100 metres to go** wycofał się z wyścigu na 100 metrów przed metą [12] (suffering from) **people ~ leukemia** ludzie chorzy na białaczkę; **how to live ~ Aids?** jak żyć z AIDS?; **to be ill ~ flu** chorować na grypę, mieć grypę; **to be in bed ~ chickenpox** być chorym na ospę wietrzną [13] (in the care or charge of) z (kimś); **you're safe ~ us** z nami jesteś bezpieczny; **is Robert ~ you?** czy Robert jest z tobą? [14] (involving, concerning) z (kimś); **a discussion/a meeting ~ sb** dyskusja /spotkanie z kimś; **a treaty ~ sb** traktat podpisany z kimś; **the blame lies ~ him** wina leży po jego stronie [15] (against) z (kimś/czymś), przeciwko (komuś/czemuś); **to fight ~ sb** walczyć z kimś or przeciwko komuś; **the war ~ Germany** wojna z Niemcami; **to have an argument ~ sb** (po)kłócić się z kimś; **to be in competition ~ sb** rywalizować z kimś [16] (showing simultaneity) (wraz) z (czymś); **~ the approach of spring** z nadejściem wiosny; **~ the introduction of reforms** wraz z wprowadzeniem reform; **~ that, he left** po tych słowach wyszedł [17] (employed by, customer of) **a reporter ~ the Gazette** reporter z „Gazety"; **he's ~ the UN** on pracuje w ONZ; **are you still ~ Davis Tools?** czy nadal pracujesz w Davis Tools?; **I've been (banking) ~ them for years** mam u nich konto od lat, jestem ich klientem od lat [18] (in the same direction as) z (czymś); **to sail ~ the wind** żeglować z wiatrem; **to drift ~ the tide** unosić się z prądem; **to plane the wood ~ the grain** zheblować drewno wzdłuż słojów [19] (featuring, starring) **Casablanca ~ Humphrey Bogart** „Casablanca" z Humphreyem Bogartem

IDIOMS: **to be ~ it** infml (alert) kontaktować infml; (trendy) być na bieżąco infml; **I'm not really ~ it today** infml coś dziś ze mną nie tak; **I'm not ~ you, can you repeat?** nie zrozumiałem, możesz powtórzyć?; **get ~ it!** infml (wake up) obudź się!, pobudka!; (face the facts) zejdź na ziemię!

withal /wɪˈðɔːl/ *adv* arch or liter (besides) ponadto; (nevertheless) jednakowoż dat

withdraw /wɪðˈdrɔː, wɪθˈd-/ **I** *vt* (*pt* **-drew;** *pp* **-drawn)** [1] (remove, recall) cof|nąć, -ać *[hand]*; wycof|ać, -ywać *[troops]*; odwo|łać, -ywać *[ambassador, diplomat]*; **to ~ money from circulation** wycofać pieniądze z obiegu; **to ~ a product from sale** wycofać produkt ze sprzedaży; **they withdrew their children from the school** zabrali dzieci ze szkoły [2] (in bank) pod|jąć, -ejmować *[money]*; **to ~ £50 from one's account** podjąć z konta 50 funtów [3] (retract) cof|nąć, -ać *[permission, support]*; wycof|ać, -ywać się z (czegoś) *[offer, claim, aid, demands]*; odwoł|ać, -ywać *[allegation, charges, statement]*; wycof|ać, -ywać *[motion]*; **they threatened to ~ their labour** GB Ind zagrozili strajkiem, zagrozili przerwaniem pracy

II *vi* [1] *[applicant, candidate, competitor, troops]* wycof|ać, -ywać się; **to ~ from a game/tournament** wycofać się z gry/z turnieju; **to ~ from one's position** Mil wycofać się z zajmowanych pozycji; **to ~ in favour of sb** *[candidate]* zrezygnować na rzecz kogoś [2] (leave room) wy|jść, -chodzić; **to ~ to one's room** pójść do swojego pokoju, oddalić się do swojego pokoju [3] Psych zam|knąć, -ykać się w sobie; **to ~ into oneself** zamknąć się w sobie [4] (during intercourse) mieć stosunek przerywany

withdrawal /wɪðˈdrɔːəl, wɪθˈd-/ *n* [1] (of charges, remark, statement) wycofanie *n*; (of statement, remark) odwołanie *n*; (of applicant, candidate, competitor, troops) wycofanie (się) *n*; (of ambassador) odwołanie *n*; **~ of labour** GB Ind przerwanie pracy [2] Fin (of cash) podjęcie *n*; (of whole deposit) wycofanie *n*; **he has made several ~s from his account recently** ostatnio kilkakrotnie podejmował pieniądze z konta [3] Psych zamknięcie się *n* w sobie [4] Med (of drug addict) głód *m* narkotyczny [5] (method of contraception) stosunek *m* przerywany

withdrawal slip *n* zlecenie *n* wypłaty

withdrawal symptoms *npl* objawy *m pl* abstynencyjne; **to be suffering from ~** *[drug addict]* mieć objawy głodu narkotycznego

withdrawn /wɪðˈdrɔːn, wɪθˈd-/ **I** *pp* → **withdraw**

II *adj* (introverted) *[person]* zamknięty w sobie

wither /ˈwɪðə(r)/ **I** *vt* [1] z|warzyć *[plant, leaves]* [2] liter wyniszcz|yć, -ać *[face]*; zabi|ć, -jać fig *[feelings]*; od|ebrać, -bierać *[strength]*

II *vi [plant]* us|chnąć, -ychać, z|więdnąć

■ **wither away** *[hope, spirit]* wygas|nąć, -ać, przygas|nąć, -ać; *[interest, enthusiasm]* o|słabnąć

withered /ˈwɪðəd/ *adj [plant]* zwiędły, zwiędnięty, uschły, uschnięty; *[cheek, skin]* zwiędły, przywiędły; *[arm]* uschnięty infml; *[emotions]* wygasły

withering /ˈwɪðərɪŋ/ *adj* [1] *[contempt, look, remark]* miażdżący [2] *[heat]* skwarny, nieznośny

witheringly /ˈwɪðərɪŋlɪ/ *adv [speak, look, glare]* z miażdżącą pogardą

withers /ˈwɪðəz/ *npl* Zool kłąb *m*

withhold /wɪðˈhəʊld/ *vt* (*pt, pp* **-held)** wstrzym|ać, -ywać *[payment]*; odm|ówić, -awiać płacenia (czegoś) *[tax, rent]*; wstrzym|ać, -ywać wypłatę (czegoś) *[grant, funds]*; odm|ówić, -awiać (czegoś) *[consent, permission, assistance]*; zata|ić, -jać, nie ujawni|ć, -ać (czegoś) *[information, truth]*

withholding tax /wɪðˈhəʊldɪŋtæks/ *n* US podatek *m* potrącony

within /wɪˈðɪn/ **I** *prep* [1] (enclosed in) w (czymś), w obrębie (czegoś); **~ the city walls** w murach miasta, w obrębie miasta; **~ the boundaries of the estate** w granicach or w obrębie majątku; **to lie ~ Italy's borders** leżeć w granicach Włoch [2] (inside) w (czymś), wewnątrz (czegoś); **~ the government/party** w rządzie/partii; **countries ~ the EC** kraje należące do WE; **conditions ~ the camp/the prison** warunki w obozie/więzieniu; **candidates from ~ the company** kandydaci będący pracownikami przedsiębiorstwa; **~ these four walls** w tych czterech ścianach; **from ~ the house** z wnętrza domu, z domu; **it appeals to something deep ~ us all** to porusza w każdym z nas jakąś strunę [3] (in expressions of time) w (prze)ciągu (czegoś); **~ the time allotted** w wyznaczonym czasie; **I'll do it ~ the hour/the week** zrobię to w ciągu godziny/tygodnia or w godzinę/w tydzień; **15 burglaries ~ the week** 15 włamań w ciągu jednego tygodnia; **'please reply ~ the week'** „prosimy o odpowiedź w ciągu tygodnia"; **the paint dries ~ minutes of being applied** farba wysycha w ciągu kilku minut po pomalowaniu; **~ minutes he was back** wrócił po kilku minutach; **~ a week of his birth** zanim minął tydzień od jego narodzin; **they died ~ a week of each other** zmarli w ciągu tygodnia jedno po drugim [4] (not more than) to be ~ several metres of sth znajdować się w odległości kilku metrów od czegoś; **to live ~ minutes of the station** mieszkać kilka minut drogi od stacji; **it's accurate to ~ a millimetre** to jest odmierzone z dokładnością do milimetra; **to be ~ a day's drive of the mountains** znajdować się w odległości jednego dnia jazdy samochodem od gór; **to be ~ a 12 km radius of sth** znajdować się *or* być w promieniu 12 km od czegoś; **to fill a bucket to ~ 10 cm of the brim** napełnić wiadro do 10 cm poniżej wrębu → **inch** [5] (not beyond the range of) w zasięgu (czegoś); **to be ~ sight** *[coast, town]* być w zasięgu wzroku; fig *[end]* być blisko, być tuż tuż; **stay ~ sight of the car** nie oddalaj się od samochodu; **they came ~ sight of the house** doszli do miejsca, z którego widać było dom; **he's ~ shouting distance** jest na tyle blisko, że można usłyszeć jego krzyk; **it's ~ the bounds of possibility that...** jest możliwe, że...; **it should be ~ their capabilities to do it** powinni być w stanie to zrobić → **earshot, grasp, hearing, reach** [6] (not beyond a permitted limit) **to stay ~ budget** nie przekraczać budżetu; **to live ~ one's income** *or* **means** żyć skromnie; **it's not ~ my power to help** nie jestem w stanie pomóc; **~ the limitations of the treaty** w ramach traktatu → **jurisdiction, law, limit, reason, right** [7] (inside the scope of) **it lies ~ the Impressionist tradition** to należy do tradycji impresjonistycznej; **it's a play ~ a play** sztuka ma budowę szkatułkową → **brief, confines, framework, scope**

II *adv* wewnątrz, w środku; **seen from ~** widziany od wewnątrz/od środka; **the system must be reformed from ~** system należy zreformować od wewnątrz; **~ and without** w środku i na zewnątrz → **apply, enemy, inquire**

without /wɪˈðaʊt/ **I** *prep* [1] (lacking, not having) bez (kogoś/czegoś); **a shirt ~ pockets** koszula bez kieszeni; **he went ~ her/me** poszedł bez niej/beze mnie; **~ any help** bez żadnej pomocy; **~ any money** zupełnie bez pieniędzy; **~ end** bez końca; **not ~ difficulty** nie bez trudu; **to be ~ friends/shame** nie mieć przyjaciół /wstydu; **to manage** *or* **make do ~ sth** (po)radzić sobie bez czegoś, obejść się bez czegoś; **I'll just have to manage ~** będę musiał sobie jakoś poradzić → **do, doubt, fail, foundation, get, go** [2] (not) **~ looking/paying attention** nie patrząc /zwracając uwagi; **~ so much as asking permission** nie pytając nawet o pozwolenie; **do it ~ him noticing** zrób to tak, żeby nie zauważył; **he noticed it ~ my saying anything** sam to zauważył, nie musiałem nic mówić; **~ saying a word** nie mówiąc słowa; **it goes ~ saying that...** nie ulega wątpliwości, że...; rozumie się samo przez się, że...; **I've got enough problems ~ you losing your ticket** mam i tak dość kłopotów, a ty do tego gubisz bilet

II *adv* (on the outside) na zewnątrz; **from ~** z zewnątrz

with-profits /ˌwɪðˈprɒfɪts/ *adj [endowment assurance, policy]* z zagwarantowanym udziałem w zyskach

withstand /wɪðˈstænd/ *vt* (*pt, pp* **-stood**) wytrzym|ać, -ywać, przeciwstawi|ć, -ać się (czemuś) *[attack]*; wytrzym|ać, -ywać, zn|ieść, -osić *[heat, pain, hardship]*; zn|ieść, -osić *[criticism, psychological pressure, abuse]*; **this plant can ~ low temperatures** ta roślina jest wytrzymała na zimno; **to ~ the test of time** wytrzymać próbę czasu

withy /ˈwɪðɪ/ *n* (twig) gałązka *f or* witka *f* wierzbowa

witless /ˈwɪtlɪs/ *adj* bezmyślny, głupi; **to be scared ~** być śmiertelnie przerażonym; **to be bored ~** śmiertelnie się nudzić

witness /ˈwɪtnɪs/ **I** *n* [1] (person) świadek *m*; **she was a ~ to the accident** była świadkiem wypadku; **~ for the prosecution/defence, prosecution/defence ~** świadek oskarżenia/obrony; **to call sb as a ~** powołać kogoś na świadka; **I have been called as a ~ in the Mulloy case** powołano mnie na świadka w sprawie Mulloya; **to sign a document in the presence of a ~** podpisać dokument w obecności świadka; **to be a ~ to sb's will** wystąpić jako świadek przy podpisaniu testamentu kogoś [2] (testimony) świadectwo *n*; **to be** *or* **bear ~ to sth** świadczyć o czymś *[wealth, poverty]*; być świadectwem czegoś *[great past, history]*; **his manner bears ~ to his guilt** jego zachowanie świadczy o jego winie; **to bear false ~** Jur złożyć fałszywe zeznanie, krzywoprzysięgać [3] Relig świadectwo *n*; **not to bear false ~** nie mówić fałszywego świadectwa

II *vt* [1] (see) być świadkiem (czegoś); **they ~ed the murder/the accident** byli świadkami morderstwa/wypadku [2] (at official occasion) być świadkiem przy (czymś) *[signature, signing]*; być świadkiem przy podpisywaniu (czegoś) *[document, treaty, will]* [3] fig *[person, society]* być świadkiem (czegoś) *[change, historic events]*; **the last decade has ~ed tremendous advances in technology** w ostatnim dziesięcioleciu nastąpił ogromny postęp techniczny; **this region is ~ing unprecedented economic development** w tym regionie ma miejsce bezprecedensowy rozwój gospodarczy; **his hard work has paid off, (as) ~ his exam results** ciężka praca się opłaciła, o czym świadczą wyniki jego egzaminów

witness box *n* GB miejsce *n* dla świadka; **in the ~** na miejscu dla świadka

witness stand *n* US = **witness box**

witter /ˈwɪtə(r)/ *vi* GB infml = **witter on**

■ **witter on** ględzić infml **(about sth** o czymś)

wittering /ˈwɪtərɪŋ/ *n* GB infml ględzenie *n* infml

witticism /ˈwɪtɪsɪzəm/ *n* dowcipne powiedzenie *n*

wittily /ˈwɪtɪlɪ/ *adv* dowcipnie

wittingly /ˈwɪtɪŋlɪ/ *adv* liter umyślnie, rozmyślnie

witty /ˈwɪtɪ/ *adj* dowcipny

wives /waɪvz/ *npl* → **wife**

wiz /wɪz/ *n* infml spec *m* infml **(at sth** od czegoś, w czymś)

wizard /ˈwɪzəd/ **I** *n* [1] (magician) czarnoksiężnik *m*, czarodziej *m* [2] fig (expert) **to be a ~ with a needle** być mistrzem igły; **to be a ~ at sth** być specem od czegoś *or* w czymś infml *[computers, chess]*; **to be a ~ at doing sth** być niezrównanym w robieniu czegoś

II *adj* GB infml dat fantastyczny, bombowy infml

wizardry /ˈwɪzədrɪ/ *n* czary *plt*, magia *f*; fig sztuczki *f pl*, magia *f* fig

wizened /ˈwɪznd/ *adj* pomarszczony

wk = **week**

WLM *n* → **Women's Liberation Movement**

W Midlands *n* GB Post = **West Midlands**

WML *n* = **Wireless Mark-up Language**

w/o [1] = **without** [2] = **written off**

WO *n* Mil → **Warrant Officer**

woad /wəʊd/ *n* Bot (plant) urzet *m* barwierski; (dye) indygo *n*

wobble /ˈwɒbl/ **I** *n* (in voice) drżenie *n*; (of chair, table) chybotanie *n*; (in movement) kołysanie *n*; fig wahanie *n*

II *vt* za|trząść (czymś) *[table]*; ruszać *[tooth]*

III *vi [table, chair]* chwiać się, kiwać się; *[tooth]* chwiać się, ruszać się, kiwać się; *[pile of books, plates]* za|trząść się; *[voice]* za|drżeć; *[person]* (on bicycle, ladder, tightrope) za|chwiać się; **his legs were wobbling under him** nogi mu się trzęsły; **she ~d down the street on her bicycle** jechała ulicą na rowerze, chwiejąc się na wszystkie strony; **the front wheels are wobbling** Aut jest luz w przednich kołach; przednie koła się telepią infml

wobbly /ˈwɒblɪ/ *adj [table, chair, tooth]* chwiejący się, kiwający się; rozchwierutany infml dat; *[chin, voice, jelly]* trzęsący się; *[voice, hand]* drżący; *[handwriting]* chwiejny; *[line]* chwiejny, krzywy; fig *[theory]* niepewny; **she still feels a bit ~ after her illness** jeszcze ciągle jest osłabiona po chorobie; **he is still a bit ~ on his legs** nie trzyma się jeszcze pewnie na nogach; **I'm still a bit ~ on my new bicycle** nie czuję się jeszcze zbyt pewnie na nowym rowerze

IDIOMS: **to throw a ~** GB infml wpaść w histerię

wodge /wɒdʒ/ *n* GB infml **a ~ of sth** mnóstwo czegoś *[papers, money]*; kawał czegoś *[cake, bread]*

wooliness US = **woolliness**

woe /wəʊ/ **I** *n* [1] liter (sorrow) żałość *f* liter; **a tale of ~** hum jeremiada *f* liter [2] hum (misfortune) niedola *f*

II *excl* arch *or* hum biada!; **~ betide him if he's late!** biada mu, jeśli się spóźni!; **~ betide the person who...** biada temu, kto...; **~ is me!** biada mi!

woebegone /ˈwəʊbɪɡɒn, US -ɡɔːn/ *adj [person]* nieszczęsny; *[expression voice]* zbolały

woeful /ˈwəʊfl/ *adj* [1] (mournful) *[look, smile]* zgnębiony; *[story, sight]* przygnębiający [2] (deplorable) godny pożałowania

woefully /ˈwəʊfəlɪ/ *adv* [1] (mournfully) *[say, look]* żałośnie [2] (very) *[inadequate, underfunded]* rozpaczliwie
wog /wɒg/ *n* GB vinfml offensive czarnuch *m* infml offensive
wok /wɒk/ *n* Culin wok *m*
woke /wəʊk/ *pt* → **wake**
woken /ˈwəʊkən/ *pp* → **wake**
wold /wəʊld/ *n* Geog bezleśny teren *m* wyżynny or pofałdowany
wolf /wʊlf/ **I** *n* (*pl* **wolves**) [1] wilk *m*; **she-~** wilczyca; **a pack of wolves** stado or wataha wilków [2] infml fig podrywacz *m*; pies *m* na baby infml
II *vt* = **wolf down**
■ **wolf down**: **~ down [sth], ~ [sth] down** poż|reć, -erać *[food]*
IDIOMS: **a ~ in sheep's clothing** wilk w owczej skórze; **to cry ~** podnieść fałszywy alarm; **to keep the ~ from the door** z trudem wiązać koniec z końcem; **it's only a snack but it'll keep the ~ from the door** to tylko przekąska, ale lepsze to niż nic; **to throw sb to the wolves** rzucić kogoś lwom na pożarcie, zostawić kogoś na pastwę losu; **a lone ~** samotnik, odludek
wolf call *n* US = **wolf-whistle**
wolf cub **I** *n* szczenię *n* wilka, wilczę *n*, wilczek *m*
II Wolf Cub *n* GB dat ≈ członek *m* drużyny zuchowej
wolf dog *n* US = **wolfhound**
wolfhound /ˈwʊlfhaʊnd/ *n* GB wilczarz *m*
wolfish /ˈwʊlfɪʃ/ *adj [appetite]* wilczy; *[grin]* drapieżny
wolfishly /ˈwʊlfɪʃlɪ/ *adv* żarłocznie
wolf-man /ˈwʊlfmæn/ *n* człowiek wilk *m*
wolfram /ˈwʊlfrəm/ *n* Chem wolfram *m*
wolfsbane /ˈwʊlfsbeɪn/ *n* Bot tojad *m*
wolf-whistle /ˈwʊlfwɪsl, US -hwɪ-/ **I** *n zaczepny gwizd, który ma wyrażać uznanie dla przechodzącej kobiety*
II *vi [man, youth]* gwizd|nąć, -ać *(na widok przechodzącej kobiety)*
wolverine /ˈwʊlvəriːn/ *n* [1] Zool rosomak *m* [2] **Wolverine** mieszkan|iec *m*, -ka *f* stanu Michigan
wolves /wʊlvz/ *npl* → **wolf**
woman /ˈwʊmən/ **I** *n* (*pl* **women**) kobieta *f*; **the working ~** kobieta pracująca; **~ as portrayed in the Victorian novel** obraz kobiety w powieści wiktoriańskiej; **a ~ of letters** literatka; **a ~ of the streets** dat euph ulicznica, prostytutka; **I've never even spoken to the ~!** pej nigdy nie zamieniłem nawet słowa z tą kobietą!; **a ~ comes in to clean twice a week** dwa razy w tygodniu przychodzi kobieta do sprzątania; **she's her own ~** jest kobietą niezależną; **to talk about sth ~ to ~** porozmawiać o czymś jak kobieta z kobietą; **for goodness' sake, ~!** bój się Boga, kobieto!; **my good ~** moja dobra kobieto; **the little ~** dat pej żonka hum; **the other ~** pej ta trzecia pej
II *modif* **a ~ Prime Minister** kobieta premier; **she asked for a ~ doctor** poprosiła o lekarza kobietę; **he's always criticizing ~ drivers** zawsze krytykuje kobiety za kierownicą; **the women members of staff** kobieca część personelu or załogi; **he has a lot of women friends** przyjaźni się z wieloma kobietami; **women voters** kobiecy elektorat; **women writers** pisarki; **a six-~ team** zespół złożony z sześciu kobiet
IDIOMS: **a ~'s place is in the home** miejsce kobiety jest w domu; **a ~'s work is never done** robocie w domu nigdy nie ma końca
woman-hater /ˈwʊmənheɪtə(r)/ *n* infml mizogin *m*, mizoginista *m*, wróg *m* kobiet
womanhood /ˈwʊmənhʊd/ *n* (state of being a woman) kobiecość *f*; (women collectively) kobiety *f pl*; **to reach ~** stać się kobietą
womanish /ˈwʊmənɪʃ/ *adj* pej niemęski, zniewieściały
womanize /ˈwʊmənaɪz/ *vi* uganiać się za spódniczkami dat or hum
womanizer /ˈwʊmənaɪzə(r)/ *n* kobieciarz *m*; babiarz *m* infml
womankind /ˈwʊmənkaɪnd/ *n* fml kobiety *f pl*; ród *m* niewieści hum
womanliness /ˈwʊmənlɪnɪs/ *n* kobiecość *f*
womanly /ˈwʊmənlɪ/ *adj* kobiecy
woman police constable, WPC *n* GB policjantka *f*
womb /wuːm/ *n* Anat macica *f*; liter łono *n*; **the child in the ~** dziecko w łonie matki
wombat /ˈwɒmbæt/ *n* Zool wombat *m*
women /ˈwɪmɪn/ *npl* → **woman**
womenfolk /ˈwɪmɪnfəʊk/ *n* **the ~** kobiety *f pl*
women's group *n* grupa *f* feministyczna
Women's Institute, WI *n* GB *organizacja kobiet zainteresowanych prowadzeniem domu i pracą społeczną*
Women's Lib *n* infml → **Women's Liberation Movement**
Women's Libber *n* infml feministka *f*
Women's Liberation Movement *n* ruch *m* wyzwolenia kobiet
women's magazine *n* czasopismo *n* kobiece; **~s** prasa kobieca
women's movement *n* ruch *m* feministyczny
women's page *n* Journ dział *m* kobiecy
women's prison *n* więzienie *n* dla kobiet
women's refuge *n* schronisko *n* dla kobiet – ofiar przemocy w rodzinie
women's rights *npl* prawa *n pl* kobiet
women's shelter = **women's refuge**
women's studies *n* studia *n pl* feministyczne
women's suffrage *n* prawa *n pl* wyborcze dla kobiet
won /wʌn/ *pt, pp* → **win**
wonder /ˈwʌndə(r)/ **I** *n* [1] (miracle) cud *m*; **it's a ~ that...** to cud, że...; **(it's) no ~ that...** nic dziwnego, że...; **(it's) small** or **little ~ that...** trudno się dziwić, że...; **to be a ~ with sb/sth** umieć obchodzić się z kimś/czymś, świetnie sobie radzić z kimś/czymś *[children, dogs]*; **to be a ~ with engines/computers** znać się świetnie na silnikach/komputerach; **to do** or **work ~s** *[person]* dokonywać cudów; *[thing]* wiele pomóc; **she has done ~s with that house** dzięki niej ten dom jest nie do poznania; **a change in diet can work ~s for your health** zmiana sposobu odżywiania może wiele pomóc; **he's/she's a ~!** on jest cudowny/ona jest cudowna!; **the ~s of modern medicine/technology** cuda nowoczesnej medycyny/techniki [2] (amazement) zdumienie *n*; (admiration) zachwyt *m*; **in ~** ze zdumieniem/z zachwytem; **a sense** or **feeling of ~** (of admiration) uczucie zachwytu; **lost in ~** oniemiały z zachwytu/ze zdumienia
II *modif [cure, drug]* cudowny; **a new ~ drug** nowe cudowne lekarstwo
III *vt* [1] (ask oneself) zastanawiać się; **I ~ how/why...** zastanawiam się, jak/dlaczego...; **I ~ if** or **whether...** zastanawiam się, czy...; **it makes you ~** to daje (wiele or dużo) do myślenia; **it makes you ~ why /if/how...** można by sobie zadać pytanie, dlaczego/czy/jak...; **'why are we here?' he ~ed** „po co tu jesteśmy?" zastanawiał się; **one ~s what she is trying to achieve** człowiek się zastanawia, co ona chce właściwie osiągnąć [2] (be surprised) **I ~ that she was able to keep so calm!** jestem zdumiony, że była w stanie zachować spokój!; **I don't ~ that he was annoyed!** wcale się nie dziwię, że był zirytowany! [3] (as polite request) **I ~ if you could give me some information** czy mógłby pan mi udzielić informacji?
IV *vi* [1] (think) **to ~ about sth/doing sth** zastanawiać się nad czymś/zrobieniem czegoś [2] (be surprised) **to ~ at sth** (admiringly) zachwycać się czymś; **I ~ at that man's cheek** zdumiewa mnie or zadziwia mnie tupet tego człowieka; **they'll be late again, I shouldn't ~** nie zdziwiłbym się or nie zdziwiłoby mnie, gdyby się znowu spóźnili
wonderful /ˈwʌndəfl/ *adj [book, film, holiday, experience]* cudowny; *[meal, musician, teacher, achievement]* wspaniały; **to be ~ with sb/sth** doskonale sobie radzić z kimś/czymś, umieć sobie radzić z kimś /czymś *[children, dogs]*; **to be ~ with engines/computers** znać się świetnie na silnikach/komputerach; **I feel ~** czuję się wspaniale; **you look ~** wyglądasz wspaniale or doskonale
wonderfully /ˈwʌndəfəlɪ/ *adv* [1] (very) *[funny, clever, generous, exciting]* niezwykle [2] (splendidly) *[cope, behave, perform, work]* wspaniale, doskonale
wondering /ˈwʌndərɪŋ/ *adj* [1] (full of admiration) *[look, expression]* zachwycony [2] (puzzled) *[look, expression]* zdumiony
wonderingly /ˈwʌndərɪŋlɪ/ *adv* [1] (in admiration) *[look, say]* z zachwytem [2] (in puzzlement) *[look, say]* ze zdumieniem
wonderland /ˈwʌndəlænd/ *n* kraina *f* z bajki; **Alice in Wonderland** Alicja w Krainie Czarów
wonderment /ˈwʌndəmənt/ *n* [1] (admiration) zachwyt *m*; **in ~** z zachwytem, w zachwycie [2] (puzzlement) zdumienie *n*; **in ~** ze zdumieniem, w zdumieniu
wondrous /ˈwʌndrəs/ *adj* liter cudowny, niezwykły
wondrously /ˈwʌndrəslɪ/ *adv* liter cudownie, niezwykle
wonga /ˈwɒŋgə, ˈvɒŋgə/ *n* GB infml szmal *m* infml
wonk /wɒŋk/ *n* US infml pracuś *m* infml hum
wonky /ˈwɒŋkɪ/ *adj* GB infml [1] (crooked) przekrzywiony, zwichrowany [2] (wobbly) *[furniture, legs]* chwiejny [3] (faulty) **the television is a bit ~** telewizor trochę

nawala infml; **he has a ~ knee** coś ma z kolanem infml
wont /wəʊnt, US wɔːnt/ *adj* **to be ~ to do sth** mieć w zwyczaju coś robić; **as is his /their ~** jak to on/oni
won't /wəʊnt/ = **will not**
wonted /ˈwəʊntəd/ *adj* fml zwykły; **he answered with his ~ brusqueness** odpowiedział z właściwą sobie szorstkością
woo /wuː/ *vt* [1] dat (court) zalecać się do (kogoś) *[lady]* [2] fig (curry favour with) zabiegać o względy (kogoś) *[voters, company]*; **to ~ mothers back to work** zachęcać matki do powrotu do pracy zawodowej
wood /wʊd/ **I** *n* [1] (fuel, timber) drzewo *n*, drewno *n*; **ash ~** drzewo or drewno jesionowe; **oak/beech ~** dębina/buczyna; **made of solid ~** zrobiony z litego drewna; **a piece of ~** kawałek drewna [2] Wine (barrel) drewniana beczka *f*; **aged in the ~** leżakowany w beczkach; **(drawn) from the ~** nalewany z beczki [3] (forest) las *m*; **birch ~** las brzozowy, brzezina; **oak ~** las dębowy, dębina, dąbrowa [4] Sport (in bowls) kula *f*; (in golf) kij *m*; **a (number) three ~** kij numer trzy; **to hit a ball off the ~** (in tennis) uderzyć piłkę ramą rakiety
II woods *npl* [1] (forest) las *m* [2] Mus instrumenty *m pl* drewniane
III *modif* *[floor, shavings]* drewniany; *[smoke, fire]* z palącego się drewna
IDIOMS: **we are not out of the ~ yet** ciągle jeszcze nie wyszliśmy na prostą; **to be out of the ~** uporać się z problemami; **touch ~!** GB, **knock on ~!** US odpukać!
wood alcohol *n* spirytus *m* drzewny
wood anemone *n* zawilec *m* gajowy
wood ant *n* mrówka *f* rudnica
woodbine /ˈwʊdbaɪn/ *n* Bot wiciokrzew *m* pomorski
wood block *n* (for flooring) klepka *f* *(parkietowa)*; US Art drewniany klocek *m* *(na drzeworyt)*
wood block floor *n* parkiet *m*
wood-burning stove /ˌwʊdbɜːnɪŋˈstəʊv/ *n* = **wood stove**
wood carver *n* rzeźbiarz *m* w drewnie, snycerz *m*
woodcarving /ˈwʊdkɑːvɪŋ/ *n* rzeźba *f* w drewnie; snycerstwo *n*
woodchuck /ˈwʊdtʃʌk/ *n* świstak *m* amerykański
woodcock /ˈwʊdkɒk/ *n* Zool słonka *f*
woodcraft /ˈwʊdkrɑːft, US -kræft/ *n* stolarstwo *n*
woodcut /ˈwʊdkʌt/ *n* drzeworyt *m*
woodcutter /ˈwʊdkʌtə(r)/ *n* drwal *m*
woodcutting /ˈwʊdkʌtɪŋ/ *n* ścinanie *n* drzew, drwalnictwo *n*
wooded /ˈwʊdɪd/ *adj* porosły lasem; **heavily** or **thickly ~** gęsto porosły lasem
wooden /ˈwʊdn/ *adj* [1] drewniany; **~ shoe** drewniak [2] fig *[acting]* sztywny, drętwy; *[expression]* beznamiętny; *[performance]* drewniany, drętwy
wood engraving *n* (art) drzeworytnictwo *n*, ksylografia *f*; (product) drzeworyt *m*
wooden-headed /ˌwʊdnˈhedɪd/ *n* tępy; **he's so ~!** ale z niego zakuty łeb! infml
wooden horse *n* koń *m* trojański also fig
wooden nickel *n* US rzecz *f* bezwartościowa
wooden spoon *n* łyżka *f* drewniana; fig „nagroda" *f* dla najgorszego
woodland /ˈwʊdlənd/ **I** *n* las *m*; **an area of ~** obszar leśny
II *modif [animal, plant, scenery]* leśny; *[walk]* po lesie; **~ management** eksploatacja lasu
woodlark /ˈwʊdlɑːk/ *n* lerka *f*, skowronek *m* borowy
woodlouse /ˈwʊdlaʊs/ *n* stonoga *f*
woodman /ˈwʊdmən/ *n* (*pl* **-men**) GB (woodcutter) drwal *m*; (versed in woodcraft) człowiek *m* lasu
wood nymph *n* nimfa *f* leśna
woodpecker /ˈwʊdpekə(r)/ *n* dzięcioł *m*
wood pigeon *n* grzywacz *m*
woodpile /ˈwʊdpaɪl/ *n* stos *m* drewna opałowego
wood pulp *n* masa *f* celulozowa
woodscrew /ˈwʊdskruː/ *n* wkręt *m* do drewna
wood shavings *n* strużyny *f pl*, wióry *m pl*
woodshed /ˈwʊdʃed/ *n* drewutnia *f*, szopa *f* na drewno
woodsman /ˈwʊdzmən/ *n* US = **woodman**
wood sorrel *n* szczawik *m* zajęczy
wood stove *n* żelazny piecyk *m* na drewno
woodsy /ˈwʊdzɪ/ *adj* US infml *[atmosphere]* leśny; *[person]* lubiący las
wood trim *n* stolarka *f* ozdobna *(zwłaszcza wokół drzwi i okien)*
woodwind /ˈwʊdwɪnd/ **I** *n* instrumenty *m pl* dęte drewniane
II *modif [instrument]* dęty drewniany; *[player]* grający na instrumentach dętych drewnianych; **~ section** sekcja instrumentów dętych drewnianych
woodwork /ˈwʊdwɜːk/ **I** *n* [1] (carpentry) stolarka *f* [2] GB Sport infml (goal) bramka *f*; (post) słupek *m*; (crossbar) poprzeczka *f*
II *modif* **~ teacher/class** nauczyciel/kurs stolarki or stolarstwa; **~ student** uczący się stolarki or stolarstwa
IDIOMS: **to come** or **crawl out of the ~** infml hum *[secret]* wyjść na jaw, ujrzeć światło dzienne; *[worthless people]* wypłynąć
woodworm /ˈwʊdwɜːm/ *n* [1] (animal) czerw *m (w drewnie)* [2] (disease) zainfekowanie *n* przez czerwie; **to have ~** być toczonym or zżeranym przez czerwie
woody /ˈwʊdɪ/ *adj* [1] *[hill, landscape]* lesisty; *[smell]* leśny [2] *[plant, stem]* zdrewniały; **to turn ~** zdrewnieć
woof[1] /wʊf/ **I** *n* [1] (bark) szczek *m* [2] onomat hau
II *vi* infml szczekać
woof[2] /wuːf/ *n* Tex osnowa *f*
woofer /ˈwʊfə(r)/ *n* Audio głośnik *m* basowy; woofer *m* infml
wool /wʊl/ **I** *n* wełna *f*; **pure (new) ~** czysta (żywa) wełna; **knitting ~** włóczka
II *modif [carpet, coat]* wełniany; **the ~ trade** handel wełną
IDIOMS: **to pull the ~ over sb's eyes** mydlić komuś oczy; **you can't pull the ~ over my eyes** nie dam sobie mydlić oczu
wool fat *n* lanolina *f*
woolgathering /ˈwʊlgæðərɪŋ/ *n* bujanie *n* w obłokach infml
wool grease *n* = **wool fat**
woolgrower /ˈwʊlgrəʊə(r)/ *n* hodowca *m* owiec na wełnę
woollen GB, **woolen** US /ˈwʊlən/ **I** *n* (garment) **~s** ubrania *n pl* wełniane; (piece of cloth) tkanina *f* wełniana, wełna *f*
II *adj [garment]* wełniany
woollen mill *n* zakłady *m pl* wełniarskie
woolliness, wooliness US /ˈwʊlɪnɪs/ *n* [1] (of animal's coat) wełnistość *f*; (of cloth) puszystość *f* [2] fig (of thinking) mętność *f*
woolly GB, **wooly** US /ˈwʊlɪ/ **I** *n* infml sweter *m*
II *adj* [1] *[jumper, hat, gloves, fabric, cloth]* wełniany; *[animal coat, hair, cloud]* wełnisty; *[cloud]* pierzasty [2] fig (vague) *[thinking]* mętny
woolly-headed /ˌwʊlɪˈhedɪd/ *adj* otępiały
woolly-minded /ˌwʊlɪˈmaɪndɪd/ *adj* = **woolly-headed**
wool merchant *n* Hist sukiennik *m*
Woolsack /ˈwʊlsæk/ *n* GB *fotel kanclerski w Izbie Lordów*
woolshed /ˈwʊlʃed/ *n* szopa *f* do strzyżenia owiec
woops *excl* = **whoops**
woozy /ˈwuːzɪ/ *adj* infml zamroczony; **I feel ~, my head is ~** w głowie mi się kręci
wop[1] /wɒp/ *n* vinfml offensive makaroniarz *m* infml
wop[2] /wɒp/ *vt* infml = **whop**
Worcester sauce /ˌwʊstəˈsɔːs/ *n* sos *m* worcester *(sos sojowy z dodatkiem octu i przypraw)*
Worcestershire /ˈwʊstəʃə(r)/ *prn* Worcestershire *n inv*
Worcestershire sauce /ˌwʊstəʃəˈsɔːs/ *n* = **Worcester sauce**
Worcs *n* GB Post = **Worcestershire**
word /wɜːd/ **I** *n* [1] (verbal expression) słowo *n*, wyraz *m*; **'greenhouse' is written as one ~** „greenhouse" pisze się jako jeden wyraz or łącznie; **to say a few ~s about sth** powiedzieć kilka słów o czymś or na temat czegoś; **those were his very ~s** to były jego własne słowa, to właśnie powiedział; **I have no ~s to express my gratitude** brak mi or nie znajduję słów, żeby wyrazić moją wdzięczność; **I believe every ~ he said** wierzę każdemu jego słowu; **I mean every ~ of it** mówię poważnie; **with these ~s he left** to rzekłszy, wyszedł; **idle/well-chosen ~s** czcze/starannie dobrane słowa; **long ~s** długie słowa or wyrazy; fig uczone słowa; **the last ~** ostatnie słowo; **I've said my last ~ on the subject** to moje ostatnie słowo (na ten temat); **the last ~ in comfort/computers** niezrównany, jeżeli chodzi o wygodę/niemający sobie równych wśród komputerów; **the spoken/written ~** słowo mówione/pisane, język mówiony/pisany; **a ~ of advice** dobra rada; **a ~ of warning** ostrzeżenie; **a ~ to all those who...** dobra rada dla wszystkich tych, którzy...; **what's the German ~ for 'dog'?** jak jest po niemiecku „pies"?; **what's the ~ for this style?** jak się nazywa ten styl?; **there's a ~ for what you're doing: stealing** to, co robisz, jest po prostu kradzieżą; **it's a miracle: there's no other ~ for it** to cud; inaczej nie można tego nazwać or określić; **'vulgar' is hardly the ~ for it** „wulgarny" to za mało powiedziane; **'lazy' is a better ~ for him** powiedziałoby się raczej, że jest leniwy; **too funny/sad for**

W

~s tak zabawny/smutny, że nie da się tego wyrazić; **there's no such ~ as 'can't'** słowo „niemożliwe" nie istnieje; **an essay in 120 ~s** wypracowanie na 120 słów; **in a ~, no** jednym słowem, nie; **say it in your own ~s** powiedz to własnymi słowami; **in other ~s** innymi słowy; **'she actually called him a liar?' – 'not in so many ~s'** „naprawdę nazwała go kłamcą" – „niedosłownie"; **he didn't say it in so many ~s, but that's what he meant** nie tak to ujął, ale o to mu chodziło; **to put one's feelings/thoughts into ~s** wyrazić swoje uczucia/myśli słowami; **in the ~s of Washington** jak powiedział Waszyngton; **a man of few ~s** człowiek małomówny [2] (anything, something) słowo *n*; **without saying a ~** bez słowa, nic nie mówiąc; **I couldn't get a ~ out of her** nic or słowa z niej nie mogłem wydobyć; **not a ~ to anybody** nikomu ani słowa; **I don't believe a ~ of it** nie wierzę ani jednemu słowu, absolutnie w to nie wierzę; **he won't hear a ~ against her** nie da o niej powiedzieć złego słowa; **the article didn't say a ~ about it** w artykule nie wspomniano o tym ani jednym słowem; **I didn't understand a ~ of it** nic z tego nie zrozumiałem; **I didn't say a ~!** nic nie powiedziałem!; **she doesn't speak a ~ of English** w ogóle nie zna angielskiego [3] (information) wiadomość *f*, informacja *f*, wieści *f pl* **(about sb/sth** o kimś/czymś, na temat kogoś/czegoś); **we are waiting for ~** czekamy na wiadomość; **there is no ~ of the missing tourists** nie ma wiadomości o zaginionych turystach; **we are hoping for ~ that everything is well** mamy nadzieję, że wiadomości będą pomyślne; **~ got out that...** rozeszła się wiadomość, że...; rozeszły się wieści, że...; **to bring/send ~ that...** przynieść/przesłać wiadomość, że...; **he left ~ at the desk that...** zostawił w recepcji wiadomość, że...; **to spread the ~ that...** rozpuścić wiadomość, że... [4] (rumour) plotki *f pl*, pogłoski *f pl*, wieści *f pl*; **the ~ got out that...** rozeszły się pogłoski or wieści, że...; **~ got round** or **around that...** krążą pogłoski or plotki, że...; **~ has it that he's a millionaire** mówi się, że jest milionerem [5] (promise, affirmation) słowo *n*; **~ of honour** słowo honoru; **he gave me his ~** dał mi słowo; **to break one's ~, to go back on one's ~** złamać słowo, nie dotrzymać słowa or obietnicy; **to keep one's ~** dotrzymać słowa; **to hold sb to his/her ~** trzymać kogoś za słowo; **to take sb's ~ for it** uwierzyć komuś na słowo; **to take sb at his/her ~** potraktować poważnie słowa kogoś; **take my ~ for it!** słowo daję!, uwierz mi!; **I've only got her ~ for it** mam na to tylko jej słowo; **to doubt sb's ~** nie dowierzać komuś; **it's his ~ against mine** to kwestia tego, komu uwierzą – mnie czy jemu; **to be as good as one's ~** dotrzymać słowa, spełnić obietnicę; **to be better than one's ~** spełnić obietnicę z nawiązką; **a woman of her ~** kobieta, która nie rzuca słów na wiatr [6] (command) rozkaz *m*, polecenie *n*; **to give the ~ to do sth** polecić or rozkazać coś zrobić; **if you need anything just say the ~** powiedz, jeśli będziesz czegoś potrzebował; **just say the ~ and I'll come** powiedz słówko, a przyjdę; **at** or **on the ~ of command, present arms!** na moją komendę, prezentuj broń!; **their ~ is law** ich słowo jest najwyższym prawem [7] (key word) hasło *n*, modne słowo *n*; **the ~ now is privatization** obecnie ciągle mówi się o prywatyzacji [8] Relig **the Word** Słowo *n* Boże, ewangelia *f*; (of Trinity) Syn *m* Boży; **to preach the Word** głosić Słowo Boże; **the Word of God** Słowo Boże [9] Comput słowo *n*

II words *npl* [1] (oratory) słowa *n pl*; **show your support by deeds not ~s** okaż swe poparcie czynem, nie słowem; **empty ~s** czcze słowa, czcza gadanina [2] (of play) tekst *m*; (of song) słowa *n pl*, tekst *m*; **to forget one's ~s** Theat zapomnieć swojej kwestii; **I'll sing the ~s** zaśpiewam słowa piosenki; **to set the ~s to music** skomponować muzykę do słów

III -worded *in combinations* **a carefully-~ed letter** starannie sformułowany list; **a strongly-~ed statement** ostro sformułowane oświadczenie; **a sarcastically-~ed reply** sarkastyczna odpowiedź

IV *vt* s|formułować *[reply, letter, statement]*

IDIOMS: **my ~!** (in surprise) wielkie nieba!; (in reproof) ładne rzeczy!; **upon my ~!** dat (in surprise) wielkie nieba!; (confirming truth) słowo honoru!; **right from the ~ go** od samego początku; **~s fail me!** brak mi słów!; **to get a ~ in** wtrącić słowo; **to have a ~ with sb** zamienić z kimś kilka słów; pogadać z kimś infml; **to have ~s with sb** posprzeczać się z kimś; **to put in a good ~ for sb** wstawić się za kimś

word association *n* Psych skojarzenie *n* słów

word blindness *n* dysleksja *f*

wordbook /ˈwɜːdbʊk/ *n* Mus libretto *n*

wordbreak /ˈwɜːdbreɪk/ *n* Print przeniesienie *n* słowa

word class *n* Ling część *f* mowy, kategoria *f* gramatyczna

wordcount /ˈwɜːdkaʊnt/ *n* Comput statystyka *f* słów

word deaf *adj* cierpiący na afazję czuciową

word deafness *n* afazja *f* czuciowa or sensoryczna

word-for-word /ˌwɜːdfəˈwɜːd/ **I** *adj [translation, repetition]* dosłowny; *[account]* dokładny

II word for word *adv [translate, repeat]* słowo w słowo

word game *n* gra *f* or zabawa *f* w słowa

wordily /ˈwɜːdɪlɪ/ *adv* rozwlekle

wordiness /ˈwɜːdɪnɪs/ *n* (of person) wielomówność *f*; (of written piece) rozwlekłość *f*

wording /ˈwɜːdɪŋ/ *n* sformułowanie *n*

wordless /ˈwɜːdlɪs/ *adj* cichy, niemy

wordlist /ˈwɜːdlɪst/ *n* lista *f* słów; (in dictionary) lista *f* haseł

word-of-mouth /ˌwɜːdəvˈmaʊθ/ **I** *adj [promise]* ustny

II by word of mouth *adv phr* ustnie

word order *n* szyk *m* wyrazów w zdaniu

word-perfect /ˌwɜːdˈpɜːfɪkt/ *adj [recitation]* bezbłędny, doskonały; **he studied the part until he was ~** uczył się roli, aż ją opanował doskonale

word-play /ˈwɜːdpleɪ/ *n* gra *f* słów

word processing, WP *n* Comput przetwarzanie *n* tekstów

word processor *n* Comput procesor *m* tekstów

wordsmith /ˈwɜːdsmɪθ/ *n* **to be an accomplished ~** umieć doskonale posługiwać się słowem

word stress *n* Ling akcent *m* wyrazowy

word wrapping *n* Comput zawijanie *n* tekstu

wordy /ˈwɜːdɪ/ *adj [person]* wielomówny; *[explanation]* rozwlekły

wore /wɔː(r)/ *pt* → **wear**

work /wɜːk/ **I** *n* [1] (physical or mental activity) praca *f* **(on sth** przy czymś, nad czymś); robota *f*; **to be at ~ on sth** pracować nad czymś or przy czymś; **he has already started ~ on the film** rozpoczął już pracę nad filmem; **they've finished ~ on the building/road** skończyli pracę przy budowie domu/drogi; **to go to** or **set to** or **get to ~** zabrać się do pracy or roboty; **to go to** or **set to** or **get to ~ on sth** zabrać się do czegoś, wziąć się za coś; **we set to ~ painting the kitchen** zabraliśmy się za malowanie kuchni; **to put** or **set sb to ~** dać komuś zajęcie; **we put him to ~ cleaning the garage** kazaliśmy mu wysprzątać garaż; **to put a lot of ~ into sth** włożyć w coś dużo pracy or wysiłku; **she put a lot of ~ into preparing the meal** włożyła dużo pracy w przygotowanie posiłku; **it was hard ~ digging the garden** skopanie ogrodu wymagało wiele wysiłku or pracy; **to be hard at ~** ciężko or pilnie pracować; **your essay needs more ~** musisz jeszcze popracować nad esejem; **there's still a lot of ~ to be done** jest jeszcze dużo pracy, trzeba jeszcze wiele zrobić; **I've got ~ to do** mam pracę or robotę, czeka mnie praca; **to make short** or **light ~ of sth** wykonać coś szybko *[job, task]*; **he made short ~ of that pizza** pochłonął tę pizzę błyskawicznie; **to make short ~ of sb** rozprawić się z kimś szybko; **it's all in a day's ~ (for sb)** to chleb powszedni (dla kogoś) fig; **'good** or **nice ~'** (on written work) „dobra praca"; (orally) „dobra robota"; **it's hot/thirsty ~** od tego robi się gorąco/chce się pić [2] (employment) praca *f*; robota *f* infml; **to be in ~** mieć pracę, pracować; **to be out of ~** nie mieć pracy; **to be off ~** (on vacation) być na urlopie; **to be off ~ with flu** mieć zwolnienie z powodu grypy; **to look for ~** szukać pracy; **to start** or **begin ~** (daily) rozpocząć pracę; (for the first time) zacząć pracować; **to stop ~** (at the end of the day) kończyć pracę; (on retirement) przestać pracować; **nice ~ if you can get it!** infml nie każdy ma takie szczęście!; **day/night ~** praca dzienna /nocna; **full-time/part-time ~** praca w pełnym/niepełnym wymiarze godzin; **place of ~** miejsce pracy [3] (place of employment) praca *f*, miejsce *n* pracy; robota *f* infml; **to go to ~** pójść do pracy; **don't phone me at ~** nie dzwoń do mnie do pracy; **there's a canteen at ~** w pracy mamy stołówkę [4] (building, construction) prace *f pl*, roboty *f pl* **(on sth** przy czymś); **the building ~ is still going on** prace budowlane jeszcze trwają, budowa jeszcze trwa [5] (papers) praca *f*, robota *f*; **to take one's ~ home** zabierać pracę or robotę do domu; fig nawet w domu nie potrafić zapomnieć o pracy; **spread your ~ out on the table** rozłóż się ze swoją robotą na stole [6] (product, single item) (artwork, novel) dzieło *n*; (written, musical) utwór *m*; (essay, report) praca *f* **(on sth** na temat czegoś); **the ~s of Shakespeare/Mozart** dzieła Szekspira/Mozarta; **a ~ of art** dzieło sztuki; **a ~ of fiction** dzieło literackie; **a ~ of genius** dzieło geniuszu, genialne dzieło; **a ~ of reference** publikacja encyklopedyczna [7] (output, achievement) (of artist, author) dzieła *n pl*, prace *f pl*; (of students) praca *f*, prace *f pl*; **an exhibition of ~ by young artists** wystawa dzieł or prac młodych artystów; **is this all your own ~?** czy to wszystko to twoje własne dzieła?; **to mark students' ~** poprawiać prace studentów; **his ~ isn't up to standard** jego praca pozostawia wiele do życzenia; **the research was the ~ of a team** badania były dziełem zespołu; **this attack was the ~ of professionals** ten atak był dziełem zawodowców; **I hope you're pleased with your ~!** iron no i co? zadowolony jesteś? [8] Phys praca *f* [9] (research) praca *f* badawcza, badania *n pl* **(on sth** nad czymś); **there is still a lot of ~ to be done on the virus** należy jeszcze przeprowadzić wiele badań nad wirusem [10] (effect) **to go to ~** *[drug, detergent]* działać; **the weedkiller has done its ~** środek chwastobójczy zadziałał

II works *npl* [1] *(+ v sg/pl)* (factory) fabryka *f*, zakład *m* przemysłowy; **~s canteen** stołówka zakładowa or fabryczna; **cement ~s** cementownia; **printing ~s** drukarnia [2] (building works) roboty *f pl* budowlane; **public ~s** roboty publiczne [3] infml (everything) **the (full** or **whole) ~s!** pełen zestaw; wszystko, co trzeba [4] liter (actions) uczynki *m pl*; **good ~s** dobre uczynki [5] (mechanism) mechanizm *m*; (of clock) werk *m*

III *modif [clothes, shoes]* roboczy; **~ phone number** numer telefonu do pracy

IV *vt* [1] (drive) **to ~ sb hard** zmuszać kogoś do wysiłku; gonić kogoś do roboty infml [2] (labour) **to ~ shifts** pracować w systemie zmianowym; **to ~ days/nights** pracować na dziennej/nocnej zmianie; **to ~ a 40-hour week** mieć czterdziestogodzinny tydzień pracy; **to ~ one's passage** Naut popłynąć jako członek załogi; **to ~ one's way through university** pracować podczas studiów *(żeby na nie zarobić)*; **to ~ one's way through a book/document** przeczytać (z mozołem) książkę/dokument [3] (operate) *[person]* obsługiwać, posługiwać się (czymś) *[machine]*; **do you know how to ~ the microwave?** czy wiesz, jak posługiwać się kuchenką mikrofalową?; **this lever ~s the sprinkler system** ta dźwignia uruchamia zraszacz; **the pump is ~ed by hand** to ręczna pompa [4] (exploit commercially) eksploatować *[oilfield, mine, seam]*; **to ~ the land** or **soil** uprawiać ziemię, pracować na roli; **it's a theme that's been ~ed to death** to temat już wyeksploatowany [5] (have as one's territory) *[representative]* objeżdżać, obsługiwać *[region]*; *[artist]* dawać występy w (czymś) *[casinos, nightclubs]*; **beggars/prostitutes ~ the streets around the station** na ulicach wokół stacji jest pełno żebraków /prostytutek [6] (consume) **to ~ one's way through two whole cakes** spałaszować dwa całe ciastka infml; **to ~ one's way through the whole amount** wydać całą sumę [7] *(pt, pp* **worked, wrought)** (bring about) **to ~ miracles** działać cuda; fig dokazywać cudów, działać cuda; **the landscape started to ~ its magic on me** zacząłem ulegać czarowi krajobrazu [8] (use to one's advantage) **to ~ the system** potrafić się dobrze ustawić infml; **can you ~ it for me to get the tickets?** czy możesz załatwić mi bilety?; **how did you manage to ~ it?** jak ci się udało to załatwić?; **she ~ed it so that I didn't have to pay** tak to zaaranżowała, że nie musiałem płacić [9] (fashion) ur|obić, -abiać, wyr|obić, -abiać *[clay, dough]*; formować, obr|obić, -abiać *[metal, gold]*; **to ~ sth to a soft consistency** wyrabiać coś do miękkości; **to ~ gold into jewellery** robić biżuterię ze złota [10] (embroider) wyszy|ć, -wać, wy|haftować *[design]* **(on sth** na czymś); **to be ~ed in blue silk** być haftowanym niebieskim jedwabiem; **~ three rows of cross-stitch** zrób trzy rzędy krzyżykami; **~ eight rows in rib** (in knitting) przerób osiem rządków ściągaczem [11] (manoeuvre) **to ~ sth into sth** włożyć coś do czegoś *[slot, hole]*; **he ~ed the peg out of the crevice** wyciągnął kołek ze szczeliny; **~ the paintbrush into the corners** staraj się pomalować rogi; **to ~ the lever up and down** poruszać dźwignią w górę i w dół; **we ~ed some concessions out of them** udało się nam skłonić ich do pewnych ustępstw [12] (exercise) ćwiczyć *[muscles]* [13] (move) **to ~ one's way through a crowd** przedrzeć się przez tłum; **we were ~ing our way towards the exit** posuwaliśmy się w stronę wyjścia; **to ~ one's hands free** wyswobodzić ręce; **to ~ the rope loose** rozwiązać sznur; **his belt ~ed its way loose** pasek mu się rozwiązał; **to ~ its way into sth** dostać się or trafić do czegoś *[bloodstream, system, food chain]*; **damp was ~ing its way up the walls** wilgoć osiadała coraz wyżej na ścianach; **start at the top and ~ your way down** zacznij u góry i posuwaj się w dół [14] US (solve) rozwiąz|ać, -ywać *[problem, crossword]*

V *vi* [1] (engage in activity) pracować; **to ~ as a midwife/teacher** pracować jako położna/nauczyciel; **to ~ at the hospital/the factory** pracować w szpitalu/fabryce; **to ~ at home** pracować w domu; **to ~ at sth** pracować nad czymś; **she's ~ing hard at her French** dużo pracuje nad francuskim; **you must ~ at your service** musisz popracować nad serwisem, musisz poćwiczyć serwis; **to ~ for sb** pracować u kogoś or dla kogoś; **to ~ for Grant and Company** pracować w Grant and Company; **to ~ for a living** zarabiać na życie; **he's ~ing for his finals** przygotowuje się do egzaminów końcowych; **fame didn't just come to me; I had to ~ for it** sława nie przyszła ot tak; musiałem na nią zapracować; **to ~ in advertising/insurance** pracować w reklamie/w ubezpieczeniach; **to ~ with young people** pracować z młodzieżą; **to ~ in oils/watercolours** *[artist]* malować farbami olejnymi/akwarelami [2] (strive) pracować, działać **(for sth** na rzecz czegoś); walczyć **(for sth** o coś); dążyć **(for sth** do czegoś); walczyć **(against sth** przeciwko czemuś); zwalczać **(against sth** coś); **to ~ against corruption** walczyć przeciwko korupcji, zwalczać korupcję; **to ~ towards sth** szukać czegoś *[solution, compromise]*; starać się osiągnąć coś *[agreement]* [3] (function) *[equipment, machine, institution]* działać; *[heart, brain]* pracować; **the washing machine isn't ~ing** pralka jest zepsuta or nie działa; **to ~ on electricity/batteries** działać na prąd/na baterie; **to ~ off the mains** być podłączonym do sieci [4] (act, operate) **it doesn't ~** or **things don't ~ like that** to nie jest tak; **to ~ on the assumption that...** wychodzić z założenia, że...; założyć, że...; **to ~ in sb's favour, to ~ to sb's advantage** działać na korzyść kogoś; **to ~ against sb, to ~ to sb's disadvantage** działać na niekorzyść kogoś; **it ~s both ways** to działa na obie strony [5] (have required effect) *[treatment, drug, detergent]* działać, po|skutkować; *[plan, plot]* powieść się, uda|ć, -wać się; *[method, hypothesis]* sprawdz|ić, -ać się; *[spell]* po|działać; **to ~ on sb/sth** działać na kogoś/coś; **to ~ against sth** *[drug, detergent]* działać na coś, pomagać na coś; **her idea didn't ~** jej pomysł nie wypalił; **try it, it might ~** spróbuj, może poskutkuje; **flattery won't ~ with me** pochlebstwa na mnie nie działają, pochlebstwami nic się u mnie nie wskóra; **the adaptation really ~s** adaptacja naprawdę się udała; **the play doesn't ~ on TV** sztuka nie robi wrażenia w telewizji; **I don't think the novel would ~ as a film** wydaje mi się, że ta powieść nie nadaje się do ekranizacji; **these colours just don't ~ together** te kolory po prostu do siebie nie pasują [6] (move) *[face]* zmieni|ć, -ać wyraz; *[features]* zmieni|ć, -ać się

VI *vr* [1] (labour) **to ~ oneself too hard** przepracow|ać, -ywać się; **to ~ oneself to death** zapracow|ać, -ywać się na śmierć [2] (rouse) **to ~ oneself into a rage** wpadać w szał; **to ~ oneself into a frenzy** (with anger) wpadać w szał; (with hysteria) doprowadzać się do histerii, popadać w histerię

■ **work around**: **~ around to [sth]** kluczyć wokół (czegoś) *[subject]*; **it took him ages to ~ around to what he wanted to say** minęły wieki, zanim wreszcie powiedział, co miał powiedzieć; **to ~ the conversation around to sth** sprowadzić rozmowę na coś or na temat czegoś; **to ~ around to telling sb sth** zdobyć się wreszcie na powiedzenie komuś czegoś

■ **work in**: **~ in [sth], ~ [sth] in** [1] (incorporate) wpl|eść, -atać *[joke, reference]*; wspom|nieć, -inać o (kimś/czymś) *[fact,* *name]* [2] Culin doda|ć, -wać (mieszając) *[ingredient]*

■ **work off**: **~ off [sth], ~ [sth] off** [1] (remove) zd|jąć, -ejmować *[lid]*; **to ~ a ring off one's finger** z trudem zdjąć pierścionek z palca [2] (repay) odpracow|ać, -ywać *[loan, debt]* [3] (get rid of) pozby|ć, -wać się (czegoś), zrzuc|ić, -ać *[excess weight]*; spal|ić, -ać *[excess energy]*; wyładow|ać, -ywać, da|ć, -wać upust (czemuś) *[anger, frustration]*; **he ~s off his frustrations on me** wyładowuje na mnie swoje frustracje

■ **work on**: ¶ **~ on** dalej pracować ¶ **~ on [sb]** po|pracować nad (kimś) infml; **I'm ~ing on him to lend me some money** próbuję go przekonać, żeby mi pożyczył trochę pieniędzy ¶ **~ on [sth]** pracować nad (czymś) *[book, report, case, problem]*; zajmować się (czymś) *[case, problem]*; szukać (czegoś), poszukiwać (czegoś) *[cure, solution]*; opracowywać *[theory, project]*; **he's ~ing on his German** pracuje nad swoim niemieckim; **'have you found a solution?' – 'I'm ~ing on it'** „znalazłeś jakieś rozwiązanie?" – „pracuję nad tym"; **she hasn't been fired yet, but she's ~ing on it** hum jeszcze jej nie wyrzucono, ale robi, co może, żeby tak się stało; **the police are ~ing on the case** policja rozpracowuje sprawę or pracuje nad sprawą; **the police have no clues to ~ on** policja nie ma żadnych poszlak; **to ~ on a way of doing sth** szukać sposobu zrobienia czegoś

■ **work out**: ¶ **~ out** [1] (exercise) ćwiczyć, robić ćwiczenia [2] (go according to plan) *[plan]* powieść się, uda|ć, -wać się; *[marriage]* być udanym; **I hope things ~ out for them** mam nadzieję, że wszystko im się dobrze ułoży; **things haven't ~ed out for her** nie wiedzie się jej [3] (add up) **to ~ out at** GB or **to** US **sth** *[total, share]* wyn|ieść, -osić *[amount, proportion]*; **what does your share ~ out at?** ile wynosi twój udział?; **it ~s out at £10 a head** wychodzi 10 funtów od osoby ¶ **~ out [sth], ~ [sth] out** [1] (calculate) oblicz|yć, -ać, wylicz|yć, -ać *[average, total]*; zna|leźć, -jdować *[answer]*; **we ~ed out how much we would need** obliczyliśmy or skalkulowaliśmy, ile będziemy potrzebować [2] (solve) zna|leźć, -jdować *[answer, reason, culprit]*; rozwiąz|ać, -ywać *[problem, riddle]*; z|rozumieć, poj|ąć, -mować *[meaning]*; rozgry|źć, -zać infml *[clue, problem]*; **to ~ out what/when/where...** zrozumieć, co/kiedy/gdzie...; **I can't ~ out what he meant** nie pojmuję, o co mu chodziło; **I can't ~ out where we are** nie mam pojęcia, gdzie jesteśmy [3] (devise) obmyśl|ić, -ać, opracow|ać, -ywać *[plan]*; określ|ić, -ać, ustal|ić, -ać *[procedure]*; ustal|ić, -ać *[route]*; **the details still have to be ~ed out** trzeba jeszcze ustalić szczegóły; **I have it all ~ed out** wszystko już obmyśliłem [4] Admin **to ~ out one's notice** pracować w okresie wypowiedzenia [5] (exhaust) wy|eksploatować *[mine]*; wyjał|owić, -awiać *[soil]* ¶ **~ out [sb], ~ [sb] out** z|rozumieć; rozgry|źć, -zać infml; **I can't ~ her out** nie potrafię jej rozgryźć

■ **work over** infml: **~ [sb] over** po|bić, s|katować

■ **work to**: **~ to [sth]** pracować zgodnie z założeniami (czegoś) *[budget]*; pracować zgodnie z (czymś) *[plan]*; **to ~ to deadlines** wykonywać terminową pracę; **to ~ to tight deadlines** pracować pod presją czasu

■ **work up**: ¶ **~ up [sth]** (stimulate) rozwi|nąć, -jać *[interest]*; zdoby|ć, -wać *[support]*; **to ~ up the courage to do sth** zdobyć się na odwagę, żeby coś zrobić; **to ~ up some enthusiasm for sth** zdobyć się na nieco entuzjazmu dla czegoś; **to ~ up an appetite** zgłodnieć; **with all that talking I'd ~ed up quite a thirst** tyle się nagadałem, że zachciało mi się pić ¶ **~ up to [sth]** przygotow|ać, -ywać się do (czegoś) *[announcement, confession, confrontation]*; **the action is ~ing up to a climax** napięcie rośnie aż do punktu kulminacyjnego ¶ **~ up [sb], ~ [sb] up** [1] (excite) podniec|ić, -ać *[child, crowd]*; **to ~ sb up into a frenzy** wprawić kogoś w stan podniecenia; **to ~ sb up into a rage** doprowadzić kogoś do szału; **to ~ oneself up into a rage** wpaść w szał [2] (make upset) z|denerwować; (make angry) z|irytować, roz|złościć; **to get ~ed up** zdenerwować się, zezłościć się; **to ~ oneself up into a state** szaleć ze zdenerwowania; wychodzić z siebie infml; **to get oneself all ~ed up over** or **about sth** zdenerwować się czymś or z powodu czegoś

IDIOMS: **to give sb the ~s** (give lavish treatment) potraktować kogoś ze wszystkimi honorami; (beat) infml dat poprzetrącać komuś gnaty, sprawić komuś łaźnię infml; **to ~ one's way up** wspinać się po szczeblach drabiny społecznej; **to ~ one's way up the company** robić karierę w firmie

workable /ˈwɜːkəbl/ *adj* [1] (feasible) *[idea, plan, scheme]* wykonalny; *[suggestion, system, arrangement]* nadający się do wykorzystania or zastosowania; *[compromise]* możliwy, realny [2] Ind, Agric *[land]* nadający się do uprawy; *[mine, oil well]* nadający się do eksploatacji [3] Constr *[cement]* obrabialny, nadający się do obróbki

workaday /ˈwɜːkədeɪ/ *adj [matters, life, clothes]* codzienny, zwyczajny

workaholic /ˌwɜːkəˈhɒlɪk/ *n* infml pracoholik *m*

work basket *n* koszyk *f* do robótek

workbench /ˈwɜːkbentʃ/ *n* stół *m* warsztatowy, warsztat *m*

workbook /ˈwɜːkbʊk/ *n* (blank) zeszyt *m*; (with exercises) zeszyt *m* ćwiczeń

workbox /ˈwɜːkbɒks/ *n* pudełko *n* na przybory do szycia

work camp *n* młodzieżowy obóz *m* pracy

workday /ˈwɜːkdeɪ/ *n* dzień *m* pracy; Comm dzień *m* roboczy

workdesk /ˈwɜːkdesk/ *n* biurko *n*

worker /ˈwɜːkə(r)/ *n* [1] (employee) (in manual job) robotni|k *m*, -ca *f*; (in white-collar job) pracowni|k *m*, -ca *f*; **an agricultural ~** robotnik rolny; **an office ~** pracownik biurowy, urzędnik; **a good ~** dobry pracownik; **he's a slow ~** on jest powolny w pracy [2] (proletarian) proletariusz *m*, -ka *f*; **~s' revolution** rewolucja proletariacka [3] Zool robotnica *f*

worker ant *n* mrówka robotnica *f*

worker bee *n* pszczoła robotnica *f*

worker director *n* delegat *m* robotniczy w zarządzie

worker participation *n* udział *m* pracowników w zarządzaniu

worker-priest /ˌwɜːkəˈpriːst/ *n* ksiądz robotnik *m*

workers' control *n* samorząd *m* pracowniczy

work ethic *n* kult *m* pracy

work experience *n* doświadczenie *n* zawodowe

workfare /ˈwɜːkfeə(r)/ *n system, w którym otrzymujący zasiłek muszą w zamian wykonywać jakąś pracę*

workforce /ˈwɜːkfɔːs/ *n (+ v sg/pl)* (in industry) siła *f* robocza; (in service sector) zatrudnieni *m pl*

workhorse /ˈwɜːkhɔːs/ *n* Agric koń *m* pociągowy; fig (person) wół *m* roboczy

workhouse /ˈwɜːkhaʊs/ *n* GB Hist przytułek *m (którego mieszkańcy pracowali na swoje utrzymanie)*; US Hist ≈ dom *m* poprawczy

work-in /ˈwɜːkɪn/ *n* strajk *m* okupacyjny bez przerywania pracy

working /ˈwɜːkɪŋ/ **I** *n* [1] (functioning) działanie *n*, funkcjonowanie *n* [2] (shaping, preparation) (of clay, dough) wyrabianie *n* **(of sth** czegoś**)**; (of metal, wood) obróbka *f* **(of sth** czegoś**)** [3] (draft solution) tok *m* rozumowania; **candidates must show all ~** kandydaci muszą przedstawić cały swój tok rozumowania [4] Ind (of mine, quarry) wyrobisko *n*

II workings *npl* praca *f*; **the ~s of the human mind** sposób rozumowania

III *adj* [1] (professional) *[man, woman, mother]* pracujący; *[day, breakfast, lunch]* roboczy; **~ conditions/environment/methods** warunki/środowisko/metody pracy; **during** or **in ~ hours** w godzinach pracy; **~ population** ogół zatrudnionych; **a ~ woman** kobieta pracująca or aktywna zawodowo; **we have a good ~ relationship** dobrze nam się razem pracuje [2] (provisional) *[definition, document, theory, title]* roboczy [3] (functional) *[model]* działający, sprawny; *[mine]* czynny; **to have a ~ knowledge of Italian/French** posiadać praktyczną znajomość (języka) włoskiego /francuskiego; **in full ~ order** w pełni sprawny [4] Accts *[expenses, plant, ratio, stock]* eksploatacyjny

working account *n* Fin rachunek *m* bieżący, konto *n* bieżące

working agreement *n* modus *m inv* vivendi

working balance *n* Fin kapitał *m* obrotowy

working capital *n* Fin kapitał *m* obrotowy

working class **I** *n* (also **the ~es**) klasa *f* robotnicza

II *adj [background, family]* robotniczy; **~ culture/life** kultura/życie klasy robotniczej; **~ London** robotnicze dzielnice Londynu; **he comes from a ~ background** pochodzi z rodziny robotniczej

working dog *n* pies *m* szkolony

working drawing *n* rysunek *m* wykonawczy or warsztatowy

working girl *n* [1] dat kobieta *f* pracująca zawodowo [2] euph (prostitute) prostytutka *f*

working group *n* grupa *f* robocza

working majority *n* wymagana większość *f*
working-over /ˌwɜːkɪŋˈəʊvə(r)/ *n* infml lanie *n*, cięgi *plt* **to give sb a ~** sprawić komuś lanie or cięgi
working party *n* Admin grupa *f* robocza; Mil grupa *f* operacyjna
working substance *n* czynnik *m* roboczy
working week *n* tydzień *m* roboczy
work-life /ˌwɜːkˈlaɪf/ *adj* **the ~ balance** równowaga pomiędzy życiem zawodowym a osobistym
workload /ˈwɜːkləʊd/ *n* obciążenie *n* pracą; **to have a light/heavy ~** mieć niewiele/dużo obowiązków; **to reduce sb's ~** odciążyć kogoś w pracy; **to increase sb's ~** obciążyć kogoś dodatkowymi obowiązkami, dodać komuś pracy
workman /ˈwɜːkmən/ *n* **(*pl* -men)** (worker) robotnik *m*; (craftsman) fachowiec *m*
IDIOMS: **a bad ~ (always) blames his tools** złej tanecznicy zawadza rąbek u spódnicy
workmanlike /ˈwɜːkmənlaɪk/ *adj* [1] (effective) *[job, repair]* solidny, fachowy [2] pej (uninspired) *[performance]* poprawny
workmanship /ˈwɜːkmənʃɪp/ *n* (skill) fachowość *f*; **a fine piece of ~** fachowa robota; **a company famous for sound ~** firma słynąca z produktów wysokiej jakości
workmate /ˈwɜːkmeɪt/ *n* kole|ga *m*, -żanka *f* z pracy
work of art *n* dzieło *n* sztuki
workout /ˈwɜːkaʊt/ *n* trening *m*
workpack /ˈwɜːkpæk/ *n* materiały *m pl* informacyjne *(dla uczniów, pracowników)*
work permit *n* pozwolenie *n* na pracę
workplace /ˈwɜːkpleɪs/ **I** *n* miejsce *n* pracy
II *modif [creche, nursery]* ≈ przyzakładowy
work prospects *npl* perspektywy *f pl* awansu, widoki *plt* na awans
workroom /ˈwɜːkrʊm/ *n* (place) warsztat *m* pracy, pracownia *f*
works committee *n* GB Ind ≈ rada *f* zakładowa or pracownicza
works council *n* GB = **works committee**
work-shadowing /ˈwɜːkʃædəʊɪŋ/ *n* ≈ staż *m (polegający na towarzyszeniu w pracy osobie wykonującej dane obowiązki)*
work-sharing /ˈwɜːkʃeərɪŋ/ *n podział pracy pełnoetatowej pomiędzy dwie osoby zatrudnione na pół etatu*
worksheet /ˈwɜːkʃiːt/ *n* Ind karta *f* pracy; Sch zestaw *m* zadań *(do pracy na lekcji)*
workshop /ˈwɜːkʃɒp/ *n* [1] Ind warsztat *m* [2] (training session) warsztaty *plt* **(on sth** poświęcone czemuś**)**; **drama/photography ~** warsztaty teatralne/fotograficzne
workshy /ˈwɜːkʃaɪ/ *adj* pej leniwy, mało robotny
works manager *n* kierownik *m* or szef *m* produkcji
workspace /ˈwɜːkspeɪs/ *n* Comput przestrzeń *f* robocza
work station *n* Comput stacja *f* robocza
work study *n* ergonomia *f* pracy
work surface *n* (in kitchen) blat *m* kuchenny
worktable /ˈwɜːkteɪbl/ *n* stół *m* do pracy
worktop /ˈwɜːktɒp/ *n* (in kitchen) blat *m* kuchenny
work-to-rule /ˌwɜːktəˈruːl/ *n* strajk *m* włoski
workwear /ˈwɜːkweə(r)/ *n* ubranie *n* robocze
work week *n* US tydzień *m* roboczy
work-worn /ˌwɜːkˈwɔːn/ *adj* spracowany
world /wɜːld/ **I** *n* [1] (earth) świat *m*; **the whole ~** cały świat; **throughout the ~** na całym świecie; **to go round the ~** podróżować dookoła świata; **the biggest /smallest in the ~** największy/najmniejszy na świecie; **no-one in the ~ can help me** nikt na całym świecie mi nie pomoże; **more than anything in the ~** najbardziej na całym świecie; **this ~ and the next** świat doczesny i zaświaty; **the things of this ~** sprawy doczesne; **the next** or **other ~** tamten or lepszy świat; **'~ without end'** Relig „na wieki wieków"; **to lead the ~ in electronics** być światowym liderem w dziedzinie elektroniki; **to bring sb into the ~** *[mother]* wydać kogoś na świat liter; *[midwife, doctor]* przyjmować kogoś na świat, pomagać komuś w przyjściu na świat liter; **to come into the ~** *[baby]* przyjść na świat [2] (group of people) świat *m*, środowisko *n*; **the art/business ~** świat sztuki/biznesu; **the medical ~** środowisko lekarzy; **the ~ of politics** świat polityki; **the ~ of music** świat muzyczny; **the whole ~ knows** wszyscy wiedzą; **the whole ~ is against me** wszyscy są or cały świat jest przeciwko mnie; **I couldn't care less what the ~ thinks** nic mnie nie obchodzi, co sobie ludzie pomyślą; **to make one's (own) way in the ~** radzić sobie w świecie; **in the eyes of the ~** w opinii całego świata; **to go up in the ~** piąć się w górę fig; **to go down in the ~** utracić (swoją) pozycję; **for all the ~ to see** tak, żeby wszyscy widzieli; **the outside ~** reszta świata; **the ~ in general** wszyscy [3] (section of earth) kraj *m*, region *m*; **the Eastern/Western ~** Wschód/Zachód; **the developed ~** kraje rozwinięte gospodarczo; **the Third World** kraje trzeciego świata [4] (person's environment) świat *m*; **the ~ of the child** świat dziecka; **his death has shattered her ~** jego śmierć sprawiła, że świat jej się zawalił; **he lives in a ~ of his own** or **a private ~** żyje w swoim własnym świecie
II *modif [scale, market, agenda, leader, tour, politics, prices, events]* światowy; **~ record /championship** rekord/mistrzostwa świata; **~ cruise** rejs dookoła świata
IDIOMS: **(all) the ~ and his wife** hum całe towarzystwo; **a ~ away from sth** szmat drogi od czegoś; **to be all the ~ to sb** być dla kogoś całym światem, przesłonić komuś cały świat; **to be on top of the ~** być w siódmym niebie, być wniebowziętym; **for all the ~ like** or **as if...** zupełnie tak, jakby...; **he's one of the Don Juans of this ~** prawdziwy z niego donżuan; **the Adams/Marias of this ~** ludzie tego typu co Adam/Maria; **how in the ~ did you know?** skąd u diabła or licha wiedziałeś?; **he wants to get the best of both ~s** ≈ chce upiec dwie pieczenie przy jednym ogniu; **I'd give the ~ to...** oddałbym wszystko, żeby...; **it's a small ~** jaki ten świat jest mały; **it's not the end of the ~** to jeszcze nie koniec świata; **a man of the ~** człowiek światowy; **not for (all) the ~** za nic (w świecie), za żadne skarby (świata); **out of this ~** nieziemski; **that's the way of the ~** takie jest życie, taki jest ten świat; **the ~'s worst cook** najgorszy kucharz na świecie; **the ~, the flesh and the devil** pokusy tego świata; **there's a ~ of difference** to ogromna różnica; **it did him/them the** or **a ~ of good** świetnie mu/im to zrobiło; **to have the ~ at one's feet** mieć świat u (swoich) stóp; **to set the ~ on fire** zadziwić wszystkich; **to think the ~ of sb** nie widzieć świata bożego poza kimś; **he thinks the ~ owes him a living** uważa, że świat jest mu coś winien; **to watch the ~ go by** obserwować, co się dzieje; **with the best will in the ~** przy najlepszej woli, mimo najszczerszych chęci; **~s apart** całkowicie różny; **the two sides are ~s apart** każda ze stron ma zupełnie różny punkt widzenia → **oyster**
World Bank *n* Bank *m* Światowy
World Bank Group *n* Grupa *f* Banku Światowego
world-beater /ˈwɜːldbiːtə(r)/ *n* (person) gwiazda *f* fig; (product) przebój *m*
world-beating /ˈwɜːldbiːtɪŋ/ *adj* niezrównany
world-class /ˌwɜːldˈklɑːs, US -ˈklæs/ *adj [author, player, performance, tennis]* światowej klasy
World Council of Churches, WCC *n* Światowa Rada *f* Kościołów
World Cup *n* (in football) mistrzostwa *n pl* świata
World Fair *n* wystawa *f* światowa
world-famous /ˌwɜːldˈfeɪməs/ *adj* słynny na cały świat, światowej sławy
World Health Organization, WHO *n* Światowa Organizacja *f* Zdrowia
world language *n* język *m* światowy
world leader *n* [1] Pol światowy przywódca *m* [2] (best in the world) Sport mistrz *m*, -yni *f* świata; Comm światowy lider *m*
world-line /ˈwɜːldlaɪn/ *n* Phys linia *f* świata
worldliness /ˈwɜːldlɪnɪs/ *n* (earthliness) przyziemność *f*; (sophistication) światowość *f*

worldling /ˈwɜːldlɪŋ/ *n* materialist|a *m*, -ka *f*
worldly /ˈwɜːldlɪ/ *adj* [1] Relig (not spiritual) ziemski; **~ goods** dobra doczesne; **~ wisdom** mądrość życiowa [2] (materialistic) zaradny; życiowy infml [3] (sophisticated) światowy; **to be ~** być obytym w świecie
worldly-wise /ˌwɜːldlɪˈwaɪz/ *adj* wyrobiony życiowo
World Music *n muzyka spoza Europy i Stanów Zjednoczonych (reggae, salsa)*
world power *n* mocarstwo *n* światowe
World Series *n* US Sport mistrzostwa *n pl* w baseballu
World Service *n* GB Radio światowy serwis *m* BBC
world-shaking /ˈwɜːldʃeɪkɪŋ/ *adj* **a series of ~ events** seria wydarzeń, które wstrząsnęły światem
world-view /ˈwɜːldvjuː/ *n* światopogląd *m*

world war *n* wojna *f* światowa; **World War I/II, the First/Second World War** pierwsza/druga wojna światowa

world-weariness /ˌwɜːldˈwɪərɪnɪs/ *n* brak *m* ochoty do życia

world-weary /ˌwɜːldˈwɪərɪ/ *adj* zmęczony życiem

worldwide /ˌwɜːldˈwaɪd/ **I** *adj* ogólnoświatowy, światowy

II *adv* na całym świecie

worm¹ /wɜːm/ **I** *n* 1 Zool robak *m*; Fishg robak *m*, glista *f* infml 2 Med, Vet robak *m*; **to have ~s** mieć robaki; **a dog with ~s** zarobaczony pies 3 infml (wretch) gnida *f* infml 4 Comput (virus) wirus *m* 5 Tech ślimak *m*

II *vt* 1 Med, Vet odrobacz|yć, -ać *[child, dog]* 2 (wriggle) **to ~ one's way** posuwać się powoli; **he ~ed his way along the tunnel** posuwał się powoli przez tunel; **to ~ one's way into sb's affections/confidence** wkraść się do serca kogoś/w zaufanie kogoś; **how did he ~ his way in?** jak mu się udało wkręcić?

■ **worm out: ~ [sth] out** wyciąg|nąć, -ać *[secret, information]* **(of sb** z kogoś); **to ~ the truth out of sb** wyciągnąć z kogoś prawdę

IDIOMS: **the ~ has turned** przebrała się miarka; jej/jego cierpliwość się wyczerpała; **the ~ in the bud** tajemnica; **a can of ~s** puszka Pandory

worm² /wɜːm/ *n* Comput (disk) = **write once, read many** dysk *m* jednokrotnego zapisu, wielokrotnego odczytu

worm-eaten /ˈwɜːmiːtn/ *adj [fruit]* robaczywy; *[wood]* spróchniały, stoczony przez korniki

worm gear *n* przekładnia *f* ślimakowa

wormhole /ˈwɜːmhəʊl/ *n* (in wood) dziura *f* wydrążona przez korniki; (in fruit, plant) dziura *f* wydrążona przez robaki

worm's eye view *n* Phot ustawienie *n* z ziemi; **the author gives us a ~ of these important historical events** fig hum autor przedstawia te ważne historyczne wydarzenia z punktu widzenia szarego człowieka

wormwood /ˈwɜːmwʊd/ *n* 1 Biol piołun *m* 2 fig gorycz *f*; jad *m* fig

wormy /ˈwɜːmɪ/ *adj* 1 *[soil, compost heap]* rojący się od robaków; *[furniture, timber]* toczony przez korniki, spróchniały; *[fruit]* robaczywy 2 US (grovelling) służalczy

worn /wɔːn/ **I** *pp* → **wear**

II *adj [carpet]* przetarty, poprzecierany; *[tyre]* starty; łysy infml; *[clothing]* znoszony, wytarty; *[shoes]* znoszony, zdarty; *[stone, façade]* zniszczony; *[step]* wytarty

worn-out /ˌwɔːnˈaʊt/ *adj [carpet]* przetarty, poprzecierany; *[brake]* zużyty; *[person]* wycieńczony

worried /ˈwʌrɪd/ *adj* (distressed) zmartwiony; (anxious) zaniepokojony; **to be ~** martwić się, niepokoić się **(about sb/sth** o kogoś/coś); **he's ~ about losing his job, he's ~ that he'll lose his job** martwi się, że straci pracę; **to get ~** zmartwić się, zaniepokoić się; **to look ~** wyglądać na zaniepokojonego or zmartwionego; **there's no need to be ~** nie ma powodu się martwić; **to be ~ sick** zamartwiać się

worrier /ˈwʌrɪə(r)/ *n* **to be a ~** zamartwiać się z byle powodu; **don't be such a ~!** przestań ciągle się zamartwiać!

worrisome /ˈwʌrɪsəm/ *adj [matter, situation]* budzący niepokój; *[person]* kłopotliwy; **she is such a ~ child!** jest z nią tyle kłopotów!

worry /ˈwʌrɪ/ **I** *n* 1 (anxiety) niepokój *m* **(about** or **over sth** o coś, w związku z czymś); (distress) zmartwienia *n pl*; **her disappearance caused him a lot of ~** jej zniknięcie bardzo go zmartwiło or zaniepokoiło; **there's no cause for ~** nie ma powodu do niepokoju; **she's been giving us a lot of ~** (due to illness) bardzo się o nią martwimy or niepokoimy; (due to behaviour) sprawia nam wiele kłopotu, przysparza nam wielu zmartwień 2 (problem) zmartwienie *n* **(about** or **over sth** w związku z czymś); **financial worries** kłopoty finansowe; **that's the least of my worries** to najmniejsze zmartwienie, tym się najmniej przejmuję; **my only /main ~ is that...** martwi mnie jedynie /głównie to, że...; **he's a ~ to his parents** przysparza kłopotów rodzicom

II *vt* 1 (alarm) niepokoić; (upset) martwić, niepokoić; **I don't want to ~ you, but...** nie chcę cię martwić or niepokoić, ale...; **I ~ that...** martwię się or niepokoję się, że...; **it worries me that...** martwi or niepokoi mnie, że... 2 (bother) przeszkadzać (komuś); **don't ~ me while I'm working** nie przeszkadzaj mi, kiedy pracuję; **would it ~ you if I opened a window?** czy nie będzie ci przeszkadzało, jeśli otworzę okno?; **I don't want to ~ you with my problems** nie chcę zawracać ci głowy swoimi problemami 3 (chase) *[dog]* napastować *[sheep]* 4 (toss about) *[cat, dog]* szarpać zębami

III *vi* (be anxious) martwić się, niepokoić się **(about** or **over sb/sth** o kogoś/coś); **I ~ for his sanity sometimes** martwię się czasem o jego zdrowie psychiczne; **there's nothing to ~ about** nie ma powodu do zmartwienia, nie ma co się martwić; **he said it's nothing to ~ about** powiedział, że nie ma powodu do zmartwienia; **not to ~, I'll get a taxi** nie przejmuj się, zawołam taksówkę; **don't ~ about me, I'm OK** nie martw się o mnie, u mnie wszystko w porządku; **he'll be punished, don't you ~!** spokojna głowa, spotka go kara infml

IV *vr* **to ~ oneself** martwić się **(about sb/sth** o kogoś/coś); **to ~ oneself sick over sth** zamartwiać się czymś na śmierć

■ **worry at: ~ at [sth]** *[dog]* szarpać *[toy]*; fig *[person]* zmagać się z (czymś) *[problem]*

worry beads *n* sznur *m* koralików *(których przesuwanie palcami ma działać uspokajająco)*

worrying /ˈwʌrɪɪŋ/ **I** *n* zamartwianie się *n*; **all this ~ is making you ill** rozchorujesz się, jeśli będziesz się ciągle zamartwiać; **stop your ~!** przestań się zamartwiać!

II *adj [situation, event]* niepokojący; *[time, week]* ciężki, niespokojny; **the ~ thing is that...** niepokojące jest to, że...

worry line *n* zmarszczka *f* mimiczna

worrywart /ˈwʌrɪwɔːt/ *n* US infml histery|k *m*, -czka *f* infml *(zamartwiający się z byle powodu)*

worse /wɜːs/ **I** *adj* (*comp of* **bad**) 1 (more unsatisfactory, unpleasant) gorszy; **to get ~** *[conditions, weather]* pogorszyć się; *[noise]* wzmóc się, wzrosnąć; *[pressure]* wzrosnąć; **he got ~ as the years went by** z upływem lat stał się jeszcze bardziej nieznośny; **there's nothing ~ than...** nie ma nic gorszego niż... or od...; **there are ~ things in life than losing sleep** są w życiu gorsze rzeczy niż nieprzespana noc; **they're ~ than children!** zachowują się gorzej niż dzieci!; **she can't be ~ than her predecessor** na pewno nie będzie gorsza od swej poprzedniczki; **you're ~ for encouraging them to lie!** jesteś jeszcze gorszy, bo namawiasz ich do kłamstwa; **'you missed the bus' – 'yes, ~ luck'** „uciekł ci autobus" – „no właśnie, mam pecha" 2 (more serious, severe) gorszy; **it looks ~ than it is!** wygląda to gorzej, niż jest faktycznie!; **the situation is even ~ now/is ~ than ever before** sytuacja jest teraz jeszcze gorsza/jest gorsza niż kiedykolwiek przedtem; **it could have been ~** mogło być gorzej; **it couldn't be ~!** gorzej być nie mogło!; **to go from bad to ~** pogarszać się, stawać się coraz gorszym; **to get ~ (and ~)** *[illness]* przybierać coraz ostrzejszą postać; *[conflict]* zaostrzać się; **the patient was getting ~ and ~** stan chorego wciąż się pogarszał; **things are getting ~ and ~** sprawy mają się coraz gorzej; **to be made ~ (by sth)** *[conditions]* pogorszyć się (wskutek czegoś); **you'll only make things** or **it ~!** tylko pogorszysz sytuację!; **and to make matters ~, he lied** a co gorsza, skłamał; **and what is ~, she doesn't care** a co gorsze, wcale jej to nie obchodzi 3 (of lower standard) gorszy **(than sb/sth** niż ktoś/coś, od kogoś /czegoś); **~ than usual** gorszy niż zwykle; **the film is ~ than the book** film jest gorszy niż książka or od książki; **the play wasn't very good, but I've seen ~** sztuka nie była zbyt dobra, ale widziałem gorsze; **to be even ~ at languages** jeszcze gorzej radzić sobie z językami obcymi 4 (more unwell, unhappy) gorszy; **he's getting ~** czuje się coraz gorzej; **my cough is getting ~** mam coraz gorszy kaszel; **if you scratch it, it'll only make it ~** jeśli będziesz drapał, będzie jeszcze gorzej; **to feel ~** (more ill) gorzej się czuć; **his death made her feel ~** (more unhappy) jego śmierć jeszcze bardziej ją przybiła; **he is none the ~ for the experience** nic mu się od tego nie stało; **she looked none the ~ for her trying day** wcale nie było po niej widać, że miała taki ciężki dzień; **to be the ~ for drink** być wstawionym infml; **so much the ~ for them!** tym gorzej dla nich! 5 (more inappropriate) gorszy; **he couldn't have chosen a ~ place to meet** nie mógł wybrać gorszego miejsca na spotkanie; **the decision couldn't have come at a ~ moment** decyzja nie mogła zapaść w gorszej chwili

II *n* **a change for the ~** zmiana na gorsze; **things took a turn for the ~**

wszystko zmieniło się na gorsze; **there is ~ to come** będzie jeszcze gorzej; **~ was to follow** to jeszcze nie było najgorsze; **it could mean prison or ~** to pachnie więzieniem, albo czymś jeszcze gorszym

III *adv* (*comp of* **badly**) [1] (more unsatisfactorily, incompetently) gorzej; (more severely) bardziej (**than sb/sth** niż ktoś/coś, od kogoś /czegoś); **he plays the piano ~ than you** gra na fortepianie gorzej od ciebie or niż ty; **to behave ~** sprawować się gorzej; **you could do ~ than take early retirement** są gorsze rzeczy niż wcześniejsza emerytura; **she could do ~ than follow his advice** nie wyszłaby źle na jego radach [2] (more seriously, severely) *[cough, bleed, vomit]* bardziej; **~ still, there are signs of unrest** co gorsze, są pewne oznaki niepokoju; **she could complain or, ~, report you to the police** mogłaby złożyć skargę lub co gorsza, donieść na ciebie policji

worsen /ˈwɜːsn/ **I** *vt* pog|orszyć, -arszać *[situation, conditions]*

II *vi [condition, health, weather, situation]* pog|orszyć, -arszać się; *[problem, crisis, shortage]* sta|ć, -wać się poważniejszym; *[pain]* nasil|ić, -ać się

worsening /ˈwɜːsnɪŋ/ **I** *n* pogorszenie się *n* (**of sth** czegoś)

II *adj [situation]* pogarszający się; *[problem, shortage]* coraz dotkliwszy

worse off *adj* [1] (less wealthy) gorzej sytuowany, uboższy (**than sb** od kogoś, niż ktoś); **to end up ~** stracić; **we're no ~ now than before the recession** powodzi nam się teraz nie gorzej niż przed recesją; **I'm £10 a week ~** tracę 10 funtów tygodniowo [2] (in a worse situation) **to be ~** być w gorszej sytuacji; **he'll be ~ here than at home** tutaj będzie mu gorzej niż w domu; **you'd be no ~ without him** bez niego wcale nie będzie ci gorzej; **we'd be no ~ for a change of routine** zmiana nie zaszkodziłaby nam

worship /ˈwɜːʃɪp/ **I** *n* [1] (veneration) uwielbienie *n*, cześć *f*; Relig kult *m* also fig; **sun /ancestor ~** kult słońca/przodków; **their ~ of wealth/success** (ich) uwielbienie dla bogactwa/sukcesu, (ich) kult bogactwa /sukcesu; **an object of ~** obiekt kultu also fig; **he gazed at her with ~ in his eyes** wpatrywał się w nią z wyrazem uwielbienia w oczach [2] (religious practice) praktyki *f pl* religijne; **public ~ is forbidden** zabrania się praktyk religijnych w miejscach publicznych; **freedom of ~** wolność wyznania; **a place of ~** miejsce kultu; **an act of ~** ceremonia religijna; **a service of divine ~** nabożeństwo; **hours of ~** (Christian, Jewish) godziny nabożeństw; (Muslim) godziny modlitwy

II Worship *prn* GB **Your Worship** Jur Wysoki Sądzie; (to a mayor) Panie Burmistrzu

III *vt* (*prp, pt, pp* **-pp-**) [1] Relig czcić, odda|ć, -wać cześć (komuś/czemuś), wielbić *[Buddha, God]* [2] (idolize) uwielbiać, wielbić, ot|oczyć, -aczać czcią; **he ~s the ground she walks on** czci ziemię, po której ona stąpa; **he ~s his mother's memory** czci pamięć matki

IV *vi* (*prp, pt, pp* **-pp-**) odprawiać obrzędy religijne

IDIOMS: **to ~ at the altar of sth** oddawać boską cześć czemuś *[money]*; poświęcać wszystko na ołtarzu czegoś *[fame]*

worshipful /ˈwɜːʃɪpfl/ *adj* [1] (respectful) pełen szacunku; (adoring) pełen uwielbienia [2] GB Hist *[company, guild]* przezacny [3] (in freemasonry) **Worshipful Master** Czcigodny Mistrz *m*

worshipper /ˈwɜːʃɪpə(r)/ *n* (in established religions) wiern|y *m*, -a *f*; (in nonestablished religion) wyznaw|ca *m*, -czyni *f*

worst /wɜːst/ **I** *n* [1] (most difficult, unpleasant) **the ~** najgorszy; **the storm was one of the ~ in recent years** to był jeden z najsilniejszych sztormów w ostatnich latach; **last year was the ~ for strikes** jeśli chodzi o strajki, ostatni rok był najgorszy; **they're the ~ of all** gorszych od nich nie ma; **wasps are the ~ of all** najgorsze są osy; **we're over the ~ now** najgorsze już za nami; **the ~ was yet to come** najgorsze miało dopiero nastąpić; **the ~ of it is, there's no solution** najgorsze jest to, że nie ma rozwiązania; **to get the ~ of all** or **both worlds** znaleźć się między młotem a kowadłem infml; **that's the ~ of waiting till the last minute** takie są skutki czekania do ostatniej chwili; **during the ~ of the riots/of the recession** w okresie najpoważniejszych zamieszek/największej recesji; **the ~ of the heat is over** najgorsze upały mamy za sobą; **do your ~!** rób, co chcesz! *(nie jesteś już groźny)*; **let them do their ~!** niech sobie robią, co chcą! [2] (expressing the most pessimistic outlook) **the ~** najgorszy; **to expect/fear the ~** spodziewać się/obawiać się najgorszego; **to think the ~ of sb** myśleć o kimś jak najgorzej; **the ~ that can happen is that...** w najgorszym wypadku or razie...; **if the ~ were to happen, if the ~ came to the ~** (in serious circumstances) w najgorszym wypadku; (involving fatality, death) gdyby się coś stało euph; **at ~** w najgorszym razie or przypadku; **at best neutral, at ~ hostile** co najwyżej neutralny, a w zasadzie wrogi [3] (most unbearable) **to be at its ~** *[relationship, development, tendency, economic situation]* być wyjątkowo złym; **when things were at their ~** kiedy sprawy przybrały wyjątkowo zły obrót, kiedy sytuacja była wyjątkowo zła; **at its ~, the noise could be heard everywhere** przy największym natężeniu hałas dawało się słyszeć wszędzie; **when the heat is at its ~** kiedy panuje wyjątkowy upał; **this is racism at its ~** to rasizm w najgorszym wydaniu; **the violinist was at his ~** skrzypek był wyjątkowo niedobry; **when you see people at their ~** kiedy widzisz najpodlejsze strony ludzkiej natury; **I'm at my ~ in the morning** (in temper) rano mam wyjątkowo zły humor; **at her ~ she is totally unbearable** bywa zupełnie nieznośna [4] (most negative trait) **to exploit the ~ in people** wykorzystywać to, co w ludziach najgorsze; **to bring out the ~ in sb** wyzwalać w kimś najgorsze instynkty [5] (of the lowest standard, quality) **the ~** najgorszy; **they're the ~ in the group** są najgorsi z grupy; **he's one of the ~** on jest jednym z najgorszych, on należy do najgorszych; **the film is certainly not her ~** film z pewnością nie jest jej najgorszym dziełem; **to be the ~ at French/rugby** być najgorszym we francuskim/w grze w rugby; **she must be the world's ~ at cooking** chyba nikt na świecie nie gotuje tak źle jak ona

II *adj* (*superl of* **bad**) [1] (most unsatisfactory, unpleasant) najgorszy; **the ~ book I've ever read** najgorsza książka, jaką kiedykolwiek czytałem; **hypocrites of the ~ kind** hipokryci najgorszego gatunku; **the ~ thing about her is her selfishness** najgorszy jest w niej egoizm; **and the ~ thing about it is that...** a najgorsze w tym wszystkim jest to, że... [2] (most serious) najgorszy, najpoważniejszy; **the ~ air disaster in years** najpoważniejsza katastrofa lotnicza od wielu lat; **one of the ~ things anyone has ever done** bodaj najgorsze, co kiedykolwiek zrobiono; **the ~ mistake you could have made** najgorszy błąd, jaki można było popełnić [3] (most inappropriate) najgorszy, najmniej odpowiedni; **the ~ possible place** najgorsze ze wszystkich miejsc; **she rang at the ~ possible moment** zadzwoniła w najbardziej nieodpowiednim momencie; **the ~ thing (to do) would be to ignore it** najgorzej byłoby to zignorować; **it would be ~ if they forgot** najgorsze byłoby, gdyby zapomnieli; **it's the ~ thing you could have said** nic gorszego nie można było powiedzieć [4] (of the poorest standard) najgorszy; **the ~ hotel in town** najgorszy hotel w mieście; **the world's ~ chef** najgorszy kucharz na świecie

III *adv* (*superl of* **badly**) (most unsatisfactorily) najgorzej, najbardziej; (most severely) najbardziej; **the children suffer (the) ~** dzieci cierpią najbardziej; **they were (the) ~ affected** or **hit by the strike** strajk najbardziej ich dotknął; **to smell the ~** pachnieć najgorzej; **to come off ~** wypaść najgorzej; **the ~-off groups in society** najgorzej sytuowane grupy w społeczeństwie; **the ~-behaved child he'd ever met** najniegrzeczniejsze dziecko, jakie spotkał; **~ of all, ...** a co najgorsze...; **they did (the) ~ of all the group in the exam** na egzaminie wypadli najgorzej z całej grupy

IV *vt* fml pokon|ać, -ywać *[opponent]*; **to be ~ed by sb** zostać pokonanym przez kogoś

worsted /ˈwʊstɪd/ **I** *n* Tex wełna *f* czesankowa

II *modif [trousers, jacket]* z wełny czesankowej

worth /wɜːθ/ **I** *n* [1] (quantity, measure) wartość *f* (**of sth** czegoś); **a thousand/five hundred pounds' ~ of equipment** sprzęt (o) wartości tysiąca/pięciuset funtów; **thousands of pounds' ~ of damage** szkody or straty sięgające tysięcy funtów; **a day's ~ of fuel** zapas paliwa na jeden dzień; **a week's ~ of supplies** zapasy na tydzień; **what is its precise ~?** ile to jest dokładnie warte? [2] (value, usefulness) wartość *f*; **of great ~** (o) dużej wartości; **of little /no ~** niewielkiej wartości/bez wartości;

W

people of ~ wartościowi ludzie; **what is its ~ in pounds?** ile to jest w funtach?; **to prove one's ~** pokazać, na co kogoś stać; **to see the ~ of sth** przekonać się, ile coś jest warte

II *adj* [1] (of financial value) warty, wart; **the land is ~ millions** ta ziemia warta jest miliony; **the pound is currently ~ 10 francs** funt jest obecnie wart 10 franków; **what** or **how much is it ~?** ile to jest warte?; **it's ~ a lot** to ma dużą wartość; **it's ~ more** to jest więcej warte; **he is ~ £50,000** jego majątek jest wart 50 tysięcy funtów [2] (of abstract value) **to be ~ sth** *[person]* być coś wartym; **two hour's solid work is ~ a day's discussion** dwie godziny solidnej pracy są tyle warte, co dzień dyskusji; **an experienced worker is ~ three novices** jeden doświadczony pracownik to tak jak trzech nowych; **unsubstantiated reports are not ~ much/are ~ nothing** raporty nieoparte na źródłach są niewiele warte/są nic niewarte; **it's as much as my job is ~ to give you the keys** ryzykuję utratę pracy, dając ci te klucze; **it's more than my life is ~ to give you her address** hum ryzykuję życiem, dając ci jej adres hum; **the contract isn't ~ the paper it's written on** ta umowa nie jest warta funta kłaków; **your house/car is only ~ what you can get for it** twój dom/samochód jest wart tylko tyle, za ile możesz go sprzedać; **to be ~ a mention** zasługiwać na wzmiankę; **it's ~ a try** warto spróbować; **it will be ~ a visit** warto tam pojechać; **it will be ~ the time** warto będzie poświęcić temu czas, nie ma co żałować na to czasu; **it will be ~ the effort** warto będzie; **it was ~ it** warto było, okazało się warte zachodu; **was it ~ it?** warto było?; **I won't pay the extra, it isn't ~ it** nie będę dopłacać, nie warto; **don't get upset, he's not ~ it** nie denerwuj się, on nie jest tego wart; **this book is/isn't ~ reading** warto przeczytać tę książkę/nie warto czytać tej książki; **that idea/suggestion is ~ considering** warto zastanowić się nad tym pomysłem/tą sugestią; **is life ~ living?** czy życie jest coś warte?; **that's ~ knowing** to warto wiedzieć; **everyone ~ knowing left the town** co ciekawsi ludzie wyjechali z miasta; **what he doesn't know about horse-breeding isn't ~ knowing** wie o hodowli koni wszystko, co należy wiedzieć; **those little pleasures that make life ~ living** te (wszystkie) małe przyjemności, które nadają sens życiu; **it is/isn't ~ doing** warto to robić/nie warto tego robić; **it's ~ knowing that...** warto wiedzieć, że...; **it could be ~ consulting your doctor** dobrze byłoby poradzić się lekarza

[IDIOMS:] **if a job's ~ doing it's ~ doing properly** or **well** jeśli masz coś zrobić, zrób to dobrze; **for all one is ~** ze wszystkich sił; **the thief ran off down the road, so I chased him for all I was ~** złodziej pobiegł ulicą, a ja goniłem go co sił w nogach; **for what it's ~** cokolwiek to znaczy; **and that's my opinion for what it's ~** i takie jest moje zdanie, a wy róbcie co chcecie; **~ sb's while** wart zachodu; **I decided that it was/wasn't ~ my while to go there** zdecydowałem, że opłaci/nie opłaci mi się tam jechać; **if you come I'll make it ~ your while** przyjdź, a nie pożałujesz → **bush, candle**

worthily /ˈwɜːðɪlɪ/ *adv [live, behave, act]* godnie, z godnością

worthiness /ˈwɜːðɪnɪs/ *n* [1] (respectability) prawość *f* [2] (merit) (of candidate) zalety *f pl*; (of cause, charity) szlachetność *f*, szlachetny cel *m*

worthless /ˈwɜːθlɪs/ *adj [currency, object, idea, theory]* bezwartościowy; **he's ~** on jest nic nie wart; **~ promise** obietnica bez pokrycia, obietnica niewiele warta

worthlessness /ˈwɜːθlɪsnɪs/ *n* (of object, currency, person, character) bezwartościowość *f*; (of advice) nieprzydatność *f*

worthwhile /wɜːθˈwaɪl/ *adj [undertaking, discussion, visit, career, project]* interesujący; **it's ~ getting there early** warto być tam wcześniej; **it's been well ~** to było warte zachodu

worthy /ˈwɜːðɪ/ **I** *n* osobistość *f*; persona *f* hum; **all the local worthies had been invited to the ceremony** na uroczystość zaproszono wszystkich miejscowych notabli

II *adj* [1] (deserving) **to be ~ of sth** zasługiwać na coś; **that's a proposal not ~ of mention** o tej propozycji nie ma co nawet wspominać; **that's a proposal not ~ of your attention** ta propozycja nie zasługuje na twoją uwagę; nie zawracaj sobie głowy tą propozycją infml; **~ of note** godny uwagi; **is he ~ of the honour?** czy on zasługuje na taki zaszczyt?; **he's not ~ of being taken seriously** nie należy go traktować poważnie, nie warto się nim przejmować; **I am not ~ to receive the honour you have offered me** nie zasługuję na taki zaszczyt z twojej strony [2] (admirable) *[cause]* szlachetny; *[citizen, friend]* godny [3] (appropriate) **a speech ~ of the occasion** mowa stosowna do okoliczności; **a performance ~ of a champion** gra godna mistrza

wot /wɒt/ *excl* GB infml = **what**

wotcher /ˈwɒtʃə(r)/ *excl* (also **wotcha**) GB infml cześć!, serwus! infml

would /wʊd, wəd/ *modal aux* (*contracted* **'d**; *neg* **wouldn't**) [1] (in sequence of past tenses, in reported speech) **she said she wouldn't come** powiedziała, że nie przyjdzie; **I was sure you'd like it** byłem pewien, że ci się to spodoba; **they promised they'd come back** przyrzekli, że wrócą; **soon it ~ be time to get up** wkrótce trzeba będzie wstawać; **it was to be the last chance we ~ have to leave the country** miała to być dla nas ostatnia szansa opuszczenia kraju; **I wish he ~ shut the door!** czemu on nie zamknie drzwi?!; **I wish you'd be quiet!** bądź cicho! [2] (in conditional sentences) **it ~ be wonderful if they came** byłoby cudownie, gdyby przyszli; **I'm sure she ~ help if you asked her** jestem pewien, że pomogłaby, gdybyś ją poprosił; **if we'd left later we ~ have missed the train** gdybyśmy wyszli później, spóźnilibyśmy się na pociąg; **we wouldn't be happy anywhere else** nigdzie indziej nie bylibyśmy szczęśliwi; **who ~ ever have believed it?** któż by przypuszczał?; **you wouldn't have thought it possible!** nie uwierzyłbyś, że to możliwe!; **I ~ have found out sooner or later** i tak wcześniej czy później dowiedziałbym się; **wouldn't it be nice if...** czyż nie byłoby miło, gdyby...; **we wouldn't have succeeded without his help** nie udałoby się nam bez jego pomocy; **it wouldn't be the same without them** bez nich to nie byłoby to samo; **it cost far less than I ~ have expected** kosztowało mniej, niż mogłem się spodziewać [3] (expressing willingness) **do you know anyone who ~ do it?** czy znasz kogoś, kto zrobiłby to?; **he wouldn't hurt a fly** muchy by nie skrzywdził; **she just wouldn't listen** ona po prostu nie słucha (co się do niej mówi); **after that I wouldn't eat any canned food** po tym nawet patrzeć nie mogłem na konserwy fig; **he wouldn't do a thing to help** nawet palcem nie kiwnął, żeby pomóc; **the police wouldn't give any further details** policja odmawia podania dalszych szczegółów; **they asked me to leave but I wouldn't** prosili, żebym wyszedł, ale odmówiłem [4] (expressing inability to function) **the door wouldn't close** drzwi nie chciały się zamknąć; **the brakes wouldn't work** hamulce nie działały [5] (expressing desire, preference) **we ~ like to stay another night** chcielibyśmy zostać na jeszcze jedną noc; **we'd really love to see you** bardzo chcielibyśmy cię zobaczyć; **she ~ have preferred a puppy** wolałaby szczeniaka; **I ~ much rather travel alone** zdecydowanie wolałbym podróżować sam; **which film ~ you rather see?** który film wolisz?; **I wouldn't mind another piece of cake** chętnie zjadłbym jeszcze jeden kawałek ciasta; **it's what he ~ have wanted** właśnie tego chciałby [6] (in polite requests or proposals) **~ you like something to eat?** zjadłbyś coś?; **~ you like some more tea?** może jeszcze herbaty?; **~ you help me to set the table?** czy mógłbyś pomóc mi nakryć do stołu?; **~ you be interested in buying a vacuum cleaner?** czy interesuje pana/panią zakup odkurzacza?; **switch off the radio, ~ you?** czy możesz wyłączyć radio?; **~ you mind not smoking please?** bardzo proszę nie palić; **~ you please be quiet** bardzo proszę o ciszę; **~ you be so kind as to leave?** fml zechce pan/pani łaskawie wyjść fml [7] (used to attenuate statements) **it ~ seem that he was right** wygląda na to, że miał rację; **so it ~ seem** tak się przynajmniej wydaje; **you ~ think they'd be satisfied with the results!** można by sądzić, że będą zadowoleni z wyników!; **I wouldn't say that** nie powiedziałbym; **I ~ have thought it was obvious** sądziłbym, że to oczywiste; **I wouldn't know** skąd miałbym wiedzieć? [8] (when giving advice) **I wouldn't do it if I were you** na twoim miejscu nie robiłbym tego; **I really wouldn't worry** nie ma się czym martwić; **I ~ check the timetable first** najpierw radziłbym sprawdzić rozkład; **I'd give her a ring now** radziłbym zadzwonić do niej teraz; **wouldn't it be better to write?** czy nie lepiej napisać? [9] (expressing exasperation) **'he denies it' – 'well, he ~, wouldn't he?'** „on zaprzecza temu" – „no cóż, można się było tego spodziewać" or „a czego się spodziewałeś?"; **of course you ~ contradict him!** oczywiście musiałeś mu się przeciwstawić! [10] (expressing an assumption) **what time ~ that be?** która to może być godzina?; **I suppose it ~ have been about 3 pm** sądzę, że było koło trzeciej po południu; **it ~ have been about five years ago** to musiało być jakieś pięć lat temu; **being so young, you wouldn't remember the war** jesteś taki młody, że nie możesz pamiętać wojny; **you'd never have guessed she was German** nie zgadłbyś, że jest Niemką [11] (indicating habitual event or behaviour in past: used to) **she ~ sit for hours at the window** godzinami przesiadywała przy oknie, miała zwyczaj godzinami przesiadywać przy oknie; **every winter the fields ~ be flooded** każdej zimy powódź zalewała pola [12] fml (if only) **~ that it were true!** gdybyż to była prawda!; **~ (that) he were with us!** gdybyż był z nami!; **~ to God (that) she had known!** gdybyż na Boga wiedziała!

would-be /ˈwʊdbiː/ *adj* [1] (desirous of being) *[emigrants, investors]* potencjalny [2] (having intended to be) *[film star, poet, thief]* niedoszły

wouldn't /ˈwʊdnt/ = **would not**

would've /ˈwʊdəv/ = **would have**

wound¹ /wuːnd/ **I** *n* [1] rana *f* also fig; **a ~ to** or **in the head** rana głowy; **a bullet /shotgun ~** rana od kuli/postrzałowa; **an open ~** rana otwarta; **he died from** or **of his ~s** zmarł wskutek odniesionych ran; **it takes time for the ~s to heal** trzeba czasu zanim rany się zagoją or zabliźnią also fig [2] Bot uszkodzenie *n*; (in a tree's bark) rana *f*

II *vt* z|ranić also fig; **to ~ sb in the leg /stomach** zranić kogoś w nogę/brzuch; **her self-esteem was ~ed** jej miłość własna została zraniona fig

IDIOMS: **to lick one's ~s** lizać rany; **the incident reopened old ~s** to zdarzenie przywołało przykre wspomnienia; **to rub salt into the ~** dolewać oliwy do ognia

wound² /waʊnd/ *pt, pp* → **wind²**

wounded /ˈwuːndɪd/ **I** *n* **the ~** *(+ v pl)* ranni *m pl*

II *adj [person]* ranny; **~ in the arm** ranny w ramię; **~ in action** ranny na polu bitwy

wounding /ˈwuːndɪŋ/ *adj [comment, sarcasm]* raniący

wove /wəʊv/ *pt* → **weave**

woven /ˈwəʊvn/ *pp, adj* → **weave**

wow /waʊ/ **I** *n* [1] infml sukces *m*; **to be a ~ with sb/sth** mieć wzięcie u kogoś/czegoś [2] Audio (distortion) kołysanie *n* dźwięku

II *excl* no! no!

III *vt* (enthuse) zadziwi|ć, -ać *[person]*

WOW = **waiting on weather** w oczekiwaniu na pogodę

WP [1] = **weather permitting** jeśli pozwolą na to warunki pogodowe [2] = **word processing**

WPC *n* GB → **woman police constable**

wpm = **words per minute** ilość słów na minutę

WRAC *n* GB Mil = **Women's Royal Army Corps** *żeńska służba pomocnicza*

wrack¹ /ræk/ *n* (seaweed) wodorosty *m pl*

wrack² /ræk/ *vt* [1] (torment) *[pain]* dręczyć; **to be ~ed with** or **by guilt** mieć wyrzuty sumienia, zadręczać się poczuciem winy; **to be ~ed with grief** być pogrążonym w rozpaczy [2] (ravage) pustoszyć *[land]*

WRAF *n* GB Mil = **Women's Royal Air Force** *żeńska służba pomocnicza w lotnictwie*

wraith /reɪθ/ *n* liter zjawa *f*

wraithlike /ˈreɪθlaɪk/ *adj* **~ figure** widmowa postać

wrangle /ˈræŋgl/ **I** *n* zatarg *m* **(over sth /with sb** o coś/z kimś)

II *vi* [1] spierać się **(over** or **about sth /with sb** o coś/z kimś) [2] US (herd) pędzić *[livestock]*

wrangler /ˈræŋglə(r)/ *n* US kowboj *m*

wrangling /ˈræŋglɪŋ/ *n* kłótnia *f*, spór *m* **(over sth** o coś)

wrap /ræp/ **I** *n* [1] Fashn (shawl) szal *m*; (stole) etola *f* [2] (dressing-gown) szlafrok *m* [3] (packaging) opakowanie *n* [4] Cin **it's a ~** koniec zdjęć

II *vt* *(prp, pt, pp* **-pp-)** (in paper) zawi|nąć, -jać **(in sth** w coś); (in blanket) owi|nąć, -jać **(in sth** czymś); **would you like it ~ped?** czy zapakować panu?; **she ~ped her arms around the child** objęła dziecko; **I ~ped a handkerchief round my wrist** owinąłem nadgarstek chusteczką; **to ~ tape around a join** owinąć łączenie taśmą; **he ~ped the car round a lamppost** infml hum uderzył w latarnię; **to be ~ped in sth** (for warmth, protection) być owiniętym czymś *[blanket]*; być opatulonym w coś *[coat]*; (for disposal) być zawiniętym w coś *[paper]*; **to be ~ped in mystery** fig być owianym or okrytym tajemnicą; **to be ~ped in thought** być pogrążonym w myślach

III *vr* *(prp, pt, pp* **-pp-) to ~ oneself in sth** owinąć się w coś or czymś

IV -wrapped *in combinations* **foil-/plastic-~ped** zapakowany w folię/plastik

■ **wrap up**: ¶ **~ up** [1] (dress warmly) ciepło się ub|rać, -ierać; **~ up well** or **warm!** ciepło się ubierz! [2] GB infml (shut up) przymknąć się infml; **just ~ up, will you?** przymknij się, dobra?! infml ¶ **~ up [sth], ~ [sth] up** [1] owi|nąć, -jać *[parcel]*; za|pakować *[gift, purchase]*; **it's cold, ~ the children up warm!** jest zimno – ubierz dzieci ciepło!; **well ~ped up against the cold** ciepło ubrany, opatulony; **it's a disco and sports club all ~ped up in one** to jest i dyskoteka, i klub sportowy [2] fig (terminate) za|kończyć *[project, event]* [3] (settle) dograć szczegóły (czegoś), zapiąć na ostatni guzik infml *[project, event]*; s|finalizować, dograć infml *[deal]*; za|kończyć *[negotiations]*; zapewni|ć, -ać sobie *[title, victory]* [4] (involve) **to be ~ped up in sb** świata nie widzieć poza kimś fig; **to be ~ped up in sth** być pochłoniętym czymś *[work, hobby, activity, problem]*; **they are completely ~ped up in each other** są pochłonięci sobą bez reszty, świata poza sobą nie widzą; **he's ~ped up in himself** za bardzo się sobą przejmuje, myśli tylko o sobie; **there is 50,000 pounds ~ped up in the project** w ten projekt wpakowano 50 000 funtów infml [5] (conceal) fig ukry|ć, -wać *[meaning, ideas, facts]* **(in sth** w czymś); **tell me the truth, don't try to ~ it up** powiedz mi prawdę, nie owijaj niczego w bawełnę

IDIOMS: **to keep sth under ~s** trzymać coś w sekrecie; **to be under ~s** *[details, project]* być trzymanym w sekrecie; **to take the ~s off sth** ujawnić coś

wrap-around /ˈræpəraʊnd/ *adj [window, windscreen]* panoramiczny; *[skirt]* portfelowy

wrap-around sunglasses *npl* okulary *plt* (przeciw)słoneczne z boczną ochroną

wrap-over /ˈræpəʊvə(r)/ *adj* Fashn *[skirt]* portfelowy; *[dress]* zawijany

wrapper /ˈræpə(r)/ *n* [1] (of sweet, chocolate) papierek *m*; (of package) opakowanie *n*; (of newspaper) opaska *f*; (book dust jacket) obwoluta *f* [2] (dressing-gown) szlafrok *m* damski

wrapping /ˈræpɪŋ/ *n* opakowanie *n*

wrapping paper *n* (brown) papier *m* pakowy or pakunkowy, szary papier *m*; (decorative) ozdobny papier *m* pakunkowy

wrap top *n* Fashn bluzka *f* zawiązywana

wrap-up /ˈræpʌp/ *n* US infml podsumowanie *n*; **a ~ of the evening news** skrót wiadomości wieczornych

wrath /rɒθ, US ræθ/ *n* liter gniew *m*

wrathful /ˈrɒθfl, US ˈræθ-/ *adj* liter *[person]* rozgniewany; *[voice, look, outburst]* gniewny

wreak /riːk/ *vt* wyw|rzeć, -ierać *[revenge]* **(on sb** na kimś); wyładow|ać, -ywać *[fury]* **(on sb** na kimś); **to ~ havoc** or **damage** dokonać spustoszenia or zniszczenia; **to ~ havoc** or **damage on sth** zniszczyć coś

wreath /riːθ/ *n* [1] (of flowers, leaves) wieniec *m*; **funeral ~** wieniec pogrzebowy; **to lay a ~** złożyć wieniec [2] (of smoke, cloud) kłęby *m pl*

wreathe /riːð/ **I** *vt* upl|eść, -atać, spl|eść, -atać *[garland, coil]*; **to ~ sth around the head** opleść czymś głowę; **to ~ sth into the hair** wpleść coś we włosy

II *vi [smoke, steam]* kłębić się; **to ~ upwards** unosić się kłębami do góry

III wreathed *pp adj* **~d in sth** spowity czymś *[mist, smoke]*; **to be ~d in smiles** rozpływać się w uśmiechu

wreath-laying ceremony /ˌriːθleɪɪŋˈserɪmənɪ, US -məʊnɪ/ ceremonia *f* składania wieńców

wreck /rek/ **I** *n* [1] (car, plane, sunken ship) wrak *m* [2] (sinking, destruction) katastrofa *f*; **the ~ of all her hopes/dreams** fig zniweczenie wszystkich jej nadziei/marzeń [3] (person) **a human ~** wrak człowieka [4] infml (old car) wrak *m*, rzęch *m*, gruchot *m* infml

II *vt* [1] z|niszczyć, z|dewastować *[building, interior]*; rozbi|ć, -jać *[car, boat, train]*; **valuable machinery was ~ed in the blast** w wyniku wybuchu zniszczone zostały cenne urządzenia [2] fig zniweczyć *[hopes, ambitions]*; z|rujnować *[career, chances, health, life, marriage]*; popsuć, zepsuć *[holiday, weekend]*; doprowadzić do zerwania (czegoś), spowodować fiasko (czegoś) *[talks, deal, negotiations]*

wreckage /ˈrekɪdʒ/ *n* [1] (of plane, car) szczątki *m pl*; (of building) gruzy *plt*; **to pull sb from the ~** wyciągnąć kogoś z rozbitego pojazdu/samolotu [2] fig (of hopes, plan, attempt) resztki *f pl*; **to salvage sth from the ~ of one's marriage** ocalić coś z rozpadającego się małżeństwa

wrecked /rekt/ *adj* [1] *[vehicle, train, boat]* rozbity; *[building]* zrujnowany, zdewastowany [2] fig *[plan, hope, life, career]* zrujnowany [3] infml (exhausted) wykończony infml; (drunk) zapity, zalany w trupa infml

wrecker /ˈrekə(r)/ *n* [1] (destroyer of marriage, plans) niszczyciel *m*, -ka *f*; **drink is a great ~ of marriages** alkohol niszczy małżeństwo [2] (saboteur of machinery, talks) sabotażyst|a *m*, -ka *f* [3] Hist rozbójnik *m* morski [4] US (demolition worker) *robotnik zajmujący się rozbiórką budynków* [5] US (salvage truck) *samochód pomocy drogowej z platformą do przewożenia rozbitych pojazdów*

wrecking /ˈrekɪŋ/ *n* [1] zniszczenie *n*, rozbicie *n* [2] fig (of marriage) rozpad *m*; (of negotiations) fiasko *n*

wrecking ball *n* US kula *f* stalowa *(stosowana przy robotach rozbiórkowych)*

wrecking bar *n* łom *m*

wren /ren/ *n* Zool strzyżyk *m*

Wren /ren/ *n* GB kobieta *f* odbywająca służbę wojskową w WRNS *(formacji pomocniczej marynarki wojennej)*

wrench /rentʃ/ **I** *n* [1] (tool) klucz *m* francuski [2] (movement) (of handle, lid) szarpnięcie *n*; **she pulled the lid off with a ~** jednym szarpnięciem or gwałtownym ruchem zerwała pokrywę; **to give one's ankle a ~** skręcić sobie kostkę [3] fig boleść *f*; **it was a real ~** to było naprawdę bolesne

II *vt* szarp|nąć, -ać *[handle]*; **to ~ one's ankle** skręcić sobie kostkę; **to ~ sth from sb** wyszarpnąć coś komuś; **she ~ed the bag from my hands** wyszarpnęła mi torbę z rąk; **to ~ sth away from** or **off sth** oderwać coś od czegoś; **he ~ed the handle off the door** wyrwał klamkę z drzwi; **he ~ed the nail off the wall** wyrwał gwóźdź ze ściany; **to ~ the door open** nagłym szarpnięciem otworzyć drzwi; **to ~ one's gaze/mind away from sth** oderwać wzrok/myśli od czegoś

III *vi* **to ~ at sth** rzucić się na coś or w kierunku czegoś

IV wrenching *prp adj* *[anguish, sorrow]* rozdzierający; *[poignancy]* bolesny

V *vr* **to ~ oneself free** wyr|wać, -ywać się

IDIOMS: **to throw a ~ in the works** US wszystko popsuć; **this will throw a ~ into the economy** to zakłóci funkcjonowanie gospodarki

wrest /rest/ *vt* [1] wyr|wać, -ywać *[gun, box, file]* **(from sb** komuś); **she couldn't ~ it from him** nie mogła mu tego wyrwać; **to ~ sth from sb's hands** wyrwać komuś coś z rąk [2] (seize unlawfully) zagarn|ąć, -iać *[control]*; **he ~ed away control of the company** przejął kontrolę nad firmą [3] (obtain laboriously) wywalczyć *[seat, living]*; **he finally managed to ~ a confession from her** w końcu zmusił ją do przyznania się

wrestle /ˈresl/ **I** *vt* **to ~ sb for sth** walczyć z kimś o coś; **to ~ sb to the ground** powalić kogoś na ziemię; **to ~ sth into place** wepchnąć or wcisnąć coś na miejsce

II *vi* [1] Sport walczyć w zapasach [2] (struggle) mocować się; **to ~ with sb/sth** mocować się z kimś/czymś *[person, suitcase, lock]*; zmagać się z czymś *[controls, zip, problem, homework, conscience, temptation]*; **to ~ to do sth** walczyć (o to), żeby coś zrobić

wrestler /ˈreslə(r)/ *n* Sport zapaśnik *m*

wrestling /ˈreslɪŋ/ **I** *n* zapasy *plt*, zapaśnictwo *n*

II *modif* **a ~ champion** mistrz w zapasach; **a ~ enthusiast** miłośnik zapasów; **a ~ match** walka zapaśnicza

wretch /retʃ/ *n* [1] (unlucky) nieszczęśnik *m*, biedak *m* [2] (evil) nędznik *m*, drań *m*; (child) urwis *m*, łobuz *m*

wretched /ˈretʃɪd/ *adj* [1] (miserable) *[person]* nieszczęsny; *[existence, conditions, accommodation, appearance]* nędzny, żałosny; *[weather]* paskudny; *[amount]* mizerny; **to feel ~** (due to illness, hangover) czuć się okropnie; **to feel ~ about sth** czuć się głupio z powodu czegoś *[behaviour]*; **flu makes you feel ~** infml człowiek chory na grypę czuje się paskudnie; **things are ~ for her** wszystko się jej źle układa; **what ~ luck!** co za pech! [2] (damned) infml *[animal, machine]* przeklęty; **it's a ~ nuisance** cholerny (z tym) kłopot! infml; **that ~ dog of theirs** ten ich koszmarny pies infml

wretchedly /ˈretʃɪdlɪ/ *adv* [1] (badly, pitifully) *[organize, behave, treat, clothed, furnished]* okropnie, koszmarnie infml; *[small]* strasznie; *[paid]* marnie [2] (unhappily) *[gaze, weep]* żałośnie

wretchedness /ˈretʃɪdnɪs/ *n* [1] (unhappiness) niedola *f* [2] (poverty) nędza *f*

wrick /rɪk/ *vt* GB = **rick II**

wriggle /ˈrɪgl/ **I** *vt* **to ~ one's toes /fingers** przebierać palcami u nóg/palcami u rąk; **to ~ one's way out of sth** wydostać się z czegoś; fig wykręcić się od czegoś

II *vi* *[person]* wiercić się; *[snake, worm]* wić się; **she was wriggling with embarrassment** wiła się ze wstydu fig; **he was wriggling with excitement** z przejęcia nie mógł usiedzieć na miejscu; **to ~ along the ground** *[person, tiger]* czołgać się po ziemi; **to ~ through a hole in the fence** prześliznąć się or przedostać się przez dziurę w płocie; **to ~ under sth** prześliznąć się or przeczołgać się pod czymś; **to ~ free** wyśliznąć się, wyrwać się; **to ~ off the hook** *[fish]* zerwać się z haczyka; fig *[person]* wywinąć się

■ **wriggle about, wriggle around** *[worm, snake]* wić się; *[fish]* trzepotać się; *[person]* wiercić się

■ **wriggle out** wydost|ać, -awać się; **to ~ out of sth** wydostać się z czegoś; fig wykręcić się od czegoś *[task, duty]*; **you can't ~ out of it, you'll have to tell them the truth** nie wykręcisz się, będziesz musiał im powiedzieć prawdę

wriggler /ˈrɪglə(r)/ *n* wiercipięta *m/f* infml; **he's a terrible ~** ani chwili nie usiedzi na miejscu

wriggly /ˈrɪglɪ/ *adj* **to be ~** *[snake, worm]* wić się; *[person, animal]* wiercić się, kręcić się

wring /rɪŋ/ **I** *n* **to give sth a ~** wykręcić or wyżąć coś *[clothes]*

II *vt* (*pt, pp* **wrung)** [1] (also **~ out)** (squeeze) wyż|ąć, -ymać *[clothes]*; (by twisting) wykręc|ić, -ać; (by pressure) wycis|nąć, -kać; (by centrifrugal force) odwirow|ać, -ywać; **'do not ~'** (on label) „nie wyżymać" [2] fig (extract) wycis|nąć, -kać fig *[confession, information, money]* **(from** or **out of sb/sth** z kogoś/czegoś) [3] (twist) **to ~ sb's/sth's neck** ukręcić komuś/czemuś łeb also fig ; **to ~ one's hands** załamywać ręce also fig

III wringing *adv* **~ing wet** ociekający wodą

■ **wring out**: **~ out [sth], ~ [sth] out** wykręc|ić, -ać, wyż|ąć, -ymać *[cloth, clothes]*; **to ~ the water out from one's clothes** wyżymać ubranie

IDIOMS: **to be wrung out** infml być (kompletnie) wypompowanym infml; **to ~ sb's heart** chwytać kogoś za serce, poruszyć serce kogoś

wringer /ˈrɪŋə(r)/ *n* wyżymaczka *f*

IDIOMS: **to put sb through the ~** dać komuś wycisk infml

wrinkle /ˈrɪŋkl/ **I** *n* [1] (on skin) zmarszczka *f*; **it gives you ~s** od tego robią się zmarszczki [2] (in fabrics) zagniecenie *n*; **to iron out the ~** rozprasować zagniecenie; fig pokonać trudności

II *vt* [1] z|marszczyć *[skin]*; **to ~ one's nose** krzywić się **(at sb/sth** na kogoś/coś); **to ~ one's forehead** marszczyć brwi [2] po|gnieść *[fabric]*

III *vi* [1] *[skin]* pokry|ć, -wać się zmarszczkami [2] *[fabric]* po|gnieść się [3] *[wallpaper]* z|marszczyć się

■ **wrinkle up** *[rug, mat]* po|ściągać się, zwi|nąć, -jać się; *[nose, forehead]* z|marszczyć się; **his nose ~d up at the offensive smell** skrzywił się, czując przykry zapach

IDIOMS: **he knows a ~ or two** on nie jest głupi, on swoje wie

wrinkled /ˈrɪŋkld/ *adj* [1] *[face, skin, apple]* pomarszczony; *[brow]* zmarszczony [2] *[fabric, clothing]* pomięty; **~ stockings** obwarzanki na pończochach hum

wrinklies /ˈrɪŋklɪz/ *npl* infml pej or hum (older people) staruchy *m pl*, wapniaki *m pl* infml

wrinkly /ˈrɪŋklɪ/ *adj* infml = **wrinkled**

wrist /rɪst/ *n* nadgarstek *m*, przegub *m* dłoni

IDIOMS: **to get a slap on the ~** dostać po łapach fig

wristband /ˈrɪstbænd/ *n* (for tennis) frotka *f*; (on sleeve) mankiet *m*; (on watch) pasek *m* (od zegarka); (metal) bransoleta *f* (od zegarka)

wrist guard *n* Sport ochraniacz *m* przegubu

wrist rest *n* Comput oparcie *n* dla nadgarstka

wristwatch /ˈrɪstwɒtʃ/ *n* zegarek *m* na rękę

writ[1] /rɪt/ *n* Jur nakaz *m* sądowy, polecenie *n* sądowe; **to issue** or **serve a ~ against sb, to serve sb with a ~** wydać nakaz sądowy przeciwko komuś; **to serve sb a ~** doręczyć komuś nakaz sądowy

writ[2] /rɪt/ *vt* arch or dial *(archaic pt, pp of the verb* **write)** **to be ~ large** być wypisanym dużymi literami; **disappointment was ~ large across his face** fig na jego twarzy malowało się rozczarowanie; **it wasn't champagne, just sparkling wine ~ large** od razu było widać, że to wino musujące, udające szampana; **this is old conservatism ~ large** to konserwatyzm do potęgi

writable /ˈraɪtəbl/ *adj* Comput *[memory]* zapisywalny

write /raɪt/ (*pt* **wrote;** *pp* **written)** **I** *vt* [1] (put down on paper) na|pisać *[letter, novel, software]*; na|pisać, s|komponować *[music, symphony]*; wypis|ać, -ywać *[cheque, prescription]*; przygotow|ać, -ywać *[legislation]*; **to ~ shorthand** stenografować; **to ~ sth to disc** Comput zapisać coś na dyskietce; **she wrote that...** napisała, że...; **it is written that...** fml jest powiedziane, że...; **it's written in Italian** to jest napisane po włosku; **he wrote me a letter, he wrote a letter to me** napisał do mnie; **she wrote to my dictation** pisała pod moje dyktando; **she wrote me a cheque for £100** wypisała mi czek na sto funtów; **she had guilt written all over her face** fig miała winę wypisaną na twarzy; **he had 'policeman' written all over him** fig od razu było widać, że to policjant; **to ~ sth into a contract** włączyć coś do umowy [2] US (compose a letter to) na|pisać do (kogoś); **~ me when you get back** napisz do mnie po powrocie

II *vi* [1] (form words) pisać; **to learn to ~** nauczyć się pisać; **to ~ in pencil/pen** pisać ołówkiem/piórem; **to ~ neatly /badly** pisać starannie/niestarannie; **this pen doesn't ~** ten długopis nie pisze; **I have nothing to ~ with** nie mam nic do pisania; **give me something to ~ on** daj mi kawałek papieru (do pisania) [2] (compose professionally) pisać **(on** or **about sth** o czymś, na temat czegoś); **he ~s for the local paper** pisze dla lokalnej gazety; **I ~ for a living** zarabiam na życie pisaniem [3] (correspond) na|pisać **(to sb** do kogoś); **why doesn't she ~ more often?** dlaczego ona nie pisze częściej?

■ **write away** na|pisać **(to sb/sth** do kogoś/czegoś); **she wrote away for a form/sample** napisała z prośbą o formularz/próbkę

■ **write back**: ¶ **~ back** odpis|ać, -ywać, odpowi|edzieć, -adać na list **(to sb** komuś) ¶ **~ [sth] back** Accts, Fin wy|stornować *[assets]* ¶ **~ back [sth]** napisać (w odpowiedzi) *[letter]*

■ **write down**: **~ down [sth], ~ [sth] down** [1] (note) zapis|ać, -ywać, za|notować *[address, message, idea]* [2] (record) spis|ać, -ywać *[adventures]* [3] Comm, Fin (reduce) obniż|yć, -ać *[price, value]*; obniż|yć, -ać wartość (czegoś) *[stocks]*; odpis|ać, -ywać częściowo *[debt]*

■ **write in**: ¶ **~ in** na|pisać *(do programu telewizyjnego, prezentera)*; **please ~ in with your suggestions** czekamy na Państwa propozycje; **many people wrote in to complain** wpłynęło wiele skarg; **lots of listeners wrote in for signed photographs** wielu słuchaczy prosiło o podpisane fotosy ¶ **~ in [sth], ~ [sth] in** (insert) wpis|ać, -ywać *[word, sentence]*; (add) dopis|ać, -ywać *[word, sentence]* ¶ **~ [sb] in** US Pol dopis|ać, -ywać nazwisko (kogoś) *[candidate] (na karcie do głosowania)*

■ **write off**: ¶ **~ off** na|pisać **(to sb** do kogoś); **to ~ off (to ask) for sth** napisać z prośbą o coś *[catalogue, information]* ¶ **~ [sth] off** [1] (wreck) s|kasować infml; Insur spis|ać, -ywać na straty [2] Accts odpis|ać, -ywać *[bad debt, loss]*; spis|ać, -ywać na straty *[amount]*; fig postawić or położyć krzyżyk na (czymś) *[marriage, project]* [3] (end) um|orzyć, -arzać *[debt]*; anulować *[project, operation]* ¶ **~ [sb] off** (dismiss) *[critic]* spis|ać, -ywać na straty fig *[person, athlete]*; skreśl|ić, -ać infml; **to ~ sb off for dead** uznać kogoś za zmarłego; **I've written him down as a dead loss** fig infml uważam go za kompletne zero infml

■ **write out**: ¶ **~ out [sth], ~ [sth] out** [1] (put down on paper) sporządz|ić, -ać *[calculation, list, report]*; na|pisać *[address, list, instruction]*; wypis|ać, -ywać *[prescription]*; wystawi|ć, -ać, wypis|ać, -ywać *[bill, cheque]* [2] (copy) przepis|ać, -ywać *[line, words]*; **~ it out again neatly** przepisz to starannie jeszcze raz ¶ **~ [sb] out** Radio, TV usu|nąć, -wać, pozby|ć, -wać się (kogoś) *[character, person]*

■ **write up**: **~ up [sth], ~ [sth] up** [1] (produce in report form) spis|ać, -ywać *[notes, minutes]*; opis|ać, -ywać *[experiment, findings]*; pisać *[diary]* [2] (praise) na|pisać pochlebnie o (kimś/czymś) *[play, concert]*; **the play was written up in several newspapers** o sztuce pisało pochlebnie kilka gazet [3] Accts, Fin podwyższ|yć, -ać *[assets]*

write head *n* Comput głowica *f* zapisująca

write-in /ˈraɪtɪn/ *n* [1] listowa akcja *f* protestacyjna [2] US Pol *kandydat dopisany na liście wyborczej*

write-off /ˈraɪtɒf/ *n* [1] (wreck) Insur (car) pojazd *m* spisany na straty; fig wrak *m* infml fig; (event) niewypał *m* fig; (person) zero *n* fig [2] Comm suma *f* odpisana jako strata; **tax ~** US Tax strata *f (odpisywana od przychodu)*

write once read many disk *n* Comput dysk *m* jednokrotnego zapisu

write protect *n* Comput zabezpieczenie *n* zapisu

write protection *n* Comput zabezpieczenie *n* przed zapisem

write-protect notch /ˌraɪtprətektˈnɒtʃ/ *n* Comput wycięcie *n* ochrony zapisu

writer /ˈraɪtə(r)/ *n* (professional) pisa|rz *m*, -rka *f*, autor *m*, -ka *f*; (nonprofessional) autor *m*, -ka *f*; **he's a ~** jest pisarzem; **she's a short-story ~** pisze opowiadania, jest autorką opowiadań; **the ~ of this letter** autor tego listu; **sports/travel/cookery ~** dziennikarz piszący o sporcie/turystyce /kuchni; **he is a neat/messy ~** ma staranny/brzydki charakter pisma, pisze starannie/brzydko; **Writer to the Signet** Scot Jur dat ≈ notariusz *m*

writer's block *n* zanik *m* inwencji twórczej, brak *m* weny; **she's suffering from ~** wena ją opuściła

writer's cramp *n* skurcz *m* ręki, kurcz *m* pisarski; **I've got ~** ścierpła mi ręka

write-up /ˈraɪtʌp/ *n* [1] Journ (review) recenzja *f* **(of sth** czegoś); (account) omówienie *n* **(of sth** czegoś) [2] US Accts zawyżony zapis *m* w bilansie

writhe /raɪð/ *vi* (also **~ about, ~ around)** zwi|nąć, -jać się, skręc|ić, -ać się; **to ~ in agony** zwijać się or skręcać się z bólu; **to ~ with embarrassment** skręcać się or palić się ze wstydu

writing /ˈraɪtɪŋ/ **I** *n* [1] (act of composing) pisanie *n*; **she earns a lot from her ~** zarabia dużo pisaniem; **~ takes up a lot of my time** pisanie zajmuje mi dużo czasu; **at the time of ~** w chwili, kiedy kreślę te słowa [2] (handwriting) pismo *n*, charakter *m* pisma; **I can't read your ~** nie potrafię odczytać twojego pisma; **in his /your own ~** jego/twoim własnym charakterem pisma [3] (script) pismo *n*; **cuneiform ~** pismo klinowe [4] (written material) pismo *n*; **the wall was covered in ~** cała ściana była pokryta napisami; **can I have it in ~?** czy mogę to dostać na piśmie?; **to put sth in ~** przedstawić coś na piśmie [5] (literature) literatura *f*; (author's) pisarstwo *n*; **modern/American ~** literatura współczesna/amerykańska; **it was an excellent piece of ~** to było świetnie napisane

II **writings** *npl* pisma *plt*, dzieła *n pl*; **the ~s of Swift** pisma Swifta; **selected ~s of Oscar Wilde** wybrane dzieła Oscara Wilde'a

III *modif [career]* pisarski

IDIOMS: **the ~ is on the wall** nieszczęście wisi w powietrzu; **the ~ is on the wall for the regime** dni reżimu są policzone

writing case *n* teczka *f* z notatnikiem

writing desk *n* biurko *n*, sekretarzyk *m*

writing materials *npl* przybory *plt* do pisania

writing pad *n* blok *m* listowy

writing paper *n* papier *m* listowy

writing table *n* biurko *n*

writ of attachment *n* Jur nakaz *m* zajęcia majątku

writ of execution *n* Jur nakaz *m* egzekucyjny

writ of subpoena *n* = **writ of summons**

writ of summons *n* Jur nakaz *m* stawiennictwa

written /ˈrɪtn/ **I** *pp* → **write**

II *adj [exam]* pisemny; *[guarantee, reply]* (sporządzony) na piśmie; **he failed the ~ paper** nie zaliczył pracy pisemnej; **~ evidence** or **proof** dowód na piśmie; **the ~ word** słowo pisane

WRNS *n* GB = **Women's Royal Naval Service** *kobiece oddziały pomocnicze w marynarce wojennej*

wrong /rɒŋ, US rɔːŋ/ **I** *n* [1] (evil) zło *n*; **he has no sense of right or ~** on nie potrafi odróżnić dobra i zła; **in her mother's eyes she could do no ~** matka uważa, że jej córka nie mogłaby zrobić nic złego [2] (injustice) krzywda *f*; **to right a ~** naprawić krzywdę; **to do sb ~/a great ~** fml wyrządzić komuś krzywdę/wielką krzywdę; **the rights and ~s of the matter** aspekt moralny sprawy [3] Jur przestępstwo *n*; **a private/public ~** czyn podlegający kodeksowi cywilnemu/karnemu

II *adj* [1] (incorrect) (ill-chosen) zły; (containing errors) *[total]* błędny, nieprawidłowy; *[note, forecast, hypothesis]* fałszywy; **in the ~**

place at the ~ time w niewłaściwym miejscu i niewłaściwym czasie; **he picked up the ~ key** wziął nie ten or zły klucz; **it's the ~ wood/glue for the purpose** to nie jest odpowiednie drewno/odpowiedni klej; **she was the ~ woman for you** nie była odpowiednią kobietą dla ciebie; **to prove to be ~** *[hypothesis, forecast]* okazać się błędnym; **to go the ~ way** pomylić drogę; **to go to the ~ place** źle trafić; **to take the ~ road** pojechać nie tą drogą; **to take the ~ train** wsiąść nie do tego pociągu; **to take the ~ turning** GB or **turn** US źle skręcić, skręcić nie w tym miejscu; **to give the ~ password/answer** podać złe hasło/złą odpowiedź; **confrontation is the ~ approach** konfrontacja nie jest właściwą metodą; **everything I do is ~** wszystko, co robię, jest nie tak; wszystko robię nie tak, jak trzeba; **it was the ~ thing to say/to do** nie należało tego mówić/robić; **to say the ~ thing** powiedzieć coś niewłaściwego, popełnić gafę; **don't get the ~ idea** nie zrozum tego źle; **you've got the ~ number** (on phone) (to) pomyłka [2] (reprehensible, unjust) **it is ~ to lie** nie należy kłamać; **you were ~ to open her letters** nie powinieneś otwierać jej listów; **she hasn't done anything ~** nie zrobiła nic złego; **it was ~ of me to speak to you like that** nie powinienem był tak do ciebie mówić; **it's ~ for her to have to struggle alone** to niesprawiedliwe, że musi sama sobie radzić; **it is ~ that...** nie może tak być, żeby...; **it's ~ that the poor should go hungry** to niesprawiedliwe, żeby biedni głodowali; **there's nothing ~ with** or **in it** nie ma w tym nic złego; **there's nothing ~ in** or **with watching soap operas** nie ma nic złego w oglądaniu oper mydlanych; **what's ~ with trying?** co szkodzi spróbować?; **(so) what's ~ with that?** (a) cóż w tym złego?; **he's ~ to leave** or **in leaving his children on their own at home** nie powinien zostawiać dzieci samych w domu [3] (mistaken) *[person]* **to be ~** być w błędzie, nie mieć racji, mylić się; **can you prove that I am ~?** czy możesz udowodnić, że nie mam racji?; **that's where you're ~!** tu właśnie się mylisz!; **I might be ~** mogę się mylić; **how ~ can you be!** jak bardzo można się mylić!; **to be ~ about sb/sth** mylić się co do kogoś/czegoś; **she was ~ about him** pomyliła się co do niego; **you are ~ to accuse me** niesłusznie mnie oskarżasz; **am I ~ in thinking that...** czy nie mam racji, uważając, że...; **to prove sb ~** dowieść, że ktoś nie ma racji or że ktoś się myli [4] (not as it should be) **to be ~** być nie w porządku; **there's something (badly) ~** coś tu jest (bardzo) nie w porządku; **what's ~?** co jest? co się dzieje?; **what's ~ with the machine /clock?** co się dzieje z tą maszyną/tym zegarem?; **there's something ~ with the computer** coś jest nie w porządku z komputerem; **the wording is all ~** to jest bardzo źle sformułowane; **what's ~ with you?** (to a person suffering) co ci dolega?; (to a person behaving oddly) co się z tobą dzieje?; co cię napadło? fig infml; **what's ~ with your arm/leg?** co ci się stało w rękę/w nogę?; **your clock is ~** twój zegar źle chodzi; **nothing ~ is there?** wszystko w porządku?

III *adv* **to get sth ~** pomylić coś *[date, time, details]*; pomylić się w czymś *[calculations]*; **I think you've got it ~** chyba się pomyliłeś; **to go ~** *[person]* pomylić się; *[machine]* zepsuć się; *[plan]* nie powieść się, nie udać się; **what's gone ~ between them?** co między nimi zaszło?; **you won't go far ~ if...** niewiele się pomylisz, jeśli...; **you can't go ~** (in choice of route) na pewno nie zabłądzisz; (are bound to succeed) na pewno ci się uda

IV *vt* [1] (treat unjustly) s|krzywdzić, wyrządz|ić, -ać krzywdę (komuś) *[person, family]* [2] fml (judge unfairly) s|krzywdzić

IDIOMS: **don't get me ~** nie zrozum mnie źle; **to be in the ~** zawinić; **to be ~ in the head** infml mieć źle w głowie infml; **to get into the ~ hands** dostać się w niepowołane ręce; **to get on the ~ side of sb** narazić się komuś; **his medicine went down the ~ way** zakrztusił się lekarstwem; **to jump to the ~ conclusion** wyciągnąć pochopny wniosek; **two ~s don't make a right** nie należy odpłacać pięknym za nadobne; **you've got me all ~** opacznie mnie zrozumiałeś → **stick**

wrongdoer /ˈrɒŋduːə(r), US ˈrɔːŋ-/ *n* winowaj|ca *m*, -czyni *f*, przestęp|ca *m*, -czyni *f*

wrongdoing /ˈrɒŋduːɪŋ, US ˈrɔːŋ-/ *n* wykroczenie *n*, przestępstwo *n*, naganne postępowanie *n*

wrongfoot /ˌrɒŋˈfʊt, US ˌrɔːŋ-/ *vt* zask|oczyć, -akiwać, zmylić *[opponent, adversary]*

wrongful /ˈrɒŋfl, US ˈrɔːŋ-/ *adj* Jur *[imprisonment, dismissal, arrest]* bezprawny

wrongfully /ˈrɒŋfəlɪ, US ˈrɔːŋ-/ *adv* Jur *[arrest, imprison, dismiss]* bezprawnie

wrong-headed /ˌrɒŋˈhedɪd, US ˌrɔːŋ-/ *adj* [1] (stubborn) *[person]* uparty [2] (perverse) *[policy, decision]* błędny, niewłaściwy

wrongly /ˈrɒŋlɪ, US ˈrɔːŋ-/ *adv [word, position, translate, connect]* źle; **he had concluded, ~, that...** błędnie uznał, że...; **rightly or ~** słusznie czy nie

wrote /rəʊt/ *pt* → **write**

wrought /rɔːt/ **I** *pt, pp* liter **the flood ~ havoc** or **destruction** powódź dokonała spustoszenia or zniszczenia; **the changes ~ by sth** zmiany, które się dokonały wskutek czegoś

II *pp adj* [1] *[silver, gold]* kuty [2] (devised) **finely/carefully ~** *[plot, essay]* starannie przygotowany

wrought iron **I** *n* kute żelazo *n*

II *modif* (wykonany) z kutego żelaza

wrought iron work *n* wyroby *m pl* z kutego żelaza

wrought-up /ˌrɔːtˈʌp/ *adj [person]* podekscytowany, zemocjonowany

wrung /rʌŋ/ *pt, pp* → **wring**

WRVS *n* GB = **Women's Royal Volunteer Service** *ochotnicza służba kobiet*

wry /raɪ/ *adj* [1] (ironic) *[comment]* cierpki; *[look]* kpiarski; **a ~ humour** cierpki humor [2] (disgusted) **to make a ~ face** skrzywić się

wryly /ˈraɪlɪ/ *adv [smile, grin, comment]* cierpko

W Sussex *n* GB Post = **West Sussex**

wt = **weight**

wuss /wʊs/ *n* infml palant *m* infml

WV *n* US = **West Virginia**

WWI *n* = **World War One** pierwsza wojna *f* światowa

WWII *n* = **World War Two** druga wojna *f* światowa

WY US = **Wyoming**

wych elm /ˈwɪtʃelm/ *n* Bot wiąz *m* górski

wynd /waɪnd/ *n* Scot uliczka *f*, alejka *f*

Wyoming /ˌwaɪˈəʊmɪŋ/ *prn* Wyoming *m*

W Yorkshire *n* GB Post = **West Yorkshire**

WYSIWYG /ˈwɪzɪwɪg/ Comput = **what you see is what you get** tryb *m* graficzny WYSIWYG *(„to, co widzisz, jest tym, co dostajesz")*

x, X /eks/ **I** *n* [1] (letter) x, X *n* [2] **x** Math x [3] **x** (unspecified number) iks *m*; **for x people, for x number of people** dla or na iks osób [4] **X** (unspecified person) Iksińsk|i *m*, -a *f*; (unspecified place) X *n*; **Mr/Ms X** pan/pani Iks; **Mr and Ms X** (Państwo) Iksińscy [5] **X** (on map) krzyżyk *m*; **X marks the spot** miejsce zostało oznaczone krzyżykiem [6] **x x x** (at end of letter) całusy *m pl* [7] **X** (as signature) krzyżyk *m*

II x *vt* (*pt, pp* **x-ed**) [1] podpis|ać, -ywać krzyżykiem [2] infml (cross out) za|iksować infml *[word, mistake]*

X certificate GB **I** *n* **the film was given an ~** film zakwalifikowano jako dozwolony od lat osiemnastu

II *modif [film]* (dozwolony) od lat osiemnastu

xenograft /ˈzenəgrɑːft, US -græft/ *n* przeszczep *m* heterogeniczny

xenon /ˈziːnɒn/ *n* ksenon *m*

xenophobe /ˈzenəfəʊb/ *n* ksenofob *m*

xenophobia /ˌzenəˈfəʊbɪə/ *n* ksenofobia *f*

xenophobic /ˌzenəˈfəʊbɪk/ *adj* ksenofobiczny

Xenophon /ˈzenəfən/ *prn* Ksenofont *m*

xenotransplantation /ˌzenəʊˌtrænsplɑːnˈteɪʃn, US -plænt-/ *n* ksenotransplantacja *f*

xerography /zɪəˈrɒgrəfɪ/ *n* kserografia *f*

xerox, Xerox® /ˈzɪərɒks/ **I** *n* [1] (machine) ksero *n*, kserograf *m*, kserokopiarka *f* [2] (process) kserowanie *n* [3] (copy) ksero *n*, odbitka *f* kserograficzna, kserokopia *f*

II *vt* s|kserować

Xerxes /ˈzɜːksiːz/ *prn* Kserkses *m*

XL *n* = **extra-large** rozmiar *m* XL

Xmas /ˈeksməs/ *n* = **Christmas**

XML *n* = **Extensible Mark-up Language** język *m* znakowanie tekstów, XML *m*

X-rated /ˈeksreɪtɪd/ *adj [film, video]* (dozwolony) od lat osiemnastu

X rating *n* **to have an ~** *[film, video]* być dozwolonym od lat osiemnastu

X-ray /ˈeksreɪ/ **I** *n* [1] (ray) promień *m* X [2] (photo) zdjęcie *n* rentgenowskie, prześwietlenie *n*, rentgenogram *m*; rentgen *m* infml [3] (process) rentgenografia *f*, radiografia *f*, prześwietlenie *n*; rentgen *m* infml; **to have an ~** zrobić sobie prześwietlenie or rentgen; **to give sb an ~** zrobić komuś prześwietlenie or rentgen

II *modif* **~ eyes** or **vision** infml or hum dar jasnowidzenia fig hum

III *vt* prześwietl|ić, -ać, z|robić prześwietlenie or rentgen infml

X-ray machine *n* aparat *m* rentgenowski; rentgen *m* infml

X-ray radiation *n* promieniowanie *n* rentgenowskie

X-ray unit *n* pracownia *f* rentgenowska

xylograph /ˈzaɪləgrɑːf, US -græf/ *n* ksylografia *f*, drzeworyt *m*

xylographic /ˌzaɪləˈgræfɪk/ *adj* ksylograficzny; **~ book** ksylograf, książka blokowa

xylography /zaɪˈlɒgrəfɪ/ *n* ksylografia *f*, drzeworytnictwo *n*

xylophone /ˈzaɪləfəʊn/ *n* Mus ksylofon *m*

xylophonist /zaɪˈlɒfənɪst/ *n* Mus ksylofonista *m*

y, Y /waɪ/ *n* [1] (letter) y, Y *n* [2] **y** Math y [3] **Y** (unspecified person) Igrek *m*; **Mr/Ms Y** pan /pani Igrek

yacht /jɒt/ [I] *n* jacht *m*; (small) żaglówka *f*
[II] *modif* **~ crew** załoga jachtu; **~ race** regaty żeglarskie; **~ club** jachtklub
[III] *vi* uprawiać żeglarstwo

yachting /ˈjɒtɪŋ/ [I] *n* żeglarstwo *n*, jachting *m*; **to go ~** pływać żaglówką
[II] *modif [cap, clothes, course]* żeglarski; **~ enthusiast** zapalony żeglarz; **~ holiday** wakacje na jachcie/żaglówce

yachtsman /ˈjɒtsmən/ *n* (*pl* **-men**) żeglarz *m*

yachtswoman /ˈjɒtswʊmən/ *n* (*pl* **-women**) żeglarka *f*

yack /jæk/ infml [I] *n* [1] (also **yackety-yak**) pogaduszki *f pl* infml; **to have a ~** pogadać sobie [2] US (loud laugh) wybuch *m* śmiechu [3] US (joke) kawał *m*
[II] *vi* (also **yackety-yak**) gadać, paplać infml
■ **yack at** US zawracać głowę (komuś) *[person]*

yah /jɑː/ infml [I] *n* pej (person) snob *m*, -ka *f*
[II] *particle* tak

yahoo¹ /jɑːˈhuː, jə-/ *n* prymityw *m* pej; prostak *m* infml pej

yahoo² /jɑːˈhuː, jæ-/ *excl* hurra!

Yahweh /ˈjɑːweɪ/ *n* Jehowa *m*

yak¹ *n* /jæk/ Zool jak *m*

yak² *n* /jæk/ infml = **yack**

yakuza /jəˈkuːzə/ *n* jakuza *m* *(członek japońskiej mafii)*

Yale® /jeɪl/ *n* (also **Yale lock**) zamek *m* yale

Yale key® *n* klucz *m* do zamka yale

yam /jæm/ *n* [1] (plant, vegetable) jams *m*, ignam *m*, pochrzyn *m* [2] US (sweet potato) batat *m*, słodki ziemniak *m*

yammer /ˈjæmə(r)/ infml *vi* [1] (complain) biadolić, labiedzić infml (**about sth** na coś) [2] = **yammer on**
■ **yammer on** infml pytlować infml (**about sth** o czymś)

yang /jæŋ/ *n* jang *m/n inv*; **yin and ~** jin i jang

yank /jæŋk/ [I] *n* szarpnięcie *n*; **to give sth a ~** szarpnąć (za) coś
[II] *vt* szarp|nąć, -ać, targać; **he ~ed me into his office** wciągnął mnie do gabinetu; **he ~ed me to my feet** gwałtownym szarpnięciem postawił mnie na nogi
[III] *vi* szarp|nąć, -ać; **she ~ed at my hair** pociągnęła mnie za włosy; **he ~ed on the rope** szarpnął linę
■ **yank off**: **~ off [sth], ~ [sth] off** z|erwać, -rywać *[tie, scarf]*; **to ~ off the bedcovers** gwałtownym ruchem ściągnąć narzutę z łóżka
■ **yank out**: **~ out [sth], ~ [sth] out** wyr|wać, -ywać *[tooth]*; wyszarp|nąć, -ywać *[gun]*; wyciąg|nąć, -ać *[cork]*

Yank /jæŋk/ *n* infml offensive jankes *m*, -ka *f* hum or pej

Yankee /ˈjæŋkɪ/ *n* [1] US (inhabitant of New England) mieszkan|iec *m* -ka *f* Nowej Anglii [2] (inhabitant of North) mieszkan|iec *m* -ka *f* stanów północnych [3] Hist (soldier) unionista *m* [4] infml offensive (North American) jankes *m*, -ka *f* hum or pej

Yankee doodle *n* Yankee-Doodle *f inv* *(piosenka z okresu amerykańskiej wojny o niepodległość)*

yap /jæp/ [I] *n* szczeknięcie *n*; **~, ~!** onomat (dog) hau, hau!; (person) ple-ple infml
[II] *vi* (*prp, pt, pp* **-pp-**) [1] *[dog]* ujadać (**at sb/sth** na kogoś/coś) [2] pej *[person]* nadawać infml; **stop ~ping!** zamknij jadaczkę! vinfml

yapping /ˈjæpɪŋ/ [I] *n* ujadanie *n*
[II] *adj [dog]* ujadający

Yarborough /ˈjɑːbrə/ *n* (in bridge) pusta ręka *f*, mizerka *f* infml

yard¹ /jɑːd/ *n* [1] Meas jard *m* (= 0, 9144 m) [2] fig **you've got ~s of room!** masz mnóstwo miejsca!; **she writes poetry by the ~, she writes ~s and ~s of poetry** pisze jeden wiersz za drugim [3] Naut reja *f*

yard² /jɑːd/ [I] *n* [1] (of house, farm, hospital) podwórko *n*, podwórze *n*; (of prison) dziedziniec *m* [2] US (garden) ogródek *m* [3] Comm (for storage) plac *m* składowy; Constr (for construction) plac *m* budowy; **builder's ~** skład materiałów budowlanych
[II] **Yard** *prn* GB infml **the ~** Scotland Yard *m*

yardage /ˈjɑːdɪdʒ/ *n* (distance or length) odległość *f* mierzona w jardach

yardarm /ˈjɑːdɑːm/ *n* nok *m* rei

yardbird /ˈjɑːdbɜːd/ infml *n* [1] (prisoner) kryminalista *m* [2] US Mil infml rekrut *m*; kot *m* infml

Yardie /ˈjɑːdiː/ *prn* GB infml złodziej *m* pochodzący z Indii Zachodnich

yardmaster /ˈjɑːdmɑːstə(r), US -mæs-/ *n* US Rail zawiadowca *m* stacji rozrządowej

yard sale *n* US wyprzedaż *f* rzeczy używanych *(na posesji właściciela)*

yardstick /ˈjɑːdstɪk/ *n* [1] przymiar *m* jardowy [2] fig miara *f* (**of sth** czegoś)

yarn /jɑːn/ *n* [1] Tex przędza *f*; **polyamide /cotton ~** przędza poliamidowa/bawełniana [2] (tale) (barwna) opowieść *f*; **to spin a ~** opowiadać, snuć opowieść

yarrow /ˈjærəʊ/ *n* krwawnik *m* pospolity

yashmak /ˈjæʃmæk/ *n* czarczaf *m*, kwef *m*, jaszmak *m*

yaw /jɔː/ *vi* Naut, Aviat zb|oczyć, -aczać z kursu

yawl /jɔːl/ *n* Naut (sailing boat) jol *m*; (ship's boat) jola *f*, jolka *f*

yawn /jɔːn/ [I] *n* [1] (physical action) ziewnięcie *n*, ziewanie *n*; **to give a ~** ziewnąć; **to suppress a ~** stłumić ziewnięcie [2] fig (bore) nudziarstwo *n*; **what a ~!** ale nudy!
[II] *vt* **'see you tomorrow,' he ~ed** „do jutra", powiedział, ziewając
[III] *vi* [1] *[person]* ziew|nąć, -ać [2] fig (gape) *[tunnel, abyss, chasm]* zionąć

yawning /ˈjɔːnɪŋ/ [I] *n* ziewanie *n*
[II] *adj [abyss, chasm]* zionący; fig **a ~ gap in the market/law** luka na rynku/w prawie; **the ~ gap between promises and performances** głęboki rozziew pomiędzy obietnicami a ich realizacją; **the ~ gap between the two countries** głęboka przepaść dzieląca oba kraje

yawp /jɔːp/ US infml [I] *n* jazgot *m*
[II] *vi* jazgotać

yaws /jɔːz/ *n* (+ *v sg*) Med frambezja *f*, malinica *f*, jagodzica *f*

yd = **yard¹** [1]

ye¹ /jiː/ *det* arch wy
IDIOMS: **~ gods!** infml wielkie nieba!

ye² /jiː/ *def art* arch = **the**

yea¹ /jeɪ/ [I] *particle* arch tak
[II] *n* Pol głos *m* za; **the ~s and the nays** głosy za i głosy przeciw

yea² /jeɪ/ *adv* [1] arch (indeed) zaiste dat [2] US infml (so, to this extent) **~ high/wide/long** taaki wysoki/szeroki/długi infml

yeah /jeə/ *particle* infml tak; no infml; **oh ~?** czyżby? also iron

year /jɪə(r), jɜː(r)/ [I] *n* [1] (period of time) rok *m*; **in the ~ 1789/2000** w roku 1798/2000; **every ~** co roku; **every other ~** co dwa lata; **~s ago** przed laty; **two ~s ago** dwa lata temu, przed dwoma laty; **all (the) ~ round** przez cały rok; **during the ~** w ciągu roku; **over the ~s** przez (wszystkie te) lata; **the ~ before last** dwa lata temu; **~ by ~** rok po roku; **three ~s running** przez trzy kolejne lata, przez trzy lata z rzędu; **~ in ~ out** rok w rok; **in ~s to come** w następnych latach; **at the end of the ~** pod koniec roku, na końcu roku; **I shall retire in two ~s** or **in two ~s' time** przejdę na emeryturę za dwa lata; **we hope to build the bridge in two ~s** mamy nadzieję zbudować ten most w dwa lata; **they have been living in Paris for ~s** od lat mieszkają w Paryżu; **they lived in Paris for ~s** wiele lat mieszkali w Paryżu; **they will probably live in Paris for ~s** prawdopodobnie będą wiele lat mieszkali w Paryżu; **for the first time in ~s** pierwszy raz od lat; **it was a ~ ago last October that I heard the news** w października minął rok, jak się o tym dowiedziałem; **it will be four ~s in July since he died** w lipcu miną cztery lata od jego śmierci; **it's a ~ since I heard from him** od roku nie miałem od niego żadnej wiadomości, ostatnią wiadomość od niego miałem rok temu; **from one ~ to the next** z roku na rok; **in all my ~s as a journalist** w ciagu całej mojej dziennikarskiej kariery; **to earn £30,000 a ~** zarabiać 30 000 funtów rocznie [2] (indicating age) **to be 19 ~s old** or **19 ~s of age** mieć 19 lat; **a two-~-old child** dwuletnie dziecko; **he's in his fiftieth ~** w tym roku skończy pięćdziesiąt lat [3] GB Univ (academic year) rok *m*; (a set of students) rok *m*; **to be in one's first ~ at university** być na pierwszym roku studiów; **is that boy in your ~?** czy ten chłopak jest na twoim roku? [4] GB Sch (pupil) **first/second ~** ≈ ucze|ń *m*, -nnica *f* pierwszej/drugiej klasy gimnazjum [5] (prison sentence) **to get 15 ~s** dostać 15 lat (więzienia)

II years *npl* [1] (age) lata *plt*; **from her earliest ~s** od najwcześniejszych lat; **a man of your ~s and experience** mężczyzna w twoim wieku i z twoim doświadczeniem [2] infml (a long time) (used in exaggeration) wieki *m pl*; **but that would take ~s!** ależ to będzie trwało wieki!; **it's ~s since we last met!** wieki się nie widzieliśmy!

IDIOMS: **this job has put ~s on me!** przez tę pracę lat mi przybyło!, ta praca dodała mi lat!; **losing weight takes ~s off you** odchudzanie bardzo odmładza or działa odmładzająco; **I gave you the best ~s of my life** poświęciłem ci swoje najlepsze lata

yearbook /ˈjɪəbʊk, ˈjɜː-/ *n* [1] (directory) rocznik *m* [2] US Sch, Univ księga *f* pamiątkowa (klasy lub rocznika)

year-end /ˌjɪəˈend, ˈjɜː-/ Accts **I** *n* koniec *m* roku finansowego

II *modif [report, dividend]* roczny

yearling /ˈjɪəlɪŋ, ˈjɜː-/ *n* (animal) roczniak *m*

yearlong /ˌjɪəˈlɒŋ, US ˌjɜːˈlɔːŋ/ *adj [stay, course]* roczny, jednoroczny; *[absence]* roczny, trwający rok

yearly /ˈjɪəlɪ, ˈjɜː-/ **I** *adj [visit]* coroczny, doroczny; *[account, income]* roczny

II *adv* corocznie

yearn /jɜːn/ *vi* [1] (desire) **to ~ for sb/sth** pragnąć kogoś/czegoś *[child, food, freedom, unity]*; (romantically) **to ~ for sb** wzdychać do kogoś; **to ~ to do sth** bardzo pragnąć coś zrobić [2] (miss) **to ~ for sb/sth** tęsknić za kimś/czymś *[person, homeland]* [3] (feel compassion) **to ~ towards sb** współczuć komuś

yearning /ˈjɜːnɪŋ/ **I** *n* pragnienie *n* **(for sth/to do sth** czegoś/zrobienia czegoś); tęsknota *f* **(for sth** za czymś)

II yearnings *npl* pragnienia *n pl*, tęsknoty *f pl*

III *adj [expression]* tęskny

yearningly /ˈjɜːnɪŋlɪ/ *adv [gaze]* tęsknie

year out *n* roczna przerwa *f* w nauce *(poświęcona na pracę w wolontariacie lub naukę)*

year-round /ˌjɪəˈraʊnd, ˌjɜː-/ *adj* całoroczny; **designed for ~ use** przeznaczony do użytku przez cały rok

year tutor *n* GB ≈ opiekun *m*, -ka *f* roku

yeast /jiːst/ *n* drożdże *plt*

yeasty /ˈjiːstɪ/ *adj* [1] drożdżowy; **~ taste /smell** smak/zapach drożdży; *[bread, wine]* na drożdżach [2] (frothy) pienisty

yecch /jek/ *excl* US infml = **yuck**

yec(c)hy /ˈjekɪ/ *adj* US infml = **yucky**

yegg /jeg/ *n* US infml (also **yegg man)** (burglar) włamywacz *m*; (safebreaker) kasiarz *m* infml

yell /jel/ **I** *n* [1] (shout) (of rage) ryk *m*; (of terror, pain) krzyk *m*; **to give** or **let out a ~ of delight** krzyknąć z zachwytu; **~s of laughter** salwy śmiechu [2] US (of fans) głośny doping *m*

II *vt* krzy|czeć, -knąć *[warning]*; wykrzy|czeć, -kiwać *[order, reply]*; **to ~ abuse** rzucać obelgi; **'I can't hear you,' he ~ed** „nie słyszę cię!", wrzasnął or krzyknął

III *vi* (also **~ out)** (shout) krzy|czeć, -knąć, wrz|asnąć, -eszczeć; wy|drzeć, -dzierać się infml; **stop ~ing at me!** przestań się na mnie wydzierać!; **to ~ for help** wołać o pomoc

yelling /ˈjelɪŋ/ **I** *n* krzyk *m*, wrzask *m*

II *adj [mob, fans]* wrzeszczący

yellow /ˈjeləʊ/ **I** *n* (kolor *m*) żółty *m*; żółć *f* ra

II *adj* [1] żółty; **to go** or **turn ~** zżółknąć, pożółknąć; **the lights are on ~** jest or mamy żółte światło [2] infml (cowardly) *[person]* tchórzliwy; **he had a ~ streak in him** był tchórzem podszyty liter

III *vt* nada|ć, -wać żółty odcień (czemuś); **the paper was ~ed with age** papier pożółkł ze starości; **the ~ed leaves of autumn** pożółkłe liście jesieni

IV *vi* po|żółknąć, z|żółknąć

yellow-belly /ˈjeləʊbelɪ/ *n* infml cykor *m* infml

yellow brick road *n* droga *f* do szczęścia

yellow card *n* Sport żółta kartka *f*

yellow fever *n* Med żółta febra *f*

yellow flag *n* Naut żółta flaga *f (sygnał kwarantanny na statku)*

yellowhammer /ˈjeləʊhæmə(r)/ *n* Zool trznadel *m*

yellowish /ˈjeləʊɪʃ/ *adj* żółtawy

yellowish brown I *n* (kolor *m*) brązowy *m* z odcieniem żółtym

II *adj* żółtawobrązowy

yellow jacket *n* [1] Zool osa *f* [2] infml drug addicts' sl pastylka *f* nembutalu; prochy *m pl* infml

yellow jersey *n* (in cycling) żółta koszulka *f*

yellow line *n* Aut żółta linia *f (oznaczająca ograniczenie parkowania)*

yellow metal *n* (brass) mosiądz *m*; (gold) żółte złoto *n*

yellowness /ˈjeləʊnɪs/ *n* [1] (of hue) żółtość *f*; (of white) żółtawy odcień *m* [2] infml (cowardice) tchórzliwość *f*, tchórzostwo *n*

yellow ochre *n* ochra *f* żółta

Yellow Pages® *npl* branżowy wykaz *m* firm i instytucji; (part of telephone directory) żółte strony *f pl* infml

yellow-painted /ˌjeləʊˈpeɪntɪd/ *adj* pomalowany na żółto

yellow peril *n* **the ~** offensive żółta zaraza *f* fig offensive

yellow press *n* dat **the ~** prasa *f* brukowa

Yellow River *prn* **the ~** Żółta Rzeka *f*

Yellow Sea *prn* **the ~** Morze *n* Żółte

yellow-skinned /ˌjeləʊˈskɪnd/ *adj* żółtoskóry

yellow soap *n* ≈ szare mydło *n* (do prania)

yellow spot *n* Anat żółta plamka *f*

yellow wagtail *n* Zool pliszka *f* żółta

yellowy /ˈjeləʊɪ/ *adj* żółtawy

yelp /jelp/ **I** *n* (of person) (of pain, anger, excitement) okrzyk *m*; (of animal) jazgot *m*; (of pain, fear) skowyt *m*, skomlenie *n*

II *vi [person]* (with pain, fear, excitement) krzy|knąć, -czeć; *[animal]* (with pain, fear) za|skowyczeć, za|skomleć; (with happiness) za|szczekać

yelping /ˈjelpɪŋ/ **I** *n* (of animal) (with pain, fear) skowyt *m*, skomlenie *n*; (with happiness) poszczekiwanie *n*; (of person) krzyk *m*

II *adj [animal]* (with pain, fear) skowyczący, skomlący; (with happiness) poszczekujący

Yemen /ˈjemən/ *prn* Jemen *m*; **North /South ~** Hist Jemen Północny/Południowy

Yemeni /ˈjemənɪ/ **I** *n* Jeme|ńczyk *m*, -nka *f*

II *adj* jemeński

yen[1] /jen/ *n (pl ~)* Fin jen *m*

yen[2] /jen/ infml **I** *n* (craving) **to have a ~ for sth/to do sth** mieć ochotę na coś/na zrobienie czegoś

II *vi (prp, pt, pp* **-nn-) to ~ for sth/to do sth** marzyć o czymś/o zrobieniu czegoś

yenta /ˈjentə/ *n* US infml [1] (gossip) plotkarka *f*, plotkara *f* [2] (vulgar person) baba *f*, babsko *n* infml pej

yeoman /ˈjəʊmən/ *n (pl* **-men)** [1] (also **~ farmer)** GB Hist drobny właściciel *m* ziemski [2] GB Mil Hist ≈ członek *m* pospolitego ruszenia [3] = **yeoman of the guard** [4] GB Mil podoficer *m* marynarki *(odpowiedzialny za sygnalizację)*; US Mil podoficer *m* marynarki *(pracujący w biurze)*

yeoman of the guard *n* GB żołnierz *m* królewskiej straży przybocznej

yeomanry /ˈjəʊmənrɪ/ *n* [1] GB Hist (freeholders) drobni właściciele *m pl* ziemscy [2] GB Mil Hist ≈ pospolite ruszenie *n*

yep /jep/ *particle* US infml tak

yes /jes/ **I** *n* (affirmative reply) tak *m*; (in voting) głos *m* za; **to say ~** przytaknąć, zgodzić się; **she always says ~ to everything** ona zawsze się na wszystko zgadza; **10 points for a ~** 10 punktów za odpowiedź „tak"; **the ~es and the nos** głosy za i głosy przeciw

II *adv* [1] (affirmative reply) tak; **please say ~** zgódź się, proszę; **'are you ready?' – '~, I am'** „jesteś gotowy?" – „tak"; **'you didn't tell me' – '~, I did!'** „nie powiedziałeś mi" – „a właśnie że ci powiedziałem!"; **'surely that's not you in the photo' – 'oh ~, it is!'** „to nie możesz być ty na tym zdjęciu" – „ależ to ja!"; **'I won't apologize' – 'oh ~, you will'** „nie przeproszę" – „a właśnie że przeprosisz" [2] (obeying order, request) **~ sir/ma'am** tak, proszę pana /pani; **'be there by nine o'clock' – '~, OK'** „bądź tam przed dziewiątą" – „dobrze" [3] (answering call, inquiry) tak?, słucham?; **'Fred' – '~?'** „Fred" – „tak?"; **'excuse me' – '~, what is it?'** „przepraszam" – „słucham, o co chodzi?"; (on telephone) słucham [4] (expressing interest, attentiveness) tak?; **'I went to see that new play last night' – 'oh, ~?'** „poszedłem wczoraj na tę

Y

nowa sztukę" – „naprawdę?" [5] (expressing pleasure, satisfaction) **~! what a good idea!** tak! świetny pomysł!; (emphasizing) **you could win £5000, ~, £5000!** można wygrać 5 000 funtów, tak, 5 000!

yeshiva /jəˈʃiːvə/ *n* jesziwa *f*, jesziba *f*, jeszybot *m*

yes-man /ˈjesmæn/ *n* (*pl* **-men**) infml pej potakiwacz *m*, potakiewicz *m* pej

yes-no question /jesˈnəʊkwestʃən/ *n* Ling pytanie *n* rozstrzygające

yesterday /ˈjestədeɪ, -dɪ/ **I** *n* [1] wczoraj *n*; **~ was Monday** wczoraj był poniedziałek; **~ was the third of May** wczoraj był trzeci maja; **~'s newspaper** wczorajsza gazeta; **~ was a sad day for us all** wczorajszy dzień był dla nas wszystkich smutny; **what was ~'s date?** który był wczoraj?; **the day before ~** przedwczoraj [2] fig (the past) wczoraj *n* fig; **~'s fashion** przebrzmiała moda fig; **~'s men** pej ludzie będący niegdyś na świeczniku; **all our ~s** nasza wspólna przeszłość

II *adv* [1] wczoraj; **it snowed ~** wczoraj padał śnieg; **I saw her only ~** zaledwie wczoraj ją widziałem; **all day ~** cały wczorajszy dzień; **it was ~ week** or **a week (ago) ~** wczoraj minął tydzień; **they left ~ week** or **a week ~** wczoraj minął tydzień, odkąd wyjechali; **early/late ~** wczoraj rano/wieczorem; **I remember it as if it was ~** pamiętam, jakby to było wczoraj; **only ~ he was saying to me...** zaledwie wczoraj mówił mi... [2] fig (in the past) dawniej, kiedyś, przedtem

IDIOMS: **I wasn't born ~** taki naiwny to ja nie jestem

yesterday afternoon I *n* wczorajsze popołudnie *n*

II *adv* wczoraj po południu

yesterday evening I *n* wczorajszy wieczór *m*

II *adv* wczoraj wieczorem

yesterday morning I *n* (early) wczorajszy ranek *m* or poranek *m*; (before noon) wczorajsze przedpołudnie *n*

II *adv* (early) wczoraj rano; (before noon) wczoraj przed południem

yesteryear /ˈjestəjɪə(r)/ *n* liter minione or ubiegłe lata *plt*; **the fashions of ~** niegdysiejsza moda liter; **the songs of ~** dawne przeboje

yes-vote /ˈyesvəʊt/ *n* głos *m* za

yet /jet/ **I** *conj* (nevertheless) ale, (a) mimo to; **he was injured, (and) ~ he still won** był kontuzjowany, a mimo to wygrał; **it's incredible ~ true** to niewiarygodne, ale prawdziwe

II *adv* [1] (up till now, so far) (with negatives) jeszcze nie; (in questions) już; (with superlatives) jak dotąd, do tej pory; **it's not ready ~, it's not ~ ready** to jeszcze nie jest gotowe; **she hasn't ~ arrived, she hasn't arrived ~** jeszcze nie przyjechała; **has he arrived ~?** czy już przyjechał?, czy już jest?; **this is his best/worst book ~** to jego najlepsza/najgorsza książka do tej pory; **not ~** jeszcze nie; **her most ambitious/dangerous project ~** jej jak dotąd najambitniejsze/najniebezpieczniejsze przedsięwzięcie; **it's the best ~** to jak dotąd jest najlepsze [2] (also **just ~**) (now) **don't start (just) ~** jeszcze nie zaczynaj; **we don't have to leave (just) ~** nie musimy jeszcze wychodzić [3] (still) jeszcze; **they may ~ come, they may come ~** oni jeszcze mogą przyjść; **she might ~ decide to buy it** niewykluczone, że się jeszcze zdecyduje to kupić; **he'll finish it ~** jeszcze to dokończy; **you're young ~** jesteś jeszcze młody; **the campaign has ~ to begin** kampania musi się dopiero rozpocząć; **the news has ~ to reach them** wiadomość jeszcze do nich nie dotarła; **as ~** jak dotąd, na razie; **the as ~ unfinished building** ten, jak dotąd nieukończony, budynek; **there is a year to go ~ before...** musi jeszcze minąć rok, zanim...; **it will be ages ~ before...** jeszcze dużo czasu upłynie, zanim...; **he won't come for hours ~** przyjdzie dopiero za kilka godzin; **there are three more packets ~** są or zostały jeszcze trzy paczki [4] (even, still) (with comparatives) jeszcze; **~ more cars** jeszcze więcej samochodów; **~ louder/more surprising** jeszcze głośniej/bardziej zaskakująco; **~ another attack/question** jeszcze jeden atak/jedno pytanie; **~ again** jeszcze raz

yeti /ˈjetɪ/ *n* yeti *m inv*, człowiek *m* śniegu

yew /juː/ **I** *n* [1] (also **~ tree**) cis *m* [2] (wood) cis *m*, drewno *n* cisowe

II *modif [hedge]* cisowy

Y-fronts /ˈwaɪfrʌnts/ *npl* GB męskie slipy *plt*

YHA *n* GB = **Youth Hostels Association** Towarzystwo *n* Schronisk Młodzieżowych

Yid /jɪd/ *n* infml offensive żydek *m*, żydłak *m* infml offensive

Yiddish /ˈjɪdɪʃ/ **I** *n* (język *m*) jidysz *m inv*

II *adj [language]* jidysz; *[book]* w jidysz

yield /jiːld/ **I** *n* [1] (product) (amount produced) produkcja *f*; (of raw material) uzysk *m*; (of process, oil rig) wydajność; Agric plon *m*, zbiór *m*; **the annual ~ of milk** roczna produkcja mleka; **the ~ per hectare** plon z hektara; **a good/poor ~ of wheat** dobry /zły zbiór pszenicy; **a high ~ variety** odmiana wysokoplenna [2] Fin dochód *m*, zysk *m* (**from** or **on sth** z czegoś); **a ~ of 8%** ośmioprocentowy zysk; **a high-~ bond** obligacja wysokodochodowa

II *vt* [1] (produce, bear) *[animal]* da|ć, -wać; *[land]* rodzić; *[mine, quarry]* dostarcz|yć, -ać [2] Fin da|ć, -wać, przyn|ieść, -osić; **to ~ 25% over 10 years** przynieść 25% zysku w ciągu 10 lat; **to ~ millions in taxes** przynosić milionowe dochody z podatków [3] (provide) da|ć, -wać *[result]*; nada|ć, -wać *[meaning]*; dostarcz|yć, -ać *[clue, information]*; odkry|ć, -wać *[secret]*; **to ~ new insights into sth** odkrywać nowe aspekty czegoś [4] (surrender) odda|ć, -wać (**to sb** komuś); **to ~ ground to sb** Mil ustąpić komuś pola also fig; **to ~ a point to sb** przyznać komuś rację; **she refused to ~ this point** odmówiła ustąpienia w tym punkcie; **to ~ the floor to sb** oddać komuś głos

III *vi* [1] (give in) (to person, temptation, pressure) ule|c, -gać (**to sb/sth** komuś/czemuś); (to argument, demand, threat) ust|ąpić, -ępować (**to sth** wobec czegoś); (to army) podda|ć, -wać się; **to ~ to force** ustąpić przed siłą; **to ~ to persuasion** ulec perswazji; **I ~ to no-one in my admiration for her work** nikt nie ma tyle podziwu dla jej pracy co ja [2] (under weight, physical pressure) *[lock, door, shelf, bridge]* ust|ąpić, -ępować (**under sth** pod naporem czegoś) [3] (be superseded) **to ~ to sth** *[technology, phenomenon]* ust|ąpić, -ępować czemuś; *[land, countryside]* ust|ąpić, -ępować miejsca czemuś [4] (be productive) **to ~ well/poorly** *[land]* dawać wysoki/niski plon; *[mine, oil well]* mieć dużą/małą wydajność; **the cow ~s well** ta krowa daje dużo mleka [5] US Aut da|ć -wać pierwszeństwo przejazdu (**to sth** czemuś); **'~'** (on sign) „ustąp pierwszeństwa przejazdu"

■ **yield up**: **~ up** [1] odsł|onić, -aniać *[secret]*; odda|ć, -wać *[treasure]* [2] podda|ć, -wać *[fortress, town]*

yield criterion *n* [1] kryterium *n* dochodowości [2] Tech kryterium *n* plastyczności, warunek *m* plastyczności

yield curve *n* Fin krzywa *f* zysku

yield gap *n* Fin różnica *f* zysku *(pomiędzy zwykłymi a pierwszorzędnymi papierami wartościowymi)*

yielding /ˈjiːldɪŋ/ *adj* [1] *[person]* (accommodating) zgodny; (submissive) uległy [2] (material) plastyczny; **she dropped on to the ~ cushions** opadła na miękkie poduszki

yikes /jaɪks/ *excl* US infml aj!, oj!

yin /jɪn/ *n* jin *m/n inv*; **~ and yang** jin i jang

yip /jɪp/ US infml = **yelp**

yipe(s) /jaɪps/ US infml = **yikes**

yippee /ˈjɪpiː/ *excl* infml hurra!

YMCA *n* = **Young Men's Christian Association** Chrześcijańskie Stowarzyszenie *n* Młodzieży Męskiej, YMCA *f*

yob /ˈjɒb/ *n* GB infml prymityw *m* pej

yobbo /ˈjɒbəʊ/ *n* GB infml = **yob**

yock /jɒk/ *n* US infml (laugh) wybuch *m* śmiechu; (joke) żart *m*; **to have a ~** uśmiać się

yod /jɒd/ *n* jot *n inv*, jota *f*

yodel /ˈjəʊdl/ **I** *n* jodłowanie *n*

II *vi* (*prp, pt, pp* **-ll-**) jodłować

yoga /ˈjəʊgə/ **I** *n* joga *f*

II *modif* **~ teacher** nauczyciel jogi; **she has joined ~ classes** zapisała się na jogę

yoghurt /ˈjɒgət, US ˈjəʊgərt/ *n* (also **yoghourt, yogurt**) jogurt *m*; **natural ~** jogurt naturalny

yogi /ˈjəʊgɪ/ *n* jog *m*, jogin *m*

yo-heave-ho /jəʊhiːvˈhəʊ/ *excl* hej-hop!

yoke /jəʊk/ **I** *n* [1] (for oxen) jarzmo *n*; (for person) nosidła *plt*; koromysło *n* dial; fig (burden, bondage) brzemię *n* liter; jarzmo *n* fig; **to cast** or **throw off the ~** zrzucić brzemię or jarzmo [2] (pair of oxen) para *f* wołów w jarzmie [3] Sewing (of dress, shirt) karczek *m* [4] Constr (framework) rusztowanie *n*; (beam) ramiak *m*

II *vt* [1] (also **~ up**) zaprz|ąc, -ęgać *[oxen, horses]* [2] (also **~ together**) fig po|łączyć, złączyć; **pay increases are ~d to performance** podwyżki płac są związane z wynikami pracy

yokel /ˈjəʊkl/ *n* pej kmiot *m*, kmiotek *m* offensive

yoke oxen *npl* woły *m pl* robocze

yolk /jəʊk/ *n* żółtko *n*

yomp /jɒmp/ **I** *vt* GB soldiers' sl s|forsować

II *vi* maszerować z ciężkim sprzętem

yon /jɒn/ *adj* arch or dial = **yonder II**

yonder /ˈjɒndə(r)/ arch or liter **I** *adj* (this, that) ten, tamten; ów dat or liter
II *adv* tam; **up ~** tam w górze; **over ~** tam w dali
IDIOMS: **to disappear into the (wide) blue ~** odejść w siną dal

yonks /jɒŋks/ *npl* GB infml **I haven't seen him for ~** wieki go nie widziałem

yoof /juːf/ infml **I** *n* młodzież *f*
II *modif [culture]* młodzieżowy; *[TV]* dla młodzieży

yoo-hoo /ˈjuːhuː/ *excl* hej tam!

yore /jɔː(r)/ *n* liter **of ~** (after verb) ongiś, niegdyś liter; (after noun) niegdysiejszy liter; **tales of ~** opowieści o dawnych czasach; **in days of ~** w niegdysiejszych czasach liter dat

Yorkshire /ˈjɔːkʃə/ *prn* Yorkshire *n inv*

Yorkshire pudding *n* GB Yorkshire pudding *m (podawany do pieczonej wołowiny)*

Yorkshire terrier *n* yorkshire terrier *m*

you /juː, jʊ/ *pron* [1] (singular) ty; (formal) pan *m*, pani *f*; **are ~ busy?** czy jesteś zajęty?; czy jest pan zajęty/pani zajęta?; **now ~ try** teraz ty spróbuj; **oh, it's ~** ach, to ty; **if I were ~** na twoim/pana/pani miejscu; **poor ~!** biedaku!; **~ liar!** ty kłamco!; **I saw ~, Adam** widziałem cię, Adamie; **I saw you, Mr Russell** widziałem pana (panie Russell); **I told ~** mówiłem ci/panu /pani; **I gave it to ~** dałem to tobie/panu /pani; **for ~** dla ciebie/pana/pani; **with ~** z tobą/panem/panią; **without ~** bez ciebie/pana/pani; **that's children for ~!** tak to już jest z dziećmi!; **there's manners for ~!** infml iron ładne mi maniery! iron; **she's taller than ~** jest od ciebie/pana /pani wyższa [2] (plural) wy; (formal) (men) panowie *m pl*; (women) panie *f pl*; (mixed) państwo *plt*; **~ two can stay** wy dwaj/wy dwie/wy dwoje możecie zostać; **~ English** wy, Anglicy; **do ~ people smoke?** palicie?; **I told ~** powiedziałem wam /państwu; **I heard ~, gentlemen** słyszałem panów, słyszałem was, panowie; **I heard ~, boys** słyszałem was, chłopcy; **I gave it to ~** dałem to wam /panom/paniom/państwu; **for ~** dla was /panów/pań/państwa; **with ~** z wami /panami/paniami/państwem; **without ~** bez was/panów/pań/państwa [3] (as indefinite pronoun) **~ never know!** nigdy nie wiadomo!; **when she starts crying, ~ don't know what to do** kiedy zacznie płakać, nie wiadomo or człowiek nie wie, co robić; **they say sweets give you spots** mówią, że od słodyczy dostaje się wyprysków; **people stop ~ in the street and ask for money** ludzie zaczepiają cię or człowieka na ulicy i proszą o pieniądze [4] US infml (for yourself, for yourselves) sobie; **~'d better get ~ some food** weź/weźcie sobie lepiej coś do jedzenia

you-all /ˈjuːɔːl, jʊˈɔːl/ *pron pl* US infml wy

you'd /juːd/ [1] = **you had** [2] = **you would**

you-know-what /juːnəʊˈwɒt, US -ˈhwɒt/ *pron* infml wiesz co, wiecie co

you-know-who /juːnəʊˈhuː/ *pron* infml wiesz kto, wiecie kto

you'll /juːl/ = **you will**

young /jʌŋ/ **I** *n* [1] (young people) **the ~** *(+ v pl)* młodzi *m pl*, młodzież *f*; **for ~ and old (alike)** zarówno dla młodych, jak i dla starszych; dla młodych i starych [2] (animal offspring) *(+ v pl)* młode *n pl*; **she** or **it is with ~** (ona) będzie miała młode
II *adj* (not very old) *[person, tree, animal, plant, nation, organization]* młody; **~ at heart** młody duchem; **he's ~ for his age** jak na swój wiek jest mało dojrzały; **she is 10 years ~er than him** (ona) jest od niego o 10 lat młodsza; **I feel 10 years ~er** czuję się o 10 lat młodszy; **in my ~er days** kiedy byłem młody, za młodu; **you're only ~ once!** młodym jest się tylko raz!; **children as ~ as five years old can play this instrument** dzieci zaledwie pięcioletnie potrafią grać na tym instrumencie; **to marry ~** ożenić się/wyjść za mąż młodo; **to die ~** umrzeć młodo; **the ~ moon** księżyc w nowiu; **the night is ~** noc jest jeszcze młoda; **Mr Brown the ~er, the ~er Mr Brown** młodszy pan Brown; **~ Jones** młody Jones; **they are aiming at a ~ audience** nastawiają się na młodą publiczność; **to have a ~ outlook** mieć młodzieżowe poglądy; **~ fashion** moda młodzieżowa; **~ lady** młoda dama; **what did you say, ~ lady?** (patronizingly) co powiedziałaś, moja panno?; **her ~ man** dat jej kawaler dat; **~ people** młodzi; **~ person** młoda osoba; **the ~er generation** młode pokolenie; **her ~er brother/sister** jej młodszy brat/młodsza siostra; **the two ~er children** dwoje młodszych dzieci; **I'm not as ~ as I used to be** nie jestem już taki młody (jak kiedyś); **we're not getting any ~er** lat nam nie ubywa; **you're as ~ as you feel** masz tyle lat, na ile się czujesz

young blood *n* młoda krew *f*

youngish /ˈjʌŋɪʃ/ *adj* raczej młody

young-looking /ˈjʌŋlʊkɪŋ/ *adj* młodo wyglądający; **to be ~** wyglądać młodo

young offender *n* młodociany przestępca *m*

young offenders' institution *n* GB zakład *m* poprawczy *(dla przestępców w wieku od 14 do 21 lat)*

young professional *n* młody pracownik *m* z wyższym wykształceniem

youngster /ˈjʌŋstə(r)/ *n* [1] (young person) (boy) młody chłopak *m*; (girl) młoda dziewczyna *f* [2] (child) dziecko *n*

Young Turk *n* Hist młodoturek *m*; fig młody radykał *m*

your /jɔː(r), jʊə(r)/ *det* (to single addressee) twój; (formally to man) pana, pański; (formally to woman) pani; (to several people) wasz; (formally to men) panów; (formally to women) pań; (formally to men and women) państwa; (reflexive) swój (własny); **wash ~ hands** umyj ręce; **put on ~ shoes** załóż buty; **sweets are bad for ~ teeth** od słodyczy psują się zęby; **take ~ average student** weźmy przeciętnego studenta

you're /jʊə(r), jɔː(r)/ = **you are**

yours /jɔːz, US jʊərz/ *pron* (to single addressee) twój; (formally to man) pana, pański; (formally to woman) pani; (to several people) wasz; (formally to men) panów; (formally to women) pań; (formally to men and women) państwa; **is this ~?** czy to twoje/wasze?; czy to należy do pana/pani /państwa?, czy to pana/pani/państwa własność?; **the money was not ~ to give away** to nie były twoje/wasze pieniądze, więc nie miałeś/nie mieliście prawa ich rozdawać; **is he a friend of ~?** czy to twój/wasz znajomy; czy to pana/pani/państwa znajomy?; **~ was not an easy task** nie miałeś/nie mieliście łatwego zadania; **I'm fed up with that dog of ~!** infml mam dość tego twojego/waszego psa!; (in letter) **Yours, Daniel** Twój/Wasz Daniel

yourself /jɔːˈself, US jʊərˈself/ *pron* [1] (reflexive) **behave ~** zachowuj się jak należy [2] (emphatic) sam; **you ~ said that...** sam powiedziałeś/sama powiedziałaś, że...; (formal) sam pan powiedział/sama pani powiedziała, że...; **you are a musician ~, I hear** podobno pan/pani jest muzykiem [3] (after preposition) **(all) by ~** (całkiem or zupełnie) sam/sama; **you must do it for ~** musisz to zrobić dla siebie; **see for ~** sam/sama zobacz; **speak for ~!** mów (sam/sama) za siebie!; **you only think of ~** myślisz tylko o sobie; **you can be proud of ~** możesz być z siebie dumny /dumna [4] (normal self) **you're not ~ today** nie jesteś dziś w formie; **relax and be ~** odpręż się i zachowuj się normalnie

yourselves /jɔːˈselvz, US jʊərˈselvz/ *pron* [1] (reflexive) **behave ~** zachowujcie się jak należy [2] (emphatic) same; (men) sami; **you ~ said that...** sami powiedzieliście/same powiedziałyście, że...; (formal) sami państwo powiedzieli, że... [3] (after prep) **(all) by ~** (zupełnie or całkiem) sami/same; **see for ~** sami/same zobaczcie; **speak for ~!** mówcie za siebie!; **you only think of ~** myślicie tylko o sobie; **you can be proud of ~** możecie być z siebie dumni

youth **I** /juːθ/ *n* (*pl* **~s** /juːðz/) [1] (young man) młodzieniec *m*; (boy) (młody) chłopak *m*; wyrostek *m* infml; **a gang of ~s** pej banda wyrostków [2] (period of being young) młodość *f*; **in my ~** w czasach mojej młodości [3] (state of being young) młody wiek *m*; **because of /despite his ~** ze względu na jego młody wiek/pomimo jego młodego wieku [4] (young people) młodzież *f*
II *modif [club, organization]* młodzieżowy; **~ culture** kultura młodzieżowa; **~ TV programme/magazine** program telewizyjny/pismo dla młodzieży

youthful /ˈjuːθfl/ *adj* [1] (young) *[person, team, population]* młody [2] (typical of youth) *[enthusiasm, confusion, freedom]* młodzieńczy; **his ~ looks** or **appearance** jego młodzieńczy wygląd; **she's very ~ for 65, she's a very ~ 65** ona świetnie się trzyma jak na swoje 65 lat

youthfulness /ˈjuːθfəlnɪs/ *n* młodzieńczość *f*

youth hostel *n* schronisko *n* młodzieżowe

youth hostelling *n* korzystanie *n* ze schronisk młodzieżowych

youth leader *n* animator *m*, -ka *f* zajęć z młodzieżą

youth work *n* praca *f* z młodzieżą

youth worker *n* wychowawca *m* pracujący z młodzieżą

you've /juːv/ = **you have**

yowl /jaʊl/ **I** *n* (of person, dog) wycie *n*; (of cat) miauczenie *n*; (of baby) wrzask *m*
II *vi [person, dog]* wyć; *[cat]* miauczeć; *[baby]* płakać wniebogłosy; drzeć się, ryczeć infml

yo-yo® /ˈjəʊjəʊ/ **I** *n* [1] (toy) jo-jo *n* [2] US infml (fool) głupek *m* infml pej
II *modif [market]* niestabilny; **the ~ syndrome** efekt jo-jo
III *vi* infml *[prices]* wahać się; *[inflation]* rosnąć i spadać

yo-yo dieting *n* dieta *f* wywołująca efekt jo-jo

yr = **year**

Y-shaped /ˈwaɪʃeɪpt/ *adj* w kształcie litery Y

Y2K *n* = **year two thousand** rok *m* dwutysięczny

YTS *n* GB = **Youth Training Scheme** *program kształcenia zawodowego dla bezrobotnej młodzieży*

ytterbium /ɪˈtɜːbɪəm/ *n* iterb *m*

yttrium /ˈɪtrɪəm/ *n* itr *m*

yucca /ˈjʌkə/ *n* juka *f*

yuck /jʌk/ *excl* GB fu!, fuj!

yucky /ˈjʌkɪ/ *adj* GB infml ohydny, obrzydliwy, wstrętny

Yugoslav /ˈjuːgəʊslɑːv/ **I** *n* Jugosłowian|in *m*, -ka *f*
II *adj* jugosłowiański

Yugoslavia /juːgəʊˈslɑːvɪə/ *prn* Jugosławia *f*

Yugoslavian /juːgəʊˈslɑːvɪən/ *n, adj* = **Yugoslav**

yuk *excl* GB infml = **yuck**

yukky *adj* GB infml = **yucky**

Yukon /ˈjuːkɒn/ *prn* Jukon *m*

Yule /juːl/ *n* dat święta *n pl* Bożego Narodzenia

Yule log *n duże polano spalane w kominku w Boże Narodzenie*

Yuletide /ˈjuːltaɪd/ dat **I** *n* okres *m* świąt Bożego Narodzenia
II *modif [greetings, festivities]* bożonarodzeniowy

yum /jʌm/ *adj, excl* = **yummy**

yummy /ˈjʌmɪ/ infml **I** *adj* pyszny
II *excl* mniam, mniam! infml

yum-yum /jʌmˈjʌm/ *excl* = **yummy II**

yup /jʌp/ *particle* US = **yep**

yuppie /ˈjʌpɪ/ **I** *n* infml pej yuppie *m inv*; japiszon *m*, -ka *f* pej or hum
II *modif [image, fashion]* typowy dla yuppies

yuppie flu *n* pej zespół *m* przewlekłego zmęczenia

yurt /jʊət/ *n* jurta *f*

YWCA *n* = **Young Women's Christian Association** Chrześcijańskie Stowarzyszenie *n* Młodzieży Żeńskiej, YWCA *f*

Z

z, Z /zed, US ziː/ *n* [1] (letter) z, Z *n* [2] **z** Math z [3] **Z** (unspecified person) Zet *m/f*; **Mr/Ms Z** pan/pani Zet [4] onomat (buzzing) **zzz...** bzzz...; (snoring) chrr... chrr...

IDIOMS: **to catch some Zs** US infml przespać się

Zacharias /ˌzækəˈraɪəs/ *prn* Zachariasz *m*

Zaire /zaɪˈɪə(r)/ *prn* Zair *m*

Zairean /zɑːˈɪərɪən/ **I** *n* Zair|czyk *m*, -ka *f*
II *adj* zairski

Zambesi, Zambezi /zæmˈbiːzɪ/ *prn* **the ~** Zambezi *inv*

Zambia /ˈzæmbɪə/ *prn* Zambia *f*

Zambian /ˈzæmbɪən/ **I** *n* Zambij|czyk *m*, -ka *f*
II *adj* zambijski

zany /ˈzeɪnɪ/ **I** *n* Hist Theat błazen *m*
II *adj* pocieszny, ucieszny

Zanzibar /ˌzænzɪˈbɑː(r)/ *prn* Zanzibar *m*

zap /zæp/ **I** *n* infml (energy) energia *f*, wigor *m*
II *excl* paff!
III *vt* (*prp, pt, pp* **-pp-**) [1] (destroy) z|niszczyć, z|burzyć *[town]*; zabi|ć, -jać *[person, animal]* [2] (fire at) strzel|ić, -ać do (kogoś) *[person]* [3] (stun) wprawi|ć, -ać w osłupienie [4] (treat) leczyć przy użyciu lasera; **to ~ a tumour with a laser** unieszkodliwić guz laserem; **to ~ food with radiation** sterylizować żywność za pomocą promieniowania [5] Comput (delete) wy|kasować *[word, data]*; (in games) trafi|ć, -ać
IV *vi* (*prp, pt, pp* **-pp-**) (move quickly) **to ~ into town/a shop** skoczyć do miasta /sklepu infml; **to ~ from channel to channel** (watching TV) przeskakiwać z kanału na kanał

zapper /ˈzæpə(r)/ *n* infml (remote control) pilot *m*

zappy /ˈzæpɪ/ *adj* infml bombowy, odlotowy infml

Z-bed /ˈzedbed/ *n* GB łóżko *n* składane

Z-bend /ˈzedbend/ *n* dwa ostre zakręty *m pl*

zeal /ziːl/ *n* [1] (fanaticism) gorliwość *f*, żarliwość *f*; **revolutionary ~** zapał rewolucyjny; **religious ~** żarliwość religijna [2] (enthusiasm) zapał *m*, entuzjazm *m*; **her ~ for reform** jej entuzjazm dla reform; **~ to do sth** zapał do robienia czegoś

zealot /ˈzelət/ **I** *n* fanaty|k *m*, -czka *f*; zelota *m*, zelant *m* liter
II Zealot *prn* Hist zelota *m*

zealotry /ˈzelətrɪ/ *n* nadmierna gorliwość *f*, fanatyzm *m*

zealous /ˈzeləs/ *adj [supporter, missionary]* żarliwy; *[determination]* zapamiętały, zagorzały; **to be ~ to do sth** palić się do zrobienia czegoś

zealously /ˈzeləslɪ/ *adv* zapamiętale, żarliwie, zagorzale

zebra /ˈzebrə, ˈziː-/ *n* zebra *f*

zebra crossing *n* przejście *n* dla pieszych (oznaczone pasami), pasy *m pl*; zebra *f* infml

zebu /ˈziːbuː/ *n* Zool zebu *n inv*

Zechariah /ˌzekəˈraɪə/ *prn* Zachariasz *m*

zeitgeist /ˈzaɪtgaɪst/ *n* duch *m* czasu

Zen /zen/ **I** *n* zen *m*
II *modif* **~ philosophy** filozofia zen

zenana /zeˈnɑːnə/ *n* zenana *f*, zanana *f*

zenith /ˈzenɪθ/ *n* Astron zenit *m*; fig apogeum *n*, szczyt *m*

zephyr /ˈzefə(r)/ *n* liter zefir *m*

zeppelin /ˈzepəlɪn/ *n* sterowiec *m*, zeppelin *m*

zero /ˈzɪərəʊ/ **I** *n* [1] (number) zero *n*; **at ~** na poziomie zerowym; **above/below ~** (on a scale) powyżej/poniżej zera; **visibility is down to ~** widoczność spadła do zera; **your chances of winning are ~** twoje szanse na wygraną są zerowe or równe zeru [2] US fig (person) zero *n*; **he's a (walking** or **real) ~** on jest kompletnym zerem
II *modif [altitude, growth, voltage]* zerowy; *[investment, development]* na poziomie zerowym; **~ confidence/involvement** kompletny brak pewności siebie/zaangażowania; **~ inflation** inflacja zerowa
■ **zero in** Mil wy|celować, wy|mierzyć; **to ~ in on sth** Mil nakierować się na coś *[target]*; fig (pinpoint) skoncentrować się or skupić się na czymś *[key issue, problem]*; skłaniać się ku czemuś *[option]*; *[police]* infml otoczyć *[place]*

zero-based /ˌzɪərəʊˈbeɪst/ *adj* Fin *[budget]* (ustalony) od zera

zero-emission vehicle /ˌzɪərəʊɪˌmɪʃnˈvɪəkl/ *n* pojazd *m* ekologiczny

zero gravity *n* nieważkość *f*

zero hour *n* Mil godzina *f* zero also fig

zero option *n* opcja *f* zerowa

zero point *n* punkt *m* zerowy

zero-rated /ˌzɪərəʊˈreɪtɪd/ *adj* GB objęty zerową stawką VAT

zero rating *n* GB obłożenie *n* VAT-em w wysokości 0%

zero-sum /ˌzɪərəʊˈsʌm/ *adj* **~ game /situation** gra/sytuacja, w której wygrywa jedna strona

zero tolerance *n* zero *n* tolerancji **(for sth** dla czegoś); **~ for drink-driving** zero tolerancji dla pijanych kierowców

zest /zest/ *n* [1] (enthusiasm) zapał *m*, ochota *f* **(for sth** do czegoś); **his ~ for life** jego radość życia [2] (piquancy) smak *m*, barwa *f*; **to add ~ to sth** dodać czemuś smaku or barwy fig [3] (of citrus fruit) starta skórka *f* z cytryny/pomarańczy

zester /ˈzestə(r)/ *n* Culin skrobaczka *f* do skórki cytrynowej

zestful /ˈzestfʊl/ *adj [person, participation]* pełen zapału; *[enthusiasm, performance]* żywiołowy

zestfully /ˈzestfʊlɪ/ *adv* z zapałem

Zeus /zjuːs/ *prn* Zeus *m*

zigzag /ˈzɪgzæg/ **I** *n* zygzak *m*; **there are ~s in that road** na tej drodze są ostre zakręty; **to run in ~s** biec zygzakiem
II *modif [line, road]* zygzakowaty; *[design, pattern]* w zygzaki
III *adv [move]* zygzakowato
IV *vi* (*prp, pt, pp* **-gg-**) *[person]* iść zygzakiem; *[river]* płynąć zakolami; *[road]* biec zygzakami or zygzakowato; **to ~ up /down** piąć się/schodzić zygzakiem

zilch /zɪltʃ/ **I** *n* infml (nothing) kompletnie nic; **I did absolutely ~** kompletnie nic nie zrobiłem
II *adj* (no) **with ~ results** bez żadnych rezultatów

zillion /ˈzɪlɪən/ *adj* infml **a ~ things, ~s of things** miliony rzeczy

Zimbabwe /zɪmˈbɑːbwɪ, -weɪ/ *prn* Republika *f* Zimbabwe, Zimbabwe *n inv*

Zimbabwean /zɪmˈbɑːbwɪən, -weɪən/ **I** *n* (inhabitant) mieszkan|iec *m*, -ka *f* Zimbabwe
II *adj* **~ custom/politics** zwyczaj/polityka Zimbabwe

zimmer® /ˈzɪmə(r)/ *n* (also **zimmer aid, zimmer frame**) GB balkonik *m* (do rehabilitacji chorych)

zinc /zɪŋk/ *n* cynk *m*

zinc blende *n* blenda *f* cynkowa, sfaleryt *m*

zinc chloride *n* chlorek *m* cynkowy

zinc dust *n* pył *m* cynkowy

zinc ointment *n* maść *f* cynkowa

zinc oxide *n* tlenek *m* cynkowy, biel *f* cynkowa

zinc sulphate *n* siarczan *m* cynkowy

zinc white *n* = **zinc oxide**

zing /zɪŋ/ infml **I** *n* [1] (sound) gwizd *m*, świst *m*, wizg *m* [2] (energy) wigor *m*; szwung *m* infml
II *vt* US (strike) za|atakować; fig (criticize) napa|ść, -dać na (kogoś/coś) infml fig
III *vi* US **to ~ past sth** przemknąć ze świstem obok czegoś; **to ~ to sth** pomknąć ze świstem do czegoś
■ **zing along** US infml *[car]* mknąć z wizgiem opon

zingy /ˈzɪŋɪ/ *adj* infml dynamiczny, energiczny; ze szwungiem infml

zinnia /ˈzɪnɪə/ *n* cynia *f*

Zion /ˈzaɪən/ *prn* Syjon *m*

Zionism /ˈzaɪənɪzəm/ *n* syjonizm *m*

Zionist /ˈzaɪənɪst/ **I** *n* syjonist|a *m*, -ka *f*
II *adj* syjonistyczny

zip /zɪp/ **I** *n* [1] (also **zipper, zip fastener)** zamek *m* błyskawiczny, suwak *m*, ekler *m*;

to do up/undo a ~ zapiąć or zasunąć /odpiąć zamek błyskawiczny; **the ~ has got stuck** suwak się zaciął; **a side ~** zamek błyskawiczny (wszyty) z boku; **a full length ~** zamek błyskawiczny na całą długość [2] infml (energy) szwung *m* infml [3] (sound) świst *m* [4] US infml Post = **zip code** [5] US (zero) **to know ~ about sb/sth** nie mieć o kimś/o czymś (bladego) pojęcia
II *vt* (*prp, pt, pp* **-pp-**) [1] **to ~ sth open** odpiąć zamek błyskawiczny przy czymś; **to ~ sth shut** zamknąć coś na zamek błyskawiczny, zasunąć zamek błyskawiczny przy czymś [2] Comput dokon|ać, -ywać kompresji (czegoś)
III *vi* infml (*prp, pt, pp* **-pp-**) **to ~ along, to ~ past** mknąć; pruć infml; **to ~ past sb /sth** minąć kogoś/coś w pędzie
■ **zip in**: **~ [sb] in** zasunąć zamek błyskawiczny w ubraniu kogoś; **I ~ped the baby into his sleeping bag** ubrałem dziecko w śpiworek i zasunąłem zamek błyskawiczny
■ **zip on**: ¶ **~ on** *[hood, sleeve]* przypinać się na zamek błyskawiczny ¶ **~ on [sth], ~ [sth] on** zapi|ąć, -nać na zamek błyskawiczny; **I ~ped on my anorak** zapiąłem zamek błyskawiczny w skafandrze
■ **zip through**: **to ~ through one's work** szybko uporać się z robotą
■ **zip up**: ¶ **~up** *[garment]* zapinać się na zamek błyskawiczny; *[bag]* zamykać się na zamek błyskawiczny; **to ~ up at the back/front/side** zapinać się z tyłu/przodu/boku, mieć suwak z tyłu/przodu/boku ¶ **~ up [sb/sth], ~ [sb/sth] up** zapiąć zamek błyskawiczny (komuś/w czymś); **can you ~ me up, please?** możesz zapiąć mi zamek?
zip code *n* US Post kod *m* pocztowy
Zip® disk *n* dyskietka *f* do napędów zip
Zip® drive *n* napęd *m* zip, stacja *f* zip
zip fastener *n* = **zip**
zip file *n* plik *m* z rozszerzeniem zip
zip-in /ˈzɪpɪn/ *adj [lining]* przypinany (na zamek błyskawiczny)
zip-on /ˈzɪpɒn/ *adj [hood, sleeve]* przypinany or dopinany (na zamek błyskawiczny)
zipper /ˈzɪpə(r)/ *n* US = **zip**
zippered /ˈzɪpəd/ *adj* US zamknięty na zamek błyskawiczny or suwak
zippily /ˈzɪpɪlɪ/ *adv* infml *[move]* pędem
zip pocket *n* kieszeń *f* (zapinana) na zamek błyskawiczny or suwak
zippy /ˈzɪpɪ/ *adj* infml *[vehicle]* zrywny i zwrotny
zip-up /ˈzɪpʌp/ *adj [jacket, boots]* (zapinany) na zamek błyskawiczny or suwak
zircon /ˈzɜːkɒn/ *n* Chem cyrkon *m*
zirconia /zɜːˈkəʊnɪə/ *n* Chem dwutlenek *m* cyrkonu
zirconium /zɜːˈkəʊnɪəm/ *n* Miner cyrkon *m*
zit /zɪt/ *n* infml pryszcz *m*; syf *m* infml
zither /ˈzɪðə(r)/ *n* cytra *f*
zloty /ˈzlɒtɪ/ *n* Fin złoty *m*
zodiac /ˈzəʊdɪæk/ *n* zodiak *m*; **the signs of the ~** znaki zodiaku
zombie /ˈzɒmbɪ/ *n* [1] Relig zombi *m inv* [2] fig żywy trup *m* fig
zonal /ˈzəʊnl/ *adj* strefowy
zone /zəʊn/ **I** *n* strefa *f*; **neutral ~** strefa neutralna; **postal ~** okręg pocztowy
II *vt* [1] (divide) po|dzielić na strefy [2] (designate) przeznacz|yć, -ać *[area, land]* **(for sth** na coś); **to be ~d for housing** zostać przeznaczonym pod budownictwo mieszkaniowe; **it is ~d as a green area** ten teren jest wydzielony jako strefa zielona
zone defence *n* obrona *f* strefowa
zoning /ˈzəʊnɪŋ/ *n* (in urban planning) podział *m* na strefy
zonk /zɒŋk/ *vt* infml walnąć, rąbnąć infml
■ **zonk out**: ¶ **~ out** infml **he ~ed out** (from overwork) padł ze zmęczenia infml; (from alcohol) film mu się urwał infml ¶ **~ out [sb], ~ [sb] out** infml **it ~ed me out** to mnie zwaliło z nóg infml
zonked /zɒŋkt/ *adj* (also **zonked out**) infml (tired) padnięty, wypompowany infml; (drunk) nawalony infml; (on drugs) naćpany infml
zoo /zuː/ *n* (*pl* **~s**) zoo *n inv*
zoo keeper *n* dozorca *m* w zoo
zoological /ˌzəʊəˈlɒdʒɪkl/ *adj* zoologiczny
zoological gardens *n* ogród *m* zoologiczny
zoologist /zəʊˈɒlədʒɪst/ *n* zoolog *m*
zoology /zəʊˈɒlədʒɪ/ *n* zoologia *f*
zoom /zuːm/ **I** *n* [1] (of engines) warkot *m*; (of traffic) szum *m* [2] Phot (also **~ lens**) zoom *m*, obiektyw *m* o zmiennej ogniskowej
II *vi* infml [1] (move quickly) po|pędzić, po|gnać, śmig|nąć, -ać; **to ~ past** przemknąć or śmignąć obok; **I saw you ~ past** widziałem, jak pędziłeś; **to ~ around sth** krążyć z wielką szybkością po (czymś) *[streets, region]*; **the motorcyclist went ~ing off down the road** motocyklista ruszył z kopyta; **he's ~ed off to Paris** popruł do Paryża infml; **I'll just ~ out to the shop** skoczę tylko do sklepu [2] infml (rocket) *[prices, profits]* silnie zwyżkować [3] Aviat *[plane]* wzbi|ć, -jać się w powietrze
■ **zoom in** Cin, Phot z|robić najazd **(on sb /sth** na kogoś/coś)
■ **zoom out** Cin, Phot z|robić odjazd
zoomorphic /ˌzəʊəˈmɔːfɪk/ *adj* zoomorficzny
zoonosis /ˌzuːəˈnəʊsɪs, ˌzəʊə-/ *n* choroba *f* odzwierzęca, zoonoza *f*
zooplankton /ˌzuːəʊˈplæŋktən, ˌzəʊəʊ-/ *n* zooplankton *m*
zoot suit /ˈzuːtsuːt, -sjuːt/ *n* infml *garnitur z długą marynarką z wywatowanymi ramionami, noszony w latach 40.*
Zoroastrianism /ˌzɒrəʊˈæstrɪənɪzəm/ *n* zoroastryzm *m*
Z-shaped /ˈzedʃeɪpt/ *adj* w kształcie litery Z
zucchini /zuːˈkiːnɪ/ *n* (*pl* **~s**) cukinia *f*
Zulu /ˈzuːluː/ **I** *prn* [1] (person) Zulus *m*, -ka *f* [2] Ling (język *m*) zulu *m inv*
II *adj* zuluski
Zulu land *n* Hist Kwazulu *m inv*
Zurich /ˈzjʊərɪk/ *prn* (town) Zurych *m*; (canton) kanton *m* zuryski; **Lake ~** Jezioro *n* Zuryskie
zwieback /ˈzwiːbæk, ˈtsviːbɑːk/ *n* US *rodzaj sucharka*
zygote /ˈzaɪgəʊt/ *n* zygota *f*

Schemat budowy hasła

kindly /ˈkaɪndlɪ/ **I** *adj* [1] (warm-hearted) *[person, act, smile]* życzliwy; *[voice]* pełen życzliwości; *[manner, words]* uprzejmy [2] (genial) *[climate]* przyjemny, łaskawy [3] dat (native-born) rodowity
II *adv* [1] (in a kind, nice way) *[speak, look, treat]* życzliwie, z życzliwością; **to speak ~ of sb** wyrażać się o kimś życzliwie or z życzliwością, dobrze się o kimś wyrażać; **'thank you ~'** dat „dziękuję uprzejmie" [2] (obligingly) łaskawie; **she ~ agreed to do it** łaskawie zgodziła się to zrobić; **would you ~ do sth/refrain from smoking** czy byłby pan łaskaw zrobić coś/powstrzymać się od palenia; **visitors are ~ requested not to smoke** uprasza się odwiedzających o niepalenie [3] (favourably) **to look ~ on sb /sth** patrzeć na kogoś/coś łaskawym okiem, patrzeć na kogoś/coś z sympatią; **to think ~ of sb** mieć o kimś dobre zdanie; **to take ~ to sth/sb** polubić coś/kogoś *[idea, suggestion, person]*; **he won't take ~ to being kept waiting** nie spodoba mu się, że będzie musiał czekać

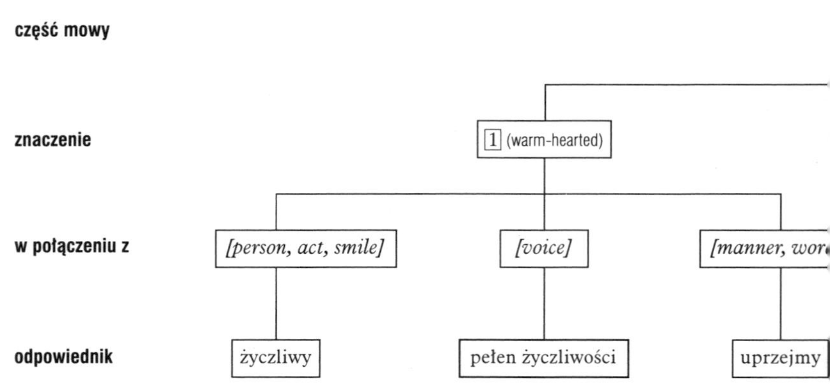

zwrot angielski z tłumaczeniem

w połączeniu z

Tabela symboli międzynarodowego alfabetu fonetycznego (IPA)

Akcentuacja

Symbol	Przykład	
/ˈ/	akcent główny	above /əˈbʌv/
/ˌ/	akcent poboczny	headquarters /ˌhedˈkwɔːtəz/

Spółgłoski

Symbol	Przykład	Transkrypcja
/p/	**p**en	/pen/
/b/	**b**ad	/bæd/
/t/	**t**ea	/tiː/
/d/	**d**oll	/dɒl/
/k/	**c**at	/kæt/
/g/	**g**ot	/gɒt/
/f/	**f**all	/fɔːl/
/v/	**v**oice	/vɔɪs/
/θ/	**th**in	/θɪn/
/ð/	**th**en	/ðen/
/s/	**s**o	/səʊ/
/z/	**z**oo	/zuː/
/ʃ/	**sh**e	/ʃiː/
/ʒ/	vi**s**ion	/ˈvɪʒn/
/h/	**h**ow	/haʊ/
/x/	lo**ch**	/lɒx/
/tʃ/	**ch**in	/tʃɪn/
/dʒ/	**J**une	/dʒuːn/
/m/	**m**an	/mæn/
/n/	**n**o	/nəʊ/
/ŋ/	si**ng**	/sɪŋ/
/w/	**w**et	/wet/
/l/	**l**eg	/leg/
/r/	**r**ed	/red/
/j/	**y**es	/jes/

Samogłoski krótkie

Symbol	Przykład	Transkrypcja
/ɪ/	s**i**t	/sɪt/
/e/	t**e**n	/ten/
/æ/	h**a**t	/hæt/
/ɒ/	g**o**t	/gɒt/
/ʌ/	c**u**p	/kʌp/
/ʊ/	p**u**t	/pʊt/
/ə/	**a**go	/əˈgəʊ/

Samogłoski długie

Symbol	Przykład	Transkrypcja
/iː/	s**ee**	/siː/
/ɑː/	**ar**m	/ɑːm/
/ɔː/	s**aw**	/sɔː/
/uː/	t**oo**	/tuː/
/ɜː/	f**ur**	/fɜː(r)/

Dyftongi

Symbol	Przykład	Transkrypcja
/eɪ/	p**a**ge	/peɪdʒ/
/aɪ/	f**i**ve	/faɪv/
/ɔɪ/	j**oi**n	/dʒɔɪn/
/əʊ/	h**o**me	/həʊm/
/aʊ/	n**ow**	/naʊ/
/ɪə/	n**ear**	/nɪə(r)/
/eə/	h**air**	/heə(r)/
/ʊə/	p**ure**	/pjʊə(r)/

The annotations on this map were made in Oc